Diccionario de

Español para extranjeros

para la enseñanza de la lengua española

Diccionario de Español para extranjeros

para la enseñanza de la lengua española

Universidad de Alcalá

VOX

Director de la obra: Manuel Alvar Ezquerra

Equipo de la Universidad de Alcalá de Henares:

Coordinador general de la obra: Francisco Moreno Fernández

Redactores: Loreto Florián Reyes, César García de Lucas,
Cristina González Sánchez, M.ª José Rueda Bernao

Revisión de información gramatical: Immaculada Penadés Martínez

Ayudante de coordinación: Ana M.ª Cestero Mancera

Equipo de Biblograf: M.ª José Blanco Rodríguez, Andrew Hastings,
Juan Manuel López Guzmán, Isabel Palop Peña,
Fernando Pérez Lagos

Coordinación editorial: J.P. Acordagoicoechea, Pilar Fornells Reyes

La redacción de esta obra ha sido en parte posible gracias a una ayuda del Centro de Estudios Cervantinos y a un Proyecto de Investigación subvencionado por la Subdirección General de Promoción de la Investigación (PR92-0171-C02-02), coordinado por Carlos Alvar Ezquerra y Marta Concepción Ayala Castro.

La Dirección Académica del Instituto Cervantes ha homologado esta obra para la enseñanza de la lengua española.

Primera edición: mayo de 1995
Segunda edición: junio de 2000
Segunda reimpresión: diciembre de 2010

Impreso en España - Printed in Spain

ISBN: 978-3-12-517469-6
ISBN: 978-84-7153-852-9
Depósito Legal: B 43246-2010
Impreso por Litografía Rosés, S.A.
Progrés, 54-60. Políg. Ind. La Post
08850 Gavá (Barcelona)

Índice general

Prólogo

El *Diccionario para la Enseñanza de la Lengua Española* de la Universidad de Alcalá va a convertirse, sin duda, en un instrumento de trabajo y comunicación imprescindible para todo aquel que, no siendo hispanohablante de origen, necesite utilizar el idioma castellano.

Se trata de un diccionario que pretende tener una gran difusión y aceptación ya que, de una parte, la simplicidad del vocabulario utilizado va a facilitar el manejo y comprensión; y, de otra, el rigor universitario con que ha sido elaborado garantiza una perfección del lenguaje no frecuente en este tipo de obras.

De hecho, es lógico que en esta publicación haya colaborado Biblograf, S.A., de larga experiencia y prestigio en la edición de los diccionarios VOX, con la Universidad de Alcalá, cuyo Departamento de Filología Española cuenta con un conjunto de expertos en la lengua castellana que han aceptado la responsabilidad histórica heredada del pasado. Porque si Biblograf, S.A., es ya reconocida internacionalmente como una empresa especializada en este tipo de publicaciones, Alcalá de Henares, cuna de Cervantes y tumba de Nebrija, centro de autoría y edición de nuestra literatura del Siglo de Oro (Lope de Vega y Quevedo, Santa Teresa y San Juan de la Cruz...), ha sido y vuelve a serlo hoy, lugar de referencia obligado de la lengua española, de su libro y de sus bibliotecas y documentos.

Por otra parte, y desde un punto de vista más inmediato y actual, este libro es una manifestación clara de la necesidad y conveniencia de la colaboración entre la investigación y estudio universitarios y la actividad empresarial editora. Así, un grupo de profesores ha podido trabajar durante más de dos años, de manera sistemática y sin pausa, para un fin solo justificable económicamente mediante la combinación de la calidad filológica con la edición de un gran número de ejemplares. Alcalá y su historia, la Universidad y sus expertos en humanidades se ponen de esta manera al servicio de la difusión y divulgación de nuestro mayor patrimonio cultural: nuestra propia lengua. Sin duda, no será la última vez.

Manuel GALA MUÑOZ
Rector de la Universidad de Alcalá de Henares

Presentación

El *Diccionario para la Enseñanza de la Lengua Española* es fruto de una estrecha colaboración entre el Departamento de Filología de la Universidad de Alcalá de Henares y la editorial Biblograf, S. A. Algunos de los aspectos técnicos de esa colaboración quedarán explicados en estas páginas introductorias; los aspectos puramente humanos, sin duda los más importantes, ya han pasado a enriquecer la experiencia vital y profesional de todos los que hemos participado en este proyecto lexicográfico.

El diccionario que el lector tiene ante sí es un instrumento destinado a hacer algo más fácil la enseñanza y el aprendizaje de la lengua española. Su objetivo es proporcionar a los estudiantes de español de nivel intermedio la ayuda que necesitan para leer, hablar y escribir nuestra lengua con más eficacia.

Los estudiantes en los que hemos pensado principalmente son personas que se acercan al español o que trabajan con el español como segunda lengua o como lengua extranjera. Pero no hemos perdido de vista las necesidades de los que, con una edad comprendida entre los doce y los dieciséis años, lo tienen como primera lengua. Va dirigido a cualquier estudiante de español, de países hispanohablantes o de países no hispanohablantes, y a todos aquellos que están interesados en aprender o perfeccionar la lengua española —como primera o como segunda lengua, especialmente en este último caso—, bien para hacer más completa su formación lingüística, bien por necesidades o intereses profesionales.

Pero, si esta obra pretende ser de utilidad para los estudiantes de español, como se acaba de confesar, ¿por qué se presenta en forma de diccionario monolingüe? Es evidente que en las primeras fases del aprendizaje de una lengua extranjera se hace imprescindible el uso de diccionarios bilingües que establezcan una relación entre una lengua cuyo uso se conoce o se domina y una lengua que no se conoce. Pero llega un momento, en el proceso de aprendizaje, en que el diccionario bilingüe comienza a dejar insatisfechas las necesidades del usuario, porque la información que se aporta para una de las lenguas limita inevitablemente la información que se ofrece para la otra. En esta circunstancia, el salto hacia un diccionario monolingüe pensado para su uso por parte de hablantes que conocen suficientemente bien la lengua en cuestión puede ser demasiado grande y, en ocasiones, hasta insalvable.

La intención de este diccionario es servir de puente, en el caso de los estudiantes de español como segunda lengua o como lengua extranjera, entre el diccionario bilingüe y los diccionarios monolingües que podríamos denominar convencionales. Cuando se trate de usuarios hispanohablantes, esta obra puede servir de eslabón entre el uso del diccionario escolar o del diccionario infantil y los demás diccionarios de su lengua, sean generales, especializados o de cualquier otra naturaleza.

CARACTERÍSTICAS GENERALES

El *Diccionario para la Enseñanza de la Lengua Española* busca, ante todo, ser útil a los usuarios a los que va destinado. En cada palabra, en cada acepción se ofrece toda la información ortográfica, fonética, gramatical, semántica y pragmática necesaria para garantizar un uso de la lengua correcto y adecuado a un contexto determinado. Los ejemplos que se incluyen en cada acepción son un elemento de singular importancia para el cumplimiento de este objetivo. Además, la redacción de las definiciones se ha querido hacer en un español de nivel medio que facilite la comprensión sin caer en la imprecisión o la vaguedad. Para ello se ha trabajado con una lista de definidores formada por unas 2 000 unidades. Tal vez sea en este aspecto donde la redacción de la obra ha presentado mayores dificultades, porque no siempre es fácil explicar una idea o una realidad de modo que cualquier lector las comprenda, ajustándose a una lista cerrada de definidores, sin dejar cabos sueltos y sin caer en descripciones incompletas, por no decir inexactas. El tiempo y los lectores irán emitiendo su juicio sobre este equilibrio entre claridad y precisión que siempre hemos pretendido.

La planta del diccionario está organizada de la manera siguiente: palabra de la entrada, transcripción fonética, clase de palabra, régimen preposicional y tipos de complementos —especialmente en el caso de los verbos—, lenguaje de especialidad en el que suele usarse la acepción, nivel de uso en la lengua, nota semántica sobre el sentido de la acepción, definición, ejemplos, envíos a otras entradas relacionadas semántica o formalmente y observaciones diversas (gramaticales, pragmáticas, ortográficas, etc.).

La disposición interna de cada entrada, salvo que alguna exigencia formal haya obligado a hacer otra cosa, presenta primero las acepciones más comunes o usuales, a continuación los tecnicismos y finalmente la fraseología (locuciones o construcciones pluriverbales), considerando locuciones las secuencias de palabras en las que no se puede intercambiar el orden de sus componentes. Las excepciones a esta disposición general se explican generalmente por la voluntad de agrupar aquellas acepciones que tienen unas características gramaticales comunes (tipo de verbo o tipo de complementos, por ejemplo).

La obra va acompañada de ilustraciones y de varios apéndices que amplían o matizan la información presentada en las entradas, o que simplemente ofrecen una información que se considera útil para los lectores. En la elaboración de toda la obra se han utilizado procedimientos informáticos.

SELECCIÓN Y ORDENACIÓN DE LAS ENTRADAS

Hemos elegido las 22 000 entradas que a nuestro juicio responden mejor a fines propuestos. Pero no hemos recurrido solamente al sentido común para hacer la selección definitiva, sino que hemos echado mano de lo que la lingüística aplicada ha puesto a nuestra disposición durante los últimos años: hemos atendido a los diccionarios y estudios de frecuencias, a los léxicos básicos del español recogidos hasta el momento, a los léxicos de enseñanza, a los manuales de español para extranjeros de mayor difusión y al Corpus VOX-Biblograf, que también nos ha orientado sobre el uso de numerosas acepciones. La relación se ha completado pensando en las palabras que un estudiante de español puede encontrar más fácilmente en la lectura de la prensa o de la literatura española contemporánea.

Por otro lado, se incluyen los gentilicios correspondientes a los países hispanohablantes o a grandes regiones del mundo hispánico y a las comunidades y provincias de España. También quedan recogidos los que corresponden a otros países, pero sin agotar la nómina mundial, por razones que se pueden comprender fácilmente.

Esta obra no incluye los adverbios en *-mente* cuyo significado sea fácilmente deducible, pero los que se incluyen tienen entrada propia. También tienen entrada propia los derivados, los nombres con variación de género terminados en *-tor* y *-triz,* los sustantivos femeninos terminados en *-ina* cuyo masculino no termina en *-ín,* los sustantivos femeninos terminados en *-esa* cuando el masculino correspondiente lleva el acento en la primera sílaba (p. e., *duque, duquesa*), los casos de heteronimia (p. e., *hombre, mujer*) y los sustantivos femeninos cuya forma coincide con la de los adjetivos correspondientes (p. e., *lechera*), para facilitar la consulta del usuario. Los homónimos aparecen bajo el mismo lema (p. e., *amanecer, radio*).

En lo que se refiere a las formas compuestas, solamente las que se escriben como una sola palabra o con guión constituyen entrada. Las demás aparecen dentro de la entrada correspondiente a uno de los elementos en composición o como locución en la parte de la entrada destinada a la fraseología. Las formas compuestas que designan clases de otros elementos (p. e., *guardia civil*, de *guardia*) aparecen como subacepciones sin numerar, detrás de la definición correspondiente.

En cuanto a la fraseología (locuciones), conviene señalar que, dado que una locución está formada por una serie de palabras, su aparición en una entrada o en otra dependerá de las formas que la compongan. Si la locución está formada por elementos de la misma categoría gramatical, se incluye en la entrada correspondiente al primer elemento. Si los elementos que la forman pertenecen a distinta categoría, se incluye en la entrada del elemento que pertenezca a la clase de palabras más relevante, siguiendo esta jerarquía: sustantivo, verbo, adjetivo, adverbio, preposición. Las locuciones que incluyen un sintagma preposicional figuran en la entrada correspondiente al elemento que rige la preposición. Esta jerarquía puede romperse, no obstante, cuando uno de los elementos de rango inferior es más productivo que los demás, esto es, cuando ofrece más posibilidades de construcción.

En cualquier caso, siempre se ha procurado facilitar al máximo la búsqueda de estas locuciones; por eso algunas de ellas se pueden encontrar en varias entradas y, cuando una locución tiene más de una acepción, se repite completa la forma pluriverbal a modo de lema. Tanto en estas construcciones como en los ejemplos, el signo ~ sustituye a la entrada del artículo en su forma exacta.

Hemos seguido el orden alfabético internacional, ya aceptado para el español, por lo que *ch* y *ll* aparecen en la *c* y la *l*, respectivamente. Dentro de una entrada, en la ordenación de la fraseología (locuciones), se sigue también un orden alfabético, sin tener en cuenta las divisiones entre palabras (espacios o guiones).

EL LEMA Y LA TRANSCRIPCIÓN

Se ha marcado la división por sílabas de la palabra que constituye el lema. La separación silábica se indica mediante un punto centrado (·), sin espacio alguno entre caracteres (p. e., **a·ban·do·nar**). Cuando un nombre (sustantivo o adjetivo) tiene variación de género (doble terminación), se marca mediante este signo ⌜ la parte de la palabra susceptible de ser sustituida por otra terminación (p. e., **ga·⌜to**). Este signo se anota después del punto centrado correspondiente a la última sílaba. La segunda terminación va precedida de ⌜ (p. e., **ga·⌜to, ⌜ta**) y dentro de ella puede haber varias sílabas, que se separan de la forma ya descrita (p. e., **be·be·⌜dor, ⌜do·ra**). En estos casos, en el lema se anota primero la forma masculina completa y después la terminación femenina.

Por otra parte, este diccionario proporciona información suficiente para la correcta pronunciación de cada una de las formas incluidas como entradas. El lector debe saber, no obstante, que si bien existe una ortografía normativa, declarada de aplicación preceptiva por la Real Academia Española y utilizada por todos los hablantes de español, no existe una pronunciación correcta, unificada o de uso general en el mundo hispánico. Este hecho no es especialmente llamativo, porque todas las lenguas presentan modos diferentes de pronunciar unas mismas palabras, especialmente cuando se trata de lenguas utilizadas por millones de hablantes en territorios muy extensos y separados. El español es una de ellas, aunque las diferencias, sobre todo entre hablantes cultos, son de escasa importancia.

La pronunciación que se refleja en nuestro diccionario responde a una norma culta, recogida y auspiciada por la Real Academia Española. Estamos ante una pronunciación que goza de prestigio internacional, que se sigue en muchos modelos de enseñanza de la lengua española (como primera y como segunda lengua) y que se ajusta en gran medida al español escrito, lo que facilita su uso y aprendizaje.

El lector debe saber, sin embargo, que dos de los sonidos recogidos en este diccionario tienen un uso relativamente poco difundido en el conjunto de los dominios del español, aunque tengan su correspondencia en la escritura: por un lado, el sonido linguointerdental representado por las grafías *z* (ante *a, o* y *u*) y *c* (ante *e* e *i*), para las que muchos hispanohablantes usan el sonido fricativo [s]; por otro lado, el sonido lateral palatal representado por la grafía *ll*, que lleva mucho tiempo confundiéndose con el sonido medio palatal [y], en beneficio de este último. Este diccionario recoge las pronunciaciones más ajustadas a la ortografía normativa y a las propuestas académicas. El ámbito geográfico de los lectores que están aprendiendo español determinará hasta qué punto deben seguir nuestro criterio para la pronunciación de estos dos sonidos.

Una última nota acerca de la pronunciación reflejada en nuestro diccionario. El sistema que utilizamos como base para nuestras transcripciones es el de uso más frecuente en todo el mundo: el *alfabeto fonético internacional* (AFI), adaptado a las necesidades de la lengua española y de nuestro diccionario. Esto facilitará la interpretación de la transcripción, sea cual sea el origen lingüístico y cultural de nuestros lectores. Además, el AFI es de uso habitual en los más importantes manuales para la enseñanza de la fonología y la fonética del español. Esta obra no pretende ofrecer una transcripción fonológica, poco útil para una lengua en la que no existe un claro divorcio entre fonología y ortografía, ni alofónica, tal vez algo compleja para las necesidades de un estudiante medio de español. Ofrecemos una transcripción alofónica simplificada, cercana a la fonología en muchos puntos, pero que tiene en cuenta algunas de las variantes determinadas por el contexto y que busca siempre un aprovechamiento útil y fácil para el estudiante de español. Estas razones han aconsejado incluir algunos signos especiales (barras verticales para inicio y fin de la transcripción, un signo de ligazón para señalar los diptongos y triptongos), siempre sencillos de aprender e interpretar, aunque portadores de una información significativa. La pronunciación relajada de algunos sonidos se representa mediante caracteres volados y, para no complicar la lectura de la transcripción al usuario que no es especialista, mantenemos las oclusivas sordas |p, t, k| cuando aparecen en posición implosiva, aunque también quedan representadas con caracteres volados. Dejamos a un lado las variantes que no son de uso regular y que tienen un origen dialectal, sociolingüístico o estilístico marcado; en otras palabras, aquellas que no pertenecen al español general.

CLASES DE PALABRAS

Después de la transcripción, se ofrece información sobre la clase de palabras a la que pertenece la que se está consultando. Lógicamente, cuando el lema pertenece a más de una clase y presenta distintos valores semánticos, cada una de las clases figura en una acepción diferente. En tal caso, delante del número de acepción correspondiente aparece un guión y después la nueva categoría. Ahora bien, si una palabra, en una acepción determinada, puede pertenecer a más de una clase, éstas se anotan una tras otra y separadas mediante un guión.

INFORMACIÓN SOBRE LENGUAJES DE ESPECIALIDAD, NIVELES DE USO Y SENTIDO

Como se ha señalado más arriba, el *Diccionario para la Enseñanza de la Lengua Española* presenta información sobre el lenguaje de especialidad en el que suele usarse la acepción, sobre el nivel de uso y sobre el sentido de cada acepción. Cuando una acepción no va acompañada de datos referidos a estos aspectos, se puede interpretar que tal acepción, en español general, ni se utiliza preferentemente en un lenguaje especializado, ni se adscribe a un uso estilístico determinado, ni se suele emplear en un sentido figurado.

Dado que esta obra no pretende ser un diccionario especializado, no son muchas las formas que aparecen consideradas como tecnicismos. Eso no quiere decir que no se marque, mediante las abreviaturas pertinentes, qué formas son manejadas principalmente en el ámbito de la química, la biología, la economía o la lingüística, entre otros muchos que figuran en la lista de abreviaturas. Hemos procurado no añadir esa información en las formas que, procedentes de un lenguaje específico, tienen desde hace tiempo un uso general, aunque normalmente culto. Muchas formas o usos excesivamente especializados sencillamente no se han incluido.

Este diccionario también ofrece información de naturaleza sociolingüística y estilística en las acepciones que a nuestro juicio lo requieren, si bien somos conscientes de que estos valores no son constantes en toda la extensión del ámbito hispanohablante. A pesar de esta dificultad, el criterio que nos ha guiado siempre ha sido el de proporcionar una información que permita un uso adecuado al contexto en cualquier lugar del mundo hispánico.

Señalamos las acepciones de las que se hace un uso formal, o cuyo uso es más frecuente entre hablantes cultos o en textos literarios, frente a las que aparecen sobre todo en situaciones informales, familiares o de confianza. También se marcan aquellas cuyo uso es considerado bajo o vulgar, las que suelen usarse en un tono irónico o jocoso o las que tienen un valor despectivo o hiriente. En este último caso, se suele incluir una observación, tras los ejemplos, que llama la atención sobre este mismo aspecto.

En lo que se refiere a la información sobre el sentido de la acepción, indicamos el sentido figurado mediante la abreviatura *fig.* y el metonímico o lato mediante *p. ext.* Tales etiquetas aparecen cuando esos usos están muy generalizados, es decir, cuando no obedecen sólo al sentido que ha querido dar un determinado hablante o autor. De todas formas, conocemos bien las dificultades que existen para distinguir, por ejemplo, cuándo un sentido figurado ha dejado de serlo y reconocemos que tal vez en algunos casos podríamos haber prescindido de esas etiquetas. La tradición lexicográfica ha podido pesar demasiado a la hora de redactar algunas acepciones, pero, en general, cuando una entrada presenta una sola acepción, por muy figurado que sea su origen semántico, no se marca mediante *fig.*

RÉGIMEN PREPOSICIONAL Y TIPOS DE COMPLEMENTOS

El régimen preposicional y los tipos de complementos que suelen llevar los verbos aparecen entre corchetes ([ ]). Esta información se coloca detrás de la que se refiere a la clase de palabras y se redacta anotando la preposición regida por el verbo, o la posibilidad de ausencia de esa preposición, y utilizando como términos pronombres indefinidos, siempre que es posible. Los distintos tipos de preposiciones y complementos se separan mediante coma (,) cuando cumplen la misma función gramatical (p. e., **a·ban·do·nar** abandonár **tr.** [algo, a alguien]). Los complementos con funciones diferentes se separan mediante punto y coma (;). Cuando se incluyen complementos con funciones diferentes se disponen en el orden siguiente: objeto directo, objeto indirecto, otros complementos. Cuando pueden alternar dos tipos de complementos o preposiciones, las alternativas se separan mediante una barra (/). Los pronombres que se utilizan en estos casos informan sobre si el complemento se refiere a cosas (algo) o a personas (alguien).

El régimen preposicional anotado tras el lema puede aplicarse en cualquiera de las acepciones de la entrada hasta que se produce un cambio de categoría y salvo que se haga constar un régimen diferente.

LA DEFINICIÓN

Como se ha explicado más arriba, las definiciones se han construido a partir de las unidades contenidas en una lista formada por unos 2 000 definidores. A su vez, todos los definidores están definidos en el diccionario. No figuran entre esos definidores, ni están definidos, los nombres propios. Ha sido inevitable, sin embargo, utilizar en ciertas definiciones palabras que no están recogidas en la lista de definidores; el lector las podrá identificar fácilmente porque van precedidas de un *asterisco. Se trata de formas que pertenecen a lenguajes específicos, que no son muy frecuentes o que no son especialmente productivas en la redacción lexicográfica. Es cierto que podríamos haber prescindido de algunas de estas palabras que no están incluidas en la lista de definidores, pero ello habría supuesto, para un número importante de casos, caer en definiciones insuficientes, incompletas o totalmente acientíficas. ¿Cómo definir *tiroides* sin decir que es una **glándula*? El uso del asterisco también es frecuente cuando se define un derivado de otra voz, normalmente en la proximidad del orden alfabético (p. e., *proselitista*, 'del *proselitismo').

La redacción de las definiciones se ha hecho buscando siempre un resultado adecuado a los fines generales del diccionario. Se ha procurado ofrecer definiciones coherentes, sencillas y fácilmente comprensibles por estudiantes extranjeros. Se ha huido de la definición mediante sinónimos y se han evitado algunos usos lexicográficos tradicionales que resultaban poco claros, poco útiles o simplemente incorrectos. En el proyecto inicial de la obra pensamos aprovechar al máximo las definiciones de otros diccionarios VOX, especialmente del *Diccionario Manual*

Ilustrado de la Lengua Española, pero las exigencias de los objetivos generales de nuestra obra nos han llevado a redactar de nuevo la mayor parte de las entradas.

En los adjetivos, especialmente en los que también pueden usarse como sustantivos, la definición puede llevar antepuesta y entre paréntesis la anotación de un elemento referencial que sirve de contorno y que puede leerse como parte de la definición cuando se usa con un valor de sustantivo.

A propósito de la definición de los verbos, en el inicio del proceso de redacción se pretendió llevar a la práctica una de las técnicas de definición que caracterizan a los diccionarios VOX: la de incluir entre paréntesis o corchetes el objeto directo y el indirecto para hacer posible la sustitución en los ejemplos de la definición por el definido. Sin embargo, se decidió no aplicar este criterio por razones diversas, aunque ello haya supuesto, y lo sentimos, caer en cierta heterodoxia lexicográfica. Una de las razones que nos llevaron a tomar esta decisión estuvo en el deseo de no recargar el artículo con signos y datos que hicieran difícil la comprensión o que pusieran en peligro la inmediatez de la consulta. Téngase en cuenta que, además del lema, se incluye una transcripción, información gramatical, ejemplos, observaciones diversas, etc., y que el lector no siempre es un avezado usuario de diccionarios.

La adecuación de las definiciones a las condiciones que aquí hemos apuntado sucintamente ha sido comprobada con procedimientos informáticos.

LOS EJEMPLOS

Prácticamente todas las acepciones recogidas en el diccionario van acompañadas de ejemplos, en general breves, aclaradores y que responden a un uso cercano al real. Los ejemplos se han obtenido, en una parte importante, del Corpus VOX-Biblograf, si bien muchos de ellos han sido adaptados, retocados o matizados para adecuarlos a los fines de nuestra obra.

La importancia de los ejemplos en un diccionario como este es algo incontestable, puesto que en ellos se refleja, de forma concreta, casi toda la información lingüística que se anota en otras partes de la entrada, además de servir como modelo de uso. Dadas las limitaciones que supone definir a partir de una lista cerrada de definidores, en ocasiones los ejemplos se utilizan para ampliar o matizar lo dicho en la definición, mientras que en otras aportan informaciones complementarias sobre lo nombrado por la palabra.

ENVÍOS A OTRAS ENTRADAS

Las acepciones a menudo remiten a otras entradas con las que la acepción o la entrada en cuestión está relacionada directamente, bien desde el punto de vista formal (variantes formales de una misma palabra), bien desde el punto de vista semántico (sinónimos, hiperónimos, antónimos). Cuando se trata de sinónimos, las definiciones coinciden; no ocurre así cuando se trata de hiperónimos o de palabras con otro tipo de relación semántica. Si la palabra a la que se puede enviar figura en la definición, generalmente no se remite a ella después del ejemplo. También se envía, de forma subsidiaria, de formas poco frecuentes a otras de uso más frecuente.

No obstante, deseamos dejar bien claro que esta obra no pretende ser un diccionario de sinónimos y antónimos: no podemos aspirar a hacer las veces de una obra como el *Diccionario manual de sinónimos y antónimos VOX* dirigido por José Manuel Blecua. Cada diccionario sirve para lo que sirve y éste sólo pretende ser útil a los estudiantes de lengua española; en esta línea, consideramos que debe dar indicaciones sobre la relación semántica que unas unidades mantienen con otras, y así lo hemos hecho, pero sin llegar a la exhaustividad, por otra parte imposible de conseguir dentro de nuestros límites.

OBSERVACIONES LINGÜÍSTICAS

Detrás de los ejemplos o de los envíos, cuando es el caso, nuestro diccionario ofrece un apartado que puede incluir informaciones de muy diversa naturaleza: se hacen comentarios sobre el uso de ciertas formas; se indica a qué conjugación pertenece un verbo y se remite al modelo apropiado, que figura en los apéndices; se hacen comentarios sobre ciertas irregularidades de los verbos; se indica cuáles son los errores más frecuentes en el uso de una palabra; se señalan las preferencias de la Real Academia Española, sobre todo cuando entran en conflicto con las formas generalizadas por el uso lingüístico, y se tratan algunas de las dificultades habituales en el estudio del español como lengua extranjera (diferencias entre *ser* y *estar*, *estar* y *haber*, confusión de preposiciones), entre otros tipos de observaciones.

AGRADECIMIENTOS Y CONCLUSIÓN

Como ocurre en todas las obras de estas características, el resultado final no se debe al esfuerzo de una sola persona. Su realización ha sido posible, por un lado, gracias a la ayuda del Centro de Estudios Cervantinos y de la Subdirección General de Promoción de la Investigación y, por otro lado, a través de un contrato de redacción entre Biblograf, S. A., y el Departamento de Filología de la Universidad de Alcalá de Henares, dirigido por Antonio Alvar Ezquerra. De la redacción del *Diccionario para la Enseñanza de la Lengua Española* se ha encargado el equipo de redactores y correctores de la Universidad de Alcalá de Henares, cuyos componentes cuentan con todo mi agradecimiento; pero no menos importante ha sido la labor de seguimiento, revisión y corrección realizada por el Centro de Lexicografía vox de Málaga. Gracias a ellos no van a salir impresos en estas páginas muchos errores que habían quedado ocultos entre los archivos informáticos.

También han colaborado en esta empresa, aunque con menor intensidad, otras personas a las que estamos muy agradecidos: Piedad Fernández Resa ha revisado muchas entradas del campo de la química, María del Mar Martín de Nicolás ha hecho lo mismo con las entradas de biología y medicina, Rafael Reyes Villa ha revisado y corregido muchas entradas relacionadas con la electricidad y la electrónica, José Sánchez Recuero lo ha hecho con las de derecho, Francisco Moreno Viedma con las de música, José Enrique Moreno Fernández nos ha prestado auxilio informático en momentos decisivos y, finalmente, Andrew Hastings y Hiroto Ueda, además de ayudarnos en diversas operaciones informáticas, nos han transmitido generosamente buena parte de su experiencia como lexicógrafos. Para todos ellos las gracias más sinceras y afectuosas.

Pero esta presentación no quedaría completa sin una última palabra de agradecimiento, la que quiere dirigir el Departamento de Filología de la Universidad de Alcalá de Henares hacia la Editorial Biblograf, S. A., por su confianza y su espíritu de colaboración. Y el agradecimiento que ahora expresamos públicamente se reviste de un afecto especial hacia Manuel Alvar Ezquerra, porque sin sus orientaciones, sin su trabajo, sin su preocupación constante, los aciertos que este diccionario pueda ofrecer no habrían sido tales.

Estamos seguros de que los esfuerzos aunados en estas páginas serán de utilidad para todos aquellos que dedican parte de su tiempo a la enseñanza, el aprendizaje o el uso del español en cualquier rincón del mundo.

Francisco Moreno Fernández

Nota del editor

El *Diccionario para la enseñanza de la lengua española* simboliza todo un proceso en la elaboración de los diccionarios VOX que publica la editorial Biblograf, S.A. en el momento en que se cumplen los cincuenta años de la primera salida de su obra más emblemática y todavía hoy vigente, el *Diccionario general ilustrado de la lengua española*.

Con este nuevo diccionario la editorial ofrece una muestra más de su vocación por la enseñanza de la lengua española, manifestada a través de los múltiples diccionarios VOX, monolingües unos, bilingües otros, sin olvidar los semibilingües (como el VOX-*Chambers*) en cuya publicación fue pionera en España. Pero no sólo han sido los diccionarios el único instrumento para el conocimiento de la lengua que ha dado a la luz Biblograf, S.A. Desde hace años viene imprimiendo el *Curso superior de sintaxis española* de D. Samuel Gili Gaya, al que se ha sumado recientemente el *Manual de ortografía española* de Manuel Alvar Ezquerra y Antonia María Medina Guerra.

Ahora abre una nueva línea de atención al público con el *Diccionario para la enseñanza de la lengua española*, destinado fundamentalmente a estudiantes de español como segunda lengua, sin olvidar a los que aprenden la lengua materna. Para su realización, Biblograf, S.A. buscó la colaboración del equipo de máxima solvencia de la Universidad de Alcalá de Henares, dirigido por el profesor Francisco Moreno Fernández y coordinado por el profesor Pedro Benítez Pérez, responsables de los cursos de lengua y cultura españolas para extranjeros de la universidad complutense. La ejecución del proyecto ha sido posible gracias al correspondiente contrato suscrito entre el Departamento de Filología de la Universidad de Alcalá y la editorial Biblograf, S.A.

A la vista de los resultados obtenidos no cabe sino afirmar que la cooperación ha sido todo un éxito, gracias a la experiencia de los profesores de Alcalá de Henares en la enseñanza del español como segunda lengua y a sus conocimientos en léxico-estadística y sociolingüística, que ha permitido efectuar una selección científica y rigurosa del vocabulario que aparece en las páginas de este diccionario. Por su parte, Biblograf, S.A. ha puesto en sus manos los medios lexicográficos que posee: diccionarios en soporte electrónico y, sobre todo, el Corpus VOX-Biblograf, que ha servido de referencia y de apoyo para la confección de la obra. Además, el equipo de la Universidad de Alcalá de Henares ha desarrollado sus propias herramientas, efectuado la selección del léxico y redactado el diccionario cumpliendo con los compromisos adquiridos en un tiempo sorprendentemente breve.

El *Diccionario para la enseñanza de la lengua española* resulta una obra única dentro de la lexicografía española no sólo por la estrecha relación entre la Universidad de Alcalá de Henares y la editorial Biblograf, S.A., sino también, y de manera fundamental, por su contenido: los artículos se han seleccionado mediante índices de frecuencia y de dispersión del léxico, pensando en el usuario y conociendo sus necesidades por la experiencia cotidiana; se han limitado las palabras que aparecen en las definiciones a unas dos mil, de modo que puedan ser entendidas sin dificultad por cualquier persona que se adentre en el conocimiento de nuestra lengua; y se incluyen ejemplos en la mayoría de las definiciones —se exceptúan las excesivamente técnicas o específicas— en un alarde de novedad, con el fin de proporcionar a quienes consulten el diccionario modelos de uso de la lengua y, también, unos conocimientos culturales que no siempre tienen cabida en las definiciones; se evitan los sinónimos en el interior de las definiciones, pues en poco ayudan a los que no conocen en profundidad la lengua, mientras que sí se ofrecen esos sinónimos, junto con contrarios y voces relacionadas en múltiples lugares de la obra. Pero ello no es todo, como se explica en la presentación del profesor Francisco Moreno Fernández que antecede a esta nota, y se puede ver en el interior del *Diccionario para la enseñanza de la lengua española*.

La editorial Biblograf, S.A. está orgullosa de haber colaborado con un equipo de la eficacia del de la Universidad de Alcalá de Henares, y se siente profundamente satisfecha de esta nueva experiencia por el trato recibido tanto por las personas como por las instituciones.

BIBLOGRAF, S.A.

Abreviaturas utilizadas en este diccionario

A

adj.	adjetivo
adj.-f.	adjetivo usado también como sustantivo femenino
adj.-m.	adjetivo usado también como sustantivo masculino
adj.-s.	adjetivo usado también como sustantivo
adv.	adverbio, frase adverbial
adv. afirm.	adverbio afirmativo
adv. c.	adverbio de cantidad
adv. l.	adverbio de lugar
adv. m.	adverbio de modo
adv. neg.	adverbio de negación
adv. t.	adverbio de tiempo
AERON.	Aeronáutica
AGR.	Agricultura
amb.	ambiguo
ANAT.	Anatomía
ARQ.	Arquitectura
ARQUEOL.	Arqueología
art.	artículo
ASTRON.	Astronomía
aux.	auxiliar

B

BIOL.	Biología

C

CINEM.	Cinematografía
com.	sustantivo del género común
COM.	Comercio
cond.	condicional
conj.	conjunción

D

def.	verbo defectivo
DEP.	Deportes
DER.	Derecho
desp.	despectivo

E

ECON.	Economía
ELECTR.	Electricidad, electrónica
ESC.	Escultura
excl.	exclamativo

F

f.	nombre femenino
f.-adj.	sustantivo femenino usado también como adjetivo
f. pl.	sustantivo femenino plural
fam.	familiar
fig.	sentido figurado
FIL.	Filosofía
FÍS.	Física
form.	formal
FOT.	Fotografía
fut.	futuro

G

gén.	género
GEOGR.	Geografía
GEOL.	Geología
GEOM.	Geometría
ger.	gerundio

H

hum.	humorístico

I

imperat.	imperativo
imperf.	pretérito imperfecto
impers.	impersonal
indef.	indefinido
indic.	indicativo

inf.	infinitivo
infor.	informal
INFORM.	Informática
interj.	interjección
interr.	interrogativo
intr.	verbo intransitivo
intr.-tr.	verbo intransitivo que se usa también como transitivo
intr.-prnl.	verbo intransitivo que se usa también como pronominal
irreg.	irregular

L

LING.	Lingüística
LIT.	Literatura
loc.	locución
LÓG.	Lógica

M

m.	sustantivo masculino
m.-adj.	sustantivo masculino usado también como adjetivo
m. f.	sustantivo masculino y femenino, terminación doble
m. f.-adj.	sustantivo masculino o femenino usado también como adjetivo
m. pl.	sustantivo masculino plural
MAR.	Marina
MAT.	Matemáticas
MEC.	Mecánica
MED.	Medicina
MIL.	Milicia
MINERAL.	Mineralogía
MÚS.	Música

N

num.	numeral
n. pr.	nombre propio

O

ÓPT.	Óptica

P

p.	participio
p. ext.	por extensión
pers.	personal
PINT.	Pintura
pl.	plural
POÉT.	Poética
POL.	Política
poses.	posesivo
prep.	preposición
prnl.	verbo pronominal
pron.	pronombre
pron. indef.	pronombre indefinido
pron. relat.	pronombre relativo

Q

QUÍM.	Química

R

REL.	Religión
RET.	Retórica

S

s.	sustantivo
sing.	singular

T

tr.	verbo transitivo
tr.-intr.	verbo transitivo que se usa también como intransitivo
tr.-prnl.	verbo transitivo que se usa también como pronominal

U

unipers.	unipersonal

V

v.	verbo
vulg.	vulgar

Z

ZOOL.	Zoología

Fonética

LAS LETRAS DEL ALFABETO ESPAÑOL

Para pronunciar el nombre de cada una de las letras se debe hacer de la forma siguiente:

LETRA	NOMBRE	PRONUNCIACIÓN
a, A	a	|á|
b, B	be	|bé|
c, C	ce	|γé|
ch, CH	che	|tʃé*|
d, D	de	|dé|
e, E	e	|é|
f, F	efe	|éfe|
g, G	ge	|xé|
h, H	hache	|átʃe|
i, I	i	|í|
j, J	jota	|xóta|
k, K	ka	|ká|
l, L	ele	|éle|
ll, LL	elle	|éʎe**|
m, M	eme	|éme|
n, N	ene	|éne|
ñ, Ñ	eñe	|eñe|
o, O	o	|ó|
p, P	pe	|pé|
q, Q	cu	|kú|
r, R	ere, erre	|ére, ére̅|
rr, RR	erre	|ére̅|
s, S	ese	|ése|
t, T	te	|té|
u, U	u	|ú|
v, V	uve, ve	|úβe, bé|
w, W	uve doble, ve doble	|úβe ðóβle, bé ðóβle|
x, X	equis	|ékis|
y, Y	i griega, ye	|í γriéγa, yé|
z, Z	zeta	|θéta|

*** Es el nombre tradicional de este dígrafo, que desde 1994 se alfabetiza como *c* más *h*, dentro de la letra *c*.**
**** Es el nombre tradicional de este dígrafo, que desde 1994 se alfabetiza como *l* más *l*, dentro de la letra *l*.**

CÓMO INTERPRETAR LA INFORMACIÓN SOBRE LA PRONUNCIACIÓN

La información sobre la pronunciación se ofrece inmediatamente después de la palabra de la entrada y se dispone entre dos barras rectas (| |). Lo que se escribe entre estos signos representa una pronunciación correcta de la palabra definida.

Si la palabra que aparece en el lema tiene más de una pronunciación correcta, se anota cada una de ellas.

hierba: |i͟érβa| |yérβa|

Del mismo modo, si la palabra de la entrada tiene dos posibles terminaciones, también se anota la pronunciación de la segunda terminación, separada de la pronunciación de la palabra completa por una coma y un espacio.

blanco, ca: |bláŋko, ka|

La pronunciación de cada palabra se presenta en forma de transcripción simplificada. Para ello se utiliza un sistema de caracteres fijado convencionalmente que permite representar cada sonido con un símbolo diferente. Las disparidades entre este sistema y la ortografía empleada en la escritura son evidentes, pero no hacen imposible la comprensión de la transcripción. De hecho, los símbolos que representan los sonidos se crean buscando el mayor acercamiento posible a la ortografía.

En las correspondencias entre símbolos fonéticos y grafías ofrecemos los símbolos que representan cada sonido, las grafías usadas para cada uno de ellos en la ortografía, alguna muestra de su uso dentro de una palabra y la correspondencia con los sonidos equivalentes o más aproximados del inglés, el francés, el italiano y el alemán. El lugar en que recae el acento dentro de la palabra se indica mediante una tilde (ʹ) superpuesta al núcleo de la sílaba tónica.

CORRESPONDENCIAS ENTRE SÍMBOLOS FONÉTICOS Y GRAFÍAS

VOCALES

SÍMBOLO	GRAFÍA	EJEMPLO	INGLÉS	FRANCÉS	ITALIANO	ALEMÁN
|a|	*a*	marca	mark, rather	marque	marca	Marke
|e|	*e*	teléfono	telephone	téléphone	telefono	Telephon
|i|	*i*	física	physics	physique	fisica	Physik
|o|	*o*	lógico	logic	logique	logico	logisch
|u|	*u*	Perú	Peru	Pérou	Peru	Peru

Las secuencias de vocales que pertenecen a una misma sílaba —los diptongos y triptongos— van enlazadas por el signo ͜ , para indicar su agrupamiento. En estos casos, las vocales que han de pronunciarse con menos fuerza, de forma más breve, son |i| y |u|. Cuando la secuencia agrupe estas dos vocales (*iu, ui*), siempre se pronuncia con más fuerza la que aparece en segundo lugar. Cuando una de las vocales agrupadas en la misma sílaba lleva tilde, esta es la que se pronuncia con más fuerza.

CONSONANTES

SÍMBOLO	GRAFÍA	EJEMPLO	INGLÉS	FRANCÉS	ITALIANO	ALEMÁN
|p|	*p*	*P*erú	*P*erú	*P*érou	*P*eru	*P*eru
|t|	*t*	*t*oma*t*e	*t*oma*t*o	*t*oma*t*e	*t*in*t*a	*T*oma*t*e
|k|	*c + a, o, u*	a*c*ústica, *c*asa, *c*osa	a*c*oustic	a*c*ousti*qu*e	a*c*usti*c*a	A*k*usti*k*
	qu + e, i	*qu*ímica, *qu*eso	*qu*ay	*qu*and		
	k	*k*ilo	*k*ilo	*k*ilo	*k*ilo	*K*ilo

|b|	*b, v*	bomba, visado	bomb	bombe	bomba	Bombe
|β|	Arabia, caviar					
|d|	*d*	dato	data	donnée	dato	Daten
|ð|	dedo	this				
|g|	*g + a, o, u*	gala, godo, guardián	gala	gala	gala	Gala
	gu + e, i	guerra, guitarra				
|ɣ|		daga, largo, laguna				
|f|	*f*	fotografía	photograph, for	photographie	fotografia	Photographie
|θ|	*z + a, o, u*	zapato, cazo, zumo	thank, month			
	c + e, i	cenicero, cielo	thin			
|s|	*s*	misa	mass	messe	messa	Messe
|y|	*y*	yogur	yogourt	yogourt		Joghurt
|x|	*j + a, o, u*	jamón, jota, junco				Tochter
	g + e, i	generoso, giba				
|tʃ|	*ch*	chocolate	chocolate		circo	Kutsche
|m|	*m*	madre	mother	mère	madre	Mutter
|n|	*n*	natural	natural	naturel	naturale	natürlich
|ŋ|	*n + c, k, g, j*	banco, rango, ángel	bank	banque	banca	Bank
|ñ|	*ñ*	español		espagnol	spagnolo	
|l|	*l*	local	local	local	locale	Lokal
|ʎ|	*ll*	castellano			castigliano	
|r|	*r*	cero	zero		zero	
|r̄|	*r-, -rr-*	reloj, zorra			burro	

La grafía *x*: se pronuncia como |k, g + s| cuando va seguida de otra vocal:

		examen, taxi	taxi	taxi	taxi	Taxi

Se pronuncia como |s| cuando va seguida de una consonante.
Las grafías *gü- + e, i* se pronuncian como |gué, guí|: *cigüeña, argüir.*

ARTICULACIÓN DE LOS SONIDOS

VOCALES

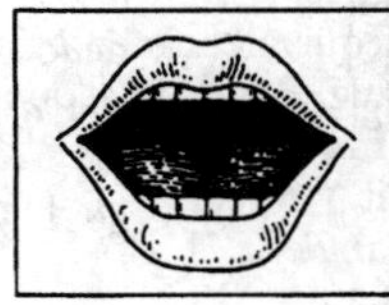

Sonido: |a|
Grafía: a
Ejemplo: m*a*rc*a*
Equivalencia en otras lenguas:
ing. m*a*rk, r*a*ther. Algo más corta.
fr. m*a*rque
it. m*a*rc*a*
al. M*a*rke

Sonido: |e|
Grafía: e
Ejemplo: t*e*l*é*fono
Equivalencia en otras lenguas:
ing. t*e*lephone
fr. t*é*l*é*phone
it. t*e*l*e*fono
al. T*e*lephon

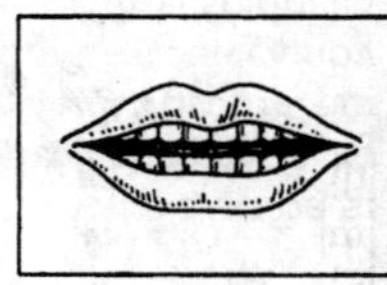

Sonido: |i|
Grafía: i
Ejemplo: f*í*s*i*ca
Equivalencia en otras lenguas:
ing. ph*y*s*i*cs
fr. ph*y*s*i*que
it. f*i*s*i*ca
al. Ph*y*s*i*k

Sonido: |o|
Grafía: o
Ejemplo: l*ó*gic*o*
Equivalencia en otras lenguas:
ing. l*o*gic. Algo más larga.
fr. l*o*gique
it. l*o*gic*o*
al. l*o*gisch

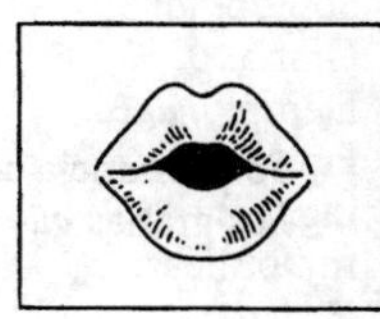

Sonido: |u|
Grafía: u
Ejemplo: Per*ú*
Equivalencia en otras lenguas:
ing. Per*u*
fr. Pér*ou*
it. Per*u*
al. Per*u*

CONSONANTES

Sonido: |p|
Grafía: p
Ejemplo: *P*eru
Equivalencia en otras lenguas:
ing. *P*eru. Sin aspiración.
fr. *P*érou
it. *P*eru
al. *P*eru

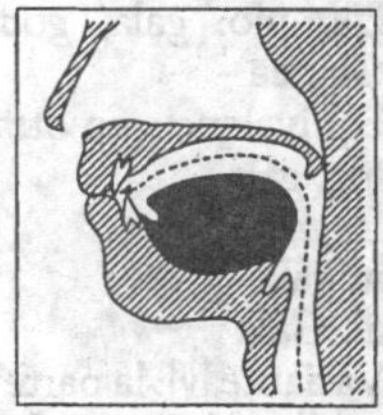

Sonido: |t|
Grafía: t
Ejemplo: *t*oma*t*e
Equivalencia en otras lenguas:
ing. *t*oma*t*o. Sin aspiración.
fr. *t*oma*t*e
it. *t*in*t*a
al. *T*oma*t*e

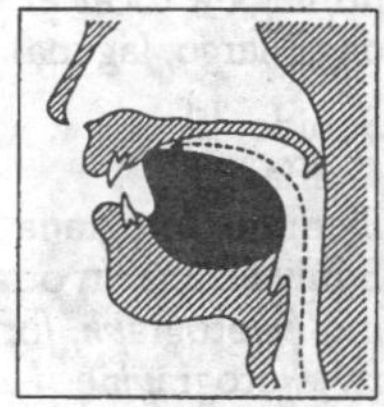

Sonido: |k|
Grafía: c (+ a, o, u); qu (+ e, i); k
Ejemplos: a*c*ústica, *qu*ímica, *k*ilo
Equivalencia en otras lenguas:
ing. a*c*oustic, *qu*ay, *k*ilo. Sin aspiración.
fr. a*c*ousti*que*, *qu*and, *k*ilo.
it. a*c*usti*c*a, *k*ilo
al. A*k*usti*k*, *K*ilo

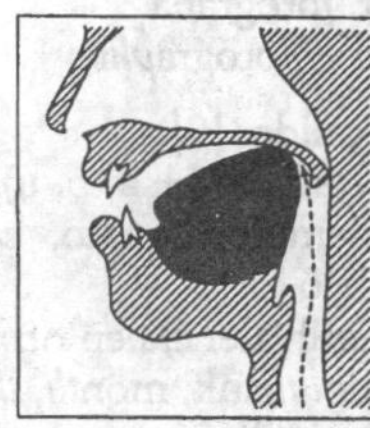

Sonido: |b|
Grafía: b, v
Ejemplos: *b*omba, *v*isado
Equivalencia en otras lenguas:
ing. *b*omb
fr. *b*ombe
it. *b*om*b*a
al. *B*om*b*e
Variante |β|: los labios no se tocan (esp. Ara*b*ia, ca*v*iar).

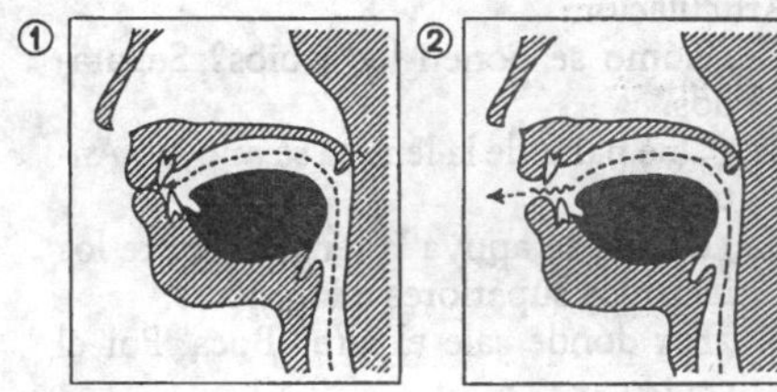

Sonido: |d|
Grafía: d
Ejemplo: *d*ato
Equivalencia en otras lenguas:
ing. *d*ata
fr. *d*onnée
it. *d*ato
al. *D*aten
Variante |ð|: la lengua no llega a tocar los dientes (esp. de*d*o, ing. *th*is).

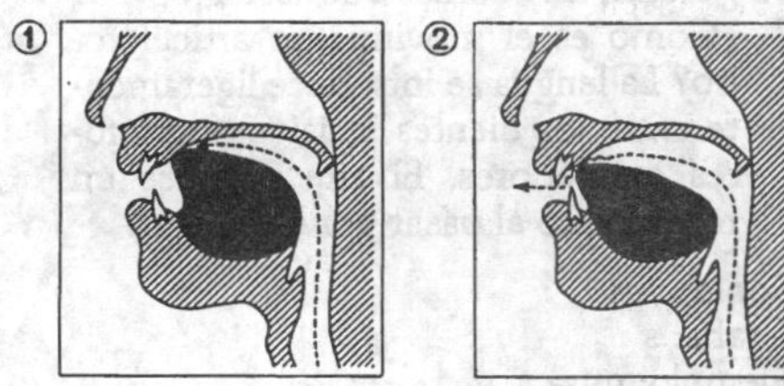

Sonido: |g|
Grafía: g (+ a, o, u); gu (+ e, i)
Ejemplo: *g*ala, *g*odo, *gu*ardián, *gu*erra, *Gu*inea
Equivalencia en otras lenguas:
ing. *g*ala
fr. *g*ala
it. *g*ala
al. *G*ala
Variante |ɣ|: la parte posterior de la lengua no llega a tocar el velo del paladar (esp. da*g*a, lar*g*o, la*g*una).

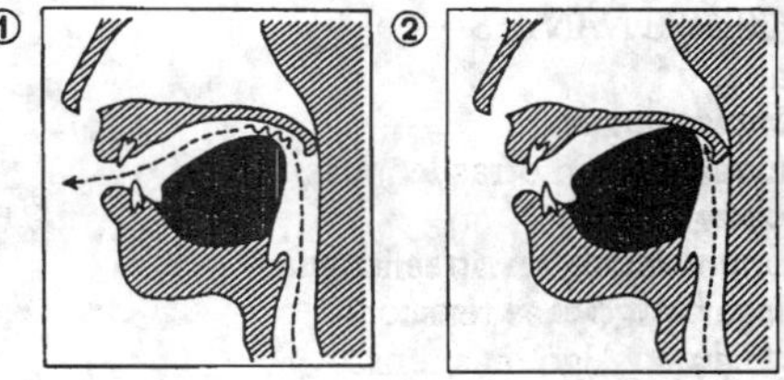

Sonido: |f|
Grafía: f
Ejemplo: *f*otogra*f*ía
Equivalencia en otras lenguas:
ing. *ph*otogra*ph*, *f*or
fr. *ph*otogra*ph*ie
it. *f*otogra*f*ia
al. *Ph*otogra*ph*ie

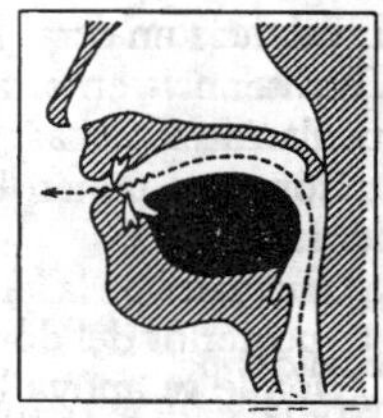

Sonido: |θ|
Grafía: z (+ a, o, u); c (+ e, i)
Ejemplo: *z*apato, ca*z*o, *z*umo, *c*eni*c*ero, *c*ielo
Equivalencia en otras lenguas:
ing. *th*ank, mon*th*, *th*in
Articulación:
1. ¿Cómo se ponen los labios? Separados.
2. ¿Qué parte de la lengua se apoya? Anterior.
3. ¿Dónde se apoya la lengua? Entre los incisivos superiores e inferiores.
4. ¿Por dónde sale el aire? Boca. Por el centro.
5. ¿Se interrumpe el aire al salir? No.
6. ¿Vibran las cuerdas vocales? No.
7. ¿Cómo es el movimiento articulatorio? La lengua se introduce ligeramente entre los dientes incisivos superiores e inferiores. El aire produce un rozamiento al pasar por este lugar.

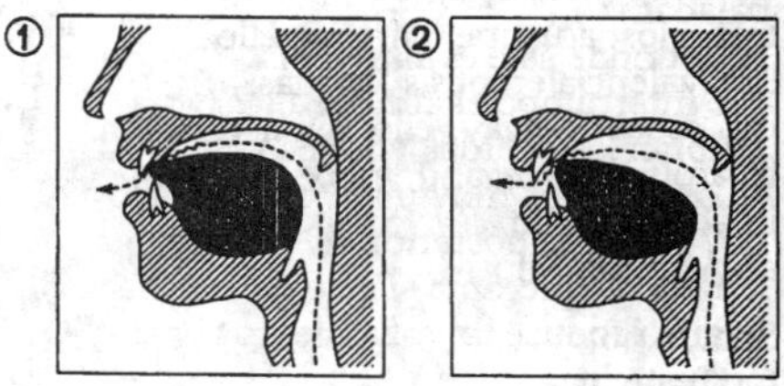

Sonido: |s|
Grafía: s
Ejemplo: mi*s*a
Equivalencia en otras lenguas:
ing. ma*ss*
fr. me*ss*e
it. me*ss*a
al. Me*ss*e

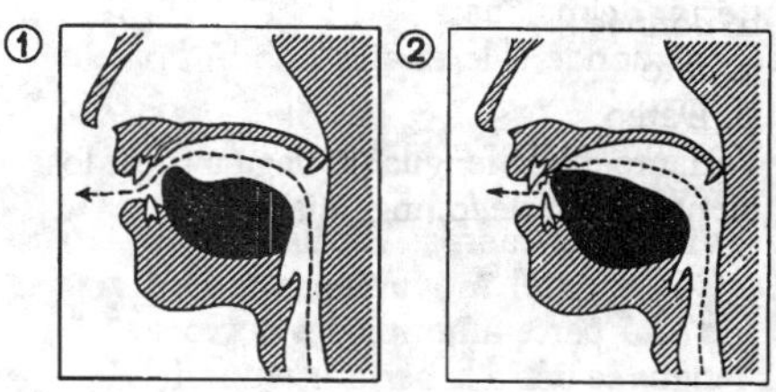

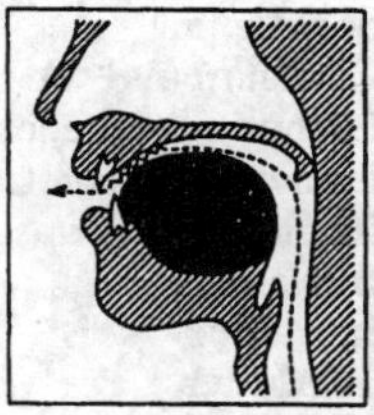

Sonido: |y|
Grafía: y
Ejemplo: *y*ogur
Equivalencia en otras lenguas:
ing. *y*ogourt
fr. *y*ogourt. Algo más tenso.
it. *io*gur. Algo más tenso.
al. *J*oghurt. Algo más tenso.

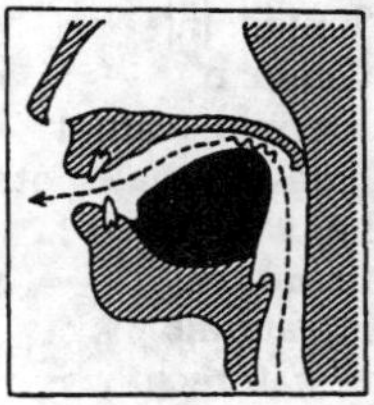

Sonido: |x|
Grafía: j (+ a, o, u); g (+ e, i).
Ejemplos: *j*amón, *j*ota, *j*unco, *g*eneroso, *g*iba
Equivalencia en otras lenguas:
al. To*ch*ter
Articulación:

1. ¿Cómo se ponen los labios? Separados.
2. ¿Qué parte de la lengua se apoya? Parte posterior del dorso.
3. ¿Dónde se apoya la lengua? Velo del paladar.
4. ¿Por dónde sale el aire? Boca.
5. ¿Se interrumpe el aire al salir? No.
6. ¿Vibran las cuerdas vocales? No.
7. ¿Cómo es el movimiento articulatorio? La parte posterior del dorso de la lengua se aproxima al velo del paladar. El aire produce un rozamiento al pasar por este lugar.

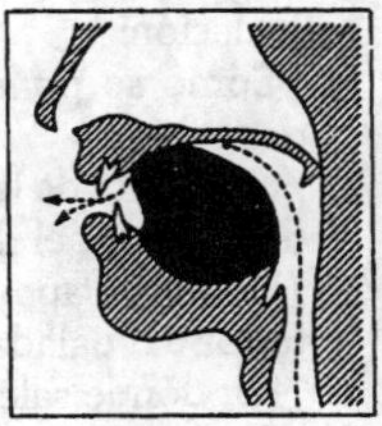

Sonido: |tʃ|
Grafía: ch
Ejemplo: *ch*ocolate
Equivalencia en otras lenguas:
ing. *ch*ocolate
it. *c*irco
al. Ku*tsch*e
Articulación:

1. ¿Cómo se ponen los labios? Separados.
2. ¿Qué parte de la lengua se apoya? Parte anterior del dorso.
3. ¿Dónde se apoya la lengua? Parte anterior del paladar.
4. ¿Por dónde sale el aire? Boca. Por el centro.
5. ¿Se interrumpe el aire al salir? Sí, muy brevemente.
6. ¿Vibran las cuerdas vocales? No.
7. ¿Cómo es el movimiento articulatorio? La parte anterior del dorso de la lengua se une a la parte anterior del paladar durante un breve instante e inmediatamente se afloja la presión para producir un rozamiento del aire al pasar por este lugar.

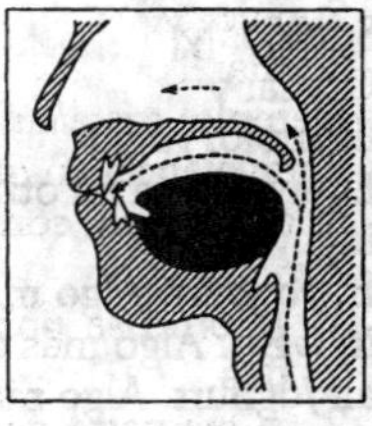

Sonido: |m|
Grafía: m (n + v)
Ejemplos: *m*adre, e*nv*ío
Equivalencia en otras lenguas:
ing. *m*other
fr. *m*ère
it. *m*adre
al. *M*utter

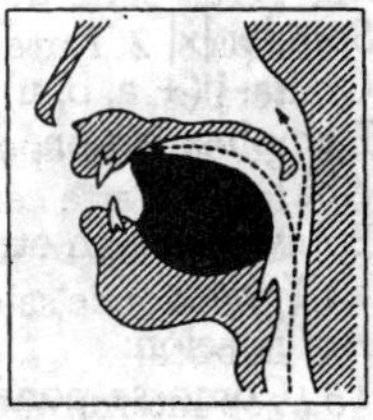

Sonido: |n|
Grafía: n
Ejemplo: *n*atural
Equivalencia en otras lenguas:
ing. *n*atural
fr. *n*aturel
it. *n*aturale
al. *n*atürlich
Variante: |ŋ| (n + k, g, x)
Ejemplos: ba*n*co, ra*n*go, á*n*gel
Equivalencia en otras lenguas:
ing. ba*n*k
fr. ba*n*que
it. ba*n*ca
al. Ba*n*k

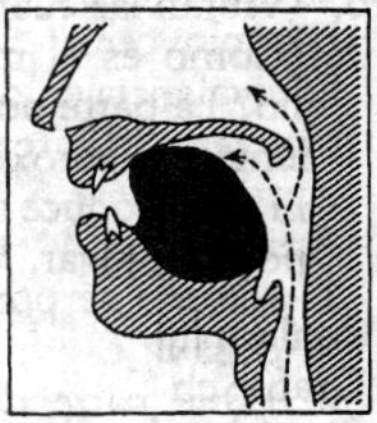

Sonido: |ñ|
Grafía: ñ
Ejemplo: espa*ñ*ol
Equivalencia en otras lenguas:
fr. espa*gn*ol
it. spa*gn*olo
Articulación:

1. ¿Cómo se ponen los labios? Separados.
2. ¿Qué parte de la lengua se apoya? Parte anterior del dorso.
3. ¿Dónde se apoya la lengua? Parte anterior del paladar.
4. ¿Por dónde sale el aire? Nariz.
5. ¿Se interrumpe el aire al salir? Sí, en la boca.
6. ¿Vibran las cuerdas vocales? Sí.
7. ¿Cómo es el movimiento articulatorio? Se apoya la lengua en la parte anterior del paladar y se hace salir el aire por la nariz.

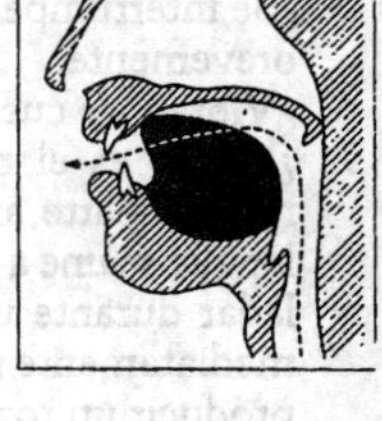

Sonido: |l|
Grafía: l
Ejemplo: *l*ocal
Equivalencia en otras lenguas:
ing. *l*oca*l*
fr. *l*oca*l*
it. *l*oca*l*e
al. *L*oka*l*

Sonido: |ʎ|
Grafía: ll
Ejemplo: caste*ll*ano
Equivalencia en otras lenguas:
it. casti*gli*ano, consi*gli*o
Articulación:

1. ¿Cómo se ponen los labios? Separados.
2. ¿Qué parte de la lengua se apoya? 1. Ápice. 2. Parte del dorso. 3. Bordes laterales.
3. ¿Dónde se apoya la lengua? 1. Alveolos. 2. Parte central del paladar. 3. Encías de las muelas superiores.
4. ¿Por dónde sale el aire? Por un lado de la boca.
5. ¿Se interrumpe el aire al salir? No.
6. ¿Vibran las cuerdas vocales? Sí.
7. ¿Cómo es el movimiento articulatorio? La lengua forma un canal que va desde el centro hasta uno de los lados, por donde sale el aire.

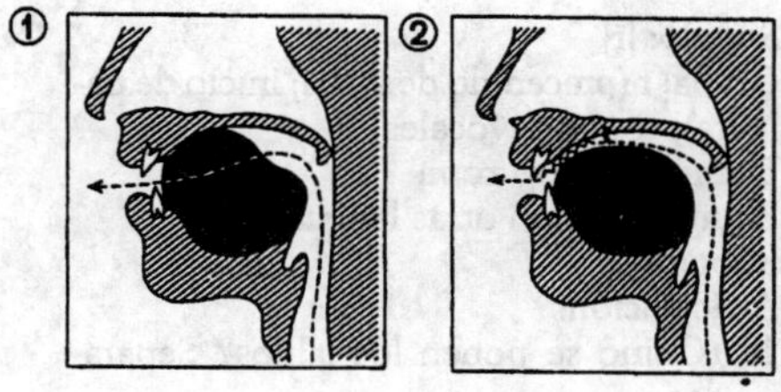

Sonido: |r|
Grafía: r (entre vocales y final de sílaba)
Ejemplo: ce*r*o
Equivalencia en otras lenguas:
ing. ze*r*o. Más tensa.
it. ze*r*o
Articulación:

1. ¿Cómo se ponen los labios? Separados.
2. ¿Qué parte de la lengua se apoya? Ápice.
3. ¿Dónde se apoya la lengua? Alveolos.
4. ¿Por dónde sale el aire? Por el centro de la boca.
5. ¿Se interrumpe el aire al salir? Sí, muy brevemente.
6. ¿Vibran las cuerdas vocales? Sí.
7. ¿Cómo es el movimiento articulatorio? La lengua se desplaza para rozar los alveolos interrumpiendo brevemente la salida del aire.

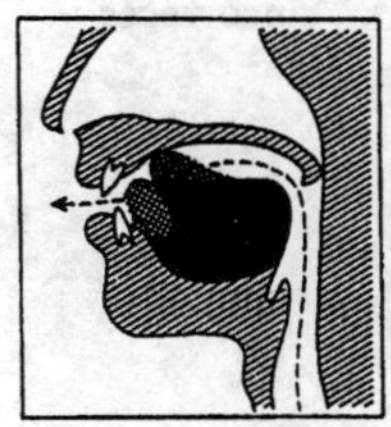

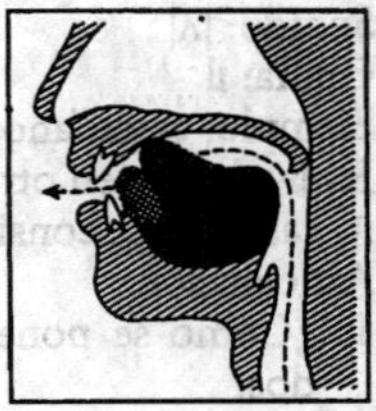

Sonido: |r̄|
Grafía: r (precedido de s, n, l; inicio de palabra); rr (entre vocales)
Ejemplos: *r*eloj, zo*rr*a
Equivalencia en otras lenguas;
it. bu*rr*o
Articulación:

1. ¿Cómo se ponen los labios? Separados.
2. ¿Qué parte de la lengua se apoya? Ápice.
3. ¿Dónde se apoya la lengua? Alveolos.
4. ¿Por dónde sale el aire? Por el centro de la boca.
5. ¿Se interrumpe el aire al salir? Sí, repetidas veces, rápidas y breves.
6. ¿Vibran las cuerdas vocales? Sí.
7. ¿Cómo es el movimiento articulatorio? La lengua se aproxima a los alveolos y realiza con fuerza un movimiento vibratorio muy rápido, interrumpiendo la salida del aire entre dos y cinco veces.

A

A, a 1 ***f.*** Primera letra del alfabeto español: *dime el abecedario de la ~ a la zeta.* ⌂ El plural es *aes.* **2** MAT. Abreviatura de área: *100 metros cuadrados equivalen a 1 ~.* **- 3** ***prep.*** Introduce el objeto directo de persona y el objeto indirecto en una oración: *busco ~ mi padre; escribo una carta ~ mi padre.* ⌂ Cuando va seguida del artículo *el,* se forma la contracción *al.* Se usa como régimen preposicional de muchos adjetivos, sustantivos y verbos: *soy fiel ~ mis amigos.* Generalmente, el objeto directo no va introducido por esta preposición cuando no es de persona: *he visto ~ Juan,* pero *he visto una película.* **4** Indica dirección o destino: *voy ~ España; me dirijo ~ ti; miré al suelo; llegó ~ su casa.* ⇒ **hacia. 5** Indica posición, lugar o estado: *el libro está ~ mi derecha; el supermercado está al final de la calle; tengo un melocotonero ~ la puerta de mi casa; sigo ~ la espera.* ⇒ **en. 6** Indica el momento en que ocurre una cosa: *llegaron ~ las tres; me encontré ~ tu hermano al venir.* ⇒ **al. 7** Indica distancia en el espacio o en el tiempo entre dos cosas: *Madrid está ~ 30 kilómetros; Juan vive ~ diez minutos de aquí.* **8** Indica un fin o una intención: *viene ~ comer; el testigo llegó tarde ~ testificar; quédate ~ dormir.* ⌂ Se usa en muchas perífrasis: *esta noche voy ~ dormir muy poco.* No se deben usar expresiones como *objetivo ~ cumplir* o *criterio ~ seguir.* ⇒ **para. 9** Indica modo o manera en que se hace una cosa: *siempre hace las cosas ~ lo tonto; me gustan las patatas al ajillo; concertó una cita ~ ciegas; entró en la casa ~ escondidas; la bandera ondea al viento; Manuel siempre escribe ~ máquina.* **10** Indica el instrumento con el que se hace una cosa: *lo sacaron de allí ~ palos.* ⇒ **con. 11** Indica el precio de una cosa: *las sardinas están ~ 400 pesetas el kilo.* **12** *fam.* Indica una orden: *¡~ callar!; todos ~ dormir.* ⌂ Se usa seguido de un infinitivo. **13** Indica el límite de una cosa: *el agua me llega ~ la rodilla.* ⇒ **hasta. 14** Indica la parte que corresponde en un reparto: *tocamos ~ dos peras cada uno; ¿~ cuánto dinero vamos a tocar?*

á·ba·co |áβako| ***m.*** Cuadro de madera con alambres horizontales y paralelos por los cuales se hacen correr unas bolas y que sirve para hacer operaciones matemáticas o para marcar los puntos que ganan los jugadores de ciertos juegos: *cuando no había calculadoras, los ábacos eran el principal auxilio de los matemáticos.*

a·bad |aβáð| ***m.*** Religioso superior de un monasterio: *el ~ reunió a los monjes.* ⇒ **abadesa.**

a·ba·de·jo |aβadéxo| ***m.*** Pez marino comestible parecido al *bacalao, de cuerpo alargado y cabeza muy grande: *el ~ es un pescado que vive en mares de aguas frías.* ⌂ Para indicar el sexo se usa el ~ macho y el ~ hembra.

a·ba·de·sa |aβaðésa| ***f.*** Religiosa superior de un monasterio: *la ~ dio permiso a una novicia para visitar a su familia.* ⇒ **abad.**

a·ba·dí·a |aβaðía| **1** ***f.*** Iglesia o monasterio gobernado por un *abad o una *abadesa: *la ~ de Ripoll alcanzó en el* XI *una gran importancia como centro de difusión cultural.* **2** Terreno y bienes que pertenecen a ese monasterio: *un pequeño río atraviesa la ~.*

a·ba·jo |aβáxo| **1** ***adv.*** Hacia el lugar o la parte inferior; hacia un lugar o una parte más bajos: *voy ~; ha caído de arriba ~.* ⇔ **arriba. 2** En el lugar o la parte inferior; en un lugar o una parte más bajos: *estoy ~, en el sótano.* ⇔ **arriba.** ⌂ Cuando se usa precedido de la preposición *para,* no se debe decir *pabajo.* **- 3** ***interj.*** Expresa una protesta o que se está en contra de una cosa: *¡~ la opresión!* ⇔ **arriba.**

a·ba·lan·zar·se |aβalanθárse| **1** ***prnl.*** [sobre/contra algo/alguien] Atacar o lanzarse para hacer daño o dominar: *el jugador se abalanza sobre el contrario; el león se abalanzó sobre su presa.* **2** [a algo] Hacer una cosa o lanzarse a hacerla sin pensar en las *consecuencias: *Luisa siempre se abalanza a lo que salga.* ⌂ Se conjuga como 4.

a·ba·lo·rio |aβalório| **1** ***m.*** Objeto pequeño que sirve para hacer adornos de poco valor, generalmente collares o cosas parecidas: *me he comprado abalorios de colores para hacerme un collar y dos pulseras.* **2** Adorno de poco valor hecho con objetos pequeños: *María se ha llenado de abalorios y está ridícula.*

a·ban·de·ra·⌐do, ⌐da |aβanderáðo, ða| **1** ***adj.-s.*** (persona) Que lleva una bandera: *el soldado ~ marchaba en la primera fila.* **2** (persona) Que apoya o defiende a un grupo de personas, una causa o un principio; que dirige una acción: *en mi empresa, Luis es el ~ de los trabajadores.* ⌂ Es el participio de *abanderar.*

a·ban·de·rar |aβanderár| **1** ***tr.*** MAR. [algo] Registrar un barco bajo la bandera de un Estado: *el barco fue abanderado en España.* **2** *fig.* Representar o defender una causa, un movimiento o una organización: *siempre ha abanderado las protestas de los más débiles.*

a·ban·do·na·⌐do, ⌐da |aβandonáðo, ða| ***adj.-s.*** (persona) Que no se preocupa de sus actos, de sus obligaciones o de su aspecto exterior: *el ~ siempre deja todo para el último día.* ⌂ Es el participio de *abandonar.*

a·ban·do·nar |aβandonár| **1** ***tr.*** [algo, a alguien] Dejar solo, sin intención de volver: *ha abandonado a su marido.* **2** Renunciar, especialmente a seguir haciendo una cosa: *abandonará la idea pronto; abandonó la presidencia el año pasado.* ⇒ **arrinconar.** **- 3 abandonarse** ***prnl.*** [a algo/alguien] Darse completamente; dejarse dominar: *se abandonó a la bebida; el vagabundo se abandona a su suerte.* **4** Descuidar los actos, las obligaciones o el aspecto exterior: *ya no es puntual: se está abandonando mucho; está gordo, se ha abandonado por completo.*

a·ban·do·no |aβandóno| **1** ***m.*** Acción y resultado de abandonar: *los campesinos intentan evitar el ~ del cultivo de la remolacha.* **2** Falta de cuidado o de aseo: *la casa tenía un aspecto de total ~.*

a·ba·ni·car |aβanikár| ***tr.-prnl.*** [algo, a alguien] Dar aire con un objeto, moviéndolo de un lado a otro: *me he comprado un abanico para abanicarme en la piscina; abanica a tu pobre madre con ese periódico, que se está asfixiando de calor.* ☖ Se conjuga como 1.

a·ba·ni·co |aβaníko| **1** ***m.*** Instrumento en forma de medio círculo, que sirve para dar o darse aire y que se puede plegar: *al llegar allí hacía tanto calor, que me tuve que comprar un ~.* **2** *fig.* Objeto o cosa que tiene una forma parecida a la de ese instrumento: *los ciclistas hicieron un ~ para evitar la fuerza del viento; el mago ha hecho un ~ con las cartas de la baraja.* **3** *fig.* Conjunto de cosas entre las que se puede elegir o que son diferentes: *esa tienda ofrece un amplio ~ de precios; esa ciudad es un ~ de razas y culturas.*

a·ba·ni·que·o |aβanikéo| ***m.*** Acción y resultado de *abanicar o mover una cosa de un lado a otro: *el torero le hizo al toro un ~ con la muleta.*

a·ba·ra·ta·mien·to |aβaratamiénto| ***m.*** Disminución del precio de un producto o servicio: *hemos podido cambiarnos de casa porque se ha producido un gran ~ de los alquileres.* ⇔ **encarecimiento.**

a·ba·ra·tar |aβaratár| ***tr.-prnl.*** [algo] Disminuir el precio de un producto o servicio; hacer más *barato: *si queremos competir con los países asiáticos, hay que ~ los costes de producción; las naranjas se abaratan en invierno.* ⇔ **encarecer.**

a·bar·ca |aβárka| ***f.*** AGR. Calzado rústico de cuero o goma, que se ata con cuerdas o correas al *tobillo y que cubre la planta y los dedos del pie: *el agricultor lleva las abarcas llenas de barro.* ⇒ **albarca.**

ABANICO

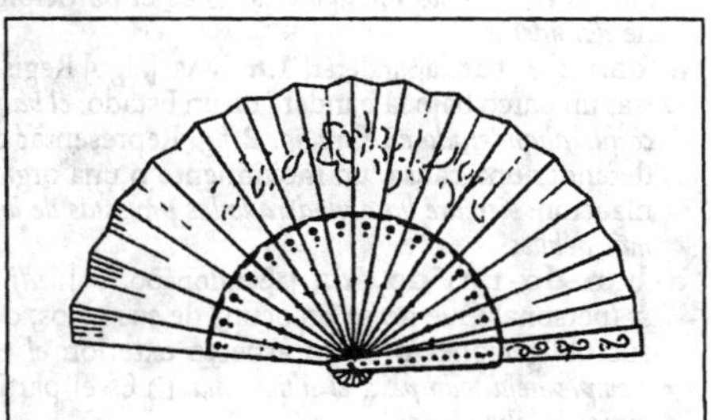

a·bar·car |aβarkár| **1** ***tr.*** [algo, a alguien] Rodear con los brazos: *mi primo está tan gordo, que no lo puedo ~.* **2** *fig.* [algo] Contener, comprender u ocupar: *el último capítulo de ese libro abarca tres siglos.* ⇒ **englobar.** **3** *fig.* Tomar como cargo muchas personas o cosas a un tiempo: *mi puesto de dirección abarca demasiadas especialidades.* **- 4** ***tr.-prnl.*** [algo] Alcanzar con la vista: *desde aquel cerro se abarca toda la provincia.* ■ **quien mucho abarca, poco aprieta,** indica que no es posible hacer bien muchas cosas a la vez: *no ha conseguido aprobar el curso, estudia y trabaja, y ya se sabe, quien mucho abarca, poco aprieta.*

a·bar·qui·llar |aβarkiʎár| ***tr.-prnl.*** [algo] Tomar o hacer tomar una forma curva, especialmente un cuerpo ancho y delgado: *la humedad ha abarquillado la madera; la tabla se puede ~ si está en contacto con el agua.*

a·ba·rran·car |aβar̄aŋkár| **1** ***tr.-prnl.*** [algo, a alguien] Meter o caer en un *barranco: *dos burros se abarrancaron cerca del pueblo.* **- 2** ***intr.-prnl.*** MAR. [en un lugar] Dar una embarcación en arena o piedras quedando sin movimiento: *quisimos llegar tan cerca de la playa, que la barca abarrancó.* ⇒ **encallar.** **- 3** ***tr.-prnl.*** *fig.* [a alguien] Meter o caer en una situación difícil: *el hijo gastaba tanto dinero, que abarrancó a sus padres.* ☖ Se conjuga como 1.

a·ba·rro·tar |aβar̄otár| ***tr.*** [algo] Llenar por completo, especialmente un espacio o un lugar: *miles de personas abarrotaban el estadio; el libro está abarrotado de errores.*

a·bas·te·ce·⌈dor, ⌈do·ra |aβasteθeðór, ðóra| ***adj.-s.*** (persona, empresa) Que da o pone al alcance una cosa necesaria: *llamó a la empresa abastecedora para pedir que le llenaran el depósito de carburante de la calefacción.*

a·bas·te·cer |aβasteθér| ***tr.-prnl.*** [algo, a alguien] Dar, llevar o poner al alcance, especial-

ABARCA

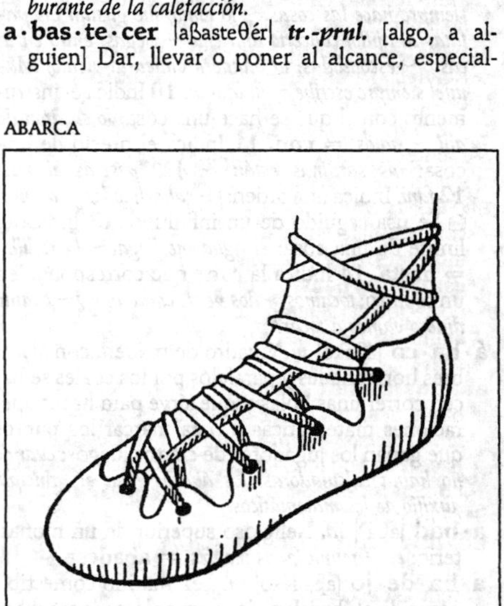

mente una cosa necesaria: *el nuevo canal abastecerá de agua todo el pueblo.* ⇒ **proveer, suministrar, surtir.** ⇔ **desabastecer.** ☖ Se conjuga como 43.

a·bas·te·ci·mien·to |aβasteθimiénto| ***m.*** Acción y resultado de *abastecer: *hubo muchas dificultades para el ~ de alimentos.*

a·bas·to |aβásto| ***m.*** Conjunto de cosas necesarias, especialmente de alimentos: *voy a comprar al mercado de abastos.* ■ **no dar ~**, no poder hacer una cosa; no poder terminar lo que se está haciendo: *el profesor no da ~ para corregir tantos ejercicios.*

a·ba·ta·nar·se |aβatanárse| ***prnl.*** Quedarse aplastado un tejido de lana al ser lavado: *el chaleco de lana se me ha abatanado porque lo he lavado con agua muy caliente.* ⇒ **apelmazar.**

a·ba·ti·ble |aβatíβle| ***adj.*** (mueble) Que se puede colocar en posición horizontal o vertical: *tienen una cama ~ para aprovechar mejor el espacio.*

a·ba·ti·⌜do, ⌜da |aβatíðo, ða| ***adj.*** (persona) Que ha perdido la energía, la fuerza o el ánimo: *está muy ~ desde que ha perdido el trabajo.* ☖ Es el participio de *abatir.*

a·ba·ti·mien·to |aβatimiénto| ***m.*** *fig.* Falta de energía, de fuerza o de ánimo: *no sabemos qué hacer para animarlo y sacarlo de este ~.*

a·ba·tir |aβatír| **1** ***tr.*** [algo, a alguien] Derribar o tirar al suelo: *los cañones abatieron tres bombarderos enemigos.* **2** [algo] Inclinar o colocar en posición horizontal: *ayúdame a ~ la cama plegable.* **- 3** ***tr.-prnl.*** *fig.* Sentir o producir tristeza; perder o hacer perder la energía, la fuerza o el ánimo: *la noticia nos ha abatido mucho.* ⇒ **consternar.**

ab·di·ca·ción |a^{β}ðikaθión| **1** ***f.*** Renuncia a un cargo o a un derecho en favor de otra persona: *la ~ del rey ha preocupado a todos los ciudadanos.* **2** Documento en el que se renuncia a un cargo o a un derecho en favor de otra persona: *el rey ya ha firmado la ~ en favor de su hijo.*

ab·di·car |a^{β}ðikár| **1** ***tr.-intr.*** [algo; en alguien] Renunciar a un cargo o a un derecho en favor de otra persona: *la reina abdicó la corona en su hijo.* **- 2** ***intr.*** [de algo] Dejar o abandonar, generalmente una opinión o una creencia: *el presidente abdicó de sus principios.* ☖ Se conjuga como 1.

ab·do·men |a^{β}ðómen| **1** ***m.*** Parte del cuerpo comprendida entre el pecho y las extremidades inferiores: *en el ~ tenemos los intestinos.* ⇒ **barriga, estómago, panza, tripa, vientre.** **2** ZOOL. Parte posterior del cuerpo de los insectos y de otros animales: *las abejas tienen el aguijón en el extremo del ~.*

ab·do·mi·nal |a^{β}ðominál| **1** ***adj.*** Del *abdomen o que tiene relación con él: *me ha dado un dolor ~ al agacharme.* **- 2** ***adj.-m.*** DEP. (ejercicio) Que se hace para poner más fuertes los músculos del *abdomen: *en el gimnasio hacemos quince abdominales en un minuto.*

ab·duc·ción |a^{β}ðu^{k}θión| ***f.*** *form.* Movimiento por el cual un miembro o un órgano se aleja del eje central del cuerpo: *si levantas el brazo lateralmente, realizas una ~.* ⇒ **aducción.**

ab·duc·tor |a^{β}du^{k}tór| ***adj.-m.*** *form.* (músculo) Que sirve para hacer los movimientos que separan un miembro del eje central del cuerpo: *el corredor tiene un fuerte dolor en los abductores de las piernas.* ⇒ **aductor.**

a·be·cé |aβeθé| **1** ***m.*** Serie ordenada de las letras de un idioma: *los niños ya han aprendido el ~.* ⇒ **abecedario, alfabeto.** **2** *fig.* Conjunto de conocimientos básicos de cualquier ciencia o técnica: *este libro te explica el ~ de la física; el ~ de la alfarería dice que hay que conocer bien el barro con el que se trabaja.*

a·be·ce·da·rio |aβeθeðário| **1** ***m.*** Serie ordenada de las letras de un idioma: *conozco de memoria el ~ de varias lenguas.* ⇒ **abecé, alfabeto.** **2** Papel o libro pequeño que sirve para enseñar y aprender a leer: *este ~ tiene las letras muy grandes.*

a·be·dul |aβeðúl| **1** ***m.*** Árbol de corteza fina, lisa y clara, de ramas flexibles y con las hojas pequeñas, ovaladas y con el borde en forma de sierra: *el ~ crece en zonas frías y húmedas; el ~ puede medir hasta 25 metros.* **2** Madera de ese árbol: *el ~ es blanco y ligero.*

a·be·ja |aβéxa| **1** ***f.*** Insecto que produce la cera y la miel: *las abejas viven en colmenas;* **~ maestra/reina**, hembra que pone los huevos: *sólo hay una ~ maestra en cada comunidad; la ~ reina tiene un tamaño mucho mayor que las demás;* **~ obrera**, hembra que no puede poner huevos y que se dedica a fabricar la miel: *en cada colmena hay muchas abejas obreras.* ⇒ **zángano.** **2** *fig.* Persona muy trabajadora: *es una ~: nunca para de trabajar.*

a·be·ja·ru·co |aβexarúko| ***m.*** Pájaro de color marrón y amarillo en su parte superior y verde o azul en la inferior, de pico largo y curvado, que se alimenta especialmente de abejas y otros insectos: *las alas de los abejarucos son estrechas y puntiagudas.* ☖ Para indicar el sexo se usa el ~ macho y el ~ hembra.

a·be·jo·rro |aβexóro| **1** ***m.*** Insecto parecido a la abeja pero de mayor tamaño, cubierto de vello y que zumba mucho: *¡qué asco, hay un ~ revoloteando en la sala!* **2** *fig.* Persona de conversación pesada y molesta: *no soporto a Juan porque es un ~.*

ABEJARUCO

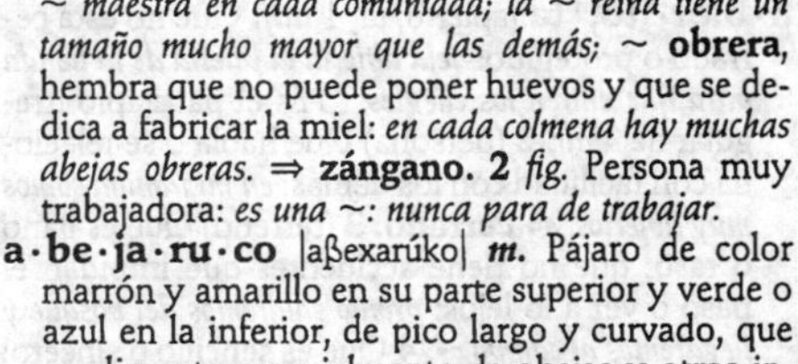

a·be·rra·ción |aβeřaθión| **1** ***f.*** Acción o comportamiento que se aparta de lo que se considera natural, lógico, justo o verdadero: *es una ~ que quiera dejar a su padre en la calle.* **2** BIOL. Defecto físico o mental; cosa que no es normal en la naturaleza: *la radiación produjo una ~ cromosómica en los ratones del laboratorio.*

a·be·rran·te |aβeřánte| ***adj.*** Que se separa de la norma o la regla general: *tu conducta en la reunión ha sido ~.*

a·ber·tu·ra |aβertúra| **1** ***f.*** Agujero o grieta en una superficie: *el caballero sacaba la mano por la ~ de la capa; los niños entraron en la cueva por una pequeña ~ que había en la roca.* **2** Hueco hecho en la fachada de un edificio: *las catedrales góticas presentan muchas más aberturas que las románicas.* **3** Terreno ancho y abierto entre dos montañas: *la carretera pasa por aquella ~.*

a·be·to |aβéto| ***m.*** Árbol de tronco alto y recto, con la copa en forma de cono, ramas horizontales, hojas estrechas y permanentes y fruto en forma de piña: *en Navidad decoramos un ~; los abetos son árboles de hoja perenne.*

a·bier·ta·men·te |aβiértaménte| ***adv. m.*** Sin reserva; de modo sincero y sencillo: *la miró ~ a los ojos; el asunto era demasiado delicado para tratarlo ~.*

a·bier·⌜to, ⌜ta |aβiérto, ta| **1** ***adj.*** Que no está cerrado o protegido: *deja abierta la puerta de la tienda para que entren los clientes.* ☖ Es el participio irregular de *abrir.* **2** (persona) Que habla o se relaciona con facilidad con los demás: *en mi familia somos muy abiertos.* ⇔ **cerrado.** **3** (terreno) Que es llano o raso; que no tiene accidentes que impidan el paso o ver a lo lejos: *pronto saldremos del bosque y llegaremos al campo ~.* **4** Que es sencillo o sincero: *su sonrisa siempre es abierta.* **5** Que no tiene o no está sujeto a límites: *el puerto de esta ciudad es ~.* **6** Que tolera y acepta ideas nuevas: *tiene unos padres muy abiertos; Madrid es una ciudad abierta.* - **7** ***adj.-m.*** DEP. (prueba, torneo) Que permite la participación de jugadores profesionales y no profesionales: *el ~ de tenis de París fue muy disputado.* ■ **con los brazos abiertos,** con afecto: *me recibieron en la oficina con los brazos abiertos.* ■ **estar ~ a,** aceptar; ser tolerante con: *sabes que estoy ~ a cualquier sugerencia.*

ABETO

a·bi·ga·rra·⌜do, ⌜da |aβiɣařáðo, ða| **1** ***adj.*** Que tiene varios colores que no quedan bien juntos: *la decoración de esta cafetería es demasiado abigarrada.* **2** Que está compuesto de elementos distintos y reunidos sin orden: *pronunció un discurso ~ e incomprensible.*

a·bi·ga·rrar |aβiɣařár| ***tr.*** [algo] Juntar o reunir sin orden; mezclar: *no abigarres más de colores el cuadro que estás pintando.*

a·bi·sal |aβisál| **1** ***adj.*** (zona del mar) Que está a una profundidad mayor de 2000 metros: *la zona ~ es muy oscura.* **2** De esa zona o que tiene relación con ella: *he visto en un libro el dibujo de un pez ~.*

a·bis·mal |aβismál| **1** ***adj.*** Del abismo o que tiene relación con él: *el barranco tenía una profundidad ~.* **2** *p. ext.* Que es profundo; que no se puede comprender: *su filosofía es ~, demasiado compleja para mí.* **3** *fig.* Que es enorme; que no se puede superar: *entre estos dos políticos hay una diferencia ~.*

a·bis·mo |aβísmo| **1** ***m.*** Lugar muy profundo: *cuando el escalador subía a la montaña estuvo a punto de caer al ~.* **2** *fig.* Lugar al que van las *almas de las personas que mueren en *pecado, según la religión cristiana: *si sigues haciendo mal a los demás, terminarás en el ~.* ⇒ **averno, infierno.** **3** *fig.* Cosa que no se puede comprender: *su pensamiento es un ~ para la mayoría de la gente.* **4** *fig.* Diferencia o distancia grande: *entre tus ideas y las mías hay un ~.*

ab·ju·rar |a^{β}xurár| ***tr.-intr.*** [algo/de algo] Renunciar en público a una creencia, una opinión o un estado: *nunca he abjurado de mis principios.*

a·blan·dar |aβlandár| **1** ***tr.-prnl.*** [algo] Poner blando o más blando: *el fuego ablanda la cera; la cera se ablanda con el calor.* ⇒ **enternecer.** ⇔ **endurecer.** **2** [a alguien] Quitar un enfado; provocar una actitud de *comprensión: *el niño ablanda a su padre con mimos.*

a·blu·ción |aβluθión| ***f.*** REL. Purificación que se hace por medio del agua en las ceremonias de ciertas religiones: *las abluciones son características de la religión mahometana y de la judía.*

a·blu·sa·⌜do, ⌜da |aβlusáðo, ða| ***adj.*** (prenda de vestir) Que no se ajusta al cuerpo ni queda apretado: *me he comprado un vestido ~; me gustan las camisas ablusadas.*

ab·ne·ga·ción |a^{β}neɣaθión| ***f.*** Sacrificio o renuncia que se hace en *beneficio de los demás o por una causa justa: *quiero agradecer vuestra entrega y ~ en esta gran empresa.*

ab·ne·ga·⌜do, ⌜da |a^{β}neɣáðo, ða| ***adj.*** Que hace un sacrificio o renuncia a una cosa: *las autoridades* *elogiaron la labor abnegada de los que prestaron ayuda humanitaria a la población.*

a·bo·ba·⌜do, ⌜da |aβoβáðo, ða| ***adj.*** Que parece tonto o distraído: *desde que tiene novio, Encarna está abobada.* ⇒ **bobo.**

a·bo·ca·⌜do, ⌜da |aβokáðo, ða| ***adj.*** Que está próximo o expuesto a un resultado determinado: *han presentado un proyecto ~ al fracaso.* ☖ Es el participio de *abocar.*

a·bo·car |aβokár| **1 *tr.*** [algo, a alguien] Acercar o aproximar: *el general abocó las tropas hacia la llanura; las olas abocaron a los marineros hacia el remolino.* **- 2 *intr.*** Comenzar a entrar en un canal, un *puerto u otro lugar: *el barco abocó en el estrecho.* ☖ Se conjuga como 1.

a·bo·chor·nar |aβotʃornár| **1 *tr.-prnl.*** [algo, a alguien] Provocar una sensación de calor muy fuerte: *el sol nos abochorna.* **2** [a alguien] Avergonzar o producir vergüenza: *su actitud me abochorna.* **- 3 abochornarse *prnl.*** Enfermar a causa del calor, especialmente las plantas: *durante el verano se han abochornado los geranios.*

a·bo·ci·nar |aβoθinár| ***tr.*** [algo] Dar forma de cono; hacer más abierto por uno de los extremos que por el otro: *el arquitecto quería ~ los arcos de todo el edificio.*

a·bo·fe·te·ar |aβofeteár| ***tr.*** [algo, a alguien] Golpear una o varias veces con la palma de la mano en la cara: *cuando el protagonista abofetea a la chica, todo el mundo queda horrorizado.*

a·bo·ga·cí·a |aβoɣaθía| ***f.*** Profesión del abogado: *este hombre es el orgullo de la ~.*

a·bo·ga·⌜do, ⌜da |aβoɣáðo, ða| **1 *m. f.*** Persona que ha estudiado derecho, que da consejo en temas legales y que representa a las partes afectadas en los juicios: *cuando me detuvieron, contraté al mejor ~ defensor de la ciudad;* ~ **de oficio**, el que *asigna la ley para defender a la parte que no tiene dinero para pagar a uno particular: *el policía le dijo que se le asignaría un ~ de oficio, si no tenía uno particular.* ⇒ **letrado. 2** *fig.* Persona que intenta que dos partes lleguen a un acuerdo: *mi padre hizo de ~ en nuestra disputa.* ■ ~ **del diablo**, persona que defiende ideas opuestas a las de los demás; persona que se muestra a favor de una causa que es o parece mala o débil: *alguien tiene que hacer de ~ del diablo.*

a·bo·gar |aβoɣár| ***intr.*** [por algo/alguien] Hablar *favorablemente o en defensa de una persona o una cosa: *los grupos ecologistas abogaron por la conservación del parque natural; los jóvenes abogan por una enseñanza de mayor calidad.* ☖ Se conjuga como 7.

a·bo·len·go |aβoléŋgo| ***m.*** Origen y condición social noble heredada de la familia: *es una familia de rancio ~.* ⇒ **alcurnia, estirpe, linaje.**

a·bo·li·ción |aβoliθi̱ón| ***f.*** *Anulación de una ley o de una costumbre: *el presidente defendió la ~ de la esclavitud en América.* ⇒ **derogación.**

a·bo·li·cio·nis·mo |aβoliθi̱onísmo| ***m.*** Doctrina que defiende la *anulación de una ley o de una costumbre, especialmente de la *esclavitud: *el ~ nació en Inglaterra, en el siglo* XVIII, *para acabar con la esclavitud.*

a·bo·li·cio·nis·ta |aβoliθi̱onísta| ***adj.-com.*** (persona) Que defiende la *anulación de una ley o de una costumbre, especialmente de la *esclavitud: *los abolicionistas pidieron la desaparición de la esclavitud.*

a·bo·lir |aβolír| ***tr.*** [algo] *Anular o suspender una ley o una costumbre: *el parlamento se dispuso a ~ la pena de muerte.* ☖ Es defectivo. Se usa sólo en los tiempos y personas cuya terminación contiene la vocal *i*: *abolía, aboliré, aboliendo.*

a·bo·lla·du·ra |aβoʎaðúra| ***f.*** Hueco o hundimiento de una superficie a causa de un golpe: *mi cantimplora tiene una ~ en la base; el camión chocó contra aquel coche y le hizo una ~.* ⇒ **bollo.**

a·bo·llar |aβoʎár| ***tr.-prnl.*** [algo] Hacer o hacerse uno o más bollos en una superficie, generalmente mediante un golpe o mediante presión: *me han abollado la carrocería del coche; el bote de metal se abolló al caer al suelo.*

a·bom·bar |aβombár| **1 *tr.-prnl.*** [algo] Dar o tomar una forma más o menos redonda o curva: *la presión interior abombó la tapa del bote; la caja se ha abombado al mojarse.* **- 2 *intr.*** Hacer funcionar una bomba para sacar un líquido de un lugar o recipiente: *abomba más fuerte para que salga más agua del pozo.*

a·bo·mi·na·ble |aβomináβle| ***adj.*** Que es muy malo; que merece ser odiado o condenado: *la leyenda cuenta que un ~ monstruo vivía en aquellas montañas; el asesino cometió crímenes abominables.* ⇒ **aborrecible, terrible.**

a·bo·mi·nar |aβominár| **1 *tr.*** [algo, a alguien] Odiar con fuerza; no poder soportar o admitir: *abomino la mentira.* ⇒ **aborrecer, detestar, odiar. - 2 *intr.*** [de algo/alguien] Condenar con fuerza; hablar mal de una persona o cosa: *abomino de ti, Satanás; todos abominaron de la pena de muerte.*

a·bo·nan·zar |aβonanθár| ***intr.*** Calmarse la tormenta o mejorar el tiempo: *hubo un fuerte ciclón, pero después abonanzó y pudieron salir a navegar.* ☖ Se conjuga como 4.

a·bo·nar |aβonár| **1 *tr.*** AGR. [algo] Mejorar el rendimiento de la tierra o de las plantas con materias que las hacen más ricas: *conviene ~ el campo para que la cosecha sea mejor; me gusta cuidar y ~ los rosales.* **2** Dar por bueno o por cierto: *el nuevo descubrimiento abona la tesis de este científico.* **3** Pagar una cuenta o un dinero que se debe: *los daños ocasionados serán abonados por la parte culpable.* **- 4 abonarse *prnl.*** Apuntarse a una serie de espectáculos o a un servicio y pagar el dinero correspondiente: *me he abonado a un canal privado de televisión; estoy abonado al Festival de Cine.*

a·bo·no |aβóno| **1 *m.*** Materia mineral, vegetal o animal que se añade a la tierra para que produzca más: *echa ~ a los rosales del jardín.* **2** Pago de una cuenta o un dinero que se debe: *el ~ de la cuota de socio debe hacerse en la ventanilla.* **3** Conjunto de entradas o billetes que se compran juntos y que permiten el uso de un servicio o una instalación o ir a una serie de espectáculos: *tengo un ~ para el Festival de Cine; todos los conciertos del año están incluidos en el ~.* **4** Documento que da derecho a usar un servicio durante cierto tiempo o un determinado número de veces: *¿puede enseñarme su ~ de transportes, por favor?* ⇒ **bono.**

a·bor·da·je |aβorðáxe| ***m.*** Aproximación de un barco a otro; choque entre dos barcos: *el capitán del barco vio que el ~ era inminente y dio orden de virar.* ■ **al ~**, pasando de un barco a otro para *pelear: *los piratas se lanzaron al ~ del galeón.* ☖ Se usa generalmente con *entrar, saltar, tomar.*

a·bor·dar |aβorðár| **1** ***tr.-intr.*** [algo] Acercarse un barco a otro; chocar voluntariamente o por accidente: *el barco pesquero fue abordado por un petrolero.* **2** Atar una embarcación al muelle: *abordamos en el puerto de Málaga.* **- 3** ***tr. fig.*** [a alguien] Acercarse a una persona para hablar con ella: *la abordé en la calle; los periodistas abordaron al jugador.* **4** *fig.* [algo] Comenzar o exponer un asunto o un negocio difícil: *no sé cómo ~ el tema; en esta película el director aborda algunas de sus obsesiones.*

a·bo·ri·gen |aβoríxen| **1** ***adj.*** (animal, cosa, pueblo) Que tiene su origen en la zona en la que vive: *estamos estudiando la flora ~ de América.* ⇒ **indígena. - 2** ***adj.-com.*** (persona, pueblo) Que tiene su origen en la zona en la que vive; que ha vivido en un lugar siempre o desde un principio: *los mayas fueron uno de los pueblos aborígenes de la América precolombina.* ☖ No se debe usar *aborígena* para el femenino.

a·bo·rre·cer |aβor̄eθér| **1** ***tr.*** [algo, a alguien] Odiar con fuerza; no poder soportar o admitir a una persona o cosa: *aborrezco los lunes; mi padre aborrecía los espectáculos vulgares.* ⇒ **abominar, detestar, odiar. 2** [algo] Abandonar las aves el nido, los huevos o las crías: *si tocas los huevos, el águila puede aborrecerlos.* ☖ Se conjuga como 43.

a·bo·rre·ci·ble |aβor̄eθíβle| ***adj.*** Que es muy malo; que merece ser odiado: *si sus acciones eran malvadas, sus fines eran aún más aborrecibles.* ⇒ **abominable, terrible.**

a·bo·rre·ci·mien·to |aβor̄eθimi̯énto| ***m.*** Acción y resultado de odiar o *aborrecer: *se separó de su marido porque su relación había desembocado en el ~.*

a·bo·rre·gar |aβor̄eγár| **1** ***tr.-prnl.*** [algo, a alguien] Volver tonto; perder o hacer perder la *personalidad: *la incultura aborrega a la gente; no le hagas caso a ese charlatán porque te estás aborregando.* **- 2 aborregarse** ***prnl.*** Cubrirse el cielo de nubes blancas: *el cielo se ha aborregado.* ☖ Se conjuga como 7.

a·bor·tar |aβortár| **1** ***intr.*** Interrumpir o interrumpirse el embarazo impidiendo que el feto se desarrolle: *la mujer se cayó por la escalera y abortó.* **- 2** ***tr.*** [algo] Interrumpir voluntariamente una acción o proceso: *el piloto abortó el despegue del avión.*

a·bor·tis·ta |aβortísta| ***adj.-com.*** Que es partidario de que la ley no prohíba la interrupción provocada del embarazo: *los abortistas se manifestaron delante del Ministerio de Sanidad.*

a·bor·ti·⌐vo, ⌐va |aβortíβo, βa| ***adj.-m.*** (sustancia, producto) Que interrumpe el embarazo: *la píldora abortiva es ilegal en muchos países.*

a·bor·to |aβórto| **1** ***m.*** Interrupción del embarazo, voluntaria o involuntaria: *antes de que naciera su primer hijo tuvo dos abortos.* **2** Cosa o ser deforme: *aquel animal era un auténtico ~.* **3** *fig.* Interrupción de una acción o un proceso: *el ~ del proyecto nos ha arruinado.* **4** *fig.* Fracaso; acción o proceso que no ha llegado a su fin: *todo nuestro proyecto publicitario ha sido un ~.* **5** *fam.* Persona o cosa desagradable: *no le hagas caso a Luis, es un ~.*

a·bo·ta·gar·se |aβotaγárse| ***prnl.*** Hincharse o *inflamarse el cuerpo o una parte del cuerpo de un animal o una persona, generalmente a causa de una enfermedad: *las manos se me han abotagado.* ⇒ **abotargarse.**

a·bo·tar·gar·se |aβotarγárse| ***prnl.*** ⇒ **abotagarse.** ☖ La Real Academia Española prefiere la forma *abotagarse.*

a·bo·to·nar |aβotonár| **1** ***tr.-prnl.*** [algo] Cerrar o ajustar con botones: *¿no puedes abotonarte la camisa?; abotónate el vestido.* ⇒ **abrochar.** ⇔ **desabotonar. - 2** ***intr.*** BOT. Brotar yemas de las plantas: *el rosal ya está abotonando.*

a·bo·ve·dar |aβoβeðár| ***tr.*** [algo] Cubrir con una cubierta curva; dar forma de medio círculo: *abovedaron el salón para dar mayor sensación de amplitud.*

a·bra·ca·da·bra |aβrakaðáβra| **1** ***m.*** Palabra mágica que se escribe en once líneas, formando un triángulo, y a la cual se atribuye la propiedad de curar ciertas enfermedades: *el mago dijo el ~.* **2** Palabra mágica a la que se atribuye la propiedad de conceder al que la pronuncia lo que desea: *se cree que va a tener un coche diciendo ~.*

a·bra·sa·⌐dor, ⌐do·ra |aβrasaðór, ðóra| **1** ***adj.*** Que calienta en exceso; que quema o *abrasa: *en la playa hacía un sol ~.* **2** (pasión, sentimiento) Que se siente con mucha fuerza: *una pasión abrasadora no le dejaba comer ni dormir.*

a·bra·sar |aβrasár| **1** ***tr.-intr.*** [algo, a alguien] Calentar en exceso: *esta sopa abrasa la lengua; el sol abrasa en agosto.* **- 2** ***tr.-prnl.*** [algo] Quemar o reducir a brasas: *en el incendio, toda la biblioteca se abrasó completamente.* ⇒ **escaldar. 3** Secar, por acción del calor o del frío: *la helada ha abrasado los frutales.* **4** *fig.* [a alguien] Sentir con mucha fuerza una pasión: *se abrasa de amor.* **- 5** ***tr.*** [algo, a alguien] Producir picor o dolor: *el ácido le abrasó la cara; este jarabe me está abrasando la garganta.*

a·bra·sión |aβrasión| ***f.*** Desgaste o herida provocada por el roce de una cosa: *la ~ produce extrañas figuras en las rocas que hay junto al mar; el sol le ha producido algunas abrasiones en la piel.*

a·bra·si·⌐vo, ⌐va |aβrasíβo, βa| **1** ***adj.-m.*** Que desgasta, especialmente una superficie: *si echas un líquido ~ sobre ese plástico, se va a estropear.* **- 2** ***m.*** Material duro que sirve para pulir, cortar o afilar otro material más blando: *la piedra pómez es un ~.*

a·bra·za·de·ra |aβraθaðéra| ***f.*** Pieza de metal o madera que sirve para ajustar o asegurar una cosa a otra: *la lavadora se ha estropeado porque se ha roto la ~ de la goma del desagüe.*

a·bra·zar |aβraθár| **1** ***tr.-prnl.*** [a alguien; con alguien] Apretar entre los brazos para mostrar amor o afecto: *abrazó a su hermano; el niño se abraza a su muñeco; mi padre siempre se abraza con sus amigos.* **2** [algo; a algo] Rodear con los brazos: *cuando se resbaló, abrazó la farola; se abrazó a una columna para no caerse.* **- 3** ***tr. fig.*** [algo] Admitir o seguir una creencia o una actitud: *en sus últimos años abrazaron la religión católica.* **4** *fig.* Contener o incluir; rodear: *este periodo de la historia abraza dos siglos.* ⇒ **abarcar.** ☖ Se conjuga como 4.

a·bra·zo |aβráθo| ***m.*** Muestra de afecto que consiste en apretar entre los brazos: *¡Venga ese ~!* ■ **un ~**, expresión que se usa para terminar una carta o una conversación por teléfono, entre personas conocidas: *nos veremos muy pronto, un ~.*

a·bre·bo·te·llas |aβreβotéʎas| ***m.*** Instrumento que sirve para abrir las chapas metálicas de las botellas: *el ~ lo guardo en la cocina, en el cajón de los cubiertos; tengo un ~ con un mango de madera.* ⇒ **abridor.** ☖ El plural es *abrebotellas.*

a·bre·car·tas |aβrekártas| ***m.*** Instrumento con forma de cuchillo, que sirve para abrir cartas o para cortar papel: *déjame tu ~ para abrir el sobre.* ☖ El plural es *abrecartas.*

á·bre·go |áβreγo| ***m.*** Viento del *suroeste especialmente caliente: *el ~ viene de la zona sur.* ⇒ **sur.**

a·bre·la·tas |aβrelátas| ***m.*** Instrumento que sirve para abrir las latas de conservas: *no olvides el ~ cuando vayas a comer al campo.* ⇒ **abridor.** ☖ El plural es *abrelatas.*

a·bre·va·de·ro |aβreβaðéro| ***m.*** Fuente o lugar donde se da de beber a los animales: *a la salida del pueblo hay un ~ para las vacas.*

a·bre·var |aβreβár| **1** ***tr.*** [algo] Dar de beber a los animales: *el pastor estaba abrevando su rebaño.* **- 2** ***intr.*** Beber, especialmente los animales: *no bebas de ahí, que es donde abrevan las bestias.*

a·bre·via·ción |aβreβiaθión| ***f.*** Sustitución en la escritura de una palabra o varias palabras por otra más corta: *la forma* bici *es una ~ de* bicicleta. ⇒ **abreviatura.**

a·bre·viar |aβreβiár| **1** ***tr.-intr.*** [algo] Hacer más corto o resumir; reducir el tiempo o el espacio: *el profesor me ha dicho que abrevie la exposición; debemos ~ el camino.* **2** Aumentar la velocidad en una acción: *cuando te toque hablar, abrevia, que es muy tarde.* ☖ Se conjuga como 12.

a·bre·via·tu·ra |aβreβiatúra| ***f.*** Letra o grupo de letras seguidas de un punto, que sustituyen en la escritura a una o varias palabras, haciéndolas más cortas: admón. *es ~ de administración;* pta. *es ~ de peseta.* ⇒ **abreviación.**

a·bri·dor |aβriðór| ***m.*** Instrumento que sirve para abrir latas, botellas y otras cosas: *el camarero lleva un ~ en el bolsillo.* ⇒ **abrelatas.**

a·bri·gar |aβriγár| **1** ***tr.-prnl.*** [algo, a alguien] Proteger o cubrir; resguardar, especialmente del viento, de la lluvia o de otros fenómenos atmosféricos: *abriga con la manta al niño; tenemos que abrigarnos en el portal porque llueve con fuerza.* **2** *fig.* [a alguien] Proteger o ayudar: *el maestro siempre abriga a sus discípulos; el niño se abriga en su madre.* ⇔ **desabrigar. - 3** ***tr.*** *fig.* [algo] Guardar o tener ideas o sentimientos: *la policía abriga sospechas poco fundadas.* ☖ Se conjuga como 7.

a·bri·go |aβríγo| **1** ***m.*** Prenda de vestir, larga y con mangas, que se pone sobre otras prendas y sirve para defenderse del frío: *me he comprado un ~ de paño muy elegante.* **2** Protección contra el frío u otro fenómeno atmosférico; objeto o cosa que abriga: *ya hay que sacar la ropa de ~.* **3** Lugar protegido del viento: *pusimos la tienda de campaña en un ~ de la roca.* **4** *fig.* Ayuda o protección: *después de la pelea fue a buscar el ~ de su familia.* ⇒ **amparo.** ■ **estar al ~ de**, estar seguro o protegido de una cosa o peligro: *durmieron al ~ de unos árboles; aquel pueblecito parecía estar al ~ de la guerra.* ■ **ser de ~**, *fam.*, ser peligroso o malo: *tus amigos son de ~; la situación es de ~.*

a·bril |aβríl| **1** ***m.*** Cuarto mes del año: *en ~ suele llover mucho.* **2** *fig.* Primera juventud: *el ~ de la vida se pasa muy deprisa.* **- 3 abriles** ***m. pl.*** Años, especialmente de la primera juventud: *la chica tiene quince abriles.*

a·bri·llan·ta·⌜dor, ⌜do·ra |aβriʎantaðór, ðóra| ***adj.-m.*** (instrumento, producto) Que se usa para dar brillo: *he comprado un ~ de muebles porque tengo la mesa un poco rayada y vieja.*

a·bri·llan·tar |aβriʎantár| **1** ***tr.*** [algo] Dar brillo; conseguir que brille una cosa: *esta mañana he abrillantado los muebles.* **2** *fig.* Dar más valor o importancia: *la presencia del embajador ha abrillantado la ceremonia.*

a·brir |aβrír| **1** ***tr.-prnl.*** [algo] Quitar lo que tapa o cubre una cosa para descubrir lo que hay en el interior: *no puedo ~ esta caja; ya puedes ~ los ojos; la ventana se abre desde dentro.* **2** Rasgar; cortar: *no es fácil ~ un coco; hubo un terremoto y la tierra se*

ABRIGO

abrió; abre el sobre y lee la carta. **3** *fig.* Vencer, retirar o destruir un obstáculo: *se abrió camino en la vida con muchos esfuerzos.* **- 4** ***tr.*** Extender; estirar: *abre la mano y enséñame lo que tienes en ella; abrió el mapa para comprobar dónde estábamos.* **5** Separar en ángulo lo que está normalmente junto: *abre las tijeras; para hacer este ejercicio de gimnasia tienes que ~ los brazos.* **6** ***tr.-intr.*** *fig.* [algo, a alguien] Permitir la entrada: *¿Cómo has entrado? —Me ha abierto tu madre; es tan confiado, que abre su casa a cualquiera; han abierto la frontera.* **- 7** [algo] Mover un mecanismo para dar paso a un fluido: *abrió el grifo y el agua salió con fuerza.* **8** Mover el mecanismo que mantiene cerrada una cosa: *abre el cerrojo y entra; déjame la llave y voy abriendo la puerta.* **9** Hacer un paso: *la excavadora abrió un agujero en el monte; abrió una ventana en la fachada.* **10** Comenzar, dar principio: *ya han abierto el plazo de matrícula; queremos ~ un negocio de alimentación.* **11** Ir a la cabeza o delante: *un niño con una cruz abría la procesión.* **- 12** ***intr.*** Aclarar o mejorar el tiempo: *menos mal que ha abierto el día.* **- 13 abrirse** ***prnl.*** Comunicar una persona a otra sus pensamientos y deseos: *se abrió a su madre y terminó llorando.* **14** *fam.* Irse; separarse de otras personas: *bueno, chicos, yo me abro.* **15** *fig.* Tomar una curva por el lado exterior: *no te abras tanto al tomar las curvas, que podemos chocar.* ☐ El participio es *abierto.*

a·bro·char |aβrotʃár| ***tr.-prnl.*** [algo] Cerrar o ajustar una cosa, especialmente prendas de vestir, con botones u otros cierres: *ayúdale a abrocharse la chaqueta.* ⇒ **abotonar.** ⇔ **desabrochar.**

a·bro·jo |aβróxo| ***m.*** Planta de fruto redondo y con espinas, de tallos largos y flores amarillas: *las hojas del ~ son compuestas.*

a·bron·car |aβroŋkár| **1** ***tr.-prnl.*** [a alguien] Regañar o corregir duramente a una persona por haber *cometido un error o por su mal comportamiento: *el jefe siempre me abronca; no me abronques de esa manera: todo el mundo se equivoca.* **2** Protestar o mostrar enfado mediante gritos y ruidos, especialmente un grupo de personas: *el público abroncó a los actores.* ⇒ **abuchear.**

a·bru·ma·⌐dor, ⌐do·ra |aβrumaðór, ðóra| **1** ***adj.*** Que causa una preocupación difícil de soportar: *en aquel trabajo tenía una responsabilidad tan abrumadora, que me quitaba el sueño.* **2** Que confunde con atenciones excesivas: *sus abrumadoras atenciones hacían que me sintiera algo incómodo.*

a·bru·mar |aβrumár| **1** ***tr.*** [a alguien] Cargar con un peso físico o moral difícil de soportar: *el cargo de director me abruma.* ⇒ **atosigar. 2** *fig.* Confundir, especialmente ofreciendo demasiadas atenciones: *con tanta amabilidad abrumaron al viajero.*

a·brup·⌐to, ⌐ta |aβrú^{p}to, ta| **1** ***adj.*** (terreno) Que es difícil de atravesar por ser demasiado inclinado o tener muchas rocas: *un torrente corre en el fondo de un precipicio entre abruptos peñascos.* ⇒ **escarpado. 2** *fig.* Que es áspero y *brusco: *el director decidió dar a la película un final ~.*

abs·ce·so |a^{β}sθéso| ***m.*** Acumulación de líquido en un tejido vivo que suele provocar la aparición de un grano en la piel: *alrededor de la herida se ha formado un ~ de pus.*

abs·ci·sa |a^{β}sθísa| ***f.*** MAT. Distancia que hay, dentro de un plano, entre un punto y un eje vertical, medida en la dirección de un eje horizontal: *la ordenada y la ~ de un punto dan su situación exacta en el plano.* ⇔ **ordenada.** ■ **eje de abscisas**, eje horizontal o de *x*: *supo situar el punto en el eje de abscisas.*

ab·sen·tis·mo |a^{β}sentísmo| **1** ***m.*** Costumbre de faltar frecuentemente o durante mucho tiempo al trabajo: *el ~ laboral causa graves pérdidas en las empresas.* **2** Costumbre de abandonar un deber o una propiedad: *el ~ parlamentario afecta gravemente a las votaciones; el ~ de los propietarios llevó la ruina a aquellas tierras.*

ab·sen·tis·ta |a^{β}sentísta| **1** ***adj.*** De la falta al trabajo o a un lugar, o que tiene relación con ella: *las prácticas absentistas son frecuentes durante el verano.* **- 2** ***com.*** Persona que falta frecuentemente a su trabajo: *los absentistas serán sancionados por la empresa.*

áb·si·de |á^{β}siðe| ***m.*** Parte de una iglesia, generalmente en forma de medio círculo, que sale de la parte posterior del altar mayor: *Lucio Muñoz se encargó del gran mural del ~.*

ab·so·lu·ción |a^{β}soluθión| ***f.*** Acto de perdonar un castigo o declarar libre de una culpa o sospecha: *fue buscando la ~ de su familia;* ~ **sacramental**, acto de perdonar los *pecados en nombre de Dios: *se fue del confesionario sin recibir la ~ sacramental.*

ab·so·lu·ta·men·te |a^{β}solútaménte| ***adv.*** Completamente, del todo: *el director hizo un discurso ~ incomprensible.*

ab·so·lu·tis·mo |a^{β}solutísmo| ***m.*** POL. Sistema político en el que el rey o las autoridades no tienen limitado su poder por ninguna ley: *el sistema de gobierno del siglo XVIII en Europa era el ~.*

ab·so·lu·tis·ta |a^{β}solutísta| **1** ***adj.*** POL. Del *absolutismo o que tiene relación con él: *en los gobiernos absolutistas el poder se acumula en la persona del monarca.* **- 2** ***adj.-com.*** POL. (persona) Que es partidario del *absolutismo: *los absolutistas no son partidarios del sufragio universal.*

ab·so·lu·⌐to, ⌐ta |a^{β}solúto, ta| **1** ***adj.*** Que es total y no depende de una relación; que no se puede comparar con otra cosa: *no se debe confundir el valor ~ de las cifras con su valor relativo.* ⇔ **relativo. 2** Que no tiene límite: *el poder de este gobernante es ~; tienes licencia absoluta para actuar en mi nombre; el poder de Dios es ~.* ■ **en ~**, expresión que indica negación; de ningún modo: *ese asunto no me interesa en ~.* ☐ Se usa en frases negativas.

ab·sol·ver |a^{β}solβér| **1** ***tr.*** [a alguien; de algo] Dejar libre de un cargo o sospecha: *el tribunal decidió ~ al acusado.* **2** Perdonar los *pecados: *el confesor absolvió de sus pecados al fiel.* ☐ No se debe confundir con *absorber.* El participio es *absuelto.* Se conjuga como 32.

ab·sor·ben·cia |a^{β}sorβénθia| ***f.*** Acción de atraer o retener líquidos: *la ~ de este pañal garantiza que la piel del bebé estará seca toda la noche.*

ab·sor·ben·te |a$^{\beta}$sorβénte| **1** ***adj.*** Que retiene los líquidos fácilmente: *el niño lleva un pañal* ~. **2** *fig.* Que ocupa del todo la mente o el tiempo de una persona: *tiene un trabajo demasiado* ~. **- 3** ***adj.-com.*** (persona) Que tiene un carácter dominante: *su madre es demasiado* ~.

ab·sor·ber |a$^{\beta}$sorβér| **1** ***tr.*** [algo] Retener líquidos o gases: *la esponja absorbe el agua.* **2** *fig.* [algo, a alguien] Atraer u ocupar por completo la atención o el tiempo de una persona: *el orador absorbe la atención del público; los negocios lo absorben.* ⇒ **acaparar. 3** [algo] Atraer un cuerpo hacia el interior: *la aspiradora absorbe el polvo.* ⇒ **aspirar. 4** Consumir o acabar totalmente: *el mercado absorbe toda la producción industrial; el juego absorbió su gigantesca fortuna.* ☖ No se debe confundir con *absolver.*

ab·sor·ción |a$^{\beta}$sorθión| **1** ***f.*** Atracción de un líquido o un gas hacia el interior de un cuerpo o un objeto: *esta máquina sirve para la* ~ *de agua.* ⇒ **succión.** ☖ No se debe confundir con *adsorción.* **2** Unión de una empresa a otra más importante: *la* ~ *de la empresa nacional por la internacional se produjo en el mes de diciembre.*

ab·sor·⌐to, ⌐ta |a$^{\beta}$sórto, ta| ***adj.*** (persona) Que tiene la atención puesta en un pensamiento o en una acción olvidando la realidad exterior: *estaba* ~ *en sus meditaciones.* ⇒ **inmerso.** ☖ Es el participio irregular de *absorber.*

abs·te·⌐mio, ⌐mia |a$^{\beta}$stémio, mia| ***adj.-s.*** (persona) Que no toma bebidas alcohólicas: *no bebo vino: soy* ~.

abs·ten·ción |a$^{\beta}$stenθión| ***f.*** Renuncia al derecho de dar un voto: *en la asamblea ha habido ocho abstenciones.*

abs·ten·cio·nis·mo |a$^{\beta}$stenθionísmo| ***m.*** POL. Actitud u opinión de los que renuncian o piden a otros que renuncien a dar un voto en unas elecciones: *durante estas elecciones se cree que bajará el índice de* ~.

abs·ten·cio·nis·ta |a$^{\beta}$stenθionísta| **1** ***adj.*** POL. Del *abstencionismo o que tiene relación con él: *hay quien cree que las posturas abstencionistas no son buenas para la democracia.* **- 2** ***adj.-com.*** POL. (persona) Que es partidario del *abstencionismo: *no hay partidos políticos abstencionistas, aunque, a veces, algunos piden que los ciudadanos no voten.*

abs·te·ner·se |a$^{\beta}$stenérse| **1** ***prnl.*** [de algo] Renunciar a una cosa: *recomiendan* ~ *de fumar.* **2** No participar en una actividad: *Juan ha decidido* ~ *de votar.* ☖ Se conjuga como 87.

abs·ti·nen·cia |a$^{\beta}$stinénθia| ***f.*** Renuncia a ciertos gustos o placeres por razones religiosas, médicas o morales: *los católicos practican la* ~ *durante la Cuaresma.*

abs·trac·ción |a$^{\beta}$stra^{k}θión| **1** ***f.*** Separación que se hace con la mente de las cualidades de una cosa y de su realidad física: *a ese concepto sólo se llega mediante un proceso de* ~. **2** Atención fija en un pensamiento o en otra cosa, olvidando la realidad exterior: *el timbre de la puerta lo sacó de su* ~.

abs·trac·⌐to, ⌐ta |a$^{\beta}$strá^{k}to, ta| **1** ***adj.*** (cualidad) Que no está realizado en un objeto físico concreto: *la verdad y la justicia son ideas abstractas.* **2** (arte) Que no representa objetos, sino sus características o cualidades: *no entiendo el arte* ~*; ¿has visitado el museo de arte* ~*?* ⇒ **figurativo. ■ en** ~, sin aplicación concreta: *sólo nos comentó su plan en* ~.

abs·tra·er |a$^{\beta}$straér| **1** ***tr.*** [algo; de algo] Separar con la mente las cualidades de una cosa y su realidad física: *abstraemos de la realidad histórica los rasgos típicos de cada época.* **2** Considerar las cualidades principales de una cosa: *tuvo que hacer un esfuerzo para* ~ *lo más interesante de aquel cuadro.* **- 3 abstraerse** ***prnl.*** [de/en algo] Tener la atención fija en un pensamiento o en otra cosa, olvidando la realidad exterior: *el artista se abstrae de la realidad.* ☖ Se conjuga como 88.

abs·tru·⌐so, ⌐sa |a$^{\beta}$strúso, sa| ***adj.*** *form.* Que es difícil de comprender: *el filósofo hizo un razonamiento* ~.

ab·sur·⌐do, ⌐da |a$^{\beta}$súrðo, ða| **1** ***adj.*** Que es contrario a la lógica o a la razón: *su comportamiento ha sido* ~. **- 2 absurdo** ***m.*** Obra o dicho contrario a la razón: *tus razones nos conducen a un* ~.

a·bu·bi·lla |aβuβíʎa| ***f.*** Pájaro de color marrón, blanco y negro, y con un grupo de plumas en la cabeza que levanta y abre en forma de *abanico: *la* ~ *se alimenta de insectos y su nido huele muy mal.* ☖ Para indicar el sexo se usa la ~ macho y la ~ hembra.

a·bu·che·ar |aβutʃeár| ***tr.*** [a alguien] Protestar o mostrar enfado mediante gritos y sonidos graves hechos con la boca, especialmente un grupo de personas: *esta noche han abucheado al cantante.* ⇒ **abroncar, silbar.**

a·bu·che·o |aβutʃéo| ***m.*** Protesta o muestra de enfado mediante gritos, especialmente la que hace un grupo de personas: *la representación recibió silbidos y abucheos del público.* ⇒ **bronca.**

a·bue·⌐lo, ⌐la |aβuélo, la| **1** ***m. f.*** Padre o madre del padre o la madre, en cuanto a una persona: *muchos abuelos españoles no conviven con el resto de*

ABUBILLA

la familia. ⇒ **bisabuelo, yayo.** **2** *fam.* Persona vieja: *he ayudado a cruzar la calle a un ~.* **- 3 abuelos** ***m. pl.*** Padres del padre o la madre de una persona: *voy a casa de mis abuelos.* ■ **no tener abuela**, indica que la persona de la que se habla se alaba demasiado a sí misma: *Antonio dice que es el mejor cocinero: no tiene abuela.*

a·bu·har·di·lla·ˊdo, ˊda |aβuarðiʎáðo, ða| ***adj.*** Que tiene el techo inclinado: *vive en una habitación abuhardillada.*

a·bu·len·se |aβulénse| **1** ***adj.*** De Ávila o que tiene relación con Ávila: *las murallas abulenses datan del siglo XI.* **- 2** ***com.*** Persona nacida en Ávila o que vive habitualmente en Ávila: *los abulenses son vecinos de los madrileños.*

a·bu·lia |aβúlia| ***f.*** Falta de voluntad o energía: *tiene la ~ típica de una situación decepcionante.* ⇒ **indolencia.**

a·bú·li·ˊco, ˊca |aβúliko, ka| ***adj.-s.*** (persona) Que no tiene voluntad o energía; que no tiene ánimo: *desde que perdió su trabajo se encuentra ~.* ⇒ **indolente.**

a·bul·ta·mien·to |aβultamiénto| ***m.*** Bulto o parte hinchada de una cosa: *la pared tiene un ~.* ⇒ **bollo.**

a·bul·tar |aβultár| **1** ***tr.*** [algo] Aumentar el tamaño, la cantidad o el grado: *el tamaño de los dientes le abultaba la boca; con tus gastos no haces más que ~ nuestras deudas.* **2** *fig.* Hacer creer que una cosa es más importante de lo que realmente es: *este periódico abulta las noticias.* ⇒ **exagerar.** **- 3** ***intr.*** Ocupar o hacer bulto: *la maleta abulta mucho; un televisor portátil no abultará demasiado.*

a·bun·dan·cia |aβundánθia| ***f.*** Cualidad de lo que existe en gran cantidad y está completo: *este año hay ~ de cereales; estamos en una época de ~.* ⇔ **pobreza.** ■ **nadar en la ~**, tener mucho dinero: *tienen cuatro casas: se nota que nadan en la ~.*

a·bun·dan·te |aβundánte| ***adj.*** Que se da en gran cantidad; que es numeroso: *debes aclararte la cara con agua ~; la bibliografía sobre la religión griega es muy ~.* ⇒ **copioso.** ⇔ **escaso, exiguo.**

a·bun·dar |aβundár| **1** ***intr.*** [de/en algo] Existir o haber gran cantidad de una cosa: *el aceite abunda en esta comarca; esta región abunda en trigo.* **2** [en algo] Mostrarse de acuerdo con una opinión: *el ministro opina que la situación económica mejora, y yo abundo en esta opinión.*

a·bur·gue·sar·se |aburγesárse| ***prnl.*** Tomar o *adquirir una característica que se considera propia de los *burgueses: *cuando se casó y comenzó a ganar dinero, se aburguesó.*

a·bu·rri·ˊdo, ˊda |aβuříðo, ða| **1** ***adj.*** Que no tiene interés; que aburre: *estoy leyendo un libro ~; tengo un trabajo monótono y ~.* ⇒ **tedioso.** ☖ Se usa con el verbo *ser.* **2** Que esta cansado por la falta de diversión o de interés; que tiene desgana: *el niño está ~ en su habitación.* ☖ Se usa con el verbo *estar.* Es el participio de *aburrir.*

a·bu·rri·mien·to |aβuřimiénto| ***m.*** Fastidio o *cansancio provocado por la falta de diversión o de interés: *este fin de semana en el campo ha sido un ~; la obra de teatro fue un ~.* ⇒ **tedio.**

a·bu·rrir |aβuřír| ***tr.-prnl.*** [a alguien] Fastidiar o cansar una cosa; no tener interés: *su charla me aburre; esta película aburriría a cualquiera; se ha aburrido de esperar y se ha ido; ¿te aburres con él?*

a·bu·sar |aβusár| **1** ***intr.*** [de algo/alguien] Usar en exceso y de forma imprudente por interés propio: *no abuses de nuestra amistad; durante mi juventud abusé del alcohol.* **2** [de alguien] Obligar a otra persona a tener una relación sexual en contra de su voluntad: *ese muchacho estaba loco y abusó de ella.*

a·bu·si·ˊvo, ˊva |aβusíβo, βa| ***adj.*** Que es injusto; que *excede de lo normal o de lo adecuado: *en esta tienda siempre tienen unos precios abusivos.*

a·bu·so |aβúso| ***m.*** Uso injusto o en exceso de una persona o cosa, con resultados negativos: *el ~ del alcohol es peligroso para la salud; el ~ de superioridad por parte del jefe crea problemas en la empresa.* ■ **~ deshonesto**, DER., acción contraria a la ley que consiste en obligar a otra persona a tener una relación sexual: *la secretaria acusó a su jefe de abusos deshonestos.*

a·bu·ˊsón, ˊso·na |aβusón, sóna| ***adj.-s.*** (persona) Que se aprovecha de su superioridad para hacer lo que quiere o para obligar a los demás a hacer lo que no quieren: *el niño mayor es un ~: no les deja los juguetes a los demás; no seas abusona y déjame hacer algo.*

ab·yec·ción |aᵝyeᵏθión| ***f.*** *form.* Acción mala o perversa: *fue una ~ abandonar a sus hijos.*

ab·yec·ˊto, ˊta |aᵝyéᵏto, ta| ***adj.*** *form.* Que es muy malo o perverso: *su socio, como era previsible, reaccionó de forma abyecta.*

a·cá |aká| **1** ***adv. l.*** Indica un lugar cercano: *ven ~; Juan no ha pasado todavía por ~.* ⇒ **aquí.** ⇔ **allá.** ☖ Admite grados y puede ir precedido de los adverbios *más* o *muy*: *trae esa caja más ~; has dejado la maleta muy ~.* **- 2** ***adv. t.*** Indica el momento presente; ahora: *del martes ~ no me ha dicho ni una palabra; desde entonces ~ no se ha sabido nada de él.* ⇔ **allá.** ■ **de ~ para allá**, de un lugar para otro: *siempre está de ~ para allá.*

a·ca·ba·ˊdo, ˊda |akaβáðo, ða| **1** ***adj.*** Que es perfecto o está completo: *está expuesta la más acabada de sus esculturas.* ⇔ **inacabado.** **2** Destruido o consumido: *desde que se jubiló, está ~.* **- 3 acabado** ***m.*** Terminación de una acción o proceso; terminación en la fabricación de un objeto: *estos muebles tienen un ~ perfecto.* ☖ Es el participio de *acabar.*

a·ca·bar |akaβár| **1** ***tr.-prnl.*** [algo] Dar fin o terminar: *acabaremos el trabajo esta semana.* ⇒ **cesar.** **2** Consumir completamente: *se han acabado las provisiones.* **- 3** ***intr.*** Llegar al fin o al último momento: *las clases acaban en mayo.* **4** Terminar una relación: *Marta y yo hemos acabado.* **5** Morir; dejar de vivir: *acabó en brazos de su padre.* **6** [con algo/alguien] Destruir o estropear: *la penicilina acabó con muchas enfermedades; los disgustos acabarán con Pedro.* **7** [en algo] Tener como fin; tener en el extremo: *la espada acaba en punta; la cena acabó en pelea.* ■ **~ de**, indica que una acción se ha producido poco antes: *el médico acaba de irse; acaba de* *llegar a Madrid.* ☐ Se usa seguido de infinitivo. ■ **no ~ de**, indica que una acción no se llega a producir: *no acabo de entender tus locuras; el autobús no acaba de venir.* ☐ Se usa seguido de infinitivo.

a·ca·bó·se |akaβóse| ***m.*** ■ **ser el ~**, ser el no va más; haber llegado a un último extremo; especialmente acabar mal: *han soportado muchas ofensas, pero esta humillación ya es el ~.*

a·ca·cia |akáθia| **1** ***f.*** Árbol o arbusto con hojas alternas, ovaladas y lisas, con flores en racimos que cuelgan, y que vive en zonas tropicales y templadas: *las flores de ~ son muy olorosas; la ~ es de hoja caduca.* **2** Madera de ese árbol: *hubo fuego en el almacén y ardió toda la ~ que había dentro.*

a·ca·de·mia |akaðémia| **1** ***f.*** Organismo público formado por personas muy destacadas en las letras, las artes o las ciencias y que se dedica al estudio y a otros fines: *la Real Academia Española se fundó en el siglo* XVIII. **2** Local o edificio donde se reúnen los miembros de ese organismo: *no he podido hablar con mi profesor porque hoy tiene una reunión en la Academia.* **3** Establecimiento privado donde se enseña: *por las tardes voy a una ~ de corte y confección; Antonio se preparó los exámenes en una ~.*

a·ca·de·mi·cis·mo |akaðemiθísmo| ***m.*** Cualidad de lo que se ajusta o sigue las normas clásicas: *algunos expertos admiran el ~ de su pintura y otros lo critican.*

a·ca·de·mi·cis·ta |akaðemiθísta| ***adj.-com.*** (autor, obra) Que se ajusta o sigue las normas clásicas: *su escultura es excesivamente ~.* ⇒ **académico.**

a·ca·dé·mi·⌜co, ⌜ca |akaðémiko, ka| **1** ***adj.*** De un centro oficial de enseñanza o que tiene relación con él: *a veces se valoran más los títulos académicos que los conocimientos reales; tengo que presentar mi expediente ~.* **2** Que pertenece al estudio o la enseñanza, o que tiene relación con ellos: *en este edificio se organizan muchas actividades académicas.* **3** (autor, obra) Que se ajusta o sigue las normas clásicas: *este pintor no es nada ~: es muy innovador en la forma y en el color.* ⇒ **academicista.** - **4** ***m. f.*** Persona que forma parte de una *academia u organismo público dedicado al estudio y a otros fines: *los nuevos académicos reciben una medalla cuando ingresan en la Academia.*

a·ca·e·cer |akaeθér| ***intr.-unipers.*** *form.* Ocurrir o producirse un hecho: *acaeció que la princesa abandonó la casa de sus padres.* ⇒ **acontecer, suceder.** ☐ Se conjuga como 43.

a·ca·lam·brar·se |akalambrárse| ***prnl.*** Contraerse los músculos produciendo dolor: *se me ha acalambrado la pierna; el músculo ha empezado a ~.*

a·ca·llar |akaʎár| **1** ***tr.-prnl.*** [algo, a alguien] Callar o hacer callar: *los truenos acallaron las risas de los niños.* **2** Calmar, especialmente los ánimos: *las promesas de la dirección de la empresa no lograron ~ las protestas de los trabajadores.*

a·ca·lo·ra·mien·to |akaloramiénto| **1** ***m.*** Sensación de calor; calor muy fuerte: *tengo un ~ tan grande, que casi no puedo respirar.* **2** *fig.* Pasión o interés exagerado: *te tomas todo con demasiado ~.*

a·ca·lo·rar |akalorár| **1** ***tr.-prnl.*** [a alguien] Tener o provocar calor: *no como sopa en verano porque me acalora; se acalora con tanto trabajo; la caminata ha acalorado al niño.* **2** [algo, a alguien] Excitar; producir pasión o entusiasmo: *tales ideas acaloraban la mente.* - **3 acalorarse** ***prnl.*** *fig.* Enfadarse o excitarse con una discusión: *cuando sacamos el tema de la política, se acaloró; siempre se acalora cuando hablamos de religión.*

a·cam·pa·da |akampáða| ***f.*** Colocación de una tienda de campaña en un lugar al aire libre: *la ~ libre está prohibida en la mayoría de los bosques.* ■ **ir de ~**, salir de viaje con la tienda de campaña: *este fin de semana nos vamos de ~ a un pinar.*

a·cam·pa·na·⌜do, ⌜da |akampanáðo, ða| ***adj.*** Que tiene forma de campana: *en los años sesenta, se llevaban los pantalones acampanados.*

a·cam·par |akampár| **1** ***intr.*** Colocar una tienda de campaña en un lugar al aire libre: *este verano acamparemos cerca de la playa.* **2** Detenerse a descansar; pasar la noche al aire libre: *esta noche tendremos que ~ en cualquier parte.*

a·ca·na·la·⌜do, ⌜da |akanaláðo, ða| **1** ***adj.*** Que pasa por un canal o lugar estrecho: *por estas puertas entra un viento ~ muy frío.* **2** Que tiene forma de canal: *las tejas acanaladas son muy utilizadas en las construcciones españolas.* **3** Que tiene canales o líneas marcadas en hueco: *el pórtico tiene columnas acanaladas; el techo estaba cubierto con planchas acanaladas.* ☐ Es el participio de *acanalar.*

a·ca·na·lar |akanalár| **1** ***tr.*** [algo] Hacer canales o rayas: *los agricultores acanalaron las tierras para sacar el agua de ellas.* - **2** ***tr.-prnl.*** Dar o tomar forma de canal: *si quieres que el cartón quepa en esa bolsa, tienes que acanalarlo.*

a·can·ti·la·do |akantiláðo| ***m.*** Costa marina cortada verticalmente, alta y con rocas: *en el Cantábrico hay muchos acantilados.*

a·can·to |akánto| **1** ***m.*** Planta con grandes hojas de color verde oscuro y flores blancas, con la parte superior rosa o verde: *las hojas del ~ son parecidas a las del cardo.* **2** ARQ. Adorno de las columnas que imita las hojas de esa planta: *el ~ puede observarse en los capiteles corintios.*

a·can·to·nar |akantonár| ***tr.-prnl.*** MIL. [algo, a alguien] Poner o mantener a los soldados en un lugar determinado: *las tropas fueron acantonadas a lo largo del valle.* ⇒ **acuartelar.**

a·ca·pa·ra·⌜dor, ⌜do·ra |akaparaðór, ðóra| ***adj.-s.*** (persona) Que reúne o retiene cosas necesarias para los demás: *ese niño es un ~: quiere todos los juguetes para él.*

a·ca·pa·ra·mien·to |akaparamiénto| ***m.*** Acción y resultado de reunir, retener o *acaparar: *la escasez de víveres produjo el ~ del suministro por parte de los comerciantes.*

a·ca·pa·rar |akaparár| **1** ***tr.*** [algo] Reunir o retener cosas necesarias para los demás; reunir en exceso: *ha acaparado todo el espacio de la casa.* **2** [algo, a alguien] Atraer u ocupar por completo la atención o el tiempo de una persona: *la visita del Papa ha acaparado la atención de la prensa.* ⇒ **absorber.**

a·ca·ra·me·lar |akaramelár| **1** ***tr.*** [algo] Dar un baño con azúcar u otra sustancia dulce: *mi abuela acaramelaba las almendras.* **- 2 acaramelarse** ***prnl.*** *fig.* Darse muestras de amor dos o más personas: *los enamorados siempre están acaramelándose.*

a·ca·ri·ciar |akariθiár| **1** ***tr.*** [algo, a alguien] Mostrar afecto rozando suavemente con la mano: *la niña acaricia a su perro; le estaba acariciando el pelo.* **2** *fig.* Tocar suavemente o rozar: *la brisa le acariciaba el rostro.* **3** [algo] Pensar en una cosa con deseo o esperanza de conseguirla o realizarla: *los novios acarician la idea de casarse.* ☖ Se conjuga como 12.

á·ca·ro |ákaro| ***adj.-m.*** (animal) Que es muy pequeño y parásito de los vegetales o de los animales: *los ácaros no son insectos.*

a·ca·rre·ar |akar̄eár| **1** ***tr.*** [algo] Transportar; llevar una carga de un lugar a otro: *me pasé el día acarreando ladrillos.* **2** *fig.* Provocar, traer o ser la causa de una cosa: *esas amistades pueden acarrearte muchos problemas.*

a·ca·rre·o |akar̄éo| ***m.*** Acción y resultado de transportar o *acarrear: *ese tractor se usa para el ~ de troncos.*

a·car·to·nar·se |akartonárse| **1** ***prnl.*** Ponerse duro como el cartón: *el bolso de piel se ha acartonado.* **2** *fig.* Quedarse delgado y con arrugas, especialmente una persona vieja: *mi madre se ha acartonado.*

a·ca·so |akáso| ***adv.*** Tal vez, posiblemente: *~ estén todos equivocados; ~ necesitemos tu ayuda; ¿~ lo has visto salir?* ■ **por si ~**, por si ocurre una cosa: *ven esta tarde por si ~ te necesitamos.* ■ **si ~**, en todo caso: *no es mala persona: si ~, un poco brusco.*

a·ca·ta·mien·to |akatamiénto| ***m.*** Acción y resultado de obedecer o *acatar: *a los soldados se les exige el ~ de las órdenes de sus superiores.* ⇒ **obediencia, sumisión.**

a·ca·tar |akatár| ***tr.*** [algo] Obedecer, seguir o aceptar: *el soldado acata las órdenes del sargento; debes ~ tu suerte.* ⇔ **desacatar.**

a·ca·ta·rrar·se |akatar̄árse| ***prnl.*** Contraer una enfermedad de la garganta, la nariz y los pulmones, a causa del frío o de los cambios rápidos de temperatura: *ayer hizo mucho frío y los niños se acatarraron.* ⇒ **constiparse, enfriar, resfriarse.**

a·cau·da·la·⌐do, ⌐da |akauðaláðo, ða| ***adj.*** *form.* Que tiene mucho dinero o muchos bienes: *mi amigo es de familia acaudalada.* ⇒ **caudaloso, rico.**

a·cau·da·lar |akauðalár| ***tr.*** [algo] Hacer o reunir una gran cantidad de una cosa, especialmente de dinero o de bienes: *ha dedicado su juventud a ~ conocimientos; su padre acaudaló una gran fortuna en América.*

a·cau·di·llar |akauðiʎár| **1** ***tr.*** [algo, a alguien] Mandar gente de guerra: *Atila acaudillaba sus huestes.* **2** *p. ext.* Ser jefe de un grupo; conducir o dirigir un grupo de personas: *el Rector acaudilla la Universidad.*

ac·ce·der |a^{k}θeðér| **1** ***intr.*** [a algo] Aceptar o permitir lo que otro solicita o quiere: *su padre accede a todos sus caprichos; el director accedió a que se realizara la excursión.* **2** Tener paso o entrada a un lugar: *por esta puerta se accede al salón de actos.* **3** Tener o llegar a una condición o grado superior: *el partido político de la oposición desea ~ al poder; con el tiempo accederá a un puesto de mayor responsabilidad.*

ac·ce·si·ble |a^{k}θesíβle| **1** ***adj.*** Que tiene entrada o paso: *para atravesar la sierra, sólo hay un puerto ~.* ⇔ **inaccesible. 2** *fig.* De trato fácil: *puede comentárselo al director porque es una persona muy ~.* ⇔ **inaccesible. 3** Que se puede entender; que no es demasiado difícil: *es un libro ~ para los estudiantes de bachillerato.* ⇔ **inaccesible.**

ac·cé·sit |a^{k}θésit| ***m.*** Premio menor, generalmente en un *concurso relacionado con el arte: *mi novela ha ganado un ~ en el certamen literario.* ☖ El plural es *accésit.*

ac·ce·so |a^{k}θéso| **1** ***m.*** Entrada o paso: *baje por la escalera de ~ a las habitaciones de la planta baja.* **2** *fig.* Entrada o comunicación con una persona: *es una persona de fácil ~.* **3** Aparición de cierto estado físico o moral: *un ~ de tos le impidió continuar cantando; ha sufrido un ~ de fiebre.*

ac·ce·so·⌐rio, ⌐ria |a^{k}θesório, ria| **1** ***adj.*** Que no es lo más importante; que depende de otra cosa: *explica la idea principal y deja ahora los datos accesorios; el granito está formado por tres elementos fundamentales, pero puede llevar otros minerales accesorios.* ⇒ **secundario, marginal. - 2 accesorio** ***m.*** Herramienta u objeto auxiliar o de adorno en una cosa, actividad o disciplina: *en el maletero llevo una caja con los accesorios del automóvil; mi tren eléctrico tiene muchos accesorios que se compran por separado.*

ac·ci·den·ta·⌐do, ⌐da |a^{k}θiðentáðo, ða| **1** ***adj.*** Que es agitado, movido o difícil: *hemos tenido un viaje ~; hoy ha sido una jornada política accidentada.* **2** Que es difícil de atravesar; que ofrece peligro: *hemos tenido que atravesar un terreno ~.* **- 3** ***adj.-s.*** Que ha sufrido un accidente: *el automóvil ~ fue remolcado al taller; los accidentados han ingresado en el hospital.* ☖ Es el participio de *accidentar.*

ac·ci·den·tal |a^{k}θiðentál| ***adj.*** Que se produce por azar o accidente: *un profesor y yo hemos tenido un encuentro ~.*

ac·ci·den·tar·se |a^{k}θiðentárse| ***prnl.*** Sufrir un accidente: *el portero se ha accidentado y estará de baja un mes.*

ac·ci·den·te |a^{k}θiðénte| **1** ***m.*** Alteración en el curso regular de una cosa; hecho no esperado, especialmente una desgracia: *el cantante se mató en un ~ automovilístico.* **2** Elemento que no forma parte de la naturaleza o la *esencia de una cosa: *Aristóteles distingue entre sustancia y ~.* **3** GEOGR. Relieve que rompe la uniformidad del terreno: *este territorio no es llano, tiene muchos accidentes.* **4** LING. Cambio que experimentan en su forma las palabras para expresar distintas categorías gramaticales: *en español, los accidentes gramaticales del nombre son el género y el número.* ⇒ **variación.**

ac·ción |a^{k}θión| **1** ***f.*** Cosa que se hace o se realiza; hecho o acto voluntario: *la huida fue una ~ co-*

barde; hoy no he hecho ninguna mala ~. **2** Actividad o movimiento: *debemos pasar de las palabras a la* ~. ⇔ **inacción. 3** Hecho o acto de *violencia: *las tropas necesitan un poco de ~; me gustan las películas de* ~; ~ **directa**, empleo de la *violencia con fines políticos por parte de un grupo social: *los huelguistas piensan que sólo conseguirán su objetivo con la ~ directa.* **4** Efecto o influencia: *la ~ de la luz sobre los organismos es beneficiosa; hay que esperar para ver la ~ del medicamento.* **5** Serie de actos y acontecimientos relacionados, especialmente en una *narración: *la ~ de esta comedia se sitúa en Alemania.* **6** ECON. Parte del dinero o de los bienes de una empresa: *he invertido mis ahorros en acciones de una empresa; las acciones están en alza.* **7** ECON. Documento que representa el valor de una de esas partes: *he guardado las acciones en la caja fuerte.* ■ ~ **de gracias**, expresión de agradecimiento, generalmente a Dios: *fueron a la ermita en ~ de gracias.*

ac·cio·nar |a^{k}θionár| **1** ***intr.*** Hacer movimientos y gestos para dar a entender una cosa o para acompañar a la palabra: *no es elegante ~ demasiado al hablar.* ⇒ **gesticular. - 2** ***tr.*** [algo] Hacer funcionar, especialmente un mecanismo: *acciona la palanca.*

ac·cio·nis·ta |a^{k}θionísta| ***com.*** Persona que posee una o varias acciones en una sociedad: *se ha convocado una junta de accionistas de la empresa.*

a·ce·bo |aθébo| **1** ***m.*** Árbol de hojas grandes, duras y con espinas, con las flores pequeñas y el fruto en forma de pequeñas bolas de color rojo: *las ramas de ~ se usan como adorno en Navidad.* **2** Madera de ese árbol: *el ~ se usa para fabricar utensilios.*

a·ce·bu·che |aθeβútʃe| ***m.*** *Olivo silvestre: *en lo alto de ese cerro sólo hay piedras y un par de acebuches.*

a·ce·chan·za |aθetʃánθa| ***f.*** Vigilancia o espera; acción de perseguir: *los ladrones no se dieron cuenta de la ~ de la policía.* ⇒ **acecho.** ⌂ No se debe confundir con *asechanza.*

a·ce·char |aθetʃár| ***tr.*** [algo, a alguien] Vigilar, esperar o perseguir: *el lobo acecha al cordero.*

a·ce·cho |aθétʃo| ***m.*** Vigilancia o espera; acción de perseguir: *hay que estar prevenidos contra el ~ del enemigo.* ⇒ **acechanza.** ■ **al** ~, observando o vigilando a escondidas: *los enemigos estaban despiertos y al* ~.

a·ce·dar |aθeðár| ***tr.-prnl.*** [algo] Poner agrio: *el vino se ha acedado; el vinagre aceda las comidas.*

a·cé·fa·⌜lo, ⌜la |aθéfalo, la| ***adj.*** Que no tiene cabeza: *un gigante ~ y un dragón con siete cabezas atacaron al príncipe.*

a·cei·tar |aθeitár| ***tr.*** [algo] Mojar en aceite: *el pan aceitado con sal y tomate está muy bueno.*

a·cei·te |aθéite| ***m.*** Líquido graso, menos denso que el agua, de origen mineral, vegetal o animal, que sirve como alimento y para usos industriales: *siempre echo ~ de oliva a la ensalada; el ~ de ricino tiene un sabor desagradable; el motor necesita lubricarse con* ~.

a·cei·te·ra |aθeitéra| ***f.*** Recipiente que se usa para guardar y servir el aceite: *he comprado una ~ de latón.*

a·cei·te·⌜ro, ⌜ra |aθeitéro, ra| **1** ***adj.*** Del aceite o que tiene relación con él: *a las afueras del pueblo había un molino* ~. **- 2** ***m. f.*** Persona que se dedica a fabricar o vender aceite: *mi abuela era aceitera.*

a·cei·to·⌜so, ⌜sa |aθeitóso, sa| ***adj.*** Que tiene mucho aceite; que es graso: *las patatas han quedado demasiado aceitosas.*

a·cei·tu·na |aθeitúna| ***f.*** Fruto pequeño comestible, de forma ovalada y color verde o negro, del que se saca un tipo de aceite: *la ~ es el fruto del olivo.* ⇒ **oliva.**

a·cei·tu·na·⌜do, ⌜da |aθeitunáðo, ða| ***adj.*** De color verde oscuro, parecido al de las aceitunas: *los gitanos tienen la tez aceitunada.*

a·cei·tu·ne·⌜ro, ⌜ra |aθeitunéro, ra| **1** ***adj.*** De la aceituna o que tiene relación con ella: *la producción aceitunera está descendiendo en esta región.* **- 2** ***m. f.*** Persona que se dedica a recoger o vender aceitunas: *el propietario de los olivos contrató una cuadrilla de aceituneros.*

a·cei·tu·no |aθeitúno| ***m.*** Árbol de tronco corto, grueso y torcido, con la copa ancha y ramosa, las hojas duras y de color verde oscuro y con las flores pequeñas, blancas y en racimos: *el ~ da aceitunas.* ⇒ **olivo.**

a·ce·le·ra·ción |aθeleraθión| ***f.*** Aumento de la velocidad: *este coche no responde bien a la* ~.

a·ce·le·ra·dor |aθeleraðór| ***m.*** Mecanismo que sirve para regular la entrada del combustible en el motor y que permite aumentar o disminuir la velocidad de un vehículo: *deja de pisar el ~, que vamos demasiado rápido.*

a·ce·le·rar |aθelerár| **1** ***tr.*** [algo] Hacer más rápido o más vivo: *acelera el paso, que no vamos a llegar nunca; procuraremos ~ los trámites.* **- 2** ***tr.-intr.*** Aumentar la velocidad: *no debes ~, cuando otro automóvil te está adelantando.* ⇒ **embalar. - 3 acelerarse** ***prnl.*** *fam. fig.* Ponerse nervioso; hacer una cosa demasiado deprisa: *tranquilízate, no te aceleres.*

a·ce·le·rón |aθelerón| ***m.*** Aumento rápido o *brusco de la velocidad de un vehículo: *dio un ~ y la moto derrapó.*

a·cel·ga |aθélga| ***f.*** Hortaliza de hojas grandes y comestibles, con el nervio central muy desarrollado: *mañana comeremos acelgas con patatas.*

a·cé·mi·la |aθémila| **1** ***f.*** Animal mamífero doméstico, parecido al caballo, que por ser muy resistente se usa para la carga: *Manuel descargó los bultos de la* ~. ⇒ **mulo. 2** *fig.* Persona ruda y sin educación: *¿Cómo tratas así a tu yerno? Eres una* ~.

a·cen·dra·⌜do, ⌜da |aθendráðo, ða| ***adj.*** Que es puro; que no tiene mancha ni defecto: *era querido en el barrio por su generosidad acendrada.*

a·cen·to |aθénto| **1** ***m.*** Pronunciación destacada de una sílaba de una palabra, que permite distinguirla de las demás, por ser más intensa, más larga o de tono más alto: bondad *es una palabra aguda porque tiene el ~ en la última sílaba.* **2** Signo que se pone sobre la vocal de la sílaba que se pronuncia de forma más destacada, siguiendo unas normas determinadas: camión *lleva acento en la* o. ⇒ **tilde;** ~ **agudo**, el que tiene forma de raya pequeña que baja de derecha a izquierda: *la palabra* amó *lleva ~ agudo;* ~ **circunflejo**, el que tiene forma de ángulo con el *vértice hacia arriba: *la palabra francesa* âne *lleva ~ circunflejo;* ~ **grave**, el que tiene forma de raya pequeña que baja de izquierda a derecha: *la palabra francesa* père *lleva ~ grave.* **3** Pronunciación particular con que se distingue el modo de hablar de las personas que proceden de un lugar determinado: *el ~ canario es muy agradable.* **4** *fig.* Atención o interés: *quiero poner el ~ en el problema del paro.*

a·cen·tua·ción |aθentuaθión| **1** *f.* Acción y resultado de *acentuar: *las reglas de ~ españolas son muy sencillas.* **2** Conjunto de acentos ortográficos de un escrito: *la ~ de este texto es desastrosa.*

a·cen·tual |aθentuál| *adj.* LING. Del acento o que tiene relación con él: *en el dictado no deben aparecer faltas de ortografía ni errores acentuales.*

a·cen·tuar |aθentuár| **1** *tr.-prnl.* [algo] Dar acento al pronunciar; poner o llevar acento ortográfico al escribir: *cuando lea en voz alta, acentúe bien las palabras; la palabra* águila *se acentúa en la primera* a. - **2** *tr.* Destacar o llamar la atención sobre algo: *quiero ~ la labor de miles de colaboradores anónimos.* - **3 acentuarse** *prnl.* Crecer o hacerse más claro: *la vejez de la actriz se acentuaba cada día.* ⌂ Se conjuga como 11.

a·cep·ción |aθe^{p}θión| *f.* Significado en que se toma una palabra o una frase: *la palabra* acento *tiene cuatro acepciones recogidas en este diccionario.*

a·ce·pi·llar |aθepiʎár| **1** *tr.* [algo] Poner lisa una superficie de madera o metal con un cepillo: *estaba acepillando una puerta antes de pintarla.* ⇒ **cepillar.** **2** Quitar el polvo con un cepillo: *tuvo que ~ bien el abrigo antes de salir.* ⇒ **cepillar.**

a·cep·ta·bi·li·dad |aθe^{p}taβiliðáð| *f.* Conjunto de características que hacen que una cosa sea aceptable: *el gabinete psicológico mide la ~ de los candidatos.*

a·cep·ta·ble |aθe^{p}táβle| *adj.* Que se puede aceptar o recibir: *ha hecho un trabajo ~, aunque se podría mejorar.* ⇔ **inaceptable.**

a·cep·ta·ción |aθe^{p}taθión| **1** *f.* Aprobación o recibimiento favorable: *su última novela ha tenido una gran ~ entre el público.* **2** Acción y resultado de admitir o mostrarse conforme: *la ~ del compromiso entre las dos partes se hizo en la reunión de esta mañana; la ~ de este proyecto me costó mucho trabajo.*

a·cep·tar |aθe^{p}tár| **1** *tr.* [algo] Aprobar o recibir favorablemente: *no quiso ~ el regalo; acepto tus disculpas; los clientes aceptaron nuestro proyecto; el entrenador nos aceptó en el nuevo equipo.* ⇒ **asentir.** ⇔ **excluir.** **2** Admitir o mostrarse conforme: *acepto mis errores; estoy seguro de que aceptará toda la responsabilidad.* ⇒ **asumir.**

a·ce·quia |aθékia| *f.* Canal que conduce agua para regar: *los hombres del pueblo se han ido a limpiar la ~ para que corra bien el agua.*

a·ce·ra |aθéra| **1** *f.* Parte de la calle situada a los lados y destinada a los que van a pie: *súbete a la ~ o te atropellará el autobús.* **2** *p. ext.* Línea de casas a cada lado de la calle: *Elena vive en la otra ~, enfrente de mi casa.* ■ **ser de la ~ de enfrente**, *fam.*, sentirse atraído por personas del mismo sexo en las relaciones sexuales y amorosas: *Jaime es tan amanerado, que parece que es de la ~ de enfrente.*

a·ce·ra·⌐do, ⌐da |aθeráðo, ða| **1** *adj.* Que es de acero o tiene una característica que se considera propia del acero: *la flecha termina en una punta acerada.* **2** *fig.* Que produce miedo o respeto: *le hizo callar con palabras aceradas.*

a·ce·rar |aθerár| **1** *tr.* [algo] Dar al hierro las propiedades del acero; especialmente convertir en acero el filo o la punta de una arma o una herramienta: *el herrero se puso a ~ un sable.* **2** Poner *aceras en una calle: *los albañiles aún no han terminado de ~ la calle principal.* - **3** *tr.-prnl.* [algo] Hacer fuerte: *las penalidades aceraron su ánimo; el soldado se aceraba en cada batalla.*

a·cer·⌐bo, ⌐ba |aθérβo, βa| **1** *adj.* Que es áspero en el sabor y en el olor: *estas frutas son de sabor ~.* **2** *fig.* Que es cruel o duro; que no tiene buenos sentimientos: *obtuvo acerbas críticas por parte de sus compañeros.* ⌂ No se debe confundir con *acervo.*

a·cer·ca |aθérka| ■ ~ **de**, sobre; en relación con: *ha hecho mil preguntas ~ de Héctor; qué me dices ~ de las vacaciones.*

a·cer·ca·mien·to |aθerkamiénto| *m.* Aproximación, colocación en una posición cercana: *el periódico de hoy habla del ~ de las posiciones de los dos partidos políticos; el escritor buscaba el ~ a los lectores más jóvenes.*

a·cer·car |aθerkár| **1** *tr.-prnl.* [algo, a alguien] Poner cerca; poner a menor distancia: *acerca la botella para beber agua; se acercó para saludarle; ya se acerca el verano.* ⇒ **aproximar.** ⇔ **separar.** **2** [a alguien] Ir o llevar a un lugar: *¿puedes acercarte al supermercado a comprar sal?; si quieres, te acerco a tu casa en coche.* ⌂ Se conjuga como 1.

a·ce·ri·co |aθeríko| *m.* Saco pequeño o trozo de tela que sirve para clavar alfileres y agujas: *la costurera guarda el ~ en la caja de la costura.* ⇒ **alfiletero.**

a·ce·ro |aθéro| **1** *m.* Hierro mezclado con pequeñas cantidades de *carbono y que, puesto al rojo y metido después rápidamente en un líquido frío, queda a la vez duro y elástico: *el ~ se usa para la fabricación de estructuras metálicas;* ~ **inoxidable**, el que resiste la acción del oxígeno; el que no se oxida: *he comprado una batería de cocina de ~ inoxidable.* **2** *p. ext.* Arma hecha con ese material: *le clavó el ~ en el corazón; el espadachín bajó su ~.* - **3 aceros** *m. pl. fig.* Ánimo o valor: *en las situaciones difíciles hay que tener aceros.*

a·cé·rri·⌐mo, ⌐ma |aθérimo, ma| *adj.* Que es muy fuerte, decidido o convencido: *es un defensor ~ de las corridas de toros; se declara creyente ~.*

a·cer·tan·te |aθertánte| *adj.-com.* (persona) Que acierta, especialmente en un juego o en un *concurso: *esta semana ha habido tres acertantes de la quiniela.*

a·cer·tar |aθertár| **1** ***tr.-intr.*** [algo] Dar en el lugar previsto o propuesto: *acertaste en el centro de la diana.* **2** Dar con lo cierto o lo adecuado, especialmente en una cosa difícil u oculta: *no le acertaban la enfermedad; acertó la adivinanza a la primera; ha acertado todas las respuestas.* ⇔ **desacertar. 3** Dar un resultado correcto por azar: *he acertado cinco números de la lotería primitiva; a ver si aciertas dónde vivo.* **4** [algo; con algo] Encontrar: *cuando fue a visitarla, acertó la casa a la primera; no pudo ~ con la calle mayor.* ■ **~ a,** *form.,* ocurrir por azar: *fundó Caracas, y acertó a fundarla en un hermoso lugar; entonces acertó a pasar por allí Jesús.* ☐ Se usa seguido de infinitivo. Se conjuga como 27.

a·cer·ti·jo |aθertíxo| **1** ***m.*** Frase o pregunta difícil que una persona propone a otra para que le encuentre una solución o le dé un sentido: *adivina este ~:* soy pequeño como un ratón y guardo la casa como un león. ⇒ **adivinanza, rompecabezas. 2** *fig.* Idea difícil de entender o mal explicada: *este filósofo sólo presenta acertijos.*

a·cer·vo |aθérβo| ***m.*** Conjunto de bienes o valores: *el cristianismo forma parte del ~ cultural de occidente; los indios navajos conservan algo de su ~ cultural y lingüístico.* ☐ No se debe confundir con *acerbo.*

a·ce·ta·to |aθetáto| ***m.*** QUÍM. Sal o sustancia del ácido del vinagre: *los acetatos de celulosa se usan para fabricar telas artificiales.*

a·cé·ti·⌐co, ⌐ca |aθétiko, ka| ***adj.*** QUÍM. Del vinagre o que tiene relación con él: *el investigador estudiaba la fermentación acética.*

a·ce·ti·le·no |aθetiléno| ***m.*** Gas combustible que se usa para iluminar y en la industria: *para soldar metales se usa el oxígeno y el ~.*

a·ce·to·na |aθetóna| ***f.*** Compuesto orgánico, líquido, transparente, de olor especial, que se usa como disolvente: *la ~ se usa para disolver pinturas; el esmalte de uñas se quita con ~.*

a·cha·ba·ca·nar |atʃaβakanár| ***tr.-prnl.*** [algo, a alguien] Hacer vulgar y de mal gusto: *desde que se junta con esos amigos se ha achabacanado.*

a·cha·car |atʃakár| ***tr.*** [algo; a alguien/algo] Atribuir, especialmente una falta o culpa; hacer responsable de una cosa: *me achacan mil mentiras; suele ~ las faltas propias a la maldad ajena.* ☐ Se conjuga como 1.

a·cha·co·⌐so, ⌐sa |atʃakóso, sa| ***adj.*** *fam.* Que sufre pequeñas pero frecuentes molestias, provocadas por una enfermedad o por la edad: *mis abuelos están algo achacosos, pero se encuentran bien.*

a·cha·fla·nar |atʃaflanár| ***tr.*** [algo] Dar forma de *chaflán a una esquina: *en ese edificio se han achaflanado las esquinas.*

a·cham·pa·ña·⌐do, ⌐da |atʃampaɲáðo, ða| ***adj.*** (bebida) Que se parece al vino de Champaña: *me gusta mucho la sidra achampañada.*

a·chan·tar·se |atʃantárse| ***prnl.*** *fam.* Callarse o conformarse por miedo: *ahora parece muy valiente, pero ya verás cómo se achanta cuando venga mi hermano mayor.*

a·cha·pa·rra·⌐do, ⌐da |atʃapar̄áðo, ða| ***adj.*** Que es bajo y ancho o gordo: *los olivos de Castilla son achaparrados; ha venido a verme una mujer achaparrada.*

a·cha·que |atʃáke| **1** ***m.*** *fam.* Molestia pequeña pero frecuente, provocada por una enfermedad o por la edad: *siempre se está quejando de sus achaques.* **2** Defecto, generalmente físico o moral: *su único ~ es que es muy aburrido.*

a·cha·tar |atʃatár| ***tr.*** [algo] Aplastar o hacer menos saliente o poco destacado: *tengo que ~ los clavos de la puerta.*

a·chi·car |atʃikár| **1** ***tr.-prnl.*** [algo] Hacer más pequeño: *achicas los ojos cuando lees.* **2** *fig.* [a alguien] Dar o tener miedo; hacer sentirse inferior: *sacó la pistola para ~ a los ladrones.* **- 3** ***tr.*** [algo] Sacar el agua de un lugar: *¡todos a ~ agua para que no se hunda el barco!* ☐ Se conjuga como 1.

a·chi·cha·rrar |atʃitʃar̄ár| **1** ***tr.-prnl.*** [algo] Quemar; cocinar demasiado: *le pedí un filete poco hecho y me lo ha traído achicharrado.* **- 2** ***tr.-intr.-prnl.*** *p. ext.* [algo, a alguien] Calentar demasiado; tener mucho calor: *hace un sol que achicharra; si no instalan el aire acondicionado, nos vamos a ~.*

a·chi·co·ria |atʃikória| ***f.*** Planta de flores azules y de hojas y raíces amargas, que tiene la propiedad de curar ciertos males: *la raíz de la ~ se usa para hacer una bebida parecida al café.*

a·chi·na·⌐do, ⌐da |atʃináðo, ða| **1** ***adj.*** Que se parece o tiene relación con los usos o características físicas comunes en China: *muchos americanos tienen los ojos achinados.* **- 2** ***adj.-s.*** (persona) Que por su físico se parece a los naturales de China: *se casó con una mujercita pequeña y achinada.*

a·chis·par |atʃispár| ***tr.-prnl.*** [a alguien] Alegrar por efecto del alcohol; emborrachar un poco: *el vino me achispa enseguida.* ⇒ **colocar.**

a·chu·char |atʃutʃár| **1** ***tr.*** *fam.* [algo, a alguien] Apretar fuertemente, generalmente rodeando con los brazos para mostrar afecto: *no dejaba de ~ a su novia.* **2** *fig.* Obligar a hacer una cosa: *no me achuches tanto, que ya he empezado el trabajo.* **3** [algo] Enfadar o provocar a un animal para que ataque: *si se acerca demasiado, le achucho los perros.* ⇒ **azuzar.**

a·chu·chón |atʃutʃón| **1** ***m.*** *fam.* *Abrazo que muestra afecto: *de los besos pasaron a los achuchones.* **2** *fam.* Golpe o presión; acción de empujar: *tuve que entrar en el tren a achuchones.*

a·cia·⌐go, ⌐ga |aθiáɣo, ɣa| ***adj.*** Que tiene o trae desgracias y mala suerte: *aquel fue un día ~; su presencia siempre ha sido aciaga para nuestra familia.* ⇒ **lúgubre.**

a·cí·bar |aθíβar| **1** ***m.*** Jugo denso usado en medicina, que se saca de una planta: *el ~ se usa como purgante.* **2** *fig.* Acción o cosa amarga; disgusto: *el suspenso de su hijo fue ~ para sus padres.*

a·ci·ca·lar |aθikalár| ***tr.-prnl.*** [algo, a alguien] Adornar, arreglar o poner elegante: *mi madre todavía se está acicalando; María necesita tres horas para acicalarse.*

a·ci·ca·te |aθikáte| ***m.*** Causa que mueve a actuar o realizar una acción: *la recompensa sirvió de ~ a los ciudadanos.* ⇒ **aguijón, aliciente, estímulo.**

a·ci·cu·lar |aθikulár| ***adj.*** Que tiene forma de aguja: *el pino tiene hojas aciculares.*

a·ci·dez |aθiðéθ| **1** *f.* Cualidad de ácido: *me gusta la ~ de la naranja.* **2** Enfermedad que consiste en tener una sensación de calor en el estómago o en la garganta: *no puedo comer marisco porque me provoca ~.*

á·ci·⌈do, ⌈da |áθiðo, ða| **1** ***adj.*** Que está agrio; que tiene sabor parecido al del vinagre: *esta naranja está tan ácida, que parece un limón.* **2** Que es áspero y desagradable: *ella tiene un carácter ~.* **3** Que tiene las propiedades de un compuesto químico que forma sales: *la lluvia ácida está destruyendo nuestros bosques.* **- 4 ácido *m.*** Sustancia química capaz de atacar o dañar los metales formando sales: *al añadir agua a los óxidos, se forman los ácidos.* **5** Droga que produce extrañas sensaciones en la vista y el oído: *el ~ se llama también L.S.D.*

a·cier·to |aθiérto| **1** ***m.*** Solución adecuada: *sólo has tenido cinco aciertos en el examen; fue un ~ comprar un coche nuevo.* **2** *fig.* Habilidad o capacidad: *habló con mucho ~.* ⇒ **desacierto.**

a·cla·ma·ción |aklamaθión| *f.* Acogida o muestra de entusiasmo por parte de un grupo grande de personas, generalmente dando voces: *estaba acostumbrado a la ~ del público y no podía vivir sin ella.* ■ **por** ~, por decisión o acuerdo de todo un grupo: *el presidente fue elegido por ~ de las bases del partido.*

a·cla·mar |aklamár| **1** ***tr.*** [algo, a alguien] Acoger o mostrar entusiasmo, generalmente dando voces: *el público aclamó al orador.* **2** [a alguien] Conceder un cargo u honor por acuerdo de todo un grupo: *le aclamaron rey.*

a·cla·ra·ción |aklaraθión| ***f.*** Explicación o *comentario que hace más claro un asunto: *quiero hacer una ~ antes de seguir adelante; tu actitud requiere algunas aclaraciones.*

a·cla·rar |aklarár| **1** ***tr.-prnl.*** [algo] Hacer menos oscuro; hacer que se vea o se oiga mejor: *el sol aclara las tinieblas; he comprado pastillas para ~ la voz.* **2** Hacer menos denso: *aquí el bosque empieza a aclararse; trae agua para ~ la sopa.* **3** *fig.* Explicar o poner en claro: *el profesor nos aclaró el significado del poema; quiero ~ cuanto antes este malentendido.* ⇒ **clarificar. - 4 *tr.*** Volver a lavar con agua sola para quitar el jabón: *si no aclaras bien la camiseta, se estropeará; me estoy aclarando el pelo.* ⇒ **enjuagar. 5** *fig.* Mejorar, especialmente una capacidad o una habilidad: *las zanahorias aclaran la vista.* **- 6 *unipers.*** Mejorar el tiempo atmosférico; irse las nubes o la niebla: *hay una tormenta horrible y no parece que vaya a ~.* **- 7 aclararse *prnl.*** Poner uno en claro sus propias ideas: *¡a ver si te aclaras sobre lo que vas a hacer esta tarde!; no me aclaro con esta lección de matemáticas.*

a·cla·ra·to·⌈rio, ⌈ria |aklaratório, ria| ***adj.*** Que explica o aclara: *al explicar mi proyecto delante de la junta directiva, he añadido algunas notas aclaratorias.*

a·cli·ma·ta·ción |aklimataθión| ***f.*** Adaptación a un clima, situación o ambiente distinto del que se procede: *tras un breve periodo de ~, la novela negra americana se introdujo completamente en el mercado español.*

a·cli·ma·tar |aklimatár| ***tr.-prnl.*** [algo, a alguien] Adaptar a un clima, situación o ambiente distinto del que se procede: *los naranjos no se han aclimatado a la montaña; el joven becario se aclimató muy pronto al nuevo país.*

ac·né |akné| ***amb.*** Enfermedad de la piel que aparece generalmente en los jóvenes y que consiste en la aparición de pequeños granos de grasa: *a los quince años tenía la cara llena de ~.* ☖ Se suele usar en masculino.

a·co·bar·dar |akoβarðár| ***tr.-prnl.*** [a algo/alguien] Causar o tener miedo; asustar: *las amenazas del casero acobardaron a la pobre viuda; no se acobarda ante nada.* ⇒ **acojonar, acoquinar, atemorizar, cagar, encoger.**

a·co·dar |akoðár| **1** ***tr.*** [algo] Doblar una cosa en ángulo recto, especialmente una pieza de una máquina: *el fontanero acodó los tubos para adaptarlos a la pared.* **- 2 acodarse *prnl.*** Apoyar el codo o los codos en un lugar: *el niño se acodó sobre el pupitre.*

a·co·ge·⌈dor, ⌈do·ra |akoxeðór, ðóra| **1** ***adj.-s.*** (persona) Que recibe, admite o acoge: *los vecinos del pueblo tienen fama de ser acogedores y abiertos.* **- 2 *adj.*** (lugar) Que es agradable y cómodo; que resulta agradable para estar en él: *viven en una casa pequeña, pero muy acogedora.*

a·co·ger |akoxér| **1** ***tr.*** [algo, a alguien] Recibir o admitir, especialmente la compañía de una persona: *sus tíos acogieron a la niña cuando murieron sus padres.* **2** *p. ext.* Proteger o ayudar: *España acoge a los extranjeros; ¡acógenos, Señor!* **3** [algo] Creer o admitir una información, una idea u otra cosa como verdadera: *conviene ~ esta noticia con ciertas reservas.* **4** [algo, a alguien] Recibir, aceptar o aprobar: *me acogieron con aplausos; acogió la noticia con gran sorpresa.* **- 5 acogerse *prnl.*** Protegerse o recibir ayuda: *al empezar la lluvia, me acogí en un portal.* ⇒ **refugiar, resguardar. 6** DER. [a algo] Pedir un derecho que concede una ley, una costumbre o una norma: *los empleados se acogieron a la nueva ley de huelga.* **7** Usar como disculpa: *siempre se acoge a su condición de minusválido para llegar tarde.* ☖ Se conjuga como 5.

a·co·gi·da |akoxíða| **1** ***f.*** Recibimiento o bienvenida: *nos dieron una ~ maravillosa en la embajada.* **2** *fig.* Aceptación o aprobación: *la nueva película ha tenido una espléndida ~.*

a·co·go·tar |akoɣotár| ***tr.-prnl.*** [a algo/alguien] Dominar o vencer; dar miedo: *ha acogotado a todos los niños de su clase.*

a·co·jo·nan·te |akoxonánte| ***adj.*** *vulg.* Que admira o impresiona, de forma positiva o de forma negativa: *va a ser una fiesta ~; tuvimos un accidente ~.*

a·co·jo·nar |akoxonár| ***tr.-prnl.*** *vulg.* [a alguien] Causar o tener miedo; asustar: *no te acojones porque sea más grande que tú.* ⇒ **acobardar, acoquinar, atemorizar, encoger.**

a·col·char |akoltʃár| *tr.* [algo] Poner lana, algodón u otro material blando entre dos telas y coserlas para que no se mueva: *cuando hagas el edredón, tienes que acolcharlo bien.*

a·có·li·to |akólito| **1** *m.* Persona que ayuda a otra en la celebración de una ceremonia religiosa: *el obispo entró en la catedral rodeado de acólitos.* **2** Niño que ayuda al sacerdote en misa, generalmente vestido con un traje blanco: *el ~ tocaba una campana mientras el sacerdote levantaba el cáliz con el vino consagrado.* ⇒ **monaguillo.**

a·co·me·ter |akometér| **1** *tr.-intr.* [algo, a alguien] Atacar de forma rápida y fuerte: *aquella noche acometieron el castillo.* **2** [algo] Empujar o lanzarse: *el toro acometió contra el burladero.* **- 3** *tr.* Comenzar o intentar: *acomete grandes proyectos, pero nunca los termina.* ⇒ **emprender.**

a·co·me·ti·da |akometíða| **1** *f.* Acción y resultado de *acometer; ataque: *el batallón necesitó hacer tres acometidas para entrar en la ciudad.* **2** Punto donde la línea o el conducto de un fluido se une con una línea o un conducto principal: *la ~ del gas está en el jardín.*

a·co·mo·da·ción |akomoðaθión| *f.* Acción y resultado de *acomodar o *acomodarse: *la ~ de todos los libros en los muebles de la biblioteca ha sido muy trabajosa.* ⇒ **acomodamiento, adaptación;** ~ **óptica**, la que hace el ojo para ver con claridad objetos colocados a diferentes distancias: *la ~ óptica interviene en el sistema de enfoque.*

a·co·mo·da·di·⌐zo, ⌐za |akomoðaðíθo, θa| *adj.* Que acepta o se conforma fácilmente: *como todo le sale mal, Juan se ha hecho muy ~.* ⇒ **acomodaticio.**

a·co·mo·da·⌐do, ⌐da |akomoðáðo, ða| **1** *adj.* (persona) Que no tiene problemas de dinero: *es un hombre con dinero, bien ~.* **2** Que es adecuado; que conviene: *fue una decisión acomodada a las circunstancias.*

a·co·mo·da·⌐dor, ⌐do·ra |akomoðaðór, ðóra| *m. f.* Persona que se dedica a indicar a los que van a un espectáculo dónde tienen que sentarse: *aunque la película había empezado, el ~ nos llevó a nuestras butacas.*

a·co·mo·da·mien·to |akomoðamiénto| *m.* Acción y resultado de *acomodar o *acomodarse: *las azafatas se encargan del ~ de los viajeros en el avión.* ⇒ **acomodación, adaptación.**

a·co·mo·dar |akomoðár| **1** *tr.* [algo, a alguien] Ordenar o colocar; ajustar unas cosas con otras: *acomodaron las bicicletas en el garaje.* ⇔ **desacomodar. 2** [algo] Aplicar o adaptar: *podemos ~ este ejemplo a la teoría que has explicado.* **- 3** *tr.-prnl.* [a alguien] Conseguir, especialmente empleo o vivienda para otra persona: *la acomodó de niñera en Londres.* ⇒ **acoplar. 4** Poner en un lugar o en una posición adecuados: *Óscar se acomodó en el sillón para ver la película; el dueño de la casa acomodaba a los visitantes.* **- 5 acomodarse** *prnl.* [a/con algo] Conformarse o aceptar: *de momento me acomodaré con este sueldo.*

a·co·mo·da·ti·⌐cio, ⌐cia |akomoðatíθio, θia| *adj.* Que acepta o se conforma fácilmente: *las personas dependientes y acomodaticias siguen las sugerencias de las que son más seguras.* ⇒ **acomodadizo.**

a·co·mo·do |akomóðo| *m.* Trabajo u ocupación: *espero que mi hijo encuentre ~ en la fábrica.*

a·com·pa·ña·mien·to |akompaɲamiénto| **1** *m.* Grupo de personas que acompaña a otra: *vino el señor alcalde con todo el ~.* **2** Conjunto de personas que aparecen en una obra teatral, pero no hablan: *muchos grandes actores empezaron trabajando como ~.* ⇒ **comparsa. 3** MÚS. Parte de una composición que acompaña a una música principal: *el violinista y el pianista tocaron el ~.* **4** MÚS. Acción y resultado de acompañar con instrumentos musicales: *tú cantarás y yo haré el ~ con la guitarra.*

a·com·pa·ñan·te |akompaɲánte| *adj.-com.* Que acompaña a otra persona: *Pedro vino con dos o tres acompañantes.*

a·com·pa·ñar |akompaɲár| **1** *tr.-prnl.* [a alguien] Estar o ir junto a otra persona: *mi padre me acompañaba a la escuela; te conviene acompañarte de buenos amigos.* **2** Compartir un afecto o un estado de ánimo: *le acompaño en el sentimiento.* **3** Existir a la vez o coincidir: *es muy guapa, pero el pelo no la acompaña; desde niño te acompaña la buena suerte.* **4** [algo] Juntar o añadir una cosa a otra: *un informe acompañaba la carta; mándame las fotos acompañadas de los negativos.* **5** MÚS. [algo, a alguien] Tocar una música *secundaria o de fondo mientras otro canta o toca: *para cantar aquella canción, yo lo acompañé con el piano.*

a·com·pa·sa·⌐do, ⌐da |akompasáðo, ða| *adj. fig.* Que habla o anda de forma pausada: *su modo de hablar siempre es ~.*

a·com·pa·sar |akompasár| *tr.* [algo; a algo/alguien] Adaptar; hacer proporcional: *los bailarines acompasaron sus movimientos al sonido de la música.*

a·com·ple·jar |akomplexár| *tr.-prnl.* [a alguien; por algo] Sentirse o hacer sentirse inferior; padecer o provocar un *complejo mental: *su capacidad de trabajo acompleja a cualquiera; desde que se le cayó el pelo, se acomplejó tanto, que ya no sale a la calle; no se acompleja por nada.*

a·con·di·cio·na·dor |akondiθionaðór| **1** *m.* Aparato que sirve para regular la temperatura y la humedad del aire en un local: *en la oficina tenemos un ~ portátil.* **2** Sustancia que se echa en el pelo después de lavarlo y que sirve para hacer más fácil el peinado: *después del champú, siempre me pongo ~.*

a·con·di·cio·nar |akondiθionár| **1** *tr.* [algo] Arreglar o preparar; disponer para un fin determinado: *para trabajar aquí, primero habrá que ~ mejor los despachos.* **2** Dar una temperatura y una humedad adecuadas a un local: *debes ~ los dormitorios porque hace mucho calor.*

a·con·go·jar |akoŋgoxár| *tr.-prnl.* [a alguien] Sentir o hacer sentir tristeza, preocupación o miedo: *me acongojaba la idea de que no volviéramos a vernos; cuando el coche se salió de la carretera, nos acongojamos.* ⇒ **angustiar, asustar.**

a·con·se·ja·ble |akonsexáβle| ***adj.*** Que se puede aconsejar; que conviene: *aunque no es obligatorio, es ~ llevar un extintor en el coche.* ⇒ **conveniente, recomendable.**

a·con·se·jar |akonsexár| **1** ***tr.*** [algo; a alguien] Dar un consejo o una opinión: *yo te aconsejo que vuelvas con tu marido.* ⇒ **asesorar. 2** Recomendar o indicar: *te aconsejo que te calles; te aconsejo que salgas ahora mismo de mi casa si no quieres que llame a la policía.* ⇔ **desaconsejar. - 3 aconsejarse** ***prnl.*** [con/de alguien] Escuchar, tomar o pedir un consejo: *siempre se aconseja de su mujer antes de tomar una decisión.*

a·con·so·nan·tar |akonsonantár| ***tr.*** [algo] Rimar en consonante un poema: *se rompía la cabeza tratando de ~ los versos del soneto.*

a·con·te·cer |akonteθér| ***intr.-unipers.*** Ocurrir o producirse un hecho: *el suceso que se menciona aconteció el uno de septiembre.* ⇒ **acaecer, suceder.** ☖ Se conjuga como 43.

a·con·te·ci·mien·to |akonteθimiénto| ***m.*** Cosa que ocurre, especialmente si es de cierta importancia: *la llegada del Papa fue todo un ~ para los católicos; mi abuelo se adelantó a los acontecimientos al comprar aquella finca.* ⇒ **evento, suceso.**

a·co·piar |akopiár| ***tr.*** [algo] Juntar o reunir, generalmente alimentos: *la hormiga acopia grano para el invierno; consiguieron ~ recursos económicos para otras empresas.* ☖ Se conjuga como 12.

a·co·pio |akópio| ***m.*** Reunión o acumulación de una cosa: *las hormigas hacen ~ de trigo para el invierno.*

a·co·pla·mien·to |akoplamiénto| **1** ***m.*** Unión de varias piezas que se ajustan perfectamente: *el mecanismo del reloj necesita el ~ de todas las ruedecillas.* ⇒ **ensamblaje, ajuste. 2** *fig.* Unión de varias cosas distintas que se igualan entre sí: *el éxito del negocio reside en el ~ de los gastos y los beneficios.*

a·co·plar |akoplár| **1** ***tr.*** [algo; a algo] Unir o ajustar dos piezas u objetos; ajustar una cosa al lugar donde debe colocarse: *debes ~ la rueda a su eje.* ⇒ **ensamblar.** ⇔ **desacoplar. - 2** ***tr.-prnl.*** [a alguien] Conseguir, especialmente empleo o vivienda para una persona: *intentaré acoplar a Pérez en mi empresa.* ⇒ **acomodar. 3** *fig.* [algo] Juntar la hembra de un animal con un macho para que críen: *podemos ~ tu caballo con mis yeguas.* **4** [algo, a alguien] Adaptar a una situación o ambiente distinto del que se procede: *todo cambiará cuando te acoples al nuevo ambiente.*

a·co·qui·nar |akokinár| ***tr.-prnl.*** *fam.* [a alguien] Causar o tener miedo; asustar: *mi hijo ha acoquinado a los demás niños.* ⇒ **acobardar, acojonar, atemorizar, encoger.**

a·co·ra·za·do |akoraθáðo| ***m.*** Barco de guerra de gran tamaño cubierto con planchas de metal: *el ~ Potemkin fue el protagonista de una importante película.*

a·co·ra·zar |akoraθár| **1** ***tr.*** [algo] Cubrir con planchas de hierro o acero, especialmente un barco de guerra o un lugar de defensa: *han acorazado la muralla.* **- 2 acorazarse** ***prnl.*** Prepararse para soportar un ataque; defenderse: *para la discusión me voy a ~ con buenos argumentos.* ☖ Se conjuga como 4.

a·co·ra·zo·na·⌐do, ⌐da |akoraθonáðo, ða| ***adj.*** Que tiene forma de corazón: *este árbol echa hojas acorazonadas.*

a·cor·char |akortʃár| **1** ***tr.*** [algo] Cubrir con *corcho: *acorcharon las paredes del cuarto de los niños.* **- 2 acorcharse** ***prnl.*** Ponerse seca y blanda una cosa: *si no nos comemos hoy esas patatas, se van a ~; cuando la madera se acorcha, es difícil trabajar con ella.* **3** *fig.* Perder *sensibilidad: *se me han acorchado las piernas de estar tanto rato sentado.* ⇒ **dormir.**

a·cor·dar |akorðár| **1** ***tr.*** [algo; con alguien] Decidir o resolver entre varias personas: *hemos acordado comenzar los trabajos el lunes; la patronal acordó con los sindicatos un incremento salarial.* **2** *p. ext.* [algo] Poner de acuerdo o acercar: *un intermediario trató de ~ las voluntades de los dos sectores enfrentados.* **- 3 acordarse** ***prnl.*** [de algo/alguien] Recordar; traer a la propia memoria: *¿ya no te acuerdas de mí?; no me acordaba de que me lo habías contado.* ☖ Se conjuga como 31.

a·cor·de |akórðe| **1** ***adj.*** Que está conforme o de acuerdo: *en lo esencial nuestras opiniones son acordes.* **2** Que es adecuado; que está bien combinado: *la orquesta tocó con instrumentos acordes; el colorido de las cortinas debe estar ~ con el resto de la decoración.* **- 3** ***m.*** MÚS. Combinación ordenada de tres o más sonidos y que suenan a la vez o en forma de *arpegio: *se emociona cuando escucha los primeros acordes de la marcha nupcial.*

a·cor·de·ón |akorðeón| ***m.*** MÚS. Instrumento musical de viento que se cuelga de los hombros, con teclas o botones en el lado derecho y botones en el izquierdo, que recoge el aire con un *fuelle que se abre y se cierra con la mano izquierda: *el ~ suena cuando pasa el aire por las lengüetas; en el ~ la melodía se toca con la mano derecha y el acompañamiento, con la izquierda.*

ACORDEÓN

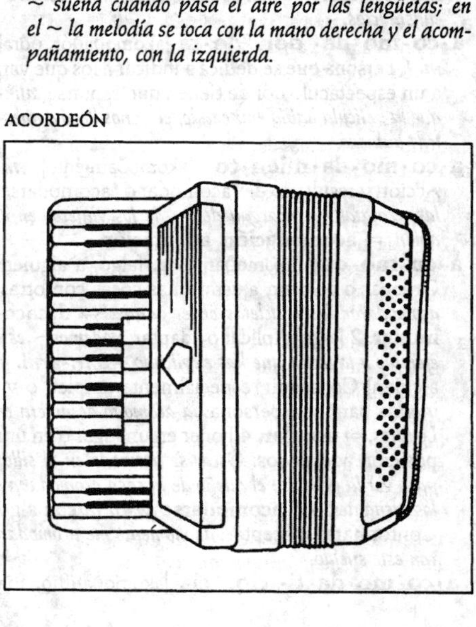

a·cor·de·o·nis·ta |akorðeonísta| ***com.*** Persona que toca el *acordeón: *en la banda de música hay dos acordeonistas.*

a·cor·do·nar |akorðonár| ***tr.*** [algo] Rodear un lugar con un cordón de gente, generalmente policías o soldados: *la policía acordonó la zona en la que se produjo el atentado.*

a·co·rra·lar |akor̄alár| **1** ***tr.*** [a alguien] Llevar a un lugar dentro de unos límites, impidiendo la salida: *cuatro agentes acorralaron al ladrón.* ⇒ **arrinconar. 2** Provocar *confusión en una persona o dejarla sin respuestas: *el fiscal acorraló al acusado con sus razonamientos.*

a·cor·tar |akortár| **1** ***tr.-prnl.*** [algo] Disminuir la longitud, el tiempo o la cantidad: *debe ~ su artículo para que se publique; en invierno, los días se acortan considerablemente.* **- 2** ***intr.*** Hacer más corto, especialmente un camino: *si sigues por esta calle, acortas mucho.*

a·co·sar |akosár| **1** ***tr.*** [algo, a alguien] Molestar o perseguir sin descanso: *huyó acosado por los perros.* ⇒ **acuciar. 2** *fig.* [a alguien] Pedir o preguntar de forma repetida y molesta: *le acosan los acreedores; acosa a todos mis amigos con sus celos.*

a·co·so |akóso| ***m.*** Persecución sin descanso: *se había entrenado en el ~ y derribo de las reses; el ~ sexual en el puesto de trabajo está perseguido por la ley en muchos países.*

a·cos·tar |akostár| **1** ***tr.-prnl.*** [a alguien] Echar o tender a una persona para que descanse, especialmente en la cama: *ya es hora de ~ a los niños; me voy a ~ un rato porque me duele la cabeza.* **- 2** ***intr.*** Acercarse a la costa: *el barco acuesta lentamente.* **- 3 acostarse** ***prnl.*** Inclinarse hacia un lado, especialmente un barco o un edificio: *la torre de Pisa se acuesta poco a poco.* **4** [con alguien] Tener relaciones sexuales: *dicen que el médico se acuesta con su enfermera.* ◯ Se conjuga como 31.

a·cos·tum·brar |akostumbrár| **1** ***tr.-prnl.*** [a alguien; a algo] Tomar o hacer tomar una costumbre: *acostumbra a su hijo a decir la verdad; es mejor que te acostumbres a levantarte temprano.* ⇒ **avezar.** ⇔ **desacostumbrar. - 2** ***intr.*** [a algo] Tener costumbre: *no acostumbro mentir.* ⇒ **soler.**

a·co·ta·ción |akotaθión| **1** ***f.*** Nota a un lado de un escrito o impreso: *cuesta mucho leer este texto porque está lleno de acotaciones.* **2** Nota que en una obra de teatro hace indicaciones sobre el *escenario, la acción o el movimiento de los actores: *las acotaciones de las obras de Valle-Inclán son muy poéticas.*

a·co·tar |akotár| **1** ***tr.*** [algo] Marcar unos límites, especialmente en un terreno: *la zona ya ha sido acotada para la caza.* **2** Hacer más corto o limitado: *debes ~ el tema de tu conferencia porque, de lo contrario, será demasiado general.* **3** Poner notas a un escrito: *el profesor me ha pedido el trabajo para acotarlo.* ⇒ **anotar.**

a·cra·cia |akráθia| ***f.*** POL. Doctrina qua niega la necesidad de un poder o autoridad política: *durante su juventud fueron partidarios de la ~.* ⇒ **anarquía, anarquismo.**

á·cra·ta |ákrata| ***adj.-com.*** POL. (persona) Que defiende la libertad del individuo y la desaparición del Estado: *los ácratas no creen en la necesidad de un poder político.* ⇒ **anarquista, libertario.**

a·cre |ákre| **1** ***adj.*** Que es ácido o áspero en el sabor y en el olor: *el vino está malo, porque tiene un sabor ~.* ⇒ **agrio. 2** *fig.* Que es rudo o poco agradable: *su lenguaje siempre es ~; tiene un carácter ~.* ⇒ **agrio.** ◯ El superlativo es *acérrimo.* **- 3** ***m.*** AGR. Medida de superficie que equivale a 40,46 metros cuadrados: *el ~ es una medida del sistema anglosajón; he comprado varios acres de tierra.*

a·cre·cen·tar |akreθentár| ***tr.-prnl.*** [algo] Hacer más grande, más largo o más intenso; crecer o hacer crecer: *la sombra acrecentaba su tamaño; mi dolor se acrecienta con el recuerdo de aquellos días.* ◯ Se conjuga como 27.

a·cre·di·tar |akreðitár| **1** ***tr.-prnl.*** [algo, a alguien] Demostrar o probar la *identidad, una realidad o un valor: *el solicitante debe ~ estar en posesión de los permisos pertinentes; el banco tiene que ~ tu firma.* **2** Dar o conseguir fama: *Salomón se acreditó por su gran juicio.* **- 3** ***tr.*** [a alguien] Autorizar a una persona para representar a otras u obrar en su nombre: *el Rey acredita a los embajadores y a otros representantes diplomáticos.*

a·cre·di·ta·ti·⌈vo, ⌈va |akreðitatíβo, βa| ***adj.*** Que demuestra una cosa o autoriza a una persona: *en la secretaría del centro se entregará la documentación acreditativa de la realización de los cursos.*

a·cre·e·⌈dor, ⌈do·ra |akr^eeðór, ðóra| **1** ***adj.-s.*** (persona) Que tiene derecho a pedir que se cumpla una obligación, especialmente un pago: *los acreedores reclamaron su dinero.* ⇔ **deudor. - 2** ***adj.*** (persona) Que merece una cosa: *en poco tiempo se ha hecho ~ de la confianza de todos.*

a·cri·bi·llar |akriβiʎár| **1** ***tr.*** [algo, a alguien] Hacer muchos agujeros o heridas de forma repetida; picar de forma repetida: *los pistoleros acribillaron a balazos al forastero; en verano me acribillan los mosquitos.* **2** *fig.* [a alguien; a algo] Molestar mucho y de forma repetida: *los periodistas la acribillaron a preguntas; me acribillan los acreedores.*

a·crí·li·⌈co, ⌈ca |akríliko, ka| **1** ***adj.-s.*** QUÍM. (ácido) Que se presenta líquido, sin color, con olor muy fuerte y que se usa para hacer pinturas y en la industria: *el ácido ~ se puede mezclar con el agua.* **2** Que se saca por un proceso químico a partir de ese ácido: *esta blusa no es de seda, es acrílica.*

a·cri·so·la·⌈do, ⌈da |akrisoláðo, ða| **1** ***adj.*** Que mejora y crece al ser puesto a prueba o al ser practicado de forma frecuente: *esa mujer es de una virtud acrisolada; el orador tiene un prestigio ~.* **2** (persona) Que es muy honrado; de conducta perfecta: *ha demostrado ser un hombre ~.* ◯ Es el participio de *acrisolar.*

a·cri·so·lar |akrisolár| **1** ***tr.*** MIN. [algo] Purificar los metales en un horno: *para ~ el metal, hay que fundirlo en un crisol.* **2** *fig.* Purificar; hacer mejor: *el sufrimiento acrisola la virtud.*

a·cris·ta·lar |akristalár| ***tr.*** [algo] Poner cristales en una abertura: *nuestros vecinos han acristalado la terraza.*

a·cri·tud |akritúᵈ| **1** ***f.*** Aspereza o picor, especialmente en el sabor o en el olor: *este vino tiene demasiada* ~. **2** *fig.* Rudeza o *amargura: *el político hizo un brillante discurso sin ~; su carácter ha perdido mucha ~.*

a·cro·ba·cia |akroβáθia| **1** ***f.*** Técnica o ejercicio físico muy difícil que se realiza delante de un público y que generalmente exige mantener el equilibrio: *Marta sabe hacer acrobacias en la cuerda floja; en el circo hacían acrobacias.* **2** Giro o ejercicio que hace un avión en el aire: *en el desfile aparecieron los aviones realizando espectaculares acrobacias.*

a·cró·ba·ta |akróβata| ***com.*** Persona que practica ejercicios físicos muy difíciles, generalmente de equilibrio, delante de un público: *el oficio de ~ de circo es peligroso.*

a·cro·bá·ti·⌐co, ⌐ca |akroβátiko, ka| ***adj.*** De la *acrobacia o que tiene relación con ella: *la bailarina realizaba saltos acrobáticos ante el público.*

a·cro·má·ti·⌐co, ⌐ca |akromátiko, ka| **1** ***adj.*** Que no tiene color: *hemos visto una serie de esculturas acromáticas.* **2** Que deja ver una imagen sin dividir la luz en los colores básicos: *este cristal es ~.*

a·cro·ni·mia |akronímia| ***f.*** LING. Formación de una palabra por la unión del principio y el fin de dos palabras que forman un solo significado: *autobús se ha formado por ~ de automóvil ómnibus.*

a·cró·ni·mo |akrónimo| ***m.*** Palabra formada por la unión del principio de una palabra con el fin de la siguiente: *la palabra transistor es un ~ creado a partir del inglés transfer resistor.*

a·crós·ti·⌐co, ⌐ca |akróstiko, ka| ***adj.-m.*** (poema) Que permite formar una palabra o una frase con las letras del principio, medio o fin de sus versos: *escribió un ~ con el nombre de su amada.*

ac·ta |aᵏta| **1** ***f.*** Documento en el que están escritos los asuntos tratados o acordados en una reunión: *pidió que constaran en ~ los comentarios del alcalde;* **~ notarial**, relación que hace el empleado del Estado que se encarga de comprobar y asegurar un hecho determinado: *traigan ustedes el ~ notarial de la venta de la casa.* **2** Documento en que figura la elección de una persona para un cargo: *recibió el ~ de diputado.* **- 3 actas** ***f. pl.*** Memorias donde se cuenta lo hablado y lo ocurrido en ciertas reuniones o encuentros: *se han publicado las actas del Congreso Internacional.* **4** Libro de historia que recoge los hechos de la vida de un santo: *en la celebración del aniversario de la muerte del mártir se leyeron las actas de su martirio.* ■ **levantar** ~, escribir los hechos ocurridos en un lugar y afirmar que son ciertos: *el notario levantó ~.* ☐ Se usa con el artículo *el*, pero con los demás determinantes en forma femenina.

ac·ti·nia |aᵏtínia| ***f.*** Animal invertebrado marino en forma de tubo rodeado de brazos que le dan una forma parecida a una flor, y que vive aislado y fijo en el fondo del mar: *la ~ captura sus presas con los tentáculos.* ⇒ **anémona.**

ac·ti·nio |aᵏtínio| ***m.*** QUÍM. Metal muy escaso, de color plata, que se forma por la transformación del *uranio y del radio: *el ~ es radioactivo; el símbolo del ~ es* Ac.

ac·ti·no·lo·gí·a |aᵏtinoloγía| ***f.*** QUÍM. Disciplina que estudia los efectos químicos de la luz: *mi profesora de química está especializada en ~.*

ac·ti·tud |aᵏtitúᵈ| **1** ***f.*** Estado de ánimo o comportamiento: *la muchacha tiene una ~ soñadora; tendrás que cambiar de ~ con tus compañeros.* **2** Posición del cuerpo: *el águila está en ~ amenazadora.* ☐ No se debe confundir con *aptitud.*

ac·ti·va·ción |aᵏtiβaθión| ***f.*** Comienzo o aumento del movimiento o del funcionamiento: *la ~ de sus constantes vitales se realizó artificialmente; ha contribuido a la ~ de la conciencia de las masas.*

ac·ti·va·dor |aᵏtiβaðór| ***m.*** Mecanismo que hace funcionar un aparato o un sistema: *el artificiero consiguió desconectar el ~ de la bomba.*

ac·ti·var |aᵏtiβár| ***tr.-prnl.*** [algo] Hacer funcionar; hacer más rápido o vivo: *cuando salí del edificio activé la alarma; el alcalde activó las negociaciones.* ⇔ **desactivar.**

ac·ti·vi·dad |aᵏtiβiðáᵈ| **1** ***f.*** Estado de lo que se mueve o funciona; acción o movimiento: *la ~ cerebral ha cesado.* ⇔ **inactividad. 2** Rapidez de acción: *es asombrosa la ~ de esta pequeña empresa.* **3** Conjunto de trabajos o acciones que se hacen con un fin determinado: *las actividades bancarias cesan los domingos.* **4** Trabajo, deber o conjunto de cosas que hay que hacer: *mis numerosas actividades me dejan poco tiempo libre.*

ac·ti·vis·ta |aᵏtiβísta| ***adj.-com.*** (persona) Que pertenece a una sociedad o a un grupo político o social muy activo y que participa en actos organizados: *el fusilamiento de cinco activistas de extrema izquierda provocó las protestas internacionales.*

ac·ti·⌐vo, ⌐va |aᵏtiβo, βa| **1** ***adj.*** Que hace o tiene efecto; que está funcionando: *este jarabe es tan ~, que se me ha curado la tos en muy poco tiempo; se ha retirado de la política activa.* ⇔ **pasivo. 2** Que trabaja con energía y rapidez; que hace muchas cosas: *Rafael es muy ~ en su tiempo libre.* ⇔ **inactivo, pasivo. 3** Que está trabajando; que está realizando su función en un momento dado: *está ~, aún no se ha jubilado.* **- 4** ***adj.-f.*** LING. (oración) Que lleva un sujeto formado por la palabra o por el *sintagma que *designa la persona o cosa que realiza la acción expresada por el verbo: *la oración los albañiles han construido una hermosa mansión es una oración activa.* ⇒ **voz.** ⇔ **pasivo. - 5 activo** ***m.*** ECON. Valor total de lo que posee una sociedad de comercio: *esa empresa posee un ~ de 100 millones.* ☐ Se usa sobre todo en plural: *los activos del comercio se fueron agotando.* ■ **en** ~, que está trabajando o prestando un servicio: *pocos futbolistas profesionales siguen en ~ hasta los 40 años; el coronel ya no está en ~, se retiró del servicio hace dos años.* ■ **por activa y por pasiva**, de un modo y otro; de todas las maneras posibles: *se lo he dicho por activa y por pasiva, pero no me hace caso.*

ac·to |áᵏto| **1** ***m.*** Hecho o acción voluntaria: *fue un*

~ *heroico;* ~ **carnal/sexual**, unión sexual: *el ~ sexual es característico de los animales superiores.* ⇒ **coito;** ~ **de contrición**, REL., hecho de arrepentirse por haber *ofendido a Dios: *hizo el ~ de contrición con gran recogimiento;* ~ **reflejo**, acción inconsciente o sin control: *cerrar los ojos cuando te tiran arena es un ~ reflejo.* **2** Cada una de las partes en que se divide una obra de teatro o una representación, separada de las otras por una pausa: *escribió un drama en tres actos; el segundo ~ empezará después de un pequeño descanso.* ⇒ **escena. 3** Hecho público; reunión o fiesta: *los actos conmemorativos del centenario fueron muy vistosos.* ■ **en el** ~, en ese mismo momento: *se hacen copias de llaves en el ~.* ■ ~ **seguido**, inmediatamente después: *acabó la contienda nacional y comenzó, ~ seguido, la mundial.* ■ **hacer ~ de presencia**, estar presente; llegar o aparecer: *el alcalde hizo ~ de presencia en el Ayuntamiento.*

ac·tor |a^{k}tór| ***m.*** Hombre que representa un personaje en el teatro, en la televisión, en la radio o en el cine: *el ~ entró al teatro por la puerta principal.* ⇒ **actriz.**

ac·triz |a^{k}tríθ| ***f.*** Mujer que representa un personaje en el teatro, en la televisión, en la radio o en el cine: *mi mejor amiga quiere ser ~.* ⇒ **actor.**

ac·tua·ción |a^{k}tuaθión| **1 *f.*** Hecho o conjunto de hechos realizados voluntariamente; efecto o trabajo: *resaltó la ~ de la empresa contratada para este proyecto.* **2** Representación o muestra del trabajo de un cantante, un actor o un grupo: *la ~ de la banda de música de Madrid ha sido magnífica; la compañía de teatro hará varias actuaciones por los pueblos de la comunidad.* ⇒ **interpretación.**

ac·tual |a^{k}tuál| **1 *adj.*** Que se produce o es ahora: *el ministro ~ está restaurando muchos edificios antiguos; la situación ~ es muy complicada.* ⇒ **presente. 2** Que es moderno o nuevo: *tiene un vestuario muy ~; su modo de pensar es muy ~.*

ac·tua·li·dad |a^{k}tualiðáᵈ| **1 *f.*** Momento o tiempo presente: *en la ~ hay catorce personas detenidas.* **2** Cualidad de actual: *el profesor subrayó la ~ de la obra literaria.*

ac·tua·li·za·ción |a^{k}tualiθaθión| ***f. fam.*** Adaptación al presente de una cosa vieja o pasada de moda: *para la ~ de este libro se ha consultado la bibliografía más moderna.*

ac·tua·li·zar |a^{k}tualiθár| ***tr.-prnl.*** [algo, a alguien] Poner al día; convertir en actual o moderno: *en esta edición de la Enciclopedia no ha quedado ningún capítulo sin ~; queremos actualizarnos y vamos a renovar nuestro vestuario.* ☖ Se conjuga como 4.

ac·tual·men·te |a^{k}tuálménte| ***adv. t.*** Ahora; en el tiempo presente: *Pili y Carlos viven ~ en Cuenca.*

ac·tuar |a^{k}tuár| **1 *intr.*** Ponerse en acción u obrar: *cada uno actúa según su criterio.* **2** Ejercer las funciones propias de un oficio o de un cargo: *la policía ha actuado con prontitud; actuó de mediador entre los secuestradores y la familia.* **3** Representar; dar un espectáculo: *el grupo musical actuó en el teatro.* **4** Producir un efecto determinado: *esta inyección actuará como calmante.* ☖ Se conjuga como 11.

a·cua·re·la |akuaréla| **1 *f.*** Pintura que se hace sobre papel o cartón con colores disueltos en agua: *tenía colgada en la pared del pasillo una ~ japonesa.* - **2 acuarelas *f. pl.*** Colores con los que se hace esa pintura: *me han regalado una caja de acuarelas.*

a·cua·re·lis·ta |akuarelísta| ***com.*** Persona que pinta *acuarelas: *el ~ presentó una exposición en Madrid.*

a·cua·rio |akuário| **1 *m.*** Recipiente transparente con agua, en el que viven peces y otros animales o vegetales: *voy a echar de comer a los peces del ~ del salón.* ⇒ **pecera. 2** Edificio destinado a mostrar al público animales que viven en el agua: *el ~ de la ciudad tiene grandes tortugas y algunos tiburones.*

a·cuar·te·la·mien·to |akuartelamiénto| **1 *m.*** Reunión o *estancia de los soldados en el *cuartel: *cuando se declaró la guerra, el general ordenó el ~ inmediato de toda la tropa.* **2** Lugar donde se reúnen los soldados cuando están de servicio: *desde el balcón veía a los militares camino de su ~.* ⇒ **cuartel.**

a·cuar·te·lar |akuartelár| ***tr.*** [algo, a alguien] Poner o mantener a los soldados en un *cuartel: *suprimieron los permisos y acuartelaron a todos los soldados.* ⇒ **acantonar.**

a·cuá·ti·⌜co, ⌜ca |akuátiko, ka| **1 *adj.*** Que vive en el agua: *los peces son animales acuáticos; tengo una planta acuática en el acuario.* **2** Del agua o que tiene relación con ella: *el submarinismo es un deporte ~.*

a·cu·chi·llar |akutʃiʎár| **1 *tr.*** [algo, a alguien] Herir o matar con un cuchillo u otra arma cortante: *lo acuchillaron en un callejón oscuro.* **2** [algo] Raspar una superficie para dejarla lisa: *están acuchillando el entarimado del piso.*

a·cu·cian·te |akuθiánte| ***adj.*** Que necesita o exige una acción rápida: *el desempleo juvenil es un problema ~.*

a·cu·ciar |akuθiár| **1 *tr.*** [a alguien] Dar prisa; exigir una acción o una solución rápida: *las preocupaciones acuciaban al ministro.* ⇒ **atosigar. 2** Molestar o perseguir sin descanso: *un oficial la acuciaba para conseguir información y ella se defendió.* ⇒ **acosar.** ☖ Se conjuga como 12.

a·cu·cio·⌜so, ⌜sa |akuθióso, sa| **1 *adj.*** Que es urgente; que necesita una acción o una solución rápida: *tengo una necesidad acuciosa de verte.* **2** Que trabaja de forma intensa; que cumple rápidamente unas obligaciones: *el nuevo empleado es muy ~.*

a·cu·cli·llar·se |akukliʎárse| ***prnl.*** Doblar las piernas de modo que el trasero se acerque al suelo o descanse en la parte posterior de las piernas: *como no encontraba ningún sitio donde sentarse, se acuclilló para descansar un rato.*

a·cu·dir |akuðír| **1 *intr.*** Ir a un lugar para hacer una cosa determinada o *responder a una llamada: *acudió puntualmente a la cita; lleva una semana sin ~ al trabajo; el perro acude cuando oye la voz de su amo.* **2** Llegar o presentarse: *las lágrimas acudieron a sus ojos; el miedo puede ~ en cualquier momento.* **3** [a algo, a alguien] Pedir ayuda; usar para conseguir un provecho: *acude a mí cuando tengas problemas; acudieron a un abogado para que mediara entre ambas partes; cuando se desconoce una palabra se debe ~ al diccionario.*

a·cue·duc·to |akueðúᵏto| ***m.*** Canal o conducto que sirve para llevar agua de un lugar a otro: *los romanos construían acueductos; han construido un ~ subterráneo y otro elevado.*

a·cuer·do |akuérðo| **1 *m.*** Decisión tomada en común por varias personas: *por fin llegaron a un ~ sobre la ley de huelga.* ⇒ **pacto. 2** Unión o relación de paz: *vivimos en perfecto ~; después de esto no será posible el ~ entre nosotros.* ⇔ **desacuerdo. 3** Tratado o documento en el que se exponen las obligaciones y derechos que aceptan las partes que lo firman: *se acaba de firmar un ~ comercial entre España y Portugal.* ⇒ **convenio; ~ marco,** el general, al que han de ajustarse otros de carácter más concreto: *el primer paso será la firma de un ~ marco.* ■ **de ~,** conforme; con una opinión común: *Juan y Luis siempre están de ~; vamos a ponernos de ~ en el precio de la casa.* ⌂ Se usa generalmente con verbos como *estar, ponerse, quedar.* ■ **de ~,** expresión con la que se afirma o se acepta: *¿vienes a tomar un café? De ~.* ■ **de ~ con,** según; teniendo en cuenta: *yo actué de ~ con las órdenes de mis superiores; de ~ con tu carné de identidad, tienes 35 años.*

a·cuí·fe·⌐ro, ⌐ra |akuífero, ra| **1 *adj.*** Del agua o que tiene relación con ella: *las reservas acuíferas están disminuyendo.* **- 2 acuífero *m.*** Zona o capa del interior de la tierra que contiene agua: *los ríos y los acuíferos de la zona están contaminados.*

a·cu·llá |akuʎá| ***adv. l.*** *form.* En un lugar lejos del que habla: *las costumbres de allá y ~ son muy distintas de las nuestras.* ⇒ **allá.** ⌂ Se usa en la lengua escrita.

a·cul·tu·ra·ción |akulturaθión| ***f.*** Proceso de recepción de otra cultura y de adaptación a ella: *los indígenas vivieron una ~ muy intensa.*

a·cu·mu·la·ción |akumulaθión| ***f.*** Acción y resultado de juntar, reunir o acumular: *se ha producido una ~ de población alrededor de las grandes ciudades.*

a·cu·mu·la·⌐dor, ⌐do·ra |akumulaðór, ðóra| **1 *adj.-s.*** Que acumula o puede acumular: *las hormigas son grandes acumuladoras de alimentos.* **- 2 acumulador *m.*** FÍS. Aparato o pila que retiene la energía, especialmente la eléctrica, para soltarla después: *la batería de un automóvil es un ~.*

a·cu·mu·lar |akumulár| ***tr.-prnl.*** [algo] Juntar o reunir: *sólo pensaba en ~ dinero; la crecida del río ha acumulado muchas ramas bajo el puente.*

a·cu·mu·la·ti·⌐vo, ⌐va |akumulatíβo, βa| ***adj.*** Que puede unirse con otras cosas o que es resultado de esta unión: *las acciones de esta empresa son acumulativas.*

a·cu·nar |akunár| ***tr.*** [a alguien] Mover o balancear suavemente, especialmente a un niño que está en una *cuna o que se tiene en los brazos: *la niña está llorando: voy a acunarla.*

a·cu·ñar |akuɲár| **1 *tr.*** [algo] Hacer o fabricar moneda: *las pesetas se acuñan en la Real Fábrica de Moneda y Timbre.* **2** Imprimir o dar relieve a un objeto de metal, especialmente una moneda o una *medalla: *en esta fábrica se acuñan medallas.* **3** *fig.* Dar una forma nueva; crear, especialmente una palabra o una expresión: *el lenguaje publicitario acuña palabras nuevas que acaban a veces incorporándose a la lengua común.*

a·cuo·⌐so, ⌐sa |akuóso, sa| **1 *adj.*** Que tiene agua abundante: *estamos en un terreno ~.* ⇒ **aguoso. 2** Que tiene relación o parecido con el agua: *ella siempre tiene una mirada acuosa.* ⇒ **aguoso. 3** *p. ext.* Que tiene mucho jugo: *la sandía es una fruta muy acuosa.* ⇒ **aguoso.**

a·cu·pun·tu·ra |akupuntúra| ***f.*** Técnica médica que consiste en clavar agujas en puntos especiales del cuerpo humano para curar ciertas enfermedades: *sólo con la ~ logró curar sus dolores de cabeza; aprendió ~ en China y ahora tiene una clínica.*

a·cu·rru·car·se |akuřukárse| ***prnl.*** Encogerse; doblar o recoger el cuerpo: *de madrugada se acurruca entre las sábanas; el niño se escondió acurrucándose en una cesta grande.* ⌂ Se conjuga como 1.

a·cu·sa·ción |akusaθión| **1 *f.*** Acción y resultado de acusar o acusarse: *sufrió acusaciones hasta de su propia familia.* **2** Cargo del que se culpa a una persona: *tendrás que probar esa ~.* **3** DER. Parte que acusa en un juicio: *me llamaron a declarar como testigo de la ~.* ⇔ **defensa.**

a·cu·sa·⌐do, ⌐da |akusáðo, ða| **1 *m. f.*** Persona a quien se acusa: *el ~ resultó ser inocente.* ⌂ Es el participio de *acusar.* **- 2 *adj.*** Que destaca; que llama la atención: *nos recibió con una acusada amabilidad; los rasgos más acusados de su personalidad son el tesón y la alegría.*

a·cu·sar |akusár| **1 *tr.*** [a alguien] Echar la culpa de un delito, una falta o una mala acción: *Marta acusó a María del robo del anillo.* ⇒ **culpar. 2** [algo] Hacer ver o darse cuenta de una cosa: *tus ojeras acusan cansancio; los sismógrafos acusan las sacudidas de tierra.* **3** Avisar de que se ha recibido una carta o un mensaje: *he tenido que ~ el recibo de la carta.* **4** Mostrar el efecto de un golpe, una enfermedad o de otra cosa: *acuso menos molestias, pero todavía me duele en toda la zona de la cicatriz.* **- 5 acusarse *prnl.*** Admitir o expresar una culpa: *me acuso de haber robado el dinero.*

a·cu·si·ca |akusíka| ***adj.-com.*** *fam.* Que tiene costumbre de acusar o decir las faltas de los demás: *no le digas al profesor quién ha tirado la tiza, no seas ~.* ⇒ **chivato.** ⌂ Se usa generalmente entre los niños.

a·cús·ti·ca |akústika| **1 *f.*** FÍS. Disciplina que trata del sonido y de todo lo que tiene relación con él: *la evolución del oído humano sigue las leyes de la ~.* **2** Condiciones en que se oye el sonido en un local: *me gusta escucharte tocar el piano en el salón porque la ~ es muy buena.*

a·cús·ti·⌐co, ⌐ca |akústiko, ka| **1 *adj.*** Del órgano del oído o que tiene relación con él: *la herida le afectó al nervio ~.* **2** De la *acústica o que tiene relación con ella: *los físicos analizaron las condiciones* *acústicas del local.* **3** Que permite reproducir o aumentar el sonido: *el equipo ~ que has comprado es de mala calidad.*

a·da·gio |aðáxio| **1** ***m.*** Frase corta que tiene un contenido moral o doctrinal: *la sabiduría popular se expresa en adagios y refranes.* ⇒ **aforismo, refrán, sentencia. 2** MÚS. Composición o parte de ella con movimiento lento: *escuchamos un ~ cantado.* **- 3** ***adv. m.*** MÚS. Con movimiento lento: *no olvides que, según la partitura, este pasaje es ~.*

a·da·lid |aðalí^{ð}| **1** ***m.*** Jefe de un grupo de soldados o guerreros: *el ~ murió en la batalla.* **2** *p. ext.* Persona que dirige un movimiento, escuela o tendencia: *Gandhi fue ~ de los pacifistas.*

a·dán |aðán| ***m.*** *fam.* Hombre mal vestido, sucio y descuidado: *Jorge estuvo jugando en el jardín y volvió hecho un ~.*

a·dap·ta·bi·li·dad |aða^{p}taβiliðá^{ð}| ***f.*** Cualidad de adaptable; capacidad para adaptarse: *esta planta es muy resistente y tiene una gran ~ a cualquier clima.*

a·dap·ta·ble |aða^{p}táβle| ***adj.*** Que se adapta o se puede adaptar: *he comprado un vídeo ~ a nuestro televisor; suele seguir un método ~ a varias teorías.*

a·dap·ta·ción |aða^{p}taθión| **1** ***f.*** Acción y resultado de adaptar o adaptarse: *es el responsable de la traducción y ~ de esta obra; ese país vive un periodo de ~ a la democracia.* ⇒ **acomodación, acomodamiento, adecuación.** ⇔ **inadaptación. 2** BIOL. Proceso por el que un ser vivo se adapta al medio ambiente y a sus cambios: *la ~ de los elefantes a la vida en el zoo está siendo muy lenta.*

a·dap·ta·dor |aða^{p}taðór| ***m.*** Instrumento o mecanismo que sirve para cambiar las características de un aparato eléctrico de modo que pueda ser útil: *los enchufes de la casa nueva son distintos de los de mis electrodomésticos: necesito un ~.*

a·dap·tar |aða^{p}tár| **1** ***tr.-prnl.*** [algo; a algo] Poner una cosa de acuerdo con otra; hacer o ser adecuado: *he adaptado las botas a mi pie; habrá que ~ el ejemplo a la realidad; compraremos un vehículo que se adapte a nuestras necesidades.* ⇒ **ajustar, amoldar. 2** Dar una forma distinta de la original, especialmente a una obra literaria, musical o científica: *he adaptado al cine la obra de teatro; me han encargado ~ esta novela para los niños.* **- 3 adaptarse** ***prnl.*** [a algo/alguien] Llegar a sentirse bien en un sitio o en una situación distinta de la habitual: *creo que no me adaptaré nunca a vivir en una gran ciudad; te has adaptado muy pronto a tus nuevos amigos.*

a·dar·ga |aðárγa| ***f.*** Escudo de cuero, con forma ovalada o de corazón, que sirve para defenderse cubriendo el cuerpo: *don Quijote era un hidalgo caballero de los de ~ antigua, rocín flaco y galgo corredor.*

a·dar·ve |aðárβe| ***m.*** Camino situado en la parte alta del muro que defiende un castillo o un fuerte: *la princesa paseaba por el ~ cuando vio llegar al caballero.*

ad·den·da |aðénda| ***amb.*** ⇒ **adenda.** ⌂ La Real Academia Española prefiere la forma *adenda.*

a·de·cen·tar |aðeθentár| ***tr.-prnl.*** [algo, a alguien] Arreglar o poner limpio y en orden: *tienes que ~ tu habitación; adecéntate un poco antes de salir a la calle.* ⇒ **asear.**

a·de·cua·ción |aðekuaθión| ***f.*** Acción y resultado de ajustar, adaptar o adecuar: *el Ayuntamiento debe encargarse del asfaltado y la ~ de las carreteras vecinales.* ⇒ **adaptación.**

a·de·cua·⌜do, ⌜da |aðekuáðo, ða| ***adj.*** Que se ajusta a ciertas condiciones o circunstancias: *no me parece ~ que vayas sin corbata a la boda de tu hermano.* ⇔ **inadecuado.**

a·de·cuar |aðekuár| ***tr.-prnl.*** [algo; a algo] Ajustar o adaptar una cosa a otra: *hemos adecuado los gastos a los ingresos; tenemos que ~ el producto a las necesidades del público.*

a·de·fe·sio |aðefésio| ***m.*** Persona o cosa muy fea o extraña: *Rubén va hecho un ~ con ese traje; el dibujo que has hecho es un ~.* ⇒ **engendro.**

a·de·lan·ta·⌜do, ⌜da |aðelantáðo, ða| **1** ***adj.*** (persona) Que, con poca edad, muestra cualidades morales o físicas propias de personas mayores: *es muy ~ para su edad.* ⇒ **precoz.** ⌂ Es el participio de *adelantar.* **2** Que tiene ideas o actitudes propias de un tiempo futuro: *Colón fue un ~ en su época.* ■ **por ~**, antes de que ocurra o se haga otra cosa: *le llevaremos la nevera a su domicilio, pero tiene que pagar por ~.*

a·de·lan·ta·mien·to |aðelantamiénto| ***m.*** Movimiento con el que un vehículo se pone delante de otro que va más lento: *muchos accidentes se producen por adelantamientos indebidos en la carretera.*

a·de·lan·tar |aðelantár| **1** ***tr.-prnl.*** [algo, a alguien] Mover o llevar hacia adelante: *adelantó la mano; los voluntarios se adelantaron.* **- 2** ***tr.*** [algo] Hacer que una cosa ocurra antes del tiempo debido o previsto: *tenemos que ~ el viaje.* **3** Pagar una cantidad de dinero antes de que el trabajo correspondiente sea realizado o terminado: *me han adelantado la paga del mes que viene.* ⇒ **anticipar. 4** Conseguir o llegar a tener: *no adelantamos nada con marcharnos ahora; ¿qué adelantas enfadándote conmigo?* **5** Hacer que un reloj señale un tiempo que todavía no ha pasado: *esta noche tendremos que ~ los relojes una hora.* ⇔ **atrasar, retrasar. 6** *fig.* [a alguien] Superar o hacerse mejor que otra persona: *a veces el alumno adelanta al maestro.* ⇒ **aprovechar. 7** [algo, a alguien] Pasar o ponerse delante; dejar atrás: *la moto adelantó al camión; el campeón adelantó a otros tres ciclistas en la recta final.* **- 8** ***tr.-intr.*** [algo] Progresar o avanzar; hacer progresar o avanzar: *este fin de semana no saldré para ~ los estudios; el niño ha adelantado mucho desde que tiene un profesor particular.* ⇔ **atrasar, retrasar. - 9** ***intr.-prnl.*** Marcar un reloj un tiempo posterior al real; andar un reloj con más velocidad de la debida: *mi reloj adelanta; este reloj se adelanta cinco minutos.* ⇔ **atrasar. - 10 adelantarse** ***prnl.*** Llegar antes del tiempo debido o previsto: *el avión se adelantó al horario previsto.* ⇔ **retrasar.**

a·de·lan·te |aðelánte| **1** ***adv. l.*** Hacia el frente; más allá: *no podemos seguir ~; seguimos varios ki-*

lómetros carretera ~. ⇒ **delante.** ⇔ **atrás. - 2 *interj.*** Expresión que indica que se puede pasar: *¡~, ~! La puerta está abierta.* **3** Expresión que se usa para dar ánimo: *¡~, Manolo, que tú puedes con ellos!* ■ **en ~/de aquí en ~**, en el futuro; después de un momento dado: *de hoy en ~ no volveré a ir a tu casa; del año que viene en ~ serás mi asesor.* ■ **más ~**, después; luego en el tiempo; más lejos en el espacio: *más ~ hablaremos de este asunto; hay una fuente un poco más ~ por este camino.* ■ **sacar ~**, hacer tener un buen desarrollo o un buen fin: *se quedó viuda y sacó ~ a sus hijos ella sola; al fin hemos conseguido sacar ~ el proyecto.* ■ **salir ~**, tener buen fin; salir bien: *el negocio salió ~, aunque con algunos problemas.* ☖ No se debe decir *alante.*

a·de·lan·to |aðelánto| **1 *m.*** Acción y resultado de *adelantar o *adelantarse: *este año se ha producido un ~ en la fecha de comienzo del curso.* **2** Avance o mejora: *los adelantos científicos han hecho más cómoda la vida.* **3** Cantidad de dinero que se paga antes de que el trabajo correspondiente sea realizado o terminado: *este mes he tenido que pedir un ~ al jefe.* ⇒ **anticipo. 4** Tiempo anterior al previsto: *el tren lleva quince minutos de ~.* ⇔ **retraso.**

a·del·fa |aðélfa| ***f.*** Arbusto de flores blancas, rojas, rosas o amarillas, de hojas largas, que crece en lugares húmedos: *plantó rosas y adelfas en el jardín; la savia de la ~ es venenosa.*

a·del·ga·za·mien·to |aðelɣaθamiénto| ***m.*** Pérdida de peso o de tamaño: *un ~ demasiado rápido es malo para la salud; se ha producido un ~ de la capa de ozono.*

a·del·ga·zar |aðelɣaθár| **1 *intr.-prnl.*** Perder peso o tamaño: *voy a un gimnasio para ~; ha adelgazado mucho últimamente.* ⇔ **engordar. - 2 *tr.-intr.*** [a alguien] Dejar con menor peso o tamaño: *uno de los efectos de la diabetes es que adelgaza a los enfermos.* ⇔ **engordar. - 3** [algo, a alguien] Hacer parecer más delgado: *el color negro en la ropa adelgaza mucho la figura.* ☖ Se conjuga como 4.

a·de·mán |aðemán| **1 *m.*** Movimiento o gesto que muestra un estado de ánimo o una intención: *me saludó con ~ triste; hizo ~ de marcharse, pero siguió hablando.* **- 2 ademanes *m. pl.*** Gestos o conducta de una persona: *tiene los ademanes típicos de un caballero.*

a·de·más |aðemás| ***adv.*** También; a la vez; por *añadidura: *María es inteligente y ~ guapa; la casa tiene un bonito jardín y ~ una piscina.* ■ **~ de**, aparte de; a más de: *trabajo todo el día ~ de estudiar por la noche.*

a·den·da |aðénda| ***amb.*** Complementos añadidos a una obra escrita ya terminada: *la obra incluye un ~.* ⇒ **addenda.**

a·den·sar |aðensár| ***tr.-prnl.*** [algo] Hacer más denso: *el chocolate se adensa al hervir.*

a·den·trar·se |aðentrárse| ***prnl.*** [en algún lugar] Entrar en la parte interior; meterse en un lugar o en un asunto desconocido: *no os adentréis en el bosque; antes de adentrarnos en el estudio de Quevedo, debemos leer su obra.*

a·den·tro |aðéntro| **1 *adv. l.*** Hacia la parte interior; en la parte interior: *ven ~; ¡qué despiste!: me he dejado la llave ~.* ⇒ **dentro.** ⇔ **afuera. - 2 adentros *m. pl.*** Parte interior de una persona, especialmente sus pensamientos o sus sentimientos: *recordé para mis adentros algunas viejas historias.*

a·dep·⌜to, ⌜ta |aðépto, ta| **1 *adj.-s.*** (persona) Que pertenece a un grupo o es socio de un grupo: *soy ~ ferviente del partido.* **2** (persona) Que sigue fielmente a una persona o idea: *los movimientos ecologistas cuentan con muchos adeptos entre la juventud.* ⇒ **incondicional.**

a·de·re·zar |aðereθár| **1 *tr.*** [algo; con algo] Echar especias u otras sustancias a las comidas para que tengan más sabor: *aderecé la ensalada con aceite y un poco de vinagre; mi madre adereza los guisos con laurel.* ⇒ **condimentar, aliñar, arreglar, sazonar. - 2 *tr.-prnl.*** [algo, a alguien] Arreglar el aspecto físico; poner bello: *está aderezando a su hija; se adereza sin gusto; aderezaron los caballos para llevarlos a la feria.* ⇒ **aliñar, componer.** ☖ Se conjuga como 4.

a·de·re·zo |aðeréθo| **1 *m.*** Acción y resultado de *aderezar: *mi madre se encarga del ~ de los asados; dedica mucho tiempo a su ~ personal.* ⇒ **condimentación, aliño. 2** Conjunto de especias o sustancias que se echan a la comida para que tenga más sabor: *¿qué lleva el ~ de este guiso?* ⇒ **aliño.**

a·deu·dar |aðeuðár| ***tr.-prnl.*** [algo; a alguien] Deber dinero; tener deudas: *le adeudo a usted medio millón de pesetas; no me iré hasta que no se me pague lo que se me adeuda.*

a·deu·do |aðéuðo| **1 *m.*** Cantidad de dinero que se debe: *la empresa desapareció sin haber saldado el ~ que había contraído con nosotros.* **2** Cantidad de dinero que se debe pagar en las *aduanas por una mercancía: *pretende pasar varias botellas de licor sin pagar el ~.*

ad·he·ren·cia |aðerénθia| ***f.*** Capacidad de un cuerpo de mantenerse unido a otro: *estos neumáticos tienen muy buena ~ incluso con el asfalto mojado.*

ad·he·ren·te |aðerénte| ***adj.*** Que es capaz de unir o *adherir; que es capaz de unirse o *adherirse: *las pegatinas tienen una superficie ~.*

ad·he·rir |aðerír| **1 *tr.-prnl.*** [algo; a/en algo] Unir o quedar unido; pegar o pegarse: *la hiedra se adhiere al muro.* **- 2 adherirse *prnl.*** [a algo/alguien] Estar de acuerdo con una cosa: *me adhiero a la opinión de la mayoría.* **3** Unirse o seguir a una persona, un grupo o una doctrina: *ese país acaba de adherirse a una organización internacional.* ☖ Se conjuga como 35.

ad·he·sión |aðesión| ***f.*** Unión y acuerdo con una cosa: *el dirigente político ha manifestado su ~ a la República.*

ad·he·si·⌜vo, ⌜va |aðesíβo, βa| **1 *adj.-s.*** Que puede unir o pegar: *arreglé el retrovisor del automóvil con cinta adhesiva.* **- 2 adhesivo *m.*** Sustancia que sirve para unir dos superficies: *necesito un ~ para arreglar el jarrón de porcelana.* **3** Papel o plástico que se puede pegar a una superficie: *los jóvenes llenan de adhesivos sus carpetas del colegio.* ⇒ **autoadhesivo, pegatina.**

a·dic·ción |aði^{k}θión| ***f.*** Necesidad que el individuo no es capaz de superar o que obliga a seguir consumiendo un producto determinado o a hacer una cosa determinada: *algunos medicamentos crean ~; han aparecido numerosos casos de ~ al juego entre las mujeres de mediana edad.* ⇒ **dependencia.** ☖ No confundir con *adición.*

a·di·ción |aðiθión| **1 *f.*** Acción y resultado de añadir una cosa a otra: *su biblioteca ganó mucho con la ~ de aquellos tomos.* **2** Operación de sumar: *los niños comienzan este trimestre con las adiciones y las restas.* ⇒ **suma.** ⇔ **sustracción. 3** Cantidad que resulta de esa operación: *12 es la ~ de 6 y 6.* ⇒ **suma. 4** Parte añadida en una obra o escrito: *este capítulo es una ~ del traductor; sería muy útil la ~ de un glosario de americanismos.* ☖ No se debe confundir con *adicción.*

a·di·cio·nal |aðiθionál| ***adj.*** Que se añade a una cosa principal: *los artistas no reciben paga ~ por las actividades extraordinarias; metieron el gol de la victoria en el tiempo ~.*

a·di·cio·nar |aðiθionár| **1 *tr.*** [algo, a algo] Añadir o sumar: *a los gastos hay que ~ los sueldos de los empleados.* **2** Hacer añadidos a un escrito: *sus obras se editaron y adicionaron varias veces.*

a·dic·⌜to, ⌜ta |aðí^{k}to, ta| **1 *adj.-s.*** (persona) Que está dominado por el uso de ciertas drogas o por la necesidad de hacer algo a lo que no puede renunciar: *es ~ a la cocaína; soy tan adicta al tabaco, que no puedo pasar una hora sin fumar.* **2** (persona) Que está de acuerdo con una idea o una tendencia y la defiende: *se fomentó una literatura adicta al nuevo régimen político; mis hijos siempre han sido adictos a mi persona.* ⇒ **partidario.**

a·dies·tra·mien·to |aðiestramiénto| ***m.*** Acción y resultado de enseñar, preparar o *adiestrar: *acaban de inaugurar un centro que se dedica al ~ de perros de compañía.* ⇒ **amaestramiento.**

a·dies·trar |aðiestrár| **1 *tr.*** [algo, a alguien] Enseñar una habilidad o una técnica; preparar: *adiestró al escudero en el dominio de la espada; se dedica a ~ perros para los ciegos.* ⇒ **amaestrar. - 2 adiestrarse *prnl.*** [con/para algo] Practicar una habilidad o una técnica; prepararse: *tiene que adiestrarse para el salto de altura; se ha adiestrado mucho jugando al ajedrez con los amigos.*

a·di·ne·ra·⌜do, ⌜da |aðineráðo, ða| ***adj.*** (persona) Que tiene mucho dinero: *pudo pagarse los estudios porque es de una familia adinerada.* ⇒ **rico.**

a·din·te·la·⌜do, ⌜da |aðinteláðo, ða| ***adj.*** ARQ. Que tiene una cubierta en forma de línea recta horizontal: *este edificio está cubierto por una estructura adintelada, no por una bóveda.*

a·diós |aðiós| **1 *interj.*** Expresión que se usa para despedirse: *¡~, César, hasta mañana!; ~, y gracias; ¡~ para siempre!* ⇔ **hola. 2** Expresión que indica sorpresa: *¡~, qué tortazo!; ¡~, me he olvidado las llaves!* ⇒ **hola. - 3 *m.*** Despedida; acto de despedirse: *ha llegado el momento del ~.* ■ **decir ~**, despedirse: *antes de marcharnos iremos a casa de Juan para decirle ~; nos decían ~ con la mano.*

a·di·po·si·dad |aðiposiðá^ð| ***f.*** Cualidad de lo que es gordo o graso: *Juan es un hombre propenso a la ~.*

a·di·po·⌜so, ⌜sa |aðipóso, sa| ***adj.*** Graso o gordo; que tiene la naturaleza de la grasa: *el tejido ~ es una reserva de sustancias energéticas.*

a·di·ta·men·to |aðitaménto| ***m.*** Complemento o cosa que se añade: *las tapas de los libros tenían el ~ de piedras preciosas.*

a·di·ti·vo |aðitíβo| ***m.*** Sustancia que se añade para aumentar o mejorar las propiedades de una cosa: *el yogur lleva aditivos y conservantes.*

a·di·vi·na·ción |aðiβinaθión| ***f.*** Acción y resultado de descubrir, acertar o adivinar: *Beatriz sabe leer las cartas y conoce algunas otras técnicas de ~ del futuro.* ⇒ **vaticinio.**

a·di·vi·nan·za |aðiβinánθa| ***f.*** Frase o pregunta difícil que una persona propone a otra para que le encuentre una solución o le dé un sentido: *adivina ~:* blanca por dentro, verde por fuera. Si quieres que te lo diga, espera. ⇒ **acertijo, rompecabezas.**

a·di·vi·nar |aðiβinár| **1 *tr.*** [algo] Descubrir usando la magia o medios que no son naturales: *tiene la facultad de ~ el futuro.* **2** Descubrir o acertar sin usar la razón o los conocimientos: *adivina qué te regalaré para tu cumpleaños; adivinó lo que estábamos pensando.* **3** Acertar o averiguar una respuesta: *no he podido ~ el acertijo.* **- 4 adivinarse *prnl.*** Empezar a aparecer; verse con poca claridad: *a lo lejos se adivinaba una iglesia y fuimos hacia allá; por sus palabras se adivinaban sus intenciones.*

a·di·vi·⌜no, ⌜na |aðiβíno, na| ***m. f.*** Persona que descubre cosas ocultas o misteriosas usando la magia: *es ~ y echa las cartas del tarot.* ⇒ **clarividente, mago.**

ad·je·ti·va·ción |a^{ð}xetiβaθión| **1 *f.*** LING. Colocación y aplicación de los adjetivos a un sustantivo: *la ~ en español puede ser antepuesta o pospuesta.* **2** Conjunto de adjetivos o modo de *adjetivar de una obra, autor, periodo o estilo: *la ~ de este poema es excesiva.*

ad·je·ti·val |a^{ð}xetiβál| ***adj.*** LING. Del adjetivo o que tiene relación con él: *el profesor explicó las funciones adjetivales.*

ad·je·ti·var |a^{ð}xetiβár| **1 *tr.*** LING. [algo] Aplicar un adjetivo a un sustantivo: *el ejercicio consistía en ~ la palabra* cielo. **2** *p. ext.* Calificar, juzgar o dar una opinión: *el político adjetivó la labor de su oponente de «poco seria».*

ad·je·ti·⌜vo, ⌜va |a^{ð}xetíβo, βa| **1 *adj.*** Que es una cualidad o accidente; que no tiene existencia independiente: *eso es una cuestión adjetiva, centrémonos en lo importante.* **- 2 adjetivo *m.*** LING. Palabra que acompaña al sustantivo para calificarlo o determinarlo: *localice los adjetivos del texto;* **~ calificativo**, LING., el que expresa una cualidad: *los adjetivos que indican color son adjetivos calificativos;* **~ comparativo**, LING., el que expresa comparación: *el ~* mejor *es un ~ comparativo.* ⇒ **comparativo; ~ gentilicio**, LING., el que expresa el lugar de origen: *el ~ gentilicio de España es* español. ⇒ **gentilicio; ~ numeral**, LING., el que indica número o cantidad: *la palabra* dos *es un ~ numeral en* las dos niñas. ⇒ **numeral; ~ positivo**, LING., el que tiene una significación *absoluta: peor *es el ~ comparativo correspondiente al ~ positivo* malo. ⇒ **comparativo, superlativo; ~ superlativo**, LING., el que indica el grado más alto de la cualidad que expresa: *la palabra* ilustrísimo *es un ~ superlativo.* ⇒ **superlativo.**

ad·ju·di·ca·ción |a^{ð}xuðikaθión| ***f.*** Afirmación de que una cosa corresponde o pertenece a una persona; *concesión: *la ~ de estos terrenos a una empresa metalúrgica ha sido ilegal.*

ad·ju·di·car |a^{ð}xuðikár| **1** ***tr.*** [algo; a alguien] Afirmar que una cosa corresponde o pertenece a una persona; conceder: *las becas se adjudicarán a los estudiantes con mejor expediente; nos han adjudicado una vivienda de protección oficial.* **- 2 adjudicarse** ***prnl.*** Conseguir una cosa y hacerse dueño de ella, especialmente un premio de una competición: *se adjudicó la medalla de oro tras vencer a todos sus contrincantes; se habían adjudicado el título de banqueros para quedarse con el dinero de la gente.* ☖ Se conjuga como 1.

ad·ju·di·ca·ta·⌜rio, ⌜ria |a^{ð}xuðikatário, ria| ***adj.-s.*** (persona, grupo) Que recibe una cosa, especialmente una obra o el derecho a comerciar con un producto: *la empresa adjudicataria comenzará a construir las viviendas en enero; el ~ de las obras de reforma del colegio deberá terminarlas en seis meses.*

ad·jun·tar |a^{ð}xuntár| ***tr.*** [algo; a algo] Poner al lado; sumar o unir: *le adjunto una muestra de nuestros productos; se adjunta a la obra una extensa bibliografía.*

ad·jun·⌜to, ⌜ta |a^{ð}xúnto, ta| **1** ***adj.*** Que está unido; que está puesto al lado: *en las radiografías adjuntas al informe se puede ver el desarrollo de la enfermedad; ~ le envío el libro que me pidió.* **- 2** ***adj.-s.*** (persona) Que acompaña o ayuda en un cargo o trabajo: *el gerente ~ no ha venido; es profesora adjunta de Universidad.*

ad·lá·te·re |aðlátere| ***com.*** *form. desp.* Persona que depende totalmente de otra y que siempre está con ella: *no tiene personalidad y prefiere seguir siendo el ~ de su maestro.*

ad·mi·ní·cu·lo |a^{ð}minikulo| ***m.*** Cosa pequeña que tiene un uso particular o es complemento de otra cosa: *se ha puesto en la oreja un ~ para oír mejor.*

ad·mi·nis·tra·ción |a^{ð}ministraθión| **1** ***f.*** Acción de administrar; conjunto de funciones cuyo fin es administrar: *estoy estudiando para dedicarme a la ~ de empresas; él es el contable encargado de la ~ del restaurante.* **2** Cargo de *administrador: *Sánchez será el encargado de la ~.* **3** Oficina o lugar donde se administra un negocio o un organismo: *para pedir ese documento debe ir a la ~;* **~ de correos**, lugar donde se hacen las operaciones necesarias para el envío y reparto de las cartas: *para mandar una carta certificada hay que ir a la ~ de correos; puede recoger el paquete de lunes a viernes en la ~ de correos de su distrito;* **~ de lotería**, lugar donde se vende *lotería y donde se cobran los premios: *mi primo trabaja en una ~ de lotería.* **4** Conjunto de medios y personas que se dedican a administrar una empresa o un organismo o una parte de ellos: *este edificio será ocupado por la ~;* **Administración Pública**, conjunto de medios y personas que se dedican a administrar los asuntos de un Estado: *he aprobado las oposiciones y ahora trabajo para la Administración Pública; algunos grupos ecologistas critican los planes contra incendios de la Administración Pública.* **5** Acción de aplicar o hacer tomar una medicina: *la enfermera se encarga de la ~ de las dosis adecuadas.*

ad·mi·nis·tra·⌜dor, ⌜do·ra |a^{ð}ministraðór, ðóra| **1** ***adj.-s.*** (persona) Que administra: *era muy ahorrativo y buen ~ de su sueldo.* **- 2** ***m. f.*** Persona que se dedica a administrar los bienes de otros: *han despedido al ~ de la empresa.* ⇒ **gestor.**

ad·mi·nis·trar |a^{ð}ministrár| **1** ***tr.-prnl.*** [algo, a alguien] Organizar una economía y cuidar unos bienes o unos intereses: *su hijo administra la empresa; aunque tiene poco sueldo, se administra muy bien.* **2** Medir u organizar el uso de una cosa para tener un resultado mejor: *los corredores de fondo deben ~ sus fuerzas; tengo que administrarme mejor si quiero tener tiempo para todo.* **- 3** ***tr.*** [algo] Aplicar o hacer tomar una medicina: *le están administrando calmantes.* **4** Repartir o dar un *sacramento: *el sacerdote administra la comunión a los fieles.*

ad·mi·nis·tra·ti·⌜vo, ⌜va |a^{ð}ministratíβo, βa| **1** ***adj.*** De la administración o que tiene relación con ella: *hay que adoptar medidas administrativas; nos encontramos ante un problema ~.* **- 2** ***adj.-s.*** (persona) Que trabaja en la administración: *el personal ~ de la empresa lleva una hora protestando; Francisco es ~ y trabaja de nueve a cinco.*

ad·mi·ra·ble |a^{ð}miráβle| ***adj.*** Que causa admiración o sorpresa: *su valor es ~; tiene una ~ colección de cuadros.* ⇒ **asombroso, sorprendente.**

ad·mi·ra·ción |a^{ð}miraθión| **1** ***f.*** Cariño o consideración que se tiene hacia una persona o una cosa por sus cualidades: *ante su tumba, todo el pueblo le demostraba ~; siente ~ hacia su viejo maestro.* **2** Acción y resultado de llamar la atención: *mis palabras produjeron ~ en el público.* ⇒ **sorpresa.** **3** LING. Signo de ortografía que indica sorpresa, exclamación o emoción: *la palabra* olé *se puede escribir entre admiraciones:* ¡olé!. ⇒ **exclamación.**

ad·mi·ra·⌜dor, ⌜do·ra |a^{ð}miraðór, ðóra| ***adj.-s.*** (persona) Que admira una cosa o a una persona: *mi madre es admiradora de la pintura de Goya; un grupo de admiradoras recibió al cantante en el aeropuerto; tengo un ~ secreto.*

ad·mi·rar |a^{ð}mirár| **1** ***tr.*** [algo, a alguien] Considerar muy bueno o bonito; tener como modelo: *siempre he admirado su sinceridad; los adolescentes admiran a los deportistas; admiro la pintura de Picasso.* **2** Provocar sorpresa: *con sus conocimientos admiró a todos los asistentes; me admira su falta de principios.* **3** Mirar con interés o placer: *se asomó para ~ la puesta de sol.* **- 4 admirarse** ***prnl.*** [de/por algo] Sorprenderse; considerar muy extraño: *me* *admiro de que todavía no te hayas dado cuenta; no pudimos dejar de admirarnos por su crueldad.*

ad·mi·ra·ti·⌜vo, ⌜va |a^{ð}miratíβo, βa| ***adj.*** Que siente o expresa admiración: *me miró con ojos admirativos; me dedicaron muchas expresiones admirativas.*

ad·mi·si·ble |a^{ð}misíβle| ***adj.*** Que puede permitirse o aceptarse; que puede admitirse: *hay una reglamentación que establece los niveles de ruido admisibles en las ciudades; no es ~ que haya suciedad en la playa.* ⇔ **inadmisible.**

ad·mi·sión |a^{ð}misión| ***f.*** Acción y resultado de admitir: *mañana se cierra el plazo de ~ de solicitudes; han convocado el examen de ~ para la Escuela de Arte Dramático.* ■ **reservado el derecho de ~**, expresión que indica que los dueños de un local tienen derecho a elegir las personas que pueden entrar en él: *en algunas discotecas tienen un cartel de reservado el derecho de ~.*

ad·mi·tir |a^{ð}mitír| **1 *tr.*** [algo, a alguien] Recibir o aceptar; permitir la entrada: *no lo admitieron en el restaurante por no llevar chaqueta; me han admitido en la asociación; ¿admiten ustedes tarjetas de crédito?; no admiten perros en este hotel.* ⇔ **excluir. 2** [algo] Reconocer como cierta una cosa: *al final tuvo que ~ que estaba equivocado; admitirá usted que tenemos razón.* **3** Permitir o soportar: *esta prenda admite el lavado a máquina; no puedo ~ que me insulten así; muchas personas no admiten el divorcio.* **4** Tener capacidad: *la báscula admite 200 quilos y no más.*

ad·mo·ni·ción |a^{ð}moniθión| ***f.*** *form.* Corrección o llamada de atención que se hace a una persona por haber *cometido un error o por una conducta equivocada: *el director escribió una ~ dirigida a los médicos que prestaban poca atención al recetar los medicamentos; el padre hizo una severa ~ a su hijo.* ⇒ **regañina, reprimenda.**

ad·mo·ni·to·⌜rio, ⌜ria |a^{ð}monitório, ria| ***adj.*** Que avisa o llama la atención sobre un error o una conducta equivocada: *el director envió una carta admonitoria a todas las sucursales.*

a·do·bar |aðoβár| **1 *tr.*** [algo] Poner la carne u otro alimento en una salsa que la conserva y le da sabor: *el carnicero ha adobado unos filetes de lomo; mi madre tiene una receta casera para ~ las costillas.* **2** Trabajar las pieles para que se pongan duras y puedan ser usadas: *le llevé un montón de pieles sin ~.*

a·do·be |aðóβe| ***m.*** Ladrillo que se hace con una masa de barro y *paja secada al sol: *en algunos pueblos se construyen casas de adobes.*

a·do·bo |aðóβo| ***m.*** Salsa hecha con sal, vinagre y distintas especias que se usa para conservar y dar sabor a las carnes: *hay que poner en ~ la carne después de la matanza.*

a·do·ce·na·⌜do, ⌜da |aðoθenáðo, ða| ***adj.*** Que es vulgar; que no destaca ni se diferencia de lo normal: *sólo había una obra excepcional entre la adocenada multitud de cuadros de la colección.*

a·do·ce·nar |aðoθenár| ***tr.-prnl.*** [algo, a alguien] Confundir o mezclar con personas o cosas de menos valor: *cuando un chico tiene talento no conviene dejar que se adocene.*

a·doc·tri·nar |aðo^{k}trinár| ***tr.*** [a alguien; en algo] Enseñar o educar en una idea o doctrina: *en las palabras de la niña se notaba que alguien la había adoctrinado; el rey adoctrinó al príncipe.*

a·do·le·cer |aðoleθér| **1 *intr.*** *form.* [de algo] Tener algún defecto: *su discurso adolece de la ambigüedad habitual; la obra adolecía de los fallos clásicos de su época.* **2** Tener una enfermedad: *mi amigo adolece de gripe.* ☐ No se debe confundir con *carecer.* Se conjuga como 43.

a·do·les·cen·cia |aðolesθénθia| ***f.*** Edad que está entre la del niño y la del adulto; periodo de la vida humana en que se producen unos cambios físicos que hacen posible el comienzo de las funciones sexuales: *la ~ es la etapa en que los hijos empiezan a desobedecer gravemente a los padres; los cambios más importantes en el cuerpo se producen en la ~.* ⇒ **pubertad.**

a·do·les·cen·te |aðolesθénte| ***adj.-com.*** (persona) Que está en la *adolescencia o que tiene relación con esa edad: *a los adolescentes les encanta que los traten como personas adultas; tengo dos hijas adolescentes; recordó sus confidencias adolescentes con su mejor amigo.*

a·don·de |aðonde| ***adv. l.*** Al lugar en que; lugar al que: *recuerdo un café ~ solía ir por las tardes; quería llegar sin ser vista ~ la esperaba su compañero.* ⇒ **donde.** ☐ No se debe confundir con *adónde.* No se debe decir *ande.*

a·dón·de |aðónde| ***adv. l.*** A qué lugar: *¿~ vas?; no me dijo ~ iba.* ⇒ **dónde.** ☐ No se debe confundir con *adonde.* No se debe escribir *a dónde.* No se debe decir *ánde* ni *ónde.*

a·don·de·quie·ra |aðondekiéra| ***adv. l.*** A cualquier lugar: *te seguiré ~ que vayas.* ⇒ **dondequiera.**

a·do·nis |aðónis| ***m.*** Hombre de aspecto físico bello, generalmente joven: *en las piscinas pueden verse algunos ~.* ☐ El plural es *adonis.*

a·dop·ción |aðo^{p}θión| **1 *f.*** Aceptación o admisión de una cosa: *era partidario de la ~ de nuevas técnicas.* **2** Acuerdo o toma de una decisión: *los directivos se vieron forzados a la ~ de medidas muy severas.* **3** Acción legal por la que una persona toma como hijo propio a uno que ha nacido de otros padres y por la que se hace cargo de él: *los trámites legales para una ~ son muy complicados.*

a·dop·tar |aðo^{p}tár| **1 *tr.*** [algo] Aceptar, admitir o elegir una cosa como propia: *los poetas españoles adoptaron los modelos renacentistas; adoptaron un nuevo sistema de construcción; adoptó la nacionalidad española.* **2** Decidir o acordar: *adoptaron las decisiones adecuadas a sus fines; el Gobierno adoptó medidas extremas de seguridad.* **3** Tomar o recibir, especialmente una forma determinada: *la arcilla puede ~ formas diversas.* **4** Comportarse de un modo determinado: *adoptó una actitud agresiva y violenta; siempre adopta un aire de arrogancia.* **5** [a alguien] Tomar legalmente como hijo propio a uno que ha nacido de otros padres y hacerse cargo de él: *como no podemos tener hijos, queremos ~ uno.* ⇒ **ahijar.**

a·dop·ti·⌈vo, ⌈va |aðoᵖtíβo, βa| **1** ***adj.*** Que se acepta, admite o elige como propio: *aunque es alemán, dice que España es su patria adoptiva.* **2** (persona) Que es o ha sido *adoptado: *tenemos una hija adoptiva; este es mi padre ~.* ⇒ **hijo.**

a·do·quín |aðokín| **1** ***m.*** Piedra de forma rectangular que se usa para hacer el suelo de las calles o de las carreteras: *las carreteras hechas con adoquines son incómodas.* **2** *fig.* Persona torpe y ruda, que no es inteligente: *Alberto es un ~: no entiende que sus hijos quieran salir a divertirse.*

a·do·qui·na·do |aðokináðo| ***m.*** Suelo hecho con *adoquines, especialmente en las calles y carreteras: *se estropeó el ~ de tanto pasar camiones por la carretera.*

a·do·qui·nar |aðokinár| ***tr.*** [algo] Cubrir el suelo con *adoquines, especialmente en las calles y carreteras: *ya han empezado a ~ la calle.*

a·do·ra·ble |aðoráβle| ***adj.*** Que merece ser muy amado o adorado: *Verónica es una niña ~, aunque un poco traviesa.*

a·do·ra·ción |aðoraθión| ***f.*** Celebración, ceremonia u ocasión en la que se adora: *los cristianos celebran la ~ de los Reyes Magos a Jesucristo.*

a·do·ra·⌈dor, ⌈do·ra |aðoraðór, ðóra| ***adj.-s.*** (persona) Que adora; que ama de forma extrema: *hemos visto una procesión de adoradores de la Virgen del Rocío.*

a·do·rar |aðorár| **1** ***tr.*** [algo, a alguien] Expresar amor u *obediencia con oraciones o ceremonias religiosas: *los aztecas adoraban al dios Quetzalcóatl; los romanos adoraban a diferentes dioses.* **2** [a alguien] Amar mucho: *Mario adora a su mujer y sólo piensa en ella.* **3** [algo] Considerar muy bueno o agradable: *adoro la comida casera.*

a·dor·me·cer |aðormeθér| **1** ***tr.*** [a alguien] Dar o provocar sueño; hacer dormir: *adormecía al niño con sus canciones; el calor adormece a los veraneantes en la playa.* **2** [algo] Calmar o hacer más débil: *el opio adormece los dolores; el tiempo adormeció su odio.* **- 3 adormecerse** ***prnl.*** Empezar a dormirse; sentir sueño: *después de comer, los niños se adormecen en la escuela.* ⇒ **adormilarse, amodorrarse.** **4** Perder la capacidad de sentir o de mover una parte del cuerpo durante un tiempo corto: *se me ha adormecido la pierna de estar en una mala postura.* ◯ Se conjuga como 43.

a·dor·me·ci·mien·to |aðormeθimiénto| ***m.*** Acción o resultado de *adormecer o *adormecerse: *estas pastillas pueden causar ~.* ⇒ **somnolencia, sopor.**

a·dor·mi·de·ra |aðormiðéra| ***f.*** Planta de hojas anchas y flores blancas, de la que se saca el *opio: *la ~ es originaria de Oriente.*

a·dor·mi·lar·se |aðormilárse| ***prnl.*** Empezar a dormirse; sentir sueño: *me he tomado un café porque me estaba adormilando.* ⇒ **adormecer, amodorrarse.**

a·dor·nar |aðornár| **1** ***tr.-prnl.*** [algo, a alguien] Hacer más bonito; poner adornos: *ha adornado su habitación con los cuadros que le regalé; Marta se adornó el cabello con flores.* ⇒ **ornar.** **2** Servir de adorno: *el jarrón adorna la mesa.* **3** [a alguien] Hacer mejor, especialmente a una persona: *la virtud adorna a las personas honradas.* **4** Darse o tener una cualidad positiva: *lo adornan su bondad y su inteligencia.*

a·dor·no |aðórno| ***m.*** Cosa que sirve para que un objeto o un lugar esté más bello: *llenó su casa de adornos de Navidad; las flores son el ~ de tu jardín.* ■ **de ~**, que sirve solamente para adornar; que no sirve para nada: *es una lámpara de ~; ¿vas a ponerte a estudiar o tienes los libros de ~?*

a·do·sar |aðosár| ***tr.*** [algo] Unir por la parte posterior; colocar espalda con espalda: *el escultor quiere ~ en su obra las figuras de los animales; los constructores prefieren ~ las casas del barrio nuevo.*

ad·qui·rir |aᵈkirír| ***tr.*** [algo] Llegar a tener; conseguir o comprar: *he adquirido un piso; los alumnos adquieren algunos conocimientos de lengua española.* ◯ Se conjuga como 30.

ad·qui·si·ción |aᵈkisiθión| **1** ***f.*** Acción y resultado de *adquirir o conseguir; compra: *Luisa se encarga de la ~ de material informático; está haciendo un estudio sobre la ~ de la lengua en los niños.* **2** Cosa que se llega a tener o que se consigue: *ese cuadro fue una buena ~ para el museo.*

ad·qui·si·ti·⌈vo, ⌈va |aᵈkisitíβo, βa| ***adj.*** Que sirve para llegar a tener o conseguir: *el poder ~ de la familia media ha bajado en los últimos meses.*

a·dre·de |aðréðe| ***adv. m.*** De forma voluntaria; con intención: *siento haberte golpeado, no lo he hecho ~; estoy seguro de que se dio la vuelta ~ para no verme.* ⇒ **aposta.**

a·dre·na·li·na |aðrenalína| ***f.*** *Hormona que aumenta la presión de la sangre y excita el sistema nervioso central: *voy a jugar un rato al tenis para descargar ~.*

ads·cri·bir |aᵈskriβír| **1** ***tr.-prnl.*** [algo, a alguien] Destinar o unir, generalmente a un grupo o a un servicio: *adscribieron al nuevo empleado al departamento de ventas.* **- 2** ***tr.*** Atribuir o considerar como propio: *las tareas domésticas se han adscrito tradicionalmente a la mujer.* ◯ El participio es *adscrito.*

ads·crip·ción |aᵈskriᵖθión| ***f.*** Unión de una persona a un grupo; atribución o relación por la cual una cosa pasa a formar parte de otra: *fue muy criticada su ~ al partido.*

ad·sor·ción |aᵈsorθión| ***f.*** FÍS. Fenómeno por el cual un sólido o un líquido absorbe y retiene un gas que está tocando su superficie: *los tejidos pueden tomar un color determinado por ~.* ◯ No se debe confundir con *absorción.*

a·dua·na |aðuána| ***f.*** Oficina pública, situada generalmente en las fronteras o pasos entre dos países, donde se registran los productos que entran o salen y donde se cobran derechos o tasas: *hay aduanas en las fronteras terrestres, puertos y aeropuertos; después del control de pasaportes tenemos que pasar por la ~.*

a·dua·ne·⌈ro, ⌈ra |aðuanéro, ra| **1** ***adj.*** De la *aduana o que tiene relación con ella: *trabajo en el Servicio de vigilancia aduanera.* **- 2** ***m. f.*** Persona que trabaja en una *aduana: *un ~ me pidió que abriera el equipaje.*

a·duc·ción |aðu^{k}θión| ***f.*** *form.* Movimiento por el cual un miembro o un órgano se acerca al eje central del cuerpo: *un músculo se encarga de la ~ del ojo.* ⇒ **abducción.**

a·du·cir |aðuθír| ***tr.*** [algo] Exponer o mostrar a la consideración de los demás: *han sido aducidos numerosos ejemplos; pese a las pruebas que adujo el fiscal, el reo fue declarado inocente.* ☖ Se conjuga como 46.

a·duc·tor |aðu^{k}tór| ***adj.-m.*** *form.* (músculo) Que sirve para hacer los movimientos que acercan un miembro al eje central del cuerpo: *los aductores tienen una función complementaria de la de los abductores.* ⇒ **abductor.**

a·due·ñar·se |aðuenárse| **1** ***prnl.*** [de algo/alguien] Hacerse dueño o servirse de una cosa: *llegó y se adueñó de la casa como si fuera suya.* **2** Dirigir el comportamiento; invadir: *el orgullo se adueñó de Eva; la santidad se adueñó de Teresa de Jesús.*

a·du·la·ción |aðulaθión| ***f.*** Muestra exagerada de admiración que se hace para conseguir el favor de una persona: *el rey recibe adulaciones de los cortesanos.* ⇒ **coba, halago, paripé.**

a·du·la·⌜dor, ⌜do·ra |aðulaðór, ðóra| ***adj.-s.*** (persona) Que muestra una admiración exagerada por una persona para conseguir un favor: *con su padre se muestra servicial, sumisa y aduladora.*

a·du·lar |aðulár| ***tr.*** [a alguien] Mostrar una admiración exagerada o decir cosas agradables para conseguir el favor de una persona: *siempre adula al jefe para conseguir lo que quiere; me dice que estoy muy elegante para adularme.*

a·dul·te·ra·ción |aðulteraθión| ***f.*** Acción y resultado de *adulterar; pérdida de la calidad: *la empresa no se responsabiliza de la ~ que puedan sufrir sus productos por una conservación inadecuada.* ⇒ **contaminación.**

a·dul·te·rar |aðulterár| **1** ***tr.-prnl.*** [algo] Hacer perder la calidad añadiendo una sustancia extraña: *adulteran el vino con agua.* **2** Cambiar la naturaleza o el sentido de una cosa; hacer falso: *no adulteres mis palabras.*

a·dul·te·rio |aðultério| ***m.*** Relación sexual voluntaria con una persona que no es la pareja legal: *nunca te perdonaré que cometieras ~ con mi mejor amiga; al final cedió a las propuestas de ~ de otro hombre.*

a·dúl·te·⌜ro, ⌜ra |aðúltero, ra| ***adj.-s.*** (persona) Que engaña a su pareja legal teniendo relaciones sexuales con otra persona: *se divorció de su marido porque era un ~; en algunas culturas matan a las mujeres adúlteras.*

a·dul·⌜to, ⌜ta |aðúlto, ta| **1** ***adj.-s.*** (ser vivo) Que ha completado su desarrollo: *a las doce ponen en el cine una película sólo para adultos; un lobo ~ puede atacar a una persona; desde que trabaja se ha convertido en un hombre ~ y responsable.* **- 2** ***adj.*** Que se considera propio de esa edad; que pertenece al periodo en que ya ha terminado el crecimiento: *ha tomado una decisión adulta; en la edad adulta pueden aparecer problemas respiratorios.*

a·dus·⌜to, ⌜ta |aðústo, ta| **1** ***adj.*** (persona) Que es seco y serio en el trato; que no gusta de las bromas ni de las diversiones: *es una tierra de hombres adustos, graves y sosegados.* **2** (terreno) Que está seco o quemado; que no produce: *estamos en una región adusta, por el clima y la escasez de lluvias.*

ad·ve·ne·di·⌜zo, ⌜za |a^{ð}βeneðíθo, θa| **1** ***adj.-s.*** *desp.* (persona) Que viene de fuera; que acaba de llegar: *no te invitan a las fiestas porque te consideran un ~.* **2** *desp.* (persona) Que se introduce en un grupo social o profesional para el que no reúne las condiciones adecuadas: *es un ~ que cree que con dinero se puede conseguir todo.*

ad·ve·ni·mien·to |a^{ð}βenimiénto| ***m.*** Llegada, venida o aparición: *con el ~ de las nuevas técnicas, la industria ha progresado mucho.*

ad·ven·ti·⌜cio, ⌜cia |a^{ð}βentíθio, θia| **1** ***adj.*** Que es extraño; que ha aparecido de forma extraña o poco natural: *las notas al margen del manuscrito son adventicias: no corresponden a la mano del autor.* **2** (órgano animal o vegetal) Que se desarrolla de forma extraña o fuera de su lugar habitual: *al árbol le ha crecido una raíz adventicia.*

ad·ver·bial |a^{ð}βerβiál| **1** ***adj.*** LING. Del adverbio o que tiene relación con él: *preguntó cuáles eran las funciones adverbiales.* **- 2** ***adj.-f.*** LING. (oración) Que hace las funciones propias de un adverbio: *en la oración* ven a mi casa cuando quieras, *las palabras* cuando quieras *forman una subordinada ~.*

ad·ver·bio |a^{ð}βérβio| ***m.*** LING. Palabra que no *varía su forma y que *modifica a un verbo, a un adjetivo, a otro adverbio o a toda la oración: *los adverbios pueden indicar lugar, tiempo, modo, cantidad, afirmación, negación, duda y otras cosas.*

ad·ver·sa·⌜rio, ⌜ria |a^{ð}βersário, ria| ***m. f.*** Persona o grupo que es enemigo, compite o es contrario a otro: *el Real Madrid tiene hoy como ~ al Barcelona; confía en tus amigos y ten cuidado con tus adversarios.*

ad·ver·sa·ti·va |a^{ð}βersatíβa| **1** ***adj.-f.*** LING. (oración) Que indica *oposición o *restricción al significado de otra oración: *en la oración* íbamos a salir de compras, pero empezó a llover, *la oración ~ es* pero empezó a llover. **2** LING. (conjunción) Que introduce una oración de esa clase: pero *y* sin embargo *son conjunciones adversativas.*

ad·ver·si·dad |a^{ð}βersiðá^ð| **1** ***f.*** Situación contraria o poco favorable: *hay que hacer frente a la ~.* **2** Desgracia o accidente: *la vida tiene adversidades y contratiempos.*

ad·ver·⌜so, ⌜sa |a^{ð}βérso, sa| ***adj.*** Que es contrario o negativo; que no es favorable: *el piloto tuvo que aterrizar en circunstancias adversas; el gobierno encontró una situación económica adversa; los jugadores locales llegaron al descanso con un resultado ~.*

ad·ver·ten·cia |a^{ð}βerténθia| ***f.*** Aviso o información: *escucha las advertencias de tu madre; quiero hacerte algunas advertencias para el viaje.* ⇒ **observación.**

ad·ver·tir |a^{ð}βertír| **1** ***tr.*** [algo, de algo; a alguien] Llamar la atención o avisar; dar una información: *te advierto que los frenos no funcionan bien; no nos habían advertido de los riesgos.* **2** [algo] Darse cuenta;

prestar atención o consideración: *nadie advirtió su presencia; advierte la gracia de este poema; advertimos un cambio en el color.* ⇒ **observar, reparar.** ◯ Se conjuga como 35.

ad·vien·to |aᵈβiénto| *m.* REL. Periodo de tiempo que celebra la iglesia cristiana y que comprende las cuatro semanas anteriores a la fiesta del nacimiento de Jesucristo: *los niños de la catequesis preparan durante el ~ el belén que colocarán en la parroquia.*

ad·vo·ca·ción |aᵈβokaθión| **1** *f.* REL. Protección de Dios o de los santos a una comunidad o un lugar que toma su nombre: *la hermandad se acoge a la ~ de San Isidro; pusieron la capilla bajo la ~ de la Virgen del Val.* **2** REL. Dedicación de un lugar religioso a un santo dándole su nombre: *muchos templos paganos cambiaron su ~ para convertirse en cristianos.*

ad·ya·cen·te |aᵈyaθénte| *adj.* Que está al lado o unido a otra cosa: *expropiarán los terrenos adyacentes a la autovía; vivo en una calle ~ a la calle de Alcalá.*

a·é·re·⌐o, ⌐a |aéreo, a| **1** *adj.* Que está o se hace en el aire o tiene relación con él: *un ataque ~ destruyó la catedral; envió el paquete por correo ~; las líneas aéreas españolas cubren muchas rutas.* **2** *fig.* Que es delicado y de poco peso: *sus esculturas son aéreas.*

a·e·ro·bic |aeroβíᵏ| *m.* ⇒ **aeróbic.**

a·e·ró·bic |aeróβiᵏ| *m.* Serie de ejercicios físicos que se hacen siguiendo el ritmo de la música y que sirven para conseguir una mejor forma física y buena salud: *va al gimnasio a hacer ~.* ⇒ **aerobic.** ◯ Esta palabra procede del inglés.

a·e·ro·⌐bio, ⌐bia |aeróβio, βia| *adj.* BIOL. (ser vivo) Que necesita aire para vivir: *hemos estudiado una bacteria aerobia.*

a·e·ro·club |aeroklúᵝ| *m.* Centro donde se reúnen las personas que practican o tienen interés por un deporte aéreo: *mi primo está aprendiendo a pilotar avionetas en el ~.*

a·e·ro·di·ná·mi·ca |aeroðinámika| *f.* FÍS. Disciplina que estudia el movimiento de los gases y el comportamiento de los cuerpos que se mueven en el aire: *la ~ se aplica al diseño de aviones.*

a·e·ro·di·ná·mi·⌐co, ⌐ca |aeroðinámiko, ka| **1** *adj.* De la *aerodinámica o que tiene relación con ella: *los nuevos modelos de automóviles son sometidos a exámenes aerodinámicos.* **2** Que tiene una forma adecuada para reducir la resistencia del aire en el movimiento: *los coches deportivos son muy aerodinámicos; los ciclistas adoptan una postura aerodinámica en los descensos.*

a·e·ró·dro·mo |aeróðromo| *m.* Lugar preparado para la llegada y salida de aviones, donde se cargan y descargan mercancías y personas: *un ~ es un aeropuerto pequeño y normalmente deportivo o militar.* ⇒ **aeropuerto.**

a·e·ro·es·pa·cial |aeroespaθiál| *adj.* De la construcción de aviones, naves espaciales y otros aparatos que vuelan por el aire o por el espacio, o que tiene relación con esta construcción: *las técnicas aeroespaciales han evolucionado rápidamente durante el último siglo.*

a·e·ro·fa·gia |aerofáxia| *f.* MED. Hecho de tragar aire o gases, generalmente al comer, que provocan molestias e hinchamiento del vientre: *sufre ~ y el médico le ha recetado unas pastillas para eliminar los gases.*

a·e·ro·fo·to·gra·fí·a |aerofotografía| *f.* Fotografía de una parte de la tierra tomada desde un avión u otro vehículo aéreo: *en esta ~ de Sevilla se aprecia el trazado de las calles.*

a·e·ró·gra·fo |aerógrafo| *m.* Pistola de aire a presión que esparce tinta o pintura y que sirve para pintar y dibujar: *los especialistas en diseño gráfico utilizan mucho el ~; con el ~ se retocan las fotografías artísticas.*

a·e·ro·lí·ne·a |aerolínea| *f.* Organización o compañía dedicada al transporte aéreo: *siempre vuela con una ~ extranjera.*

a·e·ro·li·to |aerolíto| *m.* Cuerpo procedente del espacio exterior a la Tierra y que entra en la atmósfera a gran velocidad: *ayer cayeron cerca de la ciudad dos aerolitos.* ◯ No se debe decir *aereolito.*

a·e·ro·mo·de·lis·mo |aeromoðelísmo| **1** *m.* Construcción de aviones de escala reducida: *en la escuela hay un taller de ~.* **2** Deporte que consiste en hacer volar aviones de escala reducida que se dirigen desde el suelo: *los domingos hacía ~ con una maqueta teledirigida.*

a·e·ro·náu·ti·ca |aeronáutika| **1** *f.* Ciencia que trata de la navegación por el aire: *los especialistas en ~ diseñan aviones.* **2** Conjunto de medios destinados al transporte aéreo: *la ~ de este país es muy deficiente.* ◯ No se debe decir *aereonáutica.*

a·e·ro·náu·ti·⌐co, ⌐ca |aeronáutiko, ka| *adj.* De la *aeronáutica o que tiene relación con ella: *hemos preparado un proyecto ~.*

a·e·ro·na·val |aeronaβál| *adj.* Que pertenece al ejército del aire y a la marina o que tiene relación con ellos: *un ataque ~ acabó con la posición enemiga.*

a·e·ro·na·ve |aeronáβe| *f.* Vehículo que sirve para navegar por el aire o por el espacio: *una ~ tripulada ha llegado a la luna.* ◯ No se debe decir *aereonave.*

a·e·ro·pla·no |aeropláno| *m.* Vehículo que sirve para viajar por el aire: *este es mi primer viaje en ~.* ⇒ **avión.**

a·e·ro·puer·to |aeropuérto| *m.* Lugar preparado para la llegada y salida de aviones, donde se cargan y descargan mercancías y personas: *el ~ de Barajas está abierto al tráfico aéreo; llama al ~ para reservar los billetes de avión.* ⇒ **aeródromo.** ◯ No se debe decir *aereopuerto.*

a·e·ro·sol |aerosól| **1** *m.* Líquido que, acumulado a presión en un recipiente, sale de éste esparciéndose en pequeñas gotas: *me han recetado un ~ para la garganta.* **2** Recipiente con un sistema que hace salir un líquido a presión: *el ~ es más cómodo que otros envases; el ~ lleva un pulverizador para hacer salir el líquido.* ⇒ **spray.** **3** *Suspensión de moléculas de un elemento sólido o líquido en el aire o en cualquier otro gas: *el humo, las nubes y la niebla son aerosoles naturales.*

a·e·ros·tá·ti·ca |aerostátika| ***f.*** FÍS. Disciplina que estudia el equilibrio de los gases: *mi primo se dedica al estudio de la ~.*

a·e·ros·tá·ti·⌐co, ⌐ca |aerostátiko, ka| ***adj.*** De la *aerostática o que tiene relación con ella: *para la previsión del tiempo se utiliza el globo ~.*

a·e·ros·ta·to |aerostáto| ***m.*** ⇒ **aeróstato.**

a·e·rós·ta·to |aeróstato| ***m.*** Globo grande, hinchado con un gas más ligero que el aire, y que puede llevar carga: *presenciamos una exhibición de aeróstatos.* ⇒ **aerostato.**

a·e·ro·te·rres·tre |aeroteřéstre| ***adj.*** Que pertenece a los ejércitos de tierra y aire: *las fuerzas aeroterrestres detuvieron la invasión enemiga.*

a·e·ro·ví·a |aeroβía| ***f.*** AERON. Vía establecida para el vuelo de los aviones *comerciales: *había tanto tráfico que el avión cambió de ~ para llegar a su destino.*

a·fa·bi·li·dad |afaβiliðáᵈ| ***f.*** Cualidad de *afable: *el médico debe tratar a los pacientes con ~.* ⇒ **amabilidad.**

a·fa·ble |afáβle| ***adj.*** Que es agradable en la conversación y el trato: *es ~ con todos; tus vecinos te consideran una persona muy ~.* ⇒ **amable.**

a·fa·ma·⌐do, ⌐da |afamáðo, ða| ***adj.*** Que es conocido; que tiene fama: *ella es propietaria de una afamada empresa; los alumnos salían de sus lugares de origen para escuchar las lecciones de maestros afamados.*

a·fán |afán| **1** ***m.*** Deseo que mueve a hacer una cosa: *el ~ de supervivencia le ayudó a salir adelante; el ~ de ser original puede hacer que metas la pata.* **2** Energía e interés que se pone en una cosa: *ha empezado a practicar tenis con mucho ~; Luis fue recompensado por el gran ~ que ponía en su trabajo; buscaba con ~ un medio de transporte.* **- 3 afanes *m. pl.*** Trabajos o preocupaciones: *¡tantos afanes para nada!*

a·fa·nar |afanár| **1** ***tr.*** *fam.* [algo] Robar con habilidad: *me han afanado la cartera.* **- 2 afanarse *prnl.*** Dedicarse a una cosa con mucho empeño e interés: *se afanan por ganar mucho dinero; las camareras se afanaban sirviendo las mesas.*

a·fa·no·⌐so, ⌐sa |afanóso, sa| **1** ***adj.*** Que pone mucho empeño o interés en lo que hace: *este es un pueblo de trabajadores afanosos.* **2** Que cuesta mucho trabajo: *tiene una respiración afanosa; siempre se empeñaba en tareas afanosas.*

a·fa·sia |afásia| ***f.*** MED. Pérdida del habla o dificultad al hablar que se produce por un daño en el cerebro: *la ~ afecta al lenguaje oral y al lenguaje escrito.*

a·fe·ar |afeár| **1** ***tr.-prnl.*** [algo, a alguien] Hacer o ponerse feo: *el peinado te afea la cara.* ⇔ **embellecer. 2** *fig.* [algo; a alguien] Hacer ver que una cosa está mal o que tiene un defecto: *mi padrino me afeaba la conducta.*

a·fec·ción |afeᵏθión| ***f.*** Enfermedad o alteración de la salud: *las afecciones gastrointestinales afectan frecuentemente a los niños; tiene una ~ cardíaca.*

a·fec·ta·ción |afeᵏtaθión| ***f.*** Falta de *naturalidad o sencillez: *habla y camina con mucha ~, como si fuera una estrella de cine.*

a·fec·ta·⌐do, ⌐da |afeᵏtáðo, ða| ***adj.*** Que no tiene naturalidad; que quiere parecer distinguido o delicado: *habla de un modo demasiado ~.*

a·fec·tar |afeᵏtár| **1** ***tr.*** [a algo, a alguien] Producir algún efecto o influir: *el cambio de hábitos puede ~ las relaciones con los demás; este armisticio afectará a toda la zona; la huelga afectó a cinco empresas.* ☐ Se usa muy frecuentemente con el complemento de persona o cosa introducido por *a.* **2** Tener un interés directo para una persona una cosa de la que se espera recibir algún bien o mal; poderse aplicar a la persona o grupo que se indica: *tus problemas no me afectan en absoluto; esta ley afecta a los que tienen rentas anuales bajas; la conservación del medio ambiente nos afecta a todos.* **3** Producir daño o enfermedad en algún órgano o ser vivo, o poderlo producir: *el alcohol afecta al hígado; la gripe afectó a gran parte de la población infantil.* **4** [algo] Fingir que se tiene un sentimiento que no se tiene o exagerar lo que se siente: *durante la discusión, ella afectaba tristeza y dolor.* **5** [a alguien] Producir una impresión o sensación, especialmente de tristeza: *la muerte del padre afectó muchísimo a toda la familia; perdona, no suponía que mis palabras te afectarían tanto.*

a·fec·ti·vi·dad |afeᵏtiβiðáᵈ| ***f.*** Tendencia a sentir cariño y emociones: *experimentaba tal ~, que no pudo contener las lágrimas viendo la película.*

a·fec·ti·⌐vo, ⌐va |afeᵏtíβo, βa| **1** ***adj.*** Del afecto o que tiene relación con él: *siempre tuve el apoyo ~ de mis padres.* **2** Que tiende a verse afectado con facilidad: *mi hermano es muy sensible y ~.*

a·fec·⌐to, ⌐ta |aféᵏto, ta| **1** ***adj.*** *form.* Que es amigo o partidario de una persona o de una cosa: *soy su ~ servidor; el rey era más ~ a la reforma constitucional.* **- 2 afecto *m.*** Sentimiento de amor o cariño: *siento un gran ~ por mi prima; se ganaba el ~ de los maestros y de los compañeros.*

a·fec·tuo·⌐so, ⌐sa |afeᵏtuóso, sa| ***adj.*** Que muestra amor y es agradable en el trato: *es muy ~ con los amigos de su hijo; me miró con una sonrisa afectuosa.* ⇒ **cordial.**

a·fei·ta·do |afeitáðo| **1** ***m.*** Corte del pelo hasta la piel: *he comprado loción para después del ~.* **2** Corte de la punta de los cuernos de los toros: *el ~ de los toros hace que sean menos peligrosos.*

a·fei·tar |afeitár| **1** ***tr.-prnl.*** [algo, a alguien] Cortar el pelo de la barba o de otra parte del cuerpo al nivel de la piel con una *cuchilla o con otro instrumento: *sería mejor que te afeitaras el bigote.* ⇒ **rapar, rasurar. 2** Cortar las puntas de los cuernos de los toros: *¡ese toro está afeitado!*

a·fei·te |aféite| ***m.*** Sustancia o producto que se usa para cuidar o poner más bella la cara o el pelo: *fue a la fiesta muy bien peinada y llena de afeites.* ⇒ **cosmético.**

a·fel·pa·⌐do, ⌐da |afelpáðo, ða| ***adj.*** Que tiene una característica que se considera propia de la *felpa: *han puesto sobre la mesa un paño ~ para jugar a las cartas.*

a·fe·mi·na·⌐do, ⌐da |afemináðo, ða| **1** ***adj.*** Que se considera propio o característico de las mujeres: *ese hombre tenía ademanes afeminados.* ☖ Es el participio de *afeminar.* - **2 afeminado** ***m.*** Hombre que tiene movimientos y actitudes que se consideran propios de las mujeres: *el cantante era un ~.* ⇒ **marica, mariquita.**

a·fe·mi·na·mien·to |afeminamiénto| ***m.*** Pérdida de las características que se consideran propias de los hombres para tomar otras que se consideran propias de las mujeres: *sus costumbres demuestran cierto ~.* ⇒ **amaneramiento.**

a·fe·mi·nar |afeminár| ***tr.-prnl.*** [algo, a alguien] Perder o hacer perder las características que se consideran propias de los hombres para tomar o hacer tomar otras que se consideran propias de las mujeres: *entre tantas hermanas afeminaron al muchacho.*

a·fe·ren·te |aferénte| ***adj.*** Que lleva o conduce de fuera hacia adentro: *el médico le dijo que se le había obstruido un vaso ~.*

a·fé·re·sis |aféresis| ***f.*** LING. Falta o desaparición de algún sonido al principio de una palabra: noramala *es ~ de* enhoramala. ☖ El plural es *aféresis.*

a·fe·rrar |aferár| **1** ***tr.-prnl.*** [algo, a alguien] Coger con mucha fuerza: *dos o tres hombres lo aferraron por la espalda; el escalador se aferró a las rocas.* ⇔ **desaferrar.** - **2 aferrarse** ***prnl.*** *fig.* [a algo] Mantener con fuerza, especialmente una idea o una opinión: *se aferraron a la idea de que era el demonio; cada uno se aferraba a sus ideas.* **3** Unirse y no querer separarse de una persona o cosa de la que se espera un bien: *en los últimos días de su enfermedad se aferraba con desesperación a la vida; el presidente se aferraba a su cargo.*

a·fian·za·mien·to |afianθamiénto| ***m.*** Acción y resultado de *afianzarse: *esos cables aseguran el ~ del poste; todos los partidos políticos han colaborado en el ~ de la democracia.*

a·fian·zar |afianθár| **1** ***tr.-prnl.*** [algo, a alguien] Sujetar bien; poner firme: *he afianzado las patas de la mesa con tornillos; afiánzate en los estribos y no te caerás del caballo.* ⇒ **afirmar. 2** [algo] Hacer seguro; dar o tener una base sólida: *la democracia se ha afianzado en los últimos años; afianza tus conocimientos antes de presentarte al examen.* ☖ Se conjuga como 4.

a·fi·ción |afiθión| **1** ***f.*** Gusto o interés por una cosa: *cada día hay más ~ por los deportes; escribe poesía sólo por ~.* **2** Actividad aparte del trabajo habitual: *mi mayor ~ es coleccionar sellos.* **3** Conjunto de personas que van regularmente a ver un espectáculo o una competición deportiva: *la ~ ha salido decepcionada de la corrida de toros de hoy.*

a·fi·cio·na·⌐do, ⌐da |afiθionáðo, ða| **1** ***adj.-s.*** (persona) Que gusta de una cosa o tiene interés por ella: *soy un ~ a la poesía, pero no soy capaz de escribir un poema.* **2** (persona) Que practica una actividad, pero no como profesional: *juego al tenis como ~, no como profesional; en el barrio hemos formado una rondalla de músicos aficionados.* ⇒ **amateur. 3** (persona) Que va regularmente a ver un espectáculo o una competición deportiva: *un ~ saltó al campo de fútbol.*

a·fi·cio·nar |afiθionár| **1** ***tr.*** [alguien; a algo] Hacer gustar; hacer tener interés: *mis padres me aficionaron a la lectura; aficionó a sus hijos al deporte.* - **2 aficionarse** ***prnl.*** [a algo] Empezar a tener gusto o interés por una cosa; tomar una costumbre: *se aficionó a los libros de caballería; si te aficionas al juego, te será muy difícil dejarlo; nos aficionamos a ir al cine los domingos.*

a·fi·⌐jo, ⌐ja |afíxo, xa| ***adj.-m.*** LING. (elemento) Que, unido a la raíz de una palabra, cambia en parte el sentido de ésta: *tanto* pre- *en* prenatal *como* -ción *en* realización *son afijos.*

a·fi·la·⌐dor, ⌐do·ra |afilaðór, ðóra| ***m. f.*** Persona que se dedica a afilar cuchillos y otros instrumentos cortantes: *el ~ iba por las calles afilando los objetos que la gente le llevaba.*

a·fi·la·lá·pi·ces |afilalápiθes| ***m.*** Instrumento que sirve para sacar o afilar la punta a los *lápices: *préstame el ~, por favor, que se me ha roto la punta del lapicero.* ⇒ **sacapuntas.** ☖ El plural es *afilalápices.*

a·fi·lar |afilár| ***tr.*** [algo] Dejar bien delgado el filo de un objeto cortante; dar forma de punta o de filo: *el abuelo estaba afilando la navaja con una piedra; afila los lápices; afilé la estaca para clavarla en el suelo.*

a·fi·lia·ción |afiliaθión| ***f.*** Acción y resultado de *afiliar o *afiliarse en una lista: *la empresa tramita la ~ y el alta del trabajador en la Seguridad Social.* ⇒ **inscripción.**

a·fi·liar |afiliár| ***tr.-prnl.*** [a alguien; a algo] Entrar o hacer entrar a una persona como miembro de un grupo o de una sociedad: *María afilió a su marido al sindicato; tenía veinte años cuando se afilió al partido.* ⇒ **inscribir.** ☖ Se conjuga como 12.

a·fi·li·gra·nar |afiliγranár| **1** ***tr.*** [algo] Adornar con hilos de oro y plata, especialmente un objeto de metal: *en este taller se afiligranan copas y bandejas.* **2** *fig.* Hacer bonito o adornar: *le he dicho a la modista que no afiligrane mucho el vestido.*

a·fín |afín| **1** ***adj.*** Que tiene una o más cosas en común con otro; que tiene una relación de acuerdo o de parecido: *nuestras ideas eran en general bastante afines; el portugués es un idioma ~ al español.* - **2** ***adj.-m.*** (persona) Que es de la familia del marido o de la mujer: *no se puede culpar de encubrimiento a los afines.*

a·fi·na·ción |afinaθión| ***f.*** MÚS. Adecuación de los instrumentos musicales a un tono: *en una orquesta es muy importante la ~.*

a·fi·na·⌐dor, ⌐do·ra |afinaðór, ðóra| **1** ***m. f.*** Persona que *afina instrumentos musicales: *llamamos a un ~ para que pusiera el piano a punto.* - **2 afinador** ***m.*** Instrumento que produce un tono determinado y que sirve como referencia para *afinar otros instrumentos: *dio la nota la con el ~ y todos los músicos afinaros sus instrumentos.* ⇒ **diapasón.**

a·fi·nar |afinár| **1** ***tr.-intr.*** [algo] Hacer que una cosa sea perfecta o adecuada para un fin determinado: *tendrás que ~ las respuestas en el siguiente examen.* - **2** ***tr.*** Hacer sonar en el tono correcto o de acuerdo con otro sonido; preparar un instrumento para que suene en el tono adecuado: *los concertistas estaban afinando sus instrumentos.* ⇒ **templar.** - **3** ***tr.-prnl.*** Hacer fino o delgado: *llevaba un bigote afinado en los extremos.* **4** [algo, a alguien] Hacer elegante y educado en el trato: *la profesora ha afinado mucho los modales del niño; se afinó con las nuevas amistades de la capital.* - **5** ***intr.*** Cantar o tocar bien, de acuerdo con un tono determinado: *Beatriz afina muy bien y es muy agradable escucharla cantar.*

a·fin·car·se |afiŋkárse| ***prnl.*** [en algún lugar] Establecerse para quedarse a vivir: *Juan se afincó en Madrid.* ☖ Se conjuga como 1.

a·fi·ni·dad |afiniðáᶞ| **1** ***f.*** Parecido, relación o analogía de una cosa con otra: *la ~ entre estos dos gobiernos es evidente; hay cierta ~ de ideas entre los dos políticos.* **2** Simpatía que se da entre personas con gustos, caracteres u opiniones parecidas: *muy pronto, la ~ hizo que Julián y yo nos hiciéramos amigos.* **3** DER. Relación entre una persona y la familia de su marido o de su mujer: *el suegro y la nuera están unidos por ~.* **4** QUÍM. Atracción entre moléculas para formar otra distinta: *los metales tienen gran ~ con el azufre para formar compuestos.*

a·fir·ma·ción |afirmaθi̯ón| **1** ***f.*** Expresión que indica que una cosa es verdad: *esas afirmaciones no se pueden creer.* **2** Expresión para decir que sí: *estoy esperando tu ~.*

a·fir·mar |afirmár| **1** ***intr.*** Decir que sí: *Elena afirmó con la cabeza.* - **2** ***tr.*** [algo] Decir que una cosa es verdad; asegurar: *el testigo afirmó que conocía al acusado; la pareja afirma con una ceremonia pública su intención de contraer matrimonio.* ⇒ **asegurar.** - **3** ***tr.-prnl.*** [algo, a alguien] Sujetar bien; poner firme: *afirmaron con contrafuertes la pared de la iglesia; se afirmó con manos y pies sobre el tejado.* ⇒ **afianzar.** - **4 afirmarse** ***prnl.*** [en algo] Asegurar lo que se ha dicho; mantener una opinión: *después del debate, cada uno se afirmó en sus ideas respectivas.* ⇒ **ratificar.**

a·fir·ma·ti·⌜vo, ⌜va |afirmatíβo, βa| ***adj.*** Del sí o que tiene relación con el sí; que indica o expresa afirmación: *recibí una respuesta afirmativa.* ⇒ **positivo.** ⇔ **negativo.**

a·flau·tar |aflau̯tár| ***tr.*** [algo] Hacer más agudo, especialmente un sonido: *cuando cantes, no aflautes tanto la voz.*

a·flic·ción |afliᵏθi̯ón| ***f.*** *form.* Tristeza o pérdida del ánimo: *la enfermedad del padre causó ~ a toda la familia.*

a·flic·ti·⌜vo, ⌜va |afliᵏtíβo, βa| ***adj.*** *form.* Que causa tristeza: *las condiciones de vida de los países subdesarrollados son aflictivas.*

a·fli·gir |aflixír| **1** ***tr.-prnl.*** *form.* [a alguien] Provocar tristeza; hacer perder el ánimo: *la noticia de tu marcha nos afligió mucho; no te aflijas por lo que te he dicho.* **2** [algo, a alguien] Provocar molestia o dolor físico: *los males que afligen el cuerpo son para mí muy llevaderos.* ☖ Se conjuga como 6.

a·flo·jar |afloxár| **1** ***tr.-prnl.*** [algo] Disminuir la presión o la fuerza de una cosa: *afloja un poco el nudo; no te olvides de ~ el tornillo.* - **2** ***intr.*** Perder fuerza o intensidad: *ha aflojado la fiebre; cuando afloje el viento, saldremos.* **3** Perder interés; esforzarse menos: *en primavera, los muchachos aflojan en el estudio.* - **4** ***tr.*** *fam.* [algo] Dar o soltar: *afloja la pasta, que quiero ir al cine.*

a·flo·rar |aflorár| **1** ***intr.*** Aparecer en la superficie: *todavía no ha aflorado el petróleo.* **2** *fig.* Aparecer o mostrarse, especialmente una cualidad o un estado de ánimo: *al final afloró su mal genio.*

a·fluen·cia |aflu̯énθi̯a| ***f.*** Llegada o aparición de personas o cosas en gran cantidad: *el año pasado la ~ de turistas fue mayor; la ~ de capital exterior beneficiaría la economía del país.*

a·fluen·te |aflu̯énte| ***m.*** Río que lleva sus aguas a otro mayor o principal: *el río Sil es ~ del Miño.*

a·fluir |aflu̯ír| **1** ***intr.*** [a algún lugar] Aparecer o llegar en gran cantidad o número: *las lágrimas afluyen a sus ojos; con la expansión industrial afluyeron las riquezas a Europa.* **2** Moverse un líquido hacia un lugar; especialmente, verter un río sus aguas en las de otro, en un lago o en el mar: *el río Tajo afluye en el océano Atlántico.* ☖ Se conjuga como 62.

a·fo·ní·a |afonía| ***f.*** Falta de voz: *se pasó la noche cantando y ahora tiene ~.*

a·fó·ni·⌜co, ⌜ca |afóniko, ka| ***adj.*** Que ha perdido la voz o no puede hablar con normalidad por algún tiempo: *el profesor gritó hasta quedarse ~.*

a·fo·ris·mo |aforísmo| ***m.*** Frase corta que tiene un contenido moral o doctrinal: *siempre me han gustado los aforismos de Confucio.* ⇒ **adagio, refrán, sentencia.**

a·fo·ro |afóro| ***m.*** Capacidad total; número de personas que caben en un lugar: *los abonados ocupan un diez por ciento del ~ de la plaza de toros; la sala tiene un ~ de 450 personas.*

a·for·tu·na·da·men·te |afortunáðaménte| ***adv.*** Por suerte: *~ nadie salió herido en el accidente.*

a·for·tu·na·⌜do, ⌜da |afortunáðo, ða| **1** ***adj.-s.*** (persona) Que tiene suerte o *fortuna: *entregó las llaves del apartamento al ~ ganador; ~ en el juego, desgraciado en amores.* ⇒ **agraciado.** ⇔ **desafortunado.** - **2** ***adj.*** Que hace feliz; que se consigue con buena suerte: *fue una unión afortunada; el otro equipo ganó el partido gracias a un gol ~.* **3** Que es acertado o bueno para un fin determinado: *hizo una observación muy afortunada; a él le pareció una broma afortunada, pero fue una grosería.*

a·fran·ce·sa·⌜do, ⌜da |afranθesáðo, ða| ***adj.-s.*** Que tiene una característica que se considera propia de los *franceses: *cuando habla español tiene un acento ~.*

a·fran·ce·sar |afranθesár| ***tr.-prnl.*** [algo, a alguien] Dar o tomar las características que se consideran propias de los *franceses o de lo *francés; hacerse partidario de los *franceses o de lo *francés: *si quieres tener éxito, debes ~ la comida de tu restaurante; muchos españoles del siglo* XVIII *se afrancesaron.*

a·fren·ta |afrénta| **1** ***f.*** Ofensa; obra o dicho que hace que una persona pierda su honor: *no te consiento semejante ~ hacia mi padre; pagarás con la vida* *la ~ que le hiciste a mi hija.* **2** Vergüenza o pérdida del honor: *el joven se suicidó para evitar la ~.*

a·fren·tar |afrentár| **1** ***tr.*** *form.* [a alguien] Hacer una ofensa o insultar; hacer perder el honor: *sus palabras me han afrentado.* **- 2 afrentarse** ***prnl.*** Pasar o sentir vergüenza: *se afrentó y huyó avergonzado.*

a·fri·ca·ʳdo, ʳda |afrikáðo, ða| ***adj.-f.*** LING. (consonante) Que se pronuncia cerrando el paso del aire durante un momento muy breve para dejarlo salir con fuerza a continuación: *la* ch *es una consonante africada.*

a·fri·ca·nis·ta |afrikanísta| ***com.*** Persona que se dedica al estudio de asuntos que tienen relación con África: *la universidad ha organizado un congreso de africanistas.*

a·fri·ca·ʳno, ʳna |afrikáno, na| **1** ***adj.*** De África o que tiene relación con África: *mi padre me ha traído de Guinea un collar ~; tengo varios amigos africanos.* **- 2** ***m. f.*** Persona que ha nacido en África: *los africanos son buenos atletas.*

a·fro |áfro| **1** ***adj.*** (moda) Que imita modelos procedentes de África: *de cuando en cuando vuelve la moda ~.* **2** (peinado) Que tiene muchos rizos en el pelo: *cuando yo era joven llevaba un peinado ~.*

a·fro·di·sia·ʳco, ʳca |afroðisiáko, ka| ***adj.-m.*** ⇒ **afrodisíaco.**

a·fro·di·sí·a·ʳco, ʳca |afroðisíako, ka| ***adj.-m.*** (sustancia) Que excita y aumenta el deseo sexual: *dicen que las ostras son afrodisíacas.* ⇒ **afrodisiaco.**

a·fron·tar |afrontár| ***tr.*** [algo] Enfrentarse o hacer frente, especialmente a una situación difícil: *es mejor ~ cuanto antes el problema; no tengo miedo: afrontaré el desafío.*

a·fru·ta·ʳdo, ʳda |afrutáðo, ða| ***adj.*** Que tiene un sabor parecido al de la fruta: *en esta región se hace un vino joven y ~.*

a·fue·ra |afuéra| **1** ***adv. l.*** Hacia la parte exterior; en la parte exterior: *salgamos ~ a tomar el fresco; me empujaba hacia ~ de la casa; una gran multitud se estaba reuniendo ~.* ⇒ **fuera.** ⇔ **adentro.** ☐ Se usa especialmente para indicar dirección, pero también puede indicar lugar de donde se procede. **- 2 afueras** ***f. pl.*** Terreno que rodea un pueblo o una ciudad; zona alejada del centro de una ciudad: *todas las tardes salimos a pasear por las afueras; tiene una casa con jardín en las afueras de Madrid; la Torre de Hércules está a las afueras de La Coruña.* ⇒ **extrarradio.** ☐ No se debe decir *los afueras* por *las afueras.*

a·ga·char |ayatʃár| ***tr.-prnl.*** [algo] Encoger o doblar el cuerpo o una parte de él; bajar o inclinar hacia abajo: *sonrió agachando un poco la cabeza; la niña se agachó para mirar una flor; Rafa es tan alto, que tiene que agacharse para entrar por la puerta.* ⇒ **amagar.** ■ **~ las orejas,** *fam.,* *ceder de modo *humilde o aceptar sin protestar: *ante la difícil situación familiar, agachó las orejas.*

a·ga·lla |ayáʎa| **1** ***f.*** Órgano formado por capas de tejido blando y esponjoso que permite la respiración de ciertos animales que viven dentro del agua: *las agallas están a uno y otro lado de la cabeza del pez; el pescado fresco se distingue porque las agallas están rojas.* ⇒ **branquia.** **2** Bulto redondo que se forma en los árboles y las plantas producido por los parásitos que introducen los insectos y las *arañas cuando ponen sus huevos: *aquel roble está lleno de agallas.* **- 3 agallas** ***f. pl.*** *fam.* Valor o determinación: *no tiene agallas para enfrentarse a su padre.* ⇒ **coraje, valentía.**

á·ga·pe |áyape| ***m.*** Comida con la que se celebra un acontecimiento: *después de la boda habrá un ~.* ⇒ **banquete.**

a·ga·rra·da |ayar̄áða| ***f.*** Lucha o discusión violenta: *a la salida de la escuela hubo una ~ entre varios muchachos.*

a·ga·rra·de·ra |ayar̄aðéra| **1** ***f.*** Asa o mango que sirve para coger o sujetar: *se ha roto la ~ de la olla.* **- 2 agarraderas** ***f. pl.*** *fam.* Influencias o relaciones que sirven para conseguir un favor: *le darán el empleo a Pérez porque tiene buenas agarraderas en la empresa.*

a·ga·rra·ʳdo, ʳda |ayar̄áðo, ða| **1** ***adj.*** Que tiende a no gastar dinero: *¡hay que ver lo ~ que es Juan! No se gasta ni un duro.* ⇒ **avaro, tacaño.** ☐ Es el participio de *agarrar.* **- 2 agarrado** ***adj.-m.*** *fam.* (baile) Que se baila cogido a la pareja, rodeándola con los brazos: *no me gusta bailar ~, prefiero los bailes de discoteca.* ■ **ser más ~ que un chotis,** *fam.,* ser muy *tacaño: *es más ~ que un chotis: fue a la comunión de su hija con el traje de su boda para ahorrar.*

a·ga·rrar |ayar̄ár| **1** ***tr.-prnl.*** [algo, a alguien] Coger con fuerza, especialmente con las manos: *agarró al niño por las orejas; en el autobús hay que agarrarse a la barra para no caer.* ⇒ **asir.** **- 2** ***tr.*** *fig.* [algo] Conseguir; tomar y sacar provecho: *agarró un buen destino; hay que ~ las oportunidades.* **3** Empezar a tener una enfermedad: *he agarrado una pulmonía.* **- 4** ***intr.-prnl.*** Echar raíces las plantas o adaptarse al lugar en que se plantan: *el rosal que me diste ha agarrado muy bien en mi jardín.* **- 5 agarrarse** ***prnl.*** Tener un encuentro violento; luchar: *las dos mujeres se gritaron y llegaron a agarrarse.* **6** Pegarse o quemarse una comida mientras se cocina: *se me ha agarrado el arroz.* ■ **agarrarla,** *fam.,* emborracharse: *¡la has agarrado buena, chico!* ■ **agarrarse a un clavo ardiendo,** aprovechar una cosa o una ocasión, aunque sea peligrosa, para escapar de una situación difícil: *hipotecar la casa no me parecería bien, pero me agarraré a esa solución como a un clavo ardiendo.* ⇒ **clavo.** ■ **~ y,** *fam.,* expresión que indica que la acción del verbo que va detrás ocurre de pronto o no se espera: *entonces agarró y se fue sin decir adiós.* ⇒ **coger, ir.** ■ **¡agárrate!,** *fam.,* expresión que indica al oyente que se prepare para una gran sorpresa: *¡agárrate, que te traigo una noticia bomba!*

a·ga·rrón |ayar̄ón| ***m.*** Acción de coger y tirar con fuerza: *el árbitro vio el ~ del defensa al delantero contrario y le mostró la tarjeta amarilla.*

a·ga·rro·tar |ayar̄otár| ***tr.-prnl.*** [algo] Dejar sin flexibilidad o movimiento, especialmente una parte del cuerpo; funcionar mal: *tienes que caminar* *un poco para no agarrotarte; el frío me ha agarrotado los dedos; debes echarle grasa a la máquina para que no se agarrote.* ⇒ **entumecer.**

a·ga·sa·jar |aɣasaxár| **1** ***tr.*** [a alguien] Tratar con cariño y atención: *los dueños de la casa agasajaron a sus invitados.* **2** [a alguien; con algo] Dar un regalo u ofrecer una cosa como muestra de afecto o de consideración: *los nativos agasajaron a los turistas con flores y dulces típicos.* ⇒ **obsequiar, regalar.**

a·ga·sa·jo |aɣasáxo| **1** ***m.*** Trato cariñoso y *atento: *sus agasajos son siempre sinceros.* **2** Regalo o muestra de cariño o consideración: *el tío Julián le hizo muchos agasajos a su sobrino.*

á·ga·ta |áɣata| ***f.*** Piedra de colores que forman bandas o círculos y que suele *utilizarse como adorno: *el ~ es una variedad del cuarzo que se usa en joyería.* ☖ Se usa con la forma del artículo *el*; los demás determinantes deben ir en forma femenina.

a·ga·za·par·se |aɣaθapárse| ***prnl.*** Encogerse, doblarse o pegarse al suelo, generalmente para esconderse: *se agazapó detrás de una roca para que no la vieran los ladrones; el gato se ha agazapado a la espera de un ratón.*

a·gen·cia |axénθia| **1** ***f.*** Empresa que se dedica a resolver asuntos o prestar servicios: *alquilé el piso a través de una ~ inmobiliaria.* **2** Oficina que depende de una empresa situada en un lugar diferente: *puede reservar los billetes en cualquiera de nuestras agencias de viajes.*

a·gen·ciar |axenθiár| ***tr.-prnl.*** [algo] Conseguir con habilidad y rapidez: *se ha agenciado un automóvil; fue Don Pedro quien me agenció este empleo.* ■ **agenciárselas**, hacer una cosa o salir adelante con los propios medios: *ya me las agenciaré para salir del paso.* ☖ Se conjuga como 12.

a·gen·da |axénda| **1** ***f.*** Libro pequeño en el que se apunta lo que se debe hacer o recordar: *he apuntado en mi ~ los cumpleaños de mis amigos.* **2** Serie de cosas que debe hacer una persona en un periodo de tiempo: *el ministro tiene una ~ muy apretada esta semana y no podrá recibirnos.*

a·gen·te |axénte| **1** ***com.*** Persona que obra en nombre de otra: *él es un simple ~ de mi padre, un mandado.* **2** Persona que realiza una acción o cumple una función determinada: ~ **de negocios**, persona que se dedica a cuidar los negocios de otras: *tengo mis fincas en manos de un ~ de negocios;* ~ **fiscal**, persona que trabaja en la *hacienda pública: *un ~ fiscal está investigando sus ingresos anuales;* ~ **de policía**, persona que trabaja para la seguridad del Estado: *dos agentes de policía evitaron el atraco; el ~ de policía no llevaba su arma reglamentaria.* **- 3** ***adj.-s.*** LING. Palabra o *sintagma que *designa la persona o la cosa que realiza la acción expresada por el verbo: *en la oración* la mesa fue golpeada por el niño, por el niño *es el ~.* ⇒ **sujeto. - 4** ***m.*** Causa activa; persona o cosa que tiene poder para producir un efecto: *los vientos son agentes naturales.*

a·gi·gan·tar |axiɣantár| **1** ***tr.-prnl.*** [algo, a alguien] Dar o tomar un tamaño enorme: *la luz de los faroles agiganta las sombras.* ⇒ **crecer. - 2 agigantarse** ***prnl.*** Tomar mayor fuerza o importancia: *mi compañero se agiganta ante las dificultades.*

á·gil |áxil| ***adj.*** Que hace una cosa o se mueve de modo fácil, suelto y rápido; que es hábil: *el ciervo avanzaba con movimientos ágiles por el monte; la conversación fue ~ y vivaz.* ⇔ **torpe.**

a·gi·li·dad |axiliðáᵈ| ***f.*** Cualidad de *ágil: *para practicar salto de altura hace falta mucha ~.* ⇒ **soltura.**

a·gi·li·po·lla·⌐do, ⌐da |axilipoʎáðo, ða| ***adj.*** *vulg. desp.* Que está distraído y no se entera; que parece *gilipollas: *¿no has visto el semáforo en rojo? ¿Es que estás ~?*

a·gi·li·zar |axiliθár| **1** ***tr.*** [algo] Hacer rápido o corto, especialmente un proceso; ayudar a hacer una cosa: *el presidente agilizó las negociaciones.* **2** Hacer rápido y hábil: *la gimnasia diaria agiliza el cuerpo de las personas.* ☖ Se conjuga como 4.

a·gi·ta·ción |axitaθión| **1** ***f.*** Preocupación; estado de nervios o excitación: *cuando Antonio oyó que Celia se había casado, no pudo ocultar su ~.* **2** Provocación de movimientos de protesta de carácter social o político: *una gran ~ reina en las calles.*

a·gi·ta·⌐dor, ⌐do·ra |axitaðór, ðóra| **1** ***adj.-s.*** Que agita: *es un niño muy ~.* **- 2** ***m. f.*** Persona que provoca agitaciones o protestas políticas o sociales: *el ~ político fue encarcelado.* ⇒ **alborotador. - 3 agitador** ***m.*** Instrumento con el que se remueven los líquidos: *vierta la solución en un recipiente y déle vueltas con el ~.*

a·gi·ta·nar |axitanár| ***tr.-prnl.*** [algo] Dar o tomar las características que se consideran propias de los *gitanos o de lo *gitano: *en estos años ha agitanado su manera de tocar la guitarra.*

a·gi·tar |axitár| **1** ***tr.-prnl.*** [algo] Mover rápidamente y con fuerza una cosa: *agítese antes de usar; la gente se despedía agitando brazos y pañuelos.* **2** *fig.* [a alguien] Preocupar; provocar nervios o excitación: *los niños están muy agitados esperando el viaje.* **3** *fig.* Provocar movimientos de protesta o cambios sociales o políticos: *unos cuantos revolucionarios agitan a la mayoría.*

a·glo·me·ra·ción |aɣlomeraθión| ***f.*** Reunión o conjunto grande, especialmente de gente reunida en un lugar: *me encontré en medio de una ~ y no pude llegar a tiempo.*

a·glo·me·ra·do |aɣlomeráðo| ***m.*** Madera que se hace con una mezcla de distintas maderas a la que se añade una sustancia que las pega: *las puertas de mi casa son de ~.* ⇒ **conglomerado.**

a·glo·me·rar |aɣlomerár| ***tr.-prnl.*** [algo, a alguien] Juntar o unir sin orden, generalmente personas o cosas de la misma especie: *las gotas se aglomeran en el cristal; los fieles se aglomeraban en el atrio de la iglesia.*

a·glu·ti·na·ción |aɣlutinaθión| ***f.*** Unión fuerte; reunión o conjunto grande de cosas o personas: *la creación de ese partido político ha permitido la ~ de todos los que comparten unas ideas.*

a·glu·ti·nan·te |aɣlutinánte| ***adj.-m.*** Que sirve

para unir o mantener unido: *la fe de la población sirvió de ~ y permitió que todos se sintieran muy unidos.*

a·glu·ti·nar |aɣlutinár| ***tr.-prnl.*** [algo, a alguien] Unir, juntar varias cosas para formar otra mayor; pegar una cosa con otra: *aglutinó en torno a él a los pensadores de su región; se ha creado una coalición que aglutina varios partidos de izquierda.*

ag·nos·ti·cis·mo |aᵞnostiθísmo| ***m.*** FIL. Doctrina filosófica que considera que la mente humana no puede comprender lo *absoluto, especialmente la naturaleza y existencia de Dios: *en el ~ no se puede afirmar ni negar la existencia de Dios; Miguel es defensor del ~.* ⇒ **ateísmo.**

ag·nós·ti·⌐co, ⌐ca |aᵞnóstiko, ka| **1 *adj.*** FIL. Del *agnosticismo o que tiene relación con él: *Carlos nos ha confesado que está de acuerdo con la filosofía agnóstica.* **- 2 *adj.-s.*** (persona) Que sigue la doctrina filosófica del *agnosticismo: *mi padre no va a misa porque es ~.* ⇒ **ateo.**

a·go·bian·te |aɣoβi̲á̲nte| ***adj.*** Que cansa, preocupa o *agobia: *el tráfico de las grandes ciudades es ~.* ⇒ **asfixiante.**

a·go·biar |aɣoβi̲á̲r| ***tr.-prnl.*** [a alguien] Cansar o preocupar mucho: *este trabajo agobia a cualquiera; no te agobies pensando en el examen; este calor me agobia.* ⇒ **asfixiar, atosigar.** ☐ Se conjuga como 12.

a·go·bio |aɣóβi̲o̲| **1 *m.*** Preocupación o problema grande: *la escasez de tiempo y los agobios económicos impidieron que se rodara la película.* ⇒ **atosigamiento. 2** Prisa o necesidad de hacer una cosa rápidamente: *es mejor hacer las cosas sin agobios, con tiempo suficiente.* **3** *Cansancio o dificultad física, especialmente para respirar: *tengo un ~ tan grande que apenas puedo respirar.*

a·gol·pa·mien·to |aɣolpami̲é̲nto| ***m.*** Acción y resultado de reunirse o *agolparse: *en caso de incendio, hay que evitar que el ~ de las personas bloquee las salidas.*

a·gol·par·se |aɣolpárse| ***prnl.*** Reunirse de pronto muchas personas o cosas en un lugar: *la multitud se agolpa a la salida del metro; se le agolpaban las lágrimas en los ojos; las ideas se agolpaban en su mente.*

a·go·ní·a |aɣonía| **1 *f.*** Estado de dolor y sufrimiento del que está a punto de morir: *afortunadamente murió en paz, sin ~.* **2** Tristeza o dolor grande: *cuando su hijo se escapó, pasó unos días de auténtica ~.* **- 3 agonías *com.*** *fam.* Persona que tiene por costumbre quejarse mucho; persona que piensa que todo va a ser malo: *Pablo es un agonías: siempre está pensando lo peor.*

a·gó·ni·⌐co, ⌐ca |aɣóniko, ka| ***adj.*** De la *agonía o que tiene relación con ella: *escuchamos un grito ~.*

a·go·ni·zan·te |aɣoniθánte| ***adj.-com.*** (ser vivo, persona) Que lucha entre la vida y la muerte: *los niños encontraron un cachorro ~ y lo salvaron; el sacerdote ha ido a confesar a un ~.*

a·go·ni·zar |aɣoniθár| **1 *intr.*** Luchar entre la vida y la muerte: *el pobrecito está agonizando: no le quedan ni dos días de vida.* **2** Acabarse una cosa: *la luz de la vela agonizaba.* **3** Sufrir mucho dolor físico o moral: *los ciclistas agonizaban al subir la montaña.* ☐ Se conjuga como 4.

á·go·ra |áɣora| ***f.*** Plaza pública en las ciudades de la antigua Grecia: *los filósofos paseaban por el ~.* ☐ Se usa con la forma del artículo *el*; los demás determinantes deben ir en forma femenina.

a·go·re·⌐ro, ⌐ra |aɣoréro, ra| ***adj.-s.*** Que anuncia males o desgracias que van a ocurrir en el futuro: *no digas que te vas a morir: no seas ~; los supersticiosos creen que los cuervos son agoreros.*

a·gos·tar |aɣostár| **1 *tr.-prnl.*** [algo] Secar el exceso de calor, especialmente las plantas: *se han agostado las plantas del jardín.* **2** *fig.* [algo, a alguien] Acabar o estropear: *había un grupo de alumnos muy prometedor que se agostó por el desinterés del profesor.* **- 3 *intr.*** Comer hierba el ganado en verano: *dejó al rebaño agostando y se fue al pueblo.*

a·gos·to |aɣósto| ***m.*** Octavo mes del año: *en ~ hace mucho calor en Madrid.* ■ **hacer el/su agosto,** aprovechar una ocasión; hacer un buen negocio: *los vendedores de paraguas hacen su ~ en la temporada de las lluvias.*

a·go·ta·⌐dor, ⌐do·ra |aɣotaðór, ðóra| ***adj.*** Que cansa mucho: *descargar camiones es un trabajo ~.*

a·go·ta·mien·to |aɣotamiénto| **1 *m.*** Pérdida de las fuerzas físicas o mentales: *¡qué ~ tengo encima!; tenía tal ~, que no se podía ni mover.* **2** Gasto o consumo total: *el problema de la ciudad sitiada fue el ~ de las provisiones.*

a·go·tar |aɣotár| **1 *tr.-prnl.*** [algo, a alguien] Cansar mucho; hacer perder las fuerzas o dejar débil: *la enfermedad lo agotó por completo; las tareas de la casa me agotan.* **2** [algo] Gastar del todo; acabar con una cosa: *se han agotado las provisiones; vas a ~ mi paciencia; han agotado el agua de la botella.* ⇒ **apurar, extenuar.**

a·gra·cia·⌐do, ⌐da |aɣraθi̲á̲ðo, ða| **1 *adj.*** (persona) Que es bello o bonito: *sus hijas son todas muy agraciadas.* ⇔ **desagraciado. - 2 *adj.-s.*** (persona) Que recibe un premio; que recibe una gracia o un favor: *los agraciados en el sorteo de la lotería de hoy son de Sevilla.* ⇒ **afortunado.**

a·gra·ciar |aɣraθi̲á̲r| **1 *tr.*** [algo, a alguien] Dar o aumentar la belleza o la gracia: *la cinta del pelo te agracia mucho.* **2** Hacer o dar alguna gracia o favor; conceder un premio: *fue agraciado con una medalla al valor; la novela ha sido agraciada con el primer premio.* ☐ Se conjuga como 1.

a·gra·da·ble |aɣraðáβle| **1 *adj.*** Que causa placer o satisfacción; que gusta: *la temperatura en el otoño es muy ~.* ⇔ **desagradable. 2** (persona) Que es amable y considerado en el trato: *el tío Emilio es ~ con todos; ¡qué ~ es tu compañero!* ⇒ **apacible.** ⇔ **desagradable.**

a·gra·dar |aɣraðár| ***intr.*** Gustar o producir placer: *me agrada tu compañía; le voy a comunicar una noticia que le agradará.* ⇒ **complacer.** ⇔ **desagradar.**

a·gra·de·cer |aɣraðeθér| **1 *tr.*** [algo; a alguien] Dar las gracias; reconocer el valor de un *beneficio recibido: *¡cuánto te agradezco que hayas venido!; te agradezco la invitación, pero no puedo ir a bailar.*

2 *fig.* [algo] Corresponder a un cuidado o una atención; mostrar un efecto: *la tierra agradece los desvelos de los agricultores; los frutales han agradecido estas últimas lluvias.* ⌂ Se conjuga como 43.

a·gra·de·ci·⌐do, ⌐da |aɣraðeθíðo, ða| **1** ***adj.*** Que suele dar las gracias; que reconoce el valor de un *beneficio recibido: *es de bien nacidos ser agradecidos; me miró con ojos agradecidos.* ⇔ **desagradecido. 2** Que corresponde a un cuidado o a una atención; que muestra un efecto: *las plantas son muy agradecidas: en cuanto las riegas se ponen bonitas.* ■ **¡muy ~!**, muchas gracias: *¡ya me ha terminado el informe!, le quedo muy ~.* ⌂ Es el participio de *agradecer.*

a·gra·de·ci·mien·to |aɣraðeθimi̲énto| ***m.*** Acción y resultado de agradecer; sentimiento del que está agradecido: *le devolví el regalo con una nota de ~; la muchacha siente hacia Pablo un ~ profundo.*

a·gra·do |aɣráðo| **1** ***m.*** Gusto o placer; sentimiento de felicidad: *los alumnos estudian algunas asignaturas con ~ e interés.* ⇔ **desagrado. 2** Modo de comportarse amable y considerado: *tiene un ~ especial para tratar con personas ancianas.* ■ **ser del ~**, gustar o satisfacer: *esta casa no es de mi ~; la decisión fue del ~ de todos.*

a·gra·ma·ti·cal |aɣramatikál| ***adj.*** LING. Que no se ajusta a las reglas de la gramática: *el sintagma* el niña *es bueno resulta ~.*

a·gra·ma·ti·ca·li·dad |aɣramatikaliðáᵈ| ***f.*** LING. Cualidad de lo que no se ajusta a las reglas de la gramática: *explícame dónde está la ~ de esa oración.*

a·gran·da·mien·to |aɣrandami̲énto| ***m.*** Acción y resultado de hacer grande o *agrandar: *el arquitecto ha dicho que el ~ de esta sala es imposible.*

a·gran·dar |aɣrandár| ***tr.*** [algo] Hacer grande o más grande: *mi imaginación agrandaba los ruidos que se oían por la noche; al nacer su cuarto hijo decidieron ~ la casa.* ⇒ **engrandecer, ensanchar.** ⇔ **empequeñecer.**

a·gra·⌐rio, ⌐ria |aɣrári̲o, ri̲a| ***adj.*** Del campo o que tiene relación con él: *se acaba de aprobar una nueva ley agraria; el nivel de vida de la población agraria ha empezado a ser más alto.*

a·gra·va·mien·to |aɣraβami̲énto| ***m.*** Crecimiento o aumento de la gravedad, del peligro o de la importancia: *el ~ de la situación económica se debe a la falta de inversiones.*

a·gra·van·te |aɣraβánte| ***adj.-amb.*** Que hace que sea más grave: *la premeditación y la alevosía son circunstancias agravantes.*

a·gra·var |aɣraβár| ***tr.-prnl.*** [algo] Hacer más grave, peligroso o importante: *este clima puede ~ la enfermedad; el problema del paro se ha agravado en los últimos meses.*

a·gra·viar |aɣraβi̲ár| **1** ***tr.*** [a alguien] Insultar o hacer una ofensa; hacer perder el honor: *aquellas palabras me agraviaron profundamente.* ⇔ **desagraviar. - 2 agraviarse** ***prnl.*** [por algo] Sentirse molesto; considerarse objeto de una ofensa: *se agravió por la broma que le hicimos.* ⇒ **ofender.** ⌂ Se conjuga como 12.

a·gra·vio |aɣráβi̲o| **1** ***m.*** Insulto u ofensa: *recuerdo tus humillaciones y agravios; tus palabras son un ~ contra mi dignidad.* ⇒ **injuria. 2** Daño contra un derecho o un interés: *la nueva ley puede ser un ~ para las pequeñas empresas;* **~ comparativo,** daño u ofensa que se hace a una persona o cosa al tratarla peor o de modo diferente que a otra de su misma condición: *siempre hay agravios comparativos entre las comunidades autónomas.*

a·graz |aɣráθ| **1** ***m.*** Uva que no está madura: *quieren cortar la uva antes de tiempo y sólo van a encontrar agraces.* **2** *form. fig.* Sentimiento amargo o disgusto: *debes afrontar con valentía los agraces de la vida.* ■ **en ~**, antes del tiempo debido o necesario: *el ingeniero ha presentado un proyecto en ~.*

a·gre·dir |aɣreðír| ***tr.*** [a alguien] Atacar para hacer un daño físico o moral: *el árbitro expulsó a un jugador por ~ a otro; un muchacho fue detenido tras ~ a una mujer con una barra de hierro.* ⌂ Se suele usar sólo en los tiempos y personas cuya terminación contiene la vocal *i*: *agredía, agrediendo.*

a·gre·ga·⌐do, ⌐da |aɣreɣáðo, da| **1** ***adj.-s.*** (profesor) De categoría inmediatamente inferior a la de *catedrático en la Enseñanza Secundaria: *ha llegado un nuevo ~ de Lengua Española.* **- 2** ***m. f.*** Persona que se ocupa de un asunto determinado en las relaciones exteriores de su país: *el ~ comercial de la embajada de Italia ha visitado nuestra empresa.* **- 3 agregado** ***m.*** Cosa que se añade y que no es muy importante: *para cocinar este plato, lo importante es el arroz y la carne: lo demás son agregados.*

a·gre·gar |aɣreɣár| **1** ***tr.*** [algo] Añadir o unir a un todo: *agregó a su patrimonio los bienes de su esposa.* **2** Añadir a lo que se ha dicho o escrito: *dijo que no venía, pero agregó que podía prestarnos su coche.* ⌂ Se conjuga como 7.

a·gre·miar |aɣremi̲ár| ***tr.-prnl.*** [a alguien] Reunir en grupo; reunir en *gremio: *los agricultores se agremiaron para defender sus intereses.* ⌂ Se conjuga como 12.

a·gre·sión |aɣresi̲ón| **1** ***f.*** Ataque o acto violento que causa un daño físico: *las agresiones físicas están castigadas por la ley; la ~ del ejército no consiguió derrotar al enemigo.* **2** Acción contraria a un derecho o un interés determinado: *lo consideró una ~ contra el derecho a la igualdad en el trabajo; la forma en que se ha repartido la herencia es una ~ contra mis derechos.*

a·gre·si·vi·dad |aɣresiβiðáᵈ| ***f.*** Tendencia a atacar o a actuar de modo violento: *la ~ de nuestra sociedad va en aumento.*

a·gre·si·⌐vo, ⌐va |aɣresíβo, βa| **1** ***adj.*** Que tiende a atacar o actuar de modo violento; que ataca o actúa de ese modo: *hizo un discurso ~; las tropas iniciaron un movimiento ~; los leones no son agresivos si no se sienten en peligro.* **2** (persona) Que tiene ideas nuevas y es muy activo en los negocios: *la empresa busca un joven ejecutivo ~.* ⌂ Se usa en esta acepción por influencia del inglés.

a·gre·⌐sor, ⌐so·ra |aɣresór, sóra| ***adj.-s.*** Que ataca o realiza un acto violento: *nuestros soldados* *han resistido frente al ejército ~; los agresores han sido detenidos.*

a·gres·te |aɣréste| **1** ***adj.*** Del campo o que tiene relación con él: *me gusta el paisaje ~ de la serranía; prefiero un lugar ~ para pasar mis vacaciones.* **2** Que es natural o salvaje; que no ha sido transformado por el hombre: *en la sierra hay cabras agrestes; crecieron zarzas silvestres y arbustos agrestes.* **3** *fig.* Que es rudo o poco educado en el trato: *su familia era de costumbres agrestes y sencillas.*

a·griar |aɣriár| **1** ***tr.-prnl.*** [algo] Poner agrio o ácido: *el calor ha agriado la leche.* **2** *fig.* Hacer tenso, rudo o amargo: *las preocupaciones le agriaron el carácter; últimamente se han agriado las relaciones entre ellos.* ☐ Se conjuga como 12.

a·grí·co·la |aɣríkola| ***adj.*** De la *agricultura o que tiene relación con ella: *la maquinaria ~ facilita el trabajo del campo.*

a·gri·cul·⌐tor, ⌐to·ra |aɣrikultór, tóra| ***m. f.*** Persona que se dedica a trabajar y cultivar la tierra: *los agricultores y los ganaderos son imprescindibles para la vida del país.*

a·gri·cul·tu·ra |aɣrikultúra| **1** ***f.*** Arte o técnica de cultivar la tierra: *toda su familia se dedica a la ~.* **2** Conjunto de actividades destinadas a cultivar la tierra y *obtener productos de ella: *la ~ es una fuente de riqueza.*

a·gri·dul·ce |aɣriðúlθe| **1** ***adj.*** Que tiene un sabor entre agrio y dulce: *en los restaurantes chinos preparan cerdo ~.* **2** *fig.* Que es a la vez agradable y doloroso: *guardo un recuerdo ~ de los años de la infancia.*

a·grie·tar |aɣrietár| ***tr.-prnl.*** [algo] Abrir grietas o agujeros: *el sol ha agrietado la arcilla; se te van a ~ las manos, si no te pones guantes para fregar.*

a·gri·men·⌐sor, ⌐so·ra |aɣrimensór, sóra| ***m. f.*** Persona que se dedica a medir el terreno: *los propietarios del terreno decidieron llamar a un ~ para hacer la división.*

a·⌐grio, ⌐gria |áɣrio, ɣria| **1** ***adj.*** Que es ácido o áspero en el sabor y en el olor: *el vino se ha puesto ~; estas uvas saben agrias; la leche está agria.* ⇒ **acre.** **2** *fig.* Que es rudo o poco agradable: *dijo unas palabras agrias antes de marcharse.* ⇒ **acre.** **3** *fig.* (castigo, dolor) Que es muy duro y que difícilmente se puede soportar: *la violencia deja una sensación muy agria.* **- 4 agrios** ***m. pl.*** Conjunto de frutas de sabor ácido, especialmente naranjas y *limones: *los agrios tienen muchas vitaminas.* ⇒ **cítrico.**

a·gro |áɣro| ***m.*** *form.* Campo o terreno destinado a la *agricultura: *buscan una solución para los problemas del ~ andaluz.*

a·gro·no·mí·a |aɣronomía| ***f.*** AGR. Conjunto de conocimientos que se aplican al cultivo de la tierra: *la ~ estudia las características de las tierras en relación con los productos que se cultivan.*

a·gró·no·⌐mo, ⌐ma |aɣrónomo, ma| ***adj.-s.*** AGR. (persona) Que se dedica al estudio y la aplicación de la *agronomía: *mi hermano quiere ser ingeniero ~; los agrónomos han redactado un informe sobre las consecuencias de la sequía.*

a·gro·pe·cua·⌐rio, ⌐ria |aɣropekuário, ria| ***adj.*** Del cultivo de la tierra y la cría de animales, o que tiene relación con esas actividades: *el sector ~ comprende a agricultores y ganaderos.*

a·gru·pa·ción |aɣrupaθión| **1** ***f.*** Reunión o unión de elementos que tienen características comunes: *la ~ de los alumnos por niveles se hará según sus calificaciones.* ⇒ **agrupamiento.** **2** Conjunto de personas que se han unido con un fin determinado: *hemos formado una ~ coral.*

a·gru·pa·mien·to |aɣrupamiénto| ***m.*** Reunión o unión de elementos que tienen características comunes: *se ha producido un ~ de los socios del partido en dos tendencias cada vez más opuestas.* ⇒ **agrupación.**

a·gru·par |aɣrupár| **1** ***tr.-prnl.*** [algo, a alguien] Reunir o unir elementos con características comunes: *intentó ~ en un solo libro todos sus artículos.* **2** Separar o dividir en grupos: *debemos ~ los datos en dos sectores; agrupamos a los asistentes según la edad.* **3** [a alguien] Formar un grupo o un conjunto de personas con un fin determinado: *los trabajadores debemos agruparnos para defender nuestros derechos.*

a·gua |áɣua| **1** ***f.*** Líquido sin olor, color ni sabor, que se encuentra en la naturaleza en estado más o menos puro formando ríos, lagos y mares: *dame un vaso de ~, que tengo mucha sed; el ~ hierve a 100 grados; las aguas volvieron a su cauce;* ~ **dulce**, la que no tiene sal, como la de los ríos: *la trucha es un pez de ~ dulce;* ~ **mineral**, la que brota de la tierra y lleva disueltas sustancias minerales: *para beber queremos una botella de ~ mineral sin gas, por favor;* ~ **salada**, la que tiene sal, como la del mar: *la sardina es un pez de ~ salada;* **aguas residuales**, las que proceden de viviendas, ciudades o zonas industriales y están sucias: *no nos podemos bañar en este río porque lleva aguas residuales;* ~ **termal**, la que brota de la tierra con una temperatura superior a la normal: *voy a un balneario con aguas termales.* **2** Líquido que se consigue mezclando ese líquido con otra cosa: ~ **de azahar**, la que se consigue *destilando las flores del *naranjo: *el ~ de azahar se usa como calmante;* ~ **de colonia**, líquido de olor agradable que lleva alcohol y otras sustancias que le dan olor: *después del baño se perfuma con ~ de colonia; voy a comprar un frasco de ~ de colonia;* ~ **de limón**, bebida hecha con ese líquido, *limón y azúcar: *el ~ de limón es muy refrescante;* ~ **de Seltz**, bebida transparente y sin alcohol, hecha con agua y ácido *carbónico: *tomo el whisky con ~ de Seltz para que no se me suba a la cabeza.* ⇒ **soda;** ~ **fuerte**, ácido *nítrico que se usa para hacer grabados y para otras cosas: *el ~ fuerte disuelve la mayoría de los metales;* ~ **oxigenada**, la que está compuesta por partes iguales de oxígeno e *hidrógeno y se usa para evitar *infecciones: *se echó ~ oxigenada en la herida.* **3** Lado inclinado de la cubierta de un edificio: *la casa tiene un tejado a dos aguas.* **4** Lluvia; gotas que caen de las nubes: *en los últimos meses ha caído mucha ~;* ~ **nieve**, lluvia débil mezclada con nieve: *en el puer-*

to está cayendo ~ nieve. ⇒ **aguanieve.** - **5 aguas** ***f. pl.*** Zona del mar cercana a una costa o que corresponde a un país: *el barco naufragó en aguas de Cartagena;* **aguas jurisdiccionales**, las que bañan las costas de un Estado y pertenecen a su *jurisdicción hasta un límite determinado: *detuvieron al pesquero en aguas jurisdiccionales españolas.* **6** Sustancia que se expulsa del cuerpo: **aguas mayores**, *fam.*, excrementos sólidos: *hay que cambiar al niño porque se ha hecho aguas mayores;* **aguas menores**, *fam.*, líquido de color amarillo que se forma en el *riñón y se expulsa: *tengo que hacer aguas menores.* ⇒ **orina.** **7** Reflejos o brillos de ciertas telas y piedras o de otros objetos: *me gusta esta tela porque hace aguas.* ■ **~ de borrajas**, *fam.*, cosa o asunto sin importancia: *parecía que iban a pelearse, pero al final todo quedó en ~ de borrajas.* ■ **aguas abajo**, siguiendo la dirección que sigue la corriente en un río: *el barco navegaba aguas abajo.* ■ **aguas arriba**, en dirección contraria a la de la corriente en un río: *es muy difícil nadar aguas arriba.* ■ **bailar el ~**, *fam.*, hacer cosas que creemos que gustan o hacen feliz a una persona, especialmente cuando se trata de conseguir un favor: *Juan es un pelota: siempre le está bailando el ~ al jefe.* ■ **como ~ de mayo**, *fam.*, expresión que indica lo buena o bien recibida que es una cosa o persona: *¡qué bien que hayas venido! Te esperábamos como ~ de mayo.* ■ **entre dos aguas**, sin decidir entre dos posibilidades; en una duda: *tienes que decidirte entre ellos o nosotros: no puedes seguir nadando entre dos aguas.* ☖ Se usa generalmente con *nadar* o *estar.* ■ **estar con el ~ al/hasta el cuello**, *fam.*, estar en un grave peligro o tener un problema de muy difícil solución: *estoy con el ~ al cuello porque debo mucho dinero y no puedo pagarlo.* ■ **hacerse la boca ~**, *fam.*, desear o imaginar con placer alguna comida muy buena: *me acuerdo de los mejillones que comimos ayer y se me hace la boca ~.* ■ **hacerse la boca ~**, *fam. fig.*, disfrutar con la esperanza de conseguir una cosa buena o con un recuerdo: *cuando pienso en mis vacaciones en Galicia se me hace la boca ~.* ■ **llevar el ~ a su molino**, aprovechar alguna circunstancia en favor propio: *Manolo siempre intenta llevar el ~ a su molino.* ■ **romper aguas**, romperse la bolsa de líquido que rodea el feto cuando va a nacer un niño: *Marisa ya ha roto aguas, así que el niño está a punto de nacer.* ■ **ser ~ pasada**, haber ocurrido ya y haber perdido la importancia en el presente: *tu relación con Elena es ~ pasada, tienes que olvidarla.* ■ **tan claro como el ~/más claro que el ~**, muy claro; fácil de comprender o de observar: *la explicación que nos ha dado el profesor es tan clara como el ~; está más claro que el ~ que te cae mal Eugenio.* ☖ Se usa con el artículo *el*, pero con los demás determinantes en forma femenina: *el ~ bendita; de esta ~ no beberé.*

a·gua·ca·te |aɣuakáte| **1** ***m.*** Fruto comestible de forma parecida a la *pera, con la corteza de color verde, la carne suave y un hueso grande en el centro: *la ensalada de ~ es un plato delicioso en verano.* **2** Árbol de América que da ese fruto: *el ~ suele medir entre ocho y diez metros.*

a·gua·ce·ro |aɣuaθéro| ***m.*** Lluvia muy intensa y de corta duración: *ha caído un ~ terrible, pero ya hace sol otra vez.* ⇒ **tromba.**

a·gua·chir·le |aguatʃírle| ***f.*** Bebida con poco sabor y sustancia: *este café es una ~.*

a·gua·da |aɣuáða| **1** ***f.*** Lugar donde hay agua que se puede beber: *encontró una ~ para dar de beber al ganado.* **2** PINT. Pintura que se hace con colores disueltos en agua: *la ~ se diferencia de la acuarela en que se usa también el color blanco.*

a·gua·di·lla |aɣuaðíʎa| ***f.*** Broma que consiste en hundir la cabeza de otra persona en el agua durante un momento: *voy a meterme en la piscina, pero no me hagas ninguna ~.* ⇒ **ahogadilla.**

a·gua·⌈dor, ⌈do·ra |aɣuaðór, ðóra| ***m. f.*** Persona que se dedica a llevar o vender agua: *antiguamente los aguadores recorrían las calles de los pueblos.*

a·gua·fies·tas |aɣuafiéstas| ***com.*** Persona que estropea o impide una diversión: *no pienses ahora en el trabajo: no seas ~.* ⇒ **cenizo.** ☖ El plural es *aguafiestas.*

a·gua·fuer·te |aɣuafuérte| **1** ***amb.*** Plancha que resulta de un grabado hecho con ácido *nítrico: *en el sótano de la casa encontraron el ~ que utilizó el artista.* **2** Dibujo que se hace con esa plancha: *en el museo se expone una serie de aguafuertes de Goya.* ☖ Se usa mucho en masculino.

a·gua·ma·nil |aɣuamaníl| ***m.*** Recipiente con una asa y la boca terminada en pico que sirve para echar agua y lavarse las manos: *el monaguillo echaba agua sobre las manos del sacerdote con el ~.* ⇒ **aguamanos.**

a·gua·ma·nos |aɣuamános| **1** ***m.*** Agua que sirve para lavar las manos: *después de comer marisco se lavó con el ~.* **2** Recipiente con una asa y la boca terminada en pico que sirve para echar agua y lavarse las manos: *echaba agua con el ~ y ésta iba cayendo a una palangana.* ⇒ **aguamanil.** **3** Recipiente con agua para lavarse las manos: *el camarero trajo un ~ a los comensales.* ☖ El plural es *aguamanos.*

a·gua·ma·ri·na |aɣuamarína| ***f.*** Piedra preciosa transparente de un color parecido al del mar y que suele *utilizarse como adorno: *me regaló un anillo con una ~.* ☖ Se usa con la forma del artículo *el*; los demás determinantes deben ir en forma femenina.

a·gua·nie·ve |aɣuaniébe| ***f.*** Lluvia débil mezclada con nieve: *cuando estuvimos esquiando en la sierra hubo un temporal de ~; lo que cae no es lluvia, es ~.* ☖ También se escribe la forma *agua nieve.*

a·gua·no·⌈so, ⌈sa |aɣuanóso, sa| ***adj.*** Que tiene agua o mucha humedad: *tienes los ojos negros y aguanosos.*

a·guan·ta·ble |aɣuantáβle| ***adj.*** Que se puede aguantar: *a la sombra, el calor es ~, pero al sol no hay quien pare.* ⇒ **soportable.** ⇔ **inaguantable.**

a·guan·ta·de·ras |aɣuantaðéras| ***f. pl. fam.*** Capacidad para sufrir o soportar con paciencia una cosa poco agradable: *no soporta ni una broma: tiene muy pocas ~.* ⇒ **aguante.**

a·guan·tar |aɣuantár| **1** ***tr.*** [algo, a alguien] Sujetar para no dejar caer: *la viga aguanta el techo; Pedro aguantaba la escalera, mientras Marta bajaba por ella.* **2** Sufrir con paciencia; soportar una cosa poco agradable: *no pude ~ más su aburrida charla; no hay quien aguante a tu primo; fue muy valiente y aguantó muy bien el dolor.* ⇒ **padecer, tolerar.** **3** [algo] Detener o contener: *puedo aguantar la respiración casi dos minutos debajo del agua.* **4** Durar o resistir más tiempo; seguir siendo útil: *el coche tendrá que ~ otro año.* **- 5 aguantarse** ***prnl.*** Conformarse con lo que pasa o con lo que se tiene: *si te duele el dedo, te aguantas.* **6** Callarse, no protestar ante un insulto o mal trato: *se aguantó largo rato, pero al final tuvo que protestar.*

a·guan·te |aɣuánte| **1** ***m.*** Capacidad para sufrir o soportar con paciencia una cosa poco agradable: *Virginia tiene mucho ~ con los niños.* **2** Fuerza o resistencia: *no tienes ~ porque solo puedes correr durante diez minutos.*

a·guar |aɣuár| **1** ***tr.*** [algo] Echar agua, especialmente a otro líquido: *este vino está aguado.* ⇒ **desaguar.** **2** *fig.* Estropear o impedir una diversión: *llegaron los padres de Juanjo y nos aguaron la fiesta.* **- 3 aguarse** ***prnl.*** Llenarse de agua: *cuando me dieron la noticia de su muerte, se me aguaron los ojos.* ☖ Se conjuga como 22.

a·guar·dar |aɣuarðár| **1** ***tr.-intr.*** [algo, a alguien] Esperar; dejar pasar el tiempo para que ocurra una cosa: *aguardo a que llegue mi padre; estoy aguardando a María; aguardó a que le diera una respuesta.* **2** *fig.* [algo, a alguien] Estar reservado para el futuro: *nos aguardan tiempos mejores.*

a·guar·den·to· so, sa |aɣuarðentóso, sa| **1** ***adj.*** Que tiene *aguardiente o un característica que se considera propia del *aguardiente: *después de comer me ofrecieron una bebida aguardentosa.* **2** (voz) Que es grave o áspero: *tenía una voz aguardentosa.*

a·guar·dien·te |aɣuarðiénte| ***m.*** Bebida con mucho alcohol que se consigue por *destilación del vino, de las frutas o de otras cosas: *una copa de licor o de ~ después de la comida no perjudica a un adulto; el ~ se puede obtener de la caña de azúcar.* ☖ El plural es *aguardientes.*

a·gua·rrás |aɣuar̄ás| ***m.*** Líquido que se saca de la resina de algunos árboles y que se usa para disolver pinturas: *después de pintar, limpia la brocha con ~.* ☖ El plural es *aguarrases.*

a·gua·za |aɣuáθa| ***f.*** Jugo de ciertas plantas y frutos: *al partir el coco salió mucha ~.*

a·gua·zal |aɣuaθál| ***m.*** Terreno donde se queda acumulada el agua, generalmente de la lluvia: *no podemos atravesar ese ~ con el coche.*

a·gu·de·za |aɣuðéθa| **1** ***f.*** Rapidez mental; inteligencia: *me asombra la ~ con que expresa sus opiniones.* **2** Habilidad o desarrollo de la vista, el oído o el *olfato: *el oculista comprueba la ~ visual.* **3** Expresión que muestra rapidez mental y que tiene gracia: *después de comer mantuvieron una conversación llena de agudezas.*

a·gu·di·zar |aɣuðiθár| **1** ***tr.*** [algo] Hacer más agudo o intenso: *el hambre agudiza el ingenio.* ⇒ **aguzar, exacerbar. - 2 agudizarse** ***prnl.*** Hacerse más grave, especialmente una situación o una enfermedad: *la crisis económica se agudizó en aquellos años.* ☖ Se conjuga como 4.

a·gu·⌜do, ⌜da |aɣúðo, ða| **1** ***adj.*** (filo o punta) Que está afilado, que corta: *la lanza termina en una punta aguda.* **2** *fig.* Que tiene la mente despierta y rápida; que es capaz de comprender con claridad: *el detective fue más ~ que el asesino y lo descubrió.* ⇒ **perspicaz, sutil, vivaz.** **3** *fig.* (sentido) Que está muy desarrollado, que *percibe las cosas con detalle: *tiene la vista más aguda que un lince.* **4** (dolor) Que es fuerte, intenso; (enfermedad) que es grave: *sintió un ~ dolor en el estómago; sufre una pulmonía aguda.* **5** GEOM. (ángulo) Que tiene menos de 90 grados: *en el triángulo equilátero, todos los ángulos son agudos.* **- 6** ***adj.-f.*** LING. (palabra) Que lleva el acento en la última sílaba: mamá *y* papel *son palabras agudas.* ⇒ **oxítono. - 7** ***adj.*** MÚS. (sonido) Que tiene el tono alto: *la soprano tiene una voz aguda.* ⇔ **grave.**

a·güe·ro |aɣuéro| ***m.*** Señal que anuncia un acontecimiento en el futuro: *sus amigos se reían de él porque creía en agüeros y en supersticiones.* ■ **de mal ~**, que da mala suerte: *es de mal ~ que el novio vea el vestido de la novia antes de la boda.*

a·gue·rri·⌜do, ⌜da |aɣer̄íðo, ða| ***adj.*** Que tiene experiencia o habilidad en la lucha y el trabajo: *se casó con un militar maduro y ~.* ⇒ **valiente.**

a·gue·rrir |aɣer̄ír| ***tr.-prnl.*** [a alguien] Hacer o hacerse fuerte o valiente: *tuvieron que ~ a los soldados ante el peligro de una invasión.* ☖ Se suele usar sólo en los tiempos y personas cuya terminación contiene la vocal *i*, especialmente en el infinitivo y el participio.

a·gui·ja·da |aɣixáða| ***f.*** Vara larga con una punta de hierro en el extremo con la que se obliga a andar a los *bueyes: *el labrador pinchaba a los bueyes con la ~ para que tiraran con más fuerza.*

a·gui·jar |aɣixár| **1** ***tr.*** [algo] Hacer andar o avanzar más rápido, especialmente a los animales de carga: *el labrador aguijaba las mulas.* **2** [algo, a alguien] Excitar o provocar una emoción: *los celos han conseguido aguijarla.*

a·gui·jón |aɣixón| **1** ***m.*** Órgano con forma de pincho que tienen ciertos insectos y otros animales en el extremo inferior de su cuerpo y que pueden *utilizar para picar y echar veneno: *las abejas tienen ~ y producen picaduras muy dolorosas.* **2** *fig.* Cosa que mueve a actuar o realizar una acción: *el triunfo es el ~ de los deportistas.* ⇒ **acicate, aliciente, estímulo.**

a·gui·jo·na·zo |aɣixonáθo| **1** ***m.*** *Picotazo o herida producida por un aguijón: *la abeja me dio un ~ muy doloroso.* **2** *fig.* Obra o dicho que hace daño o que provoca una reacción: *el capataz les dio algunos aguijonazos y los obreros trabajaron más deprisa.*

a·gui·jo·ne·ar |aɣixoneár| **1** ***tr.*** [algo, a alguien] Mover a hacer una cosa; excitar o provocar preocupación: *la presencia de su padre le aguijoneaba la conciencia.* **2** Picar con el aguijón: *la abeja aguijoneó al niño.*

á·gui·la |áγila| **1** *f.* Ave de vista muy aguda, músculos fuertes y vuelo muy rápido, que se alimenta de otros animales: *el ~ es una rapaz diurna;* ~ **caudal/caudalosa/real,** la de mayor tamaño, de color rubio oscuro y cola redondeada: *fuimos a un parque natural que tiene una reserva de águilas caudales;* ~ **imperial,** la de color casi negro y cola cuadrada: *vimos volar sobre la montaña al ~ imperial.* ☖ Para indicar el sexo se usa el ~ macho y el ~ hembra. **2** *fig.* Persona de mente muy despierta, que se da cuenta rápidamente de las cosas: *Víctor y Juan son dos águilas para los negocios.* ☖ Se usa con la forma del artículo *el;* los demás determinantes deben ir en forma femenina.

a·gui·le·⌈ño, ⌈ña |aγiléɲo, ɲa| **1** *adj.* (cara) Que es largo y delgado: *este pintor siempre dibuja caras aguileñas.* **2** Del *águila o que tiene relación con ella: *estos pájaros tienen un vuelo ~; una nariz aguileña se parece al pico del águila.*

a·gui·lón |aγilón| *m.* ARQ. Ángulo que forma la unión de los dos lados del tejado: *el tejado de la casa está tan viejo que hemos tenido que reforzar el ~.*

a·gui·lu·cho |aγilútʃo| **1** *m.* Cría del *águila: *encontraron en el nido un ~ que no sabía volar.* **2** Ave de cabeza pequeña, cuerpo delgado, alas y cola largas, y plumas de color gris en el macho y marrón claro en la hembra, que se alimenta de pequeños animales: *el ~ es una ave rapaz que se parece al águila, pero es más pequeña.*

a·gui·nal·do |aγináldo| **1** *m.* Regalo que se da en Navidad, especialmente una cantidad pequeña de dinero: *en diciembre, los niños van de puerta en puerta pidiendo el ~.* **2** *p. ext.* Paga extraordinaria que se da en Navidad: *hoy nos han dado el ~ en la oficina.*

a·gu·ja |aγúxa| **1** *f.* Objeto pequeño de metal muy fino, que tiene un extremo terminado en punta y el otro con un agujero por donde se pasa un hilo para coser: *déjame una ~ e hilo, que se me ha caído un botón de la camisa.* **2** Objeto pequeño y muy fino, generalmente de metal, de tamaño y formas *variadas, con un extremo terminado en punta, que se usa para distintos fines: *tengo que cambiar la ~ del tocadiscos; yo te prestaré las agujas de hacer punto; la ~ grande del reloj está en el tres; se me ha roto la ~ de la jeringuilla.* ⇒ **saeta. 3** *Raíl que puede moverse y que sirve para cambiar los trenes de vía: *se ha roto la ~ de la vía principal.* **4** Construcción en forma de cono estrecho de gran altura que se coloca encima de las torres: *hizo una foto de la cigüeña parada en la ~ del campanario.* **5** Pastel largo y delgado hecho de carne picada o pescado: *¿me da una ~ de ternera, por favor?* **6** Conjunto de *costillas y carne de la parte de delante del animal: *echó al cocido un poco de carne de ~.* ☖ Se usa generalmente en plural: *un animal alto de agujas.* ■ ~ **de marear,** MAR., instrumento que indica la dirección de una nave: *el timonel miró la ~ de marear para comprobar el rumbo.* ■ ~ **náutica,** instrumento que consiste en una pequeña barra hecha de imán que indica el norte: *la ~ náutica nos permitirá orientarnos.* ■ **buscar una ~ en un pajar,** expresión que indica que algo es muy difícil de encontrar porque se confunde con muchas otras cosas iguales o muy parecidas: *encontrar la lentilla que se me cayó era como buscar una ~ en un pajar.* ☖ No se debe decir *abuja.*

ÁGUILA

a·gu·je·re·ar |aγuxereár| *tr.* [algo] Hacer uno o más agujeros: *los topos han agujereado todo el jardín.* ⇒ **perforar.**

a·gu·je·ro |aγuxéro| **1** *m.* Abertura más o menos redonda en una superficie: *un topo ha hecho agujeros en el huerto; por el ~ de la pared entraban y salían los ratones.* **2** *fig.* Falta o pérdida de dinero en un negocio, especialmente cuando no se conoce bien su causa: *se ha descubierto un ~ en la empresa y todos culpan a Martínez.* ■ ~ **negro,** ASTRON., cuerpo del espacio de masa grande y poco volumen, que absorbe cualquier materia o energía situada en su campo de acción, incluida la luz: *han descubierto un nuevo ~ negro en el espacio.* ☖ No se debe decir *abujero* ni *bujero.*

agujetas |aγuxétas| *f. pl.* Dolores que se sienten en el cuerpo o en una parte de él después de haber hecho ejercicio físico, cuando no se tiene costumbre: *tengo ~ porque ayer estuve nadando todo el día.*

a·guo·⌈so, ⌈sa |aγuóso, sa| **1** *adj.* Que tiene agua abundante: *encontraron un terreno ~ y no pudieron pasar con el coche.* ⇒ **acuoso. 2** Que tiene relación o parecido con el agua: *cuando está triste se le ponen los ojos aguosos.* ⇒ **acuoso. 3** *p. ext.* Que tiene mucho jugo: *la sandía es un fruto ~.* ⇒ **acuoso.**

a·gu·sa·nar·se |aγusanárse| *prnl.* Llenarse de gusanos; estropearse: *hay que tirar las manzanas porque se han agusanado.*

a·gus·ti·⌈no, ⌈na |aγustíno, na| **1** *adj.-s.* (religioso) Que pertenece a alguna de las órdenes que siguen las reglas llamadas, por tradición, de San Agustín: *la orden agustina fue aprobada en 1256 por Alejandro IV; su hijo mayor estudió en el colegio de los agustinos.* **- 2** *adj.* De esa orden o que tiene relación con ella: *han edificado un convento ~ en la colina.* **3** De San Agustín o que tiene relación con él: *con el paso del tiempo, se deformó el pensamiento ~ original.*

a·gu·za·nie·ves |aɣuθaniébes| *f.* Pájaro de vientre blanco y cuello, pecho, alas y cola negros, que mueve continuamente la cola: *las aguzanieves se alimentan de insectos y suelen verse en invierno.* ⇒ **pajarita.** ⌂ Para indicar el sexo se usa la ~ macho y la ~ hembra. El plural es *aguzanieves.*

a·gu·zar |aɣuθár| **1** *tr.* [algo] Sacar punta o afilar: *el campesino aguzaba las estacas para clavarlas en el suelo.* **2** *fig.* Hacer más agudo o intenso, especialmente la mente o los sentidos: *aunque aguzaba el oído, no entendía la conversación.* ⇒ **agudizar.** ⌂ Se conjuga como 4.

ah |á| **1** *interj.* Expresión que indica que el que habla se ha dado cuenta o ha comprendido: *¡~!, entonces tú eres el hijo de Juan; ¡~, ya te entiendo!* **2** Expresión que indica admiración, sorpresa o emoción fuerte: *¡~, qué alivio!; ¡~, qué susto me has dado!*

a·he·rro·jar |aeroxár| **1** *tr.* [a alguien] Atar o sujetar con cadenas o instrumentos de hierro: *los guardias aherrojaron a los ladrones.* **2** *form. fig.* [algo, a alguien] Someter o dominar: *no tiene libertad: su padre lo tiene aherrojado.*

a·he·rrum·brar |aerumbrár| **1** *tr.* Dar color o sabor de hierro: *el aire aherrumbra los alimentos.* **- 2 aherrumbrarse** *prnl.* Tomar el sabor del hierro, especialmente el agua: *no bebas agua todavía, que se ha aherrumbrado.* **3** Cubrirse de óxido: *las rejas se están aherrumbrando: tienes que lijarlas y pintarlas de nuevo.*

a·hí |aí| **1** *adv. l.* En este o ese lugar; a este o ese lugar: *mi abuelo murió ~: en esa cama; ¿desde ~ puedes ver a los niños?; quédate ~ y no te muevas.* **2** En este o ese asunto o hecho; a este o ese asunto o hecho: *~ está el principal problema; ~ quería yo llegar con mis razonamientos.* ■ **~ mismo**, muy cerca; al lado: *la parada del autobús está ~ mismo, a la vuelta de la esquina.* ■ **de ~**, desde este o ese momento: *se casó y de ~ en adelante no tuvo un momento de paz.* ■ **de ~ que**, de este o ese asunto o hecho: *de ~ se deduce que no has estudiado nada; siempre te enfadas con él: de ~ que no quiera ir a tu casa.* ■ **por ~**, en un lugar lejano; en un lugar que no está determinado: *¿dónde está Rocío? —Por ~, dando una vuelta; ayúdame a buscar las llaves, que deben estar por ~.* ■ **por ~**, más o menos; aproximadamente: *ese libro cuesta 1000 pesetas o por ~; ¿dices que todo eso cuesta tres millones? —Por ~.* ⌂ No se debe pronunciar |ái|, excepto en la expresión *¡ahi va!* y, generalmente, cuando va delante de la palabra a la que complementa: *ahi está.*

a·hi·ja·⌜do, ⌜da |aixáðo, ða| **1** *m. f.* Persona que es presentada por otra para recibir el *bautismo, en cuanto a la que hace la presentación: *vamos a comprarle una bicicleta a nuestro ~.* **2** *fig.* Persona que es apoyada o protegida, en cuanto a la que apoya o protege: *este escritor es ~ de un famoso novelista.*

a·hi·jar |aixár| *tr.* [a alguien] *Adoptar o admitir como hijo: *este matrimonio quiere ~ una niña.* ⌂ Se conjuga como 15.

a·hín·co |aíŋko| *m.* Energía e interés; empeño con que se pide o desea una cosa: *estudia con mucho ~; buscaba con ~ el dinero que se le había perdido; puso tanto ~ en pedir empleo, que al final se lo dieron.*

a·hí·⌜to, ⌜ta |aíto, ta| **1** *adj. form.* Que está lleno, especialmente de comida: *no quiero postre, gracias: estoy ~.* **2** *form.* Que está cansado o molesto: *estoy ~ de tantas protestas.*

a·ho·ga·di·lla |aoɣaðíʎa| *f.* Broma que consiste en hundir la cabeza de otra persona en el agua durante un momento: *si me haces otra ~, no volveré a venir contigo a la piscina.* ⇒ **aguadilla.**

a·ho·ga·⌜do, ⌜da |aoɣáðo, ða| *m. f.* Persona que ha muerto por no poder respirar, especialmente dentro del agua: *encontraron un ~ en el río.*

a·ho·gar |aoɣár| **1** *tr.-prnl.* [algo, a alguien] Matar o morir al impedir o al no poder respirar, especialmente dentro del agua: *la acusaban de haber ahogado al niño poniéndole una almohada sobre la cara; el turista se ahogó en el pantano porque no sabía nadar.* ⇒ **estrangular, sofocar.** **2** [algo] Estropear o funcionar mal, especialmente por exceso de líquido: *echaba tanta agua a las plantas, que las ahogaba; el motor se ha ahogado.* **3** [algo, a alguien] Provocar o tener la sensación de no poder respirar: *me ahoga este ambiente tan cargado; el calor me ahoga.* **4** *fig.* [a alguien] Hacer sentir gran preocupación o tristeza: *la duda me ahoga; no puedo soportar esta pena que me ahoga.* ⇒ **desahogar.** **- 5** *tr.* [algo] Apagar, especialmente el fuego: *si tapas la vela la ahogarás.* **6** *fig.* Interrumpir o impedir: *ahogó la pasión; el ministro consiguió ~ la revolución.* ■ **ahogarse en un vaso de agua**, *fam.*, preocuparse demasiado por problemas que no son importantes o que tienen fácil solución: *no te agobies tanto por el examen, que te ahogas en un vaso de agua.* ⌂ Se conjuga como 7.

a·ho·go |aóɣo| **1** *m.* Sensación de falta de aire; dificultad para respirar bien: *a medida que nos acercábamos a Madrid, se notaba más el ~, el aire denso y quieto.* ⇒ **sofoco.** **2** *fig.* Preocupación grave; tristeza o pérdida del ánimo: *desde la muerte de su amigo, siente un gran ~.*

a·hon·dar |aondár| **1** *tr.* [algo] Hacer más profundo: *¿se podría ~ un poco más la piscina?* **- 2** *tr.-intr.-prnl.* Meter o poner a mayor profundidad: *el árbol ahonda sus raíces en la tierra; esta máquina perforadora no ahonda más; el submarinista se ahondó rápidamente.* **- 3** *intr.* [en algo] *Investigar o aprender más: *durante el segundo trimestre ahondaremos en la literatura española.*

a·ho·ra |aóra| **1** *adv. t.* En este momento; en el tiempo actual o presente: *~ no tengo dinero, pero te pagaré mañana; ~ es un buen momento para comprar una casa.* **2** Hace poco tiempo: *el jefe ha llegado ~; me acabo de enterar ~.* **3** Luego; dentro de poco tiempo: *~ vamos; nosotros terminamos ~: dentro de cinco minutos.* **- 4** *conj.* Pero; sin embargo: *~, si cuenta usted los demás gastos, su sueldo no es suficiente.* ■ **~ bien**, pero; sin embargo: *haz lo que* *quieras, ~ bien, aténte a las consecuencias.* ■ **~ mismo**, en un momento muy próximo al presente, inmediatamente antes o después: *~ mismo salgo para tu casa; se acaba de ir ~ mismo.* ■ **por ~**, por lo pronto; hasta este momento: *por ~ no necesitamos tu ayuda; por ~ hay suficiente agua para toda la ciudad.*

a·hor·car |aorkár| ***tr.-prnl.*** [a alguien] Matar o morir colgando de una cuerda que pasa alrededor del cuello y que impide respirar: *en las películas del Oeste ahorcan a los bandidos; se ahorcó de un árbol.* ■ **a la fuerza ahorcan**, no hay otra solución; no hay otra posibilidad: *no quiero estudiar esta tarde, pero a la fuerza ahorcan.* ⌂ Se conjuga como 1.

a·hor·mar |aormár| ***tr.*** [algo] Ajustar dando la forma adecuada: *el zapatero me va a ~ los zapatos para que no me hagan daño; el director quiere ~ el criterio de su secretario.*

a·hor·qui·llar |aorkiʎár| **1** ***tr.*** [algo] Sujetar con un palo que termina en dos puntas, especialmente la rama de una planta o de un árbol: *hemos tenido que ~ el cerezo para que no se rompan las ramas.* **2** Dar forma de *horquilla: *voy a ~ este palo para hacer un tirachinas.*

a·ho·rrar |aor̄ár| **1** ***tr.*** [algo] Guardar para el futuro, especialmente dinero; gastar menos de lo previsto: *con el dinero que he ahorrado iré de viaje; hay que ~ energía.* ⇒ **economizar.** ⇔ **gastar.** **2** Evitar, especialmente un trabajo o un deber: *si quedamos ahora, me ahorraré el tener que llamarte; no te lo dije por ahorrarte el disgusto.*

a·ho·rra·ti·⌐vo, ⌐va |aor̄atíβo, βa| ***adj.*** Que gasta poco o tiende a gastar poco; que guarda para el futuro, especialmente dinero: *si fueras más ~, no deberíamos ahora tanto dinero.*

a·ho·rro |aór̄o| **1** ***m.*** Cantidad de una cosa que se guarda o que no se gasta: *el marido comía en el trabajo, y eso ya era un ~; con el nuevo coche, el ~ de tiempo y gasolina es considerable.* **- 2 ahorros *m. pl.*** Cantidad de dinero o de bienes que se guarda y no se gasta: *tengo mis ahorros en el banco.* ⇒ **economía.**

a·hue·car |auekár| **1** ***tr.*** [algo] Poner hueco: *ahuecaron el tronco para hacer una barca.* **2** *fig.* Dar un tono más grave, especialmente a la voz: *don Jacinto ahuecaba la voz delante de sus invitados para darse importancia.* **3** Hacer más blando y menos denso: *hizo la cama y ahuecó las almohadas.* ⇔ **apelmazar. - 4 ahuecarse *prnl.*** *fam.* Sentirse muy importante; estar orgulloso: *¡cómo se ahueca Paco cuando le hablan de su hijo!* ■ **~ el ala**, *fam.*, irse: *¡venga, ahueca el ala que no queremos verte más!* ⌂ Se conjuga como 1.

a·hu·ma·⌐do, ⌐da |aumáðo, ða| **1** ***adj.*** Que es de color oscuro; que no deja pasar toda la luz: *lleva gafas ahumadas porque tiene los ojos delicados.* **- 2 ahumado *m.*** Alimento conservado mediante humo o que ha sido tratado con humo para que tome un sabor especial: *cenaremos algo frío: una ensalada y unos ahumados.*

a·hu·mar |aumár| **1** ***tr.*** [algo] Tratar con humo o poner al humo una cosa para conservarla o darle un sabor especial: *ahumó el pescado para que durase todo el año; en esta parte de la fábrica ahúman los vidrios.* **2** Llenar de humo: *la chimenea está ahumando toda la habitación.* **- 3 ahumarse *prnl.*** Tomar el color y el olor del humo: *con el incendio se han ahumado todas las paredes.* ⌂ Se conjuga como 16.

a·hu·yen·tar |auyentár| **1** ***tr.*** [algo, a alguien] Hacer irse o *huir: *este líquido ahuyenta los mosquitos.* **2** *fig.* [algo] Hacer desaparecer, generalmente una cosa desagradable: *Juana hablaba para ~ el miedo.*

ai·ra·⌐do, ⌐da |airáðo, ða| ***adj.*** Que está enfadado; que está lleno de *ira: *me contestó muy ~.*

ai·rar |airár| ***tr.-prnl.*** [a alguien] Enfadar o hacer sentir *ira: *los insultos del jugador airaron al árbitro.* ⌂ Se conjuga como 15.

ai·re |áire| **1** ***m.*** Fluido que forma la atmósfera de la Tierra: *el ~ está formado principalmente por oxígeno y nitrógeno.* **2** Ese fluido en movimiento: *en la sierra hace mucho ~; ponte detrás de esta pared para que no te dé el ~.* ⇒ **viento. 3** Atmósfera de la Tierra: *el ~ hace posible la vida.* **4** *fig.* Imagen o aspecto; parecido: *José hoy tiene un ~ pensativo; este niño tiene un ~ a su abuelo; tiene ~ de ser de buena familia.* **5** *fig.* Gracia o *elegancia para hacer una cosa: *Luisa camina con mucho ~.* **6** *fig.* Actitud del que se cree importante o quiere parecer lo que no es: *se da aires de gran señor; siempre tiene un ~ presumido.* ⌂ Se usa sobre todo con *darse* o *tener.* **7** *fig.* Característica y actitud determinadas; modo personal de hacer una cosa: *me gusta hacer las cosas a mi ~.* **8** Ambiente o conjunto de circunstancias: *había mucho nerviosismo en el ~.* **9** MÚS. Velocidad con que se ejecuta una obra musical: *el ~ de esta obra debe ser más alegre.* **10** MÚS. Canción popular: *el coro interpretó un ~ popular.* ■ **~ acondicionado**, sistema que sirve para dar una temperatura y una humedad agradables a un lugar: *en el cine tienen ~ acondicionado, así que no pasarás calor.* ■ **al ~**, a la vista; al descubierto: *se le cayó el sombrero y se quedó con la calva al ~.* ■ **al ~ libre**, fuera de un lugar cerrado; en el campo o en la calle: *tuvimos que dormir al ~ libre.* ■ **cambiar de aires**, cambiar de lugar para vivir; cambiar de ambiente; irse: *necesito cambiar de aires, por eso me voy de viaje.* ■ **en el ~**, sin una solución o una respuesta: *dejó la pregunta en el ~; el proyecto aún está en el ~.* ■ **en el ~**, en emisión, especialmente un programa de radio: *estamos en el ~ todos los jueves.* ■ **tomar el ~**, salir al exterior, especialmente después de haber estado dentro de un local cerrado: *deja el ordenador y vamos a tomar el ~ un rato.* ⇒ **airearse.** ■ **vivir del ~**, mantenerse sin dinero ni comida; no necesitar nada para vivir: *necesito trabajar porque mi familia no vive del ~.*

ai·re·a·ción |aireaθión| ***f.*** Movimiento del aire a través de un lugar: *es importante la ~ del local para que se vayan los malos olores.*

ai·re·ar |aireár| **1** ***tr.*** [algo] Sacar al aire; hacer que se mueva o entre el aire en un lugar: *vamos a ~ la ropa de la maleta; me gusta ~ la habitación por la mañana.* **2** *fig.* Contar o hacer conocer una cosa:

no se debe ~ un secreto. **- 3 airearse** ***prnl.*** Salir al exterior, especialmente después de haber estado dentro de un local cerrado: *estoy harto de estar en casa: voy a airearme un rato.* ⇒ **aire.**

ai·rón |airón| **1** ***m.*** Grupo de plumas levantadas que tienen en la cabeza ciertas aves: *esta pájaro tiene un ~ que le da un aspecto muy gracioso.* ⇒ **penacho. 2** Grupo de plumas que se ponen como adorno en *cascos o sombreros: *ese soldado lleva un casco con un ~ de color rojo.* ⇒ **penacho.**

ai·ro·⌜so, ⌜sa |airóso, sa| **1** ***adj.*** Que es gracioso o elegante, especialmente en el movimiento y en la conducta: *la bailarina es muy airosa.* **2** Que tiene éxito; que termina una cosa con éxito: *Óscar salió ~ del negocio.* ☖ Es muy frecuente la construcción *salir ~*.

ais·la·cio·nis·mo |aislaθionísmo| ***m.*** POL. Tendencia política que defiende la separación y la falta de relaciones con otros países, generalmente para evitar las influencias negativas del exterior: *el ~ de esta nación evitó que entrara en un conflicto armado.*

ais·la·cio·nis·ta |aislaθionísta| **1** ***adj.*** POL. Del *aislacionismo o que tiene relación con él: *la política ~ ha dejado a ese país en una completa soledad.* **- 2** ***adj.-com.*** (persona) Que es partidario del *aislacionismo: *los aislacionistas defienden una política proteccionista.*

ais·la·mien·to |aislamiénto| **1** ***m.*** Separación: *encargaron a una empresa el ~ y la insonorización del local.* **2** *fig.* Soledad o falta de comunicación: *mamá estaba tan preocupada por mi ~, que se propuso encontrarme alguna amiga.*

ais·lan·te |aislánte| **1** ***adj.-s.*** (cuerpo) Que no permite el paso del calor y la electricidad: *el plástico se utiliza como ~ en los cables y circuitos eléctricos.* **2** (material) Que protege del ambiente, especialmente del frío, el calor o el ruido: *el corcho es un buen ~ acústico.*

ais·lar |aislár| **1** ***tr.-prnl.*** [algo, a alguien] Dejar solo o separado: *los enfermos contagiosos están aislados.* **2** Separar del trato de los demás: *su mal carácter lo ha aislado del resto de los vecinos.* **- 3** ***tr.*** [algo] Separar un cuerpo que tiene electricidad por medio de un material que no permite el paso de esa electricidad: *enrolló los cables del enchufe con cinta para aislarlos.* **4** QUÍM. Separar un elemento químico de otros con los que estaba mezclado: *consiguió ~ el oxígeno a partir del agua.* ☖ Se conjuga como 15.

a·já |axá| ***interj.*** Expresión que indica aprobación: *¡~!, así es como deben hacerse las cosas.*

a·jar |axár| ***tr.-prnl.*** [algo, a alguien] Estropear o hacer perder el buen aspecto: *las desgracias la han ajado prematuramente; los claveles se ajaron muy pronto.*

a·jar·di·nar |axarðinár| ***tr.*** Convertir un terreno en jardín: *el ayuntamiento ajardinó la zona del antiguo vertedero.*

a·je·dre·cis·ta |axeðreθísta| ***com.*** Persona que juega al *ajedrez: *en el torneo se reunieron ajedrecistas de todo el mundo.*

a·je·drez |axeðréθ| **1** ***m.*** Juego en el que participan dos personas, cada una de las cuales tiene 16 piezas que puede mover, según ciertas reglas, sobre un tablero dividido en 64 cuadros blancos y negros: *una partida de ~ se empieza moviendo un peón o un caballo; el ~ desarrolla la inteligencia de los adolescentes.* **2** Conjunto de piezas y tablero que se usan para ese juego: *quiero regalarle un ~ a mi hermana.* ☖ El plural es *ajedreces.*

a·je·dre·za·⌜do, ⌜da |axeðreθáðo, ða| ***adj.*** Que forma cuadros claros y oscuros, como un tablero de *ajedrez: *me he comprado una falda ajedrezada.*

a·jen·jo |axénxo| **1** ***m.*** Planta con pequeñas flores amarillas que crecen en grupo y hojas de color verde claro cubiertas de vello, que se usa en medicina: *el ~ suele medir un metro de altura.* **2** Bebida

AJEDREZ

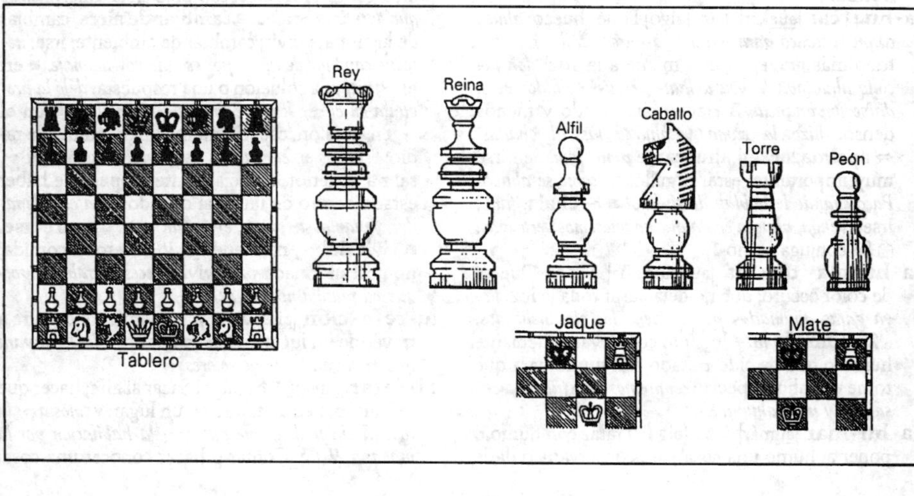

alcohólica preparada con esa planta y otras hierbas: *he tomado una copa de ~.*

a·je·⌐no, ⌐na |axéno, na| **1** ***adj.*** Que pertenece a otra persona: *no me importan las opiniones ajenas.* **2** Que no es propio; que no corresponde; que es extraño: *aquella actitud era ajena a su carácter; es un tema ~ a su especialidad.* **3** Que no pertenece a un grupo o no tiene relación con una actividad: *prohibido el paso a toda persona ajena a la obra.* **4** Que está alejado o apartado: *estaba ~ a las preocupaciones de sus compañeros.* **5** Que no sabe; que no está informado o no tiene conocimiento: *Ramón viajaba tranquilo, ~ a lo que le esperaba a su llegada.* ☖ En esta acepción se usa con el verbo *estar*: *¡qué ajenos están al peligro que corren!*

a·je·tre·ar |axetreár| ***tr.-prnl.*** [algo, a alguien] Mover mucho y cansar: *el capitán ajetrea mucho a los soldados; la madre se ajetrea en la habitación preparando las maletas.*

a·je·tre·o |axetréo| ***m.*** Movimiento o actividad grandes: *quiero escapar del ~ de la ciudad.*

a·ji·mez |ajiméθ| ***m.*** ARQ. Ventana en forma de arco dividida en el centro por una columna: *las salas del castillo tenían ajimeces.*

a·jo |áxo| **1** ***m.*** Planta de hojas largas y flores blancas con un *bulbo comestible de olor fuerte: *hemos plantado ajos en el huerto.* **2** Parte del *bulbo de esa planta, que tiene un sabor muy fuerte y que se usa como especia: *he echado dos ajos en el arroz.* ■ **~ y agua**, expresión que indica que hay que aguantarse o que soportar una cosa: *si no te gusta la camisa que te han regalado, ~ y agua.* ■ **en el ~**, *fam.*, en el asunto; en el negocio: *Marcos también está en el ~.* ☖ Se usa muy frecuentemente con *estar, andar* o *meterse.*

a·jo·a·rrie·ro |axoar̄iéro| ***m.*** Comida que se hace con *bacalao, aceite, huevos y *ajo: *conozco un restaurante donde ponen un ~ delicioso.*

a·jon·jo·lí |axoŋxolí| **1** ***m.*** Planta de tallo recto, con las flores blancas o rosas en forma de campana con semillas amarillas que se pueden comer: *el ~ se cultiva en climas cálidos.* **2** Semilla de esa planta: *los polvorones y mantecados llevan ~.* ☖ El plural es *ajonjolíes.*

a·juar |axuár| **1** ***m.*** Conjunto de ropa, muebles y joyas que lleva la mujer cuando se casa: *seis juegos de toallas, dos albornoces y varias mantelerías componen el ~ de la novia.* **2** Conjunto de muebles y ropas de uso común en las casas: *tenemos que renovar el ~ de nuestra casa.*

a·jus·ta·⌐do, ⌐da |axustáðo, ða| ***adj.*** Que es justo, adecuado o recto: *quería formarse una idea ajustada de la situación; ¿crees que es un precio ~ para este coche?*

a·jus·tar |axustár| **1** ***tr.-prnl.*** [algo; a algo, a alguien] Juntar o unir dos o más cosas adaptándolas y sin dejar espacio entre ellas: *ajústate bien el cinturón de seguridad; la puerta se ajusta perfectamente al marco.* **- 2** ***tr.*** [algo; a algo] Poner una cosa de acuerdo con otra; hacer tener una relación o proporción adecuada: *esa casa es demasiado cara, no se ajusta al presupuesto que tenía pensado; esta ley está desfasada, no se ajusta a la realidad social de nuestros días.* ⇒ **adaptar.** **3** [algo] Tratar una cosa y llegar a un acuerdo: *el martes ajustaremos el precio del coche; ya hemos ajustado la fecha de la boda.* ⇒ **fijar.** **4** Comprobar una deuda o cuenta y pagarla: *tenemos que ~ las cuentas antes de que te marches.*

a·jus·te |axúste| **1** ***m.*** Unión de varias piezas que se ajustan perfectamente: *este aparato necesita un ~ de todas sus piezas.* ⇒ **acoplamiento.** **2** Acuerdo, relación o adaptación: *hay que buscar el ~ entre la oferta y la demanda; las partes no han conseguido un ~ de precios;* **~ de cuentas**, daño o mal que se hace en respuesta a un daño recibido: *lo asesinaron por un ~ de cuentas.*

a·jus·ti·cia·mien·to |axustiθiamiénto| ***m.*** Acción y resultado de aplicar la pena de muerte: *todo el pueblo presenció el ~ del forajido.*

a·jus·ti·ci·ar |axustiθiár| ***tr.*** [a alguien] Aplicar la pena de muerte: *cuando iban a ~ al condenado, se demostró que era inocente.* ☖ Se conjuga como 17.

al |al| **1** Contracción de la preposición *a* y el artículo *el*: *dio un pastel ~ niño.* ☖ Si el artículo forma parte de un nombre propio, no se produce esa unión: *a El Greco le gustaba pintar figuras alargadas.* ⇒ **del.** **2** Indica el momento en que ocurre una cosa: *cierra la puerta ~ salir.* ⇒ **a.** ☖ Se usa seguido de infinitivo.

a·la |ála| **1** ***f.*** Miembro del cuerpo de las aves y de ciertos insectos que les sirve para volar: *los pájaros tienen plumas fuertes en las alas.* **2** Cosa o parte de una cosa que por su forma, posición o función se parece a ese miembro de las aves: *la ventanilla daba sobre el ~ del avión; al respirar, se le movían las alas de la nariz; lleva un sombrero de ~ ancha;* **~ delta**, aparato sin motor, muy ligero, compuesto de una tela con forma de triángulo y una estructura a la que se sujeta el que lo maneja y que sirve para volar: *el ~ delta vuela aprovechando las corrientes de aire.* ⇒ **aleta.** **3** Parte de un edificio que está a los lados del cuerpo principal: *en el ~ derecha del colegio está el comedor.* **4** Parte de un partido o grupo, especialmente de posiciones extremas o radicales: *el ~ conservadora del partido se opuso a la propuesta.* **5** Grupo de personas que se colocan en los extremos de un conjunto: *el ~ izquierda del ejército rodeó al enemigo y atacó por la retaguardia.* **- 6 alas** ***f. pl.*** Valor o *atrevimiento para hacer una cosa: *para hacer eso hay que tener alas.* ■ **cortar las alas**, quitar el ánimo o la posibilidad de hacer una cosa: *si tu hijo quiere estudiar medicina, no le cortes las alas.* ■ **dar alas**, dar ánimo o la posibilidad de que una persona se crea muy importante y se comporte de modo orgulloso: *el presidente da demasiadas alas a sus subordinados.* ☖ Se usa con el artículo *el*, pero con los demás determinantes en forma femenina.

a·la·ban·za |alaβánθa| ***f.*** Expresión o discurso con que se alaba: *su virtud es digna de ~.* ⇒ **apología, elogio.** ⇔ **crítica.**

a·la·bar |alaβár| ***tr.*** [algo, a alguien] Demostrar admiración con palabras; mostrar reconocimiento; hacer un *elogio: *todos alababan la calidad de su* *obra; el jefe alabó el trabajo de la secretaria.* ⇒ **elogiar.** ⇔ **criticar.**

a·la·bar·da |alaβárða| ***f.*** Arma antigua formada por un mango largo de madera y una pieza de metal en un extremo con una *cuchilla aguda por un lado y con forma de media luna por el otro: *en los cuadros antiguos, los soldados llevan alabardas.*

a·la·bar·de·ro |alaβarðéro| ***m.*** Soldado que lleva *alabarda: *los alabarderos escoltaban a las autoridades.*

a·la·bas·tro |alaβástro| ***m.*** Piedra que deja pasar la luz, que se trabaja fácilmente y que se usa en escultura y decoración: *hay una fuente de ~ en el jardín.*

a·la·be·ar |alaβeár| ***tr.-prnl.*** [algo] Dar o tomar forma curva, especialmente una superficie de madera: *el agua de la lluvia ha alabeado la puerta de la calle; se ha alabeado la ventana.*

a·la·ce·na |alaθéna| ***f.*** Armario hecho en un hueco de una pared, que se cierra con puertas y que tiene estantes para poner cosas: *sacó una botella de aceite de la ~.*

a·la·crán |alakrán| ***m.*** Animal invertebrado con una cola terminada en un aguijón por el que echa veneno: *la picadura del ~ puede ser muy peligrosa.* ⇒ **escorpión.** ☖ Para indicar el sexo se usa el ~ macho y el ~ hembra.

a·la·⌐do, ⌐da |aláðo, ða| ***adj.*** Que tiene alas: *en el cuadro aparecen varios angelitos alados.*

a·lam·bi·ca·⌐do, ⌐da |alambikáðo, ða| Que es difícil o *rebuscado; que quiere ser elegante: *su forma de hablar es cada vez más alambicada.*

a·lam·bi·car |alambikár| **1** ***tr.*** [algo] Calentar y *enfriar después un líquido con el *alambique, de modo que se convierta en vapor y después otra vez en líquido: *para hacer el aguardiente tenemos que ~ el orujo.* ⇒ **destilar. 2** *fig.* Hacer demasiado difícil: *el conferenciante alambicaba sus razonamientos.* ☖ Se conjuga como 1.

a·lam·bi·que |alambíke| ***m.*** Aparato formado por un recipiente donde se calienta un líquido hasta convertirlo en vapor, y por un tubo largo donde recibe frío hasta que vuelve a convertirse en líquido: *el aguardiente se destila en alambiques.*

a·lam·bra·da |alambráða| ***f.*** Valla de alambres sujetos en postes de madera o de otro material: *han puesto una ~ en el sembrado para que no entren las vacas.*

ALAMBRADA

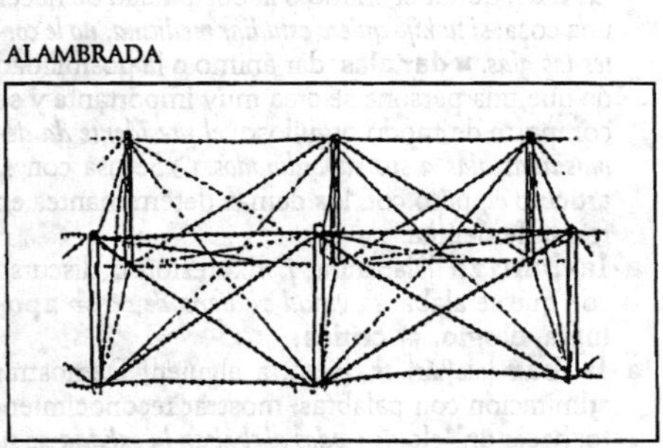

a·lam·brar |alambrár| ***tr.*** [algo] Cerrar o rodear un lugar con alambre: *el teniente ordenó a los soldados ~ el cuartel.*

a·lam·bre |alámbre| ***m.*** Hilo de metal: *la jaula del canario es de ~; mi madre tiende la ropa en un ~.*

a·lam·bre·ra |alambréra| ***f.*** Tejido de metal; red de alambre que sirve para cerrar o proteger: *hemos puesto una ~ en la ventana; el brasero lleva una ~ para que no se queme nada.*

a·lam·bris·ta |alambrísta| ***com.*** Persona que se dedica a hacer ejercicios de equilibrio en un alambre: *en el circo hay trapecistas, alambristas y domadores.* ⇒ **funámbulo.**

a·la·me·da |alaméda| **1** ***f.*** Lugar donde crecen muchos *álamos: *los enamorados se van a merendar a la ~.* **2** Paseo con *álamos o árboles de cualquier tipo: *después de cenar nos fuimos a pasear a la ~.*

á·la·mo |álamo| **1** ***m.*** Árbol de tronco alto con muchas ramas, hojas con forma de corazón y madera blanca y ligera: *el ~ crece en zonas templadas del hemisferio norte; ~* **blanco**, el que tiene la corteza blanca *plateada y hojas verdes por una cara y blancas por la otra: *hemos merendado en un bosque de álamos blancos; ~* **negro**, el que tiene la corteza rugosa y más oscura, hojas verdes por ambos lados y ramas muy separadas del eje del tronco: *en la ribera del río hay álamos negros.* ⇒ **chopo. 2** Madera de ese árbol: *el ~ se utiliza para embalar cosas porque es muy resistente al agua.*

a·lan·ce·ar |alanθeár| ***tr.*** [algo, a alguien] Herir con una lanza: *el soldado fue alanceado por dos hombres.*

a·lar·de |alárðe| ***m.*** Muestra o presentación de una cosa que se posee, especialmente cuando se quiere presumir o llamar la atención de los demás: *siempre está haciendo ~ de su riqueza; en un ~ de sinceridad, afirmó que ya no amaba a su marido.*

a·lar·de·ar |alarðeár| ***intr.*** [de algo] Presumir; mostrar una cosa que se posee llamando la atención de los demás: *Juan alardea de sus conquistas; alardea de tener muchos amigos influyentes.*

a·lar·ga·de·ra |alarɣaðéra| ***f.*** *Cable que sirve para llevar la electricidad de una toma de corriente a un aparato eléctrico que está a cierta distancia: *el enchufe está lejos y necesitamos una ~ para enchufar la televisión.* ⇒ **alargador.**

a·lar·ga·dor |alarɣaðór| ***m.*** *Cable que sirve para llevar la electricidad de una toma de corriente a un aparato eléctrico que está a cierta distancia: *he puesto un ~ para la plancha.* ⇒ **alargadera.**

a·lar·ga·mien·to |alarɣamiénto| **1** ***m.*** Aumento de la longitud o de la duración: *el ~ de las figuras es característico de los cuadros de El Greco.* **2** Parte alargada que sale de una cosa: *el alambique tiene un ~.*

a·lar·gar |alarɣár| **1** ***tr.-prnl.*** [algo] Hacer más largo; extender en longitud: *tuvieron que alargarme los pantalones.* ⇒ **prolongar. 2** Durar o hacer durar más tiempo: *los días se alargan en verano; la comida sana alarga la vida de las personas.* ⇒ **prolongar.** - **3** ***tr.*** Extender, especialmente un miembro del cuerpo: *el niño alargó la mano para alcanzar una man-*

zana. **4** Aumentar la cantidad: *alargaron la ración diaria de comida.* **5** Dar o acercar: *alárgame la carpeta, por favor.* **- 6 alargarse** ***prnl.*** Seguir hablando o escribiendo sobre un asunto: *no quiero alargarme más en este discurso.* ⌂ Se conjuga como 7.

a·la·ri·do |alaríðo| ***m.*** Grito fuerte que expresa generalmente dolor o miedo: *se oían las balas y los alaridos de las mujeres.*

a·lar·ma |alárma| **1** ***f.*** Voz o señal que avisa de un peligro: *oímos la ~ del edificio y pensamos que alguien había entrado; la criada dio la voz de ~.* ⇒ **alerta. 2** Preocupación o falta de tranquilidad producida por la posibilidad de un peligro: *la ~ cundió en la población cuando se supo que había estallado la guerra.* **3** Mecanismo que avisa de los peligros: *hemos instalado una ~ contra incendios.* **4** MIL. Señal dada a un ejército para que se prepare rápidamente para la defensa o para la lucha: *el alto mando ordenó que se diera la ~ a todas las unidades de combate.*

a·lar·man·te |alarmánte| ***adj.*** Que tiene peligro; que produce preocupación: *este año la sequía es ~.*

a·lar·mar |alarmár| **1** ***tr.-prnl.*** [a alguien] Producir o tener preocupación o miedo: *las noticias nos han alarmado a todos.* ⇒ **alertar. - 2** ***tr.*** Avisar de un peligro; dar la *alarma: *los bomberos alarmaron a la población.* ⇒ **alertar.**

a·lar·mis·mo |alarmísmo| ***m.*** Tendencia o inclinación a ver un peligro en cualquier cosa y a preocupar a otros exagerando los peligros: *el gobierno acusó a los ecologistas por su ~ sobre la marea negra.*

a·lar·mis·ta |alarmísta| ***adj.-com.*** (persona) Que tiende a ver un peligro en cualquier cosa; que tiende a dar la *alarma: *el periodismo ~ es culpable del pánico de la población.*

a·la·⌜vés, ⌜ve·sa |alaβés, βésa| **1** ***adj.*** De Álava o que tiene relación con Álava: *Vitoria es la capital alavesa.* **- 2** ***m. f.*** Persona nacida en Álava o que vive habitualmente en Álava: *los alaveses son vascos.*

a·la·⌜zán, ⌜za·na |alaθán, θána| ***adj.-s.*** De color entre el rojo y el amarillo, especialmente el de algunos caballos: *el jinete montaba una yegua alazana.*

al·ba |álβa| **1** ***f.*** Periodo de tiempo durante el cual sale el Sol: *mañana partiremos al ~.* ⇒ **alborada, amanecer. 2** Primera luz del día, antes de salir el Sol: *con el ~ el cielo se pone de un color precioso.* ⇒ **albor. 3** Prenda de vestir blanca, que llega hasta los pies y que usan los sacerdotes para decir misa: *el sacerdote está en la sacristía poniéndose el ~.* ⌂ Se usa con la forma del artículo *el*; los demás determinantes deben ir en forma femenina.

al·ba·ce·a |alβaθéa| ***com.*** DER. Persona que se encarga de hacer cumplir la última voluntad de una persona que ha muerto: *su amigo Pedro fue su ~ testamentario y veló por la fortuna de sus hijos.*

al·ba·ce·ten·se |alβaθeténse| ***adj.-com.*** ⇒ **albaceteño.** ⌂ La Real Academia Española prefiere la forma *albaceteño.*

al·ba·ce·te·⌜ño, ⌜ña |alβaθetéɲo, ɲa| **1** ***adj.*** De Albacete o que tiene relación con Albacete: *las navajas albaceteñas tienen fama de ser las mejores de España.* **- 2** ***m. f.*** Persona nacida en Albacete o que vive habitualmente en Albacete: *los albaceteños son vecinos de los conquenses.*

al·ba·ha·ca |alβ^{a}áka| ***f.*** Hierba olorosa, de hojas pequeñas muy verdes y flores blancas, que se usa como *condimento: *hasta la casa llega el olor penetrante de la ~ y la menta.*

al·ba·⌜nés, ⌜ne·sa |alβanés, nésa| **1** ***adj.*** De Albania o que tiene relación con Albania: *Tirana es la capital albanesa.* **- 2** ***m. f.*** Persona nacida en Albania o que vive habitualmente en Albania: *los albaneses son vecinos de los griegos.*

al·ba·ñal |alβaɲál| **1** ***m.*** Canal o conducto por el que salen las aguas sucias: *el Ayuntamiento ha obligado a limpiar los albañales.* ⇒ **desagüe. 2** *fig.* Cosa fea y sucia o que da asco: *no veía modo de salir del ~ de vicio y corrupción en que se había metido.*

al·ba·⌜ñil, ⌜ñi·la |alβaɲíl, ɲíla| ***m. f.*** Persona que se dedica a la construcción de edificios y a otras obras: *el ~ está haciendo un tabique de ladrillo.*

al·ba·ñi·le·rí·a |alβaɲilería| **1** ***f.*** Arte de construir edificios y de hacer otras obras en las que se usen piedras, ladrillos, arena y materiales parecidos: *aprendió ~ yendo a las obras con su padre.* **2** Obra del *albañil: *han puesto una estantería de ~ en el salón.*

al·bar |alβár| **1** ***adj.*** Que es de color blanco: *en la granja hay un conejo ~; el armario era de pino ~.* **- 2** ***m.*** Terreno de labor sin riego en un alto, especialmente cuando tiene tierra blanca.

al·ba·rán |alβarán| **1** ***m.*** Documento en el que se apuntan las mercancías que se entregan al cliente: *te firmará el ~ cuando reciba el cargamento.* ⇒ **recibo. 2** Papel que se pone en las puertas o ventanas de un local para anunciar que se vende o se *alquila: *¿has visto el ~ que hay en aquel edificio?; colgaba del balcón un ~ que ponía «piso en venta».*

al·bar·ca |alβárka| ***f.*** AGR. Calzado rústico de cuero o goma, que se ata con cuerdas o correas al *tobillo y que cubre la planta y los dedos del pie: *las albarcas son el mejor calzado para trabajar en el campo.* ⇒ **abarca.**

al·bar·da |alβárða| ***f.*** Pieza del *aparejo que se pone encima de las *caballerías para colocar la carga y con el fin de que no se hagan daño: *la ~ está formada por dos almohadones rellenos de paja; colocó la ~ sobre el rocín y salió al camino.*

al·ba·ri·co·que |alβarikóke| **1** ***m.*** Fruto comestible, carnoso, casi redondo, de color entre amarillo y rojo, sabor agradable y con un hueso liso en el centro: *en verano traen albaricoques a la frutería.* **2** Árbol de hojas brillantes y con forma de corazón, flores grandes blancas con la base roja, que da ese fruto: *esta cama es de madera de ~.* ⇒ **albaricoquero.**

al·ba·ri·co·que·ro |alβarikokéro| ***m.*** Árbol de hojas brillantes y con forma de corazón, flores grandes blancas con la base roja y cuyo fruto es el *albaricoque: *los albaricoqueros son originarios de China.* ⇒ **albaricoque.**

al·ba·tros |alβátros| ***m.*** Ave de gran tamaño, con

las patas adaptadas para nadar, plumas blancas, el pico más grande que la cabeza y las alas largas y estrechas: *se pueden ver muchos albatros en el océano Pacífico.* ☖ El plural es *albatros.* Para indicar el sexo se usa el ~ macho y el ~ hembra.

al·be·drí·o |alβeðrío| **1** ***m.*** Libertad de obrar siguiendo el propio pensamiento: *ninguna prohibición puso barrera a su ~; el libre ~ es propio del ser humano.* **2** Deseo que obedece al propio gusto o a la propia voluntad: *cuando compra una cosa, solamente atiende a su ~.*

al·ber·ca |alβérka| ***f.*** Lugar o recipiente grande, hecho con ladrillo o piedra, que sirve para guardar el agua que se *utiliza para regar: *regamos la huerta con el agua de la ~.* ⇒ **balsa.**

al·ber·gar |alβerɣár| **1** ***tr.*** [algo, a alguien] Dar *albergue: *los albergamos en casa hasta que encontraron piso; la escuela albergará a los afectados por la inundación; nos albergamos en un hotel cerca de la estación.* ⇒ **alojar, hospedar. - 2** ***tr.-prnl.*** [algo] Contener o llevar dentro: *este libro alberga una crítica muy dura contra el racismo.* **3** *fig.* Tener en la mente o en el interior, especialmente una idea o un sentimiento: *desde niño alberga un terrible odio hacia su hermano.* **- 4 albergarse** ***prnl.*** Vivir durante un tiempo en un *albergue: *el verano pasado nos albergamos en un albergue de la sierra.* ⇒ **alojar, hospedar.** ☖ Se conjuga como 7.

al·ber·gue |alβérɣe| **1** ***m.*** Lugar donde se vive durante un tiempo, que sirve para descansar, pasar unos días o estar protegido: *una señora muy amable nos dio ~ en su casa por aquella noche; si nos damos prisa llegaremos al ~ de la montaña antes de que sea de noche.* ⇒ **alojamiento, hospedaje. 2** Establecimiento público que sirve para pasar unos días de vacaciones: *este verano he estado en un ~ juvenil y lo he pasado muy bien.* **3** Ayuda y *comprensión: *cuando estuvo triste, encontró ~ en sus hermanos.*

al·bi·nis·mo alβinísmo| ***m.*** MED. Irregularidad producida por una falta de *pigmentación y que consiste en que ciertas partes del cuerpo aparecen más o menos blancas o sin el color normal: *el ~ puede ser hereditario.*

al·bi·⌜no, ⌜na |alβíno, na| ***adj.-s.*** (ser vivo, parte de un ser) De color más blanco de lo normal, por falta de *pigmentación: *el niño es ~: tiene el pelo blanco; en el zoo hay un gorila ~.*

al·⌜bo, ⌜ba |álβo, βa| ***adj.*** *form.* De color blanco: *el caballero venía sobre un ~ caballo.*

al·bón·di·ga |alβóndiɣa| ***f.*** Bola pequeña de carne o pescado picado y unido con pan, huevos y especias, que se come frita o cocinada de otro modo: *hoy he comido albóndigas con patatas; estas albóndigas con salsa están un poco saladas.*

al·bor |alβór| **1** ***m.*** *form.* Primera luz del día, antes de salir el Sol: *las siluetas de las casas destacaban sobre el ~.* ⇒ **alba. 2** *form. fig.* Comienzo o principio: *los albores del Romanticismo.* ⇒ **amanecer.** ☖ En esta acepción se usa generalmente en plural.

al·bo·ra·da |alβoráða| **1** ***f.*** Periodo de tiempo durante el cual sale el sol: *el pintor se deleitaba en captar los colores de la ~.* ⇒ **alba, amanecer. 2** Poema o canción que se dedica a la mañana: *el joven poeta compuso una ~.* **3** MIL. Música militar que se toca al amanecer: *los soldados se levantan con la ~.*

al·bo·re·ar |alβoreár| **1** ***unipers.*** Amanecer; aparecer la primera luz del día: *cuando volvió en sí ya alboreaba; salió de su casa cuando alboreaba el día.* **- 2** ***intr.*** *fig.* Comenzar o aparecer las primeras señales de una cosa: *en aquellos días alboreaba el nuevo siglo.*

al·bor·noz |alβornóθ| ***m.*** Prenda de vestir larga, abierta y con mangas, que se usa para secarse después del baño: *cuando salgo de la ducha me pongo el ~ o me seco con una toalla.*

al·bo·ro·ta·⌜dor, ⌜do·ra |alβorotaðór, ðóra| ***adj.-s.*** (persona) Que hace ruido; que provoca agitaciones o protestas políticas o sociales: *los alborotadores intentaron quemar la fábrica.* ⇒ **agitador.**

al·bo·ro·tar |alβorotár| **1** ***tr.-intr.-prnl.*** [algo, a alguien] Perder o hacer perder la tranquilidad, el silencio o el orden: *María alborotó toda la habitación; los niños alborotan mucho; cuando le regalaron la muñeca, la niña se alborotó.* **- 2** ***tr.-prnl.*** [a alguien] Asustar o preocupar demasiado: *no te alborotes porque no hayan llegado todavía: ya llegarán.*

al·bo·ro·to |alβoróto| **1** ***m.*** Situación en la que hay ruido y falta de orden: *cuando salió el profesor, se formó un terrible ~ en clase.* ⇒ **bullicio, estruendo, jaleo, lío. 2** Alteración del orden público: *en el estadio se formó un gran ~ cuando el árbitro expulsó al jugador.* ⇒ **desorden.**

al·bo·ro·zar |alβoroθár| ***tr.-prnl.*** [a alguien] Alegrar o hacer feliz; producir un placer grande: *la presencia del nieto alboroza a los abuelos.* ☖ Se conjuga como 4.

al·bo·ro·zo |alβoróθo| ***m.*** *form.* Alegría o felicidad; placer grande: *el perro mueve la cola con ~.*

al·bri·cias |alβríθi̯as| ***interj.*** Expresión con la que se anuncia una buena noticia: *¡~! ¡Has aprobado el examen!*

al·bu·fe·ra |alβuféra| ***f.*** Lago cercano a la costa, formado por la entrada del mar en la tierra y separado por arena: *estuve navegando en la ~ con una barca.*

ál·bum |álβun| **1** ***m.*** Libro en blanco que sirve para reunir cosas, especialmente firmas, fotografías o *cromos: *nos estuvo enseñando el ~ de las fotos de la boda; ¿tienes ya el ~ de cromos?* **2** Funda, generalmente de cartón, que sirve para guardar discos *sonoros: *arregla el ~ para que no se caigan los discos.* **3** Disco *sonoro o conjunto de discos *sonoros que generalmente tienen grabada música: *esta canción aparece en el último ~ del cantante.* ☖ El plural es *álbumes.*

al·bu·men |alβúmen| ***m.*** BOT. Tejido vegetal que rodea a ciertas semillas y las alimenta en el periodo *inicial del crecimiento: *el trigo y el ricino contienen ~.* ☖ El plural es *albúmenes.*

al·bú·mi·na |alβúmina| ***f.*** Sustancia blanca que forma la clara del huevo y que se encuentra también en la sangre: *la ~ es una proteína importante en la alimentación humana.*

al·bur |alβúr| ***m.*** *form.* Suerte o azar de que depende el resultado de un proyecto o un asunto: *no quería dejar al ~ la elección de su esposa.*

al·ca·cho·fa |alkatʃófa| **1** ***f.*** Hortaliza formada por un tallo de hojas algo espinosas y una cabeza cubierta de hojas carnosas que forman una especie de piña y son comestibles antes de desarrollarse la flor: *he plantado alcachofas en la huerta.* **2** Piña que forma la cabeza de esa hortaliza: *nos sirvieron un guiso de alcachofas con carne.* **3** Pieza con agujeros pequeños que sirve para esparcir el agua que pasa por ella: *se ha roto la ~ de la ducha.*

al·ca·hue·⌜te, ⌜ta |alkau̯éte, ta| **1** ***m. f.*** *desp.* Persona que hace posible u oculta un amor que no está permitido: *una alcahueta organizó los encuentros de don Juan con la novicia.* **2** *desp.* Persona a la que le gusta enterarse de lo que hacen otras personas para luego contarlo: *no le cuentes nada a ese ~, que luego va diciéndolo por ahí.* ⇒ **cotilla, correveidile.**

al·cai·de |alkái̯ðe| ***m.*** Persona que dirige una cárcel: *el ~ acredita la buena conducta de este preso.* ⇒ **alcaidesa.**

al·cai·de·sa |alkai̯ðésa| ***f.*** ⇒ **alcaide.**

al·cal·da·da |alkaldáða| ***f.*** Abuso de poder por parte de una autoridad o de un cargo, especialmente un *alcalde: *esa decisión tan poco razonable es una ~.*

al·cal·de |alkálde| ***m.*** Persona que tiene la *máxima autoridad en el *ayuntamiento de una población: *los concejales de cada municipio eligen a su ~; el ~ dictó un bando.* ⇒ **alcaldesa.**

al·cal·de·sa |alkaldésa| ***f.*** ⇒ **alcalde.**

al·cal·dí·a |alkaldía| **1** ***f.*** Cargo de *alcalde: *primero trabajaba en un ministerio y ahora tiene la ~ de la capital.* **2** Oficina o lugar donde trabaja el *alcalde: *fui a la ~, pero sólo pude hablar con la secretaria.*

al·ca·li·ni·dad |alkaliniðáᵈ| ***f.*** QUÍM. *form.* Cualidad de *alcalino: *el nivel de ~ de ese líquido es muy alto.*

al·ca·li·⌜no, ⌜na |alkalíno, na| ***adj.*** QUÍM. Que tiene un efecto contrario al de los ácidos: *el sodio es un metal ~; he puesto pilas alcalinas a la radio porque duran más.*

al·ca·loi·de |alkalói̯ðe| ***m.*** QUÍM. Sustancia *alcalina de origen vegetal que se usa en medicina y para producir sensación de placer: *la nicotina es un ~ que se extrae del tabaco; muchos alcaloides son drogas.*

al·can·ce |alkánθe| **1** ***m.*** Distancia a la que llega una persona con el brazo: *este producto debe mantenerse fuera del ~ de los niños.* **2** Distancia a la que llega el tiro de una arma: *este fusil tiene un ~ muy corto; este es un misil de largo ~.* **3** Distancia o extensión que tiene la acción o la influencia de una persona o de una cosa: *la emisora tiene un ~ de 15 kilómetros.* **4** Importancia que tiene un acontecimiento: *el encuentro de las dos superpotencias es un hecho de ~ mundial.* **5** *fig.* Inteligencia: *es una persona de pocos alcances.* ☐ En esta acepción se usa generalmente en plural. ■ **al ~**, en situación de ser conseguido o alcanzado: *este cargo no está a mi ~; los peluqueros dejan algunas revistas al ~ de los clientes; es un coche de mucho lujo que no está al ~ de cualquiera.*

al·can·cí·a |alkanθía| ***f.*** Recipiente cerrado, con una abertura estrecha y larga por donde se echa dinero para guardarlo: *el niño mete la paga semanal en la ~ porque quiere ahorrar.* ⇒ **hucha.**

al·can·for |alkanfór| ***m.*** Sustancia sólida, blanca, de olor característico, que se usa en medicina y en la industria: *las bolitas de ~ se ponen con la ropa para protegerla de las polillas.*

al·can·ta·ri·lla |alkantaríʎa| **1** ***f.*** Conducto subterráneo que sirve para recoger el agua de lluvia y las aguas sucias de una población: *las ratas viven en las alcantarillas.* ⇒ **cloaca. 2** Hueco en el suelo de las calles que sirve de entrada a ese conducto: *me he caído por una ~.*

al·can·ta·ri·lla·do |alkantariʎáðo| ***m.*** Conjunto de *alcantarillas de un lugar o una población: *el alcalde ha prometido mejorar el ~ de la ciudad.*

al·can·zar |alkanθár| **1** ***tr.*** [algo, a alguien] Llegar hasta donde está una persona o cosa que va delante en el tiempo o en el espacio: *Luis echó a correr y alcanzó en seguida a su hermano.* **2** *fig.* [a alguien] Llegar a ser igual: *el hermano menor pronto alcanzará al mayor en los estudios.* **3** [algo] Llegar a tocar o coger una cosa con la mano: *hemos puesto las medicinas en lo alto del armario para que no las alcancen los niños; alcánzame una toalla, por favor.* **4** Llegar a un lugar determinado: *antes de la noche alcanzaremos el refugio.* **5** Conseguir una cosa que se desea: *al fin alcanzó la alcaldía.* **6** Entender o comprender: *no alcanzo tus razonamientos.* **- 7** ***intr.*** Ser bastante o *suficiente para un fin determinado: *esta tela no alcanza para unos pantalones largos; el dinero alcanzará para todo.* ☐ Se conjuga como 4.

al·ca·pa·rra |alkapára| **1** ***f.*** Botón de una flor que por su sabor se usa como especia: *mi abuela hacía una salsa buenísima con alcaparras.* **2** Arbusto con espinas en el tallo, fruto parecido a un *higo pequeño y flores grandes y blancas de las que se saca esa especia: *la ~ se cultiva en América y en algunas partes de Europa.*

al·ca·rria |alkári̯a| ***f.*** GEOGR. Terreno alto, generalmente plano, sin árboles y con poca hierba: *mi primo ha venido a verme desde la ~.*

al·cau·dón |alkau̯ðón| ***m.*** Pájaro pequeño, de alas y cola negras y de cabeza de color rojo, que se alimenta de insectos y otros animales pequeños: *el ~ se usaba antiguamente en cetrería.* ☐ Para indicar el sexo se usa el ~ macho y el ~ hembra.

al·ca·ya·ta |alkayáta| ***f.*** Clavo con la cabeza doblada en ángulo recto: *pon ahí una ~ para colgar un cuadro.* ⇒ **escarpia.**

al·ca·za·ba |alkaθáβa| ***f.*** Lugar protegido con muros, generalmente dentro de una población: *desde la ~ hay una vista preciosa de la ciudad.* ⇒ **alcázar.**

al·cá·zar |alkáθar| **1** ***m.*** Lugar protegido con muros: *en aquel pueblo hay un ~ muy grande.* ⇒ **alcazaba. 2** Palacio o castillo con muros y otras defensas donde viven los reyes o personas importantes: *el ~ está situado en un cerro, frente al río.*

al·ce |álθe| ***m.*** Animal mamífero *rumiante de cuello corto, cabeza grande y cuernos planos en forma de pala: *los alces son más grandes que los ciervos, pero de la misma familia.* ⇒ **ante.** ◯ Para indicar el sexo se usa el ~ macho y el ~ hembra.

al·cis·ta |alθísta| **1** ***adj.*** Que tiende a subir: *la tendencia ~ de los precios del petróleo ha sido criticada por la prensa.* **- 2** ***com.*** Persona que juega con los valores de bolsa esperando que suban: *los alcistas supieron aprovechar la oportunidad para negociar sus acciones.*

al·co·ba |alkóβa| ***f.*** Habitación de una casa en la que se duerme: *en la ~ tengo una cama, un armario y una mesilla de noche.* ⇒ **dormitorio.**

al·co·hol |alk°ól| **1** ***m.*** Líquido transparente, sin color, combustible, que se usa en medicina y que se encuentra en ciertas bebidas: *he ido a la farmacia a comprar ~ y algodón;* ~ **etílico**, *estimulante que se forma con la *fermentación de la *glucosa mediante bacterias: *el coñac y la ginebra son bebidas con ~ etílico.* ⇒ **etanol. 2** Bebida que contiene ese líquido: *no puedo beber ~ porque tengo que conducir; el médico me ha prohibido el ~.*

al·co·ho·le·mia |alk°olémia| ***f.*** Presencia de alcohol en la sangre: *la policía comprueba la ~ de los conductores los sábados por la noche.*

al·co·ho·le·ra |alk°oléra| ***f.*** Lugar donde se fabrica alcohol: *a la salida de la ciudad hay una ~ que abastece a toda la región.*

al·co·ho·le·⌜ro, ⌜ra |alk°oléro, ra| ***adj.*** De la producción y comercio del alcohol o que tiene relación con ello: *la industria alcoholera ha obtenido importantes beneficios durante el último año.*

al·co·hó·li·⌜co, ⌜ca |alk°óliko, ka| **1** ***adj.*** Que contiene alcohol: *el vino es una bebida alcohólica.* **2** Del alcohol o que tiene relación con él: *la cerveza es producto de una fermentación alcohólica.* ⇒ **etílico. - 3** ***adj.-s.*** (persona) Que abusa de las bebidas alcohólicas: *hay asociaciones que ayudan a los alcohólicos a dejar la bebida; no es un ~: sólo toma una copa de vez en cuando.* ⇒ **borracho.**

al·co·ho·lí·me·tro |alk°olímetro| ***m.*** Aparato que sirve para medir la cantidad de alcohol que tiene un líquido o un gas: *la policía lleva un ~ para comprobar si los conductores han bebido alcohol.*

al·co·ho·lis·mo |alk°olísmo| **1** ***m.*** Abuso de las bebidas alcohólicas: *el ~ es un problema grave.* **2** Enfermedad producida por el abuso del alcohol: *este mes han muerto 50 personas a causa del ~.*

al·co·ho·li·za·⌜do, ⌜da |alk°oliθáðo, ða| ***adj.*** (persona) Que está enfermo por haber abusado de las bebidas alcohólicas. ◯ Es el participio de *alcoholizar.*

al·co·ho·li·zar |alk°oliθár| **1** ***tr.*** [algo] Añadir alcohol a un líquido: *en el laboratorio alcoholizaron varios productos químicos.* **- 2 alcoholizarse** ***prnl.*** Ponerse enfermo por beber demasiado alcohol: *se alcoholizó poco a poco y tuvieron que ingresarlo.* ◯ Se conjuga como 4.

al·cor·no·que |alkornóke| **1** ***m.*** Árbol de madera muy dura, con una corteza gruesa de la que se saca el *corcho y cuyo fruto es la *bellota: *los pinos, las encinas y los alcornoques abundan en los bosques españoles; el ~ es un árbol de hoja perenne.* **- 2** ***com. fam.*** Persona torpe y tonta: *no te entenderá porque es un ~.* ◯ Se usa como apelativo despectivo.

al·co·tán |alkotán| ***m.*** Ave de color oscuro, pero con el vientre claro, con el pico y las uñas fuertes y que se alimenta de pequeños animales: *el ~ se parece al halcón.* ◯ Para indicar el sexo se usa el ~ macho y el ~ hembra.

al·cur·nia |alkúrnia| ***f.*** Origen y condición social noble heredada de la familia: *sólo las personas de ~ eran invitadas a los bailes del embajador.* ⇒ **abolengo, estirpe, linaje.**

al·cu·za |alkúθa| ***f.*** Recipiente con forma de cono que sirve para guardar una pequeña cantidad de aceite: *coge la ~ y la vinagrera y aliña la ensalada.*

al·cuz·cuz |alkuθkúθ| ***m.*** Pasta de harina y miel, en forma de granos, que procede del norte de África y que se cocina de varias maneras: *en todos los restaurantes marroquíes tienen ~.* ⇒ **cuscús.**

al·da·ba |aldáβa| **1** ***f.*** Pieza de metal que se pone en las puertas para llamar golpeando: *aún se ven aldabas en las casas antiguas, pero ya son más frecuentes los timbres.* ⇒ **aldabón, llamador. 2** Barra de metal o madera que sirve para asegurar una puerta después de cerrarla: *cierra la puerta y echa la ~.*

al·da·bi·lla |aldaβíʎa| ***f.*** Gancho de hierro que se mete en una *anilla o en un hueco y que sirve generalmente para cerrar una puerta o una ventana: *se ha roto la ~ de la ventana y se abre con el viento.*

al·da·bón |aldaβón| ***m.*** Pieza de metal que se pone en las puertas para llamar golpeando: *llamamos a la puerta de la casa de campo con el ~.* ⇒ **aldaba.**

ALDABILLA

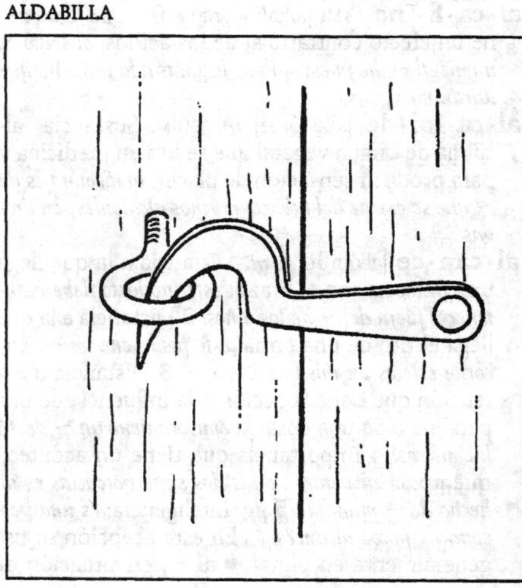

al·da·bo·na·zo |aldaβonáθo| **1** ***m.*** Golpe que se da con la *aldaba para llamar a la puerta: *dimos dos o tres aldabonazos y salió el portero.* **2** Aviso o llamada de atención: *los estudiantes hacían tanto ruido por la noche, que el director de la residencia tuvo que dar un ~.*

al·de·a |aldéa| ***f.*** Población pequeña en la que viven unas pocas familias y que suele depender *administrativamente de otra población mayor: *las aldeas normalmente no tienen ayuntamiento; cuando se jubiló volvió a su pequeña ~ de pescadores.*

al·de·a·⌜no, ⌜na |aldeáno, na| **1** ***adj.-s.*** (persona) Que procede de una *aldea o que vive en ella: *unos aldeanos que estaban en el campo nos indicaron el camino.* **- 2** ***adj.*** De la *aldea o que tiene relación con ella: *me relaja mucho el paisaje rural y ~.*

a·le·a·ción |aleaθión| ***f.*** Metal formado por dos o más elementos, de los cuales al menos uno es un metal: *el bronce y el latón son aleaciones.*

a·le·ar |aleár| **1** ***tr.*** [algo; con algo] Mezclar o fundir dos o más elementos de los cuales al menos uno es un metal: *el hombre comenzó a ~ cobre y estaño varios miles de años antes de Jesucristo.* **- 2** ***intr.*** Mover las alas o los brazos: *en el nido había un pajarito que empezaba a ~.*

a·le·a·to·⌜rio, ⌜ria |aleatório, ria| ***adj.*** Que depende del azar: *se hizo una selección aleatoria de los individuos para realizar la encuesta.*

a·lec·cio·na·⌜dor, ⌜do·ra |ale^{k}θionaðór, ðóra| ***adj.*** Que enseña, sirve de experiencia o *alecciona: *su ejemplo fue muy ~ para mí: me hizo comprender el sentido de la vida.*

a·lec·cio·nar |ale^{k}θionár| ***tr.*** [a alguien] Enseñar o dar consejos; comunicar una experiencia o un conocimiento: *para hacer ese trabajo fue aleccionado por la profesora.*

a·le·da·⌜ño, ⌜ña |aleðáɲo, ɲa| **1** ***adj.*** Que está al lado: *queríamos comprar los territorios aledaños a nuestra finca.* **- 2 aledaños** ***m. pl.*** Campo o terreno que rodea una población y que se considera parte de ella: *los aledaños del lugar tienen buenos pastos.*

a·le·ga·ción |aleɣaθión| ***f.*** Acción y resultado de *alegar: *el juez escuchó las alegaciones de la defensa.*

a·le·gar |aleɣár| ***tr.*** [algo] Decir o exponer como defensa o prueba en favor de una persona o una acción: *como justificación de su conducta alegó que necesitaba un descanso.* ☖ Se conjuga como 7.

a·le·ga·to |aleɣáto| **1** ***m.*** Discurso en el que se exponen razones en favor o en contra de una persona o de una causa: *se hicieron alegatos en favor del comercio internacional.* **2** DER. Escrito en que un abogado expone razones y pruebas a favor de su cliente: *el fiscal y el defensor entregaron al juez los alegatos.*

a·le·go·rí·a |aleɣoría| **1** ***f.*** Representación de una cosa por medio de otra que tiene una relación real o imaginada con ella: *en el cristianismo, la comunión es una ~ del sacrificio de Cristo.* **2** LIT. Obra literaria que se basa en esa clase de representación: *algunos críticos piensan que esa obra es una ~.* **3** PINT. Representación de ideas abstractas por medio de figuras: *Goya pintó una ~ de la Villa de Madrid.*

a·le·gó·ri·⌜co, ⌜ca |aleɣóriko, ka| ***adj.*** De la *alegoría o que tiene relación con ella: *en la Edad Media eran frecuentes los poemas alegóricos.*

a·le·grar |aleɣrár| **1** ***tr.-prnl.*** [algo, a alguien] Hacer o sentirse feliz; dar o sentir alegría: *me alegra mucho que te encuentres mejor; las cartas de su hijo alegraban a la anciana.* ⇔ **amargar. 2** [algo] Hacer más vivo; hacer tener mejor aspecto: *unas flores alegrarán la habitación.*

a·le·gre |aléɣre| **1** ***adj.*** Que siente alegría; que está o es feliz: *me puse muy ~ cuando me regalaron la bicicleta.* ⇔ **triste. 2** Que tiende a sentir y mostrar alegría: *es un hombre muy ~ y simpático.* ⇔ **triste.** ☖ Se usa con el verbo *ser.* **3** Que expresa alegría; que es vivo o animado: *hoy tienes la cara muy ~.* ⇔ **triste. 4** Que produce alegría: *¡qué noticia tan ~ nos has dado!; esta habitación es muy ~ porque le da el sol todo el día.* ⇒ **divertido.** ⇔ **triste. 5** Que ha sido hecho con alegría o ha terminado bien: *fue una fiesta muy ~; pasamos unos días muy alegres todos juntos.* ⇔ **triste. 6** *fig.* (color) Que es vivo; que tiene mucha luz: *el azul y el amarillo son colores muy alegres.* **7** *fig.* Que está excitado por haber bebido alcohol: *no estoy borracho, sólo un poco ~.* **8** *fig.* Que no se preocupa; que hace las cosas sin pensar: *te han despedido porque eres muy ~ en los negocios.*

a·le·gre·men·te |aléɣreménte| **1** ***adv. m.*** Con alegría: *los muchachos bailaban ~ en la plaza.* **2** Sin pensar ni preocuparse por lo que se dice o se hace: *Andrés dice las cosas ~ y a menudo ofende a otras personas.*

a·le·gre·to |aleɣréto| **1** ***adv. m.*** MÚS. Con movimiento menos rápido que el alegro: *prefiero tocar ese pasaje ~.* **- 2** ***m.*** MÚS. Composición o parte de ella con ese movimiento: *el guitarrista interpretó muy bien el ~.*

a·le·grí·a |aleɣría| **1** ***f.*** Sentimiento agradable de placer, que se produce por un hecho bueno o cuando se consigue lo que se desea, y que suele expresarse con la risa: *el nacimiento de mi hijo me dio la mayor ~ de mi vida; el día de Reyes los niños ríen y saltan de ~.* ⇒ **felicidad.** ⇔ **amargura, tristeza. 2** Falta de responsabilidad o de preocupación: *derrochó con ~ toda su fortuna.*

a·le·gro |aléɣro| **1** ***adv. m.*** MÚS. Con movimiento *moderadamente vivo: *ese pasaje debes tocarlo ~.* **- 2** ***m.*** MÚS. Composición o parte de ella con ese movimiento: *esta tarde interpretarán varios alegros.*

a·le·grón |aleɣrón| ***m.*** *fam.* Alegría intensa, especialmente la que no se espera: *me has dado un ~ con la noticia de tu boda.*

a·le·ja·mien·to |alexamiénto| ***m.*** Acción y resultado de poner o ponerse lejos o más lejos: *tengo que trabajar en Francia, pero no sé si soportaré el ~ de mi familia; el ~ entre ellos era cada vez mayor.* ⇒ **distancia, lejanía.**

a·le·jan·dri·⌜no, ⌜na |alexandríno, na| **1** ***adj.*** De Alejandría, ciudad de Egipto, o que tiene relación con Alejandría: *los arquitectos y pintores ale-*

jandrinos tuvieron mucha fama en la Antigüedad. **2** De Alejandro Magno o que tiene relación con él: *van a subastar algunos objetos alejandrinos: se dice que pertenecían al mismo Alejandro Magno.* **- 3 alejandrino** ***adj.-m.*** POÉT. (verso) Que tiene catorce sílabas: *escribió un largo poema en versos alejandrinos.*

a·le·jar |alexár| **1** ***tr.-prnl.*** [algo, a alguien] Poner, separar o llevar lejos o más lejos: *aleja el sillón del fuego porque se puede quemar; niños, no os alejéis demasiado.* ⇒ **distanciar.** ⇔ **juntar. 2** *fig.* [algo] Quitar del pensamiento; evitar: *aleja esa idea y piensa que todo saldrá bien.*

a·le·la·⌐do, ⌐da |aleláðo, ða| ***adj.*** Que no se da cuenta de lo que ocurre; que está confundido: *la sorpresa que le dimos lo dejó ~; no dejes conducir a tu hermano, que es un poco ~.* ⇒ **lelo.**

a·le·lar |alelár| ***tr.-prnl.*** [a alguien] Hacer que una persona no se dé cuenta de lo que ocurre; hacer parecer o hacerse tonto: *no protejas tanto a tu hijo pequeño que se va a ~.*

a·le·lí |alelí| **1** ***m.*** Flor de jardín sencilla o doble, de varios colores y olor agradable: *llevaba un ramo de alelíes.* **2** Planta de hojas largas y estrechas que da esas flores: *el ~ es originario de Europa.* ☐ El plural es *alelíes.* La Real Academia Española prefiere la forma *alhelí.*

a·le·lu·ya |alelúya| **1** ***interj.*** Expresa alegría: *¡~, por fin has decidido hacer deporte!* **- 2** ***f.*** Poema formado por dos versos de ocho sílabas, generalmente de carácter popular y de mala calidad: *mi tío me ha compuesto unas aleluyas con motivo de mi boda.*

a·le·⌐mán, ⌐ma·na |alemán, mána| **1** ***adj.*** De Alemania o que tiene relación con Alemania: *la economía alemana se ha desarrollado mucho.* ⇒ **germano. - 2** ***m. f.*** Persona nacida en Alemania o que vive habitualmente en Alemania: *muchos alemanes son rubios y de piel clara.* ⇒ **germano. - 3 alemán** ***m.*** Lengua hablada en Alemania y en otros lugares: *estoy estudiando inglés y ~.*

a·len·ta·⌐dor, ⌐do·ra |alentaðór, ðóra| ***adj.*** Que da ánimo o fuerzas; que *alienta: *sus palabras de agradecimiento fueron muy alentadoras para el equipo.*

a·len·tar |alentár| **1** ***tr.-prnl.*** [a alguien] Dar ánimo o fuerzas para hacer una cosa: *me presenté al examen porque mi novia me alentó.* ⇔ **desalentar. 2** [algo] Provocar o hacer más intenso, especialmente un sentimiento o una idea: *la sociedad en que vivimos alienta la competitividad.* ☐ Se conjuga como 27.

a·ler·gia |alérxia| **1** ***f.*** Conjunto de problemas de la respiración o de la piel, que se producen al tocar o absorber ciertas sustancias que el organismo rechaza por tener una *sensibilidad especial a ellas: *tengo ~ al polen y en primavera me pongo muy enfermo.* **2** *p. ext.* Rechazo de ciertos asuntos, personas o cosas: *tengo ~ a los cambios políticos.*

a·lér·gi·⌐co, ⌐ca |alérxiko, ka| **1** ***adj.*** De la *alergia o que tiene relación con ella: *el polen ha provocado en el niño una reacción alérgica.* **- 2** ***adj.-s.*** (persona) Que padece *alergia: *mi padre es ~ a la penicilina.*

a·le·ro |aléro| ***m.*** Parte inferior del tejado, que sale fuera de la pared: *el viento ha tirado algunas tejas del ~.*

a·le·rón |alerón| **1** ***m.*** AERON. Pieza saliente y *móvil, que se coloca en la parte de atrás de las alas de los aviones y que sirve para cambiar la inclinación del aparato: *un problema en el ~ impidió el despegue del avión.* **2** Pieza saliente de la chapa de ciertos automóviles, que está situada en la parte de atrás y sirve para hacerlo más *aerodinámico: *los coches de carreras tienen alerones.*

a·ler·ta |alérta| **1** ***adv. m.*** Con atención; vigilando: *estuvimos ~ toda la noche.* **- 2** ***f.*** Voz o señal que avisa de un peligro: *el soldado de guardia dio la ~.* ⇒ **alarma. 3** Situación en la que se debe vigilar o poner atención: *la ciudad está en ~ a causa de la sequía;* ~ **roja,** la que tiene un gran peligro: *toda la región está en ~ roja porque se espera que sea bombardeada de un momento a otro.*

a·ler·tar |alertár| **1** ***tr.-prnl.*** [a alguien] Producir o tener preocupación o miedo; hacer poner atención o vigilar: *los ruidos nos han alertado contra los ladrones.* ⇒ **alarmar. 2** Avisar de un peligro; dar la *alerta: *un cliente que logró salir del banco durante el atraco alertó a la policía.* ⇒ **alarmar.**

a·le·ta |aléta| **1** ***f.*** Miembro del cuerpo de los peces y de otros animales que usan para darse impulso en el agua: *los peces tropicales tienen las aletas de colores.* **2** Parte de los lados de la nariz: *el anciano respiraba moviendo las aletas de la nariz.* ⇒ **ala. 3** Calzado de goma, con la parte delantera larga y delgada, que sirve para darse impulso en el agua: *las aletas sirven para bucear.* **4** Parte de la chapa de los automóviles que está situada encima de la rueda y que sirve para evitar que salte el barro: *una furgoneta me ha dado un golpe en la ~.*

a·le·tar·gar |aletaryár| ***tr.-prnl.*** [algo, a alguien] Producir o experimentar un estado de sueño y de falta de actividad: *el fuerte calor del verano me aletarga; la serpiente se aletarga en invierno.* ☐ Se conjuga como 7.

a·le·te·ar |aleteár| **1** ***intr.*** Mover las alas repetidamente sin echar a volar: *el águila aleteaba con fuerza en su nido.* **2** Mover las *aletas repetidamente: *en la cubierta del pesquero aleteaban aún algunos atunes.*

a·le·te·o |aletéo| ***m.*** Movimiento repetido de las alas o las *aletas: *el ~ de la golondrina es muy rápido.*

a·le·vín |aleβín| **1** ***m.*** Pez de tamaño pequeño y de corta edad: *no se deben pescar alevines.* ☐ Para indicar el sexo se usa el ~ macho y el ~ hembra. **- 2** ***adj.-com.*** *fig.* (joven) Que comienza en una profesión o actividad: *en los conservatorios estudian los alevines de músico.*

a·le·vo·sí·a |aleβosía| ***f.*** Cuidado y atención que pone una persona que realiza una mala acción para asegurarse de que la ha *cometido: *actuó con ~ al esperar a Juan a la salida del trabajo para darle una paliza.*

a·le·vo·⌜so, ⌜sa |aleβóso, sa| ***adj.*** (acto, delito) Que se realiza con *alevosía: *la pena fue mayor porque el acto fue ~.*

al·fa |álfa| ***f.*** Primera letra del alfabeto *griego: *la ~ equivale a la* a. ■ **~ y omega**, *form.*, principio y fin: *para los creyentes, Dios es ~ y omega de la creación; el amor es ~ y omega de todas las cosas para los enamorados.* ⇒ **omega.**

al·fa·bé·ti·⌜co, ⌜ca |alfaβétiko, ka| ***adj.*** Del alfabeto o que tiene relación con él: *en el diccionario las palabras siguen el orden ~; el español tiene escritura alfabética.*

al·fa·be·ti·za·ción |alfaβetiθaθi̲ón| ***f.*** Acción y resultado de *alfabetizar: *el gobierno ha aprobado un presupuesto para la ~ de las regiones más pobres.*

al·fa·be·ti·zar |alfaβetiθár| **1** ***tr.*** [a alguien] Enseñar a leer y escribir: *el gobierno pretende ~ a toda la población.* **2** [algo] Ordenar *alfabéticamente: *todavía tenemos que ~ las fichas de los libros nuevos.* ⌂ Se conjuga como 4.

al·fa·be·to |alfaβéto| **1** ***m.*** Serie ordenada de las letras de un idioma: *el ~ español empieza por* a *y termina por* z. ⇒ **abecé, abecedario. 2** Sistema de signos que sirve para la comunicación: *estoy aprendiendo el ~ de los sordomudos;* ~ **Braille**, el que está formado por signos grabados en relieve sobre papel y usan los ciegos para leer y escribir: *el ~ Braille se lee con la yema de los dedos;* ~ **Morse**, el que está formado por combinaciones de puntos y rayas y se usa en *telegrafía: *utilizó el ~ Morse para pedir socorro.*

al·fa·jor |alfaxór| ***m.*** Dulce hecho con *almendras, pan tostado, especias y miel: *en Navidad se comen polvorones y alfajores.*

al·fal·fa |alfálfa| ***f.*** Planta que se usa para dar de comer al ganado: *los burros comen ~.*

al·fan·je |alfáŋxe| ***m.*** Arma blanca, parecida al *sable, pero más ancha y curva: *los alfanjes tienen doble filo en la punta; los árabes usaban alfanjes.*

al·far |alfár| ***m.*** Taller donde se hacen recipientes y otros objetos de barro: *se pasa las horas haciendo cántaros en el ~.* ⇒ **alfarería.**

al·fa·re·rí·a |alfarería| **1** ***f.*** Arte de fabricar recipientes y otros objetos de barro: *estoy aprendiendo ~ y yo mismo he hecho todos los jarrones que ves en mi casa.* **2** Establecimiento donde se hacen y venden recipientes y otros objetos de barro: *he comprado unas cazuelas de barro en la ~.* ⇒ **alfar.**

al·fa·re·⌜ro, ⌜ra |alfaréro, ra| ***m. f.*** Persona que se dedica a hacer recipientes y otros objetos de barro: *cada vez quedan menos alfareros en mi región.* ⇒ **ceramista.**

al·féi·zar |alféi̲θar| ***m.*** Parte inferior y generalmente saliente del muro que rodea una ventana: *Marisa miraba la calle apoyada en el ~.*

al·fe·ñi·que |alfeɲíke| **1** ***m.*** *desp. fig.* Persona delicada y débil: *Pedro no defendió a su hermana porque es un ~.* ⌂ Se usa como apelativo despectivo. **2** Dulce hecho con azúcar hervida en aceite de *almendras y que tiene forma de barra delgada y torcida: *le regalaron una caja de alfeñiques.*

al·fé·rez |alféreθ| ***m.*** MIL. Miembro del ejército de categoría inmediatamente superior a la de *subteniente: *Julio ya no es ~, ha ascendido a teniente.*

al·fil |alfíl| ***m.*** Pieza del *ajedrez que se mueve en *diagonal y puede recorrer en un solo movimiento todos los cuadros que estén libres en una dirección: *cada jugador tiene dos alfiles al comenzar la partida.*

al·fi·ler |alfilér| **1** ***m.*** Clavo de metal pequeño y muy delgado, con punta en uno de sus extremos y una *cabecilla en el otro, que sirve para sujetar unas cosas a otras, especialmente telas: *he cogido el bajo del vestido con alfileres para coserlo.* **2** Joya que se usa para sujetar una prenda de vestir o como adorno: *le he regalado a mi marido un ~ de corbata.* ■ **no caber un ~**, estar un lugar completamente lleno de gente; no haber sitio: *en la final del campeonato de fútbol no cabía un ~ en el estadio.* ■ **prendido con alfileres**, mal terminado y poco seguro: *aprobó el examen, aunque llevaba la lección prendida con alfileres.*

al·fi·le·te·ro |alfiletéro| **1** ***m.*** Tubo pequeño que sirve para guardar alfileres y agujas: *busca un ~ en la caja de la costura.* **2** Saco pequeño o trozo de tela que sirve para clavar alfileres y agujas: *ten cuidado, no te sientes encima del ~.* ⇒ **acerico.**

al·fom·bra |alfómbra| **1** ***f.*** Pieza de tela con que se cubre el suelo de una habitación o una escalera, como adorno o para dar calor: *hemos comprado una enorme ~ persa para el salón; no pises descalzo fuera de la ~.* **2** *fig.* Conjunto de cosas que cubren el suelo: *tendieron una ~ de flores en la calle.*

al·fom·brar |alfombrár| ***tr.*** [algo] Cubrir con una *alfombra: *el pasillo del hotel estaba alfombrado y no se oían los pasos de la gente; durante las fiestas, alfombraron las calles de flores.*

al·fom·bri·lla |alfombríʎa| **1** ***f.*** Pieza pequeña de tejido grueso y resistente que se coloca en el suelo, delante de una puerta o en el interior de un automóvil: *niño, límpiate el barro en la ~ antes de entrar en casa; las alfombrillas de mi coche son de goma.* ⇒ **felpudo. 2** Pieza pequeña de tela que se pone en el cuarto de baño para pisar con los pies mojados: *las alfombrillas del baño hacen juego con las toallas.*

al·fon·sí |alfonsí| ***adj.*** ⇒ **alfonsino.** ⌂ El plural es *alfonsíes.*

al·fon·si·⌜no, ⌜na |alfonsíno, na| ***adj.*** De cualquiera de los reyes españoles llamados Alfonso o que tiene relación con ellos: *está haciendo un trabajo sobre el taller historiográfico ~.* ⇒ **alfonsí.**

al·for·ja |alfórxa| ***f.*** Pieza de tela ancha, alargada y cerrada por los extremos formando dos bolsas grandes, que sirve para llevar cosas: *el campesino llevaba al hombro la ~.* ⌂ Se suele usar en plural.

al·ga |álɣa| ***f.*** Planta con *clorofila que crece en el agua: *en los pantanos y lagos hay algas de especies muy distintas; algunas algas se usan en medicina y cosmética.* ⌂ Se usa con la forma del artículo *el*; los demás determinantes deben ir en forma femenina.

al·ga·ra·bí·a |alɣaraβía| ***f.*** Ruido que se forma al hablar o gritar varias personas a la vez: *se montó* *una tremenda ~ cuando se marchó el profesor; la ~ de la feria no nos dejó dormir en toda la noche.* ⇒ **algazara.**

al·ga·ra·da |alɣaráða| ***f.*** Ruido provocado por un grupo de gente que protesta o discute: *se pelearon cuatro hombres y se formó una ~ tremenda.* ⇒ **jaleo.**

al·ga·rro·ba |alɣar̄óβa| **1** ***f.*** Planta *leguminosa cuyo fruto se usa como alimento para los animales: *voy al huerto a regar las algarrobas.* **2** Fruto y semilla de esa planta: *las cabras comen algarrobas; a algunas personas les gusta comer algarrobas.* ⇒ **algarrobo.**

al·ga·rro·bo |alɣar̄óβo| ***m.*** Árbol cuyo fruto es la *algarroba: *el ~ vive en las zonas templadas cercanas al mar.*

al·ga·za·ra |alɣaθára| ***f.*** Ruido que se forma al hablar o gritar varias personas a la vez, generalmente en una situación de alegría o de diversión: *¡menuda ~ han organizado los chiquillos!* ⇒ **algarabía.**

ál·ge·bra |álxeβra| ***f.*** MAT. Parte de las matemáticas que trata de la cantidad en general, representándola por medio de letras o de otros signos: *mañana tengo un examen de ~ y cálculo.* ◻ Se usa con la forma del artículo *el*; los demás determinantes deben ir en forma femenina.

al·ge·brai·⌜co, ca |alxeβrái̯ko, ka| ***adj.*** Del *álgebra o que tiene relación con ella: *el examen final será de cálculo ~.*

ál·gi·⌜do, da |álxiðo, ða| **1** ***adj.*** Que es lo más importante o lo que tiene más interés: *la procesión marca el punto ~ de la fiesta.* **2** Que está muy frío: *las temperaturas alcanzarán esta noche el punto ~ del invierno.*

al·go |álɣo| **1** ***pron. indef.*** Indica que la cosa a la que se refiere no está determinada o no se quiere determinar: *leeré ~ mientras vuelves; he dejado ~ de comer en la nevera; ¿desea ~ más, señora?* **2** Indica una cantidad que no está determinada o que no se quiere determinar: *¿quieres apostar ~?; necesitaré ~ de dinero; este viaje también ha tenido ~ de bueno.* **- 3** ***adv. c.*** Un poco; no del todo; hasta cierto punto: *estoy ~ cansado; andamos ~ escasos de dinero para salir de vacaciones.* ■ **~ así**, expresión que indica aproximación o parecido: *serían las seis o ~ así cuando llegó; tenemos ~ así como medio millón.* ■ **~ es ~**, expresión que indica *conformidad o acuerdo con una cosa, aunque sea pequeña o poco importante: *sólo me han pagado 2000 pesetas, pero ~ es ~.*

al·go·dón |alɣoðón| **1** ***m.*** Materia vegetal, blanca y suave, que cubre la semilla de ciertas plantas: *la planta del algodonero produce ~; las heridas se curan con alcohol y ~; el ~ hidrófilo se vende en las farmacias.* **2** Tejido hecho de esa materia: *ha comprado una camiseta de ~.* ■ **entre algodones**, con muchas atenciones y cuidados: *como era hijo único fue criado entre algodones.*

al·go·do·ne·⌜ro, ⌜ra |alɣoðonéro, ra| **1** ***adj.*** Del algodón o que tiene relación con él: *el cultivo ~ se expandió rápidamente por las tierras más cálidas.* **- 2** ***m. f.*** Persona que se dedica a cultivar y trabajar el algodón: *esperamos una cuadrilla de algodoneros.* **- 3 algodonero** ***m.*** Planta de flores amarillas con manchas rojas, cuyo fruto tiene forma de bolsa con muchas semillas rodeadas de algodón: *este año, los algodoneros han florecido muy pronto.*

al·go·do·no·⌜so, ⌜sa |alɣoðonóso, sa| ***adj.*** Que tiene una característica que se considera propia del algodón: *estas mantas tienen un tacto ~; en los días de primavera se pueden ver nubes algodonosas.*

al·go·rit·mo |alɣorítmo| ***m.*** MAT. Conjunto ordenado de operaciones que permiten hacer un cálculo: *aunque uses la calculadora, debes conocer el ~ que se emplea para hallar las raíces cuadradas.*

al·gua·⌜cil, ⌜ci·la |alɣu̯aθíl, θíla| ***m. f.*** Persona que se dedica a ejecutar las órdenes de una autoridad *administrativa: *el ~ del juzgado hizo entrar a los acusados por orden del juez; los alguaciles del ayuntamiento están a las órdenes del alcalde.*

al·gua·ci·li·⌜llo, ⌜lla |alɣu̯aθilíʎo, ʎa| ***m. f.*** Persona que se dedica a ejecutar las órdenes del *presidente en las corridas de toros: *los alguacilillos van delante de los toreros durante el paseíllo; el ~ le dio al torero las dos orejas del toro por orden del presidente.*

al·guien |álɣi̯en| **1** ***pron. indef.*** Una persona cualquiera; una o varias personas sin determinar: *si pasa ~, me avisas; pregunta si ~ ha visto al niño.* **- 2** ***m.*** Persona importante: *en su pueblo era ~, pero aquí no tiene ningún poder.* ◻ No se usa en plural. Si va acompañado de un adjetivo, éste debe ir en masculino singular: *contratarán a ~ culto y bien educado.* No se debe usar *~ de* en lugar de *alguno de*: *¿~ de ustedes quiere responder a mi pregunta?*

al·gún |alɣún| ***adj. indef.*** Apócope de *alguno*: *¿has visto ~ coche en la calle?* ⇒ **alguno.** ◻ Se usa delante de sustantivos masculinos en singular.

al·gu·⌜no, ⌜na |alɣúno, na| **1** ***adj. indef.*** Indica que la persona o cosa a la que hace referencia el sustantivo al que acompaña no está determinada o no se quiere determinar: *algunas casas tienen chimenea; algunos hombres llevan barba.* ⇒ **algún.** ◻ Delante de sustantivos masculinos en singular se usa *algún.* **2** Indica una cantidad que no está determinada o no se quiere determinar: *algunos años después se volvió a casar.* **3** Ninguno; ni una persona o cosa: *se marchó sin decir cosa alguna* ⇒ **algún.** ◻ Se usa detrás del sustantivo en frases negativas y delante en frases interrogativas. **- 4** ***pron. indef.*** Indica que la persona o cosa a la que se refiere no está determinada o no se quiere determinar: *si vas por manzanas, trae alguna para mí; algunos estaban de acuerdo con el presidente; algunos de los alumnos tienen más de veinte años; puedes llevarte alguna de estas cosas.* ■ **~ que otro**, unos cuantos de un conjunto; pocos: *~ que otro termina esa carrera tan larga, pero son una minoría.*

al·ha·ja |aláxa| **1** ***f.*** Joya o adorno de valor: *el día de la boda se puso todas sus alhajas.* **2** *fig.* Persona o cosa de mucho valor o a la que se quiere mucho: *los libros son sus mejores alhajas; este profesor es una ~.* **3** *fam. hum.* Persona mala, que molesta y hace daño a los demás o que no trabaja bien: *vaya una ~ de jefe que nos han puesto.*

al·ha·ra·ca |alaráka| ***f.*** Muestra exagerada de un sentimiento: *a mí no me vas a engañar con tanta ~.*

al·he·lí |alelí| **1** ***m.*** Flor de jardín, sencilla o doble, de varios colores y olor agradable: *adórnate el pelo con unos alhelíes.* **2** Planta de hojas largas y estrechas que da esa flor: *el ~ es originario de Europa.* ☐ El plural es *alhelíes.*

a·lia·⌈do, ⌈da |aliáðo, ða| ***adj.-s.*** (persona, país) Que está unido o de acuerdo con otro para un fin determinado: *Francia y el Reino Unido fueron aliados durante la Segunda Guerra Mundial.*

a·lian·za |aliánθa| **1** ***f.*** Unión de personas o países con un fin determinado: *el Antiguo Testamento describe la ~ establecida por Dios con su pueblo.* ⇒ **coalición. 2** Documento o tratado donde está escrito que se han unido unas personas o países: *Inglaterra y Portugal firmaron una ~.* **3** Anillo que se ponen en las bodas los que se casan y que indica que la persona que lo lleva está casada: *el señor Ruiz no es soltero: lleva una ~.*

a·liar |aliár| ***tr.-prnl.*** [algo, a alguien] Unir o poner de acuerdo a dos o más personas o países con un fin determinado: *el acuerdo alió a los países costeros; los dos ejércitos se aliaron para defenderse de los ataques del enemigo.* ☐ Se conjuga como 13.

a·lias |álias| **1** ***adv.*** De otro modo; por otro nombre: *Manuel Benítez, ~ El Cordobés, fue un famoso torero.* **- 2** ***m.*** Nombre que se da a una persona en lugar del suyo propio: *todo el mundo me llama por mi nombre: no tengo ningún ~.* ⇒ **apodo.**

a·li·ca·í·⌈do, ⌈da |alikaíðo, ða| **1** ***adj.*** Que está triste o sin ánimo: *¿qué te pasa?, te veo un poco ~.* **2** Que está débil o delicado físicamente: *está bastante ~ desde que tuvo esa grave enfermedad.*

a·li·can·ti·⌈no, ⌈na |alikantíno| **1** ***adj.*** De Alicante o que tiene relación con Alicante: *muchos turistas acuden en verano a las costas alicantinas.* **- 2** ***m. f.*** Persona nacida en Alicante o que vive habitualmente en Alicante: *los alicantinos son vecinos de los valencianos.*

a·li·ca·ta·do |alikatáðo| **1** ***m.*** Superficie de *azulejos que se pone sobre una pared: *el ~ de la cocina es blanco con un dibujo de flores amarillas.* **2** Acción y resultado de *alicatar: *los albañiles todavía no han terminado el ~ del cuarto de baño.*

a·li·ca·tar |alikatár| ***tr.*** [algo] Cubrir una pared con *azulejos: *sólo falta ~ la cocina y el baño de la nueva casa.*

a·li·ca·te |alikáte| ***m.*** Herramienta formada por dos brazos movibles que sirve para apretar o sujetar: *intentó sacar el clavo de la pared con el ~.* ☐ Se usa también en plural para hacer referencia a una sola de esas herramientas: *los alicates están en la caja de las herramientas.*

a·li·cien·te |aliθiénte| ***m.*** Cosa que mueve a actuar o realizar una acción: *el viaje de fin de curso es un ~ para que los alumnos estudien; el descenso de los impuestos es un ~ para la inversión extranjera.* ⇒ **acicate, aguijón, estímulo.**

a·li·cor·⌈to, ⌈ta |alikórto, ta| **1** ***adj.*** Que tiene las alas cortas o cortadas: *los gorriones son más alicortos que las golondrinas.* **2** *fig.* Que tiene poca imaginación o interés: *su proyecto es algo ~.*

a·lí·cuo·ta |alíkuota| ***adj.*** Que es proporcional: *el reparto de beneficios entre los accionistas será ~.*

a·lie·na·ción |alienaθión| **1** ***f.*** Pérdida de una cosa propia: *la ~ de los terrenos se hará efectiva el mes que viene.* **2** Alteración de la razón y de los sentidos: *el abuelo sufre una ~ preocupante.* **3** Pérdida de la propia *personalidad o *identidad: *la publicidad puede provocar ~.*

a·lie·nan·te |alienánte| ***adj.*** Que altera la razón y los sentidos; que produce la pérdida de la propia personalidad o *identidad: *el abuso del alcohol es ~.*

a·lie·nar |alienár| **1** ***tr.*** [algo; a alguien] Quitar a una persona una cosa que le pertenece: *debido a sus deudas, le alienaron todas sus propiedades.* **2** [a alguien] Alterar la razón y los sentidos: *la pasión te está alienando.* **3** Quitar o causar la pérdida de la propia *personalidad o *identidad: *la cultura de los países poderosos está alienando a las tribus indígenas.*

a·lie·ní·ge·na |alieníxena| ***adj.-com.*** (ser) Que procede de otro planeta: *las novelas de ciencia ficción cuentan historias de alienígenas de Marte y de otras galaxias.*

a·lien·to |aliénto| **1** ***m.*** Aire que se expulsa por la boca; respiración: *sentía su ~ en mi nuca y me puse nervioso.* **2** Ánimo o ayuda moral: *el público daba ~ a los jugadores locales.* ⇔ **desaliento.** ■ **sin ~,** respirando con dificultad por haber hecho un esfuerzo físico muy grande: *los corredores llegaron a la meta sin ~.* ■ **sin ~,** muy sorprendido o admirado: *me quedé sin ~ cuando supe que había aprobado el examen de conducir.*

a·li·ge·rar |alixerár| **1** ***tr.*** [algo] Hacer más ligero o menos pesado; quitar un peso: *la barca se hundirá, si no aligeramos la carga.* ⇒ **aliviar. 2** *fig.* [algo] Hacer menos grave o doloroso; hacer que una cosa se pueda soportar: *el tiempo aligerará la pena.* ⇒ **aliviar. - 3** ***tr.-intr.*** *fig.* Hacer más rápido una cosa; hacer antes una cosa: *aligera la marcha, Marta, que llegamos tarde; a ver si puedes ~ el trabajo, que vamos muy retrasados.* ⇒ **aviar.**

a·li·gus·tre |aliɣústre| ***m.*** Arbusto de flores blancas y olorosas y frutos de forma redonda y color negro: *en el parque hay setos de aligustres; el ~ es originario de Australia.*

a·li·jar |alixár| **1** ***tr.*** [algo] Hacer más ligera la carga de una embarcación para que soporte mejor las olas o para que vuelva a flotar: *alijaron el barco al pasar por el estrecho.* **2** Pasar de un barco a otro o pasar a tierra mercancías ilegales: *la policía sorprendió a los contrabandistas alijando el tabaco.*

a·li·jo |alíxo| ***m.*** Conjunto de géneros o cosas que se han fabricado o introducido en un país de modo ilegal: *la policía ha destruido un ~ de cocaína.*

a·li·ma·ña |alimáɲa| ***f.*** Animal que ataca o hace daño a la caza menor o a la *ganadería: *la zorra es una ~ que roba y mata gallinas.*

a·li·men·ta·ción |alimentaθión| **1** ***f.*** Acción y resultado de alimentar o alimentarse: *una buena ~ es muy importante para el ser humano.* ⇒ **nutrición. 2** Conjunto de cosas que se toman o sirven como alimento: *hemos puesto una tienda de ~.*

a·li·men·tar |alimentár| **1** ***tr.-prnl.*** [algo, a alguien] Dar alimento: *la madre alimenta a su hijo; la tierra alimenta los árboles; los vegetarianos se alimentan sólo de vegetales.* **- 2** ***intr.*** Servir de alimento: *la carne de ternera alimenta mucho porque tiene proteínas.* **- 3** ***tr.*** [a alguien] Mantener o conseguir el dinero necesario para vivir: *con su trabajo alimenta a toda su familia.* **4** [algo] Dar la materia o energía necesarias para funcionar: *el conserje alimenta las calderas de la calefacción todas las mañanas.* **5** Provocar o contribuir: *el dinero alimenta el ocio; el cantante alimenta la pasión de sus admiradoras con su mirada.*

a·li·men·ta·rio, ⌜ria |alimentário, ria| ***adj.*** De los alimentos o la alimentación o que tiene relación con ellos: *debe usted cambiar su régimen ~; trabajo en una industria alimentaria.*

a·li·men·ti·⌜cio, ⌜cia |alimentíθio, θia| ***adj.*** Que alimenta o sirve para alimentar: *en los supermercados venden productos alimenticios y de limpieza.*

a·li·men·to |aliménto| **1** ***m.*** Sustancia que da al organismo lo que necesita para su funcionamiento: *el pescado, la carne y la verdura son alimentos necesarios.* ⇒ **comida. 2** *fig.* Cosa que sostiene o mantiene vivo un sentimiento o una idea: *los recuerdos eran el ~ de su ilusión.*

a·li·món |alimón| ■ **al ~**, *fam.*, a la vez; en *colaboración: *Juan y Luis cantaban al ~.*

a·li·ne·a·ción |alineaθión| **1** ***f.*** Colocación en línea recta: *la ~ y la coordinación de las bailarinas era perfecta.* **2** DEP. Formación de un equipo deportivo: *el entrenador ha hecho pública la ~ que presentará en el próximo partido.* **3** DEP. Inclusión de un jugador en un equipo: *la ~ de ese portero en el equipo de fútbol ha sido muy discutida.*

a·li·ne·ar |alineár| **1** ***tr.-prnl.*** [algo, a alguien] Colocar en línea recta: *alinea esos minerales para que pueda contarlos; alineó a los niños antes de cruzar la calle.* **2** [a alguien] Incluir a un jugador en un equipo: *el entrenador del equipo ha alineado a mi hermano para el partido del domingo.* **- 3 alinearse** ***prnl.*** Relacionarse con una tendencia política o *ideológica o unirse a ella: *los indecisos se alinearon con la mayoría.*

a·li·ñar |aliɲár| **1** ***tr.*** [algo; con algo] Echar especias u otras sustancias a una comida para que tenga más sabor: *mi padre es el que aliña la ensalada con aceite, vinagre y otras cosas.* ⇒ **aderezar, arreglar, condimentar, sazonar. 2** ***tr.-prnl.*** [algo, a alguien] Arreglar el aspecto físico; poner bello: *María se está aliñando para salir de paseo.* ⇒ **aderezar, componer.**

a·li·ño |alíɲo| **1** ***m.*** Acción y resultado de *aliñar: *María prepara las hortalizas y Juan hace el ~.* ⇒ **aderezo, condimentación. 2** Conjunto de especias o sustancias que se echan a la comida para que tenga más sabor: *el ~ de esta ensalada lleva aceite, sal y vinagre.* ⇒ **aderezo. 3** Conjunto de adornos que se usan para mejorar el aspecto físico de una persona o cosa: *el ~ del dormitorio consistió en pintar las paredes y poner cortinas nuevas.* ⇒ **aderezo.**

a·lio·li |alióli| ***m.*** Salsa de sabor fuerte hecha con *ajo, aceite y otras sustancias: *pide una ración de patatas al ~.*

a·li·rón |alirón| ***interj.*** Expresión que se usa para indicar alegría cuando un equipo vence en una competición: *¡~, ~, nuestro equipo es campeón!*

a·li·sa·dor |alisáðor| ***adj.-s.*** (instrumento) Que sirve para poner liso o más liso: *me he comprado un ~ para el pelo porque no me gusta tenerlo rizado.*

a·li·sar |alisár| **1** ***tr.-prnl.*** [algo] Poner liso o más liso: *se levantó, alisó un poco las sábanas y salió.* ⇒ **estirar. 2** Arreglar o poner en orden, especialmente el pelo: *se alisó el pelo con la mano para salir en televisión.* **- 3** ***tr.*** Estirar ligeramente con una plancha: *estoy alisando unos pañuelos, pero termino enseguida.* ⇒ **planchar.**

a·li·so |alíso| **1** ***m.*** Árbol de tronco grueso, copa redonda y madera muy dura, que suele crecer cerca de los ríos o de lugares húmedos: *los troncos de los alisos pueden crecer algo inclinados.* **2** Madera de ese árbol: *muchos instrumentos musicales se construyen con ~.*

a·lis·ta·mien·to |alistamiénto| **1** ***m.*** Acción y resultado de *alistar o *alistarse: *en ese país el ~ en el ejército es obligatorio.* **2** Conjunto de jóvenes que deben hacer el servicio militar en un año determinado: *cada año el ~ es menos numeroso.*

a·lis·tar |alistár| **1** ***tr.-prnl.*** [algo, a alguien] Apuntar o escribir en una lista: *¿quién es el encargado de ~ las provisiones?* **- 2 alistarse** ***prnl.*** Unirse voluntariamente a un ejército o a un grupo organizado: *Juan se ha alistado en la marina; me gustaría alistarme como paracaidista; se alistó para servir en la Cruz Roja.*

a·li·te·ra·ción |aliteraθión| ***f.*** POÉT. Figura del lenguaje que consiste en repetir uno o varios sonidos en una palabra o en una frase: con el ala aleve del leve abanico *es una ~ que recuerda el sonido del aire al moverse.*

a·li·via·de·ro |aliβiaðéro| ***m.*** Conducto por donde salen las aguas que *sobran en un recipiente o en un canal: *el ~ evitó que se rompiera el muro de contención del pantano.*

a·li·viar |aliβiár| **1** ***tr.-prnl.*** [algo, a alguien] Hacer menos grave o doloroso; hacer que una cosa se pueda soportar: *los analgésicos me aliviaron el dolor de cabeza; venir al cine te aliviará un poco la pena que tienes.* ⇒ **aligerar, dulcificar, endulzar. - 2** ***tr.*** [algo] Hacer más ligero o menos pesado; quitar un peso: *alivia un poco el armario o no podremos moverlo; el joven ayudó al anciano aliviándole la carga.* ⇒ **aligerar.** ☖ Se conjuga como 12.

a·li·vio |alíβio| **1** ***m.*** Disminución de una carga o de un peso: *el ~ de la carga del bote impidió que se hundiera.* **2** Disminución de una pena o de un dolor: *he sentido un gran ~ con los medicamentos que estoy tomando.* ⇒ **respiro.**

al·ji·be |alxíβe| ***m.*** *Depósito grande, generalmente bajo tierra, donde se recoge y conserva el agua: *en las casas de las zonas secas hay aljibes donde se recoge el agua de lluvia.*

a·llá |aʎá| **1** ***adv. l.*** Indica un lugar lejano: *compré* *estos vestidos ~ en América.* ☐ Admite grados y puede ir precedido de los adverbios *más* o *muy*: *vete más ~.* ⇒ **allí.** ⇔ **acá. - 2** ***adv. t.*** Indica tiempo lejano, en el pasado o en el futuro: *~ por el mes de enero hará mucho frío; los romanos dominaban la Península Ibérica ~ por el siglo I.* ⇒ **allí.** ⇔ **acá. - 3** ***adv.*** Indica falta de interés: *si no quieres ponerte el abrigo, ~ tú; ¿a mí qué me importa?, ~ te las compongas tú con tus problemas.* ■ **de acá para ~**, de un lugar para otro: *se pasa el día de acá para ~.* ■ **el más ~**, el otro mundo; lo que hay después de la muerte: *los parapsicólogos creen que hay espíritus que vienen del más ~.* ■ **no muy ~**, de regular calidad; ni bueno ni malo: *esta tela no es muy ~; desde que enfermó del hígado no anda muy ~.*

a·lla·na·mien·to |aʎanamiénto| ***m.*** Acción y resultado de *allanar: *ya han empezado el ~ del terreno para hacer la carretera; el ~ de morada es un delito grave.*

a·lla·nar |aʎanár| **1** ***tr.-intr.-prnl.*** [algo] Poner llano: *allanaron el monte para que pasara la carretera; el terreno se allana más allá.* ⇒ **aplanar. - 2** ***tr. fig.*** Superar o hacer fácil un problema o una situación difícil: *el padre allanó el camino a sus hijos.* **3** Entrar a la fuerza en la casa de otra persona: *allanó el domicilio de los señores Martínez.* **- 4 allanarse** ***prnl.*** Aceptar una cosa aunque no se esté completamente de acuerdo con ella: *el empleado se allanó para conservar su trabajo.*

a·lle·ga·ˊdo, ˊda |aʎeɣáðo, ða| ***adj.-s.*** (persona) Que pertenece a una familia determinada o que tiene mucha relación con ella: *en la ceremonia del bautismo del niño sólo estuvieron presentes los allegados.*

a·lle·gar |aʎeɣár| ***tr.*** [algo, a alguien] Recoger o juntar: *allegó cien monedas; allegó a las gentes en la plaza mayor; el campesino allegó la parva de trigo.* ☐ Se conjuga como 7.

a·llen·de |aʎénde| ***adv. l. form.*** En la parte de allá de; más allá de: *triunfó ~ los mares.* ☐ Se usa en la lengua escrita.

a·llí |aʎí| **1** ***adv. l.*** Indica un lugar lejano: *yo vivo ~, en aquel edificio grande; se marchó a París y llegó ~ al día siguiente.* ⇒ **allá.** ⇔ **aquí. - 2** ***adv. t.*** Indica tiempo lejano en el pasado o en el futuro: *hasta ~ todo había marchado muy bien.* ⇒ **allá.** ⇔ **aquí.**

al·ma |álma| **1** ***f.*** Parte no material del ser humano; elemento mental o espiritual, que es capaz de entender, querer y sentir y que no muere con el cuerpo: *el hombre tiene cuerpo y ~; te quiero con toda mi ~; las almas de los inocentes van al cielo;* **~ en pena**, espíritu que está sufriendo en el *purgatorio y haciéndose puro para subir al cielo; *un espiritista dice que es capaz de comunicarse con las almas en pena.* ⇔ **cuerpo. 2** Parte del ser humano que se mueve por la moral, los sentimientos y los *afectos, oponiéndose a la parte mental o al cerebro: *no me movió la cabeza cuando compré aquella casa, sino el ~.* **3** Persona que da vida, ánimo, fuerza o alegría en un lugar o una situación: *Rafa es siempre el ~ de la fiesta.* **4** Persona; ser humano: *no se veía un ~ en la calle; este pueblo cuenta con dos mil almas;* **~ en pena**, *fig.*, persona que está siempre sola y triste: *anda siempre vagando: es un ~ en pena;* **~ de cántaro**, *fam.*, persona muy tonta, que se cree todo; persona que no tiene *sensibilidad: *siempre te engañan: eres un ~ de cántaro;* **~ de Dios**, persona muy buena: *mi vecina es un ~ de Dios, siempre ayudando a los demás.* **5** Interés, esfuerzo o voluntad que se pone en hacer las cosas: *mi madre ponía el ~ en todo lo que hacía; si no pones más ~ en el trabajo, no llegarás a nada.* **6** Hueco interior de ciertos objetos, especialmente del *cañón de las armas de fuego: *estaba limpiando el ~ cuando se le disparó.* ⇒ **ánima.** ☐ Se usa con el artículo *el*, pero con los demás determinantes en forma femenina. ■ **~ mía**, expresión que indica que se quiere mucho a una persona: *¡ven aquí, ~ mía, y dame un abrazo!* ■ **agradecer con/en el ~**, estar muy agradecido, profundamente: *te agradezco en el ~ que hayas venido a ayudarme.* ■ **caerse el ~ a los pies**, *fam.*, sufrir una decepción por no corresponderse la realidad con lo que se esperaba: *cuando me dijeron que había suspendido, se me cayó el ~ a los pies.* ■ **clavarse en el ~**, producir mucha pena o dolor: *sus palabras de reproche se me clavaron en el ~.* ■ **como ~ que lleva el diablo**, *fam.*, de modo violento y rápido, de pronto: *llamaron a Juan por teléfono y se fue como ~ que lleva el diablo.* ☐ Se usa con verbos de movimiento como *irse, marcharse* o *salir.* ■ **estar con/tener el ~ en vilo**, estar preocupado por algún peligro: *cuando sale su novio con la moto ella está con el ~ en vilo, siempre temiendo que tenga un accidente.* ■ **no poder con su ~**, *fam.*, estar muy cansado: *he trabajado tanto, que no puedo con mi ~.* ■ **no tener ~**, no tener compasión: *¿vas a dejar en la calle a esa mujer? ¿Es que no tienes ~?* ■ **partir el ~**, dar mucha pena: *me parte el ~ verla llorar así.* ■ **partirse el ~**, *fam.*, hacerse mucho daño o matarse en una caída o accidente: *estaba pintando la ventana y casi me parto el ~.*

al·ma·cén |almaθén| **1** ***m.*** Local o edificio que sirve para guardar cosas en gran cantidad: *el zapatero fue a buscar un par de zapatos al ~.* **2** Establecimiento donde se venden productos en grandes cantidades: *en los almacenes compran al por mayor los comerciantes;* **grandes almacenes**, establecimiento grande y dividido en *secciones donde se vende todo tipo de productos: *me he comprado un libro, un abrigo y unas gafas en unos grandes almacenes de la ciudad.* ⇒ **comercio.**

al·ma·ce·na·je |almaθenáxe| ***m.*** Acción y resultado de reunir o guardar cosas en un lugar en gran cantidad: *estos contenedores se destinan al ~ de grano.* ⇒ **almacenamiento.**

al·ma·ce·na·mien·to |almaθenamiénto| ***m.*** Acción y resultado de reunir o guardar cosas en un lugar en gran cantidad: *el ~ de alimentos previene la falta de recursos en épocas de carestía.* ⇒ **almacenaje.**

al·ma·ce·nar |almaθenár| **1** ***tr.-prnl.*** [algo] Reunir o guardar en un lugar: *en el armario se almacenaban sombreros y vestidos viejos.* **2** Reunir o guardar en gran cantidad: *hemos almacenado todos los productos en el local.*

al·ma·ce·nis·ta |almaθenísta| **1** ***com.*** Dueño de un *almacén: *los transportistas y almacenistas se quedan con una parte de los beneficios de las ventas.* **2** Persona que se dedica a vender en un *almacén: *el ~ nos vendió varios lotes de camisetas.*

al·má·ci·ga |almáθiγa| ***f.*** Recipiente donde se plantan las semillas para poner las plantas después en otro lugar: *los tomates fueron traídos en almácigas portátiles desde un vivero.* ⇒ **semillero.**

al·ma·dra·ba |almaðráβa| **1** ***f.*** Pesca del *atún: *toda mi familia se dedica a la ~.* **2** MAR. Lugar donde se pesca o donde se vende *atún: *trabajó desde muy niño con su padre en la ~.* **3** MAR. Red o grupo de redes con que se pesca el *atún: *la pesca del atún se realiza en nuestras costas por medio de almadrabas.* **- 4 almadrabas *f. pl.*** MAR. Tiempo en que se pesca el *atún: *en las almadrabas salen los pescadores al mar.*

al·ma·na·que |almanáke| ***m.*** Registro de los días del año ordenados por semanas y meses y que suele incluir otras informaciones: *en mi ~ viene el santo del día y están señalados los días festivos; tengo un ~ en la pared.* ⇒ **calendario.**

al·ma·za·ra |almaθára| ***f.*** Lugar o establecimiento donde se fabrica, se guarda o se vende aceite: *mi familia tenía un olivar y una ~ en Jaén.*

al·me·ja |alméxa| ***f.*** Animal invertebrado marino comestible, pequeño y con dos conchas ovaladas: *me encantan los mejillones, las almejas y las ostras.*

al·me·na |alména| ***f.*** Bloque o conjunto de piedras que, con otros, se levanta sobre la parte alta de un muro, generalmente en los castillos: *los guerreros medievales se protegían detrás de las almenas cuando un ejército atacaba un castillo.*

al·men·dra |alméndra| **1** ***f.*** Fruto alargado y de cáscara dura que da el *almendro: *movimos las ramas y cayeron algunas almendras.* ⇒ **almendruco.** **2** Semilla comestible que hay dentro de ese fruto: *el turrón se hace con almendras; las almendras garrapiñadas son un dulce típico de Alcalá de Henares.* **3** *p. ext.* Semilla de un fruto, especialmente cuando es grande y única: *los melocotones tienen una ~ en su interior.*

al·men·dra·⌐do, ⌐da |almendráðo, ða| **1** ***adj.*** Que tiene forma ovalada: *sus ojos eran negros y almendrados.* **- 2 almendrado *m.*** Dulce hecho con pasta de *almendras, harina y miel o azúcar: *en la bandeja había galletas y almendrados.*

al·men·dro |alméndro| ***m.*** Árbol de hojas alargadas, pequeñas flores blancas o rosas y fruto comestible, alargado y de cáscara dura: *los almendros florecen al final del invierno.* ⇒ **almendra.**

al·men·dru·co |almendrúko| ***m.*** Fruto del *almendro, especialmente cuando aún no ha madurado del todo: *hemos ido al campo para ver si los almendrucos se pueden coger.* ⇒ **almendra.**

al·me·rien·se |almerjénse| **1** ***adj.*** De Almería o que tiene relación con Almería: *los barcos de la flota ~ han salido esta mañana hacia alta mar.* **- 2 *com.*** Persona nacida en Almería o que vive habitualmente en Almería: *un grupo de almerienses se reunió frente al ayuntamiento.*

al·miar |almjár| ***m.*** AGR. Montón de hierba seca y colocada alrededor de un palo vertical: *en el paisaje de Asturias son característicos los almiares.*

al·mí·bar |almíβar| ***m.*** Líquido dulce hecho con azúcar disuelta en agua y *espesada a fuego lento: *de postre tomaré melocotones en ~.*

al·mi·ba·ra·⌐do, ⌐da |almiβaráðo, ða| ***adj.*** Que es demasiado dulce o amable: *me parecían falsos sus remilgos y su trato ~; la película contaba la historia de una princesa cursi y almibarada.*

al·mi·ba·rar |almiβarár| **1** ***tr.*** [algo] Bañar o cubrir con *almíbar: *la cocinera almibaró las peras.* **2** Hacer más dulce o suave: *la mujer almibaró la voz para hablar con el anciano.*

al·mi·dón |almiðón| ***m.*** Sustancia blanca en forma de granos o polvo, que no tiene olor ni sabor y que se encuentra en la semilla de ciertas plantas, especialmente en los cereales: *el ~ se usa para que la ropa quede mejor planchada.*

al·mi·do·na·⌐do, ⌐da |almiðonáðo, ða| ***adj.*** *fam. fig.* Que tiene un aspecto demasiado cuidado y arreglado: *¿dónde vas tan ~? Parece que te vas a casar.*

al·mi·do·nar |almiðonár| ***tr.*** [algo] Mojar con *almidón disuelto en agua: *la próxima vez almidonaré la camisa y así quedará como nueva.*

al·mi·nar |alminár| ***m.*** ARQ. Torre de una *mezquita: *desde el ~ se llama a los mahometanos a la oración.*

al·mi·ran·taz·go |almirantáθγo| **1** ***m.*** Tribunal o consejo superior de la marina: *los miembros del ~ se reunieron para preparar el ataque.* **2** Cargo de *almirante: *recibió el ~ siendo muy joven.* **3** Territorio que tiene a su cargo un *almirante: *esta zona pertenece a su ~.* **4** Conjunto de los *almirantes de la marina: *hubo una fiesta para el ~.*

al·mi·ran·te |almiránte| ***m.*** Miembro de la armada de categoría inmediatamente inferior a la de *capitán general: *el ~ equivale al teniente general en los ejércitos de tierra; el ~ ha ordenado que volvamos al puerto.*

al·mi·rez |almiréθ| ***m.*** Recipiente de metal, con forma de vaso ancho, que sirve para moler o *machacar: *sobre la repisa de la chimenea hay un ~ de bronce.* ⇒ **mortero.**

al·miz·cle |almíθkle| ***m.*** Sustancia olorosa, de sabor amargo y color entre rojo y marrón, que se emplea en medicina: *el ~ se saca del estómago de un animal rumiante que se llama almizclero; el ~ es también una hierba amarga.*

al·mo·ha·da |almoáða| ***f.*** Saco de tela lleno de un material blando que sirve para apoyar una parte del cuerpo, especialmente la cabeza: *María duerme con la cabeza debajo de la ~; en la cama tengo dos almohadas.* ⇒ **almohadón.**

al·mo·ha·di·lla |almoaðíʎa| ***f.*** Saco pequeño de tela o de otro tejido, lleno de un material blando: *llevamos una ~ al fútbol para sentarnos.* ⇒ **almohada.**

al·mo·ha·di·llar |almoaðiʎár| **1** ***tr.*** [algo] Llenar con un material blando: *vamos a ~ las sillas para que sean más cómodas.* **2** Trabajar las piedras de modo que no tengan ángulos rectos: *las piedras de la fachada están almohadilladas.*

al·mo·ha·dón |almoaðón| **1** ***m.*** Saco de tela lleno de un material blando que sirve para apoyar una parte del cuerpo, especialmente la cabeza: *lleva un ~ al abuelo para que esté cómodo en el sillón.* ⇒ **almohada. 2** Funda de tela en la que se mete la *almohada: *he quitado los almohadones para lavarlos.*

al·mo·rra·na |almorána| ***f. fam.*** *Hinchazón dolorosa de las *venas situadas alrededor del ano: *las almorranas pueden deberse a la mala circulación de la sangre.* ⇒ **hemorroide.** ⌂ Se usa también en plural con el mismo significado.

al·mor·ta |almórta| **1** ***f.*** Planta *leguminosa de flores blancas o azules: *la ~ se cultiva mucho en la Península Ibérica.* **2** Semilla de esa planta: *con las almortas se hace una harina que sirve para cocinar diversos platos.*

al·mor·zar |almorθár| **1** ***intr.*** Tomar el *almuerzo: *vamos a ~, que ya son las dos; si no almuerzo a media mañana, a las tres estoy muerto de hambre.* ⇒ **cenar, comer, desayunar, merendar. - 2** ***tr.*** [algo] Comer en el *almuerzo: *hoy hemos almorzado paella; ¿te apetece ~ un pincho de tortilla?* ⌂ Se conjuga como 50.

al·muer·zo |almuérθo| **1** ***m.*** Comida fuerte que se toma en la mitad del día o en las primeras horas de la tarde: *he preparado un guiso de ternera para el ~; ven a mi casa a tomar un café después del ~.* ⇒ **comida. 2** Comida ligera que se toma a media mañana: *vamos a tomar un bocadillo, que es la hora del ~.* ⇒ **cena, comida, desayuno, merienda.**

a·lo·ca·⌐do, ⌐da |alokáðo, ða| **1** ***adj.*** Que se comporta como un *loco: *Andrés es muy ~: siempre está haciendo tonterías.* **2** Que tiene poco cuidado o pone poca atención: *Alicia es demasiado alocada conduciendo.*

a·lo·cu·ción |alokuθión| ***f. form.*** Discurso, generalmente breve, que un jefe o superior dirige a sus subordinados: *en la ~ de despedida, el obispo agradeció a todos los sacerdotes su colaboración.*

a·lo·ja·mien·to |aloxamiénto| **1** ***m.*** Lugar donde se vive durante un tiempo y que pertenece a otra persona: *la noche que llegamos a Burgos no encontramos ~.* ⇒ **albergue, aposento, hospedaje, residencia. 2** Acogida en una casa o en un establecimiento: *el ayuntamiento se ocupa del ~ de las familias sin casa.* ⇒ **hospedaje. 3** Cantidad de dinero que se cobra por esa acogida: *pagamos el ~ el día 15 de cada mes.* ⇒ **hospedaje.**

a·lo·jar |aloxár| **1** ***tr.*** [a alguien] Dar *alojamiento: *podríamos ~ a un huésped en la habitación libre.* ⇒ **albergar, aposentar, hospedar. - 2** ***tr.-prnl.*** [algo] Introducir o meter una cosa dentro de otra: *el médico encontró una bala alojada en su pecho.* **- 3 alojarse** ***prnl.*** Vivir durante un tiempo en una casa o en un establecimiento que pertenece a otra persona: *nos alojamos en casa de unos parientes.* ⇒ **albergar, aposentar, hospedar.**

a·lón |alón| ***m.*** Ala entera de cualquier ave cuando se le han quitado las plumas: *el carnicero cortó los alones al pollo.*

a·lon·dra |alóndra| ***f.*** Pájaro de color marrón con bandas oscuras en la parte superior y de color claro en la parte inferior, con la cola larga y con una *cresta corta y redonda: *la ~ tiene un canto muy bonito; las alondras hacen sus nidos en el suelo.* ⌂ Para indicar el sexo se usa la ~ macho y la ~ hembra.

a·lo·pe·cia |alopéθia| ***f.*** Caída del pelo debida a una enfermedad de la piel: *aunque es muy joven, una ~ severa lo ha dejado completamente calvo.* ⇒ **calvicie.**

al·pa·ca |alpáka| ***f.*** Metal blanco que se consigue mezclando *cobre, *zinc y *níquel: *esta jarra no es de plata sino de ~; la ~ es una aleación.*

al·par·ga·ta |alparγáta| ***f.*** Calzado de tela que se ajusta al pie sin cordones o con unas cintas que se atan al *tobillo: *me he comprado unas alpargatas con suela de esparto para andar por casa.*

al·pi·nis·mo |alpinísmo| ***m.*** Deporte que consiste en subir o escalar altas montañas: *practicando ~ se encuentran paisajes maravillosos.* ⇒ **montañismo.**

al·pi·nis·ta |alpinísta| ***com.*** Persona que sube o escala montañas: *dos alpinistas españoles han escalado la cima del Everest.* ⇒ **montañero.**

al·pi·⌐no, ⌐na |alpíno, na| **1** ***adj.*** De las montañas altas o que tiene relación con ellas: *la vegetación alpina es escasa; la brisa alpina te sentará muy bien.* **2** De los Alpes o que tiene relación con los Alpes: *tiene una casa en la zona alpina de Suiza.*

al·pis·te |alpíste| **1** ***m.*** Semilla muy pequeña que se usa como alimento para los pájaros: *voy a echar ~ al canario.* **2** Planta que da esa semilla: *el ~ es originario del Mediterráneo.*

al·que·rí·a |alkería| **1** ***f.*** Casa de campo, generalmente alejada de una población: *los labradores vivían en una ~.* **2** Grupo de casas de campo, generalmente alejadas de una población: *en las alquerías puede haber animales de granja.*

al·qui·lar |alkilár| **1** ***tr.*** [algo; a alguien] Dar una cosa por un tiempo determinado a cambio de una

ALPARGATA

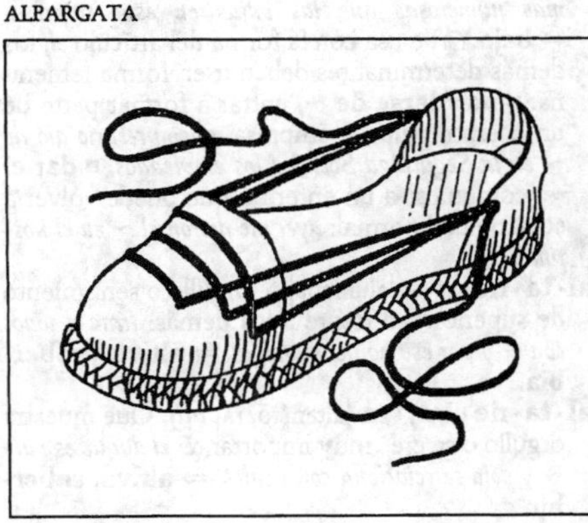

cantidad de dinero acordada y bajo ciertas condiciones: *vamos a ~ el piso para sacar algún dinero; se alquilan habitaciones a estudiantes.* ⇒ **alquilar.** **2** Tomar una cosa por un tiempo determinado pagando a cambio una cantidad de dinero acordada: *cuando fui de vacaciones alquilé un coche; los primeros años alquilamos un piso en el centro de la ciudad.* ⇒ **arrendar.** ⇔ **desalquilar.**

al·qui·ler |alkilér| **1** ***m.*** Acción y resultado de *alquilar: *trabajo en una agencia de ~ de coches.* ⇒ **arrendar.** **2** Cantidad de dinero por la que se *alquila una cosa: *los alquileres de los pisos están muy altos.* ⇒ **arrendamiento, renta.**

al·qui·mia |alkímia| ***f.*** Conjunto de conocimientos sobre las características y los cambios de la materia: *la ~ tenía en la Edad Media un carácter oculto o secreto; algunos religiosos se dedicaron a la ~.*

al·qui·mis·ta |alkimísta| ***com.*** Persona que se dedica a la *alquimia: *los alquimistas pretendían convertir los metales en oro.*

al·qui·trán |alkitrán| ***m.*** Sustancia densa y pegajosa, de color oscuro y olor fuerte, que se saca de la *destilación de la madera y del carbón vegetal: *el ~ se usa para alquitranar las carreteras y en las industrias; el tabaco es perjudicial porque tiene nicotina y ~.* ⇒ **asfalto.**

al·qui·tra·nar |alkitranár| ***tr.*** [algo] Dar o echar *alquitrán sobre una superficie: *acaban de ~ la carretera.* ⇒ **asfaltar.**

al·re·de·dor |al̄eðeðór| **1** ***adv. l.*** Indica movimiento o estado en *torno a una persona o cosa; rodeando un lugar: *la casa de Guillermo tiene ~ un jardín muy bonito; las mariposas vuelan ~ de la farola.* **- 2 alrededores *m. pl.*** Zona que rodea un lugar o una población: *en los alrededores de la urbanización hay muchas tiendas; compramos un piso en los alrededores de Madrid.* ⇒ **afuera, extrarradio.** ■ **~ de,** más o menos; aproximadamente: *este libro me costó ~ de mil pesetas.*

al·ta |álta| **1** ***f.*** Orden y documento con los que se comunica que un enfermo puede volver a su actividad normal: *en los últimos meses ha habido muchas altas en el hospital; ya tengo el ~ del médico y mañana me incorporo al trabajo.* ⇔ **baja.** **2** Entrada en un cuerpo, grupo o empresa: *las altas han sido más numerosas que las bajas en esta empresa.* ⇔ **baja.** ☐ Se usa con la forma del artículo *el*; los demás determinantes deben ir en forma femenina. ■ **dar/darse de ~,** entrar a formar parte de un cuerpo, grupo o empresa: *el empresario dio de ~ en la Seguridad Social a los empleados.* ■ **dar el ~,** comunicar a un enfermo que puede volver a su actividad normal: *ayer me dieron el ~ en el hospital.*

al·ta·ne·rí·a |altanería| ***f.*** Orgullo o sentimiento de superioridad frente a los demás: *trata a todos con ~ y por eso no tiene amigos.* ⇒ **altivez, soberbia.**

al·ta·ne·⌐ro, ⌐ra |altanéro, ra| ***adj.*** Que muestra orgullo o se cree muy importante: *el duque es muy ~ y sólo se relaciona con nobles.* ⇒ **altivo, soberbio.**

al·tar |altár| **1** ***m.*** Mesa o lugar donde el sacerdote celebra la misa: *el sacerdote dejó el cáliz sobre el ~.* **2** Piedra sobre la que se *sacrifican animales para ofrecerlos a los dioses: *mi profesor de Arte es un especialista en altares prehistóricos.* ■ **llevar al ~,** casarse con una persona: *Antonio va a llevar al ~ a Rocío.* ■ **poner/tener en un ~,** alabar mucho; admirar: *los alumnos tienen a su profesora en un ~.*

al·ta·voz |altaβóθ| ***m.*** Instrumento que transforma en sonidos las ondas eléctricas y que sirve para hacerlo más intenso: *el equipo de música tiene dos altavoces.* ⇒ **megáfono.**

al·te·ra·ble |alteráβle| ***adj.*** Que puede alterarse: *no molestes mucho al abuelo que tiene un carácter muy ~.* ⇔ **inalterable.**

al·te·ra·ción |alteraθión| **1** ***f.*** Cambio en las características o en la forma: *la enfermedad produce una ~ metabólica del organismo; hubo una ~ en el horario de los vuelos a causa del mal tiempo.* **2** Falta de orden; alteración del orden público: *en la manifestación hubo alteraciones del orden público.* ⇒ **desorden.**

al·te·rar |alterár| **1** ***tr.-prnl.*** [algo] Cambiar las características o la forma de una cosa: *~ la verdad es mentir; el alcohol altera la leche.* **2** Romper un orden regular: *sólo el canto de los pájaros alteraba el silencio; la dimisión del director ha alterado los planes de la empresa.* **3** [a alguien] Provocar un sentimiento de preocupación o de enfado: *es muy nervioso y se altera por cualquier ruido.*

al·ter·ca·⌐do |alterkáðo| ***m.*** Alteración del orden público; enfrentamiento entre dos personas por no estar de acuerdo sobre una circunstancia o una idea: *en la taberna se produjo un fuerte ~ y llamaron a la policía; he tenido un ~ con Eugenio.* ⇒ **desorden.**

al·ter·na·dor |alternaðór| ***m.*** Máquina eléctrica que produce corriente alterna: *los coches llevan un ~.*

al·ter·nan·cia |alternánθia| ***f.*** Acción y resultado de hacer u ocurrir por turnos dos o más cosas, repitiendo una después de la otra: *la política de ese país se caracteriza por la ~ de los partidos políticos en el gobierno.*

al·ter·nar |alternár| **1** ***tr.-intr.*** [algo; con algo] Hacer u ocurrir por turnos dos o más cosas, repitiendo una después de la otra: *alterna los placeres con el estudio; en primavera, los días de sol alternan con los de lluvia.* **- 2 *intr.*** [con alguien] Tener relación o trato social: *alterna con sus compañeros del trabajo; no salgo los sábados porque no me gusta ~.* **3** Relacionarse con los clientes de un bar o un local de diversión para hacer que gasten más dinero: *las camareras de esa sala de fiestas alternan con los hombres que acuden a ella.*

al·ter·na·ti·va |alternatíβa| **1** ***f.*** Solución o decisión que puede tomarse; posibilidad de elegir entre cosas diferentes: *hay que vender la casa, no tenemos ~; estamos ante una ~ y debemos elegir cuanto antes.* **2** Acto por el cual un torero concede a otro el derecho a matar toros: *Manolete dio la ~ al joven torero; Ordóñez tomó la ~ en Madrid y así comenzó su larga carrera como matador.*

al·ter·na·ti·⌐vo, ⌐va |alternatíβo, βa| **1** ***adj.*** Que se dice, hace u ocurre por turnos y de forma repetida: *en una conversación, los turnos de palabra son alternativos.* **2** Que puede sustituir y realizar la misma función que otra persona o cosa: *si falla este plan, tenemos un proyecto ~.*

al·ter·ne |altérne| **1** ***m.*** Relación o trato social que consiste, generalmente, en beber y divertirse por las noches en lugares públicos: *tanto ~ no es bueno para tu salud.* **2** *fam.* Relación o trato con los clientes de un bar o un local de diversión para hacer que gasten más dinero: *se dedica al ~ en un local de mala reputación.*

al·ter·⌐no, ⌐na |altérno, na| **1** ***adj.*** Que se dice, se hace o se produce de forma repetida y *sucesiva: *en el partido hubo dominio ~ de los dos equipos y acabaron empatados.* **2** (hoja, órgano vegetal) Que se encuentra a diferente nivel en el tallo, de manera que cada uno ocupa en su lado la parte que corresponde a la que queda libre en el lado opuesto: *el abedul tiene hojas alternas.* **3** Que se produce o se hace cada dos días: *las clases de Física son alternas; el médico sólo viene en días alternos.*

al·te·za |altéθa| ***f.*** Forma de tratamiento que se usa hacia los *príncipes o *infantes de España: *acaba de entrar en el salón su Alteza Real el Príncipe.* ⇒ **majestad.**

al·ti·ba·jos |altiβáxos| **1** ***m. pl.*** Parte de un terreno que sube y baja: *el camino es desigual y tiene ~.* **2** Serie de hechos buenos y malos; cambios de estado, que ocurren uno detrás de otro: *los ~ de la suerte son imprevisibles; tiene ~ emocionales: tan pronto está contento como llora y se quiere morir.*

al·ti·llo |altíʎo| **1** ***m.*** Armario pequeño que se hace en la parte alta de la pared o que se pone sobre otro armario: *guardo los libros en el ~ de la alcoba.* **2** Piso superior o parte alta de un local que se usa para guardar cosas o con otros fines: *el dependiente subió al ~ a buscar los zapatos que le pedí; la oficina está en el ~ del taller.* **3** Elevación del terreno de poca altura: *voy a subir a ese ~ a ver si viene mi padre.*

al·tí·me·tro |altímetro| ***m.*** Instrumento que sirve para medir la altura: *el ~ indica la altitud de un lugar respecto del nivel del mar.*

al·ti·pla·ni·cie |altiplaníθie| ***f.*** Terreno llano, extenso y elevado: *en algunas regiones americanas hay altiplanicies.* ⇒ **altiplano, meseta.**

al·ti·pla·no |altipláno| ***m.*** ⇒ **altiplanicie.** ☐ La Real Academia Española prefiere la forma *altiplanicie.*

Al·tí·si·mo |altísimo| ***m.*** Dios, según la religión cristiana: *demos gracias al ~.*

al·ti·so·nan·cia |altisonánθia| ***f.*** Cualidad de *altisonante: *la ~ de sus palabras resulta odiosa.*

al·ti·so·nan·te |altisonánte| ***adj.*** (estilo, discurso) Que se adorna con palabras demasiado formales y que no son necesarias: *el político hablaba con palabras altisonantes.* ⇒ **ampuloso, grandilocuente, pomposo.**

al·ti·tud |altitúᵈ| ***f.*** Altura de un punto de la tierra sobre el nivel del mar: *cuando subí a la montaña me mareé por la ~; la cima del monte está situada a 1000 metros de ~.*

al·ti·vez |altiβéθ| ***f.*** Orgullo o sentimiento de superioridad frente a los demás: *la presidenta de la empresa miró con ~ a sus empleados.* ⇒ **altanería, soberbia.**

al·ti·⌐vo, ⌐va |altíβo, βa| ***adj.*** Que muestra orgullo o se cree muy importante: *el señor era ~ y distante con el criado.* ⇒ **altanero, soberbio.**

al·⌐to, ⌐ta |álto, ta| **1** ***adj.*** Que tiene más distancia de arriba abajo de lo normal: *los pinos son más altos que los olivos.* ⇒ **largo.** ⇔ **bajo. 2** Que está situado en un lugar superior en relación con otras cosas: *las tierras altas son frías; las clases altas de la sociedad manejan mucho dinero.* ⇔ **bajo. 3** Que tiene más categoría, valor o calidad de lo normal: *el nivel de los alumnos de este curso es muy ~; las temperaturas en julio son muy altas.* ⇔ **bajo. 4** (precio) Que es caro: *el precio de ese producto es muy ~ y no lo voy a comprar.* ⇔ **bajo. 5** (sonido) Que es fuerte o intenso: *no soporto la música alta; leyó la carta en voz alta y clara.* ⇔ **bajo. 6** Que es elegante o bueno: *sus pensamientos son muy altos.* ⇔ **bajo. - 7 alto** ***m.*** Parada o detención: *hagamos un ~ para descansar.* **8** Voz que se usa para ordenar parar: *¡~!, pare en el arcén de la carretera.* **9** Lugar que está arriba o que se levanta sobre el nivel del suelo: *nos subimos a un ~ para ver el paisaje.* ⇔ **bajo. 10** Altura, dimensión vertical de un cuerpo: *la lavadora mide setenta centímetros de ~.* **11** MÚS. Voz aguda: *soy uno de los altos del coro.* ⇔ **bajo. - 12** ***adv. l.*** En o por un lugar superior; arriba: *el avión vuela muy ~.* ⇔ **bajo. - 13** ***adv. m.*** Con sonido intenso; con voz fuerte: *no hables tan ~, que me duele la cabeza.* ⇔ **bajo.** ■ **dar/echar el ~**, pedir a una o más personas que se paren: *la policía nos dio el ~ cuando íbamos por la carretera.* ■ **lo ~**, la parte superior de una cosa: *subí a lo ~ del rascacielos.* ■ **pasar por ~**, dejar de lado una cosa; no darle importancia ni poner atención: *esta vez pasaré por ~ el retraso de los empleados.* ■ **por todo lo ~**, *fam.*, con mucho lujo y gasto de dinero: *celebraron la boda por todo lo ~ en el restaurante más caro de la ciudad.*

al·to·za·no |altoθáno| ***m.*** Elevación de poca altura sobre un terreno llano: *¿nos sentamos a descansar en aquel ~, bajo el álamo?*

al·tra·muz |altramúθ| **1** ***m.*** Semilla dura, redonda y comestible de cierta planta, que se moja en agua para quitarle el sabor amargo: *en la tienda venden altramuces; los altramuces en agua tienen un olor desagradable.* ⇒ **chocho. 2** Planta de flores blancas en *espigas que da esas semillas comestibles: *el ~ tiene hojas en forma de palma.*

al·truis·mo |altruísmo| ***m.*** Amor hacia los demás; tendencia a hacer el bien sin esperar nada a cambio: *el ~ de las naciones ricas podría evitar el hambre en el Tercer Mundo.* ⇒ **filantropía.** ⇔ **egoísmo.**

al·truis·ta |altruísta| ***adj.-com.*** (persona, acción) Que tiende a hacer el bien sin esperar nada a cambio; que es generoso: *gracias a cientos de voluntarios* *altruistas, los niños de la ciudad bombardeada han podido sobrevivir; donar los órganos es una acción ~.* ⇔ **egoísta.**

al·tu·ra |altúra| **1** *f.* Distancia a la que se levanta un cuerpo sobre la tierra o sobre cualquier otra superficie: *aquel pino mide ocho metros de ~.* **2** Dimensión de los cuerpos o de las figuras, *perpendicular a su base y considerada por encima de ésta: *este triángulo mide 15 centímetros de base y 9 de ~.* ⇒ **profundidad. 3** Parte alta o superior de una cosa: *vivo en las alturas: mi casa está en un décimo piso.* ☖ Se usa frecuentemente en plural. **4** Terreno alto: *¿quieres que subamos a aquella ~?* **- 5 alturas** *f. pl. fig.* Lugar en el que los santos y los espíritus de los justos gozan de la compañía de Dios: *su alma ascendió a las alturas.* ⇒ **cielo.** ■ **a estas alturas**, en este momento; llegadas las cosas a este punto: *a estas alturas del viaje ya no podemos volver atrás; si a estas alturas todavía no sabes multiplicar, no pasarás el examen del lunes.* ■ **a la ~ de**, al nivel de; cerca de: *vaya todo recto y a la ~ del puerto gire a la derecha.* ■ **estar a la ~ de las circunstancias**, saber comportarse de modo adecuado en una situación: *Juan no ganó el concurso, pero estuvo a la ~ de las circunstancias.*

a·lu·bia |alúβia| **1** *f.* Planta *leguminosa de tallo delgado y en *espiral y con flores blancas o amarillas: *la ~ necesita mucha humedad.* **2** Fruto de esa planta, encerrado en una cáscara blanda, alargada y aplastada: *la ~ se recoge cuando la vaina está seca.* **3** Semilla de esa planta, de pequeño tamaño y forma alargada, que se consume hervida: *las alubias pueden ser blancas o pintas.* ⇒ **habichuela, judía.**

a·lu·ci·na·ción |aluθinaθión| *f.* *Visión o *confusión de la mente: *don Quijote tuvo una ~ cuando confundió los molinos de viento con gigantes.*

a·lu·ci·nan·te |aluθinánte| *adj. fam.* Que admira o impresiona, generalmente por ser muy bueno: *he pasado un fin de semana ~; chico, te has comprado un coche ~.*

a·lu·ci·nar |aluθinár| **1** *intr.* Padecer o producir *visiones o *confusión de la mente: *la fiebre me hacía ~.* **- 2** *tr. fam.* [a alguien] Sorprender o admirar: *me alucina tu moto.*

a·lu·ci·nó·ge·⌐no, ⌐na |aluθinóxeno, na| *adj.-m.* (sustancia química) Que causa *alucinaciones o falsos estados de ánimo: *la policía investiga el tráfico de sustancias alucinógenas; el opio es un ~.* ⇒ **droga.**

a·lud |alú^{d}| **1** *m.* Masa grande de nieve que cae de las montañas violentamente y con ruido: *los escaladores desaparecieron bajo un ~.* ⇒ **avalancha. 2** *fig.* Cantidad grande de una cosa que llega o aparece de forma rápida: *el programa ha recibido un ~ de protestas de grupos ecologistas.* ⇒ **aluvión.**

a·lu·dir |aluðír| **1** *intr.* [a algo/alguien] Hacer referencia a una persona o cosa sin nombrarla de manera clara: *creo que está aludiendo al cierre de la empresa; esa canción alude a un asunto político.* **2** *p. ext.* Hacer una referencia breve a una cosa dentro de una conversación: *durante la charla de la sobremesa, aludieron al problema de la droga.*

a·lum·bra·do |alumbráðo| *m.* Conjunto de luces que iluminan un lugar: *el alcalde ha mejorado el ~ de la ciudad poniendo más farolas.*

a·lum·bra·mien·to |alumbramiénto| *m.* *Expulsión del feto; nacimiento: *el matrimonio celebró el ~ de su primer hijo.* ⇒ **parto.**

a·lum·brar |alumbrár| **1** *tr.-intr.* [algo, a alguien] Dar luz: *la lámpara alumbra todo el salón; el Sol alumbra; ¿puedes alumbrarme el camino con la linterna, por favor?* ⇒ **iluminar. 2** [a alguien] Expulsar la hembra el feto que tenía en su vientre: *alumbró dos hijos varones en el mismo parto.* ⇒ **parir. - 3** *tr.* [algo] Poner luz o luces en un lugar: *si alumbramos el jardín quedará muy bonito.* ⇒ **iluminar. 4** Hacer entender; hacer salir de un error: *el sabio alumbró la solución del problema.*

a·lum·bre |alúmbre| *m.* QUÍM. Sal blanca que se usa en medicina y en la industria: *el ~ se emplea para aclarar aguas turbias; el ~ ordinario es el sulfato doble de aluminio y potasio.*

a·lú·mi·na |alúmina| *f.* QUÍM. Óxido de *aluminio que se encuentra en la naturaleza puro y en forma de cristal: *la ~ forma el zafiro, el rubí y la esmeralda.*

a·lu·mi·nio |alumínio| **1** *m.* QUÍM. Metal de color claro, ligero, que toma forma con facilidad y que resiste bien la acción del oxígeno: *he comprado una olla de ~; el ~ es un buen conductor de la electricidad.* **2** Elemento químico que forma este metal: *el símbolo del ~ es Al.*

a·lum·na·do |alu^{m}náðo| *m.* Conjunto de los *alumnos de un centro de enseñanza: *los representantes del ~ intervienen en las decisiones que afectan al instituto.*

a·lum·⌐no, ⌐na |alú^{m}no, na| **1** *m. f.* Persona que recibe educación o conocimientos de otra: *el profesor se fue de excursión con sus alumnos.* ⇒ **maestro, profesor. 2** Persona que recibe unos conocimientos determinados en un centro determinado: *Estrella es alumna de arquitectura y David, de música; soy ~ de la Universidad de Alcalá.*

a·lu·ni·za·je |aluniθáxe| *m.* Bajada hacia la superficie de la Luna, hasta que se produce la detención sobre ella: *la nave espacial realizó un ~ perfecto.* ⇒ **amaraje, aterrizaje.**

a·lu·ni·zar |aluniθár| *intr.* Descender hasta parar en la superficie de la Luna: *cuando alunizó el Apolo XI todo el mundo estaba pendiente del televisor.* ⇒ **amarar, aterrizar.** ☖ Se conjuga como 4.

a·lu·sión |alusión| *f.* Referencia o cita que se hace al hablar de manera breve o poco clara: *el orador hizo una ~ al patrón de la ciudad; por alusiones, cedieron el turno de palabra al ministro.*

a·lu·si·⌐vo, ⌐va |alusíβo, βa| *adj.* Que hace *alusión: *hizo un comentario ~ a la mala gestión; el libro está adornado con dibujos alusivos al texto.*

a·lu·vial |aluβiál| *adj.* Del *aluvión o que tiene relación con él: *éste es un terreno pantanoso y ~.*

a·lu·vión |aluβión| **1** *m.* Aparición de gran cantidad de agua de manera rápida y violenta: *ha llegado un ~ provocado por las lluvias torrenciales.* ⇒ **inundación. 2** *fig.* Cantidad grande de una cosa que llega o aparece de forma rápida: *tuvo que contestar a un ~ de preguntas.* ⇒ **alud, chaparrón.** ■ **de ~**, de los terrenos o montones de tierra formados por la acción de las corrientes de agua o que tiene relación con ellos: *la tierra de ~ se fue acumulando en el valle.*

al·ve·o·lar |alβeolár| **1** ***adj.*** ZOOL. De los *alveolos o que tiene relación con ellos: *las encías son cavidades alveolares.* **- 2** ***adj.-f.*** LING. (consonante) Que se pronuncia haciendo que la lengua toque en los *alveolos: *la* n *y la* l *son consonantes alveolares.*

al·ve·o·lo |alβeólo| **1** ***m.*** Hueco de la boca en el que va metido un diente: *los alveolos se encuentran en las mandíbulas.* **2** ANAT. Hueco en que termina una *ramificación de los *bronquios: *los alveolos pulmonares tienen forma de media esfera.* ⇒ **alvéolo.**

al·vé·o·lo |alβéolo| ***m.*** ⇒ **alveolo.**

al·za |álθa| **1** ***f.*** Subida o *elevación, especialmente del precio o el valor de una cosa: *con el ~ de los precios del petróleo se agravó la crisis.* ⇔ **baja. 2** Trozo de material que se pone en el zapato para hacerlo más alto o más ancho: *Felipe lleva alzas porque tiene complejo de bajito.* ☖ Se usa con la forma del artículo *el*; los demás determinantes deben ir en forma femenina.

al·za·cue·llo |alθakuéʎo| ***m.*** Cuello formado por una tira de tela blanca que usan los sacerdotes: *el padre Lomas lleva siempre traje negro y ~.* ⇒ **collarín.**

al·za·da |alθáða| ***f.*** Altura del caballo y de otros animales de cuatro patas: *esta raza de caballos tiene mayor ~ que otras razas.*

al·za·˹do |alθáðo| ***m.*** Dibujo de un objeto o de un edificio representado en *proyección vertical y sin tener en cuenta la *perspectiva: *el arquitecto nos enseñó la planta y el ~ de nuestra nueva casa.*

al·za·mien·to |alθamiénto| **1** ***m.*** Subida o levantamiento de abajo hacia arriba: *he participado en un concurso de ~ de piedras.* **2** Acción y resultado de *alzarse contra el poder establecido: *se produjo un ~ militar contra el gobierno.* ⇒ **levantamiento, rebelión, sedición, sublevación.**

al·zar |alθár| **1** ***tr.*** [algo, a alguien] Poner en un lugar más alto: *alzamos las copas para brindar; el que sepa la respuesta que alce la mano.* ⇒ **levantar, subir. 2** Poner en posición vertical: *el viento tiró la valla y tuvimos que alzarla.* **3** [algo] Construir o levantar un edificio: *en el solar alzaron una casa de siete pisos.* **4** Quitar, retirar o llevarse: *la criada alzó el mantel.* **5** Hacer más fuerte o intensa la voz: *alza la voz, que no te oigo bien.* **6** Subir o elevar el precio: *los impuestos están obligando a ~ los precios.* **7** Fundar, crear o desarrollar: *ha conseguido ~ una empresa muy poderosa.* **8** Hacer terminar una pena o castigo: *le han alzado el castigo por su buen comportamiento.* **9** Levantar o dar ánimo: *alzad vuestros corazones.* **- 10 alzarse** ***prnl.*** Levantarse; ponerse de pie: *al entrar el jefe, todos se alzaron de sus sillas.* **11** Destacar en altura sobre lo demás: *la montaña se alzaba majestuosamente sobre las nubes.* **12** [contra algo/alguien] Oponerse de manera abierta a una situación social o política: *el pueblo se alzó en armas contra su presidente.* ⇒ **levantar, rebelar, sublevar. 13** [con algo] Conseguir una cosa o hacerse con ella: *el equipo visitante se alzó con la victoria.* ☖ Se conjuga como 4.

a·ma |áma| **1** ***f.*** Jefa de las criadas de una casa: *el ~ organizó la limpieza general de la casa;* **~ de llaves**, la que se encarga de las llaves y la economía de una casa: *Rebeca es el ~ de llaves de la mansión.* **2** Mujer que da de mamar a un niño nacido de otra mujer: *como la madre no podía amamantar al niño, buscaron una ~ de cría; esta mujer fue su ~ de leche.* ⇒ **nodriza.** ☖ Se usa con la forma del artículo *el*; los demás determinantes deben ir en forma femenina.

a·ma·bi·li·dad |amaβiliðáᵈ| ***f.*** Cualidad de amable: *me saludó con mucha ~ y simpatía.* ⇒ **afabilidad.**

a·ma·ble |amáβle| ***adj.*** Que es agradable en la conversación y el trato: *Luis fue muy ~ al ayudarme a llevar los paquetes; me saludó con una sonrisa ~.* ⇒ **afable.**

a·ma·˹do, ˹da |amáðo, ða| ***m. f.*** Persona a la que se ama: *lo vimos abrazado a su amada.*

a·ma·dri·nar |amaðrinár| ***tr.*** [algo, a alguien] Acompañar como *madrina: *mi hermana amadrinará a mi primer hijo.* ⇒ **apadrinar.**

a·ma·es·tra·mien·to |amaestramiénto| ***m.*** Enseñanza de un comportamiento o habilidad, especialmente a un animal: *estuvimos en un rancho y asistimos al ~ de un potro.* ⇒ **adiestramiento.**

a·ma·es·trar |amaestrár| ***tr.*** [a algo] Enseñar un comportamiento o habilidad, especialmente a un animal: *mi padre se entretiene amaestrando al perro para que le lleve las zapatillas; en el circo hay osos amaestrados que saltan por un aro.* ⇒ **adiestrar.**

a·ma·gar |amaɣár| **1** ***intr.-tr.*** [algo] Hacer o dejar ver la intención de que se va a hacer una cosa sin llegar a hacerla: *el futbolista amagó y siguió corriendo por la banda; el enemigo amagaba un ataque.* **- 2** ***intr.*** Estar una cosa próxima a ocurrir; especialmente, aparecer las primeras muestras de una enfermedad: *parece que amaga tormenta; el corazón amagó con fallar, pero no lo hizo.* **- 3** ***tr.-prnl.*** [algo] Encoger o doblar el cuerpo o una parte de él; bajar o inclinar hacia abajo: *era tan alto que tenía que ~ la cabeza para no darse con el techo; el conejo se amagaba detrás de una piedra.* ⇒ **agachar.** ☖ Se conjuga como 7.

a·ma·go |amáɣo| **1** ***m.*** Intención o señal: *advertí un ~ de ternura en sus ojos.* **2** Amenaza o falso ataque: *hizo un ~ con un palo y el perro salió huyendo; el disgusto le produjo un ~ de infarto.*

a·mai·nar |amainár| **1** ***intr.*** Hacerse más débil o perder fuerza el viento, la lluvia o una tormenta: *parece que está amainando el temporal; no saldremos hasta que amaine un poco.* **- 2** ***tr.-intr.*** [algo] Hacerse más débil o perder fuerza un deseo o sentimiento: *su furia amainó con el tiempo.*

a·mal·ga·ma |amalɣáma| ***f.*** Mezcla de varias cosas distintas: *de la discoteca salía una ~ de ruidos y voces; este libro no es más que una ~ de ideas sin ningún orden.* ⇒ **conglomerado.**

a·mal·ga·mar |amalɣamár| **1** ***tr.-prnl.*** *fig.* [algo, a alguien] Unir o mezclar cosas de distinta naturaleza: *el partido centrista amalgama a políticos de derecha y de izquierda.* **2** QUÍM. [algo] Mezclar con *mercurio otro metal: *el oro y la plata se amalgaman para purificarlos.*

a·ma·man·ta·mien·to |amamantamiénto| ***m.*** Acción y resultado de *amamantar: *estos terneros están en la etapa del ~.*

a·ma·man·tar |amamantár| ***tr.*** [algo, a alguien] Dar de mamar a las crías: *la madre amamanta al recién nacido; la perra amamanta los cachorros.*

a·man·ce·bar·se |amanθeβárse| ***prnl.*** Unirse un hombre y una mujer sin estar casados: *la hija de Julia se ha amancebado con un chico de su pueblo.* ⇒ **juntar.**

a·ma·ne·cer |amaneθér| **1** ***m.*** Periodo de tiempo durante el cual sale el sol: *me gusta levantarme al ~ y ver salir el sol.* ⇒ **alba, alborada, atardecer.** ⇔ **anochecer. 2** *fig.* Comienzo o principio: *estamos ante el ~ de una nueva era.* ⇒ **albor. - 3** ***unipers.*** Ir apareciendo la luz del día; hacerse de día: *levántate, que ya ha amanecido.* ⇒ **atardecer.** ⇔ **anochecer. - 4** ***intr.*** *p. ext.* Estar en un lugar, en una situación o en un estado determinados al empezar el día: *los tejados han amanecido blancos; salimos de viaje por la noche y amanecimos en Madrid.* ⇔ **anochecer.** ☖ Se conjuga como 43.

a·ma·ne·ra·⌐do, ⌐da |amaneráðo, ða| **1** ***adj.*** Que no es natural ni sencillo: *es un escritor ~.* **- 2 amanerado** ***adj.-m.*** (hombre) Que tiene movimientos o actitudes que se consideran propios de las mujeres: *Ángel es muy guapo, pero un poco ~.* ⇒ **afeminado.**

a·ma·ne·ra·mien·to |amaneramiénto| **1** ***m.*** Falta de *naturalidad o de sencillez: *su pintura acusa un ~ excesivo: demasiadas figuras y colores.* **2** Actitud o muestra de una característica que se considera propia de las mujeres: *siempre llama la atención el ~ de sus posturas al sentarse.* ⇒ **afeminamiento.**

a·ma·ne·rar |amanerár| **1** ***tr.*** [algo] Hacer artificial o poco natural: *este escritor ha amanerado bastante su estilo; no me gustan las personas que amaneran sus gestos.* **- 2 amanerarse** ***prnl.*** Tomar características que se consideran propias de las mujeres: *Raúl empezó a amanerarse desde muy pequeño.*

a·man·sar |amansár| **1** ***tr.-prnl.*** [algo] Hacer que un animal salvaje deje de ser fiero y que obedezca: *el domador amansó al leopardo en un momento; dicen que con su canto amansaba a las fieras.* ⇒ **domesticar. - 2** ***tr.-prnl.*** *fig.* [algo, a alguien] Contener, frenar o sujetar: *espero que en el colegio amansen un poco a estos niños porque son muy revoltosos; se amansó después de echarnos la bronca.* ⇒ **domar, domesticar.**

a·man·te |amánte| **1** ***adj.-com.*** (persona) Que ama: *Gustavo es un ~ de la música.* **- 2** ***com.*** Persona en cuanto a otra con quien tiene relaciones amorosas sin estar casada con ella: *todo el mundo, excepto su marido, sabe que Isabel tiene un ~; el ~ murió al saltar la tapia del jardín.* ⇒ **querido.**

a·ma·nuen·se |amanuénse| ***com.*** Persona que copia o escribe con buena letra: *los amanuenses se dedicaban a copiar varias veces el original de un libro.* ⇒ **escribano.**

a·ma·ñar |amaɲár| ***tr.*** [algo] Cambiar o alterar una cosa para sacar provecho: *amañaron los exámenes para que aprobara todo el mundo.* ⇒ **falsear.**

a·ma·po·la |amapóla| ***f.*** Flor de color rojo fuerte y con el centro negro, que nace de una planta silvestre, no muy alta, de tallo simple y que suele crecer en primavera en las tierras cultivadas: *las amapolas abundan en los campos de trigo.*

a·mar |amár| ***tr.*** [algo, a alguien] Tener o sentir amor: *Patricia ama el trabajo por encima de todas las cosas; Romeo amaba mucho a Julieta.* ⇔ **odiar.**

a·ma·ra·je |amaráxe| ***m.*** Bajada hacia la superficie del agua, hasta que se produce la detención sobre ella: *tras el ~ forzoso, los pasajeros del avión fueron rescatados en lanchas.* ⇒ **alunizaje, aterrizaje.**

a·ma·rar |amarár| ***intr.*** Descender una nave aérea hasta parar en la superficie del agua: *el hidroavión amaró suavemente en el océano.* ⇒ **alunizar, aterrizar.** ⇔ **despegar.**

a·mar·gar |amarɣár| **1** ***intr.*** Tener sabor amargo: *los limones y los pomelos amargan mucho; ¡cómo amarga este café!* **- 2** ***tr.*** [algo] Dar sabor amargo: *esta pastilla me ha amargado la boca.* **- 3** ***tr.-prnl.*** [algo, a alguien] Causar disgusto, pena o tristeza: *la enfermedad que padece está amargando su existencia; no me amargues el día con tus penas.* ⇔ **alegrar.** ☖ Se conjuga como 7.

a·mar·⌐go, ⌐ga |amárɣo, ɣa| **1** ***adj.*** Que tiene un sabor parecido al de la *hiel: *el acíbar es ~; esa hierba tiene un sabor ~.* ⇔ **dulce. 2** *fig.* Que causa disgusto, pena o tristeza: *durante la guerra vivieron días muy amargos.*

a·mar·gor |amarɣór| **1** ***m.*** Sabor o gusto amargo: *el ~ de este café me producirá ardor de estómago.* ⇒ **amargura. 2** Disgusto, pena o tristeza: *sus palabras estaban llenas de ~.* ⇒ **amargura.**

a·mar·gu·ra |amarɣúra| **1** ***f.*** Sabor o gusto amargo: *la ~ de esta bebida es demasiado intensa.* ⇒ **amargor. 2** Disgusto, pena o tristeza: *cuando supo que no volvería a verle, sintió una gran ~.* ⇒ **amargor, pesar.** ⇔ **alegría.**

a·ma·ri·llen·⌐to, ⌐ta |amariʎénto, ta| ***adj.*** De un color parecido al amarillo: *este manuscrito está ~; las enaguas están viejas y amarillentas.*

a·ma·ri·⌐llo, ⌐lla |amaríʎo, ʎa| **1** ***adj.*** Del color del oro: *me gusta ponerme camisas amarillas; el limón es de color ~.* **- 2** ***adj.-m.*** (color) Que es parecido al oro: *el ~ es el tercer color del espectro solar.* **- 3** ***adj.*** Que está pálido: *le ha dado un mareo y se le ha puesto el rostro ~.* **4** (prensa) Que presenta lo que más llama la atención de las noticias: *es muy aficionado a la prensa amarilla; la prensa amarilla publica escándalos y cotilleos.* ⇒ **sensacionalista.**

a·ma·ri·po·sa·⌐do, ⌐da |amariposáðo, ða| **1** ***adj.*** Que tiene forma de mariposa: *las flores de algunas plantas son amariposadas.* **- 2** ***adj.-m.*** *fam. desp.* (hombre) Que tiene movimientos y actitudes que se consideran propios de las mujeres: *tu hermano tiene una forma de hablar amariposada; ese chico es un poco ~.* ⇒ **afeminado.**

a·ma·ri·za·je |amariθáxe| ***m.*** Descendimiento de una nave aérea hasta parar en la superficie del agua: *el ~ del aparato tuvo muchos problemas.* ⇒ **alunizaje, amerizaje, aterrizaje.**

a·ma·ri·zar |amariθár| ***intr.*** Descender una nave aérea hasta parar en la superficie del agua: *el hidroavión amarizó en el agua.* ⇒ **alunizaje, amarar, amerizar, aterrizar.**

a·ma·rra |amára| **1** ***f.*** Cuerda que sirve para asegurar una embarcación en un muelle: *los marineros soltaron las amarras del buque.* **- 2 amarras *f. pl.*** Apoyo o protección: *conseguirá lo que se ha propuesto porque tiene buenas amarras.*

a·ma·rra·de·ro |amaraðéro| ***m.*** MAR. Poste o *anilla grande donde se ata o sujeta una embarcación: *pasaron el cabo por el ~.*

a·ma·rrar |amarár| **1** ***tr.*** [algo] Atar o asegurar mediante cuerdas o cadenas: *con unas sogas, amarraron los troncos firmemente.* ⇔ **desamarrar. 2** MAR. Atar o asegurar una embarcación en un *puerto: *amarraron el bote y descendieron a tierra a echar un vistazo.*

a·ma·sar |amasár| **1** ***tr.*** [algo] Formar o hacer una masa mezclando una materia determinada con un líquido: *el panadero amasa harina y agua.* **2** *fig.* Reunir dinero u otro tipo de bienes: *su ojo para los negocios le permitió ~ una gran fortuna.*

a·ma·si·jo |amasíxo| **1** ***m.*** Mezcla desordenada de cosas diferentes: *puso en orden el ~ de sábanas y ropa que había encima de la cama.* **2** Masa hecha con tierra, *yeso u otro material parecido y agua: *el ~ se secó durante la noche.*

a·ma·teur |amatér| ***adj.-com.*** (persona) Que practica una actividad, pero no como profesional: *se trata de una competición de jugadores ~, no de profesionales.* ⇒ **aficionado.** ☖ No se usa en forma plural. Esta palabra procede del francés.

a·ma·to·⌐rio, ⌐ria |amatório, ria| ***adj.*** Del amor o que tiene relación con él: *estoy leyendo un libro de poesía amatoria.*

a·ma·zo·na |amaθóna| ***f.*** Mujer que monta a caballo: *aunque lleva muchos años practicando, Penélope no es una buena ~.* ⇒ **jinete.**

a·ma·zó·ni·⌐co, ⌐ca |amaθóniko, ka| ***adj.*** Del Amazonas o que tiene relación con el Amazonas: *la selva amazónica no debe destruirse.*

ám·bar |ámbar| **1** ***adj.*** De color entre amarillo y naranja: *me han regalado un jarrón ~; estos platos hondos son de color ~; debes tener cuidado si cruzas cuando el semáforo está en ~.* ☖ No varía en número. **- 2 *m.*** Resina de color entre amarillo y naranja que se usa para fabricar adornos: *este mueble tiene incrustaciones de ~.*

am·bi·ción |ambiθión| ***f.*** Pasión por conseguir poder, riqueza o fama: *tenía tanta ~, que envenenó a su socio para quedarse con su dinero; no logrará ascender en la empresa porque no tiene ~.*

am·bi·cio·nar |ambiθionár| ***tr.*** [algo] Tener un deseo o una *ambición: *algunas personas ambicionan el poder por encima de todo.*

am·bi·cio·⌐so, ⌐sa |ambiθióso, sa| **1** ***adj.-s.*** (persona) Que desea conseguir poder, riqueza o fama: *era muy ~ y no se conformaba con lo que tenía.* **2** (cosa) Que tiene gran importancia o dificultad: *pusieron todas sus esperanzas en un proyecto muy ~.*

am·bi·dex·⌐tro, ⌐tra |ambiðé^kstro, tra| ***adj.-s.*** (persona) Que usa las dos manos con la misma habilidad: *Joaquín es capaz de escribir con las dos manos, es ~.* ⇒ **ambidiestro.**

am·bi·dies·⌐tro, ⌐tra |ambiðiéstro, tra| ***adj.-s.*** ⇒ **ambidextro.**

am·bien·ta·ción |ambientaθión| **1** ***f.*** Reproducción de las características propias de un periodo de tiempo, medio o lugar determinado: *el director de la película ha conseguido una adecuada ~ de la época.* ⇒ **ambiente. 2** Adaptación a un ambiente determinado: *la ~ a tu nuevo trabajo te llevará un tiempo, pero dentro de unas semanas te gustará.*

am·bien·ta·dor |ambientaðór| ***adj.-s.*** (objeto, sustancia) Que oculta o hace desaparecer los olores molestos o desagradables de un lugar o de un espacio: *tengo un ~ en el salón que huele a flores silvestres.* ⇒ **desodorante.**

am·bien·tal |ambientál| ***adj.*** Del ambiente o que tiene relación con él: *en este local hay una música ~ muy agradable.*

am·bien·tar |ambientár| **1** ***tr.*** [algo] Reproducir las características propias de un periodo de tiempo, medio o lugar determinado: *esta película está ambientada en la época renacentista; han ambientado muy bien el escenario del teatro.* **- 2 *tr.-prnl.*** [algo, a alguien] Introducir a una persona o cosa en un ambiente determinado para que se adapte a él: *a Sebastián no le ha costado nada ambientarse en el nuevo trabajo; los zoólogos no han conseguido ~ al oso al nuevo hábitat.*

am·bien·te |ambiénte| **1** ***m.*** Medio que rodea a las personas y a las cosas, especialmente aire o atmósfera: *esta planta necesita estar en ambientes soleados; abriré la ventana porque el ~ está muy cargado.* ⇒ **entorno; medio ~**, medio natural que rodea a las personas: *la contaminación está destruyendo el medio ~.* **2** Conjunto de circunstancias que afectan al comportamiento humano: *se ha criado en un ~ muy conservador.* **3** Conjunto de circunstancias agradables de un lugar o acto: *este bar tiene muy buen ~.* **4** Reproducción de las características propias de un periodo de tiempo, medio o lugar determinado: *el director ha logrado un ~ tétrico en su última creación.* ⇒ **ambientación.**

am·bi·güe·dad |ambiɣueðá^ð| **1** ***f.*** Cualidad de *ambiguo: *la ~ del mensaje nos confundió a los dos.* **2** Cosa que resulta *ambigua: *este texto se puede entender de varios modos porque está lleno de ambigüedades.*

am·bi·⌐guo, ⌐gua |ambíɣuo, ɣua| **1** ***adj.*** Que puede entenderse de varias maneras o admitir explicaciones distintas: *sus declaraciones ante la prensa fueron ambiguas.* **2** Que no es seguro o muestra duda; que no se decide claramente: *siempre se muestra ~ en el trabajo y no sabe qué decidir.*

ám·bi·to |ámbito| **1** ***m.*** Espacio comprendido

dentro de unos límites determinados: *el tren no hace recorridos fuera del ~ nacional.* **2** Campo en que se realiza una actividad o una acción: *Sebastián es, sin duda, el mejor dentro de su ~.* ⇒ **esfera.**

am·bi·va·len·te |ambiβalénte| ***adj.*** *form.* Que tiene dos sentidos diferentes; que se puede entender de dos maneras distintas: *muchos mensajes publicitarios son ambivalentes.*

am·⌐bos, ⌐bas |ámbos, bas| **1 *adj. pl.*** Uno y otro; los dos: *José y Antonio son mis primos: ~ son guapos e inteligentes.* ⇒ **sendos. - 2 *pron. pl.*** Uno y otro; los dos: *me gusta la bufanda roja y la blanca; me llevaré ambas.*

am·bro·sí·a |ambrosía| ***f.*** *form.* Comida o bebida de gusto suave y delicado: *en este restaurante sólo sirven ambrosías.*

am·bu·lan·cia |ambulánθia| ***f.*** Vehículo que se usa para el transporte de personas enfermas: *las ambulancias son blancas y llevan una sirena en el techo; todos los coches se apartaron para dejar paso libre a la ~.*

am·bu·lan·te |ambulánte| ***adj.*** Que va de un lugar a otro sin tener asiento fijo: *Paquita y Soledad son vendedoras ambulantes; acaba de llegar a la ciudad un teatro ~.*

am·bu·la·to·⌐rio, ⌐ria |ambulatório, ria| **1 *adj.*** MED. (enfermedad o tratamiento médico) Que no exige que el enfermo guarde cama o se quede en el hospital: *el médico le hizo una pequeña operación ambulatoria y el hombre pudo marcharse a casa.* **- 2 ambulatorio *m.*** Establecimiento médico donde se recibe y trata a enfermos que no van a quedar *ingresados en él: *el médico de cabecera y los especialistas están en el ~; fue al ~ a ponerse una vacuna.* ⇒ **consultorio, dispensario, hospital.**

a·me·ba |améba| ***f.*** BIOL. Ser vivo de una sola célula y forma variable que se mueve y alimenta extendiéndose hacia algún lugar: *algunas amebas son parásitas y producen diarrea.*

a·me·dren·tar |ameðrentár| ***tr.-prnl.*** [a alguien] Dar o tener miedo: *cuando tuvo que contestar, se amedrentó.*

a·mén |amén| **1 *m.*** Indica *asentimiento: *al final de la misa, los asistentes dijeron ~; ~ es una palabra de origen hebreo que significa 'así sea'.* **- 2 *adv.*** Indica *conformidad: *es incapaz de quejarse y a todo dice ~.* ■ **~ de,** además de: *asistió a la boda toda su familia, ~ de sus amigos y compañeros de trabajo.*

a·me·na·za |amenáθa| **1 *f.*** Obra o dicho que da a entender la intención de causar daño a una persona: *hizo la ~ de que me despediría si no aceptaba sus condiciones.* ⇒ **coacción. 2** Cosa o situación que puede provocar un efecto malo o desagradable: *las centrales nucleares son una ~ para el medio ambiente.*

a·me·na·zar |amenaθár| **1 *tr.*** [a alguien] Dar a entender la intención de causar un daño: *me amenazó diciéndome que me mataría si no dejaba a su hija; amenazan al industrial con constantes anónimos.* ⇒ **coaccionar. - 2 *tr.-intr.*** [algo] Dejar ver que va a ocurrir una cosa mala o desagradable: *el viejo edificio amenaza derrumbamiento; la caída de la bolsa amenaza con una grave crisis.* ⌂ Se conjuga como 4.

a·me·ni·zar |ameniθár| ***tr.*** [algo] Hacer agradable o divertido: *el músico nos amenizó la velada con su piano; la presencia de Julián sirvió para ~ la conversación.* ⌂ Se conjuga como 4.

a·me·⌐no, ⌐na |améno, na| ***adj.*** Que es agradable o divertido: *Juan dice que esta novelista le aburre, pero a mí me resulta muy amena.* ⇔ **árido.**

a·me·ri·ca·na |amerikána| ***f.*** Prenda de vestir hecha de tejido fuerte, con mangas largas, botones por delante y que llega más abajo de la cintura: *la ~ es una prenda cómoda y elegante; llevaba unos pantalones vaqueros y una ~ granate.* ⇒ **chaqueta.**

a·me·ri·ca·nis·mo |amerikanísmo| **1 *m.*** Cualidad o condición de *americano: *su ~ lo lleva a amar a su tierra sobre todas las cosas.* **2** Estudio de las cosas de América, especialmente de las antiguas: *ha dedicado casi toda su investigación al ~.* **3** LING. Palabra o modo de expresión propios del español hablado en América: *las formas* pollera *y* pararse *'ponerse en pie', son americanismos.* **4** LING. Palabra procedente del español hablado en América o de una lengua *indígena de este continente que se usa en español o en otro idioma: tomate *y* patata *son americanismos; el término* canoa *es un ~.*

a·me·ri·ca·nis·ta |amerikanísta| ***adj.-com.*** (persona) Que se dedica al estudio de las cosas de América, especialmente de las antiguas: *en Europa hay americanistas muy prestigiosos.*

a·me·ri·ca·⌐no, ⌐na |amerikáno, na| **1 *adj.*** De América o que tiene relación con América: *¿has visitado algún país del continente ~?; Caracas es una ciudad americana.* **- 2 *m. f.*** Persona nacida en América o que vive habitualmente en América: *este sombrero me lo regaló una americana muy simpática.*

a·me·ri·za·je |ameriθáxe| ***m.*** Descendimiento de una nave aérea hasta parar en la superficie del agua: *desde el puerto se ve el ~ del hidroavión.* ⇒ **alunizaje, amarizaje, aterrizaje.**

a·me·ri·zar |ameriθár| ***intr.*** Descender una nave aérea hasta parar en la superficie del agua: *el hidroavión amerizó en mitad del océano.* ⇒ **alunizar, amarar, amarizar, aterrizar.** ⌂ Se conjuga como 4.

a·me·tra·lla·do·ra |ametraʎaðóra| ***f.*** Arma de fuego automática que dispara de forma muy rápida, apoyada sobre un soporte, y que generalmente manejan dos personas: *los soldados defendieron la posición con una ~.* ⇒ **metralleta.**

a·me·tra·llar |ametraʎár| **1 *tr.*** [algo, a alguien] Disparar automáticamente y de forma muy rápida series de *tiros: *el soldado ametralló al enemigo.* **2** *fig.* [a alguien] Dirigir preguntas o acusaciones sin descanso: *los periodistas ametrallaron a la actriz en la rueda de prensa.* ⇒ **bombardear.**

a·mian·to |amiánto| ***m.*** Mineral de fibras flexibles y brillantes del que se hacen tejidos resistentes al fuego y al calor: *el casco del bombero está hecho de ~.*

a·mi·ga·ble |amiɣáβle| ***adj.*** Que tiene o muestra *amistad: *tuvo una conversación larga y ~.*

a·míg·da·la |amí^{y}ðala| ***f.*** Órgano de color rojo y de pequeño tamaño, que, junto con otro, está situado a ambos lados de la garganta del hombre y de ciertos animales: *las amígdalas evitan las infecciones en el aparato respiratorio; el mes pasado me operaron de amígdalas.* ⇒ **angina.** ⌂ Se usa sobre todo en plural.

a·mig·da·li·tis |ami^{y}ðalítis| ***f.*** Inflamación de los órganos situados a ambos lados de la garganta: *el médico me ha recetado un antibiótico para la ~.* ⇒ **angina.** ⌂ El plural es *amigdalitis.*

a·mi·⌜go, ⌜ga |amíɣo, ɣa| **1 *adj.-s.*** (persona) Que tiene una relación de afecto con otra persona: *haría lo que fuese por ayudar a un ~; no hables mal de Daniel delante de mí, porque es ~ mío.* ⇔ **enemigo.** ⌂ Se usa como apelativo afectivo: *eso es todo, amigos.* **2** Que tiene *afición o tendencia hacia una cosa determinada: *Roberto no es ~ de hacer favores; han fundado una asociación de amigos del deporte.* **- 3 *m. f.*** *fam. fig.* Persona con la que se tienen relaciones amorosas o sexuales: *la mujer pidió el divorcio cuando se enteró de que su marido tenía una amiga.*

a·mi·la·nar |amilanár| ***tr.-prnl.*** [a alguien] Dar o tener miedo: *aquel hombre amilanó a los niños con sus gritos; cuando tuvo que saltar desde la ventana, se amilanó.*

a·mi·no·á·ci·do |aminoáθiðo| ***m.*** QUÍM. Ácido orgánico que forma parte de las *proteínas: *hay veinte aminoácidos distintos en el organismo humano; el hombre necesita tomar proteínas para adquirir ocho aminoácidos esenciales.*

a·mi·no·rar |aminorár| ***tr.-prnl.*** [algo] Reducir o disminuir: *debes ~ la velocidad cuando te aproximes a un cruce.*

a·mis·tad |amistá^{ð}| **1 *f.*** Afecto personal, puro y desinteresado: *entre Enrique y Begoña no hay más que una buena ~.* ⇒ **compañerismo.** ⇔ **enemistad. - 2 amistades *f. pl.*** Conjunto de personas con las que se tiene ese afecto: *a la celebración sólo asistieron sus amistades; conseguirá un buen empleo porque tiene amistades en esa empresa.*

a·mis·to·⌜so, ⌜sa |amistóso, sa| **1 *adj.*** De la *amistad o que tiene relación con ella: *no tendrás problema en hacerte amigo suyo porque es una persona amistosa.* **2** Que está fuera de competición oficial: *celebraron un partido de fútbol ~.*

am·ne·sia |a^{m}nésia| ***f.*** Pérdida de la memoria o de una parte de ella: *el golpe en la nuca le ha producido ~; tiene una ~ parcial: no recuerda su infancia.*

am·né·si·⌜co, ⌜ca |a^{m}nésiko, ka| ***adj.-s.*** Que ha perdido la memoria o una parte de ella: *el paciente estuvo ~ durante varios meses después del accidente.*

am·nió·ti·⌜co, ⌜ca |a^{m}niótiko, ka| ***adj.*** ZOOL. Del saco cerrado que protege el huevo de los mamíferos, aves y reptiles, o que tiene relación con él: *el líquido ~ protege el embrión.*

am·nis·tí·a |a^{m}nistía| ***f.*** Acción de perdonar o perdón que se concede a las personas que han *cometido una determinada clase de delitos: *tras la guerra muchos presos políticos se beneficiaron de una ~.*

am·nis·tiar |a^{m}nistiár| ***tr.*** [a alguien] Conceder una *amnistía: *el Rey decidió ~ a diez condenados.* ⌂ Se conjuga como 13.

a·⌜mo, ⌜ma |ámo, ma| **1 *m. f.*** Persona que tiene la propiedad o es dueña de una cosa, especialmente de un animal: *¿quién es el ~ del perro?; los jóvenes robaron una bicicleta mientras su ~ hacía unas compras.* ⇒ **dueño. 2** Persona que tiene a otras a su servicio: *el ~ ordenó a los labradores podar los árboles.* **3** Persona que dirige o tiene autoridad sobre los demás: *el entrenador se hizo el ~ del equipo de fútbol.*

a·mo·do·rrar·se |amoðorárse| ***prnl.*** Caer en un estado de sueño: *se está amodorrando con el movimiento del tren.* ⇒ **adormecer, adormilarse.**

a·mo·jo·nar |amoxonár| ***tr.*** [algo] Señalar o marcar los límites de una propiedad o un *término: *el propietario del terreno amojonó las parcelas.* ⇒ **delimitar.**

a·mol·dar |amoldár| **1 *tr.-prnl.*** [algo] Ajustar una cosa a otra: *hay que ~ la cama a las medidas de la alcoba; la madera de la puerta se ha hinchado y no se amolda al marco.* **2** [a alguien] Ajustar; hacer o ser adecuado: *aunque lo ha intentado, no logra amoldarse a las costumbres del nuevo país.* ⇒ **adaptar.**

a·mo·nes·ta·ción |amonestaθión| **1 *f.*** Aviso o llamada de atención sobre un error o una falta que se da antes de tomar una decisión negativa contra una persona: *después de dos amonestaciones, el árbitro expulsó al jugador del terreno de juego.* **2** Noticia o aviso que se hace públicamente: *unas semanas antes de que se casen dos personas se hacen públicas las amonestaciones en la puerta de la iglesia.* ⌂ Se usa frecuentemente en plural.

a·mo·nes·tar |amonestár| **1 *tr.*** *form.* [a alguien] Corregir o llamar la atención a una persona por haber *cometido un error o por su mal comportamiento: *el maestro ha amonestado al alumno por la gamberrada que ha hecho.* ⇒ **reprender. 2** Llamar la atención a una persona que no ha respetado una regla o una norma: *el árbitro amonestó al futbolista antes de expulsarlo del terreno de juego.*

a·mo·nia·cal |amoniakál| ***adj.*** QUÍM. Del *amoníaco o que tiene relación con él: *las películas del microfilme están recubiertas por sales amoniacales.*

a·mo·nia·co |amoniáko| ***m.*** ⇒ **amoníaco.**

a·mo·ní·a·co |amoníako| **1 *m.*** QUÍM. Producto químico en forma líquida que se usa para la limpieza: *el ~ es tóxico y produce quemaduras; las manchas difíciles se quitan con un poco de ~ disuelto en agua; nunca mezcle lejía y ~.* ⇒ **amoniaco. 2** QUÍM. Gas de olor desagradable, compuesto de *hidrógeno y *nitrógeno: *el ~ se utiliza en el frío industrial y en los abonos.* ⇒ **amoniaco.**

a·mon·ti·lla·do |amontiʎáðo| ***adj.-m.*** (vino) Que imita al de Montilla: *nos tomamos unos amontillados como aperitivo.*

a·mon·to·nar |amontonár| **1 *tr.-prnl.*** [algo] Poner unas cosas sobre otras sin orden: *Ramón ha amontonado los libros en un rincón de la habitación; los papeles se amontonan sobre su mesa.* ⇒ **apilar. - 2 amontonarse *prnl.*** Producirse o darse muchas cosas en poco tiempo: *venga, que se te amon-*

tona el trabajo. **3** Reunirse o juntarse sin orden en un lugar: *la gente se amontonaba en las taquillas del cine para comprar las entradas; los camellos se amontonaban para beber agua.* ⇒ **aglomerar, apelotonar.**

a·mor |amór| **1** ***m.*** Sentimiento de afecto hacia una persona o cosa: *los hijos sienten ~ hacia sus padres.* ⇒ **cariño.** ⇔ **odio;** ~ **platónico**, el que forma una imagen ideal de la persona a la que se quiere: *no conozco a esa chica, pero siento por ella un ~ platónico;* ~ **propio**, consideración que se siente por uno mismo: *estudia mucho porque quiere ser el primero de la clase: tiene mucho ~ propio.* **2** Pasión amorosa entre personas: *existe un gran ~ entre Enrique y Marisol.* **3** Persona o cosa que es objeto de un sentimiento de afecto: *Pepe es su ~ de toda la vida.* **- 4 amores** ***m. pl.*** Relaciones amorosas: *Felipe estuvo toda la tarde hablando de sus amores.* ■ **al ~ de**, cerca de: *el abuelo nos contaba cuentos al ~ del fuego.* ◯ Se usa con palabras como *fuego* o *lumbre.* ■ **con/de mil amores**, *fam.*, con mucho gusto: *hago esto por ti con mil amores; te ayudaré a hacer tus deberes de mil amores.* ■ **hacer el ~**, realizar el acto sexual: *allí hicimos el ~ por primera vez.* ■ **por ~ al arte**, *fam.*, de manera *gratuita: *ni el más esforzado trabaja por ~ al arte.* ■ **por ~ de Dios**, *fam.*, expresión que indica *petición, protesta o sorpresa: *¡por ~ de Dios! no vuelva a hacer eso.*

a·mo·ra·tar·se |amoratárse| ***prnl.*** Ponerse morado: *se le ha amoratado el brazo porque le dieron un pellizco.*

a·mor·da·zar |amorðaθár| ***tr.*** [a alguien] Poner alrededor de la cabeza de una persona un trozo de tela o de otro material para taparle la boca: *los secuestradores amordazaron a su víctima y la metieron en un coche azul.* ◯ Se conjuga como 4.

a·mor·⌐fo, ⌐fa |amórfo, fa| **1** ***adj.*** Que no tiene una forma determinada o regular: *los líquidos son sustancias amorfas.* ⇒ **informe. 2** *fig.* (persona) Que no tiene *personalidad: *es un niño ~: es muy pasivo y carece de iniciativa.*

a·mo·rí·o |amorío| ***m.*** Relación amorosa, generalmente poco seria y de corta duración: *su relación con Susana fue un simple ~ de juventud.* ⇒ **devaneo.**

a·mo·ro·⌐so, ⌐sa |amoróso, sa| **1** ***adj.*** Que demuestra o siente amor: *obsequió a su perro con unas caricias amorosas.* **2** Del amor o que tiene relación con él: *la rosa roja simboliza la pasión amorosa.* **3** AGR. (terreno) Que es suave y fácil de trabajar: *la finca estaba rodeada de terreno ~.*

a·mor·ta·jar |amortaxár| ***tr.*** [algo] Envolver el cuerpo muerto de una persona en una tela o ropa para enterrarlo: *los empleados del cementerio amortajaron el cadáver.*

a·mor·ti·gua·ción |amortiɣuaθión| ***f.*** Conjunto de piezas y mecanismos destinados a hacer más suave y elástico el apoyo de la *carrocería del automóvil sobre los ejes de las ruedas: *este coche me gusta, pero no tiene buena ~.* ⇒ **suspensión.**

a·mor·ti·gua·⌐dor, ⌐do·ra |amortiɣuaðór, ðóra| **1** ***adj.*** Que hace menos intensa o violenta una cosa: *el casco sirve como ~ de los golpes.* **- 2 amortiguador** ***m.*** MEC. Mecanismo que sirve para igualar y disminuir movimientos verticales y horizontales de un vehículo o de otra máquina: *los amortiguadores del coche se encuentran sobre los ejes de las ruedas.*

a·mor·ti·guar |amortiɣuár| ***tr.-prnl.*** [algo] Disminuir o hacer menos violenta una cosa: *el guerrero amortiguaba los golpes de su enemigo con el escudo.* ◯ Se conjuga como 22.

a·mor·ti·za·ble |amortiθáβle| ***adj.*** Que se puede *amortizar: *nos han asegurado que las acciones de la bolsa son amortizables.*

a·mor·ti·za·ción |amortiθaθión| **1** ***f.*** Recuperación del dinero que se ha gastado en una compra, consiguiendo un provecho de lo que se ha comprado: *por más vueltas que le des, no será fácil la ~ del abrigo de visón.* **2** Pago de toda o de parte de una deuda: *todavía nos quedan tres años para acabar con la ~ de la furgoneta.*

a·mor·ti·zar |amortiθár| **1** ***tr.*** [algo] Recuperar el dinero que se ha gastado en una compra, consiguiendo un provecho de lo que se ha comprado: *no ha logrado ~ los fondos que invirtió en esa empresa; amortizaré la nevera que he puesto en la tienda vendiendo productos congelados.* **2** Pagar toda o parte de una deuda: *el préstamo que nos ha hecho el banco quedará amortizado en dos años.* ◯ Se conjuga como 4.

a·mos·car·se |amoskárse| ***prnl.*** *fam.* Enfadarse o hacer enfadar a una persona: *la reunión fue muy dura y se amoscó con todo el mundo.* ⇒ **mosquear.** ◯ Se conjuga como 1.

a·mo·ti·nar |amotinár| ***tr.-prnl.*** [a alguien] Hacer tomar una actitud *rebelde: *el cabecilla amotinó a todos los presos de la cárcel; los presidiarios se han amotinado y han cogido a un vigilante como rehén.* ⇒ **sublevar.**

am·pa·rar |amparár| **1** ***tr.*** [algo, a alguien] Proteger o defender: *la ley ampara los derechos de los ciudadanos; que la Virgen nos ampare.* **- 2 ampararse** ***prnl.*** Servirse de una persona o cosa para protegerse o defenderse: *se amparó en la ley para solicitar el indulto al Gobierno.*

am·pa·ro |ampáro| ***m.*** Protección o defensa: *el bebé no murió porque estuvo al ~ de unas monjas; la cueva les sirvió de ~ ante la tormenta.* ⇒ **auxilio, socorro.**

am·pe·re |ampére| ***m.*** ELECTR. ⇒ **amperio.** ◯ Se usa en el Sistema Internacional.

am·pe·rí·me·tro |amperímetro| ***m.*** Aparato que mide la intensidad de la corriente eléctrica en el Sistema Internacional: *la aguja del ~ marca 12 amperios.*

am·pe·rio |ampério| ***m.*** ELECTR. Unidad de intensidad de la corriente eléctrica: *un ~ es la intensidad de una corriente cuando la tensión es de un voltio y la resistencia de un ohmio.* ⇒ **ampere.**

am·plia·ción |ampliaθión| **1** ***f.*** Aumento del tamaño, la intensidad o la duración: *pidieron un crédito para la ~ del supermercado; el rectorado ha previsto la ~ del plazo de admisión de matrículas.* ⇒ **ensanche. 2** Copia de mayor tamaño que el original: *quiero que me hagan una ~ de esta fotografía.*

am·pliar |ampliár| **1** ***tr.*** [algo] Hacer menos pequeño o más intenso; aumentar la cantidad, el tamaño o la importancia de una cosa: *ampliaremos la casa para construir una nueva habitación; la empresa ha ampliado su capital.* ⇒ **agrandar, ensanchar.** ⇔ **disminuir, reducir. 2** Reproducir una imagen con un tamaño mayor: *al revelar el carrete me han ampliado una foto; necesito ~ este documento.* ⇔ **disminuir, reducir.** ☖ Se conjuga como 13.

am·pli·fi·ca·ción |amplifikaθión| **1** ***f.*** *form.* Aumento de la intensidad o de la extensión: *los rumores eran únicamente una ~ de los hechos que realmente ocurrieron.* ⇒ **ampliación. 2** POÉT. Figura del lenguaje que consiste en desarrollar una idea explicándola de varios modos, con el fin de convencer o emocionar: *la ~ está muy presente en la literatura medieval.* **3** FÍS. Aumento de la intensidad de un fenómeno físico, especialmente de una corriente eléctrica, mediante un aparato: *gracias a la ~ del sonido, podemos oír la radio y ver la televisión.*

am·pli·fi·ca·⌈dor, ⌈do·ra |amplifikaðór, ðóra| **1** ***adj.-s.*** *form.* Que aumenta; que hace más grande o más intenso: *la escena final tiene un efecto ~ de toda la acción.* **- 2 amplificador** ***m.*** FÍS. Aparato o sistema de aparatos eléctricos que, usando una energía *externa, aumenta la extensión o la intensidad de un fenómeno físico, especialmente de una corriente eléctrica: *los aparatos de radio, los de televisión y los teléfonos funcionan con amplificadores; enchufó la guitarra eléctrica al ~.*

am·pli·fi·car |amplifikár| **1** ***tr.*** *form.* [algo] Aumentar, hacer más grande o más intenso: *la oscuridad amplificaba el silencio de la cueva.* ⇒ **ampliar. 2** FÍS. Aumentar la intensidad o la extensión de un fenómeno físico mediante un aparato: *el repetidor amplifica las señales emitidas.* ☖ Se conjuga como 1.

am·⌈plio, ⌈plia |ámplio, plia| ***adj.*** Que es extenso o espacioso: *las salas de esta vivienda son bastante amplias.* ⇒ **grande.** ⇔ **estrecho.**

am·pli·tud |amplitúᵈ| ***f.*** Cualidad de *amplio: *la ~ del despacho permite instalar dos mesas más.* ⇔ **estrechez.**

am·po·lla |ampóʎa| **1** ***f.*** Bolsa o bulto pequeño lleno de líquido que se forma en la piel por una *quemadura, un roce o una enfermedad: *los zapatos nuevos me rozan y me han hecho ampollas en los talones.* **2** Tubo de cristal, cerrado por ambos extremos, que contiene una medicina: *la enfermera rompió la ~ y le dio la medicina al paciente.* **3** Recipiente de cristal, de cuello largo y estrecho y de cuerpo ancho y redondo: *en el laboratorio había ampollas de diferentes tamaños.*

am·pu·lo·⌈so, ⌈sa |ampulóso, sa| ***adj.*** *form.* (lenguaje, estilo) Que se adorna en exceso con palabras demasiado formales o que no son necesarias: *esta novela se leería mejor si su estilo fuese menos ~.* ⇒ **altisonante, grandilocuente, hinchado, pomposo.**

am·pu·ta·ción |amputaθión| ***f.*** *form.* Corte y separación de un miembro del cuerpo o de parte de él: *aquel señor sufría mucho con la ~ de su pie izquierdo.*

am·pu·tar |amputár| **1** ***tr.*** MED. [algo] Cortar y separar del cuerpo un miembro o parte de él: *la gangrena seguía avanzando y tuvieron que amputarle una pierna.* **2** *fig.* Quitar o suprimir una parte: *la censura amputó la obra de teatro.*

a·mue·blar |amueβlár| ***tr.*** [algo] Colocar muebles en un espacio determinado: *ya tenemos casa, ahora sólo nos falta amueblarla; han amueblado la habitación con muebles de madera de pino.* ⇔ **desamueblar.**

a·mu·le·to |amuléto| ***m.*** Objeto al que se le atribuye un poder mágico; objeto que da suerte: *llevaba un ~ colgado del cuello.* ⇒ **mascota, talismán.**

a·mu·ra·llar |amuraʎár| ***tr.*** [algo] Rodear un lugar con *murallas: *amurallaron la ciudad para defenderla de los ataques del enemigo.* ⇒ **cercar.**

a·na·ca·ra·⌈do, ⌈da |anakaráðo, ða| ***adj.*** *form.* Que tiene una característica que se considera propia del *nácar: *sus dientes eran anacarados.*

a·na·co·lu·to |anakolúto| ***m.*** LING. Falta de relación o de unión entre los elementos de una oración o en el discurso: *si no concuerdan las palabras en género y número, se producen anacolutos.*

a·na·con·da |anakónda| ***f.*** Serpiente, no venenosa, de gran tamaño y color verde oscuro con manchas, que vive en los ríos de América y se alimenta de animales: *las anacondas del Amazonas son capaces de estrangular incluso a un caimán.*

a·na·cró·ni·⌈co, ⌈ca |anakróniko, ka| ***adj.*** Que es equivocado por presentar una cosa como propia de un periodo de tiempo que no le corresponde: *los decorados de esta obra de teatro resultan anacrónicos.*

a·na·cro·nis·mo |anakronísmo| **1** ***m.*** Error que resulta de presentar una cosa como propia de un periodo de tiempo que no le corresponde: *un ~ que noté en la película es que los soldados romanos llevaban reloj de pulsera.* **2** Cosa que no es propia de las costumbres de un periodo de tiempo determinado: *escribir con pluma de ave hoy en día es un ~.*

á·na·de |ánaðe| ***amb.*** Ave de patas cortas con los dedos unidos por *membranas, pico ancho y plano y que es capaz de nadar: *los patos son ánades.* ⇒ **pato.**

a·ná·fo·ra |anáfora| **1** ***f.*** POÉT. Figura del lenguaje que consiste en la repetición de una o varias palabras al principio de una serie de frases o de versos: *al decir* cuando estudiamos, cuando trabajamos, cuando somos constantes, etc., *estamos utilizando la ~ porque repetimos la forma* cuando. **2** LING. Proceso sintáctico que consiste en que una palabra se refiere a una parte del discurso emitida anteriormente: *en la frase* Luis miró a su hermana y ella le sonrió, *se da la ~ en los pronombres* ella *y* le.

a·na·fó·ri·⌈co, ⌈ca |anafóriko, ka| ***adj.*** LING. Que se refiere a una parte del discurso anterior: *los pro-*

nombres y los adverbios de tiempo y lugar pueden tener un valor ~.

a·na·gra·ma |anaγráma| ***m.*** Transformación de una palabra en otra por una nueva ordenación de sus letras: Belisa *es ~ de* Isabel.

a·nal |anál| ***adj.*** ANAT. Del ano o que tiene relación con él: *las sustancias que el organismo desecha pasan al conducto ~.*

a·na·les |análes| **1** ***m. pl.*** Relación escrita de acontecimientos ordenados por años: *estuvo consultando los anales para fechar el nacimiento del conde.* **2** Publicación periódica en la que se recogen noticias y artículos de carácter científico o técnico: *este año han comenzado a publicarse unos nuevos ~ sobre historia medieval; me interesa leer un artículo de los ~ de literatura renacentista.*

a·nal·fa·be·tis·mo |analfaβetísmo| **1** ***m.*** Desconocimiento de la *lectura y la escritura: *en los países desarrollados la tasa de ~ es muy baja.* **2** Falta de cultura o conocimientos *elementales: *el ~ es determinante a la hora de buscar trabajo.* ⇒ **incultura.**

a·nal·fa·be·⌈to, ⌈ta |analfaβéto, ta| **1** ***adj.-s.*** (persona) Que no sabe leer ni escribir: *este centro está especializado en instruir a personas analfabetas; sus padres son analfabetos, pero él ha estudiado en la universidad.* ⇒ **iletrado. 2** (persona) Que no tiene cultura: *los analfabetos no pueden acceder a ciertos puestos de trabajo.* ⇒ **iletrado, inculto.**

a·nal·gé·si·⌈co, ⌈ca |analxésiko, ka| ***adj.-m.*** (medicina) Que quita el dolor: *la aspirina es un ~ muy común; cuando me duele, la cabeza me tomo un ~.* ⇒ **calmante.**

a·ná·li·sis |análisis| **1** ***m.*** Separación de las partes de un todo hasta llegar a conocer sus principios y elementos: *el ~ de la situación debe llevarnos a conocer la raíz del problema.* ⇔ **síntesis. 2** Estudio que se hace para separar y comprender las partes de un texto, de una idea o de otra cosa: *dedicamos mucho tiempo al ~ del problema para no errar en la solución; el ~ del texto literario es una tarea gratificante.* **3** LING. Estudio de las oraciones que componen un texto, de las clases de palabras, de sus variaciones *formales y de otros aspectos: *los alumnos deben hacer muchos análisis sintácticos para dominar el lenguaje.* **4** MED. Estudio químico de los líquidos o de los tejidos: *cuando me hicieron el ~ de sangre, me dijeron que tenía un poco alto el colesterol.* ⌂ El plural es *análisis.*

a·na·lis·ta |analísta| ***com.*** Persona que se dedica a hacer *análisis: *en la empresa trabajan varios analistas en economía; está estudiando informática porque quiere ser ~.*

a·na·lí·ti·⌈co, ⌈ca |analítiko, ka| ***adj.*** Del *análisis o que tiene relación con él: *mañana estarán listos los resultados de la prueba analítica.* ⇔ **sintético.**

a·na·li·zar |analiθár| **1** ***tr.*** [algo] Separar las partes de un todo hasta llegar a conocer sus principios o elementos: *lleva tiempo analizando la crisis económica.* **2** Examinar con la mente para separar y comprender las partes de un texto, de una idea o de otra cosa: *sólo analizando las causas de un problema se puede resolver.* ⇒ **desmenuzar. 3** Separar las oraciones que componen un texto, las categorías, variaciones y otras propiedades gramaticales de las palabras: *una prueba del examen consistía en ~ sintácticamente un texto muy breve.* **4** MED. Examinar químicamente líquidos o tejidos orgánicos: *la enfermera tomó unas muestras de sangre para analizarlas.* **5** QUÍM. Separar los elementos de un cuerpo compuesto: *están analizando el perfume, para ver qué elementos entran en su composición.*

a·na·lo·gí·a |analoxía| ***f.*** *form.* Relación de *semejanza entre cosas distintas: *el director de la película quiso establecer una ~ con la realidad.*

a·na·ló·gi·⌈co, ⌈ca |analóxiko, ka| ***adj.*** ELECTR. (aparato) Que mide una *magnitud y la representa por medio de otra *magnitud con la cual está relacionada: *muchos sistemas analógicos han sido desplazados por sistemas digitales.*

a·ná·lo·⌈go, ⌈ga |análoγo, γa| ***adj.*** Que es igual, parecido o de la misma forma; que se corresponde: *este cuadro es ~ a uno que tengo en casa.* ⇒ **semejante.** ⇔ **distinto.**

a·na·quel |anakél| ***m.*** Tabla horizontal que se coloca en una pared o en otra superficie vertical para poner encima cosas: *el frasco de las sales está sobre el ~ del cuarto de baño.* ⇒ **estante, repisa.**

a·na·ran·ja·⌈do, ⌈da |anaraŋxáðo, ða| ***adj.*** De color entre amarillo y naranja: *este bolso tiene un tono ~; el ámbar es de color ~.*

a·nar·co·sin·di·ca·lis·mo |anarkosindikalísmo| ***m.*** POL. Corriente del *anarquismo que da una gran importancia al movimiento *obrero: *el ~ surgió a finales del siglo XIX tras el fracaso de algunas acciones terroristas de los anarquistas.*

a·nar·co·sin·di·ca·lis·ta |anarkosindikalísta| **1** ***adj.*** POL. Del *anarcosindicalismo o que tiene relación con él: *el movimiento ~ defendía la negociación directa entre los patronos y los obreros.* **- 2** ***adj.-com.*** POL. (persona) Que defiende el *anarcosindicalismo: *los anarcosindicalistas defendieron la huelga general.*

a·nar·quí·a |anarkía| **1** ***f.*** POL. Tendencia y movimiento político que defiende la libertad de la persona y la desaparición del Estado: *el profesor de historia nos ha explicado las bases teóricas de la ~; la ~ es uno de los movimientos políticos más difíciles de ver realizados en la sociedad.* ⇒ **anarquismo. 2** Falta de organización o de orden: *cuando el jefe se va, en la oficina reina una ~ total.* ⇒ **desorganización.** ⇔ **orden, organización.**

a·nár·qui·⌈co, ⌈ca |anárkiko, ka| ***adj.*** De la *anarquía o que tiene relación con ella: *las fuerzas militares sofocaron con efectividad el movimiento ~; hay una situación anárquica cuando sus padres salen de casa.*

a·nar·quis·mo |anarkísmo| ***m.*** POL. Tendencia política que defiende la libertad del individuo y la desaparición del Estado: *el ~ no acepta la existencia de la autoridad pública; el ~ fue seguido por la clase proletaria del siglo XIX.* ⇒ **acracia, anarquía.**

a·nar·quis·ta |anarkísta| **1** ***adj.*** POL. Del *anarquismo o que tiene relación con él: *la ideología ~ fue adoptada por muchos componentes de la clase trabajadora; Bakunin fue un teórico ~.* **- 2 *adj.-com.*** POL. (persona) Que defiende la libertad del individuo y la desaparición del Estado: *los anarquistas participaron en los acontecimientos revolucionarios de mayo del 68.* ⇒ **ácrata, libertario.**

a·na·te·ma |anatéma| **1 *amb.*** REL. Castigo por el que una persona es apartada de la Iglesia y pierde el derecho a recibir los *sacramentos: *los anatemas fueron frecuentes en la Edad Media.* ⇒ **excomunión. 2** Expresión con la que se desea un mal para otra persona; insulto muy fuerte: *siempre está lanzando anatemas por esa boca.* ⇒ **maldición.**

a·na·to·mí·a |anatomía| **1 *f.*** MED. BIOL. Disciplina que estudia la estructura, situación y relaciones de las diferentes partes de los seres vivos: *no es médico, pero tiene algunos conocimientos de ~ humana.* **2** División y separación de las partes de un ser vivo: *durante la carrera hizo muchas prácticas de ~; esta tarde hay clase de ~.* ⇒ **disección. 3** Estructura u organización del cuerpo de un ser vivo: *la ~ del cuerpo humano es muy compleja.* **4** Estudio de las partes de un asunto o problema: *el diputado quería hacer una ~ del conflicto.* **5** *fam. fig.* Cuerpo humano, especialmente bello: *el mozo se quedó mirando la ~ de la florista.* ⇒ **figura, tipo.**

a·na·tó·mi·⌜co, ⌜ca |anatómiko, ka| **1 *adj.*** De la *anatomía o que tiene relación con ella: *los chicos estaban haciendo un estudio ~ del calamar.* **2** Que se adapta o ajusta perfectamente al cuerpo humano o a alguna de sus partes: *las sillas del despacho eran anatómicas.*

an·ca |áŋka| ***f.*** Mitad lateral de la parte posterior de ciertos animales: *las ancas de rana tienen un sabor delicioso.* ⌂ Se usa con la forma del artículo *el*; los demás determinantes deben ir en forma femenina.

an·ces·tral |anθestrál| **1 *adj.*** De los *ascendientes o que tiene relación con ellos: *esta casa es un bien ~ de mi familia.* **2** Que es muy antiguo: *en este pueblo aún se conservan algunas costumbres ancestrales.*

an·ces·tro |anθéstro| ***m.*** Persona de la que desciende otra u otras: *sus ancestros eran los caciques del pueblo.* ⇒ **antecesor, antepasado, ascendiente, predecesor.**

an·⌜cho, ⌜cha |ántʃo, tʃa| **1 *adj.*** Que tiene una extensión de lado a lado excesiva o mayor de lo normal: *la mesa es muy ancha y no cabe por la puerta; esta camisa me queda un poco ancha.* ⇒ **amplio.** ⇔ **angosto, estrecho. 2** (persona) Que está orgulloso o siente satisfacción: *le echó una buena bronca y se quedó tan ~.* **- 3 ancho *m.*** Longitud o extensión entre los lados izquierdo y derecho: *¿qué ~ tiene esta mesa?* ⇒ **anchura.** ■ **a sus anchas,** *fam.*, con completa libertad: *cuando va a casa de los abuelos está a sus anchas; quiero vivir solo para estar a mis anchas.*

an·cho·a |antʃóa| ***f.*** Pez marino comestible de pequeño tamaño que se suele preparar con agua de sal para su consumo: *en la estantería encontrarás unas latas de anchoas; no me gustan las anchoas porque están muy saladas.*

an·chu·ra |antʃúra| **1 *f.*** Longitud o extensión entre los lados izquierdo y derecho: *mide la ~ de la mesa; la puerta no tiene suficiente ~ para meter el piano.* ⇒ **ancho. 2** Extensión o capacidad grandes: *se perdió en la ~ del llano.*

an·cia·⌜no, ⌜na |anθiáno, na| ***adj.-s.*** (persona) Que tiene una edad avanzada: *sus padres no son todavía personas ancianas; hay un ~ sentado en un banco del parque; en el asilo hay ancianos.* ⇒ **viejo.** ⇔ **joven.**

an·cla |áŋkla| ***f.*** Instrumento de hierro con dos o más puntas que, sujeto a una cadena, se echa al mar para que una embarcación no se mueva: *la barca se fue a la deriva porque los marineros olvidaron echar el ~.* ⌂ Se usa con la forma del artículo *el*; los demás determinantes deben ir en forma femenina.

an·clar |aŋklár| **1 *intr.*** MAR. [en algún lugar] Asegurar o dejar en un sitio una embarcación mediante una *ancla o un peso: *los piratas anclaron en la entrada de la bahía.* **- 2 *tr.*** *fig.* [algo] Sujetar o asegurar firmemente: *entre todos anclaron la escalera para que no se cayera.*

án·co·ra |áŋkora| ***f.*** *form.* Instrumento de hierro con dos o más puntas que, sujeto a una cadena, se echa al mar para que una embarcación no se mueva: *sólo quedaba en el puerto el ~ oxidada del viejo navío.* ⇒ **ancla.** ⌂ Se usa con el artículo *el*, pero con los demás determinantes en forma femenina.

an·da·de·ras |andaðéras| ***f. pl.*** Aparato que sirve para que el niño aprenda a andar sin caerse: *dio sus primeros pasos con ayuda de unas ~.* ⇒ **andador, tacatá.** ⌂ El plural es *andaderas*.

an·da·⌜dor, ⌜do·ra |andaðór, ðóra| **1 *adj.-s.*** Que anda mucho o de manera veloz: *mi abuelo era una persona muy andadora.* ⇒ **andarín. - 2 andador *m.*** Aparato que sirve para que el niño aprenda a andar sin caerse: *hemos comprado un carrito y un ~ para el futuro bebé.* ⇒ **andaderas, tacatá.**

an·da·du·ra |andaðúra| ***f.*** Movimiento para trasladarse de un lugar a otro: *en su ~ conoció lugares y costumbres muy pintorescas.* ⇒ **marcha.**

an·da·lu·cis·mo |andaluθísmo| **1 *m.*** Amor o gusto por la cultura y tradiciones de Andalucía: *en sus composiciones se nota el ~ del poeta.* **2** Palabra o modo de expresión propios del español hablado en Andalucía, especialmente cuando se usa en otra variedad lingüística: *en el español de América abundan los andalucismos.*

an·da·lu·cis·ta |andaluθísta| ***adj.*** Del *andalucismo o que tiene relación con él: *ha nacido en Madrid, pero tiene un pensamiento ~.*

an·da·⌜luz, ⌜lu·za |andalúθ, lúθa| **1 *adj.*** De Andalucía o que tiene relación con Andalucía: *la cocina andaluza es extraordinaria; los vinos andaluces son famosos.* **- 2 *m. f.*** Persona nacida en Andalucía o que vive habitualmente en Andalucía: *los andaluces son muy alegres y muy optimistas; su padre es ~ y su madre murciana.* **- 3 andaluz *m.*** Variedad del español que se habla en Andalucía: *los sevillanos y los gaditanos hablan ~.*

an·da·mio |andámio| *m.* Armazón de tablas que se construye para colocarse sobre él y trabajar en las partes altas de los edificios: *los albañiles habitualmente trabajan en andamios.*

an·da·na·da |andanáδa| **1** *f.* MAR. Disparo de las piezas de *artillería de uno de los lados de un barco: *bastó una ~ para hundir el barco enemigo.* **2** Asiento cubierto en la parte superior de una plaza de toros: *se pudieron escuchar protestas en las andanadas.*

an·dan·te |andánte| **1** *adv. m.* MÚS. Con movimiento lento o tranquilo: *en la partitura pone ~.* **- 2** *m.* MÚS. Composición o parte de ella con movimiento tranquilo: *un ~ es más lento que un alegro y más rápido que un adagio.*

an·dan·za |andánθa| *f.* Aventura, especialmente la que se produce durante un viaje: *en este libro se relatan las andanzas de Marco Polo.* ⌂ Se usa frecuentemente en plural.

an·dar |andár| **1** *intr.* Moverse o trasladarse de un lugar a otro dando pasos: *normalmente regresa a su casa andando; anduvimos varios kilómetros hasta llegar al refugio.* ⇒ **caminar. 2** Moverse o trasladarse de un lugar a otro un ser *inanimado: *¡hay que ver qué poco anda este coche!* **3** Funcionar un mecanismo: *¿cómo va a ~ el reloj si no tiene pilas?* **4** Seguir su desarrollo una cosa o asunto: *el negocio anda peor cada día.* **5** Estar, encontrarse: *hacía mucho que no te veía; ¿qué tal andas?* **- 6** *intr.-prnl.* Obrar de una manera determinada: *no te andes con tonterías y vayamos a lo práctico.* **- 7** *intr.* Acercarse a una cantidad: *este ordenador anda por las 150000 pesetas.* **8** *fam.* Tocar o mirar las cosas privadas de otras personas: *no me gusta que andes en mi armario.* ⇒ **hurgar.** ⌂ Se construye con la preposición *en.* **9** Estar realizándose una acción determinada: *hoy anda limpiando los cristales de la casa.* ⌂ Se construye con el segundo verbo en gerundio. Se conjuga como 64. **- 10 andares** *m. pl.* Manera de andar: *¡qué andares tienes, anda, quítate los tacones!* ■ **¡anda!**, *fam.*, expresión que indica sorpresa o intención de dar ánimo o hacer una *petición: *¡anda, si ya son las cuatro!; ¡anda, acompáñame hasta la plaza!* ■ **andarse por las ramas**, *fam.*, detenerse en lo que menos importa: *no te andes por las ramas y cuenta cómo acabó todo.* ■ **todo se andará**, *fam.*, expresión con la que se indica que ya llegará el momento de que una cosa ocurra: *tú tranquilo, que todo se andará.*

an·da·rie·go, ga |andariéγo, γa| *adj.-s.* (persona) Que anda o viaja mucho: *durante su juventud fue muy ~.* ⇒ **andarín.**

an·da·rín, ⌐ri·na |andarín, rína| *adj.-s.* (persona) Que anda mucho: *mi padre es muy ~ y todos los días anda tres kilómetros.* ⇒ **andador, andariego.**

an·das |ándas| *f. pl.* Tablero sostenido por dos barras horizontales y paralelas que sirve para transportar personas o cosas, especialmente imágenes: *la imagen de la Virgen del Rocío fue llevada en unas ~ hasta al iglesia.* ⇒ **angarillas.** ⌂ El plural es *andas.*

an·dén |andén| *m.* Corredor o lugar elevado situado junto a la vía de un tren: *los pasajeros esperan en el ~ la llegada del metro.*

an·di·⌐no, ⌐na |andíno, na| *adj.* De los Andes o que tiene relación con ellos: *la cordillera andina está en América del Sur; en la región andina abundan los minerales.*

an·do·rra·⌐no, ⌐na |andořáno, na| **1** *adj.* De Andorra o que tiene relación con Andorra: *el clima ~ es muy frío en invierno.* **- 2** *m. f.* Persona nacida en Andorra o que vive habitualmente en Andorra: *los andorranos son vecinos de los españoles y de los franceses.*

an·dra·jo |andráxo| *m.* Prenda de vestir vieja y rota, o parte separada de ella: *a la puerta de la iglesia hay unos mendigos vestidos con andrajos.* ⇒ **harapo.**

an·dra·jo·⌐so, ⌐sa |andraxóso, sa| *adj.-s.* (persona) Que viste con ropa vieja; que lleva *andrajos: *un ~ entró en la cafetería y pidió dinero a los clientes.* ⇒ **harapiento.**

an·droi·de |andróiδe| *m.* Máquina con movimiento que tiene características que se consideran propias del hombre: *es tan rico, que en lugar de criada tiene un ~.* ⇒ **robot.**

an·du·rrial |anduřiál| *m.* Lugar poco *frecuentado o que está fuera de un camino: *encontramos al niño perdido por unos andurriales cercanos al pueblo.*

a·ne·a |anéa| *f.* Planta de tallos altos y cilíndricos, cuyas hojas se usan generalmente para tejer asientos de sillas: *la ~ crece en lugares húmedos donde el agua es pantanosa; las flores de la ~ tienen forma de espiga.* ⇒ **enea, espadaña.**

a·néc·do·ta |anékδota| **1** *f.* Relación breve de un acontecimiento extraño, raro o divertido: *te voy a contar una ~ curiosísima que me ha ocurrido hoy.* **2** Detalle accidental y sin importancia: *no te detengas en las anécdotas y ve al grano.*

a·nec·dó·ti·⌐co, ⌐ca |anekδótiko, ka| *adj.* Que tiene carácter de *anécdota: *su vida en el cuartel estuvo llena de hechos anecdóticos; en este relato se puede distinguir muy bien las partes anecdóticas de lo esencial.*

a·ne·gar |aneγár| **1** *tr.-prnl.* [algo] Cubrir el agua u otros líquidos un lugar: *las lluvias han anegado los campos de toda la región.* ⇒ **inundar. - 2 anegarse** *prnl.* Llenarse: *ante la buena noticia, se anegó su alma de alegría; lo encontró anegado en llanto.* ⌂ Se conjuga como 7.

a·ne·jar |anexár| *tr.-prnl.* ⇒ **anexar, anexionar.** ⌂ La Real Academia Española prefiere la forma *anexar.*

a·ne·⌐jo, ⌐ja |anéxo, xa| **1** *adj.-m.* Que está unido a otra cosa de la que deriva o depende: *ha instalado su despacho en un cuarto ~ a la tienda; la cuadra es un ~ del chalé.* ⇒ **anexo. - 2 anejo** *m.* Texto que está unido a otro y que lo completa o complementa: *en el ~ de este documento figura la lista de colaboradores; esta semana, la revista viene con un ~ sobre el sida.*

a·ne·mia |anémia| *f.* Disminución del número o tamaño de los *glóbulos rojos que contiene la sangre: *la pérdida de sangre o la mala alimentación producen ~.*

a·né·mi·⌜co, ⌜ca |anémiko, ka| **1** ***adj.*** De la *anemia o que tiene relación con ella: *el cansancio y el mareo son síntomas anémicos.* **- 2** ***adj.-s.*** Que padece *anemia: *desde que tuvo el accidente está anémica.*

a·né·mo·na |anémona| **1** ***f.*** Planta con tallo horizontal subterráneo, pocas hojas y flor de color vivo: *plantó anémonas en su jardín.* **2** Flor de esta planta: *compré un ramo de anémonas.* **3** Animal invertebrado marino, en forma de tubo rodeado de brazos que le dan una forma parecida a una flor, y que vive aislado y fijo en el fondo del mar: *la ~ captura con sus tentáculos pequeños peces.* ⇒ **actinia.**

a·nes·te·sia |anestésia| **1** ***f.*** Falta o pérdida *temporal de la *sensibilidad o del conocimiento: *el enfermo entró en un estado de ~ antes de la operación; la ~ se produce al tomar drogas o por enfermedades como la lepra.* **2** Sustancia médica que produce la pérdida *temporal de la *sensibilidad o del conocimiento: *la ~ se usa en las operaciones para eliminar el dolor.* ⇒ **anestésico.**

a·nes·te·siar |anestesiár| ***tr.*** [a alguien] Producir o provocar la pérdida *temporal de la *sensibilidad o del conocimiento por medio de una sustancia médica: *los médicos anestesiaron al herido para operarlo; el dentista me anestesió la encía antes de empastar la muela.* ⇒ **dormir.** ☖ Se conjuga como 12.

a·nes·té·si·⌜co, ⌜ca |anestésiko, ka| **1** ***adj.*** De la *anestesia o que tiene relación con ella: *el enfermo estaba bajo los efectos anestésicos y no podía moverse.* **- 2 anestésico** ***adj.-m.*** (sustancia médica) Que produce la pérdida *temporal de la *sensibilidad o del conocimiento: *el cloroformo y el éter son anestésicos.* ⇒ **anestesia.**

a·nes·te·sis·ta |anestesísta| ***com.*** Médico especialista en aplicar la *anestesia: *en el quirófano esperaban el cirujano, el ~ y dos enfermeras.*

a·ne·xar |ane^{k}sár| ***tr.*** [algo] Unir una cosa a otra, haciendo que derive o dependa de ella: *tras la guerra, anexaron los territorios del sur a su gran imperio.* ⇒ **anejar, anexionar.**

a·ne·xión |ane^{k}sión| ***f.*** Unión de una cosa a otra, de la que deriva o depende, especialmente un Estado o territorio: *las dos naciones se disputaban la ~ del territorio petrolífero.*

a·ne·xio·nar |ane^{k}sionár| ***tr.*** [algo.] Unir una cosa, especialmente un Estado o territorio, a otra, haciendo que dependa de ella: *varias potencias pretendían ~ la provincia fronteriza.* ⇒ **anejar, anexar.**

a·ne·xio·nis·mo |ane^{k}sionísmo| ***m.*** POL. Doctrina política que defiende la unión de territorios, especialmente la de un territorio más pequeño o pobre a otro más grande o rico: *ese político es partidario del ~.*

a·ne·xio·nis·ta |ane^{k}sionísta| **1** ***adj.*** POL. Del *anexionismo o que tiene relación con él: *el embajador era partidario de practicar una política ~; el gobierno de este país está haciendo una política ~.* **- 2** ***adj.-com.*** POL. (persona) Que es partidario del *anexionismo: *los anexionistas fueron derrotados.*

a·ne·⌜xo, ⌜xa |ané^{k}so, sa| ***adj.-m.*** Que está unido a otra persona o cosa de la que depende o con la que tiene una gran relación: *la vicaría está en la casa anexa a la catedral; en aquel ~ del instituto están las oficinas.* ⇒ **anejo.** ☖ La Real Academia de la lengua prefiere la forma *anejo.*

an·fe·ta·mi·na |anfetamína| ***f.*** Droga que excita el sistema nervioso: *las anfetaminas provocan depresión y pérdida del apetito.*

an·fi·⌜bio, ⌜bia |anfíβio, βia| **1** ***adj.*** (ser vivo) Que puede vivir dentro y fuera del agua: *algunos dinosaurios eran anfibios.* **2** Que puede moverse por tierra o por agua: *viven en la costa y han comprado un vehículo ~; el ejército tiene tropas anfibias.* **3** ***adj.-m.*** (animal) Que pertenece a la clase de los vertebrados que pasa parte de su vida en el agua y que cuando alcanza la edad adulta respira a través de pulmones: *las ranas son anfibios que viven en las charcas.* ⇒ **batracio.**

an·fi·bo·lo·gí·a |anfiβoloxía| **1** ***f.*** ***fam.*** Doble significado de una palabra o frase: *huye de las anfibologías, si quieres hacerte entender con claridad.* **2** POÉT. Figura del lenguaje que consiste en hacer que una palabra o frase tenga más de un significado: *si decimos* recibió diversos dones, *en la palabra* dones *existe una ~.*

an·fi·te·a·tro |anfiteátro| **1** ***m.*** Construcción de forma redonda, con asientos alrededor de un espacio llano central, en la que antiguamente se ce-

ANFIBIOS

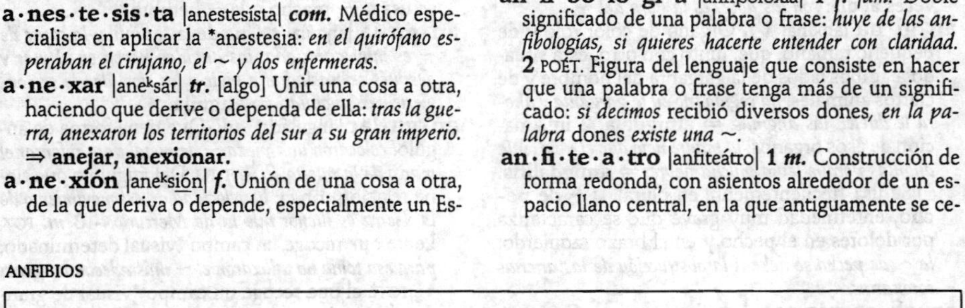

lebraban espectáculos: *el ~ es una edificación de origen romano; el Coliseo de Roma es un ~ iniciado por Vespasiano.* **2** Conjunto de asientos dispuestos en *semicírculo, en un teatro, un cine o una *aula: *en la Facultad de Derecho los asientos forman un ~; el ~ del cine estaba lleno de gente.*

an·fi·⌜trión, ⌜trio·na |anfitrión, trióna| ***m. f.*** Persona en cuanto a otra u otras a las que invita: *ya que eres el ~ de la fiesta, debes ser simpático con todos; Penélope fue una magnífica anfitriona.*

án·fo·ra |ánfora| ***f.*** Recipiente de barro, alto y estrecho, de cuello largo, usado en Grecia y Roma: *los arqueólogos han encontrado una valiosa ~ enterrada en un campo de cultivo.* ☐ Se usa con el artículo *el,* pero con los demás determinantes en forma femenina.

an·ga·ri·llas |aŋgaríʎas| ***f. pl.*** Tablero sostenido por dos barras horizontales y paralelas que sirve para transportar cargas: *los albañiles han transportado el escombro en unas ~.* ⇒ **andas.** ☐ El plural es *angarillas.*

án·gel |áŋxel| **1** ***m.*** Espíritu del cielo, servidor y mensajero de Dios: *en ese cuadro, los ángeles son las figuras que tienen alas y el pelo rubio y rizado.* ⇒ **querubín;** ~ **custodio/de la guarda**, el que Dios destina a cada persona: *el ~ de la guarda cuida de los niños.* **2** *fig.* Gracia o simpatía: *Felisa es una persona agradable y con mucho ~.* **3** *fig.* Persona muy buena: *Clara es un ~, siempre me ha ayudado cuando lo he necesitado.*

an·ge·li·cal |aŋxelikál| **1** ***adj.*** De los *ángeles o que tiene relación con ellos: *en la bóveda de la catedral hay figuras angelicales.* **2** Que tiene una característica que se considera propia de un *ángel: *los niños nos miraban con ojos angelicales.*

án·ge·lus |áŋxelus| ***m.*** REL. Oración que recuerda el misterio de la Encarnación y que se reza tres veces al día: *son las doce, es la hora del ~.*

an·gi·na |aŋxína| **1** ***f.*** Órgano de color rojo y de pequeño tamaño, que, junto con otro, está situado a ambos lados de la garganta del hombre y de ciertos animales: *ha cogido frío en la garganta y ahora le duelen las anginas.* ⇒ **amígdala. 2** Inflamación de esos órganos: *la madre notó que el niño tenía anginas porque tenía mucha fiebre.* ⇒ **amigdalitis.** ☐ Se usa frecuentemente en plural. ■ ~ **de pecho**, enfermedad muy grave que se caracteriza por dolores en el pecho y en el brazo izquierdo: *la ~ de pecho se debe a la obstrucción de las arterias coronarias.*

an·gli·ca·nis·mo |aŋglikanísmo| ***m.*** Conjunto de las doctrinas de la Iglesia cristiana oficial de Inglaterra: *el ~ permite que las mujeres sean sacerdotisas.*

an·gli·ca·⌜no, ⌜na |aŋglikáno, na| **1** ***adj.*** Del *anglicanismo o que tiene relación con él: *Enrique* VIII *fue el fundador de la Iglesia anglicana.* **- 2** ***adj.-s.*** (persona) Que *profesa el *anglicanismo: *los anglicanos creen en la predestinación.*

an·gli·cis·mo |aŋgliθísmo| ***m.*** Palabra o modo de expresión propios de la lengua *inglesa que se usa en otro idioma: *la palabra* barman *es un ~ en español.*

an·gló·fi·⌜lo, ⌜la |aŋglófilo, la| ***adj.-s.*** (persona) Que tiene simpatía por Inglaterra o por los *ingleses: *es un político ~, por eso se marchó a vivir a Londres.*

an·gló·fo·⌜no, ⌜na |aŋglófono, na| ***adj.-s.*** (persona) Que es de habla *inglesa: *estas alumnas anglófonas faltan mucho a clase de español; Ontario es un territorio ~; necesito un ~ para que dé clases de inglés a mis hijos.*

an·glo·sa·⌜jón, ⌜jo·na |aŋglosaxón, xona| **1** ***adj.*** De los pueblos de procedencia y lengua *inglesa, o que tiene relación con ellos: *la música anglosajona se ha extendido internacionalmente; la población anglosajona en las costas andaluzas es bastante numerosa.* **2** De los pueblos *germanos que invadieron Inglaterra en el siglo V, o que tiene relación con ellos: *la cultura anglosajona se fundió con la cultura normanda.* **- 3** ***m. f.*** Persona de procedencia y lengua *inglesa: *Francis Bacon era ~.* **4** Persona que pertenece a los pueblos *germanos que invadieron Inglaterra en el siglo V: *los anglosajones fueron vencidos en la batalla de Hastings.* **- 5 anglosajón** ***m.*** Lengua antigua de Inglaterra: *el ~ también se conoce como inglés antiguo; el ~ se habló hasta el año 1100 aproximadamente.*

an·gos·⌜to, ⌜ta |aŋgósto, ta| ***adj.*** Que es estrecho y reducido: *para llegar a la playa tuvimos que atravesar un paraje ~.* ⇔ **ancho.**

an·gos·tu·ra |aŋgostúra| **1** ***f.*** Paso estrecho: *hubo dificultades para que los carros pasaran por aquella ~.* **2** Bebida de sabor amargo que se usa para hacer combinados: *en el bar hay licores, zumos y ~ para preparar cócteles.*

an·gui·la |aŋgíla| ***f.*** Pez de cuerpo alargado en forma de serpiente que vive en los ríos y cría en el mar: *la ~ es comestible; pidieron unas anguilas y vino de Ribeiro.* ⇒ **angula.** ☐ Para indicar el sexo se usa la ~ macho y la ~ hembra.

an·gu·la |aŋgúla| ***f.*** Cría de la *anguila: *la carne de ~ es muy apreciada; las angulas nacen en el mar y después se trasladan a vivir a los ríos, donde se convierten en anguilas.* ⇒ **anguila.**

an·gu·lar |aŋgulár| **1** ***adj.*** Que tiene forma de ángulo: *colocaron una pieza ~ de metal para reforzar el marco de la puerta.* **2** MAT. FÍS. Del ángulo o que tiene relación con él: *la velocidad ~ del movimiento de la Tierra es menor que la de Mercurio.* **- 3** ***m.*** FOT. Lente que recoge un campo *visual determinado: *para esa toma no utilizaron el ~ más adecuado;* **gran** ~, FOT., el que recoge un campo *visual de grandes dimensiones: *para fotografiar toda la habitación usaron un gran ~ que deformaba las imágenes de los objetos.*

án·gu·lo |ángulo| **1** ***m.*** Parte de un plano o espacio limitada por dos líneas que parten de un mismo punto: *la profesora de matemáticas ha dibujado en la pizarra un ~;* ~ **agudo**, el que tiene menos de 90 grados; ~ **obtuso**, el que tiene más de 90 grados; ~ **recto**, el que tiene 90 grados. **2** Rincón de un lugar o un espacio: *has olvidado barrer el ~ derecho de la sala.* **3** Punto de vista: *el asunto puede ser abordado desde distintos ángulos.* ⇒ **perspectiva.**

an·gu·lo·⌐so, ⌐sa |aŋgulóso, sa| ***adj.*** Que tiene ángulos o esquinas: *Ricardo tiene un perfil muy ~.*

an·gus·tia |aŋgústia| ***f.*** Pena o sufrimiento muy intenso; miedo que no tiene una causa conocida: *da ~ ver el hambre que hay en el mundo; cada vez que tiene que ir al médico siente una gran ~.* ⇒ **ansia, ansiedad, congoja.**

an·gus·tiar |aŋgustiár| ***tr.-prnl.*** [a alguien] Sentir o hacer sentir tristeza, preocupación o miedo: *no te angusties, que tu padre vendrá a buscarte enseguida; le angustia la espera de los resultados de las pruebas médicas.* ⇒ **acongojar.** ☐ Se conjuga como 12.

an·gus·tio·⌐so, ⌐sa |aŋgustióso| ***adj.*** Que causa *angustia: *la espera fue larga y angustiosa.* ⇒ **ansioso.**

an·he·lan·te |aneláṇte| ***adj.*** *form.* Que *anhela o desea una cosa con mucha intensidad: *Julia está ~ por conseguir un buen empleo.* ⇒ **deseoso.**

an·he·lar |anelár| ***tr.*** *form.* [algo] Desear con mucha intensidad: *lo que más anhela en la vida es tener un hijo.* ⇒ **ansiar, aspirar.**

an·he·lo |anélo| ***m.*** *form.* Deseo intenso de una cosa: *tras muchos esfuerzos, vio cumplidos todos sus anhelos.* ⇒ **ansia, aspiración.**

an·hí·dri·do |aníðriðo| ***m.*** QUÍM. Compuesto químico formado por la combinación del oxígeno con un elemento no metálico; óxido no metálico: *los coches expulsan ~ de azufre, que es muy contaminante.* ⇒ **óxido.** ☐ Es una denominación anticuada, que se ha sustituido por la de *óxido no metálico;* ~ **carbónico**, QUÍM. gas formado por *carbono y oxígeno, que se desprende en la respiración: *el ~ carbónico se desprende en las combustiones; el ~ carbónico forma parte de las bebidas gaseosas.*

a·ni·dar |aniðár| **1** ***intr.*** Hacer el nido las aves para vivir en él: *una pareja de tórtolas ha anidado en el tejado de la iglesia.* **- 2** ***intr.-prnl.*** *form.* Encontrarse dentro de una persona o cosa: *los más viles sentimientos anidaban en su corazón.*

a·ni·lla |aníʎa| **1** ***f.*** Objeto con forma de *circunferencia, que sirve para colgar o sujetar: *las cortinas del salón se han caído porque se han roto las anillas.* **2** Tornillo con un *aro en uno de los extremos: *muchos cuadros se cuelgan de una ~.* ⇒ **armella, cáncamo. - 3 anillas** ***f. pl.*** DEP. Aparato formado por dos *aros que cuelgan de dos cuerdas sujetas al techo y que sirven para hacer ciertos ejercicios: *en el gimnasio hay un potro y unas anillas.* **4** DEP. Deporte que consiste en hacer ciertos ejercicios *agarrándose de ese aparato: *todos los fines de semana practico las anillas.*

a·ni·llar |aniʎár| **1** ***tr.*** [algo] Sujetar con anillos o *anillas: *anillaré las hojas para evitar que se me pierdan.* **2** Poner *anillas en las patas de los animales para estudiarlos: *el zoólogo anilló varias cigüeñas para estudiar sus movimientos migratorios; estas palomas han sido anilladas.*

a·ni·llo |aníʎo| **1** ***m.*** *Aro o círculo pequeño: *un servilletero es un ~ que rodea la servilleta.* **2** *Aro que se lleva en un dedo y que puede tener adornos, como piedras preciosas: *el padre de Rosa le ha regalado un ~ de plata; los casados llevan un ~ en el dedo anular.* ⇒ **collar, pendiente, pulsera, sortija. 3** ZOOL. Parte en que se divide el cuerpo de los gusanos y otros animales: *el ciempiés tiene un par de patas en cada ~.* **4** BOT. Capa cilíndrica que se forma cada año en el tronco de los árboles: *si cuentas los anillos de este tronco cortado, sabrás cuántos años tenía la encina.* **5** ASTRON. Círculo de materiales del espacio que rodea algunos planetas: *una nave espacial ha fotografiado de cerca los anillos de Saturno.* **6** ARQ. Saliente o adorno circular que rodea cuerpos o espacios cilíndricos: *la fachada de la iglesia está decorada con dos anillos.* ■ **caerse los anillos**, *fam.*, perder categoría; perder el respeto de los demás: *vamos, échanos una mano para subir los muebles, que no se te van a caer los anillos.* ☐ Se usa sobre todo en frases negativas. ■ **como ~ al dedo**, adecuado y oportuno: *un coche como ése nos vendría como ~ al dedo para nuestras necesidades.*

á·ni·ma |ánima| **1** ***f.*** *Alma del hombre, especialmente la que está sufriendo en el *purgatorio: *las mujeres están rezando por las ánimas de los difuntos.* **2** Hueco interior de ciertos objetos, especialmente del *cañón de las armas de fuego. ⇒ **alma. - 3 ánimas** ***f. pl.*** Toque de las campanas a cierta hora de la noche con el que se invita a rezar por las *almas del *purgatorio: *todos se pusieron a orar cuando oyeron las ánimas.* ☐ Se usa con el artículo *el*, pero con los demás determinantes en forma femenina.

a·ni·ma·ción |animaθión| **1** ***f.*** Ambiente alegre y ruidoso producido por mucha gente reunida: *el ambiente de la fiesta de cumpleaños es de gran ~; con motivo de la carrera ciclista, en la plaza hubo mucha ~.* ⇒ **bullicio, jaleo. 2** Técnica que consiste en dar una impresión de movimiento a los dibujos del cine: *los especialistas en ~ están terminando una película de dibujos animados.*

a·ni·ma·⌐do, ⌐da |animáðo, ða| **1** ***adj.*** (persona) Que es muy activo y alegre; que tiene mucho entusiasmo: *sus padres son muy animados: siempre están haciendo viajes a países raros.* **2** (cosa, lugar) Que es muy interesante o divertido: *mantuvieron una animada conversación; vamos a esa cafetería nueva que está siempre tan animada.*

a·ni·ma·⌐dor, ⌐do·ra |animaðór, ðóra| **1** ***m. f.*** Persona que presenta e interviene en espectáculos públicos: *el ~ cantó y bailó al son de la música.* **2** Persona que se dedica a organizar actividades de diversión o *entretenimiento: *en el hotel en el que nos hospedamos había una animadora muy activa.*

a·ni·mad·ver·sión |animaᵈβersión| ***f.*** *form.* Odio entre dos o más personas: *sintió ~ por él desde que supo que le había engañado.* ⇒ **animosidad, enemistad.** ⇔ **amistad, aprecio.**

a·ni·mal |animál| **1** ***m.*** Ser vivo *pluricelular con capacidad de movimiento y *sensibilidad: *los animales pertenecen al reino de los metazoos; en el zoo hay animales enjaulados; no es recomendable tener animales grandes en casa;* ~ **irracional**, ser vivo que no es el hombre: *el gato es un ~ irracional;*

~ **racional**, el hombre: *las personas son animales racionales.* **2** Ser vivo que no tiene capacidad de pensar ni razón: *el hombre se diferencia de los animales en su inteligencia.* **- 3** ***adj.*** De los seres vivos con capacidad de movimiento y *sensibilidad, o que tiene relación con ellos: *estoy viendo un programa de televisión sobre el reino ~.* **4** De los seres vivos que no tienen capacidad de pensar ni razón, o que tiene relación con ellos: *es primitivo y muestra un comportamiento ~.* **- 5** ***adj.-com.*** (persona) Que es torpe y hace un uso excesivo de la fuerza física: *el muy ~ echó la puerta abajo de un puñetazo; no seas ~ y siéntate a hablar en lugar de gritar.* ⇒ **bruto.**

a·ni·ma·la·da |animaláða| ***f.*** *fam.* Obra o dicho que no es verdad, no tiene sentido o no es de buen gusto: *es un niño muy bruto, no para de hacer animaladas; ¿has visto la ~ que han escrito en la pared?* ⇒ **salvajada.**

a·ni·mar |animár| **1** ***tr.-prnl.*** [a alguien] Dar ánimo o fuerza moral: *al enfermo lo animó la visita de su familia.* ⇔ **deprimir. 2** Dar ánimo a una persona para que realice una cosa: *sus padres le animaron para que estudiase medicina.* **3** [algo] Comunicar movimiento y alegría: *Gustavo y sus amigos animaron la fiesta con sus chistes.* **- 4 animarse** ***prnl.*** Tener valor para hacer o decir una cosa: *a ver si me animo y esta tarde me pongo a coser; anímate y ven con nosotros.* ⇒ **atreverse.**

a·ní·mi·⌐co, ⌐ca |anímiko, ka| ***adj.*** Del ánimo o que tiene relación con él: *el estado ~ del enfermo ha empeorado en las últimas horas.* ⇒ **psíquico, síquico.**

a·ni·mis·mo |animísmo| **1** ***m.*** Creencia de que todos los seres y objetos de la naturaleza son animados y tienen espíritu: *para el ~, el alma es el principio de la vida.* **2** Doctrina que da más importancia al espíritu que a la materia; *culto al espíritu: *el ~ es contrario al materialismo.*

a·ni·mis·ta |animísta| **1** ***adj.*** Del *animismo o que tiene relación con él: *las creencias animistas eran habituales en los pueblos primitivos.* **- 2** ***com.*** Persona que cree en el *animismo: *los animistas siguen una filosofía espiritualista.*

á·ni·mo |ánimo| **1** ***m.*** Estado emocional de una persona: *el estado de ~ del paciente es muy bueno.* **2** Valor, fuerza moral o energía: *empezó el trabajo con mucho ~, pero lo fue perdiendo poco a poco.* **3** Intención o voluntad: *hoy no tengo ~ para ir a jugar al fútbol, lo dejo para mañana.* **- 4** ***interj.*** Expresión que se usa para intentar dar fuerza moral o energía: *¡~, que sólo te falta un kilómetro para llegar a la meta!*

a·ni·mo·si·dad |animosiðáᵈ| ***f.*** Odio entre dos personas: *la ~ fue creciendo y acabaron peleándose.* ⇒ **animadversión.**

a·ni·mo·⌐so, ⌐sa |animóso, sa| ***adj.*** Que tiene ánimo: *el caballero emprendió la aventura con espíritu ~; es una persona muy animosa, da gusto trabajar con ella.*

a·ni·ña·⌐do, ⌐da |aniɲáðo, ða| ***adj.*** Que tiene una característica que se considera propia de los niños: *para la edad que tiene, Elisa está un poco aniñada; engaña a todo el mundo con su rostro ~.*

a·ni·qui·lar |anikilár| **1** ***tr.*** [algo, a alguien] Reducir a la nada; destruir: *el ejército aniquiló al enemigo; los dos bandos se aniquilaron.* **2** [a alguien] Hacer perder el ánimo: *la humillación lo ha aniquilado por completo.*

a·nís |anís| **1** ***m.*** Planta de flores blancas y semillas olorosas: *el ~ procede del Mediterráneo.* **2** Semilla de esa planta: *el ~ es muy aromático y se utiliza para fabricar licores.* **3** Licor que se saca de esa semilla: *en el mueble hay una botella de ~.*

a·ni·ver·sa·⌐rio |aniβersário| ***m.*** Día en el que se cumplen años de un hecho o acontecimiento determinado: *el día siete de mayo es el ~ de su boda.* ⇒ **cumpleaños.**

a·no |áno| ***m.*** Agujero en el que termina el *intestino y por el que se expulsan los excrementos: *las hemorroides aparecen en el ~.* ⇒ **culo, ojete.**

a·no·che |anótʃe| ***adv. t.*** En la noche de ayer: *~ hubo una tormenta tremenda.*

a·no·che·cer |anotʃeθér| **1** ***m.*** Periodo de tiempo durante el cual se hace de noche: *nunca salen a tomar copas antes del ~; es peligroso pasear por el bosque al ~.* ⇒ **atardecer.** ⇔ **amanecer. - 2** ***unipers.*** Ir despareciendo la luz del día; hacerse de noche: *en verano anochece muy tarde; llegaré a casa antes de que anochezca.* ⇒ **atardecer.** ⇔ **amanecer. - 3** ***intr.*** *p. ext.* Estar en un lugar, en una situación o en un estado determinados al acabar el día: *anochecimos en Somosierra.* ⇔ **amanecer.** ☐ Se conjuga como 43.

a·no·di·⌐no, ⌐na |anoðíno, na| **1** ***adj.*** *fig.* Que no tiene sustancia o interés; que no es importante: *fue un día ~; las noticias fueron anodinas.* ⇒ **insignificante. 2** *fig.* Que no tiene gracia; que no es divertido: *la faena del torero resultó anodina porque el toro era manso.*

á·no·do |ánoðo| ***m.*** ELECTR. Extremo del *circuito de una pila que tiene mayor *potencial, por el que entra la energía eléctrica: *el ~ y el cátodo son los polos de una pila eléctrica.* ⇒ **polo.** ⇔ **cátodo.**

a·no·ma·lí·a |anomalía| ***f.*** Defecto; falta de normalidad o regularidad: *el mecánico ha notado ciertas anomalías en el embrague del coche.* ⇒ **irregularidad.**

a·nó·ma·⌐lo, ⌐la |anómalo, la| ***adj.*** Que tiene un defecto; que no es normal o regular: *he notado en los últimos días que su comportamiento es ~.* ⇒ **anormal, irregular.**

a·no·na·dar |anonaðár| ***tr.*** *form.* [a alguien] Dejar confundido o sorprendido y sin posibilidad de contestar: *la ceremonia de apertura de los Juegos Olímpicos nos anonadó; lo dejó anonadado con su respuesta.* ⇒ **apabullar, aplastar.**

a·no·ni·ma·to |anonimáto| ***m.*** Estado o condición de *anónimo: *los autores del artículo periodístico prefirieron quedar en el ~; la autoría del atentado quedó en el ~.*

a·nó·ni·⌐mo, ⌐ma |anónimo, ma| **1** ***adj.*** De una persona que no se conoce, especialmente un autor: *el Lazarillo de Tormes es una obra anónima; está asustada porque recibe cartas anónimas en las que la amenazan; recibí una llamada de teléfono anónima a* *las dos de la madrugada.* **2** Que es desconocido: *¡ya te gustaría a tí que un admirador ~ te enviase flores!* **- 3** ***adj.-f.*** (sociedad) Que tiene el *capital dividido en acciones: *las siglas de una sociedad anónima son SA; los componentes de una sociedad anónima aportan su dinero en forma de acciones.* **- 4 anónimo** ***m.*** Carta o papel sin firma dirigido a una persona: *no se atreve a salir a la calle desde que recibe anónimos.*

a·no·rak |anorá^k| ***m.*** Prenda de vestir hecha con un tejido que no deja pasar el agua y que protege del frío: *el ~ lleva una capucha; el ~ es ideal para la nieve.* ☖ El plural es *anoraks.*

a·no·re·xia |anoré^ksia| ***f.*** MED. Enfermedad que consiste en la pérdida del hambre: *la ~ suele aparecer en la adolescencia por transtornos físicos o psíquicos.*

a·nor·mal |anormál| **1** ***adj.*** Que no es normal: *es ~ ver a Fermín borracho; a todos nos extrañó un comportamiento tan ~.* ⇒ **anómalo. - 2** ***adj.-com.*** (persona) Que tiene una capacidad mental inferior a la normal: *Sandra se dedica al cuidado de personas anormales.* ⇒ **deficiente, subnormal.**

a·no·ta·ción |anotaθión| ***f.*** Apunte o nota que se escribe en un papel: *ha hecho una ~ en la parte derecha del folio.*

a·no·tar |anotár| **1** ***tr.*** [algo] Poner una nota en un papel: *¿has anotado mi número de teléfono?; anotó su dirección en una hoja de papel.* ⇒ **apuntar. 2** Poner notas a un escrito: *mi profesor ha anotado el examen que hice ayer.* ⇒ **acotar. 3** Marcar o conseguir puntos, en distintos deportes: *el jugador de baloncesto anotó diez puntos para su equipo.* **- 4 anotarse** ***prnl.*** *fam.* Conseguir un éxito o tener un fracaso, especialmente en una competición deportiva: *el equipo se anotó la victoria más importante de la competición.* ⇒ **apuntar.**

an·qui·lo·sar |aŋkilosár| **1** ***tr.-prnl.*** [algo] Disminuir o hacer imposible el movimiento en las articulaciones de los huesos: *la artrosis anquilosa los huesos; como no hacía ejercicio, se le anquilosaron las piernas.* **2** *fig.* Disminuir el desarrollo de una actividad: *las ideas y la cultura se anquilosan y acaban naciendo otras nuevas.* ⇒ **atrofiar.**

án·sar |ánsar| **1** ***m.*** Ave de patas rojas con los dedos unidos por *membranas, pico cónico y fuerte, con las plumas de color blanco en el vientre, rosa en el pecho y casi gris en el resto del cuerpo: *las plumas del ~ se usaban para escribir; el ~ es un ganso salvaje.* **2** Ave doméstica de patas rojas con los dedos unidos por *membranas, pico cónico y fuerte, con las plumas de color casi amarillo en el pecho y el vientre, y gris en el resto del cuerpo. ⇒ **ganso.** ☖ Para indicar el sexo se usa el ~ macho y el ~ hembra.

an·sia |ánsia| **1** ***f.*** Deseo intenso de conseguir una cosa: *trabaja tanto porque tiene grandes ansias de conseguir mucho dinero.* ⇒ **anhelo, aspiración, avidez, codicia. 2** Pena o sufrimiento muy intenso; miedo que no tiene una causa conocida: *siente ~ cuando se aproximan las fechas de los exámenes.* ⇒ **angustia, ansiedad, congoja. - 3 ansias** ***f. pl.*** Sensación que se tiene cuando se quiere vomitar: *las curvas de la carretera le provocaron ansias.* ⇒ **náusea.** ☖ Se usa con el artículo *el,* pero con los demás determinantes en forma femenina.

an·siar |ansiár| ***tr.*** [algo] Desear con mucha intensidad: *lo que más ansiaba era que su madre recuperase la salud.* ⇒ **anhelar.** ☖ Se conjuga como 13.

an·sie·dad |ansieðáᶞ| ***f.*** Pena o sufrimiento muy intenso; miedo que no tiene una causa conocida: *los padres no saben a qué puede deberse el estado de ~ en que se encuentra.* ⇒ **angustia, ansia, congoja.**

an·sio·⌐so, ⌐sa |ansióso, sa| ***adj.-s.*** Que tiene *ansia: *eres un ~, todo lo quieres para ti; estaba ~ por saber los resultados de la prueba; el abandono de su marido la dejó en un estado ~.* ⇒ **angustioso.**

an·ta·gó·ni·⌐co, ⌐ca |antaɣóniko, ka| ***adj.*** Que es opuesto o contrario: *estas dos personas tienen visiones del mundo antagónicas.* ⇒ **incompatible.**

an·ta·go·nis·mo |antaɣonísmo| ***m.*** *Oposición o *contrariedad entre personas u opiniones: *la guerra se desencadenó por el ~ que existía entre los dos bandos.* ⇒ **incompatibilidad.**

an·ta·go·nis·ta |antaɣonísta| ***adj.-com.*** Que es contrario o se opone: *tuvo la valentía de defender una postura ~ a la de los demás miembros del comité; antes era mi amiga, pero se ha convertido en mi principal ~.*

an·ta·ño |antáɲo| ***adv. t.*** En tiempo antiguo: *~ existieron dinosaurios; ~ no se podía viajar por el aire.*

an·tár·ti·⌐co, ⌐ca |antártiko, ka| ***adj.*** Del polo sur o que tiene relación con él: *en la región antártica hay pingüinos.* ⇔ **ártico.**

an·te |ante| **1** ***prep.*** En presencia de; delante de: *demostró su nobleza ~ el rey y ~ los demás miembros de la corte; la joven se peina la melena ~ el espejo; estamos ~ un grave problema.* **- 2** ***m.*** Piel sin brillo procedente de algunos animales, especialmente del *alce: *estas botas de ~ son bonitas, pero se estropean en cuanto se mojan.* **3** Animal mamífero de cuello corto, cabeza grande y cuernos planos en forma de pala, que se alimenta de vegetales: *el ~ es un rumiante de gran tamaño.* ⇒ **alce.** ☖ Para indicar el sexo se usa el ~ macho y el ~ hembra.

an·te·a·no·che |anteanót∫e| ***adv. t.*** En la noche anterior a la de ayer: *~ estuvimos cenando en casa de Mercedes.* ⇒ **anteayer.**

an·te·a·yer |anteayér| ***adv. t.*** En el día anterior al de ayer: *vi a Felipe ~.* ⇒ **anteanoche.**

an·te·bra·zo |anteβráθo| ***m.*** Parte del brazo que va desde el codo hasta la mano: *Cristóbal se ha caído y se ha roto el ~ derecho.*

an·te·ce·den·te |anteθeðénte| ***m.*** Obra, dicho o circunstancia anterior, que sirve para juzgar o entender hechos posteriores: *el viaje de Ulises es el ~ del viaje de Simbad el marino; estudiaron detenidamente los antecedentes de la Segunda Guerra Mundial;* ~ **penal**, acto ilegal que queda registrado ante la justicia y que hace más grave la pena en caso de una nueva falta: *el acusado tenía antecedentes penales de robo y por eso le han aumentado la condena.* ⇒ **precedente.**

an·te·ce·der |anteθeðér| ***tr.*** [a algo] Estar o ir delante: *la primavera es la estación del año que antecede al verano; la p antecede a la q en el alfabeto.* ⇒ **preceder.** ⇔ **suceder.**

an·te·ce·⌐sor, ⌐so·ra |anteθesór, sóra| **1 *m. f.*** Persona que estuvo antes que otra en un lugar, un puesto o un cargo: *sus antecesores dejaron la empresa en una situación ruinosa.* ⇒ **predecesor.** ⇔ **sucesor. - 2 antecesor *m.*** Persona de la que desciende otra u otras: *me han dicho que mis antecesores fueron grandes artesanos.* ⇒ **ancestro, antepasado, ascendiente, padre, predecesor.**

an·te·di·⌐cho, ⌐cha |anteðítʃo, tʃa| ***adj.*** *form.* Que ha sido dicho o escrito antes: *tras esta aclaración, volvamos al ~ asunto.* ⇒ **susodicho.**

an·te·di·lu·via·⌐no, ⌐na |anteðilußiáno, na| **1 *adj.*** Que es muy antiguo; que está pasado de moda: *voy a comprar un ordenador nuevo porque el que tengo es ~.* **2** Que es anterior al *diluvio universal: ☐ No se debe decir *antidiluviano.*

an·te·la·ción |antelaθión| ***f.*** Acción y resultado de *anticiparse o *anticipar una cosa: *si vas a venir con nosotros al teatro, dínoslo con ~; hemos sacado las entradas del cine con una semana de ~.* ⇒ **anticipación.** ⇔ **retraso.**

an·te·ma·no |antemáno| ■ **de ~**, antes del tiempo en que otra cosa sucede: *estaba preparado porque sabía de ~ lo que iba a pasar; te advierto de ~: estos productos son muy caros.*

an·te·na |anténa| **1 *f.*** Componente exterior de un aparato que sirve para emitir o recibir ondas: *si no sacas la ~ de la radio no oirás la FM; hay una avería en la ~ del satélite;* **~ parabólica**, la que tiene forma parecida a una concha y se usa para recibir las ondas que *transmiten los *satélites: *con la ~ parabólica que tenemos en casa puedo ver un canal internacional de deportes.* **2** *Apéndice articulado que los insectos y otros animales tienen a ambos lados de la cabeza: *la langosta se orienta en el mar con sus largas antenas.* **3** *fig.* Interés que tiene una persona para enterarse de lo que ocurre a su alrededor, especialmente de las conversaciones privadas de otras personas: *siempre tiene la ~ puesta para enterarse de todo.* ■ **en ~**, que está emitiéndose: *ahora mismo está en ~ un informativo muy interesante.*

an·te·o·jos |anteóxos| **1 *m. pl.*** Aparato que sirve para ver más cerca los objetos lejanos y que está hecho con dos cilindros huecos y con cristales pulidos en los extremos: *no tenía mejor cosa que hacer que vigilar a su vecino con unos ~.* ⇒ **gemelo, prismático. 2** Conjunto de dos cristales colocados en una *montura que se apoya en la nariz y que se sujeta detrás de las orejas: *si no me pongo los ~ no veo nada de lejos.* ⇒ **gafas, lente.** ☐ El plural es *anteojos.*

an·te·pa·sa·⌐do, ⌐da |antepasáðo, ða| ***m. f.*** Persona de la que desciende otra u otras: *para construir tu árbol genealógico tienes que saber quiénes eran tus antepasados.* ⇒ **ancestro, antecesor, ascendiente, padre, predecesor.**

an·te·pe·núl·ti·⌐mo, ⌐ma |antepenúltimo, ma| ***adj.-s.*** Que ocupa el lugar que está antes del *penúltimo: *la x es la antepenúltima letra del abecedario; estoy el ~ en la cola del cine.*

an·te·po·ner |anteponér| ***tr.-prnl.*** [algo; a algo] Preferir; poner por delante: *antepuso su carrera profesional a su vida personal.* ☐ El participio es *antepuesto.* Se conjuga como 78.

an·te·pro·yec·to |anteproyé^k^to| **1 *m.*** Texto legal aprobado por un gobierno que es enviado al *parlamento como proyecto: *el último ~ ha levantado mucha polémica entre la clase política.* **2** Conjunto de trabajos anteriores al proyecto de una obra de arquitectura o *ingeniería: *han preparado un ~ para dar a conocer sus intenciones.*

an·te·rior |anterjór| ***adj.*** Que está antes en el espacio o en el tiempo: *nos sentamos en las butacas anteriores a las suyas; la boda de Fidel fue ~ a la de Cecilia.* ⇒ **previo.** ⇔ **posterior.**

an·te·rio·ri·dad |anterioriðá^ð^| ***f.*** Situación de lo que está antes en el espacio o en el tiempo: *con ~ a su cargo, ocupó el puesto de subdirector en una fábrica de cerámicas.*

an·tes |ántes| **1 *adv. t.*** Más atrás en el tiempo: *no repitas otra vez lo que dijiste ~; nos iremos de viaje ~ de que anochezca.* ⇔ **después. - 2 *adv. l.*** Menos lejos en el espacio con referencia a un punto determinado: *la farmacia está ~ del supermercado.* ⇔ **después. - 3 *adv.*** Indica preferencia: *~ tiro el regalo que dárselo a otra persona.* **- 4 *conj.*** *form.* Por el contrario: *no lo aborrece, ~ lo ama.* ■ **~ bien**, indica *oposición en relación con lo que se ha expresado anteriormente; por el contrario; expresa valor *adversativo: *no se acobardó, ~ bien se encaró con su enemigo.* ■ **~que/de que**, indica anterioridad en el tiempo: *vete, ~ de sospechen de ti.*

an·te·sa·la |antesála| ***f.*** Habitación situada antes de la *sala más importante de una casa, en la que se espera para ser recibido: *esta ~ está decorada con unos cuadros muy originales.* ⇒ **recibidor.**

an·ti·a·é·re·⌐o, ⌐a |antiaéreo, a| ***adj.*** De la defensa contra el ataque desde el aire, o que tiene relación con ella: *sonó la alarma antiaérea y todos corrieron a los refugios.*

an·ti·bió·ti·⌐co, ⌐ca |antiβiótiko, ka| ***adj.-m.*** MED. (medicina) Que destruye las bacterias que producen enfermedades o *infecciones: *la penicilina es una sustancia antibiótica; el médico le recetó un ~ para la infección de oído.*

an·ti·ci·clón |antiθiklón| ***m.*** Situación de altas presiones que da lugar a buen tiempo: *en estos días no tenemos nubes ni lluvias debido a un ~; el ~ de las Azores avanza hacia el Mediterráneo; los anticiclones producen calor en verano y frío en invierno.*

an·ti·ci·pa·ción |antiθipaθión| ***f.*** Acción y resultado de *anticiparse o de *anticipar una cosa: *la ~ es importante en los deportes de equipo.* ⇒ **antelación.**

an·ti·ci·par |antiθipár| **1 *tr.*** [algo] Hacer u ocurrir antes del tiempo previsto: *han anticipado la emisión del partido de baloncesto.* ⇒ **adelantar.** ⇔ **retrasar. 2** Pagar una cantidad de dinero antes de que el trabajo correspondiente sea realizado o terminado: *el jefe nos ha anticipado la paga extra de diciembre.* ⇒ **adelantar.** - **3 anticiparse** ***prnl.*** Adelantarse una persona en la realización de una acción: *se me han anticipado comprando el último ejemplar de la novela.* **4** Ocurrir una cosa antes del tiempo señalado: *este año el calor se ha anticipado mucho.*

an·ti·ci·po |antiθípo| ***m.*** Cantidad de dinero que se paga antes de que el trabajo correspondiente sea realizado o terminado: *tendré que pedir un ~ si quiero llegar a fin de mes.* ⇒ **adelanto.**

an·ti·cle·ri·cal |antiklerikál| ***adj.-com.*** (persona) Que defiende el *anticlericalismo: *las personas con ideas de izquierdas suelen tener posturas anticlericales.* ⇔ **clerical.**

an·ti·cle·ri·ca·lis·mo |antiklerikalísmo| ***m.*** Actitud contraria a la intervención de la Iglesia en los asuntos del Estado: *los movimientos obreros del siglo XIX tenían posturas propias del ~.*

an·ti·co·a·gu·lan·te |antikoaɣulánte| ***adj.-m.*** (sustancia) Que sirve para impedir que la sangre se haga sólida: *la aspirina es ~; las personas con problemas de circulación toman anticoagulantes.*

an·ti·con·cep·ti·⌜vo, ⌜va |antikonθeᵖtíβo, βa| ***adj.-m.*** Que impide que la mujer se quede embarazada: *el médico le ha recetado un medicamento ~; toma anticonceptivos porque no quiere tener más hijos.*

an·ti·con·ge·lan·te |antikoŋxelánte| **1** ***adj.*** Que impide la congelación: *aquí venden productos anticongelantes para coches.* - **2** ***m.*** Sustancia que impide la congelación del agua que *enfría el motor de un automóvil: *el ~ se debe echar cuando comienza el invierno; el ~ protege el motor incluso a cincuenta grados bajo cero.*

an·ti·cons·ti·tu·cio·nal |antikonstituθionál| ***adj.*** Que es contrario o no está de acuerdo con la *Constitución de un Estado: *está encarcelado por un delito ~.* ⇒ **inconstitucional.**

an·ti·co·rro·si·⌜vo, ⌜va |antikor̄osíβo, βa| ***adj.-m.*** (sustancia) Que cubre y protege una superficie evitando que se consuma o *corroa: *hemos puesto un líquido ~ sobre la barandilla de la terraza para que no se oxide.* ⇔ **corrosivo.**

an·ti·cris·to |antikrísto| ***m.*** Representante de las fuerzas del mal; enemigo de Jesucristo o de su Iglesia: *el ~ apartará a los cristianos de su fe antes de la segunda venida de Cristo.*

an·ti·cua·⌜do, ⌜da |antikuáðo, ða| ***adj.*** Que no está de moda; que ya no se usa: *los ponchos de lana están anticuados; viste de una forma bastante anticuada.* ⇒ **antiguo, caduco.** ⇔ **moderno.**

an·ti·cua·⌜rio, ⌜ria |antikuário, ria| **1** ***m. f.*** Persona que se dedica a comerciar con objetos antiguos: *el ~ hizo una oferta y compré este reloj de pared.* **2 anticuario** ***m.*** Establecimiento en el que se venden objetos antiguos: *encontré este piano de principios de siglo en un ~.*

an·ti·cuer·po |antikuérpo| ***m.*** Sustancia que se encuentra en la sangre para defender el organismo de los virus y bacterias que lo infectan: *las vacunas crean los anticuerpos necesarios para inmunizar el organismo.* ⇒ **antígeno.**

an·ti·de·por·ti·⌜vo, ⌜va |antiðeportíβo, βa| ***adj.*** Que es contrario a la norma del deporte: *no jugaré más contigo porque tienes una actitud totalmente antideportiva.*

an·ti·des·li·zan·te |antiðesliθánte| ***adj.-m.*** Que impide o reduce el deslizamiento: *tu coche debe llevar neumáticos antideslizantes si vas a circular por carreteras nevadas.*

an·ti·de·to·nan·te |antiðetonánte| ***adj.-m.*** (producto) Que se mezcla con la *gasolina y sirve para impedir la *explosión de la mezcla antes de tiempo: *el plomo es un ~.*

an·tí·do·to |antíðoto| **1** ***m.*** Sustancia que detiene los efectos venenosos de otra: *tuvieron que ponerle un ~ contra el veneno de serpiente.* **2** *p. ext.* Medio para evitar o prevenir un mal: *el mago tenía el ~ contra el aburrimiento.*

an·ti·es·té·ti·⌜co, ⌜ca |antiestétiko, ka| ***adj.*** Que es feo o de mal gusto: *¿no te parece ~ llevar calcetines con zapatos de tacón alto?* ⇔ **estético.**

an·ti·faz |antifáθ| ***m.*** Trozo de tela con agujeros para los ojos con que se cubre la parte superior de la cara: *hay un personaje de cómic que siempre lleva un ~ negro.* ⇒ **careta, máscara.**

an·tí·ge·no |antíxeno| ***m.*** MED. Sustancia extraña que se introduce en el organismo y que provoca la formación de *anticuerpos: *los antígenos son proteínas de los virus, de las bacterias y de todas las toxinas.* ⇒ **anticuerpo.**

an·ti·gua·lla |antiɣuáʎa| ***f.*** *fam.* Objeto muy antiguo: *Soledad tiene el salón de su casa lleno de antiguallas.* ⇒ **antigüedad.**

an·ti·güe·dad |antiɣueðáᵈ| **1** ***f.*** Cualidad de antiguo: *lo que da valor a esta obra de arte es su ~.* ⇔ **modernidad.** **2** Tiempo antiguo, especialmente el que se refiere a Grecia y Roma: *los objetos de este museo pertenecen a la Antigüedad clásica.* ☖ En esta acepción se escribe con mayúscula. **3** Objeto muy antiguo: *esta tienda está especializada en la venta de antigüedades; Javier tiene en su casa una buena colección de antigüedades.* ⇒ **antigualla.** ☖ Se usa sobre todo en plural. **4** Periodo de tiempo durante el cual una persona ha realizado un trabajo o actividad: *Héctor es uno de los trabajores con más ~ de la empresa.*

an·ti·⌜guo, ⌜gua |antíɣuo, ɣua| **1** ***adj.*** Que hace mucho tiempo que existe o que ha *sucedido: *entre nosotros existe una antigua amistad.* ⇒ **viejo.** ⇔ **nuevo.** **2** Que no está de moda; que no se usa ya: *esa gabardina que llevas se te ha quedado antigua.* ⇒ **anticuado.** ⇔ **moderno.** **3** (persona) Que lleva mucho tiempo en un trabajo o actividad: *esta secretaria es de las más antiguas de la empresa.* **4** Que es desde hace mucho tiempo lo que se indica: *Manolo es un ~ cliente nuestro.* - **5 antiguos** ***m. pl.*** Personas que han vivido en el pasado: *los antiguos no tenían automóviles.*

an·ti·lla·⌜no, ⌜na |antiʎáno, na| **1** ***adj.*** De las Antillas o que tiene relación con las Antillas: *el tabaco ~ es muy apreciado; Puerto Rico es una isla antillana.* - **2** ***m. f.*** Persona nacida en las Antillas o que vive habitualmente en las Antillas: *mi amigo es ~, nació en Cuba.*

an·tí·lo·pe |antílope| ***m.*** Animal mamífero con patas largas y delgadas y cuernos cubiertos por una capa de hueso, que se alimenta de vegetales: *la gacela es un ~.* ☖ Para indicar el sexo se usa el ~ macho y el ~ hembra.

an·ti·na·tu·ral |antinaturál| ***adj.*** Que es contrario a lo natural: *los gestos de su cara resultan muy antinaturales.*

an·ti·nie·bla |antiniébla| ***adj.*** Que permite ver a través de la niebla: *se ha estropeado uno de los faros ~ de la furgoneta.* ☖ El plural es *antiniebla.*

an·ti·pa·tí·a |antipatía| ***f.*** Sentimiento de rechazo o disgusto hacia una persona o cosa: *siente gran ~ por las personas cotillas y mentirosas.* ⇒ **aversión, manía, odio.** ⇔ **simpatía.**

an·ti·pá·ti· co, ⌐ca |antipátiko, ka| ***adj.*** (persona) Que no es agradable con los demás; que es muy difícil relacionarse con él: *¡qué antipática eres, da asco hablar contigo!; no tiene amigos porque es muy ~.* ⇒ **intratable.** ⇔ **simpático.**

an·tí·po·da |antípoða| 1 ***adj.-m.*** (persona) Que habita en un lugar de la Tierra que es opuesto a aquel en que habita otro: *los habitantes de Nueva Zelanda son antípodas de los españoles.* - **2 *amb.*** (punto de la Tierra) Que es opuesto a otro: *está dispuesto a irse a trabajar a las antípodas.* ☖ Se usa sobre todo en plural. ■ **en los/las antípodas**, en una posición totalmente contraria u opuesta: *mi forma de pensar está en las antípodas de la tuya.*

an·ti·rro·bo |antir̄óβo| ***adj.-m.*** (aparato, mecanismo) Que evita el robo: *la tienda está provista de un eficaz dispositivo ~; ¿has puesto el ~ al coche?* ☖ El plural como adjetivo es *antirrobo.*

an·ti·se·mi·ta |antisemíta| ***adj.-com.*** (persona) Que defiende el *antisemitismo: *los nazis eran antisemitas.* ⇒ **semita.**

an·ti·se·mi·tis·mo |antisemitísmo| ***m.*** Actitud de rechazo hacia los judíos: *tu ~ te está creando muchos enemigos.* ⇒ **semitismo.**

an·ti·sép·ti·⌐co, ⌐ca |antiséᵖtiko, ka| ***adj.-m.*** Que sirve para hacer desaparecer las bacterias y virus que pueden infectar un cuerpo o un lugar: *el uso de sustancias antisépticas es fundamental en los hospitales; el alcohol es un ~.* ⇒ **desinfectante.**

an·ti·sub·ma·ri·⌐no, na |antisuᵝmaríno, na| ***adj.*** Que se emplea para luchar contra los *submarinos: *los barcos de la flota iban equipados con armas antisubmarinas.*

an·ti·te·rro·ris·ta |antiter̄orísta| ***adj.*** Que es contrario al *terrorismo: *el gobierno está llevando a cabo una eficaz lucha ~.*

an·tí·te·sis |antítesis| ***f.*** POÉT. Figura del lenguaje que consiste en unir dos palabras o frases de significado contrario: *si decimos* el ardiente hielo, *utilizamos la figura de la ~.*

an·to·ja·di· zo, ⌐za |antoxaðíθo, θa| ***adj.-s.*** (persona) Que frecuentemente desea lo que surge como resultado de la voluntad, no del razonamiento: *¡qué ~ es!, tiene un chalé en la costa y ahora quiere otro en la sierra; es muy antojadiza, nunca se cansa de pedir que le compren cosas.* ⇒ **caprichoso.**

an·to·jar·se |antoxárse| **1 *prnl.*** [a alguien] Desear mucho; empeñarse en conseguir una cosa: *se le ha antojado irse de vacaciones a China; ¡qué niño, todo lo que ve se le antoja!* ⇒ **encapricharse.** **2** Considerar como probable una cosa: *se me antoja que el jefe no me pagará lo que me debe.*

an·to·jo |antóxo| **1 *m.*** Deseo que surge generalmente como resultado de la voluntad, no del razonamiento: *tuvo el ~ de comer fresas con nata a las tres de la mañana.* ⇒ **capricho. 2** Mancha en la piel: *popularmente se cree que los antojos se deben a los caprichos de la mujer embarazada que no se cumplen; tiene un ~ en forma de flor en la pierna derecha.*

an·to·lo·gí·a |antoloxía| ***f.*** Conjunto formado por partes de obras que tienen una característica en común: *este compacto contiene una ~ de música clásica.* ■ **de ~**, que merece ser destacado: *sus clases son de ~.*

an·to·ló·gi·⌐co, ⌐ca |antolóxiko, ka| ***adj.*** Que merece ser destacado: *la actuación de la soprano fue antológica.*

an·to·ni·mia |antonímia| ***f.*** Cualidad de *antónimo: *entre las palabras* bueno *y* malo *hay una relación de ~.* ⇔ **sinonimia.**

an·tó·ni·⌐mo, ⌐ma |antónimo, ma| ***adj.-m.*** LING. (palabra) Que tiene un significado contrario al de otra palabra: bueno *es la palabra antónima de* malo; *he comprado un diccionario de sinónimos y antónimos.* ⇔ **sinónimo.**

an·to·no·ma·sia |antonomásia| ***f.*** POÉT. Figura del lenguaje que consiste en cambiar un nombre propio por uno común o apelativo: *si decimos* el Profeta *por* Mahoma, *utilizamos la figura de la ~.*

an·tor·cha |antórtʃa| ***f.*** Trozo grueso de madera, cera u otro material combustible, al que se prende fuego por uno de sus extremos para dar luz: *entraron en la oscura cueva provistos de antorchas.* ⇒ **hacha, tea.**

an·tra·ci·ta |antraθíta| ***f.*** Carbón de piedra que no arde con facilidad: *en Ucrania se produce ~.*

an·tro |ántro| ***m.*** Lugar desagradable y de mala fama: *mis amigos pasan las noches jugando a las cartas en un ~.*

an·tro·po·fa·gia |antropofáxia| ***f.*** Costumbre que consiste en comer carne humana: *la ~ suele ir asociada a ciertas prácticas de tipo religioso.* ⇒ **canibalismo.**

an·tro·pó·fa·⌐go, ⌐ga |antropófaɣo, ɣa| ***adj.-s.*** (persona) Que come carne humana: *murieron a manos de una tribu de antropófagos.* ⇒ **caníbal.**

an·tro·poi·de |antropóiðe| ***adj.-com.*** (animal) Que tiene una forma parecida a la del hombre: *los chimpancés son animales antropoides.*

an·tro·po·lo·gí·a |antropoloxía| ***f.*** Ciencia que estudia la especie humana en sus distintos aspectos: *la ~ analiza la relación del hombre con su medio.*

an·tro·po·ló·gi·⌐co, ⌐ca |antropolóxiko, ka| ***adj.*** De la *antropología o que tiene relación con ella: *acaba de publicar un estudio ~ de las tribus del Amazonas.*

an·tro·pó·lo·⌐go, ⌐ga |antropóloɣo, ɣa| ***m. f.*** Persona que se dedica al estudio de la *antropología: *se ha celebrado un congreso de antropólogos.*

a·nual |anuál| **1** ***adj.*** Que se repite cada año: *los contables hacen balances anuales.* **2** Que dura un año: *le han hecho un contrato ~.*

a·nua·li·dad |anualiðáᵈ| **1** ***f.*** *form.* Periodo de tiempo que dura un año: *tengo que realizar este trabajo en dos anualidades.* **2** Cantidad de dinero que se cobra o se paga una vez al año: *acabo de pagar la ~ del seguro del coche.*

a·nua·rio |anuário| ***m.*** Libro que se publica cada año, especialmente aquel que contiene información sobre lo ocurrido durante ese tiempo: *colecciona los anuarios que publica un periódico.*

a·nu·ba·rra·⌜do, ⌜da |anuβar̄áðo, ða| ***adj.*** Que está lleno de nubes: *creo que va a llover, el cielo está un poco ~.* ⇒ **nublado.**

a·nu·blar |anuβlár| ***tr.-prnl.*** [algo] Ocultar las nubes el azul del cielo o la luz del Sol o la Luna: *no sé si podremos salir al campo porque las nubes han anublado el día.* ⇒ **nublar.**

a·nu·dar |anuðár| ***tr.-prnl.*** [algo] Hacer uno o más nudos; unir con un nudo: *anúdate el cordón del zapato, que lo vas a pisar y te vas a caer; anuda los extremos de la cuerda, que se acaba de romper.* ⇒ **atar.**

a·nu·la·ción |anulaθión| ***f.*** Falta de efecto o valor de una cosa: *como surgieron problemas, intentamos la ~ de la reserva de la habitación del hotel.*

a·nu·lar |anulár| **1** ***tr.*** [algo] Hacer que una cosa quede sin efecto o valor: *como no hubo acuerdo, anularon el contrato; a causa del mal tiempo, se han anulado las actividades programadas.* ⇒ **cancelar, invalidar. - 2** ***adj.-m.*** (dedo) Que es el cuarto de la mano, menor que el de en medio: *lleva el anillo de compromiso en el ~; el ~ va seguido del meñique.* ⇒ **dedo. - 3** ***adj.*** Que tiene forma de anillo: *los segmentos del cuerpo de las lombrices son anulares.*

a·nun·cian·te |anunθiánte| ***adj.*** Que anuncia o se anuncia: *la empresa ~ ha invertido mucho dinero en la campaña publicitaria.*

a·nun·ciar |anunθiár| **1** ***tr.*** [algo; a alguien] Dar noticia o poner en conocimiento: *nos anunciaron la llegada del nuevo director.* **2** Dar a conocer un producto o servicio para atraer y convencer al público de que lo compre o lo use: *anuncian unas almohadas en la televisión.* **3** Decir lo que va a *suceder en el futuro: *el hombre del tiempo anunció que iba a llover este fin de semana.* ☐ Se conjuga como 12.

a·nun·cio |anúnθio| **1** ***m.*** Acción y resultado de poner en conocimiento o anunciar: *ante el ~ de su llegada, todo el mundo acudió a verlo.* **2** Mensaje con que se da a conocer un producto, servicio o idea, y se intenta convencer al público para que lo compre, lo use o actúe de una manera determinada: *dice que lo que más le gusta de la televisión son los anuncios.*

an·ver·so |ambérso| ***m.*** Cara anterior; parte principal: *en el ~ de la moneda está grabada la cara del rey.* ⇒ **cara, haz.** ⇔ **envés, reverso.**

an·zue·lo |anθuélo| ***m.*** Gancho pequeño de metal, sujeto al extremo de un hilo, en el que se coloca el *cebo para pescar: *el pez mordió el ~ y el pescador tiró de la caña.* ■ **picar/tragar el ~**, caer en un engaño o *trampa: *los ladrones picaron en el ~ que les había puesto la policía.*

a·ña·di·du·ra |aɲaðiðúra| ***f.*** Parte que se añade a lo necesario: *el vendedor le echó una ~ a lo que se le había pedido.*

a·ña·dir |aɲaðír| **1** ***tr.*** [algo] Sumar o unir para formar un todo o parte de él: *el banco añade los intereses a la cuenta corriente; añade un poco de laurel al guiso y quedará mejor.* ⇔ **descontar. 2** Hacer más grande o más largo; aumentar: *el banco añade los intereses a la cuenta corriente; mi madre ha añadido dos centímetros a las mangas de la chaqueta.* **3** Decir o escribir además de lo que ya se ha dicho o escrito: *el bachiller se armó de valor y añadió:* esta noche no tengo ningún compromiso. ⇒ **agregar.**

a·ña·ga·za |aɲaɣáθa| **1** ***f.*** Cosa que sirve para atraer a las aves que se quieren cazar: *llevaban como ~ un pájaro en una jaula para que atrajera con su canto a otras aves.* ⇒ **señuelo. 2** *fig.* Obra o dicho que demuestra habilidad para engañar o evitar el engaño: *no hagas caso de sus añagazas y sigue haciendo tu trabajo.* ⇒ **ardid, artimaña, astucia, estratagema.**

a·ñe·⌜jo, ⌜ja |aɲéxo, xa| ***adj.*** Que tiene muchos años; que tiene mucho tiempo: *nos dio a beber un vino ~ que guardaba en su bodega.*

a·ñi·cos |aɲíkos| ***m. pl.*** Trozos muy pequeños en que se divide un objeto al romperse: *el jarrón se cayó al suelo y se hizo ~.* ⇒ **pedazo.**

a·ñil |aɲíl| **1** ***adj.*** De color azul oscuro: *los azulejos de la pared eran añiles y blancos.* **-2** ***adj.-m.*** (color) Que es azul oscuro: *el ~ es un tono del arco iris.* **- 3** ***m.*** Sustancia de color azul oscuro que sirve para pintar o dar color: *el ~ se saca del tallo y las hojas de un arbusto; echó ~ en la ropa para darle un tono azulado.* **4** Arbusto de hoja permanente, con las flores de color rosa, rojo o blanco: *el ~ crece en zonas templadas y cálidas; el ~ se cultivó mucho en la India.*

a·ño |áɲo| **1** ***m.*** Tiempo que emplea la Tierra en dar una vuelta alrededor del Sol: *se suceden las estaciones a lo largo del ~.* **2** Periodo de tiempo compuesto por 12 meses o por 365 días: *el ~ pasado estuvo en el extranjero;* **~ académico/escolar**, el que empieza con la *apertura de un curso después de las vacaciones del anterior: *este ~ académico comenzaré a estudiar en la universidad;* **~ bisiesto**, el que está compuesto por 366 días: *nació un 29 de febrero porque aquel ~ era bisiesto;* **~ lunar**, el que está compuesto por 12 meses *lunares o por 354 días: *los mahometanos usan el ~ lunar para contar el tiempo.* ■ **a años luz**, a gran distancia; sin parecido: *la industria del cine americana está a años luz de la europea.* ■ **~ luz**, medida de longitud empleada en *astronomía que equivale a unos nueve billones de kilómetros: *esa galaxia está a varios años luz de la Tierra.* ■ **entrado en años**, (persona) que tiene mucha edad: *su abuelo era un hombre entrado en años.*

a·ño·ran·za |aɲoránθa| **1** ***f.*** Tristeza o pena que se siente al estar lejos de las personas y de los lugares queridos: *en el extranjero, a menudo sentía ~ de su familia y de su pueblo.* **2** Tristeza o pena que causa el recuerdo de un bien perdido: *años después sintió ~ del pasado.* ⇒ **nostalgia.**

a·ño·rar |aɲorár| **1** ***tr.*** [algo, a alguien] Sentir tristeza o pena al estar lejos de las personas y los lugares queridos: *añoraba su hogar.* ⇒ **extrañar. 2** [algo] Sentir tristeza o pena con el recuerdo de un bien perdido: *añoraba aquellos años en los que podía emplear su tiempo libre en lo que quería.* ⇒ **extrañar.**

a·or·ta |aórta| ***f.*** ANAT. Conducto por el que la sangre sale del corazón y llega a todo el cuerpo, salvo a los pulmones: *la ~ es la arteria principal de los mamíferos y de las aves; la ~ sale del ventrículo izquierdo del corazón.*

a·pa·bu·llar |apaβuʎár| ***tr.*** [a alguien] Dejar confundido o sorprendido y sin posibilidad de contestar: *el político apabulló a su contrincante con una gran cantidad de preguntas comprometidas.* ⇒ **anonadar, aplastar, desarmar.**

a·pa·cen·tar |apaθentár| **1** ***tr.*** [algo] Dar de comer al ganado: *el pastor apacentaba su rebaño mientras tocaba la flauta.* ⇒ **pacer. - 2 apacentarse *prnl.*** Comer el ganado: *las ovejas se apacentaban en el valle.* ⇒ **pacer.** ◯ Se conjuga como 27.

a·pa·che |apátʃe| **1** ***adj.*** De una *tribu que habitó el territorio de Tejas, Nuevo Méjico y Arizona, o que tiene relación con ella: *las costumbres apaches eran muy similares a las del resto de los indios de América del Norte.* **- 2 *com.*** Persona que pertenece a esa *tribu: *los apaches atacaron la diligencia.*

a·pa·ci·ble |apaθíβle| **1** ***adj.*** Que no presenta agitación, movimiento o ruido: *hacía una tarde ~ y salieron a pasear.* ⇒ **tranquilo. 2** (persona) Que es amable y considerado en el trato: *es un hombre delicado y ~ y os escuchará con paciencia.* ⇒ **agradable.** ◯ El superlativo es *apacibilísimo.*

a·pa·ci·guar |apaθiɣu̯ár| **1** ***tr.*** [algo, a alguien] Poner paz; solucionar un enfrentamiento: *trató de ~ a los chicos que se estaban peleando.* ⇒ **conciliar, pacificar. - 2 *tr.-prnl.*** Calmar; poner tranquilo: *los ánimos fueron apaciguándose poco a poco.* ⇒ **aplacar, pacificar.** ◯ Se conjuga como 22.

a·pa·dri·nar |apaðrinár| **1** ***tr.*** [a alguien] Acompañar como *padrino: *el recién nacido será apadrinado en el bautizo por un amigo de la familia.* ⇒ **amadrinar. 2** [algo, a alguien] Proteger o favorecer: *el viejo músico apadrinó a un joven cantante en sus primeras actuaciones.*

a·pa·ga·⌈do, ⌈da |apaɣáðo, ða| **1** ***adj.*** (color, luz) Que es de poca intensidad: *ese rojo es demasiado ~ para pintar con él la sangre.* **2** *fig.* Que no tiene gracia ni *viveza: *tiene un genio muy ~ y resulta aburrido estar con él.* ⇒ **soso.**

a·pa·gar |apaɣár| **1** ***tr.-prnl.*** [algo] Hacer que deje de arder un fuego o que deje de iluminar una luz: *los bomberos apagaron el incendio; antes de dormir, se arropó bien y apagó la lámpara; la luz de la sala se apagó y el público comenzó a gritar.* **2** Hacer más suave o más débil; disminuir la importancia de una cosa: *su afecto se fue apagando con el tiempo.* **3** PINT. Hacer que pierda intensidad un color demasiado vivo o el tono de una luz: *trató de ~ un poco el fondo del cuadro porque brillaba demasiado.* ◯ Se conjuga como 7.

a·pa·gón |apaɣón| ***m.*** Falta total e inesperada de luz eléctrica en una casa, un edificio o en una población: *durante el ~ de la ciudad, se cometiron numerosos delitos.*

a·pai·sa·⌈do, ⌈da |apai̯sáðo, ða| ***adj.*** Que es más ancho que alto; que está paralelo al plano horizontal: *para hacer el gráfico, colocó el folio de manera apaisada.* ⇔ **vertical.**

a·pa·la·brar |apalaβrár| ***tr.*** [algo] Acordar de palabra: *antes de firmar el contrato, habían apalabrado la compraventa de la finca.*

a·pa·lan·car |apalaŋkár| **1** ***tr.*** [algo] Apoyar una barra o *palanca sobre un punto y aplicar una fuerza en ella para levantar o mover un cuerpo situado en el extremo contrario: *apalancaron la puerta para abrirla y entrar.* **- 2 apalancarse *prnl.*** *fam.* Colocarse o apoyarse en un lugar y quedarse en él: *se apalancó en un sofá delante de la televisión.* ◯ Se conjuga como 1.

a·pa·le·ar |apaleár| ***tr.*** [algo, a alguien] Dar golpes con un palo o con un objeto parecido: *lo apalearon al borde del camino y lo dejaron maltrecho.*

a·pa·ña·⌈do, ⌈da |apaɲáðo, ða| ***adj.*** Que es bastante adecuado; que está bastante bien: *los zapatos que se ha comprado no son de gran calidad, pero resultan muy apañados.*

a·pa·ñar |apaɲár| **1** ***tr.*** *fam.* [algo] Poner en orden o en regla; guardar los objetos que hay a la vista en un lugar: *tengo que ~ esta habitación antes de que lleguen las visitas.* ⇒ **arreglar. - 2 *tr.-prnl.*** *fam.* [algo, a alguien] Prepararse para tener buen aspecto: *apáñate ese peinado, que vamos a salir.* ⇒ **arreglar. - 3 *tr.*** *p. ext.* [algo] Corregir o arreglar un error: *apaña esas cuentas como puedas para que no se note que están equivocadas.* ⇒ **remendar. - 4 apañarse *prnl.*** *fam.* Buscar la manera de hacer frente a una situación o de solucionarla: *es un hombre de muchos recursos: se apaña con cualquier cosa para arreglar las averías.* ⇒ **arreglar. 5** *fam.* Tener habilidad o facilidad para hacer una cosa: *se apaña muy bien en la cocina.* ■ **apañárselas**, *fam.*, buscar la manera de hacer frente a una situación o de solucionarla: *nos las apañaremos como sea para hacerlo bien.* ■ **apañárselas**, *fam.*, tener habilidad o facilidad para hacer una cosa: *no me las apaño con este aparato.*

a·pa·ño |apáɲo| **1** ***m.*** *fam.* Operación que se hace para que una cosa vuelva a funcionar o a parecer nueva: *le hicieron un ~ a la lavadora y sigue funcionando.* **2** *fam. desp.* Acuerdo o trato entre dos o más personas: *no sé que clase de apaños tendrán entre ellos.* **3** *fam.* Relación amorosa o sexual: *fue a la discoteca buscando un ~.* ⇒ **lío.**

a·pa·ra·dor |aparaðór| **1** ***m.*** Mueble que se usa para guardar los cubiertos y lo necesario para el servicio de la mesa: *sacó la cubertería del ~.* **2** Espacio cerrado con cristales y situado a la entrada de un establecimiento para exponer los productos: *colocó los relojes y las pulseras en el ~.* ⇒ **escaparate.**

a·pa·ra·to |aparáto| **1** ***m.*** Mecanismo que tiene una función determinada: *este ~ sirve para pelar y partir patatas; el ~ de televisión recibe imágenes y sonidos a distancia; el teléfono es un ~ con el que se habla a distancia.* ⇒ **dispositivo. 2** Instrumento necesario para un fin determinado: *el aprendiz está limpiando los aparatos del laboratorio; el potro es un ~ de gimnasia.* **3** BIOL. Conjunto de órganos de los animales y de las plantas que desempeñan una misma función: *el ~ respiratorio distribuye el oxígeno a las células del cuerpo; el profesor de ciencias ha dibujado en la pizarra el ~ reproductor de las plantas.* **4** Conjunto de personas que deciden la política de un partido o del Gobierno: *uno de los miembros del ~ del partido concedió una rueda de prensa a los periodistas.* **5** Muestra de riqueza e importancia: *me gustan las celebraciones sencillas, odio los actos con mucho ~; la misa estuvo precedida de un gran ~.* ⇒ **ostentación, pompa. 6** Circunstancia que aparece antes o que acompaña a una cosa: *la celebración estuvo precedida de un gran ~ de cohetes y fuegos artificiales.*

a·pa·ra·to·⌜so, ⌜sa |aparatóso, sa| **1** ***adj.*** Que muestra un lujo y riqueza excesivos: *ofreció una recepción aparatosa en su palacio.* ⇒ **ostentoso. 2** Que llama la atención y despierta admiración por ser exagerado: *iba a gran velocidad y el choque fue ~.* ⇒ **espectacular.**

a·par·ca·mien·to |aparkamiénto| **1** ***m.*** Detención y colocación de un vehículo en un lugar *temporalmente: *en el examen para el carné de conducir, le hicieron una prueba de ~.* ⇒ **estacionamiento. 2** Lugar en la vía pública o en un edificio donde pueden dejarse los vehículos: *en esa plaza hay un ~ donde puedes dejar el coche.* ⇒ **estacionamiento, parking. 3** Edificio que sirve para dejar los vehículos: *junto al aeropuerto hay un ~ de cinco plantas.* ⇒ **parking.**

a·par·car |aparkár| **1** ***tr.*** [algo] Detener un vehículo y colocarlo en un lugar *temporalmente: *cada día es más difícil encontrar sitio para ~ en las grandes ciudades; aparcó en el aparcamiento del centro comercial.* ⇒ **estacionar. 2** *fig.* Dejar a un lado un asunto mientras se resuelve otro más importante: *he decidido ~ los estudios porque necesito trabajar para mantener a mi familia.* ☐ Se conjuga como 1.

a·pa·re·ar |apareár| ***tr.-prnl.*** [algo] Juntar los machos de los animales con las hembras para que críen: *han tratado de ~ tigres albinos para conseguir crías blancas; casi todos los animales se aparean en primavera.*

a·pa·re·cer |apareθér| **1** ***intr.-prnl.*** Mostrarse o dejarse ver, generalmente de manera inesperada: *apareció una liebre en la carretera y tuvo que frenar; asegura que se le apareció la Virgen.* ⇔ **desaparecer. - 2** ***intr.*** Estar o encontrarse; *hallarse en un lugar: *lo siento, su nombre no aparece en la lista.* ☐ Se conjuga como 43.

a·pa·re·ci·do |apareθíðo| ***m.*** Espíritu de una persona muerta que se aparece: *había poca luz y creyó que su hermano era un ~.* ⇒ **aparición, fantasma.** ☐ Es el participio de *aparecer.*

a·pa·re·ja·⌜dor, ⌜do·ra |aparexaðór, ra| ***m. f.*** Persona que se dedica a dibujar planos bajo las órdenes de un *arquitecto: *una empresa de construcción está buscando aparejadores.*

a·pa·re·jar |aparexár| **1** ***tr.-prnl.*** [algo] Preparar o hacer lo necesario para una determinada actividad: *aparejaron todo para el trabajo; se aparejaron para el viaje.* **- 2** ***tr.*** Poner las correas y *aparejos a un animal de carga o de trabajo: *aparejaron las yuntas y salieron por la mañana.* ⇔ **desaparejar. 3** MAR. Poner los palos, *cables y velas a un barco: *el capitán ordenó ~ y zarpar.*

a·pa·re·jo |aparéxo| **1** ***m.*** Conjunto de instrumentos y objetos necesarios para un oficio o acción: *preparó el ~ y salió de caza.* ☐ Se usa también en plural con el mismo significado: *en esa cesta guardo los aparejos de pesca.* **2** Preparación; conjunto de acciones que tienen como fin la preparación: *a veces, el ~ lleva más tiempo que la realización del trabajo.* **3** Instrumento que sirve para cargar o montar un animal de carga: *el jinete va sentado sobre el ~ de su caballo.* **4** Conjunto de palos, velas y otras cosas de un barco: *el viento destrozó el ~ del barco.* **5** ARQ. Forma o modo en que quedan colocados los materiales en una construcción, especialmente los ladrillos y piedras: *picaron la fachada oeste y dejaron a la vista el ~ original.*

a·pa·ren·tar |aparentár| **1** ***tr.*** [algo] Mostrar o presentar como cierto o real lo que no existe o es falso: *aparenta indiferencia pero no puede vivir sin ella.* ⇒ **fingir. 2** Presumir de una virtud o de una cosa que no se posee: *a los nuevos ricos les gusta ~ distinción.* ⇒ **fardar. 3** Tener una persona el aspecto de una edad que no se corresponde con la suya real: *aparenta tener veinte años, pero pasa de los treinta.*

a·pa·ren·te |aparénte| **1** ***adj.*** Que parece, pero no es: *su sabiduría es sólo ~ porque en realidad es un inculto.* **2** Que es adecuado o conveniente: *siempre encuentra las palabras más aparentes.* **3** Que se ve o se comprueba con claridad: *se marchó sin ningún motivo ~.* ⇒ **manifiesto.**

a·pa·ri·ción |apariθión| **1** ***f.*** Acción y resultado de mostrarse o aparecer: *su ~ en el teatró causó un gran revuelo.* **2** Espíritu de una persona muerta que se aparece: *asegura que vio la ~ de su tatarabuelo.* ⇒ **aparecido, fantasma.**

a·pa·rien·cia |apariénθia| **1** ***f.*** Manera de aparecer o presentarse a la vista una persona o cosa: *tiene ~ de buena persona, pero no lo es.* ⇒ **aspecto. 2** Cosa que muestra o presenta como cierto o real lo que no existe o es falso: *las apariencias engañan.*

a·par·ta·⌜do, ⌜da |apartáðo, ða| **1** ***adj.*** Que está muy lejos o a gran distancia en el espacio: *la casa estaba en un lugar ~ del bosque.* ⇒ **lejano, remoto. 2** Que es distinto u otro; que no es igual: *era imposible que se pusieran de acuerdo: sus formas de pensar eran muy apartadas.* ⇒ **aparte, diferente. - 3 apartado** ***m.*** Número que corresponde a un lugar de la oficina de correos, donde se apartan y recogen las cartas que van dirigidas a una persona o a un grupo determinado: *no nos ha dado ni su nombre ni su dirección, tan sólo un ~ donde enviárselo.* **4** Parte de un tratado, ley o documento oficial, que, junto con otras iguales, forma una serie numerada y ordenada: *lo dice en el ~ segundo de esta ley.* ⇒ **artículo, párrafo.** ☖ Es el participio de *apartar.*

a·par·ta·men·to |apartaménto| ***m.*** Vivienda más pequeña que el piso, generalmente con una o dos habitaciones, cocina y servicio: *vive él solo y prefiere un ~ porque no necesita mucho espacio.* ⇒ **piso.**

a·par·tar |apartár| **1** ***tr.-prnl.*** [algo, a alguien] Poner o llevar lejos: *la tormenta consiguió ~ los barcos de la costa.* ⇒ **retirar, separar.** ⇔ **aproximar.** **2** Quitar de cierto lugar para dejarlo libre: *apartó los cabellos de la frente; se apartó para dejar pasar el balón.* **3** Llevar a un lugar aparte: *apartó el ganado entre los árboles; se apartaron silenciosamente para hablar.* **- 4** Partir o separar en partes; formar grupos o establecer separaciones: *apartó a los que iban cansados y los demás siguieron caminando.* ⇒ **dividir.** **5** *fig.* [a alguien] Hacer abandonar una actividad o un cargo: *una enfermedad lo apartó de los negocios.* **- 6 apartarse** ***prnl.*** Retirarse o separarse del trato social, generalmente para formar parte de una comunidad religiosa: *decidió apartarse en un monasterio.*

a·par·te |apárte| **1** ***adv. l.*** En otro lugar: *pon ~ estos libros.* **2** En un lugar retirado o separado: *se fueron a hablar ~.* **3** A distancia; desde lejos: *yo estaré ~ observando lo que ocurre.* **- 4** ***adv.*** *Excepto; fuera de: *~ un pequeño grupo, todos estuvieron de acuerdo.* ⇒ **salvo.** **- 5** ***adj.*** Que es distinto u otro; que no es igual: *ese muchacho es un caso ~.* ⇒ **apartado, diferente.** **- 6** ***m.*** Parte de una obra de teatro que un personaje dice hablando para sí o con otro u otros y suponiendo que no lo oyen los demás: *en este ~ dice que su amo es estúpido.* **7** Pensamiento que hace una persona para sí misma: *en un ~ consideró todo lo que estaba pasando.* **8** Parte de un escrito separada de otra u otras *semejantes por un punto: *en el siguiente ~ dice algo más sobre el asunto.* ⇒ **párrafo.**

a·pa·sio·nar |apasionár| **1** ***tr.-prnl.*** [a alguien] Excitar o causar pasión: *las artes la apasionan; se apasionó al oírlo.* **- 2 apasionarse** ***prnl.*** Sentir un gusto o un interés excesivo por una persona o cosa: *se apasiona por todo lo exótico.*

a·pa·tí·a |apatía| ***f.*** Falta de atracción por una persona o cosa; falta de atracción por nada: *trataban de animarla y de luchar contra su ~.*

a·pá·ti·⌈co, ⌈ca |apátiko, ka| ***adj.-s.*** (persona) Que no se siente atraída por una persona o cosa; que no se siente atraída por nada: *se le veía ~ e indiferente.*

a·pá·tri·da |apátriða| **1** ***adj.-com.*** (persona) Que no tiene *patria; que ha perdido la *nacionalidad: *la guerra ha hecho que muchas personas se conviertan en nómadas apátridas.* **2** (persona) Que no siente un amor especial por el lugar en el que ha nacido: *es un ~: prefirió emigrar a quedarse en su país y asegura que no tiene ningún deseo de volver.*

a·pe·a·de·ro |apeaðéro| ***m.*** Estación de categoría inferior, en la que el tren sólo se detiene para recoger y dejar viajeros: *en este ~ no hay personal ferroviario para darle la información que necesita.*

a·pe·ar |apeár| **1** ***tr.-prnl.*** [a alguien; de algo] Bajar de un medio de transporte o de una cosa que se mueve: *se apean en la misma parada que nosotros; se apeó del caballo.* **- 2** ***tr.*** *fam. fig.* Conseguir que una persona cambie su manera de pensar o que deje de hacer una cosa: *es muy cabezota y no pude apearle de su empeño.* ⇒ **disuadir.**

a·pe·chu·gar |apetʃuɣár| ***intr.*** *fam.* Admitir una cosa o situación contraria o mostrarse conforme con ella por considerar que no hay otro remedio: *tendremos que ~ con lo que venga, aunque no nos guste.* ☖ Se conjunga como 7.

a·pe·dre·ar |apeðreár| **1** ***tr.*** [algo, a alguien] Lanzar o tirar piedras contra una persona o cosa: *regañaron a los niños porque habían estado apedreando a unos perros.* **2** *p. ext.* [a alguien] Lanzar o tirar piedras contra una persona para herirla o matarla: *lo apedrearon por blasfemar contra Dios.* ⇒ **lapidar.** **- 3** ***unipers.*** *fig.* Caer *granizo: *si apedrea, perderemos la cosecha.* ⇒ **granizar.**

a·pe·gar·se |apeɣárse| ***prnl.*** *fig.* Tomar o tener inclinación o *afecto hacia una persona o cosa: *se apegaron mucho a esa costumbre y no querían cambiar.* ☖ Se conjuga como 7.

a·pe·go |apégo| **1** ***m.*** *fig.* Sentimiento de amor o de afecto: *siente mucho ~ por sus abuelos.* ⇒ **cariño.** **2** Tendencia o inclinación especial por una persona o cosa: *tenía un gran ~ a la tradición.*

a·pe·lar |apelár| **1** ***tr.*** DER. [algo] Dirigirse a un tribunal superior con una *petición o un ruego: *el fiscal no se dio por satisfecho y apeló el fallo.* **- 2** ***intr.*** *fig.* Dirigirse a una persona o cosa para conseguir un favor o buscar un remedio: *tuvo que ~ a sus padres.*

a·pe·la·ti·⌈vo, ⌈va |apelatíβo, βa| **1** ***adj.*** Que nombra o califica: *el adjetivo y el sustantivo son formas apelativas.* **2** LING. Que sirve para llamar la atención de la persona con la que se habla: *los nombres propios pueden cumplir una función apelativa.* ⇒ **vocativo.** **- 3 apelativo** ***m.*** LING. Palabra o expresión con la que se califica: *la palabra* cerdo *se usa como ~ despectivo.* **4** Nombre que se da a una persona en lugar del suyo propio: *Alfonso X recibió el ~ de Sabio; todos le conocían como "el Muecas", ~ que le habían puesto por el tic de la cara.* ⇒ **apodo, sobrenombre.**

a·pe·lli·dar·se |apeʎiðárse| ***prnl.*** Tener un nombre o *apellido determinado: *Luis se apellida Fernández.*

a·pe·lli·do |apeʎíðo| ***m.*** Nombre de familia que sirve para distinguir a unas personas de otras: *si no me dice el ~, no podré localizarlo en la lista, porque tenemos en ella varias personas que se llaman Juan.*

a·pel·ma·zar |apelmaθár| ***tr.-prnl.*** [algo] Hacer o ponerse más duro y más denso: *la masa se apelmazó y el bizcocho no salió bien.* ⇔ **ahuecar.** ☖ Se conjuga como 4.

a·pe·lo·to·nar |apelotonár| **1** ***tr.-prnl.*** [algo] Poner unas cosas sobre otras sin orden: *los niños apelotonaban la ropa en el armario.* ⇒ **amontonar.** **- 2 apelotonarse** ***prnl.*** Reunirse o juntarse sin orden en un lugar: *la gente se apelotonaba para coger el autobús.* ⇒ **aglomerar, amontonar.**

a·pe·nar |apenár| ***tr.-prnl.*** [a alguien] Poner triste; causar pena: *la noticia lo apenará mucho; se apenó al ver su situación.* ⇒ **ensombrecer, entristecer.**

a·pe·nas |apénas| **1** ***adv.*** Con dificultad; casi no: *el caballo ~ sube la cuesta; ~ lo vimos, porque se marchó muy pronto.* **2** Como *máximo; como mucho: *volvió enseguida: ~ tardó diez minutos.* **- 3** ***adv. t.*** Indica un tiempo o un momento cercano a un hecho: *~ reunida la asamblea, el ministro comenzó a hablar; ~ había acabado de vestirse, cuando llamaron a la puerta.* ⇒ **recién.** ☐ No se debe decir *apenas si* con valor temporal.

a·pén·di·ce |apéndiθe| **1** ***m.*** Cosa que se añade a otra y que depende de ella: *consultaré el ~ del libro para ver si tiene algo que me interese; la caseta es un ~ del chalé.* **2** ZOOL. Parte del cuerpo de un animal unida a otra principal: *el elefante tiene un gran ~ que se llama trompa.* **3** ANAT. Parte delgada y hueca que sale del *intestino grueso: *han extirpado el ~ al niño.*

a·pen·di·ci·tis |apendiθítis| ***f.*** Inflamación del *apéndice: *el médico diagnosticó ~ y tuvieron que operarlo inmediatamente.* ☐ El plural es *apendicitis.*

a·per·ci·bi·mien·to |aperθiβimiénto| ***m.*** *form.* Aviso sobre las *consecuencias o castigos que pueden derivarse de una acción o una actitud: *ese comercio no cumple todas las normas y le han puesto una multa con ~ de cierre.*

a·per·ci·bir |aperθiβír| **1** ***tr.-prnl.*** [a alguien; de algo] Hacer notar; hacer darse cuenta: *el humo lo apercibió del fuego; se apercibieron de la presencia de alguien más.* **2** [algo, a alguien] Disponer o preparar lo necesario: *nos apercibieron la cena; se apercibió contra la guerra.* **3** DER. [a alguien; de algo] Hacer conocer las *consecuencias o castigos que pueden derivarse de una acción o actitud: *el juez apercibió al detenido de la pena a la que se exponía.*

a·pe·ri·ti·⌐vo |aperitíβo| **1** ***m.*** Bebida que se toma antes de la comida: *los domingos la gente sale a tomar el ~.* **2** Comida que suele acompañar a esa bebida: *la anfitriona sacó aceitunas y frutos secos como ~.*

a·pe·ro |apéro| **1** ***m.*** AGR. Instrumento que sirve para trabajar la tierra: *engancharon el ~ al tractor para ir al campo.* **2** Conjunto de instrumentos de un oficio, especialmente los empleados para la *agricultura: *cogieron los aperos y se marcharon a la finca.* ☐ En esta acepción se suele usar en plural. **3** Conjunto de animales destinados en una *hacienda a las *faenas *agrícolas: *tenían un ~ de bueyes para labrar la tierra.*

a·per·tu·ra |apertúra| **1** ***f.*** Acción de abrir: *durante la ~ de las puertas, manténganse alejados de ellas.* **2** Ceremonia con la que se celebra el principio o comienzo de una cosa: *en la ~ del curso académico no estuvieron presentes todos los alumnos.* **3** Combinación de ciertos movimientos de las piezas del *ajedrez con que se comienza un juego: *ya en la ~ se vio que sería una partida difícil y larga.* **4** *fig.* Abandono de una actitud de *rigidez o de aislamiento económico, social o político: *tras la ~ de ese país, muchas naciones han establecido relaciones comerciales con él.*

a·pe·sa·dum·brar |apesaðumbrár| ***tr.-prnl.*** [a alguien] Causar pesar o *pesadumbre: *las cosas no le van bien últimamente y se ha apesadumbrado mucho.*

a·pes·tar |apestár| **1** ***intr.*** Despedir mal olor: *la habitación apestaba a tabaco.* **2** *fig.* Hacer sospechar que una cosa no es legal: *las inversiones del banquero apestaban y el gobierno decidió investigar.* **- 3** ***tr.-prnl.*** [algo, a alguien] Causar o comunicar la *peste: *las ratas apestaron la ciudad.* **4** *fig.* Dañar las buenas costumbres y la moral: *sus costumbres apestaron a todos.* **5** *fig.* Causar aburrimiento: *la monotonía de la villa acabó por ~ al médico.*

a·pé·ta·⌐lo, ⌐la |apétalo, la| ***adj.*** *form.* (flor) Que no tiene *pétalos: *hay cardos que tienen flores apétalas.*

a·pe·te·cer |apeteθér| **1** ***intr.*** Agradar o gustar: *en este tiempo, apetece pasear; ¿te apetece tomar algo?* **- 2** ***tr.*** *form.* [algo] Desear tener o hacer una cosa: *apetecía la fama y la riqueza.* ⇒ **querer.** ☐ Se conjuga como 43.

a·pe·te·ci·ble |apeteθíβle| ***adj.*** *form.* Que puede agradar o gustar; que puede ser *apetecido: *prefiere quedarse en casa porque salir le parece poco ~.*

a·pe·ti·to |apetíto| **1** ***m.*** Deseo de comer; hambre: *hoy tengo buen ~, así que me iré pronto a comer.* **2** *fig.* Tendencia del ánimo o de la voluntad hacia la *posesión o el disfrute de una cosa: *su ~ de conocimiento era muy grande.* ⇒ **deseo.**

a·pe·ti·to·⌐so, ⌐sa |apetitóso, sa| **1** ***adj.*** Que produce deseo de comer o *apetito: *prepara unos platos muy apetitosos.* **2** *p. ext.* Que tiene sabor fuerte y agradable: *guisada con vino, esta carne está más apetitosa.* ⇒ **sabroso.**

a·pia·dar·se |apiaðárse| ***prnl.*** [de algo/alguien] Tener compasión o *piedad; sentir pena o dolor por quienes sufren: *se apiadó del condenado y mandó que lo liberasen.* ⇒ **compadecer.**

á·pi·ce |ápiθe| **1** ***m.*** *form.* Punta o extremo de una cosa: *la comida estaba muy caliente y se quemó el ~ de la lengua; en el ~ del tejado hay una veleta; el compositor ha llegado al ~ de su perfección con esta sonata.* **2** *form.* Parte muy pequeña de una cosa: *le ha faltado un ~ para ganar la carrera.*

a·pi·cul·⌐tor, ⌐to·ra |apikultór, tóra| ***m. f.*** Persona que se dedica a criar abejas: *esta miel nos la ha regalado un ~ de la Alcarria.* ⇒ **colmenero.**

a·pi·cul·tu·ra |apikultúra| ***f.*** Arte o técnica de criar las abejas para aprovechar sus productos: *es un gran aficionado a la ~ y tiene sus propias colmenas.*

a·pi·lar |apilár| ***tr.*** [algo] Poner unas cosas sobre otras formando una pila: *apilaron las cajas de zapatos para que ocupasen menos espacio.* ⇒ **amontonar.**

a·pi·ñar |apiɲár| ***tr.-prnl.*** [algo, a alguien] Juntar o reunir personas o cosas en un espacio muy pequeño: *en ese edificio se apiñan muchas familias.*

a·pio |ápio| ***m.*** Hortaliza con el tallo grueso, las hojas largas y las flores muy pequeñas: *el ~ se usa como condimento; el ~ es una verdura muy sabrosa; comeremos sopa de ~.*

a·pi·so·na·do·ra |apisonaðóra| ***f.*** Vehículo que rueda sobre unos cilindros muy pesados y sirve para apretar o *allanar la tierra u otro material sobre ella: *pasaron la ~ por encima del alquitrán de la carretera para dejarla bien lisa.*

a·pi·so·nar |apisonár| ***tr.*** [algo] Apretar o *allanar la tierra por medio de unos cilindros muy pesados: *antes de empedrar el camino, hay que apisonarlo bien.*

a·pla·car |aplakár| ***tr.*** *form.* [a alguien] Disminuir o hacer desaparecer la excitación del ánimo: *estaba muy enfadada y trató de aplacarla disculpándose.* ⇒ **apaciguar, calmar.** ⌂ Se conjuga como 1.

a·pla·nar |aplanár| **1** ***tr.*** [algo] Poner llano: *usaron grandes máquinas para ~ la pista antes de poner el alquitrán.* ⇒ **allanar. - 2 aplanarse** ***prnl.*** Perder el ánimo o la energía: *al principio estaba muy alegre, pero a las dos horas se aplanó y dijo que se iba a casa.* ⇒ **desalentar, desanimar.**

a·plas·tan·te |aplastánte| ***adj.*** Que aplasta o deja sin posibilidad de contestar: *salió elegido por una mayoría ~; sus teorías son de una lógica ~.*

a·plas·tar |aplastár| **1** ***tr.-prnl.*** [algo, a alguien] Apretar una persona o cosa hasta que tome una forma más o menos plana: *aplastó la masa con la mano; un camión lo aplastó contra una pared.* ⇒ **espachurrar. - 2** ***tr.*** *fig.* [a alguien] Dejar confundido o sorprendido y sin posibilidad de contestar: *aplastó a su interlocutor con esos argumentos.* ⇒ **apabullar, desarmar. 3** *fig.* Dominar o someter: *nuestras tropas aplastaron al enemigo.* ⇒ **arrollar, vencer.**

a·plau·dir |aplauðír| **1** ***tr.-intr.*** Demostrar alegría o aprobación haciendo chocar entre sí las manos abiertas: *todo el mundo aplaudía; aplaudieron al actor principal.* **- 2** ***tr.*** *fig.* [algo, a alguien] Demostrar alegría o aprobación mediante palabras o gestos: *aplaudo tu decisión: creo que es lo mejor que puedes hacer.*

a·plau·so |apláuso| **1** ***m.*** Acción y resultado de *aplaudir: *el ~ del público fue largo y fuerte.* **2** *fig.* Demostración de alegría o de aprobación mediante palabras o gestos: *esas actividades merecen el ~ de todos los ciudadanos.*

a·pla·za·mien·to |aplaθamiénto| ***m.*** Acción y resultado de retrasar o *aplazar: *el ~ de las obras se ha debido a la falta de personal.*

a·pla·zar |aplaθár| ***tr.*** [algo] Retrasar o suspender la ejecución de una cosa: *se ha aplazado el comienzo del curso.* ⇒ **diferir, retardar, retrasar.** ⌂ Se conjuga como 4.

a·pli·ca·ble |aplikáβle| ***adj.*** Que se puede aplicar: *lo que acabo de decir de ella es ~ a todos los demás.* ⇔ **inaplicable.**

a·pli·ca·ción |aplikaθión| **1** ***f.*** Colocación de una cosa sobre otra o en *contacto con ella: *la ~ de una pomada te calmará el dolor.* **2** Empleo o uso de un conocimiento, una medida o un principio para conseguir un efecto determinado: *han aprobado la ~ de fuertes multas para ver si disminuyen los accidentes de tráfico.* **3** Empleo o uso de una idea general con un caso o ejemplo particular: *en la ciencia es necesaria la ~ de la teoría.* **4** Esfuerzo y atención al hacer un trabajo: *el muchacho estudiaba con ~.* **5** Adorno de un objeto hecho con un material distinto: *la chaqueta es de lana con aplicaciones de ante; compró un cofre de cuero con aplicaciones de oro y plata.*

a·pli·ca·⌜do, ⌜da |aplikáðo, ða| ***adj.*** *fig.* Que dedica cuidado y esfuerzo; que emplea tiempo y energía en una actividad: *es una niña muy aplicada: siempre hace los deberes y participa en clase.*

a·pli·car |aplikár| **1** ***tr.*** [algo] Poner una cosa sobre otra o en *contacto con otra: *aplicó la boca a la flauta y comenzó a soplar.* **2** *fig.* Hacer uso de una cosa o ponerla en práctica para conseguir un fin determinado: *aplicó el método que había aprendido de su padre.* ⇒ **seguir. 3** [algo; a algo/alguien] Emplear una idea general con un caso particular: *aplicó las palabras de la Biblia a los sucesos que estaban ocurriendo entonces.* **- 4** ***tr.-prnl.*** *fig.* [algo] Dedicar cuidado y esfuerzo; emplear tiempo y energía en una actividad: *aplica todos sus esfuerzos a ganarse la voluntad de sus superiores; se aplicó a las matemáticas desde muy pequeño.* ⌂ Se conjuga como 1.

a·pli·que |aplíke| ***m.*** Instrumento fijo a una pared que sirve para producir luz artificial: *hay que colocar dos apliques en el pasillo.* ⇒ **lámpara.**

a·plo·mo |aplómo| ***m.*** Solidez o seguridad en el carácter; falta de nervios: *admiro su ~ y su tranquilidad: jamás pierde la calma en un examen.*

a·po·ca·⌜do, ⌜da |apokáðo, ða| ***adj.*** Que tiene poca fuerza o resistencia moral; que tiene poco carácter: *es un joven muy ~ y todo el mundo hace de él lo que quiere.* ⇒ **débil.**

a·po·ca·lip·sis |apokalí^{p}sis| ***m.*** Final, generalmente violento: *aquella guerra supuso el ~ de una cultura.* ⇔ **génesis.** ⌂ El plural es *apocalipsis.*

a·po·co·par |apokopár| ***tr.*** LING. [algo] Suprimir el final de una palabra: *en* el buen entendedor, *hemos apocopado el adjetivo* bueno.

a·pó·co·pe |apókope| ***f.*** LING. Fenómeno que consiste en suprimir uno o más sonidos al final de una palabra: gran, san, algún, ningún *y* mi *se formaron por ~ de* grande, santo, alguno, ninguno *y* mío, *respectivamente.*

a·pó·cri·⌜fo, ⌜fa |apókrifo, fa| ***adj.*** *form.* (escrito, texto) Que no es verdadero; que no es del autor del que se supone: *esa correspondencia es, en realidad, una colección de cartas apócrifas.* ⇒ **falso, fingido.**

a·po·dar |apoðár| ***tr.-prnl.*** [a alguien] Poner o recibir un *apodo o nombre una persona: *lo apodaron de diversas maneras porque tenía muchos enemigos; se apodaba «el manitas» porque era muy habilidoso.*

a·po·de·ra·⌜do, ⌜da |apoðeráðo, ða| ***adj.-s.*** (persona) Que recibe poder para obrar en nombre de otra u otras personas: *el ~ del banco dijo que no era posible conceder ese préstamo.* ⇒ **delegado, representante.**

a·po·de·rar |apoðerár| **1** ***tr.*** [a alguien] Dar poder a una persona para que obre en nombre de otra u otras personas: *el marqués lo apoderó para que distribuyese las tierras.* **- 2 apoderarse** ***prnl.*** [de algo] Ocupar o conseguir por la fuerza: *los soldados atacantes se apoderaron de la ciudad.* ⇒ **tomar. 3** *fig.* [de algo/alguien] Dominar o someter: *el miedo se apoderó de él.*

a·po·do |apóðo| ***m.*** Nombre que se da a una persona en lugar del suyo propio: *todo el mundo me llama por mi nombre: no tengo ningún ~.* ⇒ **alias, sobrenombre.**

a·pó·do·sis |apóðosis| ***f.*** LING. Oración que expresa una acción, un proceso o un estado condicionado por una suposición: *en la frase* si quieres, te llevaré al cine, *la oración* te llevaré al cine *es la ~.* ⇒ **condicional.** ⇔ **prótasis.** ☐ El plural es *apódosis.*

a·pó·fi·sis |apófisis| ***f.*** ANAT. Parte saliente de un hueso por la que se une a otro: *se le ha roto la ~ del fémur.*

a·po·ge·o |apoxéo| **1** ***m.*** Momento o situación de mayor intensidad, grandeza o calidad en un proceso: *en la segunda mitad del siglo* XVII, *el Barroco llega a su ~.* ⇒ **clímax, cúspide. 2** ASTRON. Punto de una *órbita en el cual es mayor la distancia entre el objeto que la recorre y el centro de esa *órbita, especialmente cuando el centro es la Tierra: *la Luna está en su ~ cuando está más lejos de la Tierra.*

a·po·li·llar·se |apoliʎárse| **1** ***prnl.*** Estropearse a causa de las *polillas: *si tienes la ropa guardada durante mucho tiempo en el armario se va a apolillar.* ⇔ **desapolillar. 2** *fam. fig.* Quedarse viejo o *anticuado; perder una habilidad o una capacidad: *si no estás bien informado de los avances en tu profesión, te puedes apolillar.*

a·po·lí·ti·⌜co, ⌜ca |apolítiko, ka| ***adj.-s.*** (persona) Que no tiene interés en la política: *no votaré a ningún partido en las elecciones porque soy ~.*

a·po·lo·gí·a |apoloxía| **1** ***f.*** Discurso o escrito que se hace para alabar o apoyar a una persona o cosa: *lo acusaron de hacer ~ de la violencia.* ⇒ **panegírico. 2** *fig.* Dicho con el que se alaba una cualidad: *hizo una ~ de sus virtudes.* ⇒ **alabanza, elogio.**

a·pol·tro·nar·se |apoltronárse| **1** ***prnl.*** Hacerse cómodo; no querer trabajar: *cuando consiguió el puesto que quería dentro de la empresa, se apoltronó y dejó de tener iniciativas.* **2** Extenderse en un asiento con toda comodidad: *en cuanto llega a casa se apoltrona en el sofá.*

a·po·ple·jí·a |apoplexía| ***f.*** Pérdida de las funciones cerebrales, producida por un *derrame de sangre: *murió de una ~.*

a·po·qui·nar |apokinár| ***tr.*** *fam.* [algo] Pagar; dar dinero: *hoy me toca a mí ~ la merienda.*

a·po·rre·ar |apor̄eár| **1** ***tr.*** [algo, a alguien] Dar golpes con un palo o una *porra: *lo aporrearon y después le robaron el dinero.* **2** *p. ext.* [algo] Dar uno o varios golpes de manera repetida: *aporreó la puerta y esperó a que abriesen.* ⇒ **golpear, pegar.**

a·por·ta·ción |aportaθión| **1** ***f.*** Acción y resultado de contribuir o *aportar: *su ~ a la ciencia fue importante.* ⇒ **aporte. 2** Contribución o ayuda puesta o *aportada: *esperan una pequeña ~ económica.*

a·por·tar |aportár| **1** ***tr.*** [algo] Poner o añadir con un fin determinado: *tus ideas no aportan nada; cada uno aportó una cantidad de dinero para comprar lo necesario.* ⇒ **contribuir. - 2** ***intr.*** MAR. [en algún lugar] Llegar una embarcación a *puerto: *aportaron en un archipiélago perdido del Pacífico.*

a·por·te |apórte| **1** ***m.*** Acción y resultado de contribuir o *aportar: *su ~ a la democracia ha sido reconocido por todos.* **2** Contribución o ayuda: *tu ~ económico es muy importante para nosotros.* ⇒ **aportación.**

a·po·sen·tar |aposentár| **1** ***tr.*** [a alguien] Dar *aposento: *aposentó a sus huéspedes en una habitación junto a la suya.* ⇒ **alojar. - 2 aposentarse** ***prnl.*** Vivir durante un tiempo en una casa o en un establecimiento que pertenece a otra persona: *se aposentaron en la suite principal del hotel.* ⇒ **alojar.**

a·po·sen·to |aposénto| **1** ***m.*** Habitación; espacio de una casa separado de otros: *se retiró a descansar a sus aposentos.* ⇒ **cuarto. 2** Lugar donde se vive durante un tiempo y que pertenece a otra persona: *buscaban ~ donde pasar la noche.* ⇒ **alojamiento.**

a·po·si·ción |aposiθión| ***f.*** LING. Palabra o un conjunto de palabras que siguen inmediatamente a un nombre o a un pronombre y lo explican o *especifican: *en* la fecha clave de la historia, clave *funciona como ~ a* fecha.

a·pó·si·to |apósito| ***m.*** Trozo de tela estéril o de otro material que se aplica sobre una herida: *el niño se hizo un corte y tuvieron que ponerle un ~.*

a·pos·ta |apósta| ***adv. m.*** De forma voluntaria; con intención: *he roto el libro, pero no lo he hecho ~.* ⇒ **adrede.**

a·pos·tar |apostár| **1** ***tr.-prnl.*** [algo; a alguien] Acordar dos o más personas que el que no tenga razón sobre un asunto o sobre un acontecimiento futuro perderá una cantidad de dinero determinada u otra cosa: *apostó una cena con su hermano a que le ganaba corriendo; se apostó hasta la camisa.* **2** [algo] Exponer o poner en peligro una cantidad de dinero para tomar parte en un juego de azar: *apostó todo su dinero en la ruleta y perdió.* ⇒ **jugar. 3** ***tr.-prnl.*** [a alguien] Poner o colocar en un determinado lugar: *apostaron unos guardias en la puerta; el cazador se apostó detrás de una mata.* ☐ Se conjuga como 31.

a·pos·ti·lla |apostíʎa| ***f.*** Nota o conjunto de notas que sirve para comentar, aclarar o completar un texto: *un año después escribió unas apostillas a su libro para que el público lo comprendiese mejor.*

a·pos·ti·llar |apostiʎár| ***tr.*** *form.* [algo] Poner notas para comentar, aclarar o completar un texto:

el entrevistador hizo su pregunta y apostilló: «sea breve, por favor».

a·pós·tol |apóstol| **1** ***m.*** Persona que, junto con otras 11, acompañaba a Jesucristo y seguía sus enseñanzas: *se dice que Santiago, uno de los doce apóstoles, predicó la fe cristiana en España.* **2** *p. ext.* Persona que *propaga una causa o doctrina, especialmente para ganar partidarios: *San Cirilo fue el ~ de Rusia.*

a·pos·to·la·do |apostoláðo| **1** ***m.*** REL. Enseñanza de la doctrina cristiana: *este sacerdote se encarga del ~ juvenil.* **2** Defensa de una causa o doctrina, especialmente para ganar partidarios: *el concejal hace ~ de la política de su partido.*

a·pos·tó·li·⌐co, ⌐ca |apostóliko, ka| **1** ***adj.*** REL. De los *apóstoles o que tiene relación con ellos: *desde la época apostólica, los cristianos han creído en algunos dogmas.* **2** REL. Del Papa o que procede de su autoridad: *fueron a la plaza de San Pedro para recibir la bendición apostólica.*

a·pos·tro·far |apostrofár| ***tr.*** POÉT. [a alguien] Dirigirse con energía a otras personas o a uno mismo, interrumpiendo el desarrollo lógico del discurso: *los apostrofó con un «recordad la muerte».*

a·pós·tro·fo |apóstrofo| ***m.*** LING. Signo que indica la desaparición de una vocal al final de una palabra, cuando la siguiente empieza también por vocal, y que puede tener otras funciones: *el ~ se representa como '.* ⌂ En español no se usa.

a·po·te·ó·si·⌐co, ⌐ca |apoteósiko, ka| ***adj.*** Que recibe la admiración y aprobación de mucha gente; que es brillante: *el público despidió al cantante con una ovación apoteósica; la ciudad le dio al presidente un recibimiento ~.*

a·po·te·o·sis |apoteósis| ***f.*** Final o terminación brillante, especialmente de un espectáculo: *en la ~ de la fiesta, hubo fuegos artificiales y bailarinas.* ⌂ El plural es *apoteosis.*

a·po·yar |apoyár| **1** ***tr.-prnl.*** [algo; en algún lugar] Colocar una persona o cosa sobre otra de modo que descanse sobre ella: *apoyó el codo en la mesa; la columna se apoya sobre el pedestal; se apoyó sobre su compañero.* **- 2** ***tr.*** [algo] Aprobar o dar por seguro o por bueno: *el profesor apoyó esa teoría; San Agustín apoya esta opinión.* ⇒ **confirmar, corroborar, ratificar.** **- 3** ***tr.-prnl.*** Tener su base una cosa sobre otra: *su predicción se apoya en unos datos muy fiables.* ⇒ **basar, fundar.** **- 4** ***tr.*** [a alguien] Dar ayuda o confianza: *la mayoría del partido apoya al candidato.* ⇒ **favorecer.**

a·po·ya·tu·ra |apoyatúra| ***f.*** MÚS. Nota que va delante de otra como adorno y que se escribe con un signo muy pequeño: *al principio de ese fragmento no has hecho la ~.*

a·po·yo |apóyo| **1** ***m.*** Persona, cosa o parte de ella sobre la que se apoya otra: *utilizaba un bastón como ~; su amigo le sirvió de ~.* ⇒ **base.** **2** *fig.* Ayuda o confianza: *agradecemos el ~ de esta institución porque sin él este proyecto no hubiera sido posible.* **3** *fig.* Base sobre la que se apoya una cosa: *esta columna tiene un ~ suficientemente sólido.*

a·pre·cia·ble |apreθiáβle| **1** ***adj.*** Que se puede notar o *apreciar: *su evaporación deja una cantidad ~ de residuos.* ⇔ **inapreciable.** **2** *fig.* Que merece ser *apreciado; que merece consideración: *es una persona muy ~ por su simpatía y educación.* ⇔ **despreciable.**

a·pre·cia·ción |apreθiaθión| ***f.*** Cálculo o determinación aproximada de un valor: *su ~ fue errónea y creyó que la carretera era mucho más ancha.* ⇒ **aproximación.**

a·pre·ciar |apreθiár| **1** ***tr.*** [algo, a alguien] Reconocer un mérito; sentir cariño o afecto: *aprecian mucho nuestra labor; apreciaba mucho a sus compañeros.* ⇒ **estimar.** **2** [algo] Calcular o determinar un valor de una manera aproximada: *trataba de ~ el tamaño del local.* ⇒ **estimar.** ⌂ Se conjuga como 12.

a·pre·cio |apréθio| ***m.*** Cariño o afecto: *sentía un gran ~ por ellos porque le habían prestado ayuda.* ⇒ **estima.** ⇔ **animadversión, enemistad.**

a·pre·hen·der |aprᵉendér| ***tr.*** *form.* [algo, a alguien] Detener o coger a una persona o cosa: *la policía ha aprehendido un alijo de droga.* ⇒ **apresar.**

a·pre·hen·sión |aprᵉensión| ***f.*** Acción de coger o *aprehender: *tras la ~ de esa mercancía, se ha desarticulado toda la red de contrabandistas.*

a·pre·mian·te |apremiánte| ***adj.*** Que obliga a hacer una cosa con rapidez: *sentía el deber ~ de decir la verdad.*

a·pre·miar |apremiár| **1** ***tr.*** [algo, a alguien] Meter o darse prisa; llevar a hacer una cosa con rapidez: *el tiempo nos apremia: tenemos que terminar dentro del plazo.* ⇒ **apresurar.** **2** DER. Obligar a hacer una cosa con rapidez, especialmente a pagar una cantidad de dinero: *el Estado apremia a los que no pagan los impuestos.* ⇒ **instar, urgir.** ⌂ Se conjuga como 12.

a·pre·mio |aprémio| **1** ***m.*** *form.* Prisa; rapidez en una actividad o asunto: *hacen los preparativos con gran ~.* **2** DER. Obligación de hacer o cumplir una cosa: *se propone una amnistía fiscal de los recargos de ~.* **3** DER. Proceso legal que se celebra de la forma más breve posible: *las resoluciones se hicieron efectivas por vía de ~.*

a·pren·der |aprendér| **1** ***tr.*** [algo] Llegar a tener conocimiento de una cosa que no se sabía: *está aprendiendo idiomas; aprendió a leer y a escribir en la escuela; ha aprendido a arreglar coches con su tío.* **2** Grabar una cosa en la memoria: *aprendió una poesía y la recitó en público.* ⇒ **memorizar.**

a·pren·⌐diz, ⌐di·za |aprendíθ, díθa| **1** ***m. f.*** Persona, generalmente joven, que aprende un oficio: *el ~ ayudaba a su maestro en el taller.* **2** Persona que está aprendiendo un oficio, pero que todavía no es oficial: *de momento es ~, pero le han asegurado que pronto lo ascenderán de categoría.* ⇒ **oficial.**

a·pren·di·za·je |aprendiθáxe| **1** ***m.*** Acción de aprender una cosa; resultado de enseñar una cosa: *el ~ de esa técnica de entrenamiento físico no será muy difícil.* ⇒ **educación, enseñanza, formación, preparación.** **2** Tiempo que se tarda en aprender a hacer una cosa: *durante el ~ habrá clases prácticas y teóricas.*

a·pren·sión |aprensión| ***f.*** Sentimiento que lleva a rechazar o tratar de evitar cosas que, sin razón, se consideran peligrosas o capaces de hacer daño: *la ~ le hizo correr a refugiarse en su casa.* ⇒ **miedo.**

a·pren·si·⌐vo, ⌐va |aprensíβo, βa| ***adj.*** (persona) Que exagera la gravedad de un mal, especialmente de una enfermedad: *es muy ~ y siempre dice que está enfermo.*

a·pre·sa·mien·to |apresamiénto| ***m.*** Acción y resultado de detener o *apresar: *cuatro policías se encargarán del ~ del delincuente.*

a·pre·sar |apresár| **1** ***tr.*** [algo, a alguien] Detener o coger a una persona o cosa: *han apresado dos barcos que faenaban en aguas prohibidas.* ⇒ **aprehender, arrestar, capturar, cautivar, coger, prender. 2** [algo] Coger con fuerza, especialmente con las *garras o con los dientes: *el león apresó la gacela por el cuello.* ⇒ **agarrar.**

a·pres·tar |aprestár| ***tr.*** *form.* [algo] Preparar una cosa: *aprestaron todo lo necesario para el viaje.* ⇒ **disponer.**

a·pre·su·rar |apresurár| ***tr.-prnl.*** [a alguien; a algo] Meter o darse prisa: *nos apresuró a que terminásemos; era ya tarde y se apresuraba a coger el tren.* ⇒ **apremiar.**

a·pre·tar |apretár| **1** ***tr.*** [algo, a alguien] Coger y sujetar con fuerza: *me abrazó y me apretó contra el pecho; este pantalón no es de mi talla y me aprieta.* ⇒ **aprisionar, estrechar. 2** [algo] Reducir el volumen, generalmente por medio de una presión: *aprieta la ropa para poder cerrar la maleta.* ⇒ **comprimir. 3** Poner más tenso o tirante: *aprieta más la cuerda para que sujete bien la carga.* **4** [a alguien] *Acosar; tratar con *rigor: *cuanto más le aprietes, más se rebelará.* **- 5** ***tr.-prnl.*** Juntar mucho: *nos apretamos un poco para que él también pudiera sentarse.* ⇒ **apretujar, estrechar. - 6** ***intr.*** Poner mayor cuidado o interés: *como no aprietes en los estudios, no aprobarás.* ☖ Se conjuga como 27.

a·pre·tón |apretón| ***m.*** Presión que se ejerce sobre una persona o cosa: *cuando me abrazó, me dio un fuerte ~; al despedirse, se dieron un ~ de manos; le molestan mucho los apretones del autobús.* ⇒ **apretujón.**

a·pre·tu·jar |apretuxár| **1** ***tr.*** *fam.* [algo, a alguien] Apretar con fuerza o repetidamente: *la niña apretujaba contra sí un oso de peluche.* **- 2 apretujarse** ***prnl.*** Juntarse mucho varias personas en un lugar demasiado estrecho: *nos apretujamos todo lo que pudimos para que pudiese entrar más gente en el metro.* ⇒ **apretar.**

a·pre·tu·jón |apretuxón| ***m.*** *fam.* ⇒ **apretón.**

a·pre·tu·ra |apretúra| **1** ***f.*** Presión que se produce por la acumulación de personas o cosas: *en esta despensa hay tanta ~, que no nos cabe nada más.* **2** Asunto difícil; situación desgraciada y de difícil salida: *después del verano siempre pasamos apreturas porque nos gastamos demasiado dinero durante las vacaciones.* ⇒ **aprieto.**

a·prie·to |apriéto| ***m.*** Asunto difícil; situación desgraciada y de difícil salida: *no sé como vamos a salir de este ~.* ⇒ **apuro, conflicto, lío.**

a·pri·sa |aprísa| ***adv. m.*** Con rapidez; con gran velocidad: *¡~!, ¡tenemos que salir de aquí cuanto antes!* ⇒ **deprisa.** ⇔ **despacio.**

a·pri·sio·nar |aprisionár| ***tr.*** [algo, a alguien] Coger y sujetar con fuerza: *lo aprisionó con el brazo.* ⇒ **apretar, estrechar.**

a·pro·ba·ción |aproβaθión| ***f.*** Acción y resultado de aprobar: *la compra de ese material está pendiente de la ~ del presupuesto.*

a·pro·ba·do |aproβáðo| ***m.*** Calificación o nota inferior a la de *notable y que supone la superación de una prueba o *examen: *me han puesto un ~, así que no tendré que repetir el examen.* ⇔ **suspenso.**

a·pro·bar |aproβár| **1** ***tr.*** [algo] Calificar o dar por bueno; considerar que está bien: *los expertos han aprobado el nivel de calidad del producto; el parlamento aprobó el proyecto de ley.* **2** Estar de acuerdo sobre un asunto determinado: *aprobó lo que decía su madre.* ⇒ **asentir.** ⇔ **discrepar, disentir, divergir. 3** [algo, a alguien] Considerar capaz o *apto: *dicen que no aprueba fácilmente a sus alumnos.* ⇔ **catear.** ☖ Se conjuga como 31.

a·pro·piar |apropiár| **1** ***tr.*** *form.* [algo; a algo/alguien] Aplicar a una persona o cosa lo que le es propio: *trató de ~ sus palabras a lo que pensaba.* **- 2 apropiarse** ***prnl.*** Tomar o conseguir una cosa para uno mismo: *se apropió de nuestros bienes.* ⇒ **apoderar.** ☖ Se conjuga como 12.

a·pro·ve·cha·ble |aproβetʃáβle| ***adj.*** Que se puede aprovechar: *muchas de las piezas de esa máquina rota son aprovechables.*

a·pro·ve·cha·⌐do, da |aproβetʃáðo, ða| **1** ***adj.*** (persona) Que saca utilidad de muchas cosas: *es un cocinero muy ~: con cualquier cosa te hace un plato excelente.* **2** (persona) Que se supera o que se hace mejor: *los niños aprovechados estudian todos los días.* **- 3** ***adj.-s.*** (persona) Que se sirve de otras personas en *beneficio propio: *eres un ~: cuando digo que quiero ir al cine, tú dices que te vienes conmigo para que te pague la entrada.*

a·pro·ve·cha·mien·to |aproβetʃamiénto| ***m.*** Acción y resultado de aprovechar: *la escuela tiene una sala de juegos educativos para mejor ~ del tiempo libre de los alumnos.*

a·pro·ve·char |aproβetʃár| **1** ***tr.*** [algo] Emplear una cosa para servirse de ella o para sacarle cierta utilidad: *aprovechó un trozo de tela para arreglar el pantalón.* **- 2** ***intr.*** Ser bueno o de provecho: *creo que estas molestias nos van a ~ al final.* **3** Superar o hacerse mejor: *aprovecha bien en clase: aprende mucho.* ⇒ **adelantar. - 4 aprovecharse** ***prnl.*** [de algo/alguien] Servirse de una persona o cosa o para sacarle cierta utilidad: *se aprovechó de la ocasión y le pidió que le hiciera un favor.* **5** [de alguien] Servirse de otras personas en *beneficio propio: *creo que se han aprovechado de nosotros: se han hecho ricos y nosotros nos hemos quedado sin dinero.* ■ **que aproveche,** expresión que indica deseo de que siente bien una comida: *ahí tienes tu plato: ¡que aproveche!* ⇒ **provecho.**

a·pro·vi·sio·nar |aproβisionár| ***tr.*** [algo, a alguien] Dar, llevar o poner al alcance, especialmente una cosa necesaria: *aprovisionaron el fuerte de víveres.* ⇒ **abastecer.** ⇔ **desabastecer.**

a·pro·xi·ma·ción |apro^{k}simaθión| **1** ***f.*** Acción y resultado de aproximar o aproximarse: *la nave comenzó las maniobras de ~.* ⇒ **acercamiento.** **2** Cálculo o determinación aproximada de un valor: *no le puedo decir su precio exacto, sino una ~.* ⇒ **apreciación.** **3** Acercamiento primero a un asunto o problema: *en este tratado se intentará hacer una ~ a las técnicas de estudio.*

a·pro·xi·ma·⌜do, ⌜da |apro^{k}simáðo, ða| ***adj.*** Que se acerca más o menos a un valor exacto: *trató de calcular el precio ~.*

a·pro·xi·mar |apro^{k}simár| ***tr.-prnl.*** [algo, a alguien] Poner cerca; poner a menor distancia: *aproximó la silla a la ventana; se aproximó a la estatua para verla mejor.* ⇒ **acercar.** ⇔ **apartar, separar.**

áp·te·⌜ro, ⌜ra |á^{p}tero, ra| ***adj.*** ZOOL. (animal) Que no tiene alas: *la mayoría de las hormigas son ápteras.*

ap·ti·tud |a^{p}titú^{d}| ***f.*** Cualidad de tener entendimiento, preparación u otras características para ejecutar una acción o desempeñar un cargo: *creo que no tiene ~ para el cargo.* ⇒ **capacidad.** ⇔ **incapacidad, ineptitud.** ☐ No se debe confundir con *actitud.*

ap·⌜to, ⌜ta |á^{p}to, ta| ***adj.*** Que tiene entendimiento, preparación u otras características para ejecutar una acción o desempeñar un cargo: *es una persona muy apta para trabajar en nuestra empresa.* ⇒ **capaz.** ⇔ **incapaz, inepto.**

a·pues·ta |apuésta| **1** ***f.*** Acción y resultado de *apostar: *hicieron una ~ y perdió ella.* **2** Dinero u objeto que se *apuesta: *perdió todas sus apuestas.*

a·pues·to, ⌜ta |apuésto, ta| ***adj.*** Que tiene un aspecto o una figura agradable: *esa noche conoció a un joven ~ y cortés.* ⇒ **guapo.**

a·pun·ta·⌜dor, ⌜do·ra |apuntaðór, ðóra| ***m. f.*** Persona que en el teatro va apuntando a los actores lo que tienen que decir: *el actor se quedó en blanco y el ~ tuvo que leerle casi toda la intervención.*

a·pun·ta·lar |apuntalár| **1** ***tr.*** [algo] Poner *maderos fijos en el suelo o *puntales a una cosa: *apuntalaron la pared para que no se derrumbase.* **2** *fig.* Sujetar; mantener firme: *hay que ~ todo el negocio para que no se venga abajo.* ⇒ **sostener, sujetar.**

a·pun·tar |apuntár| **1** ***tr.*** [algo] Dirigir una arma en una dirección determinada: *apuntó la escopeta al blanco.* **2** Señalar hacia un sitio o un objeto determinado: *la flecha apunta al sur.* **3** Poner una nota en un papel: *ya están apuntados todos los datos que me has dado.* ⇒ **anotar.** **4** *fig.* Señalar la *conveniencia de una cosa: *me apuntó que hablara más pausadamente.* **5** Recordar, especialmente una cosa que se tiene que decir o un texto que ha olvidado otra persona: *en el teatro hay una persona encargada de ~ a los actores su papel.* - **6** ***tr.-prnl.*** *fam.* [a alguien] Hacer miembro o *partícipe: *me acabo de ~ en la lista de desempleados; ha ido a apuntarse al grupo de teatro.* ⇒ **inscribir.** - **7** ***intr.*** Empezar a mostrarse: *se marcharon antes de que apuntara el día.* - **8 apuntarse** ***prnl.*** *fam.* Conseguir o atribuir, generalmente un éxito o un punto en una competición deportiva: *el equipo lleva cuatro partidos sin apuntarse una victoria.* ⇒ **anotar.**

a·pun·te |apúnte| **1** ***m.*** Nota que se toma por escrito: *hizo un ~ en la servilleta de papel para recordar lo que tenía que hacer después de cenar.* **2** Dibujo o pintura que se hace rápidamente y con pocas líneas antes de comenzar una obra de arte: *estuvo haciendo unos apuntes junto al puente para el cuadro que quiere pintar.* ⇒ **bosquejo.** - **3 apuntes** ***m. pl.*** Notas que se toman sobre una materia para resumirla o recordarla después: *ha pedido los apuntes de la clase de ayer a su compañero.*

a·pu·ña·lar |apuɲalár| ***tr.*** [algo, a alguien] Dar una o varias *puñaladas; clavar un cuchillo o un objeto parecido: *lo apuñalaron por la espalda y murió.* ⇒ **acuchillar.**

a·pu·rar |apurár| **1** ***tr.*** [algo] Gastar del todo; acabar con una cosa: *apuró la copa de vino y se marchó del bar.* ⇒ **agotar.** - **2** ***tr.-prnl.*** *fig.* [a alguien] Meter o darse prisa: *la falta de tiempo nos apura; se apuraba para no llegar tarde.* ⇒ **apremiar, apresurar.** - **3** ***tr.*** [algo] Llevar hasta el límite o hasta el extremo: *apuró al máximo sus fuerzas para llegar el primero; la vecina estaba apurando su paciencia.* **4** Cortar mucho el pelo de la barba: *le pidió al barbero que apurase todo lo que pudiese.* ⇒ **rapar, rasurar.** - **5 apurarse** ***prnl.*** Preocuparse o perder el ánimo: *suele apurarse en los contratiempos; no te apures por una cosa tan poco importante.* ⇒ **afligir.**

a·pu·ro |apúro| ***m.*** Asunto difícil; situación desgraciada y de difícil salida: *está en un verdadero ~ y tenemos que prestarle toda nuestra ayuda.* ⇒ **aprieto, conflicto, lío.**

a·que·jar |akexár| **1** ***tr.*** [a alguien] Causar daño una enfermedad, *vicio o defecto: *el cáncer es un nuevo mal que aqueja a nuestra sociedad.* ⇒ **afectar.** **2** *fig.* Provocar tristeza; hacer perder el ánimo: *la pérdida de sus padres lo aquejó durante mucho tiempo.* ⇒ **afligir.**

a·⌜quel, ⌜que·lla |akél, kéʎa| **1** ***pron. dem.*** Indica o señala lo que está más lejos de las personas que hablan: *este árbol es más pequeño que ~; esta pluma no me gusta: prefiero aquélla.* ⇒ **ese, este.** ☐ Se puede escribir con acento gráfico. - **2** ***adj. dem.*** Indica o señala lo que está más lejos de las personas que hablan: *la oficina está en ~ edificio que se ve al final de la calle.* ⇒ **ese, este.**

a·que·la·rre |akelaře| ***m.*** Reunión o fiesta de *brujas o *brujos: *en los aquelarres se supone que intervenía el mismo Satanás.* ⇒ **misa.**

a·que·llo |akéʎo| ***pron. dem.*** Indica o señala lo que está más lejos de las personas que hablan o una cosa conocida o nombrada: *¿te acuerdas de ~ que me dijiste?* ⇒ **eso, esto.** ☐ Nunca lleva acento gráfico.

a·quí |akí| **1** ***adv. l.*** Indica un lugar cercano: *trae el café ~; el autobús no ha pasado todavía por ~.* ⇒ **acá.** ⇔ **allí.** - **2** ***adv. t.*** Indica tiempo cercano en el pasado: *hasta ~ nos ha ayudado: a partir de hoy, no sabemos.*

á·ra·be |áraβe| **1** ***adj.*** De Arabia o que tiene relación con Arabia: *nuestro país tiene buenas relaciones con el estado ~.* **2** De los países que tienen el *islamismo como única religión, o que tiene relación con ellos: *el petróleo ~ se distribuye por todo el mundo.* **- 3** ***com.*** Persona nacida en Arabia o que vive habitualmente en Arabia: *muchos árabes estudian en Europa.* ⇒ **moro. 4** Persona nacida en uno de los países que tienen el *islamismo como única religión o que vive habitualmente en uno de ellos: *muchos árabes han emigrado hacia Europa.* ⇒ **moro. - 5** ***m.*** Lengua *semítica que se habla en esos países: *el ~ tiene muchas variedades.*

a·rá·bi·⌜go, ⌜ga |aráβiγo, γa| ***adj.*** ⇒ **árabe.**

a·ra·bis·mo |araβísmo| ***m.*** Palabra o modo de expresión propio de la lengua árabe que se usa en otro idioma: *la palabra* almohada *es un ~ en español.*

a·rác·ni·⌜do, ⌜da |arákniðo, ða| ***adj.-m.*** ZOOL. (animal) Que es invertebrado, tiene la cabeza fundida con el cuerpo y cuatro pares de patas: *las arañas y los escorpiones son arácnidos.*

a·ra·do |aráðo| **1** ***m.*** Instrumento para abrir y remover la tierra: *hay que clavar bien el ~ para arrancar la hierba de raíz.* **2** Vuelta que se da a la tierra de labor: *hay que dar un ~ a la tierra antes de sembrar.* ⇒ **reja.**

a·ra·go·⌜nés, ⌜ne·sa |araγonés, nésa| **1** ***adj.*** De Aragón o que tiene relación con Aragón: *la muchacha cantó una jota aragonesa delante de la Virgen; vamos a esquiar al Pirineo ~.* **- 2** ***m. f.*** Persona nacida en Aragón o que vive habitualmente en Aragón: *sus antepasados eran aragoneses.* **- 3 aragonés** ***m.*** *Variedad lingüística *medieval derivada del latín y usada en el Reino de Aragón: *hoy quedan restos del ~ en la zona norte de Huesca.*

a·ran·cel |aranθél| ***m.*** Tasa o derecho que el Estado cobra por los productos que pasan su frontera: *este coche es más caro que los fabricados aquí porque está gravado con muchos aranceles.* ⇒ **impuesto.**

a·ran·ce·la·⌜rio, ⌜ria |aranθelário, ria| ***adj.*** Del *arancel o que tiene relación con él: *los dos países han decidido suprimir sus impuestos arancelarios.*

a·rán·da·no |arándano| **1** ***m.*** Fruto dulce, de tamaño pequeño y color negro y azul: *he comprado tarta de arándanos; el ~, la frambuesa y la mora son frutas del bosque.* **2** Planta con ramas angulosas, hojas ovaladas y flores blancas o rosadas: *el ~ crece sólo en el hemisferio norte; el ~ suele ser silvestre.*

a·ran·de·la |arandéla| ***f.*** Pieza en forma de anillo o plato con un agujero en el centro, que sirve para ajustar la unión de dos piezas o para evitar que se toquen entre ellas: *colocó una ~ de metal entre el tornillo y la madera; el grifo lleva una ~ de goma para ajustar el cierre.*

a·ra·ña |arápa| **1** ***f.*** Animal invertebrado con cuatro pares de patas y unos órganos en la parte posterior del cuerpo que producen un líquido que les sirve para trasladarse y para cazar animales: *la ~ teje su tela para alimentarse de los insectos que quedan atrapados en ella; ¡qué asco, el jardín está lleno de arañas peludas!* ○ Para indicar el sexo se usa la ~ macho y la ~ hembra. **2** Objeto con muchos brazos que está sujeto al techo y sirve para dar luz: *se han fundido dos bombillas de la ~ del salón; las habitaciones del hotel están adornadas con lujosas arañas de cristal.*

a·ra·ñar |arapár| **1** ***tr.*** [algo, a alguien] Marcar o cortar ligeramente una superficie con las uñas o con un objeto con punta: *el gato le arañó la mano; arañó la pintura del coche con una esquina.* ⇒ **rascar, raspar, rayar. - 2** ***tr.-intr.*** *fig.* [algo] Recoger poco a poco y de varias partes lo que está esparcido: *arañando de aquí y de allá, consiguió dinero suficiente para el viaje.*

a·ra·ña·zo |arapáθo| ***m.*** Marca o herida superficial hecha con las uñas o con un objeto con punta: *se desinfectó el ~ con alcohol; tuvo que pintar la puerta del coche para cubrir el ~.*

a·rar |arár| ***tr.*** [algo] Abrir y remover la tierra: *llevo todo el día arando porque quiero sembrar ahora que hace buen tiempo.* ⇒ **labrar, roturar.**

ar·bi·tra·je |arβitráxe| **1** ***m.*** Ejercicio de la labor de un *árbitro, especialmente en una competición deportiva: *el ~ fue parcial.* **2** Procedimiento para resolver problemas entre dos partes que se someten a la decisión de un tercero: *esos dos países tenían problemas con su frontera hasta que recurrieron al ~ de otro país.*

ar·bi·tral |arβitrál| ***adj.*** Del *árbitro o que tiene relación con él: *la decisión ~ fue muy discutida por el público.*

ar·bi·trar |arβitrár| **1** ***tr.*** [algo] Hacer de *árbitro en una competición deportiva: *Fermín está arbitrando en el pabellón municipal; el colegiado que arbitrará el partido viene de Málaga.* ⇒ **pitar. 2** Dar una solución; resolver un problema o situación difícil a otra persona: *el ministro tuvo que ~ una solución para resolver el problema de los agricultores.*

ar·bi·tra·rie·dad |arβitrarieðáð| **1** ***f.*** Cualidad de lo que se hace *atendiendo más al deseo que a la razón: *los gobernantes deben evitar que la ~ afecte a sus decisiones.* **2** Obra o dicho que no es justo o legal, especialmente la que realiza una persona que tiene autoridad: *en el reparto de las ayudas económicas para las industrias se pueden haber cometido algunas arbitrariedades.*

ar·bi·tra·⌜rio, ⌜ria |arβitrário, ria| ***adj.*** Que se hace siguiendo sólo la voluntad y no la razón o la justicia: *sus decisiones son completamente arbitrarias: tan pronto dice una cosa como afirma lo contrario.*

ar·bi·trio |arβítrio| **1** ***m.*** Capacidad de resolver o decidir: *la decisión la dejo a tu ~.* **2** Voluntad gobernada no por la razón, sino por el deseo: *todo lo haces sin pensar, según tu ~.*

ár·bi·⌜tro, ⌜tra |árβitro, tra| **1** ***m. f.*** Persona que hace cumplir unas reglas o normas, especialmente en una competición deportiva: *mi primo José es ~ de fútbol; el ~ señaló una falta que el jugador no había cometido.* ⇒ **colegiado, juez. 2** Persona que tiene autoridad sobre los demás en ciertas materias: *veremos qué opinan sobre estos vestidos los árbitros de la moda.* **- 3** ***adj.-s.*** (persona) Que se elige para resolver un problema o situación difícil: *se vio obligado a actuar como ~ para evitar que se peleasen.*

ár·bol |árβol| **1** ***m.*** Planta con tronco grueso y duro y con ramas, que, en condiciones normales, dura viva más de un año y se eleva a cierta altura del suelo: *ese bosque tiene muchos árboles.* ⇒ **arbusto, hierba. 2** *fig.* Figura con forma de esa planta: *dibujó un ~ en la pizarra para explicar la estructura de la oración;* ~ **genealógico**, el que muestra las relaciones, orígenes y descendencia de una familia: *el periódico de hoy trae el ~ genealógico de los reyes.*

ar·bo·la·⌐do, ⌐da |arβoláðo, ða| ***adj.-m.*** (terreno) Que está poblado de árboles: *aquel terreno ~ es un vivero; detrás de aquel ~, tiene su casa.* ⇒ **arboleda, bosque, monte.**

ar·bo·la·du·ra |arβolaðúra| ***f.*** MAR. Conjunto de *mástiles y palos de un barco: *el barco perdió toda la ~ durante la tormenta.*

ar·bo·le·da |arβoléða| ***f.*** Terreno donde crecen muchos árboles: *en el valle, había una ~ inmensa.* ⇒ **arbolado, bosque, monte.**

ar·bó·re·⌐o, ⌐a |arβóreo, a| **1** ***adj.*** Del árbol o que tiene relación con él: *los cultivos arbóreos, como el olivo, ocupan grandes extensiones en Andalucía.* **2** Que se parece al árbol o tiene características comunes con él: *en el jardín hay varias plantas arbóreas.*

ar·bo·tan·te |arβotánte| ***m.*** ARQ. Arco exterior de un edificio que lleva el peso de las estructuras sobre *pilares o muros que pueden absorberlo: *los arbotantes fueron muy usados en la arquitectura gótica; esa bóveda tan alta está sujeta por varios arbotantes.*

ar·bus·to |arβústo| ***m.*** Planta de poca altura con tronco duro y ramas que crecen desde su base: *el jardín estaba separado de la calle por unos arbustos; se escondió detrás de un ~ para que no lo vieran.* ⇒ **árbol, hierba.**

ar·ca |árka| **1** ***f.*** Caja resistente de gran tamaño, generalmente de madera, con tapa y cerradura, que se usa para guardar ropa u otros objetos: *en el ~ guardo la ropa que no uso; la tapa del ~ está decorada con dibujos geométricos.* ⇒ **arcón, baúl, cofre. 2** Caja pequeña y resistente, de metal o madera, con tapa y cerradura, que sirve para guardar objetos de valor: *Pilar ha guardado los pendientes de oro en el ~.* ⇒ **cofre. 3** Embarcación de madera y de gran tamaño; ~ **de Noé**, embarcación en la que Noé metió a los animales de la Tierra y los salvó del *diluvio universal: *en el ~ de Noé viajó una pareja de cada especie animal.* **- 4 arcas** ***f. pl.*** Espacio para guardar el dinero: *las arcas públicas se engrosan con el dinero de los impuestos; estamos en crisis y las arcas del Estado están vacías.* ■ ~ **de agua**, sitio en el que se acumula agua: *en una de las cuevas hay una ~ de agua.* ☐ Se usa con la forma del artículo *el*; los demás determinantes deben ir en forma femenina.

ar·ca·da |arkáða| **1** ***f.*** Movimiento violento del estómago para devolver lo que tiene dentro: *la primera vez que diseccionó una rana le dieron arcadas y tuvo que salir a vomitar.* **2** ARQ. Serie de arcos: *lo único que se conserva del monasterio es la ~ del viejo claustro; desde lejos se veía la ~ del puente.*

ar·cai·⌐co, ⌐ca |arkáiko, ka| **1** ***adj.*** Que es muy antiguo: *debajo se han encontrado unas ruinas arcaicas; ese pueblo tiene unas costumbres arcaicas.* **2** Que se usa desde hace mucho tiempo: *esa danza era un modo ~ de invocar la lluvia.* ⇒ **anticuado.**

ar·ca·ís·mo |arkaísmo| ***m.*** Palabra o modo de expresión que pertenece a un estado de lengua antiguo y que no se usa, o se usa muy poco, en la lengua actual: *en las hablas populares, todavía pueden escucharse muchos arcaísmos.*

ar·cai·zan·te |arkaiθánte| ***adj.*** Que tiene o usa *arcaísmos; que tiende a usar *arcaísmos: *su forma de escribir es algo ~.*

ar·cán·gel |arkáŋxel| ***m.*** Espíritu del cielo, de categoría inmediatamente superior a la de los *ángeles: *la virgen María fue visitada por el ~ San Gabriel.*

ar·ca·⌐no, ⌐na |arkáno, na| **1** ***adj.*** *form.* Que está oculto; que no se conoce: *encontró un libro ~ de alquimia.* **- 2 arcano** ***m.*** Cosa conocida por muy poca gente: *es uno de los arcanos del servicio secreto.* **3** Cosa que no se puede entender: *está investigando uno de los arcanos de la vida.* ⇒ **misterio, secreto.**

ar·ce |árθe| ***m.*** Árbol de hojas sencillas, madera muy dura y fruto ligero que al caer vuela: *la bandera de Canadá tiene una hoja de ~.*

ar·cén |arθén| **1** ***m.*** Parte de la carretera reservada para que circulen las personas a pie o en vehículos sin motor: *el ~ está separado por una línea continua.* **2** Parte del terreno que queda a los lados de un río o de un camino: *los arcenes del río estaban llenos de barro.* ⇒ **margen.**

ar·chi·du·que |artʃiðúke| ***m.*** Miembro de la nobleza de categoría superior a la de otro *duque: *el ~ pretendió acceder al trono de la nación.* ⇒ **archiduquesa.**

ar·chi·du·que·sa |artʃiðukésa| ***f.*** ⇒ **archiduque.**

ar·chi·mi·llo·na·⌐rio, ⌐ria |artʃimiʎonário, ria| **1** ***adj.-s.*** (persona) Que es muy rica; que tiene mucho dinero: *la pintura ha sido adquirida por un célebre ~.* ⇒ **multimillonario. 2** ***adj.*** (cantidad) Que *asciende a muchos millones de pesetas: *esa avería ha causado unas pérdidas archimillonarias.* ⇒ **multimillonario.**

ar·chi·pié·la·go |artʃipiélaɣo| **1** ***m.*** Conjunto de islas reunidas en una superficie más o menos extensa de mar: *las Islas Canarias forman un ~.* **2** Parte de mar que contiene muchas islas: *los piratas navegaron por el ~ en busca de alguna presa.*

ar·chi·va·⌐dor, ⌐do·ra |artʃiβaðór, ðóra| **1** ***m.*** Objeto de cartón, en forma de libro y cerrado con gomas, que sirve para guardar papeles de un modo ordenado y por separado: *tenía los apuntes dentro del ~.* ⇒ **carpeta. 2** Mueble o caja que sirve para guardar papeles o documentos de un modo ordenado y por separado: *la secretaria buscó el informe en el ~.* ⇒ **archivo.**

ar·chi·var |artʃiβár| **1** ***tr.*** [algo] Guardar papeles o documentos de un modo ordenado y por separado: *archivaron el expediente en un cajón de la mesa.* **2** *fig.* Dejar aparte o guardar una cosa: *ya puedes ~ todo eso porque ya no nos hará falta.*

ar·chi·ve·⌈ro, ⌈ra |artʃiβéro, ra| ***m. f.*** Persona que se dedica a cuidar de un *archivo: *el ~ sabe dónde se guardan esos documentos.*

ar·chi·vo |artʃíβo| **1** ***m.*** Establecimiento en el que se guardan y conservan documentos de un modo ordenado: *este ~ tiene unos fondos muy antiguos.* **2** Mueble o caja que sirve para guardar papeles o documentos de un modo ordenado y por separado: *sacó una carpeta del ~.* ⇒ **archivador.** **3** Conjunto de esos documentos: *rebuscando entre el ~, encontró el acta que buscaba.* **4** INFORM. *fig.* Conjunto de *datos guardados con un mismo nombre: *en este ~ está el informe.* ⇒ **fichero.**

ar·ci·lla |arθíʎa| ***f.*** Tierra *rojiza que, mezclada con agua, se hace pegajosa y que se usa para hacer recipientes y objetos: *la ~ es la materia prima más usada en la alfarería.* ⇒ **barro.**

ar·ci·pres·te |arθipréste| **1** ***m.*** REL. Sacerdote que tiene autoridad sobre un grupo de *parroquias de la misma zona: *el obispo reparte el trabajo entre sus arciprestes.* **2** REL. Sacerdote principal de una iglesia importante: *es ~ de la catedral de Toledo.*

ar·co |árko| **1** ***m.*** Parte de una línea curva: *el diámetro divide la circunferencia en dos arcos iguales.* **2** Objeto o figura de esa forma: *la trayectoria del balón hizo un ~ y pasó por encima de la portería;* **~ iris**, imagen de colores con forma curva que a veces cuando llueve puede verse en el lado opuesto al sol: *los colores del ~ iris son rojo, anaranjado, amarillo, verde, azul, añil y violeta.* **3** Estructura de una construcción que tiene forma curva y que cubre un hueco entre dos columnas o apoyos: *el acueducto de Segovia está formado por muchos arcos; la plaza mayor de Salamanca está rodeada de arcos;* **~ apuntado/ojival**, ARQ., el que está formado por dos partes de curva que forman ángulo en el punto superior: *el ~ ojival aparece frecuentemente en la arquitectura gótica;* **~ de herradura**, ARQ., el que se extiende más de medio círculo: *el ~ de herradura es típico de las construcciones árabes;* **~ de medio punto**, ARQ., el que tiene forma de medio círculo: *las iglesias románicas suelen tener arcos de medio punto;* **~ de triunfo/triunfal**, ARQ., el construido para celebrar una victoria o un acontecimiento: *el ~ de triunfo de París es un monumento muy visitado.* **4** Arma formada por una vara flexible que se tensa con una cuerda y que sirve para lanzar *flechas: *según la leyenda, Robin Hood era invencible con el ~.* **5** Vara delgada que sujeta un conjunto de pelos largos y que sirve para frotar las cuerdas de algunos instrumentos musicales: *el violín se toca con ~; el ~ de mi contrabajo tiene cerdas de caballo.*

ar·cón |arkón| ***m.*** Caja resistente de gran tamaño, generalmente de madera, con tapa y cerradura, que se usa para guardar ropa u otros objetos: *depositó todos los regalos en un ~.* ⇒ **arca, baúl, cofre.**

ar·der |arðér| **1** ***intr.*** Estar quemándose; desprender fuego: *toda la casa estaba ardiendo cuando llegaron los bomberos; arde la llama en el aire.* **2** *fig.* Experimentar una pasión o un sentimiento intenso: *ardía de deseo por ella.* ☖ En esta acepción, suele usarse con las preposiciones *de* y *en.* **3** *fam. fig.* Desprender luz propia o reflejada: *el sol iluminaba la casa de tal forma que parecía que ésta ardía.* **4** **tr.** [algo] Hacer que una cosa se queme; prender fuego: *alguien ardió el bosque y se quemó parte de él.*

ar·did |arðíᵈ| ***m.*** *form.* Obra o dicho que demuestra habilidad para engañar o evitar el engaño: *mediante ese ~, conseguiría engañar a sus carceleros y escapar de la prisión.* ⇒ **añagaza, artimaña, astucia, estratagema.**

ar·dien·te |arðiénte| **1** ***adj.*** Que tiene fuerza y *viveza: *pronunció un ~ discurso que suscitó los aplausos del público; dijo que su amor era ~ y sincero.* **2** (persona) Que obra con pasión y sin pensar: *es un hombre ~ y no podrá contenerse.* ⇒ **vehemente.** **3** Que arde o se quema: *a través de los árboles, podía verse una ~ llama.*

ar·di·lla |arðíʎa| **1** ***f.*** Animal mamífero roedor, de color marrón, gris o rojo oscuro, con cola larga y con mucho pelo, que vive en los bosques: *a las ardillas les encantan las nueces; al pasar por el pinar vimos una ~.* ☖ Para indicar el sexo se usa la ~ macho y la ~ hembra. **2** *fig.* Persona muy lista y rápida de mente: *Juana es una ~, no se le escapa nada.*

ar·dor |arðór| **1** ***m.*** *fig.* Brillo fuerte o gran cantidad de luz: *el ~ de la hoguera iluminaba los rostros de todos los presentes.* ⇒ **resplandor.** **2** *fig.* Excitación intensa y violenta: *en el ~ de la pasión, se arrodilló ante él con lágrimas en los ojos.* **3** Valor o determinación: *se lanzó contra el enemigo con ~ y coraje.* **4** Sensación de picor doloroso que se tiene en el estómago: *había tomado una comida muy fuerte y tenía ardores.* **5** Sensación de picor doloroso que producen ciertas heridas: *la quemadura le causaba un ~ intenso.* **6** Cantidad grande de calor: *no puedo soportar el ~ del sol en verano.*

ar·⌈duo, ⌈dua |árðuo, ðua| ***adj.*** *form.* Que es muy difícil: *la labor será ardua y pesada, por lo que tendremos que emplear todas nuestras fuerzas.* ⇔ **fácil.**

á·re·a |área| **1** ***f.*** Superficie comprendida dentro de unos límites: *el ~ central del bosque ha resultado muy afectada por el incendio.* **2** Espacio que tiene unas características determinadas: *la invasión árabe afectó al ~ sur de la Península Ibérica;* **~ metropolitana**, espacio que ocupa una gran ciudad y el conjunto de territorios que hay a su alrededor: *la policía municipal actúa en el ~ metropolitana.* **3** Conjunto de ideas, materias o disciplinas científicas: *el Ministerio de Educación ha previsto hacer reformas en el ~ de literatura.* **4** Campo de acción o de influencia: *no me permitió entrar en su ~ de influencia.* ⇒ **ámbito, círculo.** **5** Medida de superficie que equivale a cien metros cuadrados: *estos terrenos deben tener 500 áreas.* **6** GEOM. Superficie de ciertas figuras: *el ~ del rectángulo era de tres metros cuadrados.* **7** DEP. Parte del terreno de juego que está más cerca de la meta: *el futbolista dio una fuerte patada* *al balón y lo sacó del ~.* ⌂ Se usa con la forma del artículo *el*; los demás determinantes deben ir en forma femenina.

a·re·na |arén̲a| **1** ***f.*** Tierra formada por pequeños granos de mineral en forma de cristal que se han desprendido de las rocas: *a los niños les gusta jugar con la ~;* **~ movediza,** la que forma una masa en la que pueden hundirse los cuerpos de cierto peso: *su amigo le tendió la mano y evitó que muriera sumergido en las arenas movedizas.* **2** Círculo de la plaza de toros que está cubierto de tierra: *el torero se enfrenta al toro en la ~.* ⇒ **ruedo. 3** Lugar en el que se lucha: *el gladiador saltó a la ~ y el público comenzó a aclamarlo.*

a·re·nal |arenál| ***m.*** Extensión grande de terreno arenoso: *los camellos atravesaban el ~; el ~ estaba ocupado por veraneantes que tomaban el sol.*

a·ren·ga |aréŋga| ***f. form.*** Discurso que se pronuncia para levantar el ánimo de los que lo escuchan: *el general dirigió una ~ a sus soldados.*

a·re·nis·ca |areníska| ***f.*** Roca formada por pequeños granos de cristal unidos por una masa sólida de otro material: *las areniscas suelen estar unidas por un cemento arcilloso o calizo.*

a·re·no·⌐so, sa |arenóso, sa| ***adj.*** Que tiene arena: *es un terreno ~ y poco fértil.*

a·ren·que |aréŋke| ***m.*** Pez marino comestible de color azul por encima y *plateado por el vientre: *los arenques forman grandes bancos; el ~ es parecido a la sardina, pero su tamaño es mayor; los arenques se comen frescos, salados o ahumados.* ⌂ Para indicar el sexo se usa el ~ macho y el ~ hembra.

ar·ga·ma·sa |arγamása| ***f.*** Mezcla de *cal, arena y agua que se usa en la construcción: *esta pared está hecha con ladrillos y ~.* ⇒ **mortero.**

ar·ge·li·no, ⌐na |arxelíno, na| **1** ***adj.*** De Argelia o que tiene relación con Argelia: *el gas natural ~ se hace llegar hasta Europa.* **2** ***m. f.*** Persona nacida en Argelia o que vive habitualmente en Argelia: *muchos argelinos hablan árabe y francés.*

ar·gen·ti·no, na |arxentíno, na| **1** ***adj. form.*** De la plata o que tiene una característica que se considera propia de la plata: *su pelo, con la edad, había adquirido un brillo ~.* **2** *form.* (sonido, voz) Que tiene un sonido agudo y agradable, como el de la plata al ser golpeada: *me gustaba oír la risa argentina de la muchacha.* **3** De Argentina o que tiene relación con Argentina: *la capital argentina es Buenos Aires.* **- 4** ***m. f.*** Persona nacida en Argentina o que vive habitualmente en Argentina: *los argentinos son vecinos de los chilenos.*

ar·go·lla |arγóʎa| ***f.*** Objeto con forma de *circunferencia gruesa y normalmente de metal, que sirve para atar: *amarró la cuerda de la barca a la ~.*

ar·got |arγóᵗ| **1** ***m.*** Lenguaje difícil de entender: *es normal que no lo comprendas, entre ellos, hablan un ~.* **2** Lenguaje característico de un oficio o de un grupo social: *en el ~ del ciclismo, la expresión «tener gasolina» significa disponer de fuerza o energía.* ⇒ **jerga.** ⌂ El plural es *argots.*

ar·gu·cia |arγúθi̲a| ***f.*** Dicho o idea aguda, que no es profunda o verdadera: *no te dejes engañar por sus argucias.* ⇒ **sutileza.**

ar·güir |arγuí̲r| **1** ***tr. form.*** [algo] Sacar una conclusión por medio de un razonamiento, a partir de una situación anterior o de un principio general: *por sus palabras, pudo ~ todo lo que le habían dicho sobre él.* ⇒ **deducir. 2** Demostrar la verdad de un hecho mediante razones: *todo lo ocurrido arguye una falta de responsabilidad.* ⇒ **argumentar, probar. 3** [algo; a alguien] Echar la culpa de un crimen, una falta o una mala acción: *les argüían su avaricia.* ⇒ **acusar. 4** [algo] Dar razones en contra de una opinión: *arguyó que era imposible que fuese el asesino, puesto que entonces no se encontraba allí.* ⌂ Se conjuga como 63.

ar·gu·men·ta·ción |arγumentaθi̲ón| ***f.*** Conjunto de razones que sirve para demostrar una verdad: *esa ~ no es válida.* ⇒ **argumento.**

ar·gu·men·tar |arγumentár| ***tr.*** [algo] Demostrar la verdad de un hecho mediante razones: *argumentó su teoría con datos fiables.* ⇒ **argüir, probar.**

ar·gu·men·to |arγuménto| **1** ***m.*** Razón que sirve para demostrar una verdad: *sus argumentos eran irrefutables.* ⇒ **argumentación. 2** Asunto principal sobre el que trata una obra de literatura, teatro o cine: *el argumento de esta obra es bien conocido por el público.* ⇒ **tema.**

a·ria |ári̲a| ***f.*** MÚS. Composición musical escrita para ser cantada por una sola voz con acompañamiento de uno o más instrumentos: *la soprano cantó una ~ de Mozart.* ⌂ Se usa con la forma del artículo *el*; los demás determinantes deben ir en forma femenina.

a·ri·dez |ariðéθ| **1** ***f.*** Cualidad de seco o de *árido: *la ~ del terreno hace prácticamente imposible cualquier cultivo.* **2** *fig.* Cualidad de lo que es aburrido, difícil o poco agradable: *la ~ de esa novela me resultó insoportable.*

á·ri·⌐do, ⌐da |áriðo, ða| **1** ***adj.*** Que es seco; que no tiene humedad y no produce frutos: *esta zona es demasiado árida para cultivar hortalizas; los desiertos son regiones áridas.* ⇔ **húmedo. 2** *fig.* Que es poco agradable, aburrido o difícil: *no hay quien aguante a este escritor, es muy ~; voy a suspender esta asignatura porque me resulta muy árida.* ⇔ **ameno, entretenido. - 3 áridos** ***m. pl.*** Granos, legumbres y frutos secos, a los que se aplican medidas de capacidad: *vende áridos: lentejas, judías, garbanzos y frutos secos.*

a·rie·te |ari̲éte| **1** ***m.*** Aparato militar que consiste en un tronco de madera y que se usa para derribar puertas o muros: *los soldados entraron en el castillo después de tirar la muralla con el ~; los arietes tenían un remate de hierro.* **2** DEP. Delantero centro de un equipo de fútbol: *el ~ sufrió una grave lesión y fue sustituido al comienzo del encuentro.*

a·ris·⌐co, ⌐ca |arísko, ka| ***adj.*** Que es rudo o poco delicado en el trato: *es muy ~ y no se le puede decir nada que no le guste.* ⇒ **áspero.**

a·ris·ta |arísta| **1** ***f.*** Línea en la que se juntan dos planos: *el cubo tiene doce aristas.* **2** Borde de un objeto cortado o trabajado: *apoyó las manos en la pared con cuidado, para no cortarse con las aristas de los ladrillos.*

a·ris·to·cra·cia |aristokráθia| **1** ***f.*** Grupo de personas que pertenece a la nobleza: *los amigos de Ramiro pertenecen a la ~; a la cena fueron invitados miembros de la alta ~.* ⇔ **plebe.** **2** *p. ext.* Grupo de personas que destaca entre los demás: *en este café a veces se reúnen miembros de la ~ intelectual del país; luchó mucho hasta que pudo formar parte de la ~ del dinero.* **3** POL. Forma de gobierno en que los nobles tienen el poder: *la ~ puede favorecer los intereses de algunos grupos sociales.*

a·ris·tó·cra·ta |aristókrata| ***com.*** Persona que pertenece a la nobleza o que destaca entre los demás: *es un ~, no le gusta mezclarse con gente de la clase media; un grupo de aristócratas fue atacado a la salida de la ópera.*

a·ris·to·crá·ti·⌐co, ⌐ca |aristokrátiko, ka| **1** ***adj.*** De la *aristocracia o que tiene relación con ella: *su comportamiento es propio de la clase aristocrática.* **2** (persona) Que se comporta de manera fina y distinguida: *Juana es muy aristocrática cuando recibe a sus invitados.*

a·rit·mé·ti·ca |ariᵗmétika| ***f.*** MAT. Parte de las matemáticas que trata de la composición y *descomposición de las cantidades representadas por números: *este alumno es más hábil para la ~ que para la geometría.*

a·rit·mé·ti·⌐co, ⌐ca |ariᵗmétiko, ka| ***adj.*** De la *aritmética o que tiene relación con ella: *hizo varias operaciones aritméticas para averiguar la solución.*

ar·le·quín |arlekín| ***m.*** Actor que lleva una *máscara y un traje de cuadros de distintos colores: *el ~ representaba una escena sin palabras.*

ar·ma |árma| **1** ***f.*** Instrumento que sirve para atacar o defenderse: *el asesino empuñaba una ~; se supone que venden armas ilegalmente;* ~ **arrojadiza**, la que se lanza a distancia: *el hacha puede ser una arma ~;* ~ **de fuego**, la que se carga con pólvora: *cuando los europeos llegaron a América, los indios no tenían armas de fuego;* ~ **automática**, la que es capaz de disparar varias balas seguidas: *las armas automáticas pueden disparar muchos proyectiles en poco tiempo;* ~ **blanca**, la que tiene una hoja cortante, generalmente acabada en punta: *la navaja y el cuchillo son armas blancas.* **2** Parte del ejército de tierra: *sirvió en el ~ de infantería.* **- 3 armas *f. pl.*** *fig.* Medios para conseguir una cosa o un fin determinado: *empleará todas sus armas para salirse con la suya.* **4** Profesión o carrera militar: *dejó las armas y se reincorporó a la vida civil.* **5** *fig.* Medios o partes del cuerpo con los que los animales se defienden: *el león enseñó sus armas.* ☐ Se usa con la forma del artículo *el*; los demás determinantes deben ir en forma femenina.

ar·ma·da |armáða| **1** ***f.*** Fuerzas *navales de un Estado: *la ~ española luchó contra la inglesa en 1588; se hizo marino y se alistó en la ~.* **2** Conjunto de embarcaciones militares que participan en una acción determinada: *el puerto fue atacado por la ~.*

ar·ma·⌐dor, ⌐do·ra |armaðór, ðóra| **1** ***m. f.*** Persona que se dedica a construir barcos: *un ~ gallego se encargará de la nueva flota de pesca.* **2** Persona que se dedica a dar trabajo a los *marineros para la pesca de alta mar: *el ~ contrató cien marineros para la pesca del bacalao.*

ar·ma·du·ra |armaðúra| **1** ***f.*** Traje de piezas de metal articuladas que protege a los guerreros en la lucha: *el caballero revisó su ~ antes de empezar el combate.* **2** Estructura formada por piezas unidas entre sí, que se usa para sostener o colocar encima una cosa: *la ~ de la cama era de hierro.* ⇒ **armazón.** **3** ARQ. Estructura hecha con *maderos y tablas con la que se cubre la parte superior de un edificio para colocar encima el tejado: *los árabes cubrían la ~ con láminas de madera talladas con dibujos.* **4** FÍS. Placa metálica de un aparato eléctrico que sirve para *almacenar energía: *la ~ tiene que ser de un material conductor de la electricidad.* ⇒ **condensador.**

ar·ma·men·tis·ta |armamentísta| **1** ***adj.*** De la industria de las armas de guerra o que tiene relación con ella: *la producción ~ debería disminuir.* **- 2 *adj.-com.*** (persona) Que apoya el aumento del número de armas que posee un país: *cree que ningún ~ persigue la paz.*

ar·ma·men·to |armaménto| ***m.*** MIL. Conjunto de armas de un ejército, de un cuerpo armado o de un individuo: *el enemigo tiene un ~ muy anticuado.*

ar·mar |armár| **1** ***tr.-prnl.*** [algo, a alguien] Dar o tomar las armas; preparar para la guerra: *entre varias naciones han armado a ese país; ambos bandos se están armando.* **- 2 *tr.*** [algo] Poner juntas unas piezas que ajustan entre sí: *desarmó la radio y no pudo volver a armarla.* ⇒ **montar.** ⇔ **desarmar, desmontar.** **3** MAR. Preparar un barco y poner en él todo lo necesario para la navegación: *armaron el velero y partieron rumbo al sur.* **4** Preparar una cosa pensando y cuidando todos sus detalles: *armaron un baile para todos los antiguos alumnos.* ⇒ **organizar.** **5** Ser causa u origen: *entró en la reunión y armó un alboroto.* ⇒ **ocasionar, originar.** **- 6 armarse *prnl.*** *fig.* Preparar el ánimo para un fin o para resistir una *contrariedad: *se armó de paciencia para escuchar lo que le iban a decir.* **7** Formarse una cosa que no está prevista: *en poco tiempo, se armó una tempestad.* ⇒ **organizar.**

ar·ma·rio |armário| ***m.*** Mueble cerrado con puertas y, generalmente, con estantes para dejar objetos: *guardó el abrigo en el ~; tengo un cepillo de dientes en el ~ del baño;* ~ **empotrado**, el que se construye unido a un muro, en el hueco de una pared: *en este dormitorio hay un ~ empotrado en el que cabe mucha ropa.*

ar·ma·tos·te |armatóste| **1** ***m.*** *desp.* Máquina, aparato o mecanismo, especialmente el que está viejo y funciona mal: *tengo que cambiar de coche porque está hecho un ~.* ⇒ **cacharro, trasto.** **2** Mueble grande, pesado o mal hecho: *no sé cómo vamos a sacar ese ~ de esta habitación.*

ar·ma·zón |armaθón| ***amb.*** Conjunto de piezas o elementos que sirve como soporte y esqueleto de otra cosa: *el ~ del edificio es de hierro forjado.* ⇒ **estructura.**

ar·me·lla |arméʎa| ***f.*** Tornillo con una *anilla en uno de los extremos: *la ~ en la que se engancha el cerrojo se ha soltado y no puedo cerrar la puerta.* ⇒ **anilla, cáncamo.**

ar·me·rí·a |armería| **1** ***f.*** Lugar en el que se guardan armas: *de la ~ robaron varias pistolas y ametralladoras.* **2** Establecimiento en el que se venden armas: *fue a una ~ a comprar una escopeta de caza.* **3** Técnica de fabricar armas: *la ~ ha evolucionado mucho en el último siglo.*

ar·me·⌐ro, ⌐ra |arméro, ra| **1** ***m. f.*** Persona que se dedica a hacer o a vender armas: *el ~ asegura que no le vendió esa pistola.* **2** Persona que se dedica a cuidar o a vigilar armas: *en la armería del cuartel siempre hay un ~.*

ar·mi·ño |armíɲo| ***m.*** Animal mamífero de piel muy suave, marrón en verano y blanca en invierno, de cola larga y que se alimenta de carne: *el ~ es un animal de pequeño tamaño.* ☐ Para indicar el sexo se usa el ~ macho y el ~ hembra.

ar·mis·ti·cio |armistíθio| ***m.*** MIL. Acuerdo para poner fin a la guerra entre dos o más países o partes enfrentadas: *las potencias intervendrán si cualquiera de las dos naciones no respeta el ~.* ⇒ **paz.**

ar·mo·ní·a |armonía| **1** ***f.*** Proporción y adecuación: *los colores de las cortinas deben estar en ~ con los muebles.* **2** Relación buena o de paz: *la familia, desde aquel incidente de la herencia, perdió la ~ que había tenido.* **3** Unión y combinación de sonidos que resulta agradable al oído: *es admirable la ~ de esa pieza de música.* **4** MÚS. Técnica de formar y disponer los *acordes: *los músicos deben estudiar ~.*

ar·mó·ni·ca |armónika| ***f.*** Instrumento musical de viento compuesto por dos placas de metal o de otro material entre las que hay una serie de pequeñas *láminas que suenan al soplar o aspirar: *el vaquero tocaba la ~ a la puerta de su casa.*

ar·mó·ni·⌐co, ⌐ca |armóniko, ka| **1** ***adj.*** De la *armonía o que tiene relación con ella: *el sentido ~ del público ha cambiado en los últimos tiempos.* **- 2 armónico** ***m.*** MÚS. Sonido agudo que acompaña a uno *fundamental y que se produce de forma natural por *resonancia: *un fragmento de esta obra se toca con armónicos.*

ar·mo·nio |armónio| ***m.*** MÚS. Instrumento musical de viento, parecido a un órgano, pero más pequeño, al que generalmente se da el aire por medio de un *fuelle movido por los pies: *en la iglesia tienen un ~ para acompañar las canciones de misa.*

ar·mo·nio·⌐so, ⌐sa |armonióso, sa| **1** ***adj.*** Que suena bien y es agradable al oído: *la voz de esta actriz es clara y armoniosa.* **2** *fig.* Que mantiene una relación buena o de paz: *durante muchos años las relaciones entre los vecinos de esta comunidad han sido armoniosas, pero últimamente se han producido algunos enfados.*

ar·mo·ni·zar |armoniθár| **1** ***tr.-intr.*** [algo, a alguien] Hacer o ser adecuado o proporcionado; tener o hacer que haya una buena relación: *la planificación armonizará el desarrollo de las diferentes regiones; la cubierta de la enciclopedia armoniza con los muebles; las columnas de los templos griegos armonizan con toda la construcción.* **- 2** ***tr.*** MÚS. [algo] Formar y disponer los *acordes: *he pedido que armonicen mi canción.* ☐ Se conjuga como 4.

ár·ni·ca |árnika| **1** ***f.*** Aceite que se emplea en medicina para tratar golpes y dolores de huesos: *la anciana se torció el tobillo y pidió un poco de ~.* **2** Planta de hojas ovaladas y flores grandes, amarillas y de olor fuerte: *del ~ se saca un aceite medicinal; el ~ crece en zonas montañosas de Europa.* ☐ Se usa con la forma del artículo *el*; los demás determinantes deben ir en forma femenina.

a·ro |áro| **1** ***m.*** Pieza en forma de *circunferencia: *el cristal está sujetado por un ~ de metal precioso.* **2** Juguete en forma de *circunferencia, especialmente el que se hace girar por el suelo con la ayuda de un palo o un hierro largo y delgado: *pocos niños juegan con el ~ hoy en día.* **3** *Circunferencia de metal que se lleva en un dedo y que puede tener adornos, como piedras preciosas: *lleva el ~ desde que se casó.* ⇒ **anillo, sortija.**

a·ro·ma |aróma| ***m.*** Olor muy agradable: *le llegó un ~ intenso y atrayente.* ⇒ **perfume.**

a·ro·má·ti·⌐co, ⌐ca |aromátiko, ka| ***adj.*** Que tiene un olor agradable o *aroma: *en el laboratorio olía a plantas aromáticas.* ⇒ **oloroso.**

ar·pa |árpa| ***f.*** Instrumento musical de cuerda, con forma de triángulo y con cuerdas colocadas verticalmente que se hacen vibrar tocándolas con los dedos de las dos manos: *se imaginaba que los ángeles debían estar todo el día tocando el ~ en el cielo.* ☐ Se usa con el artículo *el*, pero con los demás determinantes en forma femenina.

ar·pe·gio |arpéxio| ***m.*** MÚS. Serie de tres o más sonidos que forman un *acorde, ejecutados uno tras otro de modo más o menos rápido: *el estudiante de guitarra estaba practicando los arpegios.*

ar·pí·a |arpía| **1** ***f.*** Persona que intenta sacar provecho de todo usando el engaño u otro medio: *es una ~: engaña a todos para conseguir ese puesto.* **2** Mujer que tiene un carácter malo y desagradable: *cuidado con esa ~: va hablando mal de ti.* **3** *form.* Ser imaginario que tiene la cara de mujer y el cuerpo de ave *rapaz: ⇒ **harpía.**

ar·pi·lle·ra |arpiʎéra| ***f.*** Tejido fuerte y áspero que se usa generalmente para hacer sacos o para envolver objetos: *las patatas se meten en sacos de ~ o de plástico; la ~ se hace de cáñamo.* ⇒ **harpillera.**

ar·pis·ta |arpísta| ***com.*** Persona que toca el *arpa: *estuvimos escuchando un concierto de una ~ muy famosa.*

ar·pón |arpón| ***m.*** Instrumento formado por un palo con una punta de hierro con forma de gancho, que se usa para pescar: *el submarinista lanzó un ~ al tiburón; uno de los arpones alcanzó a la ballena en el lomo.*

ar·que·ar |arkeár| **1** ***tr.-prnl.*** [algo] Dar o tomar forma de arco: *hemos intentado ~ la vara; la madera se ha arqueado porque hemos puesto demasiadas cajas sobre ella.* **- 2** ***tr.*** MAR. Medir la capacidad de una embarcación: *será necesario ~ el barco para saber si cabe en él toda la mercancía.*

ar·que·o·lo·gí·a |arkeoloxía| ***f.*** Ciencia que trata de las culturas antiguas y desaparecidas, estudiándolas a través de los *monumentos y objetos que se han conservado: *para el conocimiento de ciertos periodos, la historia tiene que ayudarse de la ~.*

ar·que·o·ló·gi·⌜co, ⌜ca |arkeolóxiko, ka| ***adj.*** De la *arqueología o que tiene relación con ella: *los últimos estudios arqueológicos, demuestran que la antigüedad de ese convento es mayor de lo que se pensaba.*

ar·que·ó·lo·⌜go, ⌜ga |arkeóloɣo, ɣa| ***m. f.*** Persona que se dedica a la *arqueología: *los arqueólogos no están de acuerdo sobre la datación de esas monedas.*

ar·que·⌜ro, ⌜ra |arkéro| **1** ***m. f.*** Persona que practica el tiro con arco: *los arqueros deben entrenarse para tener buena puntería.* **2** DEP. Jugador que se coloca en la meta para evitar que entre la pelota: *el ~ despejó la pelota con los puños.* ⇒ **portero.** - **3 arquero** ***m.*** Soldado armado con arco y *flechas: *los arqueros iban montados a caballo.*

ar·que·ti·po |arketípo| ***m.*** Modelo original y primero que se copia o imita: *esa estatua fue el ~ de una larga serie de figuras que se esculpieron durante la Antigüedad.*

ar·qui·tec·⌜to, ⌜ta |arkitékto, ta| ***m. f.*** Persona que se dedica a la arquitectura: *el ~ ha firmado el proyecto y las obras comenzarán inmediatamente.*

ar·qui·tec·tó·ni·⌜co, ⌜ca |arkitektóniko, ka| ***adj.*** De la arquitectura o que tiene relación con ella: *el estilo ~ de ese edificio es algo simple.*

ar·qui·tec·tu·ra |arkitektúra| **1** ***f.*** Técnica de proyectar y construir edificios: *estudió ~ en la universidad;* ~ **naval,** la de proyectar y construir embarcaciones: *este ingeniero está especializado en ~ naval.* **2** Estilo o modo en el que se proyecta o construye un edificio: *la ~ de este palacio es muy particular: se puede considerar que es único.*

ar·qui·tra·be |arkitráβe| ***m.*** ARQ. Parte de un edificio que se apoya directamente sobre las columnas y que sirve de apoyo a otras partes de cierre o decorativas: *el entablamento del edificio está formado generalmente por ~, friso y cornisa.*

ar·qui·vol·ta |arkiβólta| **1** ***f.*** ARQ. Cara exterior de un arco, cuando está decorada: *en la ~ están representados los doce apóstoles.* - **2 arquivoltas** ***f. pl.*** ARQ. Serie de arcos colocados unos dentro de otros, que se pone alrededor de una puerta o de una abertura: *en las arquivoltas de esa iglesia románica se ha esculpido una historia bíblica.*

a·rra·bal |ar̄aβál| ***m.*** Parte de una población que está alejada del centro y parece separarse de ella: *en los arrabales de las grandes ciudades se concentraba la pobreza.* ⇒ **suburbio.**

a·rra·ba·le·⌜ro, ⌜ra |ar̄aβaléro, ra| **1** ***adj.*** Del *arrabal o que tiene relación con él: *durante la Edad Media, la vida arrabalera estaba llena de miserias.* - **2** ***adj.-s.*** (persona) Que tiene un aspecto y una forma de hablar poco educados: *no hables así, que pareces un ~.*

a·rrai·gar |ar̄ai̯ɣár| **1** ***intr.-prnl.*** [en algo] Echar raíces una planta: *el olivo está recién plantado, pero arraigará pronto; la planta no arraigó bien y se ha secado.* ⇒ **enraizar.** - **2** ***tr.-intr.*** *fig.* [algo] Hacer o hacerse firme y *duradera una cosa: *el deporte ha arraigado entre la juventud; la amistad arraigó pronto entre los dos; el plan consiste en ~ la costumbre de la lectura entre la gente.* **3** *fig.* Establecerse en un lugar de forma *duradera: *la familia llegó a la ciudad y arraigó rápidamente.* ⇒ **enraizar.** ☖ Se conjuga como 7.

a·rrai·go |ar̄ái̯ɣo| ***m.*** Fijación fuerte y *duradera: *el fuerte ~ del humanismo se aprecia en todas las manifestaciones culturales.*

a·rran·car |ar̄aŋkár| **1** ***tr.*** [algo] Poner o dejar en el exterior una cosa separándola por completo del lugar en el que estaba fija: *arrancaba las malas hierbas del jardín; le arrancó la muela con unas tenazas.* ⇒ **extraer, sacar.** **2** Sacar o romper con *violencia lo que está fijo en un lugar: *le agarró la chaqueta por el bolsillo y se lo arrancó.* **3** *fig.* [algo, a alguien] Quitar con *violencia: *los secuestradores le arrancaron a su hijo de sus brazos.* ⇒ **arrebatar.** **4** *fig.* [algo; a alguien] Conseguir: *no podrás arrancarle ni un céntimo.* ⇒ **sacar.** **5** *fig.* [a alguien] Separar o alejar de una costumbre: *la arrancó de la mala vida.* - **6** ***intr.*** Irse o partir; empezar a andar o a funcionar: *llegué al andén cuando el autobús arrancaba.* ⇒ **salir.** **7** *fig.* Tener origen una cosa; nacer: *ese sentimiento arranca de una discusión que tuvieron hace muchos años.* ⇒ **proceder.** **8** ARQ. Apoyar sobre una base: *el arco arranca de dos columnas.* ⇒ **basar.** ☖ Se conjuga como 1.

a·rran·que |ar̄áŋke| **1** ***m.*** Puesta en funcionamiento; comienzo o principio: *el ~ del proyecto fue lo más difícil, pero después no hubo problemas.* **2** Muestra violenta de un sentimiento o un estado de ánimo: *golpeó a su hijo en un ~ de ira.* **3** Valor o fuerza de voluntad para comenzar o hacer un proyecto: *mi hermano es el que más ~ tiene y por eso le ha ido bien en los negocios.* **4** Mecanismo que pone en funcionamiento un motor: *se ha estropeado el ~ de mi automóvil y tuvimos que ponerlo en marcha empujando.* **5** Idea inesperada y generalmente divertida: *todos nos partimos de risa con sus arranques.* **6** ARQ. Principio o punto de apoyo de un arco u otra estructura construida: *hay una grieta en el ~ de la bóveda y puede derrumbarse.*

a·rras |ár̄as| ***f. pl.*** Monedas que entrega el hombre a la mujer durante la ceremonia de la boda: *una niña llevaba las ~ en una bandeja.*

a·rra·sar |ar̄asár| **1** ***tr.*** [algo] Destruir por completo un territorio, derribando sus edificios o quemando sus campos: *los invasores arrasaron las ciudades y las cosechas.* ⇒ **asolar, desolar, devastar.** **2** Poner llano: *arrasaron la parcela para poder sembrarla.* ⇒ **allanar.**

a·rras·trar |ar̄astrár| **1** ***tr.*** [algo, a alguien] Llevar a una persona o cosa por el suelo tirando de ella:

los bárbaros arrastraban a las mujeres por los cabellos; tenemos que ~ los troncos por la vertiente. **2** *fig.* [algo] Tirar para llevar tras de sí: *la locomotora arrastra cinco vagones.* **3** *fig.* [a alguien] Conseguir que una persona piense de una determinada manera o que haga una cosa: *es un líder nato: es capaz de ~ a su pueblo hasta la guerra.* ⇒ **convencer, persuadir.** ⇔ **disuadir. 4** *fig.* [algo] Aguantar un peso moral o un mal físico: *arrastra esa enfermedad desde hace años.* ⇒ **cargar. - 5** *fig.* [a alguien; a algo] Provocar o llevar: *la situación política parece ~ a la corrupción.* **- 6** ***intr.-prnl.*** Moverse y avanzar con el cuerpo pegado al suelo: *las serpientes se arrastran; el soldado se arrastraba por el suelo para evitar los disparos.* **- 7 arrastrarse** ***prnl.*** Rogar o intentar conseguir una cosa despreciando el propio honor o despreciando la propia *dignidad: *se arrastró hasta conseguir ese puesto.* ⇒ **arrodillar, humillar, suplicar.**

a·rras·tre |ar̄ástre| ***m.*** Acción y resultado de arrastrar o de llevar por el suelo: *el ~ de los pinos cortados se hizo con tractores.* ■ **para el** ~, *fam.*, muy cansado o estropeado; muy mal; sin utilidad: *los zapatos de los niños ya están para el ~; después de un día de trabajo me quedo para el ~.*

a·rra·yán |ar̄ayán| ***m.*** Arbusto oloroso, de ramas flexibles, con las hojas de color verde intenso, pequeñas y duras, y con flores blancas: *colgó en la ventana unas ramas de ~; en el jardín había arrayanes y madreselvas.* ⇒ **mirto.**

a·rre·ar |ar̄eár| **1** ***tr.*** [algo] Excitar o animar a un animal para que comience a andar o para que vaya más rápido: *arreó las mulas para llegar antes.* **2** *fam. fig.* [algo, a alguien] Pegar o dar un golpe o un disparo: *le arreó una bofetada por propasarse.* **3** *fam. fig.* [a alguien] Meter prisa a una persona para que haga una cosa con rapidez: *el capataz arreaba a los albañiles para que terminaran pronto.* **- 4** ***intr.-prnl.*** *fam.* Ir a un lugar; caminar deprisa: *arrea a la farmacia y tráeme esta medicina.* ⇒ **apresurar.**

a·rre·ba·tar |ar̄eβatár| **1** ***tr.*** *fig.* [algo; a alguien] Quitar o sacar con *violencia: *le arrebató el papel de las manos para leerlo.* **- 2** ***tr.-prnl.*** [algo] Secar a causa del exceso de calor, especialmente las plantas: *las mieses se han arrebatado este año.* ⇒ **agostar. - 3 arrebatarse** ***prnl.*** *Cocer en exceso: *las patatas se han arrebatado.* ⇒ **recocer. 4** *form.* Enfadarse una persona; dejarse llevar por una pasión: *se arrebataba cada vez que le hablaban de él.* ⇒ **enfurecer.**

a·rre·ba·to |ar̄eβáto| ***m.*** Locura desordenada o excesiva; tendencia o inclinación: *en un ~ de celos, amenazó de muerte a su rival.* ⇒ **furor.**

a·rre·bu·jar |ar̄eβuxár| **1** ***tr.*** [algo] Coger mal y sin orden: *arrebujó su ropa y salió de la habitación dando un portazo.* **- 2 arrebujarse** ***prnl.*** Cubrirse bien o envolverse con la ropa de la cama o con una prenda de vestir: *el niño se metió en la cama y se arrebujó para estar más caliente.*

a·rre·chu·cho |ar̄etʃútʃo| **1** ***m.*** *fam.* Ataque pasajero de una enfermedad: *la abuela tuvo anoche un ~ y hoy no saldrá de paseo.* ⇒ **patatús. 2** *fam.* Enfado grande, pero pasajero: *en un ~ quiso quitarle todas las cosas que le había prestado a su amigo.* **3** *fam.* Acción y resultado de apretar o empujar, especialmente cuando hay muchas personas en un lugar estrecho o pequeño: *en el metro se dan muchos arrechuchos.*

a·rre·ciar |ar̄eθiár| ***intr.-prnl.*** Hacerse más fuerte o más intenso: *la tormenta arreció y las velas del barco se rompieron.*

a·rre·ci·fe |ar̄eθífe| ***m.*** Suelo formado por rocas u otro material, muy próximo a la superficie del agua del mar: *la goleta encalló en los arrecifes.*

a·rre·cir·se |ar̄eθírse| ***prnl.*** Quedarse *rígido o *paralizado a causa del frío: *hacía tanto frío en la montaña que se me quedaron las manos arrecidas.* ⇒ **aterirse.** ⌂ Es defectivo. Se usa generalmente en infinitivo y en participio, o en los tiempos y personas que contienen la vocal *i.*

a·rre·drar |ar̄eðrár| ***tr.-prnl.*** *form.* [a alguien] Causar o tener miedo: *el hombre se arredró ante una culebra; las huelgas no arredran al gobierno.* ⇒ **asustar, atemorizar.**

a·rre·glar |ar̄eɣlár| **1** ***tr.-prnl.*** [algo, a alguien] Poner en orden o en regla: *la secretaria se encargará de arreglarte todos los papeles; Raquel se puso a ~ la habitación; no te preocupes, ya verás cómo se arreglan todos los problemas.* ⇔ **desarreglar. 2** [alguien] Mejorar el aspecto físico; poner bello: *si arreglas a la niña, la llevaré de paseo; María está arreglando el pelo a su hermana; me estoy arreglando para salir a dar una vuelta.* ⇒ **aderezar, aliñar, componer. - 3** ***tr.*** [algo] Hacer que una cosa estropeada deje de estarlo: *¿arreglaste la bicicleta?; el técnico tardó una hora en ~ la televisión.* ⇒ **reparar. 4** Echar especias u otras sustancias a las comidas para que tengan más sabor: *he arreglado las patatas con sal y un poco de tomate; antes de comerte la verdura, arréglala con aceite y vinagre.* ⇒ **condimentar, aderezar, aliñar, sazonar. 5** *fam.* [algo; a alguien] Poner un castigo: *como te coja, te voy a ~ el cuerpo.* **- 6 arreglarse** ***prnl.*** Buscar la manera de hacer frente a una situación o de solucionarla: *¿podrás arreglarte si te presto 1000 pesetas?* ⇒ **apañar. 7** Ponerse dos o más personas de acuerdo: *los obreros se arreglaron con los representantes de la patronal; Julia y su novio no se han arreglado; tendrá problemas para arreglarse con sus acreedores.* ■ **arreglárselas**, *fam.*, buscar la manera de hacer frente a una situación o de solucionarla: *no sé cómo se las arregla para hacer todo el trabajo él solo.*

a·rre·glo |ar̄éɣlo| **1** ***m.*** Orden y colocación correcta o adecuada: *los niños se encargan de la limpieza y el ~ de sus habitaciones.* **2** Operación que se hace para que una cosa vuelva a funcionar o a parecer nueva: *me ha salido muy caro el ~ de la avería del motor.* **3** Trabajo que se hace para dar buen aspecto y limpieza: *mi pelo necesita un buen ~.* **4** Acuerdo o trato entre dos o más personas: *por fin llegaron a un ~; creo que salí perdiendo en el ~ sobre la venta del piso.* **5** MÚS. Transformación de una obra musical para poder ejecutarla con instrumentos o voces distintos de los originales: *ese músico se gana la vida haciendo arreglos para bandas de música.*

a·rre·man·gar |aremaŋgár| **1** ***tr.-prnl.*** [algo, a alguien] Recoger hacia arriba las mangas o una prenda de vestir: *se arremangó la camisa para empezar a trabajar.* ⇒ **remangar. - 2 arremangarse** ***prnl.*** *fam. fig.* Tomar enérgicamente una decisión; decidirse: *vamos: arremángate que hay que terminar hoy todo el trabajo.* ⇒ **remangar.** ⌂ Se conjuga como 7.

a·rre·me·ter |aremetér| ***intr.*** [contra algo/alguien] Lanzarse o tirarse con fuerza: *arremetía contra el enemigo con rabia.* ⇒ **lanzar.**

a·rre·mo·li·nar·se |aremolinárse| **1** ***prnl.*** *fig.* Acumularse sin orden una gran cantidad de gente: *un anciano cayó en la calle y se arremolinaron a su alrededor muchos curiosos.* **2** Girar de forma rápida el aire, el agua, el polvo o el humo formando *remolinos: *en los rápidos del río, se arremolinaba el agua.*

a·rren·da·mien·to |arendamiénto| **1** ***m.*** Acción y resultado de *arrendar: *el ~ de fincas está regulado por la ley.* ⇒ **alquiler. 2** Cantidad de dinero por la que se *arrienda una cosa: *el ~ de este solar es muy bajo porque está muy lejos de la carretera.* ⇒ **alquiler, renta.**

a·rren·dar |arendár| **1** ***tr.*** [algo; a alguien] Dar una cosa por un tiempo determinado a cambio de una cantidad de dinero acordada y bajo ciertas condiciones: *arrendó la tierra a cambio de un tanto por ciento de lo que produjese.* ⇒ **alquilar. 2** Tomar una cosa por un tiempo determinado pagando a cambio una cantidad de dinero acordada: *hemos arrendado un piso en la playa para pasar las vacaciones.* ⇒ **alquilar.** ⇔ **desalquilar.** ⌂ Se conjuga como 27.

a·rren·da·ta·⌜rio, ⌜ria |arendatário, ria| ***adj.-s.*** (persona, compañía) Que recibe una cosa para usarla o disfrutarla durante un tiempo a cambio de dinero: *los derechos de venta le pertenecen a la compañía arrendataria.* ⇒ **inquilino.**

a·rre·os |aréos| ***m. pl.*** Conjunto de correas y adornos que se ponen a los caballos u otros animales parecidos: *los arreos de las caballerías se guardan junto a las cuadras.*

a·rre·pen·ti·mien·to |arepentimiénto| ***m.*** Dolor o pesar que se siente por haber hecho una cosa que no se considera buena o adecuada: *el moribundo había hecho muchas cosas malas a lo largo de su vida, pero no sentía ningún ~.*

a·rre·pen·tir·se |arepentírse| **1** ***prnl.*** Experimentar pena o *lástima una persona por haber hecho o haber dejado de hacer una cosa: *se arrepintió de sus pecados y pidió perdón a Dios; dice que se arrepiente de no haberlo dicho antes.* ⇒ **lamentar, sentir. 2** Decir una cosa contraria o diferente de lo que se ha dicho en otro momento: *ahora se arrepiente y dice que no nos da lo que nos debe.* ⇒ **desdecir.** ⌂ Se conjuga como 35.

a·rres·tar |arestár| ***tr.*** [a alguien] Detener o encerrar en una cárcel o en un lugar parecido: *los arrestaron por robar caballos.* ⇒ **apresar.**

a·rres·to |arésto| **1** ***m.*** Acción de *arrestar durante un tiempo breve: *el sargento impuso al soldado tres días de ~.* ⇒ **reclusión. 2** Valor o determinación de una persona: *no tuvo arrestos para decirle la verdad a su jefe.* ⌂ Se usa frecuentemente en plural.

a·rriar |ariár| ***tr.*** [algo] Bajar una bandera o una vela: *arriaron velas al ver que se aproximaba una tormenta.* ⇔ **izar.** ⌂ Se conjuga como 13.

a·rria·te |ariáte| ***m.*** Lugar o recipiente con tierra, generalmente alargado y situado junto a una pared, donde se ponen plantas de jardín: *en el patio de mi casa tengo un ~ de geranios.*

a·rri·ba |aríβa| **1** ***adv.*** Hacia el lugar o la parte superior; hacia un lugar o una parte más altos: *voy ~; esa calle está más ~.* ⇔ **abajo. 2** En el lugar o la parte superior; en un lugar o una parte más altos: *estoy ~, en el ático.* ⇔ **abajo. - 3** ***interj.*** Expresa apoyo o que se está a favor de una cosa: *¡~ la libertad!* ⇔ **abajo.**

a·rri·bar |ariβár| ***intr.*** MAR. [a algún lugar] Llegar una embarcación a *puerto: *arribaron de noche y bajaron a tierra sin ser vistos.*

a·rrie·⌜ro, ⌜ra |ariéro, ra| ***m. f.*** Persona que se dedica a llevar animales de carga: *los arrieros iban de pueblo en pueblo con sus mulas.*

a·rries·gar |arieсγár| ***tr.*** [algo, a alguien] Poner en peligro; exponer a un *riesgo a una persona o cosa: *arriesgó su vida para salvarlos.* ⌂ Se conjuga como 7.

a·rri·mar |arimár| **1** ***tr.-prnl.*** [algo, a alguien] Poner cerca; poner a menor distancia: *el barco se arrimaba a la costa; arrimaron la escalera a la pared.* ⇒ **acercar, juntar. - 2 arrimarse** ***prnl.*** Juntarse dos o más personas para lograr un fin determinado: *dos de los bandos se arrimaron para oponerse al otro.* ⇒ **unir. 3** *fig.* Acercarse a una persona o cosa con poder: *se arrimará al más fuerte para no salir perjudicado.*

a·rrin·co·nar |ariŋkonár| **1** ***tr.*** [algo] Poner una cosa en un rincón, especialmente para retirarla del uso: *arrinconaron el mueble porque ya no les servía.* ⇒ **arrumbar. 2** [algo, a alguien] Llevar a un lugar dentro de unos límites, impidiendo la salida: *arrinconó a su enemigo en el callejón.* ⇒ **acorralar. 3** *fig.* [a alguien] Dejar de *atender; abandonar: *arrinconó a sus abuelos.* **4** *fig.* [algo] Renunciar, especialmente a seguir haciendo una cosa: *arrinconó libros y se puso a buscar trabajo.* ⇒ **abandonar.**

a·rrit·mia |arídmia| ***f.*** *form.* Falta de ritmo regular: *respiraba con una fuerte ~; ~* **cardíaca,** MED., la de los latidos del corazón: *tomaba unas píldoras para corregir su ~ cardíaca.*

a·rro·ce·⌜ro, ⌜ra |aroθéro, ra| **1** ***adj.*** Del arroz o que tiene relación con él: *la industria arrocera de nuestro país se concentra en Levante.* **- 2** ***m. f.*** Persona que se dedica a cultivar o a vender arroz: *las arroceras entran en los campos encharcados sujetándose las faldas.*

a·rro·di·llar |aroðiʎár| **1** ***tr.-prnl.*** Ponerse de rodillas: *entró en la iglesia y se arrodilló para rezar.* **- 2 arrodillarse** ***prnl.*** Rogar o intentar conseguir una cosa despreciando el propio honor o despreciando la propia *dignidad: *es capaz de arrodillarse para conseguir un aumento de sueldo.* ⇒ **arrastrar, humillar, suplicar.**

a·rro·gan·cia |aroɣánθia| ***f.*** Orgullo excesivo o sentimiento de superioridad ante los demás: *dijo con ~ que nadie lo hacía mejor que él.* ⇒ **altanería, soberbia.**

a·rro·gan·te |aroɣánte| **1** ***adj.*** Que tiene o siente *soberbia: *es tan ~, que merece un buen escarmiento.* ⇒ **altivo, orgulloso, soberbio. 2** Que es valiente y noble: *un joven ~ se ofreció para defender a la dama.* ⇒ **gallardo.**

a·rro·gar·se |aroɣárse| ***prnl.*** Atribuirse una cosa de forma *indebida: *se arrogó un poder que no le correspondía a él, sino a su jefe.*

a·rro·ja·di·⌐zo, ⌐za |aroxaðíθo, θa| ***adj.*** (arma, objeto) Que se puede *arrojar o lanzar a distancia: *el hacha es una arma arrojadiza.*

a·rro·jar |aroxár| **1** ***tr.-prnl.*** [algo, a alguien] Lanzar con fuerza o *violencia: *el niño arrojó una piedra al estanque; arrojaba cuchillos a una diana; un hombre se arrojó al agua para salvar al niño.* ⇒ **echar, tirar. 2** [algo] Dejar caer: *arrojaban el agua en una bañera; el juego consiste en ~ una anilla dentro del cubo.* ⇒ **echar, precipitar. 3** Despedir; producir y emitir: *fumaba y arrojaba bocanadas de humo.* ⇒ **echar. 4** *form.* Presentar; dar como resultado: *la cuenta del banco arroja un saldo positivo.* **- 5 arrojarse** ***prnl.*** *fig.* *Iniciar sin miedo una acción difícil: *el empresario se arrojó a una empresa arriesgada.* ■ **~ luz,** hacer claro o más claro: *los adelantos médicos arrojan luz sobre esa enfermedad y su tratamiento.*

a·rro·jo |aróxo| ***m.*** *fig.* Valor o determinación: *luchaba con ~ rodeado de enemigos.* ⇒ **gallardía, valentía.**

a·rro·llar |aroʎár| **1** ***tr.*** [algo] Envolver en forma de cilindro: *arrolló el mapa y lo guardó.* ⇒ **enrollar.** ⇔ **desenrollar. 2** Llevarse rodando o arrastrando: *lo arrolló un camión cuando cruzaba la calle.* ⇒ **atropellar. 3** *fig.* [algo, a alguien] Dominar o someter: *arrollaron a los que se les enfrentaron.* ⇒ **aplastar, vencer. 4** [a alguien] Dejar confundido o sorprendido sin posibilidad de contestar: *su respuesta los arrolló y no supieron qué decir.* ⇒ **apabullar, aplastar. 5** *fig.* [algo] Ir contra la ley o una norma o no cumplirla: *cree que puede ir por la vida arrollando los derechos de los demás.* ⇒ **atropellar, infringir, transgredir, violar.**

a·rro·par |aropár| **1** ***tr.-prnl.*** [algo, a alguien] Cubrir o abrigar con ropa: *arropó al niño para que no cogiera frío; arrópate bien, que hoy hace mal día.* **2** *fig.* [a alguien] Proteger o defender: *los niños pequeños suelen arroparse en sus padres.* ⇒ **amparar.**

a·rro·yo |aróyo| **1** ***m.*** Corriente pequeña de agua, que puede secarse en verano: *cruzaron el ~ sin mojarse las rodillas.* ⇒ **río. 2** *fig.* Cantidad grande o abundancia: *de sus ojos salía un ~ de lágrimas.* ⇒ **río.**

a·rroz |aróθ| **1** ***m.*** Semilla o conjunto de semillas comestibles, con forma de grano y color claro o blanco, que se comen *cocidas: *conviene lavar el ~ después de cocerlo.* **2** Planta que produce esa semilla: *el ~ se cría en lugares muy húmedos y en climas cálidos.* **3** *p. ext.* Comida hecha con esas semillas: *hoy vamos a comer ~;* **~ con leche,** el dulce, que se come como *postre y que se hace con leche, *canela, azúcar, y otros alimentos: *he puesto canela encima del ~ con leche.*

a·rro·zal |aroθál| ***m.*** Terreno en el que se cultiva arroz: *el ~ está cubierto de agua.*

a·rru·ga |arúɣa| **1** ***f.*** Pliegue que se hace en la piel: *es muy mayor y tiene la cara llena de arrugas.* **2** Señal que deja un doblez: *la falda está llena de arrugas y tengo que plancharla.* ⇒ **pliegue.**

a·rru·gar |aruɣár| ***tr.-prnl.*** [algo] Hacer arrugas: *ten cuidado: estás arrugando la hoja; se ha arrugado el vestido.* ☐ Se conjuga como 7.

a·rrui·nar |aruinár| **1** ***tr.-prnl.*** [a alguien] Hacer que una persona o cosa pase a ser pobre física o espiritualmente: *el vicio del juego puede ~ al más poderoso.* ⇒ **empobrecer. 2** *fig.* [algo] Echar a perder una situación, asunto o proyecto: *las heladas han arruinado toda la cosecha.* ⇒ **estropear.**

a·rru·llar |aruʎár| **1** ***intr.*** Emitir *arrullos la *paloma: *podía oír como arrullaban las palomas en la terraza.* **- 2** ***tr.*** *fig.* [a alguien] Cantar o hacer un ruido suave con la voz para dar o provocar sueño: *el padre arrullaba al niño para dormirlo.*

a·rru·llo |arúʎo| **1** ***m.*** Voz característica de la *paloma: *el palomo cortejaba a las hembras con su ~.* **2** *fig.* Canción o ruido suave hecho con la voz para dar o provocar sueño: *se calmó con el dulce ~ de su madre.*

a·rru·ma·co |arumáko| ***m.*** Obra o dicho que demuestra cariño: *una pareja de novios se hacía arrumacos en un banco del parque; la madre le decía arrumacos a su bebé.* ☐ Se usa frecuentemente en plural.

a·rrum·bar |arumbár| **1** ***tr.*** MAR. [algo] Poner *rumbo o dirección hacia un sitio: *arrumbaron hacia el Caribe.* **2** MAR. [algo] Determinar la dirección que sigue una costa para dibujarla en un mapa: *el geógrafo arrumbó la costa de la isla para marcarla en el mapa.* **3** [algo; en algún lugar] Poner una cosa en un sitio determinado para retirarla del uso: *arrumbaron las sillas y los muebles viejos en esa habitación vacía.* ⇒ **arrinconar.**

ar·se·nal |arsenál| **1** ***m.*** Lugar en el que se guardan armas de guerra: *anoche hicieron volar el ~ del campamento enemigo.* **2** MAR. Lugar en el que se construyen, arreglan y guardan embarcaciones: *tengo que llevar el barco al ~ para que arreglen la popa.* ⇒ **astillero.**

ar·sé·ni·co |arséniko| ***m.*** QUÍM. Elemento químico que forma compuestos venenosos: *el símbolo del ~ es As; el ~ se usa para fumigar campos de cultivo.*

ar·te |árte| **1** ***amb.*** Obra humana que muestra simbólicamente un aspecto de la realidad o un sentimiento mediante diferentes materias: *es un gran* *amante del ~: visita muchas exposiciones y asiste a muchos conciertos;* ~ **abstracto**, el que no representa objetos sino sus características o cualidades: *al gran público, le resulta difícil comprender el ~ abstracto;* ~ **figurativo**, el que representa objetos que existen en la realidad: *el estilo impresionista entra dentro del ~ figurativo;* **bellas artes**, las que buscan la expresión de la belleza: *durante el Imperio Romano florecieron las bellas artes.* **2** Procedimiento o *recurso que se usa en una ciencia, en un oficio o en una actividad determinada: *aprendió el ~ de la zapatería de su padre.* ⇒ **artificio, técnica; artes marciales**, conjunto de deportes de lucha que proceden de *oriente: *el kárate y el yudo son artes marciales.* **3** Capacidad para hacer una cosa fácilmente y bien: *tiene mucho ~; domina el ~ de vivir.* ⇒ **habilidad. 4** Engaño o acción hábil que se hace con un fin determinado: *intentó desprestigiarlo mediante malas artes.* ⇒ **artificio. 5** Aparato que sirve para pescar: *los pescadores llevan las artes en la proa de la barca.*

ar·te·fac·to |artefákto| **1** *m.* Máquina o aparato, generalmente grande o complicado: *su último invento es un curioso ~ con ruedas dentadas, pistones, relojes y luces parpadeantes.* ⇒ **artificio. 2** Carga o aparato que se usa para provocar una *explosión: *la policía localizó y desactivó el ~ colocado por los delincuentes.*

ar·te·jo |artéxo| *m.* ZOOL. Pieza articulada que forma las extremidades de los animales *artrópodos: *la pata del cangrejo tiene varios artejos.*

ar·te·ria |artéria| **1** *f.* ANAT. Conducto por el que la sangre sale del corazón y llega a todo el cuerpo: *la ~ pulmonar y la ~ aorta son las más importantes del cuerpo; las arterias se dividen en otras más pequeñas para llegar a todo el organismo.* **2** *fig.* Calle principal de una población: *todas estas callejuelas van a parar a la misma ~; en el plano se pueden ver las arterias de la ciudad.*

ar·te·rial |arteriál| *adj.* De la *arteria o que tiene relación con ella: *el médico ha medido la presión ~ al enfermo; la red ~ canaliza el tráfico hacia Málaga.*

ar·te·rios·cle·ro·sis |arterioesklerósis| *f.* MED. *Endurecimiento de las paredes de los conductos por donde circula la sangre: *el exceso de colesterol produce ~.* ☐ El plural es *arteriosclerosis.*

ar·te·ro, ra |artéro, ra| *adj.* Que es hábil, inteligente y no tiene buena intención: *los timadores utilizan palabras arteras para engañar a los ingenuos.*

ar·te·sa |artésa| *f.* Recipiente, normalmente rectangular y de madera, que se suele usar para *amasar el pan y para mezclar sustancias: *el cocinero se puso a amasar pan en la ~; el albañil preparó el cemento en la ~.*

ar·te·sa·nal |artesanál| **1** *adj.* De la *artesanía o que tiene relación con ella: *la producción ~ es más lenta que la industrial.* **2** Que está hecho a mano: *trabaja en una fábrica de muebles artesanales.* ⇒ **artesano.**

ar·te·sa·ní·a |artesanía| **1** *f.* Técnica de hacer o fabricar un objeto o producto, generalmente a mano: *la ~ se transmite de generación en generación.* **2** Arte u obra hecha a mano: *en esa tienda venden ~ peruana.*

ar·te·sa·no, na |artesáno, na| **1** *adj.* De la *artesanía o que tiene relación con ella: *todo el adorno está hecho con unas refinadas técnicas artesanas.* **2** Que está hecho a mano: *es un queso ~ muy bueno: cómpralo.* ⇒ **artesanal. - 3** *m. f.* Persona que se dedica a hacer o fabricar objetos a mano: *los artesanos difícilmente pueden competir con la producción industrial.*

ar·te·són |artesón| *m.* Adorno con bandas y figuras de un techo: *el ~ de la bóveda llevó una gran labor.*

ar·te·so·na·do, da |artesonáðo, ða| **1** *adj.* ARQ. (techo o cubierta) Que está adornado con relieves que forman cuadrados u otras figuras regulares: *la sala central tiene un techo ~ con maderas traídas del Caribe.* **- 2 artesonado** *m.* ARQ. Techo, generalmente de madera, adornado con relieves que forman cuadrados u otras figuras regulares: *restauraron la iglesia conservando los artesonados y las yeserías mudéjares.*

ár·ti·co, ca |ártiko, ka| *adj.* Del polo norte o que tiene relación con el polo norte: *pocas especies pueden sobrevivir en el clima ~.* ⇔ **antártico.**

ar·ti·cu·la·ción |artikulaθión| **1** *f.* Unión *móvil de dos piezas: *la ~ de la dirección del coche está estropeada.* **2** Unión, generalmente movible, de dos huesos: *tiene reúma y le duele la ~ de la rodilla.* **3** Unión de distintos elementos que forman un conjunto ordenado: *debes cuidar mucho la ~ del discurso.* **4** LING. Pronunciación de sonidos, colocando los órganos de la manera adecuada: *tiene un defecto en la boca y su ~ no es muy clara.*

ar·ti·cu·la·do, da |artikuláðo, ða| **1** *adj.* (lenguaje, sonido, voz) Que forma palabras: *los animales no tienen lenguaje ~.* ⇔ **inarticulado. 2** Que tiene articulaciones: *los cangrejos y los insectos son animales articulados.* ⇔ **inarticulado. - 3 articulado** *m.* Conjunto de artículos de una ley, un *reglamento o de otra cosa: *el ~ de la nueva ley no recoge esa circunstancia.*

ar·ti·cu·lar |artikulár| **1** *tr.-prnl.* [algo] Unir dos piezas, de manera que sea posible el movimiento entre ellas: *el técnico ha articulado las piezas de la máquina; esta mesa se puede plegar porque sus patas se articulan.* **2** Pronunciar sonidos o palabras, colocando los órganos de la manera adecuada: *la niña está empezando a ~ sus primeras palabras; si quieres ~ la be debes juntar los labios.* **3** Unir distintos elementos para formar un conjunto ordenado: *lo mejor de este informe es que has articulado sus partes con acierto.* ⇔ **desarticular, desunir.**

ar·tí·cu·lo |artíkulo| **1** *m.* Texto escrito sobre un tema concreto, que aparece en un periódico, en una revista o en un libro: *encontró un ~ muy interesante sobre la vida en el desierto.* **2** Producto u objeto que se compra y se vende: *los artículos de piel de esa tienda eran de primera calidad; los artículos de deporte están en la sexta planta; atención, todos los artículos están rebajados.* ⇒ **producto; ~ de primera necesidad**, el que es importante y necesario para la vida: *el pan, el agua y la leche son artículos de primera necesidad.* **3** LING. Palabra que acompaña al sustantivo y limita o concreta su referencia y coincide con él en género y número: *la diferencia entre* veía solamente arena *y* veía solamente la arena *está en el* ~ la. ⇒ **determinante.** **4** Parte de un tratado, ley o documento oficial, que forma con otras iguales una serie numerada y ordenada: *la Constitución española está redactada en artículos; el abogado citó el ~ tercero de la ley de prensa;* ~ **adicional,** DER., el que aparece al final de una ley y dispone a quién va dirigida y durante cuánto tiempo tendrá valor: *esa ley sólo concierne a los militares: lo he leído en el ~ adicional.* **5** División de un *diccionario correspondiente a una palabra: *está usted leyendo el ~ que corresponde a la entrada* artículo.

ar·tí·fi·ce |artífiθe| **1** ***com.*** *fig.* Persona que hace o es causa de una cosa: *él ha sido el ~ de este éxito.* ⇒ **autor. 2** Persona que hace un trabajo, generalmente a mano: *los artífices de esta catedral le dedicaron casi toda su vida.* ⇒ **artesano.**

ar·ti·fi·cial |artifiθiál| **1** ***adj.*** Que ha sido hecho por el hombre: *han hecho un lago ~ para embalsar agua.* ⇔ **natural. 2** Que no es sincero; que se comporta de manera fingida: *tenía una sonrisa ~.* ⇒ **ficticio.**

ar·ti·fi·cie·⌐ro, ⌐ra |artifiθiéro, ra| ***m. f.*** Persona que se dedica a manejar fuegos artificiales y material explosivo: *los artificieros de la policía consiguieron desactivar una bomba.* ⇒ **artillero.**

ar·ti·fi·cio |artifíθio| **1** ***m.*** Procedimiento o *recurso que se usa en una ciencia o en una actividad determinada: *para solucionar el problema empleó un ~ matemático que no utilizaba casi nadie.* ⇒ **arte, técnica. 2** Máquina o aparato: *inventó un ~ para separar la clara de la yema del huevo.* ⇒ **artefacto, artilugio. 3** Abundancia de elaboración artística: *esa novela tiene demasiado ~: el lenguaje es muy poco natural.* **4** *fig.* Engaño o acción hábil que se hace con un fin determinado: *mediante artificios consiguió despistar a la policía.* ⇒ **arte, artimaña.**

ar·ti·lle·rí·a |artiʎería| **1** ***f.*** Conjunto de máquinas de guerra que disparan *proyectiles a gran distancia: *enviaron la ~ ligera junto con la infantería; el barco usó su ~ contra el enemigo.* **2** Cuerpo militar destinado a usar esas máquinas: *la ~ desfiló detrás de los cuerpos de infantería y delante de los paracaidistas.* **3** Arte de construir y usar las armas, máquinas y cargas de guerra: *los especialistas en ~ son los encargados del mantenimiento de los cañones.*

ar·ti·lle·⌐ro, ⌐ra |artiʎéro, ra| **1** ***adj.*** De la *artillería o que tiene relación con ella: *el apoyo ~ será decisivo en el ataque.* **- 2** ***m. f.*** Persona que sirve en la *artillería de un ejército: *hizo la mili como ~.* **3** Persona que conoce el arte de construir y usar las armas, máquinas y cargas de guerra: *los artilleros han revisado todos los cañones y los morteros.* **4** Persona que se dedica a manejar y encender los fuegos artificiales: *los artilleros ya han instalado la pólvora para la fiesta.* ⇒ **artificiero.**

ar·ti·lu·gio |artilúxio| ***m.*** *fam.* Máquina o aparato, generalmente de tamaño pequeño: *sacó una brújula y otros artilugios y se puso a trabajar.* ⇒ **artefacto, artificio.**

ar·ti·ma·ña |artimáɲa| ***f.*** *fam.* Obra o dicho que demuestra habilidad para engañar o para evitar el engaño: *con sus artimañas, obtuvo de él lo que quiso.* ⇒ **añagaza, ardid, astucia, estratagema.**

ar·tis·ta |artísta| **1** ***com.*** Persona que se dedica a una o varias de las bellas artes: *los pintores y los escultores son artistas.* ⇒ **escultor, músico, pintor. 2** Persona que tiene buenas cualidades para el cultivo de una o varias de las bellas artes: *mi hijo es un ~: siempre ha dibujado muy bien, pero decidió dedicarse a otra cosa.* **3** Persona que canta o actúa: *durante la cena cantaron tres artistas.* **4** Persona que destaca en una actividad determinada: *este cirujano es un ~ del bisturí.*

ar·tís·ti·⌐co, ⌐ca |artístiko, ka| **1** ***adj.*** Del arte o que tiene relación con él: *la producción artística de esa época es muy abundante.* **2** Que tiene o muestra arte: *trató de hacer una decoración artística de la habitación.*

ar·tri·tis |artrítis| ***f.*** MED. *Inflamación dolorosa de las articulaciones de los huesos: *los ancianos suelen tener ~.* ◯ El plural es *artritis.*

ar·tró·po·⌐do, ⌐da |artrópoðo, ða| ***adj.-m.*** ZOOL. (animal) Que es invertebrado, tiene el cuerpo dividido en anillos o partes, cubierto de un esqueleto exterior y con patas compuestas por piezas articuladas: *los insectos y las arañas son artrópodos.*

ar·tro·sis |artrósis| ***f.*** MED. Enfermedad grave que altera y deforma las articulaciones de los huesos: *tenía ~ en las rodillas.* ◯ El plural es *artrosis.*

ar·zo·bis·pa·do |arθoβispáðo| **1** ***m.*** Cargo o *dignidad de *arzobispo: *el obispo era ya muy viejo cuando accedió al ~.* **2** Zona que depende de un *arzobispo: *la iglesia pertenece al ~ de Valencia.* **3** Edificio u oficina desde donde se administra la zona que depende de un *arzobispo: *el ~ está al final de esta calle; el sacerdote trabajaba en la notaría del ~.*

ar·zo·bis·pal |arθoβispál| ***adj.*** Del *arzobispo o que tiene relación con él: *el arzobispo vivía en un precioso palacio ~ construido en el Renacimiento.*

ar·zo·bis·po |arθoβíspo| ***m.*** *Obispo que dirige a los demás *obispos de su zona: *el ~ se reunió con los obispos de su provincia para organizar la labor pastoral.*

as |ás| **1** ***m.*** Carta de la *baraja que lleva el número uno: *ganó porque tenía un póquer de ases.* **2** Cara del dado que tiene un solo punto: *lanzó los dados y sacó dos ases.* **3** DEP. Persona que suele ganar o vencer en una competición: *Fangio fue un ~ del volante.* ■ **ser un** ~, sobresalir entre los demás; ser admirable: *es un ~ en la cocina.* ◯ El plural es *ases.*

a·sa |ása| ***f.*** Pieza, generalmente curva y cerrada, por donde se coge con la mano un objeto: *cogió la cacerola por las asas.* ⇒ **mango.** ◯ Se usa con el artículo *el,* pero con los demás determinantes en forma femenina.

a·sa·do |asáðo| ***m.*** Carne que se cocina exponiéndola a la acción directa del fuego: *ha sacado* *el ~ del horno para cortarlo y servirlo en los platos; no sé si tomar merluza o ~.*

a·sa·dor |asaðór| **1** ***m.*** Instrumento alargado y acabado en punta en el que se clava una comida que se quiere poner al fuego: *el cocinero puso las chuletas en el ~ y lo acercó al fuego.* **2** Aparato que sirve para cocinar exponiendo los alimentos a la acción directa del fuego: *los pollos del ~ están protegidos por un cristal.* **3** Establecimiento en el que sirven comidas *asadas: *fuimos a un ~ a comer churrasco.* ⇒ **parrilla.**

a·sa·du·ra |asaðúra| **1** ***f.*** Conjunto de los órganos contenidos en los huecos interiores de un animal: *compró una ~ de buey en la carnicería.* ⇒ **entraña, víscera. 2** Conjunto formado por los pulmones y el *hígado de un animal: *voy a freír una ~ de cordero con cebolla.*

a·sa·e·te·ar |asaeteár| ***tr.*** [algo, a alguien] Lanzar o tirar *flechas o *saetas contra una persona o cosa: *lo asaetearon desde la muralla.*

a·sa·la·riar |asalariár| ***tr.*** [a alguien] Dar un sueldo o *salario a una persona: *la empresa asegura que no puede ~ a tantos empleados.* ☐ Se conjuga como 12.

a·sal·tan·te |asaltánte| ***adj.-com.*** (persona) Que ataca o *asalta: *los asaltantes amenazaron a los empleados del banco.*

a·sal·tar |asaltár| **1** ***tr.*** [algo] Atacar un lugar con la intención de tomarlo o de robar: *asaltaron un banco para apoderarse del dinero que guardaba.* **2** [a alguien] Atacar con la intención de robar: *nos asaltaron a la salida del cine.* ⇒ **atracar. 3** *fig.* [algo; a alguien] Aparecer o hacerse notar: *tras hablar con él, me asaltó la duda de si había dicho la verdad.* ⇒ **surgir.**

a·sal·to |asálto| **1** ***m.*** Parte o tiempo en que se divide un encuentro de *boxeo: *el boxeador fue vencido por su contrincante en el tercer ~.* **2** Ataque violento que se hace con la intención de robar: *el delincuente ha sido el autor de varios asaltos a bancos de la ciudad.* **3** Ataque a una posición enemiga para tomarla: *el ~ a la ciudad marcó el comienzo de la guerra.* ⇒ **ocupación. 4** Aproximación por sorpresa: *el escritor se vio sorprendido por el ~ de una periodista.*

a·sam·ble·a |asambléa| **1** ***f.*** Reunión de muchas personas con un fin determinado: *convocaron una ~ para elegir un nuevo presidente.* **2** Conjunto de representantes políticos con una función determinada: *la Asamblea General de las Naciones Unidas aprobó los derechos de los niños.*

a·sar |asár| **1** ***tr.*** [algo] Cocinar un alimento sometiéndolo a la acción directa del fuego: *no me gusta la carne poco hecha, prefiero asarla bien; mañana asaré unas patatas en el horno.* **- 2 asarse** ***prnl.*** *fam.* Sentir mucho calor: *¡qué calor!, abre la ventana, que me estoy asando aquí dentro.* ⇒ **cocer.**

a·saz |asáθ| ***adv. c.*** *form.* Indica el grado más alto de lo que se expresa: *su muerte fue ~ dolorosa.* ⇒ **muy.** ☐ Se usa ante adjetivos, participios, adverbios y locuciones adverbiales.

as·cen·den·cia |asθendénθia| ***f.*** Conjunto de los padres y de las personas de las que se desciende: *era alemán, pero su ~ era polaca.* ⇔ **descendencia.**

as·cen·den·te |asθendénte| ***adj.*** Que sube o *asciende: *la curva ~ de la gráfica muestra un aumento de la población.* ⇒ **ascendiente.**

as·cen·der |asθendér| **1** ***intr.*** Ir de un lugar bajo a otro que está más alto: *ascendimos desde el valle a la montaña.* ⇒ **subir.** ⇔ **descender. 2** Hacer mayor, más grande o más intenso: *los sueldos apenas han ascendido en los últimos años.* ⇒ **subir.** ⇔ **descender. 3** Costar cierta cantidad de dinero: *los gastos ascienden al doble de lo previsto.* ⇒ **importar. - 4** ***tr.-intr.*** [a alguien] Poner en un puesto más alto: *lo ascendieron a capitán el mes pasado; ascendió en la empresa.* ☐ Se conjuga como 28.

as·cen·dien·te |asθendiénte| **1** ***adj.*** Que sube o *asciende: *se observa una progresión ~ de los precios.* ⇒ **ascendente. - 2** ***com.*** Persona de la que desciende otra u otras: *varios de sus ascendientes nacieron en África.* ⇒ **ancestro, antecesor, antepasado, mayor, predecesor.** ⇔ **descendiente. - 3** ***m.*** *form.* Influencia o autoridad moral: *su padre tiene mucho ~ sobre él.*

as·cen·sión |asθensión| **1** ***f.*** Paso de un lugar bajo a otro que está más alto: *la ~ a la montaña fue muy complicada; la ~ de Cristo a los cielos es celebrada cada año por los cristianos.* ⇒ **ascenso, escalada, subida.** ⇔ **bajada, descenso. 2** Terreno inclinado, considerado de abajo a arriba: *al final de la recta, la carretera tiene una ~ muy pronunciada.* ⇒ **ascenso, subida.** ⇔ **bajada, descenso.**

as·cen·so |asθénso| **1** ***m.*** Paso de un lugar bajo a otro que está más alto: *el ~ a ese monte es más fácil desde este pueblo.* ⇒ **ascensión, escalada, subida.** ⇔ **bajada, descenso. 2** Aumento de la cantidad o de la intensidad: *se prevé un ~ de las temperaturas.* ⇒ **subida.** ⇔ **bajada. 3** Terreno inclinado, considerado de abajo a arriba: *el ~ estaba completamente nevado.* ⇒ **ascensión, subida.** ⇔ **bajada, descenso. 4** *fig.* Subida a un puesto más alto: *se le concedió un ~ por sus muchos años de trabajo.*

as·cen·sor |asθensór| **1** ***m.*** Aparato que sirve para subir y bajar personas de un piso a otro en un edificio: *subiré al décimo en el ~ porque por la escalera es muy cansado.* **2** Aparato que sirve para subir y bajar mercancías: *el almacén está equipado con tres ascensores.* ⇒ **elevador, montacargas.**

as·cen·so·ris·ta |asθensorísta| **1** ***adj.-com.*** (persona) Que se dedica a fabricar, vender o arreglar *ascensores: *el ~ debe hacer una revisión de este aparato.* **- 2** ***com.*** Persona que se dedica a manejar un *ascensor: *le pidió al ~ que lo llevara al quinto piso.*

as·ce·ta |asθéta| ***com.*** Persona que se separa de los lujos y las comodidades para evitar las pasiones y los *vicios de la carne y cultivar así su espíritu: *se hizo ~ y se retiró al desierto a orar.*

as·co |ásko| **1** ***m.*** Sensación de disgusto o rechazo que produce ganas de vomitar: *¡qué ~!: este huevo está podrido y huele muy mal.* **2** *fig.* Sensación de disgusto o rechazo causada por una persona o cosa: *no quiero estar con ellos: esa gentuza me da ~.* ■ **estar hecho un ~**, *fam.*, estar muy sucio: *el niño se ha caído a un charco y está hecho un ~.* ■ **no hacer ascos**, *fam.*, aceptar de buena gana: *cuando le di el dinero, no le hizo ascos.*

as·cua |áskua| ***f.*** Cuerpo sólido que arde sin dar llama: *cuando el fuego se apagó, quedaron las ascuas en la chimenea.* ⇒ **brasa.** ☖ Se usa con el artículo *el*, pero con los demás determinantes en forma femenina. ■ **arrimar el ~ a su sardina**, *fam.*, influir en un asunto buscando el interés propio y no el de otras personas: *ellos quieren que tú no intervengas para arrimar el ~ a su sardina.* ■ **en/sobre ascuas**, en una situación de nervios o incomodidad por esperar algo que no llega: *no me tengas en ascuas y dime el resultado del examen.*

a·se·ar |aseár| ***tr.-prnl.*** [algo, a alguien] Arreglar o poner limpio y en orden: *aséate un poco y cámbiate de ropa para salir.* ⇒ **adecentar.**

a·se·chan·za |asetʃánθa| ***f.*** Engaño oculto o disimulado para lograr un mal fin y que acaba causando un daño: *sus asechanzas hicieron que todos creyeran que yo era una mala persona.* ⇒ **insidia.** ☖ No se debe confundir con *acechanza*.

a·se·diar |aseðiár| **1 *tr.*** [algo, a alguien] Rodear un lugar enemigo para evitar que los que están dentro puedan salir o recibir ayuda: *los indios asediaron el fuerte hasta que consiguieron rendirlo.* **2** *fig.* [a alguien] Molestar sin descanso: *Juan asediaba a la muchacha extranjera con sus pretensiones amorosas.* ☖ Se conjuga como 12.

a·se·dio |aséðio| **1 *m.*** Ataque o molestia repetida e insistente: *los famosos tienen que soportar el ~ de fotógrafos y periodistas.* **2** Conjunto de operaciones desarrolladas por un ejército alrededor de una posición enemiga para tomarla por la fuerza: *Fernando el Católico participó en el ~ de Málaga.*

a·se·gu·rar |aseɣurár| **1 *tr.*** [algo; a alguien] Decir que una cosa es verdad; dar por segura una cosa: *le aseguró que el médico llegaría pronto; asegura que él no tuvo nada que ver.* ⇒ **afirmar, aseverar.** **2** [algo] Dejar o poner quieto, sujeto o seguro: *aseguraron las paredes del edificio para que no se cayesen.* ⇒ **fijar.** **3** Tomar o dar un seguro: *ha asegurado su coche en nuestra compañía.* **4** [algo, a alguien] Impedir que una persona o cosa sufra daño o esté en peligro: *aseguraron la casa para que no entrasen los ladrones; el juez les aseguró sus derechos.* ⇒ **proteger.** - **5 asegurarse *prnl.*** Quedar seguro de que se está en lo cierto: *se aseguró de que había cerrado la puerta.* ⇒ **cerciorar.**

a·se·me·jar |asemexár| **1 *tr.*** Mostrar las características o cualidades de otra persona o cosa: *lleva unas orejas enormes para asemejar un burro.* - **2 asemejarse *prnl.*** Parecerse una cosa a otra: *se asemeja a su padre incluso en los gestos.* ⇒ **asimilar, semejar.**

a·sen·ta·mien·to |asentamiénto| **1 *m.*** Acción y resultado de *asentar o *asentarse: *antes de levantar el muro, tennemos que esperar el ~ de los cimientos.* **2** Instalación *provisional de un grupo de personas: *las autoridades autorizaron el ~ de los colonos en aquellas tierras.*

a·sen·tar |asentár| **1 *tr.*** [algo] Poner una cosa en un lugar determinado para que quede firme: *asentaron los cimientos sobre la roca.* **2** *p. ext.* Empezar a *edificar una ciudad o establecimiento: *asentaron la ciudad de Sevilla junto al Guadalquivir.* ⇒ **fundar.** **3** *fig.* Dejar demostrado y firme; expresar un pensamiento de valor general: *asentó los principios básicos de nuestra ciencia.* ⇒ **establecer.** **4** [a alguien] Poner a una persona en un determinado cargo o empleo: *lo asentaron en el trono con tan sólo 11 años.* **5** [algo] Escribir una cantidad en un libro de cuentas: *asentó las cantidades correspondientes a la compra de la paja y la cebada.* - **6 asentarse *prnl.*** Fijar *residencia; vivir: *estaban dispuestos a asentarse en París.* ⇒ **establecer.** **7** Apoyarse o pararse un animal volador en un lugar: *el pájaro se asentó sobre una rama.* ⇒ **posar.** ☖ Se conjuga como 27.

a·sen·ti·mien·to |asentimiénto| ***m.*** Aceptación o aprobación: *el profesor dio su ~ para que salieran los niños del aula.*

a·sen·tir |asentír| **1 *intr.*** Estar de acuerdo sobre un asunto determinado: *asintió a todo lo que dije.* ⇒ **aceptar, aprobar.** ⇔ **discrepar, disentir, divergir.** **2** Decir que sí moviendo la cabeza: *no paró de ~ mientras leía la carta.* ☖ Se conjuga como 35.

a·se·o |aséo| **1 *m.*** Habitación en la que está el váter y otros elementos que sirven para la limpieza humana: *disculpa: voy al ~ a lavarme las manos.* ⇒ **baño, retrete, servicio.** **2** Cualidad de limpio o *aseado: *llama la atención el ~ que tiene.* **3** Acción y resultado de limpiar o *asear: *debes dedicar más tiempo a tu ~ personal.* ⇒ **limpieza.**

a·sep·sia |asépsia| **1 *f.*** MED. Falta de *infección: *en los quirófanos es necesaria la ~.* ⇒ **desinfección.** **2** MED. Método o procedimiento para evitar que las bacterias, virus o cualquier otro organismo infecten un cuerpo, un objeto o un lugar: *la esterilización y la aplicación de antisépticos son formas de ~.* **3** *fig.* Falta de emoción o de energía: *la actuación del bailarín mostraba cierta ~.*

a·sép·ti·⌜co, ⌜ca |aséptiko, ka| **1 *adj.*** Que no tiene *infección: *el material médico es ~.* ⇒ **estéril.** **2** *fig.* Que no es original o no se compromete; que no tiene emoción o energía: *la interpretación del violinista fue aséptica; su discurso en el Parlamento fue totalmente ~.*

a·se·qui·ble |asekíβle| ***adj.*** Que se puede conseguir o alcanzar: *la casa que ha comprado no es ~ para todo el mundo.* ⇔ **inasequible.**

a·ser·ción |aserθión| ***f.*** Afirmación; conjunto de palabras con las que se afirma una cosa: *has hecho una ~ demasiado radical porque las cosas no son como parecen.*

a·se·rra·de·ro |aser̄aðéro| ***m.*** Lugar donde se corta o *asierra la madera: *fue al ~ a buscar serrín.*

a·se·rrar |aser̄ár| ***tr.*** [algo] Cortar con una sierra: *aserraban los árboles para transportarlos después.* ⇒ **serrar.** ☖ Se conjuga como 27.

a·ser·to |asérto| ***m.*** Expresión que indica que una cosa es cierta: *ese ~ todavía está por probar.* ⇒ **afirmación.**

a·se·si·nar |asesinár| **1** ***tr.*** [a alguien] Matar a una persona de forma intencionada: *asesinó a su abuelo para recibir la herencia.* ⇒ **matar. 2** *fig.* Causar dolor o sufrimiento: *me estás asesinando con tantos disgustos.* ⇒ **matar.**

a·se·si·na·to |asesináto| ***m.*** Acción y resultado de *asesinar: *esta noche se ha cometido un ~ en esta calle.* ⇒ **crimen.**

a·se·si·⌐no, ⌐na |asesíno, na| ***adj.-s.*** (persona) Que *asesina o mata de forma *intencionada: *el ~ fue condenado a cadena perpetua.*

a·se·⌐sor, ⌐so·ra |asesór, sóra| ***adj.-s.*** (persona) Que *asesora o da consejo técnico: *le preguntaré a mi ~ fiscal qué debo hacer con mis ahorros.* ⇒ **consejero.**

a·se·so·rar |asesorár| ***tr.-prnl.*** [a alguien] Dar o tomar consejo u opinión técnica: *asesoró a sus clientes sobre sus inversiones; se asesoró de expertos para tomar una decisión.* ⇒ **aconsejar.**

a·se·so·rí·a |asesoría| **1** ***f.*** Establecimiento donde trabaja el *asesor: *voy a la ~ a informarme.* **2** Oficio del *asesor: *lleva muchos años dedicándose a la ~.*

a·ses·tar |asestár| ***tr.*** [algo; a alguien] Dar un golpe con una arma o con una cosa que se lanza: *le asestó una pedrada en la cabeza.* ⇒ **golpear.**

a·se·ve·rar |aseβerár| ***tr.*** *form.* [algo] Decir que una cosa es verdad; dar por segura una cosa: *aseveró que se había hecho todo lo posible.* ⇒ **afirmar, asegurar.**

a·se·xual |ase^{k}suál| **1** ***adj.*** Que no tiene sexo; que no distingue entre los dos sexos: *los objetos son asexuales.* **2** BIOL. (reproducción) Que se produce sin necesidad de los dos sexos: *es un ser unicelular y su reproducción es ~.*

as·fal·tar |asfaltár| ***tr.*** [algo] Dar o echar *asfalto sobre una superficie: *el Ayuntamiento ha hecho ~ varias calles.* ⇒ **alquitranar.**

as·fal·to |asfálto| ***m.*** Sustancia densa y pegajosa, de color oscuro y olor fuerte que, mezclada con arena o *grava, se usa para cubrir superficies: *dieron otra capa de ~ a la carretera para arreglar los baches.* ⇒ **alquitrán.**

as·fi·xia |asfi^{k}sia| **1** ***f.*** Falta de oxígeno en la sangre, provocada por un fallo en la respiración: *la ~ puede deberse a la inhalación de gases tóxicos.* **2** *fig.* Sensación de ahogo producida por el excesivo calor o por la *pesadez del aire: *empezó a sentir una especie de ~ en el autobús.* ⇒ **agobio.**

as·fi·xian·te |asfi^{k}siánte| ***adj.*** Que ahoga: *hace un calor ~.* ⇒ **agobiante.**

as·fi·xiar |asfi^{k}siár| ***tr.-prnl.*** [algo, a alguien] Matar o morir al impedir o al no poder respirar: *el gas lo asfixió; se asfixiaron porque el submarino se quedó sin aire en su interior.* ⇒ **ahogar, sofocar.** ⌂ Se conjuga como 12.

a·sí |así| **1** ***adv. m.*** De esta o de esa manera: *mira: se hace ~; ~ consiguió terminar lo que había empezado; como tú trates a los demás, ~ te tratarán.* **2** Indica deseo de que *suceda una cosa: *~ Dios te ayude; ~ te mates.* ⇒ **ojalá.** ⌂ Se usa seguido de un verbo en subjuntivo. **3** Indica admiración o extrañeza: *¿~ me abandonas?* **4** Indica *consecuencia: *nadie quiso ayudarle y ~ tuvo que desistir de su empeño.* ⌂ Suele ir detrás de la conjunción *y.* **- 5** ***adj.*** Que es de esa misma clase: *acabo de conocer a un hombre ~, muy parecido a él.* ■ **~, ~,** ni bien ni mal; *medianamente: *estamos ~, ~: no nos va de maravilla.* ⇒ **regular.** ■ **~ como/que,** tan pronto como; en el momento en el que: *~ como entró en la habitación, lo reconoció.* ■ **~ como ~,** de cualquier manera; fácilmente: *no creas que se aprende a hablar un idioma ~ como ~.* ■ **~ mismo,** de la misma manera: *los jóvenes deben hacer deporte. Así mismo, los mayores deben hacer deporte también, pero con moderación.* ■ **~ pues/~ que,** indica una *consecuencia: *no la he visto, ~ pues no he podido decírselo.*

a·siá·ti·⌐co, ⌐ca |asiátiko, ka| **1** ***adj.*** De Asia o que tiene relación con Asia: *conoce muchos países asiáticos.* **- 2** ***m. f.*** Persona nacida en Asia o que vive habitualmente en Asia: *los asiáticos son de pelo oscuro.*

a·si·dui·dad |asiðuiðá^{ð}| ***f.*** Calidad de *asiduo: *tienes que asistir a las clases con ~ para aprender más.*

a·si·⌐duo, ⌐dua |asíðuo, ðua| ***adj.*** Que se repite de manera más o menos frecuente en un periodo de tiempo generalmente corto: *debes visitar al dentista de un modo ~.* ⇒ **frecuente, usual.**

a·sien·to |asiénto| **1** ***m.*** Mueble o lugar para sentarse: *en el salón de actos hay doscientos asientos; no había ningún ~ en la sala, así que tuvimos que quedarnos de pie.* **2** Parte de un objeto que se usa para sentarse: *a esta silla se le ha roto el ~; el ~ de la bici es muy incómodo.* **3** Lugar en que está situado un pueblo o un edificio: *la ciudad de Cuenca tiene su ~ en la bellísima hoz que forman los ríos Huécar y Júcar.* **4** Apunte en un registro o libro: *repasó los asientos que figuraban en el registro.* **5** Lugar o cosa que sirve de apoyo; base: *el ~ de la torre está siendo atacado por la contaminación; el lazarillo hizo un agujero en el ~ de la jarra.* ■ **tomar ~,** *form.*, sentarse: *tome ~, por favor, y espere a que llegue el doctor.*

a·sig·na·ción |asi^{ɣ}naθión| **1** ***f.*** Acción y resultado de determinar o *asignar: *la ~ de las funciones se hará el mes que viene.* **2** Cantidad de dinero que se paga cada cierto tiempo: *cuenta con una ~ mensual de sus padres para hacer frente a sus gastos.* ⇒ **salario, sueldo.**

a·sig·nar |asi^{ɣ}nár| ***tr.*** [algo, a alguien] Señalar o determinar: *le asignaron un trabajo muy difícil.* ⇒ **designar, señalar.**

a·sig·na·tu·ra |asi^{ɣ}natúra| ***f.*** Materia que se enseña separadamente y a la vez que otras en un programa de estudios: *en este curso, se imparten ocho asignaturas.*

a·si·lar |asilár| ***tr.-prnl.*** [a alguien] Dar o recibir ayuda o protección: *este establecimiento asila a muchas personas pobres y necesitadas.*

a·si·lo |asílo| **1** ***m.*** Establecimiento en el que viven personas, generalmente de edad, sin muchos medios y que necesitan atención: *su abuelo está en el ~ porque en casa no pueden atenderlo convenientemente.* **2** *fig.* Ayuda o protección que se da o se recibe: *buscó ~ en el ministro.* ⇒ **favor;** ~ **político,** derecho a vivir en un país que se concede a las personas que salen del suyo por *motivos políticos: *escapó escondido en la bodega de un barco y ha pedido ~ político en España.*

a·si·me·trí·a |asimetría| *f.* Falta de correspondencia o de *simetría: *llama la atención la ~ de este cuadro.*

a·si·mé·tri·⌈co, ⌈ca |asimétriko, ka| *adj.* Que no es *simétrico: *dibujó una figura asimétrica.* ⇒ **disimétrico.** ⇔ **simétrico.**

a·si·mi·lar |asimilár| **1** *tr.* ZOOL. [algo] Absorber un organismo las sustancias o alimentos que toma: *tiene una enfermedad en el intestino y no asimila bien lo que come.* ⇒ **digerir. 2** *fig.* Aprender una cosa comprendiéndola: *ha asimilado perfectamente la lección y está preparado para hacer el examen.* **- 3 asimilarse** *prnl.* Parecerse una cosa a otra: *los buitres se asimilan a las águilas.* ⇒ **asemejar, semejar.**

a·si·mis·mo |asimísmo| *adv. m.* De la misma manera: *los que han sido suspendidos y, ~, los que han sido aprobados deberán presentar un trabajo al final del curso.* ⇒ **así, también.** ⇔ **tampoco.**

a·sín·de·ton |asíndeton| *m.* POÉT. Figura del lenguaje que consiste en suprimir las conjunciones y otros elementos de unión entre las partes de una oración o entre varias oraciones: *un ejemplo de ~ es:* corre, salta, vuela, sueña. ☐ El plural es *asíndetos.*

a·sir |asír| **1** *tr.* [algo, a alguien] Tomar o sujetar, generalmente con la mano: *lo asió de la ropa para que no se marchase.* **2** *fig.* [algo] Alcanzar o atrapar: *asió su oportunidad cuando se le presentó.* ⇒ **coger. - 3 asirse** *prnl.* Cogerse con fuerza, especialmente con las manos: *se asió a la liana y se lanzó hacia el árbol más próximo.* ⇒ **agarrar.** ☐ Se conjuga como 65.

a·sis·ten·cia |asisténθi̯a| **1** *f.* Acción de ir a un lugar y *permanecer en él: *no se permite la falta de ~ al trabajo.* ⇔ **inasistencia. 2** Conjunto de personas presentes en un acto: *el músico agradeció los aplausos de la ~.* **3** Ayuda o cuidado que se da a una persona: *en el hospital le prestaron la ~ médica oportuna.* **4** DEP. Acción de pasar la pelota a otro jugador para que la meta en la *canasta: *este jugador ha dado diez asistencias a su compañero y éste ha metido 20 puntos.* **- 5 asistencias** *f. pl.* Conjunto de personas que prestan ayuda o cuidados: *las asistencias retiraron al jugador lesionado del terreno de juego.*

a·sis·ten·ta |asisténta| *f.* Mujer que se dedica a realizar los trabajos domésticos y que generalmente cobra por horas de trabajo: *la ~ viene a mi casa todos los lunes.* ⇒ **chacha, criado, empleado, sirviente.**

a·sis·ten·te |asisténte| **1** *adj.-com.* (persona) Que está presente en un lugar determinado: *todos los asistentes a la reunión firmaron el acta.* **2** (persona) Que ayuda o auxilia: *el director dio la carta a su ~ para que la tradujera;* ~ **social,** el que se dedica profesionalmente a ayudar a resolver problemas sociales: *el ~ social del ayuntamiento ha encontrado casa para la familia.* ☐ No se debe decir *profesor ~* o *director ~* por ser un anglicismo innecesario. **- 3** *m.* Soldado destinado al servicio personal de un general, jefe u otro militar: *el ~ del general leyó el informe.*

a·sis·tir |asistír| **1** *intr.* Ir a un lugar y *permanecer en él: *el profesor asiste todos los días a clase.* **- 2** *tr.* [a alguien] Servir o prestar atención: *los criados asistieron a los invitados durante la recepción.* ⇔ **desasistir. 3** Ayudar o cuidar: *las enfermeras asisten a los enfermos en los hospitales.* ⇔ **desasistir. 4** Favorecer la razón o el derecho a una persona: *me asiste el derecho a ser escuchado en esta reunión.* **- 5** *tr.-intr.* Realizar en una casa los trabajos domésticos a cambio de dinero: *me he quedado sin trabajo y me he puesto a ~.* ⇒ **servir.**

as·ma |ásma| *f.* Enfermedad grave del aparato *respiratorio que consiste en tener muchas dificultades para respirar: *el ~ se debe a la sensibilidad excesiva de los bronquios; el ~ provoca tos, ahogo y sofoco.* ☐ Se usa con el artículo *el*, pero con los demás determinantes en forma femenina: *el asma; esta asma me va a matar.*

as·má·ti·⌈co, ⌈ca |asmátiko, ka| *adj.-s.* Que padece *asma: *el niño era ~ y siempre estaba muy débil.*

as·nal |asnál| *adj.* Del *asno o que tiene relación con él: *este ganadero se dedica a la cría ~.*

as·no |ásno| **1** *m.* Animal mamífero doméstico con grandes orejas y cola larga, parecido al caballo aunque más pequeño, que por ser muy resistente se usa para trabajos en el campo y para la carga: *Platero era el ~ de un libro de Juan Ramón Jiménez; Sancho Panza sacó un pedazo de queso de las alforjas del ~.* ⇒ **burro. - 2** *adj.-m. fam. desp. fig.* Persona que es idiota, que no entiende bien las cosas o es poco inteligente: *como era tan ~, fue incapaz de terminar los estudios primarios.* ⇒ **burro.**

a·so·cia·ción |asoθi̯aθi̯ón| **1** *f.* Acción y resultado de *asociar o *asociarse: *la ~ de estas dos empresas puede producir muchos beneficios; al oír la letra de la canción hice una ~ de ideas y recordé la fecha de tu cumpleaños.* **2** Conjunto de personas que forman una sociedad con un fin determinado: *la ~ no está de acuerdo con el aumento de los gastos.* **3** Sociedad que se ha formado con un fin determinado: *todos los que vivimos en esta calle pertenecemos a una ~ de vecinos que defiende nuestros intereses.*

a·so·cia·⌈do, ⌈da |asoθi̯áðo, ða| *m. f.* Persona que forma parte de una *asociación: *los asociados se reúnen una vez al año.* ⇒ **socio.**

a·so·ciar |asoθi̯ár| **1** *tr.* [algo, alguien] Unir o juntar a una persona o cosa con otra con un fin determinado; poner en relación: *este pintor asocia en su obra la naturaleza y el hombre; aunque os parecéis mucho, al principio no te asociaba con tu hermano.* **- 2 asociarse** *prnl.* Formar una sociedad; entrar a formar parte de una sociedad: *me he asociado con otros tres empresarios para construir una gran fábrica;*

los grupos sociales más débiles se asocian para defender mejor sus derechos. ⌂ Se conjuga como 12.

a·so·cia·ti·⌈vo, ⌈va |asoθiatíβo, βa| ***adj.*** Que tiende a la *asociación o que resulta de ella: *algunos pueblos son más asociativos que otros.*

a·so·lar |asolár| **1** ***tr.*** [algo] Destruir por completo un territorio, derribando sus edificios o quemando sus campos: *el ejército enemigo asoló la ciudad.* ⇒ **arrasar, desolar, devastar. - 2** ***tr.-prnl.*** Estropear o echar a perder, generalmente el calor, el frío u otra cosa: *las heladas han asolado la cosecha de este año; toda la fruta se asoló durante el verano.* ⌂ Se conjuga como 31.

a·so·mar |asomár| **1** ***intr.*** Empezar a mostrarse una cosa: *todas las mañanas asoma el sol por el Este; por allí asoma una montaña.* **- 2** ***tr.-prnl.*** [algo] Sacar o mostrar una cosa por una abertura o por detrás de otra cosa: *el niño asomó la cabeza por la ventana; asómate a la puerta para ver si llega el cartero.*

a·som·brar |asombrár| ***tr.-prnl.*** [a alguien] Causar o sentir *asombro; admirar o provocar sorpresa: *el mago asombró al público con su magia; me asombra tu capacidad de trabajo.* ⇒ **maravillar.**

a·som·bro |asómbro| **1** ***m.*** Admiración grande que se causa o se siente: *el jugador provocó el ~ del público con su habilidad.* **2** Miedo o sorpresa: *el hombre se tiró desde la azotea, ante el ~ de todos.* **3** Persona o cosa que causa admiración o sorpresa: *ese trabajador es un ~ de eficiencia.*

a·som·bro·⌈so, ⌈sa |asombróso, sa| ***adj.*** Que causa admiración o sorpresa: *la inteligencia de este niño es asombrosa.* ⇒ **admirable, sorprendente.**

a·so·mo |asómo| ***m.*** Muestra o señal de una cosa: *en sus cartas aparecía un ~ de tristeza.* ■ **ni por ~**, de ninguna manera: *eres muy vago y, si sigues así, no vas a terminar el trabajo ni por ~.*

a·so·nan·cia |asonánθia| **1** ***f.*** Repetición de un mismo sonido: *al final de las frases de ese texto se percibe una ~.* **2** POÉT. Igualdad de las vocales de la terminación de dos palabras, tras el último acento: *existe ~ entre las palabras espanto y árbol.* ⇔ **consonancia.**

a·so·nan·te |asonánte| ***adj.*** POÉT. (rima) Que coincide sólo en los sonidos vocales, tras el último acento: *los romances tienen rima ~.* ⇔ **consonante.**

as·pa |áspa| **1** ***f.*** Parte exterior de un *molino formada por cuatro brazos en forma de X y que gira movida por la fuerza del viento: *el movimiento de las aspas hace que se muevan las piedras del molino para moler el grano.* **2** Cosa que tiene forma de X: *el cuestionario se rellena escribiendo una ~ en las casillas correspondientes.* ⌂ Se usa con el artículo *el,* pero con los demás determinantes en forma femenina.

as·pa·vien·to |aspaβiénto| ***m.*** Muestra excesiva de un sentimiento; gesto exagerado: *cuando les dieron las vacaciones, los niños salieron de la escuela haciendo aspavientos de alegría.* ⌂ Se suele usar con el verbo *hacer.* Se usa frecuentemente en plural.

as·pec·to |aspé^{k}to| **1** ***m.*** Manera de aparecer o de mostrarse una persona o cosa: *el mar tenía un ~ maravilloso; esa tortilla tiene muy buen ~.* ⇒ **facha. 2** Apariencia, conjunto de los *rasgos de una persona que revelan su estado de ánimo o su forma de ser: *por tu ~ se diría que no has dormido en toda la noche; el anciano tenía ~ de ser muy sabio; cuide su ~ personal y tendrá más éxito social.* **3** LING. Categoría gramatical que expresa la manera de entender una acción, un proceso o un estado: *los verbos pueden tener ~ perfectivo, imperfectivo o durativo.*

as·pe·re·za |asperéθa| **1** ***f.*** Cualidad de áspero: *aféitate porque no me gusta la ~ de tu cara; la ~ del terreno nos hizo perder mucho tiempo en la excursión.* **2** Falta de delicadeza o de suavidad en el trato: *no debes hablarles a los niños con tanta ~.* ■ **limar asperezas**, superar una dificultad en el trato con otra persona; acercar opiniones contrarias: *después de discutir quisieron limar asperezas cenando juntos.*

ás·pe·⌈ro, ⌈ra |áspero, ra| **1** ***adj.*** Que tiene la superficie rugosa; que raspa al ser tocado; que es poco o nada suave: *tenía las manos ásperas de trabajar en el campo; su piel era tan áspera como la tierra.* ⇔ **liso, suave. 2** *fig.* Que es desagradable o poco delicado: *esa fruta tiene un sabor ~; el conferenciante tenía la voz muy áspera.* **3** *fig.* Que es rudo o poco educado en el trato: *tu primo es un poco ~, ni siquiera me saludó; tiene una forma de hablar muy áspera.*

as·per·sión |aspersión| **1** ***f.*** Acción de esparcir un líquido en forma de gotas pequeñas: *los sacerdotes bautizan por ~.* **2** Sistema de riego que consiste en esparcir el agua sobre la tierra en forma de gotas pequeñas: *el jardín se riega dos días a la semana por ~.*

ás·pid |áspi^{ð}| **1** ***m.*** Serpiente venenosa de gran tamaño, de color entre verde y amarillo con manchas marrones, y que *ensancha el cuello hacia los lados cuando se siente amenazada: *estuvimos en Egipto y vimos un ~ de casi dos metros.* **2** Serpiente venenosa pequeña: *un ~ mordió al montañero y tuvo que ser trasladado al hospital en helicóptero.* ⇒ **víbora.** ⌂ El plural es *áspides.*

as·pi·ra·ción |aspiraθión| **1** ***f.*** Deseo intenso de conseguir un empleo, un título u otra cosa: *su única ~ fue ser feliz; el ascenso colmó todas sus aspiraciones laborales.* ⇒ **anhelo. 2** Movimiento para llevar el aire exterior a los pulmones o para oler: *hizo una profunda ~ para relajarse; acercó el perfume a su nariz e hizo una ~.* ⇒ **inspiración, respiración.** ⇔ **espiración.**

as·pi·ra·⌈dor, ⌈do·ra |aspiraðór, ðóra| ***m. f.*** Máquina que sirve para aspirar el polvo u otras cosas del suelo o de los muebles: *después de comer he recogido las migas del suelo con la aspiradora.*

as·pi·ran·te |aspiránte| ***com.*** Persona que aspira a conseguir un empleo, un título u otra cosa: *ya se han presentado todos los aspirantes al título de campeón de este torneo.*

as·pi·rar |aspirár| **1** ***intr.*** [a algo] Intentar conseguir; tener posibilidades de conseguir o hacer una cosa: *sólo aspiro a ser feliz y a tener muchos amigos.* ⇒ **anhelar, optar. - 2** ***tr.-intr.*** [algo] Atraer el aire exterior hacia los pulmones: *si te mareas, baja la cabeza y aspira profundamente.* ⇒ **inspirar, respirar.** ⇔ **espirar. 3** Atraer una máquina hacia su interior: *me he comprado un electrodoméstico que aspira el polvo.* **4** LING. Pronunciar un sonido como un soplo de aire en la garganta: *algunos hablantes de español aspiran las eses que van en posición final de sílaba.*

as·pi·ri·na |aspirína| ***f.*** Medicina que sirve para quitar el dolor y para bajar la fiebre: *se compró aspirinas en la farmacia porque le dolía la cabeza.*

as·que·ar |askeár| ***tr.-intr.*** [a alguien] Causar o producir asco o una sensación desagradable: *la mentira y la falsedad me asquean.*

as·que·ro·si·dad |askerosiðáᵈ| ***f.*** Cosa que produce asco: *dejó los platos sin fregar y aquello era una ~.*

as·que·ro·⌐so, ⌐sa |askeróso, sa| **1** ***adj.*** Que produce asco: *lava el coche porque está ~.* **2** Que siente o tiende a sentir asco: *esta niña es tan asquerosa que no soporta ver un pelo en la sopa.* ⇒ **escrupuloso.**

as·ta |ásta| **1** ***f.*** Pieza de hueso, generalmente curva y acabada en punta, que nace en la frente de ciertos animales: *las astas de ese toro son impresionantes.* ⇒ **cuerno. 2** Palo o *mástil en que se coloca una bandera: *la bandera se izó a media ~ en señal de luto por la muerte del presidente.* **3** Palo de una arma, especialmente de una lanza: *cuando el jinete cayó del caballo, el ~ de su lanza se partió.* **4** Palo alargado de una herramienta o de un instrumento: *el pintor cogió la brocha por el ~ y se puso a pintar.* ⌂ Se usa con el artículo *el*, pero con los demás determinantes en forma femenina.

as·ta·⌐do, ⌐da |astáðo, ða| ***adj.*** Que tiene uno o varios cuernos: *el toro es un animal ~.* ⇒ **cornudo.**

as·te·ris·co |asterísko| ***m.*** Signo de ortografía que se usa para marcar el lugar que corresponde a una nota, o con otros fines: *el ~ se representa así: *.*

as·te·roi·de |asteróiðe| ***m.*** ASTRON. Cuerpo celeste pequeño cuya *órbita se encuentra, generalmente, entre las de Marte y Júpiter: *con el telescopio pude ver Júpiter y muchos asteroides.*

as·tig·ma·tis·mo |astiᵛmatísmo| ***m.*** MED. Defecto de la vista debido a la irregularidad de la superficie del ojo: *el ~ se corrige con gafas; las personas con ~ ven los objetos deformados.*

as·til |astíl| **1** ***m.*** Palo de madera fuerte y largo que sirve como mango a ciertas herramientas: *dio un golpe tan fuerte con el pico, que rompió el ~; tenemos que poner un ~ nuevo al azadón.* **2** Barra horizontal de cuyos extremos cuelgan los *platillos de la *balanza: *no puedo pesar porque se ha roto el ~.*

as·ti·lla |astíʎa| ***f.*** Trozo fino y pequeño que salta o se desprende de una materia, especialmente de la madera: *me he clavado una ~ en el dedo al mover la mesa.* ■ **hacer astillas**, romper o *destrozar una cosa: *los niños han hecho astillas el sofá de tanto saltar sobre él.* ⇒ **astillar.**

as·ti·llar |astiʎár| ***tr.-prnl.*** [algo] Formar una *astilla; hacer *astillas: *al darle una patada a la mesa la he astillado; se dio un golpe fuerte en la pierna y se le ha astillado el hueso.*

as·ti·lle·ro |astiʎéro| ***m.*** Lugar en el que se construyen y arreglan embarcaciones: *este ~ construye buques de gran tonelaje; llevaron el barco al ~ para que lo repararan.*

as·tra·cán |astrakán| **1** ***m.*** Piel de *cordero *recién nacido, muy fina y con el pelo rizado: *el ~ es muy delicado y apreciado.* **2** *p. ext.* Tejido de lana o de pelo de *cabra, que forma rizos en la superficie exterior: *llevaba un abrigo de ~ negro.*

as·trá·ga·lo |astráɣalo| ***m.*** ANAT. Hueso que, junto con otros, forma la parte posterior del pie: *el ~ es uno de los siete huesos que forman el tarso; el ~ permite flexionar el pie.* ⇒ **taba.**

as·tral |astrál| ***adj.*** De los *astros o que tiene relación con ellos: *se ha dedicado a estudiar los movimientos astrales; mi carta ~ dice que seré una persona afortunada.* ⇒ **sideral.**

as·trin·gen·te |astriŋxénte| **1** ***adj.-m.*** Que contrae los tejidos orgánicos y seca las heridas: *el alcohol es ~.* **2** Que hace difícil la *expulsión de los excrementos: *la manzana es ~.* ⇔ **laxante.**

as·trin·gir |astriŋxír| **1** ***tr.-intr.*** MED. [algo] Contraer los tejidos orgánicos y secar las heridas: *echa un poco de alcohol para que astrinja las heridas.* **2** Hacer difícil la *expulsión de excrementos: *el arroz astringe.* ⌂ Se conjuga como 6.

as·tro |ástro| **1** ***m.*** Cuerpo celeste de una forma determinada: *las estrellas y los planetas son astros.* **2** *fig.* Persona que destaca en una profesión o una actividad, especialmente en un deporte o en el arte: *este actor es un ~ del cine.* ⇒ **estrella, figura.**

as·tro·lo·gí·a |astroloxía| ***f.*** Ciencia que estudia la influencia que tienen sobre las personas la posición y el movimiento de los *astros: *la ~ pretende pronosticar lo que va a ocurrir en el futuro.*

as·tro·ló·gi·⌐co, ⌐ca |astrolóxiko, ka| ***adj.*** De la *astrología o que tiene relación con ella: *me han hecho un estudio ~ para determinar cómo influyen los astros sobre mi comportamiento.*

as·tró·lo·⌐go, ⌐ga |astróloɣo, ɣa| ***m. f.*** Persona que se dedica al estudio de la *astrología: *un ~ me ha hecho mi carta astral.*

as·tro·nau·ta |astronáuta| ***com.*** Persona que se dedica a conducir naves espaciales o a trabajar en ellas: *los astronautas llegaron a la luna.* ⇒ **cosmonauta.**

as·tro·náu·ti·ca |astronáutika| ***f.*** Ciencia que trata de la navegación espacial: *los avances de la ~ harán posible viajar a otros planetas.*

as·tro·náu·ti·⌐co, ⌐ca |astronáutiko, ka| ***adj.*** De la *astronáutica o los *astronautas o que tiene relación con ellos: *los cohetes espaciales son aparatos astronáuticos muy complicados.*

as·tro·na·ve |astronáβe| ***f.*** Vehículo que se usa en la navegación espacial: *la ~ entró en órbita poco después de despegar.* ⇒ **cohete.**

as·tro·no·mí·a |astronomía| ***f.*** Ciencia que estudia los *astros, especialmente sus movimientos: *la ~ se preocupa por explicar el origen de los astros.*

as·tro·nó·mi·⌐co, ⌐ca |astronómiko, ka| **1** ***adj.*** De la *astronomía o que tiene relación con ella: *los estudios astronómicos intentan explicar el origen del*

Universo. **2** Que es exagerado, especialmente un precio: *en esta ciudad los precios de la ropa son astronómicos.*

as·tró·no·⌐mo, ⌐ma |astrónomo, ma| ***m. f.*** Persona que se dedica al estudio de la *astronomía: *los astrónomos investigan la composición y los movimientos de los planetas.*

as·tro·so, ⌐sa |astróso, sa| ***adj.*** Que está sucio, viejo o roto: *no te pongas esos pantalones, que ya están astrosos.*

as·tu·cia |astúθia| **1** ***f.*** Cualidad de *astuto: *su ~ le ayudó a escapar de la policía.* ⇒ **cautela. 2** Obra o dicho que demuestra habilidad para engañar o evitar el engaño: *siempre ingenia alguna ~ para evitar que lo reprendan por llegar tarde al trabajo.* ⇒ **añagaza, ardid, artimaña, estratagema.**

as·tu·ria·⌐no, ⌐na |asturiáno, na| **1** ***adj.*** De Asturias o que tiene relación con Asturias: *la gastronomía asturiana es exquisita; como llueve mucho, el paisaje ~ está lleno de bosques y praderas.* **- 2** ***m. f.*** Persona nacida en Asturias o que vive habitualmente en Asturias: *su padre era un ~ que vino a trabajar a Madrid.* **- 3 asturiano *m.*** *Variedad lingüística procedente del *leonés, que se habla en Asturias: *el ~ también se denomina bable.*

as·tu·⌐to, ⌐ta |astúto, ta| ***adj.*** Que es hábil para engañar o para evitar el engaño: *el zorro es un animal muy ~; fue muy ~ y no consiguieron estafarle.* ⇒ **granuja, ladino, pillo, sagaz, taimado, zorro.**

a·sue·to |asuéto| ***m.*** Descanso o vacación que dura poco tiempo: *en sus ratos de ~ juega a las cartas.*

a·su·mir |asumír| **1** ***tr.*** [algo] Tomar o atraer para uno mismo, especialmente una responsabilidad: *cuando murió el general, el coronel asumió el mando de las tropas.* ⇒ **pechar. 2** Aceptar una cosa o tomar *conciencia de ella: *tienes que ~ tus propias limitaciones y actuar de acuerdo con ellas.*

a·sun·ción |asunθión| **1** ***f.*** Acción de tomar para uno mismo; aceptación: *la ~ de las parcelas de terreno por parte del gobierno se ha hecho para construir una autopista; la ~ de sus teorías ha sido inmediata.* **2** REL. Subida de la Virgen María a los cielos: *los católicos celebran la ~ de la Virgen.*

a·sun·to |asúnto| **1** ***m.*** Materia de que se trata: *todavía no he llegado a comprender el fondo del ~.* **2** Materia, tema o *argumento de una obra artística: *estoy leyendo una colección de poemas de ~ amoroso; el ~ de esa escultura es la creación del mundo.* **3** Negocio u ocupación de una persona: *no te metas en mis asuntos y déjame actuar a mi manera.*

a·sus·ta·di·⌐zo, ⌐za |asustaðíθo, θa| ***adj.*** Que se asusta con facilidad: *los pájaros son animales asustadizos.*

a·sus·tar |asustár| ***tr.-prnl.*** [a algo/alguien] Causar o tener miedo o *susto: *el lobo asustó a la cabra; mi bebé se asusta del ruido.* ⇒ **acobardar, acojonar, acongojar, acoquinar, atemorizar, aterrar.**

a·ta·car |atakár| **1** ***tr.-intr.*** [algo, a alguien] Lanzarse con *violencia contra una persona o cosa con un fin determinado: *los soldados atacaron el campamento enemigo.* **2** Criticar u oponerse con fuerza: *si me atacas en la reunión, te responderé de forma contundente.* **3** [a algo/alguien] Aparecer o venir de *repente, especialmente el sueño o una enfermedad: *en invierno me ataca la gripe.* **4** Afectar haciendo daño: *esas pastillas pueden ~ al estómago.* **5** QUÍM. [algo] Ejercer una acción una sustancia sobre otra: *la humedad ataca los metales.* **6** MÚS. Empezar a ejecutar un sonido o una composición: *la orquesta atacó el movimiento final.* ☐ Se conjuga como 1.

a·ta·de·ro |ataðéro| ***m.*** Trozo de cuerda o de otro material que sirve para atar: *se puso un ~ en la parte baja de los pantalones para montar en bicicleta.*

a·ta·do |atáðo| ***m.*** Conjunto de cosas atadas: *llevaba la ropa sucia en un ~.* ⇒ **fardo.**

a·ta·du·ra |ataðúra| **1** ***f.*** Cosa que se usa para atar: *el preso se liberó de las ataduras y consiguió escapar.* **2** Unión o relación fuerte entre dos personas o cosas: *decidió romper las ataduras afectivas y se despidió del trabajo.* ☐ Se usa frecuentemente en plural.

a·ta·jar |ataxár| **1** ***intr.*** Ir a un lugar por un camino más corto: *han atajado por las calles estrechas y han llegado antes que nosotros.* **- 2** ***tr.*** [algo] Cortar o interrumpir un proceso o una acción: *los médicos no consiguieron ~ la enfermedad a tiempo.*

a·ta·jo |atáxo| **1** ***m.*** Camino más corto que otro para ir a un lugar: *conozco un ~ para llegar al parque que nos permitirá ganar unos minutos.* **2** Grupo pequeño de ganado: *el cabrero salió al monte con su ~ de cabras.* ⇒ **hatajo. 3** *fig.* Conjunto o grupo: *en esta fábrica hay un ~ de vagos que están haciendo mucho daño.* ⇒ **hatajo.**

a·ta·la·ya |ataláya| ***f.*** Torre construida sobre un lugar elevado que sirve para vigilar una gran extensión de terreno u otra cosa: *los soldados construyeron una ~ para vigilar mejor la costa.*

a·ta·ñer |ataɲér| ***intr.*** Corresponder o tener como obligación: *tus problemas no me atañen en absoluto.* ⇒ **competer, concernir, incumbir.** ☐ Se conjuga como 38. Se usa sólo en tercera persona.

a·ta·que |atáke| **1** ***m.*** Acto para hacer daño: *el árbitro sufrió el ~ de varios aficionados descontentos.* **2** *fig.* Acto para oponerse a una persona o a una cosa: *el diputado lanzó varios ataques contra el partido contrario.* **3** Acción militar *ofensiva para tomar una posición enemiga o invadir un país: *los ataques del ejército duraron toda la noche.* **4** Aparición rápida, especialmente de una enfermedad: *le ha dado un ~ de lumbago y no se puede levantar; la anécdota le produjo un ~ de risa;* **~ al corazón**, enfermedad grave en la que el corazón deja de latir: *ha sufrido varios ataques al ~ y está en el hospital.* ⇒ **infarto; ~ de nervios**, alteración, excitación o falta de tranquilidad: *le dio un ~ de nervios del disgusto.* ■ **¡al ~!**, expresión que usa el jefe de un ejército para enviar a los soldados contra el enemigo: *el general levantó el sable y gritó: ¡al ~, mis valientes!*

a·tar |atár| **1** ***tr.-prnl.*** [algo, a alguien] Unir o sujetar con cuerdas: *átate los cordones de los zapatos, que te vas a caer; até mi perro a un árbol para que no se escapara.* ⇒ **anudar.** ⇔ **desatar.** - **2** ***tr.*** *fig.* [algo, a alguien] Impedir, quitar o perder el movimiento o la capacidad de acción: *el miedo le ató las piernas y la voz.* **3** *fig.* [a alguien] Retener a una persona o quitarle libertad de movimientos: *el trabajo la tiene atada todo el día a la oficina.* ⇒ **encadenar.** ■ **~ cabos,** poner en relación dos o más cosas o acciones: *he ido atando cabos y he llegado a la conclusión de que me engañas.* ■ **~ corto,** sujetar con fuerza; quitar libertad: *el director del colegio ata corto a los estudiantes para evitar problemas.*

a·tar·de·cer |atarðeθér| **1** ***m.*** Periodo de tiempo que corresponde a la última parte de la tarde: *los atardeceres en el mar son muy bellos.* ⇒ **amanecer, anochecer.** - **2** ***unipers.*** Empezar a terminar la tarde: *en verano atardece más tarde que en invierno.* ⇒ **amanecer, anochecer.** ⌂ Se conjuga como 43.

a·ta·re·a·⌐do, ⌐da |atareáðo, ða| ***adj.*** Que está muy ocupado con su trabajo; que tiene mucho trabajo que hacer: *ya sabes que es difícil ver al jefe porque es una persona muy atareada.*

a·tas·ca·de·ro |ataskaðéro| ***m.*** Terreno donde se *atascan con facilidad las personas y los vehículos: *no te salgas del camino porque vas a encontrar un enorme ~.*

a·tas·car |ataskár| **1** ***tr.-prnl.*** [algo] Cerrar, estrechar o impedir el paso: *la basura de la calle ha atascado la alcantarilla; la cañería del lavabo se ha atascado.* ⇒ **atorar, atrancar, obstruir, taponar.** ⇔ **desatascar.** **2** *fig.* Impedir o encontrar dificultades el desarrollo de un proceso o de una acción: *tu decisión ha atascado la firma del convenio con la otra sociedad; las negociaciones de paz se pueden ~ si los dos países no ponen más de su parte.* - **3 atascarse** ***prnl.*** Quedarse detenido en un lugar sin poder moverse o avanzar: *el carro se atascó en el barro.* **4** Quedarse detenido sin poder seguir hablando: *cada vez que tiene que hablar en público se atasca.* ⇒ **atorar, atrancar.** ⌂ Se conjuga como 1.

a·tas·co |atásko| **1** ***m.*** Acción y resultado de *atascar o *atascarse: *parece que nuestro plan ha salido del ~ en que se encontraba.* ⇒ **obstrucción. 2** Cosa que cierra o impide el paso, especialmente por un conducto o un lugar estrecho: *hemos localizado el ~ en un recodo de la tubería.* **3** Acumulación excesiva de vehículos en un lugar determinado: *al salir de la ciudad hemos encontrado un ~ impresionante.* ⇒ **congestión, embotellamiento, tapón.**

a·ta·úd |ataúᵈ| ***m.*** Caja en la que se coloca a una persona muerta para enterrarla: *entre seis familiares trasladaron el ~ al coche fúnebre.* ⇒ **féretro.**

a·ta·viar |ataβi̯ár| ***tr.-prnl.*** [a alguien] Arreglar, vestir o adornar: *las mujeres se ataviaron con los trajes regionales.* ⌂ Se conjuga como 13.

a·tá·vi·⌐co, ⌐ca |atáβiko, ka| ***adj.*** (costumbre, idea) Que es muy antiguo y está fuera de uso: *debes desechar tus ideas atávicas sobre las relaciones entre hombres y mujeres.* ⇒ **tradicional.**

a·ta·vis·mo |ataβísmo| ***m.*** *form.* Tendencia a imitar o a mantener formas de vida o costumbres muy antiguas o que están fuera de uso: *el ~ está muy arraigado en esta sociedad.* ⇒ **tradición.**

a·te·ís·mo |ateísmo| ***m.*** Doctrina que niega la existencia de Dios: *el ~ niega la importancia de la religión.* ⇒ **agnosticismo.**

a·te·mo·ri·zar |atemoriθár| ***tr.-prnl.*** [a algo/alguien] Causar o tener miedo; asustar: *el trueno atemorizó a los niños; el futuro me atemoriza; el conejo se atemorizó ante el perro.* ⇒ **acobardar, acojonar, acoquinar, encoger.** ⌂ Se conjuga como 4.

a·tem·pe·rar |atemperár| ***tr.-prnl.*** [algo, a alguien] Calmar o hacer más suave: *unas palabras conciliadoras atemperaron los ánimos.* ⇒ **suavizar.**

a·te·na·zar |atenaθár| **1** ***tr.*** [algo, a alguien] Sujetar con fuerza, especialmente *utilizando unas *tenazas o un instrumento parecido: *el herrero atenazaba el hierro para poder golpearlo; el niño atenazó a su amigo por el cuello.* **2** Dejar parado o sin capacidad de movimiento o de acción: *cuando bajó al sótano, el miedo la atenazaba.* ⌂ Se conjuga como 4.

a·ten·ción |atenθi̯ón| **1** ***f.*** Interés o aplicación del entendimiento a un asunto: *si no pones ~, no podrás comprender lo que te dice.* **2** Demostración de respeto o afecto: *no deja de tener atenciones con su mujer; este regalo es sólo una ~ por tu hospitalidad.* ■ **llamar la ~,** regañar o *reprender a una persona: *no pises el césped porque el guarda te va a llamar la ~.*

a·ten·der |atendér| **1** ***tr.-intr.*** [algo, a algo/alguien] Poner atención; aplicar el entendimiento a un asunto: *es importante ~ en clase; el perro atiende a la voz de su dueño.* ⇔ **desatender.** - **2** ***tr.*** [algo, a alguien] Cuidar u ocuparse de una persona o cosa: *el empleado de la oficina me atendió con mucha amabilidad; un empresario debe ~ su negocio.* **3** [algo] Acoger o satisfacer un ruego o una *petición: *el Ayuntamiento atendió las protestas de los vecinos y arregló la calle.* - **4** ***intr.*** [por algo] Llamarse de una manera determinada: *el perro perdido atiende por «Canelo».* ⌂ Se conjuga como 28.

a·te·ne·o |atenéo| **1** ***m.*** Sociedad o *asociación con fines científicos o culturales: *en España se crearon muchos ateneos durante el siglo XIX.* **2** Local o edificio donde se reúnen los miembros de esa sociedad: *en el ~ de Madrid hay una buena biblioteca.*

a·te·ner·se |atenérse| ***prnl.*** Ajustarse o someterse a una cosa: *si tu comportamiento sigue siendo tan malo, deberás atenerte a las consecuencias.* ⌂ Se conjuga como 87.

a·ten·ta·do |atentáðo| **1** ***m.*** Acción violenta que se hace contra una persona o cosa para hacerle daño: *el ~ contra la estación de ferrocarril no ha causado ninguna víctima.* **2** Ataque u ofensa contra una cosa que es buena o justa: *esta novela es un ~ contra el buen gusto.*

a·ten·tar |atentár| **1** ***tr.-intr.*** [a/contra algo/alguien] Realizar una acción violenta contra una persona o cosa para hacerle daño: *ese hombre se ha vuelto loco y ha atentado contra la vida de su amigo.* **2** Ir en contra de una cosa que es buena y justa:

esta película atenta contra la moral tradicional; tus palabras atentan a mi honor.

a·ten·⌜to, ⌜ta |aténto, ta| **1** ***adj.*** Que tiene la atención fija en una persona o cosa: *los conductores deben estar atentos a las señales de tráfico.* ⇔ **desatento. 2** (persona) Que es educado y amable: *tu novio es un chico muy ~.* ⇔ **desatento.**

a·te·nuan·te |atenuánte| ***adj.-f.*** DER. (circunstancia) Que hace que disminuya la gravedad de un *delito: *le impusieron la pena mínima porque concurrió una circunstancia ~.*

a·te·nuar |atenuár| **1** ***tr.*** [algo] Hacer débil o más débil: *las gruesas cortinas no lograban ~ la luz del exterior.* **2** Presentar una cosa dándole unas proporciones menores de las que realmente tiene: *cuando les conté a mis padres lo que me había pasado, atenué algunos detalles.* ⇔ **exagerar. 3** DER. *fig.* Hacer menor la gravedad de una falta o un *delito: *los problemas de salud mental atenuarán la condena del asesino.* ☖ Se conjuga como 11.

a·te·⌜o, ⌜a |atéo, a| ***adj.-s.*** (persona) Que niega la existencia de Dios: *este pensador siempre fue ~, pero al final se hizo creyente.* ⇒ **agnóstico.** ⇔ **creyente.**

a·ter·cio·pe·la·⌜do, ⌜da |aterθiopeláðo, ða| ***adj.*** Que es parecido al *terciopelo; que tiene una característica que se considera propia del *terciopelo: *la piel del bebé era pálida y aterciopelada.*

a·te·rir·se |aterírse| ***prnl.*** Quedarse *rígido o *paralizado a causa del frío: *hacía tanto frío en la montaña que nos quedamos ateridos.* ⇒ **arrecirse, helar.** ☖ Es defectivo. Se usa generalmente en infinitivo y en participio.

a·te·rra·⌜dor, ⌜do·ra |ateřaðór, ðóra| **1** ***adj.*** Que causa miedo o terror: *durante la noche se oyó un grito ~.* ⇒ **espeluznante, terrorífico. 2** Que es muy grande, fuerte o intenso: *ayer hizo un calor ~.*

a·te·rrar |ateřár| ***tr.-prnl.*** [a alguien] Causar o sentir miedo o terror: *la muerte me aterra; los soldados se aterraron con el ruido de los cañones.* ⇒ **asustar, aterrorizar.**

a·te·rri·za·je |ateřiθáxe| ***m.*** Bajada hacia la tierra firme, hasta que se produce la detención sobre ella: *el avión realizó el ~ con éxito.* ⇒ **alunizaje, amaraje.** ⇔ **despegue.**

a·te·rri·zar |ateřiθár| **1** ***intr.*** Descender una nave aérea hasta parar en tierra firme: *los aviones despegan y aterrizan en las pistas del aeropuerto.* ⇒ **alunizar, amarar.** ⇔ **despegar. 2** *p. ext.* Llegar a tierra después de un vuelo: *hemos aterrizado después de tres horas de viaje.* **3** *fam. fig.* Caer al suelo: *el gato empujó el jarrón, que aterrizó haciéndose añicos.* **4** *fam. fig.* Aparecer o presentarse en un lugar de manera inesperada o incorrecta: *se equivocó de habitación y aterrizó en medio de una pelea.* ☖ Se conjuga como 4.

a·te·rro·ri·zar |ateřoriθár| ***tr.-prnl.*** ⇒ **aterrar.** ☖ Se conjuga como 4.

a·te·so·rar |atesorár| **1** ***tr.*** [algo] Reunir o guardar, especialmente una cosa de valor: *si atesoras tanto dinero, llegarás a ser una persona muy rica.* **2** Tener o poseer una cualidad determinada: *la profesora atesoraba grandes conocimientos de arte.*

a·tes·ta·do |atestáðo| ***m.*** DER. Documento oficial en el que una autoridad describe los hechos de una falta, un *delito o un accidente: *la Guardia Civil redactó el ~ en el lugar del delito.*

a·tes·tar |atestár| ***tr.*** [algo; de algo] Meter o colocar excesivo número de personas o cosas en un lugar: *el autobús estaba atestado de gente.* ☖ Se conjuga como 27. Se usa también como regular.

a·tes·ti·guar |atestiγuár| **1** ***tr.-intr.*** [algo] Afirmar una cosa como *testigo: *algunos testigos han atestiguado que los ladrones huyeron en un coche rojo; mañana tienes que ~ ante el juez.* ⇒ **testificar. - 2** ***tr.*** Ofrecer muestras de la existencia de una cosa: *tu sinceridad atestigua que eres una buena persona.* ☖ Se conjuga como 22.

a·ti·bo·rrar |atiβořár| **1** ***tr.*** [algo] Llenar un lugar por completo: *el público atiborró el cine.* **- 2** ***tr.-prnl.*** [a alguien] Llenar la cabeza con ideas, de *lecturas o de otra cosa: *no me atiborres la cabeza con tus historias.* **- 3 atiborrarse** ***prnl.*** Llenar el estómago de alimento hasta no poder comer más: *los niños se atiborraron de pasteles durante la fiesta de cumpleaños.* ⇒ **atracar, hartar.**

á·ti·co |átiko| ***m.*** Último piso de un edificio, especialmente cuando tiene el techo inclinado o más bajo que los demás pisos: *el pintor vivía en el ~ de un viejo edificio del barrio de Lavapiés.*

a·til·dar |atildár| ***tr.-prnl.*** [algo, a alguien] Arreglar o asear con cuidado: *la madre atildó a la niña con unos lazos; es tan lento, que tarda dos horas en atildarse.*

a·ti·nar |atinár| **1** ***intr.*** Encontrar lo que se busca: *si no atinas con la calle de mi casa, llámame por teléfono.* **2** Acertar o dar en el blanco o en el punto hacia el que se dirige una cosa: *el jugador de baloncesto no atinaba al lanzar la pelota.* **3** Hacer una cosa de forma adecuada: *no atino a redactar como quiere el profesor.* ⇔ **desatinar.**

a·ti·plar |atiplár| ***tr.*** [algo] Subir el tono o hacerlo más agudo: *el cantante atipló la voz para que pareciera la de una mujer.*

a·tis·bar |atisβár| **1** ***tr.*** [algo] Mirar u observar con atención y cuidado: *desde el balcón atisbaba lo que ocurría en la calle.* **2** Ver o encontrar: *no atisbo ninguna salida satisfactoria para esta situación.*

a·tis·bo |atísβo| ***m.*** Sospecha o *indicio; idea que se forma a partir de una sospecha o un *indicio: *mientras haya un ~ de vida, el médico no abandonará al enfermo.*

a·ti·za·dor |atiθaðór| ***m.*** Instrumento de hierro, largo y delgado, que sirve para *atizar el fuego: *mueve la leña del fuego con el ~.*

a·ti·zar |atiθár| **1** ***tr.*** [algo] Remover o alimentar el fuego para que tenga más fuerza: *atiza la lumbre, que se está apagando.* **2** Hacer más fuerte o intenso: *aquellas palabras atizaron el amor que sentía por ella.* **- 3** ***tr.-intr.*** [algo; a algo/alguien] Dar o proporcionar un golpe: *el boxeador le atizó un buen puñetazo a su contrincante y lo tumbó.* ☖ Se conjuga como 4.

at·lan·te |aᵗlánte| ***m.*** Columna con figura de hombre: *los atlantes sujetan los arquitrabes.* ⇒ **cariátide.**

at·lán·ti·⌐co, ⌐ca |aᵗlántiko, ka| ***adj.*** Del *océano Atlántico o que tiene relación con él: *el agua de la costa atlántica de España es más fría que la de la costa mediterránea.*

at·las |áᵗlas| **1** ***m.*** Libro formado por un conjunto de mapas, generalmente *geográficos: *cuando quiero saber por qué ciudades pasa un río, consulto mi ~.* **2** Libro formado por un conjunto de mapas y *láminas relacionados con un tema determinado: *tengo un ~ histórico donde se explica cuáles han sido los hechos más importantes de la historia del hombre; si quieres saber cómo llaman a este pájaro en sitios muy diferentes, consulta un ~ lingüístico.*

at·le·ta |aᵗléta| **1** ***com.*** Persona que practica el *atletismo: *los atletas dedican muchas horas al entrenamiento; la ~ consiguió una nueva victoria en los Juegos Olímpicos.* ⇒ **deportista. 2** *fig.* Persona fuerte y musculosa: *a pesar de sus años es un ~.*

at·lé·ti·⌐co, ⌐ca |aᵗlétiko, ka| ***adj.*** Del *atleta o que tiene relación con él: *las carreras son pruebas atléticas; cualquier ropa le sienta bien porque tiene un cuerpo ~.*

at·le·tis·mo |aᵗletísmo| ***m.*** Conjunto de deportes que consisten *básicamente en correr, saltar o lanzar distintos objetos: *el ~ requiere una especial preparación física.*

at·mós·fe·ra |aᵗmósfera| **1** ***f.*** Masa de aire que rodea la Tierra: *el hombre no debería contaminar la ~.* **2** Masa de gases que rodea los cuerpos celestes: *la ~ de ese planeta es irrespirable para las personas.* **3** Ambiente que rodea a una persona o cosa: *la acción de esta novela se desarrolla en una ~ de terror.* **4** Unidad de presión, en el Sistema Internacional: *una ~ equivale a la presión ejercida sobre un centímetro cuadrado por una columna de mercurio de 760 milímetros.* ☖ También se pronuncia y se escribe *atmosfera,* pero es poco frecuente.

at·mos·fé·ri·⌐co, ⌐ca |aᵗmosfériko, ka| ***adj.*** De la atmósfera o que tiene relación con ella: *la presión atmosférica se mide con el barómetro; los gases de los automóviles producen contaminación atmosférica.*

a·to·lla·de·ro |atoʎaðéro| ***m.*** Lugar o situación de difícil salida: *cuando nos salimos de la carretera, nos metimos en un ~; la reunión de hoy ha sido un ~.*

a·to·lón |atolón| ***m.*** Isla de *coral con forma de anillo y con una *laguna interior que se comunica con el mar por algunos puntos: *en el océano Pacífico hay muchos atolones.*

a·to·lon·dra·mien·to |atolondramiénto| ***m.*** Falta de cuidado y atención: *la causa de que hayas roto las copas de cristal está en tu ~.*

a·to·lon·drar |atolondrár| ***tr.-prnl.*** [a alguien] Poner nervioso; hacer que una persona haga las cosas sin cuidado ni tranquilidad: *el ruido de la calle es tan fuerte, que me atolondra; cuando le declaré mi amor, se atolondró.*

a·tó·mi·⌐co, ⌐ca |atómiko, ka| **1** ***adj.*** Del átomo o que tiene relación con él: *las centrales nucleares producen energía atómica.* **2** Que emplea la energía que se encuentra en el *núcleo de los átomos: *las bombas atómicas tienen un extraordinario poder de destrucción.* ⇒ **nuclear.**

a·to·mi·za·dor |atomiθaðór| ***m.*** Instrumento que sirve para esparcir un líquido en forma de gotas muy pequeñas: *quiero un frasco de colonia con ~.* ⇒ **pulverizador.**

á·to·mo |átomo| **1** ***m.*** FÍS. *form.* Parte más pequeña de un elemento químico, que sigue conservando las propiedades de dicho elemento: *el ~ tiene un núcleo de protones y neutrones recubierto por una corteza de electrones; una molécula de agua está formada por dos átomos de hidrógeno y un ~ de oxígeno.* **2** *form. fig.* Cantidad muy pequeña de materia: *la luz mostraba los átomos de polvo flotando en el aire.* ⇒ **partícula.**

a·to·ní·a |atonía| **1** ***f.*** Falta de voluntad o energía: *el conferenciante habló de la ~ general de la sociedad.* **2** MED. Debilidad de los tejidos orgánicos, especialmente de los músculos: *el ejercicio físico evita la ~.*

a·tó·ni·⌐to, ⌐ta |atónito, ta| ***adj.*** Que está sorprendido o asustado: *cuando me dijo que no me quería, me quedé ~.*

á·to·⌐no, ⌐na |átono, na| **1** ***adj.*** LING. (sonido, palabra, sílaba) Que no lleva acento: *la palabra* libro *tiene una sílaba tónica seguida de una sílaba átona.* ⇒ **inacentuado.** ⇔ **tónico. 2** *form.* Que no tiene fuerza o energía: *después del accidente se le quedaron los músculos átonos.*

a·ton·ta·⌐do, ⌐da |atontáðo, ða| ***adj.-s.*** Que tiene menos capacidad de lo normal para darse cuenta de lo que ocurre a su alrededor: *hoy he estado todo el día ~ y he roto tres vasos; cuando el perro cayó desde lo alto de la tapia, se quedó ~.* ☖ Es el participio de *atontar.*

a·ton·ta·mien·to |atontamiénto| ***m.*** Estado o sensación que consiste en no darse cuenta de lo que ocurre alrededor: *el humo del tabaco me produce ~.* ⇒ **aturdimiento.**

a·ton·tar |atontár| **1** ***tr.-prnl.*** [algo, a alguien] Volver tonto; hacer tonto o más tonto: *algunos programas de televisión atontan a la gente.* ⇒ **atontolinar. 2** [a alguien] Producir o tener una sensación en la que una persona no se da cuenta de lo que ocurre a su alrededor: *el tráfico intenso me atontaba.* ⇒ **atontolinar, aturdir.**

a·ton·to·li·nar |atontolinár| ***tr.-prnl.*** ⇒ **atontar.**

a·to·rar |atorár| **1** ***tr.-prnl.*** [algo] Cerrar, estrechar o impedir el paso: *un trapo viejo ha atorado la cañería del desagüe.* ⇒ **atascar, atrancar, obstruir, taponar. - 2 atorarse** ***prnl.*** Quedarse detenido sin poder seguir hablando: *estaba tan emocionado que, cuando tuvo que hablar, se atoró.* ⇒ **atascar, atragantarse, atrancar.**

a·tor·men·tar |atormentár| **1** ***tr.*** [a alguien] Causar dolor o sufrimiento; dar *tormento: *los guardias atormentaron a los prisioneros.* ⇒ **torturar. - 2** ***tr.-prnl.*** Causar disgusto o enfado: *no me atormentes con tu indiferencia.* ⇒ **torturar.**

a·tor·ni·lla·dor |atorniʎaðór| ***m.*** Herramienta que sirve para sacar o colocar tornillos o para dejarlos más o menos apretados: ⇒ **desatornillador, destornillador.**

a·tor·ni·llar |atorniʎár| **1** ***tr.*** [algo] Girar un tornillo para colocarlo en un lugar o para dejarlo más apretado: *atornilla bien los tornillos de la puerta para que no haga ruido al abrirla o al cerrarla.* ⇔ **desatornillar, destornillar. 2** Sujetar con tornillos: *el carpintero atornilló las ventanas al marco.* ⇔ **desatornillar, destornillar. 3** *fam.* [a alguien] Obligar o presionar a una persona para que ejecute una acción: *el capataz atornillaba a los obreros para que trabajaran más deprisa.* ⇒ **atosigar.**

a·to·si·ga·mien·to |atosiɣamiénto| ***m.*** Acción y resultado de molestar a una persona con prisas, con una *petición o una preocupación: *el ~ no suele ser bueno para realizar bien un trabajo.* ⇒ **agobio.**

a·to·si·gar |atosiɣár| ***tr.*** [a alguien] Molestar con prisas, con una *petición o una preocupación: *el padre atosigaba a sus hijos para que se vistieran rápidamente; no me atosigues con tus preguntas: te contestaré a su debido tiempo; si no ha llegado tu amiga, no te atosigues porque ya llegará.* ⇒ **abrumar, acuciar, agobiar.** ☖ Se conjuga como 7.

a·tra·ca·de·ro |atrakaðéro| ***m.*** Lugar preparado para que *atraquen embarcaciones pequeñas: *amarraron la lancha en el ~.*

a·tra·ca·⌜dor, ⌜do·ra |atrakaðór, ðóra| ***m. f.*** Persona que *atraca con intención de robar: *entraron tres atracadores en el banco y consiguieron llevarse varios millones de pesetas.*

a·tra·car |atrakár| **1** ***tr.*** [algo, a alguien] Cerrar el paso o atacar con intención de robar: *atracaron un banco y se dieron a la fuga; me atracaron a plena luz del día en una calle principal.* ⇒ **asaltar. - 2** ***intr.*** MAR. [en algún sitio] Ponerse una embarcación junto a otra o junto a tierra: *el velero atracó en el puerto de Lisboa.* **- 3** ***tr.-prnl.*** *fam.* [a alguien; a/de algo] Llenar el estómago de alimento o de bebida hasta no poder comer o beber más: *se atracaron de cordero.* ⇒ **atiborrar.**

a·trac·ción |atra^{k}θión| **1** ***f.*** Persona, animal o cosa que atrae: *desde que salí en la televisión, soy la ~ de todo el barrio.* **2** Acción y resultado de atraer: *no puede resistir la ~ de su mirada.* **3** Espectáculo o diversión: *la feria que han organizado este año tiene más atracciones que la del año pasado.* **4** Fuerza que atrae: *todos los cuerpos de la naturaleza están sometidos a una ~ recíproca;* ~ **molecular,** FÍS., la que ejercen entre sí las moléculas de los cuerpos: *la ~ molecular tiene com resultado la cohesión.*

a·tra·co |atráko| ***m.*** Acción y resultado de robar o *atracar: *la policía evitó que los ladrones cometieran el ~.*

a·tra·cón |atrakón| ***m.*** *fam.* ■ **darse/pegarse un ~,** comer en exceso: *me duele el estómago porque ayer me di un ~ de mariscos.* ■ **darse/pegarse un ~,** hacer en exceso una cosa determinada: *durante el fin de semana me he dado un buen ~ de lectura.*

a·trac·ti·⌜vo, ⌜va |atra^{k}tíβo, βa| **1** ***adj.*** Que atrae: *todos los cuerpos están sometidos a una fuerza atractiva.* ⇒ **atrayente. 2** Que tiene capacidad para atraer el interés o la voluntad de los demás: *tu teoría sobre el origen del universo es muy atractiva.* **- 3 atractivo** ***m.*** Cualidad física o moral de una persona que atrae el interés o la voluntad de los demás: *la facilidad de palabra es su principal ~.*

a·tra·er |atraér| **1** ***tr.*** [algo, a alguien] Traer hacia sí; hacer venir: *el imán atrae el hierro; nuestras playas atraen a muchos turistas.* **2** Ganar o conseguir el interés o la voluntad de una persona: *su generosidad atrajo los corazones de todos los que la conocían.* ☖ Se conjuga como 88.

a·tra·gan·tar·se |atraɣantárse| **1** ***prnl.*** No poder tragar una cosa que se atraviesa o se queda en la garganta: *si te has atragantado con una espina, conviene que te comas una miga de pan.* **2** Atravesarse en la garganta: *se le ha atragantado un hueso de aceituna.* **3** *fig.* Causar fastidio o enfado: *se me han atragantado dos asignaturas y no creo que las apruebe.* **4** Quedarse detenido sin poder seguir hablando: *durante la conversación se atragantó y tuvo que marcharse.* ⇒ **atorar, atascar, atrancar.**

a·tran·car |atraŋkár| **1** ***tr.*** [algo] Asegurar una puerta o una ventana con una *tranca: *por la noche siempre atranca la puerta de la calle.* ⇔ **desatrancar. - 2** ***tr.-prnl.*** Cerrar, estrechar o impedir el paso: *el desagüe del lavabo se ha atrancado.* ⇒ **atascar, atorar, obstruir, taponar. - 3 atrancarse** ***prnl.*** Quedarse detenido en un lugar sin poder moverse o avanzar: *el coche se atrancó en el barro.* ⇒ **atascar. 4** Quedarse detenido sin poder seguir hablando: *el niño está aprendiendo a leer y se atranca de vez en cuando.* ⇒ **atascar, atorar.** ☖ Se conjuga como 1.

a·tra·par |atrapár| **1** ***tr.*** [algo, a alguien] Coger usando la habilidad o la fuerza, especialmente una persona o cosa que se mueve o intenta escapar: *el ladrón echó a correr, pero un joven lo atrapó.* **2** [algo] Conseguir un *beneficio o una cosa de provecho: *las oportunidades hay que atraparlas conforme se presentan.* **3** [a alguien] Atraer o engañar, especialmente con habilidad: *unas veces las chicas atrapan a los chicos y otras veces ocurre lo contrario.* **4** DEP. [algo] Detener la bola o la pelota en un juego, especialmente el *portero de un equipo: *el portero consiguió ~ el balón.*

a·trás |atrás| **1** ***adv. l.*** Hacia la parte que está a las espaldas de uno: *no des un paso ~.* ⇔ **adelante. 2** Detrás; en un lugar posterior: *anda más deprisa, no te quedes ~; en los estudios, ha dejado a todos sus compañeros ~.* **- 3** ***adv. t.*** Indica tiempo pasado: *días ~ me dijiste que vendrías conmigo; este enfado viene de ~.* ■ **más ~,** antes: *más ~ hablamos de un asunto delicado y ahora volvemos a hablar de él.*

a·tra·sar |atrasár| **1** ***tr.*** [algo] Hacer que una cosa ocurra después del tiempo debido o previsto: *por culpa de la lluvia tuvimos que ~ nuestro paseo.* ⇒ **retrasar.** ⇔ **adelantar. 2** Hacer que un reloj señale un tiempo ya pasado: *el gobierno atrasó anoche la hora.* ⇒ **retrasar.** ⇔ **adelantar. - 3** ***intr.-prnl.*** Marcar un reloj un tiempo anterior al real; andar un reloj con menos velocidad de la debida: *mi reloj atrasa; el reloj de la iglesia se atrasa.* ⇒ **retrasar.**

⇔ **adelantar.** - **4 atrasarse** ***prnl.*** Quedarse atrás: *el corredor se atrasó en el último kilómetro de la carrera.* ⇒ **retrasar.** ⇔ **adelantar.**

a·tra·so |atráso| **1** ***m.*** Falta de desarrollo: *el ~ económico del sur del país llegó a convertirse en un problema muy grave.* - **2 atrasos** ***m. pl.*** Cantidad de dinero o *beneficios que no se han recibido en el debido momento: *este mes me pagarán los atrasos correspondientes al año pasado.*

a·tra·ve·sar |atraβesár| **1** ***tr.*** [algo] Colocar una cosa de manera que pase de una parte a otra, especialmente para impedir el paso: *han atravesado un autobús en la calle para cortar el tráfico.* **2** Pasar o estar una cosa encima de otra, pero dispuesta en un sentido diferente: *este uniforme lleva un cordón que atraviesa el pecho.* **3** Pasar de un lado de una cosa o lugar hasta el lado contrario: *los camiones atravesaron la frontera de madrugada; el ayuntamiento está enfrente: sólo tienes que atravesar la plaza.* **4** Pasar un cuerpo *penetrándolo de parte a parte: *el príncipe atravesó el corazón del dragón con su espada.* - **5 atravesarse** ***prnl.*** Ponerse una cosa en medio de otras: *un río se atravesó en su camino.* **6** *fig.* Mezclarse en los asuntos de los demás: *la muchacha era tan sociable, que se atravesaba en las conversaciones privadas de todo el mundo.* **7** No poder admitir o soportar a una persona o cosa: *el presentador de este programa de televisión se me ha atravesado.* ■ **tener atravesado**, no poder admitir o soportar a una persona o cosa: *a mi jefe lo tengo atravesado porque no hace más que llamarme la atención; esta asignatura la tengo atravesada y no voy a aprobarla nunca.* ☐ Se conjuga como 27.

a·tra·yen·te |atrayénte| ***adj.*** Que atrae: *su forma de tratar a la gente es cariñosa y ~.* ⇒ **atractivo.**

a·tre·ver·se |atreβérse| **1** ***prnl.*** [a algo] Intentar hacer o hacer con valor una cosa peligrosa: *el anciano no se atrevió a subir una escalera tan empinada.* ⇒ **animar, osar.** **2** Faltar al respeto de una persona: *¿cómo te atreves a hablarme con ese descaro?; se atrevió contra todos y decidieron no volver a hacerle un favor.*

a·tre·vi·⌐do, ⌐da |atreβiðo, ða| **1** ***adj.-s.*** Que se *atreve a hacer cosas difíciles o peligrosas: *los niños suelen ser muy atrevidos.* **2** (obra, dicho) Que muestra *atrevimiento: *después de cenar estuvieron contando chistes atrevidos.*

a·tre·vi·mien·to |atreβimiénto| **1** ***m.*** Acción y resultado de *atreverse o hacer con valor una cosa peligrosa: *tuvo el ~ de saltar desde lo alto de una escalera y acabó con la pierna rota.* **2** Acción y resultado de faltar al respeto de una persona: *tu ~ de hablarle así al director es imperdonable.*

a·tri·bu·ción |atriβuθión| **1** ***f.*** Acción y resultado de atribuir: *algunos estudiosos discuten la ~ de ese cuadro a Picasso.* **2** *Facultad o poder derivado de un cargo: *entre las atribuciones de una secretaria no está la de seleccionar nuevos empleados.* ⇒ **competencia.**

a·tri·buir |atriβuír| **1** ***tr.-prnl.*** [algo; a alguien] Aplicar un hecho o una cualidad a una persona o cosa, especialmente una virtud, un defecto o una culpa: *algunas obras de arte son difíciles de ~ a un autor determinado; muchos británicos se atribuyen la virtud de la puntualidad.* - **2** ***tr.*** Determinar o señalar una actividad o un deber: *al consejo de administración le han atribuido la función de estudiar los futuros acuerdos con otras empresas.* ☐ Se conjuga como 62.

a·tri·bu·lar |atriβulár| ***tr.-prnl.*** [a alguien] Causar o tener una preocupación o una *tribulación: *cuando mis hijos no llegan pronto a casa, me atribulo.*

a·tri·bu·ti·va |atriβutíβa| ***adj.-f.*** LING. (oración) Que lleva un sujeto, un verbo *copulativo y un *atributo: *las oraciones* el ciprés semejaba una flecha dirigida hacia el cielo *y* esta falda es demasiado larga *son atributivas.* ⇒ **atributo, verbo.** ☐ El atributo suele concertar con el sujeto en género y número.

a·tri·bu·to |atriβúto| **1** ***m.*** Propiedad, cualidad o característica de un ser: *la inteligencia es un ~ del hombre.* **2** Símbolo que sirve para reconocer a una persona, a un dios o a una cosa: *la balanza es el ~ de la Justicia; el rayo era el ~ de Júpiter.* **3** Traje o señal de honor, propios de un cargo o autoridad: *los reyes tienen como ~ el cetro.* **4** LING. Palabra o conjunto de palabras que califican o explican el sujeto mediante verbos como *ser* y *estar*: *en la oración* el océano es inmenso, inmenso *es el ~ del sujeto* océano. **5** LING. Adjetivo que califica a un nombre desde una posición inmediata a él: *en* el niño rubio ha salido del aula, rubio *cumple la función de ~.*

a·tril |atríl| ***m.*** Mueble que sirve para sostener libros o papeles abiertos, especialmente encima de una mesa: *cuando estudio, siempre pongo un diccionario en el ~ de mi mesa para poder consultarlo cómodamente.*

a·trin·che·rar |atrintʃerár| **1** ***tr.*** MIL. [algo] Defender o hacer fuerte un lugar con construcciones o agujeros cavados en la tierra: *los soldados atrincheraron su posición para protegerse y resistir el ataque.* - **2 atrincherarse** ***prnl.*** [en algo] Ponerse en lugares protegidos, a cubierto del enemigo: *se atrincheraron en una tapia; se atrincheraron en un repecho.* **3** *fig.* Mantener una opinión y no querer cambiarla: *se ha atrincherado en su idea de no vender el terreno y no hay modo de convencerla.* ⇒ **obstinarse.**

a·trio |átrio| **1** ***m.*** Espacio exterior cubierto que hay a la entrada de algunas iglesias y de otros edificios: *la multitud se reunió en el ~ de la iglesia para esperar a que saliera la procesión.* **2** ARQ. Espacio descubierto y generalmente rodeado de arcos o columnas en el interior de un edificio: *las casas romanas tenían las habitaciones alrededor de un ~.*

a·tro·ci·dad |atroθiðá^ð| **1** ***f.*** Acción muy cruel: *en todas las guerras se cometen atrocidades.* **2** Obra o dicho *atrevido y que no *responde a la razón: *cuando está con sus amigos, no para de contar atrocidades sobre su vida familiar.* **3** Obra o dicho que *ofende o molesta: *si quieres que sigamos teniendo una buena relación, deja de decir atrocidades.*

a·tro·fia |atrófia| **1** ***f.*** Disminución de la actividad y el volumen de un órgano u otra parte del cuerpo, por falta de alimentación o de ejercicio: *si no intentas mover el brazo que te han operado, la ~ será inevitable.* **2** Parada o detención en el desarrollo de un órgano o de una actividad: *si no se ejercita la memoria, se puede producir una ~ de esa facultad.*

a·tro·fiar |atrofiár| **1** ***tr.-prnl.*** *form.* [algo] Disminuir lentamente el desarrollo o el volumen de un órgano u otra parte del cuerpo, por falta de alimentación o de ejercicio: *la enfermedad atrofió las piernas del niño y ya no pudo andar; se atrofiaron los dedos de las manos.* **2** *fig.* Disminuir el desarrollo de una actividad: *la personalidad del hombre se atrofia cuando no hay libertad.* ⇒ **anquilosar.** ⌂ Se conjuga como 12.

a·tro·na·⌜dor, ⌜dora |atronaðór, ðóra| ***adj.*** (ruido) Que es muy intenso; que deja o puede dejar *sorda a una persona: *el paso de los aviones produce un ruido ~; el público recibió al director de la orquesta con un aplauso ~.*

a·tro·nar |atronár| ***tr.*** [a alguien] Dejar *sorda o alterar a una persona un ruido: *el ruido de los cañonazos me atronó.* ⌂ Se conjuga como 31.

a·tro·pe·llar |atropeʎár| **1** ***tr.*** [a algo/alguien] Pasar por encima de una persona o un animal o chocar contra ellos: *un tren atropelló al pastor en el momento en que atravesaba la vía con el ganado; si no quieres que te atropelle un coche, mira bien antes de cruzar.* **2** [algo, a alguien] Empujar o derribar, especialmente para abrirse paso: *cuando le dieron la mala noticia, salió corriendo y atropellando a la gente por los pasillos; es tan violento que siempre anda atropellando las puertas.* **3** *Ofender o hacer daño mediante el uso de una mayor fuerza o poder: *no consentiré que me atropelles con tus insultos; la decisión de la comisión de disciplina atropelló los derechos del más débil.* ⇒ **avasallar. - 4 atropellarse *prnl.*** Realizar una acción con demasiada prisa, especialmente hablar: *si te atropellas al hablar, nadie te entenderá; no te atropelles para tomar una decisión tan importante.*

a·tro·pe·llo |atropéʎo| **1** ***m.*** Acción y resultado de pasar por encima de una persona o un animal o de chocar contra ellos: *en el cruce de las dos avenidas se ha producido un ~.* **2** Acción y resultado de *ofender o hacer daño haciendo uso de una mayor fuerza o poder: *sus ofensivas palabras fueron un ~ contra la institución a la que pertenece.* ⇒ **tropelía.**

ATÚN

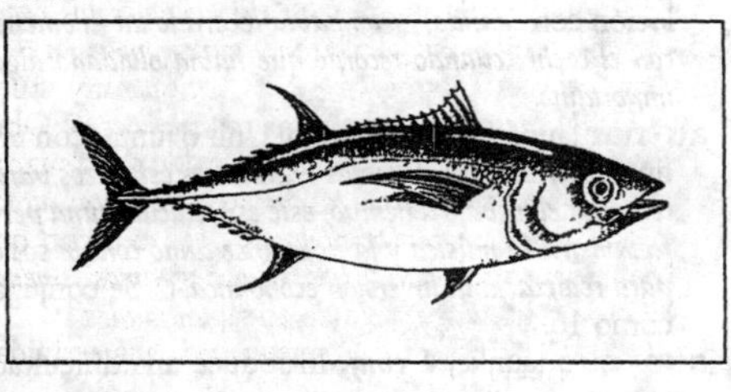

a·troz |atróθ| **1** ***adj.*** Que es muy cruel: *se ha producido un ~ asesinato en el mercado.* **2** Que es muy grande o intenso: *llevo diez horas sin comer y tengo un hambre ~.*

a·tuen·do |atuénðo| ***m.*** Vestido o conjunto de prendas que forman un vestido: *el protagonista de la película salía vestido con el ~ característico de los antiguos romanos.*

a·tún |atún| ***m.*** Pez marino comestible, de dos o tres metros de largo y de color entre gris y azul por la parte superior y más claro por debajo: *la carne de ~ es muy apreciada; esta ensalada lleva, entre otras cosas, lechuga, tomate y ~.* ⇒ **bonito.** ⌂ Para indicar el sexo se usa el ~ macho y el ~ hembra.

a·tu·ne·⌜ro, ⌜ra |atunéro, ra| **1** ***adj.-s.*** MAR. (embarcación) Que está destinada a la pesca del *atún: *fueron detenidos varios atuneros que faenaban en aguas prohibidas.* **2** (persona) Que pesca *atún: *su padre era ~ y su madre costurera.* **3** (persona) Que comercia con *atún: *en la asamblea de atuneros se decidirá el precio del atún.*

a·tur·di·mien·to |aturðimiénto| ***m.*** Estado o sensación que consiste en no darse cuenta de lo que ocurre alrededor: *el golpe que me di en la cabeza me produjo un ~ transitorio.* ⇒ **atontamiento.**

a·tur·dir |aturðír| ***tr.-intr.*** [a alguien] Producir o tener una sensación en la que una persona no se da cuenta de lo que ocurre a su alrededor: *los gritos de los niños me aturden.* ⇒ **atontar, atontolinar.**

a·tu·rru·llar |aturuʎár| ***tr.-prnl.*** [a alguien] Confundir o alterar a una persona, dejándola sin saber qué decir o qué hacer: *cada vez que intento declararle mi amor, me aturrullo.* ⇒ **aturullar.**

a·tu·ru·llar |aturuʎár| ***tr.-prnl.*** ⇒ **aturrullar.** ⌂ La Real Academia Española prefiere la forma *aturrullar.*

a·tu·sar |atusár| **1** ***tr.*** [algo] Cortar o igualar el pelo; poner liso o más liso el pelo usando la mano o el peine mojados: *le dijo al peluquero que le atusara el pelo porque tenía que asistir a una ceremonia importante; se atusó el pelo con el peine y salió a la calle.* **- 2 atusarse *prnl.*** Adornarse o arreglar el propio aspecto físico, especialmente cuando se hace en exceso: *las muchachas se atusaron con cintas, anillos y collares.*

au·da·cia |auðáθia| ***f.*** Cualidad de *audaz: *su ~ lo llevó a adentrarse por un terreno que nunca había sido explorado.*

au·daz |auðáθ| ***adj.*** Que es valiente o *atrevido y decidido: *los aventureros suelen ser personas audaces; sus experimentos científicos siempre han sido muy audaces porque muy pocos se han atrevido a realizarlos.*

au·di·ble |auðíβle| ***adj.*** Que se puede oír: *la voz del conferenciante apenas era ~ en aquella sala tan grande.* ⇔ **inaudible.**

au·di·ción |auðiθión| **1** ***f.*** Función del sentido *auditivo: *vive cerca de un aeropuerto y está perdiendo ~.* **2** Espectáculo o atracción musical; acto en el que se leen *poesías en público: *la ~ de la orquesta comenzará a las 12 del mediodía.* ⇒ **con-**

cierto, recital. 3 Prueba que se hace a un artista: *el director estuvo presente en todas las audiciones.*

au·dien·cia |auðiénθia| **1** *f.* Conjunto de personas que están presentes en un espectáculo público o que oyen un programa de radio o de televisión: *la ~ de los conciertos de música clásica guarda un silencio absoluto; este programa ha sido el de mayor ~ del mes.* ⇒ **auditorio. 2** Acto en el que un rey u otra autoridad recibe a las personas que quieren hablar con él: *el Rey concedió una ~ a los representantes de los agricultores españoles.* **3** Acto de oír a una parte en un juicio: *las audiencias se celebran en los juzgados.* **4** DER. Tribunal de justicia que trata las causas de un territorio determinado: *este caso es competencia de la Audiencia provincial.* ◯ En esta acepción se suele escribir con mayúscula. **5** Edificio o lugar en el que se reúne ese tribunal: *los periodistas fotografiaron a los acusados en la puerta de la Audiencia.* ◯ En esta acepción se suele escribir con mayúscula.

au·dí·fo·no |auðífono| *m.* Aparato que usan los *sordos y que sirve para oír u oír mejor los sonidos: *el abuelo lleva un ~ colocado en la oreja.*

au·dio·vi·sual |auðioβisuál| *adj.* (método de enseñanza, *reportaje) Que está hecho para que se *utilice el oído y la vista: *estoy aprendiendo alemán con un método ~.*

au·di·ti·⌐vo, ⌐va |auðitíβo, βa| **1** *adj.* Del órgano del oído o que tiene relación con él: *el médico examinó la capacidad auditiva del bebé.* **2** Que sirve para oír: *algunos animales carecen de órganos auditivos.*

au·di·⌐tor, ⌐to·ra |auðitór, tóra| *m. f.* Persona que se dedica a revisar y comprobar el estado de las cuentas de una sociedad, una *institución u otra cosa: *Antonio estudió economía y ahora es ~.*

au·di·to·rí·a |auðitoría| **1** *f.* Tribunal u oficina que se encarga de la *revisión de las cuentas de una empresa o de una *institución: *van a la ~ a entregar las cuentas que les habían pedido.* **2** *Revisión de libros y cuentas de una empresa o de una *institución: *se va a someter al Ayuntamiento a una ~.*

au·di·to·rio |auðitório| **1** *m.* Conjunto de personas que están presentes en un espectáculo público: *el ~ entero se puso en pie y ovacionó al pianista.* ⇒ **audiencia. 2** Edificio o lugar de gran capacidad que se usa para celebrar reuniones o espectáculos públicos: *el concierto se celebrará mañana en el ~ municipal.* **3** Parte de un teatro destinada al público: *el público ocupó todo el ~.*

au·ge |áuxe| *m.* Aumento de la importancia o de la intensidad de una cosa o de una acción: *el teatro tuvo gran ~ en el siglo XVII.* ■ **cobrar ~**, tener mayor importancia o intensidad: *los valores éticos están cobrando ~ dentro de la sociedad.*

au·gu·rar |auɣurár| *tr.* [algo; a algo/alguien] Anunciar lo que va a ocurrir en el futuro en relación con una persona o cosa: *si sigues estudiando de esa manera, te auguro un futuro muy prometedor.* ⇒ **auspiciar.**

au·gu·rio |auɣúrio| *m.* Señal o aviso de lo que va a ocurrir en el futuro en relación con una persona o cosa: *todos los augurios indican que este negocio va a ser muy rentable.* ⇒ **auspicio.**

au·gus·⌐to, ⌐ta |auɣústo, ta| *adj. form.* Que provoca respeto y admiración: *la ciudad ha levantado un monumento en honor de la augusta figura del Rey.*

au·la |áula| *f.* *Sala o parte de un centro de enseñanza donde se dan y reciben clases: *las clases de matemáticas se imparten en el ~ de la primera planta;* **~ magna**, la de mayor tamaño e importancia, destinada generalmente a actos o ceremonias oficiales: *la entrega de diplomas se celebró en el ~ magna.* ◯ Se usa con el artículo *el*, pero con los demás determinantes en forma femenina.

au·llar |auʎár| *intr.* Dar *aullidos el *lobo, el perro y otros animales parecidos: *los lobos aullaban al anochecer.*

au·lli·do |auʎíðo| *m.* Voz de cierta duración que emiten el *lobo, el perro y otros animales parecidos: *los aullidos de los lobos atemorizaban a los pastores.*

au·men·tar |aumentár| *tr.-intr.* [algo] Hacer o hacerse mejor, más grande, más fuerte o más intenso: *el director ha prometido ~ el sueldo a todos los empleados; en esta época del año las temperaturas empiezan a ~.* ⇔ **disminuir.**

au·men·ta·ti·⌐vo, ⌐va |aumentatíβo, βa| *adj.-m.* LING. (sufijo, palabra) Que expresa un aumento en tamaño o en intensidad o una actitud especial por parte del hablante: *si añadimos el ~* -ona *a* casa *obtenemos* casona; *muchos aumentativos se forman con el sufijo* -azo. ⇔ **diminutivo.**

au·men·to |auménto| **1** *m.* Acción y resultado de aumentar: *el jefe nos ha prometido un ~ de sueldo.* ⇔ **disminución. 2** Cantidad que se aumenta: *el ~ de las tarifas telefónicas ha sido excesivo.* **3** Poder de *amplificación de la imagen que tiene una *lente: *necesito una lupa de mayor ~ para estudiar la anatomía de los insectos.*

aun |aun| **1** *adv.* Hasta; incluso; también: *te compraré la camiseta y ~ el pantalón de deporte, si consigues buenas notas.* **- 2** *conj.* Introduce una dificultad real o posible, a pesar de la cual puede ser, ocurrir o hacerse una cosa; aunque: *~ llegando tarde, lo recibieron amablemente; ~ dolorido por el golpe, siguió corriendo.* ◯ Se usa seguido de gerundio o participio. ■ **~ así**, a pesar de eso; incluso así: *me ofrecieron mucho dinero, pero ~ así no quise cambiar de trabajo.* ■ **~ cuando**, aunque: *~ cuando pidió disculpas, los demás no le perdonaron su error; no te compraré una moto ~ cuando me lo pidas de rodillas.*

a·ún |aún| *adv. t.* Todavía; hasta ahora: *~ estamos esperando tu respuesta.* ◯ Se puede usar en correlación con *cuando*: *~ no había recorrido un kilómetro con el coche, cuando recordó que había olvidado algo importante.*

au·nar |aunár| *tr.-prnl.* [algo] Unir o juntar con un fin determinado: *debemos ~ nuestros esfuerzos para terminar el trabajo a tiempo; este espectáculo aúna perfectamente la música y la poesía; se aunó con un socio para realizar una inversión económica.* ◯ Se conjuga como 16.

aun·que |auŋke| **1** *conj.* Introduce una dificultad

real o posible a pesar de la cual puede ser, ocurrir o hacerse una cosa; expresa valor *concesivo: ~ *estoy enfermo, no faltaré a la cita.* ⇒ **siquiera.** ☖ Se puede usar en combinación con formas como *todavía, donde, entonces* y otras: ~ *todavía se sentía fuerte, no se atrevió a competir con un deportista mucho más joven que él.* **2** Indica *oposición; expresa valor *adversativo: *no traigo nada de eso,* ~ *traigo otras cosas.* ⇒ **pero.**

a·ú·pa |aúpa| ***interj.*** Expresión que indica ánimo para levantarse una persona o para levantar a otra persona o cosa: *¡~, nene, levántate del suelo, que no ha sido nada!* ■ **de** ~, muy grande, fuerte o intenso: *he tenido una discusión de ~ con mi jefe.* ■ **de** ~, mucho; muy: *este niño come de ~.*

au·par |aupár| **1** ***tr.*** [a alguien] Levantar o subir, especialmente a un niño: *la madre aupó al niño para que pudiera ver el desfile del circo.* **2** Ayudar a conseguir o alcanzar una cosa; hacer más grande o importante: *el éxito de la obra de teatro lo aupó a la fama.* ☖ Se conjuga como 16.

au·ra |áura| **1** ***f.*** *fam.* Viento suave y agradable: *una dulce ~ acariciaba su rostro.* **2** Luz que rodea la figura de los seres vivos, que no puede ser vista habitualmente: *el vidente dijo poder ver el ~ y percibir a través de ella la naturaleza del alma de su dueño.* **3** *fam.* Aliento o aire que se despide al respirar: *viene tan cerca de mí que siento su ~.* **4** Ave cazadora procedente de América, sin plumas en la parte anterior de la cabeza. ☖ Para indicar el sexo se usa el ~ macho y el ~ hembra. Se usa con el artículo *el*, pero con los demás determinantes en forma femenina.

áu·re·⌜o, ⌜a |áureo, a| ***adj.*** *form.* Que es de oro o tiene una característica que se considera propia del oro: *en las excavaciones se encontraron algunas piezas áureas.*

au·re·o·la |aureóla| **1** ***f.*** Círculo de luz que desprende una persona y que se representa generalmente detrás de las cabezas de las imágenes de santos: *la ~ del Niño Jesús era dorada.* **2** Admiración o fama: *con sus constantes viajes se ha ganado una ~ de hombre de mundo.* **3** ASTRON. Corona o anillo que se ve alrededor de la Luna en los *eclipses de Sol: *los niños estaban mirando la ~ a través de cristales ahumados.*

au·rí·cu·la |aurikula| ***f.*** ANAT. Hueco de la parte superior del corazón de los mamíferos, las aves y los reptiles por donde entra la sangre: *el corazón tiene dos aurículas y dos ventrículos.* ⇒ **ventrículo.**

au·ri·cu·lar |aurikulár| **1** ***m.*** Parte de un aparato que recibe sonidos y que está en *contacto con el oído: *Manuel grita tanto cuando habla por teléfono que tengo que retirar el oído del ~.* **- 2 auriculares** ***m. pl.*** Aparato formado por dos piezas unidas, que se ponen en los oídos para recibir un sonido: *Cristóbal se ha puesto los auriculares para escuchar música sin molestar a los demás.* ⇒ **casco.**

au·rí·fe·⌜ro, ⌜ra |aurífero, ra| ***adj.*** Que lleva o contiene oro: *los arroyos y ríos de algunas montañas son auríferos.*

au·ro·ra |auróra| **1** ***f.*** Luz de color rosa que aparece en una parte del cielo inmediatamente antes de la salida del Sol: *me desperté a las seis y vi la ~.* **2** *fig.* Principio o primeros tiempos de una cosa: *la ~ de la revolución industrial se produjo a finales del siglo XVIII.* **3** Luz de color que aparece en una parte del cielo: ~ **austral/boreal/polar**, la que es producida por la *radiación solar y puede verse de noche en las regiones polares: *los esquimales tienen la suerte de poder presenciar las bellísimas auroras boreales.*

aus·cul·ta·ción |auskultaθión| ***f.*** MED. Exploración de los sonidos del pecho y del *abdomen por medio de los instrumentos adecuados: *el médico me hizo una ~ para observar mi respiración.*

aus·cul·tar |auskultár| **1** ***tr.*** MED. [algo, a alguien] Explorar los sonidos del pecho y del *abdomen por medio de los instrumentos adecuados: *el médico se puso el estetoscopio en el oído y me auscultó el corazón y los pulmones.* **2** *fig.* Explorar, intentar averiguar una opinión: *un equipo de sociólogos estuvo auscultando a la sociedad española para saber qué opinaba sobre los toros.* ⇒ **sondear.**

au·sen·cia |ausénθia| **1** ***f.*** Falta de una persona del lugar donde está habitualmente: *notamos la ~ de nuestro padre y queremos que regrese pronto.* ⇔ **presencia.** **2** Tiempo en que una persona falta del lugar donde está habitualmente: *su ~ dura ya varios meses.* **3** Falta o desaparición de una cosa; no existencia: *los análisis demostraron la ~ de alcohol en la sangre; la anestesia provoca la ~ de dolor.* **4** MED. Pérdida de la memoria: *los enfermos de amnesia sufren frecuentes ausencias.* **5** MED. Pérdida del sentido y del conocimiento: *la epilepsia produce ausencias repentinas.* ⇒ **desmayo.** ■ **brillar por su** ~, no estar presente en el lugar esperado o adecuado: *en la fiesta de la empresa, el gerente brilló por su ~.*

au·sen·tar·se |ausentárse| ***prnl.*** Irse o alejarse, especialmente del lugar en el que se está de manera habitual: *se ausentó del trabajo por motivos de salud; se ausentó de su pueblo natal durante cinco años.*

au·sen·te |ausénte| **1** ***adj.-s.*** (persona) Que se ha ido o alejado, especialmente del lugar en el que está de manera habitual: *mi secretario estará ~ durante toda la semana; la dirección de la empresa ordenó que la decisión se pusiera en conocimiento de todos los ausentes.* ⇔ **presente.** **2** Que está distraído o pensando en otra cosa: *últimamente te noto ~ porque no me contestas cuando te pregunto algo.*

aus·pi·ciar |auspiθiár| **1** ***tr.*** [algo] Proteger o ayudar: *el congreso de biología está auspiciado por el colegio oficial de biólogos.* **2** Anunciar lo que va a ocurrir en el futuro en relación con una persona o cosa: *en la antigua Roma, la forma de volar de las aves permitía ~ los hechos futuros.* ⇒ **augurar.** ☖ Se conjuga como 12.

aus·pi·cio |auspíθio| **1** ***m.*** Protección o ayuda: *la exposición de arte oriental se ha organizado bajo el ~ de la embajada japonesa.* **2** Señal o aviso de lo que va a ocurrir en el futuro: *aunque todos los auspicios indicaban que iba a llover, por la tarde brilló el sol.* ⇒ **augurio.** ☐ Se usa frecuentemente en plural.

aus·te·ri·dad |austeriðáᵈ| *f.* Cualidad de *austero: *las fiestas locales de este año se han caracterizado por su ~.*

aus·te·⌜ro, ra |austéro, ra| **1** *adj.* (persona) Que obra y vive con severidad y *rigor: *su conducta siempre ha sido austera y honrada.* **2** Que es pobre y supone sacrificios: *los monjes llevan una vida austera.* **3** Que es sencillo; que no tiene adornos: *me he comprado un apartamento pequeño y ~.*

aus·tral |austrál| *adj.* Del polo o del *hemisferio sur o que tiene relación con ellos: *Argentina está situada en el hemisferio ~.* ⇒ **polar.** ⇔ **boreal.**

aus·tra·lia·⌜no, na |australiáno, na| **1** *adj.* De Australia o que tiene relación con Australia: *la fauna australiana cuenta con especies autóctonas.* **- 2** *m. f.* Persona nacida en Australia o que vive habitualmente en Australia: *los australianos viven en el continente llamado Oceanía.*

aus·tria·⌜co, ca |austriáko, ka| **1** *adj.* De Austria o que tiene relación con Austria: *la bandera austriaca es roja y blanca.* **- 2** *m. f.* Persona nacida en Austria o que vive habitualmente en Austria: *los austriacos son vecinos de los alemanes.*

au·tar·quí·a |autarkía| **1** *f.* Política de un Estado que intenta bastarse con sus propios medios: *los estados con ~ presciden de las importaciones de otros países.* ⇒ **autosuficiencia. 2** POL. Capacidad de gobernarse a sí mismo: *los anarquistas son partidarios de la ~.*

au·tár·qui· co, ⌜ca |autárkiko, ka| *adj.* POL. De la *autarquía o que tiene relación con ella: *en la época actual no son habituales los estados autárquicos; es una persona autárquica: no tolera ningún tipo de imposición.*

au·ten·ti·ci·dad |autentiθiðáᵈ| *f.* Cualidad de *auténtico: *un experto demostró la ~ del cuadro.*

au·tén·ti·⌜co, ⌜ca |auténtiko, ka| **1** *adj.* Que es cierto o verdadero con seguridad: *el cuadro ~ es éste y el falso es aquél; esta cazadora es de cuero ~.* ⇒ **genuino. 2** Que tiene valor oficial: *he firmado un contrato ~ con la dueña del piso.*

au·ten·ti·fi·car |autentifikár| **1** *tr.* [algo] Asegurar que un hecho o un documento es verdadero o *auténtico: *el secretario autentificó las firmas que aparecían en el documento.* **2** Autorizar o dar carácter legal a una cosa: *el notario autentificó la documentación de la compra y venta de los terrenos.* ☐ Se conjuga como 1.

au·to |áuto| **1** *m.* Vehículo de cuatro ruedas que se usa para el transporte de personas: *se han ido a ver a sus familiares con el ~.* ⇒ **automóvil.** ☐ Es la forma abreviada de *automóvil.* **2** Composición *dramática en la que aparecen personajes de la Biblia y *alegóricos: *durante el siglo XVI se representaban autos en las iglesias y en las calles;* ~ **sacramental**, el que trata de la Eucaristía: *los autos sacramentales se representaban por lo general el día del Corpus Christi.* **3** DER. Decisión *judicial sobre un asunto que no necesita *sentencia: *el juez dictó un ~ de procesamiento contra el presunto delincuente;* ~ **de fe**, castigo público que reciben los condenados por el Tribunal de la Inquisición: *el ~ de fe tuvo lugar en la plaza mayor.* **- 4 autos** *m. pl.* Conjunto de partes y materiales de un proceso *judicial: *no consta en autos que hubiera testigos presenciales.*

au·to·ad·he·si·⌜vo, ⌜va |autoaðesíβo, βa| *adj.-s.* Que se puede pegar fácilmente a una superficie, por simple contacto o mediante una pequeña presión: *los niños hacían una colección de cromos autoadhesivos.* ⇒ **adhesivo, pegatina.**

au·to·bio·gra·fí·a |autoβioγrafía| *f.* Vida de una persona escrita por ella misma: *la ~ de la actriz apareció publicada un año antes de su muerte.*

au·to·bio·grá·fi·⌜co, ⌜ca |autoβioγráfiko, ka| *adj.* De la *autobiografía o que tiene relación con ella: *la primera novela de un autor suele incluir aspectos autobiográficos.*

au·to·bús |autoβús| *m.* Vehículo de gran capacidad que se usa para el transporte de personas dentro de las poblaciones: *la conocí en la parada del ~; los autobuses pasan por esta calle cada diez minutos.* ⇒ **autocar, bus, ómnibus.** ☐ El plural es *autobuses.*

au·to·car |autokár| *m.* Vehículo de gran capacidad que se usa para el transporte de personas por carretera: *hicimos una excursión en ~ y visitamos todos los castillos de la provincia.* ⇒ **autobús.** ☐ El plural es *autocares.*

au·to·cra·cia |autokráθia| *f.* POL. Sistema político en el que una sola persona gobierna con poder total: *en las autocracias un gobernante tiene poder absoluto para tomar cualquier decisión; el reinado de Fernando VII fue una ~.* ⇒ **dictadura.**

au·to·crí·ti·ca |autokrítika| *f.* Crítica que una persona hace a una obra propia o a sí misma: *antes de seguir comportándote de esa manera, reflexiona y haz una ~.*

au·tóc·to·⌜no, ⌜na |autóᵏtono, na| *adj.* Que tiene su origen en el mismo lugar en que vive: *la construcción de viviendas y carreteras está poniendo en peligro algunas especies autóctonas de animales.*

au·to·de·ter·mi·na·ción |autoðeterminaθión| *f.* Libertad de un pueblo o un Estado para decidir sus actos sin recibir ninguna presión del exterior: *las autoridades concedieron el derecho de ~ a las tribus del interior del país.*

au·to·di·dac·ta |autoðiðáᵏta| *adj.-com.* ⇒ **autodidacto.** ☐ La Real Academia Española prefiere la forma *autodidacto.*

au·to·di·dac·⌜to, ⌜ta |autoðiðáᵏto, ta| *adj.-s.* (persona) Que aprende por sí misma y con sus propios medios: *el escritor confesó que era un ~.* ⇒ **autodidacta.**

au·to·es·cue·la |autoeskuéla| *f.* Centro de enseñanza en el que se aprende a conducir vehículos automóviles y las normas de circulación: *voy a la ~ a sacarme el carné de conducir.*

au·tó·gra·⌜fo, ⌜fa |autóγrafo, fa| **1** *adj.-m.* (escrito) Que está hecho de la mano de su propio autor: *el coleccionista adquirió una colección de cartas* *autógrafas de García Lorca.* **- 2 autógrafo** ***m.*** Firma de una persona famosa o destacada: *los admiradores del cantante esperaron en la puerta del local para conseguir su ~.*

au·tó·ma·ta |autómata| **1** ***m.*** Instrumento o aparato con un mecanismo que hace que se mueva de una manera determinada: *el envase del producto se hace en esta fábrica por medio de autómatas.* **2** Máquina que imita la figura y los movimientos de un ser animado: *existen autómatas capaces de limpiar el suelo.* ⇒ **robot. 3** *fig.* Persona que realiza siempre unos mismos movimientos o que se deja dirigir por otra: *Juan es un ~: hace lo que le ordenan sin preguntar ni protestar.*

au·to·má·ti·⌜co, ⌜ca |automátiko, ka| **1** ***adj.*** (mecanismo) Que funciona por sí solo: *la puerta del garaje es automática; las máquinas automáticas hacen posible que el hombre trabaje menos; se compró un reloj ~.* **2** *fig.* Que es involuntario; que se hace sin pensar: *se llevó las manos a la cabeza con un gesto ~.* **3** *form.* Que se produce necesariamente al ocurrir determinadas circunstancias: *el aumento de las exportaciones produce un incremento ~ de las divisas de un país.* **- 4 automático** ***m.*** Cierre de metal formado por dos piezas que se enganchan: *los automáticos se usan en prendas de vestir; se le rompió el ~ de la falda.* ⇒ **corchete. 5** Mecanismo que interrumpe el recorrido de una corriente eléctrica: *si enchufas demasiados electrodomésticos a la vez, saltará el ~; apaga el ~, que voy a cambiar las bombillas.* ⇒ **interruptor.**

au·to·ma·ti·za·ción |automatiθaθión| **1** ***f.*** Funcionamiento automático de una máquina o de un conjunto de máquinas con un fin determinado: *la ~ permite realizar tareas de forma rápida y sin la intervención del hombre.* **2** Uso de las máquinas para realizar una *tarea determinada: *la ~ de la fábrica ha permitido doblar la producción de un año.*

au·to·ma·ti·zar |automatiθár| **1** ***tr.*** [algo] Hacer que funcione de manera automática un mecanismo o un proceso: *la empresa ha decidido ~ el envase de los productos.* **2** Convertir en automáticos o involuntarios determinados movimientos o actos humanos: *los jugadores de baloncesto automatizan muchos de sus movimientos para no perder la posesión de la pelota.* ☐ Se conjuga como 4.

au·to·mó·vil |automóβil| **1** ***adj.*** Que se mueve por sí mismo: *el almacén ha adquirido unos vehículos automóviles para la carga y descarga de la mercancía.* **- 2** ***m.*** Vehículo de cuatro ruedas que se usa para el transporte de personas: *me he comprado un ~ de cuatro puertas; tiene miedo de viajar en avión y siempre viaja en ~.* ⇒ **auto, coche, turismo.**

au·to·mo·vi·lis·mo |automoβilísmo| **1** ***m.*** Deporte que consiste en hacer carreras con automóviles: *el ~ y el motorismo son deportes peligrosos; en Montecarlo se celebra una importante prueba de ~.* **2** Conjunto de conocimientos *relativos a la construcción, funcionamiento y manejo de un automóvil: *está estudiando ~ porque quiere ser mecánico.*

au·to·mo·vi·lis·ta |automoβilísta| ***com.*** Persona que conduce un automóvil: *los automovilistas estuvieron varias horas en un atasco.*

au·to·mo·vi·lís·ti·⌜co, ⌜ca |automoβilístiko, ka| ***adj.*** Del automóvil o el *automovilismo o que tiene relación con ellos: *la industria automovilística consiguió salir de una grave crisis económica.*

au·to·no·mí·a |autonomía| **1** ***f.*** *Facultad de un pueblo o de un grupo de personas para gobernarse de acuerdo con sus propias leyes: *las autoridades municipales no gozan de ~ para decidir sobre ciertas cuestiones judiciales.* **2** Territorio español que tiene esa *facultad de acuerdo con las leyes generales del Estado: *España está formada por 17 autonomías.* **3** Condición de la persona o del grupo de personas que no dependen de otros en determinados aspectos: *este grupo de investigadores realiza su trabajo con total ~.* **4** Capacidad *máxima de un vehículo para recorrer un espacio determinado sin necesidad de *reponer combustible: *los aviones de gran ~ se utilizan para los viajes entre continentes distintos.*

au·to·nó·mi·⌜co, ⌜ca |autonómiko, ka| ***adj.*** POL. De la *autonomía o que tiene relación con ella: *el país está organizado en diversas comunidades autonómicas.*

au·tó·no·⌜mo, ⌜ma |autónomo, ma| **1** ***adj.*** Que tiene *independencia: *vive de manera autónoma, no depende de nadie.* ⇒ **independiente.** ⇔ **dependiente. - 2** ***adj.-s.*** (persona) Que trabaja sin depender de otra persona: *Raquel no trabaja en una empresa, es una obrera autónoma; la mayoría de los taxistas que conozco son autónomos.* ⇒ **independiente.**

au·to·pis·ta |autopísta| ***f.*** Carretera importante, con dos o más espacios para cada sentido de la circulación: *las autopistas suelen estar mejor cuidadas que las carreteras y son más seguras.* ⇒ **pista; ~ de peaje**, aquella en la que hay que pagar una cantidad de dinero determinada para poder *utilizarla: *las autopistas de peaje ofrecen servicios de grúa y de restaurante.*

au·top·sia |autó^{p}sia| ***f.*** División, separación y exploración de un cuerpo sin vida para averiguar las causas de la muerte: *encontraron a la mujer muerta y tuvieron que hacerle la ~.*

au·⌜tor, ⌜to·ra |autór, tóra| **1** ***m. f.*** Persona que hace o es causa de una cosa: *mi hermano pequeño ha sido el ~ de este desorden; el futbolista fue ~ de un magnífico gol.* ⇒ **artífice. 2** Persona que realiza una obra científica, literaria o de arte: *Cervantes es el ~ de* La Galatea. **3** DER. Persona que *comete un crimen o una falta o *colabora en ellos: *no se sabe quién es el ~ material del crimen de la marquesa.*

au·to·rí·a |autoría| ***f.*** Cualidad o condición de autor, especialmente de una obra de arte o científica: *los historiadores discuten la ~ de ese poema.*

au·to·ri·dad |autoriðá^{ð}| **1** ***f.*** *Facultad, derecho o poder de mandar, gobernar, aprobar leyes y otras cosas: *el parlamento tiene ~ para elaborar las leyes del Estado.* **2** Persona que tiene esa *facultad: *el jefe del Estado fue recibido por las autoridades lo-*

cales. **3** Capacidad de influir sobre los demás por ser importante o destacar en una actividad: *la ~ de este investigador es incuestionable.* **4** Persona que tiene esa capacidad: *la conferencia la pronunció una ~ en la materia.* **5** Texto que se cita en apoyo de lo que se dice: *algunos diccionarios y gramáticas incluyen autoridades.*

au·to·ri·ta·ʳrio, ʳria |autoritário, ria| **1** *adj.* Que se basa en la autoridad: *en ese país funciona un sistema político ~ basado en la autoridad de un presidente.* - **2** *adj.-s.* (persona) Que abusa de su autoridad: *su padre es muy ~.*

au·to·ri·ta·ris·mo |autoritarísmo| **1** *m.* Sistema que se basa en la aceptación de una autoridad y el sometimiento *absoluto a ella: *el ~ político es característico de las dictaduras.* **2** Abuso que hace una persona de su autoridad: *en esta familia no existe ~ por parte de los padres.*

au·to·ri·za·ción |autoriθaθión| **1** *f.* Acción y resultado de autorizar: *necesito tu ~ para recoger en correos la carta que viene a tu nombre.* ⇔ **desautorización.** **2** Documento en el que se autoriza una cosa o una acción: *estamos esperando que llegue la ~ oficial para comenzar las obras.*

au·to·ri·zar |autoriθár| **1** *tr.* [a alguien] Dar o conceder autoridad o *facultad para hacer una cosa determinada: *el presidente lo autorizó para que representara a la nación.* ⇔ **desautorizar.** **2** Dar o conceder permiso: *te autorizo para que uses mi coche.* **3** [algo] Aprobar o dar por bueno: *el notario autorizó la documentación.*

au·to·rre·tra·to |autoȓetráto| *m.* *Retrato de una persona hecho por ella misma: *muchos pintores famosos han hecho su ~.*

au·to·ser·vi·cio |autoserβíθio| *m.* Establecimiento en el que el cliente elige o coge lo que quiere comprar o consumir y lo paga a la salida: *el mercado lo han convertido en un ~; este restaurante es un ~ y no tiene camareros para atender las mesas.*

au·tos·top |autostóᵖ| *m.* Forma de viajar por carretera que consiste en pedir a los conductores que lo lleven a uno a un lugar determinado sin recibir dinero a cambio: *muchos jóvenes viajan en ~; estuvieron haciendo ~ durante dos horas porque nadie quería llevarlos.*

au·tos·to·pis·ta |autostopísta| *com.* Persona que practica el *autostop: *ayer atropellaron en la carretera a un ~.*

au·to·su·fi·cien·cia |autosufiθiénθia| *f.* Estado o cualidad del que es *autosuficiente: *realiza todas sus acciones con decisión y ~.* ⇒ **autarquía, suficiencia.**

au·to·su·fi·cien·te |autosufiθiénte| **1** *adj.* Que se basta a sí mismo: *las personas que viven solas suelen ser autosuficientes.* **2** Que habla o actúa presumiendo; que se considera muy bueno o mejor que otros: *hizo un discurso engreído y ~.*

au·to·ví·a |autoβía| *f.* Carretera importante, con dos o más espacios para cada sentido de la circulación, pero con cruces a nivel: *todas las capitales de provincia de esa región están unidas por autovías.*

au·xi·liar |auᵏsiliár| **1** *adj.-s.* Que sirve de ayuda: *junto a la mesa del comedor colocó una mesita ~ con las bebidas; utilice el cuchillo como ~ del tenedor.* **2** LING. Verbo que se usa unido a otro para indicar valores de tiempo, de modo, de aspecto o de voz: haber *se utiliza como ~.* - **3** *com.* Persona que ayuda a otra en un cargo o en un trabajo: ~ **administrativo**, el que trabaja como empleado en una oficina: *en la secretaría del edificio trabajaban seis auxiliares administrativos;* ~ **de vuelo**, el que cuida de los pasajeros en los aviones: *las dos amigas son auxiliares de vuelo en Iberia.* ⇒ **azafata;** ~ **técnico sanitario**, el que se dedica a cuidar y curar a los enfermos, siguiendo las indicaciones de un médico: *estudió la carrera de ~ técnico sanitario y ahora trabaja en el hospital.* ⇒ **enfermero.** - **4** *tr.* [a alguien] Ayudar a una persona: *los bomberos auxiliaron a las personas atrapadas en el incendio.* **5** *form.* Ayudar a morir en paz: *llamaron al sacerdote para que auxiliara al anciano en su lecho de muerte.* ⌂ Se conjuga como 14.

au·xi·lio |auᵏsílio| *m.* Ayuda que se presta: *los voluntarios están prestando ~ a las víctimas del accidente; oí a lo lejos una voz pidiendo ~.* ⇒ **amparo, socorro.**

a·val |aβál| **1** *m.* Firma que se pone al pie de un documento y que compromete a una persona a *responder al pago de una cantidad de dinero, si no lo hace la persona que está obligada a ello: *gracias al ~ me han concedido el préstamo que solicité.* **2** *p. ext.* Documento firmado que *responde de una persona: *cuando me presenté para optar a ese puesto de trabajo, me solicitaron tres avales.*

a·va·lan·cha |aβalánt∫a| **1** *f.* Masa grande de nieve que cae de las montañas violentamente y con ruido: *una ~ había cortado la carretera principal.* ⇒ **alud.** **2** Conjunto grande de personas, animales o cosas: *una ~ de gente salía del campo de fútbol.* ⇒ **muchedumbre, multitud.** **3** Movimiento o entrada violenta: *la muchedumbre irrumpió en la plaza en ~.*

a·va·lar |aβalár| **1** *tr.* [algo] Dar garantías por medio de un documento o de una firma que se pone en él: *han avalado el pago del crédito.* **2** [a alguien] Hacerse responsable de la manera de obrar de una persona: *confío en ti plenamente, por eso te avalaré.*

a·van·ce |aβánθe| **1** *m.* Acción y resultado de avanzar o ir hacia adelante: *el defensa frenó el ~ del delantero; las tropas consiguieron detener el ~ del enemigo.* ⇔ **retroceso.** **2** Conjunto formado por partes diferentes y breves de una película que se *utilizan para anunciarla: *cuando fuimos al cine, antes de la película proyectaron un ~ de la película que van a estrenar el mes que viene.* **3** Cosa o acción que va o se produce antes: *el paro de una hora fue un ~ de la huelga anunciada por los sindicatos.* ⇒ **avanzada.** ■ ~ **informativo**, parte de una información que se adelanta y que más tarde es desarrollada: *cada hora la televisión emite avances informativos de las noticias que luego aparecen en los telediarios.*

a·van·za·da |aβanθáða| **1** *f.* Cosa o acción que

va o se produce antes: *el periódico ha publicado una ~ de la nueva novela del premio Nobel; estos días de frío son una ~ del invierno que se aproxima.* ⇒ **avance.** **2** MIL. Grupo de soldados que se adelanta al resto para observar al enemigo o avisar sobre un peligro: *el general destacó una ~ de 20 hombres; la ~ descubrió que el enemigo estaba preparando una emboscada.*

a·van·za·di·lla |aβanθaðíʎa| ***f.*** MIL. Grupo pequeño de soldados que se adelanta al resto para observar al enemigo o avisar sobre un peligro: *la ~ ha descubierto una pista de aterrizaje abandonada.* ⇒ **avanzada.**

a·van·za·⌜do, ⌜da |aβanθáðo, ða| **1** ***adj.*** (edad) Que es de muchos años: *tiene una edad demasiado avanzada para realizar esos ejercicios físicos tan violentos.* **2** Que es nuevo o moderno; que adelanta una corriente o una forma de trabajo: *sus ideas sobre la literatura son muy avanzadas.*

a·van·zar |aβanθár| **1** ***intr.-prnl.*** Ir hacia adelante: *los bomberos avanzaron entre las llamas.* **2** Acercarse a su fin un tiempo determinado: *el dolor aumentaba a medida que avanzaba la tarde.* - **3** ***tr.*** [algo] Mover hacia adelante: *el ajedrecista avanzó la torre para amenazar a la reina.* ☐ Se conjuga como 4.

a·va·ri·cia |aβaríθia| ***f.*** Deseo excesivo de conseguir y reunir dinero o bienes: *la ~ lo ha convertido en una persona odiada por todos.* ⇒ **codicia.**

a·va·ri·cio·⌜so, ⌜sa |aβariθióso, sa| ***adj.-s.*** (persona) Que tiene *avaricia: *era tan ~ que no quería compartir los beneficios con las personas que le habían ayudado.* ⇒ **avariento, avaro.**

a·va·rien·to |aβariénto| ***adj.-s.*** ⇒ **avaricioso.**

a·va·⌜ro, ⌜ra |aβáro, ra| ***adj.-s.*** (persona) Que tiene *avaricia: *el viejo ~ nunca daba dinero para ayudar a los pobres.* ⇒ **agarrado, avaricioso, avariento, codicioso, miserable, roñoso, ruin, tacaño.**

a·va·sa·lla·⌜dor, ⌜do·ra |aβasaʎaðór, ðóra| ***adj.*** Que *avasalla, somete o domina; que puede *avasallar: *las tropas entraron en la ciudad con una fuerza avasalladora.*

a·va·sa·llar |aβasaʎár| **1** ***tr.*** [a alguien] Someter o dominar; obligar a obedecer: *su dominio de la materia es tan grande que avasalla a sus colegas.* **2** *Ofender o hacer daño mediante el uso de una mayor fuerza o poder: *no está bien que los adultos avasallen a los niños.* ⇒ **atropellar.**

a·va·ta·res |aβatáres| ***m. pl.*** Problemas o dificultades; cambio o proceso de transformación: *cuando volvió de aquel viaje tan largo, nos contó detalladamente todos sus ~.* ☐ Es poco frecuente su uso en singular.

a·ve |áβe| **1** ***f.*** Animal vertebrado de sangre caliente, que pone huevos, respira por pulmones y tiene un pico duro, extremidades en forma de alas y el cuerpo cubierto de plumas: *las águilas, las gallinas y las palomas son aves.* **2** Animal de esas características, generalmente más grande que un pájaro: *podemos decir que el buitre es una ~ y que el gorrión es un pájaro;* **~ de paso**, la que viaja de una región a otra en ciertas estaciones del año: *la cigüeña es una ~ de paso;* **~ rapaz/de rapiña**, la que se alimenta de otros animales: *el buitre es una ~ de rapiña.* ☐ Se usa con el artículo *el*, pero con los demás determinantes en forma femenina. ■ **ser ~ de paso**, no permanecer durante mucho tiempo en un mismo lugar: *no te comprometas con esa chica porque es ~ de paso y el mes que viene se irá a vivir a otra ciudad.*

a·ve·ci·nar·se |aβeθinárse| ***prnl.*** Acercarse o aproximarse: *se avecina una tormenta; se avecinan malos tiempos.*

a·ve·jen·tar |aβexentár| ***tr.*** [a alguien] Poner viejo o más viejo; hacer parecer viejo: *la ropa negra te avejenta mucho; todavía es muy joven, pero las canas lo avejentan mucho.*

a·ve·lla·na |aβeʎána| ***f.*** Fruto seco comestible, pequeño y redondo, de color marrón, con una corteza muy dura y carne blanca de sabor agradable en su interior: *parte las avellanas antes de comerlas; la ~ tiene muchas calorías.* ⇒ **avellano.**

a·ve·lla·no |aβeʎáno| **1** ***m.*** Árbol que crece en zonas templadas, cuyo fruto es la *avellana: *el ~ mide entre uno y seis metros.* ⇒ **avellana.** **2** Madera de ese árbol: *el ~ es una madera dura; el ~ se usa para fabricar barriles.*

a·ve·ma·rí·a |aβemaría| ***f.*** Oración dirigida a la Virgen, que comienza con las palabras *Dios te salve, María*: *todas las noches reza cinco avemarías.*

a·ve·na |aβéna| **1** ***f.*** Planta cereal que produce una semilla que sirve de alimento para las personas y los animales: *el campesino segó la ~; la ~ es de color amarillo claro en verano;* **~ loca**, la que crece de manera silvestre entre otros cereales: *la ~ loca estropea los sembrados de trigo y cebada.* **2** Semilla o conjunto de semillas de esa planta: *los caballos de carreras comen ~; la ~ tiene muchas proteínas; desayuno copos de ~ con leche.*

a·ve·nen·cia |aβenénθia| ***f.*** *form.* Acuerdo o entendimiento; conformidad: *no fue posible llegar a una ~ con los enemigos.* ⇔ **desavenencia.**

a·ve·ni·da |aβeníða| **1** ***f.*** Vía o calle ancha de una población, generalmente con árboles a los lados: *sería agradable pasear por la ~ si no pasaran por ella tantos coches.* **2** Aumento o crecida del caudal de un río: *las tormentas de los últimos días han formado una ~ que ha inundado nuestros campos.* ⇒ **riada.**

a·ve·nir |aβenír| **1** ***tr.-prnl.*** [a alguien] Poner de acuerdo; ajustar o hacer conformes dos partes distintas o enfrentadas: *el juez de paz consiguió ~ a los vecinos que habían tenido el conflicto; los adversarios se avinieron y abandonaron las armas; estas costumbres no se avienen con los principios cristianos.* - **2 avenirse** ***prnl.*** Entenderse bien una persona con otra: *yo tengo buen carácter y me avengo con cualquiera.* ☐ Se conjuga como 90.

a·ven·ta·jar |aβentaxár| ***tr.*** [a algo/alguien] Sacar o llevar ventaja: *muchos alumnos aventajaron a sus maestros; mi equipo ha aventajado al tuyo en la clasificación final.* ⇒ **exceder, sobrepasar.**

a·ven·tar |aβentár| **1** ***tr.*** [algo] Echar al viento una cosa, especialmente los granos de cereal para separarlos de la *paja: *aventaban en la era lanzando la mies a lo alto con horcas.* **2** Dirigir una corriente de aire a una cosa: *hay que ~ la mesa recién pintada para que se seque.* ☖ Se conjuga como 27.

a·ven·tu·ra |aβentúra| **1** *f.* Hecho o situación extraña o poco frecuente: *hemos hecho un viaje lleno de aventuras: se nos estropeó el coche, no encontramos sitio para dormir y unos ladrones intentaron atracarnos.* **2** Hecho o situación peligrosa o que tiene un resultado poco seguro: *me he embarcado en la ~ de invertir todos mis ahorros en un solo negocio.* **3** *fig.* Relación amorosa o sexual entre dos personas que no forman pareja estable: *he sido el último en enterarme de que mi mujer ha tenido una ~.* ⇒ **enredo, lío.**

a·ven·tu·rar |aβenturár| **1** *tr.-prnl.* [algo] Poner en peligro: *he aventurado mi capital en un negocio prometedor y confío en obtener algún beneficio; me aventuré por el camino que atravesaba el bosque.* **2** Decir o afirmar una cosa de la que se duda: *el profesor aventuró en clase una nueva teoría sobre el movimiento de los astros; el concursante se ha aventurado a dar una respuesta que finalmente resultó incorrecta.*

a·ven·tu·re· ro, ⌐ra |aβenturéro, ra| **1** *adj.-s.* Que busca aventuras; que vive una vida de aventuras: *los alpinistas suelen ser personas de espíritu aventurero; esta novela trata de un aventurero que busca unas minas de oro en la selva.* **2** (persona) Que intenta alcanzar en la sociedad un puesto que no le corresponde usando unos medios poco adecuados: *los aventureros están muy mal vistos en la empresa.*

a·ver·gon·zar |aβerγonθár| **1** *tr.* [a alguien] Causar vergüenza: *tu conducta me avergüenza.* ⇔ **enorgullecer. - 2 avergonzarse** *prnl.* Tener o sentir vergüenza: *no se avergüenza de pedir dinero por la calle; deberías avergonzarte por tus acciones.* ⇒ **ruborizarse.** ⇔ **enorgullecer.** ☖ Se conjuga como 51.

a·ve·rí·a |aβería| **1** *f.* Fallo que impide el funcionamiento de una máquina o aparato: *no puedo llevarte al aeropuerto porque mi coche tiene una ~; conviene que revises a menudo el aparato para evitar averías.* **2** MAR. Daño en una embarcación: *el casco se golpeó contra los arrecifes y sufrió una ~.* **3** Daño en una mercancía o producto: *detectaron averías en parte de la mercancía.*

a·ve·riar |aβeriár| *tr.-prnl.* [algo] Producir una *avería en una máquina, un vehículo o en otra cosa: *el choque averió el motor del automóvil.* ☖ Se conjuga como 13.

a·ve·ri·gua·ción |aβeriγuaθión| *f.* Acción y resultado de averiguar: *tengo que hacer cierto número de averiguaciones antes de poner una denuncia formal.*

a·ve·ri·guar |aβeriγuár| *tr.* [algo] Tratar de llegar al conocimiento o la verdad de una cosa; examinar con cuidado la verdad de una cosa: *tengo que ~ la causa de su enfado; averigua si anoche se cometió algún atraco.* ☖ Se conjuga como 22.

a·ver·no |aβérno| **1** *m. form.* Lugar al que van las *almas de las personas que mueren en pecado, según la religión cristiana: *al morir su alma descendió directamente al ~.* ⇒ **abismo, infierno. 2** Lugar en el que habitan las *almas de todos los muertos, según algunas religiones anteriores al *cristianismo: *los paganos creían en la existencia del ~.* ⇒ **infierno.**

a·ver·sión |aβersión| *f.* Odio que se siente hacia una persona o cosa: *dime de una vez por qué tienes esa ~ contra mí.* ⇒ **antipatía, manía.**

a·ves·truz |aβestrúθ| *m.* Ave de unos dos metros de altura, de patas y cuello largos y fuertes, con sólo dos dedos en cada pie, que corre y no puede volar: *el ~ suele vivir en África y Arabia.* ☖ Para indicar el sexo se usa el ~ macho y el ~ hembra.

a·ve·zar |aβeθár| *tr.-prnl.* [a alguien] Hacer tomar o tener una costumbre: *los entrenadores lo avezaron en el manejo del arco y las flechas.* ⇒ **acostumbrar.**

a·via·ción |aβiaθión| **1** *f.* Sistema de transporte aéreo: *la ~ ha acortado muchísimo las distancias; quince personas murieron en un accidente de ~.* **2** Fuerzas aéreas de un Estado: *la actuación de la ~ norteamericana fue importantísima en la Segunda Guerra Mundial.* ⇒ **ejército.**

a·via·⌐dor, ⌐do·ra |aβiaðór| **1** *m. f.* Persona que conduce o gobierna un avión: *desde niño quiso ser ~ y entró muy joven en la escuela de pilotos.* ⇒ **piloto. 2** Persona que sirve en la *aviación de un ejército: *los aviadores recibieron la orden de bombardear la fábrica.*

a·viar |aβiár| **1** *tr.* [algo] Preparar o disponer lo necesario con un fin determinado: *tengo que ~ el equipaje porque mañana salgo de viaje.* **2** *fam.* [algo, a alguien] Arreglar u ordenar: *todas las mañanas avío mi habitación antes de salir de casa; las muchachas se aviaban con esmero para salir.* **- 3** *intr.* Darse prisa en la ejecución de una cosa: *diles que avíen porque nos marchamos ahora mismo.* ⇒ **aligerar.** ☖ Se conjuga como 13. ■ **aviárselas,** buscar la manera de solucionar un problema o de hacer una cosa: *si tienes un problema, avíatelas como puedas, yo no puedo ayudarte.* ■ **estar/ir aviado,** estar equivocado; estar en condiciones de sufrir una sorpresa: *con el sueldo que cobras, vas aviado si crees que vas a poder comprarte un piso.*

a·ví·co·la |aβíkola| *adj.* De las aves o la *avicultura o que tiene relación con ellas: *he conocido al propietario de una granja ~.*

a·vi·cul·tu·ra |aβikultúra| *f.* Técnica de criar las aves y aprovechar sus productos: *la ~ ha hecho aumentar la producción de huevos de una forma asombrosa.*

a·vi·dez |aβiðéθ| *f.* Deseo fuerte e intenso de tener o conseguir una cosa: *tiene una forma de ser agradable, pero lo pierde su ~ de dinero.* ⇒ **ansia, codicia.**

á·vi·⌐do, ⌐da |áβiðo, ða| *adj.* Que siente un deseo fuerte e intenso de tener, hacer o conseguir una cosa: *es un joven inteligente y ~ de lectura.*

a·vie·⌐so, ⌐sa |aβiéso, sa| **1** *adj.* Que se separa de lo normal: *esta mañana tengo que hacer una gestión administrativa aviesa y complicada.* **2** *fig.* Que es malo o no tiene buena intención: *comprendí sus aviesas intenciones cuando ya le había hecho daño a aquella chica.*

a·vi·na·grar |aβinaɣrár| **1** ***tr.-prnl.*** [algo] Poner o ponerse agria una cosa, especialmente el vino: *el excesivo calor avinagró el vino de la botella; este vino se ha avinagrado y sabe muy mal.* **- 2 avinagrarse** ***prnl.*** Hacerse áspero o desagradable el carácter de una persona: *con la edad se le ha avinagrado el genio.*

a·ví·o |aβío| **1** ***m.*** Preparación o disposición de lo necesario con un fin determinado: *tu preocúpate del ~ del equipaje que yo me encargaré de conseguir los billetes.* **2** Comida o alimento que lleva consigo una persona que sale de viaje o que no piensa volver a casa a comer: *los pastores salen al campo con el ~ para todo el día.* **3** Conveniencia o provecho: *si no te quedas todo el tiempo con nosotros, tu ayuda no nos hace ~.* **- 4 avíos** ***m. pl.*** Instrumentos, herramientas o medios que son necesarios con un fin determinado: *estos fontaneros llevan sus avíos en una furgoneta; prepara los avíos para hacer la paella.*

a·vión |aβi̲ó̲n| **1** ***m.*** Vehículo con alas, más pesado que el aire y que se usa para el transporte aéreo: *el ~ es el medio de transporte más rápido; tenemos que ir a buscarlos al aeropuerto porque vienen en ~;* **~ comercial**, el que pertenece a una empresa y se emplea para transportar personas y mercancías: *esta compañía dispone de 20 aviones comerciales;* **~ de caza**, el de pequeño tamaño, muy rápido y con armas, que se emplea para fines militares: *una escuadrilla de aviones de caza derribó varios bombarderos enemigos;* **~ de bombardeo**, el de gran tamaño que se emplea para lanzar bombas: *del aeropuerto militar despegaron cinco aviones de bombardeo.* ⇒ **bombardero; ~ de reacción**, el que se mueve impulsado por *reactores: *los aviones de reacción alcanzan más velocidad que los de hélice;* **~ sin motor,** el de pequeño tamaño que vuela movido solamente por las corrientes de aire: *estoy aprendiendo a volar en un ~ sin motor.* ⇒ **planeador; ~ supersónico**, el que es capaz de superar la velocidad del sonido: *el* Concorde *es un ~ supersónico comercial.* ⇒ **nave. 2** Pájaro pequeño de color negro con el vientre blanco: *el ~ se parece a la golondrina.* ☖ Para indicar el sexo se usa el ~ macho y el ~ hembra.

a·vio·ne·ta |aβi̲o̲néta| ***f.*** Avión pequeño que se usa generalmente para hacer vuelos cortos y a poca altura: *vivían en la selva y una ~ los abastecía todas las semanas.*

a·vi·sar |aβisár| **1** ***tr.*** [a alguien] Dar aviso o noticia de un hecho: *avísame cuando quieras vender tu casa.* ⇒ **alertar. 2** Dar consejo o *advertir: *avisa a tu hijo cuando creas que va a hacer algo malo; te aviso que no digas nada a nadie.* **3** Llamar a una persona para que preste un servicio: *avisa al médico porque tengo fiebre y un fuerte dolor de cabeza; el agua no paraba de salir y avisé a un fontanero.*

a·vi·so |aβíso| **1** ***m.*** Noticia que da a conocer una cosa o asunto: *nos dijo, a modo de ~, que antes de entrar había que pagar.* **2** Escrito o frase que da a conocer una cosa o asunto: *hay un ~ sobre la ventanilla en el que se dice que cierran a las dos.* **3** Escrito o frase que da a conocer el mal que puede venir si no se pone cuidado: *ya le han dado dos avisos por mal comportamiento: la próxima vez lo expulsarán del colegio.* **4** Señal que hace el *presidente de una corrida al torero, por no matar al toro en el tiempo debido: *no cortará ninguna oreja porque ya le han dado dos avisos.* ■ **andar/estar sobre ~**, estar prevenido y preparado para lo que pueda pasar: *ando sobre ~, ya sé que puede llegar en cualquier momento.* ■ **poner sobre ~**, avisar o *advertir sobre un peligro u otra cosa: *un amigo me puso sobre ~ y pude comprar el frigorífico antes de que subiera de precio.* ■ **sin previo ~**, sin dar *previamente una noticia o una señal: *pueden cambiar las características del modelo sin previo ~.*

a·vis·pa |aβíspa| **1** ***f.*** Insecto de cuerpo alargado, con rayas negras y amarillas y con un aguijón con el que produce picadas muy dolorosas: *la ~ se parece a la abeja porque vive en grupos y fabrica panales.* **2** *fam.* Persona muy lista y despierta: *mi hija es una ~ y no se le escapa ni un solo detalle de mis conversaciones.*

a·vis·pa·⌈do, da |aβispáðo, ða| ***adj.*** Que es muy listo, vivo, despierto y agudo: *tengo un alumno muy ~, con un futuro prometedor.*

a·vis·par |aβispár| ***tr.*** [a algo/alguien] Hacer listo, vivo y despierto: *hay que ~ a este muchacho para que pueda defenderse en la vida; te conviene ~ a tu perro para que los demás no lo muerdan.*

a·vis·pe·ro |aβispéro| **1** ***m.*** Lugar donde viven las *avispas: *en ese árbol hay un ~.* ⇒ **panal. 2** Conjunto de *avispas que viven en ese lugar: *un ~ salió de los agujeros de la pared y se lanzó contra nosotros.* **3** *fig.* Lío; lugar o asunto peligroso: *la oficina era un auténtico ~.*

a·vis·tar |aβistár| ***tr.*** [algo, a alguien] Alcanzar con la vista o empezar a ver lo que está lejos: *el capitán avistó un barco pirata; el guardabosque avistó un fuego desde su torre.*

a·vi·tua·llar |aβitu̲a̲ʎár| ***tr.*** [a algo/alguien] Dar o preparar las cosas necesarias para la comida: *esta compañía tiene la misión de ~ a los soldados que están en el frente.*

a·vi·var |aβiβár| **1** ***tr.*** [algo] Dar nueva fuerza o mayor intensidad: *el agua de la lluvia está avivando los jardines; dicen que el hambre aviva el ingenio; aviva el fuego, que se está apagando.* **- 2** ***intr.-prnl.*** Tener más fuerza, más intensidad o más vida: *en la primavera se avivan las plantas; la discusión avivó conforme pasaba la tarde.*

a·vi·zor |aβiθór| ■ **ojo ~**, en actitud de vigilancia; con atención: *los cazadores están ojo ~ por si les sale al paso un conejo.*

a·xial |akˢi̲á̲l| ***adj.*** Del eje o que tiene relación con él: *una circunferencia tiene simetría ~ porque un eje la divide en dos partes iguales.* ⇒ **axil.** ☖ La Real Academia Española prefiere la forma *axil.*

a·xil |akˢíl| ***adj.*** *form.* ⇒ **axial.** ☖ Se usa más frecuentemente la forma *axial.*

a·xi·la |akˢíla| ***f.*** *form.* Hueco que se forma al unirse el interior del brazo de las personas con el tronco: *lleva el cuaderno bajo la ~; Carmen está sujetando al bebé por las axilas.* ⇒ **sobaco.**

a·xi·lar |aᵏsilár| ***adj.*** *form.* De la *axila o que tiene relación con ella: *ésta es una crema especial para la depilación ~.*

a·xio·ma |aᵏsióma| **1** ***m.*** *form.* Expresión de un juicio tan claro que no necesita demostración: *nuestro razonamiento partirá de este ~: dos cantidades iguales a una tercera son iguales entre sí.* **2** Principio básico o elemental de una ciencia: *los alumnos aprenden algunos axiomas de su especialidad en el primer año de carrera.*

ay |ái| ***interj.*** Indica pena, dolor o temor: *¡~!, ¡me he dado con el martillo en el dedo!* ■ **¡~ de mí!**, expresa *lamento o amenaza: *¡~ de mí!, ¡qué desgraciado soy!; ¡~ de vosotros si desobedecéis mis órdenes!: seréis castigados duramente.* ☖ Se usa también con otros pronombres.

a·yer |ayér| **1** ***adv. t.*** En el día inmediatamente anterior al de hoy: *llegó ~ por la noche y hoy ha pasado el día entero con nosotros.* ⇒ **hoy, mañana. 2** En un tiempo pasado: *hoy piensas así, pero ~ pensabas de otra manera.* **- 3** ***m.*** Tiempo pasado: *estas fotografías me han traído recuerdos del ~.* ■ **de ~ a hoy**, en breve tiempo; desde hace muy poco tiempo: *esta chica ha cambiado de opinión de ~ a hoy.*

a·⌐yo, ⌐ya |áyo, ya| ***m. f.*** Persona que se encarga de cuidar o criar a un niño, sin ser uno de sus padres: *cuando se ausentaban los padres, el niño estaba bajo la custodia de un ~.* ☖ Para el femenino, se usa la forma del artículo *el*; los demás daterminantes deben ir en forma femenina.

a·yu·da |ayúða| **1** ***f.*** Apoyo; acción y resultado de ayudar: *¿necesitas mi ~?; pidió ~ a sus amigos para mudarse de casa.* **2** Persona o cosa que ayuda o apoya: *su esposa fue siempre su gran ~.* **3** Cantidad de dinero que se da a una persona que lo necesita: *el Estado da ayudas a los estudiantes.* ■ **~ humanitaria**, conjunto de alimentos, medicinas y hombres que se envían a la población *civil de un país en guerra: *algunos países de Europa necesitan ~ humanitaria.*

a·yu·dan·te |ayuðánte| ***com.*** Persona que ayuda a otra, de formación o categoría superior, en un trabajo o en una profesión: *trabaja como ~ del juez; el ~ del profesor daba algunas clases.*

a·yu·dar |ayuðár| **1** ***tr.*** [a alguien] Auxiliar o dar ayuda; prestar *cooperación con un fin determinado; hacer posible que se haga, produzca u ocurra una cosa: *los países ricos deben ~ a los pobres; los amigos te ayudaron a cumplir tus deseos.* **- 2 ayudarse** ***prnl.*** Utilizar o valerse del auxilio o la ayuda de otra persona o cosa: *deja que me ayude de tus conocimientos para resolver este problema; tenía un fuerte dolor en la pierna y se ayudó con las manos para ponerla encima de la mesa.*

a·yu·nar |ayunár| **1** ***intr.*** No comer ni beber; dejar de comer y beber: *tuvo una infección de estómago y el médico le ha ordenado ~ durante un día.* **2** Renunciar voluntariamente a una cosa agradable: *todos los domingos voy al cine, pero esta semana voy a ~.*

a·yu·nas |ayúnas| ■ **en ~**, sin comer o haber comido nada: *estoy todo el día en ~; tiene que tomarse las pastillas en ~.* ■ **en ~**, sin comprender nada: *el profesor dio una explicación tan mala, que todos los alumnos nos quedamos en ~.* ■ **en ~**, sin disfrutar de una cosa agradable: *aunque me gusta mucho la música, voy a estar en ~ durante un tiempo porque se me ha estropeado el equipo de música.*

a·yu·no |ayúno| ***m.*** Acción y resultado de *ayunar: *el ~ durante un día vendrá bien para mejorar el estado de tu estómago; los católicos hacen ayunos voluntarios durante la Semana Santa.*

a·yun·ta·mien·to |ayuntamiénto| **1** ***m.*** Conjunto de personas que administran los intereses de una población o un *municipio: *el ~ está formado por el alcalde y los concejales.* **2** Edificio en el que trabaja ese conjunto de personas: *he tenido que ir al ~ a pagar la multa.* **3** Acción y resultado de juntar o *ayuntarse: *un matrimonio puede ser anulado más fácilmente si no ha habido ~ carnal por parte de los cónyuges.*

a·yun·tar |ayuntár| ***tr.-prnl.*** *form.* [algo] Juntar o reunir: *debemos ~ nuestros esfuerzos para obtener un mejor provecho.*

a·za·ba·che |aθaβátʃe| **1** ***m.*** MIN. Carbón duro de color negro brillante, que puede ser pulido para hacer adornos: *tenía entre sus manos un rosario de ~.* **2** Pájaro de vientre blanco, cabeza y alas negras y el resto del cuerpo gris oscuro, que se alimenta de insectos: *en aquellos árboles se posan muchos azabaches.* ☖ Para indicar el sexo se usa el ~ macho y el ~ hembra. **3** ***adj.-s.*** (color) Que es negro brillante: *se fijó en el ~ de sus ojos.*

a·za·da |aθáða| ***f.*** Herramienta grande formada por una pieza de metal plana, que termina en un borde afilado y que está sujeta a un mango largo de madera: *cavaba la tierra del jardín con la ~.* ⇒ **azadón.**

a·za·dón |aθaðón| ***m.*** Herramienta grande formada por una pieza de metal plana, más larga que ancha, que termina en un borde afilado y que está sujeta a un mango largo de madera: *cogió el ~ y se fue a regar las patatas.* ⇒ **azada.**

a·za·fa·⌐to, ⌐ta |aθafáto, ta| **1** ***m. f.*** Persona que se dedica a prestar atención a los pasajeros en un avión o un tren: *la azafata indica a los pasajeros dónde deben sentarse; un ~ se encargó de servir las bebidas a los pasajeros.* **2** Persona que se dedica a recibir y prestar atención a los visitantes, participantes o clientes en ciertos actos, establecimientos o reuniones: *las azafatas de la exposición informaban a los visitantes.*

a·za·frán |aθafrán| **1** ***m.*** Planta procedente de Oriente, de tallo *bulboso y hojas estrechas, con la flor de color morado y unos *estigmas de color rojo *anaranjado, que se usa generalmente como *condimento: *la flor del ~ suele llamarse* rosa *y el bulbo* cebolla. **2** *Estigma o conjunto de *estigmas de esa planta: *el ~ es un condimento muy apreciado.* ⇒ **colorante.**

a·za·fra·na·⌐do, ⌐da |aθafranáðo, ða| ***adj.*** Que tiene el color del *azafrán: *la manta que cubre la* *cama es azafranada; el romano de la película lleva una túnica azafranada.*

a·za·har |aθaʼár| ***m.*** Flor del *naranjo, del *limonero y de otros árboles parecidos, que se usa en medicina y en *perfumería: *el ~ tiene un olor muy agradable.* ☐ No se debe confundir con *azar.*

a·za·le·a |aθaléa| ***f.*** Planta de jardín, de flores blancas, rosadas o rojas, muy bellas: *la ~ contiene una sustancia venenosa; tengo azaleas en el jardín.*

a·zar |aθár| ***m.*** *Casualidad a la que se atribuyen los hechos en los que no puede intervenir el hombre ni ninguna fuerza natural: *por ~ me encontré con un pariente en la estación de ferrocarril.* ⇒ **fortuna.** ■ **al ~**, sin una intención determinada; sin orden: *los números de la lotería se sortean al ~.*

a·za·ro·so, sa |aθaróso, sa| ***adj.*** Que tiene desgracias o dificultades: *después de un viaje largo y ~, conseguimos llegar a nuestro destino.*

a·zo·gue |aθóɣe| ***m.*** *form.* Metal líquido, denso, de color gris plata: *el ~ se usa para hacer espejos.* ⇒ **mercurio.**

a·zor |aθór| ***m.*** Ave parecida al *halcón, con la parte superior oscura con una raya blanca y la parte inferior blanca con manchas más oscuras, que se alimenta de pequeños animales: *el ~ ha sido muy utilizado en cetrería.* ☐ Para indicar el sexo se usa el ~ macho y el ~ hembra.

a·zo·rar |aθorár| ***tr.-prnl.*** *form.* [a alguien] Preocupar; sentirse molesto o poco tranquilo: *si no has sabido resolver el problema, no te azores, mañana puedes encontrar la solución.*

a·zo·tai·na |aθotáina| ***f.*** Cantidad de golpes o *azotes que se da o se recibe: *la madre le dio una ~ a su hija por haber pintado en las paredes con un lápiz.*

a·zo·tar |aθotár| **1** ***tr.*** [algo, a alguien] Dar *azotes: *el hombre azotó a su hijo por haberle tirado una piedra a una señora.* **2** Dar golpes de forma repetida y violenta: *el mar azota los acantilados.*

a·zo·te |aθóte| **1** ***m.*** Golpe dado con la mano a una persona, especialmente en el trasero: *el niño recibió un ~ como castigo por su mal comportamiento.* **2** Golpe repetido y violento, especialmente de agua o de aire: *esta parte de la casa recibe el ~ del viento y es mucho más fría que el resto.* **3** Desgracia o *calamidad: *el ~ del hambre está asolando regiones enteras.* **4** Instrumento formado por un conjunto de cuerdas con nudos que se usan para castigar a las personas: *los guardias castigaban a los presos con los azotes.* **5** Golpe que se da con ese instrumento: *el capitán del barco ordenó que le dieran al marinero 20 azotes por haber desobedecido sus órdenes.*

a·zo·te·a |aθotéa| **1** ***f.*** Cubierta plana de un edificio sobre la cual se puede andar: *Juana ha subido a la ~ a tender la ropa.* ⇒ **terraza. 2** *fam. fig.* Cabeza de una persona: *me han dado un golpe en la ~.* ■ **estar mal de la ~**, estar *loco; haber perdido el juicio: *si crees que te voy a ayudar, estás mal de la ~.*

az·te·ca |aθtéka| **1** ***adj.*** Del pueblo *indígena que *dominó el territorio de Méjico o que tiene relación con él: *el calendario ~ servía para recordar la religión y la historia del pueblo ~, entre otras cosas.* **- 2** ***adj.-com.*** (persona) Que pertenece a ese pueblo: *la mayoría de los aztecas eran agricultores.* **- 3** ***m.*** Lengua de ese pueblo: *el ~ es una lengua indígena con muchas variedades.* ⇒ **náhuatl.**

a·zú·car |aθúkar| **1** ***amb.*** Sustancia sólida y muy dulce que se saca especialmente de la *caña y de la *remolacha: *el ~ se utiliza para elaborar dulces;* **~ blanco**, el más purificado: *el ~ blanco se utiliza mucho en repostería;* **~ glas**, sustancia espesa que se pone por encima de ciertas frutas y dulces: *las frutas se glasean con ~ glas;* **~ moreno**, el de color más oscuro y más dulce que el blanco: *el ~ moreno está menos purificado que el blanco.* **2** *Hidrato de *carbono de sabor dulce: *el médico ha dicho que tengo demasiado ~ en la sangre.*

a·zu·ca·rar |aθukarár| **1** ***tr.*** [algo] Poner dulce un alimento echándole azúcar: *el cocinero azucaró el bizcocho del pastel; se tomó un vaso de leche azucarada.* **2** Cubrir con azúcar: *Luisa puso las rosquillas en la bandeja y después las azucaró.*

a·zu·ca·re·ro, ra |aθukaréro, ra| **1** ***adj.*** Del azúcar o que tiene relación con él: *las empresas azucareras han decidido subir los precios.* **- 2** ***m.*** Recipiente que sirve para contener azúcar: *ahí tienes el ~, sírvete tú mismo.*

a·zu·ca·ri·llo |aθukariʎo| ***m.*** Masa pequeña y apretada de azúcar: *en muchos bares ponen azucarillos en el plato del café.*

a·zu·ce·na |aθuθéna| **1** ***f.*** Flor de jardín grande, blanca y muy olorosa: *la ~ es el símbolo de la pureza.* **2** Planta de tallo alto y hojas largas y estrechas, que da esa flor: *la ~ es una planta perenne.* ⇒ **lirio.**

a·zu·fre |aθúfre| ***m.*** QUÍM. Elemento químico, de color amarillo y de olor desagradable: *el símbolo del ~ es S.*

a·zul |aθúl| **1** ***adj.*** De color parecido al del cielo sin nubes: *los pantalones vaqueros suelen ser azules; tiene los ojos azules.* **- 2** ***adj.-m.*** (color) Que es parecido al del cielo sin nubes: *el ~ del mar;* **~ celeste,** el que es más claro y parecido al del cielo sin nubes: *el color de la bandera argentina es ~ celeste;* **~ marino,** el que es más oscuro: *un pantalón ~ marino.*

a·zu·la·do, da |aθuláðo, ða| ***adj.*** Que es de color parecido al azul: *según tú, tiene los ojos azulados, pero yo diría que son verdes.*

a·zu·le·jo |aθuléxo| ***m.*** Pieza más o menos cuadrada y delgada, de barro *cocido y con brillo por una cara: *las paredes de las cocinas y los baños en España suelen cubrirse con azulejos.*

B

B, b *f.* Letra que en el alfabeto español sigue a la *a*: *la palabra* baba *se escribe con* ~.

ba·ba |báβa| **1** *f.* *Saliva abundante que cae de la boca: *al niño se le caía la ~ y su madre se la limpió.* **2** Sustancia pegajosa que producen ciertos animales o plantas: *el caracol dejaba su rastro de ~ al desplazarse.* ■ **caerse la ~**, *fam.*, experimentar gran admiración o placer al ver a una persona o cosa o ante una acción determinada: *al abuelo se le caía la ~ viendo cómo jugaba su nieto.*

ba·be·ar |baβeár| **1** *intr.* Echar *baba: *el caballo babeaba después de la carrera.* **2** *fam. fig.* Experimentar gran admiración por una persona o cosa y mostrarlo: *siempre anda babeando detrás de las chicas jóvenes.*

ba·be·ro |baβéro| **1** *m.* Pieza de tela que se coloca a los niños en el pecho sujeta al cuello, para que no se manchen: *cuando va a comer, el niño se pone su ~.* **2** Pieza de tela que llevan como adorno los trajes de niño y otras prendas de vestir y que cubre los hombros y el pecho: *su vestido marinero llevaba un ~ blanco; el bebé fue bautizado con un enorme ~ blanco de puntillas y lazos.* **3** Prenda de vestir que cubre todo el cuerpo y que se ponen los niños encima de la ropa para protegerla: *los niños pequeños llevan ~ en el colegio.* ⇒ **babi.**

ba·bi |báβi| *m.* Prenda de vestir que cubre todo el cuerpo y que se ponen los niños encima de la ropa para protegerla: *tengo un ~ de rayas azules y blancas.* ⇒ **babero.**

ba·ble |báβle| *m.* Variedad lingüística procedente del *leonés antiguo que se habla en Asturias: *vivía en la montaña y hablaba ~.*

ba·bor |baβór| *m.* MAR. Lado izquierdo de una embarcación, mirando desde la parte trasera hacia la delantera: *a ~ puede verse el continente europeo, a estribor el asiático.* ⇔ **estribor.**

ba·bo·sa |baβósa| *f.* Animal invertebrado de cuerpo blando que vive en tierra y echa una sustancia pegajosa al arrastrarse: *como ha llovido, hay muchas babosas en el huerto.*

ba·bo·se·ar |baβoseár| *tr. desp.* [algo] Llenar de *babas: *deja ya de ~ la muñeca.*

ba·bo·˹so, ˹sa |baβóso, sa| **1** *adj.-s.* Que echa líquido abundante y espeso por la boca: *no me acerques a ese perro ~; ¡qué bebé tan ~, tiene la cara llena de saliva!* **2** *fam. fig.* (persona) Que resulta pesado y molesto cuando intenta decir o hacer cosas agradables a los demás: *no seas ~ y déjame tranquilo; ¡qué babosa, deja de besuquearme!* ⇒ **pelotillero.** **3** *fam. fig.* (persona) Que no tiene edad para lo que hace o intenta hacer: *quiere parecer mayor y todavía es una babosa.*

ba·bu·cha |baβútʃa| *f.* Calzado ligero y plano, usado especialmente en el mundo árabe: *llevaba chilaba, turbante y babuchas.*

ba·ca |báka| *f.* Estructura, generalmente metálica, que se coloca sobre el techo de un automóvil para llevar maletas o bultos: *me he comprado una ~ para llevar el equipaje.* ☖ No se debe confundir con *vaca.*

ba·ca·la·de·˹ro, ˹ra |bakalaðéro, ra| **1** *adj.* Del *bacalao o que tiene relación con él: *la pesca bacaladera en el océano Atlántico tiene mucha importancia comercial.* - **2 bacaladero** *m.* Embarcación destinada a pescar *bacalao: *el ~ lleva una semana en alta mar.*

ba·ca·la·o |bakaláo| *m.* Pez marino comestible de cuerpo blando y una barba en el labio inferior: *la carne del ~ suele ponerse en salazón; del hígado del ~ se saca aceite.* ☖ Para indicar el sexo se usa el ~ macho y el ~ hembra. ■ **cortar el ~**, *fam.*, dirigir una acción; mandar en un asunto o situación: *aquí quien corta el ~ soy yo, ¿has entendido?*

ba·che |bátʃe| **1** *m.* Agujero o hundimiento que se produce en la calle o en la carretera: *el agua y el hielo han hecho baches en ese camino; cayó en un ~ y pinchó una rueda.* **2** Detención o dificultad de una actividad o proceso: *el plan de urbanismo ha sufrido muchos baches.* **3** Enfermedad *leve y pasajera; situación delicada de la salud o del ánimo: *está pasando por un ~ y se encuentra muy deprimido y agotado.* **4** Diferencia en la densidad del aire que provoca movimientos rápidos y verticales en un avión: *el comandante de la nave les anunció que pasarían por una zona de baches y turbulencias.*

ba·chi·ller |batʃiʎér| *com.* Persona que ha conseguido el título correspondiente al terminar la enseñanza media: *una vez que fue ~, decidió cursar estudios universitarios.*

ba·chi·lle·ra·to |batʃiʎeráto| **1** *m.* Grado que se consigue al terminar la enseñanza media: *ha terminado el ~ y el curso próximo va a estudiar en la Universidad.* **2** Conjunto de estudios necesarios para conseguir ese grado: *dice que el ~, en sus tiempos, era más difícil.*

ba·ci·lo |baθílo| *m. form.* Bacteria de forma cilíndrica: *algunos bacilos provocan enfermedades;* ~ **de Koch**, MED., el que causa la *tuberculosis: *el ~ de Koch fue descubierto en 1882.*

ba·cín |baθín| **1** *m.* Recipiente cilíndrico de bordes altos que sirve para recoger la orina y los excrementos y que se puede llevar de un lugar a otro:

salió al huerto a tirar el contenido del ~. ⇒ **orinal.** **2** *fam. fig.* Hombre torpe o poco inteligente: *ese ~ es incapaz de hacer nada solo.*

bac·te·ria |bakˈtéria| *f.* Organismo vegetal con una sola célula sin *núcleo que puede provocar enfermedades: *la tuberculosis y la neumonía son enfermedades producidas por bacterias.*

bac·te·ri·ci·da |bakteriθíða| *adj.-m.* (sustancia) Que mata o destruye las bacterias: *utilizaron un ~ para desinfectar la sala.*

bá·cu·lo |bákulo| *m. form.* Palo o vara recta y larga: *se ayuda de un ~ para caminar; ~* **pastoral,** el de oro o plata que usan los *obispos como símbolo de su autoridad: *al finalizar la misa, entregaron el ~ pastoral al obispo.*

ba·da·jo |baðáxo| *m.* Pieza que cuelga del interior de una campana y que sirve para hacerla sonar: *tenía una cuerda atada al ~ y tirando de ella hacía sonar la campana.*

ba·da·na |baðána| **1** *f.* Piel de oveja trabajada: *el manuscrito estaba forrado de ~.* **2** Tira de esa piel que se cose en el borde interior de un sombrero para evitar que se manche con el sudor: *llevó el sombrero a arreglar porque se le había descosido la ~.* **- 3** *com. fam. desp.* Persona débil y perezosa: *si estás esperando a que el trabajo lo termine ese badanas, vas listo.* ☖ En esta acepción se suele usar en plural: *badanas.*

ba·dén |baðén| **1** *m.* Hueco que las aguas de lluvia forman en el terreno: *el carro se atascó en el ~.* **2** Hueco que se hace para dar paso a una pequeña corriente de agua, especialmente en una carretera: *los badenes de las carreteras pueden ser peligrosos.*

ba·⌜dil, ⌜di·la |baðíl, ðíla| *m. f.* Instrumento de metal formado por una pieza más o menos redonda unida a un mango largo, que sirve para mover el fuego o el *brasero: *removió las ascuas del brasero con el ~.*

ba·fle |báfle| *m.* Caja que contiene uno o varios *altavoces de un equipo de sonido: *los músicos colocaron los bafles sobre el escenario.*

ba·ga·je |baγáxe| *m.* Conjunto de conocimientos o información de que dispone una persona: *con sus lecturas ha adquirido un enorme ~ cultural.*

ba·ga·te·la |baγatéla| *f.* Cosa de poco valor o poco importante: *Luis le hizo un magnífico regalo a María, pero, como es muy modesto, dijo que era sólo una ~.* ⇒ **fruslería, futilidad.**

¡bah! |bá| *interj.* Expresión que indica desprecio o falta de interés: *¡~!, no me importa lo que le pueda suceder.*

ba·hí·a |baía| *f.* Parte de mar que entra en la tierra y que puede servir de refugio a las embarcaciones: *la ~ es de menor tamaño que el golfo.* ⇒ **cala, caleta, golfo.**

bai·la·ble |bailáβle| *adj.* Que se puede bailar: *en las fiestas del pueblo sólo tocan música ~.*

bai·la·⌜or, ⌜o·ra |bailaór, óra| *m. f.* Persona que baila *flamenco: *la bailaora bailaba en el centro del escenario y los demás cantaban y daban palmas.*

bai·lar |bailár| **1** *intr.-tr.* [algo; con alguien] Mover el cuerpo siguiendo el ritmo de la música: *ayer fui a ~ a la discoteca; María y Juan están bailando un pasodoble; Luis está bailando con su novia.* ⇒ **danzar. 2** [algo; con algo] Girar o hacer girar rápidamente una cosa alrededor de su eje manteniendo el equilibrio sobre un extremo: *los niños estaban bailando la peonza; mi peón baila muy bien.*, **3** *intr.* Moverse una persona o cosa sin salir de un pequeño espacio: *me baila un diente; cuando espera una noticia no deja de ~, se pone muy nerviosa.* ■ **¡otro/otra que tal baila!**, *fam.*, expresión que indica que una persona se parece a otra u otras en cierto defecto o que se comporta de forma parecida: *Juan también miente como su hermano: ¡otro que tal baila!*

bai·la·⌜rín, ⌜ri·na |bailarín, rína| *m. f.* Persona que se dedica a bailar: *la chica que conocí ayer es bailarina de profesión; esta compañía de baile tiene buenos bailarines.* ⇒ **danzarín.**

bai·le |báile| **1** *m.* Acción de bailar: *el ~ nunca se me ha dado bien.* **2** Forma especial de bailar adaptada a un tipo de música: *la polca es un ~ muy divertido; el chotis es el ~ típico de Madrid.* **3** Fiesta en la que se baila: *celebraremos el fin de año con un ~ de disfraces.* **4** Lugar en el que se baila: *no dejan entrar en el ~ a los menores de dieciséis años.* ■ **~ de San Vito**, *fam.*, nombre que se da a algunas enfermedades que producen movimientos involuntarios del cuerpo o de una parte de él: *Juan está tan nervioso que parece que tiene el ~ de San Vito.*

bai·lon·go |bailóŋgo| *m.* Baile de poca calidad o categoría: *la gente se divertía con aquel ~.*

ba·ja |báxa| **1** *f.* Orden y documento con los que se comunica que una persona puede abandonar su actividad *laboral a causa de una enfermedad: *el médico ya me ha dado la ~ y mañana no iré a trabajar.* ⇔ **alta. 2** Salida de un cuerpo, grupo o empresa: *la reducción de la plantilla se conseguirá mediante bajas voluntarias y jubilaciones anticipadas.* ⇔ **alta. 3** Muerte de una persona, especialmente en un ejército en guerra: *las bajas de la última batalla han sido numerosísimas.* **4** Persona que ha tenido que abandonar una actividad por una causa determinada: *lamentablemente nuestro mejor delantero será ~ para el partido de mañana.* **5** Disminución del precio o el valor de una cosa: *la ~ del precio de la gasolina está beneficiando a los conductores.* ⇔ **alta.** ■ **a la ~**, en disminución; con un precio o un valor cada vez menor: *las acciones de esa empresa se están cotizando a la ~.* ■ **dar de ~**, comunicar que una persona debe abandonar su actividad normal a causa de una enfermedad: *el médico me ha dado de ~ para un mes.* ■ **darse/dar de ~**, salir o hacer salir de un cuerpo, grupo o empresa; dejar de pertenecer a ellos: *me he dado de ~ en la academia de baile.* ■ **estar de ~**, estar apartado de la actividad *laboral a causa de una enfermedad: *ahora no voy a trabajar porque estoy de ~.*

ba·ja·da |baxáða| **1** *f.* Paso de un lugar alto a otro más bajo: *durante la ~ se torció un tobillo.* ⇒ **descenso.** ⇔ **ascensión, ascenso, subida. 2** Disminución de la cantidad o de la intensidad: *la ~*

de los tipos de interés hará que la hipoteca te salga más barata. ⇒ **descenso.** ⇔ **ascenso, subida. 3** Terreno inclinado, considerado de arriba a abajo: *detrás de esas casas hay una ~ que lleva hasta el río.* ⇒ **descenso.** ⇔ **ascensión, ascenso, subida.**

ba·ja·mar |baxamár| **1** ***f.*** Fin del movimiento por el que bajan las aguas del mar: *la playa no queda completamente descubierta hasta la ~.* ⇒ **reflujo.** ⇔ **pleamar. 2** Tiempo que dura ese movimiento: *durante la ~ se recogen chirlas.*

ba·jar |baxár| **1** ***intr.-prnl.*** [de un sitio; a un sitio] Ir de un lugar alto a otro que está más bajo: *bajó del árbol al suelo; me bajo un rato a la calle.* **- 2** ***intr.-tr.*** [algo] Hacer menor, más pequeño o menos intenso: *las temperaturas han bajado en los últimos días; el ministro ha bajado el precio de la gasolina; baja la voz.* ⇒ **disminuir. - 3** ***tr.*** [algo, a alguien] Poner en un sitio más bajo: *Juan bajó el brazo; tuvimos que ~ el armario por las escaleras; lo bajaron de categoría en su empresa.* **4** [algo] Recorrer de arriba abajo: *bajó la escalera.* **5** Inclinar o dirigir hacia el suelo: *la muchacha bajó la mirada.*

ba·jel |baxél| ***m.*** *form.* Barco o embarcación: *esa embarcación era un famoso ~ pirata.*

ba·je· ro, ⌜ra |baxéro, ra| ***adj.*** Que se usa o pone debajo de una cosa: *puso primero la sábana bajera.*

ba·je·za |baxéθa| **1** ***f.*** Obra o dicho que merece desprecio: *es capaz de todo tipo de bajezas.* **2** Cualidad de bajo; falta de importancia o de valor: *la ~ del hombre con respecto a su Creador es infinita.*

ba·jis·ta |baxísta| **1** ***adj.*** COM. De la baja de los valores en la bolsa o que tiene relación con ella: *la tendencia ~ de la semana se ha dejado notar en el mercado nacional.* **- 2** ***com.*** Persona que toca la *guitarra bajo: *Mónica está casada con el ~ de un grupo musical.*

ba· jo, ⌜ja |báxo, xa| **1** ***adj.*** Que tiene menos distancia de arriba a abajo de lo normal: *Andrés es muy ~, mide metro y medio; aquel olivo es más ~ que los demás.* ⇔ **alto. 2** Que está situado en un lugar inferior en relación con otras cosas: *en la planta baja están el comedor y la cocina; en las tierras bajas hay más vegetación que en las montañas.* ⇔ **alto. 3** Que tiene menos categoría, valor o calidad de lo normal: *tengo un anillo de oro ~.* ⇔ **alto. 4** (precio) Que no es caro: *he pagado un precio muy ~ por este coche.* ⇔ **alto. 5** (sonido) Que es poco intenso o grave: *hablaba en voz baja y no pude oír lo que decía.* ⇔ **alto. 6** Que es despreciable o malo: *pegar a un niño es una acción muy baja.* ⇒ **soez.** ⇔ **alto. 7** Que está inclinado hacia el suelo o mira al suelo: *los fieles rezaban con la cabeza baja.* **- 8 bajo** ***m.*** Piso inferior de una casa que tiene dos o más plantas: *no tengo que subir escaleras porque vivo en el ~.* **9** Lugar profundo o que está abajo: *llegó hasta el ~ de la cueva.* ⇔ **alto. 10** Borde inferior de una prenda de vestir: *se me ha descosido el ~ de la falda; tengo que coger el ~ de los pantalones porque me están largos.* **11** MÚS. Voz grave: *en el coro canto de ~.* ⇔ **alto. 12** MÚS. Instrumento de cuerda de sonido muy grave: *Mariano toca el ~ en un grupo musical.* **- 13** ***adv. l.*** En o por un lugar cercano al suelo o inferior: *el helicóptero vuela ~.* ⇔ **alto. - 14** ***adv. m.*** Con sonido débil: *habla más ~, que te van a oír.* ⇔ **alto. - 15** ***prep.*** Indica que una persona o cosa está debajo de otra: *pasamos la noche ~ las estrellas; el brasero está ~ la mesa.* **16** Indica que una persona o cosa depende de otra o pertenece a otra: *los empleados están ~ la autoridad del jefe.* ■ **lo ~**, la parte inferior: *dale por lo ~.* ■ **por lo ~**, en voz baja o con disimulo: *dijo por lo ~ que no aguantaba a su hermano.*

ba·jón |baxón| **1** ***m.*** Disminución fuerte e importante: *se ha producido un ~ de las temperaturas, por eso hace tanto frío; aprovecharemos el ~ de los precios para comprar una lavadora nueva; el atleta sufrió un ~ físico y tuvo que abandonar la carrera.* ◯ Se usa con verbos como *dar, sufrir* o *tener.* **2** Instrumento musical de viento, formado por una pieza alargada de madera, con ocho agujeros que se tapan con los dedos y otro u otros dos que se tapan con llaves: *el ~ es parecido al fagot.*

ba·jo·rre·lie·ve |baxor̄eliéβe| ***m.*** Trabajo o figura que sale ligeramente por encima de una superficie: *un ~ adorna las cuatro paredes.* ⇒ **relieve.**

ba·la |bála| **1** ***f.*** Trozo de metal redondo o con forma de cilindro que se dispara con las armas de fuego: *durante la guerra recibió una herida de ~ en una pierna;* ~ **perdida**, la que se dispara al azar o llega a un lugar determinado por azar: *una ~ perdida le alcanzó la pierna derecha.* **2** Paquete de mercancías grande, apretado y atado: *descargaron de la furgoneta las balas de algodón.* ■ **~ perdida**, *fam.*, persona sin juicio: *Juan es un ~ perdida que sólo piensa en divertirse.* ■ **como una ~**, muy rápido: *mi moto nueva va como una ~.*

ba·la·da |baláða| **1** ***f.*** MÚS. Canción de ritmo lento, cuyo asunto es generalmente amoroso: *a los enamorados les encantan las baladas; ¿te acuerdas de las baladas que bailábamos?* **2** POÉT. Poema dividido en *estrofas de distinta rima y terminadas en un verso que hace de *estribillo: *el trovador recitaba una ~ a su público.*

ba·la·dí |balaðí| ***adj.*** Que tiene poco valor o interés: *el tema de la conferencia era absolutamente ~.* ◯ El plural es *baladíes.*

ba·lan·ce |balánθe| **1** ***m.*** Movimiento alternativo hacia un lado y hacia otro: *el balance del andamio le hizo perder el equilibrio.* ⇒ **balanceo. 2** ECON. Comparación entre el activo y el pasivo de un negocio: *el contable nos preparará el ~ de cuentas.* **3** *fig.* Resultado de un asunto: *el ~ de la reunión ha sido positivo.* **4** ELECTR. Equilibrio de nivel entre los dos canales de un equipo de sonido: *el ~ está un poco descompensado hacia la derecha.*

ba·lan·ce·ar |balanθeár| ***tr.-prnl.*** [algo] Mover de un lado a otro una cosa que cuelga de un lugar fijo o que está apoyada sobre una superficie: *la madre balanceaba la cuna; el columpio se balancea.* ⇒ **mecer.**

ba·lan·ce·o |balanθéo| ***m.*** Movimiento alternativo hacia cada uno de los lados: *el ~ del barco causa el mareo.*

ba·lan·cín |balanθín| **1** ***m.*** Aparato para jugar

que consiste en una barra apoyada en su centro sobre una base de modo que los extremos pueden subir y bajar alternativamente: *el ~ tiene forma de palanca; los balancines están en los parques, con los columpios y los toboganes.* **2** Aparato para jugar que consiste en un asiento que apoya las patas en dos bases en forma de arco, de modo que al empujarlo, se mueve de atrás hacia delante: *el niño se mecía en el ~.* ⇒ **mecedora. 3** Asiento sujeto a dos cuerdas o cadenas y colgado de la rama de un árbol o de una armazón de madera o metal, que se mueve hacia atrás y hacia delante: *me gusta mecerme en un ~.* ⇒ **columpio. 4** Asiento colgado de una armazón de metal y cubierto con una gran pieza de tela que se coloca en los jardines: *colocaron un ~ junto a la piscina.* ⇒ **columpio. 5** Barra que se usa para mantener el equilibrio al andar sobre una cuerda o un alambre: *el acróbata sujeta el ~ para caminar por la cuerda floja.* **6** MEC. Pieza destinada a regular el movimiento en un mecanismo y que consiste en una barra que se mueve alrededor de un eje: *el ~ del motor de un coche abre y cierra las válvulas; las barreras del tren tienen balancines.*

ba·lan·za |balánθa| **1** ***f.*** Instrumento que sirve para pesar o medir masas generalmente poniendo en equilibrio el cuerpo que se quiere pesar con un peso de referencia: *el frutero tiene una ~ con la que pesa la fruta; la justicia se representa como una mujer con los ojos vendados y con una ~ en la mano derecha.* **2** COM. Registro que resulta de comparar dos o más estados: ~ **comercial/de comercio**, COM., la que compara la compra y la *venta de artículos de mercado entre un país y los demás: *si las importaciones son mayores que las exportaciones la ~ comercial se descompensa; un factor importante para compensar el déficit de la ~ comercial fueron las divisas aportadas por los emigrantes;* ~ **de pagos**, COM., la que compara los cobros y *pagos de la economía de un país con la del resto del mundo: *la ~ de pagos incluye los ingresos por turismo.*

ba·lar |balár| ***intr.*** Emitir *balidos la oveja: *el cordero balaba llamando a su madre.*

ba·laus·tra·da |balaustráða| **1** ***f.*** Valla formada por una serie de pequeñas columnas unidas por una barra horizontal que cierra lugares altos para impedir que las personas se caigan y permitir que se apoyen: *la dama salió al mirador de la vieja mansión y se apoyó en la ~ de mármol.* ⇒ **barandilla. 2** Muro de poca altura con huecos y decoraciones, que cierra lugares altos para impedir que las personas se caigan y permitir que se apoyen: *los niños asomaban la cabeza por los triángulos que dibujaban los ladrillos en la ~.* ⇒ **pretil.**

ba·la·zo |baláθo| ***m.*** Golpe o herida que produce una bala al alcanzar a una persona o cosa: *recibió un ~ en la pierna mientras huía.*

bal·bu·ce·ar |balβuθeár| ***intr.-tr.*** ⇒ **balbucir.** ☐ La Real Academia Española prefiere la forma *balbucir.*

bal·bu·ce·o |balβuθéo| ***m.*** Acción y resultado de *balbucear: *de su boca no salió más que un leve ~.*

bal·bu·cir |balβuθír| ***intr.-tr.*** [algo] Hablar articulando las palabras mal o con poca claridad, por defecto natural o por una emoción: *balbució, con una voz débil, que no sabía dónde estaba.* ⇒ **balbucear.** ☐ Es un verbo defectivo: no se usa en la primera persona del singular del presente de indicativo, ni en el presente de subjuntivo, en todas sus personas, ni en la tercera persona del singular y del plural y la primera del plural del imperativo. En su lugar, se usan las formas correspondientes de *balbucear.*

bal·cón |balkón| ***m.*** Abertura hasta el suelo en la pared exterior de una habitación de un piso alto, que tiene una valla por fuera para no caerse: *el piso tiene cuatro ventanas, un ~ y una terraza; asómate al ~ y apóyate en la barandilla.*

bal·da |bálda| ***f.*** Superficie horizontal que se coloca en una pared o dentro de un armario y que sirve para colocar objetos sobre ella: *sobre la ~, tenía una vajilla de barro.*

bal·da·quín |baldakín| ***m.*** Pieza cuadrada de tela de *seda, que se coloca sobre una estructura para cubrir un asiento, una imagen o una cama como adorno: *la imagen de la Virgen se encontraba bajo un ~ dorado.* ⇒ **baldaquino, dosel, pabellón, palio.** ☐ La Real Academia Española prefiere la forma *baldaquino.*

bal·da·qui·no |baldakíno| ***m.*** ⇒ **baldaquín.**

bal·dar |baldár| **1** ***tr.*** [algo; a alguien] Causar un daño en una parte del cuerpo: *le dio un golpe y le baldó los riñones.* **2** [algo, a alguien] Dejar con un daño fuerte a una persona o animal: *colocó tanta carga sobre el burro, que lo baldó y el animal no podía moverse.* **- 3** ***tr.-prnl.*** *fam. hum. fig.* [a alguien] Cansar en exceso: *ese trabajo balda a cualquiera; si coges ese mueble tú solo te vas a ~.*

bal·de |bálde| ***m.*** Cubo en forma de cono cortado: *llenó el ~ de agua y lo llevó dentro de la casa.* ■ **de** ~, sin pagar dinero a cambio; sin dar nada: *dejaron entrar de ~ a todo el mundo.* ■ **en** ~, sin conseguir un provecho; en *vano: *no vamos a discutir en ~ por una tontería.*

bal·de·ar |baldeár| ***tr.*** [algo] Regar con *baldes o cubos una superficie, especialmente la cubierta de un barco: *el capitán mandó ~ la cubierta.*

bal·dí·⌐o, ⌐a |baldío, a| **1** ***adj.*** Que no es útil; que no da el fruto que se desea: *perdió la billetera en la calle y todos los esfuerzos para encontrarla resultaron baldíos.* **- 2** ***adj.-m.*** (terreno) Que no se cultiva; que está abandonado: *lo que hace unos años eran campos de trigo ahora son baldíos.* ⇒ **erial.**

bal·do·sa |baldósa| ***f.*** Pieza de piedra u otro material duro, generalmente fina y lisa, que se usa para cubrir suelos o muros: *cuando cambiamos las ventanas se rompieron cuatro baldosas; hemos quitado el parqué y hemos puesto baldosas de mármol en el suelo del comedor.*

ba·le·ar |baleár| **1** ***adj.*** De las islas Baleares o que tiene relación con las islas Baleares: *la economía ~ tiene una importante fuente de ingresos en el turismo.* **- 2** ***com.*** Persona nacida en las islas Baleares o que vive habitualmente en las islas Baleares: *los balea-*

res son ciudadanos españoles. - **3** ***m.*** Variedad del *catalán, que se habla en las islas Baleares: *con su familia habla ~, pero domina perfectamente el español.*

ba·li·do |balíðo| ***m.*** Voz característica de la oveja: *desde fuera, podían oírse los balidos de los corderos.*

ba·lís·ti·ca |balístika| ***f.*** Disciplina que estudia el movimiento y los efectos de los *proyectiles: *consultaron a un experto en ~ para saber desde dónde había sido disparado el proyectil.*

ba·li·za |balíθa| ***f.*** Señal que sirve para marcar una zona de peligro o un recorrido: *las balizas se usan en los aeropuertos y en los puertos de mar; la carretera está en obras y hay balizas para orientar a los conductores.*

ba·li·zar |baliθár| ***tr.*** [algo] Colocar señales o *balizas: *balizaron la pista en la que el avión tenía que tomar tierra.*

ba·lle·na |baʎéna| **1** ***f.*** Animal mamífero marino con forma de pez de gran tamaño y de color oscuro por encima y más claro por debajo: *las ballenas viven sobre todo en los océanos polares; los ecologistas trataron de impedir la captura de una ~.* ☖ Para indicar el sexo se usa la ~ macho y la ~ hembra. **2** Tira o vara elástica o flexible: *Milagros llevaba un sostén de ballenas que le realzaba la figura.*

ba·lle·na·to |baʎenáto| ***m.*** Cría de la *ballena: *el ~ nadaba junto a su madre; la ballena suele tener un solo ~ por parto.*

ba·lle·ne·ra |baʎenéra| ***f.*** MAR. Embarcación ligera que suelen llevar los barcos destinados a la caza de la *ballena: *el capitán dijo que perseguirían el cachalote en la ~.*

ba·lle·ne·⌜ro, ⌜ra |baʎenéro, ra| **1** ***adj.-s.*** (embarcación) Que está destinada a la caza de la *ballena: *el barco ecologista se colocaba ante los balleneros.* - **2** ***adj.*** De la *ballena o que tiene relación con ella: *tiene en su casa un arpón ~.* - **3** ***m. f.*** Persona que se dedica a la caza de la *ballena: *era ~, pero ahora se dedica a la pesca del atún.*

ba·lles·ta |baʎésta| **1** ***f.*** Arma formada por un arco, una cuerda y un mecanismo que sirve para lanzar *flechas: *desde las almenas, les disparaban con las ballestas.* **2** Instrumento formado por dos arcos de metal que se cierran mediante un muelle y que sirve para cazar pájaros: *colocaron ballestas en el granero para cazar palomas.* **3** Arco formado por planchas de metal flexible que sirve para sujetar los ejes de ciertos vehículos: *la suspensión de este camión está compuesta por ballestas y amortiguadores.*

ba·lles·te·ro |baʎestéro| ***m.*** MIL. Soldado armado con una *ballesta: *los ballesteros, rodilla en tierra, dispararon contra la primera fila de soldados enemigos.*

ba·llet |balé| **1** ***m.*** Baile clásico, especialmente el que desarrolla una historia: *la niña está estudiando ~; los bailarines de ~ parece que vuelan sobre el escenario.* **2** Obra musical escrita para ese baile: El Lago de los Cisnes *es un ~ muy famoso.* **3** Conjunto de personas que practican ese baile: *hacen unas pruebas muy difíciles para formar parte del ~ nacional.*

ba·lli·co |baʎíko| ***m.*** Planta silvestre, de la familia de los cereales: *el ~ suele crecer al borde de las tierras de cultivo; el ~ es bueno para pasto; el ~ es parecido a la cizaña, pero su espiga no tiene aristas.* ⇒ **avena.**

bal·ne·a·rio |balneári̯o| ***m.*** Establecimiento en el que se ofrecen baños medicinales: *cuando terminemos este trabajo, tendremos que ir a un ~ para recuperar las fuerzas.* ⇒ **baño.**

ba·lom·pié |balompi̯é| ***m.*** Deporte que se juega entre dos equipos de 11 jugadores que consiste en meter un *balón en la meta del contrario, *utilizando los pies o cualquier parte del cuerpo que no sean las manos: *en el ~ no se puede tocar el balón con la mano; un partido de ~ está dividido en dos partes de 45 minutos cada una.* ⇒ **fútbol.**

ba·lón |balón| **1** ***m.*** Pelota grande de material flexible y llena de aire, que sirve para jugar o practicar ciertos deportes: *los niños jugaban al fútbol con un ~ blanco;* ~ **medicinal**, el que pesa mucho y sirve para hacer ciertos ejercicios físicos: *usaban el ~ medicinal para fortalecer los músculos de los brazos;* ~ **oval**, el que se usa en el juego del *rugby: *el ~ oval se puede sujetar fácilmente debajo del brazo.* **2** Recipiente de cristal o de otro material que sirve para contener gases: *las enfermeras repartían balones de oxígeno por las habitaciones;* ~ **de oxígeno**, *fig.*, respiro o descanso oportuno: *el acuerdo supuso un ~ de oxígeno para las dos partes enfrentadas hasta entonces.*

ba·lo·na·zo |balonáθo| ***m.*** Golpe dado con un *balón: *el jugador recibió un ~ en la cara y perdió el conocimiento durante unos momentos.* ⇒ **pelotazo.**

ba·lon·ces·tis·ta |balonθestísta| ***com.*** Persona que practica el *baloncesto: *el ~ lanzó la pelota y la metió en la canasta.*

ba·lon·ces·to |balonθésto| ***m.*** Deporte entre dos equipos de cinco jugadores que tratan de meter la pelota en la *canasta del contrario *utilizando solamente las manos: *el ~ es un deporte de origen norteamericano; las canastas, en ~, pueden valer uno, dos o tres puntos.*

ba·lon·ma·no |baloᵐmáno| ***m.*** Deporte entre dos equipos de siete jugadores que tratan de meter una pelota en la meta del contrario *utilizando solamente las manos: *el ~ es un deporte de origen alemán; un partido de ~ tiene una duración de una hora.*

ba·lon·vo·le·a |balomboléa| ***m.*** Deporte entre dos equipos de seis jugadores que tratan de lanzar una pelota por encima de una red, de modo que el contrario no pueda devolverla: *en el ~ la pelota puede tocarse con cualquier parte del cuerpo que esté por encima de la cintura.* ⇒ **voleibol.**

bal·sa |bálsa| **1** ***f.*** Conjunto de maderas unidas para formar una superficie flotante: *los náufragos llegaron a la isla desierta en una ~ improvisada con restos del barco.* **2** Agua acumulada en el terreno de forma natural o artificial: *las aves bebían en la ~.* ⇒ **charca. 3** Lugar o recipiente grande, hecho con ladrillo o piedra que sirve para guardar el agua que se *utiliza para regar: *regaron con el agua de la ~ del vecino.* ⇒ **alberca, balsa.** ■ ~ **de acei-**

te, situación o lugar muy tranquilo: *la reunión fue una ~ de aceite: se desarrolló en gran armonía y se llegó a un acuerdo.*

bal·sá·mi·⌜co, ⌜ca |balsámiko, ka| ***adj.*** Del *bálsamo o que tiene relación con él: *esta crema tiene propiedades balsámicas.*

bál·sa·mo |bálsamo| **1** ***m.*** Crema o líquido de uso exterior compuesto por sustancias medicinales: *le aplicó un ~ en el pecho para calmarle el dolor.* **2** *fig.* Descanso; ayuda para soportar la pena, el dolor y la tristeza: *ella es el ~ de mis penas.* ⇒ **alivio, consuelo.** **3** Líquido oloroso que sale de ciertos árboles y que generalmente se hace espeso por la acción del aire: *en el paseo olía muy bien por el ~ que desprendían los árboles.*

ba·luar·te |baluárte| ***m.*** Persona o cosa que protege o defiende: *ella fue siempre ~ de la moral tradicional.*

bam·ba |bámba| **1** ***f.*** Bollo redondo abierto horizontalmente por la mitad y que tiene dentro crema o nata: *en esa pastelería venden unas bambas de nata deliciosas.* **2** Baile procedente de Cuba: *para bailar la ~ se necesita tener ganas y un poquito de gracia.*

bam·bo·le·o |bamboléo| ***m.*** Movimiento de un lado a otro sin apartarse del lugar en que se está: *movía su cuerpo en suave ~ al son de la música.*

bam·bú |bambú| ***m.*** Planta de tallo alto, ligero y flexible, con hojas grandes, de color verde claro: *la caña de ~ se emplea para fabricar muebles, recipientes y otros objetos; el ~ tierno es muy apreciado en la comida china.* ◯ El plural es *bambúes.*

ba·nal |banál| ***adj.*** Que tiene poco valor o poca importancia: *era un tema ~, pero hablaron sobre él durante horas.* ⇒ **fútil.**

ba·na·na |banána| ***f.*** Fruto comestible, alargado, cubierto por una corteza lisa y amarilla: *la ~ es una fruta tropical; la ~ se cultiva en Canarias.* ⇒ **plátano.**

ba·na·nal |bananál| ***m.*** Terreno donde se cultivan las *bananeras: *fueron al ~ a recoger los plátanos.* ⇒ **platanal, platanero.**

ba·na·ne·⌜ro, ⌜ra |bananéro, ra| ***adj.*** De las *bananas o que tiene relación con ellas: *la producción bananera de Canarias es muy importante.*

ba·na·no |banáno| ***m.*** Planta de tallo alto, formado por hojas enrolladas unas sobre otras, y terminado en una copa de hojas verdes y grandes: *el ~ produce plátanos.* ⇒ **platanera, plátano.**

ba·nas·to |banásto| ***m.*** Recipiente de forma redonda hecho de *mimbre o de madera: *tenía un ~ lleno de tomates para venderlos.*

ban·ca |báŋka| **1** ***f.*** Actividad *comercial que consiste en hacer distintas operaciones con el dinero, especialmente guardarlo y prestarlo: *ha estudiado ciencias económicas y ahora se dedica a la ~.* **2** *fig.* Conjunto de personas y establecimientos que se dedican a esa actividad: *la ~ subirá los tipos de interés en el mes próximo.* **3** *fig.* Persona que dirige y organiza una partida, en distintos juegos de azar: *si caes en esta casilla tendrás que darle a la ~ un millón de pesetas.* **4** Asiento de madera con respaldo, para más de una persona: *se sentaron en una ~ que había al lado de la cabaña.* ■ **hacer saltar la ~,** ganar todo el dinero en distintos juegos de azar: *apostó mucho y ganó, hizo saltar la ~.*

ban·ca·da |baŋkáða| **1** ***f.*** Mesa o banco largo y de gran tamaño: *se sentaron todos en la ~.* **2** MAR. Banco de una embarcación que sirve para sentarse y remar desde él: *los galeotes estaban atados con cadenas y grilletes a la ~.* **3** MEC. Soporte firme sobre el que se pone una máquina o un conjunto de ellas: *llevaron la pieza a la ~ para trabajarla.*

ban·cal |baŋkál| **1** ***m.*** Parte de tierra llana en el lado de una montaña o de una *elevación, que se aprovecha para el cultivo: *podíamos ver los olivos en los bancales de los montes.* **2** Trozo o *pedazo de tierra más o menos cuadrado, dispuesto para el cultivo: *tiene un pequeño ~ a la salida del pueblo.* ⇒ **parcela.** **3** Montón de arena a la orilla del mar: *el viento había formado unos bancales en la cala.* **4** *Tapete que se pone sobre un banco: *mi madre me ha regalado dos bancales para cubrir los bancos de la entrada de la casa.*

ban·ca·⌜rio, ⌜ria |baŋkári̯o, ri̯a| ***adj.*** De la *banca o que tiene relación con ella: *casi todas las operaciones bancarias las hago en esta agencia.*

ban·ca·rro·ta |baŋkar̄óta| **1** ***f.*** Fin de un comercio o industria por no poder pagar sus deudas: *en tan solo tres meses llevó la empresa a la ~.* ⇒ **quiebra.** **2** *fig.* Pérdida grave; hundimiento de una cosa: *si esto fallase también, sería la ~.*

ban·co |báŋko| **1** ***m.*** Asiento largo y estrecho para varias personas: *en el parque hay bancos de madera.* **2** Establecimiento en el que se presta o cambia dinero y donde se guarda para tenerlo seguro y conseguir intereses: *he abierto una cartilla en el ~; tengo que ir al ~ a sacar dinero.* **3** Conjunto de peces que van juntos en gran número: *el pesquero encontró un ~ de atunes.* **4** Establecimiento médico en el que se conservan órganos y líquidos del cuerpo humano, para usarlos en bien de otras personas: *he donado mis córneas a un ~ de ojos, para que se las trasplanten a quien las necesite.* ■ **~ de datos,** INFORM., conjunto de información reunida y organizada en un ordenador: *estamos conectados al ~ de datos de la Biblioteca Nacional.*

ban·da |bánda| **1** ***f.*** Tira alargada de cualquier material que se usa generalmente como adorno: *una ~ con dibujos geométricos decora la pared del salón; el libro lleva una ~ dorada en el lomo.* **2** Tira de tela que se lleva cruzada sobre el pecho para distinguir a una persona que merece respeto u honor: *el general llevaba una ~ honorífica.* **3** Grupo de músicos que tocan instrumentos de viento *principalmente: *la ~ municipal tocó un pasodoble; varias bandas actuaron en el polideportivo.* **4** Grupo de gente armada que no pertenece a un ejército regular: *una ~ de delincuentes ha asesinado a un policía; los ladrones actuaban en bandas de tres o cuatro.* **5** Lado de algunas cosas: *la bola de billar se quedó pegada a la ~ de la mesa; el delantero corría por la ~ derecha del campo de fútbol.* **6** Grupo de personas o animales: *vimos una ~ de golondrinas; una ~ de niños* *corría por la calle.* ⇒ **bandada.** ■ ~ **sonora,** música de una película: *he comprado un disco con la ~ sonora de* Casablanca. ■ **cerrarse en** ~, *fam.*, mantenerse firme en una idea y no aceptar una opinión distinta: *el ministro se cerró en ~ ante las propuestas de los funcionarios.*

ban·da·da |bandáðа| **1** *f.* Conjunto de aves que vuelan juntas: *una ~ de palomas pasó volando sobre sus cabezas.* **2** Grupo numeroso de personas o animales: *una ~ de muchachos corría y gritaba alrededor de él.* ⇒ **banda.**

ban·da·zo |bandáθo| **1** *m.* MAR. Movimiento rápido y violento de una embarcación hacia uno de sus lados: *el buque dio un ~ y varios hombres cayeron al agua.* **2** *fig.* Cambio rápido e intenso: *siempre ha ido dando bandazos en la política.*

ban·de·ar |bandeár| **1** *tr.-prnl.* [algo, a alguien] Mover de un lado o banda al otro: *se bandeaba de un lado a otro de la barca.* - **2 bandearse** *prnl. fig.* Ir viviendo y evitando las dificultades: *aunque el negocio no nos va muy bien, nos bandeamos.*

ban·de·ja |bandéxa| **1** *f.* Recipiente llano con bordes de poca altura, que sirve para llevar, servir o presentar cosas, generalmente alimentos: *en la ~ traían canapés y frituras.* ⇒ **fuente. 2** Pieza movible que divide horizontalmente el interior de una maleta o de un *baúl: *las camisas puedes colocarlas encima de la ~.*

ban·de·ra |bandéra| *f.* Pieza de tela, generalmente de forma cuadrada o rectangular, de colores y unida a un palo, que sirve para representar a un grupo de personas, para hacer señales o de adorno: *la ~ de España tiene dos franjas horizontales rojas y una amarilla; desde el aeropuerto hacían señales al piloto con unas banderas; en la fiesta de la ciudad se cuelgan banderas en las calles y se ponen luces de colores.* ⇒ **pabellón;** ~ **blanca,** la de ese color, que indica que el que la lleva es amigo o no tiene intención de atacar: *el ejército enemigo sacó la ~ blanca para negociar un tratado de paz.* ■ **arriar la** ~, bajarla de lo alto del palo al que está asegurada: *en el cuartel, al terminar la jornada militar se arría la ~.* ■ **arriar la** ~, rendirse ante el enemigo: *se defendieron valientemente, pero al final tuvieron que arriar la ~.* ■ **de** ~, que es muy bueno o superior a lo normal: *este es un restaurante de ~, se come muy bien; Begoña es guapísima, una mujer de ~.* ■ **jurar** ~, prometer ser fiel y prestar servicios a un país: *cuando los soldados hacen el servicio militar, juran ~.*

ban·de·ri·lla |banderíʎa| **1** *f.* Palo delgado con una punta de metal en uno de sus extremos, que usan los toreros para clavárselo al toro: *sufrió una cogida cuando ponía un par de banderillas.* **2** Comida ligera compuesta por trozos pequeños de alimentos pinchados en un palo muy fino: *les puso unas banderillas para picar.*

ban·de·ri·lle·⌐ro, ⌐ra |banderiʎéro, ra| *m. f.* Persona que se dedica a poner *banderillas a los toros: *el ~ actúa depués del picador y antes del matador.*

ban·de·rín |banderín| **1** *m.* Bandera pequeña, generalmente de forma triangular: *repartieron banderines blancos para recibir al alcalde.* **2** Soldado que va delante de los demás y lleva una bandera pequeña: *en el desfile, todos los soldados tenían que seguir al ~.*

ban·de·ro·la |banderóla| *f.* Bandera pequeña de forma cuadrada que se usa para señalar: *la compañía llevaba una ~ roja como distintivo.*

ban·di·da·je |bandiðáxe| *m.* Actividad de los *bandidos: *huyó de su pueblo y se dedicó al ~; el policía llegó para luchar contra el ~ que asolaba la comarca.*

ban·di·⌐do, ⌐da |bandíðo, ða| **1** *m. f.* Persona que se dedica a robar a los que encuentra a su paso, generalmente con *violencia: *los bandidos asaltaron la diligencia y huyeron a la montaña.* ⇒ **bandolero. 2** Persona que es cruel o que no muestra compasión: *al ~ no le importa que los demás sufran por su causa.* ⇒ **bandolero.**

ban·do |bándo| **1** *m.* Grupo de personas que se enfrenta u opone a otro: *los dos bandos enemigos lucharon en la llanura.* **2** Orden publicada por una autoridad para su conocimiento general: *el alcalde dio un ~ para regular los encierros de toros.* **3** Conjunto de peces que van juntos en gran número: *los pescadores encontraron un ~ de sardinas.* ⇒ **banco.**

ban·do·le·ra |bandoléra| *f.* Tira larga y estrecha de cuero que cruza por el pecho y la espalda desde un hombro hasta la *cadera opuesta y que sirve para llevar colgada una arma de fuego: *el pistolero llevaba dos bandoleras cruzadas llenas de balas.* ⇒ **canana.**

ban·do·le·ro |bandoléro| **1** *m.* Persona que se dedica a robar a los que encuentra a su paso, generalmente con *violencia: *los bandoleros asaltan este camino.* ⇒ **bandido. 2** Persona que es cruel o que no muestra compasión: *el ~ va robando corazones.* ⇒ **bandido.**

ban·do·li·na |bandolína| *f.* MÚS. Instrumento musical de cuerda, pequeño, con cuatro pares de cuerdas y una caja de forma ovalada: *el sonido de la ~ y de la bandurria es muy agudo.* ⇒ **mandolina.**

ban·do·ne·ón |bandoneón| *m.* MÚS. Instrumento musical de viento, formado por dos cuerpos de cuatro o seis lados, que recoge el aire en un *fuelle que se abre y se cierra con las manos: *los tangos argentinos se acompañan frecuentemente con un ~.*

ban·du·rria |bandúr̄ia| *f.* MÚS. Instrumento musical de cuerda, pequeño, con seis pares de cuerdas y una caja de forma ovalada: *en la rondalla hay bandurrias, guitarras, panderetas y castañuelas; la ~ se toca con una púa.*

ban·jo |báŋxo, bányo| *m.* MÚS. Instrumento musical de cuerda, con caja redonda construida con una piel estirada sobre un círculo de metal: *Roberto toca el ~ en un grupo de jazz.*

ban·que·⌐ro, ⌐ra |baŋkéro, ra| **1** *m. f.* Persona que trabaja en un banco: *tiene un amigo ~ y le ayudará a conseguir un crédito.* **2** Persona que dirige un banco: *su padre es ~ y tiene mucho dinero.*

ban·que·ta |baŋkéta| **1** *f.* Asiento individual, pequeño y sin respaldo ni brazos: *acercó una ~ al armario y se subió en ella para coger lo que había en-*

cima. **2** Banco pequeño que se usa para poner los pies: *se sentó en el sillón y apoyó los pies en una ~.*

ban·que·te |baŋkéte| **1** ***m.*** Comida con la que se celebra un acontecimiento: *el ~ de la boda fue en un restaurante lujoso.* ⇒ **ágape. 2** Comida en la que se sirve gran cantidad de alimentos: *estaba solo en casa y me di un ~.*

ban·qui·llo |baŋkíʎo| **1** ***m.*** Asiento en el que se coloca un acusado ante el tribunal: *el procesado se sentó en el ~ de los acusados.* **2** DEP. Lugar en el que se sientan el *entrenador y los jugadores de reserva durante un partido: *el jugador de baloncesto cometió el máximo número de faltas y lo enviaron al ~.*

ba·ña·dor |baɲaðór| ***m.*** Prenda de vestir que se usa para bañarse: *cogió la toalla y el ~ y se fue a la playa.*

ba·ñar |baɲár| **1** ***tr.-prnl.*** [a alguien] Meter el cuerpo o parte de él en agua para limpiarse, nadar o con cualquier otro fin: *me encanta bañarme con agua caliente; en verano vamos a la playa para bañarnos y tomar el sol.* **- 2** ***tr.*** [algo; en/con algo] Meter en un líquido para mojar completamente: *me gusta el melocotón bañado en almíbar.* ⇒ **sumergir. 3** Cubrir con una capa de algún metal: *he comprado un anillo bañado en oro.* **4** [algo] Tocar el agua del mar, de un río o de un lago algún lugar: *el Cantábrico baña San Sebastián.* **5** *form.* Dar mucho el sol, la luz o el aire en una cosa: *al amanecer, el sol baña la habitación; todo lo baña la luz de la mañana.*

ba·ñe·ra |baɲéra| ***f.*** Pila grande que hay en una casa y que se usa para bañarse: *llenó la ~ de agua caliente, se quitó la ropa y se metió en ella.* ⇒ **baño.**

ba·ñis·ta |baɲísta| ***com.*** Persona que va a tomar baños: *varios bañistas lo sacaron del agua y lo reanimaron.*

ba·ño |báɲo| **1** ***m.*** Introducción en agua de un cuerpo o de parte de él para limpiarlo o con cualquier otro fin: *me voy a dar un ~ de agua caliente antes de irme a la cama; después de tomar el sol se dio un ~.* **2** *Exposición de un cuerpo a la acción de un elemento físico: *va a la piscina para tomar baños de sol; dicen que los baños de lodo son muy buenos para los huesos; toma baños de vapor en una sauna.* **3** Acción de introducir una cosa en un líquido para mojarla completamente: *este bizcocho necesita un ~ de agua azucarada.* **4** Habitación de la casa destinada al aseo: *Rocío no puede ponerse al teléfono ahora, está en el ~.* ⇒ **cuarto, servicio. 5** Recipiente grande en el que se echa agua y se usa para limpiar el cuerpo entero o una parte de él: *este niño nunca se acuerda de usar el ~; no me gusta esta casa porque el ~ es muy estrecho.* ⇒ **bañera. 6** Capa delgada de una sustancia que cubre una cosa: *el pastel tiene un ~ de chocolate; le han regalado unos pendientes con un ~ de plata.* **- 7 baños** ***m. pl.*** Establecimiento en el que hay aguas medicinales: *fue a unos baños para curar su artritis.* ⇒ **balneario.** ■ **~ María/de María**, forma de calentar los alimentos que consiste en meterlos dentro de un recipiente que está dentro de otro recipiente que contiene agua hirviendo: *calenté el biberón al ~ María.*

ba·que·ta |bakéta| **1** ***f.*** Palo delgado y largo con que se tocan algunos instrumentos de percusión: *el batería olvidó sus baquetas en la sala de conciertos.* **2** Vara delgada que se usa para cargar o limpiar el interior de las armas de fuego: *el cazador limpiaba la escopeta con la ~.*

ba·que·te·ar |baketeár| ***tr.*** [algo, a alguien] Tratar mal; causar daño o dolor: *varios niños lo baquetearon.* ⇒ **maltratar.**

ba·que·te·o |baketéo| ***m.*** Acción y resultado de tratar mal o *baquetear: *le dolía todo el cuerpo a causa del ~ que le dieron.*

bar |bár| **1** ***m.*** Establecimiento en el que se venden bebidas y ciertas cosas de comer, que suelen tomarse de pie: *entramos en el ~ y tomamos un zumo y un café; voy al ~ a comerme un bocadillo.* ⇒ **cervecería. 2** FÍS. Medida de presión de la atmósfera que equivale a 100000 *pascales: *la presión atmosférica media, a nivel del mar, es igual a 1,013 ~.* ⇒ **baro.**

ba·ra·hún·da |baraúnda| ***f.*** Ruido y desorden grandes: *era imposible entenderse en esa enorme ~.* ⇒ **barullo.**

ba·ra·ja |baráxa| ***f.*** Conjunto de cartas de juego o *naipes: *la ~ española consta de 48 naipes y tiene cuatro palos: oros, copas, espadas y bastos.*

ba·ra·jar |baraxár| **1** ***tr.*** [algo] Mezclar las cartas de una *baraja antes de repartirlas para el juego: *el mago le pidió que barajase bien los naipes.* **2** *fig.* Considerar o tener en cuenta distintas posibilidades para una decisión: *se barajaron varias alternativas antes de dar con la solución final.* **3** *fig.* Evitar un peligro o un problema: *cada uno que baraje la situación como pueda.*

ba·ran·da |baránda| **1** ***f.*** Valla formada por pequeñas columnas unidas por una barra horizontal, que cierra lugares altos para impedir que las personas se caigan y permitir que se apoyen: *abrió el balcón y se quedó apoyada en la ~ de hierro con la mirada perdida en el jardín.* ⇒ **barandal, barandilla. - 2** ***com.*** *fam. desp.* Persona, sin determinar: *¿es aquel ~ el que te ha pegado?* ⇒ **tipo.** ☐ Se usa como apelativo despectivo.

ba·ran·dal |barandál| **1** ***m.*** Barra superior que une las columnas de la *baranda: *había llovido y, al pasar la mano por el ~, se mojó los guantes.* ⇒ **pasamanos. 2** Valla formada por pequeñas columnas unidas por una barra horizontal, que cierra lugares altos para impedir que las personas se caigan y permitir que se apoyen: *habrá que pintar el ~ del mirador.* ⇒ **baranda, barandilla.**

ba·ran·di·lla |barandíʎa| ***f.*** Valla formada por pequeñas columnas unidas por una barra horizontal, que cierra lugares altos para impedir que las personas se caigan y permitir que se apoyen: *asómate sin miedo a la terraza, que la ~ está bien sujeta; subía las escaleras agarrándose a la ~.* ⇒ **baranda.**

ba·ra·ti·ja |baratíxa| ***f.*** Cosa pequeña y de poco valor que se usa como adorno: *compré esta ~ en el mercado.*

ba·ra·⌐to, ⌐ta |baráto, ta| **1** ***adj.*** Que cuesta poco dinero; que cuesta menos de lo normal: *este pan es ~: cuesta casi la mitad que el otro.* - **2 barato *adv.*** Por poco precio: *en esa tienda se compra ~.*

bar·ba |bárβa| **1** *f.* Pelo fuerte que nace debajo de la boca y a los lados de la cara: *Federico es un hombre calvo y con ~.* ⇒ **bigote.** ☐ Se usa también el plural con el mismo significado; ~ **cerrada**, la que es muy densa y dura: *tiene una ~ cerrada y le cuesta mucho trabajo recortársela;* ~ **de chivo**, *fam.*, la que es larga debajo de la boca y escasa a los lados: *pareces un científico loco con esa ~ de chivo.* **2** Parte de la cara debajo de la boca: *le salió un grano en la ~.* ⇒ **barbilla. 3** Pelo que nace debajo de la boca de algunos animales: *el macho cabrío tiene una ~ larga.* ☐ Se usa también en plural con el mismo significado. **4** Conjunto de raíces delgadas de los árboles y plantas: *si arrancas las flores, mete la ~ en agua.* ☐ Se usa frecuentemente en plural con el mismo significado. ■ ~ **de ballena**, tira de un material elástico que, junto con otras, cuelga en la boca de estos animales marinos: *la ~ de ballena sirve para filtrar el agua y así obtener alimentos.* ⇒ **ballena.** ■ **en las barbas de una persona**, delante o a la vista de alguna persona: *Luis se estuvo riendo en las barbas del presidente.* ■ **por ~**, por persona; cada uno: *tenemos que pagar mil pesetas por ~.* ■ **subirse a las barbas**, perder el respeto a una persona o tomarse demasiadas confianzas con ella: *ese alumno se está subiendo a las barbas del profesor.*

bar·ba·co·a |barβakóa| **1** *f.* Comida al aire libre en la que se ofrecen alimentos sometidos a la acción directa del fuego: *el día de su cumpleaños hicieron una ~ en el jardín; hemos comprado carne y chorizos para la ~.* **2** Instrumento de alambres paralelos dispuestos sobre un soporte que sirve para someter los alimentos a la acción directa del fuego: *la ~ está formada por una rejilla y un mango; colocó la carne sobre la ~ y la acercó a las brasas.* ⇒ **parrilla. 3** Soporte o construcción sobre la que se coloca ese instrumento: *en el jardín hemos hecho una ~ con ladrillos.*

bar·bar |barβár| *intr.* Echar barbas el hombre: *en la adolescencia, los jóvenes comienzan a ~.*

bar·ba·ri·dad |barβariðá[ð]| **1** *f.* Obra o dicho torpe o exagerado: *eso de saltar desde el puente es una ~.* ⇒ **burrada. 2** *fam.* Enormidad o tamaño; cantidad grande: *acudió una ~ de gente.* ⇒ **bestialidad, burrada. 3** Crueldad o falta de compasión: *el castigo que le impuso fue una ~.* ⇒ **barbarie.**

bar·ba·rie |barβárie| **1** *f.* Crueldad o falta de compasión: *la ~ les condujo a atacar a la población civil.* ⇒ **barbaridad. 2** Falta de formación o de cultura: *es un maleducado, su ~ se deja ver en su comportamiento.*

bar·ba·ris·mo |barβarísmo| *m.* LING. Palabra o modo de expresión procedente de una lengua extranjera: *los barbarismos del español suelen ser galicismos o anglicismos.* ⇒ **extranjerismo.** ☐ Por ser la base de la lengua española, no se consideran barbarismos las palabras o expresiones procedentes del griego, el latín o el árabe.

bár·ba·⌐ro, ⌐ra |bárβaro, ra| **1** *adj.-s.* (persona) Que pertenece a uno de los pueblos que ocuparon el Imperio Romano en el siglo V: *los bárbaros invadieron Europa en diversas oleadas.* **2** *fig.* Que es cruel o que no muestra compasión: *el hombre occidental considera bárbaras algunas costumbres como el canibalismo.* **3** Que tiene o muestra valor o energía: *hizo un ~ intento por salir de aquel lugar.* **4** Que tiene poca formación o poca cultura: *todavía quedan muchos bárbaros en aquella región por falta de medios culturales.* **5** *fam.* Que sobresale entre lo demás; que es admirable: *nos dieron una comida bárbara.* ⇒ **fantástico, magnífico.**

bar·be·char |barβetʃár| *tr.* [algo] Abrir y mover la tierra para *sembrar o para que reciba agua y descanse: *vamos a ~ ese rastrojo.*

bar·be·cho |barβétʃo| *m.* Tierra de labor que no se *siembra durante uno o más años: *esos terrenos están en ~.*

bar·be·rí·a |barβería| *f.* Establecimiento donde se afeita la barba y se corta el pelo a los hombres: *fue a la ~ a arreglarse el pelo y la barba.*

bar·be·ro |barβéro| *m.* Persona que se dedica a afeitar la barba y cortar el pelo a los hombres: *el ~ le arregló el bigote y le recortó las patillas.*

bar·bi·lla |barβíʎa| *f.* Parte de la cara que se encuentra debajo de la boca: *los reconocerás fácilmente por sus ojos azules y su hoyito en la ~.* ⇒ **mentón.**

bar·bi·tú·ri·⌐co |barβitúriko| *m.* *form.* Sustancia que produce sueño o tranquilidad: *los barbitúricos se usan en medicina; el abuso de los barbitúricos es causa de drogadicción; una sobredosis de barbitúricos llega a matar.* ⇒ **somnífero.**

bar·bo |bárβo| *m.* Pez de agua dulce que tiene una especie de barba en el labio superior: *los barbos abundan en las aguas de Eurasia; el ~ es de la misma familia que la carpa.* ☐ Para indicar el sexo se usa el ~ macho y el ~ hembra. ■ ~ **de mar**, pez marino comestible, de color rojo y con una especie de barba en el labio inferior: *el ~ de mar vive en el Mediterráneo.* ⇒ **salmonete.**

bar·bu·⌐do, ⌐da |barβúðo, ða| *adj.* (persona) Que tiene mucha barba: *¡acudan a ver a la mujer barbuda!, decía la propaganda del circo.*

bar·ca |bárka| *f.* Embarcación pequeña que se usa para pescar o navegar en las costas, en los ríos o en lugares con poca agua: *alquilaron una ~ para remar por el lago.*

bar·ca·ro·la |barkaróla| *f.* MÚS. Canción popular dulce y tranquila, que deriva de las canciones de los *barqueros de Italia: *los enamorados pasean en góndola escuchando una ~.*

bar·ca·za |barkáθa| *f.* Embarcación descubierta que se usa para la carga y descarga de los barcos: *pasaron las mercancías del buque a las barcazas.*

bar·ce·lo·⌐nés, ⌐ne·sa |barθelonés, nésa| **1** *adj.* De Barcelona o que tiene relación con Barcelona: *la mercancía se descargó en el puerto ~.* - **2** *m. f.* Persona nacida en Barcelona o que vive habitualmente en Barcelona: *los barceloneses son catalanes.*

bar·co |bárko| *m.* Vehículo construido para flotar y viajar por el agua y que es movido generalmente por el viento o por un motor: *fueron de una isla a la otra en un ~; la primera vez que montó en un ~ se mareó;* ~ **cisterna**, el que se emplea para transportar líquidos: *tuvieron que llevarles agua potable en un ~ cisterna;* ~ **escuela**, el que sirve para formar a los soldados de la marina: *estos cadetes completarán su formación en el ~ escuela;* ~ **mercante**, el que pertenece a una compañía que transporta en él mercancías: *este ~ mercante es de bandera panameña.* ⇒ **buque, nave.**

bar·do |bárðo| ***m.*** Persona que compone poemas: *el ~ improvisó ante los nobles un largo poema épico.*

ba·re·mo |barémo| **1 *m.*** Conjunto de normas establecidas para medir el valor o las cualidades de una persona o cosa: *el ~ da mucha puntuación a la experiencia profesional anterior.* **2** Libro o tabla de cuentas: *para conocer el estado de nuestras cuentas tengo que consultar el ~.*

ba·rio |bário| ***m.*** QUÍM. Metal blanco, difícil de fundir, que se emplea para fabricar pinturas: *el símbolo del ~ es* Ba.

ba·rí·to·no |barítono| **1 *m.*** MÚS. Voz media entre la del *tenor y la del bajo: *en este pasaje destaca el ~.* **2** MÚS. Hombre que tiene esa voz: *el ~ fue muy aplaudido por el público que asistió a la ópera.*

bar·lo·ven·to |barloβénto| ***m.*** MAR. Lugar de donde viene el viento: *divisaron una flota enemiga a ~.* ⇒ **sotavento.**

bar·man |bárman| ***m.*** Persona que trabaja en la barra de un establecimiento en el que se sirven bebidas: *le pidió al ~ una cerveza.* ⌂ Esta palabra procede del inglés. El plural es *bármanes.*

bar·niz |barníθ| ***m.*** Sustancia formada por una o más resinas mezcladas con aceite o con otro líquido que se aplica a una superficie para que al secarse forme una capa capaz de resistir la acción del aire y de la humedad: *dio una mano de ~ a los marcos de las ventanas de madera.*

bar·ni·zar |barniθár| ***tr.*** [algo] Pintar con *barniz: *la mesa está muy arañada y habrá que barnizarla de nuevo.* ⌂ Se conjuga como 4.

ba·ro |báro| ***m.*** FÍS. Medida de presión de la atmósfera que equivale a 100000 *pascales: *la presión atmosférica media, a nivel del mar, es igual a 1,013 ~.* ⇒ **bar.**

ba·ró·me·tro |barómetro| **1 *m.*** Aparato que sirve para medir la presión de la atmósfera: *según el ~, nos espera mal tiempo; el ~ fue inventado en el siglo* XVII *por Torricelli.* **2** *fig.* Medio o instrumento que se usa para saber el estado de una situación: *las encuestas en la calle son un buen ~ para conocer qué candidato ganará las elecciones.*

ba·⌜rón, ⌜ro·ne·sa |barón, ronésa| ***m. f.*** Miembro de la nobleza de categoría inferior a la de *vizconde: *tiene gran amistad con el ~ y su familia; la baronesa en persona administra todas estas tierras.*

bar·que·⌜ro, ⌜ra |barkéro, ra| ***m. f.*** Persona que se dedica a gobernar una *barca: *el ~ se ofreció a llevarnos a la otra orilla.*

bar·qui·lle·⌜ro, ⌜ra |barkiʎéro, ra| ***m. f.*** Persona que se dedica a hacer o vender *barquillos: *los barquilleros llevaban los barquillos en un recipiente con una tapa que giraba; los niños se acercaron al ~ para pedirle barquillos.*

bar·qui·llo |barkíʎo| ***m.*** Hoja delgada de pasta de harina y azúcar a la que se da forma de tubo: *el camarero sirvió el vino dulce con un ~ dentro de la copa; a los niños les encantan los barquillos.*

ba·rra |bára| **1 *f.*** Objeto largo y delgado que suele ser firme: *las cortinas cuelgan de una ~ de metal;* ~ **de labios**, pintura en forma de pequeño cilindro, que sirve para dar color a los labios: *el maquillaje facial lo complementaremos con una ~ de labios de color carmín.* **2** Pieza de pan de forma alargada: *he comprado dos barras y una docena de huevos.* ⇒ **hogaza.** **3** Tablero o *mostrador en el que se venden las bebidas y comidas en bares o establecimientos parecidos: *las consumiciones son más caras en la mesa que en la ~; te esperaré en la ~ del bar.* **4** DEP. Aparato formado por una pieza alargada sujeta por un soporte con el que se hace deporte: *es el mejor gimnasta del mundo en ~; hizo un salto mortal sobre la ~.* ⇒ **paralela.**

ba·rra·ba·sa·da |baraβasáða| ***f.*** Acción mala de cierta importancia: *me hizo la ~ de dejarme en la calle mientras llovía.* ⇒ **travesura.**

ba·rra·ca |baráka| **1 *f.*** Construcción pequeña hecha con materiales ligeros: *eran tan pobres que vivían en una ~ hecha por ellos mismos;* ~ **de feria**, la que se puede trasladar y se destina a espectáculos y diversiones: *ya han traído las barracas de feria para las fiestas del barrio.* **2** Construcción característica de las huertas de Valencia y Murcia, hecha de barro y cubierta de tallos vegetales: *su abuelo es un agricultor valenciano y toda su vida ha vivido en una ~.*

ba·rra·cón |barakón| ***m.*** Edificio de un solo piso, de planta rectangular y con un solo espacio interior, que se usa generalmente para *albergar soldados: *la tropa dormía en barracones.*

ba·rran·co |baráŋko| **1 *m.*** Hueco profundo que hace en la tierra una corriente de agua: *el ~ era tan abrupto que no se podía cruzar a pie.* **2** Parte de terreno alta y cortada verticalmente: *se cayó desde lo alto del ~.* ⇒ **despeñadero.**

ba·rre·na |baréna| ***f.*** Instrumento de metal con la punta en forma de *espiral que sirve para hacer agujeros en la madera y en otros materiales: *la ~ tiene una espiral tallada en la punta.* ⇒ **taladro.** ■ **en** ~, girando sobre sí mismo y en posición vertical: *el avión cayó en ~ y se estrelló; el planeador entró en ~ y luego volvió a elevarse, haciendo piruetas.* ⌂ Se usa con los verbos *entrar* y *caer.*

ba·rre·nar |barenár| **1 *tr.*** [algo] Abrir agujeros con una *barrena o con un *barreno: *barrenaron la pared de roca.* **2** *fig.* Deshacer, estropear o impedir: *esas medidas barrenaron todo intento de rebelión.* ⇒ **desbaratar.**

ba·rren·de·⌜ro, ⌜ra |barendéro, ra| ***m. f.*** Persona que se dedica a *barrer, generalmente las vías y los lugares públicos: *el ~ estaba recogiendo las hojas caídas de los árboles.*

ba·rre·no |baréno| **1 *m.*** Instrumento grande con punta aguda que se usa para hacer agujeros o *barrenas de gran tamaño: *se acercaron al muro con el ~ para taladrarlo.* ⇒ **taladro.** **2** Agujero hecho con una *barrena: *primero hizo el ~ y luego metió el tornillo.* **3** Agujero hecho en una roca o muro, que se llena de material *explosivo para volarlo: *en el ~ colocaron dinamita.*

ba·rre·ño |bar̄éɲo| ***m.*** Recipiente grande que se usa, generalmente, para *fregar y lavar en él: *lavaba la ropa en el ~.*

ba·rrer |bar̄ér| **1** ***tr.*** [algo] Limpiar el suelo con una *escoba: *después de comer, barrió las migas que habían caído de la mesa.* **2** *fig.* Dejar un lugar libre, vacío o desierto: *el viento barrió las nubes del cielo.* **3** *fig.* [algo, a alguien] Hacer desaparecer o vencer: *barrieron los errores del libro antes de publicarlo; barrió a todos sus rivales.* ■ ~ **hacia dentro/para casa**, comportarse de modo interesado: *creo que no será justo y que barrerá hacia dentro para beneficiarse de la situación.*

ba·rre·ra |bar̄éra| **1** ***f.*** Valla hecha con palos de madera clavados en el suelo y que sirve como defensa o para impedir el paso: *queríamos entrar en la pista forestal, pero la ~ estaba cerrada; el torero tuvo que saltar la ~ para escapar de la embestida del toro.* ⇒ **empalizada.** **2** Palo o valla que se puede poner en posición vertical u horizontal y que sirve para impedir el paso a través de la vías del tren: *si sigues por esta carretera, encontrarás un paso a nivel con ~.* **3** Primera fila de asientos en las plazas de toros: *el torero brindó su primer toro al rey, que ocupaba un asiento de ~.* **4** Obstáculo o construcción que sirve de defensa: *detrás de la ~ oía el silbido de las balas.* ⇒ **parapeto.** **5** *fig.* Obstáculo o dificultad: *existe cierta ~ cultural entre los ciudadanos europeos y los africanos;* ~ **del sonido**, conjunto de fenómenos que se producen cuando un cuerpo se mueve en la atmósfera a una velocidad próxima a la del sonido, y que hacen difícil superar esta velocidad: *el avión pasó la ~ del sonido.* **6** DEP. Fila de jugadores que se colocan delante de la meta para evitar que el contrario consiga un *gol: *intentó meter un gol, pero el balón chocó contra la ~.*

ba·rria·da |bar̄i̯áðа| ***f.*** Parte de una población de cierta extensión, formada por un grupo determinado de edificios o habitada por un grupo determinado de personas: *esta ~ ha tenido problemas de suministro eléctrico.* ⇒ **barrio.**

ba·rri·ca |bar̄íka| ***f.*** Recipiente de madera redondeado, que sirve para contener líquidos: *guarda varias barricas llenas de ese vino en la bodega.* ⇒ **barril, tonel.**

ba·rri·ca·da |bar̄ikáða| ***f.*** Defensa formada por diversos objetos y hecha con rapidez para protegerse del enemigo: *los manifestantes violentos acabaron improvisando una ~ para defenderse de las cargas de la policía.*

ba·rri·ga |bar̄íɣa| ***f.*** *fam.* Parte del cuerpo comprendida entre el pecho y las extremidades inferiores, especialmente cuando está más *abultada de lo normal: *tienes tanta ~ que no puedes abrocharte la camisa; mi hermana está embarazada de siete meses, pero tiene poca ~.* ⇒ **abdomen, estómago, panza, tripa, vientre.** ■ **echar** ~, comenzar a tener esa parte del cuerpo más *abultada de lo normal: *si comes mucho y no haces ejercicio físico, echarás ~.* ⇒ **tripa.**

ba·rril |bar̄íl| ***m.*** Recipiente de madera, grande y redondo, que sirve para contener líquidos: *el carro transportaba varios barriles de vino.* ⇒ **barrica, cuba, tonel.**

ba·rri·llo |bar̄íʎo| ***m.*** Grano de pequeño tamaño que aparece en la piel de la cara: *tenía varios barrillos en la mejilla.* ⇒ **barro, espinilla.**

ba·rrio |bár̄i̯o| **1** ***m.*** Parte de una población de cierta extensión, formada por un grupo determinado de edificios o habitada por un grupo determinado de personas: *vive en un ~ del centro de la ciudad;* ~ **histórico**, parte antigua de una ciudad: *en el ~ histórico no se pueden hacer construcciones modernas.* ⇒ **casco.** **2** Población que depende de otra, aunque esté apartada de ella: *muchos pueblos pequeños han pasado a ser barrios de otros pueblos mayores.*

ba·rri·zal |bar̄iθál| ***m.*** Lugar lleno de barro o de *lodo: *tuvo que pasar por un ~ y se ensució los zapatos.* ⇒ **lodazal.**

ba·rro |bár̄o| **1** ***m.*** Masa que resulta de mezclar tierra y agua: *ayer llovió y me llené las botas de ~; compré un botijo de ~ cocido.* ⇒ **arcilla, lodo.** **2** Recipiente hecho de esta masa y *cocido en un horno: *me han regalado un ~ de Granada.* **3** Grano pequeño que sale en la cara, especialmente a los jóvenes cuando empiezan a tener barba: *esta crema sirve para curar los barros y las espinillas.* ⇒ **barrillo, espinilla.**

ba·rro·⌜co, ⌜ca |bar̄óko, ka| **1** ***adj.*** Del periodo o el estilo del mismo nombre que se desarrolló en Europa durante los siglos XVII y XVIII o que tiene relación con ellos: *hemos visitado una iglesia barroca; me gusta la escultura barroca.* **2** Que es raro o extraño; que es difícil de comprender; que está demasiado adornado: *me pareció una película muy barroca; pronunció un sermón ~ e incomprensible; lleva un collar muy ~.* - **3 barroco *m.*** Movimiento cultural caracterizado por el gusto por las formas difíciles y el exceso de adornos: *el Barroco precedió al Neoclasicismo.* ⇒ **neoclasicismo, renacimiento, romanticismo.** ⌂ En esta acepción se suele escribir con mayúscula. **4** Periodo que comienza a finales del siglo XVI y termina a principios del siglo XVIII: *el Barroco español dio obras de arte extraordinarias.* ⌂ En esta acepción se suele escribir con mayúscula.

ba·rro·te |bar̄óte| ***m.*** Barra gruesa y fuerte: *cortó los barrotes de la cárcel con una lima que le introdujeron en un bocadillo.*

ba·rrun·tar |bar̄untár| ***tr.*** [algo] Tener la sensación de que ocurrirá una cosa: *barruntaba que algo desagradable le iba a suceder ese día.* ⇒ **presentir.**

bár·tu·los |bártulos| ***m. pl.*** Objetos de uso corriente en una determinada actividad: *cuando sonó el timbre, el niño recogió los ~ y salió de clase.*

ba·ru·llo |barúʎo| ***m.*** Desorden ruidoso: *había cierto ~ en el aula cuando entró el profesor.* ⇒ **barahúnda.**

ba·sal·to |basálto| *m.* MINERAL. Roca de color negro verdoso, que procede de los *volcanes: *en el templo encontraron una figurita de ~.*

ba·sa·men·to |basaménto| **1** *m.* Cuerpo que forma la parte inferior de una columna: *el ~ está formado por la basa y el plinto.* **2** Base o parte inferior de un edificio: *el ~ debe ser muy fuerte para soportar todo el peso.*

ba·sar |basár| *tr.-prnl.* [algo; en/sobre algo] Apoyar sobre una base: *su obra se basa en la teoría de la relatividad; el edificio se derrumbó porque lo basaron en un terreno poco firme.*

bás·cu·la |báskula| *f.* Aparato formado por una superficie y una combinación de *palancas, que sirve para pesar o medir masas: *me pesé en la ~ de baño; pesaron el camión en la ~.* ⇒ **balanza.**

bas·cu·lar |baskulár| **1** *intr.* Inclinarse una superficie o caja de un vehículo de transporte, de modo que la carga resbale hacia un lado por su propio peso: *el camión de arena basculó.* **2** *form.* Inclinarse hacia un lado o tendencia: *su forma de ser está basculando hacia la inmoralidad.*

ba·se |báse| **1** *f.* Parte de un objeto en la que éste se apoya: *es fácil que se caiga el jarrón porque tiene la ~ muy pequeña; la ~ de una silla son las patas.* **2** Objeto sobre el que se apoya otra cosa: *colocaron la estatua sobre una ~ de mármol.* **3** Materia o *concepto importante que explica o hace posible otras cosas: *la ~ del éxito es el trabajo.* **4** Lugar donde se prepara una acción: *los submarinistas salieron de la ~ y emprendieron la expedición;* ~ **aérea**, lugar que acoge aviones militares: *en Torrejón de Ardoz hay una ~ aérea;* ~ **de operaciones**, lugar donde se prepara un ejército para la guerra: *las tropas volvieron a la ~ de operaciones;* ~ **de lanzamiento**, lugar desde el que se lanzan las naves espaciales: *construyeron la mayor ~ de lanzamiento del mundo.* **5** Conjunto de personas que no tienen cargo en una organización: *la ~ del partido debe elegir al secretario general.* ◯ Se usa también en plural con el mismo significado. **6** MAT. Cantidad que ha de multiplicarse por sí misma tantas veces como indique un número que se escribe a su derecha y algo más arriba: *la ~ de 4 elevado a tres es 4.* **7** GEOM. Línea o superficie en que se supone que descansa una figura: *la ~ de este triángulo es mayor que su altura.* **8** QUÍM. Sustancia derivada de la unión del agua con los óxidos metálicos: *la sosa es una ~.* - **9** *com.* DEP. Jugador de un equipo de *baloncesto que organiza el juego: *Quique juega de ~ en un equipo de baloncesto de la liga universitaria.* ■ **a ~ de**, por medio de; con: *quiso atemorizarme a ~ de amenazas; todo lo que tiene lo consiguió a ~ de mucho trabajo.* ◯ Es incorrecta la construcción *en ~ a* por *basándose en, a ~ de.*

bá·si·⌐co, ⌐ca |básiko, ka| **1** *adj.* Que es necesario o principal para fundar o sostener una cosa: *el pan y la leche son productos básicos en la alimentación.* ⇒ **esencial, fundamental, trascendental, vital.** **2** QUÍM. (solución) Que se forma al unir el agua con los óxidos metálicos: *los hidróxidos son compuestos básicos.*

ba·sí·li·ca |basílika| **1** *f.* Edificio de planta rectangular, con tres o más naves, especialmente el que servía en la antigua Roma para reunirse, celebrar los juicios y para otras cosas: *a la derecha del teatro romano están las ruinas de la ~; esta iglesia románica tiene planta de ~.* **2** Iglesia cristiana grande y de gran importancia: *los turistas visitan la ~ del monasterio de El Escorial.*

ba·si·lis·co |basilísko| **1** *m. fig.* Persona muy enfadada y rabiosa: *está hecho un ~, así que esperaré a que se calme para hablar con él.* **2** Animal imaginario al que se le atribuía la propiedad de matar con la vista: *la primera página del manuscrito está ilustrada con un ~.*

bas·tan·te |bastánte| **1** *adj.* Que basta o es *suficiente: *tenemos razones bastantes para ello.* ⇒ **mucho, poco.** - **2** *adv. c.* Ni mucho ni poco: *los ejercicios que nos propone son ~ agradables.* **3** Mucho; en gran cantidad: *son lo ~ ricos como para poder permitírselo.* - **4** *adv. t.* Periodo de tiempo largo; largo tiempo: *hace ~ que no me escribe y sé poco de él.*

bas·tar |bastár| *intr.-prnl.* [con algo, para algo/alguien] Ser *suficiente; no hacer falta más: *mi salario no bastará para cubrir los gastos; este detergente es muy concentrado y te bastará medio vaso para toda la colada; yo me basto para acabar todo el trabajo.* ◯ Se usa frecuentemente en tercera persona con la preposición *con*: *bastará con cinco mil pesetas; me basta con tu ayuda para terminar el trabajo.* ◯ A veces se usa coordinado con *sobrar*: *con esto basta y sobra; tú te bastas y te sobras para acabar con toda la comida.* ■ **¡basta!**, expresión que se usa para poner fin a una acción o discusión: *¡basta!, ¡no puedo soportar más tus insultos!* ◯ Se usa también con la preposición *de*: *basta de discusiones.*

bas·tar·di·lla |bastarðíʎa| *adj.-f.* (letra) Que se inclina ligeramente a la derecha: *a veces se confunde la letra ~ con la cursiva.*

bas·tar·⌐do, ⌐da |bastárðo, ða| **1** *adj.-s.* (persona) Que ha nacido de una mujer que no es la *esposa de su padre: *Juan de Austria era hijo ~ de Carlos V.* - **2** *adj.* Que se aparta de un orden determinado o que tiene parte de dos estilos diferentes: *su estilo ya no es el de otras épocas: se ha hecho ~.*

bas·ti·dor |bastiðór| **1** *m.* Estructura o armazón que deja un hueco en el medio y sirve para sostener otros elementos: *el pintor estiró el lienzo sobre el ~; el primer papel se fabricó en China extendiendo pasta vegetal sobre un ~ de bambú, en cuyo fondo había una tela.* **2** MEC. Armazón de metal que sostiene un motor o un mecanismo: *sobre el ~ del coche se coloca la carrocería.* **3** Armazón con telas y decorados que hay en los lados de un *escenario: *el actor salió y se quedó escuchando detrás de los bastidores.* ■ **entre bastidores**, en el mundo del teatro o del espectáculo, pero fuera de la *escena o de la vista del público: *hacen una pareja estupenda en esta obra, pero entre bastidores ni siquiera se hablan.* ■ **entre bastidores**, en un segundo plano; fuera de la vista: *en este negocio todo se trata entre bastidores.*

bas·ti·lla |bastíʎa| *f.* Forma de coser un tejido,

que consiste en dar puntos seguidos e iguales, de modo que el hilo queda asomando por detrás y por delante: *la ~ se usa para juntar dos telas o para hacer dobladillos en los bordes.*

bas·tión |bastión| ***m.*** MIL. Protección o defensa: *al cabo de un mes tomaron el ~ y el alcázar.* ⇒ **baluarte.**

bas·⌈to, ⌈ta |básto| **1** ***adj.*** Que no está bien elaborado; que tiene poca calidad o valor: *la obra está escrita en un manuscrito ~.* **2** (persona) Que tiene malos modos o que es poco educado; que tiene escasa formación cultural: *es muy ~: hace todo tipo de ruidos al comer y emplea muchas palabras malsonantes.* ⇒ **rudo.** - **3 basto** ***m.*** Carta de la *baraja española en la que aparecen dibujados uno o varios palos gruesos, especialmente el *as: *he echado un ~.* - **4 bastos** ***m. pl.*** Conjunto o palo de la *baraja española en el que aparecen dibujados palos gruesos: *echó el as de bastos.*

bas·tón |bastón| **1** ***m.*** Palo o vara que sirve para apoyarse al andar: *los ciegos se ayudan de un ~ blanco; llevaba chistera y un ~ con punta de acero.* ⇒ **garrote. 2** Objeto que es señal de mando o de autoridad: *su ~ indicaba que él dirigía la ceremonia.*

bas·to·na·zo |bastonáθo| ***m.*** Golpe dado con un *bastón: *el anciano se defendía de sus agresores a bastonazos.* ⇒ **garrotazo.**

bas·to·ne·ra |bastonéra| ***f.*** Cubo o recipiente que sirve para colocar *bastones y *paraguas en él: *al entrar colgó el sombrero en la percha y dejó el bastón en la ~.*

ba·su·ra |basúra| **1** ***f.*** Conjunto de cosas que *sobran y se tiran porque no son útiles: *baja al contenedor a tirar la ~; encontraron una radio vieja entre la ~.* ⇒ **desperdicio. 2** Cosa o sustancia sucia o que mancha: *cuando el niño iba a coger un caramelo que estaba en el suelo, su padre le dijo: - No toques esa ~.* ⇒ **suciedad. 3** *desp. fig.* Persona mala y despreciable: *los asesinos son una auténtica ~.* **4** *desp. fig.* Cosa mal hecha o de mala calidad: *este libro es una ~.* ⇒ **caca, castaña, mierda, patata.**

ba·su·re·⌈ro, ⌈ra |basuréro, ra| **1** ***m. f.*** Persona que se dedica a recoger la basura para llevársela a un lugar adecuado: *los basureros suelen trabajar por la noche.* - **2 basurero** ***m.*** Lugar a donde se lleva la basura: *aquí huele mal porque cerca hay un ~.*

ba·ta |báta| ***f.*** Prenda de vestir larga, con mangas y con botones por delante, que se usa en casa para estar cómodo o para el trabajo profesional en un taller un hospital, un *laboratorio u otros lugares: *se puso la ~ y las zapatillas y se sentó a leer en su sillón; el médico llevaba su nombre bordado en el bolsillo de la ~.* ⇒ **batín.**

ba·ta·ca·zo |batakáθo| ***m.*** Caída o golpe violento: *tropezó y se dio un buen ~ contra el suelo.*

ba·ta·lla |batáʎa| **1** ***f.*** Lucha o enfrentamiento armado entre dos ejércitos: *aquella ~ fue decisiva para el curso posterior de la guerra.* ⇒ **guerra. 2** *fig.* Agitación y lucha interior del ánimo: *mantuvo una dura ~ con sus sentimientos.*

ba·ta·lla·⌈dor, ⌈do·ra |bataʎaðór, ðóra| ***adj.*** Que lucha o *batalla; que tiene tendencia a luchar o *batallar: *es muy batalladora: siempre lucha por todo.*

ba·ta·llar |bataʎár| **1** ***intr.*** Luchar o enfrentarse con armas: *batallaron con el enemigo hasta el anochecer.* **2** *fig.* Agitarse y luchar el ánimo en el interior: *batallaba con la tentación para no caer en ella.*

ba·ta·llón |bataʎón| **1** ***m.*** Unidad militar compuesta por varias compañías y mandada por un *comandante: *todo el ~ formó para la jura de bandera.* **2** *fig.* Grupo grande de personas: *un ~ de turistas invadió Toledo el pasado fin de semana.* ⇒ **ejército, tropa.**

ba·tán |batán| **1** ***m.*** Máquina compuesta por martillos gruesos de madera, que sirve para golpear y trabajar los paños: *a lo lejos se oían los golpes del ~.* **2** Lugar en el que se trabaja con esa máquina: *en el ~ se trabaja día y noche.*

ba·ta·ta |batáta| **1** ***f.*** Tallo subterráneo, comestible, de forma alargada y de color marrón por fuera y blanco por dentro: *la ~ es más grande y dulce que la patata.* ⇒ **patata. 2** Planta de flores grandes, rojas por dentro y blancas por fuera, en cuyas raíces crece ese tallo subterráneo: *la ~ procede de América.*

ba·te |báte| ***m.*** Palo cilíndrico con el que se golpea la pelota en el juego del *béisbol: *el ~ golpeó la pelota con tal fuerza que ésta salió del estadio.*

ba·te·rí·a |batería| **1** ***f.*** Conjunto de dos o más pilas comunicadas entre sí, que sirve para acumular energía eléctrica: *el coche no arranca porque tiene la ~ gastada; estos juguetes funcionan con baterías.* **2** Instrumento de percusión formado por varios tambores y platos que se hacen sonar con unos palos muy finos: *Enrique toca la ~ en un grupo musical.* **3** Conjunto de recipientes; **~ de cocina**, conjunto de recipientes que se usan para cocinar: *la ~ de cocina está compuesta por la olla, las cacerolas y los cazos; mi ~ de cocina es de cobre.* **4** MIL. Conjunto de armas de fuego de un ejército preparadas para disparar: *el capitán colocó las baterías apuntando a la ciudad.* ⇒ **artillería. 5** *form.* Conjunto de luces colocadas en fila, especialmente en el *escenario del teatro: *todas las luces estaban apagadas, excepto la ~ que iluminaba al actor.* ■ **en ~**, en paralelo: *por favor, aparque el coche en ~.*

ba·te·ris·ta |baterísta| ***com.*** MÚS. Persona que toca la *batería: *para ser ~ hay que tener un gran sentido del ritmo.*

ba·ti·bu·rri·llo |batiβuříʎo| ***m.*** *fam.* Mezcla de cosas que no combinan bien: *aquello, más que una sopa, era un ~ de marisco con carne.*

ba·ti·da |batíða | **1** ***f.*** Exploración y reconocimiento de un terreno para cazar animales: *los cazadores dieron una ~ por el monte.* **2** Exploración y reconocimiento de un terreno para encontrar a una persona o cosa: *la policía hizo una ~ en la zona en busca del asesino; hicieron una ~ en el local porque sospechaban que allí se escondía droga.*

ba·ti·do |batíðo| **1** ***m.*** Bebida que se hace mezclando varios componentes, especialmente leche y frutas: *en la cafetería tomé un ~ de vainilla.* **2** Mezcla de claras y yemas de los huevos: *para hacer el pastel hay que preparar antes un ~ con tres huevos.*

ba·ti·do·ra |batiðóra| ***f.*** Instrumento de cocina que tiene un brazo con una pieza que corta al girar: *la ~ tritura los trozos de fruta; hizo mayonesa mezclando con la ~ aceite, huevo, sal y vinagre.*

ba·tín |batín| ***m.*** Prenda de vestir ligera y cómoda, que llega hasta más abajo de la *cadera y se usa para estar en casa: *los hombres suelen llevar ~; ponte el ~ encima del pijama.* ⇒ **bata.**

ba·tir |batír| **1** ***tr.*** [algo] Mover con energía una sustancia para mezclarla con otra o para convertirla en líquido: *batió los huevos para hacer con ellos una tortilla.* **2** Dar golpes: *el herrero bate el metal con el martillo; el granizo bate con fuerza los cristales.* **3** Mover con fuerza: *el pájaro herido batía las alas, pero no podía volar.* **4** Explorar o reconocer un terreno: *los ojeadores batieron la montaña cuando se fueron de cacería; a pesar de que batieron la ciudad entera, no encontraron al ladrón.* **5** Superar, especialmente una marca deportiva: *el nadador batió su propio récord en los Juegos Olímpicos; hace poco se batió el récord nacional de triple salto de longitud.* **6** [a alguien] Vencer o ganar a un enemigo: *la corredora batió sin dificultad a todas sus contrincantes; el ejército fue batido por las tropas enemigas en la madrugada.* ⇒ **derrotar.** - **7 batirse** ***prnl.*** Enfrentarse y luchar: *el conde se batió en duelo con el caballero porque había ofendido su honor.*

ba·tra·⌐cio, ⌐cia |batráθio, θia| ***adj.-m.*** ZOOL. (animal) Que pertenece a la clase de los vertebrados que pasan parte de su vida en el agua y que cuando alcanzan la edad adulta respiran a través de pulmones: *el sapo y la rana son animales batracios; los batracios son anfibios.* ⇒ **anfibio.**

ba·tu·ta |batúta| **1** ***f.*** MÚS. Vara pequeña que usa el director de una *orquesta o de una banda para marcar el ritmo y la expresión de una obra musical: *los músicos siguen el compás que marca la ~ del director.* **2** *fig.* Dirección o mando: *todos los jugadores deben actuar bajo la ~ del entrenador.* ■ **llevar la ~**, dirigir un grupo o una acción: *Marta lleva la ~ y los demás seguimos ciegamente sus indicaciones.*

ba·úl |baúl| ***m.*** Caja grande y resistente de madera con tapa y cerradura, que se usa para guardar ropa: *guardó las mantas y la ropa de invierno que no iba a usar durante el verano en el ~.* ⇒ **arca, arcón, cofre.**

bau·tis·mal |bautismál| ***adj.*** Del *bautismo o que tiene relación con él: *aquí está la pila ~.*

bau·tis·mo |bautísmo| **1** ***m.*** REL. *Sacramento de la Iglesia *católica y de otras iglesias que consiste en echar un poco de agua a una persona, con lo que se convierte en miembro de la Iglesia: *la niña recibirá el ~ el mes que viene.* **2** Primera vez que se hace alguna cosa: *esta novela es su ~ como escritor, nunca había publicado nada;* ~ **de fuego**, primera vez que se hace alguna cosa, especialmente primera vez que lucha un soldado: *perdieron la batalla porque para la mayoría de los muchachos era su ~ de fuego;* ~ **de aire**, primer vuelo de un *piloto o de cualquier persona: *es su ~ de aire, nunca antes había montado en avión.*

bau·ti·zar |bautiθár| **1** ***tr.*** [a alguien] Echar un poco de agua a una persona para que se convierta en miembro de la Iglesia: *el mismo sacerdote que nos casó bautizará a nuestro primer hijo.* ⇒ **cristianar.** **2** *fig.* [algo, a alguien] Poner un nombre: *tenemos que pensar un nombre bonito para ~ el barco.* **3** [algo] Añadir agua a un líquido para que éste tenga mayor volumen: *en este bar bautizan el vino.* ☖ Se conjuga como 4.

bau·ti·zo |bautíθo| ***m.*** Ceremonia en la que se realiza el primero de los *sacramentos de la Iglesia *católica, que consiste en echar un poco de agua a una persona, con lo que se convierte en miembro de la Iglesia: *el ~ se celebró durante la misa del domingo; se enfadaron con nosotros, porque no les invitamos al ~ de nuestro hijo.*

ba·ya |báya| ***f.*** Fruto con jugo, que contiene semillas rodeadas de *pulpa: *la ginebra se elabora con bayas de enebro.*

ba·ye·ta |bayéta| **1** ***f.*** Trozo de tela que sirve para limpiar y absorber líquidos: *después de comer, limpió la mesa con una ~ húmeda y la secó con un trapo.* **2** Instrumento formado por un palo largo y delgado terminado en una pieza que sujeta unas tiras de material absorbente, que sirve para *fregar el suelo de pie: *pasó la ~ a la escalera.* ⇒ **fregona.**

ba·⌐yo, ⌐ya |báyo, ya| ***adj.*** De color claro, cercano al amarillo: *paseaba por el camino montado en un bonito caballo ~.*

ba·yo·ne·ta |bayonéta| ***f.*** MIL. Arma blanca, parecida a un cuchillo, que se coloca junto a la boca de un *fusil y que sobresale de ella: *el soldado se quedó sin munición y atacó con la ~.* ■ **a ~**, manera de sujetar una pieza ajustándola a presión en otra: *el objetivo de mi cámara va a ~, no a rosca.*

ba·za |báθa| ***f.*** Número de cartas que en ciertos juegos recoge el que gana una parte del juego: *en esa ~ ha hecho muchos puntos.* ■ **meter ~**, *fam.*, intervenir en una conversación de otras personas: *no sé por qué tuvo que meter ~, cuando a él ese asunto no le importa.*

ba·zar |baθár| ***m.*** Establecimiento en el que se venden mercancías de varias clases: *en este ~ puedes encontrar casi de todo.*

ba·zo |báθo| ***m.*** ANAT. Órgano de los vertebrados de color rojo oscuro situado a la izquierda del estómago: *la función del ~ es destruir los glóbulos rojos inservibles y producir leucocitos; el cirujano ha extirpado el ~ al paciente.*

ba·zo·fia |baθófia| **1** ***f.*** *fig.* Comida de aspecto y sabor muy malos: *en esta pensión nos dan de comer ~.* **2** *fig.* Persona o cosa mala o despreciable: *esa película es una ~: no vayas a verla.* ⇒ **basura.** **3** Mezcla de restos de comidas y de *heces: *por el terraplén vertían la ~ del monasterio.*

be |bé| **1** ***f.*** Nombre de la letra *b*: *absorber se escribe con ~.* ☖ El plural es *bes.* - **2** ***m.*** Onomatopeya de la voz de la oveja: *el corderillo dijo ~.*

be·a·ti·fi·car |beatifikár| ***tr.*** REL. [a alguien] Reconocer el Papa que una persona está en el cielo en compañía de Dios y que se le puede dar *culto: *fue tan bueno y virtuoso en vida que después de muerto lo beatificaron.* ☖ Se conjuga como 1.

be·a·⌐to, ⌐ta |beáto, ta| **1** ***adj.-s.*** (persona) Que es muy religioso y pasa mucho tiempo en la iglesia: *a la misa de diario sólo van cinco o seis viejas beatas.* ⌂ Se usa generalmente con intención despectiva. **2** REL. (persona) Que está en el cielo en compañía de Dios y a quien se le puede dar *culto: *dirijo mis oraciones a un ~ de mi pueblo.* **- 3** ***m. f.*** REL. Persona que lleva hábito religioso, sin vivir en comunidad ni seguir una regla determinada: *es una beata, ha hecho una promesa y lleva un hábito.*

be·bé |beβé| ***m.*** Niño que acaba de nacer o que tiene muy pocos meses: *mi hermana ha tenido un ~ precioso; cambia los pañales al ~.* ⇒ **mamón.**

be·be·de·⌐ro |beβeðéro| **1** ***m.*** Recipiente en el que se echa la bebida a los animales: *he puesto un comedero y un ~ a mi canario.* **2** Lugar en el campo donde van a beber las aves: *hay una laguna en el bosque que sirve de ~.* **3** Pico saliente en el borde de un recipiente, para verter el líquido: *las jarras tienen ~.*

be·be·di·zo |beβeðíθo| **1** ***m.*** Bebida elaborada con veneno: *en la corte eran frecuentes los bebedizos para eliminar a los enemigos.* **2** Bebida elaborada con hierbas medicinales: *la bruja elaboraba bebedizos mágicos; si el príncipe toma este ~ se enamorará de ti.* ⇒ **filtro, pócima.**

be·be·dor, ⌐do·ra |beβeðór, ðóra| ***adj.-s.*** (persona) Que tiene tendencia a tomar bebidas alcohólicas: *era bastante ~ y tiene problemas con el hígado.*

be·ber |beβér| **1** ***intr.-tr.*** [algo] Tragar un líquido: *me gusta ~ zumo con el desayuno; ¿le apetece ~ algo caliente?; los caballos bebían en el río.* ⌂ Es muy frecuente su uso como pronominal: *tenía tanta sed que me bebí un litro de agua.* **- 2** ***intr.*** Tomar licores u otras bebidas alcohólicas: *¿te apetece una ginebra? No, gracias, no bebo.* **3** [por alguien/algo] Levantar un vaso con licor y decir que se desea algo bueno para una persona, un proyecto u otra cosa: *quiero ~ a tu salud, amigo; bebamos por la feliz pareja.* ⇒ **brindar.**

be·bi·ble |beβíβle| ***adj.*** (líquido) Que se puede beber; que es agradable al gusto: *esta limonada es ~: pruébala.*

be·bi·da |beβíða| **1** ***f.*** Líquido que se puede beber: *haremos una cena: vosotros pondréis la ~ y nosotros la comida.* **2** Hábito de beber licores o vino: *se dio a la ~ y acabó por perder el trabajo.*

be·bi·⌐do, ⌐da |beβíðo, ða| ***adj.*** Que ha tomado demasiado alcohol y tiene alteradas las *facultades físicas o mentales: *ha llegado a un punto en que siempre está ~.* ⇒ **borracho.**

be·ca |béka| ***f.*** Cantidad de dinero que recibe una persona para pagar los gastos que le supone cursar unos estudios: *se le ha concedido una ~ para estudiar en el extranjero.*

be·car |bekár| ***tr.*** [algo, a alguien] Conceder una *beca de estudios: *fue becado por la universidad para que pudiera seguir investigando.* ⌂ Se conjuga como 1.

be·ca·⌐rio, ⌐ria |bekário, ria| ***m. f.*** Persona que disfruta de una *beca: *asistieron al acto académico profesores y becarios.*

be·ce·⌐rro, ⌐rra |beθéro, ra| ***m. f.*** Cría de la vaca, de hasta dos años o poco más: *el granjero compró dos becerros para sacrificarlos y vender la carne; la vaca suiza ha parido una becerra grande y sana.*

be·cha·mel |betʃamél| ***f.*** Salsa hecha con leche, harina y aceite o *mantequilla: ⇒ **besamel.** ⌂ La Real Academia Española prefiere la forma *besamel.*

be·cua·dro |bekuáðro| ***m.*** MÚS. Alteración del tono que destruye el efecto del *bemol y del sostenido: *cuando se encuentra un ~ significa que la nota deja de ser bemol o sostenido.*

be·⌐del, ⌐de·la |beðél, déla| ***m. f.*** Persona que se dedica al cuidado y mantenimiento de un edificio, de un centro de enseñanza: *el ~ cerró el aula.* ⇒ **conserje.**

be·dui·⌐no, ⌐na |beðuíno, na| **1** Del pueblo árabe *nómada que vive en los desiertos de África del norte y de Siria o que tiene relación con él: *se perdió en el desierto, fue rescatado por unos comerciantes de camellos y pronto adquirió las costumbres beduinas.* **- 2** ***m. f.*** Persona que pertenece a ese pueblo: *los beduinos aman la libertad y el desierto.*

be·go·nia |beγónia| ***f.*** Planta de jardín, de tallos carnosos, hojas grandes y verdes, en forma de corazón, y flores blancas, rosadas, rojas o amarillas: *la ~ es una planta decorativa; la ~ se cultiva en las regiones cálidas.*

bei·con |béikon| ***m.*** Carne de cerdo *curada en la que alterna el *tocino y el *magro: *esta cafetería sirve ~ con huevos para desayunar.*

bei·ge |béixe| **1** ***adj.*** Del color natural de la lana; de color marrón claro: *se ha comprado un jersey ~.* **- 2** ***adj.-m.*** (color) Que es parecido a la lana en su estado natural; que es marrón claro: *para las cortinas, prefiero el ~ al blanco.* ⌂ No varía de número.

béis·bol |béisβol| ***m.*** Deporte entre dos equipos de nueve jugadores que se practica con una pelota y un *bate y que consiste en tratar de dar una vuelta completa a un campo: *Ramiro juega como lanzador en un equipo de ~; en el ~ cada punto del campo que un jugador debe recorrer se llama base.*

bel |bél| ***m.*** ⇒ **belio.** ⌂ Se usa en el Sistema Internacional.

be·lén |belén| ***m.*** Conjunto de figuras y objetos que representan momentos o lugares relacionados con el nacimiento de Jesucristo: *los niños cantaban villancicos ante el ~.* ⇒ **nacimiento.**

bel·ga |bélγa| **1** ***adj.*** De Bélgica o que tiene relación con Bélgica: *la capital ~ es Bruselas.* **- 2** ***com.*** Persona nacida en Bélgica o que vive habitualmente en Bélgica: *los belgas son vecinos de los franceses.*

be·li·cis·mo |beliθísmo| ***m.*** Tendencia que defiende los actos violentos y los enfrentamientos armados: *hay países que no son partidarios del ~; el ~ es lo que ha provocado tantas guerras a lo largo de la historia.* ⇔ **pacifismo.**

be·li·cis·ta |beliθísta| ***adj.-com.*** POL. Que es partidario del *belicismo, o que tiene relación con él: *los belicistas ven la guerra como solución a las discre-*

pancias; el partido ha defendido una política pacifista, no ~. ⇔ **pacifista.**

bé·li·⌈co, ⌈ca |béliko, ka| ***adj.*** De la guerra o que tiene relación con ella: *las naciones acordaron destruir gran parte del material ~.*

be·li·co·⌈so, ⌈sa |belikóso, sa| **1 *adj.*** Que muestra tendencia al enfrentamiento o a la guerra: *el embajador sintió el tono ~ de las declaraciones del presidente.* **2** Que tiende a actuar de modo violento o *agresivo: *es tan ~ que no es nada agradable tratar con él.*

be·li·ge·ran·te |belixeránte| ***adj.-com.*** (grupo de personas, país) Que está en guerra, especialmente si ha sido reconocido como una de las partes en guerra: *las partes beligerantes decidieron comenzar las conversaciones de paz.*

be·lio |bélio| ***m.*** Unidad *relativa de intensidad *sonora: *la intensidad del sonido se suele medir en decibelios y no en belios.* ⇒ **bel.**

be·lla·⌈co, ⌈ca |beʎáko, ka| **1 *adj.-s.*** (persona) Que es despreciable por *carecer de honor: *¡ríndete o muere, ~!* ⇒ **bribón, golfo, ruin.** ☐ Se usa como apelativo despectivo. **2** (persona) Que es hábil para engañar: *ay, ~, me la has vuelto a jugar.* ⇒ **bribón, zorro.**

be·lle·za |beʎéθa| **1 *f.*** Conjunto de cualidades que resultan agradables a la vista, al oído o al espíritu: *la ~ de esa mujer es incomparable; tiene una estatua de una ~ única.* **2** Persona bella: *acaban de entrar en la cafetería tres bellezas.*

be·⌈llo, ⌈lla |béʎo, ʎa| ***adj.*** Que es muy agradable a la vista, al oído o al espíritu: *tenía unos ojos azules y bellos; fue un ~ gesto donar su fortuna a los pobres.* ⇒ **bonito, hermoso.**

be·llo·ta |beʎóta| ***f.*** Fruto seco cubierto por una cáscara fina, fuerte y flexible, de color marrón claro: *la encina y el roble dan bellotas; los cerdos comen bellotas y castañas; la ~ tiene una envoltura áspera, por la que se une al tallo.*

be·mol |bemól| ***adj.-m.*** MÚS. (alteración del tono) Que baja la nota o suena medio tono: *los músicos interpretaron una sonata en si ~.* ■ **tener bemoles,** *fam.*, ser muy difícil: *esta lección de electrónica digital tiene bemoles.*

ben·ce·no |benθéno| ***m.*** QUÍM. Líquido sin color, derivado del carbón mineral, que arde fácilmente y que se usa como disolvente: *el ~ se usa en la limpieza en seco y en la fabricación de plásticos y explosivos; el ~ es un hidrocarburo.* ⇒ **benzol.**

ben·ci·na |benθína| ***f.*** QUÍM. Líquido sin color, derivado del *petróleo, que se usa como disolvente y como combustible: *la ~ es una mezcla de hidrocarburos.*

ben·de·cir |bendeθír| **1 *tr.*** [algo, a alguien] Pedir la protección de Dios para una persona o cosa: *la madre bendijo a su hija cuando se iba a casar.* **2** Extender y mover la mano dibujando en el aire la forma de una cruz para pedir la protección de Dios: *el sacerdote bendice a los reunidos al terminar la misa.* **3** Conceder Dios su protección; ser favorable la suerte: *Dios ha bendecido nuestra sagrada misión.* **4** Dedicar u ofrecer a Dios o al *culto: *han bendecido las campanas.* ⇒ **consagrar. 5** Alabar o decir cosas buenas: *nuestra secretaria siempre está bendiciendo a sus anteriores jefes.* ⇔ **maldecir.** ☐ El participio es *bendecido.* El participio irregular *bendito* se usa generalmente como adjetivo. Se conjuga como 79.

ben·di·ción |bendiθión| **1 *f.*** Acción de extender y mover la mano dibujando en el aire la forma de una cruz para pedir la protección de Dios para una persona o cosa: *el sacerdote da la ~ al final de la misa.* **2** Palabra o frase con la que se pide la protección de Dios para una persona o cosa: *de su boca sólo salieron bendiciones.* ⇔ **maldición. 3** Aprobación de una cosa y deseo de que resulte bien: *el padre ha dado su ~ para que se casen los dos jóvenes.* **4** Cosa muy buena o que produce una gran alegría: *nuestro primer hijo fue una ~.* ⇔ **maldición.**

ben·di·⌈to, ⌈ta |bendíto, ta| **1 *adj.-s.*** Que goza de la gracia o de la protección de Dios; que está destinado al *culto: *este lugar está ~; cortaron el pan ~.* ⇔ **maldito. 2** (persona) Que es bueno, sencillo y, generalmente, poco inteligente: *es un ~, no se entera nunca de nada.* ⇔ **maldito. - 3 *adj.*** Que es feliz; que incluye o trae felicidad: *¡en bendita hora conocí a la que hoy es mi esposa!* ⇔ **maldito.** ■ **~ sea Dios,** indica alegría, sorpresa o aceptación de una cosa: *¡~ sea Dios!, menos mal que no te has hecho daño al caer; si todo sale como hemos pensado, ~ sea Dios.* ☐ Es el participio irregular de *bendecir.*

be·ne·dic·ti·⌈no, ⌈na |beneðiᵏtíno, na| **1 *adj.-s.*** (religioso) Que pertenece a la orden fundada por San Benito de Nursia: *los benedictinos viven en monasterios.* **- 2 *adj.*** De esa orden o que tiene relación con ella: *la regla benedictina fue redactada a principios del siglo* VI.

be·ne·fac·⌈tor, ⌈to·ra |benefaᵏtór, tóra| ***adj.-s.*** (persona) Que hace un bien o un favor sin interés alguno: *agradecemos a nuestro ~ los fondos con los que ha ayudado a esta institución.* ⇒ **bienhechor.**

be·ne·fi·cen·cia |benefiθénθia| **1 *f.*** Conjunto de organizaciones que se dedican a hacer el bien o un favor sin interés alguno: *donó todas sus posesiones a la ~.* **2** Virtud de hacer bien sin interés alguno: *gracias a la ~ mucha gente recibe comida y ropa.*

be·ne·fi·ciar |benefiθiár| **1 *tr.-prnl.*** [a algo, a alguien] Hacer bien; causar un bien: *este tiempo tan húmedo beneficiará a las cosechas; las divisas benefician a la economía nacional; me ha beneficiado mucho descansar en un balneario.* ⇔ **perjudicar. - 2 beneficiarse *prnl.*** [con algo, de algo] Sacar provecho: *el campo se ha beneficiado mucho con las lluvias.* ⇒ **aprovechar. 3** *hum. fig.* [a alguien] Tener relaciones sexuales: *presume de que se ha beneficiado a todas sus vecinas.* ☐ Se conjuga como 12.

be·ne·fi·cia·⌈rio, ⌈ria |benefiθiário, ria| **1 *adj.-s.*** (persona) Que resulta *beneficiado en un *contrato de seguro: *en caso de accidente, el ~ percibirá la suma indicada abajo.* **- 2 *m. f.*** Persona que recibe un *beneficio: *los beneficiarios de la herencia se han reunido.*

be·ne·fi·cio |benefíθio| **1** ***m.*** Bien moral o material: *todo lo hace buscando su propio ~.* ⇔ **perjuicio. 2** Provecho o *ganancia, especialmente de dinero: *la gestión del embajador traerá muchos beneficios a la política del país; la empresa ha obtenido cien millones de pesetas en beneficios.*

be·ne·fi·cio·⌐so, ⌐sa |benefiθióso, sa| ***adj.*** Que es útil; que produce *beneficio: *el ejercicio físico es ~ para la salud.* ⇒ **benéfico.**

be·né·fi·⌐co, ⌐ca |benéfiko, ka| **1** ***adj.*** Que hace el bien o un favor sin interés alguno: *fundó una institución benéfica para ayudar a los desvalidos.* **2** Que es útil; que produce *beneficio: *una estancia en el campo le resultará benéfica para su enfermedad respiratoria.* ⇒ **beneficioso.** ☖ El superlativo es *beneficentísimo.*

be·ne·mé·ri·⌐to, ⌐ta |benemérito, ta| ***adj.*** Que merece un premio o un *galardón: *tenemos el honor de contar con la presencia de varios de los componentes de ese ~ batallón.*

be·ne·plá·ci·to |benepláθito| ***m.*** Aprobación, permiso o autorización: *ese matrimonio no cuenta con el ~ de los padres.*

be·ne·vo·len·cia |beneβolénθia| ***f.*** Buena voluntad y simpatía hacia las personas: *ese rey fue querido por la ~ con la que trataba a sus súbditos.*

be·né·vo·⌐lo, ⌐la |benébolo, la| ***adj.*** Que tiene buena voluntad y simpatía hacia las personas: *fue siempre amable y ~ con los prisioneros.*

ben·ga·la |beŋgála| ***f.*** Fuego artificial compuesto de pólvora, que despide gran claridad y descargas de luz de diversos colores: *durante el concierto, los espectadores encendieron bengalas; el capitán del barco lanzó una ~ de aviso.*

be·nig·⌐no, ⌐na |beníɣno, na| **1** ***adj.*** Que tiende a hacer el bien o a pensar bien; que se porta bien: *le acusaron de haber sido demasiado ~ con los delincuentes.* ⇒ **benévolo, bueno. 2** *fig.* Que es templado y agradable: *los otoños junto al mar son benignos.* **3** (enfermedad) Que no es grave; que puede curarse: *el hombre tuvo que operarse de unos quistes benignos.* ⇔ **maligno.**

ben·ja·mín |beŋxamín| ***m.*** Hijo menor y preferido de sus padres: *llevaron al ~ de la familia al circo.*

ben·zol |benθól| ***m.*** QUÍM. Líquido sin color, derivado del carbón mineral, que arde fácilmente y que se usa como disolvente: *en la tintorería quitan las manchas con ~.* ⇒ **benceno.**

be·o·⌐do, ⌐da |beóðo, ða| **1** ***adj.-s.*** (persona) Que ha bebido demasiado alcohol y tiene alteradas las *facultades físicas y mentales: *volvió ~ de la fiesta y no podía meter la llave en la cerradura.* **2** (persona) Que bebe demasiado alcohol habitualmente: *se dice de él que tiene problemas familiares y es un poco ~.* ⇒ **borracho.**

ber·be·re·cho |berβerétʃo| ***m.*** Animal invertebrado marino que tiene una concha rayada y casi circular: *ha comprado un kilo de berberechos frescos y los va a cocinar hoy.*

ber·bi·quí |berβikí| ***m.*** Aparato que sirve para hacer agujeros y que consiste en una *manivela que se hace girar y que lleva un *taladro en un extremo: *el carpintero hizo un agujero en la madera con el ~.* ☖ El plural es *berbiquíes.*

be·ren·je·na |bereŋxéna| **1** ***f.*** Hortaliza que produce un fruto alargado, comestible, morado por fuera y blanco por dentro: *tiene varios surcos de berenjenas en la huerta.* **2** Fruto de esa planta: *suele freír las berenjenas con huevo, sal y harina.*

be·ren·je·nal |bereŋxenál| **1** ***m.*** *fam.* Desorden; asunto o situación difícil: *estamos metidos en un ~ del que no sabemos cómo salir.* ⇒ **lío. 2** Terreno en el que se cultivan *berenjenas: *ha ido a buscar a su tío, que está regando el ~.*

ber·gan·tín |berɣantín| ***m.*** MAR. Barco de vela de dos palos, generalmente ligero: *de joven se enroló como grumete en un ~.*

ber·li·na |berlína| **1** ***f.*** Vehículo automóvil de cuatro puertas: *la gama completa consta, entre berlinas, familiares y deportivos, de quince modelos diferentes.* **2** Vehículo de cuatro ruedas tirado por animales que se usa para el transporte de personas: *los caballos tiraban de una lujosa ~.*

ber·me·⌐jo, ⌐ja |berméxo, xa| ***adj.*** De un color parecido al rojo: *la tierra de esa comarca es bermeja.* ⇒ **rojizo.**

ber·me·llón |bermeʎón| **1** ***m.*** Sustancia metálica reducida a polvo, que toma un color rojo vivo: *recogieron el ~ y se les quedaron las manos rojas.* **- 2** ***adj.*** De color rojo vivo, de esa sustancia: *la banda que llevaba era ~ brillante.*

ber·mu·das |bermúðas| **1** ***amb. pl.*** Pantalón corto, a *menudo de colores alegres, que llega hasta las rodillas: *me he comprado estos ~ porque hace mucho calor.* **2** Prenda de baño con la forma de este pantalón.

be·rre·ar |bēreár| **1** ***intr.*** Llorar o gritar fuertemente: *cuando le quitaron el caramelo, el niño empezó a ~.* **2** *desp. fig.* Cantar con grandes voces sin dar los tonos adecuados: *cree que la mayoría de los cantantes actuales no hacen más que ~.*

be·rri·do |bēríðo| **1** ***m.*** Voz característica del toro pequeño: *a lo lejos, se oían los berridos de los animales que pacían.* **2** *fig.* Grito fuerte de una persona: *se defendía de sus atacantes como podía y daba grandes berridos.* **3** *desp. fig.* Voz fuerte con la que se canta sin seguir los tonos adecuados: *por favor, quita ese disco, que ya estoy cansado de oír esos berridos.*

be·rrin·che |bēríntʃe| ***m.*** *fam.* Enfado fuerte provocado por una situación desagradable: *cogió un buen ~ cuando descubrió que se habían marchado sin él.* ⇒ **disgusto.**

be·rro |bēro| ***m.*** Hortaliza con tallos gruesos y carnosos, que crece en lugares con mucha agua y que se come en *ensalada: *hoy no he encontrado berros en el mercado.* ⇒ **mastuerzo.**

ber·za |bérθa| **1** ***f.*** Hortaliza comestible, con las hojas muy anchas, de color verde: *la ~ es más basta que la col; el hortelano arrancó las berzas.* ⇒ **col. - 2 berzas** ***com.*** *fam. fig.* Persona tonta: *ese hombre es un berzas, no le hagas caso.* ⇒ **berzotas.** ☖ Se usa como apelativo despectivo.

ber·zo·tas |berθótas| ***com.*** Que es torpe o poco inteligente; que no sabe lo que debe saber: *es un ~: después de cuatro meses de trabajo, sigue haciéndolo mal.* ⇒ **berza, idiota, tonto, torpe.** ☖ El plural es *berzotas.*

be·sa·ma·nos |besamános| ***m.*** REL. Adoración de una imagen religiosa en la que pasan los fieles uno a uno ante ella para besarla: *la imagen de la Virgen estará expuesta a la devoción de sus fieles en un piadoso ~.* ☖ El plural es *besamanos.*

be·sa·mel |besamél| ***f.*** Salsa hecha con leche, harina y aceite o *mantequilla: *ha puesto ~ sobre los canelones.* ⇒ **bechamel.**

be·sa·na |besána| **1** ***f.*** AGR. Primer *surco que se abre en la tierra cuando se empieza a *arar: *haz la ~ derecha para que quede bien la labor.* **2** AGR. *Surco que se está abriendo en un momento determinado: *me voy a la ~.*

be·sar |besár| ***tr.*** [algo, a alguien] Tocar con los labios moviéndolos ligeramente como señal de amor, afecto, saludo o respeto: *besé a mi abuela al despedirme; Carlos besó a su mujer en la boca.* ☖ Se usa frecuentemente como recíproco: *los parientes se besan en ambas mejillas.*

be·so |béso| **1** ***m.*** Toque que se da con los labios moviéndolos ligeramente como señal de amor afecto, saludo o respeto: *dio un ~ a su madre al despedirse;* ~ **de Judas**, el que se da con engaño fingiendo afecto: *yo sé que no me aprecia, por eso sus besos son besos de Judas.* **2** *fam. fig.* Golpe rápido y violento que se dan dos personas en la cara o en la cabeza; golpe que se dan dos cosas al encontrarse una con la otra: *al doblar la esquina, se dieron un ~ y se hicieron un chichón cada uno.*

bes·tia |béstia| **1** ***f.*** Animal de cuatro patas, especialmente el que se usa para carga: *se detuvieron cerca del pilón para que las bestias abrevaran.* ⇒ **bruto. - 2** ***com.*** *fam. desp.* Persona que tiene malos modos o que es poco educada; que tiene escasa formación: *qué ~ eres: me has hecho daño.* ⇒ **bronco, brusco, bruto, rudo. 3** *desp.* Que es torpe o poco inteligente; que no sabe lo que debe saber: *pedazo de ~: ¿no te das cuenta de que lo tienes delante?* ⇒ **berzotas, idiota, tonto, torpe.** ■ **a lo** ~, *fam.*, sin cuidado, con dureza: *pues si no abres la puerta, entraremos a lo ~.*

bes·tial |bestiál| ***adj.*** *fam. fig.* Que es muy grande, fuerte o intenso: *últimamente, tengo un apetito ~.* ⇒ **brutal.**

bes·tia·li·dad |bestialiðáᵈ| **1** ***f.*** *fam. fig.* Obra o dicho torpe o exagerado: *lo que ha dicho es una ~: nadie puede creerlo.* **2** *fam. fig.* Enormidad; tamaño o cantidad grande: *no salgas ahora porque llueve una ~.* ⇒ **barbaridad, burrada.**

bes·tia·rio |bestiário| ***m.*** Conjunto de historias sobre animales reales o imaginarios: *ese ~ fue muy conocido en los siglos XIV y XV.*

be·su·⌈cón, ⌈co·na |besukón| ***adj.-s.*** *fam.* (persona) Que tiende a besar mucho o de manera repetida: *este niño es un ~: siempre está dando besos a todo el mundo.*

be·su·go |besúɣo| **1** ***m.*** Pez marino comestible con grandes ojos, generalmente de color entre gris y rojo: *el ~ es hermafrodita; hoy hemos comido ~ al horno.* ☖ Para indicar el sexo se usa el ~ macho y el ~ hembra. **2** *fam. desp. fig.* Persona tonta: *no seas ~, abre el cerrojo antes de intentar abrir la puerta.*

be·su·que·ar |besukeár| ***tr.*** *fam.* [algo, a alguien] Besar de manera repetida: *deja ya de ~ a tu hermana.*

be·su·que·o |besukéo| ***m.*** *fam.* Acción de besar de manera repetida: *para ser educado, hay que evitar los abrazos efusivos y ostensibles y el ~.*

be·tún |betún| **1** ***m.*** Mezcla de sustancias que sirve para limpiar el calzado y darle brillo, especialmente la de color negro: *limpiaré bien la botas con ~ para que no se estropeen con la humedad.* **2** Sustancia natural que arde con llama, humo espeso y olor particular: *los betunes están compuestos por carbono e hidrógeno principalmente.*

bi·be·rón |biβerón| ***m.*** Recipiente transparente de cristal o de plástico, que tiene una pieza de goma con un agujero en su extremo y que sirve para alimentar con leche a los niños muy pequeños: *calentó el ~ antes de dárselo al bebé.*

Bi·blia |bíβlia| ***f.*** Libro *sagrado del *cristianismo, formado por los libros del Antiguo y del Nuevo Testamento: *pasó la noche rezando y leyendo la ~.*

bí·bli·⌈co, ⌈ca |bíβliko, ka| ***adj.*** De la Biblia o que tiene relación con ella: *algunos textos bíblicos se han interpretado de muy diversas maneras.*

bi·blió·fi·⌈lo, ⌈la |biβliófilo, la| **1** ***m. f.*** Persona que tiene un interés especial por los libros raros o de valor: *el manuscrito fue adquirido por un rico ~.* **2** *p. ext.* Persona amante de los libros: *es un ~ y un amante de la música.*

bi·blio·gra·fí·a |biβlioɣrafía| **1** ***f.*** Lista ordenada de libros o escritos acerca de una materia determinada: *al final de nuestro ensayo se incluye una ~.* **2** Historia o explicación de libros y *manuscritos, con información acerca de sus características, fechas y otras cosas: *gracias a una ~ del siglo pasado, conocemos el contenido original de este archivo.*

bi·blió·gra·⌈fo, ⌈fa |biβlióɣrafo, fa| **1** ***m. f.*** Persona que se dedica a estudiar libros raros o de valor: *contamos con la ayuda de un magnífico ~, que nos indicó dónde podían encontrarse los ejemplares que buscábamos.* **2** Persona que se dedica a buscar o a estudiar libros o escritos acerca de una materia determinada: *tenía que hacer un trabajo y le pregunté a un ~ qué libros me recomendaba.*

BESUGO

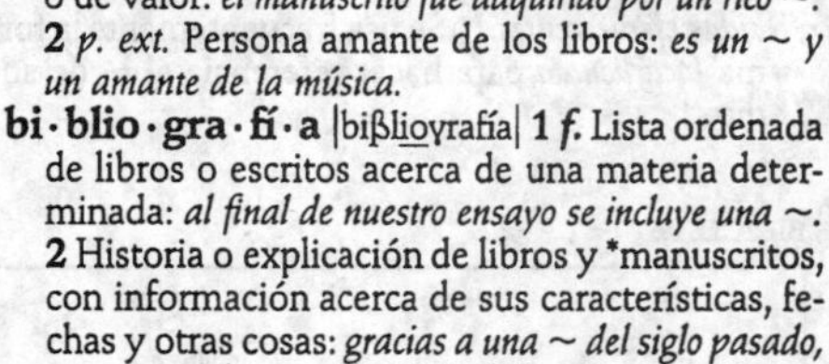

bi·blio·te·ca |biβliotéka| **1** *f.* Establecimiento donde se tienen libros ordenados para que el público pueda leerlos: *voy a la ~ a buscar dos libros.* **2** Conjunto de libros ordenados que se guardan en ese establecimiento: *esta ~ está formada por 50000 títulos.* **3** Conjunto de libros o tratados de una misma materia: *tendrá que consultar su ~ de jurisprudencia y legislación.* **4** Mueble en el que se colocan libros: *tengo los libros de arte en la ~ del salón.*

bi·blio·te·ca·⌐rio, ⌐ria |biβliotekário, ria| *m. f.* Persona que se dedica al cuidado y al servicio de los libros de una *biblioteca: *el ~ ha estado buscando el libro, pero no lo ha encontrado.*

bi·ca·me·ral |bikamerál| *adj.* (organización del Estado) Que tiene dos cámaras *legislativas: *en España, el poder legislativo es ~.*

bi·ca·me·ra·lis·mo |bikameralísmo| *m.* POL. Sistema político en el que hay dos cámaras encargadas de hacer o de reformar leyes: *el ~ es el sistema político del Reino Unido, Estados Unidos, Francia, España y otros países.*

bi·car·bo·na·to |bikarβonáto| *m.* QUÍM. Sal que se forma a partir de un ácido de *carbono y que tiene un átomo de *hidrógeno que se puede sustituir. ⇒ **carbonato; ~ de calcio**, QUÍM., sal blanca que forma las *estalactitas y *estalagmitas: *en aquella cueva hay una gran concentración de ~ de calcio y se han formado muchas estalactitas;* **~ de sodio**, sal blanca, en polvo, que se toma para quitar el dolor de estómago y se usa para preparar ciertos alimentos y bebidas: *el ~ de sodio se usa en las bebidas efervescentes.* ☖ Se usa frecuentemente la forma *bicarbonato* para hacer referencia al ~ de sodio.

bi·cé·fa·⌐lo, ⌐la |biθéfalo, la| *adj.* Que tiene dos cabezas: *en el escudo había una águila bicéfala.*

bi·cen·te·na·⌐rio, ⌐ria |biθentenário, ria| **1** *adj.* Que tiene 200 años o más: *me siento muy honrado por haber sido invitado por esta institución bicentenaria.* **- 2** *m.* Periodo de 200 años: *esa dinastía abarcó casi un ~.* **3** Día en el que se celebra que se han cumplido 200 años o más de un acontecimiento o un hecho determinado: *hoy es el ~ de la firma de la constitución.*

bí·ceps |bíθeᵖs| *adj.-m.* (músculo) Que está dividido en dos partes y hace que se doblen los brazos y las piernas: *tiene unos ~ muy desarrollados porque hace pesas diariamente;* **~ braquial**, ANAT., el que dobla el brazo: *el ~ braquial va desde el omóplato hasta el radio;* **~ femoral**, ANAT., el que dobla la pierna: *el ~ femoral está situado en la parte posterior del muslo.* ☖ El plural es *bíceps.*

bi·che·ro |bitʃéro| *m.* MAR. Palo largo que sirve para acercar una embarcación a la orilla o para alejarla de ella: *acercaron el bote al muelle usando el ~.*

bi·cho |bítʃo| **1** *m.* Animal de pequeño tamaño, especialmente insecto: *en la casa no había entrado nadie desde hacía tiempo, y estaba llena de bichos.* **2** *fig.* Persona de mal carácter o de figura pequeña: *cuidado con ella: es un ~ y os traicionará.* ■ **~ raro**, persona rara o extraña: *es un ~ raro porque es capaz de estar días enteros sin hablar con nadie.* ■ **mal ~**, persona mala: *no te fíes de él porque es un mal ~.* ■ **todo ~ viviente**, todos; todo el mundo: *cuando se enfada, le va gritando a todo ~ viviente.*

bi·ci |bíθi| *f.* ⇒ **bicicleta.** ☖ Es la forma abreviada de *bicicleta.*

bi·ci·cle·ta |biθikléta| *f.* Vehículo de dos ruedas

BICICLETA

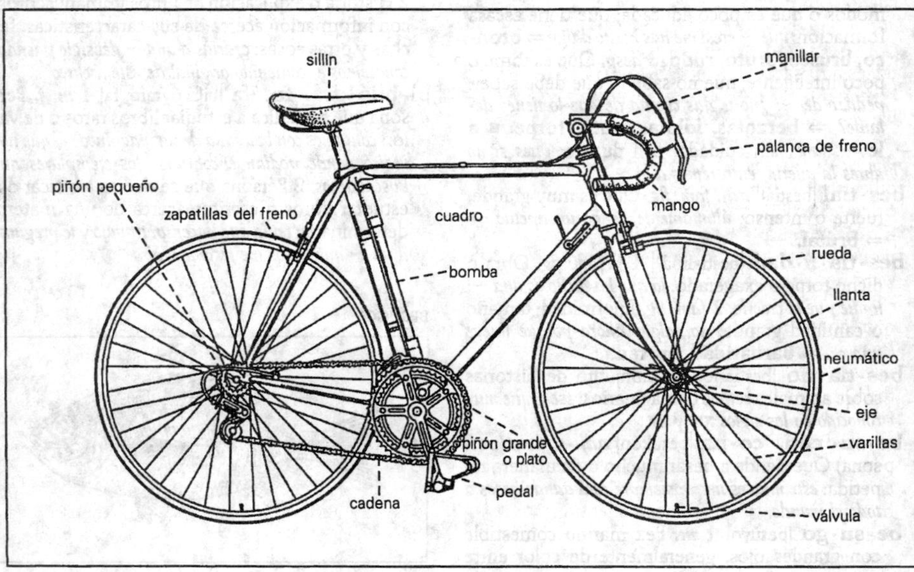

iguales movido por la persona que va subida en él: *me gusta montar en ~; he comprado una bicicleta de carreras para hacer deporte.* ☐ Se usa frecuentemente la forma *bici*.

bi·co·ca |bikóka| **1** ***f.*** *fig.* Cosa de poco valor o poco importante: *les prometió un par de bicocas y aceptaron.* ⇒ **fruslería, futilidad. 2** *fam. fig.* Cosa de buena calidad o de valor que se consigue a bajo precio: *no creas que en esa tienda dan bicocas.* ⇒ **ganga.**

bi·co·lor |bikolór| ***adj.*** Que tiene dos colores: *llevaban una bandera ~.*

bi·dé |biðé| ***m.*** Recipiente con agua corriente y un *desagüe que sirve para lavarse los *genitales y que suele colocarse en el cuarto de baño: *llenó el ~ de agua y se sentó sobre él.*

bi·dón |biðón| ***m.*** Recipiente de metal grande y redondeado, que sirve para contener líquidos: *los bidones cayeron del camión y el aceite que contenían se vertió.*

bie·la |biéla| ***f.*** MEC. Pieza de una máquina que sirve para transformar el movimiento en línea recta en movimiento de giro alrededor de un eje o *viceversa: *la ~ transmite el movimiento del motor al cigüeñal.*

biel·do |biéldo| ***m.*** Herramienta formada por un palo largo que termina en cuatro o más puntas de madera, que se usa para mover el cereal cortado o la *paja: *levantaban la mies con el ~.*

bie·lo·rru·⌐so, ⌐sa |bieloȓúso, sa| **1** ***adj.*** De Bielorrusia o que tiene relación con Bielorrusia: *Minsk es la capital bielorrusa.* **- 2** ***m. f.*** Persona nacida en Bielorrusia o que vive habitualmente en Bielorrusia: *los bielorrusos son vecinos de los ucranianos.* **- 3 bielorruso** ***m.*** Lengua de Bielorrusia: *en la embajada necesitan un intérprete de ~.*

bien |bién| **1** ***adv. m.*** Como se debe; de modo adecuado o correcto: *habla usted muy ~ español; creo que he hecho ~ el examen.* ⇒ **mejor.** ⇔ **mal.** ☐ Sólo se combina con *estar* y nunca con *ser*. **2** En un estado sano; con buena salud: *¿cómo estás? ~—Estoy ~.* ⇔ **mal. 3** De manera agradable o feliz: *ayer lo pasamos muy ~ en la fiesta.* ⇔ **mal. 4** *fam.* Mucho o muy: *quiero un café ~ caliente; repíteselo ~ hasta que lo entienda.* **5** Con gusto; sin dificultad: *~ puedes creer lo que te digo.* ⇔ **mal. 6** De acuerdo; sí: *¿vienes al cine? ~.* ⇒ **bueno. - 7** ***conj.*** Indica *alternancia u *oposición: *el traje puede llevarse ~ con corbata, ~ con pajarita; se te enviará el diploma, ~ por correo, ~ con un mensajero.* **- 8** ***m.*** Cosa que es útil y buena para una persona o un grupo de personas y que produce felicidad: *los padres piensan en el ~ de sus hijos; si te digo que estudies, es por tu ~.* ⇔ **mal. 9** Idea abstracta de todo lo que es bueno: *el ~ siempre triunfa sobre el mal.* ⇔ **mal. - 10 bienes** ***m. pl.*** Conjunto de dinero y propiedades de una persona o un grupo de personas: *el conde ha dejado todos sus bienes a su hijo mayor;* **bienes gananciales**, los ganados por el hombre, la mujer o por ambos mientras están casados: *cuando se divorciaron se repartieron los bienes gananciales;* **bienes inmuebles/raíces**, los que no se pueden mover del lugar en el que están: *las casas y fincas son bienes inmuebles;* **bienes muebles**, los que pueden moverse: *el coche es un ~ mueble.* ■ **a base de ~**, *fam.*, mucho, de manera abundante: *con aquella película disfrutamos a base de ~.* ■ **de ~**, (persona o grupo) que es honrado y bueno: *puedes confiar en Rafa porque es un hombre de ~.* ■ **¡qué ~!**, expresa que una cosa nos alegra y nos gusta: *¡qué ~ que hayas venido!; ¡qué ~!, ¡me ha tocado la lotería!* ■ **si ~**, *form.*, aunque: *si ~ el* Quijote *puede entenderse como una parodia, tiene otras interpretaciones; la comida fue exquisita, si ~ escasa.* ■ **y ~**, expresión que se usa para empezar a hablar o preguntar alguna cosa: *y ~, ¿se sabe algo de Muñoz?*

bie·nal |bienál| **1** ***adj.*** Que se repite cada dos años: *este mes se celebra el congreso ~.* **2** Que dura dos años: *se ha propuesto un plan ~ para el empleo.* **- 3** ***f.*** Muestra o *manifestación artística que se celebra cada dos años: *muchos famosos acudieron a la ~ de cine.*

bie·na·ven·tu·ra·⌐do, ⌐da |bienaβenturáðo, ða| **1** ***adj.-s.*** REL. Que goza o gozará del Cielo cerca de Dios: *bienaventurados los limpios de corazón porque ellos verán a Dios.* **- 2** ***adj.*** Que es feliz y tiene buena suerte: *es un muchacho ~, todo le sale bien.* ⇔ **malaventurado.**

bie·na·ven·tu·ran·za |bienaβenturánθa| **1** ***f.*** REL. Frase con la que Jesucristo indicó quiénes gozarán del Cielo y estarán cerca de Dios: *en el Evangelio de San Mateo se recogen las ocho bienaventuranzas.* **2** REL. Estado del que se encuentra en el Cielo cerca de Dios: *los que mueren en paz con su conciencia gozan de la eterna ~.* **3** Felicidad humana: *su vida estuvo llena de bienaventuranzas.*

bie·nes·tar |bienestár| **1** ***m.*** Comodidad física y mental; conveniencia: *todo el mundo busca su ~.* **2** Vida fácil y sin problemas: *después de muchos años de dificultades, pudo disfrutar de cierto ~.* **3** Estado o funcionamiento adecuado de una cosa: *todos los sistemas políticos buscan el ~ de la sociedad.* ⇒ **salud.**

bien·ha·bla·⌐do, ⌐da |bienaβláðo, ða| ***adj.*** Que no usa expresiones vulgares al hablar; que trata con consideración a los demás: *es un muchacho muy ~ y cortés.* ⇔ **malhablado.**

bien·he·⌐chor, ⌐cho·ra |bienetʃór, tʃóra| ***adj.-s.*** (persona) Que hace un bien o un favor sin interés alguno: *el pueblo hizo un homenaje a su ~.* ⇒ **benefactor.**

bie·nin·ten·cio·na·⌐do, ⌐da |bienintenθionáðo, ða| ***adj.-s.*** (persona) Que tiene buena intención: *a veces, se es ~ y la gente sospecha que buscas un beneficio personal.* ⇔ **malintencionado.**

bie·nio |biénio| **1** ***m.*** Periodo de dos años: *este programa se llevará adelante durante un ~.* **2** Aumento de sueldo correspondiente a dos años de servicio activo: *están discutiendo con la empresa el porcentaje del ~.*

bien·ve·ni·da |biembeníða| ***f.*** Demostración de alegría y satisfacción ante la llegada de una o varias personas: *dio la ~ a sus invitados y les pidió que entrasen en casa.*

bien·ve·ni·⌐do, ⌐da |biembeníðo, ða| **1** ***adj.-s.*** Que se recibe con alegría: *tus consejos serán bienvenidos.* **- 2** ***excl.*** Expresión que se usa como *fórmula de saludo a una persona que acaba de llegar a un lugar: *bienvenidos a Toledo.* ☐ Se usa en género masculino y femenino y en número singular y plural: *hola María, ¡bienvenida!*

bies |biés| ***m.*** Tira de tela cortada, que se cose en el borde de las prendas de vestir: *se enganchó la falda en una rama y se le descosió el ~.* ■ **al ~**, de manera inclinada o torcida: *colocó la pieza al ~.*

bí·fi·⌐do, ⌐da |bífiðo, ða| ***adj.*** BIOL. Que está dividido en dos partes; que termina en dos puntas o ramas: *la víbora tiene una lengua bífida.*

bi·fo·cal |bifokál| ***adj.*** (*lente) Que tiene dos *focos; que tiene una parte adecuada para ver a corta distancia y otra para ver de lejos: *se ha puesto unas gafas bifocales para ver con claridad a cualquier distancia.*

bi·fur·ca·ción |bifurkaθión| ***f.*** Punto o lugar en el que se separan o dividen dos o más cosas, especialmente carreteras o caminos: *cuando lleguemos a la ~, gira a la derecha.* ⇒ **cruce.**

bi·fur·car·se |bifurkárse| ***prnl.*** Dividirse o separarse en dos o más cosas especialmente las carreteras o caminos: *en este kilómetro se bifurca la autovía.* ☐ Se conjuga como 1.

bi·ga·mia |biɣámia| ***f.*** Estado de un hombre casado con dos mujeres al mismo tiempo: *la ~ no está permitida por la ley española.* ⇒ **poligamia.**

bí·ga·⌐mo, ⌐ma |bíɣamo, ma| ***adj.-s.*** (hombre) Que está casado con dos mujeres al mismo tiempo: *su mujer lo denunció ante la justicia por ~.* ⇒ **polígamo.**

bi·gar·⌐do, ⌐da |biɣárðo, ða| **1** ***adj.-s.*** *fam. desp.* (persona) Que se deja llevar por el *vicio o por la pereza: *dijo que él se encargaría de hacer trabajar al ~ de su hijo.* **2** *fam.* (persona) Que es alto y fuerte: *la defensa de ese equipo de fútbol está formada por cuatro bigardos.*

bi·go·te |biɣóte| ***m.*** Pelo fuerte que nace sobre el labio superior: *fue al barbero a que le recortase el ~.* ⇒ **barba.**

bi·go·te·ra |biɣotéra| **1** ***f.*** Instrumento de pequeño tamaño que sirve para trazar arcos y tomar distancias, formado por dos piezas con punta, unidas en un extremo por un eje o un clavo para que pueda abrirse y cerrarse: *dibujó un semicírculo pequeño con una ~.* **2** Mancha que queda en la labio superior después de beber un líquido: *no me gusta beber cerveza con espuma porque después te queda ~.* **3** Tira de tela o de otro material con la que se cubre el *bigote para que no se manche o pierda su forma: *se ponía la ~ por las noches, antes de irse a la cama.*

bi·go·tu·⌐do, ⌐da |biɣotúðo, ða| **1** ***adj.*** Que tiene un *bigote grande: *vino un hombre ~ a pedir información.* **- 2 bigotudo** ***m.*** Pájaro pequeño de cola larga, de color amarillo y con una mancha negra a cada lado del pico: *el ~ suele vivir en zonas húmedas.* ☐ Para indicar el sexo se usa el ~ macho y el ~ hembra.

bi·ki·ni |bikíni| ***m.*** Prenda de vestir femenina compuesta por dos piezas, que se usa para bañarse o tomar el sol: *siempre usa ~ porque no le gustan los bañadores.* ⇒ **bañador, biquini.** ☐ La Real Academia Española prefiere la forma *biquini.*

bi·la·bial |bilaβiál| ***adj.-f.*** LING. (sonido) Que se pronuncia uniendo los labios: *la* b, *la* p *y la* m *son bilabiales.* ⇒ **labial.**

bi·la·te·ral |bilaterál| **1** ***adj.*** (acto, afirmación) Que obliga a las dos partes que tienen relación en un asunto: *los dos países tomaron una decisión ~.* **2** De las dos partes o aspectos de una cosa o que tiene relación con ellos: *han tratado los temas de forma ~ y no han llegado a ningún acuerdo.*

bil·ba·í·⌐no, ⌐na |bilβaíno, na| **1** ***adj.*** De Bilbao o que tiene relación con Bilbao: *perteneció a una asociación gastronómica bilbaína.* **- 2** ***m. f.*** Persona nacida en Bilbao o que vive habitualmente en Bilbao: *los bilbaínos son muy amantes de la música.*

bi·liar |biliár| ***adj.*** *form.* De la *bilis o que tiene relación con ella: *los conductos biliares transportan la bilis al intestino delgado.*

bi·lin·güe |bilíŋgue| **1** ***adj.-s.*** (persona) Que habla dos lenguas aprendidas por igual generalmente durante la niñez; que es capaz de hablar en dos idiomas: *su padre y su madre nacieron en países distintos y él es ~; esa empresa necesita una secretaria ~.* ⇒ **monolingüe. 2** (libro, texto) Que está escrito en dos lenguas: *tengo que comprar un diccionario ~ de francés-español.* ⇒ **monolingüe.**

bi·lin·güis·mo |biliŋguísmo| ***m.*** Uso habitual de dos lenguas, por parte de un individuo en una comunidad: *el ~ es una característica de muchos países del mundo.*

bi·lis |bílis| ***f.*** Líquido de color amarillo verdoso y de sabor amargo producido por el *hígado: *la ~ se vierte directamente en el duodeno.* ⇒ **hiel.**

bi·llar |biʎár| **1** ***m.*** Juego que consiste en golpear unas bolas *macizas ayudándose de un palo fino y largo sobre una mesa rectangular, con bordes de goma y *forrada de tela: *es un maestro del ~: hace carambolas increíbles.* **2** Establecimiento donde hay una o más mesas para ese juego: *quedaron en el ~ para echar una partida.*

bi·lle·ta·je |biʎetáxe| ***m.*** Conjunto de billetes o entradas que se pueden vender: *el ~ está agotado desde hace semanas.*

bi·lle·te |biʎéte| **1** ***m.*** Papel que imprime y emite un banco y que representa una cantidad de la moneda de un país: *por favor, cámbieme este ~ de mil pesetas.* **2** Papel o documento que da derecho para entrar u ocupar asiento en un vehículo o en un local: *ya tengo los billetes de tren para Málaga; compré un ~ de ida y vuelta.* ⇒ **boleto, entrada. 3** Papel o documento que representa la cantidad de dinero jugada en una suerte: *he comprado un ~ de lotería.*

bi·lle·te·⌐ro, ⌐ra |biʎetéro, ra| ***m. f.*** Objeto de piel o de otro material flexible, de pequeño tamaño, que sirve para guardar billetes y documentos: *le robaron el ~ cuando salía del banco.* ⇒ **cartera, monedero.**

bi·llón |biʎón| ***m.*** Conjunto formado por un millón de millones de unidades: *un ~ puede escribirse como* 10^{12}.

bi·men·sual |bimensuál| ***adj.*** Que se repite dos veces cada mes: *es una revista ~, por lo tanto salen 24 números cada año.* ⇒ **bimestral.**

bi·mes·tral |bimestrál| **1** ***adj.*** Que se repite cada dos meses: *nuestra revista es ~: sale seis veces al año.* ⇒ **bimensual. 2** Que dura dos meses: *este es un curso ~ y puede matricularse todo el que quiera.*

bi·mes·tre |biméstre| **1** ***m.*** Periodo de dos meses: *durante este ~ las ventas han aumentado.* **2** Sueldo correspondiente a dos meses de servicio activo: *la empresa me debe ya dos bimestres.*

bi·na·⌐rio, ⌐ria |binário, ria| **1** ***adj.*** Que está compuesto por dos elementos: *esta pieza musical está ejecutada con un compás ~.* **2** INFORM. Que sigue un sistema de *numeración de base dos: *en informática se utilizan códigos binarios.*

bin·go |bíŋgo| **1** ***m.*** Juego que consiste en sortear unos números y premiar a la persona que los tenga impresos en un cartón: *juega al ~ a menudo, pero no gana casi nada de dinero.* **2** Establecimiento en el que se desarrolla ese juego: *esta noche van al ~.*

bi·no·cu·lar |binokulár| **1** ***adj.-m.*** (aparato) Que está formado por dos tubos que tienen en su interior una combinación de *prismas y *lentes, para hacer que se vean más grandes determinados objetos: *en el laboratorio hay un microscopio ~.* ⇒ **prismático. - 2** ***adj.*** Que se hace con los dos ojos a la vez; que supone el empleo de los dos ojos: *la visión ~ permite percibir la profundidad del espacio.*

bi·no·mio |binómio| **1** ***m.*** MAT. Expresión matemática formada por la suma o la resta de dos *términos: 3x + 2y *es un ~.* **2** Conjunto de dos nombres o elementos: *el mundo moderno gira en torno al ~ información-comunicación.*

bio·de·gra·da·ble |bioðeɣraðáβle| ***adj.*** (compuesto) Que puede ser descompuesto por seres vivos en sustancias menos o nada contaminantes: *todos los detergentes deben ser biodegradables.*

bio·gra·fí·a |bioɣrafía| ***f.*** Vida de una persona: *la hija de la famosa actriz ha escrito una ~ de su madre.*

bió·gra·⌐fo, ⌐fa |bióɣrafo, fa| ***m. f.*** Persona que escribe la historia de la vida de una persona: *sus biógrafos no saben con certeza dónde nació.*

bio·lo·gí·a |bioloxía| ***f.*** Ciencia que estudia los seres vivos y la vida en general: *la botánica y la zoología son partes de la ~.*

bio·ló·gi·⌐co, ⌐ca |biolóxiko, ka| **1** ***adj.*** De la vida o que tiene relación con ella: *utilizó nuevas técnicas para el estudio de los fenómenos biológicos.* **2** De la *biología o que tiene relación con ella: *los avances biológicos están abriendo nuevos campos.*

bió·lo·⌐go, ⌐ga |bióloɣo, ɣa| ***m. f.*** Persona que se dedica al estudio de la *biología: *una bióloga ha hecho un estudio sobre las enfermedades que se producen en los hospitales; los biólogos realizan estudios genéticos.*

biom·bo |biómbo| ***m.*** Plancha plegable formada por varias superficies articuladas que se coloca en un lugar para aislarlo y separarlo de otros: *se cambió de ropa tras el ~.* ⇒ **mampara.**

biop·sia |bióᵖsia| ***f.*** MED. *Examen de un trozo de tejido orgánico vivo para determinar si existe alguna enfermedad: *con la ~ descubrieron que la enferma tenía cáncer.*

bio·quí·mi·ca |biokímika| ***f.*** QUÍM. Disciplina que estudia los elementos químicos que hay en los seres vivos: *la ~ estudia la constitución de las grasas y la proteínas, entre otras cosas.*

bio·quí·mi·⌐co, ⌐ca |biokímiko, ka| **1** ***adj.*** QUÍM. De la *bioquímica o que tiene relación con ella: *las hormonas son sustancias bioquímicas.* **- 2** ***m. f.*** QUÍM. Persona que se dedica al estudio de la *bioquímica: *en este laboratorio trabajan médicos y bioquímicos.*

bí·pe·⌐do, ⌐da |bípeðo, ða| ***adj.-s.*** Que tiene dos pies: *los humanos somos animales bípedos.*

bi·pla·no |bipláno| ***m.*** Avión que tiene dos alas paralelas a cada lado, una sobre la otra: *en los comienzos de la aviación, la mayoría de los aviones eran biplanos.*

bi·qui·ni |bikíni| ***m.*** Prenda de vestir femenina compuesta por dos piezas, que se usa para bañarse o tomar el sol: *se ha comprado un ~ para ir a la playa.* ⇒ **bañador, bikini.**

bir·lar |birlár| ***tr.*** *fam.* [algo] Quitar con habilidad y disimulo: *el ladrón me birló el bolso sin que me diera cuenta.* ⇒ **hurtar, robar.**

bi·rre·te |bir̄éte| ***m.*** Sombrero, generalmente con forma de *prisma, que usan en determinados actos los profesores de *universidad, los *jueces y los abogados: *en la ceremonia de clausura, todos los catedráticos llevaban el ~ y la toga.*

bi·rria |bír̄ia| ***f.*** *fam.* Persona o cosa ridícula, débil o deforme: *esa silla es una ~: no aguantará ni el peso de un niño.*

bis |bís| **1** ***adv. c.*** Indica que una cosa está repetida o debe repetirse: *ella vive en el número dos ~ y su madre en el dos.* **- 2** ***m.*** Ejecución o representación de una obra musical que se repite porque lo pide el público: ☐ El plural es *bis.*

bi·sa·bue·⌐lo, ⌐la |bisaβuélo, la| ***m. f.*** Padre o madre del abuelo o de la abuela, en cuanto a una persona: *mi bisabuela Antonia era la madre de mi abuelo Juan.* ⇒ **abuelo.**

bi·sa·gra |bisáɣra| ***f.*** Mecanismo con dos piezas articuladas por un eje y unidas una a un *sostén fijo y la otra a una puerta, ventana o tapa para permitir que gire: *la puerta está sujeta al marco por tres bisagras.*

bis·bi·se·ar |bisβiseár| ***tr.-intr.*** [algo; a alguien] Susurrar o hablar bajo y entre dientes: *le bisbiseó algo al oído.* ⇒ **musitar.**

bi·sel |bisél| ***m.*** Corte en el borde de una superficie que no forma ángulo recto con ella: *esta mesa tiene un ~ alrededor.*

bi·se·ma·nal |bisemanál| ***adj.*** Que se repite cada dos semanas: *tendremos unos encuentros bisemanales, en los que discutiremos los problemas que vayan surgiendo.* ⇒ **quincenal.**

bi·se·xual |bise^ksuál| **1** ***adj.*** Que es macho y hembra a la vez, por tener los órganos sexuales de la dos clases: *muchas plantas son bisexuales.* ⇒ **hermafrodita, unisexual.** - **2** ***adj.-com.*** (persona) Que se siente atraído por individuos de ambos sexos en sus relaciones sexuales o amorosas: *es ~ y tan pronto lo ves con un chico como con una chica.* ⇒ **heterosexual, homosexual.**

bi·sies·⌈to, ⌈ta |bisiésto, ta| ***adj.-m.*** (año) Que tiene un día más que el año común, que se añade al mes de *febrero: *sólo celebra su cumpleaños en los años bisiestos porque nació un 29 de febrero; el año ~ tiene 366 días en vez de 365.*

bi·sí·la·⌈bo, ⌈ba |bisílaβo, βa| ***adj.-m.*** (palabra) Que tiene dos sílabas: *las palabras* cama *y* mesa *son bisílabas.*

bis·nie·⌈to, ⌈ta |bisniéto, ta| ***m. f.*** Hijo o hija del nieto o de la nieta, en cuanto a una persona: *soy ~ de mi bisabuela Antonia, la madre de mi abuelo Juan.* ⇒ **biznieto.**

bi·son·te |bisónte| ***m.*** Animal mamífero salvaje, parecido al toro, con la cabeza muy grande, cuernos cortos y pelo denso de color marrón oscuro más largo en la parte anterior del cuerpo: *la mayoría de los bisontes viven en América del Norte; los hombres de las cavernas cazaban bisontes.* ⇒ **búfalo.** ⌂ Para indicar el sexo se usa el ~ macho y el ~ hembra.

bi·so·ñé |bisoɲé| ***m.*** Objeto hecho de pelo natural o artificial que sirve para cubrir la parte anterior de la cabeza: *le dieron un empujón y se le cayó el ~.* ⇒ **peluca.**

bi·so·⌈ño, ⌈ña |bisóɲo, ɲa| ***adj.-s.*** (persona) Que es nuevo y no tiene experiencia: *los soldados de este escuadrón son demasiado bisoños para entrar en combate; el médico ~ está aprendiendo con los veteranos.* ⇒ **novato, novel.**

BISAGRAS

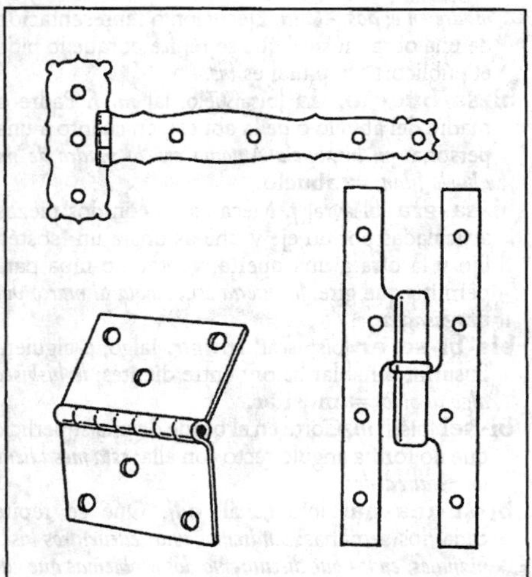

bis·té |bisté| ***m.*** ⇒ **bistec.** ⌂ La Real Academia Española prefiere la forma *bistec.*

bis·tec |bisté^k, bisté| ***m.*** Trozo alargado de carne de vaca *asada o frita: *ha tomado para comer un ~ con patatas.* ⇒ **bisté.** ⌂ El plural es *bistecs* o *bistés.*

bis·tu·rí |bisturí| ***m.*** Instrumento médico que consiste en una hoja larga y estrecha de metal y un mango y que se usa para hacer cortes en los tejidos blandos: *el cirujano pidió un ~ y empezó a cortar la piel.* ⌂ El plural es *bisturíes.*

bi·su·te·rí·a |bisutería| **1** ***f.*** Conjunto de adornos que imitan joyas y que están hechos con materiales de poco valor: *le regaló unos pendientes de ~.* **2** Establecimiento donde se venden esas imitaciones: *fue a la ~ a comprar unos pendientes.*

bi·tá·co·ra |bitákora| ***f.*** MAR. Especie de armario fijo a la cubierta del barco y cercano al *timón: *en la ~ se guarda la brújula.* ■ **cuaderno de ~**, MAR., libro pequeño que se usa para tomar nota de lo que ocurre durante la navegación: *el capitán anotaba las incidencias del viaje en el cuaderno de ~.*

bí·ter |bíter| ***m.*** Bebida amarga que se toma generalmente antes de las comidas: *el ~ tiene un color rojo muy bonito.*

bi·val·⌈vo, ⌈va |biβálβo, βa| ***adj.*** ZOOL. Que tiene una concha con dos partes que se cierran: *el mejillón es un molusco ~.*

bi·zan·ti·⌈no, ⌈na |biθantíno, na| **1** ***adj.*** De Bizancio o que tiene relación con Bizancio: *el Imperio ~ fue el Imperio Romano de oriente.* **2** (discusión) Que no es útil; que no conduce a nada: *pasan la tarde entreteniéndose en discusiones bizantinas.*

bi·za·⌈rro, ⌈rra |biθáro, ra| ***adj.*** Que es muy valiente: *el joven tuvo un comportamiento ~ al sacar al niño del río.*

biz·⌈co, ⌈ca |bíθko, ka| ***adj.-s.*** (persona o animal) Que tiene desviada la dirección normal de la mirada en uno o en ambos ojos: *como es ~, nunca sé si me está mirando a mí o no.* ⇒ **tuerto.** ■ **quedarse ~**, *fam.*, sorprenderse; quedarse admirado: *cuando vio nuestra nueva casa, se quedó ~.*

biz·co·cho |biθkótʃo| ***m.*** Masa de harina, huevos y azúcar que se cocina al horno: *el ~ está muy esponjoso; el niño ha desayunado leche con bizcochos.*

BISONTE

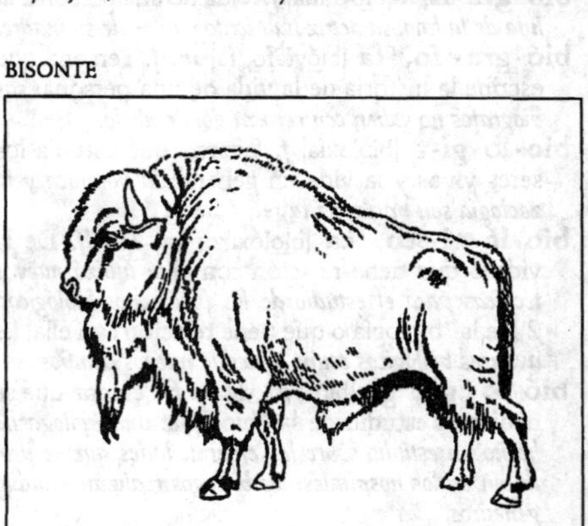

biz·nie·⌐to, ⌐ta |biθniéto, ta| ***m. f.*** Hijo o hija del nieto o de la nieta, en cuanto a una persona: *llegó a conocer a sus biznietos.* ⇒ **bisnieto.** ☐ La Real Academia Española prefiere la forma *bisnieto.*

biz·que·ar |biθkeár| ***intr.*** Tener desviada la dirección normal de la mirada en uno o en ambos ojos: *tienes que llevar a este niño al oftalmólogo porque parece que bizquea.*

blanca |blánka| ***f.*** MÚS. Nota musical cuya duración equivale a la mitad de la redonda: *una ~ dura el doble que una negra en un compás de 4/4.* ■ **estar sin ~**, *fam.*, no tener dinero: *si te pido dinero es porque estoy sin ~.* ⇒ **céntimo.**

blan·⌐co, ⌐ca |bláŋko, ka| **1** ***adj.*** Del color de la nieve, la leche o la luz del Sol sin descomponer: *llevaba una blusa blanca.* ⇒ **albo. 2** De color claro o más claro que otras cosas de su especie: *el vino ~ va muy bien con el pescado.* **- 3** ***adj.-s.*** (persona) De la raza que comprende los principales pueblos de Europa y del suroeste de Asia, entre otros, y que se llama así para distinguirla por el color de la piel de las otras razas: *él es el único jugador ~ de este equipo de baloncesto.* **- 4** ***adj.-m.*** (color) Que es como el de la nieve, la leche o la luz del Sol sin descomponer: *el ~ es el color de la pureza.* **- 5 blanco** ***m.*** Objeto sobre el que se dispara: *la flecha dio en el ~.* ⇒ **objetivo.** ■ **en ~**, (papel) que no está escrito o impreso: *déjame un par de folios en ~.* ■ **en ~**, con la mente vacía por no comprender o recordar alguna cosa: *cuando me preguntó el profesor me quedé en ~.*

blan·cu·ra |blaŋkúra| ***f.*** Calidad de blanco: *con este detergente se consigue una ~ excepcional.*

blan·den·gue |blandéŋge| ***adj.-com.*** *fam. desp.* (persona) Que tiene poca fuerza o resistencia moral o física; que tiene poco carácter: *es un ~ y no resistirá hasta el final de la carrera.* ⇒ **débil.**

blan·dir |blandír| ***tr.*** Levantar y mover una arma en actitud de amenaza: *el guerrero entró en la sala blandiendo una espada.* ☐ Es defectivo. Se usa en los tiempos y personas que contienen la vocal *i.*

blan·⌐do, ⌐da |blándo, da| **1** ***adj.*** Que cambia su forma con la presión o se corta con facilidad; que no es duro ni firme: *la cera, cuando se calienta, se pone blanda; dormir en un colchón ~ no es bueno para la espalda.* ⇔ **duro. 2** *fig.* Que no tiene fuerza o intensidad; débil: *el clima es más ~ en la costa que en las regiones del interior; no puedes ser tan ~ con tus hijos.* ☐ Cuando se aplica a personas suele tener un matiz despectivo.

blan·du·ra |blandúra| **1** ***f.*** Calidad de blando; debilidad: *es un metal de gran ~ y no sirve para fabricar estructuras firmes.* **2** Calor suave del aire húmedo que deshace el hielo y la nieve: *la primavera llegó y, con la ~, las fuentes comenzaron a manar.*

blan·que·ar |blaŋkeár| **1** ***tr.*** [algo] Poner blanca o más blanca una cosa: *usa lejía para ~ la ropa.* ⇒ **emblanquecer.** ⇔ **ennegrecer. 2** Cubrir con *cal o con *yeso una superficie: *blanquearon la pared con cal.* ⇒ **encalar. - 3** ***intr.*** Mostrar una cosa el color blanco que tiene: *la bandera de la paz blanqueaba desde lo alto de la torre.*

blan·que·ci·⌐no, ⌐na |blaŋkeθíno, na| ***adj.*** De tono claro, cercano al blanco: *se mareó y se le puso la cara blanquecina.*

blas·fe·mar |blasfemár| ***intr.*** Decir *blasfemias: *blasfemó contra Dios y fue apedreado.*

blas·fe·mia |blasfémia| **1** ***f.*** Palabra o expresión dicha contra Dios, los santos o las cosas *sagradas: *siempre anda diciendo todo tipo de blasfemias.* **2** *fig.* Ofensa grave contra una persona o dicho malo sobre ella: *los empleados han dicho blasfemias sobre su jefe.*

blas·fe·⌐mo, ⌐ma |blasfémo, ma| **1** ***adj.*** Que contiene *blasfemias: *fue condenado por publicar un escrito ~.* **- 2** ***adj.-s.*** (persona) Que dice *blasfemias: *es un ~ y un inmoral.*

bla·són |blasón| **1** ***m.*** Escudo de armas: *sobre la punta del palacio se puede ver un bonito ~.* **2** Parte o figura de un escudo de armas: *los blasones de ese escudo son una cruz y una encina.*

ble·do |blédo| ***m.*** Hierba de hojas ovaladas y flores blancas verdosas: *el ~ es una planta anual.* ■ **importar un ~**, no valer nada; no ser importante: *me importa un ~ que se haya enfadado.* ⇒ **comino, pepino, rábano.**

blin·da·je |blindáxe| ***m.*** Conjunto de materiales que se usan para *blindar o proteger una cosa: *esta puerta tiene un ~ de acero; el proyectil no dañó el ~ del carro de combate.*

blin·dar |blindár| ***tr.*** [algo] Proteger con planchas de hierro o acero: *han blindado las puertas de la casa para protegerse de los ladrones.*

bloc |blók| ***m.*** Conjunto de hojas de papel unidas por uno de los lados y que se pueden separar con facilidad: *sacó su ~ y comenzó a tomar nota.* ⇒ **bloque.** ☐ La Real Academia Española prefiere la forma *bloque*, pero se usa poco. Se suele usar el plural *blocs.*

blo·que |blóke| **1** ***m.*** Trozo grande de piedra u otro material sin *labrar: *trajeron bloques de mármol para hacer la catedral.* **2** Edificio de varias plantas: *están construyendo muchos bloques de apartamentos en las afueras de la ciudad.* **3** Conjunto de cosas de la misma naturaleza: *el ~ de los países del este celebró una conferencia sobre seguridad nuclear;* **en ~**, en conjunto, sin división: *los trabajadores se opusieron en ~ a la reducción de las pensiones.* **- 4** ***m.*** Conjunto de hojas de papel unidas por uno de los lados y que se pueden separar con facilidad: *compró un ~ de 100 hojas.* ⇒ **bloc.**

blo·que·ar |blokeár| **1** ***tr.*** [algo] Poner un obstáculo o impedir el movimiento en un lugar: *los manifestantes han bloqueado la calle con sacos de arena.* ⇒ **obstaculizar. 2** Cortar las comunicaciones de un territorio: *la nación ha sido bloqueada, por eso no recibe alimentos del exterior.* **3** Impedir el movimiento de dinero: *el ayuntamiento ha bloqueado mi cuenta corriente porque tengo muchas multas de tráfico.* **4** Parar o impedir el funcionamiento de una cosa: *Fermín bloquea el coche con el freno.* **- 5 bloquearse** ***prnl.*** Dejar de funcionar: *el ordenador se ha bloqueado.* **6** Quedarse sin capacidad de reacción: *me bloqueé y no supe qué contestar.*

blo·que·o |blokéo| **1** ***m.*** Acción y resultado de poner un obstáculo o impedir un movimiento: *el ~ de la carretera fue levantado por las fuerzas armadas.* **2** Corte de las comunicaciones de un territorio: *algunos países han mantenido bloqueos económicos sobre otros durante años.* **3** Interrupción del funcionamiento de un aparato o una máquina: *la falta de memoria provocó el ~ del ordenador.* ☖ Se usa frecuentemente como complemento del verbo *hacer.*

blu·sa |blúsa| **1** ***f.*** Prenda de vestir femenina hecha de tejido muy fino que cubre la parte superior del cuerpo: *esta ~ se abrocha en la espalda.* **2** Prenda de vestir más ancha y larga que la camisa, sin cuello ni puños: *la ~ se usaba como ropa de trabajo.*

blu·són |blusón| ***m.*** Prenda de vestir más ancha y larga que la camisa, que se lleva por fuera del pantalón: *llevaba una camiseta de invierno y encima el ~ de paño.*

bo·a |bóa| **1** ***f.*** Serpiente de gran tamaño y colores vivos que vive en América y se alimenta de animales a los que mata apretándolos con su cuerpo: *he visto un documental en televisión sobre la vida y costumbres de las boas; algunas boas son acuáticas y otras viven en los árboles.* **- 2** ***m.*** Prenda de vestir de mujer que se pone en el cuello, de piel o pluma y con forma de serpiente: *la cantante llevaba una ~ de visón.*

bo·a·to |boáto| ***m.*** Importancia y *ostentación exterior: *organizaron una ceremonia como mucho ~ para entregar los premios.*

bo·ba·da |boβáða| ***f.*** Obra o dicho tonto o poco inteligente: *fue una ~ dejar pasar esa oportunidad.* ⇒ **idiotez, tontería.**

bo·bi·na |boβína| **1** ***f.*** Cilindro con el eje hueco en el que se enrolla hilo, papel, alambre u otro material flexible: *necesitas una ~ de hilo azul para coser la chaqueta; cortó un trozo de papel de la ~ para envolver los regalos.* ⇒ **carrete. 2** Cilindro en el que se enrolla el papel para imprimir periódicos y revistas: *del tamaño de la ~ depende el número de páginas de la publicación.* **3** ELECTR. Componente de los *circuitos eléctricos que consiste en un hilo de *cobre u otro metal conductor enrollado y que sirve para producir campos *magnéticos: *los motores eléctricos llevan una ~; ~* **de encendido,** ELECTR., pieza del motor del automóvil que transforma la corriente eléctrica generada por la *batería en corriente de alta *tensión: *no pudo poner el coche en marcha porque tenía estropeada la ~ de encendido.*

bo·bi·nar |boβinár| ***tr.*** [algo; en algo] Enrollar un hilo o alambre en una *bobina: *estuvieron bobinando el motor eléctrico con cobre.*

bo·⌐bo, ⌐ba |bóβo, βa| **1** ***adj.-s.*** *desp.* (persona) Que es torpe o poco inteligente; que no sabe lo que debe saber: *eres un ~: ¿no te das cuenta de que no te llamarán?* ⇒ **tonto. - 2 bobo** ***m.*** Actor que representa personajes que hacen reír: *salió el ~ y todo el teatro estalló en carcajadas.* ⇒ **gracioso.**

bo·ca |bóka| **1** ***f.*** Abertura del tubo *digestivo situada en la cabeza por la que las personas y los animales reciben los alimentos; hueco en el que están la lengua y los dientes: *se metió un caramelo en la ~; en la cara tenemos los ojos, la nariz y la ~.* **2** Agujero o abertura que comunica el interior y el exterior de un sitio y que sirve de entrada o salida: *hay una ~ de metro muy cerca; me dio un golpe en la ~ del estómago y me quedé sin respiración.* **3** *fig.* Órgano que sirve para hablar: *¿es que no tienes tú ~ para decirlo?* **4** *fig.* Persona o animal a quien se mantiene o se da de comer: *se quedó sin trabajo cuando tenía cinco bocas que alimentar.* ■ **andar/ir de ~ en ~; andar/ir en ~ de todos,** ser sabido o comentado por la gente: *el accidente de Ernesto va de ~ en ~ y todo el mundo habla de ello.* ■ **a pedir de ~,** muy bien; como se deseaba: *nuestros planes salieron a pedir de ~.* ■ **~ abajo,** en posición horizontal y con la cara hacia el suelo: *se tumbó ~ abajo y se puso a hacer flexiones.* ■ **~ abajo,** con la parte superior debajo y la inferior encima: *¿cómo dices que estás leyendo si tienes el libro ~ abajo?* ■ **~**

BOA

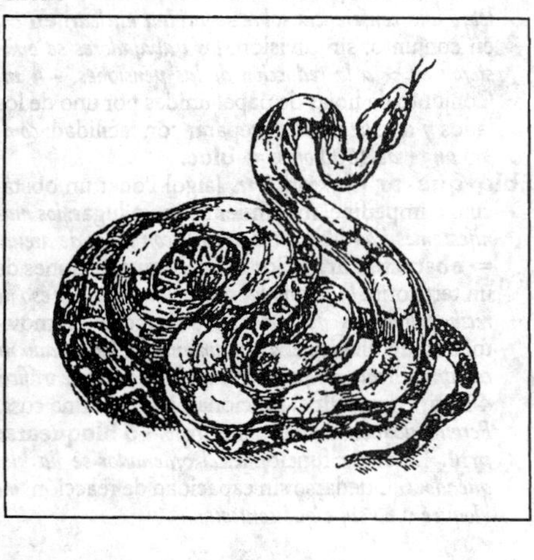

BOCA

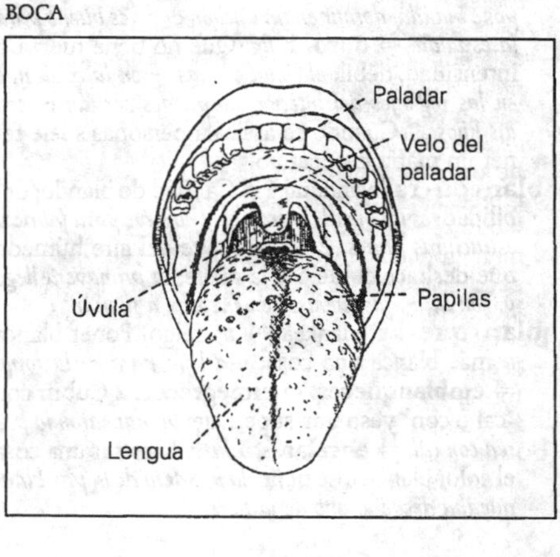

arriba, en posición horizontal y con la cara hacia el cielo: *se tumbó ~ arriba para tomar el sol en el pecho.* ■ **~ arriba**, con la parte superior encima y la inferior debajo: *puse la papelera ~ arriba y recogí los papeles.* ■ **como ~ de lobo**, muy oscuro: *la noche estaba negra como ~ de lobo.* ■ **con la ~ abierta**, admirado, sorprendido: *cuando le dijeron que le había tocado la lotería, se quedó con la ~ abierta.* ■ **hacerse la ~ agua**, *fam.*, imaginar con placer o desear, especialmente una comida: *cuando pienso en el gazpacho que hacía mi madre se me hace la ~ agua.* ■ **meterse en la ~ del lobo**, exponerse a un peligro: *no vayas por esos barrios: eso es como meterse en la ~ del lobo.* ■ **no decir esta ~ es mía**, callarse, no hablar: *cuando yo pregunté si necesitabas algo, no dijiste esta ~ es mía.* ■ **partir la ~**, *vulg.*, pegar en la cara a una persona: *como me insultes, te parto la ~.*

bo·ca·ca·lle |bokakáʎe| **1** *f.* Entrada de una calle: *Carlos ha dejado el coche aparcado en la ~ de la izquierda.* **2** Calle de segundo orden que va a unirse a otra: *la farmacia está en la primera ~ de la derecha.*

bo·ca·di·llo |bokaðíʎo| **1** *m.* Trozo de pan abierto y lleno con otro alimento, generalmente frío y salado: *no tenía tiempo para comer y tomó un ~ de chorizo en un bar.* **2** *form.* Alimento que se toma entre las comidas: *a las doce tomaremos un café y un ~.* **3** Trozo de texto, generalmente rodeado por una línea, que se coloca junto a un dibujo saliendo de la boca del personaje que habla: *lee el siguiente ~, verás lo que le contesta ese personaje.*

bo·ca·do |bokáðo| **1** *m.* Trozo de comida que cabe en la boca de una vez: *mastica poco cada ~, por eso después le duele el estómago.* **2** Cantidad pequeña de comida: *anduve tan ocupado que no tuve tiempo de tomar ni un ~; descansemos un momento para tomar un ~.* **3** Acción y resultado de clavar los dientes: *dio un ~ a la manzana y después escupió el trozo; el perro le ha dado un buen ~ en la pierna.* ⇒ **mordisco.** **4** Trozo que se arranca de una cosa de forma violenta: *el perro mordió la zapatilla y se quedó con un ~ entre los dientes.* **5** Parte del freno que se pone en la boca del caballo o de otro animal de tiro: *el roce del ~ le produjo una herida en la boca;* ■ **~ de Adán**, bulto pequeño de la *laringe, en la parte anterior del cuello, especialmente en el de los hombres: *hay hombres que tienen el ~ de Adán muy pronunciado.* ⇒ **nuez.** ■ **buen ~**, *fam.*, cosa muy buena que no es de comer: *ha pillado un buen ~ con ese empleo de subdirector.* ■ **comer de un ~/dos bocados**, *fam.*, comer con mucha rapidez: *tenía tanta hambre que se lo comió de un ~.* ■ **con el ~ en la boca**, *fam.*, sin terminar de comer; inmediatamente después de haber terminado de comer: *no tuvo tiempo para descansar, pues tuvo que irse al trabajo con el ~ en la boca.*

bo·ca·ja·rro |bokaxáro| ■ **a ~**, desde muy cerca: *le disparó con la escopeta a ~ y lo mató.* ■ **a ~**, de forma directa: *se lo soltó a ~ delante de todos.* ⇒ **quemarropa.**

bo·ca·man·ga |bokamáŋga| *f.* Parte de la manga que rodea la muñeca: *la chaqueta lleva dos botones de adorno en la ~.*

bo·ca·na·da |bokanáða| *f.* Cantidad de líquido o de gas que se toma en la boca o se expulsa de ella de una vez: *abrió la ventana y tomó una ~ de aire fresco; chupó una larga ~ del cigarrillo.* ⇒ **aliento.**

bo·ca·ta |bokáta| *m. fam.* *Bocadillo: *se comió para la merienda un ~ de chorizo; hoy no tengo mucho tiempo para comer, así que me compraré un ~.* ⇒ **bocadillo.**

bo·ca·zas |bokáθas| *com.* Persona que no es capaz de guardar un secreto y suele contar a otras personas todo lo que sabe: *es mejor que ella no lo sepa porque es una ~ y se enteraría todo el mundo.* ☖ El plural es *bocazas*.

bo·ce·ra |boθéra| **1** *f.* Suciedad o resto de comida o de bebida que queda alrededor de la boca después de haber comido o bebido: *el niño había comido un pastel de chocolate y tenía todavía las boceras.* ☖ Se suele usar en plural. **2** Piel seca o débil en los bordes de la boca: *cuídate esa ~ con pomada.* ⇒ **boquera.**

bo·ce·to |boθéto| **1** *m.* Dibujo que se hace antes de pintar un cuadro y que sirve para indicar cómo se va a hacer y cuál va a ser el resultado: *se ha organizado una exposición con los bocetos de Picasso.* ⇒ **proyecto, borrón.** **2** *p. ext.* Dibujo del proyecto de una obra de arte: *presentó los bocetos de unas estatuas para la escalinata.*

bo·chor·no |botʃórno| **1** *m.* Calor intenso y pesado: *estos días hay mucha humedad y hace ~.* **2** *fig.* Vergüenza que se puede notar: *comenzó a gritar y nos hizo pasar un ~ escandaloso.* ⇒ **rubor.** **3** Viento caliente que sopla en el verano: *no hacía sol, pero el ~ era insoportable.*

bo·ci·na |boθína| **1** *f.* Aparato de los automóviles que emite un sonido para avisar o llamar la atención: *toca la ~, que ese peatón no te ha visto.* ⇒ **claxon, pito.** **2** Instrumento que emite un sonido para avisar y que está formado por una bolsa de goma y una pieza en forma de cono: *mi bicicleta no tiene timbre, pero le he puesto una ~.* **3** Instrumento con forma de cono abierto por los dos extremos, generalmente de metal, y que se usa para hacer más fuerte un sonido: *los marineros hablaban de un barco a otro con una ~.*

bo·cio |bóθio| *m.* MED. Desarrollo excesivo de la *glándula *tiroides, que aumenta el tamaño de la parte anterior e inferior del cuello: *la falta de yodo en la alimentación provoca ~.*

bo·da |bóða| *f.* Ceremonia en la que un hombre y una mujer se casan: *me compré un vestido para ir a la ~ de Jesús y Ana.* ⇒ **desposorios, matrimonio.** ☖ Se usa también en plural para hacer referencia a una sola de esas ceremonias. ■ **bodas de oro**, día en el que se cumplen cincuenta años de un acontecimiento feliz, especialmente del día en que dos personas se casaron: *mis padres celebrarán este año sus bodas de oro.* ■ **bodas de plata**, día en el que se cumplen veinticinco años de un acontecimiento feliz, especialmente del día en que dos personas se casaron: *Elena regaló a su marido un reloj en sus bodas de plata.* ⇒ **aniversario.**

bo·de·ga |boðéɣa| **1** *f.* Lugar, generalmente bajo

tierra, en el que se hace y se guarda el vino: *nos bajó a su ~ y nos dio a catar varios vinos.* **2** Establecimiento en el que se venden vinos o bebidas alcohólicas: *tenemos que ir a la ~ a comprar bebidas para las fiestas; heredó de su padre unas bodegas.* **3** Habitación bajo el suelo de una casa: *guarda los trastos en la ~.* **4** MAR. Espacio bajo la cubierta inferior de un barco, en el que se suelen llevar las mercancías: *se escondieron dos polizones en la ~.*

bo·de·gón |boðeɣón| ***m.*** Pintura en la que se representan alimentos, recipientes e instrumentos domésticos: *en el ~ tan sólo aparecían un jarrón vacío y una raja de sandía.*

bo·de·gue·⌐ro, ⌐ra |boðeɣéro, ra| ***m. f.*** Persona que posee una *bodega o que trabaja en ella: *le pidió al ~ que le pusiera cinco litros de vino en una garrafa.*

bo·drio |bóðrio| **1** ***m.*** *fam. desp.* Obra de literatura o de arte de muy mala calidad: *fui incapaz de terminar de leer ese ~.* **2** *fam. desp.* Persona o cosa desagradable o fea: *vaya ~ de mueble que has comprado.*

bo·fe |bófe| ***m.*** Pulmón de ciertos animales, especialmente el que se destina para el consumo: *he comprado bofes en la casquería del mercado.* ⌂ Se usa sobre todo en plural. ■ **echar el ~/los bofes,** *fam.*, esforzarse mucho en hacer una cosa; perder el aliento: *estamos echando el ~ para acabar el trabajo a tiempo; he montado diez minutos en bicicleta y ya estoy que echo los bofes.*

bo·fe·ta·da |bofetáða| ***f.*** Golpe dado con la mano abierta sobre la cara: *cuando le oyó esa respuesta, le dio una ~.* ⇒ **bofetón, sopapo, torta, tortazo.**

bo·fe·tón |bofetón| ***m.*** Golpe dado con la mano abierta sobre la cara: *el niño no se estaba quieto y su madre le dio un ~.* ⇒ **bofetada, sopapo, torta, tortazo.**

bo·ga |bóɣa| ***f.*** MAR. Movimiento de remo: *la ~ de esta tripulación es muy rápida.* ■ **de/en ~**, en un buen momento de aceptación o de desarrollo: *los sombreros de ala ancha estuvieron en ~ hace años.*

bo·gar |boɣár| **1** ***intr.*** Remar o mover un remo para hacer avanzar una embarcación: *los cuatro remeros bogaban a un mismo ritmo.* **2** *fig.* Navegar o viajar por el agua en un barco o nave: *bogaron por la costa durante la tarde.* ⌂ Se conjuga como 7.

bo·ga·van·te |boɣaβánte| ***m.*** Animal invertebrado marino comestible, parecido a la *langosta: *el ~ es un crustáceo.*

BOGAVANTE

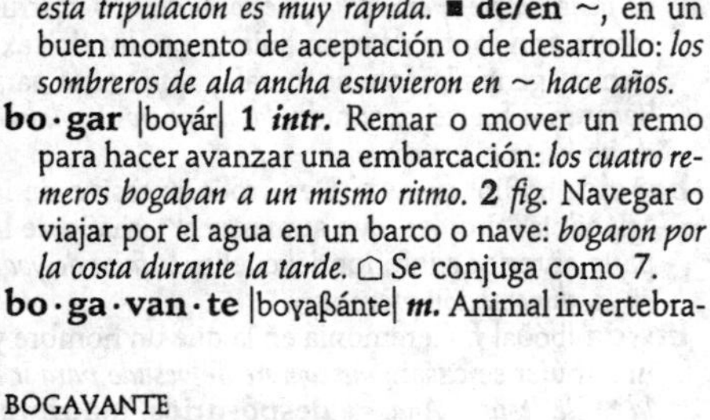

bo·he·mia |boémia| **1** ***f.*** Forma de vida libre y poco disciplinada: *trataron de combatir su ~ imponiéndole ciertas obligaciones.* **2** Conjunto de personas que comparten esa forma de vida, especialmente artistas y escritores: *le atraía la ~ de esa ciudad.*

bo·he·⌐mio, ⌐mia |boémio, mia| ***adj.-s.*** (persona) Que lleva una forma de vida libre y poco disciplinada: *es un ~: nunca le ha gustado permanecer en un lugar ni en ningún trabajo fijos.*

boi·cot |boikót^{t}| ***m.*** ⇒ **boicoteo.** ⌂ La Real Academia Española prefiere la forma *boicoteo.*

boi·co·te·ar |boikoteár| ***tr.*** [algo, a alguien] Hacer un *boicoteo: *los obreros han decidido ~ los actos de la fiesta de la fábrica hasta que los patrones les concedan lo que les piden.*

boi·co·te·o |boikotéo| ***m.*** Aislamiento de toda relación social o comercial al que se somete a una persona, sociedad o nación para obligarla a cumplir ciertas condiciones: *varios países han cerrado sus fronteras con ese estado y lo han sometido a un ~ comercial.* ⇒ **boicot.**

boi·na |bóina| ***f.*** Prenda de vestir de lana o paño, flexible, redonda y de una sola pieza, que cubre la cabeza: *la gente del campo suele llevar ~.* ⇒ **chapela.**

boj |bóx| ***m.*** Arbusto de unos cuatro metros de altura, con hojas duras y brillantes, que se usa para decorar jardines: *los niños se escondían detrás del seto de ~.* ⌂ El plural es *bojes.*

bol |ból| **1** ***m.*** Recipiente grande de boca ancha y sin asas: *sirvieron la ensalada en un ~ de cristal.* **2** Recipiente en el que se hace y se sirve el *ponche: *se bebió varios boles de ponche.* ⇒ **ponchera.** ⌂ El plural es *boles.*

bo·la |bóla| **1** ***f.*** Cuerpo esférico de cualquier material, que se usa generalmente para jugar: *el billar se juega con tres bolas; me he traído las bolas para jugar en el recreo con mis amigos.* ⇒ **balón, canica, pelota.** **2** *fam.* Expresión contraria a la verdad: *dice que tiene mucho dinero, pero yo creo que es una ~.* ⇒ **mentira. - 3 bolas *m. pl.*** *fam.* *Glándulas sexuales que producen los *espermatozoides. ⇒ **pelota, testículo.** **4** Juego de niños, en el que hay que hacer rodar bolas pequeñas de cristal para meterlas en un agujero: *he quedado con mis amigos para jugar a las bolas.* ⇒ **canica.** ■ **correr la ~**, dar a conocer una noticia o un rumor: *se ha corrido la ~ de que la directora dejará su cargo.* ■ **en bolas,** *vulg.*, sin ropa; desnudo. ⇒ **pelota.** ■ **pasar la ~**, hacer pasar a otra persona una responsabilidad o un problema: *no le gustaba ese trabajo y me ha pasado la ~.*

bol·che·vi·que |boltʃeβíke| **1** ***adj.*** POL. Del sistema de gobierno que aparece en Rusia tras la *revolución de 1917 o que tiene relación con él: *el movimiento ~ practicó una política colectivista mediante la dictadura del proletariado; la política ~ fue defendida por Lenin; el partido ~ ruso recibió el nombre de partido comunista.* **- 2 *adj.-com.*** POL. (persona) Que es partidaria de ese sistema de gobierno: *los bolcheviques tomaron el poder a la fuerza.*

bo·le·ra |boléra| *f.* Establecimiento en el que se juega a los *bolos: *todos los jueves van a la ~ a echar una partida.*

bo·le·⌐ro, ⌐ra |boléro, ra| **1** *m. f. fam. fig.* Persona que miente mucho: *no seas ~, que ya nadie te cree.* ⇒ **mentiroso. - 2 bolero** *m.* Composición de música popular española, que se baila con pasos lentos y elegantes: *los españoles de los años cincuenta y sesenta se enamoraban bailando boleros.* **3** Prenda de vestir femenina muy corta que cubre desde los hombros hasta la cintura: *sobre el vestido, llevaba un ~ de color rosa.*

bo·le·tín |boletín| **1** *m.* Publicación periódica con escritos sobre una o más materias determinadas: *recibe cada mes el ~ de medicina actual.* ⇒ **revista. 2** Publicación periódica de carácter oficial: *la oferta de empleo ha salido en el ~ oficial.* **3** Programa de la radio o la televisión, en el que se comunican hechos nuevos y actuales: *permanezcan atentos a nuestros boletines horarios y estarán al corriente de las últimas noticias.* ⇒ **informativo, noticiario.**

bo·le·to |boléto| **1** *m.* Papel o documento que representa la cantidad de dinero que se juega: *guarda bien el ~ de lotería porque, si toca, tendrás que presentarlo para cobrar el premio.* ⇒ **décimo. 2** Papel o documento que da derecho para entrar u ocupar asiento en un vehículo o en un local: *compró los boletos en la taquilla del teatro.* ⇒ **billete, entrada.**

bo·li·che |bolítʃe| **1** *m.* Bola pequeña que se usa en distintos juegos: *en el juego de la petanca, los jugadores deben acercar sus bolas al ~.* **2** Pieza con forma de esfera que se coloca en los extremos de ciertos muebles y de las escaleras: *esta silla tiene dos boliches en la parte alta del respaldo.*

bó·li·do |bóliðo| *m.* Vehículo que corre a gran velocidad; automóvil de carreras: *dieron la salida y los bólidos salieron disparados por el circuito.*

bo·lí·gra·fo |bolíɣrafo| *m.* Instrumento para escribir que tiene en su interior un tubo de tinta y en la punta una pequeña bola de metal que gira *libremente: *necesito un ~, una pluma o un lapicero para anotar el precio.*

bo·li·llo |bolíʎo| *m.* Palo pequeño de forma cilíndrica al que se enrolla un hilo y que se usa en ciertas labores: *mi abuela hacía trabajos de encaje de bolillos; los adornos de la colcha están hechos con bolillos.*

bo·li·via·⌐no, ⌐na |boliβi̯áno, na| **1** *adj.* De Bolivia o que tiene relación con Bolivia: *en los Andes bolivianos están algunas de las montañas más altas de América.* **- 2** *m. f.* Persona nacida en Bolivia o que vive habitualmente en Bolivia: *los bolivianos son vecinos de los brasileños.*

bo·lle·rí·a |boʎería| **1** *f.* Establecimiento en el que se elaboran y venden dulces, pasteles y chocolates: *entró en la ~ y compró una bamba de crema.* ⇒ **confitería, pastelería. 2** Conjunto de bollos de diversas clases que se elaboran o se venden: *la ~ que tenemos en esta cafetería se trae a diario.*

bo·llo |bóʎo| **1** *m.* Alimento parecido al pan, hecho con una masa de harina *cocida al horno, generalmente de sabor dulce: *siempre se come un ~ para desayunar; estos bollos tienen azúcar y cabello de ángel.* **2** *fam.* Hueco o hundimiento de una superficie a causa de un golpe: *me gustaría encontrarme a quien me ha hecho este ~ en el capó del coche; el armario está nuevo, aunque tiene algunos bollos.* ⇒ **abolladura, abultamiento. 3** *fam.* Bulto que sale en la cabeza a causa de un golpe: *me he golpeado con la esquina de la mesa y me ha salido un ~.* ⇒ **chichón. 4** *fam.* Desorden o lío: *se ha organizado un buen ~ en la cola de la pescadería.* ⇒ **cacao, empanada, jaleo.**

bo·lo |bólo| **1** *m.* Objeto de madera u otro material, con forma de cilindro o parecido a una botella, que puede tenerse en pie y que sirve para jugar: *tiró la bola y derribó cinco bolos.* **2** Ocasión en que se reúnen unos pocos artistas o actores para hacer espectáculos en distintos pueblos: *la cantante tiene varios bolos este verano.* **- 3 bolos** *m. pl.* Juego que consiste en derribar unas piezas alargadas con una bola que se lanza rodando contra ellas: *te echo una partida a los bolos.*

bol·sa |bólsa| **1** *f.* Recipiente o saco de tela, papel u otro material flexible para llevar o guardar cosas: *usamos bolsas para la basura; mete el pan en esa ~.* **2** Arruga o bulto que forma un tejido cuando queda mal ajustado: *esa falda no te queda bien: te hace bolsas en las caderas.* **3** *fig.* Dinero o bienes materiales: *sólo se preocupa por su ~.* **4** *fig.* Dinero que se da para pagar una actividad: *he conseguido una ~ de estudios para hacer un curso en el extranjero.* ⇒ **beca. 5** Lugar donde se reúnen los que compran y venden valores de comercio públicos y privados: *en España hay cuatro bolsas: Madrid, Barcelona, Bilbao y Valencia.* **6** Actividad de comprar y vender valores de comercio: *ha ganado mucho dinero invirtiendo en ~.* **7** *fig.* Precio de los valores públicos: *la crisis económica ha provocado la bajada de la ~.*

bol·si·llo |bolsíʎo| **1** *m.* Pieza que se cose en las prendas de vestir y que sirve para meter cosas

BOLSA

dentro: *llevo un pañuelo en el ~; tenía el ~ roto y perdió el dinero.* **2** *fig.* Cantidad de dinero que tiene una persona: *¿qué tal anda tu ~?* ■ **aflojar el ~,** *fam.*, pagar, dar dinero o gastar: *venga, tacaño, a ver si aflojas el ~, que los demás ya hemos pagado.* ■ **de ~,** que es pequeño y manejable: *tengo una calculadora de ~; llevo siempre conmigo mi diccionario de ~.* ■ **tener a alguien en el ~,** tener a una persona dominada y dispuesta para lo que uno quiera: *ella no pondrá ningún obstáculo a nuestro plan: la tengo en el ~.*

bol·so |bólso| *m.* Bolsa de mano, generalmente pequeña, de cuero o tela que sirve para llevar objetos personales: *a mi vecina le robaron el ~ y dentro llevaba sus carnés y bastante dinero.*

bom·ba |bómba| **1** *f.* Aparato que explota en determinadas condiciones provocando muchos daños: *los soldados pusieron una ~ en el puente; la primera ~ atómica cayó sobre Hiroshima en 1945.* **2** Aparato que se usa para mover líquidos y gases de un lugar a otro a través de tubos: *una ~ hace subir el agua hasta el depósito que hay en el tejado; déjame la ~ para inflar la rueda de la bicicleta.* ⇒ **bombín. 3** *fig.* Noticia que sorprende por no ser esperada: *la dimisión del ministro fue una ~ para todos los medios informativos.*

bom·ba·⌐cho, ⌐cha |bombátʃo, tʃa| *adj.-s.* (pantalón) Que es ancho y se ajusta a la pierna por debajo de la rodilla: *el ~ se utiliza en algunos deportes como el golf o el montañismo.* ⇒ **pantalón.** ▢ También se usa *bombachos.* La forma *bombacha* es propia de América.

bom·bar·de·ar |bombarðeár| **1** *tr.* [algo, a alguien] Atacar lanzando bombas: *los aviones bombardearon el frente enemigo.* **2** *fig.* [a alguien] Dirigir preguntas o acusaciones sin descanso: *el fiscal bombardeó a los acusados.* ⇒ **ametrallar.**

bom·bar·de·o |bombarðéo| **1** *m.* Ataque con bombas: *lo más terrible de aquella guerra fueron los bombardeos de las poblaciones civiles.* **2** *fig.* Serie insistente de preguntas o acusaciones: *se fue a su casa de campo para eludir el ~ de los periodistas.*

bom·bar·de·ro |bombarðéro| *m.* Avión de gran tamaño que se emplea para lanzar bombas: *el ~ no logró alcanzar el objetivo.*

bom·ba·zo |bombáθo| *m.* *Explosión que produce una bomba: *el ~ destruyó el coche y rompió los cristales de los edificios.*

bom·be·ar |bombeár| *tr.* [algo] Hacer subir agua u otro líquido por medio de una bomba: *han bombeado el agua de la cisterna para regar los campos.*

bom·be·o |bombéo| *m.* Acción y resultado de *bombear: *la bomba se encarga del ~ del agua subterránea.*

bom·be·ro |bombéro| *com.* Persona que se dedica a apagar fuegos y a ayudar en situaciones de desgracia o de peligro: *todos los bomberos acudieron a apagar el incendio; un ~ rescató a los niños arrastrados por el agua.*

bom·bi·lla |bombíʎa| *f.* Objeto de cristal en el que se ha hecho el vacío y que tiene un hilo metálico adecuado para que, al paso de la corriente eléctrica, se ponga al rojo vivo y dé luz: *enciende la ~ porque está anocheciendo y hay poca luz.* ⇒ **lámpara.**

bom·bín |bombín| **1** *m.* Sombrero bajo y de copa redonda: *se paseaba por la calle con un ~ y un bastón.* **2** Aparato que se usa para mover líquidos y gases de un lugar a otro a través de tubos: *infló las ruedas de la bicicleta con el ~; hay que cambiar el ~ del combustible.* ⇒ **bomba.**

bom·bo |bómbo| **1** *m.* MÚS. Instrumento musical de percusión, parecido a un tambor muy grande, que se toca con una especie de *mazo: *en la orquesta militar hay un soldado que toca el ~.* **2** Esfera redonda, parecida a una jaula de alambre, que se hace girar para mezclar dentro los papeles o las bolas de un sorteo: *los niños del colegio de San Ildefonso cantan los números que se extraen de los bombos en el sorteo de lotería de Navidad.* **3** *fam.* Importancia excesiva que se da a una persona o cosa; *publicidad excesiva: *estrenaron la película con mucho ~.* **4** *fam.* Vientre hinchado de la mujer embarazada: *está de seis meses y ya tiene un ~ enorme.* ■ **a ~ y platillo,** *fam.*, con mucho ruido y dando mucha *publicidad: *anunciaron la boda a ~ y platillo y acudió toda la ciudad a la iglesia.*

bom·bón |bombón| **1** *m.* Dulce pequeño cubierto de chocolate: *le regaló una caja de bombones por su cumpleaños.* **2** *fam.* Persona o cosa muy agradable o deseable, especialmente mujer muy bella o bien formada: *sale con un chico que es un verdadero ~.*

bom·bo·na |bombóna| **1** *f.* Recipiente de metal de forma cilíndrica y con una llave que lo cierra completamente, especialmente la que sirve para contener gas: *cambió la ~ de la estufa porque estaba vacía.* **2** Recipiente grande de boca estrecha que se usa para el transporte de líquidos: *han descargado las bombonas de agua destilada en el sótano.*

bom·bo·ne·ra |bombonéra| *f.* Caja pequeña que sirve para guardar *bombones: *el niño abrió la ~ y ofreció bombones a sus amigos.*

bo·nan·ci·ble |bonanθíβle| *adj.* MAR. (tiempo, viento del mar) Que es suave y tranquilo: *navegaron durante tres días con un viento ~.*

bo·nan·za |bonánθa| **1** *f.* MAR. Tiempo suave y tranquilo: *después de la tormenta, tuvieron varios días de ~.* **2** Desarrollo favorable: *se prevé una ~ económica para los próximos años.* **3** MIN. Terreno de mineral muy rico: *aquel terreno es una ~.*

bon·dad |bondáᵈ| **1** *f.* Tendencia natural a hacer el bien: *es una persona de gran ~ y siempre ayuda a los demás.* **2** Cualidad de bueno: *los colonos fueron atraídos por la ~ de esas tierras.* ⇔ **maldad.**

bon·da·do·⌐so, ⌐sa |bondaðóso, sa| *adj.* Que muestra o tiene bondad; que tiende a hacer el bien: *es una persona bondadosa y no te pondrá ningún inconveniente.*

bo·nia·to |boniáto| **1** *m.* Tallo subterráneo, comestible, de forma alargada y de color marrón por fuera y naranja por dentro: *el ~ se come asado o cocido.* ⇒ **batata. 2** Planta de flores grandes, rojas por dentro y blancas por fuera, en cuyas raíces crece ese tallo subterráneo: *en la huerta plantaron boniatos.*

bo·ni·fi·ca·ción |bonifikaθión| **1** ***f.*** Cantidad de dinero que se añade o se regala; cantidad de dinero que se quita del precio de un producto: *me han dado una ~ por trabajar de noche; el comerciante hizo a su cliente una ~ del 5% por pagar al contado.* ⇒ **descuento. 2** DEP. Cantidad de tiempo *descontado con que se premia a algunos corredores: *el ciclista holandés ha conseguido una ~ de 20 segundos en la etapa del día.*

bo·ni·fi·car |bonifikár| ***tr.*** [a alguien] Quitar cierta cantidad de dinero al precio de un producto; hacer una *bonificación: *a los compradores de esta oferta, se les bonificará con un descuento del 25 %.* ☐ Se conjuga como 1.

bo·ni·to |boníto| **1** ***adj.*** Que es agradable a la vista, al oído o al espíritu: *esta canción es muy bonita; ¡qué niño tan ~!* ⇒ **bello, guapo, hermoso.** ⇔ **feo.** ☐ En el lenguaje familiar, se usa más que *bello* o *hermoso.* Se usa también en sentido irónico para indicar que algo no está bien: *¿te parece ~ hablarle así a tu padre?; ¡bonita contestación!* **- 2 bonito** ***m.*** Pez marino comestible, de cuerpo alargado y de color azul oscuro con rayas: *el ~ con tomate está muy bueno.* ⇒ **atún.** ☐ Para indicar el sexo se usa el ~ macho y el ~ hembra.

bo·no |bóno| **1** ***m.*** Papel o documento que se cambia por objetos o por dinero: *este mes, por la compra de una moto nueva, regalamos bonos de gasolina por valor de 10000 pesetas.* **2** Documento que da derecho a usar un servicio durante cierto tiempo o un determinado número de veces: *este ~ mensual permite utilizar el autobús, el tren y el metro.* ⇒ **abono. 3** COM. Obligación que emite un organismo público o privado: *si quieres invertir tu dinero en algo seguro y rentable, piensa en los bonos del Estado.*

bo·ñi·ga |boɲíɣa| ***f.*** *fam.* Excremento de los toros, las vacas y otros animales parecidos: *en el prado había boñigas porque el ganado había estado pastando hacía días.*

bo·que·ra |bokéra| **1** ***f.*** Piel seca o débil en los bordes de la boca: *tendrás que darte una pomada en esas boqueras.* ⇒ **bocera. 2** Ventana de un *pajar: *el gato miraba por la ~.* **3** Salida de agua que se hace en un canal para regar: *necesitamos abrir la ~ para regar las sandías.*

bo·que·rón |bokerón| ***m.*** Pez marino comestible de pequeño tamaño y de color azul por encima y *plateado por el vientre: *los bancos de boquerones abundan en el Atlántico y en el Mediterráneo; ¿te gustan los boquerones en vinagre?; de los boquerones se sacan las anchoas.* ☐ Para indicar el sexo se usa el ~ macho y el ~ hembra.

bo·que·te |bokéte| ***m.*** Agujero en un muro o calle, generalmente de gran tamaño: *los ladrones hicieron un ~ en la pared del banco para robar.*

bo·qui·a·bier·⌈to, ⌈ta |bokiaβiérto, ta| **1** ***adj.*** *fig.* (persona) Que está admirado o sorprendido: *cuando le dijeron que le había tocado la lotería, se quedó ~ sin decir nada durante un buen rato.* **2** Que tiene la boca abierta: *la estatua representa a un caballero ~.*

bo·qui·lla |bokíʎa| **1** ***f.*** Pieza pequeña y hueca que se adapta al tubo de varios instrumentos musicales de viento y que sirve para producir un sonido al soplar por ella: *la ~ de la flauta se puede desmontar para limpiarla.* **2** Pieza pequeña y hueca que se adapta a varios objetos y que se lleva a la boca: *se ha atascado la ~ de la pipa.* **3** Tubo de papel duro con materia esponjosa en su interior que se coloca, a modo de *filtro, en uno de los extremos de ciertos cigarros y por el cual se aspira el humo: *Pablo fuma una marca de cigarrillos muy fuerte y además les quita la ~.* **4** Tubo pequeño con un extremo más ancho, en el que se pone un cigarro para fumarlo, y otro más estrecho, por el que se aspira: *ahora fumo con ~ para no tragarme tanta nicotina; la espía de la película fumaba con una ~ larga y negra.* **5** Extremo por el que se enciende el cigarro puro: *el hombre apretó bien la ~ antes de encender el puro.* ■ **de ~,** *fam.,* de palabra; sin intención sincera de hacer lo que se dice: *te está amenazando de ~, pero no es capaz de hacerte daño de verdad.*

bor·bó·ni·⌈co, ⌈ca |borβóniko, ka| ***adj.*** De los Borbones o que tiene relación con ellos: *Felipe V fue el primer rey ~ en el trono español.*

bor·bo·tón |borβotón| ***m.*** Burbuja que se forma en la superficie de un líquido, generalmente a causa del calor o de una reacción química: *pusieron la cacerola al fuego y, después de unos minutos, el agua comenzó a hacer borbotones.*

bor·da |bórða| ***f.*** Borde superior del lado de un barco: *un golpe de mar hizo que el marinero se cayera por la ~.*

bor·da·⌈do |borðáðo| **1** ***m.*** Acción de coser haciendo dibujos con hilos de colores: *el ~ es una labor muy difícil.* **2** Dibujo cosido con hilos de colores: *te he comprado un pañuelo con bordados; mi abuela hacía unos bordados maravillosos.*

bor·da·du·ra |borðaðúra| ***f.*** Dibujo cosido con hilos de colores: *la novia pasaba la tarde haciendo bordaduras sobre la ropa de cama.* ⇒ **bordado.**

bor·dar |borðár| **1** ***tr.*** [algo] Coser sobre un tejido haciendo dibujos con hilos de colores: *la costurera bordó las iniciales en las sábanas; mi madre me ha bordado una rosa en la blusa.* **2** *fig.* Hacer muy bien una cosa: *mi hermana siempre borda su trabajo; el profesor bordó su explicación con un buen ejemplo.*

bor·de |bórðe| **1** ***m.*** Línea que limita la parte exterior o la más alejada del centro de una cosa; parte donde termina una superficie: *no te acerques al ~ del precipicio, te puedes caer; se dio un golpe con el ~ de la mesa; puso la moneda de pie apoyándola en el ~; se sentó al ~ del camino.* ⇒ **orilla. - 2 *adj.-com.*** *fam.* (persona) Que tiene un carácter desagradable; que es de trato difícil: *es un ~, no se le puede decir nada.* ☐ Se usa como apelativo despectivo. **3** *fam.* (persona) Que es torpe o poco hábil: *Juan es muy ~ y es incapaz de hacer algo difícil.* ☐ Se usa como apelativo despectivo. **4** (árbol, planta) Que nace solo en la tierra y no se cultiva: *en la puerta de mi casa han nacido hierbas bordes.* ⇒ **silvestre.**

bor·de·ar |borðeár| **1** ***tr.*** [algo] Recorrer siguiendo el borde o la orilla: *bordearon la costa con la bar-*

ca; hay que ~ la montaña: es demasiado alta para subirla. **2** Rodear por el borde o la orilla: *una serie de postes bordea el jardín.* **3** *fig.* Evitar o salvar, generalmente una situación difícil: *va bordeando los problemas como puede.*

bor·di·llo |borðíʎo| ***m.*** Línea de piedra que se coloca al borde de una *acera: *cuando esperes para cruzar, no debes bajar del ~.*

bor·do |bórðo| ***m.*** MAR. Lado o parte exterior de una embarcación: *el ~ va desde la superficie del agua hasta la borda.* ■ **a ~**, sobre la embarcación o la nave; en la embarcación: *el capitán ya está a ~: pronto zarparemos; comeremos a ~ del avión.* ■ **de alto ~**, (barco) de gran tamaño: *en el puerto se veían algunos barcos de alto ~.*

bor·dón |borðón| **1** ***m.*** Palo largo, de altura mayor que la de un hombre, con punta de hierro: *camina apoyado en un ~.* **2** MÚS. Cuerda gruesa de ciertos instrumentos musicales que da los sonidos bajos: *toca el ~ con el dedo pulgar.* **3** POÉT. Verso que se repite al final de cada *copla.

bo·re·al |boreál| ***adj.*** Del polo o el *hemisferio norte o que tiene relación con ellos: *atravesó las inhóspitas regiones boreales.* ⇔ **austral.** ⇒ **polar.**

bor·la |bórla| **1** ***f.*** Adorno formado por hilos o pequeños cordones que se sujetan en un extremo y se dejan sueltos en el otro: *mi gorro de lana lleva una ~ en la punta; el cordón que sujeta la cortina termina en una ~.* **2** Objeto de algodón o pluma, muy delicado, que se usa para aplicar polvos: *la actriz se retocó el maquillaje con una ~; los polvos de talco llevan una ~.*

bor·ne |bórne| **1** ***m.*** ELECTR. Pieza metálica en forma de botón o vara que sirve para comunicar un aparato eléctrico o una máquina con un hilo de la corriente eléctrica: *el motor de la lavadora tiene dos bornes por los que pasa la electricidad.* **2** ELECTR. Polo de la pila eléctrica o del acumulador de energía eléctrica: *sujetó las pinzas en los bornes de la batería para poner en marcha el otro coche.*

bo·rra·che·ra |bor̄atʃéra| ***f.*** Estado en el que se pierde el control a causa del consumo excesivo de alcohol: *en el restaurante, cogió una ~ enorme y empezó a cantar.* ⇒ **merluza, tajada.**

bo·rra·⌐cho, ⌐cha |bor̄átʃo, tʃa| **1** ***adj.-s.*** (persona) Que ha bebido demasiado alcohol y tiene alteradas las *facultades físicas y mentales: *el ~ se puso a cantar en el bar; estoy algo ~ y creo que no puedo conducir.* ⇒ **ebrio.** **2** *desp.* Que tiende a beber demasiado alcohol: *perdió su trabajo porque es un ~.* ⇒ **alcohólico.** - **3** ***adj.*** *fig.* Que tiene el ánimo dominado por una pasión: *paseó durante toda la noche ~ de felicidad.* **4** (pastel) Que está mojado en vino, licor o en otro líquido, generalmente dulce: *preparó un almíbar para hacer una tarta borracha; los bizcochos borrachos son típicos de Guadalajara.*

bo·rra·dor |bor̄aðór| **1** ***m.*** Objeto que sirve para borrar: *necesito un ~ para quitar el precio del libro; el niño llevó al colegio un cuaderno, un lápiz y un ~; la profesora sacudió el ~ para quitarle el polvo de la tiza.* **2** Escrito que puede ser corregido: *todavía no he redactado la versión final del informe, esto es sólo un ~.*

bo·rra·ja |bor̄áxa| ***f.*** Planta de tallo grueso y ramoso, hojas grandes y ovaladas, y flores azules: *la ~ mide unos 60 centímetros; las hojas de la ~ son comestibles.* ■ **agua de borrajas**, *fam.*, cosa o asunto sin importancia: *aunque los padres se enfadaron mucho con su hijo, todo quedó en agua de borrajas.*

bo·rrar |bor̄ár| **1** ***tr.-intr.*** [algo] Hacer que desaparezca o que no se vea lo dibujado o escrito: *cópialo con lápiz por si te equivocas y tienes que ~; borró la pizarra y volvió a copiar la fórmula.* - **2** ***tr.-prnl.*** Hacer que desaparezca la marca dejada por una cosa: *borró las huellas que había dejado en la arena; este detergente borra las manchas más difíciles; sus recuerdos se borraban con el paso del tiempo.* **3** [algo, a alguien] Hacer que no aparezca en una lista una persona o cosa que antes figuraba en ella: *borra a Antonio de la lista de invitados; me he borrado de la asociación.* ⇒ **apuntar.**

bo·rras·ca |bor̄áska| **1** ***f.*** Fenómeno atmosférico en el que hay bajas presiones, fuertes vientos y lluvias: *una ~ muy activa producirá vientos huracanados y lluvias torrenciales en el Cantábrico.* ⇒ **ciclón.** **2** Tormenta que se produce en el mar: *el barco encalló la noche de la ~.* **3** *fig.* Peligro que se corre en un negocio: *en estos momentos la empresa está sufriendo una fuerte ~, pero esperamos que pase pronto.*

bo·rras·co·⌐so, ⌐sa |bor̄askóso, sa| **1** ***adj.*** Que tiene o puede tener *borrascas: *el tiempo de este fin de semana será ~ e inestable.* **2** *form. fig.* Que no tiene medida ni control en el comportamiento: *en su vida borrascosa cabían todo tipo de vicios.*

bo·rre·⌐go, ⌐ga |bor̄éɣo, ɣa| **1** ***m. f.*** Cría de la oveja, de entre uno y dos años: *el lobo mató dos borregos del rebaño.* ⇒ **cordero.** **2** Persona que se somete a la voluntad de otra persona sin pensar ni protestar: *todos los chicos de la pandilla obedecen al más fuerte como borregos.* - **3** ***adj.-s.*** (persona) Que es simple y poco inteligente: *pero quítale el papel al bocadillo antes de comértelo, hombre, no seas ~.*

bo·rri·⌐co, ⌐ca |bor̄íko, ka| **1** ***m. f.*** Animal mamífero doméstico con grandes orejas y cola larga, parecido al caballo aunque más pequeño, que por ser muy resistente se usa para trabajos en el campo y para la carga: *el campesino venía del huerto montado en su borrica.* ⇒ **asno, burro.** - **2** ***adj.-s.*** *fam. desp. fig.* (persona) Que es torpe o rudo; que usa la fuerza en vez de la razón; que no entiende bien las cosas o es poco inteligente: *es un ~, nunca entiende nada.* ⇒ **burro.** - **3 borrico** ***m.*** Armazón formado por *maderos unidos que se usa para trabajar sobre él: *el carpintero puso la madera en el ~.*

bo·rrón |bor̄ón| **1** ***m.*** Mancha de tinta hecha en un papel: *la punta de la pluma está estropeada y ha dejado la hoja llena de borrones.* **2** *fig.* Defecto que daña el honor o la buena fama: *creía que aquella aventura amorosa sería un ~ en su vida.* **3** Dibujo que se hace antes de pintar un cuadro para indicar cómo se va a hacer y cuál va a ser el resultado: *trazó un ~ de lo que sería su nuevo cuadro.* ⇒ **proyecto, boceto.** ■ **~ y cuenta nueva**, expresión que indica que se olvida o perdona un error o una falta: *estoy dispuesto a olvidar tu ofensa, ~ y cuenta nueva.*

bo·rro·⌜so, ⌜sa |bor̄óso, sa| **1** ***adj.*** Que no se ve bien o no se distingue con claridad: *estoy mareado y todo me parece ~.* ⇒ **nebuloso. 2** Que no se distingue con claridad por haberse corrido la tinta: *la fotocopia está borrosa y no se entiende lo que pone.*

bos·co·⌜so, ⌜sa |boskóso, sa| ***adj.*** Que tiene abundancia de bosque: *se perdieron en un terreno ~ y fue difícil localizarlos.*

bos·⌜nio, ⌜nia |bósnio, nia| **1** ***adj.*** De Bosnia-Herzegovina o que tiene relación con Bosnia-Herzegovina: *la capital bosnia es Sarajevo.* **- 2** ***m. f.*** Persona nacida en Bosnia-Herzegovina o que vive habitualmente en Bosnia-Herzegovina: *los bosnios formaban parte de la antigua Yugoslavia.*

bos·que |bóske| **1** ***m.*** Extensión de tierra cubierta de árboles y plantas silvestres: *se perdieron en el ~; Caperucita cruzaba el ~ para llevar la merienda a su abuelita.* ⇒ **monte. 2** *form. fig.* Cantidad grande de cosas difíciles de entender: *es difícil comprender el ~ de ideas de este autor.*

bos·que·jar |boskexár| **1** ***tr.*** [algo] Trazar los primeros *rasgos de una obra de arte al comenzar: *vimos cómo bosquejaba la escultura y nos pareció maravillosa.* **2** *fig.* Dar una idea *inicial o poco exacta de una cosa: *comenzó a ~ lo que haríamos.*

bos·que·jo |boskéxo| **1** ***m.*** Acción y resultado de *bosquejar: *el pintor está preparando un ~ de su obra.* **2** *fig.* Idea *inicial o poco exacta de una cosa: *nos explicó un ~ de su plan.* ⇒ **apunte, esbozo.**

bos·te·zar |bosteθár| ***intr.*** Abrir la boca con un movimiento involuntario para respirar lenta y profundamente, generalmente a causa del sueño o del aburrimiento: *aquel día se había levantado temprano y se pasó la tarde bostezando.* ☐ Se conjuga como 4.

bos·te·zo |bostéθo| ***m.*** Acción de *bostezar: *dio un ~ profundo y largo y nos dio las buenas noches.*

bo·ta |bóta| **1** ***f.*** Calzado que cubre el pie y que sube más arriba del *tobillo: *se puso las botas de montar y salió a cabalgar.* **2** Calzado, generalmente firme, preparado para practicar ciertos deportes: *el jugador se ató las botas de fútbol antes de salir al terreno de juego.* **3** Recipiente de cuero con una boca muy estrecha, que se usa para beber vino: *el grupo de amigos se pasaba la ~ de mano en mano.*

bo·ta·du·ra |botaðúra| ***f.*** MAR. Acción de echar una embarcación al agua por primera vez: *a la ~ del buque asistieron importantes personajes.*

bo·ta·fu·mei·ro |botafuméiro| ***m.*** *fam. fig.* Instrumento de metal en el que se quema *incienso en las iglesias: *en la catedral de Santiago de Compostela hay un enorme ~ que cuelga del techo.* ⇒ **incensario.**

bo·tá·ni·ca |botánika| ***f.*** BIOL. Disciplina que estudia los vegetales: *en ~ hemos estudiado la clasificación de las plantas.*

bo·tá·ni·⌜co, ⌜ca |botániko, ka| **1** ***adj.*** BIOL. De la *botánica o que tiene relación con ella: *hizo un estudio ~ de la zona.* **- 2** ***m. f.*** BIOL. Persona que se dedica al estudio de los vegetales o la *botánica: *seguro que él sabe de qué planta se trata porque es ~.*

bo·tar |botár| **1** ***intr.*** [en/sobre algo] Saltar un cuerpo en sentido opuesto al que llevaba o en otra dirección, tras chocar con una superficie: *esa pelota bota mucho; se le rompió el collar y las perlas botaron sobre la mesa.* ⇒ **rebotar. 2** *fig.* Saltar en el suelo repetidamente con los dos pies a la vez: *el niño se enfadó y empezó a gritar y a ~.* **- 3** ***tr.*** [algo; en/sobre algo] Conseguir que un cuerpo salte en sentido opuesto al que llevaba o en otra dirección haciendo que choque con una superficie: *el jugador de baloncesto botaba la pelota en la cancha.* **4** [algo] Echar al agua por primera vez una embarcación: *este barco fue botado en 1921.* **5** [algo, a alguien] Echar, tirar o expulsar a una persona o cosa con *violencia: *lo botaron del restaurante porque organizó un escándalo; bota ese chicle de la boca.*

bo·ta·ra·te |botaráte| ***adj.-s.*** Que es torpe o poco inteligente; que no sabe lo que debe saber: *no seas ~ y déjame pasar.* ⇒ **tonto.**

bo·tar·ga |botárɣa| **1** ***f.*** Prenda de vestir ridícula, de muchos colores, que se usa en el teatro y en Carnaval: *los actores iban disfrazados con botargas.* **2** Persona que lleva una de esas prendas de vestir: *la ~ sale el Miércoles de ceniza asustando a la gente.* ☐ Este personaje forma parte de la tradición cultural de muchos pueblos de España; va unido a las fiestas de Carnaval.

bo·ta·va·ra |botaβára| ***f.*** MAR. Palo horizontal de la parte posterior del barco que sujeta una vela: *luchaba con su sable desde la ~.*

bo·te |bóte| **1** ***m.*** Salto que da un cuerpo al chocar con una superficie: *la pelota dio tres botes en el suelo.* **2** Salto que se da en el suelo con los dos pies a la vez: *el niño dio un ~ encima del charco; subía la escalera a botes.* **3** Recipiente, generalmente de lata y con forma cilíndrica, que guarda o conserva alimentos o bebidas: *ha ido a la tienda a comprar un ~ de tomate; tráeme un ~ de refresco de naranja.* ⇒ **lata. 4** Embarcación pequeña de remo en la que sus ocupantes se sientan en unas tablas que sirven, además, para sujetar su estructura: *remaron en el ~ hasta el barco; recorremos la costa en el ~.* ⇒ **chalupa; ~ salvavidas,** el preparado para abandonar un barco en caso de peligro de hundimiento: *los polizones se escondieron en el ~ salvavidas.* ⇒ **barca. 5** *fig.* Dinero que los clientes dan a los empleados de un bar o *cafetería por su buen servicio; recipiente para guardar ese dinero: *los camareros han hecho hoy un ~ de mucho dinero.* **6** *fig.* Premio de un sorteo que no le ha correspondido a nadie y que se acumula para el siguiente sorteo: *la próxima semana el primer premio de la*

BOTE

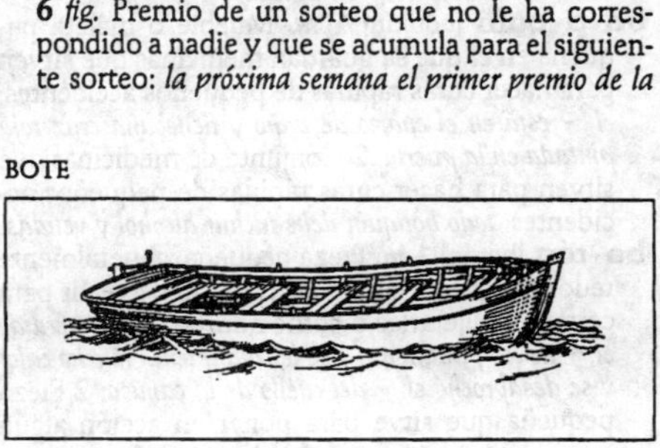

lotería tendrá ~. ■ **a ~ pronto**, sin estar preparado; sin esperarlo: *el ministro respondió a ~ pronto a las preguntas de los periodistas.* ■ **chupar del ~**, *fam.*, aprovecharse del dinero o del trabajo de los demás: *creo que ha aceptado ese puesto para chupar del ~.* ■ **dar botes de alegría**, *fam.*, estar muy alegre o muy *contento con una situación: *le ha tocado la lotería y está dando botes de alegría.* ■ **darse el ~**, *fam.*, irse rápidamente o alejarse de una situación incómoda: *vi que se estaban pegando y me di el ~.* ■ **de ~ en ~**, *fam.*, lleno de gente: *a estas horas de la tarde el metro va de ~ en ~.* ■ **en el ~**, *fam.*, conseguido o tomado por una persona para sí misma: *eso es muy fácil de hacer, está en el ~.* ☐ Se suele usar con los verbos *estar* y *tener.* ■ **en el ~**, *fam.*, convencido; dispuesto a hacer lo que se le diga: *quería convencerla para que le prestara dinero y al poco rato ya la tenía en el ~.* ☐ Se suele usar con los verbos *estar* y *tener.*

bo·te·lla |botéʎa| ***f.*** Recipiente que se estrecha por su parte superior terminando en un agujero pequeño y que suele usarse para guardar líquidos: *queda un poco de vino en esa ~; cierra bien la ~ para que no se evapore el alcohol.*

bo·te·lla·zo |boteʎáθo| ***m.*** Golpe dado con una botella: *durante la pelea, recibió un ~ en la cabeza y tuvo que ser hospitalizado.*

bo·te·llín |boteʎín| ***m.*** Botella de *cerveza de 20 *centilitros: *se acercó a la barra y pidió un ~ al camarero.* ⇒ **quinto, tercio.**

bo·ti·ca |botíka| ***f.*** Establecimiento donde se hacen o venden medicinas: *en la ~ le prepararon una mezcla de plantas para combatir los dolores.* ⇒ **farmacia.**

bo·ti·ca·ˈrio, ria |botikário, ria| ***m. f.*** Persona que se dedica a hacer o vender medicinas: *el ~ le dio unas pastillas para los mareos.* ⇒ **farmacéutico.**

bo·ti·jo |botíxo| ***m.*** Recipiente de barro redondeado, con una asa circular en la parte superior, una boca para llenarlo y un tubo corto en forma de cono para beber: *el ~ mantiene el agua fresca.*

bo·tín |botín| **1 *m.*** Calzado, generalmente de cuero, que cubre el pie y parte de la pierna: *el ~ es más alto que el zapato y más bajo que la bota; llevaba unos botines con cordones.* **2** Conjunto de armas, dinero y alimentos tomados del enemigo vencido y repartido entre los *vencedores: *el general arrasó la ciudad y repartió el ~ entre los soldados.* ⇒ **despojo. 3** *p. ext.* Conjunto de cosas robadas: *los piratas enterraron su ~ en la isla.*

bo·ti·quín |botikín| **1 *m.*** Mueble o maleta pequeña en el que se guardan medicinas que sirven para hacer curas rápidas de pequeños accidentes: *el ~ está en el cuarto de baño y tiene una cruz roja pintada en la puerta.* **2** Conjunto de medicinas que sirven para hacer curas rápidas de pequeños accidentes: *todo botiquín debe incluir alcohol y vendas.*

bo·tón |botón| **1 *m.*** Pieza pequeña, generalmente redonda, que se cose a las prendas de vestir para cerrarlas, sujetarlas o como adorno: *había perdido el ~ de los pantalones y se le caían; tenía mucho calor y se desabrochó el ~ del cuello de la camisa.* **2** Pieza pequeña que sirve para poner en acción algún mecanismo o parte de él: *apretó el ~ del timbre varias veces, pero no sonaba; el ~ rojo sirve para llamar al ascensor.* ⇒ **interruptor. 3** Esfera pequeña que se pone en el extremo de algunos objetos con punta para que no hagan daño: *estas espadas tienen un ~ en la punta para que no nos hiramos.* **- 4 botones *m.*** Joven con uniforme que trabaja en un hotel u otro establecimiento llevando maletas, mensajes u otros encargos: *el botones llevó el equipaje hasta nuestra habitación.* ⇒ **mozo.** ■ **~ de muestra**, ejemplo que se saca de un conjunto de elementos o cosas iguales: *como ~ de muestra de su poesía, aquí tenéis este poema.*

bou·ti·que |butíᵏ| **1 *f.*** Establecimiento en el que se venden prendas de vestir de moda: *siempre compra la ropa en esa ~ francesa.* **2** *p. ext.* Establecimiento en el que se vende una clase determinada de mercancías de gran calidad: *puedes comprar pan en esa ~.* ☐ Esta palabra procede del francés. El plural se escribe *boutiques* y se pronuncia butí(k)s .

bó·ve·da |bóβeða| **1 *f.*** ARQ. Techo de forma curva que cubre el espacio comprendido entre dos muros o varias columnas: *las bóvedas son muy utilizadas en la construcción de grandes edificios; el interior de la ~ está decorado con escenas bíblicas;* **~ baída**, ARQ., la que está cortada por cuatro planos verticales y paralelos dos a dos: *en la catedral hay una ~ baída;* **~ de aristas**, ARQ., la que resulta del cruce de dos *bóvedas de *cañón; **~ de/en cañón**, ARQ. la que tiene forma de medio cilindro y cubre el espacio comprendido entre dos muros paralelos. **2** Parte del espacio sobre la Tierra en el que están las nubes y donde se ven el Sol, la Luna y las estrellas: *aquella noche se podía ver la ~ celeste llena de estrellas.* ⇒ **cielo, firmamento.** ☐ También se usa bóveda celeste.

bó·vi·ˈdo, ˈda |bóβiðo, ða| ***adj.-m.*** ZOOL. (animal) Que es mamífero, tiene cuernos y se alimenta de vegetales: *la vaca y el toro son bóvidos; los bóvidos son rumiantes.*

BÓVEDA

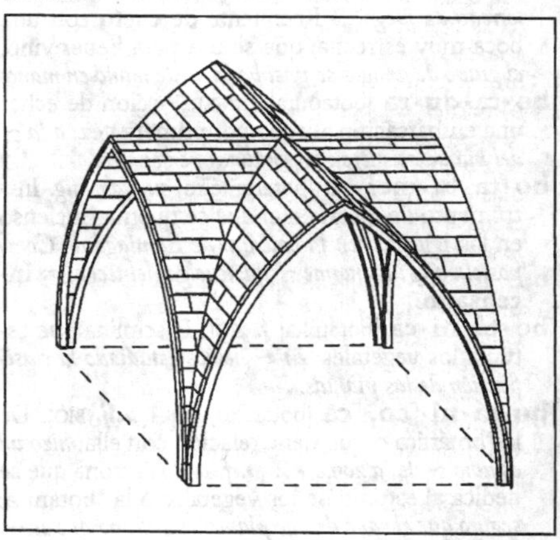

bo·vi·ʳno, ʳna |boβíno, na| **1** ***adj.*** Del toro o de la vaca o que tiene relación con ellos: *la piel bovina se usa en la industria del calzado.* **- 2** ***adj.-m.*** ZOOL. (animal) Que es mamífero, generalmente con cuernos, de cola larga, gran tamaño y que se alimenta de vegetales: *ese ganadero tiene cincuenta reses bovinas.*

bo·xe·a·dor |bo^{k}seaðór| ***m.*** Persona que practica el *boxeo: *el ~ venció porque dejó fuera de combate a su rival.* ⇒ **púgil.**

bo·xe·ar |bo^{k}seár| ***intr.*** Practicar el deporte del *boxeo: *boxearon durante cinco asaltos.*

bo·xe·o |bo^{k}séo| ***m.*** Deporte en el que dos *rivales luchan entre sí golpeándose solamente con los puños: *para practicar el ~ son imprescindibles los guantes.* ⇒ **pugilato.**

bo·ya |bóya| **1** ***f.*** Objeto flotante que se sujeta al fondo del mar, de un lago o de otra cosa para que sirva de señal: *las embarcaciones deberán dar la vuelta al llegar a esa ~.* **2** Objeto flotante que se pone en el borde de una red para que no se hunda: *las boyas de la red formaban una larga fila.* **3** Objeto flotante de pequeño tamaño que se sujeta al hilo de pescar para mantener el *anzuelo a una profundidad determinada y saber cuándo ha picado un pez: *coloca la ~ en el sedal, unos 50 cm más arriba del anzuelo.*

bo·yan·te |boyánte| **1** ***adj.*** Que se encuentra en un momento favorable o de crecimiento: *su economía debe de andar muy ~ porque compra de todo sin pensar.* **2** MAR. (embarcación) Que no se hunde en el agua por no llevar casi carga: *ese barco está ~.*

bo·ye·ro |boyéro| ***m.*** Hombre que se dedica a cuidar o conducir *bueyes: *el ~ llevaba los bueyes a la era.*

bo·zal |boθál| ***m.*** Pieza, generalmente de material flexible, que se pone en la boca de ciertos animales para que no muerdan o para que no coman: *debe sacar de paseo al perro con el ~ puesto.*

bo·zo |bóθo| ***m.*** Pelo muy fino y suave que sale sobre el labio superior antes de nacer el *bigote: *tengo un hijo con 14 años y ya tiene ~.*

bra·ce·ar |braθeár| **1** ***intr.*** Nadar sacando los brazos fuera del agua y moviéndolos generalmente hacia adelante: *se divertía braceando y nadando de espaldas en el estanque.* **2** Mover repetidamente los brazos con fuerza: *estaba tan enfadado que gritaba y braceaba con fuerza.* **3** Doblar las patas hacia arriba al andar: *el caballo braceaba elegantemente.*

bra·ce·ro |braθéro| ***m.*** Persona que trabaja por días a cambio de un *jornal especialmente en el campo: *los braceros recogían la cosecha.* ⇒ **jornalero.**

bra·ga·du·ra |braɣaðúra| **1** ***f.*** Parte del cuerpo que hay entre las piernas: *el toro era negro con ~ blanca.* **2** Parte de las prendas de vestir que cubre la parte del cuerpo que hay entre las piernas: *el pantalón le estaba pequeño y le oprimía en la ~.*

bra·gas |bráɣas| ***f. pl.*** Prenda interior femenina, de tejido suave, que cubre desde la cintura hasta el principio de las piernas: *compró unas ~ y un sujetador en la lencería.* ⇒ **calzoncillos.** ☐ Se usa también en singular.

bra·gue·ro |braɣéro| ***m.*** Objeto que sirve para contener las *hernias: *le han puesto un ~ hasta que puedan operar la hernia.*

bra·gue·ta |braɣéta| ***f.*** Abertura pequeña que hay en la parte alta y delantera de un pantalón: *la ~ se cierra con cremallera o con botones.*

bra·mar |bramár| **1** ***intr.*** Emitir *bramidos el toro: *el toro bramaba y escarbaba la tierra con las patas delanteras.* **2** *fig.* Producir un ruido fuerte el aire o el agua: *durante la tormenta, el viento bramaba.* **3** *fig.* Gritar con fuerza, generalmente a causa de rabia: *comenzó a ~ y a chillarnos sin ninguna justificación.*

bra·mi·do |bramíðo| **1** ***m.*** Voz característica del toro: *los bramidos del animal resonaban en la plaza.* **2** *fig.* Ruido fuerte que produce el aire o el agua: *desde el camarote se podía escuchar el ~ del viento.* **3** *fig.* Grito fuerte: *apareció en la habitación dando bramidos de ira.*

bran·dy |brándi| ***m.*** Bebida con mucho alcohol, parecida al *coñac, que se consigue por *destilación del vino: *mi abuelo toma una copa de ~ después de la comida; el coñac es un tipo de ~ francés; el ~ se hace en muchos países.* ⇒ **coñac.**

bran·quia |bráŋkia| ***f.*** Órgano formado por capas de tejido blando y esponjoso que permite la respiración de ciertos animales que viven dentro del agua: *los peces tienen branquias para tomar el oxígeno disuelto en el agua.* ⇒ **agalla.**

bran·quial |braŋkiál| ***adj.*** De las *branquias o que tiene relación con ellas: *los peces y otros animales que viven en el agua tienen respiración ~.*

bra·sa |brása| ***f.*** Cuerpo sólido que arde sin dar llama: *el fuego se apagó y quedaron las brasas.* ⇒ **ascua.** ■ **a la ~**, cocinado sobre trozos de carbón o madera que arden sin llama: *creo que pediré un filete a la ~.* ■ **pasar como sobre brasas**, tratar un asunto con poca profundidad o muy rápidamente: *cuando llegó ese punto del orden del día de la reunión pasó por él como sobre brasas.*

bra·se·ro |braséro| ***m.*** Recipiente de metal en el que se pone un material ardiente para que dé calor: *colocó el ~ bajo la mesa para que no se le enfriasen las piernas.*

bra·si·le·ʳño, ʳña |brasiléɲo, ɲa| **1** ***adj.-s.*** De Brasil o que tiene relación con Brasil: *es un gran aficionado a la música brasileña.* **- 2** ***m. f.*** Persona nacida en Brasil o que vive habitualmente en Brasil: *los brasileños suelen ser de carácter alegre y abierto.*

bra·ve·za |braβéθa| **1** ***f.*** Crueldad y *violencia: *miraban sorprendidos la ~ del combate.* **2** Valor o determinación: *atacó a su enemigo con gran ~.* ⇒ **bravura, brío.** **3** Valor y energía natural de ciertos animales: *es un toro de mucha ~.* ⇒ **bravura, fiereza.**

bra·ví·ʳo, ʳa |braβío, a| **1** ***adj.*** Que es cruel o muy duro; que puede causar daño: *es un caballo ~ y hay que tener cuidado al montarlo.* **2** *fig.* (planta) Que no está cultivada; que se cría naturalmente en los campos: *crecían yerbas bravías en la cuneta.* ⇒ **silvestre.** **3** Que tiene malos modos; que es poco delicado: *aquí educará su carácter ~.* ⇒ **inculto, rústico, silvestre.**

bra·vo, va |bráβo, βa| **1** ***adj.*** Que muestra crueldad y *violencia; que puede causar daño: *lidió un toro muy ~.* ⇒ **fiero.** ⇔ **manso. 2** Que tiene valor o determinación: *defendieron el fuerte con unos pocos hombres bravos.* ⇒ **valeroso, valiente. 3** *desp.* (persona) Que presume de lo que no es, especialmente de valiente: *es muy ~ con ciertas personas, pero con otras es un cobarde.* ⇒ **fanfarrón. 4** (agua o corriente) Que se agita de manera continua y violenta: *la mar estaba brava y perdieron el rumbo.* **- 5** ***interj.*** Expresión que indica alegría o aprobación: *¡~!, lo has hecho muy bien.* ⇒ **viva.**

bra·vu·ra |braβúra| **1** ***f.*** Crueldad y *violencia: *la ~ de este individuo ha quedado demostrada en su último asesinato.* **2** Valor o determinación: *tomó la espada y atacó con ~.* ⇒ **braveza, brío. 3** Valor y energía natural de ciertos animales: *el hombre no puede igualar la ~ con la que ciertos animales se defienden.* ⇒ **fiereza.**

bra·za |bráθa| **1** ***f.*** Medida de longitud que equivale a 1,6718 m: *el fondo estaba a tan sólo tres brazas de profundidad.* **2** DEP. Estilo de nadar, en el que el nadador estira y encoge los brazos y las piernas a la vez: *sabe nadar a ~ y a espalda.*

bra·za·da |braθáða| ***f.*** Movimiento del brazo que consiste en extenderlo y volver a recogerlo para nadar: *al dar la ~, debes mantener el codo más alto que el resto del brazo.*

bra·za·le·te |braθaléte| ***m.*** *Aro que se lleva en el brazo y que puede tener adornos como piedras preciosas: *llevaba un ~ de oro y diamantes.*

bra·zo |bráθo| **1** ***m.*** Miembro superior del cuerpo, que une el hombro con la mano, especialmente la parte que va del hombro al codo: *alargó el ~ y cogió el último libro de la estantería; se ha caído y se ha roto un ~.* **2** Parte del asiento que sirve para apoyar ese miembro del cuerpo: *las sillas no tienen brazos; se sentó en el ~ del sillón.* **3** Parte de una prenda de vestir que cubre desde el hombro hasta la mano: *ese abrigo es viejo y tiene los brazos muy gastados.* ⇒ **manga. 4** Parte o pieza alargada de un objeto que está unida a él por uno de sus extremos: *los dos brazos de una balanza han de ser iguales; el ~ de esta grúa es muy largo, por eso necesita un contrapeso; cuanto más largo es el ~ de una palanca, más fuerza desarrolla.* **5** Parte de una masa de agua que se separa de la principal formando un canal alargado; ~ **de mar**, la que *penetra en la tierra: *junto a ese pueblo hay un ~ de mar;* ~ **de río**, la que se separa del caudal principal: *un ~ de río llega hasta la base del cerro.* ■ **a ~ partido**, con mucho empeño o ánimo contra circunstancias difíciles: *tuvieron que luchar a ~ partido contra la tempestad.* ■ **~ de gitano**, pastel alargado, lleno de crema o dulce de frutas, que se suele cortar en rebanadas: *el ~ de gitano se hace enrollando sobre sí mismo un bizcocho fino cubierto de crema.* ■ **~ derecho**, persona que hace por otra las cosas más importantes: *no podría prescindir de su secretario: es su ~ derecho.* ■ **con los brazos abiertos**, con amor o con la mejor voluntad o disposición: *sus amigos nos recibieron con los brazos abiertos.* ⌂ Se suele usar con los verbos *acoger, admitir* o *recibir.* ■ **dar el** ~, ponerlo para que otra persona se apoye en él: *dio el ~ a su madre para salir a pasear.* ■ **dar el ~ a torcer**, renunciar a algún derecho o abandonar un empeño o una idea: *siempre tenemos que hacer lo que él quiere porque nunca da su ~ a torcer.* ⇒ **ceder.** ■ **de brazos cruzados**, sin hacer nada en una situación que exige una acción: *vio cómo pegaban al niño y él se quedó de brazos cruzados.*

bre·a |bréa| ***f.*** Sustancia espesa de color rojo oscuro, que se saca del carbón mineral o de ciertas maderas y sirve para diferentes usos: *los bajos del coche van pintados con ~ para protegerlos de la humedad.*

bre·ba·je |breβáxe| ***m.*** Bebida, especialmente la que tiene aspecto o sabor desagradables: *le dieron un ~ y, cuando lo tomó, puso una cara extraña.*

bre·cha |brétʃa| **1** ***f.*** Abertura o grieta hecha en una pared o en otra superficie: *la artillería logró abrir una ~ en la muralla.* **2** Herida, especialmente en la cabeza: *el niño se cayó y se hizo una ~ con el pico de la mesa.* **3** *fig.* Impresión fuerte o dolor: *el divorcio de sus padres le ha dejado una ~ muy profunda.* **4** *fig.* Separación o diferencia difícil de salvar: *la ~ entre esos dos grupos es cada día mayor.* ■ **estar en la** ~, estar preparado para desarrollar o defender un asunto: *si abres tu propio bar, tendrás que estar siempre en la ~ y casi nunca tendrás vacaciones.*

bré·col |brékol| ***m.*** Hortaliza parecida a la *col, con las flores apretadas en pequeñas cabezas de color verde oscuro: *el ~ es un tipo de coliflor; cuece el ~ para que quede tierno.* ⇒ **bróculi.**

bre·gar |breɣár| **1** ***intr.*** Trabajar con entrega e interés: *las mujeres bregaban noche y día para conseguir su sustento.* **2** *fig.* Luchar con los instrumentos y las dificultades propios de una actividad determinada: *los marineros bregan con las redes y la pesca.* ⌂ Se conjuga como 7.

bre·te |bréte| ■ **andar/estar en un** ~, estar en una situación difícil; pasar dificultades: *ando en un ~ porque no tengo dinero para pagar el alquiler.* ■ **poner en un** ~, poner en una situación difícil: *quiere que le preste dinero y me ha puesto en un ~.*

bre·va |bréβa| **1** ***f.*** Primer fruto de ciertas *higueras: *la ~ es morada y es más grande que el higo.* ⇒ **higo. 2** Cigarro puro, con el tabaco poco apretado: *era muy aficionado a fumar brevas.* ■ **no caerá esa** ~, *fam.*, expresión que indica que no ocurrirá una cosa que se desea: *ojalá me tocara la lotería, pero no caerá esa ~.*

bre·ve |bréβe| ***adj.*** Que tiene poca longitud o duración: *después de una ~ pausa, continuó hablando.* ⇒ **corto.** ⇔ **largo.**

bre·ve·dad |breβeðáᵈ| ***f.*** Cualidad de breve: *les extrañó la ~ de su discurso.* ⌂ No se debe decir *a la mayor ~* por *con la mayor ~.*

bre·via·rio |breβiá̱rio̱| **1** ***m.*** Libro que contiene las oraciones de todo el año: *abrió el ~ y comenzó a rezar.* **2** *fig.* Libro que reúne o resume varias obras: *el profesor utiliza un ~ como libro de texto.*

bre·zo |bréθo| ***m.*** Arbusto pequeño de tallos ramosos, hojas estrechas y flores pequeñas, moradas, blancas o rojas: *la madera de ~ es muy dura; las raíces de ~ sirven para hacer carbón y pipas de fumador.*

bri·⌐bón, ⌐bo·na |briβón, βóna| **1** ***adj.-s.*** (persona) Que es despreciable por *carecer de honor: *¡sal ahora mismo, ~!* ⇒ **bellaco, ruin. 2** (persona) Que es hábil para engañar: *qué ~ eres, nos has vuelto a sorprender.* ⇒ **bellaco, zorro.**

bri·co·la·je |brikoláxe| ***m.*** Trabajo manual que se hace para pasar el tiempo libre: *le gusta el ~ y repara y pinta los muebles durante los fines de semana.* ☖ Esta palabra procede del francés.

bri·da |bríða| **1** ***f.*** Conjunto formado por el freno y las correas de cuero que se sujetan a la cabeza del caballo y que sirve para conducirlo y pararlo: *si no tiras de la ~, el caballo no te obedecerá.* **2** Borde circular en el extremo de los tubos de metal, que sirve para ajustarlos unos con otros: *pon una junta en esa ~ y acopla los dos tubos.*

bri·ga·da |briγáða| **1** ***f.*** Unidad militar compuesta por dos *regimientos y mandada por un general: *a las afueras de la ciudad está el cuartel de la ~ paracaidista.* **2** Conjunto organizado de personas con un fin determinado: *seis brigadas de la Consejería de Agricultura trabajan en los canales para limpiarlos.* ⇒ **cuadrilla. - 3** ***m.*** MIL. Miembro del ejército de categoría inmediatamente superior a la de *sargento primera: *el cabo se cuadró para saludar al ~.*

bri·llan·te |briʎánte| **1** ***adj.*** Que brilla o emite luz: *el coche estaba muy ~ porque era nuevo.* ⇒ **refulgente, rutilante. 2** *fig.* Que destaca por sus buenas cualidades; que sobresale entre lo demás; que es admirable: *el profesor consideraba que era una alumna ~.* ⇒ **extraordinario. - 3** ***m.*** Piedra preciosa transparente, generalmente sin color, muy dura y pulida por las dos caras: *el reloj era de oro y brillantes.* ⇒ **diamante.**

bri·llan·tez |briʎantéθ| **1** ***f.*** Luz propia o reflejada: *la ~ de esta piedra es fabulosa.* ⇒ **brillo. 2** *fig.* Lucimiento o ventaja sobre otras personas o cosas: *habló en público con ~.* ⇒ **brillo.**

bri·llan·ti·na |briʎantína| **1** ***f.*** Sustancia que sirve para dar brillo al *cabello: *se fijó el tupé con ~.* **2** Tela de algodón brillante que se usa en los *forros de ciertas prendas de vestir: *el abrigo va forrado con ~ gris.*

bri·llar |briʎár| **1** ***intr.*** Dar luz propia o reflejada: *el sol brilla muchos días al año en España; los diamantes brillaban en su cuello; el suelo pulido brilla mucho.* **2** *fig.* [en/entre algo/alguien] Destacar mucho sobre otras personas o cosas: *su belleza brillaba en el salón; el nombre de Miguel de Cervantes brilla en la literatura universal.* ⇒ **lucir, resplandecer.** ■ **~ por su ausencia**, destacar por no estar donde debería: *en algunos libros, los ejemplos brillan por su ausencia.*

bri·llo |bríʎo| **1** ***m.*** Luz propia o reflejada: *el ~ de los cristales le impedía ver con claridad.* **2** *fig.* Lucimiento o ventaja sobre otras personas o cosas: *su ~ destacaba entre los poetas de la época.* ⇒ **brillantez.**

brin·car |briŋkár| ***intr.*** Levantarse del suelo con un impulso para caer en el mismo lugar o en otro: *la cabra brincaba de roca en roca.* ⇒ **saltar.** ☖ Se conjuga como 1.

brin·co |bríŋko| **1** ***m.*** Movimiento que consiste en levantarse del suelo con impulso para caer en el mismo lugar o en otro: *la niña iba corriendo y brincando.* ⇒ **salto. 2** Movimiento que consiste en lanzarse desde un lugar alto, generalmente para caer de pie: *de un ~, bajó de la roca en la que estaba subido.* ⇒ **salto.**

brin·dar |brindár| **1** ***intr.*** Chocar los vasos o las copas para expresar a la vez una alegría o un buen deseo: *brindaron, juntando sus copas, mientras recordaban los buenos tiempos pasados.* **2** Expresar una alegría o un buen deseo, generalmente mientras se bebe: *brindaron por el rey.* **- 3** ***tr.*** [algo; a alguien] Ofrecer *libremente y de buena voluntad: *brindó su amistad al recién llegado.* **- 4** Ofrecer el torero la *faena a una o varias personas: *el torero brindó el último toro a su madre.* **- 5 brindarse** ***prnl.*** Ofrecerse *libremente y de buena voluntad para hacer una cosa: *se brindó a cuidar de él durante su enfermedad.*

brin·dis |bríndis| **1** ***m.*** Choque de vasos o de copas para expresar una alegría o un buen deseo: *antes del ~ hizo un pequeño discurso.* **2** Frase o discurso que se dice al *brindar y que generalmente expresa un buen deseo: *el anfitrión hizo un ~ para desear suerte a sus invitados.* **3** Ofrecimiento de la *faena a una o varias personas por parte del torero: *dedicó el ~ a la presidencia.* ☖ El plural es *brindis.*

brí·o |brío| **1** ***m.*** Valor o determinación: *atacó a su enemigo con gran ~; le faltan bríos para el cargo de director.* ⇒ **braveza, bravura. 2** Gracia en la manera de obrar o de moverse, especialmente al andar: *trabaja con ~ y soltura.*

bri·sa |brísa| **1** ***f.*** Viento suave: *le gustaba pasear por el campo y sentir la ~ en su rostro.* **2** Viento suave que en las costas sopla desde el mar durante el día y desde la tierra durante la noche: *al anochecer, una suave ~ venía de tierra.*

bris·ca |bríska| ***f.*** Juego de cartas que consiste en sumar el mayor número de puntos: *en la ~, hay que intentar conseguir la mayor puntuación posible en cada baza.*

bri·tá·ni·⌐co, ⌐ca |britániko, ka| **1** ***adj.*** De Gran Bretaña o que tiene relación con Gran Bretaña: *los equipos británicos parecen ser los favoritos para este campeonato.* **- 2** ***m. f.*** Persona nacida en Gran Bretaña o que vive habitualmente en Gran Bretaña: *a los británicos se les atribuye un especial sentido del humor.*

briz·na |bríθna| ***f.*** Hilo o parte muy delgada de una cosa: *se sentó en el césped y se le pegaron unas briznas de hierba al pantalón.*

bro·ca |bróka| ***f.*** Instrumento de metal con la punta en forma de *espiral que, colocado en una máquina, sirve para hacer agujeros en la madera y en otros materiales: *quiso hacer un agujero en la pared y se le rompió la ~.* ⇒ **barrena, taladro.**

bro·ca·do |brokáðo| **1** ***m.*** Tejido de *seda con hilo de oro o plata: *el ~ se utilizaba para la ropa de reyes y nobles.* **2** Tejido de *seda con dibujos de distinto color que el del fondo: *han traído un ~ precioso para confeccionar cortinas.*

bro·cal |brokál| ***m.*** Borde de piedra o ladrillo que se coloca alrededor de la boca de un *pozo: *le dijo al niño que no se asomase sobre el ~ porque podía caerse dentro del pozo.*

bro·cha |brótʃa| ***f.*** Instrumento formado por un mango con un conjunto de pelos fijos en un extremo, más ancho y fuerte que un *pincel y que sirve para pintar o para extender una sustancia líquida: *pintó la pared con la ~; se untaba el jabón de afeitar con una ~.* ⇒ **pincel.**

bro·che |brótʃe| **1** ***m.*** Cierre de metal, formado por dos piezas que enganchan una sobre otra: *las joyas suelen llevar un ~; tengo roto el ~ del reloj.* **2** Adorno que se lleva prendido en la ropa: *regaló a su mujer un ~ de diamantes; llevo un ~ en la solapa del abrigo.*

bró·cu·li |brókuli| ***m.*** Hortaliza parecida a la *col, con las flores apretadas en pequeñas cabezas de color verde oscuro: *de primer plato, nos sirvieron ~.* ⇒ **brécol.** ☐ La Real Academia Española prefiere la forma *brécol.*

bro·ma |bróma| ***f.*** Conjunto de palabras o acciones dichas o hechas con el fin de reír o para engañar a una persona sin mala intención: *es una persona muy divertida, siempre está diciendo bromas; le gastaron una ~: le escondieron los libros.* ⇒ **inocentada.** ☐ Si se hace para engañar a una persona, se usa con el verbo *gastar;* ~ **pesada/de mal gusto,** la que es desagradable por su contenido o por la forma en que se hace: *fue una ~ de mal gusto hacerme creer que no había nadie en la casa y dejarme en la calle con el diluvio que caía; tirarle vestido a la piscina fue una ~ pesada.* ■ **de/en** ~, con el fin de reír o para engañar a una persona sin mala intención: *no creas nada de lo que te dice, siempre está hablando en ~.* ⇒ **cachondeo.** ■ **tomar a** ~, dar poca importancia o considerar en poco una cosa: *no te lo tomes a ~ porque estoy hablando en serio.*

bro·me·ar |bromeár| ***intr.*** Hacer o decir bromas: *tenía un carácter alegre y siempre estaba bromeando.*

bro·mis·ta |bromísta| ***adj.-com.*** (persona) Que tiende a hacer o decir bromas: *no tomes en serio lo que te dijo: es un ~.*

bro·mo |brómo| ***m.*** QUÍM. Elemento químico que se presenta en forma de líquido de color rojo, muy venenoso y que quema la piel: *el símbolo del ~ es Br; el ~ se usa en la fabricación de drogas y de colorantes.*

bro·mu·ro |bromúro| ***m.*** QUÍM. Compuesto de *bromo y de un elemento metálico: *el ~ de plata se usa en fotografía; el ~ de potasio se emplea como calmante.*

bron·ca |brónka| **1** ***f.*** *fam.* Corrección o llamada de atención dura y violenta a una persona por un error o por su mal comportamiento: *su padre le echó una ~ tremenda cuando abolló el coche nuevo.* ⇒ **regañina, reprimenda. 2** *fam.* Enfrentamiento entre dos o más personas por no estar de acuerdo sobre una circunstancia o idea: *discutieron y armaron una ~ en la discoteca.* ⇒ **riña. 3** Protesta o muestra de enfado mediante gritos, especialmente la que hace un grupo de personas: *el tenor se llevó una ~ tremenda cuando los asistentes comprobaron que desafinaba.* ⇒ **abucheo.**

bron·ce |brónθe| **1** ***m.*** Metal formado por la unión de *cobre y *estaño: *en el techo había una lámpara de ~ y cristal.* **2** *fig.* Figura o escultura hecha de ese metal: *colocaron el ~ en la plaza mayor.* **3** Tercer premio en una competición: *los atletas españoles consiguieron el ~ y el oro.* ⇒ **oro, plata.**

bron·ce·a·⌐dor, ⌐do·ra |bronθeaðór, ðóra| ***adj.-m.*** (sustancia) Que hace que la piel tome un color oscuro o *moreno: *se puso el bañador y se dio ~.*

bron·ce·ar |bronθeár| ***tr.-prnl.*** Tomar color oscuro o *moreno la piel por la acción del sol: *date la vuelta para que se broncee la espalda; durante las vacaciones de verano, fue a la playa a broncearse.*

bron·⌐co, ⌐ca |brónko, ka| **1** ***adj.*** (instrumento, voz) Que tiene un sonido áspero y desagradable: *el hombre tenía una voz grave y bronca.* **2** *fig.* Que tiene malos modos o que es poco educado; que tiene escasa formación: *es una persona malhumorada y de genio ~.* ⇒ **bestia, brusco, bruto, burdo, rudo, tosco. 3** Que no está elaborado; que tiene poca calidad o valor: *la superficie es lustrosa por una parte y por la otra bronca.* ⇒ **tosco.**

bron·co·neu·mo·ní·a |broŋkoneumonía| ***f.*** MED. *Inflamación de los *bronquios y de los pulmones causada por una *infección: *el médico diagnosticó ~ y el niño fue ingresado en el hospital.*

bron·quial |broŋkiál| ***adj.*** ANAT. De los *bronquios o que tiene relación con ellos: *padece una enfermedad ~, por eso le han recomendado que se marche a vivir al campo.*

bron·quio |bróŋkio| ***m.*** ANAT. Tubo que, junto con otro, une la *tráquea a los pulmones: *los bronquios se encargan de limpiar el aire que va a entrar en los pulmones; el médico me ha recetado un jarabe para los bronquios.* ☐ Se usa más en plural.

bron·qui·tis |broŋkítis| ***f.*** MED. *Inflamación aguda de los *bronquios: *el frío y la gripe le causaron una ~.* ☐ El plural es *bronquitis.*

bro·quel |brokél| ***m.*** Escudo pequeño de madera: *un hermoso ~ adornaba el salón de la casa.*

bro·tar |brotár| **1** ***intr.*** Nacer o salir una planta de la tierra: *en primavera la hierba brota en los campos.* **2** Salir de una planta nuevos tallos, hojas o flores: *las rosas brotan en su jardín.* **3** Surgir el agua u otro líquido de un lugar: *los manantiales brotan en las montañas; de sus ojos brotaron lágrimas de alegría.* ⇒ **manar, nacer. 4** Salir a la superficie: *ha comido algo estropeado y le han brotado unos granos.* **5** Surgir o mostrarse a los sentidos una cosa: *un grito salvaje brotó de su garganta; las palabras brotaron de su boca.* **- 6 *intr.-tr.*** [algo] Surgir o aparecer; producir una cosa: *sus relatos brotaron por el puro placer de narrar; sus escritos brotan buenos sentimientos.*

bro·te |bróte| **1** ***m.*** Yema o punta nueva que sale a una planta: *con la primavera salen los brotes de los árboles; ya le han nacido brotes al rosal.* ⇒ **pimpollo. 2** Aparición de una cosa, generalmente un peligro: *los continuos brotes de fuego están devastando los bosques; un ~ de racismo está causando mucho mal; la ciudad está afectada por un ~ de gripe.* ⇒ **foco.**

bro·za |bróθa| **1** ***f.*** Conjunto de ramas y hojas sin utilidad: *estuvieron quitando la ~ del jardín.* **2** Conjunto de restos o de suciedad: *debajo de la alfombra hay mucha ~.*

bru·ces |brúθes| ■ **de ~**, tendido con la boca hacia el suelo: *tropezó y cayó de ~.*

bru·je·rí·a |bruxería| ***f.*** Conjunto de prácticas que, según la creencia popular, se hacen para influir o someter a otras personas a través de la magia, generalmente para hacer daño o mal: *dicen que lo mató mediante ~.* ⇒ **magia.**

bru·⌜jo, ⌜ja |brúxo, xa| **1** ***m. f.*** Persona que, según la creencia popular, puede influir o someter a otras personas a través de la magia, generalmente para hacer un daño o un mal: *el ~ hechizó a la princesa y esta quedó atrapada en una torre de piedra; la bruja montó sobre su escoba y voló por encima de los tejados.* ⇒ **hechicero, mago. 2** *fam. desp.* Persona fea y vieja: *la bruja del primer piso no nos ha querido abrir la puerta.* ☐ Se usa como apelativo despectivo.

brú·ju·la |brúxula| **1** ***f.*** Instrumento que señala el norte *magnético mediante una aguja y una esfera: *se orientaron en el bosque con un mapa y una ~; la ~ revolucionó la navegación.* **2** Agujero pequeño que sirve para fijar la vista en un objeto: *si miras por la ~ podrás verlo con detalle.* ■ **perder la ~**, no poder dirigir un asunto o dominar una situación; no saber qué hacer: *es incapaz de seguir al frente de la empresa, ha perdido la ~.*

bru·ma |brúma| ***f.*** Niebla que se forma en las capas bajas de la atmósfera, especialmente sobre el mar: *la ~ es una niebla poco espesa; la ~ impedía ver el puerto desde el barco.*

bru·mo·⌜so, ⌜sa |brumóso, sa| ***adj.*** Que tiene *bruma: *en verano no hay días brumosos; la fotografía del paisaje no salió bien porque el día estaba ~.*

bru·ñir |bruɲír| ***tr.*** [algo] Pulir o frotar la superficie de un metal o una piedra para que brille: *la corona es de oro bruñido.* ☐ Se conjuga como 40.

brus·⌜co, ⌜ca |brúsko, ka| **1** ***adj.*** Que tiene malos modos o que es poco educado; que tiene escasa formación: *es un hombre ~ y maleducado.* ⇒ **bestia, bronco, bruto, burdo, rudo. 2** Que se produce u ocurre de pronto o sin preparación o aviso: *el conductor del autobús hizo una parada muy brusca y una señora se cayó al suelo.* ⇒ **repentino, súbito.**

brus·que·dad |bruskeðá^{ð}| **1** ***f.*** Falta de formación o de educación: *su ~ no le hace el más indicado para hablar por todos nosotros.* **2** Obra o dicho falto de buenos modos o de educación: *le respondió una ~ y él se enfadó.*

bru·tal |brutál| **1** ***adj.*** *fig.* Que es muy grande, fuerte o intenso: *últimamente, tengo un apetito ~.* ⇒ **bestial. 2** *fam. fig.* Que sobresale entre lo demás; que es admirable: *desde arriba, se puede ver un paisaje ~.* ⇒ **extraordinario.**

bru·ta·li·dad |brutaliðá^{ð}| **1** ***f.*** Cualidad de lo que es violento o fuerte en exceso: *hay que hacer desaparecer la ~ del deporte.* **2** Obra o dicho violentos, torpes o poco inteligentes: *si no dejas de decir brutalidades, vamos a perder muchas amistades.*

bru·⌜to, ⌜ta |brúto, ta| **1** ***adj.-s.*** (persona) Que es torpe o poco inteligente; que no sabe lo que debe saber: *no seas ~: la llave se mete al revés.* ⇒ **animal, tonto. 2** *desp.* (persona) Que tiene malos modos; que es violento o fuerte en exceso: *eres un ~: no se le debe hablar así a nadie.* ⇒ **rudo. - 3 bruto *m.*** Animal de cuatro patas, especialmente el que se usa para carga: *se crió entre los brutos y las bestias del campo.* ⇒ **bestia, bronco, brusco, burdo, tosco.**

bu·cal |bukál| ***adj.*** *form.* De la boca o que tiene relación con ella: *usa este jarabe, va muy bien para la infección ~; los dentistas recomiendan una limpieza ~ una vez al año.*

bu·ca·ne·ro |bukanéro| ***m.*** Persona que se dedica a *asaltar las naves de otros, especialmente las españolas de los siglos XVII y XVIII: *los bucaneros tomaron el galeón español y se llevaron el oro.* ⇒ **pirata.**

bu·ce·ar |buθeár| **1** ***intr.*** Nadar o mantenerse debajo de la superficie del agua: *buceó durante un rato para que no lo vieran sus perseguidores.* **2** *fig.* Tratar de comprender un asunto oscuro o difícil: *intentó ~ en la prehistoria de la Península.*

bu·che |bútʃe| **1** ***m.*** Parte del aparato *digestivo de las aves que consiste en una bolsa donde se guardan los alimentos antes de ser triturados: *las palomas tienen un ~ muy grande.* **2** *fam.* Órgano en forma de bolsa en el que se descomponen los alimentos: *entre los invitados había unos desconocidos que sólo fueron a llenar el ~.* ⇒ **estómago. 3** Cantidad de líquido que cabe en la boca: *estaba tan agotado que no podía beber ni un ~ de agua.*

bu·cle |búkle| ***m.*** Conjunto de pelos que se enrolla en forma de *espiral: *unos bucles rubios le caían sobre los hombros.* ⇒ **rizo.**

bu·có·li·ca |bukólika| ***f.*** POÉT. Poema del género que trata de la vida de los pastores o del campo: *son famosas las bucólicas de Virgilio.* ⇒ **égloga.**

bu·có·li·⌜co, ⌜ca |bukóliko, ka| ***adj.*** LIT. *form.* Que trata el amor de pastores y pastoras en medio de una naturaleza perfecta: *apenas se escribe literatura bucólica en la actualidad.* ⇒ **pastoril.**

bu·dis·mo |buðísmo| ***m.*** Religión de los que siguen a Buda, muy extendida por el Asia central y *oriental: *Buda inició el ~ en el siglo VI a.C.*

bu·dis·ta |buðísta| **1** ***adj.*** Del *budismo o que tiene relación con él: *los monjes budistas llevan una túnica amarilla.* **- 2 *com.*** Persona que practica el *budismo: *los budistas creen en la reencarnación.*

buen |buén| ***adj.*** Apócope de *bueno*: *el buen pastor se preocupa de sus ovejas.* ⇒ **bueno.** ⇔ **mal.** ☐ Sólo se usa en esta forma cuando va delante de un sustantivo masculino; delante de un sustantivo femenino, se usa la forma *buena.* ■ **de ~ ver**, con un aspecto agradable: *es un joven alto, delgado y de ~ ver.*

bue·na·ven·tu·ra |buenaβentúra| **1** *f.* Adivinación del futuro que hacen ciertas mujeres *gitanas: *la gitana le cogió la mano y le dijo la ~.* **2** Buena suerte: *esperaba pasar los próximos años con ~ y tranquilidad.* ⇒ **fortuna.**

bue·⌜no, ⌜na |buéno, na| **1** *adj.* Que tiende a hacer el bien o a pensar bien: *es un hombre ~ y nos ayudará todo lo que pueda.* **2** Que se porta bien o que no causa problemas: *los niños buenos obedecen a sus padres sin protestar.* **3** Que es adecuado o conveniente para un fin o circunstancia: *este calzado es ~ para el tiempo frío.* **4** Que tiene mucha calidad: *la piel de esta chaqueta es buena.* **5** Que es agradable a los sentidos: *la comida de ese restaurante es muy buena.* **6** *fam. fig.* Que está sano o tiene buena salud: *cuando te pongas ~ podrás salir a la calle.* ◯ Se suele usar con los verbos *estar* y *ponerse.* **7** Que tiene un efecto positivo: *esas medidas serán buenas para acabar con el paro.* **8** *fam. fig.* Que tiene un tamaño mayor de lo normal: *se bebió un buen vaso de zumo.* ⇒ **grande. 9** *fam. fig.* Que es intenso o fuerte: *se dio un golpe ~ contra la farola.* ⇒ **buen, mejor, óptimo.** ⇔ **malo.** ◯ El superlativo es *bonísimo* o *buenísimo.* - **10 bueno** *adv.* De acuerdo; sí: *¿te apetece tomar algo? —Bueno.* ⇒ **bien.** ■ **de buenas a primeras**, *fam.*, por sorpresa; sin preparación ni aviso: *ahora, de buenas a primeras, nos dice que lo tengamos preparado para mañana.* ⇒ **repente.** ■ **estar de buenas**, *fam.*, estar bien dispuesto o de buen ánimo: *pediremos hoy el aumento de sueldo porque el jefe está de buenas.* ■ **estar ~/buena**, *fam.*, estar bien formada físicamente una persona: *tiene una amiga que es modelo y está muy buena.* ■ **por las buenas**, *fam.*, sin *utilizar la fuerza; con educación o delicadeza: *le pidieron por las buenas que saliese del restaurante y no quiso.* ■ **por las buenas**, *fam.*, sin *motivo o sin causa; porque sí: *se presentó por las buenas, sin ninguna invitación.*

buey |buéi| **1** *m.* Toro al que se le han quitado los testículos: *dos bueyes tiraban del carro.* **2** Animal invertebrado marino comestible, con el cuerpo cubierto por una concha dura y flexible y cinco pares de patas, las dos primeras en forma de grandes *pinzas negras: *pide ~ en esa marisquería porque está muy rico.*

bú·fa·⌝lo, ⌝la |búfalo, la| **1** *m. f.* Animal mamífero parecido al toro, con cuernos anchos y huecos muy juntos en la base y el pelo de color marrón o gris: *he visto una pareja de búfalos en el zoo.* **2** Animal mamífero salvaje parecido al toro, con pelo denso de color marrón oscuro muy largo en la cabeza y pecho, y cuernos curvos verticales: *los indios del norte de América cazaban búfalos.* ⇒ **bisonte.**

bu·fan·da |bufánda| *f.* Prenda de vestir, generalmente de lana, para abrigar el cuello y la boca: *la ~ se usa en invierno; los hombres llevan bufandas de seda sobre el esmoquin.*

bu·far |bufár| **1** *intr.* Respirar fuertemente haciendo ruido, generalmente con rabia: *el toro bufaba cerca de la barrera.* ⇒ **resoplar. 2** *fig.* Mostrar un enfado grande: *al día siguiente, todavía bufaba de coraje.*

bu·fé |bufé| **1** *m.* Comida compuesta por alimentos calientes y fríos, que se sirve de una sola vez o en la que cada uno toma lo que desea: *en la convención se ofreció un ~ a los asistentes.* **2** Establecimiento donde se sirve ese tipo de comida: *entró en el ~ para comer rápidamente.* ◯ Esta palabra procede del francés.

bu·fe·te |buféte| **1** *m.* Establecimiento en el que trabajan uno o varios abogados: *se dirigió a un buen ~ para que la defendieran en el juicio.* **2** Mesa con cajones que sirve para escribir sobre ella: *acercó la silla al ~ y se puso a redactar la carta.* ◯ Esta palabra procede del francés.

bu·fi·do |bufíðo| **1** *m.* Respiración fuerte y ruidosa, generalmente a causa de la rabia: *el toro lanzaba bufidos al torero.* **2** *fig.* Muestra de enfado grande: *entró en la oficina dando bufidos.*

bu·⌜fón, ⌜fo·na |bufón, fóna| *m. f.* Persona que divertía y hacía reír antiguamente: *el rey siempre se hacía acompañar por un ~ enano.* ⇒ **payaso.**

bu·gan·vi·lla |buγambíʎa| *f.* Arbusto de jardín, procedente de América, de flores pequeñas y blancas, rojas, rosas o de otros colores: *la hiedra y las buganvillas trepaban por la pared.*

bu·har·di·lla |buarðíʎa| **1** *f.* Último piso de una casa, justo debajo del tejado, que tiene el techo inclinado: *guardamos los trastos viejos en la ~; alquilaron una ~ con un solo dormitorio y un aseo.* ⇒ **desván. 2** Ventana que se abre en un tejado: *por la ~ entra luz suficiente para iluminar el desván.*

bú·ho |búo| **1** *m.* Ave nocturna de ojos muy redondos y grandes, con unas plumas en la cabeza a modo de orejas, que se alimenta de pequeños animales: *el ~ tiene un vuelo pausado y silencioso.* ◯ Para indicar el sexo se usa el ~ macho y el ~ hembra. **2** *fam. desp. fig.* Persona que *huye del trato con la gente: *es un ~, siempre está solo.*

bu·ho·ne·ro |buonéro| *m.* Persona que se dedica a llevar o vender instrumentos y objetos de poco valor: *el ~ llevaba botones, cucharas, peines y baratijas en un cesto.*

BÚFALO

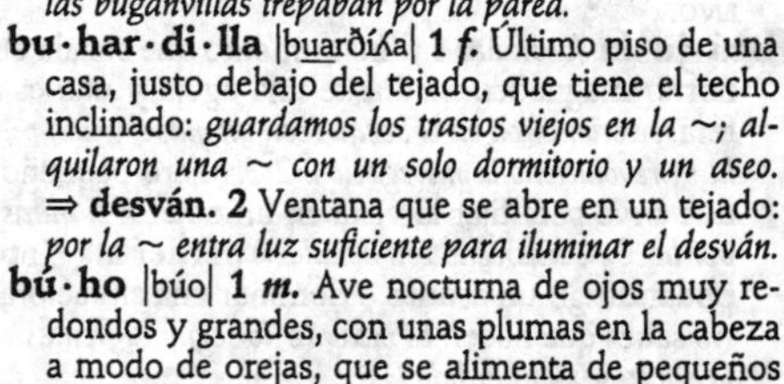

bui·tre |buítre| **1** ***m.*** Ave de gran tamaño, de color negro o marrón, con la cabeza y el cuello sin plumas, que vive en grupos y se alimenta generalmente de animales muertos: *una bandada de buitres estaba comiendo una oveja muerta.* ⌂ Para indicar el sexo se usa el ~ macho y el ~ hembra. **2** *fam. desp.* Persona que aprovecha cualquier situación para su propio *beneficio, sin tener en cuenta a los demás: *el muy ~ se quedó con todo, a pesar de que no era sólo suyo.*

bu·jí·a |buxía| **1** ***f.*** Vela de cera blanca: *la gente enciende bujías a las imágenes de las iglesias.* ⇒ **lamparilla. 2** MEC. Pieza de un motor de *combustión interna que sirve para que salte la descarga eléctrica que prende la mezcla de combustible y aire: *sólo funcionan tres de los cuatro cilindros de mi coche porque falta una de las bujías.*

bu·la |búla| ***f.*** Documento del Papa o del Vaticano que trata sobre un asunto de *fe o que concede favores o permisos: *una ~ de 1293 permitió que se pudiesen seguir diversos tipos de enseñanza en Alcalá de Henares.*

bul·bo |búlβo| **1** ***m.*** BOT. Tallo subterráneo de ciertas plantas, donde se guardan sustancias de reserva: *el lirio y el tulipán tienen ~; la parte de la cebolla que se usa en la alimentación es el ~.* ⇒ **cebolla. 2** ANAT. Parte ancha y redonda de ciertos órganos o de una parte de ellos; ~ **piloso,** ANAT., el que está en el extremo del pelo de los mamíferos; ~ **raquídeo,** ANAT., parte de la *médula que llega hasta la base del *cráneo: *el ~ raquídeo es un ensanchamiento de la médula espinal; el ~ raquídeo genera impulsos nerviosos.*

bul·bo·⌐so, ⌐sa |bulβóso, sa| **1** ***adj.*** Que tiene forma de *bulbo: *esos sillones tenían las patas bulbosas.* **2** BOT. Que tiene *bulbos: *el tulipán es una planta bulbosa.*

bu·le·rí·as |bulerías| **1** ***f. pl.*** MÚS. Canto popular de Andalucía, de ritmo vivo y que se acompaña

BÚHO REAL

con palmas: **2** Baile que se hace al ritmo de ese canto: *las muchachas bailan muy bien las ~.*

bu·le·var |buleβár| ***m.*** Calle pública ancha, que tiene una zona central por la que no pueden circular los vehículos: *paseaban por el andén del ~ mientras los coches pasaban a su lado.* ⌂ El plural es *bulevares.*

búl·ga·⌐ro, ⌐ra |búlɣaro, ra| **1** ***adj.*** De Bulgaria o que tiene relación con Bulgaria: *Sofía es la capital búlgara.* **- 2** ***m. f.*** Persona nacida en Bulgaria o que vive habitualmente en Bulgaria: *las búlgaras consiguieron los primeros puestos en gimnasia rítmica.* **- 3 búlgaro** ***m.*** Lengua de Bulgaria: *el ~ pertenece al grupo eslavo meridional; en algunas zonas de Rumanía se habla ~.*

bu·lla |búʎa| ***f.*** ⇒ **bullicio.**

bu·lli·cio |buʎíθio| ***m.*** Ambiente alegre y ruidoso producido por mucha gente reunida: *en el bar había un ~ que no nos dejaba entendernos.* ⇒ **animación, jaleo.**

bu·lli·cio·⌐so, ⌐sa |buʎiθióso, sa| **1** ***adj.*** (lugar) Que tiene mucho ruido o *bullicio: *salgamos de esta discoteca y busquemos un lugar menos ~ para charlar.* **2** Que produce mucho ruido o *bullicio: *las fiestas de estudiantes siempre son bulliciosas.* ⇒ **ruidoso. 3** Que presenta agitación, movimiento o ruido: *las grandes ciudades son muy bulliciosas.* ⇒ **intranquilo.** ⇔ **tranquilo.**

bu·llir |buʎír| **1** ***intr.*** Alcanzar un líquido la temperatura necesaria para transformarse en gas: *después de un rato, el agua comenzó a ~ en el puchero.* **2** *fig.* Moverse un líquido de la misma manera que lo haría si estuviese a esa temperatura por reacción química o por otras causas: *al caerle el ácido, la sustancia cambió de color y comenzó a ~.* **3** *fig.* Haber o tener una cantidad grande de personas o cosas en continuo movimiento: *en las horas punta, las calles bullen de gente.* ⇒ **hervir. 4** *fig.* Abundar o ser numeroso en exceso: *le bullen los pensamientos.* ⇒ **rebosar.** ⌂ Se conjuga como 41.

bu·lo |búlo| ***m.*** Rumor falso que corre entre la gente: *el gobierno asegura que esa noticia no es más que un ~ levantado por la oposición.*

bul·to |búlto| **1** ***m.*** Parte de una superficie que se destaca de ella por su mayor elevación: *si te metes las llaves en el pantalón te harán un ~.* **2** Parte de la piel que se hincha en forma redondeada: *le ha salido un ~ en la piel y no sabe qué es.* ⇒ **habón. 3** Paquete o bolsa en la que se llevan cosas: *voy a dejar mis bultos en la consigna; el botones nos ayudará a subir los bultos.* **4** Cuerpo del que sólo se distingue la forma: *apareció un ~ entre la niebla.* ■ **a ~,** de manera aproximada: *se podría decir a ~ que harán falta diez personas.* ⇒ **ojo.** ■ **de ~,** que es muy grande o importante: *es un libro muy malo: tiene errores de ~.* ■ **escurrir el ~,** *fam.,* evitar o escapar de una situación que se considera mala, de peligro o de *compromiso: *a la hora de trabajar seriamente todos intentaban escurrir el ~.* ■ **hacer ~,** estar en un acto o lugar simplemente para ocupar un espacio: *fuimos a la manifestación a hacer ~.*

bu·me·rán |bumerán| ***m.*** Objeto plano y curvo

de madera que al lanzarse puede volver al punto de partida: *los indígenas de Australia usan el ~ para cazar.*

bu·ñue·lo |buɲuélo| *m.* Masa de harina frita en aceite: *mi tía hace unos buñuelos buenísimos; no me gustan estos buñuelos porque tienen mucho aceite;* ~ **de viento**, el que se llena con crema o con otro dulce: *en aquella caseta de la feria venden buñuelos de viento.*

bu·que |búke| **1** *m.* Barco con cubierta, adecuado para navegaciones de importancia: *en el puerto estaban atracados tres buques ingleses;* ~ **de guerra**, el construido y armado para usos militares: *el submarino hundió cuatro buques de guerra;* ~ **escuela**, el que sirve para formar a los soldados de la marina: *los marineros viajaron en el ~ escuela por los mares del Sur;* ~ **mercante**, el que se usa para el transporte de mercancías: *el guardacostas detuvo un ~ mercante e inspeccionó su carga.* ⇒ **barco. 2** Armazón de una embarcación, sin las máquinas, velas ni palos: *el ~ quedó dañado, aunque los motores funcionaban.* ⇒ **casco.**

bur·bu·ja |burβúxa| **1** *f.* Esfera pequeña de gas que se forma dentro de un líquido o que flota en el aire: *esos niños están haciendo burbujas de jabón; miraba las burbujas del cava; los submarinistas, al nadar bajo el agua, dejan burbujas tras de sí.* ◻ No se debe confundir con *globo.* **2** Espacio que está aislado del aire o de los fluidos que tiene a su alrededor: *no tiene defensas y no puede salir de la ~.*

bur·bu·je·ar |burβuxeár| *intr.* Hacer burbujas: *el champán burbujeaba en la copa.*

bur·del |burðél| **1** *m.* Establecimiento en el que trabajan mujeres que mantienen relaciones sexuales con hombres a cambio de dinero: *la policía entró en el ~ e hizo varias detenciones.* ⇒ **casa, envío. 2** *fam. desp. fig.* Casa en la que hay mucho ruido y desorden: *el piso de arriba es un ~: no nos dejan dormir en toda la noche.*

bur·⌜do, ⌜da |búrðo, ða| **1** *adj.* Que no está bien elaborado; que tiene poca calidad o valor: *el tejido del hábito era ~ y áspero.* **2** (persona) Que tiene malos modos o que es poco educado; que tiene escasa formación cultural: *es muy ~: hace todo tipo de ruidos al comer y emplea muchas palabras malsonantes.* ⇒ **rudo, tosco.**

bur·ga·⌝lés, ⌝le·sa |burɣalés, lésa| **1** *adj.* De Burgos o que tiene relación con Burgos: *va a comenzar la restauración de la catedral burgalesa.* **- 2** *m. f.* Persona nacida en Burgos o que vive habitualmente en Burgos: *los burgaleses son castellanos.*

bur·⌜gués, ⌜gue·sa |burɣés, ɣésa| **1** *adj.* De la *burguesía o que tiene relación con ella: *rápidamente, tomó las costumbres burguesas y se dio a una vida cómoda.* **- 2** *adj.-s.* (persona) Que pertenece a la *burguesía: *los burgueses hicieron inversiones en pequeñas industrias.*

bur·gue·sí·a |burɣesía| *m.* Clase social formada por las personas que gozan de una posición social cómoda y con bastantes medios económicos: *la ~ impulsó la revolución industrial.* ⇔ **proletariado.**

bur·la |búrla| **1** *f.* Obra o dicho con que se intenta poner en ridículo a una persona o cosa: *su forma de vestir fue objeto de ~: todos se reían de él.* ⇒ **mofa, broma, choteo. 2** Engaño o mentira: *pronto se dio cuenta de que era una ~ y se tranquilizó.*

bur·la·de·ro |burlaðéro| *m.* Valla que se pone delante de las *barreras de las plazas de toros para que pueda protegerse el torero del ataque del toro: *el torero corría desesperadamente hacia el ~ mientras el toro lo perseguía de cerca.*

bur·lar |burlár| **1** *tr.* [a alguien] Engañar o mentir: *unos estafadores burlaron a mi padre.* **2** Evitar a una persona que va a detener o impedir el paso: *burló a sus perseguidores ocultándose en el portal.* ⇒ **esquivar. - 3 burlarse** *prnl.* Hacer *burla o poner en ridículo a una persona o cosa riéndose de ella o gastándole una broma: *se burlaba del profesor cuando éste se daba la vuelta.* ⇒ **cachondearse, mofarse.**

bur·les·⌜co, ⌜ca |burlésko, ka| *adj.* Que tiene o muestra broma o *burla: *dijo en un tono ~ que nos invitaría a todo lo que quisiésemos.* ⇒ **burlón.**

bur·le·te |burléte| *m.* Tira de material aislante que se pone en el borde de puertas y ventanas para que no entre el aire cuando están cerradas: *hemos puesto burletes en todas las ventanas para que no entre tanto frío en invierno.*

bur·⌝lón, ⌝lo·na |burlón, lóna| **1** *adj.* Que tiene o muestra broma o *burla: *su risa burlona era prueba de que no hablaba en serio.* ⇒ **burlesco. - 2** *adj.-s.* (persona) Que tiende a hacer o decir bromas o *burlas: *el muy ~ siempre se está riendo de nosotros.*

bu·ró |buró| *m.* Mueble cerrado con una tapa, compuesto por una mesa y un conjunto de cajones colocados sobre ella, que sirve para guardar papeles y objetos para escribir: *guardaba las cartas en un cajoncito del ~.* ⇒ **escritorio.** ◻ El plural es *burós.*

bu·ro·cra·cia |burokráθi̯a| **1** *f.* Conjunto de acciones y normas que hay que seguir para resolver un asunto de carácter *administrativo: *la ~ hace posible el funcionamiento de la administración del Estado.* **2** Exceso de normas y *trámites que impide el buen funcionamiento de la administración: *a causa de los trámites de la ~, los documentos no estarán firmados hasta dentro de unas semanas; la ~ hace que la gestión de los asuntos sea lenta.*

bu·ró·cra·ta |burókrata| *com.* Persona que ocupa un puesto en la administración del Estado: *los sistemas de gobierno modernos requieren gran cantidad de burócratas.* ⇒ **funcionario.**

bu·ro·crá·ti·⌜co, ⌜ca |burokrátiko, ka| *adj.* De la *burocracia o que tiene relación con ella: *para conseguir una ayuda económica del Estado tienes que hacer muchos trámites burocráticos.*

bu·rra·da |bur̄áða| **1** *f. fam. fig.* Obra o dicho torpe o exagerado: *deja de decir burradas: cómo vas a abrir la puerta a patadas.* **2** *fam.* Enormidad; tamaño o cantidad grande: *creo que han ganado una ~ de dinero.* ⇒ **barbaridad, bestialidad.**

bu·⌜rro, ⌜rra |búr̄o, r̄a| **1** *m. f.* Animal mamífero doméstico con grandes orejas y cola larga, parecido al caballo pero más pequeño, que por ser muy resistente se usa para trabajos en el campo y como animal de carga: *fue por agua con el ~; el ~ le dio una coz.* ⇒ **asno. 2** *fam. desp. fig.* Persona torpe o ruda, que usa la fuerza en vez de la razón; persona que no entiende bien las cosas o es poco inteligente: *¡hay que ser ~ para pegarle a un niño!; pero qué ~ eres: has metido la mano en la sopa.* ☐ Se usa como apelativo despectivo. **3** Armazón o estructura que sirve para sujetar maderas con el fin de cortarlas o de trabajar sobre ellas: *pon el tablón sobre el ~ para aserrarlo.* **4** Estructura sobre la que se apoya otra cosa: *coloca los burros para subirnos.* **5** Juego de cartas que consiste en ir echando cartas sobre la mesa y en el que pierde quien se queda con la última carta: *¿quiere que echemos una partida al ~?* ■ **apearse/bajarse/caer del** ~, *fam.*, convencerse de algo después de haber defendido mucho tiempo lo contrario: *a ver si cae del ~ cuando vea esto.* ■ ~ **de carga**, *fam.*, persona que puede trabajar durante mucho tiempo o más que los demás: *Juan es un ~ de carga: no ha parado desde las nueve.* ■ **hacer el** ~, *fam.*, hacer algo de manera violenta o portarse de un modo torpe: *dejad esa silla en el suelo, no hagáis el ~; no hagas el ~, que vas a romperlo todo.* ■ **no ver tres en un** ~, *fam.*, ser muy corto de vista o ver mal; enterarse de muy poco: *si me quito las gafas no veo tres en un ~; ¿No te das cuenta? No ves tres en un ~.* ■ **no verse tres en un** ~, estar muy oscuro; no verse nada: *cuando se fue la luz, no se veía tres en un ~.*

bur·sá·til |bursátil| ***adj.*** COM. De la bolsa o que tiene relación con ella: *es economista y se dedica a las actividades bursátiles; los valores bursátiles bajaron un punto en la jornada de ayer.*

bus |bús| ***m.*** *fam.* Vehículo automóvil de gran capacidad, que sirve para el transporte de personas por la ciudad: *cogió el ~ para llegar a la estación.* ⇒ **autobús.** ☐ Es la forma abreviada de *autobús.*

bus·ca |búska| **1** ***f.*** Acción de buscar: *el mes pasado comenzó la ~ de nuevos empleados.* ⇒ **búsqueda. 2** Recogida de materiales u objetos de provecho entre los restos: *ha terminado la ~ de objetos romanos en las excavaciones.* **- 3** ***m.*** Aparato que sirve para recibir una señal o un aviso: *ese médico siempre lleva un ~ que, cuando suena, le indica que debe ir al hospital.*

bus·ca·piés |buskapiés| ***m.*** *Cohete que, encendido, corre por el suelo entre los pies de la gente: *por la noche fueron los fuegos artificiales y se lanzaron ~.* ☐ El plural es *buscapiés.*

bus·car |buskár| ***tr.*** [algo, a alguien] Hacer lo necesario para encontrar a una persona o cosa: *estoy buscando las llaves porque no sé dónde están; ven a buscarme a casa.* ⇔ **encontrar.** ☐ Se conjuga como 1.

bus·ca·vi·das |buskaβíðas| ***com.*** *fam. fig.* Persona que tiene habilidad para encontrar un medio de vida: *es una ~: seguro que no se queda nunca en el paro ni se muere de hambre.* ☐ El plural es *buscavidas.*

bus·co·na |buskóna| **1** ***f.*** *desp.* Mujer que mantiene relaciones sexuales a cambio de dinero: *las busconas esperaban clientes en las esquinas del barrio.* ⇒ **prostituta. 2** *desp.* Mujer que se entrega sexualmente con facilidad: *la ~ se acostaba con el vecino cuando su marido salía de viaje.* ⇒ **puta.**

bús·que·da |búskeða| **1** ***f.*** Acción de buscar: *la ~ de los excursionistas perdidos continúa.* ⇒ **busca. 2** Estudio científico de una materia o ciencia: *dedicó gran parte de su vida a la ~ de esa fórmula.*

bus·to |bústo| **1** ***m.*** Representación en escultura o en pintura de la parte del cuerpo humano que comprende la cabeza y la parte superior del tronco: *a la entrada del palacio hay un ~ de una diosa griega.* **2** Parte del cuerpo humano que comprende la cabeza y la parte superior del tronco: *esta fotografía no es de cuerpo entero, sólo se aprecia el ~.* **3** Pecho de la mujer: *esta chica tiene un ~ muy prominente.*

bu·ta·ca |butáka| **1** ***f.*** Asiento individual, con respaldo inclinado hacia atrás y con brazos, mayor que una silla: *se sentó en la ~ a descansar.* ⇒ **sillón. 2** Asiento que ocupa un espectador en un teatro, un cine o una *sala: *esta sala de conciertos tiene unas 500 butacas.*

bu·ta·no |butáno| **1** ***m.*** QUÍM. Gas que se emplea como combustible: *la cocina y el calentador funcionaban con ~; el ~ es un hidrocarburo gaseoso que se obtiene del petróleo.* **- 2** ***adj.-m.*** *fig.* (color) Que es *anaranjado o parecido al de las botellas que contienen ese gas: *los voluntarios de Protección Civil llevaban un mono de color ~.* **- 3** ***adj.*** De ese color: *la mujer se compró un abrigo ~.*

bu·ti·fa·rra |butifářa| ***f.*** *Embutido de color rosa, de forma cilíndrica y alargada, hecho con carne de cerdo cruda y picada, que es típico de Cataluña, Valencia y Baleares y se fríe o *asa antes de comerlo: *la ~ tiene un sabor distinto a la morcilla.*

bu·zo |búθo| **1** ***m.*** Persona que se dedica a trabajar debajo de la superficie del agua: *los buzos arreglaron los cimientos del muelle.* **2** Prenda de vestir de una sola pieza que se usa para ciertos trabajos: *se puso el ~ para entrar en la cámara frigorífica.* ⇒ **mono.**

bu·zón |buθón| **1** ***m.*** Objeto hueco con una abertura donde se echan o reciben las cartas del correo: *tenemos que buscar un ~ para echar estas postales.* **2** *fam. desp. fig.* Boca de tamaño grande: *cierra ese ~, que no queremos verte los dientes.* **3** Abertura por donde sale el agua de un *estanque: *limpiarán el ~ que estaba obstruido por las hojas.*

C

C, c 1 ***f.*** Letra que en el alfabeto español sigue a la *b: las palabras* casa *y* cepillo *se escriben con* ~. **2** Letra que representa el valor de 100 en la numeración *romana: *CCC equivale a 300.* ☖ En esta acepción se escribe con mayúscula.

ca·bal |kaβál| **1** ***adj.*** (persona) Que respeta la verdad, la ley, el dinero o los bienes de los demás; que cumple perfectamente su obligación: *es un hombre ~: siempre cumple lo que dice.* ⇔ **informal.** ⇒ **honesto, honrado. 2** Que es exacto o justo: *no sabría decir el número ~ de personas que asistieron al concierto.* ■ **no estar en sus cabales,** haber perdido el juicio; tener la mente enferma: *el pobre viejo no está en sus cabales: cree que todavía estamos en guerra.*

cá·ba·la |káβala| **1** ***f.*** Sistema de ideas usado por los judíos y los cristianos para explicar la *Sagrada Escritura: *el libro más importante de la ~ se escribió en el siglo XIII.* **2** Suposición o juicio formado a partir de señales: *no hagas cábalas y espera a que ellos te den una explicación.* ⇒ **conjetura.** ☖ Suele usarse en plural.

ca·bal·ga·du·ra |kaβalγaðúra| ***f.*** Animal sobre el que se puede montar: *el jinete llevó su ~ a las cuadras; los viajeros pararon para dar de beber a las cabalgaduras.*

ca·bal·gar |kaβalγár| ***tr.-intr.*** [algo] Montar o subir a caballo; andar o pasear a caballo: *el jinete cabalgó durante dos horas por el bosque; al caballo negro lo cabalgan fácilmente.* ☖ Se conjuga como 7.

ca·bal·ga·ta |kaβalγáta| ***f.*** Conjunto de vehículos, personas a caballo y a pie muy adornados que recorren las calles en las fiestas populares: *en las fiestas de mi pueblo tendremos fuegos artificiales, verbena y una gran ~.*

ca·ba·lla |kaβáʎa| ***f.*** Pez marino comestible de cuerpo alargado y de color azul y verde con rayas negras: *la ~ se pesca en el Mediterráneo y el Atlántico; he comprado en el supermercado unas latas de ~ en aceite.* ☖ Para indicar el sexo se usa la ~ macho y la ~ hembra.

ca·ba·llar |kaβaʎár| ***adj.*** Del caballo o que tiene relación con él: *Fernando se dedica a criar ganado ~.*

ca·ba·lle·res·⌜co, ⌜ca |kaβaʎerésko, ka| **1** ***adj.*** Del conjunto de los hombres pertenecientes a la nobleza que en la Edad Media se dedicaban a las armas o que tiene relación con él: *en las novelas caballerescas se narran las aventuras de los caballeros de la Tabla Redonda.* **2** Del hombre que se comporta con educación y amabilidad o que tiene relación con él: *quien cede su asiento a una mujer embarazada muestra un comportamiento ~.* ⇒ **caballeroso.**

ca·ba·lle·rí·a |kaβaʎería| **1** ***f.*** Animal como el caballo u otros de parecidas características, que sirve para montar en él o para transportar cosas: *yo vine a pie, pero él vino en ~.* **2** Parte del ejército formada por los soldados que van por tierra montados a caballo o en vehículos armados: *hizo el servicio militar en ~.* **3** Conjunto de los hombres pertenecientes a la nobleza que en la Edad Media se dedicaban al ejercicio de las armas: *la ~ y la Iglesia eran muy poderosas en el período medieval;* ~ **andante,** profesión y regla de los hombres que, durante la Edad Media, andaban por el mundo buscando aventuras y defendiendo a los más débiles: *la literatura medieval dedicó muchas obras a la ~ andante.*

ca·ba·lle·ri·za |kaβaʎeríθa| ***f.*** Lugar donde se tienen los caballos y animales de carga: *el mozo llevó el caballo a la ~ después de la carrera.* ⇒ **cuadra.**

ca·ba·lle·ro |kaβaʎéro| **1** ***m.*** Individuo de la especie humana de sexo masculino: *¿dónde está el lavabo de caballeros, por favor?* ⇒ **hombre. 2** Hombre que se comporta con educación, honradez y amabilidad: *Carlos siempre está pendiente de mí, es todo un ~.* ⇒ **señor. 3** Hombre de la nobleza que en la Edad Media se dedicaba al ejercicio de las armas: *en aquella batalla murieron más de mil caballeros;* ~ **andante,** hombre que durante la Edad Media andaba por el mundo buscando aventuras y defendiendo a los más débiles: *Don Quijote decidió hacerse ~ andante.* **4** Forma de tratamiento que indica respeto y *cortesía y que se *utiliza hacia los hombres: *¡oiga!, ~, olvida usted su paraguas.* ⇒ **señor.** ■ **poderoso ~ es don dinero,** expresión con que se indica lo mucho que se puede conseguir a través de la riqueza o de los bienes materiales.

ca·ba·lle·ro·si·dad |kaβaʎerosiðáᵈ| ***f.*** Cualidad de *caballeroso: *la señora elogió la ~ del muchacho que le cedió el puesto en el autobús.*

ca·ba·lle·ro·⌜so, ⌜sa |kaβaʎeróso, sa| **1** ***adj.*** Que tiene una característica que se considera propia de *caballeros: *dejar pasar a los demás es un gesto ~.* **2** (persona) Que obra con generosidad y *cortesía: *es muy ~: no permitirá que cargues con las maletas.*

ca·ba·lle·te |kaβaʎéte| **1** ***m.*** Parte más alta de un tejado que lo divide en dos partes inclinadas: *hemos colocado la antena en el ~ del tejado.* **2** Pieza horizontal sostenida por patas en forma de ángulo que sirve para soportar distintos objetos: *en el ~ he puesto un cuadro sin terminar; colocaré estas* *tablas sobre el ~ para cortarlas.* **3** Hueso que destaca excesivamente en la nariz haciéndola curva: *es muy guapo, pero tiene ~ en la nariz.*

ca·ba·llis·ta |kaβaʎísta| ***com.*** Persona que conoce todo lo relacionado con los caballos y que monta a caballo con habilidad: *los caballistas trabajaron mucho para que los caballos estuvieran bien entrenados.*

ca·ba·lli·to |kaβaʎíto| **1** ***m.*** Juguete con forma de caballo sobre el que los niños se montan balanceándose hacia adelante y hacia atrás: *le compró al niño un ~ de madera.* **- 2 caballitos *m. pl.*** Atracción festiva, generalmente para los niños, que consiste en un tablero horizontal y redondo que gira, sobre el que hay animales de madera y otras diversiones: *voy a llevar a los niños a los caballitos.* ⇒ **carrusel, tiovivo.** ■ **~ de mar**, animal marino de pequeño tamaño cuya cabeza recuerda la de un caballo: *los caballitos de mar nadan en posición vertical.* ■ **~ del diablo**, insecto parecido a la *libélula: *encima del estanque volaban dos caballitos del diablo.*

ca·ba·llo |kaβáʎo| **1** ***m.*** Mamífero doméstico grande, de cuatro patas, con las orejas pequeñas y el pelo largo en la cola, que se suele usar para montar en él: *dimos un paseo en un carro tirado por dos caballos negros; el ~ de don Quijote se llamaba Rocinante.* ⇒ **yegua. 2** Carta de la *baraja española que representa a ese animal con un hombre sobre él: *tenía dos caballos y un rey.* **3** Pieza del *ajedrez que tiene la forma de ese animal y se mueve en forma de L: *en el ajedrez, cada jugador tiene dos caballos.* **4** *fam.* *Heroína, en el lenguaje de la droga: *la policía lo sorprendió comprando ~.* **5** DEP. Aparato de *gimnasia formado por cuatro patas que sujetan una superficie horizontal, alargada y terminada en punta, que se usa para saltar sobre él: *hizo varios saltos sobre el ~.* ⇒ **plinto, potro.** ■ **a ~**, sobre la espalda de una persona: *el padre llevaba a su hijo a ~.* ◯ Se usa con los verbos *ir, llevar* o *montar*, entre otros. ■ **a ~**, entre dos periodos de tiempo o situaciones diferentes: *escribió sus obras a ~ entre los siglos* XIV *y* XV. ■ **a mata ~**, muy rápidamente o con mucha prisa: *prepararon la maleta a mata ~ porque tenían que estar en Barcelona a las dos.* ⇒ **matacaballo.** ■ **~ de batalla**, aspecto de más valor, fuerza o utilidad en una persona o asunto: *su ~ de batalla es la economía.* ■ **~ de vapor**, medida de *potencia que equivale a 745 *vatios: *el motor de ese coche tiene 90 CV; el ~ de vapor es la potencia necesaria para hacer un trabajo de 75 kilográmetros por segundo.* ◯ Su símbolo es *CV*.

ca·ba·ña |kaβáɲa| **1** ***f.*** Casa en el campo, pequeña y sencilla, hecha con ramas, troncos y materiales de poco valor: *durante la tormenta los pastores se refugiaron en una ~ del bosque.* ⇒ **choza. 2** Conjunto de ganado de una determinada clase o lugar: *esta región tiene una ~ de más de dos millones de ovejas.*

ca·ba·ré |kaβaré| ***m.*** Establecimiento que abre habitualmente de noche en el que se sirven bebidas mientras se hacen representaciones de música y baile: *hemos pensado ir a un ~ este sábado.* ⇒ **cabaret.**

ca·ba·ret |kaβaré^t| ***m.*** ⇒ **cabaré.** ◯ La Real Academia Española prefiere la forma *cabaré*.

ca·be·ce·ar |kaβeθeár| **1** ***intr.*** Mover la cabeza de un lado a otro o arriba y abajo: *la mula cabeceaba continuamente.* **2** Mover la cabeza de un lado a otro en señal de negación, o arriba y abajo en señal de afirmación: *Jaime cabeceaba porque no estaba de acuerdo con su padre.* ⇒ **asentir, negar. 3** Dejar caer la cabeza cuando se duerme con el cuerpo en posición vertical: *el pasajero no hizo más que ~ durante todo el viaje en tren.* **- 4 *tr.-intr.*** DEP. [algo] Golpear la pelota con la cabeza en el juego del fútbol: *el futbolista cabeceó el balón y lo envió a la portería; el delantero ha cabeceado al larguero.*

ca·be·ce·o |kaβeθéo| ***m.*** Movimiento de la cabeza: *me decía que sí con un ligero ~.*

ca·be·ce·ra |kaβeθéra| **1** ***f.*** Parte de la cama donde se coloca la cabeza al dormir: *hay dos almohadas en la ~ de mi cama.* **2** Parte principal o comienzo de una cosa: *caminaremos hasta llegar a la ~ del río; a la ~ de la mesa se sentaba el padre y a los lados, sus hijos.* **3** Conjunto de palabras que figura al comienzo de un escrito, generalmente para indicar el título, el autor o la fecha: *mira la fecha en la ~ del periódico.*

ca·be·ce·ro |kaβeθéro| ***m.*** Parte vertical de la cama, en el lado en que se coloca la cabeza, que suele situarse cerca de la pared: *mi cama tiene un ~ de madera.*

ca·be·ci·lla |kaβeθíʎa| ***com.*** Jefe de un grupo de personas que no están de acuerdo con una situación y luchan contra ella: *Ismael Ruiz se convirtió en el ~ del golpe de Estado; el ~ de los manifestantes presentó sus quejas al Ministro.*

ca·be·lle·ra |kaβeʎéra| ***f.*** Conjunto de pelos, generalmente largos, que crecen en la cabeza de las personas: *María tenía una larga ~ negra.* ⇒ **cabello.**

ca·be·llo |kaβéʎo| ***m.*** Pelo que crece en la cabeza de las personas; conjunto de todos ellos: *el ~ puede ser rubio, castaño, negro o pelirrojo; este champú es para cabellos grasos.* ■ **~ de ángel**, dulce en forma de hilos de color claro que se suele usar como complemento de otros dulces: *el ~ de ángel se hace con una variedad de calabaza.*

ca·be·llu·⌜do, ⌜da |kaβeʎúðo, ða| ***adj.*** Que tiene pelo o mucho pelo: *hacía gala de una larga melena cabelluda; se está dando un producto que fortalece el cuero ~.*

ca·ber |kaβér| **1** ***intr.*** Poder entrar o meterse: *ese armario no cabe por la puerta, habrá que desarmarlo.* ◯ En esta acepción no debe sustituirse por *coger*. **2** [en algo] Poder ser contenido dentro de una cosa: *en esa botella cabe un litro de leche; he comprado demasiadas cosas y no me caben en la bolsa; en este teatro no caben más de doscientas personas.* **3** Ser posible o natural: *no cabe ninguna reclamación.* **4** Corresponder o pertenecer a una persona o situación: *no nos cabe a nosotros esa responsabilidad.* **5** MAT. [algo] Corresponder al dividir una cantidad: *seis entre tres cabe a dos.* ■ **dentro de lo que cabe**, al menos en cierto modo; de alguna manera: *ir a la Luna es, dentro de lo que cabe, posible.* ■ **no ~ duda/la menor duda**, ser una cosa completamente segura: *no cabe la menor duda de que todo el mundo desea ser feliz.* ■ **no ~ en la cabeza**, *fam.*, no poderse entender o imaginar: *no me cabe en la cabeza cómo ha dejado pasar una oportunidad así.* ■ **no ~ en sí**, estar muy alegre o satisfecho: *cuando se enteró de que tenía una hija no cabía en sí de gozo.* ⌂ Se conjuga como 66.

ca·bes·tri·llo |kaβestríʎo| ***m.*** Banda o aparato que se cuelga del cuello o del hombro y que sirve para sostener la mano o el brazo, cuando no se pueden mover: *le escayolaron el brazo y le pusieron un ~.*

ca·bes·tro |kaβéstro| **1 *m.*** Toro al que se le han quitado los órganos de reproducción y que sirve para conducir a otros animales de su misma especie: *los cabestros guiaron el ganado al pueblo.* ⇒ **buey. 2** *desp. fig.* Persona torpe, que se deja influir fácilmente por los demás: *Antonio es el que manda, los otros son unos cabestros.* **3** Cuerda que se pone en el cuello o cabeza de los animales de carga para atarlos o conducirlos: *por el camino se acercaba un hombre tirando del ~ de un burro.*

ca·be·za |kaβéθa| **1 *f.*** Parte superior del cuerpo del hombre y la superior o anterior de otros muchos animales, donde se encuentran algunos sentidos y el cerebro: *se puso el sombrero en la ~; siempre se rasca la ~ cuando piensa; sujetaron el caballo por la ~.* **2** Capacidad de pensar, imaginar o recordar: *le vino a la ~ el recuerdo de su pueblo; nadie sabe lo que tiene en la ~; tengo muy mala ~ porque todo se me olvida; Juan tiene una buena ~.* **3** Persona; individuo de la especie humana: *dos cabezas piensan más que una;* **~ de chorlito/loca**, *fam.*, persona que piensa poco las cosas o que tiene poco juicio: *¿por qué no has guardado el helado en el congelador, ~ de chorlito?;* **~ cuadrada**, persona que no suele cambiar de opinión porque es de ideas

CABEZA

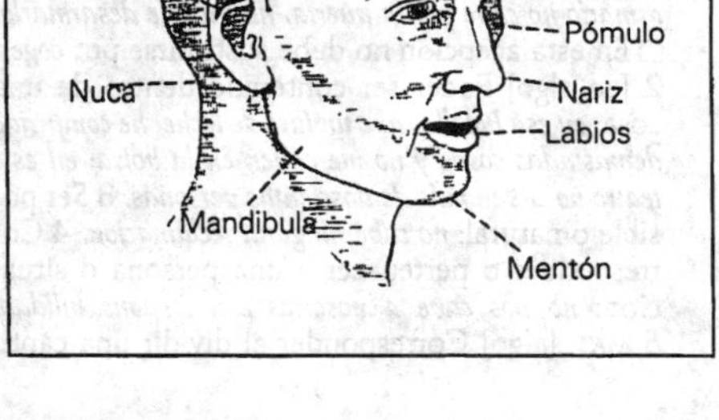

fijas: *no podrás convencerlo, es un ~ cuadrada;* **~ dura**, persona a la que le cuesta mucho comprender las cosas: *por mucho que se lo expliques no te entenderá, es un ~ dura;* **~ hueca**, persona que no comprende las cosas y que tiene poco juicio: *el muy ~ hueca dejó la puerta abierta, aunque le dijimos que cerrase.* **4** Persona de mayor autoridad dentro de un grupo: *el Papa es la ~ de la Iglesia.* **5** Pueblo o ciudad principal de un estado o región: *esta población es la ~ de la comarca;* **~ de partido**, pueblo o ciudad del que dependen otros para la administración de justicia: *tenemos que ir a la ~ de partido porque en este pueblo no hay juzgado.* **6** Parte o pieza, generalmente redondeada, colocada en el extremo de una cosa: *los alfileres tienen ~ y las agujas no; ese clavo no sirve porque tiene la ~ doblada.* **7** Animal de un rebaño, cuando se cuenta: *esa finca tiene más de trescientas cabezas.* **8** Pieza que lee, escribe o borra las cintas de sonido o imagen: *las cabezas están sucias y el radiocasete no suena bien.* ⇒ **cabezal.** ■ **a la/en ~**, en la parte delantera; en el primer puesto: *a la ~ de la expedición iba el capitán.* ■ **~ abajo**, con la parte superior debajo y la inferior encima: *si pones la botella ~ abajo el líquido se vierte.* ⇒ **boca.** ■ **~ arriba**, con la parte superior encima y la inferior debajo: *vuelve a poner el carrito ~ arriba para que ruede.* ⇒ **boca.** ■ **calentar la ~**, *fam.*, cansar o molestar hablando mucho: *cállate ya y no me calientes la ~.* ■ **calentarse/romperse la ~**, *fam.*, pensar una cosa intensamente o durante mucho tiempo: *no te calientes la ~ y búscalo en el libro.* ■ **de ~**, con la parte superior del cuerpo por delante: *se tiró de ~ a la piscina desde el trampolín; se cayó de ~ y se mató.* ■ **de ~**, *fam.*, directa y rápidamente: *vas de ~ al desastre.* ■ **de ~**, *fam.*, muy nervioso o preocupado por tener que hacer cosas muy urgentemente: *el asunto de la venta me trae de ~; el niño me tiene de ~ todo el día.* ⌂ Se usa con los verbos *andar, estar, llevar* o *traer.* ■ **de ~**, sin ayudarse de la escritura ni de ningún otro medio para dar una solución: *él es más rápido haciendo las cuentas de ~ que yo con la calculadora.* ■ **~ de familia**, persona de mayor autoridad entre sus familiares: *casi siempre se considera que el padre es el ~ de familia.* ⌂ En esta acepción el determinante es masculino: *el/este ~ de familia.* ■ **~ de turco**, persona a la que se considera como única culpable: *se necesitaba una ~ de turco para satisfacer a la opinión pública.* ■ **levantar ~**, salir de una situación poco favorable: *tengo tan mala suerte que no levanto ~; ese médico tiene muchos problemas y no levanta ~.* ⌂ Suele usarse en oraciones negativas. ■ **levantar la ~**, recuperar la vida después de haberla perdido. ⌂ Suele usarse en la expresión *si tu padre levantara la ~,* para dar a entender que una persona muerta no aprobaría lo que se hace o sucede. ■ **meter en la ~**, *fam.*, comprender o entender un hecho o una situación; tener bien presente un asunto: *métete en la cabeza que tenemos que terminar esta semana; la lección no se le mete en la ~.* ■ **meter en la ~**, *fam.*, mantener una opinión, intención o idea aun en contra de circunstancias contrarias: *aunque sus padres no quieren, se le ha metido en la ~ que tiene que ir de excursión.* ■ **no caber en la ~**, *fam.*, no poderse entender o imaginar: *no me cabe en la ~ cómo pudo salir de ahí sin que lo viéramos; no le cabe en la ~ que necesitamos una llave y no nos la da.* ■ **perder la ~**, dejarse llevar por la *ira: *cuando oyó que insultaban a su padre, perdió la ~ y le dio un puñetazo a uno de ellos.* ■ **perder la ~**, actuar sin juicio o sin razonar; volverse *loco: *ha perdido la ~ y cree que es Napoleón.* ■ **por ~**, cada uno; para cada uno: *tenemos que poner mucho dinero por ~; hay seis trozos y somos tres, luego tocamos a dos por ~.* ⇒ **barba.**

ca·be·za·da |kaβeθáðá| **1** *f.* Golpe que se da con la cabeza o que se recibe en ella: *el perro ha llevado la pelota hasta el rincón a cabezadas; se ha dado una buena ~ contra la pared.* ⇒ **cabezazo. 2** Inclinación de la cabeza cuando se duerme sin tenerla apoyada. ■ **dar cabezadas**, *fam.*, dejar caer la cabeza, cuando se duerme sin tenerla apoyada: *Ramón tenía sueño y no tardó en ponerse a dar cabezadas en el cine.* ⇒ **cabecear.** ■ **dar/echar una ~**, *fam.*, dormir durante un corto periodo de tiempo: *tengo la costumbre de echar una ~ después de comer.* ■ **darse cabezadas contra la pared/las paredes**, *fam.*, estar muy enfadado por haber fracasado o por no haber acertado en una decisión: *cada vez que se acordaba del error que había cometido, se daba cabezadas contra la pared.* ⇒ **cabezazo.**

ca·be·zal |kaβeθál| **1** *m.* *Almohada pequeña: *en el sofá hemos puesto los cabezales.* **2** Parte del asiento de un automóvil, donde se apoya la cabeza: *estos asientos tienen el ~ regulable; los cabezales protegen el cuello en caso de choque.* **3** Pieza que se coloca en un extremo de un aparato: *la maquinilla de afeitar tiene cuchillas en el ~.* **4** Pieza de un aparato de grabación y reproducción que sirve para leer o borrar una cinta: *los cabezales del magnetófono están sucios y no graban bien; la imagen del vídeo no se veía bien y le he cambiado un ~.*

ca·be·za·zo |kaβeθáθo| *m.* Golpe que se da con la cabeza o que se recibe en ella: *el niño se ha caído de la cuna y se ha dado un ~ en el suelo; el delantero del equipo de fútbol dio un ~ al balón.* ⇒ **cabezada.** ■ **darse cabezazos contra la pared/las paredes**, *fam.*, estar muy enfadado por haber fracasado o por no haber acertado en una decisión: *cuando se dio cuenta de que había sido engañado, se daba cabezazos contra las paredes.* ⇒ **cabezada.**

ca·be·zo |kaβéθo| **1** *m.* Montaña pequeña en medio de un terreno llano: *desde lo alto del ~ hay una vista de toda la llanura.* **2** Parte superior de una montaña: *subieron al ~ ayudándose de cuerdas.* **3** MAR. Roca redondeada que sobresale de la superficie del agua o que está muy cerca de ella: *rompieron la quilla en un ~.*

ca·be·⌐zón, ⌐zo·na |kaβeθón, θóna| **1** *adj.* Que tiene la cabeza grande o muy grande: *han regalado a Sara un muñeco pequeño y ~.* ⇒ **cabezudo. 2** *fam.* (persona) Que se mantiene firme en sus ideas y no se deja convencer: *es un ~, está lloviendo y no quiere llevarse el paraguas.* ⇒ **cabezota.**

ca·be·zo·ta |kaβeθóta| **1** *adj.-com. fam.* (persona) Que se mantiene firme en sus ideas y no se deja convencer: *Rocío es tan ~ que no creo que cambie de idea fácilmente.* **2** (persona) Que tiene la cabeza grande o muy grande: *el ~ se cubría con un enorme sombrero.* ⇒ **cabezón.**

ca·be·zu·⌐do, ⌐da |kaβeθúðo, ða| **1** *adj.* Que tiene la cabeza grande o muy grande: *no me gusta tu perro porque es feo y ~.* ⇒ **cabezón. - 2 cabezudo** *m.* Persona que lleva una gran cabeza de cartón u otro material y recorre las calles en las fiestas populares: *mañana hay un desfile de gigantes y cabezudos.*

ca·be·zue·la |kaβeθuéla| **1** *f.* Harina de trigo gruesa: *el molinero cierne la harina para separar la flor de la ~.* **2** BOT. Conjunto de flores simples que nacen juntas y apretadas: *la ~ del cardo es muy vistosa.* ⇒ **inflorescencia.**

ca·bi·da |kaβíða| *f.* Espacio o capacidad de que dispone una cosa para contener otra: *este hotel tiene ~ para quinientas personas; la ~ del barril es de cien litros.*

ca·bil·do |kaβíldo| **1** *m.* Conjunto de religiosos de una *catedral y que tienen derecho a voto: *esta edición de la Biblia fue adquirida por el ~.* **2** *Institución formada por las personas que administran un pueblo o ciudad: *la obra se hará en terrenos cedidos por el ~.* ⇒ **ayuntamiento. 3** *Institución que representa a los pueblos de cada isla en las Canarias: *el ~ insular de Gran Canaria se ha hecho cargo de los gastos del festival de la canción.*

ca·bi·na |kaβína| **1** *f.* Espacio pequeño y aislado destinado a un fin determinado: *cuando fui a la playa, me puse el traje de baño en una ~; los colegios electorales tienen cabinas para que se pueda votar en secreto.* **2** Espacio pequeño, generalmente cerrado, en el que hay un teléfono: *estuve hablando con mi tío desde una ~.* ⇒ **locutorio. 3** Espacio pequeño y cerrado en cuyo interior hay aparatos o mecanismos de control: *el conductor saludó desde la ~ del camión; el piloto se instaló en la ~ y puso los motores del avión en marcha; la ~ de proyección se encuentra al fondo de la sala de cine.*

ca·biz·ba·⌐jo, ⌐ja |kaβiθβáxo, xa| *adj.* (persona) Que tiene la cabeza inclinada hacia abajo, por estar preocupado, triste o pensativo: *Fermín bajaba las escaleras triste y ~.*

ca·ble |káβle| **1** *m.* Conjunto de hilos de alambre cubiertos por una funda de plástico que se usa para conducir la energía eléctrica: *la plancha no funciona porque se ha roto el ~.* **2** Cuerda gruesa de fibras vegetales o de metal: *los dos alpinistas estaban unidos por un ~; las vigas del nuevo edificio se levantaron con grúas y cables de acero.* **3** Mensaje que se envía a larga distancia: *esta mañana he recibido un ~ urgente de Los Ángeles.* ■ **echar un ~**, *fam.*, prestar ayuda a una persona que la necesita: *estoy en un gran apuro, ¡échame un ~!* ⇒ **cabo, capote, mano.** ■ **cruzársele los cables a una per-**

sona, *fam.*, perder el control de la mente o de la conducta: *a Pedro se le cruzaron los cables y dio un golpe a su amigo.*

ca·ble·gra·ma |kaβleγráma| ***m.*** Mensaje que se comunica por un *cable que va bajo el mar: *te enviaré un ~ desde la isla.* ⇒ **telegrama.**

ca·bo |káβo| **1** ***m.*** MIL. Miembro del ejército de categoría inmediatamente superior a la del soldado: *Julián es ~ en la Brigada Paracaidista.* **2** Extremo o resto de una cosa: *sujeta esta cuerda de un ~, por favor; al ~ de la plaza hay una frutería.* **3** Parte de tierra que entra en el mar: *he localizado en el mapa el ~ de Gata.* **4** Cuerda o hilo: *échame un ~ para amarrar la barca.* ■ **al ~**, por último, al fin: *al ~ comprendieron lo que queríamos de ellos.* ■ **al ~ de**, después de, tras: *Alicia se presentó al ~ de tres horas.* ■ **atar/juntar/unir cabos**, relacionar aspectos de un asunto: *atando cabos, el detective consiguió descubrir al asesino.* ■ **~ suelto**, aspecto que no se ha previsto o que queda sin solucionar: *es conveniente no dejar ningún ~ suelto en este negocio.* ■ **de ~ a rabo**, *fam.*, de principio a fin: *aunque he revisado el armario de ~ a rabo no encuentro el pantalón nuevo.* ■ **echar un ~**, *fam.*, prestar ayuda a una persona que la necesita: *si nadie me echa un ~, no sabré qué responder a las preguntas.* ⇒ **cable, capote, mano.** ■ **llevar a ~**, hacer una cosa hasta terminarla: *el proyecto se llevó a ~ de forma brillante.*

ca·bo·ta·je |kaβotáxe| ***m.*** MAR. Navegación entre *puertos de ciudades de una misma nación: *tenían un barco y se dedicaban al ~.*

ca·bra |káβra| ***f.*** Animal mamífero doméstico, generalmente con cuernos curvados hacia atrás y barba pequeña, que puede subir a montañas y sitios difíciles: *el hombre aprovecha la leche, la carne y la piel de la ~;* **~ montés**, la salvaje, con los cuernos grandes y con las patas, la barba y la punta de la cola negras: *es fácil ver cabras monteses en la Sierra de Gredos y los Pirineos.* ■ **la ~ tira al monte**, expresión que indica que una persona se comporta como se espera de ella: *siempre le ha gustado esta ciudad y ahora se ha ido a vivir a ella: la ~ tira al monte.* ■ **estar como una ~**, *fam.*, haber perdido la capacidad de razonar: *estás como una ~ si piensas que voy a regalarte un coche.* ⇒ **chiflado, loco.**

ca·bra·les |kaβráles| ***m.*** *Queso de olor y sabor muy fuertes: *el ~ se llama así por el nombre de la comarca asturiana donde se fabrica.* ⇒ **queso.** ☖ El plural es *cabrales.*

ca·bre·ar |kaβreár| ***tr.-prnl.*** *fam.* [a alguien] Enfadar o poner de mal humor: *deja de molestar a tu hermano, lo vas a ~; se ha cabreado porque no lo invité a la fiesta.* ⇒ **molestar.**

ca·bre·o |kaβréo| ***m.*** *fam.* Enfado o mal humor: *tiene un ~ terrible porque el fontanero no ha arreglado el grifo.*

ca·bre·⌈ro, ⌈ra |kaβréro, ra| ***m. f.*** Persona que cuida las *cabras: *los cabreros condujeron el ganado al corral.* ⇒ **pastor.**

ca·brí·o |caβrío| ***adj.*** De la *cabra o que tiene relación con ella: *en algunos pueblos de España abunda el ganado ~; en la ladera del monte hay varias cabras y un macho ~.*

ca·brio·la |kaβrióla| **1** ***f.*** Salto que consiste en cruzar los pies en el aire varias veces: *el bailarín hizo piruetas y cabriolas que asombraron al público.* **2** Salto que da un caballo y que consiste en mantenerse en el aire estirando rápidamente las patas traseras hacia atrás: *el caballo blanco hizo tres cabriolas seguidas.*

ca·bri·ti·lla |kaβritíʎa| ***f.*** Piel, generalmente de *cabra u oveja, que sirve para hacer ropa: *me he comprado unos guantes de ~.*

ca·bri·to |kaβríto| **1** ***m.*** Cría de la *cabra: *la carne de ~ es muy tierna.* ⇒ **chivo, choto.** **2** *fam. fig.* Hombre cuya mujer no le es fiel: *Alfredo es un ~, su esposa le engaña con su mejor amigo.* ⇒ **cabrón, cornudo.** **3** *fam. fig.* Persona cuya conducta hace mal a otras personas o que no tiene buenas intenciones: *¡qué ~ eres, me has tirado el café en el vestido nuevo!* ☖ Se usa sobre todo como apelativo despectivo. Es eufemismo de *cabrón.*

ca·⌈brón, ⌈bro·na |kaβrón, βróna| **1** ***m. f.*** *desp.vulg.* Persona que molesta, causa daño o tiene mala intención: *ese ~ no ha parado hasta que ha conseguido arruinarme.* **2** *desp. vulg.* Persona que aguanta cobardemente las ofensas: *no protestará porque es un ~.* **- 3 cabrón *m.*** Macho de la *cabra: *dos cabrones luchaban haciendo chocar sus cuernos.* **4** *desp.vulg.* Hombre que acepta que su mujer mantenga relaciones sexuales con otro hombre: *le dijeron que era un ~ y siguió actuando con normalidad.*

ca·bro·na·da |kaβronáða| ***f.*** *fam. vulg.* Obra o dicho que molesta, causa un daño o está hecho con mala intención: *no le hablamos porque nos ha hecho una ~.* ⇒ **faena.**

ca·ca |káka| **1** ***f.*** *fam.* Excremento que se expulsa por el ano: *la niña se ha hecho ~ otra vez.* ⇒ **deposición, hez, mierda.** ☖ Se usa con y entre los niños. Es eufemismo de *mierda.* **2** *fam.* Cosa sucia; basura: *no cojas ese papel del suelo, es ~.* ☖ Se usa con y entre los niños. **3** *fam. desp. fig.* Cosa mal hecha o de mala calidad: *el mueble que hemos comprado se acaba de romper, es una ~; las clases de biología de este año son una ~.* ⇒ **basura, castaña, mierda, patata.**

ca·ca·hué |kakaué| ***m.*** ⇒ **cacahuete.** ☖ La Real Academia Española prefiere la forma *cacahuete.*

ca·ca·hue·te |kakauéte| **1** ***m.*** Fruto seco de tamaño pequeño y algo alargado que suele comerse tostado y salado: *nos han puesto unos cacahuetes con las cervezas; del ~ se saca aceite.* ⇒ **cacahué.** **2** Planta de flores amarillas que da ese fruto dentro de una cáscara flexible y alargada: *el ~ mide unos 30 centímetros de altura.*

ca·ca·o |kakáo| **1** ***m.*** Polvo sacado de las semillas de un árbol tropical, que se toma mezclado con leche y con el que se hace chocolate: *todas las mañanas desayuno un tazón de leche con ~.* **2** Semilla o conjunto de semillas que sirve para hacer este polvo: *para hacer chocolate se deben triturar semillas de ~.* **3** Árbol tropical de América con fruto en forma ovalada que contiene muchas de estas semillas: *las flores del ~ son amarillas y encarnadas.* **4** Barra de labios hecha con la grasa de estas semillas: *utilizo el ~ cuando tengo los labios cortados.* **5** *fam.* Desorden o lío; mezcla de cosas distintas: *¡menudo ~ se ha armado en la cola del banco!; estás confundiendo ideas diferentes: te estás haciendo un ~ mental.* ⇒ **alboroto.**

ca·ca·re·ar |kakareár| **1** ***intr.*** Emitir *cacareos el *gallo o la gallina: *las gallinas cacareaban a la hora de comer.* **2** ***tr.*** *fam. fig.* [algo] Alabar demasiado las cualidades propias: *¡cómo le gusta ~ su éxito!*

ca·ca·re·o |kakaréo| ***m.*** Voz característica del *gallo o de la gallina: *el ~ del gallo me ha despertado.*

ca·ca·tú·a |kakatúa| **1** ***f.*** Ave de colores *vistosos y pico grueso, con plumas levantadas en la parte superior de la cabeza: *las cacatúas pueden aprender a pronunciar palabras.* ☖ Para indicar el sexo se usa la ~ macho y la ~ hembra. **2** *fam. fig.* Mujer fea, vieja y que se arregla demasiado, normalmente con mal gusto: *al fondo del salón, un grupo de cacatúas no paraba de murmurar.* ☖ Se usa como apelativo despectivo.

ca·ce·ra |kaθéra| ***f.*** Hueco en la tierra por donde se conduce el agua para regar: *no sale agua porque se ha obstruido la ~.* ⇒ **reguero.**

ca·ce·re·⌈ño, ⌈ña |kaθeréɲo, ɲa| **1** ***adj.*** De Cáceres o que tiene relación con Cáceres: *han venido a visitarnos a Madrid unos amigos cacereños; la economía cacereña se basa en la agricultura y la ganadería.* **- 2** ***m. f.*** Persona nacida en Cáceres o que vive habitualmente en Cáceres: *los cacereños son extremeños.*

ca·ce·rí·a |kaθería| **1** ***f.*** Partida de caza: *consiguieron varios venados en la última ~; el pintor ha representado en el cuadro una escena de ~.* ⇒ **caza.** **2** Conjunto de los animales muertos en la caza: *la última ~ fue muy abundante, se consiguieron cuarenta piezas.* ⇒ **caza.**

ca·ce·ro·la |kaθeróla| ***f.*** Recipiente con dos asas, cilíndrico y de metal que se usa para cocinar: *pon agua en la ~ para cocer las patatas.*

ca·cha |kátʃa| **1** ***f.*** Pieza que junto con otra forma el mango de un cuchillo u otra arma blanca: *no pudo utilizar el cuchillo porque se le había roto la ~.* **2** *vulg.* Parte carnosa y redondeada que, junto con otra, está situada donde acaba la espalda: *durante el partido, otro jugador le dio con la rodilla en la ~.* ⇒ **nalga. - 3 cachas** ***adj.-com.*** *fam.* (persona) Que tiene los músculos muy desarrollados: *desde que va al gimnasio está muy cachas; el socorrista es ese cachas que está sentado al lado de la piscina.*

ca·cha·lo·te |katʃalóte| ***m.*** Animal mamífero marino de la familia de las *ballenas, de gran peso y con una cabeza que alcanza una tercera parte de su longitud total: *del ~ se extrae aceite.* ☖ Para indicar el sexo se usa el ~ macho y el ~ hembra.

ca·cha·rra·zo |katʃar̄áθo| **1** ***m.*** Golpe dado con un *cacharro: *estaba molestando a mi madre y le di un ~ con una cazuela que tenía en la mano.* **2** *fam. fig.* Golpe fuerte: *se ha dado un buen ~ con la puerta.* ⇒ **porrazo, trastazo, trompazo.**

ca·cha·rre·rí·a |katʃar̄ería| ***f.*** Establecimiento en el que se venden *cacharros: *un puchero como ése sólo lo puedes encontrar en una ~.*

ca·cha·rre·⌈ro, ⌈ra |katʃar̄éro, ra| ***m. f.*** Persona que se dedica a vender *cacharros: *pregunté al ~ si tenía ollas.*

ca·cha·rro |katʃár̄o| **1** ***m.*** Recipiente que generalmente se usa en la cocina: *voy a lavar los cacharros antes de irme al trabajo; en la mesita del salón hay un ~ con flores.* **2** *fam.* Máquina, aparato o mecanis-

CACAO

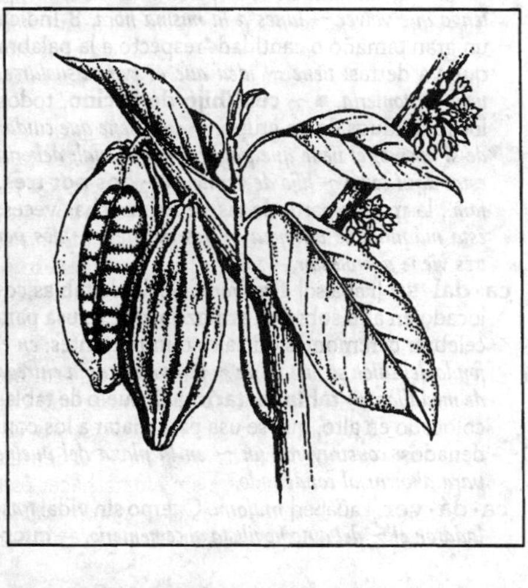

CACATÚA

mo; normalmente el que está viejo y funciona mal: *el coche se ha vuelto a parar, es un ~; ¿para qué sirve ese ~ con botones que tienes en la mesa?* ⇒ **trasto. 3** *fam.* Objeto que no sirve para nada o que no tiene valor: *voy a tirar todos los cacharros del armario que no me sirvan.* ⇒ **cachivache, trasto.**

ca·che·ar |katʃeár| ***tr.*** [a alguien] Tocar la ropa que una persona lleva puesta para comprobar si oculta objetos prohibidos, generalmente armas o drogas: *la policía cacheó a los delincuentes antes de meterlos en el coche.*

ca·che·mir |katʃemír| ***m.*** Tejido de pelo de *cabra, que, a veces, se mezcla con lana: *se compró un traje de ~; el ~ es muy caro.*

ca·che·o |katʃéo| ***m.*** Acción y resultado de *cachear: *en el ~ encontraron el arma que el delincuente llevaba escondida en el pantalón.*

ca·che·te |katʃéte| **1** ***m.*** Golpe que se da con la palma de la mano en la cara o en la cabeza a una persona: *Mariano ha dado un buen ~ a su hermana.* ⇒ **tortazo. 2** Parte carnosa de la cara que se encuentra bajo los ojos y a ambos lados de la nariz especialmente cuando es gruesa: *mi sobrinito siempre tiene los cachetes colorados.* ⇒ **mejilla, moflete.**

ca·chim·ba |katʃímba| ***f.*** Instrumento para fumar formado por un recipiente, en el que se quema el tabaco, unido a un tubo por el que se aspira el humo: *mi abuelo no fumaba cigarrillos ni puros, sino en ~.* ⇒ **pipa.**

ca·chi·po·rra |katʃipóra| ***f.*** Palo con una bola o cabeza *abultada en uno de sus extremos: *el guarda llevaba en la mano una ~.* ⇒ **porra.**

ca·chi·va·che |katʃiβátʃe| ***m.*** *desp.* Objeto que no sirve para nada o que no tiene valor: *este ~ no hace más que estorbar.* ⇒ **cacharro, trasto.**

ca·cho |kátʃo| ***m.*** *fam.* Trozo pequeño; parte de una cosa: *dame un ~ de tarta; el león ha mordido la chaqueta del domador y se ha quedado con el ~.* ⇒ **pedazo, trozo.** ☐ También se usa seguido de apelativos despectivos para reforzar su significado: *¡~ cerdo, no te quites los zapatos aquí!*

ca·chon·de·ar·se |katʃondeárse| ***prnl.*** *vulg. fam.* Poner en ridículo a una persona o cosa, riéndose de ella o gastándole una broma: *se cachondea de todo lo que dice su hermano.* ⇒ **burlar, mofar.**

ca·chon·de·o |katʃondéo| ***m.*** *vulg. fam.* Obra o dicho con que se intenta poner en ridículo a una persona o una cosa: *lo que dijo produjo el ~ de todos los asistentes a la reunión.* ⇒ **pitorreo.**

ca·chon·⌜do, ⌜da |katʃóndo, da| **1** ***adj.*** *vulg. fam.* (persona, animal) Que siente o produce un deseo sexual fuerte: *el perro está ~ y no para de ladrar.* ⇒ **caliente. 2** *vulg. fig.* Que es divertido y hace bromas: *tu amigo es muy ~ y anima las fiestas.*

ca·cho·⌜rro, ⌜rra |katʃóro, ra| ***m. f.*** Cría de un animal mamífero: *la leona del zoo ha tenido cinco cachorros.*

ca·ci·llo |caθíʎo| **1** ***m.*** Recipiente pequeño, de metal, en forma de cilindro y con mango largo que se usa para cocinar: *pon a calentar la leche en el ~.* ⇒ **cazo. 2** Recipiente de metal en forma de media esfera y con mango largo vertical, que se usa para pasar líquidos de un sitio a otro: *sacó agua del cántaro con un ~.*

ca·ci·que |kaθíke| **1** ***m.*** *desp.* Persona que influye excesivamente en la política y administración de una comunidad: *el ~ del pueblo controlaba toda la producción agrícola de la comarca; Félix es una buena persona, pero un poco ~.* **2** Jefe de un grupo de *indios, en América Central o del Sur: *el ~ de la tribu toma todas las decisiones de su comunidad.*

ca·ci·quis·mo |kaθikísmo| **1** ***m.*** Influencia excesiva de una persona en la política y administración de una comunidad: *aquel pueblo padeció el ~ durante muchos años.* **2** *p. ext.* Intervención excesiva de una persona en un asunto determinado, sirviéndose de su poder e influencia: *el ~ económico es uno de los grandes males del país.*

ca·co |káko| ***m.*** Ladrón que roba sin *violencia objetos de poco valor: *unos cacos entraron en la casa y se llevaron el televisor.* ⇒ **ratero.**

ca·co·fo·ní·a |kakofonía| ***f.*** Fenómeno del lenguaje que consiste en una repetición de sonidos poco agradable al oído: *hay ~ del sonido erre en* el perro de San Roque no tiene rabo. ⇒ **disonancia.** ⇔ **eufonía.**

ca·co·fó·ni·⌜co, ⌜ca |kakofóniko, ka| ***adj.*** De la *cacofonía o que tiene relación con ella: *al hablar, siempre evita las palabras cacofónicas.* ⇔ **eufónico.**

cac·to |kákto| ***m.*** Planta con espinas y tallos grandes y carnosos, que acumula agua en su interior: *los cactos están adaptados para vivir en los desiertos; tenemos en casa un ~ que regamos una vez al mes.* ⇒ **cactus.**

cac·tus |káktus| ***m.*** ⇒ **cacto.** ☐ La Real Academia Española prefiere la forma *cacto.*

ca·da |káða| **1** ***pron.-adj.*** Indica *distribución, especialmente la de los elementos particulares de una serie entre los de otra: *~ persona puede comer dos pasteles; hay cuatro caramelos para ~ niño; cuestan a 100 pesetas ~ uno.* **2** Indica la totalidad de los elementos particulares de un conjunto: *se levanta ~ mañana a las 6; ~ persona tiene sus ideas; tengo que volver ~ lunes a la misma hora.* **3** Indica un gran tamaño o cantidad *respecto a la palabra que va detrás: *tiene ~ idea que es para asustarse; tiene ~ tontería.* ■ **~ cual/hijo de vecino**, todos los individuos de un grupo: *~ cual tiene que cuidar de sí mismo; él tiene que pagar como ~ cual; debería estar aquí como ~ hijo de vecino.* ■ **~ dos por tres**, *fam.*, la mayor parte de las veces; muchas veces: *esta máquina se estropea ~ dos por tres; ~ dos por tres viene a protestar.*

ca·dal·so |kaðálso| **1** ***m.*** *form.* Suelo de tablas colocado en alto sobre un armazón, que se usa para celebrar ceremonias oficiales o importantes: *en el fondo del salón se instaló un ~ para realizar la entrega de medallas.* ⇒ **tablado, tarima. 2** Suelo de tablas colocado en alto, que se usa para matar a los condenados: *construyeron un ~ en la plaza del pueblo para ahorcar al condenado.*

ca·dá·ver |kaðáβer| ***m.*** *form.* Cuerpo sin vida: *trasladaron el ~ del automovilista al cementerio.* ⇒ **cuer-**

po, difunto, muerto. ☐ Tratándose de animales, se usa *cuerpo.*

ca·da·vé·ri·⌐co, ⌐ca |kaðaβériko, ka| **1** ***adj.*** *form.* Del cuerpo sin vida o que tiene relación con él: *la rigidez de los músculos es un fenómeno ~.* **2** *form. fig.* Que está pálido y delgado; que parece un cuerpo sin vida: *cuando ingresó en la clínica tenía un aspecto ~.*

ca·de·na |kaðéna| **1** ***f.*** Serie de anillas unidas entre sí por sus extremos: *ató la bicicleta a un árbol con una ~ para que no se la robaran; ataron al prisionero con cadenas; le regaló una ~ de oro.* **2** Serie de piezas metálicas iguales, unidas entre sí y articuladas, que sirve para comunicar un movimiento: *se le rompió la ~ de la bicicleta y no pudo ganar la carrera.* **3** *fig.* Conjunto de personas colocadas unas al lado de las otras: *hicieron una ~ para llevar cubos de agua hasta el fuego.* **4** *fig.* Conjunto de máquinas dispuestas para fabricar o montar un producto por partes: *el ingeniero puso en marcha la ~ de montaje; en esta ~ trabajan diez personas.* **5** *fig.* Conjunto de establecimientos o industrias de la misma clase que pertenecen a una persona o a una sociedad: *esta ~ de supermercados está extendida por toda Europa; es el dueño de una ~ de hoteles.* **6** *fig.* Conjunto de centros de radio o televisión que emiten a la vez un mismo programa: *esa ~ de radio tiene muchas emisoras por toda España.* **7** Conjunto de aparatos de sonido formado por varios componentes unidos: *tengo que sacar el amplificador de la ~ para llevarlo a arreglar.* **8** *fig.* Serie de acontecimientos o de hechos relacionados entre sí: *una ~ de casualidades los unió de nuevo.* **9** DER. Pena de cárcel: **~ perpetua**, la que dura tanto como la vida del que la sufre; la de *máxima duración, según la ley: *lo condenaron a ~ perpetua por sus horribles crímenes.* ■ **en ~**, que se comunica de forma continuada: *en los accidentes en ~ suele haber muchos vehículos implicados.*

ca·den·cia |kaðénθia| **1** ***f.*** Regularidad y proporción en la combinación de las duraciones de los sonidos: *el niño se quedaba dormido con la ~ de la música.* **2** Reparto o combinación proporcionada de los acentos y las pausas en un texto: *es admirable la ~ del verso de este poeta.* **3** Modo regular de repetirse u ocurrir las cosas; ritmo: *en aquella película las imágenes se sucedían con una ~ lentísima; la madre vigilaba la ~ de la respiración de su hijo.* **4** Medida del sonido que regula el movimiento de la persona que baila: *el bailarín debe estar atento a la ~ de la música.* **5** LING. Bajada de la voz en la última parte de la frase. **6** MÚS. Manera de terminar una obra musical o una parte de ella: *las cadencias musicales son análogas a las pausas de la lengua escrita.*

ca·de·ne·ta |kaðenéta| **1** ***f.*** Labor hecha con hilo y una aguja acabada en un gancho, que imita la forma de una serie de anillas unidas entre sí por sus extremos: *el paño de la mesa está hecho con punto de ~.* **2** Adorno que se hace con tiras de papel de colores en forma de anillas unidas entre sí por sus extremos y que se suele usar en las fiestas: *durante los días de verbena las calles del pueblo están llenas de farolillos y cadenetas; los chicos se ocuparon de adornar el techo del salón con cadenetas.*

ca·de·ra |kaðéra| **1** ***f.*** Hueso que, junto con otro, está en la parte baja del tronco: *se rompió la ~ al caerse del caballo.* **2** Parte baja del tronco: *Luis agarró a su novia por la ~; mueve las caderas al bailar.* ☐ Se usa también en plural.

ca·de·te |kaðéte| ***com.*** Persona que estudia en una escuela militar: *el sargento instruía a los cadetes.*

ca·du·car |kaðukár| **1** ***intr.*** Perder la *efectividad un documento, ley, derecho o costumbre, generalmente por el paso del tiempo: *la garantía de la lavadora caduca el mes que viene; el plazo para recoger el premio caduca en una semana.* **2** Dejar de ser útiles para el consumo, generalmente los alimentos o las medicinas: *no abras la lata de atún, que está caducada; este jarabe caduca en enero del noventa y cinco.* ☐ Se conjuga como 1.

ca·du·ci·dad |kaðuθiðáᵈ| **1** ***f.*** Pérdida de la *efectividad de un documento, ley, derecho o costumbre, generalmente por el paso del tiempo: *en este papel no se especifica la ~ del contrato.* ⇒ **vigencia.** **2** Pérdida de la utilidad para el consumo, generalmente de los alimentos o las medicinas: *miraré la fecha de ~ del bote de espinacas antes de calentarlo.*

ca·du·⌐co, ⌐ca |kaðúko, ka| **1** ***adj.*** *form.* Que es muy antiguo o está fuera de uso: *la forma de pensar del siglo pasado hoy está caduca; este médico está ~, pues desconoce los avances de la medicina actual.* ⇒ **anticuado, decadente.** ⇔ **vigente.** **2** (hoja de las plantas) Que está destinado a caer: *las plantas de hoja caduca no la conservan durante todo el año; el almendro es un árbol de hoja caduca.* ⇒ **caedizo.** ⇔ **perenne.** **3** *form.* Que tiene poca duración: *algunos derivados de la leche son caducos.* ⇒ **perecedero.**

ca·e·di·⌐zo, ⌐za |kaeðíθo, θa| **1** ***adj.*** Que cae fácilmente: *es un niño muy ~, tropieza con todo.* **2** (hoja de las plantas) Que está destinado a caer: *la acacia es un árbol de hoja caediza.* ⇒ **caduco.**

ca·er |kaér| **1** ***intr.-prnl.*** [de algún lugar] Moverse desde arriba hacia abajo por el peso propio: *la lluvia cae del cielo; Newton vio ~ una manzana.* ☐ Es dialectal el uso transitivo: *lo caí* por *lo dejé caer.* **2** Perder el equilibrio o la sujeción hasta dar en una superficie firme: *el jarrón cayó sobre la mesa; mi primo se ha caído por la escalera cuando bajaba; el cuadro se cayó de la pared;* **~ redondo**, *fam.*, perder el equilibrio hasta dar en el suelo por perder el conocimiento: *cuando vio la sangre se cayó redonda.* **3** *fig.* Pasar de un lugar más alto a otro más bajo: *el sol cae al final de la tarde.* ⇒ **poner.** **4** *fig.* Pasar a un estado físico, moral o económico inferior o menos favorable: *ha caído malo y no puede venir; no caigas en la tentación; si sigues así caerás en la ruina; la empresa cayó en quiebra;* **~ bajo**, pasar a un estado moral muy inferior al que se considera adecuado. **5** *fig.* Perder la posibilidad de continuar con una actividad: *el ministro cayó tras las huelgas.* **6** *fig.* Perder la vida, morir: *ese soldado ha caído en* *el frente;* ~ **como chinches/moscas**, *fam.*, morir en gran cantidad: *en aquella batalla los enemigos cayeron como moscas.* **7** *fig.* Meterse en una situación difícil o dejarse engañar: *cuando quieren engañarme, siempre caigo en la trampa; el lobo cayó en el cepo; si le gastamos esa broma, seguro que cae.* **8** Colgar o ponerse por encima; descender: *el pelo le cae sobre los hombros; la noche caía lentamente.* **9** *fig.* Llegar rápidamente o por sorpresa para causar un daño: *cayeron sobre sus enemigos; si publicas eso los críticos caerán sobre ti.* **10** *fig.* Darse cuenta de una cosa; comprender una relación: *no caigo, así que explícamelo mejor;* ~ **en la cuenta**, entender o comprender una cosa; tener presente: *ahora caigo en la cuenta de que el jefe es el padre de mi novia.* **11** *fig.* Coincidir o corresponder: *el día 8 cae en jueves; ¿en qué cae este año tu cumpleaños?* **12** *fam. fig.* Tocar o corresponder por suerte: *me ha caído en el examen la pregunta que peor me sabía; le cayó el primer premio de la lotería y ahora vive como un rey.* **13** Adaptarse o adecuarse: *ese traje te cae muy mal: quítatelo; ese color siempre le ha caído bien.* ⇒ **sentar.** **14** *fig.* Ser recibida una idea o noticia: *veremos cómo le cae; la decisión de subir los impuestos cayó como un bombazo.* **15** *fig.* Producir una impresión, generalmente el carácter de una persona: *ese hombre siempre me ha caído muy mal; su gran virtud es que siempre cae bien a todo el mundo;* ~ **gordo**, *fam.*, producir una mala impresión el carácter de una persona: *me cae gordo y va a ser difícil que nos entendamos.* **16** *fig.* Estar situado en un lugar o cerca de él: *esas oficinas caen muy cerca de donde yo trabajo; sé que cae por aquí, pero no sé exactamente dónde.* **17** No aparecer el nombre de una persona en una lista: *Pérez se ha caído de la alineación del equipo de fútbol.* ■ ~ **de su peso**, ser el resultado lógico y seguro de lo que se hace o se dice: *si el hombre es un animal, se cae de su peso que tú y yo somos animales.* ■ **dejar** ~, decir una cosa fingiendo que no es importante: *dejó ~ que quizás no podría venir; dijo, como dejándolo ~, que había estado en el Palacio Real.* ■ **dejarse** ~, ir a un lugar ocasionalmente: *de vez en cuando me dejo ~ por su casa.* ■ **estar al** ~, *fam.*, quedar muy poco tiempo para que una cosa ocurra: *las vacaciones están al ~.* ⌂ Se conjuga como 67.

ca·fé |kafé| **1** *m.* Bebida de color oscuro y sabor algo amargo, que se hace con agua hirviendo y semillas de un árbol tropical, tostadas y molidas, y que suele excitar el organismo: *me gusta el ~ solo y con poco azúcar; si no me tomo un ~ después de comer, me duermo en clase; no puede tomar ~ porque le pone nervioso;* ~ **con leche**, el que lleva más o menos la misma proporción de leche y de café: *¿podría ponerme un ~ con leche en vaso largo?;* ~ **cortado**, el que lleva sólo un poco de leche: *póngame muy poca leche en el ~ cortado;* ~ **descafeinado**, el que no tiene ninguna sustancia que excite: *Andrés toma siempre ~ descafeinado porque si no, no puede dormir;* ~ **exprés**, el que se hace con vapor de forma rápida: *el ~ exprés me gusta más que el de casa;* ~ **instantáneo/soluble**, el que se vende en forma de polvo y se puede disolver en agua o leche: *el ~ soluble es muy rápido y fácil de preparar;* ~ **irlandés**, el que lleva *whisky quemado y nata: *no ponen ~ irlandés en todas las cafeterías;* ~ **solo/negro**, el que no lleva leche: *suelo tomar un ~ solo sin azúcar.* **2** Semilla o conjunto de semillas que se usan para hacer esa bebida: *el ~ se recoge en países tropicales; voy a la tienda por ~;* ~ **torrefacto**, el que está molido y es de color más oscuro y olor más fuerte por haber sido tostado con un poco de azúcar: *no me gusta el ~ torrefacto: es demasiado fuerte.* **3** Árbol tropical de flores blancas que produce esas semillas: *el ~ puede tener unos cinco metros de altura.* ⇒ **cafeto.** **4** Establecimiento en el que se sirven esa y otras bebidas o comidas: *entremos a ese ~, que quiero desayunar; por las tardes se iba al ~ de la esquina a encontrarse con los amigos.* ⇒ **cafetería.** - **5** *adj.-s.* (color) Que es marrón oscuro: *llevaba un traje de color ~.* ■ **de mal** ~, *hum.*, de mal humor o enfadado: *no le pidas dinero hoy a papá, que está de mal ~.*

ca·fe·í·na |kafeína| *f.* Sustancia excitante, que se encuentra en el café, el té y otras bebidas: *la ~ estimula el sistema nervioso; la ~ produce insomnio.*

ca·fe·tal |kafetál| *m.* Terreno en el que crecen muchos *cafetos: *los cafetales brasileños son muy importantes.*

ca·fe·te·ra |kafetéra| **1** *f.* Máquina o aparato que sirve para preparar café: *me he comprado una ~ eléctrica con filtros desechables.* **2** Recipiente en que se sirve el café: *sobre la mesa están las tazas, el azúcar y la ~.* **3** *fam. fig.* Vehículo muy viejo y en mal estado que hace ruido al andar: *¡más te valdría tirar esa ~ y comprarte un coche nuevo!* ⇒ **cacharro, trasto.**

ca·fe·te·rí·a |kafetería| *f.* Establecimiento en el que se sirven café y otras bebidas o comidas: *todas las mañanas van a una ~ a desayunar.* ⇒ **café.**

ca·fe·te·⌜ro, ⌜ra |kafetéro, ra| **1** *adj.* Que pertenece al café o tiene relación con él: *Marcelo es dueño de una importante industria cafetera.* - **2** *adj.-s. fam.* (persona) Que le gusta mucho beber café: *aunque todos los días me tomo un café no me considero una persona cafetera; casi nunca beben café, no son nada cafeteros.* - **3** *m. f.* Persona que trabaja en el campo recogiendo la semilla del café. **4** Persona que comercia con el café o que es dueño de un establecimiento en que se sirve como bebida: *Joaquín es ~, se dedica a hacer transacciones comerciales con países productores de café.*

ca·fe·to |kafeto| *m.* Árbol tropical de flores blancas que produce las semillas con las que se hace el café: *el ~ se cultiva en las regiones tropicales.* ⇒ **café.**

ca·fre |káfre| *adj.-com. desp. fig.* (persona) Que no razona y se comporta como un animal; que es torpe: *qué ~ eres, ¿para qué le das un cabezazo a la pared?* ⌂ Se usa como apelativo despectivo.

ca·ga·da |kaɣáða| **1** *f. fam. vulg.* Excremento que se expulsa cada vez que se vacía el vientre: *una ~ de pájaro me manchó el abrigo.* **2** *fam. vulg. fig.*

Resultado de una acción torpe o equivocada: *¡menuda ~ has tenido!*

ca·ga·le·ra |kaɣaléra| **1** *f. fam. vulg.* Alteración del aparato *digestivo que consiste en la *expulsión frecuente de excrementos líquidos: *comió mucha fruta y le entró ~.* ⇒ **diarrea. 2** *fam. vulg. fig.* Sentimiento de miedo: *la casa estaba ardiendo, pero no pudo lanzarse desde la ventana porque le entró ~.*

ca·gar |kaɣár| **1** *tr.-intr.-prnl. fam. vulg.* [algo] Expulsar excrementos por el ano: *después de comer le entraron unas terribles ganas de ~; el niño se cagó en los pantalones.* ⇒ **cuerpo, defecar, deponer, evacuar, obrar, vientre. - 2** *tr. fam. vulg.* [algo] Echar a perder o estropear: *¡la he cagado!, me he equivocado en el dibujo y tengo que repetirlo.* **- 3 cagarse** *prnl. fam. vulg.* Sentir miedo: *se caga cuando piensa que tiene que enfrentarse a un grupo de chicos mayores que él.* ⇒ **acobardar.** ☖ Se conjuga como 7.

ca·ga·rru·ta |kaɣar̄úta| **1** *f. fam.* Excremento de muchos animales, especialmente el que tiene forma esférica. **2** *fam. fig.* Cosa mal hecha o de mala calidad: *el trabajo que has presentado es una ~.*

ca·⌜gón, ⌜go·na |kaɣón, ɣóna| **1** *adj.-s. fam. vulg.* Que expulsa excrementos por el ano muy frecuentemente: *mi hijo pequeño es un ~.* **2** *fam. vulg.* (persona) Que no tiene el valor necesario para enfrentarse a una situación difícil: *esta niña es una cagona, le digo que vamos a ir al practicante y se pone a llorar.* ⇒ **cobarde.**

ca·í·da |kaíða| **1** *f.* Acción y resultado de caer o caerse: *la abuela se está recuperando de una ~.* **2** Cuesta o inclinación de una superficie: *los niños se lanzaban por la ~ del tobogán.* ⇒ **declive, pendiente. 3** *fig.* Pérdida de la fuerza o de la importancia: *la ~ del partido en las últimas elecciones ha sido importante.* ⇒ **decadencia, declive. 4** Parte de una tela que cuelga hacia abajo: *estas cortinas tienen demasiada ~.* ■ **~ de ojos,** forma habitual de bajar los ojos o los párpados y expresión que se da a la mirada: *el bebé tiene una ~ de ojos muy simpática.*

cai·mán |kai̯mán| **1** *m.* Reptil de gran tamaño que tiene la piel muy dura y los dientes fuertes y afilados y que vive en los ríos de América: *el ~ es temible por su voracidad; los caimanes miden alrededor de cuatro metros; el ~ es más pequeño que el cocodrilo y tiene el hocico más corto.* ⇒ **reptil.** ☖ Para indicar el sexo se usa el ~ macho y el ~ hembra. **2** *fig.* Persona con habilidad para sacar provecho de una situación: *mi hermano es un ~ en los negocios.*

ca·ja |káxa| **1** *f.* Recipiente, generalmente con tapa, que sirve para guardar o llevar cosas: *quedan cinco bombones en la ~; he comprado una ~ de pinturas para mi hijo.* ⇒ **cajón, paquete; ~ de caudales,** la de metal resistente, que se usa para guardar dinero en ella: *los ladrones no consiguieron abrir la ~ de caudales;* **~ fuerte,** la de metal resistente, que se usa para guardar dinero u objetos de mucho valor, generalmente en bancos o *depósitos: *los ladrones volaron la puerta de la ~ fuerte;* **~ registradora,** la que se usa para calcular y guardar el importe de las *ventas en los comercios: *las cajas registradoras modernas son electrónicas.* **2** Recipiente que contiene o protege un mecanismo: **~ de cambios,** la que contiene los mecanismos de los cambios de velocidad en los vehículos automóviles: *tenemos que arreglar la ~ de cambios porque no puedo meter la primera;* **~ de música,** la que contiene un mecanismo que, al abrir la tapa, hace sonar una *melodía: *tienes que darle cuerda a la ~ de música para que suene;* **~ negra,** la que contiene un mecanismo que graba información sobre el vuelo de un avión: *están buscando la ~ negra para tratar de averiguar las causas del accidente.* **3** Parte hueca de un instrumento musical de cuerda que aumenta su sonido: *la guitarra española tiene una ~ grande.* **4** Parte del cuerpo que contiene o protege un conjunto de órganos: **~ del tímpano,** MED., la que contiene los *huesecillos del oído; **~ torácica,** MED., la que contiene el corazón y los pulmones además de otros órganos. ⇒ **tórax. 5** Lugar donde se hacen los *pagos y los cobros en un establecimiento: *en la ~ central le devolverán su dinero; en la ~ número tres podrá pagar con tarjeta de crédito.* **6** Establecimiento destinado a guardar el dinero de sus clientes a cambio de un interés: *tengo que ir a la ~ por dinero; las cajas de ahorros ofrecen los mismos servicios que los bancos.* **7** Recipiente de madera, o de otros materiales, y con tapa en el que se entierra un muerto: *depositaron la ~ en la tumba para enterrarla.* ⇒ **féretro. 8** Tambor de sonido claro: *hizo un redoble en la ~; el bombo es mucho más grande que la ~.* ■ **~ de reclutamiento/reclutas,** organismo militar que se encarga de *alistar y dar destino a los soldados: *fueron a la ~ de reclutas para solicitar una prórroga.* ■ **hacer ~,** calcular el importe de las entradas y salidas de dinero, generalmente al final de un periodo de tiempo determinado: *en la tienda de mi tío, todos los días se hace ~.*

ca·je·⌜ro, ⌜ra |kaxéro, ra| **1** *m. f.* Persona que se encarga de la entrada y salida de dinero en ciertos establecimientos: *el ~ del banco comprobó mi firma y me pidió el carné antes de darme el dinero;* **~ automático,** máquina que permite sacar o meter dinero en un banco mediante una *tarjeta especial que tiene *asignado un número secreto: *voy a sacar dinero al ~ automático para comprar las entradas para el teatro.* **2** Persona que se dedica a cobrar el dinero a los clientes de ciertos establecimientos: *en este restaurante eliges la comida que quieres y se la pagas a una cajera.*

ca·je·ti·lla |kaxetíʎa| *f.* Paquete pequeño de tabaco: *encendió su cigarrillo y guardó la ~.*

ca·jón |kaxón| **1** *m.* Recipiente sin tapa y que se puede sacar y meter dentro del hueco de un mueble y que sirve para guardar ropa u otros objetos: *los calcetines están en el primer ~ del armario; me he olvidado la agenda en el ~ de la mesa del despacho; abre ese ~ y busca un bolígrafo.* **2** Recipiente, de base más o menos cuadrada y sin tapa, que sirve para guardar o llevar cosas pesadas: *hay que descargar esos cajones de fruta; la llave inglesa está en el*

~ *de las herramientas.* ⇒ **caja.** 3 Hueco de un mueble con forma más o menos cuadrada: *puso los libros en el ~ del pupitre.* ■ ~ **de sastre**, conjunto de cosas distintas o poco relacionadas y sin orden: *en este capítulo, auténtico ~ de sastre, trataremos muy diversos asuntos.* ■ **de** ~, *vulg.*, que resulta de lo que se hace o se dice, por lógica y con toda seguridad; que está fuera de toda duda: *es de ~ que si vas a comprar algo necesites dinero; estas cosas son de ~ y no es necesario decirlas.* ☖ Suele usarse con el verbo *ser.*

ca·jo·ne·ra |kaxonéra| **1** *f.* Conjunto de cajones que forma parte de un mueble, especialmente de un armario: *el armario que nos hemos comprado tiene dos cajoneras.* **2** Mueble formado sólo por cajones: *hemos puesto una ~ en el dormitorio de los niños.* **3** Especie de cajón que tienen las mesas en las que se sientan los niños en la escuela: *el niño se sentó en su pupitre y metió los cuadernos en la ~.*

cal |kál| **1** *f.* Sustancia sólida, blanca y ligera, que mezclada con agua desprende calor y que suele usarse para pintar paredes: *en algunos lugares se blanquean las paredes con ~.* **2** QUÍM. Óxido de *calcio: *la fórmula de la ~ es CaO.* ■ **a ~ y canto**, expresión que indica que algo está cerrado fuertemente: *las ventanas de su casa estaban siempre cerradas a ~ y canto.* ■ **una de ~ y otra de arena**, serie de cosas buenas y malas alternas: *para no discutir con él, siempre le doy una de ~ y otra de arena.*

ca·la |kála| **1** *f.* Parte pequeña del mar que entra en la tierra y que puede servir de refugio a las embarcaciones: *los muchachos fueron a bañarse a una ~ apartada de la ciudad.* ⇒ **bahía, caleta, golfo.** **2** Agujero que se hace en un terreno o en una obra de fábrica para reconocer su profundidad, composición o estructura: *hicieron una ~ en la fachada para comprobar qué había debajo del revestimiento.* **3** Trozo pequeño de una fruta que se corta para probarla: *el frutero ofrecía una ~ de melón a sus clientes.* **4** Parte más baja en el interior de una embarcación: *la ~ de este buque está cerrada herméticamente.*

ca·la·ba·cín |kalaβaθín| *m.* Hortaliza de forma cilíndrica, con una carne blanca cubierta por una corteza verde: *corta el ~ en rodajas y rebózalo.*

ca·la·ba·za |kalaβáθa| **1** *f.* Fruto comestible de gran tamaño y forma redonda, de color amarillo o naranja, con muchas semillas en su interior: *la ~ se usa para hacer dulces como el cabello de ángel; le gustan las pipas de ~ porque son más grandes que las de girasol.* **2** Hortaliza que produce ese fruto: *plantaron calabazas en el huerto.* **3** *fam. fig.* Cabeza de una persona, especialmente si es grande: *es muy tonto: sólo usa la ~ para llevar el sombrero.* ⇒ **melón.**

ca·la·bo·bos |kalaβóβos| *m.* Lluvia muy fina que cae suavemente: *salió con el chubasquero porque estaba cayendo un ~.* ⇒ **llovizna.** ☖ El plural es *calabobos.*

ca·la·bo·zo |kalaβóθo| *m.* Lugar seguro y pequeño que se usa para encerrar durante poco tiempo a las personas peligrosas o que no cumplen una norma o una ley: *llevaron al preso al ~; al soldado desobediente lo metieron en el ~.*

ca·la·da |kaláða| *f.* Chupada que se da a un cigarro o a otra cosa que se fuma: *sólo di un par de caladas y luego tiré el cigarrillo.*

ca·la·de·ro |kalaðéro| *m.* Lugar en el que se echan las redes para pescar: *a este ~ acuden barcos de pesca de varios países.*

ca·la·do |kaláðo| **1** *m.* Labor que consiste en hacer agujeros formando un dibujo, generalmente en tela, papel o madera: *Rosa ha hecho un bonito ~ en la tapadera del costurero; este vestido es caro porque lleva calados; estos calados los ha hecho con una aguja de ganchillo.* **2** MAR. Distancia que hay entre el fondo del mar y la parte más baja de una embarcación: *echamos el ancla en un lugar que no tenía más de 20 metros de ~.* **3** MAR. Distancia que hay entre el fondo del mar y la superficie del agua: *los barcos no pueden fondear en este puerto porque tiene poco ~.*

ca·la·fa·te·ar |kalafateár| *tr.* MAR. [algo] Cerrar las uniones de las maderas de una embarcación con *estopa y *brea, para que no entre el agua: *por la tarde calafatearon la barca y prepararon las redes.*

ca·la·mar |kalamár| *m.* Animal invertebrado marino comestible, con diez patas, que expulsa tinta para ocultarse y poder escapar de sus enemigos: *en España, los calamares son abundantes y se cocinan de muchas maneras; a mi padre le gustan los calamares en su tinta.* ⇒ **chipirón.** ☖ Para indicar el sexo se usa el ~ macho y el ~ hembra.

ca·lam·bre |kalámbre| **1** *m.* Contracción involuntaria de un músculo, que produce un dolor intenso: *el nadador sufrió un ~ en la espalda y no pudo terminar la carrera.* **2** Sensación molesta que produce una corriente eléctrica de baja intensidad: *el cable de la lavadora estaba roto y al enchufarlo me dio ~.*

ca·la·mi·dad |kalamiðá^{ð} **1** *f.* Desgracia que afecta a muchas personas: *el hambre, la guerra, las enfermedades, la miseria y otras calamidades azotan el Tercer Mundo.* ⇒ **desastre.** **2** *fam. fig.* Persona que hace las cosas mal por ser torpe o tener mala suerte: *Alejandro es una ~ en la cocina, no sabe hacer ni una tortilla.* ⇒ **inútil.** **3** *fam. fig.* Objeto o acción que ha fracasado o ha resultado mal: *el viaje fue una ~, llovió todo el tiempo y Juan cogió la gripe; la última película es una verdadera ~.*

ca·la·mi·to·⌐so, ⌐sa |kalamitóso, sa| **1** *adj.* Que causa una *calamidad o es propio de ella: *después del bombardeo, la ciudad quedó en un estado ~.* **2** Que es muy malo: *hoy he tenido un día ~.*

ca·lan·dria |kalándria| **1** *f.* Pájaro de espalda oscura con manchas claras, vientre casi blanco, el resto del cuerpo gris y pico grande y grueso: *la ~ canta en el campo por las mañanas.* ☖ Para indicar el sexo se usa la ~ macho y la ~ hembra. **2** Máquina que sirve para *prensar papel o tela: *la ~ prensaba las telas con rapidez.*

ca·la·ña |kaláɲa| ***f.*** Condición o naturaleza de una persona: *no me gustan sus amigos: son de mala ~.* ⇒ **índole.**

ca·lar |kalár| **1 *tr.-prnl.*** [algo, a alguien] Mojar completamente, llegando la humedad hasta el interior: *el agua calaba la tierra formando un barro muy espeso; calaremos este bizcocho con un poco de almíbar; olvidé el paraguas y me calé hasta los huesos.* ⇒ **empapar. - 2 *tr.*** Atravesar de lado a lado: *la bala le caló el pecho por completo, saliendo por la espalda; el carpintero caló la tabla con la barrena.* **3** Hacer agujeros formando un dibujo, generalmente en tela, papel o madera: *la costurera me ha calado un pañuelo, haciendo el dibujo de una flor.* **4** Cortar un trozo pequeño, generalmente de una fruta para probarla: *su padre no compra un melón si antes no lo ha calado.* **5** *fam. fig.* Conocer y comprender las cualidades, los secretos o las intenciones: *Juan nos ha calado el pensamiento; tenía la habilidad de ~ a la gente a primera vista; no es fácil ~ el tema principal de la última película de Almodóvar.* **- 6 *intr.*** Producir una impresión profunda: *la zarzuela caló hondo en el público de finales de siglo; aquella experiencia caló profundamente en su alma de niño.* **- 7 calarse *prnl.*** Colocarse o ponerse, generalmente un objeto o una prenda de vestir en una parte del cuerpo: *Sergio se caló el sombrero hasta las orejas; la anciana se calaba siempre las gafas para leer el periódico.* **8** Pararse un motor por estar mal alimentado: *Carlos tiene un coche muy viejo que siempre se cala.* ■ **~ la bayoneta,** MIL., colocar una hoja de acero en el extremo de una arma de fuego: *el soldado caló la bayoneta en su fusil.* ■ **~ hondo,** llegar a gustar mucho o asentirse como una cosa propia: *ese sentimiento caló hondo en la sociedad del siglo* XIX*; la zarzuela caló hondo en el pueblo.*

ca·la·ve·ra |kalaβéra| **1 *f.*** Conjunto de huesos de la cabeza: *la ~ es símbolo de la muerte; la bandera pirata llevaba una ~ y dos tibias cruzadas.* **- 2 *com.*** *desp. fig.* Persona de poco juicio, que se comporta mal y contra la moral: *Mariano era un verdadero ~, pasaba las noches de juerga.* ⇒ **libertino, vicioso.**

ca·la·ve·ra·da |kalaβeráða| ***f.*** Acción poco juiciosa o que se hace sin pensar: *ha perdido su fortuna a causa de sus calaveradas.*

cal·cá·ne·o |kalkáneo| ***m.*** ANAT. Hueso del talón del pie: *el médico ha ordenado reposo a Pérez porque tiene una rotura de ~.*

cal·ca·ñal |kalkaɲál| ***m.*** ⇒ **calcañar.** ☖ La Real Academia Española prefiere la forma *calcañar.*

cal·ca·ñar |kalkaɲár| ***m.*** *fam.* Parte posterior de la planta del pie: *durante la carrera, se ha hecho daño en los calcañares.* ⇒ **calcañal, talón.**

cal·car |kalkár| **1 *tr.*** [algo] Sacar copia, generalmente de un dibujo, poniendo sobre el original un papel o tela en el que se reproduce: *solíamos ~ el mapa de Europa para estudiar su geografía.* ⇒ **copiar. 2** [algo, a alguien] Imitar o reproducir exactamente: *no se molestó en pensar su trabajo, simplemente lo calcó del de Antonio; los cuentos están calcados de situaciones reales.* ⇒ **copiar.** ☖ Se conjuga como 1.

cal·cá·re·⌜o, ⌜a |kalkáreo, a| ***adj.*** Que tiene *cal: *en las tuberías de algunas casas se forma una materia calcárea que llega a taponarlas.* ⇒ **calizo.**

cal·ce·ta |kalθéta| ***f.*** Tejido de punto: *se pasa el día haciendo ~.* ⇒ **punto.**

cal·ce·tín |kalθetín| ***m.*** Prenda de vestir, normalmente de lana o algodón, que cubre el pie y parte de la pierna sin llegar a la rodilla: *llevaba unos calcetines marrones y unos zapatos de ante.* ⇒ **media.**

cál·ci·⌜co, ⌜ca |kálθiko, ka| ***adj.*** QUÍM. *form.* Del *calcio o que tiene relación con él: *la caliza y la creta son minerales cálcicos.*

cal·ci·fi·car |kalθifikár| **1 *tr.*** QUÍM. [algo] Producir *carbonato de *cal por medios artificiales: *este especialista se dedica sólo a ~.* **2** BIOL. Dar a un tejido orgánico propiedades *calcáreas mediante la *adición de sales de *calcio: *me han puesto un tratamiento médico para ~ los huesos.* ☖ Se conjuga como 1.

cal·ci·na·ción |kalθinaθión| **1 *f.*** *form. fig.* Quema; reducción a cenizas: *la ~ de los huesos había eliminado las únicas pistas del asesinato.* **2** QUÍM. Calentamiento de los minerales, hasta que desaparecen el agua y el *carbono: *la ~ se utiliza en la industria metalúrgica para separar el metal de la mena.*

cal·ci·nar |kalθinár| **1 *tr.*** *fig.* [algo] Quemar; reducir a cenizas: *el incendio había calcinado el bosque.* **- 2 *tr.-prnl.*** QUÍM. Calentar los minerales, hasta que desaparecen el agua y el *carbono: *los minerales de calcio se calcinan para reducirlos a cal viva.*

cal·cio |kálθio| ***m.*** QUÍM. Metal blando, de color blanco brillante, que se oxida con el aire y el agua y que, combinado con el oxígeno, forma la *cal: *el símbolo del ~ es Ca; el ~ forma parte de los huesos y aparece en la leche y en las verduras.*

cal·co |kálko| **1 *m.*** Copia exacta de un texto o un dibujo: *hay que hacer un ~ del patrón en la tela antes de cortar la camisa.* **2** Imitación o reproducción exacta: *este cuadro no es original, es un ~ de otro de Velázquez.* ⇒ **plagio. 3** LING. Adaptación de una palabra extranjera, traduciendo su significado: *la palabra* baloncesto *es un ~ de* basket-ball; **~ semántico,** LING., adaptación del significado de una palabra extranjera a una palabra que ya existe en una lengua: asistente *por* ayudante *es un ~ semántico del inglés.*

cal·co·gra·fí·a |kalkoɣrafía| ***f.*** Técnica que consiste en imprimir o sacar sobre un material una figura por medio de planchas metálicas: *esta figura la han sacado por ~.*

cal·có·gra·⌜fo, ⌜fa |kalkóɣrafo, fa| ***m. f.*** Persona que se dedica a la *calcografía: *los calcógrafos trabajan en talleres.*

cal·co·ma·ní·a |kalkomanía| **1 *f.*** Papel preparado con disolvente, con una imagen que se puede imprimir en una superficie lisa por *contacto: *la ~ sirve para decorar objetos de cerámica, madera, cristal o tela.* **2** Imagen impresa por *contacto en una superficie a partir de ese papel: *me he comprado una camiseta que lleva una gran ~ en la espalda.*

cal·cu·la·ble |kalkuláβle| ***adj.*** Que se puede calcular: *las pérdidas de la empresa son perfectamente calculables.* ⇔ **incalculable.**

cal·cu·la·ʳdor, ʳdo·ra |kalkulaðór, ðóra| **1** ***adj.-s.*** (persona) Que piensa únicamente en su propio interés: *Carlos era un hombre ~ para los negocios y para los amigos.* ⇒ **interesado. 2** Que piensa con cuidado un asunto intentando considerar todos los detalles: *el atleta español, frío y ~, supo sacar partido de su juventud para ganar la competición.* ⇒ **reflexivo.**

cal·cu·la·do·ra |kalkulaðóra| ***f.*** Máquina *electrónica que puede hacer diversas operaciones matemáticas: *necesito una ~ nueva para la oficina.*

cal·cu·lar |kalkulár| **1** ***tr.*** [algo] Hacer las operaciones matemáticas necesarias para averiguar un resultado: *hay que ~ la proporción; calculaba cuánto tiempo se iba a tardar en terminar.* **2** Creer o suponer una cosa considerando otras: *ha salido de su casa hace una media hora, así que calculo que no tardará en llegar; calculo que tendrá unos 35 años.* **3** Pensar con cuidado un asunto intentando considerar todos los detalles: *calculó bien lo que haría; el golpe fue calculado a la perfección y nunca pudo encontrarse a los culpables.*

cál·cu·lo |kálkulo| **1** ***m.*** Operación o conjunto de operaciones matemáticas necesarias para averiguar un resultado: *haremos un ~ de todo lo que nos hemos gastado este mes.* ⇒ **cuenta. 2** Suposición o juicio que se forma a partir de unas señales: *los cálculos de María eran totalmente aventurados y falsos.* ⇒ **cábala, conjetura. 3** Acumulación de pequeños trozos de materia mineral u orgánica que se forma de manera extraña en algunos órganos internos del cuerpo: *los cálculos suelen aparecer en el riñón.* ⇒ **piedra. 4** MAT. Sistema matemático que estudia las cantidades variables y sus diferencias: *Leibniz y Newton crearon el ~ infinitesimal.*

cal·de·ar |kaldeár| **1** ***tr.-prnl.*** [algo] Calentar mucho: *el sol caldea la habitación; la atmósfera se caldeó pronto.* **2** *fig.* Hacer que se levanten los ánimos o que se pierda la calma: *la fiesta era muy aburrida, pero sus chistes caldearon el ambiente.* ⇒ **calentar.**

cal·de·ra |kaldéra| **1** ***f.*** Recipiente cerrado de metal que se emplea para calentar agua y otros líquidos: *la ~ de la calefacción está estropeada;* **~ de vapor**, recipiente cerrado de metal donde se hierve agua hasta conseguir el vapor necesario para mover una máquina: *las locomotoras antiguas se mueven gracias a una ~ de vapor.* **2** Recipiente de metal, muy grande, redondo y con dos asas, que se usa para cocinar: *prepararon el guiso en una ~ porque había más de treinta invitados a comer.*

cal·de·re·ʳro, ʳra |kalderéro, ra| ***m. f.*** Persona que se dedica a hacer, arreglar o vender recipientes de metal: *compré una caldera de cobre al ~.*

cal·de·ri·lla |kalderíʎa| ***f.*** Conjunto de monedas, generalmente de poco valor: *llevaba varios billetes de mil pesetas y algo de ~.* ⇒ **suelto.** ⌂ No se usa en plural.

cal·de·ro |kaldéro| ***m.*** Recipiente con una sola asa de lado a lado y con el fondo en forma de media esfera que se usa para cocinar: *hay un ~ colgado en la chimenea.*

cal·do |káldo| **1** ***m.*** Líquido que queda al cocinar en agua los alimentos: *el ~ de carne o de verduras puede tomarse solo y también sirve para hacer sopa.* ⇒ **consomé. 2** Jugo de la uva y otras frutas: *el vino, el aceite y la sidra son caldos; los caldos españoles son muy apreciados en todo el mundo.* ⇒ **vino.** ■ **~ de cultivo**, BIOL., líquido preparado para el desarrollo y estudio de las bacterias y otros organismos que no se pueden ver a simple vista: *en los laboratorios se preparan numerosos caldos de cultivo para fabricar vacunas.* ■ **~ de cultivo**, *fig.*, lugar o ambiente adecuado para el desarrollo de una cosa que se considera importante: *la grave crisis económica fue el ~ de cultivo en el que surgió la revolución.* ■ **al que no quiere ~, la taza llena**, *fam.*, expresión que indica que una persona se ve obligada a hacer o soportar una cosa que no le es favorable. ⌂ También se usa, con el mismo significado, la expresión *al que no quiere ~ tres tazas.* ■ **poner a ~**, regañar, insultar: *Antonio perjudicó a sus amigos y ellos lo pusieron a ~.*

cal·do·ʳso, ʳsa |kaldóso, sa| ***adj.*** Que tiene mucho *caldo: *me gusta que la sopa esté bien caldosa.*

ca·lé |kalé| ***adj.-s.*** Del pueblo *gitano: *Antonio Torres Heredia era de la raza ~.*

ca·le·fac·ción |kalefa^{k}θión| ***f.*** Conjunto de aparatos que sirven para calentar un lugar: *la ~ es fundamental en invierno; por favor, enciende la ~ del coche;* **~ central**, la que emite el calor desde un solo punto y sirve para calentar todo un edificio: *la ~ central distribuye uniformemente el calor.*

ca·le·fac·ʳtor, ʳto·ra |kalefa^{k}tór, tóra| **1** ***adj.*** Que calienta: *este radiador tiene cinco elementos calefactores.* **2** Persona que instala y arregla los aparatos que sirven para calentar un lugar: *Antonio trabaja como ~ en Madrid.* **- 3 calefactor *m.*** Aparato eléctrico que despide aire caliente y sirve para calentar un lugar: *tengo un ~ en mi habitación.*

ca·lei·dos·co·pio |kaleiðoskópio| ***m.*** Aparato cuyo interior se mira por diversión y que tiene forma de tubo con tres espejos en su interior y varias piezas de colores que al moverse y reflejarse en los espejos forman distintas figuras: *el niño estaba asombrado mirando por el ~.* ⇒ **calidoscopio.** ⌂ La Real Academia Española prefiere la forma *calidoscopio.*

ca·len·da·rio |kalendário| **1** ***m.*** Registro de todos los días del año, ordenados por meses y por semanas, que generalmente incluye noticias relacionadas con las estrellas y con las celebraciones religiosas y *civiles: *los domingos y días festivos se señalan en rojo en el ~.* ⇒ **almanaque; ~ perpetuo**, registro que permite saber cómo se *distribuyen los meses, semanas y días de todos los años: *Pedro tiene un ~ perpetuo sobre su mesa.* **2** Sistema de división del tiempo por días, semanas, meses y años: *el ~ occidental tiene trescientos sesenta y cinco días; los años tienen nombres de animales en el ~ chino;* **~ eclesiástico**, el que se basa en las celebraciones religiosas: *el Adviento y la Cuaresma son periodos del ~ eclesiástico;* ~ **escolar**, el que fija los días *lectivos y festivos para profesores y estudiantes: *el ~ escolar empieza en octubre y termina en junio;* ~ **gregoriano/nuevo/renovado**, el que contiene siete meses de treinta y un días, cuatro meses de treinta días y un mes con sólo veintiocho días, *excepto cada cuatro años, que añade un día más: *el ~ gregoriano fue creado por Gregorio XIII y es el utilizado por los países occidentales;* ~ **laboral**, el que elabora el gobierno de una nación para fijar los días de trabajo y de fiesta: *el ~ laboral incluye el seis de diciembre como festivo porque es el día de la Constitución española.* **3** *fig.* Conjunto ordenado de las actividades previstas durante un periodo de tiempo: *el Comité Organizador de los Juegos de Barcelona presentó el ~ para los deportes de competición.* ⇒ **programa.**

ca·lén·du·la |kaléndula| *f.* Planta de jardín de flores compuestas, de color rojo o naranja: *la ~ se usa en medicina; la ~ abunda en el Mediterráneo.* ⇒ **maravilla.**

ca·len·ta·⌐dor, ⌐do·ra |kalentaðór, ðóra| **1** *adj.* Que hace subir la temperatura de una cosa. **- 2 calentador** *m.* Aparato que calienta el agua para usos domésticos: *he tenido que ducharme con agua fría porque se ha roto el ~.* **3** Utensilio o recipiente que sirve para calentar: *he puesto un ~ en la cama para no tener frío; mete el biberón en el ~.* **- 4 calentadores** *m. pl.* Prenda de vestir, normalmente de lana o algodón, que cubre la pierna desde el *tobillo hasta la rodilla: *los bailarines y los gimnastas usan calentadores cuando están entrenando.*

ca·len·tar |kalentár| **1** *tr.-intr.-prnl.* [algo] Poner o hacer poner caliente o más caliente; hacer subir la temperatura: *tengo que ~ la leche para el desayuno; acércate al fuego para calentarte; el sol calienta mucho en verano.* ⇔ **enfriar. - 2** *tr.-prnl. fam. fig.* [a algo/alguien] Fastidiar; enfadar o molestar a una persona: *no me calientes que te doy una torta; me calenté cuando oí esas estupideces y le contesté mal.* **3** *fam. vulg.* Excitar sexualmente a una persona: *las vacas se calientan en época de celo.* **- 4** *tr. fam.* [algo, a alguien] Pegar o dar golpes: *como sigas molestando te voy a ~; como vuelvas a hablarme así te voy a ~ las orejas.* ⇒ **untar. 5** *fig.* Hacer que se levanten los ánimos o que se pierda la calma: *los músicos calentaron el ambiente con sus canciones; calentó la disputa con sus insultos.* ⇒ **caldear.** ⇔ **enfriar. - 6** *tr.-intr.* DEP. [algo] Hacer ejercicios de preparación antes de practicar un deporte: *antes de correr, siempre caliento los músculos; el nadador movía los brazos para ~; si no calientas puedes sufrir un tirón.* ■ ~ **el asiento**, *fam.*, ocupar un cargo o un empleo sin desarrollar ninguna actividad: *es un enchufado y no hace más que ~ el asiento.* ■ ~ **la cabeza/los cascos**, *fam.*, cansar o molestar hablando mucho: *deja ya de repetírmelo y no me calientes los cascos.* ⌂ Se conjuga como 27.

ca·len·tón |kalentón| **1** *m. fam.* Calentamiento rápido: *dale un ~ al café: no me gusta frío.* **2** Calentamiento excesivo y peligroso del motor de un automóvil: *si no cambias de marcha le vas a dar un ~; un ~ ha quemado la junta de la culata.*

ca·len·tu·ra |kalentúra| **1** *f.* Temperatura excesivamente alta en el cuerpo acompañada de un aumento del número de los latidos del corazón: *a Pablo se le había olvidado que las anginas le daban una ~ enorme.* ⇒ **fiebre. 2** Herida que se forma en los labios a causa de la fiebre: *tras la gripe, le quedaron los labios llenos de calenturas.*

ca·len·tu·rien·⌐to, ⌐ta |kalenturiénto, ta| *adj.-s.* Que se excita y se altera en exceso; que es extraño y raro: *muchos románticos tenían mentes calenturientas; la imaginación calenturienta le hacía ver visiones.* ⇒ **extravagante.**

ca·le·ra |kaléra| *f.* Lugar de donde se saca piedra *caliza: *la cal se prepara en las caleras.*

ca·le·sa |kalésa| *f.* Coche de caballos de dos o cuatro ruedas con la caja abierta por delante y con una cubierta o techo plegable: *los turistas se paseaban en ~ por el paseo marítimo.*

ca·le·ta |kaléta| *f.* Parte muy pequeña de mar que entra en la tierra: *estuvieron pescando en una bonita ~ de la Costa Brava.* ⇒ **bahía, cala, golfo.**

ca·li·bra·dor |kaliβraðór| *m.* Instrumento que sirve para *calibrar: *trajeron un ~ para medir la anchura del tubo.*

ca·li·brar |kaliβrár| **1** *tr.* [algo] Medir o reconocer el *calibre de una cosa: *un experto de la policía se encarga de ~ las armas.* **2** *fig.* Medir la importancia o el tamaño de una cosa: *no calibraron bien las consecuencias de sus actos.*

ca·li·bre |kalíβre| **1** *m.* *Diámetro interior de un objeto con forma de cilindro hueco: *iba armado de una pistola de gran ~; necesito saber el ~ de los tubos antes de cambiar las cañerías.* **2** *fig.* Importancia o tamaño de una cosa: *superó a rivales de alto ~ para ganar el torneo de atletismo.* **3** FÍS. Instrumento que sirve para medir el *diámetro de un objeto.

ca·li·dad |kaliðáᵈ| **1** *f.* Manera o material con que se hace una cosa: *comieron chorizo de mala ~ y les sentó mal; siempre usa ropa de buena ~.* ⌂ Se usa generalmente con la construcción *ser de.* Si no se expresa el adjetivo, se supone *buena ~: siempre usa ropa de ~.* **2** Propiedad o conjunto de propiedades que distingue y forma la manera de ser: *es una persona de ~ noble.* **3** PINT. Sensación de realidad que produce la materia representada en un cuadro: *las calidades de los personajes del fondo dan un gran valor a este cuadro.* ⌂ En esta acepción, suele usarse en plural. ■ **de ~ superior/de primera ~**, que está hecho con el mejor material o de la mejor manera posible: *fabrican un queso de primera ~; escribe artículos de primera ~.* ■ **en ~ de**, según la condición de; con la función de: *habló en ~ de ministro; lo digo en ~ de ciudadano de a pie.*

cá·li·⌐do, ⌐da |káliðo, ða| **1** *adj. form.* Que es caliente; que produce calor: *le gustaba pasear en las noches cálidas de junio.* ⇔ **frío, glacial. 2** Que muestra afecto; que es agradable: *ha creado un ambiente muy ~ en el trabajo.* ⇔ **frío. 3** Que produce sensación de temperatura alta; que retiene el calor: *esta habitación es la más cálida de la casa.* ⇒ **ca-**

liente. ⇔ **frío. 4** PINT. (color) Que pertenece a la escala del rojo y del amarillo: *el rosa, el naranja y el morado son colores cálidos; ha decorado su casa en tonos cálidos.* ⇒ **caliente.** ⇔ **frío.**

ca·li·dos·co·pio |kaliðoskópio| ***m.*** Aparato cuyo interior se mira por diversión y que tiene forma de tubo con tres espejos en su interior y varias piezas de colores que al moverse y reflejarse en los espejos forman distintas figuras: *los niños aprendieron en el colegio a construir un ~.* ⇒ **caleidoscopio.**

ca·lien·ta·pla·tos |kalientaplátos| ***m.*** Aparato que sirve para mantener calientes los platos durante un tiempo: *había un ~ en el comedor del hotel.* ☖ El plural es *calientaplatos.*

ca·lien·te |kaliénte| **1** ***adj.*** Que tiene una temperatura alta o más alta de lo normal: *se toman un café con leche bien ~; el horno ya está ~.* ⇒ **cálido.** ⇔ **frío. 2** *fig.* Que hace que se levanten los ánimos o se pierda la calma; que no es tranquilo: *tuvieron una discusión muy ~ y acabaron gritando.* ⇔ **frío. 3** *fam. fig.* Que está molesto o enfadado: *Ignacio ya me tiene muy ~ con sus tonterías.* ⇒ **harto. 4** Que produce sensación de temperatura alta; que retiene el calor: *el salón de mi casa es muy ~.* ⇒ **cálido.** ⇔ **frío. 5** PINT. (color) Que pertenece a la escala del rojo y del amarillo: *yo prefiero los colores calientes para vestir.* ⇒ **cálido.** ⇔ **frío. 6** *vulg. fig.* Que siente o produce un deseo sexual fuerte: *en esta época las ovejas siempre se ponen calientes; he visto en la televisión una película ~.* ⇒ **cachondo, lujurioso, sensual.**

ca·li·fa |kalífa| ***m.*** Jefe mahometano que tiene poder político y religioso: *los califas eran considerados sucesores de Mahoma.* ⇒ **emir, sultán.**

ca·li·fa·to |kalifáto| **1** ***m.*** Territorio que gobierna un *califa: *el ~ Omeya tenía la capital en Damasco.* **2** Cargo del *califa: *obtuvo el ~ a la muerte de su padre.* **3** Periodo de tiempo en el que gobierna un *califa o una familia de ellos: *su ~ sólo duró cinco años.*

ca·li·fi·ca·ción |kalifikaθión| **1** ***f.*** Valoración de los conocimientos de un *alumno o persona que se examina; nota que se pone a un ejercicio: *obtuve buenas calificaciones en los exámenes.* ⇒ **nota. 2** Juicio o expresión de unas cualidades: *el comportamiento de Mariano no merece ~.* ⇒ **calificativo.**

ca·li·fi·ca·⌐dor, ⌐do·ra |kalifikaðór, ðóra| ***adj.-s.*** Que califica: *el comité ~ no conocerá el nombre de los candidatos.*

ca·li·fi·car |kalifikár| **1** ***tr.*** *form.* [algo, a alguien] Determinar o expresar unas cualidades: *calificaron el proyecto de inviable; no se puede ~ como imposible lo que no se conoce; califica esa obra de aburrida y pesada.* **2** Determinar la nota que se ha de dar a una persona que se examina: *estamos esperando a que califiquen la primera prueba; me calificaron con un suspenso.* **3** LING. [algo] Expresar la cualidad de un sustantivo: *el adjetivo* simpático *puede ~ al sustantivo* hombre. **- 4** ***tr.-prnl.*** [a alguien] Probar o demostrar una cualidad: *sus acciones lo califican como persona de honor; se calificó como un virtuoso del piano.* ☖ Se conjuga como 1.

ca·li·fi·ca·ti·⌐vo, ⌐va |kalifikatíβo, βa| **1** ***adj.*** Que determina o expresa unas cualidades: *el interés por lo español es una circunstancia calificativa del auge del país.* **- 2 calificativo** ***m.*** Juicio o expresión de unas cualidades: *el concierto recibió el ~ de grandioso.*

ca·li·for·nia·⌐no, ⌐na |kalifornjáno, na| **1** ***adj.*** De California o que tiene relación con California: *Los Ángeles y San Francisco son ciudades californianas.* **- 2** ***m. f.*** Persona nacida en California o que vive habitualmente en California: *Laurie es californiana y ha venido a Madrid a estudiar literatura española.*

ca·li·gra·fí·a |kaliγrafía| **1** ***f.*** Escritura de signos muy bellos y correctamente formados: *en las paredes de las mezquitas y de los palacios se utiliza una espléndida ~.* **2** Conjunto de *rasgos característicos de la escritura de un documento, una persona o una *época: *hay muchos textos medievales con ~ gótica cursiva; leí la carta y, por su ~, supe que era de Juan.*

ca·lí·gra·⌐fo, ⌐fa |kalíγrafo, fa| **1** ***m. f.*** Persona que escribe a mano con letra muy cuidada: *quería tener un libro manuscrito y contrató a un ~ para que se lo copiara.* **2** Persona que tiene especiales conocimientos de *caligrafía: *consultaron a un experto ~ para datar el documento.*

ca·li·mo·cho |kalimótʃo| ***m.*** *fam.* Mezcla de vino y de una bebida con sabor a cola, que se toma fría: *algunos jóvenes toman ~ cuando celebran una fiesta.*

ca·li·na |kalína| ***f.*** Fenómeno de la atmósfera que se produce por el calor y que hace que no se vea con claridad lo que está lejos: *la ~ es una especie de neblina formada por partículas de polvo en suspensión.*

cá·liz |káliθ| **1** ***m.*** Vaso de oro o plata que contiene el vino de la misa: *el sacerdote levantó el ~ y bebió.* **2** POÉT. Vaso con pie para beber. **3** BOT. Parte exterior de la flor, formada por hojas duras de color verde, por donde se une al tallo: *las hojas que forman el ~ se llaman sépalos.* **4** *fig.* Conjunto de penas, dolores o circunstancias *desfavorables: *¡qué ~, tengo que ir al dentista!*

ca·li·⌐zo, ⌐za |kalíθo, θa| ***adj.*** (roca, terreno) Que tiene *cal: *en este terreno no crecerán las plantas porque es muy ~.* ⇒ **calcáreo.**

ca·llar |kaʎár| **1** ***intr.-prnl.*** No hablar; guardar silencio: *el maestro pidió a los niños que se callaran.* **2** Dejar de hacer ruido o de producir un sonido: *después de una hora la sirena calló; los violines de la orquesta callaron.* ⇒ **enmudecer.** ⇔ **sonar. - 3** ***tr.-intr.-prnl.*** [algo] No decir lo que se siente o se sabe: *no podía seguir callando ante tales injusticias; calló un dato importante en su intervención; ha callado lo principal.*

ca·lle |káʎe| **1** ***f.*** Espacio alargado que queda entre dos filas de edificios por el que se anda o circula: *su ~ es tan estrecha que no pueden pasar por ella dos coches a la vez; mi casa está al final de esta ~; ~*

mayor, la principal o más importante de un pueblo o ciudad: *en la ~ mayor hay muchas tiendas y oficinas;* ~ **peatonal**, aquella por la que no pueden rodar vehículos: *vamos a pasear por la ~ peatonal.* **2** (en una ciudad o pueblo) Lugar abierto y sin protección de techo: *abrígate bien, que hace mucho frío en la ~; como no encontremos alojamiento vamos a tener que dormir en la ~; nos echaron a la ~ por armar jaleo.* **3** *fig.* Libertad, después de haber estado detenido o en la cárcel: *cuando esté en la ~, podré salir y entrar cuando quiera; le han puesto en la ~ sin cargos.* **4** Espacio alargado que queda entre dos filas de cosas o entre dos líneas: *dos líneas de setos formaban una ~; cada corredor debe ir por su ~.* **5** *fig.* Conjunto de la gente común de una sociedad: *se dice que el gobierno no atiende las peticiones de la ~; el ministro dijo que hablaba como ciudadano de la ~.* ■ **doblar la ~**, girar en una esquina: *si dobla la ~ a la derecha, encontrará el museo.* ■ **en la ~**, sin dinero o trabajo: *la quiebra de la empresa ha dejado en la ~ a más de doscientas personas; lo han desheredado y se ha quedado en la ~.* ■ **hacer la ~**, buscar clientes en la vía pública una persona que se dedica a la *prostitución: *estaba haciendo la ~ cuando la detuvieron.* ■ **llevar/traer por la ~ de la amargura**, hacer sufrir o padecer mucho: *este dolor de muelas me trae por la ~ de la amargura.* ■ **llevarse de ~**, *fam.*, ganarse con facilidad afecto o amor: *es guapo y bien hablado y se lleva de ~ a las chicas.* ■ **poner de patitas en la ~**, *fam.*, echar de un sitio o de un trabajo sin compasión: *los pusieron de patitas en la ~ por cantar en el bar; llegaba siempre tarde a trabajar y lo han puesto de patitas en la ~.*

ca·lle·je·ar |kaʎexeár| ***intr.*** Andar por las calles sin necesidad: *me gusta ~ por el casco antiguo de la ciudad.* ⇒ **pasear.**

ca·lle·je·⌜ro, ⌜ra |kaʎexéro, ra| **1** ***adj.*** De la calle o que tiene relación con ella: *un perro ~ tiró el cubo de la basura; llamaron a la policía porque había una pelea callejera.* **2** Que gusta de estar en la calle: *¡pues sí que nos ha salido ~ el niño!* **- 3 callejero *m.*** Lista de las calles de una ciudad, generalmente con un plano: *no sé dónde está esa plaza, así que miraré en el ~.*

ca·lle·jón |kaʎexón| **1** ***m.*** Paso estrecho y largo entre paredes, casas o *elevaciones del terreno: *las habitaciones traseras son más oscuras porque dan a un ~;* ~ **sin salida**, el que está cerrado o cortado en uno de sus extremos: *se metieron en un ~ sin salida y tuvieron que dar marcha atrás;* ~ **sin salida**, *fig.*, negocio o problema muy difícil o de solución imposible: *me temo que esta situación nos ha llevado a un ~ sin salida.* **2** Espacio entre la *barrera y el muro en el que comienza el tendido de una plaza de toros: *el mozo de espadas esperaba en el ~ para darle el estoque al matador.*

ca·lle·jue·la |kaʎexuéla| ***f.*** Calle pequeña y estrecha: *se perdió por las callejuelas de aquel barrio.*

ca·lli·ci·da |kaʎiθíða| ***m.*** Sustancia que sirve para quitar las durezas que se forman en pies y manos: *compró un ~ en la farmacia.*

ca·llis·ta |kaʎísta| ***com.*** Persona que se dedica a quitar o curar las durezas y otras enfermedades de los pies: *tenía hora con el ~.* ⇒ **podólogo.**

ca·llo |káʎo| **1** ***m.*** Dureza que, por roce o presión, se forma generalmente en los pies o en las manos: *fue al podólogo para que le quitaran los callos de los pies; tiene callos en las manos de tanto trabajar.* **2** *fam.* Persona muy fea: *tiene buen carácter, pero físicamente es un ~.* ⇒ **cardo. - 3 callos *m. pl.*** Comida que se hace con trozos del estómago de la vaca y otros animales que se arreglan con especias y se hierven: *los callos se cocinan con morcilla o chorizo; hace mucho tiempo que no comemos callos.*

ca·llo·si·dad |kaʎosiðáᵈ| ***f.*** Dureza extensa y poco profunda que se forma en pies y manos: *la ~ se diferencia del callo en que no tiene núcleo y no es dolorosa.* ⇒ **callo.**

cal·ma |kálma| **1** ***f.*** Tranquilidad y falta de agitación: *Juan tiene mucha ~ ante las dificultades; era ya bastante viejo, pero vivía con ~ sin temor a morir; ahora estás muy nervioso, hablaremos del asunto cuando tengas la mente en ~.* ⇒ **sosiego.** ⇔ **vértigo.** **2** Falta de ruido y movimiento en un lugar: *la ~ reinaba en el hospital.* ⇒ **quietud.** **3** Estado de la atmósfera cuando no hay viento ni nubes: *el día amaneció en ~, con un sol brillante y cegador;* ~ **chicha**, estado de la atmósfera cuando el aire es caliente y no hay olas en el mar: *no podíamos navegar por culpa de la ~ chicha de los días asfixiantes de julio.* **- 4 *interj.*** Expresión que indica que no hay que ponerse nervioso ante una situación difícil: *¡~!, pronto se solucionarán nuestros problemas.*

cal·man·te |kalmánte| **1** ***adj.-m.*** Que hace que disminuyan los nervios y la agitación: *la tila es una infusión ~; le recetaron unos calmantes para poder dormir.* **2** Que hace que un dolor o molestia no sea fuerte o intenso: *el calor seco es un remedio ~ para el dolor de muelas; tómate un ~ para el dolor de cabeza.* ⇒ **analgésico.**

cal·mar |kalmár| **1** ***tr.-prnl.*** [a alguien] Disminuir o hacer desaparecer la excitación del ánimo: *no te dejes llevar por la ira y cálmate; trató de ~ a la multitud.* ⇒ **aplacar, serenar, tranquilizar. 2** [algo; a alguien] Hacer que desaparezca o disminuya un dolor fuerte o intenso: *este medicamento te calmará el dolor de cabeza.* **- 3 *intr.*** Estar tranquilo o tender a estarlo: *cálmate porque llegaremos pronto.*

cal·mo·⌜so, ⌜sa |kalmóso, sa| **1** ***adj.*** Que está en calma: *el mar estaba ~, las aguas no se movían.* **2** (persona) Que no tiene preocupación o nervios: *es muy ~: no se preocupa por nada.* ⇒ **tranquilo.**

ca·ló |kaló| ***m.*** Variedad lingüística que usan los *gitanos: *hablaban ~ entre ellos y no entendí lo que decían.* ☖ No se usa en plural.

ca·lor |kalór| **1** ***m.*** Temperatura alta del ambiente: *en verano hace mucho ~; hacía tanto ~ en esa habitación que tuve que quitarme el jersey.* ⇔ **frío.** ☖ Se usa con el verbo *hacer*. No debe confundirse con *caliente*; no se debe decir *hace caliente* y *está caliente* en lugar de *hace ~*. **2** Sensación que produce una temperatura muy alta: *tengo mucho ~, saldré a tomar un poco el aire.* ⇔ **frío.** ☖ Se suele usar con el verbo *tener*. **3** Forma de energía que eleva la temperatura de los cuerpos y les hace sufrir cambios, generalmente de tamaño o de estado: *el ~ dilata los cuerpos; el ~ del radiador ha deformado el plástico.* **4** *fig.* Afecto, especialmente en una acogida o recibimiento: *le han dado la bienvenida con mucho ~.* **5** *fig.* Viveza o energía al hacer una cosa; entusiasmo o pasión: *me asustaba el ~ que tomó la discusión.* ■ **entrar en ~**, tener la sensación de que sube la temperatura del cuerpo de una persona que tenía frío: *debe de hacer mucho frío hoy: acércate al fuego y entrarás en ~.*

ca·lo·rí·a |kaloría| **1** *f.* MED. Medida de la energía que *aportan los alimentos: *el chocolate y los pasteles tienen muchas calorías.* **2** FÍS. Medida de calor: *el símbolo de ~ es cal.*

ca·lo·rí·fi·co, ⌜ca |kalorífiko, ka| **1** *adj.* Que produce calor: *el poder ~ del carbón es menor que el del petróleo.* **2** Del calor o que tiene relación con él: *el sol es la mayor fuente de energía calorífica.*

ca·los·tro |kalóstro| *f.* Primera leche que da la hembra después de *parir: *pusieron al recién nacido en el pecho de la madre para que tomara el ~.* ⌂ Se usa frecuentemente en plural.

ca·lum·nia |kalúmnia| *f.* Acusación falsa, hecha para causar daño: *todo lo que dijo Luis eran calumnias para perjudicar a Ernesto en el negocio.* ⇒ **mentira.**

ca·lum·nia·dor, ⌜do·ra |kalumniaðór, ðóra| *adj.-s.* (persona) Que *calumnia: *no debes creer lo que diga ese ~ sobre tu esposa.*

ca·lum·niar |kalumniár| *tr.* [a alguien] Acusar falsamente, para causar daño: *ellos no me dejan en paz, me calumnian y están contra mí.*

ca·lu·ro·so, ⌜sa |kaluróso, sa| **1** *adj.* Que tiene calor: *los días son más calurosos en verano; el pasado mes de julio fue de los más calurosos que se recuerdan.* **2** *fig.* Que tiene o da afecto y sinceridad; que tiene entusiasmo: *le ofrecieron un ~ homenaje por sus veinte años de servicio.* ⇒ **cordial.**

cal·va |kálβa| **1** *f.* Parte de la cabeza de la que se ha caído el pelo: *siempre lleva sombrero porque tiene una gran ~.* **2** Parte de una piel o de un tejido que ha perdido el pelo: *la alfombra era muy vieja y estaba llena de calvas.* **3** Zona de un bosque sin árboles ni plantas: *una gran ~ surgió en medio del pinar a causa del fuego.* ⇒ **calvero.**

cal·va·rio |kalβário| **1** *m. fig.* Sufrimiento o dolor que dura mucho tiempo: *está pasando un auténtico ~ con su enfermedad.* **2** Lugar alto donde se ha puesto una cruz: *subieron al ~ para ver la ciudad desde arriba.*

cal·ve·ro |kalβéro| *m.* Zona de un bosque sin árboles: *amontonaron la leña en el ~.* ⇒ **calva.**

cal·vi·cie |kalβíθie| *f.* Falta de pelo en la cabeza: *el poco pelo que tenía en la cabeza era presagio de una ~ segura.* ⇒ **alopecia.**

cal·⌜vo, ⌜va |kálβo, βa| *adj.-s.* Que ha perdido el pelo de la cabeza: *mi padre es ~; se resistía a quedarse ~ y se compró una peluca.*

cal·za |kálθa| **1** *f.* Prenda de vestir masculina antigua, que se ajusta al cuerpo en la cintura y cubre cada una de las piernas hasta la rodilla o hasta el pie: *el actor llevaba unas calzas de color marrón.* ⌂ Se usa generalmente en plural. **2** Pieza de madera o metal que se mete entre un hueco o entre dos cosas: *puso calzas a las ruedas del camión para evitar que echara a rodar cuesta abajo.* ⇒ **calzo, cuña.**

cal·za·da |kalθáða| **1** *f.* Parte de la calle o de la carretera destinada a los vehículos: *el coche se salió de la ~ y chocó contra una farola.* **2** Camino ancho, cuyo suelo está cubierto con piedra: **~ romana**, camino construido por los *romanos: *las calzadas romanas unían Roma con todas las provincias de su imperio.*

cal·za·⌜do, ⌜da |kalθáðo, ða| **1** *adj.* Que lleva cubiertos los pies; que lleva zapatos: *tenía tanto sueño que se metió en la cama vestido y ~.* ⇔ **descalzo.** ⌂ Es participio de *calzar*. - **2** *adj.-s.* (persona) Que pertenece a una orden en la que, por regla, se permite llevar los pies cubiertos: *pertenece a una orden religiosa calzada.* ⇔ **descalzo. - 3 calzado** *m.* Prenda de vestir que sirve para cubrir y resguardar exteriormente el pie y a veces también la pierna: *en esa zapatería venden ~ de muy buena calidad; un ~ elegante hace que el vestido luzca más.*

cal·za·dor |kalθaðór| *m.* Utensilio con forma de medio cilindro que sirve para meter el pie en el calzado: *el dependiente me ayudó a ponerme los zapatos con un ~.*

cal·zar |kalθár| **1** *tr.-prnl.* [a alguien] Poner o llevar puestos unos zapatos u otros objetos en los pies: *se calzó las botas de goma para no mojarse los calcetines.* - **2** *tr.-intr.* [algo] Usar unos zapatos u otros objetos en los pies: *tiene los pies muy grandes, calza un cuarenta y siete; en vestir y ~ se me gasta la mitad del sueldo.* **3** Poner un trozo de madera o de otro material entre el suelo y un objeto para que este no se mueva; poner un calzo: *esa mesa cojea: intenta calzarla con un papel doblado; calzó las ruedas del coche con varias piedras.* ⇔ **descalzar.** ⌂ Se conjuga como 4.

cal·zo |kálθo| **1** *m.* Pieza de madera o metal que se mete entre un hueco o entre dos cosas: *se estropearon los frenos del coche y al aparcar tuvimos que poner los calzos.* ⇒ **calza, cuña. 2** Punto de apoyo de una *palanca: *al saltar sobre la palanca se rompió el ~.* - **3 calzos** *m. pl.* Extremidades de un caballo, especialmente cuando son de color distinto del pelo general del cuerpo: *montaba sobre un caballo blanco con calzos negros.*

cal·zón |kalθón| *m.* Prenda de vestir que se ajusta al cuerpo en la cintura y cubre cada una de las piernas, generalmente hasta la mitad del muslo o hasta la rodilla: *el pastor llevaba calzones de paño; el equipo visitante llevaba ~ negro.* ⇒ **pantalón.** ⌂ Se usa también en plural para hacer referencia a una sola de esas prendas.

cal·zo·na·zos |kalθonáθos| *m. fig.* Hombre que no tiene carácter y admite y acepta lo que hace o manda otra persona, especialmente si es una mujer: *ese ~ es incapaz de discutirle nada a su mujer.* ⌂ El plural es *calzonazos*.

cal·zon·ci·llos |kalθonθíʎos| *m. pl.* Prenda interior masculina que cubre desde la cintura hasta el principio de las piernas: *los ~ pueden ser ajustados y cortos o anchos y largos; los ~ de algodón son muy cómodos.* ⇒ **bragas.** ⌂ Se usa también en singular.

ca·ma |káma| **1** *f.* Mueble de cuatro patas cortas que sujetan una superficie horizontal que se usa para dormir o para echarse encima: *se tumbó en la ~ y se durmió; he puesto una manta más en la ~; coloca la almohada en la cabecera de la ~;* ~ **de matrimonio**, la que tiene capacidad para dos personas; ~ **nido**, la compuesta por dos superficies que se guardan una bajo la otra formando un solo mueble; ~ **turca**, la que no tiene *cabecera ni pies. **2** Objeto que tiene forma parecida a ese mueble: ~ **elástica**, la que tiene una superficie lisa sujeta por muelles y que sirve para saltar encima: *he llevado a mis hijos a saltar a las camas elásticas.* **3** Lugar que se usa para dormir o descansar: *el pastor ha preparado una ~ de paja para el ganado.* ⇒ **lecho.** **4** Plaza para un enfermo en un hospital: *faltan camas y no puede ingresar en el hospital.* **5** *fig.* Desarrollo de una actividad sexual: *al final se fueron a la ~; la película tiene muchas escenas de ~.* **6** Parte de un fruto que está apoyada en la tierra: *la ~ de ese melón no está madura, tírala.* ■ **caer en** ~, ponerse enfermo: *no puede venir porque ha caído en ~ con gripe.* ■ **estar en/guardar** ~, descansar echado durante un tiempo para curar una enfermedad: *no puede salir porque está en ~.* ■ **hacer la** ~, poner o colocar las sábanas y la ropa: *no te olvides de hacer la ~ antes de marcharte.* ■ **ir a la** ~, disponerse para dormir: *los españoles se van a la ~ más tarde que otros europeos.*

ca·ma·da |kamáða| **1** *f.* Conjunto de las crías de ciertos mamíferos que nacen de una vez: *la coneja defendía su ~.* **2** *fam. fig.* Conjunto de ladrones o de personas de mala vida: *la policía ha detenido a una ~ de carteristas.* **3** Conjunto de cosas extendidas horizontalmente de modo que pueden colocarse otras sobre ellas: *sobre la mesa había una ~ de barras de pan.*

ca·ma·fe·o |kamaféo| **1** *m.* Figura grabada en relieve en una piedra preciosa: *el ~ representa a Apolo sobre un carro.* **2** Piedra preciosa que tiene grabada una figura: *heredó de su abuela un ~.*

ca·ma·le·ón |kamaleón| **1** *m.* Reptil con cuatro patas cortas, que cambia de color para esconderse, adaptándose al lugar en el que se encuentra, y que se alimenta de insectos que atrapa con su lengua larga y pegajosa: *el ~ estaba agarrado a una rama de un árbol; los niños encontraron un ~ en el bosque.* ⌂ Para indicar el sexo se usa el ~ macho y el ~ hembra. **2** *fam. fig.* Persona que cambia de opinión según le conviene: *no te creo porque eres un ~.*

cá·ma·ra |kámara| **1** Aparato que permite recoger imágenes para convertirlas después en fotografías o películas: *si vas de viaje, deberías llevarte la ~; se ha comprado una ~ de vídeo y nos persigue por toda la casa; trajeron las cámaras de televisión y lo grabaron.* **2** Técnica o modo de tomar o reproducir imágenes: *esta película tiene una ~ muy buena;* ~ **lenta**, la que causa la impresión de que lo reproducido se mueve más *despacio de lo normal: *repitieron la jugada del penalty con ~ lenta para que el árbitro la viese;* ~ **oculta**, la que toma imágenes sin que se sepa o se note: *le gastaron una broma y lo cogieron con la ~ oculta.* **3** Espacio hueco cerrado por paredes: ~ **acorazada**, la que tiene las paredes de metal resistente que se usa para guardar dinero u objetos de mucho valor en los bancos y *depósitos: *los ladrones se introdujeron en la ~ acorazada;* ~ **de aire**, la que se hace entre las paredes de los edificios: *este edificio tiene una ~ de aire que aísla del ruido y del frío;* ~ **de gas**, la que se llena de un fluido para hacer que mueran las personas que están en su interior: *las cámaras de gas aún siguen utilizándose; le perdonaron la vida porque no funcionó la ~ de gas;* ~ **frigorífica**, la que mantiene una temperatura inferior a la del exterior y se usa generalmente para conservar alimentos: *saca tres cajones de lechugas de la ~ frigorífica.* **4** Organización que se ocupa de los asuntos públicos de una comunidad o propios de una actividad: ~ **agraria**, la que se ocupa de asuntos relacionados con la *agricultura de un lugar: *en la ~ agraria se discutió el problema del riego;* ~ **de comercio e industria**, la que se ocupa de asuntos relacionados con la fabricación, la compra y la *venta de productos: *la ~ de comercio quiere apoyar la exportación de las mercancías de nuestra ciudad;* ~ **de la propiedad**, la que se ocupa de asuntos relacionados con la *posesión de edificios y tierras. **5** Órgano que da o establece leyes: *en España existen dos cámaras;* ~ **alta**, la de representación de las distintas partes de un país: *la Cámara alta de España es el Senado;* ~ **baja**, la que aprueba las leyes: *la Cámara baja de España es el Congreso de los Diputados.* **6** Espacio hueco en el interior de un mecanismo: *la pistola tenía una bala en la ~.* ⇒ **recámara;** ~ **de combustión**, donde se mezcla y se quema el combustible a alta presión en los motores: *en los automóviles, la ~ de combustión está entre la culata y el pistón; el cohete no pudo despegar porque se detectó un fallo en la ~ de combustión.* **7** Anillo hueco de goma que se hincha dentro de una rueda para darle firmeza: *ha pinchado y tiene que poner un parche en la*

CÁMARA

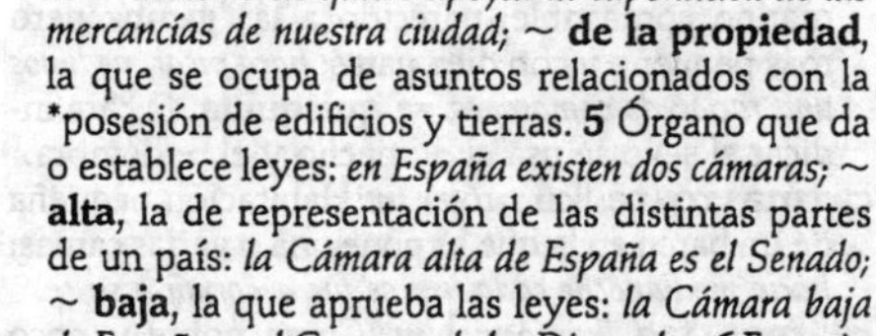

~; *las ruedas de mi coche no necesitan* ~. **8** *form.* Parte o pieza principal de una casa: *nos recibió en su* ~. - **9** ***com.*** *p. ext.* Persona que maneja el aparato que permite recoger imágenes en movimiento: *los cámaras y los fotógrafos invadieron el hall del hotel; un* ~ *de televisión resultó herido en la manifestación.* ■ **chupar** ~, *fam.*, colocarse en la parte principal cuando se graban unas imágenes: *se ha puesto delante de nosotros porque siempre está chupando* ~.

ca·ma·ra·da |kamaráða| **1** ***com.*** Compañero de partido o de ideas: *los camaradas del sindicato apoyaron a los obreros despedidos.* **2** Persona que tiene una relación de afecto con otra: *siempre hemos sido buenos camaradas.*

ca·ma·ra·de·rí·a |kamaraðería| ***f.*** Relación estrecha entre amigos o compañeros: *lo mejor del equipo es la* ~ *entre los jugadores: todos se llevan muy bien.* ⇒ **compañerismo.**

ca·ma·re·ra |kamaréra| ***f.*** Mesa pequeña con ruedas que sirve para llevar comidas o bebidas: *entró en el salón con una* ~ *llena de vasos y botellas.*

ca·ma·re·⌜ro, ⌜ra |kamaréro, ra| **1** ***m. f.*** Persona que se dedica a servir comidas o bebidas: *trabaja como* ~ *en un bar; ¿qué camarera te atendió en el restaurante?* **2** Persona que limpia las habitaciones en un establecimiento hotelero: *si necesita toallas limpias, llame a la camarera de su piso.*

ca·ma·rón |kamarón| ***m.*** Animal invertebrado marino comestible, parecido a la *gamba pero más pequeño y con diez patas: *para picar, pedimos una ración de camarones.* ⇒ **quisquilla.** ☖ Para indicar el sexo se usa el ~ macho y el ~ hembra.

ca·ma·ro·te |kamaróte| ***m.*** Habitación pequeña de un barco en la que se pone una o varias camas: *hacia medianoche cada uno se fue a dormir a su* ~.

ca·mas·tro |kamástro| ***m.*** Cama pobre y poco arreglada: *vivía en una chabola y dormía en un* ~. ⇒ **jergón.**

cam·ba·la·che |kambalátʃe| ***m.*** *fam.* Cambio de una cosa por otra: *siempre está haciendo cambalaches: ahora ha cambiado una moto por su televisor.* ⇒ **trueque.**

cam·biar |kambiár| **1** ***tr.*** [algo; a alguien; por algo] Dar o tomar una persona o cosa en el puesto de otra: *la madre reprendía al niño por haberle cambiado a su compañero el reloj por tres cromos.* ⇒ **canjear.** - **2** ***tr.-intr.*** [algo] Dejar o hacer distinto: *todos los años cambian el horario; creo que su carácter ha cambiado.* - **3** ***tr.*** *form.* Hacerse unos a otros una acción por turnos: *entonces comenzaron a* ~ *insultos entre sí; vio cómo cambiaban miradas de complicidad.* ⇒ **cruzar, intercambiar.** - **4** ***tr.-intr.*** [algo/de algo] Dejar o abandonar una cosa por otra: *ha cambiado de apartamento; cambió de coche el año pasado.* ⇒ **sustituir.** **5** [algo] Mover o hacer que una persona o cosa pase a ocupar un sitio en el que no estaba antes: *han cambiado de sitio las oficinas; me cambió el asiento en el avión.* **6** [algo; en/por algo] Dar o tomar valores o monedas por sus equivalentes: *tengo que cambiar veinte mil pesetas en francos; en ese banco se puede cambiar dinero.* **7** [algo] Quitar una velocidad y poner otra distinta en un vehículo automóvil: *cambia de marcha, que en ésta no puede subir la cuesta.* - **8 cambiarse *prnl.*** [de algo] Quitarse una ropa y ponerse otra distinta: *antes de salir al escenario tengo que cambiarme; cámbiate para la cena.* **9** Dejar de vivir en un lugar e irse a otro distinto: *se han cambiado de piso y no sé dónde viven ahora.* ⇒ **mudar.** ■ ~ **de camisa/chaqueta**, abandonar unas ideas o un partido por otros: *ha cambiado de chaqueta y se ha afilidado a otro partido político.*

cam·bia·zo |kambiáθo| ***m.*** *fam.* Sustitución de una cosa por otra que se hace con engaño: *¡ya te han dado el* ~*!: te han quitado la maleta con los documentos secretos y te han puesto esta otra que está vacía.*

cam·bio |kámbio| **1** ***m.*** Dinero en monedas pequeñas: *¿tiene usted* ~ *de cinco mil pesetas?* **2** Valor de las monedas de los distintos países: *no sé a cómo está el* ~ *de la libra.* **3** Alteración de un estado por otro: *el paso de un siglo a otro trajo importantes cambios en la mentalidad; estoy pensando en hacer un* ~ *en mi vestuario; ¿no has notado ningún* ~ *en el carácter de María?* **4** Mecanismo que sirve para pasar de una velocidad a otra en un vehículo: *he llevado el coche al taller porque se le ha estropeado el* ~. **5** ECON. Sistema del comercio internacional: **libre** ~, ECON., sistema que hace desaparecer los obstáculos en el comercio internacional. ⇒ **librecambio.** ■ **a** ~**/a** ~ **de**, en lugar de: *me ha prometido una bicicleta si, a* ~, *apruebo todas las asignaturas.* ■ **a la primera de** ~**/a las primeras de** ~, *fam.*, sin que se espere: *si haces que se enfade, se marchará a la primera de* ~. ■ **en** ~, por el contrario: *Miguel es un vago, en* ~, *su hermano es una persona muy trabajadora; Juan lee mucho, en* ~ *Luis no.*

cam·bis·ta |kambísta| ***com.*** Persona que se dedica a cambiar dinero: *Héctor es* ~, *trabaja en una oficina de cambio de moneda extranjera.*

cam·brón |kambrón| ***m.*** Arbusto con ramas muy separadas, torcidas y espinosas, hojas pequeñas y flores blancas: *el* ~ *abunda en las zonas secas.*

ca·me·lar |kamelár| **1** ***tr.*** [a alguien] Tratar de manera educada y agradable, especialmente a una persona del otro sexo para intentar atraerla: *quiso camelarla para que se casara con él.* ⇒ **cortejar, galantear, seducir.** **2** Ganar la voluntad de una persona alabándola o engañándola: *ha camelado a su padre para que le compre un coche.* ⇒ **engatusar.**

ca·me·lia |kamélia| **1** ***f.*** Flor de jardín muy bella, blanca, roja o *rosada: *la joven recogió algunas camelias del jardín y se hizo un ramillete.* **2** Arbusto procedente de Oriente, de hojas permanentes y de un color verde brillante que produce esa flor: *la* ~ *común se llama también* rosal de China.

ca·me·⌜llo, ⌜lla |kaméʎo, ʎa| **1** ***m. f.*** Animal mamífero de gran tamaño, cuello largo y cabeza pequeña, parecido al *dromedario pero con dos grandes bultos de grasa en la espalda que le permiten resistir mucho tiempo sin alimento ni agua en climas secos: *los exploradores atravesaron el desierto montados en camellos.* **2 camello** *fam.* Persona que vende droga en pequeñas cantidades: *detuvieron al ~ que vendía heroína en la puerta del instituto.*

ca·me·lo |kamélo| ***m.*** Broma o engaño: *toda esta historia que me has contado me parece un ~.*

ca·me·ri·no |kameríno| ***m.*** Habitación pequeña o lugar que sirve para que los artistas se arreglen o se cambien de ropa: *la actriz está en su ~ maquillándose para salir a escena.*

ca·mi·lla |kamíʎa| **1 *f.*** Cama *portátil, que se lleva sobre varas o ruedas y que sirve para transportar enfermos y heridos: *se llevaron al atleta lesionado en una ~.* **- 2 *adj.-f.*** (mesa) Que es redonda y está cubierta con una tela que llega hasta el suelo para guardar el calor. ⇒ **mesa.**

ca·mi·lle·˹ro, ˹ra |kamiʎéro, ra| ***m. f.*** Persona que transporta una *camilla para enfermos y heridos: *un ~ trasladó al enfermo al quirófano; los camilleros entraron en el terreno de juego para llevarse al jugador lesionado hasta el vestuario.*

ca·mi·nan·te |kaminánte| ***adj.-com.*** (persona) Que camina a pie: *los dos caminantes se pararon a descansar a la sombra de un árbol.*

ca·mi·nar |kaminár| **1 *intr.*** Moverse de un lugar a otro dando pasos sin levantar los pies o las patas del suelo a la vez: *vamos caminando porque no puedo correr.* **2** Pasear o andar por diversión o *entretenimiento: *fuimos caminando por el campo; le gusta ~ un rato después de comer.* **3** Ir o viajar de un lugar a otro: *monta en el coche que tenemos mucho que ~ todavía.* **4** *form.* Seguir el curso o movimiento una cosa; continuar: *el río camina lentamente hacia el mar.* **- 5 *tr.*** [algo] Recorrer una distancia: *ayer caminaron veinte quilómetros.* ⇒ **andar.**

ca·mi·na·ta |kamináta| ***f.*** Recorrido o paseo a pie largo y cansado: *veníamos fatigados por la ~.*

ca·mi·no |kamíno| **1 *m.*** Terreno más o menos ancho que sirve para ir por él de un lugar a otro: *ese ~ va por la orilla del río hasta el pueblo vecino; se marcharon en bicicleta por aquel ~.* ⇒ **carretera, senda, vía; ~ de cabras**, el que es muy irregular y difícil: *he estado a punto de caerme dos veces en este ~ de cabras.* **2** Acción de recorrer el espacio que hay entre dos puntos: *el ~ ha sido rápido y agradable.* ⇒ **itinerario, trayecto, viaje. 3** Recorrido para ir de un lugar a otro: *hoy iremos a trabajar por otro ~ para evitar el atasco.* **4** *fig.* Procedimiento o medio que sirve para hacer o conseguir una cosa: *no hay otro ~ para detener la enfermedad.* ⇒ **vía.** ■ **abrir/abrirse** ~, comenzar a conseguir una cosa o a encontrar una solución adecuada: *abrió ~ a todos sus hermanos en su negocio.* ■ **~ de**, en dirección a; hacia: *la farmacia queda ~ de la plaza mayor.* ■ **de** ~, al ir a otra parte: *te recogeremos de ~ a la escuela.* ■ **ponerse en** ~, empezar un viaje: *nos pusimos en ~ de madrugada y llegamos a Galicia a la hora de comer.* ■ **quedarse a medio** ~, no terminar lo que se ha empezado: *no llegó a encontrar la solución del problema: se quedó a medio ~.*

CAMELLO

ca·mión |kamión| ***m.*** Vehículo automóvil de cuatro o más ruedas, grande y fuerte, formado por una caja grande y una *cabina, que se usa para el transporte de cargas pesadas: *hicieron la mudanza con el ~ de su padre;* **~ cisterna**, el que sirve para el transporte de fluidos: *había una gran sequía y todos los días llevaban agua en un ~ cisterna;* **~ remolque**, el que está compuesto por dos o más vehículos unidos: *en la carretera es peligroso adelantar a los camiones remolque.*

ca·mio·ne·˹ro, ˹ra |kamionéro, ra| ***m. f.*** Persona que se dedica a conducir *camiones: *es ~ y a veces tiene que pasar semanas enteras fuera de casa.*

ca·mio·ne·ta |kamionéta| **1 *f.*** Vehículo automóvil de cuatro ruedas, más pequeño que el *camión, que sirve para el transporte de toda clase de mercancías: *reparte la leche con una ~.* **2** *fam. fig.* Vehículo automóvil de cuatro ruedas que sirve para el transporte público de viajeros y que tiene capacidad para más de nueve personas: *el equipo de baloncesto viajaba en una ~.*

ca·mi·sa |kamísa| **1 *f.*** Prenda de vestir hecha de tejido delgado, con cuello, mangas, abierta por delante y con botones, que cubre el cuerpo del cuello a la cintura: *hoy hace calor: saldré con una ~ de manga corta; llevo una ~ blanca y una chaqueta azul marino;* **~ de fuerza**, la de tela fuerte, abierta por detrás y con mangas cerradas por sus extremos que sirve para sujetar a los enfermos mentales peligrosos: *le pusieron una ~ de fuerza para que no se hiciera daño.* **2** Piel seca que deja la serpiente cuando ya le ha salido otra nueva: *había una ~ de culebra al lado del camino.* ■ **cambiar de** ~, cambiar de ideas o de partido: *cuando los del otro partido político llegaron al poder, él cambió de ~.* ■ **dejar sin** ~, *fam.*, hacer que una persona pierda todo su dinero: *sus socios en el negocio han dejado a Alfonso sin ~.* ■ **meterse en ~ de once varas**, *fam.*, ocuparse una persona de cosas difíciles que no le importan o afectan. ■ **no llegarle a una persona la ~ al cuerpo**, *fam.*, estar muy preocupado o temer por algún posible peligro. ■ **perder hasta la** ~, *fam.*, quedarse sin dinero.

ca·mi·se·rí·a |kamisería| ***f.*** Establecimiento donde se hacen o venden camisas: *en esa ~ me* *hicieron la camisa que llevo puesta y que me sienta tan bien.*

ca·mi·se·⌐ro, ⌐ra |kamiséro, ra| **1** ***adj.*** De la camisa o que tiene relación con ella: *lleva una blusa con cuello ~.* - **2** ***m. f.*** Persona que se dedica a fabricar o vender camisas: *se necesita ~ con experiencia.*

ca·mi·se·ta |kamiséta| ***f.*** Prenda de vestir sin cuello, con o sin mangas, que se pone directamente sobre el cuerpo: *debajo del jersey llevo una ~ de algodón; los jugadores llevan camisetas rojas.*

ca·mi·so·la |kamisóla| ***f.*** Camisa larga y fina que se lleva por fuera: *la ~ es muy cómoda para ir a la playa o la piscina.*

ca·mi·són |kamisón| ***m.*** Prenda de vestir de una sola pieza, generalmente femenina, que se usa para dormir: *en invierno lleva un ~ largo y con mangas, pero en el verano lleva un ~ de tirantes.* ⇒ **pijama.**

ca·mo·mi·la |kamomíla| ***f.*** Hierba con tallos débiles, hojas abundantes y flores olorosas con el centro amarillo rodeado de *pétalos blancos: *la ~ se emplea en farmacia; se ha teñido el pelo con una infusión de ~.* ⇒ **manzanilla.**

ca·mo·rra |kamór̄a| ***f.*** *fam.* Enfrentamiento ruidoso y violento entre dos o más personas por no estar de acuerdo sobre una circunstancia o idea: *siempre anda buscando ~.* ⇒ **riña.**

ca·mo·rris·ta |kamor̄ísta| ***adj.-com.*** *fam.* (persona) Que busca o provoca enfrentamientos y luchas: *no le hagas caso si se mete contigo porque es un ~.* ⇒ **pendenciero.**

cam·pal |kampál| **1** ***adj.*** (lucha) Que ocurre fuera de una población: *el enemigo no consiguió entrar en el pueblo y tuvieron una lucha ~.* **2** *fig.* (lucha) Que es muy violento o salvaje: *las dos bandas rivales se enfrentaron en una batalla ~.* ⇒ **encarnizado.**

cam·pa·men·to |kampaménto| **1** ***m.*** Instalación en terreno abierto preparada para que viva un grupo de personas, generalmente con tiendas de campaña: *han hecho un ~ en la sierra; los niños pasan el verano en un ~ donde hacen deporte y aprenden inglés.* ⇒ **camping. 2** Periodo de vacaciones que se pasa en esa instalación: *los niños se han ido de ~; los monitores se han reunido para organizar los campamentos de este verano.* **3** Lugar donde se establecen por un tiempo las fuerzas de un ejército, instaladas en tiendas de campaña o construcciones hechas con materiales ligeros: *los dos primeros meses de la mili los pasé en un ~.*

cam·pa·na |kampána| **1** ***f.*** Instrumento de metal con forma parecida a la de un vaso vuelto hacia abajo que suena al ser golpeado por un martillo o por una barra colgada en su interior: *el sacristán tocaba las campanas de la iglesia.* **2** Objeto de forma parecida a la del instrumento, generalmente abierto y más ancho por la parte inferior: *en la cocina hay una ~ extractora de humos; la ~ de la chimenea es de piedra.* ■ **doblar las campanas**, tocar o sonar el instrumento por la muerte de una persona: *están doblando las campanas porque ha muerto el señor Marcial.* ■ **echar las campanas al vuelo**, contar a la gente una noticia alegrándose de ella: *cuando se casó su hijo echaron las campanas al vuelo.* ■ **oír campanas y no saber dónde**, *fam.*, tener una idea poco exacta de alguna noticia o *suceso: *no te fíes de lo que cuenta porque ha oído campanas y no sabe dónde.*

cam·pa·na·da |kampanáða| **1** ***f.*** Sonido que produce cada golpe que da el *badajo en una campana: *oyó las campanadas del reloj del ayuntamiento.* **2** *fam. fig.* Noticia que provoca admiración o sorpresa: *dio la ~ casándose con la hija de un millonario.*

cam·pa·na·rio |kampanário| ***m.*** Torre o armazón donde se colocan las campanas: *desde el ~ de la iglesia se ven todos los pueblos de alrededor.*

cam·pa·ni·for·me |kampanifórme| ***adj.*** Que tiene forma de campana: *las columnas están coronadas por capiteles campaniformes.*

cam·pa·ni·lla |kampaníʎa| **1** ***f.*** Campana de pequeño tamaño, que, generalmente, se hace sonar con una mano: *el conde llamó al criado con la ~; todo el mundo guardó silencio cuando oyó el sonido de la ~; el sonido de la ~ anuncia que ha llegado la hora de comer.* **2** ANAT. Masa de tejido muscular que cuelga del *velo del paladar: *la ~ está situada a la entrada de la garganta; el médico metió la cucharilla en la boca del niño y llegó hasta la ~.* ⇒ **úvula. 3** Flor que tiene forma de campana: *las flores de esta enredadera son campanillas; la novia llevaba un bonito ramo de campanillas.*

cam·pan·te |kampánte| ■ **tan ~**, que está tranquilo, especialmente cuando existe un peligro que desconoce: *yo estaba en mi casa tan ~ cuando entró el ladrón.* ■ **tan ~**, que está satisfecho u orgulloso: *el trabajo no le ha salido tan bien como esperaba, pero está tan ~.*

cam·pa·ña |kampáɲa| **1** ***f.*** Conjunto de actividades que intentan conseguir un fin determinado: *han hecho una ~ contra las drogas; los partidos políticos están preparando la ~ electoral.* **2** Periodo que comprende varias acciones militares dentro de una guerra: *la ~ del Sudán.*

cam·pe·ar |kampeár| **1** ***intr.*** Salir a comer los animales domésticos: *los caballos campean en el prado.* **2** *p. ext.* Andar por el campo: *me he pasado el verano campeando.*

cam·pe·cha·⌐no, ⌐na |kampetʃáno, na| ***adj.*** Que es sencillo en su trato: *el conde es muy ~: no le gustan los formulismos ni la ceremonia.* ⇒ **franco.**

cam·pe·⌐ón, ⌐o·na |kampeón, óna| **1** ***adj.-s.*** (persona, grupo) Que gana o vence en una competición: *es el ~ del torneo de ajedrez de su ciudad; el equipo ~ celebró su victoria con los aficionados.* **2** *p. ext.* (persona o cosa) Que supera a los demás en un aspecto determinado: *en su clase, es el ~ de las matemáticas.*

cam·pe·o·na·to |kampeonáto| **1** ***m.*** Competición en la que se trata de conseguir un premio, especialmente en ciertos juegos o deportes: *varios tenistas de fama internacional participaron en el ~.* **2** Victoria que se consigue en una competición deportiva: *está muy orgullosa de haber conseguido el ~.*

cam·pe·⌐ro, ⌐ra |kampéro, ra| ***adj.*** Del campo o que tiene relación con el campo: *fueron a una fiesta campera; el señor llevaba traje ~ porque pensaba salir a montar a caballo.* ⇒ **campesino, campestre.**

cam·pe·si·na·do |kampesináðo| **1 *m.*** Conjunto de los *campesinos de un lugar: *el ~ de ese pueblo está organizando una cooperativa.* **2** Clase social que forman los *campesinos: *el ~ se levantó en armas contra el dictador.*

cam·pe·si·⌐no, ⌐na |kampesíno, na| **1 *adj.*** Del campo o que tiene relación con el campo: *le agradaban la vida campesina y las labores del campo.* ⇒ **campero, campestre. - 2 *m. f.*** Persona que vive y trabaja en el campo: *los campesinos empezaban a cosechar el trigo.* ⇒ **labrador.**

cam·pes·tre |kampéstre| ***adj.*** Del campo o que tiene relación con él: *los niños fueron los que más disfrutaron de la excursión ~ del sábado.* ⇒ **campero, campesino.**

cam·ping |kámpin| **1 *m.*** Instalación en terreno abierto, preparada para que viva un conjunto de personas, generalmente con tiendas de campaña: *pasamos nuestras vacaciones en un ~ junto a la playa.* ⇒ **campamento. 2** Actividad que consiste en vivir al aire libre, durmiendo en tiendas de campaña: *me gusta el ~ porque se establece un contacto estrecho con la naturaleza.* ⌂ Esta palabra procede del inglés. El plural es *campings.*

cam·pi·ña |kampíɲa| ***f.*** Espacio grande de tierra llana y de labor: *su pueblo está en una ~, rodeado de campos de trigo.*

cam·po |kámpo| **1 *m.*** Terreno donde viven naturalmente animales y plantas y donde hay pocos edificios: *los fines de semana vamos al ~ a respirar aire puro; prefiero vivir en la ciudad que en el ~.* **2** Terreno que se cultiva: *los agricultores trabajan el ~; el ~ ha sufrido mucho con las últimas heladas.* **3** Terreno generalmente llano y limitado que se dedica a un uso determinado o en el que se desarrolla una actividad: *el partido fue en el ~ de fútbol del Real Madrid; los soldados están en el ~ de maniobras;* **~ de batalla**, lugar en el que luchan dos ejércitos: *el coronel murió en el ~ de batalla;* **~ de concentración**, lugar en que se obliga a vivir a cierto número de personas, por razones políticas, sanitarias o de otro tipo: *el ejército encerró a los prisioneros en campos de concentración;* **~ santo**, lugar destinado por los cristianos para enterrar a los muertos: *voy al ~ santo a llevar flores a la tumba de la abuela.* ⇒ **camposanto, cementerio. 4** Espacio ocupado por una persona, equipo o ejército que lucha o compite contra otros: *un espía se infiltró en el ~ enemigo.* **5** Objeto de estudio, interés o conocimiento: *el ~ de la Historia Contemporánea es muy interesante.* **6** Espacio en el que se desarrolla alguna actividad; espacio dominado: *un ~ magnético; la moto estaba fuera del ~ de visión del conductor del autobús.* ■ **a ~ traviesa/~ a través**, atravesando un terreno sin seguir un camino: *anduvo a ~ traviesa por entre las jaras y los matorrales.* ■ **dejar el ~ libre**, abandonar un proyecto y permitir que otro lo haga: *si renunciamos a la campaña publicitaria dejaremos el ~ libre a la competencia; no me importa dejarte el ~ libre para que conquistes a Eva.*

cam·po·san·to |kamposánto| ***m.*** Lugar destinado por los cristianos para enterrar a los muertos: *en el ~ que está al lado de la iglesia reposan los restos de sus antepasados.* ⇒ **campo, cementerio.** ⌂ La Real Academia Española prefiere la forma *campo santo.*

cam·pus |kámpus| ***m.*** Conjunto de terrenos y edificios de una *universidad: *el ~ está en las afueras de la ciudad; esta revista recoge las noticias universitarias y lo que ocurre en el ~.* ⌂ El plural es *campus.*

ca·mu·fla·je |kamufláxe| **1 *m.*** Ocultación de soldados y material de guerra: *el soldado lleva un traje de ~ y la cara pintada de marrón.* **2** *fig.* Fingimiento o disimulo: *educaban a las jovencitas enseñándoles el arte del ~ de sus sentimientos.*

ca·mu·flar |kamuflár| ***tr.*** [algo, a alguien] Ocultar; fingir o disimular: *camuflaron sus tanques con ramas y redes para que el enemigo no los viera.*

can |kán| ***m.*** *form.* Animal mamífero doméstico que sirve al hombre de compañía o para cazar: *se levantó temprano, cogió a los canes y se fue de caza.* ⇒ **perro.**

ca·na |kána| ***f.*** Pelo blanco: *a tu padre le han salido muchas canas en las sienes.* ■ **echar una ~ al aire**, salirse de la vida normal o de unas reglas para divertirse: *el día de su despedida de soltero echó una ~ al aire.*

ca·na·dien·se |kanaðiénse| **1 *adj.*** De Canadá o que tiene relación con Canadá: *visitaremos los bosques canadienses este verano.* **- 2 *com.*** Persona nacida en Canadá o que vive habitualmente en Canadá: *muchos canadienses hablan inglés y francés.*

ca·nal |kanál| **1 *amb.*** Conducto artificial o hecho en la tierra para hacer que el agua circule: *el agua se lleva por este ~ a los campos.* ⌂ Se usa normalmente como masculino. **2** Conducto que recoge el agua que cae del tejado: *tenemos goteras en la casa porque se ha roto el ~.* ⇒ **canalón. 3** Conducto o vía natural por donde se mueven gases o líquidos. **- 4 *m.*** Banda de frecuencias por la que se emiten las ondas de la radio y la televisión: *con esta antena veo seis canales; me he abonado a un ~ de televisión por cable.* **5** Abertura natural o artificial por la que se comunican dos mares: *el ~ de Suez une el mar Rojo con el Mediterráneo.* ■ **abrir en ~**, cortar o rasgar de arriba abajo o de lado a lado: *el carnicero abrió la vaca en ~.* ■ **en ~**, (animal) que está abierto y sin órganos internos, sin cabeza y sin extremidades preparado para el consumo: *en la carnicería tenían una vaca en ~.*

ca·na·li·za·ción |kanaliθaθión| **1 *f.*** Conducto artificial hecho en la tierra para hacer que el agua circule: *el plano de las canalizaciones tenía numerosos errores y tardaron mucho tiempo en descubrir dónde se había producido la fuga.* **2** Acción y resultado de *canalizar: *las obras de ~ comenzarán el mes próximo; ese documento determinará la ~ de las ayudas económicas.*

ca·na·li·zar |kanaliθár| **1 *tr.*** [algo] Construir o

hacer canales o conductos en la tierra para que circule el agua por ellos: *se necesita ~ de nuevo los vertidos residuales de esta parte de la ciudad.* **2** *fig.* Recoger acciones o cosas distintas y dirigirlas: *Tráfico ha montado un dispositivo para ~ el incremento de la circulación durante estos días; la oficina canalizará las quejas y sugerencias de los ciudadanos.* ⌂ Se conjuga como 4.

ca·na·lla |kanáʎa| **1** ***m.*** Hombre despreciable y sin honor: *ese ~ nos ha robado todos nuestros ahorros.* ⇒ **ruin.** **- 2** ***f.*** Gente despreciable y sin honor: *no te mezcles con esa ~.*

ca·na·lla·da |kanaʎáða| ***f.*** Obra o dicho propio de una persona despreciable y sin honor: *robarme a mi novia cuando estaba a punto de casarme con ella fue una ~.*

ca·na·lón |kanalón| ***m.*** Conducto que recibe el agua de los tejados y la conduce a tierra: *habrá que reparar el ~ antes de que comiencen las lluvias.* ⇒ **canal.**

ca·na·na |kanána| ***f.*** *Cinturón ancho que sirve para llevar *cartuchos: *las cananas se llevan en la cintura o en bandolera.* ⇒ **cartuchera.**

ca·na·pé |kanapé| **1** ***m.*** Trozo pequeño de pan sobre el que se coloca un alimento: *nos pusieron unos canapés de aperitivo; sobre la bandeja hay canapés de queso y de salmón.* **2** Mueble que sirve para sentarse o tenderse: *la mujer estaba acostada sobre un ~ de terciopelo rojo.* ⇒ **diván, sofá.** **3** Soporte *rígido y *acolchado sobre el que se coloca el *colchón en una cama: *los somieres de muelles hacen mucho ruido pero los canapés no.* ⇒ **somier.**

ca·na·⌜rio, ⌜ria |kanário, ria| **1** ***adj.*** De las Islas Canarias o que tiene relación con ellas: *el clima ~ es privilegiado; en España se consume plátano ~.* **- 2** ***m. f.*** Persona nacida en Canarias o que vive habitualmente en Canarias: *ese cantante de ópera es ~.* **- 3 canario** ***m.*** Pájaro doméstico, de color amarillo, verdoso o casi blanco, muy *apreciado por su canto: *compró un ~ en la tienda de animales y lo puso en una jaula para que cantase.* ⌂ Para indicar el sexo se usa el ~ macho y el ~ hembra. **4** LING. Variedad del español que se habla en las Islas Canarias: *el ~ tiene rasgos en común con el español de América y con el de Andalucía.*

ca·nas·ta |kanásta| **1** ***f.*** Recipiente de material flexible que sirve para llevar objetos, generalmente con una asa grande superior y con dos tapas: *sobre la mesa hay una ~ con naranjas.* ⇒ **canasto, cesta, cesto.** **2** *Aro grande con una red a su alrededor por el que hay que meter la pelota en el juego del *baloncesto: *las canastas están colocadas en un tablero rectangular; los jugadores consiguen puntos cuando introducen el balón en la ~ del equipo contrario.* ⇒ **cesta.** **3** Introducción de la pelota por ese *aro en el juego del *baloncesto: *el jugador hizo cuatro canastas en la segunda parte del partido.* ⇒ **tanto.**

ca·nas·ti·lla |kanastíʎa| **1** ***f.*** Recipiente de material flexible que sirve para llevar objetos pequeños: *trae la ~ de los hilos, que voy a coser estos botones.* ⇒ **cesta.** **2** Conjunto de ropa que se prepara para el niño que va a nacer: *la madre ya tiene la ~ preparada porque está a punto de nacer su segundo hijo.*

ca·nas·to |kanásto| ***m.*** Recipiente de material flexible que sirve para llevar objetos, generalmente con una asa grande superior, con dos tapas y la boca estrecha. ⇒ **canasta, cesta, cesto.**

cán·ca·mo |káŋkamo| ***m.*** Tornillo con una anilla en uno de los extremos: *la escarpia se introduce en el ~.* ⇒ **anilla, armella.**

can·cán |kaŋkán| **1** ***m.*** Baile de ritmo rápido procedente de Francia: *han venido unos franceses con un espectáculo de ~.* **2** Falda interior que tiene muchos *volantes: *la novia llevaba un ~ debajo del vestido.*

can·ce·la |kanθéla| ***f.*** Valla baja de metal que se pone en la entrada de ciertas casas: *cerró la ~ del jardín para que no se escapara el perro.*

can·ce·lar |kanθelár| **1** ***tr.*** [algo] Dejar sin efecto: *la compañía aérea ha cancelado todos los vuelos internacionales.* ⇒ **anular.** **2** Pagar completamente una deuda o una cuenta: *sólo quería ganar lo suficiente para ~ el crédito que había pedido al banco.* ⇒ **finiquitar, liquidar, saldar.**

cán·cer |kánθer| **1** ***m.*** Masa de tejido *anormal que se forma en determinadas partes del organismo y que se puede extender a otras partes del cuerpo hasta causar la muerte: *la operaron de un ~ en el pecho.* ⇒ **tumor.** **2** *fig.* Vicio o elemento que destruye una sociedad: *la droga es un ~ que hay que eliminar.*

can·ce·rí·ge·⌜no, ⌜na |kanθeríxeno, xa| ***adj.*** Que puede producir o favorecer la aparición del *cáncer: *los lunares están formados por células cancerígenas.*

can·ce·ro·⌜so, ⌜sa |kanθeróso, sa| **1** ***adj.*** Que presenta las características del *cáncer: *tenía un tumor ~ en el pulmón.* **- 2** ***adj.-s.*** (persona) Que padece *cáncer: *la séptima planta del hospital es para los enfermos cancerosos.*

can·cha |kántʃa| ***f.*** Local destinado a la práctica de ciertos deportes: *los jugadores abandonaron la ~ después del partido.*

can·ci·lla |kanθíʎa| ***f.*** Puerta baja y ligera que cie-

CANASTA

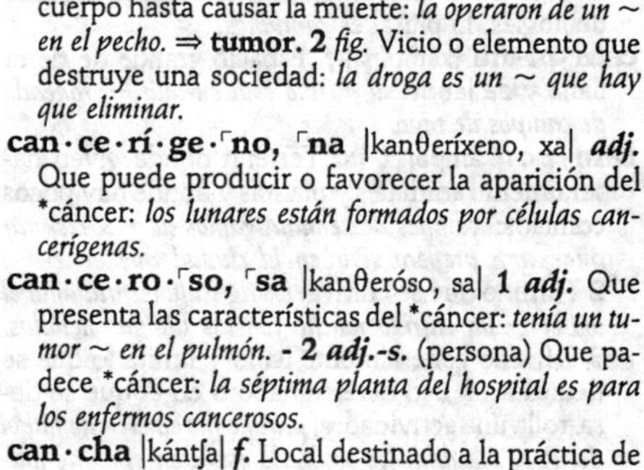

rra una valla: *la ~ del jardín chirría cuando se abre.* ⇒ **verja.**

can·ci·ller |kanθiʎér| **1** ***m.*** Jefe del gobierno de ciertos países: *el ~ alemán está de visita en España.* **2** *Ministro de asuntos exteriores de ciertos países: *los cancilleres de esos dos países están negociando el acuerdo de paz.* **3** Empleado auxiliar de una *embajada: *han nombrado un nuevo ~ para nuestra embajada en Bruselas.*

can·ci·lle·rí·a |kanθiʎería| **1** ***f.*** Cargo de *canciller: *ocupa la ~ desde hace dos años.* **2** Oficina especial en una *embajada: *la ~ está en el segundo piso.* **3** Centro desde el cual se dirige la política exterior de ciertos países: *en la ~ están estudiando la ayuda a los países del Tercer Mundo.*

can·ción |kanθión| **1** ***f.*** Composición en verso para ser cantada: *escribió una ~ dedicada a su madre; me gustan las canciones románticas.* **2** Música de esa composición: *ha compuesto una ~ para un poema de Lorca.* **3** *fig.* Cosa que molesta o que resulta pesada por repetirse mucho: *siempre está dando la lata con la misma ~.* ⇒ **cantilena.**

can·cio·ne·ro |kanθionéro| ***m.*** Libro que reúne canciones y poemas, generalmente de varios autores: *en la biblioteca se conserva un ~ manuscrito del siglo XV.*

can·da·do |kandáðo| ***m.*** Cerradura suelta con una especie de gancho por el que se mete una cadena o una anilla y que se usa para asegurar puertas, tapas, cajones y otras cosas: *echó el ~ a la puerta para que no entrase nadie en el huerto; pondré un ~ a la maleta.*

can·de·al |kandeál| **1** ***adj.-m.*** (trigo) Que tiene la *espiga cuadrada y da una harina muy blanca y de buena calidad: *esa finca está sembrada de ~.* **2** (pan) Que ha sido hecho con ese trigo: *no en todas las panaderías venden pan ~.*

can·de·la |kandéla| **1** ***f.*** Cilindro de cera u otra materia grasa, con un hilo en el centro que lo recorre de un extremo a otro, que se enciende y sirve para dar luz: *trae unas candelas, que se ha ido la luz.* **2** Luz y calor que se desprende al quemarse una cosa: *acercaos a la luz de la ~.* ⇒ **fuego, lumbre.** **3** Materia combustible encendida: *hará falta mucha agua para apagar la ~.* ⇒ **fuego, lumbre.** **4** FÍS. Unidad de intensidad *luminosa, en el Sistema Internacional: *el símbolo de la ~ es* cd.

can·de·la·bro |kandeláβro| ***m.*** Objeto que sirve para sujetar una o varias velas de cera: *el ~ puede tener uno o más brazos; le han regalado unos candelabros de plata.* ⇒ **palmatoria.**

can·de·le·ro |kandeléro| **1** ***m.*** Soporte que sirve para sujetar una vela: *traía en la mano un ~ de bronce con una vela encendida.* **2** MAR. Soporte vertical, generalmente de metal, de una embarcación en el que se atan cuerdas o se sujetan objetos: *va a haber tormenta, sujeta todo esto al ~.* **3** MIL. Estructura formada por un base de madera y unos palos verticales, que sirven para sujetar sacos llenos de tierra: *trajeron unos candeleros para colocarlos delante de las trincheras.* ■ **en el ~**, muy conocido o comentado por el público: *es un asunto que está en el ~ estos útimos meses.*

can·den·te |kandénte| **1** ***adj.*** (cuerpo, metal) Que se pone de color rojo o blanco por efecto de una temperatura muy alta: *hizo una marca en el lomo del caballo con un hierro ~.* **2** *fig.* Que preocupa; que excita los ánimos: *es una cuestión ~ que ha provocado muchas discusiones.* **3** Que arde o quema: *este material está ~.*

can·di·da·⌐to, ⌐ta |kandiðáto, ta| **1** ***m. f.*** Persona que solicita ser elegido para un cargo: *los dos candidatos a la presidencia se enfrentarán en un debate televisivo.* **2** Persona propuesta para un cargo, aunque no lo solicite: *no encuentran candidatos para ocupar el puesto vacante.*

can·di·da·tu·ra |kandiðatúra| **1** ***f.*** Aspiración a un cargo: *varias personas han presentado sus candidaturas para el cargo.* **2** Lista de *candidatos que un partido presenta para varios cargos: *el actual presidente no formará parte de la próxima ~ de su partido.*

can·di·dez |kandiðéθ| ***f.*** Cualidad de *cándido: *la ~ de su mirada me enternece.*

cán·di·⌐do, ⌐da |kándiðo, ða| **1** ***adj.*** Que no busca el mal y tiene sentimientos puros: *este niño es muy ~: siempre va con buena intención.* ⇒ **confiado, ingenuo, inocente.** **2** *form.* Que es blanco: *tiene el pelo rubio y el rostro ~.*

can·dil |kandíl| ***m.*** Recipiente con un gancho para colgarlo y un cordón sumergido en aceite que sirve para dar luz: *levante el ~ para que podamos verle la cara; sopló el ~ y el cuarto se quedó a oscuras.*

can·di·le·ja |kandiléxa| **1** ***f.*** Recipiente pequeño en el que se pone aceite u otro combustible y que sirve para dar luz: *se fue la luz y encendieron la ~ de la abuela.* **- 2 candilejas *f. pl.*** Línea de luces situada en la parte delantera del *escenario de un teatro: *la luz de las candilejas hace que los actores no puedan ver al público.*

can·dor |kandór| ***m.*** *form.* Desconocimiento del mal; pureza de sentimientos: *encontrará el ~ en la mirada de los niños.* ⇒ **ingenuidad.**

ca·ne·la |kanéla| **1** ***f.*** Especia olorosa y de sabor agradable, que generalmente se añade a las comidas dulces: *el arroz con leche lleva un poquito de ~; la ~ se obtiene de un árbol llamado canelo.* ⇒ **condimento; ~ en polvo**, la que se ha molido: *baja a la tienda a comprar un frasco de ~ en polvo;* **~ en rama**, la que no ha sido molida: *en ciertos postres prefiero utilizar ~ en rama.* **2** *fig.* Persona o cosa de mucha calidad o que gusta mucho: *este vino es ~.* ☖ Se usa sin artículo. ■ **~ fina**, *fam.*, expresión con que se indica que una persona, animal o cosa es de mucha calidad o que gusta mucho: *el caballo negro es ~ fina; aquella artista es ~ fina.* ☖ Se usa con el verbo *ser*.

ca·ne·⌐lo, ⌐la |kanélo, la| ***adj.*** De color marrón claro, como el de la *canela: *la yegua canela es la más rápida; tiene un perro ~.*

ca·ne·lón |kanelón| **1** ***m.*** Pasta de harina en forma de rectángulo que se enrolla tras meter en su interior carne picada, pescado o verdura: *los canelones son típicos de la cocina italiana.* ⇒ **pasta.** ☐ Se usa generalmente en plural. **2** Canal que recoge y vierte el agua de los tejados: *el agua de lluvia cae al suelo conducida por los canelones de las casas.* ⇒ **canalón. 3** Trozo de hielo largo y acabado en punta, que se forma cuando se congela el agua que cae de un lugar alto: *el tejado está lleno de canelones.* ⇒ **carámbano, chuzo.**

ca·ne·sú |kanesú| ***m.*** Parte superior del vestido o de la camisa de la mujer, a la que se unen el cuello, las mangas y el resto de la prenda: *la modista está cosiendo el ~ de la blusa.* ☐ El plural es *canesús.*

can·gre·jo |kaŋgréxo| ***m.*** Animal invertebrado con el cuerpo cubierto por una concha dura y con las patas delanteras grandes: *algunos tipos de cangrejos son comestibles; las patas delanteras de los cangrejos tienen forma de pinza;* ~ **de mar**, el que vive en el mar, tiene el cuerpo redondeado y fuertes patas delanteras; ~ **de río**, el que vive en los ríos, tiene el cuerpo alargado y las patas delanteras muy desarrolladas: *la carne del ~ de río es muy apreciada.* ☐ Para indicar el sexo se usa el ~ macho y el ~ hembra. ■ **andar/ir para atrás como el ~,** no avanzar, retroceder en un asunto: *te han suspendido en tres asignaturas: vas para atrás como los cangrejos.*

can·gu·ro |kaŋgúro| **1 *m.*** Animal mamífero que camina a saltos y lleva a sus crías en una bolsa que tiene en la parte delantera del cuerpo: *los canguros tienen las patas delanteras muy pequeñas y una robusta cola; los canguros son marsupiales y proceden de Australia.* ☐ Para indicar el sexo se usa el ~ macho y el ~ hembra. **- 2 *com.*** *fig.* Persona, generalmente joven, que cuida niños que no son suyos a cambio de dinero: *esta noche vamos a ir al cine, así que llamaremos a una ~.* ☐ Suele usarse en la construcción *hacer de: Inés consigue algún dinero haciendo de ~ para los hijos de su amiga.*

ca·ní·bal |kaníβal| **1 *adj.-com.*** (persona) Que come carne de seres de la misma especie: *en la novela* Robinsón Crusoe *aparecen caníbales.* ⇒ **antropófago. 2** *fig.* (persona) Que es cruel, salvaje y violento: *el protagonista de la película era un ~, pegaba y maltrataba a los niños.*

ca·ni·ba·lis·mo |kaniβalísmo| **1 *m.*** Costumbre que consiste en comer carne de seres de la misma especie: *muchos creen que el ~ proporcionaba las cualidades de la persona muerta.* ⇒ **antropofagia. 2** *fig.* Cualidad de ser cruel, salvaje y violento.

ca·ni·ca |kaníka| **1 *f.*** Bola pequeña de materia dura con que los niños juegan: *ha comprado a su hijo una caja llena de canicas de colores.* **- 2 canicas *f. pl.*** Juego de niños, en el que hay que hacer rodar bolas pequeñas de cristal para meterlas en un agujero: *el niño jugaba mucho a las canicas.* ⇒ **bola.** ☐ Se usa con el verbo *jugar.*

ca·ni·che |kanítʃe| ***adj.-s.*** (perro) Que pertenece a una raza de tamaño generalmente pequeño y con el pelo rizado: *la señorita sacó a pasear su ~ blanco.*

ca·ní·cu·la |kaníkula| ***f.*** Periodo del año en que es más fuerte el calor: *la ~ se da entre el 24 de julio y el 2 de septiembre; tenemos una casita en la sierra para pasar mejor la ~.*

ca·ni·cu·lar |kanikulár| ***adj.*** Del periodo del año en que es más fuerte el calor o que tiene relación con ese periodo: *estos días caniculares son terribles en Andalucía.*

ca·ni·⌐jo, ⌐ja |kaníxo, xa| **1 *adj.-s.*** Que es muy pequeño: *tu hermana es una canija y no quiero que venga con nosotras; me gusta la habitación, pero es muy canija.* **2** (persona, animal) Que es muy delgado o débil: *te has quedado muy canija después de ese régimen tan severo.* ⇒ **raquítico.**

ca·ni·lla |kaníʎa| **1 *f.*** *fam.* Parte más delgada de la pierna. **2** Cilindro pequeño en el que se enrolla el hilo en las máquinas de coser: *puso el hilo en la ~ de la máquina y comenzó a coser.* **3** Tubo pequeño que sirve para hacer salir el líquido contenido en un recipiente: *le pusieron una ~ a la tinaja para llenar de vino unas garrafas.*

ca·ni·⌐no, ⌐na |kaníno, na| **1 *adj.*** Del perro o que tiene relación con él: *enfrente de la escuela han abierto una peluquería canina; voy a llevar a mi perro a un concurso ~.* **2** Que tiene parecido con el perro: *la cara de ese hombre tiene aspecto ~.* **- 3 *adj.-m.*** (diente) Que está situado junto a los dientes delanteros y acaba en punta: *debo ir al dentista para que me quite el ~ derecho; los dientes caninos están entre los incisivos y las muelas.* ⇒ **diente.** ☐ Se usa sobre todo como sustantivo masculino.

can·je |káŋxe| ***m.*** Cambio de una cosa por otra: *hicieron un ~ de prisioneros.* ⇒ **trueque.**

can·je·a·ble |kaŋxeáβle| ***adj.*** Que se puede cambiar por otra cosa: *este vale es ~ por una entrada en cualquier cine de la ciudad.*

can·je·ar |kaŋxeár| ***tr.*** *form.* [algo; por algo] Entregar una cosa recibiendo otra en su lugar: *en el centro comercial se canjean vales por libros de texto.* ⇒ **cambiar.**

ca·⌐no, ⌐na |káno, na| ***adj.*** *form.* (persona) Que tiene blanco todo o la mayor parte del pelo: *Juan tiene el bigote, la barba y el cabello canos.* ⇒ **blanco.**

ca·no·a |kanóa| ***f.*** Embarcación pequeña muy estrecha, a remo o con motor, con las partes delantera y trasera acabadas en punta: *el indio rema en una ~ río abajo.* ⇒ **embarcación.**

ca·nó·dro·mo |kanóðromo| ***m.*** Instalación preparada para las carreras de perros: *fueron al ~ a ver correr a los galgos.*

ca·non |kánon| **1 *m.*** Regla o norma, especialmente la establecida por la costumbre: *escribía con total libertad y no seguía los cánones; si quieres hacer las cosas bien debes respetar los cánones.* ⇒ **precepto. 2** Modelo que reúne las características perfectas en su especie: *los escultores griegos establecieron el ~ del cuerpo humano.* **3** Cantidad de dinero que se paga, especialmente al Estado, por disfrutar de una cosa: *deben pagar ciertos cánones por hacer uso de las instalaciones públicas.* **4** Regla establecida por la Iglesia *católica: *para ser un buen católico, hay que cumplir los cánones de la Iglesia.* **5** Parte de la misa: *el ~ es la parte de la misa que está antes del Padre-*

nuestro. **6** MÚS. Composición musical en la que van entrando voces, repitiendo cada una el canto de la anterior.

ca·nó·ni·⌜co, ⌜ca |kanóniko, ka| **1** ***adj.*** Que está de acuerdo con las normas y reglas de la Iglesia: *el obispo llevaba la vestimenta canónica.* **2** (texto y libro) Que está en la lista de los libros reconocidos por la Iglesia: *este es el Evangelio ~ que debe usarse en las clases de religión.* **3** Que se ajusta a un modelo adecuado: *su conducta suele ser poco canónica.*

ca·nó·ni·go |kanóniɣo| ***m.*** REL. Sacerdote que pertenece a una iglesia importante y tiene voto en ella: *en la misa participaron dos canónigos.*

ca·no·ni·zar |kanoniθár| ***tr.*** REL. [a alguien] Afirmar el Papa que una persona es santa: *para que una persona pueda ser canonizada ha debido ser beatificada previamente; durante la Edad Media fue muy frecuente ~ a los reyes.* ☖ Se conjuga como 4.

ca·no·⌜so, ⌜sa |kanóso, sa| ***adj.*** Que tiene *canas: *cedió su asiento a una anciana canosa que entró en el autobús.*

can·san·cio |kansánθio| **1** ***m.*** Debilidad o falta de fuerza provocada por un esfuerzo o trabajo: *se echó la siesta para recuperarse del ~ de la jornada.* **2** Aburrimiento o desagrado: *las películas de acción me provocan cierto ~.*

can·sar |kansár| **1** ***tr.-prnl.*** [algo, a alguien] Causar debilidad; hacer que falte fuerza: *el trabajo cansa mucho a todo el mundo; me he cansado subiendo las escaleras.* ⇒ **fatigar. 2** [a alguien] Molestar, aburrir o resultar desagradable: *me cansa su palabrería sin sentido; ya me cansé de oír sus quejas; comer todos los días en un restaurante cansa.*

can·si·⌜no, ⌜na |kansíno, na| **1** ***adj.*** Que es lento; que se mueve con poca velocidad, especialmente a causa del *cansancio: *el anciano avanzaba con paso ~.* **2** Que molesta o fastidia: *estaba harto de su charla cansina.*

can·ta·ble |kantáβle| ***adj.*** Que se puede cantar: *esa composición no es ~.*

can·tá·bri·⌜co, ⌜ca |kantáβriko, ka| ***adj.*** De Cantabria o que tiene relación con Cantabria: *los Picos de Europa están en la cordillera cantábrica; el mar ~ se encuentra en el norte de España.* ⇒ **cántabro.**

cán·ta·⌜bro, ⌜bra |kántaβro, βra| **1** ***adj.*** De Cantabria o que tiene relación con Cantabria: *el Gobierno ~ ha tomado medidas para evitar la extinción del oso; Santoña es una localidad cántabra.* **- 2** ***m. f.*** Persona nacida en Cantabria o que vive habitualmente en Cantabria: *los antiguos cántabros resistieron la conquista romana.*

can·tan·te |kantánte| ***com.*** Persona que se dedica a cantar por profesión: *todos los cantantes y bailarines saludaron al público desde el escenario; Montserrat Caballé es una ~ española muy famosa.* ⇒ **cantor.**

can·ta·⌜or, ⌜o·ra |kantaór, óra| ***m. f.*** Persona que canta *flamenco: *ese ~ trabaja en el mejor tablao de la ciudad.*

can·tar |kantár| **1** ***intr.-tr.*** [algo] Emitir música con la voz humana: *estaba cantando una nana al niño; María cantaba y tocaba el piano.* **- 2** ***intr.*** Emitir sonidos parecidos a la música con la garganta, generalmente los pájaros: *el jilguero canta muy bien; el gallo canta por la mañana.* **3** Emitir sonidos agudos, generalmente los insectos: *¿oyes cómo canta la cigarra?* **4** *fam. fig.* Descubrir o contar un secreto: *cantó en cuanto lo cogió la policía.* ⇒ **confesar. 5** *fam. fig.* Oler mal: *te cantan los pies.* **- 6** ***tr.*** [algo] Anunciar en voz alta una jugada que permite añadir puntos en ciertos juegos de cartas: *estaba jugando al tute y ha cantado las cuarenta.* **7** Componer o decir un poema: *el poeta cantó la guerra de Troya.* **8** *fig.* [algo; a alguien] Alabar y decir cosas buenas para destacar algunas virtudes: *estuvo cantándome las excelencias de su novia.* **- 9** ***m.*** Poema popular que se puede adaptar a una música: ~ **de gesta**, poema *épico; tipo de género literario de la Edad Media: *los cantares de gesta narran historias de héroes y guerreros.* ■ **ser otro ~**, tratarse de un asunto distinto; estar en una situación diferente: *quieres que te preste dinero y eso ya es otro ~.*

can·ta·⌜rín, ⌜ri·na |kantarín, rína| **1** ***adj.*** *form. fig.* (sonido) Que es delicado y agradable al oído: *a lo lejos se escuchaba el susurro ~ del agua de la fuente; me gusta escuchar su risa cantarina.* **2** *fam.* (persona) Que le gusta mucho cantar y lo hace frecuentemente: *nunca he conocido a una persona tan cantarina como tú, ¡te pasas todo el día tarareando canciones!*

cán·ta·ro |kántaro| ***m.*** Recipiente, generalmente de barro, de boca y pie estrechos y la parte del centro más ancha, que suele usarse para contener y transportar líquidos: *ve a la fuente a llenar de agua el ~.*

can·ta·ta |kantáta| **1** ***f.*** Poema escrito para que se le ponga música y se cante: *algunos de los más famosos poetas han escrito cantatas.* ⇒ **cántico, cantilena. 2** MÚS. Composición musical que se destina a la música de cámara o religiosa: *la ~ deriva del madrigal renacentista italiano.*

can·tau·⌜tor, ⌜to·ra |kantautór, tóra| ***m. f.*** Persona que canta para el público la música que ella

CÁNTARO

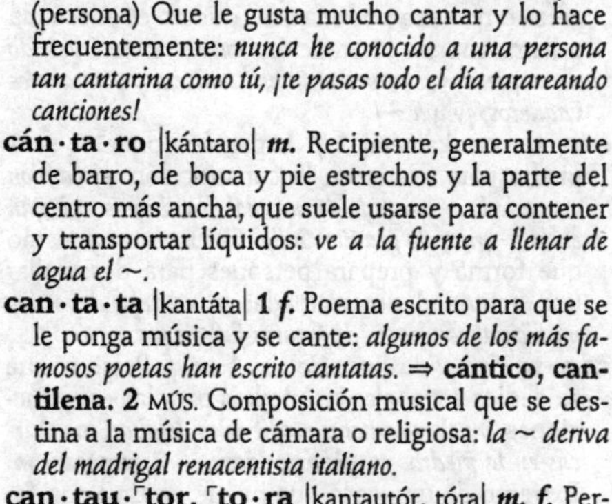

misma compone: *Serrat es uno de los cantautores españoles más conocidos.* ⇒ **cantante.**

can·te |kánte| **1** ***m.*** Acción de emitir música con la voz humana: *en el último festival abundaron las actuaciones de ~ y baile; María quiso desde pequeña dedicarse al ~.* ⇒ **canción. 2** Composición en verso acompañada de música, especialmente la popular de Andalucía: *a mis amigos les apasiona el ~;* ~ **flamenco**, el que combina elementos *andaluces, *orientales y *gitanos: *asistimos a una actuación de ~ flamenco en un tablao sevillano; las sevillanas y el fandango son estilos de ~ flamenco;* ~ **hondo/jondo**, el *flamenco, que tiene tono de queja: *Camarón de la Isla era un maestro del ~ jondo.* **3** Olor fuerte, poco agradable: *tus pies dan un ~ horroroso.* ◻ Se usa generalmente con el verbo *dar.* **4** Jugada que permite añadir puntos en ciertos juegos de cartas: *no he conseguido ningún ~ jugando a las cartas.* ■ **dar el** ~, destacar por ser poco adecuado a una situación: *si fumamos en el hospital seguro que daremos el ~; ha puesto en la habitación del niño un mueble isabelino que da el ~.* ■ **dar el** ~, decir lo que no se debía decir; dar un aviso: *uno de los cómplices dio el ~ y la policía detuvo al asesino.* ■ **¡menudo/vaya** ~**!**, expresión que indica sorpresa o rechazo por una cosa que no es adecuada o llama mucho la atención: *todo el mundo vestido de etiqueta y él se presenta en camiseta y pantalones vaqueros: ¡vaya ~!*

can·te·ra |kantéra| **1** ***f.*** Lugar de donde se saca piedra para usarla en la construcción: *el camión viene de la ~ cargado de mármol; los obreros trabajan en la ~ picando granito.* **2** *fig.* Centro u organismo que forma y prepara personas para desarrollar una actividad determinada: *la escuela deportiva municipal es una ~ de futuros futbolistas.*

can·te·⌜ro, ⌜ra |kantéro, ra| **1** ***m. f.*** Persona que se dedica a trabajar las piedras para las construcciones: *muchos canteros medievales dejaban sus marcas en la piedra.* ⇒ **picapedrero. - 2 cantero** ***m.*** Extremo de una cosa que puede partirse con facilidad: *a media mañana se comió un ~ de pan y un poco de queso.*

cán·ti·co |kántiko| ***m.*** Poema que se puede adaptar a una música, generalmente de carácter religioso: *en los libros litúrgicos aparecen oraciones y cánticos; los monjes entonaban cánticos de alabanza en la catedral; la calle se llenó con el ~ de los niños.* ⇒ **cantata, cantilena.**

can·ti·dad |kantiðá^{d}| **1** ***f.*** Número, tamaño o proporción de una cosa, que puede ser mayor o menor: *la ~ de comida para el banquete depende de la ~ de invitados; ¿puede decirme la ~ de lana que necesito para hacer una chaqueta?* ⇒ **cuantía. 2** Suma de dinero: *hace tiempo invertí una ~ en esta empresa; he gastado una ~ demasiado grande en las vacaciones.* **3** Proporción grande de una cosa; mucho: *había ~ de gente en el concierto.* **- 4** ***adv.*** *fam.* Mucho, abundantemente o en gran número: *me gusta ~ tu traje nuevo.* ■ **en cantidades industriales**, *fam.*, mucho, abundantemente o en gran número: *durante este mes ha llovido en cantidades industriales.*

can·ti·ga |kantíɣa| ***f.*** Poema de la Edad Media compuesto para ser cantado: *Alfonso X escribió unas cantigas dedicadas a la Virgen María.*

cán·ti·ga |kántiɣa| ***f.*** ⇒ **cantiga.**

can·ti·le·na |kantiléna| **1** ***f.*** Poema corto escrito para ser cantado: *el órgano o las violas son adecuados para las cantilenas lentas.* ⇒ **cantata, cántico, cantinela. 2** Repetición molesta y poco oportuna de una cosa: *los niños siempre vienen con una ~.* ⇒ **cantinela.** ◻ Se usa frecuentemente *cantinela.*

can·tim·plo·ra |kantimplóra| ***f.*** Recipiente que se estrecha en su parte superior terminando en un agujero pequeño que sirve para llevar agua en los viajes: *los niños que iban de excursión llevaban sus cantimploras llenas de agua.*

can·ti·na |kantína| ***f.*** Establecimiento en el que se sirven comidas y bebidas, y que generalmente forma parte de una instalación más grande: *el viajero se comió un bocadillo en la ~ de la estación.*

can·ti·ne·la |kantinéla| ***f.*** ⇒ **cantilena.** ◻ La Real Academia Española prefiere la forma *cantilena.*

can·ti·ne·⌜ro, ⌜ra |kantinéro, ra| ***m. f.*** Persona que se dedica a servir bebidas y comidas, especialmente en una *cantina: *llamaron a la cantinera para que les pusiera otra jarra de vino.*

can·to |kánto| **1** ***m.*** Arte que consiste en emitir música con la voz humana: *ha dedicado toda su vida al ~.* **2** Actividad y resultado de emitir música con la voz humana: *Elisa va todos los jueves a clases de ~ y danza; el ~ del himno ha durado treinta minutos;* ~ **del cisne**, *fig.*, última obra escrita o representada por una persona: *la actuación de esta noche ha sido el ~ del cisne del actor principal.* **3** Actividad y resultado de emitir sonidos parecidos a la música, generalmente los pájaros: *en primavera se escucha el ~ de la alondra.* **4** Actividad y resultado de emitir sonidos agudos, generalmente los insectos: *el ~ de las cigarras anuncia el apogeo del verano.* **5** Borde o filo de un objeto delgado: *me he cortado el dedo con el ~ de una hoja de papel.* **6** Esquina o extremo de un objeto: *se golpeó la cabeza con el ~ de la ventana.* **7** Trozo de piedra; piedra que cabe en una mano: ~ **rodado**, el que tiene forma redonda por haber sido arrastrado por el agua: *la desembocadura del río está llena de cantos rodados.* **8** *fig.* Actividad y resultado de decir cosas buenas para destacar una virtud: *el libro que ha escrito es un ~ al amor.* **9** Composición en verso: *el poeta escribió unos cantos de amor.* **10** Parte que, junto con otras, compone un poema: *hemos de leer un poema épico que consta de cuatro cantos.* ⇒ **cantar.** ◻ No se debe confundir con el presente de indicativo del verbo *cantar.* ■ **al** ~, *fam.* expresión que indica un resultado esperado e inmediato: *cada vez que llega tarde a casa, bronca al ~.* ◻ Las oraciones en las que aparece no tienen verbo. ■ **darse con un** ~ **en los dientes**, *fam.*, estar muy alegre porque una cosa ha salido mejor de lo que se esperaba: *pensabas gastar mil pesetas y sólo has gastado quinientas, así que te puedes dar con un ~ en los dientes.* ◻ Se usa con *poder.* ■ **de** ~, de lado, sobre el borde o filo de un objeto delgado: *he colocado los discos de ~ para que ocupen poco sitio; no soy capaz de poner una moneda de ~.* ■ **el ~ de un duro,** *fam.*, muy poco; casi nada: *ha faltado el ~ de un duro para que te caigas de la cama; perdí la apuesta por el ~ de un duro.*

can·tón |kantón| ***m.*** País que forma con otros un Estado y comparte con ellos unas normas y un gobierno central: *Suiza está formada por 23 cantones.*

can·to·nal |kantonál| ***adj.*** Del *cantón o que tiene relación con él: *Suiza es un país cantonal.* ⇒ **cantonalista.**

can·to·na·lis·mo |kantonalísmo| ***m.*** POL. Sistema político que defiende la partición del Estado en divisiones *administrativas casi independientes: *en la España del siglo XIX el ~ fue causa de movimientos revolucionarios; el ~ existe en Suiza.* ⇒ **federalismo.** ⇔ **centralismo.**

can·to·na·lis·ta |kantonalísta| **1 *adj.*** POL. Del *cantonalismo o que tiene relación con él: *los movimientos revolucionarios cantonalistas no consiguieron al apoyo popular.* ⇒ **cantonal. - 2 *adj.-com.*** POL. (persona) Que es partidario del *cantonalismo: *en el congreso expusieron sus ideas varios políticos cantonalistas.* ⇒ **cantonal, federalista.** ⇔ **centralista.**

can·to·ne·ra |kantonéra| ***f.*** Pieza que se pone en una esquina o borde de un libro, un mueble u otra cosa y que sirve para *reforzarlo o adornarlo: *el baúl tiene cantoneras doradas.*

can·⌜tor, ⌜to·ra |kantór, tóra| **1 *adj.-s.*** (persona) Que sabe cantar o se dedica a cantar por profesión: *en la iglesia se oían las voces de un grupo de niños cantores.* ⇒ **cantante. 2** *form.* (pájaro) Que puede emitir sonidos agradables: *el jilguero y el ruiseñor son aves cantoras.* **- 3 *m. f.*** *fig.* (persona) Que destaca unas virtudes en los poemas que compone: *Petrarca es el ~ de Laura.* ☐ Se usa seguido de la preposición *de.*

can·to·ral |kantorál| ***m.*** Libro grande en el que están escritas las canciones que se cantan en el *coro: *en el museo tienen un antiguo ~ con dibujos medievales.*

can·tu·rre·ar |kantur̄eár| ***intr.*** *fam.* Cantar en voz baja y sin articular bien las palabras: *noté que estaba muy contento porque canturreaba.* ⇒ **tararear.**

can·tu·rre·o |kantur̄éo| ***m.*** Acción de *canturrear: *¡cállate! tu ~ no me deja concentrarme.*

ca·nu·ti·llo |kanutíʎo| ***m.*** Hilo de oro o plata rizado, que se usa para coser: *el tapiz tenía ~ en los bordes.*

ca·nu·to |kanúto| **1 *m.*** Tubo estrecho, abierto por los dos extremos o cerrado por uno de ellos y con una tapa en el otro: *mete los alfileres en el ~.* **2** *fam.* Cigarro hecho a mano que contiene droga mezclada con tabaco: *le echaron de la sala porque se estaba fumando un ~.* ⇒ **porro.**

ca·ña |káɲa| **1 *f.*** Tallo hueco y con nudos de ciertas plantas: *han construido el techo de la cabaña con cañas de bambú.* **2** Planta de tallos huecos y con nudos, propia de lugares húmedos: *la ~ mide entre tres y seis metros de altura;* **~ de azúcar,** la que tiene el tallo lleno de un tejido esponjoso y dulce del que se saca el azúcar: *hay extensas plantaciones de ~ de azúcar en Cuba.* ⇒ **carrizo. 3** Vaso en forma de cilindro, alto y estrecho, que se usa para beber *cerveza o vino: *dame una ~ de cerveza.* **4** Objeto alargado y con forma de cilindro: **~ de pescar,** la que se usa para pescar mediante un hilo que sale de uno de sus extremos: *pondré el anzuelo en la ~ de pescar.* **5** Hueso alargado, generalmente de los brazos y las piernas: *lleva una escayola en el brazo derecho porque se ha partido la ~.* ■ **dar/meter ~,** *fam.*, provocar, animar u obligar: *necesito que el vestido esté terminado mañana, así que dale ~ a la modista.* ■ **dar/meter ~,** *fam.*, hacer que aumente la actividad de una máquina o de un aparato: *no vamos a llegar a tiempo, ¡métele ~ al coche!* ■ **dar/meter ~,** *fam.*, golpear o pegar: *los jugadores de fútbol americano se dan ~.*

ca·ña·da |kaɲáða| **1 *f.*** Camino por el que pasa el ganado: *el ganado trashumante pasa por las cañadas para ir de un pasto a otro.* **2** Espacio estrecho que queda entre dos alturas cercanas: *esta ~ conduce a un pequeño valle sin aldeas.*

ca·ña·ma·zo |kaɲamáθo| **1 *m.*** Tejido áspero de *cáñamo: *el ~ se usa para fabricar sacos.* **2** Tejido duro preparado para coser dibujos con hilos de colores: *colocó el ~ en el bastidor y se puso a bordar.*

cá·ña·mo |káɲamo| **1 *m.*** Fibra vegetal que se usa para hacer cuerdas y otros objetos: *llevaba unas alpargatas de suela de ~.* **2** Planta de tallo recto y hojas opuestas y divididas, que se cultiva para sacar su fibra y sus semillas: *los pájaros se comen las semillas del ~.*

ca·ña·món |kaɲamón| ***m.*** Semilla del *cáñamo, redonda y de pequeño tamaño: *los pájaros comen cañamones.*

ca·ña·ve·ral |kaɲaβerál| ***m.*** Terreno en el que crecen muchas *cañas: *una bandada de pájaros volaba sobre los cañaverales.* ⇒ **cañizal.**

ca·ñe·rí·a |kaɲería| ***f.*** Tubo, generalmente de metal, que sirve para conducir líquidos o gases: *por la noche se oye pasar el agua de las cañerías del edificio; los fontaneros están arreglando la ~ picada.*

ca·ñí |kaɲí| ***adj.-com.*** Que es o parece *gitano: *se enamoró de una muchacha ~.* ☐ El plural es *cañís.*

ca·ñi·zal |kaɲiθál| ***m.*** Terreno en el que crecen muchas *cañas: *no dejes que los niños se acerquen al ~ porque pueden perderse.* ⇒ **cañaveral.**

ca·ñi·zo |kaɲíθo| ***m.*** Tejido hecho con tallos huecos y con nudos que se usa para construir techos o paredes.

ca·ño |káɲo| **1 *m.*** Tubo por donde sale agua, especialmente el de las fuentes: *en la plaza hay una fuente con cuatro caños.* **2** Cada una de las piezas de metal que forman un tubo que sirve para conducir líquidos o gases: *hay que cambiar la tubería porque están los caños picados.*

ca·ñón |kaɲón| **1 *m.*** Arma de gran tamaño formada por un tubo largo y hueco en forma de cilindro dispuesto sobre una base: *a lo lejos se oyen* *los disparos de los cañones.* ⇒ **arma. 2** Pieza hueca y alargada de las armas por la que salen las balas: *el cazador lleva al hombro una escopeta de dos cañones; el soldado está limpiando el ~ del fusil.* **3** Paso estrecho entre montañas y por el que generalmente corren los ríos: *en mayo visitaremos el Gran Cañón del Colorado.* **4** Parte inferior de las plumas de los pájaros; pluma que empieza a crecer: *el ~ es puntiagudo.* **5** Tubo de hierro por el que sale humo: *habría que limpiar el ~: está atascado.* **6** *Foco de luz *concentrada que se usa en el teatro y en otros espectáculos: *un ~ de luz azul seguía al actor por todo el escenario.* ■ **estar al pie del ~**, *fam.*, estar en el lugar adecuado; estar preparado: *cuando hay que trabajar, Francisco siempre está al pie del ~.*

ca·ño·na·zo |kaɲonáθo| ***m.*** Disparo hecho con un *cañón: *las murallas de la ciudad recibieron varios cañonazos durante la contienda.*

ca·o·ba |kaóβa| **1** ***f.*** Árbol de tronco recto y grueso y flores pequeñas y blancas, del que se saca una madera dura: *la ~ es un árbol originario de América.* **2** *p. ext.* Madera dura de color rojo oscuro, que se usa para construir muebles: *en nuestra habitación hay dos sillas de ~.* - **3** ***adj.-m.*** (color) Que es rojo oscuro: *Rosa tiene el pelo ~; el mobiliario del salón tiene tonos dorados y ~.*

ca·os |káos| **1** ***m.*** Desorden o mezcla: *la llegada masiva de vehículos a la ciudad provocó un tremendo ~ circulatorio.* ⇒ **cacao. 2** Situación de desorden, que se supone anterior a la creación del universo: *según la mitología, Zeus puso orden al ~.* ☖ El plural es *caos.*

ca·ó·ti·⌈co, ⌈ca |kaótiko, ka| ***adj.*** Del *caos o que tiene relación con él: *el tráfico de la ciudad es ~ a estas horas de la mañana.* ⇒ **desordenado.**

ca·pa |kápa| **1** ***f.*** Superficie uniforme y de *grosor variable que cubre una cosa o se extiende sobre ella: *una ~ de nieve cubría las calles; la pared necesita una ~ de pintura.* **2** Parte en que se puede dividir un todo, extendiéndose por encima o por debajo de las demás partes: *las capas de la atmósfera; las capas más altas de la sociedad viven de las rentas.* **3** Prenda de vestir muy ancha, suelta, sin mangas y abierta por delante que se lleva sobre la ropa: *la ~ de don Emilio es muy elegante; los tunos llevan cintas en las capas.* ⇒ **capote, manto. 4** Pieza de tela grande y con colores vivos que se usa para *torear: *el torero tomó su ~ dispuesto a iniciar la faena.* ⇒ **capote.** ■ **de ~ caída**, en una situación mala o peor que otra anterior: *el turismo interior está de ~ caída; la familia Hermosilla se ha arruinado y ahora anda de ~ caída.* ■ **defender a ~ y espada**, afirmar, sostener o proteger con mucha fuerza: *defendió su honor a ~ y espada.* ■ **hacer de su ~ un sayo**, obrar con total libertad en los asuntos propios, normalmente cuando la acción se considera equivocada o poco razonable: *si vende la empresa está en su derecho, cada cual puede hacer de su ~ un sayo.*

ca·pa·cho |kapátʃo| ***m.*** Recipiente flexible con dos asas que se usa para transportar distintos materiales: *los capachos suelen ser de esparto o de mimbre; los albañiles han llenado varios capachos con arena y cal; ahora mismo cojo el ~ y me voy a la compra.*

ca·pa·ci·dad |kapaθiðáᵈ| **1** ***f.*** Propiedad de poder contener una cantidad determinada de una cosa: *el teatro tiene ~ suficiente para acoger a quinientas personas; el coche tiene ~ para cuatro personas.* ⇒ **cabida. 2** Cualidad de pensar o de hacer una cosa con habilidad: *la ~ mental de Eduardo es muy limitada; son personas con una gran ~ de trabajo.* ⇒ **aptitud.**

ca·pa·ci·tar |kapaθitár| ***tr.-prnl.*** [a alguien; para algo] Preparar, generalmente a una persona, para que esté en condiciones de hacer una cosa: *el curso de tres meses los capacitará para trabajar en la empresa; en aquella academia se capacita a la gente en lengua alemana.*

ca·par |kapár| **1** ***tr.*** [algo, a alguien] Quitar los órganos de reproducción o hacer que dejen de cumplir su función: *en la fábrica hay unos empleados que se encargan de ~ cerdos.* ⇒ **castrar. 2** [algo] Quitar la parte saliente de un objeto: *el labrador ha capado su boina.*

ca·pa·ra·zón |kaparaθón| **1** ***m.*** Concha dura con que protegen su cuerpo distintos animales: *los crustáceos, los insectos y las tortugas tienen ~.* ⇒ **coraza. 2** Cubierta para tapar o proteger ciertos objetos: *hemos cubierto la máquina con un ~ de hierro.* ■ **encerrarse/esconderse/meterse en su ~**, protegerse o defenderse de los demás: *desde el día en que le criticaron tanto, Luis decidió encerrarse en su ~.*

ca·pa·⌈taz, ⌈ta·za |kapatáθ, táθa| ***m. f.*** Persona con autoridad sobre un grupo de trabajadores: *hace unos años José trabajó como ~ en una obra; el ~ se encargaba de la administración de las labores del campo.* ⇒ **mayoral.**

ca·paz |kapáθ| **1** ***adj.*** Que puede hacer una cosa determinada; que tiene habilidad: *es ~ de jugar al ajedrez con los ojos cerrados; han contratado a un empleado muy ~; ahora tenemos mejor organización y una administración más ~.* ⇒ **apto, competente.** ☖ Es muy frecuente la construcción *ser ~ de* con el significado de *poder*. *¿crees que no soy ~ de nadar más rápido que tú?* **2** Que tiene bastante espacio para recibir o contener dentro una cosa: *tu camión es muy ~.*

cap·cio·⌈so, ⌈sa |kaᵖθióso, sa| ***adj.*** (pregunta, discurso) Que se hace para hacer que otra persona dé una respuesta que favorezca los intereses del que habla o pregunta: *las preguntas capciosas pueden comprometer al que responde.*

ca·pe·a |kapéa| ***f.*** *Lidia de toros jóvenes por personas que no son profesionales: *el ganadero organizó una ~ para los estudiantes de la escuela taurina.*

ca·pe·ar |kapeár| **1** ***tr.*** [algo] *Torear con la capa: *estuvo capeando al novillo antes de coger la muleta.* **2** *fam. fig.* [algo, a alguien] Retrasar o evitar mediante trucos o engaños: *no querían que lo viese y estuvieron capeándolo toda la tarde.* **3** MAR. [algo] Colocar las velas de manera que la embarcación avance lentamente: *el capitán mandó ~ para acercarse despacio a la costa.* **4** MAR. Evitar que la embarcación retroceda al navegar con mal tiempo: *fueron capeando el temporal hasta llegar al puerto.*

ca·pe·llán |kapeʎán| ***m.*** Sacerdote que dice misas y cuida del servicio religioso en ciertos lugares u establecimientos: *el ~ del ejército dijo una misa por el difunto; el antiguo prelado ejercerá como ~ en el centro asistencial de Melilla.*

ca·pe·ru·za |kaperúθa| **1** ***f.*** Prenda acabada en punta que se coloca en la cabeza: *la abuela ha tejido una ~ blanca para el nieto que acaba de nacer.* ⇒ **capucha, gorro. 2** Pieza que cubre el extremo de distintos objetos: *pon la ~ al bolígrafo cuando acabes de escribir, si no se secará la tinta.* ⇒ **capucha, capuchón.**

ca·pi·cú·a |kapikúa| ***adj.-m.*** (número) Que se lee igual de izquierda a derecha que de derecha a izquierda: *el 6996 es un número ~; ¿te has fijado en que la cifra de este billete es ~?*

ca·pi·lar |kapilár| **1** ***adj.*** *form.* Del pelo o conjunto de pelos que crecen en la cabeza de las personas, o que tiene relación con él: *esta loción ~ evita que se caiga el cabello.* **2** *form. fig.* (tubo) Que es muy delgado. **- 3** ***m.*** ANAT. Vaso muy delgado que reparte sangre por el organismo: *los capilares unen las venas con las arterias.*

ca·pi·lla |kapíʎa| **1** ***f.*** Parte de una iglesia o de un edificio donde hay un altar y se celebra el servicio religioso: *la Capilla Sixtina es visitada diariamente por muchos turistas; la ceremonia tuvo lugar en la ~ del colegio; la mayoría de los hospitales tienen ~ propia;* ~ **ardiente**, lugar en que se coloca a una persona muerta para velarla y rendirle honores: *muchos familiares y amigos visitaron la ~ ardiente del difunto.* **2** Comunidad de sacerdotes: *la semana pasada se reunieron los miembros de la ~ francesa.* **3** *desp. fig.* Grupo de seguidores, generalmente de una persona o idea: *esos hombres que ves ahí son todos de la misma ~.* ■ **estar en** ~, *fam.*, encontrarse a punto de hacer una cosa importante o de conocer un resultado: *Juan está en ~, se examinará mañana.*

ca·pi·ro·te |kapiróte| **1** ***m.*** Cono de cartón cubierto de tela que se coloca en la cabeza: *el ~ se lleva en las procesiones en la Semana Santa; los penitentes llevan un ~ que cubre la cara en señal de penitencia.* ⇒ **cucurucho. 2** Pieza de cuero que se pone a las aves de caza en la cabeza para mantenerlas quietas: *el hombre le quitó el ~ al halcón para que volara.*

ca·pi·sa·yo |kapisáyo| ***m.*** Prenda de vestir corta con forma de capa: *el ~ sirve de capa y de vestido.*

ca·pi·tal |kapitál| **1** ***f.*** Población principal de un territorio: *la ~ de España es Madrid.* **- 2** ***m.*** Conjunto de bienes que posee un individuo: *su ~ está formado por una casa y dos coches; aunque aparenta ser rico, no tiene mucho ~.* **3** ECON. Elemento que se destina a la producción: *las máquinas, las instalaciones y la materia prima constituyen el ~ de una empresa; con el ~ que ha aportado el señor Ramírez, la empresa saldrá adelante.* **- 4** ***adj.*** Que es muy grande o importante: *hoy en día la tecnología es ~ para el desarrollo de la industria.*

ca·pi·ta·lis·mo |kapitalísmo| ***m.*** Sistema económico y social que busca la creación de riqueza y que está basado en el poder y la influencia del *capital: *el ~ se basa en la acumulación y en la inversión de capital privado; el ~ es un sistema económico muy extendido.*

ca·pi·ta·lis·ta |kapitalísta| **1** ***adj.*** Del *capital, del *capitalismo o que tiene relación con ellos: *el marxismo es contrario a los sistemas económicos capitalistas.* ⇔ **marxista, socialista. - 2** ***adj.-com.*** (persona) Que es partidario del *capitalismo: *ha habido un enfrentamiento verbal entre marxistas y capitalistas.* ⇔ **marxista, socialista. - 3** ***com.*** Persona que posee mucho dinero o bienes materiales: *sólo un ~ dispone de los medios para crear una gran empresa.* **4** Persona que pone el dinero en un negocio: *el ~ es el dueño de la fábrica y quien paga a los obreros que trabajan en ella.*

ca·pi·ta·li·zar |kapitaliθár| **1** ***tr.*** [algo] Añadir a un *capital los rendimientos o intereses que ha producido: *el banco capitaliza los intereses de mi dinero cada seis meses.* **2** *fig.* Aprovechar una situación o una acción, aunque sea de otro: *capitalizó el esfuerzo de sus subordinados para lucirse ante los demás.* ▢ Se conjuga como 4.

ca·pi·ˈtán, ˈta·na |kapitán, tána| **1** ***m. f.*** Persona que representa a un grupo o a un equipo, especialmente deportivo: *el ~ del equipo de baloncesto tuvo que abandonar el partido; la capitana del equipo de béisbol saludó al público.* **- 2 capitán** ***m.*** MIL. Miembro del ejército de categoría inmediatamente superior a la de *teniente: *el ~ tiene el mando de una compañía;* ~ **general**, MIL., el que tiene el grado más alto: *el ejército de artillería ha rendido honores al ~ general.* **3** Persona al mando de un barco: *conozco al ~ de ese barco mercante; el ~ saludó a todos los pasajeros.* ⇒ **comandante.**

ca·pi·ta·na |kapitána| ***f.*** Embarcación que dirige el jefe de una *escuadra: *la ~ iba colocada en el centro de la escuadra.*

ca·pi·ta·ne·ar |kapitaneár| **1** ***tr.*** [algo, a alguien] Mandar o dirigir un grupo de soldados: *el general capitaneaba la tropa con valentía.* **2** *fig.* Mandar o dirigir un grupo de personas: *los futbolistas fueron capitaneados por López.*

ca·pi·tel |kapitél| ***m.*** Parte superior de una columna que es más ancha que ésta: *cada uno de los capiteles de la basílica tiene un grabado diferente.*

ca·pi·to·lio |kapitólio| **1** ***m.*** Edificio muy grande e importante, especialmente el dedicado al gobierno: *la recepción se celebró en el ~.* **2** Lugar más alto y defendido de las ciudades de la antigua Grecia: *los turistas visitan el ~.*

ca·pi·tu·la·ción |kapitulaθión| **1** ***f.*** Acuerdo firmado entre dos partes para determinar la rendición de un ejército: *los Reyes Católicos firmaron las capitulaciones de Santa Fe.* **2** Acuerdo firmado entre dos partes sobre un negocio o asunto, generalmente importante o grave: *el abogado nos leerá la ~ en el despacho de la fábrica; en las capitulaciones* *matrimoniales se estipula el régimen económico de los futuros esposos.* ☐ Se usa frecuentemente en plural.

ca·pi·tu·lar |kapitulár| **1** ***intr.*** Entregar una posición; rendirse: *después de dos meses de asedio, tuvieron que ~.* **2** Dejar de luchar o de discutir; renunciar a unos derechos: *tendrás que ~ en la discusión con tus hermanos porque la familia debe llevarse bien.* ⇒ **ceder, transigir. - 3** ***adj.*** De un *cabildo o del *capítulo de una orden o que tiene relación con ellos: *hay un famoso fresco en el techo de la sala ~ del monasterio.*

ca·pí·tu·lo |kapítulo| **1** ***m.*** Cada una de las partes principales en que se divide un libro: *estoy leyendo el ~ sexto de* La Regenta*; el tratado consta de diez capítulos.* **2** Ocasión en que los religiosos de una orden se reúnen para tratar distintos asuntos: *en el próximo ~ se elegirá a los nuevos prelados.* **3** Asunto o materia: *el arreglo de la casa es ~ aparte.* ■ **llamar/traer a ~**, pedir cuentas o desaprobar un comportamiento: *tenía miedo de ir a la oficina: sabía que su jefe lo iba a llamar a ~.* ■ **ser ~ aparte**, *fam.*, merecer una atención especial: *el tema del presupuesto es ~ aparte, tenemos que estudiarlo detenidamente.*

ca·pó |kapó| ***m.*** Cubierta de metal que tapa el motor del automóvil: *el mecánico ha abierto el ~ para comprobar si está tensada la correa del ventilador.*

ca·pón |kapón| **1** ***adj.-m.*** (macho) Que no tiene los órganos de reproducción porque se los han quitado: *en mi pueblo tienen costumbre de comer cerdos capones.* **- 2** ***m.*** Pollo al que se le han quitado los órganos de reproducción cuando es pequeño: *se comieron un ~ asado.* **3** Golpe dado en la parte superior de la cabeza con los *nudillos de la mano: *le dio un ~ a su hijo porque se había portado mal.*

ca·po·ta |kapóta| ***f.*** Cubierta o techo plegable que tienen ciertos vehículos: *ha salido al mercado un nuevo coche deportivo con ~ negra; bajaron la ~ de la silla del niño mientras paseaban por el camino.*

ca·po·te |kapóte| **1** ***m.*** Pieza de tela grande y con colores vivos que se usa para *torear: *el torero salió a la arena con el ~ bajo el brazo.* ⇒ **capa. 2** Prenda de abrigo con un agujero en el centro para meter la cabeza: *hacía tanto frío que tuvo que ponerse el ~.* ⇒ **capa. 3** Prenda de abrigo muy ancha y larga que llevan los militares: *el general llevaba botas, sombrero y un amplio ~.* ■ **decir para su ~**, *fam.*, hablar con uno mismo: *dijo para su ~ que no tenía que cometer más errores.* ■ **echar un ~**, *fam.*, prestar ayuda a una persona que la necesita: *si no llega a ser porque Luis me echó un ~, me hubieran quitado todo el dinero.* ⇒ **cabo, cable, mano.**

ca·pri·cho |kaprítʃo| **1** ***m.*** Deseo que surge de pronto, generalmente como resultado de la voluntad, no de un razonamiento: *el niño tiene ahora el ~ de una bicicleta de montaña.* ⇒ **antojo. 2** Persona, animal o cosa que se desea: *el perro que tenemos en casa es un ~ del abuelo.* **3** Obra de arte que no sigue un modelo determinado: *los grandes compositores suelen escribir algunos caprichos.* ■ **a ~**, a voluntad; como se desea: *Juan siempre se viste a ~.* ■ **darse un ~**, comprar o conseguir una cosa que se desea mucho, aunque no se necesite: *me gusta darme un ~ de cuando en cuando.*

ca·pri·cho·⌐so, ⌐sa |kapritʃóso, sa| **1** ***adj.*** (persona) Que frecuentemente desea lo que surge como resultado de la voluntad, no del razonamiento: *Elisa es una niña mimada y caprichosa, todo lo que ve se le antoja.* ⇒ **antojadizo. 2** *fig.* Que no está sujeto a leyes o reglas: *las nubes dibujan en el cielo siluetas caprichosas.*

cáp·su·la |kápsula| **1** ***f.*** Capa que cubre una medicina; el conjunto de la capa y la medicina: *el médico recetó al enfermo unas cápsulas para la gripe.* ⇒ **medicina. 2** Parte de una nave espacial, en la que están los mandos de control: *los tripulantes de la ~ espacial eran dos hombres y dos mujeres.* **3** BOT. Fruto seco que contiene semillas: *ciertas plantas tienen sus semillas encerradas en cápsulas.* **4** ANAT. Capa delgada que envuelve ciertos órganos del cuerpo humano: *los riñones están cubiertos por una ~.*

cap·tar |kaptár| **1** ***tr.*** [algo] Recibir o recoger impresiones exteriores, especialmente a través de los sentidos: *tengo un aparato que puede ~ señales a larga distancia; este perro capta rápidamente los ruidos que desconoce.* **2** Recoger, generalmente aguas que proceden de diversos lugares: *la presa capta el agua de varios manantiales.* **3** Comprender, darse cuenta: *creo que Teresa no captó el sentido de mis palabras.* **- 4** ***tr.-prnl.*** [algo, a alguien] Atraer la atención, la voluntad o el afecto: *el orador captó enseguida la simpatía del público; la joven actriz sabe cómo captarse a la gente.* ⇒ **ganar.**

cap·tu·ra |kaptúra| **1** ***f.*** Acción y resultado de detener a una persona que se considera peligrosa: *se ha dado en todo el país orden de búsqueda y ~ por el asesino.* **2** *p. ext.* Acción y resultado de coger un animal que presenta oposición: *la ~ del oso que escapó del zoo fue un éxito.*

cap·tu·rar |kapturár| **1** ***tr.*** [a alguien] Detener o encerrar en una cárcel o en un lugar parecido: *la policía capturó el jueves pasado a tres delincuentes.* ⇒ **apresar. 2** *p. ext.* [algo] Coger un animal o cosa, especialmente si presenta oposición: *el bacalao es una de las especies que más capturan los barcos españoles; el cazador logró ~ un magnífico ejemplar de leopardo.*

ca·pu·cha |kapútʃa| **1** ***f.*** Pieza cosida en la parte trasera de ciertas prendas de vestir y que sirve para cubrir la cabeza: *me he comprado un impermeable con ~.* ⇒ **capuz. 2** Pieza que cubre el extremo de distintos objetos: *se ha perdido la ~ del bolígrafo.* ⇒ **caperuza, capuchón.**

ca·pu·chi·⌐no, ⌐na |kaputʃíno, na| **1** ***adj.-s.*** (religioso) Que pertenece a una de las ramas de la orden de San Francisco de Asís: *en ese convento viven 24 capuchinos.* **- 2** ***adj.*** De la orden de San Francisco de Asís o que tiene relación con ella: *las reglas capuchinas son muy estrictas.* **- 3 capuchino** ***m.*** Café caliente, mezclado con leche, que se distingue por su color claro y por tener *espuma por encima: *no me gustan los capuchinos porque llevan leche.*

ca·pu·chón |kaputʃón| **1** ***m.*** Prenda que cubre la cabeza: *el ladrón llevaba un ~ que impedía que se le viera la cara.* ⇒ **caperuza, capucha. 2** Pieza cosida en la parte trasera de ciertas prendas de vestir y que sirve para cubrir la cabeza: *aunque llueva, me podré el ~ y sacaré al perro a pasear.* ⇒ **capucha, capuz. 3** Pieza que cubre el extremo de distintos objetos: *he destapado la pluma y ahora no encuentro el ~.* ⇒ **caperuza, capucha.**

ca·pu·llo, lla |kapúʎo, ʎa| **1** ***adj.-s.*** *fam. vulg. desp. fig.* (persona) Que es muy tonto; que es torpe o poco inteligente: *eres un ~, te crees todo lo que te cuentan; algún capullo ha dejado su coche al lado del mío y no puedo moverme.* ▢ Se usa como apelativo despectivo. **- 2 capullo *m.*** Flor que todavía no ha abierto los *pétalos: *el geranio tiene muchos capullos; me regaló un ~ de rosa.* ⇒ **pimpollo. 3** Cubierta ovalada que fabrican algunos gusanos para encerrarse en ella y convertirse en mariposas: *con el ~ del gusano de seda se hace una tela muy valiosa.* **4** *fam. vulg.* Parte extrema del órgano sexual masculino: *el ~ es el glande.* ⇒ **glande.**

ca·puz |kapúθ| ***m.*** Pieza cosida en la parte trasera de ciertas prendas de vestir y que sirve para cubrir la cabeza: *el viento era frío, así que se puso el ~.* ⇒ **capucha, capuchón.**

ca·qui |káki| **1** ***adj.*** (color) Que es verde o marrón claro, parecido al de los uniformes del ejército: *me he comprado una falda de color ~.* **- 2 *m.*** Fruto dulce, redondo y carnoso de color rojo: *los caquis tienen un aspecto parecido a los tomates.* **3** Tela de algodón o lana de color verdoso, que se usa para los uniformes del ejército: *le sienta muy bien el ~.* **4** Árbol de hojas alternas y frutos dulces, carnosos y de color rojo: *el ~ es un árbol originario de Japón y China.*

ca·ra |kára| **1** ***f.*** Parte anterior de la cabeza, en la que están la boca, la nariz y los ojos: *me di un golpe en la ~ con la puerta; tiene una ~ muy bonita.* ⇒ **faz, rostro, semblante. 2** Expresión o gesto que refleja un sentimiento o un estado de ánimo: *tenía la ~ muy triste; nos miró con ~ de asco.* ⇒ **semblante; ~ de circunstancias**, expresión triste o seria que se considera adecuada en una situación poco favorable: *los familiares del enfermo esperaban con ~ de circunstancias;* **~ de perro/de pocos amigos/de vinagre**, *fam.*, expresión que muestra desagrado o enfado: *no te metas con el jefe, que trae ~ de pocos amigos; cuando le hicimos la broma puso ~ de perro.* **3** Superficie exterior de un cuerpo: *mira la hoja por la otra ~; la ~ norte del edificio no tiene ventanas; el dado tiene seis caras.* ⇒ **lado. 4** *fig.* Aspecto o imagen: *el tiempo tiene mala ~; este pastel tiene muy buena ~.* **5** Parte delantera o frente. **6** Superficie de una moneda en la que no figura su valor: *en la ~ de esta moneda está la cabeza del rey.* **7** *fig.* Falta de vergüenza: *se necesita mucha ~ para no pedir perdón.* ⇒ **caradura. - 8 *com.*** *fam.* Persona que no tiene vergüenza: *ese hombre es un ~ porque siempre me pide prestado dinero.* ⇒ **caradura.** ■ **a/en la ~ de una persona**, delante o a la vista de alguna persona: *se ha estado riendo en la ~ del presidente; se lo dijo a la ~ y no se escondió.* ■ **caerse la ~ de vergüenza**, avergonzarse mucho una persona: *¿que no pagas los impuestos? No sé cómo no se te cae la ~ de vergüenza.* ■ **~ a/de ~ a**, expresa que una persona o cosa está enfrente de otra, mirando hacia otra o teniéndola en cuenta: *nos sentamos ~ al oeste para ver la puesta de sol; el niño está castigado de ~ a la pared.* ▢ Es incorrecto su uso para referirse a situaciones o hechos: *lo hizo de ~ a las futuras inversiones.* ■ **~ a ~**, delante o a la vista de otro, sin esconderse: *prefiero que hablemos de esto ~ a ~; ¿por qué no me lo dice ~ a ~?* ■ **~ dura**, *form.*, falta de vergüenza: *hay que tener ~ dura para pedirle dinero a un desconocido.* ⇒ **caradura, descaro, desfachatez.** ■ **~ dura**, *fam.*, persona que no tiene vergüenza: *Alberto es un ~ dura y se cuela en todas las fiestas.* ⇒ **caradura, descarado.** ■ **cruzar la ~ a una persona**, dar un golpe con la mano abierta en la parte anterior de la cabeza: *el niño no obedeció y el padre le cruzó la ~.* ■ **dar la ~**, hacerse responsable de los propios actos sin esconderse o echar la culpa a otros: *el contable tiene que dar la ~ y explicar qué ha pasado con el dinero que ha desaparecido.* ■ **de ~**, de frente; en sentido opuesto a una cosa que se mueve: *se encontraron de ~ con sus padres; tenemos el viento de ~.* ■ **echar/jugar a ~ o cruz**, decidir una cosa por azar: *no sabíamos si ir al mar o a la montaña y al final lo echamos a ~ o cruz.* ■ **echar en ~**, recordar a una persona una cosa que le resulta desagradable o que le hace sentir culpable: *me echó en ~ el hambre que había pasado desde que se casó conmigo.* ■ **lavar la ~ a una cosa**, hacer que tenga mejor aspecto con una limpieza o un arreglo poco profundo: *si le lavamos la ~ al piso lo venderemos más caro.* ■ **verse las caras**, encontrarse una persona con otra para discutir o luchar: *ya nos veremos las caras cuando te encuentre.*

ca·ra·be·la |karaβéla| ***f.*** Embarcación de vela, larga y ligera, con tres palos y una sola cubierta: *Colón partió a América con tres carabelas.*

ca·ra·bi·na |karaβína| **1** ***f.*** Arma de fuego con una pieza hueca y alargada por la que salen balas: *la ~ tiene menor longitud que el fusil.* **2** *hum. fig.* Persona que acompaña a un hombre y una mujer para evitar que se queden solos: *Merche fue al cine con su novio y tuvo que llevar a su hermana mayor de ~.* ■ **ser la ~ de Ambrosio**, *fam.*, no valer para nada: *el invento que me han enseñado es la ~ de Ambrosio.*

ca·ra·bi·ne·ro |karaβinéro| **1** ***m.*** Soldado encargado de impedir el comercio de productos prohibidos o ilegales: *los carabineros detuvieron a unos contrabandistas de tabaco en el puerto.* **2** Animal invertebrado marino comestible, parecido a la *gamba, de cuerpo alargado con diez patas y de color rojo: *doña Concha hace la paella con carabineros y mejillones.* ▢ Para indicar el sexo se usa el ~ macho y el ~ hembra. **3** Soldado que lleva *carabina: *en la puerta del cuartel hay dos carabineros.*

ca·ra·col |karakól| **1** ***m.*** Animal invertebrado de cuerpo blando y con una concha redonda, que echa una sustancia pegajosa al andar: *en Alicante comí una deliciosa paella con caracoles.* **2** ANAT. Parte del oído interno de los animales vertebrados que tiene forma parecida a la de la concha de este animal: *el yunque, el martillo y el ~ son partes del oído.* **3** Conjunto de pelos con una forma parecida a la de la concha de este animal: *dos graciosos ~ le caían sobre la frente.* ⇒ **rizo. 4** Movimiento en círculo: *el bailarín se movía haciendo caracoles.*

ca·ra·co·la |karakóla| ***f.*** Animal invertebrado marino de cuerpo blando y cubierto por una concha. **2** Concha de este animal: *dicen que si acercas el oído a una ~ podrás oír el sonido del mar.*

ca·ra·co·la·da |karakoláða| ***f.*** Comida hecha a base de *caracoles: *Javier invitó a su familia a tomar una ~.*

ca·ra·co·le·ar |karakoleár| ***intr.*** Dar vueltas un caballo sobre sí mismo: *la jaca caracolea cuando el jinete se lo manda.*

ca·rác·ter |karáᵏter| **1** ***m.*** Manera de ser que es resultado de un conjunto de *rasgos y circunstancias por los que se distingue de los demás: *el ~ de José María es insoportable; este proyecto es de ~ científico; el gobierno ha tomado medidas de ~ social.* ⇒ **característica, idiosincrasia, índole, naturaleza, personalidad. 2** Señal, marca o dibujo que se imprime, pinta o graba: *el ordenador no tiene los caracteres que necesito.* **3** Signo o letra de un sistema de escritura: *este libro está escrito en caracteres góticos.* ⇒ **tipo. 4** Fuerza y energía de la voluntad: *Juan tiene mucho ~; es una mujer de ~ y sabe controlar a los empleados.* ⇒ **personalidad.** ☐ El plural es *caracteres.*

ca·rac·te·rís·ti·ca |karaᵏterístika| ***f.*** Cualidad por la que se distingue a una persona o cosa de otras de su especie; cualidad típica de la naturaleza de una persona o cosa: *la ~ más notable de los camellos es su capacidad para resistir sin beber; el guía nos explicó las características de la fábrica.*

ca·rac·te·rís·ti·⌐co, ⌐ca |karaᵏterístiko, ka| **1** ***adj.*** Que sirve para distinguir a una persona o cosa de otras de su especie; que es típico de la naturaleza de una persona o cosa: *la sotana es el traje ~ del sacerdote; ese comportamiento es ~ de él; hoy es un día ~ de otoño.* **- 2** ***m. f.*** Actor o *actriz que representa papeles de personas viejas: *trabaja de característica en el teatro.*

ca·rac·te·ri·za·ción |karaᵏteriθaθión| ***f.*** Acción y resultado de caracterizar o caracterizarse: *el director de la obra es el responsable último de la ~ de los personajes.*

ca·rac·te·ri·zar |karaᵏteriθár| **1** ***tr.-prnl.*** [algo, a alguien] Presentar o determinar un conjunto de *rasgos característicos: *esa película caracteriza admirablemente el ambiente del siglo XIX; lo que la caracteriza no es precisamente la belleza; la vida en el campo se caracteriza por la tranquilidad.* **- 2** ***tr.*** [a alguien] Representar un papel, especialmente en el cine o en el teatro: *el actor ha caracterizado con acierto al protagonista de la obra teatral.* **- 3 caracterizarse** ***prnl.*** Pintarse la cara o vestirse un actor para un papel determinado: *consiguió caracterizarse muy bien de Don Juan Tenorio.* ☐ Se conjuga como 4.

ca·ra·du·ra |karaðúra| **1** ***adj.-com.*** *fam.* (persona) Que habla u obra sin vergüenza ni respeto; que no tiene vergüenza: *¡es un ~! se pasa el día gritando a sus padres.* ⇒ **cara, descarado, sinvergüenza. - 2** ***f.*** *fig.* Falta de vergüenza: *se necesita mucha ~ para decirme que yo he tenido la culpa.* ⇒ **cara, descaro, desfachatez.**

ca·ra·ji·llo |karaxíʎo| ***m.*** *fam.* Bebida caliente hecha con café y licor: *hacía tanto frío que los montañeros sólo entraron en calor tomándose un ~.*

ca·ra·jo |karáxo| **1** ***m.*** *fam. vulg. desp.* Órgano sexual masculino. ⇒ **pene. - 2 ¡~!** ***interj.*** *fam.* Expresión que indica enfado o sorpresa: *¡~!, qué frío hace hoy.* ■ **irse al ~**, *fam.*, no tener éxito un proyecto: *nuestros planes se han ido al ~.* ■ **mandar al ~**, *fam.*, rechazar a una persona con enfado y disgusto: *mandó al ~ a Enrique porque la estaba molestando.* ■ **¡vete al ~!**, *fam.*, expresión que sirve para rechazar a una persona con enfado y disgusto: *no te aguanto más, ¡vete al ~!*

ca·ram·ba |karámba| ***interj.*** Expresión que indica admiración o enfado: *¡~, cómo ha crecido Francisco en un mes! ¡déjame en paz, ~, qué pesada te pones!* ⇒ **caray.**

ca·rám·ba·no |karámbano| ***m.*** Trozo de hielo largo y acabado en punta, que se forma cuando se congela el agua que cae de un lugar alto: *en el pueblo hace tanto frío que cuelgan carámbanos de los tejados.* ⇒ **canelón, chuzo.**

ca·ram·bo·la |karambóla| **1** ***f.*** Jugada que consiste en golpear con un palo una bola de modo que ésta choque con otras dos: *en la última partida de billar Raúl consiguió hacer dos carambolas.* ☐ Se suele usar con *hacer, fallar.* **2** *fam. fig.* Hecho que resulta de la suerte, sin que haya sido previsto: ■ **de/por ~**, *fam.*, por suerte: *he aprobado la física de ~.* ■ **de/por ~**, *fam.*, de forma indirecta: *me han dado el puesto de trabajo de ~, porque María lo había rechazado.*

ca·ra·me·lo |karamélo| ***m.*** Dulce duro de sabor agradable hecho de azúcar fundido: *me gustan mucho los caramelos de menta, siempre llevo algunos en el bolsillo.* ⇒ **golosina.**

ca·ra·mi·llo |karamíʎo| ***m.*** MÚS. Instrumento musical de viento formado por un pequeño tubo hueco de sonido muy agudo: *el pastor tocaba un ~.*

ca·ran·to·ña |karantóɲa| ***f.*** Demostración de cariño, exagerada o fingida: *le basta con hacerle carantoñas a su padre para conseguir todo lo que quiere.* ⇒ **zalamería.**

ca·ra·que·⌐ño, ⌐ña |karakéɲo, ɲa| **1** ***adj.*** De Caracas o que tiene relación con Caracas: *ese disco es de un músico ~.* **- 2** ***m. f.*** Persona nacida en Caracas o que vive habitualmente en Caracas: *los caraqueños tienen muy cerca el mar Caribe.*

ca·rá·tu·la |karátula| ***f.*** Cubierta de un libro o un disco en la que aparece su título: *la ~ del nuevo disco pretende llamar la atención del público.* ⇒ **portada.**

ca·ra·va·na |karaβána| **1** ***f.*** Grupo de vehículos o de personas que andan en fila lentamente y unos junto a otros: *cuando salimos a la autopista nos encontramos con una ~ tremenda; hicimos todo el viaje a pie formando ~.* **2** Vehículo grande, del que tira un automóvil, que está preparado para que vivan las personas en él: *el verano próximo recorreremos el país en nuestra ~.* **3** Grupo de personas que viaja por el desierto: *la ~ de camellos avanzaba con lentitud por el desierto.* ■ **en ~**, en fila y lentamente: *avanzamos lentamente en ~.*

ca·ray |karái| ***interj.*** Expresión que indica admiración o enfado: *¡~, qué tarde es!, ¡~, qué muchacha tan bonita!* ⇒ **caramba.**

car·bón |karβón| ***m.*** Materia sólida y negra, que arde con mucha facilidad y que se produce cuando la madera u otros cuerpos vegetales o animales no se queman por completo: *los trenes antes funcionaban con ~; en la casa del pueblo hay una estufa de ~;* **~ de piedra/mineral**, el que se ha formado por la descomposición de grandes cantidades de materias vegetales acumuladas bajo tierra: *el ~ mineral es mejor combustible que el vegetal;* **~ vegetal**, el que se forma al quemar la madera en hornos especiales: *en el norte de España todavía se hace ~ vegetal de modo artesanal.*

car·bo·na·to |karβonáto| ***m.*** QUÍM. Sal que se forma a partir de un ácido de *carbono: *el ~ de calcio es muy abundante en la naturaleza.* ⇒ **bicarbonato.**

car·bon·ci·llo |karβonθíʎo| **1** ***m.*** Instrumento de carbón que sirve para dibujar: *afiló su ~ y se puso a dibujar.* **2** Dibujo hecho con ese instrumento: *para dominar la técnica del sombreado hizo varios carboncillos.*

car·bo·ne·ra |karβonéra| **1** ***f.*** Lugar donde se guarda el carbón: *iré a buscar el carbón a la ~.* **2** Conjunto de piezas de madera, colocadas unas sobre otras y cubiertas de tierra, de las que se saca el carbón: *en los bosques hay muchas carboneras.* ⇒ **horno.**

car·bo·ne·rí·a |karβonería| ***f.*** Establecimiento donde se vende carbón: *fue a una ~ a comprar carbón para la estufa.*

car·bo·ne·⌐ro, ⌐ra |karβonéro, ra| **1** ***adj.*** Del carbón o que tiene relación con él: *en el norte de España abundan las minas carboneras.* **- 2** ***m. f.*** Persona que se dedica a hacer o vender carbón: *hace tiempo que la electricidad ha sustituido al carbón, por lo que es raro encontrar carboneros.*

car·bó·ni·⌐co, ⌐ca |karβóniko, ka| ***adj.*** QUÍM. Del *carbono o que tiene relación con él: *en mi casa bebemos agua mineral carbónica.*

car·bo·ni·lla |karβoníʎa| ***f.*** Conjunto de trozos pequeños de carbón que quedan como restos cuando éste ha sido movido o quemado: *al apagar el brasero ha quedado un poco de ~.* ⇒ **cisco.**

car·bo·ni·zar |karβoniθár| **1** ***tr.-prnl.*** [algo, a alguien] Transformar en carbón: *el fuego ha carbonizado la leña; en el accidente se carbonizaron dos personas.* **2** [algo] Quemarse, especialmente la comida que ha estado demasiado tiempo puesta al fuego: *tuve que salir a la calle y, a la vuelta, el asado se había carbonizado completamente.* ◯ Se conjuga como 4.

car·bo·no |karβóno| ***m.*** QUÍM. Elemento químico sin olor ni sabor, principal componente del carbón: *el símbolo del ~ es C; el dióxido de ~ es un gas que se utiliza para hacer bebidas efervescentes.*

car·bu·ra·ción |karβuraθión| **1** ***f.*** QUÍM. Mezcla de gases o de aire con combustibles líquidos: *la ~ en un automóvil ha de ser correcta; a este coche le falla la ~ y por eso gasta tanta gasolina.* **2** QUÍM. Combinación de *carbono y hierro para producir acero: *las industrias del metal se dedican a la ~.*

car·bu·ra·dor |karβuraðór| ***m.*** Pieza del motor de los automóviles en la que se mezclan gases o el aire de la atmósfera con combustibles líquidos: *si el ~ está mal reglado, el coche corre menos y contamina más.*

car·bu·ran·te |karβuránte| ***m.*** Sustancia química, compuesta de *hidrógeno y *carbono, que, mezclada con un gas, se emplea como combustible en los motores: *la gasolina y el gasoil son los carburantes de los automóviles.*

car·bu·rar |karβurár| **1** ***intr.*** Mezclar gases o aire con *carburantes gaseosos o con vapores de *carburantes líquidos para hacer que exploten: *este motor tiene problemas para ~.* **2** *fam.* Funcionar; servir con un fin determinado: *esta máquina de afeitar no carbura: habrá que arreglarla.*

car·bu·ro |karβúro| ***m.*** QUÍM. Compuesto de *carbono y otro elemento químico, generalmente metálico: *el metano es un ~.*

car·ca |kárka| ***adj.-com.*** *desp.* (persona) Que es extremadamente conservador, partidario de ideas y actitudes propias de tiempos pasados: *Cayetano es un ~, sólo admite lo que se pensaba hace cincuenta años.*

car·ca·ja·da |karkaxáða| ***f.*** Risa ruidosa que se hace al soltar el aire de manera violenta: *oyó el chiste y soltó una ~; estuve toda la película riéndome a carcajadas.* ⇒ **risotada.**

car·ca·je·ar·se |karkaxeárse| ***prnl.*** Reírse con grandes carcajadas: *se estaban carcajeando porque uno había contado un chiste muy gracioso.*

car·ca·mal |karkamál| ***adj.-m.*** *fam. hum.* Persona vieja y con mala salud: *a ese ~ le quedan pocos años de vida.*

car·ca·sa |karkása| ***f.*** Armazón o soporte sobre el que se ponen o montan otras cosas: *las pilas de este aparato vienen metidas en una carcasa de plástico.*

cár·cel |kárθel| ***f.*** Edificio o local en el que la autoridad encierra a los que han obrado contra la ley: *los autores del robo en el banco han sido enviados a la ~; dos presos intentaron escapar de la ~ de Carabanchel.* ⇒ **presidio, prisión, talego.**

car·ce·la·⌐rio, ⌐ria |karθelário, ria| ***adj.*** De la cárcel o que tiene relación con ella: *el régimen de la vida carcelaria es muy estricto.* ⇒ **carcelero.**

car·ce·le·⌐ro, ⌐ra |karθeléro, ra| **1** ***adj.*** De la cárcel o que tiene relación con ella: *la brigada carcelera impidió que los presos escaparan de la prisión.* ⇒ **carcelario.** **- 2** ***m. f.*** Persona que trabaja en la cárcel cuidando y vigilando a los que han obrado contra la ley: *la carcelera condujo a su celda a la nueva presidiaria.*

car·co·ma |karkóma| **1** ***f.*** Insecto muy pequeño y de color oscuro que roe la madera: *este armario debe estar lleno de carcomas porque tiene muchos agujeritos; la barandilla del balcón está muy deteriorada por efecto de la* ~. **2** Polvo que queda una vez que este insecto ha roído la madera: *el suelo del viejo edificio está lleno de* ~. **3** *fig.* Acción o cosa que destruye lentamente: *la envidia es la* ~ *de la mejor amistad.*

car·co·mer |karkomér| **1** ***tr.*** [algo] Roer la madera, especialmente unos insectos muy pequeños y de color oscuro: *la madera de la escalera está completamente carcomida.* **- 2** ***tr.-prnl.*** *fig.* Acabar lentamente con una cosa; consumir poco a poco: *la enfermedad fue carcomiendo su salud; no lo puede disimular, se carcome de envidia.* ⌂ Se construye con la preposición *de.*

car·dar |karðár| **1** ***tr.*** [algo] Peinar con fuerza un tejido, generalmente con un cepillo: *hay que* ~ *la lana para poder hilar.* **2** Peinar con fuerza el pelo humano, desde la raíz a la punta, para que quede hueco: *el peluquero carda cuidadosamente el cabello a su clienta.* **3** Arrancar el pelo de una superficie: *dos operarios se encargan de* ~ *los tejidos de paño y felpa.*

car·de·nal |karðenál| **1** ***m.*** Zona bajo la piel en la que se acumulan sangre y otros líquidos del cuerpo, debido a un golpe u otras causas, y que suele tener un color oscuro: *Sebastián tropezó con el bordillo y se hizo un* ~ *en la rodilla.* ⇒ **hematoma.** **2** Hombre que ocupa un alto puesto en la Iglesia y es consejero del Papa: *los cardenales son quienes se encargan de elegir al Sumo Pontífice de la Iglesia Católica.*

car·de·ni·llo |karðeníʎo| ***m.*** Capa de óxido de color verde que se forma sobre los objetos de cobre por la acción de la humedad: *hay que limpiar esa jarra porque está llena de* ~. ⇒ **verdín.**

car·dia·⌐co, ⌐ca |karðiáko, ka| **1** ***adj.*** *form.* Del corazón o que tiene relación con él: *este enfermo tiene un ritmo* ~ *muy acelerado.* **- 2** ***adj.-s.*** *form.* Que padece del corazón: *el famoso músico falleció a causa de un ataque* ~. ⇒ **cardíaco.**

car·dí·a·⌐co, ⌐ca |kardíako, ka| ***adj.*** ⇒ **cardiaco.**

car·di·llo |karðíʎo| ***m.*** Planta silvestre, compuesta, con hojas rizadas y espinosas y flores amarillas, que nace en las tierras de cultivo: *la base de las hojas del* ~ *se come cuando está tierna.*

car·di·nal |karðinál| **1** ***adj.*** *form.* Que es muy importante: *podréis encontrar las ideas cardinales de este libro en su capítulo final.* ⇒ **principal.** **- 2** ***adj.-m.*** LING. (adjetivo, pronombre) Que indica únicamente cantidad: *en la frase* murió en los años sesenta, sesenta *es un adjetivo numeral* ~. ⇒ **numeral, ordinal.**

car·dió·gra·fo |karðióγrafo| ***m.*** MED. Aparato que mide y registra los movimientos del corazón: *el enfermo debía someterse a la prueba del* ~.

car·dio·gra·ma |karðioγráma| ***m.*** MED. *Gráfico que representa los movimientos del corazón: *el médico observó el* ~ *y vio que el paciente estaba sano.* ⇒ **electrocardiograma.**

car·dio·lo·gí·a |karðioloxía| ***f.*** MED. Disciplina que estudia las funciones y enfermedades del corazón: *debes ir a un médico especializado en* ~.

car·dió·lo·⌐go, ⌐ga |karðióloγo, γa| ***m. f.*** MED. Médico especialista en las enfermedades del corazón: *desde su infarto, visitaba al* ~ *regularmente.*

car·dio·vas·cu·lar |karðioβaskulár| ***adj.*** ANAT. Del corazón y los vasos que conducen la sangre o que tiene relación con ellos: *los problemas cardiovasculares son causa de muchas muertes.*

car·do |kárðo| **1** ***m.*** Planta silvestre de hojas espinosas y flores de diversos colores: *las hojas de algunas especies de cardos se comen cocidas;* ~ **borriquero**, el alto, de hojas rizadas y flores de color púrpura que no es comestible: *han cortado los cardos borriqueros que salieron al lado de la carretera.* **2** *fam. fig.* Persona con la que no es fácil tratar: *¡ay, hijo, no se te puede preguntar nada! ¡eres un* ~*!* **3** *desp. fig.* Persona muy fea: *la novia de Santiago es un* ~. ⇒ **callo.**

ca·re·ar |kareár| **1** ***tr.*** [a alguien; con alguien] Enfrentar a unas personas con otras con objeto de llegar a la verdad: *carearon ayer al sospechoso con las dos víctimas.* **2** *fig.* [algo; con algo] Comparar una cosa con otra: *dice que ha estado careando la copia con el original.* **3** [algo] Dirigir el ganado hacia una parte: *el pastor careó el ganado al río.* **4** Poner frente a frente dos *gallos para conocer su modo de *pelear: *vamos primero a* ~ *los gallos.* **- 5** ***intr.*** Hacer que el ganado coma en un sitio: *llevó las vacas a* ~ *al prado.* **- 6 carearse** ***prnl.*** Verse dos personas para resolver un negocio o asunto, en general desagradable: *al carearse casi discutieron.*

ca·re·cer |kareθér| ***intr.*** *form.* [de algo] No tener una cosa: *vivía en un pueblecito que carecía de alumbrado público; es un detalle que carece de importancia.* ⇒ **faltar.** ⌂ Se conjuga como 43.

ca·ren·cia |karénθia| ***f.*** *form.* Falta de una cosa: *el número de parados en el país es muy alto por la* ~ *de puestos de trabajo.* ⌂ Se construye con la preposición *de.*

ca·re·o |karéo| ***m.*** Acción y resultado de *carear: *el juez ordenó que se efectuase un* ~ *con los testigos cuyos testimonios se contradecían.*

ca·re·⌐ro, ⌐ra |karéro, ra| ***adj.*** *fam.* (persona, establecimiento) Que suele vender caro: *el dueño de esa carnicería es muy* ~ *y por eso prefiero comprar en el mercado.*

ca·res·tí·a |karestía| **1** *form.* Aumento de los precios, especialmente de los artículos y servicios de mayor consumo: *no pienses en comprarte un abrigo nuevo, que estamos en época de* ~. ⌂ Se puede construir con la preposición *de*: *la* ~ *de la vivienda es tan grande hoy, que pocos jóvenes pueden comprar un piso.* **2** *form.* Escasez de una cosa: *no hay nada tan malo como vivir la* ~ *de las posguerras.* ⌂ Se construye con la preposición *de.*

ca·re·ta |karéta| **1** ***f.*** Objeto que sirve para cubrirse la cara: *Vicente apareció en la fiesta de disfra-*

ces con una ~ de cartón; el trabajador que se ocupa de las abejas debe protegerse la cara con una ~; los ladrones que robaron en la tienda ocultaban sus rostros con caretas. ⇒ **antifaz. 2** *fig.* Fingimiento o disimulo, generalmente de las intenciones o de la manera de ser de una persona. ■ **quitarse la ~,** descubrir las verdaderas intenciones o la manera de ser de una persona: *descubrimos a Pérez adulando al jefe, ¡por fin le vamos a quitar la ~!*

ca·rey |karéi| **1** ***m.*** Reptil con una gran concha en la espalda, patas delanteras adaptadas para nadar y que no puede esconder la cabeza dentro de la concha: *el ~ es un tipo de tortuga; el ~ se encuentra naturalmente en los mares tropicales.* ☐ Para indicar el sexo se usa el ~ macho y el ~ hembra. **2** Materia dura que se *obtiene de la concha de ese reptil: *me regalaron una caja de marfil con incrustaciones de ~.*

car·ga |kárɣa| **1** ***f.*** Acción y resultado de poner o echar un peso sobre una persona, animal o vehículo, generalmente para transportarlo: *los camiones están aparcados en la zona de ~ y descarga; la ~ de las mulas nos ha llevado media hora; el caminante se puso la ~ al hombro; el ascensor no admite una ~ de más de cuatro personas.* **2** Peso sostenido por la estructura de un edificio: *las vigas del edificio aguantan una ~ de muchas toneladas.* **3** Objeto, materia o sustancia con que se alimenta periódicamente una máquina o un aparato: *el bolígrafo ya no escribe, tengo que ponerle una ~ nueva.* ⇒ **cartucho. 4** *fig.* Molestia o falta de comodidad que sufre una persona: *para nosotros el abuelo no es una ~; toda la ~ familiar cayó sobre los hombros de Alfredo.* **5** Cantidad de materia que puede explotar y que generalmente se pone en una arma de fuego: *la ~ de pólvora no era suficiente para disparar el arcabuz.* **6** Cantidad de energía eléctrica contenida en un cuerpo u objeto: *se ha terminado la ~ de la máquina de afeitar.* **7** MIL. Ataque del ejército o de la policía en el que se usa la fuerza física: *el general ordenó una nueva ~ contra la caballería enemiga; la ~ policial redujo a quienes alteraron el orden público.* **8** Acción de empujar con fuerza a una persona, generalmente al practicar un deporte: *el árbitro sancionó al jugador por hacer una ~ violenta.* **9** Obligación derivada de lo que se posee: *tienen que pagar muchas cargas por el solar que heredaron.* **10** Conjunto de obligaciones, derivadas de un puesto o una profesión: *los directores de empresas tienen muchas cargas.* ■ **a la ~,** acción o ataque: *en este asunto debemos ir a la ~; en cuanto te descuidas, los enemigos vuelven a la ~.*

car·ga·de·ro |karɣaðéro| ***m.*** Lugar donde se cargan y descargan mercancías: *trabajaba en el ~ descargando camiones.*

car·ga·⌜do, ⌜da |karɣáðo, ða| **1** ***adj.*** (atmósfera) Que tiene una temperatura alta: *la atmósfera está cargada, parece que va a haber tormenta.* **2** (atmósfera) Que es pesado y desagradable, especialmente en lugares cerrados: *abriré un poco las ventanas porque el aire de la sala está muy ~; hemos estado fumando y ahora el ambiente está ~.* **3** (bebida) Que contiene una sustancia en gran cantidad; que tiene sabor fuerte: *me duele la cabeza, así que me prepararé un café bien ~; este combinado está un poco ~ de ron.*

car·ga·⌜dor, ⌜do·ra |karɣaðór, ðóra| **1** ***adj.*** Que carga o sirve para cargar: *en el almacén han instalado una máquina cargadora.* **- 2** ***m. f.*** Persona que se dedica a cargar mercancías en un medio de transporte: *el ~ hizo distribuir el material en los camiones; hay huelga de cargadores en el puerto.* **- 3 cargador** ***m.*** Parte del arma de fuego donde se colocan las balas: *este fusil tiene el ~ completo.*

car·ga·men·to |karɣaménto| ***m.*** Conjunto de mercancías, generalmente cargadas en un medio de transporte: *el avión llevó un ~ de alimentos al norte del país; ha llegado en el buque un ~ de madera.*

car·gan·te |karɣánte| ***adj.*** *fam. fig.* Que molesta o aburre; que resulta pesado: *Alfonso es tan gracioso como ~; la situación acabó por resultarme ~.*

car·gar |karɣár| **1** ***tr.*** [algo, a alguien] Poner o echar un peso sobre una persona, animal o vehículo para transportarlo: *cargaremos los muebles en un camión para cambiarnos de casa; cargaron el mulo de trigo; cargaron al mozo con las maletas y se marcharon.* **2** [algo; con/de algo] Poner en un aparato lo que necesita para funcionar: *he cargado de carbón la caldera; tiene que ~ la pluma con tinta; el cazador cargó la escopeta.* **3** [algo, a alguien] Añadir una cantidad de dinero a una cuenta o a un precio: *me han cargado los vasos rotos en la cuenta; cargan a los trabajadores de impuestos; cargan un 6 por ciento de IVA.* **- 4** ***tr.-prnl.*** [algo, a alguien] Poner o tener mucho de una cosa: *cargó su habitación de adornos; se ha cargado las manos de joyas.* **- 5** ***tr.-intr.*** *fam. fig.* [a alguien; con algo] Molestar o aburrir: *estas reuniones sociales me cargan; me carga con su parloteo desordenado.* **- 6** ***intr.*** [contra/sobre algo/alguien] Atacar usando la fuerza física: *el ejército cargó sobre el enemigo; la policía cargó contra los manifestantes.* **7** [sobre algo/alguien] Hacer peso, apoyarse: *la bóveda carga sobre las columnas.* **8** [con algo/alguien] Tomar o aceptar un peso físico o moral: *yo cargaré con todo; su padre cargó con las deudas.* **- 9 cargarse** ***prnl.*** [de algo] Llenarse o llegar a tener mucho de una cosa: *el estudiante se carga de sabiduría; la habitación se cargó de humo en un momento; el cielo se ha cargado de nubes.* **10** *fam. fig.* [algo, a alguien] Matar a un ser vivo: *se lo cargaron de un tiro; ¿cómo has podido cargarte al jilguero?* **11** *fam. fig.* [algo] Romper, estropear o suprimir: *te has cargado la cámara de fotos.* **12** *fam. fig.* [a alguien] Suspender a un estudiante en una prueba: *el profesor se ha cargado a la mitad de los alumnos; se han cargado a Pedro en el examen de conducir.* ☐ Se conjuga como 7.

car·go |kárɣo| **1** ***m.*** Empleo en el que se trabaja; puesto que ocupa una persona: *es una persona influyente que tiene un ~ en el Estado; el ~ de director exige muchas responsabilidades;* **alto ~,** el que es muy importante: *no todo el mundo puede ocupar un alto ~.* **2** *fig.* Persona que tiene ese empleo o puesto; **alto ~,** persona que tiene un empleo o puesto muy importante: *Juan es un alto ~ del Ministerio de Educación y Ciencia.* **3** *fig.* Dirección o cuidado de una persona o cosa: *tiene a su ~ cinco niños y la abuela; se ha hecho ~ del trabajo más pesado.* **4** *fig.* Falta de la que se acusa a una persona: *ha ingresado en prisión porque hay varios cargos contra él.* **5** Cantidad de dinero que debe ser pagada: *no me atrevo a pasar por la panadería porque tengo un ~ de seis mil pesetas.* **6** Resultado de sentirse culpable una persona: *después de dejarlo solo en aquel lugar, sentí ~ de conciencia.* ☐ Se usa frecuentemente ~ *de conciencia.* ■ **a ~ de**, al cuidado de; a cuenta de: *esta chica está a ~ de los tres hijos del Embajador.* ■ **hacerse ~**, encargarse de una persona o cosa: *no compres nada, yo me hago ~ de todo lo de la fiesta.* ■ **hacerse ~**, considerar todas las circunstancias: *me hago ~ de sus problemas, pero tiene que venir a trabajar, no puedo darle permiso.*

car·gue·⌜ro, ⌜ra |karyéro, ra| **1** ***adj.*** Que lleva o puede llevar carga: *el tren llevaba dos vagones cargueros.* - **2 carguero *m.*** Embarcación grande que se usa para llevar carga: *transportaban las mercancías en un ~.*

ca·riá·ti·de |kariátiðe| ***f.*** Columna con figura de mujer vestida hasta los pies: *en algunos templos griegos hay cariátides.* ⇒ **atlante.**

ca·ri·bú |kariβú| ***m.*** Animal mamífero con cuernos divididos en ramas que se alimenta de vegetales: *el ~ se parece al reno; en su viaje a Canadá hizo varias fotografías de un ~.* ☐ Para indicar el sexo se usa el ~ macho y el ~ hembra.

ca·ri·ca·tu·ra |karikatúra| **1 *f.*** Dibujo en que se deforman los *rasgos característicos de una persona: *en el periódico aparecía una divertida ~ de un actor muy conocido.* **2** Figuras dibujadas que dan la sensación de moverse como los seres vivos: *los niños tienen un montón de tebeos con caricaturas de animales.* ⇒ **dibujo. 3** *fig.* Imitación o copia sin valor: *pretendía ser un alto dirigente, pero se ha quedado en ~ de encargado.*

ca·ri·ca·tu·res·⌜co, ⌜ca |karikaturésko, ka| ***adj.*** De la *caricatura o que tiene relación con ella: *hizo una máscara caricaturesca y se la puso en carnaval.*

ca·ri·ca·tu·ris·ta |karikaturísta| ***com.*** Persona que se dedica a hacer *caricaturas: *un ~ nos hizo una caricatura muy divertida.*

ca·ri·ca·tu·ri·zar |karikaturiθár| ***tr.*** [algo, a alguien] Representar a través de un dibujo deformando unos *rasgos característicos: *el dibujante caricaturizó con acierto el último encuentro de los jefes de Estado.* ☐ Se conjuga como 4.

ca·ri·cia |karíθia| **1 *f.*** Roce suave que se hace con la mano para demostrar cariño: *su madre le hizo una ~; llenó a su novia de besos y caricias.* **2** Toque o roce suave que produce una sensación agradable: *siente la ~ del mar sobre la piel.*

ca·ri·dad |kariðáᵈ| **1 *f.*** Sentimiento o actitud que lleva a ayudar a los necesitados: *no hay ~ sin amor.* **2** Ayuda o auxilio que se da a los necesitados: *aquel mendigo vive de la ~ de los demás; en Madrid hay varias instituciones que se dedican a la ~ desinteresadamente.* ⇒ **limosna. 3** Forma de tratamiento que se usa hacia los religiosos: ☐ Suele ir acompañado de *su* o *vuestra*: *Su Caridad, Vuestra Caridad.* **4** Virtud *teologal que consiste en amar a Dios y a los demás: *las virtudes teologales son fe, esperanza y ~.*

ca·ries |káries| ***f.*** Enfermedad por la que se estropean y destruyen los dientes: *la limpieza de los dientes con flúor evita que salga ~.* ☐ El plural es *caries.*

ca·ri·llón |kariʎón| **1 *m.*** Conjunto de campanas cuyos sonidos producen música al combinarse: *por las tardes se oía sonar el ~ de la catedral.* **2** Reloj que tiene un mecanismo que produce un sonido agradable cuando da las horas: *en casa de la abuela había un viejo ~.* **3** MÚS. Instrumento musical de percusión formado por varios tubos o placas de metal que suenan al ser golpeados: *el percusionista de la orquesta se encarga de tocar el ~.*

ca·ri·ño |karíɲo| **1 *m.*** Sentimiento de amor o afecto: *los padres sienten mucho ~ por sus hijos; tenía ~ a la pulsera porque me la había regalado mi abuela.* ⇒ **amor.** ☐ Se usa como apelativo afectuoso: *~, ¿quieres que te haga un café?* **2** Expresión y señal de amor o afecto: *siempre está haciéndole cariños a su nieta.* ☐ Se usa más en plural. **3** *Delicadeza o cuidado con que se hace o se trata una cosa: *estas sandalias artesanales están hechas con mucho ~; trata con ~ el coche, que aún no he terminado de pagarlo.*

ca·ri·ño·⌜so, ⌜sa |kariɲóso, sa| ***adj.*** Que muestra un sentimiento de amor o afecto: *los padres deben ser cariñosos con sus hijos; Nicolás es un niño muy ~.* ⇔ **esquivo.** ☐ Se suele usar con la preposición *con.*

ca·ris·ma |karísma| **1 *m.*** Capacidad de atraer a los demás o de hacerse respetar por ellos: *la fundadora de esa orden religiosa tiene mucho ~.* **2** REL. Gracia que concede el Espíritu Santo a una o más personas para el bien general de la Iglesia: *el Papa tiene el ~ de la infalibilidad.*

ca·ri·ta·ti·⌜vo, ⌜va |karitatíβo, βa| **1 *adj.*** (persona) Que tiene el sentimiento que lleva a ayudar a los necesitados: *es una señora que siempre ha sido caritativa con los demás; los hermanos de San Juan de Dios son caritativos con los enfermos.* ☐ Suele usarse con la preposición *con.* **2** Que pertenece a la *caridad o que tiene relación con ella: *¿no hay un alma caritativa que me ayude a empujar el coche?*

ca·riz |karíθ| **1 *m.*** Aspecto de la atmósfera: *no me gusta el ~ que está tomando el cielo, parece que va a llover.* **2** *fig.* Aspecto que presenta un asunto o negocio: *este asunto está tomando muy mal ~.*

car·me·li·ta |karmelíta| **1 *adj.-com.*** (persona) Que pertenece a cualquiera de las fundaciones religiosas que observan la regla de la orden del Carmen: *en ese convento viven quince monjas carmelitas; dos carmelitas vinieron a pedir para el asilo de ancianos.* **2 *adj.*** De la orden del Carmen o que tiene relación con ella: *estudia en un colegio ~.*

car·me·sí |karmesí| ***adj.*** De color rojo intenso: *te he cogido prestado tu vestido de seda ~; han forrado los cojines en terciopelo ~.* ⇒ **carmín.** ☐ El plural es *carmesíes.*

car·mín |karmín| **1** ***m.*** Barra de labios, generalmente guardada en una pequeña caja: *sacó el ~ del bolso y se pintó los labios.* ⇒ **pintalabios. 2** Sustancia de color rojo intenso que se saca de ciertos insectos: *durante la Edad Media se usaba como colorante el ~, sacado de un insecto llamado cochinilla.* **- 3** De color rojo intenso: *pintaron el fondo del escenario en tono ~.* ⇒ **carmesí.**

car·mi·na·ti·⌐vo, ⌐va |karminatíβo, βa| ***adj.-m.*** MED. (medicina) Que ayuda a expulsar los gases del tubo *digestivo: *el médico le recetó un ~.*

car·na·da |karnáða| ***f.*** Trozo pequeño de carne que se usa para pescar o cazar: *en el anzuelo de mi caña de pescar pongo la ~.* ⇒ **carnaza, cebo.**

car·nal |karnál| **1** ***adj.*** De la carne o que tiene relación con ella: *los religiosos piensan que no hay que dar importancia a los asuntos carnales.* **2** Del sexo o del deseo o que tiene relación con ellos: *se acusa de haber cometido pecados carnales.* **3** *fig.* De este mundo o esta vida o que tiene relación con ellos: *para muchas personas, los intereses espirituales están por encima de los intereses carnales.* ⇒ **terrenal. 4** (persona) Que es un familiar, pero no por línea recta, en cuanto a otro: *Yolanda es mi prima ~ porque es la hija del hermano de mi madre.*

car·na·val |karnaβál| **1** ***m.*** Fiesta popular que se celebra los tres días anteriores al *miércoles de ceniza: *en los carnavales la gente se disfraza y baila por las calles; los carnavales de Río de Janeiro son mundialmente conocidos.* **2** Periodo de tiempo que comprende los tres días anteriores al *miércoles de ceniza: *fueron a Cádiz a visitar a unos amigos en ~.* ⇒ **carnestolendas.**

car·na·va·les·⌐co, ⌐ca |karnaβalésko, ka| ***adj.*** Del *carnaval o que tiene relación con él: *llevaba un disfraz ~.*

car·na·za |karnáθa| **1** ***f.*** Trozo pequeño de carne que se usa para pescar o cazar: *el cazador puso un cepo con ~, aunque sabía que estaba prohibido.* ⇒ **carnada, cebo. 2** Carne en abundancia y de mala calidad: *hoy no he comprado carne en el mercado porque sólo he visto ~.*

car·ne |kárne| **1** ***f.*** Parte blanda del cuerpo formada por los músculos: *la ~ cubre los huesos; Elisa está muy flaca, tiene muy poca ~.* **2** Parte del cuerpo de los animales preparada para comer: *hoy hemos comido ~ y cenaremos pescado; me gusta la ~ de ternera;* **~ blanca**, la blanda y de color más claro: *mi padre está enfermo y sólo puede comer carnes blancas;* **~ roja**, la más dura y oscura: *el buey es un animal de ~ roja.* **3** Parte blanda de las frutas y frutos que está bajo la cáscara: *el zumo se hace con la ~ de la naranja.* ⇒ **pulpa. 4** Cuerpo humano, considerado en oposición al espíritu: *los cristianos creen en la resurrección de la ~; la ~ es débil.* ⇒ **espíritu.** ■ **~ de cañón**, persona que está expuesta a un peligro, generalmente en la guerra: *el soldado que no está a cubierto es ~ de cañón; al final, los peatones siempre somos ~ de cañón en las grandes ciudades.* ■ **~ de gallina**, *fam.*, piel de las personas cuando, por el frío o el miedo, toma un aspecto parecido al de las aves sin plumas: *tengo tanto frío que se me ha puesto la ~ de gallina; hemos chocado con el coche y todavía tengo la ~ de gallina.* ■ **de ~ y hueso**, *fam.*, que es real y tiene sentimientos: *los actores famosos también son de ~ y hueso.* ■ **echar carnes**, ponerse gordo el que estaba delgado: *¡mira cómo ha echado carnes Federico desde que se casó!* ■ **en ~ viva**, sin la piel que cubre el cuerpo, generalmente por causa de un accidente: *el niño se cayó y se dejó las rodillas en ~ viva.* ■ **metido en carnes**, (persona) que está un poco gordo: *la cocinera era una mujer alta y metida en carnes.* ■ **poner toda la ~ en el asador**, *fam.*, intentar con todas las fuerzas y medios; *arriesgarlo todo: *el boxeador puso toda la ~ en el asador, pero perdió la pelea.*

car·né |karné| ***m.*** Documento que permite a una persona demostrar quién es o que pertenece a un organismo: *acabo de hacerme el ~ de la Sociedad Protectora de Animales.* ⇒ **carnet; ~ de identidad**, documento oficial con la fotografía, la firma y otras informaciones de una persona y que sirve para *identificarla: *me pidieron el ~ de identidad a la entrada de la discoteca.* ⇒ **identidad.** ⌂ El plural es *carnés*. Esta palabra procede del francés.

car·ne·ro |karnéro| ***m.*** Animal mamífero doméstico, con grandes cuernos echados hacia atrás y cuerpo cubierto de lana: *el ~ es el macho de la oveja; han llevado varios carneros al matadero; algunos llaman ~ al macho cuando está capado.* ■ **poner ojos de ~ degollado**, *fam.*, poner una expresión triste, de pena o de miedo.

car·nes·to·len·das |karnestoléndas| ***f. pl.*** Periodo de tiempo que comprende los tres días anteriores al *miércoles de ceniza: *los colegios celebran una fiesta por ~.* ⇒ **carnaval.**

car·net |karnét| ***m.*** ⇒ **carné.** ⌂ La Real Academia Española prefiere la forma *carné*.

car·ni·ce·rí·a |karniθería| **1** ***f.*** Establecimiento en el que se vende carne destinada al consumo: *baja a la ~ por un kilo de chuletas; no me gusta ir a la ~ de la plaza porque es muy cara.* ⇒ **frutería, pescadería. 2** Gran cantidad de muertes, normalmente de personas, producidas por la guerra u otros acontecimientos graves: *tras una terrible ~, la gente se dedicó a identificar a sus seres queridos; el accidente ferroviario fue una verdadera ~; el león escapó de la jaula e hizo una ~ entre los pájaros.* **3** *fig.* Castigo que se aplica a un grupo muy grande de personas: *la profesora de derecho romano ha hecho una ~ en el examen final.*

car·ni·ce·⌐ro, ⌐ra |karniθéro, ra| **1** ***m. f.*** Persona que se dedica a vender carne destinada al consumo: *la carnicera me ha aconsejado cómo cocinar la pierna de cordero.* **- 2** ***adj.-s.*** (animal) Que mata a otros animales para comer su carne: *el zorro es un animal ~.* ⇒ **carnívoro. 3** *fig.* (persona, animal) Que disfruta haciendo sufrir a otros seres vivos: *el asesino era tan inhumano que se le conocía como el ~.* ⇒ **cruel. 4** *fam.* (persona) Que prefiere comer carne: *me comería antes una trucha que un filete, no soy demasiado ~.*

cár·ni·⌐co, ⌐ca |kárniko, ka| ***adj.*** De la carne comestible o que tiene relación con ella: *las indus-*

trias cárnicas deben extremar sus cuidados en cuestiones de higiene.

car·ní·vo·⌈ro, ⌈ra |karníβoro, ra| **1** ***adj.*** (animal) Que se alimenta o puede alimentarse de carne: *el león es un animal ~.* ⇒ **carnicero. 2** (planta) Que se alimenta de insectos: *hay plantas carnívoras que atrapan a los insectos entre sus hojas.* **- 3** ***adj.-s.*** ZOOL. (animal) Que tiene los dientes fuertes y cortantes para poder alimentarse de carne: *los osos son carnívoros peligrosos.*

car·no·si·dad |karnosiðáᶞ| **1** ***f.*** Carne que *sobra en alguna parte del cuerpo: *lo mejor para librarse de las carnosidades que cuelgan de la cintura es hacer gimnasia.* ⇒ **michelín. 2** Carne que crece en una herida mal curada: *el médico observó la ~ de la llaga y decidió operarla.*

car·no·⌈so, ⌈sa |karnóso, sa| **1** ***adj.*** De carne o que tiene relación con la carne: *los peces picaban con facilidad el cebo ~.* **2** Que tiene mucha carne: *le cogió con los dedos sus mejillas carnosas; Mercedes tiene pestañas largas y labios carnosos.* **3** (vegetal) Que es blando y tiene mucha carne: *en esta parte del parque veréis plantas de flores carnosas; ¡qué melocotón tan ~!*

ca·⌈ro, ⌈ra |káro, ra| **1** ***adj.*** Que cuesta mucho dinero; que cuesta más de lo habitual: *le regaló un diamante muy ~; no compré el vestido porque me pareció ~; los pisos son caros en Madrid.* ⇒ **costoso.**

CARNICEROS-CARNÍVOROS

2 Que es difícil de conseguir: *los aprobados están caros en esta escuela.* **3** *form.* Que es amado o querido: *conservo caros recuerdos de aquella época de mi vida; ~ amigo.* **- 4 caro** ***adv. m.*** A un precio alto: *en esta tienda venden muy ~.* ■ **costar/salir ~**, causar un mal físico, moral o económico grave: *conducir a más velocidad de la debida puede costar ~.*

ca·ro·lin·ˀgio, ˀgia |karolíŋxio, xia| ***adj.*** De Carlomagno o que tiene relación con él: *el periodo ~ comenzó en el siglo* VIII.

ca·ro·ta |karóta| ***com.*** *fam.* Persona que habla u obra en su propio interés y sin respetar a los demás: *¡qué ~ es, acaba de llegar y se ha puesto el primero en la cola!*

ca·ró·ti·da |karótiða| ***adj.-f.*** ANAT. (*arteria) Que lleva la sangre a la cabeza: *las arterias carótidas están a uno y otro lado del cuello.*

car·pa |kárpa| **1** ***f.*** Pez de agua dulce comestible, de color verdoso por encima y amarillo por el vientre: *los pescadores consiguieron pescar varias carpas en el río.* ☖ Para indicar el sexo se usa la ~ macho y la ~ hembra. **2** Pieza de tela de gran tamaño sostenida por un armazón: *los trabajadores instalaron la ~ del circo en el descampado.*

car·pe·ta |karpéta| **1** ***f.*** Trozo de cartón doblado y cerrado con gomas que sirve para guardar papeles: *he archivado todos mis documentos en la ~ azul; sacaré las fotografías de la ~ para enseñároslas.* ⇒ **archivador. 2** Cubierta de plástico o cartón que se pone sobre la mesa para escribir sobre ella o para guardar papeles: *le regalaron una bonita ~ para el escritorio.*

car·pin·te·rí·a |karpintería| **1** ***f.*** Lugar en el que se fabrican y arreglan objetos de madera: *en aquella ~ se hacen sillas y armarios; he de ir a la ~ para encargar que me hagan una mesa nueva.* ⇒ **ebanistería. 2** Trabajo de madera hecho a mano; conjunto de objetos de madera fabricados o trabajados a mano: *la alcoba tiene una ~ de nogal; la ~ del salón es de primera calidad.* ⇒ **ebanistería. 3** Oficio del que fabrica o arregla objetos de madera: *la ~ es uno de los oficios más antiguos.*

car·pin·te·ˀro, ˀra |karpintéro, ra| **1** ***m. f.*** Persona que fabrica o arregla objetos de madera: *Pinocho fue construido por un ~; han venido los carpinteros a poner las puertas de la casa.* ⇒ **ebanista. - 2 carpintero** ***m.*** Pájaro de pico largo y delgado, pero muy fuerte, que se alimenta de los insectos que encuentra en las cortezas de los árboles, picándolas de forma rápida: *en el bosque he visto un ~.*

car·po |kárpo| ***m.*** ANAT. Conjunto de huesos de la muñeca: *el médico dijo a Juan que tenía una lesión en el ~ de la mano derecha.* ⇒ **trapecio.**

ca·rra·ca |kar̄áka| **1** ***f.*** Instrumento de madera formado por una rueda con dientes que al girar tocan una serie de *láminas, produciendo un ruido seco y desagradable: *los niños tocaban carracas por la calle.* ⇒ **matraca. 2** MEC. Herramienta que, mediante una rueda con dientes, *transmite el movimiento del mango en un solo sentido: *afloja la tuerca con la ~: tardarás menos.* **3** MAR. Barco viejo o de navegación lenta: *dimos un paseo por el puerto en una ~.* **4** *fam. desp.* Aparato o máquina vieja o que funciona mal: *prefiero ir andando: tu coche está hecho una carraca.*

ca·rras·ca |kar̄áska| ***f.*** *Encina, generalmente pequeña: *aquella parte del monte estaba llena de carrascas.*

ca·rras·pe·ar |kar̄aspeár| ***intr.*** Aclarar la garganta con una tos ligera: *carraspeó antes de empezar a hablar.*

ca·rras·pe·o |kar̄aspéo| ***m.*** Acción y resultado de *carraspear: *se hizo notar con un ~ para que supieran que estaba allí.*

ca·rras·pe·ra |kar̄aspéra| ***f.*** *fam.* Aspereza en la garganta que pone *ronca la voz: *me duele la garganta y tengo ~ porque he hablado mucho.*

ca·rre·ra |kar̄éra| **1** ***f.*** Acción de correr de un sitio a otro: *el niño cruzó la calle de una ~; el perro seguía al amo en su ~ por el monte.* ⇒ **corrida. 2** Competición de velocidad: *la Vuelta a España es una ~ ciclista; el jinete ganó la ~ por muy poco; Elena ganó la ~ de obstáculos.* **3** Conjunto de estudios que preparan para una profesión: *ha estudiado la ~ de derecho; me gustaría hacer una ~ universitaria; se puso a trabajar cuando terminó la ~.* **4** Ejercicio de una profesión o arte: *recibió un homenaje por su brillante ~ en el teatro; decidió dedicarse por completo a la ~ de escritor.* **5** Recorrido que hace un coche de alquiler: *el taxista me cobró mucho dinero por la ~.* **6** Curso o recorrido de un planeta o estrella: *la Luna está en mitad de su ~.* ⇒ **órbita. 7** Línea de puntos sueltos en una media o en otro tejido: *necesito unas medias nuevas porque éstas tienen una ~.* **8** Camino o carretera. **9** Serie de calles que ha de recorrer un grupo de personas: *la cabalgata terminó la ~ muy tarde.* ■ **a la ~**, con mucha prisa o rapidez: *el médico vino a la ~; tendremos que aprender los verbos a la ~ porque nos van a hacer un examen.* ■ **dar ~**, pagar los estudios que preparan para una profesión: *a pesar de su pobre sueldo, ha dado ~ a*

CARRACA

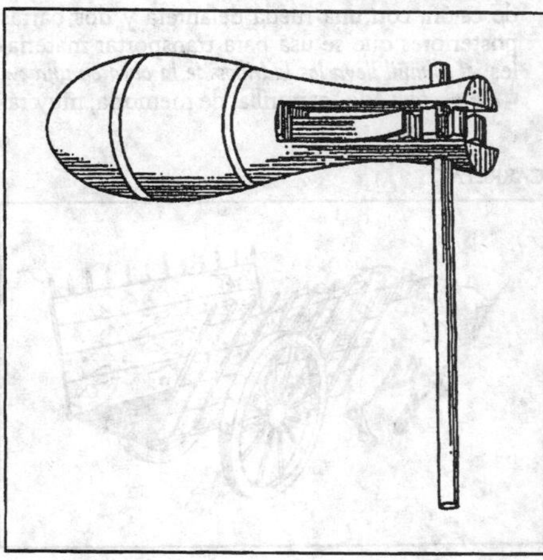

sus dos hijos. ■ **de carreras**, que está preparado para participar en competiciones de velocidad: *un coche de carreras tiene que ser rápido y seguro.* ■ **no poder hacer ~ con/de una persona**, no conseguir que se comporte de modo adecuado o que haga lo que se espera de ella: *Mariano es muy cabezota y no se puede hacer ~ de él.*

ca·rre·ri·lla |kar̄eríʎa| *f.* Carrera corta: *el atleta tomó ~ para saltar la valla.* ⌂ Se usa especialmente con *tomar* y *coger.* ■ **de ~**, de memoria; sin pensar ni comprender: *no sirve de nada saberse la lección de ~.*

ca·rre·ta |kar̄éta| *f.* Carro largo y bajo de dos ruedas, con una vara donde se enganchan los animales que tiran de él: *la ~ cargada de maíz cruzó el pueblo.*

ca·rre·te |kar̄éte| **1** *m.* Cilindro con el eje hueco en el que se enrollan hilos o cuerdas: *alcánzame el ~ de hilo, que voy a coser estos pantalones; se ha enrollado el hilo en el ~ de pescar; la máquina de escribir lleva un ~ con una cinta negra.* **2** Película usada en fotografía: *llevaremos a la tienda el ~ para que lo revelen.* **3** Cilindro en el que se enrollan las películas usadas en fotografía: *he puesto a la máquina fotográfica un ~ en blanco y negro.* ■ **dar ~**, *fam.*, dar conversación: *¡con la prisa que tenía y él, venga a darme ~!* ■ **tener ~**, *fam.*, hablar mucho; dar conversación: *el conferenciante acaba de empezar y tiene ~ para dos horas; Fernando está hablando de la mili, así que tenemos ~ para rato.* ⇒ **enrollar.**

ca·rre·te·ra |kar̄etéra| *f.* Camino público ancho y de superficie dura por el que circulan vehículos: *el autobús viene por la ~; hay un gran atasco en la ~ de Burgos.*

ca·rre·te·ro |kar̄etéro| *m. f.* Persona que fabrica o conduce carros: *el ~ se apartó para que pasara el autobús.* ■ **fumar como un ~**, *fam.*, consumir mucho tabaco: *Antonia fuma como un ~, llega a los cuarenta cigarrillos al día.* ■ **hablar/jurar como un ~**, *fam.*, decir muchas palabras desagradables y mal consideradas: *el taxista juraba como un ~ cuando le quité el aparcamiento.*

ca·rre·ti·lla |kar̄etíʎa| *f.* Carro pequeño en forma de cajón, con una rueda delantera y dos barras posteriores que se usa para transportar materiales: *el albañil lleva los ladrillos de la obra en una ~.* ■ **de ~**, *fam.*, de *carrerilla, de memoria, muy rápido y sin pensar lo que se dice: *la niña dice la tabla de multiplicar de ~.* ⌂ Se usa con verbos como *decir* o *saber.*

CARRETA

ca·rri·co·che |kar̄ikótʃe| **1** *m.* Silla o armazón pequeño sobre ruedas que sirve para transportar niños generalmente cuando no han aprendido a andar: *hemos sacado la niña a pasear en el ~.* **2** Carro cubierto que tiene una caja parecida a la de un coche: *dos elegantes señoritas bajaron del ~.* **3** *desp.* Coche feo y viejo:

ca·rril |kar̄íl| **1** *m.* Parte de la carretera por la que van los vehículos en una sola fila: *esta autopista tiene tres carriles en cada dirección; el ~ de la derecha está reservado para los taxis y autobuses.* ⇒ **vía.** **2** Barra de hierro alargada y paralela a otra igual sobre la que van los trenes: *ayer en la estación de Chamartín un tren se salió de los carriles.* ⇒ **raíl.** **3** Camino estrecho por el que sólo puede pasar un carro: *debemos ir a la fábrica andando por este ~ porque los coches no caben.* **4** Marca o canal en el suelo de un camino que dejan las ruedas de vehículos al pasar por él: *el ~ del camino está lleno de barro.* **5** Hierro estrecho y alargado por el que se desliza un objeto: *la puerta corredera se ha salido de su ~.*

ca·rri·llo |kar̄íʎo| *m.* Parte carnosa de la cara que se encuentra bajo los ojos y a ambos lados de la nariz: *se pellizcaba en los carrillos para que les saliera un poquito de color.* ⇒ **mejilla.** ■ **comer/masticar a dos carrillos**, comer mucho y de forma rápida: *le gustaba mucho la tarta y siempre la comía a dos carrillos.*

ca·rri·zal |kar̄iθál| *m.* Lugar donde crecen muchos *carrizos: *al lado del río había un ~.* ⇒ **cañaveral.**

ca·rri·zo |kar̄íθo| *m.* Planta con la raíz larga, el tallo alto y las hojas planas, que se cría cerca del agua: *las hojas del ~ sirven de alimento a los animales.* ⇒ **caña.**

ca·rro |kár̄o| **1** *m.* Vehículo tirado por animales, formado por un armazón montado sobre dos ruedas con un tablero y una o dos varas y que sirve para transportar cosas: *esta mañana vi un ~ cargado de heno; trajeron la leña del bosque en un ~ tirado por dos bueyes.* **2** Armazón con ruedas que sirve para transportar cosas: *he comprado tantas cosas en el supermercado que he llenado el ~; en los aeropuertos hay carros para llevar las maletas.* **3** Vehículo de motor que se usa para el transporte de personas: *los hispanoamericanos llaman ~ a lo que los españoles llaman coche.* ⇒ **coche; ~ de combate**, MIL., vehículo pesado de guerra, con un gran *cañón y fuertemente protegido: *el ejército ha comprado aviones y carros de combate.* ⇒ **tanque.** **4** Pieza de una máquina que tiene un movimiento horizontal: *el papel se pone en el ~ de la máquina de escribir.* ■ **carros y carretas**, *fam.*, ofensas, molestias o situaciones desagradables: *le he estado aguantando a usted carros y carretas; tuvo que tragar carros y carretas para conservar su empleo.* ■ **parar el ~**, *fam.*, detener o contener un enfado o una acción violenta; dejar de hablar: *¡eh, para el ~, que estás diciendo muchas tonterías!*

ca·rro·ce·rí·a |kar̄oθería| ***f.*** Cubierta de metal que rodea los espacios interiores de un vehículo: *la pintura de la ~ del camión está muy estropeada.*

ca·rro·ma·to |kar̄omáto| **1** ***m.*** Carro grande de dos ruedas y dos varas, cubierto por una pieza de tela: *los comediantes llegaron montados en un ~; dos mulas tiran del ~ del labrador.* **2** *fig.* Armazón con ruedas grande, viejo y descompuesto: *el ~ estaba tan viejo que parecía que se iba a venir abajo.*

ca·rro·ña |kar̄óɲa| **1** ***f.*** Carne descompuesta, especialmente la de los animales muertos: *los buitres se disputan la ~ del campo.* **2** *desp. fig.* Persona o cosa despreciable: *tus vecinos son ~.* ☖ Se usa para designar un referente singular o plural, masculino y femenino: *esas gentes son ~.*

ca·rro·ñe·⌜ro, ⌜ra |kar̄oɲéro, ra| **1** ***adj.-s.*** (animal) Que se alimenta de *carroña: *los buitres son aves carroñeras.* **2** *fig.* (persona) Que se aprovecha de las desgracias de los demás: *es un ~: estaba esperando que despidieran a un compañero para ocupar su puesto.*

ca·rro·za |kar̄óθa| **1** ***f.*** *p.ext.* Coche adornado que se usa en las fiestas públicas: *las fiestas de mi ciudad acaban en un desfile de carrozas.* **2** Vehículo grande y adornado tirado por caballos, destinado generalmente al transporte de personas: *Cenicienta llegó al baile montada en una ~; los reyes llegaron al palacio en una elegante ~.* **- 3** ***adj.-com.*** *fam.* (persona) Que tiene usos y costumbres pasados de moda: *los jóvenes llaman carrozas a los mayores; Dolores es un poco ~.*

ca·rrua·je |kar̄uáxe| ***m.*** Vehículo formado por una armazón de madera o metal montada sobre ruedas destinado generalmente al transporte de personas: *se oía sobre el pavimento el sonido de las ruedas del ~.*

ca·rru·sel |kar̄usél| **1** ***m.*** Atracción festiva, generalmente para niños, que consiste en un tablero horizontal y redondo que gira, sobre el que hay animales de madera y otras diversiones: *los niños no querían bajarse del ~ porque lo estaban pasando muy bien.* ⇒ **caballito. 2** Espectáculo en el que un conjunto de caballos realizan ejercicios difíciles: *los mejores jinetes de la comarca participaron en el ~.*

car·ta |kárta| **1** ***f.*** Papel escrito, generalmente cerrado, que una persona envía a otra para comunicarse con ella: *el cartero me ha traído una ~ de mi tía; he escrito una ~ al rector para pedirle que me admita en la Universidad.* ⇒ **epístola, misiva; ~ abierta**, la que se dirige a una persona a través de los medios de comunicación social: *los estudiantes enviaron a la prensa una ~ abierta para el Ministro.* **2** Documento o escritura legal; **~ magna**, conjunto de leyes principales de un estado: *la ~ magna dice que todos los españoles somos iguales ante la ley.* ⇒ **constitución; ~ de naturaleza**, documento que da derecho a un extranjero a ser considerado como natural de un país: *Claudia ha conseguido la nacionalidad española y ya tiene ~ de naturaleza;* **~ de pago**, documento que demuestra que se ha pagado una cantidad de dinero: *para hacer la matrícula necesitas la ~ de pago sellada por el banco;* **cartas credenciales**, documento que un estado da a sus representantes en otros países: *el embajador presentó sus cartas credenciales al Jefe de Estado francés.* **3** Cartón pequeño que lleva por una cara dibujos y que, junto con otros, sirve para jugar: *esta carta es la sota de espadas; la baraja española tiene cuarenta cartas.* ⇒ **naipe. 4** Lista de comidas y bebidas que se pueden elegir en un establecimiento donde se sirven: *el camarero del restaurante nos trajo la ~; miré la ~ y escogí ensalada y chuletas de cordero.* **5** Representación de la Tierra o del cielo sobre una superficie plana: *el capitán del barco miraba la ~ de navegación.* ⇒ **mapa; ~ astral**, representación de la posición de los planetas y las estrellas en el momento del nacimiento de una persona: *un astrólogo me ha hecho mi ~ astral.* ■ **a ~ cabal**, como se espera; por completo: *mi padre es honrado a ~ cabal.* ■ **~ blanca**, poder para obrar con libertad en un asunto: *el director me ha dado ~ blanca para contratar a un ayudante.* ■ **~ de ajuste**, señal fija que se recibe en los aparatos de televisión y que permite ajustar la imagen: *la ~ de ajuste está formada por líneas y figuras geométricas de varios tonos y colores.* ■ **echar las cartas**, hacer combinaciones con cartones que llevan por una cara dibujos, para tratar de adivinar el futuro u otras cosas ocultas: *una adivina me echó las cartas y me dijo que me casaría este año.* ■ **jugarse todo a una ~**, hacer que la solución a un problema dependa de un solo hecho: *con el sistema de examen único, el estudiante se juega todo a una ~.* ■ **no saber a qué ~ quedarse**, no poder tomar una decisión: *le ofrecieron dos trabajos y no sabía a qué ~ quedarse.* ■ **poner las cartas boca arriba**, mostrar una intención u opinión que se tenía oculta: *tras años de sufrimiento la mujer puso las cartas boca arriba y le pidió el divorcio a su marido.* ■ **tomar cartas en el asunto**, intervenir en una situación: *al final, el juez tomó cartas en el asunto y mandó a la cárcel a los implicados en el soborno.*

car·ta·bón |kartaβón| ***m.*** Instrumento con forma de triángulo cuyos lados no son iguales, que sirve para medir y trazar líneas: *me tengo que comprar una escuadra y un ~ para la clase de dibujo lineal.* ⇒ **escuadra, regla.**

CARTABÓN

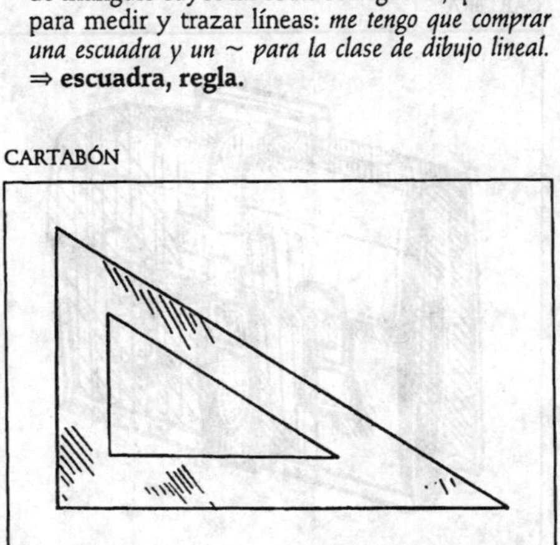

car·ta·pa·cio |kartapáθio| **1** ***m.*** *Cuaderno que se usa para escribir o tomar notas: *abrió el ~ y anotó la fecha.* **2** Funda en la que los estudiantes que van a la escuela meten sus libros y papeles: *el niño dejó el ~ en el suelo para jugar al fútbol con sus amigos.* **3** Conjunto de papeles contenidos en una *carpeta: *se le abrió la carpeta y todo el ~ se le desparramó por el suelo.*

car·te·ar·se |karteárse| ***prnl.*** Escribirse cartas dos personas: *me carteo con varios amigos extranjeros.*

car·tel |kartél| ***m.*** Papel con palabras y dibujos que se coloca en lugares públicos y que se usa para dar avisos o hacer anuncios: *hay un ~ en la calle en el que está el horario del cine; en esa pared pone* prohibido fijar carteles. ⇒ **pancarta.** ■ **de ~**, famoso, muy conocido: *esta noche sale en la televisión un artista de ~.* ■ **en ~**, (espectáculo) que está representándose: *¿sabes qué obra de teatro lleva dos años en ~?* ⇒ **cartelera.** ■ **tener ~**, ser famoso, muy conocido: *este torero tiene mucho ~.*

car·te·le·ra |karteléra| **1** ***f.*** Parte de los periódicos en que se anuncian los espectáculos públicos: *hemos repasado la ~ y ya hemos decidido qué película vamos a ver.* **2** Superficie en que se fijan anuncios públicos: *¿has visto las carteleras del cine?* ■ **en ~**, (espectáculo) que está representándose: *esta película lleva un año en ~.* ⇒ **cartel.**

car·te·o |kartéo| ***m.*** Acción de *cartearse: *mantuvieron un intenso ~ mientras permanecieron separados.*

cár·ter |kárter| ***m.*** Cubierta de metal que protege un mecanismo o una parte de él que a veces contiene *lubricante: *llevó el coche al taller porque el ~ perdía aceite.*

car·te·ra |kartéra| **1** ***f.*** Objeto de piel o de otro material flexible, de pequeño tamaño, que sirve para guardar billetes y documentos: *sacaré la ~ del bolsillo para pagar al taxista; llevo las tarjetas de crédito en la ~ nueva.* ⇒ **billetero, monedero.**

CARTERA

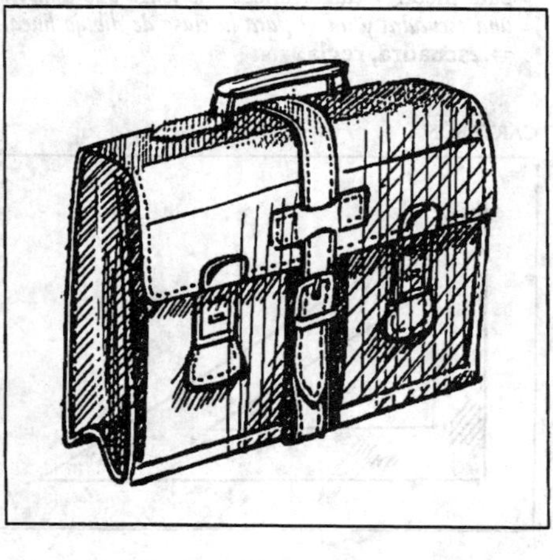

2 Objeto de piel u otro material flexible con asa y tapa que sirve generalmente para llevar papeles o libros: *el comerciante sacó de su ~ los documentos; los niños llevan los libros en la ~.* **3** *fig.* Empleo de una persona que trabaja como *ministro en la administración del gobierno de un país: *el equipo de gobierno actual cuenta con veinte carteras; la ~ de Defensa será ocupada por una nueva persona.* **4** *fig.* Conjunto de clientes de un negocio: *su empresa tiene una ~ muy importante;* **tener en ~**, estar organizando; tener en proyecto: *aún tenemos en ~ la reforma de los nuevos planes de estudio.* **5** *fig.* Conjunto de valores de un negocio, generalmente de un banco o de un comercio: *la empresa de Miguel tiene una ~ de acciones muy segura.*

car·te·ris·ta |karterísta| ***com.*** Persona que roba *carteras u objetos de pequeño tamaño, generalmente por la calle: *el ~ me sacó el monedero del bolsillo sin darme cuenta.* ⇒ **ladrón.**

car·te·⌐ro, ⌐ra |kartéro, ra| ***m. f.*** Persona que entrega las cartas y los paquetes del correo: *el ~ todavía no ha traído la correspondencia de hoy.*

car·te·sia·nis·mo |kartesianísmo| ***m.*** FIL. Doctrina filosófica de Descartes y de sus seguidores: *el ~ ha tenido una gran influencia en la historia del pensamiento occidental.*

car·te·sia·⌐no, ⌐na |kartesiáno, na| ***adj.*** FIL. De la doctrina filosófica de Descartes o que tiene relación con ella: *según la fórmula cartesiana, el punto de partida del racionalismo individualista es el yo pensante.*

car·ti·la·gi·no·⌐so, ⌐sa |kartilaxinóso, sa| ***adj.*** ANAT. Del *cartílago o que tiene relación con él: *el tejido del oído es ~; los tejidos cartilaginosos tienen más elasticidad que los huesos.*

car·tí·la·go |kartílaɣo| ***m.*** ANAT. Tejido elástico y resistente que forma parte del esqueleto: *los cartílagos sirven para unir unos huesos con otros; se le rompió el ~ de la nariz.* ⇒ **ternilla.**

car·ti·lla |kartíʎa| **1** ***f.*** Conjunto de hojas de papel en que se apuntan informaciones de diferente tipo: *si quieres que te vea el médico, no debes olvidar tu ~ sanitaria; cuando se licenció le dieron su ~ militar;* **~ de ahorros**, la que registra los movimientos del dinero que una persona tiene en un banco: *he ido al banco para actualizar la ~ de ahorros;* **~ de ahorros**, *p.ext.*, cantidad de dinero que una persona tiene en un banco: *tengo la ~ de ahorros a cero.* ⇒ **cuenta, libreta.** **2** *Cuaderno o libro pequeño con el que los niños aprenden a leer: *el niño ya sabe la primera ~.* ■ **cantar/leer la ~**, *fam.*, regañar a una persona por haber obrado mal: *no obedecí a mi madre y mi padre me leyó la ~.* ■ **saberse la/tener aprendida la ~**, haber recibido órdenes sobre el modo en que se debe obrar; saber cómo se debe obrar: *no me des más órdenes que ya tengo aprendida la ~.*

car·to·gra·fí·a |kartoɣrafía| **1** ***f.*** Técnica de trazar mapas: *la ~ tuvo un importante desarrollo durante los siglos* XVI *y* XVII. **2** Disciplina que estudia los mapas: *consultaron a un geógrafo especialista en ~.*

car·tó·gra·⌐fo, ⌐fa |kartóɣrafo, fa| **1** ***m. f.*** Persona que se dedica a trazar mapas: *los cartógrafos medievales decoraban sus mapas con barcos y animales imaginarios.* **2** Persona que se dedica al estudio de la *cartografía: *ese ~ se ha especializado en cartografía regional.*

car·tón |kartón| **1** ***m.*** Hoja gruesa y dura formada por varias capas de pasta de papel fuertemente unidas: *la nevera venía en una gran caja de ~;* **~ piedra**, material hecho de pasta de papel y otras sustancias, con el que pueden hacerse figuras y que, cuando está seco, se vuelve muy duro: *los decorados de las películas de romanos son de ~ piedra.* **2** Recipiente o *envase hecho de ese material: *en el frigorífico tengo un ~ de leche y otro de zumo.* **3** Caja que lleva normalmente diez paquetes de tabaco: *fue al estanco a comprar un ~ de tabaco y un encendedor.* **4** PINT. Dibujo que sirve como modelo para obras muy grandes: *los cartones de Goya estaban destinados a la fábrica de tapices.*

car·tu·che·ra |kartutʃéra| **1** ***f.*** Caja, normalmente de cuero, que sirve para llevar *cartuchos: *el tirador metió el dedo en la ~ y comprobó que estaba rota.* **2** Tira de cuero colocada a la cintura en la que se llevan *cartuchos: *el cazador llevaba escopeta, sombrero y una ~ a la cintura.* ⇒ **canana.**

car·tu·cho |kartútʃo| **1** ***m.*** Cilindro que encierra una carga que explota, y que se introduce en una arma de fuego para disparar un tiro: *la policía encontró en el refugio cinco pistolas y varias cajas de cartuchos.* **2** Recipiente en forma de cilindro, generalmente de cartón o papel, que sirve para proteger o envolver: *el vendedor daba a los chicos cartuchos de castañas asadas; la niña lleva en la mano un ~ de palomitas.* ⇒ **cucurucho.** **3** Recipiente que contiene una sustancia y que se sustituye periódicamente generalmente en una máquina o aparato: *no encuentro un ~ que le vaya bien a esta estilográfica; la impresora necesita un ~ nuevo.* ⇒ **carga, carrete.** ■ **quemar el último ~**, usar el último medio de que se dispone para solucionar una situación: *el equipo de fútbol quemó su último ~ con un tiro a puerta en el minuto 45 de la segunda parte.*

car·tu·ja |kartúxa| **1** ***f.*** Monasterio en el que viven *cartujos: *cientos de turistas visitaron la ~ que está a las afueras de la ciudad.* **2** Orden de los *cartujos: *la ~ es una orden religiosa.* ☐ En esta acepción se suele escribir con mayúscula.

car·tu·⌐jo, ⌐ja |kartúxo| ***adj.-m.*** (persona) Que pertenece a la orden religiosa fundada por San Bruno: *los cartujos de este monasterio hacen voto de silencio.*

car·tu·li·na |kartulína| ***f.*** Cartón delgado, liso y flexible: *Rocío ha comprado un pliego de ~ blanca para hacer un mural.*

ca·sa |kása| **1** ***f.*** Edificio o parte de él destinado a que vivan personas: *tenemos una ~ con jardín; Juan ha comprado una ~ en el centro de la ciudad.* ⇒ **vivienda.** ☐ Detrás de preposición no necesita llevar artículo: *me voy a ~; ayer estuve en ~ toda la tarde.* **2** Edificio o establecimiento destinado a un uso determinado; **~ consistorial**, edificio en el que se reúnen los que dirigen y administran un pueblo o ciudad: *en la plaza del pueblo está la ~ consistorial; el alcalde y los concejales están reunidos en la ~ consistorial.* ⇒ **ayuntamiento; ~ de citas/putas**, establecimiento en el que trabajan mujeres que mantienen relaciones sexuales con hombres a cambio de dinero: *encontré a tu primo en una ~ de citas.* ⇒ **burdel; ~ de empeño**, establecimiento en el que se presta dinero a cambio de joyas u otros bienes: *llevó la guitarra a la ~ de empeño y le dieron muy poco dinero por ella;* **~ de huéspedes**, establecimiento de baja categoría en el que se ofrecen camas a cambio de dinero: *mientras estudiaba en Madrid, vivió en una ~ de huéspedes.* ⇒ **pensión; ~ de socorro**, establecimiento en el que se hacen las primeras curas a las personas que han sufrido algún accidente: *cuando se rompió el brazo lo llevaron a la ~ de socorro; los heridos recibieron los primeros auxilios en la ~ de socorro y después fueron llevados al hospital.* **3** Conjunto de los miembros de una familia: *el Rey de España pertenece a la ~ de Borbón.* ⇒ **linaje.** **4** Establecimiento de comercio o industria: *esta ~ fue la primera que se instaló en la ciudad.* ■ **caerse la ~ encima**, encontrarse mal y a disgusto en ella: *en verano se me cae la ~ encima y sólo pienso en salir.* ■ **como Pedro por su ~**, con toda confianza y naturalidad: *el gato andaba por la fábrica como Pedro por su ~.* ■ **de/para andar por ~**, que se usa en familia o en situaciones de mucha confianza: *estas son mis zapatillas de andar por ~.* ■ **echar/tirar la ~ por la ventana**, gastar mucho dinero en una ocasión determinada: *en la boda del hijo echaron la ~ por la ventana.* ■ **empezar la ~ por el tejado**, hacer las cosas en el orden contrario al lógico: *hacer publicidad antes de tener el producto es empezar la ~ por el tejado.*

ca·sa·ca |kasáka| ***f.*** Prenda de vestir masculina con mangas y ajustada al cuerpo, que llega hasta la rodilla: *el capitán del regimiento llevaba una ~ azul con botones dorados; las casacas ya no se llevan, salvo en los uniformes palaciegos o de gala.*

ca·sa·de·⌐ro, ⌐ra |kasaðéro, ra| ***adj.*** Que está en edad de casarse: *tiene una hija casadera.*

ca·sa·⌐do, ⌐da |kasáðo, ða| **1** ***adj.-s.*** (persona) Que se ha unido a una persona en una ceremonia con el fin de formar una familia: *mi vecino del quinto es un hombre ~; es mayor el número de casados que trabajan que de solteros.* ☐ Se usa con *ser* y *estar*; **recién ~**, persona que acaba de casarse: *los recién casados se marcharon de luna de miel después de la celebración.* **2** Que se corresponden o adaptan entre sí: *las páginas de este libro no van bien casadas; hay que coser la falda con cuidado para que las costuras queden casadas.*

ca·sa·men·te·⌐ro, ⌐ra |kasamentéro, ra| ***adj.-s.*** *fam.* (persona) Que le gusta casar a los demás o que tiene interés en ello: *¡deja a los chicos en paz y no quieras hacer de ~!; las agencias matrimoniales son casamenteras.* ☐ Se suele usar con *hacer de* o *meterse a.*

ca·sa·mien·to |kasamjénto| **1** ***m.*** *form.* Ceremonia en la que se une a un hombre y a una mujer: *el ~ tuvo lugar en la iglesia a las doce de la mañana.* ⇒ **boda, enlace, matrimonio. 2** *form.* Acción y resultado de unirse a una persona en una ceremonia con el fin de formar una familia: *después del ~, Lucía y Antonio empezaron a llevarse mal.*

ca·sar |kasár| **1** ***tr.-intr.*** [algo, a alguien] Unir cosas que se parecen o son iguales; hacer que se correspondan o adapten entre sí: *los niños juegan a ~ las bolas por colores; tenemos que ~ las versiones que daremos del accidente; la falda y la blusa no casan bien; la alfombra tiene que ~ con las cortinas.* **2** ***tr.-prnl.*** [a alguien] Unir a un hombre y una mujer en una ceremonia con el fin de que formen una familia: *el obispo casó a mis padres; a Elena e Ignacio los casó un juez; Fernando II de Aragón se casó con Isabel la Católica; Eduardo e Isabel se casaron el día uno de agosto.* ⇒ **desposar.** ⇔ **descasar, divorciar. - 3** ***tr.*** Preparar una boda: *García ha casado muy bien a todas sus hijas.* ■ **no casarse con nadie,** ser independiente; no dejarse influir: *no siguió nuestros consejos porque decía que ella no se casaba con nadie.*

cas·ca·bel |kaskaβél| **1** ***m.*** Bola hueca que tiene dentro un trozo de metal y que, al moverla, suena: *el gato lleva colgado al cuello un ~.* **2** *fig.* Persona alegre o que obra sin pensar: *Silvia es un ~, siempre está riéndose y bromeando con los demás.* ■ **poner el ~ al gato,** *fam.*, tener el valor de enfrentarse a una situación difícil o peligrosa: ☖ Se suele usar en la frase interrogativa *¿quién le pone el ~ al gato?*

cas·ca·bi·llo |kaskaβíʎo| ***m.*** Cáscara fina que cubre el grano del trigo y otros cereales: *antes de moler el trigo, hay que separar el ~.*

cas·ca·da |kaskáða| **1** ***f.*** Corriente de agua que cae desde la parte alta de un terreno: *cerca de la ~ hay un puente colgante.* ⇒ **catarata, salto. 2** *form. fig.* Cosa que por su forma o aspecto recuerda una corriente de agua que cae desde la parte alta de un terreno; serie de cosas relacionadas: *de pronto surgió en su mente una ~ de ideas.*

cas·ca·⌜do, ⌜da |kaskáðo, ða| **1** ***adj.*** (sonido, voz) Que no suena bien; que emite un sonido que no es adecuado: *entonó una canción con su voz cascada;*

CASA

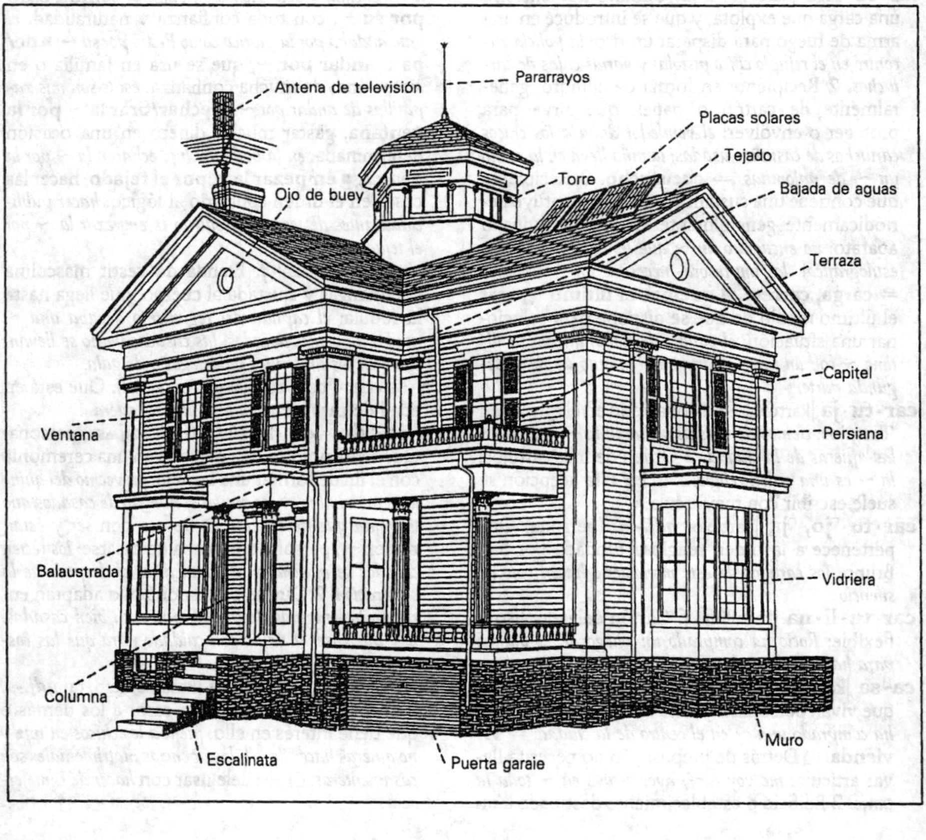

el jarrón produjo un sonido ~ cuando cayó al suelo. **2** Que está muy gastado, trabajado o estropeado: *el viejo radiador está ya muy ~; mi abuelo ya está muy ~ por los años.* ☖ No debe confundirse la forma femenina con el sustantivo *cascada.*

cas·ca·jo |kaskáxo| **1** ***m.*** Trozo de una cosa que se ha roto: *recogió los cascajos del jarrón para tirarlos.* ⇒ **añicos. 2** Conjunto de frutos de cáscara seca: *de postre nos sirvieron un plato de ~.* **3** *fam.* Objeto que no sirve para nada o que no tiene valor: *tienes que comprarte otro coche: éste está hecho un ~.* ⇒ **cacharro, trasto.** ■ **estar hecho un** ~, *fam.*, estar viejo; ser poco hábil: *yo no os puedo ayudar porque estoy hecho un ~.*

cas·ca·nue·ces |kaskanu̯éθes| ***m.*** Instrumento formado por dos piezas que se usa para partir ciertos frutos secos: *te será más fácil comerte las avellanas y las nueces si las abres con un ~.* ☖ El plural es *cascanueces.*

cas·car |kaskár| **1** ***tr.-prnl.*** [algo] Dividir o romper en trozos: *si quieres hacer una tortilla tienes que ~ antes el huevo; en el cajón hay un instrumento con el que se cascan nueces; el jarrón se ha caído y se ha cascado.* **2** Perder o estropear un sonido, generalmente la voz: *chilla tanto que se casca la voz a menudo.* **3** *fam. fig.* [a alguien] Pegar o golpear: *le han cascado en la calle y le han puesto un ojo morado.* **- 4** ***intr.*** *fam. fig.* Perder la vida: *aquel hombre cascó joven.* **5** *fam.* Hablar mucho: *se han parado en medio de la calle y llevan media hora cascando.* ☖ Se conjuga como 1.

cás·ca·ra |káskara| ***f.*** Corteza o cubierta exterior: *la ~ del huevo es muy delicada; para comer una naranja hay que quitarle la ~.*

cas·ca·ri·lla |kaskaríʎa| ***f.*** Lámina delgada que cubre un objeto, especialmente si es de metal: *algunas piezas de bisutería llevan una ~ dorada; los granos de trigo están cubiertos por una ~.*

cas·ca·rón |kaskarón| ***m.*** Cáscara de un huevo, especialmente la que queda al salir el pollo: *en el nido quedaban sólo los cascarones.* ■ **recién salido del** ~, (persona) que no tiene experiencia; que es muy joven: *es un crío recién salido del ~ y ya cree que lo sabe todo.*

cas·ca·rra·bias |kaskar̄áβi̯as| ***com.*** *fam.* Persona que se enfada con mucha facilidad; persona que protesta por todo: *Sara está continuamente riñendo a todo el mundo, es una ~.* ☖ El plural es *cascarrabias.*

cas·co |kásko| **1** ***m.*** Pieza de metal o plástico que cubre y protege la cabeza: *en las obras es obligatorio el uso del ~; cuando vayas en la moto no olvides llevar puesto el ~;* ~ **azul**, soldado bajo las órdenes de la Organización de las Naciones Unidas: *los cascos azules españoles han desarrollado una labor muy eficaz.* **2** Recipiente de cristal que sirve para contener líquidos, cuando está vacío: *ve a comprar una botella de vino, pero llévate el ~.* **3** Trozo de un objeto que se ha roto: *los obreros han dejado el suelo lleno de cascos de ladrillos; se hizo una herida en el pie al pisar un casco de una botella rota.* ⇒ **cascote. 4** Conjunto de edificios, en una población: *cada día es más difícil encontrar aparcamiento en el ~ urbano;* ~ **antiguo**, conjunto de edificios de una población que es antiguo o más antiguo que el resto: *no se puede pasar con el coche por el ~ antiguo de la ciudad porque las calles son muy estrechas.* **5** Parte en que se dividen ciertas frutas: *no quiero toda la naranja, sólo comeré un ~.* ⇒ **gajo. 6** Parte, generalmente en forma de media esfera, que se ha separado o cortado de un alimento: *necesito un ~ de cebolla para hacer la comida.* **7** Armazón de una embarcación, sin las máquinas, las velas ni los palos: *el ~ del barco estaba pintado de azul.* **8** Uña grande y dura de las patas de ciertos animales: *las herraduras se clavan en los cascos de los caballos.* **9** *fam.* Cabeza, generalmente de una persona: *me duele el ~ de tanto estudiar.* **- 10 cascos *m. pl.*** Aparato formado por dos piezas unidas, que se pone en los oídos para recibir un sonido: *no oye lo que estoy diciendo porque lleva puestos los ~.* ⇒ **auricular.** ■ **alegre/ligero de cascos**, *fam.*, que no se preocupa; que no piensa las cosas: *mi amigo siempre ha sido un poco ligero de cascos.* ■ **calentar los cascos**, *fam.*, preocupar demasiado; pensar demasiado: *cuando tiene un problema, se le calientan los cascos.* ■ **romperse los cascos**, *fam.*, esforzarse o preocuparse mucho: *mi padre se rompe los cascos haciendo crucigramas.*

cas·co·te |kaskóte| ***m.*** Trozo de material procedente de un edificio derribado o de una obra: *la acera está cubierta de los cascotes de la fábrica que derribaron ayer.* ⇒ **casco, escombro.**

ca·se·rí·o |kaserío| ***m.*** Edificio o conjunto de unos pocos edificios pequeños y casas en los que suelen vivir personas que trabajan en el campo: *vivía con su familia en un ~ y trabajaba en el campo; los caseríos no tienen ayuntamiento.*

ca·se·⌜ro, ⌜ra |kaséro, ra| **1** ***adj.*** Que se hace o se cría en casa: *este flan ~ está riquísimo; en el mercado venden conejos caseros.* **2** Que se hace entre personas de confianza: *no lo invitamos porque se trataba de una celebración casera.* ⇒ **familiar. 3** *fam.* (persona) Que gusta mucho de estar en casa: *no le importa quedarse sin salir el fin de semana: es una persona muy casera.* ⇒ **hogareño. 4** (*árbitro) Que favorece al equipo en cuyo campo se juega: *el equipo local ganó porque el árbitro estuvo muy ~.* **- 5 *m. f.*** Persona dueña de una casa, que la da en alquiler a otra u otras: *todavía no he pagado al ~ el alquiler del mes pasado; el ~ ha venido para ver las goteras del cuarto de baño.*

ca·se·rón |kaserón| ***m.*** Casa muy grande, poco proporcionada y desordenada: *no me gustaría nada vivir en el ~ que hay a las afueras de la ciudad.*

ca·se·ta |kaséta| **1** ***f.*** Casa pequeña y sencilla a la que se dan distintos usos: *la ~ del guardagujas está cerca de la vía; Enrique ha construido una ~ para el verano.* ⇒ **casilla. 2** Instalación sencilla que se monta en fiestas populares o muestras públicas: *este año no ha habido muchas casetas en la feria del libro.* **3** Lugar en que se visten las personas que hacen deporte: *el árbitro mandó al portero a la ~.*

ca·se·te |kaséte| **1** ***amb.*** Caja pequeña de plástico que contiene una cinta en la que se graba y se reproduce el sonido: *se han comprado algunas casetes de música moderna.* ⇒ **cassette, cinta. - 2** ***m.*** Aparato que graba o reproduce el sonido: *pondré el ~ para escuchar un poco de música clásica.* ⇒ **cassette, radiocasete.**

ca·si |kási| ***adv. c.*** Indica que falta muy poco para algo: *había ~ cincuenta alumnos en la clase; si tienes diecisiete años eres ~ mayor de edad; tropecé y ~ me caí; estamos esperando ~ desde las doce.* ☐ Se usa también en frases que expresan duda: *~ prefiero el vestido rojo.*

ca·si·lla |kasíʎa| **1** ***f.*** Espacio de un papel dividido por líneas verticales y horizontales: *para rellenar la quiniela debes poner una X en la ~ correspondiente.* **2** Espacio que con otros compone el tablero de distintos juegos de mesa: *colocaremos cada ficha en su ~ para jugar a las damas.* **3** Espacio de una caja, mueble o recipiente: *deposite su correspondencia en la ~ en que aparezca su nombre.* **4** Casa pequeña y aislada a la que se dan distintos usos: *el peón ha guardado su ropa de calle en la ~; los útiles de trabajo están en la ~ del jardinero.* ⇒ **caseta.** ■ **sacar de sus casillas,** *fam.*, hacer perder la paciencia o enfadar a una persona: *no soporto ese ruido, me saca de mis casillas.*

ca·si·lle·ro |kasiʎéro| ***m.*** Mueble dividido en partes, en las que se guardan documentos y objetos: *el administrativo ha guardado las cartas en el ~; Rodolfo ha dejado la llave de la habitación en el ~ de recepción.*

ca·si·no |kasíno| **1** ***m.*** Establecimiento de juegos de azar y espectáculos: *si tengo ganas de jugar mi dinero voy al ~; ha debutado una nueva orquesta en el ~.* **2** Sociedad o establecimiento en el que las personas se reúnen para ocupar su tiempo libre: *para ser miembro del ~ hay que pagar una cuota periódica; todos los viernes juego con Miguel una partida de ajedrez en el ~; los socios del ~ fuman y charlan durante horas.*

ca·so |káso| **1** ***m.*** Ocasión, situación o conjunto de circunstancias: *el niño aprende qué lenguaje debe usar en cada ~; mi ~ es muy distinto del tuyo.* ⇒ **coyuntura. 2** Hecho o acontecimiento: *su desaparición fue el ~ más extraño que yo he oído.* ⇒ **suceso. 3** Asunto de que se trata; asunto que resuelve un profesional: *¿qué opinas sobre este ~?; plantearon el ~ en términos muy claros; el juez dictó sentencia en tres casos.* **4** Ejemplo o muestra particular de una situación: *cada vez son más los casos de jubilación anticipada; en los últimos meses ha habido varios casos de neumonía;* ~ **clínico,** MED., ataque de una enfermedad en una persona: *los médicos se reunieron para tratar aquel ~ clínico.* **5** LING. Categoría gramatical que sirve para fijar la relación que una palabra mantiene con las demás en una oración: *el sujeto en latín tiene ~ nominativo.* ■ ~ **perdido,** situación o hecho *desfavorable que no tiene solución: *no intentes arreglar el problema porque es un ~ perdido.* ■ ~ **perdido,** persona que se comporta de forma no adecuada, sin que se pueda esperar de ella una conducta diferente: *Luis es un ~ perdido porque siempre hace mal su trabajo.* ■ **en ~ de que,** si ocurre la cosa que se dice: *llamaremos al médico en ~ de que mañana no se encuentre mejor.* ■ **en cualquier/todo ~,** pase lo que pase; cualquiera que sea la situación: *comprendo que te hayas retrasado pero, en todo ~, deberías haber llamado.* ■ **en todo ~,** expresa un valor *adversativo: *no puedo darte el dinero, en todo ~ te lo prestaré.* ⇒ **excepto, acaso.** ■ **hacer al ~,** tener relación con el asunto de que se trata: *lo vi con una muchacha cuyo nombre no hace al ~.* ■ **hacer ~,** prestar atención: *cuando el profesor habla, todos los alumnos le hacen ~; no hagas ~ de lo que te dice la gente.* ■ **hacer ~,** obedecer, obrar como se ha ordenado: *los niños deben hacer ~ a sus madres, que saben lo que es bueno para ellos.* ■ **hacer ~ omiso,** no prestar atención: *hizo ~ omiso de las advertencias de su padre.* ■ **poner por ~,** poner como ejemplo: *pongamos por ~ que no viene a cenar.* ■ **ser un ~,** *fam.*, ser poco corriente, generalmente ser malo: *Juan es un ~, siempre está de broma.* ■ **venir al ~,** tener relación con el asunto de que se trata: *no hables de ese asunto, si no viene al ~.*

ca·so·na |kasóna| ***f.*** Casa grande, generalmente antigua y noble: *el conde y su mujer vivían en una ~ situada a las afueras de la ciudad.*

ca·so·rio |kasório| ***m.*** *fam. desp.* Ceremonia en la que dos personas se casan: *el ~ se celebró a las 12 del mediodía en el juzgado.* ⇒ **casamiento.**

cas·pa |káspa| ***f.*** Conjunto de escamas blancas y muy pequeñas que se forman en la cabeza de las personas: *tengo que usar un nuevo champú porque el que uso ahora no me quita la ~.*

cas·po·⌜so, ⌜sa |kaspóso, sa| ***adj.*** Que tiene *caspa: *tenía el pelo graso y ~ antes de usar este champú.*

cas·que·te |kaskéte| **1** ***m.*** Pieza de tela o cuero que se ajusta a la cabeza: *la novia llevaba el velo prendido a un ~ blanco; llevaba un traje a cuadros y un ~ a un lado de la cabeza.* **2** GEOM. Parte de la superficie de una esfera que resulta al ser cortada por un plano que no pasa por su centro: **3** GEOGR. Zona de los polos de la Tierra: *la Tierra tiene dos casquetes;* ~ **glaciar/polar,** GEOGR., el que está cubierto de hielo en los polos de la Tierra: *el ~ glaciar del polo sur es mayor que el del polo norte.*

cas·qui·llo |kaskíʎo| **1** ***m.*** Anillo de metal que cubre el extremo de una pieza de madera: *la barra de las cortinas terminaba en casquillos dorados.* **2** *Cartucho de metal vacío: *en el lugar desde el que se hicieron los disparos se encontraron cuatro casquillos.* **3** Parte metálica de una *bombilla por la cual recibe la electricidad: *rompió la bombilla y volvió con el ~ en la mano.* **4** Pieza metálica donde se coloca una *bombilla para que reciba la electricidad: *no trates de desenroscar la bombilla del ~ cuando esté encendida porque te quemarás.* ⇒ **portalámparas.**

cas·qui·va·⌜no, ⌜na |kaskiβáno, na| ***adj.*** *fam.* (persona) Que hace las cosas sin pensar: *los jóvenes casquivanos no piensan en el futuro.*

ca·sse·tte |kaséte kaséᵗ| **1** ***amb.*** Caja pequeña de plástico que contiene una cinta en la que se graba y se reproduce el sonido: *en el coche siempre* *va escuchando alguna ~.* ⇒ **casete, cinta. - 2** ***m.*** Aparato que graba o reproduce el sonido: *los sábados pone el ~ a todo volumen para escuchar música.* ⇒ **casete, radiocasete.** ☖ La Real Academia Española prefiere la forma *casete.*

cas·ta |kásta| **1** ***f.*** Generación o familia a la que pertenece una persona o animal: *defendió a los de su ~ de las acusaciones; este galgo viene de una ~ de campeones.* **2** Parte de los habitantes de un país que forman un grupo o una clase social: *la ~ india de los sacerdotes tiene un gran poder sobre la religión y la enseñanza.* **3** *fig.* Especie o calidad de una cosa: *esta carne es de buena ~.*

cas·ta·ña |kastáɲa| **1** ***f.*** Fruto seco comestible, cubierto por una cáscara fina, fuerte y flexible de color marrón: *la ~ es el fruto del castaño; en otoño e invierno se venden castañas asadas.* ⇒ **castaño. 2** *fam. fig.* Golpe que recibe o da una persona: *ayer se dio una ~ con el coche.* ⇒ **castañazo. 3** *fam. desp.* Cosa mal hecha o de mala calidad: *como no piensa las cosas, todo lo que escribe es una ~.* ⇒ **basura, caca, mierda, patata. 4** *fam. fig.* Estado en el que se pierde el control a causa del consumo excesivo de alcohol: *anoche cogió una ~ porque había ganado su equipo de fútbol.* ⇒ **borrachera.** ☖ Se suele usar con los verbos *coger, llevar* o *tener.*

cas·ta·ñar |kastaɲár| ***m.*** Lugar donde crecen muchos *castaños: *a las afueras del pueblo había un ~.*

cas·ta·ña·zo |kastaɲáθo| ***m.*** *fam.* Golpe fuerte: *¡menudo ~ se dio al caer del árbol!* ⇒ **trastazo, trompazo.**

cas·ta·ñe·ta |kastaɲéta| ***f.*** MÚS. Instrumento musical de percusión formado por dos piezas curvadas hacia dentro y unidas con una cuerda, que suenan al chocar una contra otra: *el cantante tocaba la guitarra y la bailarina las castañetas; Lucero Tena fue una famosa concertista de castañetas.* ⇒ **castañuela.**

cas·ta·ñe·te·ar |kastaɲeteár| ***intr.*** Hacer ruido al chocar unos dientes contra otros: *el niño castañetea de miedo; tenían tanto frío que les castañeteaban los dientes.*

cas·ta·ñe·te·o |kastaɲetéo| **1** ***m.*** Golpe repetido de unos dientes contra otros; ruido que produce ese golpe repetido: *en el silencio sólo se oía el ~ de sus dientes.* **2** Sonido que producen las *castañuelas: *el final de la pieza iba acompañado de un ~.*

cas·ta·⌈ño, ⌈ña |kastáɲo, ɲa| **1** ***adj.-m.*** (color) Que es marrón oscuro: *su cabellera es castaña; Arturo tiene los ojos de color ~.* ⇒ **moreno, pelirrojo, rubio. - 2 castaño** ***m.*** Árbol de flores blancas y fruto de cáscara flexible y marrón: *el fruto del ~ es la castaña; la madera del ~ se utiliza para construir muebles.* ⇒ **castaña. ■ pasar de ~ oscuro**, *fam.*, llegar a una situación que no se puede aguantar o permitir: *esto ya pasa de ~ oscuro, hay que buscar una solución inmediatamente.*

cas·ta·ñue·la |kastaɲuéla| ***f.*** Instrumento musical de percusión formado por dos piezas curvadas hacia dentro y unidas con una cuerda, que suenan al chocar una contra otra: *las castañuelas se tocan con las manos; Wagner fue el primero en incorporar las castañuelas en una orquesta; en las danzas populares españolas se usan las castañuelas.* ⇒ **castañeta. ■ estar como unas castañuelas**, *fam.*, estar muy alegre: *está como unas castañuelas porque acaba de ser padre de otra niña.* **■ alegre como unas castañuelas**, *fam.*, muy alegre: *ha aprobado el examen y está alegre como unas castañuelas.*

cas·te·lla·⌈no, ⌈na |kasteʎáno, na| **1** ***adj.*** De Castilla o que tiene relación con Castilla: *el salón estaba decorado con muebles de estilo ~; en este restaurante hacen una sopa castellana deliciosa.* **- 2** ***m. f.*** Persona nacida en Castilla o que vive habitualmente en Castilla: *los castellanos son vecinos de los aragoneses.* **- 3 castellano** ***m.*** Lengua hablada en España, en Hispanoamérica y en otros lugares: *el ~ también se llama español.* ⇒ **español. - 4** ***adj.-m.*** (variedad del español) Que se habla en Castilla y en otras regiones de España: *el ~ distingue la pronunciación de* s *y* z.

cas·te·lla·no·ha·blan·te |kasteʎanoaβlánte| **1** ***adj.-com.*** (persona) Que habla español como lengua *materna: *los hispanoamericanos son castellanohablantes.* ⇒ **hispanohablante. 2** (persona) Que habla español: *cada vez hay más castellanohablantes en el mundo y más personas que estudian español.* ⇒ **hispanohablante.**

cas·te·llo·nen·se |kasteʎonénse| **1** ***adj.*** De Castellón o que tiene relación con Castellón: *las costas castellonenses son visitadas por miles de turistas.* **- 2** ***com.*** Persona nacida en Castellón o que vive habitualmente en Castellón: *los castellonenses son vecinos de los valencianos.*

cas·ti·cis·mo |kastiθísmo| ***m.*** Gusto por lo *castizo: *todos conocíamos su ~ y su amor por las costumbres tradicionales.*

cas·ti·dad |kastiðáᵈ| ***f.*** Cualidad del que renuncia a la práctica del sexo o lo practica siguiendo unos principios morales: *antiguamente la ~ era muy apreciada.* ⇒ **virginidad.** ⇔ **lujuria.**

cas·ti·gar |kastiɣár| **1** ***tr.*** [a alguien] Aplicar una pena por una falta: *Dolores rompió un jarrón y su*

CASTAÑUELAS

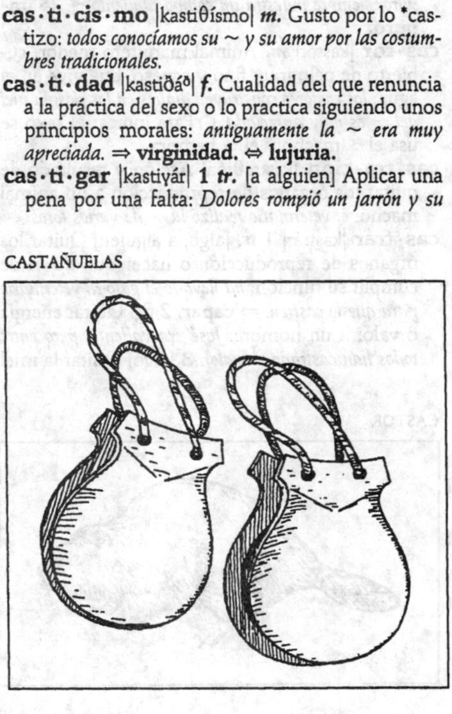

madre la castigó; me han castigado sin salir este fin de semana. **2** [algo, a alguien] Causar sufrimiento, dolor o daño: *la sequía ha castigado mucho a la población rural; los ascetas castigan el cuerpo.* **3** Golpear, especialmente a un animal para que ande más rápido: *no castigues tanto al caballo con las espuelas.* ☖ Se conjuga como 7.

cas·ti·go |kastíɣo| **1** ***m.*** Pena que se aplica por haber hecho un daño o por haber *cometido una falta o delito: *como ~ a tu mal comportamiento, hoy no saldrás con tus amigos; su padre le dio una paliza como ~ por haber roto el cristal con el balón.* **2** *fam.* Persona, animal o cosa que causa sufrimientos, trabajos y molestias: *¡este hijo mío es un ~!*

cas·ti·llo |kastíʎo| ***m.*** Edificio o conjunto de edificios de piedra con muros y torres de defensa: *en el centro de España hay muchos castillos medievales; el ~ de Sigüenza es en la actualidad un hotel.* ⇒ **fortaleza.** ■ **castillos en el aire**, pensamientos que no tienen base real: *en su situación, pensar en comprar un coche nuevo es hacer castillos en el aire.*

cas·ti·⌜zo, ⌜za |kastíθo, θa| ***adj.*** Que muestra los aspectos que se consideran característicos de un lugar o de una raza: *el lenguaje de este escritor es bastante ~.* ⇒ **genuino.**

cas·to, ⌜ta |kásto, ta| **1** ***adj.*** *form.* (persona) Que renuncia a la práctica del sexo o lo practica siguiendo principios morales: *es una pareja muy casta: su amor es platónico.* **2** *form.* (sentimiento, cosa) Que está alejado de los placeres de los sentidos: *el amor que Don Quijote sentía por Dulcinea era ~ y puro; siempre muestra un comportamiento ~.* ⇔ **impuro.**

cas·tor |kastór| ***m.*** Animal mamífero roedor, cubierto de pelo muy fino y espeso, que vive en el agua: *los castores construyen diques en los ríos; la piel del ~ es muy apreciada.* ☖ Para indicar el sexo se usa el ~ macho y el ~ hembra.

cas·tra·ción |kastraθión| Acción y resultado de quitar los órganos de reproducción a un animal macho: *el veterinario realizó la ~ de varios toros.*

cas·trar |kastrár| **1** ***tr.*** [algo; a alguien] Quitar los órganos de reproducción o hacer que dejen de cumplir su función: *ha llevado el gato al veterinario para que lo castren.* ⇒ **capar.** **2** *fig.* Quitar energía o valor a un hombre: *José era valiente, pero entre todos han castrado su valor.* **3** [algo] Quitar la miel a las *colmenas: *hoy hemos castrado un colmenar entero.*

cas·tren·se |kastrénse| ***adj.*** Del ejército o los militares o que tiene relación con ellos: *la disciplina es una de las características de la vida ~.*

ca·sual |kasuál| ***adj.*** Que ocurre sin que se pueda prever ni evitar: *conocí a la que ahora es mi mujer en un encuentro ~ en la calle; muchos descubrimientos surgieron de forma ~.*

ca·sua·li·dad |kasualiðá^{ð}| **1** ***f.*** Conjunto de circunstancias que no se pueden prever ni evitar: *las casualidades de la vida hicieron que coincidiéramos en nuestro lugar de vacaciones; ¡qué ~ encontrarte aquí!* ⇒ **azar, chiripa, suerte.** **2** Acontecimiento que no se puede prever ni evitar: *Elisa fue a la discoteca y dio la ~ de que allí estaba su hijo.* ☖ Se suele construir con *ser, darse* y *ocurrir.*

ca·su·lla |kasúʎa| ***f.*** Prenda gruesa de una sola pieza, con una abertura central para pasar la cabeza, y abierta por los lados, que se pone el sacerdote para celebrar la misa: *el sacristán ayuda al sacerdote a ponerse la ~.*

ca·ta |káta| ***f.*** Acción y resultado de *catar: *la bodega invita hoy a la ~ de sus productos.* ⇒ **catadura.**

ca·ta·clis·mo |kataklísmo| **1** ***m.*** Desgracia muy grande debida a un fenómeno natural: *el terremoto que ha sacudido las costas asiáticas ha sido un verdadero ~.* ⇒ **catástrofe.** **2** *fam. fig.* Desgracia grande que altera la vida normal: *un cambio de planes en la economía actual sería un gran ~; cuando dijo que se iba a vivir con aquel chico se produjo en su casa un auténtico ~.* ⇒ **catástrofe.**

ca·ta·cum·bas |katakúmbas| ***f. pl.*** Serie de pasos subterráneos donde los cristianos enterraban a los muertos: *en Roma y otros lugares de Italia hay ~.* ⇒ **cementerio, cripta.**

ca·ta·⌜dor, ⌜do·ra |kataðór, ðóra| ***m. f.*** Persona que se dedica a probar vinos: *el ~ saboreaba un vino francés con detenimiento.* ⇒ **catavinos.**

ca·ta·du·ra |kataðúra| **1** ***f.*** Acción y resultado de *catar: *salieron borrachos de la ~ de vinos.* ⇒ **cata.** **2** Aspecto físico: *se cruzó con dos hombres de mala ~.*

ca·ta·fal·co |katafálko| ***m.*** Armazón vestido con tela negra que se usa en los *funerales: *pusieron frente al altar un ~ para poner sobre él la caja mortuoria.*

ca·ta·⌜lán, ⌜la·na |katalán, lána| **1** ***adj.*** De Cataluña o que tiene relación con Cataluña: *Barcelona es una ciudad catalana.* **- 2** ***m. f.*** Persona nacida en Cataluña o que vive habitualmente en Cataluña: *Salvador Dalí es uno de los catalanes más conocidos.* **- 3 catalán** ***m.*** Lengua derivada del latín que se habla en Cataluña y en otros lugares: *hablaba perfectamente ~; el ~ es una lengua románica.*

ca·ta·la·nis·mo |katalanísmo| **1** ***m.*** Amor o gusto por la cultura y las tradiciones de Cataluña: *siempre mostró con orgullo su ~.* **2** Palabra o modo de expresión propio de la lengua *catalana que se usa en otro idioma: *la palabra* esquirol *es un ~.* **3** POL. Tendencia que *pretende el reconocimien-

CASTOR

to político de Cataluña y defiende su historia y su cultura: *el ~ surgió a finales del siglo XIX.*

ca·ta·la·nis·ta |katalanísta| **1** ***adj.*** POL. Del *catalanismo o que tiene relación con él: *el movimiento ~ apareció en el siglo XIX.* **- 2** ***adj.-com.*** POL. (persona) Que es partidario del *catalanismo: *mi compañero de trabajo es ~.*

ca·ta·le·jo |kataléxo| ***m.*** Tubo alargado con *lentes que permite ver lo que está a larga distancia: *desde la ventana veía las estrellas con un ~.*

ca·ta·lep·sia |katalépsia| ***f.*** MED. Enfermedad que consiste en la pérdida de la *sensibilidad y de la capacidad de contraer los músculos: *le dio un ataque de ~ y parecía que estaba muerto.*

ca·ta·lép·ti·⌐co, ⌐ca |kataléptiko, ka| ***adj.-s.*** MED. Que padece *catalepsia: *la niña era cataléptica.*

ca·ta·li·za·dor |kataliθaðór| **1** ***m.*** QUÍM. Sustancia que hace más rápida o más lenta la velocidad de una reacción química sin participar en ella: *las enzimas son catalizadores de los procesos biológicos.* **2** *form. fig.* Persona o cosa que da calidad y empuje: *el jugador holandés se convirtió en el ~ de todo su equipo.*

ca·ta·li·zar |kataliθár| **1** ***tr.*** *form. fig.* [algo] Atraer y reunir en un solo grupo cosas de distinto origen o de diferentes características: *el político catalizó los intereses de la nobleza, de la burguesía y del clero.* **2** *form.* Causar o provocar un proceso o una reacción: *se investigaron a fondo los fenómenos que catalizaron la guerra.* **3** QUÍM. Hacer más rápida o más lenta la velocidad de una reacción química sin participar en ella: *el platino se utiliza para ~ muchas reacciones.* ◯ Se conjuga como 4.

ca·ta·lo·ga·ción |kataloγaθión| ***f.*** Acción y resultado de *catalogar: *los bibliotecarios ya han terminado la ~ de la biblioteca.*

ca·ta·lo·gar |kataloγár| **1** ***tr.*** [algo] Hacer un *catálogo: *estoy pensando en ~ mi discoteca porque ya no sé qué discos tengo.* **2** Incluir en un *catálogo: *catalogó los libros en cuanto llegaron a su biblioteca.* ◯ Se conjuga como 7.

ca·tá·lo·go |katáloγo| ***m.*** Lista ordenada de nombres de personas o cosas que tienen relación entre sí: *el manuscrito que necesito no está en el ~ de la Biblioteca Nacional; todos los pintores de la exposición figuran en este ~.* ⇒ **índice, inventario, nomenclátor.**

ca·ta·ma·rán |katamarán| ***m.*** Embarcación formada por dos *cascos estrechos unidos sobre los que se coloca una *plataforma: *los catamaranes son embarcaciones que se usan con fines deportivos.*

ca·ta·plas·ma |kataplásma| **1** ***f.*** Medicina en forma de pasta que se aplica sobre la piel de una parte del cuerpo para calmar el dolor: *cuando tenía gripe se ponía cataplasmas de arcilla.* **2** *fam.* Persona pesada y molesta: *tu vecina es una ~: no hay quien la aguante.* ⇒ **pelmazo, plasta.**

ca·ta·pul·ta |katapúlta| **1** ***f.*** Máquina de guerra que se usa para lanzar piedras y otras cosas: *en la película, los guerreros asedian un castillo lanzando piedras con enormes catapultas.* **2** *fig.* Cosa que empuja y favorece a otra: *esa novela fue la ~ para su popularidad.*

ca·ta·pul·tar |katapultár| **1** ***tr.*** [algo] Disparar o lanzar con una *catapulta: *los enemigos catapultaron bolas de fuego al interior de la ciudad sitiada.* **2** *fig.* [a alguien] Hacer subir o llegar a un lugar de forma muy rápida: *su buena imagen lo catapultó a la fama.*

ca·tar |katár| **1** ***tr.*** [algo] Probar una comida o bebida para ver qué sabor tiene: *déjame ~ el guiso para ver cómo está de sal.* ⇒ **degustar. 2** *fam. fig.* Examinar o mirar con cuidado: *nos detuvimos ante la puerta de la cafetería para ~ el ambiente.*

ca·ta·ra·ta |kataráta| **1** ***f.*** Corriente grande de agua que cae desde la parte alta de un terreno: *me gustaría ir a las cataratas del Niágara.* ⇒ **cascada. 2** Enfermedad de los ojos que consiste en una especie de tela que impide el paso de la luz: *le tuvieron que operar para quitarle una ~ del ojo izquierdo; es un señor muy mayor, por lo que no es raro que tenga cataratas.*

ca·ta·rral |katar̄ál| ***adj.*** Del *catarro o que tiene relación con él: *la tos es un síntoma ~.*

ca·ta·rro |katár̄o| ***m.*** Enfermedad en la que se *inflama el tejido interior de la nariz y la garganta a causa del frío: *¡menudo ~ he agarrado, estoy todo el día con el pañuelo en la nariz!; al salir a la calle me enfrié y cogí un buen ~.* ⇒ **constipado, resfriado.** ◯ Se suele construir con verbos como *coger, agarrar, pescar* o *pillar.*

ca·tar·sis |katársis| **1** ***f.*** *form.* Purificación de las pasiones del ánimo mediante las emociones que provocan las obras de arte: *las tragedias griegas provocaban la ~ del espectador.* **2** *p. ext.* *Liberación de los recuerdos que alteran la mente o el equilibrio nervioso: *los psiquiatras utilizan la ~ para curar a sus pacientes.* ◯ El plural es *catarsis.*

ca·tas·tro |katástro| ***m.*** Lista donde figuran los terrenos que pertenecen a una población y el nombre de los dueños: *el ~ elaborado por el Ayuntamiento refleja un aumento del número de propietarios de fincas rústicas.* ⇒ **censo, padrón.**

ca·tás·tro·fe |katástrofe| **1** ***f.*** Desgracia muy grande debida a un fenómeno natural: *el huracán fue una ~ que dejó sin hogar a muchas familias.* ⇒ **cataclismo. 2** Desgracia grande que altera la vida normal: *fue una terrible ~ en la que no hubo ningún superviviente.* ⇒ **cataclismo, debacle. 3** *fam. fig.* Cosa mal hecha, de mala calidad o que produce mala impresión: *la comida con su futura suegra fue una ~.* ⇒ **desastre.**

ca·tas·tró·fi·⌐co, ⌐ca |katastrófiko, ka| ***adj.*** De la *catástrofe o que tiene relación con ella: *las lluvias torrenciales han tenido efectos catastróficos para toda la región.*

ca·ta·vi·nos |kataβínos| ***com.*** Persona que se dedica a probar vinos: *el ~ tiene un paladar excelente.* ◯ El plural es *catavinos.*

ca·te |káte| ***m.*** *fam.* *Suspenso en una prueba o *examen: *me han dado un ~, así que tendré que repetir el examen.*

ca·te·ar |kateár| ***tr.*** *fam.* [algo, a alguien] Suspender una prueba o *examen con el que se miden los conocimientos de un individuo sobre determinada materia: *he cateado el examen de arte; es lógico que catearan a Ricardo porque no tocó un libro en toda la semana.* ⇔ **aprobar.**

ca·te·cis·mo |kateθísmo| ***m.*** Libro en el que se presenta la doctrina cristiana, generalmente en forma de preguntas y respuestas: *los niños que van a hacer la primera comunión leen antes el ~; los misioneros llevaron a América catecismos bilingües.*

ca·te·cú·me·⌜no, ⌜na |katekúmeno, na| ***m. f.*** REL. Persona que está aprendiendo la doctrina *católica, con el fin de recibir un *sacramento: *los catecúmenos se reunen con el sacerdote en el local parroquial.*

cá·te·dra |káteðra| **1** ***f.*** *fig.* Empleo de *catedrático: *Ramírez ganó la ~ de historia universal; en esta Universidad no hay ~ de derecho romano.* **2** Asiento o lugar situado en alto desde el que un profesor da clase: *en la Universidad de Alcalá se puede ver una ~ renacentista.* ■ **sentar** ~, hacer o decir cosas con autoridad en relación con una materia determinada: *con su manera de trabajar, Felipe ha sentado ~.*

ca·te·dral |kateðrál| ***adj.-f.*** (iglesia) Que es la principal de un territorio en el que hay un *obispo: *la catedral de Burgos es de estilo gótico.*

ca·te·drá·ti·⌜co, ⌜ca |kateðrátiko, ka| ***m. f.*** Profesor que tiene la categoría más alta en centros de enseñanza media o en la *universidad: *este año no me da clases el ~ de economía, sino su ayudante.*

ca·te·go·rí·a |kateɣoría| **1** ***f.*** Clase o nivel en una actividad: *hice el viaje en un vagón de segunda ~; hay varias categorías de competición en cada deporte.* ⇒ **clase. 2** Grado o nivel en una profesión o carrera: *tiene la ~ de profesor ayudante en la Universidad.* **3** Conjunto de elementos con unas características comunes: *el género y el número son categorías gramaticales.* **4** FIL. Grupo en que se pueden clasificar ciertos *conceptos: *creía que la ~ lógica de la sustancia correspondía al sustantivo.* ■ **de** ~, que es importante o bueno; que destaca en su especie: *Mozart fue un músico de ~; han estrenado una obra de ~ en el teatro.*

ca·te·gó·ri·⌜co, ⌜ca |kateɣóriko, ka| ***adj.*** Que afirma o niega de una manera total, sin condición ni alternativa: *es muy ~: cuando habla no admite discusión.*

ca·te·que·sis |katekésis| ***f.*** Enseñanza de la doctrina *católica: *todos los sábados va a la ~: se está preparando para hacer la primera comunión.* ☐ El plural es *catequesis.*

ca·te·quis·ta |katekísta| ***com.*** REL. Persona que enseña la doctrina *católica: *esta señora es ~ y prepara a un grupo de niños que van a hacer la primera comunión.*

ca·te·qui·zar |katekiθár| **1** ***tr.*** [a alguien] Enseñar una doctrina, especialmente la *católica: *los misioneros catequizan a los indios.* **2** Convencer a una persona para que haga o permita una cosa: *sus hijos la han catequizado para que venda la vieja mansión.* ☐ Se conjuga como 4.

ca·té·ter |katéter| ***m.*** MED. Tubo largo, delgado y flexible, empleado en medicina para explorar conductos o para quitar las acumulaciones de materia que impiden la circulación de los líquidos: *introdujeron un ~ por la vena hasta la arteria obstruida.* ⇒ **sonda.**

ca·te·⌜to, ⌜ta |katéto, ta| **1** ***m. f.*** *desp.* Persona poco educada o de costumbres rústicas: *ni siquiera sabe cómo coger los cubiertos en la mesa, es un ~.* **- 2 cateto** ***m.*** GEOM. Lado que junto con otro igual forma el ángulo recto de un triángulo rectángulo: *calcula cuánto mide un ~ del triángulo.* ⇒ **hipotenusa.**

ca·tius·ca |katiúska| ***f.*** Calzado de goma, que llega hasta media pierna o hasta la rodilla y que sirve para proteger los pies del agua: *se ha comprado unas catiuscas porque últimamente llueve mucho.* ⇒ **katiuska.** ☐ Se usa generalmente en plural.

cá·to·do |kátoðo| ***m.*** ELECTR. Extremo del *circuito de una pila que tiene menor *potencial y por el que sale la energía eléctrica: *en los hilos conductores la electricidad entra por el ánodo y sale por el ~.* ⇒ **polo.** ⇔ **ánodo.**

ca·to·li·cis·mo |katoliθísmo| **1** ***m.*** Religión que sigue la doctrina de la Iglesia cristiana cuyo jefe espiritual es el Papa: *eligió el camino del ~ y se metió a monja.* **2** Cualidad del que cree en esa religión: *a pesar de su declarado ~, no ha ido a misa ni un domingo.*

ca·tó·li·⌜co, ⌜ca |katóliko, ka| **1** ***adj.*** De la religión de la Iglesia cristiana cuyo jefe espiritual es el Papa, o que tiene relación con ella: *el bautismo y la comunión son ritos de la Iglesia católica.* **- 2** ***adj.-s.*** (persona) Que cree en la religión de la Iglesia cristiana cuyo jefe espiritual es el Papa: *el hombre ~ es bautizado cuando nace; aunque la mayoría de los españoles son católicos, muchos de ellos no practican los ritos del catolicismo.* ■ **no estar muy** ~, *fam.*, no estar bien; no encontrarse en buen estado: *no estoy muy ~, llevo tres días con dolor de estómago; no sé, pero me parece que esta carne no está muy católica.*

ca·tor·ce |katórθe| **1** ***num.*** Diez más cuatro: *siete por dos son ~; si tengo 100 manzanas y te doy 86, me quedan ~.* **2** (persona, cosa) Que sigue en orden al que hace el número 13; decimocuarto: *si voy después del decimotercero, soy el ~ de la lista.* ☐ Es preferible el uso del ordinal: *soy el decimocuarto.* **- 3** ***m.*** Número que representa el valor de diez más cuatro: *escribe el ~ después del 13.*

ca·tor·ce·a·⌜vo, ⌜va |katorθeáβo, βa| ***num.*** (parte) Que resulta de dividir un todo en 14 partes iguales: *si somos 14 para comer, me toca un ~ de tarta.*

ca·tre |kátre| ***m.*** Cama ligera para una sola persona: *dormían en una barraca con dos catres.*

cau·ce |káuθe| **1** ***m.*** Parte del terreno por donde va una corriente de agua: *a causa de las lluvias el agua del río se ha salido de su ~; para regar los campos se lleva el agua por los cauces.* ⇒ **lecho, madre. 2** Modo, procedimiento o norma: *la vida del pequeño pueblo transcurría por cauces tranquilos.*

cau·cho |káutʃo| ***m.*** Sustancia elástica y resistente que se saca del jugo de ciertas plantas tropicales:

el ~ tiene muchas aplicaciones en la industria; los neumáticos de los automóviles se hacen de ~.

cau·dal |kauðál| **1** ***m.*** Cantidad de agua que lleva una corriente: *el ~ del río ha crecido con las lluvias de este otoño.* **2** Cantidad de dinero y bienes de una persona: *invirtió en aquella empresa todo su ~.* ⇒ **fortuna. 3** *fig.* Gran cantidad de una cosa: *un ~ de recuerdos volvió a su mente; fue enorme el ~ de gente que acudió al concierto.* **- 4** ***adj.*** *form.* De la cola de los animales o que tiene relación con ella: *el pez controla su movimiento con la aleta ~.*

cau·da·lo·⌜so, ⌜sa |kauðalóso, sa| **1** ***adj.*** (corriente) Que lleva mucha cantidad de agua: *el Amazonas es un río muy ~; en el pueblo de al lado hay un manantial ~.* **2** Que tiene mucho dinero o muchos bienes: *le costó mucho adquirir su ~ patrimonio.* ⇒ **acaudalado, rico.**

cau·di·llo |kauðíʎo| **1** ***m.*** Persona que dirige un grupo, especialmente a un ejército: *el ~ llevó a sus soldados a la victoria.* **2** Persona que consigue el poder político a través de la fuerza de las armas: *el ~ organizaba a su pueblo para la lucha.*

cau·sa |káusa| **1** ***f.*** Lo que produce un efecto o resultado; lo que se considera como origen: *la ~ del accidente fue un fallo en los frenos del automóvil; la crisis económica es una de las causas del paro;* **~ primera**, FIL., la que produce un efecto siendo totalmente independiente: *Dios es la ~ primera.* **2** Razón para hacer una cosa: *no me molestes a no ser que haya una ~ importante; ¿cual es la ~ de tu desconfianza?* ⇒ **motivo; ~ mayor**, razón muy importante: *no se puede faltar al trabajo si no es por ~ mayor;* **~ pública**, utilidad y bien común: *Maquiavelo consideraba que se podía matar al tirano por ~ pública.* **3** Fin, idea o proyecto que se defiende o por el que se trabaja: *murió por la ~; luchaban por la ~ de la independencia.* **4** Proceso legal por el que se juzga: *el juez resolvió la ~ condenando al acusado.* ⇒ **juicio, litigio, pleito.** ■ **a ~ de**, indica lo que ha producido un resultado: *los frutales se han helado a ~ del frío; los vuelos se suspendieron a ~ de la tormenta.* ⇒ **por.** ■ **hacer ~ común**, unirse para un mismo fin: *todos los trabajadores hicieron ~ común con el compañero despedido.*

cau·sal |kausál| **1** ***adj.*** De la causa o que tiene relación con ella: *sospecho que hay una relación ~ entre estos hechos.* **- 2** ***adj.-f.*** LING. (oración) Que expresa la causa real o la causa lógica de la acción, el proceso o el estado expresado por otra oración: *en* está enfermo porque se ha dado un atracón de chocolate *y en* está enfermo porque hoy no ha venido a dar la clase, *las oraciones introducidas por* porque *son causales.*

cau·sa·li·dad |kausaliðáᶞ| ***f.*** FIL. Relación entre la causa y el efecto: *Hume criticó duramente el principio de la ~.*

cau·san·te |kausánte| ***adj.-com.*** Que es causa de una acción o de una cosa: *el vehículo amarillo fue el ~ del accidente.*

cau·sar |kausár| **1** ***tr.*** [algo; a alguien] Producir un efecto o resultado: *el nuevo portero me ha causado muy mala impresión; siento haberle causado tantas molestias; su visita me causó un gran placer.* **2** Ser la razón de que una cosa ocurra: *las inundaciones causaron daños cuantiosos.* ⇒ **ocasionar, originar.**

cáus·ti·⌜co, ⌜ca |káustiko, ka| **1** ***adj.*** (sustancia) Que quema y destruye los tejidos orgánicos: *la sosa y la cal son productos cáusticos.* **2** *fig.* Que sólo se fija en los defectos y critica de forma dura: *tiene un humor ~; es una persona cáustica y mordaz.* ⇒ **mordaz. - 3 cáustico** ***adj.-m.*** (medicina) Que cura los tejidos quemándolos para que cierren: *utilizaron un ~ para cicatrizar la herida.*

cau·te·la |kautéla| **1** ***f.*** Cuidado y reserva cuando se obra: *la muchacha se apoyó en la barandilla con ~.* ⇒ **precaución. 2** Habilidad para engañar: *consiguió venderles la moto vieja con mucha ~.* ⇒ **astucia, maña.**

cau·te·lo·⌜so, ⌜sa |kautelóso, sa| ***adj.*** Que obra con cuidado y reserva; que muestra *cautela: *recorrió la habitación oscura con pasos cautelosos; la fiera cautelosa se iba acercando a su víctima; su actitud cautelosa evitó que riñéramos.* ⇒ **cauto.** ⇔ **imprudente.**

cau·te·ri·zar |kauteriθár| ***tr.*** MED. [algo] Curar las heridas quemándolas con un metal muy caliente o con un compuesto químico: *el médico cauterizó las llagas del herido.* ☖ Se conjuga como 4.

cau·ti·va·⌜dor, ⌜do·ra |kautiβaðór, ðóra| ***adj.-s.*** Que *cautiva: *su mirada cautivadora me enamoró.*

cau·ti·var |kautiβár| **1** ***tr.*** *form. fig.* [algo, a alguien] Atraer por medio de una cualidad determinada: *su manera de hablar cautivó la atención de cuantos le escuchaban; tu sonrisa me cautiva; me cautiva la idea de hacer un viaje a Nepal.* ⇒ **embrujar, encantar, fascinar, seducir. 2** [a alguien] Quitar la libertad, especialmente durante una guerra: *los piratas cautivaron al capitán del barco.* ⇒ **apresar.**

cau·ti·ve·rio |kautiβério| **1** ***m.*** Estado de la persona a la que se ha quitado la libertad, especialmente durante una guerra: *después de cuarenta meses de ~ el rehén ha sido puesto en libertad.* ⇒ **cautividad, encarcelamiento. 2** Estado del animal salvaje al que se ha quitado la libertad: *el lince prefirió la muerte a la vida en ~.*

cau·ti·vi·dad |kautiβiðáᶞ| ***f.*** Estado de la persona a la que se ha quitado la libertad, especialmente durante una guerra: *la ~ de Cervantes duró cinco años.* ⇒ **cautiverio.**

cau·ti·⌜vo, ⌜va |kautíβo, βa| **1** ***adj.-s.*** Que no tiene libertad: *tiene a la pobre lagartija cautiva en una caja; los secuestradores liberaron a los cautivos tras recibir un rescate a cambio.* ⇒ **preso, prisionero, rehén. 2** *form. fig.* (persona) Que se siente atraído por una cualidad determinada: *en esta novela el protagonista se declara ~ del amor de la dama.*

cau·⌜to, ⌜ta |káuto, ta| ***adj.*** *form.* Que obra con cuidado y reserva: *si quieres curar tu úlcera, sé cauta y no cometas excesos con las comidas; el anciano camina por la acera con paso ~.* ⇒ **cauteloso.** ⇔ **imprudente.**

ca·va |káβa| **1** ***m.*** Vino blanco *espumoso natural, elaborado y criado en la propia botella: *en la fiesta descorcharon algunas botellas de ~; algunos cavas* *no tienen nada que envidiar al champán francés.* ⇒ **champán.** - **2** *f.* Cueva subterránea en la que se cuida y guarda este vino: *bajaron a la ~ a buscar algo para beber.* **3** Acción de levantar o mover la tierra, o de hacer un agujero en ella: - **4** ***adj.-f.*** (*vena) Que conduce la sangre al corazón: *la vena ~ es, junto con otra, la mayor del cuerpo.*

ca·var |kaβár| **1** ***tr.*** [algo] Levantar y mover la tierra, generalmente con una herramienta: *los sábados cavábamos el jardín; el campesino cava el huerto con la azada.* **2** Hacer un agujero: *los mineros están cavando un túnel; el agua cava grutas en la roca.*

ca·ver·na |kaβérna| ***f.*** Cueva profunda, subterránea o entre rocas: *el tigre salió rugiendo de su ~; en la televisión hay un documental sobre los hombres de las cavernas.* ⇒ **cueva, gruta.**

ca·ver·ní·co·la |kaβerníkola| **1** ***adj.-com.*** (persona) Que vive en las *cavernas: *el descubrimiento del fuego fue un gran avance para los cavernícolas.* **2** *fam. fig.* Que tiene ideas sociales y políticas muy antiguas o que se consideran propias de tiempos pasados: *si sigues pensando así, serás un ~ toda tu vida.*

ca·ver·no·⌐so, ⌐sa |kaβernóso, sa| **1** ***adj.*** Que tiene muchas *cavernas: *estamos en una zona cavernosa.* **2** (sonido) Que es grave y áspero: *un monstruo de voz cavernosa apareció en el bosque.*

ca·viar |kaβiár| ***m.*** Alimento que se prepara con las huevas del *esturión: *¿has probado alguna vez el ~?; el ~ es un manjar exquisito, por eso es muy caro.*

ca·vi·dad |kaβiðáᵈ| ***f.*** *form.* Espacio hueco en el interior de un cuerpo o en una superficie: *la ~ ocular es el espacio donde se aloja el ojo; han abierto una enorme ~ en la calzada.*

ca·vi·la·ción |kaβilaθión| ***f.*** Acción y resultado de pensar o *cavilar: *cuando está sumido en sus cavilaciones, nadie se atreve a molestarlo.* ⇒ **pensamiento.**

ca·vi·lar |kaβilár| ***intr.*** *form.* Pensar mucho, con detenimiento y profundidad: *llevo varios días cavilando sobre este problema; Luis caviló un rato antes de mover la ficha del ajedrez.* ⇒ **reflexionar.**

ca·ya·do |kayáðo| ***m.*** Palo o vara, con la parte superior *arqueada, que se suele usar para conducir el ganado: *el pastor se apoyó en su ~.* ⇒ **garrota.**

ca·yo |káyo| ***m.*** Isla pequeña, llana y arenosa: *en el mar Caribe hay muchos cayos.*

ca·za |káθa| **1** ***f.*** Acción de buscar o perseguir animales para cogerlos o matarlos: *Lucas es muy aficionado a la ~; todos los domingos se levantaban de madrugada para ir de ~.* ⇒ **cacería. 2** Conjunto de animales que se buscan o persiguen para cogerlos o matarlos: *en estos montes hay mucha ~;* **~ mayor,** la de animales grandes: *los jabalíes y los ciervos son animales de ~ mayor;* **~ menor,** la de animales pequeños: *los conejos son animales de ~ menor.* **3** Acción de buscar o perseguir una cosa que se desea conseguir: *se dedica a la ~ de oportunidades en los grandes almacenes;* **~ de brujas,** la que se hace por razones políticas o sociales: *las autoridades están haciendo una ~ de brujas para descubrir a los especuladores.* - **4** ***m.*** Avión de pequeño tamaño, muy rápido y con armas, que se emplea para fines militares: *despegaron dos cazas de Torrejón.* ⇒ **cazabombardero.** ■ **andar/estar/ir a la ~ de,** *fam.*, esforzarse en conseguir una cosa o en encontrar a una persona o cosa: *el periodista va a la ~ de la mejor fotografía del verano.*

ca·za·bom·bar·de·ro |kaθaβombarðéro| ***m.*** Avión que sirve para derribar otros aviones y para lanzar bombas ligeras: *los cazabombarderos descubrieron y atacaron a los aviones enemigos.* ⇒ **caza.**

ca·za·⌐dor, ⌐do·ra |kaθaðór, ðóra| **1** ***adj.-s.*** (persona) Que busca o persigue animales para cogerlos o matarlos: *el ~ recibió un bonito trofeo por las piezas conseguidas.* **2** (animal) Que busca o persigue a otros animales para alimentarse con ellos: *los gatos son animales cazadores.* **3** *fig.* (persona) Que busca o persigue una cosa que desea conseguir: *en la puerta del hotel en el que se alojaba el cantante esperaban los cazadores de autógrafos.*

ca·za·do·ra |kaθaðóra| ***f.*** Prenda de vestir que llega hasta la cintura, generalmente de paño o cuero: *tengo una ~ de piel negra que uso en el otoño.*

ca·zar |kaθár| **1** ***tr.*** [algo] Buscar o perseguir animales para cogerlos o matarlos: *los gatos cazan ratones; Óscar salió a ~ liebres con la escopeta.* ⇒ **pescar. 2** *fam.* Conseguir con habilidad, especialmente una cosa buena o difícil: *cazó una gran fortuna jugando a las cartas.* **3** *fam.* Descubrir, especialmente una cosa oculta o un error: *las mentiras siempre se cazan.* **4** *fam.* Darse cuenta o entender con rapidez mental: *este alumno caza las nociones de lógica con mucha facilidad.* ☐ Se conjuga como 4.

ca·zo |káθo| **1** ***m.*** Recipiente, generalmente de metal, en forma de cilindro más ancho que alto y con mango largo, que se usa para cocinar: *la verdura se está cociendo en el ~.* **2** Instrumento de cocina, generalmente de metal en forma de media esfera y con un mango largo vertical, que se usa para pasar líquidos de un lugar a otro: *sirve la sopa en los platos con el ~.* ⇒ **cucharón.** ■ **meter el ~,** *fam.*, decir o hacer una cosa con poco acierto: *si me hubiera callado no habría metido el ~ como lo he hecho.* ⇒ **pata.**

ca·zo·le·ta |kaθoléta| **1** ***f.*** Hueco de la *pipa de fumar en el que se coloca el tabaco: *sacudió la pipa y la ~ se quedó vacía.* **2** Parte de las armas de fuego en la que se coloca la pólvora: *la ~ tenía una forma*

CAZO

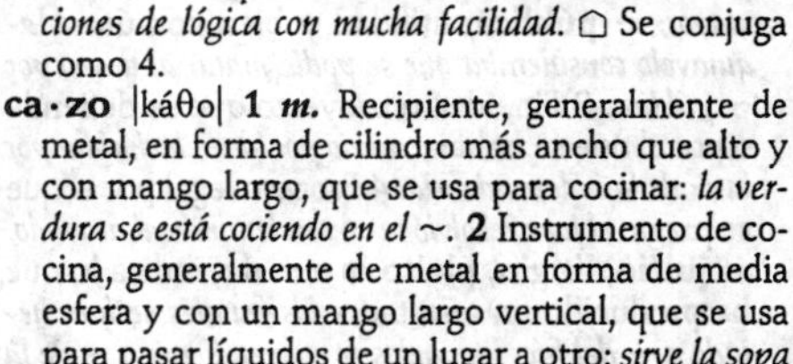

cóncava y estaba cerca del cañón del arma. **3** Pieza de metal en forma de media esfera con la que se protege la mano en ciertas armas blancas: *la espada y el sable tienen una ~ en uno de sus extremos.*

ca·zón |kaθón| ***m.*** Pez marino con la boca en forma de medio círculo y dientes afilados y cortantes: *el ~, como el tiburón, puede ser peligroso para el hombre.* ⇒ **escualo.** ◻ Para indicar el sexo se usa el ~ macho y el ~ hembra.

ca·zue·la |kaθuéla| ***f.*** Recipiente redondo y poco profundo que puede tener dos asas y una tapa y que se usa para cocinar: *el guiso se está haciendo en la ~; destapa la ~ y sirve la comida en los platos.*

ca·zu·⌐rro, ⌐rra |kaθúr̄o, r̄a| **1** ***adj.-s.*** *desp.* (persona) Que tiene malos modos o que es poco educado; que tiene poca cultura: *no puedo invitarle a una fiesta tan elegante porque es muy ~.* ⇒ **rudo. 2** *desp.* (persona) Que es tonto y lento en comprender: *¡Qué ~ es! No ha entendido nada de lo que le hemos dicho.*

ce |θé| ***f.*** Nombre de la letra *c*: *la palabra cena empieza con ~;* ~ **por be/~**, con todos los detalles y circunstancias: *me tendrás que explicar todo ~ por be.*

ce·ba·da |θeβáða| **1** ***f.*** Planta cereal que produce una semilla con la que se alimenta el ganado y otros animales y que sirve para fabricar *cerveza y *whisky: *la ~ se cultiva en los países de clima cálido y templado; el aspecto de la ~ es parecido al del trigo.* ⇒ **malta. 2** Semilla o conjunto de semillas de esa planta: *de la ~ se obtiene la cerveza; en la granja hay varios sacos de ~.*

ce·bar |θeβár| **1** ***tr.*** [algo] Alimentar a un animal para que se ponga gordo o para atraerlo: *cebaron al cerdo con bellotas antes de matarlo.* ⇒ **engordar. 2** *fig.* Preparar convenientemente o poner en una máquina el combustible necesario para que funcione: *para que funcione la lámpara tienes que cebarla; el obrero está cebando las calderas con carbón.* **- 3** ***tr.-prnl.*** Alimentar una pasión o un afecto: *no debes ~ tu alma con vanas esperanzas; no te cebes en llorar porque no merece la pena.* **- 4 cebarse** ***prnl.*** *fig.* Causar daño a una persona que no puede defenderse: *estaba furiosa y se cebó en su pobre víctima; la peste se cebaba con los ancianos y los niños más pequeños.* ⇒ **ensañarse.** ◻ Se suele usar con las preposiciones *en* y *con*. **5** *fig.* Entregarse con pasión a una cosa o a una actividad; dedicarse a una cosa en exceso: *se ha cebado en el estudio y se pasa las horas delante de los libros.*

ce·bo |θéβo| **1** ***m.*** Comida que se da a los animales para alimentarlos, ponerlos gordos o atraerlos: *puso el ~ a las gallinas y a los cerdos para engordarlos.* **2** Trozo de alimento que se usa para pescar o cazar: *usa lombrices vivas como ~ porque dice que así pesca más.* ⇒ **carnada, carnaza. 3** Materia que provoca la *explosión en las armas de fuego, los *proyectiles o en otras cosas: *la bomba tiene un ~ que al arder provoca la explosión.* **4** *fig.* Cosa agradable que atrae o anima a hacer una cosa: *los grandes almacenes usan sus ofertas como ~ para conseguir clientes.*

ce·bo·lla |θeβóʎa| **1** ***f.*** Tallo subterráneo, comestible, formado por capas esféricas, que tiene un olor fuerte y un sabor picante: *la ensalada lleva tomate y ~; cuando corto ~ se me saltan las lágrimas.* **2** Hortaliza de tallo hueco e hinchado en la base, hojas largas y estrechas y flores blancas: *la ~ común se cultiva en toda el área mediterránea; he plantado unas cebollas en la huerta.* **3** Tallo subterráneo de ciertas plantas, donde se guardan sustancias de reserva: *el lirio y el tulipán tienen una pequeña ~.* ⇒ **bulbo.**

ce·bo·lle·ta |θeβoʎéta| **1** ***f.*** *Cebolla común que se vuelve a plantar después del invierno y que se come cuando ha crecido poco: *tomaron unas cebolletas con sal para acompañar la comida.* **2** Planta parecida a la *cebolla, con una parte de las hojas comestible: *la ~ tiene el bulbo más pequeño que la cebolla.*

ce·bo·lli·no |θeβoʎíno| **1** ***m.*** Semilla de *cebolla: *ya es tiempo de sembrar los cebollinos.* **2** Planta parecida a la *cebolla, con el tallo cilíndrico, las flores *rosadas y con una parte de las hojas comestible: *el ~ se llama también* ajo morisco *o* ajo puerro. **3** *fam. fig.* Persona torpe y tonta: *eres un ~, mira que hacer una cosa así.* ◻ Se usa como apelativo despectivo.

ce·⌐bón, ⌐bo·na |θeβón, βóna| **1** ***adj.*** (animal) Que ha sido alimentado para que *engorde: *mataron un cabrito ~ y se lo comieron en Navidad.* **- 2 cebón** ***m.*** Animal mamífero doméstico, bajo, grueso, de patas cortas y cola pequeña y torcida cuya carne aprovecha el hombre: *el granjero sacó el ~ de la pocilga.* ⇒ **cerdo.**

ce·bra |θéβra| ***f.*** Animal mamífero parecido al *burro, de pelo blanco con rayas marrones o negras: *la ~ habita en las sabanas de África.* ◻ Para indicar el sexo se usa la ~ macho y la ~ hembra.

ce·bú |θeβú| ***m.*** Animal mamífero parecido al toro, con uno o dos bultos o salientes en la espalda en los que acumula grasa: *el ~ resiste altas temperaturas; el ~ se alimenta de pastos.* ◻ Para in-

CEBRA

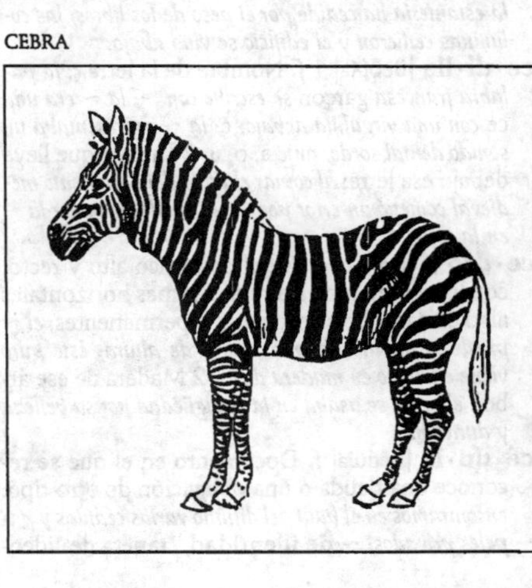

dicar el sexo se usa el ~ macho y el ~ hembra. El plural es *cebúes.*

ce·ca |θéka| *f.* Establecimiento donde se fabrica moneda: *en España la ~ es la Casa de la Moneda.* ■ **de la Ceca a la Meca**, *fam.*, de un lado para otro: *me has hecho perder toda la mañana andando de la Ceca a la Meca.*

ce·ce·ar |θeθeár| *intr.* Hablar sin distinguir *s* y *c* o *z*, pronunciando el sonido correspondiente a *c* o *z*: *si dice* zeñor *en lugar de* señor, *cecea.* ⇒ **sesear.**

ce·ce·o |θeθéo| *m.* LING. Fenómeno del habla que consiste en no distinguir *s* y *c* o *z*, pronunciando el sonido correspondiente a *c* o *z*: *cuando oímos* caza *en lugar de* casa, *el ~ hace que dos palabras distintas parezcan que son la misma.* ⇒ **seseo.** ☐ El ceceo se encuentra en algunas zonas del sur de España y en América.

ce·ci·na |θeθína| *f.* Carne salada y secada al sol, al aire o con humo: *llevaban en las alforjas pan y ~ para el camino.*

ce·da·zo |θeðáθo| **1** *m.* Superficie con agujeros muy pequeños, sujeta a una *aro de madera o metal, que se usa para separar las partes finas y las gruesas de una materia: *cribaban la mies con cedazos; pasa la harina por el ~ para sacar la más fina.* ⇒ **criba, tamiz. 2** MAR. Red grande para pescar: *los pescadores echaron el ~ y esperaron.*

ce·der |θeðér| **1** *tr.* [algo; a algo/alguien] Dar o dejar voluntariamente: *el joven ha cedido el asiento a un señor que lleva muletas; el rico propietario cedió al Ayuntamiento todas sus tierras; el conductor cedió el paso al vehículo que llegaba por la derecha.* **- 2** *intr.* Disminuir o desaparecer la resistencia de una persona; renunciar a los derechos que se tienen sobre una cosa: *por mucho que te insistan, tú no cedas; Miguel se puso tan pesado que al final Teresa cedió a sus deseos.* ⇒ **claudicar.** ☐ Se suelen usar las preposiciones *a*, *ante* y *en*. **3** Disminuir o desaparecer la fuerza: *después de unos días sofocantes, el calor ha cedido; la fiebre cedió cuando me tomé el jarabe que me recetó el médico.* ⇒ **remitir. 4** Romperse una cosa que ha estado sometida a una gran fuerza: *la estantería ha cedido por el peso de los libros; las columnas cedieron y el edificio se vino abajo.*

ce·di·lla |θeðíʎa| **1** *f.* Nombre de la letra *ç*: *la palabra francesa* garçon *se escribe con ~; la ~ era una* ce *con una virgulilla debajo:* ç; *la ~ representaba un sonido dental sordo, ante* a, o, u. **2** La raya que lleva debajo esa letra: *al copiar el título del documento medieval cometió un error porque se olvidó de poner la ~ en la* c.

ce·dro |θéðro| **1** *m.* Árbol de tronco alto y recto, con la copa en forma de cono, ramas horizontales algo caídas y hojas estrechas y permanentes: *el ~ puede alcanzar cuarenta metros de altura; este puro viene envuelto en madera de ~.* **2** Madera de ese árbol: *el ~ ya se usaba en la Antigüedad por su belleza y duración.*

cé·du·la |θédula| *f.* Documento en el que se reconoce una deuda o una obligación de otro tipo: *encontramos en el baúl del difunto varias cédulas y papeles privados;* ~ **de identidad**, *tarjeta de *identidad: *la ~ de identidad se llama en algunos lugares carné de identidad.* ⇒ **carné;** ~ **hipotecaria**, DER., la que emiten los bancos reconociendo un *crédito cuya *devolución tiene como garantía una vivienda: *la ~ hipotecaria es un título representativo de un crédito;* ~ **personal**, la que se recibe tras el pago de un *impuesto y lleva información sobre la persona que paga; ~ **real**, la que firma un rey concediendo un favor o disponiendo sobre un asunto: *el rey firmó la ~ real en la que la ley quedaba promulgada.*

ce·fá·li·⌈co, ⌈ca |θefáliko, ka| *adj.* ANAT. De la cabeza o que tiene relación con ella: *estos analgésicos son para el tratamiento de los dolores cefálicos.*

ce·fa·ló·po·do |θefalópoðo| *adj.-s.* ZOOL. (animal marino) Que tiene una cabeza grande rodeada de patas blandas y flexibles que sirven para nadar: *el calamar y la sepia son moluscos cefalópodos.*

ce·gar |θeɣár| **1** *intr.* Perder el sentido de la vista: *pudo ver el mar antes de ~.* **- 2** *tr.-prnl.* [a alguien] Perder o hacer perder el sentido de la vista de forma pasajera, generalmente a causa de una luz intensa: *al levantar la vista me cegaron los rayos del sol.* **- 3** *tr.-intr. fig.* Quitar la capacidad de razonar: *le ciega la ambición de poder.* ⇒ **ofuscar. - 4** *tr.* [algo] Tapar o cerrar un hueco o una entrada: *cegaron el pozo con cemento.*

ce·ga·⌈to, ⌈ta |θeɣáto, ta| *adj.-s.* (persona) Que no ve bien; que es corto de vista: *¿Que no has visto la señal? ¿Es que eres ~?*

ce·gue·dad |θeɣeðáᵈ| **1** *f.* Falta completa del sentido de la vista: *este médico se ocupa exclusivamente de pacientes con ~.* ⇒ **ceguera. 2** *fig.* Pasión que quita la capacidad de razonar: *tu ~ por los coches de carreras es preocupante.* ⇒ **ceguera.**

ce·gue·ra |θeɣéra| **1** *f.* Falta completa del sentido de la vista: *la ~ no ha conseguido hacer de él un hombre desgraciado.* ⇒ **ceguedad. 2** *fig.* Pasión que quita la capacidad de razonar: *su afición al alcohol es una ~ que le traerá muchos problemas.* ⇒ **ceguedad. 3** Enfermedad que produce la falta completa del sentido de la vista: *una infección le causó una ~ en un ojo.*

ce·ja |θéxa| **1** *f.* Parte de la cara, sobre cada uno de los ojos, curvada y cubierta de pelo: *el señor frunció las cejas y se marchó extrañado; a Marisa le llega el flequillo hasta las cejas.* ⇒ **entrecejo. 2** *fig.* Parte saliente de un objeto, generalmente en un libro o un vestido: *el lomo de este libro lleva dos cejas.* ■ **meterse entre ~ y ~**, *fam.*, llevar en la cabeza una idea fija: *a Gustavo se le ha metido entre ~ y ~ que quiere aprender a esquiar.* ■ **tener entre ~ y ~**, *fam.*, no soportar a una persona: *no me ha hecho nada, pero lo tengo entre ~ y ~.* ■ **hasta las cejas**, *fam.*, hasta el extremo; hasta el límite: *no puedo verte, estoy hasta las cejas de trabajo; este niño no para de hacer travesuras, ¡me tiene hasta las cejas!* ■ **quemarse las cejas**, *fam.*, estudiar mucho: *me estoy quemando las cejas en esta asignatura, por eso espero sacar la mejor nota del curso.*

ce·jar |θexár| *intr.* Abandonar un proyecto a una acción; volver a un estado anterior: *los trabajadores* *no cejaron hasta que consiguieron un aumento de sueldo.* ☖ Se usa generalmente en frases negativas.

ce·ji·jun·⌜to, ⌜ta |θexixúnto, ta| **1** ***adj.*** Que tiene las *cejas muy pobladas y juntas o muy poco separadas: *es muy feo: tiene las orejas enormes y además es ~.* **2** *fig.* Que es seco y serio en el trato: *mi jefe es muy ~: no se ríe por nada.* ⇒ **ceñudo.**

ce·ji·lla |θexíʎa| **1** ***f.*** MÚS. Pieza que se pone en el palo de ciertos instrumentos de cuerda y que sirve para apretar todas las cuerdas a la vez y subir su tono por igual: *puso la ~ en la guitarra.* **2** MÚS. Presión que se hace con un dedo sobre todas las cuerdas de un instrumento de cuerda para subir su tono: *para tocar ese acorde debes hacer ~ con el primer dedo.*

ce·la·⌜dor, ⌜do·ra |θelaðór, ðóra| ***m. f.*** Persona que se dedica a vigilar: *Ángela trabajó unos meses como celadora en un colegio; los celadores controlaban la entrada de personas al hospital.* ⇒ **vigilante.**

ce·lar |θelár| **1** ***tr.-intr.*** [algo] Procurar con cuidado el cumplimiento de las leyes y de toda clase de obligaciones: *el director de la prisión cela la observancia del reglamento.* **- 2** ***tr.*** [a alguien] Observar o vigilar: *la madre cela a sus hijos.* **3** *form.* [algo; a alguien] Ocultar la verdad: *no creo todo lo que me dijo, pienso que me ha celado algo.* ⇒ **encubrir.**

cel·da |θélða| **1** ***f.*** Habitación pequeña, especialmente en una cárcel o en un *convento: *el preso comparte la ~ con otro recluso; el monje pasó todo el día en su ~ rezando.* **2** Hueco pequeño que las abejas y otros animales parecidos forman dentro de la *colmena para guardar la miel: *en cuanto se acercó a la colmena, las abejas salieron de sus celdas.* ⇒ **celdilla. 3** Parte de un cuadro *estadístico, formado por una columna y una línea horizontal que la corta: *ordenó los datos de la encuesta en las celdas.*

cel·di·lla |θelðíʎa| ***f.*** Hueco pequeño que las abejas y otros animales parecidos forman dentro de la *colmena para guardar la miel: *es la época de recoger la miel de las celdillas.* ⇒ **celda.**

ce·le·bé·rri·⌜mo, ⌜ma |θeleβérimo, ma| ***adj.*** Que es muy famoso o *célebre; que no puede ser más *célebre: *Camilo José Cela es un escritor ~.*

ce·le·bra·ción |θeleβraθión| **1** ***f.*** Encuentro o acto en el que intervienen varias personas: *estamos a la espera de la ~ del juicio.* **2** Fiesta o acto que celebra una fecha o un acontecimiento feliz: *los Martínez no asistieron a la ~ de nuestra boda.* ⇒ **conmemoración.**

ce·le·bran·te |θeleβránte| ***m.*** Sacerdote que dice la misa: *el ~ era un jesuita.*

ce·le·brar |θeleβrár| **1** ***tr.-prnl.*** [algo] Organizar un encuentro o participar en él: *el congreso se celebró el martes en Murcia; celebraron el debate ante las cámaras de televisión.* **- 2** ***tr.*** [algo] Organizar una fiesta o participar en ella, con ocasión de una fecha o un acontecimiento feliz: *toda la familia celebra la Navidad; el viernes celebro mi cumpleaños.* **3** Alegrarse por una cosa o alabarla: *celebro que estés de tan buen humor.*

cé·le·bre |θéleβre| ***adj.*** *form.* Que tiene fama y es muy conocido: *Murillo es un ~ pintor sevillano; he comprado la última novela de una ~ escritora catalana.* ⇒ **famoso.**

ce·le·bri·dad |θeleβriðá^{d}| **1** ***f.*** *form.* Cualidad de *célebre: *gracias a su ~ consiguió muchas cosas en la vida; desgraciadamente, la ~ le llegó después de muerto.* **2** *form.* Persona que tiene fama y es muy conocida: *hoy viene toda una ~ a dar una charla; se han reunido en Sevilla celebridades de varias naciones.* ⇔ **desconocido.**

ce·le·ri·dad |θeleriðá^{d}| ***f.*** Rapidez o velocidad: *entre todos limpiaron la casa con ~.*

ce·les·te |θeléste| **1** ***adj.*** De color azul claro, como el del cielo: *las flores de tela son rojas y celestes; toda la ropa del escaparate es de color azul ~.* **2** Del cielo o que tiene relación con él: *bóveda ~ es una metáfora que se usa para hacer referencia al cielo.* ⇔ **terreno.**

ce·les·tial |θelestiál| ***adj.*** Del lugar en el que los *ángeles, los santos y los justos gozan de la compañía de Dios para siempre, o que tiene relación con él: *los justos reciben como premio la gloria ~.*

ce·les·ti·na |θelestína| ***f.*** *fig.* Mujer que interviene y ayuda para que un hombre y una mujer consigan tener una relación amorosa: *hizo de ~ entre Julián y María, que ahora están casados; en la obra de teatro, un personaje hace el papel de ~.* ⇒ **alcahuete.**

cé·li·be |θéliβe| ***adj.-com.*** *fam.* (persona) Que no se ha casado: *se mantuvo ~ para dedicar su vida a Dios y a la Iglesia.* ⇒ **soltero.**

ce·lo |θélo| **1** ***m.*** Cuidado que se pone al hacer una cosa: *estos muchachos hacen su trabajo con ~; es una persona que no pone mucho ~ en nada de lo que hace.* **2** Periodo en el que los animales están excitados sexualmente: *la gata está en su época de ~.* ☖ Se suele usar en la expresión *estar en ~.* **3** Tira alargada de papel de plástico transparente que se pega por uno de sus lados y se usa para unir o sujetar cosas: *sujetaré la hoja de papel con un trozo de ~.* **- 4 celos** ***m. pl.*** Sentimiento que se tiene al sospechar que una persona querida siente amor o más amor por otra: *esa mujer está loca de ~;* **dar celos**, provocar en una persona ese sentimiento fingiendo que se siente amor o más amor por otra: *la mujer daba celos a su marido hablando por teléfono con un amigo.*

ce·lo·fán |θelofán| ***m.*** Papel de plástico transparente que se usa para envolver: *los caramelos están envueltos en ~ de colores.*

ce·lo·sí·a |θelosía| **1** ***f.*** Conjunto de barras de madera u otro material que cubre un hueco, generalmente una ventana: *una ~ de caoba cierra el balcón.* **2** Conjunto de barras de madera u otro material que sirve para ver sin ser visto o para separar un espacio de otro: *el sacerdote ve a los que van a confesarse a través de la ~ del confesionario.*

ce·lo·⌜so, ⌜sa |θelóso, sa| **1** ***adj.*** (persona) Que sospecha que una persona querida siente amor o más amor por otra: *no creas que estoy celosa porque te haya visto con esa chica.* **2** (persona) Que pone mucho cuidado al hacer una cosa: *Domínguez es un empleado muy ~ en el cumplimiento de sus obli-*

gaciones. ☐ Se suele construir con *en* y *de*: *es una persona celosa de todos sus actos.*

cel·ta |θélta| **1** ***adj.*** De los pueblos *indoeuropeos que ocuparon Europa *occidental, o que tiene relación con ellos: *la zona originaria de dominio ~ estaba en el sur de Alemania.* ⇒ **céltico. - 2** ***com.*** Persona que pertenece a cada uno de esos pueblos: *los celtas llegaron a la Península Ibérica entre los siglos* VIII *y* VI *antes de Cristo.* ⇒ **céltico. - 3** ***m.*** Lengua hablada por ese pueblo: *en el vocabulario español quedan algunos vestigios del ~.*

cel·ti·bé·ri·⌜co, ⌜ca |θeltiβériko, ka| ***adj.*** De la antigua Celtiberia o que tiene relación con ella: *en ese cerro se han encontrado restos de cerámica celtibérica.*

cél·ti·co, ⌜ca |θéltiko, ka| **1** ***adj.*** De los pueblos *indoeuropeos que ocuparon Europa *occidental, o que tiene relación con ellos: *el arado de ruedas fue un invento ~.* ⇒ **celta. - 2** ***m. f.*** Persona que pertenece a uno de esos pueblos: *los célticos habitaron primeramente en la cuenca alta del Rhin.* ⇒ **celta.**

cé·lu·la |θélula| **1** ***f.*** Unidad más pequeña de materia viva, que forma con otras la sustancia de la que están hechos los seres vivos: *el cuerpo humano tiene millones de células.* **2** Grupo, dentro de una organización mayor, que funciona de modo independiente: *una ~ popular.*

ce·lu·lar |θelulár| **1** ***adj.*** De la célula o que tiene relación con ella: *en la escuela estudiamos la estructura ~ de algunas plantas.* **2** DER. (lugar, vehículo) Que hace que las personas estén separadas unas de otras: *trasladaron al preso al tribunal en un coche ~.*

ce·lu·li·tis |θelulítis| ***f.*** Enfermedad en la que se hincha el tejido *celular situado debajo de la piel: *la ~ aparece sobre todo en muslos y rodillas.* ☐ El plural es *celulitis.*

ce·lu·loi·de |θelulói̯ðe| **1** ***m.*** Material plástico y muy flexible que se consigue a partir de células vegetales: *el ~ se usa principalmente en la industria de la imagen.* **2** *p. ext.* Conjunto de personas y medios que se dedica a hacer, vender y proyectar películas: *al Festival de Cine acudieron importantes estrellas del ~.* ⇒ **cine.**

ce·lu·lo·sa |θelulósa| ***f.*** QUÍM. Sustancia sólida y blanca que se encuentra en los tejidos de las células vegetales y que se usa en la industria: *la ~ no tiene sabor ni olor, ni se puede disolver en líquidos; el papel se hace con ~.*

ce·men·tar |θementár| ***tr.*** [algo] Calentar una pieza de metal junto con otra materia en polvo o en pasta: *hay que ~ el hierro con carbón para obtener acero.*

ce·men·te·rio |θementério| ***m.*** Terreno en el que se entierra a las personas que han muerto: *desde aquí se ven los cipreses del ~.* ⇒ **campo, camposanto, catacumbas, necrópolis; ~ de coches**, lugar en el que se acumulan los coches viejos o que no sirven: *a las afueras de la ciudad hay un ~ de coches.*

ce·men·to |θeménto| ***m.*** Materia en polvo que, mezclada con agua, forma una masa sólida y dura que sirve para tapar huecos o unir diversos materiales o superficies: *los ladrillos de la casa están unidos con ~; necesito un poco de ~ para cerrar un agujero que hay en la pared.* ⇒ **argamasa; ~ armado**, el que lleva hierro y se usa en la construcción: *las vigas del edificio están hechas con ~ armado.*

ce·na |θéna| ***f.*** Última comida que se hace en el día, por la noche: *en España la hora de la ~ es entre las nueve y las diez de la noche; después de la ~ estuvimos viendo una película.* ⇒ **almuerzo, comida, desayuno, merienda.**

ce·na·dor |θenaðór| ***m.*** Espacio cubierto, generalmente redondo, que hay en ciertos jardines: *por las noches les gustaba sentarse en el ~ a escuchar el sonido de las fuentes.*

ce·na·gal |θenaɣál| **1** ***m.*** Terreno lleno de barro o *cieno: *no dejes que los niños se acerquen al ~ porque pueden quedar atrapados.* ⇒ **barrizal, ciénaga, lodazal. 2** *fig.* Situación o problema difícil: *está metido en un ~ y necesita dinero para salir.*

ce·na·go·⌜so, ⌜sa |θenaɣóso, sa| ***adj.*** Que tiene mucho barro o *cieno: *nadie se baña en ese pantano porque el fondo es ~.*

ce·nar |θenár| **1** ***intr.*** Tomar la última comida que se hace en el día, por la noche: *Juan Carlos nos invitó a ~ en un restaurante vegetariano.* ⇒ **almorzar, comer, desayunar, merendar. - 2** ***tr.*** [algo] Tomar un alimento determinado en la última comida que se hace en el día: *esta noche cenaremos filetes de ternera.*

cen·ce·rro |θenθéro| ***m.*** Campana pequeña de metal que lleva el ganado colgada al cuello, especialmente la que es recta: *el pastor pudo localizar a la oveja perdida por el sonido de su ~.* ■ **estar como un ~**, *fam.*, haber perdido la capacidad de razonar; estar *loco: *está como un ~, hoy ha salido a la calle disfrazado de aviador.*

ce·ne·fa |θenéfa| **1** ***f.*** Banda que se pone como adorno en los bordes de las telas u otros materiales: *el camisón llevaba una ~ de flores de encaje; la encuadernación del libro lleva una ~ dorada.* **2** Banda que se pone como adorno a lo largo de muros, suelos o techos y en la que generalmente se repite una figura: *una ~ de aves recorría los azulejos del patio interior.*

ce·ni·ce·ro |θeniθéro| ***m.*** Recipiente en el que se deja la ceniza y los restos de los cigarros: *el ~ está lleno de colillas; hay un cigarrillo a medio apagar en ese ~; no tires la ceniza a la alfombra, échala al ~.*

ce·ni·cien·ta |θeniθi̯énta| ***f.*** *form.* Persona o cosa que se olvida o se desprecia sin merecerlo: *a la pobre Laura la hacen trabajar como una ~.*

ce·ni·cien·⌜to, ⌜ta |θeniθi̯énto| ***adj.*** Del color gris de la ceniza: *miraba los olmos cenicientos de la ladera del río.* ⇒ **cenizo.**

ce·nit |θenít| ***m.*** ASTRON. Punto del círculo celeste superior al horizonte, que corresponde verticalmente a un lugar de la Tierra: *la Luna está ahora en el ~, justo encima de nosotros.* ⇒ **zenit.** ☐ No se debe decir *cénit.* No se usa en plural.

ce·ni·tal |θenitál| ***adj.*** Que está en la parte superior de un lugar o procede de ella: *mi despacho tiene luz ~.*

ce·ni·za |θeníθa| **1** ***f.*** Polvo gris que queda después de arder o quemarse una cosa: *se manchó con la ~ del cigarrillo; de los libros de la biblioteca sólo quedaron las cenizas después del incendio.* **- 2 cenizas** ***f. pl.*** Restos de una persona muerta: *en aquel cementerio descansan las cenizas de mis antepasados.*

ce·ni·⌐zo, ⌐za |θeníθo, θa| **1** ***adj.*** Del color gris de la ceniza: *era de tez ceniza: parecía que estaba enfermo.* ⇒ **ceniciento. 2** ***adj.-s.*** *fam. fig.* (persona) Que da o tiene mala suerte: *es un ~: en cuanto llegó se estropeó la fiesta.* ⇒ **aguafiestas.**

cen·sar |θensár| **1** ***tr.*** [algo, a alguien] Incluir o registrar en una lista o *censo: *tienen que ~ la vivienda que han construido.* **- 2** ***tr.-intr.*** [a alguien] Apuntar en un registro a los habitantes de un territorio: *varios funcionarios del Ayuntamiento se dedican a ~.* ⇒ **empadronar.**

cen·so |θénso| **1** ***m.*** Lista donde figuran las personas o bienes de una región: *en este país el ~ se actualiza cada cinco años.* ⇒ **catastro, padrón, registro;** ~ **electoral,** lista donde figuran todas las personas que tienen derecho a votar: *para que un ciudadano pueda votar, su nombre debe figurar en el ~ electoral; el Ayuntamiento se encarga de confeccionar las listas del ~ electoral.* **2** DER. Obligación o deuda contraída sobre una propiedad que debe ser pagada por la persona que disfruta de ella.

cen·⌐sor, ⌐so·ra |θensór, sóra| **1** ***m. f.*** Persona que, por orden del gobierno, se dedica a examinar los escritos, noticias y obras destinados al público, para juzgar si pueden ser hechos públicos: *durante la dictadura, los censores leían todo lo que se iba a publicar y suprimían algunos pasajes; el ~ exigió que las faldas de las coristas fuesen más largas.* **2** Persona inclinada a criticar las acciones o cualidades de los demás: *es un ~ intransigente con sus hijos.*

cen·su·ra |θensúra| **1** ***f.*** Juicio que se forma sobre una cosa después de haberla examinado, especialmente sobre una obra destinada al público: *tu ~ no va a impedirme obrar como mejor me parezca; ninguna película se libró de la ~ cinematográfica.* ⇒ **condena. 2** Acción de desaprobar una acción determinada: *la ~ contra la guerra ha sido unánime.* **3** Organismo encargado de hacer juicios sobre una obra destinada al público después de haberla examinado: *trabajó en la ~ durante 20 años.*

cen·su·ra·ble |θensuráβle| ***adj.*** Que puede ser desaprobado o *censurado: *su falta de puntualidad es ~.* ⇒ **criticable.**

cen·su·rar |θensurár| **1** ***tr.*** [algo] Suprimir una o más partes de una obra: *fueron censuradas las escenas más violentas de la película.* **2** [algo; a alguien] Desaprobar las acciones de una persona por considerarlas malas: *sus compañeros le censuraron su poca hombría.* ⇒ **condenar, criticar, fustigar, reprobar. 3** [algo] Formarse un juicio sobre una cosa después de haberla examinado, especialmente sobre una obra destinada al público: *los críticos censuraron el libro para decidir si podía ser publicado.*

cen·tau·ro |θentáuro| ***m.*** Animal *mitológico, mitad hombre y mitad caballo: *el ~ tiene tronco, brazos y cabeza de hombre.*

cen·ta·⌐vo |θentáβo, βa| **1** ***num.*** (parte) Que resulta de dividir un todo en 100 partes iguales: *son 100 personas y le corresponderá un ~ a cada una.* ⇒ **centésimo. - 2** ***m.*** Moneda de América que resulta de dividir un *dólar en cien partes: *este producto tiene un precio equivalente a tres dólares y cuarenta centavos.*

cen·te·lla |θentéʎa| **1** ***f.*** Descarga eléctrica de baja intensidad que se produce entre las nubes: *en el cielo se vieron rayos y centellas.* ⇒ **rayo. 2** *Chispa que salta al golpear una piedra con un objeto de metal: *encendió una mecha con las centellas que saltaban del pedernal.* **3** *fig.* Persona o cosa muy rápida: *Felipe es una verdadera ~ cuando debe tener algo acabado en poco tiempo.*

cen·te·lle·ar |θenteʎeár| **1** ***intr.*** Despedir rayos de luz de diversa intensidad y color: *las estrellas centellean en la noche.* **2** *fig.* Brillar con mucha intensidad: *Anselmo estaba tan enfadado que le centelleaban los ojos.*

cen·te·na |θenténa| ***f.*** MAT. Conjunto formado por 100 unidades: *asistió al concierto una ~ de personas; 50 y 50 hacen una ~.* ⇒ **ciento.**

cen·te·nar |θentenár| **1** ***m.*** Conjunto formado por 100 unidades: *tú tienes diez, pero yo tengo un ~ de alumnos.* ⇒ **centena, ciento. - 2 centenares** ***m. pl.*** Gran cantidad de personas o cosas: *María recibe centenares de cartas de admiradores; fueron a la manifestación centenares de personas.* ■ **a centenares,** en gran cantidad: *en aquel campo había flores a centenares.*

cen·te·na·⌐rio, ⌐ria |θentenário, ria| **1** ***adj.-s.*** *form.* Que tiene cerca de los cien años de edad: *en aquel parque hay árboles centenarios.* **- 2 centenario** ***m.*** Periodo de 100 años: *esa dinastía se mantuvo en el trono de la nación durante un ~.* ⇒ **centuria, siglo. 3** Día en que se celebra que se han cumplido una o más *centenas de años de un acontecimiento o un hecho determinado: *se han organizado muchos actos con motivo del Quinto Centenario; ¿cuándo se celebra el ~ del nacimiento de Cervantes?*

cen·te·no |θenténo| **1** ***m.*** Planta cereal que produce una semilla con la que se alimenta el ganado y de donde se saca harina para hacer pan: *el ~ tiene los mismos usos que el trigo, pero es de menor calidad.* **2** Semilla o conjunto de semillas de esa planta: *en España apenas se consume pan de ~.*

cen·té·si·⌐mo, ⌐ma |θentésimo, má| **1** ***num.*** (persona, cosa) Que sigue en orden al que hace el número 99: *si voy después del 99, soy el ~ de la lista.* **2** (parte) Que resulta de dividir un todo en 100 partes iguales: *no me correspondió ni un ~ del dinero.* ⇒ **centavo.**

cen·tí·gra·⌐do, ⌐da |θentíɣraðo, ða| **1** ***adj.*** (escala de temperatura) Que se divide en cien unidades: *en la escala centígrada la temperatura de fusión del hielo tiene el valor cero, y la de ebullición del agua, el valor cien.* **2** De la escala de temperatura que se divide en cien unidades, o que tiene relación con ella: *el termómetro marca quince grados centígrados; en verano se pueden alcanzar fácilmente treinta grados centígrados.*

cen·ti·gra·mo |θentiɣrámo| ***m.*** Medida de masa que resulta de dividir en cien partes un gramo: *el símbolo del ~ es* cg. ☖ No se debe decir ni escribir *centígramo.*

cen·ti·li·tro |θentilítro| ***m.*** Medida de capacidad que resulta de dividir en cien partes un litro: *el símbolo del ~ es* cl*; la cabida de esta botella de vino es de ochenta centilitros.* ☖ No se debe decir ni escribir *centílitro.*

cen·tí·me·tro |θentímetro| ***m.*** Medida de longitud que resulta de dividir en cien partes un metro: *el símbolo del ~ es* cm*; necesito tres centímetros de tela azul; mi hermano mide un metro y 80 centímetros;* ~ **cuadrado**, medida de superficie que equivale a 0,0001 metros cuadrados: *el símbolo del ~ cuadrado es* cm^2*; no sé cuántos centímetros cuadrados tiene esta habitación;* ~ **cúbico,** medida de volumen que equivale a 0,000001 metros cúbicos: *el símbolo del ~ cúbico es* cm^3*; el agua recogida supera los mil centímetros cúbicos.*

cén·ti·ᐧmo, ᐧma |θéntimo, ma| ***m.*** Moneda que resulta de dividir en cien partes una peseta u otra unidad: *los céntimos ya están fuera de circulación en España.* ■ **estar sin un** ~, *fam.*, no tener dinero: *estoy sin un ~ porque todavía no he cobrado.* ⇒ **blanca, duro.**

cen·ti·ne·la |θentinéla| **1 *com.*** MIL. Soldado que guarda, vigila y defiende una posición determinada: *Javier estuvo dos días como ~ en un cerro cercano al destacamento.* **2** Persona que guarda y vigila: *mientras un ladrón robaba las joyas, otro hacía de ~ en la puerta de la tienda.*

cen·to·llo |θentóʎo| ***m.*** Animal invertebrado marino con una concha cubierta de pelos y espinas, y con cinco pares de patas: *los centollos viven entre las rocas; la carne de ~ tiene un sabor delicioso.*

cen·tral |θentrál| **1 *adj.*** Del punto o lugar que está en medio; del punto más alejado de los extremos o que tiene relación con él: *la mayoría de las tiendas están en la avenida ~; América Central está situada entre Norteamérica y América del Sur.* **2** Que es importante y recibe atención: *el personaje ~ de la obra de teatro era muy romántico.* ⇒ **principal.** **- 3 *f.*** Oficina principal de la que dependen otras del mismo tipo: *todas las reclamaciones llegarán a la ~ de Correos; la ~ de la empresa está en Bilbao.* **4** Instalación en la que se produce energía eléctrica: *en las centrales hidráulicas se transforma la energía del agua en energía eléctrica; en esta zona hay dos centrales nucleares.*

cen·tra·lis·mo |θentralísmo| ***m.*** POL. Sistema de gobierno que defiende la acumulación de poder y de funciones en un solo organismo: *en el ~ las funciones de los órganos locales pasan a un poder central; las monarquías del Antiguo Régimen se basaron en el ~ administrativo.* ⇔ **cantonalismo, federalismo.**

cen·tra·lis·ta |θentralísta| **1 *adj.*** POL. Del *centralismo o que tiene relación con él: *hay organizaciones regionales que se oponen a una política ~.* ⇔ **cantonalista, federalista.** **- 2 *adj.-com.*** POL. (persona) Que es partidario del *centralismo: *los centralistas buscan la concentración organizativa y administrativa.* ⇔ **cantonalista, federalista.**

cen·tra·li·ta |θentralíta| **1 *f.*** Aparato que une varias líneas telefónicas con los teléfonos instalados en los locales de un organismo: *la ~ de la empresa recibe muchas llamadas diariamente.* **2** Lugar donde se encuentra ese aparato: *en la ~ te pueden decir cuál es el número de teléfono del secretario.*

cen·tra·li·za·ción |θentraliθaθión| **1 *f.*** Reunión en un solo lugar: *la ~ de las actividades sociales ha beneficiado mucho a la ciudad.* ⇔ **descentralización.** **2** POL. Dependencia de un poder central: *los partidos autonómicos se opusieron enérgicamente a la ~ política.* ⇔ **descentralización.**

cen·tra·li·zar |θentraliθár| **1 *tr.-prnl.*** [algo] Reunir en un solo lugar: *el servicio de correos centraliza toda la correspondencia que maneja; los pagos se han centralizado en la oficina de la plaza.* ⇔ **descentralizar.** **2** POL. Hacer depender de un poder central: *el gobierno centralizó todos los asuntos relativos a la educación; desde que la organización dejó de centralizarse, el Ayuntamiento funciona con más eficacia.* ⇔ **descentralizar.** ☖ Se conjuga como 4.

cen·trar |θentrár| **1 *tr.*** [algo] Colocar una cosa haciendo coincidir su centro con el de otra cosa: *se cayó de la bicicleta porque la rueda delantera no estaba centrada; mueve el cuadro hacia la derecha hasta que esté centrado.* **2** Dirigir la atención hacia un objeto o un asunto determinado: *el conferenciante centró su atención en los problemas económicos; tienes que centrarte en la cuestión principal.* **- 3 *tr.-intr.*** DEP. Pasar la pelota de la parte exterior al centro del campo, especialmente en el fútbol: *el jugador metió un gol porque le centraron el balón a tiempo.* **- 4 centrarse *prnl. fig.*** Adecuarse a una nueva situación o forma de vida: *todavía no me centro en este nuevo ambiente.* ☖ Se suele usar con la preposición *en.*

cén·tri·ᐧco, ᐧca |θéntriko, ka| ***adj.*** Del centro, especialmente de una población, o que tiene relación con él: *la clínica está en una calle muy céntrica; los Díaz viven en un barrio ~.*

cen·tri·fu·ga·do·ra |θentrifuɣaðóra| ***f.*** FÍS. Máquina que sirve para separar los componentes de una mezcla según sus diferentes densidades: *la ~ gira a gran velocidad; las lavadoras automáticas también son centrifugadoras que escurren la ropa.*

cen·tri·fu·gar |θentrifuɣár| **1 *tr.*** [algo] Secar la ropa por medio de una *centrifugadora: *después del último aclarado, debes ~ la ropa para que se seque antes.* **2** Someter un objeto o sustancia a un giro muy rápido para aprovechar la fuerza *centrífuga: *para hacer el análisis centrifugaron la sangre que habían extraído de la enferma.*

cen·trí·fu·ᐧgo, ᐧga |θentrífuɣo, ɣa| ***adj.*** MEC. Que aleja del centro: *la fuerza centrífuga hizo que el coche se saliera de la carretera en la curva.* ⇔ **centrípeto.**

cen·trí·pe·ᐧto, ᐧta |θentrípeto, ta| ***adj.*** MEC. Que atrae hacia el centro: *bañarse allá era peligroso porque las aguas tenían movimientos centrípetos.* ⇔ **centrífugo.**

cen·tris·ta |θentrísta| **1** ***adj.*** POL. De una política de centro, entre la izquierda y la derecha, o que tiene relación con ella: *no es de izquierdas ni de derechas, sus ideas políticas son centristas.* **- 2** ***adj.-com.*** POL. (persona) Que es partidario de esa política: *los centristas hacen una política moderada; los centristas fueron muy poco votados en las elecciones.*

cen·tro |θéntro| **1** ***m.*** Punto o lugar que está en medio; punto más alejado de sus límites o extremos: *hicimos un corro y Victoria se sentó en el ~; hay una lámpara en el ~ de la habitación.* **2** Lugar donde se reúne o se desarrolla más intensamente una actividad: *la Universidad es un importante ~ cultural; han abierto un ~ comercial.* **3** Persona o cosa importante que recibe atención: *vaya donde vaya, siempre es el ~ de la reunión; el presupuesto fue el ~ de la discusión.* **4** Organización que se dedica a la cultura, la ciencia o la diversión: *Centro Dramático Nacional; me he apuntado a un ~ excursionista.* ⇒ **asociación.** **5** Parte de una población donde hay más actividad, generalmente comercial y cultural: *voy de compras al ~; hace mucho que no vamos al ~ a pasear y tomar una copa;* ~ **urbano**, parte de una ciudad donde hay edificios importantes y más actividad: *es mejor usar el transporte público para llegar al ~ urbano.* **6** Conjunto de ideas políticas que están entre la derecha y la izquierda: *un partido de ~ ganó las elecciones municipales.* **7** Lugar de salida o llegada; lugar desde donde se organizan acciones: *Madrid es un importante ~ de comunicaciones; los ayuntamientos envían información a un ~ de recogida de datos.* **8** GEOM. Punto interior de un círculo situado a igual distancia de todos los de la *circunferencia o esfera: *el diámetro de la circunferencia pasa por el ~.* **9** GEOM. Punto interior situado en la mitad de la distancia entre dos caras o lados paralelos de una figura o cuerpo sólido regular. **10** Punto interior de un cuerpo en el que se unen líneas o fuerzas, con unas características o propiedades especiales; ~ **de gravedad**, FÍS., punto en el que, si se aplicara una fuerza vertical, tendría el mismo efecto que la fuerza de atracción de la tierra sobre todo el objeto: *este coche es muy estable porque tiene el ~ de gravedad muy bajo; la torre de Pisa se caerá si la perpendicular de su ~ de gravedad queda fuera de la base.*

cen·tro·a·me·ri·ca·⌐no, ⌐na |θentroamerikáno, na| **1** ***adj.*** De Centroamérica o que tiene relación con Centroamérica: *los países centroamericanos tienen un clima caluroso.* **- 2** ***m. f.*** Persona nacida en Centroamérica o que vive habitualmente en Centroamérica: *muchos centroamericanos viven del turismo.* ⇒ **hispanoamericano.**

cen·tro·cam·pis·ta |θentrokampísta| ***com.*** Jugador que juega en el centro del campo formando con otros la línea central del equipo: *los centrocampistas organizan el juego de un equipo.*

cen·tu·pli·car |θentuplikár| ***tr.-prnl.*** [algo] Hacer cien veces mayor una cosa o una cantidad: *estas moscas de laboratorio se han centuplicado en muy poco tiempo; las ganancias de la empresa se han centuplicado este año.* ◯ Se conjuga como 1.

cen·tu·ria |θentúria| ***f.*** *form.* Periodo de 100 años: *en una ~, España perdió la mayor parte de las colonias americanas; en la presente ~ los avances tecnológicos son constantes.* ⇒ **centenario, siglo.**

ce·ñi·⌐do, ⌐da |θeɲíðo, ða| ***adj.*** Que se aprieta o ajusta: *el romano de la estatua lleva una corona de laurel ceñida a la frente.* ⇔ **suelto.**

ce·ñir |θeɲír| **1** ***tr.*** [algo] Apretar una prenda de vestir la cintura u otra parte del cuerpo: *el vestido que lleva Margarita le ciñe mucho el pecho.* **2** Rodear o ajustar una cosa a otra: *las murallas ciñen la ciudad de Ávila; ciñeron su cabeza con una corona; se ciñó la espada a la cintura.* **- 3 ceñirse** ***prnl.*** *fig.* Mantenerse dentro de unos límites: *tienes que ceñirte a responder sólo a lo que te preguntan; modera tus gastos y cíñete al presupuesto.* ◯ Se conjuga como 36.

ce·ño |θéɲo| **1** ***m.*** Gesto de arrugar la frente y las *cejas para mostrar enfado: *va con el ~ arrugado porque no ha encontrado a su amigo.* ⇒ **entrecejo.** ◯ Se suele usar con el verbo *fruncir*: *el teniente frunció el ~ y disimuló su enojo.* **2** *fig.* Aspecto amenazador que toman ciertas cosas o asuntos: *no me gusta nada el ~ que está tomando vuestra conversación.*

ce·ñu·⌐do, ⌐da |θeɲúðo, ða| ***adj.*** (persona) Que tiene la frente y las *cejas arrugadas debido a un enfado: *observó a los ceñudos oyentes y se dio cuenta de que su afirmación no había gustado.*

ce·pa |θépa| **1** ***f.*** Tronco o planta de la *vid: *esta viña tiene unas mil cepas.* ⇒ **parra.** **2** Parte del tronco de las plantas que está bajo la tierra unida a la raíz: *cavaron la tierra y dejaron al descubierto las cepas.* **3** *fig.* Origen de una familia: *Soler es un joven de ~ aristocrática.* ■ **de buena** ~, de buen origen o de buena calidad: *los Martínez proceden de buena ~; estamos bebiendo un vino de buena ~.* ■ **de pura** ~, de características propias de su clase y reconocidas como buenas: *José es un aragonés de pura ~.*

ce·pe·llón |θepeʎón| ***m.*** Tierra que se deja pegada a las raíces de los vegetales para *trasplantarlos: *cubrieron el ~ con un trapo para transportar la planta.*

ce·pi·llar |θepiʎár| **1** ***tr.*** [algo] Poner lisa una superficie de madera o metal con un cepillo: *el carpintero está cepillando los tableros de madera.* **2** Quitar el polvo con el cepillo: *antes de ponerte el traje, cepíllalo un poco.* **3** Pasar el cepillo por el pelo para ponerlo liso: *Lola está cepillándose el cabello en el baño; el mozo cepilla todos los días el caballo.* **4** *fam. fig.* Gastar el dinero con rapidez y sin medida: *su madre le ha dado mil pesetas esta mañana y ya se las ha cepillado.* **- 5** ***tr.-prnl.*** *fam. fig.* [a algo/alguien] Matar a una persona o un animal: *esta semana unos ladrones se han cepillado a un policía.* **6** *fam. fig.* Resolver con rapidez un asunto: *en cinco minutos me cepillo este trabajo y nos vamos.*

ce·pi·llo |θepíʎo| **1** ***m.*** Instrumento hecho de hilos o pelos gruesos fijos en una base, que se usa generalmente para limpiar: *los zapatos se limpian* *con un ~; barre el suelo con el ~.* ⇒ **escoba; ~ de dientes**, el pequeño y con mango que se usa para limpiarse la boca: *nunca viajo sin mi ~ de dientes;* **~ del pelo**, el que tiene mango y se usa para peinar: *se pasa el día delante del espejo con el ~ de pelo en la mano.* ⇒ **peine. 2** Herramienta de madera con un hierro afilado en la base que se usa para poner lisa y trabajar la madera: *el carpintero pulía la mesa con el ~.* **3** Caja cerrada con una abertura pequeña por la que se introduce dinero: *todos los domingos dejaba su limosna en el ~ de San Isidro.*

ce·po |θépo| **1** *m.* Instrumento de metal o con piezas de metal que sirve para atrapar o cazar animales: *ha puesto algunos cepos para los ratones en el desván; el lobo aullaba cuando quedó atrapado en el ~ del cazador.* ⇒ **trampa. 2** Instrumento que sirve para *inmovilizar la rueda de un automóvil: *la policía puso cepos en las ruedas de los coches mal aparcados.* **3** Tronco de un árbol cortado: *han cortado los árboles del paseo y ahora sólo quedan los cepos.*

ce·po·⌜rro, ⌜rra |θepóřo, řa| *m. f. fam.* Persona torpe y poco inteligente: *creo que Martín no debería empezar a estudiar una carrera porque es un poco ~.* ⇒ **tonto.** ■ **dormir como un ~**, *fam.*, dormir mucho y profundamente: *son las tres de la tarde y sigue durmiendo como un ~.* ⇒ **lirón, tronco.**

ce·ra |θéra| **1** *f.* Sustancia blanca y *grasienta que producen las abejas y que, por ser combustible, suele usarse para dar luz: *la ~ se derrite bajo la llama de la vela; ayer vi una figura de ~ en el museo.* **2** Sustancia parecida a esa; **~ de los oídos**, la que se produce en el interior de la oreja: *tenía un tapón de ~ y no oía bien.* **3** Producto químico de limpieza, que se usa para dar brillo: *he dado ~ en el suelo y está muy resbaladizo; pulió la mesa con ~.* **4** Conjunto de velas usadas para un acto o función: *el ayuntamiento pagó la ~ de la misa.* ■ **hacer la ~**, quitar el pelo de alguna parte del cuerpo, generalmente de las piernas: *he ido con dos amigas a hacerme la ~.* ■ **no hay más ~ que la que arde**, *fam.*, expresión con la que se indica que lo que se ve, se oye o se trata es todo y no hay más: *no has querido ir a comprar pan y ahora te conformarás con este mendrugo: no hay más ~ que la que arde.*

ce·rá·mi·ca |θerámika| **1** *f.* Objeto o conjunto de objetos fabricados con barro: *compré una ~ de Talavera; la ~ toledana tiene fama de ser de muy buena calidad.* **2** Arte de fabricar esos objetos: *en el museo arqueológico abundan las muestras de ~ griega; en el complejo industrial hay varias fábricas de ~.*

ce·ra·mis·ta |θeramísta| *com.* Persona que se dedica a fabricar objetos de barro: *el ~ trabaja sus obras en el torno y después las mete al horno; me han regalado una figurita hecha por un afamado ~.* ⇒ **alfarero.**

cer·ba·ta·na |θerβatána| *f.* Tubo estrecho en el que se introducen *dardos para hacerlos salir con rapidez soplando por uno de sus extremos: *el indio lanzó un dardo envenenado con la ~.*

cer·ca |θerka| **1** *adv. l. t.* Próximo; a poca distancia; alrededor de: *el museo está muy ~ del palacio; serían ~ de las tres de la mañana; no tenemos que andar mucho porque está muy ~.* ◯ Si se indica el término de la relación, va seguido de la proposición *de.* Si se expresa el término de la relación, no pueden usarse pronombres posesivos: *~ tuyo* por *~ de ti.* Puede usarse el diminutivo *cerquita.* **- 2** *adv. c.* Aproximadamente; poco más o menos: *seríamos ~ de doscientos; nos llevará ~ de dos horas.* **- 3** *f.* Pared hecha de madera o de otro material, que sirve para rodear un terreno: *metió las vacas en la ~; han hecho una ~ alrededor del huerto.* ⇒ **valla, valladar, vallado.** ■ **de ~**, a poca distancia: *ven, quiero verte de ~; el problema hay que examinarlo de ~; llevo gafas para ver de ~.*

cer·ca·do |θerkáðo| **1** *m.* Muro que sirve para marcar unos límites o rodear: *el chico saltó el ~ de la casa.* ⇒ **cerca. 2** Lugar rodeado y limitado por un muro, especialmente cuando se trata de una tierra de cultivo: *el agricultor ha cultivado centeno en el ~.*

cer·ca·ní·a |θerkanía| **1** *f.* Cualidad de cercano: *la cercanía geográfica que hay entre España y Francia favorece los viajes entre los dos países.* ⇒ **proximidad, vecindad.** ⇔ **lejanía. - 2 cercanías** *f. pl.* Lugares próximos; lugares que están a poca distancia; lugares que están alrededor de otro: *Ricardo vive en las cercanías de Zamora.* ■ **de cercanías**, (medio de transporte) Que une lugares cercanos: *para ir de Madrid a Alcalá hay que coger un tren de cercanías.*

cer·ca·⌜no, ⌜na |θerkáno, na| *adj.* Que está próximo; que está a poca distancia: *estuvieron tomando copas en un bar ~; ¿me podría indicar dónde está la farmacia más cercana?* ⇒ **inmediato.**

cer·car |θerkár| **1** *tr.* [algo] Poner límites a un lugar rodeándolo con paredes o con otras cosas: *voy a ~ el jardín de mi casa con unas vallas; por fin han cercado aquel edificio que estaba a punto de derrumbarse; los rosales cercan la entrada del huerto.* ⇒ **amurallar, tapiar, vallar. 2** [algo, a alguien] Rodear o ponerse alrededor: *los pieles rojas cercaron a los vaqueros; los lobos han cercado a su presa.* ◯ Se conjuga como 1.

cer·ce·nar |θerθenár| **1** *tr.* [algo] Cortar un extremo o una extremidad: *la máquina cercenó un dedo del obrero.* **2** *form.* Reducir la cantidad, el tamaño o la importancia de una cosa: *tuvieron que ~ el presupuesto de esta sección para reducir gastos.* ⇒ **disminuir.**

cer·cio·rar·se |θerθiorárse| *prnl. form.* [de algo] Asegurarse de que se está en lo cierto: *se cercioró de que no había nadie en el cuarto de baño antes de entrar.*

cer·co |θérko| **1** *m.* Línea dibujada o cosa que rodea a otra cosa: *las esquelas están rodeadas por un ~ negro; el ~ de la ventana es de madera.* **2** Acción de rodear una ciudad para atacarla y dominarla: *el ejército puso ~ a la ciudad y lo mantuvo durante varios meses.* **3** Círculo de luz alrededor del Sol o la Luna: *si miras con detenimiento, verás el ~ de la Luna.* ⇒ **halo.**

cer·da |θérða| *f.* Pelo fuerte y duro, generalmente de los cerdos y los caballos, que se usa para hacer cepillos y otros objetos: *este cepillo de dientes tiene las cerdas demasiado largas; se han caído las cerdas de la brocha.*

cer·da·da |θerðáða| ***f.*** *fam.* Obra o dicho que molesta, causa un daño o está hecho con mala intención: *eso es una ~: me prometiste el trabajo y ahora se lo has dado a otro.* ⇒ **faena.**

cer·⌜do, ⌜da |θérðo, ða| **1** ***m. f.*** Animal mamífero doméstico, bajo, grueso, de patas cortas y cola pequeña y torcida cuya carne aprovecha el hombre: *del ~ se hacen los jamones, los chorizos y muchísimos alimentos más.* ⇒ **cochino. - 2** ***adj.-s.*** *desp. fig.* (persona o animal) Que no cuida su aseo personal o que produce asco: *~, qué mal hueles: ve a ducharte inmediatamante; es un ~, siempre eructa en las comidas.* **3** *desp. fam. fig.* (persona) Que muestra tener poca educación o pocos principios morales: *se portó como un ~ y nos hizo esperar una hora.* ☐ Se usa como apelativo despectivo.

ce·re·al |θereál| **1** ***adj.-m.*** (planta) Que produce semillas en forma de granos, de las que se hacen harinas: *el trigo, la cebada y el centeno son cereales.* **- 2 cereales** ***m. pl.*** Conjunto de semillas de estas plantas: *la producción de cereales ha disminuido en los últimos años; le gusta desayunar cereales con leche.*

ce·re·a·lis·ta |θerealísta| **1** ***adj.*** De la producción o comercio de cereales, o que tiene relación con ellos: *Castilla-La Mancha es una comunidad ~ debido a las grandes extensiones de secano.* **- 2** ***adj.-com.*** (persona) Que se dedica a la producción o al comercio de los cereales: *varios cerealistas de la región se han unido para formar una cooperativa.*

ce·re·be·lo |θereβélo| ***m.*** ANAT. Masa de tejido nervioso que se encuentra en el interior de la cabeza, en su parte posterior: *el sistema nervioso está formado por el cerebro, el ~ y el bulbo raquídeo.* ⇒ **encéfalo, seso.**

ce·re·bral |θereβrál| **1** ***adj.*** Del cerebro o que tiene relación con él: *el médico dijo que el enfermo había sufrido un derrame ~.* **- 2** ***adj.-s.*** (persona) Que es frío y calculador: *Rodolfo es un hombre ~, tiene cabeza, pero no corazón.* ⇔ **pasional.**

ce·re·bro |θeréβro| **1** ***m.*** Masa de tejido nervioso que se encuentra en el interior de la cabeza: *en el ~, nuestro cuerpo desarrolla las tareas intelectuales; algunas personas parecen haber nacido sin ~; creo que tienen que operarle el ~.* ⇒ **encéfalo, seso. 2** Órgano o aparato capaz de desarrollar actividades propias del pensamiento humano: *utiliza el ~ y dime la respuesta;* ~ **electrónico**, aparato *electrónico capaz de desarrollar actividades propias del pensamiento humano: *en los últimos años se han perfeccionado los cerebros electrónicos.* **3** *fig.* Capacidad de desarrollar con facilidad y perfección actividades relacionadas con la cultura, la ciencia o la técnica: *tiene un ~ sorprendente: todo lo hace bien y no se le escapa ni un detalle.* **4** *fig.* Persona que desarrolla con facilidad y perfección actividades relacionadas con la cultura, la ciencia o la técnica: *es un ~, siempre saca matrículas de honor en matemáticas.* **5** *fig.* Persona que piensa o dirige alguna acción: *el ~ de la banda de ladrones no ha sido arrestado todavía.* ■ **lavar el ~**, cambiar la manera de pensar, generalmente a otra persona: *no te reúnas con ese grupo porque te van a lavar el ~.* ■ **secarse el ~**, *fam.*, perder la capacidad de pensar con normalidad; volverse *loco: *de tanto estudiar se le va a secar el ~.*

ce·re·mo·nia |θeremónia| **1** ***f.*** Acto o serie de actos públicos y *formales, fijados por la ley o la costumbre: *a la ~ de la coronación asistieron numerosos jefes de gobierno; cuando terminó la ~, los novios ofrecieron una cena.* **2** Aparato o *solemnidad en un acto social: *fuimos presentados con gran ~.* ⇒ **aparato, pompa.** ■ **de ~**, que muestra aparato o *solemnidad en un acto social: *me pondré el*

CEREALES

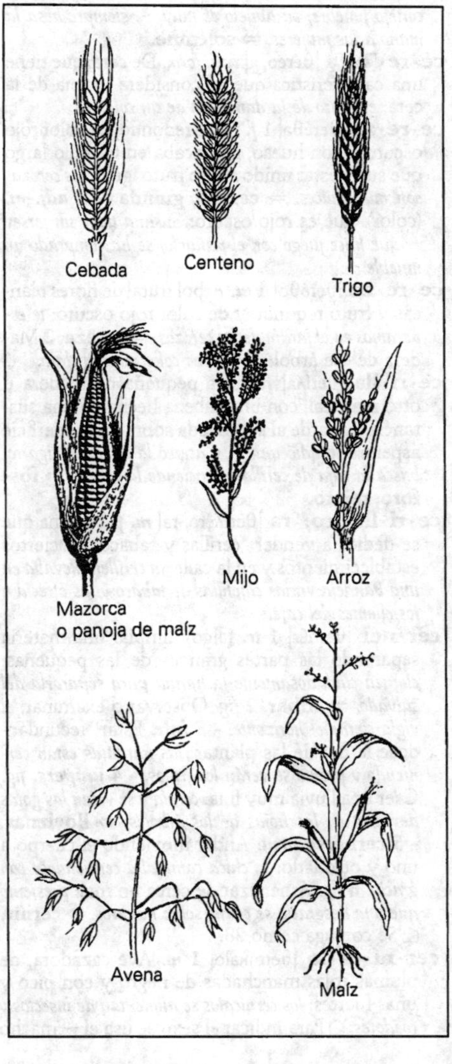

traje de ~. ■ **por** ~, para cumplir de una manera educada: *no te hagas ilusiones: te ha invitado por* ~. ■ **sin ceremonias**, sin mostrar aparato o *solemnidad; con sencillez: *nos atendió con mucha familiaridad, sin ceremonias.*

ce·re·mo·nial |θeremoniál| **1** *adj.* De la ceremonia o que tiene relación con ella: *ensayaron los cantos ceremoniales.* - **2** *m.* Conjunto de reglas que ordenan la celebración de ciertos actos oficiales o *formales: *trató de ser respetuoso, aunque desconocía el* ~ *de las bodas católicas.* ⇒ **protocolo. 3** Libro que explica ese conjunto de *formalidades: *consultó el* ~ *porque no conocía de memoria todas las fórmulas del acto.*

ce·re·mo·nio·⌐so, ⌐sa |θeremonióso, sa| *adj.* (persona) Que gusta de las ceremonias, el aparato o la *solemnidad: *un* ~ *grupo de sacerdotes abría el cortejo fúnebre; su abuelo es muy* ~, *siempre besa la mano a las mujeres.* ⇒ **solemne.**

cé·re·⌐o, ⌐a |θéreo, a| *adj. form.* De cera; que tiene una característica que se considera propia de la cera: *el rostro de la dama era de un color* ~.

ce·re·za |θeréθa| **1** *f.* Fruto redondo, de color rojo oscuro y con hueso, que acaba en un tallo largo que suele estar unido a otro fruto igual: *las cerezas son muy dulces.* ⇒ **cerezo, guinda.** - **2** *adj.-m.* (color) Que es rojo oscuro: *Susana tiene un jersey* ~ *que hace juego con el pañuelo; se ha comprado un mueble* ~.

ce·re·zo |θeréθo| **1** *m.* Árbol frutal de flores blancas y fruto redondo y de color rojo oscuro: *te esperamos en el jardín de los cerezos.* ⇒ **cereza. 2** Madera de ese árbol: *el* ~ *tiene color marrón claro.*

ce·ri·lla |θeríʎa| *f.* Pieza pequeña de madera u otro material, con una cabeza hecha de una sustancia que arde al ser rozada sobre una superficie áspera: *encendió una* ~ *y acercó la llama al cigarro; busca la caja de cerillas y enciende la cocina.* ⇒ **fósforo, mixto.**

ce·ri·lle·⌐ro, ⌐ra |θeriʎéro, ra| *m. f.* Persona que se dedica a vender *cerillas y tabaco, en ciertos establecimientos y en la calle: *la cerillera llevaba en una bandeja varias cajetillas de tabaco y las ofrecía a los clientes del café.*

cer·ner |θernér| **1** *tr.* [algo] Limpiar una materia separando las partes grandes de las pequeñas: *ciernen cuidadosamente la harina para separarla del salvado.* ⇒ **cribar. 2** *fig.* Observar o examinar: *el vigía cierne el horizonte.* - **3** *intr.* Estar *fecundándose la flor de las plantas: *las naranjas están cerniendo y pronto se verán los frutos.* - **4** *unipers. fig.* Caer una lluvia muy fina: *cernía y se veían las gotas de agua en las hojas de los árboles.* ⇒ **lloviznar.** - **5 cernerse** *prnl.* Andar moviendo el cuerpo a uno y otro lado: *la chica caminaba cerniéndose con gracia.* **6** *fig.* Amenazar de cerca un mal: *presiento que una desgracia se cierne sobre nosotros.* ⇒ **cernir.** ☐ Se conjuga como 28.

cer·ní·ca·lo |θerníkalo| **1** *m.* Ave cazadora, de plumas rojas manchadas de negro y con pico y uñas fuertes: *los cernícalos se alimentan de insectos y roedores.* ☐ Para indicar el sexo se usa el ~ macho y el ~ hembra. - **2** *adj.-m. fam. fig.* (persona) Que es poco hábil o que no sabe comportarse: *¡es un* ~, *cuando le dicen que no tiene razón empieza a gritar!*

cer·nir |θernír| ⇒ **cerner.** ☐ Se conjuga como 29. La Real Academia Española prefiere la forma *cerner.*

ce·ro |θéro| **1** *num.* Expresión de la falta de cualquier cantidad o valor: *los dos equipos empataron a* ~. - **2** *m.* Número que representa esta falta: *el profesor ha escrito un* ~ *en la hoja del examen.* **3** Número que cuando sigue a otro le da el valor de multiplicado por diez: *por este cuadro de Picasso se ha pagado un uno seguido de muchos ceros.* ■ **al** ~, de manera que el pelo quede lo más corto que sea posible: *el primer día de mili le cortaron el pelo al* ~. ■ **estar a** ~, *fam.*, no contar con dinero ni medios para hacer una cosa: *a finales de mes estoy a* ~. ■ **partir de/desde** ~, empezar sin nada, desde el principio: *cuando empecé a aprender español, partí de* ~; *el trabajo nos ha salido tan mal que tenemos que deshacerlo y partir desde* ~. ■ **ser un** ~ **a la izquierda**, *fam.*, no valer para nada; no ser valorado por los demás: *como acabo de unirme a este grupo, soy un* ~ *a la izquierda.*

ce·rra·⌐do, ⌐da |θeřáðo, ða| **1** *adj.* (persona) Que es poco inteligente o le cuesta comprender: *las letras se me dan bien, pero para las matemáticas soy muy* ~. ⇒ **torpe. 2** (persona) Que habla y se relaciona poco con los demás: *Eulalia tiene un carácter bastante* ~, *por eso apenas tiene amigos.* ⇒ **introvertido.** ⇔ **abierto. 3** Que es difícil de comprender: *no me gusta esta escritora porque no la entiendo: su estilo es* ~. ⇒ **hermético. 4** (persona) Que no cambia de opinión ante un ruego: *no le propongas nada nuevo porque es de mente tan cerrada que no lo aceptará.* ⇒ **terco. 5** (habla, persona) Que conserva un fuerte acento local en su manera de hablar: *el castellano de Miguel es muy* ~; *Cristóbal habla español con un acento andaluz algo* ~. **6** (cielo) Que está cubierto de nubes: *puede que llueva porque el cielo está* ~. **7** (oscuridad) Que es muy intensa: *la noche era cerrada y no pude verlo bien.* ■ **a ojos/con los ojos cerrados**, sin pensarlo; sin dudar: *yo firmaría ese contrato a ojos cerrados.*

ce·rra·du·ra |θeřaðúra| *f.* Mecanismo para cerrar con ayuda de una llave, generalmente de metal y usado para puertas, tapas u objetos parecidos: *no tengo la llave de la* ~ *y no puedo abrir la caja de caudales; forzaron la* ~ *de la puerta del jardín para entrar en la casa a robar;* ~ **antirrobo**, la que, al cerrarla, sujeta el mecanismo de dirección de los automóviles: *se me ha roto la* ~ *antirrobo y no puedo girar el volante.* ⇒ **cierre.**

ce·rra·ja |θeřáxa| *f.* Mecanismo que sirve para cerrar con ayuda de una llave, generalmente de metal y usado para puertas, tapas y otros objetos: *los armarios antiguos tenían cerrajas de hierro.* ⇒ **cerradura.**

ce·rra·je·rí·a |θeřaxería| *f.* Taller donde se fabrican y arreglan cerraduras, llaves y otros objetos de metal: *fue a la ~ a hacer una copia de las llaves.*

ce·rra·je·⌈ro, ⌈ra |θeraxéro, ra| ***m. f.*** Persona que se dedica a fabricar y arreglar cerraduras, llaves y otros objetos de metal: *en la nueva fábrica necesitan herreros y cerrajeros; se rompió la cerradura de la puerta y tuve que llamar a un ~.*

ce·rrar |θerár| **1** ***tr.*** [algo] Hacer que el interior de un espacio o lugar no tenga comunicación con el exterior: *cierra la ventana, que hace frío; debes ~ bien la puerta del frigorífico; no cerré bien la caja de galletas y ahora están húmedas.* **2** Colocar una pieza o *accionar un mecanismo para que no pueda abrirse una puerta, ventana, tapa u objeto parecido: *he olvidado ~ la puerta con llave; cierra el coche.* **3** Juntar partes movibles o articuladas: *cerraba los ojos para no ver lo que pasaba; cerró la mano en señal de amenaza; no sé por qué no cierras el paraguas si ya no llueve.* **4** Impedir el paso libre por un lugar: *cierra la llave del gas antes de irte; los bandoleros les cerraron el camino.* **5** Hacer que termine una actividad o una cosa: *cerramos la tienda a las dos; vinieron a ~ el negocio; este capítulo cierra el libro.* **- 6** ***intr.-prnl.*** Colocarse o asegurarse en un hueco: *esta puerta no se cierra bien; la ventana no cierra porque estás pillando la cortina.* **- 7 cerrarse** ***prnl.*** No cambiar de opinión o no *ceder a un ruego: *le pedimos que viniese al cine, pero se cerró y no quiso venir.* **8** Cubrirse de nubes el cielo: *no salgas sin paraguas porque se ha cerrado y puede llover.* ⇒ **nublar.** ■ **~ el pico,** *fam.*, dejar de hablar o no decir lo que se sabe: *cuando llegue el jefe, cierra el pico.* ■ **cerrarse en banda**, no cambiar de opinión; no admitir una cosa: *quise convencerlo para que saliera de paseo, pero se cerró en banda.*

ce·rra·zón |θeraθón| **1** ***f.*** Oscuridad del cielo, generalmente provocada por las nubes: *cuando vieron la ~ de la tarde, temieron que hubiese una tormenta.* **2** Falta de capacidad para entender una cosa: *no podemos dar el puesto a una persona de semejante ~.* **3** Actitud del que se mantiene excesivamente firme en sus ideas, intenciones u opiniones: *su ~ lo lleva a no escuchar a nadie.*

ce·rril |θeríl| **1** ***adj.*** (terreno) Que no está cultivado ni adaptado para el paso: *heredó una extensión ~ a las afueras del pueblo.* **2** (animal) Que no es doméstico: *hay una manada de caballos cerriles en el monte.* **3** *fig.* Que tiene malos modos o que es poco educado; que tiene poca cultura: *es demasiado ~ para comportarse adecuadamente en público.* ⇒ **tosco. 4** *fig.* Que se mantiene excesivamente firme en sus ideas, intenciones u opiniones: *no quiero seguir discutiendo contigo hasta que cambies esa actitud ~.*

ce·rro |θéro| ***m.*** Elevación de terreno de menor altura que una montaña: *en lo alto del ~ se ven las ruinas de un viejo castillo.* ⇒ **colina, collado, mogote.** ■ **irse por los cerros de Úbeda,** *fam.*, alejarse del asunto del que se está hablando: *cuando le hablo de este asunto, siempre se va por los cerros de Úbeda.* ⇒ **divagar.**

ce·rro·jo |θeróxo| ***m.*** Barra de hierro que pasa a través de unas anillas y que sirve para cerrar una puerta, una ventana u otra cosa: *echo el ~ antes de irme a la cama; no puedo entrar en casa porque el ~ está echado.* ⇒ **pestillo.**

cer·ta·men |θertámen| ***m.*** Prueba cultural en la que los participantes intentan conseguir un premio: *se ha convocado un ~ sobre literatura infantil; presentó al ~ un estudio sobre el medio ambiente.*

cer·te·⌈ro, ⌈ra |θertéro, ra| **1** ***adj.*** *form.* Que acierta y es seguro: *el tirador le alcanzó el corazón con un disparo ~.* **2** *form.* Que es o está en lo cierto; que no es o no está equivocado: *la certera respuesta del niño dejó asombrado a todo el mundo; es ~ en sus movimientos.* ⇔ **erróneo.**

cer·te·za |θertéθa| ***f.*** Conocimiento seguro de una cosas: *tengo la ~ de que llegará a tiempo; todavía no se conoce con ~ quién es el autor de la novela.* ⇒ **evidencia.**

cer·ti·dum·bre |θertiðúmbre| ***f.*** *form.* Conocimiento seguro de las cosas: *no tengo ninguna ~ de que lo que dices es cierto.* ⇒ **certeza.** ⇔ **incertidumbre.**

cer·ti·fi·ca·ción |θertifikaθión| **1** ***f.*** Acción y resultado de *certificar: *no se procederá a la ~ de los estudios hasta que se hayan aprobado todas las asignaturas.* **2** Documento en el que se afirma o da por verdadero un hecho: *cuando acabemos el curso de primeros auxilios nos darán una ~ de asistencia.* ⇒ **certificado.**

cer·ti·fi·ca·⌈do |θertifikáðo| **1** ***adj.-s.*** (envío *postal) Que se manda por correo, quedando asegurada su llegada al punto de destino: *va a mandar una carta certificada a Córdoba; hemos recibido un paquete ~ de Lérida.* **- 2** ***m.*** Documento en el que se afirma o da por verdadero un hecho: *para este trabajo sólo van a pedir un ~ de escolaridad; el médico firmó el ~ de defunción; al comprar el secador nos dieron en la tienda el ~ de garantía.* ⇒ **certificación.**

cer·ti·fi·car |θertifikár| **1** ***tr.*** [algo] Afirmar o dar por verdadero: *el médico certificó la enfermedad de Antonio.* ⇒ **legalizar. 2** Recibir un resguardo del

CERROJO

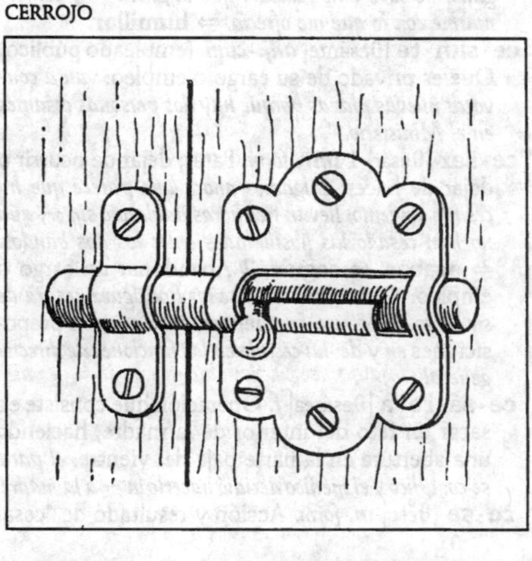

servicio de correos por el que se asegura la llegada de un envío a su destino: *me gustaría ~ esta carta porque no quiero que se pierda.* ⌂ Se conjuga como 1.

ce·ru·men |θerúmen| ***m.*** Cera que se forma en los oídos: *se le ha formado un tapón de ~ en el oído derecho.*

cer·van·ti·⌜no, ⌜na |θerβantíno, na| ***adj.*** De Miguel de Cervantes o que tiene relación con él: *hace poco tiempo se ha creado un centro dedicado a estudios cervantinos.*

cer·van·tis·ta |θerβantísta| ***adj.-com.*** (persona) Que se dedica a estudiar la figura y las obras de Miguel de Cervantes: *la conferencia del ~ famoso ha sido muy interesante.*

cer·va·to |θerβáto| ***m.*** Cría del *ciervo, menor de seis meses: *Bambi era un ~ que perdió a su mamá.*

cer·ve·ce·rí·a |θerβeθería| **1** ***f.*** Establecimiento en el que se sirve y se toma *cerveza y otras bebidas: *he quedado con Enrique para tomar algo en la ~ de la esquina; las cervecerías no cierran los domingos.* ⇒ **bar.** **2** Fábrica de *cerveza: *Domínguez es dueño de la mitad de las cervecerías del país.*

cer·ve·za |θerβéθa| ***f.*** Bebida alcohólica que se consigue por *fermentación de los cereales, especialmente de la *cebada: *a Merche no le gusta la ~; en el bar tienen ~ de botella y ~ de barril; la ~ negra se llama así por su color oscuro.*

cer·vi·cal |θerβikál| **1** ***adj.-f.*** Del cuello o que tiene relación con él: *en el accidente se dio un fuerte golpe en la zona ~; este tipo de asiento evita los golpes en la ~.* **- 2 cervicales** ***f. pl.*** Huesos pequeños que forman el cuello de los animales vertebrados: *esta mañana me he levantado con dolor de cervicales.*

cér·vi·⌜do, ⌜da |θérβiðo, ða| ***adj.-m.*** ZOOL. (animal) Que es mamífero, con cuernos divididos en ramas que se renuevan cada año y que se alimenta de vegetales: *el ciervo y el reno son cérvidos.*

cer·viz |θerβíθ| ***f.*** ANAT. Parte posterior del cuello: *la ~ de la mayoría de los mamíferos está formada por siete vértebras.* ■ **bajar/doblar la ~**, someterse, tener una actitud de inferioridad: *a pesar de mi orgullo, no tuve más remedio que bajar la ~ y conformarme con lo que me ofrecía.* ⇒ **humillar.**

ce·san·te |θesánte| ***adj.-com.*** (empleado público) Que es privado de su cargo o empleo: *van a convocar nuevas plazas porque hay dos personas cesantes en el Ministerio.*

ce·sar |θesár| **1** ***intr.*** *form.* Parar; dejar de ocurrir o dejar de hacer: *salgamos ahora que parece que ha cesado el viento; llevan tres horas hablando sin ~; aún no han cesado las hostilidades entre los dos bandos.* ⇒ **acabar.** ⇔ **seguir.** **2** Abandonar un cargo o empleo: *desde mañana el señor Rodríguez cesará de su cargo.* ⌂ Se usa frecuentemente con las preposiciones *en* y *de*: *ha cesado en las funciones de director general.*

ce·sá·re·a |θesárea| ***f.*** Operación que consiste en sacar un feto del interior de la madre, haciendo una abertura en la parte baja del vientre: *el parto se complicó y el médico decidió hacerle la ~ a la madre.*

ce·se |θése| ***m.*** *form.* Acción y resultado de *cesar en un cargo o empleo: *desde que se produjo su ~ es una persona diferente.* ■ **dar el ~**, hacer que una persona abandone su cargo o empleo: *no se sabe si Pío dimitió o si le dieron el ~.*

ce·sión |θesión| **1** ***f.*** DER. Renuncia a una cosa en favor de otra persona: *en mayo de 1977 se produjo la ~ de los derechos de la Monarquía española por parte de Don Juan en la persona de su hijo.* **2** Acción de *ceder: *la ~ de los bienes personales a esa empresa ha sido ilegal.* ⇒ **transferencia, transmisión.**

cés·ped |θéspeᵈ| **1** ***m.*** Hierba corta y abundante que cubre el suelo: *en el parque hay un cartel en el que pone* prohibido pisar el ~. ⇒ **verde.** **2** *p. ext.* Terreno de juego de ciertos deportes: *los jugadores de rugby saltaron al ~ y lucharon por la victoria; el futbolista ha lanzado el balón fuera del ~.*

ces·ta |θésta| **1** ***f.*** Recipiente de material flexible que sirve para llevar objetos: *echa la camisa en la ~ de la ropa sucia; se han caído por el suelo las naranjas de la ~; Bárbara lleva una ~ de huevos bajo el brazo.* ⇒ **canasta, canasto, cesto; ~ de la compra**, conjunto de alimentos y productos que consume cada día una familia; precio de ese conjunto: *la escasez de azúcar se ha dejado notar en la ~ de la compra; la ~ de la compra se encarece año tras año.* **2** *Aro grande con una red a su alrededor por el que hay que meter la pelota en el juego del *baloncesto: *algunos jugadores son tan altos que casi tocan la ~ con la cabeza; lanzó el balón tres veces, pero no entró en la ~.* ⇒ **canasta.**

ces·te·rí·a |θestería| **1** ***f.*** Establecimiento en el que se hacen y venden *cestos y otras cosas de *mimbre: *hemos comprado unas sillas de mimbre en la ~.* **2** Arte de hacer *cestos y *cestas: *han estado en un pueblecito muy conocido por su cerámica y ~.*

ces·to |θésto| ***m.*** Recipiente de material flexible, generalmente más grande que una *cesta: *el panadero transportaba el pan en el ~.* ⇒ **cesta.** ■ **echar/tirar al ~ de los papeles**, *fam.*, no ad-

CESTA

mitir una cosa que no vale o no interesa: *tus consejos los echo al ~ de los papeles.*

ce·su·ra |θesúra| ***f.*** POÉT. Corte o pausa exigida por el ritmo que divide un verso en dos partes: *los versos de este poema épico tienen dos partes separadas por una ~.*

ce·ta |θéta| ***f.*** Nombre de la letra *z*: *la palabra* zapato *se escribe con ~.* ⇒ **zeta.** ☖ La Real Academia Española prefiere la forma *zeta.*

ce·tá·ce·⌐o, ⌐a |θetáθeo, a| ***adj.-m.*** ZOOL. (animal) Que es mamífero marino con forma de pez de gran tamaño, con la piel lisa, que puede aguantar mucho tiempo bajo el agua y se alimenta de carne y pequeños organismos marinos: *la ballena y el defín son cetáceos.*

ce·tre·rí·a |θetrería| ***f.*** Arte de criar, enseñar y cuidar las aves para la caza: *las aves rapaces eran habitualmente usadas en la ~.*

ce·tre·ro |θetréro| ***m.*** Persona que practica el arte de criar, enseñar y cuidar aves para la caza: *los cetreros amaestraban los halcones que utilizaba el rey para la caza.*

ce·tri·⌐no, ⌐na |θetríno, na| ***adj.*** De color amarillo verdoso: *Pedro es aquel del fondo, el de rostro ~.*

ce·tro |θétro| ***m.*** Vara de metal usada por los reyes como símbolo de su poder: *el emperador llevaba en su mano derecha un ~ adornado con piedras preciosas.* ■ **empuñar el** ~, mandar con autoridad; gobernar: *ante aquella situación, el director no tuvo más remedio que empuñar el ~.*

ceu·tí |θeutí| **1** ***adj.*** De Ceuta o que tiene relación con Ceuta: *el territorio ~ fue conquistado en el siglo* XV. **- 2** ***com.*** Persona nacida en Ceuta o que vive habitualmente en Ceuta: *los ceutíes se dedican principalmente al comercio* ☖ El plural es *ceutíes.*

ch ***f.*** Letra doble que representa el sonido consonántico *palatal *sordo: chocolate *se escribe con ~.*

cha·ba·ca·ne·rí·a |tʃaβakanería| **1** ***f.*** *form.* Falta de buen gusto o vulgaridad: *la ordinariez y la ~ son propios de su comportamiento.* **2** Acción o dicho falto de buen gusto o vulgar: *¡deja de decir chabacanerías, que vas a estropear la fiesta!*

cha·ba·ca·⌐no, ⌐na |tʃaβakáno, na| ***adj.*** *form.* Que no tiene buen gusto; que es vulgar: *es un hombre ~ y de costumbres toscas; este escritor no me gusta porque su lenguaje es ~.* ⇒ **ordinario.**

cha·bo·la |tʃaβóla| ***f.*** Casa construida con materiales de poco valor: *hay un barrio de chabolas construidas con cartones y uralitas en las afueras de la ciudad; las chabolas no reúnen unas condiciones mínimas para poder vivir en ellas.*

cha·cal |tʃakál| ***m.*** Animal mamífero, parecido al perro pero salvaje, que se alimenta de carne: *el ~ vive en manadas y se alimenta de la carne de animales muertos; el ~ y el lobo son animales de la misma familia.* ☖ Para indicar el sexo se usa el ~ macho y el ~ hembra.

cha·cha |tʃátʃa| **1** ***f.*** *fam.* Mujer que se dedica a cuidar niños que no son suyos: *tenemos que contratar una ~ que se haga cargo de nuestros niños.* **2** *fam. p. ext.* Mujer que se dedica a realizar los trabajos domésticos a cambio de dinero: *¿te has enterado de que Valentina está de ~ en casa de los Pérez?* ⇒ **asistenta, criado, empleado, sirviente.**

cha·cha·chá |tʃatʃatʃá| **1** ***m.*** Baile rápido y moderno que procede de Cuba: *salió a la pista a bailar el ~.* **2** Música y ritmo de ese baile: *la orquesta tocó un ~ para animar al público a bailar.*

chá·cha·ra |tʃátʃara| ***f.*** *fam.* Conversación sobre temas sin importancia: *dejad ya la ~, que tenemos mucho trabajo que hacer.*

cha·ci·na |tʃaθína| ***f.*** Carne de cerdo preparada para hacer *embutidos: *trae la ~ y haremos los chorizos.*

cha·co·ta |tʃakóta| ***f.*** Fiesta o alegría de un grupo de personas: *estuvimos toda la noche de ~.* ⇒ **broma.** ■ **tomar a** ~, dar poca importancia o considerar en poco una cosa: *los directivos de la empresa se tomaron a ~ mi proyecto y no lo aprobaron.* ⇒ **broma.**

cha·far |tʃafár| **1** ***tr.-prnl.*** [algo] Aplastar o estropear, especialmente una cosa que está levantada: *el elefante chafó el sombrero al pisarlo con su enorme pata; ¡vaya!, se me ha chafado el peinado al ponerme la gorra; el vestido es tan delicado, que se chafa cada vez que te sientas.* **2** *fig.* Estropear o echar a perder, especialmente un proyecto: *este frío me ha chafado mis planes de ir de excursión.* **3** *fam. fig.* [a alguien] Hacer callar a una persona en una conversación, dejarla sin saber cómo reaccionar: *en cuanto Luisa entró en la charla, chafó por completo a Felipe.*

cha·flán |tʃaflán| ***m.*** Cara o superficie plana y estrecha que une otras dos superficies más grandes que no llegan a encontrarse para formar una esquina: *la puerta principal del edificio está en el ~ de la manzana.*

chai·ra |tʃáira| **1** ***f.*** *fam. vulg.* Cuchillo cuya hoja puede doblarse para guardar el filo dentro del mango: *escondió la ~ bajo la faja.* ⇒ **navaja. 2** Cuchilla que sirve para cortar el cuero: *el zapatero afiló la ~ para cortar bien la suela del zapato.* **3** Cilindro de metal que sirve para afilar los cuchillos y otros instrumentos cortantes: *ayer me prestaron una ~ para afilar los cuchillos de cocina.*

chal |tʃál| ***m.*** Prenda de vestir que se ponen las mujeres sobre los hombros: *mi abuela tiene un ~ de lana que se pone en invierno; la modelo luce un vestido y un ~ de seda negro.*

cha·la·⌐do, ⌐da |tʃaláðo, ða| **1** ***adj.-s.*** *fam.* (persona) Que ha perdido el juicio: *¡esta criatura está chalada, habla continuamente con su perro!; estás ~ si crees que voy a hacer lo que tú me mandes.* ⇒ **chiflado. 2** *fam.* (persona) Que le gusta mucho una persona o cosa: *Mercedes está chalada por Jesús; Federico está ~ por la natación.*

cha·lar |tʃalár| **1** ***tr.-prnl.*** *fam.* [a alguien] Hacer que una persona pierda el juicio: *me chalan los bombones.* ⇒ **enloquecer. - 2 chalarse** ***prnl.*** *fam.* Gustar mucho una persona o cosa: *Arturo se chaló por Elisa.*

cha·lé |tʃalé| ***m.*** Vivienda aislada y con jardín para una sola familia: *los chalés suelen tener varias plantas; me gustaría poder comprarme un ~ cerca de la playa.* ⇒ **chalet.** ☖ El plural es *chalés.*

cha·le·co |tʃaléko| ***m.*** Prenda de vestir sin mangas que llega hasta la cintura, especialmente la que se pone encima de la camisa: *el traje está formado por ~, chaqueta y pantalón; esta temporada se van a llevar mucho los chalecos de colores claros;* ~ **antibalas**, el que sirve para protegerse contra las balas: *el detective privado pudo salvar su vida gracias al ~ antibalas que llevaba;* ~ **salvavidas**, el que sirve para mantenerse flotando en el agua: *los supervivientes del naufragio tenían puestos los chalecos salvavidas.*

cha·let |tʃaléᵗ| ***m.*** ⇒ **chalé.** ☖ La Real Academia Española prefiere la forma *chalé.*

cha·lu·pa |tʃalúpa| ***f.*** Embarcación pequeña, con una cubierta y dos palos para las velas: *es una locura que intentes dar la vuelta al mundo en una ~.* ⇒ **bote.**

cha·ma·rra |tʃamár̄a| ***f.*** Prenda de vestir de abrigo, hecha de piel con su lana o pelo, que cubre el cuerpo hasta las rodillas: *el pastor lleva sobre los hombros una gruesa ~.* ⇒ **zamarra, pelliza.**

cham·ba |tʃámba| ***f.*** *fam.* Situación o circunstancia buena que ocurre por azar: *le han dado permiso para salir: ¡vaya ~!* ⇒ **chiripa, suerte.**

cham·ber·go |tʃambérɣo| ***m.*** *fam.* Prenda de vestir, generalmente de abrigo: *salió a la calle con un ~ y una bufanda.*

cha·mi·zo |tʃamíθo| **1** ***m.*** Árbol o madero medio quemado: *sólo quedaban algunos chamizos en la chimenea.* **2** Casa pequeña y sencilla con techo de ramas: *construyeron un ~ para refugiarse de la intemperie.* ⇒ **cabaña, choza. 3** *fam. fig.* Vivienda pobre, sucia y desordenada: *con su sueldo, sólo puede pagarse un ~ a las afueras de la ciudad.*

cham·pán |tʃampán| ***m.*** Vino blanco con burbujas que procede de Francia: *en el fin de año brindarán con ~; descorchó la botella y se bebió todo el ~.* ⇒ **cava, champaña.**

cham·pa·ña |tʃampáɲa| ***m.*** ⇒ **cava, champán.** ☖ La Real Academia Española prefiere la forma *champán.*

cham·pi·ñón |tʃampiɲón| ***m.*** Hongo comestible con forma de sombrero sostenido por un pie, de forma redondeada y de color claro: *le encanta el ~ con jamón; el ~ se cría en sitios húmedos.* ⇒ **seta.**

cham·pú |tʃampú| ***m.*** Jabón líquido que se usa para lavar el pelo: *necesito un ~ que pueda quitar la caspa.* ⇒ **gel.** ☖ El plural es *champús.*

cha·mus·car |tʃamuskár| ***tr.-prnl.*** [algo] Quemar la parte exterior: *se ha chamuscado un poco el pollo; se chamuscó el bigote por acercar demasiado la llama del mechero.*

CHALUPA

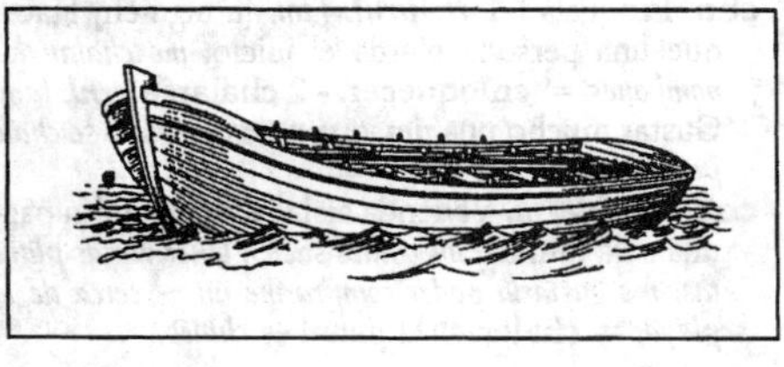

cha·mus·qui·na |tʃamuskína| ***f.*** Acción y resultado de quemar o *chamuscar: *juntaron unos papeles, los prendieron y organizaron una ~.* ■ **oler a ~**, *fam.*, sospechar que una cosa va a acabar mal: *me huele a ~ que el médico no me haya querido dar el resultado de los análisis.*

chan·chu·llo |tʃantʃúʎo| ***m.*** *fam.* Acción que no está permitida y que se hace para sacar provecho: *hizo un ~ para conseguir ese puesto de trabajo; Raúl siempre anda metido en chanchullos raros.* ⇒ **apaño, embrollo.**

chan·cla |tʃáŋkla| **1** ***f.*** Zapato viejo con el talón caído y aplastado por el uso: *deberías tirar ya esas chanclas y comprarte unos zapatos nuevos.* **2** Zapato que no cubre el pie, formado por una superficie de goma y dos tiras: *las chanclas se pueden usar para ir a la playa.* ⇒ **chancleta.**

chan·cle·ta |tʃaŋkléta| ***f.*** Zapato que no cubre el pie, formado por una superficie de goma y dos tiras: *se puso las chancletas antes de salir a la calle; he perdido las chancletas en la piscina.* ⇒ **chancla.** ■ **en chancletas**, con el talón del zapato doblado o caído: *has estropeado las zapatillas por llevarlas siempre en chancletas.*

chan·cle·te·ar |tʃaŋkleteár| ***intr.*** Hacer ruido al andar con unas *chancletas: *se la oía ~ cada vez más fuerte a medida que se acercaba por el pasillo.*

chan·clo |tʃáŋklo| ***m.*** Zapato de madera que se pone sobre otro, y que se usa para pisar sobre el barro: *en lugares de clima húmedo la gente se pone chanclos para proteger sus zapatos.*

chán·dal |tʃándal| ***m.*** Prenda de vestir formada por unos pantalones y una *chaqueta, que se usa para hacer deporte: *Sonia se ha puesto el ~ y las zapatillas de deporte para hacer gimnasia.* ☖ El plural es *chándales.*

chan·que·te |tʃaŋkéte| ***m.*** Pez marino comestible, de cuerpo pequeño y alargado: *el ~ es parecido en tamaño a la cría del boquerón; los pescadores recogieron una gran cantidad de chanquetes.* ☖ Para indicar el sexo se usa el ~ macho y el ~ hembra.

chan·ta·je |tʃantáxe| ***m.*** Amenaza o presión con la que se obliga a obrar a una persona de una manera determinada para sacar provecho: *el banquero ha sido víctima de un ~; ha conseguido que trabajemos gratis recurriendo a un sucio ~.*

chan·ta·jis·ta |tʃantaxísta| ***com.*** Persona que amenaza o presiona a otra para sacar provecho de ella: *el ~ dijo que mataría al niño si no le entregaban diez millones de pesetas.*

chan·za |tʃánθa| ***f.*** Obra o dicho que tiene gracia o que hace reír: *siempre está con chanzas y chistes.* ⇒ **broma.**

cha·pa |tʃápa| **1** ***f.*** Superficie delgada y lisa, generalmente de madera o metal: *hay que poner una ~ nueva en la puerta; trajeron unas chapas de metal para cubrir las ventanas.* **2** Trozo de metal delgado y blando que se ajusta a la boca de una botella para cerrarla: *necesito un abridor para quitar la ~.* **3** *fam.* Placa de metal que demuestra que se pertenece a un grupo o que se tiene una profesión, especialmente la de los *policías: *les enseñó la ~ y les dijo* *que estaban detenidos.* **- 4 chapas** ***f. pl.*** Juego en el que los niños se sirven de los trozos de metal delgado y blando que cierran las botellas: *se pasa el día jugando a las chapas en la calle.*

cha·par |tʃapár| **1** ***tr.*** [algo] Cubrir con una capa de metal precioso: *este reloj está chapado en oro.* **2** Cubrir una superficie con una chapa: *chaparon una parte del tejado para evitar las goteras.* **3** *fam.* Preparar o estudiar un asunto o una materia: *dice que tiene que ~ bien las últimas lecciones porque mañana tiene el examen final.*

cha·pa·rral |tʃapar̄ál| ***m.*** Lugar donde crecen muchos *chaparros: *fuimos a cazar conejos a un ~.*

cha·pa·⌐rro, ⌐rra |tʃapár̄o, r̄a| **1** ***adj.-s.*** *fig.* (persona) Que está grueso y tiene poca altura: *Luisa es un poco chaparra, se parece en eso a su padre.* **- 2** ***m. f.*** Planta de *encina o *roble, con muchas ramas y poca altura: *los niños estaban jugueteando en el campo y se escondieron tras un ~.*

cha·pa·rrón |tʃapar̄ón| **1** ***m.*** Lluvia muy intensa y de corta duración: *nos cayó encima un ~ que nos caló hasta los huesos; en verano caen algunos chaparrones, pero pasan enseguida.* ⇒ **tromba. 2** *fig.* Abundancia de cosas: *tan pronto como acabó su intervención, le cayó un ~ de preguntas que no supo responder.* ⇒ **aluvión.**

cha·pe·la |tʃapéla| ***f.*** Prenda de vestir, de lana o paño, flexible, redonda y de una sola pieza, con el ala muy ancha, que cubre la cabeza: *la ~ es la boina típica del País Vasco.* ⇒ **boina.**

cha·pis·ta |tʃapísta| ***com.*** Persona que se dedica a trabajar la chapa: *el ~ está arreglando la carrocería del coche; en el periódico hemos leído un anuncio en el que piden chapistas con experiencia.*

cha·pi·tel |tʃapitél| **1** ***m.*** ARQ. Estructura con forma de *pirámide que se construye sobre una torre: *sobre el ~ pusieron una cruz.* **2** ARQ. Torre cubierta por una estructura con forma de *pirámide: *desde muy lejos se veía el ~ de la iglesia.*

cha·po·te·ar |tʃapoteár| ***intr.-tr.*** [algo] Agitar los pies o las manos en el agua o en la tierra húmeda produciendo ruido: *los niños chapotean en la piscina; los cascos de los caballos chapoteaban en el lodo.*

cha·po·te·o |tʃapotéo| ***m.*** Acción y resultado de *chapotear: *se oía el ~ de las mujeres que lavaban en el río.*

cha·pu·ce·⌐ro, ⌐ra |tʃapuθéro, ra| **1** ***adj.-s.*** (persona) Que hace las cosas sin tener cuidado: *¡qué chapucera eres, parece que has hecho el dibujo con los pies!; este fontanero es un ~, ha dejado los grifos igual que estaban.* ⇒ **chapuza. - 2** ***adj.*** Que se ha hecho sin cuidado: *¡qué representación tan chapucera, ni siquiera han maquillado a los actores!; su español es un tanto ~, pero se le puede entender.*

cha·pu·rre·ar |tʃapur̄eár| ***tr.-intr.*** [algo] Hablar con dificultad una lengua, especialmente si es extranjera: *cuando llegó, sólo chapurreaba un poco de español y ahora habla bastante bien; mi niño ya empieza a ~.* ⇒ **balbucear, balbucir.**

cha·pu·rre·o |tʃapur̄éo| ***m.*** Manera de hablar del que *chapurrea: *no puedo entender su ~.*

cha·pu·za |tʃapúθa| **1** ***f.*** Trabajo hecho sin cuidado: *este examen está lleno de tachones y faltas de ortografía, es una auténtica ~; si trabajamos deprisa, es lógico que el resultado sea una ~.* **2** Trabajo de poca importancia que se hace ocasionalmente: *los fines de semana hace algunas chapuzas como complemento a su trabajo en la fábrica; Gonzalo está haciendo una ~ en la cocina de sus vecinos.* **- 3 chapuzas** ***com.-pl.*** *fam.* Persona que hace las cosas sin tener cuidado: *Manolo me ha dejado el salón hecho un asco, no sabía que era tan chapuzas.* ⇒ **chapucero.** ☖ No cambia su forma por el género o el número: *las baldosas que se mueven las han debido poner unos albañiles chapuzas; no he conocido a unas peluqueras tan chapuzas como Montse y Laura.*

cha·pu·zar |tʃapuθár| ***tr.-intr.-prnl.*** [algo, a alguien] Meter en el agua de golpe: *le quisieron gastar una broma y lo chapuzaron en la fuente; el pato se chapuzó la cabeza y la sacó rápidamente.* ☖ Se conjuga como 4.

cha·pu·zón |tʃapuθón| ***m.*** Baño que consiste en meterse en el agua de golpe: *me voy a dar un ~ en la piscina y enseguida vuelvo.*

cha·qué |tʃaké| ***m.*** Prenda de vestir masculina, con mangas y con la parte de atrás en forma de cola y abierta, que se usa en fiestas y ocasiones importantes: *si tienes que vestir de etiqueta, debes ponerte un ~.* ⇒ **frac.** ☖ El plural es *chaqués.*

cha·que·ta |tʃakéta| **1** ***f.*** Prenda de vestir hecha de tejido fuerte, con mangas largas, botones por delante y que llega más abajo de la cintura: *ponte la ~, que hace fresco; esta ~ azul hace juego con los pantalones vaqueros.* ⇒ **americana. 2** Prenda de vestir de punto de lana o algodón, abierta por delante y con botones, que cubre la parte superior del cuerpo: *he salido de paseo con la ~ porque hace algo de frío.* ⇒ **rebeca.** ■ **cambiar de ~,** *fam.*, cambiar unas creencias u opiniones que se tienen, especialmente políticas, por otras: *ese político ha cambiado de ~ tres veces en tres años.* ■ **ser más vago que la ~ de un guarda,** *fam.*, no gustar nada el trabajo; no trabajar nada: *nunca estudia, es más vago que la ~ de un guarda.*

cha·que·te·ar |tʃaketeár| ***intr.*** Cambiar unas creencias u opiniones que se tienen, especialmente políticas, por otras: *en la política actual se chaquetea con frecuencia.*

cha·que·te·⌐ro, ⌐ra |tʃaketéro, ra| ***adj.-s.*** (persona) Que cambia de opinión o de *bando para satisfacer sus propios intereses; que no es fiel a una idea o un equipo: *los políticos chaqueteros son los que cambian de partido para obtener un beneficio.*

cha·que·tón |tʃaketón| ***m.*** Prenda de vestir de abrigo más larga que una *chaqueta: *hay que ponerse el ~, que comienza a hacer frío; he visto unos chaquetones de piel preciosos; los chaquetones son más cortos que los abrigos.*

cha·ra·da |tʃaráða| ***f.*** Pasatiempo en el que se tiene que adivinar una palabra a partir de su significado y sus sílabas: *en mis ratos de tiempo libre me gusta resolver charadas; los crucigramas y las charadas son acertijos.*

cha·ran·ga |tʃaráŋga| ***f.*** Banda de música de carácter popular y festivo que tiene sólo instrumentos de viento y de percusión: *en los carnavales la calle se llena de charangas y de gente disfrazada.*

char·ca |tʃárka| *f.* Agua acumulada en un terreno de forma natural o artificial: *el caballo está bebiendo agua de la ~; vamos a la ~ a coger ranas.* ⇒ **balsa, poza.**

char·co |tʃárko| *m.* Pequeña cantidad de un líquido, generalmente de agua, que queda en un agujero de la tierra: *con las lluvias ese camino se llena de charcos; ¡ten cuidado y no pises el ~!; se ha caído el vaso de cerveza y se ha formado un ~ en el suelo.* ■ **cruzar/pasar el** ~, *fam.*, atravesar el mar, especialmente el *océano Atlántico: *voy a cruzar el ~ por primera vez, voy de vacaciones a Argentina.*

char·cu·te·rí·a |tʃarkutería| *f.* Establecimiento en el que se venden *embutidos y otros alimentos derivados del cerdo: *vengo de la ~ de comprar chorizo y jamón york; la ~ de Ramón es la más barata del barrio.*

char·cu·te·⌜ro, ⌜ra |tʃarkutéro, ra| *m. f.* Persona que se dedica a vender *embutidos y otros alimentos derivados del cerdo: *el ~ me ha dicho que este chorizo es el mejor que tiene.*

char·la |tʃárla| **1** *f. fam.* Discurso ante un público sobre un tema determinado: *la ~ es una conferencia poco formal; ha dado una ~ sobre la vida de los elefantes africanos.* **2** Conversación que no tiene un fin determinado, sobre temas poco importantes: *como no teníamos nada que hacer, estuvimos de ~ una hora entera.* **3** *fam.* Conversación en la que se desaprueba el modo de obrar de una persona: *su abuela le dio la ~ porque llevaba tres años sin pisar la iglesia.* ☐ Se construye con verbos como *echar* o *dar*: *¡vaya ~ me han echado en casa por haber suspendido cuatro asignaturas!*

char·lar |tʃarlár| *intr. fam.* Hablar sin un fin determinado o sobre temas poco importantes: *Matilde charla con el camarero mientras espera a su amiga; estuvieron charlando hasta medianoche; temo encontrarme con Fernando porque charla y charla sin parar.* ⇒ **conversar, dialogar.**

char·la·⌜tán, ⌜ta·na |tʃarlatán, tána| **1** *adj.-s.* (persona) Que habla mucho y sin un fin determinado: *Pilar es muy charlatana.* **2** (persona) Que cuenta cosas que no debería contar: *no seas tan ~ y no vayas contando secretos.* **- 3 charlatán** *m.* Persona que vende productos en la calle anunciándolos a voces y hablando sin parar sobre ellos: *el ~ ha conseguido vender diez peines en cinco minutos; ya no quedan muchos charlatanes.*

cha·rol |tʃaról| *m.* Cuero cubierto por una sustancia brillante y permanente: *he comprado a la niña unos zapatos de ~.* ■ **darse** ~, *fam.*, alabarse uno mismo: *¡cómo le gusta a Enrique darse ~!*

cha·rre·te·ra |tʃar̄etéra| **1** *f.* Pieza de plata, oro o *seda, que se coloca en los hombros de los uniformes militares como señal de *gala o de valor: *la ~ lleva un fleco colgando.* **2** Pieza elástica que se pone en la pierna para sujetar la media o el *calcetín: *la ~ era una liga con una hebilla que se ponían los hombres para que no se les cayeran los calcetines.*

chas·car |tʃaskár| *tr.-intr.* [algo] Dar *chasquidos: *la madera chasca cuando se quema; chascó la lengua para animar al caballo.* ⇒ **chasquear.** ☐ Se conjuga como 1.

chas·ca·rri·llo |tʃaskar̄íʎo| *m. fam.* Historia corta o juego de palabras que hace reír: *contó unos cuantos chascarrillos para animar la reunión.* ⇒ **broma, chiste.**

chas·co |tʃásko| *m.* Decepción que causa un hecho que ocurre de manera contraria a la que se esperaba: *mi novia no vino a la cita y me llevé un ~; ¡qué ~ se llevaron todos cuando dijo que cada uno pagaría su cena!; le ha dado un buen ~ al no invitarle a su boda.* ☐ Suele construirse con verbos como *dar* o *llevarse.*

cha·sis |tʃásis| *m.* Armazón sobre la que se sostiene la estructura de un vehículo: *este coche tiene mejor ~ que los de los que se vendían hace unos años; los ~ de los coches de carreras son muy ligeros.* ■ **estar/quedarse en el** ~, *fam.*, estar muy delgado; haber perdido mucho peso: *gracias al régimen que está siguiendo Lola, se está quedando en el ~.* ⇒ **hueso.** ☐ El plural es *chasis.*

chas·que·ar |tʃaskeár| *tr.-intr.* [algo] Dar *chasquidos: *la madera del baúl chasquea porque está muy seca; chasqueó los dedos para llamar la atención del bebé; el domador hizo ~ su látigo al sacudirlo en el aire.* ⇒ **chascar.**

chas·qui·do |tʃaskíðo| **1** *m.* Sonido seco que se produce cuando se rompe o parte una cosa, especialmente la madera: *la rama del árbol dio un ~ y se rompió; se oyen los chasquidos de la leña al quemarse en la chimenea.* **2** Sonido que se hace al separar con rapidez la lengua del paladar: *se puso a dar chasquidos cuando más silencio había en el teatro.* **3** Sonido parecido al que se produce cuando se rompe o parte una cosa o al que se hace al separar la lengua del paladar: *he oído un ~ debajo de la cama.*

cha·ta·rra |tʃatár̄a| **1** *f.* Conjunto de trozos o de objetos de metal viejo, especialmente de hierro: *han convertido el coche en ~; hemos encontrado una lavadora entre la ~.* **2** *fam.* Máquina, aparato o mecanismo, especialmente el que está viejo y funciona mal: *este coche es una ~.* ⇒ **cacharro. 3** *fam.* Objeto que no sirve para nada o que no tiene valor: *este reloj es una ~, siempre está estropeado.* **4** *fam.* Conjunto de monedas de metal de poco valor: *llevo un montón de ~ en el monedero; Carmen me ha pagado la fruta con toda la ~ que llevaba.*

cha·ta·rre·⌜ro, ⌜ra |tʃatar̄éro, ra| *m. f.* Persona que se dedica a comprar y vender *chatarra: *el ~ ha pasado por mi calle para recoger utensilios de hierro que no sirven.*

cha·⌜to, ⌜ta |tʃáto, ta| **1** *adj.-s.* Que tiene la nariz aplastada: *el día de su cumpleaños le regalaron un perrito ~; ¿quién te ha dicho que Pinocho es ~?* ☐ Se usa como apelativo afectivo: *anda, ~, alcánzame la sal; hasta pronto, chata, me alegro de haberte visto.* **2** (nariz) Que tiene forma aplastada: *Ester tiene la nariz pequeña y chata.* **3** Que tiene menos altura de la normal: *no me gusta este jarrón, es demasia-*

do ~. **4** Que no tiene calidad: *este mueble está hecho con madera muy chata.* **- 5 chato** ***m.*** *fam.* Vaso ancho y bajo, especialmente de vino: *el tabernero sirvió los chatos a sus clientes; se ha tomado dos chatos de vino con el plato de garbanzos.*

chau·vi·nis·mo |tʃoβinísmo| ***m.*** Preferencia excesiva por lo nacional frente a lo extranjero: *el ~ impide que se aprenda de los países del entorno.* ⇒ **chovinismo.** ⌂ Esta palabra procede del francés. La Real Academia Española prefiere la forma *chovinismo.*

chau·vi·nis·ta |tʃoβinísta| ***adj.-com.*** (persona) Que prefiere y alaba excesivamente lo nacional frente a lo extranjero: *es tan ~, que cree que cualquier civilización podría desaparecer de la tierra excepto la suya.* ⇒ **chovinista, patriotero.** ⌂ Esta palabra procede del francés. La Real Academia Española prefiere la forma *chovinista.*

cha·⌐val, ⌐va·la |tʃaβál, βála| ***adj.-s.*** *fam.* Persona joven: *los chavales están jugando al fútbol en la calle; ¿conoces a la chavala que está como camarera en esta cafetería?*

cha·ve·ta |tʃaβéta| **1** ***f.*** Clavo que se pone en el agujero de una barra para impedir que se salga lo que la barra sujeta: *la ~ impide que se salga la rueda del eje.* ⇒ **pasador. 2** *fam. hum. fig.* Cabeza de una persona: *este chico está mal de la ~.* ■ **perder la ~,** *fam. fig.*, perder el juicio; volverse *loco: *me parece que has perdido la ~ por esa chica.*

cha·vo |tʃáβo| **1** ***m.*** Moneda de *cobre de valor variable según los países y periodos: *los chavos dejaron de acuñarse a mediados del* XIX. **2** Moneda; dinero: *no tiene ni un ~: ni siquiera puede pagar el alquiler.* ⇒ **perra.**

che·⌐co, ⌐ca |tʃéko, ka| **1** ***adj.*** De la República Checa o que tiene relación con la República Checa: *la artesanía checa es muy apreciada.* **- 2** ***m. f.*** Persona nacida en la República Checa o que vive habitualmente en la República Checa: *los checos y los eslovacos formaban antes una sola nación.* **- 3 checo** ***m.*** Lengua de la República Checa: *el ~ es una lengua eslava.*

che·cos·lo·va·⌐co, ⌐ca |tʃekosloβáko, ka| **1** ***adj.*** De Checolosvaquia o que tiene relación con Checoslovaquia: *el Danubio pasa por territorio ~; Praga era la capital checoslovaca.* **- 2** ***m. f.*** Persona nacida en Checoslovaquia o que vive habitualmente en Checoslovaquia: *la mayoría de los checoslovacos eran católicos.*

che·lín |tʃelín| **1** ***m.*** Unidad de moneda de Austria y otros países: *cuando fuimos de vacaciones a Viena cambiamos pesetas por chelines.* **2** Unidad antigua de moneda de Inglaterra: *veinte chelines equivalían a una libra esterlina.*

che·pa |tʃépa| ***f.*** *fam.* Bulto que sale en la espalda a las personas debido a una desviación de la columna *vertebral: *el anciano caminaba con dificultad y tenía ~.* ⇒ **giba, joroba.**

che·que |tʃéke| ***m.*** Papel con el que se puede retirar del banco una cantidad de dinero de la persona que lo firma: *voy al banco a cobrar un ~ de cien mil pesetas; cogeré mi talonario y te haré un ~ con el dinero que te debo.* ⇒ **talón; ~ al portador**, el que cobra la persona que lo presenta en el banco; **~ cruzado**, el que lleva en la parte posterior dos líneas e indica quién debe cobrarlo: *los cheques cruzados se utilizan para evitar que el dinero se pierda;* **~ de viaje/de viajero**, el que extiende un banco a nombre de una persona: *cuando viajo, prefiero llevar cheques de viaje que dinero;* **~ en blanco**, el que se extiende sin indicar la cantidad de dinero: *no se dio cuenta y me entregó un ~ en blanco;* **~ nominativo**, el que lleva el nombre de la persona que debe cobrarlo: *me paga siempre con ~ nominativo;* **~ sin fondos**, el que no puede cobrarse, por no disponer quien lo ha extendido del dinero necesario: *al ir a cobrar me di cuenta de que me había pagado con un ~ sin fondos.*

che·que·ar |tʃekeár| **1** ***tr.*** [a alguien] Reconocer o examinar el estado de salud de una persona: *el médico chequeaba detenidamente a su paciente.* **2** [algo] Revisar, examinar para comprobar el estado de una cosa: *el técnico ha chequeado la máquina empaquetadora.*

che·que·o |tʃekéo| **1** ***m.*** Reconocimiento médico general del estado de salud de una persona: *no me encuentro bien: voy a ir al especialista para que me haga un ~ completo; deberíamos hacernos al menos un ~ al año para prevenir enfermedades.* **2** *Revisión que se hace para comprobar el estado de una cosa: *haz un ~ al ordenador antes de empezar a trabajar.*

che·que·ra |tʃekéra| **1** ***f.*** Conjunto de *cheques: *cuando se le terminaron los cheques, pidió una ~ nueva a su banco.* ⇒ **talonario. 2** Objeto hecho de un material flexible que sirve para guardar *cheques: *el día de su cumpleaños le regalaron una ~ de piel para que guardara los talonarios de cheques.*

chi·ca·⌐no, ⌐na |tʃikáno, na| ***adj.-s.*** De la comunidad *mejicana que vive en los Estados Unidos de América del Norte, o que tiene relación con ella: *el movimiento ~ lucha por conservar la cultura de los mejicanos; la chicana trabaja como traductora de libros españoles.*

chi·ca·⌐rrón, ⌐rro·na |tʃikarón, róna| ***adj.-s.*** *fam.* (persona) Que tiene poca edad y que está muy crecido y desarrollado: *tus hijos son todos unos chicarrones: han salido a su padre.*

chi·cha |tʃítʃa| **1** ***f.*** *fam.* Carne comestible: *la niña me ha dicho que no quiere comer ~.* ⌂ Se usa en el lenguaje infantil. **2** Bebida alcohólica procedente de América, hecha con *maíz, agua y azúcar: *los ganaderos se sentaron por la noche alrededor del fuego y bebieron ~.*

chi·cha·rra |tʃitʃára| **1** ***f.*** Insecto de color verde oscuro, con cabeza gruesa, ojos salientes y cuatro alas transparentes que produce un sonido *estridente: *el macho de la ~ tiene en la parte posterior del cuerpo unos órganos con los que produce su canto; las chicharras adultas viven sólo un verano.* ⇒ **cigarra. 2** *fam.* Aparato eléctrico que sirve para llamar o avisar produciendo un sonido seco y *estridente: *ha puesto en la puerta de la casa una ~ que produce un sonido insoportable.* **3** Aparato de radio pequeño y de mala calidad: *siempre está con la ~ encendida.* **4** *fam. fig.* Persona que habla mucho: *tu amiga es una ~; habla tanto, que me ha puesto dolor de cabeza.*

chi·cha·rro |tʃitʃáro| ***m.*** Pez marino comestible de cuerpo carnoso y espinas fuertes y agudas a los lados, con la parte superior de color azul: *el ~ es un pescado barato que abunda en el Atlántico; se fue de pesca y trajo varios chicharros.* ⇒ **jurel.** ⌂ Para indicar el sexo se usa el ~ macho y el ~ hembra.

chi·cha·rrón |tʃitʃarón| **1** ***m.*** Restos que quedan al quemar la grasa del cerdo y de otros animales: *después de quemar la grasa recogieron los chicharrones.* **2** *fig.* Carne quemada; alimento quemado: *olvidó que tenía la carne en el horno y sacó un ~.* **- 3 chicharrones** ***m. pl.*** Alimento frío formado por trozos fritos de carne de distintas partes del cerdo: *ha comido un bocadillo de chicharrones; en la charcutería venden chicharrones y otros embutidos.*

chi·chón |tʃitʃón| ***m.*** Bulto que sale en la cabeza a causa de un golpe: *el niño se ha caído de la cuna y se ha hecho un ~.*

chi·cho·ne·ra |tʃitʃonéra| ***f.*** Prenda que se pone en la cabeza y que sirve para protegerla de los golpes: *cuando el niño empezó a andar, sus padres le pusieron una ~; muchos ciclistas usan ~.*

chi·cle |tʃíkle| ***m.*** *Golosina dulce que se mastica: *es de mala educación mascar ~ en la clase; ¿quieres un ~ de menta o de fresa?* ⇒ **goma.**

chi·⌐co, ⌐ca |tʃíko, ka| **1** ***adj.-s.*** (persona) Que tiene poca edad: *tienes que acompañar a tu hermano porque es muy ~.* ⇒ **niño. 2** Que tiene poco tamaño: *ese jersey te queda ~, pruébate uno más grande.* ⇔ **grande. - 3** ***m. f.*** Persona, especialmente si tiene poca edad: *la novia de Juan es una chica simpática; Manuel es un ~ muy tímido.* **- 4 chico** ***m.*** Persona, generalmente de poca edad, que se dedica a hacer *recados: *el ~ de la pescadería nos traerá lo que hemos pedido; he mandado al ~ a cambiar dinero al banco.* **- 5 chica** ***f.*** Mujer que se dedica a hacer los trabajos de la casa: *la ~ viene todos los martes y jueves a limpiar la casa.* ⌂ Se usa como apelativo: *¡~, qué cambiado estás, no te había reconocido!; ¡qué mal carácter tienes, chica!*

chi·fla·⌐do, ⌐da |tʃifláðo, ða| **1** ***adj.-s.*** *fam.* (persona) Que ha perdido el juicio: *Marina está un poco chiflada, dice unas tonterías muy grandes.* **2** *fam.* (persona) Que le gusta mucho una persona o cosa: *cada día estoy más ~ por mi esposa; Rocío está chiflada por la jardinería.*

chi·fla·du·ra |tʃiflaðúra| ***f.*** Pérdida del juicio: *ahora le ha dado la ~ de que quiere meterse monja.*

chi·flar |tʃiflár| **1** ***intr.*** *fam.* Emitir sonidos con un *silbato o imitarlos con la boca: *el público se puso a ~ porque no le gustó el espectáculo; chifla fuerte a ver si te oyen; ~ es tan fácil como cantar.* **2** *fam.* Gustar mucho una persona o cosa: *¡cómo me chiflan los bombones!*

chi·hua·hua |tʃiwáwa| ***adj.-s.*** (perro) Que pertenece a una raza de *talla pequeña, grandes orejas y sin pelo: *quería un perro pequeño para tenerlo en casa y se compró un ~.*

chi·la·ba |tʃiláβa| ***f.*** Prenda de vestir que cubre desde el cuello hasta los pies y que se usa en el mundo *árabe: *las chilabas llevan capucha; compré una ~ en Túnez.*

chi·le |tʃíle| ***m.*** Planta picante que se usa como *condimento: *en la cocina mejicana se utiliza bastante el ~; este arroz con ~ está demasiado fuerte.*

chi·le·⌐no, ⌐na |tʃiléno, na| **1** ***adj.*** De Chile o que tiene relación con Chile: *la moneda chilena es el peso; la bandera chilena es blanca, roja y azul.* **- 2** ***m. f.*** Persona nacida en Chile o que vive habitualmente en Chile: *los chilenos sólo han venido unos días de vacaciones.*

chi·lin·drón |tʃilindrón| ***m.*** Comida que se hace con trozos de carne, *tomate y *pimientos: *en el restaurante tienen ~ como plato del día.* ■ **al ~**, que está *guisado con *tomate y *pimientos: *mi plato favorito es el pollo al ~.*

chi·llar |tʃiʎár| **1** ***intr.*** Dar gritos: *esa niña chilla como si la estuvieran matando; cuando hables con el abuelo, chíllale porque está un poco sordo; se acercó las manos a la boca y empezó a ~.* ⇒ **gritar. 2** PINT. *fig.* Destacarse mucho los colores por estar mal combinados o por ser muy fuertes: *este cuadro tiene unos tonos que chillan demasiado.*

chi·lli·do |tʃiʎíðo| ***m.*** Sonido agudo y molesto de la voz: *no me des chillidos cada vez que me necesites; le pongo nervioso con mis chillidos; el perro daba chillidos porque le atropelló un camión.*

chi·⌐llón, ⌐llo·na |tʃiʎón, ʎóna| **1** ***adj.-s.*** *fam.* Que da muchos gritos: *¡qué ~, parece que no sabe hablar más bajo!* **2** (sonido) Que es agudo y molesto: *me ha despertado la voz chillona de los altavoces.* **3** *fig.* (color) Que destaca mucho por estar mal combinado o por ser muy fuerte: *las cortinas amarillas me resultan un poco chillonas.*

chi·me·ne·a |tʃimenéa| **1** ***f.*** Espacio donde se hace fuego y que tiene un conducto por donde sale el humo: *el salón de la casa tiene una bonita ~; después de cenar nos sentamos ante la ~ y charlamos un rato; cuando vamos al pueblo, cocinamos en la ~;* ~ **francesa**, la que sólo se usa para calentarse: *las chimeneas francesas tienen un marco y una repisa en su parte superior.* **2** Conducto que sirve para dar salida a los humos: *la ~ de la cocina está obstruida y no puede salir el humo; a lo lejos veo las chimeneas de los buques.* **3** GEOL. Conducto por el que un *volcán expulsa materiales de *erupción: *en la foto se puede ver en detalle la ~ del Teide.*

chim·pan·cé |tʃimpanθé| ***m.*** Mono de brazos largos, nariz aplastada y cubierto de pelo de color oscuro: *los chimpancés son animales que se domestican con facilidad; el ~ procede de la selva africana.* ⌂ Para indicar el sexo se usa el ~ macho y el ~ hembra.

chi·na |tʃína| **1** ***f.*** Piedra muy pequeña y generalmente redonda: *se me ha metido una ~ en el zapato y me está molestando.* **2** Juego que consiste en meter una piedra pequeña en una mano y en presentar las dos manos cerradas para que se adivine en qué mano está la piedra: *se jugaron a la ~ quién de los dos saldría a comprar el pan.* **3** Barro fino, *cocido y *barnizado, con mucho brillo, que se usa para hacer objetos de adorno: *el jarrón es de ~; colecciona muñecas con la cara de ~.* ⇒ **porcelana, loza.** ■ **tocar la ~**, *fam.*, corresponder la peor parte o el trabajo más duro: *a todos les han mandado una tarea fácil menos a mí, que me ha tocado la ~.*

chin·char |tʃintʃár| **1** ***tr.*** *fam.* [a alguien] Molestar; ser desagradable con una persona: *deja de ~ a la niña y devuélvele su pelota.* **- 2 chincharse** ***prnl.*** *fam.* Fastidiarse; sentirse molesto: *¿no es eso lo que querías?, ¡pues ahora chínchate y aguántate!*

chin·che |tʃíntʃe| **1** ***f.*** Insecto muy pequeño de color rojo oscuro y que se alimenta de sangre: *la ~ es un animal parásito que chupa la sangre del hombre y de algunos animales; es un hotel horrible, las camas están llenas de chinches.* **2** ***adj.-com.*** *fam. fig.* (persona) Que molesta: *no seas ~ y déjame tranquilo un momento.* ■ **caer/morir como chinches**, *fam.*, producirse una gran cantidad de muertes: *en esa película de vaqueros los indios caen como chinches.*

chin·che·ta |tʃintʃéta| ***f.*** Clavo corto de cabeza grande y circular y que generalmente se usa para sujetar papeles: *ha sujetado el cartel en la pared con cuatro chinchetas.* ⇒ **tachuela.**

chin·chi·lla |tʃintʃíʎa| ***f.*** Animal mamífero de pelo gris muy suave: *la ~ es un roedor parecido en tamaño a la ardilla; las chinchillas son originarias de América del Sur.* ☖ Para indicar el sexo se usa la ~ macho y la ~ hembra.

chi·ne·la |tʃinéla| ***f.*** Calzado ligero y cómodo, sin talón, que se usa para estar en casa: *la señora llevaba una bata de seda y unas chinelas.* ⇒ **zapatilla.**

chin·gar |tʃiŋgár| **1** ***tr.-intr.*** *fam. vulg. desp.* [algo/alguien] Realizar el acto sexual: ⇒ **copular. - 2** ***tr.*** *vulg.* [algo; a alguien] Tomar para uno lo que pertenece a otro: *me han chingado la cartera.* ⇒ **robar.** ☖ Se conjuga como 7.

CHIMPANCÉ

chi·⌈no, ⌈na |tʃíno, na| **1** ***adj.*** De China o que tiene relación con China: *Beijin es la capital china; hemos estado en un festival de música china.* **- 2** ***m. f.*** Persona nacida en China o que vive habitualmente en China: *los chinos tienen los ojos rasgados; Miguel se ha casado con una china.* **- 3 chino** ***m.*** Lengua de China: *el ~ está formado por numerosas variedades lingüísticas; el ~ se escribe de arriba abajo; el tono es un rasgo peculiar del ~.* **- 4 chinos** ***m. pl.*** Juego que consiste en adivinar el número de piedras, monedas u otra cosa, que guardan en la mano los que participan en él: *en los chinos, cada jugador tiene tres monedas; mi primo José gana a todo el mundo jugando a los chinos.* ■ **engañar como a un chino**, *fam.*, hacer creer que es verdad algo que no lo es: *mis amigos me gastaron una broma y me engañaron como a un chino.* ■ **ser un trabajo de chinos**, *fam.*, ser un trabajo que exige mucho tiempo y cuidado: *hacer bolillos es un trabajo de chinos.*

chi·pi·rón |tʃipirón| ***m.*** Cría del *calamar: *el ~ es más pequeño que el calamar; María hace unos chipirones en salsa riquísimos.*

chi·que·ro |tʃikéro| **1** ***m.*** Lugar cubierto en el que se encierra a los cerdos: *el ~ estaba en el corral.* ⇒ **pocilga, porqueriza. 2** Lugar en el que se encierra a los toros que van a participar en una corrida: *el toro estaba cojo y fue devuelto a los chiqueros.*

chi·qui·lla·da |tʃikiʎáða| ***f.*** Obra o dicho que se considera propio de un *chiquillo: *con la edad que tienes, debería darte vergüenza seguir haciendo chiquilladas; tu ~ nos ha causado muchos problemas.* ⇒ **chiquillería.**

chi·qui·lle·rí·a |tʃikiʎería| **1** ***f.*** Gran cantidad de *chiquillos: *la ~ se agolpó a la puerta del circo; ¡cuánta ~ sale del colegio!* **2** Obra o dicho que se considera propio de un *chiquillo: ⇒ **chiquillada.**

chi·qui·⌈llo, ⌈lla |tʃikíʎo, ʎa| ***adj.-s.*** (persona) Que tiene poca edad: *unos chiquillos han roto el cristal del portal; esta chiquilla está siempre pidiéndome dinero.* ⇒ **chico, niño.**

chi·ri·bi·ta |tʃiriβíta| **1** ***f.*** Trozo pequeño encendido que se desprende de una materia que arde: *el viento levantaba chiribitas en el fuego.* ⇒ **chispa. - 2 chiribitas** ***f. pl.*** *fam.* Conjunto de puntos muy pequeños de luz que parecen verse en el interior de los ojos y que impide ver con claridad: *cuando me mareé por el calor, los ojos me hacían chiribitas.* ☖ Se usa frecuentemente con el verbo *hacer.*

chi·ri·go·ta |tʃiriγóta| ***f.*** *fam.* *Burla o broma hecha sin mala intención: *siempre está haciendo chirigotas y es muy simpático con todos.* ⇒ **chufla, cuchufleta.**

chi·rim·bo·lo |tʃirimbólo| **1** ***m.*** *fam.* Instrumento, cosa: *me parece que la puerta llevaba aquí un ~ que servía para cerrar herméticamente.* ⇒ **chisme. 2** Objeto de forma redonda: *las sillas tienen unos chirimbolos como adorno.*

chi·ri·mo·ya |tʃirimóya| ***f.*** Fruto verde con huesos negros y carne blanca de sabor dulce: *estas chirimoyas aún no se pueden comer porque no están maduras; he traído del mercado un kilo de chirimoyas.*

chi·ri·mo·yo |tʃirimóyo| ***m.*** Árbol tropical de hojas largas y fruto verde con huesos negros y carne blanca de sabor dulce: *el ~ procede de la América tropical.*

chi·rin·gui·to |tʃiriŋgíto| ***m.*** Bar al aire libre en el que se sirven bebidas: *han abierto un ~ cerca de la playa; estuvimos en aquel ~ tomando unas copas con unos amigos.*

chi·ri·pa |tʃirípa| ***f.*** *fam.* Situación o circunstancia buena que ocurre por azar: *dicen que ha conseguido el puesto por ~ porque no lo merecía.* ⇒ **chamba, suerte.**

chir·la |tʃírla| ***f.*** Animal invertebrado marino comestible, con dos conchas ovaladas y de menor tamaño que la *almeja: *la ~ es un molusco parecido a la almeja; he hecho sopa de gambas y chirlas.* ⇒ **chocha.**

chi·ro·na |tʃiróna| ***f.*** *fam.* Edificio o local en el que la autoridad encierra a los que han obrado contra la ley: *lo metieron en ~ por atracar un supermercado; ha pasado varios años en ~ por aquella agresión.* ⇒ **cárcel, prisión, talego.**

chi·rriar |tʃir̄iár| **1** ***intr.*** Hacer un ruido agudo y desagradable, generalmente por rozarse unas cosas con otras: *esta puerta chirría, habrá que engrasarla.* **2** *fam. fig.* Cantar de manera desagradable: *Miguel no canta, más bien chirría.* ☐ Se conjuga como 13.

chi·rri·do |tʃir̄íðo| ***m.*** Ruido agudo y desagradable: *se oyó el ~ de los muelles de la cama cuando se sentó; puedo escuchar el ~ continuado de los grillos.*

chis·me |tʃísme| **1** ***m.*** Noticia, verdadera o falsa, con la que se busca enfrentar a personas entre sí o hablar mal de ellas: *a Guillermo le gusta andar con chismes y cotilleos; gracias a sus chismes, ya no me hablo con mi mejor amiga; en esa revista no cuentan más que chismes.* ⇒ **cotilleo.** **2** *fam.* Objeto que no sirve para nada o que no tiene valor: *recoge todos esos chismes y tíralos a la basura.* **3** *fam.* Objeto cuyo nombre se desconoce: *tengo en casa un ~ de ésos que sirve para partir patatas; ¿para qué usas ese ~ tan raro?*

chis·mo·rre·ar |tʃismor̄eár| ***intr.*** *fam.* Contar *chismes: *míralos, están chismorreando sobre Lucía; no está bien que chismorrees y murmures sobre los vecinos.* ⇒ **cotillear.**

chis·mo·rre·o |tʃismor̄éo| ***m.*** Acción y resultado de *chismorrear: *odia el ~ y no le gusta que le cuenten problemas personales de los demás.* ⇒ **comadreo.**

chis·mo·⌐so, ⌐sa |tʃismóso, sa| ***adj.-s.*** (persona) Que le gusta contar *chismes: *son unos chismosos y unos entrometidos; no seas chismosa, que no me interesa lo que me estás contando.*

chis·pa |tʃíspa| **1** ***f.*** Trozo pequeño encendido que se desprende de una materia que arde: *al frotar la cerilla contra el borde de la caja se produce una ~; las chispas saltan de la leña de la chimenea.* ⇒ **chiribita.** **2** Descarga de luz entre dos cuerpos con carga eléctrica: *la electricidad acumulada hace saltar la ~ eléctrica.* **3** *fam.* Cantidad muy pequeña de una cosa: *no me queda ni ~ de azúcar; son las dos de la mañana y no tengo ni ~ de sueño; ¡qué calor, no corre ni ~ de aire!; la película no me gusta ni ~.* ☐ Se usa en oraciones negativas. **4** Gracia o capacidad para decir o hacer cosas ocurrentes: *este guitarrista me gusta, tiene ~; este chico tiene ~.* **5** *fam.* Estado en el que se pierde el control a causa del consumo excesivo de alcohol: *ha cogido una buena ~ por haber bebido demasiada cerveza.* ⇒ **borrachera.** **6** Gota pequeña de lluvia: *no llueve, sólo caen cuatro chispas.* ■ **echar chispas**, *fam.*, estar muy enfadado: *Cristóbal se indignó y echaba chispas por los ojos.*

chis·pa·zo |tʃispáθo| **1** ***m.*** Salto de una *chispa, especialmente de la eléctrica: *ha dado un ~ y se ha ido la luz de todo el edificio.* **2** *fig.* Acontecimiento que va delante o sigue a otros de más importancia: *los últimos chispazos de la guerra tuvieron consecuencias muy graves.* ☐ Se usa más en plural.

chis·pe·an·te |tʃispeánte| **1** ***adj.*** Que brilla con mucha intensidad o que echa *chispas: *me enamoré de los chispeantes ojos de aquella muchacha.* **2** *fig.* (escrito, discurso) Que es agudo, inteligente y vivo: *lo mejor de esa obra de teatro eran los chispeantes diálogos entre las cuatro mujeres.*

chis·pe·ar |tʃispeár| **1** ***unipers.*** Caer gotas muy pequeñas de lluvia: *no es necesario que cojamos el paraguas porque sólo chispea.* ⇒ **lloviznar.** **- 2** ***intr.*** Brillar con mucha intensidad: *sus ojos chispeaban al reflejarse la luz en ellos.* **3** Echar *chispas: *cuando das al interruptor, chispea; hay que arreglarlo.*

chis·po·rro·te·ar |tʃispor̄oteár| ***intr.*** *fam.* Despedir *chispas repetidas veces un cuerpo encendido o que arde: *las llamas de la hoguera chisporrotean.*

chis·po·rro·te·o |tʃispor̄otéo| ***m.*** *fam.* Acción de despedir *chispas repetidas veces un cuerpo encendido o que arde: *todavía se oye el ~ de la leña en el hogar.*

chis·tar |tʃistár| **1** ***intr.*** Empezar a hablar o mostrar intención de hacerlo: *cuando hablan los mayores, los niños deben estarse quietos y sin ~.* ☐ Se suele usar en frases negativas. **2** Llamar la atención de una persona haciendo un sonido parecido a «chis»: *alguien me chistó y por eso volví la cabeza.*

chis·te |tʃíste| **1** ***m.*** Historia corta o dibujo que hace reír: *te voy a contar un ~ que tiene mucha gracia; ¿entiendes este ~ sin palabras?* ⇒ **chascarrillo, gracia.** **2** Situación graciosa: *verle nadar es un ~.* ■ **tener ~**, *hum.*, ser una situación injusta o molesta: *tiene ~ la cosa, después de trabajar para ellos me dicen que no pueden contratarme.*

chis·te·ra |tʃistéra| ***f.*** Sombrero alto y plano por arriba: *la ~ se usa en celebraciones solemnes; el conde llevaba bastón y ~.* ⇒ **sombrero.**

chis·to·⌐so, ⌐sa |tʃistóso, sa| **1** ***adj.*** (persona) Que cuenta *chistes o hace gracias: *¡qué ~ es Federico, siempre me hace reír con sus ocurrencias!* ⇒ **salado.** **2** Que tiene gracia o causa risa: *esta comedia de Arniches es muy chistosa.*

chi·tón |tʃitón| ***interj.*** Expresión que se usa para pedir silencio: *yo te cuento esto para que lo sepas, pero ~, que no quiero que se entere nadie; ¡~, niños, que estoy oyendo las noticias!*

chi·var |tʃiβár| ***tr.-prnl.*** *fam.* [algo; a alguien] Contar una cosa de una persona para causarle daño: *no digas nada delante de él, que lo chiva todo al jefe; como sigas pegándome, me voy a ~ a mi madre.*

chi·va·ta·zo |tʃiβatáθo| ***m.*** *fam.* Acusación, noticia o aviso de un hecho por parte de una persona que no tiene una relación directa con él: *una vecina dio el ~ a la policía.* ⇒ **delación, soplo.**

chi·va·⌐to, ⌐ta |tʃiβáto, ta| **1** ***adj.-s.*** *fam.* (persona) Que acusa o cuenta en secreto cosas de otra persona para causarle daño o para quedar bien: *¡qué ~, le ha dicho a su madre que Pili rompió el jarrón para que la castigue!* ⇒ **acusica, delator, soplón. - 2 chivato** ***m.*** *fig.* Aparato que sirve para avisar o llamar la atención: *el ~ encendido indica que la calefacción está puesta; el ~ empezó a sonar cuando los ladrones entraron en el museo.*

chi·⌐vo, ⌐va |tʃíβo, βa| **1** ***m. f.*** Cría de la *cabra: *el ganadero ha vendido corderos y chivos.* ⇒ **cabrito, choto; ~ expiatorio,** *fig.*, persona a la que se echa la culpa cuando las cosas van mal. ⇒ **cabeza; ~ expiatorio,** macho *cabrío al que se da muerte en los sacrificios del pueblo judío: *los israelitas sacrificaban al ~ expiatorio para reparar sus pecados.* **2** Macho de la *cabra: *el ~ tiene muy larga la barba.* ■ **estar como una chiva,** *fam.*, haber perdido la capacidad de razonar: *estás como una chiva si piensas que voy a subir andando a un décimo piso.* ⇒ **cabra.**

cho·can·te |tʃokánte| ***adj.*** Que produce extrañeza: *fue ~ ver a Gema en la discoteca, pues odia la música; les resulta ~ que las películas en España no estén en versión original.* ⇒ **raro.** ⇔ **normal.**

cho·car |tʃokár| **1** ***intr.*** [con/contra algo] Encontrarse o tropezarse violentamente: *los dos coches chocaron en la esquina; iba borracho y choqué contra una farola.* **2** Enfrentarse o *pelear, especialmente con un enemigo u oponente: *los dos ejércitos chocaron en el campo de batalla; su carácter choca con el mío.* **3** Resultar raro o extraño: *me choca que no haya venido hoy.* **- 4** ***tr.*** [algo; a alguien] Dar o darse la mano en señal de saludo, acuerdo o *felicitación: *se chocaron las manos al reconocerse;* **~ los cinco,** *fam.*, darse las manos en señal de saludo, acuerdo o *felicitación: *¡hombre!, ¡choca los cinco!* **5** Juntar recipientes con bebida para expresar una alegría o un deseo: *chocaron sus copas en señal de amistad.*

cho·cha |tʃótʃa| ***f.*** Animal invertebrado marino comestible, con dos conchas ovaladas y de menor tamaño que la *almeja: *las chochas se pueden cocinar de muchas maneras.* ⇒ **chirla.**

cho·che·ar |tʃotʃeár| **1** ***intr.*** Tener disminuidas las *facultades mentales y físicas por la edad: *esta mujer empieza a ~, ¡qué tonterías dice!* **2** *fam. fig.* Dar excesivas muestras de cariño: *cada día chochea más por su nieto.*

cho·⌐cho, ⌐cha |tʃótʃo, tʃa| **1** ***adj.*** *fam. fig.* (persona) Que da excesivas muestras de cariño: *Enrique está completamente ~ por su mujer; la niña está chocha con sus zapatos nuevos.* **2** (persona) Que tiene disminuida su capacidad física y mental a causa de la edad: *está ya ~ a pesar de que no es todavía un hombre mayor.* **- 3 chocho** ***m.*** Fruto comestible en forma de grano aplastado: *a los chochos se les quita el amargor poniéndolos en remojo.* ⇒ **altramuz. 4** Semilla de ciertos frutos, generalmente secos, que está dentro de una cáscara: *cómete el ~ de la pipa y tira la cáscara.* **5** *vulg.* Parte del aparato sexual femenino que rodea la *vagina: *el ~ es la vulva, y suena mejor llamarlo de esta última forma.* ⇒ **vulva.**

cho·co·la·te |tʃokoláte| **1** ***m.*** Pasta comestible de color marrón hecha de *cacao y azúcar molidos y mezclados con otras sustancias: *se ha comido una tableta de ~.* **2** Bebida espesa de color marrón hecha con esta pasta disuelta y *cocida en agua o en leche: *he desayunado ~ con churros; tómate un ~ bien caliente y verás cómo se te pasa el frío.* **3** Mezcla de las flores y otras partes de cierta planta que se fuma o mastica para producir un efecto en el estado de ánimo: *llaman ~ al hachís.* ⇒ **costo, hachís, marihuana.**

cho·co·la·te·ra |tʃokolatéra| ***f.*** Recipiente de metal en que se sirve el chocolate: *en el armario de la cocina hay una ~ de aluminio.*

cho·co·la·te·rí·a |tʃokolatería| **1** ***f.*** Establecimiento en el que se sirve chocolate: *iremos a la ~ a tomar chocolate con churros; busquemos otra ~ porque ésta está llena de gente.* **2** Lugar en el que se fabrica y vende chocolate: *voy a la ~ de la esquina a comprar chocolate.*

cho·co·la·te·⌐ro, ⌐ra |tʃokolatéro, ra| **1** ***m. f.*** Persona que se dedica a producir y vender chocolate: *en la pastelería trabajan un panadero y un ~.* **- 2** ***adj.-s.*** *fam.* (persona) Que le gusta mucho tomar chocolate: *es muy chocolatera, siempre toma chocolate en lugar de café.*

cho·co·la·ti·na |tʃokolatína| ***f.*** Pieza delgada de pasta de chocolate: *la niña ha merendado una ~ con pan.*

cho·fer |tʃofér| ***m.*** ⇒ **chófer.**

chó·fer |tʃófer| ***m.*** Persona que se dedica a conducir automóviles: *hemos alquilado un autobús con ~ para ir de excursión.* ⇒ **chofer, conductor.**

cho·llo |tʃóʎo| ***m.*** *fam.* Cosa o hecho que se considera buena y que se consigue con muy poco esfuerzo: *tu trabajo es un auténtico ~ porque ganas mucho dinero, tienes muchas vacaciones y no tienes responsabilidades importantes.*

cho·pe·ra |tʃopéra| ***f.*** Lugar donde crecen muchos *chopos: *bajaron en bicicleta a la ~; buscaremos una sombra en la ~ para merendar.*

cho·po |tʃópo| **1** ***m.*** Árbol de madera rugosa y oscura y ramas separadas del eje del tronco: *en el jardín hay varios chopos; se sentaron cerca de un ~ que había en las orillas del río.* ⇒ **álamo. 2** *fam.* Arma de fuego que dispara balas y se lleva al hombro, que se usa en el ejército: *cuando entró en la academia militar no sabía ni coger el ~.* ⇒ **fusil.**

chop·ped |tʃópe| ***m.*** Carne picada, generalmente de cerdo, y metida en una tripa: *el ~ se parece a la mortadela; me voy a comer un bocadillo de ~; el ~ es el embutido que más me gusta.*

cho·que |tʃóke| **1** ***m.*** Encuentro violento: *me he roto tres costillas a consecuencia del ~; la red metálica que había a los lados de la carretera amortiguó el ~.* ⇒ **colisión, encontronazo, topetazo, trompazo. 2** *fig.* Enfrentamiento o *pelea, especialmente con un enemigo u oponente: *no me extraña que tuvieran ese ~ porque se llevan muy mal.* **3** MED. Estado de tristeza causado por una impresión fuerte: *recibió un gran ~ cuando le dijeron que habían encarcelado a su marido.* ⇒ **trauma.**

cho·ri·⌜zo, ⌜za |tʃoríθo, θa| **1** ***m. f.*** *vulg.* Persona que roba: *algún ~ ha debido quitarme la cartera en el tren porque no la encuentro; unos chorizos han abierto el coche y se han llevado la radio.* ⇒ **ladrón. - 2 chorizo** ***m.*** *Embutido curado, generalmente de color rojo oscuro, de forma cilíndrica y alargada, hecho con carne de cerdo picada y *pimentón, que se come frío sin necesidad de freírlo o *asarlo: *he comprado salchichón y ~ en lonchas.* **3** *Embutido de color *anaranjado de forma cilíndrica alargada y delgada, hecho con carne de cerdo picada y *pimentón, que se fríe o *asa antes de comerlo o se *incorpora a los *guisos: *he comido huevos con ~ frito.*

chor·li·to |tʃorlíto| ***m.*** Ave con pico recto y corto y con patas y alas largas: *los chorlitos construyen su nido en el suelo; el ~ se alimenta de animales acuáticos que atrapa en las costas.* ⌂ Para indicar el sexo se usa el ~ macho y el ~ hembra.

cho·rra |tʃóra| **1** ***f.*** *vulg.* Situación o circunstancia buena que ocurre por azar: *has tenido mucha ~ con el coche usado que compraste, pero igual te podía haber salido malo.* ⇒ **chamba, chiripa, suerte. 2** *vulg.* Órgano sexual masculino: *la ~ es el pene, y suena mejor llamarlo de esta última forma.* ⇒ **miembro, pene.**

cho·rra·da |tʃoráða| ***f.*** *fam. vulg.* Obra o dicho torpe o poco adecuado: *cállate y no digas chorradas.* ⇒ **majadería, necedad, sandez.**

cho·rre·ar |tʃoreár| **1** ***intr.*** Caer un líquido lentamente y gota a gota: *la frente del ciclista chorreaba sudor; se ha lavado la cabeza y le chorrea el pelo; se ha caído el frasco en la mesa y la miel chorrea hasta el suelo.* **2** Caer un líquido formando un *chorro: *la lluvia del canalón chorrea por la pared.* **- 3** ***tr.*** [algo] Estar muy mojado y soltar el líquido: *has mojado demasiado la brocha y ahora chorrea pintura; se ha caído al río y lo han sacado chorreando agua.*

cho·rre·ón |tʃoreón| **1** ***m.*** Golpe o *chorro de un líquido: *si te encargas tú de aliñar la ensalada, no olvides echarle un ~ de vinagre.* **2** Mancha o marca que deja ese *chorro: *el suelo de aquella cocina estaba lleno de chorreones de aceite.*

cho·rre·ra |tʃoréra| **1** ***f.*** Adorno de tela en la parte delantera de una camisa, que baja desde el cuello cubriendo el cierre: *se compró una blusa con chorreras.* ⇒ **volante. 2** Lugar por donde cae una pequeña cantidad de agua u otro líquido: *en primavera la ~ del muro estaba siempre mojada, pero en verano se secaba.* **3** Señal que deja el agua u otro líquido al pasar por una superficie: *la tierra tenía unas enormes chorreras después de la tormenta.*

cho·rro |tʃóro| **1** ***m.*** Líquido o gas que sale con fuerza por una abertura: *si cierras el grifo, dejará de salir el ~ de agua; el ~ del lanzallamas llegó hasta la puerta; el ~ de sangre le manchó la camisa.* **2** *p. ext.* Cantidad de una cosa: *le ha tocado en la lotería un ~ de millones; cuando le permitieron hablar soltó un ~ de palabras; un ~ de luz inundó la habitación.* **3** Caída continua de cosas iguales: *apretó el botón y salió un ~ de monedas;* ~ **de voz**, gran fuerza y energía de voz: *¡qué ~ de voz tiene! En la sala había más de 500 personas y no necesitó micrófono.* ■ **a chorros**, en gran abundancia: *Jesús tiene dinero a chorros.* ■ **beber a ~**, tomar un líquido sin acercar la boca a la abertura o recipiente del que sale: *no hay que chupar del botijo, sino que se debe beber a ~.* ■ **estar limpio como los chorros del oro**, *fam.*, estar una cosa muy limpia: *su casa está limpia como los chorros del oro.*

cho·ta·ca·bras |tʃotakáβras| ***m.*** Pájaro de color gris con rayas negras en la cabeza, cuello y espalda, algo rojo por el vientre y con el pico pequeño y fino: *el ~ se alimenta de insectos al atardecer.* ⌂ Para indicar el sexo se usa el ~ macho y el ~ hembra.

cho·te·ar·se |tʃoteárse| ***prnl.*** *vulg.* [de algo/alguien] Poner en ridículo a una persona o cosa, riéndose de ella o gastándole una broma: *se chotean del pobre muchacho porque es un poco deficiente.* ⇒ **burlar, mofar.**

cho·te·o |tʃotéo| ***m.*** Obra o dicho que intenta poner a una persona o cosa en una situación ridícula: *ya basta de ~, ¿eh?, que se me está acabando la paciencia.* ⇒ **broma, burla.**

cho·tis |tʃótis| **1** ***m.*** Baile lento de pareja que consiste en dar tres pasos a la izquierda, tres a la derecha y vueltas: *el ~ es el baile típico de Madrid.* **2** Música y canto de ese baile: *el director de la orquesta ha compuesto un ~.*

cho·⌜to, ⌜ta |tʃóto, ta| ***m. f.*** Cría de la *cabra: *conozco un mesón en el que se come un ~ muy bueno.* ⇒ **cabrito, chivo.** ■ **estar como una chota**, *fam.*, haber perdido la capacidad de razonar: *actúa de manera extraña, está como una chota.* ⇒ **cabra.**

cho·vi·nis·mo |tʃoβinísmo| ***m.*** Preferencia excesiva por lo nacional frente a lo extranjero: *el ~ no suele ser un defecto que se encuentre a menudo en España.* ⇒ **chauvinismo.** ⌂ Esta palabra procede del francés.

cho·vi·nis·ta |tʃoβinísta| ***adj.-com.*** (persona) Que prefiere y alaba excesivamente lo nacional frente a lo extranjero: *las actitudes chovinistas pueden llevar a la intransigencia.* ⇒ **chauvinista, patriotero.** ⌂ Esta palabra procede del francés.

cho·za |tʃóθa| ***f.*** Casa de campo pequeña y sencilla, hecha con ramas, troncos y materiales de poco valor: *tuvimos que pasar la noche en la ~ de un labrador.* ⇒ **cabaña.**

chu·bas·co |tʃuβásko| ***m.*** Lluvia muy intensa y de corta duración: *a medio camino me pilló un ~ y lle-*

gué a casa calada hasta los huesos; en febrero son frecuentes los chubascos. ⇒ **tromba.**

chu·bas·que·ro |tʃuβaskéro| ***m.*** Prenda de vestir que llega más abajo de la cintura y que protege de la lluvia: *en los días de lluvia me pongo mi ~ azul y mis botas de agua; los chubasqueros tienen capucha.*

chu·che·rí·a |tʃutʃería| **1 *f.*** Alimento ligero, normalmente de sabor agradable, que se come sin necesidad: *he bajado a la tienda de frutos secos y he comprado unas cuantas chucherías; el niño ha estado tomando chucherías y ahora no tiene hambre.* ⇒ **golosina. 2** Objeto de poca importancia, pero delicado: *deberías comprarle alguna ~ para que se le pase el enfado; ¡qué contento se ha puesto con la ~ que le has traído!*

chu·cho |tʃútʃo| ***m.*** *fam.* Perro que no es de raza o que no tiene dueño: *no quiero que se me acerque ese ~; esta ciudad está llena de chuchos abandonados.* ⇒ **perro.**

chu·fa |tʃúfa| ***f.*** Parte de la raíz de una planta, amarilla por fuera y blanca por dentro, de sabor agradable: *la ~ se come remojada en agua y de ella se saca la horchata; al señor Fernández le gusta mucho la horchata de ~.*

chu·fla |tʃúfla| ***f.*** *fam.* *Burla o broma hecha sin mala intención: *no nos permiten chuflas en el trabajo.* ⇒ **chirigota, cuchufleta.**

chu·le·ar |tʃuleár| **1 *intr.-prnl.*** Presumir de las propias cualidades: *¡mira a Felipe, cómo chulea con su coche nuevo!; Rosa se chuleaba delante de las amigas cuando iba con su padre.* **- 2 *tr.-prnl.*** [a alguien] Reírse de una persona: *como no dejes de chulearla, se va a enfadar; ¡tú de mí no te chuleas más!* **- 3 *tr.*** Vivir de lo que ganan las *prostitutas: *ese hombre chulea a todas las mujeres del barrio.*

chu·le·rí·a |tʃulería| **1 *f.*** Cualidad de presumido o *chulo: *los soldados se paseaban por el parque con ~.* **2** Falta de vergüenza y de consideración hacia los demás: *me contestó con ~, y eso no se lo consiento a nadie.* ⇒ **descaro, valor.**

chu·le·ta |tʃuléta| **1 *f.*** Trozo de carne de animal, unida a un hueso de *costilla, que se destina al consumo: *hemos comido verdura y chuletas de cordero; ¿qué quieres de segundo plato, chuletas o pescado?* **2** *fam. fig.* Papel pequeño con apuntes que los estudiantes ocultan para copiar de él cuando se examinan: *el profesor lo ha descubierto con la ~ en la mano; Jaime lleva sus chuletas escondidas en la manga del jersey.* **3** *fam. fig.* Golpe dado en la cara con la palma de la mano: *¡qué ~ le ha dado Teresa a Rodolfo!; este niño se está ganando una buena ~.* ⇒ **bofetada, bofetón, sopapo. - 4 *adj.-s.*** *fam.* (persona) Que es muy presumida y que se cree superior a los demás: *Serafín es un ~ y un presuntuoso.* ⇒ **chulo.**

chu·⌝lo, ⌝la |tʃúlo, la| **1 *adj.-s.*** *fam.* (persona) Que se comporta con *chulería o es presumido e *insolente: *Enrique es un ~, cree que es superior a los demás; has estado muy chula con el jefe.* **- 2 *adj.*** *fam.* Que es bonito: *llevas una chaqueta muy chula; ¡qué peinado tan ~!* **- 3 chulo *m.*** *fam.* Persona que vive de lo que ganan las *prostitutas: *aquel ~ controla a cinco fulanas; el ~ se quedaba con todo el dinero de sus mujeres.* **- 4 *m. f.*** Persona característica de la sociedad *madrileña: *en la verbena de la Paloma los hombres y las mujeres se visten de chulos.*

chum·be·ra |tʃumbéra| ***f.*** Planta de tallos redondeados, aplastados, carnosos y con espinas: *el fruto de la ~ es el higo chumbo; las chumberas tienen flores grandes y amarillas; la ~ procede de Méjico.* ⇒ **nopal.**

chun·ga |tʃúŋga| ***f.*** *fam.* Acto que no es serio y que causa risa: *me dijo de ~ que se casaría este año.* ⇒ **broma, cachondeo.** ☐ Se usa especialmente en la frase *estar de chunga: Juan es un bromista, siempre está de ~.* ■ **tomar a ~**, *fam.*, no enfrentarse con seriedad a un asunto: *te lamentarás si sigues tomándote a ~ tus estudios.*

chun·⌜go, ⌜ga |tʃúŋgo, ga| **1 *adj.*** *fam. vulg.* Que es malo o falso: *nuestra relación personal se está haciendo muy chunga.* **2** *fam. vulg.* Que está estropeado: *tengo la radio chunga y no puedo oír el programa.* **3** *fam. vulg.* Que es divertido: *contaron tres o cuatro anécdotas chungas, y todos nos reímos mucho.*

chun·gue·ar·se |tʃuŋgeárse| ***prnl.*** *fam.* Hacer *burla o poner a personas o cosas en una situación ridícula: *se estaban chungueando de mí, así que tuve que ponerme serio.* ⇒ **burlar.**

chu·pa |tʃúpa| ***f.*** *fam.* Prenda de vestir que llega hasta la cintura, generalmente de paño o cuero: *¡qué ~ más guapa llevas!; se alzó el cuello de la ~ para proteger su cara del frío.* ⇒ **cazadora.**

chu·pa·da |tʃupáða| ***f.*** Acción de chupar: *le dio una ~ a la piruleta.*

chu·pa·⌜dor, ⌜do·ra |tʃupaðór, ðóra| ***adj.-s.*** Que chupa: *el mosquito es un insecto ~.*

chu·par |tʃupár| **1 *tr.*** [algo] Sacar o atraer con los labios o la lengua un jugo o una sustancia: *el niño chupaba el helado.* **2** [algo, a alguien] Tocar con los labios o la lengua: *siempre está chupando los bolígrafos.* **3** *fam.* Absorber un líquido o humedad: *esta planta chupa mucha agua.* **4** *fam.* [algo; a alguien] Ir quitando o consumiendo los bienes económicos de otra persona mediante engaños: *le chupó hasta el último céntimo;* **~ del bote**, *fam.*, aprovecharse del dinero o del trabajo de los demás: *ella se dedica a trabajar por la empresa, y sus socios a ~ del bote.* **- 5 chuparse *prnl.*** Consumirse o ir perdiendo peso o sustancia: *se ha ido chupando poco a poco, y ahora no hay quien lo conozca.* ■ **¡chúpate esa!**, expresión que indica que hay que aguantar o soportar lo que acaba de *suceder o de decirse: *lo que acabas de oír es la pura verdad, ¡chúpate esa!* ■ **chuparse el dedo**, *fam.*, no darse cuenta de lo que está *sucediendo o de lo que se dice: *¿te crees que me chupo el dedo?*

chu·pa·tin·tas |tʃupatíntas| ***com.*** *fam. desp.* Persona que trabaja en una oficina con funciones de poca responsabilidad: *es sólo un ~ y cree que puede dar órdenes a todos los que acuden a su ventanilla.* ⇒ **oficinista.**

chu·pe·te |tʃupéte| ***m.*** Pieza de goma con forma

redonda que se da a los niños para que chupen: *Sandra tiene dos años y aún tiene ~; pon el ~ al niño, a ver si deja de llorar.*

chu·pe·te·ar |tʃupeteár| ***tr.-intr.*** [algo] Chupar poco y frecuentemente: *deja ya de ~ el pastel y cómetelo; el bebé chupetea todo lo que cae en sus manos.*

chu·pi·na·zo |tʃupináθo| **1** ***m.*** Disparo que se hace con un tubo cargado con pólvora: *las fiestas comenzaron con un fuerte ~ desde el balcón del Ayuntamiento.* **2** *fam.* Lanzamiento fuerte de la pelota, generalmente en el juego del fútbol: *el futbolista lanzó el balón a la red con un potente ~.*

chu·⌜pón, ⌜po·na |tʃupón, póna| **1** ***adj.*** Que chupa mucho: *los bebés son muy chupones cuando maman.* **- 2** ***adj.-s.*** *fam. fig.* (persona) Que engaña a otro para sacarle dinero: *es un ~, sólo le interesa la gente de la que pueda sacar algún beneficio.* **3** *fam. fig.* (persona) Que es muy *individualista en un juego: *Joaquín es un ~, cuando coge el balón no lo pasa a los demás.*

chu·rras·co |tʃuřásko| ***m.*** Trozo de carne roja y grande que se cocina exponiéndolo a la acción directa del fuego: *se fueron al campo y se llevaron una parrilla para hacer churrascos.*

chu·rre·rí·a |tʃuřería| ***f.*** Establecimiento en el que se hacen y venden *churros: *nos levantamos temprano y fuimos a la ~ a tomar chocolate con churros.*

chu·rre·⌜ro, ⌜ra |tʃuřéro, ra| ***m. f.*** Persona que se dedica a hacer o vender *churros: *ese ~ hace los mejores churros de la ciudad.*

chu·rre·te |tʃuřéte| ***m.*** *fam.* Mancha, especialmente en una parte del cuerpo: *quítate ese ~ de la cara; el cristal está lleno de churretes.*

chu·rri·gue·res·⌜co, ⌜ca |tʃuřiɣerésko, ka| **1** ***adj.*** ARQ. Que pertenece a un estilo de arquitectura o escultura que se distingue por incluir una gran cantidad de adornos: *el estilo ~ fue iniciado por el arquitecto Churriguera en el siglo* XVIII. **2** Que tiene demasiados adornos: *su prosa churrigueresca complica demasiado sus escritos.*

chu·⌜rro, ⌜rra |tʃúřo, řa| **1** ***adj.-s.*** (oveja, ganado) Que tiene la lana larga y el pelo de la cabeza y las patas corto y grueso: *tengo un rebaño de ovejas churras; en esta región se cría ganado ~.* **- 2 churro** ***m.*** Masa de harina de forma alargada y cilíndrica que se fríe en aceite: *hoy hemos desayunado chocolate con churros; en la feria hay puestos de churros y porras.* ⇒ **porra. 3** *fam.* Cosa que es mala o de poca calidad: *este programa de televisión es un ~; aunque he estudiado mucho, el examen me ha salido un ~.* ■ **mezclar las churras con las merinas**, *fam.*, confundir o mezclar personas o cosas diferentes: *al hacer una clasificación no debes mezclar las churras con las merinas.*

chu·rrus·car |tʃuřuskár| ***tr.-prnl.*** [algo] Tostar o cocinar demasiado; empezar a quemar: *la cocinera se descuidó y churruscó los filetes; el arroz se ha churruscado.* ⇒ **quemar.** ⌂ Se conjuga como 1.

chu·rum·bel |tʃurumbél| ***m.*** *fam.* Persona que tiene pocos años de vida: *está casada y tiene cinco churumbeles como cinco soles.* ⇒ **niño.**

chus·⌜co, ⌜ca |tʃúsko, ka| **1** ***adj.*** Que tiene gracia: *me río porque lo que has dicho es muy ~.* **- 2 chusco** ***m.*** *Pedazo de pan duro: *daban al perro los chuscos que les sobraban.* ⇒ **mendrugo. 3** Pieza de pan de forma alargada, más corta que la barra: *se hizo un bocadillo con un ~.*

chus·ma |tʃúsma| ***f.*** Grupo de gente vulgar y de baja condición: *cuando oyeron la pelea, la ~ empezó a reunirse a la puerta del bar.* ⇒ **morralla, populacho.**

chu·tar |tʃutár| **1** ***intr.*** Lanzar fuertemente la pelota con el pie: *el jugador chutó y metió el balón en la portería.* **- 2 chutarse** ***prnl.*** *fam.* Ponerse una *dosis de droga: *se metió en el servicio del bar a chutarse.* ■ **va que chuta**, *fam.*, que es *suficiente o más de lo necesario: *con el regalo que le he hecho va que chuta; tómate un vaso de leche y vas que chutas.*

chu·zo |tʃúθo| **1** ***m.*** Palo con un pincho de hierro en un extremo que sirve para atacar o defenderse: *el guarda de este parque lleva un ~ y con el pincho recoge los papeles del suelo.* **2** Trozo de hielo largo y acabado en punta, que se forma cuando se congela el agua que cae de un lugar alto: *ha hecho tanto frío esta noche, que se han formado chuzos en los tejados.* ⇒ **canelón, carámbano.** ■ **caer/llover/nevar chuzos**, llover o *nevar con mucha fuerza o intensidad: *no salgas ahora, que están cayendo chuzos, es mejor que esperes a que escampe.*

cia·nu·ro |θianúro| ***m.*** QUÍM. Tipo de veneno que se forma a partir de *carbono, *nitrógeno y un metal: *unas gotas de ~ causan la muerte instantánea; el ~ se emplea como insecticida.*

ciá·ti·ca |θiátika| ***f.*** MED. Dolor muy fuerte que recorre la parte trasera de la pierna hasta el pie y que se debe a la *irritación de un nervio: *le dio un ataque de ~ y tuvo que estar en cama varios días.*

ciá·ti·⌜co, ⌜ca |θiátiko, ka| ***adj.*** ANAT. De la *cadera o que tiene relación con ella: *el médico me ha dicho que dentro de unos años puedo tener problemas con el nervio ~.*

ci·ber·né·ti·ca |θiβernétika| **1** ***f.*** ELECTR. Ciencia que estudia los sistemas de comunicación de los seres vivos y de las máquinas: *gracias a la ~ se han creado aparatos que permiten rápidas comunicaciones.* **2** MED. Ciencia que estudia los mecanismos nerviosos de los seres vivos: *la ~ estudia las conexiones de las neuronas.*

ci·ber·né·ti·⌜co, ⌜ca |θiβernétiko, ka| ***adj.*** De la *cibernética o que tiene relación con ella: *los avances cibernéticos han hecho posible la existencia de robots con usos industriales.*

ci·ca·te·rí·a |θikatería| ***f.*** Cualidad del que tiende a no gastar dinero: *era tal su ~, que conservó durante toda su vida una bolsa llena de monedas de oro.* ⇒ **tacañería.** ⇔ **generosidad.**

ci·ca·te·⌜ro, ⌜ra |θikatéro, ra| ***adj.-s.*** (persona) Que no gusta de gastar dinero; que intenta gastar lo menos posible: *es una mujer cicatera que controla los gastos de su marido; no seas tan ~ e invítanos a comer hoy.* ⇒ **avaro, tacaño.** ⇔ **generoso.**

ci·ca·triz |θikatríθ| **1** ***f.*** Señal de una herida que queda en la piel: *cuando era pequeña se hizo una brecha en la frente y le ha quedado una ~; ese hombre tiene la cara llena de cicatrices.* **2** *fig.* Impresión que deja en el ánimo un sentimiento: *la muerte de su abuelo es una ~ que tardará en curar.*

ci·ca·tri·za·ción |θikatriθaθión| ***f.*** *Curación completa de una herida: *la ~ de las heridas fue demasiado lenta.*

ci·ca·tri·zar |θikatriθár| ***tr.-intr.-prnl.*** [algo] Acabar de cerrar o curar una herida: *ya se ha cicatrizado la herida que me hice al caer de la moto; tiene unos cortes tan profundos, que tardarán tiempo en ~.* ⌂ Se conjuga como 4.

ci·ce·ro·ne |θiθeróne| ***com.*** Persona que enseña los lugares de interés de una ciudad: *Javier hizo de ~ y mostró a los turistas la ciudad; el ~ nos contó cosas muy interesantes sobre las pinturas del museo.* ⇒ **guía.**

cí·cli·⌐co, ⌐ca |θíkliko, ka| ***adj.*** Del *ciclo o que tiene relación con él: *la sucesión de días y noches es un fenómeno ~.*

ci·clis·mo |θiklísmo| ***m.*** Deporte que consiste en competir en bicicleta: *Cristóbal se dedicó al ~ durante siete años; el ~ es un deporte muy duro.*

ci·clis·ta |θiklísta| **1** ***adj.*** De la bicicleta o que tiene relación con ella: *todos los domingos se celebran carreras ciclistas en la Comunidad de Madrid; la Vuelta ~ a España es un acontecimiento deportivo importante.* **- 2** ***adj.-com.*** (persona) Que monta en bicicleta: *José María llegará a ser un ~ famoso; el coche se salió de la calzada y atropelló a un ~.*

ci·clo |θíklo| **1** ***m.*** Serie de acontecimientos o fenómenos que se producen uno tras otro hasta que llega un momento en que vuelven a repetirse en el mismo orden: *la profesora ha hablado a los niños del ~ de las estaciones del año.* **2** Serie de actos de carácter cultural relacionados entre sí: *están organizando un ~ con las películas de Roman Polanski; me gustaría asistir al ~ de conferencias sobre la novela rusa.* **3** Parte en que se dividen los estudios y que está formada por una serie determinada de cursos y *asignaturas: *las carreras universitarias suelen tener dos ciclos.* **4** Serie de obras literarias que tienen una característica en común: *es un medievalista especializado en el ~ carolingio.*

ci·clo·cross |θiklocrós| ***m.*** Deporte que consiste en montar en bicicleta por terrenos muy accidentados: *los circuitos de ~ tienen mucha tierra y barro.*

ci·clo·mo·tor |θiklomotór| ***m.*** Bicicleta con un motor que no alcanza mucha velocidad: *lo atropelló un ~; no me gustan los ciclomotores porque tienen poca potencia.* ⇒ **motocicleta.**

ci·clón |θiklón| **1** ***m.*** Viento extremadamente fuerte que avanza girando sobre sí mismo de forma muy rápida: *un potente ~ ha devastado la costa.* ⇒ **huracán, tifón, tornado.** **2** Fenómeno atmosférico en el que hay bajas presiones, fuertes vientos y lluvias: *en las estaciones frías abundan los ciclones; en el mapa del tiempo está representado un ~.* ⇒ **borrasca.** **3** *fig.* Persona que obra de manera rápida y desordenada: *Magdalena es un ~, cambia de sitio todo lo que encuentra a su paso.* ⇒ **torbellino.**

ci·cló·ni·⌐co, ⌐ca |θiklóniko, ka| ***adj.*** Del *ciclón o que tiene relación con él: *los vientos ciclónicos tienen su origen en un descenso de la presión atmosférica.*

ci·cu·ta |θikúta| **1** ***f.*** Planta silvestre de tallo hueco y ramoso, hojas triangulares y flores blancas: *la ~ crece en lugares húmedos.* **2** Veneno que se saca de las hojas y frutos de esa planta: *Sócrates bebió ~; la ~ se usó como medicina.*

cie·⌐go, ⌐ga |θiéɣo, ɣa| **1** ***adj.-s.*** Que no puede ver; que está privado de la vista: *tiene un perro ~; ayudó al ~ a cruzar la calle.* **2** *fig.* Que no es capaz de darse cuenta de una cosa o de comprenderla: *¿es que estás ~? ¿No ves que eso no se puede hacer?* **3** *fig.* Que no tiene pensamiento crítico: *estaba ~ de amor; tenía una fe ciega en él.* **4** *fig.* (conducto) Que está lleno de alguna materia que no deja pasar el líquido a través de él: *esa cañería está ciega y no desagua.* **5** (hueco) Que está tapado: *en la fachada de la casa había dos ventanas ciegas.* **- 6 ciego** ***adj.-m.*** MED. (*intestino) Que no forma parte del *intestino grueso y está cerrado por un extremo: *el intestino ~ está cerca del colon.* ■ **a ciegas**, sin poder ver: *tuvimos que entrar en la habitación a ciegas porque no había luz.* ■ **a ciegas**, actuando sin pensar: *no digas las cosas a ciegas.* ■ **dar palos de** ~, actuar sin tener información *suficiente: *la policía no tiene pistas sobre el autor del asesinato y está dando palos de ~.*

cie·lo |θiélo| **1** ***m.*** Parte del espacio sobre la Tierra, en la que están las nubes y donde se ven el Sol, la Luna y las estrellas: *hace buen día y el ~ está muy azul; los aviones cruzan el ~.* **2** *fig.* Parte superior de ciertas cosas o que cubre ciertas cosas: **~ de la boca**, parte superior del hueco de la boca; paladar: *he comido un pan muy duro y ahora me duele todo el ~ de la boca;* ~ **raso**, techo de superficie plana y lisa: *en el desván han puesto un ~ raso.* **3** Lugar en el que los santos y los espíritus de los justos gozan de la compañía de Dios para siempre, según los cristianos: *si eres bueno irás al Cielo, si eres malo irás al Infierno.* ⇒ **paraíso.** ⇔ **infierno.** ⌂ En esta acepción se suele escribir con mayúscula. **4** Gobierno de Dios sobre el universo: *si el ~ lo quiere, lo veremos.* ⌂ Se usa en plural como exclamación: *¡oh cielos!, ¡qué horror!* **5** *fig.* Persona, animal o cosa muy agradable: *es un ~, siempre está dispuesto a ayudarme cuando se lo pido.* ⌂ Se usa como apelativo afectivo: *ven con mamá, ~.* ■ **caer/llover del** ~, *fam.*, llegar con oportunidad o en buen momento: *el premio nos ha llovido del ~.* ■ **clamar al cielo**, ser injusto; estar equivocado: *la decisión del jurado del certamen literario clama al ~.* ■ **irse el santo al** ~, *fam.*, distraerse de lo que se está haciendo u olvidarse de lo que se ha de hacer: *no sé lo que estaba diciendo: he ido a abrir la puerta y se me ha ido el santo al ~.* ■ **ver el ~ abierto**, tener una esperanza; ver una salida a una situación difícil: *en cuanto me dijeron que me iban a ayudar, empecé a ver el ~ abierto.*

ciem·piés |θiempiés| ***m.*** Animal invertebrado que

vive en tierra, con el cuerpo alargado y formado por muchos anillos en cada uno de los cuales tiene dos patas: *levanté una piedra y salió un ~ de debajo.* ⌂ Para indicar el sexo se usa el ~ macho y el ~ hembra.

cien |θi̲én| **1** ***num.*** Diez multiplicado por diez: *99 más uno son ~; si tengo 100 manzanas y te doy ~, ya no me queda ninguna.* ⇒ **ciento. 2** (persona, cosa) Que sigue en orden al que hace el número 99; *centésimo: *si voy después del nonagésimo noveno, soy el ~ de la lista.* ⌂ Es preferible el uso del ordinal: *soy el centésimo.* **- 3** ***m.*** Número que representa el valor de diez multiplicado por diez: *escribe el ~ después del 99.* ⇒ **ciento.** ■ **poner a ~**, *fam.*, excitar en gran medida: *cuando dices esas tonterías, me pones a ~; su manera de bailar me ponía a ~.*

cié·na·ga |θi̲énaγa| ***f.*** Terreno lleno de barro o *cieno: *ha metido los pies en una ~ y se ha puesto perdidas las botas.* ⇒ **barrizal, cenagal, lodazal.**

cien·cia |θi̲énθi̲a| **1** ***f.*** Actividad humana que consiste en reunir un conjunto de conocimientos mediante la observación y la experimentación, y ordenarlos cuidadosamente de modo que puedan ser comparados y estudiados: *la ~ ha procurado muchas comodidades a la humanidad; la ~ va casi siempre unida al desarrollo tecnológico.* **2** Conjunto de conocimientos y principios ordenados que forman una parte del saber: *la informática está contribuyendo al desarrollo de muchas ciencias;* **ciencias exactas**, las que sólo admiten principios, efectos y hechos demostrables: *las matemáticas y la física son ciencias exactas;* **ciencias humanas**, las que estudian asuntos relacionados con el hombre: *la historia, la psicología y la filosofía son ciencias humanas;* **ciencias naturales**, las que estudian asuntos relacionados con la naturaleza: *la biología y la geología son ciencias naturales;* **ciencias ocultas**, las que estudian asuntos relacionados con la magia: *la alquimia y la astrología son ciencias ocultas.* **3** Conocimiento de cualquier clase: *la experiencia es la madre de todas las ciencias;* **~ infusa**, la recibida directamente de Dios: *algunos santos conocían muchas lenguas por ~ infusa;* **~ infusa**, *fam.*, la que se le atribuye al que cree saberlo todo sin necesidad de aprender: *tienes que estudiar y no confiar en la ~ infusa.*

cien·mi·lé·si·⌐mo, ⌐ma |θi̲eᵐmilésimo, ma| **1** ***num.*** (persona, cosa) Que sigue en orden al que hace el número 99 999: *como está detrás del 99 999, eso significa que es el ~ en la lista.* **2** (parte) Que resulta de dividir un todo en cien mil partes iguales: *había tantos para repartir, que me tocó la cienmilésima parte.*

cie·no |θi̲éno| ***m.*** Barro blando de los lugares donde hay agua o que se forma cuando llueve: *las márgenes del río estaban llenas de ~; este valle es muy húmedo, por eso abunda el ~.* ⇒ **lama, légamo, limo, lodo.**

cien·tí·fi·⌐co, ⌐ca |θi̲entífiko, ka| **1** ***adj.*** Que se ha hecho reuniendo un conjunto de conocimientos mediante la observación y la experimentación, y ordenándolos cuidadosamente para compararlos y estudiarlos: *trata de hacer un estudio ~ de las ratas de agua; es un detergente ~ que deja su ropa más blanca.* **2** De la ciencia o que tiene relación con ella: *el desarrollo ~ ha sido enorme en el último siglo.* **- 3** ***m. f.*** Persona que se dedica a reunir un conjunto de conocimientos mediante la observación y la experimentación, y ordenarlos cuidadosamente de modo que puedan ser comparados y estudiados: *ese ~ ha sido galardonado con el premio Nobel.*

cien·to |θi̲énto| **1** ***num.*** Diez multiplicado por diez: *si sumas 60 y 40, el resultado es ~.* ⇒ **cien. - 2** ***m.*** Número que representa el valor de diez multiplicado por diez: *escribe el ~ después del 99.* ⇒ **cien. 3** Conjunto formado por 100 unidades: *he comprado un ~ de caramelos.* ⇒ **centena, centenar.** ■ **~ y la madre**, *fam.*, mucha cantidad de gente: *acudimos a su invitación ~ y la madre.*

cie·rre |θi̲ére| **1** ***m.*** Objeto o mecanismo que sirve para cerrar una cosa: *llevas roto el ~ de la falda; el ~ de la carta viene lacrado; se detectó a tiempo un fallo en el ~ del cañón;* **~ metálico**, cortina de metal que sirve para cerrar y proteger la puerta de un establecimiento: *echó el ~ metálico de su tienda y se fue a casa.* **2** Acción de cerrar *temporal o definitivamente un edificio o un establecimiento: *el juez ha decretado el ~ de la fábrica ilegal; se ha fijado la hora de ~ a las nueve.* ⇒ **clausura. 3** Final o *término de una labor o de un periodo de tiempo: *el día de ~ de la temporada teatral habrá una fiesta.* **4** Final o *término para la admisión de originales en un periódico o revista que está en prensa: *la noticia llegó a la redacción del periódico a la hora de ~; al ~ de esta edición aún no se conocía el ganador del premio.*

cier·ta·men·te |θi̲értaménte| ***adv.*** De manera segura: *es, ~, el alumno más aventajado de la clase.*

cier·⌐to, ⌐ta |θi̲érto, ta| **1** ***adj.*** Que no está determinado; que no es bien conocido: *cierta persona quiere verte; no te ha dicho ciertas cosas; tiene ~ aire de superioridad.* ⌂ Se usa delante de un sustantivo. La indeterminación puede deberse a un desconocimiento del que habla en unos casos y del que escucha en otros. **2** Que es verdadero; que es así en realidad: *eso no es ~, yo nunca había estado aquí.* ⇔ **incierto. 3** Que es o está seguro; que no se puede evitar: *créeme, estoy ~ de lo que te digo; se dirigían hacia una muerte cierta.* ⇔ **incierto. - 4 cierto** ***adv.*** *form.* Con toda seguridad; sin duda: *¿ha sido usted quien lo ha pintado? —Cierto, pero no tiene ningún valor.* ■ **de ~**, de forma segura: *lo sabe de ~.* ■ **por ~**, locución que introduce un nuevo tema relacionado con el anterior: *por ~, hablando de dinero, ¿no me debes tú dos mil pesetas?*

cier·⌐vo, ⌐va |θi̲érβo, βa| ***m. f.*** Animal mamífero salvaje de patas largas, cola muy corta, pelo áspero, corto, marrón o gris, cuyo macho tiene cuernos divididos en ramas, y que se alimenta de vegetales: *el ~ es un animal muy hermoso; desde la cabaña se oía el bramido de los ciervos.* ■ **~ volante**, insecto grande de cuerpo ovalado, patas cortas y alas anteriores duras, cuyo macho tiene unos salientes en la boca que parecen cuernos: *ese bicho que parece un escarabajo grande es un ~ volante.*

cier·zo |θjérθo| ***m.*** Viento del norte: *la avioneta no pudo volar a causa del ~.*

ci·fra |θífra| **1 *f.*** Signo con que se representa una cantidad o valor: *el prefijo de mi ciudad es un número con dos cifras.* ⇒ **número. 2** Cantidad de una cosa: *invirtió una ~ muy elevada de dinero.* ■ **en ~**, de manera secreta: *no podemos entender este mensaje porque está en ~.*

ci·frar |θifrár| **1 *tr.*** [algo] Escribir de manera secreta: *alguien ha cifrado el mensaje y no tengo la clave para descifrarlo.* ⇔ **descifrar. 2** Reducir un conjunto de cosas a una sola: *cifró todas sus esperanzas en tener un hijo que le sucediera.* ☖ Se construye con la preposición *en.*

ci·ga·la |θiγála| ***f.*** Animal invertebrado marino comestible, de cuerpo alargado con diez patas, las primeras de las cuales terminan en *pinzas, y de color rojo claro: *las cigalas se cuecen y están muy buenas.* ☖ Para indicar el sexo se usa la ~ macho y la ~ hembra.

ci·ga·rra |θiγára| ***f.*** Insecto de color verde oscuro, con cabeza gruesa, ojos salientes y cuatro alas transparentes que produce un sonido *estridente: *la ~ vive algunos años en estado de larva y se alimenta de la savia de las plantas; por el día se oye el canto de las cigarras y por la noche, el de los grillos.* ⇒ **chicharra.**

ci·ga·rral |θiγarál| ***m.*** Terreno situado fuera de una ciudad y donde hay árboles frutales y una casa: *en Toledo hay cigarrales.*

CIERVO

ci·ga·rre·ra |θiγaréra| ***f.*** Caja en la que se guardan cigarros: *abrió la ~ y ofreció a Fermín un habano.*

ci·ga·rri·llo |θiγaríʎo| ***m.*** Cilindro pequeño de tabaco picado envuelto en papel para fumarlo: *he olvidado en la mesa del despacho la cajetilla de cigarrillos; apagó el ~ en el cenicero.* ⇒ **cigarro, pito.**

ci·ga·rro |θiγáro| **1 *m.*** *fam.* Cilindro pequeño de tabaco picado envuelto en papel para fumarlo: *¿me das un ~, por favor?* ⇒ **cigarrillo, pito. 2** Cilindro de hojas de tabaco enrolladas para fumar: *los mejores cigarros se fabrican en Cuba.* ⇒ **habano, puro.**

ci·go·to |θiγóto| ***m.*** BIOL. Célula que resulta de la unión de dos *gametos: *en el laboratorio están investigando con cigotos de ratones.* ⇒ **huevo, zigoto.** ☖ La Real Academia Española prefiere la forma *zigoto.*

ci·güe·ña |θiγuéɲa| **1 *f.*** Ave de un metro de altura y de color blanco con las alas negras, con el cuello, el pico y las patas largos y que suele hacer el nido en un lugar alto: *Alcalá de Henares es famosa por sus cigüeñas.* ☖ Para indicar el sexo se usa la ~ macho y la ~ hembra. **2** Hierro sujeto a la parte superior de una campana donde se asegura la cuerda para hacerla sonar: *hace años que no tocan esa campana porque la ~ está rota.*

ci·güe·ñal |θiγueɲál| ***m.*** MEC. Pieza del motor de un automóvil, en forma de eje en la que el movimiento en línea recta del cilindro se transforma en movimiento circular: *el pistón se une a la biela y ésta al ~.*

ci·lan·tro |θilántro| ***m.*** Hierba de tallo largo y flores rojas que se usa para cocina y en medicina: *la semilla del ~ es muy aromática.*

ci·li·cio |θilíθio| ***m.*** Instrumento con pinchos que se lleva ajustado al cuerpo para causar dolor, y así dominar los deseos y las pasiones: *se puso un ~ en la cintura como penitencia por sus pecados.*

ci·lin·dra·da |θilindráða| ***f.*** MEC. Capacidad del cilindro o los cilindros de un motor: *la ~ se expresa en centímetros cúbicos; esta moto tiene una ~ de 500 centímetros cúbicos.*

ci·lín·dri·⌜co, ⌜ca |θilíndriko, ka| ***adj.*** Del cilindro o que tiene relación con él; que tiene forma de cilindro: *esos cables van metidos en tubos cilíndricos; los cigarrillos son objetos cilíndricos.*

ci·lin·dro |θilíndro| **1 *m.*** Cuerpo sólido cuyas bases son dos círculos iguales: *esa chimenea tiene forma de ~; el ~ está engendrado por un rectángulo que gira sobre uno de sus lados.* **2** Objeto de esa forma: *la máquina tiene roto un ~.* **3** Parte de un motor donde se mezcla y se quema el combustible: *ese motor tiene seis cilindros; los pistones están en los cilindros del motor.* **4** Recipiente de metal cerrado que contiene gases a presión: *ten cuidado con ese ~ porque puede explotar.*

ci·ma |θíma| **1 *f.*** Parte más alta de una cosa: *el mono ha trepado hasta la ~ del árbol; los escaladores descansaron al llegar a la ~ del monte.* ⇒ **cresta. 2** *fig.* Punto superior o más alto; grado mayor a que se puede llegar: *la conocí cuando estaba en la ~ de su carrera como actriz.* ⇒ **cumbre.**

cím·ba·lo |θímbalo| ***m.*** MÚS. Instrumento musical de percusión formado por un plato o disco de metal que suena al chocar contra otro: *los címbalos eran usados por griegos y romanos en las ceremonias religiosas.* ⇒ **platillo.**

cim·bra |θímbra| **1** ***f.*** ARQ. Armazón de madera que se usa para construir un arco u otra estructura curva: *la ~ se quita cuando el arco ha tomado forma.* **2** ARQ. Curva de la superficie interior de un arco: *decoraron las cimbras de colores.*

cim·brar |θimbrár| **1** ***tr.-prnl.*** *form.* [algo] Hacer vibrar una vara u otro objeto flexible: *cogió un junco y cimbró con fuerza su tallo; el trigo se cimbra con el viento.* ⇒ **cimbrear. 2** Mover el cuerpo al caminar: *¡con qué gracia se cimbra!* ⇒ **cimbrear, contonearse.**

cim·bre·an·te |θimbreánte| ***adj.*** *form.* Que es flexible; que vibra o se *cimbrea con facilidad: *en la foto se aprecian las espigas cimbreantes; el poema habla del talle ~ de una dama.*

cim·bre·ar |θimbreár| ***tr.-prnl.*** ⇒ **cimbrar, contonearse.** ☐ La Real Academia Española prefiere la forma *cimbrar.*

ci·men·ta·ción |θimentaθión| **1** ***f.*** ARQ. Parte de un edificio que está bajo tierra y sirve de apoyo y base a la construcción: *no podemos remover más la tierra porque dañaremos la ~.* ⇒ **cimiento. 2** Colocación o construcción de la base de un edificio: *las obras de ~ fueron vigiladas muy de cerca por el arquitecto y el aparejador.* **3** *fig.* Establecimiento de unos principios o unas bases: *el proyecto parece tener una buena ~, pero veremos el desarrollo.*

ci·men·tar |θimentár| **1** ***tr.*** ARQ. [algo] Echar o poner una base para construir sobre ella: *todavía están cimentando el bloque de viviendas, así que no podrá estar terminado en este año.* **2** *fig.* Establecer unos principios o unas bases: *cimentó su fe en la lectura de la Biblia.* ☐ Se conjuga como 27.

ci·mien·to |θimiénto| **1** ***m.*** Parte de un edificio que está bajo tierra y sirve de apoyo y base a la construcción: *los cimientos de la vieja iglesia están muy dañados.* ⇒ **cimentación.** ☐ Se usa también en plural con el mismo significado. **2** *fig.* Principio y base: *la igualdad entre las personas debe ser ~ de la sociedad; la cumbre de Dublín puso los cimientos de la Europa unida.*

ci·mi·ta·rra |θimitar̄a| ***f.*** Arma blanca parecida a la espada, pero muy curva y afilada sólo por un lado: *el turco cortó la cabeza al prisionero con su ~.* ⇒ **sable.**

cinc |θínᵏ| ***m.*** Metal de color blanco azulado, que suele usarse en *aleaciones: *esa batería de cocina es de ~; el símbolo del ~ es Zn.* ⇒ **zinc.** ☐ El plural es *cines* o *zines.*

cin·cel |θinθél| ***m.*** Herramienta de hierro que sirve para trabajar a golpe de martillo la piedra y los metales: *se ha servido del ~ para esculpir la figura.*

cin·ce·lar |θinθelár| ***tr.*** [algo] Dar forma a piedras y metales con el *cincel: *es un artista que cincela sus obras con enorme rapidez.*

cin·cha |θínt∫a| ***f.*** Correa que se coloca debajo del vientre del caballo u otro animal parecido para asegurar una silla u otra cosa: *comprobó que la ~ estuviera bien sujeta antes de montar en el caballo.*

cin·char |θint∫ár| **1** ***tr.*** [algo] Apretar la correa o *cincha a un caballo u otro animal parecido para asegurar la silla u otra cosa: *como no cinchó bien a la yegua, la albarda se cayó al suelo.* **2** Asegurar con los *cinchos: *volvieron a ~ los toneles del vino.*

cin·cho |θínt∫o| **1** ***m.*** Banda de tela ancha que se pone alrededor de la cintura: *el traje típico de esta región lleva un ~ rojo.* **2** Pieza de hierro, plana y redonda, con que se aseguran las tablas de los *barriles o las ruedas de los carros: *se rompieron los cinchos del tonel y el vino se derramó.*

cin·co |θíŋko| **1** ***num.*** Cuatro más uno: *tres y dos son ~; si tengo 100 manzanas y te doy 95, me quedan ~.* **2** (persona, cosa) Que sigue en orden al que hace el número cuatro; quinto: *si voy después del cuarto, soy el ~ de la lista.* ☐ Es preferible el uso del ordinal: *soy el quinto.* **- 3** ***m.*** Número que representa el valor de cuatro más uno: *escribe el ~ después del 4.*

cin·cuen·ta |θiŋkuénta| **1** ***num.*** Diez multiplicado por cinco: *25 por dos son ~; si tengo 100 manzanas y te doy 50, me quedan ~.* **2** (persona, cosa) Que sigue en orden al que hace el número 49; quincuagésimo: *si voy después del cuadragésimo noveno, soy el ~ de la lista.* ☐ Es preferible el uso del ordinal: *soy el quincuagésimo.* **- 3** ***m.*** Número que representa el valor de diez multiplicado por cinco: *escribe el ~ después del cuarenta y nueve.*

cin·cuen·ta·⌜vo, ⌜va |θiŋkuentáβo, βa| ***num.*** (parte) Que resulta de dividir un todo en 50 partes iguales: *son 50 personas y le corresponderá un ~ a cada una.*

cin·cuen·te·na |θiŋkuenténa| ***f.*** Conjunto formado por 50 unidades: *a la reunión asistió una ~ de representantes.*

cin·cuen·te·na·⌜rio, ⌜ria |θiŋkuentenário, ria| **1** ***adj.-s.*** *form.* Que tiene cerca de los 50 años de edad: *este edificio es ~.* **- 2 cincuentenario** ***m.*** Periodo de 50 años: *esta empresa de cosméticos lleva en este país un ~.* **3** Día en que se celebra que se han cumplido 50 años de un acontecimiento o un hecho determinado: *el tres de julio tendrá lugar el ~ de la muerte del fundador de esta empresa.*

cin·cuen·⌜tón, ⌜to·na |θiŋkuentón, tóna| ***adj.-s.*** (persona) Que tiene entre 50 y 60 años: *los hombres cincuentones suelen tener canas.*

ci·ne |θíne| **1** ***m.*** Establecimiento público donde se proyectan películas: *va al ~ todos los domingos; en esa calle hay varios cines.* **2** Conjunto de personas y medios que se dedica a hacer, vender y proyectar películas: *el ~ produce grandes beneficios económicos.* **3** Arte y técnica de hacer películas: *el ~ ha cambiado mucho desde sus comienzos;* ~ **mudo,** el que hace películas sin voz ni sonido: *Charlie Chaplin fue una de las mayores estrellas del ~ mudo;* ~ **sonoro,** el que hace películas con voz y sonido: *el ~ sonoro desplazó al ~ mudo.* ☐ Es la forma abreviada de *cinematógrafo.*

ci·ne·as·ta |θineásta| ***com.*** Persona que se dedica al cine, especialmente a dirigir películas: *el ~ fue premiado por la prensa como mejor director del año.*

ci·ne·club |θineklúᵝ| **1 *m.*** Organización dedicada a extender la cultura del cine: *los miembros del ~ del barrio están organizando un ciclo dedicado a Buster Keaton.* **2** Lugar en el que se reúne esa organización y en el que se proyectan películas: *he visto una estupenda película en un ~ madrileño.*

ci·ne·gé·ti·ca |θinexétika| ***f.*** Arte de la caza: *tiene varios halcones y lleva varios años practicando la ~.*

ci·ne·gé·ti·⌜co, ⌜ca |θinexétiko, ka| ***adj.*** De la caza o que tiene relación con ella: *esta asociación organiza actividades cinegéticas todos los fines de semana.*

ci·ne·mas·co·pe |θinemaskópe| ***m.*** Técnica usada en el cine que consiste en tomar las imágenes de tal modo que, al proyectarlas sobre pantallas curvas, dan una sensación de profundidad: *el ~ supuso un gran adelanto para la técnica cinematográfica.*

ci·ne·ma·to·gra·fí·a |θinematoɣrafía| ***f.*** Técnica de proyectar imágenes fijas de manera continuada para crear una sensación de movimiento sobre la pantalla: *los hermanos Lumière ocupan una página de honor en la historia de la ~.*

ci·ne·ma·to·grá·fi·⌜co, ⌜ca |θinematoɣráfiko, ka| ***adj.*** De la *cinematografía o que tiene relación con ella: *la introducción del sonido marcó un hito en la historia cinematográfica;* Lo que el viento se llevó *fue uno de los grandes éxitos cinematográficos.*

ci·ne·ma·tó·gra·fo |θinematóɣrafo| **1 *m.*** Aparato que permite proyectar imágenes fijas de manera continuada para crear una sensación de movimiento sobre la pantalla: *el ~ ha sido uno de los grandes inventos del siglo.* **2** Establecimiento público donde se proyectan películas: *han demolido el antiguo ~ para construir una sala más grande.* ⇒ **cine.**

ci·né·ti·ca |θinétika| ***f.*** FÍS. Disciplina que estudia el movimiento de los cuerpos: *el profesor explicó a los alumnos los principios teóricos de la ~.*

cín·ga·⌜ro, ⌜ra |θíŋgaro, ra| ***adj.-s.*** (persona) *Gitano de Europa central: *el grupo de cíngaros descansó al llegar al río.*

cín·gu·lo |θíŋgulo| ***m.*** Cordón de hilo o tela que se pone alrededor de la cintura: *el sacerdote se apretó el ~ antes de salir a oficiar la misa.*

cí·ni·⌜co, ⌜ca |θíniko, ka| **1 *adj.-s.*** Que miente sin miedo ni vergüenza: *el muy ~ nos dijo que no sabía nada, cuando era el único culpable.* **- 2 *adj.*** FIL. De la doctrina filosófica de Antístenes y Diógenes o que tiene relación con ella: *asistieron a una conferencia sobre la influencia del pensamiento ~.* **- 3 *adj.-s.*** FIL. (persona) Que sigue la doctrina filosófica de Antístenes y Diógenes o que tiene relación con ella: *los cínicos despreciaban las convenciones sociales.*

ci·nis·mo |θinísmo| **1 *m.*** Actitud de mentir sin miedo ni vergüenza: *pretende engañar a todo el mundo con mucho ~.* **2** FIL. Doctrina filosófica de Antístenes y Diógenes y de sus seguidores: *el tema de su tesis es el ~ en la filosofía griega.*

cin·ta |θínta| **1 *f.*** Tira de tela, larga y estrecha, que sirve para atar, ajustar o adornar las prendas de vestir: *el sombrero llevaba una ~ de raso; el vestido de la novia se ajustaba con cintas a la espalda; las zapatillas de ballet se atan con cintas.* **2** Tira larga y estrecha de papel, plástico u otro material flexible: *la caja venía sujeta con cintas;* ~ **aislante**, la que, por uno de sus lados, tiene pegamento y sirve para cubrir y proteger las instalaciones eléctricas: *arregló el enchufe y rodeó los cables con ~ aislante;* ~ **magnética**, la que recoge y guarda información que luego puede ser reproducida: *los magnetófonos y los casetes funcionan con cintas magnéticas; algunos ordenadores almacenan los datos en ~ magnética;* ~ **métrica**, la que sirve para medir distancias o longitudes: *el carpintero sacó una ~ métrica y midió las paredes.* **3** Tira de tela cubierta de tinta, que se coloca en el interior de las máquinas de escribir o de imprimir: *la ~ de la impresora está muy gastada.* **4** Caja pequeña de plástico que contiene una tira en la que se graba y se reproduce el sonido: *el disco compacto ha desplazado a los discos de vinilo y a las cintas.* ⇒ **casete.** **5** Película de cine: *la última ~ de Berlanga ha sido muy premiada; he comprado varias cintas de vídeo.* **6** Mecanismo formado por una banda que se mueve automáticamente y sirve para transportar maletas y mercancías: *el correo subía al primer piso por una ~ transportadora.* **7** Planta de adorno, con las hojas anchas y con listas blancas y verdes, que puede llegar a medir un metro de altura: *la ~ es una planta de hoja perenne que tiene diversas variedades; mi madre tiene una ~ en el patio.* **8** Tira ancha de tejido fuerte o de metal, en la que se introducen las balas que se disparan con una *ametralladora: *el soldado sujetaba la ~ con la mano izquierda y disparaba con la derecha.* **9** ARQ. Adorno en forma de tira estrecha que se pliega haciendo dibujos: *la columna está decorada con motivos de ~.* **10** MAR. Red fuerte que se usa para pescar *atunes: *los pescadores lanzaron la ~ al mar y luego tiraron con fuerza.*

cin·to |θínto| ***m.*** Tira larga y estrecha de cuero u otro material que se usa para sujetar o ajustar una prenda de vestir a la cintura o para llevar una arma: *un ~ de seda oprimía su vestido.* ⇒ **correa, cinturón.**

cin·tu·ra |θintúra| **1 *f.*** Parte estrecha del cuerpo que está en la mitad inferior del tronco: *la tomó por la ~ y bailaron.* **2** *p. ext.* Parte de la prenda de vestir que corresponde a la mitad inferior del tronco: *creo que he engordado porque ya no me vale la ~ de los vaqueros.*

cin·tu·rón |θinturón| **1 *m.*** Tira larga y estrecha de cuero que se usa para sujetar o ajustar una prenda de vestir a la cintura o para llevar una arma: *si no me pongo un ~, se me caerán los pantalones; llevaba un ~ con una hebilla plateada; el policía llevaba la pistola en el ~.* ⇒ **cinto, correa.** **2** Tira larga y estrecha de tela que tienen los trajes de las artes *marciales y que indica, según el color que tenga, la categoría del *deportista: *el ~ rojo indica la máxima categoría en kárate.* **3** *fig.* Conjunto de personas o cosas que rodean a otra u otras: *las fuerzas policiales disolvieron el ~ que habían formado los manifestantes.* ⇒ **cordón.** ■ **apretarse el ~**, *fam.*, disminuir los gastos: *en épocas de crisis no hay más remedio que apretarse el ~.* ■ **~ de seguridad**, tira larga y estrecha que sirve para sujetar al asiento a los que viajan en un vehículo o en un avión: *debemos usar el ~ de seguridad para prevenir accidentes.*

ci·prés |θiprés| **1** ***m.*** Árbol de tronco derecho, ramas cortas que forman una copa espesa y con forma de cono y hojas estrechas y permanentes: *los cipreses suelen plantarse cerca de las iglesias y los monasterios y en los cementerios.* **2** Madera dura, de color rojo, de ese árbol: *los féretros se construyen con ~.*

cir·cen·se |θirθénse| ***adj.*** Del *circo o que tiene relación con él: *a Jaime e Isabel les encantó el espectáculo ~; el número ~ de los trapecistas es el que más me gusta.*

cir·co |θírko| **1** ***m.*** Espectáculo formado por *actuaciones divertidas, de habilidad y de peligro: *a mis hijos les gusta mucho el ~.* **2** Lugar cerrado en que se ofrece al público ese espectáculo: *en el ~ los espectadores están sentados alrededor de una pista circular; vimos domadores y trapecistas en el ~.* **3** Grupo de personas que trabajan en ese espectáculo: *el ~ llegó al pueblo en Navidades.* **4** Lugar destinado para ofrecer al público ciertos espectáculos en la antigua Roma: *los circos romanos tenían forma de paralelogramo; en el ~ se celebraban luchas de gladiadores y carreras de carros.* ⇒ **anfiteatro. 5** GEOGR. Espacio en forma de medio círculo rodeado de montañas: **~ glaciar**, GEOGR., el que se ha formado por el desgaste producido por el hielo: *los circos glaciares están situados en zonas de nieves perpetuas.* **6** *fam. fig.* Acción que llama la atención: *¡menudo ~ has montado en la calle con tus gritos!* ▢ Se suele usar con el verbo *montar.*

CIPRÉS

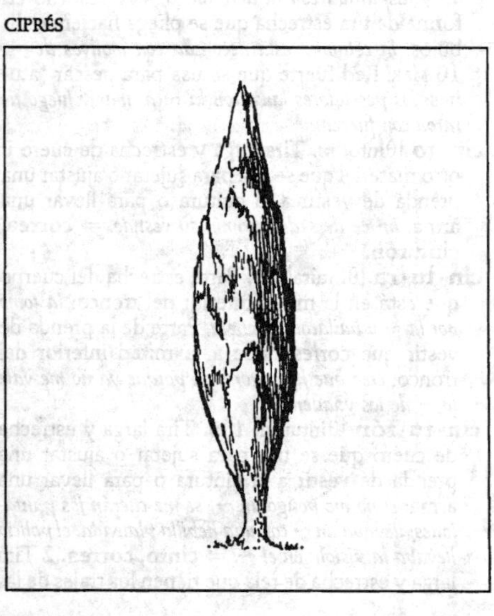

cir·cui·to |θirkuíto| **1** ***m.*** Camino cuyo punto de partida coincide con el de llegada: *este ~ tiene una longitud de diez kilómetros.* **2** Recorrido que suele terminar en el punto de partida: *la agencia de viajes está organizando un ~ por las islas Baleares.* **3** ELECTR. Camino que sigue una corriente eléctrica: *al quitar el fusible quedó el ~ abierto;* **corto ~**, ELECTR., el que ofrece una resistencia muy pequeña, especialmente el que se produce de manera accidental por *contacto de dos cuerpos conductores: *se produjo un corto ~ y todo el edificio se quedó sin luz.* ⇒ **cortocircuito.**

cir·cu·la·ción |θirkulaθión| **1** ***f.*** Movimiento de vehículos y personas por las vías públicas: *estamos en una calle de mucha ~; llegué tarde al trabajo porque había bastante ~ en la autopista.* ⇒ **tráfico, tránsito. 2** Acción y resultado de circular: *ya están en ~ las nuevas monedas;* **~ de la sangre/sanguínea**, función orgánica por la que la sangre sale del corazón, se reparte por el cuerpo y vuelve a él: *la ~ sanguínea permite que el oxígeno y el alimento lleguen a todas las células del cuerpo.* **3** ECON. Movimiento del dinero: *la ~ monetaria ha descendido debido a la crisis económica.* ■ **poner en ~**, sacar o lanzar para su uso: *las autoridades han puesto en ~ nuevos billetes.* ■ **retirar de la ~**, hacer que una cosa no se use: *la empresa ha retirado de la ~ un lote de productos defectuosos.* ■ **retirarse de la ~**, dejar de intervenir en un asunto o en una actividad: *después del fracaso, el director se retiró de la ~.*

cir·cu·lar |θirkulár| **1** ***intr.*** Andar o moverse en un camino cuyo punto de partida coincide con el de llegada: *la sangre circula por las venas.* **2** Andar o moverse siguiendo una dirección determinada: *en las horas punta el tráfico de las ciudades circula con gran lentitud.* **3** No quedarse parado: *el policía ordenó a la muchedumbre que circulase.* **4** Correr o pasar de unas personas a otras: *las buenas noticias no circulan con tanta rapidez como las malas.* ⇒ **propagar. - 5** ***adj.*** Que tiene forma de círculo: *la bandada de pájaros hizo un vuelo ~.* **- 6** ***f.*** Escrito en el que se ordena o comunica una cosa: *en la ~ se especifica el día y la hora en que tienes que ir al juzgado.* ⇒ **comunicación, notificación.**

cir·cu·la·to·⌐rio, ⌐ria |θirkulatório, ria| **1** ***adj.*** De la circulación de vehículos o que tiene relación con ella: *la manifestación provocó un tremendo caos ~ en la Nacional 340.* **2** De la circulación de la sangre o que tiene relación con ella: *le han dicho que caminar es lo mejor para sus problemas circulatorios; el profesor dibujó en la pizarra el aparato ~ del hombre.*

cír·cu·lo |θírkulo| **1** ***m.*** Figura plana limitada por una línea curva cuyos puntos están siempre a la misma distancia de un centro: *el ~ es una superficie delimitada por una circunferencia.* ⇒ **redondel. 2** Figura plana imaginaria que resulta de cortar una esfera con un plano: **~ polar ártico**, el paralelo al Ecuador, menor que él y que incluye el Polo

Norte: *la distancia entre el ~ polar ártico y el Polo Norte es la misma que hay entre el Ecuador y el Trópico de Cáncer;* ~ **polar antártico**, el paralelo al Ecuador, menor que él y que incluye el Polo Sur: *la distancia que hay entre el ~ polar antártico y el Polo Sur es la misma que hay entre el Ecuador y el Trópico de Capricornio.* **3** Conjunto de unidades dispuestas alrededor de un centro imaginario: *formaron un ~ alrededor del fuego.* **4** Conjunto de personas unidas por circunstancias comunes o por un mismo interés: *se mueve siempre en círculos muy selectos; forma parte del ~ de amigos de la tortilla española.*

cir·cun·ci·dar |θirkunθiðár| ***tr.*** [a alguien] Cortar en forma circular una parte de la piel del pene: *en ciertas religiones se circuncida a los niños.*

cir·cun·ci·sión |θirkunθisión| ***f.*** REL. Operación de cortar una pequeña parte de la piel del pene: *los judíos practican la ~ a sus hijos varones.*

cir·cun·ci·⌐so, ⌐sa |θirkunθíso, sa| ***adj.*** (hombre) Que ha sido *circuncidado: *se celebró el ritual para los hebreos circuncisos.*

cir·cun·dan·te |θirkundánte| ***adj.*** Que está alrededor o rodea: *pintaron de negro la muralla ~ a la piscina; acabo de llegar y no conozco los pueblos circundantes.*

cir·cun·dar |θirkundár| ***tr.*** [algo] Estar alrededor o rodear: *los olivos circundan la pequeña aldea.*

cir·cun·fe·ren·cia |θirkunferénθia| ***f.*** GEOM. Línea curva cerrada cuyos puntos están siempre a la misma distancia de un centro: *dibujaré una ~ con el compás; la superficie contenida en el interior de una ~ se llama círculo.*

cir·cun·lo·cu·ción |θirkunlokuθión| ***f.*** Figura del lenguaje que consiste en expresar con muchas palabras lo que se puede decir con menos: *si digo* la lengua de Cervantes *por* el español *estoy haciendo una ~.* ⇒ **circunloquio.**

cir·cun·lo·quio |θirkunlókio| ***m.*** Rodeo que se da al expresar lo que se puede decir con pocas palabras: *es incapaz de explicar una cosa, si no es por medio de circunloquios; nos aburre a todos con sus innecesarios circunloquios.* ⇒ **circunlocución.**

cir·cuns·cri·bir |θirkunskriβír| **1** ***tr.-prnl.*** [algo] Reducir a ciertos límites: *la lucha se circunscribió a las capitales.* - **2** ***tr.*** GEOM. [algo] Trazar una figura rodeando a otra y tocándola en el mayor número de puntos posibles: *si circunscribe un cuadrado, la circunferencia lo tocará en cuatro puntos.* ⇒ **inscribir.** - **3 circunscribirse** ***prnl.*** Dedicarse sólo a una ocupación; tener un solo trabajo o fin: *la labor del director se circunscribe a organizar el trabajo.* ⌂ El participio es *circunscrito.*

cir·cuns·crip·ción |θirkunskri^{p}θión| ***f.*** Zona limitada o marcada para un fin: *el comisario sólo tiene poder dentro de su ~; la Ley determina que la provincia coincida con la ~ electoral.*

cir·cuns·pec·ción |θirkunspe^{k}θión| ***f.*** *form.* Seriedad, cuidado y reserva en el modo de comportarse: *para el trabajo de inspector es fundamental la ~ de la persona.*

cir·cuns·pec·⌐to, ⌐ta |θirkunspékto, ta| ***adj.*** *form.* (persona) Que es serio y se comporta con cuidado y reserva: *el notario era bigotudo, estirado y ~.*

cir·cuns·tan·cia |θirkunstánθia| **1** ***f.*** Situación, accidente o conjunto de condiciones que está relacionada con un hecho o acontecimiento: *las circunstancias nos impiden actuar de otro modo; tiene un traje para cada ~.* **2** Conjunto de lo que está alrededor de uno: *yo soy yo y mis circunstancias.* ■ **de circunstancias**, que está influido por una situación determinada: *hemos buscado un refugio de circunstancias.* ■ **de circunstancias**, *fam.*, que muestra seriedad o preocupación: *puso cara de circunstancias y dijo que no le parecía bien.*

CÍRCULO-CIRCUNFERENCIA

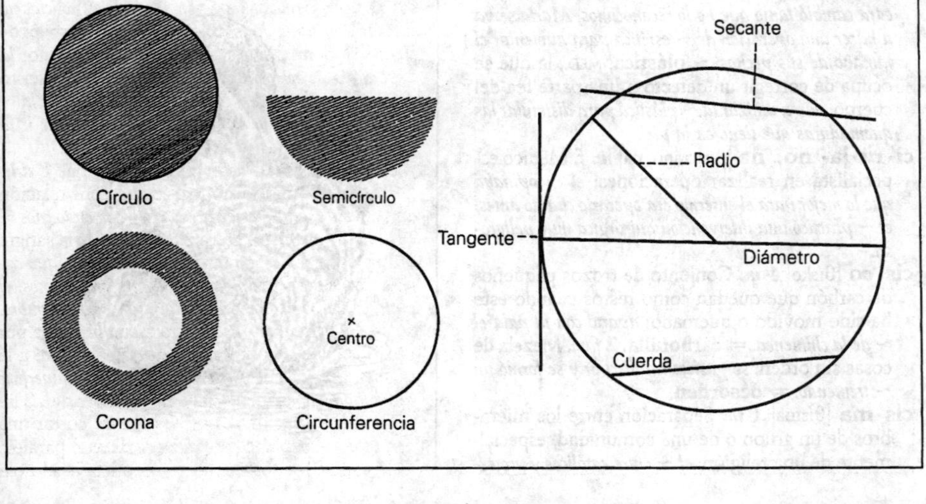

cir·cuns·tan·cial |θirkunstanθiál| ***adj.*** Que contiene una circunstancia o depende de ella: *esta obra poética no está pensada para un público ~; los episodios que contaron eran sólo hechos circunstanciales carentes de significado.* ⇒ **ocasional.**

cir·cun·va·la·ción |θirkumbalaθión| **1** ***f.*** Acción y resultado de *circunvalar: *han construido una vía destinada a la ~ del parque.* **2** Vía o camino que rodea un lugar: *la nueva ~ tiene diez kilómetros.*

cir·cun·va·lar |θirkumbalár| ***tr.*** [algo] Rodear un lugar: *la carretera circunvala el recinto empresarial.* ⇒ **cercar.**

ci·rio |θírio| ***m.*** Vela de cera larga y gruesa: *en el altar había cuatro cirios encendidos alrededor de la imagen de la Virgen.*

ci·rro |θír̄o| ***m.*** Nube blanca con forma de hilos o de plumas que se forma en las partes altas de la atmósfera: *hoy se ha levantado un día claro, pero con algunos cirros sobre el horizonte.*

ci·rro·sis |θir̄ósis| ***f.*** MED. Enfermedad grave que *endurece o destruye los tejidos de los órganos internos del cuerpo: *la ~ afecta al hígado y al pulmón sobre todo; el alcoholismo produce ~.* ☖ El plural es *cirrosis.*

ci·rue·la |θiruéla| ***f.*** Fruto redondo, dulce, de piel fina y de carne jugosa: *hay ciruelas amarillas, verdes o rojizas; la ~ y el melocotón son frutos con hueso;* ~ **claudia**, la de color verde claro: *las ciruelas claudias son muy dulces;* ~ **pasa**, la que se ha dejado secar: *las ciruelas pasas son muy buenas para regular las funciones del intestino.* ⇒ **ciruelo.**

ci·rue·lo |θiruélo| ***m.*** Árbol de flores blancas y fruto dulce de carne jugosa: *el ~ estaba cargado de ciruelas; el ~ mide unos seis o siete metros de altura.* ⇒ **ciruela.**

ci·ru·gí·a |θiruxía| ***f.*** MED. Parte de la medicina que cura enfermedades mediante operaciones: *lo sometieron a una operación de ~ para quitarle unas verrugas; mi primo estudia en la escuela de ~;* ~ **estética**, MED., la que se ocupa de mejorar la belleza del cuerpo: *después de la operación de ~ estética, su cara cambió tanto que no lo reconocimos; Marta se va a hacer una operación de ~ estética para aumentar el tamaño de sus pechos;* ~ **plástica**, MED., la que se ocupa de corregir un defecto o una parte fea del cuerpo: *van a utilizar la ~ plástica para disimular las quemaduras que tiene en la piel.*

ci·ru·ja·⌐no, ⌐na |θiruxáno, na| ***m. f.*** Médico especialista en realizar operaciones: *el ~ opinaba que lo mejor para el enfermo era operarlo cuanto antes; el ~ practicó una intervención quirúrgica muy peligrosa.*

cis·co |θísko| **1** ***m.*** Conjunto de trozos pequeños de carbón que quedan como restos cuando éste ha sido movido o quemado: *apartó con la pala el ~ de la chimenea.* ⇒ **carbonilla. 2** *fam.* Mezcla de cosas sin orden: *se pusieron a discutir y se formó un ~ tremendo.* ⇒ **desorden.**

cis·ma |θísma| **1** ***m.*** Separación entre los miembros de un grupo o de una comunidad, especialmente de una religión: *el ~ entre católicos y protestantes dividió a los cristianos.* **2** Separación o falta de acuerdo: *las ideas políticas opuestas provocaron el ~.*

cis·ne |θísne| ***m.*** Ave de cuello largo y curvo, generalmente de color blanco y con las alas y las patas cortas: *en el estanque del parque hay cisnes; el pico de los cisnes es de color anaranjado.* ☖ Para indicar el sexo se usa el ~ macho y el ~ hembra.

cis·ter·cien·se |θisterθiénse| **1** ***adj.-m.*** (religioso) Que pertenece a la orden del Cister: *los cistercienses son de la orden fundada por San Roberto en el s. XI.* - **2** ***adj.*** De la orden del Cister o que tiene relación con ella: *fuimos a visitar una abadía ~.*

cis·ter·na |θistérna| **1** ***f.*** Recipiente que contiene agua, en un váter o en un *urinario: *hay que llamar al fontanero porque se sale el agua de la ~; el agua llega a la ~ del váter a través de las tuberías.* **2** Vehículo que transporta líquidos: *el camión ~ está cargado de combustible; han llegado al puerto dos barcos ~.* **3** Recipiente, generalmente subterráneo, que sirve para recoger y conservar agua: *como llovió tanto, la ~ se llenó en muy poco tiempo.*

cis·ti·tis |θistítis| ***f.*** MED. Infección de los conductos de la orina que hace que se hinche la *vejiga: *el frío y la falta de higiene pueden provocar ~; si la ~ no se cura a tiempo, la infección ataca al riñón.* ☖ El plural es *cistitis.*

ci·ta |θíta| **1** ***f.*** Fijación del día, la hora y el lugar para encontrarse dos o más personas: *tengo ~ con el dermatólogo a las siete; Jorge me ha pedido una ~ con él.* **2** Repetición exacta de unas palabras: *este libro tiene demasiadas citas; el autor del artículo ha hecho una ~ de un texto de Quevedo.*

ci·ta·ción |θitaθión| ***f.*** DER. Aviso escrito de un llamamiento de la justicia: *ha llegado a casa una ~ judicial.*

ci·tar |θitár| **1** ***tr.*** [a alguien] Avisar señalando el día, hora y lugar para un encuentro: *su secretario*

CISNE

nos ha citado a las doce. ⇒ **convocar. 2** [algo, a alguien] Repetir exactamente unas palabras: *citó un fragmento de la* Eneida*; citó a Cervantes.* **3** DER. [a alguien] Avisar por escrito de un llamamiento de la justicia: *nos han citado en el tribunal número tres.* **4** [algo] Provocar a un toro para que ataque o para que se acerque: *el torero citaba con el capote en la mano derecha.*

ci·to·lo·gí·a |θitoloxía| **1** ***f.*** BIOL. Disciplina que estudia la célula y sus funciones: *la ~ utiliza el microscopio como instrumento de investigación.* **2** BIOL. Estudio de las células: *el ginecólogo le ha recomendado que se haga una ~.*

ci·tó·lo·⌐go, ⌐ga |θitóloɣo, ɣa| ***m. f.*** BIOL. Persona que se dedica al estudio de la *citología: *la citóloga enviará los resultados de la prueba al tocólogo.*

ci·to·plas·ma |θitoplásma| ***m.*** ZOOL. Parte de la célula que rodea al *núcleo y está rodeada por una *membrana: *el ~ está formado por agua con diversas sales en suspensión.*

cí·tri·⌐co, ⌐ca |θítriko, ka| **1** ***adj.*** Del fruto con sabor agrio o que tiene relación con él: *el limón contiene ácido ~.* **- 2 cítricos *m. pl.*** Conjunto de frutos de sabor ácido: *las naranjas, los limones y los pomelos son cítricos; España es exportadora de aceite, vino y cítricos.* ⇒ **agrio.**

ciu·dad |θiuðáð| **1** ***f.*** Población grande e importante: *emigró del pueblo a la ~; la mayoría de los españoles vive en ciudades;* ~ **dormitorio**, la que depende de otra que da trabajo a sus habitantes: *a las afueras de la población había una ~ dormitorio;* ~ **jardín**, la que tiene casas pequeñas y jardines: *me he comprado una casa en una ~ jardín.* ⇒ **pueblo. 2** Conjunto de calles y edificios que componen una población grande e importante: *es una ~ muy bonita; estudian la urbanización de la ~.* ⇒ **pueblo. 3** Conjunto de edificios destinados a un fin: *voy a estudiar a la ~ universitaria.*

ciu·da·da·ní·a |θiuðaðanía| **1** ***f.*** Cualidad y derechos de un *ciudadano: *el músico extranjero ha conseguido la ~ española.* **2** Comportamiento propio de un ciudadano: *la ~ hace más agradable la convivencia.* **3** Conjunto de ciudadanos: *ésta es una aldea de escasa ~.*

ciu·da·da·⌐no, ⌐na |θiuðaðáno, na| **1** ***adj.*** De la ciudad o que tiene relación con ella: *han violado sus derechos ciudadanos; las patrullas policiales velan por la seguridad ciudadana.* **- 2 *m. f.*** Persona que vive en una ciudad o un Estado y está sujeta a unos derechos y deberes: *pagar impuestos es uno de los deberes de todo ~.*

ciu·da·de·la |θiuðaðéla| ***f.*** Espacio cerrado dentro de una ciudad que sirve para proteger a sus ciudadanos: *la guarnición se refugió en la ~ ante los ataques del enemigo.*

ciu·dad·re·a·le·⌐ño, ⌐ña |θiuðáðr̄ealéɲo, ɲa| **1** ***adj.*** De Ciudad Real o que tiene relación con Ciudad Real: *el territorio ~ pertenece a la comunidad de Castilla-La Mancha.* **- 2 *m. f.*** Persona nacida en Ciudad Real o que vive habitualmente en Ciudad Real: *los ciudadrealeños son vecinos de los toledanos.*

cí·vi·⌐co, ⌐ca |θíβiko, ka| **1** ***adj.*** *form.* (persona) Que se comporta como un buen ciudadano: *en todo momento muestran un gran espíritu ~.* **2** *form.* De la *ciudadanía o que tiene relación con ella: *lucharon por conseguir los derechos cívicos de asociación y expresión.* ⇒ **civil.**

ci·vil |θiβíl| **1** ***adj.*** De la ciudad o que tiene relación con ella: *los palacios, a diferencia de las iglesias, son edificios civiles; Mariano pertenece al cuerpo de protección ~; no hay cosa tan horrible como una guerra ~.* ⇒ **ciudadano. 2** DER. De las relaciones e intereses particulares de las personas o que tiene relación con ellas: *las leyes civiles son las que regulan las condiciones de los contratos.* **- 3 *adj.-com.*** Que no es militar ni religioso: *aunque es coronel, entró en el cuartel vestido de ~; es partidario del matrimonio ~.* **- 4 *m.*** *fam.* Miembro de la Guardia Civil: *los civiles estaban en su puesto cuando los necesitaron.* ⇒ **guardia.**

ci·vi·li·za·ción |θiβiliθaθión| **1** ***f.*** Conjunto de costumbres e ideas de un pueblo o de una raza: *la ~ egipcia desarrolló una asombrosa arquitectura funeraria; el pintor vivió largos años en una isla remota alejado de la ~.* **2** Acción y resultado de *civilizar: *con la llegada de los misioneros la ~ llegó a los indígenas.*

ci·vi·li·zar |θiβiliθár| **1** ***tr.-prnl.*** [a alguien] Llevar la cultura de un país desarrollado a un pueblo o una persona que vive en estado primitivo: *algunos libros dicen que los conquistadores civilizaron a los indios salvajes.* **2** Educar o *ilustrar: *después de tres años en el internado, parece que Pepito se ha civilizado algo.* ☐ Se conjuga como 4.

ci·vis·mo |θiβísmo| **1** ***m.*** Preocupación por las *instituciones y los intereses de la *patria: *para vivir en comunidad es necesario tener ~ y respeto; pagar los impuestos es un acto de ~ a los demás; ¡qué poco ~ muestran quienes se dedican a romper las papeleras de la calle!* **2** Preocupación y generosidad al servicio de los demás: *su ~ le llevó a aceptar las tareas que le solicitaban los vecinos.*

ci·za·ña |θiθáɲa| **1** ***f.*** Hierba mala, *perjudicial para la *agricultura: *el trigal estaba lleno de ~.* **2** *fig.* Acción o cosa que provoca la pérdida de buenas relaciones entre personas: *no paró de meter ~ hasta que consiguió que Clara y Miguel regañaran; los agentes extranjeros sembraron la ~ entre las fuerzas armadas para provocar una guerra civil.* ⇒ **discordia, enemistad.** ☐ Se usa con los verbos *meter* o *sembrar.*

ci·za·ñe·⌐ro, ⌐ra |θiθaɲéro, ra| ***adj.-s.*** (persona) Que con sus acciones intenta provocar la pérdida de buenas relaciones entre los demás: *Roberto es un chico ~ que disfruta enemistando a los que lo rodean.*

cla·mar |klamár| **1** ***intr.*** *form.* Dar voces quejándose o pidiendo ayuda: *los bomberos oyeron ~ a un niño.* **2** Pedir o exigir: *es un crimen que clama castigo; hija, te han hecho un corte de pelo que clama venganza.* ■ ~ **al cielo**, ser una cosa o una situación injusta: *la forma en que nos han tratado en la empresa clama al cielo.*

cla·mor |klamór| **1** ***m.*** Conjunto de voces y gritos fuertes y poco claros: *la visita del Papa causó gran ~ entre la muchedunbre.* ⇒ **griterío, vocerío. 2** Conjunto de voces y gritos que expresan queja o protesta: *el presidente de la República tuvo que ceder al ~ del pueblo.*

cla·mo·ro·⌜so, ⌜sa |klamoróso, sa| ***adj.*** Que va acompañado de las voces y gritos de mucha gente: *la acogida de la obra teatral fue clamorosa.*

clan |klán| **1 *m.*** Grupo de personas unidas por un interés común: *los jubilados del barrio han decidido formar un ~ para defender mejor sus intereses.* **2** Grupo social formado por un número de familias que descienden de un *antepasado común y que reconocen la autoridad de un jefe: *algunas comunidades están organizadas en clanes.*

clan·des·ti·ni·dad |klandestiniðá^{ð}| ***f.*** Cualidad o estado de lo que es o se hace de forma secreta y de espaldas a la ley: *en los regímenes dictatoriales eran usuales las situaciones de ~; vivió en la ~ hasta que terminó la guerra.*

clan·des·ti·⌜no, ⌜na |klandestíno, na| ***adj.*** Que es o se hace de forma secreta y de espaldas a la ley: *el café que tomábamos durante la guerra era ~; está prohibida en toda la nación la venta clandestina; los huelguistas convocaron una reunión clandestina.*

cla·ra |klára| **1 *f.*** Sustancia transparente que rodea la yema del huevo: *para hacer pastel de manzana hay que usar huevos, separando las claras de las yemas; el cocinero bate con rapidez la ~ del huevo.* **2** Bebida que consiste en la mezcla de *cerveza con *gaseosa: *no tomaré cerveza, sino una ~.* **3** Parte de la cabeza en la que no hay pelo: *tiene una ~ desde que le dieron una pedrada en la cabeza.* ⇒ **calva. 4** *fam.* Espacio corto de tiempo en el que deja de llover y aumenta la luz: *aprovechemos la ~ para salir a dar un paseo.* ■ **a las claras,** *fam.*, con sinceridad; si dejar nada que decir: *no me gusta ocultar las cosas, así que te diré a las claras lo que pienso de ti.*

cla·ra·bo·ya |klaraβóya| ***f.*** Ventana abierta en el techo o en la parte alta de las paredes: *a través de la ~ veía las estrellas.* ⇒ **tragaluz.**

CLARÍN

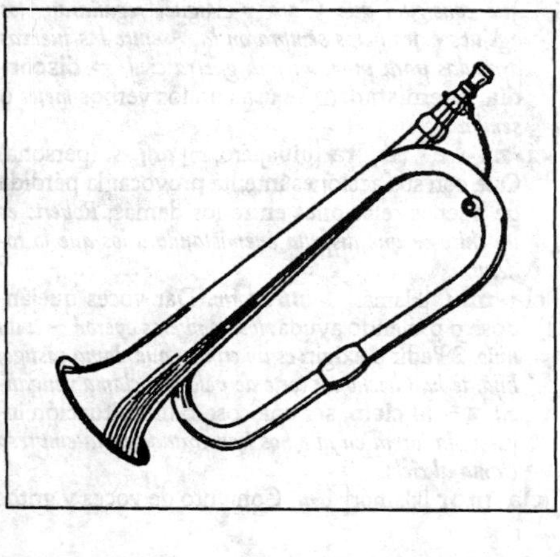

cla·re·ar |klareár| **1 *unipers.*** Comenzar a amanecer: *en invierno clarea mucho más tarde que en verano; saldremos cuando claree; los excursionistas partieron al monte al ~ el día.* **- 2 *intr.-prnl.*** Transparentarse los tejidos: *Verónica, tu falda se clarea demasiado, ¿no crees?* **- 3 *unipers.*** Ir desapareciendo las nubes del cielo: *después de haber estado toda la manaña lloviendo, por fin empieza a ~.* **- 4 *tr.-intr.*** [algo] Dar claridad: *en el cuadro que estás pintando debes ~ más el azul del mar.*

cla·re·te |klaréte| ***adj.-m.*** (vino) Que es algo más claro que el vino *tinto: *tomamos vino ~ con la carne; prefiero el ~ al vino blanco.* ⇒ **vino.**

cla·ri·dad |klariðá^{ð}| **1 *f.*** Facilidad con que se muestran las cosas a los sentidos y al pensamiento: *la noche estaba despejada y las estrellas se veían con ~; lo reconocí por la ~ de su voz.* **2** Efecto que causa la luz iluminando un espacio de modo que se distinga lo que hay en él: *al subir las persianas, la ~ del día inundó la habitación.* ⇒ **luminosidad. 3** Luz que se ve a distancia, en medio de la oscuridad: *a lo lejos se distinguía una débil ~.* **4** Cualidad por la que un cuerpo permite el paso de la luz a través de él y deja ver lo que hay más allá: *la ~ del agua hacía visibles los pececillos del fondo del río; el buen cristal ha de tener una gran ~.* ⇒ **transparencia. 5** Facilidad para expresar y comprender ideas: *el médico nos explicó el diagnóstico con ~; los escritores barrocos no buscaban la ~ sino el ingenio.* **6** Sinceridad, generalmente para expresar una opinión desagradable: *si quieres que te lo diga con ~, me pareces muy aburrido.*

cla·ri·fi·car |klarifikár| **1 *tr.*** [algo] Explicar o poner en claro: *el jefe los reunió a todos para ~ el malentendido.* ⇒ **aclarar. 2** Aclarar un líquido denso o espeso: *clarificó el licor añadiéndole agua.* ☐ Se conjuga como 1.

cla·rín |klarín| ***m.*** Instrumento musical de viento, de metal y sin llaves: *el sonido del ~ es más agudo que el que produce la trompeta.*

cla·ri·ne·te |klarinéte| ***m.*** Instrumento musical de viento, formado por un tubo de madera con llaves y agujeros, que se toca soplando y moviendo las llaves y tapando los agujeros con los dedos:

CLARINETE

el grupo de instrumentos de madera está formado por la flauta, el oboe, el ~ y el fagot.

cla·ri·vi·den·cia |klariβiðénθia| **1** ***f.*** Capacidad de comprender con claridad: *el crimen se solucionó gracias a la ~ del detective.* **2** Capacidad de darse cuenta de cosas que otros no *notan: *su ~ le permitió conocer de antemano cómo iban a desarrollarse los acontecimientos.*

cla·ri·vi·den·te |klariβiðénte| **1** ***adj.-com.*** (persona) Que es capaz de comprender con claridad: *un filósofo debe ser reflexivo y ~.* **2** (persona) Que es capaz de darse cuenta de cosas que otros no *notan: *acudió a un ~ para que le ayudara a encontrar a su marido.* ⇒ **adivino, vidente.**

cla·⌜ro, ⌜ra |kláro, ra| **1** ***adj.*** Que refleja o tiene mucha luz: *esta es la habitación más clara de toda la casa.* ⇔ **obscuro, oscuro. 2** (color) Que se acerca al blanco y que se opone a otro más oscuro de su misma clase: *a los niños les sienta muy bien la ropa de colores claros.* ⇔ **obscuro, oscuro. 3** Que es fácil de entender: *hay que utilizar un lenguaje ~ y sencillo.* ⇔ **obscuro, oscuro. 4** Que deja pasar la luz a través de sí; que es transparente: *el agua es clara y pura en la sierra.* **5** (conjunto) Que presenta separación entre los elementos que lo componen: *es un bosque ~ y es difícil perderse.* **6** (líquido) Que es poco denso o que fluye con facilidad: *el chocolate te ha quedado demasiado ~.* ⇔ **espeso. 7** (sonido) Agudo o fácilmente distinguible: *ese tambor tiene un sonido más ~ que el bombo; lo dijo con una voz alta y clara.* **- 8 claro** ***m.*** Espacio o separación dentro de un conjunto de cosas: *pasaron la noche en el ~ del bosque.* **- 9** ***adv.*** Desde luego; con toda seguridad: *¿vienes a cenar? —Claro, ahora mismo; lo han dicho muy ~.* ■ **sacar en** ~, conseguir o alcanzar una conclusión o un fin: *creo que hemos sacado poco en ~ de esa reunión.*

cla·ros·cu·ro |klaroskúro| ***m.*** ARTE. Técnica que consiste en disponer de manera adecuada las luces y las *sombras en un dibujo o pintura: *este pintor conoce a la perfección el arte del ~; el ~ de este cuadro realza las figuras.* ▢ El plural es *claroscuros.*

cla·se |kláse| **1** ***f.*** Conjunto de elementos que tienen ciertas características comunes: *hay muchas clases de plantas diferentes.* **2** Grupo de personas que tiene unas condiciones comunes de vida: *siempre ha habido clases;* ~ **alta**, la formada por la población que cuenta con más medios económicos o con mayor *prestigio: *la ~ alta se puede permitir los lujos más caros;* ~ **baja**, la formada por la población que cuenta con menos medios económicos o con menor *prestigio: *su familia era de ~ baja, pero ahora él es millonario;* ~ **media**, la que está en una posición social cómoda, pero sin demasiados medios económicos: *ha aumentado el nivel de vida de la ~ media.* **3** Conjunto de estudiantes del mismo nivel que están en un mismo grupo: *esta ~ es un poco traviesa.* **4** Ocasión en que se reúnen los estudiantes con el profesor para aprender y enseñar: *la ~ empieza a las cuatro y media; hoy no tenemos ~.* **5** Lugar en que se reúnen los estudiantes con el profesor para aprender y enseñar: *en esa ~ hace mucho frío.* **6** Conjunto de conocimientos que se enseñan y aprenden: *voy a dar una ~ de baile.* **7** Conjunto de propiedades que distinguen a una persona, animal o cosa: *es muy elegante y tiene mucha ~.* ⇒ **calidad. 8** BIOL. Categoría de clasificación de los seres vivos, inferior a la de tipo y superior a la de orden: *la araña pertenece a la ~ de los arácnidos.*

cla·si·cis·mo |klasiθísmo| ***m.*** ARTE. Tendencia artística que valora el equilibrio en las formas y sigue los modelos de la Grecia y la Roma antiguas: *en el Renacimiento triunfó el ~.*

cla·si·cis·ta |klasiθísta| **1** ***adj.*** ARTE. Del *clasicismo o que tiene relación con él: *el movimiento clasicista del siglo XVIII surgió como reacción al estilo rococó.* **- 2** ***adj.-com.*** ARTE Que sigue la tendencia artística del *clasicismo: *los autores clasicistas se basan en la armonía de las proporciones.*

clá·si·⌜co, ⌜ca |klásiko, ka| **1** ***adj.*** De la historia o la cultura de la Grecia y la Roma antiguas o que tiene relación con ellas: *el mundo ~ dejó una huella indeleble en la humanidad.* **2** Que tiene un estilo parecido al de los autores, objetos u obras de la Grecia y la Roma antiguas: *es un edificio ~, aunque se hizo en el siglo pasado.* **3** (autor, objeto u obra) Que tiene formas sencillas y con pocos adornos: *se compró un vestido muy ~; esa sonata es demasiado clásica para ser de Bach.* **4** (obra musical) De la tradición musical *culta o que tiene relación con ella: *es una amante de la música clásica.* **- 5 clásico** ***adj.-m.*** (autor, objeto u obra) Que se ajusta a una tradición y se considera que es un modelo para ser imitado: *este libro es un ~ de la literatura de ficción.* ⇔ **moderno.**

cla·si·fi·ca·ción |klasifikaθión| **1** ***f.*** Ordenación o disposición por clases: *en este cuadro tienes la ~ de los elementos químicos.* ⇒ **disposición. 2** Paso a la parte siguiente de una competición: *en el próximo partido se decidirá la ~ del equipo para la fase final.*

cla·si·fi·ca·⌜dor, ⌜do·ra |klasifikaðór, ðóra| **1** ***adj.*** Que ordena o dispone un conjunto, por grupos de elementos con características comunes: *me he comprado una carpeta clasificadora para guardar las facturas.* **2** Que determina la clase o grupo al que pertenece una cosa: *Mariano se encargará de la labor clasificadora de las muestras recogidas.* **- 3 clasificador** ***m.*** Mueble con cajones para guardar documentos con orden: *coloca el ~ entre la mesa y la ventana.*

cla·si·fi·car |klasifikár| **1** ***tr.*** [algo, a alguien] Ordenar o disponer en grupos de elementos con características comunes: *clasificaron a los asistentes por rangos.* **2** [algo] Determinar la clase o grupo al que pertenece una cosa: *tengo que ~ unas plantas que he recogido esta tarde.* **- 3 clasificarse** ***prnl.*** Pasar al grupo siguiente en una competición: *nuestro equipo se ha clasificado para los cuartos de final.* **4** Ocupar un puesto en una competición: *mi caballo se clasificó en tercera posición.* ▢ Se conjuga como 1.

cla·sis·mo |klasísmo| ***m.*** Tendencia a valorar a las personas según la clase social a la que pertenecen:

su ~ lo lleva a despreciar a los miembros de las clases bajas.

cla·sis·ta |klasísta| ***adj.-com.*** (persona) Que valora a las personas según la clase social a la que pertenecen: *Benjamín es una persona ~ que no se relaciona más que con gente de su esfera social.*

clau·di·car |klau̯ðikár| ***intr.*** *form.* Disminuir o desaparecer la resistencia de una persona; renunciar a los derechos que se tienen sobre una cosa: *aunque fueron sometidos a muchas presiones para que dimitieran, no claudicaron.* ⇒ **ceder.** ☐ Se conjuga como 1.

claus·tral |klau̯strál| **1** ***adj.*** Del *claustro o que tiene relación con él: *este patio tiene un ambiente ~.* **- 2** ***adj.-com.*** (persona) Que pertenece al *claustro de un centro de enseñanza: *varios representantes de los alumnos son claustrales en esta Universidad.*

claus·tro |kláu̯stro| **1** ***m.*** Espacio cubierto y con columnas que rodea un jardín o *patio interior: *el ~ del convento de Santo Domingo de Silos es uno de los más bellos de España.* **2** Conjunto de miembros de una *universidad que intervienen en su gobierno: *el ~ está encabezado por el rector.* **3** Conjunto de profesores de un centro de enseñanza: *el ~ del colegio se reunió el jueves pasado.* **4** *p. ext.* Ocasión en la que se reúnen los miembros de una *Universidad o un centro de enseñanza: *mañana se celebrará el primer ~ del curso académico.* **5** *form.* Lugar cerrado: *los personajes de Buñuel están recluidos a menudo en un ~ protector.*

claus·tro·fo·bia |klau̯strofóβia| ***f.*** *form.* Enfermedad que consiste en tener miedo a los lugares cerrados o muy pequeños: *las personas con ~ sienten mareos y ahogo si no tienen espacio para moverse.*

cláu·su·la |kláu̯sula| **1** ***f.*** DER. Parte de un documento público o particular, que contiene una serie de condiciones y órdenes legales: *el Ejecutivo ha reconocido la posibilidad de anular varias cláusulas.* **2** LING. Parte de una oración que tiene su propio sujeto y *predicado: *en la oración* aunque tú no quieras, yo iré a Madrid, yo iré a Madrid *es una ~.*

clau·su·ra |klau̯súra| **1** ***f.*** *form.* Acto con el que se cierra y pone fin a unas actividades públicas: *la ~ de los Juegos Olímpicos tendrá lugar a las siete de la tarde.* **2** *form.* Cierre *temporal o definitivo de un edificio o un establecimiento: *la policía procedió a la ~ de los bares nocturnos que no cumplían el horario establecido.* **3** Vida retirada que llevan determinadas comunidades de religiosos: *hay muchos conventos de ~ en España.* **4** Parte de un monasterio a la que no se puede entrar si no se pertenece a la comunidad religiosa que vive en él: *en la ~ se encuentran los dormitorios de los religiosos.*

clau·su·rar |klau̯surár| **1** ***tr.*** *form.* [algo] Cerrar y poner fin a unas actividades públicas: *mañana se clausurarán las V Jornadas de Fotografía en el Ateneo.* **2** Cerrar *temporal o definitivamente un edificio o un establecimiento: *el Ayuntamiento ha clausurado el mercado viejo porque se estaba derrumbando.*

cla·va·⌐do, ⌐da |klaβáðo, ða| **1** ***adj.*** Que está fijo: *tenía los ojos clavados en el suelo sin atreverse a mirarme.* **2** Que es puntual: *el tren de Arganda viene ~; estaré aquí a las ocho clavadas.* **3** Que tiene parecido con otra cosa: *este niño es clavadito a su padre; tu casa y la mía son clavadas.* ⇒ **idéntico.** **4** Que está armado con clavos: *tenía el cinturón ~ de tachuelas y remaches.*

cla·var |klaβár| **1** ***tr.-prnl.*** [algo] Introducir una cosa aguda en otra, generalmente mediante golpes: *he clavado un clavo en la pared para colgar el cuadro; le clavó la daga en el pecho; me he clavado una espina en el dedo.* ⇒ **hincar.** **- 2** ***tr.*** Sujetar o fijar mediante clavos: *clavaron una tabla en la puerta.* ⇒ **clavetear.** **3** *fig.* Mantener quieto o parar lo que está en movimiento: *clavó su mirada en él; tocó los frenos y el coche se quedó clavado.* **4** *fam. fig.* [a alguien] Sorprender o causar una impresión que impide reaccionar: *nos dejó clavados con esa respuesta.* ☐ Suele usarse con los verbos *dejar* o *quedar.* **- 5** ***tr.-intr.*** *fam. fig.* [algo] Cobrar más dinero de lo debido: *nos clavaron en la entrada de la discoteca; clava en todo lo que vende.*

cla·ve |kláβe| **1** ***f.*** Idea o información necesaria para comprender un misterio, una cosa oscura, difícil de explicar y entender: *la película tiene su ~ en la segunda parte; la ~ de mi éxito es el placer por el trabajo.* ⇒ **quid.** **2** Importante, decisivo, necesario para una acción: *el hombre ~ del equipo es el portero; no está preparado para tomar la decisión ~ de su vida: hacerse independiente; 1492 será siempre una fecha ~ en la Historia.* ⇒ **básico, fundamental, indispensable.** ☐ Funciona en aposición a otros sustantivos, llegando a formar con ellos un compuesto. **3** Conjunto de números y letras que forman un lenguaje secreto que sirve para guardar u ocultar una información o un objeto de valor: *he colocado una ~ en mi ordenador para que nadie más pueda usarlo; no puedes abrir la caja fuerte sin saber la ~; el espía usaba una ~ secreta para enviar mensajes al enemigo.* ⇒ **código, combinación.** **4** MÚS. Signo que se coloca al principio de la escritura musical y que sirve para leer las notas de un modo determinado: *el alumno aprendió primero la ~ de sol.* **- 5** ***m.*** MÚS. Instrumento musical de percusión que se toca mediante teclas, de sonido algo metálico y de menor tamaño que el *piano: *Bach compuso música para ~.* ⇒ **clavicémbalo, clavicordio.** **- 6** ***f.*** ARQ. Piedra central que cierra un arco: *en los arcos góticos, la ~ se adornaba con un florón.*

cla·vel |klaβél| ***m.*** Flor rizada y olorosa de color vivo, de tallo largo y delgado y hojas largas y estrechas, que se usa para adornar: *el novio llevaba un ~ blanco en el ojal; compraré una docena de claveles para alegrar el salón;* ~ **reventón,** el de color rojo oscuro: *la bailaora llevaba un ~ reventón prendido en el pelo.*

cla·ve·lli·na |klaβeʎína| ***f.*** Flor parecida al *clavel, pero más pequeña: *la florista nos regaló un ramo de clavellinas moradas y rosas.*

cla·ve·te·ar |klaβeteár| ***tr.*** [algo] Poner clavos de manera desordenada: *ha claveteado un poco el tablero de la mesa, verás qué pronto se rompe de nuevo.* ⇒ **clavar.**

cla·vi·cém·ba·lo |klaβiθémbalo, klaβitʃémbalo| ***m.*** ⇒ **clavicordio.**

cla·vi·cor·dio |klaβikórðio| ***m.*** MÚS. Instrumento musical de percusión que se toca mediante teclas, de sonido algo metálico y de menor tamaño que el *piano: *el ~ fue uno de los antecesores del piano; con el ~ se toca música barroca.* ⇒ **clave, clavicémbalo.**

cla·ví·cu·la |klaβíkula| ***f.*** MED. Hueso largo situado a uno y otro lado de la parte superior y anterior del tronco, que une el hueso central del pecho con los huesos del hombro: *Mariano se ha roto la ~ y está escayolado.* ⇒ **escápula.**

cla·vi·ja |klaβíxa| **1** ***f.*** Pieza delgada de metal, madera u otro material, con cabeza y punta, que se introduce en el agujero de una pieza sólida y que sirve para sujetar o unir: *unas cuantas clavijas sostenían los brazos y piernas de la marioneta.* **2** Pieza delgada, con cabeza y punta, que sirve para sujetar y poner tensas las cuerdas de un instrumento musical: *mi guitarra necesita clavijas y cuerdas nuevas.* **3** Pieza de material aislante con dos o tres salientes metálicos que sirve para enchufar un aparato a la red eléctrica: *el televisor tiene rota la ~.* ⇒ **enchufe.** ■ **apretar las clavijas**, *fam. fig.*, hacer trabajar mucho; tratar a una persona duramente: *el jefe le apretaba las clavijas para que trabajara más rápido.*

cla·vi·je·ro |klaβixéro| ***m.*** MÚS. Pieza de madera o metal en la que están clavadas las piezas para poner tensas las cuerdas de un instrumento musical: *se ha roto el ~ de la guitarra.*

cla·vo |kláβo| **1** ***m.*** Pieza de metal, larga, delgada, con cabeza y punta, que sirve para sujetar, unir o fijar: *el carpintero usa los clavos para hacer muebles; un ~ sobresalía de la pared y allí colgó Jaime el sombrero.* **2** Capullo seco de la flor de un árbol tropical que se usa para dar sabor a la comida: *el ~ se denomina también ~ de olor.* ■ **agarrarse a un ~ ardiendo**, aprovechar una ocasión, aunque sea peligrosa, para escapar de una situación difícil. ■ **como un ~**, que está quieto o fijo; puntual: *quédate como un ~, no te muevas de ahí.* ■ **dar en el ~**, acertar, adivinar y descubrir una cosa. ■ **no dar ni ~**, no hacer nada, no trabajar: *en la oficina no da ni ~.*

cla·xon |klákson| ***m.*** Aparato eléctrico de los automóviles que emite un sonido fuerte: *en los atascos de tráfico es frecuente tocar el ~.* ⇒ **bocina, pito.**

cle·men·cia |kleménθia| ***f.*** Tendencia a no ser muy *extremado o duro al juzgar o castigar: *el juez tuvo ~ y le conmutó la pena de muerte por la de cadena perpetua.* ⇒ **compasión.** ⇔ **inclemencia.**

cle·men·te |kleménte| ***adj.*** (persona) Que muestra *clemencia: *sé ~ y levanta el castigo a tus hijos.* ⇒ **compasivo.**

cle·men·ti·na |klementína| ***f.*** Naranja pequeña de piel *rojiza, sin *pepitas y muy dulce: *he comprado en el mercado un kilo de plátanos y otro de clementinas.*

clep·to·ma·ní·a |kleptomanía| ***f.*** Tendencia o inclinación *patológica a robar: *padece ~ y no puede evitar hurtar cosas de poco valor.*

clep·tó·ma·⌐no, ⌐na |kleptómano, na| ***adj.-s.*** (persona) Que padece *cleptomanía: *los cleptómanos son enfermos que roban cosas innecesarias; la tendera afirma que uno de sus clientes es ~.*

cle·re·cí·a |klereθía| **1** ***f.*** *form.* Grupo social formado por los sacerdotes y por las personas al servicio de la Iglesia: *la ~ mostró su desacuerdo con la guerra.* **2** Oficio u ocupación del sacerdote o del religioso: *dedicó su vida a la ~.*

cle·ri·cal |klerikál| **1** ***adj.*** Del *clero o que tiene relación con él: *en la Edad Media buena parte de la riqueza estaba en manos clericales.* **2** Que defiende al *clero y el *clericalismo: *su actitud siempre ha sido ~ y conservadora.* ⇔ **anticlerical.**

cle·ri·ca·lis·mo |klerikalísmo| ***m.*** Influencia excesiva de la Iglesia en los asuntos políticos: *el ~ ha marcado importantes etapas de la historia de España.*

clé·ri·go |klériɣo| ***m.*** *form.* Hombre que dedica su vida a Dios y a la Iglesia y que puede celebrar y ofrecer el sacrificio de la misa: ⇒ **sacerdote.**

cle·ro |kléro| **1** ***m.*** *form.* Conjunto de sacerdotes de la Iglesia: *una representación del ~ español se reunirá mañana en Zaragoza.* **2** *form.* Grupo social formado por los sacerdotes y por las personas al servicio de la Iglesia: *la nobleza y el ~ intervenían en la política de la Edad Media.*

cli·ché |klitʃé| **1** ***m.*** Idea o expresión muy conocida y repetida: *sus libros están llenos de clichés y lugares comunes.* ⇒ **clisé.** **2** Plancha que representa un grabado: *con este ~ podemos conseguir 1000 ejemplares.* ⇒ **clisé.** ☖ La Real Academia Española prefiere la forma *clisé.* **3** Película a partir de la cual se sacan fotografías: *cuando he cogido las fotografías, también me han dado el ~.*

clien·te |kliénte| **1** ***com.*** Persona o sociedad que paga por unos servicios o productos: *el ~ siempre tiene razón; lo despidieron por no atender bien a los clientes; esa empresa es ~ nuestra.* ⇒ **comprador.** **2** Persona que suele usar los servicios de un profesional: *le gusta cuidar a sus clientes y siempre les regala algo.* **3** *form.* Persona que está bajo la protección de otra: *el senador y sus clientes se presentaron a las puertas del palacio.*

clien·te·la |klientéla| ***f.*** Conjunto de los clientes de un establecimiento o persona: *al poco tiempo de abrir el bar se hizo con una buena ~; Félix procura tener contenta a su ~.*

cli·ma |klíma| **1** ***m.*** Conjunto de condiciones atmosféricas propias de una región: *el ~ de la meseta es severo.* **2** *fig.* Conjunto de circunstancias que rodean una situación, a una persona: *hay agitación en el ~ político.*

cli·má·ti·⌐co, ⌐ca |klimátiko, ka| ***adj.*** Del clima o que tiene relación con él: *Extremadura tiene unas condiciones climáticas similares a las de Andalucía occidental.*

cli·ma·ti·za·ción |klimatiθaθión| ***f.*** Acción y resultado de dar a un espacio las condiciones necesarias para conseguir la presión, temperatura y humedad convenientes para la salud o la comodidad: *han gastado mucho dinero en la ~ de los despachos.*

cli·ma·ti·zar |klimatiθár| ***tr.*** [algo] Dar a un espacio cerrado las condiciones necesarias para conseguir la presión, temperatura y humedad convenientes para la salud o la comodidad: *el único detalle que le falta a esta cafetería es que la climaticen.* ◻ Se conjuga como 4.

cli·ma·to·lo·gí·a |klimatoloxía| ***f.*** *form.* Disciplina que estudia el clima y todo lo referente a él: *Alberto estudia ~ y está aprendiendo cuáles son los climas de la Tierra.*

cli·ma·to·ló·gi·⌐co, ⌐ca |klimatolóxiko, ka| ***adj.*** De la *climatología o que tiene relación con ella: *en los últimos años se han producido importantes cambios climatológicos.*

clí·max |klíma^{k}s| ***m.*** Momento o situación de mayor intensidad, grandeza o calidad en un proceso: *la novela alcanza su ~ cuando el asesino entra en la habitación de Laura.* ⇒ **apogeo.** ◻ El plural es *clímax.*

clí·ni·ca |klínika| **1** ***f.*** Establecimiento con camas, personas y medios para que los enfermos o heridos reciban atención médica: *fue trasladado en ambulancia a la ~ más cercana.* ⇒ **hospital, sanatorio. 2** MED. Parte práctica de la medicina, que se ocupa del tratamiento de enfermos: *Luis es un médico brillante, muy capaz de triunfar en la ~ o en el laboratorio.* **3** Establecimiento privado en donde se recibe y trata a los enfermos: *mi madre llamó por teléfono a la ~ para pedir cita con el doctor García.* ⇒ **consulta, consultorio; ~ dental**, establecimiento privado donde se tratan y curan las enfermedades de los dientes: *en esta ~ dental trabajan tres dentistas;* **~ veterinaria**, establecimiento privado donde se tratan y curan las enfermedades de los animales: *mañana iré a la ~ veterinaria para que vacunen a mi perro.*

clí·ni·⌐co, ⌐ca |klíniko, ka| **1** ***adj.*** De la medicina *clínica o que tiene relación con ella: *la inhalación de materias tóxicas puede tener consecuencias biológicas y clínicas muy graves.* **- 2** ***adj.-s.*** Médico que se dedica a la medicina práctica: *los médicos pueden ser clínicos, hombres de laboratorio o sanitarios.*

clip |klí^{p}| **1** ***m.*** Pieza de metal o de plástico doblada sobre sí misma, que sirve para sujetar papeles: *ordena los folios del trabajo y ponles un ~.* **2** Sistema de cierre o de sujeción a presión, usado generalmente para fijar adornos en el pelo, las orejas o la ropa: *lleva dos horquillas de ~; me han regalado unos pendientes y un broche de ~.*

cli·sé |klisé| **1** ***m.*** Plancha que representa un grabado: *los impresores utilizan clisés.* ⇒ **cliché. 2** Idea o expresión muy conocida o repetida: *cuando conversa utiliza clisés constantemente.* ⇒ **cliché.** ◻ La Real Academia Española prefiere la forma *cliché.*

clí·to·ris |klítoris| ***m.*** *form.* Cuerpo carnoso situado en la parte exterior de los órganos sexuales femeninos: *el ~ se encuentra en la vulva.* ◻ El plural es *clítoris.*

clo·a·ca |kloáka| **1** ***f.*** Conducto subterráneo que sirve para recoger las aguas sucias de una población: *las cloacas de la ciudad van a parar a una depuradora de agua.* ⇒ **alcantarilla. 2** *fig.* Lugar sucio y con mal olor: *los ríos de algunas ciudades se han convertido en verdaderas cloacas.*

clo·ro |klóro| ***m.*** QUÍM. Elemento químico gaseoso de color verde o amarillo y olor fuerte: *el símbolo del ~ es Cl; el ~ se usa como desinfectante del agua.*

clo·ro·fi·la |klorofíla| ***f.*** Sustancia de color verde de las plantas que se acumula *principalmente en las hojas: *la ~ es muy importante en la fotosíntesis de los vegetales.*

clo·ro·fí·li·⌐co, ⌐ca |klorofíliko, ka| ***adj.*** De la *clorofila o que tiene relación con ella: *la función clorofílica consiste en transformar la energía luminosa en energía química.*

clo·ro·for·mo |klorofórmo| ***m.*** Líquido sin color, de olor característico, que se usa para dormir a los enfermos antes de operarlos: *el anestesista mezcló el ~ con alcohol para anestesiar al paciente.*

clo·ru·ro |klorúro| ***m.*** QUÍM. Compuesto de *cloro y de un elemento metálico: *los cloruros son sales;* **~ de sodio**, QUÍM., sal común, que se encuentra en el agua de mar y que se usa para dar sabor a los alimentos: *el ~ de sodio cristaliza en forma de cubo.*

club |klú^{β}| **1** ***m.*** Grupo de personas que se reúnen por intereses deportivos o culturales: *Carlos es miembro de un ~ de escritores jóvenes; Jordi es del Fútbol Club Barcelona.* ⇒ **asociación, sociedad. 2** Lugar donde se reúnen estas personas: *mañana iremos al ~ a jugar al tenis; a las afueras de la ciudad hay un ~ de hípica.* **3** Establecimiento donde se venden bebidas y se ofrecen espectáculos de música y baile, generalmente de noche: *en la carretera han abierto un ~ nocturno.* **4** Conjunto de asientos delanteros, generalmente en el piso superior de un cine o un teatro: *vamos a ver la película en butacas de ~.* ◻ El plural es *clubes.*

clue·ca |kluéka| ***adj.-f.*** (gallina, ave) Que se sienta sobre los huevos para darles calor: *en el corral había dos gallinas cluecas incubando sus huevos.*

clu·nia·cen·se |kluniaθénse| **1** ***adj.-m.*** (religioso) Que pertenece a la orden de Cluny: *los monjes cluniacenses siguen la regla de San Benito.* **- 2** ***adj.*** De la orden de Cluny o que tiene relación con ella: *el arte ~ aportó importantes innovaciones al románico.*

co·ac·ción |koa^{k}θión| ***f.*** Fuerza que se hace a una persona para que diga o haga una cosa que no quiere decir o hacer: *no conseguirás nada de ella a no ser que utilices la ~.* ⇒ **amenaza, presión.**

co·ac·cio·nar |koa^{k}θionár| ***tr.*** [a alguien] Usar la fuerza para que una persona diga o haga una cosa que no quiere decir o hacer: *el secuestrador obtuvo la información de la víctima coaccionándola.* ⇒ **amenazar, presionar.**

co·a·gu·la·ción |koaγulaθión| ***f.*** Acción por la que se hacen sólidas las sustancias que hay en ciertos líquidos: *en el laboratorio están analizando la ~ de tu sangre.*

co·a·gu·lan·te |koaγulánte| ***adj.-m.*** Que *coagula o hace que se hagan sólidas las sustancias que hay en ciertos líquidos: *la capacidad ~ de la sangre evitará la hemorragia.*

co·a·gu·lar |koaɣulár| ***tr.-prnl.*** [algo] Hacer sólidas las sustancias que hay en ciertos líquidos: *las altas temperaturas han coagulado la leche; para que una herida cicatrice, la sangre debe coagularse.*

co·á·gu·lo |koáɣulo| ***m.*** Masa de una sustancia que se ha *coagulado o que se ha hecho sólida: *la trombosis es una enfermedad producida por la formación de coágulos en los vasos sanguíneos.*

co·a·li·ción |koaliθión| ***f.*** Unión de personas o partidos políticos con un fin determinado: *los líderes de los dos partidos han decidido formar una ~ para presentarse a las próximas elecciones.* ⇒ **alianza.**

co·ar·ta·da |koartáða| **1** ***f.*** Prueba que presenta un acusado para demostrar que no se encontraba en el lugar del crimen a la hora que *sucedió: *el fiscal descubrió que la ~ del ladrón era falsa.* **2** *fig.* Razón que se presenta como disculpa: *no quiso ir a la reunión y se inventó una ~.* ⇒ **disculpa, excusa, pretexto.**

co·ar·tar |koartár| ***tr.*** *form.* [algo, a alguien] Limitar o reducir: *si continuamos coartando sus iniciativas, se convertirá en un niño miedoso; no coartes su libertad de expresión.*

co·au·ʳtor, ʳto·ra |koautór, tóra| ***m. f.*** Autor con otro u otros: *fue considerado ~ del asesinato y condenado.*

co·a·xial |koa^ksiál| ***adj.*** *form.* Que tiene en común con otras piezas o partes el eje de *simetría: *los engranajes de la caja de cambios son coaxiales; para conectar el televisor a la antena, se usa un cable ~.*

co·ba |kóβa| ***f.*** Muestra exagerada de admiración que se hace para conseguir el favor de una persona: *deja de darme ~, hijo, que no te voy a dejar el coche.* ⇒ **adulación.** ⌂ Se construye con el verbo *dar.*

co·bal·to |koβálto| ***m.*** QUÍM. Metal duro, de color blanco *plateado, que, combinado con el oxígeno, forma una base de color azul y que se usa para pintar: *el símbolo del ~ es Co; los azulejos y la cerámica se decoran con pintura de ~.*

co·bar·de |koβárðe| **1** ***adj.*** (acción, cosa) Que no demuestra o no tiene valor: *ha mantenido una postura ~ durante toda la reunión.* **- 2** ***adj.-com.*** (persona) Que no tiene valor o que se asusta fácilmente: *es un ~, cuando hay problemas siempre huye.* ⇔ **valiente, gallardo.**

co·bar·dí·a |koβarðía| **1** ***f.*** Falta de valor; facilidad para asustarse: *Pepe no puede ocultar su ~ en los momentos peligrosos.* **2** Acción o hecho que no tiene o no demuestra valor: *atacar a un niño o a un anciano es una ~.*

co·ba·ya |koβáya| **1** ***amb.*** Animal mamífero roedor de pequeño tamaño, que se emplea en experimentos científicos: *en el laboratorio usan cobayas para probar la vacuna contra el cáncer.* ⇒ **conejo.** **2** *fam. fig.* Persona o animal que se emplea en experimentos científicos: *la doctora usó como cobayas de la investigación a sus propios alumnos.* ⇒ **conejo.**

co·ber·ti·zo |koβertíθo| **1** ***m.*** Tejado que sale fuera de la pared y que sirve para resguardarse de la lluvia: *sentado bajo un ~ de uralita, el capataz toma nota de las salidas.* **2** Lugar cubierto donde se guardan herramientas u objetos que ya no sirven: *tenemos un ~ en el jardín.* ⇒ **trastero.**

co·ber·tor |koβertór| ***m.*** *form.* Manta para abrigar la cama: *el ~ de mi cama es de color azul.* ⇒ **colcha, manta.**

co·ber·tu·ra |koβertúra| **1** ***f.*** Cosa que se coloca sobre otra para cubrirla o taparla: *esta ~ de plástico impedirá que se oxide la barra de metal.* ⇒ **cubierta.** **2** Territorio al que se extiende un servicio determinado: *unos canales de televisión tienen una ~ nacional y otros una ~ regional.* **3** Servicio que se ofrece en un aspecto o en un territorio determinado: *ese tipo de intervenciones quirúrgicas no entran dentro de la ~ de la seguridad social.* **4** DEP. Conjunto de jugadores que forman la defensa de un equipo, en ciertos deportes: *la ~ del equipo de fútbol está formada por cuatro hombres.*

co·bi·jar |koβixár| **1** ***tr.-prnl.*** [a alguien] Refugiar o resguardar, generalmente del frío y la lluvia: *la anciana cobijó a los dos niños en su casa; me cobijé en un portal hasta que dejó de llover.* **2** *fig.* Acoger y dar cariño; proteger: *aún recordaba cuando su madre lo cobijaba en sus brazos y lo besaba.* **- 3** ***tr.*** [algo] Contener una idea o una intención secreta: *siempre cobijó la posibilidad de ascender en la oficina.* ⇒ **albergar.**

co·bi·jo |koβíxo| **1** ***m.*** Lugar que se usa como refugio o resguardo: *el tronco del árbol sirvió a la ardilla de ~; déjame dormir en tu casa, que no tengo ~ para pasar la noche.* ⇒ **refugio.** **2** *fig.* Protección o ayuda que una persona da a otra: *estaba tan deprimido que buscó el ~ de sus compañeros.*

co·bra |kóβra| ***f.*** Serpiente muy venenosa, procedente de África y la India: *en las calles de la India hay niños que hipnotizan cobras al son de la música.*

co·bra·ʳdor, ʳdo·ra |koβraðór, ðóra| ***m. f.*** Persona que se dedica a cobrar dinero que se debe: *el ~ del gas viene los lunes, el ~ de la luz los jueves; y el del agua los viernes.*

COBAYA

co·brar |koβrár| **1** ***tr.-prnl.*** [algo; a alguien; de alguien] Recibir una cantidad como pago: *llevan más de un mes trabajando y todavía no han cobrado; cóbrate el café.* **- 2** ***tr.*** Tomar o empezar a experimentar ciertos sentimientos: *le he cobrado cariño a ese lugar.* **3** Recuperar una cosa que se poseía antes: *cobraron la ciudad de los persas.* **4** Conseguir piezas mediante la caza: *han cobrado quince conejos.* **- 5 cobrarse** ***prnl.*** Recibir a cambio de un favor o de un daño: *se cobró venganza de lo que le hicieron.* **6** *form.* Recuperarse de una impresión fuerte: *sufrió un desmayo y tardó varios minutos en cobrarse.* ⇒ **recobrar, recuperar.**

co·bre |kóβre| ***m.*** QUÍM. Metal blando, de color rojo brillante, buen conductor de la electricidad: *el símbolo del ~ es* Cu; *el ~ se alea con otros metales para formar el bronce y el latón.* ■ **batirse el ~**, luchar, discutir o trabajar para conseguir un *objetivo: *los dos equipos de fútbol se batieron el ~.*

co·bri·⌐zo, ⌐za |koβríθo, θa| ***adj.*** Que tiene color rojo parecido al del *cobre: *se tiñó el pelo con reflejos cobrizos; el caballo tenía una preciosa cola cobriza.*

co·bro |kóβro| ***m.*** Acción y resultado de recibir una cantidad como pago: *el acreedor estuvo ante la puerta de su casa hasta que consiguió el ~ de la factura.*

co·ca |kóka| **1** ***f.*** Arbusto de flores blancas y fruto rojo de cuyas hojas se *extrae una sustancia blanca usada como droga o excitante: *la ~ se cultiva en Bolivia y en Colombia principalmente.* **2** Hoja de este arbusto: **3** *fam.* Droga que se *extrae de las hojas de este arbusto: *la policía encontró dos kilos de ~ en un coche.* ☖ Es la forma abreviada de *cocaína.*

co·ca·í·na |kokaína| ***f.*** Sustancia blanca usada como droga o excitante: *la ~ se extrae de las hojas de la coca; se descubrió una red de tráfico de ~.* ⇒ **coca.**

co·cai·nó·ma·⌐no, ⌐na |kokainómano, na| ***adj.-s.*** (persona) Que toma habitualmente *cocaína y depende de ella: *su futuro como cantante era prometedor, pero por desgracia se ha convertido en ~.* ⇒ **heroinómano.**

COBRA

coc·ción |kokθión| ***f.*** Acción y resultado de *cocer: *la ~ de las verduras debe hacerse a fuego lento y durante poco tiempo.*

co·ce·ar |koθeár| ***intr.*** Dar golpes con las patas traseras: *el caballo estaba nervioso y empezó a ~.*

co·cer |koθér| **1** ***tr.*** [algo] Hacer que un líquido alcance la temperatura necesaria para transformarse en gas: *voy a ~ un poco de agua para preparar el té.* ⇒ **hervir. 2** Cocinar, sometiendo un alimento crudo a la acción de un líquido, generalmente agua hirviendo: *mi abuela cocía las lentejas en un puchero de barro.* **3** Introducir una masa en un horno y aplicarle calor para que pierda humedad y se alteren sus características: *el panadero cuece el pan y los bollos; el alfarero cocía las jarras de cerámica.* **- 4** ***intr.*** Alcanzar un líquido la temperatura necesaria para transformarse en gas: *retira el agua del fuego, que ya está cociendo.* ⇒ **hervir. - 5 cocerse** ***prnl.*** *fig.* Prepararse de manera secreta: *algo se cuece en esa reunión.* ⇒ **conspirar, guisar, maquinar, tramar. 6** *fam. fig.* Sentir mucho calor: *los meses de julio y agosto, si sales a la calle te cueces.* ⇒ **asar.** ☖ Se conjuga como 54.

co·cham·bre |kotʃámbre| **1** ***amb.*** *fam.* Suciedad o basura: *el coche tiene tanta ~ que no se ve nada a través del cristal.* ⇒ **porquería. 2** Cosa sucia y vieja: *esa casa es una ~.* ⇒ **porquería.**

co·cham·bro·⌐so, ⌐sa |kotʃambróso, sa| **1** ***adj.*** *fam.* (cosa) Que está muy sucio: *¿no pretenderás salir a la calle con ese abrigo agujereado y ~?* **2** *fam.* (cosa) Que está muy viejo y descuidado: *me gustaría cambiar de casa porque el edificio en que vivo está ~.*

co·che |kótʃe| **1** ***m.*** Vehículo automóvil de cuatro ruedas con capacidad para unas cinco personas: *los coches pequeños son más prácticos en las ciudades; deja el ~ en casa y coge el autobús; por favor, dile a Ambrosio que saque el ~.* ⇒ **turismo. 2** Vehículo automóvil de cuatro ruedas: *los coches no pueden circular por las calles peatonales; cada vez hay más coches;* ~ **celular**, el que se usa para transportar personas detenidas: *el ~ celular llevó a los presos a la penitenciaría;* ~ **de carreras**, el que se usa para competir en pruebas de velocidad: *se salió de la pista y se incendió su ~ de carreras;* ~ **de línea**, el que se usa para transportar regularmente personas entre dos poblaciones: *el ~ de línea pasa a las tres.* ⇒ **autocar;** ~ **escoba**, el que va al final de una carrera de bicicletas recogiendo a los que se retiran: *debe de ser el último porque detrás viene el ~ escoba.* **3** Vehículo que forma parte de un tren: *mi litera está en el otro ~; por favor, no cambien de ~ cuando el tren esté en marcha;* ~ **cama**, el que dispone de camas o *literas para dormir: *si viajas de noche, es mejor hacerlo en ~ cama.* **4** Carro tirado por caballos, con dos o cuatro ruedas y capacidad para dos o más personas: *Sherlock Holmes bajó del ~ en Baker Street.*

co·che·ra |kotʃéra| ***f.*** Lugar donde se guardan uno

o más vehículos: *Pepe ha perdido las llaves de la ~ y no puede sacar la moto; por la noche dejo el coche en la ~.* ⇒ **garaje.**

co·che·ro |kotʃéro| ***m.*** Persona que se dedica a *guiar los caballos que tiran de coches y carros: *el ~ nos llevó en su calesa por toda Sevilla.*

co·chi·fri·to |kotʃifríto| ***m.*** Comida que se hace con trozos de carne que se arreglan con especias y se fríen: *este ~ está bueno, pero le falta algo de vinagre y sal.*

co·chi·na·da |kotʃináða| **1** ***f.*** *fam.* Acción sucia, poco agradable o poco educada: *¡qué asco!, lleva toda la mañana jugando con el barro y haciendo cochinadas.* ⇒ **guarrada, guarrería, marranada. 2** *fam.* Obra o dicho que molesta, causa un daño o está hecho con mala intención: *nunca te perdonaré la ~ que acabas de hacer.* ⇒ **faena.**

co·chi·ni·lla |kotʃiníʎa| **1** ***f.*** Animal invertebrado de pequeño tamaño, de color gris oscuro, que vive bajo las piedras y que se enrolla sobre sí mismo para protegerse: *al levantar la piedra, vimos uma multitud de cochinillas que se movían rápidamente.* **2** Insecto procedente de Méjico que, reducido a polvo, se emplea como *tinte rojo para la *seda, la lana y otras cosas: *la ~ vive sobre la chumbera.* ☖ Para indicar el sexo se usa la ~ macho y la ~ hembra.

co·chi·ni·llo |kotʃiníʎo| ***m.*** Cría del cerdo: *el ~ asado es un plato típico de Castilla.* ⇒ **lechón.**

co·chi·⌐no, ⌐na |kotʃíno, na| **1** ***adj.-s.*** *desp. fig.* (persona) Que no cuida su aseo personal o que produce asco: *eres un ~, nunca te duchas; esta niña es una cochina comiendo.* **2** *desp. fig.* (persona) Que muestra tener poca educación o pocos principios morales: *se portó como un ~ al no querer invitarnos.* **- 3** ***m. f.*** Animal mamífero doméstico, bajo, grueso, de patas cortas y cola pequeña y torcida, cuya carne aprovecha el hombre: *del ~ se hacen los jamones, los chorizos y muchísimos alimentos más.* ⇒ **cerdo.**

co·ci·do |koθíðo| ***m.*** Comida española que se hace hirviendo en agua durante largo tiempo ciertas legumbres, hortalizas y carne de cerdo o de otros animales: *en el ~ se sirve primero la sopa y después lo demás; el ~ es uno de los platos más completos; le gustaba mucho el ~ madrileño.*

co·cien·te |koθiénte| ***m.*** MAT. Resultado que se *obtiene dividiendo una cantidad entre otra: *el ~ de dividir seis entre dos es tres.*

co·ci·mien·to |koθimiénto| **1** ***m.*** Acción y resultado de *cocer o cocinar: *una vez haya finalizado el ~ del guiso, repártelo en las bandejas.* **2** Líquido que se consigue hirviendo hierbas o sustancias medicinales: *el curandero preparó un ~ para quitar el dolor de estómago.* ⇒ **pócima.**

co·ci·na |koθína| **1** ***f.*** Habitación en la que se cocina: *tiene una ~ muy grande y soleada; el frigorífico y el lavavajillas están en la ~.* **2** Aparato que sirve

COCINA

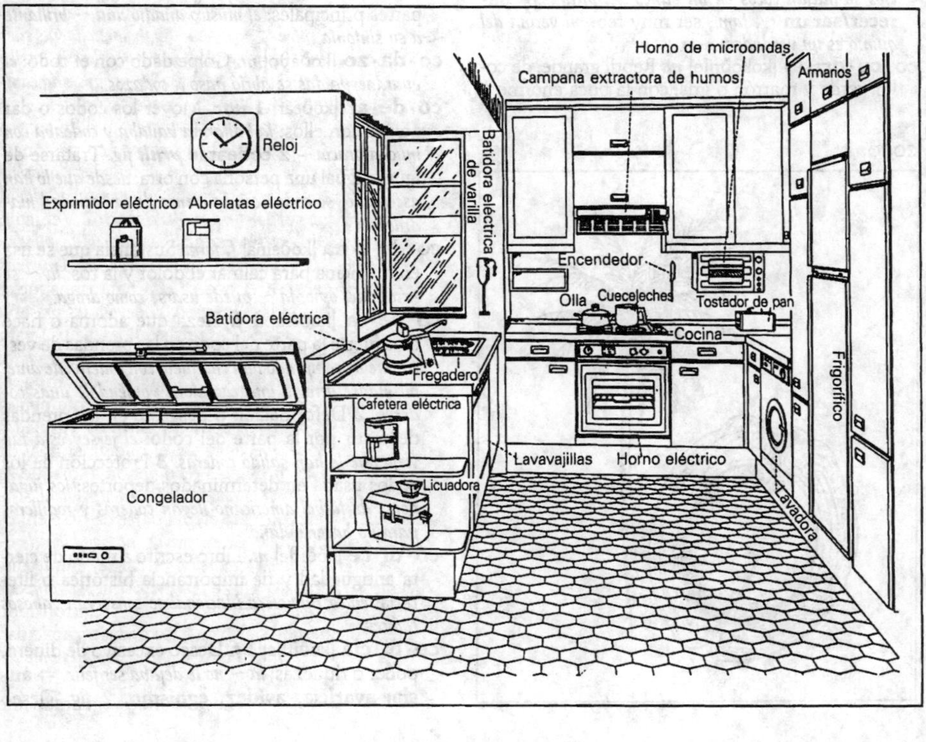

para calentar y cocinar los alimentos: *las cocinas de leña fueron sustituidas por las de gas.* **3** Arte o técnica de elaborar y preparar los alimentos para comerlos: *la ~ española es excelente; la ~ vegetariana es más popular cada día.*

co·ci·nar |koθinár| ***tr.*** [algo] Preparar o combinar alimentos antes de comerlos o de servirlos: *si sabe ~ es más digno de estima; no tiene ni idea de ~ y sólo compra platos preparados.* ⇒ **guisar.**

co·ci·ne·⌜ro, ⌜ra |koθinéro, ra| ***m. f.*** Persona que se dedica a cocinar: *Carlos es un famoso ~ vasco; Alicia trabaja de cocinera en un restaurante.*

co·co |kóko| **1** ***m.*** Fruto de forma casi redonda con una corteza muy dura, una carne blanca de sabor agradable y un líquido dulce en el interior: *el agua de ~ quita la sed; le encantaba comer rajitas de ~.* **2** Árbol tropical que produce este fruto: *los cocos suelen medir veinte metros de altura; en el Caribe hay muchos cocos.* ⇒ **cocotero. 3** *fam. fig.* Cabeza de una persona: *hoy me duele el ~.* ⇒ **azotea, calabaza, olla, tarro. 4** *fam.* Personaje inventado con que se asusta a los niños para que obedezcan: *si no te lo comes todo, vendrá el ~; duérmete, niño, que viene el ~.* **5** BIOL. Bacteria de forma redonda: *el científico estudia los cocos con el microscopio.* ■ **comer el ~**, convencer, hacer que una persona obre o piense de una manera determinada: *sus amigos le han comido el ~ para que organice una fiesta.* ■ **comerse el ~**, *fam.*, preocuparse en exceso: *este chico se come el ~ por una tontería.* ■ **hacerse cocos**, *fam.*, hacerse *señas y caricias de amor: *unos novios se hacían cocos en un banco del parque.* ■ **parecer/ser un ~**, *fam.*, ser muy feo: *mi vecina del quinto es un verdadero ~.*

co·co·dri·lo |kokoðrílo| ***m.*** Reptil grande, de color verde y marrón o gris, con la boca enorme y la cola larga y fuerte, que vive en los ríos de zonas tropicales: *el ~ puede alcanzar siete metros de longitud, se alimenta de carne y es muy temido por el hombre; la piel del ~ sirve para fabricar zapatos y bolsos.* ☖ Para indicar el sexo se usa el ~ macho y el ~ hembra.

COCO

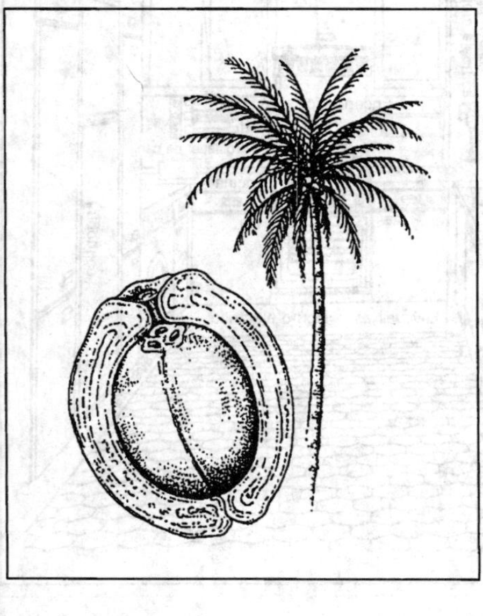

co·co·te·ro |kokotéro| ***m.*** Árbol tropical que produce un fruto de forma redonda, con cáscara dura, con carne blanca y de sabor agradable: *en la isla había palmeras y cocoteros al borde del mar.* ⇒ **coco.**

coc·tel |kokᵏtél| ***m.*** ⇒ **cóctel.**

cóc·tel |kókᵏtel| **1** ***m.*** Bebida alcohólica que se consigue mediante la mezcla de licores con zumos u otras bebidas, y que se sirve fría: *el agua de Valencia es un ~ de naranja y cava.* ⇒ **combinado. 2** Reunión o fiesta donde se sirven bebidas: *mañana por la tarde estamos invitados a un ~.* **3** *p. ext.* Comida fría en la que se mezclan varios alimentos: *me encanta el ~ de frutas; el ~ de mariscos lleva gambas y langostinos con lechuga y salsa rosa.* ■ **~ molotov**, *explosivo de fabricación *casera que sirve para provocar *incendios: *unos desconocidos arrojaron un ~ molotov durante los disturbios.* ☖ El plural es *cócteles.*

coc·te·le·ra |kokᵏteléra| ***f.*** Recipiente alargado para mezclar licores y otras bebidas: *mezcle un tercio de tequila con dos tercios de limón, añada sal y agite bien la ~.*

co·da |kóða| ***f.*** MÚS. Periodo o parte última de una composición musical que generalmente repite las partes principales: *el músico añadió una ~ brillante a su sinfonía.*

co·da·zo |koðáθo| ***m.*** Golpe dado con el codo: *el guardaespaldas se abrió paso a codazos.*

co·de·ar |koðeár| **1** ***intr.*** Mover los codos o dar golpes con ellos: *la bailarina bailaba y codeaba con mucha gracia.* **- 2 codearse *prnl.*** *fig.* Tratarse de igual a igual una persona con otra: *desde que lo han ascendido, se codea con la crema de la sociedad madrileña.*

co·de·í·na |koðeína| ***f.*** *form.* Sustancia que se usa en medicina para calmar el dolor y la tos: *la ~ se extrae del opio; la ~ puede usarse como droga.*

co·de·ra |koðéra| **1** ***f.*** Pieza que adorna o hace más fuerte la parte del codo en las prendas de vestir: *me he comprado una chaqueta con coderas de ante; mi madre arregló una cazadora poniéndole unas coderas.* **2** Deformación o desgaste en las prendas de vestir por la parte del codo: *el jersey está tan viejo que le han salido coderas.* **3** Protección de los codos usada en determinados deportes: *los jugadores de fútbol americano llevan coderas y rodilleras para no hacerse daño.*

có·di·ce |kóðiθe| ***m.*** Libro escrito a mano de cierta antigüedad y de importancia histórica o literaria: *en la Biblioteca Nacional se conservan valiosos códices.*

co·di·cia |koðíθia| **1** ***f.*** Deseo excesivo de dinero, poder o riquezas: *la ~ no le dejaba ser feliz.* ⇒ **ansia, avaricia, avidez, egoísmo. 2** *fig.* Deseo fuerte de poseer o conseguir una cosa: *Pepe estudiaba con la ~ de saber más y más.* ⇒ **afán, pasión.**

co·di·ciar |koðiθiár| ***tr.*** [algo] Desear con exceso dinero, poder o riquezas: *el avaro codiciaba las riquezas de sus vecinos; siempre ha codiciado el puesto de presidente.* ☐ Se conjuga como 12.

co·di·cio·⌐so, ⌐sa |koðiθióso, sa| ***adj.-s.*** (persona) Que tiene *codicia o desea con exceso dinero, poder o riquezas: *es un hombre ~ que sólo piensa en la forma de aumentar su fortuna.* ⇒ **avaro.**

co·di·fi·car |koðifikár| **1** ***tr.*** [algo] Poner un texto o señal en un sistema de signos o de emisión distinto al que posee: *este canal de televisión está codificado y no podemos verlo.* ⇔ **descodificar. 2** Reunir leyes o normas en un *código: *tras la independencia del país, los juristas codificaron las leyes.* ☐ Se conjuga como 1.

có·di·go |kóðiɣo| **1** ***m.*** Conjunto ordenado de leyes: ~ **civil**, DER., el que trata sobre las personas, bienes, modos de propiedad, obligaciones y *contratos: *el ~ civil español ha sido reformado en repetidas ocasiones;* ~ **penal**, DER., el que trata sobre faltas y delitos: *el gobierno ha anunciado recientemente que presentará un nuevo Código Penal;* ~ **de la circulación**, el que regula el tráfico de vehículos y personas a pie en las vías públicas: *la velocidad máxima en ciudad es de cincuenta kilómetros hora, según el ~ de la circulación.* **2** Sistema de símbolos y reglas que permite componer y comprender un mensaje: *la lengua es un ~ complicado; Morse inventó un ~ para la comunicación telegráfica.* **3** Combinación de letras y de números que contiene una información: *los ordenadores funcionan con el ~ ASCII;* ~ **de barras**, combinación de líneas y números que se pone sobre los productos de consumo: *el ~ de barras contiene la fecha de envasado, el número de lote, la procedencia y otros datos informáticos;* ~ **postal**, combinación de números que se fija a una población y a las distintas zonas dentro de ella para hacer más fácil la clasificación y entrega del correo: *el ~ postal de la provincia de Madrid comienza por veintiocho.* **4** *fig.* Conjunto de normas y reglas: *el honor y la valentía forman parte del ~ militar.*

co·di·llo |koðíʎo| ***m.*** Articulación cercana al pecho de los animales de cuatro patas, especialmente del cerdo: *el ~ de cerdo es muy utilizado en gastronomía; le sirvieron ~ con verduras.*

co·do |kóðo| **1** ***m.*** Articulación que permite doblar el brazo: *me dio un golpe con el ~; tenía los codos apoyados sobre la mesa.* **2** Parte de una prenda de vestir que cubre la articulación que permite doblar el brazo: *se ha roto los codos de tanto estudiar.* **3** Ángulo que forma un objeto: *necesito un codo para arreglar la cañería.* **4** Antigua medida de longitud, equivalente a unos 42 centímetros: *el mueble mide tres codos.* **5** Articulación que permite doblar la pata de un animal.

co·dor·niz |koðorníθ| ***f.*** Ave de la familia de la gallina, con la cabeza, la espalda y las alas de color marrón y la parte inferior entre gris y amarilla: *la ~ es ave migratoria; la ~ es muy apreciada como pieza de caza.* ☐ Para indicar el sexo se usa la ~ macho y la ~ hembra.

co·e·du·ca·ción |koeðukaθión| ***f.*** Educación que se da conjuntamente a niños y niñas: *la mayoría de los profesores son partidarios de la ~.*

co·e·fi·cien·te |koefiθiénte| **1** ***m.*** MAT. Número que se escribe a la izquierda de una expresión matemática y que indica el número por el que debe multiplicarse: *en la expresión 8x, 8 es el ~.* **2** FÍS. Número que se emplea como *factor *constante y que expresa el valor de un cambio o efecto bajo determinadas condiciones: *me gustaría saber el ~ de fricción de la máquina.*

co·er·ci·ti·⌐vo, ⌐va |koerθitíβo, βa| ***adj.*** Que sujeta o frena; que quita libertad: *la policía se ha visto obligada a aplicar medidas coercitivas.*

co·e·tá·ne·⌐o, ⌐a |koetáneo, a| ***adj.-s.*** Que pertenece a la misma *época o tiempo que otra persona o cosa: *Dámaso Alonso y Aleixandre fueron poetas coetáneos.* ⇒ **contemporáneo.**

co·e·xis·ten·cia |koe^{k}sisténθia| ***f.*** Existencia de una persona o cosa a la vez que otra u otras: *el erudito nos habló de la ~ de elementos clásicos en la obra del pintor.*

co·e·xis·tir |koe^{k}sistír| ***intr.*** Existir una persona o cosa a la vez que otra u otras: *en esta obra coexisten elementos barrocos y renacentistas.*

co·fia |kófia| **1** ***f.*** Prenda de vestir, generalmente de color blanco, que se lleva en la cabeza como complemento de un uniforme femenino: *las niñeras, las enfermeras y las camareras llevan ~.* **2** Red que se usa para recoger y sujetar el pelo: *hoy en día, nadie usa ya las cofias.* ⇒ **redecilla.**

co·fra·de |kofráðe| ***com.*** Persona que forma parte de una sociedad con fines religiosos: *los cofrades del Cristo de la Luz se reúnen todos los martes.*

co·fra·dí·a |kofraðía| **1** ***f.*** Conjunto de personas que forman una sociedad con fines religiosos: *to-*

CODORNIZ

das las cofradías de la ciudad salen en procesión en Semana Santa. ⇒ **congregación, hermandad.** **2** Conjunto de personas que forman una sociedad con fines comunes: *la ~ de pescadores de Málaga se encarga de la defensa de los intereses de estos trabajadores.*

co·fre |kófre| ***m.*** Caja resistente de metal o madera, con tapa y cerradura, que se usa para guardar objetos de valor: *la princesa guardaba sus joyas en un cofrecito forrado en piel; los piratas enterraron el ~ del tesoro en una isla desierta.* ⇒ **arca, arcón, baúl.**

co·ge·dor |koxeðór| ***m.*** Instrumento que sirve para recoger cosas del suelo, especialmente la basura: *después de barrer echó la tierra en el basurero con ayuda de un ~.* ⇒ **recogedor.**

co·ger |koxér| **1** ***tr.*** [algo, a alguien] Tomar o sujetar, generalmente con la mano o con un objeto que se usa como la mano: *me dijo que cogiese una galleta; hay que cogerlo con una pinza; coge un poco más de azúcar.* ⇒ **agarrar. 2** [algo] Aceptar lo que se ofrece: *no pueden ~ propina; coge este libro, te lo regalo.* **3** [a alguien] Alcanzar o atrapar: *lo ha cogido el toro.* **4** Detener o encerrar en una cárcel o en un lugar parecido: *no han cogido aún a los ladrones.* ⇒ **apresar. 5** [algo] Tener o llegar a tener: *debo ~ seguridad; has cogido un buen catarro.* **6** Subirse para ser transportado: *si no me levanto pronto, no me da tiempo a ~ el tren; tenía que ~ el autobús todos los días.* **7** *fam.* [algo; a alguien] Tomar o separar de un lugar: *no quiero que me cojas el lápiz; perdona que te coja el pañuelo.* **8** Pagar o tomar en alquiler: *cogeré una casa en la costa este verano.* **9** [a alguien] Sorprender o descubrir: *nos cogieron rompiendo los cristales; casi me cogéis en ropa interior.* ⇒ **pescar, pillar; ~ con las manos en la masa**, *fam.*, sorprender o descubrir en una acción que no se quiere dejar ver: *entraron en un banco para robarlo y los cogieron con las manos en la masa.* **10** Sorprender cuando no se está preparado: *me cogió de sorpresa; nos ha cogido la hora de salir y aún no tenemos hechas las maletas.* **11** [algo] Reservar o guardar: *¿has cogido hora para el dentista?; no te preocupes si llegamos al cine algo tarde porque mi hermano nos va a ~ sitio.* **12** Escribir lo que una persona dice: *falté a clase y no pude ~ apuntes; este secretario coge trescientas palabras por minuto.* **13** *fam.* Comprender lo que no tiene un significado claro: *lo repetiré más despacio a ver si lo cogéis; no te ríes porque no has cogido el chiste.* **14** *vulg.* Caber o tener capacidad: *esta jarra coge dos litros.* **15** Poseer sexualmente el macho a la hembra: *el toro cogió a la vaca.* ☖ No se suele usar para personas. **- 16** ***tr.-prnl.*** [algo] Enganchar o sujetar: *he cogido el abrigo con la puerta; me he cogido un dedo con el cajón.* ■ **cogerla**, dedicar especial atención o preocuparse; tener enfado: *la ha cogido con la televisión; siempre la coge con el más débil.* ■ **~ y**, *fam.*, expresión que indica que la acción del verbo que va detrás ocurre de pronto o no se espera: *cuando se enfada, coge y se va sin despedirse.* ⇒ **agarrar, ir.**

co·gi·da |koxíða| ***f.*** Acción de coger, especialmente el toro a una persona: *el diestro sufrió una grave ~ en la Maestranza.*

cog·ni·ción |koᵛniθi̲ó̲n| ***f.*** FIL. Acción y resultado de conocer una realidad por medio de la razón: *el filósofo enseña en qué consiste un proceso de ~.*

cog·nos·ci·ti·⌐vo, ⌐va |koᵛnosθitíβo, βa| ***adj.*** FIL. Que es capaz de conocer una realidad por medio de la razón: *ha desarrollado toda su potencia cognoscitiva.*

co·go·llo |koγóʎo| **1** ***m.*** Conjunto de las hojas interiores, blancas y más apretadas de ciertas plantas: *del repollo o la berza comemos sólo el ~ porque es la parte más tierna.* **2** Brote o punta blanda de los árboles y otras plantas: *a finales del invierno ya se ven los primeros cogollos en los árboles.* ⇒ **yema. 3** *fig.* Parte más escogida o mejor de una cosa: *el ~ de la sociedad se dio cita en la puesta de largo de la señorita Mínguez.* ⇒ **crema, flor. 4** *fig.* Centro o *núcleo de una cosa: *Roma fue el ~ de un Imperio.*

co·gor·za |koγórθa| ***f.*** *fam.* Estado en el que se pierde el control a causa del consumo excesivo de alcohol: *no me extraña que tenga una ~, se ha bebido ella sola la botella de anís.* ⇒ **borrachera.**

co·go·te |koγóte| ***m.*** Parte superior y posterior del cuello: *le acariciaba el ~ para que se durmiera.* ⇒ **nuca.** ■ **estar hasta el ~**, *fam.*, estar cansado y *harto: *estoy hasta el ~ de sus exigencias.*

co·gu·ja·da |koγuxáða| ***f.*** ZOOL. Pájaro de color marrón que tiene unas plumas levantadas en la parte superior de la cabeza: *la ~ anida comúnmente en los sembrados.* ☖ Para indicar el sexo se usa la ~ macho y la ~ hembra.

co·ha·bi·tar |koaβitár| **1** ***intr.*** Habitar conjuntamente con otra u otras personas: *es un piso muy pequeño en el que cohabitan diez personas.* **2** Vivir juntos un hombre y una mujer, como si estuvieran casados: *hace medio año que Jesús y Mercedes cohabitan.*

co·he·char |koetʃár| **1** ***tr.*** DER. [a alguien] Dar bienes o dinero a un *juez o *funcionario para que, contra la justicia o el derecho, haga lo que se le pide: *se sospecha que cohecharon a un funcionario de hacienda.* **2** AGR. [algo] Dar a la tierra una última vuelta antes de *sembrar: *si mañana cohechamos, pasado mañana podemos sembrar.*

co·he·cho |koétʃo| ***m.*** *form.* Ofrecimiento de dinero u objetos de valor a un *juez o un empleado público para conseguir un favor: *el ministro ha sido acusado de un delito de ~.* ⇒ **soborno.**

co·he·ren·cia |koerénθi̲a̲| ***f.*** Unión y relación adecuada de todas las partes que forman un todo: *este escrito toca un tema muy interesante, pero le falta ~.* ⇒ **cohesión, consistencia.** ⇔ **incoherencia.**

co·he·ren·te |koerénte| ***adj.*** Que une y relaciona todas las partes que lo forman, unas con otras, para que *constituyan un conjunto con unidad y sin oposiciones: *la estructura de un buen discurso ha de ser ~.* ⇒ **acorde, congruente, consistente.** ⇔ **incoherente.**

co·he·sión |koesi̲ó̲n| **1** ***f.*** Unión y relación adecuada de todas las partes que forman un todo: *los enfrentamientos internos hicieron desaparecer la ~ del* *grupo.* ⇒ **coherencia, consistencia.** ⇔ **incoherencia.** **2** FÍS. Fuerza que mantiene unidas las moléculas de un cuerpo: *la ~ hace que los cuerpos mantengan su estructura.*

co · he · si · ⌜vo, ⌜va |koesíβo, βa| ***adj.*** Que produce *cohesión: *las partículas cohesivas varían de un cuerpo a otro.*

co · he · te |koéte| **1** ***m.*** Tubo de papel o cartón, lleno de pólvora, que se lanza al aire prendiéndolo por la parte inferior y, una vez arriba, explota produciendo un ruido muy fuerte: *en las fiestas populares se lanzan muchos cohetes.* ⇒ **petardo, volador.** **2** Vehículo que sirve para viajar al espacio exterior: *el primer ~ europeo, el Ariadna, fue lanzado desde la Guayana francesa.* ⇒ **astronave, nave.**

co · hi · bir |koiβír| ***tr.-prnl.*** *form.* [a alguien] Impedir que una persona se comporte *libremente, con naturalidad: *Juan no se atrevió a hablar porque el silencio lo cohibía; las personas tímidas se cohíben fácilmente.* ⇒ **refrenar, reprimir.** ☖ Se conjuga como 21.

co · hor · te |kᵒórte| ***f.*** *fig.* Conjunto, número o serie: *tiene una gran ~ de admiradores.*

coin · ci · den · cia |koinθiðénθia| **1** ***f.*** Ocasión en la que ocurren dos o más cosas al mismo tiempo: *la Dirección General de Tráfico ya ha previsto la ~ de este fin de semana con la salida de todos los veraneantes.* ⇒ **casualidad.** **2** Ocasión en la que dos o más personas se encuentran por azar en el mismo lugar: *la ~ de los dos artistas sobre el escenario fue un éxito.* **3** Igualdad entre dos o más ideas, opiniones o sentimientos: *la ~ de los votantes ha sido unánime.* ⇒ **afinidad, conformidad.**

coin · ci · den · te |koinθiðénte| ***adj.*** Que se adapta o es conforme; que está de acuerdo o coincide: *nuestros puntos de vista son coincidentes en muchos aspectos.* ⇔ **diferente.**

coin · ci · dir |koinθiðír| **1** ***intr.*** [con algo/alguien, en algo] Ocurrir dos o más cosas en el mismo momento: *la fecha de la boda coincidía con la de su cumpleaños.* **2** Encontrarse *casualmente en un mismo lugar: *concidieron en el bar de la esquina.* **3** Adaptarse o ser conformes dos o más ideas o cosas; estar de acuerdo: *mi manera de pensar coincide con la suya en relación con el amor; esta pieza no es de aquí: no coincide bien.*

coi · to |kóito| ***m.*** Unión sexual: *el ~ es la unión carnal de un hombre y una mujer.* ⇒ **acto.**

co · je · ar |koxeár| **1** ***intr.*** Andar inclinando el cuerpo a un lado más que a otro por no poder pisar igual con ambos pies: *desde que tuvo el accidente, Alberto cojea un poco.* ⇒ **renquear.** **2** Moverse una mesa u otro mueble por tener una pata más larga o más corta que las otras o porque el suelo no es uniforme: *no te sientes en esa silla porque cojea mucho.* **3** *fam. fig.* Tener un defecto o una mala costumbre: *las mujeres hacen ~ a Antonio.*

co · je · ra |koxéra| ***f.*** Defecto físico que impide andar con regularidad: *el anciano usaba un bastón para aliviar su ~; la ~ del caballo lo persuadió para volver del paseo.*

co · jín |koxín| ***m.*** Objeto de tela, *relleno de algodón o lana, que sirve para sentarse o apoyar cómodamente una parte del cuerpo: *cuando me duele la espalda, apoyo un ~ contra el respaldo de la silla.* ⇒ **almohadón.**

co · ji · ne · te |koxinéte| **1** ***m.*** MEC. Pieza o conjunto de piezas en que se apoya y gira un eje de una máquina: *noto un ruido extraño: creo que está roto el ~ de la rueda derecha del coche.* ⇒ **rodamiento.** **2** MEC. Pieza de metal con que se sujetan las vías del tren a una base: *los cojinetes llevan un clavo a cada lado que los sujetan a la traviesa.*

co · ⌜jo, ⌜ja |kóxo, xa| **1** ***adj.-s.*** (persona, animal) Que no anda normalmente porque le falta un pie o una pierna o porque tiene un defecto físico: *la operación lo ha dejado ~; encontramos un pájaro ~ y lo llevamos a casa.* ⇒ **manco. - 2** ***adj.*** (mueble) Que se mueve por tener una pata más corta o más larga que las otras: *el carpintero arregló la mesa coja.* **3** (idea) Que está *incompleto o mal fundado: *el alumno expuso un razonamiento ~; el discurso quedó ~.*

co · jón |koxón| ***m.*** *vulg.* Órgano sexual masculino en cuyo interior se encuentran las células sexuales: *el ~ es el testículo, y suena mejor llamarlo de esta última manera.* ⇒ **huevo, testículo.**

co · jo · nu · ⌜do, ⌜da |koxonúðo, ða| ***adj.*** *fam. vulg.* Que es muy bueno; que destaca por sus buenas cualidades: *este vino blanco es ~; he hecho un examen de matemáticas ~.* ⇒ **excelente.**

col |kól| ***f.*** Hortaliza comestible, de hojas muy anchas, de color entre blanco y verde: *el vendedor traía unas coles muy frescas y tiernas.* ⇒ **berza, repollo; ~ de Bruselas**, la que tiene varias yemas pequeñas y apretadas en lugar de una sola: *mañana comeremos coles de Bruselas a la vinagreta.*

co · la |kóla| **1** ***f.*** Parte posterior del cuerpo de algunos animales, que sale de él hacia atrás: *el perro movió la ~ al reconocer a su dueño; la cola de ese pájaro tiene muchos colores.* **2** Parte posterior, que sale hacia atrás: *la ~ del cometa es muy luminosa; dos niñas llevaban la ~ del vestido.* **3** *fam. vulg.* Órgano sexual masculino: *la ~ es el pene, y suena mejor llamarlo de esta última manera.* ⇒ **pene.** **4** *fig.* Parte posterior o última, que está en el lugar opuesto a la parte delantera o al comienzo: *en la ~ de la carrera va el corredor español; me senté en la ~ del tren.* ⇒ **zaga.** **5** Fila de personas que esperan guardando un turno: *estuve en la ~ más de dos horas; no se cuele y póngase a la ~; había colas de doscientos metros.* **6** Sustancia que sirve para pegar o unir con firmeza: *el carpintero pegó con ~ las patas de la silla.* **7** Sustancia *extraída de las semillas de un árbol tropical que se suele usar para hacer bebidas con gas: *esa marca es famosa por sus refrescos de ~.* ■ **~ de caballo**, peinado que se hace recogiendo el pelo y sujetándolo por la parte más cercana a la cabeza: *cada mañana se peinaba y se hacía una ~ de caballo.* ■ **no pegar ni con ~**, *fam.*, no ser adecuado o conveniente en relación con algo: *le dije que ese cuadro no pegaba ahí ni con ~.* ■ **traer ~**, *fam.*, no acabar en un punto; tener *consecuencias más graves: *el asunto de la corrupción va a traer ~.*

co·la·bo·ra·ción |kolaβoraθi̲ó̲n| ***f.*** Acción y resultado de *colaborar: *la ~ de los medios de comunicación en la campaña contra el tabaco resulta fundamental.* ⇒ **ayuda, contribución.**

co·la·bo·ra·cio·nis·mo |kolaβoraθi̲onísmo| ***m.*** POL. Actitud de apoyo a un sistema político que es rechazado por muchas personas: *la mayoría de los patriotas franceses consideraron traición el ~ con el invasor alemán.*

co·la·bo·ra·cio·nis·ta |kolaβoraθi̲onísta| **1** ***adj.*** POL. Del *colaboracionismo o que tiene relación con él: *los discursos de los colaboracionistas fueron muy criticados por los intelectuales.* **- 2** ***adj.-com.*** POL. (persona) Que apoya un sistema político que es rechazado por otros muchos: *los colaboracionistas franceses ayudaron al ejército invasor; la película trataba de un ~ con el régimen dictatorial.*

co·la·bo·ra·⌜dor, ⌜do·ra |kolaβoraðór, ðóra| ***adj.-s.*** (persona) Que *colabora o trabaja con otras: *las dos chicas trabajaron como colaboradoras en una empresa barcelonesa.*

co·la·bo·rar |kolaβorár| **1** ***intr.*** Trabajar con otras personas: *cuatro personas colaboran en la redacción del texto.* **2** Ayudar o hacer más fácil el trabajo a una persona: *el enfermo no siempre colabora con el médico.* ⇒ **contribuir. 3** Contribuir con dinero: *la señora colaboró con diez mil pesetas a la campaña de la Cruz Roja.*

co·la·ción |kolaθi̲ó̲n| ***f.*** Comida ligera: *tras una breve ~ continuaron trabajando.* ■ **sacar a ~,** hacer referencia: *aprovechando que hablaban de dinero, saqué a ~ el tema de nuestros sueldos.* ⇒ **mencionar.**

co·la·cio·nar |kolaθi̲onár| ***tr.*** *form.* [algo] Comparar cosas teniéndolas a la vista: *el editor colacionó los manuscritos para elaborar la edición crítica.*

co·la·da |koláða| ***f.*** Lavado de la ropa sucia de una casa: *vengo de hacer la ~.*

co·la·de·ro |kolaðéro| ***m.*** *fam.* Lugar por el que es fácil entrar o introducirse sin permiso: *la entrada lateral del campo de fútbol era un ~ porque no había vigilantes.*

co·la·dor |kolaðór| ***m.*** Utensilio de cocina formado por una red muy fina y un mango, que sirve para limpiar un líquido y separar de él las partes sólidas que contiene: *para preparar el té, es indispensable la tetera, una jarra para el agua caliente y el ~.*

co·la·du·ra |kolaðúra| **1** ***f.*** *fam.* Equivocación; acción de decir cosas poco convenientes: *después de su ~, no supo qué decir.* **2** Acción y resultado de *colar o limpiar un líquido: *ha tirado la ~ del té a la basura.*

COLADOR

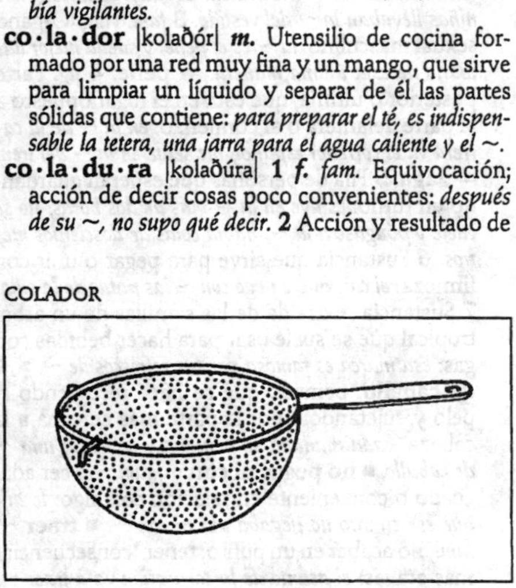

co·la·ge |kolátʃ, koláxe| **1** ***m.*** Técnica usada en pintura que consiste en pegar sobre una tela o tabla distintos materiales: *los pintores cubistas recurrieron bastante al ~.* **2** Obra artística en la que se ha aplicado esa técnica: *este ~ está hecho con trozos de papel y cartón; los colages que hay en el museo son obra de Picasso.*

co·lap·so |kolápso| **1** ***m.*** *form. fig.* Detención o disminución importante de una actividad: *los domingos por la noche la circulación de vehículos sufre un ~ a la entrada de las grandes ciudades; el corte del agua provocó un ~ en el hospital.* ⇒ **paralización. 2** *fig.* Destrucción o *decadencia de un sistema: *todos creían que habría un ~ de la cultura; la caída de los valores de la bolsa provocó el ~ de la economía.* ⇒ **caída, ruina. 3** MED. Fallo de las funciones del corazón, debido a la falta de impulso nervioso: *el paciente sufrió un ~ y tuvieron que reanimarlo con descargas eléctricas.*

co·lar |kolár| **1** ***tr.*** [algo] Limpiar un líquido y separar de él las *partículas sólidas que contiene: *me gusta ~ la leche porque no quiero beberme la nata.* **- 2** ***tr.-prnl.*** Pasar por un lugar estrecho: *colé la mano por el agujero y abrí la ventana desde dentro; la moneda se coló dentro de la máquina.* ⇒ **introducir. - 3** ***tr.-intr.*** Introducir una cosa con engaño y a escondidas: *al fin detuvieron al hombre que colaba los billetes falsos; me parece que tus mentiras no han colado esta vez.* **- 4 colarse** ***prnl.*** *fam.* Introducirse a escondidas o sin permiso en un lugar; especialmente en una cola de gente que espera: *un señor intentó colarse en el autobús, pero los primeros de la fila se lo impidieron.* **5** *fam.* Equivocarse, decir cosas poco convenientes: *te has colado, no debías decirle lo de la fiesta sorpresa.* **6** *fam.* Amar con pasión y sin juicio: *María se coló por él en cuanto lo vio; Álvaro y su novia están colados.* ⇒ **enamorar.** ⌂ Se conjuga como 31.

co·la·te·ral |kolaterál| **1** ***adj.*** (cosa) Que está a uno y otro lado: *esta basílica tiene dos naves colaterales.* **- 2** ***adj.-com.*** (familiar) Que no lo es por línea directa: *los primos segundos son parientes colaterales; invitó a la boda a la familia más cercana, no a sus colaterales.*

col·cha |kóltʃa| ***f.*** Pieza grande de tela que cubre la cama y sirve de adorno y de abrigo: *la cama tiene una ~ de cuadros azules y blancos.* ⇒ **edredón.**

col·chón |koltʃón| ***m.*** Objeto en forma de rectángulo, *relleno de lana, algodón u otro material blando o elástico, que se coloca sobre la cama para dormir en él: *la cama era grande, con un ~ alto y muy blando, relleno de pluma;* **~ de aire,** el que está hinchado de aire: *los colchones de aire son muy útiles en las tiendas de campaña;* **~ de agua,** el que está lleno de agua: *mi hermano duerme sobre un ~ de agua.*

col·cho·ne·rí·a |koltʃonería| ***f.*** Establecimiento en el que se venden *colchones: *hemos comprado en la ~ un colchón y un somier a muy buen precio.*

col·cho·ne·ta |koltʃonéta| **1** ***f.*** DEP. Objeto delgado y estrecho, *relleno de esponja, sobre el que se realizan ejercicios físicos y deportivos: *la gimnasta saltaba y hacía volteretas sobre las colchonetas.* **2** Objeto delgado y estrecho, *relleno de esponja, que se coloca sobre las sillas y otros muebles para sentarse: *este sofá tiene la ~ muy vieja, habrá que cambiarla.*

co·le·ar |koleár| **1** ***intr.*** Mover la cola: *los peces que acabamos de pescar todavía colean un poco.* **2** *fam.* Durar o mantenerse un asunto: *aunque el problema ha quedado prácticamente solucionado, aún hay algún aspecto que colea.*

co·lec·ción |kole^{k}θión| **1** ***f.*** Conjunto de cosas de la misma clase reunidas por pasatiempo o gusto: *tengo una ~ de sellos antiguos; la ~ de cromos de los dinosaurios se está agotando.* **2** *fig.* Gran número de cosas: *por su boca salía una ~ de mentiras y disparates.*

co·lec·cio·nar |kole^{k}θionár| ***tr.*** [algo] Reunir un conjunto de cosas de la misma clase por pasatiempo o gusto: *mi padre colecciona monedas europeas.*

co·lec·cio·nis·ta |kole^{k}θionísta| ***com.*** Persona que reúne cosas de la misma clase por pasatiempo o gusto: *Jaime es ~ de obras de arte.*

co·lec·ta |kolékta| ***f.*** Recogida de dinero o alimentos para ayudar a personas necesitadas: *los vecinos han hecho una ~ para ayudar a las víctimas del incendio.* ⇒ **recolección.**

co·lec·ti·vi·dad |kole^{k}tiβiðá^{ð}| ***f.*** *form.* Conjunto de las personas que forman un grupo: *el nuevo plan de carreteras se concibe como un servicio a la ~.* ⇒ **comunidad.**

co·lec·ti·vis·mo |kole^{k}tiβísmo| ***m.*** POL. Sistema político y económico en el que los bienes son de propiedad común y donde el Estado se encarga de repartir la riqueza: *el ~ es contrario a que exista la propiedad privada; el ~ se aplicó en países comunistas.* ⇒ **comunismo, socialismo.**

co·lec·ti·vis·ta |kole^{k}tiβísta| **1** ***adj.*** POL. Del *colectivismo o que tiene relación con él: *en el sistema ~ los medios de producción están en manos del Estado.* **- 2** ***adj.-com.*** POL. (persona) Que es partidario del *colectivismo: *los colectivistas planifican la actividad económica del país.* ⇒ **comunista, socialista.**

co·lec·ti·vi·za·ción |kole^{k}tiβiθaθión| ***f.*** Transformación de lo particular en común: *el ministro propuso un plan de ~ para sanear la economía del país.*

co·lec·ti·vi·zar |kole^{k}tiβiθár| ***tr.*** [algo] Transformar lo particular en común a un grupo de individuos: *la economía de la comarca mejoró mucho cuando colectivizaron las tierras cultivables.* ⌂ Se conjuga como 4.

co·lec·ti·⌜vo, ⌜va |kole^{k}tíβo, βa| **1** ***adj.*** *form.* De la comunidad o que tiene relación con ella: *en la sociedad actual priman los intereses colectivos sobre los particulares; el teatro es una experiencia colectiva.* **- 2 colectivo** ***m.*** *form.* Grupo de personas unidas por *motivos *laborales o profesionales: *el ~ de funcionarios es muy numeroso.*

co·lec·⌜tor, ⌜to·ra |kole^{k}tór, tóra| **1** ***adj.*** *form.* Que recoge: *las abejas son colectoras de miel.* **- 2 colector** ***m.*** Conducto subterráneo al que van a parar el agua sucia y los *residuos de otros conductos: *las alcantarillas de la ciudad se comunican con un ~ que lleva el agua al río.*

co·le·ga |koléɣa| **1** ***com.*** Persona que desempeña la misma función que otra: *el ministro español se entrevistará mañana con su ~ italiano.* **2** Compañero de trabajo: *el médico saludó a sus colegas del hospital.* **3** *fam.* Persona que tiene una relación de afecto con otra: *mañana veré a mis colegas de la pandilla.* ⇒ **amigo.** ⌂ Se usa como apelativo afectivo. *¡qué tal, ~!* **4** *form.* Compañero en un *colegio.

co·le·gia·⌜do, ⌜da |kolexiáðo, ða| **1** ***adj.-s.*** (persona) Que pertenece a un *colegio u organismo formado por individuos de la misma profesión: *las recetas han sido firmadas por un médico ~.* **- 2** ***m. f.*** Persona que hace cumplir unas reglas o normas, especialmente en una competición deportiva: *José y Lourdes son colegiados desde hace muchos años.* ⇒ **árbitro, juez.**

co·le·⌜gial, ⌜gia·la |kolexiál, xiála| **1** ***adj.-s.*** Del *colegio o que tiene relación con él: *la vida ~ está llena de actividades.* **2** (persona) Que va al *colegio: *aún recuerda su vida de ~; la niña llevaba un uniforme de colegiala y una cartera.* **3** *fig.* (persona) Tímido y sin experiencia: *a los veintitrés años todavía era un ~, se sonrojaba fácilmente.*

co·le·giar·se |kolexiárse| ***prnl.*** Organizarse los individuos de una misma profesión formando un *colegio: *se tuvo que colegiar para poder ejercer su profesión de abogado.* ⌂ Se conjuga como 12.

co·le·gia·ta |kolexiáta| ***f.*** Iglesia importante dirigida por un *abad o *abadesa: *los turistas visitan la ~ de San Isidoro en León.*

co·le·gio |koléxio| **1** ***m.*** Centro de enseñanza: *estudió interno en un ~.* **2** Conjunto de personas con la misma profesión: *~ de médicos, de abogados, de arquitectos.* **3** Lugar donde se reúnen estas personas: *la nueva sede del ~ de arquitectos está situada en la calle Mayor;* ~ **electoral**, lugar donde las personas van a votar: *el día de las elecciones, todo el mundo va a votar a su ~ electoral.*

co·le·gir |kolexír| ***tr.*** *form.* [algo] Sacar una conclusión por medio de un razonamiento, a partir de una situación anterior o de un principio general: *por lo que he podido ~, no estás a gusto entre nosotras.* ⇒ **deducir, inferir.** ⌂ Se conjuga como 55.

co·le·óp·te·⌜ro, ⌜ra |koleó^{p}tero, ra| ***adj.-s.*** ZOOL. (insecto) Que tiene la boca preparada para masticar y un par de alas duras que protegen a las otras, que están plegadas y sirven para volar: *el escarabajo es un insecto ~; los coleópteros constituyen el grupo de seres vivos más extenso.*

có·le·ra |kólera| **1** ***f.*** *form.* Enfado muy grande y violento: *su rostro enrojeció de ~.* **- 2** ***m.*** MED. Enfermedad *infecciosa, aguda y muy grave, que produce *vómitos y *diarrea y que se contagia a través de las aguas contaminadas: *en el hospital se encuentran ingresadas tres personas enfermas de ~.*

co·lé·ri·ᒥco, ᒥca |kolériko, ka| **1** ***adj.*** *form.* De la *cólera o que tiene relación con ella: *tiene un temperamento ~.* **2** (persona) Que se deja llevar por la *cólera: *era un hombre ~ y despiadado.* **3** De la enfermedad del *cólera o que tiene relación con ella: *este enfermo presenta síntomas coléricos.* **4** (persona) Que padece la enfermedad del *cólera: *los enfermos coléricos están en la planta segunda del hospital.*

co·les·te·rol |kolesteról| ***m.*** MED. Sustancia grasa que se encuentra en el cuerpo y que, producida en exceso, causa el *endurecimiento de las *arterias: *la carne y la yema de huevo tienen mucho ~; el médico lo ha puesto a régimen porque tiene el ~ muy alto.*

co·le·ta |koléta| **1** ***f.*** Peinado que se hace recogiendo el pelo y sujetándolo junto: *no lleves el pelo suelto, hazte una ~; Pipi Calzaslargas llevaba dos coletas.* ⇒ **cola. 2** Recogido falso que llevan los toreros prendido en el pelo. ■ **cortarse la ~**, retirarse el torero, dejar de trabajar: *Curro Romero jamás se cortará la ~.*

co·le·ta·zo |koletáθo| **1** ***m.*** Golpe dado con la cola: *la mula daba coletazos para espantar las moscas.* **2** Movimiento violento que hacen con la cola los peces a punto de morir: *el pescador dejó los peces dando coletazos en la cesta.* ■ **dar los últimos coletazos**, *fam. fig.*, estar a punto de morir, de desaparecer, de acabar: *el circo está dando sus últimos coletazos.* ⇒ **extinguir.**

col·ga·du·ra |kolɣaðúra| ***f.*** Conjunto de telas que cubren y adornan paredes, balcones y otras cosas: *cuando se celebran las fiestas en el pueblo, adornan la fachada del Ayuntamiento con vistosas colgaduras.*

col·ga·jo |kolɣáxo| **1** ***m.*** Trozo de tela rota o de otra cosa que cuelga: *la falda tenía una especie de ~; llevaba el cuello lleno de colgajos.* **2** Conjunto de frutas que se cuelgan para conservarlas: *en la casa de mi abuela hay colgajos de uvas que comemos en invierno.*

col·gan·te |kolɣánte| **1** ***adj.*** Que cuelga: *hemos visitado las casas colgantes de Cuenca.* **- 2** ***m.*** Joya que cuelga del cuello: *le han regalado un ~ de oro y perlas.*

col·gar |kolɣár| **1** ***tr.*** [algo; de algo] Sostener por encima del suelo, sujetando por la parte superior: *colgó el abrigo en el perchero; quiero ~ este cuadro en la pared; el péndulo colgaba del reloj.* ⇔ **descolgar. 2** [a alguien] Sostener por el cuello con una cuerda para quitar la vida: *lo colgaron por robar caballos.* **3** *fam.* [algo; a alguien] Atribuir una culpa: *le han colgado el delito a él solo.* **4** [algo] Abandonar o dejar de lado, generalmente una profesión: *el futbolista cuelga las botas.* **- 5** ***intr.*** [de algo] Estar sostenido por encima del suelo sujeto sólo por su parte superior: *la manzana colgaba del árbol.* **- 6** ***tr.-intr.*** [a alguien] Cortar o terminar una conversación telefónica: *me ha colgado sin dejarme darle una explicación.* **- 7** ***intr.*** *fig.* Depender de la voluntad o de la decisión de otra persona: *el niño está colgado de su madre.* ■ **~ de un hilo**, estar muy poco seguro o con mucho peligro: *su vida colgaba de un hilo.* ■ **estar colgado**, *fam.*, estar *loco o haber perdido *facultades mentales: *siempre está haciendo tonterías porque está colgado.* ■ **estar colgado**, en el lenguaje de la droga, quedarse sin ella y necesitarla.

co·li·brí |koliβrí| ***m.*** Pájaro procedente de América, de tamaño muy pequeño, con el pico largo y estrecho, que se alimenta del jugo de las flores: *el ~ suele medir cinco centímetros de altura.* ☖ El plural es *colibríes.* Para indicar el sexo se usa el ~ macho y el ~ hembra.

có·li·co, ᒥca |kóliko, ka| **1** ***adj.*** Del *colon o que pertenece a él: *tengo un dolor ~.* **- 2** **cólico** ***m.*** Dolor agudo en el vientre, producido por la contracción involuntaria de los músculos: *le dieron varios cólicos seguidos y tuvo que acostarse.* **3** Dolor debido al cierre de los conductos de un órgano interno: **~ hepático**, el que se produce en el *hígado: *Mercedes ha sido ingresada en el hospital por un ~ hepático;* **~ nefrítico**, el que se produce en el *riñón: *el ~ nefrítico se alivia con calor local.*

co·li·flor |koliflór| ***f.*** Hortaliza con la flor muy desarrollada, en forma de cabeza de color blanco: *mañana comeremos ~ cocida y aderezada con aceite y vinagre.*

co·li·lla |kolíʎa| ***f.*** Resto del cigarro, que se tira por no poder fumarlo: *el cenicero está lleno de colillas.*

co·li·na |kolína| ***f.*** Elevación de terreno de poca altura y de bordes suaves: *podemos comer sobre aquella ~.* ⇒ **cerro, collado, loma.**

co·lin·dan·te |kolindánte| ***adj.*** *form.* Que está al lado; que tiene límite o frontera común con otra cosa: *paseaba a caballo por el territorio ~ al camino.*

co·lin·dar |kolindár| ***intr.*** *form.* Estar al lado; tener límite o frontera común con otra cosa: *nuestra casa colinda con las propiedades del señor Enríquez.* ⇒ **limitar, lindar.**

co·li·rio |kolírio| ***m.*** Medicina líquida que se aplica en los ojos para curarlos: *el médico me ha recetado un ~ porque tengo el ojo rojo.* ☖ No se debe decir *colidrio.*

co·li·se·o |koliséo| ***m.*** Teatro o cine de cierta importancia: *la compañía representará su obra en el ~ durante dos meses.*

COLIBRÍ

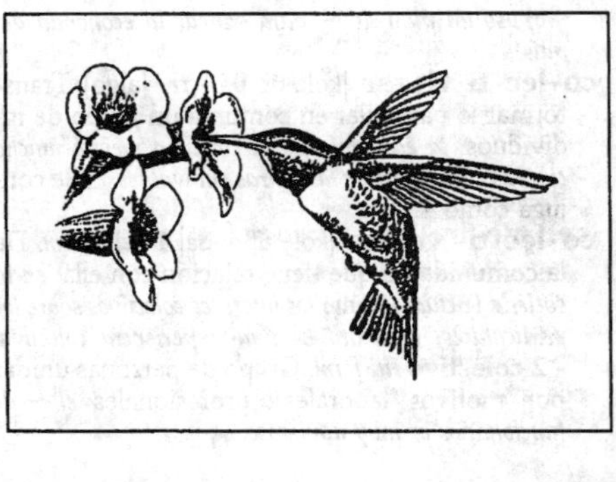

co·li·sión |kolisión| **1** *f. form.* Choque de dos o más cuerpos; especialmente, choque de vehículos: *una persona resultó herida gravemente al producirse una ~ entre un autobús de viajeros y un camión.* **2** *form. fig.* Oposición de ideas, intereses o de las personas que los representan: *la ~ entre los dos partidos políticos es permanente.* ⇒ **enfrentamiento.**

co·li·tis |kolítis| *f.* MED. Inflamación del *intestino *colon: *la ~ va acompañada de dolor en el vientre y de diarrea; el agua no potable puede producir ~.*

co·lla·do |koʎáðo| **1** *m.* Elevación de terreno de pequeño tamaño: *en el horizonte no se ven más que collados sin vegetación.* ⇒ **cerro, colina. 2** Hundimiento del terreno por donde se puede pasar fácilmente de un lado a otro de una sierra: *el pastor hizo pasar al ganado por el ~.*

co·llar |koʎár| **1** *m.* Adorno que rodea el cuello: *me ha comprado un ~ de perlas; le robaron el ~ de un tirón.* ⇒ **anillo, pendiente, pulsera. 2** *Aro o correa que rodea el cuello: *el perro rompió el ~ y escapó; colocaron un ~ de hierro al prisionero.* **3** *Aro que sujeta una pieza circular de una máquina: *la tubería se sujeta a la máquina mediante un ~.*

co·lla·rín |koʎarín| **1** *m.* Aparato que rodea el cuello y que sirve para mantenerlo en su posición normal: *lleva ~ porque se rompió una vértebra en un accidente de moto.* **2** Cuello formado por una tira de tela blanca que usan los sacerdotes: *supimos que era cura por el ~ que llevaba.* ⇒ **alzacuello.**

co·lle·ra |koʎéra| *f.* Collar de cuero o goma que se pone en el cuello de los caballos y otros animales de tiro: *las mulas que tiran del carro llevan ~.*

col·ma·⌈do, ⌈da |kolmáðo, ða| **1** *adj.* Que está lleno, completo: *estoy ~ de alegría.* ⇒ **abundante. - 2 colmado** *m.* Establecimiento donde se venden comestibles: *se marchó al ~ para comprar azúcar.*

col·mar |kolmár| **1** *tr. form.* [algo] Llenar un recipiente hasta más arriba del borde: *no debes ~ los vasos de vino.* ⇒ **desbordar. 2** *fig.* [algo, a alguien] Satisfacer deseos, esperanzas y aspiraciones: *este premio colmará su trayectoria artística.* **3** *fig.* [a alguien; de algo] Dar en abundancia: *la naturaleza lo ha colmado de hijos; mi profesión me colma de éxitos y alegrías.*

col·me·na |kolména| **1** *f.* Lugar donde viven las abejas y fabrican y guardan la miel: *el hombre construye colmenas de madera, corcho o paja.* **2** Conjunto de abejas que viven en ese lugar: *la abeja reina salió a volar con toda su ~.* ⇒ **enjambre. 3** *fig.* Gran cantidad de personas: *una ~ de aficionados esperaba a las puertas de la plaza.* ⇒ **multitud.**

col·me·nar |kolmenár| *m.* Lugar donde están las *colmenas: *cerca de la casa de campo hay un ~.*

col·me·ne·⌈ro, ⌈ra |kolmenéro, ra| *m. f.* Persona que se dedica a criar abejas para conseguir miel, cera y otros productos: *Raimundo conoce desde pequeño el oficio de ~; iremos a comprar miel a casa del ~.* ⇒ **apicultor.**

col·mi·llo |kolmíʎo| **1** *m.* Diente agudo y fuerte en la boca de los mamíferos, que sirve para cortar: *los colmillos son cuatro y están situados entre los dientes y las muelas.* **2** Diente grande y largo, en forma de cuerno, que sale de la boca de algunos animales salvajes: *los colmillos de elefante son muy apreciados por su marfil.*

col·⌈mo |kólmo| **1** *m.* *Porción de materia que sale por encima de los bordes de un recipiente: *la copa del postre venía llena de chocolate con un ~ de nata.* **2** *fig.* Punto más alto o final: *perdí el último autobús y para ~ de todos mis males, no tenía dinero para un taxi.* ■ **ser el ~,** haber llegado a un punto que no se puede superar: *este hombre es el ~ de la paciencia.*

co·lo·ca·ción |kolokaθión| **1** *f.* Acción y resultado de poner o ponerse en un lugar determinado: *la ~ de los libros en la estantería nos llevará toda la mañana; la colocación de los familiares en la foto estaba estudiada.* **2** Empleo o puesto de trabajo: *la oficina de ~ ayuda a los jóvenes a encontrar su primer trabajo; Elisa tiene una buena ~ en la empresa y gana un buen sueldo.*

co·lo·ca·⌈do, ⌈da |kolokáðo, ða| **1** *adj.* Que tiene un empleo: *mi hijo mayor ya está ~ en una fábrica.* **2** *fam. fig.* Que está bajo los efectos del alcohol o la droga: *todas las noches llegaba a su casa ~ de marihuana.*

co·lo·car |kolokár| **1** *tr.-prnl.* [algo, a alguien] Poner en un lugar determinado: *coloca los vasos en la mesa; ha colocado mal el cuadro; no te coloques de espaldas al sol.* ⇒ **situar. 2** [a alguien] Conseguir un empleo: *ha colocado a su primo en la oficina; llevan tres años buscando trabajo y todavía no se han colocado.* **- 3** *tr. fig.* [algo] Vender un producto: *estamos intentando ~ helados hasta en el Polo Norte; hemos conseguido ~ nuestras camisas en el extranjero.* **- 4 colocarse** *prnl.* Verse afectado por el alcohol o la droga: *cuando bebo, me coloco.*

co·lo·cón |kolokón| *m. fam.* Estado en el que se pierde el control a causa del consumo excesivo de alcohol o de drogas: *cogimos un buen ~ en la fiesta de Mari.* ⇒ **borrachera.**

co·lo·dri·llo |koloðríʎo| *m.* Parte posterior de la cabeza: *se ha dado un golpe en el ~.*

co·lo·fón |kolofón| **1** *m.* Fin o conclusión; momento o modo en que termina una cosa: *el director dijo unas palabras de agradecimiento como ~ del acto.* ⇒ **remate.** ⇔ **inicio. 2** Texto final de un libro en que se indica la fecha, el lugar de impresión y otros *datos de impresión: *si miras el ~ del libro, sabrás quién es el editor.*

co·lom·bia·⌈no, ⌈na |kolombiáno, na| **1** *adj.* De Colombia o que tiene relación con Colombia: *la música colombiana es muy alegre; el presidente ~ visitará pronto España.* **- 2** *m. f.* Persona nacida en Colombia o que vive habitualmente en Colombia: *nuestros vecinos son colombianos.*

co·lon |kólon| *m.* MED. Parte del *intestino grueso: *el Papa fue operado de un tumor en el ~.*

co·lo·nia |kolónia| **1** *f.* Líquido elaborado con agua, alcohol y flores o frutas, con el que se frota la piel para que huela bien: *Juan siempre huele a ~; me gustan las colonias suaves y frescas.* ⇒ **agua.**

2 *form.* Conjunto de personas procedentes de un país que se establece en un lugar alejado para poblarlo y cultivarlo: *Ampurias fue fundada por una ~ de griegos.* **3** Conjunto de personas que se establece en un lugar abandonado de su propio país para poblarlo y cultivarlo: *muchas zonas desiertas en la Reconquista fueron pobladas por colonias mozárabes.* **4** Lugar donde se establecen estas personas: *Cádiz fue una ~ fenicia; muchos pueblos de Andalucía fueron colonias de leoneses.* **5** Región ocupada por una nación poderosa que la gobierna y administra políticamente: *muchos lugares de América, Asia y África fueron colonias de Europa.* **6** Conjunto de personas nacidas en un país, región o *provincia, que viven en otro país, región o *provincia: *la ~ española de París ha celebrado allí la fiesta del Pilar; la ~ andaluza en Madrid es muy numerosa.* **7** Conjunto de viviendas construido a las afueras de una ciudad: *mi amiga vive en la ~ de El Viso en Madrid; están construyendo una nueva ~ de chalés.* ⇒ **urbanización.** **8** BIOL. Conjunto de animales de la misma especie que vive en un lugar limitado: *la ~ de cigüeñas crece cada vez más.* **9** BIOL. Conjunto de organismos animales y vegetales que forman un solo cuerpo: *el coral es, en realidad, una ~ de pólipos.* **10** Casa de verano en el campo, donde los niños pasan sus vacaciones: *las colonias solían estar en la sierra y tenían piscina, pistas de tenis y cuadras de caballos.*

co·lo·nial |koloniál| **1** ***adj.*** *form.* De la *colonia o que tiene relación con ella: *los grandes imperios coloniales terminaron entre el siglo XIX y el siglo XX.* **- 2** ***adj.-s.*** (producto) Que procede de América: *en los almacenes de coloniales se vendían productos americanos.* ⇒ **ultramarino.**

co·lo·nia·lis·mo |kolonialísmo| ***m.*** POL. Práctica por la cual una nación poderosa gobierna y administra políticamente un territorio extranjero: *el ~ tiene como finalidad explotar los recursos de los territorios dominados; en el siglo XIX el Reino Unido, Francia y Holanda fueron los países que más practicaron el ~.*

co·lo·nia·lis·ta |kolonialísta| ***adj.-com.*** POL. (persona) Que es partidario del *colonialismo o que lo practica: *España y Portugal fueron potencias colonialistas.*

co·lo·ni·zar |koloniθár| **1** ***tr.*** *form.* [algo] Ocupar y gobernar una nación poderosa una región fuera de sus fronteras administrándola política o económicamente: *España conquistó y colonizó América.* ⇔ **descolonizar.** **2** Establecerse en un lugar para poblarlo y cultivarlo: *en todas las épocas históricas, el hombre ha colonizado la tierra.* ☐ Se conjuga como 4.

co·lo·no |kolóno| **1** ***m.*** Persona que vivía en una *colonia: *en Argelia vivían muchos colonos franceses.* **2** Agricultor que cultiva un terreno en alquiler: *colonos, arrendatarios y aparceros cultivan las tierras del sur.*

co·lo·quial |kolokiál| **1** ***adj.*** De la conversación o que tiene relación con ella. **2** (lenguaje) De la conversación corriente e informal o que tiene relación con ella: *muchas obras literarias tienen un lenguaje ~; su discurso estaba lleno de términos coloquiales.*

co·lo·quio |kolókio| **1** ***m.*** Conversación entre dos o más personas: *Carlos y su hermano tuvieron un breve ~ sobre el trabajo de aquel día.* ⇒ **conversación, diálogo.** **2** Reunión donde se expone y discute un tema: *mañana habrá un ~ sobre poesía contemporánea; el Tercer Coloquio sobre medicina preventiva tendrá lugar en Madrid.* ⇒ **debate.** **3** LIT. Género literario en forma de *diálogo: *Martín está realizando un estudio sobre el ~ en el siglo XVI.*

co·lor |kolór| **1** ***m.*** Conjunto de rayos de varias frecuencias que al reflejarse en un objeto produce una impresión en la vista: *el negro no es más que una ausencia de ~; el blanco es la suma de todos los colores;* ~ **complementario**, el que unido a otro produce el blanco: *el verde y el rojo son colores complementarios.* **2** Aspecto de la cara humana: *hoy tienes mal ~, ¿no estarás enfermo?* ☐ También se usa en género femenino: *salió de la sala con la ~ mudada.* **3** Sustancia para pintar: *tengo que preparar más colores para seguir con el cuadro.* **4** *Lápiz para pintar: *tengo un estuche con doce colores.* ⇒ **pintura.** **5** *form. fig.* Carácter particular o figurado: *tiene un ~ triste y nostálgico; nos lo ofreció so ~ de recompensa.* **6** *fig.* Tendencia o corriente de opinión: *en el Parlamento hay diputados de distinto ~.* ■ **no hay ~**, no se puede comparar: *entre tu coche y el mío no hay ~.* ■ **sacar los colores**, *fam.*, avergonzar públicamente a una persona: *me han dicho un piropo y me ha sacado los colores.*

co·lo·ra·⌐do, ⌐da |koloráðo, ða| ***adj.*** Que tiene color rojo: *tenía la cara colorada de tanto tomar el sol.* ⇒ **rojo.** ■ **ponerse ~**, sentir vergüenza: *es muy tímido y en seguida se pone ~.*

co·lo·ran·te |koloránte| **1** ***adj.-m.*** (sustancia) Que da color: *todos los productos del mercado llevan colorantes.* **- 2** ***m.*** *fam.* Polvo de color naranja que se usa para dar color a las comidas: *compraré el ~ para la paella.* ⇒ **azafrán.**

co·lo·re·ar |koloreár| **1** ***tr.*** [algo] Dar color: *los niños coloreaban unos dibujos con rotulador.* ⇒ **teñir.** **- 2** ***intr.-prnl.*** Mostrarse de color rojo: *los tomates ya colorean en su mata; el sol se coloreaba lentamente en las últimas horas de la tarde.* **- 3** ***tr.*** *fig.* [algo] Dar una razón o una explicación a una acción mala o equivocada: *por favor, no colorees tu falta de puntualidad con alguna mentira.* ⇒ **excusar.**

co·lo·re·te |koloréte| ***m.*** Producto que se aplica en las *mejillas para dar color: *estoy muy pálida: me pondré un poco de ~ en el rostro; este ~ es de color rosado, aquél es más bien anaranjado.* ⇒ **maquillaje.**

co·lo·ri·do |koloríðo| **1** ***m.*** Disposición y grado de intensidad de los colores de un objeto: *el ~ de esta blusa es de mal gusto; el ~ de los cuadros impresionistas es suave y agradable.* **2** *fig.* Estilo en las obras de arte: *la orquesta ejecutó una sinfonía de gran ~; las novelas rosas carecen de ~, son todas iguales.*

co·lo·rín |kolorín| **1** ***m.*** Pájaro de color marrón en la espalda, con una mancha roja en la cara, otra negra en la parte superior de la cabeza, cuello blanco, la cola y las alas negras y amarillas con las puntas blancas, que es *apreciado por su canto: *el ~ es muy bello y se puede domesticar.* ⇒ **jilguero.** ☐ Para indicar el sexo se usa el ~ macho y el ~ hembra. - **2 colorines** ***m. pl.*** Colores vivos, brillantes y *llamativos: *le han comprado una camiseta de colorines; esa señora lleva demasiados colorines en la cara.* ■ **~, colorado, este cuento se ha acabado**, expresión que indica el final de una historia, un cuento o una conversación: *mi abuela nos contaba siempre la historia de Caperucita y al terminar decía: «~ colorado, este cuento se ha acabado».*

co·lo·ris·mo |kolorísmo| **1** ***m.*** PINT. Tendencia artística que consiste en dar preferencia al color sobre el dibujo: *el ~ hace pinturas alegres y expresivas.* **2** LIT. Tendencia que consiste en usar con abundancia adjetivos y expresiones que llaman la atención: *las obras del ~ tienen un estilo demasiado recargado.*

co·lo·ris·ta |kolorísta| **1** ***adj.*** PINT. Del *colorismo o que tiene relación con él: *la pintura ~ tiene una gran expresividad.* - **2** ***adj.-com.*** PINT. (*pintor) Que usa el color con acierto y abundancia: *el autor de estos cuadros es muy ~; los coloristas dan más importancia a los colores que al dibujo.* **3** LIT. (escritor) Que usa el lenguaje con abundancia de adjetivos y expresiones que llaman la atención: *este autor ~ destaca por sus descripciones de paisajes.*

co·lo·sal |kolosál| **1** ***adj.*** *fig.* Que tiene unas proporciones extraordinarias: *El Escorial es una obra ~.* ⇒ **desmesura, enorme.** **2** *fig.* Que es muy importante y destaca por encima de los demás: *Leibniz es una figura ~ de la matemática.* ⇒ **extraordinario, sobresaliente.**

co·lo·so |kolóso| **1** ***m.*** Escultura que representa una figura humana y que tiene un tamaño mucho mayor del normal: *¿has visto el ~ de Rodas?* **2** *fig.* Persona o cosa que destaca mucho: *Cervantes fue un ~ de la literatura.*

co·lum·brar |kolumbrár| **1** ***tr.*** *form.* [algo, a alguien] Ver desde lejos, pero sin distinguir claramente: *siguió caminando y en la oscuridad columbró la costa.* ⇒ **divisar.** **2** *form. fig.* [algo] Intentar averiguar y saber a partir de juicios y observaciones: *la cantidad final de ganancias se puede ~ a través de las estadísticas de que disponemos.* ⇒ **rastrear.**

co·lum·na |kolúmna| **1** ***f.*** Elemento vertical de apoyo, más alto que ancho, que sirve para soportar la estructura de un edificio, un arco o una escultura, o como adorno: *el Partenón tenía diecisiete columnas a cada lado y ocho en los frentes.* **2** *fig.* Montón de cosas colocadas unas sobre otras: *hay una ~ de cajas al fondo de la habitación.* **3** Parte en que se divide, de arriba a abajo, el texto de una página: *esta página tiene dos columnas; este manuscrito está copiado a tres columnas.* **4** Serie de elementos ordenados verticalmente: *las tablas numéricas se dividen en filas y columnas; en la ~ de los totales tenemos los resultados de las operaciones.* **5** MIL. Parte de un ejército que se mueve en una fila larga; grupo de soldados separado de un ejército durante un tiempo para una determinada acción militar: *la ~ de carros de combate avanzaba por el desierto; la ~ del general ha realizado una buena labor de defensa;* **quinta ~**, conjunto de personas que luchan introducidas entre el enemigo: *la quinta ~ inutilizó todo el sistema de comunicaciones del enemigo.* **6** Forma vertical más alta que ancha que puede tomar cualquier líquido o gas: *el incendio provocó una enorme ~ de humo negro.* **7** Cadena de huesos pequeños y planos unidos entre sí que recorre la espalda del ser humano y de muchos animales, cuya función es la de sujetar el esqueleto: *la función de la ~ es sujetar el esqueleto; me ha dicho el médico que tengo desviada la ~ vertebral; sufrió un golpe en la ~ vertebral y quedó paralítico.* ⇒ **raquis.** ☐ Se usa también *columna vertebral.*

co·lum·na·ta |kolumnáta| ***f.*** Serie de columnas puestas en una o varias filas delante o alrededor de un edificio o lugar: *delante de la entrada hay una ~ y a los lados, estatuas de escritores ilustres.*

co·lum·nis·ta |kolumnísta| ***com.*** Persona que trabaja en un periódico escribiendo una columna: *se gana la vida como ~ en varios periódicos; la ~ criticó duramente la política del ministerio.*

co·lum·piar |kolumpiár| **1** ***tr.-prnl.*** [a alguien] Empujar a una persona sentada en un *columpio: *la madre columpiaba a la niña; la niña se columpiaba.* **2** *p. ext.* [algo] Balancear, mover hacia atrás y hacia delante o hacia ambos lados: *se sentó en la silla y empezó a ~ los pies, que le colgaban sin tocar el suelo; el pájaro se columpiaba dentro de la jaula.* ⇒ **mecer.**

co·lum·pio |kolúmpio| ***m.*** Asiento sujeto a dos cuerdas o cadenas y colgado de la rama de un árbol o de una armazón de madera o metal, que se mueve hacia atrás y hacia delante: *el padre fabricó un ~ para sus hijos; voy a llevar a los niños a los columpios del parque.* ⇒ **balancín.**

col·za |kólθa| ***f.*** Planta de cuyas semillas se *extrae aceite: *la ~ se cultiva como forraje; el aceite de ~ se emplea en alimentación y como lubricante.*

co·ma |kóma| **1** ***f.*** Signo de ortografía que indica la división de las frases o miembros más cortos de la oración o del periodo: *la ~ se representa con el signo ,.* **2** MAT. Signo que se emplea para separar la parte entera de la parte *decimal: *en el número 703,12 la ~ separa 703 de 12.* - **3** ***m.*** Estado inconsciente en el que el enfermo pierde la capacidad de moverse y de sentir, pero conserva la respiración y la circulación de la sangre: *Ernesto tuvo un accidente de coche y ahora está en ~.*

co·ma·dre |komáðre| **1** ***f.*** Mujer que se dedica a ayudar a las mujeres en el *parto: *la parturienta llamaba a gritos a la ~.* ⇒ **comadrona, matrona, partero.** **2** *Madrina de un niño en cuanto a sus padres y a su *padrino: **3** *fam.* Mujer a la que gusta hablar mal de los demás: *no me gusta pasar por aquí porque están todas las comadres en la puerta del portal.* ⇒ **alcahuete.**

co·ma·dre·ja |komaðréxa| ***f.*** Animal mamífero de color marrón *rojizo por la espalda y blanco por debajo que se alimenta de carne, con el cuerpo muy delgado y flexible, la cabeza pequeña con ojos brillantes y las patas cortas: *la ~ mata ratones* *y topos; la ~ se come los huevos de las aves y mata a las crías.* ☐ Para indicar el sexo se usa la ~ macho y la ~ hembra.

co·ma·dre·o |komaðréo| ***m.*** Conversación en la que se habla mal de una persona o grupo de personas que no está presente: *esta chica disfruta con el ~.* ⇒ **chismorreo.**

co·ma·⌈drón, ⌈dro·na |komaðrón, ðróna| ***m. f.*** Persona que practica la *cirugía para ayudar a las mujeres en el *parto: *Jesús trabaja como ~ en un hospital de Madrid.*

co·ma·dro·na |komaðróna| ***f.*** Mujer que se dedica a ayudar a las mujeres en el *parto: *la ~ sabe cómo cuidar a los niños recién nacidos.* ⇒ **comadre, matrona, partero.**

co·man·dan·te |komandánte| **1** ***m.*** Miembro del ejército de categoría inmediatamente superior a la de *capitán: *el coronel llamó a todos los comandantes para discutir los planes de paz.* **2** Miembro del ejército que está al mando de un puesto militar: *el ~ militar de Melilla voló ayer hasta Madrid para entrevistarse con el Ministro de Defensa;* ~ **en jefe**, el que está al mando de todo el ejército, de modo permanente o en una operación militar: *el ~ en jefe de los soldados de Naciones Unidas dirige las operaciones desde Bosnia.* **3** Persona al mando de un avión o de un barco: *buenos días, el ~ del vuelo Madrid-Los Ángeles les da la bienvenida y les desea un feliz viaje.* ⇒ **capitán.**

co·man·dar |komandár| **1** ***tr.*** [algo] Mandar un ejército o un conjunto de unidades militares: *comandaba el ejército más poderoso de Europa.* **2** DEP. Ocupar el primer lugar de una clasificación deportiva: *están celebrando que su equipo de fútbol comanda la primera división.*

co·man·do |komándo| **1** ***m.*** Grupo de soldados especiales, que se introduce en terreno enemigo o realiza operaciones peligrosas: *el gobierno ha decidido enviar un ~ especial para liberar al empresario secuestrado.* **2** Grupo armado que emplea los actos violentos para causar terror entre la población: *la policía ha conseguido desarticular el ~ terrorista responsable de los últimos atentados de Madrid.* ⇒ **terrorista.** **3** Miembro de un grupo armado: *entrenaron a tres comandos para enviarlos a una misión secreta.*

co·mar·ca |komárka| ***f.*** Parte de un territorio en la que se encuentran varias poblaciones: *la ~ suele ser más pequeña que la región.* ⇒ **región.**

co·mar·cal |komarkál| ***adj.*** De la *comarca o que tiene relación con ella: *iremos por la carretera ~ para no encontrarnos un atasco.*

com·ba |kómba| **1** ***f.*** Juego de niños que consiste en saltar por encima de una cuerda que se hace pasar por debajo de los pies y sobre la cabeza del que salta: *había muchas niñas jugando a la ~ en el parque.* **2** Cuerda para saltar: *mamá, no encuentro la ~.* ⇒ **saltador.** **3** *form.* Forma curvada que toman algunos materiales al doblarse o torcerse: *estas tablas ya no sirven porque tienen ~.* **4** *form.* Curva que forma una cuerda sostenida por sus dos extremos.

com·bar |kombár| ***tr.-prnl.*** [algo] Torcer, dar forma de curva: *el herrero calentó un hierro al rojo hasta combarlo; la madera se comba con la humedad.* ⇒ **encorvar.**

com·ba·te |kombáte| **1** ***m.*** Lucha en la que se emplea la fuerza o las armas para someter al enemigo o destruirlo: *los caballeros medievales se enfrentaban en combates; los dos ciervos libraban un ~ a muerte.* ⇒ **pelea;** ~ **de boxeo**, lucha deportiva entre dos hombres con las manos protegidas por *guantes: *mañana habrá un ~ de boxeo de los pesos medios.* **2** Acción de guerra en la que luchan dos ejércitos contrarios: *los combates entre serbios y croatas se están recrudeciendo.* **3** *fig.* Lucha contra una enfermedad o un mal para impedir que se extienda: *la ciencia ha ganado el ~ a la superstición.* **4** *fig.* Lucha en el interior del pensamiento: *en la mente de Alicia se estaba produciendo un fuerte ~ entre sus obligaciones y sus deseos.* ■ **fuera de** ~, que está vencido completamente y no puede continuar la lucha: *el boxeador americano fue golpeado en la mandíbula y quedó fuera de ~.* ⇒ **noquear.** ☐ Suele aparecer con los verbos *estar, quedar* o *dejar.*

com·ba·tien·te |kombatiénte| **1** ***adj.*** Que *combate: *los ejércitos combatientes en la guerra han firmado la paz.* **- 2** ***com.*** Soldado que forma parte de un ejército: *la ONU enviará a la zona una expedición de dos mil combatientes.*

com·ba·tir |kombatír| **1** ***intr.*** [contra] Luchar con la fuerza o con las armas para someter al enemigo o destruirlo: *Irán e Iraq llevan muchos años combatiendo; el gobierno salvadoreño combatía contra la guerrilla.* ⇒ **pelear. - 2** ***tr.*** [algo, a alguien] Atacar y tratar de destruir: *el espíritu de las Cruzadas era ~ a los infieles; el ejército combatió la fortaleza al amanecer.* ⇒ **embestir.** **3** *fig.* [algo] Atacar una enfermedad, un daño, un mal, para impedir que se extienda: *la sociedad española está combatiendo el terrorismo; la medicina trata de ~ las enfermedades infecciosas.* **4** *fig.* Oponerse a una idea o ser contrario a ella: *el libro de Andrés combate las opiniones de Osorio; el diputado combatió con argumentos de peso el nuevo proyecto de ley presentado por el gobierno.* ⇒ **contradecir, impugnar, refutar. - 5** ***intr.*** *fig.* [por algo] Esforzarse y pasar sacrificios para conseguir mejorar: *él siempre combatía por una sociedad más justa y solidaria.* ⇒ **luchar.**

com·ba·ti·⌈vo, ⌈va |kombatíβo, βa| ***adj.*** Que lucha, discute o *combate; que tiende a luchar, discutir o *combatir: *dicen que Luis es muy ~, pero él sólo defiende sus derechos.*

com·bi·na·ción |kombinaθión| **1** ***f.*** Unión de dos cosas distintas para que formen un compuesto lógico o adecuado y se adapten entre sí: *los muebles modernos son una ~ de arte y estilo práctico.* ⇒ **compuesto.** **2** Prenda de vestir femenina que se pone bajo el vestido y sobre la ropa interior: *la joven se compró una ~ de seda natural.* **3** Conjunto bello y agradable: *la ~ armoniosa de colores es importante en la pintura.* **4** Conjunto de números y letras que forman un lenguaje secreto que sirve para guardar y ocultar una información o un objeto de valor: *sólo el director del banco conoce la ~ de la caja fuerte.* ⇒ **clave.** **5** Bebida alcohólica que se consigue mediante la mezcla de licores, zumos u otras bebidas, y que se sirve fría: *hoy día se sirven muchísimas combinaciones en los bares nocturnos.* ⇒ **cóctel.** **6** QUÍM. Mezcla de dos o más elementos químicos para formar una sustancia distinta: *el bronce es una ~ de cobre y estaño.*

com·bi·na·do |kombinάðo| ***m.*** Bebida alcohólica que se consigue mediante la mezcla de licores con zumos u otras bebidas, y que se sirve fría: *el San Francisco es un ~ sin alcohol.* ⇒ **cóctel.**

com·bi·nar |kombinár| **1** ***tr.*** [algo, a alguien] Unir para formar un compuesto adecuado o para adaptar entre sí elementos diferentes: *tiene muy buen gusto para ~ la ropa; su teoría combina las ideas de varios autores.* **- 2** ***tr.-prnl.*** QUÍM. [algo; con algo] Mezclar dos o más elementos para formar una sustancia diferente: *el oxígeno se combina con el hidrógeno para formar agua.* **- 3** ***intr.*** [con algo] Formar un conjunto bello o agradable: *ese color combina muy bien con los muebles del salón.*

com·bus·ti·ble |kombustíβle| **1** ***adj.*** Que puede arder o que arde con facilidad: *el papel es ~; el edificio que se incendió tenía demasiados materiales combustibles.* ⇔ **incombustible.** **- 2** ***m.*** Sustancia que se quema para producir calor o energía: *los trenes antiguos usaban carbón como ~; este automóvil consume demasiado ~.*

com·bus·tión |kombustión| **1** ***f.*** *form.* Proceso en el que una sustancia arde y se quema: *la ~ de gasolina hace funcionar el motor de un coche; la ~ se inició en unas hojas secas y se propagó a todo el bosque.* **2** QUÍM. Proceso de reacción del oxígeno con una sustancia combustible, con desprendimiento de luz y calor: *los cuerpos que intervienen en la ~ se denominan combustible y comburente.*

co·me·de·⌜ro |komeðéro| **1** ***m.*** Recipiente donde se echa la comida para los animales: *la jaula de los pájaros tiene dos comederos; el granjero ha construido un nuevo ~ para las gallinas.* **2** Lugar donde va a comer el ganado: *el pastor llevó las ovejas al ~.*

co·me·dia |komédia| **1** ***f.*** Obra de teatro en la que destacan los buenos sentimientos de los personajes, los momentos llenos de humor, y que siempre tiene un final feliz: *fuimos todos a ver una ~ en el María Guerrero.* **2** LIT. Obra de teatro: *Cervantes también escribió comedias y entremeses.* **3** LIT. Género teatral de humor: *la ~ se opone al drama porque es cómica y no triste o seria.* ⇒ **farsa, pantomima.** **4** *fig.* Engaño que consiste en fingir lo que en realidad no se siente para conseguir un fin: *la niña montó una ~ y empezó a llorar para que sus padres le compraran un juguete.* ⇒ **farsa, teatro.** **5** *fig.* Hecho de la vida real que interesa y hace reír a la opinión pública: *las revistas del corazón están llenas de comedias y cotilleos de la vida de los famosos.*

co·me·dian·⌜te, ⌜ta |komeðiánte, ta| **1** ***m. f.*** Persona que se dedica a representar obras de teatro: *los comediantes iban de pueblo en pueblo con sus trajes y sus comedias.* ⇒ **actor, actriz.** **2** *fam. fig.* Persona que finge lo que en realidad no siente para conseguir un fin: *Eugenio es un buen ~, siempre nos engaña.* ⇒ **farsante.**

co·me·di·⌜do, ⌜da |komeðíðo, ða| ***adj.*** Que es educado y respetuoso: *Juan es un hombre muy ~ en sus modales; siempre nos recibe con palabras comedidas.* ⇒ **cortés, moderado, prudente.**

co·me·dió·gra·⌜fo, ⌜fa |komeðióɣrafo, fa| ***m. f.*** Persona que escribe *comedias: *Lope de Vega fue un ilustre ~.*

co·me·dir·se |komeðírse| ***prnl.*** Contener, frenar o sujetar los sentimientos o los impulsos: *tuvo que ~ para no decir lo que realmente pensaba de él.* ⇒ **moderar, reprimir.** ☖ Se conjuga como 34.

co·me·⌜dor, ⌜do·ra |komeðór, ðóra| **1** ***adj.*** Que come o puede comer: *los habitantes de algunas tribus indígenas son comedores de insectos.* **2** Que come mucho: *mi hijo es un mal ~, y tengo que darle vitaminas; María es una excelente comedora de ostras.* **- 3 comedor** ***m.*** Habitación de la casa que se usa para comer: *todos me esperaban en el ~ para empezar la cena; el ~ de su casa es muy soleado.* **4** Conjunto de muebles que se usan para comer: *me he comprado un nuevo ~; el ~ es de madera y consta de una mesa larga y seis sillas.*

co·men·sal |komensál| **1** ***com.*** Persona que come con otras en la misma mesa: *el camarero sirvió el postre a los comensales; en esta mesa caben ocho comensales.* **2** BIOL. Animal que vive pegado a otro para aprovecharse de su alimento: *las pulgas son comensales de los perros.* ⇒ **huésped, parásito.**

co·men·tar |komentár| **1** ***tr.*** [algo] Hablar expresando una opinión: *estábamos comentando el partido del domingo; todo el mundo comenta la película.* **2** Explicar un contenido, especialmente el de un texto: *el sacerdote comenta la Biblia.* **3** Decir sin poner demasiado interés o atención: *no sé si te comenté que he cambiado de casa.*

co·men·ta·rio |komentário| **1** ***m.*** Expresión de una opinión sobre una persona o cosa: *el ~ general fue que la película tenía gran calidad; la cantante no quiso hacer ningún ~ sobre su vida privada.* **2** *form.* Explicación del contenido de un texto para que se entienda mejor: *el nuevo libro es un breve ~ de sus textos anteriores.*

co·men·ta·ris·ta |komentarísta| **1** ***com.*** Persona que se dedica a comentar noticias de actualidad en los medios de comunicación: *Alberto es ~ deportivo en una cadena de televisión; Inés es una excelente ~ de radio.* **2** *form.* Persona que se dedica a comentar y explicar el contenido de un texto: *Averroes es el gran ~ de Aristóteles.*

co·men·zar |komenθár| **1** ***tr.*** [algo] Dar principio; hacer que una cosa exista o se haga: *Luis comenzó la discusión.* ⇒ **empezar.** **- 2** ***intr.*** Tener principio; pasar a existir o hacerse: *el curso comienza en octubre; los invitados comenzaron a cenar.* ⇒ **empezar.** ☖ Se conjuga como 47.

co·mer |komér| **1** ***intr.-tr.*** [algo] Tomar alimento; tragar alimento y pasarlo al estómago: *no se puede vivir sin ~; si quieres adelgazar, tendrás que ~ menos; los caballos comen hierba.* ☖ Es muy frecuente su uso como pronominal: *ayer nos comimos una paella entre cuatro.* - **2** ***intr.*** Tomar la comida más importante del día: *en mi casa comemos a las dos y media; Ángel me ha invitado a ~ en un restaurante.* ⇒ **almorzar, cenar, desayunar, merendar.** - **3** ***tr.-prnl.*** *fam.* [algo] Gastar, consumir o acabar: *este trabajo me come la mayor parte del día; su pesimismo me come la moral; el óxido se come el hierro.* **4** [algo; a alguien] Ganar una pieza al contrario, especialmente en un juego de tablero: *si mueves la torre, te comeré el caballo; se comió todas mis fichas jugando al parchís.* - **5 comerse** ***prnl.*** (un color) Hacer que pierda intensidad y se quede claro: *el detergente se come los colores; la luz acabó por comerse el rojo de las cortinas.* ⇒ **desgastar. 6** Saltarse letras o palabras: *estaba tan nervioso que me comía las palabras.* ■ **comerse vivo a uno**, *fam.*, mostrar mucho enfado y regañar violentamente: *si encuentro al que escribió eso, me lo como vivo.* ■ **ni ~ ni dejar ~**, no hacer ni dejar hacer. ■ **para comérselo**, que atrae mucho o que es agradable a la vista: *Julio está para comérselo.* ■ **ser de buen ~**, tomar habitualmente muchos alimentos: *gasto mucho en comida porque mis hijos son de buen ~.* ■ **sin comerlo ni beberlo**, sin haber hecho nada para merecer un daño o un provecho: *el concejal se vio envuelto en un fraude sin comerlo ni beberlo.*

co·mer·cial |komerθiál| **1** ***adj.*** Del comercio o que tiene relación con él: *la calle Mayor es el centro ~ de la ciudad; las grandes ciudades tienen una importante actividad ~.* **2** Que tiene fácil aceptación en el mercado y se vende muy bien: *las películas comerciales tienen mucho público; es una marca muy ~.*

co·mer·cia·li·za·ción |komerθialiθaθión| ***f.*** Acción y resultado de *comercializar: *la ~ de este automóvil ha sido muy satisfactoria.*

co·mer·cia·li·zar |komerθialiθár| ***tr.*** [algo] Dar a un producto las condiciones adecuadas para que se pueda vender; organizar la *venta: *la empresa ha invertido muchos millones de pesetas para ~ el nuevo cosmético.* ☖ Se conjuga como 4.

co·mer·cian·te |komerθiánte| **1** ***com.*** Persona que se dedica a comerciar y es dueña de un comercio: *los comerciantes de la ciudad quieren subir los precios.* **2** *fam. fig.* Persona que piensa únicamente en su propio interés: *Begoña se convirtió en una auténtica ~ en lo referente al amor.* ⇒ **egoísta, interesado.**

co·mer·ciar |komerθiár| ***intr.*** [con algo, con alguien] Comprar, vender o cambiar, generalmente para hacer negocio y ganar dinero: *hizo una fortuna comerciando con petróleo.* ☖ Se conjuga como 12.

co·mer·cio |komérθio| **1** ***m.*** Negocio que consiste en comprar, vender o cambiar productos para ganar dinero: *le encanta dedicarse al ~ de automóviles; el ~ español es muy importante.* **2** Establecimiento donde se venden productos: *los comercios de la zona abrirán los sábados por la tarde; Marta es la dueña de un ~ de automóviles.* ⇒ **almacén, supermercado, tienda. 3** *fig.* Conjunto de las personas que comercian en un lugar: *el ~ de la capital se ha situado como la clase social más próspera.* **4** *fig.* Trato o relación sexual ilegal, que va contra la moral: *tenía ~ con prostitutas.*

co·mes·ti·ble |komestíβle| **1** ***adj.*** Que se puede tomar como alimento: *algunas setas son comestibles.* - **2** ***m.*** Producto que sirve como alimento: *en el supermercado venden comestibles, ropa, artículos de limpieza y otras cosas; tenemos comestibles suficientes para una semana.*

co·me·ta |kométa| **1** ***m.*** ASTRON. Cuerpo celeste formado por un *núcleo poco denso y un largo trazo de luz en forma de cola: *el ~ Halley se vio desde la Tierra en 1986.* - **2** ***f.*** Juguete que consiste en un armazón muy ligero cubierto de papel, plástico o tela y sujeto a un hilo que se va soltando para hacerlo volar: *los niños salieron a volar sus cometas en el parque; mi ~ es de muchos colores.*

co·me·ter |kometér| ***tr.*** [algo] Hacer o ejecutar una acción equivocada, incorrecta o ilegal: *ha cometido un grave error; cometió un delito de robo; cometieron un crimen.* ⇒ **incurrir.**

co·me·ti·⌜do |kometíðo| **1** ***m.*** Trabajo o encargo que una persona debe hacer: *Andrés tendrá como ~ la supervisión de los documentos; no sabe muy bien cuál es su ~ en la oficina.* ⇒ **misión. 2** *p. ext.* Obligación moral: *tú tienes el ~ de ayudarle siempre y no criticar su conducta.*

co·me·zón |komeθón| **1** ***f.*** Picor que se siente en una parte del cuerpo o en todo él: *las ortigas le produjeron una gran ~.* **2** *fig.* Disgusto o molestia causados por el deseo de lograr un fin y no conseguirlo: *mientras esperaba los resultados de los exámenes, sentía una extraña ~.* ⇒ **desazón.**

có·mic |kómi^k| **1** ***m.*** Serie de rectángulos pequeños que contienen dibujos y textos con los que se cuenta una historia: *me encanta leer comics.* ⇒ **tebeo. 2** Libro o revista que contiene esos dibujos: *me he comprado un ~ de Mortadelo y Filemón.* ⇒ **tebeo.** ☖ El plural es *comics.*

co·mi·ci·dad |komiθiðá^ð| ***f.*** Cualidad y capacidad de las personas o de las situaciones para divertir y hacer reír: *Juan ha tenido siempre una ~ inteligente; la ~ de la película se basa en los malentendidos.*

co·mi·cios |komíθios| ***m. pl.*** Votación en la que se elige a una persona o a un grupo de personas para ocupar un cargo político: *en los próximos ~ los ciudadanos elegirán a su alcalde; ¿se conocen ya los resultados de los ~?* ⇒ **elección.**

có·mi·⌜co, ⌜ca |kómiko, ka| **1** ***adj.*** De la *comedia o que tiene relación con ella: *Mihura era un autor ~; ese actor se ha especializado en papeles cómicos.* **2** Que divierte y hace reír: *Enrique tenía un aspecto muy ~ con aquel traje; Charlot llenaba sus películas de escenas cómicas.* ⇒ **divertido, gracioso.** - **3** ***m. f.*** Persona que representa obras de teatro: *Alfredo Landa es un ~ excelente.* ⇒ **actor, actriz, comediante; ~ de la legua**, persona que representa obras de teatro en las poblaciones pequeñas: *los cómicos de la legua viajaban de pueblo en* *pueblo.* **4** Persona que sólo representa personajes divertidos: *siempre ha actuado de ~, pero nunca le han ofrecido papeles trágicos.*

co·mi·da |komíða| **1** *f.* Sustancia o alimento que da al organismo lo que necesita para su funcionamiento: *sobre la mesa había platos llenos de ~.* ⇒ **alimento. 2** Alimento que se toma habitualmente a una hora determinada: *los españoles suelen hacer tres o cuatro comidas diarias; tomo vitaminas con las comidas.* **3** Alimento principal que se toma cada día, generalmente en las primeras horas de la tarde: *la ~ es a las dos, no faltes; tiene todos los gastos pagados, incluido el desayuno, la ~ y la cena.* ⇒ **almuerzo, desayuno, merienda, cena. 4** *p. ext.* Ocasión en la que un grupo de personas se reúne para comer juntas: *mañana tengo una ~ de negocios; después de la boda, habrá una ~ en el restaurante.* ■ **reposar la ~**, descansar después de comer: *para estar sano, se debe reposar la ~ y pasear la cena.*

co·mi·di·lla |komiðíʎa| *f.* Asunto que se trata en una conversación en la que se habla mal o de manera irónica de una persona o cosa: *su embarazo es la ~ del barrio.*

co·mien·zo |komiénθo| *m.* Origen y principio de una cosa: *el ~ de las obras está previsto para el día tres; el ~ de una carta es siempre fijo.* ⇒ **inicio.**

co·mi·llas |komiʎas| *f. pl.* Signo de ortografía que se usa delante y detrás de un conjunto de palabras y que sirve para indicar que se citan de otro texto o que deben entenderse de un modo especial: *las ~ se prepresentan con los signos* " " *y* « ».

co·mi·˥lón, ˥lo·na |komilón, lóna| *adj.-s. fam.* (persona) Que come demasiado: *mis hijos son muy comilones: nunca protestan por la comida.* ⇒ **glotón.**

co·mi·lo·na |komilóna| *f. fam.* Comida compuesta por alimentos variados y abundantes: *la fiesta consistió en una ~ de mariscos.*

co·mi·no |komíno| **1** *m.* Semilla de color marrón, olor intenso y sabor amargo, que se usa en medicina y para dar sabor a las comidas: *mi madre echa ~ en la comida; el agua de cominos es muy buena para el estómago.* **2** Planta de hojas agudas y flores pequeñas, blancas o rojas, que produce esa semilla: *el ~ procede de Oriente, pero hoy se cría en las zonas templadas de Europa.* **3** *fam. fig.* Persona de pequeño tamaño: *mi hijo tiene dos años, todavía es un ~.* **4** *fam. fig.* Cosa sin valor, poco o nada importante: *esa canción no vale un ~: es malísima.* ☖ Se usa con los verbos *valer, costar.* ■ **importar un ~**, *fam.*, no valer nada; no ser importante: *me importa un ~ que aún no hayas cobrado; ya sé que te importo un ~.* ⇒ **bledo, pepino, rábano.**

co·mi·sa·rí·a |komisaría| **1** *f.* Oficina de un *comisario: *la ~ de la exposición está en la planta baja;* ~ **de policía**, lugar o instalación donde trabaja la policía bajo las órdenes de un *comisario: *telefoneé a la ~ de policía para denunciar un delito; el atracador pasó la noche en la ~ de policía.* **2** Cargo de *comisario: *el señor Fernández ocupará la nueva ~ del Plan de Urbanismo.*

co·mi·sa·˥rio, ˥ria |komisário, ria| *m. f.* Persona que tiene poder o permiso de una autoridad superior para desempeñar un cargo o una función especial: *el gobierno ha nombrado un ~ para organizar el nuevo museo; la Unión Europea ha nombrado tres nuevos comisarios;* ~ **de policía**, jefe superior de policía de una ciudad o de una parte de ella: *el ~ de policía fue personalmente al lugar de los hechos.*

co·mi·sión |komisión| **1** *f.* Conjunto de personas elegidas para realizar una labor determinada: *el parlamento ha designado una ~ para estudiar la reforma de las leyes; la ~ de estudiantes se reunirá con el rector mañana.* ⇒ **comité, misión. 2** Dinero que se cobra en proporción al número de productos vendidos: *Mariano obtuvo una ~ muy alta por vender el piso de Luis; el vendedor se lleva una ~ del 15 por ciento por cada coche vendido.* **3** *form.* Acto de ejecutar una acción, especialmente cuando es equivocada, incorrecta o ilegal: *la anciana fue acusada de la ~ del delito.* ■ **a ~**, cobrando una cantidad de dinero proporcional a un rendimiento: *el agente de seguros no tiene un sueldo fijo, trabaja a ~.* ■ **~ de servicio**, *form.*, situación de una persona que trabaja fuera de su puesto habitual durante un tiempo: *este funcionario trabaja en Valladolid, pero lleva aquí dos meses en ~ de servicio.*

co·mi·sio·nar |komisionár| *tr.* [a alguien] Encargar una labor especial: *los empleados han comisionado a Pérez para que los represente ante la directora general de la empresa.* ⇒ **delegar.**

co·mi·sio·nis·ta |komisionísta| *com.* COM. Persona que recibe una cantidad de dinero proporcional a los productos que vende: *Felipe trabaja como ~ para una empresa que fabrica ordenadores.*

co·mi·so |komíso| **1** *m.* DER. Retirada de una mercancía al que comercia con ella, por estar prohibido o por hacerlo de manera ilegal: *la carga fue sometida a ~, por haber sido introducida en el país sin pasar por la aduana.* **2** Cosa retirada por estar prohibida o por estar prohibido comerciar con ella: *los comisos se guardan en un almacén.* ⇒ **decomiso.**

co·mis·tra·jo |komistráxo| *m. desp.* Comida mala: *¿no pretenderás que me coma este ~ que has preparado?*

co·mi·su·ra |komisúra| *f.* Punto de unión de ciertas partes del cuerpo: *te has manchado las comisuras de los labios de chocolate; una lágrima resbaló de las comisuras de sus párpados.*

co·mi·té |komité| **1** *m.* Conjunto de personas elegidas para desempeñar una labor determinada: *el ~ de empresa pide el aumento del sueldo de todos los trabajadores.* ⇒ **comisión. 2** Conjunto de personas que dirigen un grupo político: *el ~ central del partido volverá a reunirse esta tarde.*

co·mi·ti·va |komitíβa| *f.* Conjunto de personas que acompaña a una persona importante o principal: *el rey y su ~ llegaron en avión; la ~ del entierro era muy numerosa.* ⇒ **séquito.**

co·mo |komo| **1** *adv. m.* Del modo o manera que: *hazlo ~ quieras; dejé la habitación ~ estaba; se portó ~ un héroe.* **2** De modo que se parece a; igual que: *el niño es rubio ~ el oro; Emilio es abogado ~ su padre.* **3** Aproximadamente; más o menos: *serían ~*

las diez cuando llegué a casa. **- 4 *conj.*** Indica condición: *~ le cuentes esto a alguien, te daremos una paliza; ~ siga lloviendo, no podremos ir a la playa.* **5** Indica causa: *~ se me estropeó el coche, llegué tarde a la oficina.* **- 6 *prep.*** Indica función, estado o situación: *estuve en la cena ~ invitado.* ☖ No se debe confundir con *cómo.*

có·mo |kómo| **1 *adv. interr. m.*** De qué modo o manera ocurre una cosa: *¿~ has subido a ese árbol?; te diré ~ lo he hecho.* **2** Por qué causa o razón ocurre una cosa: *¿~ no has venido al cine?* **- 3 *m.*** Modo o manera en que ocurre una cosa: *quiero saber el ~ y el cuándo.* ■ **¿~ no?**, expresión que indica que las cosas no pueden ser de otro modo: *abrió el regalo y era una corbata, ¿~ no?* ■ **¿~ no?**, expresión que se usa para decir que sí educadamente: *¿me llevas al mercado en coche? .- ¿~ no?* ☖ No se debe confundir con *como.*

có·mo·da |kómoðа| ***f.*** Mueble ancho con cajones, generalmente para guardar ropa: *mis padres tienen una ~ en su habitación; había varias fotos sobre la ~.*

co·mo·di·dad |komoðiðáᵈ| **1 *f.*** Cualidad de cómodo: *cuando voy a comprar un sillón, me importa más la ~ que la estética.* ⇔ **incomodidad. 2** Conjunto de las cosas necesarias y convenientes para vivir a gusto: *le preocupa la ~ de su familia; la casa tiene todas las comodidades.* ☖ Se suele usar en plural.

co·mo·dín |komoðín| **1 *m.*** Carta que puede tomar distintos valores según convenga al jugador que la posee: *con el ~, tengo póquer de reyes.* **2 *fig.*** Persona o cosa que puede desempeñar muchas funciones: *Alberto es el ~ de su equipo; esta habitación sirve de ~ porque es salón, despacho y comedor a la vez.* ☖ Se suele usar en aposición: *necesitamos a Juan, es el hombre ~ de la oficina.*

có·mo·do, ⌈da |kómoðo, ða| **1 *adj.*** Que hace sentir a gusto; que es fácil o agradable: *nuestro sillón es muy ~; este coche es muy ~ para conducir en ciudad; tu trabajo es bastante ~.* ⇔ **incómodo. 2** (persona) Que se siente bien y a gusto: *¿estás ~ en esa silla?; en casa es donde me encuentro más ~.* ☖ Se usa con *estar, sentirse* y otros verbos. **- 3 *adj.-s.*** (persona) Que gusta de sentirse bien y a gusto; que no quiere trabajar o molestarse: *Mariola es demasiado cómoda para hacer deportes de montaña.* ⇒ **comodón.**

co·mo·⌈dón, ⌈do·na |komoðón, ðóna| ***adj.-s.*** (persona) Que gusta de sentirse bien y a gusto; que no quiere trabajar o molestarse: *no seas tan ~ y ayuda a tu madre a subir la compra.* ⇒ **cómodo.**

co·mo·quie·ra |komokiéra| ***loc. conj.*** ■ **~ que**, expresa un valor causal: *~ que llegará tarde o temprano, le guardaremos la cena.*

com·pac·⌈to, ⌈ta |kompáᵏto, ta| **1 *adj.*** (cuerpo) Que es apretado y denso: *hizo un armario de madera compacta.* **2** Que está muy junto: *el público formaba una multitud compacta.* **- 3 compacto *m.*** Cosa o aparato formado por varios componentes unidos: *me han regalado un ~ porque mi equipo de música se estropeó hace meses.* **4** Disco de doce centímetros de *diámetro y de larga duración o gran capacidad que se reproduce por medio de un rayo *láser: *el cantante ha editado un nuevo ~.*

com·pa·de·cer |kompaðeθér| ***tr.-prnl.*** [algo, a alguien] Sentir pena o dolor por quienes sufren: *todos compadecían a la viuda y trataban de consolarla; compadezco a Alicia por su mala suerte; ¡pobre Ángel, me compadezco de él!* ⇒ **apiadarse.** ☖ Se conjuga como 43.

com·pa·dre |kompáðre| **1 *m.*** *Padrino, en cuanto a los padres del niño: *José es ~ de mis padres porque fue mi padrino de bautismo.* **2** Padre, en cuanto al *padrino de su hijo: *Antonio es mi ~ porque yo soy el padrino de su hija.* ☖ Es un término recíproco: *Carlos y Luis son compadres, es decir, padre y padrino respectivamente de este niño.* **3 *fam.*** Amigo o compañero: *cuando era joven, salía de juerga con sus compadres.* ⇒ **colega.** ☖ Se puede usar como apelativo afectivo: *¡vamos, ~!; ¡cómo va eso ~!*

com·pa·gi·nar |kompaxinár| **1 *tr.*** [algo] Hacer que varias cosas estén o se desarrollen juntas y en buen orden: *compagina el trabajo con los estudios.* **- 2 compaginarse *prnl.*** Estar o desarrollarse varias cosas juntas en buen orden: *en muchas ocasiones el estudio y el trabajo no se compaginan.*

com·pa·ñe·ris·mo |kompaɲerísmo| **1 *m.*** Relación entre compañeros: *María y Tomás trabajan juntos y entre ellos sólo hay ~, nada más.* **2** Afecto y sinceridad entre compañeros: *entre nosotros existe un gran ~.* ⇒ **amistad, camaradería, cordialidad.**

com·pa·ñe·⌈ro, ⌈ra |kompaɲéro, ra| **1 *m. f.*** Persona o animal que está con otro, que comparte con él un periodo de tiempo o una actividad: *los veinte alumnos de mi clase somos compañeros; hice muchos amigos entre los compañeros del viaje; el perro es el ~ del hombre.* **2** Cosa que forma pareja o conjunto con otra u otras: *he perdido el ~ de este pendiente.*

com·pa·ñí·a |kompaɲía| **1 *f.*** Sociedad de comercio, industria o servicios; sociedad de personas unidas para un mismo fin: *la Compañía Telefónica; trabaja para una ~ de seguros.* ⇒ **empresa. 2** Unión; circunstancia de estar con otra persona, animal o cosa: *me agrada mucho tu ~; salía a pasear en ~ de su perro.* ⇔ **soledad. 3** Persona o conjunto de personas que está con otra u otras: *que pase Pedro y su ~.* **4** Grupo de personas dedicadas al arte, especialmente el formado para representar espectáculos: *la ~ de Antonio el bailarín ha actuado en un teatro de Madrid.* **5** Unidad militar compuesta por varias *secciones y mandada por un *capitán: *el capitán de la ~ ordenó el asalto de la posición enemiga.*

com·pa·ra·ble |komparáble| ***adj.*** Que se puede comparar: *Tokio y Barcelona no son ciudades comparables: no se parecen en nada.* ⇔ **incomparable.**

com·pa·ra·ción |komparaθión| **1 *f.*** Observación y *examen, para encontrar parecidos y diferencias: *la ~ de los dos cuadros demuestra que éste* *es el falso.* **2** Relación de igualdad que une dos cosas: *no se debe establecer comparaciones entre esta época y las pasadas.* ⇒ **semejanza, similitud.**

com·pa·rar |komparár| **1** ***tr.*** [algo, a alguien] Examinar para encontrar parecidos y diferencias: *hemos comparado nuestros libros y hemos visto que son iguales; el gobierno ha comparado nuestra situación económica con la de otros países europeos.* ⇒ **contraponer, cotejar. 2** Establecer un parecido o una relación: *tu coche no se puede ~ al mío; yo comparo esta situación con la del año pasado.* ⇒ **equiparar.**

com·pa·ra·ti·va |komparatíβa| ***adj.-f.*** LING. (oración) Que expresa una comparación entre dos acciones, procesos o estados, o entre dos personas o cosas, estableciendo su igualdad o *desigualdad *respecto a determinados aspectos: Valencia está más cerca de Madrid que Cádiz *es una oración ~.*

com·pa·ra·ti·⌐vo, ⌐va |komparatíβo, βa| **1** ***adj.*** Que compara o sirve para comparar: *no existían pruebas comparativas de la calidad de ambos productos.* **- 2** ***adj.-m.*** LING. (adjetivo y adverbio) Que expresa comparación: *el adjetivo* mayor *es un ~.*

com·pa·re·cer |kompareθér| **1** ***intr.*** Presentarse en el lugar donde se ha sido citado: *el novio no compareció en la iglesia.* ⇒ **presentar. 2** Presentarse ante la autoridad o ante el público: *el acusado debe ~ ante el juez; el cantante compareció ante un público numeroso.* ☖ Se conjuga como 43.

com·par·sa |kompársa| **1** ***f.*** Conjunto de personas *disfrazadas con trajes de una misma clase: *en el carnaval, las comparsas animan las calles.* **2** Conjunto de personas que aparece en una obra teatral, pero no hablan: *la ~ sólo apareció en dos escenas.* ⇒ **acompañamiento. - 3** ***com.*** Persona que forma parte de ese conjunto: *actuó en la obra como ~.*

com·par·ti·men·to |kompartiménto| ***m.*** ⇒ **compartimiento.** ☖ La Real Academia Española prefiere la forma *compartimiento.*

com·par·ti·mien·to |kompartimi̱énto| ***m.*** División o parte separada dentro de un espacio: *cuando viajo en tren, prefiero el ~ de no fumadores; la estantería tiene compartimientos de distinto tamaño;* ~ **estanco**, *fig.*, parte *absolutamente aislada, sin comunicación con otras: *el casco de muchos barcon incluye varios compartimientos estancos.* ⇒ **compartimento.**

com·par·tir |kompartír| **1** ***tr.*** [algo; con alguien] Dividir en partes para repartir: *tienes que ~ el bocadillo con tu hermano.* **2** Usar o tener en común: *Elena comparte el piso con otras dos estudiantes.*

com·pás |kompás| **1** ***m.*** Instrumento formado por dos piezas con punta, unidas en un extremo por un eje o clavo para que puedan abrirse y cerrarse, y que sirve para trazar arcos o medir distancias entre dos puntos: *las circunferencias se dibujan con el ~; mide la distancia entre esas dos rectas con el ~.* **2** Ritmo, especialmente en una composición musical: *el músico tocaba la guitarra y la bailaora marcaba el ~ dando palmas; cuando andamos, movemos los brazos al ~ de las piernas.* **3** Conjunto de piezas de metal que sirve para levantar o bajar el techo plegable de ciertos vehículos: *mi descapotable tiene un ~ automático, aprietas el botón y la capota sube sola.* **4** MÚS. Signo que determina el ritmo de una composición musical, la colocación de acentos y el valor de las notas empleadas: *el ~ se coloca en el pentagrama después de la clave; esta partitura tiene un ~ de tres por cuatro.* **5** MÚS. Periodo de tiempo regular en que se divide una composición musical: *recuerda que debes empezar a cantar en el sexto ~.* **6** MAR. Instrumento formado por una caja redonda con dos círculos y una aguja, que sirve para determinar una dirección: *el capitán del barco fija el rumbo de su nave gracias al ~.* ⇒ **brújula.** ■ **~ de espera**, *fig.*, detención de un asunto durante un tiempo determinado, generalmente corto: *las negociaciones entre las dos partes siguen en ~ de espera.* ■ **llevar el ~**, *fig.*, trabajar al mismo ritmo: *todos los compañeros llevan el ~ para terminar el trabajo a la vez.* ■ **perder el ~**, *fig.*, equivocarse, dejar de comportarse con acierto: *Luis bebió demasiado en la fiesta y perdió el ~.* ■ **primeros compases**, *fig.*, principio y comienzo de una cosa: *los primeros compases del partido fueron apasionantes.* ⇒ **inicio.**

com·pa·sión |kompasi̱ón| ***f.*** Sentimiento de pena o dolor que se tiene hacia quienes sufren: *aquellos niños abandonados le produjeron una gran ~; la pobre huérfana era digna de ~.* ⇒ **clemencia, conmiseración, lástima, piedad.**

com·pa·si·⌐vo, ⌐va |kompasíβo, βa| ***adj.*** Que siente pena o dolor hacia quienes sufren: *Elena es muy compasiva con los pobres y necesitados; María lo miró de forma compasiva.* ⇒ **clemente, piadoso.**

com·pa·ti·bi·li·dad |kompatiβiliðáᵟ| **1** ***f.*** Posibilidad de existir, ocurrir o hacerse junto con

COMPÁS

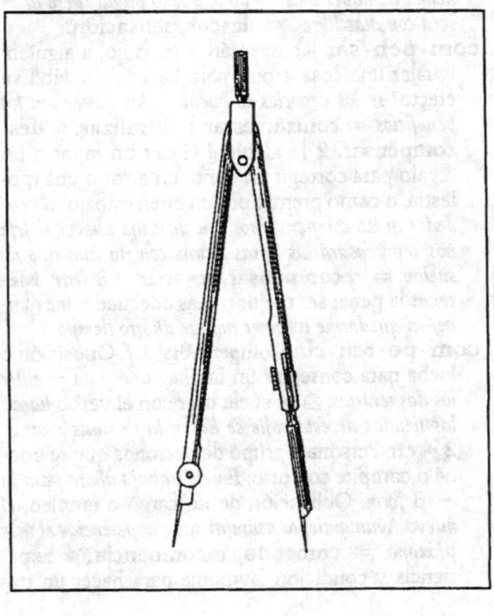

otra cosa al mismo tiempo: *cree que es posible la ~ entre el trabajo y el estudio.* **2** Posibilidad de unir o relacionar dos sistemas de comunicación sin que se pierda información: *la compatibilidad de este ordenador está asegurada.*

com·pa·ti·ble |kompatíβle| **1** ***adj.*** Que puede estar, existir u ocurrir junto con otro; que puede unirse a otra persona o cosa: *nunca podremos ser amigos porque nuestros caracteres no son compatibles.* ⇔ **incompatible.** - **2** ***adj.-m.*** (ordenador) Que funciona con el mismo sistema de información automática que usan otros modelos: *los PC son compatibles con IBM; Juan se ha comprado un ~.* ⇒ **computadora, ordenador.**

com·pa·trio·ta |kompatrióta| ***com.*** Persona que ha nacido en el mismo lugar que otra: *el ciclista alemán saludó a un ~ antes de la carrera.* ⇒ **paisano.**

com·pen·dio |kompénðio| ***m.*** Explicación corta y justa de lo principal de un asunto o materia: *hizo un ~ de su obra para publicarlo en una edición divulgativa.* ⇒ **resumen.**

com·pe·ne·tra·ción |kompenetraθión| ***f.*** Influencia recíproca entre dos o más personas, hasta sentir y pensar de la misma manera: *Luis Buñuel y Salvador Dalí trabajaron con enorme ~.* ⇒ **identificación.**

com·pe·ne·trar·se |kompenetrárse| ***prnl.*** *fig.* [con alguien] Influirse entre sí, hasta sentir y pensar de la misma manera: *Juan y yo nos compenetramos perfectamente; el recién llegado se compenetró rápidamente con sus compañeros de trabajo.*

com·pen·sa·ción |kompensaθión| **1** ***f.*** Favor o regalo para corregir un daño, un error o una molestia, o como premio por un buen trabajo: *creo que merezco una ~ por todos los sacrificios que he hecho por ti.* ⇒ **recompensa. 2** Igualdad o equilibrio de una cosa con otra: *entre lo que pago y lo que cobro tiene que haber una ~; no le puedo pagar, pero la ~ será con días libres.* ⇔ **descompensación.**

com·pen·sar |kompensár| **1** ***tr.*** [algo, a alguien] Igualar una cosa a otra para hacer más débil su efecto: *en los negocios es bueno ~ los gastos con los beneficios.* ⇒ **contrarrestar, neutralizar.** ⇔ **descompensar. 2** [a alguien] Hacer un favor o un regalo para corregir un daño, un error o una molestia, o como premio por un buen trabajo: *el vendedor quiso compensarnos con un traje nuevo; el jefe nos compensará las horas extras con un aumento de sueldo.* ⇒ **recompensar, resarcir. - 3** ***intr.*** Merecer la pena; ser mejor o más adecuado: *me compensa quedarme a comer porque ahorro tiempo.*

com·pe·ten·cia |kompeténθia| **1** ***f.*** Oposición o lucha para conseguir un fin: *hay una gran ~ entre los dos tenistas.* ☐ Se suele usar con el verbo *hacer: las tiendas de esta calle se hacen la ~ unas a otras.* **2** *p. ext.* Persona o grupo de personas que se opone o compite con otro: *Emilio trabaja ahora para la ~.* **3** *form.* Obligación de un cargo o empleo: *el nuevo Ayuntamiento asumirá sus competencias el mes próximo.* ⇒ **cometido, incumbencia. 4** Experiencia y condición favorable para hacer un trabajo o desempeñar una función importante: *Juan realiza su trabajo con ~ y fiabilidad.* ⇒ **aptitud, capacidad. 5** *form.* Autorización legal para intervenir en un asunto: *el juez Castillo tiene ~ para abrir de nuevo la investigación.* ⇒ **atribución.**

com·pe·ten·te |kompeténte| **1** ***adj.*** Que tiene experiencia y buenas cualidades para hacer un trabajo o desempeñar una función importante: *Juan es un fotógrafo muy ~; trabajo con gente ~.* ⇒ **capaz, experto. 2** *form.* Que está obligado por su cargo o su empleo: *las autoridades competentes darán mañana una explicación de lo ocurrido.* **3** *form.* Que es adecuado o está bien proporcionado: *sus hijos están en una edad ~ para entenderlo todo.* ⇒ **oportuno.**

com·pe·ter |kompetér| ***intr.*** Corresponder o tener como obligación por razón de un cargo o empleo: *cada uno será responsable de lo que le competa.* ⇒ **atañer, concernir, incumbir.**

com·pe·ti·ción |kompetiθión| **1** ***f.*** Lucha o enfrentamiento para conseguir un fin: *mi negocio no quiere entrar en ~ con el tuyo.* ⇒ **competencia. 2** Reunión deportiva en la que se mide la fuerza y la habilidad de los participantes: *mañana comienza la ~ de atletismo.* ⇒ **prueba, torneo.**

com·pe·ti·⌐dor, ⌐do·ra |kompetiðór, ðóra| ***adj.-s.*** Que compite con otros para conseguir un fin: *esta empresa consiguió más beneficios que las demás marcas competidoras; Marcos se ha convertido en un serio ~ de Alberto.* ⇒ **contrincante, rival.**

com·pe·tir |kompetír| **1** ***intr.*** [por algo] Oponerse o luchar con otros para conseguir un fin: *los corredores compiten por el primer premio.* ⇒ **contender. 2** [en algo] Estar en iguales condiciones: *las dos catedrales compiten en belleza.* ☐ Se conjuga como 34.

com·pe·ti·ti·vi·dad |kompetitiβiðáᵈ| **1** ***f.*** Cualidad de lo que es capaz de competir y ganar: *durante estos años ha mejorado notablemente la ~ de nuestros productos industriales.* **2** Oposición o lucha intensa: *la liga de fútbol se caracteriza por su ~.*

com·pe·ti·ti·⌐vo, ⌐va |kompetitíβo, βa| **1** ***adj.*** De la competición o que tiene relación con ella: *el nuevo modelo de moto tiene que demostrar su capacidad competitiva.* **2** Que es capaz de competir y ganar: *los productos españoles tienen precios muy competitivos.*

com·pi·lar |kompilár| ***tr.*** [algo] Reunir en una sola obra partes de diferentes libros o documentos: *para hacer bien la investigación, debes empezar por ~ los datos que encuentres en la bibliografía.*

com·pin·che |kompíntʃe| ***com.*** *fam.* Amigo o compañero; especialmente, persona con la que se ha realizado una mala acción: *él y sus compinches irán a la cárcel.*

com·pla·cen·cia |komplaθénθia| ***f.*** Sentimiento de una persona que siente placer con una cosa o una situación: *el abuelo miraba a sus nietos con ~.*

com·pla·cer |komplaθér| **1** ***tr.*** [a alguien] Satisfacer; causar placer y alegría: *Juan me complace en todos mis caprichos; me gusta ~ sus deseos.* ⇒ **agradar, contentar. - 2 complacerse** ***prnl.*** [en algo]

Alegrarse o sentir placer: *los señores Solano se complacen en invitarle al enlace matrimonial de su hijo.* ☖ Se conjuga como 42.

com·pla·cien·te |komplaθiénte| ***adj.*** Que satisface o *complace; que trata de satisfacer o *complacer: *la anfitriona fue muy ~ con sus huéspedes.*

com·ple·ji·dad |komplexiðáᵈ| ***f.*** Cualidad de difícil o *complejo: *al principio, me asustó la ~ de la materia que empezaba a estudiar.*

com·ple·⌜jo, ⌜ja |kompléxo, xa| **1 *adj.*** Que es difícil de entender o explicar: *tuvo una vida muy compleja; el libro está lleno de conceptos complejos.* ⇒ **complicado, oscuro. 2** *form.* Que se compone de gran número de elementos distintos: *un sistema informático ~ controla la producción de la fábrica.* **- 3 complejo *m.*** Conjunto o unión de varios elementos: *estoy tomando un ~ vitamínico contra la anemia; está trabajando en un nuevo ~ químico.* **4** *form.* Conjunto de edificios o establecimientos situados en un mismo lugar y en los que se desarrolla una misma actividad: *Madrid tiene varios complejos comerciales; la mayoría de las fábricas se encuentran en el ~ industrial; en la Costa del Sol hay un enorme ~ turístico y hotelero.* **5** MED. Conjunto de ideas y emociones inconscientes que influyen en el modo de ser y de comportarse de una persona: *Eva es una persona con muchos complejos;* **~ de Edipo**, MED., el que provoca una atracción por el *progenitor del sexo contrario y *violencia o rechazo hacia el del mismo sexo: *el niño tenía ~ de Edipo y parecía estar enamorado de su madre;* **~ de inferioridad**, MED., el que hace sentirse con poco valor o inferior a los demás: *la sordera le ha producido un fuerte ~ de inferioridad.*

com·ple·men·tar |komplementár| **1 *tr.*** [algo] Completar; formar un todo: *el nuevo jardín complementará la casa; Carlos complementaba su sueldo con algunas horas extras.* **2** LING. Completar el significado de uno o varios componentes de la oración: *el objeto complementa al verbo.* **- 3 complementarse *prnl.*** Llevarse bien; formar un conjunto bello o agradable: *Juan y yo nos complementamos; los zapatos no se complementan con el bolso.*

com·ple·men·ta·⌜rio, ⌜ria |komplementário, ria| **1 *adj.*** Que sirve para completar o formar un todo: *los apéndices gramaticales son complementarios del diccionario.* **2** Que se lleva bien y forma un conjunto bello o agradable: *la inteligencia y la sabiduría son cualidades complementarias.*

com·ple·men·to |kompleménto| **1 *m.*** Cosa, cualidad o circunstancia que se añade para formar un todo o para completar: *tengo que comprar un cinturón y unos zapatos como ~ del traje; la elegancia es el ~ de la belleza.* **2** LING. Parte de una oración que completa el significado de uno o varios de sus componentes: *en* la casa de Miguel, de Miguel *es ~ del nombre* casa; **~ circunstancial**, el que expresa indicaciones de lugar, tiempo, modo, compañía o de otros tipos: *en* mañana llegaré con Eduardo e Isabel, con Eduado e Isabel *es el ~ circunstancial de compañía;* **~ de régimen**, el que viene exigido por una relación de dependencia, especialmente la relación de dependencia entre una preposición y un verbo o un adjetivo: *ciertos usos verbales exigen un ~ de régimen.* ⇒ **régimen; ~ directo**, el que está formado por la palabra o por el *sintagma que *designa la persona o cosa afectada por la acción del verbo o la persona o cosa que *especifica la acción o el proceso expresado por el verbo: *en* no golpees la puerta de ese modo, la puerta *es el ~ directo.* ⇒ **objeto; ~ indirecto**, el que está formado por la palabra o por el *sintagma que *designa la persona o cosa afectada por la acción del verbo, la persona o cosa presentada como *destinataria o *beneficiada por la acción del verbo, o la persona o cosa presentada de otros modos: *en* el acusado le pegó una bofetada al periodista, al periodista *es el ~ indirecto.* ⇒ **objeto.**

com·ple·tar |kompletár| **1 *tr.*** [algo] Terminar añadiendo lo que falta; terminar un proceso: *completó sus estudios en la Universidad de Alcalá; el ejercicio consiste en ~ las frases con las palabras que falten.* **- 2 completarse *prnl.*** [con algo] Llegar a formar un todo: *la enciclopedia se completa con un tomo de índices.*

com·ple·⌜to, ⌜ta |kompléto, ta| **1 *adj.*** Que está lleno o entero: *el cine está ~, no quedan entradas; he comprado la obra completa de Pedro Salinas.* ⇒ **pleno. 2** Que está acabado o terminado: *tengo completa la colección de sellos.*

com·ple·xión |kompleᵏsión| ***f.*** Naturaleza de un organismo, especialmente de una persona, que depende del desarrollo y funcionamiento de sus órganos: *ella es pequeña, pero su hermano es de ~ fuerte.* ⇒ **constitución.**

com·pli·ca·ción |komplikaθión| **1 *f.*** Hecho difícil y molesto: *una mudanza es una ~; su vida está llena de complicaciones.* ⇒ **dificultad, lío. 2** Transformación en difícil o más difícil: *los medios de comunicación hablan de la ~ de las negociaciones de paz.* ⇒ **complejidad. 3** Mezcla excesiva de cosas distintas: *en el maquillaje no se debe abusar de la ~ de colores.* **4** Participación en un asunto: *Márquez ha sido detenido por su ~ en el delito.* ⇒ **implicación. 5** Problema de salud que se añade a otros y los hace más graves: *la operación ha tenido algunas complicaciones y el enfermo se encuentra en la unidad de cuidados intensivos.*

com·pli·ca·⌜do, ⌜da |komplikáðo, ða| **1 *adj.*** Que es difícil de entender o explicar: *es un libro muy ~; el alumno se enfrentó a un problema ~; Elisa es una mujer complicada.* ⇒ **complejo, lioso. 2** Que mezcla en exceso cosas distintas; que está muy adornado: *se presentó en la fiesta con un sombrero ~.* **3** Que se compone de gran número de elementos distintos: *Pablo ha ideado un mecanismo ~ para sacar agua de los pozos.* ⇒ **complejo, sofisticado.** ⇔ **simple.**

com·pli·car |komplikár| **1 *tr.-prnl.*** [algo, a alguien] Hacer difícil o más difícil; liar: *Ester ha complicado su vida con esta decisión; el trabajo se está complicando mucho.* ⇒ **confundir, dificultar, embrollar, enredar. 2** [algo] Mezclar en exceso cosas distintas: *a Valdés Leal le gustaba ~ sus pinturas.* ⇒ **recargar, sobrecargar.** 3 [a alguien] Comprometer; hacer participar en un asunto: *Martín ha complicado a su familia en el contrabando.* ⇒ **implicar.** ☖ Se conjuga como 1.

cóm·pli·ce |kómpliθe| **1** *com.* DER. Persona que participa o ayuda a ejecutar un crimen u otra acción ilegal: *los dos amigos eran cómplices en el robo; Mercedes era la ~ de Pepe.* ⇒ **encubridor. 2** *fig.* Persona que participa con otra en una actividad o está de acuerdo con ella: *Laura y María eran cómplices en la broma.*

com·pli·ci·dad |kompliθiðáᵈ| *f.* Cualidad de *cómplice: *la ~ de estas dos personas quedó demostrada en el juicio.*

com·plot |kompló^t| *m.* Acción secreta que tiene como fin causar un daño: *el gobierno descubrió un ~ para asesinar al presidente; sus compañeros de trabajo urdieron un ~ para echarlo.* ⇒ **conjuración, conspiración, intriga, trama.** ☖ El plural es *complots.*

com·po·ne·⌜dor, ⌜do·ra |komponeðór, ðóra| **1** *m. f.* Persona que se dedica a componer una obra impresa: *el ~ ha dicho que ya ha terminado de componer el libro.* **2** Persona que se dedica a componer o arreglar objetos rotos: *llevaremos estas vasijas de barro al ~ para que las arregle.*

com·po·nen·da |komponénda| *f.* Arreglo o acuerdo que no se ajusta a lo que es correcto o moral, especialmente el que se hace para ocultar un error: *mis compañeros de trabajo siempre están con componendas para cargarme a mí las culpas de los errores que se producen; si has hecho algo mal, no andes con componendas y reconoce tu equivocación abiertamente.*

com·po·nen·te |komponénte| **1** *adj.-m.* Que compone o forma parte de un todo: *el ~ esencial de la paella es el arroz.* **- 2** *com.* Persona que forma parte de un grupo o un equipo: *los componentes de un equipo de fútbol son once; Miguel es ~ de un grupo de música moderna.*

com·po·ner |komponér| **1** *tr.* [algo] Formar una cosa mediante otras: *Ángela está componiendo un rompecabezas.* **2** Formar parte de un conjunto: *cincuenta miembros componen la asociación; los capítulos que componen el libro son siete.* ⇒ **conformar.** **3** Hacer o crear, especialmente una obra literaria o musical: *Serrat ha compuesto una nueva canción; Fray Luis de León compuso bellísimos poemas.* **4** Arreglar u ordenar, generalmente lo que está roto o no funciona: *María rompió un jarrón, pero pudo componerlo y pegarlo.* **- 5** *tr.-prnl.* [a alguien] Arreglar el aspecto físico; poner bello: *las hermanas compondrán a la novia; Beatriz se está componiendo, pero ya no tardará en salir.* ⇒ **aderezar, aliñar. - 6 componerse** *prnl.* [de algo/alguien] Estar formado, generalmente, por partes o miembros: *la palabra se compone de sílabas.* ☖ El participio es *compuesto.* Se conjuga como 78. ■ **componérselas,** encontrar una solución: *si llueve mucho y no tienes paraguas, allá te las compongas; si tiene un problema, que se las componga como pueda.*

com·por·ta·mien·to |komportamiénto| *m.* Actitud o manera de conducirse y portarse ante los demás: *el niño tiene un buen ~; el ~ de María es poco adecuado.* ⇒ **conducta.**

com·por·tar |komportár| **1** *tr.* [algo] Contener, llevar dentro o tener como resultado directo: *la desobediencia de las órdenes comporta el despido; la guerra comporta la desgracia de miles de personas.* ⇒ **implicar. - 2 comportarse** *prnl.* Tener un determinado trato o actitud; portarse: *Rocío se comporta como una niña caprichosa; los alumnos se comportaron muy bien en el museo.*

com·po·si·ción |komposiθión| **1** *f.* Unión de elementos según un orden, para que formen un todo: *el entrenador es el encargado de la ~ del equipo; Mariano ha realizado la ~ del mecanismo.* ⇒ **formación, ordenación. 2** Conjunto de elementos ordenados: *mañana se hará pública la ~ del tribunal.* **3** Creación; obra científica o de arte, especialmente de literatura o de música: *la ~ de un buen libro lleva tiempo; las composiciones de Mozart son bellísimas;* El Quijote *es la mayor ~ de Cervantes;* ~ **poética**, poema; obra en verso: *las composiciones poéticas de Cernuda están llenas de sensibilidad.* ⇒ **lírica, poesía. 4** Conjunto de elementos que forman un producto: *lee la ~ del medicamento antes de tomarlo; este champú lleva huevo en su ~.* ⇒ **receta. 5** Ejercicio *escolar en el que se comprueban los conocimientos del *alumno sobre su propia lengua y sobre las técnicas de escritura: *el profesor nos ha pedido una ~ sobre las estaciones del año.* ⇒ **redacción. 6** Acción de unir caracteres *gráficos de impresión, formando palabras, líneas y planas: *la ~ del periódico se hace en la imprenta.* **7** LING. Procedimiento para formar palabras nuevas uniendo dos o más palabras que ya existían en la lengua: sacacorchos *se ha formado por ~ de* sacar *y* corcho. ⇒ **derivación, parasíntesis. 8** FOT. PINT. Técnica de colocar las figuras para conseguir un efecto artístico: *Velázquez dominaba perfectamente la ~; las esculturas móviles demuestran una ~ muy cuidada.* **9** MÚS. Parte de la música que enseña las reglas para la formación del canto y del acompañamiento: *lleva estudiando ~ cinco años.* ■ **hacer una ~ de lugar,** *fam. fig.,* pensar en las circunstancias de un asunto y hacer un proyecto para ejecutarlo con éxito: *antes de tomar una decisión, debemos hacer una ~ de lugar.* ⇒ **meditar, reflexionar.**

com·po·si·⌜tor, ⌜to·ra |kompositór, tóra| *m. f.* Persona que compone obras musicales: *Falla, Granados y Albéniz son grandes compositores españoles; una joven compositora se encargará de componer la banda sonora de la película; Moreno Viedma es un ~ contemporáneo.*

com·pos·te·la·⌜no, ⌜na |kompostelάno, na| **1** *adj.* De Santiago de Compostela o que tiene relación con Santiago de Compostela: *la tuna de la universidad compostelana ganó el concurso nacional de tunas.* **- 2** *m. f.* Persona nacida en Santiago de Compostela o que vive habitualmente en Santiago de Compostela: *el ~ que hay en mi clase habla español y gallego.*

com·pos·tu·ra |kompostúra| **1** ***f.*** Comportamiento correcto y educado: *mantuvo la ~ a pesar de su ira.* **2** Acuerdo entre dos o más personas: *después de varias discusiones, consiguieron llegar a una ~.* **3** Aspecto arreglado y correcto: *para entrar en el templo hay que tener ~ en el vestir.* **4** Arreglo de una cosa estropeada: *la ~ del abrigo me costó muy cara.*

com·po·ta |kompóta| ***f.*** Dulce que se hace con frutas hervidas, agua y azúcar: *mi tía hace ~ de manzana y la pone en tarros de cristal; la tarta lleva nata y ~ de ciruela por encima.* ⇒ **mermelada.**

com·pra |kómpra| **1** ***f.*** Acción y resultado de comprar o conseguir una cosa a cambio de dinero: *la ~ de un ordenador supone un gasto importante.* ⇔ **venta. 2** Conjunto de cosas que se consiguen a cambio de dinero: *el valor de la ~ asciende a varios millones de pesetas.* ⇔ **venta.** ■ **hacer la ~/ ir a la ~**, *fam.*, conseguir a cambio de dinero los comestibles necesarios para el consumo *diario de una familia: *los viernes hago la ~ para toda la semana; Tomás se ha ido a la ~.*

com·pra·⌜dor, ⌜do·ra |kompraðór, ðóra| ***adj.-s.*** (persona) Que compra: *los compradores de libros son cada día más numerosos; la empresa compradora del edificio es una multinacional.* ⇒ **cliente.**

com·prar |komprár| **1** ***tr.*** [algo] Conseguir a cambio de dinero: *ha comprado un coche; voy a comprar el pan.* ⇔ **vender. 2** [a alguien] Conseguir que una persona haga una cosa en favor de otra a cambio de dinero: *el entrenador intentó ~ al árbitro para ganar el partido.* ⇒ **sobornar.**

com·pra·ven·ta |kompraβénta| ***f.*** Comercio en el que una persona compra un producto, especialmente usado, para venderlo posteriormente: *Joaquín tiene un negocio de ~ de libros.*

com·pren·der |komprendér| **1** ***tr.*** [algo, a alguien] Entender un significado o lo que se quiere decir: *no comprendo la teoría de la relatividad; he comprendido a la primera lo que querías decirme; ¿me comprendes?* ⇒ **entender. 2** [algo] Encontrar justos o razonables unos actos o sentimientos: *comprendo su miedo; comprendo que no quieras venir a la fiesta; Juan ha dicho que nos comprende y nos perdona.* ⇒ **entender. 3** Contener o incluir dentro de sí: *España comprende muchas comunidades y provincias; el examen comprende tres partes.* ⇒ **abarcar, englobar.**

com·pren·si·ble |komprensíβle| ***adj.*** Que se puede comprender: *su actitud es fácilmente ~; los periodistas han de tener un lenguaje ~.* ⇔ **incomprensible.**

com·pren·sión |komprensión| **1** ***f.*** Acción y resultado de comprender o entender un significado: *la ~ del texto es fundamental para el estudio.* **2** Capacidad para comprender o entender un significado: *me asombra la ~ de un niño tan pequeño.* **3** Actitud tolerante y respetuosa hacia los sentimientos o actos de otras personas: *Juan muestra una gran ~ hacia mis problemas.* ⇒ **tolerancia.** ⇔ **incomprensión.**

com·pren·si·⌜vo, ⌜va |komprensíβo, βa| **1** ***adj.*** Que encuentra justos o razonables ciertos actos o sentimientos; que tiene una actitud tolerante: *deberías ser más ~ con tus empleados; Alicia es muy comprensiva.* ⇒ **tolerante. 2** Que entiende un significado: *el estudio pretende ser un análisis ~ de la sociedad española actual.* **3** *form.* Que contiene o incluye dentro de sí: *se creará un nuevo impuesto, ~ de todos los impuestos anteriores.*

com·pre·sa |komprésa| **1** ***f.*** Trozo pequeño y delgado de tela *esterilizada que se usa con fines médicos: *las compresas sirven para limpiar y cubrir heridas; usamos compresas de agua fría para bajar la fiebre al niño.* **2** Tira de *celulosa o algodón que sirve para absorber la *menstruación de una mujer: *mañana iré a la farmacia a comprar un paquete de compresas; esas compresas absorben mucho.*

com·pre·sión |kompresión| ***f.*** MEC. Presión que alcanza la mezcla en el cilindro de un motor, antes de que se produzca la *explosión: *en el motor del coche se produce la ~, y la chispa eléctrica inflama el combustible.*

com·pre·sor |kompresór| ***m.*** Aparato que sirve para reducir a menor volumen un líquido o un gas, por medio de la presión: *para pintar con pistola, se necesita un ~ de aire.*

com·pri·mi·do |komprimíðo| ***m.*** Medicina con forma de *pastilla redonda y pequeña: *el médico me ha recetado unos comprimidos para el dolor de estómago.* ⇒ **pastilla, píldora, tableta.**

com·pri·mir |komprimír| ***tr.-prnl.*** [algo] Apretar o reducir a menor volumen, generalmente por medio de la presión: *tienes que comprimir todo el trabajo en diez folios; los recuerdos no pueden comprimirse en una hora de conversación.* ⇒ **condensar, oprimir.**

com·pro·ba·ción |komproβaθión| ***f.*** Prueba o demostración de una verdad: *un científico siempre realiza la ~ de sus teorías; enchufé el aparato para hacer una ~ del funcionamiento.*

com·pro·ban·te |komproβánte| ***m.*** Documento o papel que demuestra una circunstancia, que se ha hecho una cosa: *no tires el ~ por si acaso tienes que cambiar el vestido; le tuve que enseñar un ~ porque no se creía que había ingresado el dinero en el banco.* ⇒ **justificante.**

com·pro·bar |komproβár| ***tr.*** [algo] Probar o demostrar una verdad: *es necesario ~ las hipótesis antes de publicar el artículo; al final comprobamos que el niño no mentía.* ⇒ **verificar.** ☖ Se conjuga como 31.

com·pro·me·ter |komprometér| **1** ***tr.-prnl.*** [a alguien] Hacer culpable: *esa carta compromete al alcalde en el asunto.* **2** [algo, a alguien] Exponer a un peligro o daño; poner en una situación que puede traer problemas: *no es legítimo ~ los intereses de la nación; el conde compromete su honor en esta empresa.* ⇒ **arriesgar. - 3 comprometerse** ***prnl.*** Contraer una obligación; prometer hacer cierta cosa:

ella se comprometió a llevar el niño al colegio. **4** [con alguien] Obligarse un hombre y una mujer a casarse: *Elena se ha comprometido con Carlos.* ⇒ **prometer.**

com·pro·me·ti·⌜do, ⌜da |komprometíðo, ða| ***adj.*** Que es difícil o tiene peligro: *el director del banco se encuentra en una situación comprometida.* ◠ Es el participio de *comprometer.*

com·pro·mi·so |kompromíso| **1 *m.*** Obligación, responsabilidad que se contrae: *el Ayuntamiento debe asumir sus compromisos; el doctor Fernández tiene muchos compromisos.* ⇒ **promesa. 2** Situación difícil o peligrosa: *la escritora sabe que este es el ~ más importante de su carrera.* ⇒ **apuro. 3** Relación amorosa que busca el *matrimonio: *daremos una fiesta para anunciar nuestro ~; Marta sigue soltera y sin ~.* **4** DER. Acuerdo por el que dos partes enfrentadas se obligan a aceptar la decisión de un tercero para resolver sus diferencias: *los dos países en guerra han firmado hoy un ~ para arreglar sus diferencias.* ⇒ **arbitraje.** ▪ **poner en un ~,** poner en una situación difícil; obligar a una persona a hacer una cosa, aunque no le guste: *me ha puesto en un ~ pidiéndome el dinero.* ▪ **sin ~,** sin ninguna obligación: *pida nuestro catálogo, sin ~; venga a ver nuestros apartamentos, sin ~ de compra.*

com·puer·ta |kompuérta| ***f.*** Puerta fuerte, de madera o metal, que sirve para regular o cortar el paso del agua: *las compuertas se colocan en embalses, diques, canales y otras obras hidráulicas.*

com·pues·⌜to, ⌜ta |kompuésto, ta| **1 *adj.*** Que está formado por varias partes: *un equipo ~ por cuatro personas se encargará del trabajo.* ◠ Es el participio de *componer.* **- 2 *adj.-f.*** (planta) De flores pequeñas, *agrupadas y muy apretadas, que parecen formar una sola flor más grande: *el girasol y la margarita son plantas compuestas.* ⇒ **inflorescencia. - 3 compuesto *m.*** QUÍM. Sustancia que se forma combinando dos o más elementos en una proporción fija: *la sal es un ~ de cloro y sodio.* **4** *p. ext.* Mezcla de varias cosas que componen un todo: *su último concierto fue un ~ de luz y sonido, lleno de efectos especiales.* ⇒ **combinación. 5** LING. Palabra formada por la unión de dos o más palabras que ya existían en la lengua: sacapuntas *y* lavaplatos *son compuestos.* ⇔ **simple.**

com·pul·sa |kompúlsa| ***f.*** DER. Copia de una escritura que se compara con el original para comprobar que lo reproduce exactamente: *deben traer una ~ del documento; voy al Ayuntamiento a hacer una ~.*

com·pul·sar |kompulsár| ***tr.*** DER. [algo] Examinar dos o más documentos comparándolos entre sí para comprobar que son iguales: *presentó la copia del expediente junto al original para que la compulsaran.*

com·pun·gi·⌜do, ⌜da |kompuŋxíðo, ða| ***adj.*** *form.* Que siente dolor y tristeza: *la muerte de su esposa lo dejó muy ~.*

com·pun·gir |kompuŋxír| **1 *tr.*** *form.* [a alguien] Causar tristeza; poner triste: *la noticia de la separación compungió a los hijos.* ⇒ **entristecer. - 2 compungirse *prnl.*** *form.* Ponerse triste: *me compungí cuando me dijeron que no me habían dado el puesto de trabajo.* ⇒ **entristecer.** ◠ Se conjuga como 6.

com·pu·ta·⌜dor, ⌜do·ra |komputaðór, ðóra| ***m. f.*** Máquina capaz de tratar información automáticamente mediante operaciones matemáticas y lógicas realizadas con mucha rapidez y controladas por *programas *informáticos: *los datos de los contribuyentes se procesan en una computadora; el ~ es más rápido que la mente, pero no tan inteligente.* ⇒ **ordenador.** ◠ Se usa con frecuencia en el español de América. En España se usa más *ordenador.*

com·pu·tar |komputár| **1 *tr.*** *form.* [algo] Contar o calcular con números: *vamos a ~ los días de trabajo hasta esta fecha.* ⇒ **contar. 2** *form.* Tener en cuenta: *en el cumplimiento de una condena, se computa también la prisión preventiva.* ⇒ **anotar.**

cóm·pu·to |kómputo| ***m.*** *form.* Operación o conjunto de operaciones matemáticas necesarias para averiguar un resultado, especialmente el paso del tiempo: *para el ~ de los años de la mayoría de edad se incluye el día del nacimiento.* ⇒ **cálculo, cuenta.**

co·mul·gar |komulɣár| **1 *intr.*** Tomar los cristianos un trozo de pan, que representa el cuerpo de Cristo: *los fieles van a ~ tras la Consagración.* **2** *fig.* Coincidir en ideas y sentimientos: *no todos comulgan con los intereses de Luis.* ▪ **~ con ruedas de molino,** *fam. fig.*, creer una *mentira o una exageración: *Carlos es tan iluso, que comulga con ruedas de molino; ¡no me hagas ~ con ruedas de molino, no me mientas!*

co·mún |komún| **1 *adj.*** Que pertenece o tiene relación con dos o más personas o cosas: *esta característica es ~ a todos los seres vivos; estas son las tierras comunes de la aldea, y aquellas son particulares.* **2** De la mayor parte o de todos: *la opinión ~ está de acuerdo con la política del gobierno.* ⇒ **general. 3** Vulgar, frecuente, normal, que es propio de muchos: *su inteligencia es poco ~.* **- 4 *m.*** Conjunto de miembros que forman una comunidad: *el presidente es elegido por el ~ de los españoles.* ▪ **en ~,** entre dos o más personas; conjuntamente: *es mejor que trabajemos en ~.* ▪ **tener en ~,** compartir una misma cualidad o circunstancia; parecerse en ella: *mi novia y yo tenemos muchas cosas en ~; estas dos técnicas tienen en ~ el objetivo que persiguen.*

co·mu·na |komúna| ***f.*** Conjunto de personas que viven juntas y comparten todo: *muchos jóvenes en los años sesenta se fueron a vivir juntos en comunas.*

co·mu·nal |komunál| **1 *adj.*** Que pertenece o tiene relación con dos o más personas o cosas: *las habitaciones de la residencia tienen unas duchas comunales.* ⇒ **común. 2** Del *municipio o el conjunto de los miembros de una comunidad, o que tiene relación con ellos: *los vecinos del inmueble se reunieron para afrontar los gastos comunales.* ⇒ **común, municipal.**

co·mu·ni·ca·ción |komunikaθión| **1 *f.*** Trato o relación personal: *muchas parejas se rompen porque* *no hay ~ entre ellos.* **2** Documento oficial con una información importante: *ha recibido una ~ notificándole su ingreso en el ejército.* ⇒ **circular, comunicado. 3** Unión o relación de dos lugares: *esta ciudad tiene buena ~ con la capital.* **4** *form.* Texto breve sobre un tema científico que se presenta en un *congreso: *en el último congreso se leyeron 100 comunicaciones.* **5** LING. Proceso por el que se envían e *interpretan mensajes de acuerdo con un *código de señales o signos: *hoy día hay numerosos estudios sobre la ~; la ~ puede ser oral, gestual y de otros tipos.* **- 6 comunicaciones** ***f. pl.*** Sistema o conjunto de medios que sirven para unir o relacionar dos lugares: *el pueblo quedó aislado por falta de comunicaciones.*

co·mu·ni·ca·ˊdo, ˊda |komunikáðo, ða| **1** ***adj.*** (lugar) Que está en *contacto con otros lugares gracias a los medios de transporte: *vivo en un barrio muy bien ~; muchos pueblos de montaña están mal comunicados.* **- 2 comunicado** ***m.*** *form.* Documento oficial con una información importante: *todos los periódicos publican hoy el ~ de paz de las Naciones Unidas.* ⇒ **comunicación.**

co·mu·ni·car |komunikár| **1** ***tr.*** [algo; a alguien] Hacer saber; decir: *te comunico que llegaré el sábado; el ministro comunicó a la prensa la noticia.* **- 2** ***tr.-prnl.*** [algo; a algo/alguien] Hacer pasar de un lugar a otro: *Celia comunica a todos su alegría; este material comunica el calor a todas las habitaciones; el incendio se comunicó a las casas vecinas.* **3** [algo; con algo] Abrir pasos o establecer medios de llegar a un lugar: *este pasillo comunica el salón con las habitaciones; hicieron otro puerto para ~ la meseta con la costa norte; los dos pueblos se comunican por un camino forestal.* **- 4** ***intr.*** Dar el teléfono una señal que indica que una línea está ocupada: *estuve llamándote toda la tarde y tu teléfono comunicaba.* **- 5 comunicarse** ***prnl.*** Tener trato o relación: *hace mucho que no me comunico con mi familia.* ◯ Se conjuga como 1.

co·mu·ni·ca·ti·ˊvo, ˊva |komunikatíβo, βa| **1** ***adj.*** (persona) Que tiene un trato fácil y agradable: *María es más comunicativa que su hermana.* ⇒ **espontáneo. 2** Que tiene capacidad para comunicar: *un presentador de televisión ha de ser ~.*

co·mu·ni·dad |komuniðáᵈ| **1** ***f.*** Conjunto de miembros o elementos que forman un grupo: *ayer hubo una reunión de la ~ de propietarios;* ~ **autónoma**, conjunto de ciudadanos que vive en una parte de España y que tiene órganos de gobierno propios y órganos comunes a todo el Estado; parte del Estado que se administra de esta manera: *la Comunidad Autónoma de Madrid.* **2** Conjunto de personas que viven juntas y bajo ciertas reglas: *estos frailes forman parte de una ~ religiosa.* **3** Conjunto de personas que tienen las mismas ideas, especialmente religiosas o políticas: *la ~ mahometana está formada por muchos millones de personas.* ⇒ **comunión. 4** Unión en las ideas, las opiniones o los sentimientos: *me asombró la ~ de ideas de todos los jóvenes.*

co·mu·nión |komunión| **1** ***f.*** *Sacramento de la Iglesia *católica que consiste en tomar un trozo de pan, que representa el cuerpo de Cristo: *se acercó al altar para recibir la ~.* ⇒ **eucaristía. 2** Ceremonia o acto dentro de la misa en que los cristianos toman un trozo de pan que representa el cuerpo de Cristo: *los asistentes a la misa participan en la ~;* **primera** ~, ceremonia en la que un niño cristiano toma por primera vez ese trozo de pan: *la primera ~ suele ir seguida de un banquete; los niños que van a hacer la primera ~ llevan trajes muy bonitos.* **3** *form.* Unión en las ideas, las opiniones o los sentimientos: *entre los verdaderos amigos existe una total ~.* ⇒ **comunidad, fusión, identificación. 4** *form.* Conjunto de personas que tienen las mismas ideas, especialmente religiosas o políticas: *todos los católicos forman la ~ de la Iglesia.* ⇒ **comunidad.**

co·mu·nis·mo |komunísmo| ***m.*** Sistema político y económico que defiende una organización social donde no existe la propiedad privada y donde los bienes son comunes: *Marx formuló el ~; el ~ se implantó en muchos países del Este de Europa tras la Segunda Guerra Mundial.* ⇒ **colectivismo, marxismo, socialismo.**

co·mu·nis·ta |komunísta| **1** ***adj.*** Del *comunismo o que tiene relación con él: *los partidos comunistas están desapareciendo; China es un país ~.* ⇒ **colectivista, marxista, socialista. - 2** ***adj.-com.*** (persona) Que cree en el *comunismo o es partidario de él: *Lenin fue un dirigente ~; los comunistas se reunirán mañana.*

co·mu·ni·ta·ˊrio, ˊria |komunitário, ria| **1** ***adj.*** De la comunidad o que tiene relación con ella: *han arreglado la escalera del edificio con dinero ~.* **2** De la Unión Europea o que tiene relación con ella: *España es un país ~.*

con |kon| **1** ***prep.*** Indica el instrumento, medio o modo para hacer una cosa: *se defendió ~ el puñal; me divirtió ~ sus chistes.* **2** Indica que se está junto a otra persona, animal o cosa o en su compañía: *se encerró ~ su prima en la habitación; Juan se quedó ~ las maletas.* **3** Indica que una cosa contiene o lleva junto a sí otra: *encontré una cartera ~ dinero; he comprado un libro ~ tapas de madera.* **4** Indica las circunstancias de una acción: *come ~ ansia; estaba mirando ~ la boca abierta.* **5** Indica relación o comunicación: *yo hablo ~ todos; es una historia que me pasó ~ un compañero.* **6** Indica una condición, cuando va delante de un infinitivo: *habrías ganado mucho ~ callar.* **7** Indica que lo que se dice se opone a otra cosa: *~ lo guapo que es, no sé cómo no tiene novia.*

co·na·to |konáto| **1** ***m.*** Acción que comienza y no continúa: *hubo un ~ de incendio.* ⇒ **intento. 2** Inclinación o intención; tendencia o *propósito: *hizo un ~ de llamar a la puerta, pero no se atrevió.*

con·ca·vi·dad |koŋkaβiðáᵈ| **1** ***f.*** Cualidad de *cóncavo: *la ~ del suelo hace que cuando llueve se acumule el agua.* ⇔ **convexidad. 2** Lugar o superficie que tiene forma curva, más hundida en el centro que en los bordes: *se refugiaron en una ~ de la montaña.* ⇒ **hueco.**

cón·ca·ˊvo, ˊva |kóŋkaβo, βa| ***adj.*** Que tiene forma curva, más hundida en el centro que en los bordes: *la cuchara es cóncava; los miopes deben utilizar lentes cóncavas.* ⇒ **convexo.**

con·ce·bir |konθeβír| **1** ***tr.*** *form.* [algo] Comprender o entender: *muchas personas conciben la política como un servicio, otras la conciben como poder.* ☖ Se usa en frases negativas, referido al modo de pensar o de comportarse de otra persona: *no puedo ~ el comportamiento de tu hermano durante la fiesta.* **2** Formar una idea, opinión o juicio: *el arquitecto concibió una casa ideal; el entrenador ha concebido un plan para que ganemos el partido.* ⇒ **idear, pensar. 3** *form.* [a alguien] Dar existencia a un nuevo ser por medio de la *fecundación: *se casó en mayo y al poco tiempo concibió a su hijo mayor.* ⇒ **engendrar. 4** *form. fig.* [algo] Comenzar a sentir una pasión o un afecto: *desde el accidente, concibió un gran odio hacia los coches; el nuevo trabajo me ha hecho ~ muchas ilusiones.* ⇒ **albergar.**

con·ce·der |konθeðér| **1** ***tr.*** [algo; a alguien] Dar, especialmente un favor o permiso quien tiene autoridad o poder para hacerlo: *la empresa concede ciertos privilegios a sus empleados; le han concedido el crédito que pidió; ¿me concede este baile?* ⇒ **otorgar. 2** [algo] Atribuir, especialmente una cualidad o condición: *no le concedí importancia a aquel asunto.* **3** [algo; a alguien] Aceptar una verdad o hecho; mostrar que se está de acuerdo con una idea del contrario en una discusión: *te concedo que en eso tienes razón.*

con·ce·⌈jal, ⌈ja·la |konθexál, xála| ***m. f.*** Persona que forma parte del grupo que gobierna un pueblo o ciudad: *el alcalde y los concejales trabajan para mejorar los servicios de la ciudad; el concejal de obras públicas ha prometido un nuevo parque con muchos jardines.* ⇒ **edil, ayuntamiento.**

con·ce·ja·lía |konθexalía| **1** ***f.*** POL. Conjunto de personas que cumplen una función determinada en el gobierno de un *municipio: *la ~ de Cultura ha organizado un certamen de poesía infantil; Pérez es uno de los miembros de la ~ de Sanidad de la ciudad.* **2** POL. Lugar en el que trabaja un *concejal: *los periodistas esperaban a los concejales en la puerta de la ~.* **3** POL. Cargo del *concejal: *la ~ de Turismo ha sido ocupada por un experto en la materia.*

con·ce·jil |konθexíl| ***adj.*** POL. Del *concejo o que tiene relación con él: *el comité ~ hizo una visita a la residencia de ancianos; las decisiones concejiles saldrán publicadas en el periódico local.*

con·ce·jo |konθéxo| **1** ***m.*** POL. Grupo formado por un *alcalde y varios *concejales y que administra y gobierna un *municipio: *Joaquín es uno de los concejales que forman parte del ~.* ⇒ **ayuntamiento, consistorio. 2** POL. Reunión celebrada por los miembros de ese grupo: *el ~ se ocupará hoy del tema de los presupuestos.* ⇒ **ayuntamiento, consistorio. 3** POL. Edificio en el que se reúnen los miembros de ese grupo: *el ~ está en una de las calles principales del municipio; el ~ de este pueblo es un edificio antiguo con mucho encanto.* ⇒ **ayuntamiento, consistorio.**

con·ce·le·brar |konθeleβrár| ***tr.-intr.*** [algo] Celebrar junto con otros sacerdotes: *los sacerdotes de la parroquia concelebraron la misa solemne.*

con·cen·tra·ción |konθentraθión| **1** ***f.*** *form.* Reunión en un solo punto; acumulación en gran cantidad: *la ~ de vehículos en una calle provoca un atasco.* ⇒ **condensación; ~ parcelaria,** ECON., reunión de varios terrenos pequeños en uno más grande para cultivarlos fácilmente: *la ~ parcelaria es muy beneficiosa para todos.* **2** Atención fija en una sola idea: *el yoga exige mucha ~; la ~ y el silencio me ayudan a pensar.* **3** Aumento de la cantidad de materia que se disuelve en un líquido, al tiempo que disminuye éste en la misma proporción: *la ~ de alcohol en la sangre es muy peligrosa; la ~ excesiva de vapor hizo estallar la olla.* **4** Aislamiento de un equipo deportivo antes de una competición: *el atleta se fue de la ~ sin permiso de su entrenador.* **5** *fig.* Reunión de muchas personas para hacer una *petición o una *manifestación pública: *una ~ de jóvenes llegó hasta la plaza cantando por la paz.* ⇒ **manifestación.**

con·cen·trar |konθentrár| **1** ***tr.-prnl.*** [algo, a alguien] Reunir en un solo punto; acumular en gran cantidad: *hay que ~ todo nuestro esfuerzo en terminar a tiempo; el presidente quería ~ todo el poder bajo su mando; la lupa concentra los rayos del sol; la población se concentra en las ciudades.* ⇒ **condensar. 2** QUÍM. [algo] Aumentar la cantidad de materia que se disuelve en un líquido, al tiempo que disminuye éste en la misma proporción: *el detergente puede concentrarse para que sea más potente y eficaz.* ⇒ **condensar, disolver. - 3 concentrarse** ***prnl.*** Fijar el pensamiento en una sola idea, sin distraerse: *para estudiar bien hay que ~.* ⇒ **ensimismarse.** ⇔ **descentrar. 4** DEP. *fig.* Reunirse y aislarse un equipo deportivo antes de competir: *la selección de fútbol se ha concentrado en un hotel de Sevilla.*

con·cén·tri·co, ⌈ca |konθéntriko, ka| ***adj.*** GEOM. (figura, sólido) Que tiene el mismo centro que otra cosa: *dibujó dos circunferencias concéntricas.*

con·cep·ción |konθepθión| **1** ***f.*** *form.* Acción y resultado de comprender, de entender o de formarse una idea sobre una cosa: *mi hermano tiene una ~ del trabajo muy particular.* **2** *form.* Idea, opinión o juicio que se forma en el pensamiento: *la ~ del proyecto es obra de un genio.* ⇒ **concepto. 3** *form.* Embarazo; acto a partir del cual un feto tiene vida: *las concepciones prematrimoniales son cada vez más numerosas.* ⇒ **embarazo.**

con·cep·to |konθépto| **1** ***m.*** Representación mental de una persona, cosa o situación: *el ~ de familia está cambiando en nuestra sociedad.* ⇒ **idea. 2** Pensamiento expresado con palabras: *un ejemplo de ~ sería:* el hombre es un animal racional. **3** Opinión o juicio, generalmente el que se forma a partir de la observación: *tengo muy buen ~ de mis amigos.* ⇒ **idea. 4** *form.* Frase aguda y llena de humor: *las obras de Góngora y Quevedo están llenas de conceptos.* ⇒ **ingenio.** ■ **en ~ de,** con el carácter de; como: *hemos incluido varios millones de pesetas en ~ de gastos.*

con·cep·tua·lis·mo |konθeptualísmo| ***m.*** FIL.

Doctrina filosófica que considera que los *conceptos universales existen sólo en la mente: *el ~ trata de mediar entre el nominalismo y el realismo.*

con·cep·tua·lis·ta |konθeᴾtualísta| **1** ***adj.*** FIL. Del *conceptualismo o que tiene relación con él: *su visión ~ le impedía admitir mis argumentos.* **- 2** ***adj.-com.*** (persona) Que sigue la doctrina filosófica del *conceptualismo: *antes de la conferencia se declaró ~.*

con·cep·tuar |konθeᴾtuár| ***tr.*** [algo, a alguien] Formar una opinión o juicio: *después de escuchar a los candidatos, tengo información suficiente para conceptuarlos; siempre te he conceptuado de inteligente.* ☖ Se conjuga como 11.

con·cer·nir |konθernír| ***unipers.*** Corresponder o tener como obligación: *no me concierne a mí solucionar ese error.* ⇒ **atañer, competer, incumbir.** ☖ Se conjuga como 29.

con·cer·ta·ción |konθertaθión| ***f.*** Acuerdo o trato entre dos o más personas: *actuó de intermediario en la ~ entre la patronal y los sindicatos.*

con·cer·tar |konθertár| **1** ***tr.-prnl.*** [algo] Decidir en común; hacer un trato o un negocio: *los dos países han concertado la paz; los ministros concertaron una bajada del precio de la gasolina.* **2** Componer, ordenar las partes de una cosa o varias cosas entre sí: *para acabar el rompecabezas sólo tenía que ~ las piezas.* **3** Acordar entre sí voces o instrumentos musicales: *el violinista concertó su instrumento con el resto de la orquesta.* **- 4** ***intr.*** Coincidir o convenir dos cosas entre sí: *el juez supo que el acusado mentía porque las fechas no concertaban.* **- 5** ***tr.-intr.*** LING. Coincidir las palabras en aspectos gramaticales: *el adjetivo debe ~ en género y número con el sustantivo al que califica.* ⇒ **concordar.** ☖ Se conjuga como 27.

con·cer·tis·ta |konθertísta| ***com.*** Persona que se dedica a dar o dirigir *conciertos o a participar en ellos: *el que me enseñó a tocar el piano era un famoso ~.*

con·ce·sión |konθesión| **1** ***f.*** *form.* Acción y resultado de dar o conceder: *la ~ del premio Cervantes ha recaído en Miguel Delibes; la ~ de la beca lo puso muy contento.* **2** *form.* Favor o permiso que da quien tiene autoridad o poder para hacerlo: *el gobierno le ha adjudicado una ~ para explotar estos terrenos; esa empresa tiene la ~ de una famosa marca de bebidas para vender sus productos.* **3** *form.* Renuncia en favor de la idea del contrario en una discusión: *el gobierno y los sindicatos siguen enfrentados, aunque ya se han hecho algunas concesiones.*

con·ce·sio·na·rio |konθesionário| ***m.*** Persona o grupo que está autorizado para producir o comerciar con determinados productos en una zona: *fue al ~ de automóviles para encargar un coche nuevo.*

con·ce·si·va |konθesíβa| **1** ***adj.-f.*** LING. (oración) Que expresa una acción, proceso o estado que no supone un obstáculo o dificultad para el cumplimiento o la realización de otra acción, proceso o estado: *en la oración* aunque haga mal tiempo, saldremos, aunque haga mal tiempo *es la oración ~.* **2** LING. (conjunción) Que introduce una oración de esa clase: *las conjunciones* aunque *y* por más que *son concesivas.*

con·cha |kóntʃa| **1** ***f.*** Cubierta dura que protege el cuerpo de algunos animales pequeños, que puede tener una sola pieza o dos más o menos iguales: *en la playa había muchas conchas de mejillones y otros moluscos; los caracoles tienen ~.* ⇒ **caparazón. 2** Pieza de las dos que forman esta cubierta: *las ostras se sirven sobre su ~.* **3** Material sacado de la cubierta dura de un animal, especialmente de una *tortuga: *me han regalado un juego de peines de ~; el ébano, el marfil y la ~ son materiales preciosos.* **4** Mueble, con forma de un cuarto de esfera, que se coloca en un teatro para ocultar a la persona que recuerda las frases a los actores: *los teatros antiguos aún conservan la ~ para el apuntador.* **5** Objeto con una forma parecida a la cubierta dura de un pequeño animal marino: *decoramos el árbol con conchas y bolas de Navidad.* ■ **meterse en su ~,** ser muy cerrado y negarse al trato con los demás: *desde que se divorció, se ha metido en su ~ y no quiere ver a nadie.*

con·cien·cia |konθiénθia| **1** ***f.*** *fig.* Conocimiento que el ser humano tiene de su propia existencia: *la ~ hace distinto al hombre de los otros seres vivos.* ⇒ **razón. 2** *form.* Propiedad o cualidad humana para formar juicios sobre el bien y el mal: *su comportamiento demuestra que no tiene ~; la ~ me dice que estamos haciendo algo incorrecto.* **3** Capacidad para sentir y comprender lo que ocurre: *el golpe le ha hecho perder la ~; tengo plena ~ de lo que hago.* ⇒ **conocimiento, consciencia, sentido.** ■ **a ~,** con empeño y atención; sin fallo: *en esta oficina se trabaja a ~.* ■ **cobrar/tomar ~ de,** comprender o entender un asunto para darle solución: *la gente debería tomar ~ de los problemas del medio ambiente.*

con·cien·ciar |konθienθiár| ***tr.-prnl.*** *form.* [a alguien; de algo] Convencer; hacer conocer un asunto para darle una solución: *la campaña intenta ~ a la opinión pública del peligro de las drogas; la gente debería concienciarse de que fumar es malo.* ☖ Se conjuga como 12.

con·cien·zu·do, ⌐da |konθienθúðo, ða| ***adj.*** Que pone atención y cuidado; que es exacto o no tiene fallo: *Alicia es muy concienzuda en su trabajo; ideó un plan ~ para ganar.* ⇒ **riguroso.**

con·cier·to |konθiérto| **1** ***m.*** Espectáculo en el que se *interpretan obras musicales: *el sábado estuvimos en un ~ en el Teatro Real; el grupo de rock dará un ~ mañana.* ⇒ **audición, recital. 2** *form.* Acuerdo entre dos o más personas sobre un asunto: *los sindicatos han llegado a un ~ con la empresa.* ⇒ **concertación, convenio. 3** *form.* Orden o buena colocación de las cosas: *la naturaleza es el modelo de ~ perfecto.* ⇒ **armonía.** ⇔ **desconcierto. 4** MÚS. Composición musical en la que un instrumento lleva la parte principal, destacando de la *orquesta: *escribió varios conciertos para violín y piano.* ■ **de ~,** de común acuerdo: *Francia y Gran Bretaña han llegado a una solución de ~.*

con·ci·liá·bu·lo |konθiliáβulo| ***m.*** Grupo o reunión de personas que no ha sido *convocado por persona autorizada o que se reúne para tratar de un asunto fuera de la ley: *el ~ se reunió para tratar del futuro golpe de estado.*

con·ci·lia·ción |konθiliaθión| ***f.*** Acción y resultado de *conciliar o *conciliarse: *la ~ llegó al cabo de varias horas de discusiones.*

con·ci·lia·⌜dor, ⌜do·ra |konθiliaðór, ðóra| ***adj.-s.*** Que pone paz o *concilia: *un gesto ~ por su parte ha sido suficiente para evitar la ruptura.*

con·ci·liar |konθiliár| **1 *tr.-prnl.*** *form.* [algo, a alguien] Poner paz; solucionar un enfrentamiento: *traté de ~ los ánimos, pero la discusión siguió; Juan intentó ~ a los dos hermanos y lo consiguió.* ⇒ **apaciguar, pacificar. 2** *form.* [algo] Acercar dos ideas o posiciones contrarias, llegando a unirlas: *Santo Tomás concilió la filosofía de Aristóteles con el cristianismo; en su trabajo se concilian la rapidez y la eficacia.* ⇒ **armonizar. 3** *form.* [algo, a alguien] Atraer; provocar un sentimiento determinado: *el carácter de Antonio lo concilia con todo el mundo; con su simpatía se está conciliando la amistad de sus compañeros.* ⇒ **granjear.** ■ **~ el sueño**, empezar a dormir: *las preocupaciones no le dejan ~ el sueño.* ☖ Se conjuga como 12.

con·ci·lio |konθílio| **1 *m.*** Reunión de los *obispos y otras personas de la Iglesia *católica para decidir sobre un asunto religioso: *el Papa ha convocado un ~ para el año próximo;* ~ **ecuménico**, reunión de los *obispos de todos los lugares del mundo: *el Concilio Vaticano II fue un ~ ecuménico.* **2** *form. fig.* Reunión para tratar y discutir un tema: *los mejores especialistas están en ~ para tomar la decisión final.*

con·ci·sión |konθisión| ***f.*** Cualidad del estilo que consiste en expresar las ideas o los contenidos con las menos palabras posibles: *cuando expliques algo busca la ~ y la brevedad.*

con·ci·⌜so, ⌜sa |konθíso, sa| ***adj.*** Que expresa las ideas o los contenidos con las menos palabras posibles: *fue muy claro y ~ cuando expuso sus opiniones.*

con·ciu·da·da·⌜no, ⌜na |konθiuðaðáno, na| **1 *m. f.*** Persona de una misma ciudad, en cuanto a las demás de esta ciudad: *un grupo de conciudadanos se dirigió al alcalde para presentarle sus quejas.* **2** *p. ext.* Persona de una misma nación, en cuanto a las demás de esta nación: *nos conocimos en el extranjero, pero somos conciudadanos.*

cón·cla·ve |kóŋklaβe| **1 *m.*** Lugar en donde los *cardenales se encierran para elegir Papa: *los cardenales se dirigían al ~.* **2** Ocasión en la que se reúnen los *cardenales: *el ~ duró diez horas, pero no se logró decidir cuál sería el nuevo Papa.* **3** *fig.* Ocasión en la que se reúnen varias personas para tratar un asunto: *llamó a su familia y se aseguró de que nadie interrumpiese el ~.*

con·cluir |koŋkluír| **1 *tr.-intr.*** *form.* [algo] Acabar o terminar; dar fin: *María ha concluido por fin su tesis; la canción concluye con un solo de guitarra; aún no han concluido las obras del metro.* ⇒ **finalizar. 2** *form.* Sacar una *consecuencia de una cosa que se supone o demuestra verdadera: *de los efectos que causa el tabaco se puede ~ que es peligroso para la salud.* ⇒ **demostrar, inferir. 3** *form.* Decidir; formar un juicio: *todos concluimos que Juan era fenomenal.* ⇒ **opinar.**

con·clu·sión |koŋklusión| **1 *f.*** Decisión que se toma sobre un asunto después de pensarlo y estudiarlo: *hemos debatido el tema dos horas pero no hemos llegado a una ~.* ⇒ **acuerdo, resolución. 2** *form.* *Consecuencia, idea a la que se llega después de un razonamiento: *el médico examinó los síntomas y llegó a la ~ de que el niño tenía sarampión.* ⇒ **consecuencia. 3** *form.* Fin, terminación: *todos nos alegramos de la ~ de la guerra; el año llega a su ~.* ■ **en ~**, por último, finalmente, para acabar: *y en ~ de todo lo dicho, la película es un gran éxito.* ⇒ **suma.** ☖ También puede expresar decepción o disgusto en el lenguaje familiar. *¡vamos!, en ~, que no has hecho lo que te pedí.*

con·clu·⌜so, ⌜sa |koŋklúso, sa| ***adj.*** DER. (proceso *judicial) Que está listo para *sentencia: *el juez dijo que el caso estaba visto y ~.* ☖ Es el participio de *concluir.*

con·cor·dan·cia |koŋkorðánθia| **1 *f.*** *form.* Coincidencia, parecido entre dos cosas o dos ideas: *no suele haber mucha ~ entre ellos; tu opinión tiene gran ~ con la mía.* ⇒ **conformidad, similitud. 2** LING. Coincidencia gramatical: *es necesaria la ~ para que la frase sea correcta.* **3** MÚS. Proporción entre las voces que suenan a la vez: *la ~ es fundamental en el coro.* ■ **en ~**, de acuerdo: *sus actos están en ~ con su forma de pensar.*

con·cor·dar |koŋkorðár| **1 *intr.*** Coincidir o estar de acuerdo: *yo no concuerdo contigo en este asunto; las declaraciones del acusado no concuerdan.* **- 2 *tr.-intr.*** LING. [algo] Coincidir las palabras en aspectos gramaticales: *el sustantivo y el adjetivo concuerdan en género y número; el sujeto y el verbo concuerdan en número y persona.* ⇒ **concertar.** ☖ Se conjuga como 31.

con·cor·de |koŋkórðe| ***adj.*** Que coincide o está de acuerdo: *el plan se aprobó gracias al voto ~ de siete países.* ⇒ **conforme.**

con·cor·dia |koŋkórðia| ***f.*** Unión o relación de paz: *puso ~ entre las dos familias que estaban enfrentadas.* ⇒ **acuerdo.**

con·cre·ción |koŋkreθión| ***f.*** *form.* Acumulación de pequeños trozos de materia mineral u orgánica hasta que forman una masa: *las concreciones de cal forman estalactitas y estalagmitas; los cálculos son concreciones anormales.*

con·cre·tar |koŋkretár| **1 *tr.*** [algo] Expresar de forma determinada y exacta: *para ~ su teoría, presentó un caso real.* ⇒ **materializar, plasmar. 2** Reducir una actividad a un aspecto básico y particular: *tu hermana concreta su misión a llevar la contabilidad.* **- 3 concretarse *prnl.*** Reducirse, limitarse a tratar de un solo asunto: *cuando te pregunte, concrétate únicamente a responder sí o no.*

con·cre·⌜to, ⌜ta |koŋkréto, ta| **1 *adj.*** Que es determinado o particular, y no general: *no busco cualquier libro, sino un libro ~; para explicar este tema, tomaremos un caso ~.* **2** Que es real y se puede notar con los sentidos: *la ira es abstracta, pero los golpes son concretos.* ⇒ **abstracto.** **3** Que existe, considerado en sí mismo: *este pájaro ~ no puede volar.* ■ **en ~**, de modo determinado o particular: *no venía a hablar de ese tema en ~.*

con·cu·bi·na |koŋkuβína| ***f.*** Mujer que vive y mantiene relaciones sexuales con un hombre con el que no está casada: *me he enterado de que mi vecina es la ~ del administrador.* ⇒ **amante.**

con·cu·bi·na·to |koŋkuβináto| ***m.*** Estado del hombre y la mujer que viven juntos y mantienen relaciones sexuales sin estar casados: *el ~ era una situación frecuente en la Antigua Grecia.*

con·cul·car |koŋkulkár| ***tr.*** *form.* [algo] Ir contra una cosa; no cumplir una ley, una palabra o una obligación: *los habitantes de las chabolas denuncian que está siendo conculcado su derecho a una vivienda digna.* ⇒ **quebrantar.** ☐ Se conjuga como 1.

con·cu·pis·cen·cia |koŋkupisθénθia| ***f.*** Deseo de bienes materiales, y especialmente de placeres sexuales: *la ~ te llevará por mal camino.*

con·cu·pis·cen·te |koŋkupisθénte| ***adj.*** Que está dominado por la *concupiscencia: *la persona ~ puede acabar sola y pobre.*

con·cu·rren·cia |koŋkuřénθia| **1** ***f.*** Conjunto de personas que están presentes en un acto o reunión: *al estreno de la película acudió una numerosa ~; el presentador se dirige a la ~.* ⇒ **público.** **2** *form.* Participación en un acto o reunión: *la ~ en la carrera por la paz ha sido importante; este año se ha registrado una enorme ~ al premio Planeta.* **3** *form.* Ocasión en la que se dan varias circunstancias al mismo tiempo: *la ~ de factores como la edad y las malas condiciones de vida agravan esa enfermedad.* ⇒ **coincidencia, confluencia.**

con·cu·rrir |koŋkuřír| **1** ***intr.*** [a/en algo] Juntarse en un mismo lugar: *muchos ciudadanos concurrieron al pregón de las ferias; los fieles concurren en la iglesia.* **2** Coincidir en el tiempo: *este año concurren el campeonato del mundo de fútbol y el de baloncesto.* **3** Estar de acuerdo con otro en una idea u opinión: *concurrieron todos en el mismo sentir.* **4** Tomar parte con otros en una competición: *varios alumnos concurrieron al certamen académico.* **5** GEOM. Pasar varias líneas por un mismo punto: *todos los diámetros concurren en el centro de la circunferencia.*

con·cur·san·te |koŋkursánte| ***adj.-com.*** (persona) Que participa en un *concurso: *el presentador del programa recibió a los concursantes.*

con·cur·sar |koŋkursár| ***intr.*** Participar en una prueba; enfrentarse a distintos obstáculos, para conseguir un premio: *más de cien poetas concursaron en el certamen; la televisión permite ~ a través del teléfono.*

con·cur·so |koŋkúrso| **1** ***m.*** Prueba en la que una o más personas se enfrentan a distintas dificultades para conseguir un premio: *la televisión ofrece muchos concursos; ha ganado el primer premio del ~ de fotografía.* ⇒ **competición.** **2** *form.* Proceso de *selección, generalmente para conseguir un empleo o un cargo: *el Ministerio ha convocado un ~ para cubrir la vacante; las tres plazas de profesor asociado saldrán a ~.* ⇒ **oposición.** **3** *form.* Participación, generalmente en un acto o reunión: *la exposición ha sido posible gracias al ~ de varias empresas privadas.* ⇒ **colaboración.**

con·da·do |kondáðo| **1** ***m.*** Conjunto de tierras y bienes que pertenecen a un *conde: *Cataluña fue un ~ muy poderoso en la Edad Media.* **2** Título y categoría de *conde: *el caballero fue muy valiente en la batalla y recibió un ~ como premio.* **3** *form.* Unidad *administrativa de gobierno local de un Estado, especialmente en Gran Bretaña y Estados Unidos: *Robin Hood luchaba contra el sheriff del ~.*

con·dal |kondál| ***adj.*** Del *conde o que tiene relación con él: *las tierras condales ocupaban la mayor parte del término del municipio.*

con·de |kónde| ***m.*** Miembro de la nobleza de categoría inferior a la de *marqués y superior a la de *vizconde: *el ~ salió de su palacio para ver al rey; su abuelo había sido ~.* ⇒ **condesa.**

con·de·co·ra·ción |kondekoraθión| **1** ***f.*** Cruz o *insignia que se recibe como premio por un *motivo importante, especialmente por haber demostrado valor: *el general lleva muchas condecoraciones en su uniforme.* ⇒ **medalla.** **2** Acto de premiar a una persona colocándole una cruz u otra *insignia: *después del desfile, comenzó la ~ de los héroes.*

con·de·co·rar |kondekorár| ***tr.*** [a alguien] Premiar a una persona colocándole una cruz u otra *insignia: *el rey ha condecorado a varias personas por su defensa de los derechos humanos.*

con·de·na |kondéna| **1** ***f.*** Pena o castigo que pone un *juez: *el juez le impuso una ~ de seis años de cárcel; el ladrón ya ha cumplido su ~ y ha salido en libertad.* ⇒ **sentencia.** **2** Desaprobación de un comportamiento o unos hechos por considerarlos malos o incorrectos: *la ~ de la violencia ha sido el motivo de la manifestación.* ⇒ **censura.**

con·de·na·⌐do, ⌐da |kondenáðo, ða| **1** ***adj.-s.*** Que es culpable de un crimen o falta y cumple un castigo por ello: *el ~ fue conducido a prisión.* ⇒ **preso, reo.** **2** *fig.* Que está en el infierno: *los condenados arderán eternamente.* **3** *fam. fig.* Que molesta y hace perder la paciencia: *estos condenados zapatos me están matando.* ⇒ **irritante.** ☐ Se usa también como apelativo: *el ~ de mi marido siempre llega tarde; ¡qué guapo es el ~ de tu hijo!*

con·de·nar |kondenár| **1** ***tr.*** [a alguien; a algo] Decidir que una persona es culpable y ponerle la pena que le corresponda; *declarar la responsabilidad de unos hechos: *el juez ha condenado al asesino a treinta años de cárcel.* **2** [algo, a alguien] Desaprobar un comportamiento o unos hechos por considerarlos malos o incorrectos: *todos los españoles condenan el terrorismo; las Naciones Unidas han condenado la última acción militar de Israel.* ⇒ **censurar, criticar, reprobar.** **3** [algo] Cerrar permanentemente una habitación, una puerta u otro lugar de paso: *condenaron las puertas y ventanas, para que no entrara la luz; hemos tenido que ~ el ático porque tiene goteras.* ⇒ **tapiar.** **- 4 condenarse** ***prnl.*** *fam. fig.* Sentirse muy molesto; perder la paciencia: *este niño es tan pesado que me condeno cada* *vez que estoy con él; se condenaba en cuanto algo le salía mal.* ⇒ **exasperar, irritar. 5** *fig.* Ir al infierno: *según la Biblia, el día del juicio final, las almas de los malvados se condenarán para siempre.*

con·den·sa·ción |kondensaθión| **1** *f. form.* Reducción de la extensión de un escrito o un discurso sin quitar nada importante: *el examen final consistirá en la ~ de la materia de todo el curso en sólo dos folios.* ⇒ **resumen, síntesis. 2** *form.* Reunión en un solo punto; acumulación en gran cantidad: *será necesaria la ~ de toda la energía posible para ganar el partido.* ⇒ **concentración. 3** FÍS. Reducción del volumen de un cuerpo, haciéndolo más denso; especialmente, paso de un gas a estado líquido o sólido: *el rocío y la escarcha son producto de la ~ excesiva de vapor de agua en el aire.* ⇔ **sublimación.**

con·den·sa·⌐dor, ⌐do·ra |kondensaðór, ðóra| **1** *adj.* Que reduce a menor volumen o a lo *esencial: *el científico realizó un último esfuerzo ~ de su teoría.* **- 2 condensador** *m.* FÍS. Aparato que convierte los gases en líquido por medio de agua o aire frío: *los frigoríficos llevan un ~.* **3** ELECTR. Sistema de dos conductores separados por una pequeña distancia, que sirve para almacenar energía eléctrica: *el ~ puede ser plano, esférico o cilíndrico.* ⇒ **armadura.**

con·den·sar |kondensár| **1** *tr.* [algo] Reducir la extensión de un escrito o un discurso sin quitar nada importante: *condensó su teoría en un par de frases.* **2** Reunir en un solo punto; acumular en gran cantidad: *condensaron su esfuerzo para conseguir un propósito común.* ⇒ **concentrar. - 3** *tr.-prnl.* [algo] Reducir el volumen de un cuerpo, haciéndolo más denso; especialmente, pasar un gas a estado líquido o sólido: *condensan la leche y la envasan en pequeños botes.* ⇔ **sublimar.**

con·de·sa |kondésa| *f.* Miembro de la nobleza de categoría inferior a la de *marqués y superior a la de *vizconde: *la ~ de Siruela llegó a la fiesta con un bonito vestido.* ⇒ **conde.**

con·des·cen·der |kondesθendér| *intr.* Adaptarse al gusto y la voluntad de los demás: *aunque no estaba de acuerdo con el método, tuvo que ~.* ⇒ **contemporizar.** ☖ Se conjuga como 28.

con·des·cen·dien·te |kondesθendiénte| *adj.* Que se adapta fácilmente al gusto y voluntad de los demás: *el entrenador ha sido ~ con las sugerencias de los jugadores.*

con·di·ción |kondiθión| **1** *f.* Cosa, situación o circunstancia que hace falta o se exige para que se cumpla alguna cosa: *para ejercer como médico es ~ imprescindible tener el título oficial.* ☖ Se usa la expresión *poner una ~* con el significado de *imponer* o *exigir*: *te dejo el coche, pero te pongo una ~: que conduzcas despacio;* ~ **sine qua non,** *form.*, aquella sin la cual no se cumple alguna cosa: *para ser declarado inocente es ~ sine qua non que se presente a juicio.* **2** Modo de ser característico: *es un hombre de ~ bonachona.* ⇒ **índole, naturaleza. 3** Clase o categoría social; especialmente, clase alta: *su ~ de noble no le permitió casarse con una campesina; es un hombre de ~.* **- 4 condiciones** *f. pl.* Estado o circunstancia: *la casa estaba en muy buenas condiciones cuando la compramos; aquellas familias vivían en condiciones infrahumanas.* ■ **a ~ de,** expresión que indica que una cosa es necesaria para el cumplimiento de otra: *pueden ver a la enferma a ~ de que no la molesten.* ■ **en condiciones,** que está en buen estado y preparado para un fin: *necesitamos un lugar en condiciones para trabajar; este pescado no parece estar en condiciones.*

con·di·cio·nal |kondiθionál| **1** *adj. form.* Que incluye una condición: *en el testamento añadió una serie de cláusulas condicionales.* **- 2** *m.* LING. Tiempo del verbo que expresa la acción como futura y posible: *las formas* yo cantaría *y* yo habría cantado *pertenecen al ~.* ⇒ **modo, potencial.** ☖ Algunos gramáticos opinan que el condicional es un modo, otros opinan que es un tiempo dentro del modo indicativo. **- 3** *adj.-f.* LING. (oración) Que expresa una suposición que condiciona la acción, el proceso o el estado expresado por otra oración: *en la oración* si bebes, no conduzcas, si bebes *es una ~.* **4** LING. (conjunción) Que introduce una oración de esa clase: *la conjunción* si *es ~.*

con·di·cio·nar |kondiθionár| *tr.* [algo] Hacer depender una cosa de una serie de circunstancias: *las enfermedades condicionan la salud; María condicionó su respuesta a las opiniones de su familia.* ⇒ **influir, supeditar.**

con·di·men·ta·ción |kondimentaθión| *f.* Acción y resultado de *condimentar: *en casa utilizamos bastante el tabasco en la ~ de las comidas; para la ~ de la ensalada necesitas sal, aceite y vinagre.* ⇒ **aderezo.**

con·di·men·tar |kondimentár| *tr.* [algo] Añadir sal y especias para dar sabor a la comida: *el cocinero condimenta la carne con sal y pimienta.* ⇒ **aderezar, aliñar, arreglar, sazonar.**

con·di·men·to |kondiménto| *m.* Sustancia que sirve para dar sabor a la comida: *la sal, la pimienta, el orégano y el azafrán son condimentos.* ⇒ **especia.**

con·do·len·cia |kondolénθia| *f.* Participación en el dolor o la pena de otra persona: *la familia y los amigos mostraron su ~ a la viuda.*

con·do·ler·se |kondolérse| *prnl.* Participar en el dolor o la pena de otra persona: *nos condolemos por la muerte de su padre.* ☖ Se conjuga como 32.

con·do·mi·nio |kondominio| *m.* DER. Cosa o derecho que pertenece a varias personas: *el edificio era un ~.* ⇒ **copropiedad.**

con·dón |kondón| *m. fam. vulg.* Funda o cubierta muy fina de goma que se coloca sobre el pene y que sirve para impedir el embarazo y prevenir enfermedades sexuales: *en los lavabos de caballeros han puesto una máquina de condones.* ⇒ **preservativo.**

con·do·nar |kondonár| *tr.* [algo] Perdonar una pena o una deuda: *el gobierno ha condonado la deuda que habían contraído algunas empresas para facilitar su recuperación.*

cón·dor |kóndor| **1** *m.* Ave de gran tamaño, con la cabeza y el cuello desnudos, con plumas fuertes de color negro azulado, que son blancas en la espalda y en la parte superior de las alas, que se alimenta de otros animales: *el ~ vive en los Andes; las alas del ~ pueden llegar a medir tres metros.* ☖ Para indicar el sexo se usa el ~ macho y el ~ hembra. **2** Moneda de oro de Ecuador: *el ~ equivale a 25 sucres.* **3** Moneda de Chile y Colombia: *el ~ equivale a 10 pesos.* ☖ El plural es *cóndores.*

con·duc·ción |kondu^{k}θión| **1** ***f.*** Acción de conducir: *el pastor se encarga de la ~ del ganado hacia la montaña.* ⇒ **transporte. 2** Acción de dirigir o llevar el control, especialmente de un automóvil: *la ~ por autopista es monótona.* ⇒ **gobernación. 3** *form.* Conjunto de conductos dispuestos para el paso de un líquido o gas: *los obreros están colocando la ~ del gas ciudad.*

con·du·cir |konduθír| **1** ***tr.*** [algo, a alguien] Dirigir o llevar hacia un sitio: *el niño se perdió y un policía lo condujo a casa; esta acequia conduce el agua hacia los campos de regadío.* **2** [algo] Dirigir o llevar el control, especialmente de un automóvil: *Miguel conducía un camión por la carretera.* **3** Dirigir un negocio o la acción de un grupo: *a la muerte del padre, los hijos condujeron muy bien la empresa.* **- 4** ***intr.*** Ser causa u origen de una cosa: *el vicio conduce a la ruina.* **- 5 conducirse** ***prnl.*** Comportarse, obrar de una manera: *se conduce como un loco.* ☖ Se conjuga como 46.

con·duc·ta |kondú^{k}ta| ***f.*** Actitud, manera de conducirse y comportarse ante los demás: *tu ~ no es muy correcta; mi hijo ha sido premiado por buena ~.* ⇒ **comportamiento.**

con·duc·ti·vi·dad |kondu^{k}tiβiðá^{ð}| ***f.*** FÍS. Cualidad por la que los cuerpos conductores dejan pasar el calor o la electricidad: *la ~ eléctrica es la constante inversa a la resistencia.*

con·duc·ti·⌐vo, ⌐va |kondu^{k}tíβo, βa| ***adj.*** FÍS. Que deja pasar el calor o la electricidad: *los circuitos eléctricos se construyen con material ~.* ⇒ **conductor.**

CÓNDOR

con·duc·to |kondú^{k}to| **1** ***m.*** Canal o tubo que sirve para llevar fluidos de un lugar a otro: *el aire caliente sale por este ~; las venas y arterias son conductos que hacen circular la sangre.* **2** *fig.* Medio o vía que se sigue con un fin determinado: *puede que el ~ utilizado para tramitar la licencia no fuese el más adecuado.* ■ **por ~ de,** a través de; por medio de: *hicieron llegar las noticias al primer ministro por ~ del embajador.*

con·duc·⌐tor, ⌐to·ra |kondu^{k}tór, tóra| **1** ***adj.-s.*** Que conduce: *colocaron un perro ~ al frente del trineo.* ⇒ **guía. 2** Persona que conduce un automóvil: *el número de conductores ha aumentado mucho; el conductor del autobús es muy joven.* ⇒ **chófer. 3** FÍS. Que ofrece poca resistencia al paso del calor o la electricidad: *los metales son buenos conductores.*

con·du·mio |kondúmio| ***m.*** *fam.* Comida, en general: *tomaron un suculento ~ de carnes guisadas.*

co·nec·tar |kone^{k}tár| **1** ***tr.*** [algo] Enchufar a la red eléctrica: *ya hemos conectado la lavadora nueva; el técnico vino a ~ una antena parabólica.* ⇒ **enchufar.** ⇔ **desconectar. - 2** ***tr.-intr.*** [algo, a alguien] Unir o poner en comunicación; establecer una relación: *conectaremos las distintas piezas para armar el modelo; el libro no consiguió ~ con la realidad.* ⇒ **empalmar, enlazar. - 3** ***intr.*** ELECTR. [con algo/alguien] Establecer comunicación, especialmente por medio de un sistema automático: *vamos a ~ con nuestros estudios de televisión en Barcelona; la emisora de radio conectó con su corresponsal en Los Ángeles.*

co·ne·je·ra |konexéra| **1** ***f.*** Lugar en el que viven y se protegen los *conejos: *el cazador encontró una ~ siguiendo el rastro del conejo que huía.* ⇒ **madriguera. 2** *fig.* Lugar o espacio pequeño: *no podemos seguir viviendo en esta ~.*

co·ne·⌐jo, ⌐ja |konéxo, xa| **1** ***m. f.*** Animal mamífero doméstico, roedor, con las orejas largas, las patas traseras más largas que las delanteras, la cola corta y el pelo espeso: *el ~ puede ser silvestre y vive en madrigueras; hemos comido ~ al ajillo; con la piel del ~ se fabrican guantes;* ~ **/conejillo de Indias,** mamífero roedor de pequeño tamaño, que se emplea en experimentos científicos: *el ~ de Indias tiene las orejas cortas; la gente tiene conejillos de Indias como mascotas.* ⇒ **cobaya;** ~ **/conejillo de Indias,** *fam. fig.,* persona o animal que se emplea en experimentos científicos, especialmente sin su *consentimiento: *se negó a que lo utilizaran como ~ de Indias.* ⇒ **cobaya. 2** *fam. desp. fig.* Persona que tiene hijos frecuentemente: *estos vecinos son unos conejos, ya tienen diez hijos; la coneja de tu prima no hace más que dar a luz.* ☖ Se usa mucho en femenino.

co·ne·xión |kone^{k}sión| **1** ***f.*** Relación o unión entre dos cosas: *no hay mucha ~ entre las dos ideas; Javier y yo no tenemos ninguna ~; la ~ de todas las piezas resultó difícil.* ⇒ **enlace. 2** ELECTR. Comunicación que se establece por medio de un sistema automático: *la periodista informó de los sucesos* *gracias a una ~ telefónica.* **3** ELECTR. Punto de unión entre aparatos o sistemas eléctricos: *el electricista revisó todas las conexiones del edificio.* ⇒ **enchufe.** **- 4 conexiones** *f. pl. fig.* Relaciones sociales o económicas: *fue acusado de tener conexiones con la mafia.* **5** *fam.* Personas con las que se mantienen relaciones sociales o económicas: *llamaré a mis conexiones del ayuntamiento para solucionar el problema.*

co·ne·⌈xo, ⌈xa |koné^{k}so, ^{k}sa| ***adj.*** *form.* Que tiene unión o guarda una relación adecuada entre sus partes o con otra cosa: *no es capaz de construir dos argumentos conexos.* ⇔ **inconexo.**

con·fa·bu·la·ción |konfaβulaθión| ***f.*** Acción y resultado de *confabularse: *el servicio de inteligencia descubrió una ~ contra la democracia.*

con·fa·bu·lar·se |konfaβulárse| ***prnl.*** Ponerse secretamente de acuerdo dos o más personas sobre un asunto que interesa también a un tercero: *se han confabulado con mis enemigos para llevarme a la ruina.*

con·fec·ción |konfe^{k}θión| **1** ***f.*** *form.* Elaboración a partir de diferentes materias: *la cerveza requiere una ~ cuidadosa; la ~ de la tarta le llevó todo el día; muchas bodegas se dedican a la ~ exclusiva de licores.* ⇒ **fabricación. 2** Actividad de hacer prendas de vestir: *esta empresa se dedica a la ~ de ropa vaquera.* **3** *form.* Preparación o elaboración de un todo a partir de distintos componentes; especialmente, elaboración de una lista o relación de objetos: *mi cuñada se encargará de la ~ del menú; la ~ del presupuesto nos ha costado varias semanas.* **- 4 confecciones** ***f. pl.*** Prendas de vestir que se venden hechas, a diferencia de las que se encargan a medida: *en los grandes almacenes hacen rebajas en las confecciones; las confecciones están en la planta sexta.*

con·fec·cio·nar |konfe^{k}θionár| **1** ***tr.*** *form.* [algo] Elaborar un producto a partir de diferentes materias: *un cocinero muy famoso confeccionó el pastel de bodas; la bruja confeccionaba pócimas y venenos.* ⇒ **componer, elaborar, fabricar. 2** *form.* Hacer prendas de vestir: *el sastre me ha confeccionado un traje a medida; esta fábrica confecciona pantalones vaqueros.* **3** *form. p. ext.* Preparar o elaborar un todo a partir de distintos componentes; elaborar una lista o relación de objetos: *un gran equipo confeccionará el censo de población; confecciona una lista con todo lo que necesitamos.*

con·fe·de·ra·ción |konfeðeraθión| ***f.*** Unión de personas o países con un fin determinado: *la Confederación Helvética está integrada por todos los cantones suizos.* ⇒ **alianza.**

con·fe·de·rar |konfeðerár| ***tr.-prnl.*** [algo, a alguien] Unir o poner de acuerdo a dos o más personas o países con un fin determinado: *las pequeñas empresas se han confederado.* ⇒ **aliar.**

con·fe·ren·cia |konferénθia| **1** ***f.*** *form.* Acto en el que una persona habla ante un público sobre un tema de ciencia o cultura: *la ~ sobre Medio Ambiente es en el salón de actos del Ateneo.* **2** *form.* Reunión de personas con autoridad, especialmente representantes de *gobiernos, para tratar asuntos importantes: *los ministros de Defensa de la Unión Europea celebrarán una ~ en Bruselas;* **~ cumbre,** *form.*, la que celebran varios jefes de estado o de gobierno para decidir sobre asuntos importantes: *pronto habrá una ~ cumbre entre las grandes potencias mundiales.* **3** *form.* Comunicación telefónica, especialmente la que se establece a larga distancia: *operadora, quisiera poner una ~ con París.* ■ **~ de prensa,** *form.*, reunión en la que los *periodistas preguntan a una persona sobre determinados asuntos: *el cantante convocó una ~ de prensa.* ⇒ **rueda.**

con·fe·ren·cian·te |konferenθiánte| ***com.*** *form.* Persona que habla ante un público sobre un tema de ciencia o cultura: *al final de su discurso, el ~ respondió a las preguntas de los asistentes; el ~ fue muy elogiado por todos.*

con·fe·ren·ciar |konferenθiár| ***intr.*** Reunirse dos o más personas para tratar de un asunto: *el embajador argentino conferenció con el jefe del gobierno.* ☐ Se conjuga como 12.

con·fe·rir |konferír| **1** ***tr.*** [algo, a alguien] Dar, especialmente un favor o un honor, quien tiene autoridad o poder para hacerlo: *la partición legal confiere a cada heredero la propiedad exclusiva de los bienes que le hayan sido adjudicados.* ⇒ **conceder. 2** Atribuir o añadir una cualidad: *la decoración confiere al libro belleza plástica.* ☐ Se conjuga como 35.

con·fe·sar |konfesár| **1** ***tr.-prnl.*** [algo] Reconocer una falta o un error: *Carlos confesó el robo del jarrón chino.* **- 2** ***tr.*** Expresar voluntariamente actos, ideas o sentimientos; revelar un secreto: *te confieso que tengo mis dudas sobre el tema; Lola nunca confesará su verdadera edad.* ⇒ **declarar. - 3** ***tr.-prnl.*** Entre los *católicos, reconocer los *pecados ante el sacerdote: *me confieso todos los domingos antes de misa.* **- 4** ***tr.-intr.*** Reconocer el acusado su culpa: *el criminal confesó durante el interrogatorio.* ⇒ **declarar.** ☐ Se conjuga como 27.

con·fe·sión |konfesión| **1** ***f.*** Expresión voluntaria de un acto, una idea o un sentimiento; revelación de un secreto: *tengo que hacerte una ~: nunca he sido feliz.* **2** Reconocimiento de las propias faltas o errores: *la ~ que hizo la otra noche resultó ser una farsa.* **3** DER. Reconocimiento que el acusado hace de su propia culpa durante el juicio: *el juez leyó con atención la ~ de culpabilidad del acusado.* ⇒ **declaración. 4** REL. Reconocimiento de los *pecados ante un sacerdote: *el sacerdote escuchó su ~ y le impuso la penitencia.* **5** REL. *Sacramento de la Iglesia *católica que consiste en reconocer los *pecados ante el sacerdote, cumplir una pena por ellos y recibir el *perdón: *la ~ y la comunión están muy relacionadas.* ⇒ **penitencia. 6** REL. *form.* Religión y conjunto de personas que la practican: *la ~ budista es la más importante de Oriente.* ⇒ **credo, creencia, doctrina. - 7 confesiones** ***f. pl.*** *form.* Libro en el que una persona explica su propia vida a los demás: *«Las confesiones» de San Agustín son muy famosas.* ⇒ **autobiografía.**

con·fe·sio·na·rio |konfesionário| ***m.*** ⇒ **con-**

fesonario. ⌂ La Real Academia Española prefiere la forma *confesonario.*

con·fe·˹so, ˹sa |konféso, sa| ***adj.*** (persona) Que ha reconocido su culpa; que ha *confesado: *es culpable ~ del crimen.* ⇔ **inconfeso.**

con·fe·so·na·rio |konfesonário| ***m.*** Espacio pequeño y cerrado en cuyo interior se coloca el sacerdote para escuchar los *pecados de los fieles: *el párroco estará en el ~ a disposición de los feligreses media hora antes de cada misa.* ⇒ **confesionario.**

con·fe·sor |konfesór| ***m.*** REL. Sacerdote que tiene poder para escuchar los *pecados y perdonarlos: *el cardenal Cisneros era ~ de la reina Isabel.*

con·fe·ti |konféti| ***m.*** Papel de colores cortado en trozos muy pequeños que se lanza en las fiestas: *en la boda arrojamos confetis y arroz a los novios; la noche de fin de año se lanzan confetis y serpentinas.* ⌂ El plural es *confetis.*

con·fia·˹do, ˹da |konfiáðo, ða| **1** ***adj.*** Que cree y tiene excesiva confianza en la gente: *este chico es muy ~, pero siempre le toman el pelo.* ⇒ **cándido, crédulo, ingenuo. 2** Que está tranquilo y seguro: *el cachorro se acercó ~ a la niña.*

con·fian·za |konfiánθa| **1** ***f.*** Esperanza o seguridad: *tiene mucha ~ en sus colaboradores; este comercio merece mi ~.* **2** Ánimo que se basa en la esperanza o en la seguridad: *fue al examen con mucha ~.* **3** Modo natural de comportarse o tratarse: *tengo mucha ~ con mis compañeros; le pedí el favor a Daniel porque con él tengo más ~.* ⇒ **familiaridad, intimidad. - 4 confianzas *f. pl.*** Libertades excesivas en el trato: *ese niño se toma demasiadas confianzas con los adultos.* ■ **de ~**, que da seguridad; que ha probado ser bueno o fiel: *mi secretario es de toda ~; compré esta tarta en una pastelería de ~.* ■ **de ~**, que tiene un comportamiento o recibe un trato natural o frecuente: *hoy viene a comer un amigo de ~.*

con·fiar |konfiár| **1** ***intr.-prnl.*** [en algo] Estar tranquilo y seguro en cuanto a la fuerza o las cualidades propias o de otros: *confío en mi inteligencia para resolver el problema; confiaba en la ayuda de toda su familia; cuando bajaba la escalera, se confió y se cayó.* **- 2 *intr.*** [en algo/alguien] Estar tranquilo y seguro en cuanto al comportamiento de una persona: *puedes ~ en Isabel porque es una amiga leal.* ⇒ **fiar. 3** Suponer o esperar una cosa prevista o deseada, en provecho propio: *confío en que la bolsa no se rompa; confiaba en su suerte.* **- 4 *tr.*** [algo; a alguien] Encargar, entregar o dejar al cuidado de otra persona una cosa importante: *ha confiado sus negocios a su mejor colaborador; confió la educación de su hijo a un tutor.* **- 5 *tr.-prnl.*** [algo; a alguien] Compartir un secreto: *quiero confiarte mis preocupaciones; me confiaré a mi mejor amiga.* **- 6 *tr.*** [algo; a algo] Abandonar una cosa o dejarla depender de otra abstracta o no material: *ella siempre confiaba la solución al azar; todo lo confía al destino.* ⌂ Se conjuga como 13.

con·fi·den·cia |konfiðénθia| ***f.*** Secreto o asunto privado: *no me interesa oír las confidencias de un desconocido; Carmen le hizo una ~ delicada.* ⇒ **intimidad.** ⌂ Se usa frecuentemente con el verbo *hacer.*

con·fi·den·cial |konfiðenθiál| ***adj.*** Que se hace o se dice de forma secreta o privada: *lo que te he contado es ~: espero que no se lo digas a nadie.*

con·fi·den·te, ˹ta |konfiðénte, ta| **1** ***adj.*** Que es fiel, seguro y de confianza: *se lo puedes contar a Juan: es un buen ~.* **- 2 *m. f.*** Persona a quien otra descubre sus secretos o le encarga cosas privadas: *dictó su testamento a su amigo y ~.* **3** Persona que observa o escucha con disimulo lo que otros hacen o dicen: *perteneció a un grupo de narcotraficantes, pero era ~ de la policía.* ⇒ **espía.**

con·fi·gu·ra·ción |konfiγuraθión| ***f.*** Colocación de las partes que componen una cosa y le dan su forma característica: *la ~ del terreno dificulta el paso de las máquinas.*

con·fi·gu·rar |konfiγurár| ***tr.*** [algo] Colocar de cierta forma las partes que componen una cosa y le dan su forma característica: *configuraron el programa informático para adaptarlo a las nuevas necesidades.*

con·fín |konfín| **1** ***m.*** Límite o línea que divide dos poblaciones, regiones u otros terrenos: *pasaron el ~ de la provincia.* **2** Punto más alejado al que alcanza la vista: *veíamos un barco en el ~.* **3** ***p. ext.*** Parte más alejada del centro de un lugar: *las naves espaciales se dirigían a los confines de la galaxia.* ⌂ Se suele usar en plural.

con·fi·na·mien·to |konfinamiénto| ***m.*** Acción y resultado de encerrar o quitar la libertad de movimiento: *el juez ordenó el ~ del acusado.*

con·fi·nar |konfinár| **1** ***tr.-prnl.*** [a alguien] Encerrar o quitar la libertad de movimiento: *confinaron al preso en una celda de castigo; se confinó en su casa.* ⇒ **recluir. - 2 *intr.*** Estar al lado; tener límite o frontera: *España confina con Francia y Portugal.* ⇒ **limitar, lindar.**

con·fir·ma·ción |konfirmaθión| **1** ***f.*** Dicho o prueba que afirma la verdad de una cosa: *no haremos nada hasta que recibamos la ~ del accidente por parte de la autoridad.* **2** *Sacramento de la Iglesia *católica, que consiste en dar valor de nuevo a la condición de cristiano: *varios jóvenes de la parroquia recibieron la ~ el domingo pasado.*

con·fir·mar |konfirmár| **1** ***tr.*** [algo] Comprobar y asegurar la verdad o posibilidad de una cosa que era dudosa: *el gobierno ha confirmado la subida de los salarios.* ⇒ **apoyar, corroborar, ratificar. - 2 *tr.-prnl.*** Asegurar, dar más firmeza y seguridad, especialmente a una sospecha o creencia: *has confirmado mis sospechas; los rumores de crisis se han confirmado plenamente.* ⇒ **afirmar. 3** [algo, a alguien] Dar fama; hacer famoso: *su último disco lo confirma como nuestro mejor cantante; nuestro piloto se ha confirmado como el mejor del mundo.* ⇒ **acreditar, consagrar. - 4 *tr.*** [algo] Hacer firme y legal una decisión aprobada con anterioridad: *el juez confirmó la sentencia.* **- 5 *tr.-prnl.*** [a alguien] Dar valor de nuevo a la condición de cristiano: *el obispo confirmó a quince muchachos de la parroquia; me confirmé a los diecisiete años.*

con·fis·car |konfiskár| ***tr.*** [algo] Quitar una propiedad privada y dársela al estado: *el material encontrado en la empresa ilegal fue confiscado; le han confiscado unos terrenos que tenía al lado de la nueva autovía.* ☖ Se conjuga como 1.

con·fi·tar |konfitár| **1** ***tr.-prnl.*** [algo] Cubrir de azúcar, especialmente semillas y frutos: *en esta pastelería confitan piñones y avellanas; estos dulces tan ricos son trozos de pera que han sido confitados.* ⇒ **escarchar. 2** Hervir frutas con agua y azúcar: *el melocotón y la piña se confitan y, entonces, se envasan en latas para su conservación.*

con·fi·te |konfíte| ***m.*** Dulce hecho con azúcar, generalmente con forma de bola de pequeño tamaño: *los confites se hacen con anís, piñones y almendras.* ⇒ **peladilla.** ☖ Se usa frecuentemente en plural.

con·fi·te·rí·a |konfitería| ***f.*** Establecimiento donde se elaboran y venden dulces, pasteles y chocolates: *compraremos la tarta en una ~.* ⇒ **bollería, pastelería.**

con·fi·te·⌜ro, ⌜ra |konfitéro, ra| ***m. f.*** Persona que se dedica a elaborar y vender dulces, pasteles y chocolates: *he encargado a un ~ mi tarta de cumpleaños.* ⇒ **dulcero, pastelero.**

con·fi·tu·ra |konfitúra| **1** ***f.*** Dulce hecho de fruta *cocida con azúcar: *me encanta la ~ de fresa; prefiero la mermelada a la ~ porque no es tan empalagosa.* ⇒ **compota. 2** Fruta cubierta de un baño de azúcar: *en Navidad comemos turrones, mazapanes y confituras.*

con·flic·ti·vo, ⌜va |konfli^{k}tíβo, βa| **1** ***adj.*** Que causa o tiene *conflictos: *la situación en las calles se ha vuelto muy conflictiva.* **2** (persona) Que tiene mal carácter y siempre presenta o da problemas: *desde que sus padres se divorciaron, es un niño rebelde y ~.*

con·flic·to |konfli^{k}to| **1** ***m.*** Oposición o enfrentamiento: *Carlos está en ~ permanente con sus compañeros; han surgido algunos conflictos por la propiedad de la tierra;* **~ colectivo,** el de carácter *laboral, que enfrenta a trabajadores, empresarios y gobierno: *el ~ colectivo que vive el país puede acabar en una huelga.* **2** Lucha armada; guerra: *el ~ no concluyó hasta tres años más tarde.* ⇒ **combate. 3** *fig.* Discusión o problema que enfrenta opiniones contrarias: *el ~ sobre el medio ambiente es cada día más intenso.* ⇒ **debate. 4** *fig.* Situación desgraciada y de difícil salida: *lo han puesto en un ~ porque tiene que elegir entre dos trabajos.* ⇒ **apuro, compromiso.**

con·fluen·cia |konfluénθia| ***f.*** Lugar donde se unen dos ríos o caminos: *el molino está en la ~ de los dos ríos.*

con·fluir |konfluír| **1** ***intr.*** Unirse dos corrientes de agua distintas: *los ríos Jarama y Henares confluyen en el Tajo; el Ebro confluye en Tortosa con el Mediterráneo.* **2** Reunirse en un solo punto distintas direcciones: *en la Puerta del Sol de Madrid confluyen las carreteras nacionales de España; en este cruce confluyen cinco calles.* **3** *fig.* Unirse para formar un todo: *en sus últimas esculturas confluyen el arte y la moda.* ☖ Se conjuga como 62.

con·for·ma·ción |konformaθión| ***f.*** *form.* Composición o colocación de las partes que forman un conjunto: *el investigador está ocupado en la definición y ~ de una teoría nueva.* ⇒ **distribución.**

con·for·mar |konformár| **1** ***tr.-prnl.*** [algo; a algo] Adaptar, ajustar: *habrá que conformar los gastos a los beneficios.* **- 2** ***tr.*** [algo, a alguien] Formar parte de un conjunto: *millones de células conforman el cuerpo de los seres vivos.* ⇒ **componer. - 3 conformarse** ***prnl.*** [con algo/alguien] Aceptar voluntariamente, generalmente una cosa o situación que no es perfecta o que no satisface completamente: *de momento, tengo que conformarme con este sueldo; queríamos dos habitaciones individuales, pero tuvimos que conformarnos con una doble.*

con·for·me |konfórme| **1** ***adj.*** Que está de acuerdo; que acepta voluntariamente una situación: *estoy ~ con las obligaciones de mi nuevo trabajo; no estaban muy conformes con el segundo premio.* ☖ Se usa con el verbo *estar.* **- 2** ***adv. m.*** Según; a medida que: *todo salió ~ lo habíamos planeado; se iba cansando ~ subía las escaleras.* ■ **~ a,** en relación a; de acuerdo con: *cobrarás ~ al trabajo realizado.* ⇒ **arreglo.**

con·for·mi·dad |konformiðá^ð| **1** ***f.*** Aprobación; actitud de acuerdo con una situación: *dio su ~ para empezar las obras; necesitamos la ~ del director.* ⇒ **consentimiento. 2** Actitud de aceptar voluntariamente una desgracia o molestia sin quejarse ni protestar: *la ~ no siempre es aconsejable; hay que combinar la ~ con la rebeldía.* **3** Coincidencia o parecido entre dos cosas o dos ideas: *hay una gran ~ entre padre e hijo; las opiniones de Antonio no tienen ~ con las nuestras.* ⇒ **armonía, concordancia.**

con·for·mis·mo |konformísmo| ***m.*** Cualidad del que se conforma y se adapta con facilidad a las circunstancias: *el ~ se está extendiendo entre los jóvenes y cada vez son más raras las protestas.* ⇔ **inconformismo.**

con·for·mis·ta |konformísta| **1** ***adj.-com.*** (persona) Que está de acuerdo con lo tradicional o lo establecido *oficialmente: *la dictadura estaba apoyada por algunos partidarios y por una gran masa de conformistas.* ⇔ **inconformista. 2** (persona) Que se conforma y se adapta fácilmente a cualquier circunstancia: *es un joven muy ~, está bien en cualquier sitio.* ⇔ **inconformista. - 3** ***adj.*** Que muestra acuerdo con lo tradicional o lo establecido *oficialmente: *al mensaje radiofónico subyace una ideología conservadora y ~ que degrada culturalmente a la mujer.*

con·fort |konfór^t| ***m.*** Comodidad y *bienestar: *el ~ es la cualidad más destacada de mi automóvil.* ☖ No se usa en plural.

con·for·ta·ble |konfortáβle| ***adj.*** Que hace sentir a gusto; que es agradable: *el sofá nuevo es muy ~; para estar en casa me pongo ropa ~.* ⇒ **cómodo.**

con·for·tar |konfortár| **1** ***tr.-prnl.*** [a alguien] Dar fuerzas a una persona cansada o débil: *en las frías tardes de invierno, una taza de chocolate caliente te confortará.* ⇒ **fortalecer. - 2** ***tr.*** *fig.* Dar ánimo a una persona para que resista una situación difícil:

después del entierro, todos los amigos se quedaron a ~ a la viuda; me confortan mucho tus consejos. ⇒ **consolar.**

con·fra·ter·ni·zar |konfraterniθár| **1** ***intr.*** Llegar a tratarse como amigos o compañeros: *el trabajo en común ha hecho que confraternicemos.* **2** Llegar a establecer trato o una buena relación personas separadas por una diferencia social, de grupo o de intereses: *confraternizó en la escuela con el hijo de la familia enemiga.* ☖ Se conjuga como 4.

con·fron·ta·ción |konfrontaθión| ***f.*** Enfrentamiento entre dos o más personas: *después de la ~, siguieron siendo amigos.*

con·fron·tar |konfrontár| **1** ***tr.*** [algo] Comparar; examinar para encontrar parecidos y diferencias: *se ha confrontado el original con la copia y se ha descubierto que ésta era falsa.* ⇒ **cotejar.** **2** *form.* [a alguien] Enfrentar a dos personas que defienden afirmaciones contrarias: *el juez confrontó al acusado y a su cómplice para resolver el caso.* ⇒ **carear.** - **3** ***intr.*** Coincidir; estar de acuerdo: *las declaraciones no confrontan; tus opiniones y las mías no confrontan.*

con·fu·cia·nis·mo |konfuθianísmo| ***m.*** Doctrina moral y política del *filósofo Confucio: *el ~ está muy extendido por China y Japón.* ⇒ **confucionismo.**

con·fu·cio·nis·mo |konfuθionísmo| ***m.*** ⇒ **confucianismo.** ☖ La Real Academia Española prefiere la forma *confucianismo.*

con·fun·dir |konfundír| **1** ***tr.-prnl.*** [algo] Mezclar de modo que no se pueda distinguir; borrar los límites: *los dos ríos confunden sus aguas; las cosas se confunden en la oscuridad.* **2** [algo, a alguien] Equivocar, tomar o entender una cosa por otra: *la confundí con su hermana; confundimos el camino y nos perdimos en el bosque; los daltónicos confunden el rojo y el verde.* **3** [algo] Cambiar un orden lógico: *al encuadernar el libro se confundieron las páginas.* **4** [a alguien] Provocar dudas; hacer que no se entienda: *su palabrería me confundió.*

con·fu·sión |konfusión| **1** ***f.*** Falta de claridad y orden: *la ~ se produce cuando todos hablamos a la vez; expuso sus ideas con ~ y no pudimos entenderlas bien.* ⇒ **desorden, lío.** **2** Equivocación o error: *el recepcionista del hotel me pidió disculpas por la ~ de equipajes.* **3** Duda o falta de decisión: *tantos problemas le habían producido una gran ~.*

con·fu·so, ⌐sa |konfúso, sa| **1** ***adj.*** Que está falto de claridad y orden: *es un libro ~; tiene una opinión algo confusa sobre el tema.* ⇒ **desordenado, oscuro.** **2** Que es difícil de distinguir: *se oían voces confusas; una confusa figura salió de detrás de las cortinas.* **3** (persona) Que duda o no es decidido; que no sabe qué hacer o qué decir: *aún está muy ~ para elegir su futuro; la sorpresa lo dejó ~.* ⇒ **indeciso, perplejo.**

con·ge·la·ción |koŋxelaθión| **1** ***f.*** Paso del estado líquido al sólido por disminución de la temperatura: *la ~ del agua se realiza a cero grados centígrados.* ⇔ **fusión.** **2** Disminución de la temperatura de una cosa para volver sólido el líquido que contiene: *la ~ de los alimentos es un buen método para conservarlos; la ~ del pescado se realiza en alta mar.* **3** *fig.* Detención del desarrollo normal de un acontecimiento: *el último ataque militar ha provocado la ~ de las negociaciones de paz.* **4** *fig.* Detención de una operación determinada, especialmente si está relacionada con la economía: *el gobierno ha pedido la ~ de la peseta hasta que todo se solucione; la ~ de los sueldos de los funcionarios ha provocado una huelga.*

con·ge·la·dor |koŋxelaðór| **1** ***m.*** Máquina que sirve para congelar, generalmente alimentos: *hemos comprado un ~ más grande.* **2** Espacio en los *frigoríficos donde se hace el hielo y se congelan los alimentos que se quieren conservar mucho tiempo: *mi nevera tiene el ~ en la parte inferior; saca unos cubitos de hielo del ~.*

con·ge·lar |koŋxelár| **1** ***tr.-prnl.*** [algo] Pasar del estado líquido al sólido al bajar la temperatura: *he congelado el agua para hacer cubitos de hielo; ha hecho tanto frío, que se ha congelado el río.* ⇒ **helar.** ⇔ **fundir.** - **2** ***tr.*** Poner una cosa sólida a una temperatura lo bastante baja para que se vuelva sólido el líquido que tiene: *en los pesqueros congelan el pescado para conservarlo.* ⇔ **descongelar.** **3** *fig.* Detener el curso o un desarrollo normal: *todos los trámites se han congelado hasta que se apruebe la nueva ley.* **4** Impedir determinadas operaciones, generalmente relacionadas con la economía: *el gobierno ha congelado los salarios.* - **5 congelarse** ***prnl.*** Sentir o sufrir mucho frío: *me he olvidado el abrigo y me estoy congelando.* ⇒ **helar.**

con·gé·ne·re |koŋxénere| ***adj.-s.*** *form.* Que tiene el mismo origen, género o clase que otro: *los seres humanos son mis congéneres.*

con·ge·niar |koŋxeniár| ***intr.*** Llevarse bien dos personas por tener el mismo carácter, las mismas ideas o gustos parecidos: *Isabel y Ana han congeniado muy pronto; nunca podré ~ con él.* ☖ Se conjuga como 12.

con·gé·ni·⌐to, ⌐ta |koŋxénito, ta| **1** ***adj.*** *form.* (*rasgo, cualidad) Que se posee antes de nacer; que es natural y no se aprende: *su timidez es congénita.* **2** MED. (*rasgo, carácter) Que nace con un ser y que no es heredado, sino que se desarrolla en el feto durante el embarazo: *la rubeola de la madre puede producir enfermedades congénitas en el hijo.*

con·ges·tión |koŋxestión| **1** ***f.*** Acumulación excesiva de una cosa que impide o cierra el paso, la circulación o el movimiento: *una fila de autobuses ha producido una ~ en la calle principal.* ⇒ **atasco, embotellamiento, tapón.** ⇔ **descongestión.** **2** *form.* Acumulación excesiva de sangre u otro fluido en un órgano del cuerpo: *este medicamento alivia la ~ nasal; la bronquitis le ha causado una ~ pulmonar; murió de una ~ cerebral.*

con·ges·tio·nar |koŋxestionár| **1** ***tr.-prnl.*** [algo] Producir una acumulación excesiva de personas o vehículos, impidiendo o cerrando el paso, la circulación o el movimiento: *al principio de las vacaciones es frecuente que se congestionen las carreteras de salida de las grandes ciudades.* ⇔ **descongestio-**

nar. 2 Acumularse una cantidad excesiva de sangre u otro fluido en un órgano del cuerpo: *si se le congestiona la nariz, échese estas gotas.*

con·glo·me·ra·do |koŋglomeráðo| **1** ***m.*** *form. fig.* Mezcla de varias cosas distintas: *la India es un ~ de razas, religiones y lenguas.* ⇒ **amalgama, mosaico. 2** *form.* Masa formada por pequeños trozos de una o varias sustancias, pegados entre sí de forma artificial: *algunas industrias reciclan el papel, la tela y la madera, para fabricar conglomerados.* ⇒ **aglomerado.**

con·go·ja |koŋgóxa| ***f.*** Pena o sufrimiento muy intenso; miedo que no tiene una causa conocida: *sintió una gran ~ por la muerte de su padre; la oscuridad le producía una terrible ~.* ⇒ **ansia, angustia, ansiedad.**

con·go·le·⌜ño, ⌜ña |koŋgoléɲo, ɲa| **1** ***adj.*** Del Congo o que tiene relación con el Congo: *la capital congoleña es Brazzaville.* **2** ***m. f.*** Persona nacida en el Congo o que vive habitualmente en el Congo: *los congoleños hablan francés y varias lenguas bantúes.*

con·gra·ciar |koŋgraθiár| ***tr.-prnl.*** [a alguien] Conseguir el afecto o la buena voluntad de una persona: *el marqués congració a sus dos hijos; con este rasgo de generosidad ha querido congraciarse con todos.* ☖ Se conjuga como 12.

con·gra·tu·lar·se |koŋgratulárse| ***prnl.*** Expresar o comunicar a una persona que se comparte su alegría o satisfacción: *me congratulo de que te hayas incorporado a nuestro equipo.*

con·gre·ga·ción |koŋgreɣaθión| **1** ***f.*** *form.* Reunión de muchas personas: *una ~ de jóvenes se agolpaba a las puertas del estadio; una ~ de fieles iba en procesión a Guadalupe.* ⇒ **multitud. 2** Conjunto de personas que forman un grupo religioso bajo la protección de la Virgen o de un santo y que se dedican a rezar y a ayudar a los demás: *la ~ del Sagrado Corazón de María trabaja en las misiones de África y América.* ⇒ **orden.**

con·gre·gar |koŋgreɣár| ***tr.-prnl.*** *form.* [algo, a alguien] Juntar o reunir en gran cantidad: *el próximo partido de baloncesto congregará más de dos mil personas; cientos de personas se congregaron en la iglesia.* ☖ Se conjuga como 7.

con·gre·sis·ta |koŋgresísta| ***com.*** Persona que forma parte de un *congreso o que participa en un *congreso: *cada ~ aporta sus conocimientos y su investigación en el congreso científico.*

con·gre·so |koŋgréso| **1** ***m.*** Conjunto de los representantes de los ciudadanos, que decide y vota las leyes de una nación: *el ~ se llama también* cámara baja *y está formado por los diputados.* ⇒ **corte, parlamento, senado. 2** Edificio donde se reúnen los representantes de los ciudadanos para discutir asuntos importantes de la nación: *el ~ está situado en la carrera de San Jerónimo.* **3** Reunión de profesionales para tratar temas de una especialidad: *los cirujanos de toda España asistieron al último ~ de medicina interna.* ⇒ **simposio.**

con·grio |kóŋgrio| ***m.*** Pez marino comestible, de gran tamaño, con el cuerpo casi cilíndrico y de color negro o gris: *el ~ tiene una gran aleta dorsal; la sopa de pescado se hace con ~.* ☖ Para indicar el sexo se usa el ~ macho y el ~ hembra.

con·gruen·cia |koŋgruénθia| ***f.*** *form.* Relación lógica o conveniencia; correspondencia con una cosa determinada: *no hay mucha ~ entre sus palabras y sus hechos.* ⇒ **coherencia.** ⇔ **incongruencia.**

con·gruen·te |koŋgruénte| ***adj.*** *form.* Que es conveniente y lógico; que se corresponde con otra cosa determinada: *tus actos deben ser congruentes con tu forma de pensar.* ⇒ **acorde, coherente.** ⇔ **incongruente.**

có·ni·⌜co, ⌜ca |kóniko, ka| **1** ***adj.*** Que tiene forma de cono: *los cucuruchos del helado tienen forma cónica.* **2** Del cono o que tiene relación con el cono: *el círculo y la parábola son secciones cónicas.*

co·ní·fe·⌜ro, ⌜ra |konífero, ra| ***adj.-f.*** BOT. (planta, árbol) De hoja permanente y frutos en forma de piña: *el pino, el abeto y el ciprés son especies coníferas; las coníferas son abundantes en Europa.*

con·je·tu·ra |koŋxetúra| ***f.*** Suposición o juicio formado a partir de señales: *deja de hacer conjeturas y averigua la verdad.*

con·ju·ga·ción |koŋxuɣaθión| **1** ***f.*** LING. Conjunto de las distintas formas del verbo con las que se expresan las variaciones de voz, modo, tiempo, aspecto, número y persona: *María está estudiando la ~ del verbo* haber. **2** LING. Grupo de todos los verbos que se conjugan igual y que tienen como modelo un verbo regular: *en español hay tres conjugaciones regulares.* ☖ La conjugación se determina a partir de las formas de infinitivo; por eso, hay una conjugación para los verbos acabados en *-ar*, otra para los que terminan en *-er* y una tercera para los terminados en *-ir*. **3** *form.* Unión de elementos distintos, formando un compuesto lógico o adecuado o adaptándose entre sí: *el éxito de esta obra reside en la sabia ~ de fantasía y realidad.* ⇒ **combinación.**

con·ju·gar |koŋxuɣár| **1** ***tr.-prnl.*** LING. [algo] Poner un verbo en distintas formas para expresar las variaciones de voz, modo, tiempo, aspecto, número y persona: *este verbo se conjuga como* llegar; *Felipe está aprendiendo a ~ los verbos irregulares.* **2** *form.* [algo; con algo] Unir o relacionar para formar un compuesto lógico o adecuado: *es útil ~ la tradición con las nuevas técnicas.* ⇒ **combinar.** ☖ Se conjuga como 7.

CONGRIO

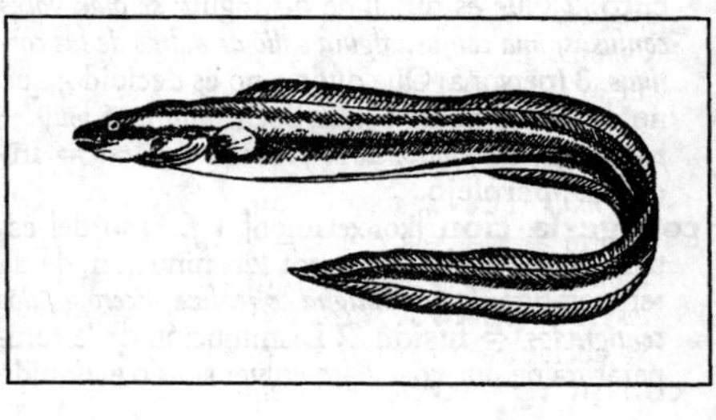

con·jun·ción |koŋxunθión| **1** ***f.*** *form.* Unión, punto de encuentro: *la Generación del 27 consiguió una ~ entre poesía, pintura, cine y música.* **2** LING. Clase de palabras que no experimentan cambios de forma y que indican la relación existente entre elementos, sirviendo como unión gramatical: *en la oración* Juan y Pedro vinieron, aunque estaban cansados, *las palabras* y *y* aunque *son conjunciones.* ⇒ **preposición.**

con·jun·tar |koŋxuntár| ***tr.*** [algo] Juntar varias cosas de tal modo que formen un conjunto adecuado y proporcionado: *trata de ~ bien los zapatos con el bolso.*

con·jun·ti·va |koŋxuntíβa| ***f.*** ANAT. Tejido delgado que cubre la parte interior del párpado y llega hasta la parte anterior del globo del ojo de los vertebrados: *la ~ tiene como función proteger el globo ocular.*

con·jun·ti·vi·tis |koŋxuntiβítis| ***f.*** MED. Inflamación del tejido que cubre el globo del ojo, debida a una *infección: *la ~ le puso el ojo rojo y casi no veía.* ☖ El plural es *conjuntivitis.*

con·jun·ti·⌐vo, ⌐va |koŋxuntíβo, βa| ***adj.*** *form.* Que sirve para unir: *en el cuerpo humano hay tejidos que cumplen una función conjuntiva.*

con·jun·⌐to, ⌐ta |koŋxúnto, ta| **1** ***adj.*** Que está unido o mezclado; que se hace a la vez o que tiene un fin común: *la reflexión debe ser conjunta; es labor conjunta de la pareja elegir el restaurante donde celebrarán el banquete de bodas.* **- 2 conjunto *m.*** Grupo de elementos considerados como un todo: *un rebaño es un ~ de ovejas; el médico adquiere un ~ de conocimientos en la universidad.* **3** Total de una cosa, sin tener en cuenta sus partes o detalles por separado: *este cambio afectará al ~ de la sociedad.* **4** Grupo pequeño de músicos: *Rafael toca la guitarra en un ~ que actúa en las fiestas de los pueblos.* **5** Prenda de vestir compuesta por dos o más prendas que se combinan adecuadamente: *me he comprado un ~ de falda y chaqueta de punto granate.* **6** Total de elementos que tienen una característica determinada: *el ~ de los números pares.*

con·ju·ra |koŋxúra| ***f.*** Acuerdo secreto contra un estado o sus gobernantes: *los generales participaron en una ~ contra él.* ⇒ **conjuración.**

con·ju·ra·ción |koŋxuraθión| ***f.*** Acuerdo secreto contra un estado o sus gobernantes: ⇒ **conjura, conspiración.**

con·ju·rar |koŋxurár| **1** ***tr.*** *form. fig.* [algo] Impedir o alejar un daño o peligro: *el gobierno ha tomado medidas para ~ la crisis.* ⇒ **evitar. 2** [a alguien] Pronunciar unas palabras mágicas para sacar o alejar los malos espíritus: *el Evangelio dice que Jesucristo conjuraba los demonios.* **3** Llamar a los espíritus: *la bruja elaboró una pócima para ~ al espíritu del mal.* ⇒ **invocar. - 4 conjurarse *prnl.*** [con/contra algo/alguien] Unirse o formar un grupo para hacer daño a una o varias personas o cosas: *los conspiradores se conjuraron contra el gobierno.* ⇒ **conspirar, intrigar.**

con·ju·ro |koŋxúro| **1** ***m.*** *form. fig* *Impedimento o alejamiento de un daño o peligro: *todos confiamos en el ~ de la catástrofe que se avecina.* **2** Serie de palabras mágicas que se pronuncian para sacar o alejar los malos espíritus: *el sacerdote repitió el ~ y la niña quedó salvada.* ⇒ **exorcismo. 3** Serie de palabras mágicas que se pronuncian para llamar a los espíritus: *el brujo pronunció un ~ y las puertas se cerraron.*

con·lle·var |konʎeβár| ***tr.*** [algo] Presentar o contener; tener como resultado directo: *la operación es muy delicada y conlleva muchos riesgos.* ⇒ **comportar.**

con·me·mo·ra·ción |komemoraθión| **1** ***f.*** Ceremonia o celebración que recuerda un hecho o fecha importante: *en 1992 tuvo lugar la ~ del Quinto Centenario del Descubrimiento.* **2** Recuerdo de un hecho o fecha importante: *los cristianos celebran la misa en ~ de la Última Cena de Jesucristo.* ⇒ **memoria.**

con·me·mo·rar |komemorár| **1** ***tr.*** [algo, a alguien] Celebrar una ceremonia o fiesta para recordar un hecho o fecha importante: *todo Madrid se reunió para ~ el dos de mayo.* **2** Recordar o servir de recuerdo de un hecho o fecha importante: *esta cruz conmemora a los caídos en la última guerra.*

con·me·mo·ra·ti·⌐vo, ⌐va |komemoratíβo, βa| ***adj.*** Que recuerda o *conmemora: *levantaron un monumento ~ dedicado al antiguo alcalde de la ciudad.*

con·men·su·ra·ble |komensuráβle| ***adj.*** Que puede ser medido: *la ilusión que se pone en el trabajo no es ~.* ⇔ **inconmensurable.**

con·men·su·rar |komensurár| ***tr.*** [algo] Medir, comparando o estableciendo una proporción: *tenemos que ~ el tiempo que trabajamos y el dinero que ganamos.*

con·mi·go |komíγo| ***pron. pers.*** Forma del pronombre personal de primera persona *mí,* que se usa cuando va acompañado por la preposición *con: ¿Por qué no vienes ~ a la fiesta? —Porque voy con Andrés.* ⇒ **consigo, contigo, mí.**

con·mi·nar |kominár| ***tr.*** [a alguien] Amenazar a una persona con una pena o castigo quien tiene poder de hacerlo: *conminó a su hijo a que cumpliera con su responsabilidad.*

con·mi·se·ra·ción |komiseraθión| ***f.*** *form.* Sentimiento de pena o dolor que se tiene hacia quienes sufren: *su estado lastimoso inspiraba una gran ~ en los demás.* ⇒ **compasión.**

con·mo·ción |komoθión| **1** ***f.*** Alteración mental o física que se produce de forma rápida y violenta: *el fuerte cambio de temperatura le produjo una ~ que le hizo desmayarse; el no encontrarla le produjo gran ~;* ~ **cerebral,** estado físico en el que se pierde el conocimiento por una descarga eléctrica, un golpe fuerte en la cabeza u otras causas: *el accidente de moto le produjo ~ cerebral.* **2** Cambio violento o alteración en el ánimo de una persona o un grupo: *su muerte significó una enorme ~ en la sociedad española; las nuevas técnicas literarias produjeron una ~ general.*

con·mo·cio·nar |ko^{m}moθionár| ***tr.*** [a alguien] Producir una *conmoción: *el golpe que recibió en la cabeza lo conmocionó.* ⇒ **conmover.**

con·mo·ve·⌜dor, ⌜do·ra |ko^{m}moβeðór, ðóra| ***adj.*** Que afecta o produce emoción: *su bondad es conmovedora.* ⇒ **emotivo, emocionante.**

con·mo·ver |ko^{m}moβér| **1** ***tr.-prnl.*** [a alguien] Afectar o alterar; causar impresión: *el último atentado ha conmovido al país entero.* ⇒ **conmocionar.** **2** Producir una emoción; hacer llorar: *la muerte del niño la conmovió; se conmueve con los dramas.* ⇒ **emocionar.** **3** Hacer que se sienta compasión: *la pobreza y la mortandad en el Tercer Mundo no parecen conmovernos.* **4** *form.* [algo] Hacer temblar: *el terremoto conmovió los edificios de toda la ciudad.* ⇒ **sacudir.** ⌂ Se conjuga como 32.

con·mu·ta·ble |ko^{m}mutáβle| ***adj.*** Que puede ser cambiado o sustituido por otra cosa: *el juez le impuso una pena que no era ~.*

con·mu·ta·dor |ko^{m}mutaðór| ***m.*** ELECTR. Aparato que sirve para cambiar la dirección de la corriente eléctrica: *las llaves de la luz son conmutadores.*

con·mu·tar |ko^{m}mutár| **1** ***tr.*** *form.* [algo] Cambiar o sustituir, generalmente una pena o un castigo por otro menos grave: *al preso le conmutaron la pena de muerte.* **2** MAT. Cambiar el orden de las cantidades en una operación matemática: *el resultado de la suma no varía aunque conmutes los factores.*

con·mu·ta·ti·⌜vo, ⌜va |ko^{m}mutatíβo, βa| ***adj.*** MAT. (propiedad) Que cambia el orden de las cantidades en una operación matemática sin alterar el resultado: *la suma y el producto tienen un carácter ~.*

con·mu·ta·triz |ko^{m}mutatríθ| ***f.*** ELECTR. Aparato que sirve para convertir la corriente eléctrica alterna en corriente continua o al contrario: *muchos motores llevan una ~.*

con·ni·ven·cia |ko^{n}niβénθia| ***f.*** Disimulo o *tolerancia de un superior hacia las faltas de sus subordinados: *los ladrones fueron dos empleados de la oficina y contaban con la ~ de su jefe.*

con·no·ta·ción |ko^{n}notaθión| ***f.*** *form.* Significado indirecto o *secundario: *la palabra* toro *tiene el significado de* animal, *pero también tiene una ~ de fuerza, salud y energía.* ⌂ La connotación puede ser positiva o negativa.

con·no·tar |ko^{n}notár| ***tr.*** LING. [algo] Tener un significado indirecto o *secundario: *la palabra* sol *connota verano y calor.* ⇒ **denotar.**

con·no·ta·ti·⌜vo, ⌜va |ko^{n}notatíβo, βa| ***adj.*** *form.* Que tiene un significado indirecto o *secundario: *la palabra* agosto *es fuertemente connotativa en español.*

co·no |kóno| **1** ***m.*** Cuerpo sólido terminado en punta y de base circular, cuya superficie está formada por las rectas que parten de la base y se unen en un punto: *las cabañas de los indios tienen forma de ~; el ~ está generado por un triángulo rectángulo que gira sobre uno de sus lados.* **2** Objeto de esta forma: *con un ~ de cartulina hice el gorro para mi disfraz de hada;* ~ **sur**, zona de América del Sur que incluye Chile, Argentina y Uruguay:

co·no·ce·⌜dor, ⌜do·ra |konoθeðór, ðóra| **1** ***adj.-s.*** (persona) Que conoce o se da cuenta: *María, conocedora de su fuerza, se presentó a un concurso de pulso.* ⇒ **consciente.** **2** Que entiende de una materia: *fue un gran ~ de la filosofía aristotélica.* ⇒ **experto.**

co·no·cer |konoθér| **1** ***tr.*** [algo, a alguien] Saber o comprender por medio de la razón: *te conozco muy bien y sé cómo vas a reaccionar; los científicos conocen la estructura de la materia.* **2** Tener trato o relación: *conozco a tu padre de vista.* **3** [algo] Sentir o experimentar: *Alejandro Magno no conoció la derrota.* **- 4** ***tr.-intr.*** [algo, de algo] Entender; ser capaz de distinguir: *Andrés conoce muy bien los vinos; Victoria conoce de arquitectura.* ⌂ Se conjuga como 44.

co·no·ci·⌜do, ⌜da |konoθíðo, ða| **1** ***adj.*** Que es distinguido o famoso: *la boda se celebró en un ~ hotel madrileño; este cantante es muy ~.* ⇒ **ilustre.** **- 2** ***m. f.*** Persona con quien se tiene una relación superficial, sin llegar a ser amigo de ella: *unos conocidos suyos fueron a visitarla.*

co·no·ci·mien·to |konoθimiénto| **1** ***m.*** Inteligencia o capacidad para saber o comprender por medio de la razón: *el ~ es una cualidad humana.* ⇒ **pensamiento, razón.** **2** Capacidad para sentir y comprender lo que ocurre: *Laura perdió el ~ a causa del accidente.* ⇒ **conciencia, consciencia, sentido.** **3** Saber que se consigue aplicando la razón: *los científicos están interesados en el ~ de una nueva vacuna.* **4** Experimentación o sentimiento *adquirido por la propia experiencia: *su meta es el ~ del éxito y la gloria.* **- 5 conocimientos** ***m. pl.*** Conjunto de las ideas aprendidas sobre una materia o disciplina: *Juan tiene amplios conocimientos de informática; mis conocimientos de química son escasos.* ⇒ **noción.** ■ **con ~**, con buen juicio; con paciencia: *los trabajos manuales hay que hacerlos con ~ para que no se estropeen.* ⇒ **prudencia, sensatez.** ■ **con ~ de causa**, conociendo los *motivos de una acción antes de obrar de una manera deter-

CONO

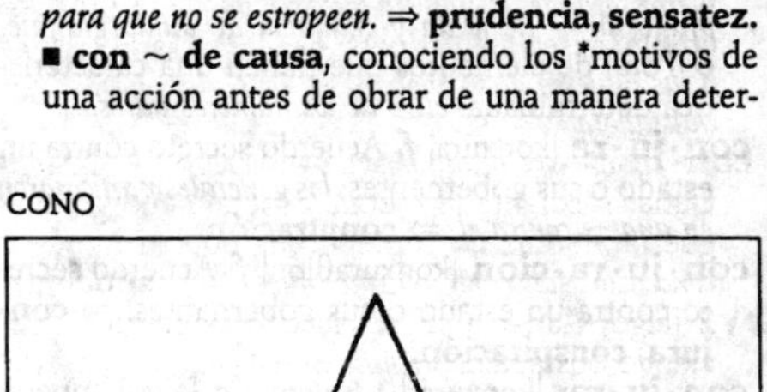

minada: *deberías hablar con ~ de causa en vez de criticar su comportamiento.* ■ **llegar a ~ de**, enterarse una persona de una cosa: *ha llegado a mi ~ que te casarás pronto.* ■ **sin ~**, sin juicio: *me parece un hombre sin ~, todo lo hace alocadamente.* ⇒ **imprudente, insensato.** ■ **tener ~**, tener la capacidad de distinguir el bien y el mal: *no te enfades tanto con el niño que ha tirado el plato: no tiene ~.*

con·que |koŋke| ***conj.*** Introduce una oración que es resultado o *consecuencia de la oración anterior: *te educó y te dio carrera, ~ sólo tienes motivos para estarle agradecido.* ☖ No se debe confundir con la forma *con que.*

con·quen·se |koŋkénse| **1 *adj.*** De Cuenca o que tiene relación con Cuenca: *el río Cuervo nace en la sierra ~; el presidente visitó la capital ~ y quedó impresionado por la catedral y el museo.* **2 *com.*** Persona nacida en Cuenca o que vive habitualmente en Cuenca: *los conquenses son castellanos.*

con·quis·ta |koŋkísta| **1 *f.*** Acción y resultado de ganar mediante la fuerza, o de dominar y someter una población: *muchos españoles participaron en la ~ de América.* **2** Cosa ganada mediante la fuerza, dominada y sometida: *la Península Ibérica fue una ~ del Imperio Romano.* **3** Acción y resultado de ganar o de conseguir con esfuerzo o venciendo obstáculos: *la empresa española se ha lanzado a la ~ del mercado europeo.* **4** *fig.* Acción y resultado de atraer o de ganar la voluntad de la gente: *su estupenda interpretación lo ha llevado a la ~ del público madrileño.* **5** *fig.* Acción y resultado de provocar amor y deseo en otra persona: *Luis se lanzó a la ~ de la muchacha, pero fracasó.* **6** *fig.* Persona en la que se provoca amor y deseo: *Eduardo presume de tener muchas conquistas; esa chica no es su novia, tan sólo es una ~ más.* ⇒ **ligue.**

con·quis·ta·⌐dor, ⌐do·ra |koŋkistaðór, ðóra| **1 *adj.-s.*** (persona) Que *conquista; que gana mediante la fuerza, domina y somete: *los romanos fueron grandes conquistadores.* **2** *fig.* Que provoca amor y deseo en otra persona: *Álvaro es un ~, tiene a las mujeres a sus pies; Irene tiene una mirada conquistadora.*

con·quis·tar |koŋkistár| **1 *tr.*** [algo, a alguien] Ganar mediante la fuerza, generalmente en una guerra; dominar y someter una población: *Roma conquistó todo el Mediterráneo.* ⇒ **apoderar.** **2** [algo] Ganar o conseguir con esfuerzo o venciendo obstáculos: *María ha conquistado la fama y el prestigio mundial.* **3** *fig.* [algo, a alguien] Atraer o ganar la voluntad de la gente: *la actriz conquistó Francia en su última gira; la película ha conquistado a los espectadores más jóvenes.* **4** *fig.* [a alguien] Provocar amor y deseo en otra persona: *don Juan conquistó a doña Inés.* ⇒ **enamorar.**

con·sa·bi·⌐do, ⌐da |konsaβíðo, ða| ***adj.*** Que es conocido por todos: *la inauguración del curso concluyó con el ~ discurso del rector.*

con·sa·gra·ción |konsaɣraθión| **1 *f.*** Punto *máximo que puede alcanzar una persona en su vida o su carrera: *su última novela supuso su ~ como escritor.* **2** Dedicación *absoluta y única: *nadie le agradeció su ~ al trabajo.* **3** REL. Momento en que el sacerdote pronuncia las palabras por las que el pan y el vino se convierten en el cuerpo y la sangre de Cristo en la misa: *durante la ~, los fieles se arrodillaban.* **4** REL. Dedicación u ofrecimiento a Dios de una persona o cosa: *el obispo asistió a la ~ del templo.*

con·sa·grar |konsaɣrár| **1 *tr.-prnl.*** [algo, a alguien] Dar fama; hacer famoso: *su nuevo disco lo consagra como nuestro mejor cantante; se ha consagrado con esta última novela.* ⇒ **acreditar, confirmar.** **2** *fig.* Dar a una cosa una aplicación o finalidad concreta; dedicarse a una cosa con fuerza y pasión: *consagró su vida a la investigación de nuevas vacunas; se ha consagrado a la defensa de los más pobres.* ⇒ **dedicar, destinar.** - **3 *tr.*** *fig.* [algo] Dedicar una construcción al recuerdo de una persona o de una cosa importante: *el Ayuntamiento ha consagrado un gran monumento a la memoria del poeta.* **4** REL. [algo, a alguien] Dedicar u ofrecer a Dios o al *culto: *el obispo consagró la catedral; el Papa consagrará a diez nuevos obispos.* ⇒ **bendecir, santificar.** - **5 *tr.-intr.*** REL. [algo] Pronunciar el sacerdote las palabras por las que el pan y el vino se convierten en el cuerpo y la sangre de Cristo en la misa: *cuando el sacerdote consagra, hay un profundo silencio en la iglesia.*

cons·cien·cia |konsθiénθia| ***f.*** *form.* Capacidad para sentir y comprender lo que ocurre: *después del golpe, tardó 24 horas en recuperar la ~.* ⇒ **conciencia, conocimiento, sentido.** ⇔ **inconsciencia.**

cons·cien·te |konsθiénte| **1 *adj.*** Que conoce o se da cuenta: *soy plenamente ~ de las consecuencias de mi decisión; es ~ de sus limitaciones.* ⇒ **conocedor.** ☖ Se usa con el verbo *ser.* **2** Que siente, piensa y obra conociendo el valor y el resultado de su acción: *ha sido una respuesta ~.* **3** Que tiene capacidad para sentir y comprender lo que ocurre: *el enfermo estuvo ~ durante la operación.* ⇔ **inconsciente.** ☖ Se usa con el verbo *estar.*

con·se·cu·ción |konsekuθión| ***f.*** Acción y resultado de conseguir: *cualquier esfuerzo merece la pena para la ~ de un fin tan elevado.* ⇒ **logro.**

con·se·cuen·cia |konsekuénθia| **1 *f.*** Hecho o acontecimiento que sigue o resulta de otro: *su éxito es ~ de su esfuerzo y su trabajo.* ⇒ **resultado.** **2** Relación lógica o conveniencia entre las ideas de una persona y su comportamiento: *has actuado con ~; sus hechos demuestran una gran ~ con su pensamiento.* ■ **a ~ de**, por efecto; como resultado de una cosa anterior: *quedó ciego a ~ del accidente.* ■ **en ~**, según lo dicho o acordado anteriormente: *en ~, el buen crítico ha de ser un buen lector.* ■ **tener /traer consecuencias**, producir o tener resultados importantes: *el tratamiento médico al que está siendo sometido es tan fuerte, que puede tener consecuencias.*

con·se·cuen·te |konsekuénte| **1 *adj.*** Que se corresponde de forma lógica con una cosa; que demuestra una relación adecuada entre las ideas y el comportamiento: *María es una persona ~; tiene* *una conducta ~ con sus ideales.* ⇔ **inconsecuente. 2** Que depende o resulta de otra cosa; que la sigue en orden: *el descubrimiento de la vacuna y su ~ utilización frenaron la epidemia de tifus.* ⇒ **consiguiente.**

con·se·cu·ti·va |konsekutíβa| **1** ***adj.-f.*** LING. (oración) Que expresa una acción, proceso o estado que sigue o resulta de otro anterior: *en la oración* Carlos ha trabajado tanto, que lo hemos contratado a tiempo completo, que lo hemos contratado a tiempo completo *es una oración ~.* **2** LING. (conjunción) Que introduce una oración que es resultado de otra oración anterior: por eso, por consiguiente, por lo tanto *son conjunciones consecutivas.*

con·se·cu·ti·⌐vo, ⌐va |konsekutíβo, βa| **1** ***adj.*** Que ocurre sin interrupción: *esta es su tercera victoria consecutiva en el campeonato mundial.* ◯ Se usa generalmente haciendo referencia a periodos de tiempo: *el concurso se celebra en Madrid por tercer año ~.* **2** Que sigue inmediatamente a otra cosa: *el lunes y el martes son consecutivos.* **3** *form.* Que depende o resulta de otra cosa: *el dolor de estómago ~ de la úlcera parece que mejora con el buen humor.*

con·se·guir |konseγír| ***tr.*** [algo, a alguien] Lograr, alcanzar o llegar a tener: *consiguió un trabajo en la Administración; no consigo que me deje en paz.* ⇒ **obtener.** ◯ Se conjuga como 56.

con·se·je·⌐ro, ⌐ra |konsexéro, ra| **1** ***m. f.*** Persona que aconseja o a la que se pide consejo: *siempre he tenido en mis padres a mis mejores consejeros.* ⇒ **asesor. 2** *form.* Persona que forma parte de un grupo que se encarga de la administración de un negocio o sociedad o de una función determinada dentro del Estado: *los consejeros del Banco de España se reúnen esta tarde; el presidente y sus consejeros debatirán las cuestiones de la crisis.*

con·se·jo |konséxo| **1** ***m.*** Opinión que se da o toma sobre lo que se debe hacer: *Miguel escucha los consejos de sus padres; si hubieras seguido mi consejo, no estarías metido en este lío.* **2** Conjunto de personas que se encargan de dirigir o administrar: *el ~ parroquial ha decidido arreglar la iglesia;* **~ de guerra**, conjunto de militares que se reúnen para juzgar un asunto: *el soldado desertor fue condenado por un ~ de guerra.* **3** Ocasión en que se reúnen estas personas: *la publicación de esta obra se discutirá en el ~ de la editorial;* **Consejo de Ministros**, ocasión en que se reúnen los que dirigen un Estado: *la nueva política económica se decidió en el último Consejo de Ministros.*

con·sen·so |konsénso| ***m.*** Aprobación o acuerdo entre varias personas: *la ley fue aprobada con el ~ de la mayoría de los diputados.*

con·sen·ti·mien·to |konsentimi̲énto| ***m.*** Autorización o aprobación; permiso para hacer una cosa: *el propietario ha dado su ~ para que empiecen las obras; mi hija se ha marchado sin mi ~.* ⇒ **conformidad.**

con·sen·tir |konsentír| **1** ***tr.*** [algo] Dar permiso para que se haga una cosa: *Pedro no consentirá la boda de su hijo; no te consiento más disparates.* **2** [a alguien] Permitir que una persona, especialmente un niño, haga su voluntad sin corregirla ni castigarla: *Elena consiente mucho a sus hijos, los está malcriando.* ⇒ **mimar. - 3** ***intr.*** [en algo] No oponerse a que una cosa se haga: *no consiente en levantarse de la cama; el niño no consiente en comer.* ◯ Se conjuga como 35.

con·ser·je |konsérxe| ***com.*** Persona que se dedica al cuidado y mantenimiento de un edificio o un establecimiento público: *el ~ abre y cierra las puertas del instituto; la ~ de la delegación de Hacienda es muy simpática.* ⇒ **bedel, portero.**

con·ser·je·rí·a |konserxería| **1** ***f.*** Oficina del *conserje: *ve a la ~ y trae las llaves del despacho; la ~ está situada en la planta baja.* **2** Cargo de *conserje: *Fidel es uno de los encargados de la ~ del edificio.*

con·ser·va |konsérβa| ***f.*** Alimentos preparados al vacío para que duren y puedan ser consumidos mucho tiempo después: *se hacen conservas de carne, de pescado, de hortalizas y de fruta; el melocotón en almíbar es una ~.* ■ **en ~**, que está preparado para durar y ser consumido mucho tiempo después: *me encantan los espárragos en ~; en España hay muchas fábricas de verduras en ~.*

con·ser·va·ción |konserβaθi̲ón| ***f.*** Acción y resultado de conservar: *este sector se ocupa de la ~ de los alimentos.*

con·ser·va·⌐dor, ⌐do·ra |konserβaðór, ðóra| **1** ***adj.*** Que conserva o sirve para conservar: *el vinagre tiene un gran poder ~; el instinto ~ del hombre le hace protegerse siempre del peligro.* **- 2** ***adj.-s.*** POL. (persona) Que es partidario de mantener la tradición y se opone a las reformas: *el partido ~ inglés lleva muchos años en el poder; Carmen es conservadora.* ⇒ **reaccionario.** ⇔ **reformista. - 3** ***m. f.*** *form.* Persona que se dedica a cuidar las obras de un *museo: *el ~ del Museo del Prado ha preparado una gran exposición sobre Goya.*

con·ser·va·du·ris·mo |konserβaðurísmo| **1** ***m.*** POL. Tendencia política que defiende la tradición y se opone a las reformas: *el ~ no es defensor de las rupturas bruscas, sino de los cambios moderados; el ~ define a uno de los partidos políticos del país.* ⇔ **reformismo. 2** Actitud que defiende la tradición y rechaza las reformas: *su ideología se mantuvo siempre dentro de un ~ muy fuerte.*

con·ser·van·te |konserβánte| ***adj.-m.*** (sustancia, producto) Que ayuda a conservar en buen estado un alimento: *muchos productos envasados llevan conservantes.*

con·ser·var |konserβár| **1** ***tr.-prnl.*** [algo, a alguien] Mantener o cuidar alguna cosa para que dure: *conservó su hacienda; tu madre se conserva muy bien.* **2** [algo] Tener guardado; retener: *conservo un grato recuerdo de la infancia; Elena conserva un anillo de su bisabuela.* **3** Seguir haciendo o practicando: *los aldeanos conservan costumbres antiguas.*

con·ser·va·to·rio |konserβatóri̲o| ***m.*** Establecimiento oficial en el que se enseña música: *Mercedes estudia violonchelo en el ~.*

con·si·de·ra·ble |konsiðeráβle| ***adj.*** Que es lo

bastante grande o importante como para tenerse en cuenta: *su abuelo le dejó una herencia ~; esta llave tiene un tamaño ~.*

con·si·de·ra·ción |konsiðeraθión| **1** *f.* Atención o actitud de tener en cuenta una cosa: *los consejos del médico merecen ~ por mi parte.* **2** *form.* Juicio u opinión sobre un asunto: *el coloquio trató sobre la ~ social de la drogadicción.* **3** Respeto o cuidado para tratar a las personas o las cosas: *fui a hablar con él, pero me trató sin ninguna ~; este niño trata los juguetes sin ~.* ⇒ **delicadeza, educación.** ■ **en** ~, en atención: *no le han despedido en ~ a sus muchos años de servicio.* ■ **de** ~, de gran importancia: *el torero sufrió una cornada de ~.* ■ **tener en** ~, tener en cuenta: *el gobierno tendrá en ~ a los más perjudicados.*

con·si·de·ra·⌐do, ⌐da |konsiðeráðo, ða| **1** *adj.* Que tiene respeto y cuidado al tratar a los demás: *has sido muy ~ con los invitados.* ⇒ **amable, educado. 2** Que es respetado y tenido en cuenta; que es importante: *su novio es un señor muy ~ en la ciudad.* ⇒ **prestigioso.**

con·si·de·rar |konsiðerár| **1** *tr.* [algo] Pensar con atención para formar un juicio o decidir: *te ruego que consideres seriamente mi petición; deberías ~ la posibilidad de mudarte a un piso más grande.* ⇒ **estimar. 2** [algo, a alguien] Juzgar; formar o tener una opinión: *si consideras que he obrado mal, dímelo; su trabajo está mal considerado.* **3** Imaginar lo que no es real o no existe: *se consideraba el rey de Francia.* **4** [algo] Tener en cuenta: *considera que lo hice por complacerte.*

con·sig·na |konsíʸna| **1** *f.* Lugar en las estaciones y *aeropuertos, donde los viajeros pueden dejar el *equipaje para recogerlo después: *dejaremos las maletas en ~ para visitar la ciudad cómodamente.* **2** *form.* Orden que recibe una persona o un grupo que va a intervenir en una acción determinada: *la policía tenía la ~ de no cargar contra los manifestantes; el capitán dio al soldado la ~ de cortar el paso a todo el mundo.*

con·sig·nar |konsiʸnár| *tr. form.* [algo] Señalar o poner por escrito: *por favor, consigne sus datos al dorso; me limitaré a ~ las declaraciones de uno de los encuestados.* ⇒ **anotar.**

con·si·go |konsíɣo| *pron. pers.* Forma del pronombre personal *reflexivo *sí*, que se usa cuando va acompañado por la preposición *con*: *no llevaba ~ su documentación y por eso no pudo pasar la frontera.* ⇒ **conmigo, contigo, sí.**

con·si·guien·te |konsiɣiénte| *adj.* Que depende o resulta de otra cosa; que la sigue en orden: *los resultados consiguientes de la encuesta se harán públicos muy pronto.* ⇒ **consecuente.** ■ **por** ~, expresión que indica que una acción sigue o resulta de otra acción anterior: *mañana es fiesta, por consiguiente, no hay que venir al trabajo.* ⇒ **tanto.**

con·sis·ten·cia |konsisténθia| **1** *f.* Cualidad de la materia que resiste sin romperse ni deformarse fácilmente: *el acero tiene mucha ~; la ~ del papel es menor que la del cartón.* ⇒ **cohesión.** ⇔ **inconsistencia. 2** *p.ext.* Unión y relación adecuada de todas las partes que forman un todo: *presentó una teoría de gran ~.* ⇒ **coherencia.** ⇔ **inconsistencia.**

con·sis·ten·te |konsisténte| **1** *adj.* Que resiste sin romperse ni deformarse fácilmente: *la estantería no es muy ~: no le cargues mucho peso.* ⇔ **inconsistente. 2** Que une y relaciona todas las partes que lo forman, unas con otras, para que sean un conjunto sin unidad y sin oposiciones: *el tenista practicó un juego muy ~ durante todo el partido; el conferenciante presentó un conjunto de ideas ~.* ⇒ **coherente, estable.** ⇔ **inconsistente.**

con·sis·tir |konsistír| **1** *intr.* [en algo] Estar fundado; basarse: *nuestro problema consiste en que no sabemos por dónde empezar.* **2** Estar formado o compuesto por varios elementos: *este libro consiste en una colección de artículos.*

con·sis·to·rial |konsistoriál| *adj. form.* Del *ayuntamiento o que tiene relación con él: *las dependencias consistoriales se hallan en estado de ruina; la casa ~ está en la Plaza Mayor.*

con·sis·to·rio |konsistório| **1** *m.* Grupo formado por un *alcalde y varios *concejales que administra y gobierna un *municipio: *los miembros del ~ han decidido una subida de los impuestos municipales.* ⇒ **ayuntamiento, cabildo, concejo. 2** Reunión celebrada por los miembros de ese grupo: *en el ~ se decidió contratar a varios arquitectos para que dirigieran las obras del nuevo teatro.* ⇒ **ayuntamiento, cabildo, concejo. 3** Edificio en el que se reúnen los miembros de ese grupo: *están restaurando la fachada del ~.* **4** Reunión del Papa y los *cardenales de la Iglesia: *los consistorios son convocados y presididos por el Papa.*

con·so·la |konsóla| **1** *f.* Tablero con mandos y teclas desde el que se controla una o varias máquinas: *la ~ de mi ordenador es muy vieja; el montaje de los coches se regula desde aquella ~.* **2** Mesa que se coloca junto a la pared y sirve de adorno: *las consolas suelen tener la superficie de mármol.*

con·so·la·⌐dor, ⌐do·ra |konsolaðór, ðóra| **1** *adj. form.* Que ayuda a soportar la pena, el dolor y la tristeza: *le dirigió unas palabras consoladoras para calmar su llanto.* - **2 consolador** *m.* Pene artificial: *los consoladores se consiguen en tiendas especiales.*

con·so·lar |konsolár| *tr.-prnl.* [a alguien] Ayudar a soportar la pena, el dolor y la tristeza: *Juan consuela a su novia con palabras de aliento; está muy afectado y no se consuela con nada.* ⇒ **confortar, reconfortar.** ◯ Se conjuga como 31.

con·so·li·da·ción |konsoliðaθión| *f.* Acción y resultado de *consolidar: *este año se ha producido la ~ de la empresa.* ⇒ **refuerzo.**

con·so·li·dar |konsoliðár| *tr.* [algo] Asegurar, fijar; dar firmeza y solidez: *el objetivo es ~ la unidad europea; este matrimonio consolidará la amistad entre las dos familias.* ⇒ **fortalecer, reforzar.**

con·so·mé |konsomé| *m.* Líquido que queda al cocinar en agua ciertos alimentos, especialmente la carne, y que se toma como sopa: *el ~ se toma como entrante o como primer plato; el ~ puede llevar trocitos de carne o pan frito.* ⇒ **sopa, caldo.**

con·so·nan·cia |konsonánθia| **1** *f.* Relación de acuerdo o correspondencia: *debe emplearse un método que esté en ~ con los objetivos.* **2** MÚS. Relación entre varios sonidos que, producidos a la vez o uno detrás de otro, suenan de modo agradable según el gusto tradicional y adecuado: *la ~ se encuentra en cierto tipo de acordes.* ⇔ **disonancia.** **3** POÉT. Igualdad de los sonidos de la terminación de dos palabras, desde la última vocal con acento: *existe ~ entre las palabras* luna *y* fortuna. ⇔ **asonancia.**

con·so·nan·te |konsonánte| **1** ***adj.-f.*** LING. (sonido) Que se produce cerrando o estrechando los órganos de articulación: *la* b *y la* t *son consonantes.* **2** (letra) Que representa ese tipo de sonido: *la letra* t *es una ~.* **- 3** ***adj.*** POÉT. (rima) Que coincide en todos los sonidos tras el último acento: lexicografía *y* tontería *tienen rima ~.* **4** *form.* Que tiene una relación de igualdad o conformidad: *su aspecto es ~ con su forma de pensar.* ⇔ **disonante.**

con·so·nán·ti·⌜co, ⌜ca |konsonántiko, ka| ***adj.*** De la consonante o que tiene relación con ella: *el primer elemento de la palaba casa es ~.* ⇒ **vocálico.**

con·sor·cio |konsórθio| ***m.*** *form.* Sociedad formada por varias personas u organismos con intereses comunes en un negocio: *varios pueblos de la región han formado un ~ vinícola; un ~ de empresas de telecomunicaciones se encargará del proyecto.* ⇒ **asociación.**

con·sor·te |konsórte| ***com.*** *form.* Marido en cuanto a su mujer o mujer en cuanto a su marido: *Juan es mi ~; Pedro miró a su ~ dulcemente.* ⇒ **cónyuge, esposo.** ⌂ Funciona como aposición a los títulos de la realeza: *el rey ~ y la reina ~ equivalen a* el ~ de la reina *y* la ~ del rey.

cons·pi·ra·ción |konspiraθión| ***f.*** Acción en la que un grupo de personas se une para hacer daño a una o varias personas o cosas: *el abogado fue acusado de ~.* ⇒ **conjuración.**

cons·pi·ra·⌜dor, ⌜do·ra |konspiraðór, ðóra| ***adj.-s.*** (persona) Que se une con otras para hacer daño a una o varias personas: *un grupo de conspiradores intentó atentar contra la autoridad.*

cons·pi·rar |konspirár| ***intr.*** [contra alguien] Unirse o formar un grupo para hacer daño a otras personas: *algunos militares intentaron ~ contra el rey.* ⇒ **conjurar, intrigar.**

cons·tan·cia |konstánθia| **1** ***f.*** Dedicación firme y permanente: *ella trabajaba con mucha ~; siempre se ha caracterizado por la ~ de sus ideas.* ⇒ **perseverancia.** **2** *form.* Certeza o seguridad de que un hecho es exacto: *no tengo ~ de que haya venido a visitarme.* **3** *form.* Memoria o prueba de una cosa: *los árabes han dejado ~ de su paso por España; no hay ~ de que viviera aquí.* ⌂ Se usa con los verbos *haber* y *dejar.*

cons·tan·te |konstánte| **1** ***adj.*** Que es firme en unas ideas o en unos proyectos: *Pilar es una persona ~ en el estudio.* ⇔ **inconstante.** ⌂ Se usa con el verbo *ser,* pero no con el verbo *estar.* **2** Que dura o continúa durante largo tiempo; que es frecuente: *la lluvia fue ~ todo el camino; sus constantes preocupaciones no le dejan dormir.* ⇒ **continuo, perenne.** ⇔ **inconstante. - 3** ***f.*** *form.* Actitud; cosa que se repite con frecuencia: *el humor es una ~ en su obra literaria; la paciencia es una ~ en su vida.* **4** MAT. Valor fijo en una operación matemática: *el resultado no depende de las constantes.* ■ **constantes vitales,** MED., conjunto de *datos relacionados con la composición y las funciones del organismo cuyo valor debe mantenerse dentro de unos límites para que la vida se desarrolle en condiciones normales: *la tensión arterial es una de las constantes vitales; el enfermo está muy grave, pero mantiene sus constantes vitales.*

cons·tar |konstár| **1** ***intr.*** *form.* Figurar; quedar registrado: *en el carné de identidad debe ~ el nombre, apellido, edad y dirección del propietario.* ⇒ **aparecer.** **2** *form.* Ser cierto y seguro: *me consta que eres un buen trabajador; me constan tus buenas intenciones; no me consta que esté enfermo.* **3** *form.* [de algo] Estar formado de varias partes: *el libro consta de ocho capítulos.* ⇒ **componer.**

cons·ta·tar |konstatár| ***tr.*** *form.* [algo] Comprobar un hecho o determinar que es cierto: *Mariano pudo ~ que su hija no había mentido.* ⇒ **confirmar.**

cons·te·la·ción |konstelaθión| ***f.*** ASTRON. Conjunto de estrellas que, mediante trazos imaginarios, forman un dibujo que recuerda una figura: *desde la terraza se ve la ~ de la Osa Mayor y la de Orión.*

cons·ter·na·ción |konsternaθión| ***f.*** Tristeza; falta de fuerza o de ánimo: *escuchó las noticias del accidente con ~.*

cons·ter·nar |konsternár| ***tr.-prnl.*** [a alguien] Producir tristeza; hacer perder la fuerza o el ánimo: *le consternó la noticia de la enfermedad de su hija.* ⇒ **abatir.**

cons·ti·pa·do |konstipáðo| ***m.*** Enfermedad en la que se *inflama el tejido interior de la nariz y la garganta a causa del frío: *el ~ produce estornudos y tos.* ⇒ **catarro, resfriado.**

cons·ti·par·se |konstipárse| ***prnl.*** Contraer una enfermedad de la garganta, la nariz y los pulmones a causa del frío o de los cambios rápidos de temperatura: *casi todos los inviernos se constipaba; cuando se constipa, pasa el día tosiendo.* ⇒ **acatarrarse, resfriarse.** ⌂ Se pronuncia frecuentemente *costiparse.*

cons·ti·tu·ción |konstituθión| **1** ***f.*** Estructura o composición: *el queso tiene una ~ homogénea; la ~ de este libro es complicada de analizar.* **2** Naturaleza de un organismo, especialmente de una persona, que depende del desarrollo y funcionamiento de sus órganos: *estos niños tienen una ~ muy fuerte.* ⇒ **complexión.** **3** Conjunto ordenado de leyes que fija la organización política de un Estado y establece los derechos y obligaciones básicas de los ciudadanos y gobernantes: *la ~ española se firmó un seis de diciembre.* **4** Ley dada por un gobernante: *el rey Fernando VII otorgó una ~ al pueblo* *español.* **5** Forma o sistema de gobierno de un Estado: *los países occidentales tienen una ~ parlamentaria.* ⇒ **democracia. 6** Establecimiento o fundación: *la ~ de España como Estado data de 1492.* **- 7 constituciones** ***f. pl.*** *form.* Normas por las que se gobierna una *asociación, especialmente religiosa: *San Bernardo escribió las constituciones del Cister.* ⇒ **reglamento.**

cons·ti·tu·cio·nal |konstituθionál| **1** ***adj.*** De la *constitución o que tiene relación con ella: *el texto ~ será revisado próximamente.* **2** Que está de acuerdo con la *constitución de un Estado: *hay que ensalzar los valores ~; España es un país ~.* ⇒ **democrático.** ⇔ **anticonstitucional, inconstitucional.**

cons·ti·tu·cio·na·li·dad |konstituθionaliðáᵈ| ***f.*** Cualidad de *constitucional: *se duda de que las elecciones se hayan llevado a cabo dentro de la ~.*

cons·ti·tuir |konstituír| **1** ***tr.*** [algo] Formar o componer; ser parte de un todo: *el Sol y los planetas constituyen el sistema solar.* **2** *form.* Ser o llegar a ser: *ayudarte no constituye una molestia para mí; su trabajo constituía toda su fortuna.* **3** Establecer o fundar: *Carlos V constituyó un poderoso imperio.* ⇒ **erigir. - 4 constituirse** ***prnl.*** [en algo] Convertirse; aceptar una obligación o un cargo: *el general se constituyó en jefe del Estado.* ☖ Se conjuga como 62.

cons·ti·tu·ti·⌜vo, ⌜va |konstitutíβo, βa| ***adj.*** Que forma parte de un todo: *los elementos constitutivos del agua son el hidrógeno y el oxígeno.* ⇒ **constituyente.**

cons·ti·tu·yen·te |konstituyénte| ***adj.-m.*** (elemento, sustancia) Que forma parte de un todo: *la harina y el agua son constituyentes del pan.* ⇒ **constitutivo.**

cons·tre·ñir |konstreɲír| **1** ***tr.-prnl.*** *form.* [algo, a alguien] Limitar, reducir: *su labor como médico no se constriñe a curar a los enfermos: abarca también la investigación y la enseñanza.* ⇒ **restringir. 2** MED. Cerrar un conducto haciendo presión sobre él: *para ~ la hemorragia hay que hacer un torniquete.* ☖ Se conjuga como 36.

cons·tric·ción |konstriᵏθión| **1** ***f.*** Acción y resultado de encoger o estrecharse un tubo por donde pasa un líquido o cualquier otro vaso conductor: *una pequeña ~ de una vena puede causar la muerte.* **2** *fig.* Obligación o limitación de la libertad o la voluntad: *la ~ política puede llevar al exilio a muchas personas; la libertad es mucho más que la ausencia de constricciones.*

cons·tric·tor |konstriᵏtór| ***adj.-m.*** MED. Que sirve para apretar y cerrar un conducto: *algunas bebidas alcohólicas son constrictores.*

cons·truc·ción |konstruᵏθión| **1** ***f.*** Fabricación, con los elementos necesarios y siguiendo un orden: *la empresa tiene planeada la ~ de un centro comercial.* **2** Edificio; cosa construida: *están de moda las construcciones de acero y cristal; fuimos a visitar una ~ del siglo pasado.* **3** Técnica de fabricar edificios: *domina todos los aspectos de la ~.* **4** *p. ext.* Conjunto de personas y cosas relacionadas con esa técnica: *el ramo de la ~ está en huelga.* **5** LING. Unión y ordenación adecuada de las palabras o las oraciones: *la ~ correcta de una frase se basa también en la concordancia.* **- 6 construcciones** ***f. pl.*** Juguete formado por un conjunto de piezas de diferentes formas y tamaños, hechas generalmente de madera o plástico, y que sirve para hacer pequeños edificios: *su regalo de Reyes fue una caja de construcciones.*

cons·truc·ti·⌜vo, ⌜va |konstruᵏtíβo, βa| **1** ***adj.*** *form.* De la construcción o que tiene relación con ella: *el hormigón, el hierro y el ladrillo son materiales constructivos.* **2** *form.* Que construye o sirve para construir: *en caso de conflicto, lo mejor es tener un espíritu ~ y capacidad de diálogo.*

cons·truc·⌜tor, ⌜to·⌜ra |konstruᵏtór, tóra| ***adj.-s.*** Que construye: *la actividad constructora se ha reducido enormemente; la empresa constructora Álvarez se encargará del proyecto; un ~ valenciano ha sido premiado por la calidad de sus obras.*

cons·truir |konstruír| **1** ***tr.*** [algo] Hacer o fabricar con los elementos necesarios y siguiendo un orden: *la catedral fue construida en el siglo* XIII; *están construyendo una carretera nueva.* **2** LING. Unir y ordenar debidamente las palabras o las oraciones: *tiene buen acento, pero no construye bien; lo que más me gusta de ese autor es cómo construye.* ☖ Se conjuga como 62.

con·sue·⌜gro, ⌜gra |konsuéɣro, ɣra| ***m. f.*** Padre o madre de una persona en cuanto a los padres de la persona con la que está casada: *mis padres son consuegros de los padres de mi marido.*

con·sue·lo |konsuélo| ***m.*** Descanso o ayuda para soportar la pena, el dolor y la tristeza: *sentí cierto ~ con los consejos de Juan; la madre daba ~ a su hijo.* ⇒ **alivio.**

con·sue·tu·di·na·⌜rio, ⌜ria |konsuetuðinário, ria| ***adj.*** Que está basado en la costumbre o la tradición: *las tribus se rigen por un derecho ~.*

cón·sul |kónsul| **1** ***com.*** Persona autorizada para representar y proteger los intereses de su nación en una ciudad de un estado extranjero: *el ~ americano en Palma de Mallorca dio una fiesta para sus compatriotas; ~* **general**, jefe del conjunto de todas las personas que representan y protegen los intereses de su nación en un país extranjero: *el ~ general en Italia se reunió con el embajador español.* **- 2** ***m.*** *form.* Hombre con la más alta autoridad en la República *romana: *los cónsules gobernaban Roma durante un año.*

con·su·la·do |konsuláðo| **1** ***m.*** Conjunto de personas que trabajan para representar y proteger los intereses de su nación en una ciudad de un país extranjero: *la revista se publica gracias a la colaboración del ~ sueco.* **2** Edificio donde trabaja el *cónsul: *el consulado suele estar en una ciudad importante y con puerto de mar; en la capital del país hay una embajada en lugar de un ~.* **3** Territorio donde gobierna un *cónsul: *muchas islas del Pacífico son consulados británicos.* **4** *form.* Cargo de *cónsul: *la reina otorgó el ~ a su almirante.*

con·sul·ta |konsúlta| **1** ***f.*** Lugar donde el médico recibe y trata a los enfermos: *la ~ del doctor Pi-*

mentel está en la segunda planta. ⇒ **consultorio.** **2** Acción y resultado de recibir y tratar el médico a los enfermos: *la ~ es de ocho a once de la mañana.* **3** *form.* Pregunta, opinión o consejo que se pide: *voy a hacer una ~ a mi asesor fiscal; un referéndum es una ~ a todos los ciudadanos mayores de edad.* **4** *form.* Busca de información en un texto: *centró su trabajo en la ~ de libros y revistas de la época.*

con·sul·tar |konsultár| **1** ***tr.*** [algo; a alguien] Preguntar; pedir opinión o consejo: *quiso ~ el problema a su abogado; ¡no lo dude, consulte a su médico!* **2** [algo] Buscar información en un texto: *cuando no conozco una palabra, consulto el diccionario.* **- 3** ***intr.*** [con alguien] Tratar un asunto con otras personas: *el presidente consulta con sus ministros.*

con·sul·ti·vo, ⌐va |konsultíβo, βa| ***adj.*** *form.* Que sirve para *consultar, para pedir opinión o consejo: *el Consejo de Estado es un órgano ~ del jefe del Estado.*

con·sul·to·rio |konsultóri̲o̲| **1** ***m.*** Lugar donde el médico recibe y trata a los enfermos: *el doctor Pérez tenía su ~ en la calle Mayor.* ⇒ **consulta. 2** Establecimiento médico, generalmente privado, donde se recibe y se trata a los enfermos que no tienen muchos *recursos económicos: *los médicos del ~ recibían docenas de enfermos necesitados cada día.* ⇒ **ambulatorio, dispensario. 3** *Sección de la prensa o la radio donde se contestan las preguntas del público: *Elena Francis tenía un ~ muy famoso sobre asuntos sentimentales.*

con·su·mar |konsumár| ***tr.*** [algo] Terminar una acción o un proceso: *se inició una serie de crímenes frustrados que el protagonista nunca llegó a ~.*

con·su·mi·ción |konsumiθi̲ó̲n| **1** ***f.*** Comida o bebida que se toma en un bar u otro establecimiento público: *el hombre pagó la ~ y se marchó; pedimos dos consumiciones sin alcohol.* **2** *form.* Gasto o destrucción de un material: *los incendios han provocado la ~ de nuestros bosques.*

con·su·mi·⌐dor, ⌐do·ra |konsumiðór, ðóra| ***adj.-s.*** (persona) Que consume: *el ~ debe saber cuáles son sus derechos para poder comprar seguro.* ⇔ **productor.**

con·su·mir |konsumír| **1** ***tr.*** [algo] Usar o gastar: *en España se consume más aceite de oliva que en otros países de Europa; hay gente que no piensa más que en ~.* **2** Usar, disfrutar o servirse de cosas no materiales: *consumimos demasiado tiempo en los preparativos; cada vez se consume más información.* **- 3** ***tr.-prnl.*** Gastar o destruir por completo: *el fuego consume la madera; los coches consumen combustible; el ácido consimirá el plástico.* ⇒ **devorar.** **4** [algo, a alguien] Hacer perder peso o tamaño: *ha estado demasiado tiempo al fuego y se ha consumido; las preocupaciones lo han consumido.* **5** *fig.* [a alguien] Causar pena o desagrado: *la larga espera me consumía; me consume que estés ahí perdiendo el tiempo.*

con·su·mis·mo |konsumísmo| ***m.*** Actitud del que consume bienes y valores de modo excesivo y sin necesidad: *el ~ es un mal de las sociedades urbanas modernas.*

con·su·mis·ta |konsumísta| ***adj.-com.*** (persona) Que consume bienes y valores de modo excesivo y sin necesidad: *son tan consumistas que se han empeñado para comprar las mismas cosas que tienen sus vecinos.*

con·su·mo |konsúmo| ***m.*** Uso o gasto: *el ~ de leche ha aumentado en nuestro país; el consumo de electricidad y petróleo aumenta en invierno; el ~ de tabaco es perjudicial para la salud.*

con·ta·bi·li·dad |kontaβiliðáᵈ| ***f.*** Sistema que se sigue y que sirve para llevar la economía de un negocio: *ella lleva la ~ del bar; por las noches anotaba los gastos en el libro de ~.*

con·ta·bi·li·zar |kontaβiliθár| ***tr.*** [algo] Hacer un apunte en un libro de cuentas: *el administrador contabilizó los ingresos y los gastos del mes.*

con·ta·ble |kontáβle| **1** ***adj.*** Que se puede contar: *los cubitos de hielo son contables, pero el agua no es ~.* **2** De la *contabilidad o que tiene relación con ella: *deberías estudiar informática ~.* **- 3** ***com.*** Persona que se dedica a llevar la economía de un negocio: *la empresa ha contratado a un ~.*

con·tac·to |kontáᵏto| **1** ***m.*** Acción de tocarse dos o más cosas: *la nave espacial entrará en ~ con la atmósfera en breves minutos; al poner el papel en ~ con el agua, se estropea.* **2** Trato o relación personal: *Pablo no tiene ~ con sus antiguos compañeros.* ⇒ **comunicación. 3** Comunicación que se establece por medio de un aparato: *muchas personas hacen amigos por ~ telefónico o informático.* ⇒ **conexión.** **4** ELECTR. Unión entre aparatos o sistemas eléctricos: *el cable está roto y no hace ~.* **5** *fig.* Persona que pone en relación a otras: *los terroristas tenían un ~ infiltrado en la policía; tengo un ~ en Hacienda.* ⇒ **conexión.**

con·ta·do, ⌐da |kontáðo, ða| ***adj.*** Que es escaso o raro; que no es frecuente: *salvo contadas excepciones, jamás sale a la calle.* ■ **al ~**, con moneda y en el acto: *pagaremos la televisión al contado, pero los muebles los compraremos a plazos.*

con·ta·⌐dor |kontaðór| **1** ***m.*** Aparato que sirve para contar o medir una cantidad determinada: *todas las casas deben tener un ~ de electricidad y otro de agua.* **2** *form.* Persona que se dedica a llevar la economía de un negocio: *está preparando unas oposiciones al cuerpo de contadores del estado.* ⇒ **contable. 3** *form.* Mueble que se usa para escribir y tiene varios cajones: *los contadores son escritorios muy antiguos y lujosos.*

con·ta·giar |kontaxi̲á̲r| **1** ***tr.-prnl.*** [algo; a alguien] Hacer que un ser vivo sufra una enfermedad; comunicar una enfermedad: *el niño de la vecina ha contagiado el sarampión a nuestro hijo; debes quedarte en casa para no ~ a tus compañeros.* ⇒ **pegar. - 2** ***tr.*** Comunicar ideas o formas de pensar: *el ambiente italiano le contagió un gusto por el arte.* **- 3 contagiarse** ***prnl.*** *Contraer una enfermedad: *estuvo en la selva y se contagió de malaria.* ☐ Se conjuga como 17.

con·ta·gio |kontáxi̲o̲| **1** ***m.*** Extensión o comunicación de una enfermedad: *el ~ del virus de la gripe es muy rápido; la cuarentena evita el ~.* ⇒ **difusión, infección. 2** *fig.* Extensión o comunicación de actitudes o hábitos: *muchos adultos usan un lenguaje de moda por ~ con la forma de hablar de sus hijos.*

con·ta·gio·⌐so, ⌐sa |kontaxióso, sa| **1** ***adj.*** Que se extiende fácil y rápidamente: *la hepatitis es una enfermedad contagiosa.* ⇒ **infeccioso. 2** *fig.* Que se extiende fácilmente a otras personas: *la risa de Isabel es contagiosa; el tabaco es un vicio ~.* ⇒ **pegadizo.**

con·ta·mi·na·ción |kontaminaθión| **1** ***f.*** Destrucción o *degradación del medio ambiente o de una parte de él: *el humo de fábricas y coches es la causa de la ~ ambiental.* **2** Alteración de la pureza de un alimento: *la ~ del huevo puede provocar salmonelosis.* ⇒ **adulteración. 3** Comunicación de una enfermedad: *ese virus ha provocado ya la ~ de miles de personas.* ⇒ **infección.**

con·ta·mi·na·⌐dor, ⌐do·ra |kontaminaðór, ðóra| ***adj.*** Que contamina: *las fábricas pueden ser agentes contaminadores de la ciudad.* ⇒ **contaminante.**

con·ta·mi·nan·te |kontaminánte| ***adj.-s.*** Que contamina: *la gasolina sin plomo es menos ~; la empresa vertía sustancias contaminantes al mar.*

con·ta·mi·nar |kontaminár| **1** ***tr.-intr.*** [algo] Estropear o destruir despidiendo sustancias: *se ha multado a esa fábrica por contaminar el río.* **- 2** ***tr.*** Alterar la pureza de un alimento: *no debes beber de esta agua porque está contaminada.* **- 3** ***tr.-prnl.*** [algo; a alguien] Comunicar una enfermedad: *la peste contaminó toda la población.* **4** Comunicar ideas o formas de pensar que van contra la moral tradicional: *el trato continuo con ese libertino la ha contaminado.* **- 5** ***tr.*** LIT. [algo] Cambiar de modelo en la elaboración de una copia: *ese texto está contaminado.*

con·tar |kontár| **1** ***tr.*** [algo] Hacer lo necesario para averiguar el número de elementos que hay en un conjunto; numerar: *el pastor contaba las ovejas; cuenta billetes en un banco.* **2** [algo; a alguien] Explicar una historia real o inventada; hacer una relación de acontecimientos: *quiere que le cuente un cuento antes de dormir; nos contó todo de su vida.* ⇒ **narrar, relacionar, relatar. 3** [algo] Poner dentro de un límite o unas condiciones: *contaremos la primera jugada como válida.* **- 4** ***intr.*** [en/para algo] Deber ser considerado dentro de un número o para algún asunto: *los niños y las mujeres también cuentan.* **5** [con algo, alguien] Tener confianza: *sabes que cuento contigo para jugar al tenis.* **6** Tener o poseer: *cuento con muchos amigos; cuenta con dos coches.* **7** Tener en cuenta: *ya contaba con que tenía que trabajar durante el fin de semana.*

con·tem·pla·ción |kontemplaθión| **1** ***f.*** Observación; acción de mirar con atención: *permanecía absorto en la ~ del rostro de su amiga.* **2** Idea, opinión o juicio: *los parlamentarios debaten la ~ de España como estado federal.* ⇒ **concepción, consideración. 3** REL. Estado del *alma que piensa en Dios intensamente: *muchas monjas viven una vida de ~.* **- 4 contemplaciones** ***f. pl.*** Trato cuidadoso hacia una persona para que esté feliz y no se enfade: *Amparo tiene muchas contemplaciones con su marido; estaba muy enfadado y me habló sin contemplaciones.* ⇒ **miramiento.**

con·tem·plar |kontemplár| **1** ***tr.*** [algo, a alguien] Mirar o poner la atención en una cosa: *desde la ventana puedo ~ toda la ciudad; ella se limita a ~ la pelea, pero no interviene.* ⇒ **observar. 2** [algo] Pensar con atención para formar un juicio: *la Unión Europea está contemplando la posibilidad de intervenir en la guerra.* ⇒ **considerar. 3** [a alguien] Tratar a una persona con cuidado para que esté alegre y no se enfade: *tu hermana contempla demasiado al niño.* ⇒ **complacer, consentir, mimar. - 4** ***tr.-intr.*** REL. Sentir el *alma una admiración especial al ver o pensar en Dios: *Pasó los últimos meses de su vida contemplando a Dios.*

con·tem·po·rá·ne·⌐o, ⌐a |kontemporáneo, a| **1** ***adj.-s.*** Que pertenece a la *época actual, al presente: *la literatura contemporánea es muy diversa; hay una exposición de pintura contemporánea.* **2** Que pertenece a la misma *época o tiempo que otra persona o cosa: *Debussy y sus contemporáneos revolucionaron la música.* ⇒ **coetáneo.**

con·tem·po·ri·zar |kontemporiθár| ***intr.*** Adaptarse al gusto y la voluntad de los demás: *cuando trabajas en un ambiente de enfrentamiento, hay que saber ~.* ⇒ **condescender.** ☖ Se conjuga como 4.

con·ten·ción |kontenθión| **1** ***f.*** Acción y resultado de contener o sujetar: *este muro de cemento sirve para la ~ del agua de la presa.* **2** Freno o *sujeción de una tendencia o deseo: *su capacidad de ~ impidió que hiciera una tontería.*

con·ten·cio·⌐so, ⌐sa |kontenθióso, sa| **1** ***adj.-s.*** DER. (materia) Que se trata en un juicio: *la sentencia ha reavivado el ~ del trasvase de agua con Almuñécar.* **2** (persona) Que tiene la costumbre de oponerse y discutirlo todo: *es muy ~, siempre discute lo que dicen los demás.*

con·ten·der |kontendér| **1** ***intr.*** Atacar, golpear y herir al contrario y defenderse de sus ataques: *los dos ejércitos contendían duramente.* ⇒ **luchar, pelear. 2** *fig.* Oponerse o luchar con otros para conseguir un fin: *los dos caballeros contienden en hidalguía.* ⇒ **competir. 3** Discutir dos o más personas: *todos contendían sobre el partido de fútbol.* ⇒ **debatir.** ☖ Se conjuga como 28.

con·ten·dien·te |kontendiénte| ***adj.-com.*** (persona, grupo) Que *contiende: *los dos equipos contendientes tienen asegurado un premio.*

con·te·ne·dor, dora |konteneðór, ðóra| **1** ***m.*** Recipiente de gran tamaño que se usa para meter la basura y los materiales que ya no sirven: *todas las calles deben tener papeleras y contenedores; allí hay un ~ de vidrio reciclable.* **2** Recipiente metálico de gran tamaño que se usa para el transporte de mercancías: *ese tren lleva varios contenedores de trigo; la Cruz Roja ha enviado varios contenedores de medicinas a la zona.*

con·te·ner |kontenér| **1** ***tr.*** [algo, a alguien] Llevar o incluir dentro de sí una cosa a otra: *esta caja contiene diez galletas; el libro contenía la historia de su vida.* **2** [algo] Detener o suspender el movimiento de un cuerpo o líquido: *la presa contiene el cauce del río.* **- 3 *tr.-prnl.*** Hacer que un impulso sea menos intenso o que no provoque una acción: *contuvo su ira y salió de la habitación sin decir nada; tengo que contenerme para no comer tanto.* ◯ Se conjuga como 87.

con·te·ni·⌈do, ⌈da |konteníðo, ða| **1 *adj.*** Que frena o sujeta un impulso para que sea menos intenso: *me miró con una violencia contenida, a punto de estallar.* **- 2 contenido *m.*** Materia incluida en el interior de un espacio: *abre el regalo y mira el ~; la botella se rompió y se derramó el ~.* **3** Materia, tema, asunto: *a continuación, trataremos los contenidos mencionados.* **4** LING. Significado de un signo lingüístico, de una oración o de un texto o discurso: *el signo* mesa *tiene como ~:* 'mueble con un tablero apoyado en cuatro patas'.

con·ten·tar |kontentár| **1 *tr.*** [a alguien] Satisfacer un deseo, una aspiración o una *ilusión; hacer feliz: *le regaló un reloj para contentarlo; el bebé se contenta con su chupete.* ⇔ **descontentar. - 2 contentarse *prnl.*** Aceptar voluntariamente una cosa, especialmente cuando no es perfecta o no satisface completamente: *quería irme de vacaciones a Hawai, pero tendré que contentarme con un fin de semana en Chiclana.* **3** Hacer las paces: *los dos amigos se pelearon, pero se contentaron rápidamente.* ⇒ **reconciliar.**

con·ten·⌈to, ⌈ta |konténto, ta| **1 *adj.*** Que está alegre, feliz y satisfecho: *estoy muy ~ de verte; María siempre está contenta; estoy ~ con mi sueldo.* ⇔ **descontento.** ◯ Se usa con el verbo *estar*, nunca con el verbo *ser*. **- 2 contento *m.*** Alegría, felicidad y satisfacción: *la representación acabó con un gran ~ general.* ⇔ **descontento.**

con·ter·tu·⌈lio, ⌈lia |kontertúlio, lia| ***m. f.*** *form.* Persona que participa con otras en una conversación: *Solana retrató a los contertulios del café Gijón.*

con·tes·ta·ción |kontestaθión| **1 *f.*** Respuesta que se da a una pregunta o a una *petición: *recibió un no como ~; me gustaría que vinieras a la fiesta: espero tu ~.* ⇒ **respuesta. 2** *form.* Oposición o protesta contra una cosa considerada injusta: *nuestros cantautores componían sus canciones como ~ política o social.* ⇒ **protesta.**

con·tes·ta·dor |kontestaðór| ***m.*** Aparato eléctrico que se enchufa al teléfono para recoger llamadas y grabar mensajes: *el ~ se llama también ~ telefónico o ~ automático.*

con·tes·tar |kontestár| **1 *tr.*** [algo; a alguien, a algo] Dar una respuesta a lo que se pregunta, dice o escribe: *quiero que contestes a mi pregunta; contestó que aceptaba las condiciones; tengo que ~ su carta.* ⇒ **responder. 2** [algo] Oponerse a decisiones con las que no se está de acuerdo: *los intelectuales contestan las decisiones de los políticos.* ◯ No se debe usar con el sentido de negar o poner objeciones: *estos hechos no pueden ser contestados.* **- 3 *intr.*** Dar una respuesta desagradable o ruda: *es un mal educado, siempre contesta mal; te he dicho mil veces que no contestes a tu madre.*

con·tes·ta·ta·⌈rio, ⌈ria |kontestatário, ria| ***adj.-s.*** (persona) Que se opone a los valores u opiniones establecidos: *la juventud de los años sesenta fue muy contestataria.*

con·tex·to |kontéᵏsto| **1 *m.*** Conjunto de circunstancias que rodean un hecho y sin las cuales no se puede comprender: *para interpretar el significado de la película debes analizar antes el ~.* ⇒ **situación. 2** LING. Conjunto de circunstancias que rodean a una palabra o a una frase y de las que puede depender su significado y valor: *el ~ hace que en unos casos se utilicen ciertas expresiones y no otras.*

con·tien·da |kontiénda| ***f.*** *form.* Lucha o acción de guerra: *la ~ en los Balcanes es más fuerte cada día.* ⇒ **combate, pelea.**

con·ti·go |kontíγo| ***pron. pers.*** Forma del pronombre personal de segunda persona *ti*, que se usa cuando va acompañado por la preposición *con*: *si vas a la plaza, espérame, que voy ~.* ⇒ **conmigo, consigo, ti.**

con·ti·⌈guo, ⌈gua |kontíγuo, γua| ***adj.*** Que está junto a otra cosa, a su lado: *Pablo fue a la mesa contigua para coger unos libros; en la habitación contigua a la suya dormía su hermana.* ⇒ **adyacente.**

con·ti·nen·tal |kontinentál| ***adj.*** Del continente o los países que forman un continente, o que tiene relación con ellos: *los científicos quieren estudiar las condiciones de vida continentales; el jugador tiene ya cinco títulos continentales.*

con·ti·nen·te |kontinénte| **1 *m.*** Parte de la Tierra que incluye dentro de sí grandes extensiones de tierra e islas: *se considera que Europa es un ~ distinto de Asia; los continentes son cinco.* **2** *form.* Expresión de la cara de una persona: *en su ~ se veía la tristeza.* ⇒ **gesto. - 3 *adj.-com.*** *form.* (persona) Que frena o contiene sus impulsos: *Pedro tiene una actitud ~.* **4** *form.* Que contiene una cosa dentro de sí: *el vaso es el ~ del líquido.*

con·tin·gen·cia |kontiŋxénθia| **1 *f.*** *form.* Posibilidad de ocurrir: *están indecisos ante la ~ de la llegada de un nuevo jefe.* ⇒ **eventualidad. 2** *form. p. ext.* Hecho que puede ocurrir o no: *no saben cómo reaccionar ante las contingencias económicas.* **3** *form.* Peligro o problema: *el presidente no descarta la ~ de una guerra.*

con·tin·gen·te |kontiŋxénte| **1 *adj.*** *form.* Que puede ocurrir o no ocurrir: *no podemos prever todos los hechos contingentes.* **- 2 *m.*** Conjunto organizado de soldados: *la ONU ha mandado un ~ de cascos azules a África.* **3** *form.* Parte proporcional con la que uno contribuye a un fin determinado: *la Unión Europea aportó un ~ de alimentos y medicinas para el Tercer Mundo.* **4** ECON. Cantidad que se señala a un país o a un industrial para la compra, *venta o producción de determinadas mercancías: *la Unión Europea ha señalado un nuevo ~ de leche a España.*

con·ti·nua·ción |kontinuaθión| **1 *f.*** Acción y resultado de continuar: *la ~ de las obras del metro está prevista para febrero; quiere investigar la ~ de los elementos clásicos en nuestra época.* **2** Extensión de una superficie: *el patio es una ~ de la casa; la mano es la ~ del brazo.* ■ **a ~**, inmediatamente después: *su casa está a ~ de la mía.*

con·ti·nua·⌈dor, ⌈do·ra |kontinuaðór, ðóra| ***adj.*** Que sigue y continúa una cosa empezada por otra persona o grupo: *su hijo fue ~ de la familia de grandes escritores.*

con·ti·nuar |kontinuár| **1** ***tr.-intr.*** [algo; con algo] Seguir con lo empezado; seguir con lo que se hace: *continuemos nuestro camino.* **- 2** ***intr.*** Mantenerse en el tiempo; durar: *la lluvia continuó durante toda la tarde.* **- 3** ***intr.-prnl.*** *form.* Extenderse a lo largo de una superficie: *la casa que se continuaba con el convento existe aún.*

con·ti·nui·dad |kontinuiðá^{ð}| **1** ***f.*** Duración en el tiempo; falta de interrupción: *la ~ de las lluvias puede provocar una riada.* **2** Unión entre las partes que forman un todo: *la unidad europea se basa en la ~ geográfica y cultural.*

con·ti·⌈nuo, ⌈nua |kontínuo, nua| **1** ***adj.*** Que no se interrumpe; que ocurre sin parar: *el hielo es ~ en los glaciares; el trabajo ~ te llevará al éxito.* ⇒ **constante. 2** Que es frecuente: *tus continuas amenazas no servirán de nada.* **- 3 continuo** ***m.*** *form.* Todo formado por partes entre las que no hay separación: *desde el espacio, el mundo se ve como un ~ de tierra y agua.* ■ **de ~**, sin parar; continuamente; muy a *menudo: *venía a visitarnos de ~; el agua mana de ~.*

con·to·ne·ar·se |kontoneárse| ***prnl.*** Mover excesivamente los hombros y las *caderas al andar: *María se contoneaba sobre sus altísimos tacones.*

con·tor·no |kontórno| **1** ***m.*** Conjunto de líneas que limitan un cuerpo o una figura: *dibuja primero los contornos y luego pinta los colores.* ⇒ **perímetro. 2** Parte de terreno que rodea una población o un lugar: *quieren hacer un parque en los contornos de la ciudad.* ☖ En esta acepción se suele usar en plural.

con·tor·sión |kontorsión| ***f.*** Movimiento irregular o extraño que contrae los miembros, los *rasgos de la cara o cualquier músculo: *se retorcía entre contorsiones del dolor; la princesa se reía de las contorsiones de su bufón.*

con·tor·sio·nar·se |kontorsionárse| ***prnl.*** Hacer movimientos o *contorsiones: *agarró al gato y lo sujetó hasta que éste dejó de ~.*

con·tor·sio·nis·ta |kontorsionísta| ***com.*** Persona que hace *contorsiones difíciles y sorprendentes: *la ~ del circo se dobla hacia atrás y coge con la boca un pañuelo del suelo.*

con·tra |kontra| **1** ***prep.*** Indica posición o acción contraria: *luchaban ~ el enemigo; va en ~ de las normas.* **2** Indica dirección hacia un lugar: *esa ventana da ~ el norte.* **3** Indica cambio de una cosa por otra: *me han mandado un paquete ~ reembolso.* **- 4** ***m.*** Circunstancia que se opone a un asunto; situación difícil: *hay que considerar los pros y los contras antes de actuar.* ☖ En esta acepción, suele usarse en plural. **- 5** ***f.*** Movimiento de oposición al gobierno *revolucionario de Nicaragua en la década de los 80. ⇒ **guerrilla. - 6** ***interj.*** Expresión que indica sorpresa o que algo es extraño: *¡~, qué frío hace!* ■ **en ~**, en oposición: *no te pongas en ~; se pone en ~ de ti.*

con·tra·a·ta·car |kontr^{a}atakár| ***tr.-intr.*** Reaccionar contra el avance del contrario o del enemigo: *el ejército contraatacó y consiguió avanzar sus posiciones.* ☖ Se conjuga como 1.

con·tra·a·ta·que |kontr^{a}atáke| ***m.*** Reacción contra el avance del contrario o del enemigo: *el equipo entero se lanzó al ~ al ver que perdían el partido; los sitiados respondieron con un ~ al ejército enemigo.*

con·tra·ba·jo |kontraβáxo| ***m.*** MÚS. Instrumento musical de cuerda y arco parecido al *violonchelo pero más grande y de sonido más grave: *solistas de violín, viola, violonchelo y ~ tomarán parte en este certamen.*

con·tra·ban·dis·ta |kontraβandísta| ***com.*** Persona que comercia con productos prohibidos o ilegales: *los contrabandistas actúan en las zonas costeras.*

con·tra·ban·do |kontraβándo| **1** ***m.*** Actividad ilegal que consiste en comerciar con productos prohibidos: *el ~ de droga está perseguido por todos los países europeos.* **2** Actividad ilegal que consiste en comerciar con productos sin pagar los *impuestos correspondientes: *hay personas que se dedican al ~ de tabaco y alcohol.* ■ **de ~**, que se consigue o se compra de manera ilegal: *muchos aparatos de música son de ~ o robados.*

con·trac·ción |kontra^{k}θión| **1** ***f.*** *form.* Movimiento en el que se encoge o se estrecha una parte del cuerpo, reduciendo su tamaño: *una ~ muscular le impidió seguir jugando; se marchó al hospital al sentir las primeras contracciones del parto.* **2** *form. fig.* Reducción de una cosa: *la disminución de la renta provoca una ~ de la demanda.* **3** LING. Fenómeno que consiste en la unión de una palabra que termina en vocal con otra palabra que empieza por vocal: al *procede de la ~ de* a *y* el. **4** LING. Palabra creada mediante ese fenómeno: al *y* del *son contracciones.*

con·tra·cha·pa·do |kontratʃapáðo| ***adj.-m.*** (tablero) Que está formado por varias capas finas de madera pegadas: *la mesa es de ~; las láminas de ~ se despegan con la humedad.*

con·tra·dan·za |kontraðánθa| **1** ***f.*** MÚS. Baile de figuras que ejecutan muchas parejas a la vez: *los bailarines han hecho una ~ magnífica.* **2** MÚS. Música de ese baile: *el músico compuso una ~.*

con·tra·de·cir |kontraðeθír| **1** ***tr.*** [algo, a alguien] Decir lo contrario de lo que otra persona afirma: *Luis la contradijo; sus afirmaciones contradicen todas las teorías anteriores.* **2** [algo] Obrar de forma contraria una cosa: *tus actos contradicen tus palabras.* **- 3 contradecirse** ***prnl.*** Decir una persona lo contrario de lo que antes ha dicho, sin anunciar que se ha cambiado de opinión: *supimos que mentía porque se contradecía constantemente.* ☖ El participio es *contradicho.* Se conjuga como 69.

con·tra·dic·ción |kontraði^{k}θión| **1** ***f.*** Acción y resultado de *contradecir o *contradecirse: *las contradicciones descubren al mentiroso.* ⇒ **paradoja. 2** Afirmación y negación que no pueden ser verdaderas a la vez: *hay algunas contradicciones en su teoría que la invalidan por completo.*

con·tra·dic·to·rio, ⌐ria |kontraðiᵏtório, ria| *adj.* Que tiene *contradicción con otra cosa: *el detective descubrió un hecho que era ~ con lo que se sabía hasta ese momento sobre el asesino.* ⇒ **paradójico.**

con·tra·er |kontraér| **1** *tr.-prnl.* [algo] Encoger o estrechar, reduciendo el tamaño: *se le contrajo el músculo de la pierna y no pudo correr.* **2** Coger o *adquirir una enfermedad o costumbre: *contrajo la lepra; la falta de higiene aumenta el riesgo de ~ enfermedades infecciosas.* **3** Hacerse responsable de una obligación o una relación: *contraerán matrimonio en la iglesia parroquial a las cinco de la tarde.* **4** LING. Reducir dos o más vocales a un *diptongo o a una vocal: *en casos como* va a comer *las dos aes suelen contraerse.* ◯ Se conjuga como 88.

con·tra·es·pio·na·je |kontraespionáxe| *m.* Actividad que se realiza para descubrir y evitar el *espionaje: *el gobierno aprobó la creación de un servicio de ~.*

con·tra·fuer·te |kontrafuérte| **1** *m.* ARQ. Construcción vertical pegada al muro de un edificio para hacerlo más fuerte y absorber los empujes: *los pilares que se ven adosados al exterior de los muros de algunas iglesias son contrafuertes.* ⇒ **estribo.** **2** Pieza de cuero que se pone en el calzado por la parte de atrás: *me han arreglado el calzado poniéndome un ~ nuevo.*

con·tra·in·di·ca·ción |kontraindikaθión| *f. form.* Efecto poco adecuado que se produce por el empleo de una medicina o por un tratamiento: *en el prospecto de la medicina venían las contraindicaciones.*

con·train·di·car |kontraindikár| *tr.* [algo] Indicar el efecto *perjudicial que puede tener una acción, un *medicamento o un tratamiento en ciertos casos: *los médicos han contraindicado este medicamento para las embarazadas.*

con·tral·to |kontrálto| **1** *m.* MÚS. Voz media entre la de *tiple y la de *tenor: *en esta obra, la parte del ~ es muy lucida.* **2** *com.* MÚS. Persona que tiene esa voz: *el recital de la ~ fue muy interesante.*

con·tra·luz |kontralúθ| **1** *amb.* Aspecto que presenta una cosa mirándola desde el lado opuesto a la luz: *mirando el ~ del papel descubrí un mensaje secreto.* **2** Fotografía tomada desde el lado opuesto a la luz: *tiene un ~ de una pareja que se abraza frente a la puesta de sol.*

con·tra·o·fen·si·va |kontraofensíβa| *f.* MIL. Ataque que *responde a un ataque del enemigo, haciéndole tomar posiciones de defensa: *el ejército lanzó una potente ofensiva, pero la ~ de sus contrincantes fue demoledora.*

con·tra·or·den |kontraórðen| *f.* Orden que es contraria y quita el valor a una orden anterior: *si no hay ~, nos veremos aquí a las siete en punto.*

con·tra·par·ti·da |kontrapartíða| *f.* Cosa que produce un efecto contrario a otra y que sirve como *compensación: *los obreros esperaban recibir alguna ~ económica por su esfuerzo.*

con·tra·pe·lo |kontrapélo| ■ **a ~**, en dirección contraria a la inclinación natural del pelo: *el niño acariciaba a su perro a ~.* ■ **a ~**, *fig.*, con dificultad, con problemas: *esta deuda nos ha pillado a ~ y no sé si podremos afrontarla.*

con·tra·pe·sar |kontrapesár| **1** *tr.* [algo] Servir de *contrapeso: *pon esta maleta a la izquierda para ~ la carga del coche.* **2** *fig.* Igualar una cosa a otra para hacer disminuir o desaparecer su efecto: *los trabajadores de hostelería tienen más vacaciones para ~ el hecho de que trabajan las fiestas.* ⇒ **compensar.**

con·tra·pe·so |kontrapéso| **1** *m.* Peso que iguala a otro para conseguir un equilibrio: *lo tumbaron en una cama, le ataron una cuerda a la pierna y le pusieron un ~ para que mantuviese el pie en alto.* **2** *fig.* Cosa que produce un efecto contrario a otra para conseguir un equilibrio: *contrataron a otro empleado como ~ del mal trabajo de su compañero.*

con·tra·po·ner |kontraponér| **1** *tr.* [algo] Examinar para encontrar parecidos y diferencias: *es más fácil describir dos cosas que son parecidas después de contraponerlas.* ⇒ **comparar.** - **2** *tr.-prnl.* Ser contrario; oponer: *el vicio se contrapone a la virtud.* ◯ Se conjuga como 78.

con·tra·por·ta·da |kontraportáða| **1** *f.* Página que se pone frente a la portada de un libro y en la que aparecen ciertos detalles sobre éste: *en la ~ aparece el lugar en el que se imprimió el libro.* **2** Última página de un periódico o de un conjunto de hojas: *en la ~ del periódico ha aparecido una entrevista a ese famoso escritor.*

con·tra·po·si·ción |kontraposiθión| *f.* Oposición entre dos cosas: *ella es muy amable, en ~ a su marido.*

con·tra·pro·du·cen·te |kontraproðuθénte| *adj.* (obra, dicho) Que tiene un efecto contrario a la intención con que se ha hecho o dicho: *las palabras que pronunció fueron ~ para los intereses de la compañía.*

con·tra·riar |kontrariár| *tr.* [algo, a alguien] Oponerse a una intención o deseo de una persona: *no debes contrariarla para que no se disguste.* ◯ Se conjuga como 13.

con·tra·rie·dad |kontrarieðáᵈ| **1** *f.* Oposición entre dos cosas: *la ~ entre la razón y la pasión provoca en el hombre fuertes luchas internas.* **2** Acción o cosa que impide o retrasa lo que se quiere conseguir: *tuvimos un viaje lleno de contrariedades y llegamos más tarde de lo previsto.* **3** Molestia o disgusto: *ha sido una ~ que tu hijo se haya roto la pierna.*

con·tra·rio, ⌐ria |kontrário, ria| **1** *adj.* Que está o se mueve en contra; que se opone: *circulaba por el carril ~; tienen ideas contrarias.* ⇒ **opuesto.** - **2** *adj.-s.* Que es enemigo o se opone, especialmente en un deporte: *sus contrarios son muy de temer; el equipo ~ atacó de nuevo.* ⇒ **rival.** **3** Palabra cuyo significado se opone completamente al de otra: paz *y* guerra *son contrarios; tengo un diccionario de sinónimos y contrarios.* ⇒ **antónimo.** ■ **al ~**, de forma totalmente distinta: ■ **llevar la contraria,**

fam., oponerse a las ideas o los juicios: *no me lleves la contraria porque llevo razón.*

con·tra·rres·tar |kontrar̄estár| **1** ***tr.*** [algo, a alguien] Resistir, oponerse o hacer frente: *el ejército contrarrestó el ataque enemigo.* **2** [algo] Disminuir el efecto de una acción al aparecer una acción contraria: *estas pastillas contrarrestan los efectos de la gripe.* ⇒ **neutralizar.**

con·tra·rre·vo·lu·ción |kontrar̄eβoluθión| ***f.*** POL. *Revolución política que tiende a destruir los efectos de otra anterior: *las revoluciones de Centroamérica han dado lugar a movimientos de ~.*

con·tra·rre·vo·lu·cio·na·rio, ⌜ria |kontrar̄eβoluθionário, ria| **1** ***adj.*** POL. De la *contrarrevolución o que tiene relación con ella: *el país ha sufrido mucho con los movimientos revolucionarios y contrarrevolucionarios.* ⇒ **revolucionario.** **- 2** ***adj.-s.*** POL. (persona) Que es partidario de la *contrarrevolución: *los contrarrevolucionarios se han refugiado en el monte.* ⇒ **revolucionario.**

con·tra·sen·ti·do |kontrasentíðo| **1** ***m.*** *Interpretación contraria al sentido natural de las palabras: *el poeta utiliza en su obra el ~ para crear extrañeza en el lector.* **2** Obra o dicho sin razón ni orden: *deja de decir contrasentidos y piensa bien antes de hablar.* ⇒ **dislate, disparate.**

con·tra·se·ña |kontraséɲa| ***f.*** Expresión o señal que se dan unas personas a otras para entenderse entre sí, para ser reconocidas o para que les sea permitida una cosa determinada: *no puedes usar ese ordenador si no sabes la ~; para entrar en aquel lugar había que decirle una ~ al guarda.*

con·tras·tar |kontrastár| **1** ***intr.*** [con algo/alguien] Mostrar diferencias o condiciones opuestas dos cosas cuando se comparan entre sí: *la rica vegetación de los jardines contrasta con la sequedad del campo.* **- 2** ***tr.*** [algo] Comprobar la exactitud o calidad de una cosa, especialmente de los pesos y medidas o de los metales nobles: *un funcionario acaba de ~ la exactitud de los pesos que emplean en este mercado; este señor se dedica a ~ objetos de oro y plata.*

con·tras·te |kontráste| **1** ***m.*** Diferencias o condiciones opuestas entre cosas que se comparan: *hay un gran ~ entre el clima de Galicia y el de Andalucía.* **2** Diferencia de intensidad de iluminación en la serie de blancos y negros o en la de los colores de una imagen: *ajustó el ~ del televisor para ver mejor la película.* **3** Señal que se imprime en los objetos de metal noble como garantía de haber sido *contrastados: *la pulsera es de oro de ley, como garantiza el ~ que lleva impreso.*

con·tra·ta |kontráta| **1** ***f.*** Acuerdo de las condiciones y el precio de un servicio: *pretendían cobrar más de lo que acordaron en la ~.* ⇒ **contrato.** **2** Documento en que figura ese acuerdo: *esa constructora ha firmado una ~ con el Ayuntamiento.* ⇒ **contrato.**

con·tra·ta·ción |kontrataθión| ***f.*** Acción y resultado de *contratar: *el jefe de personal se encargará de la selección y ~ de los nuevos empleados.*

con·tra·tar |kontratár| ***tr.*** [algo, a alguien] Convenir o acordar las condiciones y el precio de un servicio o un trabajo: *el Ayuntamiento contrató las obras de ampliación del auditorio; una importante empresa informática ha contratado a Emilio como programador.*

con·tra·tiem·po |kontratiémpo| ***m.*** Hecho o accidente con el que no se cuenta y que impide o retrasa un proyecto: *llegaremos el jueves si no hay ningún ~; el despido del padre fue un grave ~ para la familia.* ⇒ **percance, revés, vicisitud.**

con·tra·tis·ta |kontratísta| ***com.*** Persona que realiza una obra material o un servicio para otra persona o grupo: *el arquitecto exigió al ~ de la obra las máximas medidas de seguridad.*

con·tra·to |kontráto| **1** ***m.*** Acuerdo de las condiciones y el precio de un servicio o de un trabajo: *según su ~, tiene que trabajar un sábado al mes.* ⇒ **contrata.** **2** Documento en que figura ese acuerdo: *el empresario y el trabajador firmaron el ~.* ⇒ **contrata.**

con·tra·ve·nir |kontraβenír| ***tr.*** [algo] Ir contra una ley o norma o no cumplirlas: *fue castigado por ~ la ley; no se atreverá a ~ las órdenes del capitán.* ⇒ **infringir, transgredir, violar.** ☖ Se conjuga como 90.

con·tra·ven·ta·na |kontraβentána| ***f.*** Puerta que se pone en la parte exterior de las ventanas para evitar que entre luz, agua, frío o calor: *las casas de la sierra suelen tener contraventanas de madera para protegerse del frío y de la nieve.*

con·tri·bu·ción |kontriβuθión| **1** ***f.*** Acción y resultado de ayudar o contribuir: *su ~ a la causa ha sido muy importante.* **2** Cantidad de dinero que el Estado u otra *institución recibe de una persona o grupo: *paga una ~ bastante alta por la casa que tiene en un barrio céntrico de la ciudad.* ⇒ **impuesto.**

con·tri·buir |kontriβuír| **1** ***intr.*** [a/en/para algo] Ayudar o participar en el desarrollo de un proceso con un fin determinado: *varios factores contribuyen al crecimiento del paro.* ⇒ **aportar, colaborar.** **2** [con algo] Dar una parte de una cantidad; pagar un *impuesto: *hay que ~ con cinco mil pesetas al año.* ☖ Se conjuga como 62.

con·tri·bu·yen·te |kontriβuyénte| **1** ***adj.*** Que contribuye. **- 2** ***com.*** Persona que paga tasas o contribuciones al Estado: *todos los contribuyentes tienen derecho a exigir que su dinero se invierta correctamente.*

con·tri·ción |kontriθión| ***f.*** REL. Dolor espiritual por haber hecho una ofensa a Dios, por ser quien es y porque se le debe amar sobre todas las cosas: *después de pecar, debes hacer un acto de ~.* ☖ No se debe decir *contricción.*

con·trin·can·te |kontriŋkánte| ***com.*** Persona que compite con otra o se opone a ella: *como se consideraba superior, dio unos metros de ventaja a su ~ en la carrera.* ⇒ **rival.**

con·trol |kontról| **1** ***m.*** Conjunto de mandos o botones que regulan una máquina o un aparato: *se hizo cargo de los controles de la nave; los controles están en la cabina.* ☖ En esta acepción, suele usarse en plural. **2** Poder de dirigir o dominar: *una avería le hizo perder el ~ del avión; ejerce un ~ irresistible sobre ella; perdió el ~ de sí mismo y le dio un puñetazo.* ⇒ **dominio. 3** Comprobación de una información: *hay que someterlo a un ~ severo.*

con·tro·la·ʳdor, ʳdo·ra |kontrolaðór, ðóra| **1** *adj.-s.* Que controla: *desde la torre de controladores vigilaban los incendios; Martín era ~ y animador de un grupo juvenil.* **- 2** *m. f.* Persona que se dedica a vigilar y controlar el tráfico aéreo: *el ~ aéreo orienta a los aviones al despegar y al aterrizar.*

con·tro·lar |kontrolár| **1** *tr.* [algo, a alguien] Dirigir y dominar: *el volante controla la dirección del vehículo.* **2** [algo] Examinar u observar con atención y cuidado para hacer una comprobación: *estas cuentas deben ser controladas; esta máquina controla la respiración y el pulso del paciente.* ⇒ **inspeccionar. - 3 controlarse** *prnl.* Contener, frenar o sujetar los sentimientos o los impulsos: *se sintió ofendido y no pudo controlarse.* ⇒ **moderar.**

con·tro·ver·sia |kontroβérsia| *f.* Discusión larga y repetida entre dos o más personas que defienden opiniones contrarias: *el aumento o la reducción de los impuestos continúa siendo objeto de encendidas controversias.* ⇒ **polémica.**

con·tu·maz |kontumáθ| *adj.* Que insiste en mantener una situación: *Miguel es un bebedor ~.*

con·tun·den·te |kontundénte| **1** *adj.* Que produce un daño físico o una *contusión: *el hematoma fue producido con un instrumento ~.* **2** *fig.* Que produce una gran impresión en el ánimo; que convence: *el fiscal presentó pruebas contundentes contra el acusado.*

con·tu·sión |kontusión| *f.* Daño causado por un golpe que no produce una herida exterior: *sufrió algunas contusiones en el accidente, pero ninguna lesión grave.* ⇒ **magulladura.**

con·tu·sio·nar |kontusionár| *tr. form.* [algo] Golpear o producir un daño en el interior de un cuerpo, sin herida exterior: *el toro cogió al torero y le contusionó todo el cuerpo.* ⇒ **magullar.**

con·va·le·cen·cia |kombaleθénθia| **1** *f. form.* Recuperación de las fuerzas perdidas después de una enfermedad o una operación: *ha sufrido mucho y ahora está en plena ~.* **2** Periodo de tiempo que dura esa recuperación: *la ~ fue muy corta gracias al esfuerzo del enfermo.*

con·va·le·cer |kombaleθér| *intr.* Recuperar las fuerzas perdidas después de una enfermedad: *el enfermo convalece en su casa de la sierra, atendido por su madre.* ☐ Se conjuga como 43.

con·va·le·cien·te |kombaleθiénte| *adj.-s. form.* Que recupera las fuerzas perdidas después de una enfermedad o una operación: *el paciente está fuera de peligro, pero aún está ~ y no se puede levantar.*

con·va·li·da·ción |kombaliðaθión| *f.* Acción y resultado de *convalidar: *cursó ingeniería técnica y después se informó de las convalidaciones para estudiar una ingeniería superior.*

con·va·li·dar |kombaliðár| **1** *tr.* [algo] Dar nuevo valor y firmeza: *el tribunal supremo convalidó la sentencia.* ⇒ **revalidar. 2** Dar valor legal a los estudios aprobados en otro país, centro o especialidad: *quiso cambiar de especialidad y le convalidaron varias asignaturas de las que ya había aprobado.*

con·ven·cer |kombenθér| **1** *tr.* [a alguien; de algo, con algo] Conseguir que una persona piense de una determinada manera o que haga una cosa: *me han convencido para ir al cine; le convencieron de su error.* ⇒ **persuadir. - 2** *tr.-intr.* [a alguien] Llegar a satisfacer o a demostrar que es bueno o útil: *el equipo local convenció con su actuación; ese argumento no me convence.* ☐ Se conjuga como 2.

con·ven·ci·mien·to |kombenθimiénto| *m.* Seguridad que tiene una persona de la verdad o *certeza de lo que piensa: *he llegado al ~ de que mi amigo me ha traicionado.*

con·ven·ción |kombenθión| **1** *f.* Acuerdo entre dos o más personas: *hemos adoptado este sistema por ~ entre los miembros del equipo.* **2** Ocasión en que se reúnen los representantes de uno o varios grupos: *en estos días se celebra una ~ nacional de pequeños y medianos empresarios.* **3** Costumbre aceptada como norma: *según las convenciones sociales, no se debe tutear a un anciano al que se acaba de conocer.*

con·ven·cio·nal |kombenθionál| **1** *adj.* Que se acepta por costumbre: *la asociación entre el significante y el significado es ~.* **2** Que es común o no tiene nada especial: *viste siempre de manera ~ y no se pondría nunca un traje tan llamativo.* ⇒ **corriente.**

con·ve·nien·cia |kombeniénθia| **1** *f.* Cualidad de útil o conveniente: *dudan de la ~ de estas medidas.* ⇔ **inconveniencia. 2** Cualidad de *acorde o conveniente con un estado o posición: *se casó por no contravenir las conveniencias de su posición social.* **3** Provecho que se saca de una cosa: *sólo se preocupa de su propia ~ y no piensa en los demás.*

con·ve·nien·te |kombeniénte| **1** *adj.* Que es útil o adecuado para un fin; que conviene: *es ~ que lleves ropa de abrigo porque puede hacer frío.* ⇒ **aconsejable, recomendable. 2** Que corresponde de acuerdo con un estado o posición: *siempre habla con palabras convenientes y comedidas.*

con·ve·nio |kombénio| **1** *m.* Acuerdo entre dos o más personas o grupos que obliga a cumplir una serie de condiciones: *las dos empresas respetaron el ~.* ⇒ **pacto. 2** Tratado o documento en el que se exponen las obligaciones y derechos que aceptan las partes que lo firman: *la empresa firmó un ~ con la universidad para iniciar varios proyectos de investigación.* ⇒ **acuerdo; ~ colectivo**, el que firman la empresa y los trabajadores y contiene los acuerdos sobre los *salarios y las condiciones de trabajo: *leyó el ~ colectivo de su empresa para ver cuántos días tenía de vacaciones.*

con·ve·nir |kombenír| **1** *intr.* Ser útil o adecuado para un fin: *no te conviene hacer esfuerzos; nos conviene llevarnos bien.* **2** *form.* Corresponder de acuerdo con un estado o posición: *es a ti a quien conviene esa actividad; a ninguno más que al príncipe conviene la sabiduría.* **- 3** *tr.-intr. form.* [algo] Llegar a un acuerdo sobre un asunto o un precio: *convinieron* *en que se repartirían el trabajo; convinieron la suma que se habría de pagar.* **- 4 convenirse** ***prnl.*** *form.* [con alguien, en algo] Ponerse de acuerdo: *se convinieron en dejar pasar un día más; estamos distantes de convenirnos con los libreros.* ⌂ Se conjuga como 90.

con·ven·to |kombénto| **1** ***m.*** Edificio en el que vive una comunidad de religiosos bajo unas reglas: *enfrente del edificio de la universidad hay un ~ de monjas clarisas.* ⇒ **monasterio. 2** Comunidad de religiosos que habitan en una misma casa: *Santa Teresa fundó varios conventos.*

con·ver·gen·cia |komberxénθia| ***f.*** Unión de dos o más líneas, caminos, opiniones u otras cosas: *trataron de lograr la ~ entre sus puntos de vista.* ⇔ **divergencia.**

con·ver·gen·te |komberxénte| ***adj.*** Que se dirige a un mismo punto o que *converge: *un ángulo está formado por dos líneas convergentes.* ⇔ **divergente.**

con·ver·ger |komberxér| ***intr.*** ⇒ **convergir.** ⌂ Se conjunga como 5. La Real Academia Española prefiere la forma *convergir.*

con·ver·gir |komberxír| **1** ***intr.*** Dirigirse a un punto determinado; cruzarse o juntarse en un punto: *varios caminos convergían en aquel lugar; los radios de la circunferencia convergen en su centro.* ⇒ **converger.** ⇔ **divergir. 2** *fig.* Estar de acuerdo sobre un asunto determinado: *los partidos políticos convergen en la política exterior.* ⇒ **converger.** ⇔ **divergir.** ⌂ Se conjuga como 6.

con·ver·sa·ción |kombersaθión| ***f.*** Acto de hablar o comunicarse: *lo que más echo de menos son las largas conversaciones con mi familia; alguien escuchó su ~.* ⇒ **plática.**

con·ver·sa·⌐dor, ⌐do·ra |kombersaðór, ðóra| ***adj.-s.*** (persona) Que tiene una conversación agradable: *me gusta charlar con él porque es un gran ~.*

con·ver·sar |kombersár| **1** ***intr.*** Hablar o comunicarse dos o más personas: *estuve conversando con ellos toda la tarde; las chicas conversaban entre ellas durante el viaje; me gusta ~ sobre temas intrascendentes.* ⇒ **charlar, dialogar. 2** *form.* Tratarse o tener *amistad: *conversan a menudo.*

con·ver·sión |kombersión| **1** ***f.*** Transformación o cambio: *el Ayuntamiento ha decidido la ~ en tierras de labranza de una zona que se usaba para el pastoreo.* **2** Cambio de religión o de ideas: *los misioneros tratan de lograr la ~ de los infieles a la religión católica.* **3** Adaptación a una actividad diferente: *en este curso se pretende conseguir una rápida ~ de los empleados de la fábrica.*

con·ver·⌐so, ⌐sa |kombérso, sa| ***adj.-s.*** (persona) Que se ha convertido a la religión cristiana: *los cristianos viejos despreciaban a los judíos conversos.*

con·ver·ti·dor |kombertiðór| **1** ***m.*** ELECTR. Aparato que varía el valor de la corriente eléctrica: *el ~ transforma una corriente de mayor tensión en otra menor; el ~ actúa sobre la corriente continua.* ⇒ **transformador. 2** Aparato para convertir la fundición de hierro en acero: *el ~ es una caldera enorme donde se quema el carbono.*

con·ver·tir |kombertír| **1** ***tr.-prnl.*** [algo, a alguien; en algo] Cambiar en una persona o cosa distinta: *la niña se había convertido en una hermosa mujer; convirtió el agua en vino.* ⇒ **transformar. 2** [a alguien] Cambiar de religión o de ideas: *ese día se convirtieron más de seis mil personas; los convirtió para su causa.* ⌂ Se conjuga como 29.

con·ve·xi·dad |kombe^{k}siðá^ð| ***f.*** Cualidad de *convexo: *la ~ del terreno impide que se acumule el agua.* ⇔ **concavidad.**

con·ve·⌐xo, ⌐xa |kombé^{k}so, ^{k}sa| ***adj.*** Que tiene forma curva, más saliente en el centro que en los bordes: *la esfera del reloj es convexa; los espejos convexos hacen la figura más alta y delgada.* ⇒ **cóncavo.**

con·vic·ción |kombi^{k}θión| ***f.*** Idea de la que una persona está fuertemente convencida: *no puedo aceptar eso porque está en contra de mis convicciones.*

con·vic·⌐to, ⌐ta |kombí^{k}to, ta| ***adj.*** (persona) Que es responsable de un *delito y se ha probado legalmente: *para interpretar el papel, visitó en la prisión a un ~ de personalidad similar a la de su personaje.*

con·vi·dar |kombiðár| **1** ***tr.*** [a alguien; a algo] Pedir a una persona que esté en una celebración, comida u otra cosa: *convidó al banquete de bodas a todos sus familiares y amigos; no nos ha convidado a su fiesta de cumpleaños.* ⇒ **invitar. 2** *fig.* Provocar o convencer a una persona para que haga una cosa: *este pasaje del libro convida a la meditación.* ⇒ **incitar, invitar.**

con·vi·te |kombíte| ***m.*** Ocasión en la que se celebra un acontecimiento y en la que se invita a una o varias personas a comer o a beber: *para celebrar sus bodas de plata, darán un ~ en su casa.*

con·vi·ven·cia |kombiβénθia| ***f.*** Acción y resultado de vivir en compañía de otro o de *convivir: *algunos detalles agradables hacen la ~ más dulce dentro de la familia.*

con·vi·vir |kombiβír| ***intr.*** Vivir en compañía de otro u otros: *convivió con su pareja unos meses antes de casarse; varios estudiantes conviven en la residencia.*

con·vo·car |kombokár| ***tr.*** [algo, a alguien] Avisar señalando el día, hora y lugar para un encuentro: *el secretario convocó a todos los socios de la empresa; han convocado una reunión para mañana.* ⇒ **citar.** ⇔ **desconvocar.** ⌂ Se conjuga como 1.

con·vo·ca·to·ria |kombokatória| ***f.*** Anuncio o escrito con que se cita o *convoca a varias personas: *la ~ de la oposición se publicará en el Boletín Oficial del Estado.*

con·voy |kombói| **1** ***m.*** Conjunto de personas y vehículos que acompañan y protegen un *cargamento u otra cosa. **2** Conjunto de vehículos o cosas que viajan protegidos: *un ~ de provisiones escoltado por los Cascos Azules llegó ayer a Bosnia.* ⌂ El plural es *convoyes.*

con·vul·sión |kombulsión| **1** ***f.*** Contracción involuntaria violenta y repetida de las fibras musculares: *los epilépticos sufren ataques caracterizados por fuertes convulsiones.* **2** Movimiento violento de la tierra o el mar: *las convulsiones que precedieron al terremoto apenas fueron notadas por la población.*

3 *fig.* Agitación política o social de carácter violento que rompe la normalidad: *el dictador sacó el ejército a a la calle para mitigar las convulsiones.*

con·vul·sio·nar |kombulsionár| ***tr.*** *form.* [algo, a alguien] Afectar o alterar; causar impresión; agitar violentamente el ánimo: *la declaración de la guerra convulsionó a la sociedad internacional.* ⇒ **conmover, trastornar.** ☖ La Real Academia Española considera que no es aconsejable su uso.

con·vul·si·⌐vo, ⌐va |kombulsíβo, βa| ***adj.*** *form.* De la *convulsión o que tiene relación con ella: *el ataque de epilepsia le produjo unos movimientos convulsivos.*

con·yu·gal |konyuɣál| ***adj.*** De los *cónyuges o que tiene relación con ellos: *la vida ~ es muy gratificante.*

cón·yu·ge |kónyuxe| ***com.*** Marido en cuanto a su mujer o mujer en cuanto a su marido: *los cónyuges se deben amor y fidelidad.* ⇒ **consorte, esposo.** ☖ No se debe decir *cónyugue.*

co·ña |kóɲa| **1** ***f.*** *fam.* Obra o dicho irónico; broma: *no te lo tomes en serio, que sólo era una ~.* ⇒ **guasa.** **2** *fam.* Asunto que cansa o que molesta por ser muy pesado: *es una ~ tener que levantarse tan temprano para ir a trabajar.* ■ **dar la ~**, *fam.*, fastidiar o molestar; ser pesado: *le presté la moto sólo para que dejara de darme la ~.* ⇒ **coñazo, lata.**

co·ñac |koɲák| ***m.*** Bebida con mucho alcohol que se *obtiene por *destilación del vino: *no debes conducir porque has tomado una copa de ~.* ⇒ **brandy.**

co·ña·zo |koɲáθo| ***m.*** *vulg. desp.* Asunto que cansa o que molesta por ser muy pesado: *las clases de química me parecían un ~.* ■ **dar el ~**, *fam.*, fastidiar o molestar; ser pesado: *ya está otra vez el abuelo dando el ~ con sus batallitas.* ⇒ **coña, lata.**

co·ño |kóɲo| **1** ***m.*** *fam. vulg.* Parte del aparato sexual femenino que rodea la *vagina: *el ~ es la vulva, y suena mejor llamarlo de esta última forma.* ⇒ **vulva.** - **2** ***interj.*** *fam. vulg.* Expresión que indica sorpresa o que sirve para añadir intensidad a lo que se dice: *¡~, Emilio, cuánto tiempo sin verte!; ¿se puede saber qué ~ miras?*

co·o·pe·ra·ción |kᵒoperaθión| ***f.*** Acción y resultado de obrar junto con otro o de *cooperar: *la ~ es muy importante para los trabajos en equipo; los estudiantes piden que se potencie la ~ internacional.*

co·o·pe·rar |kᵒoperár| **1** ***intr.*** Obrar junto con otro u otros para un mismo fin: *tendremos que ~ todos para que el trabajo salga bien.* **2** Ayudar un país a otro menos avanzado para que se desarrolle: *España coopera con muchos países del Tercer Mundo.*

co·o·pe·ra·ti·va |kᵒoperatíβa| ***f.*** Sociedad formada por productores o consumidores para vender o comprar en común: *los agricultores de la zona han formado una ~; prefiero comprar el vino en la ~ porque es más barato.*

co·or·de·na·⌐do, ⌐da |kᵒorðenáðo, ða| ***adj.-s.*** (eje o plano) Que está formado por líneas que sirven para determinar la posición de un punto: *los ejes coordenados son la ordenada y la abscisa;* **coordenadas geográficas**, las que se emplean para fijar la posición de un lugar de la superficie de la Tierra: *el barco transmitió por radio sus coordenadas geográficas antes de hundirse.*

co·or·di·na·ción |kᵒorðinaθión| **1** ***f.*** Unión de personas, medios y esfuerzos para una acción común: *el director se ocupa de la ~ de la orquesta.* **2** Colocación y orden de una serie de cosas con un método determinado: *la ~ de los capítulos del libro fue obra del editor.* **3** LING. Relación que une dos elementos sintácticos del mismo nivel o función, pero independientes entre sí: *la ~ puede ser copulativa, disyuntiva o adversativa; la ~ se realiza mediante conjunciones como* y, o *y* pero. ⇒ **subordinación.**

co·or·di·na·⌐dor, ⌐do·ra |kᵒorðinaðór, ðóra| ***adj.-s.*** (persona) Que ordena o *coordina, generalmente un grupo de personas o una actividad: *él es el ~ de la asociación juvenil.*

co·or·di·nar |kᵒorðinár| **1** ***tr.*** [algo] Componer y ordenar una o varias cosas entre sí: *tiene una lesión en el cerebro que le impide ~ bien los movimientos.* ⇒ **concertar.** **2** [algo, a alguien] Ordenar para una acción común: *su labor es ~ a los otros miembros del equipo.*

co·pa |kópa| **1** ***f.*** Vaso con pie que sirve para beber: *he comprado un juego de copas de champán; la ~ del vino es más pequeña que la del agua.* **2** Bebida alcohólica: *salimos a bailar y a tomar unas copas.* **3** Parte del sombrero que se ajusta en la cabeza: *el mago sacó una paloma de la ~ del sombrero.* **4** Conjunto de ramas y hojas de un árbol: *ese olivo tiene el tronco muy corto y la ~ muy grande.* **5** Premio que se concede en algunas competiciones deportivas: *el ganador del campeonato recibirá una ~ y un premio en metálico.* **6** Competición deportiva que se organiza para conceder ese premio: *están jugando la ~ de Europa.* **7** Parte hueca del *sujetador de las mujeres: *este sujetador es de mi talla, pero me está un poco pequeño de ~.* **8** Carta de la *baraja española en la que aparecen dibujados uno o varios de esos vasos, especialmente el *as: *si tienes una ~ más alta que la sota, échala y ganarás.* - **9 copas** ***f. pl.*** Conjunto o palo de la *baraja española en el que aparecen dibujados esos vasos: *los cuatro palos de la baraja española son oros, copas, espadas y bastos.* ■ **como la ~ de un pino**, *fam.*, muy grande: *eso es una mentira como la ~ de un pino.*

co·par |kopár| ***tr.*** [algo] Conseguir todo lo que está en *disputa: *el partido ha copado todos los escaños del parlamento regional; los miembros del equipo de atletismo coparon los primeros puestos de todas las modalidades.*

co·pe·ar |kopeár| ***intr.*** Tomar copas de una bebida alcohólica: *se pasa las noches copeando por ahí.*

co·pe·te |kopéte| **1** ***m.*** Pelo levantado que se lleva sobre la frente: *la muchacha acarició el rubio ~ del niño.* ⇒ **tupé.** **2** Conjunto de plumas que tienen ciertas aves en la parte superior de la cabeza: *el ~ de las abubillas recuerda a una cresta.* ⇒ **penacho.** **3** Adorno que se coloca en la parte superior de un objeto o un lugar: *el espejo de la entrada tiene* *un elegante ~ dorado; el respaldo del sillón tiene un ~ de estilo isabelino.* **4** Cumbre de las montañas: *había tanta nieve que no se veía el ~ del monte.* **5** Adorno comestible que se pone encima de ciertos alimentos o bebidas: *este helado de limón lleva un ~ de nata.* ■ **de alto ~**, noble; que pertenece a la clase social alta: *todas las damas que habían sido invitadas eran de alto ~.*

co·pia |kópia| **1** ***f.*** Acción de copiar: *la copia de estas páginas puede llevarme varias horas.* **2** Escrito que reproduce textualmente otro: *todos los familiares recibieron una ~ del testamento.* **3** Reproducción exacta de una obra: *tienen en su casa una ~ de la Venus de Milo; hicieron una ~ de los planos de la casa.* ⇒ **ejemplar.** **4** Imitación, reproducción o reflejo de un modelo: *sus modales son una ~ de los de su hermana mayor.* **5** *form.* Gran cantidad: ⇒ **abundancia.**

co·piar |kopiár| **1** ***tr.*** [algo] Escribir lo que se lee o escucha: *el maestro mandó ~ el poema; voy clase a ~ apuntes.* **- 2** ***tr.-intr.*** Imitar o reproducir; reflejar un modelo: *se nota que está copiado de ese libro; han copiado su estilo.* **3** *fam.* *Responder a una pregunta reproduciendo la respuesta dada por otro: *lo pillaron copiando de Juanito; la echaron del colegio por ~ el examen de su compañero.* ☖ Se conjuga como 12.

co·pi·lo·to |kopilóto| ***com.*** Persona que ayuda a otra a conducir o gobernar un vehículo: *el ~ se sienta junto al conductor y consulta los mapas.*

co·pio·⌜so, ⌜sa |kopióso, sa| ***adj.*** *form.* Que se da en gran cantidad; numeroso: *no me atrevo a salir porque está cayendo una copiosa lluvia.* ⇒ **abundante.**

co·pis·ta |kopísta| ***com.*** Persona que se dedica a copiar escritos u obras de arte: *en las bibliotecas antiguas había copistas.*

co·pla |kópla| **1** ***f.*** Poema breve, generalmente de cuatro versos, escrito para ser cantado: *le dediqué una ~ que salió del fondo de mi corazón.* **2** Canción popular española, corta y ligera: *la folclórica cantaba una ~ con mucho sentimiento; ¿conoces esa ~ que se llama* María de la O*?* **3** Cosa que se repite de modo insistente: *no te voy a regalar mi radio, así que deja ya esa ~.* **- 4 coplas** ***f. pl.*** Composición con rima y medida; versos: *Jorge Manrique escribió unas coplas a la muerte de su padre.*

co·po |kópo| **1** ***m.*** Trozo de nieve que cae del cielo: *a través de la ventana, veía caer los copos; fue una nevada muy fuerte: los copos eran enormes.* **2** Trozo de materia con forma redondeada y compuesto de fibras: *coge ese ~ de lana del suelo; debajo del armario hay copos de polvo.*

co·pón |kopón| ***m.*** REL. Copa grande de metal que contiene el pan para la *comunión de los fieles: *el sacerdote limpia el ~ con un paño de lienzo blanco; el ~ se guarda en el sagrario.* ■ **del ~**, *vulg.*, muy bueno o grande; fuera de lo normal: *se comió un plato de carne del ~; me has dado un susto del ~.*

co·pro·duc·ción |koproðu^{k}θión| ***f.*** Producción hecha conjuntamente por varias personas o grupos: *esta película es una ~ hispano-francesa.*

co·pro·pie·dad |kopropieðá^{ð}| ***f.*** Cosa o derecho que se tiene en común: *la casa es ~ de Pedro y de Juan.*

co·pro·pie·ta·⌜rio, ⌜ria |kopropietário, ria| ***adj.-s.*** (persona, grupo) Que tiene una cosa en común con otra persona o grupo: *los copropietarios de la empresa se reunieron para decidir si ésta debía venderse.*

có·pu·la |kópula| ***f.*** Unión sexual: *durante la ~ puede producirse la fecundación del óvulo.* ⇒ **acoplamiento.**

co·pu·lar |kopulár| ***intr.*** Realizar la *cópula: *muchos animales copulan solamente en determinadas épocas del año.* ⇒ **aparear.**

co·pu·la·ti·va |kopulatíβa| **1** ***adj.-f.*** LING. (oración) Que se une a otra oración del mismo nivel sintáctico o con la misma función: *son oraciones coordinadas copulativas* el sábado salimos a pasear y cenamos en un restaurante. **2** LING. (conjunción) Que introduce una oración de esa clase: y *es una conjunción ~.*

co·pu·la·ti·⌜vo, ⌜va |kopulatíβo, βa| ***adj.-m.*** LING. (verbo) Que une el sujeto con un *atributo: *los verbos* ser *y* estar *son copulativos.* ⇒ **verbo.**

co·que·ta |kokéta| ***f.*** Mueble, generalmente con forma de mesa, con un espejo, que se usa para el peinado y el aseo personal: *tiene una ~ a los pies de la cama.* ⇒ **tocador.**

co·que·te·ar |koketeár| ***intr.*** Tratar de agradar una persona a otras del sexo contrario para atraerlas: *¡hay que ver cómo te gusta arreglarte y ~!*

co·que·te·rí·a |koketería| **1** ***f.*** Tendencia a agradar a las personas del sexo contrario para atraerlas: *la ~ es inherente en él: no puede evitar que las mujeres lo adoren.* **2** Tendencia a arreglarse y vestirse bien: *debido a su ~, gasta demasiado dinero en ropa.*

co·que·⌜to, ⌜ta |kokéto, ta| **1** ***adj.-s.*** (persona) Que gusta de agradar a las personas del sexo contrario para atraerlas: *la muy coqueta le ha guiñado un ojo a tu marido.* **2** (persona) Que gusta de arreglarse y vestirse bien: *es muy ~ y no le gusta que lo vean sin peinar.* **- 3** ***adj.*** *p. ext.* (objeto, lugar) Que tiene buen aspecto; que está bien arreglado o dispuesto: *les ha quedado un apartamento muy ~; ¿dónde has comprado esa lámpara tan coqueta?*

co·ra·je |koráxe| **1** ***m.*** Cualidad de valiente; valor o determinación: *tuvo el ~ suficiente como para entrar en la casa en llamas y rescatar al muchacho.* ⇒ **valentía.** **2** Enfado grande: *traté de pasar por alto sus mentiras, pero el ~ no me lo permitió y tuve que replicar.* ⇒ **rabia.**

co·ral |korál| **1** ***f.*** Grupo de personas que cantan: *la ~ de la Universidad actuará en el liceo; en la eucaristía intervino la ~ Santa María de la Victoria.* ⇒ **coro.** **- 2** ***adj.*** Del *coro o que tiene relación con él: *en la biblioteca del monasterio se conservan antiguos libros corales.* **- 3** ***m.*** Animal marino de esqueleto en forma de pequeño árbol, de varios colores, que vive fijo a las rocas y forma grupos numerosos: *el submarinista hizo fotos bellísimas de las* *colonias de ~.* **4** Materia sólida de color rojo o rosa que se usa para hacer joyas: *lleva unos pendientes de ~.*

co·ra·za |koráθa| **1** *f.* Cubierta de metal resistente que sirve para proteger el pecho y la espalda: *la ~ del caballero detuvo el golpe de la lanza.* **2** Cubierta de metal resistente de un vehículo de guerra: *la ~ del tanque es de acero.* **3** Concha dura con que protegen su cuerpo distintos animales: *encontramos en la playa una ~ de tortuga vacía.* ⇒ **caparazón.** **4** *fig.* Cosa que protege o cubre: *defendía a su hija de los empujones con la ~ de su musculatura.*

co·ra·zón |koraθón| **1** *m.* Órgano que mueve la sangre a través del cuerpo: *el ~ del hombre es musculoso y contráctil.* **2** *fig.* Lugar en el que se producen y guardan los sentimientos: *parece que no tiene ~: jamás se le ha visto compadecerse de nadie; abrigaba en su ~ la esperanza de volver a verlo.* ⇒ **pecho.** **3** *fig.* Valor para hacer una cosa; ánimo: *hay que tener ~ para subir hasta ahí arriba.* **4** *fig.* Parte central, interior o más importante: *el ~ de la manzana estaba podrido y he tenido que tirarla; en este despacho está el ~ de la empresa.* **5** *fig.* Figura o dibujo con forma parecida a la del órgano que mueve la sangre a través del cuerpo: *dibujó un ~ atravesado por una flecha.* **- 6** *adj.-m.* (dedo) Que es el tercero de la mano y más largo de los cinco: *el ~ está entre el índice y el anular.* ⇒ **dedo.** **- 7 corazones** *m. pl.* Conjunto o palo de la *baraja *francesa en el que aparecen dibujadas esas figuras: *puso encima de la mesa el tres de corazones.* ■ **con el ~ en la mano,** con la mayor sinceridad posible. ■ **el ~ en un puño,** estado de dolor, pena o miedo.

co·ra·zo·na·da |koraθonáða| *f.* Sensación de que una cosa va a ocurrir sin estar seguro de ello: *tuve la ~ de que el premio gordo de la lotería se vendería en aquel pueblo.* ⇒ **pálpito, presentimiento.**

cor·ba·ta |korβáta| *f.* Tira de tela que se coloca alrededor del cuello de la camisa y se ata con un nudo dejándola caer por delante: *la ~ sirve como complemento o adorno; el traje de chaqueta se debe llevar con ~ porque es más elegante.*

cor·ba·tín |korβatín| *m.* *Corbata corta que sólo da una vuelta al cuello, que se ajusta por detrás con un cierre y por delante tiene una especie de *lazo: *está de moda que los novios lleven ~ o pajarita en lugar de corbata.*

cor·be·ta |korβéta| *f.* Embarcación de guerra que se usa para la lucha *antisubmarina: *el ejército enemigo hundió la ~ cerca de la playa.*

cor·cel |korθél| *m.* Caballo ligero, alto y de bella figura: *el príncipe cabalgaba sobre un ~ blanco.*

cor·che·a |kortʃéa| *f.* MÚS. Nota musical cuya duración equivale a la mitad de la negra: *las corcheas pueden escribirse unidas por una raya negra.*

cor·che·te |kortʃéte| **1** *m.* Cierre de metal, formado por dos piezas que se enganchan: *el ~ está formado por un gancho y una presilla; le he puesto otro ~ a la falda.* ⇒ **automático.** **2** Signo de ortografía que sirve para encerrar un conjunto de palabras o de números: *los corchetes se representan con los signos [ ]; los comentarios de un texto se ponen entre corchetes.* ⇒ **paréntesis.**

cor·cho |kórtʃo| **1** *m.* Material que se saca de la corteza del *alcornoque: *los niños hacen manualidades con ~ porque es muy blando y fácil de cortar.* **2** Pieza de ese material que se usa para cerrar botellas: *sacó el ~ de la botella y sirvió el vino a sus invitados.* ⇒ **tapón.** **3** Tabla o plancha de ese material: *forraron la habitación con corchos para aislarla.*

cor·da·je |korðáxe| **1** *m.* Conjunto de cuerdas: *el ~ de la raqueta está muy estropeado; tienes que cambiar el ~ de la guitarra.* **2** MAR. Conjunto de cuerdas y velas de una embarcación: *el ~ estaba muy deteriorado y no aguantó la tormenta.*

cor·dal |korðál| *m.* MÚS. Pieza que tienen los instrumentos de cuerda en la tapa de la caja y que sirve para sujetar las cuerdas: *las cuerdas están atadas por un extremo al ~ y se tensan con las clavijas.*

cor·del |korðél| **1** *m.* Cuerda delgada: *se le rompió el cinturón y se sujetó los pantalones con un ~.* **2** Vía que usa el ganado *trashumante.

cor·de·le·rí·a |korðelería| **1** *f.* Establecimiento en el que se hacen o venden cuerdas y otros objetos de *cáñamo: *en la calle de al lado hay una ~ muy antigua.* **2** Elaboración de cuerdas y de otros objetos de *cáñamo: *apenas queda ~ artesanal.* **3** MAR. Conjunto de cuerdas y velas de una embarcación: *pusieron toda la ~ nueva antes de hacerse a la mar.* ⇒ **cordaje.**

cor·de·⌐ro, ⌐ra |korðéro, ra| **1** *m. f.* Cría de la oveja: *el pastor lleva un atajo de corderos y cabritos; la carne de ~ es muy tierna.* ⇒ **borrego; ~ lechal,** el que tiene menos de dos meses: *nos comimos un ~ lechal al horno;* **~ pascual,** el que comen los judíos para celebrar la salida de su pueblo de Egipto: *celebraron la fiesta cenando un ~ pascual;* **~ recental,** el que todavía no ha ido al campo a comer: *en algunas zonas hay un gran consumo de ~ recental.* **2** *fig.* Persona tranquila, obediente y fácil de conducir: *este chico es un ~, no se enfadará por mucho que lo ofendas; su hija mayor es un demonio, pero la menor es una cordera.* **- 3 cordero** *m.* Carne de la cría de la oveja: *en Navidad es típico comer ~ asado; prefiero las chuletas de ~ a las de cerdo.* **4** *fig.* Hijo de Dios hecho hombre, en la religión cristiana: *el Cordero vino al mundo para salvar a los hombres.* ☐ En esta acepción se escribe con mayúsculas.

cor·dial |korði̯ál| **1** *adj.* Que muestra amor; que es de corazón: *envía un ~ saludo a tu padre de mi parte.* ⇒ **afectuoso.** **2** Que sirve para hacer o mantener fuerte y sano el corazón: *toma todos los días un tónico ~.*

cor·dia·li·dad |korði̯aliðáᵈ| *f.* Cualidad de *cordial: *lo que más me ha gustado es la ~ de los habitantes de esta región.*

cor·di·lle·ra |korðiʎéra| *f.* Serie de montañas unidas entre sí a lo largo: *~ cantábrica; la ~ de los Andes.*

cor·do·⌐bés, ⌐be·sa |korðoβés, βésa| **1** *adj.* De Córdoba o que tiene relación con Córdoba: *los* *parques cordobeses son muy variados.* **- 2** ***m. f.*** Persona nacida en Córdoba o que vive habitualmente en Córdoba: *los cordobeses son andaluces.*

cor·dón |korðón| **1** ***m.*** Cuerda delgada, generalmente redonda, que suele usarse para atar: *se me ha desatado el ~ de los zapatos; el monje se ató el hábito con el ~.* **2** *fig.* Serie de personas colocadas una tras otra para impedir el paso: *la policía formó un ~ para proteger al presidente.* **3** *fig.* Órgano de forma parecida a la de una cuerda delgada: ~ **umbilical,** conjunto de vasos que unen al feto con la madre: *el ombligo es un resto del ~ umbilical.* **4** Conductor eléctrico flexible con varios hilos en su interior: *necesito un ~ nuevo para el tocadiscos.*

cor·du·ra |korðúra| ***f.*** Capacidad de pensar y considerar las situaciones y circunstancias para distinguir lo positivo de lo negativo: *sorprende tanta ~ en un muchacho tan joven.* ⇒ **juicio.**

co·re·ar |koreár| **1** ***tr.*** [algo] Decir en voz alta o cantar a la vez que otras personas: *todo el público coreaba las canciones más famosas en el concierto; los manifestantes corean a voz en grito sus reivindicaciones.* **2** [algo, a alguien] Expresar ruidosamente aceptación o admiración: *todos los aficionados corearon al ciclista.*

co·re·o·gra·fí·a |koreoɣrafía| **1** ***f.*** Arte de componer bailes: *estudió ~ en la escuela de una famosa bailarina.* **2** Conjunto de pasos y figuras de un baile: *lo que más me ha gustado del espectáculo musical ha sido la ~.*

co·re·ó·gra·⌐fo, ⌐fa |koreóɣrafo, fa| ***m. f.*** Persona que se dedica a la *coreografía: *un famoso ~ dirige el ballet.*

co·rin·⌐tio, ⌐tia |koríntio, tia| **1** ***adj.-s.*** De Corinto o que tiene relación con Corinto: *los productos agrícolas corintios son de gran calidad.* **- 2** ***adj.*** ARQ. Del orden que adorna la parte superior de las columnas con hojas o que tiene relación con él: *el templo estaba rodeado de columnas corintias.* ⇒ **orden.**

co·ris·ta |korísta| **1** ***f.*** Mujer que se dedica a bailar y cantar en un espectáculo musical: *las coristas llevan una falda muy corta y enseñan las piernas.* **- 2** ***com.*** Persona que forma parte de un grupo que canta una obra musical: *me hubiera encantado participar como ~ en aquel musical.*

cor·na·da |kornáða| **1** ***f.*** Golpe dado por un animal con la punta del cuerno: *la vaca rompió la puerta de una ~.* **2** Herida causada por la punta de un cuerno: *el torero se está recuperando de una ~.*

cor·na·men·ta |kornaménta| **1** ***f.*** Conjunto de los cuernos de ciertos animales: *el ciervo macho tiene una gran ~.* **2** *fam. vulg. fig.* Símbolo de la persona que ha sido engañada por su pareja al mantener relaciones sexuales o amorosas con otra persona: *aquel hombre no podía admitir que sus amigos le atribuyeran una ~.*

cór·ne·a |kórnea| ***f.*** ANAT. Tejido delgado, duro y transparente situado en la parte anterior del globo del ojo: *la ~, el iris y la pupila son partes del ojo; han sometido al enfermo a una operación de ~ muy delicada.*

cor·ne·ar |korneár| ***tr.*** [algo, a alguien] Dar uno o más golpes con los cuernos: *el toro corneó al torero; la cabra corneaba las tablas.*

cor·ne·ja |kornéxa| **1** ***f.*** ZOOL. Ave de color negro, con el pico fuerte y un poco curvo en la parte superior: *la ~ es de la misma familia del cuervo.* ☖ Para indicar el sexo se usa la ~ macho y la ~ hembra. **2** Ave nocturna, de menor tamaño que el *búho, de color marrón, casi gris, y con unas plumas en la cabeza a modo de orejas, que se alimenta de pequeños animales: *en este bosque hay muchas cornejas.*

cór·ner |kórner| **1** ***m.*** DEP. Esquina de un terreno de juego: *el jugador avanzó hasta el ~.* ⇒ **esquina.** **2** DEP. Jugada de ciertos deportes en la que un jugador hace salir la pelota fuera del campo por la línea de fondo de su propia *portería: *el balón salió por la línea de meta y el árbitro pitó ~.* **3** DEP. Saque de la pelota que un jugador hace desde una esquina como castigo de esa falta: *tras el ~, el delantero consiguió el primer gol del partido.*

cor·ne·ta |kornéta| ***f.*** Instrumento musical de viento de la familia del metal, que se usa en el ejército para dar los toques o las órdenes: *el programa de actos se inaugurará con el desfile de la banda de cornetas y tambores.*

cor·ne·tín |kornetín| **1** ***m.*** MÚS. Instrumento musical de viento de la familia del metal, más pequeño que la *trompeta, que suele tocarse en las bandas de música populares: *el ~ es un poco más grande que el clarín y suele tener tres pistones.* **2** MÚS. Instrumento musical de viento que se usa en el ejército para dar las órdenes: *a las siete tocan diana en el cuartel con el ~.*

cor·ni·sa |kornísa| **1** ***f.*** Saliente o banda situada en el borde superior de un edificio: *hay que reparar la ~ para que el agua de lluvia no dé directamente en la pared.* **2** Saliente o banda que rodea un edificio marcando la separación entre los pisos: *la niña salió a la ~ y pasó a la casa vecina para escapar de los atracadores; hay un hombre en la ~ que dice que se quiere suicidar.* **3** Saliente estrecho de una montaña o de un muro de roca: *las olas eran tan altas que alcanzaron a los pescadores que estaban en la ~ del acantilado.*

cor·nu·⌐do, ⌐da |kornúðo, ða| **1** ***adj.*** (animal) Que tiene uno o varios cuernos: *el toro es un animal ~.* ⇒ **astado.** **2** (persona) Que ha sido engañado por su pareja al mantener relaciones sexuales o

CORNETÍN

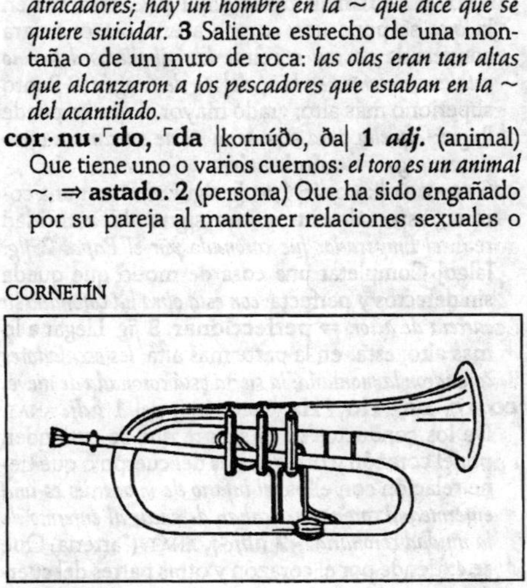

amorosas con otra persona: *no podía comprender cómo se había convertido en un ~.*

co·ro |kóro| **1** ***m.*** Grupo de personas que cantan: *formaron un ~ de voces mixtas; el niño canta muy bien y por eso está en el ~ del colegio.* ⇒ **coral. 2** *Fragmento o pieza musical que *recita o canta un grupo de personas: *este concierto tiene unos coros bellísimos.* **3** Parte de la iglesia destinada a ese grupo de personas: *el ~ es esa plataforma elevada que hay enfrente del altar.* **4** Conjunto de asientos, generalmente adornados, donde se sientan los sacerdotes y religiosos en una iglesia: *los restauradores están arreglando el ~ de caoba de la catedral.* **5** Conjunto de actores que se mueven y hablan como una unidad, especialmente en las obras clásicas: *el ~ interviene entre escena y escena.*

co·ro·la |koróla| ***f.*** Conjunto de *pétalos que forman la flor y protegen sus órganos de reproducción: *la ~ sirve para atraer a los insectos.*

co·ro·na |koróna| **1** ***f.*** *Aro circular que se coloca sobre la cabeza en señal de premio o como símbolo de nobleza o realeza: *le pusieron una ~ y lo proclamaron rey.* **2** *fig.* Objeto con forma de *aro circular: *la Corona Boreal está entre Sagitario y el Boyero; se ha roto la ~ del engranaje;* ~ **fúnebre**, la que está hecha con flores y se le dedica a una persona muerta en señal de afecto o reconocimiento: *enviaron varias coronas fúnebres y las colocaron sobre la tumba.* **3** *p. ext.* Persona del rey o de la reina: *el gobierno cuenta con el respaldo de la ~.* **4** *p. ext.* País gobernado por un rey o una reina: *las coronas de España e Inglaterra forman parte de la Unión Europea.* **5** Unidad de moneda: *la ~ española se acuñó durante varios siglos; Dinamarca, Suecia, Noruega e Islandia utilizan la ~ como unidad monetaria.* **6** Parte de un diente que *sobresale de la *encía: *se me ha roto la ~ de la muela.* **7** Parte de ciertos relojes, pequeña y redonda, que sirve para darles cuerda y para mover las agujas: *para cambiar la posición de las agujas del reloj, debes tirar de la ~ y girarla.*

co·ro·na·ción |koronaθión| **1** ***f.*** Ceremonia en la que se pone una corona a una persona para convertirla en rey o reina: *los caballeros del reino estaban presentes en la ~ del rey de Aragón.* **2** Punto superior o más alto; grado mayor al que se puede llegar: *aquella obra supuso la ~ de su carrera como dramaturgo.* ⇒ **culminación.**

co·ro·nar |koronár| **1** ***tr.*** [a alguien] Poner una corona, especialmente como signo de autoridad real: *el Emperador fue coronado por el Papa.* **2** *fig.* [algo] Completar una cosa de modo que quede sin defectos y perfecta: *con esta obra ha coronado su carrera de actor.* ⇒ **perfeccionar. 3** *fig.* Llegar a lo más alto; estar en la parte más alta: *los escaladores coronaron la montaña; la sierra está coronada de nieve.*

co·ro·na·ʳrio, ʳria |koronário, ria| **1** ***adj.*** ANAT. De los conductos de la sangre que se extienden por el corazón y otras partes del cuerpo o que tiene relación con ellos: *el infarto de miocardio es una enfermedad coronaria; acaban de sacar al enfermo de la unidad coronaria.* **- 2 *adj.-f.*** ANAT. (*arteria) Que se extiende por el corazón y otras partes del cuerpo a modo de corona: *las arterias coronarias nacen en la aorta.*

co·ro·nel |koronél| ***m.*** Miembro del ejército de categoría inmediatamente superior a la de *teniente *coronel: *el ~ manda un regimiento.*

co·ro·ni·lla |koroníʎa| **1** ***f.*** Parte superior y posterior de la cabeza humana: *es tan alto que cuando se levantó se dio un golpe en la ~ con la lámpara.* **2** Corte en el pelo, redondo y pequeño, que llevan los sacerdotes y otros religiosos en esa parte de la cabeza: *antiguamente los clérigos llevaban ~.* ⇒ **tonsura.** ■ **estar hasta la ~**, *fam.*, estar cansado y molesto: *estoy hasta la ~ de estos niños tan traviesos.*

cor·pa·chón |korpatʃón| ***m.*** Cuerpo de una persona grande y fuerte: *aunque sus padres son bajitos y delgados, Manolo tiene un buen ~.*

cor·pi·ño |korpíɲo| **1** ***m.*** Prenda de vestir femenina, que cubre el cuerpo por debajo del pecho hasta la cintura y que se ajusta con unos cordones: *llevaré un ~ de terciopelo y una falda larga; los trajes típicos regionales llevan ~.* **2** Prenda interior femenina que sirve para sujetar el pecho, ajustada al cuerpo y sin tirantes: *me he comprado un ~ de encaje para poder llevar escote.*

cor·po·ra·ción |korporaθión| ***f.*** *Asociación o conjunto de personas, generalmente con una función pública: *el alcalde y los concejales forman una ~.* ⇒ **entidad.**

cor·po·ral |korporál| ***adj.*** Del cuerpo o que tiene relación con él: *después de la ducha se da una crema hidratante ~.*

cor·pó·re·ʳo, ʳa |korpóreo, a| ***adj.*** Que tiene cuerpo o volumen: *la madera es un material ~.*

cor·pu·len·cia |korpulénθia| ***f.*** Tamaño o volumen grande de un cuerpo: *don Roberto se mueve torpemente debido a su ~.*

cor·pu·len·ʳto, ʳta |korpulénto, ta| ***adj.*** Que tiene un cuerpo de gran tamaño o volumen: *no quiso pelear contra él porque es muy ~.*

cor·pus |kórpus| ***m.*** LING. Conjunto cerrado de textos o *enunciados: *muchos de los ejemplos de este diccionario están tomados de un ~ de lengua española escrita.*

cor·pus·cu·lar |korpuskulár| ***adj.*** *form.* Que tiene cuerpos muy pequeños: *los tejidos del cuerpo están formados por elementos corpusculares.*

cor·pús·cu·lo |korpúskulo| ***m.*** *form.* Cuerpo muy pequeño; cantidad muy pequeña de materia: *los corpúsculos de luz se filtraban por las rendijas de la persiana.* ⇒ **partícula.**

co·rral |kořál| ***m.*** Terreno cerrado y descubierto, que se sitúa junto a las casas o en el campo y que sirve para guardar los animales: *fue al ~ a echar de comer a las gallinas;* ~ **de comedias**, casa, *patio o teatro donde se representaban *comedias: *en el ~ de comedias de Almagro se celebra un importante festival de teatro.*

co·rre·a |kořéa| **1** ***f.*** Tira larga y estrecha de cuero que se usa para sujetar o ajustar: *se me ha roto la ~ y se me caen los pantalones; coloca las correas en la mochila.* ⇒ **cinto, cinturón. 2** Tira circular de material resistente, que sirve para comunicar un movimiento: *se le ha roto una ~ del coche y no puede seguir el viaje; esa polea lleva una ~ dentada.* 3 Madero horizontal colocado sobre una estructura: *hay que reforzar las correas del tejado.* ■ **tener ~**, *fam.*, resistir o aguantar, especialmente las bromas o un trabajo corporal duro: *muchos adultos dicen que los jóvenes no tienen ~.*

co·rre·a·zo |koȓeáθo| *m.* Golpe dado con una correa: *le dio un ~ al caballo.*

co·rrec·ción |koȓe^kθión| **1** *f.* Acción y resultado de quitar o señalar faltas y errores o de corregir: *Julio se encargará de la ~ de las pruebas de imprenta de la revista.* **2** Cualidad de acertado, adecuado o *correcto: *se preocupaba mucho por la ~ de su lenguaje.* ⇔ **incorrección.**

co·rrec·cio·nal |koȓe^kθionál| **1** *m.* Establecimiento *penitenciario donde, por medio de una educación especial, se trata de recuperar socialmente a *delincuentes menores de edad: *tenía 14 años y lo enviaron a un ~ por robar un coche.* ⇒ **reformatorio.** - **2** *adj.* Que sirve o puede servir para corregir: *el director de la escuela tuvo que aplicar duras medidas correccionales a algunos alumnos.*

co·rrec·ti·˹vo, ˹va |koȓe^ktíβo, βa| **1** *adj.-s.* Que corrige; que disminuye los efectos de una acción: *el gobierno aplicó una serie de medidas correctivas para sanear la economía.* - **2 correctivo** *m.* Castigo que se aplica para corregir una falta: *el juez impuso al ladrón un ~.*

co·rrec·˹to, ˹ta |koȓé^kto, ta| **1** *adj.* Que es acertado o adecuado; que no tiene errores: *ha dado la respuesta correcta a la pregunta.* ⇔ **incorrecto.** **2** Que cumple y respeta las normas del trato social: *no creo que tu compañero te haya dicho semejante grosería porque es siempre muy ~.* ⇔ **incorrecto.**

co·rrec·˹tor, ˹to·ra |koȓe^któr, tóra| **1** *adj.-s.* Que corrige o arregla errores o efectos: *ha comprado una crema correctora de arrugas.* - **2** *m. f.* Persona que corrige las pruebas de *imprenta: *ya han hecho la composición y se lo han dado al ~.*

co·rre·de·ra |koȓeðéra| *f.* Banda por la que resbala o se desliza una cosa y que forma parte de un mecanismo: *la ~ de las cortinas se ha atascado y no se pueden cerrar.* ■ **puerta/ventana ~**, la que se abre y cierra resbalando o deslizándose por una banda: *hemos puesto ventanas y puertas correderas en la cocina porque tenemos muy poco espacio.*

co·rre·di·˹zo, ˹za |koȓeðíθo, θa| *adj.* Que se suelta o corre con facilidad: *he hecho un nudo ~ en la cuerda para atar la caja.*

co·rre·˹dor, ˹do·ra |koȓeðór, ðóra| **1** *adj.-s.* (persona, animal) Que corre mucho: *estos animales son buenos corredores.* **2** (ave) Que no está preparada para volar pero tiene las patas fuertes y bien adaptadas a la carrera: *el avestruz es una ave corredora.* - **3** *m. f.* Persona que practica la carrera en competiciones deportivas: *el ~ español ganó la medalla de plata en la carrera de obstáculos.* - **4 corredor** *m.* Persona que tiene por oficio intervenir en compras y *ventas de toda clase: *llamó a su ~ de bolsa para que comprara acciones de aquella empresa.* **5** Lugar largo y estrecho que comunica unas habitaciones con otras dentro de una casa o de un edificio: *la casa tenía un largo ~ en el que había colgados cuadros de pájaros exóticos.* ⇒ **pasillo.** **6** Pasillo abierto o con cristales que dejan llegar la luz a espacios interiores: *solía sacar una silla al ~ y sentarse allí a coser.* ⇒ **galería.**

co·rre·gi·dor |koȓexiðór| *m.* *Alcalde de un lugar determinado, generalmente importante: *antiguamente el ~ era una persona muy poderosa y respetada por el pueblo.*

co·rre·gir |koȓexír| **1** *tr.* [algo, a alguien] Quitar o señalar faltas y errores: *ya ha corregido doscientas páginas del libro.* **2** [algo] Determinar la nota que se ha de dar a un ejercicio: *todavía no han corregido los exámenes.* ⇒ **calificar.** **3** [a alguien] Indicar las faltas o errores: *corrígeme si me equivoco.* ⇒ **regañar.**

co·rre·la·ción |koȓelaθión| *f.* Correspondencia o relación entre dos cosas: *en muchas comunidades hay una ~ entre la edad de la gente y su nivel cultural.*

co·rre·la·ti·˹vo, ˹va |koȓelatíβo, βa| **1** *adj.* Que tiene o indica una correspondencia o relación recíproca entre dos o más cosas: *la economía se basa en la producción y su correlativa demanda por parte del consumidor.* **2** (número) Que en una serie sigue a otros: *el número uno, el dos y el tres son correlativos.*

co·rre·li·gio·na·˹rio, ˹ria |koȓelixionário, ria| *adj.-s.* Que comparte con otras personas una doctrina, una idea o una opinión: *los dirigentes del partido político reunieron a todos sus correligionarios.*

co·rre·o |koȓéo| **1** *m.* Sistema de transporte y entrega de cartas y paquetes: *te enviaré mi respuesta por ~;* ~ **certificado**, el que da garantía de su entrega; ~ **urgente**, el que se entrega con la mayor rapidez posible. **2** Conjunto de cartas y paquetes que se entregan, transportan o reciben: *tengo que leer el ~ de hoy.* **3** Persona, vehículo u organización que transporta y entrega cartas y paquetes: *Miguel Strogoff era un ~ del Zar.* - **4 correos** *m. pl.* Servicio público que transporta y entrega cartas y paquetes: *mi hijo quiere trabajar en correos.* **5** Establecimiento desde el que se reparten cartas y paquetes: *voy a correos a comprar sellos.* ■ **apartado de correos**, lugar donde se dejan las cartas y paquetes para que sean recogidos por el que los recibe. ■ **a vuelta de ~**, entregándolo para su envío en el mismo día: *por favor, mándame tu respueta a vuelta de ~.*

co·rre·o·˹so, sa |koȓeóso, sa| **1** *adj.* Que se puede doblar fácilmente y estirar sin romperse: *el cuero es un material ~.* ⇒ **elástico, flexible.** **2** *fig.* (alimento) Que se pone flexible y se mastica con dificultad: *el pan se ha puesto ~.* **3** (persona) Que tiene mucha resistencia física o es difícil de vencer: *el combate de boxeo será duro porque los dos contrincantes son muy correosos.*

co·rrer |koȓér| **1** *intr.* Moverse de un lugar a otro de forma rápida, de manera que los pies o las patas se separen del suelo a la vez durante un momento: *corre, que si vamos andando perderemos el tren; el niño corría por la calle y se cayó; ~ es bueno* *para la salud.* ⇒ **volar. 2** Participar en una carrera: *en el circuito corren muchas motos.* **3** *fig.* Hacer rápidamente o a más velocidad de la normal: *vamos a tener que ~ mucho para terminar a tiempo.* **4** *fig.* Moverse o pasar con ligereza y suavemente: *el Tajo corre en medio de una vega fertilísima.* **5** *fig.* Pasar el tiempo: *los meses corrían y no teníamos ninguna noticia.* ⇒ **volar. 6** *fig.* Comunicarse o ser usado por el público: *corrió el rumor de que había muerto; esa moneda ya no corre hoy en día.* **- 7** ***tr.*** [algo] Ir a través de un sitio determinado: *he corrido medio mundo buscándote.* **8** Mover de un lugar a otro: *¿puedes ~ tu asiento un poco a la derecha, por favor?* **9** Estirar lo que está recogido o plegado, especialmente una cortina: *corre la cortina, que entra mucho sol.* ⇔ **descorrer. 10** [algo, a alguien] Perseguir; ir detrás con un fin: *los muchachos corrían los perros por la calle; como me canses te voy a ~.* **11** *form. fig.* [a alguien] Hacer que una persona sienta vergüenza: *lo corrieron en la reunión delante de todos.* **- 12 correrse** ***prnl.*** Moverse una persona o cosa hacia un lado: *si quieres salir en la foto, tendrás que correrte un poco a la derecha.* **13** Disolverse o extenderse una tinta en el papel: *estaba haciendo dibujo lineal y se ha corrido la tinta de una circunferencia.* **14** *fam. vulg.* Experimentar la satisfacción más intensa en la excitación sexual.

co·rre·rí·a |kor̄ería| ***f.*** Viaje corto a varios puntos y que termina en el lugar de origen: *don Juan y don Luis contaron sus correrías en la taberna.* ☖ Se usa frecuentemente en plural.

co·rres·pon·den·cia |kor̄espondénθia| **1** ***f.*** Conjunto de cartas que se reciben o se envían: *recientemente han publicado la ~ que García Lorca mantuvo con su familia y algunos amigos cuando estuvo en Nueva York.* **2** Significado de una palabra en un idioma distinto: *no conozco la ~ de esta palabra en inglés.* **3** Comunicación entre dos o más vehículos, vías u otras cosas: *esta línea de metro tiene correspondencias con otras en varias estaciones.* **4** Medio de transporte para la comunicación entre pueblos: *vivimos en un pueblo que tiene muy buena ~ con la capital.* **5** Relación que existe o se establece entre los elementos de distintos conjuntos o series: *cada uno de los elementos de este conjunto tiene ~ con los elementos de otro conjunto.*

co·rres·pon·der |kor̄espondér| **1** ***intr.*** Pagar de la misma manera lo que se recibe: *debes corresponderle con un buen regalo; ¡ah, víbora!, ¡así correspondes a mis desvelos!* **2** Permanecer o tocar: *a mí me corresponde una cuarta parte.* **3** Dar o sentir amor en la misma medida que se recibe: *Pedro está enamorado de Juana, pero ella no le corresponde.* **- 4** ***intr.-prnl.*** Tener relación o ser conforme; adaptarse: *corrige los números de teléfono en caso de que no se correspondan con los de esta otra lista.*

co·rres·pon·dien·te |kor̄espondiénte| ***adj.*** Que tiene relación con otra persona o cosa; que es similar: *cada libro está fichado con su ~ signatura; un aumento de la demanda trae consigo la ~ subida de los precios.*

co·rres·pon·sal |kor̄esponsál| ***adj.-com.*** (persona) Que envía y recibe información desde un lugar alejado: *el ~ de ese periódico en Roma informó sobre las elecciones en Italia; siempre envían a ese reportero como ~ a los lugares en los que hay guerra.* ⇒ **enviado.**

co·rre·te·ar |kor̄eteár| **1** ***intr.*** *fam.* Andar de calle en calle o de casa en casa sin necesidad: *se pasa los días correteando por ahí y trabaja muy poco.* **2** Correr en varias direcciones, especialmente jugando: *los niños correteaban por el jardín.*

co·rre·ve·di·le |kor̄eβeðíle| ***com.*** *fam. desp.* ⇒ **correveidile.** ☖ La Real Academia Española prefiere la forma *correveidile.*

co·rre·vei·di·le |kor̄eβeiðíle| ***com.*** *fam. desp.* Persona que lleva y trae noticias de otras personas, generalmente para molestar o darse importancia: *no te lo dije antes porque estaba Marisa delante y es una ~.* ⇒ **alcahuete, correvedile.** ☖ El plural es *correveidiles.*

co·rri·da |kor̄íða| **1** ***f.*** Acción de correr de un lugar a otro: *el niño se acercará a tu casa de una ~ y te llevará los tomates.* ⇒ **carrera. 2** Fiesta que consiste en *torear cierto número de toros en una plaza cerrada: *la ~ de toros de esta tarde promete ser muy interesante porque vienen tres toreros famosos.*

co·rri·˹do, ˹da |kor̄íðo, ða| **1** ***adj.*** *fam.* Que tiene mucha experiencia y ha vivido o viajado mucho: *no tienes que preocuparte por el muchacho porque está ya muy ~ y sabrá cuidarse solo.* **2** (parte de un edificio) Que es continuo y seguido: *la casa tiene un balcón ~ a lo largo de toda la fachada.* **- 3 corrido** ***m.*** Música y baile procedente de México: *el grupo comenzó interpretando varios corridos.* ■ **de ~**, de memoria, sin pensar ni comprender: *dijo toda la lección de ~.*

co·rrien·te |kor̄iénte| **1** ***adj.*** Que es común o no tiene nada especial: *a mí me parece una chica ~, no creo que sea guapa.* ⇒ **convencional. 2** Que es frecuente: *los cortes de agua no son corrientes.* **- 3** ***f.*** Paso de una sustancia o energía a lo largo de un canal o conducto: *tuvieron que cruzar varias corrientes de agua;* ~ **alterna**, ELECTR., paso de energía eléctrica que cambia periódicamente de valor y de sentido: *las partes eléctricas del automóvil funcionan con ~ alterna;* ~ **continua**, ELECTR., paso de energía eléctrica *constante y en el mismo sentido: *las pilas generan ~ continua;* ~ **eléctrica**, paso de energía eléctrica, por un material conductor: *creo que ese cable tiene ~ eléctrica, así que no lo toques.* **4** *fig.* Movimiento o tendencia de los sentimientos o de las ideas: *fue un seguidor de la ~ humanista; es de la ~ más radical del partido.* **- 5** ***adj.*** (semana, mes, año) Del presente; del momento: *le pagaremos en el mes ~.* ■ **~ y moliente**, *fam.*, (persona o cosa) Que es común o no tiene nada especial: *no es tan excelente como decías, sino ~ y moliente.*

co·rri·mien·to |kor̄imiénto| ***m.*** Movimiento o deslizamiento de una materia de un lugar a otro: *los terremotos provocan corrimientos del terreno; borró con cuidado para que no se notara el ~ de la tinta.*

co·rro |kór̄o| **1** ***m.*** Círculo que forma un grupo de personas, generalmente para hablar: *había un ~ de mujeres que charlaban a la puerta de las oficinas; los niños se sentaron en ~ para jugar.* **2** Espacio circular o casi circular: *detrás de la casa hay un ~ donde solemos pasar la tarde.* **3** Juego de niños que consiste en formar un círculo, cogidos de las manos, y cantar dando vueltas alrededor: *los niños jugaban unos ratos al ~ y otros a la comba.*

co·rro·bo·rar |kor̄oβorár| ***tr.*** [algo] Dar nueva fuerza a un *argumento, teoría u opinión: *los resultados de mi experimento corroboran los tuyos.* ⇒ **apoyar.**

co·rro·er |kor̄oér| **1 *tr.-prnl.*** [algo] Quitar o consumir por rozamiento o por la acción de un producto químico: *la humedad y la sal han corroído la pintura del coche.* ⇒ **desgastar. 2** *fig.* [algo, a alguien] Sentir fuertemente pena u otro sentimiento negativo: *lo corroe la envidia porque su vecino se ha comprado un coche carísimo.* ⌂ Se conjuga como 82.

co·rrom·per |kor̄ompér| **1 *tr.-prnl.*** [algo] Cambiar o alterar una cosa, especialmente para estropearla: *el calor corrompe la comida.* **2** *fig.* [a alguien] Causar un daño moral con malos consejos o malos ejemplos; hacer mala a una persona: *las malas compañías están corrompiendo al muchacho.* ⇒ **depravar, pervertir, viciar. 3** Ofrecer dinero para conseguir un favor o un *beneficio, especialmente si es injusto o ilegal: *trató de ~ al juez ofreciéndole mucho dinero.* ⇒ **sobornar.**

co·rro·si·⌈vo, ⌈va |kor̄osíβo, βa| **1 *adj.*** Que consume o *corroe, o que puede hacerlo: *no toques ese ácido porque es ~ y te quemaría la piel.* ⇔ **anticorrosivo. 2** *fig.* Que critica de forma cruel o con mala intención, pero con *ingenio: *publicó un artículo ~ contra ciertos políticos.* ⇒ **incisivo.**

co·rrup·ción |kor̄uᵖθión| **1 *f.*** Acción de alterar una cosa o de influir sobre una persona, especialmente para hacerla mala: *la enseñanza es un medio de evitar la ~ del idioma; la ~ de menores es un delito; la ~ de las estructuras del edificio era alarmante.* **2** Comportamiento poco honesto o ilegal de una persona con autoridad o poder: *la ~ de los jueces podría destruir la democracia.* **3** Olor malo: *los vecinos denunciaron la ~ que emanaba del almacén abandonado.*

co·rrup·⌈to, ⌈ta |kor̄úᵖto, ta| ***adj.*** Que está estropeado, *viciado o *corrompido: *un policía ~ trató de pagar con droga a un confidente.*

co·rrup·⌈tor, ⌈to·ra |kor̄uᵖtór, tóra| ***adj.-s.*** (persona) Que estropea, *vicia o *corrompe: *detuvieron a un supuesto ~ de menores por inducir a la prostitución a una muchacha de 16 años.*

cor·sa·⌈rio, ⌈ria |korsário, ria| ***adj.-s.*** (barco, persona) Que persigue a los enemigos o a los *piratas con permiso del gobierno de su país: *el galeón se encontró con un barco corsario inglés; los corsarios se repartieron el botín de la nave capturada.*

cor·sé |korsé| ***m.*** Prenda interior femenina que sirve para apretar el cuerpo desde el pecho hasta más abajo de la cintura: *el ~ iba armado con ballenas y se ajustaba mucho para hacer más delgadas a las señoras.* ⌂ El plural es *corsés.*

cor·se·te·rí·a |korsetería| ***f.*** Establecimiento donde se hace o vende ropa interior femenina: *compró unas medias en la ~.* ⇒ **lencería.**

cor·ta·cés·ped |kortaθéspeð| ***amb.*** Máquina que sirve para cortar la hierba o el *césped: *pidió prestado el ~ a su vecino para recortar el césped de la parcela.*

cor·ta·cir·cui·tos |kortaθirkuítos| ***m.*** Aparato que interrumpe automáticamente la corriente eléctrica cuando es excesiva o peligrosa: *el electricista colocó un ~.* ⌂ El plural es *cortacircuitos.*

cor·ta·⌈do, ⌈da |kortáðo, ða| **1 *adj.-s.*** *fam. fig.* Que tiene vergüenza: *no te ha dicho que le gustas porque está ~.* ⌂ Es el participio de *cortar.* **2** *fig.* Que está en una situación comprometida; que no tiene salida o respuesta: *cuando me dijo aquello me dejó ~.* **- 3 cortado *m.*** Café que lleva sólo un poco de leche: *pidió dos cafés solos y un ~.* ⇒ **café.**

cor·ta·du·ra |kortaðúra| **1 *f.*** Herida producida por un instrumento afilado: *estaba pelando patatas y me hice una ~ con el cuchillo; debes curar esa ~ con alcohol para que no se infecte.* ⇒ **corte, tajo. 2** Grieta profunda o paso entre montañas. **- 3 cortaduras *f. pl.*** Trozos que quedan de una cosa: *recoge las cortaduras que han caído al cortar el papel.* ⇒ **recorte.**

cor·ta·frí·o |kortafrío| ***m.*** Herramienta de metal, de punta afilada y plana, que se usa para cortar metales: *cortaron la cabeza del tornillo con el ~ porque no podían sacarlo con un destornillador.* ⌂ Se usa también en plural para hacer referencia a una sola de estas herramientas.

cor·ta·fue·go |kortafuégo| ***m.*** Vía ancha que se deja sin plantas en los bosques y cultivos para frenar un *incendio si se produce: *el incendio forestal sólo quemó 500 hectáreas gracias al ~ y a la rápida labor de los bomberos.*

cor·ta·pi·sa |kortapísa| **1 *f.*** Condición con que se tiene o se concede una cosa: *me dejó la casa sin ninguna ~.* **2** Dificultad, problema: *no hace más que poner cortapisas.*

cor·ta·plu·mas |kortaplúmas| ***m.*** Cuchillo pequeño cuya hoja puede doblarse para guardar el filo dentro del mango: *llevaba siempre un ~ en el bolsillo cuando salía al campo.* ⇒ **navaja.** ⌂ El plural es *cortaplumas.*

cor·tar |kortár| **1 *tr.-prnl.*** [algo] Dividir o separar en partes con algún instrumento afilado: *corta el filete con el cuchillo; se cortó el dedo con un cristal roto.* **- 2 *tr.*** Tener el filo en buenas o malas condiciones, especialmente un objeto de metal: *este cuchillo no sirve para ~ el jamón.* **3** *fig.* Interrumpir una continuidad o paso: *han cortado la carretera; los árboles cortan el paisaje.* **4** *fig.* [algo, a alguien] Interrumpir o detener una acción o movimiento: *cortó su discurso y le dijo que no llevaba razón; el director dijo que cortasen el rodaje.* **5** [algo] Separar de un trozo de tela las piezas que formarán una prenda de vestir: *coloca los patrones sobre la tela para cortar* *el traje.* **- 6 *tr.-prnl.*** Cruzar en un punto; atravesar: *dibuja dos líneas que se corten.* **- 7 *tr.*** Dividir en dos un montón de cartas: *para empezar a jugar, hay que ~ la baraja.* **8** *form. fig.* Avanzar por un fluido abriendo camino: *el barco corta el agua; la flecha cortaba el viento.* **- 9 *intr.*** *fig.* Hacer más corto el camino yendo por un lugar que lleva a un destino más directamente: *vamos a ~ por esta calle para llegar antes.* ⇒ **atajar. - 10 cortarse *prnl.*** *fam.* Sentir vergüenza: *no te cortes: di lo que quieras.* **11** (leche, salsa) Separarse los componentes: *la leche se ha cortado porque tenía ya muchos días; siempre se me corta la mayonesa.* **12** Interrumpirse o detenerse una acción o movimiento: *se me ha cortado la digestión; se ha cortado la película.* ■ **~ por lo sano**, *fam.*, interrumpir decididamente una acción o proceso: *todos los días llegaba tarde al trabajo y corté por lo sano: lo despedí.*

cor·ta·ú·ñas |kortaúɲas| ***m.*** Instrumento de metal formado por dos piezas, que se juntan y se separan haciendo presión con los dedos, y que sirve para cortar las uñas: *cogió el ~ para arreglarse las uñas de las manos.* ☐ El plural es *cortaúñas.*

cor·te |kórte| **1 *f.*** Tribunal de justicia: *la ~ encontró culpable al acusado.* **2** Población donde habitualmente *reside el rey: *se marchó a la ~ a solicitar la ayuda del monarca.* **3** Conjunto de las personas que componen la familia y el acompañamiento del rey: *dice que tiene amigos en la ~, pero yo no lo creo.* **4** *p. ext.* Conjunto de personas que acompañan a otra: *llegó el director con toda su ~.* **- 5 *m.*** Borde agudo y afilado capaz de dividir una cosa en dos partes: *no pases el dedo por el ~ del cuchillo porque está muy afilado.* ⇒ **filo. 6** Acción y resultado de cortar: *se hizo un ~ en la mano pelando patatas.* **7** Arte de cortar las diferentes piezas que componen un vestido o calzado: *estudió ~ y confección y ahora trabaja en una sastrería.* **8** GEOM. División de una figura: *la elipse es el ~ de un cono.* ⇒ **sección. 9** *fam.* Respuesta rápida y ocurrente: *mi amigo me dio tal ~ que no supe qué decir.* **10** *fam.* Vergüenza producida por una situación para la que no se está preparado: *le daba ~ entrar y se quedó en la puerta.* **- 11 cortes *f. pl.*** Conjunto de personas que representan a un país y que tienen la *facultad de hacer leyes y otras atribuciones: *se debatirán en las Cortes los nuevos presupuestos.* ☐ En esta acepción se suele escribir con mayúscula.

cor·te·jar |kortexár| ***tr.*** [a alguien] Tratar de manera educada a una persona, especialmente a una mujer, para intentar atraerla: *estuvo cortejándola varios meses hasta que consiguió conquistarla.* ⇒ **camelar, galantear.**

cor·te·jo |kortéxo| **1 *m.*** Acción y resultado de tratar de manera educada o de *cortejar: *su relación no fue más allá de un simple ~.* **2** Conjunto de personas que forman el acompañamiento en una ceremonia: *tras la misa, el ~ fúnebre saldrá hacia el cementerio.* ⇒ **duelo, séquito.**

cor·tés |kortés| ***adj.-s.*** (persona) Que tiene *cortesía; que muestra buena educación y respeto hacia los demás: *ha sido muy ~ trayendo este ramo de rosas.* ⇒ **educado.** ⇔ **descortés.**

cor·te·sa·na |kortesána| ***f.*** *form.* Mujer que mantiene relaciones sexuales a cambio de dinero: *respetaba a su esposa, pero visitaba a una ~.* ⇒ **puta.**

cor·te·sa·⌐no, ⌐na |kortesáno, na| **1 *adj.*** De la corte o que tiene relación con ella: *se vanagloriaba de sus modales cortesanos.* ⇒ **palaciego. - 2 cortesano *m.*** Hombre que sirve al rey en la corte: *el rey fue atendido por uno de sus cortesanos de confianza.*

cor·te·sí·a |kortesía| **1 *f.*** Comportamiento en el que se demuestra atención y respeto hacia los demás: *el anfitrión trató con mucha ~ a sus huéspedes.* ⇒ **política. 2** Acto en el que se demuestra atención y respeto hacia los demás: *ha sido una ~ por tu parte acompañarnos hasta el aeropuerto.* **3** Regalo; objeto que se da como muestra de atención y respeto: *esta maleta de mano es una ~ de nuestra agencia de viajes.* ⇒ **obsequio.**

cor·te·za |kortéθa| **1 *f.*** Capa o conjunto de capas de fibra vegetal dura que cubre o envuelve los tallos y las frutas de algunas plantas y árboles: *grabaron un corazón en la ~ del árbol; el corcho se extrae de la ~ del alcornoque.* **2** Parte exterior, firme o dura, que cubre o envuelve: *este pan tiene demasiada ~; quítale la ~ al queso antes de comértelo;* **~ terrestre**, la que envuelve la parte interior de la Tierra: *en algunas zonas la ~ terrestre está cubierta por el mar.* **3** Trozo de piel de cerdo que se fríe y se toma como alimento: *nos pusieron unas cortezas y unas patatas fritas.* **4** *fig.* Parte exterior, de poco valor moral o material, que oculta o guarda lo verdaderamente importante: *no te quedes sólo en la ~ y profundiza un poco.*

cor·ti·jo |kortíxo| ***m.*** Terreno de cultivo con una casa de labor: *se compró un ~ en Andalucía.*

cor·ti·na |kortína| **1 *f.*** Trozo de tela o de otro material que se cuelga de la parte superior de una puerta o ventana para cerrarla o cubrirla: *corre la ~ de la ventana para que no entre el sol; corrió la ~ del bar para entrar.* **2** *fig.* Conjunto de actividades o circunstancias que ocultan un asunto: **~ de humo**, la que se hace para ocultar o quitar importancia a un asunto: *aquel día vino al trabajo, pero era una ~ de humo para despistar a la policía.*

cor·ti·so·na |kortisóna| ***f.*** MED. *Hormona que sirve como medicina para disminuir o hacer desaparecer la *inflamación: *la ~ se emplea para tratar la artritis y la alergia.*

cor·⌐to, ⌐ta |kórto, ta| **1 *adj.*** Que tiene poca longitud o duración: *con una cuerda corta me basta para atar el paquete; en invierno los días son más cortos.* ⇒ **breve.** ⇔ **largo. 2** Que no tiene la longitud o la duración necesaria: *esta cuerda es corta para atar el paquete; los días son cortos para salir de excursión.* **3** (persona) Que es poco inteligente o que no entiende las cosas con facilidad: *el pobre es un poco ~ y hay que repetírselo varias veces.* **- 4 corto *m.*** Película de cine cuya duración no es mayor de 35 minutos: *el famoso director de cine acaba de dirigir* *un* ~. ⇒ **cortometraje.** ☐ Es la forma abreviada de *cortometraje.* ■ **quedarse** ~, no llegar a hacer o a alcanzar lo que se quiere: *al tirar la flecha, te has quedado ~; al hacer el presupuesto se quedó ~.* ■ **quedarse** ~, no llegar a describir por completo a una persona o situación: *te has quedado corta: no es feo, es horrible.*

cor·to·cir·cui·to |kortoθirkuíto| ***m.*** Aumento de la intensidad de una corriente, que se produce en una instalación eléctrica por la unión directa de dos conductores: *los cables de la lámpara estaban mal aislados y se produjo un ~; un ~ fue la causa del incendio.*

cor·to·me·tra·je |kortometráxe| ***m.*** Película de cine cuya duración no es mayor de 35 minutos: *a los aficionados al cine les gusta que proyecten un ~ antes de la película.* ⇒ **corto.**

co·ru·⌐ñés, ⌐ñe·sa |korunés, nésa| **1 *adj.*** De la Coruña o que tiene relación con la Coruña: *el clima ~ es templado y húmedo.* **- 2 *m. f.*** Persona nacida en la Coruña o que vive habitualmente en la Coruña: *los coruñeses son gallegos.*

cor·va |kórβa| ***f.*** Parte de la pierna opuesta a la rodilla por donde ésta se dobla: *he estado mucho tiempo de pie y ahora me duelen las corvas.*

cor·⌐zo, ⌐za |kórθo, θa| ***m. f.*** Animal mamífero, parecido al *ciervo, de pelo rojo oscuro o gris, con cuernos cortos y *rabo muy pequeño, que se alimenta de vegetales: *al atardecer, dos corzos se acercaron al río para beber.*

co·sa |kósa| **1 *f.*** Hecho, cualidad, idea u objeto sobre el que se piensa o se habla: *te voy a contar una ~ que me ha pasado esta mañana; podemos hacer muchas cosas diferentes; tiene cosas raras en la cabeza; se me ha caído una ~;* ~ **de magia**, *fam.*, la que no se puede explicar con la razón: *es ~ de magia que se haya ido sin que nos demos cuenta;* ~ **fina**, *fam.*, la que tiene muy buenas cualidades: *me he comprado un reloj que es ~ fina.* **2** Objeto sin vida: *no se puede tratar a los animales como si fueran cosas.* **3** Nada: *para concentrarse, no hay ~ más molesta que el ruido.* ☐ Se usa en oraciones negativas. ■ **poca** ~, *fam.*, persona de poco volumen: *su hermano no me da miedo, es poca ~.*

co·sa·⌐co, ⌐ca |kosáko, ka| **1 *adj.-s.*** (persona) Que pertenece a un pueblo pastor y guerrero de varias zonas del sur de Rusia: *los cosacos elegían a sus propios jefes.* **- 2 cosaco *m.*** Soldado de *tropa ligera del ejército de Rusia: *los cosacos eran reclutados entre las poblaciones nómadas del sur de Rusia.* ■ **como un** ~, de manera exagerada; en gran cantidad: *Luis bebe como un ~: debe de tener el hígado destrozado.*

cos·co·rrón |koskoȓón| ***m.*** Golpe en la cabeza que no produce sangre: *el profesor dio un ~ al niño.*

co·se·cha |kosétʃa| **1 *f.*** Conjunto de frutos que se recogen de la tierra: *la ~ de este año promete ser abundante y de buena calidad.* **2** Acción de recoger los frutos de la tierra: *la ~ del cereal se hace en verano.* **3** Tiempo en que se recogen los frutos de la tierra: *durante la ~, llovió mucho.* **4** *fig.* Conjunto de cosas o cualidades reunidas por una persona: *ninguna de las cosas que dice es de su ~.*

co·se·cha·do·ra |kosetʃaðóra| ***f.*** Máquina automóvil que corta el cereal y separa la *paja del grano: *con las cosechadoras modernas la recolección dura menos tiempo.*

co·se·char |kosetʃár| **1 *tr.-intr.*** [algo] Recoger los frutos de la tierra: *el año pasado se cosecharon muchas aceitunas.* **2** *fig.* Ganarse o atraerse ciertos sentimientos de los demás: *con su gobierno, cosechó el respeto de todo el pueblo.*

co·se·no |koséno| ***m.*** MAT. Resultado de dividir el *cateto que forma un ángulo de un triángulo rectángulo entre la *hipotenusa: *el ~ de un ángulo de 30 grados es 2.*

co·ser |kosér| **1 *tr.*** [algo] Unir con hilo piezas de tela, cuero u objetos de otro material, generalmente sirviéndose de una aguja: *tengo que ~ la manga; ¿podrías coserme el botón del abrigo?* ⇔ **descoser. 2** *fig.* [a alguien] Producir numerosas heridas con un cuchillo o arma de punta: *lo cosieron a navajazos en el callejón.* **3** [algo] Unir papeles con una *grapa: *déjame la grapadora para ~ el trabajo que voy a entregar al profesor.* ■ ~ **y cantar**, *fam.*, expresión que indica que se hace una cosa con la mayor facilidad y sin esfuerzo: *esto de hacer churros es ~ y cantar.*

co·si·fi·car |kosifikár| ***tr.*** *form.* [algo, a alguien] Considerar como cosa: *las mujeres protestan porque durante siglos han sido cosificadas.* ☐ Se conjuga como 1.

cos·mé·ti·⌐co, ⌐ca |kosmétiko, ka| ***adj.-s.*** (sustancia) Que sirve para cuidar o poner más bella la cara o el pelo: *como se quiere conservar joven, gasta mucho dinero en cosméticos.*

cós·mi·⌐co, ⌐ca |kósmiko, ka| ***adj.*** Del *cosmos o que tiene relación con él: *Europa participa en la conquista del espacio ~.*

cos·mo·nau·ta |kosmonáuta| ***com.*** Persona que se dedica a conducir naves espaciales o a trabajar con ellas: *el ~ Neil Armstrong llegó en la nave Apolo XI a la Luna.* ⇒ **astronauta.**

cos·mo·po·li·ta |kosmopolíta| **1 *adj.-com.*** (persona) Que considera que cualquier parte del mundo es su *patria: *no tiene nostalgia de su tierra porque es un auténtico ~.* **2** *fig.* (persona) Que gusta mucho de viajar: *es muy ~: ha viajado por Europa, Asia y América.* **- 3 *adj.*** Que es común a todos los países o a muchos de ellos: *la industrialización ha sido un proceso ~.* **4** Que puede vivir o adaptarse a cualquier país: *ha viajado tanto que ha adoptado costumbres cosmopolitas; algunos insectos son cosmopolitas.*

cos·mos |kósmos| **1 *m.*** *form.* Universo, entendido como un todo ordenado: *el ~ se opone al caos.* **2** *form.* Espacio exterior a la Tierra: *el hombre se ha lanzado a la conquista del ~.* **3** *fig.* Mundo; conjunto ordenado: *la Europa medieval era un ~ político y religioso.* ☐ El plural es *cosmos.*

co·so |kóso| **1 *m.*** Plaza o sitio cerrado en el que se celebran las corridas de toros y otros actos: *el to-*

rero tuvo una buena acogida en el ~ sevillano. **2** Calle principal de una población: *a mi madre le gusta pasear por el ~.*

cos·qui·llas |koskíʎas| ***f. pl.*** Sensación que produce, sobre una parte del cuerpo, una serie de toques rápidos y ligeros: *tengo muchas ~ en la planta de los pies y cuando me los tocan no puedo parar de reír.*

cos·qui·lle·o |koskiʎéo| ***m.*** Sensación que producen las *cosquillas u otra cosa parecida: *siento un ~ en la nariz: creo que voy a estornudar.* ⇒ **hormigueo.**

cos·ta |kósta| **1 *f.*** Parte de tierra que está junto al mar: *pasa sus vacaciones en la ~; tiene una casa en la ~ desde la que se oye el ruido de las olas.* **- 2 costas *f. pl.*** Cantidad de dinero que vale una cosa, o que cuesta hacerla o producirla: *¿quién va a correr con las costas del juicio?* ⇒ **coste.**

cos·ta·do |kostáðo| **1 *m.*** Parte lateral del cuerpo humano que está entre el pecho y la espalda, debajo del brazo: *he hecho mucho esfuerzo y ahora me duele el ~ derecho; la niña se tumbó y apoyó la cabeza en el ~ de su padre.* **2** Parte que queda a la izquierda o a la derecha de un cuerpo o de un objeto: *el cañonazo se incrustó en el ~ izquierdo del buque.* ⇒ **lado.** ■ **por los cuatro costados,** *fam.*, por todas partes; completamente: *yo soy madrileño por los cuatro costados.*

cos·tal |kostál| **1 *adj.*** De las *costillas o que tiene relación con ellas: *el paciente tiene varias fracturas en la zona ~.* **- 2 *m.*** Saco grande de tela de poca calidad: *llevaba al molino un ~ de trigo.*

cos·tar |kostár| **1 *tr.*** [algo; a alguien] Tener un precio o un valor determinado: *el libro me costó tres mil pesetas; estos calcetines cuestan más que los otros.* ⇒ **valer. 2** Causar un determinado desgaste físico o moral: *me ha costado mucho trabajo sacar el tapón de la botella; me está costando mucho dejar de fumar.* **3** [algo] Causar un determinado gasto de material o de dinero: *las celebraciones oficiales cuestan mucho dinero.* ☖ Se conjuga como 31.

cos·ta·rri·cen·se |kostar̄iθénse| **1 *adj.*** De Costa Rica o que tiene relación con Costa Rica: *el clima ~ es muy húmedo.* ⇒ **costarriqueño. - 2 *com.*** Persona nacida en Costa Rica o que vive habitualmente en Costa Rica: *los costarricenses que esperábamos llegan mañana.* ⇒ **costarriqueño.**

cos·ta·rri·que·ño, ˹ña |kostar̄ikéɲo, ɲa| ***adj.*** ⇒ **costarricense.** ☖ La Real Academia Española prefiere la forma *costarricense.*

COSTA

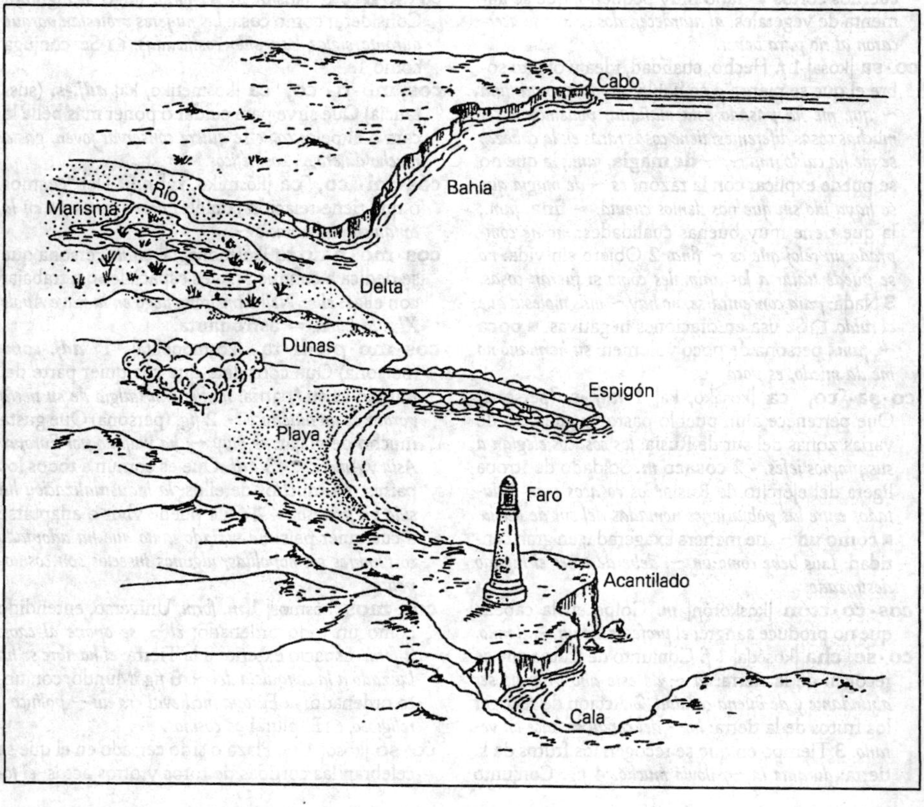

cos·te |kóste| ***m.*** Cantidad de dinero que vale una cosa o que cuesta hacerla o producirla: *hay que reducir el ~ de nuestros productos si queremos aumentar los beneficios.* ⇒ **costa, precio.**

cos·te·ar |kosteár| **1** ***tr.*** [algo] Pagar los gastos de alguna operación o servicio: *un rico comerciante costeó las obras de reparación de la iglesia; los padres tienen que ~ los gastos de los hijos.* ⇒ **sufragar.** **- 2** ***tr.-intr.*** MAR. Recorrer siguiendo la costa: *costearon la parte sur de la región buscando algún lugar donde desembarcar.*

cos·te·ra |kostéra| **1** ***f.*** Parte que queda a un lado de un objeto: *se apoyó en la ~ del fardo para dormir.* **2** MAR. Tiempo en el que se puede pescar una especie de pescado: *mañana saldremos a pescar, empieza la ~.*

cos·te·⌜ro, ⌜ra |kostéro, ra| **1** ***adj.*** De la costa o que tiene relación con ella: *los pueblos costeros suelen consumir más pescado que los del interior; vivió en una ciudad costera durante toda su vida.* **- 2 costero** ***m.*** Pieza de madera cercana a la corteza, que resulta de cortar un tronco a lo largo: *cogí varios costeros para ponerlos de adorno en la chimenea.*

cos·ti·lla |kostíʎa| **1** ***f.*** Hueso largo y de forma curva que sale de la columna *vertebral y llega al pecho: *las costillas forman el tórax; el cuerpo humano está formado por 12 pares de costillas.* **- 2 costillas** ***f. pl.*** *fam.* Parte posterior del cuerpo humano, desde los hombros hasta la cintura: *he dormido en el suelo y ahora me duelen las costillas.* ⇒ **espalda.** **3** Parte anterior del cuerpo humano, desde el cuello hasta el estómago: *me he dado un golpe seco en las costillas.* ⇒ **pecho.** ■ **medir las costillas**, *fam.*, pegar a una persona: *como te vuelva a coger robando tomates, te voy a medir las costillas.*

costillar |kostiʎár| **1** ***m.*** Conjunto de *costillas: *he comprado un ~ de cordero.* **2** Parte del cuerpo en la que están las *costillas: *pusieron el hierro al animal en el ~.*

cos·to |kósto| ***m.*** Mezcla de las flores y otras partes de cierta planta que se fuma o mastica para producir un efecto en el estado de ánimo: *tenía el hábito de tomar ~.* ⇒ **chocolate, hachís, marihuana.**

cos·to·⌜so, ⌜sa |kostóso, sa| **1** ***adj.*** Que cuesta mucho dinero; que cuesta más de lo habitual: *el alquiler en el centro de la ciudad es demasiado ~ para nosotros.* ⇒ **caro.** **2** *fig.* Que causa daño o un sentimiento: *separarse de su familia fue muy ~ para ella.*

cos·tra |kóstra| **1** ***f.*** Capa exterior que se pone dura o se seca sobre una superficie: *las paredes y el suelo de la cocina tenían una ~ de suciedad.* **2** Capa seca que se forma en la superficie de una herida al curarse: *la herida ya se ha secado y sólo queda la ~.* ⇒ **pupa.**

cos·tum·bre |kostúmbre| **1** ***f.*** Manera de obrar establecida por un largo uso o *adquirida por la repetición de actos: *tengo la ~ de dormir la siesta después de comer.* ⇒ **rutina.** **- 2 costumbres** ***f. pl.*** Conjunto de inclinaciones y usos de un pueblo o una persona: *me gustan las costumbres de este país; no me interesan las costumbres de Pedro.*

cos·tum·bris·mo |kostumbrísmo| ***m.*** Atención especial a las costumbres típicas de un país o región que se presta en las obras literarias o artísticas: *el ~ es la principal característica de muchas novelas del siglo* XIX.

cos·tu·ra |kostúra| **1** ***f.*** Unión con hilo de piezas de tela, cuero u otro material: *te has puesto la camisa del revés y se ven las costuras; se le ha roto la manga y he tenido que hacerle una ~.* **2** *p. ext.* Unión del tejido humano o animal que ha sido cortado o herido: *el cirujano remató la ~ con varios puntos; lo operaron de apendicitis y le han dejado una pequeña ~.* **3** Labor que no se ha acabado de coser: *en ese cesto puse la ~.* **4** Oficio de coser: *los sastres y las modistas se dedican a la ~;* **alta ~**, la de la moda y el diseño de prendas de vestir de lujo: *Emilio es un modisto de alta ~.* ⇒ **moda.**

cos·tu·re·ro |kosturéro| **1** ***m.*** Caja o *cesta que se usa para guardar los instrumentos de coser: *tiene varias bobinas de hilo en el ~.* **2** Mesa pequeña con un cajón que se usa para coser y guardar los instrumentos de esa labor. **3** Habitación que se usa para coser: *el ~ es la habitación que tiene más luz de la casa.*

co·ta |kóta| **1** ***f.*** Traje de hierro o cuero que sirve para proteger el cuerpo: *los guerreros usaban antiguamente cotas para defenderse en la lucha.* **2** Número que señala en un mapa la altura sobre el nivel del mar de un punto: *en este mapa las cotas están señaladas con diferentes colores.* **3** Altura sobre el nivel del mar de un punto de la Tierra: *el canal que recogía el agua iba por la ~ mil; ¿de cuántos metros es la ~ del Mulhacén?* **4** *fig.* Grado, nivel o extremo que alcanza una cosa: *el problema de la marginación social está llegando a cotas muy altas.*

co·tan·gen·te |kotaŋxénte| ***f.*** MAT. Resultado de dividir el *cateto que forma un ángulo de un triángulo rectángulo entre el *cateto opuesto: *la ~ de un ángulo es igual a 1 dividido por la tangente.*

co·ta·rro |kotáro| ***m.*** *fam.* Grupo de personas o situación de agitación y desorden: *¡menudo ~ se ha organizado en un momento!*

co·te·jar |kotexár| ***tr.*** [algo] Comparar; examinar para encontrar parecidos y diferencias: *el detective cotejó las huellas dactilares que aparecieron en el arma homicida con las del presunto culpable.* ⇒ **confrontar.**

co·ti·dia·⌜no, ⌜na |kotiðiáno, na| ***adj.*** Que ocurre o se repite cada día: *los policías acaban de terminar su ronda cotidiana.* ⇒ **diario.**

co·ti·lla |kotíʎa| ***com.*** *fam.* Persona a la que le gusta enterarse de lo que hacen otras personas para luego contarlo: *su vecina era una ~ que lo espiaba por las ventanas; deja de ser ~, no me cuentes más chismes.* ⇒ **alcahuete.**

co·ti·lle·ar |kotiʎeár| ***intr.*** Contar *chismes: *le encanta ~ y enterarse de todo.* ⇒ **murmurar, chismorrear.**

co·ti·lle·o |kotiʎéo| **1** ***m.*** Acción y resultado de contar *chismes: *a mis vecinos les gusta mucho el ~.* **2** Noticia, verdadera o falsa, con la que se busca enfrentar a personas entre sí o hablar mal de ellas: *no le queda ningún amigo por su afición a contar cotilleos de todos.* ⇒ **murmuración, chisme.**

co·ti·llón |kotiʎón| ***m.*** Baile y fiesta que se celebra un día señalado, especialmente, el de fin de año: *esta nochevieja iremos a cenar a casa de unos amigos y luego a un ~ en una discoteca.*

co·ti·za·ción |kotiθaθión| **1** ***f.*** Acción y efecto de pagar una cantidad de dinero por pertenecer a una organización: *treinta años de ~ a la Seguridad Social le aseguran una jubilación decente.* **2** ECON. Precio de los valores con que se comercia en bolsa: *las acciones de esta empresa han alcanzado hoy la ~ más alta de este año.*

co·ti·zar |kotiθár| **1** ***tr.-intr.*** [algo] Pagar una cantidad de dinero por pertenecer a una organización; hacer un pago fijo o proporcional: *todos los miembros del sindicato cotizan y por ello tienen derecho a ciertos servicios.* **2** ECON. Señalar en la bolsa el precio de los valores; tener fijado un determinado valor en la bolsa: *la libra ha cotizado hoy mejor que ayer respecto al dólar.* **- 3 cotizarse** ***prnl.*** *p. ext.* Tener gran valor o ser muy *apreciado: *la pintura de este artista se cotiza cada día más.* ☐ Se conjuga como 4.

co·to |kóto| **1** ***m.*** Terreno reservado para un uso determinado, especialmente para la caza o la pesca: *durante los meses de invierno, está vedado cazar en este ~; las vacas iban a pastar al ~.* **2** *p. ext.* Propiedad de una sola persona o de un conjunto de ellas: *el mercado del cine parece un ~ de Hollywood.* ⇒ **propiedad. 3** Poste o señal de piedra que se coloca para marcar los límites de un terreno: *el ganadero puso cotos alrededor de sus tierras.* ⇒ **hito.** ■ **poner ~**, poner fin, impedir que continúe un abuso o una acción negativa: *la policía no ha conseguido poner ~ a las fechorías de una banda de ladrones.*

co·to·rra |kotóřa| **1** ***f.*** Ave de varios colores entre los que domina el verde, con las alas y la cola largas y terminadas en punta: *la ~ es parecida al papagayo.* ☐ Para indicar el sexo se usa la ~ macho y la ~ hembra. **2** *Papagayo pequeño: *en el zoo hay una jaula con muchas cotorras.* **3** *fam. desp.* Persona que habla mucho: *le dijo que se callase, que era una ~.*

co·to·rre·ar |kotořeár| ***intr.*** *fam.* Hablar mucho: *deja ya de ~, que me estás dando dolor de cabeza.* ⇒ **parlar.**

co·to·rre·o |kotořéo| ***m.*** *fam.* Acción y resultado de hablar con exceso o de *cotorrear: *en la habitación de al lado se oía el ~ de los muchachos.*

cou·lomb |kulómᵝ| ***m.*** FÍS. Unidad de cantidad de electricidad, en el Sistema Internacional: *el símbolo del ~ es C.* ⇒ **culombio.**

co·xis |kóᵏsis| ***m.*** ANAT. Hueso con que acaba la columna *vertebral formado por la unión de las últimas *vértebras: *el ~ es un hueso propio de los vertebrados que no tienen cola; el ~ se articula con el hueso sacro.* ☐ El plural es *coxis.*

co·yo·te |koyóte| ***m.*** Animal mamífero de pelo marrón y parecido al perro, que se alimenta de pequeños roedores a los que caza gracias a su gran velocidad: *el ~ se parece al lobo, pero es más pequeño; le pareció oír el aullido de los coyotes que venía de la pradera.* ☐ Para indicar el sexo se usa el ~ macho y el ~ hembra.

co·yun·tu·ra |koyuntúra| **1** ***f.*** *form.* Conjunto de circunstancias que determinan una situación concreta: *la ~ política es muy difícil; la ~ internacional favorece las inversiones.* **2** *form.* Circunstancia u oportunidad adecuada para obrar: *he aprovechado la ~ para salir de la ciudad por unos días.* **3** Articulación, unión movible de un hueso con otro: *el codo es una ~ del brazo.*

co·yun·tu·ral |koyunturál| ***adj.*** Que depende de las circunstancias o la *coyuntura: *los dos partidos llegaron a un acuerdo ~ para gobernar juntos durante la legislatura.*

coz |kóθ| **1** ***f.*** Acción de mover violentamente hacia atrás una o ambas patas traseras un animal de cuatro patas: *una avispa picó al caballo y éste se puso a dar coces.* **2** Golpe dado con ese movimiento: *un burro le dio una ~ y le rompió una pierna.* **3** *fig.* Obra o dicho *injurioso: *cada vez que algo le molesta, suelta una ~.*

crac |krákᵏ| **1** ***m.*** ECON. Caída fuerte de los valores de la bolsa: *el ~ de la bolsa de Nueva York tuvo lugar en 1929.* **2** Ruido parecido al que hace una cosa que se rompe: *oí un ~ e imaginé que se había partido la rama del árbol.*

cra·ne·al |kraneál| ***adj.*** ANAT. Del *cráneo o que tiene relación con él: *Jorge ha tenido un accidente con la moto y está en el hospital con traumatismo ~.*

crá·ne·o |kráneo| ***m.*** ANAT. Conjunto de huesos que encierra y protege el *encéfalo: *el ~ está formado por ocho huesos; el fugitivo recibió un disparo en el ~ y dos en el pecho.* ⇒ **casco.** ■ **ir de ~**, *fam.*, estar en una situación de difícil solución: *su gestión fue tan mala que irá de ~ en las próximas elecciones.*

crá·pu·la |krápula| ***m.*** Hombre que tiene costumbres poco morales: *es un ~ que se pasa las noches borracho y metiéndose con la gente.*

cra·ˊso, ˊsa |kráso, sa| ***adj.*** (error, *ignorancia) Que no se puede perdonar: *cometiste un ~ error al dudar de mí.*

crá·ter |kráter| **1** ***m.*** Hueco en la parte superior de un *volcán por el que pueden salir materias ardiendo: *en la novela de Julio Verne, un grupo de exploradores entraban por el ~ de un volcán y llegaban al centro de la Tierra.* **2** ASTRON. Hueco circular formado por una explosión, un *meteoro u otra cosa: *con el telescopio se ven los cráteres de la Luna; la bomba dejó un ~ de cinco metros en la carretera.*

cre·a·ción |kreaθión| **1** ***f.*** Acción y resultado de producir o crear: *en la Biblia se describe cómo fue la ~ del mundo.* **2** Conjunto de todas las cosas que hay en la Tierra: *el ser humano es el rey de la ~.* **3** Cosa producida o creada: *esta película es una ~ de una importante productora cinematográfica.*

cre·a·ˊdor, ˊdo·ra |kreaðór, ðóra| ***adj.-s.*** Que crea o es capaz de crear: *Esquilo es el ~ de la tragedia; la imaginación creadora de un poeta.*

cre·ar |kreár| **1** ***tr.*** [algo, a alguien] Producir una cosa sin usar para ello ninguna otra: *Dios creó el mundo en siete días.* **2** [algo] Producir una obra de arte: *este autor creó un nuevo género.* **3** Establecer o fundar una tradición u otra cosa que no existía antes: *el gobierno ha creado un nuevo ministerio.*

cre·a·ti·vi·dad |kreatiβiðáᵈ| ***f.*** Capacidad y facilidad para inventar o crear: *estos juegos estimulan la ~ de los niños.* ⇒ **inventiva.**

cre·a·ti·⌜vo, ⌜va |kreatíβo, βa| **1** ***adj.*** (persona) Que tiene capacidad y facilidad para inventar o crear: *los profesionales de la publicidad son muy creativos.* **2** De la creación o que tiene relación con ella: *el teatro es una profesión creativa.* **3** Que es resultado de inventar o crear: *todos aplaudieron la idea porque era muy creativa.*

cre·ce·de·⌜ro, ⌜ra |kreθeðéro, ra| **1** ***adj.*** Que está creciendo; que es capaz de crecer o de hacerse más grande: *tiene dos hijos, uno ~ y el otro aún bebé.* ⇒ **adolescente. 2** (ropa de niño) Que está grande y puede servir durante más tiempo: *cómprale al niño la ropa crecedera para que no se quede pequeña enseguida.*

cre·cer |kreθér| **1** ***intr.*** Aumentar el tamaño del organismo de un ser vivo: *este niño ha crecido mucho.* ⇔ **menguar. 2** Aumentar la cantidad, el tamaño o la importancia de una cosa sin vida: *la población ha crecido un uno por ciento; si el río crece, el dique no resistirá; las necesidades crecen cada día.* ⇒ **agigantar. 3** Aumentar el número de puntos en una labor para que su longitud sea mayor: *creo que tengo que ~ un poco en la manga.* ⇔ **menguar. 4** Aumentar el tamaño de la parte iluminada de la Luna: *la Luna crece hasta llenarse.* ⇔ **menguar. - 5 crecerse** ***prnl.*** Tomar mayor autoridad, importancia o valor: *su mayor virtud es que se crece ante las situaciones difíciles.* ☐ Se conjuga como 43.

cre·ces |kréθes| ■ **con ~**, con generosidad y *ampliamente: *el dinero recaudado superó con ~ lo que se necesitaba para ampliar el orfanato.*

cre·ci·da |kreθíða| ***f.*** Aumento del agua de los ríos y otras corrientes de agua: *la ~ arrastró algunos árboles de la orilla del río.*

cre·ci·⌜do, ⌜da |kreθíðo, ða| ***adj.*** Que es grande o numeroso: *juntó un capital ~ gracias a sus negocios.* ☐ Es el participio de *crecer.*

cre·cien·te |kreθiénte| **1** ***adj.*** Que crece: *la ~ gravedad de la situación desembocó en una guerra civil; se produjo un abandono ~ de las prácticas religiosas; el periódico habla de la ~ afición al ciclismo en la ciudad.* **2** (luna) Que refleja luz en su parte derecha, visto desde la Tierra: *la Luna ~ tiene forma de D; esta noche hay luna ~; la Luna está en cuarto ~.* ⇒ **cuarto, luna.** ⇔ **menguante. - 3** ***f.*** Subida del agua del mar por efecto de la *marea: *fuimos a la playa pero no nos pudimos bañar por la ~.*

cre·ci·mien·to |kreθimiénto| ***m.*** Acción y resultado de aumentar o crecer: *el niño es un poco bajo, pero está todavía en edad de ~; el ~ de la población ha obligado a construir viviendas en las zonas periféricas de la ciudad.*

cre·den·cial |kreðenθiál| **1** ***adj.*** Que autoriza a una persona para representar a otras; que *acredita: *presenté los documentos credenciales de mi cargo.* **- 2** ***f.*** Documento que un Estado da a sus representantes en otros países: *el embajador presentó su ~ al Jefe del Estado.* **3** Documento que demuestra que un empleado está en *posesión de una plaza o puesto: *traiga su ~ y comenzará a trabajar inmediatamente en su cargo.*

cre·di·bi·li·dad |kreðiβiliðáᵈ| ***f.*** Cualidad de verdadero o creíble: *los casos de corrupción han afectado al presidente y han hecho que pierda su ~.*

cré·di·to |krédito| **1** ***m.*** Cantidad de dinero que presta un banco y que debe ser devuelto en un periodo de tiempo determinado: *voy al banco para solicitar un ~ para comprar un coche.* ⇒ **préstamo. 2** Aceptación de una cosa como cierta o verdadera: *no daba ~ a lo que estaba viendo.* **3** Buena fama: *tiene ~ de persona honrada entre sus compañeros.*

cre·do |kréðo| **1** ***m.*** Oración que contiene los principios de la religión *católica: *durante la misa se reza el ~.* **2** *fig.* Doctrina o conjunto de principios de una persona: *este es nuestro ~ y tendrá que aceptarlo si quiere pertenecer al partido.*

cre·du·li·dad |kreðuliðáᵈ| ***f.*** Estado o cualidad del que cree fácilmente o es *crédulo: *a pesar de los años, no ha perdido su ~.* ⇔ **incredulidad.**

cré·du·⌜lo, ⌜la |kréðulo, la| ***adj.-s.*** (persona) Que cree y tiene excesiva confianza en la gente: *si sigues siendo tan ~, cualquiera podrá engañarte.* ⇒ **confiado.** ⇔ **incrédulo.**

cre·en·cia |kreénθia| **1** ***f.*** Conjunto de ideas religiosas compartidas por muchas personas; *fe: *mis creencias me impiden actuar de ese modo.* ☐ En esta acepción suele usarse en plural. **2** Pensamiento que se cree verdadero o seguro: *tengo la ~ de que algún día se solucionará todo.*

cre·er |kreér| **1** ***tr.*** [algo] Considerar una cosa como posible o probable sin estar seguro de que sea así: *creo que va a llover este fin de semana; creo que estará aquí mañana.* ⇒ **suponer. - 2** ***tr.-prnl.*** Considerar una cosa como verdadera o segura sin necesidad de demostrarlo: *creo que dice la verdad; no puedo creerme que sea tan barato; yo creía que no pretendía engañarnos.* **- 3** ***intr.*** [en algo] Tener un conjunto de ideas religiosas; tener *fe: *cree en Dios; dice que no cree.* ☐ Se conjuga como 61.

cre·í·ble |kreíβle| ***adj.*** Que puede o merece ser creído: *lo que dices es ~, pero no sé si será cierto.* ⇒ **verosímil.** ⇔ **increíble.**

cre·í·⌜do, ⌜da |kreíðo, ða| ***adj.-s.*** (persona) Que se cree mejor o superior a los demás: *es un violinista excelente, pero es un ~.*

cre·ma |kréma| **1** ***f.*** Parte grasa o nata de la leche: *me gusta la leche con mucha ~.* **2** Sustancia pastosa más o menos líquida: *~ para suavizar las manos; limpia los zapatos con ~.* **3** Sustancia pastosa comestible que se usa para hacer pasteles. **4** Sopa espesa: *ayer cenamos ~ de champiñones.* **5** Lo mejor de su clase: *en esta revista escribe la ~ de los literatos.*

- 6 *adj.* De color entre el blanco y el amarillo: *esa blusa ~ te irá muy bien con el traje verde.* ☐ No varía de número.

cre·ma·ción |kremaθión| ***f.*** Acción de reducir a ceniza o quemar: *los parientes asistieron a la ~ del cadáver.* ⇒ **incineración.**

cre·ma·lle·ra |kremaʎéra| **1 *f.*** Cierre que consiste en dos tiras de tela con pequeños dientes por los que se desliza un mecanismo que los une o los separa: *la bragueta del pantalón lleva una ~; el vestido llevaba una ~ en la espalda; mi bolso se cierra con ~.* **2** MEC. Barra de metal con dientes en uno de sus bordes, que convierte el movimiento circular en movimiento en línea recta: *la dirección de los antiguos automóviles era de ~.*

cre·ma·to·⌐rio, ⌐ria |krematório, ria| **1 *adj.*** De la *cremación o que tiene relación con ella: *el proceso ~ del cadáver aún durará unos minutos.* **- 2 crematorio *m.*** Establecimiento donde se queman cuerpos muertos: *fueron al ~ para asistir a la incineración del abuelo.* ⇒ **horno.**

cre·mo·⌐so, ⌐sa |kremóso, sa| **1 *adj.*** Que tiene una característica que se considera propia de la crema: *el yogur es ~.* **2** Que tiene mucha crema: *me encanta el café con leche ~ que ponen en esa cafetería.*

cre·pé |krepé| **1 *m.*** Tejido ligero de *seda, *lino o algodón, con el hilo muy rizado y que presenta relieves en la superficie: *llevo una blusa de ~; compró una mantelería de ~.* ⇒ **crespón. 2** Pelo artificial que sirve para aumentar el volumen de un peinado: *puso un poco de ~ en su moño italiano.* ⇒ **postizo. 3** *Caucho flexible que se usa en las suelas de los zapatos: *se compró unos zuecos de ~.*

cre·pi·tar |krepitár| ***intr.*** Hacer un ruido ciertos cuerpos, especialmente cuando se queman: *la leña crepita en la chimenea.* ⇒ **crujir.**

cre·pus·cu·lar |krepuskulár| ***adj.*** Del *crepúsculo o que tiene relación con él: *este cuadro refleja muy bien la luz ~.*

cre·pús·cu·lo |krepúskulo| **1 *m.*** Primera luz del día, antes de salir el Sol, y última del día, después de ponerse: *el ~ dejaba paso a la noche y apenas se veía.* ⇒ **alba, albor, amanecer, atardecer. 2** Tiempo que dura esa luz: *me gusta pasear en el ~, cuando ya no hace calor.* **3** *fig.* Final o *decadencia: *el escritor ganó el premio en el ~ de su carrera.* ⇒ **ocaso.**

cres·cen·do |kresθéndo, krestʃéndo| **1 *adv. m.*** MÚS. Aumentando poco a poco la intensidad del sonido. ⇔ **decrescendo. - 2 *m.*** MÚS. Parte de una composición que se ejecuta aumentando poco a poco la intensidad del sonido: *me emocionó el ~ con que la orquesta terminó el recital.* ⇔ **decrescendo.** ■ **in ~**, MÚS., con más intensidad de sonido cada vez: *la pieza musical acaba in ~.* ■ **ir in ~**, avanzar o progresar de modo cada vez más rápido o más intenso: *en los últimos meses los índices de paro han ido in ~.*

cres·⌐po, ⌐pa |kréspo, pa| ***adj.*** (pelo) Que tiene rizos: *tiene el cabello ~ y le cuesta mucho peinarse.*

cres·pón |krespón| **1 *m.*** Tela negra que se usa en señal de dolor por la muerte de una persona: *los coches del cortejo fúnebre iban adornados con crespones y coronas de flores.* **2** Tejido ligero de *seda, *lino o algodón, con el hilo muy rizado y que presenta relieves en la superficie: *llevaba un vestido de ~ azul.* ⇒ **crepé.**

cres·ta |krésta| **1 *f.*** *Carnosidad de color rojo que tienen sobre la cabeza ciertas aves: *el gallo tiene ~.* **2** *fig.* Cumbre de una montaña: *los alpinistas se han propuesto alcanzar la ~ del monte; hicimos una foto preciosa de la ~ de Sierra Nevada.* ⇒ **cima. 3** *fig.* Parte más alta de una ola: *las crestas de las olas tienen mucha espuma.* **4** *fig.* Peinado que imita la carnosidad que tienen sobre la cabeza ciertas aves: *algunas personas llevan crestas de colores en la cabeza.* ■ **alzar/levantar la ~**, *fam.*, mostrar desprecio y creerse superior a los demás: *no te aguanto que me levantes la ~.* ■ **dar en la ~**, *fam.*, castigar; obligar a reconocer un estado de inferioridad: *no seas demasiado presumido porque luego te dan en la ~.* ■ **estar en la ~ de la ola**, estar en el momento de mayor éxito: *el ciclista español está en la ~ de la ola.*

cre·ti·⌐no, ⌐na |kretíno, na| ***adj.-s.*** Que es tonto; que se comporta de manera tonta e imprudente: *en las reuniones siempre hay algún ~ que quiere soltar un discurso.*

cre·yen·te |kreyénte| ***adj.-s.*** (persona) Que cree, especialmente en unas ideas religiosas determinadas: *fue educado en la religión católica, pero no es ~; es de una familia muy ~.* ⇔ **ateo.**

crí·a |kría| **1** Animal que acaba de nacer y que es cuidado y alimentado por sus padres: *la ~ del oso se llama osezno, y la del lobo, lobezno o lobato; si las crías fueran abandonadas por sus padres, se morirían.* **2** Acción y resultado de alimentar y cuidar un bebé, un animal o una planta: *Guillermo ha dedicado toda su vida a la ~ de cerdos.* **3** Conjunto de animales que nacen al mismo tiempo: *la perra tuvo una ~ de cinco perritos.*

cria·de·⌐ro, ⌐ra |kriaðéro, ra| **1 *adj.*** Que tiene facilidad para criar: *tengo una perra criadera.* **- 2 criadero *m.*** Lugar en el que se crían animales o plantas: *cerca del pantano hay un ~ de truchas.* **3** *fig.* Lugar en el que abunda una cosa: *la tertulia se convirtió en un ~ de ideas brillantes; las chabolas del borde de la carretera son un ~ de enfermedades.*

cria·di·lla |kriaðíʎa| **1 *f.*** *Testículo de algunos animales que se usa como alimento: *la abuela preparaba criadillas para los nietos.* **2** Hongo subterráneo comestible, de forma redonda y de color negro por fuera y blanco o marrón por dentro: *me gusta mucho el revuelto de criadillas de tierra.* ⇒ **trufa.**

cria·⌐do, ⌐da |kriáðo, ða| **1 *m. f.*** Persona que se dedica a realizar los trabajos domésticos a cambio de dinero: *mientras yo trabajo, el ~ limpia mi casa y me hace la comida; a pesar de ser licenciada, tuvo que ponerse a trabajar como criada.* ⇒ **asistenta, chacha, empleado, fámulo, sirviente. - 2 *adj.*** (persona) Que está bien o mal educado: *mi sobrina está muy bien criada.* ☐ Se usa precedido de los adverbios *bien* y *mal*: *Angelito es un niño muy mal ~.*

cria·⌜dor, ⌜do·ra |kriaðór, ðóra| **1** ***adj.*** (tierra, lugar) Que produce de modo abundante una cosa determinada: *esta zona ha sido desde siempre buena criadora de níscalos.* **- 2** ***m. f.*** Persona que cría animales: *compró el cochinillo a un ~ de cerdos.* **3** Persona que posee o cultiva uva para la fabricación del vino: *los criadores aplican técnicas modernas para la elaboración del vino.* ⇒ **vinicultor.**

crian·za |kriánθa| **1** ***f.*** Acción y resultado de criar, especialmente a un niño; tiempo en que se cría: *mi primo vive en el campo y sabe mucho de la ~ de conejos; su padre murió durante la ~ del bebé.* **2** Proceso que se sigue para elaborar vinos: *las labores de cultivo y ~ están muy perfeccionadas en Jerez de la Frontera.* **3** Buena o mala educación: *este niño tiene una mala ~.* ☖ Se usa precedido de los adjetivos *buena* y *mala*.

criar |kriár| **1** ***tr.*** [a alguien] Alimentar a un bebé: *como la madre murió, al niño lo crió una nodriza.* **2** [algo] Alimentar o cuidar animales o plantas: *el campesino criaba cerdos y gallinas; ~ champiñones es un buen negocio.* **- 3** ***tr.-prnl.*** [a alguien] Educar y cuidar a un niño hasta que se hace adulto: *doña Asunción crió a sus sobrinos; los niños se criaron en el pueblo.* **4** [algo] Servir de alimento y de soporte: *los perros crían pulgas; las encinas se crían en los montes.* **5** Producir un organismo una cosa que crece de él: *las ovejas crían lana.* **- 6** ***tr.-intr.*** [algo] Producir, cuidar y alimentar un animal a sus hijos: *los conejos crían mucho; en el parque natural, las aves crían a sus polluelos.* ☖ Se conjuga como 13.

cria·tu·ra |kriatúra| **1** ***f.*** Niño de pocos días, meses o años: *la pobre ~ lleva seis horas sin comer, es natural que llore; Agustín es una ~ y todavía no entiende lo que le decimos.* **2** REL. Ser vivo que ha sido creado: *el hombre es una de las criaturas de Dios.*

cri·ba |kriβa| ***m.*** Superficie con pequeños agujeros sujeta a un *aro de madera o metal, que se usa para separar las partes finas y las gruesas de una materia: *el segador limpiaba el grano con la ~.* ⇒ **cedazo, tamiz.**

cri·bar |kriβár| **1** ***tr.*** [algo] Limpiar las semillas separando lo útil de lo que no lo es: *el agricultor está cribando el trigo para separar la semilla de la paja.* **2** Limpiar una materia separando las partes grandes de las pequeñas: *los minerales se criban una vez que se sacan de la mina.* ⇒ **cerner.**

cri·men |krímen| **1** ***m.*** Acción mala, generalmente con un resultado grave: *cerrar el conservatorio es un ~.* **2** Acción de matar o herir gravemente a una persona: *está en la cárcel porque cometió un ~.* ⇒ **asesinato.**

cri·mi·nal |kriminál| **1** ***adj.*** Del crimen o que tiene relación con él: *irás a la cárcel por tus actos criminales; es un enfermo que muestra un comportamiento ~.* **- 2** ***adj.-s.*** (persona) Que *comete un crimen: *la policía detuvo al ~ en el aeropuerto; se ha enamorado de un ~ sin escrúpulos.*

cri·mi·na·li·dad |kriminaliðáᵈ| ***f.*** Conjunto de *delitos o de acciones contra la ley: *la ~ ha descendido gracias a la eficiente acción de la Policía.* ⇒ **delincuencia.**

cri·mi·na·lis·ta |kriminalísta| ***adj.-s.*** (persona) Que se dedica al estudio de los crímenes: *el ~ consiguió descubrir al asesino; varios criminalistas están analizando qué castigos merecen algunos delitos.*

cri·mi·no·lo·gí·a |kriminoloxía| ***f.*** Disciplina que estudia el *delito, sus causas y las maneras de evitarlo: *la ~ ha ayudado mucho a los fiscales y a los jueces en sus investigaciones.*

cri·mi·nó·lo·⌜go, ⌜ga |kriminóloɣo, ɣa| ***m. f.*** Persona que se dedica a la *criminología: *trabaja como ~ para la Policía del distrito.*

crin |krín| ***f.*** Conjunto de pelos que tienen ciertos animales, especialmente los caballos, sobre el cuello: *Ignacio se agarró de las crines del caballo para no caer; ¡qué color tan bonito tienen las crines de ese caballo!* ☖ Se usa generalmente en plural. ■ **~ vegetal**, hilo flexible que se saca del *esparto: *los tapiceros usan ~ vegetal para rellenar colchones.*

crí·o, a |krío, a| ***m. f. fam.*** Niño de pocos días, meses o años: *ve a ver por qué llora la cría; he estado en los grandes almacenes comprando unos juguetes para mis críos; ¡fíjate!, Aurora ya fuma y no es más que una cría.* ■ **ser un ~**, *fam.*, comportarse de manera poco madura: *es un ~, hace las cosas sin pensar las consecuencias; ¡no seas cría y deja de jugar con la muñeca, que tienes ya 20 años!*

crio·⌜llo, ⌜lla |krióʎo, ʎa| **1** ***adj.-s.*** (persona) Que desciende de padres *europeos y ha nacido en un territorio *americano que estuvo bajo el *dominio de España o de otro país de Europa: *Sebastián es ~, sus padres son alemanes, pero él nació en Venezuela.* **- 2** ***adj.*** De los países de Hispanoamérica o que tiene relación con ellos: *¿sabes cuáles son los platos típicos de la cocina criolla?; estuvimos en un festival de música criolla.* **- 3** ***adj.-m.*** (idioma) Que es el resultado de la mezcla de lenguas diferentes y ha llegado a ser la lengua principal en un lugar determinado: *hay criollos formados con elementos del inglés y de algunas lenguas africanas.*

crip·ta |kríᵖta| **1** ***f.*** Lugar subterráneo en el que se entierra a los muertos: *las criptas eran los antiguos lugares de enterramiento de los cristianos; los arqueólogos han descubierto una zona de criptas.* ⇒ **catacumbas. 2** Lugar subterráneo de una iglesia en el que se hacen celebraciones religiosas: *estuvimos visitando la ~ de la catedral.*

críp·ti·⌜co, ⌜ca |kríᵖtiko, ka| ***adj.*** Que no se entiende con claridad; que está hecho para quedar oculto: *el texto escrito sobre estos muros está en un lenguaje ~ y no conocemos su significado.*

cri·sá·li·da |krisáliða| ***f.*** ZOOL. Insecto que ha pasado de su primer estado y prepara el cambio definitivo para convertirse en mariposa o en insecto adulto: *los capullos de seda que cuelgan de la morera tienen dentro una ~; la ~ rompió el capullo y salió convertida en una mariposa de alas azules.*

cri·san·te·mo |krisantémo| **1** ***m.*** Flor de jardín de colores fuertes, con gran cantidad de *pétalos:

los crisantemos son flores para los difuntos. **2** Planta procedente de China, que da esa flor: *el ~ florece en otoño.*

cri·sis |krísis| **1** ***f.*** Situación grave y difícil: *las relaciones con su novio están en ~; el país está en ~; el gobierno está pasando por una nueva ~.* **2** Escasez o falta de lo necesario: *en esta ciudad se nota la ~ de la vivienda; la ~ de alimentos ha provocado la subida de los precios; hay una importante ~ energética.* **3** Cambio que sufre una enfermedad, para mejorar o para ir a peor: *Paula ha sufrido una fuerte ~ nerviosa; el enfermo ha entrado en estado de ~.* ☖ El plural es *crisis.*

cris·ma |krísma| **1** ***f.*** *fam. fig.* Cabeza de una persona: *se ha dado un golpe y se ha roto la ~.* **- 2** ***amb.*** REL. Aceite mezclado con otras sustancias vegetales olorosas, que se pone en la cabeza como parte de algunas ceremonias cristianas: *ungieron con ~ a los que iban a ser bautizados; los obispos consagran el ~ en Jueves Santo.*

cri·sol |krisól| **1** ***m.*** Recipiente que sirve para introducir un metal fundido dentro de un *molde: *el escultor vertía el metal con el ~.* **2** Hueco en la parte inferior de un alto horno en el que se acumula el metal fundido: *los metales van depositándose en el ~ conforme se van fundiendo.*

cris·par |krispár| ***tr.-prnl.*** [algo, a alguien] Hacer sentir un enfado muy grande y violento: *esta discusión me crispa los nervios; a don Antonio le crispa que le gasten bromas.* ⇒ **irritar.**

cris·tal |kristál| **1** ***m.*** Material delicado, duro y transparente, que se consigue al fundir diversas sustancias y *enfriarlas con rapidez: *las ventanas de mi casa son de ~; el vaso de ~ se cayó y se rompió.* ⇒ **vidrio. 2** *p. ext.* Objeto hecho con ese material: *hay que comprar un ~ para la mesa.* **3** MINERAL. Cuerpo sólido que naturalmente tiene forma regular: *el cuarzo tiene estructura de ~.*

cris·ta·le·ra |kristaléra| **1** ***f.*** Mueble con cristales: *la ~ está colocada junto a la pared derecha del comedor.* **2** Cristal o conjunto de cristales que forman parte de una puerta, una ventana, un balcón u otra cosa: *tenemos que limpiar los cristales de la ~ de la terraza; miré a través de la ~ de la peluquería para ver si venían a recogerme.*

cris·ta·le·rí·a |kristalería| **1** ***f.*** Lugar en el que se fabrican o venden objetos de cristal: *he comprado el espejo en una ~ de Vallecas.* **2** Conjunto de objetos de cristal, especialmente los que se usan en las comidas: *sacó la ~ nueva para la cena de Nochebuena; esta ~ tiene seis vasos, seis copas y una jarra.*

cris·ta·le·⌐ro, ⌐ra |kristaléro, ra| ***m. f.*** Persona que se dedica a fabricar, vender o colocar cristales: *Miguel trabaja de ~ en una fábrica de vidrios; se ha roto el cristal de la ventana, llamaré al ~ para que lo cambie.*

cris·ta·li·⌐no, ⌐na |kristalíno, na| **1** ***adj.*** *form.* Que es transparente como el cristal: *por el valle corre un río de aguas puras y cristalinas.* **2** *form.* Que es de cristal: *en esta fábrica se trabajan materias cristalinas.* **- 3** ***m.*** ANAT. Órgano transparente y esférico situado detrás de la *pupila del ojo: *el ~ es como una especie de lente que nos permite ver a distintas distancias; le salieron cataratas porque tenía problemas en el ~.*

cris·ta·li·zar |kristaliθár| **1** ***intr.*** Tomar forma clara y determinada un asunto, proceso o idea: *las conversaciones de los ministros han cristalizado en la firma de un tratado de cooperación técnica; unas simples ideas cristalizaron en un complicado sistema de pensamiento.* **- 2** ***intr.-prnl.*** Tomar la forma y la estructura del cristal: *el líquido se ha cristalizado.* **- 3** ***tr.*** [algo] Hacer que una sustancia tome la forma y la estructura del cristal: *el científico ha conseguido ~ el líquido.* ☖ Se conjuga como 4.

cris·tia·nar |kristianár| ***tr.*** *fam.* [a alguien] Mojar con agua a una persona para que se convierta en miembro de la Iglesia: *el domingo por la tarde cristianan a mi sobrino.* ⇒ **bautizar.**

cris·tian·dad |kristiandáᵟ| ***f.*** Conjunto de personas y países cristianos: *el Papa predica su doctrina a toda la ~.*

cris·tia·nis·mo |kristianísmo| ***m.*** Religión de los que siguen a Jesucristo como Hijo de Dios: *el ~ hace a todos los hombres iguales.*

cris·tia·no, ⌐na |kristiáno, na| **1** ***adj.-s.*** (persona) Que sigue a Jesús de Nazaret como Hijo de Dios: *Juan es ~ porque ha sido bautizado;* ~ **viejo,** el que no tiene en su familia *antepasados de otras religiones: *en tiempos de la Reconquista era muy importante ser ~ viejo.* **2** De la religión de Jesús o que tiene relación con ella: *la doctrina cristiana.* **- 3** ***m. f.*** Persona no determinada; cualquier persona: *yo tengo derecho a tener coche como todo ~.* ■ **hablar en** ~, *fam.*, expresarse en español; expresarse en un idioma conocido: *aunque seáis todos ingleses, deberíais hablar en ~, puesto que estamos en España.* ■ **hablar en** ~, expresarse de modo claro y sencillo: *si no hablas en ~, no entenderemos nunca a dónde quieres llegar.*

cri·te·rio |kritério| **1** ***m.*** Regla o norma con que se juzga: *el ~ principal para seleccionar a los candidatos es la experiencia; antes de comenzar a trabajar deberíamos haber definido unos amplios criterios.* **2** Opinión o parecer que se forma sobre una cosa: *mi ~ es que reorganicemos el trabajo y volvamos a empezar; según mi ~, su carrera profesional será todo un éxito.* **3** Capacidad de juzgar: *esta chica es incapaz de tomar decisiones, no tiene ~.*

crí·ti·ca |krítika| **1** ***f.*** Conjunto de juicios sobre una acción u obra, especialmente una obra de arte: *he leído en el periódico una ~ muy buena de esa película que acaban de estrenar; en su libro aparecen varias críticas a la obra de Rafael.* **2** Ataque a una mala acción o a un defecto: *el nombramiento del nuevo director provocó duras críticas; ¿acaso no vas a defenderte de las críticas que te han hecho?* ⇔ **alabanza, elogio. 3** Conjunto de personas que se dedican a juzgar obras de arte: *la ~ fue implacable con el director de la obra de teatro.* ☖ En esta acepción va precedido del artículo *la.*

cri·ti·ca·ble |kritikáβle| ***adj.*** Que merece ser desaprobado o criticado: *una subida de impuestos en* *un momento de crisis como éste es muy ~.* ⇒ **censurable.**

cri·ti·car |kritikár| **1** ***tr.*** *desp.* [algo, a alguien] Exponer, comentar o decir defectos o cosas malas: *siempre está criticando a los vecinos; las señoras no deben ~ los fallos de un antiguo amante.* ⇒ **censurar.** ⇔ **alabar, elogiar. 2** [algo] Examinar y juzgar el valor de una obra o acción: *por la noche escucho un programa de radio en el que critican las películas más actuales.* ☐ Se conjuga como 1.

cri·ti·cis·mo |kritiθísmo| ***m.*** FIL. Doctrina filosófica que considera *fundamental el *análisis de los límites y de la posibilidad de la razón para la *investigación filosófica y científica: *el ~ es el sistema filosófico de Kant.*

crí·ti·⌐co, ⌐ca |krítiko, ka| **1** ***adj.*** De la *crisis o que tiene relación con ella: *el señor Álvarez llegó a la reunión en el momento ~ de la discusión; el estado de la industria del carbón es ~; la enfermedad ha llegado a un extremo ~.* **2** De la crítica o que tiene relación con ella: *sus comentarios no son nada críticos; este periodista tiene un espíritu muy ~.* **- 3** ***m. f.*** Persona que se dedica a juzgar, especialmente obras de arte: *los críticos de cine aconsejan una película que a mí no me ha gustado nada; Ramiro trabaja como ~ deportivo en una revista local.*

cro·ar |kroár| ***intr.*** Emitir la *rana su voz característica: *en el estanque hay ranas que no paran de ~.*

cro·a·ta |kroáta| **1** ***adj.*** De Croacia o que tiene relación con Croacia: *Zagreb es la capital ~.* **- 2** ***com.*** Persona nacida en Croacia o que vive habitualmente en Croacia: *los croatas formaban parte de Yugoslavia.* **- 3** ***m.*** Lengua de Croacia: *el ~ se escribe con caracteres latinos.*

crol |król| ***m.*** DEP. Estilo de nadar, en el que el nadador gira los brazos alternativamente, a la vez que mueve las piernas de arriba abajo: *el ~ es el estilo en el que se consigue una mayor velocidad.*

cro·mar |kromár| ***tr.*** [algo] Dar un baño de *cromo a un objeto de metal: *esa anilla está cromada para que no se oxide.*

cro·má·ti·⌐co, ⌐ca |kromátiko, ka| **1** ***adj.*** De los colores o que tiene relación con ellos: *el arco iris tiene una amplia gama cromática.* **2** MÚS. (*semitono) Que se forma entre dos notas del mismo nombre: *de do a do sostenido hay un semitono ~.* ⇔ **diatónico. 3** MÚS. (escala, género) Que procede por *semitonos que no son propios de la escala mayor o menor: *la escala cromática se compone de 12 sonidos.* ⇔ **diatónico.**

cro·ma·tis·mo |kromatísmo| ***m.*** *form.* Cualidad de *cromático: *lo más original de la obra es el ~; la pintura gótica tiene un ~ muy particular.*

cro·mo |krómo| **1** ***m.*** Papel de pequeño tamaño en el que hay dibujos de figuras en colores: *mi sobrino está haciendo una colección de cromos sobre el mundo de los animales; ¿me cambias el ~ de* Blancanieves *por el de* Campanita? **2** QUÍM. Metal duro y de color blanco que se usa para cubrir superficies metálicas: *hay yacimientos de ~ en los Urales y Sudáfrica; el ~ se utiliza en la fabricación de objetos inoxidables.* ■ **hecho un ~,** *vulg.*, demasiado compuesto y arreglado: *Blanca vino a la fiesta hecha un ~.*

cro·mo·so·ma |kromosóma| ***m.*** BIOL. Elemento muy pequeño que hay en el interior de las células y que contiene los *genes: *el número de cromosomas es constante para las células de una misma especie; las células del ser humano tienen 46 cromosomas.*

cró·ni·ca |krónika| **1** ***f.*** Texto histórico que recoge los hechos en orden *cronológico: *es un historiador que escribe crónicas medievales.* **2** Escrito en el que se informa sobre hechos actuales: *miraré las páginas donde están las crónicas de sociedad; ¿has visto quién aparece en la ~ deportiva?* ⇒ **artículo.**

cró·ni·⌐co, ⌐ca |króniko, ka| ***adj.*** Que dura mucho tiempo o se repite con frecuencia, especialmente una enfermedad o mal: *tiene una enfermedad crónica.*

cro·nis·ta |kronísta| ***com.*** Persona que se dedica a escribir *crónicas: *el ~ dio muchos detalles sobre la vida del personaje histórico.*

cro·no·lo·gí·a |kronoloxía| **1** ***f.*** Ordenación *temporal de personas o hechos históricos: *en la enciclopedia aparece la ~ de los reyes godos; hay bastantes fenómenos medievales cuya ~ desconocemos por completo.* **2** Disciplina que determina el orden y la fecha de los hechos históricos: *la ~ se ocupa de establecer periodos a lo largo de la historia del hombre.*

cro·no·ló·gi·⌐co, ⌐ca |kronolóxiko, ka| ***adj.*** De la *cronología o que tiene relación con ella: *debemos hacer una clasificación cronológica de los manuscritos; no hay coincidencia cronológica entre el Renacimiento español y el italiano.*

cro·no·me·tra·je |kronometráxe| ***m.*** Acción y resultado de *cronometrar: *los jueces deportivos se encargan de los cronometrajes oficiales.*

cro·no·me·trar |kronometrár| ***tr.*** [algo] Medir partes muy pequeñas de tiempo de forma exacta, especialmente en los deportes: *el entrenador ha cronometrado el tiempo del corredor durante sus entrenamientos; no puedo salir antes de las tres porque me cronometran el tiempo.*

cro·nó·me·tro |kronómetro| ***m.*** Reloj que mide partes muy pequeñas de tiempo de forma exacta: *el ~ se emplea fundamentalmente en los deportes.*

cro·que·ta |krokéta| ***f.*** Masa generalmente de harina y leche, con carne u otros alimentos, que tiene forma ovalada y que se fríe en aceite: *las croquetas se rebozan en huevo antes de freírlas; la abuela ha hecho croquetas de pollo y de bacalao; he comprado en el mercado unas croquetas congeladas.*

cro·quis |krókis| ***m.*** Dibujo rápido y sin detalles; dibujo anterior a otro más exacto: *te haré un ~ del camino que debes seguir para llegar al pueblo; ahora he dibujado un ~, pero después haré un dibujo más preciso y detallado.* ☐ El plural es *croquis.*

cró·ta·lo |krótalo| **1** ***m.*** Instrumento musical de percusión formado por dos piezas curvadas hacia dentro que suenan al golpear una contra la otra: *antiguamente se usaban crótalos en vez de castañuelas.* **2** Serpiente muy venenosa que tiene al final de la cola un conjunto de anillos que el animal hace vibrar al moverse: *vimos acercarse un ~ arrastrándose por la arena del desierto; el ~ se llama también serpiente de cascabel.*

crua·sán |kruasán| ***m.*** Bollo con forma de media luna: *para desayunar tomo un café y un ~ a la plancha.* ⇒ **medialuna.** ⌂ El plural es cruasanes.

cru·ce |krúθe| **1** ***m.*** Punto o lugar en el que se juntan dos o más cosas, especialmente carreteras o caminos: *son varias las carreteras que acaban en este ~; me encontré a Miguel en el ~ de las calles Goya y Clavel.* ⇒ **bifurcación. 2** Zona por la que se atraviesa una carretera: *hay semáforos a los dos lados del ~; para ir al estadio tiene usted que pasar por este ~.* **3** Mezcla de señales que impide la comunicación, generalmente en el teléfono o en la radio: *cuando hablaba por teléfono con Luis hubo un ~ y se oyó la voz de una señora; un ~ telefónico me impidió entender lo que me estaba diciendo.* **4** Mezcla de dos especies de animales o de plantas: *los cruces se hacen para mejorar las razas; hizo un ~ con un gato siamés y un gato persa.* **5** LING. Mezcla de dos palabras: secrefata *es un ~ de* secretaria *y* azafata.

cru·ce·rí·a |kruθería| ***f.*** ARQ. Conjunto de arcos o nervios que *refuerzan una estructura: *en las iglesias góticas son frecuentes las bóvedas de ~.*

cru·ce·ro |kruθéro| **1** ***m.*** Viaje de placer en barco, en el que se hacen escalas para visitar distintos lugares: *¿te gustaría hacer un ~ por las islas del mar Egeo?* **2** Barco de guerra muy veloz y con mucho radio de acción: *el ~ está equipado con un potente armamento.* **3** Espacio de una iglesia en el que se junta la nave mayor con otra más pequeña: *los fotógrafos de la boda estaban en medio del ~.*

cru·cial |kruθiál| ***adj. form.*** Que es muy importante para el desarrollo de un asunto o materia: *1492 fue un año ~ para la historia de España.* ⇒ **decisivo.**

cru·cí·fe·⌜ro, ⌜ra |kruθífero, ra| ***adj.-f.*** BOT. (planta) De hojas alternas y flores en racimo, con cuatro *pétalos en forma de cruz: *la col, el nabo, la colza y la mostaza son plantas crucíferas.*

cru·ci·fi·ca·ción |kruθifikaθión| ***f.*** Acción y resultado de clavar en una cruz: *en época del Imperio Romano, la ~ era una pena de muerte que se aplicaba a algunos delincuentes.* ⇒ **crucifixión.**

cru·ci·fi·car |kruθifikár| **1** ***tr.*** [a alguien] Clavar en una cruz a una persona: *Jesucristo fue crucificado por orden de Pilatos.* **2** *fam.* Hacer padecer física o moralmente: *me crucifica cada vez que me habla.* ⌂ Se conjuga como 1.

cru·ci·fi·jo |kruθifíxo| ***m.*** Imagen en la que aparece Jesucristo en la cruz: *el caballero murió con el ~ en las manos; llevaba un pequeño ~ colgado del cuello.*

cru·ci·fi·xión |kruθifi^{k}sión| **1** ***f.*** Acción y resultado de clavar en una cruz: *en Semana Santa se suelen hacer representaciones de la ~ de Jesucristo.* ⇒ **crucificación. 2** ESC. PINT. Representación artística de Jesucristo clavado en la cruz: *el pintor ha conseguido plasmar la ~ con mucho dramatismo.*

cru·ci·gra·ma |kruθiγráma| ***m.*** Diversión que consiste en llenar huecos con letras, de manera que se puedan leer palabras en sentido vertical y horizontal: *no consigo acabar este ~, me faltan tres palabras; léeme otra vez la definición de la línea tres horizontal del ~.*

cru·de·za |kruðéθa| **1** ***f.*** Dureza de un hecho o situación: *en las noticias han puesto unas imágenes del accidente de gran ~.* **2** Dureza del clima: *no aguanto la ~ del invierno en la montaña.* ⇒ **rigor. 3** Dureza o aspereza en el trato: *la trató con mucha ~, y ahora ella está enfadada.* ⇒ **rudeza.** ⇔ **delicadeza.**

cru·⌜do, ⌜da |krúðo, ða| **1** ***adj.*** Que no ha sido cocinado o pasado por el fuego o que no ha llegado a un punto adecuado: *al abuelo le gustaba el caldo con un huevo ~; el cordero está todavía un poco ~.* **2** Que no ha sido trabajado, preparado o curado: *el lienzo ~ se usa para algunas labores.* **3** De color crema, entre el blanco y el amarillo: *esa chaqueta cruda es más bonita que la blanca.* **4** (tiempo) Que es muy frío y duro: *el ~ invierno; el clima es muy ~ en Rusia.* **5** Que es cruel o duro: *ahora vas a saber la cruda verdad; me dirigió unas palabras muy crudas.* **- 6 crudo *adj.-m.*** Mineral pastoso que después de tratado proporciona varios productos, especialmente el *petróleo: *algunos países producen el ~ que después se convierte en petróleo.*

cruel |kruél| **1** ***adj.*** (persona o animal) Que hace o deja sufrir sin sentir compasión: *has sido ~ destrozando las ilusiones de ese muchacho; en la calle había unos niños muy crueles que tiraban piedras a un perro.* **2** (dolor, sufrimiento) Que es muy intenso y difícilmente soportable: *sentía crueles punzadas en el estómago.* **3** Que hace sufrir y es duro: *en la guerra siempre se comenten acciones crueles.* ⇔ **incruento.**

cruel·dad |krueldá^{ð}| **1** ***f.*** Falta de humanidad y compasión; dureza: *ese hombre trata con ~ a los animales.* **2** Acción cruel, sin humanidad ni compasión: *es una tremenda ~ no ayudar a quien lo necesita.*

cruen·⌜to, ⌜ta |kruénto, ta| ***adj.*** Que es cruel y violento: *la realidad es a veces más cruenta que la ficción; es la batalla más cruenta de todas las que se han visto en esta guerra.* ⇒ **sangriento.** ⇔ **incruento.**

cru·jí·a |kruxía| **1** ***f.*** ARQ. Pasillo largo en un edificio, por el que se llega a habitaciones situadas a ambos lados: *todos los despachos están a ambos lados de la ~.* **2** ARQ. Espacio que hay entre dos muros de carga: *la ~ es demasiado ancha y el techo puede resquebrajarse.*

cru·ji·⌜do |kruxíðo| ***m.*** Ruido que hace un cuerpo cuando se roza, se dobla o se rompe: *por la noche oí el ~ de la madera bajo tus pies.*

cru·jien·te |kruxiénte| ***adj.*** Que hace ruido o cruje: *el pan recién hecho está muy ~.*

cru·jir |kruxír| ***intr.*** Hacer un ruido algunos cuerpos cuando se rozan, se doblan o se rompen: *las hojas secas crujían bajo nuestros pasos; la madera de la puerta crujió y se rompió.* ⇒ **crepitar.**

crus·tá·ce·⌜o, ⌜a |krustáθeo, a| ***adj.-s.*** ZOOL. (animal) Que tiene antenas y el cuerpo cubierto por una concha dura: *los cangrejos son animales crustáceos; el ~ tiene pares de patas dispuestas de forma simétrica; hay crustáceos marinos y de agua dulce; los crustáceos respiran a través de las branquias.*

cruz |krúθ| **1** ***f.*** Figura compuesta por dos rectas que se cortan formando ángulos rectos: *la bandera de Suiza es roja con una ~ blanca;* ~ **gamada**, la que tiene los cuatro brazos doblados en ángulo: *la ~ gamada se llama esvástica;* ~ **griega**, la que tiene cuatro brazos iguales: *encontraron un broche de orfebrería con forma de ~ griega;* ~ **latina**, la que tiene el brazo horizontal más corto y divide el vertical en partes *desiguales: *las iglesias góticas suelen tener planta de ~ latina.* **2** Objeto de esta forma: *el niño hizo la ~ de la cometa con dos palos.* **3** Palo levantado verticalmente y atravesado en su parte superior por otro más corto en los cuales se clavan o atan las manos y los pies: *Jesús de Nazaret murió en la ~.* **4** Imagen o figura que es símbolo de los cristianos porque representa los palos en los que murió clavado Jesús de Nazaret: *la monja lleva una cadena con una ~ de plata; sobre la lápida del cementerio hay una ~ de mármol.* **5** Señal o *distintivo de algunas órdenes religiosas y militares, o que reconoce y premia un valor o una virtud: *impusieron una ~ al soldado por los actos heroicos que había realizado.* ⇒ **insignia. 6** Superficie de una moneda en la que figura su valor: *las pesetas tienen cara y ~.* **7** Sufrimiento o dolor: *la pérdida de sus hijos fue una ~ para ella; lleva como una ~ el levantarse tan temprano.* ⇒ **suplicio. 8** Parte alta de la espalda de algunos animales donde se unen los huesos de las patas delanteras a la columna: *el torero puso las banderillas al toro en toda la ~.* **9** Parte del árbol en que termina el tronco y empiezan las ramas: *los pájaros han hecho un nido en la ~ del manzano.* ■ ~ **y raya**, *fam.*, expresión que indica la intención de no volver a tratar un asunto o a una persona: *después de lo que me ha hecho, ~ y raya, no quiero saber nada más de ella.* ■ **hacerse cruces**, mostrar de manera exagerada admiración o sorpresa: *cuando vieron que había sido don Francisco el ladrón, todos se hicieron cruces.*

cru·za·da |kruθáða| **1** ***f.*** Guerra santa hecha por los cristianos contra los *infieles: *con las cruzadas se intentaba recuperar los territorios de Tierra Santa; las cruzadas tuvieron lugar en el Occidente de Europa.* **2** *fig.* Campaña hecha para alcanzar un fin: *deberíamos emprender una ~ contra el hambre en el mundo.*

cru·za·⌐do, ⌐da |kruθáðo, ða| **1** ***adj.*** (prenda de vestir) Que es abierto por delante de manera que se puede colocar un lado sobre el otro: *me queda un poco estrecha esta chaqueta cruzada.* **2** (animal) Que tiene padres de distinta raza: *es un pájaro ~ de jilguero y canario.* **- 3 cruzado** ***adj.-m.*** (persona) Que participaba en la guerra santa luchando contra los *infieles: *los caballeros cruzados llevaban la insignia de la cruz cuando iban a combatir.*

cru·zar |kruθár| **1** ***tr.*** [algo] Atravesar un lugar; pasar de un lado a otro: *el niño cruza la calle; el río cruza la ciudad; el barco cruzó el Atlántico.* **2** Colocar una cosa sobre otra formando una figura parecida a la de una cruz: *María cruzó los brazos y se sentó.* **3** Unir un macho y una hembra de distinto origen para conseguir una cría que mejore la especie: *cruzaron caballos andaluces con otros de raza árabe.* **- 4 cruzarse** ***prnl.*** Pasar por un punto o camino dos personas o cosas en dirección diferente: *la carretera y el río se cruzan en el puente; me crucé con tu hermano en la calle Mayor; Carlos y Laura se cruzaron en el portal.* **5** Ponerse en medio o interrumpir: *un perro se cruzó en la carretera; se ha cruzado otra línea telefónica y no te oigo bien; espero no cruzarme más en tu camino.* ⇒ **estorbar, interponerse.** ■ **cruzarse de brazos**, no hacer nada ante una situación difícil: *en vez de ayudar, se cruzó de brazos.* ☐ Se conjuga como 4.

cua·der·ni·llo |kuaðerníʎo| ***m.*** Conjunto de cinco *pliegos de papel unidos entre sí: *este libro está formado por cinco cuadernillos.*

cua·der·no |kuaðérno| ***m.*** Conjunto de piezas rectangulares de papel dobladas y unidas en forma parecida a un libro: *me compraré un ~ para tomar apuntes en las clases; alcánzame el ~ de anillas.* ■ ~ **de bitácora**, MAR., el que se usa para tomar nota de lo que ocurre durante la navegación: *el capitán hacía anotaciones diariamente en su ~ de bitácora.*

cua·dra |kuáðra| **1** ***f.*** Espacio cubierto en el que están los animales de carga: *el mozo fue a la ~ a dar de comer a los caballos y a los burros.* **2** *fig.* Lugar sucio o desordenado: *a ver si ordenas un poco tu habitación, que parece una ~.* **3** Conjunto de caballos de carreras que lleva el nombre del dueño: *los estudiantes visitaron la ~ de Mendoza.* **4** Espacio, generalmente cuadrado, limitado por calles y destinado a la construcción de edificios: *mis vecinos viven a dos cuadras de mi casa.* ⇒ **manzana.** ☐ Se usa en el español de América.

cua·dra·⌐do, ⌐da |kuaðráðo, ða| **1** ***adj.*** *fam. fig.* (persona) Que tiene el cuerpo muy grande y an-

CUADRADO

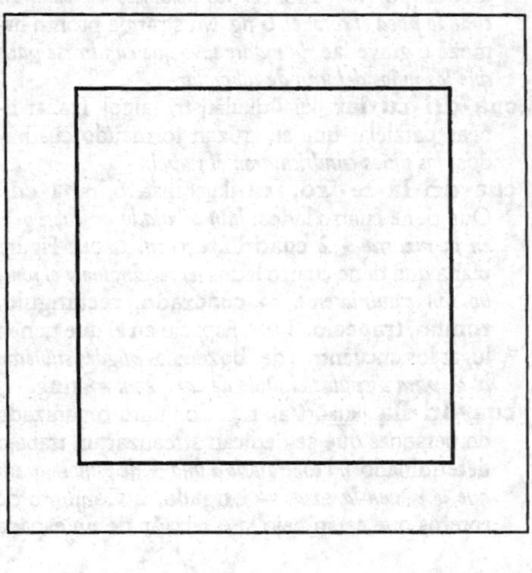

cho, sin curvas: *Pedro practica culturismo, ¡está ~!; deberías ponerte a régimen porque estás cuadrada.* ☐ Se suele usar con el verbo *estar*. **- 2 *adj.-m.*** (figura plana) Que tiene cuatro lado iguales que forman cuatro ángulos rectos: *en el libro de geometría hay un dibujo de un ~; en casa comemos en una mesa cuadrada.* ⇒ **cuadrilátero. - 3 cuadrado *m.*** MAT. Resultado de multiplicar una cantidad por sí misma: *el ~ de diez es cien.*

cua·dra·gé·si·⌜mo, ⌜ma |kuaðraxésimo, ma| **1 *num.*** (persona, cosa) Que sigue en orden al que hace el número 39: *si voy después del trigésimo noveno, soy el ~ de la lista.* **2** (parte) Que resulta de dividir un todo en 40 partes iguales: *eran 40 personas y le correspondió un ~ a cada uno.* ⇒ **cuarentavo.**

cua·dran·gu·lar |kuaðraŋgulár| **1 *adj.*** Que tiene o forma cuatro ángulos: *esta caja está llena de pasteles cuadrangulares.* **- 2 *adj.-m.*** DEP. (competición) Que cuenta con la participación de cuatro equipos: *el Ayuntamiento ha organizado un torneo ~ de fútbol.*

cua·dran·te |kuaðránte| **1 *m.*** GEOM. Cuarta parte de un círculo, comprendida entre dos radios que forman un ángulo de 90 grados: *el círculo está dividido en cuatro cuadrantes.* **2** ASTRON. Instrumento formado por un cuarto de círculo en el que están marcados los grados y que se usa para medir ángulos. **3** Lista en la que se señalan los días y horas que debe trabajar cada persona en un equipo: *he mirado el ~ y esta semana descanso el viernes y el sábado.*

cua·drar |kuaðrár| **1 *tr.*** [algo] Dar forma de cuadro o de cuadrado: *los canteros deben ~ las piedras; las columnas cuadran el patio.* **- 2 *tr.-intr.*** Coincidir o hacer coincidir en las cuentas los totales del debe y del haber: *el contable debe ~ el balance; las cuentas de este mes no cuadran.* **- 3 *intr.*** Conformarse o ajustarse una cosa con otra: *el estilo de la obra no cuadra con el tema que desarrolla.* **- 4 cuadrarse *prnl.*** Ponerse de pie, firme y con los pies unidos por los talones: *los soldados se cuadran cuando pasa el coronel.* **5 *fig.*** Mostrar de pronto firmeza o gravedad: *la madre tuvo que cuadrarse para que los niños dejaran de alborotar.*

cua·dri·cu·lar |kuaðrikulár| ***tr.*** [algo] Trazar líneas paralelas que se cruzan formando cuadrados: *los niños cuadricularon el papel.*

cua·dri·lá·te·⌜ro, ⌜ra |kuaðrilátero, ra| **1 *adj.*** Que tiene cuatro lados: *han dibujado un cuerpo ~ en la pizarra.* **- 2 cuadrilátero *m.*** GEOM. Figura plana que tiene cuatro lados: *el rectángulo y el rombo son cuadriláteros.* ⇒ **cuadrado, rectángulo, rombo, trapecio. 3** DEP. Espacio en el que tienen lugar los encuentros de *boxeo: *los púgiles subieron al ~ para disputar el título de campeón.* ⇒ **ring.**

cua·dri·lla |kuaðríʎa| **1 *f.*** Conjunto organizado de personas que se dedican a realizar un trabajo determinado: *ha contratado a una ~ de pintores para que le pinten la casa.* ⇒ **brigada. 2** Conjunto de toreros que están bajo la dirección de un espada en una corrida: *la ~ de este matador dio la vuelta al ruedo junto a él.*

cua·drin·gen·té·si·⌜mo, ⌜ma |kuaðriŋxentésimo, ma| **1 *num.*** (persona, cosa) Que sigue en orden al que hace el número 399: *si voy después del 399, soy el ~ de la lista.* **2** (parte) Que resulta de dividir un todo en 400 partes iguales: *son 400 personas y le corresponderá un ~ a cada una.*

cua·⌜dro |kuáðro| **1 *m.*** Figura plana cerrada por cuatro rectas que forman cuatro ángulos rectos: *el niño dibujó un ~ sobre el papel; me he comprado una camisa de cuadros.* ⇒ **cuadrado. 2** Objeto de esta forma: *necesito un ~ de tela para remendar la tienda de campaña.* **3** Dibujo o pintura que generalmente se cuelga en la pared como adorno o como obra de arte: *en los museos se exponen cuadros de grandes pintores; en el salón tengo un ~ que representa una escena de caza.* **4 *fig.*** Descripción viva y real de un hecho: *nos hizo un ~ muy bonito de la vida en el campo.* **5 *fig.*** Espectáculo o situación que se ve y que causa una impresión fuerte: *no podía soportar la visión del ~ de las chabolas en que vivían los más humildes.* **6** Conjunto de personas que dirigen una sociedad o grupo: *el cuadro de directivos está formado por seis personas.* **7** Conjunto de informaciones relacionadas y ordenadas: *para estudiar me hago un ~ con el resumen de cada tema.* ⇒ **esquema; ~ clínico**, conjunto de *datos característicos de una enfermedad: *el enfermo presenta un ~ clínico preocupante;* **~ sinóptico**, el que resume unas informaciones relacionadas y ordenadas: *al final de cada lección, el profesor elabora un ~ sinóptico; este ~ sinóptico muestra la organización interna y el funcionamiento de la empresa.* **8** Conjunto de instrumentos para el control de una instalación o de un conjunto de aparatos: **~ de mandos**, el que tiene los instrumentos para controlar un mecanismo: *el técnico de radio controla la emisión del programa desde el ~ de mandos.* ⇒ **panel. ■ en ~**, con pocos elementos o menos elementos de los necesarios, generalmente en un conjunto: *nos faltan tres jugadores y el equipo se ha quedado en ~; el hospital no puede atender a más enfermos porque el equipo médico está en ~.*

cua·drú·pe·⌜do, ⌜da |kuaðrúpeðo, ða| ***adj.-s.*** Que tiene cuatro pies o patas: *los caballos son cuadrúpedos.*

cuá·dru·ple |kuáðruple| ***num.*** (cantidad, número) Que resulta de multiplicar por cuatro una cantidad: *ocho es el ~ de dos.* ⇒ **cuádruplo.**

cua·dru·pli·car |kuaðruplikár| ***tr.*** [algo] Hacer cuatro veces mayor una cosa o una cantidad: *la venta de ordenadores se ha cuadruplicado en los últimos tres años.* ☐ No se debe decir *cuatriplicar*. Se conjuga como 1.

cuá·dru·⌜plo, ⌜pla |kuáðruplo, pla| ***num.*** (cantidad, número) Que resulta de multiplicar por cuatro una cantidad: *doce es el ~ de tres.* ⇒ **cuádruple.**

cua·ja·da |kuaxáða| ***f.*** Parte grasa y sólida de la leche que se toma como alimento: *la ~ se separa de la leche con una cuchara; ¿quieres una ~ de postre?*

cua·jar |kuaxár| **1** ***intr.*** Formar una capa sólida o cubrir una superficie la nieve: *ha nevado un poco, pero no ha llegado a ~; la nieve cuajó sobre los tejados.* **2** Tener éxito o el efecto deseado: *sus ideas cuajaron entre los jóvenes de su generación; parece que está cuajando nuestro proyecto; Martín entrevé en su cabeza una de esas soluciones que nunca cuajan.* **3** Gustar o merecer aprobación: *el nuevo muchacho ha cuajado muy bien entre sus compañeros.* **- 4** ***tr.-prnl.*** [algo] Transformar una sustancia líquida en una masa sólida y pastosa: *estos hongos cuajan la leche y la convierten en yogur.* **- 5** ***m.*** Última de las cuatro partes del estómago de los *rumiantes: *el ~ es la parte del estómago de los rumiantes más parecida al estómago de los demás mamíferos.* ⇒ **libro, panza, redecilla. - 6 cuajarse** ***prnl.*** [de algo] Llenarse un lugar o una cosa: *la zona se cuajó de curiosos en un momento.*

cua·jo |kuáxo| **1** ***m.*** Sustancia ácida que convierte en sólida la leche y que se encuentra en el estómago de las crías de algunos animales: *el ~ se saca del estómago de los cabritos; el ~ se echa a la leche para hacer queso.* **2** *fam. fig.* Calma, paciencia y sangre fría: *¡hay que ver qué ~ tienes!, ¿es que no te preocupas por nada?* ■ **de** ~, *fam.*, de raíz, completamente: *el padre amenazaba al niño con arrancarle las orejas de ~.*

cual |kuál| **1** ***pron. relat.*** Indica una persona o cosa de la que se ha hablado antes: *entrevistamos a los obreros, los cuales nos informaron sobre la reapertura de la fábrica; la casa tiene un mirador desde el ~ se ve el mar.* ⇒ **que.** ⌂ Con el artículo determinado, en sus distintas formas de género y número, indica lo mismo que el relativo *que* en oraciones explicativas. **- 2** ***adv. m.*** *form.* Como, del modo o manera que; igual que: *se enamoró ~ si tuviese quince años; se imaginaba la guerra ~ soldado en el frente.*

cuál |kuál| **1** ***pron. interr.*** Indica pregunta por un elemento que pertenece a un conjunto: *¿~ de los alumnos es el que tiene mejores notas?; ¿cuáles son tus maletas?; no sé ~ es su coche.* **- 2** ***pron. excl.*** Indica admiración o sorpresa: *¡~ no sería mi asombro al comprobarlo!*

cua·li·dad |kualiðáð| **1** ***f.*** Propiedad o conjunto de propiedades que distingue y forma la manera de ser: *el cristal tiene la ~ de ser transparente; la capacidad de razonar es una ~ del ser humano.* **2** Propiedad buena o positiva: *todo el mundo tiene cualidades y defectos.*

cua·li·fi·ca·⌜do, ⌜da |kualifikáðo, ða| **1** ***adj.*** (persona) Que posee autoridad y merece respeto: *a este congreso asisten científicos muy cualificados.* **2** Que tiene una buena calidad o buenas cualidades: *mi hijo es un estudiante muy ~.* **3** (trabajador) Que está especialmente preparado para un trabajo determinado: *necesitamos albañiles cualificados con experiencia.*

cua·li·ta·ti·⌜vo, ⌜va |kualitatíβo, βa| ***adj.*** *form.* De la cualidad o que tiene relación con ella: *realizaron una investigación cualitativa y cuantitativa; el plan buscaba la mejora cualitativa de las instalaciones infantiles.*

cual·quier |kualkiér| ***adj. indef.*** Apócope de *cualquiera*: *puedo conducir ~ coche; ~ día iré a visitarte.* ⇒ **cualquiera.** ⌂ Se usa delante de un sustantivo y admite que aparezca otro adjetivo entre él y el sustantivo en cuestión. El plural es *cualesquier.*

cual·quie·ra |kualkiéra| **1** ***adj. indef.*** Que no está determinado; uno, sea el que sea: *se preocupa ante una dificultad ~.* ⇒ **cualquier. - 2** ***pron. indef.*** Indica que la persona a la que se refiere no está determinada o no se quiere determinar; una persona, sea quien sea: *~ que haya viajado lo sabe.* ⇒ **alguno.** ⌂ El plural es *cualesquiera.* **- 3** ***com.*** *desp. fig.* Persona vulgar o poco importante: *su amigo es un ~ que no pinta nada en su empresa.* **- 4** ***f.*** *desp. fig.* Mujer que mantiene relaciones sexuales a cambio de dinero: *se enamoró de ella aunque sabía que era una ~.* ⇒ **prostituta. 5** *desp. fig.* Mujer que mantiene relaciones sexuales con facilidad: *no se acostó con él para que no pensara que era una ~.* ⇒ **puta.**

cuan |kuán| ***adv. c.*** *form.* Añade mayor intensidad a lo que se dice: *cayó al suelo ~ largo era.* ⌂ Se usa delante de un adjetivo o de un adverbio.

cuán |kuán| ***adv. c.*** En qué cantidad o con qué intensidad: *no puedes imaginarte ~ desgraciado soy.* ⌂ Se usa delante de un adjetivo o de un adverbio en frases interrogativas o exclamativas.

cuan·do |kuando| **1** ***conj.*** Indica el tiempo o el momento en el que ocurre una acción: *España estaba en poder de los árabes ~ Pelayo se arrojó a defenderla; ven a verme ~ quieras; iba conduciendo por la carretera ~ vi aquella extraña luz.* **2** Indica una condición: *~ es irrealizable el intento, ¿para qué insistir en ello?* **3** Indica causa: *~ tú lo dices, será verdad.* **- 4** ***adv. relat. t.*** Indica el tiempo o el momento en el que ocurre una cosa: *añoro los años ~ vivíamos todos juntos.* ■ **de ~ en ~**, algunas veces, de tiempo en tiempo: *de ~ en ~, el paseo por la carretera de El Paular se alarga hasta el pinar.* ⌂ No se debe confundir con *cuándo.*

cuán·do |kuándo| **1** ***adv. interr. t.*** En qué tiempo o en qué momento ocurre una cosa: *¿~ es el examen de historia?; no sé ~ cumple años.* **- 2** ***m.*** Tiempo o momento: *quiero saber el cómo y el ~.* ■ **¿de ~ acá?**, indica sorpresa o extrañeza por lo que no es normal o regular: *¿y de ~ acá eres tú el que manda en esta casa?* ⌂ No se debe confundir con *cuando.*

cuan·tí·a |kuantía| ***f.*** Número, tamaño o proporción de una cosa, que puede ser mayor o menor: *¿cuál es la ~ de la factura?; me asombra la ~ de esta cosecha.* ⇒ **cantidad.**

cuan·ti·fi·car |kuantifikár| ***tr.*** [algo] Expresar mediante números una cosa: *tres días después del terremoto aún no se habían podido ~ las pérdidas que había ocasionado.* ⌂ Se conjuga como 1.

cuan·tio·⌜so, ⌜sa |kuantióso, sa| ***adj.*** Que es grande en cantidad: *las inundaciones han provocado cuantiosas pérdidas.*

cuan·ti·ta·ti·⌜vo, ⌜va |kuantitatíβo, βa| ***adj.*** De la cantidad o que tiene relación con ella: *para este* *estudio se han utilizado técnicas cuantitativas de análisis.*

cuan·⌐to, ⌐ta |kuanto| **1** ***pron.-adj. relat.*** Todo lo que; todos los que: *morían cuantos saltaban a tierra; esa es la cosa más disparatada de cuantas has dicho nunca; es superior a ~ se conoce; cuantas palabras salían de su boca, me asombraban.* **2** Indica una cantidad que depende de otra o tiene relación con otra: *cuantos más libros leamos, tanto más aprenderemos.* ☖ Suele ir en correlación con *tan, tanto* y junto a *más, menos.* **- 3** ***adv. relat. c.*** Indica una cantidad: *~ más corramos, más avanzaremos.* ☖ Suele ir en *correlación con *tan, tanto* y junto a *más, menos.* ■ **~ antes**, lo más pronto posible: *doctor, venga ~ antes.* ■ **en ~**, tan pronto como: *vine en ~ me llamaron; publicaré la noticia en ~ tenga el permiso oficial.* ■ **en ~**, como, en calidad de: *vine en ~ miembro de la comisión, no como amigo de la familia.* ■ **en ~ a**, por lo que toca o corresponde a: *en ~ al problema de su hijo, de momento no podemos solucionarlo.*

cuán·⌐to, ⌐ta |kuánto| **1** ***pron.-adj. interr.*** Indica pregunta o admiración por una cantidad, número o intensidad: *¿cuántos colaboradores necesitas?; ¡~ arroz tengo en el plato!; ¿~ vale la mesa?* **- 2** ***adv.*** En qué grado o manera; hasta qué punto; qué cantidad: *dile ~ me alegro de que esté mejor.*

cua·ren·ta |kuarénta| **1** ***num.*** Diez multiplicado por cuatro: *39 más uno son ~; si tengo 100 manzanas y te doy 60, me quedan ~.* **2** (persona, cosa) Que sigue en orden al que hace el número 39; *cuadragésimo: *si voy después del trigésimo noveno, soy el ~ de la lista.* ☖ Es preferible el uso del ordinal: *soy el cuadragésimo.* **- 3** ***m.*** Número que representa el valor de diez multiplicado por cuatro: *escribe el ~ después del 39.*

cua·ren·ta·⌐vo, ⌐va |kuarentáβo, βa| ***num.*** (parte) Que resulta de dividir un todo en 40 partes iguales: *son 40 personas y a cada uno le corresponderá un ~.* ⇒ **cuadragésimo.**

cua·ren·te·na |kuarenténa| **1** ***f.*** Conjunto formado por 40 unidades: *a las afueras han construido una ~ de casas.* **2** Aislamiento de personas o animales en un lugar por razones sanitarias: *venía de un país tropical y tuvo que pasar la ~ en un hospital para evitar el peligro de contagio.* **3** *p. ext.* Aislamiento: *los muchachos no lo aceptaron y pasó toda su adolescencia en una obligada ~, sin relacionarse con nadie.* **4** Periodo de cuarenta días, meses o años: *después de una ~ de días, tendremos otro examen; cuando pasa la ~, los recién nacidos suelen dormir más por la noche.*

cua·ren·⌐tón, ⌐to·na |kuarentón, tóna| ***adj.-s.*** *desp.* (persona) Que ha cumplido cuarenta años de edad y no ha llegado a los cincuenta: *ya tienes 39 años: pronto serás un ~.*

cua·res·ma |kuarésma| ***f.*** REL. Periodo de 46 días que va desde el *miércoles de ceniza a la fiesta de la *Resurrección: *durante la ~ la Iglesia manda que no se coma carne los viernes.*

cuar·ta |kuárta| **1** ***f.*** Medida de una mano extendida, desde el dedo *meñique al gordo: *el borde de la mesa mide 10 cuartas y media.* **2** MÚS. Cuerda de un instrumento que está en cuarto lugar, contando desde la que está más abajo: *se le ha roto la ~ y no puede tocar.* **3** MÚS. *Intervalo musical entre una nota y la que ocupa cuatro posiciones por delante o por detrás en la escala: *comienza con una fanfarria de cuartas característica del autor.* **4** MAR. Parte que con otras 31 divide la rosa *náutica: *se apartaron del rumbo más de una ~, lo que al final supuso cientos de kilómetros.* **5** DER. Derecho a recibir la cuarta parte de ciertas cantidades de dinero: *todavía no me han pagado la ~.*

cuar·te·ar |kuarteár| **1** ***tr.*** [algo] Partir o dividir en *cuartos o en partes: *por favor, cuartea esa pila de papeles.* **2** Dividir el cuerpo de una persona o un animal en *cuartos o partes: *el carnicero cuarteó el pollo con un cuchillo.* ⇒ **descuartizar. - 3 cuartearse** ***prnl.*** Abrirse grietas en una superficie: *la cartera de cuero se cuarteó.*

cuar·tel |kuartél| **1** ***m.*** Lugar donde se reúnen los soldados cuando están de servicio: *los soldados que no están de guardia salen del ~ por las tardes y se marchan a su casa a dormir.* ⇒ **acuartelamiento;** **~ general**, aquel en el que se establece el jefe de un ejército o de una división con su estado mayor: *los generales se disponían a entrar al ~ general.* **2** Lugar donde se establece parte de un ejército en campaña: *la compañía se retiró a su ~.*

cuar·te·o |kuartéo| ***m.*** Acción y resultado de *cuartearse: *la humedad y la intemperie han producido el ~ de la puerta de madera.*

cuar·te·⌐rón, ⌐ro·na |kuarterón, róna| **1** ***adj.-s.*** Persona nacida en América, hijo de español y *mestiza o de española y *mestizo: *los cuarterones se llaman así porque tienen un cuarto de sangre india.* **- 2 cuarterón** ***m.*** Cuadro que tienen como adorno algunas puertas o ventanas de madera: *puso puertas de cuarterones en la casa del pueblo.*

cuar·te·to |kuartéto| **1** ***m.*** POÉT. Conjunto de cuatro versos de más de ocho sílabas que pueden rimar de varias formas: *un soneto está formado por dos cuartetos y dos tercetos.* **2** MÚS. Conjunto de cuatro voces o instrumentos: *ayer escuché un concierto de un ~ de violines.*

cuar·ti·lla |kuartíʎa| ***f.*** Hoja de papel que resulta de cortar en cuatro partes un *pliego: *dame una ~ para escribir una carta; el niño dibujó en una ~ a su familia.*

cuar·⌐to, ⌐ta |kuárto, ta| **1** ***num.*** (persona, cosa) Que sigue en orden al que hace el número tres: *si voy después del tres, soy el ~ de la lista.* **2** (parte) Que resulta de dividir un todo en cuatro partes iguales: *si somos cuatro para comer, me toca un ~ de tarta.* **- 3 cuarto** ***m.*** Habitación, generalmente pequeña; espacio de una casa separado de otros: *el niño está en su ~ escuchando música; en este ~ pensamos instalar un estudio;* **~ de aseo**, habitación en la que están el váter y otros elementos que sirven para el aseo humano *excepto el baño: *hemos alquilado un apartamento que sólo tiene un ~ de aseo; la gasolinera debe tener cuartos de aseo para los clientes;* **~ de baño**, habitación en la que están el váter y otros elementos que sirven para el aseo humano: *la casa tiene tres dormitorios, un ~ de baño y un aseo.* ⇒ **retrete, servicio; ~ de estar**, habitación de la casa donde se pasa la mayor parte del día: *el televisor y la cadena de música están en el ~ de estar;* ~ **oscuro**, habitación en la que no entra luz y que se usa generalmente para guardar cosas o para revelar fotografías: *no se puede entrar ahora en el ~ oscuro porque Juan está revelando unos carretes; si no te portas bien, Manolito, te meteré en el ~ oscuro;* ~ **trastero**, habitación en la que se ponen las cosas que no se usan habitualmente: *la bicicleta vieja está en el ~ trastero.* **4** Periodo de tiempo que dura quince minutos: *son las tres menos ~.* **5** Parte de las cuatro en que se considera dividido el cuerpo de los animales: *he comprado un ~ de cordero para asarlo.* **6** Posición de la Luna: *¿en qué ~ está hoy la Luna?;* ~ **creciente**, posición en que la Luna, vista desde la Tierra, forma un ángulo de 90º con el Sol: *cuando la Luna está en ~ creciente tiene forma de D;* ~ **menguante**, posición en que la Luna, vista desde la Tierra, forma un ángulo de 180º con el Sol: *cuando la Luna está en ~ menguante tiene forma de C.* **- 7 cuartos** ***m. pl.*** *fam.* Bienes o dinero: *hace falta tener muchos cuartos para comprar un piso ahora.* ■ **cuartos de final**, DEP., parte de una competición en la que se enfrentan por parejas ocho *deportistas o equipos: *el tenista se ha clasificado para cuartos de final.* ■ **dar un ~ al pregonero**, *fam.*, hacer pública una cosa: *si no quieres que se sepa lo de tu boda, no se lo cuentes a Alfonso porque eso es dar un ~ al pregonero.* ■ **de tres al ~**, *desp.*, de poca categoría: *¿y tú confías en ese médico de tres al ~?* ■ **tres cuartos de lo mismo**, *fam.*, lo mismo; también; igual: *José es un mal albañil y su hijo, tres cuartos de lo mismo.*

cuar·zo |kuárθo| ***m.*** MINERAL. Mineral muy duro que se encuentra en rocas o en la arena en forma de cristal, sin color en estado puro y de colores muy variados según las sustancias con las que esté mezclado: *los relojes digitales se fabrican con ~; el ~ puede rayar el acero; el ~ entra en la composición del granito.*

cua·ter·na·ᴦrio, ᴦria |kuaternário, ria| **1** ***adj.*** Que *consta de cuatro unidades o elementos: *esta novela tiene una disposición cuaternaria.* **- 2** ***adj.-m.*** GEOL. (periodo de la historia de la Tierra) Que se extiende desde hace 2 millones de años hasta el presente: *el ~ se divide en varios periodos.* ⇒ **primario, secundario, terciario.**

cua·tre·ᴦro, ᴦra |kuatréro, ra| ***adj.-s.*** (persona) Que que se dedica a robar animales: *los ganaderos vigilaban sus reses para protegerlas de los cuatreros.*

cua·tri·lli·ᴦzo, ᴦza |kuatriʎíθo, θa| ***adj.-s.*** (animal, persona) Que ha nacido a la vez que otros tres de la misma madre: *han comprado una casa más grande porque tuvieron cuatrillizos.*

cua·tri·mes·tral |kuatrimestrál| **1** ***adj.*** Que se repite cada cuatro meses: *tiene revisiones médicas cuatrimestrales.* **2** Que dura cuatro meses: *en los nuevos planes de estudio de la universidad las asignaturas son cuatrimestrales.*

cua·tri·mes·tre |kuatriméstre| ***m.*** Periodo de cuatro meses: *el curso de informática durará un ~.*

cua·tri·mo·tor |kuatrimotór| ***m.*** AERON. Avión que tiene cuatro motores: *los soldados viajaban en un ~.*

cua·tro |kuátro| **1** ***num.*** Tres más uno: *dos y dos son ~; si tengo 100 manzanas y te doy 96, me quedan ~.* **2** (persona, cosa) Que sigue en orden al que hace el número tres; cuarto: *si voy después del tercero, soy el ~ de la lista.* ☐ Es preferible el uso del

CUARTO DE BAÑO

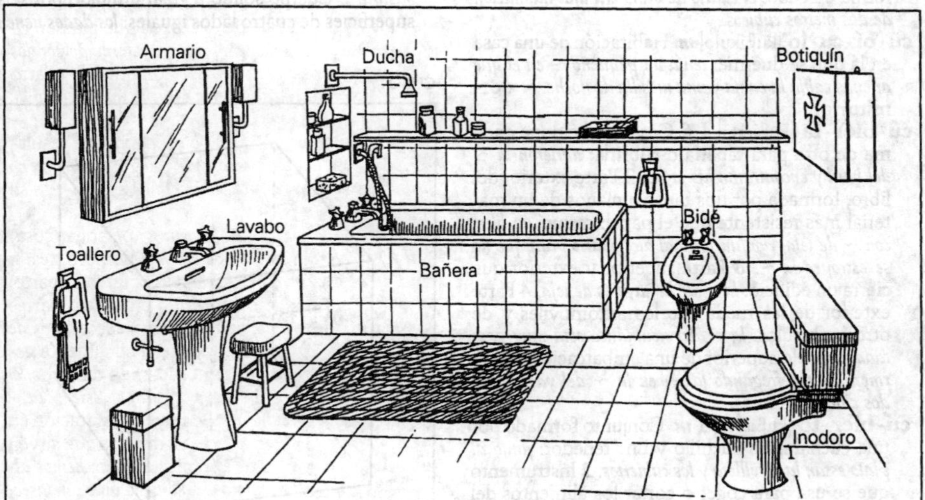

ordinal: *soy el cuarto.* **- 3 *m.*** Número que representa el valor de tres más uno: *escribe el ~ después del 3.*

cua·tro·cien·⌐tos, ⌐tas |kuatroθiéntos, tas| **1 *num.*** 100 multiplicado por cuatro: *399 más uno son ~.* **2** (persona, cosa) Que sigue en orden al que hace el número 399; *cuadringentésimo: *si voy después del 399, soy el ~ de la lista.* ☖ Es preferible el uso del ordinal: *soy el cuadringentésimo.* **- 3 *m.*** Número que representa el valor de 100 multiplicado por cuatro: *escribe el ~ después del 399.*

cu·ba |kúβa| ***f.*** Recipiente de madera, grande y redondo, que sirve para contener líquidos: *en la bodega tenían 50 cubas con vino.* ⇒ **barril, tonel.**

cu·ba·li·bre |kuβalíβre| ***m.*** Bebida alcohólica *refrescante que se consigue mezclando *ron y *cola: *se tomó un ~ con mucho ron con cola.* ⇒ **cubata.**

cu·ba·⌐no, ⌐na |kuβáno, na| **1 *adj.*** De Cuba o que tiene relación con Cuba: *el tabaco ~ es de primera calidad.* **- 2 *m. f.*** Persona nacida en Cuba o que vive habitualmente en Cuba: *Alejo Carpentier fue un ~ que escribió novelas muy importantes.*

cu·ba·ta |kuβáta| ***m. fam.*** Bebida *refrescante que se consigue mezclando *ron y *cola: *fue a la discoteca y se tomó un par de cubatas.* ⇒ **cubalibre.**

cu·ber·te·rí·a |kuβertería| ***f.*** Conjunto de cucharas, *tenedores, cuchillos y otros *utensilios para el servicio de mesa: *tiene una ~ de plata con sus iniciales grabadas.*

cu·be·ta |kuβéta| ***f.*** Recipiente, generalmente con forma de rectángulo, usado en operaciones químicas y fotográficas: *mete las fotografías en la ~ de revelado.*

cú·bi·⌐co, ⌐ca |kúβiko, ka| **1 *adj.*** Del cubo de una cantidad o que tiene relación con él: *500 centímetros cúbicos equivalen a medio litro.* **2** Que tiene forma de cubo: *el cuarto de baño era una habitación de dos metros cúbicos.*

cu·bí·cu·lo |kuβíkulo| ***m.*** Habitación de una casa en la que se duerme: *tenía un pequeño ~ en el que apenas cabía la cama y una mesilla de noche.* ⇒ **dormitorio.**

cu·bier·ta |kuβiérta| **1 *f.*** Cosa que se pone encima de otra para taparla o cubrirla: *abrieron la ~ del baúl y encontraron las joyas.* **2** Parte exterior del libro, formada por dos tapas o planos de un material más resistente que el papel: *compré un libro con ~ de tela; pon un forro al diccionario para que no se estropee la ~.* **3** Parte superior y exterior que cierra un edificio: *la ~ de la nave es de teja.* **4** Parte exterior de las ruedas de los automóviles y de otros vehículos: *la ~ del neumático está muy gastada.* **5** Suelo superior de una embarcación: *el marinero estaba fregando la ~; en la ~ del yate había dos chicas pescando.*

cu·bier·to |kuβiérto| **1 *m.*** Conjunto formado por una cuchara, un cuchillo y un *tenedor: *junto al plato están la servilleta y los cubiertos.* **2** Instrumento que se usa para coger o cortar los alimentos del plato: *acércame los cubiertos para cortar el filete; ¿cómo te vas a tomar el flan si no tienes ~?* **3** Servicio de mesa que se pone a la persona que va a comer: *el ~ está formado por plato, vaso, servilleta, cuchara, cuchillo, tenedor y pan; hemos reservado una mesa de 20 cubiertos.* **4** Comida que se da en distintos establecimientos por un precio y con unos alimentos fijos: *¿cuál es el precio del ~ de este bar?; el ~ de hoy tiene verduras o sopa y pollo o pescado.*

cu·bil |kuβíl| **1 *m.*** Lugar donde los animales, especialmente las fieras, se recogen para dormir: *el león, cuando cae la noche, marcha para su ~.* **2** Parte del terreno por donde van corrientes de agua naturales o artificiales: *ha llovido con tan poca frecuencia, que el ~ está prácticamente seco.* ⇒ **cauce.**

cu·bi·le·te |kuβiléte| ***m.*** Vaso un poco más ancho por la boca que por el fondo, que sirve para mover los *dados: *probó suerte tirando los dados con el ~; he agitado el dado en el ~ y he sacado un cuatro.*

cu·bis·mo |kuβísmo| ***m.*** Técnica artística en la que se descomponen las figuras en triángulos, rectángulos o cubos: *es característico del ~ el empleo de formas geométricas; el ~ es un movimiento que surgió en Francia a principios del siglo XX.*

cu·bis·ta |kuβísta| **1 *adj.*** Del *cubismo o que tiene relación con él: Las señoritas de Aviñón *es un cuadro ~.* **- 2 *adj.-com.*** (persona) Que practica el *cubismo: *Juan Gris es un pintor ~.*

cu·bi·to |kuβíto| ***m.*** Trozo pequeño de hielo, generalmente con forma de cubo: *tomaré un güisqui con dos cubitos.*

cú·bi·to |kúβito| ***m.*** Hueso más largo y grueso de los dos que tiene el *antebrazo, que une el codo con la mano: *el ~ y el radio forman el antebrazo.* ⇒ **radio.**

cu·bo |kúβo| **1 *m.*** Recipiente con forma de vaso grande y un asa en el borde superior que generalmente tiene un uso doméstico: *recoge agua en el ~ para fregar el suelo; tira los papeles al ~ de la basura.* **2** Cuerpo sólido regular limitado por seis superficies de cuatro lados iguales: *los dados tienen*

CUBO

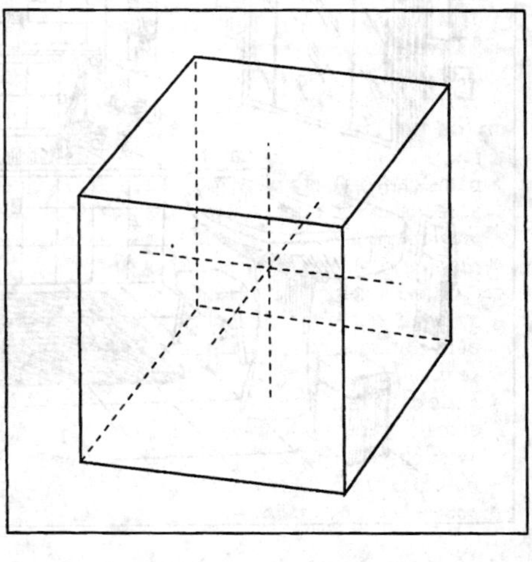

forma de ~. **3** Objeto de esta forma: *hizo una escultura con un* ~ *de madera.* **4** Resultado de multiplicar un número o expresión matemática dos veces por sí mismo: *veintisiete es el* ~ *de tres.* **5** Pieza del centro de una rueda de la que salen los radios: *se rompió el* ~ *de la rueda del carro.*

cu·brir |kuβrír| **1** ***tr.-prnl.*** [algo, a alguien] Ocultar o tapar; quitar de la vista: *el tejado cubre la casa; el caballero se cubría con una capa; el tinte cubre completamente las canas.* **2** [algo; de/con algo] Extender sobre una superficie: *el mantel cubría la mesa; el campo se cubre de flores en primavera.* **- 3** ***tr.*** Llenar o completar: *los obreros cubrieron con asfalto los baches de la carretera.* **- 4** ***tr.-prnl.*** [algo, a alguien] Proteger, defender: *cubrió su pecho con un escudo; los soldados se cubrieron en las trincheras.* **- 5** ***tr.*** [algo] Recorrer, generalmente una distancia determinada: *el ciclista cubrió los primeros cincuenta kilómetros en solitario.* **6** Seguir el desarrollo de una actividad para informar sobre ella: *ese periodista cubre la información internacional.* **7** Ocupar, especialmente una plaza o un trabajo: *el nuevo empleado cubre la plaza vacante.* **8** [algo, a alguien; de algo] Dar o llenar en gran cantidad: *cubrió a sus hijos de besos; tu acto nos ha cubierto de vergüenza.* **9** [algo] Ocultar o disimular: *cubre con su modestia muchas cosas.* **10** Juntarse sexualmente el animal macho con la hembra: *el caballo cubrió a la yegua y pronto nacerá un potrillo.* **- 11 cubrirse** ***prnl.*** Ponerse el sombrero u otra cosa en la cabeza: *no te cubras hasta que no salgamos de la iglesia.* **12** Prevenirse o protegerse de una responsabilidad o peligro: *aunque haya problemas, nosotros nos hemos cubierto bien.* **13** Llenarse el cielo de nubes: *se ha cubierto el cielo en un momento.* ⇒ **encapotarse.** **14** Extender el brazo las personas que están en una fila, para situarse a una distancia adecuada unas de otras: *el sargento ordenó a los soldados: —A cubrirse.* ⌂ El participio es *cubierto.*

cu·ca·ña |kukáɲa| **1** ***f.*** Palo largo, cubierto de jabón o de grasa, por el cual se ha de andar en equilibrio o *trepar, para coger como premio un objeto atado a su extremo: *clavaron la* ~ *en el centro de la plaza y pusieron en la parte superior un jamón.* **2** Diversión de ver avanzar o *trepar por ese palo: *la* ~ *reunió a todo el mundo en la plaza.* **3** *fig.* Lo que se consigue con poco trabajo.

cu·ca·ra·cha |kukarátʃa| ***f.*** Insecto de color negro, alas anteriores duras, cuerpo aplastado, seis patas casi iguales y la parte posterior del cuerpo acabada en dos puntas articuladas: *he comprado un producto para matar las cucarachas que hay por la casa; las cucharachas y las ratas me dan mucho asco.*

cu·cha·ra |kutʃára| **1** ***f.*** Instrumento con un mango y un pequeño recipiente ovalado que se usa para comer: *la sopa se come con* ~*; al lado del plato se pone la* ~*, el tenedor y el cuchillo.* ⇒ **cubierto;** ~ **de café**, la más pequeña que se usa para mover el café y otros líquidos o para echar azúcar; ⇒ **cucharilla;** ~ **de sopa/sopera**, la que se usa habitualmente para comer alimentos líquidos: *pon en la mesa cucharas soperas porque he preparado puré.* **2** Instrumento parecido a éste. ■ **de** ~, *fam. desp.*, (mando militar) que empezó en el ejército como soldado: *es un sargento de* ~.

cu·cha·ra·da |kutʃaráða| ***f.*** Cantidad de una cosa que cabe en una cuchara: *tiene que tomar una* ~ *de este jarabe después de cada comida.*

cu·cha·ri·lla |kutʃaríʎa| ***f.*** Cuchara pequeña: *cogió la* ~ *y removió el café.*

cu·cha·rón |kutʃarón| ***m.*** Instrumento, generalmente de metal, en forma de media esfera y con un mango largo y vertical, que se usa para pasar líquidos de un lugar a otro: *Manuela ha servido el consomé con el* ~*; encontrarás un* ~ *en el cajón de la cocina.* ⇒ **cazo.**

cu·chi·che·ar |kutʃitʃeár| ***intr.*** Hablar en voz baja o al oído de otra persona: *oyó a su marido en el recibidor cuchicheando con su amigo.* ⇒ **murmurar, susurrar.**

cu·chi·che·o |kutʃitʃéo| ***m.*** Sonido que se produce al hablar bajo o *cuchichear: *oyó el* ~ *de la conversación de sus hijos, pero no logró entender de qué hablaban.* ⇒ **murmullo, susurro.**

cu·chi·lla |kutʃíʎa| ***f.*** Objeto plano de metal muy afilado, que sirve para cortar: *la* ~ *de la guillotina cayó sobre la cabeza del ajusticiado; compró cuchillas para su maquinilla de afeitar.*

cu·chi·lla·da |kutʃiʎáða| **1** ***f.*** Golpe dado con un cuchillo u otra arma de corte: *recibió tres cuchilladas en la espalda.* **2** Herida hecha con un cuchillo: *tenía una* ~ *en el hombro.* **- 3 cuchilladas** ***f. pl.*** Aberturas en una prenda de vestir que hace que se vea la tela que hay debajo: *los vestidos de gala de las señoras llevaban cuchilladas.*

cu·chi·lle·rí·a |kutʃiʎería| ***f.*** Establecimiento en que se fabrican o se venden cuchillos: *en mi barrio había dos cuchillerías.*

cu·chi·llo |kutʃíʎo| ***m.*** Instrumento formado por una hoja de metal con filo y un mango que se usa para cortar: *el filete se come con* ~ *y tenedor.* ⇒ **cubierto.** ■ **pasar a** ~, matar con arma blanca: *los partidarios del Rey pasaron a* ~ *a los traidores.*

cu·chi·tril |kutʃitríl| **1** ***m.*** AGR. Lugar cubierto en el que se encierran cerdos: *metió los cerdos en el* ~. **2** *fam. desp.* Pieza de una casa pequeña y sucia: *su*

CUCHILLO ELÉCTRICO

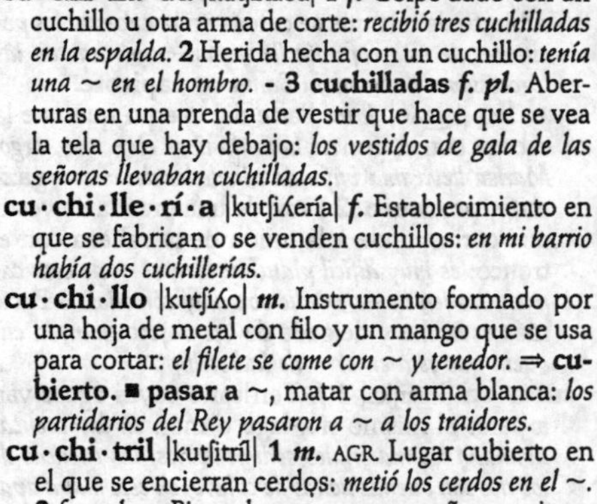

cuarto es un ~: lo tiene todo desordenado y lleno de porquería.

cu·chu·fle·ta |kutʃufléta| *f. fam.* *Burla o broma hecha sin mala intención: *pasaron el rato haciendo cuchufletas.* ⇒ **chirigota, chifla.**

cu·cli·llas |kuklíʎas| ■ **en ~**, con las piernas dobladas, de modo que el trasero se acerque al suelo o descanse en la parte posterior de las piernas: *el niño se escondió en ~ detrás de un arbusto.*

cu·cli·llo |kuklíʎo| **1** *m.* ZOOL. Pájaro de color gris, azulado por encima, cola negra con pintas blancas y alas marrones: *la hembra del ~ pone sus huevos en los nidos de otras aves.* ⇒ **cuco.** ☖ Para indicar el sexo se usa el ~ macho y el ~ hembra. **2** *desp. fig.* Hombre casado con una mujer que no le es fiel: *es un ~, su mujer tiene un amante.*

cu·⌈co, ⌈ca |kúko, ka| **1** *adj. fam.* Que es bonito; que está bien hecho: *qué caja tan cuca, me encanta.* **2** *fam.* Que es hábil para engañar o para evitar el engaño: *el muy ~ se dio cuenta enseguida.* - **3 cuco** *m.* Pájaro de color gris, azulado por encima, cola negra con pintas blancas y alas marrones: *el ~ abunda en el centro de España.* ⇒ **cuclillo.** ☖ Para indicar el sexo se usa el ~ macho y el ~ hembra.

cu·cu·ru·cho |kukurútʃo| **1** *m.* Cono de papel, cartón o galleta: *hizo un ~ y metió en él las pipas; compré un helado de ~.* ⇒ **cono. 2** Cono de cartón cubierto de tela que se coloca en la cabeza: *los penitentes de esta cofradía llevan un ~ morado en las *procesiones de Semana Santa.* ⇒ **capirote.**

cue·llo |ku̲éʎo| **1** *m.* Parte del cuerpo que une la cabeza con el tronco: *la jirafa tiene el ~ muy largo; Marisa lleva una bufanda alrededor del ~.* ⇒ **gaznate, pescuezo. 2** Parte de una prenda de vestir que corresponde a la unión de la cabeza con el tronco: *es muy difícil planchar bien el ~ de esta camisa; los jerséis de ~ alto son muy cómodos.* **3** Parte más estrecha y delgada de un objeto: *mira la etiqueta que está en el ~ de la botella.*

cuen·ca |ku̲éŋka| **1** *f.* Territorio cuyas aguas van a parar al mismo río, lago o mar: *en las cuencas abundan los materiales sedimentarios; las cuencas de los ríos son buenas zonas de cultivo; en este mapa aparece marcada la ~ del Ebro.* ⇒ **valle. 2** Territorio rodeado de alturas: *desde lo alto de aquellas montañas se ve la ~.* **3** Hueco en el que se encuentra el ojo: *miraba con tanto asombro, que parecía que los ojos se le iban a salir de las cuencas.* ⇒ **órbita.**

cuen·co |ku̲énko| *m.* Recipiente de barro u otro material, profundo, ancho y sin borde: *echó los cereales y la leche del desayuno en un ~.*

cuen·ta |ku̲énta| **1** *f.* Operación que consiste en sumar, restar, multiplicar o dividir: *ha repasado la ~ tres veces y cada vez ha obtenido un resultado diferente.* **2** Papel en que se escribe la cantidad de dinero que se debe pagar: *cuando terminó el café pidió la ~ al camarero.* **3** Cantidad de dinero que una persona tiene en el banco: *después del pago del piso, mi ~ es de 50.000 pesetas.* ⇒ **cartilla; ~ corriente,** la que registra el dinero que se tiene y permite disponer de él de forma inmediata: *paga los recibos del teléfono y la luz a través de la ~ corriente.* **4** Explicación de un acto: *son las cinco de la mañana y aún no ha llegado, ya le pediremos cuentas cuando regrese.* **5** Obligación, cargo o cuidado: *no te preocupes y déjalo todo de mi ~.* **6** Bola pequeña de distintos materiales que tiene un agujero en el centro y que sirve para hacer collares u otros objetos de adorno: *la cuerda se partió y las cuentas del collar rodaron por el suelo.* ■ **a ~**, como señal o *anticipo: *dejo a ~ este dinero, mañana pagaré el resto.* ■ **a ~ de**, a cambio de: *tomo dos días libres a ~ de mis vacaciones.* ■ **ajustar las cuentas**, *fam.*, pedir una explicación; exigir un comportamiento adecuado: *si vuelves a hacer eso, tu padre te ajustará las cuentas.* ■ **caer en la ~**, *fam.*, comprender o enterarse una persona de una cosa que no se entendía o de la que no se había enterado: *ya sé de quién me hablas, hasta ahora no había caído en la ~.* ■ **dar ~**, explicar o *justificar: *tengo que tomar nota de todo porque luego tengo que dar ~ a mi jefe de lo ocurrido en el viaje.* ■ **dar ~**, acabar, dar fin a una cosa: *el borracho dio ~ de la botella de vino.* ■ **darse ~**, comprender o enterarse una persona de una cosa que no se entendía o de la que no se había enterado: *al repasarlo, se ha dado ~ de que ha cometido un error.* ■ **en resumidas cuentas**, *fam.*, en conclusión; de manera breve: *en resumidas cuentas, perdió el avión.* ■ **no querer cuentas**, *fam.*, no desear trabajar o tener relaciones con una persona: *es un antipático, no quiero cuentas con él.* ■ **perder la ~**, no saber o no recordar una cantidad o un número: *ha hecho tantos viajes, que ya ha perdido la ~.* ■ **tener/traer ~**, ser una cosa provechosa o *beneficiosa: *es un hotel caro y malo, no trae ~ alojarse allí.*

cuen·ta·go·tas |ku̲entaɣótas| *m.* Utensilio para verter un líquido gota a gota: *esta medicina lleva un ~ porque sólo tengo que tomar veinte gotas al día.* ☖ El plural es *cuentagotas.*

cuen·ta·ki·ló·me·tros |ku̲entakilómetros| *m.* Instrumento que cuenta las vueltas de las ruedas de un vehículo e indica el número de kilómetros recorridos: *mi coche es prácticamente nuevo: el ~ sólo marca 7000 kilómetros.* ☖ El plural es *cuentakilómetros.*

cuen·tis·ta |ku̲entísta| **1** *adj.-com.* (persona) Que se dedica a contar o a escribir cuentos: *Cortázar fue un estupendo ~.* **2** *fam.* (persona) Que miente o exagera mucho: *no me creo nada de lo que dice porque es una ~; el muy ~ dice que ha pescado una trucha de 15 kilos; es tan ~, que dice que tiene una casa con 20 dormitorios y yo sé que no es verdad.* ⇒ **jactancioso, mentiroso, trolero.**

cuen·to |ku̲énto| **1** *m.* Obra literaria corta que cuenta en *prosa una historia real o imaginaria generalmente dirigida a niños: *la madre leyó al niño el ~ de* Caperucita Roja; *la película está basada en el ~ de* Aladino y la lámpara maravillosa. **2** *Mentira o engaño: *¿cómo te has creído ese ~?* **3** Noticia, verdadera o falsa, con la que se busca enfrentar a otras personas entre sí o hablar mal de algunas de ellas: *no sé qué ~ le habrán contado al jefe para que nos trate de esa manera.* ⇒ **chisme. 4** Explicación de un hecho, de palabra o por escrito: *nos contó un ~ divertidísimo sobre lo que le había pasado en las vacaciones.* ⇒ **relación, relato.** ■ **venir a ~**, tener relación con el asunto de que se trata: *no sé por qué te acuerdas ahora de aquel problema que tuvimos cuando no viene a ~.*

cuer·da |kuérða| **1** *f.* Conjunto de hilos torcidos que forman un objeto alargado y flexible que se usa generalmente para atar o sujetar: *el caballo estaba atado con una ~ gruesa; el escalador trepó por una ~;* **~ floja**, la de alambre sobre la que se hacen ejercicios de equilibrio: *en el circo un equilibrista caminaba por la ~ floja.* **2** Pieza de metal flexible que mueve ciertos mecanismos, especialmente relojes: *se ha saltado la ~ de la caja de música; la ~ del reloj se ha roto.* **3** Hilo que llevan algunos instrumentos musicales y que produce sonido al vibrar: *la guitarra española tiene seis cuerdas; acariciaba las cuerdas del arpa.* **4** Conjunto de instrumentos musicales que suenan por medio de hilos: *la ~ de la orquesta nacional es fantástica.* **5** Parte más alta de una sierra: *los montañeros intentaban recorrer la ~, pero tuvieron que bajar al valle.* **6** GEOM. Línea recta que une los extremos de un arco o curva; recta que va de un punto a otro de un círculo sin pasar por el centro: *dibuja un círculo y traza una ~.* **7** DEP. Longitud del contorno en un espacio ovalado en el que se practica deporte; parte de ese espacio situada a lo largo del contorno: *la pista de atletismo tiene una ~ de 400 metros; los atletas corrían en fila por la ~.* **8** Tejido alargado, flexible y algo duro del cuerpo de las personas y los animales que sirve para unir o sujetar: *está tan delgado, que se le notan las cuerdas del cuello.* ■ **bajo ~**, de forma oculta o disimulada: *le dieron dinero al portero bajo ~.* ■ **cuerdas vocales**, pliegues de los músculos que se encuentran en la garganta y que producen la voz al vibrar: *usamos las cuerdas vocales para hablar; las cuerdas vocales están en la laringe.* ■ **dar ~ a una persona**, hacer que hable mucho: *si damos ~ al jefe, a lo mejor nos enteramos de qué va a pasar con la empresa.* ■ **en la ~ floja**, *fam.*, en situación poco segura o peligrosa: *la paz en Oriente Medio está en la ~ floja.*

cuer·ᒥdo, ᒥda |kuérðo, ða| **1** *adj.-s.* (persona) Que tiene la mente sana: *estaba completamente ~ cuando salió del sanatorio psiquiátrico.* ⇔ **loco. 2** (persona) Que tiene buen juicio; que es *prudente: *no me importa que salga con mi hija porque es un joven muy ~ y responsable.* ⇔ **loco.**

cuer·no |kuérno| **1** *m.* Pieza de hueso, generalmente curva y acabada en punta, que nace en la frente de ciertos animales: *los toros tienen unos cuernos muy afilados.* ⇒ **asta. 2** Objeto de esa forma: *de la cañería salía un ~ en el que se posaban las palomas.* **3** Antena de ciertos animales e insectos: *caracol, saca los cuernos al sol.* **4** Instrumento musical de viento, hueco y de forma curva: *el rey tocó el ~ para llamar a sus soldados.* **- 5 cuernos** *m. pl.* Engaño que consiste en tener relaciones sexuales con una persona distinta de la pareja habitual: *se ha escrito mucho sobre los cuernos.* ■ **irse al ~**, *fam.*, fracasar; no conseguir buen fin: *el negocio se ha ido al ~.* ■ **mandar al ~**, *fam.*, no prestar atención; alejar o echar: *ha pedido un regalo y le han mandado al ~.* ■ **poner los cuernos**, engañar a la pareja habitual: *a su marido le ha puesto los cuernos.* ■ **romperse los cuernos**, *fam.*, esforzarse mucho: *me rompo los cuernos trabajando y me pagan muy poco.* ■ **saber a ~ quemado**, *fam.*, provocar una impresión desagradable; resultar sospechoso: *el golpe que me di en la espinilla me supo a ~ quemado; su invitación me supo a ~ quemado.*

cue·ro |kuéro| **1** *m.* Piel de algunos animales, especialmente después de curada y preparada para su uso: *el motorista lleva una chaqueta de ~; mi madre tiene un bolso de ~.* ⇒ **material; ~ cabelludo**, piel de la cabeza humana en donde nace el pelo: *aplíquese esta loción con un suave masaje sobre el ~ cabelludo.* **2** DEP. Pelota de algunos deportes: *el delantero lanzó el ~ a la portería.* ■ **en cueros/en cueros vivos**, sin ropa, desnudo: *en las playas nudistas la gente se baña en cueros.*

cuer·po |kuérpo| **1** *m.* Trozo limitado de materia; objeto: *el observatorio detectó un ~ celeste;* **~ del delito**, DER., objeto que prueba un crimen o un acto que está fuera de la ley: *el fiscal mostró al juez el ~ del delito.* **2** Materia que compone el organismo del hombre y de los animales: *el ~ y el alma; dentro del coche encontraron el ~ sin vida del conductor.* ⇒ **carne.** ⇔ **alma. 3** Persona o animal sin vida: *hemos enterrado el ~ al mediodía.* ⇒ **cadáver, difunto, muerto. 4** Tronco, diferenciado de la cabeza y las extremidades: *los caballos tienen la cabeza pequeña y el ~ grande.* **5** Parte de una prenda de vestir que cubre el tronco: *el ~ del vestido es de seda.* **6** Conjunto de personas que ejercen una misma profesión: *el ~ de bomberos de la ciudad.* **7** Parte central o principal de una cosa: *el ~ del libro empieza después de las introducciones y prólogos.* **8** Parte que puede ser independiente, cuando se la considera unida a otra: *en la habitación hay un armario de dos cuerpos.* **9** Tamaño de un tipo de letra: *las letras del título deben llevar un ~ más grande.* **10** Espesor de un material: *esta tela tiene mucho ~.* ■ **a ~/a ~ gentil**, sin abrigo exterior: *no salgas a la calle a ~, que está helando.* ■ **a ~ de rey**, con todas las comodidades posibles: *Juan no se independiza porque vive a ~ de rey con su madre.* ■ **~ a ~**, con roce físico y sin armas de fuego: *los soldados lucharon ~ a ~.* ■ **dar ~**, dar forma o contenido: *Luis está dando ~ a un nuevo proyecto.* ■ **dar ~**, hacer que se ponga espeso lo que estaba líquido: *puedes usar un poco de harina para dar ~ a la crema.* ■ **de ~ presente**, ante una persona sin vida: *ceremonia de ~ presente.* ■ **en ~ y alma**, totalmente; sin reservas: *se entregó al trabajo en ~ y alma.* ■ **hacer de/del ~**, *fam.*, expulsar excrementos por el ano: *me duele el vientre porque no hago de ~ todos los días.* ⇒ **cagar, defecar, vientre.** ■ **tomar ~**, conseguir forma o contenido: *el libro que estoy escribiendo ya va tomando ~.*

cuer·vo |kuérβo| **1** *m.* Pájaro de color negro brillante, pico grueso más largo que la cabeza, que se alimenta generalmente de carne: *el cuervo puede tener un metro de envergadura.* ☖ Para indicar el sexo se usa el ~ macho y el ~ hembra. **2** *desp. fig.* Persona que siempre viste de negro o que tiene un aspecto misterioso: *vino a cobrar el ~ de la funeraria.* ■ **cría cuervos y te sacarán los ojos**, expresión con la que se indica que el bien que reciben las malas personas lo devuelven en mal: *sus hijos se está portando muy mal con ellos, son unos desagradecidos: cría cuervos y te sacarán los ojos.*

cues·co |kuésko| **1** ***m.*** *fam.* Aire o gas que se expulsa por el ano de forma ruidosa: *es de mala educación tirarse un ~ en público.* ⇒ **pedo. 2** Hueso que tienen en su interior ciertos frutos: *la ciruela, el melocotón y la cereza tienen un ~.* ⇒ **hueso.**

cues·ta |kuésta| ***f.*** Terreno que está inclinado: *hay una ~ muy pronunciada para subir a la plaza; bajaron con la bicicleta por una ~.* ■ **a cuestas**, sobre los hombros o las espaldas: *llevaba a cuestas un saco de patatas.* ■ **a cuestas**, *fig.*, a su cargo; sobre sí: *no puede seguir llevando a cuestas toda la responsabilidad.*

cues·tión |kuestión| **1** ***f.*** Pregunta que se hace o propone para averiguar la verdad de una cosa: *en la entrevista se plantearon algunas cuestiones importantes, pero no se llegó a ninguna conclusión.* **2** Problema que se trata de resolver; asunto sobre el cual se discute: *están discutiendo sobre cuestiones profesionales.*

cues·tio·na·ble |kuestionáβle| ***adj.*** Que ofrece

CUERPO HUMANO

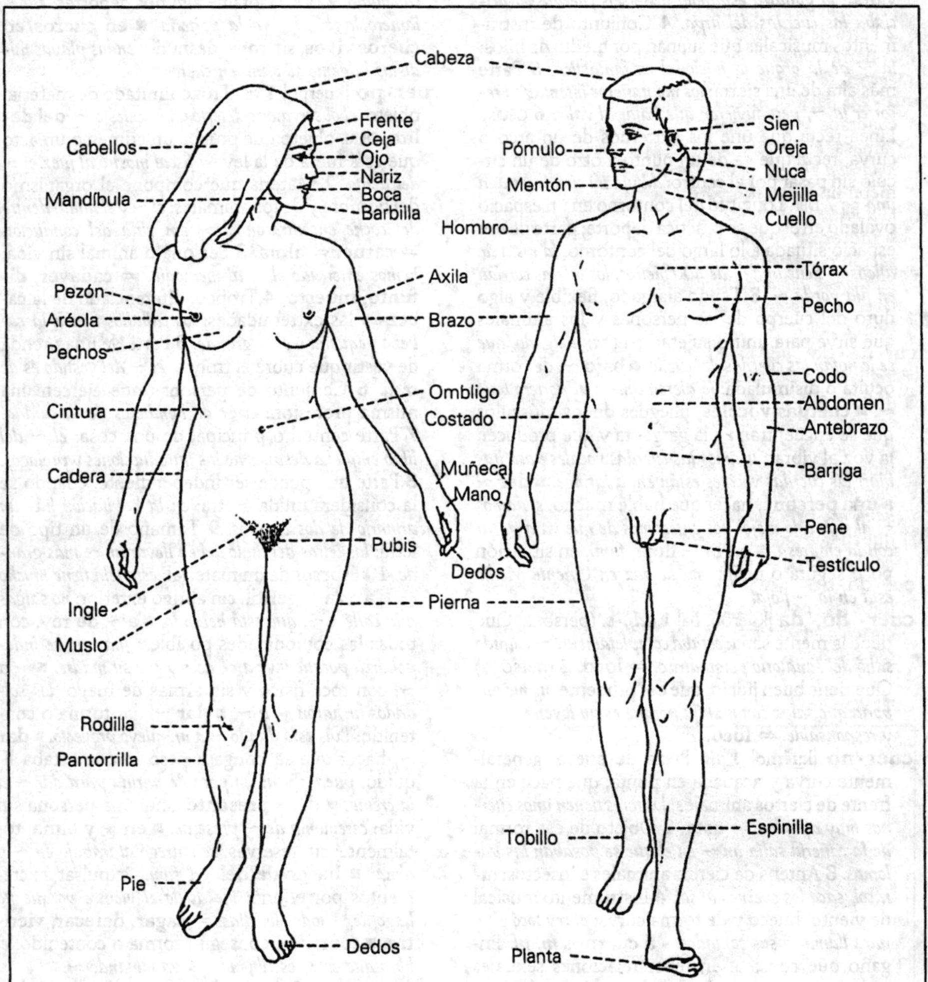

duda; que puede ser discutido: *la utilidad de ese nuevo invento es ~.* ⇒ **dudoso, discutible.** ⇔ **incuestionable.**

cues·tio·nar |kuestionár| ***tr.*** [algo] Poner en duda o exponer razones contrarias a una idea o proyecto: *la empresa no cuestiona la moralidad de sus empleados; cuestionó las teorías de su maestro.* ⇒ **oponer.**

cues·tio·na·rio |kuestionário| **1** ***m.*** Lista de *cuestiones o asuntos que se tratan en un libro, un curso u otra cosa: *el cuestionario de esta asignatura es demasiado largo.* **2** Papel o impreso donde se recogen preguntas sobre un asunto determinado: *tuve que rellenar un ~ para acceder a este trabajo.* ⇒ **encuesta.**

cue·va |kuéba| **1** ***f.*** Hueco abierto o cavado en la tierra: *los trogloditas vivían en cuevas; un grupo de espeleólogos ha descubierto una enorme ~.* ⇒ **caverna.** **2** Parte de un edificio que queda bajo el nivel de la tierra: *tenían el vino en la ~ de la casa; durante la guerra, se escondieron en la ~.* ⇒ **sótano.**

cue·zo |kuéθo| ***m.*** Recipiente de madera, de base cuadrada y más ancho que alto, que sirve para *amasar el *yeso y otras cosas parecidas: *el albañil amasaba el yeso en el ~.* ■ **meter el ~**, *fam.*, cometer un error; equivocarse en un asunto: *he vuelto a meter el ~: se me olvidó ponerle sal a la comida.* ■ **meter el ~**, *fam.*, introducirse en una conversación o un asunto de otros sin *motivo: *cuando estábamos hablando llegó Juana y, como siempre, metió el ~, a pesar de que no eran asuntos de su incumbencia.*

cui·da·do |kuiðáðo| **1** ***m.*** Acción y resultado de vigilar, prestar atención o cuidar: *las enfermeras se dedican al ~ de los enfermos.* **2** Interés que se pone en hacer una cosa: *puso mucho ~ en su trabajo y lo hizo muy bien.* **3** Atención que se pone en mantenerse apartado de un peligro: *conduce con ~; hay que tener mucho ~ con los aparatos eléctricos en el baño.* ⇒ **precaución.** - **4** **¡~!** ***interj.*** Expresión que indica que hay que poner gran atención: *¡~!, no te resbales.* ⇒ **ojo.**

cui·da·do·⌐so, ⌐sa |kuiðaðóso, sa| ***adj.*** Que hace las cosas con atención o cuidado: *es extraño que él haya cometido ese error porque suele ser muy ~ con su trabajo.*

CUERVO

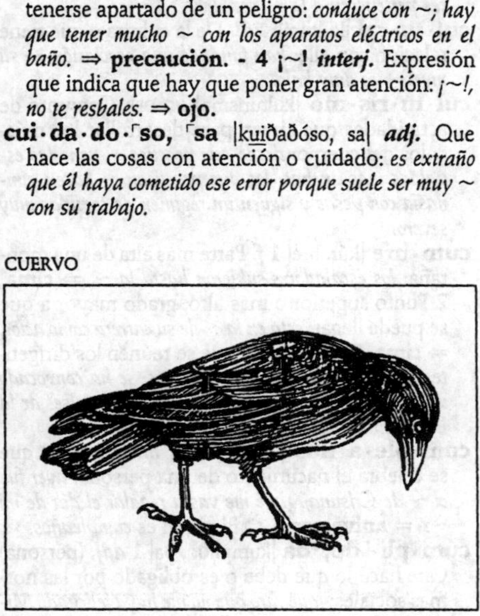

cui·dar |kuiðár| **1** ***tr.-intr.*** [algo, a alguien] Vigilar o prestar atención; tener interés: *el perro cuida la casa; la enfermera cuida del abuelo; el padre debe ~ de la hacienda del hijo.* **2** [algo] Poner atención e interés: *cuida mucho todo lo que hace.* - **3 cuidarse** ***prnl.*** Preocuparse de la salud; hacer una vida sana: *si se cuida, podrá vivir cien años.* **4** [de algo/alguien] Mantenerse apartado de un peligro: *cuídate de las malas compañías.*

cui·ta |kuíta| ***f.*** *form.* Desgracia, trabajo o mala suerte: *estuvo toda la mañana contándome sus cuitas.* ⇒ **desventura.**

cu·la·da |kuláða| ***f.*** Golpe que se recibe en el trasero al caer sobre él: *resbaló y se dio una buena ~.*

cu·la·ta |kuláta| **1** ***f.*** Parte posterior de la caja de un arma de fuego, que sirve para sujetarla cuando se dispara: *muchas escopetas tienen la ~ de madera; apoya la ~ en tu hombro y apunta.* **2** Parte posterior del caballo y otros animales, donde comienzan las patas: *el mulo traía una marca en la ~.* ⇒ **anca.** **3** MEC. Pieza de metal que se ajusta al bloque de un motor de *explosión y cierra el cuerpo de los cilindros: *a su coche hay que cambiarle la ~.*

cu·le·bra |kuléβra| ***f.*** Reptil sin pies, de cuerpo cilíndrico alargado, cabeza aplastada, boca grande y piel de distintos colores: *a Marta le dan mucho asco las culebras; los niños cogieron una ~ de río.* ⇒ **serpiente.** ☐ Para indicar el sexo se la ~ macho y la ~ hembra.

cu·le·bri·na |kuleβrína| ***f.*** Rayo que tiene forma de línea *ondulada: *en el cielo se pudo ver una ~.*

cu·le·brón |kuleβrón| ***m.*** Serie larga de programas de televisión en la que se cuenta una historia que exagera los sentimientos para mantener la atención del público: *la mayoría de los culebrones que ponen en televisión por las tardes son de origen hispanoamericano.* ⇒ **serial, melodrama.**

cu·le·ra |kuléra| **1** ***f.*** Parte del pantalón u otra prenda de vestir, que cubre el trasero: *mira cómo llevas la ~, te has manchado de grasa.* **2** Pieza que hace más fuerte la parte del trasero en las prendas de vestir: *su madre le remendó el pantalón y le puso unas culeras.* **3** Mancha o desgaste en las prendas de vestir por la parte que cubre el trasero: *este pantalón está tan viejo, que le ha salido ~.*

cu·li·na·⌐rio, ⌐ria |kulinário, ria| ***adj.*** *form.* De la cocina o que tiene relación con ella: *no dedico mucho tiempo a las tareas culinarias; tiene un gran interés por la técnica culinaria.*

cul·mi·na·ción |kulminaθión| ***f.*** Acción y resultado de llegar al punto más alto o al grado mayor: *aquella película supuso la ~ de la carrera de ese director de cine.*

cul·mi·nan·te |kulminánte| ***adj.*** Que ha llegado al punto más alto, de mayor intensidad, grandeza o calidad: *el futbolista se encuentra ahora en el punto ~ de su carrera deportiva.*

cul·mi·nar |kulminár| **1** ***intr.*** Llegar al punto más alto, de mayor intensidad, grandeza o calidad: *el movimiento sinfónico alemán culminó en el periodo de Haydn y Mozart.* - **2** ***tr.*** [algo] Dar fin o terminar: *hemos culminado la tarea.*

cu·lo |kúlo| **1** ***m.*** *fam.* Parte inferior y posterior del tronco del ser humano, sobre la que descansa el cuerpo al sentarse: *la madre dio un azote en el ~ al niño.* ⇒ **trasero. 2** *fam.* Parte posterior de un animal: *este perro tiene una herida en el ~.* ⇒ **trasero. 3** *fam.* Parte de una prenda de vestir que cubre la parte inferior y posterior del tronco: *se me ha roto el ~ del pantalón.* **4** *fam.* Agujero en el que termina el *intestino y por el que se expulsan los excrementos: *al niño le pica el ~; puede que tenga lombrices.* ⇒ **ano. 5** *fam.* Parte carnosa y redondeada que, junto con otra, está situada donde acaba la espalda: *le tuvieron que poner una inyección en el ~.* ⇒ **glúteo, nalga. 6** *fam. fig.* Extremo inferior o posterior de una cosa: *el ~ del vaso es de cristal grueso.* ■ **caerse de** ~, *vulg.*, sorprenderse o admirarse mucho: *cuando te cuente con quién se casa Marisa, te vas a caer de ~.* ■ **lamer el** ~, *fam. desp.*, mostrar una admiración exagerada o decir cosas agradables para conseguir el favor de una persona: *ha conseguido el ascenso, no por su capacidad, sino porque se ha pasado un año lamiendo el ~ al jefe.*

cu·lom·bio |kulómbio| ***m.*** FÍS. Unidad de cantidad de electricidad: *el ~ es la carga que transporta un amperio cada segundo.* ⇒ **coulomb.**

cu·⌐lón, ⌐lo·na |kulón, lóna| ***adj.-s.*** *fam. vulg.* (persona) Que tiene el trasero muy grande: *el niño se ha puesto tan culón, que ya no le vienen los pantalones.*

cul·pa |kúlpa| **1** ***f.*** Falta más o menos grave: *no deberías dejar que castiguen a otro por tu ~.* **2** Responsabilidad o causa de un hecho: *Juan tiene la ~ de su divorcio; la ~ fue del chachachá.* ■ **echar la** ~, acusar de una falta: *echaron la ~ del robo a la secretaria.*

cul·pa·bi·li·dad |kulpaβiliðáᵈ| ***f.*** Cualidad de culpable: *el ladrón reconoció su ~.* ⇔ **inocencia.**

cul·pa·ble |kulpáβle| **1** ***adj.-s.*** (persona) Que ha provocado una situación o ha hecho una cosa que causa daño o mal: *tú eres el ~ de que hayamos perdido todo nuestro dinero; en este asunto no hay un solo ~.* **2** DER. Que es responsable de una falta o de un *delito: *la parte ~ deberá pagar una multa.* ⇔ **inocente.**

cul·par |kulpár| ***tr.*** [a alguien] Echar la culpa de un *delito, una falta o una mala acción: *han culpado a un inocente; culpa a sus padres de no haber recibido una educación adecuada.* ⇒ **acusar.**

cul·tis·mo |kultísmo| ***m.*** Palabra *culta que se toma prestada del latín o del *griego: *la palabra* memorándum *es un ~.* ⇒ **vulgarismo.**

cul·ti·va·ble |kultiβáβle| ***adj.*** Que se puede cultivar: *este pueblo tiene una gran extensión de terreno ~.*

cul·ti·var |kultiβár| **1** ***tr.*** [algo] Trabajar o hacer lo necesario para que la tierra produzca: *el campesino cultivaba un huerto; mi tío cultiva tomates.* **2** BIOL. Hacer que se desarrollen organismos sobre unas sustancias adecuadas: *en el laboratorio cultivan bacterias para investigarlas.* **3** Hacer que se desarrolle un ser vivo: *en esa piscina cultivan truchas.* **4** Practicar una actividad; generalmente un arte o una ciencia: *Juan cultiva la poesía.* - **5** ***tr.-prnl.*** [algo, a alguien] Poner todos los medios para mantener y mejorar un conocimiento o una relación: *los niños cultivan la memoria; conviene ~ la amistad; el objetivo de las becas es ~ la ciencia; venimos a la escuela a cultivarnos.*

cul·ti·vo |kultíβo| **1** ***m.*** Trabajo que se hace para que la tierra produzca: *el ~ de arroz en España se realiza principalmente en Valencia;* ~ **intensivo**, el que permite sacar mucho rendimiento a la tierra, no dejándola descansar: *en el ~ intensivo, la tierra se trabaja todos los años.* **2** BIOL. Trabajo que se hace para que se desarrollen organismos sobre unas sustancias adecuadas: *tenemos un ~ de bacilos en el laboratorio.*

cul·⌐to, ⌐ta |kúlto ta| **1** ***adj.*** Que tiene cultura y conocimientos: *se nota que Joaquín es una persona muy culta; es tan ~ porque ha leído mucho.* ⇔ **inculto. 2** Que se considera propio de una persona que tiene cultura: *no entiendo la novela porque el autor usa muchas expresiones cultas.* ⇔ **vulgar.** - **3 culto** ***m.*** Adoración, generalmente a lo que se considera *divino: *el ~ a Dios es característico de la Iglesia Católica; los católicos rinden ~ a Dios.* **4** Conjunto de ceremonias con que se expresa adoración: *el ~ a la Virgen del Rocío tiene una larga tradición.* **5** *p. ext.* Admiración que se siente: *los pensadores del siglo* XIX *rindieron ~ a la razón.*

cul·tu·ra |kultúra| **1** ***f.*** Resultado de cultivar los conocimientos humanos y la capacidad de la mente: *la ~ enriquece al hombre; leyendo libros se adquiere ~.* ⇔ **incultura. 2** Conjunto de conocimientos y modos de vida o costumbres que caracterizan a un pueblo o a una *época: *el antropólogo estudia la ~ de los antiguos aztecas;* ~ **popular**, conjunto de los modos de vida y las tradiciones de un pueblo: *la mayoría de los romances pertenecen a la ~ popular.*

cul·tu·ral |kulturál| ***adj.*** De la cultura o que tiene relación con ella: *han fundado una asociación ~; su nivel ~ es muy bajo.*

cul·tu·ris·mo |kulturísmo| ***m.*** DEP. Conjunto de actividades que sirven para desarrollar los músculos del cuerpo: *desde que practica ~ tiene las espaldas más anchas; los que practican ~ hacen gimnasia con pesas y siguen un régimen de comidas muy severo.*

cum·bre |kúmbre| **1** ***f.*** Parte más alta de una montaña: *los escaladores subieron hasta la ~.* ⇒ **cima. 2** Punto superior o más alto; grado mayor a que se puede llegar: *está en la ~ de su carrera como actor.* ⇒ **cima. 3** Ocasión en que se reúnen los dirigentes de naciones: *la ~ de Bruselas; se ha convocado una ~ de los ministros de economía de los países de la Unión Europea.*

cum·ple·a·ños |kumpleáɲos| ***m.*** Día en el que se celebra el nacimiento de una persona: *ayer fue el ~ de Cristina; ¿qué me vas a regalar el día de mi ~?* ⇒ **aniversario.** ◻ El plural es *cumpleaños.*

cum·pli·⌐do, ⌐da |kumplíðo, ða| **1** ***adj.*** (persona) Que hace lo que debe o es obligado por las normas sociales: *¡qué raro que no me haya felicitado Mi-*

guel, con lo ~ que es! ⇒ **cumplidor.** - **2 cumplido** ***m.*** Acción educada, atención que una persona tiene con otra: *¡cómo eres, siempre me estás haciendo cumplidos!* - **3 *adj.*** Que está acabado o completo: *el pago está ~ ya.* **4** Que es abundante o largo: *sírveme un vaso bien ~ de vino.* ■ **hacer de ~/por ~**, obrar de acuerdo con las normas sociales: *no me gusta que vengan a hacernos visitas de ~.*

cum·pli·⌐dor, ⌐do·ra |kumpliðór, ðóra| ***adj.-s.*** (persona) Que hace lo que debe o es obligado por las normas sociales: *no he conocido a una persona tan cumplidora en su trato social como Carmen; no es un hombre ~ en su trabajo.* ⇒ **cumplido.**

cum·pli·men·tar |kumplimentár| **1 *tr.*** [a alguien] Mostrar educación y atenciones: *en el día de su cumpleaños, acudió a ~ a su suegra.* **2** [algo] Hacer, llevar a efecto: *después de ~ los trámites en la aduana, recogimos nuestras maletas y salimos a buscar un taxi.*

cum·pli·mien·to |kumplimiénto| ***m.*** Acción y resultado de cumplir: *se dedicó al ~ de su trabajo diario; el ~ del deber produce satisfacción.* ⇔ **incumplimiento.**

cum·plir |kumplír| **1 *tr.*** [algo] Hacer, llevar a efecto: *tenemos que ~ nuestro deber; el rey cumplirá la promesa que hizo.* - **2 *tr.-prnl.*** Llenar o completar un tiempo determinado: *hoy cumple veinte años; mañana se cumplirá un mes de la inauguración de este comercio.* - **3 *intr.*** [con algo/alguien] Hacer lo que se debe o lo que es obligado: *debes ~ con tus amigos; cumplió con su obligación.* **4** Llegar al momento en que termina una obligación o un periodo de tiempo determinado: *esta letra cumplirá el catorce de mayo.* - **5 cumplirse *prnl.*** Ocurrir o tener lugar: *se cumplió la profecía de la bruja.* ■ **por ~**, sólo por educación: *hice la visita por ~; no te he dicho que tu traje es bonito por ~, sino porque me gusta de verdad.*

cú·mu·lo |kúmulo| **1 *m.*** *form.* Gran cantidad de cosas distintas: *la crisis económica traerá consigo un ~ de problemas sociales; su cabeza era un ~ de ideas desordenadas.* **2** Nube blanca, de forma redonda que no produce lluvias: *los cúmulos tienen la parte inferior plana y la superior en forma de cúpula.*

cu·na |kúna| **1 *f.*** Cama pequeña con bordes altos en la que duermen los niños pequeños: *el niño está durmiendo en la ~.* **2** *fig.* Lugar de nacimiento de una persona: *Alcalá es la ~ de Cervantes.* **3** *fig.* Conjunto de personas que pertenecen a la misma familia: *Aunque nació de humilde ~, llegó a ser una personalidad en su país por sus propios méritos.* **4** *fig.* Origen o principio: *Mesopotamia fue una ~ de la civilización.* ■ **conocer desde la ~**, tener trato con una persona desde pequeña: *sé cuál es el carácter de Elena, la conozco desde la ~.*

cun·dir |kundír| **1 *intr.*** *fig.* Progresar en el desarrollo de un trabajo: *si me cunde mi trabajo, te ayudaré con el tuyo; estoy muy preocupada, por eso no me ha cundido nada la tarea de hoy.* **2** *fig.* Aumentar el volumen: *los fideos cunden mucho al cocerse.* ⇒ **crecer, multiplicar.** **3** *fig.* Extenderse una cosa que no es material: *la noticia del fraude cundió con mucha rapidez y todo el mundo se enteró.*

cu·ne·ta |kunéta| ***f.*** Hueco que hay a los lados de los caminos y que recoge el agua de lluvia: *el motorista derrapó y fue a parar a la ~.*

cu·ña |kúɲa| **1 *f.*** Pieza de madera o metal que acaba en ángulo agudo y que se mete entre un hueco o entre dos cosas: *metí una ~ bajo una de las patas de la mesa para que no se moviera.* ⇒ **calza, calzo.** **2** Recipiente de plástico que sirve para recoger los excrementos de los enfermos que no pueden moverse de la cama: *la enfermera puso una ~ a un anciano que llevaba tres meses en la cama.* **3** Espacio de poco tiempo dedicado a la *publicidad en la radio y la televisión: *en el canal seis ponen demasiadas cuñas.* **4** Conjunto de presiones que causan cambios en la atmósfera al entrar en una zona de presiones distintas: *en el mapa del tiempo se puede observar una amplia ~ de altas presiones.* **5** *fig.* Influencia que se consigue a través de una persona importante: *si no fuera por la ~, no estaríamos trabajando en el Ministerio.*

cu·ña·⌐do, ⌐da |kuɲáðo, ða| ***m. f.*** Hermano o hermana de la persona con la que se está casado: *tengo dos cuñadas y un ~ porque mi marido tiene dos hermanas y un hermano; pasamos el fin de semana con mi ~ y mis sobrinos.* ⇒ **hermano.**

cu·ño |kúɲo| **1 *m.*** *Molde que se usa para grabar monedas y otros objetos redondos de metal: *los arqueólogos han encontrado un ~ de los tiempos de Carlos I.* ⇒ **troquel.** **2** Impresión o señal que deja este *molde: *observó con cuidado el ~ de la moneda.* **3** *fig.* Carácter diferente o particular: *el estilo muestra el ~ del autor.* ⇒ **sello.**

cuo·ta |kuóta| **1 *f.*** Cantidad de dinero que se paga por pertenecer a una organización: *han subido la ~ del club de golf.* **2** Parte fija y proporcional de un todo: *la ~ que corresponde a cada socio son 4000 pesetas.* ⇒ **cupo.**

cu·plé |kuplé| ***m.*** Canción corta y ligera que suele cantarse en los teatros: *la cantante dedicó un ~ a los soldados que partían para la guerra.* ☖ El plural es *cuplés.*

cu·ple·tis·ta |kupletísta| ***f.*** Mujer que se dedica a cantar *cuplés: *las cupletistas tenían fama de tener una moral relajada.*

cu·po |kúpo| ***m.*** Parte fija y proporcional de un todo: *la Unión Europea estableció un ~ de producción de un millón de toneladas de azúcar.* ⇒ **cuota.**

cu·pón |kupón| ***m.*** Parte de un documento que tiene un valor determinado: *si reúnes diez cupones de los que vienen en los paquetes de arroz, te darán a cambio una muñeca; tengo un ~ de lotería en el que juego 100 pesetas.*

cú·pu·la |kúpula| **1 *f.*** ARQ. Techo con forma de media esfera que cubre un edificio: *hay una veleta sobre la ~ de la iglesia.* ⇒ **bóveda.** **2** *fig.* Conjunto de personas que dirigen un organismo: *en esta fiesta se encuentra la ~ de la nueva empresa coreana; todavía no se ha decidido quiénes compondrán la ~ del partido.*

cu·ra |kúra| **1 *m.*** Sacerdote de la Iglesia *católica: *el ~ dirá una misa a las cinco de la tarde.* - **2 *f.*** Aplicación de remedios a una enfermedad, herida o daño físico o moral: *la ~ fue lenta y dolorosa.* ⇒ **curación.** 3 Tratamiento a que se somete a un enfermo para que mejore: *todos los días me visita la enfermera para hacerme una ~.* ■ **no tener ~,** *fam.*, no poder corregirse, no tener remedio: *este niño es cada día más malo, no tiene ~.*

cu·ra·ción |kuraθión| **1** *f.* Recuperación de la salud: *esta enfermedad tiene ~.* **2** Aplicación de remedios a una enfermedad, herida o daño físico o moral: *las curaciones de la medicina natural pueden ser muy efectivas.* ⇒ **cura.**

cu·ra·⌈dor, ⌈do·ra |kuraðór, ðóra| **1** *adj.-s.* Que tiene la capacidad de devolver la salud o curar: *encontraron la sustancia curadora en la selva.* **- 2** *m. f.* DER. Persona encargada de cuidar de los bienes o negocios de un menor o de una persona que no puede hacerlo por sí misma: *al morir los padres, el juez nombró un ~, para que se hiciera cargo de los bienes del niño.*

cu·ran·de· ro, ⌈ra |kurandéro, ra| *m. f.* Persona que cura a través de métodos naturales o de la magia: *fue una curandera, y no un médico, quien me arregló la rotura del brazo; el ~ le ha dicho que tome unas hierbas y le desaparecerá el dolor.*

cu·rar |kurár| **1** *intr.-prnl.* Sanar; recuperar la salud: *Elena se ha curado muy pronto; el enfermo curó de la enfermedad.* **- 2** *tr.* [algo, a alguien] Aplicar remedios a una enfermedad, herida o daño físico o moral: *el médico le curó las heridas; curaban a los soldados; el tiempo todo lo cura.* **3** [algo] Tratar o preparar, especialmente las pieles para hacerlas flexibles y útiles: *curaban las pieles de los carneros y hacían con ellas botas y otros objetos.* ⇒ **curtir. 4** Secar, especialmente los alimentos para que se conserven mucho tiempo: *con el aire de la sierra se curan muy bien los jamones.* ■ **curarse en salud**, tomar medidas para prevenir un daño o mal: *en vez de arrepentirte después, cúrate en salud y estudia ahora.*

cu·ra·ti·⌈vo, ⌈va |kuratíβo, βa| *adj.* Que sirve para curar: *probó varios métodos curativos, pero no le fueron bien.*

cur·da |kúrða| *f. fam.* Estado en el que se pierde el control a causa del consumo excesivo de alcohol: *¡menuda ~ lleva ése!: va chocando con las paredes.* ⇒ **borrachera.**

cu·ria |kúria| **1** *f.* Conjunto de oficinas que llevan los asuntos de la Iglesia: *los intereses del Imperio se oponían a menudo a los de la ~ romana.* **2** Conjunto de abogados y de personas empleadas en la administración de justicia: *la ~ del rey redactó las leyes.*

cu·rio·se·ar |kurioseár| **1** *intr.-tr.* [algo] Intentar enterarse de las cosas de los demás mirando donde no se debe: *Lucía ha estado curioseando en mi cajón para enterarse de cuánto dinero cobro; ¿qué haces curioseando en la habitación de tu prima?* **- 2** *intr.* Mirar sin verdadero interés: *no voy a comprar nada, sólo estoy curioseando para ver si encuentro algo que me guste.*

cu·rio·si·dad |kuriosiðáᵈ| **1** *f.* Interés de conocer una cosa: *sentimos ~ por saber cuál es la edad de nuestro jefe; le contaron una historia de fantasmas que despertó su ~ por los relatos de terror.* **2** Interés por enterarse de las cosas de los demás: *siente una tremenda ~ por saber quién es el nuevo novio de Teresa; tu ~ te va a causar problemas.* **3** Objeto extraño o raro: *te voy a enseñar una ~ que me ha traído Domingo de la India; le compré el regalo en una tienda de curiosidades.*

cu·rio·⌈so, ⌈sa |kurióso, sa| **1** *adj.-s.* (persona) Que tiene interés por enterarse de las cosas de los demás: *no seas tan curiosa queriéndote enterar de la vida de tus vecinos; nuestro tío es muy ~, pues siempre anda preguntando con quién salimos.* **- 2** *adj.* Que es extraño o raro: *es muy ~ que a este niño no le guste el chocolate; Carlos es una persona de costumbres curiosas.* **3** (persona) Que tiene interés de conocer una cosa: *estamos curiosos por saber cómo acabó aquella aventura.* **4** *fam.* Que es o está limpio: *Doña Sole es una señora muy curiosa en su aseo personal; ¡siempre tienes la cocina muy curiosa!*

cu·rran·te |kuřánte| *adj.-com. fam. vulg.* (persona) Que trabaja o *curra: *yo soy un ~ y necesito trabajar para vivir.*

cu·rrar |kuřár| *intr. fam. vulg.* Ocuparse en un oficio o profesión: *llevo toda la vida currando en esta fábrica.* ⇒ **currelar, trabajar.**

cu·rre·lar |kuřelár| *intr. fam. vulg.* ⇒ **currar.**

cu·rrí·cu·lo |kuříkulo| **1** *m.* Conjunto de estudios que deben seguirse para conseguir un título *académico: *en el nuevo ~ escolar se da mucha importancia a la enseñanza de lenguas extranjeras.* **2** Relación de *datos personales, títulos y trabajos hechos por una persona: *tienes que presentar una solicitud de empleo y una copia de tu ~; Antonio tiene un ~ muy brillante.* ⇒ **currículum.**

cu·rrí·cu·lum |kuříkulum| *m.* Relación de *datos personales, títulos y trabajos hechos por una persona: *tienes que presentar una solicitud de empleo y una copia de tu ~; Antonio tiene un ~ muy brillante.* ⇒ **currículo.** ⌂ Se usa también *currículum vitae*. El plural es *currícula* o *currículos*. No se debe decir *currículums*.

cu·rro |kúřo| *m. fam.* Oficio o profesión: *ha encontrado ~ como vigilante en un almacén.* ⇒ **trabajo.**

cur·sar |kursár| **1** *tr.* [algo] Estudiar una materia: *este año ha cursado primero de francés y segundo de inglés en la Escuela Oficial de Idiomas; hay carreras que no se pueden ~ en la Universidad de Alcalá.* **2** Enviar o dar curso a un documento u orden: *el coronel cursó la orden de que nadie saliera del cuartel; se ha cursado el expediente con la máxima urgencia.* ⌂ Es incorrecto su uso por los verbos *correr* o *regir*.

cur·si |kúrsi| *adj.-com. fam.* (persona) Que intenta ser elegante sin conseguirlo: *¡qué chico tan ~, no lo aguanto!; María es tan ~, que siempre lleva un lazo blanco en el pelo; la decoración del salón pretende ser refinada, pero resulta ~ y ridícula.*

cur·si·la·da |kursiláða| *f.* Obra, dicho o cosa *cursi: *no me gustan las películas románticas: me parecen una ~.*

cur·si·le·rí·a |kursilería| **1** *f.* Cualidad de *cursi: *lo que más me molesta de ella es su ~ y las ñoñerías* *que hace.* **2** Obra o dicho que es *cursi: *cuando escribe, sólo cuenta cursilerías.*

cur·si·llo |kursíʎo| ***m.*** Curso de poca duración sobre una materia determinada: *estoy siguiendo un ~ de 30 horas sobre jardinería; se ha organizado un ~ sobre nutrición en el que han participado varias personalidades.*

cur·si·va |kursíβa| ***f.*** Letra inclinada o que se une mucho al carácter o a la letra siguiente, por lo que parece haberse escrito con rapidez: *este ejemplo está en ~.* ⇒ **itálico.**

cur·si·ʳvo, ʳva |kursíβo, βa| ***adj.*** (carácter, letra) Que está inclinada o se une mucho al carácter o a la letra siguiente por lo que parece haberse escrito con rapidez: *tiene una letra muy cursiva y es difícil leerla.*

cur·so |kúrso| **1** ***m.*** Parte del año dedicada a unas actividades, especialmente de enseñanza: *en mi facultad, el ~ empieza en septiembre y acaba en junio.* **2** Estudio o serie de *lecciones: *me he apuntado a un ~ de informática; Luis ha hecho un ~ de fotografía.* **3** Libro o tratado: *he comprado un ~ de inglés muy prestigioso; ~ de lingüística general.* **4** Conjunto de personas de un mismo grado de estudios: *todos esos chicos son del ~ de mi hijo mayor.* **5** Camino que se sigue: *siguiendo el ~ del río se encuentra un molino; su decisión interrumpió el ~ de los acontecimientos.* ⇒ **evolución.**

cur·sor |kursór| **1** ***m.*** INFORM. Señal *luminosa que indica una posición en una pantalla, generalmente de un *ordenador: *el ~ parpadea y se coloca delante del último carácter escrito.* **2** Pieza pequeña que se desliza a lo largo de otra mayor: *movía el ~ de la regla de cálculo con rapidez.*

cur·ti·ʳdor, ʳdo·ra |kurtiðór, ðóra| ***m. f.*** Persona que se dedica a trabajar o *curtir las pieles: *compró el chaquetón de piel a un ~ que trabaja muy bien.*

cur·tir |kurtír| **1** ***tr.*** [algo] Trabajar las pieles para fabricar objetos con ellas: *la chaqueta está hecha con piel que han curtido previamente.* **2** ***tr.-prnl.*** *fig.* Ponerse dura la piel de las personas por estar al aire y al sol: *el sol ha curtido el cutis de la campesina.* **3** *fig.* Hacerse a la vida dura y a los sufrimientos: *Alfonso ha vivido muchas penalidades y se ha ido curtiendo poco a poco.*

cur·va |kúrβa| **1** ***f.*** Línea que no es recta en ninguna de sus partes: *una ~ está formada por arcos de circunferencias; ~* **cerrada**, la que vuelve al punto de partida: *la circunferencia es una ~ cerrada.* **2** Objeto que tiene esta forma: *una ~ en la carretera; esta ~ representa las temperaturas de los últimos meses; ~* **cerrada**, parte de una carretera o camino que se desvía mucho de la recta cambiando mucho la dirección de la *marcha: *el automóvil entró a demasiada velocidad en la ~ cerrada y se salió de la carretera.* ☐ Se utiliza frecuentemente con los verbos *coger* o *tomar.*

cur·var |kurβár| ***tr.-prnl.*** [algo] Torcer; dar forma curva: *¿cómo has conseguido ~ la cucharilla?; el disco se ha curvado y ahora está inservible.* ⇒ **doblar.**

cur·va·tu·ra |kurβatúra| ***f.*** Desvío de una dirección recta: *la ~ de las columnas de algunos templos griegos trata de compensar los defectos de la visión humana.*

cur·vi·lí·ne·ʳo, ʳa |kurβilíneo, a| ***adj.*** Que está formado por líneas curvas: *el perfil de este automóvil es ~.* ⇔ **rectilíneo.**

cur·ʳvo, ʳva |kúrβo, βa| ***adj.-f.*** Que no es recto en ninguna de sus partes: *la carretera hace una línea curva al llegar al pueblo.*

cus·cu·rro |kuskúr̄o| ***m.*** Parte del pan más dura que corresponde al extremo de la pieza: *el niño cogió un ~ de pan y un poco de chocolate.*

cus·cús |kuskús| ***m.*** Comida *árabe que se hace con pasta de trigo y carne a la que se añaden diferentes verduras: *cuando fuimos a Marruecos probamos el ~.* ☐ El plural es *cuscús.*

cús·pi·de |kúspiðe| **1** ***f.*** *form.* Cumbre de una montaña: *¿seremos capaces de alcanzar la ~ del monte?; en invierno la ~ de las montañas está cubierta de nieve.* **2** *form. fig.* Momento cumbre de un proceso o de una actividad: *el pintor murió en la ~ de su carrera.* ⇒ **apogeo. 3** *form.* Extremo superior de una cosa, generalmente acabado en punta: *aquel edificio tiene una ~ de hierro.*

cus·to·dia |kustóðia| **1** ***f.*** Acción y resultado de guardar y vigilar o *custodiar: *si deja las joyas en consigna, el hotel se encargará de su ~.* **2** Persona o grupo de personas que vigila a un *preso: *una ~ acompañó al prisionero en su traslado de la comisaría a la cárcel.* **3** REL. Objeto de material precioso en que se expone el Santísimo Sacramento para que lo adoren los cristianos: *la ~ de la catedral es de oro y plata.*

cus·to·diar |kustoðiár| ***tr.*** *form.* [algo] Guardar y vigilar con cuidado: *la policía custodia la casa del político las 24 horas del día.* ☐ Se conjuga como 12.

cu·tá·ne·ʳo, ʳa |kutáneo, a| ***adj.*** Del *cutis o que tiene relación con él: *fue al dermatólogo porque tenía una erupción cutánea.*

cu·tí·cu·la |kutíkula| **1** ***f.*** ANAT. Piel que rodea la base de la uña: *fui a la manicura para que me arreglase la ~.* **2** ANAT. Capa exterior de la piel de los vertebrados y de los invertebrados: *la quemadura no fue grave, se quemó sólo la ~.* ⇒ **epidermis.**

cu·tis |kútis| ***m.*** Piel de la cara de las personas: *esta crema suaviza mucho el ~; las mujeres tienen el ~ terso.* ☐ El plural es *cutis.*

cu·tre |kútre| **1** ***adj.*** Que es pobre o *barato; que tiene un mal aspecto exterior: *entramos a tomar un refresco en un bar muy ~.* **2** (persona) Que no gusta de gastar dinero; que intenta gastar lo menos posible: *nos dijo que nos iba a invitar a cenar y el muy ~ solo nos dio un sándwhich.* ⇒ **tacaño.**

cu·ʳyo, ʳya |kuyo, ya| **1** ***pron. relat. pos.*** Indica una relación de *posesión: *el hombre cuya casa vimos es el ministro; mi hermano, cuyos hijos estudian contigo, ha salido de viaje.* ☐ Coincide en género y número con el sustantivo al que acompaña. Puede llevar preposición si la necesita: *en un lugar de la Mancha, de ~ nombre no quiero acordarme; el amigo a cuya casa me dirijo, está enfermo.* **- 2 cuyo *m.*** *fam.* Amante de una mujer: *no sé quién es su ~.*

D

D, d 1 ***f.*** Letra que en el alfabeto español sigue a la *c*: *la palabra* dedo *empieza por* ~. **2** Letra que representa el valor de 500 en la numeración *romana: *los romanos escribían* D *para 500.* ⌂ En esta acepción se escribe con mayúscula.

da·ca |dáka| ■ **toma y ~**, *fam.*, expresión con la que se indica que una cosa se hace de manera repetitiva entre dos partes: *la primera media hora de juego fue un toma y daca de ambos equipos.*

dac·ti·lar |da^{k}tilár| ***adj.*** *form.* De los dedos o que tiene relación con ellos: *el policía tomó las huellas dactilares al sospechoso.* ⇒ **digital.**

dac·ti·lo·gra·fí·a |da^{k}tiloɣrafía| ***f.*** Técnica de escribir con máquina: *se precisa una persona que sepa ~ para la oficina.* ⇒ **mecanografía.**

dac·ti·ló·gra·⌜fo, ⌜fa |da^{k}tilóɣrafo, fa| ***m. f.*** Persona que se dedica a escribir a máquina: *el ~ lo copió todo rápidamente.* ⇒ **mecanógrafo.**

dá·di·va |dáðiβa| ***f.*** *form.* Cosa que se regala o se concede: *el rey le ofreció dádivas valiosas para premiar su lealtad.* ⇒ **don, obsequio.**

da·di·vo·⌜so, ⌜sa |daðiβóso, sa| ***adj.-s.*** *form.* (persona) Que es generoso o inclinado a hacer *dádivas: *es excesivamente ~ y pronto acabará con su fortuna.*

da·do |dáðo| ***m.*** Pieza cúbica en cuyas caras hay dibujados puntos, de uno hasta seis, y que se usa en juegos de azar: *los dados suelen ser blancos y llevan los puntos negros; tiré los dados y saqué un cuatro; ¿sabes jugar a los dados?* ■ **~ que**, expresión que indica la causa o razón por la que ocurre una cosa: *~ que no hay hotel, nos iremos a una pensión.* ■ **ser muy ~**, sentir tendencia o inclinación: *mi tío es muy ~ a las hierbas medicinales.*

da·ga |dáɣa| ***f.*** Arma blanca de hoja corta, parecida a la espada: *con una mano sujetaba un escudo y con la otra una ~.*

da·lia |dália| **1** ***f.*** Flor de jardín con el centro amarillo y abundantes *pétalos con forma circular y de varios colores: *el jarrón está adornado con dalias y rosas; la ~ tiene un colorido muy variado pero no huele.* **2** Planta de hojas ovaladas que da esa flor: *las dalias son originarias de América Central.*

dál·ma·ta |dálmata| **1** ***adj.*** De Dalmacia o que tiene relación con Dalmacia: *los arqueólogos descubrieron dos tumbas dálmatas.* **- 2** ***com.*** Persona nacida en Dalmacia o que vive habitualmente en Dalmacia: *los antiguos dálmatas vivían bajo el dominio del Imperio Romano.* **- 3** ***adj.-com.*** (perro) Que pertenece a una raza de tamaño mediano y con el pelo corto blanco con manchas negras: *quiero comprar un cachorro de ~.*

dal·tó·ni·⌜co, ⌜ca |daltóniko, ka| ***adj.-s.*** MED. Que padece un defecto en la vista y no puede distinguir ciertos colores: *los daltónicos confunden el marrón y el verde.*

dal·to·nis·mo |daltonísmo| ***m.*** MED. Defecto de la vista que consiste en no poder distinguir ciertos colores: *el ~ se debe a la falta de uno de los tres receptores de color de la retina.*

da·ma |dáma| **1** ***f.*** Mujer distinguida, especialmente la de buena educación y clase social alta: *varias damas presidieron la entrega de premios; Julia sabe comportarse como una ~;* **~ de honor,** mujer que acompaña a otra mujer principal o que ocupa un lugar menos importante en una ceremonia o una fiesta: *la reina de las fiestas iba acompañada de sus damas de honor;* **primera ~**, mujer que está casada con un jefe de Estado o de gobierno: *la primera ~ del país preside una asociación benéfica.* **2** Mujer que sirve a una reina o *princesa: *la reina mandó llamar a todas sus damas.* **3** Mujer amada por un hombre: *Dulcinea era la ~ de don Quijote.* **4** Pieza del *ajedrez que puede moverse en cualquier dirección tantas *casillas como se quiera: *voy ganando, me he comido a la ~.* ⇒ **reina. - 5 damas** ***f. pl.*** Juego en el que se usan *fichas redondas, blancas y negras, y un tablero de cuadros blancos y negros, y que consiste en hacer perder sus *fichas al contrario: *Adolfo juega muy bien a las damas.*

da·mas·qui·⌜no, ⌜na |damaskíno, na| **1** ***adj.*** De Damasco o que tiene relación con Damasco: *las telas damasquinas eran muy apreciadas.* **- 2** ***adj.-f.***

DÁLMATA

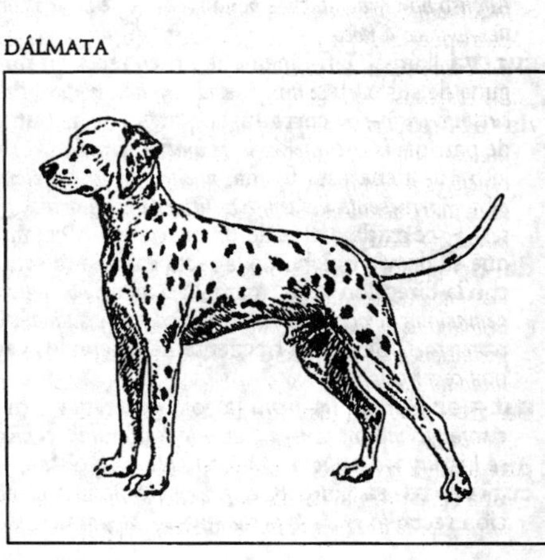

(arma blanca) Que tiene buen temple y un acero bonito: *me enseñó una damasquina muy antigua.*

dam·ni·fi·ca·⌜do, ⌜da |da^mnifikáðo, ða| ***adj.-s.*** *form.* (persona) Que ha sufrido un daño: *se recogerá dinero para ayudar a los damnificados por el terremoto; el ~ por el incendio no tiene casa donde vivir.*

dam·ni·fi·car |da^mnifikár| ***tr.*** [a alguien] Causar daño: *sin querer hemos damnificado a nuestros compañeros.* ◯ Se conjuga como 1.

da·⌜nés, ⌜ne·sa |danés, nésa| **1** ***adj.*** De Dinamarca o que tiene relación con Dinamarca: *la bandera danesa es roja y blanca; nos atendió en el avión una azafata danesa.* **- 2** ***m. f.*** Persona nacida en Dinamarca o que vive habitualmente en Dinamarca: *en la clase de español hay tres suecos y cinco daneses.*

dan·tes·⌜co, ⌜ca |dantésko, ka| **1** ***adj.*** (imagen, situación) Que causa horror o asusta enormemente: *al llegar a la ciudad bombardeada, contemplaron un espectáculo ~.* **2** LIT. De Dante o que tiene relación con Dante: *la influencia dantesca en la literatura posterior fue muy grande.*

dan·za |dánθa| **1** ***f.*** Acción y técnica de bailar: *la ~ es una de sus grandes aficiones; la sardana es la ~ de Cataluña; cuando era pequeña estudió solfeo y ~.* **2** *fam. fig.* Asunto sospechoso o que tiene mal aspecto: *yo no quiero saber nada de esa ~.* ■ **estar en ~**, *fam.*, ir de un lado para otro; estar haciendo cosas en continuo movimiento: *estoy en ~ desde las ocho de la mañana.*

dan·zar |danθár| **1** ***intr.-tr.*** [algo] Mover el cuerpo siguiendo el ritmo de la música: *¡qué bien danzan Alberto y Elisa!; el grupo regional danzó jotas y sevillanas.* ⇒ **bailar. - 2** ***intr.*** *fam.* Ir de un lado a otro: *Raúl siempre está danzando de aquí para allá y no hace nada serio.* **3** *fam. fig.* Meterse en un asunto: *y ahora, ¿en qué danzas?* ◯ Se conjuga como 4.

dan·za·⌜rín, ⌜ri·na |danθarín, rína| ***m. f.*** Persona que baila: *Alfredo siempre ha sido un buen ~; estábamos sentados observando al grupo de danzarines.* ⇒ **bailarín.**

da·ñar |daɲár| **1** ***tr.-prnl.*** [algo, a alguien] Causar mal o dolor: *se ha caído del columpio y se ha dañado una pierna; tus palabras la dañaron mucho.* **2** [algo] Estropear o dejar en mal estado: *la fruta se ha dañado un poco al caer del árbol; las heladas han dañado las cosechas.*

da·ñi·⌜no, ⌜na |daɲíno, na| ***adj.*** Que causa daño: *algunos alimentos, tomados de noche, son dañinos; el conejo es un animal ~ para los cultivos; ha debido tomar una sustancia dañina, por eso le duele el estómago.* ⇒ **dañoso.**

da·ño |dáɲo| **1** ***m.*** Mal, desgracia o pérdida: *aquellas fotografías causaron un grave ~ a su reputación; la inundación ha provocado tremendos daños en varias poblaciones.* ⇒ **perjuicio. 2** Dolor o molestia: *me he dado un golpe en la rodilla y me he hecho mucho ~.*

da·ño·⌜so, ⌜sa |daɲóso, sa| ***adj.*** Que causa daño: *fumar es ~ para la salud.* ⇒ **dañino.**

dar |dár| **1** ***tr.*** [algo; a alguien] Hacer pasar a otro una cosa propia: *me dio su chaqueta para que no pasara frío; te daré un libro.* ⇒ **donar, regalar. 2** Poner en las manos o al alcance: *le di las llaves al portero para que abriera la casa; dame ese libro, por favor.* **3** Poner una idea o información al alcance de una persona: *¿quién te dio esta idea?; el bibliotecario me dio toda la información.* **4** Hacer tener un estado o cualidad; hacer experimentar un efecto; permitir o dejar que lo tenga: *no te he dado permiso; este amuleto me da suerte; espero que los niños no te hayan dado problemas.* **5** [algo; a alguien] Pagar a cambio: *¿cuánto me daría por este collar?* **6** [algo] Realizar una acción: *dimos un paseo por el río; se dieron muchos besos; dio un golpe en la mesa con el puño.* **7** Producir o ser origen: *la higuera da higos y brevas; el Sol da luz y calor a la Tierra.* **8** Ofrecer o celebrar: *dio una fiesta estupenda; el escritor dará una conferencia en el Ateneo; don Emilio da clase los lunes.* **9** Sonar o hacer sonar las horas, especialmente el reloj: *están dando las doce; el reloj ha dado las siete.* **10** Abrir el paso de conductos: *~ la luz; ~ el agua.* **- 11** ***tr.-prnl.*** [algo, a alguien; por algo] Considerar o *declarar en cierta situación o estado: *el director dio por terminado el curso; el profesor ha dado la lección por explicada.* ◯ Se usa seguido de un complemento y un participio precedido por la preposición *por.* **- 12** ***intr.*** [con/contra/en algo/alguien] Pegar; encontrarse una cosa en movimiento con otra: *el tiro dio en el blanco; el viento nos daba en la cara; el coche perdió el control y dio contra un árbol.* **13** [a/en/sobre algo] Mirar una cosa hacia un punto: *la fachada da al norte; tu ventana da sobre el mar.* **14** Ser causa de lo que expresa el verbo del complemento: *su acción dio mucho que hablar; pórtate bien y no des que hacer a tus tíos.* ◯ Se usa seguido de *que* y un infinitivo. **- 15 darse** ***prnl.*** [a algo/alguien] Entregarse, dejar la resistencia que se hacía: *cuando perdió a su mujer, Juan se dio a la bebida.* **16** Ocurrir, existir: *se da el caso de que ellos están casados.* **17** Producirse los frutos de la tierra: *aquí se dan bien las patatas.* ◯ Se conjuga como 68. ■ **ahí me las den todas**, *fam.*, expresión que indica que no es importante una desgracia cuando afecta a los demás: *cuando se enteró de que habían expulsado a todos sus compañeros menos a él, dijo: «ahí me las den todas».* ■ **¡dale!/¡dale que dale!/¡dale que te pego!**, *fam.*, indica fastidio o enfado ante la repetición de una cosa pesada: *¡dale!, tú sigue pidiendo dinero; y la niña, dale que te pego con la cancioncita.* ■ **~ a conocer**, hacer notar o hacer saber: *bien dio a conocer que era hijo de su padre.* ■ **~ a entender**, apuntar una cosa o idea sin explicarla con claridad: *no lo dijo expresamente, pero dio a entender que se presentaría a las próximas elecciones.* ■ **~ a luz**, expulsar la hembra el feto que tiene en su vientre: *la perra dio a luz tres hermosos cachorros.* ⇒ **parir.** ■ **~ con**, encontrar: *no dimos con la agenda por mucho que la buscamos.* ■ **~ de sí**, hacerse más ancho o grande; tener más capacidad: *su hermano mayor se puso el jersey y lo dio de sí; su inteligencia no da más de sí.* ■ **para ~ y tomar**, mucho, en gran cantidad: *tenemos comida para ~ y tomar.*

dar·do |dárðo| **1** ***m.*** Arma pequeña y ligera acabada en punta que normalmente se tira con una mano: *ha lanzado el ~ al centro de la diana.* **2** *fig.* Expresión dicha con mala intención: *cada frase que sale de su boca es un ~ contra mí; respondió a los dardos del orador con gritos e insultos.*

dár·se·na |dársena| ***f.*** MAR. *Puerto artificial resguardado de las corrientes, para embarcar y *desembarcar cómodamente: *los camiones no podían llegar a las dársenas a cargar las mercancías.*

da·tar |datár| **1** ***intr.*** Existir desde un momento determinado; haber sido hecho en un momento determinado: *los mosaicos datan de 1150; ¿de qué siglo data este manuscrito?* ☐ Se usa seguido de la preposición *de.* **- 2** ***tr.*** [algo] Determinar la fecha en que ocurre o se hace una cosa; poner una fecha: *la escultura no ha podido ser datada con exactitud.*

dá·til |dátil| **1** ***m.*** Fruto comestible de ciertas *palmeras, alargado, de color marrón y de sabor muy dulce: *el ~ tiene un hueso recorrido por un surco; en casa comemos dátiles en Navidad.* **2** *fam.* Parte extrema de la mano o del pie de los vertebrados, *excepto de los peces: *¡no metas los dátiles en la ensalada!* ⇒ **dedo.**

da·to |dáto| ***m.*** Hecho o información concreta que permite llegar al conocimiento exacto de las cosas: *no tengo datos suficientes para poder saber dónde vive; no aceptaron su solicitud por falta de datos; con este ~ debes ser capaz de solucionar el problema de álgebra.*

de |de| **1** ***prep.*** Indica una relación de pertenencia: *casa ~ mi padre; árboles del jardín.* **2** Indica la materia de la que está hecha una cosa: *un vestido ~ raso; una mesa ~ madera.* **3** Indica lo que contiene: *hemos comprado unos vasos ~ vino; un plato ~ sopa.* **4** Indica la utilidad o fin: *unas tijeras ~ podar; la tarjeta ~ crédito.* **5** Indica la materia o asunto que se trata: *necesito un libro ~ historia; están hablando ~ negocios.* **6** Indica la naturaleza, condición o carácter: *es un hombre ~ valor, ~ ideas fijas.* **7** Indica que se toma una parte entre las que forman alguna cosa o cantidad: *diez ~ los reunidos aceptaron; dame un poco ~ agua.* **8** Indica el origen y punto en el que se empieza; desde: *salir ~ casa; estoy en casa todos los días ~ ocho a doce ~ la noche; mi padre es ~ Madrid; ~ Alcalá a Guadalajara hay 30 kilómetros; se deduce ~ sus palabras; ~ aquella discusión partieron todos los problemas.* **9** *p. ext.* Indica la causa o razón por la que se produce una cosa: *temblar ~ miedo; me muero ~ risa; enfermar ~ cáncer.* **10** Indica el modo: *caer ~ espaldas; la encontré ~ casualidad; ~ un salto.* **11** Indica el tiempo en que ocurre una cosa: *nunca salgo ~ noche; ~ niño jugaba con una pelota; es la hora ~ comer.* **12** Indica que una persona o cosa pertenece a una clase o especie: *la ciudad ~ Cádiz; el mes ~ noviembre; la calle ~ Alcalá.* **- 13** ***f.*** Nombre de la letra *d*: *dado se escribe con dos des.*

de·am·bu·lar |deambulár| ***intr.*** *form.* Ir de un lugar a otro, sin un fin determinado: *deambulaba por las calles sin saber qué hacer; he visto a tu perro deambulando por el parque.* ⇒ **vagabundear, vagar.**

de·am·bu·la·to·rio |deambulatório| ***m.*** ARQ. Pasillo circular o nave que rodea por detrás el altar mayor de algunas iglesias: *la vidriera del ábside ilumina el ~.*

de·án |deán| ***m.*** Religioso que *preside una comunidad de religiosos cuando no está su superior: *como el obispo está de viaje, el ~ presidirá el cabildo.*

de·ba·cle |deβákle| ***f.*** Pérdida muy grave; desgracia o *desastre: *si me echan del trabajo, será una ~ para mi familia.* ⇒ **catástrofe, ruina.**

de·ba·jo |deβáxo| ***adv. l.*** En un lugar inferior o más bajo: *el libro verde está ~.* ⇔ **encima.** ☐ Cuando va delante de un nombre se une a él mediante la preposición *de*: *el brasero está ~ de la mesa.* ☐ No se debe decir *~ mía, ~ nuestro* por *~ de mí/ de nosotros.*

de·ba·te |deβáte| ***m.*** Discusión entre dos o más personas, en la que cada una defiende sus ideas: *el moderador del ~ iba dando la palabra a quienes querían hablar; han puesto en la televisión un ~ sobre cine.* ⇒ **coloquio.**

de·ba·tir |deβatír| **1** ***tr.*** [algo] Discutir dos o más personas: *después de ~ varias horas el presupuesto, llegaron a un acuerdo.* ⇒ **contender. - 2 debatirse** ***prnl.*** Luchar o poner resistencia: *el herido pasó dos horas debatiéndose entre la vida y la muerte.*

de·be |déβe| ***m.*** COM. Parte de una cuenta corriente en la que se escriben las cantidades de dinero que tiene que pagar una persona u organismo: *las cantidades retiradas de la cuenta se cargan en el ~ y los ingresos se anotan en el haber.*

de·ber |deβér| **1** ***tr.*** [algo] Estar obligado por ley moral o por necesidad física o lógica: *debemos obediencia a nuestros padres.* ⇒ **tener. 2** Estar obligado a pagar una cantidad de dinero o a dar una cosa: *debo al banco dos millones de pesetas; debe un libro a la biblioteca.* **- 3** ***aux.*** Ser posible o probable: *debe de haber llovido; no contestan al teléfono: deben de haber salido a comprar.* ☐ Se usa acompañado de *de* y un verbo en infinitivo. Es incorrecto el uso de la preposición *de* con el sentido de obligación. **- 4 deberse** ***prnl.*** [a algo] Tener por causa; ser resultado de: *el corte en el suministro de agua se debe a su escasez; el último gol se debió a un fallo del portero.* **- 5 deber** ***m.*** Obligación; cosa que una persona tiene que hacer: *el ~ de los profesores es enseñar; cuidar a los niños es ~ de los padres.* **- 6 deberes** ***m. pl.*** Trabajos o ejercicios que el estudiante hace fuera de la escuela: *el pequeño ha traído hoy muchos deberes de matemáticas; Manolito está haciendo los deberes.*

de·bi·da·men·te |deβíðamente| ***adv.*** De la manera justa, correcta o conveniente: *debe entregar este impreso, ~ rellenado, en esa ventanilla.*

de·bi·⌈do, ⌈da |deβíðo, ða| ***adj.*** Que es conveniente; que es obligado o necesario: *no pongas a la verdura más sal de la debida; con el ~ respeto, me gustaría presentar mis quejas.* ⇔ **indebido.** ■ **como es ~,** como debe ser; como conviene; según la norma: *siéntate en la silla como es ~; ajústate la cor-*

bata como es ~. ■ ~ **a**, expresión que indica la causa por la que ocurre algo: *las carreteras están cortadas ~ al mal tiempo.*

dé·bil |déβil| **1** ***adj.-s.*** Que tiene poca fuerza o poca resistencia: *todos los niños del colegio le pegan porque es un muchacho ~; se ha quedado muy ~ después de su enfermedad; tenía una base demasiado ~ para poder sujetarse.* ⇔ **fuerte. 2** Que tiene poca fuerza o resistencia moral; que tiene poco carácter: *es muy ~ y hacen de él lo que quieren; la carne es ~, así pues, no deis lugar a la tentación.* ⇒ **apocado. 3** *fig.* Que es poco intenso o poco fuerte: *dijo con una voz ~ que lo sentía mucho.* ⇔ **fuerte.**

de·bi·li·dad |deβiliðáᵈ| **1** ***f.*** Falta de fuerza o resistencia: *su ~ fue la causa del desmayo.* ⇔ **fortaleza. 2** Falta de fuerza o de ánimo; falta de firmeza en el carácter: *aprovechó un momento de ~ en él para hacerle chantaje.* ⇒ **flojedad. 3** Cariño excesivo: *no lo puedes negar, sientes ~ por tu sobrino; Rafael siente ~ por los coches de carreras.*

de·bi·li·ta·ción |deβilitaθión| ***f.*** Disminución de la fuerza física o moral: *el enfermo sufrió una gran ~ de su cuerpo y de su estado de ánimo.* ⇒ **debilitamiento.**

de·bi·li·ta·mien·to |deβilitamiénto| ***m.*** Disminución de la fuerza física o moral: *el ~ se ha debido a una mala alimentación.* ⇒ **debilitación.**

de·bi·li·tar |deβilitár| ***tr.-prnl.*** [algo, a alguien] Disminuir la fuerza física o moral: *la enfermedad me ha debilitado; la vida fácil debilita el carácter.*

dé·bi·to |déβito| ***m.*** *form.* Cantidad de dinero que se debe pagar: *ganó el juicio, pero todavía no ha saldado el ~ que ha contraído con sus abogados.* ⇒ **deuda.**

de·but |deβúᵗ| **1** ***m.*** Presentación o primera *actuación en público de una compañía teatral o de un artista: *al ~ asistieron todos sus amigos y familiares.* **2** *p. ext.* Presentación o primera *actuación en una actividad: *su ~ como profesional tuvo lugar el año pasado en la Vuelta Ciclista a España.* ☐ El plural es *debuts.*

de·bu·tan·te |deβutánte| ***adj.-s.*** Que se presenta o actúa por primera vez: *la compañía ~ hará una gira por toda España.*

de·bu·tar |deβutár| **1** ***intr.*** Presentarse o actuar por primera vez en público una compañía teatral o un artista: *debutó en el Palacio de la Ópera hace 25 años.* **2** Presentarse o actuar por primera vez en una actividad: *debutó como futbolista en la liga pasada.* **3** Ser presentada una joven en sociedad: *se está probando el vestido blanco para ~ mañana en el casino.*

dé·ca·da |dékaða| ***f.*** Periodo de tiempo formado por diez años: *en la ~ de los sesenta el hombre puso el pie en la Luna; las costumbres actuales no son iguales que las de hace una ~.* ⇒ **decenio.**

de·ca·den·cia |dekaðénθia| **1** ***f.*** Pérdida de la fuerza o de la importancia: *la novela habla de la ~ de las ciudades; la ~ del Imperio español comenzó en el siglo XVII.* ⇒ **caída. 2** Periodo de la historia o de las artes en que tiene lugar esa pérdida: *a finales del siglo XIX se vivió en España una gran ~.*

de·ca·den·te |dekaðénte| **1** ***adj.*** Que está en situación de pérdida de la fuerza o de la importancia: *los jóvenes no aceptan las ideas decadentes de la sociedad; vivimos una época ~.* ⇒ **caduco. 2** ***adj.-s.*** LIT. Que es propio de un movimiento de la literatura que se caracteriza por el excesivo cuidado en el estilo: *el estilo ~ se caracteriza por el refinamiento y los temas recargados.*

de·ca·er |dekaér| ***intr.*** Ir perdiendo la fuerza o el ánimo: *esta costumbre decayó con el paso del tiempo.* ☐ Se conjuga como 67.

de·cá·go·no |dekáγono| ***m.*** GEOM. Figura plana de diez lados: *el ~ es un polígono.*

de·ca·li·tro |dekalítro| ***m.*** Medida de capacidad que equivale a diez litros: *el símbolo del ~ es* dal.

de·cá·lo·go |dekáloγo| **1** ***m.*** Conjunto de los diez *mandamientos que, según los cristianos y los judíos, dio Dios a Moisés en el Monte Sinaí: *siguió escrupulosamente las reglas del Decálogo durante toda su vida.* ☐ En esta acepción, suele escribirse con mayúscula. **2** Conjunto de diez reglas o consejos que se consideran básicos para una actividad: *compuso un ~ fundamental para triunfar en la vida.* **3** *p. ext.* Conjunto de reglas o consejos: *fíate del ~ que te dio el profesor.*

de·cá·me·tro |dekámetro| ***m.*** Medida de longitud que equivale a diez metros: *el símbolo del ~ es* dam.

de·ca·na·to |dekanáto| **1** ***m.*** Cargo de *decano: *consiguió el ~ a una edad muy temprana.* **2** Lugar en el que está la oficina del *decano: *los horarios de los cursos y asignaturas pueden consultarse en el ~.* **3** Tiempo durante el cual un *decano ejerce su cargo: *la Facultad fue reformada durante su ~.*

de·ca·⌐no, ⌐na |dekáno, na| **1** ***adj.-s.*** (persona) Que es el más antiguo de un grupo o una comunidad: *Diego es el ~ de los periodistas deportivos.* **- 2** ***m. f.*** Persona que dirige una Facultad: *el ~ recibió a los nuevos profesores; Enrique lleva dos años como ~ de la Facultad de Filosofía y Letras.*

de·can·tar |dekantár| **1** ***tr.*** [algo] Inclinar ligeramente un recipiente sobre otro para que caiga el líquido que contiene poco a poco: *decantó la licorera sobre los dos vasos y agotó su contenido.* **- 2 decantarse** ***prnl.*** *fig.* Tomar partido o inclinarse por una tendencia o posibilidad: *el público se decantó por el equipo visitante.*

de·ca·pi·tar |dekapitár| ***tr.*** [algo, a alguien] Cortar la cabeza: *durante la Revolución Francesa muchos aristócratas fueron decapitados en la guillotina; han matado al gallo decapitándolo.* ⇒ **degollar, guillotinar.**

de·ca·sí·la·⌐bo, ⌐ba |dekasílaβo, βa| ***adj.-m.*** POÉT. (verso) Que tiene diez sílabas: del salón en el ángulo oscuro *es un verso ~ escrito por Bécquer.*

de·cat·lón |dekaᵗlón| ***m.*** Deporte formado por diez pruebas de *atletismo: *el salto de longitud y el lanzamiento de jabalina son algunas de las pruebas de que consta el ~; todas las pruebas del ~ las realiza el mismo deportista.*

de·ce·na |deθéna| ***f.*** Conjunto formado por diez

unidades: *cinco y cinco hacen una ~; he invitado a mi cumpleaños a una ~ de personas.*

de·cen·cia |deθénθia| **1** ***f.*** Manera de obrar justa y honrada: *debe portarse con ~; contestó con la ~ que se esperaba.* ⇒ **decoro.** ⇔ **indecencia. 2** Respeto a la moral, especialmente en el aspecto sexual: *viste sin ninguna ~: es una descarada.* ⇒ **decoro, pudor.** ⇔ **indecencia.**

de·ce·nio |deθénio| ***m.*** Periodo de tiempo de diez años: *el famoso pintor vivió un ~ fuera de su país; en los últimos decenios del siglo XIX se produjeron cambios sociales importantes; ¡ya llevamos casados un ~!* ⇒ **década.**

de·cen·te |deθénte| **1** ***adj.*** Que es justo y honrado: *puedes confiar en Ricardo, es una persona muy ~.* ⇔ **indecente. 2** Que está de acuerdo con la moral, especialmente en el aspecto sexual: *por favor, habla de temas más decentes.* ⇔ **indecente. 3** Que es adecuado; que está limpio y arreglado: *ponte otra ropa más ~, que vas hecho un asco; Luisa tiene la casa muy ~.* **4** Que tiene calidad *suficiente: *con este sueldo no puedo comprarme una casa ~; no se puede decir que las condiciones sean maravillosas, son sólo decentes.* ⇔ **indecente.**

de·cep·ción |deθe^{p}θión| **1** ***f.*** Sensación de desagrado que se experimenta al comprobar que una persona o cosa es o resulta peor de lo que se esperaba: *ha sufrido una gran ~ al perder esa carrera.* **2** Acción o cosa que no es o resulta como se esperaba: *fue una gran ~ no encontrarte allí.*

de·cep·cio·nar |deθe^{p}θionár| ***tr.*** [a alguien] Experimentar una sensación de desagrado al comprobar que una persona o cosa es o resulta peor de lo que se esperaba: *teníamos mucho interés en conocerlo, pero nos decepcionó con su arrogancia; ¡cómo me has decepcionado!* ⇒ **desencantar, desengañar, desilusionar.**

de·ce·so |deθéso| ***m.*** *form.* Muerte de una persona: *nos comunicaron su ~ a las dos horas.* ⇒ **defunción, óbito.**

de·cha·do |detʃáðo| ***m.*** Muestra o modelo que se imita: *ese personaje es un ~ de virtudes.*

de·ci·bel |deθiβél| ***m.*** ⇒ **decibelio.** ☐ Se usa en el Sistema Internacional. El plural es *decibeles.*

de·ci·be·lio |deθiβélio| ***m.*** Medida *relativa de intensidad *sonora que resulta de dividir en diez partes un *belio: *el símbolo del ~ es* dB; *la aguja de este instrumento marca los decibelios.* ⇒ **decibeli.**

de·ci·di·⌐do, ⌐da |deθiðíðo, ða| **1** ***adj.-s.*** Que obra con firmeza de carácter o seguridad: *estoy completamente ~ a marcharme a Australia; no es una chica decidida, le falta iniciativa.* ⇔ **indeciso. 2** Que es firme y seguro: *respondió con tono ~ que no se iría.*

de·ci·dir |deθiðír| **1** ***tr.-prnl.*** [algo] Elegir entre varias *opciones; formar un juicio definitivo sobre una *cuestión dudosa: *decídete: o te vas o te quedas; el tribunal decidió que era inocente.* **- 2** ***intr.*** Tomar o hacer tomar la determinación de hacer una cosa: *no se decidía a saltar desde el avión.*

de·ci·gra·mo |deθiɣrámo| ***m.*** Medida de masa que resulta de dividir en diez partes un gramo: *el símbolo del ~ es* dg.

de·ci·li·tro |deθilítro| ***m.*** Medida de capacidad que resulta de dividir en diez partes un litro: *el símbolo del ~ es* dl.

dé·ci·ma |déθima| **1** ***f.*** Parte que, junto con otras nueve, forma un grado del *termómetro *clínico: *el enfermo tiene unas décimas de fiebre.* **2** POÉT. Poema formado por diez versos de ocho sílabas, de los cuales riman el primero con el cuarto y el quinto, el segundo con el tercero, el sexto con el séptimo y el octavo y el último con el noveno: *los alumnos han analizado en la clase de literatura una ~.*

de·ci·mal |deθimál| **1** ***adj.*** (sistema *métrico) Que se organiza en unidades de diez elementos: *las unidades del sistema métrico ~ son múltiplos o divisores de diez.* **2** ***adj.-m.*** MAT. (número) Que es menor que un entero: *0,2 es un ~.*

de·cí·me·tro |deθímetro| ***m.*** Medida de longitud que resulta de dividir en diez partes un metro: *el símbolo del ~ es* dm; ~ **cúbico**, medida de volumen que equivale a 0,001 metros cúbicos: *un litro equivale a un ~ cúbico.*

dé·ci·⌐mo, ⌐ma |déθimo, ma| **1** ***num.*** (persona, cosa) Que sigue en orden al que hace el número nueve: *si voy después del noveno, soy el ~ de la lista.* **2** (parte) Que resulta de dividir un todo en diez partes iguales: *si somos diez para comer, me toca un ~ de tarta.* **- 3 décimo** ***m.*** Participación de un billete de *lotería: *un ~ es la décima parte de un billete de lotería; he comprado un ~ de un número que acaba en dos.*

de·ci·moc·ta·⌐vo, ⌐va |deθimo^{k}táβo, βa| ***num.*** (persona, cosa) Que sigue en orden al que hace el número 17: *si voy después del decimoséptimo, soy el ~.*

de·ci·mo·cuar·⌐to, ⌐ta |deθimokuárto, ta| ***num.*** (persona, cosa) Que sigue en orden al que hace el número 13: *si voy después del decimotercero, soy el ~.*

de·ci·mo·no·⌐no, ⌐na |deθimonóno, na| ***num.*** ⇒ **decimonoveno.**

de·ci·mo·no·ve·⌐no, ⌐na |deθimonoβéno, na| ***num.*** (persona, cosa) Que sigue en orden al que hace el número 18: *si voy después del decimoctavo, soy el ~.* ⇒ **decimonono.**

de·ci·mo·quin·⌐to, ⌐ta |deθimokínto, ta| ***num.*** (persona, cosa) Que sigue en orden al que hace el número 14: *si voy después del decimocuarto, soy el ~.*

de·ci·mo·sép·ti·⌐mo, ⌐ma |deθimosé^{p}timo, ma| ***num.*** (persona, cosa) Que sigue en orden al que hace el número 16: *si voy después del decimosexto, soy el ~.*

de·ci·mo·sex·⌐to, ⌐ta |deθimosé^{k}sto, ta| ***num.*** (persona, cosa) Que sigue en orden al que hace el número 15: *si voy después del decimoquinto, soy el ~.*

de·ci·mo·ter·ce·⌐ro, ⌐ra |deθimoterθéro, ra| ***num.*** (persona, cosa) Que sigue en orden al que hace el número 12: *si voy después del duodécimo, soy el ~.*

de·cir |deθír| **1** ***tr.*** [algo; a alguien] Expresar o comunicar por medio de palabras o de otro modo: *¿qué dice?; dice que vengamos mañana; ese libro dice que no es correcto masticar con la boca abierta; creo que el perro quiere decirnos algo.* **2** Asegurar o sostener una opinión: *dice que él no había estado nunca allí; dice que no está dispuesto a hacerlo.* **3** *fig.* Demostrar o dar *fe: *sus gestos dicen lo mucho que la quiere.* ⇒ **indicar.** - **4** ***m.*** Conjunto de palabras que se repiten siempre del mismo modo y que contienen alguna idea graciosa o inteligente: *siempre tiene un ~ para cada ocasión.* ⇒ **dicho, refrán.** - **5 decirse** ***prnl.*** Hablar mentalmente consigo mismo: *cada mañana me digo: este puede ser el último día de tu vida.* **6** Afirmar que se es de una determinada manera: *se dice defensor de la ley y no es más que un delincuente.* ■ **~ por ~**, hablar sin conocimiento exacto: *no sacamos nada en claro de la reunión porque todo el mundo se limitó a ~ por ~.* ■ **es ~**, expresión que indica que se va a explicar a continuación lo que se acaba de decir: *el hombre, es ~, todo el género humano, debe caminar hacia la solidaridad.* ■ **lo que se dice**, *fam.*, verdaderamente, enormemente: *es lo que se dice tonto.* ■ **ni que ~ tiene**, expresión que indica que no es necesario explicar lo que viene a continuación: *ni que ~ tiene que todo el mundo tiene los mismos derechos.* ☖ Se conjuga como 69.

de·ci·sión |deθisi̯ón| **1** ***f.*** Determinación ante una cosa dudosa: *todavía no he tomado ninguna ~ al respecto; llegaron a la ~ de que no iban a tener hijos.* ⇔ **indecisión. 2** Valor o firmeza para decidir; seguridad: *Ángel se levantó con ~ y la invitó a bailar.* ⇒ **determinación.** ⇔ **indecisión.**

de·ci·si·⌈vo, ⌈va |deθisíβo, βa| **1** ***adj.*** Que produce efectos muy importantes: *lo más ~ en su vida fue cambiar de ciudad; la influencia de su madre fue decisiva en su carácter.* **2** Que lleva a resolver o decidir: *mañana tendremos un partido ~ en la liga.* ⇒ **crucial.**

de·cla·mar |deklamár| **1** ***intr.-tr.*** Pronunciar o decir en voz alta un texto o unas palabras: *declamó unos versos transmitiendo gran emoción.* ⇒ **recitar.** - **2** ***intr.*** Hablar en público o prepararse para ello: *ese conferenciante declama con verdadera elocuencia.*

de·cla·ra·ción |deklaraθi̯ón| **1** ***f.*** Explicación o afirmación pública: *las declaraciones del ministro se publicaron en el diario de la tarde; deseo hacer una ~: yo tengo la culpa de todo lo ocurrido.* **2** Presentación ante la administración pública de los bienes que se poseen, para pagar los *impuestos correspondientes: *en la ~ de la renta deben constar los ingresos y los bienes que se poseeen; faltan pocos días para que termine el plazo de la ~ de la renta.* **3** DER. *Exposición ante un *juez de lo que se sabe sobre un asunto: *las asombrosas declaraciones del testigo determinaron el dictamen del juez.*

de·cla·rar |deklarár| **1** ***tr.*** [algo] Explicar, afirmar o decir públicamente: *el presidente declaró que no tenía intención de presentarse a la reelección.* - **2** ***intr.*** DER. Exponer ante el *juez lo que se sabe sobre un asunto: *el reo y los testigos declararán hoy en la sala de lo penal; el joven declaró que no tenía nada que ver con el tráfico de drogas de que se le acusaba.* ⇒ **testificar.** - **3** ***tr.*** DER. [a alguien; algo] Decidir un *juez: *el juez declaró al asesino culpable y le condenó a cadena perpetua.* **4** [algo] Dar a conocer a la administración pública los bienes que se poseen para pagar los *impuestos correspondientes: *todo ciudadano está obligado a ~ sus ingresos y bienes.* **5** Dar a conocer en la *aduana los objetos por los que se debe pagar *impuestos: *el aduanero preguntó al viajero si tenía algo que ~.* - **6 declararse** ***prnl.*** Darse a conocer o comenzar a producirse una cosa o una acción: *se declaró un incendio en el monte.* **7** Expresar amor y pedir relaciones a una persona: *José se declaró a Clara en la fiesta de fin de año.* **8** Hacer conocer un estado o una situación: *los trabajadores se han declarado en huelga.*

de·cla·ra·ti·⌈vo, ⌈va |deklaratíβo, βa| ***adj.*** *form.* Que explica o afirma una cosa: *siempre construye enunciados declarativos.*

de·cli·na·ción |deklinaθi̯ón| **1** ***f.*** Caída o bajada: *la fama del dictador parece haber entrado en ~.* **2** LING. Serie ordenada de los casos gramaticales: *la palabra latina* rosa *se declina según la primera ~; los estudiantes de griego clásico deben aprenderse las declinaciones.*

de·cli·nar |deklinár| **1** ***intr.*** *form. fig.* Disminuir la fuerza o intensidad: *en otoño la salud del enfermo declinó visiblemente.* **2** *form. fig.* Acercarse una cosa a su fin: *salimos cuando declinaba la tarde.* - **3** ***tr.*** *form.* [algo] Rechazar una propuesta o una invitación: *el profesor Álvarez declinó la candidatura a decano.* **4** LING. Poner una palabra en sus diferentes casos gramaticales: *las lenguas que se pueden ~ se llaman flexivas; el latín y el alemán son lenguas que se declinan; ¿puedes ~ la palabra latina* rosa, *-sae?*

de·cli·ve |deklíβe| **1** ***m.*** Inclinación de un terreno o de una superficie: *detrás del ligero ~ se colocaron las tropas.* ⇒ **caída, cuesta, repecho, subida. 2** *fig.* Pérdida de la fuerza o de la importancia: *el ~ del mundo romano acabó con las invasiones bárbaras.* ⇒ **caída, decadencia.**

de·co·di·fi·car |dekoðifikár| ***tr.*** [algo] Leer o *interpretar un texto o señal *codificado en un sistema de signos o de *emisión determinado: *el hablante, cuando recibe un mensaje de otro hablante, lo decodifica.* ⇒ **descodificar.** ☖ La Real Academia Española prefiere la forma *descodificar.*

de·co·lo·rar |dekolorár| ***tr.-prnl.*** [algo] Quitar, perder o reducir el color: *nuestra lejía no decolora los tejidos.* ⇒ **descolorar, descolorir.**

de·co·mi·sar |dekomisár| ***tr.*** DER. [algo] Retirar una mercancía, por estar prohibida o por comerciar con ella de manera ilegal: *la policía ha decomisado toda la mercancía que había en el almacén porque era de contrabando.*

de·co·mi·so |dekomíso| **1** ***m.*** DER. Retirada de una mercancía al que comercia con ella, por estar prohibido o por hacerlo de manera ilegal: *se procedió al ~ de los artículos, por no haber pagado los derechos de importación.* **2** Cosa retirada por estar prohibida o por estar prohibido comerciar con ella: *hemos ido a un almacén de decomisos.* ⇒ **comiso.**

de·co·ra·ción |dekoraθión| **1** ***f.*** Conjunto de adornos: *no me gusta esta ~ tan recargada que tiene la casa; este año nos encargaremos nosotros de la ~ de Navidad.* **2** Arte o técnica que estudia la disposición de los muebles y objetos de una habitación o edificio: *la ~ de este piso es muy original.*

de·co·ra·ᴦdo |dekoráðo| ***m.*** Conjunto de adornos de un espectáculo teatral o del cine: *al correrse el telón, apareció un ~ de palmeras; los decorados de la película están muy bien hechos; tardaron varios meses en montar el ~ en el escenario.*

de·co·ra·ᴦdor, ᴦdo·ra |dekoraðór, ðóra| ***m. f.*** Persona que se dedica a adornar cosas, espacios interiores y edificios: *Rosario es decoradora de piezas de cerámica; el ~ escogió el color de las paredes; los decoradores han reproducido la fachada del monasterio.*

de·co·rar |dekorár| **1** ***tr.*** [algo] Poner adornos en una cosa o en un lugar: *los techos están decorados con frescos; han decorado la mesa con flores.* **2** Cuidar la disposición de los muebles y objetos de una habitación o edificio: *esa sala está muy mal decorada.*

de·co·ra·ti·ᴦvo, ᴦva |dekoratíβo, βa| ***adj.*** De la decoración o que tiene relación con ella: *la sala tiene dos lámparas muy decorativas; le regalaremos una figura decorativa; una de mis aficiones son las artes decorativas.*

de·co·ro |dekóro| **1** ***m.*** Manera de obrar respetuosa: *por favor, compórtate con ~ ante el cura.* **2** Respeto a la moral, especialmente en el aspecto sexual: *estas chicas no tienen ningún ~.* ⇒ **decencia, pudor. 3** Comportamiento serio y adecuado a las circunstancias: *actuó con ~ durante la ceremonia.* ■ **guardar el ~**, comportarse de manera adecuada a la categoría que se tiene: *Luis sabe guardar el ~ en todas las ocasiones.*

de·co·ro·ᴦso, ᴦsa |dekoróso, sa| ***adj.*** Que tiene o muestra decoro: *es una muchacha muy decorosa; suele tener una conducta poco decorosa.* ⇔ **indecoroso.**

de·cre·cer |dekreθér| ***intr.*** Reducirse la cantidad, el tamaño o la importancia: *las ventas han decrecido considerablemente este año.* ⇒ **disminuir.** ⇔ **aumentar, crecer.** ☐ Se conjuga como 43.

de·cre·cien·te |dekreθiénte| ***adj.*** Que se reduce en cantidad, tamaño o importancia: *la tasa ~ de natalidad está provocando un envejecimiento de la población.*

de·cré·pi·ᴦto, ᴦta |dekrépito, ta| ***adj.*** Que ha sufrido una gran pérdida de fuerza o de importancia: *cuando volvió a verlo, lo encontró ~ y débil.*

de·cres·cen·do |dekresθéndo, dekrestʃéndo| **1** ***adv. m.*** MÚS. Disminuyendo poco a poco la intensidad del sonido: *fíjate bien porque encima del pentagrama pone ~.* ⇔ **crescendo. - 2** ***m.*** MÚS. Parte de una composición que se ejecuta disminuyendo poco a poco la intensidad del sonido: *la orquesta ha interpretado un ~.* ⇔ **crescendo.**

de·cre·tar |dekretár| ***tr.*** [algo] Decidir o determinar una persona u organismo que tiene poder para ello: *el presidente decretó el estado de emergencia en el país; el tribunal ha decretado la libertad de los cinco detenidos.*

de·cre·to |dekréto| ***m.*** Determinación o decisión que toma una persona o un organismo con poder para ello: *el gobierno publicará un ~ con medidas económicas;* **~ ley**, el que toma el gobierno en circunstancias especiales: *en los decretos ley el poder legislativo cede sus facultades al ejecutivo; el ~ ley no puede afectar a los derechos ni a las libertades de los ciudadanos;* **real ~**, el que es aprobado por el gobierno y firmado por el rey: *el Rey ha firmado un real ~ que entrará en vigor muy pronto.*

de·cú·bi·to |dekúβito| ***m.*** MED. Posición del cuerpo, tendido sobre un plano horizontal: **~ lateral**, posición del cuerpo tendido sobre uno de sus lados: *el ~ lateral izquierdo no es bueno para el corazón;* **~ prono**, posición del cuerpo tendido boca abajo: *mucha gente duerme en ~ prono;* **~ supino**, posición del cuerpo tendido boca arriba: *encontraron el cadáver en ~ supino.*

de·cur·so |dekúrso| ***m.*** *form.* Paso o continuación del tiempo: *algunos no creen que el hombre haya avanzado mucho en el ~ de la historia.*

de·dal |deðál| ***m.*** Objeto de metal que se ajusta al dedo y se usa para protegerlo al coser: *la costurera se puso el ~ para empujar la aguja.*

de·di·ca·ción |deðikaθión| ***f.*** Entrega intensa a una actividad profesional: *este trabajo exige responsabilidad y ~;* **~ exclusiva/plena**, la que ocupa todo el tiempo del trabajo de una persona e impide hacer otro: *no puedo aceptar ese trabajo teniendo ~ exclusiva como funcionario.*

de·di·car |deðikár| **1** ***tr.*** [algo; a algo/alguien] Poner o entregar una cosa para un fin determinado: *dedicó su vida al arte y la belleza; tengo que ~ muchas horas a este trabajo.* **2** [algo; a alguien] Ofrecer un libro o una obra a una persona en especial, como muestra de afecto o agradecimiento: *dedicó la novela a su padre.* **3** [algo, a alguien] Poner o entregar una persona o cosa a un dios o santo: *dedicó el templete a Cupido; dedicó su vida y su persona a Dios.* **- 4 dedicarse** ***prnl.*** [a algo] entregarse a una actividad determinada: *me dedico a la albañilería; se dedicaba a visitar museos y a viajar.* ☐ Se conjuga como 1.

de·di·ca·to·ria |deðikatória| ***f.*** Escrito breve dirigido a una persona y que se suele poner al principio de una obra: *el escritor me puso una ~ muy cariñosa en la primera página del libro.*

de·dil |deðíl| ***m.*** Funda de goma, cuero o de otro material que se pone en los dedos para que no se dañen o para que no manchen en ciertos trabajos: *el impresor utiliza dediles para no mancharse con la tinta.*

de·di·llo |deðíʎo| ■ **al ~**, *fam.* de memoria; con todo detalle: *se conoce al ~ la legislación sobre ese asunto.*

de·do |déðo| ***m.*** Parte extrema de la mano o del pie de los vertebrados, *excepto de los peces: *el hombre tiene cinco dedos; se pilló un ~ con la puerta;* **~ anular**, el cuarto de la mano, menor que el de en medio; ~ **corazón/de en medio**, el tercero de la mano y más largo de los cinco; ~ **índice**, el segundo de la mano, que normalmente se usa para señalar; ~ **meñique/pequeño**, el quinto y más pequeño de la mano o del pie; ~ **pulgar/gordo**, el primero y más grueso de la mano o del pie. ■ **cogerse/pillarse los dedos**, *fam.*, colocarse en una situación difícil por falta de experiencia o de cuidado: *tu negocio tiene mucho riesgo y yo no quiero cogerme los dedos.* ■ **chuparse el** ~, *fam.*, no darse cuenta de lo que ocurre o ser un *ingenuo: *a mí no me engañas, que yo no me chupo el ~.* ■ **chuparse los dedos**, *fam.*, disfrutar en gran medida del sabor de una cosa: *la tarta está para chuparse los dedos.* ■ **nombrar/poner a** ~, escoger o dar un puesto a una persona sin considerar a otras: *lo han puesto a ~ en una oficina del Ayuntamiento.* ⇒ **enchufe.**

de·duc·ción |deðu^{k}θión| **1** ***f.*** Razonamiento por medio del cual se sacan conclusiones, a partir de una situación anterior o de un principio general: *he dado con la solución del problema por simple ~.* ⇔ **inducción. 2** FIL. Forma de pensamiento que consiste en ir de lo general a lo particular: *la ~ se utiliza mucho en la ciencia lógica.* ⇔ **inducción. 3** Parte que se resta a una cantidad: *este año he pagado menos impuestos porque me han admitido varias deducciones.*

de·du·ci·ble |deðuθíβle| ***adj.*** Que se puede *deducir o sacar como conclusión: *es fácilmente ~ que yo no pude cometer el crimen porque estaba en el extranjero.*

de·du·cir |deðuθír| **1** ***tr.-prnl.*** [algo] Sacar una conclusión por medio de un razonamiento, a partir de una situación anterior o de un principio general: *vi el coche y deduje que estarías en casa; de esta idea se deduce que el autor tiene un espíritu conservador.* ⇒ **argüir, colegir, inducir. 2** *form.* Restar una parte a una cantidad: *me dedujeron del sueldo el 12% en concepto de seguro médico.* ☖ Se conjuga como 46.

de·duc·ti·⌜vo, ⌜va |deðu^{k}tíβo, βa| ***adj.*** Que *deduce o se consigue *deduciendo: *le gusta emplear un método ~ en sus investigaciones.* ⇒ **inductivo.**

de·fe·car |defekár| ***intr.*** *form.* Expulsar excrementos por el ano: *debo de tener diarrea porque ya he defecado tres veces esta mañana.* ⇒ **cagar, cuerpo, deponer, evacuar, obrar, vientre.** ☖ Se conjuga como 1.

de·fec·ción |defe^{k}θión| ***f.*** MIL. Separación o abandono de una o más personas de la causa o del grupo a los que pertenecen: *la ~ de la flota causó un gran daño a los intereses del resto del ejército.*

de·fec·ti·⌜vo, ⌜va |defe^{k}tíβo, βa| ***adj.*** LING. (verbo) Que no se puede conjugar en todos los modos, tiempos o personas: transgredir *es un verbo ~.* ⇒ **verbo.**

de·fec·to |deféᵏto| **1** ***m.*** Falta de una cualidad propia de una persona o cosa: *este ordenador tiene un ~ de fabricación; nació con un ~ físico y no puede doblar el brazo.* **2** Falta moral en el carácter de una persona: *mi mayor ~ es que hablo demasiado.* ■ **por** ~, de manera automática, si no se elige otra *opción: *el ordenador grabará el documento en este directorio por ~.*

de·fec·tuo·⌜so, ⌜sa |defe^{k}tuóso, sa| ***adj.*** (objeto) Que tiene defectos; que es imperfecto: *la televisión no funciona porque tiene una pieza defectuosa; hemos de devolver los libros defectuosos en un plazo de diez días.*

de·fen·der |defendér| **1** ***tr.*** [algo, a alguien] Guardar o proteger contra un ataque: *defendió a su hermano pequeño; los caballeros defendían la ciudad.* **2** Apoyar la buena fama o buen nombre de una persona o cosa: *siempre defiende a sus amigos.* **3** [algo] Apoyar una idea o teoría: *defiende las ideas evolucionistas; estás defendiendo una causa perdida.* **- 4 defenderse** ***prnl.*** Conseguir lo *suficiente para vivir o para seguir con una actividad; salir adelante: *con este oficio sólo gano para ir defendiéndome.* ☖ Se conjuga como 28.

de·fen·di·ble |defendíβle| ***adj.*** Que puede ser defendido: *hicieron el fuerte en la cumbre del monte para que fuese más fácilmente ~.*

de·fe·nes·trar |defenestrár| ***tr.-prnl.*** [algo, a alguien] Echar o apartar de un lugar o de una acción: *el director ha defenestrado a los empleados que se quedaban con el dinero.*

de·fen·sa |defénsa| **1** ***f.*** Acción y resultado de defender o defenderse: *la ~ será más fácil en el castillo; salió en ~ del débil.* **2** Edificio, arma o cosa que sirve para defender o defenderse: *tenemos que preparar nuestras defensas.* **3** DER. Persona que defiende al acusado en un juicio: *la ~ alegó que el procesado no podía resistir la tensión de la causa.* ⇔ **acusación. 4** DER. Conjunto de razones o *motivos por los que se *pretende quitar valor a la acusación durante un juicio: *no tiene una buena ~, puede que vaya a la cárcel;* **legítima** ~, DER., la que libra de culpa al acusado: *dicen que disparó en legítima ~.* **- 5** ***com.*** DEP. Jugador que forma parte de la línea más retrasada de un equipo: *el ~ provocó un penalti.* ⇒ **zaguero. - 6** ***f.*** Conjunto de jugadores que forman la línea más retrasada de un equipo: *la ~ del equipo de fútbol estaba formaba por cuatro jugadores.* ⇒ **zaga.** ⇔ **delantera. - 7 defensas** ***f. pl.*** MED. Conjunto de medios por los que un organismo se protege a sí mismo de enfermedades: *la vitamina C aumenta las defensas.*

de·fen·si·va |defensíβa| ■ **a la** ~, en actitud de sospecha y temor por un posible ataque: *si está a la ~ es porque se siente culpable.*

de·fen·si·⌜vo, ⌜va |defensíβo, βa| ***adj.*** Que sirve para guardar o proteger: *el país ha dedicado una parte del presupuesto a fabricar armas defensivas; nuestro ejército tiene fines puramente defensivos.*

de·fen·⌜sor, ⌜so·ra |defensór, sóra| **1** ***adj.-s.*** Que guarda, protege o defiende: *los defensores del castillo se rindieron a causa del hambre; Alejandra es una firme defensora de los derechos de las mujeres.* **- 2** ***m. f.*** DER. Abogado que se encarga de la defensa de un acusado en un juicio: *el ~ consiguió la libertad del preso;* ~ **del pueblo**, persona que protege los derechos de los ciudadanos frente a la administración pública: *la figura del ~ del pueblo tuvo su origen en los países nórdicos; el ~ del pueblo expuso a los diputados las quejas de los madrileños;* ~ **de menores**, DER., persona que representa y protege los intereses de los menores de edad: *el niño era maltratado por su padre y recurrió al ~ de menores.*

de·fe·ren·cia |deferénθia| **1** *f.* Conformidad con la opinión o el comportamiento de una persona por respeto hacia ella: *por ~ con él, le dio la razón.* **2** *fig.* Muestra de respeto: *sus constantes deferencias eran prueba de su afecto.*

de·fe·ren·te |deferénte| **1** ***adj.*** *form.* (persona) Que se comporta con educación y amabilidad: *Ricardo es la persona más ~ que conozco.* ⇒ **cortés.** **2** *form.* (persona) Que está conforme con la opinión o comportamiento de otro por respeto: *es educado y ~, por eso acepta lo que le dicen aunque no esté de acuerdo.*

de·fe·rir |deferír| **1** ***intr.*** *form.* Someterse a la voluntad o al juicio de una persona por respeto o amabilidad: *defirió al parecer de su padre.* **- 2** ***tr.*** [algo] Comunicar o pasar parte de un poder: *las partes podrán deferir a un tercero la designación de los árbitros.* ☐ Se conjuga como 35.

de·fi·cien·cia |defiθiénθia| ***f.*** Defecto o *imperfección: *ha habido una ~ en el suministro de alimentos; trataron de corregir las deficiencias lo mejor que pudieron; el enfermo padece una ~ física y mental.*

de·fi·cien·te |defiθiénte| **1** ***adj.*** Que tiene defecto; que no alcanza el nivel considerado normal: *el resultado de la prueba ha sido bastante ~; las condiciones acústicas de este auditorio son deficientes.* **- 2** ***adj.-s.*** (persona) Que tiene una capacidad mental inferior a la normal: *enviaron a la niña ~ a una escuela especial.* ⇒ **anormal, retrasado, subnormal.**

dé·fi·cit |défiθit| **1** ***m.*** *form.* Situación de la economía en la que los gastos superan a los *ingresos: *la empresa tendrá que hacer frente a un ~ de muchos millones de pesetas; el saldo arroja un ~ de cinco millones de pesetas.* ⇔ **superávit.** **2** *form. p. ext.* Situación en la que falta o hay escasez de una cosa necesaria: *la huelga de ganaderos produjo un gran ~ de leche y carne.* ☐ El plural es *déficit.*

de·fi·ci·ta·ˉrio, ˉria |defiθitário, ria| **1** ***adj.*** COM. Que presenta una situación en la que los gastos son mayores que los *ingresos: *el Estado se encuentra en una situación económica deficitaria.* **2** *form. p. ext.* Que presenta falta o escasez de lo que se considera necesario: *esta comarca es deficitaria de agua en los meses de verano.*

de·fi·ni·ción |definiθión| **1** ***f.*** Conjunto de palabras con las que se fija el significado de una palabra o un *concepto: *buscad en el diccionario la ~ de la palabra* cortafrío*; la ~ de este concepto no es correcta.* **2** FOT. ÓPT. Número de líneas en que se divide una imagen *transmitida: *la ~ de las televisiones modernas proporciona una gran calidad de la imagen.*

de·fi·ni·ˉdo, ˉda |definíðo, ða| ***adj.*** Que es claro y tiene unos límites concretos: *el presidente de la compañía tomó una postura muy definida.* ⇔ **indefinido.**

de·fi·nir |definír| **1** ***tr.-prnl.*** [algo] Fijar de manera exacta y clara el significado de una palabra o *concepto: *en los diccionarios se definen las palabras de una lengua; pidieron al científico que definiera su concepto de la relatividad.* **2** Fijar de manera definitiva una actitud u opinión: *tendrás que ~ tu postura para darla a conocer en la próxima reunión.* **3** [algo, a alguien] Fijar de manera exacta y clara la naturaleza de una persona o una cosa: *no sabría cómo definirte a Alberto; Ignacio es un hombre evasivo al que no le gusta definirse.*

de·fi·ni·ti·ˉvo, ˉva |definitíβo, βa| **1** ***adj.*** Que no está sometido a cambios: *después de tres revisiones, ya tenemos la versión definitiva del informe.* ⇔ **inconcluso, provisional.** **2** Que resuelve o decide: *su decisión es definitiva, así que el proyecto continuará.* ■ **en definitiva**, en conclusión: *en definitiva, no lo compro porque no tengo dinero.*

de·fla·grar |deflaɣrár| ***intr.*** *form.* Arder una sustancia rápidamente, con llama y sin *explosión: *la pólvora deflagra.*

de·fo·lia·ción |defoliaθión| ***f.*** Caída de las hojas de los árboles y las plantas producida por una enfermedad o por otros problemas: *el granizo que cayó ayer fue el causante de la ~ de los frutales.*

de·fo·res·ta·ción |deforestaθión| ***f.*** Acción y resultado de *deforestar: *la ~ y la sequía están convirtiendo la zona en un desierto.* ⇒ **desforestación.**

de·fo·res·tar |deforestár| ***tr.*** [algo] Quitar o destruir los árboles y plantas de un terreno: *se están deforestando grandes zonas selváticas.* ⇒ **desforestar.**

de·for·ma·ción |deformaθión| ***f.*** Alteración de la forma natural de una cosa: *el peso excesivo ha sido la causa de la ~ de la tabla; el accidente le provocó la ~ de la mano; el pintor ha representado la ~ de los rostros;* ~ **profesional**, alteración de la manera de obrar y pensar debida a la influencia de la profesión propia: *es profesor de lengua y siempre corrige a todos cuando hablan: tiene ~ profesional.*

de·for·mar |deformár| **1** ***tr.-prnl.*** [algo, a alguien] Alterar la forma natural de una cosa: *la puerta de madera se ha deformado por la humedad; tiró los zapatos porque estaban muy deformados; la cárcel ha deformado su carácter.* **2** *fig.* Alterar una palabra, una expresión o una actitud: *el abogado deformó la declaración del acusado y utilizó sus palabras en contra suya.* ⇒ **tergiversar.**

de·for·me |defórme| ***adj.*** Que presenta una falta de proporción y de regularidad en su forma: *el monstruo, con su rostro ~, espantaba a cuantos lo miraban.* ⇒ **informe.**

de·for·mi·dad |deformiðáᵈ| **1** ***f.*** Falta de proporción y de regularidad, especialmente en el cuerpo humano: *este niño tiene una ~ en la planta de los pies; lleva un collarín para corregir su ~ en la espalda.* **2** Objeto al que le falta proporción y regularidad: *esa escultura es una ~.*

de·frau·dar |defrauðár| **1** ***tr.*** *fig.* [algo, a alguien]

Resultar peor de lo que se espera: *la Bolsa no defraudó las previsones de los inversores; Ricardo defraudó la confianza que en él habían puesto sus padres; pensé que eras una persona responsable y trabajadora ¡cómo me has defraudado!* **- 2 *tr.-intr.*** [algo, a alguien] Servirse de engaños para no pagar o pagar menos, especialmente *impuestos: *este empleado defraudó diez millones a su jefe; todo buen ciudadano debe pagar sus impuestos y no ~ al Estado.*

de·fun·ción |defunθión| ***f.*** Muerte de una persona: *han cerrado la tienda por ~ del dueño.* ⇒ **deceso, óbito.**

de·ge·ne·ra·ción |dexeneraθión| **1 *f.*** Paso de una cualidad o un estado a otro peor: *la contaminación ha dado lugar a la ~ del medio ambiente.* **2** MED. Alteración de los tejidos que provoca cambios funcionales: *la ~ del tejido se ha producido por una infección grave.*

de·ge·ne·ra·⌐do, ⌐da |dexeneráðo, ða| ***adj.-s.*** (persona) Que tiene un comportamiento o unas ideas que se apartan completamente de la moral; que es un *vicioso: *es un ~: siempre está contando chistes verdes.* ⇒ **depravado.**

de·ge·ne·rar |dexenerár| ***intr.*** Pasar de una cualidad o un estado a otro peor: *el sistema nervioso del enfermo está degenerando con rapidez; el debate degeneró en un intercambio de ataques personales.*

de·glu·ción |deγluθión| ***f.*** *form.* Paso de un alimento o bebida de la boca al estómago: *en el acto de la ~ la boca segrega saliva.*

de·glu·tir |deγlutír| ***tr.-prnl.*** [algo] Hacer o dejar pasar una cosa desde la boca al estómago: *deglutía agua ruidosamente.* ⇒ **tragar.**

de·go·lla·de·ro |deγoʎaðéro| **1 *m.*** Lugar donde se *degüella o corta el cuello a los animales: *llevaron los corderos al ~.* **2** Parte del cuello por donde se *degüella a un animal: *puso el cuchillo en el ~.*

de·go·llar |deγoʎár| **1 *tr.*** [algo, a alguien] Cortar el cuello: *Herodes mandó ~ a los niños inocentes; el asesino intentó ~ al niño con un cuchillo de cocina.* ⇒ **decapitar. 2** *fam. fig.* Representar mal un papel en el teatro o una pieza musical: *el pianista ha degollado la sonata de Chopin.* ☐ Se conjuga como 31.

de·gra·da·ción |deγraðaθión| **1 *f.*** Acción y resultado de *degradar o pasar por una situación de vergüenza: *no quiero sufrir semejante ~.* ⇒ **humillación. 2** Reducción o desgaste de las cualidades: *el consumo de la droga le llevó a la ~; la tala de árboles ha causado la ~ del suelo de la región.*

de·gra·dan·te |deγraðánte| ***adj.*** Que *degrada o hace pasar por una situación de vergüenza: *recibimos un trato ~, así que no volveremos.*

de·gra·dar |deγraðár| **1 *tr.*** [algo] Hacer perder una cualidad o un estado: *el tráfico ha degradado el bosque de esta zona.* **- 2 *tr.-prnl.*** [a alguien] Hacer pasar por una situación de vergüenza: *le tiene tanta manía, que se degrada cuando habla con él.* ⇒ **humillar. - 3 *tr.*** Quitar a una persona sus cargos u honores: *degradaron al capitán por su comportamiento cobarde.*

de·güe·llo |deγuéʎo| ***m.*** Hecho de cortar el cuello a una persona o un animal: *fue muy desagradable ver el ~ del cordero.*

de·gus·ta·ción |deγustaθión| ***f.*** Prueba de un alimento o una bebida para examinar su sabor: *se ofreció una ~ de cava a los visitantes.*

de·gus·tar |deγustár| ***tr.*** [algo] Probar un alimento o una bebida para examinar su sabor: *tuvimos la ocasión de ~ unos vinos y unos quesos exquisitos.* ⇒ **catar.**

de·he·sa |d^eésa| ***f.*** Campo al que se han puesto límites y que generalmente se destina al ganado: *los toros se crían en los pastos de la ~; han puesto un nuevo vallado a las dehesas del pueblo.*

dei·dad |deiðá^ð| ***f.*** Dios que tiene poder y gobierna una parte de las cosas o de las personas: *Apolo era, en un principio, una ~ poco importante.* ⇒ **divinidad.**

dei·fi·car |deifikár| **1 *tr.*** [algo, a alguien] Suponer *divino; convertir en dios: *cuando los exploradores llegaron a las islas, los indígenas los deificaron.* **2** *fig.* Exagerar las cualidades de una persona y hacerla superior a las demás: *creen que no hay nadie mejor que él y lo tienen deificado.* ☐ Se conjuga como 1.

de·ja·dez |dexaðéθ| **1 *f.*** Falta de cuidado o de atención: *no lo he terminado todavía por ~.* ⇒ **pereza. 2** Debilidad física o falta de fuerza moral: *estaba pasando por un estado de ~ que le impedía hacer nada.*

de·ja·⌐do, ⌐da |dexáðo, ða| ***adj.-s.*** (persona) Que no cuida su aspecto ni sus asuntos: *Juan es muy ~: le da igual ponerse la camisa planchada o con arrugas; eres una dejada, has vuelto a olvidar tu carné de identidad.*

de·jar |dexár| **1 *tr.*** [algo; a alguien] Permitir; conceder permiso: *nos han dejado salir antes de la hora; pídele a tu madre que te deje venir conmigo a la ópera.* **2** [de algo] Interrumpir o detener una acción: *deja de molestarme, por favor; ha dejado de llover; dejé de fumar el año pasado.* ☐ Se usa seguido de la preposición *de* y un infinitivo. **3** [algo, a alguien] Abandonar un lugar, a una persona o una actividad: *dejó la ciudad y se marchó al campo; ha dejado a su marido y se ha ido con otro hombre; dice que va a ~ su trabajo.* **4** Dar; regalar o pagar: *el abuelo dejó la mayor parte de la herencia a mi padre.* **5** [algo; a alguien] Prestar una cosa durante un tiempo: *déjame el boli un momento; le pedí que me dejara dos mil pesetas y me dijo que no llevaba dinero encima.* **6** Poner o colocar: *deja la cartera encima de la mesa.* **7** No impedir: *este plástico no deja pasar el agua.* **8** [a alguien] Encargar o *encomendar: *hemos dejado a los niños con mis padres.* **9** No molestar: *deja a tu padre, que está leyendo.* **- 10 dejarse *prnl.*** Abandonar el cuidado personal y profesional: *te has dejado en el último mes y ahora tienes mucho trabajo.* ■ **~ bastante/mucho que desear**, ser peor o inferior de lo que se esperaba: *este coche deja mucho que desear.* ■ **~ caer**, decir de forma rápida; decir de forma breve, pero con intención, en una conversación: *cuando hablamos por última vez, dejó caer que vendría a hacerme una visita.* ■ **~ en ma-**

nos de una persona, permitir o hacer que una persona determinada resuelva un asunto o un problema: *la redacción del contrato la hemos dejado en manos de un abogado.* ■ **dejarse caer**, presentarse o aparecer en un lugar sin avisar: *tal vez me deje caer esta noche por tu casa.* ■ **dejarse de**, abandonar una actividad o una cosa: *déjate de ver la televisión y lee un poco.* ■ **no ~ de**, expresión que indica *ironía: *no deja de ser curioso que seas mi amigo ahora que tengo mucho dinero.*

de·je |déxe| **1** ***m.*** Pronunciación particular con que se distingue el modo de hablar o el estado de ánimo de una persona: *por el ~, creo que es andaluz; lo dijo con un ~ de desgana.* **2** Sabor que queda de la comida o bebida: *este vino produce un ~ amargo en la boca.* ⇒ **dejo.**

de·jo |déxo| **1** ***m.*** Pronunciación particular con que se distingue el modo de hablar o el estado de ánimo de una persona: *por el ~, creo que es gallego; lo dijo con un ~ de hastío.* **2** Sabor que queda de la comida o bebida: *se me ha quedado en la boca un ~ áspero.* ⇒ **deje.**

del |del| Contracción de la preposición *de* y el artículo *el*: *la naturaleza ~ hombre.* ⇒ **al.** ⌂ Con el artículo femenino no se da esta contracción: *la naturaleza de la mujer.*

de·la·ción |delaθión| ***f.*** Noticia o aviso de un hecho *censurable por parte de una persona que no tiene una relación directa con él: *la ~ condujo a la detención de los malhechores.*

de·lan·tal |delantál| ***m.*** Prenda de vestir que se ata a la cintura y cubre la parte delantera para evitar las manchas: *si no te pones el ~ para cocinar te vas a ensuciar la ropa de grasa; Pepe se puso el ~ y empezó a fregar los platos.* ⇒ **mandil.**

de·lan·te |delánte| ***adv. l.*** En la parte anterior o en un lugar detrás del cual está una persona o cosa: *entra en el coche y siéntate ~; ponte en la fila ~ de ese señor.* ⇒ **adelante.** ⇔ **detrás.** ⌂ Se combina con diversas preposiciones: *me dieron un golpe por ~.* ■ **~ de**, enfrente o cara a cara: *colócate ~ de mí para que te vea bien; el banco está ~ de nosotros, ¿no lo ves?* ■ **~ de**, estando presente: *tuvo la poca vergüenza de decirlo ~ de su madre.* ⌂ No se debe decir *~ nuestro, ~ mío*, etc., en lugar de *~ de nosotros, ~ de mí*, etc.

de·lan·te·ra |delantéra| **1** ***f.*** Parte de delante: *tenemos que pintar la ~ del balcón.* **2** *fam.* Pecho de la mujer: *esta soprano tiene una buena ~.* **3** DEP. Conjunto de jugadores que forman la línea más adelantada de un equipo: *el equipo de fútbol de mi ciudad tiene la mejor ~ del país.* ⇔ **defensa, zaga.** ■ **coger/ganar/tomar la ~**, adelantarse a una persona al obrar: *quiso sentarse en el asiento libre, pero le tomaron la ~.*

de·lan·te·⌐ro, ⌐ra |delantéro, ra| **1** ***adj.*** Que está o va delante: *el abuelo se sentó en el asiento ~ del coche; la ventana da a la parte delantera del portal.* ⇔ **trasero. - 2** ***m. f.*** Jugador que forma con otros la línea más adelantada de un equipo: *Jiménez es el ~ del equipo de fútbol del barrio; hemos ganado el partido porque tenemos un ~ muy bueno;* **~ centro**, el que ocupa el centro de esta línea: *el ~ centro hizo un buen remate de cabeza.* **- 3 delantero** ***m.*** Pieza que forma la parte de delante de una prenda de vestir: *la modista ha cosido el ~ del vestido con hilo azul.*

de·la·tar |delatár| **1** ***tr.*** [a alguien] Dar noticia o aviso de un hecho *censurable una persona que no tiene una relación directa con él: *delató a su compañero de clase ante el profesor.* **2** Dar noticia o avisar a una autoridad de un *delito y de su autor, sin tener una relación directa con ellos: *lo amenazaron con matarlo si los delataba.* ⇒ **denunciar.** ⇔ **encubrir. - 3 delatarse** ***prnl.*** Dar a conocer una intención involuntariamente: *se ha delatado al decirte que no podría venir porque a mí me dijo que sí.*

de·la·⌐tor, ⌐to·ra |delatór, tóra| ***adj.-s.*** (persona) Que acusa o *delata: *dijo al ~ que lo pasaría muy mal en la cárcel.* ⇒ **chivato, soplón.**

del·co |délko| ***m.*** Aparato de los motores de *gasolina que sirve para *distribuir la electricidad entre los cilindros: *se le ha mojado el ~ y el coche no arranca.*

de·lec·ta·ción |dele^{k}taθión| ***f.*** *form.* Placer o disfrute de los sentidos o la *inteligencia: *buscaba más la ~ de sus lectores que su formación.* ⇒ **deleite, delicia.**

de·le·ga·ción |deleγaθión| **1** ***f.*** Lugar u oficina en la que trabaja un *delegado: *voy a la ~ de Hacienda a pagar mis impuestos.* **2** Cargo de *delegado: *ocupó la ~ el año pasado.* **3** Conjunto o reunión de *delegados: *el ministro recibió a una ~ de aquella provincia.*

de·le·ga·⌐do, ⌐da |deleγáðo, ða| ***adj.-s.*** Persona a la que se da poder para que obre en lugar de otra u otras: *el ~ de los trabajadores se entrevistará con la patronal esta tarde.* ⇒ **apoderado.**

de·le·gar |deleγár| ***tr.-intr.*** [algo; en algo/alguien] Pasar o dejar un poder o una función a otra persona en un momento o con un fin determinados: *el tribunal delegó sus funciones en un juez para instruir el sumario.* ⌂ Se conjuga como 7.

de·lei·tar |deleitár| ***tr.*** [algo, a alguien] Causar placer o disfrute de los sentidos o la *inteligencia: *la música deleita el oído.*

de·lei·te |deléite| ***m.*** Placer o disfrute de los sentidos o la *inteligencia: *encontraba gran ~ en la lectura.* ⇒ **delectación, delicia.**

de·lei·to·⌐so, ⌐sa |deleitóso, sa| ***adj.*** Que causa placer o disfrute de los sentidos o la *inteligencia: *este autor tiene una deleitosa forma de escribir.*

de·le·tre·ar |deletreár| ***intr.-tr.*** [algo] Pronunciar separadamente las letras o las sílabas de una palabra: *es fácil ~ la palabra* ave: a, uve, e.

de·le·tre·o |deletréo| ***m.*** Pronunciación por separado de las letras o las sílabas de una palabra: *dedicaremos un rato de la clase al ~.*

de·lez·na·ble |deleθnáβle| **1** ***adj.*** *fig.* Que merece desprecio: *es un ser ~.* **2** Que se rompe o deshace fácilmente: *no lo toques: es de un material muy ~.*

del·fín |delfín| **1** ***m.*** Animal mamífero marino con forma de pez y de color gris, que se alimenta de peces y otros animales marinos: *los niños fueron a ver un espectáculo con delfines amaestrados; el científico estudiaba los sonidos que emiten para comunicarse los delfines.* ☖ Para indicar el sexo se usa el ~ macho y el ~ hembra. **2** Primer hijo del rey de Francia: *el ~ era el heredero al trono francés.*

del·ga·dez |delɣaðéθ| ***f.*** Escasez de carne o de grasas, debilidad: *era una muchacha de suma ~.* ⇒ **flaqueza.**

del·ga·⌜do, ⌜da |delɣáðo, ða| **1** ***adj.*** (persona, animal) Que es *flaco; que tiene poca grasa o carne: *una modelo ha de ser alta y delgada; tras la enfermedad se ha quedado muy ~ y todos los pantalones le están grandes.* ⇔ **gordo, rollizo. 2** Que es poco ancho o poco grueso: *la capa de hielo es muy delgada y es peligroso patinar sobre ella; las paredes son muy delgadas y se oye todo lo que dicen los vecinos.* ⇒ **fino.** ⇔ **gordo. 3** *fig.* (sonido, voz) Que es débil o suave: *le dijo con una voz delgada que deseaba volver a verlo.*

de·li·be·ra·⌜do, ⌜da |deliβeráðo, ða| ***adj.*** Que se hace de forma voluntaria e intencionada: *su acción deliberada lo hace claramente culpable.* ⇒ **intencionado.**

de·li·be·rar |deliβerár| **1** ***intr.*** Formar un juicio u opinión: *el tribunal todavía está deliberando.* **- 2** ***tr.*** [algo] Pensar con atención para tomar una decisión: *deliberarán las condiciones del acuerdo mañana por la mañana.* ⇒ **considerar.**

de·li·be·ra·ti·⌜vo, ⌜va |deliβeratíβo, βa| ***adj.*** Que *delibera o puede *deliberar: *la reunión de esta tarde ha sido deliberativa y mañana se tomará la decisión.*

de·li·ca·de·za |delikaðéθa| **1** ***f.*** Suavidad o *finura: *me gusta la ~ de tu piel.* **2** *Sensibilidad hacia las impresiones: *tiene una gran ~ y estas lecturas la emocionan muchísimo.* **3** Amabilidad o atención en el trato: *es un joven de gran ~ y finura.* ⇒ **tacto.** ⇔ **crudeza.**

de·li·ca·⌜do, ⌜da |delikáðo, ða| **1** ***adj.*** Que es débil, fino o suave: *le regaló una figurita de cristal muy delicada; la ropa delicada se debe lavar en agua fría.* **2** Que es amable o agradable: *creo que es una persona muy fina y delicada con todo el mundo.* **3** Que es *sensible a las menores impresiones: *no le digas eso, que es muy ~ y se puede molestar.* **4** Que es muy dado a contraer enfermedades: *tiene una salud delicada y siempre está indispuesto.* **5** (asunto, situación) Que exige mucho cuidado o habilidad: *se va a someter a una operación muy delicada.*

DELFÍN

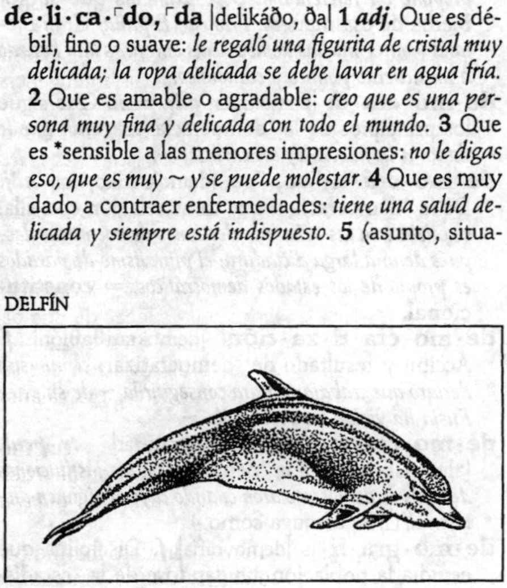

de·li·cia |delíθia| **1** ***f.*** Placer o disfrute de los sentidos o la *inteligencia: *hace las delicias de los niños.* ⇒ **delectación, deleite.** ☖ Se suele usar con el verbo *hacer.* **2** Persona o cosa que causa placer o disfrute de los sentidos o la *inteligencia: *ese hombre es una ~.* **3** Pastel formado por una masa enrollada que contiene *mermelada, crema y otros dulces: *me gustan mucho las delicias de chocolate.*

de·li·cio·⌜so, ⌜sa |deliθióso, sa| ***adj.*** Que causa o puede causar placer o disfrute de los sentidos o la *inteligencia: *preparó un pastel ~.* ⇒ **exquisito.**

de·lic·ti·⌜vo, ⌜va |delikˈtíβo, βa| ***adj.*** (acto) Que supone *delito o acción en contra de la ley: *los ladrones fueron sorprendidos en plena acción delictiva.*

de·li·mi·tar |delimitár| ***tr.*** [algo] Marcar o señalar un límite o una línea de separación: *delimitaron la finca con unas vallas.* ⇒ **demarcar.**

de·lin·cuen·cia |deliŋkuénθia| **1** ***f.*** Conjunto de *delitos o de acciones contra la ley: *la ~ aumenta cada año.* ⇒ **criminalidad. 2** Hecho de *cometer *delitos o acciones contra la ley: *se dedicó a la ~ desde muy joven.*

de·lin·cuen·te |deliŋkuénte| ***adj.-com.*** (persona) Que *comete *delitos o acciones contra la ley: *es un ~ habitual y ya había sido detenido por robo y asalto varias veces.* ⇒ **maleante.**

de·li·ne·an·te |delineánte| ***com.*** Persona que se dedica a dibujar planos: *el arquitecto le pidió al ~ que cambiase la colocación de las ventanas en el plano.*

de·li·ne·ar |delineár| ***tr.*** [algo] Trazar las líneas de una figura, especialmente las principales o los contornos: *delineó a grandes rasgos lo que sería el edificio.* ⇒ **dibujar.**

de·lin·quir |deliŋkír| ***intr.*** *Cometer un *delito o una acción contra la ley: *a menudo se delinque con el fin de conseguir dinero para comprar droga.* ☖ Se conjuga como 9.

de·li·rar |delirár| ***intr.*** Sufrir un *delirio o un estado de alteración mental; hablar o comportarse sin obedecer a la razón: *la fiebre le hacía ~; si crees que te voy a hacer ese favor, deliras.* ⇒ **desvariar.**

de·li·rio |delírio| **1** ***m.*** Estado de alteración mental en el que se producen excitación, desorden de las ideas y sensaciones que no son reales: *la fiebre alta, la intoxicación y las drogas pueden producir ~.* ⇒ **alucinación. 2** Estado de excitación violenta en que no se obedece a la razón: *al saber que le había tocado la lotería, le entró un gran ~ y se puso a gritar.* ⇒ **frenesí. 3** *fig.* Comportamiento que no obedece a la razón: *desde que es famoso no tiene más que ~;* ~ **de grandeza,** el de la persona que sueña con una situación o un lujo que no está a su alcance: *una cura de modestia le quitaría esos delirios de grandeza que tiene.* ■ **con ~,** *fig.,* enormemente; de modo excesivo: *quería a sus hijos con ~, lo eran todo para ella.*

de·li·to |delíto| ***m.*** Acción u *omisión que va en contra de la ley: *ha sido arrestado por cometer varios delitos.*

del·ta |délta| ***m.*** Terreno en el que se unen con el mar los brazos de un río y que está formado por los materiales que éste arrastra: *los deltas son lugares apropiados para el cultivo del arroz; los deltas tienen una flora y una fauna muy ricas.*

de·ma·crar·se |demakrárse| ***prnl.*** Quedarse muy delgado por una causa física o moral: *se demacró enormemente por su larga enfermedad.*

de·ma·go·gia |demaɣóxia| ***f.*** Uso de todo lo necesario para ganar el favor de un pueblo, prometiendo cosas que no se van a cumplir y manejando sus sentimientos: *es un buen gobernante, pero cae a menudo en la ~ para conseguir los votos de los ciudadanos; me asombra tu ~.*

de·ma·gó·gi·⌐co, ⌐ca |demaɣóxiko, ka| ***adj.*** De la *demagogia o que tiene relación con ella: *es un político ~, promete cosas imposibles de llevar a la práctica.*

de·ma·go·⌐go, ⌐ga |demaɣóɣo, ɣa| ***m. f.*** Persona que intenta ganar el favor de un pueblo prometiendo cosas que no va a cumplir y manejando sus sentimientos: *este partido político está lleno de demagogos sin escrúpulos.*

de·man·da |demánda| **1** ***f.*** Acción de pedir lo que se necesita: *por mucho que le rogué, no atendió a ninguna de mis demandas; en el periódico hay unas páginas destinadas a las demandas de empleo.* ⇒ **solicitud. 2** *form.* Pregunta que se hace a una persona: *el alcalde atendió con gentileza las demandas de los periodistas.* **3** Acción de pedir mercancías: *este verano la ~ de ventiladores ha aumentado tanto, que se nos han agotado las existencias.* ⇔ **oferta. 4** Acción de buscar o pedir: *la ~ de pisos es mayor que la oferta, por eso están tan caros.* ⇒ **búsqueda. 5** DER. Escrito que se presenta ante un tribunal para pedir justicia: *le han puesto una ~ por incumplimiento del contrato.*

de·man·dan·te |demandánte| **1** ***com.*** DER. Persona que presenta una *demanda a un tribunal: *el ~ debe estar presente en el juicio.* **- 2 *adj.-com.*** Que pide o *demanda una cosa: *el marido ~ ha pedido la presencia de su mujer.*

de·man·dar |demandár| **1** ***tr.*** [algo] Pedir lo que se desea: *los lectores demandaban nuevas aventuras.* **2** [a alguien] Acusar ante un tribunal para pedir justicia: *los han demandado por difamación.*

de·mar·ca·ción |demarkaθión| **1** ***f.*** Terreno *demarcado o señalado para su división: *le cogió cariño a la tierra y a la zona de su ~.* **2** Línea natural o acordada que separa dos estados o territorios: *ambos países discuten las nuevas demarcaciones.*

de·mar·car |demarkár| ***tr.*** [algo] Marcar o señalar un límite o una línea de separación: *demarcaron los términos para evitar posibles problemas.* ⇒ **delimitar.** ☖ Se conjuga como 1.

de·más |demás| ***adj.-pron. indef.*** Se refiere al resto de los elementos que pertenecen a la misma clase: *sólo me acompañaron dos amigos, los ~ prefirieron quedarse; no es sólo decisión mía, tiene usted que hablar con los ~; asistieron profesores, alumnos y ~ personas vinculadas al colegio.* ■ **por ~**, inútilmente; sin que sirva de nada: *todo lo que digas va a ser por ~.* ■ **por lo ~**, *form.*, en lo que se refiere a otras *cuestiones relacionadas: *por lo ~, creo que no tengo nada que decir.*

de·ma·sí·a |demasía| ■ **en ~**, *form.*, superando lo justo o lo necesario; excesivamente: *fue prolijo en ~ y cansó a la audiencia.*

de·ma·sia·⌐do, ⌐da |demasiáðo, ða| **1 *adj.-pron. indef.*** Que supera lo justo o lo necesario; que es excesivo: *tiene demasiadas necesidades; somos demasiados para subir todos juntos.* **- 2 demasiado *adv. c.*** Superando lo justo o lo necesario; excesivamente: *en mi opinión, cuesta ~.*

de·men·cia |deménθia| **1** ***f.*** Falta de juicio o alteración de la mente: *su ~ le hacía creerse un caballero andante.* **2** MED. Debilidad mental, generalmente grave y *progresiva: *su abuelo padece de ~ senil.* **3** *fam. fig.* Obra o dicho que no obedece a la razón: *estoy cansado de sus demencias.*

de·men·cial |demenθiál| ***adj.*** De la *demencia o que tiene relación con ella: *creo que está un poco loco porque tiene unas ideas verdaderamente demenciales.*

de·men·te |deménte| **1 *adj.-com.*** Que está *loco y falto de juicio: *sólo una imaginación ~ podía haber planeado el crimen; a las afueras había un hospital para dementes.* **2** MED. Que padece una debilidad mental grave y *progresiva: *el anciano era un ~.*

de·mé·ri·to |demérito| **1** ***m.*** Falta de *mérito o de valor: *la facilidad con la que lo hace no supone un ~.* ⇒ **desmerecimiento. 2** Acción que supone una falta de *mérito o de valor: *el no superar esta prueba puede ser un ~ en tu expediente.*

de·miur·go |demiúrɣo| ***m.*** FIL. Ordenador del mundo, según la doctrina filosófica de Platón: *no creo en la existencia de un ~.*

de·mo·cra·cia |demokráθia| **1** ***f.*** Sistema político en el que el pueblo elige *libremente a quienes lo gobiernan: *la ~ fue puesta en práctica por los griegos.* ⇒ **constitución. 2** Ideas o doctrinas que están a favor de que el pueblo participe en los asuntos importantes de gobierno: *cree en la ~ y propone un referéndum.* **3** *p. ext.* País que se gobierna de esa manera: *Francia, España, Gran Bretaña y otras muchas democracias europeas han llegado a un acuerdo político y económico.*

de·mó·cra·ta |demókrata| ***adj.-com.*** Que sigue los principios de la *democracia: *aseguran que le darán a la nueva ley un carácter ~.*

de·mo·crá·ti·⌐co, ⌐ca |demokrátiko, ka| ***adj.*** De la *democracia o que tiene relación con ella: *se celebraron las primeras elecciones democráticas después de una larga dictadura; el pluralismo de partidos es propio de los estados democráticos.* ⇒ **constitucional.**

de·mo·cra·ti·za·ción |demokratiθaθión| ***f.*** Acción y resultado de *democratizar: *el ministro declaró que trabajaría para conseguir la ~ de su país; Rusia ha vivido un proceso de ~.*

de·mo·cra·ti·zar |demokratiθár| ***tr.-prnl.*** [algo] Convertir a la *democracia: *las instituciones del país se democratizaron cuando cayó el régimen dictatorial.* ☖ Se conjuga como 4.

de·mo·gra·fí·a |demoɣrafía| ***f.*** Disciplina que estudia la población ayudándose de la *estadística: *la ~ ayuda a conocer con mayor exactitud el desarrollo o los cambios del número de habitantes de un país.*

de·mo·le·⌈dor, ⌈do·ra |demoleðór, ðóra| ***adj.*** Que *demuele, destruye o derriba: *el boxeador daba unos golpes demoledores.*

de·mo·ler |demolér| **1** ***tr.*** [algo] Destruir, hacer caer o derribar un edificio o una construcción: *tuvieron que ~ el inmueble porque amenazaba ruina.* ⇒ **derribar, derruir. 2** Destruir una cosa abstracta o figurada: *demolieron su argumentación y no convenció al auditorio.* ☖ Se conjuga como 32.

de·mo·li·ción |demoliθión| ***f.*** Destrucción o derribo: *procedieron a la ~ del edificio, por orden municipal.* ⇒ **derribo, derrumbe.**

de·mo·nia·⌈co, ⌈ca |demoniáko, ka| ***adj.*** Del *demonio o que tiene relación con él: *celebraron una ceremonia demoniaca en el cementerio.* ⇒ **demoníaco, satánico.**

de·mo·nía·⌈co, ⌈ca |demoníako, ka| ***adj.*** ⇒ **demoniaco.**

de·mo·nio |demónio| **1** ***m.*** Ser *sobrenatural o espíritu que representa las fuerzas del mal: *el Arcángel San Gabriel venció al ~.* ⇒ **diablo. 2** *fig.* Persona que hace cosas no permitidas, pero poco importantes, para divertirse: *este ~ de niño me ha vuelto a manchar el mantel.* ⇒ **revoltoso, travieso. 3** *fig.* Persona lista, hábil y que suele conseguir lo que se propone: *es un ~: siempre engaña a sus amigos.* ■ **como el/un ~**, *fam.*, mucho o excesivamente; de manera exagerada: *me ha dado una patada en la espinilla y me duele como un ~.* ■ **de mil demonios**, *fam.*, expresión con la que se exagera una cualidad o un estado, generalmente malos: *tengo un catarro de mil demonios.* ■ **llevárselo los demonios**, *fam.*, enfadarse mucho: *cuando veo lo vago que eres, se me llevan los demonios.* ■ **mandar al ~**, *fam.*, enfadarse o despreciar: *cuando se lo dijo, la mandó al ~.* ⇒ **diablo.**

de·mo·ra |demóra| **1** ***f.*** Retraso o detención en un proceso o una actividad: *debido a una avería en el suministro eléctrico, el tren sufrirá una ~ de unos treinta minutos.* ⇒ **dilación, tardanza. 2** DER. Retraso en el cumplimiento de un pago u obligación: *la ~ en el pago de esta deuda te traerá problemas.*

de·mo·rar |demorár| ***tr.-prnl.*** [a alguien] Llegar u ocurrir tarde: *parece que se demora; el accidente que ha habido en la carretera lo habrá demorado.*

de·mos·tra·ble |demostráβle| ***adj.*** Que puede ser demostrado usando la razón o una prueba: *el hecho del que se le acusa es difícilmente ~.* ⇒ **probable.**

de·mos·tra·ción |demostraθión| **1** ***f.*** Prueba de una verdad, un principio o un hecho: *escribió en la pizarra la ~ de la fórmula; para la ~ de su culpabilidad, escenificó el crimen.* **2** Muestra exterior de un sentimiento o una intención: *le hacía continuas demostraciones de amistad.*

de·mos·trar |demostrár| **1** ***tr.*** [algo; a alguien] Probar una cosa sirviéndose de la razón o de una información: *le demostró que estaba equivocado.* **2** Dar a conocer abiertamente una cosa sin dejar lugar a dudas: *demostró su interés por los necesitados.* ☖ Se conjuga como 31.

de·mos·tra·ti·⌈vo, ⌈va |demostratíβo, βa| **1** ***adj.*** Que demuestra: *el abogado presentó pruebas demostrativas del delito.* **- 2** ***adj.-m.*** LING. Que sirve para señalar una relación entre el texto o la realidad y una de las personas del discurso: *la palabra* aquel *es un demostrativo.*

de·mu·dar |demuðár| **1** ***tr.*** *form.* [algo] Cambiar o transformar: *los acontecimientos pueden ~ la situación de un momento a otro.* **- 2 demudarse** ***prnl.*** *form.* Cambiarse *repentinamente el color, el gesto o la expresión de la cara: *cuando oyó la noticia, se demudó y todos lo notaron.*

de·ne·gar |deneɣár| ***tr.*** [algo; a alguien] No dar o no conceder lo que se pide o solicita: *le denegaron su petición.* ☖ Se conjuga como 48.

de·ni·gran·te |deniɣránte| **1** ***adj.*** *form.* Que *ofende la fama o el honor de una persona: *tus palabras son denigrantes para mí.* **2** *form.* Que hace pasar por una situación de vergüenza: *recibimos un trato ~ en la aduana.*

de·ni·grar |deniɣrár| ***tr.*** [algo, a alguien] Hablar mal de una persona o cosa; *ofender la fama o el honor: *no podemos dejar que nos denigren de este modo.* ⇒ **denostar, difamar.**

de·no·da·⌈do, ⌈da |denoðáðo, ða| ***adj.*** Que tiene o muestra valor, energía o decisión: *hizo denodados esfuerzos por conseguirlo.*

de·no·mi·na·ción |denominaθión| ***f.*** Nombre con el que se distinguen las personas y las cosas: *mañana procederemos a la ~ de las nuevas calles;* ~ **de origen**, nombre que da garantía oficial de la procedencia y calidad de ciertos alimentos: *aunque este vino no tenga ~ de origen, es muy bueno.*

de·no·mi·na·⌈dor, ⌈do·ra |denominaðór, ðóra| **1** ***adj.-s.*** (persona) Que nombra; que pone nombres: *los descubridores de cosas nuevas suelen ser los denominadores de las mismas.* **- 2 denominador** ***m.*** Número que indica las partes iguales en que se considera dividido un número en una división: *4 es el ~ en el quebrado 1/4.* ⇒ **numerador.**

de·no·mi·nar |denominár| ***tr.-prnl.*** [algo, a alguien] Nombrar o distinguir con un nombre concreto: *este tipo de encuadernación hecha a mano se denomina de biblioteca.* ⇒ **llamar.**

de·nos·tar |denostár| ***tr.*** *form.* [a alguien] Hablar mal de una persona; *ofender la fama o el honor: *comenzaron a denostarlo despiadadamente y tuve que marcharme para no oírlo.* ⇒ **denigrar, difamar.** ☖ Se conjuga como 31.

de·no·tar |denotár| ***tr.*** [algo] Indicar o significar, especialmente mediante una señal: *su gesto denotaba cierto disgusto; esas palabras denotan su desdén.* ⇒ **connotar.**

den·si·dad |densiðáᵈ| ***f.*** Acumulación de cierta cantidad de elementos o individuos en un espacio determinado: *la ~ del aire en las altas montañas es menor que al nivel del mar;* ~ **de población**, cantidad de habitantes por una unidad de superficie: *la ~ de población es mucho mayor en las ciudades que en el campo.*

den·⌜so, ⌜sa |dénso, sa| **1** ***adj.*** (sustancia) Que tiene mucha materia en poco espacio: *el agua es más densa que el aire.* **2** Que tiene muchos elementos dentro de sí: *se perdieron en un ~ bosque; su música es difícil y densa.*

den·ta·⌜do, ⌜da |dentáðo, ða| ***adj.*** Que tiene dientes o puntas parecidas a dientes: *en esa parte de la máquina va una rueda dentada.*

den·ta·du·ra |dentaðúra| ***f.*** Conjunto de dientes de una persona o animal: *debía de tratarse de un animal muy viejo porque la ~ estaba deteriorada;* ~ **postiza**, estructura formada por dientes artificiales que sustituyen a los naturales: *dice que no puede comer porque la ~ postiza le roza.*

den·tal |dentál| **1** ***adj.*** De los dientes o que tiene relación con ellos: *la higiene ~ es fundamental para la conservación de los dientes.* - **2** ***adj.-s.*** LING. (sonido) Que se pronuncia apoyando la punta de la lengua en los dientes: *las letras* d *y* t *son consonantes dentales.*

den·ta·⌜rio, ⌜ria |dentário, ria| ***adj.*** De los dientes o que tiene relación con ellos: *las prótesis dentarias cuestan mucho dinero.* ⇒ **dental.**

den·te·lla·da |denteʎáða| **1** ***f.*** Acción y resultado de clavar los dientes: *el niño se comía el pan a dentelladas.* ⇒ **mordisco. 2** Herida hecha con los dientes: *pudimos ver las dentelladas que el perro le hizo en la pierna.*

den·te·llar |denteʎár| ***intr.*** Golpear unos dientes contra otros con gran rapidez: *le dio un ataque cerebral y cayó al suelo dentellando.*

den·te·ra |dentéra| ***f.*** Sensación desagradable experimentada en los dientes al comer ciertas cosas, oír ciertos ruidos o tocar ciertos cuerpos: *por favor, no hagas ese ruido con el cuchillo, que me da ~.* ⇒ **grima.** ☐ Se suele usar con el verbo *dar.*

DENTADURA HUMANA

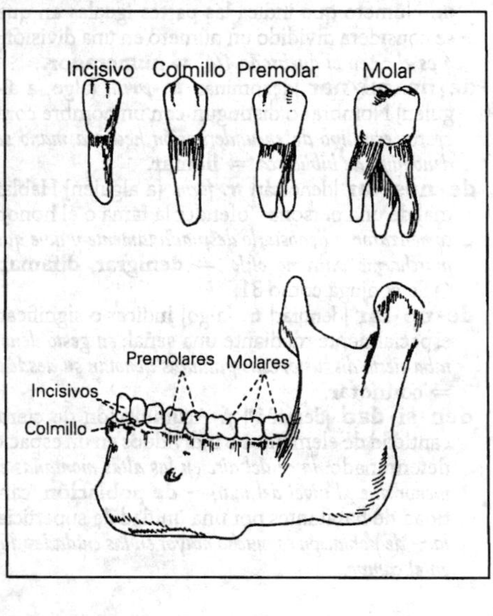

den·ti·ción |dentiθión| **1** ***f.*** Aparición y desarrollo de los dientes: *el niño ya puede tomar alimentos sólidos porque ha terminado su ~.* **2** Tiempo que dura la aparición y el desarrollo de los dientes: *durante la ~ los bebés lloran continuamente.* **3** ZOOL. Tipo y número de dientes propios de un mamífero, según la especie a que pertenezca: *estos dos animales se distinguen por su ~.*

den·tí·fri·⌜co, ⌜ca |dentífriko, ka| ***adj.-m.*** (sustancia) Que sirve para limpiar los dientes: *mi ~ tiene rayas rojas.* ☐ No se debe decir *dentrífico.*

den·tis·ta |dentísta| ***adj.-com.*** (persona) Que se dedica al estudio y arreglo de los dientes y al tratamiento de sus enfermedades: *tengo una muela picada y he de ir al ~ esta tarde.* ⇒ **odontólogo.**

den·tro |déntro| ***adv. l.*** Hacia la parte interior; en la parte interior: *me he dejado la llave ~ de casa y no puedo entrar; lleva un bocadillo ~ de la cartera.* ⇒ **adentro.** ■ ~ **de**, en el tiempo comprendido entre dos momentos: *volveré ~ de una semana; tengo que presentar el recurso ~ del plazo señalado.* ■ ~ **de**, en el interior de un espacio o periodo que no es real o concreto: *vamos a penetrar ~ de la obra de este autor.* ■ **por** ~, en sus pensamientos: *aunque no decía nada, se reía por ~.*

den·tu·⌜do, ⌜da |dentúðo, ða| ***adj.-s.*** Que tiene los dientes excesivamente grandes: *¡qué chica más fea: es dentuda y tiene la nariz chata!*

de·nue·do |denuédo| ***m.*** Fuerza, valor o energía con que se ejecuta una acción: *se levantó y volvió a atacar con gran ~.*

de·nun·cia |denúnθia| ***f.*** Noticia o aviso que se da a una autoridad sobre un *delito o una acción que va en contra de la ley: *le dijo que le iba a poner una ~ por aparcar sobre la acera.* ☐ Se suele usar con el verbo *poner.*

de·nun·ciar |denunθiár| **1** ***tr.*** [a alguien] Dar noticia o aviso a una autoridad de un *delito o una acción que va en contra de la ley: *los denunció por agresión.* **2** Dar noticia o avisar a una autoridad de un *delito y de su autor, sin tener una relación directa con ellos: *sospechan que fue él quien los denunció.* ⇒ **delatar.** ☐ Se conjuga como 12.

de·on·to·lo·gí·a |deontoloxía| ***f.*** Doctrina filosófica que trata de determinar los deberes de los hombres, especialmente los que se derivan de una situación o una profesión: *la ~ obliga a cumplir un código ético.*

de·pa·rar |deparár| ***tr. form.*** [algo; a alguien] Proporcionar o conceder: *la competición va a ~ unas marcas sensacionales; nadie sabe lo que el destino nos deparará.*

de·par·ta·men·to |departaménto| **1** ***m.*** Parte en que se divide un territorio, un edificio, un vehículo o un espacio: *la guantera tiene varios departamentos para guardar objetos.* **2** Parte de una administración, de un *ministerio o de una *institución: *el Departamento de Sanidad ha prohibido ese producto.* ☐ En esta acepción, suele escribirse con mayúscula. **3** Parte de una *universidad que se dedica a la enseñanza y el estudio de unas materias determinadas: *trabaja en un laboratorio del*

Departamento de Química. ☖ En esta acepción, suele escribirse con mayúscula.

de·par·tir |departír| ***intr.*** *form.* Conversar dos o más personas sobre un asunto: *los vi departiendo amigablemente en la cafetería.* ⇒ **charlar, hablar.**

de·pau·pe·ra·ción |depauperaθión| **1** ***f.*** *form.* Proceso en el que una cosa se hace pobre o más pobre: *la ~ de la economía está en relación con las inversiones.* ⇒ **empobrecimiento. 2** MED. Proceso en el que el organismo pierde fuerza y energía: *llevaba varios días sin comer ni beber, en un estado de ~ grande.* ⇒ **debilitamiento.**

de·pau·pe·rar |depauperár| **1** ***tr.-prnl.*** *form.* [algo] Hacer pobre o más pobre; hacer delgado o débil: *la sequía ha depauperado las tierras de cultivo y los pastos.* ⇒ **empobrecer. 2** MED. Hacer que el organismo pierda fuerza y energía: *la enfermedad depauperó el cuerpo del paciente.* ⇒ **debilitar.**

de·pen·den·cia |dependénθia| **1** ***f.*** Relación por la que una persona depende del mando o la autoridad de otra persona o cosa: *los vasallos mostraban sumisión y ~ a su señor; los jóvenes quieren romper con la ~ económica de sus padres.* **2** Relación por la que una cosa depende de otra o está subordinada a ella: *existe una estrecha ~ entre el índice de paro y el de delincuencia.* **3** Necesidad que el individuo no es capaz de superar o que obliga a seguir consumiendo algún producto: *este fármaco puede crear cierta ~, por lo que debe administrarse con cuidado.* ⇒ **adicción. 4** Habitación o espacio dedicado a un uso determinado: *fue trasladado a las dependencias policiales de la comisaría para ser interrogado.*

de·pen·der |dependér| **1** ***intr.*** [de algo/alguien] Estar condicionada una cosa a otra: *que vayamos o no depende del tiempo que haga.* **2** Estar una persona bajo el mando o la autoridad de otra; necesitar la ayuda de otra persona: *dependo de mis padres; dice que no quiere ~ de nadie y que va a montar su propio negocio.*

de·pen·dien·⌜te, ⌜ta |dependiénte, ta| **1** ***m. f.*** Persona que se dedica a *atender a los clientes en una tienda: *el ~ de estos almacenes es muy amable; la dependienta nos dijo que cerraban a las nueve.* **- 2 dependiente** ***adj.*** Que depende o está condicionado: *aquí hay una sucursal ~ de la oficina central.* ⇔ **autónomo.**

de·pi·lar |depilár| ***tr.-prnl.*** [algo, a alguien] Quitar el pelo o el vello de una parte del cuerpo: *tengo que depilarme las piernas, si quiero ponerme hoy la minifalda.*

de·pi·la·to·⌜rio, ⌜ria |depilatório, ria| ***adj.-m.*** Que sirve para *depilar o quitar el vello: *prefiero la crema depilatoria a la cera.*

de·plo·rar |deplorár| ***tr.*** [algo] Sentir una pena de forma viva y profunda: *deploraba enormemente su súbita marcha.* ⇒ **lamentar.**

de·po·ner |deponér| **1** ***tr.*** [algo] Dejar, separar o apartar: *depuso su cólera tras la explicación que le dieron;* ~ **las armas**, dejar la lucha armada: *los ejércitos han depuesto las armas; la policía obligó a los delincuentes a ~ las armas.* **2** [a alguien] Apartar de un empleo o un cargo: *el rey fue depuesto a los tres meses de su reinado.* **3** DER. [algo] Exponer ante el *juez lo que se sabe sobre un asunto: *Pedro depone que ha visto lo ocurrido.* **- 4** ***intr.*** *form.* Expulsar excrementos por el ano: *ha depuesto cuatro veces esta mañana.* ⇒ **cagar, defecar.** ☖ Se conjuga como 78.

de·por·ta·ción |deportaθión| ***f.*** Pena que consiste en *deportar o llevar a un lugar alejado: *se ha procedido a la ~ de los condenados.*

de·por·tar |deportár| ***tr.*** [a alguien] Transportar a una persona a un lugar lejano del que no debe salir: *por su manera de pensar, fue deportado a Siberia.* ⇒ **desterrar.**

de·por·te |depórte| **1** ***m.*** Ejercicio físico que se hace por *entretenimiento: *mi ~ favorito es el esquí.* **2** Juego o ejercicio en el que se pone a prueba la habilidad o la fuerza física: *en las olimpiadas se compite en muy diversos deportes.*

de·por·tis·ta |deportísta| **1** ***adj.-com.*** (persona) Que hace deporte o ejercicio físico: *mi abuelo es muy ~, sale a correr un rato todos los días.* **2** (persona) Que se dedica a hacer deporte: *esta semana, los deportistas se alojan en la ciudad olímpica.*

de·por·ti·vi·dad |deportiβiðáᵈ| ***f.*** Adecuación a las normas de corrección en la práctica de un deporte: *protestaba al árbitro y su ~ dejaba mucho que desear.*

de·por·ti·⌜vo, ⌜va |deportíβo, βa| **1** ***adj.*** Del deporte o que tiene relación con él: *en este curso, se desarrollan actividades deportivas.* **2** Que se ajusta a las normas de corrección en la práctica de un deporte: *mantuvieron una actitud deportiva durante todo el partido.* **- 3 deportivo** ***adj.-m.*** Automóvil pequeño y muy rápido, generalmente *llamativo y con dos puertas: *su sueño es comprarse un ~ rojo.*

de·po·si·ción |deposiθión| **1** ***f.*** *form.* *Expulsión de excrementos por el ano: *algunas personas tienen problemas para la ~ regular.* **2** *form.* Excremento que se expulsa por el ano: *el médico ha analizado las deposiciones del enfermo.* ⇒ **caca, hez, mierda. 3** *Expulsión de un cargo: *el presidente ha decidido la ~ del ministro.*

de·po·si·tar |depositár| **1** ***tr.*** [algo] Poner bienes o valores bajo la vigilancia de una persona o *institución; *confiar una cosa: *depositó los valores en el banco.* **2** Colocar una cosa durante un tiempo en un lugar determinado, generalmente para guardarla o conservarla: *depositó el maletín en el asiento de atrás.* **3** *fig.* Dar o conceder: *me equivoqué al ~ en él mi confianza.* **- 4 depositarse** ***prnl.*** Caer en el fondo de un líquido una materia sólida que está en él: *cuando los posos se depositaron, sirvieron un poco de vino.*

de·po·si·ta·⌜rio, ⌜ria |depositário, ria| ***m. f.*** Persona o *institución que cuida de unos bienes o valores que se ponen bajo su vigilancia: *el ~ está obligado a guardar la cosa y restituirla, cuando le sea pedida.*

de·pó·si·to |depósito| **1** ***m.*** Recipiente, generalmente de gran tamaño y cerrado, que sirve para contener líquidos o gases: *llenó el ~ de gasolina en* *la estación de servicio.* ⇒ **tanque.** **2** Lugar destinado a contener cosas para guardarlas o conservarlas: *nuestra empresa tiene un ~ de mercancías en esa ciudad;* ~ **de cadáveres**, lugar donde se guardan los cuerpos muertos de las personas antes de enterrarlos o quemarlos: *el forense se dirigía al ~ de cadáveres para realizar la autopsia.* **3** Conjunto de bienes o valores que se ponen bajo la vigilancia de una persona o *institución: *se dice que hizo un ~ en el banco de varios millones.* ☐ Se suele usar con el verbo *hacer.*

de·pra·va·⌐do, ⌐da |depraβáðo, ða| ***adj.*** Que tiene un comportamiento o unas ideas que se apartan completamente de la moral; que es un *vicioso: *no quiero que andes con esos chicos de costumbres depravadas.* ☐ Es el participio de *depravar.* ⇒ **degenerado.**

de·pra·var |depraβár| ***tr.-prnl.*** [a alguien] Causar un daño moral con malos ejemplos o malos consejos; hacer mala a una persona: *acabará depravándose si sigue con esa vida.* ⇒ **corromper, pervertir, viciar.**

de·pre·ciar |depreθiár| **1** ***tr.-prnl.*** [algo] Disminuir el valor o el precio de una cosa: *el barril de petróleo se ha depreciado considerablemente.* **2** Perder valor una unidad de moneda en el mercado libre de dinero: *la moneda ha sido depreciada en un 5%.* ⇒ **devaluar.** ☐ Se conjuga como 12.

de·pre·da·⌐dor, ⌐do·ra |depreðaðór, ðora| ***m. f.*** Ser vivo que caza animales para alimentarse: *el león es uno de los depredadores más temidos de la sabana.*

de·pre·dar |depreðár| **1** ***tr.*** [algo] Cazar a un animal de otra especie para conseguir alimento: *el león depredaba cuantos animalillos se encontraba.* **2** Robar atacando con *violencia: *los bárbaros depredaban todo cuanto encontraban a su paso.*

de·pre·sión |depresión| **1** ***f.*** Estado de ánimo del que tiene una gran tristeza y una pérdida de interés: *tras el divorcio y su despido del trabajo, Enrique sufrió una fuerte ~.* **2** Hundimiento del terreno: *en esa ~ se han acumulado las aguas de la lluvia.* **3** Periodo de tiempo en el que hay una baja actividad en la economía: *en época de ~ el desempleo aumenta y bajan las inversiones.* **4** Situación de baja presión en la atmósfera: ~ **atmosférica**, situación de baja presión en la atmósfera: *las líneas del mapa indican la presencia de depresiones atmosféricas.* ⇒ **borrasca, ciclón.**

de·pre·si·⌐vo, ⌐va |depresíβo, βa| **1** ***adj.*** *form.* Que padece una gran tristeza y una pérdida del interés: *Elena es una persona depresiva.* **2** *form.* Que produce una gran tristeza y una pérdida del interés: *la muerte de sus padres fue un hecho ~ en su vida.*

de·pri·mir |deprimír| **1** ***tr.*** [algo] Reducir el volumen de un cuerpo por medio de la presión: *el peso del aire deprime la columna barométrica.* **- 2** ***tr.-prnl.*** [a alguien] Hacer caer o disminuir el ánimo o la fuerza moral: *la noticia deprimió su ánimo; se deprime por cualquier cosa.* ⇔ **animar.**

de·pri·sa |deprísa| ***adv. m.*** Con rapidez; a gran velocidad: *suele conducir ~, por eso tiene tantos accidentes.* ⇒ **aprisa.**

de·pu·ra·do·ra |depuraðóra| ***f.*** Aparato que sirve para *depurar o limpiar la suciedad, especialmente la de las aguas: *el ayuntamiento va a poner en marcha una nueva ~ para purificar el río.*

de·pu·rar |depurár| **1** ***tr.*** [algo] Limpiar la suciedad; quitar lo que no forma parte de una cosa: *conviene ~ el agua de ese pantano.* **2** [algo, a alguien] Apartar de un cuerpo u organización a los miembros que no comparten por completo unas normas o principios: *varios miembros fueron expulsados para ~ el partido.*

de·re·cha |derétʃa| **1** ***f.*** Mano situada, en relación con la posición de una persona, en el lado opuesto al que tiene el corazón: *este niño tiene menos habilidad con la ~ que con la otra mano.* ⇒ **diestra.** ⇔ **izquierda, siniestra.** **2** POL. Conjunto de personas que defienden ideas y principios conservadores: *la ~ del país no está de acuerdo con el proyecto de ley que ha presentado la izquierda.* ⇔ **izquierda.**

de·re·cha·zo |deretʃáθo| ***m.*** Golpe que se da con la mano derecha cerrada: *el boxeador propinó un buen ~ a su adversario y lo derribó.*

de·re·chis·mo |deretʃísmo| ***m.*** POL. Tendencia política que defiende la tradición y se opone a las reformas: *la ideología del ~ es opuesta al izquierdismo; en esta provincia el ~ cuenta con bastantes seguidores.* ⇔ **izquierdismo.**

de·re·chis·ta |deretʃísta| **1** ***adj.*** POL. Del *derechismo o que tiene relación con él: *los miembros de la coalición ~ se reunirán en la sede del partido.* ⇔ **izquierdista.** **- 2** ***adj.-com.*** (persona) Que es partidario del *derechismo: *votará a un partido conservador porque es ~; se ha inscrito en una asociación ~; los derechistas han perdido un escaño en las elecciones.* ⇔ **izquierdista.**

de·re·⌐cho, ⌐cha |derétʃo, tʃa| **1** ***adj.*** (parte de una cosa) Que está situado, en relación con la posición de una persona, en el lado opuesto al que tiene el corazón: *si sigues andando por esta calle, encontrarás una iglesia en la acera derecha; mi mujer duerme en el lado ~ de la cama.* ⇒ **diestro.** ⇔ **izquierdo.** **2** (órgano, parte del cuerpo) Que está situado en el lado del cuerpo opuesto al que tiene el corazón o en el lado en que la mayor parte de la gente tiene más habilidad: *la mayoría de la gente escribe con la mano derecha.* ⇔ **izquierdo.** **3** (lugar) Que está situado, en relación con el movimiento de una persona o de una cosa, en el lado del cuerpo opuesto al que la persona tiene o tendría el corazón: *detuvieron la barca en la orilla derecha del río.* ⇔ **izquierdo.** **4** Que es recto y no se tuerce a un lado ni a otro: *busca un clavo ~ porque éste está torcido; ponte ~, que te va a doler la espalda.* **- 5 derecho** ***m.*** Poder de hacer, tener o exigir todo lo que la ley permite o establece: *todos los hombres tienen ~ al trabajo; el pago de la matrícula da ~ a asistir a las clases y a examinarse.* **6** Conjunto de leyes y reglas que deben obedecer los hombres que viven en sociedad: *el ~ marítimo* *regula el tráfico de mercancías y pasajeros por mar.* **7** Ciencia que estudia las leyes y su aplicación: *un tratado de ~ administrativo; estudio en la Facultad de Derecho.* **8** Lado que debe verse, y que por ello está mejor trabajado, de una tela, papel u otras cosas: *éste es el ~ del mantel, el lado que lleva el dibujo; ponte la camiseta del ~, que se te ve la etiqueta.* ⇔ **revés.** - **9 derechos** ***m. pl.*** Cantidad de dinero que cobra un país, ciudad o persona por un acuerdo determinado: *la editorial paga al poeta los derechos de autor; la nación ingresa muchas divisas de derechos aduaneros.* - **10 derecho** ***adv. m.*** Directamente, por el camino recto: *se fue ~ a casa de su madre, sin parar en ningún sitio.* ■ **¡no hay ~!**, expresión de protesta ante una cosa o acción que se considera injusta: *ha despedido a cinco empleados, ¡no hay ~!*

de·ri·va |deriβa| ***f.*** MAR. Desvío de una nave de un *rumbo determinado, a causa del viento o de la corriente. ■ **a la ~**, MAR. sin dirección fija; dejándose arrastrar por la corriente o por el viento: *toda la tripulación murió de peste y el barco viajaba a la ~.*

de·ri·va·ción |deriβaθión| **1** ***f.*** *form.* Hecho o acontecimiento que tiene su origen en otro: *el médico estudiará la enfermedad y todas sus derivaciones.* ⇒ **consecuencia. 2** LING. Procedimiento para formar palabras nuevas cambiando la forma de una palabra que ya existía o añadiéndole un *sufijo o un *prefijo: *la palabra* insoportable *se ha formado por ~.* ⇒ **afijo, composición, parasíntesis. 3** *form.* *Orientación o conducción de una cosa hacia un destino o un fin determinado: *la sociedad está experimentando una ~ hacia posturas radicales.* **4** ELECTR. Pérdida de intensidad de la corriente eléctrica, por la acción de la humedad o de otras causas: *el apagón de luz se debió a una ~ producida por la fuerte tormenta.*

de·ri·va·da |deriβáða| ***f.*** MAT. Valor del límite de la variación de una variable en un espacio determinado: *la ~ se usa en matemáticas para averiguar, por ejemplo, velocidades instantáneas.* ⇒ **integral.**

de·ri·va·⌐do, ⌐da |deriβáðo, ða| **1** ***adj.-m.*** LING. (palabra) Que se forma a partir de otra palabra: *las palabras terminadas en* -ción *suelen ser derivados de un verbo, como en* derivar, derivación. ⇒ **primitivo. 2** (producto químico) Que procede de una materia natural o artificial: *la gasolina, el gasoil y el butano son derivados del petróleo.*

de·ri·var |deriβár| **1** ***intr.-prnl.*** [de algo] Descender o proceder de una cosa: *el respeto que le tienen deriva de su autoridad.* - **2** ***tr.-intr.*** [algo] Formar una palabra a partir de otra, cambiando su forma o añadiéndole una terminación: *la palabra* pequeñito *deriva de* pequeño. **3** Dirigir o conducir una cosa hacia un destino o fin determinado: *derivó la conversación hacia otro tema.* **4** MAR. Apartarse una embarcación de la dirección señalada.

der·ma·ti·tis |dermatítis| ***f.*** MED. Enfermedad de la piel en la que ésta se hincha y se produce picor: *la caspa es un tipo de ~; el médico me ha recetado una pomada para la ~.* ☖ El plural es *dermatitis.*

der·ma·to·lo·gí·a |dermatoloxía| ***f.*** MED. Disciplina que trata de las enfermedades de la piel: *se interesó por la ~ y decidió especializarse en ella.*

der·ma·tó·lo·⌐go, ⌐ga |dermatóloɣo, ɣa| ***m. f.*** MED. Médico especialista en las enfermedades de la piel: *fue a ver al ~ para que le operara las verrugas.*

der·mis |dérmis| ***f.*** ANAT. Capa más gruesa de la piel de los vertebrados: *la ~ se encuentra entre la epidermis y el tejido hipodérmico; en la ~ están las glándulas que producen el sudor.* ☖ El plural es *dermis.*

de·ro·ga·ción |deroɣaθión| ***f.*** DER. Cambio o abandono de una ley o costumbre: *la ~ de esa ley favorece a las mujeres.* ⇒ **abolición.**

de·ro·gar |deroɣár| ***tr.*** DER. [algo] Abandonar o cambiar una ley o costumbre: *la antigua ley de empleo fue derogada hace varios años.* ☖ Se conjuga como 7.

de·rra·ma |deřáma| ***f.*** *form.* Reparto o *distribución de un gasto entre varias personas que deben pagarlo: *la comisión de festejos estableció la ~ para hacer frente a los gastos imprevistos.*

de·rra·mar |deřamár| **1** ***tr.-prnl.*** [algo] Hacer caer el contenido de un recipiente inclinándolo o dándole la vuelta: *derramó el agua de la jarra por el suelo; la harina se derramó sobre la mesa.* ⇒ **volcar.** - **2 derramarse** ***prnl.*** *fig.* Esparcirse o extenderse sin orden y en diferentes direcciones: *los rumores se han derramado por la ciudad.* ⇒ **desparramar, desperdigar, diseminar. 3** *form.* Entrar una corriente de agua en otra o en el mar: *miraban cómo el Tajo se derramaba en el Atlántico.* ⇒ **desaguar.**

de·rra·me |deřáme| **1** ***m.*** Caída o salida de un líquido del recipiente que lo contiene: *el accidente del petrolero produjo un terrible ~ de crudo en el puerto.* **2** MED. Salida *anormal de un líquido orgánico al exterior de la *cavidad que debería contenerlo: *el ~ cerebral le produjo la muerte.*

de·rra·par |deřapár| ***intr.*** Deslizarse un vehículo desviándose de una dirección determinada: *el coche derrapó en la grava y se salió de la carretera.* ⇒ **patinar.**

de·rre·dor |deřeðór| ***m.*** Círculo imaginario que rodea una cosa: *el hombre encuentra en su ~ lo que necesita.* ■ **en ~**, *form.*, rodeando una cosa; en *torno a una cosa: *miró en ~ y no pudo ver a nadie.* ⇒ **alrededor.**

de·rren·gar |deřeŋgár| **1** ***tr.-prnl.*** [a algo/alguien] Hacer daño en la espalda a causa de un peso excesivo: *el exceso de carga derrengó al burro; el albañil se echó al hombro un saco muy pesado y se derrengó.* **2** [algo] Torcer o desviar a un lado: *hice una tarta, pero no me salió muy bien y se derrengó.*

de·rre·tir |deřetír| **1** ***tr.-prnl.*** [algo] Convertir una sustancia sólida en líquida, generalmente por medio de calor: *si no te comes pronto el helado, se te va a derretir.* **2** Gastar muy rápidamente un dinero: *derritió toda la herencia en menos de un año.* ⇒ **fundir.** - **3 derretirse** ***prnl.*** Sentir o mostrar mucho cariño: *se derrite de amor por ella.* ☖ Se conjuga como 34.

de·rri·bar |deřiβár| **1** ***tr.*** [algo] Echar a tierra; destruir: *derribaron la vieja casa para hacer un edificio de* *apartamentos.* ⇒ **demoler. 2** [algo, a alguien] Hacer caer al suelo; tirar: *la tormenta derribó el nido de la cigüeña; el portero derribó al delantero dentro del área y el árbitro pitó penalty.* **3** *fig.* [a alguien] Hacer perder el poder, un cargo o una posición: *la conspiración pretendía ~ al dictador.*

de·rri·bo |deříβo| ***m.*** Destrucción o caída: *han comenzado el ~ del viejo hotel.* ⇒ **demolición, derrumbe.**

de·rro·car |deřokár| **1** ***tr.*** *fig.* [a alguien] Hacer perder un cargo o una situación: *el presidente fue derrocado por la revolución.* **2** *fig.* [algo] Echar a tierra o destruir: *derrocaron las murallas y quemaron el castillo.* ⇒ **derribar.** ☐ Se conjuga como 49. Se suele usar sin diptongar, como 1.

de·rro·char |deřotʃár| **1** ***tr.*** [algo] Gastar los bienes o el dinero sin orden ni cuidado: *es imposible que ahorre: en cuanto le dan la paga, la derrocha por ahí con los amigos.* ⇒ **despilfarrar, destrozar, dilapidar, disipar, fumar, fundir. 2** *fam. fig.* Tener una cantidad grande de una cosa buena: *derrocha simpatía.*

de·rro·che |deřótʃe| ***m.*** Gasto de bienes o de dinero sin orden ni cuidado: *es un ~ comprarlo a ese precio, sabiendo que está más barato en la tienda de al lado.* ⇒ **despilfarro, dispendio.** ⇔ **economía.**

de·rro·ta |deřóta| **1** ***f.*** Acción y resultado de *derrotar o de ser *derrotado: *fue una ~ vergonzosa: perdió contra un jugador novato.* **2** Camino estrecho de tierra: *para acortar camino pasaremos por la ~.* **3** MAR. Dirección por la que navega una embarcación: *el barco no cambió la ~.*

de·rro·tar |deřotár| **1** ***tr.*** [a alguien] Vencer a un enemigo o hacer que se vaya: *nuestras tropas derrotaron al enemigo en esa batalla.* **2** Vencer en una competición: *el campeón derrotó rápidamente a todos sus rivales.* **- 3 derrotarse *prnl.*** Perder la fuerza o el ánimo: *no debes derrotarte por un solo fracaso.* ⇒ **derrumbar, desmoronar.**

de·rro·te |deřóte| ***m.*** Golpe que da el toro con los cuernos levantando la cabeza: *el ~ alcanzó al torero y lo hirió gravemente.*

de·rro·te·ro |deřotéro| **1** ***m.*** Camino o medio que se sigue para llegar a un lugar o a un fin determinado: *ignoro qué derroteros lo han llevado hasta allí.* **2** MAR. Línea dibujada en un mapa para señalar la dirección por la que ha de navegar una embarcación: *mira el ~ para saber hacia dónde debemos ir.* **3** MAR. Dirección por la que navega una embarcación: *la barca navegaba de acá para allá sin ~ fijo.* ⇒ **rumbo.**

de·rru·ir |deřuír| ***tr.*** [algo] Destruir, hacer caer o derribar un edificio o una construcción, material o figurada: *tuvimos que ~ la pared antes de que se cayese sola.* ⇒ **demoler, derribar.** ☐ Se conjuga como 62.

de·rrum·bar |deřumbár| **1** ***tr.-prnl.*** [algo] Hacer que caiga un edificio o parte de una montaña: *han derrumbado el viejo hotel; la explosión hizo que parte de la cima se derrumbase.* **- 2 derrumbarse *prnl.*** *fig.* Perder la fuerza o el ánimo: *se derrumbó tras la muerte de su mujer.* ⇒ **derrotar, desmoronar, flaquear.**

de·rrum·be |deřúmbe| ***m.*** Destrucción o caída: *habrá que proceder al ~ de la vivienda antigua antes de comenzar la construcción de la nueva.* ⇒ **demolición, derribo.**

de·sa·bas·te·cer |desaβasteθér| ***tr.*** [algo, a alguien] No dar o llevar una cosa que es necesaria: *esas zonas están desabastecidas de agua en el verano.* ⇔ **abastecer.** ☐ Se conjuga como 43.

de·sa·bo·ri·⌐do, ⌐da |desaβoríðo, ða| **1** ***adj.*** Que no tiene sabor o gusto: *nos comimos un arroz muy ~.* ⇒ **desabrido. 2** Que no tiene sustancia o materia: *la película que hemos visto es muy desaborida.* **- 3 *adj.-s.*** *desp. fig.* (persona) Que no tiene gracia ni *viveza: *me aburre estar con él porque es bastante ~.* ⇒ **soso.**

de·sa·bo·to·nar |desaβotonár| ***tr.-prnl.*** [algo] Quitar o soltar los botones de una prenda de vestir: *se desabotonó la camisa porque hacía mucho calor.* ⇒ **desabrochar.** ⇔ **abotonar.**

de·sa·bri·⌐do, ⌐da |desaβríðo, ða| **1** ***adj.*** Que no tiene sabor o gusto: *me parece una fruta bastante desabrida.* ⇒ **desaborido. 2** Que tiene mal sabor o mal gusto: *nos invitaron a una cena desabrida.* **3** (tiempo) Que es desagradable y variable: *parece que este otoño va a ser ~.* **4** *desp. fig.* (persona) Que es áspera y desagradable en el trato: *no se le puede decir nada, es muy ~.*

de·sa·bri·gar |desaβriɣár| ***tr.-prnl.*** [a alguien] Quitar la ropa de abrigo; llevar poca ropa de abrigo: *iba desabrigada y se resfrió.* ⇔ **abrigar.**

de·sa·bri·go |desaβríɣo| ***m.*** Falta de protección o de ayuda: *se apiadó al ver el ~ del pobre huerfanito.*

de·sa·bro·char |desaβrotʃár| ***tr.-prnl.*** [algo] Quitar o soltar los *broches o botones de una prenda de vestir: *se desabrochó la chaqueta y se puso cómodo.* ⇒ **desabotonar.** ⇔ **abrochar.**

de·sa·ca·tar |desakatár| **1** ***tr.*** [algo] Dejar de cumplir o no obedecer una norma o una ley: *desacató las imposiciones del ministerio.* ⇔ **acatar. 2** [a alguien] Faltar al respeto que se debe a una persona o a una autoridad: *desacató al tribunal.*

de·sa·ca·to |desakáto| ***m.*** Falta de respeto a una persona o a una autoridad: *fue multado por ~ a la autoridad.*

de·sa·cer·tar |desaθertár| ***intr.*** No dar con lo cierto; equivocarse o fallar: *desacertó en todos sus pronósticos.* ⇔ **acertar.**

de·sa·cier·to |desaθiérto| ***m.*** Obra o dicho *desacertado o equivocado: *después de varios desaciertos, decidió callarse.* ⇒ **acierto.**

de·sa·co·mo·dar |desakomoðár| ***tr.-prnl.*** [a alguien] Quitar la comodidad; hacer sentir a disgusto: *siento tener que desacomodarte, pero tengo que limpiar el sillón.* ⇔ **acomodar.**

de·sa·co·mo·do |desakomóðo| ***m.*** Falta de comodidad; disgusto: *no me gusta que mis invitados sufran ningún ~.*

de·sa·con·se·jar |desakonsexár| ***tr.*** [algo; a alguien] Aconsejar que no se haga o que se evite una cosa: *te desaconsejo que te lleves los esquís a la playa.* ⇔ **aconsejar.**

de·sa·co·plar |desakoplár| ***tr.*** [algo] Separar dos piezas u objetos que están ajustados: *los obreros desacoplaron todos los tubos antes de desmontar la instalación.* ⇔ **acoplar.**

de·sa·cor·de |desakórðe| ***adj.*** MÚS. (instrumento musical) Que no está bien *afinado o que está *afinado en otro tono: *unos violines desacordes sonaban al fondo de la sala.*

de·sa·cos·tum·brar |desakostumbrár| ***intr.-prnl.*** Perder o hacer perder un uso o una costumbre: *como ya no tengo que hacerlo, me he desacostumbrado.* ⇔ **acostumbrar.**

de·sa·cre·di·tar |desakreðitár| ***tr.*** [algo, a alguien] Disminuir o quitar el buen nombre, el valor o la consideración: *el ministro asegura que esas declaraciones se han hecho para ~ al gobierno.* ⇒ **desdorar, deslucir.**

des·ac·ti·var |desa^k^tiβár| ***tr.*** [algo] Detener o acabar con un proceso o una acción; hacer que deje de funcionar una cosa: *el gobierno va a ~ el plan de empleo; los artificieros de la policía desactivaron la bomba.* ⇔ **activar.**

de·sa·cuer·do |desakuérðo| ***m.*** Falta de acuerdo o de conformidad: *están en ~ con la determinación que hemos tomado.* ⇔ **acuerdo.**

de·sa·fe·rrar |desaferár| **1 *tr.-prnl.*** [algo] Soltar lo que está sujeto con fuerza: *tienes que ~ la verja porque está oxidada.* ⇔ **aferrar. 2** MAR. Levantar el *ancla para que la embarcación pueda moverse: *el capitán mandó ~ la embarcación e izar las velas.* ☖ Se conjuga como 27.

de·sa·fiar |desafiár| **1 *tr.*** [a alguien] Provocar a una persona para enfrentarse a ella física o verbalmente: *lo desafió a un duelo con espada.* ⇒ **retar. 2** *fig.* [algo, a alguien] Oponerse o enfrentarse: *desafió a la autoridad paterna; cruzaron el mar desafiando los elementos.* ☖ Se conjuga como 13.

de·sa·fi·na·⌈do, ⌈da |desafináðo, ða| ***adj.*** (sonido, instrumento) Que se aparta del tono adecuado: *el piano está desafinado y suena muy mal.* ☖ Es el participio de *desafinar.*

de·sa·fi·nar |desafinár| ***tr.-intr.-prnl.*** [algo] Apartarse del tono adecuado; sonar mal: *me gusta mucho cantar, pero a veces desafino porque no tengo buen oído; la guitarra se ha desafinado.* ⇒ **desentonar.**

de·sa·fí·o |desafío| **1 *m.*** Provocación a una persona para enfrentarse a ella física o verbalmente: *aceptó su ~ y se batieron al amanecer en el bosque.* **2** Acción de enfrentarse a una situación difícil para tratar de conseguir una cosa: *ganar este premio es un ~ para mí.*

de·sa·fo·ra·⌈do, ⌈da |desaforáðo, ða| **1 *adj.*** Que obra sin ninguna ley ni razón, despreciándolo todo: *su gobierno se caracterizó por las actuaciones desaforadas.* **2** *fig.* Que es grande en exceso; que tiene un tamaño o una intensidad fuera de lo común: *hizo un ~ esfuerzo por liberarse de sus ataduras.*

de·sa·fo·rar·se |desaforárse| ***prnl.*** Perder toda medida o control sobre uno mismo: *mi hermano siempre se desafora viendo un partido de fútbol.* ☖ Se conjuga como 31.

de·sa·for·tu·na·⌈do, ⌈da |desafortunáðo, ða| **1 *adj.-s.*** (persona) Que no tiene suerte o *fortuna: *llevó una vida desafortunada y nada le salió bien nunca.* ⇒ **desgraciado.** ⇔ **afortunado, dichoso. - 2 *adj.*** Que no es adecuado: *su intervención fue desafortunada.*

de·sa·gra·cia·⌈do, ⌈da |desaγraθiáðo, ða| **1 *adj.-s.*** (persona, cosa) Que no tiene gracia: *el rostro de esa estatua es bastante ~.* ⇔ **agraciado. 2** (persona, cosa) Que no tiene suerte: *en la lotería, siempre compramos números desagraciados.* ⇒ **desafortunado.**

de·sa·gra·da·ble |desaγraðáβle| **1 *adj.*** Que causa desagrado o disgusto: *ese jarabe tiene un sabor muy ~.* ⇔ **agradable. 2** (persona) Que no es amable ni considerado en el trato: *no me gusta salir con ese chico: es muy desagradable; ese cartero es bastante ~ con la gente.* ⇔ **agradable.**

de·sa·gra·dar |desaγraðár| ***tr.*** [a alguien] Causar disgusto o molestar: *me desagradan las discusiones inútiles; pórtate bien, no quiero que a nadie le desagrade tu actitud.* ⇔ **agradar.**

de·sa·gra·de·ci·⌈do, ⌈da |desaγraðeθíðo, ða| ***adj.-s.*** Que no suele dar las gracias; que no reconoce el valor de un *beneficio recibido: *no seas ~ y devuélvele el favor.* ⇒ **ingrato.** ⇔ **agradecido.**

de·sa·gra·do |desaγráðo| ***m.*** Disgusto o contrariedad: *su rostro mostraba claramente el ~ que le causaba su presencia.* ⇔ **agrado.**

de·sa·gra·viar |desaγraβiár| ***tr.*** [a alguien] Satisfacer o *compensar un daño o un *agravio: *lo desagravió pidiendo disculpas en público.* ⇔ **agraviar.** ☖ Se conjuga como 12.

de·sa·gra·vio |desaγráβio| ***m.*** Satisfacción o *compensación por un daño o un *agravio: *darán un homenaje al futbolista en ~ por las canalladas que tuvo que soportar.*

de·sa·gua·de·ro |desaγuaðéro| ***m.*** Conducto o canal por el que se saca agua: *el ~ iba por detrás de la casa.*

de·sa·guar |desaγuár| **1 *tr.*** [algo] Sacar o echar agua de un lugar: *desaguaron el pantano por las esclusas.* ⇒ **aguar. - 2 *intr.*** Entrar una corriente de agua en otra o en el mar: *este arroyo desagua en el río Henares.* ⇒ **derramar.** ☖ Se conjuga como 22.

de·sa·güe |desáγue| ***m.*** Sistema de tubos o canales que sirven para conducir las aguas sucias: *hay que llamar al fontanero porque se ha vuelto a atascar el ~.* ⇒ **albañal.**

de·sa·gui·sa·⌈do |desaγisáðo| ***m.*** Hecho contra la ley, el orden o la razón: *acusan al gobierno de numerosos desaguisados; ¡qué ~ ha organizado el perro en el salón!*

de·sa·ho·ga·⌈do, ⌈da |desaoγáðo, ða| **1 *adj.*** Que es cómodo o no supone una preocupación, especialmente en cuanto al dinero: *vive en una posición desahogada.* **2** Que no tiene o muestra vergüenza: *¡vaya ~ que estás hecho: contestar así a tu padre!*

de·sa·ho·gar |desaoɣár| **1** ***tr.-prnl.*** [algo] Mostrar abiertamente un deseo, una opinión o una preocupación: *se desahogó con su madre y le contó todo lo que le pasaba; estuvo hablando dos horas y desahogó sus penas.* ⇒ **explayar.** - **2** ***tr.*** [a alguien] Calmar una pena o hacer que desaparezca una preocupación: *el préstamo de su padre lo desahogó durante unos meses.* ⇒ **ahogar.** ☐ Se conjuga como 7.

de·sa·ho·go |desaóɣo| **1** ***m.*** *fig.* Comodidad o falta de preocupaciones, especialmente en cuanto al dinero: *vivía con ~ de sus rentas.* **2** Muestra de un deseo, una opinión o una preocupación: *si estás muy triste, lo mejor es el ~.* **3** Falta de vergüenza: *entró sin decir nada, con un ~ pasmoso.*

de·sa·hu·ciar |desauθiár| **1** ***tr.*** Despedir o echar legalmente de una casa o un terreno a la persona que lo ocupa: *lo desahuciaron de la casa porque llevaba un año sin pagar el alquiler.* **2** MED. [a alguien] Considerar que un enfermo no tiene ninguna posibilidad de curación: *cuando todos los médicos lo desahuciaron, fue a Lourdes.* ☐ Se conjuga como 12.

de·sa·hu·cio |desáuθio| **1** ***m.*** Despedida o *expulsión legal de la persona que ocupa una casa o un terreno: *el juez ha ordenado el ~ de la vivienda.* **2** MED. Consideración por parte del médico de que un enfermo no tiene ninguna posibilidad de curación: *para un médico es muy duro comunicar un ~ a los familiares del enfermo.*

de·sai·rar |desairár| ***tr.*** [a alguien] No prestar atención o respeto a una persona: *lo desairó durante el cóctel de la embajada.*

de·sai·re |desáire| ***m.*** Falta de atención o respeto a una persona: *dice que está cansado de sus continuos desaires.*

de·sa·jus·tar |desaxustár| ***tr.-prnl.*** [algo] Perder el ajuste o el orden: *la pantalla de la televisión se ha desajustado y se ve mal.*

de·sa·lar |desalár| **1** ***tr.-prnl.*** [algo] Quitar la sal: *el pescado ha sido desalado y preparado para su consumo.* ⇔ **salar.** - **2** ***tr.*** Quitar las alas: *el niño ha desalado a la pobre mariposa.*

de·sa·len·tar |desalentár| ***tr.-prnl.*** *fig.* [a alguien] Quitar o perder el ánimo o la energía: *los continuos fracasos lo desalentaron mucho; se desalentó cuando vio lo mal que le salía.* ⇒ **desanimar.** ⇔ **alentar.** ☐ Se conjuga como 27.

de·sa·lien·to |desaliénto| ***m.*** Pérdida o falta del ánimo o de energía: *sus palabras produjeron el ~ de la tropa.* ⇔ **aliento.**

de·sa·li·ne·ar |desalineár| ***tr.-prnl.*** [algo] Hacer perder la ordenación o colocación en línea recta: *las ruedas de mi coche se desalinearon tras el accidente.*

de·sa·li·ña·do, da |desaliɲáðo, ða| ***adj*** Que no tiene o no lleva arreglado el aspecto físico: *salió a abrir la puerta completamente desaliñado.*

de·sa·li·ño |desalíɲo| **1** ***m.*** Falta de arreglo en el aspecto físico: *la depresión psicológica lo llevó a vestir con ~.* **2** Falta de cuidado: *el maestro no permitía que los niños escribieran o dibujaran con desaliño.*

des·al·ma·do, da |desalmáðo, ða| ***adj.-s.*** (persona) Que es cruel o no muestra sentimientos humanos: *unos piratas desalmados saquearon el puerto, violaron a las mujeres y mataron a los niños.*

de·sa·lo·jar |desaloxár| **1** ***tr.*** [algo, a alguien] Sacar o hacer salir de un lugar: *la policía desalojó a los jóvenes que habían ocupado la casa.* ⇒ **evacuar.** **2** Dejar vacío un lugar: *ante la amenaza de bomba, el almacén tuvo que ser desalojado.* ⇒ **evacuar.**

de·sa·lo·jo |desalóxo| ***m.*** Acción y resultado de *desalojar o hacer salir de un lugar: *se procedió al ~ de los inquilinos.*

des·al·qui·lar |desalkilár| ***tr.-prnl.*** [algo] Dejar de tener en alquiler una casa o un terreno: *desalquilaron la vivienda al año de firmar el contrato.* ⇔ **alquilar, arrendar.**

de·sa·ma·rrar |desamar̄ár| ***tr.*** [algo] Soltar o *desatar una cuerda o una *amarra: *desamarra la barca; desamarró la mula que quedaba y se marchó.* ⇔ **amarrar.**

de·sa·mor |desamór| ***m.*** Falta de amor o afecto: *su ~ le causaba una gran pena.*

de·sa·mor·ti·zar |desamortiθár| ***tr.*** [algo] Dejar libres unos bienes sobre los que había una deuda: *desamortizaron las tierras y las pusieron a la venta.* ☐ Se conjuga como 4.

des·am·pa·rar |desamparár| ***tr.*** [algo, a alguien] Abandonar o dejar sin ayuda o defensa: *le había vuelto la espalda desamparándolo en el peligro; este hogar recoge niños desamparados.*

des·am·pa·ro |desampáro| ***m.*** Abandono o falta de ayuda o de defensa: *tras la muerte de sus padres, quedó en el ~ más absoluto.*

de·sa·mue·blar |desamueβlár| ***tr.*** [algo] Quitar los muebles de una casa o de una parte de ella: *han desamueblado el salón para pintarlo de nuevo.* ⇔ **amueblar.**

des·an·dar |desandár| ***tr.*** [algo] Volver atrás o retroceder en el camino ya andado: *nos perdimos y desanduvimos unos seis quilómetros.* ⇒ **descorrer.** ☐ Se conjuga como 64.

de·san·grar |desaŋgrár| **1** ***tr.-prnl.*** [algo, a alguien] Sacar o hacer perder sangre en gran cantidad: *tenía una herida en el muslo por la que se estaba desangrando.* **2** *fig.* [algo] Gastar o quitar agua: *están desangrando los pantanos con los cultivos de regadío.* **3** *fig.* [algo, a alguien] Hacer perder bienes o dinero, gastándolos poco a poco: *el hijo mayor está desangrando a sus padres.*

de·sa·ni·mar |desanimár| ***tr.-prnl.*** [a alguien] Quitar o perder el ánimo o la energía: *se desanima con la primera contrariedad.* ⇒ **desalentar.** ⇔ **estimular.**

de·sá·ni·mo |desánimo| ***m.*** Falta de ánimo o de energía: *trataba de apartarlo del ~ dándole nuevas esperanzas.*

de·sa·nu·dar |desanuðár| **1** ***tr.*** [algo] Deshacer o soltar uno o varios nudos: *desanudó el gran lazo y descubrió el regalo.* **2** *fig.* Poner en claro una cosa oscura o difícil: *el detective desanudó toda la trama.* ⇒ **desenmarañar.**

de·sa·pa·ci·ble |desapaθíβle| ***adj.*** Que causa disgusto o enfado; que no es agradable a los sentidos: *era una ~ noche de invierno.*

de·sa·pa·re·cer |desapareθér| **1** ***intr.*** Dejar de verse o de estar presente: *el mago desapareció del escenario; desapareció por uno de los pasillos.* ⇔ **aparecer, emerger. 2** Terminar o acabar del todo: *han hecho ~ la lepra.* ☖ Se conjuga como 43.

de·sa·pa·re·jar |desaparexár| **1** ***tr.*** [algo] Quitar las correas y *aparejos a un animal de carga o de trabajo: *desaparejaron las mulas y les dieron de comer.* ⇔ **aparejar. 2** MAR. Quitar o romper los palos, *cables o velas a un barco: *la tempestad desaparejó la goleta.*

de·sa·pa·sio·nar |desapasionár| ***tr.-prnl.*** [a alguien] Perder o hacer perder una pasión o una tendencia: *se desapasionó inmediatamente al conocer las verdaderas intenciones de esa mujer.*

de·sa·pe·gar·se |desapeɣárse| ***prnl.*** Desprenderse del afecto o el *apego de una persona o cosa: *ahora está muy desapegado de su familia.* ☖ Se conjuga como 7.

de·sa·pe·go |desapéɣo| ***m.*** Falta de afecto o de *apego: *el ~ de mis hijos me entristece.* ⇒ **despego.**

de·sa·per·ci·bi·⌜do, ⌜da |desaperθiβíðo, ða| ***adj.*** Que no está prevenido o preparado: *los guardias estaban desapercibidos cuando se produjo el atraco.*

de·sa·po·li·llar |desapoliʎár| **1** ***tr.*** [algo] Quitar las *polillas de un lugar: *tenemos que ~ el armario antes de guardar la ropa.* ⇒ **apolillarse. - 2 desapolillarse** ***prnl. fig.*** Salir de un lugar cuando se ha pasado mucho tiempo dentro de él: *voy a desapolillarme un rato porque llevo todo el día estudiando.*

de·sa·pren·sión |desaprensión| ***f.*** Falta de justicia o de moral, por desprecio a los derechos de los demás: *a causa de la ~ de un periodista, fue víctima de un escándalo.*

de·sa·pren·si·⌜vo, ⌜va |desaprensíβo, βa| ***adj.-s.*** *desp.* (persona) Que no obra de acuerdo con la justicia o la moral, por desprecio a los derechos de los demás: *algún ~ ha roto la cabina telefónica.*

de·sa·pro·bar |desaproβár| ***tr.*** [algo] No estar de acuerdo con una cosa; no aprobar: *sus padres desaprueban esa relación.* ☖ Se conjuga como 31.

de·sa·pro·ve·cha·mien·to |desaproβetʃamiénto| ***m.*** Falta de aprovechamiento; mal uso: *el ~ de grandes extensiones de cultivo hace más grave la amenaza del hambre.*

de·sa·pro·ve·char |desaproβetʃár| ***tr.*** [algo, a alguien] No aprovechar; usar mal o no sacar todo el rendimiento posible: *has desaprovechado una buena oportunidad; colocando así los muebles desaprovechas mucho espacio.*

des·ar·ma·⌜do, ⌜da |desarmáðo, ða| **1** ***adj.*** Que no lleva armas: *no tenemos muchas posibilidades: estamos desarmados y ellos son muchos.* **2** *fig.* Que no tiene razonamientos o medios para demostrar una cosa o para actuar: *ante esa respuesta, quedó completamente ~.* ☖ Es el participio de *desarmar.*

des·ar·mar |desarmár| **1** ***tr.-prnl.*** [a alguien] Quitar o abandonar las armas: *la policía desarmó y detuvo a los sospechosos; desarmó a su adversario con un rápido movimiento de muñeca.* ⇔ **armar. - 2** ***tr.*** [algo] Separar unas piezas que ajustan entre sí: *desarmó el reloj y no pudo volver a montarlo.* ⇔ **armar. 3** *fig.* Dejar sin posibilidades de *responder: *con ese argumento, lo desarmó por completo: no sabía qué contestar.* ⇒ **apabullar.** ⇔ **armar.**

des·ar·me |desárme| ***m.*** Disminución o desaparición de las fuerzas armadas o de determinada clase de armas: *los grupos pacifistas piden un ~ general.*

de·sa·rrai·gar |desar̄aiɣár| **1** ***tr.-prnl.*** [algo] Arrancar de raíz un árbol o una planta: *los niños se agarraron al árbol que acabábamos de plantar y lo desarraigaron.* **2** *fig.* *Eliminar o acabar con una pasión o costumbre: *desarraigó de él todos los vicios.* **3** *fig.* [a alguien] Echar, expulsar o separarse una persona del lugar donde vive o de su familia: *ha vivido tantos años fuera, que ahora está completamente desarraigado.* ☖ Se conjuga como 7.

de·sa·rra·pa·⌜do, ⌜da |desar̄apáðo, ða| ***adj.*** *desp.* Que lleva la ropa rota o se viste con *harapos: *se lo encontró en la calle dos meses después todo sucio y ~.*

de·sa·rre·gla·⌜do, ⌜da |desar̄eɣláðo, ða| **1** ***adj.-s.*** (persona) Que no pone orden ni cuidado en sus cosas, especialmente en el vestir: *no se preocupa por su aspecto físico: es un ~.* ⇒ **desordenado. - 2** ***adj.*** Que no sigue una regla ni un orden: *tiene unas costumbres desarregladas y se excede en la comida y la bebida.* ⇒ **desordenado.** ☖ Es el participio de *desarreglar.*

de·sa·rre·glar |desar̄eɣlár| ***tr.*** [algo] Dejar sin orden; dejar de seguir una regla: *cuando buscabas la camisa, me has desarreglado la habitación.* ⇒ **desordenar.** ⇔ **arreglar.**

de·sa·rre·glo |desar̄éɣlo| ***m.*** Falta de regla o de orden: *se han detectado numerosos desarreglos en el sistema de vigilancia.* ⇒ **confusión, desorden, lío.**

de·sa·rro·lla·⌜do, ⌜da |desar̄oʎáðo, ða| ***adj.*** Que ha crecido o aumentado; que ha mejorado: *cuentan con unos medios de producción poco desarrollados.* ☖ Es el participio de *desarrollar.*

de·sa·rro·llar |desar̄oʎár| **1** ***tr.-prnl.*** [algo, a alguien] Hacer crecer o aumentar; hacer mejor: *ese niño está muy desarrollado para su edad; el comercio se ha desarrollado con los transportes.* **- 2** ***tr.*** [algo] Llevar a *cabo o ejecutar una idea o acción: *están desarrollando un nuevo automóvil; llevó varios años ~ este proyecto.* **3** Explicar con detalle y paso a paso una teoría: *tuvimos que ~ una fórmula.* **4** Deshacer o quitar la forma de *rollo: *desarrolló la alfombra.* ⇒ **desenrollar. - 5 desarrollarse** ***prnl.*** Ocurrir un acontecimiento tras otro: *los hechos se desarrollaron como ha expuesto mi abogado.*

de·sa·rro·llo |desar̄óʎo| **1** ***m.*** Crecimiento o aumento de una persona o una cosa: *el ~ de este animal está siendo normal; el ~ de la economía mejorará el nivel de vida.* **2** Ejecución de una idea o acción: *el ~ de este proyecto será muy costoso.* **3** Explicación de una teoría: *el profesor ha hecho el ~ del tema en una hora.* **4** MAT. Realización de las operaciones necesarias para conseguir un resultado o para explicar un cálculo: *el profesor escribió en la pizarra el ~ de la fórmula.*

de·sa·rro·par |desaropár| ***tr.-prnl.*** [algo, a alguien] Quitar o apartar la ropa que cubre a una persona o cosa: *el bebé se había desarropado y la madre lo arropó.*

de·sa·rru·gar |desaruγár| ***tr.*** [algo] Hacer desaparecer las arrugas: *desarrugó el plástico como pudo y lo extendió sobre el suelo.* ☖ Se conjuga como 7.

des·ar·ti·cu·la·ción |desartikulaθión| **1** ***f.*** *form. fig.* Destrucción de un proyecto o de una organización ilegal: *la ~ de la banda asesina fue celebrada por todo el país.* **2** Separación de dos o más huesos articulados entre sí: *el golpe fue tan fuerte, que le produjo la ~ del codo.*

des·ar·ti·cu·lar |desartikulár| **1** ***tr.-prnl.*** [algo] Hacer salir o salirse un miembro de su articulación: *el golpe le desarticuló el brazo.* **2** *fig.* Hacer salir o salirse una pieza del lugar que le corresponde: *el brazo mecánico se desarticuló.* **- 3** ***tr.*** Destruir o deshacer una organización o proyecto: *la banda terrorista ha sido completamente desarticulada.* ⇔ **articular.**

de·sa·se·o |desaséo| ***m.*** Falta de limpieza o de aseo: *su ~ era consecuencia del abandono al que se había entregado.*

de·sa·sir |desasír| **1** ***tr.-prnl.*** [algo] Soltar o desprender lo que está sujeto: *un golpe muy fuerte puede ~ la estantería de la pared.* **- 2 desasirse** ***prnl.*** *fig.* *Desprenderse de una cosa o renunciar a ella: *tienes que desasirte de esa mala costumbre.* ☖ Se conjuga como 65.

de·sa·sis·tir |desasistír| ***tr.*** [algo, a alguien] Abandonar o dejar sin ayuda o compañía: *lo desasistió en los momentos más difíciles.* ⇔ **asistir.**

des·as·nar |desasnár| ***tr.*** *fam.* [a alguien] Educar a una persona para quitarle la *rudeza: *le costó mucho ~ a sus alumnos.*

de·sa·so·se·gar |desasoseγár| ***tr.-prnl.*** [a alguien] Perder o hacer perder la calma o el *sosiego: *los rumores sobre una posible guerra comenzaban a ~ a la población.* ☖ Se conjuga como 48.

de·sa·so·sie·go |desasosiégo| ***m.*** Falta de calma o de *sosiego: *el ~ y la impaciencia la consumían.*

de·sas·tra·⌐do, ⌐da |desastráðo, ða| **1** ***adj.-s.*** (persona) Que no viste o no se comporta adecuadamente: *tu hijo es un ~: va vestido siempre de cualquier manera.* **- 2** ***adj.*** *form.* Que es desgraciado o malo: *fueron unas vacaciones desastradas: nada nos salió bien.*

de·sas·tre |desástre| **1** ***m.*** Situación o hecho triste que produce dolor o sufrimiento moral: *la ciudad tardó años en recuperarse después del ~ de la guerra.* ⇒ **desgracia. 2** *fig.* Cosa de mala calidad, mal resultado o mal aspecto: *el examen fue un ~.* ⇒ **catástrofe. 3** *fig.* Persona falta de habilidad o suerte: *es un ~ jugando al tenis.* **4** Persona con mal aspecto o mala presencia: *llegó a la fiesta hecho un ~.* **5** *fig.* Pérdida muy grave; *derrota: *el ejército se retiró tras el ~.*

de·sas·tro·⌐so, ⌐sa |desastróso, sa| ***adj.*** Que es muy malo o feo: *lleva un vestido ~; he hecho un examen ~.*

de·sa·tar |desatár| **1** ***tr.-prnl.*** [algo, a alguien] Soltar lo que está atado: *desató un paquete; desata la cuerda del perro.* ⇔ **atar. 2** [algo] Ser o tener origen; provocar: *su engaño desató la ira de sus amigos.* ⇒ **desencadenar. - 3 desatarse** ***prnl.*** Mostrarse abiertamente una energía o una pasión de gran intensidad: *se le desataron los nervios y rompió a llorar.*

de·sa·tas·car |desataskár| ***tr.*** [algo] Quitar lo que tapa o *atasca un conducto, una vía o un proceso: *habían tirado mucho papel a la taza del váter y tuvieron que desatascarla.* ⇒ **desatrancar.** ⇔ **atascar.** ☖ Se conjuga como 1.

de·sa·ten·der |desatendér| **1** ***tr.*** [algo, a alguien] No prestar atención a lo que se dice o hace: *desatendió nuestra petición.* ⇔ **atender. 2** No prestar la atención debida: *durante la fiesta, nos desatienden constantemente.* ⇒ **desoír.** ☖ Se conjuga como 28.

de·sa·ten·⌐to, ⌐ta |desaténto, ta| **1** ***adj.*** (persona) Que no pone la atención debida: *no piense usted que soy ~ y que me he olvidado de su asunto: es simplemente que no he tenido tiempo.* ⇔ **atento. - 2** ***adj.-s.*** (persona) Que es poco educado o de *modales rudos: *siempre me ha parecido una persona egoísta y desatenta.* ⇔ **atento.**

de·sa·ti·nar |desatinár| ***intr.*** Decir o hacer cosas poco adecuadas o faltas de juicio: *no sé si tiene mucho sueño o si está loco, pero desatina.* ⇔ **atinar.**

de·sa·ti·no |desatíno| ***m.*** Obra o dicho poco adecuado o falto de juicio: *comenzó a decir desatinos y el público abandonó la sala.*

de·sa·tor·ni·lla·dor |desatorniʎaðór| ***m.*** Herramienta que sirve para sacar o colocar tornillos, o dejarlos más o menos apretados: *necesito un ~ pequeño para apretar el tornillo de mis gafas.* ⇒ **atornillador, destornillador.**

de·sa·tor·ni·llar |desatorniʎár| **1** ***tr.*** [algo] Girar un tornillo con el fin de sacarlo del lugar donde está o de dejarlo menos apretado: *desatornillaron todos los tornillos de la cerradura.* ⇒ **destornillar.** ⇔ **atornillar. 2** Quitar los tornillos de un lugar: *desatornilló la tapa del baúl para lijarla.* ⇒ **destornillar.** ⇔ **atornillar.**

de·sa·tran·car |desatraŋkár| **1** ***tr.*** [algo] Quitar a la puerta lo que impide que se abra: *desatrancaron el portón para dejarlos pasar.* ⇔ **atrancar. 2** Quitar lo que tapa o *atranca un conducto, una vía o un proceso: *tuve que ~ el desagüe del lavabo.* ⇒ **desatascar.** ☖ Se conjuga como 1.

de·sau·to·ri·za·ción |desautoriθaθión| ***f.*** Acción y resultado de *desautorizar: *los agricultores habían recibido una clara ~ de las autoridades para plantar más árboles.* ⇔ **autorización.**

de·sau·to·ri·zar |desautoriθár| ***tr.*** [algo, a alguien] Quitar autoridad o *facultad para hacer una cosa determinada; quitar la *estimación: *este nuevo descubrimiento desautoriza totalmente las teorías anteriores.* ⇔ **autorizar.** ☖ Se conjuga como 4.

de·sa·ve·nen·cia |desaβenénθia| ***f.*** Falta de

acuerdo o de entendimiento: *sus constantes desavenencias proceden de una pelea que tuvieron en su juventud.* ⇔ **avenencia.**

de·sa·yu·nar |desayunár| ***tr.-intr.-prnl.*** [algo] Tomar el *desayuno o el primer alimento por la mañana: *desayuna un vaso de leche con galletas; se desayuna con chocolate todos los días; después iré a ~.* ⇒ **almorzar, cenar, comer, merendar.**

de·sa·yu·no |desayúno| ***m.*** Primer alimento que se toma por la mañana: *como ~ siempre tomo café con leche y galletas.* ⇒ **almuerzo, cena, comida, merienda.**

de·sa·zón |desaθón| ***f.*** *fig.* Disgusto en el ánimo producido por una acción o una situación desagradable: *esa respuesta le causó una intensa ~.* ⇒ **comezón.**

de·sa·zo·nar |desaθonár| **1** ***tr.-prnl.*** *fig.* [a alguien] Producir un disgusto en el ánimo; perder o hacer perder la tranquilidad: *se desazonó mucho cuando se le rompió el juguete.* **- 2** ***tr.*** [algo] Hacer perder sabor a un alimento: *puso el bacalao en remojo para desazonarlo.* ⇔ **sazonar.**

des·ban·car |desβaŋkár| ***tr.*** *fig.* [a alguien] Hacer perder una posición a una persona para ocuparla uno mismo: *ha desbancado a su rival del primer puesto de la clasificación.* ☐ Se conjuga como 1.

des·ban·da·da |desβandáða| **1** ***f.*** Carrera o movimiento para escapar: *el ruido produjo la ~ de los flamencos.* **2** Movimiento por el que un grupo de personas se separa en diferentes direcciones: *en agosto se produce una ~ de los madrileños hacia lugares con climas más agradables.* ■ **a la ~/en ~**, rápida y desordenadamente: *sonó un disparo y los pájaros salieron en ~.*

des·ban·dar·se |desβandárse| ***prnl.*** Escapar sin ningún orden: *el rebaño se desbandó por la llanura.*

des·ba·ra·jus·tar |desβaraxustár| ***tr.*** *fam.* [algo] Dejar confundido, mezclado y sin orden: *no vengas ahora a desbarajustarlo todo.* ⇒ **desordenar.**

des·ba·ra·jus·te |desβaraxúste| ***m.*** Mezcla de cosas sin orden: *tienes que ordenar el armario porque es un auténtico ~.* ⇒ **follón.**

des·ba·ra·tar |desβaratár| ***tr.*** [algo] Deshacer, estropear o impedir: *sus prisas desbarataron el proyecto; entre todos los familiares desbarataron en pocos años la fortuna del abuelo.*

des·ba·rrar |desβar̄ár| ***intr.*** *fig.* Hablar u obrar sin razón o sin lógica: *cuando se pone a ~, es mejor no hacerle caso.*

des·bas·tar |desβastár| **1** ***tr.*** [algo] Quitar los salientes y rugosidades más gruesos de una superficie de madera o de piedra: *el carpintero desbastaba la madera; desbastó un bloque de mármol para hacer su escultura.* ⇒ **desguazar. 2** *fig.* [a alguien] Educar a una persona: *llegó del pueblo, pero en el colegio se encargaron de desbastarla.*

des·bas·te |desβáste| ***m.*** Acción y resultado de *desbastar: *comenzaron con el ~ del bloque de piedra.*

des·blo·que·ar |desβlokeár| **1** ***tr.*** [algo] Romper o levantar un *bloqueo: *los rebeldes han acordado ~ temporalmente los puertos del país para que pueda llegar ayuda humanitaria.* **2** Suprimir los obstáculos que impiden el desarrollo de una actividad: *hay que ~ las negociaciones entre los sindicatos y la empresa para que el convenio pueda firmarse.* **- 3** ***tr.-prnl.*** Dejar o quedar libre; empezar a moverse: *entre todos conseguimos ~ la rueda del coche y seguir el camino; la tuerca se desbloqueó después de mucho esfuerzo.*

des·bo·car |desβokár| **1** ***tr.-prnl.*** [algo] Abrirse más de lo normal o coger mala forma una abertura de una prenda de vestir, especialmente el cuello: *este jersey está desbocado.* **- 2 desbocarse** ***prnl.*** Perder el control; dejar de obedecer: *el caballo se desbocó y la amazona cayó al suelo.* ☐ Se conjuga como 1.

des·bor·dan·te |desβorðánte| **1** ***adj.*** Que se muestra abiertamente y no puede contenerse: *llegó ~ de ilusión.* **2** Que causa gran disgusto y *cansancio por ir más allá de la capacidad de una persona: *se le notaba agotado porque últimamente tenía un trabajo ~.*

des·bor·dar |desβorðár| **1** ***intr.-prnl.*** Salirse por los bordes: *el río se desbordaba por los campos.* ⇒ **desmadrarse. 2** *fig.* Mostrar abiertamente una energía o una pasión de gran intensidad: *cuando le dieron el juguete, el niño desbordaba de alegría.* **- 3** ***tr.*** *fig.* [algo, a alguien] *Exceder de un límite; ir más allá de una capacidad: *este trabajo me desborda.*

des·bra·var |desβraβár| **1** ***tr.*** [algo] Dominar o *domesticar un animal fuerte o violento: *varios mozos con cuerdas trataron de ~ un toro.* **- 2 desbravarse** ***prnl.*** Perder un animal el carácter fuerte o violento: *el toro se ha desbravado mucho con la compañía de las vacas lecheras.* **3** Perder una bebida alcohólica su fuerza: *se dejó la botella de coñac abierta y se le desbravó.*

des·bro·ce |desβróθe| ***m.*** ⇒ **desbrozo.**

des·bro·zar |desβroθár| ***tr.*** [algo] Quitar las hojas secas o las plantas malas: *desbrozaron el huerto con una pala y una azada.* ☐ Se conjuga como 4.

des·bro·zo |desβróθo| ***m.*** Acción y resultado de *desbrozar: *el ~ del jardín les llevó cuatro días.* ⇒ **desbroce.**

des·ca·ba·lar |deskaβalár| **1** ***tr.-prnl.*** [algo] Deshacer un conjunto o un proyecto, o no llegar a completarlo: *se le descabaló la colección porque no pudo conseguir dos ejemplares.* **2** Quedar o dejar dos superficies a distinto nivel: *descabaló los estantes porque no quería que estuvieran a la misma altura.*

des·ca·bal·gar |deskaβalɣár| ***intr.*** Bajar de un caballo o de otro animal: *el jinete descabalgó.* ⇒ **desmontar.** ⇔ **montar.** ☐ Se conjuga como 7.

des·ca·be·lla·⌜do, ⌜da |deskaβeʎáðo, ða| ***adj.*** *fig.* Que va contra la razón o la lógica: *tuvo la descabellada idea de ponerse el abrigo en pleno verano.*

des·ca·be·llo |deskaβéʎo| ***m.*** Muerte rápida que recibe el toro al ser herido en la parte superior del cuello con la punta de un *estoque: *al segundo toro de la corrida tuvieron que darle el ~.*

des·ca·be·zar |deskaβeθár| **1** ***tr.*** [a algo/alguien] Quitar o cortar la cabeza a una persona o animal:

lo descabezó de un solo tajo. **2** *p. ext.* [algo] Cortar la parte superior o la punta de una cosa: *tienes que descabezar las coles.* **- 3 descabezarse** *prnl.* Perder el grano las *espigas de los cereales: *estas espigas se han descabezado.* ■ ~ **un sueño**, dormirse ligeramente: *estaba tan cansado que a media mañana descabezó un sueño, durmió quince minutos.* ☐ Se conjuga como 4.

des·ca·cha·rrar |deskatʃaŕár| *tr.-prnl. fam.* [algo] Romper o estropear, generalmente un aparato o máquina: *el coche se le descacharró a mitad de camino y tuvo que llamar a una grúa.* ⇒ **escacharrar.** ☐ La Real Academia Española prefiere la forma *escacharrar.*

des·ca·fei·na·⌜do, ⌜da |deskafeinádo, ða| *adj.-m.* (café) Que no tiene ninguna sustancia que excite: *pídeme un ~, por favor porque estoy muy nervioso.* ⇒ **café.**

des·ca·la·bra·du·ra |deskalaβraðúra| **1** *f.* Herida recibida en la cabeza: *a raíz de la caída, tiene una ~ y el brazo roto.* **2** Señal o marca que queda en la cabeza a causa de esa herida: *tiene dos descalabraduras en la cabeza.*

des·ca·la·brar |deskalaβrár| **1** *tr.-prnl.* [a alguien] Herir a una persona en la cabeza: *lo descalabró con una piedra; se descalabró al golpearse con la estantería.* ⇒ **escalabrar. 2** *p. ext.* [algo] Herir o dañar una parte del cuerpo: *me he descalabrado el hombro.* ⇒ **escalabrar. - 3** *tr. fig.* Causar un daño o un mal: *la pérdida de las acciones ha descalabrado mi negocio.* ⇒ **escalabrar.**

des·ca·la·bro |deskaláβro| *m.* Daño, pérdida o desgracia: *está desanimado por los descalabros que se ha llevado.*

des·cal·ci·fi·ca·ción |deskalθifikaθión| **1** *f. form.* Disminución o desaparición de las sales de *calcio en los huesos y en otros tejidos orgánicos: *la mala alimentación produce ~.* **2** Proceso para quitar la *cal: *la ~ de las tuberías debe hacerse con productos adecuados.*

des·cal·ci·fi·car |deskalθifikár| **1** *tr.-prnl. form.* [algo] Disminuir o desaparecer las sales de *calcio en los huesos y en otros tejidos orgánicos: *si no tomas leche y huevos, los huesos se descalcifican.* **2** Quitar la *cal: *el agua descalcifica las rocas y los suelos; he comprado un producto químico para ~ las tuberías.* ☐ Se conjuga como 1.

des·ca·li·fi·ca·ción |deskalifikaθión| **1** *f.* Ataque al buen nombre, el valor o el honor: *es muy dado a hacer descalificaciones sin ningún fundamento.* **2** DEP. *Expulsión o *eliminación de un *deportista o un equipo de una competición: *los jueces acordaron la ~ del participante porque no había respetado las normas.*

des·ca·li·fi·car |deskalifikár| **1** *tr.* Atacar o perder el buen nombre, el valor o la consideración: *el entrenador descalificó al árbitro ante todos los periodistas.* ⇒ **desacreditar. 2** DEP. [algo a alguien] Expulsar o *eliminar a un *deportista o equipo de una competición: *llegó el primero, pero ha sido descalificado al comprobarse que tomaba estimulantes.* ☐ Se conjuga como 1.

des·cal·zar |deskalθár| **1** *tr.-prnl.* [a alguien] Quitar un zapato o el calzado: *le pidió que no se descalzase en la sala de conciertos.* **2** Quitar un calzo o una *sujeción a una rueda, un muelle o a otro objeto: *descalzaron el carro para avanzar un poco más.* ⇔ **calzar.** ☐ Se conjuga como 4.

des·cal·⌜zo, ⌜za |deskálθo, θa| **1** *adj.* Que lleva desnudos los pies; que no lleva calzado: *niño, no andes, ~ que te vas a resfriar; una mujer descalza caminaba por la arena de la playa.* ⇔ **calzado. - 2** *adj.-s.* (persona) Que pertenece a una orden en la que, por regla, se exige llevar los pies desnudos: *esa monja pertenece a las carmelitas descalzas.* ⇔ **calzado.**

des·ca·ma·ción |deskamaθión| *f.* MED. Proceso en el que las células viejas de la piel se caen y son sustituidas por células nuevas: *la sequedad de la piel acelera la ~.*

des·ca·mar |deskamár| **1** *tr.* [algo] Quitar las escamas: *tienes que ~ el arenque antes de comerlo.* ⇒ **escamar.** ☐ La Real Academia Española prefiere la forma *escamar.* **- 2 descamarse** *prnl.* Caerse la piel en forma de pequeñas *escamas o placas: *tiene la piel muy seca y está descamándose.*

des·cam·biar |deskambiár| *tr.* [algo] Deshacer un cambio o una compra: *ayer me compré una camisa nueva, pero tengo que descambiarla porque me está pequeña.* ☐ Se conjuga como 12.

des·ca·mi·nar |deskaminár| *tr.* [algo, a alguien] Apartar o desviar; conseguir que una persona haga lo que no es justo ni conveniente: *los consejos que te dieron no fueron buenos porque te descaminaron de tus objetivos.*

des·cam·pa·⌜do, ⌜da |deskampáðo, ða| *adj.-m.* (terreno) Que está descubierto y no tiene árboles ni obstáculos: *extendieron el mantel en un ~ y comieron.*

des·cam·par |deskampár| **1** *tr.* [algo] Dejar libre un espacio, especialmente un terreno: *descamparon una parte de la parcela.* **- 2** *unipers.* Dejar de llover: *tiene que ~ para que podamos salir.* ⇒ **escampar.** ☐ La Real Academia Española prefiere la forma *escampar.*

des·can·sar |deskansár| **1** *intr.* Dejar el trabajo o la actividad para recuperar fuerzas: *tengo que ~ porque hoy he corrido mucho.* **2** *p. ext.* Dormir durante unas horas: *no quiero llamar porque seguramente está descansando.* **3** *fig.* Encontrar tranquilidad, apartándose de una preocupación: *se ha ido al campo a ~.* **4** *fig.* Estar enterrado: *construyeron un mausoleo para que descansaran los restos de toda la familia.* ⇒ **reposar. 5** [en/sobre algo] Estar una cosa apoyada o basada en otra: *ya puede usted ~ la pierna sobre el suelo; la felicidad descansa en la libertad.*

des·can·si·llo |deskansíʎo| *m.* Superficie llana en que termina cada parte de una escalera: *se paró un momento en el ~ para recuperar el aliento.* ⇒ **rellano.**

des·can·so |deskánso| **1** *m.* Pausa o momento de respiro en el trabajo o en otra actividad que cansa: *llevo once meses trabajando sin vacaciones y necesito* *urgentemente un ~; se tomó unos minutos de ~ y luego siguió jugando al tenis.* ⇒ **reposo.** **2** *Intermedio en un espectáculo o en una competición deportiva: *en el ~ del partido bajamos a tomar unos refrescos.* **3** Superficie llana en que termina cada parte de una escalera: *mi perro siempre duerme en el ~ de la escalera.* ⇒ **descansillo.**

des·ca·po·ta·ble |deskapotáβle| ***adj.-m.*** (automóvil) Que tiene una *capota o cubierta en el techo que puede ser plegada o recogida: *le encanta pasear en su ~ con el techo abierto.*

des·ca·ra·⌐do, ⌐da |deskaráðo, ða| ***adj.-s.*** (persona) Que habla u obra sin vergüenza ni respeto: *es una niña muy descarada: me dijo que no le daba la gana de hacer lo que yo le pedía.* ⇒ **descocado, deslenguado, desvergonzado, osado, sinvergüenza.**

des·car·ga |deskárɣa| **1** ***f.*** Acción y resultado de quitar o sacar un peso o una carga: *en este sitio sólo pueden aparcar camiones para carga y ~.* **2** Pérdida o salida de la energía eléctrica acumulada: *no dejes que el niño se acerque al enchufe porque puede recibir una ~.* **3** Conjunto de disparos de armas de fuego, especialmente cuando se producen a la vez: *cuando oyó la ~ del pelotón de fusilamiento se echó a llorar.*

des·car·ga·de·ro |deskarɣaðéro| ***m.*** Lugar destinado a cargar y descargar, generalmente mercancías: *el buque se acercó hasta el ~.*

des·car·ga·⌐dor, ⌐do·ra |deskarɣaðór, ðóra| ***m. f.*** Persona que se dedica a descargar objetos y mercancías de los trenes, barcos, aviones o vehículos: *un ~ del muelle ha sufrido un accidente.*

des·car·gar |deskarɣár| **1** ***tr.*** [algo; de algo/algún lugar] Quitar una carga: *han descargado el camión en el almacén; tenemos que descargar veinte sacos.* **2** Hacer que salga la carga de una arma de fuego: *descargaron salvas en su honor; no te olvides de ~ la pistola antes de guardarla.* **3** Mostrar o explicar unos sentimientos fuertes que lo dominan a uno: *descargó sus preocupaciones contándole todo a su madre.* **4** [algo; en alguien] Dejar un trabajo para que lo haga otra persona: *el jefe descarga todo el trabajo en su secretario.* **- 5** ***tr.-intr.*** Soltar o dejar caer agua: *las nubes descargaron por la mañana.* **- 6 descargarse** ***prnl.*** Soltar o perder la carga eléctrica: *las pilas se han descargado.* ☐ Se conjuga como 7.

des·car·go |deskárɣo| **1** ***m.*** DER. Razón que da una persona ante un tribunal para defenderse de las acusaciones que se le han hecho: *no conseguirá demostrar su inocencia porque no tiene descargos a su favor.* **2** COM. Parte de una cuenta en la que figura el haber: *el ~ es la cifra que representa el saldo positivo.*

des·car·na·⌐do, ⌐da |deskarnáðo, ða| ***adj.*** Que se presenta de manera cruda o desagradable; que se expone de manera abierta: *los periodistas no tienen reparos en presentar al público los temas más descarnados.*

des·car·nar |deskarnár| ***tr.*** [algo] Separar la carne del hueso o de la piel: *descarna con cuidado el hueso de la pierna.*

des·ca·ro |deskáro| ***m.*** Falta de vergüenza o de respeto: *lo miraba con ~.* ⇒ **cara, caradura, desfachatez, desparpajo.**

des·ca·rriar |deskar̄iár| **1** ***tr.-prnl.*** Apartar o separar de un grupo; perderse: *dos ovejas se descarriaron por la noche; al llegar al ferial, se nos descarrió el niño y no volvimos a verlo hasta la noche.* **2** *fig.* Apartar de lo que es justo o razonable: *las malas compañías lo descarriaron; no estudia nada: se ha descarriado del buen camino.* ⇒ **extraviar.** ☐ Se conjuga como 13.

des·ca·rri·lar |deskar̄ilár| ***intr.*** Salirse de los *carriles, especialmente un tren: *un tren de mercancías descarriló ayer en nuestra provincia.*

des·car·tar |deskartár| **1** ***tr.*** [algo, a alguien] Apartar o rechazar: *ha descartado la posibilidad de hacerlo a mi manera.* ⇒ **excluir. - 2 descartarse** ***prnl.*** Dejar las cartas de la *baraja que no son buenas, sustituyéndolas por otras: *me descarto de tres y espero que ahora me des mejores cartas.*

des·car·te |deskárte| **1** ***m.*** Acción y resultado de *descartar: *hizo un buen ~ y por eso ganó la partida.* **2** Conjunto de cartas de la *baraja que se dejan por no ser buenas y se sustituyen por otras: *puso el ~ en el centro de la mesa.*

des·ca·sar |deskasár| ***tr.-prnl.*** [a alguien] Separar legalmente dos personas que estaban casadas; disolver un *matrimonio: *se han descasado y ella ha contraído un nuevo matrimonio.* ⇒ **divorciar.** ⇔ **casar.**

des·cas·ca·rar |deskaskarár| ***tr.*** [algo] Quitar la cáscara: *tienes que ~ los huevos cocidos.* ⇒ **descascarillar.**

des·cas·ca·ri·llar |deskaskariʎár| ***tr.-prnl.*** [algo] Quitar la *cascarilla o la capa que cubre una superficie: *la pintura de las puertas estaba descascarillada y tuvimos que pintarlas.* ⇒ **descascarar, desconchar.**

des·cas·ta·⌐do, ⌐da |deskastáðo, ða| **1** ***adj.-s.*** (persona) Que muestra poco afecto a sus familiares: *todos sus parientes piensan que es un ~ porque no mantiene demasiadas relaciones con ellos.* **2** *p. ext.* (persona) Que no corresponde al afecto que le han demostrado: *es un ~: así me paga mis desvelos por él.*

des·cen·den·cia |desθendénθi̯a| ***f.*** Conjunto de hijos y de los descendientes posteriores: *su ~ se estableció en España.* ⇔ **ascendencia.**

des·cen·der |desθendér| **1** ***intr.*** [de algún lugar] Ir de un lugar alto a otro que está más bajo; bajar: *descendieron de la montaña al valle; el avión descendió hacia la pista de aterrizaje.* ⇔ **ascender. 2** Proceder de una persona o cosa; tener origen: *su padre descendía de los Mendoza; su aversión por los caballos desciende de su asma.* **3** Hacer menor, más pequeño o menos intenso: *mañana descenderán las temperaturas.* ⇔ **ascender. - 4** ***tr.*** [algo] Llevar de un lugar alto a otro bajo; bajar: *lo descendieron de la cruz.* ☐ Se conjuga como 28.

des·cen·dien·te |desθendi̯énte| ***com.*** Persona que desciende de otra o de otras: *otros descendien-*

tes de esta noble familia se emparentaron con los Duques de Tendilla. ⇔ **ascendiente.**

des·cen·di·mien·to |desθendimiénto| ***m.*** Acción y resultado de descender o bajar: *el ~ del piano fue difícil y peligroso.* ⇒ **descenso.**

des·cen·so |desθénso| **1 *m.*** Paso de un lugar alto a otro más bajo: *el ~ de la montaña tuvo menos dificultades que su subida.* ⇒ **bajada.** ⇔ **ascensión, ascenso. 2** Disminución del tamaño, la cantidad o la intensidad: *pocas veces se produce un ~ de los precios; en los próximos días se espera un ~ de las temperaturas.* ⇒ **bajada.** ⇔ **ascenso. 3** Terreno inclinado, considerado de arriba a abajo: *el ~ estaba lleno de piedras.* ⇒ **bajada.** ⇔ **ascensión, ascenso.**

des·cen·tra·li·za·ción |desθentraliθaθión| **1 *f.*** Acción y resultado de *descentralizar: *la ~ del capital hizo prosperar a la empresa.* ⇔ **centralización. 2** POL. Paso de los poderes y las funciones del gobierno central a organismos menores: *las autonomías son resultado de un proceso de ~ política.* ⇔ **centralización.**

des·cen·tra·li·zar |desθentraliθár| **1 *tr.*** [algo] Hacer que una cosa deje de depender de un centro único: *los espectáculos públicos se han descentralizado bastante, ya no se concentran en Madrid o Barcelona.* ⇔ **centralizar. 2** POL. Pasar o trasladar poderes y funciones del gobierno central a organismos menores: *hay servicios públicos que funcionan mejor desde que fueron descentralizados.* ⇔ **centralizar.** ☖ Se conjuga como 4.

des·cen·trar |desθentrár| **1 *tr.-prnl.*** [algo] Sacar o salir de un centro: *ese eje se ha descentrado y la rueda no va bien.* **2** Hacer perder el equilibrio: *la carga se descentró y volcó el camión.* ⇒ **desequilibrar. 3** [a alguien] Impedir fijar la atención: *cuando leo, los ruidos de la calle me descentran.* ⇔ **concentrar.**

des·ce·rra·jar |desθeraxár| ***tr.*** [algo] Arrancar o abrir con *violencia una cerradura: *perdimos la llave y tuvieron que ~ la puerta de la entrada.*

des·ci·frar |desθifrár| **1 *tr.*** [algo] Leer un texto escrito en un lenguaje secreto; llegar a comprender lo que está escrito con unos caracteres o en una lengua desconocidos: *el espía descifró el mensaje que le enviaron en clave.* ⇔ **cifrar. 2** *fig.* Llegar a comprender una cosa o asunto difícil de entender: *trataba de ~ los secretos de la vida.*

des·cla·var |desklaβár| ***tr.-prnl.*** [algo] Arrancar, quitar o soltarse uno o varios clavos; desprender o desprenderse una cosa del clavo o los clavos que la aseguran o sujetan: *desclavaron la tabla de la mesa; el clavo se desclavó y el cuadro cayó al suelo.*

des·co·ca·⌜do, ⌜da |deskokáðo, ða| ***adj.-s.*** *fam. desp.* (persona) Que habla u obra sin vergüenza ni respeto: *el muy ~ entró en mi habitación sin llamar.* ⇒ **descarado, desvergonzado, osado, sinvergüenza.**

des·co·di·fi·car |deskodifikár| ***tr.*** [algo] Leer o *interpretar un texto o señal *codificado en un sistema de signos o de emisión determinado: *el espía descodificó el mensaje que le habían enviado en una clave secreta.* ⇒ **decodificar.** ⇔ **codificar.** ☖ Se conjuga como 1.

des·co·jo·nar·se |deskoxonárse| ***prnl.*** *fam. vulg.* [de/por algo/alguien] Reírse mucho y con ganas: *cuando se cayó en el charco, todos se descojonaron de él.* ⇒ **desternillarse, partir.**

des·col·gar |deskolɣár| **1 *tr.*** [algo] Bajar o soltar lo que está colgado: *descolgaron el cuadro para limpiarlo.* ⇔ **colgar. 2** Bajar un objeto mediante una cuerda o una cadena: *descolgaron el piano por la terraza para bajarlo a la calle.* **- 3 descolgarse *prnl.*** Bajar por una cuerda u otra cosa: *el preso se descolgó por la pared de la cárcel con unas sábanas anudadas.* ☖ Se conjuga como 52.

des·co·llar |deskoʎár| ***intr.*** Sobresalir por encima de lo normal: *descollaba en ingenio entre todos sus compañeros.* ☖ Se conjuga como 31.

des·co·lo·ni·za·ción |deskoloniθaθión| ***f.*** POL. *Concesión de la *independencia a una *colonia: *la ~ ha sido un fenómeno frecuente en el siglo* XX; *el ministro se mostró partidario de la ~ de Marruecos.*

des·co·lo·ni·zar |deskoloniθár| ***tr.*** POL. [algo] Conceder la *independencia a una *colonia: *cuando una potencia descoloniza un territorio, éste puede escoger libremente su propio destino; la isla de Granada fue descolonizada en 1974.* ⇔ **colonizar.** ☖ Se conjuga como 4.

des·co·lo·rar |deskolorár| ***tr.-prnl.*** [algo] Quitar, perder o reducir el color: *el sol ha descolorado la camiseta.* ⇒ **decolorar, descolorir.**

des·co·lo·ri·⌜do, ⌜da |deskoloríðo, ða| ***adj.*** Que tiene un color débil; que ha perdido color: *la ropa de este payaso está muy descolorida.*

des·co·lo·rir |deskolorír| ***tr.-prnl.*** ⇒ **decolorar, descolorar.** ☖ La Real Academia Española prefiere la forma *descolorar.*

des·com·brar |deskómbrar| ***tr.*** [algo] Quitar de un lugar objetos o materiales que no son útiles: *entre cinco hombres han descombrado el solar.* ⇒ **desescombrar, escombrar.**

des·com·bro |deskómbro| ***m.*** Acción y resultado de *descombrar: *tres personas se encargaron del ~ del solar.*

des·co·me·di·mien·to |deskomeðimiénto| ***m.*** Falta de vergüenza o de respeto: *lo recriminaron por su ~ al hablar.*

des·co·me·dir·se |deskomeðírse| ***prnl.*** Faltar al respeto; hablar u obrar sin vergüenza: *se ha descomedido al insultar a su padre.* ⇒ **desmedirse.** ☖ Se conjuga como 34.

des·com·pa·gi·nar |deskompaxinár| ***tr.*** [algo] Perder el orden o la correspondencia: *tu llegada ha descompaginado mi vida privada y mi trabajo.* ⇒ **descomponer.**

des·com·pen·sa·ción |deskompensaθión| **1 *f.*** *form.* Falta de igualdad o de equilibrio: *había una fuerte ~ entre los ingresos y los gastos.* ⇔ **compensación. 2** MED. Estado en el que un órgano enfermo no es capaz de realizar adecuadamente sus funciones: *la ~ del corazón puede solucionarse con una operación o un trasplante.*

des·com·pen·sar |deskompensár| **1 *tr.-prnl.***

[algo] Hacer perder la igualdad o el equilibrio: *si colocas más peso en este lado, descompensarás la balanza.* ⇔ **compensar.** - **2 descompensarse** ***prnl.*** MED. Llegar un órgano enfermo a un estado en el que no es capaz de realizar adecuadamente sus funciones: *el corazón del enfermo se descompensó totalmente.*

des·com·po·ner |deskomponér| **1** ***tr.*** [algo] Separar las partes que forman una cosa compuesta: *tienes que ~ el aparato para poder limpiar las piezas; al ~ el agua, se obtiene hidrógeno y oxígeno.* ⇒ **desmontar. 2** Desordenar o cambiar la colocación de las partes que forman una cosa compuesta: *me ha descompuesto toda la habitación.* ⇒ **descompaginar. 3** Estropear un mecanismo o el funcionamiento de una cosa: *estuvo tocando mi coche y me lo ha descompuesto.* - **4 descomponerse** ***prnl.*** Perder la calma o la paciencia: *me descompongo cuando dice tantas tonterías.* **5** Pudrirse una sustancia animal o vegetal muerta: *han embalsamado el cadáver para que no se descomponga.* ☐ El participio es *descompuesto.* Se conjuga como 78.

des·com·po·ni·ble |deskomponíβle| ***adj.*** Que se puede dividir en las partes que lo forman: *ese mito es ~ en varios relatos.*

des·com·po·si·ción |deskomposiθión| **1** ***f.*** Pudrimiento de una sustancia animal o vegetal muerta: *la ~ del gato muerto producía un olor espantoso.* **2** *fam.* Alteración del aparato *digestivo que consiste en la *expulsión frecuente de excrementos líquidos: *bebió agua sucia y tiene ~.* ⇒ **colitis, diarrea.**

des·com·pre·sión |deskompresión| ***f.*** Procedimiento para hacer desaparecer la presión o sus efectos: *la ~ de los gases se hace en cámaras especiales; los buceadores deben guardar el tiempo de la ~ antes de salir del agua.*

des·com·pre·sor |deskompresór| ***m.*** Aparato que sirve para disminuir la presión a que ha sido sometido un gas o un líquido: *los compresores llevan una válvula como ~.*

des·com·pues·⌈to, ⌈ta |deskompuésto, ta| ***adj.*** *fig.* Que ha perdido la calma o la paciencia: *cuando se enteró de la noticia, se quedó ~.* ☐ Se suele usar con los verbos *estar* y *ponerse.*

des·co·mu·nal |deskomunál| ***adj.*** Que se sale de lo común, generalmente por ser de gran tamaño: *hicieron una sala de fiestas ~ en la que cabía casi todo el pueblo.*

des·con·cer·tan·te |deskonθertánte| ***adj.*** Que sorprende, confunde o causa admiración: *nos dio una respuesta ~ y ninguno de nosotros supo qué pensar.*

des·con·cer·tar |deskonθertár| ***tr.-prnl.*** [a alguien] Sorprender, confundir; causar admiración: *tenía la costumbre de ~ a su enemigo con preguntas extrañas; se desconcertó con aquellos ruidos.* ☐ Se conjuga como 27.

des·con·char |deskontʃár| ***tr.-prnl.*** [algo] Quitar la capa que cubre una superficie, especialmente la pintura de una pared: *los golpes desconcharon la pared.* ⇒ **descascarillar.**

des·con·cier·to |deskonθiérto| **1** ***m.*** Sorpresa, *confusión; admiración que siente una persona: *en medio del ~ general apareció el mago sentado entre el público.* **2** *fig.* Desorden, falta de proporción y adecuación: *la salida del cine es un ~.* ⇔ **concierto.**

des·co·nec·tar |deskoneᵏtár| **1** ***tr.*** [algo] Interrumpir el paso de la electricidad: *desconecte la batidora antes de limpiarla; desconectó la televisión y la cambió de lugar.* ⇔ **conectar.** - **2** ***intr.-prnl.*** *fam.* Dejar de tener una relación; interrumpir una comunicación: *cuando todo el mundo se pone a gritar, ella prefiere ~; antes iba mucho al café pero se desconectó de aquel ambiente hace un año.* ⇒ **conectar.**

des·co·ne·xión |deskoneᵏsión| **1** ***f.*** Interrupción del paso de la electricidad: *para conservar en buenas condiciones el ordenador, es necesaria la ~ total cuando no se utiliza.* ⇒ **conexión. 2** *fig.* Separación y alejamiento; falta de relación: *los telespectadores pudieron observar la ~ entre los objetivos presentados y los hechos reales.*

des·con·fia·⌈do, ⌈da |deskonfiáðo, ða| ***adj.-s.*** (persona) Que no tiene confianza o una esperanza firme en una persona o una cosa: *no se creyó mi relato porque es muy ~.*

des·con·fian·za |deskonfiánθa| ***f.*** Falta de confianza o de esperanza firme en una persona o una cosa: *la ~ le impide abrirse a los demás.*

des·con·fiar |deskonfiár| ***intr.*** No tener confianza o esperanza firme en una persona o cosa: *desconfía de sus propios amigos.* ☐ Se conjuga como 13.

des·con·ge·la·ción |deskoŋxelaθión| ***f.*** Acción y resultado de *descongelar: *tras la ~ del pescado, no conviene volver a congelarlo.*

des·con·ge·lar |deskoŋxelár| **1** ***tr.-prnl.*** [algo] Poner una cosa sólida a una temperatura lo bastante alta para que se vuelva líquida el agua congelada que contiene; hacer líquido lo que está *helado: *vamos a comer pescado, así que sácalo del frigorífico para descongelarlo; en verano, los lagos helados se descongelan.* ⇒ **deshelar.** ⇔ **congelar. 2** Quitar la *escarcha o el hielo que se acumula en el congelador de un *frigorífico: *mañana vamos a ~ el frigorífico, para limpiarlo.*

des·con·ges·tión |deskoŋxestión| **1** ***f.*** Disminución de una acumulación excesiva de un líquido en una parte del cuerpo: *para la ~ nasal se utilizan gotas medicinales.* **2** Disminución de una acumulación excesiva que impide o cierra el paso, la circulación o el movimiento: *la ~ del tráfico fue lenta y difícil.* ⇔ **congestión.**

des·con·ges·tio·nar |deskoŋxestionár| **1** ***tr.*** [algo] Disminuir una acumulación excesiva de un líquido en una parte del cuerpo: *estos vapores descongestionan las vías respiratorias.* **2** Disminuir una acumulación excesiva que impide o cierra el paso, la circulación o el movimiento: *los policías trataban de ~ el tráfico de la plaza; descongestionaron los muelles de mercancías.* ⇔ **congestionar.**

des·co·no·cer |deskonoθér| **1** ***tr.*** [algo] No conocer o no saber: *desconozco la hora de llegada; es muy joven y lo desconoce casi todo.* **2** No prestar ninguna atención o cuidado: *desconoce los buenos con-*

sejos. **3** No reconocer como propia una cosa: *desconoce a sus amistades.* ☐ Se conjuga como 44.

des·co·no·ci·⌈do, ⌈da |deskonoθíðo, ða| ***adj.-s.*** Que no se conoce o no se sabe: *hicieron un viaje a un mundo ~; un ~ vino preguntando por usted.* ⇒ **extraño.** ⇔ **celebridad.** ☐ Es el participio de *desconocer.*

des·co·no·ci·mien·to |deskonoθimiénto| ***m.*** Falta de conocimiento o de saber: *su ~ sobre la materia lo incapacita para este trabajo.*

des·con·si·de·rar |deskonsiðerár| ***tr.*** [algo, a alguien] No guardar la consideración debida; no tener en consideración: *el director desconsideró casi todos los proyectos.*

des·con·so·la·⌈do, ⌈da |deskonsoláðo, ða| ***adj.*** Que no tiene *consuelo o fuerza para soportar la pena, el dolor o la tristeza: *quedó enormemente afligido y ~ tras la muerte de su madre.*

des·con·so·lar |deskonsolár| ***tr.-prnl.*** Quitar o perder el *consuelo; causar sufrimiento o disgusto: *sus palabras nos desconsolaron más aún.* ☐ Se conjuga como 31.

des·con·sue·lo |deskonsuélo| ***m.*** Falta de *consuelo o de fuerza para soportar una pena, un dolor o la tristeza: *quedó sumido en el ~ y la melancolía.*

des·con·ta·mi·na·ción |deskontaminaθión| ***f.*** Acción y resultado de *descontaminar: *tras la ~ del río, los patos anidan en las orillas.*

des·con·ta·mi·nar |deskontaminár| ***tr.*** [algo] Quitar o hacer desaparecer las sustancias *contaminantes: *los ecologistas piden que se descontamine el río.*

des·con·tar |deskontár| **1** ***tr.*** [algo] Restar una cantidad de dinero: *me han descontado un 12% del precio del equipo de música; del salario bruto hay que ~ las contribuciones a la seguridad social y los impuestos.* ⇔ **añadir, sumar. 2** *fig.* Restar una parte de las virtudes o buenas cualidades que tiene una persona: *su antipatía descuenta eficacia a su trabajo en equipo.* ☐ Se conjuga como 31.

des·con·ten·tar |deskontentár| ***tr.-prnl.*** [a alguien] Causar disgusto o desagrado: *el primer fracaso lo descontentó en gran manera.* ⇔ **contentar.**

des·con·ten·⌈to, ⌈ta |deskonténto, ta| **1** ***adj.-s.*** (persona) Que no se encuentra a gusto o que no está de acuerdo con una cosa: *se siente muy descontenta en su trabajo y quiere buscar otro.* ⇔ **contento. - 2 descontento *m.*** Disgusto o desagrado: *había gran ~ en el pueblo por la decisión del alcalde.* ⇔ **contento.**

des·con·trol |deskontról| ***m.*** Falta de control o de *dominio: *el ~ de los semáforos de la ciudad provocó muchos problemas en el tránsito.*

des·con·tro·lar |deskontrolár| ***tr.-prnl.*** Perder o hacer perder el control: *el exceso de alcohol puede ~ a una persona; el barco se descontroló y navegó a la deriva durante horas.*

des·con·vo·car |deskombokár| ***tr.*** [algo] Dejar sin valor o efecto una *convocatoria: *la reunión de la junta directiva ha sido desconvocada porque el presidente está enfermo.* ⇔ **convocar.**

des·co·ra·zo·nar |deskoraθonár| ***tr.-prnl.*** *fig.* [a alguien] Quitar o perder el ánimo o la energía: *se descorazonó enseguida y abandonó.* ⇒ **desalentar, desanimar.**

des·cor·cha·dor |deskortʃaðór| ***m.*** Aparato que sirve para sacar el *corcho que cierra un recipiente: *tengo un ~ metálico con forma de espiral.*

des·cor·char |deskortʃár| **1** ***tr.*** [algo] Sacar o quitar el *corcho que cierra un recipiente: *descorcharon una botella de champán para celebrar el aniversario.* **2** Quitar o arrancar el *corcho al árbol que lo produce: *los alcornoques se descorchan con cuchillas.*

des·co·rrer |deskor̄ér| **1** ***tr.*** [algo] Plegar o recoger lo que está estirado, especialmente una cortina: *descorre las cortinas para que entre más luz.* ⇔ **correr. 2** Volver atrás o retroceder en un espacio ya corrido: *nos equivocamos de camino y tuvimos que ~ algunos quilómetros.* ⇒ **desandar.**

des·cor·tés |deskortés| ***adj.-s.*** (persona) Que no muestra buena educación ni respeto hacia los demás: *fue muy ~ al no invitarnos a pasar.* ⇔ **cortés.**

des·cor·te·sí·a |deskortesía| ***f.*** Falta de buena educación: *esperen aquí cómodamente, no quisiera caer en una ~.*

des·cor·te·zar |deskorteθár| ***tr.*** [algo] Quitar la corteza o la capa dura exterior: *descortezaron un árbol; tiene la costumbre de ~ el pan antes de comérselo.* ☐ Se conjuga como 4.

des·co·ser |deskosér| ***tr.-prnl.*** Soltar o cortar el hilo que une varias piezas de tela, de cuero o de otro material: *se le descosió el bolsillo derecho.* ⇔ **coser.**

des·co·si·⌈do,⌈da |deskosíðo, ða| ***adj.-m.*** (parte o pieza de una prenda de vestir) Que se ha desprendido por haberse soltado el hilo que la sujetaba: *entró en el hotel con un pantalón sucio y ~; lleva un ~ en el vestido.*

des·co·yun·tar |deskoyuntár| **1** ***tr.-prnl.*** [algo] Sacar o salirse un hueso de su articulación: *el luchador descoyuntó un hombro a su oponente; se cayó por la escalera y se le descoyuntaron las piernas.* **2** *fig.* Deformar o *desunir una cosa formada por piezas articuladas: *el niño descoyunta los juguetes en cuanto los toca.* **3** *fig.* Cansar en exceso: *aquellas caminatas descoyuntaban su cuerpo; el joven se descoyuntaba cada noche bailando samba.*

des·cré·di·to |deskrédito| ***m.*** Disminución o pérdida de la consideración o el buen nombre: *su gobierno ha caído en el ~.*

des·crei·mien·to |deskreimiénto| ***m.*** Falta o abandono de una creencia, especialmente en asuntos religiosos: *su ~ religioso le hacía pensar que el suicidio puede ser un acto honroso y no un pecado.*

des·cre·mar |deskremár| ***tr.*** [algo] Quitar la crema o la nata: *en las centrales lecheras descreman parte de la leche.* ⇒ **desnatar.**

des·cri·bir |deskriβír| **1** ***tr.*** [algo, a alguien] Decir cómo es una persona o cosa, explicando sus cualidades y características: *te describió tan bien, que te he conocido nada más verte; el autor describe un hermoso paisaje en el primer capítulo del libro.* **2** [algo]

Dibujar una figura con las características de lo que representa; dibujar una *trayectoria: *describió una elipse sobre el papel.* ☐ El participio es *descrito.*

des·crip·ción |deskripθión| *f.* Explicación de unas cualidades y características: *en esta parte de la novela se hace una ~ de la amada del protagonista.*

des·crip·ti·⌐vo, ⌐va |deskriptíβo, βa| ***adj.*** Que describe o explica unas cualidades y características: *este capítulo del libro es más ~ que narrativo.*

des·cua·der·nar |deskuaðernár| ***tr.-prnl.*** [algo] Soltar las hojas o las tapas que forman un libro: *si tratas el libro así de mal, se va a ~.* ⇒ **desencuadernar.** ⇔ **encuadernar.**

des·cua·jar |deskuaxár| ***tr.-prnl.*** [algo] Arrancar de raíz o de *cuajo una planta: *descuajó una hierba seca.*

des·cua·ja·rin·gar |deskuaxariŋgár| **1** ***tr.-prnl.*** [algo] Romper, estropear o separar las partes de un objeto, generalmente un aparato o máquina: *el coche quedó completamente descuajaringado tras el accidente.* **- 2 descuajaringarse** ***prnl.*** *fam.* Cansarse mucho: *si subo las escaleras muy deprisa, me descuajaringo.* **3** Reírse mucho: *cuando contó el chiste, todos nos descuajaringamos.* ☐ Se conjuga como 7.

des·cua·je |deskuáxe| ***m.*** ⇒ **descuajo.** ☐ La Real Academia Española prefiere la forma *descuajo.*

des·cua·jo |deskuáxo| ***m.*** Acción y resultado de *descuajar: *el ~ del árbol del jardín les llevó toda la tarde.* ⇒ **descuaje.**

des·cuar·ti·zar |deskuartiθár| **1** ***tr.*** [algo, a alguien] Dividir el cuerpo de una persona o un animal en *cuartos o partes: *descuartizaron el cerdo; el asesino descuartizó a su víctima.* ⇒ **cuartear. 2** *fam.* [algo] Hacer trozos una cosa: *los niños descuartizaron la tarta en dos minutos.* ☐ Se conjuga como 4.

des·cu·bier·⌐to, ⌐ta |deskuβiérto, ta| **1** ***adj.*** Que no está cubierto de ropa: *los boxeadores pelean con el torso descubierto.* **2** (persona) Que no lleva sombrero: *los dos espadachines iban descubiertos.* **3** (cielo) Que no está cubierto de nubes: *hoy el cielo está ~, no hay nubes.* **- 4 descubierto** ***m.*** COM. Situación que se produce en una cuenta cuando los gastos superan el dinero que se tiene en ella: *la causa de que la industria quebrara fue la existencia de un ~ de muchos millones de pesetas.* ⇒ **déficit.** ■ **al ~**, sin resguardo; al aire libre: *no encontraron ningún refugio y tuvieron que dormir al ~.* ■ **al ~**, a la vista: *su respuesta ha puesto al ~ sus intenciones.* ☐ Se suele usar con los verbos *dejar, poner* o *quedar.*

des·cu·bri·⌐dor, ⌐do·ra |deskuβriðór, ðóra| **1** ***adj.-s.*** (persona) Que descubre lo que no se conoce o lo que está oculto: *Colón fue el ~ del continente americano.* **2** MIL. (persona) Que va por delante del ejército para reconocer el terreno: *al ~ le explotó una granada y quedó malherido.*

des·cu·bri·mien·to |deskuβrimiénto| ***m.*** Encuentro o *hallazgo de lo que no se conocía o de lo que estaba oculto: *el ~ de la penicilina se produjo en el año 1928.*

des·cu·brir |deskuβrír| **1** ***tr.*** [algo, a alguien] *Hallar lo que no se conocía o lo que estaba oculto: *Colón descubrió América; descubrieron un tesoro en una isla desierta; si no procedemos con cuidado, descubrirá todo el engaño.* ⇒ **desvelar, develar. 2** Quitar la tapa o lo que cubre una cosa de manera que se vea lo que hay debajo: *descubrió lo que tenía en la mano; se levantó levemente la falda descubriendo la rodilla.* **- 3 descubrirse** ***prnl.*** Quitarse el sombrero u otra prenda que cubre la cabeza: *se descubrió ante las señoras.*

des·cuen·to |deskuénto| ***m.*** Disminución de una deuda o del precio de un producto o servicio: *compré el frigorífico al contado porque me hicieron un buen ~; si usted paga al contado le aplicaremos un ~ del 10 %.* ⇒ **rebaja.**

des·cui·da·⌐do, ⌐da |deskuiðáðo, ða| ***adj.-s.*** (persona) Que no pone cuidado o atención: *se dejó la luz del coche encendida porque es muy ~.* ☐ Es el participio de *descuidar.*

des·cui·dar |deskuiðár| ***tr.-intr.-prnl.*** [algo, a alguien] No poner cuidado o atención en una persona o cosa: *ha descuidado incluso su higiene personal; descuida, que yo lo haré; se ha descuidado y han pasado antes que él; si me descuido me caigo.*

des·cui·do |deskuíðo| ***m.*** Falta de cuidado o de atención: *en la carretera, un ~ puede ser fatal.*

des·de |desðe| **1** ***prep.*** Indica el momento o el lugar en que ha empezado una acción o en el que empieza a contarse un tiempo o una distancia: *te estoy esperando ~ las ocho; vivo en la misma casa ~ que me casé; hemos venido ~ Madrid; ~ tu casa hasta la facultad hay tres kilómetros.* **2** Después de, a partir de: *tienes que leer ~ la página 15 hasta el final.*

des·de·cir |desðeθír| **1** ***intr.*** *fig.* No corresponderse o no conformarse una cosa con otra: *estos cuadros desdicen de la suntuosidad del salón.* **- 2 desdecirse** ***prnl.*** Decir una cosa contraria o diferente de lo que se ha dicho en otro momento: *me acusó de haberla engañado, pero luego se desdijo.* ⇒ **arrepentirse.** ☐ Se conjuga como 79.

des·dén |desðén| ***m.*** Falta de consideración que se muestra públicamente: *pese a sus continuos desdenes, él seguía adorándola.* ⇒ **desplante, desprecio.**

des·den·ta·⌐do, ⌐da |desðentáðo, ða| ***adj.*** Que ha perdido los dientes: *cuando volvió a verlo, estaba muy viejo y ~.* ⇒ **mellado.**

des·de·ña·ble |desðeɲáβle| ***adj.*** Que no merece atención; que no es importante: *pidió a cambio una cantidad ~.* ⇒ **despreciable, menospreciable.**

des·de·ñar |desðeɲár| ***tr.-prnl.*** [algo, a alguien] Tratar con desprecio o *desdén: *desdeñaba todo aquello que tuviera que ver con la literatura.*

des·de·ño·⌐so, ⌐sa |desðeɲóso, sa| ***adj.*** Que muestra desprecio o *desdén: *le respondió con un ~ rechazo.*

des·di·bu·ja·⌐do, ⌐da |desðiβuxáðo, ða| ***adj.*** (figura) Que ha perdido claridad en los contornos o bordes: *a través de los cristales se podía ver su cara desdibujada.*

des·di·bu·jar·se |desðiβuxárse| ***prnl.*** Perder claridad los contornos o bordes de una figura: *su rostro se desdibujaba en la penumbra.*

des·di·cha |desðítʃa| **1** ***f.*** Caso o hecho triste y que produce dolor o sufrimiento moral: *la muerte del padre fue una ~ para la familia.* ⇒ **desgracia. 2** Situación o circunstancia mala o que es resultado de la mala suerte: *tiene la ~ de ser ciego.* ⇒ **desgracia. 3** Mala suerte: *parecía que la ~ los perseguía.* ⇒ **desgracia.**

des·di·cha·⌜do, ⌜da |desðitʃáðo, ða| ***adj.-s.*** Que tiene una desgracia o mala suerte: *los desdichados eran conducidos a campos de concentración.* ⇒ **desgraciado.**

des·do·blar |desðoβlár| **1** ***tr.-prnl.*** [algo] Extender lo que está doblado: *desdobló el mantel y lo colocó sobre la mesa.* **2** *fig.* Formar dos o más cosas separando elementos que suelen estar juntos en otra: *su personalidad se desdoblaba y no tenía siempre conciencia de lo que hacía.*

des·do·rar |desðorár| **1** ***tr.*** *fig.* [algo] Disminuir o quitar el buen nombre, el valor o la consideración: *el modo de hacerlo desdoró la buena intención.* ⇒ **desacreditar, deslucir. 2** Quitar el oro que cubre una cosa: *el tiempo ha desdorado el tirador de la puerta.*

des·do·ro |desðóro| ***m.*** Disminución del buen nombre, el valor o la consideración: *siempre buscaba el ~ del trabajo de los demás.*

de·se·a·ble |deseáβle| ***adj.*** Que merece ser deseado o querido: *es una situación muy ~ a la que, por desgracia, es difícil llegar.*

de·se·ar |deseár| **1** ***tr.*** [algo] Querer conseguir o tener una cosa: *desea llegar a ser ministro; deseamos la paz mundial.* **2** [algo, a alguien] Querer para una persona o para uno mismo: *le deseó la mejor suerte.* **3** [a alguien] Querer conseguir sexualmente a una persona: *esa tarde se dio cuenta de que lo deseaba.*

de·se·ca·ción |desekaθión| ***f.*** Acción y resultado de *desecar o de hacer desaparecer la humedad: *creen que los trasvases pueden provocar la ~ de sus tierras.*

de·se·car |desekár| ***tr.-prnl.*** [algo] Hacer desaparecer la humedad; quitar el agua de un lugar: *el dique contendrá el mar y las tierras se desecarán para cultivar forraje.* ⇒ **secar.** ▢ Se conjuga como 1.

de·se·cha·ble |desetʃáβle| **1** ***adj.*** Que se puede tirar o *desechar: *se pudieron aprovechar casi todos los libros viejos: sólo dos eran desechables.* **2** (objeto) Que está destinado a ser usado una sola vez: *este envase es ~; uso maquinillas de afeitar desechables.*

de·se·char |desetʃár| **1** ***tr.*** [algo, a alguien] No incluir o dejar fuera de un conjunto: *desecharon los libros que consideraron malos.* **2** Rechazar o no aceptar: *desecha cuantos empleos le ofrecen; desechó la idea de salir tan pronto.* **3** [algo] Tirar o dejar: *desechó las pilas y puso otras nuevas.*

de·se·cho |desétʃo| ***m.*** Resto o cosa que *sobra y no es útil: *el ganado de ~ fue conducido a los establos; creo que ha decorado esta oficina con materiales de ~.* ▢ No se debe confundir con *deshecho.*

de·se·lec·tri·zar |deseleᵏtriθár| ***tr.-prnl.*** FÍS. [algo] Descargar de electricidad un cuerpo: *el pararrayos tiene un cable que se entierra para deselectrizarlo.* ⇒ **electrizar.** ▢ Se conjuga como 4.

des·em·ba·la·je |desembaláxe| ***m.*** Acción y resultado de *desembalar: *se encarga del ~ de las mercancías en unos almacenes.* ⇔ **embalaje.**

des·em·ba·lar |desembalár| ***tr.*** [algo] Quitar el *embalaje que cubre un objeto; quitar lo que envuelve una cosa: *desembalaron las mercancías y las expusieron al público.* ⇒ **desenvolver.** ⇔ **embalar.**

des·em·ba·ra·zar |desembaraθár| **1** ***tr.-prnl.*** [algo] Quitar o apartar un obstáculo o una cosa que molesta: *consiguió ~ el problema familiar que tenía; no conseguía desembarazarse de sus perseguidores.* **- 2** ***tr.*** Dejar libre un espacio, habitación o lugar: *desembarazaron la gran sala y los músicos comenzaron a tocar.* ▢ Se conjuga como 4.

des·em·ba·ra·zo |desembaráθo| ***m.*** Falta de vergüenza o respeto: *dijo, con el mayor ~, que no nos apoyaría.* ⇒ **frescura.**

des·em·bar·ca·de·ro |desembarkaðéro| ***m.*** MAR. Lugar que sirve para subir a las embarcaciones y bajar a tierra: *se aproximaron al ~ para descender a tierra.* ⇒ **embarcadero.**

des·em·bar·car |desembarkár| **1** ***tr.*** [algo] Sacar de una nave y poner en tierra, generalmente una mercancía: *los marineros desembarcaron el pescado.* ⇔ **embarcar. - 2** ***intr.*** Bajar o salir de un barco, tren o avión: *los pasajeros pueden ~ por la puerta delantera del avión; desembarcamos en una isla del Egeo.* ⇔ **embarcar. 3** *fig.* Llegar a un lugar para empezar o desarrollar una actividad: *mañana desembarcaremos en nuestro nuevo trabajo.* ▢ Se conjuga como 1.

des·em·bar·co |desembárko| ***m.*** ⇒ **desembarque.**

des·em·bar·gar |desembarɣár| ***tr.*** DER. [algo] Dejar de *embargar o de retener unos bienes: *el juez desembargó su casa.* ▢ Se conjuga como 7.

des·em·bar·que |desembárke| ***m.*** Bajada o salida de personas o mercancías de un barco, tren o avión: *el ~ se efectuará a las nueve de la mañana.* ⇒ **desembarco.** ⇔ **embarque.**

des·em·ba·rran·car |desembar̄aŋkár| **1** ***tr.-prnl.*** MAR. [algo] Poner en movimiento una embarcación que está sujeta en arena o piedras: *se esforzaron por ~ la goleta lo más rápidamente posible.* ⇒ **desencallar.** ⇔ **embarrancar. 2** MAR. Echar al agua una embarcación: *los muchachos de la playa le ayudaron a ~ su barca.*

des·em·bo·ca·du·ra |desembokaðúra| ***f.*** Lugar por el que una corriente de agua entra en el mar: *la ~ del río Miño está en el océano Atlántico.*

des·em·bo·car |desembokár| **1** ***intr.*** Entrar una corriente de agua en el mar: *el Tajo desemboca en el Atlántico.* **2** Tener salida una calle o camino en un lugar determinado: *este callejón desemboca en la plaza mayor.* **3** Salir por una boca o un paso estrecho: *construimos una cañería en la casa que desemboca en el jardín.* **4** *fig.* Acabar o terminar: *todo desembocó en un final feliz.* ▢ Se conjuga como 1.

des·em·bol·sar |desembolsár| **1** ***tr.*** *fig.* [algo] Pagar o hacer entrega de una cantidad de dinero: *tuvo que ~ una enorme suma para cubrir los gastos* *del viaje.* ⇔ **embolsar. 2** Sacar de una bolsa: *la madre llegó cargada de la compra y los hijos desembolsaron las cosas.*

des·em·bol·so |desembólso| **1** ***m.*** *fig.* Cantidad de dinero que se paga o se gasta: *el ~ asciende a dos millones de pesetas.* ⇔ **reembolso. 2** Entrega de dinero al contado: *el ~ se efectuó en la sucursal de esta calle.*

des·em·bo·zar |desemboθár| ***tr.-prnl.*** [a alguien] Quitar el *embozo o la parte de una prenda que cubre la cara: *se desembozó y todos pudieron comprobar quién era.*

des·em·bra·gar |desembraɣár| ***intr.*** MEC. Soltar el *embrague para que el motor se comunique con el cambio de velocidades: *si no desembragas lentamente, el coche se calará.*

des·em·bra·gue |desembráɣe| ***m.*** MEC. Acción de soltar el *pedal del *embrague: *el ~ fue brusco y el coche arrancó dando un tirón.*

des·em·bro·llar |desembroʎár| ***tr.*** *fam.* [algo] Hacer o dejar claro un asunto difícil de entender: *es casi imposible ~ todo este lío.* ⇒ **desenmarañar, desenredar, desmarañar.** ⇔ **embrollar.**

des·em·bu·char |desembutʃár| **1** ***tr.*** *fam. fig.* [algo] Decir todo lo que se sabe y se tenía callado acerca de un asunto: *estuvimos hablando con él y lo desembuchó todo.* **2** Expulsar una ave lo que tiene en el *buche: *cogió la gallina y la obligó a ~ el anillo que se había tragado.*

de·se·me·jan·za |desemexánθa| ***f.*** Falta de parecido o de *semejanza: *apenas se podía percibir la ~ entre ambos.* ⇒ **disimilitud, disparidad.** ⇔ **semejanza.**

de·se·me·jar |desemexár| **1** ***intr.*** Diferenciarse una cosa de otra o no parecerse: *tu trabajo desemeja notablemente de lo que habías prometido.* **- 2** ***tr.*** [algo, a alguien] Hacer perder la forma propia: *era muy perseguido por la policía y decidió ~ su cara.* ⇒ **desfigurar.**

des·em·pa·car |desempakár| ***tr.*** [algo] Sacar de un paquete o de otra cosa: *desempacaron el envío y lo colocaron sobre las estanterías.* ⇒ **desempaquetar.** ☖ Se conjuga como 1.

des·em·pa·que·tar |desempaketár| ***tr.*** [algo] Sacar de un paquete o de otra cosa: *hay que ~ toda la loza.* ⇒ **desempacar.** ⇔ **empaquetar.**

des·em·pa·tar |desempatár| ***tr.-intr.*** [algo] Hacer desaparecer una situación de igualdad en una competición o en una votación: *después de dos votaciones, los candidatos no pudieron ~; lanzaron una serie de penaltis para ~.* ⇔ **empatar.**

des·em·pa·te |desempáte| ***m.*** Acción y resultado de *desempatar o hacer desaparecer una situación de igualdad en una competición o en una votación: *los miembros del jurado tuvieron que hacer una votación de ~ para elegir la novela ganadora.* ⇒ **empate.**

des·em·pe·drar |desempeðrár| ***tr.*** [algo] Arrancar o quitar las piedras de un lugar: *querían ~ la calle mayor para cubrirla de asfalto.* ⇔ **empedrar.** ☖ Se conjuga como 27.

des·em·pe·ñar |desempeɲár| **1** ***tr.*** [algo] Cumplir o hacer lo que corresponde: *los músculos desempeñan una función motora; desempeñó el papel de Don Juan en el teatro.* **2** Ocupar un cargo o puesto: *lleva desempeñando el mismo cargo casi veinte años.* **3** Conseguir o sacar, generalmente mediante dinero, una cosa que estaba sujeta a empeño: *reunió la cantidad suficiente para ~ el reloj de oro de su abuelo.*

des·em·pe·ño |desempéɲo| ***m.*** Acción y resultado de desempeñar o cumplir lo que corresponde: *el ~ de su cargo le absorbe todo su tiempo.*

des·em·ple·a·⌈do, ⌈da |desempleáðo, ða| ***adj.-s.*** (persona) Que no tiene empleo o trabajo: *todos los desempleados deberían tener un trabajo digno.* ⇒ **desocupado, parado.**

des·em·ple·o |desempléo| ***m.*** Falta de empleo o trabajo: *es necesario acabar con el ~, si perseguimos la igualdad.*

des·em·pol·var |desempolβár| **1** ***tr.*** [algo] Quitar el polvo: *después de que los albañiles terminaran las obras, tardamos dos días en ~ la casa.* ⇔ **empolvar. 2** *fig.* Volver a usar lo que se había abandonado: *desempolvó el retrato que había en el desván y lo colocó sobre su mesa.* **3** Traer a la memoria o tener en consideración lo que ha estado olvidado: *desempolvó los recuerdos de aquellos años.*

de·se·na·mo·rar |desenamorár| ***tr.-prnl.*** [a alguien] Perder o hacer perder el amor o la pasión: *tantas decepciones acabaron por desenamorarlo; se desenamoró muy pronto, en cuanto vio cómo era aquel chico.*

des·en·ca·de·nar |deseŋkaðenár| **1** ***tr.-prnl.*** *fig.* [algo] Ser o tener origen; provocar: *el viento desencadenó un fuerte oleaje; se desencadenó una tormenta; ese acontecimiento ha desencadenado una revuelta.* ⇒ **desatar. 2** [algo, a alguien] Quitar una cadena; soltar lo que está sujeto: *la policía desencadenó a los jóvenes que protestaban ante el Ministerio.*

des·en·ca·jar |deseŋkaxár| **1** ***tr.-prnl.*** [algo] Sacar o separar de su lugar una cosa: *la puerta se ha desencajado y no cierra bien.* ⇔ **encajar. - 2 desencajarse** ***prnl.*** Descomponerse o alterarse la cara por una enfermedad, un disgusto u otra cosa: *su rostro se desencajó de dolor.* ⇒ **desfigurar.**

des·en·ca·jo·nar |deseŋkaxonár| ***tr.*** [algo] Sacar lo que está dentro de un cajón: *desencajonarán las reses a las siete de la mañana.*

des·en·ca·llar |deseŋkaʎár| ***tr.-prnl.*** MAR. [algo] Poner en movimiento una embarcación que está sujeta en arena o piedras: *no consiguieron ~ hasta que subió la marea.* ⇒ **desembarrancar.** ⇔ **encallar.**

des·en·can·tar |deseŋkantár| ***tr.-prnl.*** [a alguien] Perder o hacer perder la confianza o la *ilusión: *se ha desencantado al darse cuenta de la realidad.* ⇒ **decepcionar.**

des·en·can·to |deseŋkánto| ***m.*** Acción y resultado de *desencantar: *el ~ que sufrió le hizo abandonar su cargo.*

des·en·ca·po·tar·se |deseŋkapotárse| ***prnl.***

Desaparecer o irse las nubes del cielo: *por la tarde, el cielo se desencapotó y el sol volvió a brillar.* ⇒ **despejar.** ⇔ **encapotarse.**

des·en·chu·far |desentʃufár| ***tr.*** [algo] Separar el enchufe de un aparato o una máquina del lugar en el que toma la corriente eléctrica: *desenchufa la lavadora antes de limpiarla.* ⇔ **enchufar.**

des·en·co·ger |deseŋkoxér| ***tr.-prnl.*** [algo] Estirar o extenderse lo que está encogido: *los pantalones vaqueros se desencogerán después de llevarlos puestos un rato.* ◯ Se conjuga como 5.

des·en·co·lar |deseŋkolár| ***tr.-prnl.*** [algo] Despegar o separar dos o más cosas que están pegadas con cola: *las patas de la silla se han desencolado, así que ten cuidado al sentarte.* ⇔ **encolar.**

des·en·cua·der·nar |deseŋkuaðernár| ***tr.-prnl.*** [algo] Soltar las hojas o las tapas que forman un libro: *ese tomo está desencuadernado por el uso.* ⇒ **descuadernar.** ⇔ **encuadernar.**

des·en·fa·da·⌜do, ⌜da |desenfaðáðo, ða| ***adj.*** Que no es serio ni muestra preocupación: *esta comedia ofrece una visión desenfadada y real de la España actual.*

des·en·fa·do |desenfáðo| ***m.*** Falta de enfado o de seriedad: *en la reunión reinó el ~ y la diversión.*

des·en·fo·car |desenfokár| **1** ***tr.-prnl.*** [algo] Perder o hacer perder la claridad en una imagen que se graba o se proyecta: *la cámara se desenfocó accidentalmente y hubo que volver a grabar la escena.* ⇔ **enfocar. 2** Contar o explicar una cosa alterando las circunstancias verdaderas: *en este libro se desenfoca la realidad de la historia.* ⇒ **desfigurar.** ◯ Se conjuga como 1.

des·en·fo·que |desenfóke| **1** ***m.*** Falta de claridad o de *enfoque: *no ve muy bien y es incapaz de percibir un ~ tan pequeño.* **2** Acción y resultado de *desenfocar: *el ~ de la conferencia fue tan grande que la gente abucheó al conferenciante.*

des·en·fre·na·⌜do, ⌜da |desenfrenáðo, ða| ***adj.*** Que no tiene medida ni control: *estuvieron en una fiesta desenfrenada en la que tuvo que intervenir la policía.*

des·en·fre·nar·se |desenfrenárse| ***prnl.*** *fig.* Perder la medida o el control en el comportamiento: *se desenfrenaron y cometieron esa atrocidad.*

des·en·fre·no |desenfréno| ***m.*** *fig.* Falta de medida o de control; falta de freno: *vivió unos días de ~ y pasión.*

des·en·fun·dar |desenfundár| ***tr.*** [algo] Quitar la funda o sacar de una funda: *desenfunda su revólver más rápido que ninguno.* ⇔ **enfundar.**

des·en·gan·char |deseŋgantʃár| **1** ***tr.-prnl.*** [algo; de algo] Soltar lo que está sujeto con un gancho: *desenganchó la cadena que cerraba la puerta de la finca; desenganchó los arados y enganchó el remolque.* ⇔ **enganchar. - 2 desengancharse** ***prnl.*** Perder el hábito o la dependencia de una droga: *algunas asociaciones ayudan a los jóvenes a desengancharse de la droga.* ⇒ **deshabituar.**

des·en·ga·ñar |deseŋgaɲár| **1** ***tr.-prnl.*** [a alguien] Perder o hacer perder la confianza o la *ilusión: *se desengañó cuando le contaron lo que decían de ella.* ⇒ **decepcionar. 2** Hacer saber o dar a conocer un engaño o un error: *lo desengañó y le dijo que no se hiciese ilusiones.*

des·en·ga·ño |deseŋgáɲo| ***m.*** Pérdida de la confianza o de la *ilusión: *cuando me explicó la verdad, me llevé un gran ~: yo tenía mucha confianza en él; los desengaños te enseñarán a no confiar tanto en la gente.*

des·en·gra·sar |deseŋgrasár| ***tr.*** [algo] Quitar la grasa que cubre o que tiene una cosa: *desengrasa bien el motor para ver si tiene algún defecto.* ⇔ **engrasar.**

des·en·he·brar |deseneβrár| ***tr.-prnl.*** [algo] Sacar el hilo o la *hebra de la aguja: *tendré que volver a enhebrar la aguja porque se me ha desenhebrado.* ⇔ **enhebrar.**

des·en·jau·lar |deseŋxaulár| ***tr.*** [algo] Sacar o dejar salir de una jaula: *durante la ceremonia, desenjaularon cientos de palomas.*

des·en·la·ce |desenláθe| ***m.*** Modo en que se resuelve o termina una obra de literatura, cine o teatro, o una acción: *el ~ de la película me pareció un poco tonto; ya te contaré el ~ de nuestro negocio.*

des·en·la·zar |desenlaθár| **1** ***tr.*** [algo] Soltar un *lazo; soltar lo que está atado: *desenlazaron todos los nudos del paquete y lo abrieron.* ⇔ **enlazar. - 2 desenlazarse** ***prnl.*** *fig.* Resolverse una acción o una historia de una obra de literatura, cine o teatro: *todo se desenlaza como el espectador espera.* ◯ Se conjuga como 4.

des·en·ma·ra·ñar |desemmaraɲár| **1** ***tr.-prnl.*** [algo] Deshacer un lío o una *maraña: *trataba de desenmarañarse el cabello con un cepillo.* **2** *fig.* Hacer o dejar claro un asunto difícil de entender: *los periodistas desenmarañaron todo el caso.* ⇒ **desembrollar, desenredar, desmarañar.**

des·en·mas·ca·rar |desemmaskarár| **1** ***tr.-prnl.*** *fig.* [a alguien] Dar a conocer las verdaderas intenciones, sentimientos o hechos ocultos de una persona: *desenmascaró al asesino.* **2** Quitar la *máscara; descubrir la *identidad: *antes de que se desenmascarara, él ya sabía que era ella.* ⇔ **enmascarar.**

des·en·mo·he·cer |desemmoeθér| **1** ***tr.*** [algo] Quitar el *moho: *desenmohecieron el queso y lo cortaron en pedazos.* **- 2 desenmohecerse** ***prnl.*** *fig.* Recuperar un buen estado; prepararse para una acción o un funcionamiento mejor: *para desenmohecerse, comenzó corriendo una carrera corta.* ◯ Se conjuga como 43.

des·en·re·dar |desenr̄eðár| **1** ***tr.*** [algo] Deshacer un lío o un *enredo: *tardaron media hora en desenredarle el pelo.* ⇔ **enredar. 2** *fig.* Hacer o dejar claro un asunto difícil de entender: *aquel asunto era muy complicado, pero consiguieron desenredarlo tras hablar con varios consejeros.* ⇒ **desembrollar, desenmarañar, desmarañar. - 3 desenredarse** ***prnl.*** *fig.* Salir de una situación difícil: *tendrás que esperar a que nos desenredemos, para que te podamos ayudar.*

des·en·ro·llar |desenr̄oʎár| ***tr.-prnl.*** [algo] Deshacer o quitar la forma de *rollo: *desenrolló el per-*

gamino y comenzó a leer. ⇒ **desarrollar.** ⇔ **arrollar.**

des·en·ros·car |desenr̄oskár| **1** ***tr.-prnl.*** [algo] Sacar lo que está enroscado: *el grifo se desenroscó y el agua se salió por toda la cocina.* ⇔ **enroscar. 2** Estirar o extenderse lo que está enroscado: *la serpiente se desenroscó lentamente.* ⇔ **enroscar.** ☖ Se conjuga como 1.

des·en·si·llar |desensiʎár| ***tr.*** [algo] Quitar la silla de montar a un animal: *desensillaron los caballos y les dieron agua.* ⇔ **ensillar.**

des·en·ten·der·se |desentendérse| **1** ***prnl.*** No tomar parte en un asunto o negocio: *dijo que se desentendía de todo y no ha vuelto a venir.* **2** No prestar atención a una cosa: *cuando ve la televisión, se desentiende del teléfono.* ☖ Se conjuga como 28.

des·en·te·rrar |desenter̄ár| **1** ***tr.*** [algo, a alguien] Sacar lo que está debajo de tierra: *desenterraron un tesoro; no se atrevieron a ~ al muerto.* ⇔ **enterrar. 2** *fig.* [algo] Traer a la memoria lo que estaba olvidado: *desenterró viejos recuerdos.* ☖ Se conjuga como 27.

des·en·to·nar |desentonár| **1** ***intr.*** No ser adecuado o bueno para la situación o el ambiente: *ese jarrón desentona terriblemente con la decoración de la casa; los calcetines deben combinar con los zapatos y no ~ con los pantalones.* **2** Apartarse del tono adecuado; sonar mal: *tiene una voz muy fea y además desentona.* ⇒ **desafinar.**

des·en·tor·pe·cer |desentorpeθér| ***tr.*** [algo] Quitar o hacer disminuir la torpeza: *trató de ~ sus músculos moviéndolos suavemente.* ⇒ **desentumecer.**

des·en·tra·ñar |desentraɲár| **1** ***tr.*** *fig.* [algo] Alcanzar lo más difícil u oculto de una materia o asunto: *después de muchos años de investigación, desentrañó el secreto.* **2** [algo, a alguien] Sacar o arrancar las *entrañas: *antiguamente se desentrañaban animales para predecir el futuro.*

des·en·tu·me·cer |desentumeθér| ***tr.-prnl.*** [algo] Quitar o hacer disminuir el *entumecimiento o la torpeza: *se puso de pie para ~ los músculos.* ⇒ **desentorpecer.** ⇔ **entumecer.** ☖ Se conjuga como 43.

des·en·vai·nar |desembainár| ***tr.*** [algo] Sacar de la *vaina o de la funda una arma: *desenvainó su espada y lo desafió ante todos.* ⇔ **envainar.**

des·en·vol·tu·ra |desemboltúra| ***f.*** Habilidad o facilidad al ejecutar una acción: *se mueve en las altas esferas de la sociedad con ~; preparó una deliciosa tarta con gran ~.*

des·en·vol·ver |desembolβér| **1** ***tr.*** [algo] Quitar lo que envuelve una cosa: *desenvuelve el regalo para ver lo que es; tuve que ~ el paquete dos veces.* ⇒ **desembalar.** ⇔ **envolver. - 2 desenvolverse** ***prnl.*** Obrar o relacionarse con habilidad o facilidad: *se desenvuelve muy bien en los negocios; nunca supo desenvolverse en sociedad.* ☖ Se conjuga como 32. El participio es *desenvuelto.*

des·en·vuel·⌈to, ⌈ta |desembuélto, ta| ***adj.*** Que tiene habilidad o facilidad al ejecutar una acción: *es una persona muy animosa y desenvuelta y nos será de gran utilidad.*

de·se·o |deséo| ***m.*** Tendencia del ánimo o de la voluntad hacia el conocimiento, la *posesión o el disfrute de una cosa: *sintió un fuerte ~ de averiguar lo que había pasado.*

de·se·o·⌈so, ⌈sa |deseóso, sa| ***adj.*** Que desea o quiere conseguir una cosa o un fin: *~ del bien público, se presentó como candidato.* ⇒ **anhelante.**

de·se·qui·li·brar |desekiliβrár| **1** ***tr.-prnl.*** [algo, a alguien] Perder o hacer perder el equilibrio: *el viento desequilibró al funambulista, pero éste no llegó a caer.* ⇔ **equilibrar, estabilizar. - 2 desequilibrarse** ***prnl.*** Perder el equilibrio mental: *se ha desequilibrado durante estos últimos años de sufrimiento.*

de·se·qui·li·brio |desekilíβrio| **1** ***m.*** Falta de equilibrio: *el ~ de la grúa provocó su caída.* ⇔ **equilibrio, estabilidad. 2** Alteración mental: *un ~ lo llevó a cometer ese crimen.*

de·ser·ción |deserθión| **1** ***f.*** Abandono de un ejército por parte de un militar: *la ~ se castigaba con la pena de muerte.* **2** *fig.* Abandono de una obligación, un deber, una causa o un grupo: *tu ~ nos ha dejado extrañados.*

de·ser·tar |desertár| **1** ***intr.*** Abandonar el ejército al que se pertenece: *el soldado que desertó de su unidad fue fusilado.* **2** *fig.* Abandonar una obligación, un deber, una causa o un grupo: *cuando el partido perdió las elecciones, muchos de sus miembros desertaron.*

de·sér·ti·⌈co, ⌈ca |désértiko, ka| **1** ***adj.*** Del desierto o que tiene relación con él: *desaparecieron en una zona desértica.* **2** (clima) Que es muy seco: *hacía tanto calor que parecía que estábamos en un clima ~.*

de·ser·⌈tor, ⌈to·ra |desertór, tóra| **1** ***adj.-s.*** (soldado) Que abandona el ejército al que pertenece: *el ~ se escondió en las montañas.* **2** *fam. fig.* (persona) Que abandona una obligación, un deber, una causa o un grupo: *tras el fracaso de las últimas elecciones, ha aumentado el número de desertores del partido.*

des·es·com·brar |deseskombrár| ***tr.*** [algo] Quitar de un lugar objetos o materiales que no son útiles: *los obreros han terminado de ~ el solar.* ⇒ **descombrar, escombrar.** ☖ La Real Academia Española prefiere las formas *descombrar* y *escombrar.*

des·es·pe·ra·ción |desesperaθión| ***f.*** Pérdida total de la esperanza o de la confianza: *quedó sumido en la ~ cuando lo abandonó su mujer.*

des·es·pe·ra·⌈do, ⌈da |desesperáðo, ða| ***adj.-s.*** Que ha perdido la esperanza o la confianza: *estaba ~ porque no encontraba ninguna solución.*

des·es·pe·ran·za·⌈dor, ⌈do·ra |desesperanθaðór, ðóra| ***adj.*** Que hace perder la esperanza o la confianza: *recibimos unas noticias desesperanzadoras.* ⇔ **esperanzador.**

des·es·pe·rar |desesperár| **1** ***intr.-prnl.*** Perder la esperanza o la confianza: *desesperaba de volver a* *verla; se desesperó y se suicidó.* **- 2 *tr.*** [a alguien] Hacer perder la paciencia o el control: *me desespera tener que tratar con ellos.* ⇔ **esperanzar.**

des·es·ta·bi·li·zar |desestaβiliθár| ***tr.-prnl.*** [algo, a alguien] Hacer que una persona o una cosa no se mantenga en un lugar, de un modo o en un estado determinado; perder o hacer perder *estabilidad: *tus mentiras están desestabilizando nuestra amistad; las relaciones entre las dos naciones se han desestabilizado durante el último año.* ⇔ **estabilizar.**

des·es·ti·mar |desestimár| **1 *tr.*** DER. [algo] No tener en cuenta o no conceder la administración lo que se le pide: *el tribunal ha desestimado el recurso; la oficina desestimó la solicitud.* **2** No dar la debida consideración: *hicieron mal al ~ sus consejos.*

des·fa·cha·tez |desfatʃatéθ| ***f.*** Falta de vergüenza o de respeto: *¡ha salido desnudo a la calle!, ¡qué ~!* ⇒ **cara, caradura, descaro, desparpajo.**

des·fal·car |desfalkár| ***tr.*** [algo] Tomar para uno un dinero que se está guardando y que pertenece a otro: *ha desfalcado varios millones de su banco.* ⇒ **robar.** ☖ Se conjuga como 1.

des·fal·co |desfálko| ***m.*** Acción y resultado de *desfalcar: *jamás se supo quién había sido el autor del ~.* ⇒ **robo.**

des·fa·lle·cer |desfaʎeθér| ***intr.*** Perder la fuerza o la energía; perder el aliento: *desfallecían de cansancio y de sed.* ☖ Se conjuga como 43.

des·fa·lle·ci·mien·to |desfaʎeθimi̱énto| ***m.*** Pérdida de la fuerza o de la energía; pérdida del aliento: *cuando llegó a la meta daba claras muestras de ~.*

des·fa·sar |desfasár| ***tr.-prnl.*** [algo] Dejar o quedarse sin correspondencia con un ambiente o un momento determinado: *los nuevos automóviles han desfasado todos los modelos anteriores.*

des·fa·se |desfáse| ***m.*** Falta de correspondencia o de ajuste: *hay un ~ entre la demanda del público y la oferta de los proveedores.*

des·fa·vo·ra·ble |desfaβoráβle| ***adj.*** Que no es favorable u oportuno: *las condiciones les eran desfavorables, pero consiguieron vencer la prueba.* ⇔ **favorable.**

des·fa·vo·re·cer |desfaβoreθér| **1 *tr.*** [algo, a alguien] No favorecer o no ser oportuno: *el viento desfavorecía la navegación.* **2** Quitar *hermosura o belleza: *ese traje te desfavorece: te sienta mejor ese otro.* ⇔ **favorecer.** ☖ Se conjuga como 43.

des·fi·gu·rar |desfiɣurár| **1 *tr.*** [algo, a alguien] Hacer perder la forma propia: *el accidente le desfiguró la cara.* ⇒ **desemejar. 2** [algo] Contar o explicar una cosa alterando las circunstancias verdaderas: *el gobierno afirma que la prensa ha desfigurado los hechos.* ⇒ **desenfocar. - 3 desfigurarse *prnl.*** Descomponerse o alterarse por una enfermedad, un disgusto u otra cosa: *su cara se desfiguró por el terror.* ⇒ **desencajar.**

des·fi·la·de·ro |desfilaðéro| ***m.*** Paso profundo y estrecho entre montañas: *los indios tendieron una trampa a los vaqueros en el ~.*

des·fi·lar |desfilár| **1 *intr.*** Andar o pasar en orden y formación: *los deportistas salieron desfilando.* **2** Pasar los militares en orden y formación ante un público o un personaje importante: *las tropas desfilan ante el Rey el día de las Fuerzas Armadas.* **3** *fam. fig.* Andar o pasar una persona detrás de otra: *los niños desfilaban en la clase de gimnasia.*

des·fi·le |desfíle| ***m.*** Paso ordenado ante un público o un personaje importante: *la familia del recluta fue a ver el ~ de la jura de bandera; se va a celebrar un ~ de modelos.* ⇒ **pase.**

des·flo·rar |desflorár| **1 *tr.*** *fig.* [a alguien] Hacer perder la *virginidad: *su marido creía que la había desflorado en la noche de bodas, pero no fue así.* ⇒ **desvirgar. 2** [algo] Quitar el brillo o el buen aspecto a una cosa: *el sol ha desflorado la tela.*

des·fo·gar |desfoɣár| **1 *tr.-prnl.*** [algo] Demostrar *vivamente una pasión contenida: *no pudo resistirlo más y desfogó su ira; se desfogó vehementemente.* **2** Perder o hacer perder la fuerza: *el albañil desfogó la cal para encolar las paredes.* **- 3 *tr.*** [algo] Dar salida al fuego: *los bomberos desfogaron las habitaciones superiores.* **4** MAR. Descargar, generalmente una tormenta: *la tempestad se desfogó en rayos, viento y lluvia.*

des·fon·dar |desfondár| **1 *tr.-prnl.*** [algo] Quitar o romper el fondo de un recipiente: *el peso desfondó el paquete; del peso, la caja se desfondó y se cayó todo lo que había dentro.* **2** MAR. Romper el fondo de una embarcación o hacerse un agujero en él: *la barca se desfondó al golpearse con un arrecife.* **3** En competiciones deportivas, quitar o perder fuerza: *no ganó la carrera porque se desfondó en el último kilómetro.*

des·fo·res·ta·ción |desforestaθi̱ón| ***f.*** Acción y resultado de *desforestar: *en España, la ~ y la erosión alcanzan los índices más elevados de Europa Occidental.* ⇒ **deforestación.** ☖ La Real Academia Española prefiere la forma *deforestación.*

des·fo·res·tar |desforestár| ***tr.*** [algo] Quitar o destruir los árboles y plantas de un terreno: *los incendios desforestan nuestros paisajes.* ⇒ **deforestar.** ☖ La Real Academia Española prefiere la forma *deforestar.*

des·ga·jar |desɣaxár| **1 *tr.-prnl.*** [algo] Arrancar o separar una rama del tronco: *la rama a la que estaba agarrado se desgajó y él cayó al suelo.* **- 2 *tr.*** *fig.* Romper o hacer trozos lo que está formado por partes: *peló una naranja y la desgajó para repartirla entre todos.* **- 3 desgajarse *prnl.*** *fig.* Apartarse, soltarse o desprenderse una cosa de otra: *ese sector se desgajó del partido.*

des·ga·je |desɣáxe| ***m.*** Acción y resultado de *desgajar: *el ~ de varios directivos ha producido una crisis en la empresa.*

des·ga·na |desɣána| ***f.*** Falta de gana o de deseo: *no se debe de encontrar muy bien porque come con ~; todo lo hace con ~.*

des·ga·nar |desɣanár| **1 *tr.-prnl.*** [a alguien] Quitar o perder la gana o el deseo de hacer una cosa: *tus reproches me han desganado para el trabajo.*

- 2 desganarse ***prnl.*** Perder las ganas de comer o el deseo por la comida: *hoy se ha desganado y no quiere la papilla.*

des·ga·ñi·tar·se |desɣaɲitárse| ***prnl.*** Perder la voz por hablar muy alto: *me estoy desgañitando y no hacéis caso.*

des·gar·ba·⌜do, ⌜da |desɣarβáðo, ða| ***adj.-s.*** (persona, animal) Que no tiene gracia o *garbo: *es un chico algo ~.* ⇒ **desvaído.** ⇔ **gallardo.**

des·ga·rra·⌜dor, ⌜do·ra |desɣar̄aðór, ðóra| ***adj.*** Que hiere o *desgarra: *fue una noticia desgarradora.*

des·ga·rrar |desɣar̄ár| **1** ***tr.-prnl.*** [algo] Romper, generalmente una tela o material delgado al tirar de él: *las dos mujeres tiraban del vestido y al final se desgarró.* **2** [a alguien] Herir *vivamente los sentimientos de una persona: *esa respuesta le desgarró el corazón.*

des·ga·rro |desɣár̄o| **1** ***m.*** Rompimiento, generalmente de una tela o material delgado al tirar de él: *tiró de la cortina y se produjo un ~.* **2** *fig.* Falta de vergüenza o de respeto: *no me gusta nada su novio: tiene mucho ~.* ⇒ **descaro.**

des·ga·rrón |desɣar̄ón| ***m.*** *Desgarro o roto grande en la ropa: *tendrás que cambiarte porque llevas un ~ en la falda.*

des·gas·tar |desɣastár| **1** ***tr.-prnl.*** [algo] Estropear o consumir por el uso o el roce: *el agua ha desgastado la roca; esta rueda se me ha desgastado antes que las otras.* ⇒ **gastar. 2** [algo, a alguien] Quitar o perder la fuerza o el ánimo: *se ha desgastado mucho estos últimos meses; los años desgastan a los políticos en el poder.*

des·gas·te |desɣáste| ***m.*** Acción y resultado de desgastar: *el calor ha provocado el ~ de la rueda.*

des·glo·sar |desɣlosár| ***tr.*** [algo] Separar o dividir en partes para su estudio o consideración: *tienes que ~ esos gastos del presupuesto general.*

des·go·ber·nar |desɣoβernár| **1** ***tr.*** [algo] Alterar o agitar el gobierno de un país; gobernar sin acierto: *todos estos problemas sociales y económicos están desgobernando el país.* **- 2** ***tr.-prnl.*** *fig.* [algo, a alguien] Alterar o agitar un orden o una costumbre: *estos últimos meses dice que está desgobernado por haber dormido poco.* **3** Conducir mal una nave: *el accidente se produjo porque el capitán desgobernó la embarcación.* ☖ Se conjuga como 27.

des·go·bier·no |desɣoβi̯érno| ***m.*** Acción y resultado de *desgobernar: *el ~ reina en las calles de la capital.*

des·gra·cia |desɣráθi̯a| **1** ***f.*** Caso o hecho triste y que produce dolor o sufrimiento moral: *perdió el trabajo, sus ahorros, y comenzaron a ocurrirle toda clase de desgracias.* ⇒ **desdicha. 2** Situación o circunstancia mala o que es resultado de la mala suerte: *tuvo la ~ de no conocer a sus padres.* ⇒ **desdicha. 3** Mala suerte: *pobre hombre, la ~ ha entrado en su casa.* ⇒ **desdicha.** ■ **caer en ~,** perder el favor o la consideración de una persona: *desde que se casó, cayó en ~ con sus padres.* ■ **por ~,** indica que el hecho del que se habla tiene resultados negativos o es producto de la mala suerte: *por ~, no hubo supervivientes en el accidente; por ~, nadie estaba allí para evitar el suicidio.*

des·gra·cia·⌜do, ⌜da |desɣraθi̯áðo, ða| **1** ***adj.-s.*** (persona) Que tiene una desgracia o mala suerte: *siempre se apiada de los desgraciados.* ⇒ **desafortunado, desdichado. - 2** ***adj.*** Falto de gracia y *atractivo: *sus hermanos son guapos, pero él es ~.* **- 3** ***m. f.*** Persona que merece desprecio: *ese ~ nos ha vuelto a jugar una mala pasada.* ☖ Se usa como apelativo despectivo.

des·gra·ciar |desɣraθi̯ár| ***tr.-prnl.*** [algo, a alguien] Echar a perder; impedir el desarrollo de una acción: *en la pelea, le desgració el ojo con una piedra.* ⇒ **estropear.** ☖ Se conjuga como 12.

des·gra·nar |desɣranár| **1** ***tr.-prnl.*** [algo] Sacar o separar el grano: *tuvieron que ~ el maíz a mano.* **2** Soltar y separar las piezas que van unidas por un hilo: *se desgranó el collar.*

des·gra·va·ción |desɣraβaθi̯ón| ***f.*** Disminución de la cantidad de dinero que se ha de pagar como *impuesto: *aplicó una ~ de un tres por ciento.*

des·gra·var |desɣraβár| ***tr.*** [algo] Disminuir la cantidad de dinero que se ha de pagar como *impuesto: *la adquisición de esos valores desgrava impuestos.* ⇔ **gravar.**

des·gre·ñar |desɣreɲár| **1** ***tr.*** *fam.* [a alguien] Deshacer el peinado de una persona: *salió de la cama con los cabellos desgreñados.* ⇒ **desmelenar, despeinar. - 2 desgreñarse** ***prnl.*** Luchar dos o más personas tirándose del pelo: *después de insultarse, comenzaron a desgreñarse.*

des·gua·ce |desɣu̯áθe| **1** ***m.*** Lugar en el que se *desguazan vehículos y máquinas: *tras el accidente, el coche quedó tan mal que lo llevaron al ~.* **2** Material o conjunto de materiales que se consiguen al *desguazar una cosa: *el patio estaba lleno de desguaces y chatarra.* **3** Acción de *desguazar o quitar o separar las piezas de una máquina o de un aparato: *procedieron al ~ del barco.*

des·guar·ne·cer |desɣu̯arneθér| **1** ***tr.*** [algo] Quitar los adornos o complementos: *tras la mudanza, el salón quedó desguarnecido.* **2** Quitar o disminuir una defensa: *por orden del general, la ciudad quedó desguarnecida.* ☖ Se conjuga como 43.

des·gua·zar |desɣu̯aθár| **1** ***tr.*** [algo] Quitar o separar las piezas de una máquina o de un aparato: *dijeron que iban a ~ la vieja locomotora; capturaron el buque insignia y lo desguazaron.* **2** Quitar los salientes y rugosidades más gruesos de una superficie de madera o de piedra: *el carpintero desguaza la madera para hacer las puertas de los armarios.* ⇒ **desbastar.**

des·ha·bi·tar |desaβitár| ***tr.*** [algo] Quedarse o dejar un lugar sin habitantes, especialmente una vivienda: *a causa del incendio tuvieron que ~ las viviendas; esta provincia ha quedado deshabitada.* ⇒ **despoblar.**

des·ha·bi·tuar |desaβitu̯ár| **1** ***tr.-prnl.*** [a alguien] Perder o hacer perder un hábito o costumbre: *se ha deshabituado a salir por la noche.* **2** Hacer perder el hábito o la dependencia de una droga: *se rumorea que está deshabituándose de la heroína en el campo.* ⇒ **desenganchar.** ☖ Se conjuga como 11.

des·ha·cer |desaθér| **1** ***tr.-prnl.*** [algo] Destruir lo que está hecho; quitar la forma o figura; hacer que de un producto quede sólo el material o los elementos que lo formaban: *deshicieron filas tras el desfile; mi madre deshizo la colcha y con la lana hizo dos chaquetas; habrá que ~ el trato.* **2** Derretir o disolver; hacer que pase a líquida una cosa sólida: *se está deshaciendo el helado; el calor deshizo los cubitos de hielo; el azúcar se deshace mejor en el café caliente.* **3** [algo, a alguien] Alterar el estado de ánimo provocando tristeza o preocupación: *la noticia la deshizo; se deshacía pensando en las desgracias que habían ocurrido.* **- 4** ***tr.*** [algo] Recorrer en sentido contrario un camino que se ha recorrido antes: *nos hemos equivocado de dirección y tendremos que ~ el camino.* **- 5 deshacerse** ***prnl.*** Trabajar con mucho empeño: *se deshace por sus hijos.* **6** Ir desapareciendo una cosa hasta dejar de verse: *la nube se deshizo y salió el sol.* **7** [en algo] Hacer, dar o mostrar mucho de lo que indique el complemento: *se deshizo en lágrimas; Marta se deshacía en elogios hacia su maestro.* **8** [de algo/alguien] Alejar de sí a una persona; dejar de tener una cosa: *se ha deshecho de su coche viejo; los novios querían deshacerse de sus familiares.* ☖ El participio es *deshecho.* Se conjuga como 73.

des·he·⌐cho, ⌐cha |desétʃo, tʃa| ***adj.*** Que no tiene fuerza ni ánimo: *el disgusto me ha dejado ~; después de arreglar el jardín estoy ~.* ☖ No se debe confundir con *desecho.*

des·he·lar |deselár| ***tr.-prnl.*** [algo] Hacer líquido lo que está *helado: *grandes bloques de hielo se deshielan con la llegada del verano.* ⇒ **descongelar.** ☖ Se conjuga como 27.

des·her·bar |deserβár| ***tr.*** [algo] Arrancar las hierbas malas de un terreno de cultivo: *tuvimos que ~ el huerto antes de regar.* ⇒ **escardar.** ☖ Se conjuga como 27.

des·he·re·dar |despereðár| ***tr.*** [a alguien] No incluir a una persona en una *herencia a la que tiene derecho: *desheredó a su hijo por desobedecerle.*

des·hi·dra·tar |desiðratár| **1** ***tr.-prnl.*** [algo, a alguien] Perder agua en exceso, especialmente los tejidos del cuerpo: *beba abundante agua y cuide su piel: así no se deshidratará con el calor.* ⇔ **hidratar.** **2** *form.* [algo] Quitar el agua a una sustancia: *la leche en polvo se consigue deshidratando la leche.*

des·hie·lo |desiélo| **1** ***m.*** Transformación del hielo o de la nieve en agua: *en primavera se produce el ~ de la nieve de las cumbres de las montañas.* **2** *fig.* Desaparición de una situación tensa o fría entre personas: *entre Juan y yo se ha producido el ~, por fin volvemos a ser amigos.*

des·hi·la·char |desilatʃár| ***tr.-prnl.*** [algo] Sacar trozos de hilos de una tela o una prenda de vestir: *tienes la camisa deshilachada, cámbiatela.* ⇒ **deshilar.**

des·hi·lar |desilár| ***tr.*** [algo] Sacar hilos de una tela o de parte de ella, especialmente para dejar que cuelguen esos hilos a modo de adorno: *deshiló el bajo de los vaqueros.* ⇒ **deshilachar.**

des·hil·va·nar |desilβanár| ***tr.*** [algo] Quitar los *hilvanes a una pieza de tela ya cosida: *ya puedes ~ la camisa porque ya he cosido las mangas.* ⇔ **hilvanar.**

des·hin·char |desintʃár| **1** ***tr.-prnl.*** [algo] Reducir o disminuir el tamaño de un cuerpo al vaciar su interior o parte de él: *el neumático se deshinchó porque estaba pinchado.* ⇒ **desinflar.** ⇔ **hinchar.** **2** Quitar importancia o valor: *los periódicos han deshinchado la noticia.* ⇔ **hinchar.** **3** *fig.* [a alguien] Perder o hacer perder el orgullo: *es muy orgulloso, pero el jefe de personal lo deshinchó.* **4** *fig.* Perder o hacer perder la fuerza o el ánimo: *el ciclista se deshinchó en la segunda vuelta y pasó a la segunda posición.*

des·ho·jar |desoxár| **1** ***tr.-prnl.*** [algo] Quitar las hojas a una planta o los *pétalos a una flor: *deshojaba una margarita, preguntándose si su amor era correspondido.* **2** Quitar las hojas de una cosa: *deshojó parte de la revista.*

des·ho·je |desóxe| ***m.*** Caída de las hojas de una planta: *el ~ supone un trabajo adicional para los barrenderos.*

des·ho·lli·na·⌐dor, ⌐do·ra |desoʎinaðór, ðóra| **1** ***m. f.*** Persona que se dedica a *deshollinar: *el ~ se subió al tejado para limpiar la chimenea.* **- 2 deshollinador** ***m.*** Instrumento que sirve para *deshollinar *chimeneas: *introdujo el ~ por el tubo.*

des·ho·lli·nar |desoʎinár| ***tr.*** [algo] Quitar el *hollín o el polvo que deja el humo: *entre dos personas deshollinaron la cocina.*

des·ho·nes·⌐to, ⌐ta |desonésto, ta| ***adj.*** Que no tiene o no muestra *honestidad: *varias acciones deshonestas le han hecho perder nuestra confianza.* ⇔ **honesto.**

des·ho·nor |desonór| **1** ***m.*** Falta o disminución del honor: *su ~ le hace cometer esos atropellos.* ⇒ **deshonra.** ⇔ **honor.** **2** Obra o dicho que hace perder el honor: *sería un ~ que no lo invitaras.* ⇒ **deshonra.**

des·hon·ra |desón̄ra| **1** ***f.*** Falta o disminución de la honra: *aceptar ese empleo no será una ~ para ti.* ⇒ **deshonor.** **2** Obra o dicho que hace perder la honra: *se quedó embarazada y fue la ~ de la familia.* ⇒ **deshonor.**

des·hon·rar |deson̄rár| **1** ***tr.*** [a alguien] Quitar la honra, especialmente hacer perder la *virginidad a una mujer: *le dijeron que la había deshonrado y que tenía que casarse con ella.* ⇔ **ennoblecer.** **2** [algo, a alguien] Hablar mal de una persona o cosa; dañar su fama o su honra: *esas acusaciones deshonran a todo el cuerpo de policía.*

des·hon·ro·⌐so, ⌐sa |deson̄róso, sa| ***adj.*** Que quita la honra o daña la fama: *tuvo un comportamiento ~.*

des·ho·ra |desóra| ■ **a ~,** en un momento poco adecuado o poco conveniente: *no sabía quién podía llamar tan a ~; estaba acostumbrado a salir a ~.*

des·hue·sar |desuesár| ***tr.*** [algo] Quitar los huesos de la carne de un animal o fruto: *este jamón ha sido deshuesado antes de cocerlo.*

des·hu·ma·ni·za·ción |desumaniθaθión| ***f.*** Pérdida del carácter humano o de los sentimientos: *la vida urbana conlleva la ~ de las relaciones sociales.*

des·hu·ma·ni·zar |desumaniθár| ***tr.-prnl.*** [algo, a alguien] Perder o quitar el carácter humano a una persona o cosa: *las instituciones actuales parece que se han deshumanizado; cuando llegó al poder se deshumanizó y se convirtió en un tirano.* ☐ Se conjuga como 4.

de·si·de·ra·ta |desiðeráta| ***f.*** Conjunto o lista de cosas que se desea conseguir: *si no encuentra algún título, escríbalo en la ~ y lo pediremos.*

de·si·de·ra·ti·⌈vo, ⌈va |desiðeratíβo, βa| ***adj.*** *form.* Que expresa un deseo: *las palabras del filósofo se convirtieron en un discurso ~.*

de·si·de·rá·tum |desiðerátun| ***m.*** Deseo que no se ha cumplido: *lo que acabo de explicarte es un ~, pero la realidad es muy diferente.*

de·si·dia |desíðia| ***f.*** Descuido o falta de preocupación; falta de fuerza o de ánimo: *nunca hace bien su trabajo por ~.* ⇒ **inercia, negligencia.**

de·si·dio·⌈so, ⌈sa |desiðióso, sa| ***adj.-s.*** (persona) Que se descuida o no muestra preocupación: *es ~ y torpe, por eso no merece el puesto que ocupa.*

de·sier·⌈to, ⌈ta |desiérto, ta| **1 *adj.*** Que está vacío de personas; que no está habitado o poblado: *en agosto, las ciudades se quedan desiertas; encontramos un pueblo ~ y abandonado.* **2** (premio) Que no es concedido a nadie: *el primer premio ha sido declarado ~ por el jurado.* **- 3 desierto *m.*** Extensión de tierra no poblada porque hace mucho calor o mucho frío y no se pueden cultivar plantas ni criar animales: *el ~ de El Sáhara.*

de·sig·nar |desiᵞnár| **1 *tr.*** [algo, a alguien] Señalar a una persona o cosa para un fin determinado: *designaron a cuatro hombres para la misión.* **2** Nombrar o determinar: *ese término se ha usado para ~ diversos conceptos.* ⇒ **asignar, señalar.**

de·sig·nio |desíᵞnio| ***m.*** Pensamiento o intención: *consiguieron averiguar sus crueles designios.*

de·si·gual |desiγuál| **1 *adj.*** Que no es lo mismo; que no es igual; que es diferente: *este triángulo tiene los lados desiguales.* ⇒ **dispar, disparejo, distinto. 2** *fig.* Que no es regular o continuo: *edificaron la casa en un terreno ~; tiene un carácter ~ y nunca se sabe qué puede responder.*

de·si·gua·lar |desiγualár| ***tr.*** [algo, a alguien] Hacer diferente; dejar o tratar de modo distinto: *desigualó a los hermanos en el reparto de la herencia.*

de·si·gual·dad |desiγualdáᵈ| ***f.*** Condición de ser una persona o cosa distinta de otra en un aspecto determinado: *la ~ social es motivo de conflicto.* ⇔ **igualdad.**

de·si·lu·sión |desilusión| ***f.*** Falta o disminución de la esperanza o la *ilusión: *se llevó una gran ~ al comprobar que nadie lo felicitó.*

de·si·lu·sio·nar |desilusionár| ***tr.-prnl.*** [a alguien] Hacer perder la esperanza y la *ilusión: *no quisiera desilusionarte, pero lo que propones es imposible.* ⇒ **decepcionar.**

de·si·nen·cia |desinénθia| ***f.*** LING. Terminación de una palabra, que expresa una variación gramatical: *en español la s es la ~ del plural.* ⇒ **terminación.**

des·in·fec·ción |desinfeᵏθión| **1 *f.*** Procedimiento para quitar o para hacer desaparecer las bacterias y virus que pueden infectar un cuerpo o un lugar: *un equipo de profesionales se encargó de la ~ del hospital.* **2** Falta de *infección: *la ~ ha de ser total en la cocina y en el cuarto de baño.* ⇒ **asepsia.**

des·in·fec·tan·te |desinfeᵏtánte| ***adj.-m.*** Que sirve para hacer desaparecer las bacterias y virus que pueden infectar un cuerpo o un lugar: *para fregar los suelos utiliza un producto ~; la enfermera empapó el algodón en ~ y limpió la herida.* ⇒ **antiséptico.**

des·in·fec·tar |desinfeᵏtár| ***tr.*** [algo] Quitar o hacer desaparecer las bacterias y virus que pueden infectar un cuerpo o un lugar: *el médico desinfectó la herida con alcohol; desinfectaron la habitación con lejía.*

des·in·fla·mar |desinflamár| ***tr.-prnl.*** [algo] Reducir o hacer desaparecer la *inflamación: *aquel medicamento servía para ~ las venas de las piernas.* ⇔ **inflamar.**

des·in·flar |desinflár| **1 *tr.-prnl.*** [algo] Reducir o disminuir el tamaño de un cuerpo al vaciar su interior o parte de él: *desinfló las ruedas a su rival.* ⇒ **deshinchar. - 2 desinflarse *prnl.*** *fam.* Abandonar un proyecto o idea: *al principio pusieron muchas ganas, pero se desinflaron enseguida.*

des·in·te·gra·ción |desinteγraθión| ***f.*** Acción y resultado de *desintegrar: *la falta de unos valores puede llevar a la ~ de la sociedad.* ⇔ **integración.** ■ **~ nuclear**, transformación que experimenta un *núcleo atómico por la pérdida de alguna de sus partes: *el hombre ha sido capaz de llevar a cabo la ~ nuclear.*

des·in·te·grar |desinteγrár| ***tr.-prnl.*** [algo] Romper o separar una unión o una relación: *ese país se ha desintegrado en varios; se obtiene energía al ~ los átomos.* ⇒ **desmembrar.**

des·in·te·rés |desinterés| **1 *m.*** Generosidad o desprendimiento: *cuando se presentó a las elecciones municipales, lo hizo con total ~.* ⇔ **interés. 2** Falta de interés: *el motivo del suspenso de su hijo es su ~ hacia la materia.*

des·in·te·re·sa·⌈do, ⌈da |desinteresáðo, ða| ***adj.*** Que no se hace o no actúa por interés: *su ayuda fue completamente desinteresada.* ⇒ **desprendido.**

des·in·te·re·sar·se |desinteresárse| ***prnl.*** Perder el interés: *se desinteresó por el asunto y acabaron sustituyéndolo.*

des·in·to·xi·ca·ción |desintoᵏsikaθión| ***f.*** Proceso que detiene los efectos de un veneno o de una droga en el organismo: *muchos jóvenes drogadictos se someten a curas de ~.* ⇔ **intoxicación.**

des·in·to·xi·car |desintoᵏsikár| ***tr.-prnl.*** [algo, a alguien] Detener los efectos de un veneno o de una droga en el organismo: *los médicos desintoxicaron al hombre que había bebido amoniaco.* ⇔ **intoxicar.** ☖ Se conjuga como 1.

de·sis·tir |desistír| ***intr.*** [de algo] Renunciar a una idea o abandonar una acción empezada: *acabaron por ~ de su propósito.*

des·la·va·za·do, ⌜da |deslaβaθáðo, ða| **1** ***adj.*** Que no tiene unión o conjunción entre sus partes: *le regaló un ramo de flores lacio y ~.* **2** Que no tiene fuerza o energía en su posición o movimiento: *el equipo jugó un partido muy ~.*

des·le·al |desleál| ***adj.-s.*** (persona) Que no es *leal o no es firme en sus afectos o ideas: *fue ~ a su rey y lo desterraron.*

des·le·al·tad |deslealtáᵈ| ***f.*** Falta de firmeza en los afectos o ideas: *consideró que fue una ~ que no lo apoyase en esos momentos.*

des·le·ír |desleír| ***tr.-prnl.*** [algo] Separar o deshacer las partes de un cuerpo por medio de un líquido: *en el prospecto se dice que hay que ~ los polvos en agua.* ⇒ **diluir, disolver.** ☖ Se conjuga como 37.

des·len·gua·⌜do, ⌜da |desleŋgu̲á̲ðo, ða| ***adj.-s.*** (persona) Que habla sin vergüenza ni respeto: *es un ~: contesta a sus padres con muy poca educación.* ⇒ **descarado.**

des·liar |desli̲á̲r| ***tr.*** [algo] Deshacer o soltar lo que está liado: *deslió el hato y extendió la manta sobre el suelo.* ⇔ **liar.** ☖ Se conjuga como 13.

des·li·gar |desliɣár| **1** ***tr.-prnl.*** [algo, a alguien] Considerar de modo independiente; separar una cosa de otra a la que va naturalmente unida: *hay que ~ las causas de sus posibles efectos.* **2** [a alguien] Librar de una obligación: *lo desligó del compromiso que había contraído con ella.* **3** [algo, a alguien] Quitar las *ataduras: *el secuestrado consiguió desligarse y escapar.*

des·lin·dar |deslindár| **1** ***tr.*** [algo] Señalar los límites que separan un territorio de otro: *deslindaron los térmimos para evitar problemas entre los labradores.* **2** *fig.* Aclarar o señalar unos límites: *trataron de ~ las competencias de los directivos.*

des·lin·de |deslínde| ***m.*** Acción y resultado de *deslindar: *en el ~ de las responsabilidades intervinieron varios testigos.*

des·liz |deslíθ| **1** ***m.*** *fig.* Falta o equivocación poco grave: *por ese pequeño ~ se estropearon todos los cálculos; cometió un ~ al mencionarlo delante de ellos.* **2** *fig.* Falta moral, especialmente la que tiene relación con el sexo: *se habla de sus frecuentes deslices con hombres del mundo del espectáculo.*

des·li·za·mien·to |desliθami̲é̲nto| ***m.*** Acción y resultado de deslizar: *el temporal provocó un ~ de tierra que causó ocho muertos.*

des·li·zan·te |desliθánte| ***adj.*** Que desliza o resbala: *el firme de ese tramo es muy ~ y el coche se salió de la carretera.*

des·li·zar |desliθár| **1** ***tr.-intr.-prnl.*** [algo, a alguien] Resbalar o escurrirse sobre una superficie; arrastrar sobre una cosa: *los niños se deslizan por la nieve con un trineo; deslizó un sobre por debajo de la puerta; las ruedas deslizaron sobre el asfalto.* **2** ***tr.-prnl.*** *fig.* [algo] Decir una cosa con disimulo o sin intención: *deslizó los datos en la conversación.* **- 3 deslizarse** ***prnl.*** *fig.* Equivocarse o faltar: *ten cuidado con lo que haces y no te deslices.* **4** *fig.* Escaparse o irse de un lugar disimuladamente o sin ser *notado: *el actor dijo su papel y después se deslizó por el telón de fondo.* ☖ Se conjuga como 4.

des·lo·mar |deslomár| **1** ***tr.*** [algo, a alguien] Causar un daño grave en el *lomo: *deslomó el burro a palos.* **- 2 deslomarse** ***prnl.*** Trabajar o esforzarse mucho: *yo me deslomo a trabajar, mientras tú te miras las uñas.*

des·lu·cir |desluθír| **1** ***tr.-prnl.*** [algo] Quitar la gracia o el brillo: *esa pelea deslució la ceremonia.* **2** *fig.* Disminuir o quitar el buen nombre, el valor o la consideración: *siempre trata de ~ todo lo que hacemos.* ⇒ **desacreditar, desdorar.** ☖ Se conjuga como 45.

des·lum·bra·⌜dor, ⌜do·ra |deslumbraðór, ðóra| ***adj.*** Que *deslumbra o hace perder la claridad o la agudeza de la vista: *una luz deslumbradora invadió la sala.*

des·lum·bra·mien·to |deslumbrami̲é̲nto| ***m.*** Pérdida de la claridad o de la agudeza de la vista por estar sometida a demasiada luz: *un ~ fue la causa del accidente.*

des·lum·brar |deslumbrár| **1** ***tr.-intr.-prnl.*** [algo, a alguien] Hacer que la vista pierda claridad o agudeza al someterla a demasiada luz: *este fuego deslumbra; los faros del coche que circulaba en sentido contrario me deslumbraron.* **2** *fig.* [a alguien] Dejar muy sorprendido: *nos deslumbró a todos con su sabiduría.*

des·lus·trar |deslustrár| **1** ***tr.-prnl.*** [algo] Quitar el brillo o el *lustre, especialmente a ciertos tejidos: *la seda de la camisa se ha deslustrado.* **2** Hacer que el cristal pierda *transparencia: *si limpias el espejo con ese producto, lo deslustrarás.*

des·lus·tre |deslústre| ***m.*** Falta de brillo o de *lustre: *el ~ de la tela demostraba su antigüedad.*

des·ma·de·jar |desmaðexár| ***tr.-prnl.*** [algo, a alguien] Causar o tener flojedad o debilidad en el cuerpo: *el fuerte trabajo la desmadejaba todos los días.*

des·ma·drar·se |desmaðrárse| **1** ***prnl.*** *fam.* Comportarse fuera de unos límites o de un orden establecido: *bebieron demasiado y se desmadraron.* ⇒ **desmandarse.** **2** Salirse de su *cauce o madre una corriente de agua: *el río se ha desmadrado.*

des·ma·dre |desmáðre| **1** ***m.*** *fam. fig.* Diversión muy animada, con ruido y desorden: *la fiesta de la facultad fue un ~.* ⇒ **juerga.** **2** *fam. fig.* Comportamiento fuera de unos límites o de un orden establecido: *cuando la policía vio el ~ de esos sujetos, los detuvo.*

des·mán |desmán| ***m.*** Acto injusto, excesivo o fuera de la ley o el orden: *un caballero no puede permitir que se cometan tales desmanes en su presencia.*

des·man·dar·se |desmandárse| ***prnl.*** Comportarse fuera de unos límites o de un orden establecido: *el ejército se desmandó y las filas se deshicieron.* ⇒ **desmadrarse.**

des·man·te·lar |desmantelár| **1** ***tr.*** [algo] Cerrar y deshacer un negocio: *desmantelaron la tienda el año pasado porque les iba muy mal.* **2** Abandonar un lugar o una actividad: *desmantelaron todo y se marcharon a otro país.* **3** MAR. Quitar a un barco las velas y los palos: *desmantelaron la carabela y la dejaron en la bahía.*

des·ma·ña·⌐do, ⌐da |desmaɲáðo, ða| ***adj.-s.*** (persona) Que no tiene *maña o habilidad: *no deberías habérselo encargado a él porque es muy ~.*

des·ma·ra·ñar |desmaraɲár| **1** ***tr.-prnl.*** [algo] Deshacer un lío o una *maraña: *estaba desmarañando la cola del caballo.* **2** *fig.* Hacer o dejar claro un asunto difícil de entender: *el estudiante consiguió ~ aquella lección tan complicada.* ⇒ **desembrollar, desenmarañar, desenredar.**

des·mar·car·se |desmarkárse| **1** ***prnl.*** DEP. Cambiar un jugador de lugar para evitar a su contrario: *pudo ~ gracias a su rapidez.* ⇔ **marcar. 2** *fam. fig.* Escapar de una obligación: *no sé cómo lo hace, pero siempre se desmarca cuando hay trabajo que hacer.* ⇒ **escabullirse.**

des·ma·yar |desmayár| **1** ***tr.-prnl.*** [a alguien] Perder o hacer perder el sentido o el conocimiento: *cuando vio la sangre, se desmayó.* ⇒ **desvanecer. - 2** ***intr.*** *fig.* Perder el valor o el ánimo: *no desmayes hasta lograr tu meta.*

des·ma·yo |desmáyo| **1** ***m.*** Pérdida pasajera del sentido y del conocimiento: *ha sufrido un ~ porque tiene la tensión baja.* ⇒ **desvanecimiento, lipotimia. 2** Falta de valor o de ánimo: *el bombero trabajó sin ~ para apagar el fuego.* **3** Árbol procedente de Asia con ramas largas y delgadas que caen hasta el suelo: *al lado del estanque hay un ~.* ⇒ **sauce.**

des·me·dir·se |desmeðírse| ***prnl.*** Faltar al respeto; hablar u obrar sin vergüenza: *se desmidió al responder de una forma tan dura.* ⇒ **descomedirse.** ☖ Se conjuga como 34.

des·me·drar |desmeðrár| ***tr.-intr.-prnl.*** [algo] Estropear o echar a perder; ir a menos: *se ha desmedrado con los años.*

des·me·jo·ra·mien·to |desmexoramiénto| ***m.*** Acción y resultado de *desmejorar: *su ~ fue rápido y patente.*

des·me·jo·rar |desmexorár| **1** ***tr.-prnl.*** [algo, a alguien] Perder o hacer perder el buen aspecto: *los continuos disgustos la han desmejorado mucho.* **- 2** ***intr.-prnl.*** Ir perdiendo la salud: *el enfermo desmejora por días.*

des·me·le·nar |desmelenár| **1** ***tr.-prnl.*** *fam.* [a alguien] Deshacer el peinado de una persona: *el fuerte viento la desmelenó.* ⇒ **desgreñar, despeinar. - 2 desmelenarse** ***prnl.*** *fig.* Dejarse llevar por una pasión o un impulso sin dar importancia a la opinión de la gente: *en la fiesta, se desmelenó y salió a cantar con los músicos.*

des·mem·bra·ción |desmembraθión| ***f.*** Acción y resultado de *desmembrar: *los estudiantes de medicina asistieron a la ~ de varios cadáveres; tras la ~ de ese gran bloque, los intereses internacionales han cambiado.*

des·mem·brar |desmembrár| **1** ***tr.*** [algo, a alguien] Dividir y separar los miembros o extremidades de un cuerpo: *los salvajes lo desmembraron.* **- 2** ***tr.-prnl.*** [algo] Romper o separar una unión o una relación: *la unión de países se ha desmembrado en pequeños estados.* ⇒ **desintegrar.** ☖ Se conjuga como 27.

des·me·mo·ria·⌐do, ⌐da |desmemoriáðo, ða| ***adj.-s.*** (persona) Que es torpe de memoria; que tiene poca memoria: *recuérdamelo porque soy muy ~.*

des·men·tir |desmentír| **1** ***tr.*** [a alguien] Demostrar que una persona falta a la verdad: *la desmintieron en público en cuanto tuvieron ocasión.* **2** [algo] Sostener o demostrar la falsedad de un dicho o hecho: *desmintió los rumores en una entrevista.* ☖ Se conjuga como 35.

des·me·nu·zar |desmenuθár| **1** ***tr.*** [algo] Deshacer o romper en partes muy pequeñas: *desmenuzó la pastilla ayudándose de una cuchara.* **2** *fig.* Examinar o considerar con mucho cuidado: *desmenuzó la situación y llegó a la conclusión de que no podía hacer nada más.* ⇒ **analizar.** ☖ Se conjuga como 4.

des·me·re·cer |desmereθér| **1** ***intr.*** Perder una cosa parte de su *mérito o valor: *la victoria desmereció por la caída de sus rivales.* **2** Ser inferior: *el nuevo presidente no desmerece en absoluto a su predecesor.* ☖ Se conjuga como 43.

des·me·re·ci·mien·to |desmereθimiénto| ***m.*** Falta de *mérito o de valor: *esperamos que el retraso de nuestra invitación no suponga un ~.* ⇒ **demérito.**

des·me·su·ra |desmesúra| ***f.*** *form.* Falta de medida o de *mesura, generalmente en el comportamiento: *su ~ hizo avergonzarse a todos los presentes.*

des·mi·ga·jar |desmiɣaxár| ***tr.-prnl.*** [algo] Hacer *migajas una cosa: *desmigajó el bizcocho y no se lo comió.* ⇒ **desmigar.**

des·mi·gar |desmiɣár| ***tr.-prnl.*** [algo] Hacer *migas una cosa o quitarle la *miga: *este pan se desmiga con facilidad.* ⇒ **desmigajar.**

des·mi·li·ta·ri·za·ción |desmilitariθaθión| ***f.*** Acción y resultado de *desmilitarizar: *la ~ de la zona se ha producido tras largas conversaciones entre los dos países.*

des·mi·li·ta·ri·zar |desmilitariθár| **1** ***tr.-prnl.*** [algo, a alguien] Quitar o perder el carácter militar: *han desmilitarizado la base aérea y ahora es un aeropuerto civil.* **2** Retirar las fuerzas e instalaciones militares de una zona, obedeciendo a un acuerdo o una orden: *el tratado de paz exigía que se desmilitarizase inmediatamente el territorio conquistado.* ☖ Se conjuga como 4.

des·mi·rria·⌐do, ⌐da |desmiriáðo, ða| ***adj.-s.*** *fam.* (persona) Que es delgado y de poca altura: *este niño no come bien y está muy ~.* ⇒ **esmirriado.** ☖ La Real Academia Española prefiere la forma *esmirriado.*

des·mi·ti·fi·car |desmitifikár| **1** ***tr.*** [algo, a alguien] Hacer perder el carácter de *mito: *aquella noticia sobre el cantante contribuyó a desmitificarlo.* ⇔ **mitificar. 2** Hacer perder la admiración y el respeto por una persona o cosa: *la adolescencia* *desmitifica la figura de los padres.* ⇔ **mitificar.** ☐ Se conjuga como 1.

des·mo·char |desmot∫ár| **1** ***tr.*** [algo] Quitar, cortar o arrancar la parte superior de una cosa dejándola sin punta: *desmochó un árbol con una sierra.* **2** *fig.* Quitar una parte a una obra de arte: *desmocharon la escultura arrancándole un brazo.*

des·mon·ta·ble |desmontáβle| **1** ***adj.*** Que se puede *desmontar, generalmente con facilidad: *como esta bicicleta es ~, usted la puede colocar en cualquier parte.* **- 2** ***m.*** Herramienta de metal que sirve para *desmontar: *he pinchado y necesito unos desmontables para arreglar el neumático.*

des·mon·tar |desmontár| **1** ***tr.*** [algo] Separar las piezas que forman un objeto, generalmente un aparato o una máquina: *desmontaron el motor para arreglarlo.* ⇒ **descomponer.** ⇔ **montar. 2** Cortar árboles o plantas de un monte o bosque: *hemos desmontado los árboles de la sierra.* **- 3** ***tr.-intr.*** [a alguien] Bajar de un animal: *desmontó a su hijo del burro; no quiso ~ del caballo.* ⇔ **montar.**

des·mon·te |desmónte| **1** ***m.*** Acción y resultado de *desmontar o de cortar árboles o plantas: *se dedican al ~ de bosques.* **2** Terreno en el que se han cortado árboles o plantas: *construyeron su casa en el ~.*

des·mo·ra·li·za·ción |desmoraliθaθi̲ó̲n| ***f.*** Acción y resultado de *desmoralizar: *hizo un discurso contra la ~ de la sociedad.*

des·mo·ra·li·za·⌐dor, ⌐do·ra |desmoraliθaðór, ðóra| ***adj.*** Que *desmoraliza: *recibió un golpe ~.*

des·mo·ra·li·zar |desmoraliθár| **1** ***tr.*** [a alguien] Hacer perder la moral o las buenas costumbres: *cree que esas lecturas desmoralizaron a su sobrino.* **- 2** ***tr.-prnl.*** Perder o hacer perder el ánimo: *ese repentino ataque desmoralizó al equipo contrario; se desmoralizó al oír las malas noticias.* ☐ Se conjuga como 4.

des·mo·ro·nar |desmoronár| **1** ***tr.-prnl.*** Hacer caer o destruirse un material, u otra cosa poco a poco: *la pared se desmoronó; las rocas se desmoronaron en el mar.* **- 2 desmoronarse** ***prnl.*** Ir perdiendo la fuerza o la unidad: *el Imperio Romano se desmoronó.* ⇒ **decaer. 3** *fig.* Perder la fuerza o el ánimo: *cuando perdió esa carrera, se desmoronó y abandonó la competición.* ⇒ **derrotar, derrumbar.**

des·mo·ti·var |desmotiβár| ***tr.-prnl.*** [a alguien] Perder o hacer perder el interés por una cosa o una acción: *su primer fracaso lo desmotivó tanto que no volvió a intentarlo.* ⇔ **motivar.**

des·mo·vi·li·za·ción |desmoβiliθaθi̲ó̲n| ***f.*** Retirada del estado de *máxima atención exigido por un peligro o una necesidad: *muchas voces se levantaron en favor de la ~ de las tropas que estaban en la guerra.* ⇔ **movilización.**

des·mo·vi·li·zar |desmoβiliθár| ***tr.*** [algo, a alguien] Retirar del estado de *máxima atención exigido por un peligro o una necesidad: *las tropas han sido desmovilizadas.* ⇔ **movilizar.** ☐ Se conjuga como 4.

des·na·cio·na·li·za·ción |desnaθi̲o̲naliθaθi̲ó̲n| **1** ***f.*** Transformación de una actividad o *entidad pública en privada: *la deuda pública es tan alta que el Estado hará una ~ de algunos servicios.* **2** POL. Pérdida del carácter nacional: *la ~ es propia de los que viven fuera de su país.*

des·na·cio·na·li·zar |desnaθi̲o̲naliθár| **1** ***tr.-prnl.*** [algo] Transformar una actividad o *entidad pública en privada: *la crisis económica ha obligado al gobierno a ~ varias empresas estatales.* ⇔ **nacionalizar. 2** POL. Perder o hacer perder el carácter nacional: *la empresa se ha desnacionalizado y ahora todo su capital es extranjero; he oído en la radio que van a ~ una importante firma de cosméticos.* ⇔ **nacionalizar.** ☐ Se conjuga como 4.

des·na·tar |desnatár| ***tr.*** [algo] Quitar la crema o la nata: *desnatan la leche para hacer quesos y mantequilla.* ⇒ **descremar.**

des·na·tu·ra·li·za·ción |desnaturaliθaθi̲ó̲n| ***f.*** Acción y resultado de *desnaturalizar: *la ~ de los productos alimenticios puede ser muy peligrosa para la salud.*

des·na·tu·ra·li·zar |desnaturaliθár| **1** ***tr.-prnl.*** [algo] Alterar profundamente una cosa, haciéndole perder sus cualidades naturales: *habían desnaturalizado ese aceite para usarlo con fines industriales.* **2** [a alguien] Quitar o perder los derechos que se tienen por haber nacido en un país: *fue desnaturalizado y desterrado por sus horrendos crímenes.* ⇔ **naturalizar.** ☐ Se conjuga como 4.

des·ni·vel |desniβél| **1** ***m.*** Diferencia de altura entre dos o más puntos o superficies: *el ~ de estas rampas es muy grande.* **2** Falta de nivel o de igualdad: *el ~ del suelo hacía caer a los que entraban en la tienda.*

des·ni·ve·lar |desniβelár| ***tr.-prnl.*** [algo] Alterar el nivel o quitar la *horizontalidad: *el peso desniveló el piso del camión.*

des·nu·car |desnukár| ***tr.-prnl.*** [algo, a alguien] Romper la *nuca o el cuello: *el cocinero desnucó al conejo; se cayó por la escalera y casi se desnuca.*

des·nu·cle·a·ri·za·ción |desnukleariθaθi̲ó̲n| ***f.*** Reducción o eliminación de las armas o *instalaciones nucleares de un territorio: *tras largas conversaciones acordaron la ~ de los dos países.*

des·nu·dar |desnuðár| **1** ***tr.-prnl.*** [a alguien] Quitar toda la ropa o parte de ella: *se desnudó y se metió en la ducha; la madre desnuda al bebé para bañarlo; desnúdese de cintura para arriba, por favor.* ⇒ **desvestir.** ⇔ **vestir. - 2** ***tr.*** [algo] Quitar a una cosa lo que la cubre o adorna: *desnudaron los altares después de la ceremonia.* **- 3 desnudarse** ***prnl.*** *fig.* Rechazar o apartar: *se desnudó de las pasiones que lo habían cegado.*

des·nu·dez |desnuðéθ| **1** ***f.*** Falta de ropa: *se quitó la ropa interior y quedó en una completa ~.* **2** *fig.* Falta de los elementos que cubren o adornan: *mostró sus pensamientos con una absoluta ~.*

des·nu·⌐do, ⌐da |desnúðo, ða| **1** ***adj.*** Que no lleva ropa puesta: *deberías vestir al niño porque aún está ~; le hicieron una fotografía cuando estaba ~ en la playa.* ⇔ **vestido. 2** *fig.* Que no tiene lo que cubre o adorna: *dejó la mesa desnuda de libros y pa-*

peles para poder colocar en ella la cadena de música. **3** *fig.* Que no tiene dinero ni bienes: *vendió su casa y su yate y se quedó ~ en unos meses.* **4** *fig.* Que no tiene bienes no materiales: *este científico está ~ de méritos.* **5** *fig.* Que es claro: *te diré la verdad desnuda, no me andaré con rodeos.* **- 6 desnudo** ***m.*** ESC. PINT. Figura humana, o parte de ella, que se representa sin ropa: *en el Renacimiento se pintaron bastantes desnudos; este ~ reproduce a la perfección las proporciones del cuerpo humano.* ■ **al ~**, de forma clara o descubierta; a la vista de todos: *dio la noticia claramente, al ~, así que todo el mundo se enteró.*

des·nu·tri·ción |desnutriθión| ***f.*** Pérdida de energía del organismo por falta de alimento o de *nutrición: *sigue un régimen excesivamente severo y corre peligro de ~.*

des·nu·trir·se |desnutrírse| ***prnl.*** Perder energía por falta de alimento o de *nutrición: *los niños se están desnutriendo porque la ayuda humanitaria no ha llegado todavía.*

de·so·be·de·cer |desoβeðeθér| ***tr.*** [algo, a alguien] No obedecer o no hacer lo que se manda: *sus padres lo castigaron por desobedecerlos; desobedeció la ley y ahora lo han condenado.* ☖ Se conjuga como 43.

de·so·be·dien·cia |desoβeðiénθia| ***f.*** Falta de *obediencia o de cumplimiento de lo que se manda: *su ~ fue duramente castigada.*

de·so·be·dien·te |desoβeðiénte| **1** ***adj.-s.*** (persona, animal) Que *desobedece o no hace lo que se manda: *el ~ será castigado con una multa.* **2** Que tiende a *desobeceder o a no hacer lo que se manda: *este niño es muy ~ y nunca hace caso a nadie.*

de·so·cu·pa·ción |desokupaθión| ***f.*** Falta de ocupación o de empleo: *la tasa de ~ ha crecido en los últimos años.*

de·so·cu·pa·⌐do, ⌐da |desokupáðo, ða| **1** ***adj.-s.*** (persona) Que no está ocupado; que no tiene empleo o trabajo: *acepté ese trabajo porque entonces estaba ~.* ⇒ **desempleado, parado. - 2** ***adj.*** Que está vacío o que no está ocupado: *puede sentarse porque este asiento está ~.* ☖ Es el participio de *desocupar.*

de·so·cu·par |desokupár| **1** ***tr.*** [algo] Dejar libre o disponible un lugar o un puesto que estaba ocupado: *acaban de ~ esta habitación, así que, si esperan un momento, podrán entrar en ella.* **2** Sacar lo que hay en el interior: *desocupó el baúl para meter las mantas.*

de·so·do·ran·te |desoðoránte| ***adj.-m.*** (sustancia) Que oculta o hace desaparecer los olores molestos o desagradables del cuerpo humano: *esa crema ~ es muy eficaz.* ⇒ **ambientador.**

de·so·do·ri·zar |desoðoriθár| ***tr.*** [algo] Ocultar o hacer desaparecer los olores molestos o desagradables: *utiliza ese producto para ~ la habitación.*

de·so·ír |desoír| ***tr.*** [algo, a alguien] No oír o no prestar la atención debida: *desoyó los ruegos de sus padres.* ⇒ **desatender.** ☖ Se conjuga como 75.

de·so·la·⌐dor, ⌐do·ra |desolaðór, ðóra| ***adj.*** Que llena de tristeza o de dolor: *cuando oyó esas desoladoras palabras, se echó a llorar.*

de·so·lar |desolár| **1** ***tr.*** [algo] Destruir por completo: *los bárbaros desolaron la región.* ⇒ **arrasar, asolar, devastar. - 2 desolarse** ***prnl.*** *fig.* Llenarse de tristeza o de dolor: *cuando supo la noticia, se desoló.* ☖ Se conjuga como 31.

de·sol·dar |desoldár| ***tr.-prnl.*** [algo] Quitar o soltar una *soldadura: *el manillar de la bicicleta se ha desoldado.*

de·so·llar |desoʎár| **1** ***tr.*** [algo, a alguien] Quitar la piel a un animal o a una persona o a parte de ella: *desollaron el cabrito para comérselo; los indios lo desollaron vivo.* ⇒ **despellejar. 2** *fig.* Causar un grave daño moral o material: *quiere desollarlo porque cree que lo traicionó.* ☖ Se conjuga como 31.

des·or·bi·tar |desorβitár| ***tr.-prnl.*** *fig.* [algo] Exagerar o conceder demasiada importancia: *ese rumor se ha desorbitado.*

des·or·den |desórðen| **1** ***m.*** Falta de orden: *tienes un ~ terrible en toda la casa; traía todas las ropas en ~, como si hubiese hecho la maleta muy deprisa.* ⇒ **alteración, cisco, confusión, desarreglo, lío. 2** Alteración del orden público: *en la plaza se produjeron desórdenes que la policía reprimió con violencia.* ⇒ **alboroto, altercado, disturbio. 3** Funcionamiento irregular de un órgano del cuerpo: *tiene muchos desórdenes intestinales.*

des·or·de·na·⌐do, ⌐da |desorðenáðo, ða| **1** ***adj.-s.*** (persona) Que no pone orden ni cuidado en sus cosas: *eres tan desordenada que ni siquiera tú sabes dónde están tus cosas.* ⇒ **desarreglado. - 2** ***adj.*** Que no sigue una regla ni un orden: *dejaron toda la habitación desordenada cuando se marcharon.* ⇒ **caótico, desarreglado.** ☖ Es el participio de *desordenar.*

des·or·de·nar |desorðenár| ***tr.*** [algo] Dejar confundido, mezclado y sin orden: *los niños han desordenado la habitación; el viento desordenó la colección de sellos que yo había estado ordenando toda la tarde.* ⇒ **desarreglar, desbarajustar, empantanar.** ⇔ **ordenar.**

des·or·ga·ni·za·ción |desorɣaniθaθión| ***f.*** Falta de organización o de orden: *hay tal ~ en esa oficina que nadie sabe a quién dirigirse.* ⇒ **anarquía.**

des·or·ga·ni·zar |desorɣaniθár| ***tr.-prnl.*** [algo] Destruir o romper la organización o el orden: *si no sigues un método, vas a ~ toda la biblioteca.* ⇔ **organizar, estructurar.** ☖ Se conjuga como 4.

de·so·rien·tar |desorientár| **1** ***tr.-prnl.*** [algo, a alguien] Perder o hacer perder la *orientación o la colocación *respecto a los puntos *cardinales: *los excursionistas se desorientaron a causa de la tormenta.* **2** *fig.* Perder o hacer perder una referencia: *la pista que nos dio, más que ayudarnos, nos desorientó.*

de·so·var |desoβár| ***intr.*** BIOL. Soltar sus huevos las hembras de los peces y anfibios: *las hembras buscan aguas tranquilas para ~.*

de·so·ve |desóβe| ***m.*** BIOL. Acción y resultado de *desovar o soltar los huevos: *en la primavera se produce el ~.*

des·pa·bi·lar |despaβilár| **1** ***tr.-prnl.*** *fig.* [a alguien] Despertar o aumentar la inteligencia de una persona: *ya se despabilará en el colegio.* **- 2** ***intr.***

fig. Darse prisa; acabar con rapidez lo que se ha empezado: *despabila, que tenemos que marcharnos.* ⇒ **espabilar. - 3 despabilarse** ***prnl.*** Deshacerse del sueño que queda después de haber dormido: *despabílate, que ya es tarde y tienes que levantarte.*

des·pa·char |despatʃár| **1** ***tr.*** [algo] Terminar un negocio u otra cosa; dar solución a un problema: *todavía no ha despachado el despido de un empleado.* **2** [algo] Resolver un asunto: *el conde despachó todos sus negocios a primera hora del día.* **3** *fam.* [a alguien] Echar o despedir de un lugar: *estaba de mal humor y me despachó de la sala sin ninguna razón; he despachado a la criada porque sólo me daba disgustos.* **- 4** ***tr.-intr.*** [algo; a alguien] Vender un producto a un comprador: *el frutero le ha despachado un kilo de naranjas y otro de ciruelas; llevo media hora esperando, pero ya me van a ~.* **- 5 despacharse** ***prnl.*** *fam.* Decir todo lo que uno quiere: *se despachó ante todos antes de presentar su dimisión.*

des·pa·cho |despátʃo| **1** ***m.*** Habitación destinada a *despachar o resolver negocios o al estudio: *el señor director la espera en su ~ para hablar con usted en privado.* **2** Establecimiento donde se venden ciertas mercancías: *baja al ~ de pan y tráeme una barra, por favor.* **3** Mensaje que se envía o recibe por una vía rápida: *un ~ de nuestra agencia asegura que se han podido oír disparos en las calles de la capital.* **4** Acción y resultado de *despachar: *del ~ del pan y de la leche obtenía lo suficiente para vivir.*

des·pa·chu·rrar |despatʃuřár| ***tr.-prnl.*** *fam.* [algo] Aplastar o apretar una cosa hasta que salga lo que contiene en su interior y tome una forma plana: *despachurró un mosquito contra la pared; se despachurraron los higos.* ⇒ **despanzurrar, espachurrar.**

des·pa·cio |despáθio| **1** ***adv. m.*** Poco a poco o lentamente: *camina ~ si no quieres resbalar; no hace falta que se lo expliques tan ~ porque lo entiende todo.* ⇔ **aprisa. 2** En voz baja: *habla ~ para que nadie nos oiga.* ⇒ **bajo.**

des·pa·cio·⌜so, ⌜sa |despaθióso, sa| ***adj.*** *form.* Que es lento o poco rápido: *interpretaron la marcha con un ritmo solemne y ~.*

des·pam·pa·nan·te |despampanánte| ***adj.*** Que llama la atención; que causa admiración, generalmente por su aspecto físico: *lo vieron salir del hotel con una rubia ~.*

des·pam·pa·nar |despampanár| **1** ***tr.*** [algo] Quitar los *pámpanos a las *vides: *estuvieron despampanando todo el día.* **2** [a alguien] Dejar muy sorprendido: *su dimisión despampanó a todos, nadie se lo esperaba.*

des·pan·zu·rrar |despanθuřár| **1** ***tr.-prnl.*** *fam. fig.* [algo] Aplastar o apretar una cosa hasta que salga lo que contiene en su interior y tome una forma plana: *se me han despanzurrado los tomates en la bolsa.* ⇒ **despachurrar, espachurrar. 2** *fam.* [algo, a alguien] Romper la tripa o la *panza de una persona o animal: *el burro se despanzurró cuando le pusieron la carga encima.*

des·par·pa·jo |desparpáxo| ***m.*** *fam.* Falta de vergüenza o de respeto; facilidad y naturalidad al hacer una cosa: *lo que más me molestó fue el ~ con que nos lo dijo.* ⇒ **descaro, desfachatez.**

des·pa·rra·mar |despařamár| **1** ***tr.-prnl.*** [algo, a alguien] Esparcir o extender sin orden y en diferentes direcciones: *las tropas se desparramaron por el bosque.* ⇒ **derramar, desperdigar, diseminar. - 2** ***tr.*** *fig.* [algo] Extender o comunicar entre el público una noticia: *han desparramado la noticia del cambio de director.* ⇒ **difundir.**

des·pa·ta·rrar·se |despatařárse| ***prnl.*** *fam.* Abrir en exceso las piernas: *no es de buena educación ~ en los sillones.* ⇒ **espatarrarse.**

des·pa·vo·ri·⌜do, ⌜da |despaβoríðo, ða| ***adj.*** Que tiene mucho miedo o *pavor: *huía ~ sin mirar atrás.*

des·pe·char |despetʃár| ***tr.*** *form.* [a alguien] Causar pena, *amargura o *resentimiento: *lo despechó al abandonarlo.*

des·pe·cho |despétʃo| ***m.*** Mala voluntad o *resentimiento hacia una persona debidos a un engaño o una ofensa: *ella lo engañó por ~.*

des·pe·chu·gar |despetʃuɣár| **1** ***tr.*** [algo] Quitar la *pechuga o los músculos del pecho a una ave: *despechugó el pollo para hacer unos filetes.* **- 2 despechugarse** ***prnl.*** *fam. fig.* Quitar o apartar la ropa que cubre el pecho: *el calor le hizo despechugarse.* ☖ Se conjuga como 7.

des·pec·ti·⌜vo, ⌜va |despeᵏtíβo, βa| **1** ***adj.*** Que muestra o indica desprecio: *me dirigió una mirada despectiva que me hirió.* ⇒ **despreciativo. - 2** ***adj.-m.*** (palabra o expresión) Que tiene un significado de desprecio, ofensa o insulto y se usa para molestar: *la palabra* cabrón *aplicada a un hombre es un apelativo ~;* villorrio *por* villa *es ~.*

des·pe·da·zar |despeðaθár| **1** ***tr.*** [algo, a alguien] Hacer *pedazos un cuerpo: *el león despedazó la gacela con sus fauces.* **2** *fig.* [algo; a alguien] Causar un mal o un daño: *le despedazó el alma.* ☖ Se conjuga como 4.

des·pe·di·da |despeðíða| ***f.*** Expresión o gesto que usan dos personas cuando se separan, como muestra de afecto y *cortesía: *no me gustan las despedidas largas.* ⇒ **saludo.**

des·pe·dir |despeðír| **1** ***tr.*** [algo] Lanzar o tirar con fuerza: *la catapulta despedía piedras contra el muro; la fuente despedía un gran chorro de agua.* **2** Producir, dar o echar: *el sol despide rayos de luz; sobrevivimos gracias al calor que despedía la estufa.* ⇒ **emanar. 3** [a alguien] Acompañar hasta la puerta o una salida a una persona que se va: *la niña salió a la puerta a ~ a sus tíos; despidió a su marido llorando en el aeropuerto.* **- 4** ***tr.-prnl.*** [a alguien] Quitar a una persona el empleo: *la señora despidió a la criada porque robó un candelabro de plata; han despedido al contable.* **- 5 despedirse** ***prnl.*** [de alguien] Usar una expresión o un gesto al separarse de una persona, como muestra de afecto y *cortesía: *Juan se va de viaje y ha estado despidiéndose de todos; los novios se despidieron en la estación con un largo beso; Elena se fue tan deprisa que ni siquiera se despidió.* ⇔ **saludar. 6** [de algo] Renunciar a la esperanza de conseguir o alcanzar una cosa: *si no encontramos el perro, despídete de la recompensa; según están las cosas podemos despedirnos de las vacaciones.* ☖ Se conjuga como 34.

des·pe·gar |despeɣár| **1** ***tr.-prnl.*** [algo, a alguien] Separar o desprender una cosa de otra a la que está unida: *la fotografía se ha despegado del carné; si despego las pastas de este libro, ya no podré volver a pegarlas.* **- 2** ***intr.*** Separarse un avión u otra nave del suelo u otra superficie para comenzar el vuelo: *mientras el avión despega, los pasajeros deben permanecer sentados; la nave espacial despegó para dirigirse a Júpiter.* ⇔ **amarar, aterrizar. 3** Comenzar un proceso de desarrollo: *la economía era incapaz de ~ después de la crisis.* ☖ Se conjuga como 7.

des·pe·go |despéɣo| ***m.*** *fig.* Falta de afecto o de *apego: *su ~ por los bienes materiales lo ha hecho feliz.* ⇒ **desapego.**

des·pe·gue |despéɣe| **1** ***m.*** Separación del suelo o del agua, para comenzar un vuelo: *el avión está listo para el ~; el ~ de la nave espacial será televisado.* ⇔ **aterrizaje. 2** *fig.* Comienzo de un proceso de desarrollo: *el ~ industrial se ha convertido en la meta del país.*

des·pei·nar |despei̯nár| ***tr.-prnl.*** [a alguien] Deshacer el peinado de una persona: *pidió que cerrasen la ventanilla porque el viento la despeinaba.* ⇒ **desgreñar, desmelenar.** ⇔ **peinar.**

des·pe·ja·⌐do, ⌐da |despexáðo, ða| **1** ***adj.*** Que no tiene nubes: *mañana los cielos estarán despejados.* ⇒ **raso. 2** Que es ancho o espacioso: *tenía una frente despejada.* **3** Que muestra claridad de ideas y facilidad en el trato: *es una chica muy despejada: con ella siempre te entiendes fácilmente.*

des·pe·jar |despexár| **1** ***tr.*** [algo] Dejar libre un espacio: *voy a ~ el armario de trastos para colocar unos libros; despejaron la calle de vehículos para que pasara la comitiva real.* **- 2** ***tr.-prnl.*** *fig.* Aclarar o resolver: *el director explicó a los socios que la situación económica se estaba despejando; no decidiré nada hasta que las cosas no se despejen.* **3** [a alguien] Recuperar la claridad de la mente; sentirse bien: *he dormido demasiado, voy a tomar el aire para despejarme.* **- 4** ***tr.*** DEP. [algo] Impedir que la pelota entre en la meta mandándola lejos: *es un buen portero, despejó todas las pelotas que llegaron a la portería.* **5** Disponer las partes de una *ecuación matemática para *facilitar su solución: *he despejado la incógnita y el resultado ha sido siete; el profesor de matemáticas nos ha explicado cómo se despeja una incógnita.* **- 6 despejarse** ***prnl.*** Desaparecer las nubes del cielo, mejorar el tiempo: *si el día no se despeja, no podremos ir a la piscina.*

des·pe·lle·jar |despeʎexár| **1** ***tr.-prnl.*** [algo, a alguien] Quitar la piel a un animal o a una persona o a parte de ella: *despellejó el zorro para vender la piel.* ⇒ **desollar. - 2** ***tr.*** *fam.* [a alguien] Hablar mal y cruelmente de una persona: *en cuanto tiene ocasión, nos despelleja ante los jefes.* **- 3 despellejarse** ***prnl.*** Levantarse una parte superficial de la piel o formarse pequeñas escamas: *estuve mucho tiempo al sol y la espalda se me está despellejando.*

des·pe·lu·char |despelutʃár| **1** ***intr.*** Cambiar el pelo un animal: *mi gato no tiene lustre porque está despeluchando.* **- 2 despelucharse** ***prnl.*** Perder pelo una *alfombra u otro objeto: *debe de ser de mala calidad porque se despelucha.*

des·pe·na·li·zar |despenaliθár| ***tr.*** [algo] Quitar la pena que corresponde a una acción: *piden que se despenalice el aborto.* ☖ Se conjuga como 4.

des·pen·sa |despénsa| ***f.*** Habitación que se usa para guardar alimentos: *dejó las patatas en la ~ y sacó de ella una botella de aceite.*

des·pe·ña·de·ro |despeɲaðéro| **1** ***m.*** Terreno con rocas, alto y cortado verticalmente, por donde es fácil caerse: *se cayó desde un ~ y se mató.* ⇒ **barranco. 2** *fig.* Posibilidad grande de recibir un mal o un daño; situación peligrosa: *con este contrato nos ha puesto en un ~.*

des·pe·ñar |despeɲár| **1** ***tr.-prnl.*** [algo, a alguien] Tirar o lanzar desde una altura: *se despeñó al mar desde el acantilado.* **- 2 despeñarse** ***prnl.*** *fig.* Tener un final malo o desagradable: *si te empeñas en hacer ese negocio, puedes despeñarte.*

des·pe·pi·tar |despepitár| ***tr.*** [algo] Quitar las semillas o las *pepitas de un fruto: *solía ~ la sandía antes de comerla.*

des·per·di·ciar |desperðiθi̯ár| ***tr.*** [algo] Emplear mal o no aprovechar debidamente: *estás desperdiciando el dinero; has desperdiciado la única oportunidad que tenías.* ☖ Se conjuga como 12.

des·per·di·cio |desperðíθi̯o| **1** ***m.*** Empleo malo o mal aprovechamiento de una cosa: *no reciclar el papel es un ~ innecesario.* **2** Resto que no se puede aprovechar o que se deja de usar por descuido: *buscaba desperdicios en las papeleras.* ⇒ **basura.**

des·per·di·ga·mien·to |desperðiɣami̯énto| ***m.*** Acción y resultado de *desperdigar o esparcir: *debemos evitar el ~ de los animales de la reserva.*

des·per·di·gar |desperðiɣár| **1** ***tr.-prnl.*** [algo, a alguien] Esparcir o extender sin orden y en diferentes direcciones: *nos desperdigamos todos por la plaza.* ⇒ **derramar, desparramar, diseminar. 2** [algo] Repartir o dividir: *el monitor desperdigó tanto las actividades que los clientes del hotel se aburrieron.* ☖ Se conjuga como 7.

des·pe·re·zar·se |despereθárse| ***prnl.*** Estirar los miembros del cuerpo para quitarles la pereza o librarlos de la torpeza: *es una falta de educación ~ en público.* ⇒ **estirar.** ☖ Se conjuga como 4.

des·per·fec·to |desperféᵏto| ***m.*** Daño ligero o falta pequeña: *en el accidente, el coche sólo sufrió leves desperfectos.*

des·per·so·na·li·zar |despersonaliθár| **1** ***tr.*** [a alguien] No dar un trato personal; no considerar la individualidad de una persona: *la gran afluencia de público hace que los empleados tiendan a ~ a los clientes.* **- 2 despersonalizarse** ***prnl.*** Perder el carácter personal o la individualidad: *entre la muchedumbre, el hombre se despersonaliza.* ☖ Se conjuga como 4.

des·per·ta·⌐dor |despertaðór| ***m.*** Reloj que hace sonar una campana o una señal a la hora que se ha marcado con anterioridad: *mi ~ suena todas las mañanas a las seis menos diez.*

des·per·tar |despertár| **1** ***tr.-intr.-prnl.*** [a alguien] Hacer que una persona deje de dormir; interrumpir el sueño: *el ruido de la tormenta me despertó; cuando se despertó, eran ya las once; desperté de madrugada.* **2** [algo] Excitar o recordar una pasión o un sentimiento que estaba apagado o débil: *el olor de sus guisos siempre despierta mi apetito; su actitud despertó la duda; su obra despertó el interés de numerosos científicos.* **- 3** ***intr.*** Hacerse mejor o más listo: *a ver si el niño despierta tratando con otros muchachos de su edad.* ☖ Se conjuga como 27.

des·pia·da·⌜do, ⌜da |despi̲aðáðo, ða| ***adj.*** Que no muestra compasión o *piedad: *era un rey ~ y mandó ejecutarlo inmediatamente.* ⇔ **piadoso.**

des·pi·do |despíðo| ***m.*** Acción y resultado de despedir o expulsar a una persona de su empleo: *tras el ~, los trabajadores deben percibir una compensación económica.*

des·pie·ce |despi̲é̲θe| ***m.*** División del cuerpo de un animal en partes o *pedazos: *hemos llamado a un carnicero para que se encargue del ~ del cordero.*

des·pier·⌜to, ⌜ta |despi̲é̲rto, ta| ***adj.*** *fig.* Que es inteligente o listo: *es un muchacho muy ~ y comprende todo lo que se le dice.* ☖ Es el participio de *despertar.*

des·pil·fa·rra·⌜dor, ⌜do·ra |despilfar̄aðór, ðóra| ***adj.-s.*** (persona) Que gasta sin orden ni cuidado: *este niño es muy ~: no le dura nada el dinero que le doy.*

des·pil·fa·rrar |despilfar̄ár| ***tr.*** [algo] Gastar los bienes o el dinero sin orden ni cuidado: *en esa fiesta despilfarró el dinero que yo necesito para vivir durante un año.* ⇒ **derrochar.**

des·pil·fa·rro |despilfár̄o| ***m.*** Gasto de bienes o de dinero sin orden ni cuidado: *en esa boda hicieron un ~ memorable.* ⇒ **derroche.**

des·pin·tar |despintár| ***tr.-prnl.*** [algo] Borrar o desgastar los colores o lo que está pintado: *la humedad ha despintado esa figura.* ■ **no despintarse,** *fam.*, no perder el recuerdo claro de la cara o el aspecto de una persona: *lo he visto sólo una vez, pero no se me despinta.*

des·pio·jar |despi̲o̲xár| **1** ***tr.-prnl.*** [algo, a alguien] Quitar los *piojos: *despiojó a un mendigo.* **2** *fam. fig.* [a alguien] Sacar a una persona de la pobreza: *yo te despiojé y te saqué de aquella vida y ahora no me lo agradeces.*

des·pis·ta·⌜do, ⌜da |despistáðo, ða| ***adj.-s.*** (persona) Que tiende a distraerse o a *despistarse: *soy muy ~ y me dejo el paraguas en todas partes.*

des·pis·tar |despistár| **1** ***tr.-intr.-prnl.*** [a alguien] Distraer la atención: *me has despistado con tus tonterías y no recuerdo qué te tengo que decir.* ⇒ **descuidar.** **2** Hacer perder una *pista o el camino: *nos despistamos y tomamos la carretera equivocada.*

des·pis·te |despíste| **1** ***m.*** Distracción o pérdida de la atención: *un ~ a esta altura nos puede costar la vida.* **2** Tendencia a distraerse o *despistarse: *tiene un ~ tan grande que no se entera de nada.*

des·plan·te |desplánte| ***m.*** Desprecio o falta de consideración que se hace públicamente: *le hizo el ~ de levantarse de la mesa y marcharse del restaurante.* ⇒ **desdén, desprecio.**

des·pla·za·mien·to |desplaθami̲é̲nto| **1** ***m.*** Movimiento de un lugar a otro: *estudió el ~ de los astros a través del cielo; le dieron dinero para pagar los desplazamientos.* ⇒ **marcha.** **2** MAR. Cantidad de agua que mueve una embarcación: *tenía 30 000 toneladas de ~.*

des·pla·zar |desplaθár| **1** ***tr.-prnl.*** [algo, a alguien] Mover de un lugar a otro: *desplaza un poco la mesa para poder pasar; el viento desplazaba una lluvia de flores.* **2** Ir de un lugar a otro: *tiene que desplazarse todos los días desde su pueblo.* **3** MAR. [algo] Mover una cantidad de agua al flotar: *ese petrolero desplaza 100 000 toneladas.*

des·ple·ga·ble |despleɣáβle| ***adj.*** Que se puede extender o *desplegar: *este sofá es ~ y sirve como cama.*

des·ple·gar |despleɣár| **1** ***tr.-prnl.*** [algo] Extender; abrir una cosa aumentando su superficie: *desplegaron las velas para navegar más deprisa; la mariposa desplegó las alas y echó a volar.* ⇒ **desdoblar.** **2** [algo, a alguien] Repartir de forma abierta o extendida un conjunto de soldados: *el coronel desplegó las tropas por el campo de batalla.* **- 3** ***tr.*** *fig.* [algo] Hacer uso o mostrar: *tuvo que ~ todo su valor para saltar del puente.* ☖ Se conjuga como 48.

des·plie·gue |despli̲é̲ɣe| ***m.*** Acción y resultado de *desplegar: *el ~ de las tropas fue espectacular.*

des·plo·mar·se |desplomárse| **1** ***prnl.*** Caer, derrumbarse, perder la posición vertical: *la torre se desplomó durante el terremoto; el mayor riesgo de un incendio es que se desplome el edificio.* ⇒ **derrumbar, desmoronar.** ☖ Se dice generalmente de edificios o cosas de gran tamaño. **2** Caer o echarse en algún lugar, generalmente a causa de un mareo: *cuando fui a donar sangre por primera vez, me desplomé sobre las butacas de la sala de espera.* ⇒ **desmayar.** **3** *fig.* Perderse o desaparecer; venirse abajo; ser destruido: *el Imperio Romano se desplomó en pocos años.*

des·plo·me |desplóme| ***m.*** Caída o derrumbamiento: *el ~ del edificio no produjo víctimas, afortunadamente.*

des·plu·mar |desplumár| **1** ***tr.*** [algo] Quitar las plumas a una ave o a un pájaro: *desplumó la paloma para cocinarla.* **2** *fam. fig.* [a alguien] Hacer perder los bienes o el dinero: *los estafadores lo desplumaron vendiéndole cuadros falsos.*

des·po·bla·ción |despoβlaθi̲ó̲n| ***f.*** Disminución del número de habitantes de un lugar; falta de habitantes: *la ~ de los pueblos de nuestra provincia aumenta cada año.*

des·po·bla·⌜do, ⌜da |despoβláðo, ða| ***adj.-m.*** (lugar) Que no está poblado; que ha quedado sin habitantes por una causa determinada: *mediante engaños, llevó a su víctima a un ~ y allí la asesinó.*

des·po·blar |despoβlár| **1** ***tr.-prnl.*** [algo] Disminuir el número de habitantes de un lugar; quedarse un lugar sin habitantes: *el campo se va despoblando poco a poco; ese territorio se ha despoblado a causa de la guerra.* ⇒ **deshabitar.** **2** *fig.* Disminuir el número de elementos que contiene una cosa: *el campo se ha despoblado de árboles.* ☖ Se conjuga como 31.

des·po·jar |despoxár| **1** ***tr.*** [a alguien; de algo] Quitar, generalmente con *violencia: *la despojaron de todas sus joyas amenazándola con una pistola.* **2** DER. Quitar legalmente unos bienes para dárselos a su verdadero dueño: *el tribunal lo despojó de esas fincas.* **3** [algo, a alguien; de algo] Quitar o abandonar lo que acompaña o lo que cubre: *despojaron al caballo de la silla.* **- 4 despojarse** ***prnl.*** Quitarse prendas de vestir: *los caballeros deben despojarse en primer lugar de la chaqueta.* **5** Quitarse o abandonar lo que acompaña o cubre: *se despojó de su vergüenza y comenzó a hablar.*

des·po·jo |despóxo| **1** ***m.*** Parte que se separa del cuerpo de un animal y que suele ser de poco valor: *dieron los despojos del pollo al perro.* ☐ En esta acepción, se suele usar en plural. **2** Conjunto de armas y bienes que toma el vencedor del vencido: *los soldados se repartieron los despojos al tomar la ciudad.* ⇒ **botín.** ☐ En esta acepción se suele usar en plural. **- 3 despojos** ***m. pl.*** Restos que quedan de una cosa después de haberla usado y consumido: *comía con los despojos de la mesa del rico.* ⇒ **sobra. 4** Cuerpo humano después de muerto: *llevaron sus despojos hasta el foro, para que todo el mundo pudiera verlos.* ⇒ **resto.**

des·po·li·ti·za·ción |despolitiθaθión| ***f.*** POL. Pérdida del contenido político: *el gobernador se mostró partidario de la ~ del ejército.*

des·po·li·ti·zar |despolitiθár| ***tr.-prnl.*** POL. [algo] Perder o hacer perder el contenido político: *el anfitrión procuró en todo momento ~ la reunión; los sectores más jóvenes de la sociedad se están despolitizando.* ⇔ **politizar.** ☐ Se conjuga como 4.

des·por·ti·llar |desportiʎár| ***tr.-prnl.*** [algo] Estropear el borde o la boca de un objeto: *desportilló el filo de la navaja cortando cables.*

des·po·sar |desposár| **1** ***tr.*** *form.* [a alguien] Casar o unir a un hombre y a una mujer en una ceremonia: *el párroco desposó a los cónyuges.* **- 2 desposarse** ***prnl.*** Unirse en una ceremonia con el fin de formar una familia: *se desposaron en la catedral.* ⇒ **casar.**

des·po·se·er |despos^e^ér| **1** ***tr.*** [a alguien] Quitar lo que se tiene o el derecho a poseerlo: *los reyes lo desposeyeron de esas tierras.* **- 2 desposeerse** ***prnl.*** Renunciar a lo que se tiene o al derecho a poseerlo: *se desposeyó de todos sus bienes en favor de sus hijos.* ☐ Se conjuga como 61.

des·po·so·rios |desposórios| ***m. pl.*** *form.* Ceremonia en la que un hombre y una mujer se casan: *a los ~ acudieron diversas personalidades.* ⇒ **boda.**

dés·po·ta |déspota| **1** ***m.*** Persona que gobierna con un poder total, sin el límite de una ley: *el pueblo se levantó en armas para que el ~ abandonara el trono; los déspotas no reformaron las estructuras sociales.* ⇒ **dictador, tirano. - 2** ***adj.-com.*** *fig.* (persona) Que abusa de su superioridad o de su poder en el trato con los demás: *¡qué ~, siempre hemos de hacer lo que ella ordena!; no seas ~ y deja que cada uno tome sus propias decisiones.* ⇒ **tirano.**

des·pó·ti·⌐co, ⌐ca |despótiko, ka| ***adj.*** Del *déspota o que tiene relación con él: *el reinado de Carlos III fue ~; debes cambiar tu actitud despótica y ser más tolerante.* ⇒ **dictatorial, tiránico.**

des·po·tis·mo |despotísmo| **1** ***m.*** POL. Forma de gobierno en la que el rey tiene un poder total, sin el límite de una ley: *el ~ es típico de las monarquías absolutas.* ⇒ **tiranía; ~ ilustrado**, el que practicaron distintos reyes en el siglo XVIII: *el ~ ilustrado conjugó el poder del soberano con ideas reformistas; el ~ ilustrado surgió a partir de las ideas de la Ilustración.* **2** *fig.* Abuso de la superioridad o del poder en el trato con los demás: *es un hombre que trata con ~ a su mujer y a sus hijos; todos los subordinados temen al director porque les trata con mucho ~.* ⇒ **dictadura, tiranía.**

des·po·tri·car |despotrikár| ***intr.*** *fam.* Protestar o hablar sin consideración ni cuidado: *despotricó sobre el sargento y éste lo oyó.* ☐ Se conjuga como 1.

des·pre·cia·ble |despreθiáβle| **1** ***adj.*** Que merece ser despreciado; que no merece consideración: *es una persona ~ no sólo por su ineptitud, sino además por su soberbia.* ⇔ **apreciable. 2** Que no merece atención; que no es importante: *la diferencia de tamaño es ~ y nadie la podrá notar.* ⇒ **desdeñable, menospreciable.**

des·pre·ciar |despreθiár| **1** ***tr.*** [algo, a alguien] Considerar que una persona o cosa no merece consideración o no tiene valor y rechazarla: *desprecia a sus vecinos por lo que hicieron a sus padres; la mayoría de la gente desprecia a los racistas.* **2** [algo] Considerar que una cosa no merece atención o no es importante: *no debemos despreciar ningún dato; los conductores, cuando han bebido demasiado desprecian el peligro.* ⇒ **menospreciar.** ☐ Se conjuga como 12.

des·pre·cia·ti·⌐vo, ⌐va |despreθiatíβo, βa| ***adj.*** Que muestra o indica desprecio: *le hablaba en un tono ~.* ⇒ **despectivo.**

des·pre·cio |despréθio| **1** ***m.*** Falta de consideración o de afecto: *sufrió el ~ de las gentes durante muchos años.* **2** Falta de consideración que se muestra públicamente: *le hizo el ~ de pasar por delante de él y no saludarlo.* ⇒ **desdén, desplante.**

des·pren·der |desprendér| **1** ***tr.-prnl.*** [algo, a alguien] Separar o despegar una cosa de otra: *el maquinista desprendió los últimos vagones del tren; el broche se desprendió del vestido y se perdió.* **2** [algo] Echar de sí; producir: *el fuego desprende chispas; ese pescado desprende mal olor.* **- 3 desprenderse** ***prnl.*** [de algo/alguien] Renunciar; apartarse: *se desprendió de todos sus bienes; tuvo que desprenderse de sus hijos.* **4** [de algo] Aparecer una cosa o idea sin mostrarse completa o claramente: *el enojo se desprende de sus palabras; de lo que dijo se desprende que no quiere volver a verte.*

des·pren·di·⌐do, ⌐da |desprendíðo, ða| ***adj.-s.*** (persona) Que ayuda a los demás sin esperar recibir nada a cambio: *es muy ~ y dedica gran parte de su dinero a la caridad.* ⇒ **desinteresado, generoso.**

des·pren·di·mien·to |desprendimiénto| **1** ***m.*** Caída o deslizamiento de una materia de un lugar a otro: *un ~ de nieve acabó con la vida de los esca-*

ladores. **2** Separación de una cosa de otra a la que está unida: *tiene un ~ de retina y el médico le ha ordenado reposo.* **3** *fig.* Desinterés, generosidad: *haciendo gala de su ~, me regaló el broche que tanto me gustaba.* ⇒ **generosidad.**

des·pre·o·cu·pa·ción |despreokupaθión| **1** *f.* Falta de preocupaciones: *tiene la conciencia tranquila y duerme con la mayor ~.* **2** Falta de atención o de cuidado: *por su ~ ahora tenemos que corregirlo todo de nuevo.*

des·pre·o·cu·par·se |despreokupárse| **1** *prnl.* Dejar de preocuparse por una persona o cosa: *puedes despreocuparte y dejarlo todo en mis manos.* **2** No prestar atención o no poner cuidado: *se ha despreocupado demasiado y ahora le ha venido todo el trabajo encima.*

des·pres·ti·giar |desprestixiár| *tr.-prnl.* [a alguien] Hacer perder la buena fama o el *prestigio: *con su comportamiento de los últimos meses, se ha desprestigiado más todavía.* ⇔ **prestigiar.** ⌂ Se conjuga como 12.

des·pres·ti·gio |desprestíxio| *m.* Acción y resultado de *desprestigiar o hacer perder la buena fama: *ese político ha caído en un total ~ tras su actuación en la anterior legislatura.*

des·pre·ve·ni·⌐do, ⌐da |despreβeníðo, ða| *adj.* Que no está prevenido o preparado: *la llegada de los invitados me ha cogido desprevenida.*

des·pro·por·ción |desproporθión| *f.* Falta de proporción o de equilibrio: *hay una ~ enorme entre sus salarios.*

des·pro·por·cio·nar |desproporθionár| *tr.-prnl.* [algo] Hacer perder o disminuir la proporción o el equilibrio: *los gastos se habían desproporcionado y hubo que recortarlos.*

des·pro·pó·si·to |despropósito| *m.* Obra o dicho sin juicio o fuera de razón: *escribió un libro lleno de despropósitos y pensaba que era una obra maestra.*

des·pro·ve·er |desproβ^{e}ér| *tr.* [algo, a alguien] No dar o no llevar lo necesario: *la tropa quedó desprovista de comida y tuvo que retirarse.* ⇒ **desabastecer.** ⌂ El participio es *desprovisto.* También se considera correcto el participio *desproveído.* Se conjuga como 61.

des·pués |después| **1** *adv. t.* Más adelante en el tiempo; más tarde: *Antonio no está, llegará ~; ahora estoy muy ocupado, pero ~ tendré bastante tiempo libre.* ⇒ **luego.** ⇔ **antes.** - **2** *adv. l.* Más lejos en el espacio con referencia a un punto determinado: *mi casa está ~ de la tuya.* ⇔ **antes.** - **3** *adj.* Que sigue o va detrás: *el día ~ vinieron a vernos mis tíos.* ■ **~ de**, por debajo de; detrás de: *es el mejor orador ~ de Demóstenes.* ■ **~ de**, detrás de; más tarde de; más allá de: *llegué a casa ~ de las doce; ¿crees que hay vida ~ de la muerte?* ■ **~ de**, indica que una acción es anterior a otra acción o hecho: *saldremos al cine ~ de cenar; ~ de bañarnos, estuvimos bastante rato tomando el sol.* ■ **~ de que/que**, indica que la acción de la subordinada es anterior a otra acción o hecho: *se puso a llover ~ de que llegáramos al pueblo; saldremos ~ que amanezca.*

des·pun·tar |despuntár| **1** *tr.-prnl.* [algo] Quitar o gastar la punta: *el bolígrafo se me ha caído al suelo y se ha despuntado.* - **2** *intr.* Mostrar habilidad, inteligencia o buena disposición para cierta actividad: *este autor despunta en poesía.* ⇒ **destacar.** **3** Empezar a aparecer: *el Sol despuntaba cuando se fueron a trabajar.*

des·qui·cia·⌐do, ⌐da |deskiθiáðo, ða| *adj.-s.* (persona, animal) Que está alterado o ha perdido su seguridad o su firmeza: *¡niño!, ¡deja de molestar!, ¡que me tienes desquiciada de los nervios!* ⌂ Es el participio de *desquiciar.*

des·qui·ciar |deskiθiár| **1** *tr.-prnl. fig.* [a alguien] Alterar o quitar a una persona su firmeza o su seguridad: *ese ruido me desquicia.* **2** [algo] Sacar de *quicio o del hueco en el que ajusta una cosa: *desquiciaron una ventana para introducirse en el piso.* ⌂ Se conjuga como 12.

des·qui·tar |deskitár| **1** *tr.-prnl.* *Responder a una ofensa o daño con otra ofensa o daño: *se desquitó de sus insultos expulsándolo del centro.* ⇒ **vengar.** **2** Satisfacer o *compensar un mal o un daño: *se desquitó de la pérdida comprándolo otra vez.* ⇒ **resarcir.**

des·qui·te |deskíte| *m.* Acción de *responder a una ofensa o daño con otra ofensa o daño: *después de recibir esos insultos en público, esperaba ansioso el momento del ~.* ⇒ **venganza.**

des·ri·ño·nar |de^{s}riɲonár| *tr.-prnl.* [algo, a alguien] Causar daño en los *riñones o en la espalda: *me he desriñonado descargando esos sacos.*

des·ta·ca·⌐do, ⌐da |destakáðo, ða| *adj.* Que destaca o se distingue: *es un ~ intérprete de Bach.* ⌂ Es el participio de *destacar.*

des·ta·ca·men·to |destakaménto| *m.* Parte separada de un ejército con un fin determinado: *envió un ~ para tantear las fuerzas del enemigo.*

des·ta·car |destakár| **1** *intr.-prnl.* Salirse de lo normal; distinguirse por ser superior o llamar más la atención que otros individuos de su género: *Ana siempre destaca por sus notas; un gran volcán destacaba entre los montes de los alrededores; la silueta del olmo se destaca sobre la luz del atardecer.* ⇒ **despuntar.** - **2** *tr.* [algo] Señalar o llamar la atención sobre una cosa: *quiero ~ la labor de los colaboradores anónimos para estas Olimpiadas.* **3** [algo, a alguien] Separar una parte del cuerpo principal de un ejército: *el coronel destacó un regimiento para cerrar la frontera.* ⌂ Se conjuga como 1.

des·ta·jo |destáxo| ■ **a ~**, modo de trabajo o de *contrato que consiste en cobrar por una obra realizada y no por el tiempo empleado: *hacemos las obras a ~, así que terminamos, generalmente, antes que otros.* ■ **a ~**, sin descanso; muy deprisa: *durante el último mes estamos trabajando a ~.*

des·ta·par |destapár| **1** *tr.-prnl.* [algo] Quitar la tapa o la cubierta: *vamos a ~ una botella de cava; destapé la caja y vi que estaba vacía.* ⇔ **tapar.** **2** Descubrir lo que estaba oculto: *destaparon un sucio negocio de venta de drogas.* - **3 destaparse** *prnl.* Dar a conocer habilidades, sentimientos o intenciones propias que no se habían mostrado antes: *en aquella excursión acabó destapándose y vimos que en el fondo era un chico encantador.*

des·ta·pe |destápe| *m.* Acción y resultado de quitarse la ropa y mostrar el cuerpo desnudo: *algunas películas tienen escenas de ~.*

des·tar·ta·la·⌐do, ⌐da |destartaláðo, ða| *adj.* Que está mal cuidado, viejo o roto: *alquiló una casa destartalada.*

des·te·llar |desteʎár| *intr.* Brillar o despedir luz de forma intensa durante un periodo corto de tiempo: *un relámpago destelló a lo lejos.*

des·te·llo |destéʎo| **1** *m.* Brillo o rayo de luz de corta duración: *el capitán del barco vio un ~ en el horizonte.* **2** *fig.* Muestra de una cualidad: *en las interpretaciones que hace al piano se aprecian destellos de gran calidad.*

des·tem·plan·za |destemplánθa| **1** *f.* Sensación de mal estado físico, generalmente acompañada de frío: *sintió ~ y se desmayó.* **2** Alteración y desorden del tiempo atmosférico: *estamos en una estación de ~, tan pronto hace calor como se pone a llover a cántaros.*

des·tem·plar |destemplár| **1** *tr.-prnl.* [algo, a alguien] Apartar del tono adecuado; sonar mal: *el calor destempló la guitarra; cantaba desde el balcón con una voz destemplada y ronca.* ⇒ **desafinar. 2** Perder o hacer perder el temple a un metal: *calentaron el cortafrío y se destempló.* **3** Perder el buen orden o la buena proporción: *los nervios destemplaron al equipo.* **- 4 destemplarse** *prnl.* Sentirse mal físicamente; sentir frío: *se sintió destemplada y se marchó a casa.*

des·te·ñir |desteɲír| **1** *tr.-intr.-prnl.* [algo] Borrar, hacer más débiles o perder los colores con los que está *teñida una cosa; quitar la tinta: *el sol ha desteñido la ropa del escaparate de la tienda; si lavas esa camiseta en agua caliente, desteñirá.* **- 2** *tr.-intr.* Manchar al perder el color: *al lavar la ropa, tus pantalones han desteñido mi camisa blanca.* ◯ Se conjuga como 36.

des·ter·ni·llar·se |desterniʎárse| *prnl.* Reírse mucho y con ganas: *la obra de teatro era tan divertida que todos nos desternillamos.* ⇒ **descojonarse, partir.** ◯ No se debe decir *destornillarse.*

des·te·rrar |desteřár| **1** *tr.* [a alguien] Expulsar o hacer salir de un país o de un lugar: *fue desterrado de su patria; lo desterraron a la isla de Santa Elena.* ⇒ **exiliar. 2** *fig.* [algo] Hacer desaparecer o apartar: *destierra la tristeza y alégrate.* **3** *fig.* Romper o acabar con un uso o costumbre: *la música de baile desterró las danzas tradicionales.* ◯ Se conjuga como 27.

des·te·tar |destetár| *tr.-prnl.* [algo, a alguien] Hacer que dejen de mamar un niño o las crías de un animal, dándoles un alimento diferente: *destetamos ese cordero la semana pasada.*

des·te·te |destéte| *m.* Acción y resultado de *destetar: *después del ~, el bebé ha perdido algo de peso.*

des·tiem·po |destiémpo| ■ **a ~,** fuera de tiempo; en un momento poco adecuado: *me lo has pedido un poco a ~ y ahora no puedo ayudarte.*

des·tie·rro |destiéřo| **1** *m.* Pena que consiste en *desterrar o hacer salir de un país o de un lugar: *fue condenado al ~ para el resto de su vida.* ⇒ **exilio. 2** Lugar en el que vive la persona condenada a salir de un país o de un sitio: *escribió la mayoría de su obra en su ~.* **3** *fig.* Lugar muy apartado: *vivo en el ~, tardo dos horas en llegar al centro de la ciudad.*

des·ti·la·ción |destilaθión| *f.* Acción y resultado de *destilar: *se dedicaban a la ~ clandestina de aguardiente.*

des·ti·lar |destilár| **1** *tr.* [algo] Calentar y *enfriar después un líquido de modo que se convierta en vapor y después otra vez en líquido: *destilaron un poco de agua para limpiar la herida.* ⇒ **alambicar. 2** Tener una característica que se puede notar: *su poesía destilaba tristeza.* **- 3** *tr.-intr.* Caer o hacer caer o correr un líquido gota a gota: *esas montañas destilan el agua más pura; la miel destilaba del panal.*

des·ti·le·rí·a |destilería| *f.* Lugar donde se *destila: *en ese pueblo hay una ~ de licores.*

des·ti·nar |destinár| **1** *tr.* [algo] Señalar o determinar un uso, un fin o un efecto: *destinó todos sus ahorros a pagar la carrera de su hijo; esta ambulancia está destinada a casos de urgencia.* **2** [a alguien] Señalar a una persona para un empleo o para que preste sus servicios en determinado lugar: *ahora está destinado como bedel en un colegio de la ciudad; han destinado a mi hermano a La Coruña.*

des·ti·na·ta·⌐rio, ⌐ria |destinatário, ria| *m. f.* Persona a quien va dirigida o destinada una cosa: *no olvide escribir con claridad el nombre y la dirección del ~ en el sobre.*

des·ti·no |destíno| **1** *m.* Fin, uso o función de una cosa: *el ~ de este diccionario es ayudar a aprender español.* **2** Lugar a donde se dirige una persona o un envío: *los dos montaron en el tren hacia el mismo ~.* **3** Empleo u ocupación: *al maestro le dieron un ~ en la provincia de Málaga.* **4** Serie o conjunto de acontecimientos o de hechos que son *consecuencia necesaria unos de los otros: *su ~ era acabar así.* **5** Fuerza desconocida que determina lo que ha de ocurrir: *el ~ lo quiso así y nadie pudo evitarlo.* ⇒ **hado, sino.**

des·ti·tu·ir |destituír| *tr.* [a alguien] Separar o expulsar a una persona de su cargo: *el concejal fue destituido por el alcalde.* ◯ Se conjuga como 62.

des·tor·ni·lla·dor |destorniʎaðór| **1** *m.* Herramienta que sirve para sacar o colocar tornillos, o dejarlos más o menos apretados: *necesito un ~ pequeño para apretar el tornillo de mis gafas.* ⇒ **atornillador, desatornillador. 2** Bebida alcohólica hecha con *vodka y naranja: *fue a la discoteca y se tomó un ~.*

des·tor·ni·llar |destorniʎár| **1** *tr.* [algo] Girar un tornillo para sacarlo del lugar donde está o para dejarlo menos apretado: *destornillaron los tornillos de las puertas.* ⇒ **desatornillar.** ⇔ **atornillar. 2** Quitar los tornillos de un lugar: *destornilló el mueble para desmontarlo.* ⇒ **desatornillar.** ⇔ **atornillar.**

des·tre·za |destréθa| *f.* Habilidad o facilidad para hacer una cosa: *era un caballero de gran ~ en el uso de las armas.* ⇒ **maña, pericia.**

des·tri·par |destripár| **1** *tr.* [algo] Quitar, sacar o hacer salir las tripas: *el toro destripó un caballo.* **2** *fig.*

Sacar lo que llena el interior de una cosa: *destripó el almohadón para ver si había algo dentro.* **3** *fig.* Aplastar y apretar con fuerza: *se puso de pie encima de una caja de cartón y la destripó.* **4** *fam. fig.* Estropear el efecto de una historia contando su final: *me destripó el chiste cuando iba por la mitad.*

des·tri·pa·te·rro·nes |destripaterónes| ***m.*** *desp.* Persona que se dedica a trabajar y cultivar la tierra: *es un ~ y no tiene la más mínima educación.* ◻ Se usa como apelativo despectivo. El plural es *destripaterrones.*

des·tro·na·mien·to |destronamiénto| ***m.*** Acción y resultado de *destronar: *tras el ~ se proclamó la República.*

des·tro·nar |destronár| **1** ***tr.*** [a alguien] Separar o expulsar del *trono a un rey: *el rey de Francia fue destronado por el pueblo.* **2** *fig.* Separar o expulsar a una persona o una cosa de la situación destacada que goza: *la niña recién nacida destronó a su hermano mayor; la energía solar podría ~ al petróleo en el futuro.* ⇔ **entronizar.**

des·tron·car |destroŋkár| ***tr.*** [algo] Cortar o romper un árbol por el tronco: *destroncó el arbolillo con un solo golpe de hacha.* ◻ Se conjuga como 1.

des·tro·zar |destroθár| **1** ***tr.-prnl.*** [algo, a alguien] Romper o hacer trozos: *la explosión destrozó el edificio; te voy a ~.* **- 2** ***tr.*** [algo] Hacer que una cosa no sirva, que no funcione o que no se pueda usar: *ha destrozado tres pantalones en un mes.* **3** *fig.* [algo, a alguien] Causar un daño moral grande: *no sólo les causó un daño material, sino que además destrozó sus sueños.* **- 4** ***tr.-intr.*** [algo] Gastar los bienes o el dinero sin orden ni cuidado: *si destrozas el dinero de esa manera, nunca lo ahorrarás.* ⇒ **derrochar. - 5 destrozarse** ***prnl.*** *fig.* Hacer un gran esfuerzo físico: *esta tarde he salido a correr y me he destrozado.* ◻ Se conjuga como 4.

des·tro·zo |destróθo| ***m.*** Acción y resultado de *destrozar: *la lluvia causó destrozos en la huerta.*

des·tro·ˆzón, ˆzo·na |destroθón, θóna| ***adj.-s.*** (persona) Que *destroza o rompe mucho: *este niño es un ~: ya me ha roto dos jarrones esta semana.*

des·truc·ción |destrukθión| **1** ***f.*** Acción y resultado de destruir: *pudo ver la ~ que la guerra había causado en su ciudad.* ⇒ **devastación. 2** Daño o pérdida grande o importante: *el terremoto fue la causa de la ~ del edificio más antiguo de la ciudad.*

des·truc·ti·ˆvo, ˆva |destruktiβo, βa| ***adj.*** Que destruye o puede destruir: *han fabricado una bomba de gran poder ~.*

des·truc·ˆtor, ˆto·ra |destruktór, tóra| **1** ***adj.-s.*** Que destruye: *estos misiles tienen una gran capacidad destructora.* **- 2 destructor** ***m.*** Barco de guerra rápido y ligero, usado para la protección de otras embarcaciones y para el ataque: *el ~ localizó y atacó al submarino.*

des·tru·ir |destruír| **1** ***tr.*** [algo] Romper en trozos pequeños o hacer desaparecer: *el fuego destruyó el edificio; los bombarderos enemigos han destruido la base militar.* ⇒ **deshacer. 2** *fig.* [algo, a alguien] Hacer desaparecer; hacer que una persona o una cosa deje de ser útil: *el orador destruyó los argumentos del contrario; ha destruido la paz.* ◻ Se conjuga como 62.

des·un·cir |desunθír| ***tr.*** [algo] Soltar o separar del *yugo a los animales: *el labrador desunció la yunta en el establo.* ⇔ **uncir.** ◻ Se conjuga como 3.

de·su·nión |desunión| **1** ***f.*** Separación de las partes de una cosa o de varias cosas que están unidas: *la emigración puede ser causa de ~ de las familias.* ⇔ **unión. 2** *fig.* Falta de buena correspondencia o relación entre dos o más personas: *esos escritos fomentaban la ~ entre los pueblos que, hasta entonces, habían convivido en armonía.*

de·su·nir |desunír| **1** ***tr.-prnl.*** [algo, a alguien] Apartar o separar lo que estaba unido: *desunió las dos piezas para limpiarlas.* ⇔ **articular, unir. 2** Hacer perder la correspondencia; terminar una relación: *los problemas de la herencia lo desunieron de su familia.*

de·su·sar |desusár| ***tr.*** [algo] Dejar de usar o de emplear una cosa: *esos saludos tan formales ya están desusados.*

de·su·so |desúso| ***m.*** Falta de uso o de empleo: *las antorchas están en ~.*

des·va·í·ˆdo, ˆda |desβaíðo, ða| **1** ***adj.*** Que tiene un color débil o pálido; que es poco claro: *las ilustraciones están un tanto desvaídas.* **2** (persona) Que es alto y no tiene gracia: *es un chico flaco y ~.* ⇒ **desgarbado.**

des·va·li·ˆdo, ˆda |desβalíðo, ða| ***adj.-s.*** (persona) Que está falto de ayuda o de apoyo: *siempre da donativos para socorrer a los desvalidos.*

des·va·li·jar |desβalixár| **1** ***tr.*** [algo, a alguien] Robar o hacer perder a una persona todo lo que lleva o todo lo que tiene: *los ladrones me desvalijaron en una calle oscura.* **2** [algo] Robar todas las cosas de valor de un lugar: *le desvalijaron el piso mientras estaba de vacaciones.*

des·va·lo·ri·za·ción |desβaloriθaθión| ***f.*** Disminución del valor o del precio de una moneda o de otra cosa: *la ~ de la moneda ha hecho que los precios suban.* ⇒ **devaluación.**

des·va·lo·ri·zar |desβaloriθár| ***tr.-prnl.*** [algo] Disminuir el valor o el precio de una moneda o de otra cosa: *nuestra moneda se ha desvalorizado.* ⇒ **devaluar.** ◻ Se conjuga como 4.

des·ván |desβán| ***m.*** Último piso de una casa, justo debajo del tejado, que tiene el techo inclinado: *la ropa vieja y los libros del colegio están en el ~; tenemos una gotera en el ~.* ⇒ **sobrado.**

des·va·ne·cer |desβaneθér| **1** ***tr.-prnl.*** [algo] Separar, esparcir y hacer desaparecer de la vista poco a poco: *el viento desvaneció el humo; la niebla se desvaneció por la tarde.* **2** Hacer desaparecer; hacer que deje de existir una cosa: *con esa respuesta, desvaneció todas nuestras dudas.* ⇒ **disipar. 3** Borrar de la mente una idea o una imagen: *el paso del tiempo desvanece los recuerdos.* **- 4 desvanecerse** ***prnl.*** Convertirse en gas una sustancia o parte de ella: *el vino se desvaneció con el tiempo.* ⇒ **disipar. 5** *fig.* Perder el sentido o el conocimiento: *cuando le dijeron que su marido había sufrido un accidente, se desvaneció.* ⇒ **desmayar.** ◻ Se conjuga como 43.

des·va·ne·ci·mien·to |desβaneθimiénto| ***m.*** Pérdida pasajera del sentido y del conocimiento: *la embarazada sufrió un ~ en plena calle.* ⇒ **desmayo, lipotimia.**

des·va·riar |desβariár| ***intr.*** Hablar o comportarse sin obedecer a la razón: *no le hagas caso, últimamente desvaría.* ⇒ **delirar.** ☐ Se conjuga como 13.

des·va·rí·o |desβarío| ***m.*** Obra o dicho que se hace o dice sin razón o que se considera propio de un *loco: *no atiendas a sus desvaríos porque te confundirá.*

des·ve·lar |desβelár| **1** ***tr.*** *fig.* [algo] Mostrar lo que no se conoce o lo que está oculto: *nos desveló el secreto de la escritura egipcia.* ⇒ **descubrir, develar.** - **2** ***tr.-prnl.*** [a alguien] Quitar el sueño o impedir dormir: *se desveló pensando dónde estaría su hija.* - **3 desvelarse** ***prnl.*** *fig.* Poner gran cuidado e interés en lo que se hace o en lo que se quiere conseguir: *siempre se ha desvelado por su familia.* ⇒ **desvivirse.**

des·ve·lo |desβélo| **1** ***m.*** Pérdida del sueño cuando se debe o se necesita dormir: *cuando hay un bebé en una casa, los desvelos son continuos.* **2** Deseo continuo de servir o ayudar; cuidado en el cumplimiento de un deber: *cuidaba a sus hijos con ~.*

des·ven·ci·jar |desβenθixár| ***tr.-prnl.*** [algo] Hacer que las partes de una cosa se separen o no ajusten bien: *si te sientas así, vas a ~ la silla.*

des·ven·ta·ja |desβentáxa| **1** ***f.*** Característica o situación que hace que una persona o una cosa sea peor en comparación con otra: *este coche tiene la ~ de que gasta más gasolina que el tuyo.* ⇔ **ventaja. 2** Dificultad o problema: *cuando piensas en cambiar de casa, todo son desventajas.*

des·ven·ta·jo·⌐so, ⌐sa |desβentaxóso, sa| ***adj.*** Que tiene una *desventaja: *fue un negocio ~ para nosotros.* ⇔ **ventajoso.**

des·ven·tu·ra |desβentúra| ***f.*** *form.* Desgracia o mala suerte: *tuvo la ~ de tropezar y caerse.*

des·ver·gon·za·⌐do, ⌐da |desβerγonθáðo, ða| ***adj.-s.*** (persona) Que habla u obra sin vergüenza ni respeto: *este niño es un ~: saca la lengua a todo el mundo.* ⇒ **descarado, descocado, osado, sinvergüenza.**

des·ver·gon·zar·se |desβerγonθárse| ***prnl.*** Hablar u obrar sin vergüenza ni respeto: *durante el carnaval la gente se desvergonzaba.* ☐ Se conjuga como 51.

des·ver·güen·za |desβerγuénθa| ***f.*** Falta de vergüenza o de respeto: *se dirigió al ministro con la mayor ~ y, finalmente, lo insultó.* ⇒ **osadía.**

des·ves·tir |desβestír| ***tr.-prnl.*** [a alguien] Quitar toda la ropa o parte de ella: *se desvistió y se metió en la cama.* ⇒ **desnudar.** ⇔ **vestir.** ☐ La Real Academia Española prefiere la forma *desnudar.* Se conjuga como 34.

des·via·ción |desβiaθión| **1** ***f.*** Separación o alejamiento de un lugar, destino o fin: *el cohete sufrió una ~ que le hizo perder la órbita prevista.* **2** Vía o camino que se desvía o separa de otro: *para llegar a la casa de campo, debemos tomar la próxima ~.* ⇒ **desvío. 3** Vía o camino *provisional que sustituye una parte de otro principal: *a mitad de camino tuvimos que tomar una ~ porque la carretera estaba en obras.* ⇒ **desvío. 4** Camino o carretera que se separa de la principal o de la más directa: *tuvimos que tomar una ~ porque la autopista estaba cortada.* **5** Tendencia o actitud que no se considera normal: *tiene unos pensamientos muy raros: creo que tiene alguna ~; sus desviaciones sexuales lo llevaron a cometer estos crímenes.* **6** FÍS. Separación hacia un lado desde un punto medio: *midió la ~ del péndulo con un transportador.* **7** FÍS. MAR. Separación de la aguja de una *brújula *respecto de un punto determinado: *colocaron un imán bajo la caja de la brújula para provocar una ~.*

des·viar |desβiár| **1** ***tr.-prnl.*** [algo, a alguien] Alejar; separar de un lugar o camino: *un meteorito desvió el cohete de su trayectoria; tenemos que desviarnos de la carretera en el kilómetro cincuenta; las obras desviaron el curso del río.* **2** *fig.* [a alguien] Apartar a una persona de una idea o de un fin: *sólo su madre conseguirá desviarlo de esa idea.* ☐ Se conjuga como 13.

des·ví·o |desβío| **1** ***m.*** Vía o camino que se desvía o separa de otro: *iban por la carretera nacional y tomaron el ~ hacia su pueblo.* ⇒ **desviación. 2** Vía o camino *provisional que sustituye una parte de otro principal: *como un tramo de la carretera estaba en obras, construyeron un ~.* ⇒ **desviación. 3** Cambio en la dirección o el fin de una cosa: *durante un tiempo consiguió el ~ del dinero público hacia su propia empresa.*

des·vir·gar |desβirγár| ***tr.*** [a alguien] Hacer perder la *virginidad: *esa mujer asegura que la desvirgó el ginecólogo.* ⇒ **desflorar.** ☐ Se conjuga como 7.

des·vir·tuar |desβirtuár| ***tr.-prnl.*** [algo] Disminuir o quitar la virtud o el valor de una cosa: *desvirtuó sus palabras con sus actos.* ☐ Se conjuga como 11.

des·vi·vir·se |desβiβírse| ***prnl.*** Poner gran cuidado e interés en lo que se hace o en lo que se quiere conseguir: *todos se desvivían por atenderlo cuidadosamente.* ⇒ **desvelar.**

de·ta·llar |detaʎár| ***tr.*** [algo] Contar una cosa con todos sus detalles: *la testigo detalló a la policía todo lo que había visto.*

de·ta·lle |detáʎe| **1** ***m.*** Parte, hecho o circunstancia no principal que contribuye a formar una cosa: *hizo fotografías a varios detalles de la fachada; me contó el suceso con todos los detalles.* **2** Relación, cuenta o lista en la que aparecen todas las circunstancias e informaciones separadas: *se adjunta al final del informe el ~ de los gastos.* **3** Rasgo que muestra educación o delicadeza: *tiene muchos detalles con su novia; fue un ~ que visitaras a tus abuelos.* ⇒ **gesto.** ■ **al ~**, en cantidades pequeñas que compra el consumidor: *en ese comercio sólo venden al ~.*

de·ta·llis·ta |detaʎísta| **1** ***adj.*** (persona) Que cuida mucho los detalles: *me gustan los pintores detallistas.* **2** Que piensa en los demás y se esfuerza para *complacerlos: *María es una chica muy ~, cada Navidad nos envía una tarjeta.* - **3 com.** COM.

Persona que se dedica a vender mercancías en pequeñas cantidades: *los detallistas de la ciudad se han declarado en huelga.* ⇒ **minorista.** ⇔ **mayorista.**

de·tec·ción |deteᵏθión| *f.* Acción y resultado de *detectar: *se ha instalado un sistema de ~ de incendios.*

de·tec·tar |deteᵏtár| *tr.* [algo, a alguien] Recibir o recoger señales o pruebas de la existencia o la presencia de una persona o cosa: *el radar detectó un objeto extraño volando por encima del avión; con este aparato se detectó el yacimiento de petróleo.*

de·tec·ti·ve |deteᵏtíβe| *com.* Persona que se dedica a tratar de descubrir información reservada o particular y que, a veces, interviene en los procedimientos legales: *ha contratado un ~ privado para que siga a su mujer.*

de·tec·tor |deteᵏtór| *m.* Aparato que *detecta o recoge señales o pruebas de una cosa determinada: *utilizaron un ~ de mentiras para comprobar si decía la verdad.*

de·ten·ción |detenθión| **1** *f.* Paro o interrupción de un movimiento o acción: *el tren sufrió una ~ imprevista a mitad de trayecto.* **2** Acción por la que una persona es detenida: *cuando vieron que intentaba robar el coche, los policías procedieron a su ~.* **3** Atención o dedicación que se pone al pensar o explicar un asunto: *para que todos lo entendieran, lo explicó todo con mucha ~.* ⇒ **detenimiento.**

de·te·ner |detenér| **1** *tr.-prnl.* [algo, a alguien] Parar o interrumpir un movimiento o acción: *una patrulla detiene a los conductores que rebasan el límite de velocidad; el tren se detuvo en la estación; una vez iniciado, no se puede ~ el proceso.* **2** [a alguien] Quitar la libertad durante un tiempo corto: *la policía detuvo al sospechoso.* ⇒ **apresar, retener. - 3 detenerse** *prnl.* Dedicar tiempo a pensar o explicar un asunto: *no podemos detenernos más en este punto.* ◯ Se conjuga como 87.

de·te·ni·⌐do, ⌐da |deteníðo, ða| **1** *adj.-s.* (persona) Que ha sido *arrestado o cogido por la policía: *el ~ llamó a su abogado.* **2** Que se hace con cuidado y *lentitud: *si lo observamos de una forma más detenida, nos daremos cuenta de que no es lo que parece.*

de·te·ni·mien·to |detenimiénto| *m.* Atención o dedicación que se pone al pensar o explicar un asunto: *estudiaron las pruebas con ~.* ⇒ **detención.**

de·ten·tar |detentár| *tr.* DER. [algo] Ocupar un cargo contra justicia o derecho: *finalmente fue destronado por el rey legítimo, después de ~ el poder durante más de veinte años.* ⇒ **ostentar.** ◯ No se debe confundir con *ostentar.*

de·ter·gen·te |deterxénte| *adj.-m.* (sustancia, producto) Que sirve para lavar o limpiar: *este ~ deja la ropa más limpia que el que yo usaba; ha usado ~ para motores.*

de·te·rio·rar |deteriorár| *tr.-prnl.* [algo] Hacer perder calidad o valor; estropear: *la fachada de la casa se ha deteriorado con el paso de los años; el motor está muy deteriorado por el uso.* ⇒ **emponzoñar.**

de·te·rio·ro |deterióro| *m.* Pérdida de calidad o de valor: *los antiguos inquilinos provocaron el ~ del piso.*

de·ter·mi·na·ción |determinaθión| **1** *f.* Acción y resultado de determinar: *para resolver el problema hay que empezar por la ~ de las causas que lo han originado.* **2** Valor o firmeza para decidir: *la prensa elogió la ~ del muchacho a la hora de tirarse al agua para salvar al anciano que se ahogaba.* ⇒ **decisión.**

de·ter·mi·nan·te |determinánte| *m.* LING. Palabra que acompaña al sustantivo y limita o concreta su referencia: *en la frase* este verano será largo, *la palabra* este *es un ~.* ⇒ **artículo.**

de·ter·mi·nar |determinár| **1** *tr.-prnl.* [algo, a alguien] Decidir; hacer tomar una decisión: *hemos determinado empezar las clases en septiembre; me determiné a marcharme; la noticia me determinó a obrar.* **- 2** *tr.* [algo] Señalar, fijar o dar una información concreta o exacta: *la ley determina cómo debe ser el contrato; determinaron la fecha de entrega.* **3** Averiguar una cosa a partir de las informaciones que se conocen: *los científicos han determinado la distancia entre la Tierra y otros planetas; determinen el volumen del cuerpo que aparece en el dibujo.* **4** Producir; ser la causa de una cosa o de una acción: *tales circunstancias determinaron la decadencia del Imperio.*

de·ter·mi·nis·mo |determinísmo| *m.* FIL. Doctrina filosófica que considera que la vida y el universo están fijados desde siempre: *el ~ niega la libertad de las decisiones.* ⇒ **fatalismo.**

de·ter·mi·nis·ta |determinísta| **1** *adj.* FIL. Del *determinismo o que tiene relación con él: *tenía un concepto ~ de la existencia.* **- 2** *adj.-com.* FIL. (persona) Que sigue la doctrina filosófica del *determinismo: *es ~ y será difícil que esté de acuerdo contigo.*

de·tes·tar |detestár| *tr.* [algo, a alguien] Tener o sentir rechazo o disgusto; no poder soportar o admitir a una persona o cosa: *detesta tener que mentir; dijo que detestaba las tareas repetitivas; lo detestaba y prefería no encontrarse con él.* ⇒ **abominar, aborrecer, odiar.** ⇔ **amar.**

de·to·na·ción |detonaθión| *f.* Acción y resultado de *detonar: *apretando este botón provocarás la ~ del artefacto.*

de·to·na·⌐dor, ⌐do·ra |detonaðór, dóra| **1** *adj.* Que hace *detonar o es capaz de *detonar: *la palanca detonadora está preparada.* **- 2** *adj.-m. fig.* (cosa, hecho) Que puede provocar una acción o proceso: *la presentación del proyecto de ley ha sido el ~ del conflicto laboral.* ⇒ **detonante. - 3 detonador** *m.* Mecanismo que sirve para hacer estallar una carga *explosiva: *el ~ se ha roto y el artefacto no explotará.*

de·to·nan·te |detonánte| **1** *adj.-m.* (producto, sustancia) Que puede *detonar o hacer estallar una carga *explosiva: *el ~ se encuetra en esta cápsula.* **2** *fig.* (cosa, hecho) Que puede provocar una acción o proceso: *el ~ de la crisis fue la subida del precio del petróleo.* ⇒ **detonador.**

de·to·nar |detonár| **1** *intr.* Explotar haciendo ruido: *los petardos detonaban en la calle el día de la fiesta.* **- 2** *tr.* [algo] Hacer estallar una carga *explosiva: *esta palanca sirve para ~ la bomba a distancia.* **3** *fig.* Provocar una acción o proceso: *las manifestaciones detonaron la crisis del gobierno.*

de·trac·⌜tor, ⌜to·ra |detraᵏtór, tóra| ***adj.-s.*** (persona) Que habla mal de una persona o cosa por no estar de acuerdo con ella: *sus detractores afirman que ha engañado a todos los que confiaron en él.*

de·tra·er |detraér| ***tr.*** [algo] Restar o tomar una parte; apartar de una cosa: *los abogados detrajeron parte de los beneficios de la venta en concepto de honorarios.* ☐ Se conjuga como 88.

de·trás |detrás| ***adv. l.*** En la parte posterior; en un lugar delante del cual está una persona o cosa: *el motor está en la parte de delante y ~ está el maletero; ponte en la fila ~ de ese señor.* ⇔ **delante.** ☐ Se puede combinar con diversas preposiciones: *~ del cuadro encontramos una caja fuerte; Enrique se sienta ~ de Julia; pasó por ~ de la casa; sentía que alguien me miraba desde ~ del espejo.* ■ **por ~,** cuando no está presente: *todos hablan de él por ~, pero nadie se atreve a decírselo a la cara.* ☐ No se debe decir ~ *nuestro,* ~ *mío,* etc., en lugar de ~ *de nosotros,* ~ *de mí,* etc.

de·tri·men·to |detriménto| ***m.*** Daño moral o material: *creía que las fiestas de los ricos se hacían en ~ de los pobres.* ⇒ **perjuicio.**

deu·da |déu̯ða| **1** ***f.*** Obligación de pagar o devolver una cosa, generalmente dinero: *tengo una ~ con el banco; está en ~ conmigo desde que le hice aquel favor;* ~ **pública,** la que el Estado tiene reconocida por medio de títulos: *ha invertido sus ahorros en ~ pública porque da un interés más alto que las cuentas corrientes.* **2** Cantidad de dinero que se debe pagar: *la ~ asciende a medio millón de pesetas.*

deu·⌜dor, ⌜do·ra |deu̯ðór, ðóra| ***adj.-s.*** (persona) Que debe, especialmente una cantidad de dinero que le ha sido prestada: *seré tu ~ hasta que pueda devolver el favor que me has hecho; la empresa quebró porque sus deudores no pagaron lo que debían.* ⇔ **acreedor.**

de·va·lua·ción |deβalu̯aθi̯ón| ***f.*** Disminución del valor o del precio de una moneda o de otra cosa: *la ~ ha hecho que disminuya el poder adquisitivo de los ciudadanos.* ⇒ **desvalorización.**

de·va·luar |deβalu̯ár| ***tr.-prnl.*** [algo] Disminuir el valor o el precio de una moneda o de otra cosa: *la peseta se ha devaluado en los últimos años.* ⇒ **depreciar, desvalorizar.** ☐ Se conjuga como 11.

de·va·nar |deβanár| ***tr.*** [algo] Enrollar un hilo alrededor de un eje: *la abuela devanaba una madeja y hacía un ovillo.*

de·va·ne·o |deβanéo| **1** ***m.*** Pérdida de tiempo: *evitaba el trabajo con continuos devaneos.* **2** Relación amorosa, generalmente poco seria y de corta duración: *era conocido por sus repetidos devaneos con señoritas de la alta sociedad.* ⇒ **amorío.**

de·vas·ta·ción |deβastaθi̯ón| ***f.*** Acción y resultado de *devastar o destruir: *la ~ y la muerte se habían extendido por todo el país.* ⇒ **destrucción.**

de·vas·tar |deβastár| ***tr.*** [algo] Destruir por completo un territorio, derribando sus edificios o quemando sus campos: *los guerreros devastaban todo cuanto encontraban a su paso.* ⇒ **arrasar, asolar, desolar.**

de·ve·lar |deβelár| **1** ***tr.*** *form.* [algo] Mostrar lo que no se conoce o lo que está oculto: *ni siquiera sus colaboradores más próximos podían ~ sus intenciones.* ⇒ **descubrir, desvelar.** **2** Quitar o separar la tela o el *velo que cubre una cosa: *después de la ceremonia develaron las imágenes de la catedral.*

de·ven·gar |deβeŋgár| ***tr.*** [algo] Conseguir o tomar un derecho como *compensación o pago por un trabajo o servicio: *el ingreso de esa cantidad de dinero no devengará ningún interés.* ☐ Se conjuga como 7.

de·ve·nir |deβenír| **1** ***intr.*** *fam.* Tener lugar u ocurrir: *puede ~ una catástrofe.* **2** *fam.* [en algo] Llegar a ser: *su conducta tiene que ~ en una desgracia.* **- 3** ***m.*** FIL. Proceso o cambio continuo de la realidad: *el ser permanece, el ~ transforma las cosas.* **4** *fam.* Proceso mediante el cual ocurre o llega a ser una cosa: *la actual situación política es resultado de un complejo ~.* ☐ Se conjuga como 90.

de·vo·ción |deβoθi̯ón| **1** ***f.*** Interés y respeto en la práctica religiosa: *rezaba arrodillado y con gran ~.* **2** *p. ext.* Conjunto de prácticas religiosas: *dedicaba la mayoría de su tiempo a la ~.* **3** Respeto y consideración grandes: *siente una enorme ~ por el rey.* ⇒ **fervor.** **4** Inclinación o afecto especial: *su ~ por esa mujer lo llevó a hacer locuras.*

de·vo·cio·na·rio |deβoθi̯onári̯o| ***m.*** Libro que contiene oraciones para uso de los fieles: *olvidó su ~ en el banco de la iglesia.*

de·vo·lu·ción |deβoluθi̯ón| ***f.*** Entrega de una cosa que se había *adquirido o perdido: *en ese letrero pone que las devoluciones de los artículos se hacen por las mañanas.*

de·vol·ver |deβolβér| **1** ***tr.*** [algo, a alguien; a alguien] Hacer que una persona reciba lo que antes había dado o perdido: *Juan me prestó su bolígrafo y cuando terminó la clase se lo devolví; este amor le ha devuelto las ganas de vivir.* **2** [algo] Rechazar una cosa; no quedarse con ella: *como Enrique se ha ido, he devuelto un paquete que trajeron para él.* **3** [algo, a alguien] Hacer que una persona o cosa vuelva a estar donde o como estaba antes: *devolvieron al emigrante a su país de origen; ha devuelto el país a una situación de crecimiento económico.* **- 4** ***tr.-intr.*** *fam.* [algo] Expulsar por la boca la comida que está en el estómago: *el niño se mareó en el coche y devolvió el desayuno.* ⇒ **vomitar.** ☐ El participio es *devuelto.* Se conjuga como 32.

de·vo·ra·⌜dor, ⌜do·ra |deβoraðór, ðóra| ***adj.-s.*** (persona, animal) Que come o *devora: *los leones son devoradores de cebras y de otros animales.*

de·vo·rar |deβorár| **1** ***tr.*** [algo] Comer con muchas ganas y rapidez: *el perro devoró el pedazo de carne.* **2** Comer un animal a otro: *el león suele ~ gacelas para alimentarse.* **3** *fig.* Gastar o destruir por completo: *el fuego devoró los libros.* ⇒ **consumir.** **4** *fig.* Realizar una acción o consumir una cosa con mucho interés y rapidez: *la devoraba con los ojos; he devorado el libro: lo he leído en cinco horas.*

de·vo·⌜to, ⌜ta |deβóto, ta| **1** ***adj.-s.*** Que es muy religioso y adora a Dios, especialmente a través de algún santo o de la Virgen: *es un hombre muy ~; mi abuela es muy devota de la Virgen de Covadonga.* ⇒ **piadoso, pío.** **2** Que respeta y ama mucho: *el caballero más ~ del rey defendió su honor en combate.* **- 3 devoto** ***m.*** Objeto de la adoración religiosa de una persona: *quiero tomar ese santo por ~.*

de·vuel·to |deβuélto| ***m.*** Conjunto de sustancias y alimentos que estaban en el estómago y se expulsan por la boca: *en el cuarto de baño había un ~.* ⇒ **vómito.** ☖ Es el participio de *devolver.*

de·yec·ción |deyekθión| **1** ***f.*** *form.* *Expulsión de los excrementos: *tiene dificultades para la ~.* **2** Excremento expulsado: *ya han analizado las deyecciones.*

dí·a |día| **1** ***m.*** Periodo de tiempo que emplea la Tierra en dar una vuelta sobre sí misma, normalmente contado desde las doce de la noche hasta veinticuatro horas después: *el ~ veinte de diciembre es mi cumpleaños; tres días después, mi padre encontró un nuevo trabajo; la semana tiene siete días;* ~ **de fiesta,** aquel en que no se trabaja por ser considerado fiesta por la Iglesia o el Estado: *San Isidro es ~ de fiesta en Madrid;* ~ **laborable,** aquel en que se trabaja: *los lunes son días laborables;* ~ **lectivo,** aquel en que se dan clases en los centros en los que se enseña: *los días lectivos me levanto muy temprano para preparar las lecciones.* **2** Periodo de tiempo que dura la claridad del Sol sobre el horizonte: *estuvimos caminando todo el ~ y al atardecer llegamos a una aldea; Daniel trabaja por la noche y duerme por el ~; los gallos cantan al empezar el ~.* ⇔ **noche.** **3** Tiempo atmosférico que hace durante un periodo de veinticuatro horas: *hoy hemos tenido un ~ muy lluvioso.* **4** Fiesta del santo de una persona: *hoy es tu ~, felicidades.* ⇒ **santo.** **- 5 días** ***m. pl.*** Tiempo que dura la vida de una persona: *al final de sus días volvió a su tierra natal.* ■ **al** ~, al corriente, sin retraso; con información actual: *siempre está al ~ en las noticias del corazón; llevo el trabajo al ~.* ■ **buenos días,** saludo que se usa durante la mañana: *buenos días, ¿qué tal ha dormido usted?* ⇒ **hola.** ■ **cuatro días,** muy poco tiempo: *no te preocupes: si la mili son cuatro días.* ■ **~ y noche,** continuamente, durante todo el tiempo: *estoy pensando en ese problema ~ y noche.* ■ **el ~ menos pensado,** en cualquier momento, cuando menos se espera: *el ~ menos pensado me dice mi hija que se casa y a ver qué hacemos; no te preocupes, que el ~ menos pensado te toca la lotería.* ■ **el otro** ~, en un tiempo pasado cercano que no se determina: *el otro ~ vi a tus padres.* ■ **en su** ~, a su debido tiempo: *esa decisión ya se tomó en su ~.* ■ **todo el santo** ~, continuamente, durante todo el tiempo: *estuve todo el santo ~ de un lado para otro.*

dia·be·tes |diaβétes| ***f.*** Enfermedad provocada por la falta de *insulina para controlar el azúcar en la sangre: *la ~ se trata con una dieta adecuada e inyecciones de insulina.* ☖ No se debe decir *diabetis.*

dia·bé·ti·co, ca |diaβétiko, ka| ***adj.-s.*** (persona) Que padece *diabetes: *las personas diabéticas deben cuidar su alimentación; es ~ desde hace años y debe inyectarse insulina una vez al día.*

dia·bli·llo |diaβlíʎo| ***m.*** Persona que realiza acciones malas, pero que no son de gran importancia, para reír o para engañar a otra: *este niño es un ~: ya ha vuelto a esconderme las gafas.* ⇒ **diablo, revoltoso, travieso.**

dia·blo |diáβlo| **1** ***m.*** Ser *sobrenatural o espíritu que representa las fuerzas del mal: *los diablos son los ángeles que fueron expulsados del Paraíso.* ⇒ **demonio.** **2** *fig.* Persona que hace cosas malas, pero poco importantes, para divertirse: *Pepito es un vardadero ~: no deja de hacer travesuras ni un momento.* ⇒ **diablillo, revoltoso, travieso.** **3** *fig.* Persona lista, hábil y que suele conseguir lo que se propone: *Víctor es un ~: siempre acaba engañándome.* ⇒ **astuto.** ■ **como el/un** ~, *fam.*, mucho; excesivamente; de manera exagerada: *esta guindilla pica como un ~.* ■ **del ~/de mil diablos/de todos los diablos,** *fam.*, expresión con la que se exagera que una cosa es mala: *ha cogido un cabreo de mil diablos.* ■ **llevárselo el ~/los diablos,** *fam.*, enfadarse mucho: *cada vez que le piden un aumento de sueldo, se lo llevan los diablos.* ■ **mandar al** ~, *fam.*, enfadarse con una persona; despreciar a una persona o a una cosa: *estaba tan harto del trabajo que lo mandé al ~.* ■ **pobre** ~, *fam.*, persona infeliz o que tiene poco valor: *ese chico no te conviene, no es más que un pobre ~.*

dia·blu·ra |diaβlúra| ***f.*** Acción mala pero poco importante: *la última de sus diabluras consistió en echarle vino a su hermano en la cabeza.* ⇒ **trastada, travesura.**

dia·bó·li·co, ca |diaβóliko, ka| **1** ***adj.*** *fig.* Que tiene o muestra una *maldad grande: *se me acaba de ocurrir una idea diabólica para asustar a los demás niños.* **2** *fig.* Que es muy complicado o difícil de comprender: *ese laberinto es ~: es muy difícil encontrar la salida.* **3** Del *diablo o que tiene relación con él: *hizo un pacto ~ para obtener todo el conocimiento del mundo.*

di·á·co·no |diákono| ***m.*** Religioso cristiano de categoría inmediatamente inferior a la de sacerdote: *el ~ puede distribuir la eucaristía.*

dia·crí·ti·co, ca |diakrítiko, ka| ***adj.-m.*** LING. (signo ortográfico) Que sirve para dar a una letra un valor especial: *los dos puntos que lleva la* u *en palabras como* cigüeña *es un signo ~.*

dia·cro·ní·a |diakronía| ***f.*** LING. Cambio de la lengua o de un fenómeno lingüístico a lo largo del tiempo: *nuestro interés se centrará en la ~ de la sintaxis del español.* ⇔ **sincronía.**

dia·de·ma |diaðéma| **1** ***f.*** Adorno en forma de círculo o de medio círculo que se coloca en la cabeza y sirve para sujetar el pelo: *llevaba una ~ para sujetarse el pelo.* **2** Corona sencilla y redonda: *la ~ lleva engastados 12 diamantes.*

dia·fa·ni·dad |diafaniðáð| ***f.*** *form.* Cualidad de *diáfano: *la ~ del fondo de la pintura es característica del Renacimiento; expuso sus ideas con ~ y concisión.*

diá·fa·no, na |diáfano, na| **1** ***adj.*** Que tiene una gran cantidad de luz o de claridad: *me gustan las* *habitaciones diáfanas.* **2** *fig.* Que es claro o fácil de comprender: *su exposición fue diáfana y a nadie le quedó ninguna duda.* ⇒ **transparente. 3** Que deja pasar la luz casi en su totalidad: *dividieron la sala con mamparas diáfanas.* ⇔ **opaco.**

dia·frag·ma |diafráᵞma| **1** *m.* ANAT. Músculo que separa el *tórax y el *abdomen del cuerpo de los mamíferos: *el ~ permite la respiración con su movimiento.* **2** FOT. Disco de abertura *graduable, situado en el objetivo de una cámara y que permite el paso de la luz: *cerraré un poco el ~ para hacer la fotografía porque hay demasiada luz.* **3** Objeto en forma de disco flexible que se coloca en la *vagina para impedir la *fecundación: *el ~ es un método anticonceptivo utilizado por las mujeres; le han puesto un ~ porque ya no desea tener más hijos.*

diag·nos·ti·car |diaᵞnostikár| *tr.* MED. [algo] Determinar el carácter de una enfermedad mediante el *examen de sus signos: *el médico me diagnosticó una úlcera de estómago.* ☐ Se conjuga como 1.

diag·nós·ti·co |diaᵞnóstiko| **1** *m.* MED. Determinación de una enfermedad mediante el *examen de sus signos: *el médico comenzó el ~ auscultando los pulmones.* **2** Conclusión a la que llega el médico después de examinar los signos de una enfermedad: *el médico fue a visitar al paciente para darle el ~.*

dia·go·nal |diaγonál| *adj.-f.* Línea recta que, en una figura plana, va de un ángulo a otro que no está al lado; línea recta que, en un sólido, une dos ángulos que no están situados en la misma cara: *la ~ divide el cuadrado en dos triángulos.*

dia·gra·ma |diaγráma| *m.* Representación de un sistema o un objeto o de la relación que existe entre varios elementos: *en un ~ nos mostró cómo estaban organizadas las secciones de las empresas; nos explicó el proceso de producción industrial mediante un ~.*

dial |diál| **1** *m.* Superficie con grados marcados sobre la cual se mueve un indicador que mide o señala una *magnitud determinada: *en el ~ del equipo de música se señala la intensidad del sonido.* **2** Superficie con letras o números que hay en los teléfonos y en los aparatos de radio o de televisión: *la emisora de radio de la que te hablé la encontrarás en el 104.1 del ~; se me ha estropeado el ~ del teléfono y no puedo hacer llamadas.*

dia·lec·tal |dialeᵏtál| *adj.* LING. Del *dialecto o que tiene relación con él: *el habla del chico andaluz que conocimos ayer es ~.*

dia·lec·ta·lis·mo |dialeᵏtalísmo| *m.* LING. Palabra o modo de expresión procedente de una variedad *geográfica de una lengua: *la palabra* juerga *es un ~ del español procedente del andaluz.*

dia·léc·ti·ca |dialéᵏtika| **1** *f.* RET. Técnica de discutir y razonar *intercambiando frases: *los que están discutiendo no respetan las reglas de la ~.* **2** FIL. Técnica de descubrir la verdad mediante la razón: *le gusta dar sus clases empleando la ~.*

dia·léc·ti·⌐co, ⌐ca |dialéᵏtiko, ka| **1** *adj.* De la *dialéctica o que tiene relación con ella: *cuando discute muestra todos sus recursos dialécticos.* **- 2** *adj.-s.* (persona) Que estudia y emplea la *dialéctica: *aquella asignatura siempre era impartida por un profesor ~.*

dia·lec·to |dialéᵏto| *m.* Variedad de una lengua viva o desaparecida, generalmente con una concreta limitación *geográfica y sin diferencias importantes frente a otras del mismo origen: *el andaluz es un ~ del español.*

dia·lec·to·lo·gí·a |dialeᵏtoloxía| *f.* LING. Disciplina lingüística que estudia las variedades *geográficas de una lengua: *gracias a la ~ española se conocen aspectos fundamentales del andaluz y de otros dialectos del español.*

dia·lec·to·ló·gi·⌐co, ⌐ca |dialeᵏtolóxiko, ka| *adj.* LING. De la *dialectología o que tiene relación con ella: *estoy preparando los materiales necesarios para hacer encuestas dialectológicas.*

dia·lec·tó·lo·⌐go, ⌐ga |dialeᵏtóloγo, γa| *m. f.* LING. Persona que se dedica al estudio de las variedades *geográficas de una lengua: *los dialectólogos recorren los pueblos haciendo encuestas.*

diá·li·sis |diálisis| *f.* MED. Purificación artificial de la sangre, generalmente cuando el *riñón no puede realizar esta función: *en la ~, un riñón artificial elimina las sustancias de desecho.*

dia·lo·gar |dialoγár| **1** *intr.* Hablar o comunicarse dos o más personas: *dialogaban plácidamente a la sombra de un árbol.* ⇒ **conversar. 2** *fig.* Tratar un asunto para llegar a un acuerdo o solución: *los ministros de ambos estados están dialogando sobre el tema.* ⇒ **negociar. - 3** *tr.* [algo] Escribir una obra dándole forma de *diálogo: *dialogó un tratado de amores.* ☐ Se conjuga como 7.

diá·lo·go |diáloγo| **1** *m.* Conversación o comunicación entre dos o más personas: *sostenían un alegre ~ en la taberna.* ⇒ **coloquio. 2** LIT. Género y obra literaria en la que se finge una conversación entre dos o más personajes: *el ~ fue muy cultivado en la literatura europea del siglo* XVI. ⇒ **monólogo. 3** *fig.* Negociación sobre un asunto para llegar a un acuerdo o solución: *se han roto los diálogos de paz.*

dia·man·te |diamánte| **1** *m.* Piedra preciosa transparente, generalmente sin color y muy dura: *le regaló una pulsera de oro y diamantes; el ~ está hecho de carbono cristalizado;* ~ **brillante,** el que está pulido por las dos caras: *para mi cumpleaños me han regalado un anillo con un ~ brillante;* ~ **en bruto,** el que está sin pulir: *haré pulir los diamantes en bruto para hacerme una pulsera.* **2** Lámpara de *petróleo con una superficie que refleja la luz y que se usa en la *mina: *antes de entrar en la mina tengo que llenar de petróleo el ~.* **- 3 diamantes** *m. pl.* Conjunto o palo de la *baraja *francesa en el que aparecen dibujados *rombos: *le dieron el as de diamantes e hizo un póquer.*

dia·man·ti·⌐no, ⌐na |diamantíno, na| *adj.* Que tiene una característica que se considera propia del *diamante: *sus ojos tenían un brillo ~.*

dia·me·tral |diametrál| *adj.* Del *diámetro o que tiene relación con él: *se da una oposición ~ entre los dos puntos.*

diá·me·tro |diámetro| *m.* Línea recta que une dos

puntos de una figura circular con su centro: *el ~ mide el doble que el radio; el ~ divide la circunferencia en dos partes iguales; el ~ de una esfera coincide con su eje.*

dia·na |diána| **1** ***f.*** Punto central de un blanco de tiro: *lanzó la flecha y dio en la ~.* **2** Superficie redonda que tiene dibujados varios círculos con un mismo centro y que se usa como blanco de tiro: *en la pared tiene una ~ y se entretiene lanzando dardos.* **3** Toque militar que se da al amanecer para que los soldados se levanten: *los soldados no pueden levantarse antes del toque de ~.*

dian·tre |diántre| ***interj.*** *fam. desp.* Expresión que indica sorpresa o disgusto: *¡~! ¡Me han robado el reloj!*

dia·pa·són |diapasón| **1** ***m.*** MÚS. Instrumento que produce un tono determinado: *al golpear el ~ sonó la nota* la *y todos afinaron los instrumentos.* ⇒ **afinador. 2** MÚS. Pieza de madera sobre el palo de un instrumento de cuerda, sobre la que aprietan los dedos: *estos dos violines se diferencian sólo en el ~.*

dia·po·si·ti·va |diapositíβa| ***f.*** Fotografía sacada directamente en positivo y en película o en cristal: *en la ~ los colores no están invertidos, sino que responden a la realidad; el profesor ilustró su clase con diapositivas.*

dia·⌜rio, ⌜ria |diário, ria| **1** ***adj.*** Que ocurre o se repite cada día: *en este restaurante se sirve una comida diaria.* ⇒ **cotidiano. - 2 diario *m.*** Libro en el que se escribe lo que ocurre día a día: *guarda su ~ en la mesilla del dormitorio y en él apunta todas las noches lo que le ha sucedido.* **3** Publicación de información general que sale a la *venta todos los días: *todos los diarios de hoy recogen la noticia del acuerdo de paz.* ⇒ **periódico. ■ a ~**, todos los días: *va a trabajar a ~.*

dia·rre·a |diařéa| ***f.*** Alteración del aparato *digestivo que consiste en la *expulsión frecuente de excrementos líquidos: *la comida en mal estado puede provocar ~.* ⇒ **colitis, descomposición.** ⇔ **estreñimiento. ■ ~ mental**, *fam. fig.*, *confusión de ideas: *se lo estudió todo de memoria y al día siguiente tenía una gran ~ mental.*

dia·tó·ni·⌜co, ⌜ca |diatóniko, ka| **1** ***adj.*** MÚS. (*semitono) Que se forma entre dos notas de distinto nombre: *de sol a la bemol hay un semitono ~.* **2** MÚS. (escala, género) Que procede por tonos y *semitonos: *la escala diatónica puede ser mayor o menor.* ⇔ **cromático.**

dia·tri·ba |diatríβa| ***f.*** Discurso o escrito que es duro y *ofensivo: *le dedicó una ~ por haber votado a favor de esa ley.*

di·bu·jan·te |diβuxánte| ***com.*** Persona que se dedica a dibujar: *Luis es el ~ de las viñetas de humor de un conocido periódico.*

di·bu·jar |diβuxár| **1** ***tr.*** [algo] Representar una figura en una superficie por medio de líneas y *rasgos: *el niño dibujó una casa con el lápiz; el maestro dibujó un avión en la pizarra.* ⇒ **delinear. 2** Describir de modo vivo y real: *nos dibujó el plan de tal modo que todos estuvimos de acuerdo.* **- 3 dibujarse *prnl.*** Aparecer o mostrarse, pero sin detalle: *a lo lejos se dibuja la silueta del castillo.*

di·bu·jo |diβúxo| **1** ***m.*** Arte o técnica de dibujar: *todas las semanas voy a clase de ~.* **2** Representación o imagen hecha con esa técnica: *hizo un ~ de su padre.* **3** Forma de combinarse las líneas y figuras que adornan un objeto: *esta camisa tiene un ~ de rombos.* **■ dibujos animados**, serie de imágenes dibujadas y *cinematografiadas que producen la sensación de movimiento: *a los niños les gustan las películas de dibujos animados.*

dic·ción |dikθión| **1** ***f.*** Manera de pronunciar o de hablar: *debes cuidar la ~ si quieres que se te entienda desde el fondo de la sala.* ⇒ **pronunciación. 2** Manera de expresarse o de escribir: *su ~ es clara y cuidada.*

dic·cio·na·rio |dikθionário| **1** ***m.*** Conjunto de palabras de una o más lenguas o lenguajes *especializados, generalmente en orden alfabético, con sus explicaciones correspondientes: *si no sabes lo que significa la palabra* halo, *búscala en este ~; tengo un ~ bilingüe español-inglés.* ⇒ **enciclopedia, glosario, léxico, vocabulario. 2** *p. ext.* *Catálogo alfabético de una materia: *ha comprado un ~ de frases célebres; buscó la fecha de la muerte de Velázquez en un ~ de artistas.* **3** Ordenación de *términos o palabras en un aspecto determinado: *he comprado un ~ de sinónimos y otro ideológico.*

dic·cio·na·ris·ta |dikθionarísta| ***com.*** Persona que se dedica a hacer *diccionarios: *es un buen ~, ahora trabaja en un diccionario bilingüe.* ⇒ **lexicógrafo.**

di·cha |dítʃa| **1** ***f.*** Estado de ánimo del que se encuentra feliz o alegre: *la emoción y la ~ lo invadieron.* ⇒ **felicidad. 2** Acontecimiento o situación feliz o alegre: *tuvo la ~ de ver a sus tres hijos felizmente casados.* ⇒ **felicidad.**

di·cha·ra·che·⌜ro, ⌜ra |ditʃaratʃéro, ra| ***adj.-s.*** (persona) Que entra en conversación con facilidad o habla mucho: *no te aburrirás con él porque es muy simpático y ~.* ⇒ **hablador.**

di·cho |dítʃo| ***m.*** Palabra o conjunto de palabras mediante las cuales se dice una cosa o se expresa una idea, especialmente si tiene gracia o contiene una *sentencia: *es muy ingenioso y siempre salta con algún ~ oportuno.* ⇒ **frase, máxima, refrán. ■ ~ y hecho**, al momento; de forma inmediata: *es muy trabajadora: siempre que le digo que recoja la casa, es ~ y hecho.*

di·cho·⌜so, ⌜sa |ditʃóso, sa| **1** ***adj.*** Que es feliz o está alegre: *estaba ~ de haberlo conseguido.* **2** Que proporciona felicidad o alegría: *siempre he necesitado tu dichosa compañía.* **3** *fam. desp.* Que molesta o causa fastidio: *¡~ trabajo!, ¡cada vez tenemos más que hacer!* **4** *desp. fig.* Que no tiene suerte o *fortuna: *¡~ el día en que me casé!* ⇒ **desafortunado, desgraciado.**

di·ciem·bre |diθiémβre| ***m.*** Último mes del año: *en ~ se celebra la Navidad.*

di·co·to·mí·a |dikotomía| ***f.*** División en dos partes o grupos: *sus películas siempre tratan la ~ del bien y el mal.*

dic·ta·⌜do |diktáðo| **1** ***m.*** Acción y resultado de leer o hablar para que una o varias personas escriban lo que se dice: *tuvimos que escribir al ~; la señorita nos puso un ~ para comprobar nuestra ortografía.* **- 2 dictados** ***m. pl.*** *fig.* Reglas o normas de la razón, de la moral o de otra cosa: *un abogado está obligado a seguir los dictados de la jurisprudencia.*

dic·ta·⌈dor, ⌈do·ra |dikٰtaðór, ðóra| **1** ***m. f.*** Persona que gobierna con un poder total: *los dictadores toman decisiones sin necesidad de responder ante nadie; Francisco Franco fue un ~.* ⇒ **déspota, tirano. - 2** ***adj.-s.*** *fig.* (persona) Que abusa de su superioridad o de su poder en el trato con los demás: *mi jefe es un ~, ni siquiera me permite salir para tomarme un café; aparentemente es normal, pero en su casa es una dictadora.* ⇒ **déspota, tirano.**

dic·ta·du·ra |dikٰtaðúra| **1** ***f.*** Sistema político en el que una sola persona gobierna con poder total: *las dictaduras atentan contra la libertad del ciudadano; las dictaduras aparecen en momentos de crisis políticas; la ~ de Primo de Rivera comenzó en 1923 y terminó en 1930.* ⇒ **autocracia. 2** Periodo de tiempo que dura ese sistema político: *durante la ~ de Franco muchos intelectuales españoles estuvieron en el exilio.* **3** *p. ext.* País que se gobierna de esa manera: *Argentina fue una ~ militar.* **4** *fig.* Poder que lo domina todo: *viven dominados por la ~ de la moda.*

dic·tá·fo·no |dikٰtáfono| ***m.*** Aparato que graba y reproduce lo que se habla o se *dicta: *ayudándose del ~, pasó a máquina todo lo que dijo el profesor en clase.*

dic·ta·men |dikٰtámen| ***m.*** Opinión técnica que se forma o se da sobre una cosa: *una comisión de expertos emitirá un ~ la semana próxima sobre el estado del edificio.*

dic·ta·mi·nar |dikٰtaminár| ***intr.*** Dar un *dictamen o una opinión técnica: *los expertos dictaminaron sobre la causa del incendio.*

dic·tar |dikٰtár| **1** ***tr.*** [algo] Leer o hablar para que una o varias personas escriban lo que se dice: *nos dictaron unos versos de Catulo y nos pidieron que los tradujésemos.* **2** Hacer pública una *sentencia: *el Ayuntamiento dictó unas normas sobre la recogida de basuras; el tribunal dictará sentencia mañana.* ⇒ **pronunciar. 3** *fig.* Indicar o apuntar: *hizo lo que le dictaba el corazón.*

dic·ta·to·rial |dikٰtatorial| ***adj.*** De la *dictadura o que tiene relación con ella: *bastantes países sudamericanos han sufrido gobiernos dictatoriales; durante el periodo ~ desapareció la libertad de expresión; las medidas tomadas por la directiva son dictatoriales.* ⇒ **despótico, tiránico.**

di·dác·ti·ca |diðákٰtika| ***f.*** Disciplina que se ocupa de las técnicas de enseñanza: *enseña ~ en la universidad.*

di·dác·ti·⌈co, ⌈ca |diðákٰtiko, ka| **1** ***adj.*** De la *didáctica o que tiene relación con ella: *una regla didáctica fundamental es mantener la atención del alumno.* **2** Que sirve para enseñar o explicar: *venden libros y material ~.*

die·ci·nue·ve |dieθinuébe| **1** ***num.*** Diez más nueve: *quince más cuatro son ~; si tengo cien manzanas y te doy 81, me quedan ~.* **2** (persona, cosa) Que sigue en orden al que hace el número 18; decimonoveno: *si voy después del decimoctavo, soy el ~ de la lista.* ☖ Es preferible el uso del ordinal: *soy el decimonoveno.* **- 3** ***m.*** Número que representa el valor de diez más nueve: *escribe el ~ después del 18.*

die·ci·nue·ve·a·⌈vo, ⌈va |dieθinueβeáβo, βa| ***num.*** (parte) Que resulta de dividir un todo en 19 partes iguales: *si somos 19 para comer, me toca un ~ de tarta.*

die·cio·cha·⌈vo, ⌈va |dieθiotʃáβo, βa| ***num.*** ⇒ **dieciochoavo.** ☖ La Real Academia Española prefiere la forma *dieciochoavo.*

die·ci·o·ches·⌈co, ⌈ca |dieθiotʃésko, ka| ***adj.*** Del siglo XVIII o que tiene relación con él: *es un enamorado del arte ~ francés.*

die·ci·o·cho |dieθiótʃo| **1** ***num.*** Diez más ocho: *quince más tres son ~; si tengo cien manzanas y te doy 82, me quedan ~.* **2** (persona, cosa) Que sigue en orden al que hace el número 17; decimoctavo: *si voy después del decimoséptimo, soy el ~ de la lista.* ☖ Es preferible el uso del ordinal: *soy el decimoctavo.* **- 3** ***m.*** Número que representa el valor de diez más ocho: *escribe el ~ después del 17.*

die·cio·cho·a·⌈vo, ⌈va |dieθiotʃoáβo, βa| ***num.*** (parte) Que resulta de dividir un todo en 18 partes iguales: *si somos 18 para comer, me toca un ~ de tarta.* ⇒ **dieciochavo.**

die·ci·séis |dieθiséis| **1** ***num.*** Diez más seis: *quince más uno son ~; si tengo cien manzanas y te doy 84, me quedan ~.* **2** (persona, cosa) Que sigue en orden al que hace el número 15; decimosexto: *si voy después del decimoquinto, soy el ~ de la lista.* ☖ Es preferible el uso del ordinal: *soy el decimosexto.* **- 3** ***m.*** Número que representa el valor de diez más cinco: *escribe el ~ después del 15.*

die·ci·sei·sa·⌈vo, ⌈va |dieθiseisáβo, βa| ***num.*** (parte) Que resulta de dividir un todo en 16 partes iguales: *si somos 16 para comer, me toca un ~ de tarta.*

die·ci·sie·te |dieθisiéte| **1** ***num.*** Diez más siete: *quince más dos son ~; si tengo cien manzanas y te doy 83, me quedan ~.* **2** (persona, cosa) Que sigue en orden al que hace el número 16; decimoséptimo: *si voy después del decimosexto, soy el ~ de la lista.* ☖ Es preferible el uso del ordinal: *soy el decimoséptimo.* **- 3** ***m.*** Número que representa el valor de diez más siete: *escribe el ~ después del 16.*

die·ci·sie·te·a·⌈vo, ⌈va |dieθisieteáβo, βa| ***num.*** (parte) Que resulta de dividir un todo en 17 partes iguales: *si somos 17 para comer, me toca un ~ de tarta.*

dien·te |diénte| **1** ***m.*** Hueso pequeño que crece con otros en la boca del hombre y otros animales y que sirve para cortar y masticar los alimentos: *fue al dentista para que le revisara los dientes; los carnívoros tienen dientes fuertes y cortantes.* ⇒ **muela; ~ de leche**, el que se cambia por otro durante el crecimiento: *al niño se le ha caído ya el primer ~ de leche.* **2** Punta o saliente que tiene el borde o superficie de una cosa: *~ de sierra; las ruedas del mecanismo de un reloj tienen dientes.* **3** Parte en que se divide una cabeza de *ajos: *sólo hay que echar un ~ porque, si no, el sabor es demasiado fuerte.* ⇒ **gajo.**

■ **armado hasta los dientes**, con muchas armas: *el bandolero iba armado hasta los dientes y su víctima no llevaba ni una navaja.* ■ **decir/hablar entre dientes**, hablar bajo y de modo que no se entienda bien lo que se dice: *no pude oír lo que decían porque estaban hablando entre dientes.* ■ **hincar el ~**, *fam.*, alcanzar una cosa que pertenece a otra persona: *ya me gustaría hincarle el ~ a su fortuna.* ■ **poner los dientes largos**, *fam.*, despertar un deseo: *se te van a poner los dientes largos cuando veas el coche que me he comprado.*

dié·re·sis |diéresis| *f.* LING. Signo de ortografía que en español se coloca sobre la vocal *u* para indicar que se debe pronunciar cuando se encuentra detrás de una *g* y delante de *e* o *i*: *las palabras* antigüedad, vergüenza *y* pingüino *llevan ~.* ◻ El plural es *diéresis.*

die·sel |diésel| *m.* Motor que produce movimiento quemando *gasóleo: *este coche tiene un ~ de mucha potencia.* ⇒ **motor.**

dies·tra |diéstra| *f. form.* Mano que está en el lado derecho: *el torero cogió la muleta con la ~.* ⇒ **derecha.** ⇔ **izquierda, siniestra.**

dies·⌜tro, ⌜tra |diéstro, tra| **1** *adj.* (parte de una cosa) Que está situado, en relación con la posición de una persona, en el lado opuesto al que tiene el corazón: *le ofreció la mano diestra en señal de agradecimiento.* ⇒ **derecho.** ⇔ **izquierdo.** **2** Que puede hacer una cosa fácilmente y bien: *es muy ~ en el arte de la esgrima.* ⇒ **ducho, hábil.** - **3** *adj.-s.* (persona) Que tiene mayor habilidad en las extremidades que están en el lado derecho: *casi todos los objetos están preparados para que los manejen personas diestras.* ⇔ **zocato.** - **4 diestro** *m.* Persona que se dedica a *torear: *los tres diestros salieron a la plaza acompañados de sus cuadrillas.* ⇒ **torero.** ■ **a ~ y siniestro**, sin orden ni cuidado: *cuando se enfada empieza a dar golpes a ~ y siniestro.*

die·ta |diéta| **1** *f.* Conjunto de normas que se refieren a la cantidad y al tipo de alimentos que se deben tomar: *el médico le ha impuesto una ~ muy severa a base de fruta.* ⇒ **régimen.** **2** Cantidad de dinero que se da a una persona para cubrir los gastos que le supone trabajar fuera de su lugar habitual: *cobró unas dietas por el alojamiento y la comida.* ◻ Se usa frecuentemente en plural. ■ **estar a ~**, seguir un conjunto de normas que se refieren a la cantidad y al tipo de alimentos que se deben tomar, generalmente para perder peso: *una enfermedad me obliga a estar a ~.* ⇒ **régimen.**

die·ta·rio |dietário| *m.* Libro en el que se escriben los *ingresos y los gastos de cada día: *apunta en el ~ las cantidades que nos han pagado hoy.*

die·té·ti·ca |dietétika| *f.* MED. Disciplina que estudia las reglas de la alimentación que ayudan a mantener la salud: *según la ~, no te conviene comer tantas grasas.*

die·té·ti·⌜co, ⌜ca |dietétiko, ka| *adj.* De la *dieta o que tiene relación con ella: *tomaba productos dietéticos para estar en forma.*

diez |diéθ| **1** *num.* Nueve más uno: *cinco por dos son ~; si tengo 100 manzanas y te doy 90, me quedan ~.* **2** (persona, cosa) Que sigue en orden al que hace el número nueve; décimo: *si voy después del noveno, soy el ~ de la lista.* ◻ Es preferible el uso del ordinal: *soy el décimo.* - **3** *m.* Número que representa el valor de nueve más uno: *escribe el ~ después del nueve.*

diez·mar |dieθmár| **1** *tr.* [algo] Causar gran cantidad de muertes, heridos o enfermos en un conjunto de personas: *el hambre y la peste han diezmado la población; el bombardeo diezmó al enemigo.* **2** Separar una cosa de cada diez: *cobraban los impuestos diezmando las ganancias.*

diez·mi·lé·si·⌜mo, ⌜ma |dieθmilésimo, ma| **1** *num.* (persona, cosa) Que sigue en orden al que hace el número 9999: *si voy después del 9999, soy el ~ de la lista.* **2** (parte) Que resulta de dividir un todo en 10000 partes iguales: *este instrumento es capaz de medir diezmilésimas.*

diez·mo |diéθmo| *m.* Parte de los frutos o de las *ganancias que antiguamente se pagaba al rey o a la iglesia, generalmente la décima parte: *el rey les obligó a pagar el ~ en el plazo de un año.*

di·fa·ma·ción |difamaθión| *f.* Acción y resultado de *difamar: *el periodista ha sido denunciado por sus continuas difamaciones.*

di·fa·mar |difamár| *tr.* [a alguien] Hablar mal de una persona; *ofender la fama o el honor: *la prensa lo ha difamado y llenado de calumnias.* ⇒ **denigrar, denostar.**

di·fa·ma·to·⌜rio, ⌜ria |difamatório, ria| *adj.* Que *ofende la fama o el honor: *escribió un artículo ~ y lo denunciaron.*

di·fe·ren·cia |diferénθia| **1** *f.* Cualidad o circunstancia por la que dos personas o cosas no son iguales o se distinguen: *hay que buscar las diferencias de este dibujo con el original; no hay ~ entre los pisos de este edificio; la principal ~ entre tú y yo es que tú eres más responsable.* ⇔ **semejanza.** **2** Discusión que se provoca por tener ideas contrarias: *tuvimos algunas diferencias al principio, pero ahora somos muy amigos.* **3** Número que resulta de restar dos cantidades: *la ~ entre diecisiete y nueve es ocho.* ■ **a ~ de**, de modo distinto a: *la universidad, a ~ de la empresa, valora más la ciencia que los beneficios económicos.*

di·fe·ren·cial |diferenθiál| **1** *adj. form.* Que indica diferencia o que supone una diferencia: *el biólogo estudiaba las características diferenciales de las aves.* - **2** *f.* MAT. Diferencia *infinitamente pequeña de una variable: *esta ecuación sirve para hallar la ~ de la integral.* - **3** *m.* MEC. Mecanismo de un automóvil que permite que la velocidad de las ruedas que tienen un mismo eje sea independiente: *el ~ hace más fácil y segura la conducción de un automóvil.*

di·fe·ren·ciar |diferenθiár| **1** *tr.-prnl.* [algo, a alguien] Distinguir o distinguirse las cualidades o circunstancias por las que dos cosas o personas no son iguales; averiguar y señalar diferencias: *soy incapaz de ~ el puma del jaguar; estos gemelos sólo se diferencian por la manera de hablar.* - **2** *tr.* Hacer que una persona o cosa sea diferente a otras: *hay* *que intentar ser justos para no ~ a los unos de los otros.* **- 3 diferenciarse** ***prnl.*** Dividirse en partes diferentes un tejido u órgano que forma un todo: *la flor procede de un brote cuyas hojas se han diferenciado.* ◯ Se conjuga como 12.

di·fe·ren·te |diferénte| **1** ***adj.*** Que es distinto a otro; que no es igual: *la idea que yo tengo es ~ a la tuya; todas las personas son diferentes.* ⇒ **diverso.** ⇔ **coincidente. - 2 diferentes** ***adj. pl.*** Varios; más de uno, cuando no son iguales: *la cuestión presenta diferentes aspectos; hay diferentes modos de ver la misma cosa.* ⇒ **distinto.**

di·fe·ri·do |diferíðo| ■ **en ~**, que no se emite en directo sino después de que haya ocurrido: *esta noche emiten un partido de fútbol en ~.* ◯ Es el participio de *diferir.*

di·fe·rir |diferír| **1** ***tr.*** *form.* [algo] Retrasar o suspender la ejecución de una cosa: *tendremos que ~ el viaje hasta mañana.* ⇒ **aplazar, dilatar. - 2** ***intr.*** [de algo/alguien, entre algo/alguien] Ser diferente o distinguirse: *difieren tan poco entre sí que parecen iguales.* **3** [de algo/alguien] No estar de acuerdo sobre un asunto determinado: *siento decirle que difiero de usted.* ⇒ **disentir.** ◯ Se conjuga como 35.

di·fí·cil |difíθil| **1** ***adj.*** Que necesita mucha habilidad, inteligencia o trabajo para ser hecho, entendido o conseguido: *tiene que hacer un trabajo ~; la conjugación de los verbos irregulares es muy ~.* ⇔ **fácil. 2** (persona, carácter) Que no es agradable tratar con él por enfadarse con facilidad, causar problemas u otras razones: *Paloma es una chica ~, nunca se sabe cuándo va a contestarte mal; los educadores tienen que enfrentarse frecuentemente con niños difíciles.*

di·fi·cul·tad |difikultáᵈ| **1** ***f.*** Hecho o situación que hace difícil o impide hacer o conseguir una cosa: *tuvimos muchas dificultades para alcanzar el puerto; la ~ está en calcular las ventas generadas por la publicidad.* ⇒ **problema. 2** Característica o elemento que hace difícil una cosa: *el examen que nos pusieron estaba lleno de dificultades.* ⇒ **problema.**

di·fi·cul·tar |difikultár| ***tr.*** [algo] Hacer difícil o impedir hacer o conseguir una cosa: *la diferencia de lenguas dificulta el entendimiento entre ellos.*

di·fi·cul·to·⌜so, ⌜sa |difikultóso, sa| ***adj.*** Que es difícil o tiene dificultades: *la reconstrucción del mosaico será verdaderamente dificultosa.* ⇔ **fácil.**

dif·te·ria |diftéria| ***f.*** Enfermedad aguda provocada por una bacteria que infecta las vías de la respiración: *la ~ puede provocar la muerte; le pusieron una vacuna contra la ~.*

di·fu·mi·nar |difuminár| **1** ***tr.-prnl.*** [algo] Disminuir la intensidad de un color, de un olor o de un sonido: *el color de los cabellos se difumina hasta confundirse con el fondo del cuadro.* **2** *fig.* Disminuir la claridad o la exactitud: *la sombras del anochecer difuminan el paisaje.* **- 3** ***tr.*** Frotar ligeramente con papel u otro material suave el contorno de un dibujo para que las líneas pierdan claridad: *difuminó los trazos del pelo.*

di·fun·dir |difundír| **1** ***tr.-prnl.*** [algo] Extender o esparcir por el espacio en todas las direcciones: *la luz del Sol se difunde por el Sistema Solar.* **- 2** ***tr.*** *fig.* Dar a conocer entre un gran número de personas: *nuestra distribuidora se encargará de ~ el libro; los medios de comunicación han difundido la noticia.* ⇒ **desparramar, divulgar.**

di·fun·⌜to, ⌜ta |difúnto, ta| **1** ***adj.-s.*** (persona) Que ha muerto: *sus familiares ruegan una oración por el ~.* **- 2 difunto** ***m.*** Cuerpo sin vida de una persona: *colocaron al ~ en la caja.* ⇒ **cadáver, cuerpo, muerto.**

di·fu·sión |difusión| **1** ***f.*** Acción y resultado de extender o *difundir: *estos impresos sirven para la ~ de la cultura.* ⇒ **contagio. 2** Emisión de ondas que *transmiten sonidos e imágenes: *esta antena se encargará de la ~ de los programas de nuestra cadena.* ⇒ **transmisión, trasmisión.**

di·fu·si·⌜vo, ⌜va |difusíβo, βa| ***adj.*** De la *difusión o que tiene relación con ella: *estos medios tienen una gran capacidad difusiva.*

di·fu·⌜so, ⌜sa |difúso, sa| ***adj.*** Que es poco claro o exacto: *tan sólo tenía una idea difusa de lo que podría pasar.*

di·fu·⌜sor, ⌜so·ra |difusór, sóra| **1** ***adj.-s.*** Que extiende o esparce: *Joaquín Costa fue el ~ del Regeneracionismo; la prensa tiene una gran fuerza difusora.* **- 2 difusor** ***m.*** Parte de un aparato que sirve para esparcir el aire en todas direcciones: *las mujeres con el pelo rizado se secan el pelo con ~.*

di·ge·ri·ble |dixeríβle| ***adj.*** Que puede ser *digerido con facilidad: *usted sufre de úlcera y debe comer alimentos fácilmente digeribles.* ⇒ **digestible.**

di·ge·rir |dixerír| **1** ***tr.*** [algo] Transformar los alimentos en el aparato *digestivo y convertirlos en sustancias que el organismo es capaz de absorber: *las verduras ayudan a ~ las carnes.* **2** *fig.* Sufrir con paciencia una desgracia o una ofensa: *todavía no he podido ~ la mala pasada que me jugó.* ◯ Se suele usar en frases negativas. **3** *fig.* Pensar o considerar con cuidado: *todavía está digiriendo lo que le dijeron esta mañana.* ◯ Se conjuga como 35.

di·ges·ti·ble |dixestíβle| ***adj.*** Que puede ser *digerido con facilidad: *alimentos como el yogur o el arroz son muy digestibles.* ⇒ **digerible.**

di·ges·tión |dixestión| ***f.*** Transformación de los alimentos en el aparato *digestivo, para convertirlos en sustancias que el organismo es capaz de absorber: *la ~ es un proceso largo y que requiere un gran gasto de energía.* ⇒ **indigestión.**

di·ges·ti·⌜vo, ⌜va |dixestíβo, βa| **1** ***adj.*** De la *digestión o que tiene relación con ella: *tiene una infección en el tubo ~.* **- 2** ***adj.-m.*** (sustancia) Que ayuda a hacer la *digestión: *el médico le ha recetado un ~.*

di·gi·ta·ción |dixitaθión| **1** ***f.*** MÚS. Movimiento de los dedos al tocar un instrumento musical: *los estudiantes del conservatorio hacen muchos ejercicios de ~.* **2** MÚS. Sistema de números que se usa en la escritura musical para indicar con qué dedo se tiene que ejecutar cada nota en un instrumento: *para aprenderte bien la pieza tienes que respetar la ~.*

di·gi·tal |dixitál| **1** ***adj.*** De los dedos o que tiene relación con ellos: *le tomaron las huellas digitales en* *la comisaría.* ⇒ **dactilar. 2** (aparato) Que representa una medida con números y no mediante agujas: *llevaba un reloj ~; este coche tiene el cuadro ~.*

dí·gi·to |díxito| **1** ***m.*** MAT. Signo que representa un solo *guarismo o *cifra: *el número 523 tiene tres dígitos.* **- 2** ***adj.-m.*** (número) Que se expresa con un solo signo: *el 0 y el 1 son dígitos.*

dig·nar·se |diᵛnárse| ***prnl.*** Tener la consideración de hacer una cosa: *se dignó a recibirnos en su casa.*

dig·na·ta·rio |diᵛnatário| ***m.*** Persona que ha recibido una *dignidad: *a la inauguración asistieron los más altos dignatarios del país.*

dig·ni·dad |diᵛniðáᵟ| **1** ***f.*** Cargo de honor y de autoridad: *recibió la ~ de emperador a los 22 años.* **2** Persona que posee un cargo de honor y de autoridad: *varias dignidades eclesiásticas forman parte de nuestra asociación benéfica.* **3** Cualidad de *digno: *no lo hagas, aunque sólo sea por ~.*

dig·⌈no, ⌈na |díᵛno, na| **1** ***adj.*** Que merece una cosa: *por sus virtudes, es ~ de alabanza.* **2** Que se corresponde con las cualidades o virtudes de una persona o cosa: *fue una respuesta digna de él; esta mesa es digna de un rey.* **3** Que se respeta a sí mismo y merece el respeto de los demás: *se levantó y, muy ~, salió de la sala.* **4** Que no causa vergüenza ni daña la moral: *sólo te pido que tu comportamiento sea ~.*

dí·gra·fo |díɣrafo| ***m.*** Grupo de dos letras que representa un solo sonido: *son dígrafos la* qu *de queso y la* ch *de chocolate.*

di·gre·sión |diɣresión| ***f.*** Parte de un discurso que se aparta del asunto principal: *el profesor hizo varias digresiones a lo largo de su clase.* ⌂ No se debe decir *disgresión.*

DIGESTIVO (APARATO)

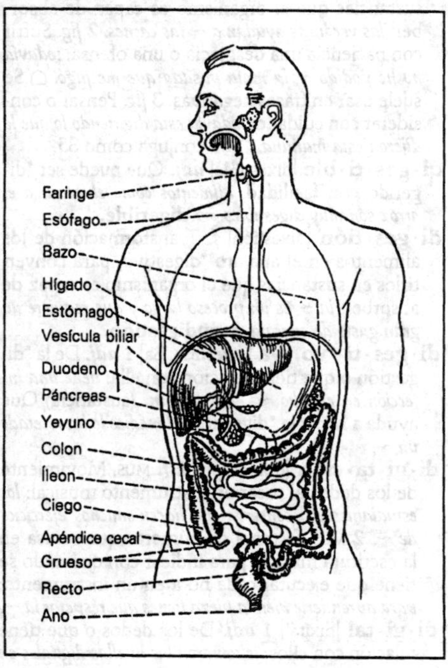

di·la·ción |dilaθión| ***f.*** Retraso o detención en un proceso o una actividad: *sin mayor ~, pasamos al comedor.* ⇒ **demora, tardanza.**

di·la·pi·da·ción |dilapiðaθión| ***f.*** Gasto de bienes o de dinero sin orden ni cuidado: *creo que esa inversión es una ~ de los bienes públicos.* ⇒ **derroche.**

di·la·pi·dar |dilapiðár| ***tr.*** [algo] Gastar los bienes o el dinero sin orden ni cuidado: *dilapidó la herencia de su abuelo en dos meses.* ⇒ **derrochar.**

di·la·ta·ción |dilataθión| **1** ***f.*** FÍS. Aumento del volumen de un cuerpo por separación de sus moléculas y disminución de su densidad: *el aumento de temperatura produce la ~ de los cuerpos.* **2** MED. Procedimiento empleado para aumentar la anchura de un conducto: *tomaba un medicamento para la ~ de las venas.*

di·la·ta·⌈do, ⌈da |dilatáðo, ða| ***adj.*** *form.* Que se extiende mucho o que ocupa mucho espacio: *cabalgaban por una dilatada llanura.* ⌂ Es el participio de *dilatar.*

di·la·tar |dilatár| **1** ***tr.-prnl.*** [algo] Extender o hacer ocupar más espacio: *el calor dilata el hierro; el mercurio del termómetro se dilata al sol.* **2** Hacer durar más tiempo; retrasar o suspender la ejecución de una cosa: *el asunto se ha dilatado más de lo esperado.* ⇒ **diferir. 3** Hacer más grande o intenso: *durante estos años su fama se ha dilatado.* **- 4 dilatarse** ***prnl.*** Extenderse mucho en un discurso o escrito: *no quisiera dilatarme demasiado, así que concluiré.*

di·la·to·⌈rio, ⌈ria |dilatório, ria| ***adj.*** DER. Que retrasa una acción o proceso: *pidieron al tribunal una prórroga dilatoria.*

di·lec·⌈to, ⌈ta |diléᵏto, ta| ***adj.*** *form.* Que es amado más que otros; que se prefiere: *sabes, mi ~ Marco, que es estúpido buscar lo que no se puede conseguir.*

di·le·ma |diléma| **1** ***f.*** Problema o situación dudosa: *¡vaya ~!, nos hemos quedado sin agua y no sabemos dónde encontrar más.* ⇒ **encrucijada. 2** FIL. *Argumento formado por dos *proposiciones contrarias y que se usa para demostrar una cosa: *considera el siguiente ~: o crees, o no crees, si crees, algo crees; si no crees, crees que no crees, luego algo crees.*

di·li·gen·cia |dilixénθia| **1** ***f.*** Rapidez y *prontitud en el obrar: *gracias a su ~, el asunto ha quedado resuelto antes de lo esperado.* **2** Proceso *administrativo: *las diligencias para construir el nuevo teatro se iniciaron el año pasado.* **3** Vehículo tirado por caballos y que sirve para el transporte de personas: *en las películas de vaqueros norteamericanos, suelen aparecer diligencias.* ■ **hacer diligencias**, poner los medios para conseguir un fin: *hizo todas las diligencias necesarias para solucionar el problema.*

di·li·gen·te |dilixénte| **1** ***adj.*** Que es activo y rápido: *es un joven muy ~ y lo tendrá terminado en seguida.* **2** Que es cuidadoso o exacto: *podemos confiar en él porque es serio y ~ en su trabajo.*

di·lu·ci·dar |diluθiðár| ***tr.*** [algo] Explicar o aclarar un asunto o materia: *trataba de ~ la causa de su enfermedad.*

di·lu·ir |diluír| **1** ***tr.-prnl.*** [algo] Hacer líquida una sustancia; añadir *disolvente: *diluyó la miel en la leche; la tinta se diluyó en el agua.* ⇒ **disolver. 2** Separar o deshacer las partes de un cuerpo por medio de un líquido: *hay que ~ los polvos en agua antes de tomarlos.* ⇒ **desleír, disolver. 3** Hacer más débil un color o una luz: *ese rojo es demasiado fuerte, hay que diluirlo.* **4** *fig.* Dividir y repartir entre varias personas una responsabilidad o una autoridad: *para evitar abusos de poder, diluyó las competencias.* ☐ Se conjuga como 62.

di·lu·vial |diluβiál| ***adj.*** Del *diluvio o que tiene relación con él: *en el pueblo cayeron aguas diluviales durante varias semanas.*

di·lu·viar |diluβiár| ***unipers.*** Llover con fuerza y de forma abundante: *yo no salgo ahora a la calle, está diluviando.* ☐ Se conjuga como 12.

di·lu·vio |dilúβio| **1** ***m.*** *fam.* Lluvia muy fuerte y abundante: *en Semana Santa cayó un verdadero ~; en tiempos de Noé cayó un gran ~ que inundó la Tierra.* **2** *fam. fig.* Abundancia excesiva de una cosa: *el famoso cineasta recibió un ~ de preguntas de sus admiradores.*

di·ma·nar |dimanár| **1** ***intr.*** Proceder el agua de una fuente o un *manantial: *este arroyo dimana de esa montaña.* ⇒ **manar. 2** *form. fig.* Proceder o tener origen: *esa actitud dimana de su forma de pensar.*

di·men·sión |dimensión| **1** ***f.*** Tamaño, medida; propiedad física que puede ser medida: *la física trabaja con dimensiones.* ⇒ **proporción. 2** Longitud de una línea; área de una superficie o volumen de un cuerpo: *el decorador medía las dimensiones de la sala.* **3** *fig.* Propiedad de una cosa que no es física y que ayuda a *definirla: *el público aprecia la ~ política de su obra.* **4** *fig.* Importancia o dificultad: *la ~ que ha alcanzado el problema ha hecho que necesitemos ayuda exterior.*

di·mi·nu·ti·⌜vo, ⌜va |diminutíβo, βa| ***adj.-m.*** (*sufijo, palabra) Que expresa pequeñez, poca importancia o afecto: casita *es ~ de* casa. ⇔ **aumentativo.**

di·mi·nu·⌜to, ⌜ta |diminúto, ta| ***adj.*** Que es excesivamente pequeño: *le han salido unos granos diminutos, pero muy molestos.* ⇒ **enano, pequeño.**

di·mi·sión |dimisión| ***f.*** Renuncia a un puesto o cargo, especialmente cuando se comunica a la autoridad o poder superior: *el ministro presentó su ~ al presidente del gobierno.*

di·mi·tir |dimitír| ***intr.*** Renunciar a un puesto o cargo comunicándoselo a la autoridad o poder superior: *dimitió del cargo de presidente a los dos meses de mandato.* ☐ No se debe decir *~ a alguien.*

di·na |dína| ***f.*** Unidad de fuerza que equivale a la fuerza que, en un segundo, comunica a una masa de un gramo la *aceleración de un centímetro por segundo: *el profesor nos pidió que transformásemos las dinas en unidades del Sistema Internacional.* ⇒ **newton.**

di·ná·mi·ca |dinámika| **1** ***f.*** FÍS. Disciplina que estudia el movimiento en relación con las fuerzas que lo producen: *me quedan por estudiar los temas de ~.* **2** *fig.* Fuerza o causa que provoca una acción o proceso: *la ~ de los acontecimientos ha obligado al gobierno a tomar medidas.*

di·ná·mi·⌜co, ⌜ca |dinámiko, ka| **1** ***adj.*** (persona) Que es muy activo o muestra gran energía: *es una mujer muy dinámica y, además de trabajar, hace deporte todos los días.* **2** *fig.* De la *dinámica o que tiene relación con ella: *la inercia es un fenómeno ~.*

di·na·mis·mo |dinamísmo| **1** ***m.*** *fam.* Energía que produce movimiento o acción: *es una persona con un gran ~.* **2** FIL. Doctrina filosófica que considera que el mundo está formado por elementos en movimiento continuo: *por el ~, los elementos son combinaciones de fuerzas.*

di·na·mi·ta |dinamíta| **1** ***f.*** Mezcla *explosiva de *nitroglicerina con un material que la absorbe y que hace que su manejo no sea peligroso: *llevaba varios cartuchos de ~ en la mochila; han volado el puente con ~.* **2** *fam. fig.* Situación o persona que tiene facilidad para agitarse o crear problemas: *esta huelga es pura ~.*

di·na·mi·tar |dinamitár| **1** ***tr.*** [algo] Hacer estallar usando *dinamita: *dinamitaron el puente para que el enemigo no pudiera pasar.* **2** *fig.* Atacar con energía para destruir o evitar una cosa: *con sus libros dinamitaba el concepto de Estado; dinamitaron la votación de la nueva ley.*

di·na·mo |dinámo| ***f.*** FÍS. Máquina que transforma la energía *mecánica en energía eléctrica: *en el interior de la ~ se produce un campo magnético.*

di·nar |dinár| ***m.*** Unidad de moneda de varios países, generalmente pertenecientes o relacionados con el mundo árabe: *en Argelia, Irak o Libia se utiliza el ~.*

di·nas·tí·a |dinastía| **1** ***f.*** Serie de reyes pertenecientes a una misma familia: *la ~ borbónica reina en España desde hace casi tres siglos.* **2** Familia de gran poder o influencia política, económica o cultural: *pertenece a una importante ~ de empresarios.*

di·nás·ti·⌜co, ⌜ca |dinástiko, ka| ***adj.*** De la *dinastía o que tiene relación con ella: *comenzaron las luchas dinásticas por el poder.*

di·ne·ral |dinerál| ***m.*** *fam.* Cantidad grande de dinero: *este coche tiene pinta de ser carísimo: seguro que cuesta un ~.*

di·ne·ro |dinéro| **1** ***m.*** Moneda o billete corriente que se usa en el comercio; cantidad o valor de esta moneda o billete: *tiene mucho ~ en el banco; no tengo ~ porque me he dejado el monedero en casa;* **~ contante y sonante/en efectivo**, *fam.*, el que se tiene en billetes o monedas listo para hacerlo circular: *no aceptamos cheques ni tarjetas, sólo ~ en efectivo;* **~ negro**, el que se consigue por medios que no son legales: *no quiero que me pagues el trabajo con ~ negro.* **2** Conjunto de valores y cosas que se poseen: *se nota que Antonio tiene mucho ~.*

di·no·sau·rio |dinosáurio| ***adj.-m.*** Reptil *prehistórico, generalmente de gran tamaño: *los dinosaurios se extinguieron al final de la era mesozoica, hace unos 65 millones de años.* ⇒ **ictiosaurio.**

din·tel |dintél| ***m.*** ARQ. Elemento horizontal que cierra la parte superior de un hueco y sostiene el muro que hay encima: *es tan alto que tiene que agacharse para no darse con el ~ de la puerta.*

di·ñar |diɲár| ■ **diñarla**, *fam. vulg.* morir: *estuvo muy malo y, al final, la diñó.*

dió·ce·sis |dióθesis| ***f.*** Territorio en el que tiene poder una autoridad religiosa: *el obispo hace visitas periódicas a todas las parroquias de la ~.* ⇒ **episcopado, obispado.**

diop·trí·a |dioᵖtría| **1** ***f.*** ÓPT. Unidad de *potencia de una *lente: *la ~ equivale al poder de una lente cuya distancia de enfoque es de un metro; necesita un cristal de cuatro dioptrías en el ojo derecho.* **2** Unidad que expresa el grado de un defecto de la vista: *la miopía y la hipermetropía se miden en dioptrías; tengo una ~ en el ojo izquierdo y tres en el derecho.*

dio·ra·ma |diorámа| ***m.*** Superficie pintada con figuras diferentes por ambas caras, de manera que cuando se ilumina de un lado o de otro muestra una u otra imagen: *ha creado unos dioramas que muestran imágenes de santos.*

dios |diós| **1** ***m.*** Ser *eterno, creador de todas las cosas y con poder sin límite para los cristianos: *el sacerdote ruega a Dios por la salvación de las almas.* ☖ En esta acepción se escribe con mayúscula. **2** Ser no material, superior al hombre, que tiene características distintas según las religiones: *Alá es el ~ de los musulmanes.* ⇒ **diosa. 3** Ser *sobrenatural que tiene poder y gobierna una parte de las cosas o de las personas: *Neptuno era el ~ del mar para los romanos.* ⇒ **deidad, divinidad.** **- 4 ¡Dios! *interj.*** Expresión que indica sorpresa, admiración o enfado: *¡Dios!, se me ha olvidado llamar a mi madre.* ■ **a la buena de Dios**, *fam.*, sin preparación; al azar: *contesté a la pregunta a la buena de Dios y acerté.* ■ **alabado/bendito sea Dios**, expresión que indica que uno acepta o se conforma con lo que viene: *si en vez de un niño son gemelos, alabado sea Dios.* ■ **alabado/bendito sea Dios**, expresión que indica sorpresa: *¡bendito sea Dios! ¡cómo te has puesto!* ■ **como Dios da a entender**, del modo que parece más adecuado en el momento a la persona que lo hace: *arreglé el coche como Dios me dio a entender porque no podía consultar a ningún mecánico.* ■ **como Dios manda**, bien, de manera correcta: *es mejor que hagas las cosas como Dios manda y así no tendrás que repetirlo todo.* ■ **como hay Dios**, expresión con que se jura la verdad de lo que se dice: *como hay Dios que yo no robé ese dinero.* ■ **con Dios**, adiós; expresión de despedida: *bueno, con Dios, que yo me voy; ve con Dios, nosotros nos quedamos.* ■ **Dios dirá**, expresión que indica que el resultado de una acción depende del azar, de la naturaleza o de la voluntad *divina: *el médico administró la medicina, pero ahora Dios dirá.* ■ **Dios los cría y ellos se juntan**, *fam.*, expresión que indica que los que se parecen en genio e ideas acaban uniéndose: *fíjate, los dos niños son igual de traviesos: Dios los cría y ellos se juntan.* ■ **Dios mediante**, si quiere el ser superior a los hombres: *mañana, Dios mediante, vendremos otra vez a visitarte.* ■ **¡Dios mío!**, expresión que indica dolor, sorpresa o admiración: *¡Dios mío!, pero ¿qué has hecho con la comida que está todo por el suelo?* ■ **Dios y ayuda**, *fam.*, gran esfuerzo que se necesita para hacer una cosa: *nos va a costar Dios y ayuda terminar el diccionario a tiempo.* ■ **la de Dios/la de Dios es Cristo**, *fam.*, gran lucha, discusión o falta de orden: *vinieron las dos familias y se armó la de Dios es Cristo.* ■ **poner a Dios por testigo**, jurar por su nombre: *pongo a Dios por testigo de que nunca más volveré a pasar hambre.* ■ **¡por Dios!**, expresión de protesta: *¡por Dios!, ¿cómo quiere que me calle?* ■ **¡sabe Dios!**, expresión que indica que no se sabe o no se está seguro de una cosa: *¡sabe Dios cuántos años tendrá la profesora!; ¿que si volverá Juan? ¡Sabe Dios!, con Juan nunca se sabe.* ■ **¡válgame Dios!**, expresión que indica disgusto o sorpresa: *se ha roto el jarrón, ¡válgame Dios!* ■ **¡vaya por Dios!**, expresión que indica que uno acepta o se conforma con lo que viene, aunque no sea bueno: *¡vaya por Dios!, hemos perdido el último tren y tendremos que esperar a mañana.*

dio·sa |diósa| ***f.*** Ser no material de sexo femenino, superior al hombre, que tiene características distintas según las religiones: *Némesis, la ~ del justo equilibrio, pasó a ser considerada divinidad de la venganza.* ⇒ **dios.**

di·plo·ma |diplóma| ***m.*** Título o documento que *acredita un grado *académico, un premio u otra cosa: *nos dieron un ~ por asistir a ese curso.*

di·plo·ma·cia |diplomáθia| **1** ***f.*** Ciencia o conocimiento de los intereses y relaciones entre los Estados: *estudia ~ para ser embajador.* ⇒ **política. 2** *fig.* Corrección y amabilidad fingida e interesada: *me respondió con mucha ~ que haría cuanto pudiera, pero sé que no me ayudará.*

di·plo·ma·ᵓdo, ᵓda |diplomáðo, ða| ***adj.-s.*** (persona) Que ha conseguido un *diploma o una *diplomatura: *es ~ y ahora quiere conseguir la licenciatura.* ⇒ **doctor, licenciado.**

di·plo·má·ti·ᵓco, ᵓca |diplomátiko, ka| **1** ***adj.*** De la *diplomacia o que tiene relación con ella: *han enviado un representante ~ para negociar la paz.* **2** *fig.* Que es correcto y capaz de fingir amabilidad en el trato: *nunca te dirá que no directamente porque es muy ~.* **- 3 *adj.-s.*** (persona, grupo) Que se dedica a negociar los intereses y las relaciones entre los Estados: *una comisión diplomática discutirá el asunto con los representantes de la ONU.* ⇒ **embajador.**

di·plo·ma·tu·ra |diplomatúra| **1** ***f.*** Grado *académico que se consigue en la *universidad, de categoría inferior a la *licenciatura: *tengo una licenciatura en derecho y una ~ en psicología.* ⇒ **doctorado, licenciatura. 2** Conjunto de estudios necesarios para conseguir ese grado: *sobresalió mucho en los cursos de la ~, pero no ha conseguido el doctorado.* ⇒ **doctorado, licenciatura.**

díp·ti·co |díᵖtiko| ***m.*** Cuadro o conjunto de figuras formado por dos tablas o superficies que se cierran como las tapas de un libro: *en este ~ medieval, se representan la Muerte y la Resurrección de Jesucristo.*

dip·ton·gar |di^{P}toŋgár| ***tr.*** [algo] Pronunciar dos vocales en una sola sílaba: *para pronunciar* causa *hay que ~ la* a *y la* u. ◯ Se conjuga como 7.

dip·ton·go |di^{P}tóŋgo| ***m.*** LING. Conjunto de dos vocales diferentes que se pronuncian en una sola sílaba: *hay ~ en las palabras* aire, maullar, peine, terapeuta, hoy, asfixia, siete, comercio, cuando, puente, cuidar, ciudad, conspicuo. ⇔ **hiato.**

di·pu·ta·ción |diputaθión| **1** ***f.*** Conjunto de los *diputados, especialmente los de una *provincia: *la ~ ha encargado un estudio económico sobre esta comarca.* ◯ En esta acepción se suele escribir con mayúscula. **2** *p. ext.* Edificio donde se reúnen esos *diputados: *fuimos a la ~ a solicitar una ayuda oficial.*

di·pu·ta·⌜do, ⌜da |diputáðo, ða| **1** ***m. f.*** Político que forma parte del Congreso: *un ~ del partido de la oposición comenzó a proferir gritos contra el presidente del gobierno.* **2** Persona que forma parte de una diputación: *ayer estuve hablando con el ~ de cultura.*

di·que |díke| **1** ***m.*** Muro o superficie vertical hecha para detener las aguas: *el ~ se rompió y las tierras se inundaron; hicieron un ~ para contener las crecidas del arroyo.* **2** MAR. Parte de un *puerto que se puede cerrar para sacar el agua y limpiar en seco los barcos: *llevaron el barco a la dársena y lo metieron en el ~ para limpiar el casco.* **3** MIN. Masa de mineral que asoma en la superficie de un terreno formando una especie de muro: *los mineros no permiten pasar porque hay muchos diques.* **4** *fig.* Obstáculo que interrumpe un movimiento o actividad: *este campo está lleno de diques y no se puede trabajar.* ■ **en el ~ seco,** fuera de toda actividad: *ya no se dedica a volar, ahora está en el ~ seco; las negociaciones están en el ~ seco.*

di·rec·ción |dire^{k}θión| **1** ***f.*** Recorrido o camino que sigue una persona o cosa en su movimiento: *puede que ésta no sea la ~ correcta para llegar a la plaza mayor; íbamos conduciendo en ~ a Valencia.* **2** *fig.* Camino u *orientación que se sigue para llegar a un fin determinado: *creo que el proyecto al fin va en buena ~; el premio que gané cambió la ~ de mi vida.* ⇒ **rumbo. 3** Nombre de la población y la calle y número de la casa donde vive una persona: *no sé tu ~, por eso no fui a visitarte; tengo su ~, así que le enviaré el paquete; escriba en este formulario su nombre, su ~ y su teléfono.* ⇒ **domicilio, seña. 4** Persona o conjunto de personas que dirigen o gobiernan una sociedad: *esta orden viene de la ~.* **5** Cargo de director: *le han encomendado la ~ de un banco.* **6** Oficina de la persona o personas que dirigen una sociedad: *tengo que ir a la ~ a hablar con el jefe.* **7** MEC. Mecanismo que sirve para dirigir un automóvil: *no puedo coger el coche porque tiene la ~ averiada.* ■ **en ~ a,** hacia: *llevamos una hora andando en ~ al mar y aún no se ve.*

di·rec·ti·va |dire^{k}tíβa| ***f.*** Conjunto de personas que dirigen una organización o una sociedad: *la ~ acordó en su última reunión subir la cuota de los socios.*

di·rec·ti·⌜vo, ⌜va |dire^{k}tíβo, βa| ***adj.-s.*** (persona) Que dirige o tiene el poder de dirigir, generalmente formando parte de un grupo o de una junta: *formo parte de la junta directiva; deseo hablar con algún ~.* ⇒ **dirigente.**

di·rec·⌜to, ⌜ta |diré^{k}to, ta| **1** ***adj.*** Que es recto y no se desvía: *éste es el camino ~ de Zaragoza a Barcelona; nuestro plan va ~ al fracaso.* ⇒ **derecho.** ⇔ **indirecto. 2** Que va de un lugar a otro sin pararse en el camino: *este tren es ~ y llega mucho antes que el anterior, que para en todas las estaciones.* **3** Que no necesita que intervenga nadie aparte de los interesados: *es mejor hacer un trato ~, sin intermediarios; lo hizo bajo la influencia directa de su padre.* ■ **en ~,** (*programa de radio o televisión) que se emite al mismo tiempo que se hace: *retransmitimos las palabras del presidente en ~ desde el Congreso de los Diputados.*

di·rec·⌜tor, ⌜to·ra |dire^{k}tór, tóra| **1** ***adj.-s.*** Que dirige u *orienta una acción o una cosa: *nuestra empresa tiene un principio ~: dar un buen servicio.* ⇒ **directriz. - 2** ***m. f.*** Persona que organiza o dirige un negocio o grupo de personas: *el ~ del colegio reunió a los profesores; la directora del banco tiene un sueldo altísimo; Manuel es ~ de orquesta;* ~ **espiritual**, sacerdote que dirige los asuntos de moral y religión de una persona o una comunidad: *cuando tiene problemas de conciencia, consulta a su ~ espiritual.*

di·rec·to·rio |dire^{k}tório| ***m.*** Conjunto de direcciones y nombres que guardan cierta relación entre sí generalmente ordenados *alfabéticamente: *en el ~ de la universidad puedes encontrar su teléfono.*

di·rec·triz |dire^{k}tríθ| ***f.*** Norma o conjunto de normas que dirige u *orienta una acción o una cosa: *ayer se presentaron las directrices de la política económica del gobierno; las directrices de una asociación se explican en sus estatutos.* ⇒ **director.**

di·ri·gen·te |dirixénte| ***adj.-com.*** (persona) Que dirige o tiene el poder de dirigir: *López es el máximo ~ de la empresa; varios dirigentes del partido lo han propuesto como secretario general.* ⇒ **directivo.**

di·ri·gi·ble |dirixíβle| **1** ***adj.*** Que se puede dirigir: *tengo un coche de juguete ~.* **- 2** ***m.*** Globo que lleva mecanismos, como motores y aspas, para conducirlo: *el ingeniero construyó un enorme ~.* ⇒ **globo, zepelín.**

di·ri·gir |dirixír| **1** ***tr.-prnl.*** [algo, a alguien] Enviar o hacer que vaya una cosa hacia un punto o lugar o que mire hacia él: *el comandante dirigió las tropas hacia el campo enemigo; dirigió el paquete a sus padres; dirigió la mirada al cielo.* **- 2** ***tr.*** [algo, a alguien] Gobernar, mandar y organizar a un grupo de personas: *él dirigió a los amotinados; el aparejador dirige las obras de construcción del aparcamiento.* **3** [algo] Dedicar un pensamiento, sentimiento o trabajo a un determinado fin o a una persona: *dirigía todos sus esfuerzos a conseguir un ascenso; dirijo a usted mis súplicas.* **4** [a alguien] Dar consejo: *el padre dirigió a su hijo en la elección de su carrera.* **- 5 dirigirse** ***prnl.*** Ir en una dirección a un lugar: *Marta se dirige a Granada.* **6** Hablar a una persona o a un grupo de personas determinado: *el presidente se dirigió a* *toda la nación por televisión; me estoy dirigiendo a ti, así que hazme caso.* ☖ Se conjuga como 6.

di·ri·mir |dirimír| **1** ***tr.*** [algo] Deshacer o separar una unión o una relación: *dirimieron su matrimonio tras siete años de vida en común.* ⇒ **disolver, divorciar. 2** Acabar o resolver una diferencia o un problema: *dirimieron sus disputas y se reconciliaron.*

dis·cer·ni·mien·to |disθernimiénto| **1** ***m.*** Acción de distinguir por medio de los sentidos o de la inteligencia: *el juego consistía en el ~ de varios olores.* **2** Capacidad de *discernir o de distinguir por medio de los sentidos o de la inteligencia, especialmente el bien del mal: *el asesino no tenía ~.*

dis·cer·nir |disθernír| ***tr.*** [algo; de algo] Distinguir una cosa de otra por medio de los sentidos o de la inteligencia: *es incapaz de ~ el bien del mal.* ☖ Se conjuga como 29.

dis·ci·pli·na |disθiplína| **1** ***f.*** Arte o ciencia; conjunto de técnicas relacionadas con una materia determinada: *la medicina es una ~ dura y difícil.* ⇒ **asignatura. 2** *Obediencia a un conjunto de reglas para mantener el orden entre los miembros de un grupo: *en el ejército es muy necesaria la ~; el maestro tuvo que imponer ~ a sus alumnos.* **3** Doctrina, educación de una persona, especialmente en lo moral: *un viejo monje se encargó de la ~ del hijo del conde.*

dis·ci·pli·nar |disθiplinár| **1** ***tr.*** [a alguien] Enseñar una disciplina o ciencia: *dedicó su vida a ~ jóvenes estudiantes.* **2** Hacer obedecer un conjunto de reglas para mantener un orden; poner un castigo: *el sargento disciplinó a los soldados mandándoles correr alrededor del campo de fútbol.*

dis·ci·pli·na·⌜rio, ⌜ria |disθiplinário, ria| **1** ***adj.*** De la disciplina o que tiene relación con ella: *el comité ~ le ha impuesto una sanción.* **2** Que sirve para mantener la disciplina; que sirve para corregir una falta o *delito: *por sus malos modales, le pusieron un castigo ~.*

dis·cí·pu·⌜lo, ⌜la |disθípulo, la| **1** ***m. f.*** Persona que recibe enseñanzas de un *maestro; persona que sigue unos estudios en una escuela: *Platón, como ~ de Sócrates, continuó su pensamiento.* **2** Persona que sigue y defiende las ideas de una escuela o de un *maestro: *puede ser considerado como ~ del filósofo alemán.*

dis·co |dísko| **1** ***m.*** Plancha con forma de círculo: *el atleta está practicando el lanzamiento de ~.* **2** Plancha con forma de círculo en la que están grabados sonidos o imágenes que pueden reproducirse con un aparato: *tengo una colección de discos de zarzuela;* ~ **compacto**, el de doce centímetros de *diámetro y de larga duración que se reproduce por medio de un rayo *láser: *el ~ compacto da una calidad de sonido mejor que el tradicional.* **3** Pieza de metal en la que hay pintada una señal de tráfico: *no vimos el ~ de limitación de velocidad y nos pusieron una multa.* ⇒ **señal. 4** Señal de luz roja, verde o amarilla para ordenar el tráfico de vehículos: *el conductor se saltó el ~ rojo del semáforo y provocó un accidente.* **5** INFORM. Plancha en la que se guarda información de forma *magnética u *óptica; ~ **duro**, el de mayor tamaño y capacidad que está dentro del ordenador: *he grabado varios programas de utilidades en el ~ duro;* ~ **flexible**, el de pequeño tamaño que se introduce en el ordenador para grabar o recuperar información: *he perdido el ~ flexible donde había grabado mi último libro.* ⇒ **disquete. 6** Pieza redonda del teléfono que gira para marcar el número: *los teléfonos modernos no tienen ~, sino teclas.*

dis·co·gra·fí·a |diskoɣrafía| **1** ***f.*** Conjunto de discos de un mismo autor o sobre un mismo tema: *su ~ consta de 12 álbumes.* **2** Técnica de grabar y reproducir discos: *el mundo de la ~ mueve mucho dinero.*

dis·co·grá·fi·⌜co, ⌜ca |diskoɣráfiko, ka| ***adj.*** De la *discografía o que tiene relación con ella: *las compañías discográficas invierten grandes sumas en la promoción de sus artistas.*

dís·co·⌜lo, ⌜la |dískolo, la| ***adj.-s.*** (persona) Que no acepta una cosa con facilidad; que no suele obedecer: *castigó al alumno ~ poniéndolo de cara a la pared con un diccionario en cada mano.*

dis·con·for·me |diskonfórme| ***adj.-s.*** (persona) Que no está conforme; que no está de acuerdo: *se mostró ~ ante la propuesta.*

dis·con·for·mi·dad |diskonformiðáᵈ| **1** ***f.*** Falta de acuerdo o de conformidad sobre un asunto determinado: *expresó su ~ ante la resolución de la directiva.* ⇒ **disensión. 2** Diferencia de unas cosas con otras en cuanto a su fin, forma o función: *la ~ de sus caracteres hacía imposible la amistad.*

dis·con·ti·⌜nuo, ⌜nua |diskontínuo, nua| ***adj.*** Que no es continuo; que se interrumpe: *la línea discontinua de la carretera indica que ahora puedes adelantar.*

dis·cor·dan·cia |diskorðánθia| **1** ***f.*** Falta de acuerdo: *entre el jefe y los empleados no deben surgir discordancias.* **2** MÚS. Falta de *armonía: *esta pieza está llena de discordancias.*

dis·cor·dan·te |diskorðánte| **1** ***adj.*** Que se opone o no se adapta bien a una situación; que es extraño: *ella siempre tiene que llamar la atención dando el toque ~.* **2** MÚS. (sonido) Que no está en el mismo tono que los demás: *el director oyó una nota ~ y se enfadó mucho.*

dis·cor·dar |diskorðár| **1** ***intr.*** [con algo/alguien] Oponerse o no adaptarse bien: *los intelectuales acostumbraban ~.* ⇒ **desentonar. 2** MÚS. No estar en el mismo tono: *el trombón está discordando.* ☖ Se conjuga como 31.

dis·cor·de |diskórðe| **1** ***adj.*** Que es opuesto, diferente o se adapta mal: *su opinión sobre este asunto es ~ con la de los demás.* **2** (sonido) Que no está en el mismo tono que los demás: *ten cuidado al tocar con las notas discordes.*

dis·cor·dia |diskórðia| **1** ***f.*** Falta de acuerdo o conformidad: *sembró el odio y la ~ entre ellos.* ⇒ **cizaña. 2** Diferencia de opinión o de ideas entre dos o más personas: *sus discordias impedirán que se llegue a un acuerdo.* ⇒ **discrepancia.**

dis·co·te·ca |diskotéka| **1** ***f.*** Establecimiento donde se puede escuchar música grabada, bailar y consumir bebidas: *el sábado por la noche fueron a bailar a la ~.* **2** Conjunto o *colección de discos: *su ~ está formada por unos 2000 álbumes.* **3** Lugar o mueble que sirve para guardar discos: *tengo tantos discos, que he tenido que comprar una ~ para el salón.*

dis·co·te·que·⌐ro, ⌐ra |diskotekéro, ra| **1** *adj.* De la *discoteca o que tiene relación con ella: *ese grupo toca música discotequera y vende muchos discos.* - **2** *adj.-s. fam.* (persona) Que va frecuentemente a las *discotecas: *esta canción hará las delicias de los discotequeros.*

dis·cre·ción |diskreθión| **1** *f.* Cualidad del que guarda un secreto y no cuenta a otras personas todo lo que se sabe: *es una persona de gran ~ y podemos confiar plenamente en ella.* ⇔ **indiscreción. 2** Cualidad del que habla y obra de modo adecuado: *por su ~, creo que es la persona adecuada para representarnos.* ⇔ **indiscreción.** ■ **a ~**, siguiendo el propio juicio, deseo o voluntad: *cada uno tomará a ~ la herramienta que crea más adecuada.* ■ **a ~**, sin límite ni medida: *nos dieron pasteles a ~.* ☖ No se debe decir *discrección.*

dis·cre·cio·nal |diskreθionál| **1** *adj.* Que se hace siguiendo el propio juicio, deseo o voluntad: *cada uno puede hacer un uso ~ de sus propiedades.* **2** (servicio) Que no está sujeto a ninguna norma fija: *este autobús hace un servicio ~.*

dis·cre·pan·cia |diskrepánθia| **1** *f.* Diferencia de opinión o de ideas entre dos o más personas: *sus continuas discrepancias no tenían otro motivo que la envidia.* ⇒ **discordia. 2** Diferencia entre dos o más cosas: *la ~ de los proyectos del edificio hace que tengamos dudas para la elección.*

dis·cre·pan·te |diskrepánte| *adj.* Que no está de acuerdo o *discrepa: *existen versiones discrepantes sobre el accidente.*

dis·cre·par |diskrepár| **1** *intr.* No estar de acuerdo sobre un asunto determinado: *discrepó de su padre y tuvieron un disgusto.* ⇒ **disentir, divergir.** ⇔ **subscribir. 2** Diferenciarse una cosa de otra u otras: *ambas piezas discrepan en diez gramos.*

dis·cre·⌐to, ⌐ta |diskréto, ta| **1** *adj.-s.* (persona) Que es capaz de guardar un secreto y no suele contar a otras personas todo lo que sabe: *a veces conviene ser ~ y no ir por ahí presumiendo de lo que se tiene.* ⇔ **indiscreto. 2** (persona) Que habla y obra de modo adecuado: *Juan es muy ~ en sus discursos.* ⇔ **indiscreto.** - **3** *adj.* Que es lógico y adecuado: *habló con palabras discretas.* ⇔ **indiscreto. 4** Que se compone de partes separadas; que no es continuo: *el número de árboles de un monte constituye una cantidad discreta.* **5** Que no es extraordinario: *viven en un piso ~, no muy lujoso, pero cómodo.*

dis·cri·mi·na·ción |diskriminaθión| *f.* Acción y resultado de *discriminar o de establecer diferencias: *nadie debería ser víctima de la ~.* ⇒ **marginación.**

dis·cri·mi·nar |diskriminár| **1** *tr.* [a alguien] Establecer diferencias entre personas por *motivos de raza, ideas políticas, religión o posición social: *nos discriminaron porque éramos extranjeros.* ⇒ **marginar. 2** [algo] Establecer diferencias entre cosas: *conviene ~ lo que es importante de lo que no lo es.*

dis·cul·pa |diskúlpa| *f.* Razón o prueba que da una persona para demostrar que no tiene culpa en un asunto determinado: *le ruego que acepte mis disculpas; en su ~ empleó los argumentos más ridículos.* ⇒ **pretexto.**

dis·cul·par |diskulpár| **1** *tr.-prnl.* [algo, a alguien] Dar razones o pruebas de que una persona no tiene culpa en un asunto determinado: *discúlpame ante tus padres por no haber podido ir a visitarlos; el que estés enfadado no te disculpa.* - **2** *tr.* [algo, a alguien] No tomar en cuenta o perdonar: *disculpa que no te haya traído un regalo; espero que ustedes sabrán comprender y ~ a mi amigo.* - **3 disculparse** *prnl.* Pedir perdón: *se disculpó delante de todos por haber mentido.*

dis·cu·rrir |diskuřír| **1** *tr.* [algo] Inventar o pensar para tratar de resolver una cosa: *discurrieron un medio para salir sin ser vistos.* **2** Pensar para tratar de comprender: *entre todos discurrieron una conclusión.* - **3** *intr.* Correr un líquido, generalmente de manera lenta: *el río discurría despacio por su cauce.* **4** Correr o moverse de un lugar a otro: *los trenes discurren por las vías y unen ciudades.* **5** Pasar el tiempo: *los días discurren y no tenemos ninguna noticia.* **6** *fig.* Razonar o pensar sobre una cosa: *solía ~ sobre la esencia del mundo y la finalidad de la vida.*

dis·cur·si·⌐vo, ⌐va |diskursíβo, βa| *adj.* Del discurso o del razonamiento o que tiene relación con ellos: *el método ~ se opone al intuitivo.*

dis·cur·so |diskúrso| **1** *m.* Razonamiento sobre un asunto que se pronuncia en público con el fin de explicar una cosa o de convencer a los oyentes: *escuchamos con atención el ~ del presidente.* ⇒ **conferencia. 2** Serie de palabras y frases que se usan para expresar lo que se piensa: *he perdido el hilo del ~.* **3** Capacidad de pensar o de *deducir unas cosas de otras: *partiendo de unas premisas y por medio de un ~ lógico, la razón ha descubierto un orden político.* **4** Escrito o tratado no muy extenso: *hace muchos años se publicó un ~ sobre el método.* **5** Duración o paso del tiempo: *el lento ~ de las horas me intranquilizaba.*

dis·cu·sión |diskusión| **1** *f.* Conversación sobre un asunto para llegar a un acuerdo: *la ~ versó sobre el origen de la lírica romance.* **2** Conversación entre dos o más personas que defienden opiniones o intereses opuestos: *tuvieron una ~ en el metro y se separaron al salir.*

dis·cu·ti·ble |diskutíβle| *adj.* Que puede ser discutido: *este precio no es definitivo, sino ~.* ⇒ **cuestionable.**

dis·cu·tir |diskutír| **1** *tr.* [algo] Examinar y tratar entre varias personas un asunto para llegar a un acuerdo: *tenemos que ~ el modo de hacer las cosas.* - **2** *intr.* Defender dos o más personas opiniones o intereses opuestos en una conversación: *los dos muchachos empezaron discutiendo por la bicicleta y acabaron peleando.* ⇒ **disputar.**

di·se·ca·ción |disekaθi̲ó̲n| *f.* Acción y resultado de *disecar: *procedieron a la ~ del cadáver.*

di·se·car |disekár| *tr.* [algo] Preparar un animal muerto para conservarlo de manera que parezca vivo: *mandó ~ la cabeza del ciervo que cazó.* ☖ Se conjuga como 1.

di·sec·ción |diseᵏθi̲ó̲n| *f.* Acción y resultado de dividir en partes un ser vivo que ha muerto: *hicimos la ~ de una rana en el laboratorio.*

di·se·mi·na·ción |diseminaθi̲ó̲n| *f.* Acción y resultado de *diseminar: *tras las invasiones, se produjo una ~ de la población.*

di·se·mi·nar |diseminár| *tr.-prnl.* [algo, a alguien] Esparcir o extender sin orden y en diferentes direcciones: *diseminó a los soldados por todo el territorio; los clavos se diseminaron por el suelo al romperse la caja.* ⇒ **derramar, desparramar, desperdigar.**

di·sen·sión |disensi̲ó̲n| *f.* Falta de acuerdo sobre un asunto determinado: *dijo que sus disensiones le impedían apoyar el proyecto.* ⇒ **disconformidad, disentimiento.**

di·sen·ti·mien·to |disentimi̲é̲nto| *m.* Falta de acuerdo sobre un asunto determinado: *su profundo ~ le hizo abandonar la reunión.* ⇒ **disensión.**

di·sen·tir |disentír| *intr.* No estar de acuerdo sobre un asunto determinado: *disentían en las ideas fundamentales y no pudieron llegar a un acuerdo.* ⇒ **discrepar, divergir.** ⇔ **aprobar, asentir.** ☖ Se conjuga como 35.

di·se·ña·⌐dor, ⌐do·ra |diseɲaðór, ðóra| *m. f.* Persona que se dedica a diseñar: *el logotipo de las olimpiadas es obra de un famoso ~.*

di·se·ñar |diseɲár| **1** *tr.* [algo] Dibujar, especialmente el modelo de una cosa para fabricarla después: *el arquitecto diseñó este edificio.* **2** Hacer o pensar un proyecto o idea: *el general diseñó un plan de ataque; lo primero que hizo el novelista fue ~ los personajes.*

di·se·ño |diséɲo| **1** *m.* Dibujo, especialmente el que sirve como modelo de una cosa para fabricarla después: *este modista hace unos diseños preciosos.* **2** Proyecto o idea: *hemos llamado a un decorador para que nos haga un ~ de la habitación.*

di·ser·ta·ción |disertaθi̲ó̲n| *f.* Explicación sobre una materia que sigue un orden o un sistema: *escuchamos su ~ hasta el final y fue muy interesante.* ⇒ **disquisición.**

di·ser·tar |disertár| *intr.* Explicar o razonar sobre una materia siguiendo un orden o un sistema: *le gusta mucho ~ sobre filosofía.*

dis·fraz |disfráθ| **1** *m.* Conjunto de ropas y objetos con los que una persona se viste y arregla para no ser reconocida o para ser confundida con otra, especialmente el que se lleva en ciertas fiestas: *se puso un ~ de fraile y se tapó la cara con la capucha; vamos a celebrar una fiesta de disfraces.* **2** *fig.* Medio que se emplea para ocultar una verdad o una cosa: *consiguió engañarnos por el ~ que utilizó para explicar los hechos.* ☖ El plural es *disfraces.*

dis·fra·zar |disfraθár| **1** *tr.-prnl.* [a alguien; de algo/alguien] Vestir o vestirse con un *disfraz: *la disfrazaron de bailarina para la fiesta; se disfrazó de plátano.* **2** *fig.* [algo] Ocultar una verdad o una cosa; alterar el aspecto real de una cosa para que parezca distinta: *disfrazaron la noticia colocándola en otra sección del periódico y quitándole importancia; disfrazaba sus malas intenciones con buenas palabras.* ⇒ **maquillar.** ☖ Se conjuga como 4.

dis·fru·tar |disfrutár| **1** *tr.-intr.* [algo/de algo] Aprovechar o poseer una cosa: *disfruta las fincas de sus padres; Luis disfruta de una renta muy elevada.* - **2** *intr.* [de algo] Tener o gozar de una condición o una circunstancia buena: *mi abuelo disfruta de una salud envidiable; el caballero disfrutaba de excelente fama en la ciudad.* **3** [con algo/alguien] Gozar o sentir placer: *yo disfruto muchísimo con la ópera.*

dis·fru·te |disfrúte| *m.* Uso o aprovechamiento de una cosa; goce de una condición o de una circunstancia: *este parque está hecho para el ~ de todos los ciudadanos.* ⇒ **fruición.**

dis·gre·ga·ción |disɣreɣaθi̲ó̲n| *f.* Separación de los elementos que forman un conjunto: *tras la ~ de los participantes, la manifestación se disolvió.*

dis·gre·gar |disɣreɣár| *tr.-prnl.* [algo, a alguien] Separar los elementos que forman un conjunto: *el grupo de personas se disgregó al llegar a la plaza mayor.* ☖ Se conjuga como 7.

dis·gus·tar |disɣustár| **1** *tr.-prnl.* [a alguien] Causar pena o enfado: *nos disgustó que no nos invitaran; me disgusta mucho tu actitud; se disgustó por no poder ir al teatro; no te disgustes por haber perdido el anillo, que yo te regalaré otro.* ⇒ **enfadar, enfermar, enojar.** - **2** *tr.* [a alguien] Desagradar; causar una impresión desagradable o molesta: *me disgusta el sabor de la remolacha; la música moderna lo disgusta profundamente.* ⇔ **gustar.** - **3 disgustarse** *prnl.* [con alguien] Enfadarse; dejar de ser amigo: *se disgustaron por un malentendido y ya no se hablan; Sonia se ha disgustado conmigo.*

dis·gus·to |disɣústo| **1** *m.* Sentimiento de pena o enfado provocado por una situación desagradable: *todavía me dura el ~ que me produjo el suspenso.* **2** Enfado entre dos o más personas que no están de acuerdo: *si sigues hablando así, vamos a tener un ~.*

di·si·den·cia |disiðénθi̲a̲| *f.* Separación de una persona de un grupo o una tendencia por dejar de estar de acuerdo con sus ideas: *tras la ~ del líder, el partido ha perdido votantes.*

di·si·den·te |disiðénte| *adj.-s.* (persona) Que *diside o se separa de un grupo o una tendencia por dejar de estar de acuerdo: *el ~ abandonó la militancia tras el congreso del partido.*

di·si·dir |disiðír| *intr.* Separarse de un grupo o una tendencia por dejar de estar de acuerdo con sus ideas: *varios de los principales ideólogos disidieron tras el cambio de política del partido.*

di·si·mé·tri·⌐co, ⌐ca |disimétriko, ka| *adj.* Que no es *simétrico: *colocó una figura disimétrica sobre la mesa como adorno.* ⇒ **asimétrico.**

di·si·mi·li·tud |disimilitúᵈ| *f.* Falta de parecido

o de *similitud: *existe una gran ~ entre la forma de vida de nuestros abuelos y la nuestra.* ⇒ **desemejanza, disparidad.**

di·si·mu·lar |disimulár| **1** ***tr.-intr.*** [algo] Ocultar para que no se vea o no se note: *no sabía cómo ~ su miedo; el maquillaje disimula las pequeñas arrugas; fingió que la quería para ~ su verdadera intención.* **- 2** ***tr.*** Disculpar o permitir una acción fingiendo no conocerla o quitándole importancia: *la madre disimulaba las travesuras del hijo para que el padre no lo castigara.*

di·si·mu·lo |disimúlo| ***m.*** Ocultación que se hace para que no se vea o no se note una cosa: *se coló en la fiesta con mucho ~.*

di·si·pa·ción |disipaθión| ***f.*** Entrega a los placeres y al *vicio: *su ~ era tal que se olvidó de su familia.*

di·si·par |disipár| **1** ***tr.-prnl.*** [algo] Separar, esparcir y hacer desaparecer de la vista poco a poco: *el sol disipó la niebla.* ⇒ **desvanecer. 2** Hacer desaparecer; hacer que deje de existir una cosa: *con ese libro disiparás todas tus dudas sobre el sexo.* ⇒ **desvanecer. 3** Gastar los bienes y el dinero sin orden ni cuidado: *disipó la hacienda de sus padres.* ⇒ **derrochar. - 4 disiparse** ***prnl.*** Convertirse en gas una sustancia o parte de ella: *dejó el frasco abierto y se disipó el alcohol.* ⇒ **desvanecer.**

dis·la·te |disláte| ***m.*** *form.* Obra o dicho que no tiene razón ni sentido: *cuando hablas sólo dices dislates y falsedades.* ⇒ **contrasentido, disparate, patochada.**

dis·le·xia |disléksia| ***f.*** MED. Alteración de la capacidad de leer por la que se confunden o se cambian las letras: *los logopedas ayudan a los niños con ~.*

dis·lé·xi·⌐co, ⌐ca |disléksiko, ka| ***adj.-s.*** MED. (persona) Que padece *dislexia: *los niños disléxicos alteran el orden de las letras o de las palabras al leer.*

dis·lo·ca·ción |dislokaθión| **1** ***f.*** Daño que se produce cuando un hueso se sale de su articulación: *el tenista sufrió una ~ del hombro derecho.* ⇒ **luxación. 2** *form. fig.* Presentación de un asunto o un razonamiento de manera que pueda tener varios sentidos: *la poesía surrealista se basa en la ~ de la realidad.* **3** GEOL. Cambio de dirección, en sentido horizontal, de una capa de terreno: *la ~ de muchos yacimientos de hulla hace difícil la extracción de carbón.*

dis·lo·car |dislokár| **1** ***tr.-prnl.*** [algo] Sacar o salirse una cosa de su lugar, especialmente un hueso del cuerpo: *le dislocaron el codo en una pelea.* **- 2** ***tr.*** Cambiar el sentido de una palabra o una expresión: *trató de ~ completamente el sentido de nuestras palabras para desprestigiarnos.* ☐ Se conjuga como 1.

dis·mi·nu·ción |disminuθión| ***f.*** Reducción de la cantidad, el tamaño o la importancia de una cosa: *se prevé una ~ del paro para el próximo año.* ⇔ **aumento.**

dis·mi·nu·i·⌐do, ⌐da |disminuíðo, ða| ***adj.-s.*** (persona) Que no goza de todas las capacidades físicas o mentales: *trabaja en una clínica que atiende exclusivamente a disminuidos físicos.*

dis·mi·nu·ir |disminuír| ***tr.-intr.*** [algo] Reducir la cantidad, el tamaño o la importancia de una cosa: *con estas medidas se pretende ~ el número de accidentes; el consumo de aceite de oliva ha disminuido.* ⇔ **aumentar.** ☐ Se conjuga como 62.

di·so·cia·ción |disoθiaθión| **1** ***f.*** *form.* Separación de una cosa de otra a la que estaba unida: *los pintores impresionistas fueron los primeros en utilizar la ~ de la imagen.* **2** QUÍM. Separación de los distintos componentes de una sustancia: *en la ~, se rompen los enlaces de las moléculas.*

di·so·ciar |disoθiár| **1** ***tr.-prnl.*** *form.* [algo] Separar una cosa de otra a la que estaba unida: *para estudiar un fenómeno hay que disociarlo de los otros con los que se relaciona.* ⇔ **asociar. 2** QUÍM. Separar los distintos componentes de una sustancia: *una solución química puede disociarse aplicando calor.* ☐ Se conjuga como 12.

di·so·lu·ble |disolúβle| ***adj.*** *form.* Que se puede disolver: *el azúcar es una sustancia ~.* ⇒ **soluble.**

di·so·lu·ción |disoluθión| **1** ***f.*** *form.* Separación o destrucción; fin de una unión: *el gobierno aprobó la ~ del parlamento; el juez ordenó la ~ de la manifestación; el divorcio supone la ~ del matrimonio.* **2** QUÍM. Sustancia que resulta de disolver un cuerpo en un líquido: *limpie la mancha con una ~ de alcohol y agua.* ⇒ **solución. 3** QUÍM. Mezcla de una sustancia con un líquido: *tenga cuidado al hacer la ~ de sosa en agua.* ⇒ **solución.**

di·so·lu·⌐to, ⌐ta |disolúto, ta| ***adj.-s.*** (persona) Que se ha entregado al vicio y al placer: *el muy ~ abandonó a su mujer y a sus hijos y se dedicó al juego.*

di·sol·ven·te |disolβénte| ***adj.-m.*** (producto, líquido) Que puede disolver una sustancia: *el agua es un ~ natural.*

di·sol·ver |disolβér| **1** ***tr.-prnl.*** [algo] Separar o deshacer las partes de un cuerpo por medio de un líquido: *el agua disuelve la cal.* ⇒ **concentrar, desleír, diluir. 2** Hacer más líquida una sustancia: *hay que ~ el ácido.* ⇒ **diluir. 3** Deshacer o separar una unión o una relación: *la Iglesia se negó a ~ ese matrimonio; la sociedad que formaron hace dos años se ha disuelto.* ⇒ **dirimir, divorciar.** ☐ Se conjuga como 32.

di·so·nan·cia |disonánθia| **1** ***f.*** Falta de acuerdo o de correspondencia: *entre nosotros ha surgido una fuerte ~.* **2** MÚS. Relación entre varios sonidos que, producidos a la vez o uno detrás de otro, suenan de modo extraño o poco adecuado según el gusto tradicional: *Debussy usó la ~ en sus composiciones.* ⇒ **cacofonía.** ⇔ **consonancia.**

di·so·nan·te |disonánte| **1** ***adj.*** Que no tiene una relación de igualdad o conformidad: *en las novelas de este autor siempre encontramos algún elemento ~ que trata de llamar la atención del lector.* ⇔ **consonante. 2** MÚS. (sonido) Que no está en relación o correspondencia; que resulta extraño: *te ha salido una nota ~.*

di·so·nar |disonár| ***intr.*** No estar de acuerdo; no corresponder: *su opinión disuena con respecto a la que manifestó hace unos días.* ☐ Se conjuga como 31.

dis·par |dispár| ***adj.*** Que no es lo mismo; que no

es igual; que es diferente: *recibieron un trato ~.* ⇒ **desigual, disparejo, distinto.**

dis·pa·ra·de·ro |disparaðéro| ▪ **poner en el** ~, *fam.*, provocar a una persona para que haga lo que no quiere o no debe hacer: *lo engañaron y lo pusieron en el ~ para que dijera toda la verdad a la policía.*

dis·pa·ra·dor |disparaðór| **1** *m.* Botón en una cámara fotográfica que sirve para hacer funcionar el *obturador y realizar la fotografía: *esta cámara tiene también ~ automático; ese botón verde es el ~.* **2** Pieza que sirve para disparar una arma de fuego: *el cazador puso el dedo en el ~ y esperó al conejo.* ⇒ **gatillo.**

dis·pa·rar |disparár| **1** *tr.-intr.-prnl.* [algo] Hacer que una arma lance su carga: *disparó una bala con el rifle; los indios disparaban flechas; este revólver dispara muy bien; el fusil se ha disparado.* ⇒ **tirar.** - **2** *tr.* Lanzar con fuerza: *disparó el balón y lo envió a la red.* - **3 dispararse** *prnl.* Crecer sin control: *los precios se disparan en el mes de enero.* **4** *fig.* Hablar u obrar fuera de razón; perder la paciencia: *estaba tan enfadado que se disparó en cuanto le dirigieron la palabra.*

dis·pa·ra·tar |disparatár| *intr.* Decir o hacer *disparates: *deja de ~ y piensa antes lo que dices.*

dis·pa·ra·te |disparáte| **1** *m.* Obra o dicho que no tiene razón ni sentido: *cometió un enorme ~ al confundirlo con el presidente.* ⇒ **contrasentido, dislate, patochada.** **2** *fam.* Cantidad excesiva de una cosa: *fui a preguntar el precio y me pidieron un ~.*

dis·pa·re·⌈jo, ⌈ja |disparéxo, xa| *adj. form.* Que no es lo mismo; que no es igual; que es diferente: *la orquesta estaba compuesta por instrumentos dispares.* ⇒ **desigual, dispar, distinto.**

dis·pa·ri·dad |dispariðáᵈ| *f. form.* Falta de parecido o de igualdad: *todavía existe una gran ~ entre los países ricos y los pobres.* ⇒ **desemejanza, disimilitud.**

dis·pa·ro |dispáro| **1** *m.* Operación por la que una arma lanza su carga: *murió a consecuencia de un ~ en la cabeza.* ⇒ **balazo, cañonazo, tiro.** **2** Marca, señal o efecto provocado por una carga lanzada: *en la pared se veían dos disparos.* **3** Lanzamiento hecho con fuerza: *hizo un buen ~ y metió el balón en la portería.* ⇒ **tiro.**

dis·pen·dio |dispénðio̲| **1** *m. form.* Gasto de bienes o de dinero sin orden ni cuidado: *hizo un ~ enorme para celebrar su cumpleaños.* ⇒ **derroche.** **2** *fig.* Gasto excesivo de medios, tiempo o energía: *imagínese el ~ que supondría retrasar la reunión hasta el mes que viene.*

dis·pen·sa |dispénsa| **1** *f.* Permiso oficial que permite obrar sin ajustarse a una norma general: *he pedido una ~ para entrar una hora más tarde al trabajo;* ~ **matrimonial**, la que concede la Iglesia para que dos personas que son de una misma familia puedan casarse: *son primos y han pedido una ~ matrimonial para casarse.* **2** Documento en el que se expresa ese permiso: *debe usted aportar la ~ y adjuntarla al resto de la documentación.*

dis·pen·sar |dispensár| **1** *tr.* [algo; a alguien] Dar o repartir: *cada vez que íbamos a su casa, nos dispensaba cariñosos elogios.* **2** [a alguien] Disculpar o perdonar una falta pequeña: *dispénseme un segundo: voy al servicio.* - **3** *tr.-prnl.* Permitir a una o más personas que obren sin ajustarse a una norma general: *el profesor me dispensó del examen a causa de mi enfermedad.*

dis·pen·sa·rio |dispensário̲| *m.* Establecimiento médico donde se recibe y se trata a enfermos que no van a quedar *ingresados en él: *acudió al ~ a que le hiciesen una cura de urgencia.* ⇒ **ambulatorio, consultorio.**

dis·per·sar |dispersár| *tr.-prnl.* [algo, a alguien] Separar o esparcir: *el rebaño se dispersó y el pastor tardó toda la tarde en reunirlo; la policía dispersó a los manifestantes.*

dis·per·sión |dispersió̲n| *f.* Separación o *esparcimiento; falta de unidad: *el ejército consiguió la ~ del enemigo; el conferenciante manifestó una gran ~ de ideas.*

dis·per·⌈so, ⌈sa |dispérso, sa| *adj.* Que está separado y esparcido: *el ganado quedó ~ por la montaña.*

dis·pli·cen·te |displiθénte| **1** *adj. form.* Que causa desagrado o disgusto: *adoptó una actitud ~ para mostrar que no se encontraba de acuerdo.* - **2** *adj.-s.* Que está de mal humor; que no está *contento: *el número de displicentes en esta fábrica es cada vez mayor.*

dis·po·ner |disponér| **1** *tr.-prnl.* [algo, a alguien] Colocar o poner en orden o en una posición adecuada: *dispuso las naves en hileras; en el colegio, los alumnos se disponen en fila.* **2** [algo] Preparar una cosa: *dentro de un rato dispondremos la habitación.* **3** Ordenar o realizar una cosa: *la madre dispone cada día la comida; la ley lo dispone.* - **4** *intr.* [de algo] Hacer uso de una cosa que se posee: *el señor dispuso de su caudal en el testamento.* **5** Valerse o hacer uso de una persona con un fin determinado: *el jefe dispone de su ayudante para resolver los problemas.* **6** Tener preparado con un fin determinado: *todas las habitaciones del hotel disponen de aire acondicionado y televisión en color.* - **7 disponerse** *prnl.* Prepararse para hacer una cosa; tener la intención de hacerla: *me dispongo a salir.* ☐ El participio es *dispuesto.* Se conjuga como 78.

dis·po·ni·bi·li·dad |disponiβiliðáᵈ| **1** *f.* Cualidad de estar disponible: *la ~ de plazas hoteleras es un factor clave en el desarrollo turístico de la zona.* **2** Conjunto de dinero o bienes de los que se dispone: *la empresa no podrá hacer frente a sus deudas porque carece de disponibilidades.* ⇒ **recurso.** ☐ Se usa sobre todo en plural.

dis·po·ni·ble |disponíβle| *adj.* Que se puede usar o al que se puede *acceder con libertad: *mi coche está ~, ya sabes que puedes utilizarlo cuando quieras; no podrás ver a Lucía esta tarde, no está ~; este aparato aún no está ~ en el mercado español.*

dis·po·si·ción |disposiθió̲n| **1** *f.* Orden o colocación de una o varias cosas en el espacio: *cambiaron la ~ de los muebles.* **2** Estado del espíritu o del cuerpo: *no estoy en ~ de estudiar; estaba en ~*

de salir a la calle. **3** Capacidad para una actividad: *muestra una gran ~ para las ciencias.* **4** Actitud o capacidad de trato de una persona: *es un joven muy agradable y de buena ~.* **5** Decisión establecida de manera legal: *según una ~ ministerial, tendrá que solicitarlo por escrito a partir del próximo mes;* **última ~**, la que establece una persona antes de morir en relación con sus bienes: *de acuerdo con su última ~, no te corresponde nada.* ⇒ **testamento.** **6** Capacidad de disponer de una cosa: *tiene libre ~ de sus bienes.* **7** Orden o colocación de las diferentes partes de una obra escrita: *debes cuidar más la ~ de tus escritos.*

dis·po·si·ti·vo |dispositíβo| ***m.*** Mecanismo que tiene una función determinada: *la caja está equipada con un ~ de apertura retardada.* ⇒ **aparato.**

dis·pues·⌐to, ⌐ta |dispu̲ésto, ta| **1** ***adj.*** Que tiene habilidad o es capaz de realizar cierta actividad: *es una joven dispuesta y diligente y podrá encargarse de esa labor.* ☖ En esta acepción se usa con el verbo *ser.* **2** Que tiene intención de hacer una cosa o está preparado para ello: *estoy ~ a llegar a un acuerdo.* ☖ En esta acepción se usa con el verbo *estar.* Es el participio de *disponer.*

dis·pu·ta |dispúta| ***f.*** Competición o enfrentamiento entre dos o más personas: *hay una interesante ~ por los puestos tercero y cuarto.* ⇒ **lucha, pelea.**

dis·pu·tar |disputár| **1** ***tr.*** [algo] Competir con otros para conseguir un fin: *los dos equipos disputarán el último partido de la temporada esta tarde.* ⇒ **rivalizar.** - **2** ***intr.*** Discutir dos o más personas: *me pongo muy nervioso cada vez que disputáis de esa manera.* ⇒ **debatir.**

dis·que·te |diskéte| ***m.*** INFORM. Disco *magnético pequeño que sirve para grabar y leer *datos *informáticos: *este ~ contiene un programa para editar textos.* ⇒ **disco.**

dis·que·te·ra |disketéra| ***f.*** INFORM. Parte del ordenador en la que se introduce el *disquete: *la ~ está estropeada y no podemos hacer copias de seguridad.*

dis·qui·si·ción |diskisiθi̲ó̲n| ***f.*** Explicación sobre una materia que sigue un orden o un sistema: *luego procedió a una larga ~ sobre la utilidad de las algas.* ⇒ **disertación.**

dis·tan·cia |distánθi̲a̲| **1** ***f.*** Espacio o tiempo que hay entre dos cosas o acontecimientos: *entre Madrid y Guadalajara hay 56 kilómetros de ~; entre la fecha de tu nacimiento y la del mío hay mucha ~.* **2** *fig.* Diferencia importante entre dos personas o cosas: *entre ambos alumnos hay una gran ~: éste es mucho mejor que el otro; la ~ entre ellos es tan grande que no creo que se reconcilien jamás.* **3** GEOM. Longitud del *segmento de recta comprendido entre dos puntos del espacio: *la ~ más corta entre dos puntos es una línea recta.* ■ **a ~**, desde lejos: *nos hemos saludado a ~.* ■ **a larga ~**, (comunicación telefónica) que se establece con una persona que está en otro país: *hicimos una llamada a larga ~ desde París para llamar a un amigo que vive en Nueva York.* ■ **guardar las distancias**, evitar el exceso de confianza en una relación personal: *procura guardar las distancias con ese chico porque no es de fiar.*

dis·tan·cia·mien·to |distanθi̲a̲mi̲é̲nto| **1** ***m.*** Alejamiento o separación en el tiempo o en el espacio: *deja pasar el tiempo y el ~ te hará ser más comprensivo.* **2** Alejamiento de dos o más personas en cuanto al trato o a la manera de pensar: *he notado cierto ~ entre ellos; pronto se comprobó su ~ de esa escuela filosófica.*

dis·tan·ciar |distanθi̲á̲r| ***tr.-prnl.*** [algo, a alguien] Poner distancia: *los modos de vida actuales distancian a los miembros de las familias; el coche de fómula 1 se distanció de sus perseguidores.* ⇒ **alejar, apartar.** ☖ Se conjuga como 12.

dis·tan·te |distánte| **1** ***adj.*** Que está lejos o a gran distancia en el espacio o en el tiempo: *los antípodas están en el punto del mundo más ~ de nosotros.* ⇒ **lejano.** **2** (persona) Que no gusta del trato social: *te encuentro algo ~, ¿qué te ocurre?*

dis·tar |distár| **1** ***tr.-intr.*** [algo] Estar apartada una cosa de otra en el tiempo o en el espacio: *ambas capitales distan entre sí 60 kilómetros.* - **2** ***intr.*** Ser diferentes dos personas o cosas entre sí: *Juan y Pedro no se entienden porque sus gustos distan mucho.*

dis·ten·der |distendér| **1** ***tr.-prnl.*** *form.* [algo] Hacer menos severa o menos tensa una relación, un castigo u otra cosa: *la conferencia de paz tiene la misión de ~ las relaciones entre los países enemigos.* **2** MED. Estirarse de forma violenta los tejidos de una articulación: *jugando al baloncesto se le ha distendido una rodilla.* ☖ Se conjuga como 28.

dis·ten·sión |distensi̲ó̲n| **1** ***f.*** *form.* Proceso que hace menos severa o menos tensa una relación, un castigo u otra cosa: *la ~ de la guerra duró algunos meses.* **2** MED. Estiramiento violento de los tejidos de una articulación: *una ~ muscular le impidió jugar el partido.*

dis·tin·ción |distinθi̲ó̲n| **1** ***f.*** Honor, gracia o trato especial: *ha recibido numerosas distinciones de las autoridades civiles y militares.* **2** Conjunto de cualidades y virtudes que distinguen a una persona: *en sociedad, brilla por su ~ y sus buenas maneras.* **3** Diferencia que distingue una persona o cosa de otras: *son gemelas y no hay ninguna ~ entre ellas.* ■ **sin ~**, sin hacer diferencias: *la ley se aplicará sin ~ de razas.*

dis·tin·gui·⌐do, ⌐da |distiŋgíðo, ða| ***adj.*** Que tiene un conjunto de cualidades y virtudes que lo distinguen de los demás: *vino un caballero muy ~ preguntando por usted.*

dis·tin·guir |distiŋgír| **1** ***tr.*** [algo, a alguien] Conocer o notar una diferencia: *no distingue el vino bueno del malo; el pastor distingue las ovejas, pero a mí me parecen todas iguales.* **2** [a alguien] Conceder un honor, una gracia o un trato especial: *distinguieron al soldado con una cruz que reconocía su valor.* - **3** ***tr.-prnl.*** [algo, a alguien] Notar o ver algo de modo no perfecto o con alguna dificultad: *desde nuestra habitación distinguíamos los ruidos de una pelea; se distingue un barco a lo lejos.* **4** Hacer que una persona o cosa sea diferente de las demás, generalmente con una señal o característica especial: *una pieza de metal en la pata distingue a las aves que están siendo observadas; los animales más jóvenes se distinguen por no tener cuernos.* **- 5 distinguirse** ***prnl.*** Hacerse notar, ser especial, generalmente por una cualidad: *el alumno se distinguía en las asignaturas de letras; ese coche se distingue de todos los demás por ser el más seguro.* ☖ Se conjuga como 8.

dis·tin·ti·⌜vo, ⌜va |distintíβo, βa| **1** ***adj.-s.*** Que distingue una persona o cosa de otra: *esta prenda de vestir no tiene ninguna marca distintiva.* **- 2 distintivo** ***m.*** Marca, señal u objeto que sirve para distinguir una persona o cosa de las demás: *los miembros de la organización llevan un ~ amarillo en el pecho.* ⇒ **insignia, logotipo.**

dis·tin·⌜to, ⌜ta |distínto, ta| **1** ***adj.*** Que no es lo mismo; que no es igual; que es diferente: *tu abrigo es ~ al mío; aunque son gemelos, son bastante distintos.* ⇒ **desigual, dispar, disparejo.** ⇔ **análogo. - 2 distintos, tas** ***adj. pl.*** Varios; más de uno, cuando no son iguales: *hay distintas maneras de hacerlo; acudieron distintas personalidades.* ⇒ **diferente.**

dis·tor·sión |distorsión| ***f.*** FÍS. Deformación de una onda durante su movimiento: *emiten con tanta potencia que la señal de la televisión experimenta una ~ muy grande.*

dis·trac·ción |distra^{k}θión| **1** ***f.*** Pérdida de la atención: *una ~ conduciendo a gran velocidad puede ser fatal.* **2** Cosa que divierte o hace pasar el tiempo de manera agradable: *su principal ~ es hacer punto.*

dis·tra·er |distraér| **1** ***tr.-prnl.*** [a alguien] Apartar o perder la atención: *no me distraigas, que puedo equivocarme; se distrajo con el ruido de una moto.* **2** Divertir o hacer pasar el tiempo de manera agradable: *la música me distrae; pone la televisión para distraerse.* ☖ Se conjuga como 88.

dis·tra·í·⌜do, ⌜da |distraíðo, ða| ***adj.-s.*** (persona) Que tiende a distraerse con facilidad: *no nos ha visto porque es muy ~.*

dis·tri·bu·ción |distriβuθión| **1** ***f.*** Acción y resultado de *distribuir: *ha llegado un cargamento de ropa para su ~.* **2** Proceso que permite que un producto llegue al consumidor: *se encarga de la ~ cinematográfica.* **3** Forma de estar dispuestas las diferentes partes de una casa o edificio: *la ~ de este piso hace que se aproveche bien el espacio.*

dis·tri·bui·⌜dor, ⌜do·ra |distriβuiðór, ðóra| **1** ***adj.-s.*** Que recibe el producto del fabricante y lo entrega a los comerciantes: *la empresa distribuidora del aceite no se hizo responsable de la intoxicación; el ~ de la cerveza llegó temprano al supermercado.* **- 2 distribuidor** ***m.*** Pasillo pequeño que da paso a las habitaciones en una casa: *el ~ estaba decorado con cuadros y espejos.* **3** MEC. Mecanismo que lleva la corriente eléctrica del generador a las *bujías: *el mecánico arregló el ~ y ya funciona el coche.*

dis·tri·bui·⌜do·ra |distriβuiðóra| ***f.*** CINEM. Empresa que proporciona películas a las *salas de cine: *la ~ se encarga de la promoción de la película.*

dis·tri·bu·ir |distriβuír| **1** ***tr.*** [algo] Dividir o repartir una cosa entre varias personas señalando lo que le corresponde a cada una: *distribuyeron el pan entre los pobres; se encarga de ~ las tareas de los obreros.* **2** Dividir una cosa dando un destino o una posición a cada parte: *distribuyó los capítulos del libro de un modo diferente al que había previsto el autor.* ☖ Se conjuga como 62.

dis·tri·bu·ti·va |distriβutíβa| ***adj.-f.*** LING. (oración) Que está formada por dos o más oraciones que expresan situaciones o acciones diferentes: unos lloraban, otros reían y aquí salían, allá entraban, acullá gritaban *son ejemplos de dos oraciones distributivas.*

dis·tri·bu·ti·⌜vo, ⌜va |distriβutíβo, βa| ***adj.*** De la *distribución o que tiene relación con ella: *reclaman una mayor igualdad distributiva de los bienes.*

dis·tri·to |distríto| ***m.*** Parte en que se divide una población o un territorio para su administración: *tu casa y la mía, aunque están muy cerca, pertenecen a distritos diferentes.*

dis·tur·bio |distúrβio| **1** ***m.*** Alteración del orden público: *los disturbios fueron aplacados por la policía.* ⇒ **desorden. 2** *form.* Falta de paz o de tranquilidad: *la fiesta produjo disturbios en el edificio.*

di·sua·dir |disuaðír| ***tr.*** [a alguien] Conseguir que una persona cambie su manera de pensar o que deje de hacer una cosa: *trataron de disuadirme, pero yo, aun sabiendo los peligros que me esperaban, seguí adelante.* ⇔ **persuadir.**

di·sua·sión |disuasión| ***f.*** Acción y resultado de *disuadir: *para su ~ emplearon todo tipo de razonamientos.*

di·sua·si·⌜vo, ⌜va |disuasíβo, βa| ***adj.*** Que *disuade o hace cambiar de manera de pensar: *tras varios discursos disuasivos, los manifestantes se disolvieron.*

dis·yun·ti·va |disyuntíβa| **1** ***f.*** Posibilidad de elegir entre dos cosas o soluciones diferentes: *se ve ante la ~ de continuar del mismo modo o abandonar.* **- 2** ***adj.-f.*** LING. (oración) Que expresa una acción, proceso o estado que *excluye la acción, el proceso o el estado expresado por otra u otras oraciones; que expresa una acción, proceso o estado como una posibilidad *alternativa a la acción, el proceso o el estado expresado por otra u otras oraciones: entra o sal y come o bebe lo que quieras *son oraciones disyuntivas.* **3** LING. (conjunción) Que introduce una oración de esa clase: *la conjunción ~ más usual es* o.

dis·yun·ti·⌜vo, ⌜va |disyuntíβo, βa| ***adj.*** Que separa o *desune: *el partido está experimentando una tendencia disyuntiva y desintegradora.*

diur·⌜no, ⌜na |diúrno, na| **1** ***adj.*** Del día o que tiene relación con el día: *para estudiar, prefiero la luz diurna; trabaja de noche y asiste a un curso ~ de informática.* **2** ZOOL. (animal) Que busca su alimento durante el día: *el halcón es un ave diurna que nunca vuela de noche.* **3** BOT. (planta) Que sólo tiene sus flores abiertas durante el día: *todas las plantas de mi jardín son diurnas.*

di·va·gar |diβaγár| ***intr.*** Separarse del asunto de que se trata; hablar o escribir sin un orden o un fin determinados: *deja de ~ y vamos al grano; en* *sus artículos no hace más que ~: nunca llega a una conclusión clara.* ⇒ **cerro.** ☖ Se conjuga como 7.

di·ván |diβán| ***m.*** Asiento largo, sin respaldo, en el que puede tenderse una persona: *se tendió en el ~ y comenzó a relatarle su infancia.* ⇒ **canapé.**

di·ver·gen·cia |diβerxénθia| ***f.*** Falta de unión, acuerdo o correspondencia entre dos o más líneas, caminos, opiniones u otras cosas: *la ~ de nuestras opiniones es demasiado marcada; a partir de este punto se produce una ~ de las líneas que las aleja paulatinamente.* ⇔ **convergencia.**

di·ver·gen·te |diβerxénte| ***adj.*** Que se separa o *diverge: *dibujó dos líneas divergentes sobre el papel.* ⇔ **convergente.**

di·ver·gir |diβerxír| **1** ***intr.*** Ir separándose poco a poco una línea o superficie de otra u otras: *las líneas de la carretera divergen al acercarse a nosotros.* ⇔ **convergir. 2** *fig.* No estar de acuerdo sobre un asunto determinado: *sus posturas divergen cada vez más y es posible que se separen.* ⇒ **discrepar, disentir.** ⇔ **convergir.** ☖ Se conjuga como 6.

di·ver·si·dad |diβersiðáᵈ| **1** ***f.*** Diferencia o variedad: *a veces la ~ de caracteres favorece la amistad entre dos personas.* **2** Abundancia y unión de cosas distintas: *en esta clase hay gran ~ de alumnos.*

di·ver·si·fi·ca·ción |diβersifikaθión| ***f.*** Acción y resultado de *diversificar: *tras la separación de los continentes se produjo una ~ de la fauna.*

di·ver·si·fi·car |diβersifikár| ***tr.-prnl.*** [algo] Hacer diversa o diferente una cosa de otra: *en su libro, trata de ~ ambas materias para estudiarlas por separado; mediante la reproducción sexual, las especies se diversifican.* ☖ Se conjuga como 1.

di·ver·sión |diβersión| **1** ***f.*** Cosa que divierte: *pasó toda su juventud entre fiestas y diversiones.* ⇒ **entretenimiento. 2** Situación divertida: *hay que dedicar parte de la semana al ocio y a la ~.*

di·ver·⌐so, ⌐sa |diβérso, sa| **1** ***adj.*** Que es distinto a otro; que no es igual: *tiene un carácter ~.* ⇒ **diferente. - 2 diversos, -sas** ***adj. pl.*** Que abundan o están en cantidad grande; que tienen distintas características: *diversas personas han solicitado nuestros servicios.*

di·ver·ti·⌐do, ⌐da |diβertíðo, ða| **1** ***adj.*** Que produce alegría o pone de buen humor: *siempre cuenta unos chistes muy divertidos.* ⇒ **alegre. 2** Que divierte o hace pasar el tiempo de manera agradable: *es una comedia muy divertida: te gustará.*

di·ver·tir |diβertír| ***tr.-prnl.*** [a alguien] Hacer pasar el tiempo de manera agradable: *ha salido a divertirse con los amigos.* ⇒ **entretener.** ☖ Se conjuga como 35.

di·vi·den·do |diβiðéndo| **1** ***m.*** MAT. Cantidad que debe dividirse entre otra: *el ~ de esta división es 2456 y el divisor es 14.* ⇔ **divisor. 2** ECON. Parte de las *ganancias de una sociedad que corresponde a cada uno de sus *accionistas: *la mala gestión económica ha hecho que este año tengamos pocos dividendos.*

di·vi·dir |diβiðír| **1** ***tr.*** [algo] Partir o separar en partes; formar grupos o establecer separaciones: *los hermanos han dividido la tierra en cuatro partes iguales.* ⇒ **apartar. 2** Averiguar las veces que una cantidad está contenida en otra: *si divides 100 entre 5, el resultado es 20.* **3** Repartir entre varias personas: *el moribundo dividió la herencia.* **4** *fig.* [a alguien] Hacer que se pierda el acuerdo o la unidad: *divide a tus enemigos y vencerás.*

di·vi·ni·dad |diβiniðáᵈ| **1** ***f.*** Dios que tiene poder y gobierna una parte de las cosas o de las personas: *Orco, la ~ infernal, dio su nombre a todo el infierno.* ⇒ **deidad. 2** Cualidad de *divino: *algunos herejes cuestionaban la ~ de Jesucristo.*

di·vi·ni·za·ción |diβiniθaθión| ***f.*** Acción y resultado de *divinizar: *la ~ de la figura del emperador estaba implícita a su cargo.*

di·vi·ni·zar |diβiniθár| **1** ***tr.*** [algo, a alguien] Considerar a una persona o cosa como un dios y tratarla como tal: *los antiguos divinizaban las fuerzas de la naturaleza.* **2** *fig.* [a alguien] Considerar exageradamente las cualidades o virtudes de una persona: *está enamorado de él y lo diviniza.* ☖ Se conjuga como 4.

di·vi·⌐no, ⌐na |diβíno, na| **1** ***adj.*** De Dios o de los dioses o que tiene relación con ellos: *creyó que había desatado la furia divina.* **2** *fig.* Que sobresale entre lo demás; que es admirable: *ese poeta tiene una sensibilidad divina.* ⇒ **magnífico.**

di·vi·sa |diβísa| **1** ***f.*** Moneda extranjera en cuanto a la unidad de moneda de un país determinado: *si vas a venir a España, te interesa comprar algo de ~ española en tu país.* **2** Señal exterior que sirve para distinguir personas, grados, cargos o cosas: *en el escudo llevaba la ~ de su familia.*

di·vi·sar |diβisár| ***tr.*** [algo, a alguien] Ver desde una gran distancia: *desde lo alto de la colina, pudo ~ al enemigo.*

di·vi·si·bi·li·dad |diβisiβiliðáᵈ| ***f.*** Posibilidad de ser dividido: *en un principio nadie creía en la ~ del átomo.*

di·vi·si·ble |diβisíβle| ***adj.*** MAT. Que se puede dividir, especialmente cuando el resultado es un número entero: *los números pares son divisibles por dos.*

di·vi·sión |diβisión| **1** ***f.*** Separación en partes; formación de grupos; establecimiento de separaciones: *primero, hicieron una ~ del trabajo entre los participantes.* **2** Operación que consiste en averiguar las veces que una cantidad está contenida en otra: *el maestro enseña a sus alumnos a hacer divisiones.* **3** Reparto entre varias personas: *de la ~ de la hacienda salieron tres partes, una para cada hijo.* **4** *fig.* Pérdida del acuerdo o de la unidad: *la ~ del país dio lugar a una guerra civil; la avaricia fue la causa de la ~ entre los hermanos.* **5** DEP. Grupo formado por equipos deportivos de la misma categoría: *los equipos de la primera ~ terminaron de jugar la liga el pasado sábado;* **~ de honor,** en algunos deportes, primera división: *después de esta temporada, nuestro equipo ha pasado a la ~ de honor.* **6** MIL. Unidad militar compuesta por *regimientos de distintos cuerpos del ejército: *el general manda la ~; la ~ está formada por varias brigadas;* **~ acorazada,** MIL., la que está formada por carros de *combate o fuerzas transportadas en vehículos *blindados: *una ~ acorazada entró en la ciudad.*

di·vi·⌐sor, ⌐so·ra |diβisór, sóra| **1** ***adj.-m.*** MAT. (cantidad) Que divide a otra: *en las fracciones, el ~ se coloca debajo.* ⇔ **dividendo.** - **2 divisor** ***m.*** MAT. Cantidad por la cual se dividen exactamente dos o más cantidades: *el 12 es común ~ de 24 y de 48.*

di·vi·so·⌐rio, ⌐ria |diβisório, ria| ***adj.*** Que divide o que sirve para dividir: *debes conducir siempre a la derecha de la línea divisoria de la calzada.*

di·⌐vo, ⌐va |díβo, βa| ***adj.-s.*** (persona, artista) Que tiene mucha fama y es muy admirado: *la gran diva dio un recital de zarzuela.*

di·vor·ciar |diβorθiár| **1** ***tr.-prnl.*** [a alguien] Separar legalmente dos personas que estaban casadas; disolver un *matrimonio: *se divorciaron a los dos meses de casarse.* ⇒ **descasar.** ⇔ **casar.** **2** *fig.* [algo, a alguien] Deshacer o separar una unión o una relación: *a raíz de aquella disputa, sus opiniones se fueron divorciando.* ⇒ **dirimir, disolver.** ☖ Se conjuga como 12.

di·vor·cio |diβórθio| **1** ***m.*** Separación legal de dos personas que estaban casadas: *sus padres están tramitando el ~.* **2** *fig.* Separación de lo que estaba unido o relacionado: *cada vez es más manifiesto su ~ de opiniones.*

di·vul·ga·ción |diβulγaθión| ***f.*** Acción y resultado de *divulgar: *la ~ de la noticia ha causado un gran revuelo en la ciudad.*

di·vul·ga·⌐dor, ⌐do·ra |diβulγaðór, ðóra| ***adj.-s.*** (persona, escrito) Que *divulga o da a conocer entre un gran número de personas: *fue un gran ~ de las ideas del Renacimiento.*

di·vul·gar |diβulγár| ***tr.*** [algo] Dar a conocer entre un gran número de personas: *los medios de comunicación divulgaron la noticia.* ⇒ **difundir.** ☖ Se conjuga como 7.

do |dó| ***m.*** MÚS. Primera nota musical de la escala: *el re sigue al ~.* ■ **~ de pecho,** nota aguda dada por la voz de un *tenor: *la canción acaba con un ~ de pecho.* ■ **~ de pecho,** esfuerzo *máximo que se hace con un fin determinado: *nos han pedido que hagamos un trabajo muy difícil y debemos dar el ~ de pecho.* ☖ El plural es *dos.*

do·bla·di·llo |doβlaðíʎo| ***m.*** Pliegue que se hace en los bordes de la ropa, doblándola dos veces para coserla: *el ~ se hace en los bajos; llevas el ~ de la falda descosido.* ⇒ **jareta.**

do·bla·⌐do, ⌐da |doβláðo, ða| **1** ***adj.*** (persona) Que es bajo pero de cuerpo ancho y fuerte: *su abuelo era un hombre ~.* - **2 doblado** ***m.*** Parte más alta de una casa, debajo del tejado, donde se guardan objetos que ya no se usan: *subió al ~ y encontró una vieja mecedora y algunos juguetes; en los doblados de las casas antiguas se guardaba el trigo.* ⇒ **desván.** ☖ En esta acepción se usa en Andalucía, Extremadura y otros lugares.

do·bla·je |doβláxe| ***m.*** Sustitución de las voces de los actores de una película por otras voces, generalmente para traducir el texto original: *el ~ es muy malo: los personajes abren la boca y la voz suena después.*

do·blar |doβlár| **1** ***tr.*** [algo] Juntar los extremos de un objeto flexible: *ayúdame a ~ las sábanas para guardarlas; dobló la hoja y la metió en un sobre.* **2** Pasar al otro lado de un saliente: *cuando doblamos la esquina, nos encontramos con ella.* **3** [algo; a alguien] Tener dos veces más, especialmente de edad: *mi padre me dobla la edad porque él cumple 42 y yo tengo 21.* **4** [a alguien] Sustituir la voz de los actores en una película: *cuando era joven se dedicaba a ~ a actores de películas americanas de vaqueros.* **5** Sustituir a un actor en una acción peligrosa: *un especialista doblaba al protagonista cuando saltaba del tren.* - **6** ***intr.*** Cambiar de dirección: *cuando llegue al semáforo, doble a la derecha; la carretera, al llegar al puerto, dobla hacia el sur.* ⇒ **girar, torcer.** **7** [por alguien] Tocar a muerto: *¿por quién doblan las campanas?* **8** Echarse al suelo para morir, especialmente el toro: *todo el público de la plaza aplaudió al toro cuando dobló.* - **9** ***tr.-prnl.*** [algo] Hacer dos veces mayor: *me han doblado el sueldo; la población de esta ciudad se ha doblado, antes tenía 250000 habitantes y ahora tiene medio millón.* ⇒ **duplicar.** **10** Torcer; dar forma curva: *el forzudo del circo dobla barras de hierro; las ramas del manzano se doblan cuando están cargadas de fruta.* - **11 doblarse** ***prnl.*** Someterse, aceptar los hechos o la voluntad de otra persona: *tuvo que doblarse ante las circunstancias.*

do·ble |dóβle| **1** ***num.*** (cantidad, número) Que resulta de multiplicar por dos una cantidad: *ocho es el ~ de cuatro.* - **2** ***adj.*** Que está formado por elementos en un número dos veces mayor de lo normal: *la tela de esta chaqueta es ~.* ⇔ **sencillo, simple.** **3** *fig.* Que se muestra de una manera y realmente es de otra; que es falso: *Pedro es muy ~.* - **4** ***m.*** Bebida que tiene dos veces la cantidad normal: *pidió un ~ de whisky.* **5** Copia exacta; persona, imagen o cosa que es igual que otra: *he encontrado el ~ de ese jarrón antiguo que tienes en el salón; he conocido a una chica que parece tu ~.* - **6** ***com.*** Persona que sustituye en las *escenas peligrosas a un actor o una *actriz de cine o televisión a quien se parece: *como el protagonista es muy mayor, las escenas en que monta a caballo las hace un ~.* ⇒ **especialista.** - **7** ***adv.*** Dos veces una cantidad: *desde que se ha casado, come ~.* - **8 dobles** ***m. pl.*** DEP. Partido en el que juegan dos jugadores contra otros dos, generalmente en el tenis: *el partido de dobles será decisivo.* - **9** ***f. pl.*** DEP. En el *baloncesto, falta que consiste en botar la pelota con las dos manos o en saltar sin soltarla: *el árbitro señaló dobles.*

do·ble·gar |doβleγár| ***tr.-prnl.*** *fig.* [a alguien] Hacer abandonar una intención o una opinión y aceptar otras: *se doblegó ante la fuerza de sus argumentos.* ☖ Se conjuga como 7.

do·ble·te |doβléte| **1** ***m.*** Repetición de una *actuación o de una actividad, generalmente profesional, en un periodo determinado de tiempo: *el conferenciante ha hecho hoy ~.* **2** Aparición de un artista en dos ocasiones diferentes en un mismo espectáculo: *el torero madrileño hizo ~ en la feria.*

3 DEP. Serie de dos éxitos o victorias en un corto periodo de tiempo: *nuestros tenistas han conseguido varios dobletes y jugarán la final.* 4 Serie de dos palabras del mismo origen: *el cultismo* digital *y la palabra* dedal *forman un ~.*

do·blez |doβléθ| **1** ***m.*** Parte que se dobla o se pliega en una cosa: *el niño hizo varios dobleces en el papel y fabricó una pajarita; haz un ~ en el pañuelo y póntelo al cuello.* **2** Señal que deja un pliegue o una arruga: *el papel quedó lleno de dobleces y no se podía leer.* **- 3** ***amb.*** *form. fig.* Falsedad o engaño en la manera de obrar, expresando lo contrario de lo que se siente realmente: *es muy astuto y siempre actúa con ~.* ⇒ **astucia, malicia.**

do·ce |dóθe| **1** ***num.*** Diez más dos: *seis por dos son ~; si tengo 100 manzanas y te doy 88, me quedan ~.* **2** (persona, cosa) Que sigue en orden al que hace el número 11; duodécimo: *si voy después del undécimo, soy el ~ de la lista.* ⌂ Es preferible el uso del ordinal: *soy el duodécimo.* **- 3** ***m.*** Número que representa el valor de diez más dos: *escribe el ~ después del 11.*

do·ce·a·⌜vo, ⌜va |doθeáβo, βa| ***num.*** (parte) Que resulta de dividir un todo en 12 partes iguales: *si somos 12 para comer, me toca un ~ de tarta.*

do·ce·na |doθéna| ***f.*** Conjunto formado por 12 unidades: *fue a comprar una ~ de huevos.*

do·cen·cia |doθénθia| ***f.*** Actividad de enseñar: *se dedica a la ~ desde hace muchos años.*

do·cen·te |doθénte| **1** ***adj.*** De la enseñanza o que tiene relación con ella: *el nuevo plan ~ se presentará para aplicarlo durante el nuevo curso.* **- 2** ***adj.-com.*** (persona) Que se dedica a la enseñanza: *los docentes se reunirán para comentar sus problemas.*

dó·cil |dóθil| **1** ***adj.*** Que es tranquilo o fácil de educar: *es muy ~ y hace todo lo que le dicen sin protestar.* **2** (metal) Que se puede trabajar con facilidad: *el cobre es un metal muy ~.* ⇒ **dúctil.**

do·ci·li·dad |doθiliðá^{ð}| ***f.*** Cualidad de *dócil: *es un alumno que muestra una gran ~ e interés por aprender.*

doc·⌜to, ⌜ta |dó^{k}to, ta| ***adj.-s.*** (persona) Que posee muchos conocimientos: *escribió un tratado muy ~ sobre la literatura italiana.* ⇒ **sabio.**

doc·⌜tor, ⌜to·ra |do^{k}tór, tóra| **1** ***m. f.*** Persona que ha conseguido el último grado *académico en la *universidad: *es ~ en ciencias exactas y es un experto en matemáticas.* ⇒ **diplomado, licenciado. 2** Persona que enseña una ciencia o arte: *el ~ comenzó su clase presentando un estado de la cuestión.* **3** Persona que se dedica a curar o evitar las enfermedades: *el ~ me ha mandado un jarabe para la tos.* ⇒ **médico.**

doc·to·ra·do |do^{k}toráðo| **1** ***m.*** Grado *académico más alto que se consigue en la *universidad; grado de *doctor: *está estudiando para obtener el ~.* ⇒ **diplomatura, licenciatura. 2** Conjunto de estudios necesarios para conseguir ese grado: *después de terminar la carrera, hizo el ~.* ⇒ **diplomatura, licenciatura.**

doc·to·ral |do^{k}torál| **1** ***adj.*** Del *doctorado o que tiene relación con él: *va a defender su tesis ~ este mismo año.* **2** *fam.* Que es serio; que se da más importancia de la que tiene: *el padre se dirigió al hijo con tono ~.*

doc·to·ran·⌜do, ⌜da |do^{k}torándo, da| ***m. f.*** Persona que prepara el *doctorado: *los doctorandos tienen que matricularse el mes próximo.*

doc·to·rar |do^{k}torár| ***tr.-prnl.*** Dar o recibir el grado de *doctor: *se doctoró en la Universidad de Alcalá de Henares.*

doc·tri·na |do^{k}trína| **1** ***f.*** Conjunto de ideas que son defendidas por un grupo de personas: *sigue la ~ de la Iglesia Católica.* **2** Materia o ciencia que se enseña: *impartió su ~ entre los jóvenes.*

doc·tri·na·⌜rio, ⌜ria |do^{k}trinário, ria| ***adj.-s.*** (persona) Que presta más atención a la doctrina o a las teorías que a su aplicación en la *práctica: *es un político demasiado ~: si estuviese en el poder, no sabría cómo gobernar.*

do·cu·men·ta·ción |dokumentaθión| **1** ***f.*** Conjunto de documentos, especialmente los que prueban la *identidad de una persona: *necesitamos más ~ para preparar la reunión; es tan despistado que se fue de viaje sin llevarse la ~.* **2** Acción y resultado de documentar o documentarse: *en una investigación, la ~ es indispensable.*

do·cu·men·ta·⌜do, ⌜da |dokumentáðo, ða| **1** ***adj.-s.*** (persona) Que tiene consigo documentos que prueban su *identidad: *piensa que no se debe detener a nadie por el hecho de no ir ~.* **2** (persona, cosa) Que tiene conocimientos o da pruebas acerca de un asunto determinado: *es un estudio muy riguroso y bien ~.*

do·cu·men·tal |dokumentál| ***adj.-m.*** (programa) Que informa o da pruebas acerca de un asunto determinado: *el sábado por la noche, estuve viendo un ~ interesantísimo sobre la cría de los caracoles.*

do·cu·men·tar |dokumentár| **1** ***tr.*** [algo; con algo] Probar o demostrar una cosa con documentos: *usted debe ~ su tesis para que la creamos.* **- 2** ***tr.-prnl.*** [a alguien] Conseguir o proporcionar los documentos necesarios con un fin determinado: *se está documentando para hacer la tesis.*

do·cu·men·to |dokuménto| **1** ***m.*** Escrito con que se prueba o demuestra una cosa: *el notario redactó un ~ para acreditar que lo que se decía era cierto; no olvide traer sus documentos para cursar la solicitud.* **2** Objeto o hecho que sirve para probar o demostrar una cosa: *ofreceremos un ~ sorprendente sobre el comportamiento de los lagartos.*

do·de·cá·go·no |doðekágono| ***m.*** GEOM. Figura plana de doce lados: *el ~ es un polígono.*

do·de·ca·sí·la·⌜bo, ⌜ba |doðekasílaβo, βa| ***adj.-m.*** POÉT. (verso) Que tiene doce sílabas: *el ~ se utilizó mucho en los siglos* XIV *y* XV.

dog·ma |dó$^{\gamma}$ma| **1** ***m.*** Punto principal de una religión, doctrina o sistema de pensamiento que se tiene por cierto y seguro: *la incorporación del ~ de la Trinidad a la Iglesia Católica suscitó numerosas polémicas.* **2** Conjunto de puntos principales de una religión, doctrina o sistema de pensamiento que se tienen por ciertos y seguros: *me han enseñado que no debo apartarme del ~ católico.*

dog·ma·tis·mo |doᵞmatísmo| **1** ***m.*** Tendencia a afirmar que una cosa es cierta y segura cuando en realidad es discutible: *su ~ hace muy difícil discutir con él.* **2** Tendencia a creer o a afirmar una cosa: *el ~ le hace repetir todo lo que le dicen.*

dog·ma·ti·zar |doᵞmatiθár| ***intr.*** Afirmar que una cosa es cierta y segura cuando en realidad es discutible: *se pasó la conferencia dogmatizando y diciendo que todos estaban equivocados.* ☐ Se conjuga como 4.

dó·lar |dólar| ***m.*** Unidad de moneda de los Estados Unidos de América, de Canadá y de otros países: *al venir a España tuvo que cambiar sus dólares en pesetas.* ☐ El plural es *dólares.*

do·len·cia |dolénθia| ***f.*** Sensación molesta y desagradable en una parte del cuerpo; enfermedad: *aseguran que el corredor está aquejado de una ~ respiratoria.*

do·ler |dolér| **1** ***intr.*** Padecer dolor una parte del cuerpo: *se cayó al suelo y dijo que le dolía la pierna; hoy me duele la cabeza.* **- 2 dolerse *prnl.*** Quejarse y explicar un dolor: *se dolía de sus males ante sus amigos.* **3** Experimentar pena o *lástima: *siempre se duele de la desgracia ajena.* **4** Arrepentirse de haber hecho una cosa: *se duele de sus pecados.* ☐ Se conjuga como 32.

do·li·⌈do, ⌈da |dolíðo, ða| ***adj.*** Que experimenta pena o *lástima: *estoy ~ por sus palabras.* ⇒ **dolorido.**

do·lo |dólo| ***m.*** DER. Voluntad de engañar o de ir contra la ley: *si el hecho se produce por mero accidente, sin ~ ni culpa del sujeto, se considera fortuito y no se castiga.*

do·lor |dolór| **1** ***m.*** Sensación molesta y desagradable de una parte del cuerpo causada por una herida o una enfermedad: *tenía un terrible ~ de muelas y tuvo que marcharse a casa.* **2** Sentimiento de pena o de *lástima: *verla sufrir así le causaba ~.* **3** Arrepentimiento de haber hecho una cosa: *después de insultarla, sintió un gran ~.*

do·lo·ri·⌈do, da |doloríðo, ða| **1** ***adj.*** Que siente dolores por causa de una herida o enfermedad: *tengo todo el cuerpo ~ porque me caí de la bicicleta.* **2** Que experimenta pena o *lástima: *tus palabras lo han dejado ~.* ⇒ **dolido.**

do·lo·ro·⌈so, ⌈sa |doloróso, sa| **1** ***adj.*** Que causa dolor en una parte del cuerpo: *recibió un golpe muy ~ en la espinilla.* **2** Que causa un sentimiento de pena o de *lástima: *esas imágenes sobre la guerra son muy dolorosas.*

do·lo·⌈so, ⌈sa |dolóso, sa| ***adj.*** DER. Que supone engaño o *fraude: *la decisión ha sido claramente dolosa.*

do·ma·⌈dor, ⌈do·ra |domaðór, ðóra| ***m. f.*** Persona que se dedica a *domar y manejar animales salvajes, generalmente peligrosos: *el ~ metió la cabeza dentro de la boca del tigre.*

do·mar |domár| **1** ***tr.*** [algo] Hacer que un animal salvaje, generalmente peligroso, deje de ser fiero o que obedezca: *le costó muchas caídas ~ ese caballo.* ⇒ **domesticar.** **2** ***fig.*** [algo, a alguien] Contener, frenar o sujetar: *nadie puede ~ a este niño; era incapaz de ~ sus pasiones.* ⇒ **domeñar, domesticar, dominar, reprimir.**

do·me·ñar |domeɲár| **1** ***tr.*** *form.* [algo, a alguien] Dominar o someter: *el Imperio Romano domeñó casi todo el mundo conocido.* **2** *p. ext.* Contener, frenar o sujetar: *nadie podía ~ su arrojo.* ⇒ **domar, domesticar, dominar, reprimir.**

do·mes·ti·ca·ble |domestikáβle| ***adj.*** Que puede ser *domesticado: *ese pájaro es ~.*

do·mes·ti·car |domestikár| **1** ***tr.*** [algo] Hacer que un animal obedezca: *domesticó una cabra para que bailase al son de una trompeta.* ⇒ **domar.** **2** ***fig.*** [algo, a alguien] Contener, frenar o sujetar: *este niño es un salvaje: hay que domesticarlo.* ⇒ **amansar, domar, domeñar, dominar, reprimir.** ☐ Se conjuga como 1.

do·més·ti·⌈co, ⌈ca |doméstiko, ka| **1** ***adj.*** (animal) Que se cría en la compañía del hombre: *los perros son animales domésticos.* **2** De la casa o que tiene relación con ella: *se ocupa de las labores domésticas cuando sale del trabajo.* **- 3 *adj.-s.*** (persona) Que se dedica a los trabajos de la casa: *varios domésticos ayudaron al cocinero a hacer la comida.* ⇒ **criado, sirviente.** **- 4 doméstico *m.*** DEP. *Ciclista que ayuda al corredor principal del equipo durante la carrera: *el ~ le llevó agua a su compañero.*

do·mi·ci·liar |domiθiliár| **1** ***tr.*** [algo] Autorizar un pago o un cobro, especialmente una persona u organismo que tiene una cuenta en un banco: *he domiciliado el pago de los recibos del teléfono en la cuenta corriente.* **- 2 domiciliarse *prnl.*** Establecer la vivienda en un lugar: *es de Galicia, pero se ha domiciliado en Madrid.* ☐ Se conjuga como 12.

do·mi·ci·lia·⌈rio, ⌈ria |domiθiliário, ria| **1** ***adj.*** Que se ejecuta o se cumple en el *domicilio: *fue condenado a varios días de arresto ~.* **2** Del *domicilio o que tiene relación con él: *dime cuáles son tus datos domiciliarios y mañana te mando una carta.*

do·mi·ci·lio |domiθílio| **1** ***m.*** Lugar en el que legalmente está establecida una persona o sociedad para el cumplimiento de sus obligaciones y el ejercicio de sus derechos: *la fábrica está en Guadalajara, pero el ~ de la empresa está en Madrid.* ⇒ **dirección, seña.** **2** Casa en la que se vive o se habita: *tras salir de la comisaría, se dirigió a su ~.*

do·mi·na·ción |dominaθión| ***f.*** Acción de dominar, especialmente un rey o gobierno sobre un país o pueblo: *Hispania estuvo bajo la ~ romana.*

do·mi·nan·te |dominánte| **1** ***adj.*** Que domina o es superior a otros de su clase: *el cristianismo es la religión ~ en este país.* **- 2 *adj.-com.*** (persona) Que tiene tendencia a dominar o a mandar sobre otras: *es una persona muy ~ y siempre quiere que todos hagan lo que dice.*

do·mi·nar |dominár| **1** ***tr.*** [algo, a alguien] Tener bajo *dominio: *estaba loco y su sueño era ~ el mundo.* ⇒ **domeñar.** **2** ***fig.*** [algo] Conocer una ciencia, arte u otra cosa: *domina varios idiomas.* **- 3 *tr.-prnl.*** *p. ext.* [algo, a alguien] Contener, frenar o sujetar: *consiguió ~ su primer impulso y se contuvo.* ⇒ **domar, domeñar, domesticar, reprimir.** **- 4 *intr.-tr.*** Sobresalir o destacar una cosa entre otras: *la* *torre domina todo el pueblo.* **5** Ser superior a otros de la misma clase; tener más influencia o intensidad: *él es el que domina en su familia.*

do·min·go |domíŋgo| ***m.*** Séptimo y último día de la semana, dedicado generalmente al descanso: *el sábado me acosté muy tarde, así que el ~ me levanté casi a mediodía.*

do·min·gue·⌜ro, ⌜ra |domiŋgéro, ra| **1** ***adj.*** *fam.* Que se suele usar en *domingo: *se puso su traje ~ y se fue a misa.* **- 2** ***m. f.*** *fam. desp.* Persona que conduce mal su automóvil y que suele salir de la ciudad al campo los *domingos y días de fiesta: *los domingueros han llenado todo el paraje de basura; es un ~, no pone el intermitente del coche cuando cambia de carril.*

do·mi·ni·cal |dominikál| **1** ***adj.*** Del *domingo o que tiene relación con él: *disfrutó de su descanso ~.* **- 2** ***adj.-m.*** (publicación) Que recoge información general y se vende los *domingos, generalmente acompañando a otra publicación: *leí un artículo suyo en el suplemento ~ de ese diario.*

do·mi·ni·ca·⌜no, ⌜na |dominikáno, na| **1** ***adj.*** De Santo Domingo o de la República Dominicana o que tiene relación con esa ciudad o ese país: *las playas dominicanas son muy apreciadas por los turistas.* **- 2** ***m. f.*** Persona nacida en Santo Domingo o en la República Dominicana o que vive habitualmente en uno de estos lugares: *en el curso conocí a un poeta ~.* **- 3** ***adj.-s.*** De la orden de Santo Domingo o que tiene relación con ella: *estuvimos escuchando a un predicador ~.*

do·mi·ni·⌜co, ⌜ca |dominíko, ka| **1** ***adj.-s.*** (religioso) Que pertenece a la orden de Santo Domingo: *la orden de los dominicos es mendicante.* **- 2** ***adj.*** De esa orden o que tiene relación con ella: *la predicación dominica tuvo mucha importancia en la evangelización de América.*

do·mi·nio |domínio| **1** ***m.*** Poder que se tiene sobre lo que es propio: *no está dispuesto a perder su ~ para favorecernos.* **2** Territorio y población que están bajo un mismo mando: *la pérdida de los dominios americanos supuso el fin del Imperio español.* **3** Terreno en el que se habla una lengua o un *dialecto: *el ~ lingüístico del vascuence era mayor en la Edad Media que en la actualidad.* **4** Conjunto de ideas, materias o conocimientos: *hizo grandes aportaciones al ~ de las ciencias humanas.*

do·mi·nó |dominó| **1** ***m.*** Juego de mesa en el que se usan 28 *fichas rectangulares que tienen una cara dividida en dos cuadrados iguales que llevan marcados de uno a seis puntos negros o ninguno: *en el ~ gana quien consigue colocar primero todas sus fichas.* **2** Conjunto de esas *fichas: *fue a buscar el ~ para echar una partida.* ☐ El plural es *dominós.*

don |don| **1** ***m.*** Forma de tratamiento que se usa hacia los hombres y que indica respeto y *cortesía: *sea usted bienvenido, ~ Anselmo.* ⇒ **doña, señor.** ☐ Se usa delante de un nombre propio. Su abreviatura es *D.* **2** *form.* Regalo o cosa que se da voluntariamente en señal de agradecimiento o afecto: *distribuyó ricos dones entre sus familiares.* ⇒ **dádiva, presente. 3** Cualidad especial o habilidad para hacer una cosa: *tiene un gran ~ para tocar el violín.* ■ **~ de gentes,** habilidad para tratar con otras personas, atraer su simpatía o convencerlas: *es una persona muy simpática con un gran ~ de gentes.* ■ **~ nadie,** *desp.*, persona poco conocida o de poco poder o influencia: *aunque se cree muy importante, en realidad, es un ~ nadie.*

do·na·ción |donaθión| ***f.*** Entrega de un bien sin recibir nada a cambio: *hicieron ~ de una casa para los necesitados; la ~ de sangre ha aumentado considerablemente en los últimos años.*

do·nai·re |donáire| **1** ***m.*** *form.* Gracia y *viveza en el cuerpo y en los movimientos: *hablaba y sonreía a sus invitados con gran ~.* ⇒ **donosura. 2** Frase graciosa u ocurrente: *a todos nos obsequiaba con bromas y donaires.*

do·nan·te |donánte| **1** ***adj.-com.*** (persona) Que da o *dona una cosa: *en ese museo, debajo de los cuadros ponen los nombres de los donantes.* **- 2** ***com.*** MED. Persona que da voluntariamente sangre o un órgano de su cuerpo con fines médicos: *pertenece a una asociación de donantes de sangre.* ⇔ **receptor.**

do·nar |donár| ***tr.*** [algo; a alguien] Dar a otro una cosa propia: *donó todos sus bienes a la beneficencia.*

do·na·ti·vo |donatíβo| ***m.*** Cantidad de dinero u objeto que se da voluntariamente, generalmente para ayudar a personas necesitadas o a causas *humanitarias: *pedían donativos para las víctimas de la guerra.* ⇒ **don, presente.**

don·ce·lla |donθéʎa| **1** ***f.*** Mujer que no ha tenido relaciones sexuales: *cortejaba a todas las doncellas del palacio.* ⇒ **virgen. 2** Mujer que se dedica a trabajos domésticos no relacionados con la cocina: *la ~ le ayudó a arreglar el dormitorio.*

don·de |donde| ***adv. relat. l.*** Indica el sitio o el lugar en el que ocurre una acción: *busca ~ te dije.* ⇒ **adonde.** ■ **de ~,** indica el sitio o el lugar de origen: *de allí es de ~ vengo.* ■ **de ~,** indica un resultado al que se llega de manera lógica: *dijeron lo mismo, de ~ se deduce que ambos mienten.* ■ **en ~,** indica el sitio o el lugar en el que ocurre una acción: *dormí en ~ me aconsejaste.* ■ **hacia ~,** indica una dirección: *me volví hacia ~ él señalaba.* ■ **hasta ~,** indica un límite: *se acercó hasta ~ estaba la valla.* ■ **por ~,** indica el sitio o el lugar por el que se pasa: *puedes llegar allí por ~ fuimos el otro día.* ■ **por ~,** indica un resultado al que se llega de manera lógica: *todo está como ayer lo dejó, por ~ se deduce que no ha vuelto.* ☐ No se debe usar *a donde.* No se debe confundir con *dónde.*

dón·de |dónde| ***adv. interr. l.*** En qué sitio o en qué lugar ocurre una acción: *¿~ dices que es la conferencia?; no sé ~ hemos quedado.* ⇒ **adónde.** ■ **de ~,** cuál es el sitio o el lugar de origen: *¿de ~ procede tu familia?; nadie sabe de ~ han venido.* ■ **en ~,** en qué sitio o en qué lugar ocurre una acción: *no sé en ~ se encuentra.* ■ **hacia ~,** cuál es la dirección: *¿hacia ~ vais?* ■ **hasta ~,** cuál es el límite: *no se puede decir hasta ~ serán capaces de llegar.* ■ **por ~,** por qué camino o lugar: *¿por ~ se llega antes al museo?* ☐ No se debe usar *a dónde.* No se debe confundir con *donde.*

don·de·quie·ra |dondekiéra| ***adv. l.*** En cualquier parte: *que tengas suerte ~ que vayas.* ⇒ **adondequiera, doquier.**

don·juán |doŋxuán| ***m.*** Hombre que establece numerosas relaciones amorosas o sexuales: *es un ~: acaba de dejar en casa a una y ya está con otra.*

don·jua·nes·⌐co, ⌐ca |doŋxuanésko, ka| ***adj.*** Del *donjuán o que tiene relación con él: *siempre tiene una actitud donjuanesca ante las mujeres.*

do·nos·tia·rra |donostiára| **1** ***adj.*** De la ciudad de San Sebastián o que tiene relación con San Sebastián: *numerosos famosos acudirán al festival ~.* **- 2** ***com.*** Persona nacida en la ciudad de San Sebastián o que vive habitualmente en San Sebastián: *el ganador del concurso ha sido un ~ de 28 años.*

do·no·su·ra |donosúra| ***f.*** *form.* Gracia y *viveza en el cuerpo y en los movimientos: *a todos encantaba por su gracia y su ~.* ⇒ **donaire.**

do·ña |doɲa| ***f.*** Forma de tratamiento que se usa hacia las mujeres y que indica respeto y *cortesía: *~ Juana también ha sido invitada.* ⇒ **don, señor.** ⌂ Se usa delante de un nombre propio. Su abreviatura es *D*ª.

do·pa·je |dopáxe| ***m.*** DEP. Acción y resultado de *dopar o *doparse: *después de la competición se hace un control para detectar los casos de ~ que pueda haber.* ⇒ **doping.**

do·par |dopár| ***tr.-prnl.*** DEP. [algo, a alguien] Dar o consumir sustancias *tranquilizantes o excitantes que sirven para lograr un mejor rendimiento, generalmente en una competición deportiva: *el ganador ha sido descalificado porque se dopó.* ⇒ **drogar.**

do·ping |dópin| **1** ***m.*** DEP. Sustancia *tranquilizante o excitante que sirve para lograr un mejor rendimiento, generalmente en una competición deportiva: *se han detectado muestras de ~ en el análisis.* **2** DEP. Acción y resultado de *dopar o *doparse: *el ~ está prohibido en todos los deportes.* ⇒ **dopaje.** ⌂ Esta palabra procede del inglés. La Real Academia Española prefiere la forma *dopaje.*

do·quier |dokiér| ■ **por ~**, por todas partes: *los enemigos atacaban por ~.* ⇒ **dondequiera.**

do·ra·da |doráða| ***f.*** Pez marino comestible, de color gris por encima, amarillo por los lados y con una mancha de color de oro en la cabeza: *las doradas se pescan en las costas españolas del Mediterráneo.* ⌂ Para indicar el sexo se usa la ~ macho y la ~ hembra.

do·ra·⌐do, ⌐da |doráðo, ða| **1** ***adj.*** Que tiene color de oro o parecido al oro: *el collar no es de oro, sino ~; los remates de la lámpara son dorados.* **2** *fig.* (periodo de tiempo) Feliz, lleno de buena suerte: *el poeta escribió unos versos sobre la dorada juventud; ya pasó la época dorada del cine mudo.* **- 3 dorado** ***m.*** Proceso por el que se cubre una superficie con oro o con una sustancia parecida al oro: *mi trabajo en la fábrica consiste en el ~ de metales; el ~ de la lámpara ha perdido brillo.* **- 4 dorados** ***m. pl.*** Conjunto de objetos de metal de color de oro: *este líquido es muy bueno para sacar brillo a los dorados; el mueble del salón está adornado con muchos dorados.*

do·rar |dorár| **1** ***tr.*** [algo] Cubrir con oro una superficie: *han dorado los botones, por eso son tan caros.* ⇒ **platear. 2** Cubrir una superficie con una sustancia de color de oro: *ha dorado los tiradores de las puertas de la casa; voy a ~ el viejo marco del espejo.* **3** *fig.* Presentar una cosa como mejor o más agradable de lo que es en realidad: *por mucho que dores la noticia, se llevará un disgusto tremendo.* **- 4** ***tr.-prnl.*** *fig.* Tostar ligeramente un alimento: *tienes que ~ bien el pollo antes de servirlo; está dando la vuelta al besugo para que se dore.* **5** Tomar un color parecido al del oro: *el sol dora su piel; las hojas de los árboles se doraban a la caída de la tarde.* ■ **~ la píldora**, presentar una cosa como mejor o más agradable de lo que es en realidad: *cuando me ofrecieron el trabajo me doraron la píldora y todo parecía fácil, pero luego he tenido muchas dificultades.*

dó·ri·⌐co, ⌐ca |dóriko, ka| ARQ. Del orden que no adorna las columnas y las presenta lisas, o que tiene relación con él: *las columnas dóricas son sencillas y elegantes.* ⇒ **orden.**

dor·mi·⌐lón, ⌐lo·na |dormilón, lóna| ***adj.-s.*** *fam.* (persona) Que duerme mucho o que tiende a dormir mucho: *eres un ~: has estado 12 horas en la cama y todavía quieres echarte la siesta.*

dor·mir |dormír| **1** ***tr.-intr.-prnl.*** Estar en estado de descanso inconsciente o de sueño: *cerró los ojos y se durmió; yo puedo ~ en cualquier parte; el abuelo está durmiendo la siesta.* **- 2** ***tr.*** [a alguien] Hacer que una persona pase a un estado de descanso inconsciente o de sueño: *la madre acunaba al niño para dormirlo; el anestesista durmió al paciente antes de llevarlo al quirófano.* ⇒ **adormecer, anestesiar. - 3** ***intr.*** [en un lugar] Pasar la noche: *la semana que viene dormiremos en un hotel.* **4** [con alguien] Tener relaciones sexuales: *dicen que don Alfonso duerme con su vecina; aunque son novios desde hace muchos años, no duermen juntos.* **- 5 dormirse** ***prnl.*** Perder el cuidado, la atención o el interés: *no te duermas aunque tengas buena nota en el primer parcial.* **6** Quedarse sin *sensibilidad un miembro: *he estado tanto rato sentado que se me ha dormido una pierna.* ⇒ **acorchar.** ⌂ Se conjuga como 33.

dor·mi·tar |dormitár| ***intr.*** Estar medio dormido: *ha llegado a las diez y se ha pasado la mañana dormitando delante del ordenador.*

dor·mi·to·rio |dormitório| **1** ***m.*** Habitación de una casa en la que se duerme: *dijo buenas noches y se dirigió a su ~ para acostarse.* ⇒ **alcoba. 2** Conjunto de muebles de esa habitación: *ha comprado un ~ de madera de nogal.*

dor·sal |dorsál| **1** ***adj.*** Del *dorso o que tiene relación con él: *la columna vertebral recibe también el nombre de espina ~.* **- 2** ***m.*** DEP. Trozo de tela con un número que sirve para *identificar a un *deportista: *han dicho a través de los altavoces que el corredor con el ~ número 123 ha quedado descalificado.*

dor·so |dórso| ***m.*** *form.* Parte posterior; parte contraria u opuesta a la principal: *hay una nota escrita al ~ del libro; besó el ~ de la mano de la señorita.*

dos |dós| **1** ***num.*** Uno más uno: *cinco menos tres son ~; si tengo 100 manzanas y te doy 98, me quedan ~.*

2 (persona, cosa) Que sigue en orden al que hace el número uno; segundo: *si voy después del primero, soy el ~ de la lista.* ☖ Es preferible el uso del ordinal: *soy el segundo.* - **3** ***m.*** Número que representa el valor de uno más uno: *escribe el ~ después del 1.*

dos·cien·⌈tos, ⌈tas |dosθiéntos, tas| **1** ***num.*** 100 multiplicado por dos: *100 más 100 son ~.* **2** (persona, cosa) Que sigue en orden al que hace el número 199; ducentésimo: *si voy después del 199, soy el ~ de la lista.* ☖ Es preferible el uso del ordinal: *soy el ducentésimo.* - **3** ***m.*** Número que representa el valor de 100 multiplicado por 100: *escribe el ~ después del 199.*

do·sel |dosél| ***m.*** Pieza con forma de cuadrado o de rectángulo, de madera o de tela, que se coloca sobre un asiento, una imagen o una cama para adornarlos: *el trono estaba cubierto por un ~.* ⇒ **baldaquín, pabellón, palio.**

do·si·fi·car |dosifikár| **1** ***tr.*** [algo] Establecer la cantidad de medicina o de otra sustancia que debe tomarse cada vez: *hay que ~ el jarabe.* **2** Establecer la cantidad o proporción de una cosa: *dosifique sus fuerzas a lo largo de la carrera y conseguirá llegar a la meta.* ☖ Se conjuga como 1.

do·sis |dósis| **1** ***f.*** Cantidad de medicina o de otra sustancia que se toma cada vez: *la enfermera le puso una ~ de calmante para que pudiera dormir.* **2** *fig.* Cantidad o proporción de una cosa: *la vida hay que tomarla con grandes ~ de humor.* ☖ El plural es *dosis.*

do·ta·ción |dotaθión| **1** ***f.*** Cantidad de dinero o conjunto de medios que se da con un fin determinado: *la dotación de esta beca no es suficiente para pagar todos los gastos; el público se queja de la escasa ~ sanitaria.* **2** MAR. Conjunto de personas que se encargan del funcionamiento de un barco de guerra: *la dotación de este buque es de 52 hombres.* **3** MIL. Conjunto de personas y medios que aseguran el funcionamiento de una unidad militar: *se ha reducido la ~ de los cuarteles.*

do·tar |dotár| **1** ***tr.*** [algo] Dar o equipar con una cosa necesaria o ventajosa: *dotaron la casa de ascensor; este aparato está dotado de un sistema de alarma.* **2** [algo, alguien; con algo] Dar una cantidad de dinero o un conjunto de medios: *el departamento ha sido dotado con 10 millones.* **3** [a alguien] Dar o conceder una cualidad o una característica determinada, generalmente buena o ventajosa: *la naturaleza la dotó de un sexto sentido.*

do·te |dóte| **1** ***f.*** Propiedad o cualidad buena o ventajosa: *destaca por sus dotes para la poesía.* **2** Conjunto de bienes o dinero que una mujer lleva al *matrimonio o que entrega al *convento o a la orden religiosa a la que va a pertenecer: *dicen que se casó con ella por su ~.*

dra·gar |draγár| ***tr.*** [algo] Sacar barro, piedras o arena del fondo de un *puerto de mar, de un río o de una corriente para darle mayor profundidad: *dragaron el canal para que el gran barco pudiese entrar.* ☖ Se conjuga como 7.

dra·gón |draγón| **1** ***m.*** Animal imaginario con forma de serpiente gruesa con patas y alas, muy fiero y que echa fuego por la boca: *el caballero tuvo que luchar contra el ~.* **2** Reptil de cuerpo alargado, con cola y cuatro patas cortas, que tiene unas extensiones de su piel que forman a los lados del cuerpo una especie de alas que le ayudan en los saltos: *el ~ vive en los árboles de Malasia y Filipinas.* ☖ Para indicar el sexo se usa el ~ macho y el ~ hembra.

dra·ma |dráma| **1** ***m.*** LIT. Obra de teatro en *prosa o verso, especialmente la de un género que mezcla la *tragedia y la *comedia: *admira los grandes dramas de Calderón.* **2** LIT. Género literario formado por obras de ese tipo: *me interesa toda la literatura: la lírica, la épica y el ~.* **3** *fig.* Acontecimiento de la vida real capaz de interesar y emocionar: *un fallecimiento es un ~ íntimo y familiar.*

dra·má·ti·⌈co, ⌈ca |dramátiko, ka| **1** ***adj.*** Del teatro o que tiene relación con él: *los actores dramáticos suelen ser menos conocidos que los cinematográficos.* **2** Que es exagerado y busca llamar la atención: *es muy ~: parece que sólo a él le ocurren cosas desagradables.* ⇒ **teatral.** **3** Del *drama o que tiene relación con él: *es un autor destacado del género ~.* **4** *fig.* Que es capaz de interesar y emocionar: *vivieron unos momentos dramáticos en el avión, cuando perdieron la comunicación con tierra.*

dra·ma·tis·mo |dramatísmo| ***m.*** Capacidad de interesar y emocionar: *las imágenes que les vamos a ofrecer son de un gran ~.*

dra·ma·ti·za·ción |dramatiθaθión| ***f.*** Acción y resultado de *dramatizar: *se trata de una ~ de la lucha entre el bien y el mal que incluye narración dialogada, música y baile.*

dra·ma·ti·zar |dramatiθár| **1** ***tr.*** LIT. [algo] Dar a una obra forma de *drama: *el guionista se encargó de ~ la novela.* - **2** ***tr.-intr.*** Exagerar una cosa buscando llamar la atención: *dejad de ~ y expongamos las cosas con frialdad y en su justa medida.* ☖ Se conjuga como 4.

dra·ma·tur·gia |dramatúrxia| ***f.*** LIT. Arte o técnica de componer obras de teatro o *dramáticas: *es un maestro de la ~.*

dra·ma·tur·⌈go, ⌈ga |dramatúrγo, γa| ***m. f.*** Persona que escribe obras de teatro o *dramáticas: *Lope de Vega fue un prolífico ~.*

drás·ti·⌈co, ⌈ca |drástiko, ka| **1** ***adj.*** Que es rápido y violento: *murió después de una drástica enfermedad; fue un accidente ~.* **2** Que tiene energía y autoridad: *la autoridad dictó medidas drásticas para detener los abusos.*

dre·na·je |drenáxe| ***m.*** Acción y resultado de *drenar: *el sistema de ~ de la ciudad es muy antiguo, pero funciona muy bien.*

dre·nar |drenár| **1** ***tr.*** [algo] Hacer salir un líquido, generalmente de una herida: *la enfermera se encargaba de ~ la abertura practicada en la piel.* **2** Sacar el agua de un terreno: *drenaron la charca para sacar el coche.*

dro·ga |dróγa| ***f.*** Sustancia que se usa para quitar el dolor, *tranquilizar, excitar o producir estados de sueño, y cuyo consumo excesivo puede crear dependencia: *mantuvieron al enfermo tranquilo mediante drogas; robaba porque necesitaba su dosis de ~ todos los días.* ⇒ **alucinógeno.**

dro·ga·dic·ción |droγaðiᵏθión| ***f.*** Hábito y necesidad de consumir drogas: *pasó varios años luchando contra su ~.* ⇒ **toxicomanía.**

dro·ga·dic·⌜to, ⌜ta |droγaðíᵏto, ta| ***m. f.*** Persona que tiene hábito y necesidad de consumir drogas: *el ~ se ve a menudo empujado a la delincuencia.* ⇒ **toxicómano.**

dro·gar |droγár| ***tr.-prnl.*** Dar o consumir drogas: *aseguran que se droga para escribir.* ⇒ **dopar.** ☖ Se conjuga como 7.

dro·gue·rí·a |droγería| ***f.*** Establecimiento en el que se venden productos de limpieza, *perfumes, pinturas y otras sustancias: *voy a la ~ porque necesito un lápiz de labios.*

dro·gue·⌜ro, ⌜ra |droγéro, ra| ***m. f.*** Persona que se dedica a fabricar o vender artículos de *droguería: *le preguntaré al ~ si tienen aquí esa marca de dentífrico.*

dro·me·da·rio |dromeðário| ***m.*** Animal mamífero de gran tamaño, cuello largo y cabeza pequeña, con un gran bulto de grasa en la espalda que le permite resistir mucho tiempo sin alimento ni agua: *en Lanzarote hicimos una excursión subidos en un ~.* ☖ Para indicar el sexo se usa el ~ macho y el ~ hembra.

dual |duál| **1 *adj.*** *form.* Que tiene dos aspectos o características; qua presenta dos elementos o dos partes: *el reparto de la población es ~, entre el campo y la ciudad.* **2** Que se emite en dos idiomas: *muchos canales de televisión tienen programas duales.*

dua·li·dad |dualiðáᵈ| ***f.*** *form.* Reunión de dos caracteres distintos en una misma persona o cosa: *en aquella novela estaba muy marcada la ~ de lo material y lo espiritual.*

du·bi·ta·ti·va |duβitatíβa| ***adj.-f.*** LING. (oración) Que expresa o muestra duda: *la frase* quizás llueva mañana *es ~.*

du·bi·ta·ti·⌜vo, ⌜va |duβitatíβo, βa| ***adj.*** Que tiene o muestra duda: *parecía ~ y no sabía hacia qué lado caminar.*

DROMEDARIO

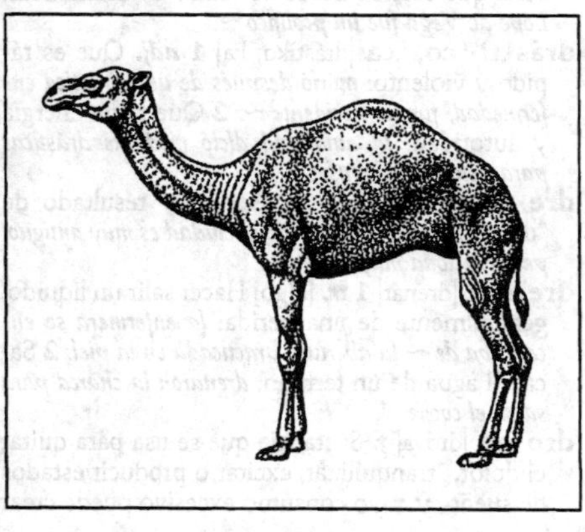

du·ca·do |dukáðo| **1 *m.*** Conjunto de tierras y bienes que pertenecen a un *duque: *heredó de sus padres el ~ de Medinaceli.* **2** Título y categoría de *duque: *el ~ es superior al marquesado.*

du·cal |dukál| ***adj.*** Del *duque o que tiene relación con él: *visitamos el palacio ~.*

du·cen·té·si·⌜mo, ⌜ma |duθentésimo, ma| **1 *num.*** (persona, cosa) Que sigue en orden al que hace el número 199: *si voy después del 199, soy el ~ de la lista.* **2** (parte) Que resulta de dividir un todo en 200 partes iguales: *son 200 personas y le corresponderá un ~ a cada una.*

du·cha |dútʃa| **1 *f.*** Aplicación de agua en forma de *chorros finos sobre el cuerpo o sobre una parte de él: *nada más llegar a casa, tomó una ~.* ☖ Se usa con los verbos *dar* y *tomar.* **2** Aparato o instalación que sirve para hacer caer sobre el cuerpo esa agua: *está en la ~ y no puede salir.* ■ **~ de agua fría**, noticia desagradable o que causa una gran impresión: *nos dio una ~ de agua fría al decirnos que estábamos despedidos.*

du·char |dutʃár| ***tr.-prnl.*** [a alguien] Mojar o lavar con agua que cae en forma de *chorros muy finos: *cada mañana me ducho nada más levantarme; después de hacer ejercicio, se duchaba.*

du·⌜cho, ⌜cha |dútʃo, tʃa| ***adj.*** (persona) Que tiene gran experiencia y facilidad para hacer una cosa: *el barbero era muy ~ en su oficio.* ⇒ **diestro.**

dúc·til |dúᵏtil| **1 *adj.*** (metal) Que puede recibir formas muy diversas: *el plomo es un metal muy ~.* ⇒ **dócil, maleable.** **2** *fig.* (persona) Que puede adaptarse y cambiar de opinión fácilmente: *su temperamento no es muy fuerte: tiene un carácter ~.* ⇒ **maleable.**

duc·ti·li·dad |duᵏtiliðáᵈ| ***f.*** Cualidad de *dúctil: *el estaño tiene una gran ~.*

du·da |dúða| ***f.*** Falta de determinación del ánimo entre dos juicios o dos posibilidades, acerca de un hecho o una noticia o en cuanto a las creencias religiosas: *tenía una ~: no sabía si sería mejor salir o quedarse en casa.* ⇒ **incertidumbre.**

du·dar |duðár| **1 *intr.*** Estar en duda: *se detuvo un momento, dudando entre acercarse o escapar.* **- 2 *tr.*** [algo] No creer por completo un hecho o una noticia: *dudo que lo haya conseguido por sí mismo.*

du·do·⌜so, ⌜sa |duðóso, sa| **1 *adj.*** Que ofrece duda: *es una información dudosa y no debemos alarmarnos todavía.* ⇒ **cuestionable.** **2** Que tiene duda: *contestó, ~, que no podía asegurarlo.*

due·la |duéla| ***f.*** Tabla que forma las paredes curvas de los *toneles o *barriles: *se partió una ~ y el vino se derramó.*

due·lo |duélo| **1 *m.*** Conjunto de acciones que demuestran dolor por la muerte de una persona: *los familiares hicieron ~ durante el funeral del ser querido.* **2** Conjunto de personas que van a un entierro: *el ~ se trasladó desde la iglesia al cementerio caminando.* ⇒ **cortejo.** **3** Lucha o enfrentamiento entre dos personas o animales: *se batió en ~ con quien le ofendió en su honor; los dos corredores mantendrán un ~*

para conseguir el primer puesto. **4** Dolor o pena: *¡qué ~ me hace ver a Antonio con tantos problemas!; sentía un gran ~ por la pérdida de su hijo.*

duen·de |duénde| **1** ***m.*** Ser imaginario que habita en ciertos lugares, que hace *travesuras y que suele representarse con forma de viejo o de niño: *había un ~ pequeño que le cambiaba las cosas de sitio.* **2** Cualidad que atrae en una persona y que es difícil de explicar: *esa actriz tiene cierto ~.* ⇒ **encanto.**

due·⌐ño, ⌐ña |duéɲo, ɲa| ***m. f.*** Persona que tiene la propiedad de una cosa: *preguntaron por el ~ de la finca para intentar comprarla.* ⇒ **amo.**

duer·me·ve·la |duermeβéla| ***m.*** Sueño poco profundo y frecuentemente interrumpido: *por la tarde, después de un ~, se levantó nervioso y cansado.* ☐ El plural es *duermevelas.*

due·to |duéto| ***m.*** MÚS. Conjunto de dos voces o instrumentos: *los dos hermanos formaban un ~.* ⇒ **dúo.**

dul·ce |dúlθe| **1** ***adj.*** Que tiene un sabor parecido al del azúcar: *esta fruta es ~ como la miel.* ⇔ **amargo.** **2** Que no es salado o amargo, comparado con otras cosas de la misma especie: *la trucha es un pez de agua ~.* ⇔ **salado.** **3** Que produce una impresión o sensación agradable y suave: *esta música es muy ~; han pintado la habitación de los niños de colores dulces.* ⇔ **amargo.** **4** Que es agradable y amable: *la dueña de la pensión era una anciana ~ que nunca se enfadaba; tiene un carácter muy ~.* - **5** ***m.*** Alimento preparado con azúcar: *de postre, sirvieron flanes, pasteles y otros dulces; el ~ de membrillo está muy bueno con queso.* - **6** ***adv. m.*** Con suavidad; de modo agradable: *canta tan ~, que enamora a todos los que la oyen.* ■ **a nadie le amarga un** ~, indica que cualquier bien o ventaja, por pequeño que sea, conviene aceptarlo: *claro que aceptaré el dinero, a nadie la amarga un ~.* ■ **en** ~, (fruta) que está conservada en agua con azúcar: *me encanta la pera en ~.*

dul·ce·⌐ro, ⌐ra |dulθéro, ra| **1** ***m. f.*** Persona que se dedica a elaborar y vender dulces, pasteles y chocolates: *su padre era ~ y tenía una confitería.* ⇒ **confitero, pastelero.** - **2** ***adj.-s.*** *fam.* (persona) Que gusta mucho de comer dulces: *es un ~: le encantan los pasteles.* ⇒ **goloso.**

dul·ci·fi·car |dulθifikár| **1** ***tr.*** [algo] Poner dulce: *no utiliza azúcar para ~ el café, sino sacarina.* ⇒ **edulcorar, endulzar.** **2** *fig.* Hacer agradable una situación difícil o desagradable: *para ~ sus penas, los consoló diciéndoles que los recompensaría.* ⇒ **aligerar, aliviar, edulcorar, endulzar.** ☐ Se conjuga como 1.

dul·ci·ne·a |dulθinéa| ***f.*** Mujer a la que se ama o se desea: *su ~ era una cajera del supermercado.*

dul·⌐zón, ⌐zo·na |dulθón, θóna| ***adj.*** *desp.* Que tiene un sabor demasiado dulce: *no me gusta ese cóctel: es demasiado ~ y empalagoso.*

dul·zor |dulθór| ***m.*** ⇒ **dulzura.**

dul·zu·ra |dulθúra| **1** ***f.*** *fig.* Cualidad de agradable y suave: *muchos turistas vienen para disfrutar de la ~ del clima; la ~ de su carácter le procura la estima de todos.* ⇒ **dulzor.** **2** Sabor parecido al del azúcar: *la ~ de la miel le parece demasiado fuerte.* ⇒ **dulzor.** - **3 dulzuras** ***f. pl.*** Palabras o expresiones cariñosas y amables: *le decía todo tipo de dulzuras.*

du·na |dúna| ***f.*** Pequeña montaña de arena que forma y mueve el viento: *hay dunas en los desiertos y en las playas; las dunas se forman al acumularse la arena arrastrada por el viento.*

dú·o |dúo| **1** ***m.*** Conjunto de dos personas o cosas: *el ~ de humoristas está grabando una nueva serie de televisión.* **2** MÚS. Conjunto de dos voces o instrumentos: *ambos cantantes forman un ~ excepcional.* ⇒ **dueto.**

duo·dé·ci·⌐mo, ⌐ma |duoðéθimo, ma| ***num.*** (persona, cosa) Que sigue en orden al que hace el número undécimo: *si voy después del 11, soy el ~ de la lista.*

duo·de·no |duoðéno| ***m.*** ANAT. Parte primera del *intestino delgado, que se comunica con el estómago en el cuerpo de los mamíferos: *los jugos digestivos del páncreas y del hígado van a parar al ~.*

dú·plex |dúpleks| ***m.*** Vivienda con dos pisos, comunicados por una escalera interior, que forma parte de un edificio mayor: *las habitaciones están en la planta alta del ~.*

du·pli·ca·ción |duplikaθión| ***f.*** Acción y resultado de *duplicar: *la acumulación de los dos cargos le ha supuesto la ~ de sus tareas.*

du·pli·ca·⌐do |duplikáðo| ***m.*** Documento o escrito con el mismo contenido y forma que otro: *usted puede quedarse con el ~ de este impreso.*

du·pli·car |duplikár| ***tr.-prnl.*** [algo] Hacer dos veces mayor una cosa o una cantidad: *el producto interior se ha duplicado en los tres últimos años.* ⇒ **doblar.** ☐ Se conjuga como 1.

du·que, ⌐que·sa |dúke| ***m. f.*** Miembro de la nobleza de categoría superior a la de *marqués: *el rey lo nombró ~.*

du·ra·ble |duráβle| ***adj.*** ⇒ **duradero.**

du·ra·ción |duraθión| ***f.*** Tiempo que dura un proceso, una situación o una cosa: *la ~ de la película viene indicada en la funda.*

du·ra·de·⌐ro, ⌐ra |duraðéro, ra| ***adj.*** Que dura, continúa o puede hacerlo durante mucho tiempo: *se redactará un tratado que garantice una paz duradera.* ⇒ **durable.**

du·ran·te |durante| ***adv. t.-prep.*** Mientras; a lo largo de un periodo de tiempo determinado: *~ la guerra, los alimentos escaseaban.* ☐ Se usa delante de sustantivos.

du·rar |durár| ***tr.-intr.*** [algo] Continuar un proceso o una situación a lo largo de cierto tiempo: *la guerra dura ya cuatro años; las pilas de esa marca duran mucho tiempo; el antiguo director duró muchos años en el cargo.* ⇒ **permanecer.**

du·re·za |duréθa| **1** ***f.*** Cualidad de duro: *el casco del barco está construido con un material de gran ~.* **2** Parte de un cuerpo blando que se ha puesto dura: *tengo muchas durezas en los pies.*

dur·mien·te |durmiénte| ***adj.-com.*** Que duerme: *el príncipe despertó a la bella ~ con un beso.*

du·ʳro, ʳra |dúro, ra| **1** ***adj.*** Que ofrece gran resistencia a ser cortado, rayado, roto o deformado: *el diamante es el material más ~; la carne está muy dura y no puedo cortarla con este cuchillo.* ⇔ **blando. 2** Que es fuerte y resistente al trabajo y a los sufrimientos: *a medida que uno crece tiene que hacerse ~; la vida nos hace duros a todos.* **3** Que es violento o cruel: *es muy ~ de corazón; mi padre se hacía el ~, pero en el fondo era muy bueno.* **4** Que es difícil de hacer o de soportar: *descargar camiones es un trabajo muy ~; los impuestos son demasiado duros para estos tiempos.* **5** Que es áspero; que no tiene suavidad o proporción: *tiene una voz dura y desagradable.* **- 6 duro *m.*** Moneda de España que equivale a cinco pesetas: *tengo cinco duros en el bolsillo.* **- 7 duro *adv. m.*** Con fuerza: *dale ~.* ■ **no tener un ~/quedarse sin un ~**, *fam.*, no tener dinero: *me acabo de comprar un coche y ahora mismo no tengo un ~.* ⇒ **céntimo.**

E

E, e 1 ***f.*** Letra que en el alfabeto español sigue a la *d*: *la palabra* elefante *empieza con ~.* **- 2** ***conj.*** Sustituye a *y* cuando la palabra siguiente comienza con el *fonema i : *estuvimos cenando con Carlos ~ Iván; la modista trabaja con aguja ~ hilo.* ⌂ No se usa, sin embargo, cuando la palabra siguiente comienza con el fonema y , aunque se represente como *hie*: *el vaso tiene café y hielo.*

e·ba·nis·ta |eβanísta| ***com.*** Persona que se dedica a trabajar maderas finas y a construir muebles: *hemos encargado una mesilla de noche al ~.* ⇒ **carpintero.**

e·ba·nis·te·rí·a |eβanistería| **1** ***f.*** Lugar en el que se fabrican y arreglan objetos hechos de maderas finas: *la ~ está situada cerca de la farmacia.* ⇒ **carpintería. 2** Arte y técnica de trabajar las maderas finas y de construir muebles: *la ~ es su principal especialidad.* ⇒ **carpintería. 3** Conjunto de objetos hechos con maderas finas: *la ~ de esta sala está hecha con madera de ébano.* ⇒ **carpintería.**

é·ba·no |éβano| **1** ***m.*** Árbol de tronco grueso y alto, y de hojas de color verde oscuro: *el ~ crece en Asia.* **2** Madera muy valiosa, lisa, pesada y de color negro, de ese árbol: *el ~ es una madera preciosa; los objetos de ~ son caros y lujosos.*

e·⌐brio, ⌐bria |éβrio, βria| ***adj.*** Que ha bebido demasiado alcohol y tiene alteradas las *facultades físicas y mentales: *iba tambaleándose por la calle porque estaba ~.* ⇒ **borracho.**

e·bu·lli·ción |eβuʎiθión| **1** ***f.*** Fenómeno que se produce al hervir un líquido y que consiste en la formación de burbujas de vapor: *retira el agua del fuego, que ya ha alcanzado el punto de ~.* **2** *fig.* Agitación o movimiento: *el país está pasando un momento de gran ~ ideológica.* ⇒ **revuelo.**

ec·ce·ma |eᵏθéma| ***m.*** MED. Enfermedad de la piel que se caracteriza por la aparición de manchas rojas y picores: *esta crema me ha producido un ~.* ⇒ **eczema.**

e·char |etʃár| **1** ***tr.*** [algo] Lanzar con fuerza o *violencia: *el portero echó el balón fuera del campo.* ⇒ **arrojar, tirar. 2** Dejar caer una cosa para que entre en un lugar: *eché la carta en el buzón; echa más agua en la jarra.* ⇒ **arrojar. 3** Despedir de sí; producir y emitir: *el cable echaba chispas.* ⇒ **arrojar. 4** Producir; hacer salir o nacer: *el rosal está echando muchos capullos; el niño ha echado un diente.* **5** Mover o correr para que se cierre: *he echado la llave y el cerrojo.* **6** Decir o pronunciar: *después de la cena me obligaron a ~ un discurso.* **7** Jugar o participar en una competición: *te echo una partida de ajedrez; los niños estaban echando una carrera.* **8** *fam.* Proyectar o emitir, generalmente una película; representar, generalmente una obra de teatro: *están echando la película* Volver a empezar *en el cine; ¿a qué hora echan la película por televisión?* **9** *fam.* Gastar o emplear una cantidad de tiempo en una acción o trabajo: *he echado dos horas en atravesar la ciudad.* **10** [algo/a algo, a alguien] Hacer salir de un lugar, generalmente de modo poco agradable: *la mujer echó a su marido de casa; el gato echó a todos los ratones que vivían en el sótano.* **11** Poner en posición horizontal: *han echado al suelo el obelisco; echó por tierra a su contrincante.* ⇒ **tumbar. 12** [algo; a algo/alguien] Dar o repartir: *echó las sobras a los perros; a ver si me echas buenas cartas.* **13** Suponer o calcular por el aspecto: *¿cuántos años me echas?* **14** [algo; a algo] Dejar una decisión a la suerte: *lo echamos a cara o cruz.* **15** [a alguien] Despedir de un empleo: *encontraron al vigilante durmiendo y lo echaron.* **- 16** ***tr.-prnl.*** [algo] Poner sobre un lugar: *echaremos una manta más en la cama; voy a echarme la chaqueta sobre los hombros.* **17** Hacer la acción que indica el sustantivo que sigue: *~ una mirada; echarse un trago.* **18** [algo, a alguien] Inclinar o mover en cierta dirección, especialmente el cuerpo o una parte de él: *échate para allá, que me das mucho calor; echó la cabeza hacia atrás.* **- 19** ***intr.*** Ir o moverse hacia un lugar o en una dirección: *echa por el camino de en medio.* **- 20 echarse** ***prnl.*** *Tumbarse un periodo corto de tiempo para descansar: *se ha echado porque estaba muy cansado.* **21** Lanzarse o tirarse con un impulso: *se echó al agua.* **22** Establecer una relación con una persona: *no sé nada de él desde que se echó novia.* ■ **~/echarse a**, comenzar; empezar o arrancar: *cuando supo la noticia se echó a llorar; los pájaros echaron a volar.* ⌂ Aquí, *echar* es verbo auxiliar de la perífrasis con infinitivo. ■ **~/echarse a perder**, estropear; dejar de funcionar: *el granizo ha echado a perder toda la cosecha; las malas compañías lo han echado a perder; nuestro plan se ha echado a perder.* ■ **~ de menos**, notar la falta de una persona o cosa: *en este libro echo de menos una buena bibliografía.* ■ **~ de menos**, tener sentimiento y pena por la falta de una persona o cosa: *estoy bien aquí, pero echo de menos a mi familia.* ■ **echarse atrás**, no cumplir un trato; no llegar al fin de un proyecto: *dijo que pagaría todos los gastos, pero a la hora de la verdad se echó atrás.* ■ **echarse a dormir**, descuidarse; no poner la atención debida: *trabajó mucho durante la carrera, pero en cuanto se licenció se echó a dormir.* ■ **echarse a morir**, *fam.*, abandonar un proyecto por perder la esperanza de llegar a buen fin: *si no conseguimos un crédito, ya podemos echarnos a morir.* ■ **echarse encima**, llegar un momento: *se nos está echando encima el plazo de entrega de las solicitudes.*

e·clec·ti·cis·mo |eklekˣtiθísmo| **1** ***m.*** *fam.* Capacidad de admitir y combinar diferentes *posturas u opiniones: *su ~ le hace aunar distintas tendencias.* **2** FIL. Doctrina filosófica que admite y combina lo que se cree mejor de diferentes *posturas y opiniones de otras escuelas: *el ~ se ha conocido en diferentes épocas de la historia.*

e·cléc·ti·⌐co, ⌐ca |ekléᵏtiko, ka| **1** ***adj.*** *fam.* Que admite y combina diferentes *posturas u opiniones: *hace una música ecléctica que une varios estilos.* **2** FIL. Del *eclecticismo o que tiene relación con él: *las teorías eclécticas pudieron refutar los argumentos más radicales.* **- 3** ***adj.-s.*** (persona) Que sigue la doctrina filosófica del *eclecticismo: *los eclécticos defendieron una interpretación moderada del fenómeno.*

e·cle·siás·ti·⌐co, ⌐ca |eklesiástiko, ka| **1** ***adj.*** De la Iglesia o que tiene relación con ella: *el Papa es la máxima autoridad eclesiástica.* **- 2 eclesiástico** ***m.*** *form.* Hombre que dedica su vida a Dios y a la Iglesia: *llamaron a un ~ para que diera la extremaunción al moribundo.* ⇒ **clérigo.**

e·clip·sar |ekliᵖsár| **1** ***tr.*** [algo] Causar un cuerpo celeste el *eclipse de otro: *la Tierra ha eclipsado a la Luna.* **2** *fig.* [a alguien] Disminuir las cualidades: *iba tan guapa que eclipsó a todas las mujeres que asistieron a la fiesta.* **- 3 eclipsarse** ***prnl.*** Sufrir un *eclipse un cuerpo celeste: *cuando el Sol se eclipsó, todo quedó oscuro.* **4** *fig.* Perder las cualidades o la importancia: *con el paso de los años, su belleza se ha eclipsado.*

e·clip·se |eklíᵖse| **1** ***m.*** Ocultación de un cuerpo celeste por la *interposición de otro: *se fueron al campo a ver el ~;* ~ **lunar**, el que se produce cuando la Tierra se *interpone entre el Sol y la Luna: *el otro día presenciamos un ~ lunar;* ~ **solar**, el que se produce cuando la Luna se *interpone entre la Tierra y el Sol: *el próximo lunes habrá un ~ solar.* **2** *fig.* Pérdida de las cualidades o de la importancia: *la electricidad supuso el ~ del carbón.*

e·clo·sión |eklosión| **1** ***f.*** Aparición, salida o nacimiento, especialmente de un animal o una planta: *en primavera se produce la ~ de las yemas de muchas plantas; hemos podido observar la ~ de una larva de su huevo.* **2** Aparición o *manifestación de un movimiento cultural o de un hecho histórico: *la ~ del romanticismo en España se produjo durante el siglo XIX.*

e·co |éko| **1** ***m.*** Repetición de un sonido que se produce cuando las ondas *sonoras chocan contra un obstáculo: *gritó dentro de la cueva y pudo oír el ~ de su voz.* **2** Sonido que se oye de manera débil: *se podía oír el ~ de los disparos del cazador a varios quilómetros de distancia.* **3** Noticia vaga que se conoce de manera indirecta: *han llegado a nosotros los ecos de vuestro futuro divorcio.* ⇒ **rumor. 4** Efecto de un hecho o de un acontecimiento: *el hecho no tuvo ningún ~ en la prensa.* **5** *fig.* Persona que imita o repite lo que dice otra: *admira tanto a su maestro que se ha convertido en su ~.* ■ **ecos de sociedad**, conjunto de noticias sobre personas conocidas de la clase alta: *esta revista recoge todos los ecos de sociedad.* ■ **hacerse ~**, contribuir a dar a conocer una cosa: *los principales periódicos del país se hicieron ~ del acontecimiento.*

e·co·gra·fí·a |ekoɣrafía| **1** ***f.*** MED. Procedimiento que sirve para dar un *diagnóstico y que consiste en registrar el *eco de unas ondas enviadas hacia el lugar que se examina: *los médicos consiguieron localizar el tumor gracias a la ~.* **2** Aplicación de ese procedimiento: *la mujer estaba embarazada de siete meses y le hicieron una ~ para comprobar el estado del feto.* **3** Imagen *obtenida por ese procedimiento: *en la ~ se veía perfectamente que el feto tenía la cabeza hacia abajo.*

e·co·lo·gí·a |ekoloxía| ***f.*** Disciplina que estudia la relación de los seres vivos con el medio en el que viven: *la ~ nos advierte del daño que el hombre ha hecho a la naturaleza; está estudiando ~ porque le preocupa la degradación del medio ambiente.*

e·co·ló·gi·⌐co, ⌐ca |ekolóxiko, ka| ***adj.*** De la *ecología o que tiene relación con ella: *el hundimiento del petrolero causará un desastre ~.*

e·co·lo·gis·ta |ekoloxísta| ***adj.-com.*** (persona, grupo) Que defiende de forma activa la conservación del medio ambiente: *Serafín pertenece a una organización ~.* ⇒ **verde.**

e·co·no·mí·a |ekonomía| **1** ***f.*** Ciencia que estudia la producción y el consumo de los bienes destinados a satisfacer las necesidades humanas: *está estudiando ~ porque quiere convertirse en empresario.* **2** Sistema de producción de un país o región: *la ~ de este territorio es la propia de los países comunistas;* ~ **sumergida**, la que funciona sin control del Estado: *hace trabajos en casa para una empresa: es un claro ejemplo de ~ sumergida.* **3** Nivel de la riqueza de un país o región: *esta zona basa su ~ en la agricultura y la ganadería.* **4** Conjunto de bienes de una persona o de un grupo: *la subida de los precios afecta a la ~ familiar.* **5** *Ahorro o reducción de los gastos: *el uso de la electricidad permite una considerable ~ de gas butano.* ⇔ **derroche. - 6 economías** ***f. pl.*** Cantidad de dinero o de bienes que se guarda y no se gasta: *está haciendo economías porque quiere comprarse un coche.* ⇒ **ahorro.**

e·co·nó·mi·⌐co, ⌐ca |ekonómiko, ka| **1** ***adj.*** De la economía o que tiene relación con ella: *el país está sufriendo una grave crisis económica.* **2** Que cuesta poco dinero: *he comprado dos pares de zapatos porque salían bastante económicos.*

e·co·no·mis·ta |ekonomísta| ***com.*** Persona que se dedica al estudio de la economía: *un equipo de economistas asesoraba al consejo de dirección de la empresa.*

e·co·no·mi·zar |ekonomiθár| **1** ***tr.-intr.*** [algo] Disminuir o reservar una parte de un gasto: *la crisis económica ha obligado a las empresas a ~.* **2** Guardar dinero para el futuro: *estamos economizando porque queremos comprarnos un piso más grande.* ⇒ **ahorrar.** ☐ Se conjuga como 4.

e·co·sis·te·ma |ekosistéma| *m.* Conjunto formado por los seres vivos y el medio en el que viven: *Isabel está estudiando el ~ de las zonas polares.*

e·cua·ción |ekuaθión| *f.* MAT. Igualdad que contiene una o más cantidades desconocidas y representadas por letras: *$3x^2–2x = 8$ es una ~ con una incógnita; la ~ de la velocidad es $v = e/t$.*

e·cua·dor |ekuaðór| **1** *m.* GEOGR. Círculo imaginario que forman los puntos de la Tierra que están situados a la misma distancia de los polos: *el ~ divide la Tierra en dos partes iguales, el hemisferio norte y el hemisterio sur.* ⇒ **paralelo. 2** ASTRON. Círculo mayor de la esfera celeste que forma ángulo recto con el eje de la Tierra: *esos científicos intentan medir el ~ celeste.*

e·cuá·ni·me |ekuánime| *adj.* Que es justo e *imparcial: *sus opiniones suelen ser ecuánimes y sinceras.* ⇒ **equitativo.**

e·cua·ni·mi·dad |ekuanimiðáᵈ| *f.* Cualidad de *ecuánime: *debemos confiar en la ~ de la justicia.*

e·cua·to·rial |ekuatoriál| *adj.* GEOGR. Del *Ecuador o que tiene relación con él: *en las zonas ecuatoriales el clima es húmedo y abundan las precipitaciones; la vegetación ~ es muy variada.*

e·cua·to·ria·⌈no, ⌈na |ekuatoriáno, na| **1** *adj.* De Ecuador o que tiene relación con Ecuador: *la capital ecuatoriana es Quito.* **- 2** *m. f.* Persona nacida en Ecuador o que vive habitualmente en Ecuador: *los ecuatorianos son vecinos de los peruanos.*

e·cues·tre |ekuéstre| **1** *adj. form.* Del caballo o que tiene relación con él: *todos los domingos vamos a ver carreras ecuestres.* **2** (figura) Que está representado montado a caballo: *en medio de la plaza hay una estatua ~.*

ec·ze·ma |eᵏθéma| *m.* Enfermedad de la piel que se caracteriza por la aparición de manchas rojas y picores: *me ha salido un ~ en el cuello por el roce del collar con la piel.* ⇒ **eccema.** ⌂ La Real Academia Española prefiere la forma *eccema.*

e·dad |eðáᵈ| **1** *f.* Cantidad de tiempo que una persona o animal ha vivido contando desde su nacimiento: *no quiere que nadie sepa su ~; a los cinco años de ~ ya daba conciertos.* **2** Parte de tiempo en que se divide la vida humana: ~ **adulta**, aquella en la que la persona ya ha completado su desarrollo: *esperaba llegar a la ~ adulta para ser independiente;* ~ **del pavo**, *fam.*, la de los jóvenes, cuando dejan de ser niños y tiene algunas dificultades en el trato social: *mi hija está en la ~ del pavo y a veces se pone insoportable;* ~ **escolar**, la adecuada para que los niños vayan a la escuela: *cuando el niño alcanzó la ~ escolar, lo matriculó en un colegio público;* ~ **madura**, la del que ha dejado de ser joven, pero que aún no es viejo: *ese investigador alcanzó renombre en la ~ madura.* **3** Cantidad de tiempo que ha de tener una persona para poder decidir por sí misma: *aún no tienes ~ para plantearte esos problemas;* **mayor de** ~, (persona) que, según la ley, tiene los años necesarios para poder decidir por sí mismo: *en España se es mayor de ~ a partir de los 18 años;* **menor de** ~, (persona) que, según la ley, no tiene los años necesarios para poder decidir por sí mismo: *no puede votar porque es menor de ~.* **4** Cantidad de tiempo que una cosa ha durado desde que empezó a existir: *se cree que la ~ de la Tierra es de unos 4500 millones de años.* **5** Parte de tiempo en que se divide la historia del hombre o de una sociedad: *aquella ~ se caracterizó por los avances tecnológicos;* **Edad Antigua**, la que va desde los *comienzos del hombre hasta el fin del Imperio Romano: *es un investigador especializado en la Edad Antigua;* **Edad Contemporánea**, la que va desde fines del siglo XVIII hasta el momento actual: *los descubrimientos científicos en la Edad Contemporánea han sido muy numerosos;* **Edad Media**, la que va desde el fin del Imperio Romano hasta el siglo XV: *quiere estudiar la literatura de la Edad Media;* **Edad Moderna**, la que va desde el siglo XV hasta fines del XVIII: *en la Edad Moderna se produjo el descubrimiento de numerosos territorios.* ⌂ En esta acepción se escribe con mayúscula; ~ **de oro**, la que comprende los años en los que las artes, las letras y la política de un país alcanzan su mayor desarrollo: *la ~ de oro de la literatura española también se conoce como Siglo de Oro español.* ■ **de** ~, (persona) que ya tiene muchos años o que es vieja: *es de buena educación ceder el asiento a las personas de ~.* ■ **estar en ~ de merecer**, ser lo bastante mayor para poder casarse o tener pareja: *pronto se casará mi hijo porque ya está en ~ de merecer.*

e·de·ma |eðéma| *m.* MED. *Inflamación de una parte del cuerpo por acumulación de líquido: *tenía un ~ pulmonar y tuvo que ser ingresado en el hospital.* ⌂ No se debe confundir con *enema.*

e·di·ción |eðiθión| **1** *f.* Reproducción de una obra, generalmente escrita, para su presentación en el mercado: *están preparando una nueva ~ del Quijote; el músico está trabajando mucho en la ~ de su nuevo disco.* ⇒ **impresión. 2** Conjunto de ejemplares de una obra escrita hechos al mismo tiempo: *se ha agotado la primera ~ del libro de aventuras que estoy buscando.* **3** Celebración de una acto o acontecimiento que se repite cada cierto tiempo: *el mes próximo tendrá lugar la octava ~ de la exposición de pintura.*

e·dic·to |eðiᵏto| *m.* Documento oficial publicado por una autoridad y expuesto, generalmente, en lugares públicos: *el emperador Constantino publicó el ~ de Milán en el año 313.*

e·di·fi·ca·ción |eðifikaθión| **1** *f.* Construcción de un edificio: *un importante arquitecto se encargará de la ~ de la torre del Ayuntamiento.* **2** Edificio o conjunto de edificios: *el casco viejo de la ciudad tiene muchas edificaciones antiguas.* ⇒ **edificio, inmueble.**

e·di·fi·car |eðifikár| **1** *tr.* [algo] Construir o hacer construir un edificio: *están edificando un bloque de viviendas en aquel descampado; el rey edificó muchos monumentos durante su reinado.* ⇒ **levantar. 2** Crear un grupo o sociedad: *esta gran empresa fue edificada hace casi cien años.* **3** *fig.* [a alguien] Dar buen ejemplo: *este profesor ha edificado a toda una generación con su comportamiento.* ◻ Se conjuga como 1.

e·di·fi·cio |eðifíθio| ***m.*** Construcción fabricada con materiales resistentes que se destina a la vivienda y a otros usos: *nosotros vivimos en aquel ~ alto; en este ~ hay una exposición de pintura.* ⇒ **edificación, inmueble.**

e·⌈dil, ⌈di·la |eðíl, ðíla| ***m. f.*** Persona que forma parte del grupo que gobierna un pueblo o ciudad: *el alcalde se reunió con los ediles para discutir el nuevo presupuesto.* ⇒ **concejal.**

e·di·tar |eðitár| ***tr.*** [algo] Reproducir una obra, generalmente escrita, para presentarla en el mercado: *se han editado numerosos libros de cuentos.* ⇒ **imprimir.**

e·di·⌈tor, ⌈to·ra |eðitór, tóra| **1** ***adj.-s.*** (persona, empresa) Que se dedica a *editar obras, periódicos u otras cosas a través de la *imprenta o de otros medios: *la empresa editora del periódico ha decidido poner a la venta una publicación semanal.* **- 2** ***m. f.*** Persona que prepara un texto de otra persona para publicarlo: *el ~ ha redactado numerosas notas que pretenden aclarar los aspectos más difíciles de la obra.* **- 3 editor** ***m.*** INFORM. Programa que sirve para escribir o presentar un texto, un conjunto de *datos u otra cosa de una forma determinada: *el ~ te permite escribir un texto en el ordenador y darle el formato más adecuado.*

e·di·to·rial |eðitoriál| **1** ***adj.*** Del *editor o de la *edición o que tiene relación con ellos: *en la actividad ~ hay mucha competencia.* **- 2** ***f.*** Empresa que se dedica a la *edición o publicación de obras: *hemos encargado a la ~ más libros porque los que teníamos se han agotado.* **- 3** ***m.*** Artículo de periódico que se publica sin firmar y que recoge la opinión de la dirección del periódico sobre un tema determinado: *lo primero que leo en el periódico es el ~.*

e·dre·dón |eðreðón| ***m.*** Pieza grande de tela que cubre la cama y que está *rellena de un material de abrigo: *sobre la cama hay un ~ estampado.* ⇒ **colcha.**

e·du·ca·ción |eðukaθión| **1** ***f.*** Desarrollo de las capacidades *intelectuales de una persona: *la ~ de las personas es fundamental para que se sepan desenvolver en la vida.* **2** Formación destinada a conseguir ese desarrollo: *los padres deben preocuparse de dar una buena ~ a sus hijos.* ⇒ **aprendizaje, enseñanza; ~ especial**, la que está dirigida a personas que tienen ciertos problemas físicos o mentales: *el médico les recomendó que llevaran a su hijo a un centro de ~ especial;* **~ física**, la que tiene como fin el desarrollo del cuerpo mediante el deporte: *los niños tienen clase de ~ física dos veces a la semana.* **3** Comportamiento adecuado a las normas sociales: *no tiene ninguna ~ cuando se pone a comer.*

e·du·ca·⌈do, ⌈da |eðukáðo, ða| ***adj.*** Que tiene buena educación: *Emilio es una persona muy educada.* ⇔ **maleducado.**

e·du·car |eðukár| **1** ***tr.*** [a alguien] Dirigir el desarrollo de las capacidades *intelectuales de una persona: *quisieron ~ a su hija en un colegio privado.* **2** Enseñar las normas sociales de comportamiento: *no sabe comportarse en público porque no lo han educado bien; ¡qué mal has educado a tus hijos!* **3** Preparar a una persona para que ocupe un cargo o se comporte de una manera determinada: *la princesa fue educada para convertirse en reina.* **4** [a algo] Enseñar a un animal a comportarse de una manera determinada: *ha educado al perro para que le recoja todos los días el periódico.* **5** [algo] Desarrollar un sentido: *era ciego, por eso tuvo que ~ su sentido del tacto.* ◻ Se conjuga como 1.

e·du·ca·ti·⌈vo, ⌈va |eðukatíβo, βa| **1** ***adj.*** De la educación o que tiene relación con ella: *el gobierno ha puesto en marcha una importante reforma educativa.* **2** Que sirve para educar: *el ayuntamiento organiza actividades educativas para los fines de semana.*

e·dul·co·ran·te |eðulkoránte| ***m.*** Sustancia que se usa para hacer dulce un alimento u otra cosa: *quienes no pueden tomar azúcar usan sacarina como ~; esta bebida lleva edulcorantes.*

e·dul·co·rar |eðulkorár| **1** ***tr.*** *form.* [algo] Poner dulce: *en la fábrica hay una sección dedicada a ~ los pasteles; he edulcorado el café con sacarina.* ⇒ **dulcificar, endulzar. 2** *form.* Hacer agradable una situación difícil o penosa: *las visitas de los amigos edulcoraban su aburrida existencia.* ⇒ **dulcificar, endulzar.**

e·fe |éfe| ***f.*** Nombre de la letra *f*: *en esta firma sólo puedo leer una gran ~; hay escritas varias efes en el papel.*

e·fec·tis·mo |efe^{k}tísmo| ***m.*** Abundancia excesiva de detalles con los que se quiere llamar la atención: *la presentación del festival de cine se caracterizó por su ~.*

e·fec·ti·⌈vo, ⌈va |efe^{k}tíβo, βa| **1** ***adj.*** Que es real o verdadero: *el nuevo presidente no es más que un títere: el poder ~ queda en manos del ejército; la nueva ley no se hará efectiva hasta el mes de noviembre.* **2** Que produce un efecto: *este medicamento es el más ~ para combatir el dolor de cabeza.* ⇒ **eficaz. - 3 efectivo** ***m.*** Dinero en monedas o en billetes: *¿pagará usted en ~ o con tarjeta?* **- 4 efectivos** ***m. pl.*** Conjunto de militares que están bajo un solo mando: *nuestros efectivos tuvieron muchas bajas en el último combate.* **5** *p. ext.* Conjunto de miembros de un grupo: *han participado en la extinción del incendio efectivos de la Cruz Roja.* ■ **hacerse ~**, entrar en *vigor; empezar a funcionar: *la nueva ley se hará efectiva a partir del próximo mes de enero.*

e·fec·to |efé^{k}to| **1** ***m.*** Resultado que produce una causa: *las heladas han tenido efectos desastrosos sobre los campos de cultivo; el medicamento ha tenido un ~ excelente en el organismo del enfermo;* **~ invernadero**, subida de la temperatura de la atmósfera que se produce como resultado de la contaminación industrial: *el clima del planeta está cambiando por el ~ invernadero.* **2** Impresión o sensación en el ánimo: *la noticia nos causó un gran ~.* **3** Finalidad u *objetivo: *los alumnos que deseen solicitar beca deberán presentar un documento a tal ~; antes* *de empezar el trabajo hay que pensar en el ~ que se quiere conseguir.* **4** Documento o valor comercial: *las letras, los cheques y los pagarés son efectos que se utilizan para el pago en operaciones comerciales.* **5** Movimiento de giro que se hace tomar a una bola o pelota al darle impulso: *el jugador de billar controla el ~ que da a la bola para que golpee a las otras.* **- 6 efectos *m. pl.*** Bienes o cosas que pertenecen a una persona: *se marchó del hotel dejando en la habitación sus efectos personales.* **7** Técnica o truco que hace que una cosa parezca real: *en las películas de ciencia ficción aparecen muchos efectos especiales.* ■ **a efectos de**, por lo que se refiere a: *a efectos de este año, los sueldos aumentarán un 3%.* ■ **a efectos de**, con el fin de: *depuramos el agua a efectos de evitar infecciones.* ■ **en ~**, sí; de verdad; realmente: *en ~, yo ya estaba enterado de todo.* ■ **surtir ~**, dar el resultado esperado: *la medicina ha surtido ~ y el paciente se ha curado; las medidas contra el paro no han surtido ~.*

e·fec·tuar |efe^k^tuár| **1** ***tr.*** [algo] Hacer o realizar: *la detención del narcotraficante fue efectuada con éxito por las fuerzas policiales.* ⇒ **ejecutar. - 2 efectuarse *prnl.*** Hacerse o cumplirse: *el desembarco se efectuó sin contratiempos.* ☖ Se conjuga como 11.

e·fe·mé·ri·de |efeméride| **1** ***f.*** *form.* Hecho importante que se recuerda un día determinado del año: *en el mes de diciembre se celebra la ~ del nacimiento de Jesucristo.* **2** Celebración de ese hecho: *la ~ del quinto centenario del descubrimiento de América tuvo lugar durante el año 1992.* **- 3 efemérides *f. pl.*** Hechos importantes ocurridos en un mismo día, pero en años diferentes: *algunas publicaciones tienen unas páginas dedicadas a las efemérides del día.*

e·fer·ves·cen·cia |eferβesθénθia| **1** ***f.*** Desprendimiento de burbujas a través de un líquido: *el gas carbónico produce ~ en muchas bebidas.* **2** *fig.* Agitación o movimiento grandes: *cuando llegamos, la asamblea estaba en plena ~.*

e·fer·ves·cen·te |eferβesθénte| ***adj.*** Que está o que puede estar en *efervescencia: *este refresco de limón es una bebida ~.*

e·fi·ca·cia |efikáθia| ***f.*** Capacidad para obrar o funcionar de una manera adecuada o para producir un efecto deseado: *nadie ha dudado de la ~ de sus gestiones.* ⇔ **ineficacia.**

e·fi·caz |efikáθ| ***adj.*** Que obra o funciona de una manera adecuada; que produce un efecto deseado: *este empleado es uno de los más eficaces de la oficina; estas pastillas son el remedio más ~ que conozco contra el dolor de muelas.* ⇒ **efectivo.** ⇔ **ineficaz.**

e·fi·cien·cia |efiθiénθia| ***f.*** Capacidad para realizar o cumplir adecuadamente una función: *la ~ debe ser una de las características de un secretario.*

e·fi·cien·te |efiθiénte| ***adj.*** Que realiza o cumple adecuadamente su función: *han dado un premio al trabajador más ~ de la empresa; al director le gustan las personas eficientes.* ⇒ **competente.** ⇔ **ineficiente.**

e·fi·gie |efíxie| **1** ***f.*** Representación o imagen de una persona, generalmente en pintura o escultura: *en una de las caras de la moneda aparece la ~ del rey.* **2** *fig.* Representación de una cosa abstracta por medio de *rasgos que se consideran propios de las personas: *los alumnos de arte han dibujado varias efigies del mal.*

e·fí·me·⌐ro, ⌐ra |efímero, ra| ***adj.*** *form.* Que dura poco tiempo: *las flores suelen ser efímeras.* ⇒ **breve.** ⇔ **eterno.**

e·flu·vio |eflúβio| **1** ***m.*** *form.* Desprendimiento de un vapor, de un olor o de otra cosa formada por partes muy pequeñas: *el ~ de su perfume resultaba muy agradable.* **2** *fig.* Muestra *sutil de una cualidad determinada: *la relación entre esos jóvenes desprende efluvios de simpatía y de amistad.*

e·fu·sión |efusión| ***f.*** Muestra intensa de alegría, de afecto o de otro sentimiento: *cuando pudieron verse, después de muchos años, se abrazaron con ~.*

e·fu·si·⌐vo, ⌐va |efusíβo, βa| ***adj.*** Que muestra alegría, afecto u otro sentimiento: *el alcalde pronunció un ~ discurso de bienvenida.*

e·gip·⌐cio, ⌐cia |exí^p^θio, θia| **1** ***adj.*** De Egipto o que tiene relación con Egipto: *la civilización egipcia fue muy poderosa en la Antigüedad; visitamos las pirámides egipcias.* **- 2** ***m. f.*** Persona nacida en Egipto o que vive habitualmente en Egipto: *el ~ Naghib Mahfouz recibió el Nobel de literatura en 1988.*

é·glo·ga |éγloγa| ***f.*** POÉT. Poema que presenta una imagen ideal de la vida de los pastores y del campo: *esta ~ describe el diálogo entre dos pastores que penan por sus amadas.* ⇒ **bucólica.**

e·go |éγo| ***m.*** Valoración excesiva de uno mismo: *su ~ le impide reconocer que se ha equivocado de nuevo.* ⇒ **presunción.**

e·go·cén·tri·⌐co, ⌐ca |eγoθéntriko, ka| ***adj.*** (persona) Que se considera el centro de todo; que se valora excesivamente a sí mismo y sus intereses: *es muy ~, continuamente está hablando de sí mismo.* ⇒ **narcisista.**

e·go·cen·tris·mo |eγoθentrísmo| ***m.*** Consideración de uno mismo como el centro de todo; valoración excesiva de uno mismo: *su excesivo ~ le impide hacer amistades con los demás.*

e·go·ís·mo |eγoísmo| ***m.*** Actitud de la persona que busca su propio interés por encima de los intereses de los demás: *su ~ lo ha enemistado con toda su familia.* ⇔ **altruismo.**

e·go·ís·ta |eγoísta| ***adj.-com.*** (persona) Que busca su propio interés por encima de los intereses de los demás: *no seas tan ~ y comparte el pastel con tu hermana.* ⇔ **altruista.**

e·gre·⌐gio, ⌐gia |eγréxio, xia| ***adj.*** *form.* (persona) Que destaca por sus cualidades o categoría: *el público esperaba a la puerta de la universidad al ~ catedrático.*

eh |é^e^| ***interj.*** Expresión que indica llamada, pregunta o aviso: *¡~, tú, ven aquí ahora mismo!; ¿~?, ¿qué dices?*

e·je |éxe| **1** ***m.*** Línea que divide por la mitad el ancho de una cosa: *el ~ de la carretera.* **2** Barra o pieza en forma de cilindro alrededor de la cual gira un cuerpo: *el ~ de las ruedas del carro es de madera.* **3** Línea alrededor de la cual gira o puede girar un cuerpo y que pasa por el centro *geométrico de éste: *el ~ de la Tierra está inclinado; el ~ de un cilindro.* **4** GEOM. Recta alrededor de la cual se supone que gira una línea para *generar una superficie o una superficie para generar un cuerpo: *traza el ~ de ese círculo.* **5** Línea que tiene un valor que se expresa: ~ **de simetría**, el que divide un cuerpo de modo que cada una de las dos partes son exactamente iguales: *el ~ de simetría de la fachada pasa por la puerta.* **6** *fig.* Parte principal de un razonamiento o idea: *la defensa de los valores tradicionales fue el ~ de su discurso.* **7** *fig.* Persona, cosa o circunstancia que es el centro o la parte principal: *el trabajo no debe ser el ~ de la vida.* **8** MEC. Pieza que *transmite un movimiento circular en una máquina: *en el accidente se rompió el ~ de transmisión del coche.*

e·je·cu·ción |exekuθión| **1** *f.* Acción o realización de una cosa: *el cirujano está concentrado en la ~ de una complicada operación quirúrgica.* **2** Acto de dar muerte en cumplimiento de una condena: *en España ya no hay ejecuciones porque está abolida la pena de muerte.* **3** *Interpretación de una pieza musical: *la ~ del concierto por parte del joven pianista ruso fue magistral.*

e·je·cu·tar |exekutár| **1** *tr.* [algo] Hacer o realizar: *ejecutó el ejercicio sin cometer ningún error.* **2** Tocar o *interpretar: *la orquesta ejecutó una obra musical de Vivaldi.* **3** [a alguien] Matar en cumplimiento de una condena: *durante la guerra, los desertores eran ejecutados.*

e·je·cu·ti·va |exekutíβa| *f.* Grupo de personas que se encarga de la dirección de una asociación o de un partido: *Fermín es uno de los miembros de la ~ del partido.*

e·je·cu·ti·⌜vo, ⌜va |exekutíβo, βa| **1** *adj.* Que ejecuta o hace cumplir una cosa: *el poder ~ se encarga de llevar a la práctica lo que dicta el poder legislativo; esta tarde se reunirá el consejo ~.* **- 2** *m. f.* Persona que ocupa un cargo en la dirección de una empresa: *la actividad de los ejecutivos exige mucha responsabilidad.*

e·je·cu·to·ria |exekutória| *f.* Título o documento en el que se muestra legalmente la nobleza de una persona o de una familia: *nos mostró una ~ de sus antepasados que guarda celosamente.*

e·jem·plar |exemplár| **1** *adj.* Que sirve o puede servir de modelo o ejemplo: *todos los profesores alababan la conducta ~ del niño que le salvó la vida a un compañero.* **2** Que sirve o puede servir de *escarmiento: *el faraón impuso al súbdito un castigo ~.* **- 3** *m.* Copia o reproducción de un libro o dibujo: *en la tienda sólo quedan unos cuantos ejemplares de esta novela.* **4** Individuo de una especie o de un género: *en el zoo hay varios ejemplares de osos pardos.*

e·jem·pli·fi·car |exemplifikár| *tr.* [algo] Demostrar con ejemplos; poner ejemplos: *una definición o una explicación se entiende mejor cuando se ejemplifica.* ☖ Se conjuga como 1.

e·jem·plo |exémplo| **1** *m.* Persona o cosa que sirve de modelo o muestra de lo que debe imitarse o evitarse: *el padre fue un mal ~ para sus hijos; sigue este guión como ~ y haz después uno nuevo.* **2** Persona o cosa que tiene una cualidad en un alto grado: *Sofía es un ~ de elegancia; Sebastián es todo un ~ de buena conducta.* **3** Obra o dicho que se presenta como muestra o explicación de otra, para que se entienda bien: *en este diccionario aparecen muchos ejemplos.* ■ **por ~**, expresión que introduce una cita o una aclaración: *un mes que tiene 31 días es, por ~, enero.*

e·jer·cer |exerθér| **1** *tr.-intr.* [algo] Realizar las funciones propias de una profesión: *ejerce su trabajo de enfermera con mucha entrega; no podrás ~ de médico si no tienes el título correspondiente.* ⇒ **ejercitar, profesar. - 2** *tr.* Realizar una acción o una fuerza: *tus nuevas amistades ejercerán sobre ti una mala influencia.* ☖ Se conjuga como 2.

e·jer·ci·cio |exerθíθio| **1** *m.* Trabajo práctico que sirve para aprender o desarrollar una habilidad o arte: *los niños tenían que hacer muchos ejercicios de ortografía.* **2** Movimiento del cuerpo que se hace para mantener o recuperar la salud: *andar un rato después de la comida es un buen ~; te conviene llevar una vida sana y hacer más ~.* ⇒ **gimnasia.** **3** Prueba o *examen: *todos los opositores se presentaron al primer ~.* **4** Dedicación a una actividad, arte u oficio: *el ~ de la medicina lleva consigo muchos sacrificios.* **5** Uso de un poder o de un derecho: *los trabajadores se declararon en huelga haciendo ~ de sus derechos.* ■ **en ~**, que practica su profesión: *tendremos que consultar a un abogado en ~ porque yo hace mucho que no ejerzo.*

e·jer·ci·tar |exerθitár| **1** *tr.-prnl.* [algo] Hacer uso de una capacidad, derecho o poder: *ejercita la música en el conservatorio; las atletas se ejercitaban en el gimnasio.* **- 2** *tr.-intr.* [algo, a alguien] Conseguir o hacer conseguir habilidad mediante una práctica: *está ejercitando los músculos para la carrera del viernes.* **- 3** *tr.* [algo] Realizar las funciones propias de una profesión: *nunca pudo llegar a ~ su oficio.* ⇒ **ejercer.**

e·jér·ci·to |exérθito| **1** *m.* Fuerzas armadas, especialmente las de un Estado: *el ~ colabora en la evacuación de los heridos; cada vez hay más mujeres en el ~ haciendo labores específicas;* ~ **de tierra**, fuerzas armadas que desarrollan su actividad en tierra: *en estas maniobras han participado el ~ de tierra, la aviación y la armada;* ~ **del aire**, fuerzas aéreas de un Estado: *el ~ de tierra y el ~ del aire han hecho unas maniobras conjuntas.* ⇒ **aviación. 2** *fig.* Grupo grande de personas: *no sé cómo se las apaña la cocinera del campamento para dar de comer a este ~ de críos.* ⇒ **batallón, tropa.**

el |el| *art.* Artículo en género masculino y número singular: *~ niño está en la calle.* ☖ Acompaña a un nombre femenino cuando éste empieza por *a* acentuada: *el arma, el hacha.*

él |él| *pron. pers.* Forma del pronombre de tercera persona en género masculino y en número singular: *~ es el culpable; viajaré con ~; entrégale el paquete a ~ y sólo a ~.* ⇒ **ella, se, sí.** ☖ El plural es *ellos.*

e·la·bo·ra·ción |elaβoraθión| **1** *f.* Preparación de un producto: *para la ~ del pan se necesita levadura.* ⇒ **fabricación. 2** Formación o creación de una idea, teoría o proyecto: *fueron necesarios muchos años para la ~ de esta teoría.*

e·la·bo·rar |elaβorár| **1** *tr.* [algo] Preparar un producto: *estas magdalenas han sido elaboradas con ingredientes de primera calidad.* ⇒ **fabricar. 2** Dar forma o crear una idea, teoría o proyecto: *los científicos han elaborado una nueva teoría sobre la formación del Universo.* ⇒ **trazar.**

e·las·ti·ci·dad |elastiθiðáᵈ| **1** *f.* Cualidad de elástico: *la goma se caracteriza por su ~.* **2** Conjunto de ejercicios destinados a conseguir flexibilidad en los músculos y articulaciones del cuerpo: *los gimnastas se entrenan para tener ~ en los músculos.*

e·lás·ti·⌜co, ⌜ca |elástiko, ka| **1** *adj.* Que puede estirarse y encogerse fácilmente, y después recuperar su forma normal: *los muelles son elásticos; he comprado un metro de goma elástica.* **2** *fig.* Que se ajusta muy bien a distintas circunstancias: *el trabajador autónomo tiene un horario ~; es una persona elástica en el trabajo.* ⇒ **flexible. 3** *fig.* Que puede ser entendido de varias formas, con muchos sentidos distintos: *su opinión sobre el asunto es muy elástica.* **- 4 elástico** *m.* Tejido que puede estirarse y encogerse fácilmente y que se coloca en una prenda de vestir para ajustarla al cuerpo: *me he comprado un pantalón con ~ en la cintura; el ~ de los calcetines me aprieta demasiado; esa cazadora lleva ~ en los puños.*

e·le |éle| *f.* Nombre de la letra *l*: *el nombre propio* Leonor *comienza por ~.*

e·lec·ción |eleᵏθión| **1** *f.* Acción de mostrar una preferencia para un fin y por una razón: *no hiciste una buena ~ al escoger esta ciudad para vivir; debes pensarlo muy bien antes de hacer tu ~.* ⇒ **selección. 2** Nombramiento por votación para desempeñar un cargo: *la próxima semana haremos la ~ del representante de los trabajadores.* ⇒ **comicios, sufragio.** ☐ Se usa sobre todo en plural: *el gobierno ha adelantado la convocatoria de elecciones; Javier espera que su partido gane en las próximas elecciones;* **elecciones generales**, las que se celebran para elegir a los representantes de los partidos políticos en el *congreso nacional: *en España, las elecciones generales se celebran cada cuatro años;* **elecciones municipales**, las que se celebran para elegir a los *concejales de un *ayuntamiento: *en las elecciones municipales, se elige el gobierno de cada pueblo o municipio.* **3** Capacidad para obrar según una preferencia: *me aguantaré con lo que venga, no tengo otra ~.* ⇒ **alternativa, opción.**

e·lec·ti·⌜vo, ⌜va |eleᵏtíβo, βa| *adj.* (cargo, puesto) Que se ocupa por elección: *el cargo de Rector de Universidad tiene carácter ~.*

e·lec·⌜to, ⌜ta |eléᵏto, ta| *adj.-s.* (persona) Que ha sido elegido por votación para un cargo, pero que todavía no lo ha ocupado: *el presidente ~ dijo unas palabras a la prensa; el alcalde ~ tomará posesión de su cargo mañana mismo.*

e·lec·⌜tor, ⌜to·ra |eleᵏtór, tóra| *adj.-s.* Persona que elige o tiene capacidad de elegir, especialmente en una votación: *algunos electores ejercieron su derecho al voto a primera hora de la mañana.*

e·lec·to·ra·do |eleᵏtoráðo| *m.* Conjunto de personas que tienen capacidad y derecho para votar: *los políticos intentan ganarse el voto del ~ haciendo mítines; según las últimas encuestas, el ~ está muy indeciso.*

e·lec·to·ral |eleᵏtorál| *adj.* De los *electores o las elecciones o que tiene relación con ellos: *los partidos políticos invierten mucho dinero en las campañas electorales.*

e·lec·to·ra·lis·mo |eleᵏtoralísmo| *m.* POL. Consideración de razones *electorales en las acciones políticas de un partido: *es una muestra de ~ que el candidato a la alcaldía siempre haga propaganda electoral.*

e·lec·tri·ci·dad |eleᵏtriθiðáᵈ| **1** *f.* Forma de energía que se deriva de la *distribución de los *electrones en un cuerpo: *se puede obtener ~ del movimiento del agua;* ~ **dinámica**, la que se deriva del movimiento de los *electrones: *las pilas producen ~ dinámica;* ~ **estática**, la que se encuentra en la superficie de un cuerpo por la disposición de los *electrones: *el peine atrae los pelos al peinarse por la ~ estática.* **2** Disciplina que estudia esa forma de energía: *Cristóbal tiene conocimientos de ~.* **3** *fam.* Corriente eléctrica: *han quitado la ~ de la casa porque no hemos pagado los recibos.*

e·lec·tri·cis·ta |eleᵏtriθísta| *com.* Persona que se dedica a colocar y arreglar instalaciones eléctricas: *ha habido un cortocircuito y hemos llamado al ~; para cambiar una bombilla no tienes que llamar al ~.*

e·léc·tri·⌜co, ⌜ca |eléᵏtriko, ka| **1** *adj.* Que tiene o comunica electricidad: *Juan protegió los cables eléctricos con cinta aislante.* **2** Que funciona por medio de la electricidad: *el niño jugaba con un tren ~; los radiadores eléctricos gastan mucha energía; Rafa es especialista en sistemas eléctricos.* **3** De la electricidad o que tiene relación con ella: *han construido una central eléctrica.*

e·lec·tri·fi·car |eleᵏtrifikár| **1** *tr.* [algo] Poner *electricidad en una instalación: *falta ~ estos cables.* **2** Hacer llegar la *electricidad a un lugar: *el Estado ha electrificado unos pequeños pueblos de la sierra.* ☐ Se conjuga como 1.

e·lec·tri·zan·te |eleᵏtriθánte| *adj.* Que produce entusiasmo; que produce una fuerte impresión: *la banda sonora de esta película me parece ~.*

e·lec·tri·zar |eleᵏtriθár| **1** *tr.-prnl.* [algo] Producir o comunicar *electricidad: *con este cepillo se me electriza el pelo.* ⇒ **ionizar. 2** *fig.* [a alguien] Producir entusiasmo o una fuerte impresión: *la actuación del cantante electrizó al auditorio.* ☐ Se conjuga como 4.

e·lec·tro·car·dio·gra·ma |eleᵏtrokarðioγráma| *m.* MED. *Gráfico que representa la actividad eléctrica del corazón: *estudiando el ~ se detectan las enfermedades cardiacas; llevaron al paciente a hacerse un ~.*

e·lec·tro·cho·que |ele^{k}trotʃóke| ***m.*** MED. Procedimiento para curar enfermedades mentales por medio de corrientes eléctricas: *el ~ consiste en la aplicación de descargas eléctricas en el encéfalo durante décimas de segundo.*

e·lec·tro·cu·tar |ele^{k}trokutár| ***tr.-prnl.*** [algo, a alguien] Morir o matar mediante la *electricidad: *se electrocutó al pisar un cable de alta tensión.*

e·lec·tro·do |ele^{k}tróðo| ***m.*** ELECTR. Extremo de un hilo o barra que conduce la electricidad: *el ~ puede ser positivo o negativo; la corriente entra y sale por los electrodos del generador.* ⇒ **polo.**

e·lec·tro·do·més·ti·co |ele^{k}troðoméstiko| ***m.*** Aparato eléctrico que se usa en la casa con un fin determinado: *la lavadora y el tostador son electrodomésticos; cerca de casa acaban de abrir una tienda de electrodomésticos.*

e·lec·tro·en·ce·fa·lo·gra·ma |ele^{k}troenθe-

ELECTRODOMÉSTICOS

faloγráma| ***m.*** MED. *Gráfico que representa la actividad eléctrica del cerebro: *el médico observó el ~ y vio que el cerebro funcionaba perfectamente.* ⇒ **encefalograma.**

e·lec·tro·me·trí·a |ele^{k}trometría| ***f.*** FÍS. Disciplina que estudia el modo de medir la intensidad eléctrica: *la ~ es una parte de la física.*

e·lec·tro·mo·⌈tor, ⌈to·ra |ele^{k}tromotór, tóra| ***adj.-s.*** (máquina) Que transforma la energía eléctrica en *mecánica: *la lavadora y el lavavajillas son máquinas electromotoras.* ☐ El femenino es también *electromotriz.*

e·lec·trón |ele^{k}trón| ***m.*** FÍS. Parte de la corteza del átomo que tiene carga eléctrica negativa: *los electrones se mueven alrededor del núcleo.* ⇒ **neutrón, protón.**

e·lec·tró·ni·ca |ele^{k}trónika| ***f.*** FÍS. Disciplina que estudia los fenómenos que proceden del movimiento de los *electrones: *Fernando lleva tres años estudiando ~.*

e·lec·tró·ni·⌈co, ⌈ca |ele^{k}tróniko, ka| ***adj.*** De la *electrónica o que tiene relación con ella: *este despertador no funciona con pilas, sino que es ~; en este almacén sólo venden aparatos electrónicos.*

e·le·fan·⌈te, ⌈ta |elefánte, ta| ***m. f.*** Animal mamífero, el más grande de todos los que viven en la tierra, con piel gruesa de color gris oscuro y sin pelo, orejas grandes y con *trompa: *el ~ del circo cogió al domador por la cintura con la trompa; en África se cazaban elefantes para vender sus colmillos; el ~ asiático es más pequeño y tiene las orejas más cortas.* ■ ~ **marino**, animal mamífero marino de gran tamaño, con las extremidades adaptadas para nadar y la boca alargada, que se alimenta de peces y pequeños animales: *los elefantes marinos son animales protegidos por la ley.* ⇒ **morsa.**

e·le·gan·cia |eleγánθia| ***f.*** Buen gusto y estilo, especialmente en la forma de vestir: *la ropa que tienen en esta tienda se distingue por su ~; la modelo recorrió la pasarela con ~; se comporta y habla con ~.*

e·le·gan·te |eleγánte| **1** ***adj.*** (persona) Que tiene o muestra buen gusto y estilo, especialmente en la forma de vestir: *es una mujer muy ~; las personas elegantes no llevan colores muy llamativos ni mal combinados.* **2** Que tiene o muestra gracia, sencillez, proporción conveniente y buen gusto: *ha adquirido con los años un estilo ~; llevas un traje azul muy ~; los bailarines se mueven de un modo ~.*

e·le·gí·a |elexía| ***f.*** LIT. Composición *poética en la que se expresa un sentimiento de dolor o pena, especialmente por la muerte de una persona: *las mejores obras de este poeta son las elegías; Lorca escribió una ~ dedicada a Ignacio Sánchez Mejías.*

e·le·gir |elexír| **1** ***tr.*** [algo, a alguien] Escoger o preferir para un fin; tomar una persona o cosa de un conjunto por una razón: *eligió el vestido más bonito para la fiesta; siempre elige novelas realistas; los pacientes pueden ~ a su médico de cabecera.* ⇒ **optar. 2** [a alguien] Nombrar por votación para un cargo: *los vecinos eligieron al alcalde; en los países democráticos, el presidente es elegido por el pueblo.* ☐ Se conjuga como 55.

e·le·men·tal |elementál| **1** ***adj.*** Que es muy importante o necesario: *la harina es el ingrediente ~ para hacer pan; es ~ que tengas las ideas claras.* ⇒ **fundamental, principal. 2** Que es fácil de entender: *para aprobar la asignatura basta con que estudies las ideas elementales; todo lo que estás diciendo es ~.*

e·le·men·to |eleménto| **1** ***m.*** Parte de una cosa; cosa que forma con otras un conjunto: *las palabras son elementos de las oraciones; la práctica es uno de los elementos esenciales de la enseñanza de las ciencias.* **2** Cuerpo químicamente simple: *el feldespato es un ~ del granito.* **3** Medio en que vive un ser: *el agua es el ~ de los peces.* **4** Persona, valorada positiva o *negativamente: *¡menudo ~ es tu hijo! No deja de hacer travesuras; trataban de separar a los elementos subversivos.* **5** Sustancia simple o principio que con otros forma el universo físico: *los antiguos llamaron elementos a la tierra, el aire, el agua y el fuego; el agua y la tierra son elementos afines.* **- 6 elementos** ***m. pl.*** Fuerzas naturales: *los deportistas lu-*

ELEFANTE

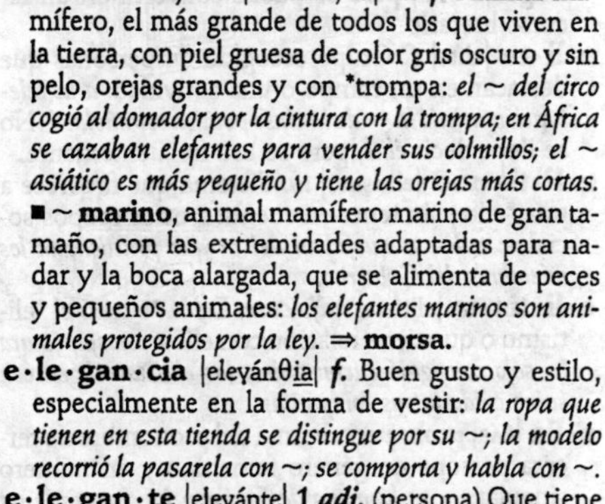

ELEFANTE MARINO

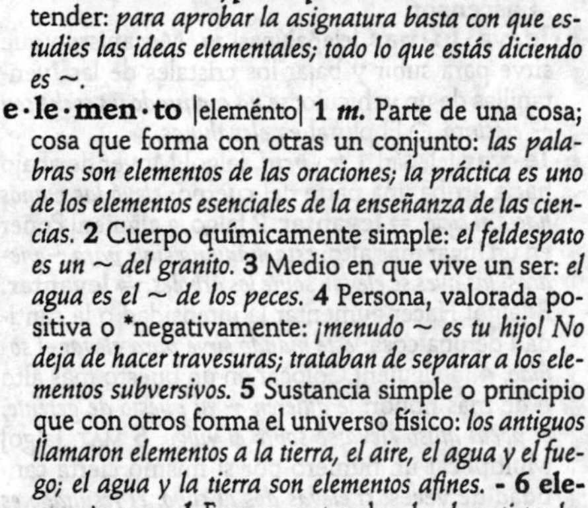

chaban contra los elementos. **7** Bases y principios de una ciencia o arte: *los elementos de la astronomía.*

e·len·co |eléŋko| **1** ***m.*** Conjunto de personas que forman una compañía de teatro o que intervienen en una obra: *el éxito de esta compañía está en la calidad de su ~.* **2** Conjunto de personas que tienen una característica en común: *esa universidad cuenta con un magnífico ~ de profesores.*

e·le·va·ción |eleβaθi̲ó̲n̲| **1** ***f.*** Lugar o parte de terreno que está más alto que el que lo rodea: *desde aquella ~ se ven las torres de la ciudad.* **2** Subida o aumento: *los sindicatos reclamaban la ~ de los salarios; se ha detectado una ~ del nivel medio de estudios.* **3** Crecimiento en lo espiritual: *la lectura de poemas produce en el joven una ~ espiritual.*

e·le·va·⌈do, ⌈da |eleβáðo, ða| **1** ***adj.*** Que está o es alto: *ha alcanzado una posición social muy elevada por su matrimonio.* ☖ Es el participio de *elevar.* **2** *fig.* Que demuestra grandes cualidades morales o espirituales: *¡Qué pensamiento tan ~!*

e·le·va·⌈dor, ⌈do·ra |eleβaðór, ðóra| ***adj.-s.*** (vehículo, mecanismo) Que sirve para subir, bajar o transportar mercancías: *colocaron las cajas en el almacén con la ayuda de una elevadora eléctrica.* ⇒ **ascensor.**

e·le·va·lu·nas |eleβalúnas| ***m.*** Mecanismo que sirve para subir y bajar los cristales de las *ventanillas de un vehículo: *se ha comprado un coche con ~ eléctrico.* ☖ El plural es *elevalunas.*

e·le·var |eleβár| **1** ***tr.-prnl.*** [algo] Mover de abajo hacia arriba una parte del cuerpo: *elevó las manos hacia el cielo.* ⇒ **levantar. 2** [algo, a alguien] Poner en un lugar más alto: *esta máquina sirve para ~ piedras; las aves se elevan sobre los árboles.* ⇒ **levantar. 3** [algo] Hacer aumentar la intensidad o la cantidad de una cosa: *este mando sirve para elevar el sonido.* **4** [a alguien] Colocar en un puesto más alto o de más honor: *le quieren ~ al puesto de gerente; el poeta quiso elevarse sobre el vulgo.* **5** MAT. [algo] Multiplicar un número por sí mismo cierta cantidad de veces: *si elevas dos al cubo, el resultado es ocho.* **- 6 elevarse *prnl.*** Alcanzar gran altura, especialmente una torre, un árbol, una montaña u otra cosa parecida: *el campanario se eleva hasta el cielo.* ⇒ **empinar.**

e·li·dir |eliðír| ***tr.*** [algo] Suprimir, hacer desaparecer; pasar por alto: *en español es corriente ~ el sujeto de la oración; como en* dije que sí *o* vino en su coche. ⇒ **omitir.**

e·li·mi·na·ción |eliminaθi̲ó̲n̲| **1** ***f.*** Desaparición o separación: *este producto tiene por finalidad la ~ de las manchas de la piel.* ⇒ **exclusión. 2** Alejamiento, especialmente de una persona de un grupo: *los concursantes no aceptaron bien su ~.* ⇒ **exclusión. 3** MAT. Desaparición de la *incógnita de una *ecuación: *realizarás la ~ de la incógnita aplicando una sencilla operación.* **4** *Expulsión de una sustancia del organismo: *en la piel hay unas glándulas que se encargan de la ~ del sudor.*

e·li·mi·nar |eliminár| **1** ***tr.*** [algo] Hacer desaparecer; quitar: *he comprado un detergente muy efectivo que elimina todas las manchas.* **2** [a alguien] Dejar de contar con una o más personas; apartar: *me presenté a un concurso y me eliminaron en la primera prueba.* **3** [algo] Expulsar el organismo una sustancia: *el sudor se elimina a través de los poros.* **4** *fam.* [a alguien] Acabar con una vida: *el mafioso ordenó que eliminaran al delator; fue eliminado de manera silenciosa.* ⇒ **liquidar, matar.**

e·li·mi·na·to·ria |eliminatóri̲a̲| ***f.*** Competición que sirve para escoger a los participantes de una prueba: *los candidatos tendrán que superar una ~ para poder concursar.*

e·li·mi·na·to·⌈rio, ⌈ria |eliminatóri̲o̲, ri̲a̲| ***adj.*** Que sirve para hacer desaparecer, alejar o separar: *no tiene posibilidades de aprobar porque no ha superado la fase eliminatoria.*

e·lip·se |elíᵖse| ***f.*** Curva cerrada con dos ejes diferentes que forman ángulo recto y que tiene forma ovalada: *la órbita de la Tierra alrededor del Sol es una ~.* ⇒ **óvalo.**

e·lip·sis |elíᵖsis| ***f.*** LING. Figura del lenguaje que consiste en suprimir palabras que no son necesarias para entender el sentido de una oración: *una ~ sería* ¿Qué tal? *por* ¿Qué tal te parece? ☖ El plural es *elipsis.* La elipsis es habitual en el lenguaje oral, pero se puede convertir en un recurso literario.

e·li·te |elíte| ***f.*** Grupo escogido de personas que destacan en un campo o una actividad: *a la celebración asistió la ~ de la clase política española.* ☖ No se debe decir *élite*, pero se usa frecuentemente.

e·li·tis·mo |elitísmo| ***m.*** Sistema que favorece a una *elite, sin tener en cuenta a otros grupos sociales: *todos se quejaban del ~ que practicaban los miembros del Gobierno.*

e·li·tis·ta |elitísta| ***adj.-com.*** De la *elite o el *elitismo o que tiene relación con ellos: *con su postura ~ sólo consiguió enemistades; los elitistas eligen con sumo cuidado sus compañías.*

e·lla |éʎa| ***pron. pers.*** Forma del pronombre de tercera persona en género femenino y en número singular: *~ es la novia de Enrique; ha comprado un ramo de flores para ~; estuve todo el día con ~ y con su hermana.* ⇒ **él, se, sí.**

e·llo |éʎo| ***pron. pers.*** Forma del pronombre de tercera persona en género *neutro y número singular, para el sujeto o para el complemento acompañada de preposición: *discutieron hace unos años, por ~ ahora no se hablan.* ☖ No tiene plural.

e·lo·cuen·cia |eloku̲é̲n̲θi̲a̲| **1** ***f.*** Capacidad de hablar de manera agradable para convencer o provocar un sentimiento determinado: *el orador asombró a todos con su ~.* ⇒ **oratoria, retórica. 2** Capacidad de comunicar una idea o influir sobre una persona: *la ~ de aquellas imágenes conmovió a los espectadores.*

e·lo·cuen·te |eloku̲é̲nte| **1** ***adj.*** (persona) Que habla de manera agradable y es capaz de convencer o provocar un sentimiento determinado: *Guillermo es una persona muy ~ y te convencerá de que no tienes razón.* **2** Que significa o da a entender una cosa: *su silencio me pareció bastante ~.* ⇒ **significativo.**

e·lo·giar |eloxi̲ár| ***tr.*** [algo, a alguien] Alabar o mostrar admiración por una persona o cosa; hacer un *elogio: *el muchacho fue elogiado por su buena acción.* ⇒ **enaltecer, encomiar, ensalzar, sublimar.** ⇔ **criticar.** ☖ Se conjuga como 12.

e·lo·gio |elóxi̲o̲| ***m.*** Expresión o discurso con que se alaba: *todos le hicieron elogios por el gran trabajo que había realizado.* ⇒ **alabanza, apología.** ⇔ **crítica.**

e·lu·cu·brar |elukuβrár| ***tr.-intr.*** *form.* [algo, sobre algo] Pensar mucho y de manera intensa sobre una cosa: *los filósofos elucubraban sobre los orígenes del ser; elucubró mucho para dar solución a su problema.* ⇒ **lucubrar, meditar.** ☖ La Real Academia Española prefiere la forma *lucubrar.*

e·lu·dir |eluðír| **1** ***tr.*** [algo] Evitar una obligación o problema: *siempre está inventando mentiras para ~ las dificultades con las que se encuentra.* ⇒ **sortear. 2** [a alguien] Evitar el encuentro con una persona: *eludió a Raquel porque no quería discutir con ella.*

e·ma·nar |emanár| **1** ***intr.*** Proceder una cosa de otra que es su origen o principio: *de su carácter emanan muchas virtudes.* ⇒ **derivar. - 2** ***tr.*** [algo] Salir de un cuerpo un gas o un olor: *los jazmines del jardín emanaban un suave aroma.* ⇒ **despedir.**

e·man·ci·pa·ción |emanθipaθi̲ó̲n| ***f.*** Acto por el que una o más personas quedan libres *respecto de un poder o una autoridad: *esta película trata el tema de la ~ de los esclavos.*

e·man·ci·par |emanθipár| ***tr.-prnl.*** [a alguien] Dejar o quedar libre *respecto de un poder, una autoridad o una *tutela: *luchó para conseguir ~ a su pueblo; los jóvenes quieren emanciparse.* ⇒ **independizar.**

em·ba·dur·nar |embaðurnár| ***tr.-prnl.*** [algo, a alguien] Manchar, especialmente con una sustancia pegajosa: *ha estado engrasando el coche y ha embadurnado todo el suelo; ha estado amasando el pan y se ha embadurnado las manos.* ⇒ **ensuciar.**

em·ba·ja·da |embaxáða| **1** ***f.*** Lugar u oficina en la que se encuentra la representación del gobierno de un país en otro extranjero: *fue a solicitar información a la ~ francesa; en esta calle hay tres embajadas.* **2** Cargo de la persona que está al frente de esa oficina: *consiguió la ~ porque era muy buen diplomático.*

em·ba·ja·⌐dor, ⌐do·ra |embaxaðór, ðóra| ***m. f.*** Persona que representa a su país en otro extranjero: *hoy tendrán una reunión el ~ de Noruega y el presidente.* ⇒ **diplomático.**

em·ba·la·je |embaláxe| **1** ***m.*** Cubierta que envuelve y protege una cosa que se va a transportar: *la televisión ha sido envuelta con un ~ de cartones.* **2** Acción y resultado de *embalar: *esta sección de la fábrica se dedica al ~ del producto.* ⇔ **desembalaje.**

em·ba·lar |embalár| **1** ***tr.*** [algo] Envolver una cosa para que no se estropee durante su transporte: *han embalado la mercancía antes de meterla en el camión.* ⇒ **empaquetar.** ⇔ **desembalar. - 2** ***tr.-prnl.*** Aumentar la velocidad: *ha pisado el acelerador y el coche se ha embalado.* ⇒ **acelerar. - 3 embalarse** ***prnl.*** Hacer una cosa muy deprisa: *no te embales y empieza a contar lo que pasó con calma.*

em·bal·do·sar |embaldosár| ***tr.*** [algo] Cubrir el suelo con *baldosas, ajustándolas entre sí: *los albañiles están embaldosando el suelo del chalé.* ⇒ **empedrar, enlosar.**

em·bal·sa·mar |embalsamár| ***tr.*** [algo] Preparar el cuerpo muerto de una persona para que se conserve sin descomponer: *los antiguos egipcios embalsamaban los cadáveres; el cuerpo del faraón fue embalsamado.* ⇒ **momificar.**

em·bal·sar |embalsár| **1** ***tr.-prnl.*** [algo] Recoger agua en un hueco del terreno: *las sequías han hecho pensar en la necesidad de ~ una mayor cantidad de agua.* **- 2** ***tr.*** MAR. [algo, a alguien] Sujetar con una cuerda a una persona o una cosa para subirla: *encontraron un náufrago y lo embalsaron para salvarlo.*

em·bal·se |embálse| ***m.*** Lago artificial en el que se acumulan las aguas de un río para aprovecharlas mejor: *el agua de los embalses se usa para el riego y para el consumo humano; los embalses suelen estar cerrados por un dique.* ⇒ **pantano, presa.**

em·ba·ra·zar |embaraθár| **1** ***tr.*** [a alguien] Dejar a una mujer en estado de esperar que nazca un hijo: *después de varios años de matrimonio, don Miguel consiguió ~ a su mujer y estaban muy felices esperando al bebé.* **2** Poner en una situación difícil o que da vergüenza: *consiguió ~ a todos los asistentes con las tonterías que decía.* **3** [algo, a alguien] Hacer difícil un movimiento o acción: *el vestido de fiesta embarazaba sus movimientos.* ⇒ **estorbar.** ☖ Se conjuga como 4.

em·ba·ra·zo |embaráθo| **1** ***m.*** Estado en el que se encuentra la mujer que espera un hijo: *tuvo un ~ con muchas molestias.* **2** Falta de confianza; vergüenza: *no fue capaz de salir de esa situación sin ~.*

em·ba·ra·zo·⌐so, ⌐sa |embaraθóso, sa| ***adj.*** Que causa vergüenza o falta de confianza: *no supe cómo salir de aquella situación embarazosa.*

em·bar·ca·ción |embarkaθi̲ó̲n| **1** ***f.*** Vehículo construido para flotar y viajar por el agua: *en el puerto se pueden ver muy diversas embarcaciones; hizo un crucero en una pequeña ~ de recreo; llegaron a la costa en una ~ pesquera.* ⇒ **barco. 2** Tiempo que dura la navegación de un lugar a otro: *la ~ duró tres semanas.* **3** Acción y resultado de subir a un barco o a una nave: *la ~ tendrá lugar al amanecer.*

em·bar·ca·de·ro |embarkaðéro| ***m.*** MAR. Lugar que sirve para subir a las embarcaciones y bajar a tierra: *fueron al ~ para subir a bordo; acercaron el ~ para que los pasajeros entraran en el barco.* ⇒ **desembarcadero.**

em·bar·car |embarkár| **1** ***intr.-prnl.*** Entrar en un barco, tren o avión para viajar: *los pasajeros para el vuelo con destino a Santiago de Compostela, embarquen por la puerta cinco; embarcamos en La Coruña para un crucero a las Azores.* ⇔ **desembarcar. - 2** ***tr.*** [algo, a alguien] Meter personas o mercancías en un barco, tren o avión: *con una grúa embarcaron los coches en la bodega del carguero; la aza-*

fata embarcó a los viajeros. ⇔ **desembarcar. 3** [a alguien; en algo] Hacer que una persona o un grupo de personas comience o desarrolle un proyecto o acción; hacer que una persona o grupo de personas se sume a un proyecto o una acción: *mi hermano me ha embarcado en un negocio peligroso.* **- 4 embarcarse** ***prnl.*** [en algo] Comenzar o desarrollar un proyecto o una acción: *me he embarcado en la compra de un almacén.* ◯ Se conjuga como 1.

em·bar·co |embárko| ***m.*** ⇒ **embarque.**

em·bar·gar |embarɣár| **1** ***tr.*** *fig.* [algo; a alguien] Hacer imposible un movimiento o actividad por causar una fuerte impresión: *el dolor embargó mis sentidos; un sentimiento de pena la embargaba.* **2** [algo] Hacer imposible un movimiento o actividad por suponer un obstáculo o impedimento: *la crisis intelectual embargaba todo avance tecnológico.* **3** DER. [algo; a alguien] Retener un bien por orden de un tribunal, con el fin de *responder de una deuda o de la responsabilidad de una falta o un *delito: *le embargaron la casa porque no podía pagarla.* ⇒ **quitar.** ◯ Se conjuga como 7.

em·bar·go |embárɣo| **1** ***m.*** Prohibición de transportar una cosa o de comerciar con ella, especialmente armas: *varios países han impuesto ya un ~ a esa república.* **2** DER. Retirada de un bien por orden de un tribunal, con el fin de *responder de una deuda o de la responsabilidad de una falta o un *delito: *se ha procedido al ~ de todas sus posesiones.* **3** Prohibición de salida de una embarcación: *tras el ~, el barco tuvo que quedarse en el puerto.* ■ **sin ~**, indica *oposición; expresa valor *adversativo: *no tengo mucho apetito, sin ~ probaré esos canapés.* ⇒ **pero.**

em·bar·que |embárke| ***m.*** Entrada de personas o mercancías en un barco, tren o avión para su transporte: *el ~ de los pasajeros tendrá lugar dentro de diez minutos.* ⇒ **embarco.** ⇔ **desembarque.**

em·ba·rran·car |embar̄aŋkár| ***tr.-intr.-prnl.*** MAR. [algo] Dejar o quedarse una embarcación sin movimiento sobre arena o piedras: *el barco embarrancó en la playa.* ⇒ **encallar.** ⇔ **desembarrancar.**

em·ba·rrar |embar̄ár| ***tr.-prnl.*** [algo, a alguien] Llenar o manchar de barro: *las últimas lluvias han embarrado el camino.*

em·ba·ru·llar |embaruʎár| **1** ***tr.-prnl.*** *fam.* [algo] Mezclar sin orden: *embarulló toda la ropa cuando estaba buscando su camisa gris.* ⇒ **embrollar. 2** [a alguien] Confundir o hacer difícil una situación: *no me embarulles con tus historias, que no pienso cambiar de religión.* ⇒ **embrollar, liar.**

em·ba·te |embáte| **1** ***m.*** MAR. Golpe fuerte de mar: *un ~ repentino lo tiró por la borda.* **2** Ataque fuerte y rápido: *al segundo ~ lo derribó del caballo.* **3** MAR. Viento fresco y suave que sopla en verano a la orilla del mar: *el ~ le refrescaba la cara.*

em·bau·car |embau̯kár| ***tr.*** [a alguien] Engañar a una persona aprovechándose de su falta de experiencia: *el estafador lo embaucó con sus buenas palabras.* ◯ Se conjuga como 1.

em·be·le·sar |embelesár| ***tr.-prnl.*** [a alguien] Provocar o sentir una admiración o placer grande: *la sonrisa del niño embelesa a toda la familia; se embelesa oyendo hablar a su novia.* ⇒ **embobar.**

em·be·lle·ce·dor |embeʎeθeðór| ***m.*** Pieza que se coloca sobre una superficie para cubrirla y adornarla: *se ha caído el ~ de una de las ruedas del coche.*

em·be·lle·cer |embeʎeθér| ***tr.-prnl.*** [algo, a alguien] Hacer o poner bello: *las flores embellecen el jardín.* ⇔ **afear.** ◯ Se conjuga como 43.

em·be·lle·ci·mien·to |embeʎeθimi̯énto| ***m.*** Acción y resultado de hacer o poner bello: *los parques contribuyen al ~ de la ciudad.*

em·bes·tir |embestír| ***tr.-intr.*** [algo, a alguien] Lanzarse de manera violenta contra una persona o cosa, especialmente un animal: *el toro embistió a los muchachos que estaban en la plaza.* ◯ Se conjuga como 34.

em·blan·que·cer |emblaŋkeθér| ***tr.-prnl.*** [algo] Hacer o ponerse blanco: *hemos comprado cal para ~ las paredes de la casa.* ⇒ **blanquear.** ⇔ **ennegrecer.** ◯ Se conjuga como 43.

em·ble·ma |embléma| **1** ***m.*** Figura o símbolo que suele ir acompañado de un texto que explica su significado y que representa a una persona o grupo: *en el papel de la carta aparece el ~ de la familia real.* **2** Figura que se toma como representación de otra cosa: *la balanza es el ~ de la justicia.*

em·bo·bar |emboβár| ***tr.-prnl.*** [a alguien] Provocar o sentir admiración o sorpresa: *su manera de hablar nos ha embobado a todos; se ha embobado viendo la televisión.* ⇒ **embelesar.**

em·bo·la·do |emboláðo| ***m.*** *fam.* Asunto o problema que supone mucho trabajo o que es difícil de resolver, especialmente cuando lo tendría que resolver otra persona: *me ha tocado el ~ de hacer el inventario de todo el material de la oficina.*

em·bo·lia |embóli̯a| ***f.*** MED. Cierre de los conductos por los que circula la sangre, debido a una burbuja de aire, a un cuerpo extraño o a una acumulación de grasa o de sangre sólida: *sufrió una ~ cerebral y está en coma.*

ém·bo·lo |émbolo| **1** ***m.*** MEC. Pieza que se mueve en el interior de una bomba o del cilindro de un motor: *en un motor diesel, el ~ comprime el combustible y produce el movimiento en el motor.* ⇒ **pistón. 2** MED. Burbuja de aire o cuerpo extraño que se introduce en la sangre e impide la circulación: *se le ha inflamado la pierna por culpa de un ~.* ⇒ **coágulo.**

em·bol·sar·se |embolsárse| ***prnl.*** [algo] Recibir o cobrar una cantidad de dinero: *jugó al bingo y se embolsó una buena suma de dinero; se ha embolsado unos cuantos millones gracias a una herencia.* ⇔ **desembolsar.**

em·bo·rra·char |embor̄atʃár| **1** ***tr.-intr.*** [a alguien] Alterar el estado físico y mental de una persona por efecto del consumo excesivo de alcohol: *no bebo ginebra porque me emborracha; la cerveza no tiene muchos grados de alcohol, pero también emborracha.* ⇒ **embriagar. - 2** ***tr.*** [algo] Empapar un alimento en vino o licor: *mi madre emborracha los pasteles y quedan riquísimos.* - **3 emborracharse** ***prnl.*** Perder el control a causa del consumo excesivo de alcohol: *Juan se emborrachó en la fiesta y tuvimos que llevarlo a casa; se emborrachó con aguardiente y al día siguiente se encontraba fatal.* ⇒ **embriagar.**

em·bo·rro·nar |emboronár| ***tr.-prnl.*** [algo] Manchar un papel escrito; llenar un escrito de *borrones: *emborronó la carta y decidió repetirla; no ha tenido cuidado y ha emborronado el examen.*

em·bos·ca·da |emboskáða| ***f.*** Acción que consiste en esconderse para atacar por sorpresa: *al entrar en el cañón, los soldados cayeron en la ~ que habían preparado los indios.*

em·bos·car |emboskár| ***tr.-prnl.*** [algo, a alguien] Esconder para atacar por sorpresa: *los guerrilleros se emboscaron en el recodo del camino.*

em·bo·tar |embotár| **1** ***tr.-prnl.*** [algo, a alguien] Quitar o perder fuerza o energía: *estuvo tanto tiempo incomunicado que se le embotaron sus facultades intelectuales; la lectura de esta magna obra me ha embotado.* **2** Quitar o tapar la punta o el filo a un objeto cortante: *las espadas se pueden ~.*

em·bo·te·lla·mien·to |emboteʎamiénto| ***m.*** Acumulación excesiva de vehículos en un lugar determinado: *los embotellamientos entorpecen el tráfico; hay un tremendo ~ a la salida de la carretera comarcal.* ⇒ **atasco, congestión, tapón.**

em·bo·te·llar |emboteʎár| **1** ***tr.*** [algo] Meter en botellas: *aquella fábrica se dedica a ~ vinos y cervezas.* ⇒ **envasar. 2** Crear los vehículos un *atasco en un lugar determinado: *a las horas punta los coches embotellan la autopista.*

em·bo·zo |embóθo| **1** ***m.*** Doblez que se hace en la sábana superior de la cama por la parte que corresponde a la cabeza: *al hacer la cama, hay que dejar el ~; estas sábanas llevan el ~ de raso.* **2** Parte de la capa y otras prendas de vestir que cubre la cara: *hacía frío y se tapó con el ~ hasta las orejas.* ⇒ **rebozo.**

em·bra·gar |embraɣár| ***intr.*** MEC. Pisar el *embrague para que el motor siga girando, pero sin comunicarse con el cambio de velocidades: *para cambiar de marcha hay que ~.*

em·bra·gue |embráɣe| **1** ***m.*** MEC. Mecanismo que une o separa el motor del cambio de velocidades: *algunos coches tienen el ~ automático.* **2** MEC. *Palanca que pone en movimiento ese mecanismo, en los automóviles: *el ~ es el pedal de la izquierda; pisa el ~ y cambia de velocidad.*

em·bria·gar |embriaɣár| **1** ***tr.-intr.*** [a alguien] Alterar el estado físico y mental de una persona por efecto del consumo excesivo de alcohol: *el exceso de cava embriagó a María; el anís embriaga.* ⇒ **emborrachar. 2** Producir una sensación de placer: *la música barroca le embriaga; este perfume huele tan bien que embriaga.* - **3** ***tr.*** Perder o hacer perder el equilibrio mental una alegría o satisfacción: *sus múltiples victorias le embriagaron de éxito.* - **4 embriagarse** ***prnl.*** Perder el control a causa del consumo excesivo de alcohol: *¿cómo te vas a ~ bebiendo agua?* ⇒ **emborrachar.** ⌂ Se conjuga como 7.

em·bria·guez |embriaɣéθ| **1** ***f.*** Estado en el que se pierde el control a causa del consumo excesivo de alcohol: *la ~ que tenía le impedía coordinar sus movimientos.* ⇒ **borrachera. 2** Pérdida del equilibrio mental a causa de una alegría o satisfacción: *la recepción del premio le sumió en un estado de ~.*

em·brión |embrión| ***m.*** Primera *etapa en el desarrollo de un ser vivo, desde la formación del huevo hasta que se distinguen los órganos: *en la clase de biología nos han explicado las características de los embriones.*

em·brio·na·⌐rio, ⌐ria |embrionário, ria| **1** ***adj.*** *form.* Del *embrión o que tiene relación con él: *en este departamento se estudia el desarrollo ~ de las plantas.* **2** *fig.* Que está empezando; que no está decidido o acabado: *el proyecto está en fase embrionaria, pero pronto tomará forma.*

em·bro·llar |embroʎár| **1** ***tr.-prnl.*** *fam.* [algo] Mezclar sin orden: *embrolló todos los papeles que había encima de la mesa.* ⇒ **embarullar.** ⇔ **desembrollar. 2** [a alguien] Confundir o hacer difícil una situación: *me embrolló y acabé comprando una cosa que no necesitaba.* ⇒ **embarullar, liar.**

em·bro·llo |embróʎo| **1** ***m.*** Conjunto de cosas mezcladas o sin orden: *el niño ha hecho un ~ con las madejas de lana.* **2** Situación poco clara o difícil de comprender: *los personajes de la obra estaban metidos en un ~ que nadie entendía.* **3** Acción que no está permitida y que se hace para sacar provecho: *todos los beneficios de la empresa fueron a parar a sus manos porque hicieron un ~.* ⇒ **apaño, chanchullo. 4** *Mentira que se dice sobre una persona: *no me gusta que vayas contando embrollos de todo el mundo.* ⇒ **cotilleo.**

em·bru·jar |embruxár| **1** ***tr.*** [algo, a alguien] Influir sobre una persona o cosa *mediante la magia: *embrujó al príncipe y lo convirtió en rana.* ⇒ **encantar, hechizar.** - **2** ***tr.-intr.*** Atraer con fuerza: *Lucía tiene una mirada que embruja.* ⇒ **cautivar, encantar, fascinar.**

em·bru·jo |embrúxo| **1** ***m.*** Influencia sobre una persona o cosa mediante la magia: *cayó sobre él un ~ y no pudo hablar en varios años; las brujas hacían embrujos.* ⇒ **encanto, hechizo. 2** Atracción fuerte: *cautivó al público con el ~ de su mirada.* ⇒ **encanto, fascinación.**

em·bru·te·cer |embruteθér| ***tr.-prnl.*** [a alguien] Hacer menos delicado o más *bruto: *el estar siempre entre chicos embruteció a Elisa; este chico se ha embrutecido y no es capaz de razonar.* ⌂ Se conjuga como 43.

em·bu·cha·⌐do |embutʃáðo| ***m.*** Tripa que se llena de carne picada y arreglada con especias: *el ~ suele hacerse con lomo de cerdo; esta noche cenaremos un poco de ~.* ⇒ **embutido.**

em·bu·char |embutʃár| **1** ***tr.-intr.*** [algo] Hacer *embutidos metiendo carne picada y especias dentro de una tripa de animal: *el chorizo y el salchichón se hacen embuchando carne en tripas de cerdo; trabaja en una fábrica dedicada a ~.* ⇒ **embutir.**

2 *fam.* Comer mucho y con rapidez, casi sin masticar los alimentos: *es tan glotona que no mastica la comida, sino que la embucha.* ⇒ **engullir, zampar.**

em·bu·do |embúðo| ***m.*** Instrumento hueco en forma de cono que acaba en un tubo y que sirve para pasar líquidos de un recipiente a otro que tiene la boca estrecha: *puso el ~ en la botella para hacer pasar el vino de la garrafa sin que se derramara.*

em·bus·te |embúste| ***m.*** Expresión contraria a la verdad: *no te fíes de él, que siempre está diciendo embustes.* ⇒ **mentira, trola.**

em·bus·te·⌐ro, ⌐ra |embustéro, ra| ***adj.-s.*** (persona) Que dice *mentiras: *anda, cállate y no seas tan ~; Elena es una persona muy embustera.* ⇒ **mentiroso, trolero.**

em·bu·ti·do |embutíðo| **1** ***m.*** Tripa que se llena de carne picada y arreglada con especias: *el chorizo y la mortadela son embutidos.* ⇒ **embuchado. 2** Acción y resultado de *embutir o meter una cosa en un lugar o en otra cosa apretándola: *metió tanta ropa en la bolsa que parecía un ~.*

em·bu·tir |embutír| **1** ***tr.*** [algo] Meter carne picada y especias dentro de una tripa de animal: *es dueño de una industria en la que se embuten carnes condimentadas.* ⇒ **embuchar. 2** Meter una cosa dentro de un espacio apretándola: *embutió los trajes dentro de la bolsa de viaje y los sacó muy arrugados; ha embutido demasiada lana en la almohada.*

e·me |éme| ***f.*** Nombre de la letra *m*: *la palabra* memoria *tiene dos emes.*

e·mer·gen·cia |emerxénθia| ***f.*** Hecho que no se espera y que exige una solución rápida: *la policía está preparada para cualquier ~; avísame sólo en caso de ~.* ⇒ **urgencia.**

e·mer·ger |emerxér| **1** ***intr.*** Salir de un líquido una cosa que está sumergida en él: *el monstruo emergió de las profundidades marinas.* ⇔ **sumergir. 2** Surgir o aparecer: *de esa generación ha emergido un importante grupo de compositores.* ⇔ **desaparecer.** ⌂ Se conjuga como 5.

e·mé·ri·⌐to, ⌐ta |emérito, ta| **1** ***adj.*** *form.* (persona) Que, una vez retirado de sus funciones, recibe un premio por sus buenos servicios: *la empresa organizó una cena en honor del presidente ~.* **2** *form.* (profesor de *universidad) Que sigue dando clases después de la *jubilación: *el catedrático ~ dio una conferencia en los cursos de verano.*

EMBUDO

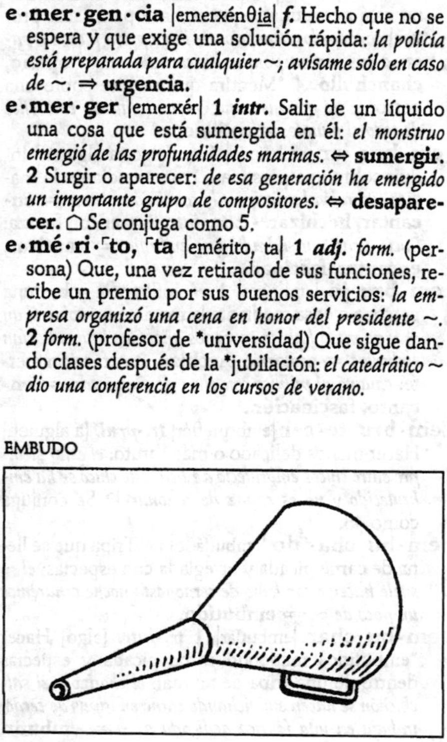

e·mi·gra·ción |emiγraθión| ***f.*** Movimiento por el cual se deja el lugar de origen para establecerse en otro país o región: *es habitual la ~ desde las zonas pobres a las zonas ricas.* ⇒ **éxodo, migración.** ⇔ **inmigración.**

e·mi·gran·te |emiγránte| ***com.*** Persona que deja su lugar de origen para establecerse en otro país o región: *en esta ciudad hay una colonia de emigrantes; se convirtió en ~ por razones económicas.* ⇔ **inmigrante.**

e·mi·grar |emiγrár| ***intr.*** Dejar el lugar de origen para establecerse en otro país o región: *su familia emigró a América cuando él tenía cinco años; las cigüeñas emigran en verano.* ⇔ **inmigrar.**

e·mi·nen·cia |eminénθia| **1** ***f.*** Persona que destaca por ser buena entre las de su clase: *este filósofo es una ~.* **2** Título de honor o tratamiento dado a los *cardenales y otras personas importantes de la Iglesia: *pidió una entrevista a Su Eminencia el cardenal.* ⌂ En esta acepción se escribe con mayúscula.

e·mi·nen·te |eminénte| ***adj.*** (persona) Que destaca por sus cualidades o conocimientos en una ciencia o profesión: *han hecho una entrevista al ~ académico; nadie ha dudado de las teorías del ~ científico.*

e·mir |emír| ***m.*** Jefe político y militar de una comunidad árabe: *en el cuento había un ~ que se enamoraba de una cristiana.* ⇒ **califa, sultán.**

e·mi·ra·to |emiráto| **1** ***m.*** Territorio que gobierna un *emir: *durante la Edad Media, el Sur de la Península Ibérica fue el ~ de Córdoba; las tropas iraquíes han traspasado la frontera del ~.* **2** Título o cargo del *emir: *el ~ era el título de los califas; actualmente el ~ es un cargo honorífico que tienen los príncipes musulmanes.* **3** Periodo de tiempo en que gobierna un *emir: *en el ~ de ese emir se realizaron muchas obras.*

e·mi·sa·⌐rio, ⌐ria |emisário, ria| ***m. f.*** Persona que es enviada a un lugar para llevar un mensaje o tratar un asunto: *el ~ hizo un largo viaje para entregar los documentos.*

e·mi·sión |emisión| **1** ***f.*** Lanzamiento de ondas que *transmiten sonidos e imágenes: *pondrán la película en la ~ de las diez de la noche.* **2** Puesta en circulación de billetes o de otros valores: *la prensa ha anunciado la ~ de unos nuevos billetes de mil pesetas.*

e·mi·⌐sor, ⌐so·ra |emisór, sóra| **1** ***adj.-s.*** Que emite o envía: *se ha estropeado la antena emisora y no nos llega la señal de televisión.* **- 2** ***m. f.*** Persona que emite el mensaje en el acto de la comunicación: *el ~ construye el mensaje y lo recibe el receptor.* ⇔ **receptor. - 3 emisor** ***adj.-m.*** (aparato) Que emite ondas que *transmiten sonidos e imágenes: *el ~ de la radio del avión se estropeó durante la tormenta.*

e·mi·so·ra |emisóra| ***f.*** Estación desde la que se emiten ondas que *transmiten sonidos e imágenes: *Ramiro lleva tres años trabajando en una ~.*

e·mi·tir |emitír| **1** ***tr.*** [algo] Producir y echar hacia fuera: *el Sol emite rayos luminosos.* **2** Lanzar ondas que *transmiten sonidos e imágenes: *la entrevista se emitirá el lunes; esta cadena de televisión emite su programación desde Madrid.* **3** Poner en circulación billetes u otros valores: *el Banco de España ha emitido una nueva serie de billetes.* **4** Hacer público; dar a conocer: *el director no quiso ~ ninguna opinión.*

e·mo·ción |emoθión| ***f.*** Agitación del ánimo producida por una idea o hecho que impresiona fuertemente: *sintió una gran ~ cuando supo que iba a ser madre; los niños abren los regalos con una ~ intensa.*

e·mo·cio·nan·te |emoθionánte| **1** ***adj.*** Que causa emoción: *el encuentro entre padre e hijo fue muy ~.* ⇒ **conmovedor, emotivo. 2** Que despierta interés: *el final de la carrera ciclista fue muy ~.* ⇒ **excitante.**

e·mo·cio·nar |emoθionár| ***tr.-prnl.*** [a alguien] Producir o tener una emoción: *no se esperaba aquel recibimiento y se emocionó.* ⇒ **conmover.**

e·mo·lu·men·to |emoluménto| ***m.*** *form.* Cantidad de dinero con la que se paga un servicio o un trabajo: *el abogado nos ha reclamado sus emolumentos.* ⇒ **remuneración, sueldo.**

e·mo·ti·⌜vo, ⌜va |emotíβo, βa| **1** ***adj.*** Que causa emoción: *sus emotivas palabras de despedida nos hicieron llorar.* ⇒ **conmovedor, emocionante. 2** (persona) Que siente emociones con facilidad: *Úrsula siempre ha sido una mujer muy emotiva.*

em·pa·char |empatʃár| **1** ***tr.-intr.-prnl.*** [a alguien] Causar una alteración del aparato *digestivo por comer en exceso o por no masticar bien los alimentos: *no comas tanta sandía, que te vas a ~; el niño se empachó con los pasteles.* ⇒ **indigestarse. - 2** ***tr.-intr.*** *fig.* Cansar o aburrir: *esta chica me empacha con sus estúpidos comentarios.* ⇒ **empalagar, hartar.**

em·pa·cho |empátʃo| **1** ***m.*** Alteración del aparato *digestivo causada por comer en exceso o por no masticar bien los alimentos: *si comes mucho y deprisa, tendrás un buen ~; comió demasiadas ciruelas y ahora está en la cama con ~.* ⇒ **indigestión. 2** *fig.* *Cansancio o aburrimiento: *tengo ~ de leer tantas horas seguidas.*

em·pa·dro·nar |empaðronár| ***tr.-prnl.*** [a alguien] Apuntar en el registro de habitantes de un territorio o una población: *le han empadronado en la ciudad en la que nació.* ⇒ **censar.**

em·pa·la·gar |empalaɣár| **1** ***tr.-intr.*** [a alguien] Cansar un alimento por ser demasiado dulce o pesado: *la nata me empalaga mucho.* **2** *fig.* Cansar o aburrir una persona por ser excesivamente amable o cariñosa: *este niño es tan cariñoso que llega a ~.* ⇒ **empachar.** ☐ Se conjuga como 7.

em·pa·la·go·⌜so, ⌜sa |empalaɣóso, sa| **1** ***adj.*** (alimento) Que cansa por ser demasiado dulce o pesado: *esta tarta está buena, pero resulta un poco empalagosa.* **2** *fig.* (persona) Que cansa o aburre por ser excesivamente amable o cariñoso: *deja de besarme, no seas tan ~.*

em·pa·li·za·da |empaliθáða| ***f.*** Valla hecha con palos de madera clavados en el suelo y que sirve como defensa o para impedir el paso: *la puerta de la ~ estaba abierta y las ovejas habían desaparecido.* ⇒ **barrera.**

em·pal·mar |empalmár| **1** ***tr.*** [algo] Unir dos cosas por sus extremos: *el electricista ha estado empalmando los cables de la luz.* **-2** ***tr.-intr.*** Unir dos palabras, ideas o acciones: *la idea anterior empalma con la que expondré a continuación.* ⇒ **conectar, enlazar. - 3** ***intr.*** Unir un medio de transporte con otro: *esta línea de metro empalma con varios autobuses.* ⇒ **enlazar. - 4 empalmarse** ***prnl.*** *vulg.* Excitarse sexualmente un hombre o un animal macho: *el toro se empalmó para cubrir a la vaca.*

em·pal·me |empálme| **1** ***m.*** Unión de dos cosas por sus extremos: *la instalación eléctrica no funciona porque no están bien hechos los empalmes.* ⇒ **conexión. 2** Lugar en el que se unen o cruzan dos vías de comunicación o dos medios de transporte: *el accidente tuvo lugar en el punto de ~ de los dos trenes.* ⇒ **enlace.**

em·pa·na·da |empanáða| **1** ***f.*** Masa de pan *cocida al horno y llena de carne, pescado u otros alimentos: *Álvaro me ha dado la receta de la ~ gallega; esta ~ lleva cebolla, pimiento y atún.* **2** *fam. fig.* Desorden o lío; mezcla de cosas distintas: *he estudiado los temas con mucha rapidez y ahora tengo una ~ increíble.* ⇒ **bollo, cacao, jaleo.**

em·pa·na·di·lla |empanaðíʎa| ***f.*** Pastel salado, pequeño y alargado, hecho de masa de pan *cocida que se fríe y se llena de carne, pescado u otro alimento: *esta ~ lleva un relleno de huevo, tomate y bonito; en el plato hay croquetas y empanadillas.*

em·pa·nar |empanár| **1** ***tr.*** [algo] Cubrir un alimento con pan *rallado: *voy a empanar unos filetes de cerdo.* **2** Encerrar un alimento en masa o pan para *cocerlo: *hay que ~ esa carne antes de cocerla.*

em·pan·ta·nar |empantanár| **1** ***tr.-prnl.*** [algo] Llenar de agua un terreno: *las lluvias han empantanado la comarca; las orillas del río están empantanadas.* ⇒ **inundar. 2** *fam.* Dejar una cosa, asunto o trabajo sin acabar: *el albañil se fue de vacaciones y me empantanó la cocina.* **3** *fam.* Hacer perder el orden: *cada vez que viene mi sobrino a casa, me lo empantana todo.* ⇒ **desordenar.** ⇔ **ordenar.**

em·pa·ñar |empaɲár| **1** ***tr.-prnl.*** [algo] Perder el brillo natural, normalmente por acción del vapor de agua: *los cristales de la casa se empañan en invierno.* **2** *fig.* Perder una cualidad: *su buena fama quedó empañada por las críticas de que fue objeto.* **3** Cubrir los ojos de *lágrimas: *al oír la triste noticia se me empañaron los ojos.* **4** Perder o hacer perder la voz su claridad: *se le empañó la voz de la emoción que sentía.*

em·pa·par |empapár| **1** ***tr.-prnl.*** [algo, a alguien] Mojar completamente, llegando la humedad hasta el interior: *la lluvia ha empapado la tierra; me caí al río y me empapé.* ⇒ **calar, impregnar. 2** [algo] Absorber y retener un líquido: *el algodón empapa el agua; la tierra se empapa con la lluvia.* **- 3 empaparse** ***prnl.*** *fam.* [de algo] Quedarse bien enterado de una cosa; aprenderla o comprenderla bien: *se empapó de matemáticas estudiando toda la* *semana; he conseguido un trabajo mejor, para que te empapes.*

em·pa·pe·lar |empapelár| **1** ***tr.*** [algo] Cubrir con papel una superficie plana, especialmente una pared: *hemos empapelado la habitación con un papel estampado.* **2** *fam.* [a alguien] Someter a un proceso *judicial: *lo empapelaron porque encontraron pruebas de que era un estafador.*

em·pa·que |empáke| **1** ***m.*** Falta de *naturalidad o de sencillez: *a todo el mundo le cae mal ese hombre, por su ~ y su orgullo.* **2** Categoría o importancia de una cosa: *un asunto con el ~ que tiene éste debe ser resuelto por los empleados de mayor experiencia.*

em·pa·que·tar |empaketár| **1** ***tr.*** [algo] Envolver una cosa o preparar con ella un paquete para que no se estropee durante su transporte: *han empaquetado los libros para enviarlos por correo; necesito una caja para ~ esta ropa.* ⇒ **embalar.** ⇔ **desempaquetar. 2** *fam.* [algo, a alguien] Castigar o poner una pena: *le han empaquetado un verano sin vacaciones por haber suspendido.* **3** [algo; a alguien] Meter muchas personas o cosas en un lugar pequeño: *como no había mucho sitio, nos empaquetaron a los cuatro en la misma habitación.*

em·pa·re·da·⌜do, ⌜da |empareðáðo, ða| **1** ***adj.-s.*** Que está encerrado entre paredes, sin comunicación con el exterior: *intentaron rescatar a la señorita emparedada en el cuarto de baño.* **- 2 emparedado *m.*** Conjunto de dos rebanadas de pan, entre las cuales se pone un alimento: *el niño se está comiendo un ~ de jamón y queso.* ⇒ **sándwich.**

em·pa·re·dar |empareðár| ***tr.*** [a alguien] Encerrar entre paredes impidiendo la comunicación con el exterior: *antiguamente mataban a la gente emparedándola.*

em·pa·re·jar |emparexár| **1** ***tr.-prnl.*** [algo, a alguien] Unir formando pareja: *emparejó a los dos perros para que criaran; la agencia matrimonial emparejó a José con Magdalena.* **- 2 *tr.*** [algo] Poner al mismo nivel: *ha emparejado los cuadros de la pared de la derecha.* **3** Ajustar o igualar, especialmente una puerta o una ventana: *las hojas de la ventana están emparejadas, pero no las he llegado a cerrar.* **- 4 emparejarse *prnl.*** Alcanzar el nivel de otras personas o cosas: *aunque el niño iba un poco retrasado, consiguió emparejarse con el resto de la clase.*

em·pa·ren·tar |emparentár| **1** ***intr.*** Establecer una relación de *parentesco con una o más personas a través del *matrimonio: *al casarse, Carlota emparentó con una de las familias más ricas del pueblo.* **2** Tener relación o parecido: *tu forma de ser no emparienta mucho con la mía.* ☐ Se conjuga como 27.

em·pas·tar |empastár| **1** ***tr.*** [algo] Cubrir con una pasta el hueco que ha dejado la *caries en un diente o una muela: *el dentista me ha empastado cuatro muelas que tenía picadas.* **2** Cubrir una cosa con pasta: *el pintor está empastando los techos con escayola.*

em·pas·te |empáste| **1** ***m.*** Acción o resultado de *empastar: *los empastes son muy caros.* **2** Pasta con la que se llena el hueco que deja la *caries en dientes o muelas: *no me duele la muela desde que me pusieron el ~.*

em·pa·tar |empatár| ***tr.-intr.*** [algo] Sacar el mismo número de puntos o de *votos: *los equipos han empatado; los candidatos a la alcaldía han empatado en las elecciones.* ⇔ **desempatar.**

em·pa·te |empáte| ***m.*** Situación de igualdad de puntos o votos en una competición o en una votación: *el partido de fútbol terminó con un ~ ; el resultado de la votación ha sido un ~.* ⇔ **desempate.**

em·pe·ci·nar·se |empeθinárse| ***prnl.*** Empeñarse en una cosa: *se empecinó con que tenía que acompañarnos, y finalmente nos acompañó.* ⇒ **obcecar, obstinarse.**

em·pe·der·ni·⌜do, ⌜da |empeðerníðo, ða| ***adj.*** (persona) Que no puede abandonar un mal hábito o una mala costumbre: *no rechazará tu invitación porque es un bebedor ~.*

em·pe·dra·do |empeðráðo| ***m.*** Suelo cubierto de piedras: *la carreta cruzó lentamente el ~; el niño se ha caído en el ~.* ⇒ **pavimento.**

em·pe·drar |empeðrár| ***tr.*** [algo] Cubrir el suelo con piedras, ajustándolas entre sí: *antiguamente las calles se empedraban.* ⇒ **embaldosar, enlosar.** ⇔ **desempedrar.** ☐ Se conjuga como 27.

em·pei·ne |empéine| ***m.*** Parte superior del pie, que va desde los dedos hasta la unión con la pierna: *estos zapatos me quedan bien, pero me aprietan un poco en el ~.*

em·pe·ñar |empeɲár| **1** ***tr.*** [algo] Dejar una cosa en prenda para recibir a cambio una cantidad prestada: *necesitaba dinero y tuvo que ~ el reloj de oro de su abuelo.* **2** Comprometer una cosa para asegurar el cumplimiento de lo que se ha prometido: *en esta empresa empeño mi palabra y mi honor.* **- 3 empeñarse *prnl.*** Llegar a tener muchas deudas: *me he empeñado para comprar el coche.* **4** [en algo] Proponerse una cosa e intentarla con fuerza; insistir repetidamente: *se empeñó en comprar un piso en el centro de Madrid; se empeña en decir que habla francés, pero todos sabemos que no entiende ni una palabra.*

em·pe·ño |empéɲo| **1** ***m.*** Deseo intenso; aspiración *máxima: *su mayor ~ era convertirse en director de orquesta.* **2** Cuidado, esfuerzo o interés: *puso todo su ~ y su dinero en la fundación de la empresa.* **3** Intento de hacer una cosa: *en su ~, perdió todo cuanto tenía.*

em·pe·o·rar |empeorár| ***tr.-intr.-prnl.*** [algo] Poner o ponerse una cosa o situación peor de lo que estaba: *deja de discutir, sólo conseguirás ~ la situación; el estado del enfermo ha empeorado en las últimas horas.* ⇒ **desmejorar.** ⇔ **mejorar.**

em·pe·que·ñe·cer |empekeɲeθér| **1** ***tr.*** [algo] Hacer pequeño o más pequeño: *la secadora ha empequeñecido la camiseta.* ⇒ **encoger, menguar.** ⇔ **agrandar, engrandecer. 2** Quitar importancia o valor: *con su actitud quiso ~ la gravedad de la situación.* **- 3 empequeñecerse *prnl.*** Sentirse poco o nada importante: *el actor sintió que se empequeñecía al oír los abucheos.* ☐ Se conjuga como 43.

em·pe·ra·dor |emperaðór| **1** ***m.*** Jefe de un *imperio: *Carlos V fue ~ del imperio germánico; Augusto fue el primer ~ romano.* ☐ El femenino es *emperatriz.* **2** Pez marino comestible de piel áspera y con la parte superior de la boca en forma de espada: *el ~ también es denominado* pez espada.

em·pe·ra·triz |emperatríθ| ***f.*** Jefa de un *imperio o *esposa del *emperador: *la ~ protagonizó un desfile multitudinario.* ☐ El masculino es *emperador.*

em·pe·ri·fo·llar |emperifoʎár| ***tr.-prnl.*** *fam.* [algo, a alguien] Adornar o arreglar con cuidado o en exceso: *se ha entretenido en ~ el sombrero; llevas seis horas emperifollándote, ¡vámonos ya!* ⇒ **acicalar.**

em·pe·rrar·se |emperárse| ***prnl.*** *fam.* Empeñarse en hacer, en tener o en no hacer una cosa, hasta llegar al enfado: *mi hijo se ha emperrado en que le compre una bicicleta, pero a mí me parece peligroso que la use en la ciudad.*

em·pe·zar |empeθár| **1** ***tr.*** [algo] Dar principio; hacer que una cosa que no existía o que no se hacía exista o se haga: *el profesor empezó la clase con dos alumnos.* ⇒ **comenzar. 2** Comenzar a usar o consumir: *papá empezó el jamón y todos comimos un poco.* **- 3** ***intr.*** Tener principio; pasar a existir o a hacerse: *la historia empieza con la boda del rey con la malvada bruja; hacía un día de sol y de repente empezó a llover.* ⇒ **comenzar.** ☐ Se conjuga como 47. ■ **por algo se empieza**, indica que de un principio pequeño o poco importante puede hacerse algo grande: *de momento sólo tenemos mil volúmenes en la biblioteca, pero por algo se empieza.*

em·pi·nar |empinár| **1** ***tr.*** [algo, a alguien] Levantar y sostener en alto: *el niño empinaba su dibujo para que todos lo vieran; el padre empinaba a su hija pequeña.* ⇒ **alzar. 2** [algo] Sostener en alto un recipiente e inclinarlo para beber: *si no empinas el porrón, no podrás beber; no empines tanto la jarra.* ⇒ **levantar. - 3** ***intr.*** *fam. fig.* Beber en exceso: *ya no empina, sólo toma una copa por Navidad.* ⇒ **beber. - 4 empinarse** ***prnl.*** Ponerse sobre los dedos de los pies: *Tadeo se empinaba para ver entre la multitud; se empinó y vio lo que ocurría detrás de la tapia.* ⇒ **alzar. 5** Ponerse un animal sobre las patas traseras, levantando las delanteras: *el caballo se empina al son de la música; enseñó al perro a empinarse.* **6** Alcanzar gran altura, especialmente una torre, un árbol, una montaña u otra cosa parecida: *la cumbre se empinaba sobre nuestras cabezas.* ⇒ **elevar.** ■ **~ el codo**, *fam. fig.*, beber en exceso: *se pasa el día metido en el bar, empinando el codo.*

em·pí·ri·⌐co, ⌐ca |empíriko, ka| **1** ***adj.*** *fam.* Que resulta de la experiencia y de la observación de los hechos: *hizo un análisis ~ sobre la caída de los objetos.* **2** FIL. Del *empirismo o que tiene relación con él: *el método ~ ha procurado grandes avances a la ciencia.* **- 3** ***adj.-s.*** *fam.* (persona) Que sigue la doctrina filosófica del *empirismo: *hoy estudiaremos los filósofos empíricos.*

em·pi·ris·mo |empirísmo| **1** ***m.*** Método o procedimiento basado en la experiencia *sensible: *toda mi investigación se basa en el ~.* **2** FIL. Doctrina filosófica que considera que el conocimiento deriva de la información *proporcionada por los órganos de los sentidos: *el ~ caracteriza la investigación británica.*

em·plas·to |emplásto| **1** ***m.*** MED. Medicina sólida y pegajosa, generalmente extendida sobre un trozo de tela, que se pone en la parte exterior del cuerpo: *el farmacéutico preparó un ~ para quitar las verrugas.* **2** *fig.* Arreglo mal hecho o solución poco adecuada: *con tanto ~ no conseguirás acabar con el problema.* ⇒ **parche. 3** *fig.* Cosa pegajosa: *el puré era un ~ y nadie se lo quiso comer.*

em·pla·za·mien·to |emplaθamiénto| **1** ***m.*** Orden o colocación de una o varias cosas en el espacio: *aseguraron que el ~ de los misiles en ese país comprometía también la seguridad del territorio español.* **2** DER. Aviso escrito que se envía a una persona para que se presente ante un *juez o un tribunal con un fin determinado: *no ha hecho caso a ninguno de los emplazamientos.* ⇒ **citación.**

em·pla·zar |emplaθár| **1** ***tr.*** [a alguien] Citar a una persona en un lugar y un momento determinado: *me emplazó para que mantuviéramos la entrevista el lunes de la semana siguiente.* **2** [algo] Poner o colocar en un lugar determinado: *las autoridades han decidido ~ el nuevo mercado en las afueras de la ciudad.* ☐ Se conjuga como 4.

em·ple·a·⌐do, ⌐da |empleáðo, ða| ***m. f.*** Persona que realiza un trabajo a cambio de dinero: *en esta empresa han despedido a cuatro empleados; el jefe no sabe tratar a sus empleados.* ⇒ **trabajador; empleada del hogar**, la que realiza los trabajos de la casa a cambio de dinero: *como trabajan los dos, han contratado a una empleada del hogar.* ⇒ **asistenta, chacha, criado, sirviente.**

em·ple·ar |empleár| **1** ***tr.*** [algo, a alguien] Usar para un fin determinado: *empleo todo mi sueldo en dar de comer a mi familia; emplea los fines de semana para estudiar; el trabajo será más rápido si empleamos ordenadores.* **2** [a alguien] Dar trabajo; ocupar en una actividad: *empleó a su hijo en la fábrica.*

em·ple·o |empléo| ***m.*** Trabajo u ocupación que se realiza a cambio de dinero: *Rosario lleva tres años buscando ~; tiene un buen ~ y puede permitirse ciertos lujos.* ⇒ **colocación.**

em·po·bre·cer |empoβreθér| ***tr.-intr.-prnl.*** [algo, a alguien] Hacer pobre o más pobre, física o espiritualmente: *desde que Fernando se fue, la familia se empobreció; los nuevos gastos me han empobrecido.* ⇒ **arruinar.** ⇔ **enriquecer.** ☐ Se conjuga como 43.

em·po·bre·ci·mien·to |empoβreθimiénto| ***m.*** Acción y resultado de *empobrecer o *empobrecerse: *la sequía ha provocado el ~ de la región.* ⇔ **enriquecimiento.**

em·po·llar |empoʎár| **1** ***tr.-intr.*** [algo] Sentarse una ave sobre los huevos para calentarlos y que crezcan las crías dentro de ellos: *la gallina empollaba sus huevos; en muchas aves el macho y la hembra se turnan para ~.* **- 2** ***tr.-intr.-prnl.*** *fam.* Preparar, *reflexionar o estudiar un asunto o materia mucho o con mucho cuidado: *dice que hoy no sale por-*

que tiene que ~ para el examen del lunes; me he empollado todo este asunto y creo que tengo la solución.

em·po·⌐llón, ⌐llo·na |empoʎón, ʎóna| ***adj.-s.*** *fam.* (persona) Que estudia mucho; que estudia con mucha atención todas las materias de un curso: *es una empollona, por eso saca tan buenas notas; los alumnos gastaron una broma al ~ de la clase.*

em·pol·var |empolβár| 1 ***tr.-prnl.*** [algo] Poner polvo, especialmente en la cara: *Ramona ha ido al baño a empolvarse la nariz.* **2** Cubrir una cosa de polvo: *con este viento se han empolvado los muebles de toda la casa.* ⇔ **desempolvar.**

em·pon·zo·ñar |emponθoɲár| **1** ***tr.-prnl.*** [algo] Poner veneno; hacer venenoso: *los residuos de las industrias emponzoñan el medio ambiente; emponzoñó la comida para asesinar a su marido.* ⇒ **envenenar.** **2** *fig.* Dañar o echar a perder: *los cotilleos emponzoñaron la amistad que había entre ellos.* ⇒ **deteriorar.**

em·po·rio |empórjo| **1** ***m.*** *form.* Lugar de gran riqueza comercial: *los fenicios establecieron en la Península Ibérica su principal ~.* **2** Lugar de gran riqueza artística o cultural: *Atenas fue uno de los principales emporios de la Antigüedad.*

em·po·trar |empotrár| **1** ***tr.*** [algo] Meter una cosa en una pared de manera que quede completamente ajustada en ella: *los albañiles han empotrado el mueble en la pared de la habitación.* **- 2 empotrarse** ***prnl.*** Quedarse una cosa completamente metida dentro de otra, generalmente a causa de un choque: *el conductor perdió el control y el coche se empotró en la pared.*

em·pren·der |emprendér| ***tr.*** [algo] Empezar una cosa difícil o que supone esfuerzo: *el ejército emprendió una dura guerra.* ⇒ **acometer.** ■ **emprenderla con,** mostrar una actitud poco favorable hacia una persona: *no le he dado razones para que la emprenda conmigo.*

em·pre·sa |empresa| **1** ***f.*** Sociedad u organización que realiza un trabajo, produce una cosa u ofrece un servicio del que consigue unas *ganancias: *la ~ ha obtenido durante el último año importantes beneficios; esta ~ se dedica a la producción de alimentos en conserva.* ⇒ **compañía, industria.** **2** Acción que resulta *trabajosa y difícil: *no fue ~ fácil convencerle de que nos acompañara.*

em·pre·sa·rial |empresarjál| ***adj.*** De la empresa o que tiene relación con ella: *a las afueras de la ciudad hay un parque ~.*

em·pre·sa·⌐rio, ⌐ria |empresárjo, rja| ***m. f.*** Persona que tiene o dirige una empresa: *los empresarios no han llegado a un acuerdo con los representantes de los trabajadores; esta empresaria es responsable de cinco industrias.*

em·prés·ti·to |empréstito| **1** ***m.*** COM. Operación por la que el Estado u otro organismo toma prestada una cantidad de dinero: *esta empresa recurre al ~ como medio para financiar sus actividades industriales.* **2** COM. Cantidad de dinero prestada de esa manera: *el Estado consigue los empréstitos a través de pagarés del Tesoro.*

em·pu·jar |empuxár| **1** ***tr.*** [algo, a alguien] Hacer fuerza contra una persona o cosa para moverla: *empujó la mesa para arrimarla a la pared; ese señor se cayó porque lo empujó un niño; el gato empuja la puerta cuando quiere entrar.* **2** [a alguien] Tratar de que una persona haga cierta cosa; obligar: *su familia la empujaba para que se casara con él; las circunstancias me empujaron a dejar la carrera.* ⇒ **inducir.**

em·pu·je |empúxe| **1** ***m.*** Fuerza que empuja: *el velero aprovecha el ~ del viento para moverse.* **2** Fuerza producida por el peso de una cubierta o de un arco sobre los elementos que los sostienen: *estos contrafuertes fueron construidos para contrarrestar los empujes de la bóveda.* **3** Energía, fuerza de voluntad: *fue Rafa, con su ~, el que nos animó a todos a emprender esta aventura.*

em·pu·jón |empuxón| **1** ***m.*** Golpe fuerte que se da a una persona o cosa para moverla o apartarla de un lugar: *apartó la mesa de un ~; el niño dio un ~ a su hermana y la tiró al suelo.* **2** Impulso que se da a lo que se está haciendo: *tiene que dar un buen ~ en matemáticas.*

em·pu·ña·du·ra |empuɲaðúra| ***f.*** Parte por la que se sujetan las armas, las herramientas y otros objetos: *el espadachín cogió la espada por la ~.*

em·pu·ñar |empuɲár| ***tr.*** [algo] Coger por el puño una arma, herramienta u otro objeto, especialmente en actitud de amenaza: *el pirata empuñó la espada y se lanzó contra el barco enemigo.*

e·mu·lar |emulár| ***tr.*** *form.* [algo, a alguien] Imitar a una persona o cosa procurando igualarla o superarla: *este poeta emula a los clásicos.*

e·mul·sión |emulsjón| ***f.*** Líquido que contiene una sustancia que no se disuelve en él: *he ido a la farmacia a comprar una ~ para la cara.*

e·mul·sio·nar |emulsjonár| ***tr.*** QUÍM. Mezclar un líquido con otro líquido o con un sólido: *la mayonesa se consigue al ~ aceite y vinagre en huevo.*

en |en| **1** ***prep.*** Indica posición, lugar o estado: *el Museo del Prado está ~ Madrid; las llaves del coche las he dejado ~ un cajón.* ⇒ **a.** **2** Indica el momento en que ocurre una cosa: *lo que te estoy contando sucedió ~ la primavera; este año me iré de vacaciones ~ el mes de julio.* **3** Indica modo o manera, especialmente de hacer una cosa: *no le hagas mucho caso porque está hablando ~ broma; aunque es extranjero, cuando le preguntan ~ español, responde ~ español; me gusta viajar ~ avión.* **4** Indica aquello a lo que se dedica o en lo que destacan una o varias personas: *he podido conocer a un experto ~ enfermedades tropicales; se doctoró ~ medicina el año pasado.* **5** Indica conjunto formado por un número determinado de unidades: *el tendero coge las naranjas de dos ~ dos para meterlas en una bolsa; ese chico siempre sube los peldaños de la escalera de tres ~ tres.* ☖ Se usa precedido y seguido de un numeral y en correlación con la preposición *de.* **6** Indica *sucesión de elementos: *un hombre fue de puerta ~ puerta intentando vender una enciclopedia.* ☖ Se usa precedido y seguido de un sustantivo y en correlación con la preposición *de.* **7** Indica que una cosa ocurre inmediatamente antes que otra: *~ lle-*

gando el maestro, todos los niños se callan. ☐ Se usa seguido de gerundio. **8** Forma parte de expresiones con valor *adversativo: ~ *general, el tiempo es muy agradable por estas fechas; este asunto oficial se lleva ~secreto.*

e·na·gua |enáɣua| ***f.*** Prenda de vestir femenina que se lleva bajo la falda y sobre la ropa interior: *la ~ se ajusta a la cintura y llega hasta la rodilla; si la falda es transparente, la ~ impide que se vean las piernas.* ⇒ **combinación.**

e·na·je·na·ción |enaxenaθión| **1** ***f.*** *fig.* Falta de atención a causa de un pensamiento o de una impresión fuerte: *no salió de esa ~ hasta que su compañero le puso la mano sobre el hombro y pronunció su nombre.* **2** DER. Pérdida del juicio o de la razón: *no fue condenado porque la defensa alegó la ~ del acusado.*

e·na·je·nar |enaxenár| **1** ***tr.-prnl.*** [a alguien] Perder o hacer perder la razón: *recibió un golpe en la cabeza que lo enajenó.* **- 2** ***tr.*** [algo] Vender o pasar a otra persona el derecho sobre un bien: *el Estado ha enajenado una serie de terrenos.*

e·nal·te·cer |enalteθér| **1** ***tr.-prnl.*** [algo, a alguien] Dar mayor valor, grandeza u honor: *su buena obra le ha enaltecido ante todos.* ⇒ **encumbrar, engrandecer, ensalzar.** ⇔ **envilecer.** **-2** ***tr.*** Alabar o mostrar admiración por una persona o cosa: *el jefe enalteció a todos sus empleados.* ⇒ **elogiar, encomiar, ensalzar, sublimar.** ☐ Se conjuga como 43.

e·na·mo·ra·⌈do, ⌈da |enamoráðo, ða| **1** ***adj.-s.*** (persona) Que siente mucho amor por una persona o cosa: *Guillermo está ~ de tu moto; el 14 de febrero es el día de los enamorados.* **2** (persona) Que gusta mucho de una cosa determinada: *mi hermano es un ~ del baloncesto.*

e·na·mo·ra·mien·to |enamoramiénto| ***m.*** Estado en el que se encuentra la persona que siente mucho amor por otra o por una cosa: *las tonterías que hace son propias de su estado de ~.*

e·na·mo·rar |enamorár| **1** ***tr.*** [a alguien] Despertar amor en una persona: *todos los días le regalaba un ramo de rosas para enamorarla.* ⇒ **encandilar.** **- 2** ***tr.-prnl.*** Gustar mucho de una cosa: *este paisaje me enamoró la primera vez que lo vi; se ha enamorado del abrigo de visón del escaparate.* **- 3 enamorarse** ***prnl.*** Empezar a sentir amor hacia una persona: *no sé cómo ha ocurrido, pero me he enamorado de ella.*

e·na·⌈no, ⌈na |enáno, na| **1** ***adj.*** Que es bastante más pequeño de lo normal: *en casa tenemos un perrito ~.* ⇒ **diminuto, pequeño.** ⇔ **gigante.** **2** *fam.* Que es muy pequeño: *mi apartamento es para una sola persona: es ~.* ⇔ **enorme, grande.** **- 3** ***m. f.*** Persona que tiene poca altura: *mi hijo todavía es un ~.* **4** Persona que tiene una altura mucho menor de lo normal, debido a una alteración del crecimiento: *los enanos suelen medir menos de metro y medio.*

e·nar·bo·lar |enarβolár| **1** ***tr.*** [algo] Llevar en alto una bandera: *uno de los soldados enarbolaba el estandarte de su ejército.* **2** Llevar en alto una arma u otro objeto en actitud de amenaza: *los campesinos salieron a la calle enarbolando palos.* **3** *fig.* Defender una idea o una causa: *el diplomático enarboló la causa de la paz mundial.*

e·nar·de·cer |enarðeθér| ***tr.-prnl.*** *form.* [algo, a alguien] Excitar, hacer más intenso o más violento: *sus últimas palabras enardecieron la discusión; los ánimos se enardecieron y todos empezaron a gritar.* ⇒ **enfervorizar.** ☐ Se conjuga como 43.

e·nar·de·ci·mien·to |enarðeθimiénto| ***m.*** *form.* Excitación, aumento de la intensidad o la *violencia: *la marcha militar consiguió el ~ de los soldados.*

e·na·re·nar |enarenár| **1** ***tr.*** [algo] Echar arena o cubrir con arena: *enarenaron la plaza y pintaron las líneas.* **2** MIN. Mezclar arena con tierra o con un mineral que contiene plata para que la suelte: *algunos enarenaban el mineral para sacar la plata.* **- 3** ***intr.*** MAR. Quedar una embarcación sin movimiento, generalmente por estar encima de la arena: *quisieron entrar en la cueva y la barca enarenó.*

en·ca·bal·ga·mien·to |eŋkaβalɣamiénto| ***m.*** POÉT. Colocación entre dos versos de una palabra, frase o unidad del lenguaje que normalmente no tiene pausa en su pronunciación: *los versos* y mientras miserable / mente se están los otros abrasando *de Fray Luis de León tienen un ~.*

en·ca·bal·gar |eŋkaβalɣár| ***tr.-prnl.*** POÉT. [algo] Colocar entre dos versos una palabra, frase o unidad del lenguaje que normalmente no tiene pausa en su pronunciación: *para ~ puedes dividir una palabra en dos versos distintos.*

en·ca·be·za·mien·to |eŋkaβeθamiénto| ***m.*** Conjunto de palabras con las que comienza un escrito, especialmente cuando se trata de una *fórmula fija: *en el ~ del contrato se pone el nombre y la dirección de las personas que lo firman.*

en·ca·be·zar |eŋkaβeθár| **1** ***tr.*** [algo] Estar al comienzo de una lista: *no conozco al político que encabeza la lista de los aspirantes a la alcaldía; ¿qué corredor es el que encabeza la clasificación?* **2** Poner un *encabezamiento al comienzo de un escrito: *ha encabezado la carta con la fecha y el lugar.* **3** [algo, a alguien] Dirigir o ir a la cabeza de un grupo o un movimiento: *no lograron detener a los que encabezaban el motín.* ☐ Se conjuga como 4.

en·ca·bri·tar·se |eŋkaβritárse| **1** ***prnl.*** Levantar el caballo las patas delanteras apoyándose en las traseras: *el caballo se encabritó y el jinete cayó al barro.* **2** *fam.* Enfadarse mucho: *le molestaron mucho sus comentarios y acabó por ~ con toda la familia.* ⇒ **cabrear, encolerizar, enfurecer.**

en·ca·de·nar |eŋkaðenár| **1** ***tr.*** [algo, a alguien] Unir o atar con cadenas: *encadenaron al oso porque era peligroso.* **2** *fig.* [a alguien] Retener a una persona o quitarle libertad de movimientos: *el cuidado de su abuela la encadena en casa.* ⇒ **atar.** **- 3** ***tr.-prnl.*** *fig.* [algo] Relacionar una cosa con otra: *has encadenado muy bien esta idea con la anterior.* ⇒ **engarzar, enlazar.**

en·ca·jar |eŋkaxár| **1** ***tr.-intr.*** [algo] Meter una cosa dentro de otra de manera que quede ajustada: *el armario está hecho a medida y encaja en el hueco que hay en la pared.* ⇒ **ensamblar.** ⇔ **desencajar.** **-2** ***tr.*** Reaccionar de una manera determinada en una situación difícil: *debes saber ~ los problemas con humor; no ha encajado bien su cambio de puesto de trabajo.* **3** Dar un golpe: *el boxeador encajó un buen golpe a su adversario.* **4** DEP. Recibir en contra, especialmente tantos o puntos: *en el último partido el equipo encajó tres tantos.* **- 5** ***intr.*** Coincidir o estar de acuerdo: *las pruebas encajan con la declaración de la testigo.* **6** Adaptarse una persona a un lugar o situación: *Susana no ha encajado del todo en su nuevo trabajo.*

en·ca·je |eŋkáxe| **1** ***m.*** Tejido transparente, lleno de agujeros que forman dibujos: *los visillos de la ventana eran de ~ de bolillos; se ha comprado una blusa de ~; el ~ hecho a mano es muy caro.* **2** Ajuste de dos piezas que cierran o se adaptan entre sí: *al montar la estantería, vimos que el ~ de las baldas era difícil.* **3** Sitio en el que ajusta una cosa: *Pedro no encontraba el ~ adecuado de la pieza del puzzle.*

en·ca·jo·nar |eŋkaxonár| **1** ***tr.-prnl.*** [algo, a alguien] Meter en un sitio demasiado pequeño o estrecho: *en ese colegio encajonan a los niños en aulas diminutas y sin ventanas al exterior; el río se encajona al pasar por la sierra.* **2** Meter o guardar en un cajón: *encajonaron los toros para llevarlos a la plaza.*

en·ca·lar |eŋkalár| ***tr.*** [algo] Cubrir con *cal una superficie: *en Andalucía se encalan las casas.* ⇒ **blanquear.**

en·ca·llar |eŋkaʎár| **1** ***tr.-intr.-prnl.*** MAR. [algo] Dejar o quedarse una embarcación en arena o piedras, quedando sin movimiento: *el pesquero encalló en un banco de corales.* ⇒ **embarrancar.** ⇔ **desencallar.** **2** *fig.* Entrar en una situación difícil; no poder vencer una dificultad: *cuando hace ese trabajo se encalla.*

en·ca·lle·cer |eŋkaʎeθér| **1** ***tr.-prnl.*** [algo] Poner dura una parte de la piel; salir *callos: *se le han encallecido las manos de tanto trabajar con la pala y el pico.* **2** *fig.* [algo, a alguien] Hacer fuerte o duro; no dejarse afectar por un sentimiento o una emoción: *las penalidades encallecieron su alma.* ☖ Se conjuga como 43.

en·ca·mar |eŋkamár| **1** ***tr.*** [algo] Tender o echar en el suelo: *al llegar el invierno, mi madre encama las alfombras.* **- 2 encamarse** ***prnl.*** Echarse o meterse en la cama por enfermedad: *lleva varios días encamado.* **3** Esconderse y encogerse las piezas de caza o echarse en los sitios donde descansan: *cuando nos vio, la liebre se encamó.* **4** Echarse o inclinarse hacia el suelo las plantas de cereal: *como ha llovido mucho, los trigos se han encamado.*

en·ca·mi·nar |eŋkaminár| **1** ***tr.-prnl.*** [algo, a alguien] Dirigir hacia un lugar determinado: *el guía nos encaminó hacia el monasterio; se encaminaron hacia el sur de la península.* ⇒ **guiar, orientar.** **2** Dirigir hacia un fin determinado: *su director le ha dado consejos para ~ correctamente su estudio.* ⇒ **encarrilar, guiar, orientar.** **3** [a alguien] Dirigir el comportamiento o la educación de una persona: *los jesuitas fueron quienes lo encaminaron.*

en·can·di·lar |eŋkandilár| **1** ***tr.*** [a alguien] Provocar admiración, generalmente con engaños: *lo encandilaron con mentiras.* ⇒ **deslumbrar.** **2** Despertar amor o admiración en una persona: *hay una chica en la oficina que lo ha encandilado.* ⇒ **enamorar.**

en·ca·ne·cer |eŋkaneθér| ***intr.-prnl.*** Salirle *canas a una persona; empezar a tener el pelo blanco: *Miguel ha encanecido a una edad muy temprana.* ☖ Se conjuga como 43.

en·ca·ni·jar |eŋkanixár| ***tr.-prnl.*** [a alguien] Poner delgado, pequeño y débil: *el niño ha padecido una enfermedad que lo ha encanijado.*

en·can·ta·⌜dor, ⌜do·ra |eŋkantaðór, ðóra| **1** ***adj.*** Que resulta agradable: *Luis Alfredo es una persona encantadora; la velada en el chalé resultó encantadora.* ⇔ **antipático, desagradable.** **- 2** ***m. f.*** Persona que hace magia: *en este cuento el protagonista es un encantador de serpientes.* ⇒ **hechicero, mago.**

en·can·ta·mien·to |eŋkantamiénto| ***m.*** Acción y resultado de *encantar o someter a la magia: *la bruja convirtió al príncipe en sapo por medio de un ~.* ⇒ **encanto.**

en·can·tar |eŋkantár| **1** ***tr.*** [a alguien] Gustar mucho: *me ha encantado la fiesta que has organizado; les encanta el carácter de tu prima.* ⇒ **cautivar, embrujar, enloquecer, entusiasmar, fascinar.** ⇔ **disgustar.** **2** [algo, a alguien] Transformar por arte de magia; someter a la magia: *la bruja encantó a todos los animales del pueblo; una hada lo ha encantado y transforma en oro todo lo que toca.* ⇒ **embrujar, hechizar.**

en·can·to |eŋkánto| **1** ***m.*** Conjunto de cualidades agradables que atraen de una persona o cosa: *no es guapa, pero tiene cierto ~; el ambiente de este lugar tiene mucho ~.* ⇒ **duende, embrujo.** ☖ Se usa como apelativo afectivo: *~, acércate a darme un beso.* **2** Acción y resultado de *encantar o someter a la magia: *el mago hizo un ~ para que el caballero fuera invencible.* ⇒ **embrujo, encantamiento, hechizo.** **- 3 encantos** ***m. pl.*** Conjunto de cualidades físicas agradables de una persona: *quedó seducido por sus encantos.*

en·ca·ño·nar |eŋkaɲonár| **1** ***tr.*** [algo, a alguien] Apuntar con una arma de fuego: *el fugitivo encañonó al carcelero y amenazó con matarlo.* **2** [algo] Hacer que el agua pase por un conducto estrecho: *han cavado la tierra para ~ el agua del manantial.*

en·ca·po·tar·se |eŋkapotárse| ***prnl.*** Cubrirse el cielo con nubes: *el cielo se ha encapotado y está muy oscuro, parece que va a caer una buena tormenta.* ⇔ **desencapotarse.**

en·ca·pri·char·se |eŋkapritʃárse| **1** ***prnl.*** [con/de algo] Desear mucho; empeñarse en conseguir una cosa: *se ha encaprichado con la cámara de fotos de Tomás.* ⇒ **antojar.** **2** [de alguien] Estar *enamorado de forma poco seria: *David se encapricha de las mujeres muy fácilmente.*

en·ca·ra·mar |eŋkaramár| **1** ***tr.-prnl.*** [algo, a alguien] Colocar en un lugar alto: *encaramó el regalo encima del armario para que nadie lo descubriera; el* *niño se encaramó al balcón para recuperar la pelota.* ⇒ **trepar. 2** *fam. fig.* [a alguien] Colocar en una situación o en un puesto alto: *con sus artimañas ha logrado encaramarse al cargo más elevado de la empresa.* ⇒ **ascender.**

en·ca·rar |eŋkarár| **1** ***tr.*** [algo] Hacer frente a un problema o situación difícil: *no es capaz de ~ las dificultades con valentía.* ⇒ **enfrentar. 2** Poner dos cosas una frente a otra: *la modista encaró las piezas de tela antes de cortarlas.* **- 3 encararse** ***prnl.*** Enfrentarse dos personas: *se encaró con el jefe y le echaron del trabajo.*

en·car·ce·la·mien·to |eŋkarθelamiénto| ***m.*** Acción y resultado de *encarcelar: *la prensa habla hoy del ~ de un estafador; el ~ del delincuente se efectuó por la mañana.*

en·car·ce·lar |eŋkarθelár| ***tr.*** [a alguien] Meter en la cárcel: *el asesino fue detenido y encarcelado.* ⇔ **excarcelar.**

en·ca·re·cer |eŋkareθér| **1** ***tr.-prnl.*** [algo] Aumentar el precio de un producto o servicio; hacer más caro: *los intermediarios encarecen los objetos de consumo; los medios de transporte se han encarecido mucho.* ⇔ **abaratar. - 2** ***tr.*** [algo; a alguien] Pedir o encargar con insistencia: *me encareció que cuidara de sus hijos.* **3** [algo, a alguien] Alabar mucho las buenas cualidades de una persona o cosa: *el comerciante encarece en exceso los productos que vende.* ☐ Se conjuga como 43.

en·ca·re·ci·mien·to |eŋkareθimiénto| **1** ***m.*** Aumento del precio de un producto o servicio: *la huelga de pescadores traerá consigo el ~ del pescado y los mariscos.* ⇔ **abaratamiento. 2** Insistencia al pedir o encargar una cosa: *me pidió con ~ que no presentara una denuncia contra ella.* **3** Acción y resultado de alabar mucho las cualidades de una persona o cosa: *estamos de acuerdo en que fue excesivo el ~ que hizo de su labor.*

en·car·ga·⌈do, ⌈da |eŋkarɣáðo, ða| ***m. f.*** Persona que se encarga de un establecimiento o negocio y que representa al dueño: *cuando el jefe está de viaje, el ~ dirige la fábrica.*

en·car·gar |eŋkarɣár| **1** ***tr.-prnl.*** [algo; a alguien] Pedir que se haga cierto trabajo o se cumpla una función: *le encargó vigilar el cuartel toda la noche; yo me encargo de hacer las compras.* **2** [algo, a alguien] Dejar o quedarse al cuidado: *me han encargado la planta tercera; encargaron la administración de la hacienda a un abogado.* **3** [algo; a alguien] Pedir que se traiga o se tenga preparada una cosa: *mi padre encargó una gran tarta para mi cumpleaños; he encargado fresas a un amigo que trabaja en una frutería.* ☐ Se conjuga como 7.

en·car·go |eŋkárɣo| **1** ***m.*** Acción y resultado de encargar o encargarse de una cosa: *me ha hecho el ~ de que cuide de su gato mientras él está ausente.* **2** Cosa que se pide a un fabricante o a un vendedor: *el tendero me dijo que aún no había llegado el ~ que había pedido.* ⇒ **pedido. 3** Cosa que se tiene que hacer: *no me puedo quedar más tiempo porque tengo que marcharme a hacer un ~.* ⇒ **recado.** ■ **como hecho de ~**, con las cualidades o condiciones adecuadas: *la tarta te ha quedado como hecha de ~.* ■ **de ~**, hecho especialmente para una persona y con un fin determinado: *los muebles de la cocina han sido fabricados de ~.*

en·ca·ri·ñar·se |eŋkariɲárse| ***prnl.*** [con algo/alguien] Tomar cariño: *se ha encariñado con una batería de cocina que ha visto en la tienda de enfrente; los niños están muy encariñados con el abuelo.*

en·car·na·ción |eŋkarnaθión| **1** ***f.*** Acción de tomar forma real, especialmente un ser espiritual, una idea u otra cosa abstracta: *los cristianos creen en la ~ del Hijo de Dios.* **2** *fig.* Representación o símbolo de una idea, de una doctrina o de otra cosa abstracta: *Lutero es la ~ de la Reforma.*

en·car·na·⌈do, ⌈da |eŋkarnáðo, ða| ***adj.-m.*** (color) Que es más o menos como el rojo: *Rosario lleva una falda de color ~; la túnica del santo es encarnada; el ~ representa la sangre.*

en·car·nar |eŋkarnár| **1** ***intr.-prnl.*** Tomar una forma real, especialmente un ser espiritual, una idea u otra cosa abstracta: *creía que en otra vida se encarnaría en un león.* **- 2** ***tr.*** *fig.* [algo] *Personificar o representar una idea o doctrina: *la figura de Lutero encarna el protestantismo.* **3** *fig.* Representar un personaje de una obra *dramática: *una famosa actriz encarna a Bernarda Alba.* **- 4 encarnarse** ***prnl.*** Introducirse una uña, al crecer, en la carne que la rodea produciendo una molestia: *ve al podólogo a que te arregle esa uña antes de que se te encarne.*

en·car·ni·za·⌈do, ⌈da |eŋkarniθáðo, ða| ***adj.*** Que es muy violento o salvaje: *la lucha entre los dos contrincantes fue encarnizada.* ⇒ **campal.**

en·car·ni·zar·se |eŋkarniθárse| **1** ***prnl.*** Hacerse más violenta o salvaje una lucha o enfrentamiento: *la pelea se fue encarnizando poco a poco.* **2** Atacar y herir con crueldad un animal a su *víctima: *los perros se encarnizaron con el ciervo.* ⇒ **ensañarse. 3** Portarse de manera cruel: *todos se encarnizaron con él y le pusieron muchas objeciones.* ⇒ **cebar, ensañarse.** ☐ Se conjuga como 4.

en·ca·rri·lar |eŋkar̄ilár| **1** ***tr.*** [algo] Colocar sobre *carriles: *tuvieron muchos problemas para ~ el tren que se había salido de la vía.* **- 2** ***tr.-prnl.*** [algo, a alguien] Dirigir hacia un fin determinado: *tuvo que trabajar mucho, pero finalmente consiguió ~ el asunto; el problema se ha ido encarrilando poco a poco.* ⇒ **encaminar, guiar, orientar.**

en·ca·si·llar |eŋkasiʎár| **1** ***tr.*** [algo] Colocar en *casillas: *su trabajo en Correos consiste en ~ las cartas.* **2** [algo, a alguien] Considerar a una persona o cosa de un modo determinado: *los directores han encasillado a esta actriz en papeles frívolos.*

en·cas·que·tar |eŋkasketár| **1** ***tr.-prnl.*** [algo] Poner bien en la cabeza un *gorro o sombrero: *se encasquetó la gorra y salió de casa corriendo.* **- 2** ***tr.*** *fam.* [algo, a alguien] Encargar o colocar una cosa molesta o pesada: *me encasquetaron a los niños y ellos se fueron de juerga.* **3** *fam.* [algo; a alguien] Dar un golpe o pegar: *como no dejes de insultarme te voy a ~ una bofetada.* **- 4 encasquetarse** ***prnl.*** *fam.*

Proponerse una cosa e intentarla con fuerza; insistir repetidamente: *se encasquetó en la idea de que quería ser bombero.* ⇒ **empeñar.**

en·cas·qui·llar·se |eŋkaskiʎárse| **1** ***prnl.*** Bloquearse o *atascarse una arma al disparar: *se le encasquilló el revólver y no pudo disparar a tiempo.* **2** No poder moverse un mecanismo: *se ha encasquillado la cerradura y no puedo abrir la puerta.* **3** *fam.* No poder hablar o pensar con facilidad o naturalidad: *cuando hables en público procura no encasquillarte.* ⇒ **atascar.**

en·cau·sar |eŋkausár| ***tr.*** [a alguien] Formar un proceso legal contra una persona: *varios altos cargos han sido encausados.*

en·cau·za·mien·to |eŋkauθamiénto| ***m.*** Acción y resultado de *encauzar o *encauzarse: *el sacerdote manifestó que su preocupación era el ~ de las almas.*

en·cau·zar |eŋkauθár| **1** ***tr.-prnl.*** [algo, a alguien] Conducir a una persona o cosa por un camino adecuado: *las monjas le ayudaron a que encauzara su vida tras su salida de la cárcel.* **2** [algo] Conducir una corriente de agua por un camino o un *cauce: *encauzaron las aguas del río para regar los campos.* ☐ Se conjuga como 4.

en·cé·fa·lo |enθéfalo| ***m.*** ANAT. Conjunto de órganos que forman el sistema nervioso de los vertebrados y que está encerrado y protegido por el *cráneo: *el ~ transmite órdenes a los músculos del cuerpo; el ~ está formado por el cerebro, el cerebelo y el bulbo raquídeo.* ⇒ **cerebro, cerebelo.**

en·ce·fa·lo·gra·ma |enθefaloγráma| ***m.*** Trazado que representa la actividad eléctrica del cerebro: *descubrieron que tenía una lesión cerebral cuando le hicieron un ~ en el hospital.* ⇒ **electroencefalograma.**

en·cen·de·⌐dor |enθendeðór| ***m.*** Aparato que sirve para encender una materia combustible: *encendió el cigarro con su ~ dorado; ¡eh!, se le ha caído el ~ al suelo.* ⇒ **mechero.**

en·cen·der |enθendér| **1** ***tr.-prnl.*** [algo] Hacer que una cosa arda; prender fuego: *encendió una cerilla; cogió el mechero y encendió un cigarrillo; no conseguíamos ~ una hoguera porque la leña estaba mojada.* **2** Hacer que pase electricidad a un aparato y que comience a funcionar: *enciende la luz, que está muy oscuro; encendimos la radio para escuchar las noticias.* ⇒ **conectar. 3** *fig.* Provocar un acto violento: *la envidia encendió las disputas entre las dos familias; se encendió la guerra por motivos económicos.* **4** *fig.* Provocar o hacer más intenso un sentimiento o una pasión: *aquella mirada encendió su amor; se encendió el odio.* **- 5 encenderse** ***prnl.*** Ponerse roja la cara de una persona: *tenía tanta vergüenza que se encendió.* ☐ Se conjuga como 28.

en·cen·di·⌐do, ⌐da |enθendíðo, ða| **1** ***adj.*** Que tiene un color rojo fuerte: *su rostro ~ mostraba la ira que sentía.* ☐ Es el participio de *encender.* **- 2 encendido** ***m.*** MEC. Conjunto de mecanismos que producen la *chispa en los motores de *explosión: *el coche no arranca y creo que es por una avería en el ~.*

en·ce·ra·do |enθeráðo| **1** ***m.*** Acción y resultado de *encerar: *ella es la encargada del ~ de los suelos del hospital.* **2** Superficie de forma rectangular, negra o de otro color, que se usa para escribir con *tiza y que permite borrar lo escrito en ella con facilidad: *el profesor escribió el nombre del libro en el ~; coge una tiza y escribe el apellido en el ~.* ⇒ **pizarra.**

en·ce·rar |enθerár| ***tr.*** [algo] Cubrir el suelo con cera: *ten cuidado y no te resbales, que acaban de ~ los suelos.*

en·ce·rrar |enθeřár| **1** ***tr.-prnl.*** [algo, a alguien] Meter en un lugar de donde no se puede salir o sacar sin los medios necesarios: *el niño se encerró en su habitación; los tigres están encerrados en una jaula; el director encerró los documentos en la caja fuerte.* **- 2** ***tr.*** [algo] Contener; llevar dentro: *la pregunta encierra un misterio; esta novela encierra varias interpretaciones.* **3** Poner palabras dentro de ciertos signos *ortográficos para separarlas de las demás en un escrito: *las aclaraciones se encierran entre paréntesis.* **4** [algo, a alguien] Quitar o *eliminar los medios que puede usar otra persona para conseguir un fin: *me rendí porque tenía todas las fichas encerradas.* **- 5 encerrarse** ***prnl.*** Apartarse del mundo entrando en una orden religiosa: *desde muy joven se encerró en una orden de monjas de clausura.* **6** Ocupar un edificio público como acto de protesta: *los estudiantes se encerraron en el rectorado para exigir un cambio en los planes de estudio.* ☐ Se conjuga como 27.

en·ce·rro·na |enθeřóna| ***f.*** Situación en la que se coloca a una persona para obligarla a obrar de una manera determinada: *le prepararon una ~ y no pudo negarse a hacer lo que le exigían.* ⇒ **trampa.**

en·ces·tar |enθestár| ***tr.*** [algo] Meter la pelota en la *canasta, en el juego del *baloncesto: *el jugador no tuvo oportunidad de ~ el balón.*

en·char·car |entʃarkár| **1** ***tr.-prnl.*** [algo] Cubrir de agua una parte del terreno: *la lluvia encharcó la calle; ha estado limpiando el coche con una manguera y ha encharcado el patio.* **2** Llenarse de sangre u otro líquido un órgano del cuerpo: *la causa de la muerte fue que se le encharcaron los pulmones.* ☐ Se conjuga como 1.

en·chu·far |entʃufár| **1** ***tr.*** [algo] Hacer que pase electricidad de la red a un aparato, ajustando dos piezas preparadas para ello: *enchufa el ordenador; fui a ~ el televisor y me dio calambre.* ⇔ **desenchufar. - 2** ***tr.-intr.*** Unir dos tubos ajustando el extremo de uno en el de otro: *la manga de riego no enchufa.* **- 3** ***tr.-prnl.*** *fam. desp. fig.* [a alguien] Colocar en un cargo o destino a una persona como favor personal: *como es el director de la empresa, ha enchufado a su hijo en un puesto muy bueno.*

en·chu·fe |entʃúfe| **1** ***m.*** Pieza de material aislante con dos o tres salientes metálicos que sirve para enchufar un aparato a la red eléctrica: *ten cuidado y coge el ~ por la parte de fuera, no te vaya a dar calambre.* ⇒ **clavija.** ☐ Se denomina también ~ *macho.* **2** Pieza de material aislante con dos o tres agujeros y unida a la red eléctrica, que sirve para hacer pasar la electricidad: *busca un ~ y conecta la aspiradora.* ☖ Se denomina también ~ *hembra.* **3** Conjunto formado por dos piezas que se ajustan y que sirve para hacer pasar la electricidad de la red a un aparato eléctrico: *revisa el ~ porque este ordenador no se enciende.* **4** *fam. desp. fig.* Relación entre dos personas, de la que se sirve una de ellas para conseguir un favor, especialmente en el trabajo: *tenía ~ con el director del hotel y consiguió el puesto; todos sus éxitos se deben a un ~.* **5** *fam. fig.* Simpatía o trato especial: *mi hijo cree que tengo ~ con su hermana pequeña.*

en·cí·a |enθía| ***f.*** Carne que cubre las *mandíbulas y protege la raíz de los dientes: *el dentista le ha sacado una muela, por eso le sangra la ~.*

en·cí·cli·ca |enθíklika| ***f.*** REL. Carta que el Papa dirige a los *obispos y fieles sobre un tema relacionado con la religión: *el Papa dirigirá a los obispos una ~ sobre los valores familiares.*

en·ci·clo·pe·dia |enθiklopédia| ***f.*** Obra que recoge y ordena una gran cantidad de conocimientos sobre una o sobre muchas materias: *en la estantería del salón hay una ~ de historia de España; consultó la ~ para saber el año del nacimiento de aquel poeta.* ⇒ **diccionario.**

en·cie·rro |enθiéro| **1** ***m.*** Acción y resultado de encerrar o encerrarse en un lugar determinado: *los trabajadores decidieron hacer un ~ en la fábrica para mostrar su desacuerdo con la patronal.* **2** Lugar en que se realiza esa acción: *el preso logró escapar de su ~.* **3** Fiesta popular que consiste en conducir los toros a la plaza antes de la corrida: *hubo varios heridos en el último ~.*

en·ci·ma |enθíma| **1** ***adv. l.*** En un lugar superior o más alto: *¿ves esa estrella que tenemos justo ~?* ⇔ **debajo.** **2** Consigo; sobre la propia persona: *ahora no llevo dinero ~; se echó ~ toda la responsabilidad.* **- 3** ***adv.*** *fam.* Además; por si fuera poco: *le dolía el estómago y ~ se comió un plato de judías con chorizo.* ■ **~ de,** indica una posición superior o alta, en cuanto a otra cosa: *las antenas se ponen ~ de las casas; si no cabe todo en el maletero, tendremos que poner algo ~ del coche; el florero está ~ de la mesa.* ☖ No se debe decir ~ *mía,* ~ *nuestro* por ~ *de mí/de nosotros.* ■ **por ~,** de modo superficial: *me he leído el libro por ~ porque no he tenido tiempo libre.*

en·ci·na |enθína| **1** ***f.*** Árbol de tronco fuerte y grueso, copa grande y redonda, con las hojas duras y permanentes, y cuyo fruto es la *bellota: *en España hay muchas encinas.* **2** Madera de ese árbol: *esas sillas son de ~; de la ~ se hace carbón.*

en·ci·nar |enθinár| ***m.*** Lugar donde crecen muchas *encinas: *estuvieron descansando en aquel ~.*

en·cin·ta |enθínta| ***adj.*** (mujer) Que está embarazada: *Sandra está ~ de cinco meses; se casó porque se había quedado ~.*

en·ci·za·ñar |enθiθaɲár| ***tr.-prnl.*** [algo, a alguien] Estropear un ambiente o una relación: *Saturnino les encizañó y ahora se odian a muerte.* ⇒ **enemistar, malmeter.**

en·claus·trar |eŋklaustrár| **1** ***tr.-prnl.*** [a alguien] Meter o entrar en un *convento: *sus padres la enclaustraron porque decía que quería ser monja.* **2** Encerrar en un lugar: *se ha enclaustrado en su habitación porque dice que quiere estar solo.*

en·cla·var·se |eŋklaβárse| ***prnl.*** Estar situado en un lugar: *el monasterio se enclava en uno de los rincones más bellos de la provincia.* ⇒ **ubicar.**

en·cla·ve |eŋkláβe| ***m.*** Lugar o territorio situado dentro de otro mayor o diferente: *los visigodos tuvieron varios enclaves en la Península Ibérica.*

en·clen·que |eŋklénke| ***adj.-com.*** Que es muy débil; que está muy delgado o tiene poca salud: *ha construido una estantería muy ~, no va a durar mucho tiempo; Luisa es tan ~ que no puede levantar la maleta del suelo.* ⇒ **endeble.**

en·clí·ti·⌜co, ⌜ca |eŋklítiko, ka| ***adj.-m.*** LING. (palabra) Que, por no tener acento propio, se apoya en la palabra anterior y forma un todo con ella: *los pronombres átonos son enclíticos del verbo, como en* aconséjame, lleváoslos. ⇔ **proclítico.**

en·co·frar |eŋkofrár| **1** ***intr.*** Preparar una estructura para echar dentro *hormigón, hasta que quede sólido: *están encofrando en las zanjas para poner los cimientos.* **2** MIN. Preparar una estructura para sujetar las paredes de una *mina: *encofraron con mucho cuidado, pues la galería era muy peligrosa.*

en·co·ger |eŋkoxér| **1** ***intr.*** Disminuir o hacer disminuir el tamaño: *este pantalón ha encogido por lavarlo con agua caliente.* ⇒ **empequeñecer, menguar.** ⇔ **estirar.** **- 2** ***tr.-prnl.*** [algo] Contraer o doblar el cuerpo o una parte de él: *al sentarse encogió las piernas para dejar pasar a los demás.* **3** *fig.* Causar o tener miedo; asustar: *se le encogió el corazón cuando se enteró de la mala noticia; sé valiente y no te encojas ante los demás.* ⇒ **acobardar, acojonar, acoquinar, atemorizar.** ☖ Se conjuga como 5.

en·co·lar |eŋkolár| ***tr.*** [algo] Pegar con cola: *el carpintero ha encolado las patas del taburete.* ⇔ **desencolar.**

en·co·le·ri·zar |eŋkoleriθár| ***tr.-prnl.*** [a alguien] Enfadar mucho: *sus mentiras me encolerizan; se encolerizó cuando se dio cuenta de que le habían tomado el pelo.* ⇒ **cabrear, encabritarse, enfurecer.** ☖ Se conjuga como 4.

en·co·men·dar |eŋkomendár| **1** ***tr.*** [algo; a alguien] Mandar hacer una cosa u obrar de un modo determinado: *el rey le encomendó una importante misión.* **-2** ***tr.-prnl.*** [algo, a alguien] Entregar o poner al cuidado de otro una persona o cosa: *me han encomendado el cuidado del bebé; hizo lo que le pareció sin encomendarse a nadie.* ☖ Se conjuga como 27.

en·co·miar |eŋkomiár| ***tr.*** *form.* [algo, a alguien] Alabar una cualidad: *continuamente está encomiando las buenas cualidades de su amiga.* ⇒ **elogiar, enaltecer, ensalzar, sublimar.** ☖ Se conjuga como 12.

en·co·mien·da |eŋkomiénda| **1** ***f.*** Encargo de una cosa: *he recibido la ~ de proteger este lugar.* **2** Lugar o territorio *encomendado a una persona con un fin determinado: *el rey le concedió una ~ en el sur de América.*

en·co·mio |eŋkómio| *m. form.* Expresión o discurso con que se alaba: *su campaña de ayuda a los pobres es digna de* ~. ⇒ **alabanza, elogio.** ⇔ **crítica.**

en·co·nar |eŋkonár| **1** *tr.-prnl. form.* [algo, a alguien] Hacer más violenta una lucha o enfrentamiento: *la decisión del jurado enconó los ánimos de los participantes.* **2** [algo] Hacer más tenso: *la situación se fue enconando con la discusión.*

en·co·no |eŋkóno| *m. form.* Rencor u odio contra una persona: *dio claras muestras de su* ~ *hacia nosotros.* ⇒ **enemistad.**

en·con·trar |eŋkontrár| **1** *tr.* [algo, a alguien] Ver o descubrir lo que se buscaba: *encontraron al niño que se había perdido en los grandes almacenes; no encuentro las llaves del coche.* ⇒ **hallar.** ⇔ **buscar, extraviar. - 2** *tr.-prnl.* [algo, a alguien] Ver a una persona, animal o cosa por azar, sin buscarlo: *encontraron un obstáculo en su camino; nos hemos encontrado con tus padres; el amor se encuentra donde menos se espera.* ⇒ **hallar. - 3** *tr.* [algo] Averiguar; llegar a conocer o comprender: *no encuentro solución a mis problemas; no encuentro la intención de sus palabras.* **4** [algo, a alguien] Notar una cualidad o circunstancia con los sentidos o con la mente: *le he encontrado un sabor un poco rancio; te he encontrado muy cambiado.* **- 5 encontrarse** *prnl.* Estar de cierta manera: *no me encuentro bien, así que me voy a acostar; se encuentra muy solo en aquella ciudad.* **6** Estar juntos en un mismo lugar; coincidir: *se encontraron en el teatro; en este libro se encuentran textos de diversos autores.* **7** Tener o mostrar opiniones contrarias; discutir: *las dos alas del partido acabaron encontrándose a la hora de elegir al presidente.* ☐ Se conjuga como 31.

en·con·tro·na·zo |eŋkontronáθo| *m.* Golpe o encuentro violento: *los jugadores tuvieron un* ~ *y uno de ellos se rompió un hueso; al entrar a la tienda tuve un* ~ *con el vendedor.* ⇒ **choque.**

en·cor·var |eŋkorβár| *tr.-prnl.* [algo] Tomar o hacer tomar una forma curva: *es tan alto que tiende a* ~ *la espalda; el bolígrafo se ha encorvado a causa del calor.*

en·cru·ci·ja·da |eŋkruθixáða| **1** *f.* Lugar en el que se cruzan dos o más calles o caminos: *van a edificar una torre en la* ~ *principal del pueblo.* **2** Situación de la que es difícil salir porque ofrece dos o más soluciones: *estamos en una* ~ *de la que tenemos que salir tomando una rápida decisión.* ⇒ **dilema.**

en·cua·der·na·ción |eŋkuaðernaθión| *f.* Acción y resultado de *encuadernar: *trabaja en un taller dedicado a la* ~ *de diccionarios.*

en·cua·der·nar |eŋkuaðernár| *tr.* [algo] Coser o pegar las hojas que forman un libro y ponerles tapas: *han encuadernado mal esta novela, y se le caen las hojas.* ⇔ **descuadernar, desencuadernar.**

en·cua·drar |eŋkuaðrár| **1** *tr.* [algo] Poner en un marco o cuadro: *quiero* ~ *esta lámina para ponerla en la pared del salón.* ⇒ **enmarcar. 2** *tr.-prnl.* [algo, a alguien] Situar en un lugar, un periodo o una posición determinados: *la obra del escultor se encuadra en la segunda mitad del siglo* XVIII; *la obra de Clarín se encuadra en el realismo.* ⇒ **enmarcar.**

en·cu·bri·⌐dor, ⌐do·ra |eŋkuβriðór, ðóra| *adj.-s.* (persona) Que oculta o ayuda a una persona que ha *cometido un *delito para que no sea descubierta: *la policía tenía pruebas contra el delincuente y contra sus encubridores.*

en·cu·brir |eŋkuβrír| **1** *tr.* [algo] Ocultar la verdad: *encubrió todo lo que hizo para que no lo echaran del trabajo.* ⇒ **celar, enmascarar. 2** [a alguien] Ocultar o ayudar a una persona que ha *cometido un *delito para que no sea descubierta: *será encarcelada por haber encubierto al criminal.* ⇔ **delatar.** ☐ El participio es *encubierto.*

en·cuen·tro |eŋkuéntro| **1** *m.* Reunión o coincidencia en un mismo lugar: *decidieron que el primer* ~ *tuviera lugar en la ciudad.* **2** Competición deportiva en la que se enfrentan dos equipos o dos jugadores: *han retransmitido por televisión un* ~ *de baloncesto.* ⇒ **partido.**

en·cues·ta |eŋkuésta| **1** *f.* Método de recoger información que consiste en hacer preguntas a un número determinado de personas sobre un asunto determinado: *he participado en una* ~ *sobre los medios de transporte público; los resultados de la* ~ *han sido los que esperaba.* ⇒ **sondeo. 2** Papel o impreso donde se recogen esas preguntas: *me han pedido que rellene esta* ~. ⇒ **cuestionario.**

en·cues·tar |eŋkuestár| *tr.* [a alguien] Hacer preguntas para una *encuesta: *han encuestado a personas de la tercera edad para conocer sus preferencias.*

en·cum·brar |eŋkumbrár| **1** *tr.-prnl. form.* [a alguien] Colocar en una posición o puesto alto: *sus méritos personales lo encumbraron al puesto más elevado de la empresa.* ⇒ **ascender. 2** *form.* Dar mayor valor, grandeza u honor: *continuamente encumbra a todas sus amistades.* ⇒ **enaltecer, engrandecer, ensalzar.**

en·de·ble |endéβle| *adj.* Que es muy débil; que tiene poca fuerza: *Sara siempre ha sido una chica muy* ~ *y delicada de salud; esta repisa es muy* ~, *no pongas muchos libros sobre ella.* ⇒ **enclenque, flojo.** ⇔ **fuerte.**

en·de·ca·sí·la·⌐bo, ⌐ba |endekasílaβo, βa| *adj.-m.* POÉT. (verso) Que tiene once sílabas: *el verso* polvo serán, mas polvo enamorado *es un bellísimo* ~.

en·dé·mi·⌐co, ⌐ca |endémiko, ka| **1** *adj. form. fig.* (acto o hecho) Que se repite frecuentemente: *la escasez de transporte era un problema* ~ *en aquella época.* **2** (enfermedad) Que afecta habitualmente a una región o país: *el cólera es* ~ *en la India.* **3** (especie animal o vegetal) Que sólo vive en una región determinada: *muchas plantas son especies endémicas de las Islas Canarias.*

en·de·re·zar |endereθár| **1** *tr.-prnl.* [algo] Poner derecho lo que está torcido o inclinado: *el árbol de Navidad estaba torcido y lo hemos enderezado; endereza un poco ese cuadro.* **2** Arreglar una cosa o una situación: *no pudieron* ~ *el negocio y se arrui-*

naron. **- 3** ***tr.*** [a alguien] Arreglar o corregir el comportamiento de una persona: *su padre se encargará de enderezarla.* ☖ Se conjuga como 4.

en·deu·dar |endeuðár| ***tr.-prnl.*** [a alguien] Contraer o llenarse de deudas: *se ha comprado una mansión y ha endeudado a toda su familia; su gusto por el juego lo llevó a endeudarse.* ⇒ **empeñar.**

en·di·bia |endíβia| ***f.*** Hortaliza con las hojas lisas y amarillas, unidas por la base: *sólo se comen las hojas más tiernas y pálidas del centro de la ~; la ~ es un tipo de escarola.*

en·dil·gar |endilɣár| **1** ***tr.*** *fam.* [algo; a alguien] Hacer aguantar una cosa o situación molesta o desagradable: *nos endilgaron un concierto de cuatro horas que no había quien lo aguantara.* ⇒ **endiñar.** **2** *fam.* Atribuir o proporcionar una cosa mala sin merecerlo: *le endilgaron fama de sinvergüenza y se ha quedado con ella.* ☖ Se conjuga como 7.

en·di·ñar |endiɲár| **1** ***tr.*** *fam.* [algo; a alguien] Dar un golpe: *le endiñó un buen golpe en la cabeza con la garrota.* ⇒ **atizar, sacudir.** **2** Hacer aguantar una cosa o situación molesta o desagradable: *le endiñaron todo el trabajo y ellos se fueron al cine.* ⇒ **endilgar.**

en·do·cri·⌐no, ⌐na |endokríno, na| **1** ***adj.*** BIOL. (*glándula) Que produce sustancias que van a parar directamente a la sangre: *el tiroides es una glándula endocrina; la diabetes es una enfermedad que se origina por un mal funcionamiento del sistema ~.* **2** BIOL. De las sustancias que van a parar directamente a la sangre o que tiene relación con ellas: *según el especialista, su vértigo es de origen ~.* **- 3** ***m. f.*** BIOL. Persona que se dedica a la *endocrinología: *es diabética y debe visitar periódicamente al ~.*

en·do·cri·no·lo·gí·a |endokrinoloxía| ***f.*** MED. Disciplina que estudia las funciones y las alteraciones de las *glándulas *endocrinas: *busca en el tratado de ~ el capítulo sobre la glándula tiroides.*

en·do·sar |endosár| **1** ***tr.*** *fam.* [algo; a alguien] Trasladar a una persona un trabajo o cosa que resulta pesada o poco agradable: *como odia hacer la limpieza de la casa, me la ha endosado a mí.* **2** Trasladar un documento de *crédito a favor de una persona: *le endosaron un cheque poniendo su nombre en el dorso; como no me han pagado en efectivo, me endosarán unas letras de cambio.*

en·dul·zar |endulθár| **1** ***tr.*** [algo] Poner dulce: *el pastelero ha endulzado las rosquillas y las ha colocado en la bandeja; endulza la leche con miel.* ⇒ **azucarar, dulcificar, edulcorar.** **- 2** ***tr.-prnl.*** *fig.* Hacer agradable una situación difícil o penosa: *se tomó unos días de vacaciones para ~ sus penas.* ⇒ **aligerar, aliviar, dulcificar, edulcorar.** ☖ Se conjuga como 4.

en·du·re·cer |endureθér| **1** ***tr.-prnl.*** [algo] Poner duro o más duro: *este pan no se puede comer, se ha endurecido.* ⇔ **ablandar, enternecer, reblandecer.** **2** *fig.* [a alguien] Hacer más resistente física y mentalmente: *las penalidades por las que ha pasado lo han endurecido.* ⇔ **reblandecer.** ☖ Se conjuga como 43.

e·ne |éne| ***f.*** Nombre de la letra *n*: *la palabra empezar no se escribe con ~, sino con eme.*

e·ne·a |enéa| ***f.*** Planta de tallos altos y cilíndricos, cuyas hojas se usan generalmente para tejer asientos de sillas: *las sillas del comedor son de ~.* ⇒ **anea, espadaña.**

e·ne·a·sí·la·⌐bo, ⌐ba |eneasílaβo, βa| ***adj.-m.*** POÉT. (verso) Que tiene nueve sílabas: *este poema está escrito en eneasílabos.*

e·ne·bro |enéβro| **1** ***m.*** Arbusto de tronco ramoso, copa espesa, con las hojas espinosas y con el fruto de forma esférica y de color negro o azul: *el ~ es muy abundante en España; la ginebra se hace con las bayas del ~.* **2** Madera roja, fuerte y olorosa, de ese arbusto: *buscó la silla de ~.*

e·ne·ma |enéma| **1** ***m.*** Introducción de líquido en el recto a través del ano: *el ~ sirve para ayudar a expulsar los excrementos.* **2** Líquido que se introduce en el recto a través del ano: *el médico puso un ~ al enfermo para curarlo.* ⇒ **lavativa.** ☖ No se debe confundir con *edema.*

e·ne·mi·⌐go, ⌐ga |enemíɣo, ɣa| **1** ***adj.*** Que se opone o es contrario: *la empresa enemiga tenía más ventas que la nuestra.* **- 2** ***m. f.*** Persona que odia a otro y le desea o le hace mal: *mi padre fue un hombre bueno que no tenía enemigos.* ⇔ **amigo.** **3** Persona que está en contra o no gusta de alguna cosa: *Juan es ~ de la música moderna; los delincuentes son enemigos de la ley.* **4** Persona o grupo de personas contra el que se lucha por algo: *el ejército emprendió un ataque sorpresa contra el ~.*

e·ne·mis·tad |enemistáᵈ| ***f.*** Falta de amor; odio entre dos o más personas: *entre Marta e Isabel ha crecido una gran ~.* ⇒ **cizaña, encono.** ⇔ **amistad, aprecio.**

e·ne·mis·tar |enemistár| ***tr.-prnl.*** [a alguien] Perder o hacer perder una buena relación: *Juan y Manuel se han enemistado por una tontería sin importancia; las dos familias llevan muchos años enemistadas.* ⇒ **encizañar.**

e·ner·gé·ti·⌐co, ⌐ca |enerxétiko, ka| ***adj.*** De la energía física o que tiene relación con ella: *los alimentos pueden perder con el tiempo su valor ~.*

e·ner·gí·a |enerxía| **1** ***f.*** Capacidad que tiene un cuerpo para producir trabajo: *la ~ no se crea ni se destruye, sino que se transforma.* **2** Capacidad que tiene una persona para obrar: *se puso a trabajar con muchas energías.* **3** Fuerza o ánimo: *afrontó las dificultades con voluntad y ~.*

e·nér·gi·⌐co, ⌐ca |enérxiko, ka| **1** ***adj.*** Que tiene energía y obra de manera decidida: *no me atrevo a contradecirle porque tiene un carácter muy ~; es una chica enérgica y activa.* ⇒ **activo.** **2** Que es firme: *el gobierno tomará medidas enérgicas para evitar la huelga.* **3** Que produce un efecto muy fuerte o intenso: *este detergente es muy ~ contra las manchas.*

e·ner·gú·me·⌐no, ⌐na |eneɾɣúmeno, na| **1** ***m. f.*** Persona muy violenta: *los seguidores del equipo de baloncesto se comportaron como energúmenos.* ⇒ **burro, salvaje.** **2** Persona que se enfada con facilidad: *no le pidas aumento de sueldo, que es una energúmena.*

e·ne·ro |enéro| ***m.*** Primer mes del año: *el mes de ~ tiene 31 días; después de diciembre viene ~.*

e·ner·var |enerβár| **1 *tr.-prnl.*** *form.* [algo, a alguien] Quitar la fuerza y la energía; hacer débil: *algunas drogas enervan al que las toma.* **2** Poner nervioso: *tu actitud de desprecio me enerva.* ⌂ Esta acepción procede del francés.

e·né·si·⌈mo, ⌈ma |enésimo, ma| ***adj.*** Que se repite un número de veces que no está determinado: *es la enésima vez que te doy mi número de teléfono y siempre lo pierdes.*

en·fa·dar |enfaðár| **1 *tr.-prnl.*** [a alguien] Causar disgusto o enfado: *deja de molestar o acabarás enfadándome; se ha enfadado, pero espero que se le pase pronto.* ⇒ **disgustar, enfermar, enfurecer, enojar.** - **2 enfadarse *prnl.*** Perder una persona una buena relación con otra: *se enfadaron hace mucho y aún no se hablan.*

en·fa·do |enfáðo| ***m.*** Disgusto o molestia: *¿se puede saber a qué se debe este ~?; tus palabras le han producido un gran ~.* ⇒ **enojo.**

en·fan·gar |enfaŋgár| **1 *tr.-prnl.*** [algo] Cubrir de barro: *ha llovido mucho y se ha enfangado todo el suelo.* **-2 enfangarse *prnl.*** Meter o empezar a participar en un asunto mal considerado: *por ese poco dinero no merece la pena que te enfangues.* ⌂ Se conjuga como 7.

én·fa·sis |énfasis| **1 *amb.*** Fuerza, en la expresión o en la *entonación, con la que se quiere destacar la importancia de lo que se dice o se lee: *tienes que poner ~ en esa frase, es la más importante de todas.* - **2 *m.*** Exageración en la expresión, en el tono de voz o en el gesto: *no me gusta ese actor, es muy exagerado, pone demasiado ~ cuando habla.* ⌂ El plural es *énfasis.*

en·fá·ti·⌈co, ca |enfátiko, ka| **1 *adj.*** Que tiene o se expresa con *énfasis: *pronunció su discurso con un tono ~.* **2** Que no tiene naturalidad: *es una persona cursi y de modales enfáticos.*

en·fa·ti·zar |enfatiθár| ***tr.*** [algo] Destacar o dar importancia; dar *énfasis: *enfatizó los esfuerzos que estaban realizando; le recomendaron que enfatizara la parte final de su discurso.* ⇒ **realzar.** ⌂ Se conjuga como 4.

en·fer·mar |enfermár| **1 *intr.-prnl.*** Caer o ponerse enfermo: *enfermó a causa del exceso de trabajo; el gato ha enfermado y lo hemos llevado al veterinario.* ⇔ **sanar.** - **2 *tr.*** [a alguien] Causar disgusto o molestia: *tienes una manera de pensar que me enferma.* ⇒ **disgustar, enfadar, enojar.**

en·fer·me·dad |enfermeðáᵈ| **1 *f.*** Alteración más o menos grave de la salud de un organismo: *la anciana tenía muchas enfermedades; utilizaron un insecticida para tratar la ~ de los árboles;* **~ carencial**, la que se produce por falta de *vitaminas o minerales en la alimentación: *las enfermedades carenciales producen anemia;* **~ profesional**, la que tiene como causa un determinado trabajo: *las personas que tienen oficios peligrosos tienen un seguro por ~ profesional.* **2** Daño, mal; alteración del orden: *la envidia que sentía se convirtió en una ~.*

en·fer·me·rí·a |enfermería| ***f.*** Lugar donde se presta atención a las personas enfermas o heridas: *el torero fue cogido por el toro y lo llevaron rápidamente a la ~; el niño se ha caído del columpio y lo llevamos a la ~.*

en·fer·me·⌈ro, ⌈ra |enferméro, ra| ***m. f.*** Persona que se dedica a cuidar enfermos y heridos y que ayuda al médico en su trabajo: *las enfermeras se pusieron los guantes y la mascarilla; el ~ ayudó al enfermo a incorporarse.*

en·fer·⌈mo, ⌈ma |enférmo, ma| **1 *adj.-s.*** (persona) Que sufre o padece una enfermedad: *se ha puesto ~ y no podrá trabajar durante una semana; han ido a visitar a la enferma.* ⇒ **pachucho. 2** (persona) Que ha perdido el equilibrio mental: *es un ~: no hace más que pensar en cochinadas.*

en·fer·vo·ri·zar |enferβoriθár| **1 *tr.-prnl.*** [a alguien] Comunicar ánimo o entusiasmo: *el discurso del general enfervorizó a las tropas.* ⇒ **enardecer. 2** Comunicar *fervor o un sentimiento de pasión religiosa: *el sermón del cura enfervorizó a los fieles.* ⌂ Se conjuga como 4.

en·fi·lar |enfilár| **1 *tr.*** [algo] Comenzar a recorrer un camino; tomar una dirección: *el coche enfiló la carretera.* **2** Dirigir la vista en una línea imaginaria formada por dos o más puntos: *cuando enfiles bien el punto de mira de la pistola y la diana, dispara.* **3** *fam.* [a alguien] Seguir o vigilar de cerca a una persona para castigarla en cuanto *cometa un error: *el jefe del departamento me ha enfilado y no me deja en paz.* - **4 *intr.-prnl.*** Dirigirse hacia un punto determinado: *daremos un rodeo para pasar por Torrelaguna, pero luego enfilaremos hacia Burgos.* - **5 *tr.*** *fig.* [algo] Dirigir un asunto: *tengo muy claro cómo ~ mi negocio.*

en·fo·car |enfokár| **1 *tr.*** [algo] Hacer que una imagen se vea con claridad: *enfoca la imagen, que se ve borrosa.* ⇔ **desenfocar. 2** Dirigir un *foco de luz o una cámara hacia un lugar: *el guarda enfocó la linterna hacia los matorrales del camino; enfocaron la cámara al centro del escenario.* **3** *fig.* Considerar de una manera determinada: *el defecto que tiene este libro es que el tema ha sido mal enfocado.* ⌂ Se conjuga como 1.

en·fo·que |enfóke| **1 *m.*** Acción y resultado de *enfocar: *asegúrate de que el ~ está bien hecho antes de hacer la foto.* **2** *fig.* Consideración de una cosa de una manera determinada: *ha hecho un ~ del asunto que favorece sus intereses.*

en·fos·car |enfoskár| **1 *tr.*** [algo] Cubrir la superficie de un muro con una mezcla de *cemento, arena y agua: *los albañiles han enfoscado la fachada del viejo edificio.* ⇒ **enlucir. 2** Tapar los agujeros con una mezcla de *cemento, arena y agua: *enfosqué los huecos de la tapia.* - **3 enfoscarse *prnl.*** Enfadarse arrugando la frente y juntando las *cejas: *no te enfosques y sigue andando.* **4** Cubrirse el cielo con nubes que anuncian tormenta: *el cielo se ha enfoscado.* ⇒ **encapotarse.** ⌂ Se conjuga como 1.

en·fras·car·se |enfraskárse| ***prnl.*** Interesarse por una cosa y dedicarse a ella por entero: *cuando se enfrasca en la lectura no se le puede molestar.* ⇒ **concentrar, ensimismarse.** ⌂ Se conjuga como 1.

en·fren·ta·mien·to |enfrentamiénto| ***m.*** Lucha; *oposición: *el ~ de los dos equipos acabó en empate.*

en·fren·tar |enfrentár| **1** ***tr.-prnl.*** [a alguien] Hacer que dos o más personas pierdan sus buenas relaciones: *una cuestión de dinero enfrentó a las dos familias; se ha enfrentado a su jefe y éste le ha despedido.* **2** [algo, a alguien; con algo/alguien] Poner una persona o cosa frente a otra: *enfrentó un espejo con otro.* **- 3 enfrentarse** ***prnl.*** [a alguien] Oponerse dos o más personas: *los caballeros se enfrentaron a sus rivales con valentía.* **4** [a algo] Hacer frente a un problema o a una situación difícil: *es un cobarde y teme enfrentarse a sus problemas familiares.* ⇒ **encarar.**

en·fren·te |enfrénte| ***adv. l.*** Delante; frente a: *la farmacia está ~ de la oficina de Correos; María está ~ de la ventana.*

en·fria·mien·to |enfriamiénto| **1** ***m.*** Hecho de poner una cosa fría o más fría: *el ~ de los alimentos se consigue en unas cámaras especiales.* **2** *fig.* Acción y resultado de disminuir la fuerza o la intensidad: *el ~ de la economía tiene preocupado al empresario; el atentado tuvo como consecuencia un ~ de las relaciones diplomáticas.* **3** Enfermedad en la que se hincha el tejido interior de la nariz y la garganta a causa del frío: *salió a la calle sin abrigo en pleno invierno y cogió un ~.* ⇒ **catarro, constipado.**

en·friar |enfriár| **1** ***tr.-intr.-prnl.*** [algo] Poner o hacer poner frío o más frío; hacer bajar la temperatura: *el frigorífico enfría las bebidas de su interior; la sopa ya se ha enfriado.* ⇒ **refrigerar.** ⇔ **calentar. - 2** ***tr.-prnl.*** Disminuir la fuerza de un sentimiento: *la distancia ha enfriado nuestra amistad.* ⇔ **calentar. - 3 enfriarse** ***prnl.*** Contraer una enfermedad de la garganta, de la nariz y de los pulmones a causa del frío o de los cambios rápidos de temperatura: *si no te abrigas bien, te vas a ~.* ⇒ **acatarrarse, constiparse, resfriarse. 4** Reducirse el rendimiento de una persona o grupo de personas en un trabajo: *cuando cesó de su cargo, la actividad del grupo se enfrió mucho.* ☖ Se conjuga como 13.

en·fun·dar |enfundár| **1** ***tr.*** [algo] Meter dentro de una *funda: *después de disparar, el pistolero enfundó la pistola.* ⇔ **desenfundar. - 2 enfundarse** ***prnl.*** [algo] Ponerse una prenda de abrigo: *se enfundó la chaqueta y salió rápidamente a la calle.*

en·fu·re·cer |enfureθér| ***tr.-prnl.*** [a alguien] Enfadar mucho: *sus comentarios me enfurecen cada vez más; se enfureció cuando supo que se había gastado todo su dinero.* ⇒ **cabrear, encabritarse, encolerizar.** ☖ Se conjuga como 43.

en·fu·rru·ñar·se |enfur̄uɲárse| ***prnl.*** *fam.* Enfadarse o sentirse molesto: *no le hagas caso, se enfurruña por cualquier cosa; se ha enfurruñado porque no lo has felicitado por su cumpleaños.*

en·ga·la·nar |eŋgalanár| ***tr.-prnl.*** [algo] Adornar o poner elegante: *engalanaron los balcones del barrio con cintas de colores.* ⇒ **acicalar, emperifollar.**

en·gan·char |eŋgantʃár| **1** ***tr.-prnl.*** [algo, a alguien] Sujetar, unir o colgar con un gancho o con otra cosa parecida: *enganchó los vagones a la locomotora; se me ha enganchado la chaqueta con un clavo de la mesa; enganchó una buena trucha en la poza del río.* ⇔ **desenganchar. - 2** ***tr.-intr.*** Sujetar los animales a un vehículo para que tiren de él: *el campesino enganchó las mulas al carro.* **- 3** ***tr.*** *fam. fig.* [algo, a alguien] Atraer con arte; conseguir un afecto o ganar una voluntad: *parece que su novia lo ha enganchado bien.* **- 4 engancharse** ***prnl.*** *fam.* Llegar a tener una dependencia muy grande o una necesidad: *se ha enganchado a las drogas.*

en·gan·che |eŋgántʃe| **1** ***m.*** Pieza o aparato que sirve para enganchar: *se acaba de caer al suelo el ~ de la pulsera.* **2** Acción de prender con un gancho o con otra cosa que tenga una forma o una función parecida: *el accidente se ha debido a una rotura del ~ del vagón.* **3** Acción de colocar los animales en un vehículo para que tiren de él: *el ~ de los caballos me ha llevado casi media hora.* **4** *fig.* Acción y resultado de no poder abandonar o separarse de una cosa: *esta niña tiene un gran ~ con los juegos de vídeo.*

en·ga·ña·bo·bos |eŋgaɲaβóβos| ***m.*** Cosa que parece buena o útil pero que no lo es: *esta propaganda de venta de pisos es un ~.* ⇒ **engañifa.** ☖ El plural es *engañabobos.*

en·ga·ñar |eŋgaɲár| **1** ***tr.*** [a alguien] Hacer creer o tener por cierto lo que no lo es: *si te dijo que se marchaba, te engañó porque no se ha ido.* **2** Dar menos de lo debido o cobrar más de lo justo: *en esa tienda engañan a los clientes en el peso; el que te vendió ese coche te engañó.* **3** No ser fiel a una persona: *nunca había engañado a su mujer hasta que conoció a aquella muchacha.* **4** [algo] Distraer; calmar por un tiempo: *voy a ver si engaño el tiempo con alguna revista; te he traído estos cacahuetes para ~ el hambre.* **-5** ***intr.*** Parecer lo que no es; producir una falsa impresión: *esos montes parecen pequeños, pero engañan; ten cuidado con las setas, que si no las conoces bien pueden ~.* **- 6** ***tr.*** [a alguien] Ganar la voluntad de una persona alabándola o confundiéndola: *no consiguió engañarme para que la llevara al cine.* ⇒ **engatusar. - 7 engañarse** ***prnl.*** Creer voluntariamente una cosa que no es cierta por ser más agradable que la verdad: *prefiere engañarse que aceptar que es un fracasado.* **8** Equivocarse; creer una cosa que es falsa: *te engañas, si crees que eso es lo mejor para todos.*

en·ga·ñi·fa |eŋgaɲífa| ***f.*** *fam.* Cosa que parece buena o útil, pero que no lo es: *aquel ventilador tan barato resultó ser una ~.* ⇒ **engañabobos, engaño.**

en·ga·ño |eŋgáɲo| **1** ***m.*** Falta de verdad: *nos ha tomado el pelo a todos con sus engaños.* ⇒ **mentira. 2** Cosa con la que se miente: *los anuncios publicitarios son un auténtico ~.* ⇒ **engañifa. 3** Situación o circunstancia de estar equivocado: *no sé cuándo te vas a dar cuenta de que vives en un ~.* ⇒ **error.** ■ **llamarse a ~**, quejarse o dejar de hacer una cosa por haber sido engañado en un asunto: *si quieres firmar el contrato, fírmalo, pero luego no te llames a engaño.*

en·ga·ño·⌐so, ⌐sa |eŋgaɲóso, sa| ***adj.*** Que engaña o puede llevar a engaño: *no la creas, sus promesas son engañosas.*

en·gar·zar |eŋgarθár| **1** ***tr.*** [algo] Unir una cosa con otra formando una cadena: *la mujer engarzó con sumo cuidado las perlas del collar roto.* **2** Ajustar una piedra preciosa en un soporte o superficie: *el joyero ha engarzado el diamante en el metal.* ⇒ **engastar. 3** *fig.* Relacionar una cosa con otra: *iba engarzando unos pensamientos con otros.* ⇒ **encadenar, enlazar.** ☖ Se conjuga como 4.

en·gas·tar |eŋgastár| ***tr.*** [algo] Ajustar una piedra preciosa en un soporte o superficie: *en la joyería me han engastado el rubí al anillo.* ⇒ **engarzar.**

en·ga·tu·sar |eŋgatusár| ***tr.*** *fam.* [a alguien] Ganar la voluntad de una persona alabándola o engañándola: *le engatusó y consiguió que le prestara el dinero que necesitaba.* ⇒ **engañar.**

en·gen·drar |eŋxendrár| **1** ***tr.*** [algo, a alguien] Crear una persona o un animal un ser de su misma especie: *los perros engendraron diez perritos, pero uno se murió.* ⇒ **concebir. 2** [algo] Producir o dar lugar: *los odios sólo pueden ~ odios.*

en·gen·dro |eŋxénðro| **1** ***m.*** Ser con un aspecto físico que no es normal: *en el circo exhibían engendros de la naturaleza.* **2** *p. ext.* Persona o cosa muy fea o extraña: *aunque es muy buena persona, no podrás negar que es un ~; esta novela es un ~.* ⇒ **adefesio.**

en·glo·bar |eŋglobár| ***tr.*** [algo] Contener, comprender u ocupar: *la comarca engloba una serie de provincias; este manual engloba cincuenta temas.* ⇒ **abarcar.**

en·gor·dar |eŋgorðár| **1** ***intr.*** Ponerse gordo; ganar peso o tamaño: *se pondrá a régimen porque está engordando mucho.* ⇔ **adelgazar. 2** *fam. fig.* Hacerse rico: *el director está engordando gracias al trabajo de sus subordinados.* ⇒ **enriquecer. - 3** ***tr.*** [algo] Alimentar a un animal para que se ponga gordo: *engordó al pollo y después se lo comió.* ⇒ **cebar. - 4** ***tr.-intr.*** [a alguien] Dar mayor peso o tamaño: *la comida con grasa engorda.* ⇔ **adelgazar.**

en·go·rro |eŋgóro| ***m.*** Cosa que resulta molesta: *es un ~ ir de viaje con muchas maletas.* ⇒ **molestia.**

en·go·rro·⌐so, ⌐sa |eŋgoróso, sa| ***adj.*** Que resulta molesto: *sus enemigos le metieron en una situación engorrosa.*

en·gra·na·je |eŋgranáxe| **1** ***m.*** MEC. Mecanismo formado por piezas con dientes que ajustan unas en otras: *los engranajes de la transmisión están muy estropeados.* **2** MEC. Pieza movible con dientes que ajusta en otra: *hay que cambiar el ~ de la segunda velocidad.* **3** *fig.* Conjunto de personas y de acciones que hacen funcionar una sociedad o una empresa: *está considerando la posibilidad de introducirse en el ~ administrativo.*

en·gra·nar |eŋgranár| **1** ***intr.*** MEC. Ajustar los dientes de dos piezas movibles: *no funciona porque las piezas no engranan bien.* **- 2** ***tr.-prnl.*** *fig.* Unir o poner en relación personas o acciones: *en la novela, los sucesos se engranan magistralmente.*

en·gran·de·cer |eŋgrandeθér| **1** ***tr.-prnl.*** [algo, a alguien] Dar mayor valor, grandeza u honor: *el imperio romano se engrandeció en poco tiempo; esta ciudad se ha engrandecido en poco tiempo.* ⇒ **agrandar, enaltecer, encumbrar, ensalzar.** ⇔ **empequeñecer. - 2** ***tr.*** [a alguien] Destacar una cualidad superior: *las conquistas engrandecieron al general.* ⇒ **enaltecer, ensalzar.** ☖ Se conjuga como 43.

en·gra·sar |eŋgrasár| ***tr.*** [algo] Poner grasa u otra sustancia parecida, especialmente en las piezas de un mecanismo para disminuir el rozamiento: *el mecánico ha engrasado todas las piezas del motor; ha engrasado las bisagras con aceite para que no suenen.* ⇒ **lubrificar.** ⇔ **desengrasar.**

en·gra·se |eŋgráse| ***m.*** Acción y resultado de *engrasar, especialmente las piezas de un mecanismo para disminuir el rozamiento: *en este taller se dedican al lavado y ~ de los automóviles.*

en·gre·í·⌐do, ⌐da |eŋgreíðo, ða| ***adj.-s.*** (persona) Que muestra orgullo por las cualidades o actos propios: *no me gustan las personas engreídas; Raquel es presumida y engreída.* ⇒ **presuntuoso, vanidoso.** ⇔ **humilde.**

en·gro·sar |eŋgrosár| ***tr.-prnl.*** [algo] Aumentar el número o la cantidad de una cosa: *la llegada de los gemelos engrosó los gastos de la casa; las arcas del Estado se han engrosado con el dinero de los contribuyentes.* ☖ Se conjuga como 31.

en·gru·do |eŋgrúðo| ***m.*** Pasta hecha con harina y agua que sirve para pegar papeles y cosas parecidas: *he pegado las pastas del libro con un poco de ~.*

en·gu·llir |eŋguʎír| ***tr.-intr.-prnl.*** [algo] Tragar con rapidez y sin masticar: *la ballena se ha engullido al pez.* ⇒ **embuchar, zampar.** ☖ Se conjuga como 41.

en·ha·ri·nar |enarinár| ***tr.*** [algo] Cubrir con harina: *la cocinera ha enharinado los filetes de pescado antes de ponerlos en el aceite.*

en·he·brar |eneβrár| **1** ***tr.*** [algo] Hacer pasar un hilo por el ojo de una aguja: *si no me pongo las gafas soy incapaz de ~ la aguja; ha enhebrado la aguja con hilo azul.* ⇔ **desenhebrar. 2** *fam. fig.* Decir muchas cosas sin orden: *en su discurso enhebraba frases sin sentido.* ⇒ **ensartar.**

en·ho·ra·bue·na |enoraβuéna| ***f.*** Expresión de la satisfacción que se siente por una cosa agradable o feliz que le ha ocurrido a otra persona: *todos le dieron la ~ cuando se licenció.* ⇒ **felicitación, parabién.**

e·nig·ma |eníᵞma| **1** ***m.*** Frase o pregunta difícil que una persona propone a otra para que le encuentre una solución o le dé un sentido: *el rey propuso al campesino un ~ que éste pudo resolver inmediatamente.* ⇒ **acertijo. 2** *fig.* Cosa difícil de entender o que no tiene explicación: *el origen del universo sigue siendo un ~.*

e·nig·má·ti·⌐co, ⌐ca |eniᵞmátiko, ka| ***adj.*** Que es desconocido; que tiene un significado misterioso: *los arqueólogos no consiguieron comprender el ~ contenido de la inscripción; dijo una frase enigmática y se marchó en silencio.*

en·ja·bo·nar |eŋxaβonár| ***tr.-prnl.*** [algo, a alguien] Mojar con agua y jabón: *los niños han estado enjabonando al perro; enjabonó la camisa y después la aclaró.* ⇒ **jabonar.**

en·jam·bre |eŋxámbre| **1** ***m.*** Conjunto grande de abejas con su reina, especialmente cuando salen juntas de su *colmena: *en el olmo del camino hay un ~.* ⇒ **colmena. 2** *fig.* Conjunto grande de personas o de cosas: *un ~ de personas rodeaba el estadio de fútbol una hora antes del partido.*

en·jau·lar |eŋxaulár| ***tr.*** [algo] Meter o encerrar en una jaula: *si no enjaulas al loro, te picará; ha cogido un gorrión en el campo y lo ha enjaulado.*

en·jo·yar |eŋxoyár| ***tr.-prnl.*** [algo, a alguien] Adornar con joyas: *Sara se ha enjoyado para ir al concierto.* ⇒ **ensortijar.**

en·jua·gar |eŋxuaɣár| **1** ***tr.-prnl.*** [algo] Volver a lavar con agua sola para quitar el jabón: *después de enjabonar la ropa, la enjuagó con agua limpia; enjuágate bien el pelo, que aún te queda un poco de champú.* ⇒ **aclarar. - 2 enjuagarse** ***prnl.*** Limpiarse con agua la boca y los dientes: *se cepilló los dientes con pasta y después se enjuagó.* ☖ Se conjuga como 7.

en·ju·gar |eŋxuɣár| **1** ***tr.-prnl.*** [algo] Quitar o limpiar la humedad: *coge un pañuelo y enjúgate esas lágrimas.* ⇒ **secar. - 2** ***tr.*** Hacer desaparecer una deuda: *se marchó del país sin ~ sus deudas.* ☖ Se conjuga como 7.

en·jui·ciar |eŋxuiθiár| **1** ***tr.*** [algo] Someter una *cuestión a juicio o consideración: *no se pueden ~ los hechos tan a la ligera.* **2** DER. Considerar en un proceso legal: *los delitos y faltas contra los derechos fundamentales de la persona serán enjuiciados inmediatamente.* ☖ Se conjuga como 12.

en·jun·dia |eŋxúndia| ***f.*** Sustancia o importancia; dificultad: *el tema de este libro es de mucha ~.*

en·ju·ˈto, ˈta |eŋxúto, ta| ***adj.*** Que está muy delgado y seco: *don Quijote era un caballero alto y ~.* ⇒ **flaco.** ⇔ **gordo, grueso.**

en·la·ce |enláθe| **1** ***m.*** Unión de elementos: *a estas dos ideas les falta un buen ~.* **2** Lugar en el que se unen o cruzan dos vías de comunicación o dos medios de transporte: *aquel aeropuerto era un importante ~ de comunicación aérea.* ⇒ **empalme. 3** Persona que media entre dos o más partes para que lleguen a un acuerdo en un negocio o problema: *el ~ llevó el dinero a los secuestradores.* **4** Ceremonia en la que se une a un hombre y a una mujer: *el ~ de Ana y Miguel tuvo lugar el día 30 de agosto.* ⇒ **casamiento, matrimonio.**

en·la·dri·llar |enlaðriʎár| ***tr.*** [algo] Poner ladrillos; cubrir de ladrillos: *el albañil ha enladrillado el hueco de la pared; tardarán varios días en ~ todo el suelo.*

en·la·tar |enlatár| ***tr.*** [algo] Meter en una lata: *esta fábrica se dedica a ~ productos alimenticios; estas alcachofas están enlatadas.* ⇒ **envasar.**

en·la·zar |enlaθár| **1** ***tr.*** [algo] Unir o atar con un *lazo: *enlazó las cartas con un lazo de seda negro.* ⇔ **desenlazar. - 2** ***tr.-intr.-prnl.*** Relacionar una cosa con otra: *las ideas de este libro están muy bien enlazadas.* ⇒ **conectar, empalmar, encadenar, engarzar. - 3** ***intr.*** Combinarse dos o más medios de transporte: *esa línea de autobuses enlaza con la red de trenes de cercanías.* ⇒ **empalmar.** ☖ Se conjuga como 4.

en·lo·dar |enloðár| ***tr.-prnl.*** [algo] Cubrir o manchar con *lodo o barro: *después de la lluvia las calles se han enlodado.*

en·lo·que·cer |enlokeθér| **1** ***tr.-intr.*** [a alguien] Volver *loco; perder o hacer perder el juicio o la razón: *el abandono de su mujer acabó enloqueciéndolo; este ritmo de vida enloquece.* **- 2** ***tr.*** Gustar mucho: *los helados de vainilla enloquecen al niño.* ⇒ **encantar, entusiasmar.** ☖ Se conjuga como 43.

en·lo·sar |enlosár| ***tr.*** [algo] Cubrir el suelo de *losas, ajustándolas entre sí: *la semana próxima enlosarán el suelo de la cocina.* ⇒ **embaldosar, empedrar.**

en·lu·cir |enluθír| **1** ***tr.*** [algo] Cubrir los techos o paredes con una capa de *yeso u otro material parecido: *los albañiles están enluciendo la fachada del edificio con argamasa.* **2** Limpiar y sacar brillo a una superficie: *coge un paño y enluce la plata.* ☖ Se conjuga como 45.

en·ma·ra·ñar |eᵐmaraɲár| **1** ***tr.-prnl.*** [algo] Unir o mezclar sin orden hilos, *cabellos o cosas parecidas: *el niño ha enmarañado la madeja de lana; se acaba de levantar y tiene todo el pelo enmarañado.* ⇒ **enredar. 2** *fig.* Confundir; hacer más difícil: *su presencia vino a ~ la situación.*

en·mar·car |eᵐmarkár| **1** ***tr.*** [algo] Poner en un marco o cuadro: *esta lámina es muy bonita, la enmarcaré y la pondré en la pared.* ⇒ **encuadrar. - 2** ***tr.-prnl.*** Situar en un lugar, periodo o una posición determinados: *para entender esta pintura hay que enmarcarla en su época; esta novela se enmarca en la literatura del siglo* XIX. ⇒ **encuadrar.** ☖ Se conjuga como 1.

en·mas·ca·rar |eᵐmaskarár| **1** ***tr.-prnl.*** [algo] Cubrir o tapar la cara con una *máscara: *los actores se enmascararon para representar sus papeles.* ⇔ **desenmascarar. 2** *fig.* Ocultar o disimular: *su aparente carácter enmascara una ideología muy extremista.* ⇒ **encubrir.**

en·men·dar |eᵐmendár| **1** ***tr.-prnl.*** [algo] Arreglar o corregir un error o un defecto: *le di el texto para que lo enmendara un poco; te echarán de casa si no te enmiendas.* **- 2** ***tr.*** *Compensar un daño: *creemos que enmendarán todos los destrozos que han causado.* ⇒ **resarcir.** ☖ Se conjuga como 27.

en·mien·da |eᵐmiénða| **1** ***f.*** Arreglo o corrección de un error o un defecto: *su comportamiento no tiene ~; este escrito está lleno de enmiendas.* **2** Propuesta de cambio del texto de una ley o proyecto: *el partido de la oposición ha presentado varias enmiendas a la ley.*

en·mo·he·cer |eᵐmoeθér| **1** ***tr.-prnl.*** [algo] Cubrir de *moho: *la madera del sótano se ha enmohecido a causa de la humedad; estos melocotones se han enmohecido.* **- 2 enmohecerse** ***prnl.*** Dejar de ser útil una cosa por falta de uso; dejar de funcionar de manera adecuada: *llevo tanto tiempo sin estudiar que mi cerebro se ha enmohecido.* ⌂ Se conjuga como 43.

en·mo·que·tar |enmoketár| ***tr.*** [algo] Cubrir con *moqueta una superficie: *vamos a ~ las paredes del salón.*

en·mu·de·cer |eᵐmuðeθér| **1** ***intr.*** Quedarse callado: *el público enmudeció cuando el artista salió al escenario.* ⇒ **callar. - 2** ***tr.*** [a alguien] Hacer callar: *la visión del eclipse enmudeció a todo el mundo.* ⌂ Se conjuga como 43.

en·ne·gre·cer |eⁿneɣreθér| **1** ***tr.-prnl.*** [algo] Hacer o poner negro u oscuro: *el humo ha ennegrecido la fachada del edificio; se han ennegrecido los cristales.* ⇔ **blanquear, emblanquecer. - 2 ennegrecerse** ***prnl.*** *fig.* Hacerse poco adecuado o favorable: *la situación política se va ennegreciendo día a día.* ⌂ Se conjuga como 43.

en·no·ble·cer |eⁿnoβleθér| **1** ***tr.-prnl.*** [a alguien] Hacer noble: *se ennobleció cuando le otorgaron aquel título nobiliario.* **2** [algo, a alguien] Dar un mayor valor o grandeza: *la visita anual del rey ennoblece la ciudad.* ⇔ **deshonrar.** ⌂ Se conjuga como 43.

e·no·jar |enoxár| ***tr.-prnl.*** [a alguien] Causar enfado o *enojo: *se ha enojado con nosotros porque no le invitamos a la fiesta.* ⇒ **disgustar, enfadar, enfermar.**

e·no·jo |enóxo| ***m.*** Enfado, molestia o disgusto grande: *no puede ocultar su ~ hacia nosotros.*

e·no·jo·⌐so, ⌐sa |enoxóso, sa| ***adj.*** Que causa enfado, molestia o disgusto: *me resulta muy ~ tener que decirte la verdad.*

e·nor·gu·lle·cer |enorɣuʎeθér| ***tr.-prnl.*** [a alguien] Llenar de orgullo: *me enorgullece que hayas sacado unas notas tan altas.* ⇔ **avergonzar.** ⌂ Se conjuga como 43.

e·nor·me |enórme| **1** ***adj.*** Que es muy grande; que tiene un tamaño mayor de lo normal: *este helado es ~, no puedo comérmelo todo; las ballenas son enormes.* ⇒ **gigante, inmenso.** ⇔ **pequeño. 2** *fam.* Que es muy bueno en su clase: *todos opinan que es un artista ~.*

en·rai·zar |enr̄ai̲θár| **1** ***intr.-prnl.*** Echar raíces una planta: *acabamos de trasplantar el geranio, ahora tenemos que esperar a que enraíce.* ⇒ **arraigar. 2** Establecerse en un lugar: *los miembros de la tribu enraizaron cerca del río.* ⇒ **arraigar, asentar.** ⌂ Se conjuga como 24.

en·ra·re·cer |enr̄areθér| **1** ***tr.-prnl.*** [algo] Contaminar el aire; disminuir o hacer disminuir el oxígeno del aire: *el humo del tabaco ha enrarecido el ambiente de la sala.* **2** *fig.* Hacer difícil o más difícil una situación o relación: *desde la muerte de Fermín nuestras relaciones se han enrarecido.* ⇒ **deteriorar.** ⌂ Se conjuga como 43.

en·re·da·de·ra |enr̄eðaðéra| **1** ***adj.-f.*** (planta) Que tiene un tallo que crece y sube sujetándose a los árboles, varas u otros objetos: *la yedra es una ~; las enredaderas cubren los muros de los jardines.* **- 2** ***f.*** Planta silvestre, de tallo largo y nudoso, hoja permanente y flores rosas en forma de pequeñas campanas: *la ~ es abundante en los campos españoles.*

en·re·dar |enr̄eðár| **1** ***tr.-prnl.*** [algo] Unir o mezclar sin orden hilos, *cabellos o cosas parecidas: *el hilo de las bobinas se ha enredado.* ⇒ **enmarañar.** ⇔ **desenredar. 2** [a alguien] Meter o empezar a participar en un asunto delicado o peligroso: *lo enredaron en un asunto de tráfico de drogas.* ⇒ **enrollar, enzarzar. 3** Confundir para engañar o convencer: *me han enredado para que les lleve al aeropuerto en mi coche.* **4** Hacer perder el tiempo: *he llegado tarde a la cita porque me ha enredado una vendedora.* ⇒ **entretener. - 5** ***intr.*** Tocarlo todo y causar una molestia: *no hay quien aguante a este niño, está enredando continuamente.* **6** Tocar o manejar lo que no se conoce: *ha estado enredando con la plancha y ahora no funciona.* **- 7 enredarse** ***prnl.*** Confundirse; no comprender ni obrar de forma clara: *me enredé cuando me preguntaron e hice el ridículo.* **8** Empezar una *pelea o enfrentamiento: *se enredaron a darse golpes y no pudimos separarlos.*

en·re·do |enr̄éðo| **1** ***m.*** Unión o mezcla desordenada de hilos, *cabellos o cosas parecidas: *intentaré quitarte el ~ del pelo con el cepillo.* **2** *Mentira o engaño: *esta chica conseguirá enemistar a todo el mundo con sus enredos.* **3** Acción que causa una molestia: *se puso a contar los enredos de su hijo Manolito.* **4** Asunto delicado o peligroso: *se ha metido en un buen ~ y no le será fácil salir de él.* **5** Conjunto de acciones que se presentan antes de la conclusión de una obra literaria: *después del ~ viene el desenlace.* **6** Relación amorosa o sexual entre dos personas que no forman pareja estable: *me han dicho que Carmen tiene un ~ con su dentista.* ⇒ **aventura, lío.**

en·re·do·⌐so, ⌐sa |enr̄eðóso, sa| ***adj.*** Que es muy difícil y está poco claro: *tendrán que negociar mucho para aclarar una situación tan enredosa.* ⇒ **confuso, enrevesado.**

en·re·ja·⌐do |enr̄exáðo| **1** ***m.*** Conjunto de barras metálicas o de madera que protegen una puerta o ventana, o que rodean un lugar: *un ~ muy alto cercaba el jardín, para que nadie pudiera entrar; un pájaro chocó contra el ~ de la ventana.* ⇒ **reja. 2** Labor hecha a mano, con hilos que se cruzan formando dibujos: *las sábanas llevaban un bonito ~ en las esquinas.*

en·re·jar |enr̄exár| ***tr.*** [algo] Proteger con *rejas una puerta, una ventana o un lugar: *los robos que ha habido últimamente me han decidido a ~ todas las ventanas de la casa.*

en·re·ve·sa·⌐do, ⌐da |enr̄eβesáðo, ða| ***adj.*** Que es muy difícil y está poco claro: *no puedo comprender este escrito, su estilo es bastante ~.* ⇒ **enredoso.**

en·ri·que·cer |enr̄ikeθér| ***tr.-intr.-prnl.*** [algo, a alguien] Hacer rico o más rico, física o espiritualmente: *la comarca ha quedado enriquecida con la instalación de la fábrica; se enriqueció gracias a las carreras de caballos.* ⇔ **empobrecer.** ⌂ Se conjuga como 43.

en·ri·que·ci·mien·to |enr̄ikeθimi̲énto| ***m.*** Acción y resultado de *enriquecer o *enriquecerse: *el nuevo sistema de inversiones llevó a la empresa a un rápido ~; las abundantes lecturas le proporcionaron un ~ espiritual.* ⇔ **empobrecimiento.**

en·ro·je·cer |enr̄oxeθér| **1** ***tr.-prnl.*** [algo] Poner rojo; dar color rojo: *ha enrojecido sus uñas con esmalte; tiene una mancha en la piel que se ha enrojecido.* **- 2** ***intr.-prnl.*** Ponerse roja la cara de una persona: *sentía tanta vergüenza que enrojeció.* ☖ Se conjuga como 43.

en·ro·je·ci·mien·to |enr̄oxeθimi̲é̲nto| ***m.*** Acción y resultado de *enrojecer o *enrojecerse: *el médico decidirá a qué se debe este ~ de la piel; no fue capaz de ocultar su ~ ante el público.*

en·ro·lar |enr̄olár| **1** ***tr.-prnl.*** MAR. [a alguien] Apuntar en la lista de *tripulantes de un barco: *se enroló en un mercante que salía al día siguiente para la India.* **2** Apuntarse en una lista: *se enroló en infantería; se ha enrolado en un partido político.*

en·ro·llar |enr̄oʎár| **1** ***tr.*** [algo] Dar forma de *rollo; colocar en forma de *rollo: *el escribano enrolló el pergamino; el arquitecto enrolla los planos y los mete en un tubo.* ⇒ **enroscar. - 2** ***tr.-prnl.*** *fam. fig.* [a alguien] Meter o empezar a participar en un asunto: *no te enrolles en ese negocio, que puede ser peligroso.* ⇒ **enredar. - 3 enrollarse** ***prnl.*** *fam. fig.* Extenderse demasiado en una conversación: *no te enrolles, que ya te hemos entendido todos.* **4** *fam. fig.* Participar activamente en un grupo o en una relación social: *tu primo se enrolla muy bien, en seguida se ha hecho amigo de todos.* **5** *fam. fig.* [con alguien] Tener una relación amorosa o sexual: *Juan se enrolla con todas, pero no quiere echarse novia todavía.*

en·ros·car |enr̄oskár| **1** ***tr.-prnl.*** [algo] Dar forma de *rosca; colocar en forma de *rosca: *enroscó el cable y lo guardó en el armario; las culebras se enroscan alrededor de sus presas.* ⇒ **enrollar.** ⇔ **desenroscar. - 2** ***tr.*** Meter una cosa dentro de otra dándole vueltas: *enroscó el tornillo que estaba flojo.* ⇔ **desenroscar.** ☖ Se conjuga como 1.

en·sai·ma·da |ensa̲i̲máða| ***f.*** Bollo con forma redonda y cubierto de azúcar en polvo: *cuando fuimos de vacaciones a Mallorca compramos unas ensaimadas; han pedido para desayunar ~ y café.*

en·sa·la·da |ensaláða| **1** ***f.*** Comida fría que se hace con hortalizas crudas, cortadas y arregladas con aceite, vinagre y sal: *pidieron una ~ para acompañar la carne; esta ~ tiene tomate, pepino y lechuga; has puesto demasiada sal en la ~;* ~ **rusa,** la que está formada por patatas y hortalizas hervidas, huevo duro y bonito con *mayonesa, que se toma fría: *nos sirvieron unas tapas de ~ rusa.* ⇒ **ensaladilla. 2** Comida fría formada por frutas cortadas y arregladas con agua y azúcar: *siempre toma de postre ~ de frutas.* **3** *fig.* Mezcla de cosas que no tienen relación: *estás haciendo una ~ al combinar los nombres y los apellidos de estas personas.*

en·sa·la·de·ra |ensalaðéra| ***f.*** Recipiente profundo en el que se sirve la *ensalada: *Rosa mezcló la ensalada con los tenedores y puso la ~ sobre la mesa; esa ~ es de porcelana blanca.*

en·sa·la·di·lla |ensalaðíʎa| ***f.*** Comida fría que se hace con patatas y hortalizas hervidas, huevo duro, bonito y *mayonesa: *tomaré ~ rusa de primer plato y lenguado de segundo; la mayonesa de esta ~ rusa está demasiado espesa.* ⇒ **ensalada.**

en·sal·mo |ensálmo| ***m.*** Rezo u oración a la que se atribuyen poderes *mágicos: *el curandero dijo un ~ para salvar al enfermo.* ■ **por ~,** con mucha rapidez y sin conocer el origen o la causa: *en cuanto le dieron el juguete, el niño sanó como por ~.*

en·sal·zar |ensalθár| **1** ***tr.*** [algo, a alguien] Alabar o mostrar admiración por una persona o cosa: *el jefe ensalzó la buena labor de sus subordinados; el poeta ensalza a su amada en este poema.* ⇒ **elogiar, enaltecer, encomiar, sublimar. - 2** ***tr.-prnl.*** Dar mayor valor, grandeza u honor: *personas como ella ensalzan la profesión.* ⇒ **enaltecer, encumbrar, engrandecer.** ☖ Se conjuga como 4.

en·sam·bla·je |ensambláxe| ***m.*** Acción y resultado de *ensamblar: *el ~ no estaba bien hecho y la pata de la mesa se rompió.* ⇒ **acoplamiento.**

en·sam·blar |ensamblár| ***tr.*** [algo] Unir dos piezas haciendo coincidir las partes entrantes de una con las partes salientes de otra: *hemos tenido problemas para ~ las dos tablas de madera.* ⇒ **acoplar, encajar.** ⇔ **desacoplar.**

en·san·cha·mien·to |ensantʃami̲é̲nto| ***m.*** Acción y resultado de *ensanchar: *han hecho un ~ en la carretera nacional.* ⇒ **ampliación, ensanche.**

en·san·char |ensantʃár| **1** ***tr.-prnl.*** [algo] Hacer ancho o más ancho: *han ensanchado la calle con las excavadoras.* ⇒ **agrandar, ampliar.** ⇔ **estrechar. - 2 ensancharse** ***prnl.*** Mostrar orgullo y satisfacción: *cuando le dijeron que su hijo era el más listo de la clase se ensanchó.*

en·san·che |ensántʃe| **1** ***m.*** Extensión o aumento de la anchura de una cosa: *empezarán pronto las obras de ~ de la carretera.* ⇒ **ampliación. 2** Terreno dedicado a nuevas construcciones en las afueras de una población: *han edificado un centro comercial en el ~ de la ciudad; el ~ está al otro lado del río.* **3** Parte de tela que se deja oculta en las prendas de vestir para poder aumentar su tamaño en caso necesario: *la modista me ha dejado un ~ en el bajo del vestido.*

en·san·gren·tar |ensaŋgrentár| ***tr.-prnl.*** [algo] Llenar o manchar de sangre: *la herida de la cabeza le ensangrentó la cara; la venda se ha ensangrentado; la batalla ensangrentó el campo de combate.* ☖ Se conjuga como 27.

en·sa·ñar·se |ensaɲárse| **1** ***prnl.*** Atacar y herir con crueldad un animal a su *víctima: *la pantera se ensañó con su presa.* ⇒ **encarnizarse. 2** Portarse de manera cruel: *los niños se ensañaron con el perro indefenso; el asesino se ensañó con su víctima.* ⇒ **cebar, encarnizarse.**

en·sar·tar |ensartár| **1** ***tr.*** [algo] Pasar un objeto que tiene un agujero por un hilo o alambre: *están ensartando las perlas para hacer un collar.* **2** Decir muchas cosas sin orden: *cuando le tocó hablar, no hizo más que ~ una tontería detrás de otra.* ⇒ **en-**

cadenar, enhebrar. **3** Atravesar un cuerpo con un objeto acabado en punta: *ensartó el trozo de pollo con el tenedor.*

en·sa·yar |ensayár| **1** ***tr.*** [algo] Hacer una cosa varias veces para realizarla *correctamente o para conseguir un fin determinado: *los actores ensayaron la obra cinco horas antes del estreno; ensayó el discurso en su casa.* **2** Comprobar la calidad o las cualidades de un producto: *están ensayando la resistencia del metal en el laboratorio.*

en·sa·yis·ta |ensayísta| ***com.*** Persona que escribe *ensayos: *han hecho una entrevista a la famosa ~.*

en·sa·yo |ensáyo| **1** ***m.*** Prueba que se hace para preparar o mejorar una actividad: *los actores están haciendo otro ~ más.* **2** Género literario de las obras cortas y en *prosa que exponen las ideas centrales de un autor sobre un asunto determinado: *ese escritor domina tanto la poesía como el ~.* **3** Obra literaria corta y en *prosa que expone las ideas de un autor sobre un asunto determinado: *Ortega y Gasset fue autor de ensayos.* **4** Prueba que se hace para determinar las cualidades de un material: *hicieron un ~ para averiguar la composición del metal.*

en·se·gui·da |enseɣíða| ***adv. t.*** Sin perder tiempo; de manera inmediata: *volveré ~, no te preocupes; ~ estoy con usted.*

en·se·ñan·za |enseɲánθa| **1** ***f.*** Comunicación de conocimientos, habilidades, ideas, experiencias: *el señor Fernández se ha dedicado toda su vida a la ~; hay carreras universitarias que no tienen otra salida que la ~.* ⇒ **aprendizaje, educación.** **2** Sistema o método que sirve para enseñar y aprender: *se ha aprobado una ley para la mejora de la ~ en el país.* **3** Conjunto de conocimientos, medios, personas y actividades que hacen posible la educación: *los gobiernos deben invertir más dinero en la ~;* ~ **básica/primaria**, la primera y obligatoria, que generalmente reciben los niños en la escuela: *ya tiene edad para comenzar la ~ básica, así que va a ir a un colegio público; la ~ primaria es obligatoria; cuando acabe la ~ primaria, hará tres años de bachillerato;* ~ **media/secundaria**, la que sigue a la básica o *primaria: *la ~ media comprende los estudios de bachillerato y la formación profesional;* ~ **superior**, la que se recibe en la *universidad: *no quiso seguir la ~ superior y se puso a trabajar en una tienda.* **4** Experiencia, ejemplo o aviso: *espero que el accidente que has tenido te sirva de ~.* **- 5 enseñanzas *f. pl.*** Conjunto de ideas y conocimientos que una persona comunica a otra u otras: *supo sacar provecho de las enseñanzas de su maestro.*

en·se·ñar |enseɲár| **1** ***tr.*** [algo; a alguien] Comunicar conocimientos, ideas, habilidades o experiencias; educar: *te voy a ~ a hacer arroz con leche; me enseñaron a tocar el piano cuando tenía quince años.* ⇒ **aprender, instruir.** **2** Mostrar o presentar; dejar ver: *si vienes conmigo, te enseñaré mi nueva moto; lleva una falda tan pequeña que va enseñando el ombligo.* ⇔ **ocultar.** **3** Indicar o señalar: *acércate y te enseñaré el camino en el mapa.* **4** Servir de experiencia, ejemplo o aviso: *este castigo te enseñará que debes obedecer a tus padres.*

en·se·res |enséres| ***m. pl.*** Conjunto de muebles e instrumentos que hay en una casa o que se usan en una profesión: *cuando se mudó de casa, llevaron todos los ~ en un camión; los albañiles tienen guardados sus ~ en un cuarto trastero.* ⇒ **pertenencia.**

en·si·llar |ensiʎár| ***tr.*** [algo] Poner la silla de montar a un caballo u otro animal parecido: *el pistolero ensilló la yegua y se marchó del pueblo.* ⇔ **desensillar.**

en·si·mis·mar·se |ensimismárse| ***prnl.*** Poner toda la atención en los propios pensamientos hasta el punto de aislarse de lo que pasa alrededor: *este chico se ensimisma con mucha facilidad; no te ensimismes y acaba rápido lo que estás haciendo.* ⇒ **concentrar.**

en·som·bre·cer |ensombreθér| **1** ***tr.-prnl.*** [algo] Cubrir de *sombras: *las ramas de los árboles ensombrecen el bosque; hay muchas nubes, el día se ha ensombrecido.* ⇒ **nublar.** **2** [algo, a alguien] Poner triste; causar pena: *tuvo muchos problemas que ensombrecieron su carácter.* ⇒ **apenar, entristecer.** ☖ Se conjuga como 43.

en·sor·de·cer |ensorðeθér| **1** ***tr.-intr.*** [a alguien] Causar *sordera; hacer que una persona no oiga u oiga menos: *si no le operan pronto del oído, ensordecerá.* **- 2** ***tr.*** Impedir un ruido muy fuerte que una persona oiga: *el sonido del taladrador me ha ensordecido.* **3** [algo] Hacer suave o más suave un sonido: *la sordina ensordece el sonido de la trompeta.* ☖ Se conjuga como 43.

en·sor·ti·jar |ensortixár| **1** ***tr.*** [algo] Dar una forma redonda o rizada: *el agua de la lluvia me ensortija el pelo.* ⇒ **rizar.** **- 2 ensortijarse *prnl.*** Ponerse *sortijas y otras cosas como adorno: *las muchachas se ensortijaron antes de salir de paseo.* ⇒ **enjoyar.**

en·su·ciar |ensuθi̯ár| **1** ***tr.-prnl.*** [algo] Poner sucio; hacer que una cosa deje de estar limpia: *pon el babero a la niña para que no se ensucie el vestido; ha entrado polvo por la ventana y se ha ensuciado el mueble.* ⇒ **manchar.** ⇔ **limpiar.** **2** ***fig.*** Quitar o disminuir la fama o el buen nombre: *el conde ensució el honor de la dama.* **- 3** ***intr.-prnl.*** Expulsar materia sólida por el ano sin poder controlarlo: *acabo de cambiar los pañales al niño y ya ha vuelto a ensuciarse; se ha ensuciado en los calzones.* ☖ Se conjuga como 12.

en·sue·ño |ensu̯éɲo| **1** ***m.*** Imagen mental, que no es real o que es inventada: *este poema se basa en los ensueños de los jóvenes.* ⇒ **espejismo, fantasía, ilusión.** **2** Idea imposible, que no se basa en la razón ni en la realidad: *me gustaría viajar a Australia, pero es sólo un ~.* ⇒ **sueño.**

en·ta·blar |entaβlár| **1** ***tr.*** [algo] Cubrir, cerrar o asegurar con tablas: *hemos entablado la entrada del corral para que no se escapen las gallinas.* **2** Disponer o preparar; dar comienzo a un asunto o negocio: *la directora de la empresa ha entablado relaciones con una empresa extranjera del mismo ramo.*

en·ta·bli·llar |entaβliʎár| ***tr.*** [algo] Sujetar un miembro del cuerpo con unas tablas pequeñas, u otra cosa parecida, y una venda, con el fin de mantener en su sitio las partes de un hueso roto: *se rompió un brazo en la piscina y un socorrista se lo entablilló.*

en·ta·llar |entaʎár| **1** ***tr.-prnl.*** [algo; a alguien] Ajustar una prenda de vestir a la cintura de una persona: *he dicho a la modista que me entalle un poco el vestido.* **- 2** ***tr.*** [algo] Hacer cortes en una madera para ajustarla con otra: *el carpintero entallaba las tablas.* **3** Hacer cortes en la corteza de los árboles para sacar resina: *están entallando los pinos.*

en·ta·lle·cer |entaʎeθér| ***intr.-prnl.*** Echar tallos las plantas o los árboles: *en primavera los arbustos empiezan a ~.*

en·ta·ri·ma·do |entarimáðo| ***m.*** Suelo formado por pequeñas tablas de madera: *han colocado la mesa sobre un ~; el altar de la iglesia está en un ~.* ⇒ **tablado, tarima.**

en·ta·ri·mar |entarimár| ***tr.*** [algo] Cubrir el suelo con tablas o *tarimas: *hemos entarimado el suelo del salón para que sea más cálido.*

en·te |énte| **1** ***m.*** *fam.* Cosa o ser que tiene existencia real o imaginaria: *el hombre es un ~ pensante.* **2** Organismo o empresa: *la televisión pública es un ~ oficial.*

en·te·le·quia |entelékia| **1** ***f.*** *fam.* Cosa, persona o situación imaginaria y perfecta que no puede existir en la realidad: *propone una ~ imposible.* **2** FIL. Estado de perfección hacia el que tienden todos los seres, según la doctrina filosófica de Aristóteles: *una ~ lleva en sí misma el principio de su acción.*

en·ten·de·de·ras |entendeðéras| ***f. pl.*** *fam.* Capacidad de comprender y juzgar las cosas: *no hizo estudios superiores porque no tenía muchas ~.* ⇒ **entendimiento, inteligencia.**

en·ten·der |entendér| **1** ***tr.*** [algo] Tener una idea clara de un significado o de lo que se quiere decir: *entendimos la lección cuando nos la explicó el maestro; entiendo el italiano bastante bien, pero no lo hablo.* ⇒ **comprender. 2** Encontrar justos o razonables los actos o sentimientos de una persona: *entiendo que estés enfadado; no entiendo por qué tienes tanto miedo a la oscuridad.* ⇒ **comprender. 3** Creer o juzgar; dar una opinión: *yo entiendo que sería mejor decirlo.* **4** [a alguien] Conocer y saber cómo se debe tratar a una persona: *déjame que se lo pida yo, que lo entiendo mejor que tú.* **- 5** ***intr.*** [de/en algo] Tener conocimientos: *Juan entiende mucho de arte moderno; pregúntale a tu padre, que entiende mucho en matemáticas.* **- 6 entenderse** ***prnl.*** [con alguien] Estar de acuerdo; llevarse bien: *con el que mejor se entiende es con su hermano pequeño; no hay modo de que se entiendan.* **7** Tener relaciones amorosas o sexuales: *dicen que el panadero se entiende con la hija del molinero.*

en·ten·di·⌐do, ⌐da |entendíðo, ða| ***adj.-s.*** (persona) Que tiene buenos conocimientos sobre una materia: *consultaremos a Vicente, que es un ~ en derecho civil; habla con conocimiento de causa porque es una persona entendida.* ⇒ **docto, perito.**

en·ten·di·mien·to |entendimiénto| **1** ***m.*** Capacidad de comprender y juzgar las cosas: *no regañes al niño, ¿no ves que no tiene ~?* ⇒ **inteligencia. 2** Acuerdo o buena relación: *no llegaremos a ninguna conclusión porque entre nosotros no hay ~.*

en·ten·te |enténte| ***f.*** Acuerdo al que se llega, generalmente entre países: *la ~ entre los dos Estados se rompió y comenzó una dura guerra; Francia e Inglaterra firmaron la Entente cordial en el siglo* XIX. ⇒ **alianza, pacto.**

en·te·ra·⌐do, ⌐da |enteráðo, ða| ***adj.-s.*** (persona) Que se cree muy listo; que cree tener conocimientos que otros no tienen: *este ~ se cree que nos va a solucionar todos los problemas en una hora.*

en·te·rar |enterár| **1** ***tr.-prnl.*** [a alguien; de algo] Informar; poner al corriente: *no dejes de enterarme de las últimas novedades; ¿te has enterado de lo de Julián y Marta?; ya me he enterado de la mala noticia.* **- 2 enterarse** ***prnl.*** Darse cuenta; tener conocimiento de lo que ocurre: *a ver si prestas más atención, que no te enteras de nada.*

en·te·re·za |enteréθa| **1** ***f.*** Cualidad de la persona que es firme y tranquila, especialmente para soportar las desgracias: *ha demostrado tener una gran ~ en los momentos difíciles.* ⇒ **fortaleza. 2** Energía en el carácter: *no pudieron sobornarlo porque actuó con toda ~.*

en·ter·ne·cer |enterneθér| **1** ***tr.-prnl.*** [a alguien] Mostrar o hacer mostrar los sentimientos, especialmente de afecto: *es una película que enternece a los espectadores; se enterneció y se puso a llorar.* ⇒ **conmover.** ⇔ **endurecer. 2** [algo] Poner blando o más blando: *los garbanzos se enternecen con agua y sal.* ⇒ **ablandar.** ⇔ **endurecer.** ☐ Se conjuga como 43.

en·te·⌐ro, ⌐ra |entéro, ra| **1** ***adj.*** Que está completo; que no le falta ninguna parte: *se ha tomado el vaso de vino ~; Susana ha conseguido leer el libro ~ en dos días.* ⇔ **incompleto. 2** *fig.* (persona) Que tiene firmeza de carácter: *es una persona entera, sabe dominar sus sentimientos.* ⇒ **íntegro. 3** *fig.* (persona) Que está sano: *a pesar de sus años está muy ~.* **4** MAT. (número) Que está formado sólo por una o dos unidades: *el cinco es un número ~.* **- 5 entero** ***m.*** COM. Unidad que mide los cambios de los valores en la bolsa: *un ~ equivale al 1% del valor nominal de una acción.* ■ **por ~**, por completo: *leyó la novela por ~.*

en·te·rra·⌐dor, ⌐do·ra |enteřaðór, ðóra| ***m. f.*** Persona que se dedica a enterrar los cuerpos muertos de las personas: *Miguel trabaja como ~ en el cementerio de su pueblo.* ⇒ **sepulturero.**

en·te·rra·mien·to |enteřamiénto| **1** ***m.*** Acción y resultado de enterrar el cuerpo muerto de una persona: *el ~ del cadáver tuvo lugar a las cinco de la tarde.* ⇒ **entierro, sepultura. 2** Agujero hecho en la tierra en el que se entierra el cuerpo muerto de una persona: *bajo las calles de la ciudad hay enterramientos de los antiguos cristianos.* ⇒ **tumba. 3** Obra, generalmente de piedra, que se construye levantada del suelo y que sirve para guardar el cuerpo muerto de una persona: *en esa sala del museo hay varios enterramientos.* ⇒ **tumba.**

en·te·rrar |enteřár| **1** ***tr.*** [algo] Poner bajo tierra:

el perro enterró el hueso en el jardín. ⇔ **desenterrar.** 2 Hacer desaparecer una cosa debajo de otra: *enterró el plano bajo un montón de papeles.* ⇒ **ocultar.** 3 Olvidar o dejar de pensar en una cosa: *hizo todo lo posible para ~ los malos recuerdos.* ⇒ **arrinconar.** 4 [algo, a alguien] Poner en una *sepultura: *murió en un accidente y enterraron el cadáver a las tres de la tarde.* ⇒ **sepultar.** 5 *fig.* [a alguien] Durar o vivir una persona después de la muerte de otras: *tiene tan buena salud, que nos enterrará a todos.* - **6 enterrarse** ***prnl.*** Aislarse del trato de otras personas: *se enterró en su casa porque estaba muy deprimido.* ☐ Se conjuga como 27.

en·ti·dad |entiðáᵈ| **1** ***f.*** *fam.* Valor o importancia: *hay que tener en cuenta la ~ del asunto.* **2** *Asociación o conjunto de personas: *tiene que decirme el número de la cuenta de su ~ bancaria.* ⇒ **corporación.** **3** FIL. Principio que le da a una cosa su ser real o imaginario: *la ~ es la esencia de una cosa.*

en·tie·rro |entiéro| **1** ***m.*** Acción y resultado de enterrar el cuerpo muerto de una persona: *no dejó de llorar durante el ~.* ⇒ **enterramiento.** **2** Grupo de personas que van a enterrar el cuerpo muerto de una persona: *vimos pasar el ~ desde la ventana de casa;* ~ **de la sardina**, fiesta que señala el fin del *carnaval y que consiste en enterrar una *sardina: *el ~ de la sardina se celebra el miércoles de ceniza.*

en·tin·tar |entintár| ***tr.*** [algo] Manchar o dar color con tinta: *entintó la plancha y colocó sobre ella una hoja de papel.*

en·tol·dar |entoldár| ***tr.*** [algo] Cubrir con *toldos: *vamos a ~ el patio para tener sombra durante el verano.*

en·to·na·ción |entonaθión| ***f.*** Variación del tono de la lengua hablada según el sentido o la intención de lo que se dice: *notamos por la ~ de su voz que estaba muy emocionada.*

en·to·nar |entonár| **1** ***tr.-intr.*** [algo] Cantar con el tono adecuado: *no has entonado bien al principio de la pieza; Manolo no entona bien y siempre estropea la armonía.* - **2** ***tr.*** Emitir música con la voz humana; cantar: *la madre entonaba una bonita canción de cuna.* **3** Empezar a cantar para que los demás sigan en el mismo tono: *entona tú la canción, que eres el que mejor te la sabes.* **4** Formar un conjunto agradable; combinar bien: *¡qué bien entonan los colores de la colcha!* - **5** ***tr.-prnl.*** [algo, a alguien] Devolver o recuperar la salud; sentir o hacer sentir bien: *seguramente un poco de café caliente te entonará; voy a tomar algo que me entone el estómago.*

en·ton·ces |entónθes| **1** ***adv. t.*** En aquel momento u ocasión: *él dejó de hablar y ~ empecé yo.* **2** ***adv. m.*** En tal caso; siendo así: *bueno, ~ quedamos en vernos el viernes.* ■ **en/por aquel** ~, por aquel tiempo: *en aquel ~ el medio de transporte más usual era el tranvía.*

en·ton·te·cer |entonteθér| ***intr.-prnl.*** Poner o volverse tonto: *los chicos, cuando están con las chicas, se entontecen.*

en·tor·cha·do |entortʃáðo| **1** ***m.*** Cuerda o hilo, cubierto con otro hilo y torcido varias veces para darle firmeza: *el ~ se usa para las cuerdas de los instrumentos musicales.* **2** Pieza o *costura de oro o plata que llevan en las mangas del uniforme los militares y determinadas autoridades: *llevaba un uniforme negro, con botones de oro y ~ de general.*

en·tor·nar |entornár| **1** ***tr.*** [algo] Dejar sin cerrar por completo una puerta o una ventana: *entorna la puerta para que podamos oír al bebé si llora.* **2** Bajar los párpados sin llegar a cerrarlos por completo: *entornó los ojos para que no le entrara arena en ellos.*

en·tor·no |entórno| ***m.*** Conjunto de personas, objetos o circunstancias que rodean a una persona o cosa: *Luisa vive en un ~ social muy pobre; tardó poco tiempo en acostumbrarse a su nuevo ~.* ⇒ **ambiente.**

en·tor·pe·cer |entorpeθér| **1** ***tr.-prnl.*** [algo] Poner obstáculos o *impedimentos en la ejecución de una cosa: *en lugar de ayudarnos, entorpece nuestra labor; las negociaciones entre los dos países se han entorpecido.* ⇒ **dificultar.** ⇔ **facilitar.** - **2** ***tr.*** [algo, a alguien] Hacer o poner torpe: *la falta de ejercicio ha entorpecido mis músculos; la edad entorpece cada día más a la abuela.* ☐ Se conjuga como 43.

en·tra·da |entráða| **1** ***f.*** Espacio por donde se entra a un sitio: *la ~ de la biblioteca está a la derecha del edificio.* ⇔ **salida.** **2** Parte de la casa que hay junto a la puerta principal y que se usa para recibir a los que llegan: *el paragüero está en la ~ de la casa.* ⇒ **hall, portal, recibidor, vestíbulo.** **3** Papel o documento que da derecho para entrar u ocupar asiento en un vehículo o en un local: *me sobra una ~, ¿vienes conmigo al cine?* ⇒ **billete, boleto.** **4** Conjunto de personas que están presentes en un establecimiento público o en un espectáculo: *en la corrida del domingo hubo una buena ~.* **5** Acción de pasar de un sitio a otro: *la ~ de la policía en el local calmó los ánimos.* ⇔ **salida.** **6** Cantidad de dinero que se entrega como primera parte del pago al comprar una cosa: *ya han pagado la ~ del piso, pero les quedan quince largos años de letras.* **7** Parte delantera de la cabeza que no tiene pelo, situada a ambos lados de las *sienes: *aunque es muy joven, tiene unas entradas muy pronunciadas.* ☐ Se usa sobre todo en plural. **8** Alimento ligero que se come al principio de una comida: *nos pusieron unos embutidos como ~.* ⇒ **entrante.** **9** Palabra que se *define en un *diccionario: *aquel diccionario tiene quince mil entradas.* ⇒ **lema.** **10** Principio o primera parte de una cosa: *la ~ de esta obra musical es espectacular; la ~ del verano ha sido muy calurosa.* **11** DEP. Acción de atacar a un jugador del equipo contrario para quitarle la pelota: *le arrebató el balón porque le hizo una ~ muy brusca.* ■ **de** ~, para empezar; como comienzo: *de ~ le dijo no, pero luego cambió de opinión.*

en·tra·ma·do |entramáðo| **1** ***m.*** Armazón de madera o hierro que sirve para sostener una construcción o una parte de ella: *el techo se vino abajo porque la madera del ~ estaba carcomida.* **2** *fig.* Conjunto de cosas relacionadas entre sí: *la policía ha desarticulado el ~ de los narcotraficantes.*

en·tram·par·se |entrampárse| ***prnl.*** *fam.* Llegar

a tener una deuda: *este año me he entrampado comprándome un coche.*

en·tran·te |entránte| **1** ***adj.-s.*** (parte de una cosa) Que entra en otra cosa: *un golfo es un ~ de mar en la tierra.* **- 2** ***adj.*** (periodo de tiempo) Que sigue; inmediatamente próximo en el futuro: *el mes ~ cojo mis vacaciones.* **- 3** ***m.*** Alimento ligero que se come al principio de una comida: *hemos tomado unos espárragos como ~.* ⇒ **entrada.**

en·tra·ña |entráɲa| **1** ***f.*** Órgano contenido en los huecos interiores del cuerpo, del hombre y de los animales: *el leopardo mató una gacela y se comió sus entrañas.* ⇒ **víscera.** ⌂ Se usa sobre todo en plural. **2** *fig.* Parte más importante y central de una cosa: *el detective investigó hasta llegar a la ~ del asesinato.* **- 3 entrañas** ***f. pl.*** *fig.* Parte más oculta o escondida de una cosa: *los excursionistas llegaron a las entrañas de la gruta.* **4** *fig.* Sentimiento de una persona, especialmente si es positivo: *el estafador era un hombre con muy malas entrañas.* ■ **echar las entrañas**, *fam.*, vomitar con fuerza: *la comida estaba tan mala, que echó las entrañas.*

en·tra·ña·ble |entraɲáβle| ***adj.*** Que es muy *afectuoso: *guardo un recuerdo ~ de Sevilla; Felipe es un amigo ~.*

en·tra·ñar |entraɲár| ***tr.*** [algo] Contener; llevar dentro de sí: *esta inversión de dinero entraña muchos riesgos.* ⇒ **implicar.**

en·trar |entrár| **1** ***intr.*** [a/en algún lugar] Ir o pasar al interior: *entró en la casa.* ⇒ **introducir. 2** Ser admitido; pasar a formar parte de un conjunto: *mi primo ha conseguido ~ en la Academia Militar.* **3** [en algún lugar] Meterse una cosa en otra o dentro de ella; caber: *al fin conseguimos que las maletas entrasen en el maletero; este anillo es muy pequeño y no me entra en el dedo.* ⇒ **caber. 4** Empezar o tener principio: *el verano entra el 21 de junio.* **- 5** ***tr.*** [algo; a alguien] Empezar a sentir: *me entró un humor terrible; vamos a hacer deporte a ver si nos entra hambre.* **6** Meter o introducir: *entra las sillas, que se van a mojar.*

en·tre |éntre| **1** ***prep.*** Indica situación o estado en medio de dos o más personas o cosas: *se sentó ~ sus dos hermanos; empezó a buscar ~ los periódicos.* **2** Indica situación o estado en un periodo de tiempo del que se señalan el principio y el fin: *vendrán ~ las cuatro y las cinco; no piques ~ comidas y no engordarás.* **3** Indica una calidad o estado medio con *respecto a otros: *tendría ~ 20 y 30 años; es un color ~ rosa y rojo.* **4** Indica participación o relación de varias cosas o personas: *~ tu coche y el mío podemos llevar a toda la familia; ~ los dos podemos llevarlo más fácilmente.* **5** Indica comparación de dos o más cosas o personas: *yo no veo mucha diferencia ~ los dos.* ■ **~ tanto**, en el mismo tiempo en que se hace u ocurre una cosa: *si estás dispuesto a esperarla, ~ tanto te invitaré a un café.* ⇒ **entretanto.**

en·tre·a·brir |entreaβrír| ***tr.-prnl.*** [algo] Abrir un poco: *entreabrió la puerta y asomó la cabeza por ella; la ventana se ha entreabierto un poco.* ⌂ El participio es *entreabierto.*

en·tre·ac·to |entreá^{k}to| ***m.*** Periodo de tiempo durante el que se interrumpe una representación de teatro u otro espectáculo público: *los entreactos han alargado mucho la obra de teatro; durante el ~ salimos a tomar un refresco.* ⇒ **intermedio.**

en·tre·ce·jo |entreθéxo| **1** ***m.*** Espacio entre las *cejas: *Manuel se toca con frecuencia el ~.* **2** Gesto de arrugar la frente y las *cejas para mostrar enfado: *frunció el ~ y se marchó muy disgustado.* ⇒ **ceño.** ⌂ Se suele usar con el verbo *fruncir.*

en·tre·co·mi·llar |entrekomiʎár| ***tr.*** [algo] Poner una palabra o una frase entre *comillas: *el escritor ha entrecomillado una palabra cuyo significado desconozco.*

en·tre·cor·ta·⌜do, ⌜da |entrekortáðo, ða| ***adj.*** (sonido, voz) Que se emite de manera interrumpida: *cuando cogí el teléfono escuché su voz entrecortada; hablaba con voz entrecortada a causa del llanto.*

en·tre·cru·zar |entrekruθár| ***tr.-prnl.*** [algo] Cruzar dos o más cosas entre sí: *he hecho este jersey entrecruzando los hilos de lana.* ⌂ Se conjuga como 4.

en·tre·di·cho |entreðít͡ʃo| ***m.*** Duda que se tiene sobre una persona o cosa: *el honor de la chica estaba en ~; no te atreverás a poner en ~ mis palabras.* ⌂ Se usa sobre todo con el verbo *poner.*

en·tre·ga |entréga| **1** ***f.*** Acción y resultado de entregar: *la ~ de la mercancía se hará mañana.* **2** Cosa que se entrega: *la ~ ha llegado defectuosa.* **3** Atención, interés o esfuerzo: *la ~ de los jugadores durante el partido ha sido absoluta.*

en·tre·gar |entreɣár| **1** ***tr.*** [algo; a alguien] Dar; poner en poder: *entrega esta carta al director del departamento; esta mañana me han entregado las llaves del coche.* **- 2** ***tr.-prnl.*** [alguien; a alguien] Poner en manos de una persona: *los secuestradores entregaron la niña a la policía; el violador se entregó a la autoridad.* **- 3 entregarse** ***prnl.*** Dedicarse por completo a una cosa: *se ha entregado enteramente al cuidado de sus hijos.* **4** Abandonarse a una pasión o a una mala costumbre: *tras su divorcio se entregó a la bebida.* ⌂ Se conjuga como 7.

en·tre·la·zar |entrelaθár| ***tr.*** [algo] Unir o atar una cosa con otra cruzándolas entre sí: *la pareja de enamorados entrelazó sus manos; ha entrelazado las cuerdas con fuerza para que no se desaten.* ⌂ Se conjuga como 4.

en·tre·me·dias |entreméðias| **1** ***adv. l.*** Entre dos lugares o cosas: *me coloqué ~ de los dos huecos; el chorizo está ~ de las dos rebanadas de pan.* **2** ***adv. t.*** Entre dos periodos de tiempo: *~ de las dos películas harán un descanso.*

en·tre·més |entremés| **1** ***m.*** Conjunto de alimentos fríos y ligeros que se toman antes de la comida: *puso unos entremeses de tortilla española, embutidos y aceitunas; he comido muchos entremeses y se me ha quitado el apetito.* ⌂ Se usa sobre todo en plural. **2** Pieza teatral de humor formada por un solo acto: *Cervantes escribió entremeses; los entremeses solían representarse entre los actos de una obra extensa.* ⇒ **sainete.**

en·tre·me·ter |entremetér| **1** ***tr.*** [algo] Doblar o meter hacia adentro una parte saliente de una cosa: *entremete la sábana entre el colchón y el somier.* **2** Meter una cosa entre otras: *entremetió el papel entre las páginas de la novela.* **- 3 entremeterse** ***prnl.*** Participar sin haber sido llamado: *no está bien entremeterse en los asuntos de los demás.* ⇒ **entrometerse, inmiscuirse, meter.**

en·tre·mez·clar |entremeθklár| ***tr.-prnl.*** [algo] Mezclar una cosa con otra sin que se confundan: *han hecho un cinturón entremezclando cintas de diversos colores.*

en·tre·na·⌐dor, ⌐do·ra |entrenaðór, ðóra| ***m. f.*** Persona que se dedica a preparar animales o a otras personas para una actividad determinada, especialmente para la práctica deportiva: *la entrenadora adiestra perros policía; el ~ dio unos consejos a los ciclistas al comienzo de la etapa.*

en·tre·na·mien·to |entrenamiénto| ***m.*** Preparación que se hace para realizar una acción o una actividad, especialmente para practicar un deporte: *el ciclista tiene tres horas de ~ diario; tuvo un accidente durante el ~.*

en·tre·nar |entrenár| ***tr.-prnl.*** [algo, a alguien] Preparar para realizar una acción o una actividad, especialmente para practicar un deporte: *el equipo de baloncesto se entrena en el polideportivo; han entrenado al perro para que guíe a los ciegos.* ⇒ **adiestrar.**

en·tre·pa·ño |entrepáɲo| ***m.*** ARQ. Parte de pared comprendida entre dos columnas, dos huecos u otros elementos: *quisiera abrir una ventana en este ~.*

en·tre·pier·na |entrepiérna| **1** ***f.*** Parte interior de los muslos: *el torero recibió una cornada en la ~.* **2** Parte de una prenda de vestir que corresponde a la parte interior de los *muslos: *le cosió la ~ del pantalón con hilo negro.* **3** *vulg.* Parte exterior del aparato *genital masculino y femenino. ⇒ **genital.**

en·tre·sa·car |entresakár| ***tr.*** [algo] Sacar una cosa que está entre otras: *he entresacado algunos fragmentos de esta obra de teatro para leérselos a mis alumnos.*

en·tre·si·jo |entresíxo| ***m.*** *fam.* Cosa oculta o escondida: *pasa tanto tiempo en casa de Pilar, que conoce todos los entresijos de su familia; para llegar a director de la empresa tuve que descubrir sus entresijos.* ☐ Se usa sobre todo en plural.

en·tre·sue·lo |entresuélo| **1** ***m.*** Piso situado encima del bajo y debajo del principal de un edificio: *las oficinas están en el ~.* **2** Piso primero de un teatro, situado sobre el *patio: *las butacas de ~ son algo más baratas que las del patio de butacas.*

en·tre·tan·to |entretánto| **1** ***adv. t.*** En el mismo tiempo en que se hace u ocurre una cosa: *acuesta a los niños, ~ serviré la cena.* ⇒ **entre, mientras.** ☐ La Real Academia Española prefiere la forma *entre tanto.* **- 2** ***m.*** Periodo de tiempo que está en medio de otros o durante el que se espera una cosa: *aprovechó para llamar por teléfono en el ~.*

en·tre·te·la |entretéla| **1** ***f.*** Tejido de algodón que se coloca entre la tela y el *forro de las prendas de vestir para darles forma: *la ~ se coloca en el cuello y las solapas.* **- 2 entretelas** ***f. pl.*** *fig.* Parte interior u oculta de una cosa: *nunca se supo qué tenía en las entretelas del pensamiento; salieron a la luz las entretelas de su gobierno.* ⇒ **intimidad.**

en·tre·te·ner |entretenér| **1** ***tr.-prnl.*** [a alguien] Hacer pasar el tiempo de manera agradable: *los payasos entretienen mucho a los niños; le hemos comprado a Joaquín un rompecabezas para que se entretenga.* ⇒ **divertir. 2** Distraer impidiendo la realización o continuación de una acción: *no me entretengas ahora, que tengo mucha prisa.* **- 3** ***tr.*** [algo] Hacer menos molesto: *entretuvo el hambre con una bolsa de pipas.* ☐ Se conjuga como 87.

en·tre·te·ni·⌐do, ⌐da |entreteníðo, ða| **1** ***adj.*** Que hace pasar el tiempo de manera agradable: *hemos visto una comedia muy entretenida.* ⇒ **divertido.** ⇔ **árido. 2** Que ocupa mucho tiempo o lleva mucho trabajo: *la labor de punto de cruz es bastante entretenida; habríamos acabado el trabajo mucho antes si no hubiera sido tan ~.*

en·tre·te·ni·mien·to |entretenimiénto| ***m.*** Cosa que divierte: *los crucigramas son el ~ favorito de mi madre.* ⇒ **diversión.**

en·tre·tiem·po |entretiémpo| ***m.*** Tiempo de primavera o de otoño, próximo al verano y de temperatura suave: *necesito ropa de ~; al llegar la noche se puso una chaqueta de ~.*

en·tre·ver |entreβér| **1** ***tr.*** [algo] Ver con poca claridad: *desde el balcón se entrevén los barcos del puerto.* **2** *fig.* Imaginar o creer que una cosa puede *suceder: *entreveo que quiere marcharse de la empresa.* ☐ Se conjuga como 91.

en·tre·vis·ta |entreβísta| **1** ***f.*** Reunión de dos o más personas en un lugar para tratar de un asunto determinado: *los representantes de la fábrica tendrán una ~ esta tarde.* **2** Conversación de un *periodista con otra persona para dar a conocer sus ideas u opiniones: *en esta revista aparece publicada una ~ con el presidente de la República.* **3** Encuentro en el que se determina si el aspirante a un puesto de trabajo tiene las cualidades que se le exigen: *esta mañana he tenido una ~ en una empresa privada.*

en·tre·vis·tar |entreβistár| **1** ***tr.*** [a alguien] Conversar un *periodista con otra persona para dar a conocer sus ideas u opiniones: *han entrevistado a un polémico artista.* **- 2 entrevistarse** ***prnl.*** Reunirse dos o más personas en un lugar para tratar de un asunto determinado: *han decidido entrevistarse para solucionar el conflicto laboral.*

en·tris·te·cer |entristeθér| **1** ***tr.-prnl.*** [a alguien] Poner triste; causar pena: *le ha entristecido mucho que te marches de la ciudad; se entristeció por la muerte de su perrito.* ⇒ **apenar, ensombrecer.** ⇔ **alegrar. - 2** ***tr.*** [algo] Dar un aspecto triste: *la lluvia entristece el paisaje.* ⇔ **alegrar.** ☐ Se conjuga como 43.

en·tro·me·ter·se |entrometérse| ***prnl.*** Participar sin haber sido llamado: *lo mejor es que no te entrometas en esto; tiene la mala costumbre de ~ donde no le importa.* ⇒ **entremeter, inmiscuirse, meter.**

en·tron·car |entroŋkár| **1** ***tr.-intr.*** [a alguien; con algo/alguien] Demostrar el *parentesco de una persona con una familia determinada: *el historiador entronca al escritor con una familia de reyes.* **2** [algo, a alguien; con algo/alguien] Establecer una relación entre ideas, personas o acciones: *entroncaron el pensamiento de este filósofo con el de los humanistas del Renacimiento.* ☐ Se conjuga como 1.

en·tro·ni·zar |entroniθár| **1** ***tr.*** [a alguien] Alabar o colocar en un alto estado o consideración: *entronizaron al príncipe cuando alcanzó la mayoría de edad.* ⇔ **destronar.** **2** *fig.* Colocar en un alto estado: *fue entronizado por sus estudios de arqueología.* ⇒ **ensalzar.** ☐ Se conjuga como 4.

en·tuer·to |entuérto| **1** ***m.*** Palabra o acción que hace perder el honor o causa daño moral a una persona: *Don Quijote era un caballero que deshacía los entuertos.* ⇒ **agravio.** - **2 entuertos *m. pl.*** Dolores de vientre que se padecen después del *parto: *los entuertos se deben a la contracción del útero.*

en·tu·me·cer |entumeθér| ***tr.-prnl.*** [algo] Impedir o hacer difícil el movimiento de un miembro: *el frío y la lluvia han entumecido mis articulaciones; al nadador se le han entumecido los músculos.* ⇒ **agarrotar.** ⇔ **desentumecer.** ☐ Se conjuga como 43.

en·tur·biar |enturβiár| **1** ***tr.-prnl.*** [algo] Quitar claridad o *transparencia; poner *turbio: *la tormenta ha enturbiado el agua de los ríos; el agua de la tinaja se ha enturbiado.* **2** *fig.* Alterar el orden; poner oscuro: *las huelgas enturbiaron el curso de las negociaciones.* ☐ Se conjuga como 12.

en·tu·sias·mar |entusiasmár| **1** ***tr.-prnl.*** [a alguien] Causar entusiasmo: *el nacimiento de su hijo la ha entusiasmado; no te entusiasmes antes de tiempo.* ⇒ **alegrar, emocionar.** - **2 *intr.*** Gustar mucho: *los bombones entusiasman a Raquel.* ⇒ **encantar, enloquecer.**

en·tu·sias·mo |entusiásmo| **1** ***m.*** Estado de gran excitación o animación producido por un sentimiento de admiración: *al recibir el premio no pudo ocultar su ~.* **2** Alegría o entrega: *empezó a estudiar con mucho ~, pero lo perdió al poco tiempo.*

en·tu·sias·ta |entusiásta| ***adj.-com.*** (persona) Que siente entusiasmo: *Nuria es una seguidora ~ del equipo de fútbol local.*

e·nu·me·ra·ción |enumeraθión| ***f.*** Expresión *sucesiva y ordenada de las partes que forman un todo: *la ~ de los delitos que había cometido el asesino causaba impresión.*

e·nu·me·rar |enumerár| ***tr.*** [algo] Exponer de manera ordenada las partes que forman un todo: *el autor enumeró las partes de que constaba su libro.* ⇒ **contar.**

e·nun·cia·ción |enunθiaθión| **1** ***f.*** Acción por la que se expresa con palabras una idea u otra cosa: *hizo una ~ detallada del estado económico de la empresa.* **2** Acción por la que se expone toda la información necesaria para buscar la solución de un problema: *en la ~ de los ejercicios tenéis todos los datos necesarios para resolverlos.*

e·nun·cia·do |enunθiádo| **1** ***m.*** Presentación de un problema, un *teorema u otra cosa que se explica por partes: *para resolver un problema matemático hay que leer bien el ~.* **2** LING. Conjunto de palabras limitado por silencios que puede estar formado por varias oraciones: *los lingüistas analizan los enunciados como unidades de la comunicación.*

e·nun·ciar |enunθiár| **1** ***tr.*** [algo] Expresar con palabras una idea: *el político enunció los aspectos más importantes de su programa.* **2** Exponer toda la información necesaria para buscar la solución de un problema: *el profesor de matemáticas ha enunciado los problemas del examen.* ☐ Se conjuga como 12.

e·nun·cia·ti·⌜vo, ⌜va |enunθiatíβo, βa| ***adj.*** Que afirma o niega, pero no expresa ningún sentimiento positivo o negativo sobre lo que dice: *las oraciones enunciativas se oponen a las interrogativas, exhortativas, exclamativas, etc.*

en·vai·nar |embainár| ***tr.*** [algo] Meter una arma en una funda o *vaina: *después de la lucha con su enemigo, envainó la espada.* ⇔ **desenvainar.**

en·va·len·to·nar |embalentonár| ***tr.-prnl.*** [a alguien] Hacer valiente o más valiente: *cuando oyó aquel insulto se envalentonó y respondió con palabras muy duras.*

en·va·ne·cer |embaneθér| ***tr.-prnl.*** [a alguien] Hacer que una persona se muestre orgullosa de sus cualidades: *el éxito lo ha envanecido demasiado; no te envanezcas tanto, que lo tuyo no siempre es lo mejor.* ☐ Se conjuga como 43.

en·va·sar |embasár| ***tr.*** [algo] Poner un producto en un recipiente adecuado: *en esta fábrica envasan cereales y legumbres; han envasado estas pastillas en botes de plástico.* ⇒ **embotellar.**

en·va·se |embáse| ***m.*** Recipiente en el que se conserva o transporta una cosa: *venden las sardinas en envases de lata; dentro del ~ de cristal hay espárragos.*

en·ve·je·cer |embexeθér| **1** ***intr.-prnl.*** [con/de/por algo] Hacerse viejo o más viejo: *María ha envejecido muy deprisa por trabajar demasiado; la ropa envejecía con el paso de los años.* - **2 *tr.*** [algo, a alguien] Hacer parecer viejo o más viejo: *la muerte de su amigo lo ha envejecido mucho; el color negro te envejece.* ☐ Se conjuga como 43.

en·ve·je·ci·mien·to |embexeθimiénto| ***m.*** Acción y resultado de *envejecer: *el ~ es un proceso que no se puede detener.*

en·ve·ne·na·mien·to |embenenamiénto| ***m.*** Acción y resultado de *envenenar: *no han podido determinar las causas del ~.*

en·ve·ne·nar |embenenár| **1** ***tr.-prnl.*** [algo, a alguien] Matar o causar una enfermedad por medio de un veneno: *hemos envenenado a las cucarachas poniendo veneno en el suelo; lo odiaba tanto, que lo envenenó con cianuro.* **2** [algo] Poner veneno; hacer venenoso: *la criada envenenó la bebida de los señores.* ⇒ **emponzoñar.** **3** *fig.* Echar a perder, estropear: *el mal carácter envenenó la amistad que los unía.*

en·ver·ga·du·ra |emberɣaðúra| **1** ***f.*** Distancia entre las puntas de las alas de una ave cuando están extendidas: *el buitre tiene cerca de dos metros de ~.* **2** Distancia entre los extremos de las alas de un avión: *el bombardero tiene mayor ~ que el caza.* **3** Distancia entre los extremos de los brazos de una persona cuando están extendidos: *tiene los brazos más largos que tú, por eso tiene más ~.* **4** MAR. Ancho de la vela de un barco: *se ha comprado un barco con una vela de gran ~.* **5** *fig.* Importancia o dificultad: *ahora está abordando proyectos de gran ~.*

en·vés |embés| *m.* Cara posterior de una cosa plana y delgada, especialmente de una tela o de una hoja de una planta: *los nervios de las plantas se aprecian más por el ~ que por el haz.* ⇒ **reverso.** ⇔ **haz.** ☖ El plural es *envés.*

en·via·⌐do, ⌐da |embiáðo, ða| **1** *m. f.* Persona que lleva un mensaje por encargo de otra: *el rey ordenó al ~ que transmitiera la buena noticia.* ⇒ **mensajero. 2** *Periodista que envía información desde el lugar en que se produce la noticia: *el ~ en Roma nos da la información sobre el Papa.* ⇒ **corresponsal; ~ especial,** *periodista que envía información desde un lugar o sobre un asunto poco habitual: *hemos visto por la televisión al ~ especial en Ruanda.*

en·viar |embiár| **1** *tr.* [a alguien] Hacer ir a un lugar: *han enviado tres inspectores a la fábrica; enviaremos a nuestro hijo a un colegio inglés.* ⇒ **mandar. 2** [algo] Hacer llegar a un lugar: *¿cuándo me enviaste la postal?; nos enviaron el paquete por correo urgente.* ⇔ **recibir.** ☖ Se conjuga como 13.

en·vi·ciar |embiθiár| **1** *tr.* [a alguien] Hacer caer en una mala costumbre: *las malas compañías lo enviciaron en la droga.* **- 2 enviciarse** *prnl.* Entregarse a una mala costumbre: *se ha enviciado con los juegos de azar y está arruinando a su familia.* **3** Dedicarse con exceso a una cosa que resulta agradable: *se ha enviciado con los juegos de ordenador y no hace otra cosa.* ⇒ **aficionar.** ☖ Se suele construir con las preposiciones *con* o *en.* Se conjuga como 12.

en·vi·dar |embiðár| *intr.* *Apostar una cantidad determinada de tantos en ciertos juegos de cartas: *cuando un jugador envida, el otro tiene que decidir si acepta el envite o lo rechaza.*

en·vi·dia |embíðia| **1** *f.* Sentimiento de dolor o tristeza que produce el bien *ajeno en una persona: *todos le tienen ~ porque gana mucho dinero.* ⇒ **pelusa. 2** Sentimiento positivo que produce en una persona el bien *ajeno: *da ~ lo bien arreglada que va; tiene un chalé que da ~ verlo.*

en·vi·diar |embiðiár| *tr.* [algo, a alguien] Sentir o tener *envidia: *todos sus compañeros envidiaban su inteligencia; envidio su buen gusto para decorar las casas; desde siempre envidió a su hermana mayor.* ☖ Se conjuga como 12.

en·vi·dio·⌐so, ⌐sa |embiðióso, sa| *adj.-s.* (persona) Que siente o tiene *envidia: *es una chica tan envidiosa, que desea todo lo que tienen los demás; no seas ~ y devuélvele el juguete a tu hermano.*

en·vi·le·cer |embileθér| *tr.-prnl.* [algo, a alguien] Hacer que una persona o cosa merezca desprecio: *su afición por el dinero lo envileció.* ⇔ **enaltecer.** ☖ Se conjuga como 43.

en·ví·o |embío| **1** *m.* Acción y resultado de enviar: *hemos pedido que nos hagan un nuevo ~ de libros; los objetos de cristal se rompieron durante el ~.* **2** Cosa que se envía de un lugar a otro: *¿ha llegado ya el ~ de medicamentos?* ⇒ **pedido, remesa.**

en·vi·te |embíte| *m.* Acción y resultado de *envidar: *acepto tu ~.*

en·viu·dar |embiuðár| *intr.* Quedarse *viudo o *viuda: *enviudó hace un año y no ha vuelto a casarse.*

en·vol·to·rio |emboltório| **1** *m.* Material flexible que sirve para envolver objetos: *el ~ del regalo era un papel de colores; quitó el ~ de cartón y encontró media docena de tazas.* ⇒ **envoltura. 2** Conjunto de cosas atadas o envueltas: *hizo un ~ con su ropa y se marchó de casa.* ⇒ **paquete.**

en·vol·tu·ra |emboltúra| *f.* Material flexible que sirve para envolver objetos: *no tires al suelo la ~ de la chocolatina.* ⇒ **envoltorio.**

en·vol·ven·te |embolβénte| *adj.* Que envuelve o rodea: *estos altavoces consiguen un efecto de sonido ~.*

en·vol·ver |embolβér| **1** *tr.-prnl.* [algo, a alguien] Cubrir rodeando con una cosa: *envolvió el muñeco de peluche con papel de regalo; envuelve el bocadillo en papel de plata; envolvió al bebé con la toquilla.* ⇔ **desenvolver. 2** [algo] Cubrir con una sustancia: *el pastelero envolvió los bombones con una capa de chocolate.* ⇒ **recubrir. 3** Enrollar un hilo o una *cinta: *el pescador ha envuelto el sedal en el carrete de la caña.* **4** *fig.* [a alguien] Mezclar en un asunto: *lo envolvieron en una historia truculenta.* **5** Rodear al enemigo en una acción de guerra: *nuestro ejército ha envuelto al enemigo y lo ha dejado sin ninguna posibilidad de movimiento.* **6** *fig.* Dominar con razones o engaños: *lo envolvió con buenos argumentos y no supo qué decir.* ☖ Se conjuga como 32.

en·ye·sar |enyesár| **1** *tr.* [algo] Tapar con *yeso: *el albañil ha enyesado el agujero de la pared.* **2** Hacer que no se mueva un miembro del cuerpo poniendo *yeso alrededor: *si no te enyesan el brazo, nunca se te curará la rotura; le han enyesado la pierna y debe llevar muletas.*

en·zar·zar |enθarθár| **1** *tr.-prnl.* [algo, a alguien] Enfrentar o hacer que luchen entre sí dos o más personas o animales: *Ramón y Leopoldo se enzarzaron por una cosa sin importancia; el oso y el león se han enzarzado en una tremenda pelea.* ⇒ **disputar. - 2 enzarzarse** *prnl.* Meter o empezar a participar en un asunto delicado o peligroso: *se enzarzó en la compra de unas acciones y se arruinó.* ⇒ **enredar. 3** Meterse entre las *zarzas: *se enzarzó y se hizo varias heridas en el brazo.* ☖ Se conjuga como 4.

en·zi·ma |enθíma| *amb.* BIOL. Molécula que favorece y regula la producción de reacciones químicas en los seres vivos: *las enzimas están compuestas principalmente por proteínas.* ☖ No se debe confundir con el adverbio *encima.*

e·ñe |éɲe| *f.* Nombre de la letra *ñ*: *la palabra* ñoño *tiene dos eñes.*

e·ó·li·⌐co, ⌐ca |eóliko, ka| **1** *adj. form.* Del viento o que tiene relación con el viento: *la energía eólica es una buena alternativa al petróleo.* **2** *form.* De Eolia o que tiene relación con Eolia, antigua región de Asia Menor: *Esmirna y Mitilene fueron importantes* *ciudades eólicas.* - **3 eólico** ***m.*** *form.* Variedad del *griego clásico de Eolia:

é·pi·ca |épika| ***f.*** POÉT. Género de *poesía que cuenta hechos de *héroes o de *gloria: *la* Ilíada *y la* Odisea *marcan el comienzo de la ~.*

e·pi·cen·tro |epiθéntro| ***m.*** Punto de la superficie de la Tierra bajo el cual tiene origen un *terremoto: *los terremotos alcanzan su mayor intensidad en el ~.*

é·pi·⌐co, ⌐ca |épiko, ka| **1** ***adj.*** De la *épica o que tiene relación con ella: *el Cid Campeador es un personaje ~.* **2** Que impresiona por su importancia o cualidades: *la victoria del equipo local fue épica.*

e·pi·cú·re·⌐o, ⌐a |epikúreo, a| **1** ***adj.*** FIL. De la doctrina filosófica de Epicuro o que tiene relación con ella: *la filosofía epicúrea daba mucha importancia al concepto de placer.* **2** ***adj.-s.*** FIL. (persona) Que sigue la doctrina filosófica de Epicuro: *los epicúreos cultivaban sobre todo la amistad.*

e·pi·de·mia |epiðémia| **1** ***f.*** Enfermedad que ataca a gran número de personas del mismo lugar y al mismo tiempo: *había una ~ de gripe; una ~ de peste acabó con la población.* ⇒ **plaga. 2** *fig.* Daño o desorden que se extiende: *la policía luchaba contra la ~ del crimen organizado.* ⇒ **plaga.**

e·pi·dé·mi·⌐co, ⌐ca |epiðémiko, ka| ***adj.*** Que ataca a gran número de personas del mismo lugar y al mismo tiempo: *hoy día existen vacunas para la mayoría de las enfermedades epidémicas.*

e·pi·dér·mi·⌐co, ⌐ca |epiðérmiko, ka| ***adj.*** ANAT. De la *epidermis o que tiene relación con ella: *el tejido ~ de la cara es fino y suave.*

e·pi·der·mis |epiðérmis| **1** ***f.*** ANAT. Capa exterior de la piel de los vertebrados y de los invertebrados: *la ~ de los invertebrados está formada por una serie de células; en la ~ están las células que dan color a la piel.* ☐ El plural es *epidermis.* **2** BOT. Capa de células que cubre el tallo y las hojas de ciertas plantas: *esta planta tiene una enfermedad en la ~.*

e·pi·glo·tis |epiɣlótis| ***f.*** ANAT. Tejido elástico unido a la parte posterior de la lengua, que cubre la *glotis: *la ~ abre la laringe cuando se habla y la cierra cuando se toman alimentos.* ☐ El plural es *epiglotis.*

e·pí·go·no |epíɣono| ***m.*** Persona que sigue a otra en una actividad artística o científica: *los congresistas más destacados han sido el famoso filósofo y sus epígonos.*

e·pí·gra·fe |epíɣrafe| **1** ***m.*** Título que aparece al comienzo de un escrito, o de cada una de sus partes: *este libro está estructurado en diez epígrafes.* **2** Explicación corta y justa que aparece al comienzo de un escrito recogiendo lo principal de su contenido: *leeré el ~ para ver si me interesa este artículo.*

e·pi·lep·sia |epilépsia| ***f.*** Enfermedad de los nervios que provoca ataques, pérdida del conocimiento y movimientos violentos y agitados: *la ~ se debe a una actividad eléctrica anormal en la corteza cerebral; la ~ se trata con medicinas y cirugía.*

e·pi·lép·ti·⌐co, ⌐ca |epiléptiko, ka| **1** ***adj.-s.*** (persona) Que padece *epilepsia: *los enfermos epilépticos deben evitar las bebidas alcohólicas.* **2** De la *epilepsia o que tiene relación con ella: *sufrió un ataque ~ y luego no recordaba nada.*

e·pí·lo·go |epíloɣo| **1** ***m.*** Parte última de ciertas obras literarias, de cine o teatro en la que se desarrolla una acción independiente, pero que tiene relación con la acción principal y suele explicarla: *en el ~ explicaron por qué lo había asesinado.* **2** POÉT. Conclusión de un discurso u obra: *en el ~ ofrece un pequeño resumen.*

e·pis·co·pa·do |episkopáðo| **1** ***m.*** Cargo de *obispo: *era tan humilde, que quiso renunciar al ~.* ⇒ **obispado. 2** Zona que depende de un *obispo: *esta parroquia no pertenece al ~ de Sevilla.* ⇒ **diócesis, obispado. 3** Edificio u oficina donde funciona la administración que depende del *obispo: *el ~ está en el centro de la ciudad.* ⇒ **obispado. 4** Conjunto de *obispos: *el ~ se ha reunido en torno al Papa.* ⇒ **obispado.**

e·pis·co·pal |episkopál| ***adj.*** Del *obispo o que tiene relación con él: *ayer visitamos el palacio ~.* ⇒ **obispal.**

e·pi·só·di·⌐co, ⌐ca |episóðiko, ka| ***adj.*** Del *episodio o que tiene relación con él: *no me gustó la distribución episódica del relato.*

e·pi·so·dio |episóðio| **1** ***m.*** Parte en que se divide una serie de radio o de televisión: *esta serie televisiva está formada por 439 episodios; hoy veremos el tercer ~ de esa serie.* **2** Hecho que está relacionado con otros y que forma con ellos un todo: *esta enciclopedia relata los episodios más destacados del descubrimiento de América; el ~ de la fuga fue lo que más me gustó de la película.* **3** Hecho de poca importancia: *su matrimonio con Francisco fue un ~ más de su vida.* **4** *fam.* Hecho accidentado o que ocurre sin esperar: *¡menudo ~ tuvimos cuando quedamos atrapados en el ascensor!* ⇒ **aventura.**

e·pís·to·la |epístola| **1** ***f.*** Papel escrito, generalmente cerrado, que una persona envía a otra para comunicarse con ella: *el rey recibió una ~ de la corte francesa.* ⇒ **carta, misiva. 2** Momento de la misa en el que se leen partes de cartas escritas por los *apóstoles: *la lectura de las epístolas se hace antes que la lectura del Evangelio.* **3** Obra en verso en forma de carta que tiene un fin moral: *hemos leído la ~ moral que escribió este autor.*

e·pis·to·lar |epistolár| ***adj.*** De la *epístola o que tiene relación con ella: *la expresión* muy señor mío *es característica del género ~.*

e·pis·to·la·rio |epistolário| **1** ***m.*** Libro o *cuaderno en el que se recogen varias cartas de un autor: *se acaba de publicar un interesante ~ de Federico García Lorca.* **2** Libro en el que se contienen los textos que se leen en la misa antes del *Evangelio: *el sacerdote abrió el ~ y leyó la epístola de San Pablo a los efesios.*

e·pi·ta·fio |epitáfio| ***m.*** Frase grabada en una *sepultura: *en su sepulcro había escrito un bonito ~.*

e·pí·te·to |epíteto| **1** ***m.*** Adjetivo, o expresión equivalente, que se añade a un nombre, no para determinarlo o explicarlo, sino para destacar su carácter y producir un efecto de estilo: *en* la verde hierba, verde *es un ~.* ☐ A menudo va antes del nombre. **2** *p. ext.* Juicio o expresión de unas cualidades, que puede ser positivo o despectivo: *el artículo del periódico estaba plagado de epítetos que criticaban la película.* ⇒ **elogio, insulto.**

é·po·ca |époka| **1** *f.* Periodo de tiempo de considerable extensión y que se *caracteriza por la aparición de un personaje o un hecho histórico: *en la ~ de la revolución industrial ocurrieron muchos cambios económicos.* ⇒ **edad, era. 2** Periodo de tiempo determinado: *tuvo muchos problemas durante la ~ de su niñez; nunca sale en ~ de exámenes.* ⇒ **tiempo.** ■ **de ~**, que no pertenece al presente: *ha sido interesante esta comedia de ~.* ⇔ **contemporáneo.** ■ **hacer ~**, tener mucha importancia una cosa: *su noviazgo fue de los que hicieron ~.*

e·po·pe·ya |epopéya| **1** *f.* POÉT. Poema de gran extensión en el que se cuentan hechos *heroicos: *la* Ilíada *y la* Odisea *son epopeyas.* **2** POÉT. Conjunto de poemas que forman la tradición *épica de un pueblo: *de la historia del pueblo griego surgieron muchas epopeyas.* **3** Acción realizada con sufrimiento: *la operación de rescate de los náufragos fue una verdadera ~.*

e·qui·dad |ekiðáᵈ| *f.* Igualdad o justicia en el trato o en otra cosa: *los repartos entre hermanos deben hacerse con ~.*

e·qui·dis·tar |ekiðistár| *intr.* Estar uno o más puntos o cosas a la misma distancia de otro punto o entre sí: *estas tres ciudades equidistan entre sí.*

e·qui·lá·te·⌈ro, ⌈ra |ekilátero, ra| *adj.* GEOM. (figura) Que tiene los lados iguales: *el niño dibuja un triángulo ~.*

e·qui·li·brar |ekiliβrár| **1** *tr.-prnl.* [algo] Poner en equilibrio: *equilibró los platillos de la balanza antes de poner los pesos.* ⇒ **estabilizar, nivelar.** ⇔ **desequilibrar. 2** *fig.* Hacer que una cosa no supere a otra, manteniéndolas iguales: *intenta ~ el tiempo dedicado al trabajo y el dedicado al ocio.*

e·qui·li·brio |ekilíβrio| **1** *m.* Estado de un cuerpo que está sometido a fuerzas contrarias: *los platillos de la balanza están en ~ porque el peso es el mismo en ambos lados.* ⇔ **desequilibrio. 2** Situación de un cuerpo que se mantiene en una posición sin caerse: *el anciano perdió el ~ y acabó en el suelo; el equilibrista mantiene el ~ sobre la cuerda floja.* **3** *fig.* Proporción y adecuación: *en las situaciones difíciles hay que mantener el ~ y la sensatez.* ⇒ **armonía. - 4 equilibrios** *m. pl. fig.* Actos con los que se sostiene una situación difícil: *tiene que hacer muchos equilibrios para llegar a fin de mes.*

e·qui·li·bris·mo |ekiliβrísmo| *m.* Técnica de realizar ejercicios difíciles sin perder el equilibrio: *trabaja en el circo realizando juegos de ~.*

e·qui·li·bris·ta |ekiliβrísta| *adj.-com.* (persona) Que se dedica a practicar ejercicios difíciles sin perder el equilibrio: *la ~ llevaba una pértiga en las manos mientras caminaba por la cuerda floja.*

e·qui·no |ekíno| *adj. form.* Del caballo o que tiene relación con él: *en el rancho hay ganado ~ y bovino.*

e·qui·noc·cio |ekinóᵏθio| ASTRON. Momento del año en que el Sol parece pasar sobre el Ecuador y en que el día y la noche duran lo mismo: *el ~ de primavera se produce entre el 20 y el 21 de marzo, y el ~ de otoño, entre el 22 y el 23 de septiembre.* ⇔ **solsticio.**

e·qui·pa·je |ekipáxe| *m.* Conjunto de cosas que se llevan de viaje: *nos marcharemos en cuanto meta el ~ en el maletero del coche; la compañía aérea ha perdido mi ~ durante el viaje.*

e·qui·par |ekipár| *tr.-prnl.* [algo, a alguien] Proporcionar todo lo necesario para un fin determinado: *equiparon la nave para una larga travesía; el excursionista se ha equipado de ropa y comida.* ⇒ **abastecer.** ☖ Se suele construir con las preposiciones *de* y *con.*

e·qui·pa·rar |ekiparár| *tr. form.* [algo, a alguien] Comparar a una persona o cosa con otra considerándolas o haciéndolas iguales: *equiparó su nivel intelectual al de un mosquito; han equiparado la categoría profesional de todos los que hacen el mismo trabajo.* ⇒ **asemejar.**

e·qui·po |ekípo| **1** *m.* Conjunto de personas que compite con otro en distintos deportes: *Rocío forma parte del ~ de voleibol del instituto; el ~ de fútbol tiene 11 jugadores.* **2** Conjunto de personas organizado para realizar una actividad determinada: *se ha incorporado un miembro más al ~ del Gobierno.* **3** Conjunto de objetos necesarios para un fin determinado: *se ha comprado un ~ de esquí; este ~ de música está muy bien de precio.* ■ **caerse con todo el ~**, *fam.*, fracasar completamente: *tomó una decisión tan desafortunada, que se cayó con todo el ~.*

e·quis |ékis| **1** *f.* Nombre de la letra *x*: *la palabra* exagerar *se escribe con ~.* **2** MAT. Nombre del signo del valor desconocido en matemáticas: *tienes que despejar la ~ en esa ecuación.* **3** Número que no se conoce o no se determina: *necesito ~ días para terminarlo.* **- 4** *adj.* De la *pornografía o que tiene relación con ella: *he visto una película ~; hemos estado en un cine ~.* ☖ El plural es *equis.*

e·qui·ta·ción |ekitaθión| *f.* Arte y deporte de montar a caballo: *tienen una finca en la que practican la ~; la ~ es un deporte olímpico.*

e·qui·ta·ti·⌈vo, ⌈va |ekitatíβo, βa| *adj.* Que es justo e *imparcial: *los padres hicieron un reparto ~ de los juguetes entre los niños.* ⇒ **ecuánime.**

e·qui·va·len·cia |ekiβalénθia| *f.* Igualdad en la función o en el valor: *esta tabla muestra la ~ entre millas y kilómetros.*

e·qui·va·len·te |ekiβalénte| **1** *adj.-com.* Que es igual o equivale a otra cosa: *mil metros es la longitud ~ a un kilómetro; en esta bolsa de caramelos hay el ~ a cien pesetas.* **- 2** *adj.* (figura) Que tiene igual área o volumen que otra, pero forma diferente: *este cuadrado y este rombo son equivalentes.*

e·qui·va·ler |ekiβalér| *intr.* Ser una cosa igual a otra en valor o importancia: *las vitaminas de esta pastilla equivalen a las de tres filetes.* ⇒ **valer.** ☖ Se conjuga como 89.

e·qui·vo·ca·ción |ekiβokaθión| *f.* Acción y resultado de equivocarse: *por ~ tomó ron en lugar de agua.* ⇒ **error.**

e·qui·vo·car |ekiβokár| *tr.-prnl.* [algo] Obrar de manera poco o nada acertada: *desafortunadamente,* *ha equivocado la elección de su profesión; se ha equivocado al darme el número de teléfono.* ⇒ **errar.** ⇔ **acertar.** ☖ Se conjuga como 1.

e·quí·vo·⌜co, ⌜ca |ekíβoko, ka| **1** ***adj.*** Que puede entenderse en varios sentidos: *no entendí lo que quería decir porque la frase era equívoca.* ⇒ **ambiguo. 2** Que puede llevar a error o a una mala *interpretación: *su conducta equívoca hizo que todos nos enfadáramos.* **3** Que levanta sospecha: *lleva una vida equívoca y desordenada.*

e·ra |éra| **1** ***f.*** Periodo en que se divide la historia del hombre o de una sociedad: ~ **común/cristiana**, la que empieza a contarse a partir del nacimiento de Cristo: *estamos en el siglo XX de la ~ cristiana;* ~ **española**, la que empieza a contarse 38 años antes de la cristiana: **2** Periodo caracterizado por un *rasgo determinado: *vino una ~ de paz.* ⇒ **época. 3** GEOL. Gran periodo en que, junto con otros, se divide para su estudio la historia de la corteza del globo de la Tierra: *ahora estamos en la ~ cuaternaria.* **4** Terreno descubierto, de superficie llana y a veces cubierta con piedras, donde se *trilla el cereal: *llevaron la mies a la ~; de noche, dormíamos en la ~.* **5** Terreno descubierto, de superficie llana y a veces cubierta con piedras, donde se limpian o mezclan minerales: *llevaron los minerales a la ~ para limpiarlos.* **6** Terreno pequeño destinado al cultivo de flores y hortalizas: *a la derecha de la casa había una ~ de flores.*

e·ra·rio |erário| ***m.*** *form.* Conjunto de bienes y *rentas del Estado: *el ~ se mantiene con los impuestos que pagan los contribuyentes.* ⇒ **hacienda.**

e·re |ére| ***f.*** Nombre de la letra *r* en su sonido simple: *la palabra* arenisca *tiene una ~.*

e·rec·ción |ere^{k}θión| ***f.*** Acción y resultado de levantar o levantarse una cosa: *la ~ del monumento fue presidida por el alcalde.*

e·rec·⌜to, ⌜ta |eré^{k}to, ta| ***adj.*** *form.* Que está levantado o derecho: *procura caminar llevando la espalda erecta.*

er·guir |erɣír| ***tr.-prnl.*** [algo] Levantar o poner derecho: *al oír su nombre se irguió rápidamente.* ⇒ **incorporar.** ☖ Se conjuga como 70.

e·rial |eriál| ***m.*** Terreno que no se cultiva o que está abandonado: *a las afueras del pueblo sólo hay eriales.* ⇒ **baldío.**

e·ri·gir |erixír| **1** ***tr.*** [algo] Levantar o fundar: *durante la Edad Media se erigieron numerosas catedrales.* **- 2** ***tr.-prnl.*** [algo, a alguien] Alcanzar o hacer alcanzar una condición mejor o más alta: *el muchacho más fuerte se erigió en jefe de la pandilla.*

e·ri·zar |eriθár| **1** ***tr.-prnl.*** [algo] Levantar y poner *rígida una cosa, especialmente el pelo: *el gato eriza el pelo ante una señal de peligro; sentía mucho frío y se le erizó el vello de los brazos.* **2** *fig.* Llenar de problemas u obstáculos: *al cabo de una hora se erizó la reunión y todo terminó mal.* ☖ Se conjuga como 4.

e·ri·zo |eríθo| **1** ***m.*** Animal mamífero pequeño, que tiene la espalda cubierta de espinas, las patas y la cabeza muy pequeñas y que se alimenta de insectos: *el perro golpeó al ~ con la pata y éste se hizo una bola.* ☖ Para indicar el sexo se usa el ~ macho y el ~ hembra; ~ **de mar/marino**, animal invertebrado marino con forma de media esfera y protegido por una concha cubierta de espinas articuladas: *pisé un ~ de mar cuando caminaba por la playa.* **2** Corteza dura y espinosa que cubre algunos frutos: *estas castañas tienen ~.* **3** *fig.* Persona difícil de tratar y de carácter áspero: *este niño es un ~, no se deja besar por nadie.*

er·mi·ta |ermíta| ***f.*** Iglesia pequeña situada generalmente en las afueras de una población: *quiso que su hijo fuera bautizado en la ~ del pueblo; esta ~ es de estilo románico.*

er·mi·ta·⌜ño, ⌜ña |ermitáɲo, ɲa| **1** ***m. f.*** Persona que vive en una *ermita y que cuida de ella: *el ~ siempre tiene la ermita muy cuidada.* **- 2** ***adj.-s.*** (persona) Que vive en soledad, apartado de las demás personas: *en una cabaña del bosque vive un ~ que es considerado sabio por los del pueblo; desde que se quedó viuda lleva una vida de persona ermitaña.* **- 3** ***adj.*** Que está relacionado con la vida en soledad: *los autistas adoptan actitudes ermitañas.*

e·ro·sión |erosión| **1** ***f.*** Desgaste producido en la superficie de la Tierra por fenómenos naturales o por la acción del hombre y de los seres vivos: *el río es el causante de la ~de este valle; las rocas de la montaña han sufrido la ~ del viento.* **2** Desgaste producido en la superficie de un cuerpo por el roce

ERIZO

ERMITAÑO

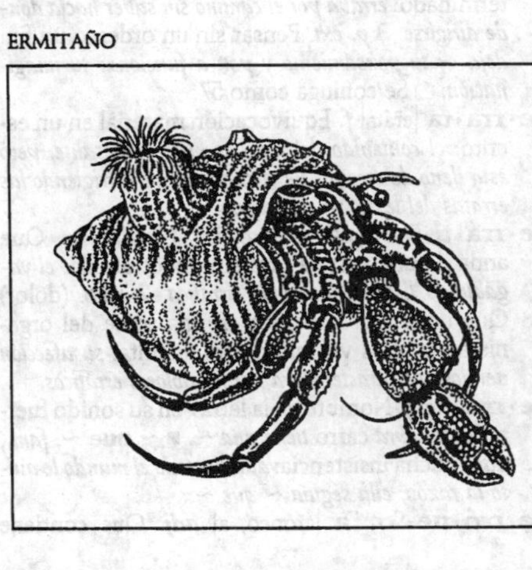

de otro: *la estatua de la esquina ha sufrido mayor ~ a causa del roce de la gente al pasar.* **3** *fig.* Disminución de la influencia o de la importancia de una persona: *la corrupción de sus subalternos causó la ~ de su prestigio.* ⇒ **deterioro.**

e·ro·sio·nar |erosionár| **1** ***tr.*** [algo] Desgastar la superficie de la Tierra los fenómenos naturales o la acción del hombre y de los seres vivos: *el viento ha erosionado las paredes de esta montaña; el agua y el aire erosionan la superficie terrestre.* **2** *fig.* Disminuir la influencia o la importancia de una persona: *su afición al alcohol erosionó la buena imagen que la gente tenía de él.* ⇒ **deteriorar.**

e·ró·ti·ca |erótika| ***f.*** Fuerza que atrae o excita: *la ~ de los juegos de azar lo han llevado a la ruina.*

e·ró·ti·⌐co, ⌐ca |erótiko, ka| **1** ***adj.*** Que tiene relación con el amor carnal o sexual: *era muy joven cuando tuvo su primera experiencia erótica.* **2** Que trata asuntos relacionados con el amor: *es muy difícil encontrar buena literatura erótica.* **3** Que excita o provoca sexualmente: *llevaba una ropa muy erótica.*

e·ro·tis·mo |erotísmo| **1** ***m.*** Amor carnal o sexual: *el ~ no es lo mismo que la pornografía.* **2** Cualidad de *erótico: *han quitado todas las escenas de ~ de esta película.*

e·rra·bun·⌐do, ⌐da |eraβúndo, da| ***adj.*** Que va de un lugar a otro sin un fin determinado: *anduvo ~ por el campo durante todo el día.*

e·rra·di·car |eraðikár| ***tr.*** *form.* [algo] Arrancar de raíz; hacer desaparecer por completo: *las autoridades no han logrado ~ la delincuencia en la ciudad; se han erradicado muchas enfermedades gracias a los avances de la ciencia.* ☐ Se conjuga como 1.

e·rran·te |eránte| ***adj.*** Que va de un lugar a otro sin un fin determinado: *es una persona ~, no está mucho tiempo en el mismo sitio.* ⇒ **vagabundo.** ⇔ **sedentario.**

e·rrar |erár| **1** ***tr.-intr.*** *form.* [algo] Obrar de manera poco o nada acertada: *erró el tiro y la flecha salió fuera del campo; erró en su decisión y ahora está pagando las consecuencias.* ⇒ **equivocar.** ⇔ **acertar.** - **2** ***intr.*** Ir de un lugar a otro sin un fin determinado: *erraba por el camino sin saber hacia dónde dirigirse.* **3** *p. ext.* Pensar sin un orden o un fin: *deja ~ tu pensamiento y pon a funcionar tu imaginación.* ☐ Se conjuga como 57.

e·rra·ta |eráta| ***f.*** Equivocación material en un escrito: *el contenido del libro es muy interesante, pero está lleno de erratas; lleva cuatro horas corrigiendo las erratas del texto.* ⇒ **gazapo.**

e·rrá·ti·⌐co, ⌐ca |erátiko, ka| **1** ***adj.*** *form.* Que anda de una parte a otra sin dirección fija: *el vagabundo llevaba una vida errática.* **2** MED. (dolor) Que unas veces aparece en una parte del organismo y otras veces, en otra distinta: *su afección nerviosa se caracterizaba por los dolores erráticos.*

e·rre |ére| ***f.*** Nombre de la letra *r* en su sonido fuerte: *la palabra* carro *tiene una ~.* ■ ~ **que** ~, *fam.*, con mucha insistencia: *aunque todo el mundo le quitó la razón, ella seguía ~ que ~.*

e·rró·ne·⌐o, ⌐a |eróneo, a| ***adj.*** Que contiene error: *le dieron una información errónea y no supo llegar a su destino; tienes una imagen errónea de Pilar.* ⇔ **certero.**

e·rror |erór| **1** ***m.*** Juicio falso: *es un ~ pensar que la situación va a mejorar;* ~ **de bulto**, el que es de importancia: *este fallo tiene consecuencias graves, es un ~ de bulto.* **2** Acción equivocada; acción hecha con poco acierto: *cometí el ~ de pulsar el timbre de la casa de la vecina en lugar del de mi casa; fue un ~ invitar a tu amigo a nuestra fiesta.* ⇒ **desacierto, equivocación.**

e·ruc·tar |eru^{k}tár| ***intr.*** Expulsar gases del estómago con ruido por la boca: *cuando bebo agua con gas no puedo evitar ~; niña, ¿no sabes que ~ es de mala educación?* ⇒ **regoldar.**

e·ruc·to |erú^{k}to| ***m.*** Conjunto de gases expulsados del estómago de una vez y con ruido por la boca: *la profesora le regañó porque lanzó un gran ~ en medio de la clase.* ⇒ **regüeldo.**

e·ru·di·ción |eruðiθión| ***f.*** Conocimiento extenso y profundo de un tema o una materia: *los libros que ha escrito han sido producto de su ~; nos dejó realmente impresionados con su ~.* ⇒ **sabiduría.**

e·ru·di·⌐to, ⌐ta |eruðíto, ta| ***adj.-s.*** (persona) Que tiene un conocimiento extenso y profundo de un tema o materia: *es un ~ en el asunto, así que pregúntale lo que quieras.* ⇒ **estudioso, sabio.**

e·rup·ción |eru^{p}θión| **1** ***f.*** Aparición y desarrollo de granos o de manchas en la piel: *la ~ le duró una semana; en el sarampión se produce una fuerte ~.* **2** Conjunto de granos o de manchas en la piel: *la madre ponía polvos de talco sobre la ~ para que no le picara tanto.* **3** *Expulsión de materias sólidas, líquidas o *gaseosas del interior de la tierra a través de aberturas o grietas de la corteza: *el volcán entró en ~ y tuvimos que marcharnos de la isla.*

es·bel·tez |esβeltéθ| ***f.*** Cualidad de *esbelto: *las obras de este escultor son de una admirable ~.*

es·bel·⌐to, ⌐ta |esβélto, ta| ***adj.*** Que es alto, delgado y tiene un cuerpo bien formado: *la gimnasia le ayuda a tener un cuerpo muy ~.*

es·bi·rro |esβíro| **1** ***m.*** Persona que es pagada por otra para realizar acciones violentas: *el mafioso ordenó a sus esbirros que dieran muerte al chivato.* ⇒ **sicario.** **2** Persona que ejecuta las órdenes de otra, especialmente si para hacerlo se sirve de la fuerza: *el jefe de la fábrica ha contratado a varios esbirros como guardaespaldas.*

es·bo·zar |esβoθár| **1** ***tr.*** [algo] Hacer un primer diseño o proyecto de una obra artística: *el arquitecto ha esbozado la planta de varios edificios públicos; el dibujante esbozó con rapidez el retrato.* **2** Presentar una idea de manera vaga o en sus líneas generales: *el portavoz del gobierno se limitó a ~ el nuevo plan económico.* **3** Empezar a mostrar un gesto: *esbozó una sonrisa cuando la felicitaron.* ☐ Se conjuga como 4.

es·bo·zo |esβóθo| **1** ***m.*** Primer diseño o proyecto de una obra artística: *entre sus cosas encontraron varios esbozos; hizo un ~ antes de realizar la obra definitiva.* ⇒ **boceto, bosquejo.** **2** Presentación de una idea de manera vaga y en sus líneas generales: *os haré un ~ de lo que va a ser el proyecto a lo largo de este año; no trató el tema con profundidad, se limitó a hacer un ~.*

es·ca·be·char |eskaβetʃár| **1** ***tr.*** [algo] Poner alimentos en una salsa de aceite frito, vinagre y *laurel para su conservación: *Mercedes ha escabechado unas codornices; no me gusta el sabor que tienen las sardinas cuando las escabechas.* **2** *fam. fig.* [a alguien] Matar, generalmente con arma blanca: *no lo dejó escapar: lo escabechó dentro de la casa.* **3** *fam. fig.* Suspender a una persona en una prueba: *esta profesora ha escabechado a todos los alumnos del curso.* ⇒ **catear.**

es·ca·be·che |eskaβétʃe| **1** ***m.*** Salsa de aceite frito, vinagre y *laurel que sirve para conservar los alimentos: *he comprado en el supermercado unas latas de mejillones en ~.* **2** Alimento que se conserva en esa salsa, especialmente el bonito: *le han puesto un pincho de ~ como aperitivo; el ~ está en una gran lata detrás del mostrador; voy a poner un poco de ~ en la ensalada.*

es·ca·be·chi·na |eskaβetʃína| ***f.*** *fam.* Daño o *destrozo grande: *durante la guerra se realizaron verdaderas escabechinas.* ⇒ **estrago.**

es·ca·bro·⌐so, ⌐sa |eskaβróso, sa| **1** ***adj.*** (terreno) Que no está igualado, que es muy accidentado: *el terreno que rodea al castillo es ~ y abrupto.* **2** Que no es moral; que es casi *obsceno: *el niño no debe ver esta película porque tiene muchas escenas escabrosas.*

es·ca·bu·llir·se |eskaβuʎírse| **1** ***prnl.*** Irse o escaparse entre las manos: *el gato se me escabulló cuando vio entrar al perro; el niño se le escabulló de los brazos al ver a su abuelo.* ⇒ **escurrir. 2** Irse de un lugar con disimulo: *se escabulló de la fiesta porque no le gustan las celebraciones familiares.* **3** Evitar un trabajo o una obligación: *no te escabullas y ayúdame a cambiar la rueda al coche; se ha escabullido porque odia hacer las tareas domésticas.* ⇒ **escaquearse.** ☐ Se conjuga como 41.

es·ca·cha·rrar |eskatʃar̄ár| ***tr.-prnl.*** *fam.* [algo] Romper o estropear, generalmente un aparato o máquina: *¡qué lata, ya se ha vuelto a ~ el despertador!* ⇒ **descacharrar.**

es·ca·fan·dra |eskafándra| ***f.*** Traje con un *casco cerrado y con tubos que permiten la respiración, que sirve para mantenerse debajo del agua durante un tiempo: *las escafandras son trajes impermeables; los buzos llevan escafandras.*

es·ca·la |eskála| **1** ***f.*** Escalera de mano, generalmente de madera o de cuerda: *hubo un incendio y tuvimos que salir de la casa por la ventana con una ~.* **2** Serie de cosas de la misma especie, ordenadas por el grado o intensidad de cierta cualidad o aspecto: *escogió el tono más adecuado dentro de la ~ de colores; cada persona tiene una ~ de valores diferente.* **3** Proporción entre el tamaño de un dibujo y el del objeto que representa: *la planta del edificio está dibujada a una ~ de uno por mil.* **4** Línea dividida en partes iguales y que sirve como medida de referencia en un mapa o plano: *según la ~ que hay dibujada en el mapa, cada centímetro equivale a cincuenta kilómetros.* **5** Serie de rayas paralelas con que se marcan los grados o medidas en un instrumento: *un termómetro no es más que un tubo de mercurio y una ~.* **6** *fig.* Importancia, tamaño o proporción: *quería montar un negocio de informática a gran ~.* **7** Parada durante un viaje en barco o en avión: *cuando fuimos a China en avión hicimos ~ en Londres.* **8** MÚS. Serie ordenada de notas musicales: *la ~ consta de siete notas;* **~ natural**, la que está formada por sonidos naturales separados entre sí por *intervalos de tonos y *semitonos: *en la ~ natural se dan cinco tonos y dos semitonos.*

es·ca·la·brar |eskalaβrár| **1** ***tr.-prnl.*** [a alguien] Herir a una persona en la cabeza: *cogió un canto del suelo y escalabró a su vecino.* ⇒ **descalabrar. 2** *p. ext.* [algo; a alguien] Herir o dañar una parte del cuerpo: *le han escalabrado la cara de un puñetazo.* ⇒ **descalabrar. - 3** ***tr.*** *fig.* [algo] Causar daño o mal: *ha escalabrado el proyecto con sus absurdas ideas.* ⇒ **descalabrar.** ☐ La Real Academia Española prefiere la forma *descalabrar.*

es·ca·la·da |eskaláða| **1** ***f.*** Subida a una gran altura, especialmente a una montaña: *Roberto irá este fin de semana de ~.* ⇒ **ascensión, ascenso. 2** Aumento rápido de una cosa: *a lo largo de la semana se ha producido una ~ de violencia; la ~ de los precios ha sido verdaderamente alarmante.* ⇒ **ascenso.** ⇔ **descenso. 3** Subida a un puesto social importante: *todo el mundo ha criticado la ~ que le ha permitido convertirse en director general.*

es·ca·la·⌐dor, ⌐do·ra |eskalaðór, ðóra| **1** ***m. f.*** Persona que escala montañas: *los escaladores quedaron atrapados en un recodo del monte a causa de la nieve.* ⇒ **montañero. 2** DEP. Persona que practica el *ciclismo y es especialista en subir las montañas: *es un buen ~: ha subido el puerto con mucha ventaja sobre el pelotón.*

es·ca·la·fón |eskalafón| ***m.*** Lista de las personas de un organismo o profesión, clasificados según su grado, categoría o antigüedad: *es muy difícil mejorar de categoría en el ~ de esta empresa.*

es·ca·lar |eskalár| **1** ***tr.*** [algo] Subir a una gran altura: *el montañero ha escalado la montaña y ha llegado a su cima; el ciclista ha escalado el puerto.* **- 2** ***intr.*** *fig.* Conseguir un puesto social importante: *escaló hasta llegar a la posición más alta de la sociedad.* **- 3** ***adj.-com.*** FÍS. MAT. (cantidad) Que se expresa por un solo número: *la temperatura es una magnitud ~.*

es·cal·dar |eskaldár| **1** ***tr.*** [algo] Poner una cosa en agua hirviendo: *ha escaldado la verdura y después la ha dejado enfriar.* **- 2** ***tr.-prnl.*** Quemarse con un líquido que hierve: *el aceite hirviendo ha escaldado mi brazo; la sopa estaba tan caliente, que me escaldé la lengua.* ⇒ **abrasar.**

es·ca·le·ra |eskaléra| **1** ***f.*** Serie de *escalones que sirve para comunicar dos niveles con distinta altura: *oigo que alguien está subiendo por la ~; baja despacio las escaleras, no vayas a tropezar; prefiero utilizar el ascensor a subir por la ~;* **~ de caracol**, la que tiene forma de *espiral: *se accede a la torre por una ~ de caracol;* **~ de mano**, la que se puede llevar de un lugar a otro: *los ladrones saltaron las paredes del jardín sirviéndose de una ~ de mano;* ~ **mecánica**, la que está formada por *escalones que suben y bajan gracias a un mecanismo eléctrico: *en el metro hay escaleras mecánicas.* **2** Serie de cartas de la *baraja de valor *correlativo: *ganó porque hizo ~ de color.* **3** Corte que se da en el pelo de forma irregular: *este peluquero es un novato y me ha dejado escaleras por todos lados.* ⇒ **trasquilón.**

es·ca·le·ri·lla |eskaleríʎa| **1** *f.* Escalera de metal, especialmente la que sirve para subir o bajar de un avión o de un barco: *la azafata nos esperaba en lo alto de la ~; colocaron unas escalerillas para subir al transatlántico.* **2** Escalera pequeña y estrecha: *sube por la ~ y coge el libro de la estantería; una ~ conducía al sótano.*

es·ca·li·na·ta |eskalináta| *f.* Escalera construida en el exterior de un edificio: *hicieron fotos a los recién casados en la ~ de la iglesia.*

es·ca·lo·frian·te |eskalofriánte| *adj.* Que produce *escalofríos: *sintió una sensación ~ al enterarse de la muerte de su marido; algunas de las escenas de la película son escalofriantes.*

es·ca·lo·frí·o |eskalofrío| *m.* Sensación de frío producida por la fiebre o por el miedo: *cuando tienes gripe sientes escalofríos; esas voces de ultratumba me producen escalofríos.*

es·ca·lón |eskalón| **1** *m.* Parte de una escalera donde se apoya el pie al subir o bajar: *tropezó con un ~ y se golpeó la cabeza en la escalera; los escalones de la residencia son de mármol.* ⇒ **peldaño. 2** Diferencia de altura entre dos o más puntos del terreno: *los movimientos sísmicos han producido escalones en la ladera.* **3** *fig.* Grado o categoría dentro de una organización: *su inteligencia le permitió ir subiendo escalones en la empresa.* ⇒ **rango.**

es·ca·lo·nar |eskalonár| *tr.-prnl.* [algo] Situar de manera ordenada en espacios *sucesivos: *escalonaron las medidas de seguridad en torno al estadio de fútbol; los policías se escalonaron para vigilar a los secuestradores.*

es·ca·lo·pe |eskalópe| *m.* Trozo delgado de carne, que se envuelve en pan *rallado y se fríe: *este ~ está muy duro, no hay quien se lo coma; si quieres hacer escalopes, tienes que empanarlos antes de ponerlos a freír.*

es·ca·ma |eskáma| **1** *f.* Placa pequeña, plana y dura, que, junto con otras iguales, forma una capa que cubre y protege la piel de los peces, de los reptiles y de otros animales: *las escamas de las serpientes forman dibujos de colores; este pescado tiene muchas escamas, quítaselas.* **2** Placa pequeña, formada por células muertas, que se desprende de la piel: *ese jabón seca demasiado la piel y produce escamas; tengo las manos irritadas y con escamas.* **3** Capa que hay o se forma sobre la superficie de una cosa: *las estatuas del jardín tenían una ~ de óxido después del invierno.* ⇒ **película. 4** BOT. Hoja pequeña y dura, que protege la superficie de una planta: *en los climas fríos, las plantas se cubren de escamas.*

es·ca·mar |eskamár| **1** *tr.* [algo] Quitar las escamas: *el cliente pidió a la pescadera que escamara el pescado antes de envolverlo.* ⇒ **descamar. - 2** *tr.-prnl. fam. fig.* [a alguien] Hacer que una persona tenga sospechas o que no tenga confianza: *me escama tanta amabilidad por tu parte.*

es·ca·mo·te·ar |eskamoteár| **1** *tr.* [algo] Hacer desaparecer a la vista de una persona con habilidad: *el mago escamoteó el as de la baraja.* **2** Robar con habilidad: *me han escamoteado el reloj sin que me haya dado cuenta.* **3** Evitar un problema: *sus amigos se enzarzaron en una pelea callejera y él se escamoteó.*

es·cam·par |eskampár| *unipers.* Dejar de llover: *salgamos ahora, que parece que ha escampado.* ⇒ **descampar.**

es·can·ciar |eskanθiár| *tr.* [algo] Servir el vino u otra bebida en vasos: *cuando estuvimos en Asturias nos enseñaron a ~ la sidra.* ☐ Se conjuga como 12.

es·can·da·le·ra |eskandaléra| *f.* Ruido enorme producido por gente: *¡hay que ver qué ~ están formando las vecinas!* ⇒ **jaleo.**

es·can·da·li·zar |eskandaliθár| **1** *tr.-prnl.* [a alguien] Causar *escándalo: *la publicación de esos documentos ha escandalizado a la sociedad.* **- 2** *intr.* Hacer mucho ruido: *por la noche no se puede ~.* **- 3 escandalizarse** *prnl.* Sentirse molesto o enfadado: *muchas personas mayores se escandalizan del lenguaje de los jóvenes.*

es·cán·da·lo |eskándalo| **1** *m.* Ruido enorme producido por gente: *el niño se ha despertado por el ~ que se oye en la calle; aquí hay mucho ~ y no hay quien se entienda.* ⇒ **jaleo. 2** Acción o comportamiento poco moral y rechazo que causa: *el ~ del blanqueo del dinero arruinó su carrera; sus relaciones con el chófer fueron todo un ~.*

es·can·di·na·⌜vo, ⌜va |eskandináβo, βa| **1** *adj.* De Escandinavia o que tiene relación con Escandinavia: *las costas escandinavas son muy hermosas.* **- 2** *m. f.* Persona nacida en Escandinavia o que vive habitualmente en Escandinavia: *los suecos y los noruegos son escandinavos.*

es·cá·ner |eskáner| **1** *m.* MED. Aparato de rayos X usado en medicina para explorar el cuerpo humano y que, unido a un ordenador, emite imágenes de divisiones horizontales: *tras el accidente, le hicieron un ~ y vieron que tenía una lesión en la médula.* **2** Estudio o exploración que se hace con ese aparato: *el médico me ha mandado que me haga un ~.* **3** INFORM. Aparato que se une a un ordenador y que permite convertir letras, dibujos o fotografías en imágenes o información que se guarda en ese ordenador: *el ~ se usa en artes gráficas e imprenta; muchos periódicos y libros antiguos se han almacenado en ese ordenador gracias al ~.* ☐ El plural es *escáneres.*

es·ca·ño |eskáɲo| **1** *m.* Asiento que ocupa un político en una cámara del *parlamento: *los parlamentarios llegaron al Congreso y ocuparon sus escaños; los primeros escaños están vacíos.* **2** *p. ext.* Cargo del político que ocupa ese asiento: *el partido espera* *conseguir diez escaños en las próximas elecciones.* **3** Asiento con forma de banco para varias personas: *la madre colocó a los cuatro hermanitos en el ~.*

es·ca·pa·da |eskapáða| ***f.*** Acción y resultado de escaparse o salir a un lugar para divertirse: *los fines de semana suelo hacer una ~ a la sierra.*

es·ca·par |eskapár| **1** ***intr.-prnl.*** [de algún lugar] Salir o librarse, especialmente de un encierro: *el canario escapó de la jaula; el preso se ha escapado de la cárcel.* ⇒ **huir.** **2** [a algo, de algo/alguien] Librarse o no tener que sufrir; salir sin sufrir daño: *sólo el pequeño de la familia escapó a la enfermedad; afortunadamente, todos consiguieron ~ del incendio.* **3** [a algo] Quedar fuera del alcance o la influencia: *hay cosas que escapan al poder de su voluntad.* **4** No ser *notado o comprendido: *creo que se me ha escapado la idea principal de la conferencia; la realidad política escapa a muchos informadores.* **- 5 escaparse** ***prnl.*** Salirse, encontrar una vía para salir de un recipiente, especialmente un líquido o gas: *se está escapando el gas de esta tubería; el depósito tiene una grieta por la que se escapa el agua.* **6** Soltarse; dejar de estar sujeto: *se me ha escapado la cometa y se la ha llevado el viento.* **7** Mostrarse involuntariamente; notarse una cosa que se quería ocultar: *al verlo con esa ropa, se me escapó la risa; no quería contar el secreto, pero se le escapó.*

es·ca·pa·ra·te |eskaparáte| ***m.*** Espacio cerrado con cristales y situado al frente o a la entrada de un establecimiento que sirve para exponer los productos ante el público: *me gustan las botas que hay en aquel ~; unos ladrones rompieron los cristales del ~ y se llevaron el equipo de música.* ⇒ **aparador.**

es·ca·pa·to·ria |eskapatória| ***f.*** Medio o solución para escapar de una situación comprometida: *una vez que agotó todos los pretextos, no tuvo ~.*

es·ca·pe |eskápe| **1** ***m.*** Salida de un gas o un líquido por una grieta o agujero de un conducto: *la explosión fue producida por un ~ de gas butano.* ⇒ **fuga.** **2** Salida de una situación difícil o tensa: *la lectura es el mejor ~ del aburrimiento.* **3** Tubo por el que salen al exterior los gases quemados en un motor: *todos los automóviles deben llevar un silenciador en el ~.* ■ **a ~**, *fig.*, a toda prisa; rápidamente: *salió a ~ de su casa para no llegar tarde.*

es·ca·pu·la·rio |eskapulário| **1** ***m.*** Pieza de tela que cuelga sobre el pecho y la espalda y que llevan como señal ciertos grupos o personas religiosas: *las carmelitas llevan un ~ con la imagen de la Virgen del Carmen.* **2** REL. Oración religiosa en honor de la Virgen del Carmen: *el ~ consiste en rezar siete veces el padrenuestro, el avemaría y el gloria.*

es·ca·que·ar·se |eskakeárse| ***prnl.*** *fam.* Evitar un trabajo o una obligación: *es muy lista, siempre que hay trabajo se escaquea.* ⇒ **escabullirse.**

es·ca·ra·ba·jo |eskaraβáxo| **1** ***m.*** Insecto de cuerpo ovalado, patas cortas y alas anteriores duras: *los escarabajos hacen bolas con el estiércol; en el jardín de la casa hay escarabajos;* **~ de la patata**, el que es pequeño y tiene color amarillo con líneas negras: *los escarabajos de la patata perjudican las cosechas;* **~ pelotero**, el de color negro que hace rodar con sus patas posteriores bolas de basura: *el ~ pelotero es la especie que los egipcios consideraban animal sagrado.* **2** *fam. fig.* Persona pequeña y de piel oscura: *él es un chico alto y apuesto, pero ella es un ~.* ⇒ **retaco.** **3** *fam.* Coche bajo y de formas redondeadas fabricado por Volkswagen: *tengo muchos problemas para encontrar piezas de recambio para mi ~.*

es·ca·ra·mu·za |eskaramúθa| ***f.*** Lucha de poca importancia, especialmente la que sostienen las avanzadas de los ejércitos: *a pesar de las frecuentes escaramuzas, no ha habido que lamentar ninguna baja.*

es·ca·ra·pe·la |eskarapéla| ***f.*** Adorno de forma redonda hecho con cintas de varios colores: *todos los afiliados a ese partido político llevaban una ~ en la solapa.*

es·car·bar |eskarβár| **1** ***tr.*** [algo] Rascar el suelo; remover la tierra: *la gallina escarbaba el suelo buscando un gusano; el niño escarba la tierra del jardín para hacer un hoyo.* **2** *fig.* Hacer averiguaciones sobre lo que está oculto: *ha escarbado en la historia de su familia y ha descubierto algunos personajes muy interesantes.* **- 3** ***tr.-prnl.*** Tocar con los dedos u otra cosa de manera insistente: *deja de escarbarte en la oreja, que te vas a hacer daño; se escarbaba los dientes con un palillo después de las comidas.* ⇒ **hurgar.**

es·car·ce·o |eskarθéo| **1** ***m.*** Prueba que se hace antes de realizar una determinada acción o de comenzar una actividad: *tras unos escarceos en el mundo del espectáculo, decidió dedicarse plenamente al teatro.* ⇒ **tentativa.** **2** Aventura amorosa sin importancia: *de su vida sentimental sólo se sabe que tuvo algunos escarceos.* ▢ Se usa sobre todo en plural.

es·car·cha |eskártʃa| ***f.*** Conjunto de gotas de agua que se congelan por la noche: *el rocío de la noche se ha helado formando ~; esta noche ha hecho tanto frío, que se ha formado una capa de ~ sobre la superficie de los coches.*

es·car·char |eskartʃár| **1** ***unipers.*** Congelarse el vapor transformado en agua, a causa del frío de la noche: *todo el campo estaba blanco porque había escarchado durante la noche.* **- 2** ***tr.*** [algo] Preparar frutas cubriéndolas con azúcar: *el pastelero está escarchando peras y naranjas.*

es·car·dar |eskarðár| **1** ***tr.-intr.*** [algo] Arrancar los *cardos y otras hierbas malas de un terreno de cultivo: *en primavera nos llevaban a ~.* **2** *fig.* Separar lo malo de lo bueno: *vamos a tener que ~ estos libros.*

es·car·la·ta |eskarláta| **1** ***adj.*** De color rojo fuerte: *las sillas del palco y las cortinas del teatro eran de tela ~.* **- 2** ***adj.-m.*** (color) Que es rojo fuerte: *las mujeres se pintan los labios de ~.*

es·car·la·ti·na |eskarlatína| **1** ***f.*** Enfermedad caracterizada por fiebre alta, manchas de color rojo en la piel y dolor de garganta: *la ~ está causada por una bacteria, es contagiosa y ataca principalmente a los niños.* **2** Tejido de lana de color rojo: *la ~ llevaba flores y dibujos.*

es·car·men·tar |eskarmentár| **1** ***tr.*** [a alguien] Corregir o castigar con dureza a quien ha *cometido una falta para que no vuelva a caer en ella: *su padre la ha castigado sin ver la televisión para que escarmiente.* **- 2** ***intr.*** Aprender de los errores propios o de los demás para evitar volver a caer en ellos: *deja que se dé cuenta de su equivocación, a ver si escarmienta.* ☐ Se conjuga como 27.

es·car·mien·to |eskarmiénto| **1** ***m.*** Ejemplo o muestra que enseña: *aquella experiencia me sirvió de ~, no creo que vuelvan a tomarme el pelo.* ⇒ **lección. 2** Castigo que recibe quien ha *cometido una falta para que no vuelva a caer en ella: *me alegro de que le hayan puesto en ridículo, eso le servirá de ~.*

es·car·ne·cer |eskarneθér| ***tr.*** [a alguien] Reírse de una persona y dejarla en ridículo: *el chico mayor escarneció al pequeño delante de todos sus amigos.* ☐ Se conjuga como 43.

es·ca·ro·la |eskaróla| ***f.*** Hortaliza comestible, que tiene las hojas grandes, rizadas y amarillas, unidas por la base: *la ensalada de ~ está muy buena; la ~ es una planta de invierno.*

es·car·pa·⌈do, ⌈da |eskarpáðo, ða| ***adj.*** (terreno) Que está muy inclinado: *los excursionistas no se atrevieron a escalar una montaña tan escarpada; el refugio está en un terreno bastante ~.* ⇒ **abrupto.** ⇔ **llano.**

es·car·pe·lo |eskarpélo| **1** ***m.*** Instrumento de corte compuesto por una o dos hojas y un mango: *el ~ se usa en las disecciones y autopsias.* **2** Herramienta con una superficie con pequeños dientes y un mango, que se usa para limpiar y raspar piezas de madera, piedra o metal: *el carpintero usaba el ~ para limar la barandilla.*

es·car·pia |eskárpia| ***f.*** Clavo con la cabeza doblada en ángulo recto: *tengo que ir a comprar escarpias para colgar esta estantería.* ⇒ **alcayata.**

es·ca·se·ar |eskaseár| **1** ***intr.*** Faltar; no ser abundante: *tras la guerra, escaseaban los alimentos; escasea la mano de obra cualificada.* **- 2** ***tr.*** [algo] Dar en poca cantidad o con poca frecuencia: *escasea las palabras y nadie sabe lo que piensa.*

es·ca·sez |eskaséθ| ***f.*** Falta de una cosa, especialmente de lo necesario para vivir: *el país está atravesando unos años de ~ económica.* ⇒ **penuria.**

es·ca·⌈so, ⌈sa |eskáso, sa| **1** ***adj.*** Que es poco; que no es *suficiente: *la celebración fue divertida, pero la comida fue escasa; en estos meses las lluvias han sido escasas.* ⇒ **limitado.** ⇔ **abundante. 2** Que tiene poco de una cosa: *no puedo prestarte nada, ando ~ de dinero.* ⇔ **sobrado. 3** Que le falta un poco para estar completo: *nos hace falta un kilo ~ de harina para hacer el pastel.*

es·ca·ti·mar |eskatimár| ***tr.*** [algo; a alguien] No querer dar todo lo que se debe dar: *cuando alguien te necesita de verdad, no debes escatimarle tu ayuda.* ⇒ **regatear.**

es·ca·to·lo·gí·a |eskatoloxía| **1** ***f.*** Conjunto de creencias y doctrinas relacionadas con lo que hay después de la muerte: *este autor recurre constantemente a la ~ en sus novelas.* **2** Conjunto de creencias y formas de expresión relacionadas con los excrementos: *la ~ hace que tu forma de hablar sea de mal gusto.*

es·ca·to·ló·gi·⌈co, ⌈ca |eskatolóxiko, ka| ***adj.*** De las creencias y formas de expresión relacionadas con los excrementos, o que tiene relación con ellas: *cuando habla utiliza muchas imágenes escatológicas.*

es·ca·yo·la |eskayóla| **1** ***f.*** *Yeso mezclado con agua, que forma una masa fácil de trabajar y que acaba poniéndose dura: *el techo llevaba molduras de ~; en la clase de manualidades hacemos objetos de ~.* **2** Conjunto de tiras de tela empapadas en una mezcla de *yeso y agua, que se colocan alrededor de un miembro del cuerpo para que, al secarse, lo mantengan en una posición fija: *el médico le puso una ~ en la pierna rota; le operaron del codo y tuvo que llevar una ~ durante tres meses.* **3** Figura realizada con esa mezcla: *el pasillo estaba decorado con escayolas.*

es·ca·yo·lar |eskayolár| ***tr.*** [algo, a alguien] Poner *escayola; poner una *escayola: *los albañiles han terminado de ~ el techo del salón; ha tenido un accidente de moto y le han escayolado las piernas y un brazo.*

es·ce·na |esθéna| **1** ***f.*** Espacio de un teatro o local donde se representa un espectáculo ante el público: *al final de la obra, todos los actores salieron a la ~.* ⇒ **escenario. 2** Decorado que representa ese espacio: *la ~ de esta obra es muy sencilla; la ~ estaba formada por muebles de época isabelina.* **3** Parte de una obra de teatro que con otras componen un acto: *la ~ segunda es la más romántica de la obra.* **4** Parte de una película en la que se produce una acción determinada: *al final de la película aparecen las escenas más sobrecogedoras.* **5** Arte de la *interpretación: *desde muy joven se dedicó por completo a la ~.* **6** Hecho que llama la atención: *en este programa de televisión aparecen escenas muy desagradables.* **7** Campo de una actividad: *es una persona de mucha importancia en la ~ política española.* **8** Actitud exagerada: *regañaron e hicieron una ~ ante toda la gente.* ■ **desaparecer de ~**, *fam.*, marcharse: *cuando vio que las cosas se ponían feas, desapareció de ~.* ■ **poner en ~**, representar una obra de teatro: *el famoso director se encargará de poner en ~ Bodas de sangre.*

es·ce·na·rio |esθenário| **1** ***m.*** Espacio de un teatro o local donde se representa un espectáculo ante el público: *los obreros están montando el decorado del ~; los actores salieron al ~ y agradecieron los aplausos del público.* ⇒ **escena. 2** *fig.* Lugar en el que se desarrolla la acción de una historia: *el interior del banco fue el ~ del crimen.* **3** *fig.* Conjunto de circunstancias que rodean a una persona o hecho: *los padres se están divorciando y los hijos están viviendo en un ~ muy complicado.*

es·cé·ni·⌈co, ⌈ca |esθéniko, ka| ***adj.*** De la *escena o que tiene relación con ella: *este director tiene un concepto muy peculiar del espacio ~; siente gran atracción por las artes escénicas.*

es·ce·ni·fi·car |esθenifikár| **1** ***tr.*** [algo] Representar una obra de teatro: *el grupo lleva varios meses preparándose para ~ una tragedia griega; acaban de ~ una obra de Jardiel Poncela.* **2** Dar forma teatral a una obra de literatura o historia para poder representarla: *lleva varios meses trabajando para ~ el relato.* ☖ Se conjuga como 1.

es·ce·no·gra·fí·a |esθenoγrafía| **1** *f.* Arte de hacer decorados para el teatro, el cine o la televisión: *para montar una obra son necesarios conocimientos de ~.* **2** Conjunto de decorados: *el argumento de esta película es bueno, pero su ~ deja mucho que desear.*

es·ce·nó·gra·⌜fo, ⌜fa |esθenóγrafo, fa| *m. f.* Persona que se dedica a la *escenografía: *el ~ que ha colaborado en esta película ha hecho una obra magnífica.*

es·cep·ti·cis·mo |esθe^{p}tiθísmo| **1** *m. fam.* Falta de *fe; *cautela, duda razonada o *examen cuidadoso: *su ~ hará difícil que le convenzan.* **2** FIL. Tendencia y doctrina filosófica que considera que la verdad no existe o que el hombre no es capaz de conocerla en caso de que exista: *el ~ surgió en la Grecia antigua.*

es·cép·ti·⌜co, ⌜ca |esθé^{p}tiko, ka| **1** *adj. fam.* Que muestra falta de *fe; que tiene razones para no inclinarse por ninguna opinión determinada: *le dirigió una respuesta escéptica.* **2** FIL. Del *escepticismo o que tiene relación con él: *el pensamiento ~ no es dogmático.* **- 3** *adj.-s.* FIL. (persona) Que sigue la doctrina filosófica del *escepticismo: *eres ~ de pensamiento, pero muy epicúreo en tu conducta.*

es·cin·dir |esθindír| *tr.-prnl.* [algo] Cortar, dividir o separar: *ese partido se ha escindido en dos nuevos partidos políticos.*

es·ci·sión |esθisión| *f. form.* Separación, división: *tras la guerra se produjo la ~ del continente en dos partes enemigas.*

es·cla·re·cer |esklareθér| **1** *tr.* [algo] Poner en claro un asunto: *el detective esclareció la cuestión con eficacia.* ⇒ **dilucidar. 2** [algo, a alguien] Dar fama: *sus detalles de generosidad han servido para esclarecerlo.* **- 3** *unipers.* Empezar a amanecer: *salieron de camino cuando esclarecía el día.* ☖ Se conjuga como 43.

es·cla·va |esklába| *f.* *Pulsera en forma de cadena: *el día de su cumpleaños le regalaron un reloj y una ~ de plata.*

es·cla·vi·na |esklaβína| *f.* Prenda de vestir en forma de capa corta, que se sujeta al cuello y cae por los hombros: *los sacerdotes llevaban una ~ sobre la sotana; los peregrinos solían llevar una ~.*

es·cla·vis·ta |esklaβísta| *adj.-com.* (persona) Que es partidario de la *esclavitud: *parece mentira que todavía existan gobiernos esclavistas; los esclavistas tenían mano de obra gratuita para sus plantaciones de algodón.*

es·cla·vi·tud |esklaβitú^{d}| **1** *f.* Estado de la persona que *carece de libertad y está sometida a otra: *luchó para librarse de su ~.* **2** Fenómeno social que consiste en la falta de libertad de un determinado conjunto de personas: *la ~ ya existía en la Antigüedad; los dueños de las plantaciones se beneficiaron de la ~.* **3** *fig.* Dependencia excesiva en cuanto a una persona o cosa: *está deseando librarse de la ~ que supone su trabajo.*

es·cla·vi·zar |esklaβiθár| **1** *tr.* [a alguien] Llevar o conducir a un estado de *esclavitud: *en la conquista de esa isla se esclavizó a todos los nativos.* ⇔ **liberar, libertar. 2** *fig.* Someter con fuerza: *los celos lo esclavizan y no puede vivir.* ☖ Se conjuga como 4.

es·cla·⌜vo, ⌜va |eskláβo, βa| **1** *adj.-s.* (persona) Que *carece de libertad y está sujeto a la autoridad de otra persona: *las personas esclavas carecían de todos los derechos; todos los que trabajaban en esos campos de algodón eran esclavos.* **2** *fig.* Que sirve y está sujeto a una persona o cosa: *es un ~ de sus obligaciones; Juan se ha convertido en un ~ de los caprichos de su esposa.* ⇒ **siervo.**

es·co·ba |eskóβa| **1** *f.* Conjunto de ramas finas y flexibles, atadas al extremo de un palo: *cogió la ~ y se puso a barrer el suelo; las brujas aparecen montadas en escobas.* ⇒ **cepillo. 2** Juego de cartas que consiste en sumar 15 puntos con una carta propia y otra o varias otras de las que hay sobre la mesa: *la ~ es un juego familiar.* ■ **sin vender una ~,** *fam.*, sin conseguir lo que se quiere; sin tener éxito: *son las siete de la tarde y aquí estamos, sin vender una ~.*

es·co·bi·lla |eskoβíʎa| **1** *f.* Instrumento de pequeño tamaño, hecho con hilos o pelos gruesos, fijos al extremo de un palo, que se usa para limpiar: *barrió los rincones difíciles con una ~.* ⇒ **escoba. 2** Tira de goma sujeta a una *varilla metálica, que sirve para limpiar los cristales del coche: *el conductor debe revisar las escobillas del limpiaparabrisas al terminar el verano.* **3** Palo pequeño con un conjunto de hilos en un extremo, que sirve para limpiar la taza del cuarto de baño: *limpia bien la taza con la ~.* **4** ELECTR. Mecanismo de los aparatos eléctricos que sirve para establecer y mantener la comunicación entre una parte fija y una que se mueve: *la corriente sale de la dinamo a través de las escobillas.* **5** MÚS. Palo pequeño con un conjunto de hilos en un extremo, que sirve para hacer menos intenso el sonido de un tambor: *el músico que toca la batería usa escobillas en el jazz.* ⇒ **palillo.**

es·co·cer |eskoθér| **1** *intr.* Causar una sensación de picor doloroso parecida a la que produce una *quemadura, especialmente una herida: *al echar alcohol en la herida me ha escocido mucho.* **2** Causar una impresión dolorosa o poco agradable: *sé que las palabras que he dicho le han escocido mucho.* **- 3 escocerse** *prnl.* Producirse una sensación de picor en una parte del cuerpo debida al sudor o al roce de una prenda: *he puesto crema al bebé porque se le ha escocido el cuello.* ☖ Se conjuga como 54.

es·co·fi·na |eskofína| *f.* *Lima con dientes gruesos que se usa para desgastar la madera y otras cosas: *voy a redondear el pico de esta mesa con una ~.* ⇒ **lima.**

es·co·ger |eskoxér| *tr.* [algo, a alguien] Tomar o elegir entre varias personas o cosas: *escogió una tela estampada del montón; escoge el pastel que más* *te guste; te escojo por compañero.* ⇒ **seleccionar.** ☖ Se conjuga como 5.

es·co·lar |eskolár| **1** ***adj.*** De la escuela o que tiene relación con ella: *en septiembre comienza el año ~; su hijo está todavía en edad ~.* **- 2** ***com.*** Persona, generalmente niño, que estudia en una escuela: *los escolares deben coger un autobús para llegar al colegio.* ⇒ **alumno.**

es·co·la·ri·dad |eskolariðáᶞ| ***f.*** Periodo de tiempo durante el cual se va a la escuela: *actualmente la ~ llega hasta los 16 años.*

es·co·la·ri·za·ción |eskolariθaθión| ***f.*** Acción y resultado de *escolarizar: *el gobierno ha propuesto un plan para conseguir la ~ de toda la población menor de 14 años.*

es·co·la·ri·zar |eskolariθár| ***tr.*** [a alguien] Proporcionar los estudios básicos: *es inaudito que aún haya niños sin ~.* ☖ Se conjuga como 4.

es·co·lás·ti·ca |eskolástika| ***f.*** FIL. Doctrina filosófica, enseñada en las escuelas y *universidades de la Edad Media, que busca un acuerdo entre la revelación de Dios y la razón humana: *la ~ dominó el pensamiento medieval.*

es·co·lás·ti·⌜co, ⌜ca |eskolástiko, ka| **1** ***adj.*** FIL. De la *escolástica o que tiene relación con ella: *el pensamiento ~ se basaba en el sistema aristotélico.* **- 2** ***adj.-s.*** FIL. (persona) Que sigue la doctrina filosófica de la *escolástica: *Santo Tomás de Aquino fue un filósofo ~.*

es·co·lio·sis |eskoliósis| ***f.*** MED. Desviación de la columna *vertebral: *la ~ es dolorosa y debe corregirse; las personas con ~ deben hacer ejercicio.* ☖ El plural es *escoliosis.*

es·co·llo |eskóʎo| **1** ***m.*** Roca que está en la superficie del agua y que no se distingue bien: *el buque encalló en los escollos; los escollos son peligrosos para la navegación.* **2** *fig.* Obstáculo o problema: *tuvo que superar bastantes escollos para ganarse el afecto de la familia.*

es·col·ta |eskólta| **1** ***f.*** Acompañamiento que se hace de una persona, en señal de respeto, como protección o para vigilancia: *la ~ no dejaba que nadie se acercara al príncipe.* **- 2** ***com.*** Persona que acompaña a otra para protegerla o vigilarla: *contrató un ~ cuando empezó a recibir amenazas.* **3** DEP. Jugador de *baloncesto que ayuda al base en la organización del juego: *el ~ de nuestro equipo ha sido contratado por un club profesional.*

es·col·tar |eskoltár| ***tr.*** [a alguien] Acompañar para proteger o vigilar: *los guardaespaldas escoltaban al presidente; han escoltado a los presos hasta el furgón.*

es·com·brar |eskómbrar| ***tr.*** [algo] Quitar de un lugar objetos o materiales que no son útiles: *los albañiles terminarán esta tarde de ~ la cocina.* ⇒ **descombrar, desescombrar.**

es·com·bre·ra |eskombréra| ***f.*** Conjunto de *escombros y lugar donde se echan: *tiraremos los escombros de la obra en la ~ que hay en las afueras de la ciudad.*

es·com·bro |eskómbro| ***m.*** Conjunto de *desechos que quedan de un edificio derribado o de una obra: *los escombros de la casa derribada llenan la calzada de la calle; los albañiles han sacado a la basura los escombros de la obra.* ⇒ **cascote.** ☖ Se usa sobre todo en plural.

es·con·der |eskondér| **1** ***tr.-prnl.*** [algo, a alguien] Poner en un lugar retirado o secreto para no ser visto o encontrado fácilmente: *escondió el regalo para que no lo descubrieran antes de tiempo; el gato se ha escondido tras el sillón.* ⇒ **ocultar. 2** [algo] Estar una cosa colocada de forma que oculta otra: *las cortinas esconden los agujeros de las paredes; las ramas del árbol esconden el nido de los pájaros.* **3** Tener oculto en el interior: *estoy seguro de que bajo su sonrisa esconde malas intenciones.*

es·con·di·das |eskondíðas| ■ **a ~**, sin ser visto; de manera secreta: *se reunió con su novio a ~; no hagas las cosas a ~.*

es·con·di·te |eskondíte| **1** ***m.*** Juego de niños que consiste en que unos se esconden y otros los buscan: *los niños estaban jugando al ~ en el parque.* **2** Lugar adecuado para esconderse o esconder una cosa: *los ladrones se metieron en su ~ para que no los encontrara la policía; el perro tenía un ~ en el hueco de un árbol donde guardaba los huesos.* ⇒ **escondrijo.**

es·con·dri·jo |eskondríxo| ***m.*** Lugar adecuado para esconderse o esconder una cosa: *el conejo se metió en su ~ y se salvó de las garras del leopardo.* ⇒ **escondite.**

es·co·pe·ta |eskopéta| ***f.*** Arma de fuego que tiene uno o dos *cañones montados sobre una especie de caja de madera: *el cazador disparó su ~ y mató una perdiz; esta ~ sólo dispara perdigones.* ⇒ **fusil.**

es·co·pe·ta·zo |eskopetáθo| **1** ***m.*** Disparo hecho con una *escopeta: *murió a causa de un ~ en el corazón; desde la casa se oían los escopetazos de los cazadores.* **2** Herida hecha con el disparo de una *escopeta: *tenía un ~ en el pecho.* **3** *fig.* Hecho que no se espera: *la noticia de su boda fue un verdadero ~.*

es·co·plo |eskóplo| ***m.*** Herramienta formada por una pieza alargada de hierro y un mango de madera que sirve para trabajar la madera o la piedra: *el carpintero está haciendo cortes en la madera y otros materiales.*

es·co·rar |eskorár| **1** ***tr.*** MAR. [algo] Sujetar de pie y en tierra una embarcación colocando palos a sus lados: *escoraron el barco en la playa.* **- 2** ***tr.-prnl.*** MAR. Inclinar una embarcación o hacer que se incline hacia un lado: *hizo una foto del barco escorado; la goleta se escoraba cada vez más a causa del viento.* **- 3** ***intr.*** MAR. Estar la *marea en su punto más bajo: *cuando escora salen a coger almejas y berberechos.*

es·co·ria |eskória| **1** ***f.*** Sustancia que flota en los recipientes de los hornos de fundir metales: *la ~ está formada por impurezas.* **2** Materia que suelta el hierro al rojo vivo al recibir golpes: *la ~ saltaba cuando el herrero golpeaba la herradura candente.* **3** Materia que lanza un *volcán: *cuando el volcán entró en erupción, soltaba mucha ~.* ⇒ **lava. 4** Persona o cosa que se considera despreciable: *este barrio es peligroso, lo frecuenta toda la ~ de la ciudad.*

es·cor·pión |eskorpión| *m.* Animal invertebrado con una cola terminada en un aguijón por el que echa veneno: *los escorpiones se esconden entre las rocas; el ~, cuando se siente acorralado, se clava su propio aguijón.* ⇒ **alacrán.** ☖ Para indicar el sexo se usa el ~ macho y el ~ hembra.

es·co·ta·du·ra |eskotaðúra| **1** *f.* Corte hecho en el cuello de una prenda de vestir: *algunos jerséis llevan la ~ en forma de uve.* ⇒ **escote. 2** *form.* Corte hecho en la *armadura debajo del brazo para poder moverlo: *la ~ dejaba el brazo libre, pero se convertía en una zona vulnerable para el caballero.* **3** *form.* Abertura que se hace en la parte trasera del *escenario de un teatro: *en la ~ se colocan las tramoyas.*

es·co·tar |eskotár| *tr.* [algo] Cortar una prenda de vestir para ajustarla a la medida adecuada: *tendrá que escotarme un poco las sisas porque me oprime el traje.*

es·co·te |eskóte| **1** *m.* Corte hecho en el cuello de una prenda de vestir, que deja descubierta parte del pecho o la espalda: *el vestido lleva un bonito ~ cuadrado en la espalda; llevaba una camiseta con el ~ redondo.* ⇒ **escotadura. 2** Parte del pecho o la espalda que queda descubierta: *abróchate otro botón, que vas enseñando el ~.* **3** Parte que corresponde pagar a una persona del gasto hecho en común con otras: *la comida nos ha costado cinco mil pesetas y el ~ son dos mil quinientas.* ■ **a ~**, pagando cada persona la parte que le corresponde en un gasto común: *podemos ir todos juntos a merendar y luego pagar a ~.*

es·co·ti·lla |eskotíʎa| *f.* AERON. Abertura en el armazón de un avión, de un barco u otra nave, que comunica con un espacio interior: *el capitán bajó a la bodega por la ~ de proa; abrieron las escotillas del avión para evacuar a los pasajeros.*

es·co·zor |eskoθór| **1** *m.* Sensación de picor doloroso parecida a la que produce una *quemadura: *el sol me produce ~ en la piel; ¡qué ~ tengo en la herida!* **2** *fig.* Sentimiento de disgusto o pena: *sus desprecios me han causado mucho ~.*

es·cri·ba |eskríβa| *m.* Persona que copia o escribe con buena letra: *en los monasterios medievales había escribas.* ⇒ **amanuense, escribano.**

es·cri·ba·no |eskriβáno| **1** *m.* Persona que copia o escribe con buena letra: *al final del manuscrito el ~ puso su nombre.* ⇒ **amanuense, escriba. 2** Persona que da garantía de que los documentos que llegan a un lugar son verdaderos: *antiguamente los escribanos daban fe de la autenticidad de las escrituras.*

es·cri·bien·te |eskriβiénte| *com.* Persona que se dedica a copiar o escribir lo que le dicen: *los abogados dictaban las cartas a sus escribientes.*

es·cri·bir |eskriβír| **1** *tr.* [algo] Representar mediante letras u otros signos *gráficos: *el niño ha empezado a ~ sus primeras letras; está escribiendo con un lápiz.* **2** Componer una obra: *ha escrito dos novelas en unas cuantas semanas; el artista escribió la ópera en los últimos años de su vida.* - **3** *tr.-prnl.* [algo; a alguien] Comunicar por escrito: *les escribió una larga carta desde Granada; Nuria y Miguel se escriben todas las semanas.* - **4** *intr.* Funcionar un instrumento que sirva para escribir: *dame otro bolígrafo, éste no escribe.* ⇒ **pintar.** ☖ El participio es *escrito.*

es·cri·to |eskríto| *m.* Comunicación hecha mediante la escritura; papel o documento que está escrito: *en este escrito comunico a la directora mi dimisión.*

es·cri·⌜tor, ⌜to·ra |eskritór, tóra| *m. f.* Persona que se dedica a escribir; autor de obras escritas o impresas: *empezó trabajando en un periódico y ahora es escritora; el famoso ~ acaba de ganar un premio muy importante.*

es·cri·to·rio |eskritório| *m.* Mueble cerrado con una tapa que sirve para escribir y guardar papeles: *en la habitación hay un guardarropa y un ~; mira dentro del ~ a ver si encuentras folios.* ⇒ **papelera, secreter.**

es·cri·tu·ra |eskritúra| **1** *f.* Sistema que se sirve de un conjunto de signos para representar palabras o ideas: *la invención de la ~ supuso uno de los mayores avances de la historia del hombre;* **~ alfabética**, la que emplea uno o más signos para representar cada sonido: *el español, como todas las lenguas occidentales, se sirve de una ~ alfabética;* **~ iconográfica**, la que emplea como signo la imagen del objeto al que se hace referencia: *algunas culturas antiguas utilizaban la ~ iconográfica;* **~ ideográfica**, la que emplea un signo para representar cada idea o palabra: *algunas lenguas orientales utilizan una ~ ideográfica;* **~ simbólica**, la que emplea imágenes a modo de símbolos: *en una ~ simbólica, la imagen del león expresaría la fortaleza y la del perro, la fidelidad.* ⇒ **jeroglífico. 2** Trazo de signos, letras o palabras que representan ideas: *ese tipo de ~ es verdaderamente difícil de leer.* **3** Documento público en el que se recoge un acuerdo o una obligación y que está firmado por las partes interesadas: *se aseguró que en la ~ de venta no figuraba el valor real de la finca.* **4** Conjunto de obras que componen la Biblia: *se le consideró hereje por su interpretación de la Escritura.* ☖ En esta acepción se escribe con mayúscula y se suele usar en plural.

es·cri·tu·rar |eskriturár| *tr.* DER. [algo] Hacer un documento público en el que se recoge un acuerdo o una obligación: *se han escriturado diversas operaciones de años anteriores.*

es·crú·pu·lo |eskrúpulo| **1** *m.* Duda que se tiene sobre si una acción es buena, moral o justa, y que crea preocupación: *no puede evitar cierto ~ cuando presta dinero y cobra intereses por él.* ☖ Se usa frecuentemente en plural: *es un hombre sin escrúpulos.* **2** Asco, especialmente hacia un alimento: *no puede beber del vaso de otra persona porque le da ~.* ☖ Se usa frecuentemente en plural: *lo pasa mal cuando comemos en un restaurante porque tiene mu-*

chos escrúpulos. **3** Atención y cuidado que se pone al hacer una cosa: *el contable calcula los presupuestos con el mayor ~.*

es·cru·pu·lo·⌐so, ⌐sa |eskrupulóso, sa| **1** *adj.-s.* (persona) Que siente o tiende a sentir asco: *es muy ~ y se niega a beber de un vaso que no sea el suyo.* ⇒ **asqueroso. 2** (persona) Que es exacto y cuidadoso: *es una chica escrupulosa, le gusta cuidar todos los detalles.*

es·cru·tar |eskrutár| **1** *tr.* [algo] Reconocer y contar los votos en una elección o en otro acto parecido: *comenzaron a ~ los votos una vez que se cerraron todos los colegios electorales; hata el momento se ha escrutado el 60% de las papeletas.* **2** *form.* Examinar o analizar; estudiar con cuidado: *el detective escrutó con detenimiento cada detalle de la habitación en la que se cometió el asesinato.*

es·cru·ti·nio |eskrutínio| **1** *m.* Reconocimiento y *recuento de los votos en una *elección o en otro acto parecido: *antes de que finalizara el ~ ya se sabía qué candidato había vencido; el ~ de las quinielas ha dado como resultado dos máximos acertantes.* **2** *form.* *Examen o estudio hecho con cuidado: *esperamos el resultado del ~ para solucionar este problema, ahora nos faltan datos.*

es·cua·dra |eskuáðra| **1** *f.* Instrumento con forma de triángulo, con un ángulo recto y dos lados iguales, que sirve para medir y trazar líneas: *el delineante se ayuda de una ~ para trazar ángulos; con la ~ y el cartabón se trazan paralelas.* ⇒ **cartabón, regla. 2** MIL. Unidad militar compuesta por varios soldados y mandada por un *cabo: *en una ~ hay generalmente cuatro soldados.* **3** MIL. Conjunto de barcos de guerra que forman una unidad: *una ~ española partió por la mañana.* **4** Grupo de personas unidas con un fin determinado: *reunió entre los vecinos una ~ para detener al atracador.* **5** Pieza de metal con dos brazos en ángulo recto que se usa para asegurar la unión de dos piezas: *cuelga la estantería y sujétala con dos escuadras.* ■ **a ~**, en ángulo recto: *las piedras de esa iglesia están cortadas a ~.*

ESCUADRA

es·cua·dri·lla |eskuaðríʎa| **1** *f.* Conjunto de barcos de guerra ligeros: *desde el muelle, pudimos ver alejarse la ~.* **2** Grupo de aviones que vuelan juntos bajo el mando de un jefe: *una ~ de catorce aviones colaboró para extinguir el incendio.*

es·cua·drón |eskuaðrón| **1** *m.* MIL. Unidad militar compuesta por soldados, caballos o vehículos y mandada generalmente por un *capitán: *asistimos al desfile del ~.* **2** MIL. Unidad militar compuesta de un gran número de aviones: *el ~ sobrevoló la ciudad a media noche.*

es·cuá·li·⌐do, ⌐da |eskuáliðo, ða| *adj.* Que está delgado: *Don Quijote iba montado a lomos de un caballo ~; a pesar de que come mucho está escuálida.* ⇒ **esquelético, flaco.** ⇔ **gordo.**

es·cua·lo |eskuálo| *m.* ZOOL. Pez con una gran *aleta triangular en la parte superior, y con la boca en la parte inferior de la cabeza: *el tiburón y el cazón son escualos.* ⇒ **cazón, tiburón.**

es·cu·cha |eskútʃa| **1** *f.* Recepción de sonidos; acción y resultado de escuchar: *esta sección de la policía se dedica a la ~ de conversaciones telefónicas.* **- 2** *com.* Persona encargada de seguir los programas de radio o televisión para tomar nota de los defectos o de la información que se emite: *el ~ detectó un error y en el informativo de la noche se corrigió.* **- 3** *m.* Aparato que sirve solamente para recibir los sonidos que se producen en un lugar determinado: *el ~ me permite saber si llora mi hijo cuando yo estoy en otra habitación.* ■ **a la ~**, *atento para oír algo: *la señora Rodríguez está a la ~, así que puede hablar directamente con ella; se quedó a la ~ escondido detrás de la cortina.*

es·cu·char |eskutʃár| **1** *tr.-intr.* [algo, a alguien] Prestar atención a lo que se oye: *llevo un rato hablando y tú ni siquiera me estás escuchando; escucha cómo cantan los pájaros.* ⇒ **oír. 2** [a alguien] Hacer caso de un consejo o aviso: *tú escúchame a mí, no hagas caso a Luis.*

es·cu·chi·mi·za·⌐do, ⌐da |eskutʃimiθáðo, ða| *adj.* Que está delgado y tiene aspecto de enfermo: *¡vaya perro más ~!; Basilio es ese chico tan ~ que está cerca de Sara.* ⇔ **gordo.**

es·cu·de·rí·a |eskuðería| *f.* DEP. Equipo de competición de coches o *motos de carreras: *el piloto de fórmula 1 pertenece a una ~ muy prestigiosa.*

es·cu·de·ro |eskuðéro| *m.* Persona que acompaña y sirve a un caballero: *Sancho era el ~ de Don Quijote; el ~ guardaba las armas de su señor mientras él dormía.*

es·cu·do |eskúðo| **1** *m.* Arma de defensa formada por una plancha de metal o madera y que se lleva en el brazo contrario al que maneja el arma de ataque: *el soldado se cubrió el rostro con su ~; dejó su espada y su ~ junto a su caballo.* **2** Superficie que tiene la forma de esa arma y que lleva el *emblema de armas de una nación, ciudad o familia: *sobre la puerta principal está el ~ de la familia.* **3** *fig.* Defensa o protección: *la puerta les sirvió de ~ contra el fuego.* **4** Unidad de moneda de Portugal: *voy* *al banco a cambiar pesetas por escudos porque me voy a Lisboa de vacaciones.*

es·cu·dri·ñar |eskuðriɲár| ***tr.*** [algo] Examinar u observar con cuidado: *estuvo escudriñando en su memoria para averiguar cómo era el rostro de su abuelo.*

es·cue·la |eskuéla| **1** ***f.*** Establecimiento público donde se enseña, especialmente el que se dedica a la enseñanza *primaria: *¿el niño no va todavía a la ~?* **2** Establecimiento público donde se *imparte un tipo determinado de conocimientos: *trabaja como profesor en una ~ universitaria; estudió tres años en la ~ de artes y oficios.* **3** Conocimiento; experiencia: *no se equivoca nunca, tiene mucha ~.* **4** Conjunto de personas que tienen un mismo estilo o método y siguen a un profesor: *estos cuadros son obra de un pintor de la ~ flamenca.*

es·cue·⌐to, ⌐ta |eskuéto, ta| ***adj.*** Que es breve y no contiene palabras que no son necesarias: *el mensaje que dejó en el contestador era muy ~.*

es·cul·pir |eskulpír| **1** ***tr.*** [algo] Hacer una obra de escultura en piedra, metal o madera: *el artista esculpía la madera hasta darle forma de caballo; Miguel Ángel esculpió figuras humanas en piedra.* ⇒ **tallar.** **2** Grabar sobre una superficie de piedra, metal o madera: *esculpió en la pared el año en que se acabó de construir la catedral; ha esculpido una inscripción al pie de la estatua.*

es·cul·⌐tor, ⌐to·ra |eskultór, tóra| ***m. f.*** Persona que se dedica al arte de la escultura: *esta escultora labra la piedra con un cincel; el ~ presenta sus obras en una exposición del centro de Madrid.* ⇒ **artista, pintor.**

es·cul·tó·ri·⌐co, ⌐ca |eskultóriko, ka| ***adj.*** De la escultura o que tiene relación con ella: *acaban de descubrir un grupo ~ en la plaza mayor.*

es·cul·tu·ra |eskultúra| **1** ***f.*** Arte o técnica de *esculpir: *esta figura de yeso es una obra de ~; se quiere dedicar a la ~, por eso estudia en una academia de artes.* ⇒ **estatuaria.** **2** Obra artística en la que se ha aplicado esa técnica: *en la vitrina hay una ~ griega; esta ~ representa un objeto abstracto.* ⇒ **estatua, talla.**

es·cul·tu·ral |eskulturál| ***adj.*** Que tiene una característica que se considera propia de una escultura: *ese chico va al gimnasio y tiene un cuerpo ~.*

es·cu·pi·de·ra |eskupiðéra| ***f.*** Recipiente que sirve para escupir en él: *el enfermo tenía cerca de su cama una pequeña ~.*

es·cu·pir |eskupír| **1** ***intr.*** Echar *saliva por la boca: *no seas guarro, deja de ~ en el suelo; lo odiaba tanto que le escupió en la cara.* **- 2** ***tr.*** [algo] Echar por la boca: *el bebé ha escupido toda la papilla.* **3** *fig.* Echar del interior de forma violenta: *el volcán escupió mucha lava ardiente.* **4** *fig.* Echar un cuerpo a la superficie lo que está mezclado con él: *la pared está escupiendo mucha humedad y está mohosa.* **5** *fam.* Contar lo que se sabe: *¡escupe ahora mismo todo lo que sepas o no te hablaré más!*

es·cu·pi·ta·jo |eskupitáxo| ***m.*** *fam.* *Saliva que se escupe por la boca de una vez: *el niño echó un ~ en el suelo del ascensor.* ⇒ **salivazo.**

es·cu·rre·pla·tos |eskureplátos| ***m.*** Mueble de cocina donde se ponen en posición vertical los platos lavados para que escurran: *aclaró las bandejas y las colocó en el ~; el ~ está colgado en una de las paredes de la cocina.* ☐ El plural es *escurreplatos.*

es·cu·rri·di·⌐zo, ⌐za |eskuriðíθo, θa| **1** ***adj.*** Que escurre o desliza con facilidad: *el jabón es muy ~.* **2** Que hace escurrir o deslizarse: *el suelo está muy ~.*

es·cu·rrir |eskurír| **1** ***tr.-prnl.*** [algo] Hacer que una cosa pierda el líquido que contiene: *si escurres la ropa después de lavarla, se secará antes.* **- 2** ***tr.*** [algo] Sacar las últimas gotas del líquido que ha quedado en un recipiente: *aunque escurramos la caja de leche, no habrá suficiente para todos.* **- 3** ***intr.*** Soltar una cosa el líquido que contiene: *deja la toalla colgada para que escurra.* **- 4 escurrirse** ***prnl.*** Salir de un lugar sin que se note; escaparse: *el pájaro se escurrió de entre sus manos.* **5** Deslizarse o resbalar sobre una superficie: *como el suelo estaba mojado, la abuela se escurrió y se cayó.* ■ **~ el bulto,** *fam.* evitar o escapar de una situación que se considera mala, de peligro o de *compromiso: *a la hora de trabajar duramente, siempre escurre el ~.*

es·drú·ju·⌐lo, ⌐la |esðrúxulo, la| ***adj.-f.*** LING. (palabra) Que lleva el acento en la tercera sílaba, empezando a contar desde el final: *son palabras esdrújulas* pájaro, máximo, último *y* mecánica. ⇒ **proparoxítono.**

e·⌐se, ⌐sa |ése, sa| **1** ***pron. dem.*** Indica o señala una persona o cosa determinada y permite *identificarla: *me gustaría tener un coche como ~ que tiene mi vecino.* ☐ Se puede escribir con acento *gráfico. *¿quieres este collar? - No, prefiero ése.* ⇒ **aquel. - 2** ***adj. dem.*** Indica o señala una persona o cosa determinada y permite *identificarla: *Víctor es ~ chico que está hablando con Tomás.* ☐ Cuando va detrás del nombre suele tener un valor despectivo: *¡qué insolente es el niño ~!* ⇒ **aquel. - 3 ese** ***m.*** Nombre de la letra *s*: *la palabra* sisar *tiene dos eses.* ■ **hacer eses,** *fam.*, moverse de un lado a otro: *no puede controlar la dirección del coche y va haciendo eses.* ■ **ni por esas,** de ninguna manera; ni en una circunstancia adecuada: *se lo he explicado cinco veces, pero ni por esas lo entiende.*

e·sen·cia |esénθia| **1** ***f.*** Conjunto de características permanentes por las que un ser es lo que es: *uno de los grandes temas filosóficos es el de la ~ del ser humano.* **2** Característica principal: *el pintor ha reflejado en su obra la ~ del alma campesina;* **quinta ~,** cualidad más pura que distingue a una cosa: *esta composición musical es la quinta ~ de la música barroca.* ⇒ **quintaesencia.** **3** Sustancia olorosa que se saca de ciertas plantas: *este frasco contiene ~ de rosas.* ⇒ **perfume.** ■ **en ~,** de forma resumida: *y en ~ estos son los puntos que se trataron en la reunión.*

e·sen·cial |esenθiál| **1** ***adj.*** De la *esencia o que tiene relación con ella: *los filósofos intentan determinar la naturaleza ~ de las cosas.* **2** Que es lo principal: *la sinceridad es el principio ~ de nuestra relación; es ~ que respetemos a los demás.* ⇒ **básico, importante.**

es·fe·ra |esféra| **1** ***f.*** Cuerpo sólido limitado por una superficie curva cuyos puntos están todos a igual distancia de uno interior llamado centro: *las naranjas tienen forma de ~.* **2** Objeto que tiene esa forma: *al final de la escalera hay una ~ de piedra como adorno;* ~ **celeste**, superficie curva ideal dentro de la cual se supone que está la Tierra y sobre la cual se ven moverse los planetas y estrellas: *en el museo tienen representaciones muy antiguas de la ~ celeste;* ~ **terráquea/terrestre**, planeta Tierra; cuerpo sólido que representa este planeta: *si no sabes dónde están las islas Canarias, búscalas en una ~ terrestre.* ⇒ **globo. 3** Círculo en el que giran las agujas, especialmente en un reloj: *la ~ de este reloj es blanca y los números son dorados.* **4** *fig.* Clase o condición social; ambiente: *es un político de altas esferas; Emilio no sabe desenvolverse bien fuera de su ~.* **5** Campo en que se realiza una actividad o una acción: *este centro de investigación es el mejor en su ~; la directora tiene una amplia ~ de influencias.*

es·fé·ri·⌜co, ⌜ca |esfériko, ka| **1** ***adj.*** De la esfera o que tiene relación con ella: *la pelota tiene forma esférica.* **- 2 esférico *m.*** DEP. Pelota de material flexible y llena de aire: *el futbolista lanzó el ~ fuera del terreno de juego.* ⇒ **balón.**

es·fin·ge |esfíŋxe| ***f.*** Ser imaginario con cabeza y pecho de mujer y con cuerpo y pies de león: *la ~ de Gizeh reproduce la cabeza de un rey egipcio.* ■ **parecer/ser una** ~, tener una actitud fría y misteriosa: *parecía una ~, en lugar de relacionarse con los demás, estuvo muy serio en un rincón.*

es·fín·ter |esfínter| ***m.*** ANAT. Músculo en forma de anillo con el que se abren o cierran las aberturas de distintos conductos naturales del cuerpo: *los esfínteres regulan la apertura y el cierre de la vejiga de la orina.*

es·for·zar |esforθár| **1** ***tr.*** [algo] Usar un órgano o una capacidad con mayor intensidad de la normal: *como hay tan poca luz, debo ~ mucho la vista.* ⇒ **fatigar. - 2 esforzarse *prnl.*** Hacer un esfuerzo físico o mental con un fin determinado: *se ha esforzado mucho para sacar adelante a su familia; debes esforzarte más si quieres aprobar el curso.* ☖ Se conjuga como 50.

es·fuer·zo |esfuérθo| **1** ***m.*** Empleo de la fuerza física o mental con un fin determinado: *todos los deportes requieren un gran ~ físico.* **2** Empleo de medios superiores a los normales para conseguir un fin determinado: *su ~ no fue suficiente para superar el examen; la obra ha sido resultado del ~ de un grupo de personas.*

es·fu·mar |esfumár| **1** ***tr.*** [algo] Hacer más débiles los trazos de un dibujo: *el pintor esfumaba con cuidado las manchas de color del cuadro.* **- 2 esfumarse *prnl.*** *fam.* *Marcharse de un lugar con rapidez y disimulo: *el ladrón se esfumó en un abrir y cerrar de ojos.* **3** Desaparecer poco a poco una cosa: *las nubes se han ido esfumando.* ⇒ **desvanecer, disipar.**

es·gri·ma |esɣríma| ***f.*** Deporte que consiste en el enfrentamiento de dos personas armadas con una espada o con otra arma blanca: *la ~ suele practicarse con una arma similar a la espada.*

es·gri·mir |esɣrimír| **1** ***tr.*** [algo] Manejar o sostener una arma blanca: *los espadachines esgrimían sus espadas.* **2** *form.* Usar una cosa no material para atacar o defenderse: *no me convecieron los argumentos que esgrimió en su defensa.*

es·guin·ce |esɣínθe| **1** ***m.*** Estiramiento violento de una articulación que puede provocar que se dañen o se rompan las fibras musculares de una zona: *resbaló en la escalera y se hizo un ~ de tobillo; tiene un ~ y el médico le ha mandado reposo absoluto.* **2** Movimiento hecho con el cuerpo para evitar un golpe: *los niños corrían haciendo esguinces, para que no los atrapara el guarda.*

es·la·bón |eslaβón| **1** ***m.*** Pieza con forma de anillo que se une con otras formando una cadena: *han quitado dos eslabones de la pulsera porque me quedaba demasiado grande.* **2** *fig.* Elemento necesario para relacionar dos cosas o acciones: *el periodo románico es un ~ entre las formas prerrománicas y el resurgimiento artesanal; los científicos buscan el ~ perdido entre el mono y el homo sapiens.*

es·la·⌜vo, ⌜va |esláβo, βa| **1** ***adj.*** De un grupo de pueblos antiguos que habitaron el norte y el este de Europa, o que tiene relación con él: *Zuarasi era el dios ~.* **- 2 *m. f.*** Persona que pertenece a ese grupo de pueblos: *los eslavos se cristianizaron en los siglos X y XI.* **- 3 *adj.-m.*** (lengua) De la familia del *indoeuropeo y hablado en el norte y este de Europa: *el ruso, el búlgaro y el polaco son lenguas eslavas.* **- 4 eslavo *m.*** Lengua de los pueblos antiguos que habitaron el norte y el este de Europa: *el ~ procede del indoeuropeo.*

es·lo·gan |eslóɣan| ***m.*** Frase corta que se usa para vender un producto o tratar de convencer al público: *todo el mundo conoce el ~ de esa marca de agua mineral.* ⇒ **slogan.**

es·lo·ra |eslóra| ***f.*** MAR. Longitud *máxima de una embarcación: *mi barco tiene cuatro metros de manga y 15 de ~.*

es·lo·va·⌜co, ⌜ca |esloβáko, ka| **1** ***adj.*** De Eslovaquia o que tiene relación con Eslovaquia: *la capital eslovaca es Bratislava.* **- 2 *m. f.*** Persona nacida en Eslovaquia o que vive habitualmente en Eslovaquia: *los eslovacos y los checos formaban parte de Checoslovaquia.* **- 3 eslovaco *m.*** Lengua de Eslovaquia: *el ~ pertenece al grupo de las lenguas eslavas.*

es·lo·ve·⌜no, ⌜na |esloβéno, na| **1** ***adj.*** De Eslovenia o que tiene relación con Eslovenia: *el dinar es la moneda eslovena; el territorio ~ es montañoso.* **- 2 *m. f.*** Persona nacida en Eslovenia o que vive habitualmente en Eslovenia: *los eslovenos son vecinos de los austriacos.* **- 3 esloveno *m.*** Lengua que se habla en Eslovenia: *el ~ pertenece al grupo eslavo.*

es·mal·te |esmálte| **1** ***m.*** Líquido pastoso que sirve para dar color y brillo a las uñas: *Lucía lleva las uñas muy largas y pintadas de ~ rojo; son las ocho y todavía se está dando ~ a las uñas.* **2** Líquido pastoso que se saca calentando cristales de colores y que se pone sobre metales o *cerámicas: *esta vasija de porcelana está cubierta con ~ azul.* **3** Objeto cubierto de ese líquido: *en el museo arqueológico hay unos esmaltes muy antiguos; la pared de la sala está adornada con esmaltes.* **4** ANAT. Sustancia blanca y dura que cubre la corona de los dientes: *algunos dentífricos pueden dañar el ~ de los dientes.*

es·me·ral·da |esmeráldaǀ **1** ***f.*** Piedra *preciosa de color verde que se usa como adorno: *en Brasil hay yacimientos de esmeraldas; lleva una diadema con esmeraldas.* **- 2** ***adj.*** Del color de esa piedra: *lleva unos pendientes ~.*

es·me·rar·se |esmerárseǀ ***prnl.*** Poner mucho cuidado en el cumplimiento de una obligación o al hacer una cosa: *a ver si te esmeras un poco más en lo que estás haciendo; se esmeró e hizo un pastel riquísimo.*

es·me·ro |esméroǀ ***m.*** Cuidado y atención que se ponen en el cumplimiento de una obligación o al hacer una cosa: *puso mucho ~ al pegar las fotos en el álbum.*

es·mi·rria·⌜do, ⌜da |esmir̄iáðo, ðaǀ ***adj.*** *fam.* Que es delgado y de poca altura: *vino a verme un señor feo y ~.* ⇒ **desmirriado.**

es·mo·quin |esmókinǀ ***m.*** Traje de hombre que se usa en fiestas y ocasiones importantes: *el ~ está compuesto por una chaqueta y un pantalón; el ~ suele ser negro o blanco.* ⇒ **smoking.** ⌂ El plural es *esmóquines.*

es·nob |esnóᵝǀ ***adj.-com.*** (persona) Que imita *comportamientos e ideas que considera distinguidos y elegantes: *es un ~, está enterado de las últimas tendencias culturales.* ⇒ **snob, sofisticado.** ⌂ El plural es *esnobs.*

es·no·bis·mo |esnoβísmoǀ ***m.*** Cualidad de *esnob: *su ~ la lleva a comportarse con poca naturalidad.* ⇒ **snobismo.**

e·so |ésoǀ ***pron. dem.*** Indica o señala una cosa determinada, especialmente para *identificarla, o una cosa conocida o nombrada antes: *~ que hay sobre la mesa es para ti; ~ que dijiste ayer no me ha gustado nada.* ⇒ **aquello.** ⌂ Nunca lleva acento *gráfico. ■ **a ~ de,** expresión que da idea de tiempo aproximado: *nos veremos a ~ de las diez.*

e·só·fa·go |esófaɣoǀ ***m.*** ANAT. Conducto que lleva los alimentos al estómago: *el ~ va desde la faringe al estómago; el ~ hace unos movimientos que facilitan el transporte del bolo alimenticio al estómago.*

e·so·té·ri·⌜co, ⌜ca |esotériko, kaǀ ***adj.*** Que es oculto o reservado; que es difícil de comprender: *le gustan mucho las novelas que tratan temas esotéricos.*

e·so·te·ris·mo |esoterísmoǀ ***m.*** Cualidad de *esotérico: *el ~ es la principal característica de sus libros.*

es·pa·bi·lar |espaβilárǀ **1** ***tr.-intr.-prnl.*** [a alguien] Despertar o aumentar la inteligencia de una persona: *tendrás que ~ o recibirás muchos golpes en la vida.* ⇒ **despabilar. - 2** ***tr.*** [algo] Acabar con rapidez lo que se ha empezado: *espabiló el bocadillo de chorizo en un instante.* ⇒ **despabilar. - 3 espabilarse** ***prnl.*** Deshacerse del sueño que queda después de haber dormido: *voy a ver si me espabilo con una ducha de agua fría; se ha levantado ya, pero aún no se ha espabilado.* ⌂ La Real Academia Española prefiere la forma *despabilar.*

es·pa·chu·rrar |espatʃur̄árǀ ***tr.-prnl.*** [algo] Aplastar o apretar una cosa hasta que salga lo que contiene en su interior y tome una forma plana: *ha metido la tarta en la bolsa y se ha espachurrado; espachurró la cucaracha de un golpe con la zapatilla.* ⇒ **despachurrar, despanzurrar.** ⌂ La Real Academia Española prefiere la forma *despachurrar.*

es·pa·cial |espaθi̲álǀ ***adj.*** Del espacio o que tiene relación con él, especialmente de la extensión situada más allá de la atmósfera de la Tierra: *recorrió el firmamento en una nave ~.*

es·pa·ciar |espaθi̲árǀ **1** ***tr.*** [algo] Poner distancia en el tiempo o en el espacio: *debes ~ un poco más las comidas.* **2** Colocar espacios entre las letras o las líneas en un texto impreso: *hay que ~ bien las líneas de esta página.* **- 3 espaciarse** ***prnl.*** Divertirse, abandonando las ocupaciones: *salieron al campo a espaciarse.* ⌂ Se conjuga como 12.

es·pa·cio |espáθi̲oǀ **1** ***m.*** Extensión que contiene todos los objetos que existen: *la filosofía siempre se ha ocupado del ~ y del tiempo.* **2** Parte de esa extensión, generalmente la que ocupa cada cuerpo: *vamos a comprar una casa nueva que tenga suficiente ~ para todos; los juguetes de los niños ocupan demasiado ~;* **~ aéreo,** zona de la atmósfera que controla un país para la circulación de aviones: *dos bombarderos norteamericanos entraron en el ~ aéreo ruso;* **~ libre,** hueco, lugar donde no hay nada: *deja un ~ libre en esta página y luego pondremos una fotografía para llenarlo;* **~ vital,** terreno o extensión necesaria para el desarrollo y la vida de un ser: *el árbol se quedó muy pequeño porque no tenía ~ vital en esa maceta.* **3** Parte de esa extensión situada más allá de la atmósfera de la Tierra: *han lanzado un satélite al ~.* **4** Periodo de tiempo: *conviene saber de qué ~ disponemos para realizar este trabajo.* **5** Separación entre líneas, especialmente en un texto escrito: *los originales deberán presentarse mecanografiados a doble ~.* **6** Extensión vacía equivalente a la que ocupa una letra: *las palabras se separan unas de otras mediante un ~.* **7** FÍS. Distancia recorrida por un cuerpo que se mueve en un tiempo determinado: *la velocidad es igual al ~ dividido por el tiempo.*

es·pa·cio·⌜so, ⌜sa |espaθi̲óso, saǀ **1** ***adj.*** Que es grande o ancho; que ocupa mucho espacio: *la sala era espaciosa e iluminada; me gustaría cambiar este coche por otro más ~.* ⇒ **amplio.** ⇔ **estrecho. 2** Que es lento o pausado: *es una película muy espaciosa, el argumento se desarrolla muy lentamente.*

es·pa·da |espáðaǀ **1** ***f.*** Arma blanca larga, recta y cortante con un puño en un extremo para cogerla: *el Cid luchaba con su ~.* **2** Carta de la *baraja española en la que aparecen dibujadas una o varias de esas armas, especialmente el *as: *echa una ~ más alta que el siete.* **- 3** ***com.*** Persona que mata al toro en una corrida: *el ~ fue sacado de la plaza en* *hombros porque hizo una faena magistral.* ⇒ **torero.** - **4 espadas** ***f. pl.*** Conjunto o palo de la *baraja española en el que aparecen dibujadas esas armas: *los palos de la baraja son oros, copas, espadas y bastos.* ■ **~ de Damocles**, amenaza continua de un peligro: *los habitantes de un país en guerra viven bajo la ~ de Damocles de un bombardeo.* ■ **entre la ~ y la pared**, *fam.*, en situación de tener que decidirse por una cosa u otra sin poder escapar ni elegir otro camino: *mi novio me puso entre la ~ y la pared diciéndome que o nos casábamos este año o se marchaba para siempre.*

es·pa·da·chín |espaðatʃín| ***m.*** Persona que maneja bien la espada: *el ~ estaba siempre metido en riñas; es un ~ muy diestro en el uso de la espada.*

es·pa·da·ña |espaðáɲa| **1** ***f.*** ARQ. Pared construida sobre el tejado de un edificio, con un hueco para colgar una campana: *las cigüeñas hicieron su nido en la ~ de la iglesia.* **2** Planta de tallos altos y cilíndricos cuyas hojas se usan generalmente para tejer asientos de sillas: *fueron al campo a buscar espadañas para arreglar las sillas.* ⇒ **anea.**

es·pa·gue·ti |espaɣéti| ***m.*** Pasta de harina de trigo que tiene forma de cilindro alargado y muy delgado: *Luis hizo unos espaguetis con tomate riquísimos; el ~ es una pasta de origen italiano; los espaguetis tienen forma de fideos alargados, los macarrones son más cortos y gruesos.* ☐ Se usa frecuentemente en plural: *ayer comimos espaguetis.*

es·pal·da |espálda| **1** ***f.*** Parte posterior del cuerpo humano, desde los hombros hasta la cintura: *la columna vertebral es el eje de la ~; paso mucho tiempo sentado y me duele la ~.* ☐ Se usa también en plural con el mismo significado. **2** Parte posterior del cuerpo de los animales: *la silla de montar se coloca sobre la ~ del caballo.* **3** Parte de una prenda de vestir que cubre o toca la parte posterior del cuerpo: *estoy haciendo un jersey de punto y he terminado la ~ y las mangas.* **4** Parte posterior de una cosa: *tenemos un garaje a la ~ de la casa.* ☐ Se usa también en plural con el mismo significado. **5** DEP. Estilo de nadar, en el que el nadador se coloca boca arriba y mueve los brazos en círculo y las piernas de arriba abajo: *es un gran nadador en la modalidad ~.* ■ **a espaldas de una persona**, en su *ausencia; sin que se entere: *organizaron todo el negocio a espaldas de Yolanda.* ■ **caer/caerse de espaldas**, *fam.*, sorprenderse mucho: *te vas a caer de espaldas cuando te enteres de quién es ese chico.* ■ **cargado de espaldas**, (persona) que tiene la columna *vertebral torcida; que no puede ponerse derecho: *el hombre es bastante feo y cargado de espaldas.* ■ **dar/volver la ~**, negar una ayuda; abandonar: *cuando le pedí que me buscara un empleo me dio la ~.* ■ **guardar las espaldas**, proteger o defender: *no te metas con ese niño, que tiene quien le guarde las espaldas.* ■ **por la ~**, sin avisar, a *traición: *lo mataron por la ~.*

es·pal·da·ra·zo |espaldaráθo| **1** ***m.*** Golpe dado de plano en la espalda con la espada o con la mano: *el ~ formaba parte de la ceremonia de armar a un caballero; cuando tomé posesión de mi cargo el director me dio un ~ con la mano.* **2** Ayuda que recibe una persona para conseguir un *objetivo: *las buenas críticas que obtuvo fueron el ~ definitivo para su carrera.* **3** Reconocimiento de las habilidades de una persona: *la publicación de su último libro ha constituido el ~ definitivo.*

es·pal·de·ra |espaldéra| **1** ***f.*** Estructura colocada en una pared para que crezcan plantas sobre ella: *la yedra dejaba entrever una ~ verde.* **2** Pared con que se resguardan y protegen las plantas *arrimadas a ella: *las plantas crecían tanto que tuvieron que subir la ~.* - **3 espalderas** ***f. pl.*** Aparato de *gimnasia formado por varias barras de madera horizontales y dispuestas para hacer ejercicios: *se agarró de las espalderas y levantó las piernas.*

es·pan·ta·pá·ja·ros |espantapáxaros| **1** ***m.*** Muñeco con figura de hombre que se pone en árboles o terrenos de cultivo para asustar a los pájaros: *hicimos un ~ con ropa vieja y un sombrero roto.* - **2** ***com.*** *fig.* Persona muy fea o que hace reír: *vino hecho un ~ con ese traje.* ☐ El plural es *espantapájaros.*

es·pan·tar |espantár| **1** ***tr.-prnl.*** [a alguien] Causar o sentir miedo: *el ogro que salía en la película espantó a los niños; oí un ruido extraño y me espanté.* ⇒ **aterrar.** - **2** ***tr.*** [algo, a alguien] Echar de un lugar: *el labrador espantó a las gallinas de la puerta; es tan feo y desagradable que nos ha espantado.* - **3 espantarse** ***prnl.*** Quedar admirado: *me espanto de verlo tan delgado.*

es·pan·to |espánto| **1** ***m.*** Miedo fuerte: *sentí ~ cuando vi esa película de exorcismo.* ⇒ **terror.** **2** Impresión fuerte que se siente ante un hecho difícil de soportar: *el accidente de la carretera me causó verdadero ~.* **3** Hecho que molesta o resulta poco agradable: *me da ~ ir al médico.* ■ **de ~**, *fam.*, muy grande: *¡hoy hace un frío de ~!* ■ **estar curado de ~**, *fam.*, no sorprenderse ante un hecho o situación por estar *acostumbrado a ello: *llegó borracho a casa, pero estoy curada de ~.*

es·pan·to·⌈so, ⌈sa |espantóso, sa| **1** ***adj.*** Que produce *espanto o miedo: *en la oscuridad de la noche se oyó un grito ~.* ⇒ **horroroso.** **2** Que es muy feo o desagradable; que produce rechazo: *hoy se ha puesto unos pantalones de cuadros espantosos.* ⇒ **horroroso.** **3** Que es muy grande o intenso: *la explosión produjo un ruido ~.* ⇒ **horroroso.**

es·pa·⌈ñol, ⌈ño·la |espaɲól, ɲóla| **1** ***adj.*** De España o que tiene relación con España: *León es una ciudad española.* - **2** ***m. f.*** Persona nacida en España o que vive habitualmente en España: *los españoles tienen fama de ser personas extravertidas; no todos los españoles son toreros.* - **3 español** ***m.*** Lengua oficial de España y de los países *hispanoamericanos; lengua española o *castellana: *¿habla usted español?* ⇒ **castellano.**

es·pa·ño·lis·mo |espaɲolísmo| **1** ***m.*** Amor o gusto por la cultura y las tradiciones de España: *en el Romanticismo se puede apreciar un cierto ~ en los temas musicales y teatrales.* **2** Palabra o modo de expresión propio de la lengua española que se usa en otro idioma: *la palabra* guerrilla *es un ~ usado en muchas lenguas.* ⇒ **hispanismo.**

es·pa·ño·li·zar·se |espaɲoliθárse| ***prnl.*** Tomar las costumbres españolas: *muchos extranjeros se españolizan rápidamente cuando viven un tiempo en España.*

es·pa·ra·dra·po |esparaðrápo| ***m.*** Tira de tela, papel o plástico, que se pega por uno de sus lados y que se usa para sujetar algodón o una venda: *colocó la venda alrededor del brazo y luego puso ~ en un extremo.*

es·par·ci·mien·to |esparθimiénto| **1 *m.*** Diversión o *desahogo: *esta novela te servirá de ~.* **2** Conjunto de actividades que llenan el tiempo libre: *el deporte es mi ~.*

es·par·cir |esparθír| **1 *tr.-prnl.*** [algo] Lanzar, separar o extender lo que está junto: *el agricultor esparce la semilla en el campo; los granos de arroz se han esparcido por el suelo.* **2** Extender una cosa haciendo que ocupe más espacio: *esparció encima de la mesa las cosas que llevaba en la bolsa.* **3** *fig.* Extender o dar a conocer una noticia: *no te preocupes, que yo me encargaré de ~ lo que te ha pasado.* **- 4 esparcirse *prnl.*** Divertirse o *desahogarse: *paseando por el campo uno se esparce.* ☖ Se conjuga como 3.

es·pá·rra·go |espár̄aγo| **1 *m.*** Yema comestible, de forma alargada y de color verde o blanco, que crece en las raíces de una planta: *los espárragos son muy apreciados; compró un manojo de espárragos; me encantan los espárragos con mayonesa;* **~ triguero**, el que es silvestre, fino y de color verde, y crece en las tierras de cultivo: *los espárragos trigueros salen en primavera.* **2** Planta de tallo recto y cilíndrico, en cuyas raíces crecen esas yemas comestibles: *el ~ crece en lugares arenosos, colinas y acantilados de la zona mediterránea.* ⇒ **esparraguera. 3** Tornillo de metal, fijo por un extremo, que se introduce por el agujero de una pieza y sirve para sujetarla: *las estanterías van sujetas con espárragos.* ■ **a freír espárragos,** *fam.*, indica que se rechaza con desprecio a una persona o cosa: *deja de decir tonterías y vete a freír espárragos; estaba harto de ella y la mandó a freír espárragos.*

es·pa·rra·gue·ra |espar̄aγéra| ***f.*** Planta de tallo recto y cilíndrico y frutos rojos: *los brotes tiernos de la ~ son los espárragos.* ⇒ **espárrago.**

es·par·to |espárto| **1 *m.*** Fibra vegetal que se usa para hacer cuerdas y otros objetos: *se compró unas zapatillas con la suela de ~; pidió una soga de ~.* **2** Planta de tallo recto y hojas largas y estrechas, que se cultiva para sacar esa fibra: *el ~ crece silvestre en la zona del Mediterráneo; el ~ se utiliza en la industria papelera.*

es·pas·mo |espásmo| ***m.*** Contracción involuntaria de las fibras musculares: *le dio un ~ y tuvo que dejar de jugar al fútbol.*

es·pa·ta·rrar·se |espatar̄árse| **1 *prnl.*** *fam.* Separar mucho las piernas: *eres muy vulgar, cuando te sientes no debes espatarrarte.* **2** *fam.* Abrir en exceso las piernas al caer al suelo con ellas abiertas: *el perrito no sabía andar y se espatarró al dar los primeros pasos.* ⇒ **despatarrarse.** ☖ La Real Academia Española prefiere la forma *despatarrarse.*

es·pá·tu·la |espátula| **1 *f.*** Herramienta formada por un trozo plano y triangular de metal con los bordes afilados y con un mango: *el artista extendió la pintura con la ~; quitó el yeso de los baldosines con una ~.* **2** Ave de color blanco de joven y rosada de adulta, con patas largas y finas y pico plano: *en esa laguna puedes encontrar espátulas.* ☖ Para indicar el sexo se usa la ~ macho y la ~ hembra.

es·pe·cia |espéθia| ***f.*** Sustancia vegetal olorosa que se usa para dar sabor a los alimentos: *el comino y la pimienta son especias; los barcos traían a Europa las especias de Oriente; el azafrán es una ~ que se echa en el arroz.* ⇒ **condimento.** ☖ No debe confundirse con *especie.*

es·pe·cial |espeθiál| **1 *adj.*** Que se diferencia de lo normal o corriente: *Maruja es una mujer muy ~; hoy tengo preparado algo ~ para ti.* **2** Que es muy adecuado o propio para un fin determinado: *esta lejía es ~ para lavadoras.* ■ **en ~**, de un modo particular: *no tengo que decirte nada en ~.*

es·pe·cia·li·dad |espeθialiðáᵈ| **1 *f.*** Producto en el que destaca una persona, un establecimiento o una región: *la tortilla de patatas es la ~ de este bar.* **2** Rama de la ciencia o del arte a la que se dedica una persona: *su ~ es la lingüística aplicada.*

es·pe·cia·lis·ta |espeθialísta| **1 *adj.-com.*** (persona) Que se dedica a una rama determinada de la ciencia o del arte, sobre la que tiene conocimientos profundos: *Andrés es un historiador ~ en prehistoria; tiene que ir a la consulta del ~ en medicina interna.* **- 2 *com.*** Persona que sustituye a un actor o una *actriz de cine o televisión en las *escenas peligrosas: *la que ha saltado del coche no es la famosa estrella, sino una ~.* ⇒ **doble.**

es·pe·cia·li·za·ción |espeθialiθaθión| ***f.*** Acción y resultado de *especializar o *especializarse: *Luis está impartiendo un curso de ~ técnica.*

es·pe·cia·li·zar |espeθialiθár| **1 *tr.-prnl.*** [a alguien; en algo] Preparar en una rama determinada de una ciencia o de un arte: *es un centro que especializa a los alumnos en trabajar el barro; se ha especializado en hacer programación.* **2** [algo] Limitar una cosa a un uso o un fin determinado: *especializó su empresa en la fabricación de toallas.* ☖ Se conjuga como 4.

es·pe·cie |espéθie| **1 *f.*** Conjunto de personas o cosas que tienen unos caracteres comunes: *es una persona que pertenece a la ~ de los que valoran excesivamente el dinero.* ⇒ **clase, tipo. 2** BIOL. Categoría de clasificación de los seres vivos, inferior a la de género y superior a la de raza: *las ballenas son una ~ en vías de extinción; el canguro es una ~ que abunda en Australia; el trigo y la avena pertenecen a la misma ~.* ■ **en ~**, con cosas o acciones, pero no con dinero: *Juan siempre paga mis servicios en ~.* ■ **una ~ de**, parecido a: *el gazpacho es una ~ de sopa fría.* ☖ No debe confundirse con *especia.*

es·pe·cie·ʳro, ʳra |espeθiéro, ra| **1 *m. f.*** Persona que se dedica a vender especias: *antiguamente los* *especieros iban recorriendo los pueblos.* - **2 especiero** ***m.*** Armario pequeño donde están colocados botes en los que se guardan especias: *el ~ está colocado en la pared de la derecha de la cocina; coge el tarro de cominos del ~.*

es·pe·ci·fi·car |espeθifikár| ***tr.*** [algo] Dar los *datos necesarios sobre una persona o cosa para *diferenciarlos de otra: *si no especificas un poco más, no sabremos de qué estás hablando; en este papel se especifican las características del contrato.* ☖ Se conjuga como 1.

es·pe·cí·fi·⌜co, ⌜ca |espeθífiko, ka| **1** ***adj.*** Que es característico; que distingue una especie o un ser de otros: *hablar es ~ del hombre; el plan tiene unos objetivos generales y otros específicos para cada caso.* ⇒ **característico, propio.** - **2 específico** ***m.*** MED. Medicina indicada para una enfermedad determinada: *el médico le recetó un ~ para la artritis.*

es·pé·ci·men |espéθimen| ***m.*** Muestra, modelo o ejemplar que reúne las cualidades características de una especie: *los dueños del salón canino tienen un buen ~ de mastín; en el zoo hay varios especímenes de leopardo.* ☖ El plural es *especímenes.*

es·pec·ta·cu·lar |espe^{k}takulár| **1** ***adj.*** Que llama la atención y despierta admiración por ser exagerado o *aparatoso: *el accidente del tren fue ~; la imagen de las cataratas del Niágara es ~.* **2** Del espectáculo o que tiene relación con él: *todo lo ~ le llama mucho la atención: el cine, el teatro, el circo y otras muchas cosas.*

es·pec·tá·cu·lo |espe^{k}tákulo| **1** ***m.*** Acto que se representa ante un público con el fin de divertir: *el sábado por la noche fueron a una sala de espectáculos; me gustan los espectáculos de variedades.* **2** Acción o cosa que llama la atención y causa admiración: *las fallas de Valencia son un auténtico ~.* **3** Acción o cosa que causa extrañeza o *escándalo: *la discusión que tuvieron en el bar fue todo un ~; ¡cállate ya, que vas dando el ~ por la calle!* ⇒ **número.** ☖ Se usa frecuentemente con el verbo *dar.*

es·pec·ta·⌜dor, ⌜do·ra |espe^{k}taðór, ðóra| ***adj.-s.*** (persona) Que presencia un espectáculo público: *el público ~ aplaudió al final del programa; este espacio televisivo cuenta con muchos espectadores.*

es·pec·tro |espé^{k}tro| **1** ***m.*** Ser que no es material, cuyo aspecto causa terror y que se imagina o se cree ver: *no quiere apagar la luz porque dice que ve espectros.* ⇒ **fantasma. 2** *fig.* Persona muy delgada o decaída físicamente: *no tiene un aspecto saludable, es un ~.* **3** Conjunto o serie de elementos que forman un todo: *este partido se sitúa en el centro del ~ político; este antibiótico ataca a un ~ de infecciones.* **4** FÍS. Serie de frecuencias que resultan de la *dispersión de un fenómeno formado por ondas: *este aparato proporciona imágenes gráficas del ~ de los sonidos;* **~ luminoso/visible**, el que se ve y se *percibe como una serie de colores que va del rojo al *violeta: *en el arco iris se ven los colores del ~ luminoso;* **~ solar**, el que resulta de la *dispersión de las *radiaciones de la luz blanca del sol al pasar a través de un *prisma: *en la clase de Física nos han explicado el ~ solar.* **5** Imagen de una de esas series de frecuencias: *en este libro se reproduce el ~ de las vocales del español.*

es·pe·cu·la·ción |espekulaθión| **1** ***f.*** Idea o pensamiento que no tiene una base real: *no se sabe nada del secuestro de la niña, todo lo que hay son sólo especulaciones.* **2** COM. Operación que consiste en comprar un bien cuyo precio se cree que va a subir pensando únicamente en conseguir un *beneficio: *el Gobierno está luchando para combatir la ~ de las viviendas.* **3** Pensamiento hecho con profundidad: *mi profesor es un maestro en la ~.*

es·pe·cu·la·⌜dor, ⌜do·ra |espekulaðór, ðóra| ***adj.-s.*** (persona) Que compra bienes cuyos precios se cree que van a subir: *los especuladores saben vender en el momento oportuno para obtener *beneficios; era un ~ que se dedicaba a la venta de pisos.*

es·pe·cu·lar |espekulár| **1** ***intr.*** [con/sobre algo] Pensar con profundidad: *el filósofo se dedicaba a ~ sobre el sentido de la vida.* **2** Pensar sin tener una base real: *están especulando con la posibilidad de cambiar el nombre de las calles.* **3** COM. Comprar un bien cuyo precio se cree que va a subir, pensando únicamente en conseguir un *beneficio: *se dedicaba a ~ con carbón, lo compraba para venderlo al doble de lo que le había costado.*

es·pe·cu·la·ti·⌜vo, ⌜va |espekulatíβo, βa| **1** ***adj.*** De la *especulación o que tiene relación con ella: *piensa que las actividades especulativas son las más lucrativas.* **2** (persona) Que piensa sin una base real; que piensa muchas veces la misma cosa: *Antonio es tan ~ que pocas veces te soluciona un problema práctico.*

es·pe·jis·mo |espexísmo| **1** ***m.*** Fenómeno *óptico que consiste en ver ciertas imágenes de objetos a lo lejos: *los espejismos son frecuentes en los desiertos y se deben a la refracción de la luz; tenía tanta sed que creyó ver un oasis, pero era sólo un ~.* **2** *fig.* Imagen mental, que no es real o que es inventada: *creían que iban a ganar mucho dinero, pero todo fue un ~.* ⇒ **ensueño, fantasía, ilusión.**

es·pe·jo |espéxo| **1** ***m.*** Superficie de cristal, cubierta en su parte posterior por una capa metálica, en la que se reflejan la luz y las imágenes de los objetos: *en la pared del cuarto de baño hay un ~ colgado; se miraba en el ~ para peinarse.* **2** *fig.* Cosa que da la imagen de otra: *la cara es el ~ del alma.* **3** *fig.* Modelo que debe ser imitado: *ese profesor es su ~ académico.*

es·pe·luz·nan·te |espeluθnánte| ***adj.*** Que causa miedo o terror: *esta película de monstruos marinos es ~.* ⇒ **aterrador, terrorífico.**

es·pe·ra |espéra| ***f.*** Periodo de tiempo durante el cual se está en un lugar hasta que llega una persona u ocurre una cosa: *la ~ se nos está haciendo interminable; la ~ de la familia se prolongó varias horas.*

es·pe·ran·to |esperánto| ***m.*** Idioma creado a partir de algunas lenguas y que *pretende servir de lengua universal: *el ~ fue creado en 1887; el ~ toma palabras de las lenguas romances y del inglés.*

es·pe·ran·za |esperánθa| **1** ***f.*** Confianza en lograr lo que se desea: *tengo la ~ de conseguir un buen* *empleo; no tengo muchas esperanzas de que nos toque la lotería.* ⇒ **ilusión. 2** Objeto de esa confianza: *la ayuda que puedas prestarme es mi última ~ para salir airoso de esta situación.* **3** Virtud *teologal por la cual se espera la ayuda de Dios en este mundo y la *gloria *eterna en el otro mundo: *las virtudes teologales son fe, ~ y caridad.*

es·pe·ran·za·⌜dor, ⌜do·ra |esperanθaðór, ðóra| ***adj.*** Que hace tener esperanza o confianza: *creo que aprobaré el curso completo porque las últimas notas son muy esperanzadoras.* ⇔ **desesperanzador.**

es·pe·ran·zar |esperanθár| ***tr.-prnl.*** [a alguien] Dar o tener esperanza o confianza: *los últimos análisis clínicos nos han esperanzado mucho acerca de la curación de nuestro hijo.* ⇔ **desesperar.**

es·pe·rar |esperár| **1 *tr.*** [algo] Tener esperanza de conseguir una cosa: *espero poder pasar la Navidad en casa; el niño espera que le traigas algún regalo.* **2** Creer que va a ocurrir: *no esperaba que viniera tanta gente.* **- 3 *tr.-intr.*** [algo, a alguien] Quedarse en un lugar hasta que llegue una persona u ocurra una cosa: *los pacientes estaban esperando al médico; había mucha gente esperando el autobús; esperaré en casa a que me llames.* **- 4 *intr.*** Estar a punto de ocurrir una cosa; no poderse evitar: *mala noche nos espera.* ■ **~ sentado**, indica que es poco probable que ocurra una cosa, o que, en todo caso, ocurrirá mucho tiempo después: *si pretendes hablar con la directora, es mejor que esperes sentado.*

es·per·ma |espérma| ***amb.*** Fluido producido por los órganos de reproducción masculinos: *el ~ es un líquido de color blanquecino.* ⇒ **semen.**

es·per·ma·to·zoi·de |espermatoθói̲de| ***m.*** ZOOL. Célula sexual masculina que tiene como función unirse con la femenina para formar un nuevo ser: *en el laboratorio vimos un ~ por el microscopio y tenía una pequeña cabeza y una larga cola.* ⇒ **espermatozoo.**

es·per·ma·to·zo·o |espermatoθóº| ***m.*** ZOOL. ⇒ **espermatozoide.**

es·per·pen·to |esperpénto| **1 *m.*** *fam.* Persona o cosa muy fea o ridícula: *¡qué ~ de mujer! ¿has visto lo que lleva puesto?* ⇒ **mamarracho. 2** Género de la literatura creado por Valle-Inclán en el que se presenta una realidad deformada: *en los esperpentos se ofrece una realidad grotesca;* Luces de Bohemia *es un ~.*

es·pe·sar |espesár| **1 *tr.*** [algo] Hacer espeso o más espeso: *para que te salga bien el chocolate caliente tienes que dejarlo ~.* **- 2 espesarse *prnl.*** Unirse o apretarse unas cosas con otras: *por esa zona de bosque los árboles se espesan.*

es·pe·⌜so, ⌜sa |espéso, sa| **1 *adj.*** (líquido, sustancia) Que es muy denso; que no fluye fácilmente: *el aceite es más ~ que el alcohol.* ⇔ **claro. 2** Que está formado por partes que están muy juntas: *Caperucita se adentró en el ~ bosque; en el ambiente flotaba un humo ~.* **3** Que es grueso: *los cañones derrumbaron las espesas murallas de la ciudad.* ⇔ **delgado, fino. 4** *fig.* Que es difícil de resolver: *se han metido en un problema ~: no tienen ninguna salida.*

es·pe·sor |espesór| ***m.*** Anchura de un cuerpo: *el tablero de esta mesa tiene mucho ~.* ⇒ **grosor.**

es·pe·tar |espetár| **1 *tr.*** *fam.* [algo; a alguien] Decir de manera violenta: *me espetó que no era asunto mío saber quiénes eran sus amistades; le voy a ~ unas cuantas cosas en cuanto lo vea.* **2** [algo] Atravesar carnes o pescados con un instrumento acabado en punta para *someterlos a la acción directa del fuego: *ha espetado el pavo para poder acercarlo al fuego sin quemarse.* ⇒ **ensartar.**

es·pe·tón |espetón| ***m.*** Pieza larga y delgada de hierro: *en esta zona preparan el pescado pinchado en un ~.*

es·pí·a |espía| ***com.*** Persona que se dedica a conseguir información secreta, especialmente de un país extranjero: *robaron la fórmula porque había espías en la empresa.*

es·piar |espi̲á̲r| **1 *tr.*** [algo, a alguien] Observar o escuchar con disimulo lo que otros hacen o dicen: *es una cotilla, se pasa el día espiándome tras las cortinas.* **2** Tratar de conseguir información secreta, especialmente de un país extranjero: *su labor consistía en ~ las maniobras del ejército inglés.* ☐ Se conjuga como 13.

es·pi·ga |espíɣa| **1 *f.*** Conjunto de granos dispuestos a lo largo de un tallo común, especialmente de los cereales: *el campo está muy bonito cuando está lleno de espigas.* **2** Conjunto de flores dispuestas a lo largo de un tallo común: *el llantén echa espigas.* ⇒ **inflorescencia. 3** Parte delgada de una herramienta, arma o madero que se introduce en el mango o hueco de otra pieza: *está intentando insertar la ~ del martillo.* **4** Clavo pequeño y sin cabeza: *he colocado el cuadro clavando varias espigas en la pared.*

es·pi·gar |espiɣár| **1 *tr.*** [algo] Recoger las *espigas que han quedado en el campo tras la *cosecha: *llevaron a los niños a espigar.* **2** *fig.* Tomar información de distintas fuentes: *hizo el artículo espigando aquí y allá.*

es·pi·gui·lla |espiɣíʎa| **1 *f.*** Tira estrecha de tela que sirve de adorno: *la chaqueta llevaba ~ en las solapas y los puños; el sombrero iba adornado con ~.* **2** Dibujo formado por una línea vertical de la que salen otras líneas más pequeñas, paralelas entre sí: *la ~ suele aparecer en las telas; se compró un abrigo de ~.* **3** Hierba silvestre que echa un conjunto de granos pequeños dispuestos a lo largo de un tallo fino: *en la puerta de la calle han nacido muchas espiguillas.*

es·pi·na |espína| **1 *f.*** Parte delgada y con punta que crece en algunas plantas y que les sirve de defensa: *los cactos tienen espinas muy afiladas; fue a cortar una rosa y se clavó una ~ en el dedo.* **2** Hueso de pez, especialmente el largo y agudo: *no me gusta comer bacalao porque tiene muchas espinas.* **3** Trozo pequeño, alargado y con punta de cualquier materia: *el carpintero se ha clavado una ~ de la madera.* **4** *fig.* Dolor o sufrimiento: *tiene clavada una*

~ *desde que la abandonó su primer marido.* ■ **dar mala** ~, *fam.*, provocar sospecha; hacer pensar que ocurre o va a ocurrir una cosa mala: *su actitud me da mala ~ y creo que nos está engañando.* ■ ~ **dorsal**, serie de huesos pequeños y planos unidos entre sí que recorre la espalda para sujetar el esqueleto: *está tan flaco que se le nota la ~ dorsal y las costillas.* ⇒ **columna, espinazo.** ■ **sacarse la/una** ~, *fam.*, conseguir una satisfacción por un daño recibido en un momento anterior: *el equipo de casa ha conseguido sacarse este domingo la ~ de la derrota que sufrió el año pasado.*

es·pi·na·ca |espináka| *f.* Hortaliza con el tallo ramoso y las hojas estrechas y suaves, unidas por la base: *las espinacas son de color verde intenso; la ~ contiene gran cantidad de sales minerales.*

es·pi·nal |espinál| ***adj.*** ANAT. De la espina o columna *vertebral o que tiene relación con ella: *la médula ~ es un cordón de tejido nervioso que está en el interior de la columna.*

es·pi·na·zo |espináθo| ***m.*** Cadena de huesos pequeños y planos unidos entre sí, que recorre la espalda del ser humano y de muchos animales y cuya función es la de aguantar el esqueleto: *he estado todo el día levantando cajas y ahora me duele el ~; después de la carrera, acarició el ~ de su caballo.* ⇒ **columna, espina.** ■ **doblar el** ~, *fam.*, obedecer sin protestar las órdenes de un superior: *en aquella ocasión no tuvo más remedio que doblar el ~, en caso contrario lo hubieran despedido.*

es·pi·ni·lla |espiníʎa| **1** ***f.*** Grano de pequeño tamaño que aparece en la piel de la cara: *las espinillas aparecen cuando se cierran los conductos que expulsan sustancias grasas; es una adolescente, por eso tiene el rostro lleno de espinillas.* **2** Parte anterior del hueso de la pierna que va desde la rodilla al pie: *¡qué niño más cafre, me ha pegado una patada en la ~ y ha salido corriendo!*

es·pi·ni·lle·ra |espiniʎéra| ***f.*** Prenda que cubre y protege la *espinilla: *los porteros de hockey llevan fuertes espinilleras.*

es·pi·no |espíno| ***m.*** Arbusto de la familia del rosal, con las ramas llenas de espinas y las flores blancas y olorosas: *el ~ crece silvestre en zonas montañosas; ya están los espinos en flor.*

es·pi·no·⌐so, ⌐sa |espinóso, sa| **1** ***adj.*** Que tiene espinas: *el besugo es un pescado muy ~; el tallo de los rosales es ~.* **2** *fig.* Que es difícil o delicado: *en la reunión trataron varios asuntos espinosos; debes tener prudencia y no hablar de un tema tan ~.*

es·pio·na·je |espionáxe| **1** ***m.*** Labor que consiste en tratar de conseguir información secreta, especialmente de un país extranjero: *llevaban a cabo actividades de ~ con fines militares; ~* **industrial**, el que tiene como fin conseguir información relacionada con una industria determinada: *en la empresa todo se mantiene en el mayor secreto para evitar el ~ industrial.* **2** Organización y medios destinados a ese fin: *es el nuevo jefe del ~ europeo.*

es·pi·ra·ción |espiraθión| ***f.*** Salida del aire de los pulmones: *la ~ es complementaria de la inspiración.* ⇒ **respiración.** ⇔ **aspiración, inspiración.**

es·pi·ral |espirál| **1** ***f.*** Línea curva que da vueltas alrededor de un punto, alejándose continuamente de él: *la concha del caracol tiene la forma de una ~.* **2** *fig.* Proceso rápido y que escapa de todo control: *el concejal ha mostrado su preocupación por la ~ de violencia que está sufriendo la ciudad.*

es·pi·rar |espirár| **1** ***intr.*** Expulsar el aire de los pulmones: *el aire entra y sale de los pulmones inspirando y espirando; dice que le duele el pecho cuando espira.* ⇔ **aspirar, inspirar.** - **2** ***tr.*** *form.* [algo] Despedir una cosa un olor determinado: *las violetas espiran un perfume muy peculiar; el vertedero espira un olor nauseabundo.* ⇒ **exhalar.** ☐ No se debe confundir con *expirar.*

es·pi·ri·tis·mo |espiritísmo| **1** ***m.*** Doctrina según la cual los espíritus de los muertos conservan un cuerpo material, que generalmente no se puede ver, y se comunican con los vivos: *algunas personas creen en el ~ y se ponen en contacto con algunos familiares muertos.* **2** Acción de comunicarse con los espíritus de los muertos: *un grupo de amigos organizó una sesión de ~.*

es·pi·ri·tis·ta |espiritísta| **1** ***adj.*** Del *espiritismo o que tiene relación con él: *se puso en comunicación con el espíritu de su abuelo en una sesión ~.* - **2** ***com.*** Persona que sigue y practica el *espiritismo: *en esta ciudad hay un grupo de espiritistas muy numeroso.*

es·pí·ri·tu |espíritu| **1** ***m.*** Parte que no es material en el hombre, en *oposición al cuerpo: *don Santiago ha muerto, pero queda entre nosotros su ~.* ⇒ **alma.** ⇔ **cuerpo.** **2** Ser que no es material y que tiene voluntad y capacidad de pensar: *la bruja convocó a los espíritus de las tinieblas.* **3** Persona considerada por una cualidad determinada: *Pedro es un ~ aventurero.* **4** Conjunto de cualidades, gustos y características de una persona: *tiene un ~ muy noble y refinado.* **5** Valor, fuerza o ánimo: *trató de infundir ~ a sus hijos para que afrontaran las desgracias.* **6** Principio general; idea central o intención:

ESPIRAL

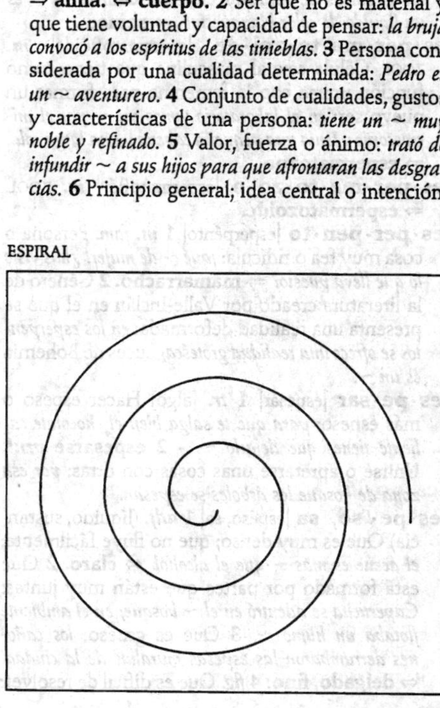

algunos jueces no aplican la letra de la ley, sino su ~; ya conocemos el ~ de esta asociación juvenil. **7** Tendencia o inclinación: *tiene ~ de rebeldía y siempre está defendiendo causas perdidas.* ■ **Espíritu Santo**, REL., la Tercera Persona de la Trinidad, para los cristianos, que procede del Padre y del Hijo: *la Virgen María concibió a Jesús por obra del Espíritu Santo.* ⇒ **hijo, padre.** ◯ En esta acepción se escribe con mayúscula. ■ **levantar el** ~, dar o tomar fuerzas y ánimo: *habla con tu hijo a ver si le levantas el ~.*

es·pi·ri·tual |espirituál| **1** *adj.* Del espíritu o que tiene relación con él: *está leyendo algunos libros para la formación ~.* **2** (persona) Que tiene poco o ningún interés por las cosas materiales: *Fermín es una persona muy sensible y ~.* ⇔ **materialista.**

es·pi·ri·tua·li·dad |espiritualiðá^{ð}| *f.* Cualidad de *espiritual: *es un historiador interesado por la ~ en la Edad Media.*

es·pi·ri·tua·lis·mo |espiritualísmo| **1** *m.* FIL. Doctrina filosófica que considera que la existencia del espíritu da forma a la realidad material: *para el ~, el espíritu es distinto y superior a la materia.* **2** Creencia en la existencia de otros seres, además de los materiales: *su vida está llena de ~.*

es·plén·di·⌐do, ⌐da |espléndiðo, ða| **1** *adj.* Que es muy bueno: *hoy saldremos al campo, hace un día ~; iba montado en una espléndida motocicleta.* ⇒ **estupendo. 2** (persona) Que es generoso; que gasta su dinero de manera abundante: *¡qué ~ es, nos ha invitado a comer en el restaurante más caro de la ciudad!*

es·plen·dor |esplendór| **1** *m.* Grandeza o riqueza: *llama la atención el ~ de las habitaciones del palacio.* **2** Situación de la persona que ha conseguido un grado muy alto en una cualidad o en una labor: *ese pintor hizo retratos de la nobleza en su época de mayor ~.*

es·plen·do·ro·⌐so, ⌐sa |esplendoróso, sa| *adj.* Que está lleno de *esplendor: *si sigues desarrollando así tus cualidades, te espera un futuro ~; hoy ha salido un sol ~.*

es·po·le·ar |espoleár| **1** *tr.* [algo] Picar al caballo u otro animal de carga con la *espuela: *el jinete se subió a la yegua y la espoleó.* **2** *fig.* [a alguien] Provocar o convencer; animar o impulsar a hacer una cosa: *su padre lo espoleó para que se dedicara a la música.* ⇒ **incitar.**

es·po·le·ta |espoléta| *f.* Mecanismo que se coloca en una bomba u otra arma para que no explote hasta el momento deseado: *el soldado quitó la ~ a la granada y la lanzó contra el tanque enemigo.*

es·po·lón |espolón| **1** *m.* Pequeño hueso saliente que tienen algunas aves en la parte trasera de las patas: *un gallo atacó a otro y le hirió con el ~.* **2** Muro construido al borde de un río o del mar para contener las aguas: *las olas golpeaban con fuerza el ~.* **3** Punta en que termina la parte delantera del *casco de una embarcación: *el barco pirata embistió al navío con el ~.*

es·pol·vo·re·ar |espolβoreár| *tr.* [algo] Esparcir una cosa sobre otra en forma de polvo: *Martina espolvoreó la canela sobre el arroz con leche.*

es·pon·ja |espóŋxa| **1** *f.* Objeto de materia elástica y suave, que absorbe el agua y que se usa para el aseo personal: *cogió la ~ y el gel y se metió en la ducha.* **2** Masa elástica con agujeros que forma el esqueleto de ciertos animales marinos y que absorbe el agua: *encontramos una ~ sobre las rocas del acantilado; las esponjas se usan para bañarse y lavarse.* **3** Animal marino con el cuerpo lleno de agujeros que permiten la entrada de agua: *las esponjas viven en colonias.* **4** *fam. fig.* Persona que bebe mucho, especialmente alcohol: *Ramón es una ~, ¡hay que ver las jarras de cerveza que se bebe!*

es·pon·jo·⌐so, ⌐sa |espoŋxóso, sa| *adj.* Que es blando, elástico y suave, como una esponja: *con este suavizante, las toallas quedan muy esponjosas; la masa de estos bollos es blanca y esponjosa.* ⇒ **mullido.**

es·pon·ta·nei·dad |espontaneiðá^{ð}| *f.* Naturalidad y sinceridad en el comportamiento: *la ~ es una de las cualidades que más valoro en las personas.*

es·pon·tá·ne·⌐o, ⌐a |espontáneo, a| **1** *adj.* Que es natural y sincero; que no obedece a ningún *plan: *su respuesta fue espontánea.* **2** (persona) Que se comporta con naturalidad y sinceridad: *Vicente es una persona simpática y espontánea.* **- 3** *m. f.* Persona que va a un espectáculo, especialmente a una corrida de toros, e interviene en él sin estar autorizado: *el ~ saltó al ruedo y se puso delante del toro.*

es·po·ra |espóra| *f.* Célula reproductora propia de ciertos grupos de plantas: *las esporas pueden reproducirse sin necesidad de ser fecundadas; los helechos se reproducen por esporas.*

es·po·rá·di·⌐co, ⌐ca |esporáðiko, ka| *adj.* Que ocurre pocas veces, que no es frecuente; que no tiene relación con causas o efectos: *sus visitas son esporádicas; el enfermo padecía dolores de cabeza esporádicos.* ⇒ **ocasional.**

es·po·sar |esposár| *tr.* [a alguien] Poner las *esposas: *le dijeron que pusiera las manos en la espalda y la esposaron.*

es·po·sas |espósas| *f. pl.* Objeto formado por dos anillas de metal que se abren y se cierran, que están unidas entre sí por una cadena y que sirven para sujetar por las muñecas a los *presos: *la policía le colocó las ~ y lo llevó a un calabozo.*

es·po·⌐so, ⌐sa |espóso, sa| *m. f.* Persona que se ha casado en cuanto a aquella con la que se ha casado: *Cipriano es el segundo ~ de Raquel; aún no me has presentado a tu esposa.* ⇒ **consorte, cónyuge, marido, mujer.**

es·pue·la |espuéla| **1** *f.* Pieza de metal con una pequeña rueda con dientes, que se coloca en los talones para picar al caballo: *el jinete picó al caballo con las espuelas para que trotara.* **2** *fig.* Acción de provocar o convencer a una persona para que haga una cosa: *el éxito de su primera novela fue una buena ~ para continuar dedicándose a escribir.*

es·puer·ta |espuérta| *f.* Recipiente hecho de *esparto o de otro material flexible, con dos asas pequeñas y generalmente más ancho que alto: *los albañiles sacaban los escombros de la obra en espuertas; los vendimiadores llevan la uva en espuertas de mimbre.* ⇒ **sera.**

es·pul·gar |espulɣár| ***tr.*** [algo, a alguien] Limpiar de *pulgas y otros animales parecidos: *en el zoo vi una mona espulgando a su cría.*

es·pu·ma |espúma| **1** ***f.*** Conjunto de burbujas que se forman en la superficie de un líquido: *las olas del mar se deshacen en ~.* **2** Parte del jugo que producen ciertos líquidos al hervir: *quitó con una cuchara la ~ del caldo.* **3** Tejido muy ligero y esponjoso: *pasó por la mercería y se compró unas medias de ~.*

es·pu·ma·de·ra |espumaðéra| ***f.*** Instrumento formado por una pieza plana llena de agujeros unida a un mango largo, que sirve para quitar la *espuma de la comida que se está cocinando o para sacar un alimento del recipiente en el que se está cocinando: *saca los calamares de la sartén con la ~.*

es·pu·mo·⌐so, ⌐sa |espumóso, sa| **1** ***adj.*** Que hace o tiene mucha *espuma: *le gusta bañarse con jabón ~.* **- 2** ***adj.-m.*** (bebida) Que hace *espuma: *el champán es una bebida espumosa; voy a comprar un ~.*

es·pu·⌐rio, ⌐ria |espúrio, ria| ***adj.*** Que es falso o malo; que no es legal o natural: *los fragmentos espurios no tienen validez.*

es·pu·to |espúto| ***m.*** Conjunto de sustancias que se escupen por la boca de una vez: *el médico ha mandado que se haga un análisis del ~ del paciente.*

es·que·je |eskéxe| ***m.*** Tallo o parte de una planta que se introduce en tierra para que se reproduzca: *puso el ~ en la maceta con la esperanza de que agarrase.*

es·que·la |eskéla| **1** ***f.*** Papel con los bordes negros en el que se comunica la noticia de la muerte de una persona: *pusieron una ~ en la entrada de la casa; en la ~ pone el lugar y la hora del entierro.* **2** Comunicación de la muerte de una persona que aparece en los periódicos: *en el periódico de hoy aparece la ~ del director de la empresa.* **3** Carta breve: *me mandó una ~ con un amigo que venía de allí.*

ESPUERTA

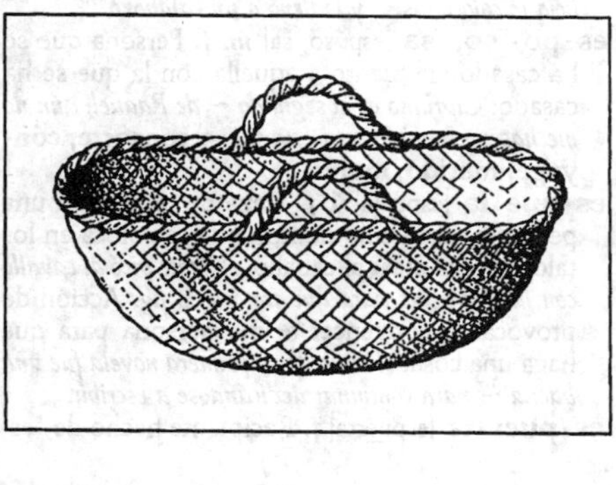

es·que·lé·ti·⌐co, ⌐ca |eskelétiko, ka| ***adj.*** Que está delgado: *lleva ropa muy ancha para disimular que está ~; este perro está ~.* ⇒ **escuálido, flaco.** ⇔ **gordo.**

es·que·le·to |eskeléto| **1** ***m.*** ANAT. Conjunto de huesos unidos por articulaciones que sostiene el cuerpo de los vertebrados: *el ~ humano consta de cabeza, tronco y extremidades; parte del ~ protege las partes blandas del cuerpo.* ⇒ **osamenta.** **2** Piel muy dura que cubre y protege el cuerpo de los invertebrados: *en algunos animales el ~ está formado por escamas o por un caparazón.* **3** *fig.* Estructura que sostiene una cosa: *el hospital debería estar acabado, pero de momento sólo está su ~.* **4** *fam. fig.* Persona muy delgada: *creo que deberías dejar de hacer régimen, te estás convirtiendo en un ~.* ■ **mover el ~**, *fam.*, bailar: *mañana por la noche iremos a una discoteca, tengo ganas de mover el ~.*

es·que·ma |eskéma| **1** ***m.*** Representación de una cosa poniendo atención sólo a sus líneas o características más salientes: *es conveniente que te hagas un ~ para estudiar la lección.* ⇒ **guión.** **2** Dibujo de una cosa en el que aparecen sólo sus líneas o características más salientes: *el arquitecto ha hecho un ~ del futuro palacio.*

es·que·má·ti·⌐co, ⌐ca |eskemátiko, ka| ***adj.*** Que está explicado de manera muy simple, sin entrar en detalles: *presentó sus ideas de forma bastante esquemática.*

es·que·ma·ti·zar |eskematiθár| ***tr.*** [algo] Representar de manera muy simple, sin entrar en detalles: *es necesario ~ la lección para sacar una idea general.* ☐ Se conjuga como 4.

es·quí |eskí| **1** ***m.*** Tabla larga y estrecha que sirve para deslizarse sobre la nieve o sobre el agua: *los esquís se suelen fabricar con materiales plásticos; el esquiador se ajustó los esquís a los pies.* **2** Deporte que se practica deslizándose con esas tablas sobre la nieve: *en los meses de invierno se marcha a la montaña a practicar el ~;* **~ acuático**, el que consiste en deslizarse sobre la superficie del agua a gran velocidad: *para practicar ~ acuático es necesaria una lancha motora.* ☐ El plural es *esquís.*

es·quia·⌐dor, ⌐do·ra |eskiaðór, ðóra| ***m. f.*** Persona que practica el *esquí: *la esquiadora sufrió una grave caída; los esquiadores subieron a la montaña en un teleférico.*

es·quiar |eskiár| ***intr.*** Deslizarse sobre la nieve con unos *esquís: *se fueron a ~ a la sierra en Semana Santa; a Lucía le gustaría aprender a ~.* ☐ Se conjuga como 13.

es·qui·lar |eskilár| **1** ***tr.*** [algo] Cortar el pelo o la lana a un animal: *el pastor está esquilando a sus ovejas en el establo; esquilaba al ganado y después vendía la lana.* **2** *fam. fig.* [a alguien] Cortar el pelo a una persona: *ve al peluquero para que te esquile esas melenas que llevas.*

es·quil·mar |eskilmár| **1** ***tr.*** [algo] Coger los frutos y provechos de la tierra y de los animales: *no han empezado a ~ el ganado.* **2** *fig.* Gastar o estropear una fuente de riqueza: *adquirieron una tierra ya esquilmada; los pinos esquilman la tierra.* **3** Recoger *datos de una fuente: *tenemos que ~ todos estos libros.*

es·quil·mo |eskílmo| **1** ***m.*** Fruto o provecho que se saca de la tierra o de los animales: *este año el ~ ha sido muy satisfactorio.* **2** Acción y resultado de *esquilmar: *ya hemos hecho el ~ de la bibliografía.*

es·qui·mal |eskimál| **1** ***adj.*** (pueblo) Que habita las tierras próximas al Polo Norte: *el pueblo ~ está compuesto por unas 50 000 personas.* **2** De ese pueblo o que tiene relación con él: *la economía ~ se basaba tradicionalmente en la caza y en la pesca.* **- 3** ***com.*** Persona que pertenece a ese pueblo: *los esquimales son de baja estatura, tienen el pelo negro y los ojos rasgados.* **- 4** ***m.*** Lengua de ese pueblo: *la palabra* iglú *procede del ~.*

es·qui·na |eskína| ***f.*** Línea o *arista que se forma al juntarse dos paredes de un edificio: *me encontré a Cándido al doblar la ~; la farmacia está en la ~ de esta calle.* ⇒ **esquinazo, rincón.** ■ **a la vuelta de la ~**, muy cerca; muy pronto: *el cumpleaños de papá está ya a la vuelta de la ~.*

es·qui·na·zo |eskináθo| ***m. fam.*** Línea o *arista que se forma al juntarse dos paredes de un edificio: *se dio de narices con un señor al girar el ~.* ⇒ **esquina, rincón.** ■ **dar ~**, *fam.*, abandonar o evitar el encuentro con una persona: *no quiero discutir con ella, por eso, cada vez que la veo, le doy ~.*

es·qui·⌐rol, ⌐ro·la |eskiról, róla| ***m. f. desp.*** Persona que trabaja mientras los demás *obreros hacen *huelga: *estoy segura de que mañana acudirá al trabajo: es un ~.*

es·qui·var |eskiβár| ***tr.*** [algo, a alguien] Evitar un golpe, un asunto o un encuentro; salvar un obstáculo: *el boxeador esquivó el golpe con habilidad; hay temas que debes ~ en presencia de Marta; se metió corriendo por una bocacalle y lo esquivó.* ⇒ **rehuir.**

es·qui·⌐vo, ⌐va |eskíβo, βa| ***adj.*** (persona) Que rechaza las muestras de cariño de otras personas: *no conseguirás que te dé un beso, es un niño muy ~.* ⇒ **arisco, áspero.** ⇔ **cariñoso.**

es·qui·zo·fre·nia |eskiθofrénia| ***f.*** MED. Enfermedad mental grave en la cual el enfermo sufre una división de su *personalidad: *la ~ provoca delirios y alucinaciones; el enfermo padecía ~ y creía que era dos personas a la vez.* ⇒ **psicosis.**

es·qui·zo·fré·ni·⌐co, ⌐ca |eskiθofréniko, ka| ***adj.-s.*** MED. (persona) Que padece *esquizofrenia: *los esquizofrénicos ocupaban una zona del hospital.*

es·ta·bi·li·dad |estaβiliðáᵈ| **1** ***f.*** Capacidad de un cuerpo de mantenerse en equilibrio o de no cambiar: *el ciclista perdió la ~ y se cayó al suelo.* **2** Mantenimiento en un lugar o de un modo determinado: *hubo que reducir el armamento para garantizar la ~ del mundo.* ⇔ **desequilibrio.**

es·ta·bi·li·za·⌐dor, ⌐do·ra |estaβiliθaðór, ðóra| **1** ***adj.*** Que da firmeza o duración; que mantiene estable: *se aprobó un plan ~ de la economía del país.* **- 2 estabilizador** ***m.*** AERON. Pieza plana y fija que lleva un avión u otra nave y sirve para aumentar su seguridad en el vuelo: *los estabilizadores tienen forma de aleta.* **3** MEC. Mecanismo que llevan los automóviles y sirve para evitar el balanceo: *el ~ comunica los amortiguadores unos con otros.* **4** ELECTR. Aparato que sirve para mantener estable la corriente eléctrica que entra en otro aparato o en un lugar: *no me preocupan las bajadas de tensión porque en mi casa tengo un ~.*

es·ta·bi·li·zar |estaβiliθár| ***tr.-prnl.*** [algo, a alguien] Dar *estabilidad: *la situación del enfermo se ha estabilizado; está deseando encontrar un trabajo para estabilizarse.* ⇔ **desequilibrar, desestabilizar.** ☖ Se conjuga como 4.

es·ta·ble |estáβle| **1** ***adj.*** Que se mantiene en posición de equilibrio; que no cambia: *la maceta se caerá porque no tiene una posición ~.* ⇔ **inestable.** **2** Que se mantiene en un lugar o de un modo determinado: *la relación de Concha y Julio es bastante ~; aunque le costó mucho, finalmente encontró un trabajo ~.*

es·ta·ble·cer |estaβleθér| **1** ***tr.*** [algo] Crear o fundar; hacer que empiece a funcionar una cosa o una actividad: *ha establecido en su casa la costumbre de comer todos juntos; el general estableció puestos de vigilancia.* **2** Ordenar o mandar: *la ley establece que la jornada laboral sea de ocho horas.* **3** Dejar demostrado y firme; expresar un pensamiento de valor general: *los teóricos establecieron los principios de un nuevo orden.* **- 4 establecerse** ***prnl.*** Fijar la *residencia; vivir: *el maestro se estableció en el pueblo con su familia.* ⇒ **asentar. 5** Abrir o crear un negocio por cuenta propia: *trabajó primero para una empresa y después se estableció de abogado laboralista.*

es·ta·ble·ci·mien·to |estaβleθimiénto| **1** ***m.*** Lugar en el que se realiza una actividad comercial, industrial o de otro tipo: *en esta calle hay muchos establecimientos; en este ~ venden productos estéticos;* ~ **penitenciario**, centro en el que la autoridad encierra a los que han obrado contra la ley: *los establecimientos penitenciarios se están modernizando mucho.* ⇒ **cárcel. 2** Creación o fundación: *el ~ de la ciudad se llevó a cabo en la costa levantina.*

es·ta·blo |estáβlo| **1** ***m.*** Lugar cubierto en el que se encierra el ganado: *el pastor condujo las ovejas al ~; en el ~ hay vacas y terneros.* **2** ***fam. fig.*** Lugar muy sucio y desordenado: *tienes que limpiar un poco este cuarto, que está hecho un ~.*

es·ta·ca |estáka| **1** ***f.*** Palo con punta en un extremo que se clava: *pusieron unas estacas alrededor del terreno para marcar los límites.* **2** Palo grueso y pesado: *nos amenazó con una ~ para que nos marchásemos.* **3** Clavo largo para sujetar maderas: *la viga se mueve porque le falta una ~.* **4** Cuerno que le sale al *ciervo al cumplir un año de edad: *ese ciervo todavía no tiene un año, no tiene ~.*

es·ta·ca·da |estakáða| ***f.*** Obra hecha con *estacas clavadas en la tierra: *tengo mis tierras cercadas con una ~.* ■ **dejar en la ~**, abandonar a una persona en un peligro o en una situación mala: *dijo que nos iba a ayudar y al final nos dejó en la ~.*

es·ta·ca·zo |estakáθo| **1** ***m.*** Golpe dado con una *estaca: *el hombre dio al perro un buen ~.* **2** ***p. ext.*** Golpe fuerte: *¡vaya ~ se ha dado el niño contra la pared!*

es·ta·ción |estaθión| **1** *f.* Lugar o edificio donde se detiene habitualmente un tren u otro vehículo para recoger y dejar viajeros: *fui a comprar los billetes para el viaje a la ~ del tren;* ~ **de servicio**, lugar o edificio donde los vehículos pueden tomar combustible y ser arreglados: *tengo poca gasolina, así que pararé en aquella ~ de servicio para repostar.* ⇒ **gasolinera. 2** Periodo de los cuatro en que se divide el año según el tiempo atmosférico, la longitud del día y otras características: *las estaciones son primavera, verano, otoño e invierno.* **3** Periodo de tiempo: *se ha acabado la ~ de caza.* **4** Visita que se hace por religión a las iglesias o altares: *en Jueves Santo y Viernes Santo los fieles suelen ir a hacer las estaciones.*

es·ta·cio·nal |estaθionál| *adj.* Que es propio de las estaciones del año: *la región tiene nieves estacionales en esta época del año.*

es·ta·cio·na·mien·to |estaθionamiénto| **1** *m. form.* Detención y colocación de un vehículo en un lugar *temporalmente: *el ~ es una de las pruebas del examen de conducir.* ⇒ **aparcamiento. 2** Lugar en la vía pública o en un edificio donde pueden dejarse los vehículos: *no se puede aparcar ahí porque es un ~ privado; el ayuntamiento va a construir un ~ bajo tierra.* ⇒ **aparcamiento.**

es·ta·cio·nar |estaθionár| **1** *tr.-prnl. form.* [algo] Detener un vehículo y colocarlo en un lugar *temporalmente: *el joven estacionó correctamente su coche.* ⇒ **aparcar. - 2 estacionarse** *prnl. form.* Detenerse, quedarse parado en un lugar e impedir el paso: *un numeroso grupo de personas empezó a estacionarse en la bocacalle.* ⇒ **estancar, paralizar. 3** *fig.* Detenerse, dejar de avanzar una enfermedad grave: *el cáncer se ha estacionado y el enfermo se encuentra mejor.*

es·ta·cio·na·⌈rio, ⌈ria |estaθionário, ria| *adj.* Que se encuentra en un estado o una situación determinada: *el médico ha dicho que la enferma permanece en estado ~.*

es·ta·dí·a |estaðía| **1** *f. form.* *Estancia en un lugar: *la ~ en aquel pueblo fue maravillosa.* **2** Periodo de tiempo que está un modelo ante un artista: *para poder conseguir este retrato la ~ de la modelo fue muy larga.*

es·ta·dio |estáðio| **1** *m.* Instalación pública en la que se practican distintos deportes, con asientos para los espectadores: *las pruebas de salto de vallas tendrán lugar en el ~ de la ciudad.* **2** Periodo o parte de un proceso: *el estilo del artista ha pasado por diversos estadios.* ⇒ **ciclo, etapa, fase.**

es·ta·dis·ta |estaðísta| **1** *com.* Persona que se dedica a la *estadística: *el muestreo de este estudio ha sido hecho por un buen ~.* ⇒ **estadístico. 2** Persona que conoce bien los asuntos de Estado: *se han reunido en París los estadistas más importantes del mundo.*

es·ta·dís·ti·ca |estaðístika| *f.* Disciplina que tiene por objeto reunir, clasificar y contar todos los hechos que tienen una determinada característica en común: *la ~ permite obtener conclusiones a partir del cálculo de probabilidades.*

es·ta·dís·ti·⌈co, ⌈ca |estaðístiko, ka| **1** *adj.* De la *estadística o que tiene relación con ella: *están realizando un estudio ~ sobre la ganadería de la región; los datos estadísticos están representados en esta gráfica.* **- 2** *m. f.* Persona que se dedica a la *estadística: *mi primo es un ~ muy importante: ha escrito varios libros.* ⇒ **estadista.**

es·ta·do |estáðo| **1** *m.* Situación o modo de ser en un momento determinado: *el médico comprueba el ~ de salud de los pacientes;* ~ **de excepción**, situación que las autoridades consideran *suficientemente grave para suspender los derechos legales de los ciudadanos: *en tiempo de guerra el país puede ser declarado en ~ de excepción.* **2** Clase o condición de una persona: *puede permitirse no trabajar porque pertenece a un ~ acomodado;* ~ **civil**, condición de una persona en el orden social: *el ~ civil de una persona que no se ha casado es soltero.* **3** Terreno y población de un país independiente: *los ciudadanos europeos tienen derecho a trabajar en el ~ español;* ~ **federal**, el que está formado por territorios que se gobiernan por leyes propias, aunque dependen del gobierno general del país: *Alemania es un ~ federal.* **4** Territorio que se gobierna por leyes propias, aunque depende del gobierno central del país: *California es un ~ de Estados Unidos.* **5** Conjunto de órganos de gobierno de un país: *el presidente ha dado a conocer a la opinión pública los presupuestos del Estado.* ☐ En esta acepción se escribe con mayúscula. **6** FÍS. Grado de unión de las moléculas de una sustancia: *el agua en ~ sólido se llama hielo.* ■ **en ~**, (mujer) que está embarazada: *los asientos en los autobuses deben cederse a las mujeres en ~.* ■ **en ~ de merecer**, que no está casado y tiene edad para estarlo: *la muchacha ya está en ~ de merecer, así que tendrá que buscarse un novio.*

es·ta·dou·ni·den·se |estaðouniðénse| **1** *adj.* De los Estados Unidos de América del Norte, o que tiene relación con los Estados Unidos de América del Norte: *el dólar es la moneda ~; Ohio es un estado ~.* ⇒ **norteamericano. - 2** *com.* Persona nacida en los Estados Unidos de América del Norte o que vive habitualmente en los Estados Unidos de América del Norte: *los estadounidenses son vecinos de los canadienses y los mejicanos.*

es·ta·fa |estáfa| *f.* Robo de dinero o bienes que se hace con engaño: *el señor López estuvo implicado en la mayor ~ del país; está en la cárcel por ~.* ⇒ **timo.**

es·ta·fa·⌈dor, ⌈do·ra |estafaðór, ðóra| *m. f.* Persona que *estafa o se dedica a *estafar: *el ~ detenido formaba parte de un grupo organizado de delincuentes.* ⇒ **mangante, timador.**

es·ta·far |estafár| **1** *tr.* [a alguien] Robar dinero o bienes con engaño: *ya lo han estafado dos veces vendiéndole documentos falsos.* ⇒ **timar. 2** No cumplir o satisfacer lo prometido: *creen que su partido político los ha estafado.*

es·ta·fe·ta |estaféta| *f.* Oficina del servicio de correos: *me acercaré a la ~ porque tengo que enviar un paquete postal.*

es·ta·lac·ti·ta |estala^k^títa| *f.* Piedra alargada y terminada en punta que cuelga del techo de una cueva y que ha sido producida por una *infiltración de agua que tiene *cal y otras sustancias: *el techo de la cueva estaba lleno de estalactitas que tenían más de dos metros de longitud.* ⇒ **estalagmita.**

es·ta·lag·mi·ta |estalaʸmíta| *f.* Piedra alargada que hay en el suelo de una cueva y que ha sido producida por las gotas de agua que caen de una *estalactita: *en ocasiones las estalactitas y las estalagmitas llegan a unirse formando columnas.* ⇒ **estalactita.**

es·ta·llar |estaʎár| **1** ***intr.*** Reventar o romperse una cosa de golpe: *el explosivo estalló en un importante centro comercial; infló demasiado el globo y le estalló en las manos.* ⇒ **explotar. 2** Ocurrir una cosa violenta sin que se espere: *la situación era tan mala que se esperaba que estallase la revolución.* **3** Mostrar con fuerza un sentimiento: *estallaron en risas cuando acabó de contar el chiste.* ⇒ **prorrumpir. - 4** ***intr.-prnl.*** Abrirse o romperse una cosa por efecto de la presión: *la falda le quedaba tan estrecha que se le estalló la cremallera.*

es·ta·lli·do |estaʎíðo| ***m.*** Acción y resultado de estallar: *el ~ asustó a los niños que estaban en la calle.*

es·tam·bre |estámbre| **1** ***m.*** BOT. Órgano de reproducción masculino de una flor: *el ~ es un filamento en cuya cabeza se encuentra el polen; los estambres están en el interior de la corola, rodeando al pistilo.* ⇒ **pistilo. 2** Tejido de lana hecho con hilos muy largos: *el ~ es una tela muy basta.*

es·ta·men·to |estaménto| ***m.*** Grupo social o parte de una sociedad que tiene una característica determinada: *la situación económica del país preocupa a todos los estamentos de la sociedad.*

es·tam·pa |estámpa| **1** ***f.*** Figura impresa: *le han regalado al niño un libro con muchas estampas.* ⇒ **grabado. 2** Papel en el que está representada una imagen religiosa: *entre las páginas de la Biblia había unas estampas.* **3** *fig.* Aspecto de una persona o cosa; figura: *¡qué buena ~ tiene ese toro!* ⇒ **porte, presencia. 4** Cuadro, especialmente si es típico: *el autor pintó muchas estampas madrileñas.* **5** *fig.* Persona que se parece mucho a otra: *Miguel es la viva ~ de su padre.* ⇒ **retrato.**

es·tam·pa·⌈do, ⌈da |estampáðo, ða| **1** ***adj.*** Que tiene dibujos o colores impresos al fuego o en frío: *me gustan las telas estampadas; llevaré un vestido ~ de flores.* ⇔ **liso. 2** Que ha sido fabricado con un *molde a presión: *en el siglo* XIV *abundaban los objetos estampados de cobre o latón.* **- 3 estampado** ***m.*** Dibujo o colores impresos en un tejido: *busco un ~ a rayas para tapizar el sillón.*

es·tam·par |estampár| **1** ***tr.*** [algo] Imprimir; sacar sobre un material, mediante presión, la figura de un *molde: *estampó su sello en el lacre; estamparon el papel con la prensa.* **2** Prensar un trozo de metal con un *molde de acero grabado en hueco para marcar un relieve: *esa máquina sirve para ~ monedas.* **3** Dejar una *huella o señal: *estampó sus manos en el cemento fresco.* **- 4** ***tr.-prnl.*** *fam.* [algo, a alguien] Tirar, haciendo chocar contra una superficie firme: *estampó el jarrón contra el suelo; se estampó contra la pared.* ⇒ **estrellar.**

es·tam·pi·da |estampíða| **1** ***f.*** Escapada rápida de un grupo de animales: *la llegada de los leones provocó la ~ del rebaño de gacelas.* **2** Ruido grande, fuerte y seco: *en el silencio de la noche se oyó una ~ en el piso de al lado.* ⇒ **estampido. ■ de ~**, de manera muy rápida: *cuando se dio cuenta de la hora que era, salió de ~ hacia su trabajo.* ▢ Se usa sobre todo con el verbo *salir.*

es·tam·pi·do |estampíðo| ***m.*** Ruido grande, fuerte y seco: *en todo el pueblo se oyó el ~ de cañón.* ⇒ **estampida.**

es·tan·car |estaŋkár| **1** ***tr.-prnl.*** [algo] Detener el curso de una cosa, especialmente de una corriente de agua: *el agua del río se estancó porque había un dique; como no había buena voluntad, las conversaciones se estancaron.* **2** Prohibir la *venta libre de un producto, que se convierte en *monopolio de una persona u organismo: *el Estado estancó la venta de sellos y de tabaco.* ▢ Se conjuga como 1.

es·tan·cia |estánθia| **1** ***f.*** Parte o pieza de una casa: *en esta ~ pasaba largas horas su Majestad.* ⇒ **habitación. 2** *Permanencia durante cierto tiempo en un lugar: *adquirió esa costumbre durante su ~ en África.* **3** POÉT. Composición *poética formada por versos de siete y once sílabas en número variable, pero uniforme: *Garcilaso componía canciones de cuatro o cinco estancias.*

es·tan·⌈co, ⌈ca |estáŋko, ka| **1** ***adj.*** Que está completamente cerrado y no tiene comunicación con otras cosas: *lo han encerrado en un espacio ~ y no podemos comunicarnos con él.* **- 2 estanco** ***m.*** Establecimiento en el que se venden sellos y tabaco: *hay un ~ al lado de la plaza; he comprado un sello para Alemania en el ~.* ⇒ **expendeduría.**

es·tán·dar |estándar| **1** ***adj.*** Que copia, repite y sigue un modelo: *esta pieza es fácil de encontrar porque es de fabricación ~.* **- 2** ***m.*** Tipo o modelo muy corriente de una cosa: *no se supo amoldar al ~ de vida americana.* ⇒ **patrón.** ▢ Esta palabra procede del inglés.

es·tan·da·ri·zar |estandariθár| ***tr.*** [algo] Fabricar un producto en serie, de acuerdo con un tipo o modelo determinado: *han decidido ~ las medidas de los televisores.* ▢ Se conjuga como 4.

es·tan·dar·te |estandárte| ***m.*** Bandera que usan ciertos organismos militares y religiosos y que consiste en una pieza de tela sujeta al borde superior de una barra horizontal: *en el ~ aparece el distintivo de la corporación a la que representa; iba a la cabeza del batallón con el ~ en la mano.* ⇒ **pendón.**

es·tan·que |estáŋke| ***m.*** Lugar construido que sirve para recoger agua para el riego, la cría de peces o como elemento de adorno: *en el parque hay un ~ con peces de colores.* ⇒ **balsa.**

es·tan·te |estánte| **1** ***m.*** Tabla horizontal que se coloca en una pared o en otra superficie vertical para poner encima cosas: *tengo los libros colocados en estantes.* ⇒ **anaquel, repisa. 2** Mueble formado por esas tablas: *el ~ es de madera de nogal.* ⇒ **estantería.**

es·tan·te·rí·a |estantería| ***f.*** Mueble formado por tablas horizontales encima de las cuales se ponen cosas: *en la ~ tiene un muñeco de peluche; la ~ es tan grande que no cabe en la habitación.* ⇒ **estante.**

es·ta·ña·du·ra |estaɲaðúra| ***f.*** Acción y resultado de *estañar: *se ha soltado la ~.*

es·ta·ñar |estaɲár| **1** ***tr.*** [algo] Unir dos piezas de metal con *estaño: *hay que ~ el asa del cazo porque está suelta.* **2** Cubrir o bañar con *estaño: *he heredado unos jarrones antiguos que tengo que estañar.*

es·ta·ño |estáɲo| ***m.*** Metal de color blanco o gris, que se trabaja fácilmente y puede extenderse en planchas: *el símbolo del ~ es Sn; el ~ se usa para soldar otros metales.*

es·tar |estár| **1** ***v.*** Existir o encontrarse en un lugar, en una situación o de un modo determinado: *mi casa está cerca de la escuela; ese hombre está muerto; la tarta de manzana está muy rica.* **2** *Permanecer o encontrarse con cierta *estabilidad en un lugar, en una situación o de un modo determinado: *¿has estado alguna vez en Sevilla?; Susana está muy gorda.* ⇒ **ser.** ☖ No se se suele usar *estar* para cualidades permanentes; se suele usar para las que indican un estado que puede cambiar: *Juan es español* pero *Juan está enfermo.* **3** Sentirse o encontrarse: *estamos muy cansados; tu habitación está desordenada.* **4** Sentar, caer o quedar una prenda de vestir: *el vestido negro me estaba muy bien; esa chaqueta te está ancha.* **5** Encontrarse a punto de ocurrir: *mis padres están al llegar.* ☖ Se usa con un infinitivo. **6** [a algo] Costar; tener por precio: *los caramelos están a 200 pesetas en la tienda de al lado; ¿a cuánto está el pan?* **7** [de algo] Encontrarse en un momento o en un proceso determinado: *estamos de mudanza; esta semana no puedo salir porque estoy de exámenes.* **8** Hacer un trabajo durante un periodo de tiempo determinado: *han expulsado a un jugador y el delantero centro está de defensa.* **9** [a algo] Ser un día, mes o año determinado: *estamos a 16 de diciembre; ¿a cuántos estamos?* **10** [con alguien] Vivir, trabajar o hacer una cosa: *estoy con mis padres porque no tengo dinero para pagar un alquiler.* **11** [en algo/alguien] Ser causa o razón: *en el dinero no está la felicidad.* **12** [para/por algo] Tener una intención; encontrarse preparado: *hoy no estoy para bromas; estoy por irme a casa.* ☖ Cuando aparece la preposición *por*, se usa con un infinitivo. **13** [por algo] No haberse hecho una cosa: *la ensalada está por sazonar.* **- 14** ***v. aux.*** Forma la pasiva de resultado seguido de un participio: *el coche está destrozado; la puerta está bloqueada.* **15** Indica duración en una perífrasis seguido de un gerundio: *está lloviendo; el niño está durmiendo.* ☖ En esta acepción y acompañado de gerundio no puede usarse *ser.* **- 16 estarse** ***prnl.*** *Permanecer o quedarse: *se estuvo en casa de su novia todo el verano.* ☖ Se conjuga como 71. ■ **está visto**, es *evidente: *está visto que yo no sirvo para este trabajo.* ■ **~ al caer**, encontrarse a punto de ocurrir o de llegar: *el día de tu cumpleaños está al caer; mis padres están al caer.* ■ **~ de más/de sobra**, no ser necesario; molestar: *creo que aquí estamos de más porque hay demasiada gente.* ■ **~ en todo**, ocuparse a un tiempo de muchas cosas: *mi madre está en todo y se preocupa de que toda la familia se encuentre bien.* ■ **~ por ver**, ser dudoso; no haber seguridad de que ocurra o se haga una cosa: *tú dices que aprobarás el examen sin problemas, pero eso está por ver.* ■ **ya está bien**, ser demasiado: *ya está bien de que me tomes el pelo.*

es·ta·tal |estatál| ***adj.*** Del Estado o que tiene relación con él: *los funcionarios trabajan en organismos estatales.* ⇒ **gubernamental, oficial.**

es·tá·ti·ca |estátika| ***f.*** FÍS. Disciplina que estudia las leyes del equilibrio de los cuerpos: *los estudios de ~ se remontan a Arquímedes.*

es·tá·ti·⌜co, ⌜ca |estátiko, ka| **1** ***adj.*** Que *permanece en un mismo estado y no experimenta cambios: *el mimo adoptó una postura y se mantuvo ~ horas y horas.* ⇒ **inmóvil, quieto. 2** *fig.* (persona) Que se queda parado a causa de una emoción: *su asombro fue tal que se quedó ~.*

es·ta·tua |estátua| **1** ***f.*** Obra de escultura que representa una figura humana o animal, o que tiene carácter simbólico: *a la entrada del museo del Prado hay una ~ de Velázquez; ¿qué representa aquella ~?* **2** *fig.* Persona que no muestra sus sentimientos: *no me atrevo a besarla, es una ~.*

es·ta·tua·ria |estatuária| ***f.*** Arte o técnica de hacer *estatuas: *la ~ tuvo un gran desarrollo en el Renacimiento.* ⇒ **escultura.**

es·ta·tua·⌜rio, ⌜ria |estatuário, ria| **1** ***adj.*** De la *estatua o que tiene relación con ella: *en esta galería se exponen obras estatuarias de la época clásica; el mármol de estas canteras se dedica a obras estatuarias.* **2** Que tiene una característica que se considera propia de una *estatua: *el rostro de esa mujer tiene una expresión estatuaria.*

es·ta·tu·ra |estatúra| ***f.*** Altura de una persona desde los pies a la cabeza: *esta chica no tiene la ~ necesaria para jugar al baloncesto; Trinidad tiene mucha ~.* ⇒ **talla.**

es·ta·tu·to |estatúto| **1** ***m.*** Norma legal básica para el gobierno de un organismo público o privado: *van a someter a votación los estatutos de la sociedad.* ☖ Se usa frecuentemente en plural. **2** DER. *p. ext.* Documento legal que supone una obligación: *los contratos y testamentos pueden ser considerados estatutos.*

es·⌜te, ⌜ta |éste, ta| **1** ***pron. dem.*** Indica o señala lo que está más cerca de la persona que habla: *ese pantalón es demasiado oscuro, coge ~.* ☖ Se puede escribir con acento *gráfico: *Mariano no es aquel señor del bigote, sino éste.* ⇒ **aquel. - 2** ***adj. dem.*** Indica o señala lo que está más cerca de la persona que habla: *~ chico es muy maleducado.* ☖ Cuando va detrás del nombre suele tener un valor despectivo. *¡qué harta estoy del hombre ~!* ⇒ **aquel. - 3 este** ***m.*** Punto del horizonte situado donde nace el Sol: *la abreviatura de ~ es E.* ⇒ **norte, oeste, oriente, sur. 4** Lugar situado hacia ese punto: *¿Alicante está al ~ o al oeste de la Península Ibérica?* ⇒ **occidente, oeste, oriente. 5** Viento que viene de ese punto: *el ~ está soplando muy fuerte estos días.* ⇒ **levante.**

es·te·la |estéla| ***f.*** Señal, o *huella que deja una cosa que ocurre o pasa, especialmente la que deja un barco en el agua o un cuerpo *luminoso en movimiento en el aire: *desde el avión se veían las estelas que dejaban las embarcaciones en el mar; la estrella fugaz dejaba una ~ que desaparecía en poco tiempo; la guerra ha dejado una ~ de odio y hambre.* ⇒ **rastro.**

es·te·lar |estelár| **1 *adj.*** De las estrellas o que tiene relación con ellas: *las galaxias son sistemas estelares.* ⇒ **galáctico, sideral. 2** *fig.* De mayor importancia: *por el escenario desfilaron varias figuras estelares.*

es·te·pa |estépa| **1 *f.*** Terreno seco, llano, muy extenso, con pocas plantas: *las estepas son grandes llanuras donde escasea la vegetación; los aventureros se perdieron en la ~ siberiana.* **2** Formación vegetal de plantas adaptadas a climas secos: *la ~ se da en la pampa argentina; en la ~ las plantas son discontinuas y las hierbas, bajas.*

es·te·pa·⌜rio, ⌜ria |estepário, ria| ***adj.*** De la *estepa o que tiene relación con ella: *los matorrales bajos y secos son propios de la flora esteparia.*

es·te·ra |estéra| ***f.*** Pieza de tejido grueso, de *esparto u otro material parecido, que sirve para cubrir el suelo: *a la entrada de mi casa hay una ~ de esparto; en ese taller se dedican a fabricar esteras.* ⇒ **esterilla, felpudo.**

es·ter·co·le·ro |esterkoléro| **1 *m.*** Lugar donde se recoge y seca el *estiércol o la basura: *llevaron la basura de la cuadra al ~.* **2** *fig.* Lugar muy sucio: *tiene la habitación hecha un ~.* **3** Persona que recoge *estiércol o basura: *en las grandes ciudades, los estercoleros recogen la basura por la noche.*

es·té·re·o |estéreo| **1 *adj.*** Que se graba y reproduce por medio de dos o más canales, dando una sensación de relieve *acústico: *este disco es ~.* ⇒ **estereofónico. - 2 *adj.-m.*** (equipo, sistema) Que usa esa técnica para grabar y reproducir el sonido: *lleva dos años ahorrando para comprarse un equipo ~; ¡qué bien se oye este ~!* ⇒ **estereofónico.** ☖ Es la forma *abreviada de *estereofónico.* No se usa en plural.

es·te·re·o·fó·ni·⌜co, ⌜ca |estereofóniko, ka| **1 *adj.*** Que se graba y reproduce por medio de dos o más canales, dando una sensación de relieve *acústico: *¿esta casete es estereofónica?* ⇒ **estéreo. - 2 *adj.-m.*** (equipo, sistema) Que usa esa técnica para grabar y reproducir el sonido: *este equipo ~ es el mejor que hay en el mercado.* ⇒ **estéreo.**

es·te·re·o·ti·po |estereotípo| ***m.*** Modelo fijo de cualidades o de comportamiento: *esa novela está llena de estereotipos: el malo es muy malo y el bueno es buenísimo.*

es·té·ril |estéril| **1 *adj.*** (persona, animal) Que no puede reproducirse: *la especie no se perpetuará porque la única hembra que queda es ~; María no ha tenido hijos porque es ~.* **2** Que no da fruto; que no produce nada: *ha heredado muchos terrenos, pero todos son estériles.* ⇒ **árido, yermo.** ⇔ **productivo. 3** Que no tiene *infección: *el material quirúrgico debe ser ~.* ⇒ **aséptico.**

es·te·ri·li·dad |esteriliðáᵒ| **1 *f.*** Cualidad de estéril: *la falta de agua y la contaminación llevarán esta tierra a la ~.* **2** MED. Enfermedad o estado que impide *fecundar o *concebir: *las alteraciones nerviosas graves pueden producir ~.* **3** MED. Falta o *ausencia de *gérmenes: *la ~ es un requisito imprescindible en un quirófano.*

es·te·ri·li·zar |esteriliθár| **1 *tr.*** [algo] Hacer estéril; dejar libre de *infección: *la enfermera se encargó de ~ el instrumental del dentista.* ⇒ **desinfectar. 2** Hacer que una persona o animal no pueda reproducirse: *tuvimos que ~ a la gata para que no tuviera más gatitos.* ☖ Se conjuga como 4.

es·te·ri·lla |esteríʎa| **1 *f.*** Pieza de tejido grueso, de *esparto u otro material parecido, que sirve para cubrir el suelo: *la mujer está sacudiendo la ~ por el balcón; las esterillas están hechas de hilos gruesos y separados.* ⇒ **estera, felpudo. 2** Pieza de tejido grueso, de *esparto u otro material parecido, que sirve para echarse en el suelo: *no olvides las esterillas y las toallas cuando vayas a la playa.*

es·ter·nón |esternón| ***m.*** Hueso plano de forma alargada y acabado en punta donde se unen los siete primeros pares de *costillas: *el ~ está situado en la parte anterior del tórax.*

es·ter·tor |estertór| **1 *m.*** Respiración difícil, con ruidos ásperos y agudos, propia de las personas a punto de morir: *la enfermera oyó los estertores del enfermo y corrió a su lado.* **2** Ruido que produce el paso del aire por las vías *respiratorias cerradas: *el catarro no le dejaba respirar bien y oía sus propios estertores.* **3** *fig.* Acción última de un grupo o movimiento que está a punto de desaparecer: *la violencia se recrudeció durante los estertores de la revolución.*

es·té·ti·ca |estétika| **1 *f.*** Aspecto exterior de una persona o cosa desde el punto de vista de lo bello: *ha amueblado la habitación atendiendo a la práctica, no a la ~; debes preocuparte más por tu ~.* **2** FIL. Doctrina filosófica que estudia las condiciones de lo bello en el arte y en la *naturaleza: *mi primo es profesor de ~.*

es·te·ti·cis·ta |estetiθísta| ***com.*** Persona que se dedica a cuidar y mejorar el aspecto del cuerpo: *el ~ le hizo una limpieza de cutis; acude a una ~ que la peina y pinta todas las semanas.*

es·té·ti·⌜co, ⌜ca |estétiko, ka| **1 *adj.*** De la *estética o que tiene relación con ella: *lo que más le interesa es el aspecto ~ de las cosas; este salón tiene mucho que mejorar desde el punto de vista ~.* **2** Que busca o tiene un aspecto bello: *quiere mejorar su apariencia, así que se someterá a una operación de cirugía estética.* ⇔ **antiestético.**

es·te·tos·co·pio |estetoskópio| ***m.*** Instrumento médico que sirve para explorar los sonidos del pecho y del *abdomen: *el médico se colocó el ~ en el oído y me auscultó.*

es·ti·ba·dor |estiβaðór| ***m.*** MAR. Persona que se dedica a la carga y descarga de una embarcación: *el barco naufragó porque el ~ no distribuyó bien la carga.*

es·ti·bar |estiβár| **1 *tr.*** MAR. [algo] *Distribuir de manera adecuada la carga de una embarcación: *tenemos que ~ la carga si no queremos hundirnos.* **2** MAR. *p. ext.* Cargar y descargar mercancías en un *puerto: *como pasamos por diversas ciudades, podemos ~ en ellas.* **3** Apretar materiales u objetos sueltos para que ocupen el menor espacio posible: *estiba bien lo que hay en la caja para que quepan más cosas en ella.*

es·tiér·col |estiérkol| **1 *m.*** Excremento de los animales que, mezclado con sustancias vegetales, se usa como *abono: *el mal olor se debe a que acaban de echar una capa de ~ en el jardín.* **2** Excremento de los animales: *el campesino utiliza el ~ de sus vacas para fertilizar los campos.*

es·tig·ma |estíᵞma| **1 *m.*** *form.* Marca o señal que se hace en el cuerpo: *antiguamente se hacían estigmas en la piel de los esclavos para señalar su condición.* **2** *form.* Causa de mala fama: *incluso en las sociedades más avanzadas, el tener antecedentes penales representa un ~.* **3** *form.* Marca o señal que aparece en el cuerpo de los santos y que no tiene origen en causas naturales: *los estigmas de los santos simbolizan la participación de sus almas en la pasión de Cristo.* **4** BOT. Parte superior del órgano de reproducción femenino: *el ~ es la parte del pistilo que recoge el polen en el acto de fecundación.* **5** ZOOL. Agujero pequeño situado en el tejido de los insectos y otros animales por el que entra el aire: *los estigmas forman parte del aparato respiratorio de las arañas.*

es·ti·le·te |estiléte| ***m.*** Instrumento cortante de hoja muy estrecha y aguda: *lo mató clavándole un ~ en el corazón.*

es·ti·lis·ta |estilísta| **1 *com.*** Persona que se dedica a cuidar el estilo y la imagen, en decoración o en las revistas de moda: *Nuria trabaja como ~ en una fábrica de ropa juvenil.* **2** Autor que tiene un estilo elegante y cuidado: *la crítica considera que este novelista es uno de los mejores estilistas del momento.*

es·ti·lís·ti·ca |estilístika| ***f.*** Estudio del estilo o de la expresión lingüística en general: *el profesor de ~ nos enseñará a comparar el modo de escribir de los dos autores.*

es·ti·lís·ti·⌐co, ⌐ca |estilístiko, ka| ***adj.*** *form.* Del estilo o que tiene relación con él: *el profesor está interesado en los rasgos estilísticos comunes de esos dos poetas.*

es·ti·li·zar |estiliθár| **1 *tr.*** [algo] Representar *artísticamente una cosa de manera que destaquen sólo sus características más importantes: *el escultor griego domina la técnica para ~ las figuras.* **2** Hacer que una cosa parezca más delgada de lo que es: *lleva vestidos largos y ceñidos porque estilizan su figura.* ☖ Se conjuga como 4.

es·ti·lo |estílo| **1 *m.*** Manera característica de escribir o hablar: *el ~ de este novelista es inimitable; no es fácil describir el ~ de los poetas románticos.* **2** Conjunto de características de las obras de un grupo o de un periodo de tiempo determinados: *la catedral de Burgos es de ~ gótico.* **3** Modo, manera o forma: *su ~ de vestir es muy elegante; hay varios estilos de natación, pero yo sólo sé nadar a braza.* **4** Costumbre o moda: *me gusta mucho el ~ de peinado que se lleva este año.* **5** BOT. Cilindro pequeño, hueco y blando que sale del *ovario de las flores: *el ~ termina en el estigma.* ■ **por el ~,** *fam.*, de modo parecido; que se parece: *todos los empleados trabajan por el ~; me dijo que yo era tonto y otras cosas por el ~.*

es·ti·lo·grá·fi·⌐co, ⌐ca |estiloγráfiko, ka| ***adj.-f.*** (pluma) Que funciona con una carga de tinta: *me resulta más fácil escribir con un bolígrafo que con una pluma estilográfica; ¡qué bonita es tu estilográfica!*

es·ti·ma |estíma| ***f.*** Cariño o afecto: *Antonio siente una especial ~ hacia Rocío.* ⇒ **aprecio.**

es·ti·mar |estimár| **1 *tr.*** [algo, a alguien] Dar valor; sentir cariño o afecto: *si estimas en algo tu vida, márchate de este pueblo; llegó a ~ mucho a sus compañeros de trabajo.* ⇒ **apreciar. 2** [algo] Pensar con atención para formar un juicio: *estimó conveniente matricularse en una universidad privada.* ⇒ **considerar. 3** Calcular o determinar el valor de una manera aproximada: *se han estimado pérdidas de muchos millones de pesetas.*

es·ti·mu·lan·te |estimulánte| **1 *adj.*** Que *estimula: *aquellas fotografías tenían imágenes estimulantes para la imaginación.* **- 2 *adj.-m.*** (sustancia) Que excita la actividad de los órganos: *el café es ~; no tome un ~ para mantenerse despierto: es peligroso.*

es·ti·mu·lar |estimulár| **1 *tr.-prnl.*** [a alguien] Animar a una persona a hacer una cosa o a hacerla mejor: *la afición estimuló con sus aplausos al corredor; su padre la ha estimulado para que se dedique a la música.* ⇒ **incitar.** ⇔ **desanimar. 2** [algo] Poner en funcionamiento un órgano o una parte del cuerpo: *el ejercicio físico estimula la circulación sanguínea.*

es·tí·mu·lo |estímulo| **1 *m.*** Cosa que mueve a actuar o realizar una acción: *el niño necesitaba un ~ para estudiar.* ⇒ **acicate, aguijón, aliciente. 2** Causa que provoca una reacción o una respuesta en el organismo: *la luz es un ~ para la pupila; los estímulos nerviosos del cerebro hacen funcionar los órganos del cuerpo.*

es·tí·o |estío| ***m.*** *form.* Estación del año comprendida entre la primavera y el otoño: *el ~ comienza en el solsticio de verano y termina en el equinoccio de otoño.* ⇒ **verano.**

es·ti·pen·dio |estipéndio| ***m.*** *form.* Cantidad de dinero con la que se paga un servicio o un trabajo: *el notario ha recibido un buen ~ por su gestión.* ⇒ **paga, salario, soldada, sueldo.**

es·ti·pu·lar |estipulár| ***tr.*** [algo] Determinar las condiciones de un trato u otra cosa: *se verán esta tarde para ~ las nuevas condiciones de los trabajadores; el jefe no cumplió lo que se había estipulado en el contrato.* ⇒ **acordar.**

es·ti·rar |estirár| **1 *tr.-prnl.*** [algo] Alargar o extender, generalmente tirando de un extremo: *estiró las medias antes de ponérselas; la goma se estira con facilidad; estira la mano y alcanzarás el vaso.* ⇔ **encoger. 2** [algo] Poner liso: *estiró las sábanas y colocó la colcha encima.* **3** *fig.* Gastar con cuidado: *habrá que ~ el sueldo si queremos llegar a fin de mes.* **4** *fig.* Hacer más grande o largo: *necesitamos llenar doce páginas, así que tendré que ~ el artículo.* **- 5** ***intr.-prnl.*** Crecer o hacerse más alto: *¡hay que ver cómo ha estirado el niño!* **- 6 estirarse** ***prnl.*** *fam.* Alargar y poner tensos los miembros para recuperar la *agilidad después de haber estado mucho tiempo sin moverse: *se levantó de la cama y se estiró.* ⇒ **desperezarse.**

es·ti·rón |estirón| ***m.*** Crecimiento rápido en altura: *¡hay que ver qué ~ ha dado Jaimito en seis meses!*

es·tir·pe |estírpe| **1** ***f.*** Origen y condición social noble heredada de la familia: *descendía de una ~ de guerreros orgullosos.* ⇒ **abolengo, alcurnia, linaje. 2** Conjunto de personas que forman una familia, especialmente si es de origen noble: *todos los miembros de mi ~ han sido valientes y decididos.*

es·ti·val |estiβál| ***adj.*** Del verano o que tiene relación con él: *se marcha a Burgos cuando comienzan los calores estivales; la ciudad está desierta durante los meses estivales.* ⇒ **veraniego.**

es·to |ésto| ***pron. dem.*** Indica o señala lo que está más cerca de la persona que habla o una cosa conocida o que se va a decir: *~ no puede continuar así; ¿qué es ~?; escucha ~: no vuelvas a pegar a tu hermanita.* ⇒ **aquello.** ☐ Nunca lleva acento *gráfico. ■ **a todo ~**, expresión que introduce en la conversación una nota al *margen o que está relacionada con lo que se acaba de decir: *a todo ~, ¿sabes que mañana es su cumpleaños?*

es·to·ca·da |estokáða| **1** ***f.*** Golpe que se da de punta con la espada o el *estoque: *el toro cayó al recibir la ~.* **2** Herida producida por ese golpe: *el toro murió al desangrarse por la ~.*

es·to·fa·do |estofáðo| ***m.*** Comida que se hace generalmente con carne y aceite, sal, *ajo, *cebolla y otras especias, y que se cocina lentamente: *mañana comeremos ~ de ternera con guisantes; han tomado vino tinto con el ~; ¿cuánto tiempo tardará en hacerse el ~?*

es·toi·cis·mo |estoiθísmo| **1** ***m.*** *fam. fig.* Fuerza o aguante moral; *dominio sobre uno mismo: *continuó en la carrera con gran ~.* **2** FIL. Doctrina filosófica de Zenón y de sus seguidores: *el ~ surgió en el siglo IV a. C.*

es·toi·⌐co, ⌐ca |estóiko, ka| **1** ***adj.*** *fig.* Que muestra fuerza o aguante moral; que muestra *dominio sobre sí mismo: *mantuvo una actitud estoica durante toda la travesía.* **2** FIL. Del *estoicismo o que tiene relación con él: *la doctrina estoica aspira a la fraternidad universal.* **- 3** ***adj.-s.*** FIL. (persona) Que sigue la doctrina filosófica del *estoicismo: *los estoicos actúan de acuerdo con la naturaleza y la razón.*

es·to·la |estóla| **1** ***f.*** Banda larga de piel que usan las mujeres para abrigarse el cuello o para adornarse: *llevaba una ~ de armiño blanco.* **2** Banda de tela muy larga con tres cruces, que llevan los sacerdotes sobre el cuello: *la ~ se coloca sobre la casulla.*

es·to·ma·cal |estomakál| **1** ***adj.*** Del estómago o que tiene relación con él: *sintió un fuerte dolor ~.* **- 2** ***adj.-s.*** MED. (medicina o licor) Que favorece la *digestión: *después de comer, siempre tomo un licor ~.*

es·tó·ma·go |estómaɣo| **1** ***m.*** Órgano en forma de bolsa en el que se descomponen los alimentos para ser recibidos por el organismo: *el ~ está situado entre el esófago y el intestino; he comido muy deprisa, por eso me duele el ~; han operado a Javier de una úlcera en el ~.* **2** Parte del cuerpo comprendida entre el pecho y las extremidades inferiores, especialmente cuando está más *abultada de lo normal: *tienes demasiado ~ para ponerte esos pantalones.* ⇒ **abdomen, barriga, panza, tripa, vientre.** ■ **revolver el ~**, *fam.*, causar una sensación desagradable: *me revuelve el ~ ver que es tan antipática con él.* ■ **tener ~**, *fam.*, tener capacidad para soportar situaciones desagradables: *¡hay que tener ~ para dejar al bebé solo todo el día!*

es·to·⌐nio, ⌐nia |estónio, nia| **1** ***adj.*** De Estonia o que tiene relación con Estonia: *la corona es la moneda estonia; la economía estonia se basa en la pesca y la minería.* **- 2** ***m. f.*** Persona nacida en Estonia o que vive habitualmente en Estonia: *los estonios se independizaron de la URSS en la década de los noventa.* **- 3 estonio** ***m.*** Lengua que se habla en Estonia: *el ~ es una lengua báltica.*

es·to·pa |estópa| ***f.*** Resto que queda al peinar una fibra *textil: *el fontanero usa ~ para tapar las juntas de las tuberías.*

es·to·que |estóke| **1** ***m.*** Espada estrecha, afilada sólo en la punta: *el torero citó al animal levantando el ~; durante la pelea, sacó un ~ e hirió a su contrincante.* **2** Planta de jardín, con el tallo en forma de espada y las flores reunidas en *espigas de colores brillantes: *el ~ procede de Asia; el ~ es silvestre en los terrenos húmedos.* ⇒ **gladiolo.**

es·tor·bar |estorβár| **1** ***tr.-intr.*** [a alguien] Molestar o ser un obstáculo: *no puedo pasar porque me estorba esta silla; deja de estorbarle, que no le dejas estudiar.* **- 2** ***tr.*** [algo] Poner obstáculos para la ejecución de una acción: *esta mesa es muy bonita, pero estorba el paso.*

es·tor·bo |estórβo| ***m.*** Persona o cosa que molesta o *estorba: *el jarrón que hay encima de la mesa de trabajo es un ~.*

es·tor·nu·dar |estornuðár| ***intr.*** Expulsar por la nariz y la boca el aire de los pulmones, con un movimiento fuerte y violento: *está resfriada y no deja de ~; cuando estornudes, ponte un pañuelo en la nariz.*

es·tor·nu·do |estornúðo| ***m.*** Movimiento fuerte y violento por el que se expulsa por la nariz y la boca el aire de los pulmones: *dio un ~ tan fuerte que tiró el vaso que había en la mesa.*

es·tra·bis·mo |estraβísmo| ***m.*** Defecto de la vista que consiste en una desviación de la dirección normal de la mirada en uno o en ambos ojos: *el oculista tapó un ojo al niño que tenía ~.*

es·tra·do |estráðo| **1** ***m.*** Suelo de tablas colocado sobre un armazón que se usa para poner sobre él un *trono o la mesa principal de un acto *solemne: *los reyes subieron al ~ y se sentaron en el trono.* **- 2 estrados** ***m. pl.*** Lugares en los que los tribunales de justicia oyen a las partes y emiten las *sentencias: *lo llevaron ante los estrados por su delito.*

es·tra·fa·la·⌐rio, ⌐ria |estrafalário, ria| ***adj.-s.*** (persona) Que llama la atención por vestir o pensar de manera ridícula y extraña: *no me gusta nada la ropa que lleva, ¡qué estrafalaria es!; sólo a un ~ se le ocurriría llevar botas de goma a una fiesta.* ⇒ **estrambótico, extravagante.**

es·tra·go |estráɣo| **1** ***m.*** Daño o destrucción producida por una acción natural o por una guerra: *la epidemia de cólera ha causado grandes estragos entre la población.* **2** *fig.* Daño o destrucción moral: *las malas compañías hicieron estragos en su comportamiento.* ⌂ Se usa sobre todo en plural.

es·tram·bo·te |estrambóte| ***m.*** POÉT. Combinación de versos que se añade al final de un poema: *compuso un soneto con ~.*

es·tram·bó·ti·⌐co, ⌐ca |estrambótiko, ka| ***adj.*** Que es raro o extraño; que llama la atención: *acudió a la fiesta con un sombrero ~.* ⇒ **estrafalario.**

es·tran·gu·la·mien·to |estraŋgulamiénto| **1** ***m.*** *Ahogamiento de una persona o de un animal apretándole el cuello hasta impedir la respiración: *el forense diagnosticó que la víctima había muerto por ~.* **2** *Estrechamiento natural o artificial que impide o hace difícil el paso por una vía o conducto: *los coches se pusieron en fila de uno, debido al ~ de la carretera.*

es·tran·gu·lar |estraŋgulár| **1** ***tr.-prnl.*** [algo, a alguien] Ahogar apretando el cuello hasta impedir la respiración: *el detenido estrangulaba a sus víctimas con un cordón.* **2** *fig.* Impedir o hacer difícil el paso por una vía o conducto: *la voz se le estrangulaba en la garganta.* **3** *fig.* Impedir con fuerza un proyecto o un intento: *la envidia estranguló sus ilusiones; la música más comercial estrangula cualquier intento de una música de calidad.*

es·tra·per·lis·ta |estraperlísta| ***adj.-com.*** (persona) Que se dedica al comercio ilegal de mercancías: *durante la guerra los estraperlistas les proporcionaban café.*

es·tra·per·lo |estrapérlo| ***m.*** Comercio ilegal de mercancías: *las actividades del ~ se realizaban burlando a la policía.*

es·tra·ta·ge·ma |estrataxéma| ***f.*** Proyecto o acción que se prepara para conseguir un fin determinado: *tus estratagemas para trabajar menos no servirán con el nuevo encargado.* ⇒ **añagaza, ardid, artimaña, astucia.**

es·tra·te·ga |estratéɣa| ***com.*** Persona que se dedica a la *estrategia: *es un gran ~, por lo que el partido le ha pedido que dirija la campaña electoral.*

es·tra·te·gia |estratéxia| **1** ***f.*** MIL. Arte de proyectar y dirigir las operaciones militares en la guerra: *el general había pensado muy bien la ~ que debía emplear en las semanas siguientes.* ⇒ **táctica. 2** *fig.* Modo de dirigir un asunto para lograr un fin determinado: *el directivo decidió cambiar de ~ para aumentar los beneficios de la empresa.* ⇒ **táctica.**

es·tra·té·gi·⌐co, ⌐ca |estratéxiko, ka| **1** ***adj.*** De la *estrategia o que tiene relación con ella: *las tropas estaban colocadas en puntos estratégicos del monte.* **2** Que es muy importante o adecuado para que se realice un fin determinado: *las conversaciones que mantuvieron fueron estratégicas para que se restableciera la paz.*

es·tra·to |estráto| **1** ***m.*** Capa mineral uniforme, paralela y *superpuesta a otras: *el estudio de los estratos permite conocer la antigüedad de un territorio; en este dibujo podéis ver los estratos de la tierra.* **2** Capa situada por encima o por debajo de otras: *los arqueólogos han encontrado restos fósiles en un ~ del yacimiento.* **3** Nube baja que tiene forma de banda paralela al horizonte: *los estratos no son nubes redondas como los cúmulos, sino que tienen forma alargada.* **4** Capa o nivel de la sociedad: *actualmente hay grandes diferencias entre los estratos bajos y los estratos altos de la sociedad; el nivel de vida de Carlota sólo se lo puede permitir gente del ~ más elevado.*

es·tra·tos·fe·ra |estratosféra| ***f.*** Zona de la atmósfera que tiene entre 12 y 100 kilómetros de altura: *la ~ está comprendida entre la mesosfera y la troposfera; en la ~ la temperatura no es muy alta; la ~ tiene una capa en la que abunda el ozono, perjudicial para la vida en la tierra.*

es·tre·cha·men·te |estrétʃaménte| **1** ***adv. m.*** De forma cercana o *íntima: *durante estos meses nos hemos tratado ~.* **2** De forma exacta y *rigurosa: *hemos seguido ~ el desarrollo del experimento.*

es·tre·cha·mien·to |estretʃamiénto| ***m.*** Parte de un camino o un conducto en la que se hace más estrecho: *en el puente encontrarás un ~ de la carretera.*

es·tre·char |estretʃár| **1** ***tr.-prnl.*** [algo] Reducir la anchura: *ha adelgazado un poco y se ha tenido que ~ la falda.* ⇔ **ensanchar. 2** Hacer más cercano o intenso: *aquellas penalidades estrecharon nuestra amistad.* **- 3** ***tr.*** [algo, a alguien] Apretar o coger con fuerza, generalmente en señal de saludo o afecto: *cuando la vio, la estrechó entre sus brazos; se estrecharon las manos.* ⇒ **aprisionar. - 4 estrecharse** ***prnl.*** Apretarse o juntarse mucho: *tuvimos que estrecharnos mucho para sentarnos los ocho en el banco.*

es·tre·chez |estretʃéθ| **1** ***f.*** Cualidad de estrecho: *la ~ de la calle impidió que pasara el camión.* ⇔ **amplitud. 2** *fig.* Falta de las cosas más necesarias para vivir: *desde que lo despidieron, él y su familia están pasando algunas estrecheces.* ⇒ **penuria. 3** *fig.* Falta o escasez de tiempo: *el trabajo le salió mal por la ~ de tiempo.* **4** *fig.* Pobreza o limitación para juzgar, valorar o dar opiniones: *hay que superar la ~ de horizontes.*

es·tre·⌐cho, ⌐cha |estrétʃo, tʃa| **1** ***adj.*** Que es poco ancho; que es delgado: *la calle es tan estrecha que puedo tocar los dos edificios a la vez; las mujeres* *suelen tener la cintura más estrecha que las caderas.* ⇔ **amplio, ancho. 2** Que aprieta o es demasiado ajustado; que es demasiado pequeño para su uso: *los zapatos me están estrechos; ¿no te parece estrecha esta habitación para meter una cama de matrimonio?* **3** *fig.* Que es fuerte o intenso: *tenemos una relación muy estrecha; sometieron al sospechoso a una estrecha vigilancia.* - **4** ***adj.-s.*** *desp. fig.* Que no se presta fácilmente a tener relaciones sexuales; que tiene ideas conservadoras en relación con el sexo: *esa chica es una estrecha, no me dio ni un beso.* - **5 estrecho *m.*** Parte de mar poco ancha que separa dos partes de tierra: *el ~ de Gibraltar está entre España y Marruecos.*

es·tre·chu·ra |estretʃúra| ***f.*** Cualidad de un terreno o un espacio que es estrecho: *la ~ de esta casa no nos permite tener muchos invitados.* ☐ Se usa frecuentemente en plural.

es·tre·lla |estréʎa| **1 *f.*** Cuerpo aparentemente pequeño que brilla por la noche en el cielo: *esta noche no hay luna y se ven muy bien las estrellas.* ⇒ **astro;** ~ **fugaz**, la que aparece de pronto moviéndose muy rápido y que desaparece en seguida: *cuando veas una ~ fugaz, formula un deseo;* **Estrella Polar**, la que está en el extremo de la Osa Menor y señala el norte: *los navegantes se guiaban por la Estrella Polar.* **2** ASTRON. Cuerpo del espacio que emite luz y energía propias: *el Sol es la ~ que hay más cerca de la Tierra.* **3** Figura con varias puntas que parten de un centro común: *el niño dibujó una ~ y una Luna; en el escudo de la familia hay un castillo y una ~.* **4** Objeto de esa forma: *hoy comemos sopa de estrellas.* **5** Signo de esa forma que sirve para indicar una categoría: *estuvimos en un hotel de cuatro estrellas; el teniente lleva dos estrellas de seis puntas en el hombro.* **6** *fig.* Persona que destaca en una profesión o una actividad, especialmente en un deporte o en el arte: *Lola Flores es una ~ de la canción; en la fiesta se reunieron varias estrellas de cine.* ⇒ **astro, figura. 7** Suerte de una persona o una cosa: *hay que tener ~ en la vida; ¡qué buena ~!* ■ ~ **de mar**, animal marino plano con cinco brazos que salen del cuerpo: *las estrellas de mar se arrastran por el fondo.* ■ **unos nacen con ~ y otros nacen estrellados**, expresión que indica que unas personas tienen más suerte que otras: *a mí me han despedido y a ti te han ascendido en el trabajo: unos nacen con ~ y otros nacen estrellados.* ■ **ver las estrellas**, sentir un dolor muy fuerte y vivo: *me di un golpe en la nariz y vi las estrellas.*

es·tre·llar |estreʎár| **1 *tr.*** *fam.* [algo] Lanzar con *violencia un objeto contra otro objeto o superficie, haciéndolo trozos: *estaba tan furioso que estrelló el cenicero contra la pared; eres un torpe, has estrellado toda la vajilla en el suelo.* ⇒ **estampar.** - **2 estrellarse *prnl.*** *fam.* Chocar con *violencia contra un objeto o superficie: *a causa de la niebla el avión se estrelló contra un rascacielos y provocó un gran incendio; iba tan borracho que se estrelló con la puerta de su casa.* ⇒ **estampar. 3** *fig.* Fracasar en un intento: *se estrellaron al invertir su dinero en ese negocio.* **4** Llenarse o cubrirse de estrellas: *esta noche el cielo no se ha estrellado porque hay nubes.*

es·tre·me·ce·⌐dor, ⌐do·ra |estremeθeðór, ðóra| ***adj.*** Que hace temblar o causa alteración en el ánimo: *hace un frío ~; acabamos de escuchar un aullido ~.*

es·tre·me·cer |estremeθér| **1 *tr.-prnl.*** [algo, a alguien] Hacer temblar: *el terremoto estremeció la ciudad.* **2** [a alguien] Causar una sensación de alteración en el ánimo: *se estremeció al oír una noticia tan espantosa; dicen que esta película estremece al espectador.* ⇒ **sobresaltar.** ☐ Se conjuga como 43.

es·tre·nar |estrenár| **1 *tr.*** [algo] Usar por primera vez: *el domingo estrenará el vestido nuevo; te regalo estos zapatos, ni siquiera los he estrenado.* **2** Representar o presentar por primera vez ante el público un espectáculo: *hoy estrenan en Madrid una película francesa; cuando estrenaron la obra teatral acudió mucha gente.* - **3 estrenarse *prnl.*** Empezar a desempeñar una persona su trabajo o darse a conocer por vez primera en una profesión: *el mes que viene se estrenará en su nuevo empleo.*

es·tre·no |estréno| **1 *m.*** Uso de una cosa por primera vez: *todos se enteraron del ~ de su nueva moto.* **2** Representación o presentación de un espectáculo por primera vez ante el público: *los Reyes asistieron al ~ de la obra musical; vi a Vicente en el ~ de la película.*

es·tre·ñi·⌐do, ⌐da |estreɲíðo, ða| ***adj.*** Que retiene los excrementos y tiene dificultad para expulsarlos: *comió muchos frutos secos y estuvo ~ varios días.*

es·tre·ñi·mien·to |estreɲimi̱é̱nto| ***m.*** Alteración del *intestino que provoca la *retención de los excrementos y hace difícil su *expulsión: *el ~ se debe a la mala alimentación o a los hábitos sedentarios.* ⇔ **diarrea.**

es·tre·ñir |estreɲír| ***tr.-intr.-prnl.*** [a alguien] Producir o padecer *estreñimiento: *las frutas no estriñen; este medicamento evitará que el niño se estriña.* ☐ Se conjuga como 36.

es·tré·pi·to |estrépito| ***m.*** Ruido muy grande: *se quedaron paralizados por el ~ producido por el explosivo.* ⇒ **estruendo, fragor.**

es·trés |estrés| ***m.*** Estado de excitación nerviosa, producido por un exceso de trabajo, que puede causar problemas físicos y mentales: *tiene una úlcera causada por el ~ que padece; lleva una vida tan ajetreada que acabará padeciendo ~.* ☐ Esta palabra procede del inglés. El plural es *estreses.*

es·trí·a |estría| **1 *f.*** Raya grabada o marcada en una superficie: *esa columna tiene estrías en el fuste.* **2** Línea que queda marcada en la piel cuando se ha estirado de modo rápido: *esta crema evita las estrías del embarazo.*

es·triar |estri̱á̱r| ***tr.-prnl.*** Grabar o marcar rayas: *el barro se ha estriado al secarse.*

es·tri·bar |estriβár| ***intr.*** [en algo] Fundarse; apoyarse un cosa en otra: *el éxito de su trabajo estriba en su constancia; la originalidad de este escritor estriba en la caracterización de sus personajes.* ⇒ **residir.**

es·tri·bi·llo |estriβíʎo| **1** ***m.*** Conjunto de palabras o versos que se repite al final de cada *estrofa de un poema o canción: *el público que asistió al concierto coreaba el ~ de las canciones.* **2** Palabra o conjunto de palabras que se repite demasiado: *siempre está con ese ~.*

es·tri·bo |estríβo| **1** ***m.*** Pieza de metal que junto con otra cuelga de la silla de montar y en la que se apoya el pie: *el jinete puso el pie en el ~ y subió al caballo.* **2** Pieza en la que se apoya el pie y que sirve para subir o bajar de ciertos vehículos: *la dama colocó el pie en el ~ del carruaje y se despidió de su familia antes de subir.* **3** ANAT. Hueso del oído medio de los mamíferos: *el martillo, el yunque y el ~ son huesos del oído medio; el ~ recoge las vibraciones del tímpano.* **4** Chapa de hierro doblada en ángulo recto por sus extremos que sirve para asegurar la unión de dos piezas: *une esos dos hierros con un ~.* **5** ARQ. Construcción vertical pegada al muro para hacerlo más fuerte y absorber los empujes: *los estribos de esta iglesia están ya muy deteriorados.* ⇒ **contrafuerte.** ■ **perder los estribos**, *fam.*, enfadarse y perder la paciencia: *perdió los estribos delante de todos y le dio un par de bofetadas.*

es·tri·bor |estriβór| ***m.*** MAR. Lado derecho de una embarcación, mirando desde la parte trasera hacia la delantera: *vamos navegando hacia el norte porque el sol de la mañana puede verse por ~.* ⇔ **babor.**

es·tric·⌐to, ⌐ta |estrí^kto, ta| ***adj.*** Que se ajusta por completo a la necesidad o a la ley: *es una persona muy estricta y no permite retrasos en los horarios; nos parece que estas normas son demasiado estrictas.* ⇒ **rígido, riguroso.** ⇔ **laxo.**

es·tri·den·te |estriðénte| **1** ***adj.*** (sonido) Que es agudo, fuerte y desagradable: *no me gusta ir a las discotecas porque en ellas la música es ~.* **2** Que por su exageración molesta: *le gusta vestir de forma ~ y estrafalaria.*

es·tro·fa |estrófa| ***f.*** Combinación fija de versos que forma parte de un poema: *compuso un largo poema de 300 estrofas; el soneto es una ~ importada de Italia.*

es·tro·pa·jo |estropáxo| **1** ***m.*** Trozo de un tejido de fibra vegetal u otro material áspero que se usa para limpiar con agua y jabón: *friego los platos con un ~; frota la cocina con el ~.* **2** Planta cuyo fruto, ya seco, se usa para el aseo: *las esponjas vegetales se sacan del ~.*

es·tro·pa·jo·⌐so, ⌐sa |estropaxóso, sa| **1** ***adj.*** *fam.* Que está sucio o que es áspero: *anda, ve a lavarte el pelo, que lo tienes revuelto y ~.* **2** *fam.* (persona) Que viste de manera sucia y descuidada: *cámbiate de ropa: no puedes presentarte con ese aspecto ~ ante la visita.* **3** *fam.* (forma de hablar) Que es torpe y poco clara: *no soporta el habla estropajosa de los borrachos.*

es·tro·pe·ar |estropeár| **1** ***tr.-prnl.*** [algo] Hacer perder la calidad o valor: *el radiador se ha estropeado y aquí hace mucho frío; se acaba de ~ la lavadora y el suelo está lleno de agua.* ⇒ **deteriorar, romper.** ⇔ **arreglar.** **2** *fig.* Echar a perder una situación, asunto o proyecto: *no quiero que estropees la fiesta de cumpleaños con tu mal humor.* ⇒ **arruinar.**

es·tro·pi·cio |estropíθio| ***m.*** *Rotura o daño: *se le cayó la bandeja con los vasos y formó un ~.*

es·truc·tu·ra |estru^ktúra| **1** ***f.*** Modo de estar organizadas u ordenadas las partes de un todo: *la ~ de esta novela es muy original; el arquitecto ha diseñado la ~ del palacio.* **2** Conjunto de piezas o elementos que sirve como soporte y esqueleto de otra cosa: *el terremoto dañó la ~ de la vivienda.* ⇒ **armazón.**

es·truc·tu·ral |estru^kturál| **1** ***adj.*** De la estructura o que tiene relación con ella: *dio un cambio ~ a su método.* **2** LING. Del *estructuralismo o que tiene relación con él: *le interesa la gramática ~.*

es·truc·tu·ra·lis·mo |estru^kturalísmo| **1** ***m.*** FIL. Doctrina filosófica que trata de establecer relaciones *sistemáticas entre los elementos que estudia: *el ~ comenzó a desarrollarse en el siglo* XIX. **2** LING. Escuela lingüística que considera le lengua como una estructura o un sistema de relaciones: *el ~ lingüístico nació a principios del siglo* XX.

es·truc·tu·ra·lis·ta |estru^kturalísta| **1** ***adj.*** LING. FIL. Del *estructuralismo o que tiene relación con él: *hace un análisis ~ de la obra.* **- 2** ***adj.-com.*** LING. FIL. (persona) Que sigue la doctrina del *estructuralismo: *por sus explicaciones sobre las lenguas, se nota que es ~.*

es·truc·tu·rar |estru^kturár| ***tr.-prnl.*** [algo] Organizar u ordenar las partes de un todo: *el autor ha estructurado el libro en diez capítulos.* ⇔ **desorganizar.**

es·truen·do |estruéndo| **1** ***m.*** Ruido muy grande: *los pájaros volaron al escuchar el ~ de los disparos.* ⇒ **estrépito, fragor.** **2** Situación en la que hay ruido y falta de orden: *en el pabellón de deportes hay un gran ~.* ⇒ **jaleo.**

es·truen·do·⌐so, ⌐sa |estruendóso, sa| ***adj.*** Que causa un ruido muy grande o *estruendo: *la música de esta discoteca es verdaderamente estruendosa.* ⇒ **ruidoso.**

es·tru·jar |estruxár| **1** ***tr.*** [algo] Apretar con fuerza una cosa para sacarle lo que tiene dentro: *estrujó el limón para que el jugo cayera sobre el pescado.* ⇒ **exprimir.** **2** Apretar una cosa hasta estropearla o arrugarla: *estrujó el papel entre sus manos.* **3** [alguien] Apretar con fuerza a una persona: *en el metro había tanta gente que me han estrujado; a ver si no me estrujas tanto.* ⇒ **apretujar.** **4** *fam.* Sacar todo el partido posible: *el Gobierno estruja a los ciudadanos con altos impuestos; es un jefe que estruja a sus empleados todo lo que puede.* ⇒ **explotar, exprimir.**

es·tua·rio |estuário| ***m.*** Lugar en el que un río caudaloso se mezcla con el mar: *los estuarios tienen la forma de un embudo; los estuarios se pueden utilizar para el emplazamiento de puertos.*

es·tu·che |estútʃe| ***m.*** Caja que sirve para guardar o proteger objetos: *Belén ha guardado los lápices en su ~; encontrarás el collar en el ~ que hay en el aparador.*

es·tu·co |estúko| **1** ***m.*** Masa con que se cubren las paredes antes de pintarlas: *el ~ está hecho con cal y mármol; los albañiles han dado el ~ y ahora sólo queda pintar.* **2** Masa a la que se puede dar forma con facilidad: *preparé ~ con yeso blanco y agua de cola; hicieron unas bonitas molduras en el techo con ~.* ⇒ **escayola.**

es·tu·dian·te |estuðiánte| ***com.*** Persona que recibe unos conocimientos determinados en un centro determinado: *los tres hijos de Elena son estudiantes; Víctor nunca ha sido un buen ~.* ⇒ **alumno.**

es·tu·dian·til |estuðiantíl| ***adj.*** De los estudiantes o que tiene relación con ellos: *recuerda con nostalgia su época ~.*

es·tu·diar |estuðiár| **1 *tr.*** [algo] Poner en funcionamiento el entendimiento para aprender o comprender: *esta tarde no saldrá, se quedará en casa estudiando matemáticas.* ⇒ **empollar. 2** Pensar y considerar una cosa con atención y cuidado: *no le molestes, que está estudiando el modo de salir del lío en que está metido.* ⇒ **meditar. - 3 *tr.-intr.*** Recibir unos conocimientos determinados en un centro determinado: *¿en qué ciudad estudias?; estudió biología en la Universidad de Alcalá.*

es·tu·dio |estúðio| **1 *m.*** Ejercicio o esfuerzo que la mente hace para comprender o aprender: *dedica dos horas al día al ~ del alemán.* **2** Obra en que se estudia un asunto: *ha publicado un ~ sobre las patologías del riñón.* **3** Habitación de una casa que se usa para estudiar o trabajar: *en el ~ tenemos el ordenador y los libros de texto.* **4** Lugar de trabajo de una persona que se dedica al arte o a la ciencia: *el delineante trabaja en el ~ de un arquitecto; compró un cuadro en el ~ de un pintor.* **5** Lugar donde se graban películas, emisiones de radio y televisión, discos u otras cosas: *están entrevistando al premio nobel de literatura en el ~ de televisión.* **6** Piso pequeño destinado a vivienda de una o dos personas: *Juan vive solo en un ~ alquilado.* **7** MÚS. Composición musical escrita para practicar y aprender una técnica difícil: *tengo que dedicar más tiempo de ensayo a los estudios.* **8** PINT. Dibujo que se hace como prueba o modelo: *se conservan algunos estudios previos del Guernica de Picasso.* **- 9 estudios *m. pl.*** Conjunto de materias que se estudian para conseguir un título: *ha cursado estudios de medicina en la Universidad de Salamanca.* **10** Actividad de estudiar para conseguir un título: *se pagó los estudios trabajando como camarero en verano.*

es·tu·dio·⌐so, ⌐sa |estuðióso, sa| **1 *adj.*** (persona) Que estudia mucho: *Ismael es un chico bastante ~.* **- 2 *adj.-s.*** (persona) Que tiene un conocimiento extenso y profundo de un tema o materia: *ha dado una charla un conocido ~ de la cultura inca.* ⇒ **erudito.**

es·tu·fa |estúfa| ***f.*** Aparato que produce calor quemando un combustible o por medio de energía eléctrica: *en la casa del pueblo no tenemos radiadores, sino una ~; se acercó demasiado a la ~ y se quemó.*

es·tu·pe·fac·ción |estupefa^kθión| ***f. form.*** Admiración, sorpresa grande: *la llegada de toda la familia le produjo ~.*

es·tu·pe·fa·cien·te |estupefaθiénte| ***adj.-m.*** (sustancia) Que calma o quita el dolor produciendo sueño y una sensación de placer: *las drogas son estupefacientes y crean hábito.*

es·tu·pe·fac·⌐to, ⌐ta |estupefá^kto, ta| ***adj. form.*** Que está sorprendido o extrañado: *cuando se enteró de que su novia le engañaba, se quedó ~; al verle disfrazado todos nos quedamos estupefactos.* ⇒ **patidifuso, patitieso.**

es·tu·pen·⌐do, ⌐da |estupéndo, da| ***adj.*** Que es extraordinario; que provoca admiración: *se han comprado una casa estupenda; lee esta novela, es estupenda; tengo unos compañeros de trabajo estupendos.* ⇒ **fantástico, maravilloso.** ⇔ **pésimo.**

es·tu·pi·dez |estupiðéθ| **1 *f.*** Cualidad de *estúpido: *con sus actos da constantes muestras de su ~.* ⇒ **tontería. 2** Obra o dicho *estúpidos: *¿quieres dejar de decir estupideces?* ⇒ **tontería.**

es·tú·pi·⌐do, ⌐da |estúpiðo, ða| **1 *adj.-s.*** Que es torpe o poco inteligente; que no sabe lo que debe saber: *no le hagas caso, es la persona más estúpida que conozco.* ⇒ **bobo, gilipollas, idiota, lelo, memo, tarugo, tonto.** ☖ Se usa como apelativo despectivo. **2** Que muestra orgullo por las cualidades o actos propios: *es una chica muy estúpida y consentida.* ⇒ **vanidoso.** ⇔ **humilde.**

es·tu·por |estupór| **1 *m.*** MED. Disminución de la actividad de las funciones mentales y físicas de una persona y de su capacidad de respuesta: *las drogas y el alcohol producen ~.* **2** *fig.* Admiración, sorpresa grande: *se puso a desnudarse en medio del ~ de los presentes.*

es·tu·rión |esturión| ***m.*** Pez comestible de gran tamaño, de boca aguda y de color gris, con puntos negros en la parte superior y vientre blanco, que vive en los ríos y cerca de las costas: *lo que llamamos caviar son las huevas del ~; los esturiones remontan los ríos para poner sus huevos.* ☖ Para indicar el sexo se usa el ~ macho y el ~ hembra.

e·ta·nol |etanól| ***m.*** QUÍM. *Estimulante que se forma con la *fermentación de la *glucosa mediante bacterias: *el ~ es la parte principal de las bebidas alcohólicas.* ⇒ **alcohol.**

e·ta·pa |etápa| **1 *f.*** Momento que forma parte de una serie o de un proceso: *dividió el trabajo en varias etapas; la adolescencia es una de las etapas de la vida.* ⇒ **fase. 2** Distancia que se recorre entre dos puntos, especialmente la que se recorre de una sola vez en determinadas pruebas deportivas: *la ~ ciclista del sábado es de alta montaña.* ⇒ **trayecto.**

et·cé·te·ra |e^tθétera| ***m.*** Expresión que se usa para sustituir la parte final de un discurso: etc. *es la forma abreviada de ~.*

é·ter |éter| ***m.*** Compuesto orgánico, sólido, líquido o *gaseoso, que se usa como disolvente y en medicina: *hay una variedad del ~ que se usa como anestésico.*

e·té·re·⌐o, ⌐a |etéreo, a| **1 *adj. form.*** Que es vago; que es poco *consistente o concreto: *la música es el puente ~ que nos pone en contacto con lo espiritual.*

2 QUÍM. Del *éter o que tiene relación con él: *han puesto en el algodón una sustancia etérea.*

e·ter·ni·dad |eterniðáð| **1** *f.* Espacio de tiempo sin principio ni fin: *no hay amor que dure una ~.* **2** Vida del *alma después de la muerte en determinadas religiones: *los cristianos creen en la ~ del alma.* **3** Espacio de tiempo muy largo: *¡cómo no me voy a enfadar, llevo esperándote una ~!*

e·ter·ni·zar |eterniθár| **1** *tr.-prnl.* [algo] Hacer durar demasiado tiempo: *las veladas en casa de Joaquín se eternizan y me resultan insoportables.* **- 2** *tr.* Hacer que una cosa dure para siempre: *nos gustaría ~ el espíritu generoso que ha surgido en esta reunión.* **- 3 eternizarse** *prnl.* Tardar mucho tiempo en hacer una cosa: *no te eternices arreglándote, que llegaremos tarde a la cita.* ☖ Se conjuga como 4.

e·ter·⌐no, ⌐na |etérno, na| **1** *adj.* Que no tiene ni puede tener fin: *asegura que el odio que siente por él será ~; juró que su amor sería ~.* ⇒ **infinito, perenne.** ⇔ **efímero. 2** Que se repite de manera frecuente y con insistencia: *me tiene harto con sus eternas lamentaciones.*

é·ti·ca |étika| **1** *f.* Disciplina que estudia el bien y el comportamiento humano en cuanto al bien y al mal: *Aristóteles es el fundador de la ~.* **2** Conjunto de reglas morales que dirigen el comportamiento del hombre: *su ~ profesional le impide abusar de los más débiles; el juez no quiso hacer declaraciones a la prensa por razones de ~.* ⇒ **moral.**

é·ti·⌐co, ⌐ca |étiko, ka| **1** *adj.* De la *ética o que tiene relación con ella: *el pensamiento ~ de Aristóteles ha influido mucho en los estudiosos posteriores.* **2** Que se ajusta al conjunto de reglas que dirigen el comportamiento del hombre: *su comportamiento ha sido muy poco ~.*

e·tí·li·⌐co, ⌐ca |etíliko, ka| *adj.* QUÍM. *form.* Del *etanol o que tiene relación con él: *fue ingresado en el hospital con una fuerte intoxicación etílica.* ⇒ **alcohólico.**

é·ti·mo |étimo| *m.* LING. Palabra o grupo de sonidos de los que proceden o derivan otras palabras: *la palabra latina* oculum *es el ~ de ojo.*

e·ti·mo·lo·gí·a |etimoloxía| **1** *f.* LING. Origen de las palabras; explicación del significado y la forma de las palabras: *la palabra* imagen *tiene una ~ latina;* ~ **popular,** LING., fenómeno del lenguaje que consiste en dar una explicación nueva a una palabra, al relacionarla con la forma o el significado de otra palabra de distinto origen: *el que mucha gente diga* mondarina *en lugar de* mandarina, *porque relacionan esta palabra con el verbo* mondar, *es un ejemplo de ~ popular.* **2** LING. Disciplina que estudia el origen de las palabras: *la ~ complementa a la fonética y a la semántica.*

e·ti·mo·ló·gi·⌐co, ⌐ca |etimolóxiko, ka| *adj.* LING. De la *etimología o que tiene relación con ella: *el significado de una palabra no coincide muchas veces con su sentido ~.*

e·ti·mó·lo·⌐go, ⌐ga |etimóloɣo, ɣa| *m. f.* LING. Persona que se dedica a estudiar el origen de las palabras: *los etimólogos son grandes eruditos.*

e·ti·que·ta |etikéta| **1** *f.* Trozo de papel, cartón u otro material parecido, que se pega a una cosa para dar determinada información sobre ella: *mira en la ~ cuál es el precio de este abrigo; en el frasco hay pegada una ~ en la que pone* aguarrás. **2** Calificativo que recibe una persona y por el que se expresa su carácter o modo de obrar: *en la fábrica le han puesto la ~ de pelota.* **3** Ceremonia en el trato: *informaron a los invitados de la ~ del acto a que debían asistir.* ■ **de ~,** (ropa) que debe ser adecuada a la ocasión: *no te presentes a la boda, si no vas con traje de ~.* ■ **de ~,** que exige llevar una ropa adecuada: *no te acompañaré porque es una fiesta de ~.*

e·ti·que·tar |etiketár| *tr.* [algo] Colocar *etiquetas: *el dependiente está etiquetando las prendas de vestir de la tienda.*

et·nia |éᵗnia| *f.* Grupo de personas que pertenecen a la misma raza y que tienen el mismo idioma y la misma cultura: *esa isla está habitada por varias etnias africanas.* ⇒ **raza.**

ét·ni·⌐co, ⌐ca |éᵗniko, ka| *adj.* De la *etnia o que tiene relación con ella: *la melodía fue interpretada por un grupo ~ de Oceanía.*

eu·ca·lip·to |eukalíᵖto| **1** *m.* Árbol *originario de Australia con el tronco derecho y la copa en forma de cono, las hojas duras y olorosas y las flores amarillas: *el ~ crece muy rápidamente; los bosques del norte fueron repoblados con eucaliptos.* **2** Madera de ese árbol: *el ~ se emplea en la construcción y en la fabricación de papel.* **3** Olor y sabor que se *obtiene de las hojas de ese árbol: *los caramelos de ~ son buenos para la tos.*

eu·ca·ris·tí·a |eukaristía| *f.* REL. *Sacramento de la Iglesia *católica, que consiste en tomar pan y vino, que representan el cuerpo y la sangre de Jesucristo: *en la ~, los cristianos toman el cuerpo y la sangre de Nuestro Señor bajo las especies del pan y del vino.* ⇒ **comunión.**

eu·ca·rís·ti·⌐co, ⌐ca |eukarístiko, ka| *adj.* De la *eucaristía o que tiene relación con ella: *esos jóvenes van a recibir el sacramento ~.*

eu·fe·mis·mo |eufemísmo| *m.* LING. Palabra o expresión que se usa en lugar de otra que resulta desagradable o que está mal considerada: *el ~* trasero *se emplea en lugar de la palabra tabú* culo. ⇔ **tabú.**

eu·fe·mís·ti·⌐co, ⌐ca |eufemístiko, ka| *adj.* LING. Del eufemismo o que tiene relación con él: *estaba muy enfadado y, para no ser grosero, utilizó algunas expresiones eufemísticas.*

eu·fo·ní·a |eufonía| *f.* Cualidad de lo que es *eufónico: *sus poesías se caracterizaban por una extremada ~.* ⇔ **cacofonía.**

eu·fó·ni·⌐co, ⌐ca |eufóniko, ka| *adj.* (sonido, palabra, expresión) Que resulta agradable al oído o que es fácil de pronunciar: *el carácter ~ de su prosa facilitaba la lectura de sus libros en voz alta.* ⇔ **cacofónico.**

eu·fo·ria |eufória| *f.* Sensación de alegría intensa: *nos dijo que había sido padre de una niña con gran ~.*

eu·fó·ri·⌐co, ⌐ca |eufóriko, ka| *adj.* De la *euforia o que tiene relación con ella: *nunca habíamos visto a Luis en un estado tan* ~.

eu·ro·di·pu·ta·⌜do, ⌜da |euroðiputáðo, ða| ***m. f.*** POL. Persona que es elegida mediante votación para formar parte del Parlamento de la Unión Europea: *los eurodiputados discutieron las medidas económicas; el ~ británico se negó a hacer declaraciones a la prensa.* ⇒ **diputado.**

eu·ro·pe·ís·mo |europeísmo| ***m.*** Conjunto de doctrinas que defienden la unidad de Europa: *este ministro es uno de los más firmes defensores del ~ económico; el ~ podría traer consigo múltiples ventajas en el campo de la cultura.*

eu·ro·pe·ís·ta |europeísta| **1** ***adj.*** POL. Del *europeísmo o que tiene relación con él: *ese país no hace una política* ~. **- 2** ***adj.-com.*** (persona) Que es partidario del *europeísmo: *los europeístas ganaron unas elecciones y perdieron otras.*

eu·ro·pe·⌜o, ⌜a |européo, a| **1** ***adj.*** De Europa o que tiene relación con Europa: *Atenas es una ciudad europea.* **- 2** ***m. f.*** Persona nacida en un país de Europa o que vive habitualmente en un país de Europa: *los europeos del norte suelen ser más rubios que los del sur.*

eu·ta·na·sia |eutanásia| ***f.*** Provocación de la muerte a una persona enferma para evitarle sufrimientos: *hay mucha gente que está a favor de la ~; en España la ~ no está permitida.*

e·va·cua·ción |eβakuaθión| **1** ***f.*** Acción de sacar o hacer salir de un lugar: *la ~ de los heridos fue muy rápida.* **2** Vaciado de un lugar: *tras el incendio, los bomberos procedieron a la ~ del edificio.* **3** *Expulsión de excrementos: *el médico preguntó al enfermo sobre sus últimas evacuaciones.*

e·va·cuar |eβakuár| **1** ***tr.*** [algo, a alguien] Sacar o hacer salir de un lugar: *evacuaron primero a las mujeres y a los niños.* ⇒ **desalojar. 2** Dejar vacío: *los bomberos evacuaron el edificio en llamas.* ⇒ **desalojar. - 3** ***intr.*** *form.* Expulsar excrementos por el ano: *se encuentra mal porque no consigue ~ normalmente.* ⇒ **cagar, defecar.** ☖ Se conjuga como 10.

e·va·dir |eβaðír| **1** ***tr.-prnl.*** [algo] Evitar con habilidad un daño o peligro: *aunque no paraban de preguntarle, él evadía las respuestas; se evadió del problema con mucha astucia.* ⇒ **eludir. 2** [algo] Sacar *ilegalmente del país dinero u otros bienes: *el alto cargo está acusado de ~ dinero al extranjero.* **- 3 evadirse** ***prnl.*** Alejarse o escaparse rápidamente de un lugar: *varios presos se han evadido de la prisión de alta seguridad.* ⇒ **fugarse. 4** Distraer o apartar la atención de un asunto o una situación determinada: *se fue una semana de vacaciones para evadirse de sus preocupaciones.*

e·va·lua·ción |eβaluaθión| ***f.*** Determinación del valor o del estado de una cosa; valoración del modo de obrar de una persona: *el diputado ha hecho una ~ de los trabajos del Parlamento; en la ~ el profesor juzga el conocimiento y la conducta de los estudiantes.*

e·va·luar |eβaluár| ***tr.*** [algo, a alguien] Determinar el valor o el estado de una cosa; valorar el modo de obrar de una persona: *la comisión de científicos se reunió para ~ la situación de la capa de ozono; el profesor evalúa a sus alumnos cada tres meses.* ☖ Se conjuga como 11.

e·van·ge·lio |eβaŋxélio| **1** ***m.*** Historia de la vida de Jesucristo y doctrina cristiana: *los apóstoles, después de la resurrección de Jesucristo, salieron a predicar el* ~. **2** Libro que recoge la doctrina cristiana y que forma parte del Nuevo Testamento: *están estudiando el ~ de San Mateo; los cuatro autores del ~ son Mateo, Marcos, Lucas y Juan.* **3** Doctrina y ley de Jesucristo; religión cristiana: *los misioneros van a predicar el ~ entre los paganos.* **4** *fam. fig.* Verdad que no admite discusión: *si lo ha dicho mi padre, para mí es el* ~.

e·van·ge·lis·ta |eβaŋxelísta| ***m.*** Autor de uno de los cuatro *evangelios: *los evangelistas son San Mateo, San Marcos, San Lucas y San Juan.*

e·van·ge·li·zar |eβaŋxeliθár| ***tr.*** [a alguien] Enseñar la doctrina cristiana; convertir a esa religión: *durante la conquista de América, cientos de misioneros fueron a ~ a los indígenas.* ☖ Se conjuga como 4.

e·va·po·ra·ción |eβaporaθión| ***f.*** Conversión de un cuerpo líquido en vapor: *la ~ del agua había llenado la cocina de vapor.*

e·va·po·rar |eβaporár| **1** ***tr.-prnl.*** [algo] Convertir un cuerpo líquido en vapor: *hace tanto calor que el agua de la charca se ha evaporado.* **- 2 evaporarse** ***prnl.*** *fig.* Desaparecer con rapidez: *su fortuna se evaporó en unos meses.* **3** Desaparecer una persona de un lugar sin ser *notada: *Gustavo se evapora en los momentos más inoportunos.* ⇒ **largar.**

e·va·sión |eβasión| ***m.*** Escapada rápida: *la policía no pudo controlar la ~ de los encarcelados; planearon la ~ durante meses.* ⇒ **fuga, huida.**

e·va·si·va |eβasíβa| ***f.*** Salida o *recurso para escapar de una dificultad: *cuando le hacían preguntas comprometidas, el acusado respondía con evasivas.*

e·ven·to |eβénto| ***m.*** *form.* Cosa que ocurre, especialmente si es de cierta importancia: *asistieron al ~ las más importantes personalidades del país.* ⇒ **acontecimiento, suceso.**

e·ven·tual |eβentuál| **1** ***adj.*** Que no es fijo ni regular; que depende de ciertas circunstancias: *no ha conseguido un empleo fijo, sólo ha firmado contratos eventuales.* ⇒ **provisional. - 2** ***adj.-com.*** (persona) Que desempeña un oficio o empleo durante un periodo corto de tiempo: *la mitad de los trabajadores de esta empresa son eventuales.* ⇒ **temporero.**

e·ven·tua·li·dad |eβentualiðað| **1** ***f.*** Cualidad de *eventual: *la ~ de mi situación laboral no me permite tener demasiados gastos.* **2** Hecho o circunstancia que no se puede prever: *ha tomado precauciones para saber cómo actuar ante cualquier* ~. ⇒ **imprevisto.**

e·vi·den·cia |eβiðénθia| ***f.*** Cualidad de lo que es claro y no tiene duda: *las pruebas encontradas por el detective fueron la ~ de su culpabilidad.* ⇒ **certeza.** ■ **en** ~, en ridículo; en una situación comprometida: *sus mentiras la pusieron en* ~. ☖ Se usa con verbos como *poner* o *quedar.*

e·vi·den·ciar |eβiðenθiár| ***tr.*** [algo] Probar que una cosa es clara o que no tiene duda: *las pruebas aportadas evidenciaban que el acusado era culpable.*

e·vi·den·te |eβiðénte| ***adj.*** Que es claro; que no tiene duda: *la solución a este problema de matemáticas es ~; es ~ que no caigo bien a Mercedes.* ⇒ **indudable.**

e·vi·tar |eβitár| **1** ***tr.*** [algo] Impedir que una cosa tenga lugar, especialmente un peligro, obligación o problema: *le vacunaron para ~ que contrajera la gripe; hizo todo lo posible para ~ que lo regañaran.* ⇒ **eludir, evadir. 2** Procurar no hacer una cosa: *evitaron hablar de machismo para no acabar peleándose.* **3** [a alguien] Procurar no encontrarse o tratar a una persona: *intenta ~ a Enrique, es un pesado.*

e·vo·ca·⌐dor, ⌐do·ra |eβokaðór, ðóra| ***adj.*** Que trae a la memoria o al pensamiento: *la visión de aquellas imágenes evocadoras de su infancia lo emocionó.*

e·vo·car |eβokár| **1** ***tr.*** [algo, a alguien] Recordar o traer a la memoria o al pensamiento: *cuando se reunía con sus viejos amigos, le gustaba ~ los tiempos pasados.* ⇒ **rememorar.** ⇔ **olvidar. 2** Recordar una persona o cosa a otra por su relación o parecido: *el paisaje norteño evocaba las montañas de su pueblo natal.* ☖ Se conjuga como 1.

e·vo·lu·ción |eβoluθión| **1** ***f.*** Cambio o transformación *gradual: *con los años, sus ideas políticas han experimentado una gran ~.* ⇔ **involución. 2** Desarrollo o paso de un estado a otro: *los familiares seguían angustiados por la ~ del enfermo.* ⇔ **involución. 3** Movimiento o paso de un lugar a otro: *el zoólogo siguió la ~ de la manada de elefantes.*

e·vo·lu·cio·nar |eβoluθionár| **1** ***intr.*** Cambiar o transformarse paso a paso: *el proyecto ha evolucionado rápidamente.* **2** Desarrollarse o pasar de un estado a otro: *los heridos evolucionan favorablemente.* **3** Moverse o pasar de un lugar a otro: *las tropas evolucionaron hacia el sur.*

e·xa·brup·to |eksaβrúpto| ***m.*** Falta de educación o de *cortesía; salida del tono adecuado: *si lo has invitado a tu fiesta, no puedes recibirlo con exabruptos.*

e·xa·cer·bar |eksaθerβár| **1** ***tr.-prnl.*** *form.* [a alguien] Hacer sentir un enfado muy grande y violento: *mi conducta exacerba muchísimo a Rafael.* ⇒ **irritar. - 2** ***tr.*** *form.* [algo] Hacer más fuerte un sentimiento o dolor: *tu comportamiento exacerba mi mal genio.* ⇒ **agudizar.**

e·xac·ti·tud |eksaktitúð| ***f.*** Cualidad de exacto: *he seguido tus indicaciones con total ~.* ⇒ **fidelidad, precisión.** ⇔ **inexactitud.**

e·xac·⌐to, ⌐ta |eksákto, ta| ***adj.*** Que es *preciso o fiel o que se ajusta a otra cosa: *el armario empotrado tiene tres metros exactos de altura; ¿cuál es el precio ~ de este ordenador?; no recuerdo cuáles fueron sus palabras exactas.* ⇔ **inexacto.** ■ **~**, expresión con la que se indica la verdad de lo que se ha dicho: *¿es la única forma de hacer eso? —Exacto, solo se hace así.*

e·xa·ge·ra·ción |eksaxeraθión| **1** ***f.*** Acción y resultado de exagerar: *su amor hacia su nieto ha llegado a la ~.* **2** Obra o dicho exagerados: *lo que acabas de decir me parece una ~.*

e·xa·ge·ra·⌐do, ⌐da |eksaxeráðo, ða| **1** ***adj.*** Que es demasiado grande, fuerte o intenso; que es excesivo: *tengo un hambre exagerada.* **- 2** ***adj.-s.*** (persona) Que presenta una cosa dándole unas proporciones mayores de las que realmente tiene: *no creas todo lo que diga sobre el accidente: es un ~.*

e·xa·ge·rar |eksaxerár| ***tr.*** [algo] Presentar una cosa dándole unas proporciones mayores de las que realmente tiene: *la gente ha ido exagerando la noticia del atropello.* ⇒ **hinchar.** ⇔ **atenuar.**

e·xal·ta·ción |eksaltaθión| ***f.*** Admiración o *elevación de las virtudes de una persona o cosa: *luchaba por la ~ de los valores religiosos.* ⇒ **sublimación.**

e·xal·tar |eksaltár| **1** ***tr.*** [algo, a alguien] Demostrar admiración con palabras; mostrar reconocimiento: *Ramón exaltó las virtudes de su esposa delante de todos.* ⇒ **alabar. - 2 exaltarse** ***prnl.*** Dejarse llevar por una pasión y perder la calma: *no pudo evitar exaltarse cuando comenzó a discutir con ella.*

e·xa·men |eksámen| **1** ***m.*** *Investigación u observación *atenta y cuidadosa: *hizo un ~ detenido del terreno antes de cruzar.* **2** Prueba de capacidad o *suficiencia: *tenemos que superar un ~ para pasar de nivel.*

e·xa·mi·nar |eksaminár| **1** ***tr.*** [algo] *Investigar u observar con atención y cuidado: *examinaron el cadáver; examinó su conciencia.* **- 2** ***tr.-prnl.*** [a alguien] Probar o considerar la capacidad o *suficiencia: *nos examinaron de gramática; se volverá a ~ este mes.*

e·xas·pe·rar |eksasperár| ***tr.-prnl.*** *form.* [a alguien] Hacer sentir un enfado muy grande y violento: *me exaspera verle todo el día haciendo el vago.* ⇒ **irritar.**

ex·car·ce·la·ción |ekskarθelaθión| ***f.*** Puesta en libertad: *mañana se procederá a la ~ de los presos que han cumplido su condena.* ⇒ **liberación.**

ex·car·ce·lar |ekskarθelár| ***tr.*** [a alguien] Poner en libertad: *le han excarcelado tras el pago de una importante cantidad de dinero.* ⇒ **liberar.** ⇔ **encarcelar.**

ex·ca·va·ción |ekskaβaθión| ***f.*** Acción y resultado de *excavar: *al hacer la ~ se han encontrado con restos de vasijas de la época romana.*

ex·ca·va·do·ra |ekskaβaðóra| ***f.*** Máquina que sirve para hacer agujeros en el suelo y que está formada por una gran pala: *han levantado y quitado la tierra con la ~.*

ex·ca·var |ekskaβár| ***tr.-intr.*** [algo] Hacer agujeros en el suelo o en un cuerpo sólido quitándole parte de su masa: *el asesino excavó en el suelo del jardín para enterrar el cadáver; el perro excavó hasta encontrar el hueso.* ⇒ **cavar.**

ex·ce·den·cia |eksθeðénθia| ***f.*** Situación de la persona que deja de ejercer sus funciones o su trabajo durante un periodo de tiempo: *pidió la ~ en el instituto para trabajar en la universidad.*

ex·ce·den·te |e^{k}sθeðénte| **1** ***adj.-m.*** Que está de más: *el dueño de la lencería rebajó los excedentes de la temporada pasada para deshacerse de ellos.* ⇒ **remanente. - 2** ***adj.-com.*** (persona) Que deja de ejercer sus funciones o su trabajo durante un periodo de tiempo: *han contratado a varias personas para cubrir los puestos del personal ~.*

ex·ce·der |e^{k}sθeðér| **1** ***tr.*** [algo, a alguien] Superar; llegar a ser mejor: *mi hijo excede en edad y altura al tuyo; la venta de productos ha excedido las previsiones.* ⇒ **aventajar, sobrepasar. - 2** ***intr.*** Haber más de lo necesario: *los agricultores venderán a bajo precio los productos que exceden.* ⇒ **sobrar. - 3 excederse** ***prnl.*** Ir más allá de lo que se considera razonable: *no debe excederse en las comidas: debe comer menos que hasta ahora.* ⇒ **sobrepasar.**

ex·ce·len·cia |e^{k}sθelénθia| **1** ***f.*** Tratamiento que se da a determinadas personas por su cargo: *~, ¿podría presidir la mesa?* **2** Superioridad en las buenas cualidades de una persona o cosa: *todos alabaron la ~ de los versos del poeta.* ■ **por ~,** expresión que indica que un nombre o adjetivo corresponde más a una persona o cosa que a otras: *Antonio es antipático por ~.*

ex·ce·len·te |e^{k}sθelénte| ***adj.*** Que destaca por sus buenas cualidades; que sobresale entre lo demás; que es admirable: *este vino blanco es ~; todos están de acuerdo en que es una ~ persona.* ⇒ **extraordinario.** ⇔ **pésimo.**

ex·cel·⌜so, ⌜sa |e^{k}sθélso, sa| ***adj. form.*** Que es de alta categoría: *el presidente dijo unas palabras elogiando al ~ artista.*

ex·cén·tri·⌜co, ⌜ca |e^{k}sθéntriko, ka| **1** ***adj.*** (persona) Que tiene un carácter raro: *vivió como un pintor ~.* ⇒ **extravagante. 2** Que es raro o extraño: *se viste con ropas excéntricas.* **3** Que está fuera del centro o que tiene un centro diferente: *dibuja dos elipses excéntricas.*

ex·cep·ción |e^{k}sθe^{p}θión| ***f.*** Hecho que se aparta de lo normal: *dice un refrán que la ~ confirma la regla; los sábados no trabajamos, pero éste será una ~; nunca bebemos champán, pero haremos una ~.* ■ **de ~,** que es muy bueno: *el marisco que sirven en este sitio es de ~, ya lo verás.* ⇒ **excepcional.**

ex·cep·cio·nal |e^{k}sθe^{p}θionál| **1** ***adj.*** Que se aparta de lo normal; que ocurre rara vez: *en esta zona de la provincia las nevadas son excepcionales.* **2** Que es muy bueno: *la calidad de la piel de esta chaqueta es ~.*

ex·cep·to |e^{k}sθe^{p}to| ***prep.*** Fuera de: *hemos ido a verle todos los días de la semana ~ el lunes.* ⇒ **menos, salvo.**

ex·cep·tuar |e^{k}sθe^{p}tuár| ***tr.-prnl.*** [algo, a alguien] Dejar fuera o *excluir de un conjunto o de una regla: *tengo que trabajar todos los días, exceptuando los domingos.* ☖ Se conjuga como 11.

ex·ce·si·⌜vo, ⌜va |e^{k}sθesíβo, βa| ***adj.*** Que va más allá de lo que se considera razonable: *me parece que las medidas de seguridad de este hotel son excesivas; es ~ el castigo que has impuesto a Juana.*

ex·ce·so |e^{k}sθéso| **1** ***m.*** Cosa que es mayor de lo normal: *cayó enfermo por ~ de trabajo.* **2** Cosa que se sale de los límites de lo permitido o conveniente: *dormir cuatro horas de siesta cada día es un ~.* **3** Acción *abusiva o injusta: *pagó caros sus excesos de juventud.*

ex·ci·pien·te |e^{k}sθipiénte| ***m.*** Sustancia que sirve para añadir o disolver ciertas medicinas: *para preparar este medicamento tienes que diluir estos polvos en el ~.*

ex·ci·ta·ción |e^{k}sθitaθión| ***f.*** Acción y resultado de excitar o excitarse: *había recibido tantas emociones en tan poco tiempo que su estado era de completa ~.*

ex·ci·tan·te |e^{k}sθitánte| **1** ***adj.-m.*** (sustancia, cosa) Que excita: *el café y el té son excitantes; saltar en paracaídas es una experiencia ~.* **- 2** ***adj.*** Que despierta interés: *los últimos minutos del partido de baloncesto fueron excitantes.* ⇒ **emocionante.**

ex·ci·tar |e^{k}sθitár| **1** ***tr.*** [algo] Provocar o hacer más vivo o intenso: *el ejercicio físico excitó nuestras ganas de beber.* ⇒ **intensificar. - 2** ***tr.-prnl.*** [algo, a alguien] Provocar un sentimiento fuerte o intenso: *sus palabras excitaron el ánimo de los participantes del mitin.* **3** [a alguien] Provocar deseo sexual: *se excitó cuando él comenzó a quitarse la ropa.*

ex·cla·ma·ción |e^{k}sklamaθión| **1** ***f.*** Grito, palabra o frase en que se refleja una emoción del ánimo: *venía muy contento y al vernos soltó la siguiente ~:* ¡soy rico! **2** Signo de ortografía que indica admiración, sorpresa o emoción del ánimo: *la ~ se representa como* ¡ ! ⇒ **admiración.**

ex·cla·mar |e^{k}sklamár| ***tr.-intr.*** [algo] Lanzar un grito, palabra o frase con la que se refleja una emoción del ánimo: *al verle exclamó: - ¡qué alegría!*

ex·cla·ma·ti·⌜vo, ⌜va |e^{k}sklamatíβo, βa| ***adj.*** Que expresa la admiración o la emoción que siente el hablante: *las frases exclamativas suelen ser muy breves, como* ¡Oh! *o* ¡Qué gracioso!

ex·clu·ir |e^{k}skluír| **1** ***tr.*** [a alguien] Echar fuera de un lugar o de un grupo: *se llevaba tan mal con ellos, que le excluyeron del grupo de teatro.* **2** [algo] Apartar o rechazar: *excluyeron varias propuestas por su escasa calidad.* ⇒ **descartar.** ⇔ **aceptar, admitir. - 3 excluirse** ***prnl.*** No poder existir una cosa junto con otra, por ser opuesta o contraria: *no se pueden soportar porque sus caracteres se excluyen.* ☖ Se conjuga como 62.

ex·clu·sión |e^{k}sklusión| ***f.*** Acción y resultado de *excluir: *le ha dolido mucho su ~ del grupo.* ⇒ **eliminación.** ⇔ **inclusión.**

ex·clu·si·va |e^{k}sklusíβa| ***f.*** Derecho por el que una persona u organismo tiene autoridad única para realizar una cosa: *la famosa cantante obtuvo mucho dinero por vender la ~ de su boda a una revista.*

ex·clu·si·ve |e^{k}sklusíβe| ***adv.*** Sin tener en cuenta los límites que se nombran: *nos han llamado a los que vamos en la lista entre los puestos 221 y 240, ambos ~.* ⇔ **inclusive.**

ex·clu·si·⌜vo, ⌜va |e^{k}sklusíβo, βa| **1** ***adj.*** Que es único: *en esta tienda de ropa sólo venden modelos exclusivos; ha venido con el fin ~ de felicitarte por tu cumpleaños.* **2** Que aparta o rechaza: *ese restaurante es ~, no admiten hombres sin corbata.*

ex·co·mul·gar |e^{k}skomulɣár| ***tr.*** [a alguien] Apartar de la comunidad de los fieles y del uso de los *sacramentos: *llevó una vida tan disoluta que le excomulgaron.* ☖ Se conjuga como 7.

ex·co·mu·nión |e^{k}skomunión| ***f.*** REL. Castigo por el que una persona es apartada de la Iglesia y pierde el derecho a recibir los *sacramentos: *los herejes son condenados a la pena de ~; el rey aceptó la autoridad del Papa por miedo a ser castigado con la ~.* ⇒ **anatema.**

ex·cre·men·to |e^{k}skreménto| ***m.*** Materia sólida expulsada por el ano: *el tejado está lleno de excrementos de paloma; los excrementos de algunos animales se utilizan como abono.* ⇒ **caca, hez, mierda.**

ex·cre·⌜tor, ⌜to·ra |e^{k}skretór, tóra| ***adj.*** BIOL. (aparato) Que sirve para expulsar la orina, los excrementos y otras sustancias: *los riñones y la vejiga forman parte del aparato ~.*

ex·cul·par |e^{k}skulpár| ***tr.*** [a alguien] Dar razones o pruebas de que una persona no tiene culpa: *hizo todo lo posible por exculparlo ante el tribunal.* ⇒ **disculpar.**

ex·cur·sión |e^{k}skursión| ***f.*** Salida o viaje de corta duración que se realiza para diversión, estudio o ejercicio físico: *si hace buen tiempo, haremos una ~ a la sierra; el colegio ha organizado una ~ para el próximo viernes.*

ex·cur·sio·nis·mo |e^{k}skursionísmo| ***m.*** Ejercicio y práctica de hacer *excursiones con un fin deportivo o educativo: *Ramiro practica el ~ todos los fines de semana.*

ex·cur·sio·nis·ta |e^{k}skursionísta| ***com.*** Persona que practica el *excursionismo: *encontramos en el monte a un grupo de excursionistas.*

ex·cu·sa |e^{k}skúsa| ***f.*** Razón o prueba que da una persona para demostrar que no tiene culpa en un asunto determinado: *se inventó una buena ~ para justificar su retraso.* ⇒ **pretexto.**

ex·cu·sa·do |e^{k}skusáðo| **1** ***m.*** Recipiente del váter en el que se orina y se hace de vientre: *el ~ era de mármol blanco.* ⇒ **retrete, taza. 2** Habitación en la que está ese recipiente y otros elementos que sirven para el aseo humano: *en el ~ de mi casa hay un lavabo, una bañera y un váter.* ⇒ **cuarto, retrete, servicio, váter.**

ex·cu·sar |e^{k}skusár| **1** ***tr.-prnl.*** [algo, a alguien] *Disculparse o demostrar que no se tiene culpa: *diga lo que diga, no podrá ~ su mala conducta.* **2** [algo] Evitar un problema o situación desagradable: *si vas hoy, excusas regresar mañana.* ⇒ **eximir, librar.** ☖ Se construye con un infinitivo.

e·xen·ción |e^{k}senθión| ***f.*** Hecho de quedar libre de una obligación o una carga: *sus ingresos económicos eran tan bajos que disfrutaba de ~ de impuestos.*

e·xen·⌜to, ⌜ta |e^{k}sénto, ta| **1** ***adj.*** Que está libre; que no está sujeto a una obligación: *las mujeres están exentas del servicio militar.* **2** ARQ. Que está aislado; que no toca con otra cosa: *el techo está sujeto por pilares exentos; la iglesia de mi pueblo es un edificio ~.*

e·xe·quias |e^{k}sékias| ***f. pl.*** Ceremonia religiosa que se celebra para recordar la muerte de una persona y para rezar por la salvación de su *alma: *las ~ no se celebraron hasta que no llegaron los familiares del difunto.* ⇒ **funeral, honra.**

ex·ha·la·ción |e^{k}salaθión| **1** ***f.*** *form.* Acción de lanzar una queja o un *suspiro: *quería decir algo, pero sólo salió de su boca una ~.* **2** ASTRON. Cuerpo celeste que se ve como una luz que se mueve muy rápido: *las exhalaciones se llaman comúnmente estrellas fugaces.* ■ **como una ~,** muy rápido: *el conejo salió huyendo como una ~.*

ex·ha·lar |e^{k}salár| **1** ***tr.*** *form.* [algo] Expulsar gases, vapores u olores; expulsar aire: *las rosas del jardín exhalan un suave perfume.* **2** *form. fig.* Lanzar quejas o *lamentos: *la enamorada se pasaba el día exhalando suspiros y quejas de amor.*

ex·haus·ti·⌜vo, ⌜va |e^{k}saustíβo, βa| ***adj.*** Que es profundo; que no se deja ningún detalle: *el médico hizo al paciente una revisión exhaustiva; haz un examen ~ antes de comprar el aparato.* ⇒ **minucioso.**

ex·haus·⌜to, ⌜ta |e^{k}sáusto, ta| ***adj.*** Que está muy cansado: *he recorrido varios kilómetros andando y he llegado ~ a casa.*

ex·hi·bi·ción |e^{k}siβiθión| **1** ***f.*** Acción de mostrar en público o enseñar abiertamente: *la firma de ropa ha organizado una ~ muy vistosa; hoy hemos asistido a una ~ de vuelo acrobático.* **2** Acción de proyectar una película en el cine: *en este cine las exhibiciones tienen muy mal sonido.*

ex·hi·bi·cio·nis·mo |e^{k}siβiθionísmo| ***m.*** Enfermedad mental que consiste en la tendencia a mostrar los propios órganos sexuales: *los actos públicos de ~ están penados por la ley.*

ex·hi·bi·cio·nis·ta |e^{k}siβiθionísta| ***com.*** Persona que siente placer al mostrar los propios órganos sexuales: *el ~ estaba desnudo de cintura para abajo.*

ex·hi·bir |e^{k}siβír| **1** ***tr.-prnl.*** [algo] Mostrar en público o enseñar abiertamente: *exhibe sus cuadros en una galería de la calle principal; exhibió sus cualidades ante todos.* **- 2** ***tr.*** DER. Presentar un documento o una prueba: *debe usted ~ el carné de socio.* **- 3 exhibirse** ***prnl.*** Mostrar una persona sus órganos sexuales o su cuerpo desnudo: *fue detenido cuando se exhibía ante un colegio de niñas.*

ex·hor·tar |e^{k}sortár| ***tr.*** [a alguien] Animar con palabras a una persona para que obre de un modo determinado: *el general exhortó a sus soldados para que no se rindieran.* ⇒ **alentar.**

ex·hor·ta·ti·⌜vo, ⌜va |e^{k}sortatíβo, βa| ***adj.*** Que expresa una *petición, un ruego o una orden: *la frase* ¡ven aquí inmediatamente! *es una oración exhortativa.*

ex·hu·mar |e^{k}sumár| ***tr.*** [algo] Sacar de debajo de tierra el cuerpo muerto de una persona: *la policía ordenó ~ el cadáver de la niña asesinada para que se le practicara la autopsia.* ⇒ **desenterrar.** ⇔ **enterrar.**

e·xi·gen·cia |e^{k}sixénθia| **1** ***f.*** Cosa que se pide y a la que se tiene derecho: *a pesar de que sus exigencias eran justas, no les hicieron caso.* ⇒ **petición.**

2 Cosa que se pide, pero que resulta excesiva y ridícula: *se fue de casa porque no estaba dispuesto a acceder a sus exigencias.*

e·xi·gen·te |eᵏsixénte| ***adj.-com.*** (persona) Que exige mucho: *con este profesor es difícil aprobar porque es una persona muy ~; somos muy exigentes y sólo compramos productos de calidad.*

e·xi·gir |eᵏsixír| **1 *tr.*** [algo; a alguien] Pedir una cosa a la que se tiene derecho: *exigen a la empresa que les paguen por adelantado.* **2** Pedir con energía: *el jefe les exigió que trabajaran los sábados; exige respeto, pero nadie le hace caso.* **3** [algo] Necesitar; ser necesario: *ser ciclista exige mucha capacidad de sacrificio; es una planta que exige muchos cuidados.* ⇒ **requerir.** ☖ Se conjuga como 6.

e·xi·ʳguo, ʳgua |eᵏsíɣuo, ɣua| ***adj.*** *form.* Que es muy escaso o pequeño: *lleva un bañador tan ~ que se le ve todo; mi salario es tan ~ que me avergüenza decirte cuánto gano.* ⇒ **insuficiente.** ⇔ **abundante.**

e·xi·lar |eᵏsilár| ***tr.*** ⇒ **exiliar.**

e·xi·lia·ʳdo, ʳda |eᵏsiliáðo, ða| ***adj.-s.*** (persona) Que se ha visto obligada a abandonar su país, generalmente por razones políticas: *muchos exiliados españoles se refugiaron en el país vecino; es un ~ que regresó a su patria al final de la guerra.*

e·xi·liar |eᵏsiliár| **1 *tr.*** [a alguien] Expulsar o hacer salir de un país o de un lugar: *lo exiliaron a una isla del Pacífico.* ⇒ **desterrar, exilar, expatriar.** **- 2 exiliarse *prnl.*** Salir del propio país por razones políticas: *se exilió durante la guerra civil.* ⇒ **exilar.** ☖ Se conjuga como 12.

e·xi·lio |eᵏsílio| **1 *m.*** Pena que consiste en *exiliar o hacer salir de un país o de un lugar: *fue condenado a un duro ~.* ⇒ **destierro.** **2** Sitio en el que vive la persona condenada a salir de un país o de un lugar: *aunque pudo regresar a su patria, prefirió morir en el ~.* ⇒ **destierro.**

e·xi·mir |eᵏsimír| ***tr.-prnl.*** [a alguien, de algo] Evitar un problema o situación desagradable: *el Estado no exime a ningún ciudadano del pago de impuestos; su incapacidad física le eximió de cumplir el servicio militar.* ⇒ **excusar, librar.** ☖ El participio es *eximido.* El participio irregular *exento* se usa generalmente como adjetivo.

e·xis·ten·cia |eᵏsisténθia| **1 *f.*** Acción y resultado de existir: *¿crees en la ~ de los extraterrestres?* ⇔ **inexistencia.** **2** Vida del hombre: *tuvo una ~ breve, pero muy intensa; su ~ está llena de alegrías.* **3** FIL. Realidad concreta: *Aristóteles consideraba que la ~ estaba unida a la esencia.* ⇒ **esencia.** **- 4 existencias *f. pl.*** Conjunto de mercancías que se guardan en un sitio y que no han sido usadas: *se han agotado las existencias de pantalones que quedaban en el almacén.*

e·xis·ten·cial |eᵏsistenθiál| **1 *adj.*** *fam.* De la existencia o que tiene relación con ella: *pasaba por una crisis ~.* **2** FIL. Del *existencialismo o que tiene relación con él: *disfrutaba leyendo filosofía ~.* ⇒ **existencialista.**

e·xis·ten·cia·lis·mo |eᵏsistenθialísmo| ***m.*** FIL. Doctrina filosófica que considera la existencia humana como principio de todo pensamiento: *el ~ se opone fundamentalmente al cartesianismo.*

e·xis·ten·cia·lis·ta |eᵏsistenθialísta| **1 *adj.*** FIL. Del *existencialismo o que tiene relación con él: *el pensamiento ~ ha sido muy importante en la filosofía contemporánea.* ⇒ **existencial.** **- 2 *adj.-com.*** FIL. (persona) Que sigue el *existencialismo: *los existencialistas influyeron notablemente en la literatura del siglo XX.*

e·xis·tir |eᵏsistír| **1 *intr.*** Tener realidad una persona o cosa: *el filósofo dijo: «pienso, luego existo».* **2** Tener vida: *no hables de las personas que ya no existen.* ⇒ **vivir.** ⇔ **morir.** **3** Estar o encontrarse en un lugar o en una situación determinados: *en ese museo existen importantes restos arqueológicos.* ⇒ **hallar.**

é·xi·to |éksito| **1 *m.*** Resultado feliz: *sus esfuerzos se vieron coronados por el ~.* ⇒ **triunfo.** **2** Buena aceptación que tiene una persona o cosa: *su debut fue todo un ~; la cena de Nochebuena fue un ~.* ⇔ **fracaso.**

e·xi·to·ʳso, ʳsa |eᵏsitóso, sa| ***adj.*** Que tiene éxito: *su exitosa novela ayudó al autor a darse a conocer.*

é·xo·do |éksoðo| ***m.*** Movimiento por el cual se deja el lugar de origen para establecerse en otro país o región: *en la Biblia se narra el ~ del pueblo israelita.* ⇒ **emigración.** ⇔ **inmigración.**

e·xor·bi·tan·te |eᵏsorβitánte| ***adj.*** *form.* Que es excesivo o exagerado: *los precios de esta zapatería son exorbitantes.*

e·xor·cis·mo |eᵏsorθísmo| ***m.*** Conjunto de ceremonias destinadas a expulsar los malos espíritus del *alma de determinadas personas: *vi una película en la que hacían un ~ a una mujer poseída por el demonio.* ⇒ **conjuro.**

e·xor·cis·ta |eᵏsorθísta| ***com.*** Persona que hace *exorcismos: *el ~ dijo unas extrañas palabras para expulsar al espíritu maligno.*

e·xó·ti·ʳco, ʳca |eᵏsótiko, ka| **1 *adj.*** Que es poco conocido; que tiene aspecto extranjero: *en este supermercado venden unas frutas muy exóticas; hizo un largo viaje y conoció exóticos países.* **2** Que es extraño o raro: *no me gusta que hagas comidas exóticas, no hay quien las coma.*

e·xo·tis·mo |eᵏsotísmo| ***m.*** Cualidad de *exótico: *le encantó el ~ de aquellas costumbres.*

ex·pan·dir |eᵏspandír| ***tr.-prnl.*** [algo] Extender o *difundir: *los romanos se expandieron y crearon un gran Imperio; los discípulos se encargaron de ~ las ideas de su maestro.*

ex·pan·sión |eᵏspansión| **1 *f.*** Aumento; extensión: *no pudieron controlar el incendio ni evitar su ~.* **2** *fig.* Expresión de un pensamiento o sentimiento: *no soporto sus expansiones de euforia.* **3** ECON. Aumento del volumen de la producción y de la *demanda: *tras la larga crisis, en el país se produjo una etapa de ~.* ⇒ **recuperación.** **4** Distracción; diversión: *necesita un poco de ~ para olvidarse de los problemas laborales.*

ex·pan·si·ʳvo, ʳva |eᵏspansíβo, βa| **1 *adj.*** Que

se extiende o *propaga: *la onda expansiva de la bomba alcanzó a varios transeúntes.* **2** Que es abierto y comunicativo: *el carácter de Rosa es ~ y alegre.*

ex·pa·triar |e^{k}spatriár| ***tr.-prnl.*** [a alguien] Expulsar o salir de un país o de un lugar: *no los expatriaron, sino que los encarcelaron.* ⇒ **desterrar, exiliar.** ⇔ **repatriar.** ◯ Se conjuga como 14.

ex·pec·ta·ción |e^{k}spe^{k}taθión| ***f.*** Interés o intensidad con que se espera una cosa: *la celebración de la boda del príncipe ha sido seguida con gran ~.*

ex·pec·ta·ti·va |e^{k}spe^{k}tatíβa| ***f.*** Esperanza de conseguir una cosa: *finalmente, se cumplieron todas sus expectativas.* ■ **estar a la ~**, esperar el fin de una situación sin tomar parte en ella: *está a la ~ de un trabajo en el Ministerio.*

ex·pec·to·ran·te |e^{k}spe^{k}toránte| ***adj.-m.*** MED. (medicina) Que ayuda a expulsar mediante la tos las sustancias que cierran el paso en las vías *respiratorias: *el médico le mandó un jarabe ~; tomaba cada noche una dosis de ~.*

ex·pec·to·rar |e^{k}spe^{k}torár| ***tr.*** MED. [algo] Expulsar mediante la tos las sustancias que cierran el paso en las vías *respiratorias: *aunque carraspea, no consigue ~ las flemas.*

ex·pe·di·ción |e^{k}speðiθión| **1** ***f.*** Salida o viaje que se realiza con fines científicos, militares o de otro tipo: *organizaron una ~ para estudiar ciertas especies tropicales.* **2** Conjunto de personas que participan en esa salida: *la ~ al completo se negó a hacer caso del guía.* **3** Acción y resultado de *expedir: *¿cuál es la fecha de ~ de la carta?*

ex·pe·di·cio·na·⌐rio, ⌐ria |e^{k}speðiθionário, ria| ***adj.-s.*** Que participa en una *expedición: *las tropas expedicionarias iniciaron el viaje al amanecer.*

ex·pe·dien·tar |e^{k}speðientár| ***tr.*** [a alguien] Abrir un *expediente o *iniciar un procedimiento *administrativo contra una persona: *han expedientado a cinco funcionarios por no cumplir con sus obligaciones.*

ex·pe·dien·te |e^{k}speðiénte| **1** ***m.*** Conjunto de todos los papeles correspondientes a un asunto o negocio: *ve a buscar el ~ al archivo, que tenemos que comprobar unas fechas;* ~ **académico,** el que recoge las notas y el *historial de un estudiante: *dicen que han perdido el ~ y que no pueden darme el certificado de estudios.* **2** Procedimiento *administrativo en el que se juzga el comportamiento de un *funcionario, un empleado o un estudiante: *le han abierto un ~ porque se ausentaba sin justificación.*

ex·pe·dir |e^{k}speðír| **1** ***tr.*** [algo] Enviar a un lugar: *el paquete ha sido expedido a un pueblo de Murcia.* ⇒ **remitir.** **2** Extender por escrito un documento: *en la comisaría expiden los carnés de identidad.* ◯ Se conjuga como 34.

ex·pe·di·⌐to, ⌐ta |e^{k}speðíto, ta| ***adj.*** *form.* Que está libre de obstáculos: *su mente está expedita de cualquier mal pensamiento.* ⇒ **despejado.**

ex·pe·ler |e^{k}spelér| ***tr.*** *form.* [algo] Lanzar o echar con fuerza de un lugar: *expelió cuanto había comido por la boca.* ◯ El participio es *expelido.* El participio irregular *expulso* se usa generalmente como adjetivo.

ex·pen·de·du·rí·a |e^{k}spendeðuría| ***f.*** Establecimiento en el que se venden mercancías al por menor: *la venta de productos en las expendedurías está autorizada por el Estado; los estancos son expendedurías.* ⇒ **estanco.**

ex·pen·der |e^{k}spendér| **1** ***tr.*** [algo] Vender una mercancía al por menor: *el tabaco se expende en los estancos; en las farmacias expenden medicamentos.* ⇒ **detallar.** **2** Vender billetes o entradas: *las entradas para el cine se expenden en la ventanilla de la derecha.*

ex·pen·sas |e^{k}spénsas| ■ **a ~**, por cuenta de; a costa de: *lo que a ella le gusta es vivir a ~ de los demás.*

ex·pe·rien·cia |e^{k}speriénθia| **1** ***f.*** Conjunto de conocimientos que se consiguen con la práctica: *Inés tiene mucha ~ porque ha trabajado en lo mismo diez años.* ⇔ **inexperiencia.** **2** Prueba de carácter práctico: *la ~ de montar en globo fue excitante.* ⇒ **experimento.** **3** Prueba que consiste en provocar un fenómeno con el fin de estudiarlo: *la ~ que hicimos en el laboratorio no sirvió de nada.* ⇒ **experimento.**

ex·pe·ri·men·ta·ción |e^{k}sperimentaθión| ***f.*** Método científico de *investigación que consiste en provocar un fenómeno con el fin de estudiarlo: *la ~ en el campo de la genética está consiguiendo grandes avances.*

ex·pe·ri·men·tal |e^{k}sperimentál| **1** ***adj.*** Que se apoya en la experiencia o se conoce por ella: *en las últimas décadas se han desarrollado mucho las ciencias experimentales.* **2** Que se somete a prueba para comprobar su *validez: *en el laboratorio se están aplicando algunas técnicas experimentales.*

ex·pe·ri·men·tar |e^{k}sperimentár| **1** ***tr.-intr.*** [algo] Provocar un fenómeno con el fin de estudiarlo: *los científicos experimentan con monos y con otros animales.* - **2** ***tr.*** Sentir o conocer: *experimenté un gran pesar cuando supe que te marchabas.* **3** Notar o sentir un cambio: *los precios experimentan una fuerte subida a finales de diciembre; la bolsa ha experimentado grandes pérdidas.*

ex·pe·ri·men·to |e^{k}speriménto| **1** ***m.*** Prueba que consiste en provocar un fenómeno con el fin de estudiarlo: *hicieron un ~ con animales para ver los efectos del fármaco.* ⇒ **experiencia.** **2** *fam.* Prueba de carácter práctico: *tomaré la bebida de siempre, no me gustan tus experimentos.* ⇒ **experiencia.**

ex·per·⌐to, ⌐ta |e^{k}spérto, ta| ***adj.-s.*** Que tiene experiencia; que sabe mucho sobre una materia: *tendrás que acudir a un ~ en derecho para que te ayude a solucionar el problema; los expertos han valorado el cuadro en muchos millones de pesetas.* ⇔ **inexperto.**

ex·piar |e^{k}spiár| **1** ***tr.*** [algo] Borrar una culpa por medio de un sacrificio o de una *penitencia: *todos los días acudía a la iglesia para ~ sus pecados.* **2** Sufrir la pena que se deriva de una falta o un delito: *el delicuente expió su culpa en la cárcel.*

ex·pi·rar |e^{k}spirár| **1** ***intr.*** *form.* Dejar de tener vida: *expiró a las nueve de la mañana; pasó a ocupar el trono cuando su padre expiró.* ⇒ **fallecer, morir.**

⇔ **vivir.** **2** Llegar una cosa al final de su duración: *el próximo lunes expira el plazo para entregar los impresos en la delegación de Hacienda.* ⇒ **vencer.** ⌂ No se debe confundir con *espirar.*

ex·pla·na·da |e^{k}splanáða| ***f.*** Espacio de terreno llano: *los niños están jugando al fútbol en la ~.*

ex·pla·yar |e^{k}splayár| **1** ***tr.-prnl.*** *form.* [algo] Extender la vista o el pensamiento: *se subió a la peña y explayó la mirada para disfrutar del paisaje.* **- 2 explayarse** ***prnl.*** *form.* Extenderse en exceso al hablar: *el conferenciante se explayó tanto que su charla duró el doble de lo previsto.* **3** *form.* Distraerse o divertirse, especialmente en el campo: *no aguanta la ciudad, por eso va a explayarse al campo siempre que puede.* **4** *form.* Mostrar abiertamente un deseo, una opinión o una preocupación: *le vino muy bien ver a su amigo y explayarse un rato con él.* ⇒ **desahogar.**

ex·pli·ca·ción |e^{k}splikaθión| **1** ***f.*** Expresión con la que se intenta que se conozca o se entienda un pensamiento o un sentimiento: *el testigo dio explicaciones sobre cómo había sido el accidente.* **2** Expresión con la que se enseña o expone; expresión con la que se hace más claro o comprensible: *las explicaciones de este profesor dejan bastante que desear.* **3** Causa o razón: *no quiso darnos ~ de su conducta.*

ex·pli·car |e^{k}splikár| **1** ***tr.-prnl.*** [algo] Hacer que se conozca o entienda, generalmente un pensamiento o sentimiento: *explica con tus propias palabras cómo fue la batalla de Trafalgar; explícate porque no te entendemos.* **- 2** ***tr.*** Enseñar o exponer; hacer más claro o comprensible: *el profesor explicó la teoría de la relatividad.* **3** Exponer la causa o razón: *el niño explicó su actuación.* **- 4 explicarse** ***prnl.*** Llegar a comprender la razón: *ahora me lo explico.* ⌂ Se conjuga como 1.

ex·plí·ci·⌜to, ⌜ta |e^{k}splíθito, ta| ***adj.*** Que está expreso en una cosa; que expresa con claridad: *habló de forma bastante explícita, no quedó nada sin decir.* ⇒ **expreso.** ⇔ **implícito.**

ex·plo·ra·ción |e^{k}sploraθión| **1** ***f.*** Reconocimiento de un terreno: *hicieron una ~ en el centro de África.* **2** Reconocimiento de una situación: *se dedicaron a una ~ concienzuda de la economía interna del país.* **3** MED. Reconocimiento médico: *debió someterse a una ~ de estómago.*

ex·plo·ra·⌜dor, ⌜do·ra |e^{k}sploraðór, ðóra| **1** ***adj.*** Que explora: *enviaron a Júpiter una nave exploradora para recoger datos.* **- 2** ***m. f.*** Persona que se dedica a explorar lugares poco conocidos: *un león atacó al ~; los exploradores españoles Pinzón y Orellana recorrieron los ríos Amazonas y Orinoco.*

ex·plo·rar |e^{k}splorár| **1** ***tr.*** [algo] Tratar de descubrir lo que hay en una cosa o lugar: *entraron a ~ la cueva; los submarinistas exploraron el fondo del mar; aquellos marineros fueron los primeros en ~ la isla.* **2** *fig.* Intentar averiguar las circunstancias o las características de una cosa: *el sociólogo explora la sociedad y su comportamiento.* **3** Examinar el estado de una parte del cuerpo para ver si está enfermo o dañado: *el médico exploró el pecho del paciente.*

ex·plo·sión |e^{k}splosión| **1** ***f.*** Acción de reventar o romperse una cosa de golpe: *hicieron fotografías de la ~ en los grandes almacenes.* **2** Ruido que produce esa acción: *todos nos asustamos mucho al escuchar la ~.* **3** Aumento del volumen de gas para conseguir un movimiento, como en el motor de un coche: *estamos estudiando el funcionamiento de los motores por ~.* **4** *fig.* Muestra violenta de un sentimiento o estado del ánimo: *cuando el profesor puso la fecha del examen, hubo una ~ de rechazo en la clase.* **5** *fig.* Desarrollo rápido y considerable: *la ~ demográfica acarreó problemas para la economía del país.*

ex·plo·sio·nar |e^{k}splosionár| **1** ***intr.*** Hacer *explosión: *afortunadamente el misil explosionó antes de alcanzar su objetivo.* ⇒ **explotar.** **- 2** ***tr.*** [algo] Causar o provocar la *explosión de una cosa: *la policía explosionó en un lugar apartado la bomba que se había encontrado en una bolsa.*

ex·plo·si·⌜vo, ⌜va |e^{k}splosíβo, βa| **1** ***adj.-m.*** Que es capaz de hacer reventar o romper una cosa de golpe: *los asesinos pusieron una carga explosiva en los bajos del automóvil; la policía desarticuló a tiempo el peligroso ~.* **- 2** ***adj.-f.*** LING. (sonido) Que se pronuncia haciendo salir con rapidez el aire retenido: *el sonido de la p es ~.*

ex·plo·ta·ción |e^{k}splotaθión| **1** ***f.*** Conjunto de elementos o instalaciones destinados a sacar provecho de un producto natural: *la ~ de caña de azúcar dispone de una moderna maquinaria.* **2** Conjunto de operaciones destinadas a sacar provecho de un producto natural: *la ~ de las minas le permitió obtener importantes beneficios.*

ex·plo·tar |e^{k}splotár| **1** ***intr.*** Reventar o romperse una cosa de golpe: *el artefacto explotó en una céntrica calle de Barcelona; le ha explotado el petardo en la mano.* ⇒ **estallar, explosionar.** **- 2** ***tr.*** [algo] Sacar riqueza o provecho: *invirtió su dinero para ~ las minas del norte; cuando comience a ~ su negocio, recuperará el capital que ha invertido.* **3** [a alguien] Hacer trabajar a una persona en exceso para provecho propio: *los obreros se pusieron en huelga porque consideraban que el jefe les explotaba.* ⇒ **estrujar, exprimir.**

ex·po·nen·te |e^{k}sponénte| **1** ***m.*** Persona o cosa que representa lo más característico en un género: *Gandhi fue el máximo ~ del pacifismo.* ⇒ **prototipo.** **2** MAT. Número o expresión matemática colocado en la parte superior y a la derecha de otro número o expresión, para indicar el número de veces que debe multiplicarse por sí mismo: *en una potencia, la base se multiplica por sí misma tantas veces como indique el ~.*

ex·po·ner |e^{k}sponér| **1** ***tr.-intr.*** [algo] Presentar, mostrar o poner a la vista: *María expuso en clase su trabajo sobre la inquisición; el pintor expondrá sus últimas creaciones en una galería de arte; expuso su punto de vista sobre el asunto.* **- 2** ***tr.-prnl.*** [algo, a alguien] Colocar una cosa para que reciba la acción de un *agente: *no es bueno ~ las quemaduras a la luz del sol.* **3** Poner en peligro de perderse o dañarse: *el bombero expuso su vida para salvar a los habitantes de la casa incendiada.* ☐ Se conjuga como 78.

ex·por·ta·ción |eksportaθión| **1** *f.* Acción y resultado de *exportar: *es directora de una empresa que se dedica a la ~.* ⇔ **importación. 2** Conjunto de cosas que se *exportan: *las exportaciones de cítricos han aumentado en los dos últimos años.* ⇔ **importación.**

ex·por·tar |eksportár| ***tr.*** [algo] Enviar o vender productos comerciales a otros países: *España exporta productos cítricos y hortalizas.* ⇔ **importar.**

ex·po·si·ción |eksposiθión| **1** *f.* Presentación o muestra de un conjunto de productos: *hemos ido a ver una ~ de pintura; hay una ~ de vehículos antiguos en el recinto ferial.* **2** Explicación o presentación de ideas o conocimientos: *en este catecismo hay una breve ~ de la doctrina católica; hizo una ~ detallada de los síntomas de la enfermedad.* **3** FOT. Tiempo durante el cual recibe luz una película fotográfica: *cuanto mayor sea la ~, más posibilidades hay de que la foto salga movida.*

ex·pre·sar |ekspresár| ***tr.-prnl.*** [algo] Dar a conocer con palabras o con otros signos exteriores un pensamiento o un sentimiento: *este niño se expresa muy bien para la edad que tiene; el escultor se expresa a través de sus obras.* ⇒ **manifestar.**

ex·pre·sión |ekspresión| **1** *f.* Comunicación con palabras o con otros signos exteriores de un pensamiento o un sentimiento: *la risa es una ~ de alegría.* ⇒ **manifestación. 2** Palabras o signos exteriores con los que se expresa un pensamiento o un sentimiento: *esta extranjera utiliza expresiones muy coloquiales.* **3** Gesto de una persona que da a conocer un sentimiento: *la ~ de su rostro refleja la pena que siente.* **4** LING. Elemento que, junto con el significado, forma el signo lingüístico: *hay significados que tienen diferentes expresiones.*

ex·pre·sio·nis·mo |ekspresionísmo| ***m.*** Tendencia artística en la que se da mucha importancia a la expresión de los sentimientos y las sensaciones: *el ~ se caracteriza por el desequilibrio y la fuerza de los colores y las formas;* Nosferatu *es una película que pertenece al ~; los orígenes del ~ están en Alemania.*

ex·pre·sio·nis·ta |ekspresionísta| **1** ***adj.*** Del *expresionismo o que tiene relación con él: *el movimiento ~ surgió en Europa a comienzos del siglo* XX. **- 2** ***adj.-com.*** (persona) Que practica el *expresionismo: *Ludwig es un ~; los expresionistas alemanes trataron temas prohibidos.*

ex·pre·si·vi·dad |ekspresiβiðáð| ***f.*** Cualidad de *expresivo: *llama la atención la ~ del rostro de esta muchacha.*

ex·pre·si·⌐vo, ⌐va |ekspresíβo, βa| ***adj.*** Que muestra con gran *viveza los pensamientos o sentimientos: *este niño tiene una mirada muy expresiva.* ⇔ **inexpresivo.**

ex·pre·⌐so, ⌐sa |ekspréso, sa| **1** ***adj.*** Que expresa con claridad: *éstas son órdenes expresas del jefe.* ⇒ **explícito.** ⇔ **implícito. - 2** ***adj.-m.*** (tren) Que transporta personas y se detiene solamente en las estaciones principales: *han anunciado por megafonía que el ~ con destino a La Coruña lleva media hora de retraso.* ⇒ **tren.**

ex·pri·mi·dor |eksprimiðór| ***m.*** Instrumento que sirve para sacar el zumo de las frutas: *saca el ~, que vamos a hacer zumo de naranja.*

ex·pri·mir |eksprimír| **1** ***tr.*** [algo] Apretar con fuerza una cosa para sacar el líquido que tiene dentro: *exprimió un trozo de limón para hacer mayonesa.* ⇒ **estrujar. 2** *fam.* [algo, a alguien] Sacar todo el partido posible: *ha exprimido el lavavajillas todo lo que ha podido; el jefe no exprime más a sus empleados porque ellos no lo permiten.* ⇒ **estrujar, explotar.**

ex·pro·piar |ekspropiár| ***tr.*** [algo] Quitar legalmente al dueño una cosa por razón de interés público: *el Gobierno expropió sus propiedades previo pago de una indemnización.* ☐ Se conjuga como 12.

ex·pues·⌐to, ⌐ta |ekspuésto, ta| ***adj.*** Que es peligroso: *es muy ~ salir de casa a ciertas horas de la noche.*

ex·pul·sar |ekspulsár| ***tr.*** [algo, a alguien] Echar o hacer salir, especialmente a una persona: *le expulsaron del cuerpo de policía porque era un ladrón.*

ex·pul·sión |ekspulsión| **1** *f.* Acción de obligar a una persona a salir de un grupo o de un lugar: *el árbitro ordenó la ~ de un jugador; el director del colegio propuso la ~ del alumno.* **2** Acción de soltar, lanzar o despedir una cosa contenida en el interior: *la ~ de los excrementos se denomina defecación; el médico le dio un jarabe para la ~ de las flemas.*

ex·qui·si·⌐to, ⌐ta |ekskisíto, ta| **1** ***adj.*** Que es de gran calidad y buen gusto: *no sé cómo comportarme con él porque tiene unos modales exquisitos.* ⇔ **ordinario, vulgar. 2** Que es muy bueno: *hemos comido unas ostras exquisitas.* ⇒ **delicioso.**

éx·ta·sis |ékstasis| **1** ***m.*** Estado del espíritu cuando está completamente lleno de un intenso sentimiento agradable, como la admiración o la alegría: *se quedó en ~, contemplando las innumerables bellezas del museo del Prado.* **2** REL. Estado del espíritu provocado por la relación con Dios y que produce un sentimiento agradable y una disminución de todas las funciones orgánicas: *Santa Teresa describe sus éxtasis en sus obras.* **3** Droga química que causa falsos estados de alegría o de excitación sexual y que puede causar la locura o la muerte de la persona que la toma: *le ofrecieron una dosis de ~ al salir de la discoteca.* ☐ El plural es *éxtasis.*

ex·ten·der |ekstendér| **1** ***tr.*** [algo] Abrir o estirar una cosa aumentando su superficie: *extendió el mantel sobre la mesa; extiende el mapa y busca la carretera que debemos tomar.* **- 2** ***tr.-prnl.*** Esparcir, hacer que se separen y ocupen más espacio cosas que estaban juntas: *el viento extendió las hojas por todo el jardín; extiende la mantequilla con un cuchillo.* **3** *fig.* Hacer más grande: *los niños extienden sus conocimientos.* **- 4** ***tr.*** Poner por escrito y según indica la ley o la costumbre: *extendió un cheque a mi nombre.* **- 5 extenderse** ***prnl.*** Ocupar cierta cantidad de espacio o de tiempo: *la ciudad se extiende a ambos lados del río; el periodo que estudiaremos se extiende entre los siglos XVIII y XIX.* **6** Pasar de unos lugares a otros ocupando cada vez más espacio: *la religión cristiana se extendió pronto por Europa; la epidemia se extendía peligrosamente por la ciudad.* **7** Alcanzar, llegar: *la deuda se extiende a un millón de pesetas; su venganza se extiende hasta privarse de los hijos.* ☖ Se conjuga como 28.

ex·ten·si·ble |e^{k}stensíβle| ***adj.*** Que se puede extender: *las antenas de los aparatos de radio son extensibles.*

ex·ten·sión |e^{k}stensión| **1** ***f.*** Aumento de tamaño o de espacio: *la ~ del incendio está siendo demasiado rápida.* **2** Movimiento por el que se estira o extiende una cosa: *aún no puedo realizar una ~ rápida con el brazo que me rompí.* **3** Alcance, importancia: *la ~ de su poder es inimaginable.* **4** Superficie, tamaño o espacio ocupado: *¿cuál es la ~ de esta finca?; el punto no tiene ~.* **5** Línea de teléfono *conectada a una *centralita de *abonado: *la ~ del despacho del profesor es la 2511.* **6** Duración en el tiempo: *ese periodista presenta un programa de gran ~ los jueves por la noche.*

ex·ten·si·⌈vo, ⌈va |e^{k}stensíβo, βa| ***adj.*** Que puede extenderse: *de su conducta depende que el perdón se haga ~ a los demás.*

ex·ten·⌈so, ⌈sa |e^{k}sténso, sa| ***adj.*** Que tiene mucha extensión: *en una región tan extensa se pueden encontrar paisajes muy diversos; no soy capaz de leerme una novela tan extensa.* ⇒ **amplio.** ⇔ **reducido.**

ex·ten·⌈sor, ⌈so·ra |e^{k}stensór, sóra| ***adj.*** *form.* Que extiende o hace que se extienda una cosa: *los músculos extensores facilitan el estiramiento de las manos; en el gimnasio hay un aparato ~ que sirve para desarrollar los músculos.*

ex·te·nuar |e^{k}stenuár| ***tr.-prnl.*** *form.* [a alguien] Disminuir o perder la fuerza física; cansar: *la larga caminata me ha extenuado.* ⇒ **agotar.** ☖ Se conjuga como 11.

ex·te·rior |e^{k}steriór| **1** ***adj.-m.*** Que está por la parte de fuera: *el muro ~ de la iglesia es de granito; salgamos al ~ para tomar un poco el aire.* ☖ No tiene una forma distinta para el femenino. **- 2** ***adj.*** Que da a la parte de fuera: *quiero alquilar una habitación ~ que tenga mucha luz.* **3** Que tiene relación con otros países: *ministerio de asuntos exteriores.* **- 4** ***m.*** Superficie de fuera: *el ~ de la catedral de Santiago es impresionante.* **- 5 exteriores** ***m. pl.*** *Escenas de película rodadas fuera de un estudio: *me gustan las películas con muchos exteriores y bonitos paisajes.*

ex·te·rio·ri·zar |e^{k}sterioriθár| ***tr.-prnl.*** [algo] Mostrar una cosa al exterior para que sea conocida por los demás: *es muy tímido y le cuesta mucho ~ sus sentimientos.* ⇔ **interiorizar.** ☖ Se conjuga como 4.

ex·ter·mi·na·ción |e^{k}sterminaθión| ***f.*** Destrucción total: *este insecticida hará posible la ~ de todas las cucarachas de la casa.* ⇒ **exterminio.**

ex·ter·mi·nar |e^{k}stermínár| ***tr.*** [algo, a alguien] Destruir totalmente: *tras varios meses, han exterminado la plaga de langostas; los nazis se propusieron ~ a la población judía.*

ex·ter·mi·nio |e^{k}stermínio| ***m.*** Destrucción total: *este producto es muy efectivo para el ~ de los insectos.* ⇒ **exterminación.**

ex·ter·⌈no, ⌈na |e^{k}stérno, na| **1** ***adj.*** Que está o que queda fuera: *las pomadas son medicamentos de uso ~.* ⇔ **interno. - 2** ***adj.-s.*** (persona) Que no vive en el mismo lugar en el que se desarrolla su actividad: *la mayoría de los alumnos de este colegio son externos.* ⇔ **interno.**

ex·tin·ción |e^{k}stinθión| ***f.*** Acción y resultado de *extinguir: *la total ~ del incendio no fue posible hasta que no cesó el viento.*

ex·tin·guir |e^{k}stiŋgír| **1** ***tr.-prnl.*** [algo] Apagar el fuego o la luz: *los bomberos no han conseguido ~ el incendio.* ⇒ **sofocar. - 2 extinguirse** ***prnl.*** Dejar de existir una especie animal o vegetal: *las ballenas son una especie que está en peligro de extinguirse.* **3** Acabar un derecho u obligación: *el plazo de presentación de solicitudes se extingue el día diez.* ☖ Se conjuga como 8.

ex·tin·tor |e^{k}stintór| ***m.*** Aparato que sirve para apagar el fuego: *cogieron los extintores y arrojaron sobre el fuego un chorro de espuma; todos los taxis deben llevar en su interior un ~ como medida de seguridad.*

ex·tir·pa·ción |e^{k}stirpaθión| **1** ***f.*** Operación para separar o sacar la parte dañada o enferma de un órgano: *el cirujano realizó la ~ del bazo con éxito; la ~ del tumor era delicada.* **2** Destrucción de una cosa mala o peligrosa: *el ayuntamiento ha comenzado una campaña para conseguir la ~ de la pobreza.*

ex·tir·par |e^{k}stirpár| **1** ***tr.*** [algo] Operar un órgano para separar o sacar la parte dañada o enferma: *le han tenido que ~ un riñón; fue al cirujano para que le extirpara una verruga.* **2** Arrancar de raíz; destruir una cosa mala o peligrosa: *el gobernante se propuso ~ los vicios y los abusos.*

ex·tor·sión |e^{k}storsión| ***f.*** Acción que va en contra de la ley y que consiste en el uso de la *violencia para conseguir unos fines determinados: *el chantajista está en la cárcel por un delito de ~.*

ex·tra |é^{k}stra| **1** ***adj.*** De calidad superior a lo normal: *aunque sea más caro, prefiero comprar café ~.* **2** Que se añade a lo normal; que se sale de lo acordado: *todos los días hace dos horas extras en el taller; necesita dinero, por eso hace trabajo ~ varios días de la semana.* **- 3** ***com.*** Persona que interviene en una película realizando un papel de poca importancia: *aspira a ser una estrella del cine, pero hasta ahora sólo ha conseguido trabajar como ~.* **- 4** ***f.*** Paga que se añade al sueldo: *tenemos una ~ en Navidad y otra en el mes de julio.* ⇒ **extraordinario.**

ex·trac·ción |e^{k}stra$^{k}\theta$ión| **1** ***f.*** Acción y resultado de *extraer o sacar: *la ~ de muelas es una operación sencilla.* **2** Origen o condición social heredada de la familia: *aunque es de ~ humilde, consiguió todo lo que se había propuesto.* ⇒ **linaje.**

ex·trac·to |e^{k}strá^{k}to| **1** ***m.*** Resumen de un escrito: *he pedido al banco un ~ de los últimos movimientos* *de mi cuenta.* **2** Sustancia que se saca de otra a través de su *cocción: *este champú contiene ~ de camomila.*

ex·trac·⌜tor, ⌜to·ra |e^{k}stra^{k}tór, tóra| **1** ***m. f.*** Persona que pone o saca una cosa fuera de donde estaba: *una señora del público fue la extractora de la bola del número ganador.* **- 2 extractor *m.*** Aparato que sirve para sacar el humo o los olores y echarlos fuera de un lugar: *la cocina tiene un ~ muy potente.*

ex·tra·di·ción |e^{k}straðiθión| ***f.*** Entrega de una persona buscada por la ley al estado que la reclama: *las autoridades de los dos países están negociando la ~ de los reos.*

ex·tra·di·tar |e^{k}straðitár| ***tr.*** [a alguien] Entregar a una persona buscada por la ley al estado que la reclama: *Francia ha extraditado a un criminal muy peligroso.*

ex·tra·er |e^{k}straér| **1** ***tr.*** [algo; a alguien] Poner fuera de un lugar; sacar: *~ una muela; la perforadora extrajo petróleo del yacimiento.* ⇒ **arrancar.** **2** MAT. [algo] Averiguar, especialmente un resultado: *los alumnos deberán ~ las raíces cuadradas de los números dados.* **3** QUÍM. Separar de un cuerpo o sustancia: *quieren ~ la esencia de una hierba para hacer un nuevo perfume.* ☖ Se conjuga como 88.

ex·tra·li·mi·tar·se |e^{k}stralimitárse| ***prnl.*** Ir más allá de un límite determinado en el comportamiento: *aunque tengas confianza con ellos, no te extralimites cuando estés con tus amigos y tus amigas.*

ex·tran·je·rí·a |e^{k}straŋxería| ***f.*** Situación y condición de la persona que es extranjera en un país: *la ~ impide que una persona pueda ser elegida para ciertos cargos; las leyes de ~ de algunos países desarrollados intentan frenar la inmigración.*

ex·tran·je·ris·mo |e^{k}straŋxerísmo| ***m.*** LING. Palabra o modo de expresión propio de una lengua que se emplea en otro idioma: *la palabra* barman *es un ~ en español.* ⇒ **barbarismo.**

ex·tran·je·⌜ro, ⌜ra |e^{k}straŋxéro, ra| **1** ***adj.-s.*** Que es o viene de otro país: *la tecnología española no puede competir con la extranjera; llevó dos extranjeros a cenar a casa; Ana da clases de español para extranjeros.* ⇔ **nativo. - 2 extranjero *m.*** País o países que no son los propios: *como no encontraba trabajo en España, se marchó al ~.*

ex·tra·ñar |e^{k}straɲár| **1** ***tr.-prnl.*** [algo; a alguien] Producir sorpresa: *me extraña mucho que Antonio no haya llegado todavía porque es muy puntual.* **- 2 *tr.*** [algo, a alguien] Notar o sentir la falta de una persona o cosa: *su hermana se ha ido de casa y la extraña mucho.* ⇒ **añorar.** **3** [algo] Encontrar rara una cosa por ser nueva: *no he descansado bien porque extraño la cama.*

ex·tra·ñe·za |e^{k}straɲéθa| ***f.*** Cualidad de extraño, raro o distinto de lo normal: *seguramente no sabía nada porque hizo un gesto de ~.*

ex·tra·⌜ño, ⌜ña |e^{k}stráɲo, ɲa| **1** ***adj.*** Que es raro; que es distinto de lo normal: *¡qué ~ que Pepe no me haya llamado!; Elena es una persona muy extraña.* **2** (persona) Que no participa en lo que se dice: *no participó en el asunto y permaneció ~ a los problemas que surgieron.* ☖ Se contruye con la preposición *a.* **- 3 *adj.-s.*** (persona) Que pertenece a un grupo o círculo no conocido: *tengo dicho al niño que no hable con extraños.* ⇒ **desconocido.**

ex·tra·o·fi·cial |e^{k}straofiθiál| ***adj.*** Que no es oficial: *el periodista ha obtenido la noticia de fuentes extraoficiales.*

ex·tra·or·di·na·⌜rio, ⌜ria |e^{k}straorðinário, ria| **1** ***adj.*** Que destaca por sus buenas cualidades; que sobresale entre lo demás; que es admirable: *se ha comprado un equipo de música ~; este chico tiene una fuerza de voluntad extraordinaria.* ⇒ **brillante, excelente, fabuloso, fantástico, grandioso, fenomenal, formidable, magnífico, soberbio.** ⇔ **pésimo.** **2** Que se aparta de lo normal: *el director ha convocado una asamblea extraordinaria.* ⇔ **ordinario. - 3 extraordinario *adj.-m.*** (volumen de una publicación) Que aparece por una razón especial: *el semanario lanzará esta semana un ~ sobre la segunda guerra mundial.* **- 4 extraordinaria *adj.-f.*** (cantidad de dinero) Que se añade al sueldo: *los trabajadores no han recibido todavía la ~ de Navidad.* ⇒ **extra.**

ex·tra·po·la·ción |e^{k}strapolaθión| **1** ***f.*** Aplicación a un campo de las conclusiones conseguidas en otro: *los partidos políticos han hecho una ~ de los resultados de las elecciones municipales para decir lo que va a ocurrir en las próximas generales.* **2** MAT. Cálculo del valor de una variable en un momento determinado y en unas condiciones determinadas: *las calculadoras científicas hacen extrapolaciones.*

ex·tra·po·lar |e^{k}strapolár| **1** ***tr.*** [algo] Aplicar a un campo las conclusiones conseguidas en otro: *extrapolando los resultados de la encuesta, el partido perdería la mayoría absoluta en las elecciones.* **2** MAT. Calcular el valor de una variable en un momento determinado y en unas condiciones determinadas: *si no extrapolas la variable, no conocerás su valor.*

ex·tra·rra·dio |e^{k}strar̄áðio| ***m.*** Terreno que rodea a un pueblo o una ciudad; zona alejada del centro de una ciudad: *los camiones transportan la basura a los extrarradios de la ciudad.* ⇒ **afuera.**

ex·tra·te·rres·tre |e^{k}strater̄éstre| **1** ***com.*** Habitante de otro planeta: *esta película está protagonizada por una ~; ¿crees en los extraterrestres?* **- 2 *adj.*** Que está fuera del planeta Tierra: *los terrícolas sabemos muy poco del espacio ~.*

ex·tra·te·rri·to·ria·li·dad |e^{k}strater̄itorialiðáð| ***f.*** Posibilidad de estar sujeto a las leyes o derechos del país propio en un país extranjero: *los diplomáticos gozan del privilegio de la ~.*

ex·tra·va·gan·cia |e^{k}straβaγánθia| **1** ***f.*** Cualidad de *extravagante: *Elena viste y se peina con ~.* **2** Obra o dicho propios de una persona *extravagante: *no te escandalices por sus extravagancias.*

ex·tra·va·gan·te |e^{k}straβaγánte| ***adj.-com.*** (persona) Que llama la atención por vestir o pensar de manera ridícula o extraña: *fue considerado un artista ~, pero tenía una gran sensibilidad.* ⇒ **estrafalario.**

ex·tra·ver·ti·⌜do, ⌜da |e^{k}straβertíðo, ða| ***adj.-s.*** (persona) Que dirige su atención e interés al mundo exterior: *Jorge tiene muchas amistades porque es bastante* ~. ⇒ **extrovertido.** ⇔ **introvertido.**

ex·tra·viar |eᵏstraβiár| **1** ***tr.-prnl.*** [algo, alguien] Perder o dejar de estar en lugar conocido: *he extraviado las llaves y ahora no puedo entrar en casa; el niño se me extravió en la feria y tardó varias horas en aparecer.* ⇔ **encontrar. 2** [a alguien] Apartar de lo que es justo y razonable: *las malas compañías lo han extraviado.* ⇒ **descarriar. 3** [algo] No fijar la vista: *extraviaba la vista cada vez que le dirigían la palabra.* ☐ Se conjuga como 13.

ex·tre·mar |eᵏstremár| **1** ***tr.*** [algo] Llevar al extremo: *se han extremado las medidas de seguridad en la ciudad ante la visita del rey.* **- 2 extremarse** ***prnl.*** Poner mucho cuidado en la realización de una cosa: *se ha extremado tanto en los preparativos que la celebración ha resultado perfecta.*

ex·tre·ma·un·ción |eᵏstrémaunθión| ***f.*** *Sacramento de la Iglesia *católica, que consiste en frotar con aceite *bendecido a una persona en peligro de muerte: *el sacerdote dio la* ~ *al moribundo.* ⇒ **unción.**

ex·tre·me·⌐ño, ⌐ña |eᵏstreméɲo, ɲa| **1** ***adj.*** De Extremadura o que tiene relación con Extremadura: *Cáceres y Badajoz son las dos provincias extremeñas.* **- 2** ***m. f.*** Persona nacida en Extremadura o que vive habitualmente en Extremadura: *Hernán Cortés y Francisco Pizarro fueron extremeños ilustres.* **- 3 extremeño** ***m.*** Variedad del español que se habla en Extremadura: *el* ~ *tiene rasgos comunes con el andaluz.*

ex·tre·mi·dad |eᵏstremiðáᵈ| **1** ***f.*** Miembro del hombre y de los animales articulado con el tronco: *los brazos son las extremidades superiores y las piernas, las inferiores; le escayolaron la* ~ *inferior derecha.* **2** Parte primera o última; principio o fin: *colocó un lazo en la* ~ *de la guitarra.* ⇒ **extremo.**

ex·tre·mis·mo |eᵏstremísmo| ***m.*** Tendencia hacia unas ideas o actitudes extremas o exageradas, especialmente en política: *los extremismos políticos no son buenos.*

ex·tre·mis·ta |eᵏstremísta| **1** ***adj.*** Del *extremismo o que tiene relación con él: *las políticas extremistas pueden causar enfrentamientos dentro de una sociedad.* **- 2** ***adj.-com.*** (persona) Que es partidario de unas ideas o actitudes extremas o exageradas, especialmente en política: *la policía ha tenido enfrentamientos con grupos extremistas.*

ex·tre·⌐mo, ⌐ma |eᵏstrémo, ma| **1** ***adj.*** Que es muy intenso; que tiene una cualidad en mayor grado que los demás: *en la montaña hace un frío* ~. **2** Que está muy lejos: *acaba de llegar del Extremo Oriente.* **3** Que es el último: *la dimisión es un recurso* ~. **- 4 extremo** ***m.*** Parte primera o última; principio o fin: *la uña está en el* ~ *del dedo; yo no vi nada porque estaba en el otro* ~ *de la calle.* ⇒ **extremidad. 5** Punto último al que puede llegar una cosa: *el padre llegó al* ~ *de su paciencia.* **6** DEP. Jugador al que se coloca en el último lugar de la línea más adelantada de un equipo: *el* ~ *pasó el balón al delantero centro y éste marcó el gol.* **- 7 extremos** ***m. pl.*** Muestras exageradas de un sentimiento: *cuando vio a su hijo, hizo tales extremos que todos creyeron que estaba loco.* ■ **con/en** ~, demasiado, excesivamente: *quería a su marido con* ~*; Carlos se entregó en* ~ *a su trabajo.* ■ **en último** ~, si no hay otra salida o remedio: *intenta venir en tren o en autobús y, en último* ~, *iré yo a buscarte.*

ex·trín·se·⌐co, ⌐ca |eᵏstrínseko, ka| ***adj.*** Que no es propio ni característico de una cosa; que depende de circunstancias exteriores: *no debes fijarte en los rasgos extrínsecos, sino en lo esencial de las cosas.* ⇔ **intrínseco.**

ex·tro·ver·ti·⌐do, ⌐da |eᵏstroβertíðo, ða| ***adj.-s.*** (persona) Que dirige su atención e interés al mundo exterior: *si no procuras ser algo más extrovertida, estarás siempre sola.* ⇒ **extravertido.** ⇔ **introvertido.**

e·xu·be·ran·cia |eᵏsuβeránθia| ***f.*** Abundancia de ciertas cosas: *la selva amazónica se caracteriza por la* ~ *de su vegetación.*

e·xu·be·ran·te |eᵏsuβeránte| ***adj.*** Que es muy abundante: *en la selva la vegetación es* ~.

e·ya·cu·la·ción |eyakulaθión| ***f.*** *Expulsión del contenido de un órgano, especialmente el *semen de los órganos masculinos: *el orgasmo del hombre culmina con la* ~.

e·ya·cu·lar |eyakulár| ***tr.-intr.*** [algo] Expulsar el contenido de un órgano, especialmente el *semen de los órganos masculinos: *fue al médico porque tenía problemas para* ~.

e·yec·tar |eyeᵏtár| ***tr.-prnl.*** AERON. [algo, a alguien] Lanzar con fuerza al exterior de un lugar o un espacio: *esa palanca sirve para* ~ *al piloto en caso de accidente.*

e·yec·tor |eyeᵏtór| **1** ***m.*** MEC. Bomba que sirve para expulsar un fluido a gran velocidad, mediante la corriente de otro fluido: *el* ~ *se utiliza para extraer el polvo.* **2** Mecanismo que sirve para expulsar los *cartuchos vacíos en las armas de fuego: *los rifles de caza llevan un* ~. **3** AERON. Mecanismo que sirve para dar velocidad a un vehículo espacial: *el* ~ *está compuesto por la cámara de combustión, el cabezal inyector y la tobera.*

F

F, f *f.* Letra que en el alfabeto español sigue a la *e*: *la palabra* feliz *empieza con* ~.

fa |fá| *m.* Cuarta nota musical de la escala: *el ~ sigue al mi.* ⌂ El plural es *fas.*

fa·ba·da |faβáða| *f.* Comida que se hace con *judías, *chorizo, *tocino y *morcilla: *la ~ es un guiso típico de Asturias; la ~ es un plato fuerte que me gusta comer en invierno.*

fá·bri·ca |fáβrika| **1** *f.* Establecimiento que tiene máquinas y las instalaciones necesarias para crear o elaborar productos en gran número: *estas motos las hacen en la enorme ~ que se ve desde la autopista; trabajaba en una ~ de zapatos.* **2** Producción o construcción: *la ~ del monasterio duró más de un siglo.* **3** Obra o construcción hecha con ladrillos o piedras unidos con una masa: *han hecho un tabique de ~ para separar las habitaciones.*

fa·bri·ca·ción |faβrikaθión| *f.* Acción y resultado de fabricar: *trabaja en una compañía que se dedica a la ~ de refrescos.* ⇒ **elaboración.**

fa·bri·can·te |faβrikánte| ***adj.-s.*** (persona, empresa) Que se dedica a fabricar o elaborar productos en gran cantidad: *el ~ ya no produce este modelo de cama.*

fa·bri·car |faβrikár| **1** *tr.* [algo] Crear o elaborar productos en gran cantidad, generalmente mediante máquinas: *en esta factoría fabrican recipientes de cristal.* **2** *p. ext.* Preparar, producir o transformar un producto: *la araña fabrica su tela en agujeros o rincones.* ⇒ **elaborar. 3** *fig.* Hacer, disponer o crear: *él mismo fabricó su desgracia.* ⌂ Se conjuga como 1.

fa·bril |faβríl| ***adj.*** De la fábrica o que tiene relación con ella: *el sector secundario se dedica a la transformación ~ de las materias primas.*

fá·bu·la |fáβula| **1** *f.* LIT. Obra literaria en *prosa o verso, que cuenta una historia con contenido moral usando animales u objetos como personajes: *son muy célebres las fábulas de Samaniego e Iriarte.* **2** Historia inventada que no se ajusta a la realidad: *déjate de fábulas y cuéntanos la verdad.* **3** *Comentario que corre entre la gente: *suena por la oficina una ~ sobre varios despidos.* ⇒ **rumor.**

fa·bu·lo·⌈so, ⌈sa |faβulóso, sa| **1** ***adj.*** Que es inventado y no se ajusta a la realidad: *cuentan una historia fabulosa sobre cómo se hizo la torre.* **2** *p. ext.* Que destaca por sus buenas cualidades; que sobresale entre lo demás; que es admirable: *cómpralo ahora porque está a un precio ~.* ⇒ **extraordinario.**

fac·ción |fa^{k}θión| **1** *f.* Grupo de personas que no está de acuerdo con unas ideas generales y se opone a ellas de modo violento: *una ~ del ejército intentó un golpe de estado.* **2** Rasgo de la cara humana: *la modelo tiene bellas facciones.* ⌂ En esta acepción se usa generalmente en plural.

fac·cio·⌈so, ⌈sa |fa^{k}θióso, sa| **1** ***adj.-s.*** (persona, grupo) Que no está de acuerdo con unas ideas generales y se opone a ellas de modo violento: *algunos facciosos gritaban insultos contra él.* **2** (persona, grupo) Que se levanta contra el poder o la autoridad: *los facciosos se levantaron en armas.*

fa·ce·ta |faθéta| **1** *f.* Aspecto que puede ser considerado en un asunto: *todavía no conoces algunas facetas de mi personalidad.* **2** Cara de una figura sólida, especialmente cuando es de pequeño tamaño: *el joyero talló las facetas del diamante.*

fa·cha |fátʃa| **1** *f. fam.* Manera de aparecer o de mostrarse una persona o cosa: *con esa ~ tan horrible no te dejarán entrar.* ⇒ **aspecto. 2** Figura o cosa fea o ridícula: *con esa ropa estás hecho una ~.* ⇒ **mamarracho. - 3** ***adj.-com.*** *desp.* (persona) Que es partidario del *fascismo: *es un ~: cree que todo el mundo debe obedecer porque sí.* ⇒ **fascista.**

fa·cha·da |fatʃáða| **1** *f.* Pared exterior y principal de un edificio: *la ~ de la funeraria era de mármol negro.* **2** *fig.* Aspecto físico de una persona: *va siempre muy bien vestido y tiene muy buena ~.*

fa·cho·⌈so, ⌈sa |fatʃóso, sa| ***adj.-s.*** *fam. desp.* (persona) Que tiene mala *facha: *va hecho un ~ con esos pantalones.*

fa·cial |faθiál| ***adj.*** *form.* De la cara o que tiene relación con ella: *los músculos faciales hacen que podamos mover la boca; esta crema ~ está especialmente indicada para cutis grasos.*

fá·cil |fáθil| **1** ***adj.*** Que se puede hacer, entender o conseguir con poca inteligencia, poco trabajo o poca habilidad: *hacer la cama es muy ~; esta lección es tan ~ que hasta mi hermano pequeño la ha entendido.* ⇔ **arduo, difícil. 2** Que es muy probable: *si vas a la facultad, es ~ que te encuentres con Sofía; es ~ que venga hoy.* **3** (persona o carácter) Que es agradable en el trato; que es amable: *afortunadamente, el jefe es una persona muy ~ y asequible.* **4** *desp.* (persona) Que tiene un carácter débil y se deja llevar por la opinión de otro: *es un gobernante ~ a los manejos de los poderosos.* **5** *desp.* (persona) Que se presta fácilmente a tener relaciones sexuales: *le dije que no porque no quería que pensara que era una chica ~.*

fa·ci·li·dad |faθiliðá^{d}| **1** *f.* Disposición o capacidad para hacer, entender o conseguir una cosa con poco trabajo o habilidad: *ese muchacho tiene gran ~ para las matemáticas.* **2** Ligereza excesiva o falta de cuidado: *has perdonado a los culpables con*

~. - **3 facilidades** *f. pl.* Condiciones o circunstancias que hacen fácil o posible la ejecución de una cosa: *hoy en día hay muchas facilidades para viajar; en este establecimiento le ofrecemos muchas facilidades de pago.*

fa·ci·li·tar |faθilitár| **1** *tr.* [algo; a alguien] Hacer fácil o posible un proceso o una acción: *el guarda les facilitó la entrada al recinto.* ⇒ **favorecer.** ⇔ **entorpecer. 2** Proporcionar o entregar: *este libro nos facilitará los datos que necesitamos.*

fa·ci·ne·ro·⌐so, ⌐sa |faθineróso, sa| *adj.-s.* (persona) Que no cumple la ley; que tiende a hacer el mal o lo hace de manera habitual: *no comprendo cómo un ~ como él ocupó ese cargo durante tanto tiempo.*

fac·ti·ble |fa^k^tíβle| ***adj.*** Que se puede hacer o ejecutar: *creo que ese plan es ~.* ☖ No se debe confundir su uso con el de *posible.*

fac·⌐tor, ⌐to·ra |fa^k^tór, tóra| **1** ***m. f.*** Persona que se encarga del transporte de las mercancías en las estaciones de *ferrocarril: *los factores se ocupan de la recepción y el envío de los equipajes de los pasajeros.* - **2 factor** ***m.*** *fig.* Elemento o circunstancia que contribuye a producir un resultado: *varios factores hicieron posible que se convirtiera en el alcalde del pueblo.* **3** MAT. Cantidad que se multiplica por otra para formar un producto: *los factores de esta multiplicación son 9 y 56.*

fac·to·rí·a |fa^k^toría| **1** ***f.*** Fábrica o industria: *han construido nuevas factorías a las afueras de la ciudad.* **2** Establecimiento comercial que un país tiene en otro: *los fenicios crearon factorías en las colonias del Mediterráneo.* **3** Oficina del *factor: *el factor está reunido en la ~.*

fac·tu·ra |fa^k^túra| **1** ***f.*** Cuenta en la que se *detallan las mercancías compradas o los servicios recibidos y la cantidad de dinero que se pide por ellos: *ya hemos mandado la ~ para que la firmen y den la orden de pago al banco.* **2** Forma de una cosa o manera en la que está hecha: *realizó en mármol una estatua de bella ~.* ⇒ **hechura.**

fac·tu·ra·ción |fa^k^turaθión| **1** ***f.*** Entrega de la mercancía en una estación de transportes para que sea enviada a su lugar de destino: *el empleado nos ha indicado que la ~ del equipaje se hace en la puerta del fondo.* **2** Elaboración de una *factura: *hay que hacer la ~ de estos ordenadores.*

fac·tu·rar |fa^k^turár| **1** ***tr.*** [algo] Entregar la mercancía en una estación de transportes para que sea enviada a su lugar de destino: *los viajeros facturaron las maletas antes de subir al avión.* **2** Hacer una *factura: *el encargado de la tienda ha facturado todos los artículos que hemos comprado.*

fa·cul·tad |fakultá^ð^| **1** ***f.*** Capacidad o fuerza para hacer una cosa o ejercer una función: *tienes la ~ de pensar, úsala; parece que tiene la ~ de leer el pensamiento.* **2** Poder o derecho para hacer una cosa: *tiene plena ~ para elegir a sus ayudantes.* **3** Parte de una *universidad que corresponde a una rama del saber y que organiza los estudios de varias carreras: *estudió en la ~ de derecho y ahora es abogado.* **4** Edificio en que se encuentra esa parte de la *universidad: *va a la ~ a hablar con los profesores.*

fa·cul·tar |fakultár| ***tr.*** [a alguien] Conceder un poder o una *facultad a una persona para hacer una cosa: *mostró una carta por la que el rey lo facultaba para elegir los caballos que estimase oportuno.*

fa·cul·ta·ti·⌐vo, ⌐va |fakultatíβo, βa| **1** ***adj.*** Que no es necesario; que puede hacerse u ocurrir libremente: *la aplicación de esta regla es facultativa.* ⇒ **potestativo.** - **2** ***adj.-s.*** (persona) Que ha realizado estudios superiores o *especializados y presta un servicio determinado: *la biblioteca es atendida por personal ~.* - **3** ***adj.*** De la *facultad o que tiene relación con ella: *los expertos emitieron un informe ~.* - **4 facultativo** ***com.*** Persona que se dedica a la medicina o a la *cirugía: *es el mismo ~ que me reconoció ayer.*

fa·e·na |faéna| **1** ***f.*** *fam.* Trabajo físico o mental: *este hombre es fuerte porque está acostumbrado a las faenas del campo; no puedo salir porque estoy haciendo los deberes y todavía me queda mucha ~.* **2** Labor del torero, especialmente en el último *tercio de la corrida: *el público aplaudió la ~ del diestro.* **3** *fig.* Obra o dicho que molesta, causa un daño o está hecho con mala intención: *me hizo la ~ de dejarme encerrado en una habitación y no pude salir en toda la tarde.*

fa·e·nar |faenár| **1** ***intr.*** MAR. [en algún lugar] Pescar en el mar: *los barcos de ese país no deben ~ en nuestras aguas; estaban faenando cuando los sorprendió una tormenta.* **2** Desarrollar un trabajo o actividad: *llevo faenando de acá para allá toda la mañana y estoy cansada.* - **3** ***tr.*** [algo] Matar animales y preparar su carne para el consumo: *para aquel banquete faenaron cinco corderos.*

fa·got |faγót| ***m.*** MÚS. Instrumento musical de viento, formado por un tubo de madera con llaves, del que sale otro tubo de metal, corto, fino y curvo y que termina en una *boquilla de *caña: *el*

FAGOT

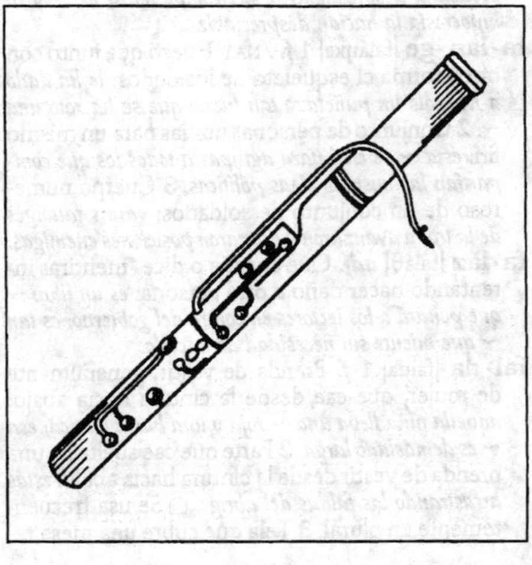

grupo de instrumentos de madera está formado por la flauta, el oboe, el clarinete y el ~. ☖ El plural es *fagotes.*

fai·sán |faisán| ***m.*** Ave de la familia de la gallina, con el pecho y la espalda de color amarillo y el resto del cuerpo verde y rojo con reflejos brillantes y que tiene unas plumas levantadas en la parte superior de la cabeza: *la carne del ~ es muy apreciada.* ☖ Para indicar el sexo se usa el ~ macho y el ~ hembra.

fa·ja |fáxa| **1** ***f.*** Prenda interior femenina, de tejido elástico, que cubre desde la cintura a la parte alta de las piernas: *la ~ llevaba unos ligueros para sujetar las medias;* ~ **pantalón**, la que parece un pantalón corto: *las mujeres llevan ~ pantalón para no tener frío o para parecer delgadas.* **2** Banda de tela o de punto con que se rodea el cuerpo por la cintura, dándole varias vueltas: *el traje de baturro incluye una ~ roja.* **3** *form. fig.* Zona de terreno más larga que ancha: *el cultivo de caña se localiza en la ~ del litoral mediterráneo.* ⇒ **franja. 4** Tira de papel que envuelve un libro, un periódico o un paquete: *la revista llega por correo con una ~ que lleva mi nombre y dirección; una ~ indicaba que el libro había ganado el premio Ateneo.* **5** ARQ. Tira de piedra lisa donde se colocan pinturas o esculturas: *la pared estaba adornada con arcos ciegos y fajas de decoración floral.*

fa·jar |faxár| **1** ***tr.-prnl.*** [algo, a alguien] Rodear o envolver a una persona o cosa con banda o *faja: *los escudos estaban fajados por una banda azul.* **- 2** ***tr.*** [a alguien] Poner una *faja de punto, especialmente a un niño: *en invierno se solía ~ a los niños.*

fa·jín |faxín| ***m.*** Banda hecha de *seda, de unos colores y con unas señales determinadas, que se coloca alrededor de la cintura: *con el esmoquin, puede usar el ~ de seda.*

fa·jo |fáxo| ***m.*** Conjunto de cosas, generalmente largas y estrechas atadas por su centro: *llevaba en el bolsillo un ~ de billetes.* ⇒ **fardo, haz.**

fa·la·cia |faláθia| ***f.*** Engaño o *mentira con que se intenta hacer daño a otra persona: *con sus falacias pretendía desprestigiar a sus compañeros; la ~ y la hipocresía la hacían despreciable.*

fa·lan·ge |falánxe| **1** ***f.*** ANAT. Hueso que junto con otros forma el esqueleto de los dedos: *le ha dado a Manolo un puñetazo tan fuerte que se ha roto una ~.* **2** Conjunto de personas unidas para un mismo fin: *esta ~ se creó para agrupar a todos los que compartían las mismas ideas políticas.* **3** Cuerpo numeroso de un conjunto de soldados: *varias falanges de la tropa avanzaron y ocuparon posiciones enemigas.*

fa·laz |faláθ| ***adj.*** Que engaña o dice *mentiras intentando hacer daño a otra persona: *es un libro ~ que pondrá a los lectores en contra del gobierno; es tan ~ que miente sin necesidad de hacerlo.*

fal·da |fálda| **1** ***f.*** Prenda de vestir, generalmente de mujer, que cae desde la cintura hacia abajo: *aquella niña lleva una ~ roja y una blusa blanca; esa ~ es demasiado larga.* **2** Parte que cae suelta de una prenda de vestir desde la cintura hacia abajo: *estás arrastrando las faldas del abrigo.* ☖ Se usa frecuentemente en plural. **3** Tela que cubre una mesa redonda y que suele llegar hasta el suelo: *se sentaron en la mesa camilla y pusieron las piernas bajo la ~.* **4** Carne que cuelga de la parte delantera de ciertos animales: *compró medio quilo de ~ de ternera para hacer un guiso.* **5** Parte inferior del lado de una montaña: *estuvimos acampados en la ~ del Aneto.* ■ **pegarse a las faldas**, *fam.*, depender demasiado del cuidado y autoridad de una mujer: *este niño es muy tímido y se pega a las faldas de su madre.*

fal·de·⌜ro, ⌜ra |faldéro, ra| ***adj.*** *fig.* Que le gustan mucho las mujeres: *Don Juan era un hombre muy ~.* ⇒ **mujeriego.**

fal·dón |faldón| ***m.*** Parte de una prenda de vestir que cae suelta desde la cintura hacia abajo: *vas arrastrando el ~ del abrigo por los escalones; lleva los faldones de la camisa por fuera del pantalón.*

fa·lla |fáʎa| **1** ***f.*** Defecto o falta que estropea una cosa: *una ~ en la presa provocó la inundación; la tela tenía una ~ y la devolvió.* **2** *fig.* Mal cumplimiento de una obligación: *despidió al contable por una ~ en el balance de cuentas.* **3** GEOL. Zona de terreno que se rompe, se abre y se separa del resto, debido a un movimiento de tierra: *las fallas son lugares de actividad sísmica; la ~ de San Andrés, en Estados Unidos, es muy famosa.* **4** Conjunto de figuras de madera y cartón que se queman en público en Valencia el día 19 de *marzo: *los valencianos colocan las fallas en las plazas; la ~ ganadora tenía un tema humorístico.* **- 5 Fallas** ***f. pl.*** Fiestas populares de Valencia: *las Fallas se celebran en torno al día de San José; el fuego es el protagonista de las Fallas.* ☖ En esta acepción se escribe con mayúscula.

fa·llar |faʎár| **1** ***intr.*** No llegar a buen fin; no tener éxito: *el jefe nos echará de la empresa si fallamos.* **2** Perder una cosa su resistencia o su capacidad: *esta sujeción falla.* **- 3** ***tr.-intr.*** DER. Tomar una decisión un tribunal o un jurado; resolver o *sentenciar: *todos los concursantes esperan impacientes a que falle el jurado.*

fa·lle·cer |faʎeθér| ***intr.*** Morir o dejar de vivir: *su marido falleció el año pasado.* ⇒ **fenecer, finar.** ☖ Se conjuga como 43.

fa·lle·ci·mien·to |faʎeθimiénto| ***m.*** Muerte de una persona: *he sentido mucho el ~ de tu madre.*

fa·lli·⌜do, ⌜da |faʎíðo, ða| ***adj.*** *form.* Que no tiene ningún efecto; que está fracasado: *después de dos intentos fallidos, el atleta logró saltar el listón.*

fa·llo |fáʎo| **1** ***m.*** Cosa o acción que sale mal o que tiene un mal resultado: *fue un ~ no avisarlo a tiempo.* **2** Avería que impide el funcionamiento de una máquina o aparato: *un ~ del motor le hizo perder la carrera.* **3** Decisión de un tribunal o de un jurado: *el juez pronunció el ~.* **4** Falta de un palo, en ciertos juegos de cartas: *tengo ~ a corazones.*

fa·lo |fálo| ***m.*** Órgano sexual masculino: *el ~ es el pene.* ⇒ **pene.**

fal·sa·⌜rio, ⌜ria |falsário, ria| **1** ***adj.-s.*** (persona) Que engaña; que *falsifica una cosa: *fue condenado a prisión por ~.* **- 2** ***adj.*** Que tiene la costumbre de engañar o decir *mentiras: *no entiendo cómo lees un periódico tan ~.*

fal·se·ar |falseár| **1** ***tr.*** [algo] Cambiar o alterar una cosa para que deje de ser verdadera: *falseó los hechos para echar la culpa a su compañero; tuvo que pagar una multa por ~ los datos de su declaración de la renta.* ⇒ **amañar, mistificar.** - **2** ***intr.*** Perder la fuerza o la resistencia: *la viga falseó y se hundió parte del techo.*

fal·se·dad |falseðáᶞ| ***f.*** Falta de verdad o de realidad; alteración de la realidad de las cosas: *insiste en la ~ de esos rumores.* ⇔ **veracidad.**

fal·se·te |falséte| ***m.*** Voz más aguda que la natural: *hablaba en ~ para imitar a su hermana.*

fal·si·fi·ca·ción |falsifikaθión| ***f.*** Acción y resultado de *falsificar o hacer una cosa falsa: *la ~ estaba bien hecha; se le acusa de haber cometido ~ de documentos.*

fal·si·fi·car |falsifikár| ***tr.*** [algo] Hacer o fabricar cosas u objetos falsos: *falsificó la firma de sus padres; la policía los detuvo porque estaban falsificando pasaportes para venderlos.* ☐ Se conjuga como 1.

fal·si·lla |falsíʎa| ***f.*** Hoja de papel con líneas muy señaladas, que se pone debajo del papel en que se va a escribir para que sirva de *guía: *colocó la ~ debajo del papel para escribir los renglones derechos.* ⇒ **pauta.**

fal·⌜so, ⌜sa |fálso, sa| **1** ***adj.*** Que no es verdadero; que no corresponde a la realidad: *lo que dices es ~: Enrique nunca robaría; mientes, tus palabras son falsas.* ⇔ **verdadero. 2** Que imita o se parece a una cosa real: *este billete es ~ y no vale nada.* ⇔ **genuino. 3** Que engaña por su aspecto o intención; que es capaz de fingir: *los amigos que no ayudan en esas ocasiones son falsos amigos; María es muy falsa: promete cosas que no tiene intención de cumplir.* **- 4 falso *m.*** Tira de tela que se pone en la parte interior de una prenda de vestir, donde la *costura hace más fuerza o en los bordes: *se te ha descosido la falda y se te ve el ~.* ■ **en ~**, de *mentira; con intención contraria a la que se expresa: *los caballeros con honor no juran en ~.* ■ **en ~**, sin una base segura; sin apoyo: *pisó en ~ y se cayó.*

fal·ta |fálta| **1** ***f.*** Error, equivocación: *me envió una carta llena de faltas de ortografía.* **2** Hecho de no haber o no tener una cosa necesaria o útil: *en aquella zona del país hubo ~ de alimentos.* ⇒ **carencia. 3** Circunstancia de no estar presente una persona: *Raquel ha notado tu ~ en la fiesta.* ⇒ **ausencia. 4** Apunte con el que se indica que una persona no está en el sitio que debe: *el profesor puso una ~ a todos los alumnos que no asistieron a clase.* **5** Acción que se debe castigar: *confesó sus faltas al sacerdote.* **6** Acción que está fuera de las reglas de un juego o deporte: *el jugador cometió una ~ y el árbitro lo expulsó del campo.* ⇒ **infracción. 7** Defecto que se tiene: *tiene una ~ que le impide pronunciar los sonidos con claridad.* **8** Desaparición de la regla en la mujer: *cree que puede estar embarazada porque ha tenido tres faltas.* ■ **caer en ~**, no cumplir con una obligación: *al no acudir a la cita, cayó en ~.* ■ **hacer ~**, ser necesario: *me hace ~ un bolígrafo rojo; no hace ~ que vengas tan temprano.* ■ **sin ~**, con seguridad: *esta tarde sin ~ te devuelvo lo que te debo.*

fal·tar |faltár| **1** ***intr.*** No estar una persona o cosa en un lugar determinado; no existir una cualidad o circunstancia que debería existir: *don Manuel no falta nunca al trabajo; a ese señor le falta un brazo que perdió en la guerra; me faltó valor para decir lo que pensaba; he perdido dinero, me faltan 5000 pesetas.* ⇒ **carecer. 2** Quedar, especialmente un periodo de tiempo: *faltan tres días para las vacaciones.* **3** Quedar todavía por hacer: *sólo nos faltaba convencer al abuelo; me faltan los ejercicios de inglés.* **4** Acabarse; no haber bastante: *en esta casa nunca nos ha faltado el pan; me faltó el aliento.* **5** No responder; no cumplir: *faltó a su obligación.* **- 6 *intr.-tr.*** Tratar sin respeto ni consideración; molestar u *ofender: *niño, no faltes a tu padre.* ⇒ **responder.** ■ **¡faltaba/faltaría más!**, expresión con que se rechaza una *petición o un hecho que no se puede admitir: *ahora quieren que trabaje también los sábados, pues ¡faltaría más!* ■ **no faltaba/faltaría más**, desde luego; sin duda: *¿puede ayudarme con las maletas, por favor? —¡No faltaba más!*

fal·⌜to, ⌜ta |fálto, ta| **1** ***adj.*** Que no tiene lo necesario para una cosa: *entonces estaba ~ de recursos y no pudo comprarlo.* **- 2 *adj.-s.*** *fam.* (persona) Que tiene una capacidad mental inferior a la normal: *creo que es un poco ~ porque no se entera de nada de lo que se le dice.* ⇒ **deficiente, subnormal.**

fal·tri·que·ra |faltrikéra| ***f.*** Bolsa pequeña que se ata a la cintura y se lleva colgando bajo la ropa: *las mujeres llevaban la ~ debajo del delantal o de la falda.*

fa·ma |fáma| **1** ***f.*** Opinión de la gente sobre una persona: *su madre tiene mala ~ en el barrio.* **2** Situación o estado que se consigue por haber hecho una cosa importante o por ser muy conocido: *es un científico de ~ internacional.* ⇒ **celebridad.** ■ **es ~**, se dice entre la gente; es sabido por todos: *es ~ que consiguió su puesto de manera poco digna.*

fa·mé·li·⌜co, ⌜ca |faméliko, ka| **1** ***adj.*** Que tiene o muestra hambre: *se sentía ~, pues hacía varias semanas que no comía bien; montaba un caballo ~.* ⇒ **hambriento. 2** Que es delgado en exceso: *se compró un caballo ~ y enfermizo.*

fa·mi·lia |família| **1** ***f.*** Grupo de personas que viven juntas, formado *fundamentalmente por una pareja y sus hijos: *mi ~ está formada por mi padre, mis dos hijos, mi marido y yo; en nuestra ~ sólo nos reunimos todos a la hora de cenar.* **2** Grupo de personas que tienen una relación de sangre o legal: *tengo ~ en Argentina, pero nunca he podido ir a visitarlos; invitaron a la boda a los tíos, los primos, los abuelos y a toda la ~.* ⇒ **parentela. 3** Hijo o conjunto de hijos: *se casaron muy mayores y no tuvieron ~.* **4** Conjunto de personas o cosas que tienen una característica o condición común: *las palabras* compra *y* comprador *son de la misma ~; el francés, el italiano y el español son tres lenguas de la ~ románica.* **5** BIOL. Categoría de clasificación de los seres vivos, inferior a la de orden y superior a la de género: *el gato pertenece a la ~ de los félidos.* ■ **de buena ~**, que pertenece a una casa de clase social alta: *se casó con una señorita de buena ~.* ■ **de la ~**, que tiene una relación estrecha con las personas de una casa: *podemos confiar en él, es de la ~.* ■ **en ~**, entre poca gente y con confianza: *estuvimos hablando de aquello en ~.*

fa·mi·liar |familiár| **1** ***adj.*** De la familia o que tiene relación con ella: *trataban de estrechar los lazos familiares.* **2** Que es sencillo y llano: *se tratan de un modo muy ~; con sus amigos siempre emplea un estilo ~ y cariñoso.* **3** Que se conoce muy bien; que se hace fácilmente: *esta labor le es ~.* **- 4** ***m.*** Persona que pertenece a la misma familia que otra: *llegó acompañado de varios familiares.* ⇒ **pariente.**

fa·mi·lia·ri·dad |familiariðáᵭ| ***f.*** Sencillez y *llaneza en el trato: *deben de conocerse bien porque se hablan con gran ~.* ⇒ **confianza.**

fa·mi·lia·ri·zar |familiariθár| **1** ***tr.-prnl.*** [a alguien] Adaptar o *acostumbrar a una cosa poco conocida o nueva: *en la primera clase, trataremos de ~ al alumno con el vehículo que deberá conducir; debes familiarizarte con esa terminología.* **- 2 familiarizarse** ***prnl.*** Llegar a tener un trato familiar con una persona: *no tardará en familiarizarse con sus compañeros.* ◯ Se conjuga como 4.

fa·mo·⌐so, ⌐sa |famóso, sa| **1** ***adj.*** Que tiene fama o es muy conocido: *sale con un actor ~; esas palabras han sido tristemente famosas.* ⇒ **célebre.** **2** *fam.* Que destaca entre lo demás; que es admirable: *seguí un ~ método de adelgazamiento y el resultado fue increíble.*

fá·mu·⌐lo, ⌐la |fámulo, la| ***m. f.*** *form.* Empleado, ayudante o sirviente: *el ~ corría delante de su carro abriendo camino.* ⇒ **criado.**

fan |fán| ***com.*** Persona que admira o apoya a una persona o un grupo con pasión exagerada: *el aeropuerto se llenó de fans que esperaban al famoso cantante.* ⇒ **fanático, furibundo.** ◯ Esta palabra procede del inglés. El plural es *fans.*

fa·nal |fanál| **1** ***m.*** MAR. *Farol que se coloca en la parte posterior de un barco: *encendieron el ~ al anochecer.* **2** Campana hueca de cristal que sirve para proteger una llama: *se rompió el ~ y la luz se apagó por el aire.* **3** Campana hueca de cristal que sirve para proteger del polvo: *tenía la maqueta de un barco en un ~.*

fa·ná·ti·⌐co, ⌐ca |fanátiko, ka| **1** ***adj.-s.*** (persona) Que defiende una creencia o una opinión política o religiosa con pasión exagerada: *un grupo de fanáticos quemaba fotografías del presidente.* **2** (persona) Que admira o apoya a una persona o un grupo con pasión exagerada: *los fanáticos comenzaron a vitorearlo en cuanto le vieron salir al escenario.* ⇒ **fan, forofo, furibundo.**

fa·na·tis·mo |fanatísmo| ***m.*** Pasión exagerada al defender una creencia o una opinión política o religiosa: *el ~ suele llevar a la violencia.*

fan·dan·go |fandáŋgo| **1** ***m.*** Baile popular de movimiento vivo: *unos tocaban la guitarra y otros bailaban el ~ y tocaban las castañuelas; los fandangos andaluces son distintos de los asturianos.* **2** Canto y música de ese baile: *cantaba el ~ como nadie.*

fa·ne·ga |fanéɣa| **1** ***f.*** Medida para el grano y otros productos, de valor variable según las regiones: *la ~ equivale en Castilla a unos 55,5 litros y en Aragón, a 22,4 litros.* **2** Medida *agraria de superficie, de valor variable según las regiones: *la ~ equivale en Castilla a unas 64 áreas.*

fan·fa·rria |fanfárja| **1** ***f.*** Banda musical ruidosa y festiva, formada *principalmente por instrumentos de metal: *me despertó una ~ que pasó de madrugada por delante de mi casa.* **2** Música *interpretada por esos instrumentos: *la ~ me ha dado dolor de cabeza.* **3** *fam.* Importancia excesiva que se da una persona a sí misma: *llegó con tanta ~, que todos creyeron que era el ministro.*

fan·fa·⌐rrón, ⌐rro·na |fanfarón, róna| ***adj.-s.*** *fam.* (persona) Que presume de lo que no es, especialmente de valiente: *el ~ dijo que había vencido él solo a cuatro rivales.* ⇒ **bravo, fantasma, fantoche.**

fan·go |fáŋgo| **1** ***m.*** Barro espeso y pegajoso, especialmente el que se forma debajo del agua: *el cerdo se revolcaba en el ~.* **2** *fig.* Acusación falsa hecha para causar daño, ofensa o desprecio: *la prensa lo ha llenado de ~.*

fan·go·⌐so, ⌐sa |faŋgóso, sa| **1** ***adj.*** Que tiene *fango: *cayó en un terreno ~.* **2** *fig.* Que es espeso y pegajoso como el *fango: *la salsa tiene un aspecto ~.*

fan·ta·se·ar |fantaseár| **1** ***intr.*** Dejar libre la imaginación o la *fantasía: *su mente infantil fantaseaba constantemente.* **- 2** ***tr.*** [algo] Imaginar una cosa *fantástica o que no es real: *fantaseó las más descabelladas grandezas.*

fan·ta·sí·a |fantasía| **1** ***f.*** Cualidad del ser humano para formar imágenes mentales, para inventar o crear ideas: *los niños tienen una enorme ~; su ~ le hacía viajar sin moverse de casa.* ⇒ **imaginación.** **2** Imagen mental, que no es real o que es inventada: *tiene muchas fantasías en la cabeza, es un soñador; los gigantes y encantadores eran fantasías de don Quijote; un espejismo es una ~.* ⇒ **ensueño, espejismo, ilusión.** **3** Imaginación para inventar o producir objetos de arte: *la ~ y la técnica se funden en la obra de los grandes artistas; la ~ es el rasgo más destacado en los románticos.* **4** MÚS. Composición musical creada de forma libre: *Falla escribió fantasías; la* Fantasía para un gentilhombre *es del maestro Rodrigo.* ■ **de ~**, con muchos adornos o con dibujos llenos de imaginación: *se compró una blusa de ~; esta corbata es de ~.* ■ **de ~**, falso, de imitación: *llevaba pendientes y collar de ~; hay diamantes y perlas de ~ más baratos.* ⇒ **bisutería.**

fan·ta·sio·⌐so, ⌐sa |fantasjóso, sa| ***adj.-s.*** (persona) Que tiende a dejarse llevar por la imaginación: *su mente fantasiosa pensó un mundo justo y feliz; no creas ni la mitad de lo que te diga, porque es un ~.* ⇒ **fantástico, soñador.**

fan·tas·ma |fantásma| **1** ***m.*** Espíritu de una persona muerta del que se dice que se aparece a los vivos: *dicen que por el castillo vaga el ~ de un antepasado suyo.* **2** Imagen o idea que no es real y que ha sido creada por la imaginación: *aparta esos fantasmas de tu mente y sigue adelante sin miedo.* **- 3** ***com.*** *fam. desp. fig.* Persona que presume de lo que no es o de tener lo que no tiene: *el muy ~ dijo que lo había hecho él solo, pero en realidad se* *lo hicieron los demás.* ⇒ **fanfarrón, fantoche.** **- 4 *adj.*** Que tiene una existencia dudosa o poco segura: *cree que vio un buque ~.* **5** (lugar) Que está abandonado: *en este pueblo ~ ya no queda ningún habitante.* **- 6 *amb.*** Persona que finge ser una aparición o un espíritu: *la ~ entró en la habitación en penumbra y todos los que estaban dentro comenzaron a gritar.*

fan·tas·ma·da |fantasmáða| ***f.*** Obra o dicho de la persona que presume de lo que no es o de tener lo que no tiene: *es un chulo y siempre viene diciendo fantasmadas.*

fan·tas·mal |fantasmál| ***adj.*** Del *fantasma o que tiene relación con él: *presenció una aparición ~ y quedó aterrorizado.*

fan·tás·ti·⌜co, ⌜ca |fantástiko, ka| **1 *adj.*** Que no es real; que ha sido creado por la imaginación o la *fantasía: *Don Quijote nunca existió: es un personaje ~.* **2** *fam. fig.* Que destaca por sus buenas cualidades; que sobresale entre lo demás; que es admirable: *es un libro ~, te recomiendo que lo leas.* ⇒ **extraordinario. 3** De la *fantasía o que tiene relación con ella: *es un escritor de literatura fantástica.* **- 4 *adj.-s.*** *desp.* (persona) Que tiende a dejarse llevar por la imaginación: *no le prestes atención: es un ~.* ⇒ **fantasioso.**

fan·to·che |fantótʃe| **1 *m.*** *fam. desp.* Persona que presume de lo que no es o de tener lo que no tiene: *es un ~ y siempre se jacta de cosas que es incapaz de hacer.* ⇒ **fanfarrón, fantasma. 2** Muñeco que se mueve por medio de hilos o metiendo la mano en su interior: *mi padre se dedica a construir fantoches para los niños.* ⇒ **marioneta, títere.**

fa·quir |fakír| **1 *m.*** Religioso mahometano que practica actos de gran sacrificio y que vive de lo que le dan los demás: *los faquires son admirados por la austeridad de su vida.* **2** Persona que hace un espectáculo en el que se somete a pruebas que suelen causar dolor: *el ~ se tumbó sobre cristales rotos.*

fa·ra·lá |faralá| **1 *m.*** Pieza de tela doblada y cosida por la parte superior, y suelta por abajo, que sirve para adornar las prendas de vestir: *los faralaes adornan los trajes de sevillana y las batas de cola; algunas blusas llevan un ~ en la pechera.* ⇒ **volante. 2** *fam.* Adorno exagerado y de mal gusto: *esa muchacha siempre viste con faralaes.* ☐ El plural es *faralaes.*

fa·rán·du·la |farándula| ***f.*** Profesión y ambiente de las personas que se dedican al espectáculo, especialmente al teatro: *lleva en el mundo de la ~ muchos años.*

fa·ran·du·le·⌜ro, ⌜ra |faranduléro, ra| **1 *m. f.*** Persona que se dedica al espectáculo, especialmente al teatro: *los faranduleros llegaron al pueblo y representaron una comedia.* **- 2 *adj.-s.*** *fig.* (persona) Que habla de manera extensa y complicada generalmente para engañar: *cuídate de él: es un ~ y te embaucará.*

fa·ra·ón |faraón| ***m.*** *Soberano del antiguo Egipto: *el ~ era considerado como un dios.*

far·dar |farðár| ***intr.*** *fam.* Presumir de una virtud o de una cosa que se posee: *ha sacado el coche nuevo para ~ delante de sus amigos.*

far·do |fárðo| ***m.*** Conjunto grande de cosas atadas y apretadas: *hizo un ~ con toda su ropa y se lo echó a la espalda.* ⇒ **atado, fajo.**

far·⌜dón, ⌜do·na |farðón, ðóna| **1 *adj.-s.*** *fam.* (persona) Que *farda o tiende a presumir de las virtudes o de las cosas que posee: *es muy ~ y alardea de todo lo que compra.* **- 2 *adj.*** *fam.* Que sirve para *fardar: *tiene un reloj muy ~.*

far·fu·llar |farfuʎár| ***tr.*** [algo] Decir una cosa muy deprisa y con poca claridad; pronunciar mal: *farfullaba una petición que nadie entendió.*

far·fu·lle·⌜ro, ⌜ra |farfuʎéro, ra| ***adj.-s.*** *fam. desp.* (persona) Que habla con poca claridad o que *farfulla: *es un ~ y no se le entiende nada de lo que dice.*

fa·rin·ge |faríŋxe| ***f.*** ANAT. Órgano del aparato *digestivo y *respiratorio en forma de tubo, de paredes musculosas y situado a continuación de la boca: *la ~ del hombre comunica las fosas nasales con el esófago; no puedo tomar bebidas frías porque tengo inflamada la ~.*

fa·rín·ge·⌜o, ⌜a |faríŋxeo, a| ***adj.*** ANAT. De la *faringe o que tiene relación con ella: *las amígdalas son órganos faríngeos que evitan la penetración de agentes infecciosos en el aparato respiratorio.*

fa·rin·gi·tis |fariŋxítis| ***f.*** *Inflamación de la *faringe: *tenía continuas ~ en el invierno y tomaba antibióticos.* ☐ El plural es *faringitis.*

far·ma·céu·ti·⌜co, ⌜ca |farmaθéutiko, ka| **1 *adj.*** De la *farmacia o que tiene relación con ella: *trabaja en una empresa farmacéutica.* **- 2 *m. f.*** Persona que se dedica a hacer o vender las medicinas: *la farmacéutica me ha dicho que este medicamento es muy eficaz contra el resfriado.* ⇒ **boticario.**

far·ma·cia |farmáθia| **1 *f.*** Establecimiento donde se hacen o venden medicinas: *tengo que ir a la ~ a comprar las pastillas para el estómago.* ⇒ **botica. 2** Disciplina que estudia la preparación de medicinas y las sustancias que sirven para hacerlas: *estudió ~ en la universidad.*

fár·ma·co |fármako| ***m.*** Sustancia que sirve para curar, calmar o evitar enfermedades: *no se debe abusar de los fármacos.* ⇒ **medicamento, medicina.**

fa·ro |fáro| **1 *m.*** Torre alta en las costas y *puertos, con luz en su parte superior, que sirve de señal a los barcos durante la noche: *el ~ guió al pesquero durante la tormenta; la luz del ~ se divisa desde muy lejos.* **2** *Foco en la parte delantera de los automóviles, que sirve para iluminar el camino: *los coches llevan dos o cuatro faros; los faros antiniebla son muy útiles.* **3** *fig.* Cosa que sirve como *guía o modelo: *la Constitución española de 1812 ha sido el ~ de las constituciones posteriores.* ⇒ **guía.**

fa·rol |faról| **1 *m.*** Caja con una o más caras de cristal o de otro material transparente, que tiene dentro una luz y que sirve para *alumbrar: *Sherlock Holmes se introdujo en el sótano alumbrándose con un ~.* **2** *fam. fig.* Obra o dicho falso que sorprende o confunde: *cuando os dije que lo iba a terminar a tiempo era un ~ : no soy capaz de hacerlo tan deprisa.*

fa·ro·la |faróla| ***f.*** *Farol grande y colocado en

alto, que sirve para dar luz en las calles o carreteras: *iba tan borracho que chocó contra una ~.*

fa·ro·le· ro, ⌈ra |faroléro, ra| **1** ***adj.-s.*** *fam. desp. fig.* (persona) Que tiende a decir cosas falsas y exageradas: *no creo casi nada de lo que nos cuenta porque es un ~.* **- 2** ***m. f.*** Persona que cuida de los *faroles del *alumbrado público: *anochecía y el ~ comenzaba su trabajo.*

fa·ro·li·llo |faroliʎo| **1** ***m.*** Adorno de papel, plástico u otro material, con colores brillantes, que se cuelga del techo y de las paredes en las fiestas: *la verbena estaba decorada con farolillos y luces de colores; del techo colgaban farolillos y banderines.* **2** Planta de jardín, con las flores en forma de pequeñas campanas de color azul o blanco: *el ~ florece todo el verano.* ■ **~ rojo**, *fig.*, último puesto en una clasificación o en una competición deportiva: *ese equipo de fútbol ocupa el ~ rojo en la liga; el ciclista Gómez es el ~ rojo de la carrera.*

fa·rra |fara| ***f.*** Diversión muy animada, con ruido y desorden: *estuvo de ~ anoche con los amigos y hoy tiene mucho sueño.* ⇒ **juerga.**

fa·rra·go·⌈so, ⌈sa |faraɣóso, sa| ***adj.*** Que es poco claro; que no sigue un orden: *nos dio un escrito ~ y nos pidió que lo leyéramos.*

fa·rru·⌈co, ⌈ca |farúko, ka| ***adj.-s.*** (persona) Que es valiente y decidido; que busca la lucha o el enfrentamiento: *cuando le pidieron que fuera con ellos, se puso ~ y se negó.* ☐ Se suele usar con el verbo *ponerse.*

far·sa |fársa| **1** ***f.*** Obra de teatro divertida y de corta duración: *la compañía interpretó una breve ~ en la calle.* **2** *desp.* Obra de teatro de poca calidad o de mal gusto: *el crítico dijo que no era más que una ~ mal escrita.* **3** *fig.* *Mentira o engaño que intenta ocultar una cosa: *me vi envuelto en una ~ muy desagradable.* ⇒ **comedia, pantomima.**

far·san·te |farsánte| **1** ***adj.-s.*** (persona) Que miente o engaña para ocultar una cosa: *es un ~: había prometido que nos ayudaría si llegaba al poder y no lo ha cumplido.* **- 2** ***com.*** Persona que se dedica a representar *farsas: *es un ~ famoso: lleva muchos años en ese teatro.*

fas·cí·cu·lo |fasθíkulo| ***m.*** Publicación periódica que, junto con otras, compone un libro: *todas las semanas compro un ~ porque quiero tener una enciclopedia sobre la historia del rock; esta enciclopedia se entrega en 78 fascículos semanales.* ⇒ **entrega.**

fas·ci·na·ción |fasθinaθi̯ón| **1** ***f.*** Atracción o interés grande que produce o sufre una persona: *su ~ era tal, que no pudo resistirse y continuó escuchando el programa de radio.* ⇒ **embrujo. 2** *fig.* Engaño o sorpresa: *sufrió una fuerte ~ al ver a su tía con ese vestido tan antiguo.*

fas·ci·nan·te |fasθinánte| ***adj.*** Que *fascina o atrae con gran fuerza: *tenía una mirada ~.*

fas·ci·nar |fasθinár| **1** ***tr.*** [a alguien] Atraer o interesar en gran medida: *me fascina todo lo relacionado con las culturas antiguas.* ⇒ **embrujar. 2** *fig.* Engañar o sorprender mediante engaño: *fascinó a sus compañeros de trabajo y acabaron prestándole dinero.*

fas·cis·mo |fasθísmo| **1** ***m.*** Movimiento político y social fundado en Italia por Mussolini después de la Primera Guerra Mundial: *el ~ era un movimiento de carácter dictatorial; el ~ trató de emular la grandeza de la antigua Roma; la victoria de los aliados en la Segunda Guerra Mundial causó la caída del ~.* ⇒ **nazismo. 2** Doctrina surgida de ese movimiento: *el ~ fue adoptado por partidos políticos de extrema derecha; el ~ exalta el patriotismo.*

fas·cis·ta |fasθísta| **1** ***adj.*** Del *fascismo o que tiene relación con él: *el régimen ~ italiano firmó un pacto con la Alemania nazi.* **- 2** ***adj.-com.*** (persona) Que es partidario del *fascismo: *los camisas negras eran grupos fascistas violentos; los fascistas intervinieron en la guerra civil española.* ⇒ **facha.**

fa·se |fáse| **1** ***f.*** Estado que forma parte de una serie o de un proceso: *la reconversión industrial se desarrollará en varias fases; estamos llegando a la última ~ del trabajo; la infancia es la primera ~ de la vida.* ⇒ **estadio, etapa. 2** ASTRON. Posición de un planeta en relación con su movimiento alrededor de un punto: *cuando la Luna está en la ~ de luna nueva no se ve desde la Tierra.* **3** ELECTR. Valor de la intensidad de una corriente eléctrica en un momento dado.

fas·ti·diar |fastiði̯ár| **1** ***tr.*** [a alguien] Enfadar o cansar: *no me fastidies más con eso y deja de repetírmelo.* **2** Disgustar o causar asco: *me fastidia tener que pedirle dinero.* **3** *fam.* Causar disgusto un acontecimiento de poca importancia o una situación ligeramente desagradable: *me fastidia no poder hablar contigo un poco más.* **- 4 fastidiarse** ***prnl.*** Aguantarse o sufrir con paciencia un mal que no se puede evitar: *si te ha salido mal, te fastidias.* ☐ Se conjuga como 12.

fas·ti·dio |fastíði̯o| **1** ***m.*** Enfado o molestia: *contestó, con cierto ~, que no le apetecía salir con él.* **2** Disgusto o asco que causa una persona o cosa: *no sabes el ~ que me produce tener que empezar otra vez.* **3** *fam.* Disgusto que causa un acontecimiento de poca importancia o una situación ligeramente desagradable: *es un ~ tener que esperar el próximo tren.*

fas·ti·dio·⌈so, ⌈sa |fastiði̯óso, sa| ***adj.*** Que causa enfado o fastidio: *es un tipo muy ~: siempre está importunando.*

fas·⌈to, ⌈ta |fásto, ta| **1** ***adj.*** *form.* (tiempo) Que es muy favorable o feliz: *cuando lo nombraron ministro, fue un ~ día para toda su familia.* **- 2 fasto** ***m.*** *form.* Lujo grande o extraordinario: *el funeral se celebró con gran ~.* ⇒ **fastuosidad.**

fas·tuo·si·dad |fastu̯osiðáᵈ| ***f.*** *form.* Lujo grande o extraordinario: *su ~ fue tal, que todos pensaban que nunca antes se vio una fiesta igual.* ⇒ **fasto.**

fas·tuo·⌈so, ⌈sa |fastu̯óso, sa| ***adj.*** *form.* Que tiene o muestra un lujo enorme o extraordinario: *el féretro estaba acompañado por un ~ cortejo.*

fa·tal |fatál| **1** ***adj.*** Que es muy malo; que no se puede soportar: *la comida era ~ y las sábanas estaban sucias; hoy hace un día ~, así que, abrígate bien.* **2** Que es desgraciado o poco feliz: *maldigo el día ~ en el que dije «sí»; se dio la ~ coincidencia de que ya se conocían.* **3** Que produce la muerte: *él su-*

frió un accidente ~ y sus hijos quedaron huérfanos. **- 4 *adv.*** *form.* Muy mal; de manera nada adecuada: *los músicos tocaban ~ y nos tuvimos que salir del concierto.*

fa·ta·li·dad |fataliðáᵟ| ***f.*** Desgracia o mala suerte: *fue una ~ que no pudieras venir.*

fa·ta·lis·mo |fatalísmo| ***m.*** FIL. Doctrina filosófica o religiosa que considera que ningún acontecimiento se puede evitar, por estar todos sujetos a una necesidad superior a ellos: *según el ~, no somos dueños de nuestro destino ni podemos decidir en libertad.* ⇒ **determinismo.**

fa·tí·di·⌜co, ⌜ca |fatíðiko, ka| **1 *adj.*** Que es desgraciado o poco feliz: *todavía recuerdo el ~ día del accidente.* **2** Que muestra lo que *sucederá en el futuro, anunciando generalmente desgracias: *tuvo un sueño ~ que le avisaba de su muerte.*

fa·ti·ga |fatíɣa| **1 *f.*** Debilidad o falta de fuerzas producida por el *cansancio: *la ~ le impedía continuar caminando y pidió que nos detuviésemos un poco a descansar.* **2** Molestia o dificultad al respirar: *el calor y la ~ lo estaban asfixiando.* **- 3 fatigas *f. pl.*** *fig.* Molestias, sufrimientos o trabajos excesivos: *ahora podemos olvidar las fatigas del viaje.*

fa·ti·gar |fatiɣár| ***tr.-prnl.*** [a alguien] Cansar o causar *fatiga: *el trabajo me fatiga; me fatigué al subir esa cuesta.* ☖ Se conjuga como 7.

fa·ti·go·⌜so, ⌜sa |fatiɣóso, sa| **1 *adj.*** Que causa *cansancio o *fatiga: *hacer zanjas en la tierra es un trabajo muy ~.* **2** Que tiene o muestra *fatiga o *cansancio: *marchaba ~ por el desierto.*

fa·⌜tuo, ⌜tua |fátuo, tua| **1 *adj.-s.*** *fam. desp.* (persona) Que tiende a presumir de lo que no es o de tener lo que no tiene: *es un ~ y un pretencioso: alardea de lo que no es.* **2** *fam. desp.* Que tiene poco entendimiento: *qué necio y qué ~ es: no se entera de nada de lo que le decimos.*

fau·ces |fáuθes| ***f. pl.*** *form.* Parte posterior de la boca de los mamíferos, que va desde el *velo del paladar hasta el *esófago: *el oso abrió la boca y enseñó sus ~ al cazador; en este número el domador introduce la cabeza en las ~ del león.*

fau·na |fáuna| ***f.*** Conjunto de los animales de un país o región: *el autor describe el territorio con minuciosa pulcritud: los valles, las montañas, los ríos, la flora y la ~.* ⇒ **flora.**

fa·vor |faβór| **1 *m.*** Ayuda o protección que se da o se concede: *me hizo un ~ y tengo que agradecérselo.* ☖ Se suele usar con el verbo *hacer.* **2** Confianza o apoyo: *cuenta con el ~ del jefe.*

fa·vo·ra·ble |faβoráβle| ***adj.*** Que favorece o hace más fácil una cosa o una acción: *esperan que las condiciones meteorológicas sean favorables para la prueba.* ⇔ **desfavorable.**

fa·vo·re·cer |faβoreθér| **1 *tr.*** [a alguien] Dar o hacer un favor: *la favoreció al ofrecerle ese trabajo.* **2** [algo] Hacer más fácil o posible la ejecución de una cosa: *el calor favorece el crecimiento de estas plantas.* ⇒ **facilitar. 3** [a alguien] Mostrar apoyo o confianza: *su intervención nos favoreció ante la comisión.* **4** Dar *hermosura o belleza: *ese traje te favorece.* ⇔ **desfavorecer.** ☖ Se conjuga como 43.

fa·vo·ri·tis·mo |faβoritísmo| ***m.*** Tendencia o inclinación a favorecer más a unas personas que a otras que lo merecen tanto como las primeras: *el ~ produce grandes injusticias.* ⇒ **nepotismo.**

fa·vo·ri·⌜to, ⌜ta |faβoríto, ta| **1 *adj.*** Que es mejor considerado o más querido que los demás: *es mi libro ~; la tortilla española es uno de sus platos favoritos.* **2** Que tiene muchas posibilidades de ganar una competición: *el caballo ~ es Aristócrata, y todos apuestan por él.* **- 3 *m. f.*** Persona que goza de la confianza o del apoyo de un rey o de una persona con poder: *dejó el gobierno en manos de su ~.* ⇒ **valido.**

fax |fáᵏs| **1 *m.*** Sistema de comunicación que permite mandar información escrita a través del teléfono: *te enviaré la factura por ~.* **2** Aparato que permite mandar y recibir mensajes a través de ese sistema: *en mi despacho tengo un ~ y un teléfono.* **3** Mensaje escrito que se ha comunicado a través de ese sistema: *el ~ decía que no podría asistir a la reunión.*

faz |fáθ| **1 *f.*** *form.* Parte anterior de la cabeza de las personas, en la que están la boca, la nariz y los ojos: *su ~ mostraba una profunda preocupación.* ⇒ **cara, rostro, semblante. 2** Cara o lado de una cosa: *el mueble está más pulido por esa ~.* **3** Cara anterior o parte principal de una cosa: *tenemos que fijarnos en el relieve de la ~ de las monedas.*

fe |fé| **1 *f.*** Confianza o creencia en personas o cosas de las que no se necesita demostrar que existan o que sean buenas o útiles: *es una noticia digna de ~; tenía mucha ~ en los médicos.* **2** Conjunto de ideas y creencias de una determinada religión o doctrina: *la ~ cristiana ve en Jesús al Mesías.* **3** Palabra, escrito o documento que asegura que una cosa es cierta: *daré ~ de ello; la ~ de bautismo.* **4** Virtud *teologal que consiste en creer la palabra de Dios y la doctrina de la Iglesia: *Dios concede la ~ a los que creen en Él.* ■ **dar/hacer** ~, afirmar la verdad de algo de manera legal: *el notario dio ~ de la venta; doy ~ de que Elena dice la verdad.* ■ **de buena/mala** ~, con buena o mala intención o deseo; queriendo hacer bien o mal: *el empleado actuó de buena ~ aunque se equivocó; si te perjudicó no lo hizo de mala ~.* ■ ~ **de erratas**, lista que se añade a veces en un libro para señalar y corregir los errores que han aparecido en él: *en la ~ de erratas dice que donde dice «digo» debe decir «Diego».*

fe·al·dad |fealdáᵟ| **1 *f.*** Falta de belleza que causa una impresión desagradable: *su ~ le hacía avergonzarse ante los demás.* **2** *fig.* Obra o dicho poco adecuado o que causa vergüenza: *no se puede tratar así a nadie: eso es una ~.*

fe·bre·ro |feβréro| ***m.*** Segundo mes del año: *~ sólo tiene 28 días, excepto en los años bisiestos que tiene 29.*

fe·bril |feβríl| **1 *adj.*** *form.* De la fiebre o que tiene relación con ella: *las infecciones conllevan procesos febriles.* **2** Que tiene fiebre: *el enfermo estaba ~ y deliraba.* **3** *fig.* Que está agitado y alterado: *fue un discurso ~.*

fe·cal |fekál| ***adj.*** De las *heces o que tiene relación con ellas: *las aguas fecales se evacuan por ese canal.*

fe·cha |fétʃa| **1** *f.* Momento en que se hace u ocurre una cosa; día, mes y año en que ocurre una cosa: *no recuerdo la ~ de vuestra boda; una ~ importante para la historia de España es la del 12 de octubre de 1492.* **2** Tiempo o momento actual: *hasta la ~ no hemos recibido noticias suyas.* **3** Días que pasan desde un momento determinado: *dentro de unas fechas la duda se habrá desvanecido.*

fe·char |fetʃár| **1** *tr.* [algo] Poner la fecha, y a veces el lugar, en un escrito: *esta carta está fechada en Estambul, el 29 del mes pasado.* **2** Determinar la fecha de un escrito, un objeto o un acontecimiento: *los arqueólogos fechan esas vasijas en el siglo III antes de Cristo.*

fe·cho·rí·a |fetʃoría| *f.* Acción mala de cierta importancia: *todos la temíamos por sus frecuentes fechorías.* ⇒ **travesura.**

fé·cu·la |fékula| *f.* Sustancia de color más o menos blanco, que abunda en las semillas y en los frutos de ciertas plantas y que se puede convertir en harina: *estas galletas están hechas de ~ de maíz.*

fe·cun·da·ción |fekundaθión| *f.* Unión del elemento reproductor masculino con el femenino para dar origen a un nuevo ser: *la ~ de las hembras de esta especie suele producirse en primavera;* ~ **artificial**, la que no se hace de modo natural: *mediante la ~ artificial, muchas parejas que no podían tener hijos tienen ahora la posibilidad de concebirlos;* ~ **in vitro**, la que se logra en un *laboratorio: *tras la ~ in vitro, el huevo es implantado en el útero de la madre.*

fe·cun·dar |fekundár| **1** *tr.* [algo, a alguien] Unir el elemento reproductor masculino al femenino para dar origen a un nuevo ser: *muchas mujeres pueden ser ahora fecundadas con nuevas técnicas.* **2** *fig.* Hacer *fecundo o productivo: *el abono sirve para ~ la tierra.*

fe·cun·di·zar |fekundiθár| *tr.* [algo, a alguien] Hacer que tenga o admita *fecundación: *fecundizaron el terreno con los abonos.* ☐ Se conjuga como 4.

fe·cun·⌐do, ⌐da |fekúndo, da| **1** *adj.* (terreno) Que produce en gran número o en gran cantidad: *la capital se encuentra en un terreno ~.* ⇒ **feraz.** ⇔ **infecundo. 2** (persona) Que produce una gran cantidad de obras: *este pintor es muy ~.* ⇒ **fértil. 3** Que produce o se reproduce por medios naturales: *este macho es ~, por lo que no hay que inseminar a la hembra.* ⇒ **fértil.**

fe·de·ra·ción |feðeraθión| **1** *f.* Unión o grupo de personas que se dedican a un deporte determinado: *pertenece a la ~ de piragüismo.* **2** Unión o grupo de personas que se dedican a un oficio determinado: *se ha apuntado a la ~ de comerciantes.* **3** Organismo que resulta de esa unión: *la ~ de fútbol tiene su sede en la capital del país.* **4** Estado *federal: *la Federación Helvética también se conoce como Suiza.* **5** Unión que se consigue mediante un acuerdo de varios grupos o comunidades: *es importante la ~ de los países que hablan español.*

fe·de·ral |feðerál| *adj.* (estado) Que está compuesto por varios Estados que están sujetos a ciertas normas comunes: *los revolucionarios propusieron la creación de un Estado ~.*

fe·de·ra·lis·mo |feðeralísmo| *m.* POL. Sistema político en el que hay varios Estados *asociados bajo el poder de una autoridad central: *el ~ reparte el poder entre el Estado central y los territorios federados.* ⇒ **cantonalismo.** ⇔ **centralismo.**

fe·de·ra·lis·ta |feðeralísta| **1** *adj.* POL. Del *federalismo o que tiene relación con él: *la Confederación Helvética está organizada según unos principios federalistas.* ⇒ **federativo. - 2** *adj.-com.* POL. (persona) Que es partidario del *federalismo: *es un político ~, defiende los estados asociados.* ⇒ **cantonalista.** ⇔ **centralista.**

fe·de·rar |feðerár| *tr.-prnl.* [algo] Unir mediante acuerdo, especialmente grupos o comunidades: *han federado varias agrupaciones políticas para conseguir unos objetivos; los dos estados se federaron.*

fe·de·ra·ti·⌐vo, ⌐va |feðeratíβo, βa| **1** *adj.* De la *federación o que tiene relación con ella: *Estados Unidos es un país ~.* ⇒ **federalista. - 2** *m. f.* Persona que pertenece a una *federación, especialmente deportiva: *los federativos estarán en huelga hasta que no se revisen sus contratos.*

fe·ha·cien·te |feaθiénte| *adj.* Que prueba o demuestra de forma clara una cosa o una acción: *delante de ti tienes una prueba ~ de que digo la verdad.*

fe·li·ci·dad |feliθiðáᵈ| **1** *f.* Estado de ánimo del que se encuentra satisfecho o alegre: *dijo que la ~ completa era inalcanzable para el hombre.* ⇒ **alegría, dicha.** ⇔ **infelicidad. 2** Acontecimiento o situación feliz o alegre: *en la vida hay felicidades y sinsabores.* ⇒ **dicha.**

fe·li·ci·ta·ción |feliθitaθión| *f.* Expresión o discurso que sirve para *felicitar a una persona o grupo: *le mandaré una ~ por Navidad.* ⇒ **enhorabuena, parabién.**

fe·li·ci·tar |feliθitár| **1** *tr.* [a alguien] Dar a conocer a una persona el estado de alegría que se siente por un acontecimiento agradable para ella: *cuando se enteró de que había tenido un hijo, se apresuró a felicitarla.* **2** Expresarle a una persona el deseo de que sea feliz: *felicitó a la pareja de recién casados.* **- 3 felicitarse** *prnl.* Expresar el estado de alegría en que se está por un acontecimiento agradable: *se felicitó al ver la obra que acababa de terminar.*

fe·li·⌐grés, ⌐gre·sa |feliγrés, γrésa| **1** *m. f.* Persona que pertenece a una *parroquia determinada: *el cura recordó a sus feligreses las necesidades de la parroquia.* **2** *fam. fig.* Persona que va de manera frecuente a un mismo establecimiento público: *acudió a la taberna donde todas las tardes se encontraba con el resto de los feligreses.* ⇒ **parroquiano.**

fe·li·⌐no, ⌐na |felíno, na| **1** *adj.* Del gato, que tiene relación con él o que parece propio de él: *se acercó con movimientos felinos para que no la oyeran.* **- 2** *adj.-s.* (animal) Que es mamífero, tiene fuertes uñas que puede esconder, gran flexibilidad, y se alimenta de otros animales: *el tigre y el león son animales felinos; el gato es el ~ más común.*

fe·liz |felíθ| **1** *adj.* Que siente o tiene felicidad: *cuando le dieron esa noticia pensó que era el hombre más ~ del mundo.* **2** Que produce felicidad: *nos* *anunció el ~ acontecimiento.* **3** Que es acertado o adecuado: *tuvo una intervención ~ durante la reunión.*

fe·⌐lón, ⌐lo·na |felón, lóna| ***adj.-s.*** *desp.* (persona) Que engaña, hace un mal o *traiciona: *el ~ negó haber sido cómplice del asesinato.* ⇒ **pícaro.**

fe·lo·ní·a |felonía| ***f.*** Engaño, acción mala o *traición: *pagará cara su ~.*

fel·pa |félpa| **1 *f.*** Tejido de algodón que tiene pelo en la superficie: *como no aguanta el frío, usa camiseta y calzoncillos de ~.* **2** *fam. fig.* Serie de golpes que se dan como castigo: *niño, como no te portes bien, te voy a dar una buena ~.* ⇒ **zurra.**

fel·pu·do |felpúðo| ***m.*** Trozo de paño o de otro material que se coloca a la entrada de las casas para quitarse el barro o el polvo de los zapatos: *se limpió los pies en el ~ antes de pasar.* ⇒ **alfombrilla.**

fe·me·ni·⌐no, ⌐na |femeníno, na| **1 *adj.*** De la mujer o que tiene relación con ella: *las mujeres separadas han formado una asociación femenina; los ovarios son órganos sexuales femeninos.* ⇔ **masculino, varonil, viril. 2** (ser vivo) Que tiene órganos para ser *fecundado: *las flores femeninas son fecundadas por el polen que depositan en ella los insectos o el viento.* **3** De los seres vivos que tienen órganos para ser *fecundados o que tiene relación con ellos: *las enfermedades femeninas pueden afectar a las crías.* **4** Que parece propio de la mujer; que tiene alguna cualidad que se considera propia o característica de la mujer: *ese conjunto que lleva Marta es muy ~; fumar puros me parece poco ~; pinta cuadros muy femeninos.* **- 5 *adj.-m.*** (género) De los sustantivos que combinan con el determinante *esta* y con otros determinantes del mismo género: casa, luna *y* mujer *son palabras de género ~; el ~ de* gato *es* gata. ⇔ **masculino.**

fé·mi·na |fémina| ***f.*** *form.* Persona de sexo femenino; mujer: *las féminas están exentas de la obligación de descubrirse al entrar en un lugar sagrado.*

fe·mi·ni·dad |feminiðáᵈ| **1 *f.*** Condición y conjunto de caracteres que se consideran propios de la mujer: *empleó toda su ~ para seducirlo, y lo consiguió.* **2** MED. Cualidad de la persona de sexo masculino en la que aparecen caracteres femeninos: *siempre nos ha llamado la atención su ~: no tiene nada de vello en la cara.*

fe·mi·nis·mo |feminísmo| ***m.*** Movimiento social que pide para la mujer el reconocimiento de unas capacidades y unos derechos que tradicionalmente han estado reservados para los hombres: *el ~ defiende la igualdad del hombre y la mujer.*

fe·mi·nis·ta |feminísta| **1 *adj.*** Del *feminismo o que tiene relación con él: *las ideas feministas se han generalizado en la sociedad del siglo* XX. ⇔ **machista. - 2 *adj.-com.*** (persona) Que defiende las ideas del *feminismo: *las feministas se manifestaron para reclamar sus derechos.* ⇔ **machista.**

fe·mo·ral |femorál| ***adj.*** Del *fémur o que tiene relación con él: *el bíceps ~ está situado en la parte posterior del muslo.*

fé·mur |fémur| ***m.*** Hueso del *muslo, el más largo del cuerpo humano: *lo atropelló un coche y se le produjo una doble rotura de ~.* ☖ El plural es *fémures.*

fe·ne·cer |feneθér| **1 *intr.*** *form.* Morir o dejar de vivir: *feneció sin ver su obra terminada.* ⇒ **fallecer, finar. - 2** *form. fig.* Acabarse o terminarse una cosa: *a los tres años feneció su mandato.* ☖ Se conjuga como 43.

fe·ni·⌐cio, ⌐cia |feníθio, θia| **1 *adj.*** De Fenicia o que tiene relación con Fenicia: *Biblos, Sidón y Tiro eran ciudades fenicias; en España hay restos de colonias fenicias.* **- 2 *m. f.*** Persona nacida en Fenicia o que vive habitualmente en Fenicia: *los fenicios navegaron por todo el Mediterráneo; los fenicios fundaron colonias en Cádiz y Málaga.* **3** *fam.* Persona que gusta de hacer negocios y que tiene suerte en ellos: *este hombre es un ~ que ha conseguido un frigorífico a cambio de cuatro trastos viejos.* **- 4 fenicio *m.*** Lengua de Fenicia: *el ~ tuvo influencia sobre el griego.*

fe·no·me·nal |fenomenál| **1 *adj.*** *fam.* Que destaca por sus buenas cualidades; que sobresale entre lo demás; que es admirable: *es un programa ~, te recomiendo que lo veas.* ⇒ **extraordinario, fenómeno. 2** *fam.* Que es muy grande o enorme: *le dimos un chapuzón ~.* **3 *adv.*** Muy bien; de manera magnífica: *estoy contento porque lo has hecho ~.* ⇒ **fenómeno.**

fe·nó·me·no |fenómeno| **1 *m.*** Actividad que se produce en la naturaleza: *las lluvias, la nieve y el granizo son fenómenos atmosféricos.* **2** Acontecimiento, generalmente poco corriente: *anoche tuvo lugar en nuestra ciudad un ~ inusitado.* **- 3 *adj.-com.*** *fam.* Que sobresale entre lo demás; que es admirable: *ese chico es un ~: canta como los ángeles.* ⇒ **fenomenal. - 4 *adv.*** *fam.* Muy bien; de manera magnífica: *me parece ~ que te hayas decidido a venir.* ⇒ **fenomenal.**

fe·no·me·no·lo·gí·a |fenomenoloxía| ***f.*** FIL. Método y doctrina filosófica que trata de describir los contenidos de *conciencia en su origen y desarrollo: *Ortega y Gasset hizo un esfuerzo por dar a conocer las aportaciones de la ~.*

fe·no·me·no·ló·gi·⌐co, ⌐ca |fenomenolóxiko, ka| ***adj.*** FIL. De la *fenomenología o que tiene relación con ella: *la primera condición del análisis ~ es la reducción.*

fe·⌐o, ⌐a |féo, a| **1 *adj.*** Que es desagradable a la vista, al oído o al espíritu: *esa corbata roja y verde es muy fea; Juan está muy ~ con ese peinado.* ⇔ **bonito, guapo. 2** Que es malo y va contra la moral o la justicia: *robar a un compañero es una acción muy fea.* **3** Que parece malo o no favorable: *el asunto se está poniendo ~.* **- 4 feo *m.*** *fam.* Trato desagradable: *nos hizo muchos feos mientras éramos amigos.*

fe·raz |feráθ| ***adj.*** Que produce en gran número o en gran cantidad: *tiene la suerte de cultivar una tierra ~.* ⇒ **fértil.**

fé·re·tro |féretro| ***m.*** *form.* Caja en la que se coloca a una persona muerta para enterrarla: *más de mil personas acompañaron el ~ en su camino hasta el cementerio.* ⇒ **ataúd.**

fe·ria |féria| **1 *f.*** Mercado que se celebra en un lugar público para comprar y vender todo tipo de productos: *fueron a la ~ a comprar unas mulas.* **2** Fiesta que suele celebrarse una vez al año: *en esta localiad, la ~ dura una semana y todo el mundo se divierte mucho.* **3** Lugar con muchas atracciones para que la gente se divierta: *esta tarde iremos a la ~ y montaremos en la noria.* ⇒ **ferial.**

fe·rial |feriál| ***m.*** Lugar donde se celebra una *feria: *fueron al ~ a tomar unos churros.* ⇒ **feria.**

fe·riar |feriár| **1** ***tr.-prnl.*** [algo] Comprar una cosa en la *feria: *¿qué te has feriado?* **- 2** ***intr.*** Descansar o interrumpir el trabajo: *la semana que viene feriaremos dos días.* ⌂ Se conjuga como 12.

fer·men·tar |fermentár| **1** ***intr.*** Transformarse una sustancia en otra, generalmente más simple, por la acción de un *fermento: *el mosto fermenta en las barricas y se convierte en vino.* **- 2** ***intr.-prnl.*** *fig.* Cambiar o transformarse una situación: *la amistad se fermentó a lo largo de los años.*

fer·men·to |ferménto| **1** ***m.*** Organismo vivo que es capaz de hacer que una sustancia se transforme en otra: *el ~ hizo que la leche se cuajara.* **2** *fig.* Causa de un cambio o transformación de una situación: *ciertos sectores políticos y religiosos vieron en ese libro un posible ~ revolucionario.*

fe·ro·ci·dad |feroθiðáᵈ| ***f.*** Cualidad de *feroz: *sus ojos brillaron con ~ y un ataque de cólera la conmovió de pies a cabeza.* ⇒ **fiereza.**

fe·roz |feróθ| ***adj.*** Que es cruel y violento: *en el ring tenía lugar una lucha ~; el lobo ~ trataba de comerse a Caperucita.* ⇒ **fiero, sangriento, sanguinario.**

fé·rre·⌐o, ⌐a |féřeo, a| **1** ***adj.*** *fig.* Que es duro o se mantiene firme en sus ideas o intenciones: *tiene una voluntad férrea.* ⇒ **tenaz.** **2** Que es de hierro o tiene alguna de sus características: *el escenario se construyó sobre una estructura férrea.*

fe·rre·te·rí·a |feřetería| ***f.*** Establecimiento en el que se venden clavos, tornillos, herramientas y otras cosas de metal: *voy a la ~ a comprar una llave inglesa.*

fe·rre·te·⌐ro, ⌐ra |feřetéro, ra| ***m. f.*** Persona que se dedica a vender clavos, tornillos herramientas y otras cosas de metal: *el ~ me dijo que no tenían tornillos de esa medida.*

fe·rro·ca·rril |feřokaříl| **1** ***m.*** Medio de transporte formado por varios vehículos que son arrastrados por una máquina sobre una vía: *el ~ es un medio de transporte colectivo.* ⇒ **tren.** **2** Conjunto de instalaciones, equipos, vehículos y personas que hacen funcionar ese medio de transporte: *el ~ transporta cada año a millones de personas.*

fe·rro·⌐so, ⌐sa |feřóso, sa| ***adj.*** QUÍM. De hierro o que contiene hierro: *las aguas de aquella fuente son ferrosas y no se pueden beber.*

fe·rro·via·⌐rio, ⌐ria |feřoβiário, ria| **1** ***adj.*** Del *ferrocarril o que tiene relación con él: *trabaja en una empresa ferroviaria española.* **- 2** ***m. f.*** Persona que se dedica a trabajar en el *ferrocarril: *pregúntale a ese ~: quizás sepa a qué hora sale tu tren.*

fér·til |fértil| **1** ***adj.*** (terreno) Que produce en gran número o en gran cantidad: *el valle es la parte más ~ de la región.* ⇒ **feraz.** **2** *p. ext.* (periodo de tiempo) Que da lugar a una producción grande: *aquel año fue muy ~.* **3** *fig.* (persona) Que produce una gran cantidad de obras: *Lope de Vega ha sido uno de los escritores más fértiles de la literatura española.* ⇒ **fecundo.** **4** (persona, animal) Que produce o se reproduce por medios naturales: *conservaremos la hembra mientras sea ~.* ⇒ **fecundo.**

fer·ti·li·dad |fertiliðáᵈ| ***f.*** Cualidad de *fértil; cualidad de lo que produce o se reproduce por medios naturales: *la carencia de vitaminas disminuye la ~.*

fer·ti·li·zan·te |fertiliθánte| ***adj.-m.*** (producto) Que *fertiliza: *con el uso de los fertilizantes, la producción de la tierra se ha duplicado.*

fer·ti·li·zar |fertiliθár| ***tr.*** [algo] Hacer *fértil o productivo: *el macho se aparea con las hembras y las fertiliza.* ⌂ Se conjuga como 4.

fé·ru·la |férula| **1** ***f.*** MED. Pieza *rígida y pequeña que sirve para mantener los huesos rotos o dañados en una posición fija: *se rompió varios dedos de una mano y el médico le puso una ~.* **2** *fig.* Abuso de autoridad o poder: *la casa estaba gobernada por la ~ de la patrona.*

fer·vien·te |ferβiénte| ***adj.*** Que tiene o muestra *fervor: *es un ~ admirador de esa actriz.* ⇒ **fervoroso.**

fer·vor |ferβór| **1** ***m.*** *fig.* Interés y respeto en una práctica religiosa: *cantaban el salmo con ~.* **2** *fig.* Respeto y consideración grandes: *sus admiradores sienten ~ por él.* ⇒ **devoción.** **3** *fig.* Entrega y dedicación grande e intensa: *se entrega a su trabajo con ~.* **4** Calor intenso: *siente un gran ~ cuando se acuerda del accidente.*

fer·vo·ro·⌐so, ⌐sa |ferβoróso, sa| ***adj.*** ⇒ **ferviente.**

fes·te·jar |festexár| **1** ***tr.*** [algo, a alguien] Celebrar una cosa con fiestas: *todos los años festejan a su santo patrón.* **- 2 festejarse** ***prnl.*** Divertirse o disfrutar con una cosa: *se festejaban con satisfacción por haber conseguido el triunfo.*

fes·te·jo |festéxo| ***m.*** Fiesta o celebración: *los festejos en honor de la Virgen comenzarán el lunes.* ⌂ Se suele usar en plural.

fes·tín |festín| ***m.*** Comida en la que hay una gran variedad de platos, especialmente la que se organiza para celebrar una cosa: *invitó a sus amigos a un ~ y acudieron todos con sus hijos.*

fes·ti·val |festiβál| **1** ***m.*** Espectáculo musical en el que varios artistas compiten por un premio: *en el ~, el joven cantante interpretará una nueva canción.* **2** Espectáculo musical en el que se incluyen diversas *actuaciones: *se celebra todos los años un ~ de jotas.*

fes·ti·vi·dad |festiβiðáᵈ| ***f.*** Día en que se celebra una fiesta: *el concierto tuvo lugar en la ~ de Santa Cecilia.*

fes·ti·⌐vo, ⌐va |festíβo, βa| **1** ***adj.-s.*** (día) De fiesta: *el día 12 de octubre es ~.* **- 2** ***adj.*** Que tiene o muestra alegría o buen humor: *charlaban y bromeaban en tono ~.*

fes·tón |festón| **1** ***m.*** Adorno cosido en una tela:

se compró un vestido rojo con festones en el borde. **2** ARQ. Adorno de las puertas de los edificios que imita figuras vegetales: *la iglesia tiene una puerta adornada con festones.*

fe·tal |fetál| ***adj.*** Del feto o que tiene relación con él: *encontraron un cadáver en posición ~ recostado del lado izquierdo.*

fe·ti·che |fetítʃe| **1** ***m.*** *fig.* Objeto del que se cree que trae suerte: *entre sus fetiches, guarda un trozo de mármol del Foro de Roma.* **2** Figura u objeto que se adora como a un dios por ciertas religiones: *prohibieron a los nativos que adoraran a sus fetiches.* ⇒ **ídolo.**

fe·ti·dez |fetiðéθ| ***f.*** Cualidad de *fétido: *se me acercó y pude oler la ~ de su aliento.*

fé·ti·⌐do, ⌐da |fétiðo, ða| ***adj.*** Que despide un mal olor intenso: *en la sala había un ambiente ~.* ⇒ **hediondo.**

fe·to |féto| **1** ***m.*** *Embrión de ciertos mamíferos desde el momento de la *fecundación hasta el nacimiento: *le hicieron una ecografía para ver el ~.* **2** Animal que ha muerto antes de nacer de su madre: *extrajeron el ~ de la oveja.* **3** *fam. desp. fig.* Persona deforme o muy fea: *no puedo creer que mi hermana esté saliendo con ese ~.*

feu·dal |feuðál| ***adj.*** Del *feudo o que tiene relación con él: *los vasallos estaban sometidos al señor ~.*

feu·do |féuðo| **1** ***m.*** Acuerdo por el cual una persona con autoridad concede ciertos derechos a otra, a cambio de sus servicios: *el rey concedió un ~ a los habitantes de esa ciudad.* **2** Tierra, bien o derecho que se concede mediante ese acuerdo: *su ~ incluía más de 20 poblaciones.*

fi·a·ble |fiáβle| ***adj.*** Que merece confianza: *este coche es muy ~ porque tiene buena suspensión y unos frenos muy eficaces.*

fi·a·⌐dor, ⌐do·ra |fiaðór, ðóra| **1** ***m. f.*** Persona que responde por otra en el caso de que ésta no quiera o no pueda cumplir una obligación: *está buscando un ~ para solicitar un crédito.* **- 2** ***m.*** Pasador de metal que sirve para sujetar una cosa, especialmente una puerta por dentro: *no te olvides de poner el ~ cuando nos marchemos.* **3** Cierre para *abrochar una prenda de vestir: *con el aire se le abrió el ~ de la capa.*

fiam·bre |fiámbre| **1** ***m.*** Carne que, una vez *cocida, salada o arreglada, se toma fría: *el primer plato consistía en fiambres variados; el jamón serrano es un ~ muy rico.* **2** *fam. fig.* Cuerpo sin vida de una persona: *la policía encontró el ~ en el río.* ⇒ **cadáver.**

fiam·bre·ra |fiambréra| ***f.*** Recipiente con tapa ajustada, que sirve para llevar o conservar la comida: *en la ~ te he puesto unos filetes empanados.* ⇒ **tartera.**

fi·an·za |fiánθa| **1** ***f.*** Cantidad de dinero u objeto de valor que se da para asegurar el cumplimiento de una obligación o un pago: *para asegurar la compra, entregaron una ~ del 20 % del valor total.* ⇒ **garantía. 2** Obligación de hacer lo que otra persona debe hacer, en el caso de que ésta no lo cumpla: *si yo no puedo hacerlo, ellos se encargarán de la ~.*

fi·ar |fiár| **1** ***tr.*** [algo; a alguien] Vender sin tomar el importe de la compra en el momento en que ésta se ha hecho: *tengo confianza con el lechero, por eso me fía.* **2** Dar una cosa en confianza: *fió a su nieto toda su fortuna.* **3** [a alguien] Asegurar una persona que otra pagará o cumplirá lo que promete: *no creas que no hará su parte del trabajo, yo le fío.* **- 4 fiarse** ***prnl.*** Tener confianza en una persona o una cosa: *no te fíes de ella porque te engañará; no me fío mucho del motor del coche.* ⇒ **confiar.**
■ **ser de ~,** merecer confianza: *él no es de ~, siempre dice una cosa y hace otra.* ☖ Se conjuga como 13.

fias·co |fiásko| ***m.*** *form.* Engaño o fracaso: *la operación financiera fue todo un ~.*

fi·bra |fíβra| **1** ***f.*** Trozo de materia fino, delgado y alargado, que compone el hilo, el pelo o ciertos tejidos animales o vegetales: *los músculos tienen fibras; debes cuidar la ~ de tu cabello.* **2** Trozo de materia fino, delgado y alargado que se consigue de modo artificial: *los hilos se hacen estirando y retorciendo fibras;* ~ **sintética,** la que tiene un origen químico y está formada por materia totalmente artificial: *se ha comprado una camisa de ~ sintética;* ~ **de vidrio,** la que tiene un origen químico y está formada por materia mineral: *la ~ de vidrio se emplea como aislante térmico;* ~ **óptica,** la que sirve para conducir o *transmitir a gran velocidad diversos tipos de señales: *hay muchas instalaciones de teléfono hechas con ~ óptica.*

fi·bro·⌐so, ⌐sa |fiβróso, sa| ***adj.*** Que tiene mucha fibra: *el médico me ha recomendado tomar pan ~.*

fic·ción |fikθión| **1** ***f.*** Existencia falsa o fingida de una cosa: *era incapaz de distinguir la ~ de la realidad.* ⇔ **realidad. 2** Acción y resultado de fingir: *están organizando una ~ para no tener que ir a clase.* **3** Obra literaria que cuenta en *prosa una historia imaginaria: *la película está inspirada en la ~ de un conocido autor.* ⇒ **novela.**

fi·cha |fítʃa| **1** ***f.*** Pieza pequeña y delgada de plástico, madera u otro material que sirve para un fin determinado: *en el parchís hay fichas rojas, azules, verdes y amarillas; entregó la ~ en el guardarropa para que le devolvieran su abrigo.* **2** Trozo rectangular de papel o cartón en el que se escriben apuntes: *anotó la dirección de Clara en una ~.* **3** Informe o conjunto de informes sobre una cosa: *la policía archivó la ~ del delincuente;* ~ **técnica,** informe en el que se dan *datos técnicos: *¿has leído la ~ técnica de la película que vamos a ver?*

fi·cha·je |fitʃáxe| **1** ***m.*** Compra de los servicios de una persona para que entre a formar parte de un equipo, especialmente deportivo: *la directiva no hará fichajes porque no tiene presupuesto suficiente.* **2** Persona que entra a formar parte de un equipo, especialmente deportivo: *el equipo ha mejorado desde que se incorporó el nuevo ~.*

fi·char |fitʃár| **1** ***tr.*** [algo, a alguien] Hacer por escrito un apunte o un conjunto de apuntes sobre una persona o cosa: *ya he fichado todo el material de la oficina; en la comisaría fichan a los ladrones.*

2 *fam. fig.* Conocer y comprender las cualidades, los secretos o las intenciones: *tú no me engañas, que ya te he fichado.* ⇒ **calar.** - **3** ***tr.-intr.*** [a alguien] Entrar o hacer entrar a formar parte de un equipo, especialmente deportivo: *el club ha fichado al mejor corredor del mundo; el portero de balonmano ha fichado por un equipo extranjero.* - **4** ***intr.*** Marcar en un trozo de papel, cartón u otro material la hora de entrada y salida del trabajo: *cada día ficha a las ocho de la mañana.*

fi·che·ro |fitʃéro| **1** ***m.*** Conjunto de *fichas ordenadas: *el ~ de clientes es completo.* **2** Mueble o lugar que sirve para guardar *fichas de modo ordenado: *busque en el ~ el expediente del enfermo.* **3** INFORM. Conjunto ordenado de *datos guardados con un mismo nombre: *en este ~ están todas las direcciones de los socios.* ⇒ **archivo.**

fic·ti·⌜cio, ⌜cia |fiᵏtíθio, θia| ***adj.*** Que es falso o fingido: *ofreció unos datos ficticios para engañar a los compradores.*

fi·de·dig·⌜no, ⌜na |fiðeðíᵞno, na| ***adj.*** *form.* Que merece *fe y confianza: *según fuentes fidedignas, se va a llegar a un acuerdo.*

fi·de·li·dad |fiðeliðáᵈ| **1** ***f.*** Firmeza en los afectos o en las ideas; cumplimiento de la palabra dada: *los esposos se prometen ~; la amistad y la ~ siempre van unidas; renunció a sus principios por ~.* ⇒ **lealtad.** **2** Sinceridad, conformidad a la verdad de los hechos: *el juez pidió al testigo que relatara el suceso con la mayor ~ posible.* ⇒ **exactitud, precisión.** **3** *Precisión o *exactitud al hacer una cosa, especialmente al reproducir o copiar un modelo: *el delincuente falsificaba los billetes con gran ~; el pintor reprodujo el paisaje con ~; la ~ de los aparatos digitales es mayor que la de los de aguja.* ⇒ **precisión.** **alta ~**, grabación y reproducción exacta del sonido en los aparatos de música, de radio o de televisión: *los aparatos de alta ~ son capaces de restituir la altura, la intensidad y el timbre de los sonidos originales.*

fi·de·o |fiðéo| **1** ***m.*** Pasta de harina de trigo que tiene forma de hilos cortos y finos: *esta sopa se hace con fideos; deja cocer el caldo un poco más, los fideos están todavía duros; he encontrado un pelo entre los fideos de la sopa.* ◯ Se usa frecuentemente en plural. **2** *fam. fig.* Persona que está muy delgada: *con este régimen que sigo me he convertido en un ~; deberías engordar un poco, que estás hecho un ~.* ⇒ **palillo.**

fie·bre |fiébre| **1** ***f.*** Temperatura excesivamente alta en el cuerpo acompañada de un aumento del número de latidos del corazón: *tuvo que meterse en la cama porque tenía ~; el resfriado le produjo ~.* ⇒ **temperatura.** **2** *fig.* Agitación o alteración en el ánimo o en las ideas, que aumenta la actividad: *le entró una ~ por el dinero y sólo pensaba en ganar más y más.*

fiel |fiél| **1** ***adj.*** (persona) Que es firme en sus afectos e ideas; que no falta a la palabra dada o que la cumple: *los amigos fieles son los que nunca te abandonan; fue ~ a sus ideas hasta el final; sospecha que su mujer no le es ~.* ⇒ **leal.** ⇔ **infiel.** **2** Que es exacto o conforme a la verdad: *me hizo un relato ~ de los hechos.* **3** Que cumple de forma exacta su función: *este reloj es muy ~: nunca se atrasa ni se adelanta.* ⇒ **preciso.** - **4** ***adj.-com.*** (persona) Que sigue una doctrina política o religión: *el sacerdote dirigió su sermón a los fieles congregados en la parroquia.* - **5** ***m.*** Aguja que marca el peso en una *balanza: *si el ~ de la balanza está en el medio es que las dos cosas pesan igual.*

fiel·tro |fiéltro| ***m.*** Paño que no está tejido, sino que es una mezcla de lana pegada de manera artificial: *compró una muñeca de ~ y la puso sobre la cama.*

fie·ra |fiéra| **1** ***f.*** Animal salvaje, especialmente si es un mamífero, que se alimenta de carne: *pusieron a los cristianos en el circo y soltaron las fieras.* - **2** ***com.*** *fig.* Persona de carácter cruel o violento: *se puso hecho una ~ cuando se lo contaron.*

fie·re·za |fieréθa| **1** ***f.*** Cualidad de fiero: *se defendía con ~ de sus atacantes.* ⇒ **ferocidad.** **2** Valor y energía natural de ciertos animales: *el león es muy conocido por su ~.* ⇒ **bravura.**

fie·⌜ro, ⌜ra |fiéro, ra| **1** ***adj.*** Qua muestra crueldad y violencia; que puede causar daño: *le dirigió una fiera mirada de odio; tienen un perro guardián muy ~ que ataca a todas las personas que se acercan a la casa.* ⇒ **bravo, feroz.** **2** *form.* Que es muy grande; que es excesivo: *sufrió fieros dolores en todo su cuerpo.* **3** De las fieras o que tiene relación con ellas: *en esta sección del zoo están los animales fieros.*

fies·ta |fiésta| **1** ***f.*** Ocasión en que se reúnen varias personas para celebrar un acontecimiento o para divertirse: *vamos a hacer una ~ en casa de Rafael porque es su cumpleaños; mi novia y yo nos conocimos en una ~ de Nochevieja.* **2** Día en que no se trabaja para recordar un acontecimiento: *el 25 de diciembre es ~; el 1 de mayo es ~, es el día del trabajo.* **3** Día en que la Iglesia *católica celebra la memoria de un santo o de un acontecimiento religioso: *en Ávila se celebra la ~ de la virgen de Sonsoles;* **~ de guardar/precepto**, día en que la Iglesia *católica obliga a ir a misa: *el domingo de Ramos es ~ de guardar.* **4** Conjunto de actos preparados para que el público se divierta: *el partido ha organizado una ~ para recaudar fondos; las fiestas de mi pueblo son muy divertidas.* ◯ Se usa también en plural con el mismo significado. **5** Muestra de afecto o de alegría: *el perro hace fiestas a su amo.* - **6** **fiestas** ***f. pl.*** Vacaciones que se disfrutan por Navidad, Pascua u otras celebraciones: *el asunto no se arreglará hasta después de las fiestas.* ■ **aguar la ~**, impedir una alegría o molestar a los que se están divirtiendo: *estábamos todos tan contentos y ha venido él a aguarnos la ~.* ■ **guardar/santificar la ~**, dedicar a Dios el día en que no se trabaja: *los cristianos deben santificar las fiestas.* ■ **hacer ~**, dejar de trabajar para celebrar alguna cosa: *hoy hacemos ~ en la empresa porque es el aniversario de la fundación.* ■ **tengamos la ~ en paz**, *fam.*, expresión que se usa para pedir a una persona que no discuta o que no provoque un enfado: *no pinches a tu hermano, tengamos la ~ en paz.*

fi·gu·ra |fiɣúra| **1** ***f.*** Forma o aspecto exterior de un cuerpo: *Jimena tiene una ~ estupenda, no le sobra ni un kilo.* **2** Representación dibujada o hecha con cualquier material: *dibujó con tiza la ~ de un perro; la escultura consiste en una ~ humana que sostiene un castillo.* **3** Persona que destaca en una profesión o una actividad, especialmente en un deporte o en el arte: *Manolete fue una ~ del toreo.* ⇒ **astro, estrella.** **4** Personaje; persona considerada como un conjunto de ciertas características o cualidades: *la ~ del sacerdote está presente en todos sus libros.* **5** Carta de la *baraja española que representa a una persona: *después del as, las cartas que más valen son las figuras.* **6** GEOM. Espacio cerrado por líneas o superficies: *el triángulo, el cuadrado y el círculo son figuras geométricas.* **7** POÉT. Cambio o desviación de la forma, el sentido o el significado original de una palabra o expresión: *el texto de este poeta es muy complicado porque está lleno de figuras; la aliteración y el pleonasmo son figuras del lenguaje.* **8** MÚS. Signo que representa la duración de un sonido: *la redonda, la blanca y la negra son figuras de las notas musicales.*

fi·gu·ra·⌜do, ⌜da |fiɣuráðo, ða| ***adj.*** (estilo, lenguaje, sentido) Que se aparta de su sentido recto para expresar otro diferente: *dijo en un sentido ~ que cada uno recibiría su merecido.* ⇔ **recto.** ☖ Es el participio de *figurar.*

fi·gu·rar |fiɣurár| **1** ***intr.*** Formar parte de un conjunto de personas o cosas; estar presente en un acto o negocio: *figuraba entre los candidatos; figurará en la comisión como asesor.* **2** Tener autoridad o representación: *Juan y Ana figuran mucho.* **3** Destacar o sobresalir en una actividad: *figura como actriz principal.* **- 4** ***tr.*** [algo] Fingir o representar: *figuró una retirada para engañar al enemigo.* **5** [algo, a alguien] Dibujar o representar una figura: *durante las clases se dedica a ~ a sus compañeros.* **- 6 figurarse** ***prnl.*** Inventar cosas o situaciones; crear ideas reales o falsas: *se figuraba ser un rey.* ⇒ **imaginar.**

fi·gu·ra·ti·⌜vo, ⌜va |fiɣuratiβo, βa| **1** ***adj.*** Que representa a otra cosa: *hicieron una reproducción figurativa de la batalla de Lepanto.* **2** (arte) Que representa personas y objetos reales: *el arte ~ es completamente distinto al arte abstracto.* ⇔ **abstracto.**

fi·gu·rín |fiɣurín| **1** ***m.*** Dibujo o modelo en papel de una prenda de vestir: *el diseñador presentó sus figurines de la temporada; la modista dibuja primero un ~ y luego comienza la confección de la prenda.* ⇒ **patrón.** **2** *fam. fig.* Persona que presume mucho: *Daniel es un ~.*

fi·gu·ri·nis·ta |fiɣurinísta| ***com.*** Persona que se dedica a hacer *figurines: *los figurinistas trabajan en el cine y en el teatro.*

fi·gu·rón |fiɣurón| **1** ***m.*** *fam. desp.* Persona de sexo masculino a la que le gusta presumir: *por ahí viene el ~ de su amigo: no lo soporto.* **2** *fam.* Persona que representa un papel principal en una obra de teatro o de cine: *aquel actor era el ~ en todas las obras.* **3** MAR. Figura que adorna la parte delantera de una embarcación: *el ~ representaba un dragón.*

fi·ja·ción |fixaθión| **1** ***f.*** Acción y resultado de fijar: *el tema que más tiempo nos llevó fue el de la ~ de las fechas de los exámenes.* **2** Idea fija; preocupación excesiva que ocupa la mente: *en la película, el protagonista es un fetichista cuya ~ son las botas femeninas.* ⇒ **obsesión.**

fi·jar |fixár| **1** ***tr.*** [algo] Poner o dejar quieto, sujeto o seguro: *fijaron un anuncio con chinchetas; el carpintero fijó las puertas y ventanas.* ⇒ **ajustar, asegurar.** **2** Determinar o establecer: *el dueño fija el sueldo de los empleados; los comerciantes fijaron el precio del pan.* **3** Dirigir, poner o aplicar con intensidad: *fijó la mirada en el horizonte; ha fijado sus pensamientos en un único objetivo.* **- 4** ***tr.-prnl.*** [algo] Dar una forma definitiva; hacer que una cosa quede en un estado determinado: *este líquido fija la imagen fotográfica en el papel.* **- 5 fijarse** ***prnl.*** Poner atención o cuidado: *fíjate bien en todos los detalles; no me fijé en el color de sus ojos.*

fi·je·za |fixéθa| **1** ***f.*** Insistencia o continuidad: *mientras hablaba, la miraba con ~.* **2** Firmeza o seguridad en la opinión: *defendió su opinión con ~.*

fi·⌜jo, ⌜ja |fíxo, xa| **1** ***adj.*** Que está quieto, sujeto o seguro: *la mesa está fija.* ⇔ **móvil.** **2** Que está determinado o establecido: *el pago sólo se puede hacer en un día ~.* **3** Que se dirige o aplica con intensidad: *se quedó con la mirada fija en el suelo.* ■ **de ~**, con toda seguridad; sin duda: *de ~ que vendrá hoy por la tarde.*

fi·la |fíla| **1** ***f.*** Conjunto de personas o cosas colocadas una tras otra en línea: *en la puerta del teatro, había una ~ enorme de personas esperando para entrar; el niño ha puesto sus juguetes en ~.* ⇒ **hilera;** **~ india**, la que forman varias personas que están colocadas una tras otra en una sola línea: *colocaron a los niños en ~ india antes de entrar en clase.* **2** Conjunto de soldados que, mirando al frente, están colocados uno al lado del otro: *era más alto y lo colocaron en la primera ~.* **- 3 filas** ***f. pl.*** Grupo de personas que tienen un fin determinado: *pertenece a las filas de la oposición.* **4** Ejército o grupo militar: *muchos jóvenes han entrado a formar parte de nuestras filas,* ■ **en filas**, en servicio militar activo: *está en filas desde hace tres meses.*

fi·la·men·to |filaménto| **1** ***m.*** Hilo de metal conductor que se calienta al paso de una corriente eléctrica y que produce luz o calor: *si el ~ de la bombilla se rompe, la bombilla no da luz.* **2** *form.* Cuerpo en forma de hilo, duro o flexible: *el papiro estaba formado por filamentos sacados del tallo de una planta.*

fi·lan·tro·pí·a |filantropía| ***f.*** Amor por el género humano: *su ~ lo llevó a hacer muchas obras de caridad.* ⇒ **altruismo.**

fi·lán·tro·po |filántropo| ***com.*** Persona que ama al género humano, especialmente la que lo demuestra haciendo el bien: *es un ~ y da grandes sumas a fundaciones benéficas.*

fi·lar·mó·ni·⌜co, ⌜ca |filarmóniko, ka| ***adj.-s.*** Que gusta de la música: *el público ~ demandaba una reposición de aquella ópera.* ⇒ **orquesta.**

fi·la·te·lia |filatélia| ***f.*** Conjunto de conocimientos sobre los sellos de correos como objeto de *colección: *es un especialista en ~, así que pregúntale cuánto puede costar este sello.*

fi·le·te |filéte| **1** ***m.*** Trozo alargado de carne de cualquier animal, que se corta sin huesos ni espinas para cocinarlo: *voy a freír unos filetes de cerdo para comer; tomaré un ~ de merluza.* **2** Dibujo o saliente en forma de línea larga y estrecha que sirve generalmente para adornar: *pon dos filetes al pie de la invitación; este aparador de nogal tiene tres filetes en cada cajón.* **3** Freno pequeño de metal que se pone a los caballos en la boca: *ponle el ~ al potro para que se acostumbre.*

fi·lia·ción |filiaθión| **1** ***f.*** Dependencia de una doctrina, un grupo o un partido: *se desconoce su ~ política.* **2** Conjunto de *datos personales: *para matricularme en el curso, tuve que acreditar mi ~.* **3** Relación personal o procedencia: *informó al recién llegado de la ~ de todos los presentes.* **4** Relación de dependencia: *es clara la ~ de esas dos doctrinas políticas.*

fi·lial |filiál| **1** ***adj.-f.*** (establecimiento) Que depende de otro más importante: *está empleado en una empresa ~ de otra empresa japonesa; la fábrica está creciendo y se han creado dos filiales en la ciudad.* **- 2** ***adj.*** Del hijo o que tiene relación con él: *una de las cosas que más aprecia son los sentimientos filiales.*

fi·li·gra·na |filiγrána| **1** ***f.*** Adorno hecho con hilos de oro o plata y con mucho trabajo y cuidado: *le regaló un cofrecillo guarnecido con una preciosa ~.* **2** Marca transparente que se hace en el papel al fabricarlo: *la ~ representa a un perro corriendo.* **3** *fig.* Cosa muy delicada o hecha con mucho trabajo y cuidado: *hace filigranas en sus estudios.*

fi·li·pi·⌐no, ⌐na |filipíno, na| **1** ***adj.*** De las Islas Filipinas o que tiene relación con las Islas Filipinas: *las playas filipinas son muy agradables.* **- 2** ***m. f.*** Persona nacida en las Islas Filipinas: *los filipinos son asiáticos.*

film |filᵐ| ***m.*** ⇒ **filme.** ⌂ La Real Academia Española prefiere la forma *filme.*

fil·mar |filmár| ***tr.*** [algo] Rodar una película: *el equipo tuvo que ~ el documental en el desierto a altas temperaturas.*

fil·me |fílme| ***m.*** Película de cine: *todos esperan el estreno del último ~ del afamado director.* ⇒ **film.** ⌂ Esta palabra procede del inglés.

fil·mo·te·ca |filmotéka| **1** ***f.*** *Colección de películas o *filmes: *tiene una ~ muy extensa y variada, en la que guarda títulos de todos los géneros y autores.* **2** Lugar o mueble que sirve para guardar *filmes o películas: *en la ~ tienen filmes que ya no suelen proyectarse comercialmente.*

fi·lo |fílo| **1** ***m.*** Borde agudo en el que termina una superficie, generalmente el de la hoja de un instrumento cortante: *se cortó con el ~ del cuchillo; tocó con las uñas el ~ de la llave.* ⇒ **corte. 2** Punto o línea que divide una cosa en dos partes: *estamos justo en el ~ entre los dos pueblos.* ■ **al ~,** muy cerca; alrededor: *salieron al ~ de la medianoche.*

fi·lo·lo·gí·a |filoloxía| **1** ***f.*** Disciplina que estudia la estructura y los cambios de las lenguas, así como su desarrollo histórico y literario: *es un experto en ~ y está investigando nuevas técnicas de traducción.* ⇒ **lingüística. 2** Disciplina que se encarga de *reconstruir, fijar o explicar textos escritos: *las técnicas de la ~ nos permitirán hacer una edición crítica.*

fi·ló·lo·⌐go, ⌐ga |filóloγo, γa| ***m. f.*** Persona que se dedica al estudio de la *filología: *una editorial está buscando filólogos para redactar manuales de enseñanza de español.*

fi·lón |filón| **1** ***m.*** Masa mineral que llena un agujero o un abertura de una formación rocosa: *descubrieron un ~ de plata.* ⇒ **vena, veta. 2** *fig.* Negocio o situación de la que se espera sacar gran provecho: *la librería que hay al lado del colegio es un gran ~.*

fi·lo·so·far |filosofár| **1** ***intr.*** Pensar sobre una cosa con métodos filosóficos: *tengo una imagen de Descartes filosofando durante largas horas junto a una estufa.* **2** *fam.* Pensar y considerar una cosa con atención y cuidado: *después de mucho ~, he llegado a la conclusión de que no voy a salir esta noche.* ⇒ **meditar, reflexionar.**

fi·lo·so·fí·a |filosofía| **1** ***f.*** Conjunto de conocimientos sobre las propiedades, las causas y los efectos de las cosas naturales, especialmente sobre el hombre y el universo: *la ~ griega fue la base del pensamiento occidental.* **2** Sistema filosófico: *la ~ de Platón fue bien conocida en la Antigüedad y en la Edad Media.* **3** Idea básica; forma de pensar o de entender las cosas: *la ~ de nuestra empresa es la atención esmerada al cliente.* **4** Conjunto de los principios y las ideas básicas de una ciencia determinada: *el estudio de la ~ del derecho es fundamental para la redacción de leyes.* **5** Fuerza o ánimo para soportar situaciones o acontecimientos desagradables: *si no te va bien, tienes que tomártelo con ~.*

fi·lo·só·fi·⌐co, ⌐ca |filosófiko, ka| ***adj.*** De la filosofía o que tiene relación con ella: *a lo largo de la historia se han propuesto muchas doctrinas filosóficas.*

fi·ló·so·⌐fo, ⌐fa |filósofo, fa| ***m. f.*** Persona que se dedica a la filosofía, especialmente la que crea un sistema filosófico: *pocos filósofos han sido tan famosos como Sócrates.*

fil·tra·ción |filtraθión| **1** ***f.*** Acción y resultado de *filtrar o *filtrarse: *hemos comprado un aparato para la ~ del agua que se consume en la vivienda.* **2** *fig.* Noticia que tiene relación con un asunto secreto y se pone en conocimiento del público o de un competidor: *a la redacción del periódico llegó una ~ sobre la dimisión del presidente.*

fil·trar |filtrár| **1** ***tr.*** [algo] Hacer pasar un líquido por un *filtro: *filtraron el café para que no quedaran posos.* **2** *fig.* [algo, a alguien] Comunicar secretos o asuntos reservados a un público o a un competidor: *sospechamos que ha estado filtrando información al enemigo.* **- 3** ***intr.-prnl.*** Introducirse un líquido a través de un cuerpo sólido: *se sale tanta agua, que ya se filtra por la pared.* **4** *fig.* Introducirse una idea o modo de pensar poco a poco y sin que se note: *esa tendencia se iba filtrando en la sociedad.* **- 5 *tr.-prnl.*** Dejar un cuerpo sólido pasar un líquido a través: *el agua se filtra por la roca.*

fil·tro |fíltro| **1 *m.*** Materia u objeto a través del cual se hace pasar un líquido para hacerlo más claro o puro: *el ~ está sucio y no deja pasar más líquido; el ~ de esta cafetera es de papel.* **2** Pantalla o cristal que refleja ciertos rayos de luz y deja pasar otros: *colocó un ~ amarillo en el objetivo de la cámara para que la fotografía tuviese un color diferente.* **3** *fig.* Sistema o proceso que sirve para elegir lo que se considera mejor o más importante: *las pruebas eliminatorias son un ~ para que solo lleguen a la final los mejores corredores.* **4** Bebida elaborada con hierbas medicinales, especialmente la que permite conseguir el amor del que lo toma: *la pareja bebió un ~ y ambos quedaron instantáneamente enamorados el uno del otro.* ⇒ **bebedizo, pócima.**

fi·mo·sis |fimósis| ***f.*** MED. Estrechez de la abertura de la piel que rodea el pene que impide descubrir de forma completa su extremo: *el niño fue operado de ~.* ☖ El plural es *fimosis.*

fin |fín| **1 *m.*** Final o conclusión; acción y resultado de terminar o acabar: *un futurólogo ha dicho que el ~ del mundo está cerca; no pude quedarme hasta el ~ de la película.* ⇒ **terminación.** ⇔ **principio.** ~ **de año**, último día del año: *vamos a celebrar una fiesta para ~ de año;* ~ **de fiesta**, acto con que se termina un espectáculo o una celebración: *lo más espectacular fue el ~ de fiesta;* ~ **de semana**, periodo de tiempo que comprende los días de la semana en que no se trabaja, generalmente el *sábado y el *domingo: *este ~ de semana iremos de excursión a la montaña.* **2** Objetivo o razón por el que se hace una cosa determinada: *dedicó toda su fortuna a un ~ benéfico; el ~ de la enseñanza es educar a los alumnos.* ⇒ **finalidad.** ■ **a ~ de**, indica la razón por la que se hace una cosa: *invirtió sus ahorros a ~ de obtener la mayor rentabilidad; no te conté lo que había pasado a ~ de que no te preocuparas; han contratado a tres personas más a ~ de que no haya retrasos.* ■ **a ~/fines de**, en la última parte del periodo de tiempo que se señala: *siempre cobramos a ~ de mes; a fines del siglo pasado hubo un periodo de gran creación literaria.* ■ **a ~ de cuentas**, después de todo; en definitiva: *a ~ de cuentas, da igual que protestes o no.* ■ **al/en** ~, como conclusión; en definitiva: *al ~, Manolo se salió con la suya.* ■ **al/por** ~, por último; después de vencer todos los obstáculos: *tuvimos que reclamar muchas veces pero al ~ conseguimos que nos devolvieran el dinero; ¡por ~ hemos acabado el trabajo!* ■ **al ~ y al cabo/ a la postre**, después de todo; en definitiva: *al ~ y al cabo, él es el que cargará con todas las culpas.* ■ **un sin** ~, una cantidad grande de una cosa: *vivir en una gran ciudad proporciona un sin ~ de ventajas.*

fi·nal |finál| **1 *adj.*** Del fin o lo último, o que tiene relación con ello: *los concursantes que no están eliminados pasarán a la fase ~; puso su firma en la parte ~ de la carta.* ⇔ **inicial. - 2 *m.*** Terminación o fin de una acción o de una cosa: *te daré el regalo al ~ de la fiesta.* ⇒ **fin.** ⇔ **principio. - 3 *adj.-f.*** LING. (oración) Que expresa un fin o una finalidad cuyo cumplimiento es posterior a la acción, el proceso o el estado expresado por otra oración: *en* han venido todos para celebrar tu cumpleaños, para celebrar tu cumpleaños *es una oración ~.* **- 4 *f.*** DEP. Parte última de una competición de la que sale un ganador: *han pasado a la ~ cinco de los 50 participantes.*

fi·na·li·dad |finaliðáᵈ| ***f.*** *fig.* Objetivo o razón por el que se hace una cosa determinada: *me llamó con la única ~ de saber de ti.* ⇒ **fin.**

fi·na·lis·ta |finalísta| ***com.*** Persona que llega a la última parte de una competición: *los finalistas del concurso tienen un premio asegurado; los finalistas de la carrera están colocados en la línea de meta.*

fi·na·li·zar |finaliθár| **1 *tr.*** [algo] Dar fin o acabar: *finalizó el cuadro pocos días antes de morir.* ⇒ **acabar, terminar. - 2 *intr.*** Terminarse o acabarse una cosa: *las obras finalizarán el año que viene.* ☖ Se conjuga como 4.

fi·nan·cia·ción |finanθi̯aθi̯ón| ***f.*** Entrega del dinero necesario para hacer una cosa o para hacer frente a un gasto: *el Ayuntamiento utilizará una parte de sus fondos para la ~ del asfaltado de las calles.*

fi·nan·ciar |finanθi̯ár| ***tr.*** [algo] Poner el dinero necesario para pagar los gastos de una actividad o de una obra: *nuestro banco ha financiado este ciclo de conferencias ; la universidad financió el viaje.* ☖ Se conjuga como 12.

fi·nan·cie·ra |finanθi̯éra| ***adj.-f.*** (organismo) Que se hace cargo de los gastos: *la ~ nos facilitó el préstamo que necesitábamos para comprar el coche.*

fi·nan·cie·⌐ro, ⌐ra |finanθi̯éro, ra| **1 *adj.*** De la *hacienda pública o los grandes negocios, o que tiene relación con ellos: *las actividades bancarias y de inversión son actividades financieras.* **- 2 *m. f.*** Persona que conoce la *hacienda pública o los grandes negocios: *mi padre tiene dos financieros que le asesoran en sus negocios.*

fi·nan·zas |finánθas| **1 *f. pl.*** Bienes con los que se negocia o se trabaja, especialmente en forma de dinero: *se rumorea que las ~ de la empresa no van bien.* **2** Conjunto de actividades que tienen relación con el dinero con el que se negocia o se trabaja: *este ministro se encarga de las ~ del Estado.*

fi·nar |finár| ***intr.*** *form.* Morir o dejar de vivir: *al ~, dejó una enorme herencia a sus descendientes.* ⇒ **fallecer, fenecer.**

fin·ca |fíŋka| ***f.*** Parcela de terreno destinada a diversos fines: *compró una ~ en las afueras de la ciudad.*

fi·⌐nés, ⌐ne·sa |finés, nésa| **1 *adj.*** De un pueblo antiguo que invadió el norte de Europa y dio nombre a Finlandia, o que tiene relación con él: *los territorios fineses incluían Laponia y la actual Finlandia.* **2** De Finlandia o que tiene relación con Finlandia: *parte del territorio ~ está en el dominio ártico.* ⇒ **finlandés. - 3 *m. f.*** Persona que pertenece al pueblo antiguo que invadió el norte de Europa: *los fineses habitaban en el nordeste de Europa.* **4** Persona nacida en Finlandia o que vive habitualmente en Finlandia: *los fineses son vecinos de los noruegos y de los suecos.* ⇒ **finlandés.** - **5 finés** ***m.*** Lengua de Finlandia: *el nombre indígena del ~ es suomi.* ⇒ **finlandés.**

fi·ne·za |finéθa| **1** ***f.*** Delicadeza o buena educación: *la ~ con la que se dirigía a todos probaba su exquisita formación.* ⇒ **finura. 2** Obra o dicho de afecto o cariño: *tenía muchas finezas y atenciones con ella.*

fin·gir |fiŋxír| ***tr.*** [algo] Presentar como cierto o real lo que es falso o imaginado: *fingió no conocerlo y dejó que los presentaran.* ⇒ **aparentar.** ⌂ Se conjuga como 6.

fi·ni·qui·tar |finikitár| **1** ***tr.*** [algo] Pagar completamente una deuda o una cuenta: *por fin he finiquitado la deuda que tenía en la tienda de electrodomésticos.* ⇒ **cancelar, liquidar, saldar. 2** *fam. fig.* Acabar una cosa: *hemos finiquitado el asunto con éxito.* ⇒ **liquidar, saldar.**

fi·ni·qui·to |finikíto| **1** ***m.*** Cantidad de dinero con la que se paga una cuenta o una deuda, especialmente cuando termina un *contrato de trabajo: *le dieron un ~ muy escaso porque llevaba poco tiempo trabajando en la fábrica.* ⇒ **liquidación. 2** Escrito en el que se indica que una persona deja de trabajar para una empresa: *van a despedir a muchos obreros de la fábrica, y temo que a mí me den el ~.*

fi·ni·se·cu·lar |finisekulár| ***adj.*** Del fin de siglo o que tiene relación con él: *al acercarse el año 1000, un miedo ~ invadió a la población.*

fi·ni·⌐to, ⌐ta |finíto, ta| ***adj.*** Que tiene fin o límite: *el número de opciones no es ilimitado, sino ~.* ⇔ **infinito.**

fin·lan·⌐dés, ⌐de·sa |finlandés, désa| **1** ***adj.*** De Finlandia o que tiene relación con Finlandia: *el clima ~ es bastante frío.* ⇒ **finés.** - **2** ***m. f.*** Persona nacida en Finlandia o que vive habitualmente en Finlandia: *los finlandeses son buenos esquiadores.* ⇒ **finés.** - **3 finlandés** ***m.*** Lengua de Finlandia: *el ~ es una lengua emparentada con el húngaro.* ⇒ **finés.**

fi·⌐no, ⌐na |fíno, na| **1** ***adj.*** Que es delgado; que tiene poca grasa o carne: *un hilo es más ~ que una cuerda.* ⇒ **flaco.** ⇔ **gordo, grueso. 2** (persona) Que tiene o muestra mucha delicadeza o educación; que es elegante: *Marta es muy fina y nunca dice palabras malsonantes; esa pulsera de oro es muy fina y de muy buen gusto.* **3** (sentido) Que es agudo y rápido en notar las sensaciones: *mi madre tiene un oído muy ~ y se entera de todas las conversaciones.* **4** Que es delicado y de buena calidad: *me han regalado unos pendientes de cristal ~.* **5** Que es suave y liso: *tiene un cutis muy ~ porque se lo cuida mucho.* **6** (metal) Que es puro o precioso: *este anillo es de oro ~.* **7** (persona) Que es muy listo, inteligente o hábil: *mi hijo es muy ~ y siempre adivina las intenciones de la gente.* - **8 fino** ***m.*** Vino que es claro, muy seco y de olor delicado: *fuimos a tomarnos unos finos antes de comer.*

fi·nu·ra |finúra| ***f.*** Delicadeza o buena educación: *con mucha ~ nos invitó a sentarnos.* ⇒ **fineza.**

fior·do |fi̱órđo| ***m.*** Parte de mar que entra en la tierra, de gran estrechez y profundidad: *los fiordos abundan en Noruega y en Groenlandia; los fiordos se formaron al fundirse los hielos de los glaciares durante el periodo cuaternario.*

fir·ma |fírma| **1** ***f.*** Nombre y *apellido de una persona escrito a mano por ella misma, generalmente acompañados de una *rúbrica: *puso su ~ al pie del cheque.* **2** Acción de escribir el nombre y el *apellido de esa manera: *a la ~ del tratado acudieron representantes de muchas naciones.* **3** *fig.* Sociedad o empresa comercial: *una ~ internacional va a distribuir nuestros productos en el extranjero.*

fir·ma·men·to |firmaménto| ***m.*** Parte del cielo donde parece que están las estrellas: *se empeñaba en contar las estrellas del ~.*

fir·man·te |firmánte| ***adj.-s.*** (persona) Que firma una carta o documento: *se presentó una carta de protesta de 20 firmantes.* ⇒ **signatario.**

fir·mar |firmár| ***tr.*** [algo] Poner la firma en un papel o en un escrito: *firmó los documentos.*

fir·me |fírme| **1** ***adj.*** Que es sólido o seguro; que no cae ni se mueve: *el suelo no era lo bastante ~ para construir una torre tan alta.* **2** *fig.* Que no cambia ni pierde intensidad; que es definitivo: *tengo una confianza ~ en mis amigos; he tomado una ~ determinación; se mantuvo ~ en sus propósitos.* - **3** ***m.*** Capa sólida de terreno, natural o preparada, sobre la que se puede construir: *el ~ de la carretera está muy deteriorado por el uso.* - **4** ***adv. m.*** Con fuerza y de forma continua: *estudió ~ para la oposición.* ■ **de ~**, con fuerza y de forma continua: *está lloviendo de ~; nos pusimos a trabajar de ~.* ■ **en ~**, con carácter definitivo: *me prometió en ~ que me pagaría a tiempo.* ■ **¡firmes!**, expresión con que los militares ordenan *cuadrarse o ponerse derecho: *el sargento dio la orden de firmes y todos los soldados obedecieron.*

fir·me·za |firméθa| **1** ***f.*** Cualidad de firme; estado de lo que no se mueve o no cambia: *apuntalaron el edificio para darle mayor ~.* **2** *fig.* Voluntad firme: *dijo con ~ que insistía en lo dicho.*

fis·cal |fiskál| **1** ***adj.*** Del *fisco o que tiene relación con él: *se anuncia una reforma ~ para el próximo año.* - **2** ***com.*** Persona que se dedica a acusar de los delitos ante los tribunales de justicia: *el ~ pidió cadena perpetua para los acusados.*

fis·co |físko| **1** ***m.*** Conjunto de bienes y riqueza de un Estado: *los impuestos van a parar al ~.* **2** Administración de los bienes y riquezas de un Estado: *el ~ se encarga de recaudar los impuestos.* ⇒ **hacienda.**

fis·gar |fisɣár| ***intr.*** Tratar de conseguir una información de manera disimulada: *creo que ese detective ha estado fisgando en nuestro negocio.* ⇒ **fisgonear.** ⌂ Se conjuga como 7.

fis·⌐gón, ⌐go·na |fisɣón, ɣóna| ***adj.-s.*** *desp.* (persona) Que *fisga o tiende a *fisgar: *es un ~ y siempre se mete en los asuntos de los demás.* ⇒ **mirón.**

fis·go·ne·ar |fisɣoneár| ***tr.*** ⇒ **fisgar.**

fí·si·ca |física| ***f.*** Ciencia que estudia la materia en relación con los fenómenos que no cambian la estructura molecular de los cuerpos: *estudia ~ en la Facultad de Ciencias.*

fí·si·⌜co, ⌜ca |físiko, ka| **1** ***adj.*** De la física o que tiene relación con ella: *los conocimientos físicos y químicos han impulsado el desarrollo tecnológico.* ⇒ **químico. 2** Del cuerpo o de su naturaleza o que tiene relación con ellos: *la salud física está relacionada con la salud mental.* **- 3** ***m. f.*** Persona que se dedica al estudio de la física: *ya era un ~ de renombre cuando recibió el Nobel.* **- 4 físico** ***m.*** Aspecto exterior de una persona: *tiene un ~ muy feo.*

fi·sio·lo·gí·a |fisioloxía| ***f.*** MED. BIOL. Disciplina que estudia los órganos de los seres vivos y sus funciones: *Santiago Ramón y Cajal obtuvo el premio Nobel de Medicina y de Fisiología en 1906.*

fi·sio·te·ra·peu·ta |fisioterapéuta| ***com.*** Persona que se dedica a la *fisioterapia: *el ~ calmó el dolor del enfermo con unos masajes.*

fi·sio·te·ra·pia |fisioterápia| ***f.*** MED. Método para tratar las enfermedades a través del ejercicio, la energía natural y la energía eléctrica: *la ~ se usa sobre todo en lesiones y desviaciones de los huesos.*

fi·so·no·mí·a |fisonomía| **1** ***f.*** Aspecto particular de la cara de una persona: *tenía una ~ extraña y difícilmente olvidable.* **2** *fig.* Aspecto exterior de una cosa: *no me gusta la ~ de esa urbanización: es demasiado extraña.* ☖ No se debe decir *fisionomía.*

fi·so·no·mis·ta |fisonomísta| ***adj.-s.*** Que tiene facilidad natural para recordar y distinguir a las personas por su *fisonomía: *es buen ~ y dio los datos exactos del ladrón a la policía.* ☖ No se debe decir *fisionomista.*

fís·tu·la |fístula| ***f.*** MED. Conducto estrecho que se abre en la piel o en las *mucosas: *lo operaron de una ~.*

fi·su·ra |fisúra| **1** ***f.*** *form.* Grieta o abertura: *se ha caído y se ha hecho una ~ en el hueso del brazo; las tuberías del edificio están llenas de fisuras.* ⇒ **hendidura, raja. 2** *fig.* Defecto o fallo en una cosa que parece sólida: *la economía del país tiene graves fisuras.*

flác·ci·⌜do, ⌜da |fláᵏθiðo, ða| ***adj.*** ⇒ **flácido.** ☖ La Real Academia Española prefiere la forma *flácido.*

flá·ci·⌜do, ⌜da |fláθiðo, ða| ***adj.*** Que está flojo; que es débil; que no tiene fuerza: *empieza a ser anciano y tiene el cuello ~.*

fla·⌜co, ⌜ca |fláko, ka| **1** ***adj.*** (persona, animal) Que tiene poca grasa o poca carne: *es ~ de piernas, aunque tiene un poco de barriga.* ⇒ **delgado, fino.** ⇔ **gordo, rollizo. 2** *form. fig.* Que es débil; que no tiene fuerza: *lo disuadió fácilmente porque es ~ de voluntad.*

fla·ge·lar |flaxelár| **1** ***tr.-prnl.*** [a alguien] Dar golpes a modo de castigo sirviéndose de un instrumento: *flagelaban a los esclavos para que trabajasen más aprisa.* ⇒ **fustigar. - 2** ***tr.*** *fig.* [algo, a alguien] Criticar con dureza; hablar mal de una persona o cosa: *con sus discursos, flagelaba constantemente las costumbres de su tiempo.* ⇒ **vituperar.**

fla·gran·te |flaɣránte| **1** ***adj.*** Que se está ejecutando en el momento presente: *acaban de darnos la noticia de un hecho ~.* **2** Que es claro y no necesita pruebas: *la responsabilidad del conductor en el accidente era ~.*

fla·ma |fláma| **1** ***f.*** Masa de gas ardiendo: *el viento movía las flamas de la hoguera.* ⇒ **llama. 2** Reflejo o *reverberación de la llama: *me acerqué demasiado al fuego y la ~ llegó a quemarme.* **3** Masa de aire caliente que se forma en los días de mucho sol: *la ~ no me deja respirar con normalidad.* ⇒ **bochorno.**

fla·man·te |flamánte| **1** ***adj.*** Que es muy nuevo y *apreciado: *se bajó de un ~ coche y sorprendió a todo el vecindario.* **2** Que brilla fuertemente o emite mucha luz: *la lámpara del comedor emite una luz ~.*

fla·me·ar |flameár| **1** ***intr.*** Despedir llamas: *pudo ver el débil ~ de una vela al fondo del pasillo.* **2** Moverse en el aire, generalmente una bandera: *la bandera flameaba al viento.* **- 3** ***tr.*** [algo; con algo] Quemar un líquido sobre la superficie de un alimento u otro objeto: *después hay que flamearlo con ron; tienes que flamear el platillo con alcohol.*

fla·men·⌜co, ⌜ca |flaménko, ka| **1** ***adj.*** De Flandes o que tiene relación con Flandes: *en esta sala puede contemplarse pintura flamenca.* ⇒ **neerlandés. 2** De la Andalucía de los *gitanos o que tiene relación con ella: *el baile ~ es muy temperamental.* **- 3** *fam.* (persona) Que tiene el cuerpo bien formado: *mi hija tiene un novio muy ~.* **- 4 flamenco** ***m.*** Arte del cante y del baile de la Andalucía *gitana: *no todos los españoles son aficionados al ~.* **5** Ave de casi un metro de alto, con la cabeza, la espalda y la cola de color rosa, el resto del cuerpo blanco y con las patas, el pico y el cuello largos y finos: *los flamencos duermen apoyando una pata en el suelo.* ☖ Para indicar el sexo se usa el ~ macho y el ~ hembra.

flan |flán| ***m.*** Dulce hecho con yemas de huevo, leche y azúcar mezclados y calentados suavemente: *añadió caramelo al ~ antes de servirlo.*

FLAMENCO

flan·co |fláŋko| *m.* Parte que está a un lado del cuerpo principal: *atacaron por el ~ derecho del batallón; una roca golpeó el ~ de la nave.*

flan·que·ar |flaŋkeár| *tr.* [algo, a alguien] Estar colocado o colocarse al lado: *los tanques flanquearon el batallón enemigo y lo atacaron.*

fla·que·ar |flakeár| **1** *intr.* Perder fuerza o ir haciéndose más débil: *las piernas le flaqueaban de miedo.* ⇒ **flojear. 2** Estar en peligro de derrumbamiento o caída: *el edificio flaqueaba por los cimientos.* **3** *fig.* Ir perdiendo una persona la fuerza o el ánimo: *con el tiempo flaqueaba en su intento de conseguir aquel trabajo.* ⇒ **derrumbar.**

fla·que·za |flakéθa| **1** *f.* Debilidad moral o falta de virtud: *cada día trataba de superar sus flaquezas.* **2** Cualidad de *flaco: *la ~ de este niño es preocupante.* ⇒ **delgadez.**

flas |flás| *m.* ⇒ **flash.**

flash |flás| **1** *m.* FOT. Luz intensa y de corta duración que se usa en fotografía cuando la iluminación es escasa o para quitar ciertas *sombras: *tuvieron que utilizar el ~ para hacer la foto en el interior de la casa.* **2** Aparato que produce esa luz: *me he comprado una cámara de fotos y un ~.* **3** Noticia importante que se acaba de recibir: *tenemos un ~ de nuestra agencia que les vamos a leer a continuación.* **4** Plano de una película de una duración muy corta: *lo que más me gustó de la película fue el ~ en el que la protagonista habla con su hijo.* ☖ Esta palabra procede del inglés. La Real Academia Española prefiere la forma *flas.*

fla·to |fláto| *m.* Acumulación de gases en el aparato *digestivo, que produce un dolor fuerte pero poco duradero: *corrió mucho y le dio ~.*

fla·tu·len·cia |flatulénθia| *f.* Acumulación molesta de gases en el interior del vientre: *las legumbres y la coliflor producen ~.*

fla·tu·len·⌐to, ⌐ta |flatulénto, ta| **1** *adj.* Que produce acumulación de gases en el interior del vientre: *no debe usted tomar comidas flatulentas.* **- 2** *adj.-s.* (persona) Que padece acumulación de gases en el interior del vientre: *conozco varias personas flatulentas.*

flau·ta |fláuta| **1** *f.* MÚS. Instrumento musical de viento en forma de tubo con agujeros, que se toca soplando y tapando los agujeros con los dedos: *el pastor tocaba la ~; ~* **de Pan**, la que está formada por varios tubos unidos en paralelo: *la ~ de Pan produce tantas notas como tubos tiene; ~* **dulce**, la que se toca en posición vertical y tiene estrecha la abertura por la que se sopla: *en el colegio, los alumnos aprendían a tocar la ~ dulce; ~* **travesera**, la que se coloca en horizontal, de izquierda a derecha, y tiene un extremo cerrado y el otro, por el que se sopla, con un agujero ovalado: *Alejandro toca la ~ travesera en un grupo de música celta.* **2** *fig.* Barra de pan larga y delgada: *he ido a la panadería a comprar dos flautas para hacer bocadillos.*

flau·tis·ta |flautísta| *com.* Persona que toca la *flauta: *hay un famoso cuento que trata sobre un ~ que con su música atraía a los niños.*

fle·bi·tis |fleβítis| *f.* MED. *Inflamación de las *venas: *tiene una ~ en la pierna.* ☖ El plural es *flebitis.*

fle·cha |flétʃa| **1** *f.* Arma formada por una vara delgada y ligera, con punta afilada en uno de sus extremos, que se lanza o dispara con un arco: *los indios disparaban flechas desde los caballos.* ⇒ **saeta. 2** Objeto o dibujo que tiene la forma de esa arma, especialmente el que sirve para indicar una dirección: *sigue la ~ de la derecha.* **3** Aguja afilada en que termina una torre: *la ~ de la iglesia mide 12 metros.*

fle·cha·zo |fletʃáθo| **1** *m.* Golpe o herida que produce una *flecha: *recibió un ~ en el muslo y cayó del caballo.* **2** *fig.* Amor que una persona siente por otra de *repente: *fue un ~: apenas se conocían y ya se amaban.*

fle·co |fléko| **1** *m.* Adorno formado por una serie de hilos o cordones que cuelgan: *el bajo de la falda estaba cubierto con un ~.* **2** *fig.* Borde de una tela al que se le han soltado los hilos: *llevaba flecos en los pantalones vaqueros.*

fle·je |fléxe| **1** *m.* Pieza alargada y curva que sirve para sujetar muelles: *esa máquina tiene rotos los flejes.* **2** Anilla grande de hierro con que se rodean los *toneles y otros objetos parecidos para que no se abran: *los flejes se soltaron y el barril se rompió.*

fle·ma |fléma| **1** *f.* Manera de ser calmada y fría: *su ~ es impresionante: le dijeron que su coche se quemaba y se quedó tan tranquilo.* **2** Sustancia pegajosa que se forma en las vías *respiratorias y que se expulsa por la boca: *a causa del constipado, está expulsando muchas flemas.*

fle·má·ti·⌐co, ⌐ca |flemátiko, ka| *adj.* Que tiene *flema: *respondió, ~, que no le importaba gran cosa.*

fle·món |flemón| *m.* Bulto que se forma al infectarse e hincharse el tejido de la base de los dientes: *la caries de una muela se le infectó y ahora tiene un ~ ; el ~ le ha hinchado la cara.*

fle·qui·llo |flekíʎo| *m.* Parte del pelo que cae sobre la frente: *tenía el ~ tan largo que le llegaba hasta los ojos.*

fle·tar |fletár| **1** *tr.* [algo] Tomar en alquiler una embarcación, un vehículo, una nave o una parte de ella, para transportar mercancías o personas: *la organización humanitaria ha fletado dos barcos con medicinas y alimentos.* **2** Subir mercancías o per-

FLAUTAS

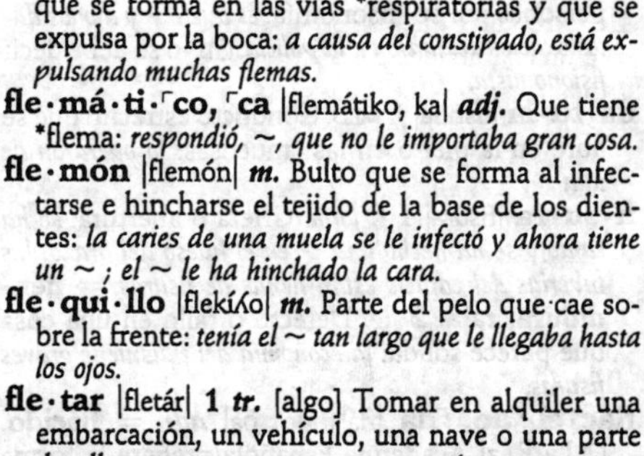

sonas a una embarcación, vehículo o nave para su transporte: *se fletaron muchas reses.*

fle·xi·bi·li·dad |fle^{k}siβiliðá^{ð}| ***f.*** Posibilidad de doblarse fácilmente sin llegar a romperse: *este plástico tiene una gran ~.* ⇔ **rigidez.**

fle·xi·bi·li·zar |fle^{k}siβiliθár| ***tr.*** [algo] Hacer flexible o más flexible: *estos ejercicios servirán para ~ tus músculos.* ☖ Se conjuga como 4.

fle·xi·ble |fle^{k}síβle| **1** ***adj.*** Que se puede doblar fácilmente sin romperse: *el papel, la goma y la tela son materiales flexibles.* ⇒ **dúctil.** ⇔ **rígido. 2** Que se adapta fácilmente a las circunstancias, a la opinión o la decisión de otra persona: *es un padre ~ y siempre escucha a sus hijos; el plan ha de ser ~ para acomodarse a los cambios futuros.* ⇔ **rígido, severo. - 3** ***m.*** ELECTR. Conjunto de hilos finos de *cobre cubiertos de una capa aislante, que se emplea en instalaciones eléctricas: *el ~ va oculto en el interior de las paredes y suelos.*

fle·xión |fle^{k}si<u>ó</u>n| **1** ***f.*** Acción y resultado de doblar o doblarse, especialmente el cuerpo o una parte de él: *cuando recojas un objeto del suelo, procura hacerlo mediante una ~ de rodillas y no doblando la columna.* **2** LING. Cambio de forma que experimenta una palabra para expresar sus funciones y sus relaciones de dependencia: *en latín, la ~ de los sustantivos y adjetivos es más compleja que en las lenguas romances.*

fle·xio·nar |fle^{k}s<u>i</u>onár| ***tr.*** [algo] Doblar el cuerpo o una parte de él: *flexionaba los brazos sujetando dos pesas.*

fle·xi·⌜vo, ⌜va |fle^{k}síβo, βa| **1** ***adj.*** LING. De la *flexión gramatical o que tiene relación con ella: *el género y el número se expresan en español mediante elementos flexivos.* **2** LING. Que tiene *flexión gramatical: *el latín es una lengua flexiva.*

fle·xo |flé^{k}so| ***m.*** Lámpara de mesa con brazo flexible: *pasó toda la noche estudiando con la luz del ~.*

flirt |flir^{t}| **1** ***m.*** Relación amorosa o sexual que se establece de forma pasajera: *tuvo un ~ con la famosa actriz.* ⇒ **ligue. - 2** ***com.*** Persona con la que se establece esa relación: *los fotógrafos lo sorprendieron en el yate con su ~.* ☖ Esta palabra procede del inglés.

flir·te·ar |flirteár| ***intr.*** Establecer una relación amorosa o sexual pasajera: *es bien conocido por ~ con bellas modelos y actrices.* ⇒ **ligar.**

flo·je·ar |floxeár| ***intr.*** Perder fuerza o ir haciéndose más débil: *le flojeaban los brazos y no podía resistir mucho más.* ⇒ **flaquear.**

flo·je·dad |floxeðá^{ð}| **1** ***f.*** Falta de fuerza o resistencia: *llevaba muchas horas sin comer y tenía ~ en sus piernas.* ⇒ **flojera. 2** *fig.* Falta de fuerza o de ánimo: *se encontraba en un estado de ~ general y no tenía ganas de nada.* ⇒ **debilidad.**

flo·je·ra |floxéra| ***f.*** *fam.* ⇒ **flojedad.**

flo·⌜jo, ⌜ja |flóxo, xa| **1** ***adj.*** Que está mal atado, poco apretado o poco tirante: *llevo los cordones de los zapatos flojos y se me desatan.* ⇒ **laxo. 2** Que no tiene fuerza o resistencia: *bebimos un vino ~; me has ganado porque últimamente estoy un poco ~.* ⇒ **endeble.** ⇔ **fuerte.**

flor |flór| **1** ***f.*** Parte de una planta, generalmente de colores *vistosos, que produce los frutos o las semillas: *le regaló un ramo de flores silvestres; el rosal da unas flores muy bonitas y perfumadas.* **2** Dicho con que se alaba: *estuvo echándole flores a su mujer para que se le pasara el enfado.* **3** Parte mejor o más importante de una cosa: *este capítulo es la ~ del libro;* **~ de la canela**, lo mejor o más bonito: *esa mujer es hermosísima, la ~ de la canela;* **~ y nata,** lo mejor o más escogido; parte que tiene más categoría: *esa familia pertenece a la ~ y nata de la sociedad.* ■ **a ~ de piel** en la superficie; que se nota o se muestra con facilidad: *tengo los nervios a ~ de piel.* ■ **en ~**, lleno de flores: *al comienzo de la primavera, los almendros están en ~.* ■ **estar en la ~ de la vida**, estar en *plena juventud: *tuvo la desgracia de morir cuando estaba en la ~ de la vida.* ■ **ser ~ de un día**, durar poco: *tu relación con esa mujer será ~ de un día.* ■ **ir de ~ en ~**, no parar o no detenerse, especialmente en el trato con otras personas o en una actividad determinada: *no es un chico serio: le gusta ir de ~ en ~ haciendo nuevos amigos.*

flo·ra |flóra| ***f.*** Conjunto de las plantas y árboles de un país o región: *la ~ de esta comarca es típicamente mediterránea.* ⇒ **fauna.**

flo·ral |florál| ***adj.*** De las flores o que tiene relación con ellas: *se hizo una ofrenda ~ a la Virgen.*

flo·re·ar |floreár| **1** ***tr.*** [algo] Adornar con flores: *han floreado el altar para la fiesta.* **- 2** ***intr.*** Tocar varias notas como adorno en una obra musical: *cuando toques esa pieza tienes que ~ los compases finales.*

flo·re·cer |floreθér| **1** ***intr.-tr.*** [algo] Echar flores una planta: *el campo florece en primavera.* **- 2** ***intr.*** *fig.* Aumentar en importancia o riqueza: *ha florecido mucho tu negocio desde la última vez que vine.* **3** *fig.* Existir y desarrollarse en un tiempo o lugar determinados: *la poesía romántica floreció en el s. XIX.* ☖ Se conjuga como 43.

flo·re·⌜ro, ⌜ra |floréro, ra| **1** ***m. f.*** Persona que se dedica a vender o a cultivar flores: *le preguntó al ~ si podía enviar un ramo.* ⇒ **florista. - 2 florero** ***m.*** Recipiente que sirve para poner flores: *colocó las rosas en el ~.*

flo·res·ta |florésta| **1** ***f.*** Terreno cubierto de plantas y árboles: *entró con su caballo en la ~ para descansar.* **2** *fig.* Conjunto de cosas agradables y de buen gusto: *reunió una ~ de poemas.*

flo·ri·cul·⌜tor, ⌜to·ra |florikultór, tóra| ***m. f.*** Persona que se dedica a cultivar flores: *es un ~ muy competente y te puede aconsejar sobre el cuidado de esas rosas.*

flo·ri·⌜do, ⌜da |floríðo, ða| **1** ***adj.*** Que tiene flores: *el jardinero admiraba los rosales floridos.* **2** Que tiene muchos adornos: *hizo un discurso ~ que los alumnos entendieron con dificultad.*

flo·ri·le·gio |floriléx<u>i</u>o| ***m.*** Conjunto de trozos literarios escogidos: *en la Edad Media abundaban los florilegios.*

flo·ri·pon·dio |floripónd<u>i</u>o| **1** ***m.*** *desp.* Adorno exagerado y de mal gusto con forma de flor grande: *su madre llevaba siempre blusas llenas de floripondios; el papel de las paredes tenía floripondios.* **2** Arbusto procedente de Perú, con las flores blancas muy olorosas y hojas grandes y alargadas: *el ~ mide tres metros de altura; el aroma de las flores del ~ es tóxico.*

flo·ris·ta |florísta| ***com.*** Persona que se dedica a vender o a cultivar flores: *la ~ se paseaba por la calle ofreciendo nardos.* ⇒ **florero.**

flo·ris·te·rí·a |floristería| ***f.*** Establecimiento en el que se venden flores: *fue a la ~ a comprar una orquídea.*

flo·ri·tu·ra |floritúra| **1 *f.*** Adorno difícil y que no es necesario: *llena su discurso de florituras retóricas y por eso es tan difícil de entender.* **2** MÚS. Adorno en una obra musical: *los compositores barrocos llenaban sus obras de florituras.*

flo·ta |flóta| **1 *f.*** Conjunto de barcos de un Estado o de una compañía de navegación: *una parte de la ~ estaba en el Mediterráneo.* **2** Conjunto de barcos de guerra, reunidos para ejecutar una acción militar: *la ~ española se enfrentó a la turca.* **3** *p. ext.* Conjunto de vehículos que posee una persona o una empresa: *la ~ de aviones de nuestra compañía es la mayor de Europa; cuenta con una ~ de camiones.*

flo·ta·dor |flotaðór| **1 *m.*** Objeto que flota en el agua y que sirve para evitar que se hunda en ella una cosa o una persona que no sabe nadar: *el niño llevaba en la cintura un ~ de colores muy vivos.* **2** Parte de un *hidroavión que sirve para que éste pueda flotar en el agua: *este aparato lleva dos flotadores en cada ala.* **3** Aparato que sirve para indicar la altura alcanzada por un líquido en un recipiente: *el ~ del depósito se ha roto y no sabemos cuánto combustible queda.* **4** Trozo de *corcho o de otro material ligero que sirve para que no se hunda el *anzuelo: *procura que no se mueva mucho el ~ para que no se espanten los peces.* **5** Objeto que flota en un líquido y que se usa con un fin determinado: *han colocado flotadores en la playa para señalar el límite de la zona de baño.*

flo·tar |flotár| **1 *intr.*** Sostenerse un cuerpo en equilibrio en la superficie de un líquido: *los barcos flotan en el mar.* **2** Mantenerse un cuerpo suspendido en un gas: *el globo flotaba en el aire.* **3** *fig.* Extenderse por el ambiente una sensación determinada: *por la habitación flota un sentimiento de tristeza.*

flo·te |flóte| ***m.*** ■ **sacar a ~,** ayudar a salir de una situación difícil: *cuando quedó viuda, ella sola sacó a ~ a toda la familia.* ■ **salir a ~** salir de una situación difícil: *después de grandes penurias económicas, consiguieron salir a ~.*

flo·ti·lla |flotíʎa| ***f.*** MAR. Conjunto de barcos pequeños o ligeros: *una ~ de buques de guerra fondeó en la bahía.* ◯ Es el diminutivo de *flota.*

fluc·tua·ción |flu^{k}tuaθión| **1 *f.*** *form.* Cambio de los precios o del valor de la moneda: *la ~ del dólar ha repercutido en los mercados europeos.* **2** *form.* Cambio o variación en una situación o un estado: *me pone nervioso que haya tanta ~ en su temperamento.* ⇒ **vaivén.**

fluc·tuar |flu^{k}tuár| **1 *intr.*** *form.* Cambiar o variar, especialmente los precios o el valor de la moneda: *el valor de la peseta ha fluctuado bastante a lo largo de la semana; según el periódico, apenas han fluctuado los valores en la Bolsa.* ⇒ **oscilar. 2** *form.* Dudar al elegir; cambio en la manera de ser o de comportarse: *fluctuaba entre la sospecha y la credulidad.* ⇒ **vacilar.** ◯ Se conjuga como 11.

flui·dez |fluiðéθ| **1 *f.*** Propiedad característica de un líquido o fluido: *con la temperatura aumenta la ~ de los gases.* **2** Facilidad o naturalidad en el uso del lenguaje: *hablo español con mucha ~.* **3** ECON. Facilidad de movimiento; actividad: *a causa de la crisis, no hay ~ en el mundo laboral.*

flui·⌐do, ⌐da |fluíðo, ða| **1 *adj.*** (cuerpo o sustancia) Que se mueve y se desliza fácilmente tomando la forma del recipiente que lo contiene: *he comprado una crema hidratante fluida y ligera.* **2** Que es fácil; que no es pesado o difícil de entender: *tuvieron una conversación fluida; el novelista escribe con un estilo ~.* ⇒ **espontáneo. 3** Que *marcha o se desarrolla con facilidad: *esta mañana la circulación es fluida y no hay atascos; el plan del gobierno era conseguir una economía fluida.* **- 4 fluido *m.*** *fam.* Corriente eléctrica: *como no pagaba los recibos de la luz, le han cortado el ~.* **5** FÍS. Cuerpo cuyas moléculas están muy separadas entre sí, especialmente los líquidos y los gases: *el aire es un ~; los fluidos son muy inestables.* ⇔ **sólido.**

fluir |fluír| **1 *intr.*** Correr un líquido o un gas: *la sangre fluye por nuestras venas.* **2** *fig.* Salir o brotar en gran abundancia: *las palabras fluyen de su boca.* ◯ Se conjuga como 62.

flu·jo |flúxo| **1 *m.*** Movimiento de un líquido o de un gas: *el ~ del agua limpió los canales.* **2** Movimiento de subida de las aguas del mar, causado por la atracción del Sol y de la Luna: *en esa playa se acusa mucho el ~ marino.* ⇔ **reflujo. 3** Expulsión de una gran cantidad de un líquido hacia el exterior de un cuerpo: *a consecuencia del accidente le salió un ~ grande de sangre.* **4** *fig.* Exceso en la cantidad o intensidad de una cosa: *su ~ de palabras me marea.*

flú·or |flúor| ***m.*** QUÍM. Elemento químico gaseoso, de color amarillo verdoso y de olor fuerte: *el símbolo del ~ es F; mi dentífrico tiene ~ para reforzar el esmalte dental.*

fluo·res·cen·te |fluoresθénte| **1 *adj.*** Que emite luz cuando recibe cierto tipo de energía: *las manecillas y los números de mi reloj son fluorescentes.* **- 2 *adj.-m.*** (tubo) Que es de cristal y contiene una sustancia que emite luz cuando recibe cierto tipo de energía: *los fluorescentes dan mucha luz y consumen poca energía eléctrica.* ⇒ **fosforescente.**

flu·vial |fluβiál| ***adj.*** De los ríos o que tiene relación con ellos: *en las regiones del interior, tan sólo es posible la pesca ~.*

fo·bia |fóβia| **1 *f.*** *form.* Miedo exagerado a determinadas personas o cosas: *tenía ~ a las serpientes.* ◯ Se usa frecuentemente como sufijo, como en *claustrofobia.* **2** *p. ext.* Odio a una persona o a una cosa: *le tenía ~ al fútbol.* ⇒ **antipatía.**

fo·ca |fóka| **1** ***f.*** Animal mamífero, que vive generalmente en mares fríos y se alimenta de peces y pequeños animales: *los ecologistas tratan de evitar la matanza de focas.* ☐ Para indicar el sexo se usa la ~ macho y la ~ hembra. **2** *fam. desp. fig.* Persona muy gorda: *la ~ de doña Encarna no cabía en el ascensor; Luis está hecho una ~.*

fo·co |fóko| **1** ***m.*** Punto donde se juntan los rayos de luz o el calor que refleja un espejo curvo o una *lente: *colocó un papel en el ~ de la lupa y éste comenzó a arder.* **2** Lámpara que emite una luz muy intensa: *el ~ alumbraba hacia el centro del escenario.* ⇒ **proyector.** **3** *fig.* Punto donde se acumula una cosa; punto o lugar desde donde se extiende una cosa: *el ~ de la epidemia era la capital; este círculo intelectual fue un ~ de ilustración.* ⇒ **brote.**

fo·⌈fo, ⌈fa |fófo, fa| ***adj.*** *fam.* Que es blando, flexible o de poca resistencia: *no haces deporte y tienes la carne fofa.*

fo·ga·ta |foɣáta| ***f.*** Fuego que levanta llama y que generalmente está hecho con *leña: *hicieron una ~ en el campamento para que se asustasen los animales.* ⇒ **hoguera.**

fo·gón |foɣón| **1** ***m.*** Parte de una máquina de vapor en la que se quema el combustible: *en la sala de máquinas, los marineros echaban el carbón en el ~ con palas.* **2** Lugar de la cocina donde se hace el fuego y se cocina: *puso la olla en el ~ para hacer el cocido.* ⇒ **fuego.**

fo·go·na·zo |foɣonáθo| ***m.*** Llama que levanta la pólvora u otro *explosivo cuando se quema: *en la oscuridad, sólo pudo ver el ~ del disparo.*

fo·go·ne·⌈ro, ⌈ra |foɣonéro, ra| ***m. f.*** Persona que se dedica a poner combustible en el *fogón de una máquina: *el ~ estaba sucio y sudoroso.*

fo·go·⌈so, ⌈sa |foɣóso, sa| ***adj.*** Que es muy ardiente o vivo: *su intervención fue fogosa y apasionada y levantó los ánimos de la audiencia.*

fo·gue·ar |foɣeár| ***tr.-prnl.*** [algo, a alguien] Preparar para trabajos, esfuerzos y sufrimientos mayores; *acostumbrar: *llevó al muchacho a la mina para que se fogueara.*

fol·clor |folklór| ***m.*** Conjunto de creencias, costumbres y técnicas tradicionales de un pueblo: *está muy interesado por el ~ del norte de África.*

fol·clo·re |folklóre| ***m.*** ⇒ **folclor.** ☐ La Real Academia Española prefiere la forma *folclor.*

fol·cló·ri·⌈co, ⌈ca |folklóriko, ka| **1** ***adj.*** Del *folclor o que tiene relación con él: *los estudios folclóricos permiten conocer muchas costumbres antiguas.* **2** (canción, baile, costumbre) Que tiene un carácter tradicional: *ayer asistí a un recital de música folclórica de mi región.* **3** (persona) Que canta o baila piezas tradicionales: *esta compañía cuenta con diez bailarines folclóricos.* **- 4** ***m. f.*** Persona que canta *flamenco u obras de un estilo parecido: *he visto un programa de televisión en el que actuaban varias folclóricas.*

FOCA

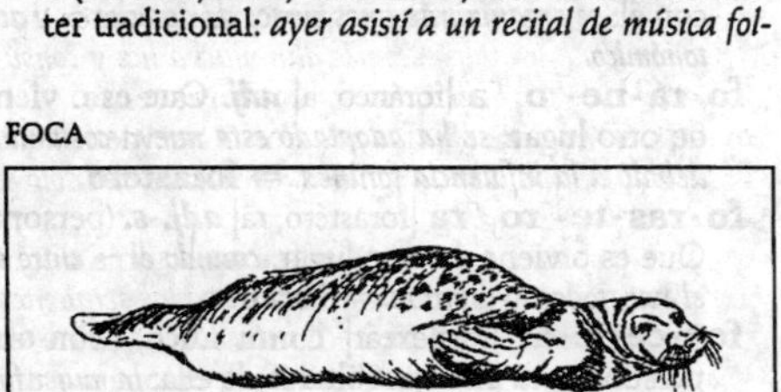

fo·lia·ción |foliaθión| **1** ***f.*** BOT. Modo de disponerse las hojas en una planta: *la ~ de esta planta es muy llamativa.* **2** Acción y resultado de echar hojas una planta: *ha comenzado el periodo de ~.* **3** Orden o numeración de las hojas de un libro o *cuaderno: *la ~ está equivocada, este folio va más atrás.*

fo·liar |foliár| ***tr.*** *form.* [algo] Poner número a las páginas de un libro: *foliaron los manuscritos de la biblioteca antes de exponerlos al público.* ⇒ **numerar.** ☐ Se conjuga como 12.

fo·lí·cu·lo |folíkulo| **1** ***m.*** BOT. Fruto sencillo y seco que se abre sólo por un lado: *este árbol echa folículos.* **2** ANAT. Órgano en forma de saco pequeño situado en la piel o en las *mucosas: *los pelos nacen en los folículos pilosos.*

fo·lio |fólio| **1** ***m.*** Hoja de papel que resulta de cortar por la mitad un *pliego: *dame un ~ para tomar notas.* **2** Hoja de papel de un libro o *cuaderno, incluyendo sus dos caras: *a este manuscrito le faltan dos folios;* ~ **recto**, cara primera de esa hoja, cuando sólo ella está numerada: *puedes leerlo en la línea 25 del ~ número 234 recto;* ~ **vuelto**, cara segunda de esa hoja, cuando sólo la primera está numerada: *puede leerlo en la línea 12 del ~ número 234 vuelto.*

folk·lo·re |folklóre| ***m.*** ⇒ **folclor.** ☐ La Real Academia Española prefiere la forma *folclor.*

fo·lla·je |foʎáxe| ***m.*** Conjunto de hojas de los árboles o de las plantas: *el ~ de la selva apenas deja pasar la luz del sol.* ⇒ **fronda.**

fo·llar |foʎár| ***intr.-tr.*** *fam. vulg.* Realizar el acto sexual. ⇒ **joder.**

fo·lle·tín |foʎetín| **1** ***m.*** Obra literaria que cuenta una historia emocionante y a veces poco creíble, especialmente la que aparece por entregas en una publicación periódica: *es un ~ sorprendente y algo inverosímil.* **2** Obra de teatro o de cine que cuenta una historia de esas características: *fueron al teatro a ver un ~.* **3** *p. ext.* Situación poco común que parece propia de una obra de esas características: *todavía me pregunto qué hago yo en un ~ como este.* **4** Obra literaria mala o de poca calidad: *escribía folletines y novelas de poco valor.*

fo·lle·ti·nes·⌈co, ⌈ca |foʎetinésko, ka| **1** ***adj.*** Que parece propio de un *folletín: *sin darnos cuenta, nos vimos metidos en un enredo ~.* **2** Del *folletín o que tiene relación con él: *ese autor cultivó el género ~.*

fo·lle·to |foʎéto| **1** ***m.*** Escrito que da a conocer un producto o un servicio para atraer posibles compradores o clientes: *en la agencia de viajes nos dieron un ~ de cruceros.* **2** Escrito que da a conocer las características de un determinado aparato o servicio: *lea el ~ de instrucciones antes de poner en marcha este horno.* ⇒ **prospecto.** **3** Obra impresa de más de 4 hojas y menos de 50: *nuestra asociación ha publicado un ~ sobre sus actividades.*

fo·llón |foʎón| **1** ***m.*** Mezcla de cosas sin orden: *tienes un ~ terrible en tu habitación.* ⇒ **desbarajuste. 2** Asunto o situación difícil: *se metió en un ~ tremendo.* ⇒ **lío.**

fo·men·tar |fomentár| ***tr.*** [algo] Aumentar la actividad o la intensidad; procurar el éxito de una cosa: *hay que ~ la cultura y el arte; el diplomático intentó ~ las relaciones de paz entre los países.* ⇒ **promover.**

fo·men·to |fomento| ***m.*** Aumento de la actividad o la intensidad de una cosa: *se aprobó un plan para el ~ de la industria y las comunicaciones.*

fon·da |fónda| ***f.*** Establecimiento de categoría inferior al *hostal, que recibe a viajeros y visitantes y les ofrece camas y comidas a cambio de dinero: *se alojaron en una ~ durante dos noches.*

fon·de·ar |fondeár| **1** ***tr.-intr.*** MAR. [algo] Hacer que una embarcación se quede quieta y sujeta: *fondearon cerca de la costa de la isla mayor.* **2** MAR. Quitar toda la carga de una embarcación: *la policía fondeó la nave en busca de mercancías de contrabando.* **3** MAR. Reconocer el fondo: *los submarinistas fondearon gran parte del río buscando el cuerpo de la víctima.* **4** *fig.* Buscar el fondo de un asunto: *como el tema no estaba claro fondearon para descubrir la verdad.*

fon·do |fóndo| **1** ***m.*** Parte inferior e interior de una cosa hueca: *el ~ del saco tiene un agujero.* **2** Superficie sólida sobre la cual está el agua del mar, de un río o de otra extensión de agua: *el agua está tan clara que se ve el ~ del lago; se me ha caído el anillo y está en el ~ de la piscina.* **3** Parte opuesta a la entrada de un edificio, un local o un espacio: *los servicios están al ~ del pasillo.* **4** Profundidad de una cosa: *este cajón tiene mucho ~ y cabe toda la ropa.* **5** Parte principal o central: *a ver si llegamos al ~ de la cuestión.* ⇒ **forma. 6** Superficie, generalmente con color o dibujo, sobre la que se representan adornos o figuras: *dibujó un castillo sobre un ~ estrellado.* **7** Cantidad de dinero que se destina a un fin determinado: *este ~ es para comprar material informático.* ◯ Se usa también en plural. **8** Conjunto de documentos o libros: *he consultado el ~ de la Biblioteca Nacional.* ◯ Se usa también en plural. **9** DEP. Resistencia física; energía para aguantar esfuerzos durante largo tiempo: *los corredores de ~ participarán en el maratón; este atleta tiene mucho ~.* ■ **a ~**, enteramente, por completo: *trató la cuestión a ~.* ■ **bajos fondos**, parte de una ciudad donde abundan los *delincuentes: *detuvieron a un carterista que vivía en los bajos fondos.* ■ **en el ~**, en realidad; en lo más importante: *en el ~ es una buena persona.* ■ **tocar ~**, llegar al límite o a lo peor de una situación mala: *parece que la crisis ha tocado ~ y que ahora empezará la recuperación.*

fo·ne·ma |fonéma| ***m.*** LING. Unidad abstracta, la más pequeña del sistema de la lengua que es capaz de diferenciar significados cuando es sustituida por otra: *los fonemas pueden ser vocálicos o consonánticos; cada ~ puede tener varias realizaciones; la diferencia fónica entre* toma *y* loma *está en el primer ~.* ⇒ **sonido.**

fo·né·ti·ca |fonétika| **1** ***f.*** LING. Disciplina lingüística que estudia los sonidos del lenguaje humano: *la ~, a menudo, utiliza aparatos para el estudio de la voz humana.* ⇒ **fonología. 2** Manera de pronunciar: *tienes que mejorar un poco tu ~.* ⇒ **pronunciación.**

fo·né·ti·⌜co, ⌜ca |fonétiko, ka| **1** ***adj.*** LING. De los sonidos del lenguaje o que tiene relación con ellos: *los estudios fonéticos han avanzado gracias a los aparatos electrónicos.* **2** LING. (alfabeto, escritura) Que trata de representar exactamente los sonidos de la lengua: *los fonetistas utilizan un alfabeto ~ en sus transcripciones.*

fo·no·lo·gí·a |fonoloxía| ***f.*** LING. Disciplina lingüística que estudia los *fonemas, los sonidos como unidades abstractas: *la ~ se complementa con la fonética.* ⇒ **fonética.**

fo·no·ló·gi·⌜co, ⌜ca |fonolóxiko, ka| ***adj.*** LING. De la *fonología o que tiene relación con ella: *el estudiante consultó un esquema del sistema ~ del español.*

fo·nó·lo·⌜go, ⌜ga |fonóloɣo, ɣa| ***m. f.*** LING. Persona que se dedica a estudiar los *fonemas, los sonidos como unidades abstractas: *el profesor de inglés es ~ y nos explica muy bien la diferencia entre los sonidos ingleses y los españoles.*

fon·ta·na |fontána| ***f.*** *form.* Fuente o lugar donde brota una corriente de agua: *escuchaba el suave ruido de la ~.*

fon·ta·ne·rí·a |fontanería| **1** ***f.*** Técnica de poner o arreglar los tubos e instalaciones que conducen, reparten y regulan el agua: *he dedicado 20 años a la ~.* **2** Conjunto de tubos e instalaciones que conducen, reparten y regulan el agua: *han cambiado toda la ~ porque casi todas las cañerías estaban picadas.* **3** Establecimiento o lugar en el que trabaja el *fontanero: *llama a la ~ porque el grifo gotea.*

fon·ta·ne·⌜ro, ⌜ra |fontanéro, ra| ***m. f.*** Persona que se dedica a poner o a arreglar los tubos e instalaciones que conducen, reparten y regulan el agua: *llevo dos semanas esperando a que venga el ~ para que me arregle el tubo del calentador.*

fo·que |fóke| ***m.*** MAR. Vela triangular que se apoya sobre el palo horizontal de la *proa de una nave: *se rompió uno de los foques del velero.*

fo·ra·ji·⌜do, ⌜da |foraxíðo, ða| ***adj.-s.*** (persona) Que vive *huyendo de la justicia: *el policía perseguía a los forajidos que habían robado el banco.*

fo·ral |forál| ***adj.*** Del *fuero o que tiene relación con él: *se organizarán unos cursos de derecho ~ y autonómico.*

fo·rá·ne·⌜o, ⌜a |foráneo, a| ***adj.*** Que es o viene de otro lugar: *se ha adoptado esta nueva costumbre debido a la influencia foránea.* ⇒ **forastero.**

fo·ras·te·⌜ro, ⌜ra |forastéro, ra| ***adj.-s.*** (persona) Que es o viene de otro lugar: *cuando el ~ entró en el bar, todos lo miraron.* ⇒ **foráneo.**

for·ce·je·ar |forθexeár| **1** ***intr.*** Luchar con otra persona para intentar soltarse de ella: *la mujer forcejeaba por soltarse de su agresor y escapar.* **2** *fig.* Resistir u oponerse: *no forcejees más y admite que llevamos razón.*

for·ce·je·o |forθexéo| **1** ***m.*** Lucha que se mantiene con otra persona para intentar soltarse de ella: *debido al ~ se le rompieron varios botones de la camisa.* **2** Resistencia u oposición: *pese a los forcejeos, acabó por ceder en la negociación.*

fór·ceps |fórθeᴾˢ| **1** ***m.*** MED. Instrumento en forma de *pinza para ayudar a salir a los bebés en los *partos difíciles: *el niño venía de nalgas y el médico utilizó el ~.* **2** Instrumento en forma de *tenaza usado para sacar dientes: *el dentista sujetó la muela con el ~ y tiró de ella.* ☐ El plural es *fórceps.*

fo·ren·se |forénse| **1** ***adj.*** Del tribunal de justicia o que tiene relación con él: *se ha especializado en medicina ~.* - **2** ***com.*** DER. Médico especialista en lo *criminal y lo *civil que ayuda a los tribunales a resolver sus casos: *el ~ hizo la autopsia y dijo que el cadáver había recibido varios golpes en la cabeza.*

fo·res·tal |forestál| ***adj.*** De los bosques o que tiene relación con ellos: *tras los incendios, se debe esperar un tiempo para comenzar la repoblación ~.*

for·jar |forxár| **1** ***tr.*** [algo] Trabajar un metal y darle forma con el martillo: *para hacer la reja, primero hay que ~ el hierro.* ⇒ **fraguar. 2** *fig.* Preparar o pensar cuidadosamente la ejecución de una cosa: *el proyecto tardó en forjarse un año.* ⇒ **fraguar. 3** *fig.* Imaginar o inventar: *es capaz de ~ mil embustes para hacernos quedar mal.*

for·ma |fórma| **1** ***f.*** Figura o aspecto exterior de una cosa; conjunto de líneas y superficies que determinan un contorno: *estas galletas tienen ~ redonda.* ⇒ **fondo. 2** Modo de ser, hacer o aparecer: *su ~ de mirar es muy dulce; no ha habido ~ de llegar a un acuerdo.* ⇒ **manera. 3** Modo de comportarse, especialmente según ciertas reglas sociales: *hay que respetar las formas; cuida las formas y serás respetado en sociedad.* ☐ Se usa frecuentemente en plural. **4** Modo de expresar el pensamiento; *rasgos de un estilo: *el fondo de esta obra desmerece de su ~.* **5** Hoja delgada y redonda de pan que sirve para la *comunión en la religión cristiana: *el sacerdote consagró las formas.* ⇒ **hostia.** ■ **de ~ que,** indica un efecto o resultado: *se lanzarán varios programas publicitarios, de ~ que cada ciudad reciba uno de dichos programas.* ■ **de todas formas,** indica que una cosa, que se ha dicho antes o que se sabe, no impide lo que se dice a continuación: *está muy ocupado estos días, pero de todas formas vendrá.* ■ **en ~,** en buenas condiciones físicas o mentales: *hoy me siento en ~; deberías hacer un poco de deporte para ponerte en ~.*

for·ma·ción |formaθión| **1** ***f.*** Educación de una persona: *sabrá desempeñar el trabajo porque ha recibido la ~ adecuada.* ⇒ **aprendizaje, preparación. 2** Acción y resultado de crear: *la ~ del universo es una cuestión muy discutida.* **3** Grupo ordenado de personas, especialmente de soldados: *el coronel ordenó que se creara una ~ para vigilar el terreno.*

for·mal |formál| **1** ***adj.*** Que es correcto, educado o serio: *es un chico muy ~ y le gustará a mi madre.* ⇔ **informal. 2** Que es claro, exacto y expreso: *se le dio una orden ~ de comparecer.* **3** De la forma o que tiene relación con ella: *no me gusta el aspecto ~ de ese edificio.*

for·ma·li·dad |formaliðáᵈ| **1** ***f.*** Condición necesaria para el cumplimiento de una cosa: *era imprescindible llevar a cabo las formalidades previas.* **2** Cualidad de *formal: *todo ha salido mal por su poca ~ y su irresponsabilidad.* ⇔ **informalidad.**

for·ma·li·zar |formaliθár| **1** ***tr.*** [algo] Hacer *formal o seria una cosa: *creo que es hora de que formalicemos nuestra relación y de que nos comprometamos.* **2** Cumplir las condiciones necesarias para la ejecución de una cosa: *antes hay que ~ este expediente.* - **3 formalizarse** ***prnl.*** Hacerse más correcto, educado o serio: *el niño va formalizándose con el tiempo.* ☐ Se conjuga como 4.

for·mar |formár| **1** ***tr.*** [algo] Dar forma a una cosa: *en un instante era capaz de ~ hermosas figuras con arcilla.* **2** Componer un conjunto varias personas o cosas: *todos formamos el Estado; el alcohol y el agua forman una mezcla.* **3** [a alguien] Enseñar o dar una educación: *hay que ~ a los niños con el buen ejemplo.* - **4** ***intr.*** Colocarse en filas: *los soldados formaron ante el capitán.* - **5 formarse** ***prnl.*** Desarrollarse una persona física, mental y moralmente: *se formó en un ambiente familiar armonioso.* ■ **~ parte,** ser un elemento de un conjunto: *todos formamos parte del Estado.*

for·ma·te·ar |formateár| ***tr.*** [algo] INFORM. Preparar o *programar para un *formato determinado: *puedes ~ el documento después de haberlo redactado; tienes que ~ el disquete en el ordenador antes de grabar en él un archivo.*

for·ma·ti·⌐vo, ⌐va |formatíβo, βa| ***adj.*** Que forma o da forma: *se creará un centro ~ para los empleados de la fábrica.*

for·ma·to |formáto| ***m.*** Forma y medida de un objeto, especialmente de un libro u otra publicación: *es un manuscrito de pequeño ~.*

for·mi·da·ble |formiðáβle| **1** ***adj.*** *fam.* Que destaca por sus buenas cualidades; que sobresale entre lo demás; que es admirable: *fue una actuación ~: nunca había visto una tan buena.* ⇒ **extraordinario. 2** Que es muy grande o enorme: *han levantado una ~ estructura de metal para cubrir la plaza.*

for·mol |formól| ***m.*** QUÍM. Líquido de olor fuerte que se usa para conservar cuerpos u órganos de animales: *el ~ es desinfectante; en el laboratorio había insectos metidos en frascos de ~.*

for·món |formón| ***m.*** Herramienta de punta afilada y plana que se usa para cortar o trabajar la madera: *el carpintero usaba el ~ para hacer la pata de la silla.*

fór·mu·la |fórmula| **1** ***f.*** Escrito en el que aparecen las indicaciones necesarias para preparar una cosa, especialmente un *medicamento: *la ~ de este dentífrico incluye el flúor.* **2** Expresión fija o establecida que se usa en una situación determinada: *al entrar, pronunció la ~ ritual.* **3** MAT. Expresión simbólica de una serie de operaciones, que sirve como regla para resolver otros casos iguales: *escribió la ~ en la pizarra.* **4** QUÍM. Expresión simbólica de la composición de un cuerpo o sustancia: *la ~ del agua es H_2O.* **5** DEP. Conjunto de características técnicas a las que se ajustan determinados vehículos de competición: *en la ~ 1 corren los coches más rápidos.*

for·mu·lar |formulár| **1** ***tr.*** [algo] Reducir a una *fórmula; expresar mediante una *fórmula: *tuvimos que ~ una reacción química.* **2** Expresar una cosa con palabras: *el fiscal formuló los cargos; puedes ~ un deseo.*

for·mu·la·⌜rio |formulário| **1** ***m.*** Impreso con espacios en blanco donde debe escribirse lo que se pide: *para solicitar un traslado, debe usted rellenar el ~ número 305; los entrevistados tuvieron que contestar a un ~ con preguntas personales.* **2** Libro que contiene expresiones fijas: *el médico consultó el ~ de recetas.*

for·mu·lis·mo |formulísmo| ***m.*** Tendencia a fijarse en el aspecto exterior de las cosas más que en su interior: *el ~ le hace olvidar el verdadero significado de esa ceremonia.*

for·ni·car |fornikár| ***intr.*** Realizar el acto sexual con una persona con la que no se está casado. ⌂ Se conjuga como 1.

for·ni·⌜do, ⌜da |forníðo, ða| ***adj.*** (persona) Que es fuerte y ancho: *se paseaba por la calle con un ~ joven.*

fo·ro |fóro| **1** ***m.*** Reunión de personas que discuten asuntos de interés ante un público que puede intervenir: *asistió al ~ sobre las nuevas tecnologías.* **2** Sitio en el que los tribunales oyen y determinan las causas: *su caso será estudiado en el ~.* **3** Conjunto de personas relacionadas con la administración de la justicia: *el ~ está de acuerdo con las condiciones de trabajo.* **4** Plaza en las ciudades de la Roma antigua donde se celebraban las reuniones políticas y los juicios: *hemos visitado las ruinas del ~.*

fo·ro·⌜fo, ⌜fa |forófo, fa| **1** ***m. f.*** Persona que tiene mucha *afición o practica con pasión una actividad determinada: *mi novia es una forofa de las motocicletas.* **2** Persona que sigue con pasión a una persona o un equipo: *los forofos no dejaron de animar a su equipo durante todo el partido.* ⇒ **fanático, hincha, incondicional.**

fo·rra·je |for̄áxe| ***m.*** Hierba, verde o seca, que se le da al ganado para que coma: *cortaron el ~ y lo llevaron para echárselo a las vacas.* ⇒ **pasto.**

FORMÓN

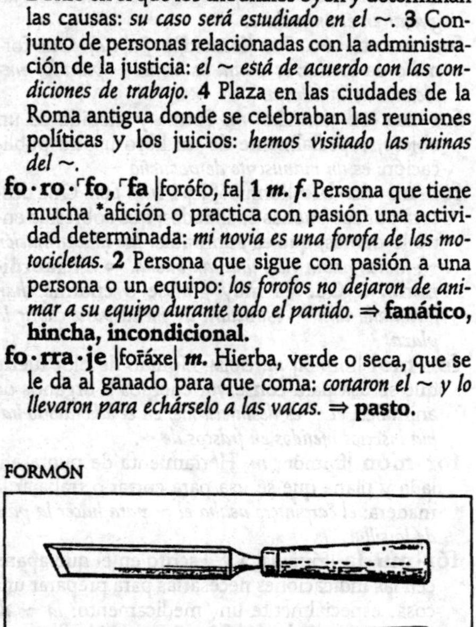

fo·rrar |for̄ár| **1** ***tr.*** [algo] Poner una pieza de tela por la parte interior de las prendas de vestir: *he forrado la chaqueta de lino.* **2** Cubrir un libro con una pieza de papel o plástico para protegerlo: *pasó la tarde forrando los libros del curso; forró el cuaderno con un papel de flores.* **- 3 forrarse** ***prnl. fam. fig.*** Ganar mucho dinero; hacerse rico: *se está forrando con su nuevo trabajo.*

fo·rro |fór̄o| **1** ***m.*** Pieza de tela que se pone por la parte interior a las prendas de vestir: *el ~ de esta falda está muy arrugado.* **2** Pieza de papel o plástico que cubre un libro: *cambió el ~ del libro porque estaba roto.* ■ **ni por el ~**, *fam.*, de ninguna manera; nada; nunca: *se notaba que no había estudiado historia ni por el ~.*

for·ta·le·cer |fortaleθér| ***tr.-prnl.*** [algo, a alguien] Hacer fuerte o más fuerte: *el calcio fortalece los huesos; las instituciones deben ~ la democracia.* ⇒ **reforzar.** ⌂ Se conjuga como 43.

for·ta·le·za |fortaléθa| **1** ***f.*** Fuerza física o moral: *su ~ de ánimo es ejemplar.* ⇔ **debilidad.** **2** Lugar protegido por obras de defensa: *en lo alto de la colina quedan las murallas de una ~ árabe.* ⇒ **fuerte.**

for·ti·fi·ca·ción |fortifikaθión| **1** ***f.*** Construcción que protege un lugar: *los romanos llevaron a cabo la ~ de la ciudad.* **2** Obra o conjunto de obras con que se protege un lugar: *trabajan sin descanso en la ~ del edificio.*

for·ti·fi·car |fortifikár| **1** ***tr.*** [algo, a alguien] Dar fuerza física o moral: *me fortifica tu cariño.* **- 2** ***tr.-prnl.*** [algo] Proteger con obras de defensa: *debemos ~ la ciudad; el enemigo se ha fortificado en las montañas.* ⌂ Se conjuga como 1.

for·tín |fortín| ***m.*** Fuerte o lugar protegido de pequeño tamaño: *los que consiguieron escapar se apostaron en un ~ para hacer frente a sus perseguidores.*

for·tui·⌜to, ⌜ta |fortuíto, ta| ***adj.*** Que *sucede por azar o sin que se espere: *cuando los coches arrancaron, se produjo un choque ~.*

for·tu·na |fortúna| **1** ***f.*** Causa a la que se atribuye un hecho bueno o malo: *fue la ~ la que hizo que nos encontráramos después de diez años de separación; quiso la ~ que nuestros pasos nos llevaran a la peor pensión de la comarca.* ⇒ **azar, destino, ventura.** **2** Buena suerte: *hoy la ~ me ha sonreído: mi billete de lotería está premiado.* **3** Cantidad de dinero y bienes de una persona: *es una de las personas con mayor ~ del país; toda su ~ procede de negocios sucios.* ⇒ **caudal, hacienda.** **4** Éxito o rápida aceptación: *este nuevo juguete no ha tenido mucha ~ entre nuestros clientes.* ■ **por ~**, por suerte: *por ~ no tuve que esperar mucho para verle.* ■ **probar ~**, intentar hacer una cosa de fin difícil: *probemos ~ en esa empresa, a lo mejor tienen trabajo para nosotros.*

fo·rún·cu·lo |forúnkulo| ***m.*** Masa de tejido duro que se forma en la piel, cuando se hincha un pequeño *depósito de grasa: *se le ha formado un ~ en el cuello.* ⇒ **furúnculo.** ⌂ La Real Academia prefiere la forma *furúnculo.*

for·zar |forθár| **1** ***tr.*** [algo] Obligar mediante la fuerza o la violencia: *forzaron la puerta para abrirla e introducirse en el piso.* **2** [a alguien] Abusar sexualmente de una persona: *intentó forzarla en el ascensor, pero ella consiguió escapar.* - **3** ***tr.-prnl.*** Obligar a una persona a hacer una cosa que no quiere hacer: *los forzó a pagar la deuda, aunque no querían.* ☖ Se conjuga como 50.

for·zo·⌐so, ⌐sa |forθóso, sa| ***adj.*** Que es obligado o necesario; que no se puede evitar: *tuvo que tomarse unas vacaciones forzosas porque lo despidieron del trabajo.*

for·zu·⌐do, ⌐da |forθúðo, ða| ***adj.-s.*** (persona) Que tiene mucha fuerza: *el ~ levantó el coche solo.*

fo·sa |fósa| **1** ***f.*** Agujero hecho en la tierra, especialmente para enterrar a los muertos: *después de la misa, el cadáver fue metido en la ~; han excavado una ~ para echar en ella la basura.* ⇒ **enterramiento, sepultura, tumba; ~ común**, la que está destinada a los muertos que no tienen enterramiento particular: *el cadáver del vagabundo fue a parar a una ~ común.* **2** ANAT. Agujero o abertura de una parte determinada del organismo: *el aire llega a nuestros pulmones a través de las fosas nasales.* **3** Agujero profundo que se hace alrededor de una construcción que protege un lugar: *la ~ impide el acceso a la fortaleza.* **4** GEOL. Hundimiento del terreno: *los geólogos descubrieron una importante ~; ~* **tectónica**, GEOL., hundimiento grande y alargado del terreno: *el terremoto ha producido fosas tectónicas.*

fos·fo·res·cen·te |fosforesθénte| ***adj.*** Que emite luz durante un tiempo por medios químicos o tras recibir cierto tipo de energía: *en la estación de metro han pintado unas flechas con pintura ~.* ⇒ **fluorescente.**

fos·fó·ri·⌐co, ⌐ca |fosfóriko, ka| ***adj.*** QUÍM. Del *fósforo o que tiene relación con él: *las cerillas están hechas de un compuesto ~.*

fós·fo·ro |fósforo| **1** ***m.*** Pieza pequeña de madera u otro material, con una cabeza hecha de una sustancia que arde al ser rozada sobre una superficie adecuadamente preparada: *se me han mojado los fósforos y no puedo encenderme el cigarro.* ⇒ **cerilla, mixto. 2** QUÍM. Elemento químico sólido y combustible, de olor desagradable y muy venenoso: *el símbolo del ~ es* P.

fó·sil |fósil| **1** ***adj.-m.*** (organismo) Que se ha convertido en piedra y pertenece a un periodo *geológico anterior: *esta colección tiene varios fósiles; encontró el ~ de un crustáceo.* **2** *p. ext.* (señal, resto) Que prueba la existencia de ciertos organismos en una *época determinada: *este lugar está lleno de restos fósiles.*

fo·si·li·zar·se |fosiliθárse| **1** ***prnl.*** Convertirse en *fósil: *el animal quedó atrapado en una fosa y con el tiempo se fosilizó.* **2** *fam. fig.* Quedarse o permanecer en un estado sin experimentar ningún cambio: *ciertas instituciones se han fosilizado y no han evolucionado con la sociedad.* ☖ Se conjuga como 4.

fo·so |fóso| **1** ***m.*** Abertura larga y profunda de un terreno: *rellenaron el ~ con dos camiones de arena.* **2** Piso inferior de un *escenario: *los músicos están en el ~.* **3** Abertura larga y profunda que rodea un castillo u otra construcción: *se accede al alcázar a través de un puente levadizo que cruza el ~ lleno de agua.* **4** DEP. Lugar con arena sobre el que saltan los *atletas: *en el ~ va a comenzar la competición de salto de longitud.* **5** MEC. Abertura que hay en el suelo de los talleres *mecánicos y que permite examinar y arreglar los coches desde abajo: *el mecánico del taller se metió en el ~ para cambiar el tubo de escape.*

fo·to |fóto| ***f.*** *fam.* Imagen conseguida mediante la técnica de la fotografía: *vimos una ~ que le hicieron cuando era pequeño.* ⇒ **fotografía, retrato.** ☖ Es la forma abreviada de *fotografía.*

fo·to·com·po·si·ción |fotokomposiθión| ***f.*** Composición de textos directamente sobre películas: *el libro saldrá pronto porque ya se ha terminado la ~.*

fo·to·co·pia |fotokópia| ***f.*** Copia fotográfica que se consigue de un escrito o dibujo empleando una máquina eléctrica: *tiene que traerme una ~ del pasaporte.*

fo·to·co·pia·do·ra |fotokopiaðóra| ***f.*** Máquina eléctrica que sirve para hacer *fotocopias: *no he podido traer la fotocopia porque la ~ estaba estropeada.*

fo·to·co·piar |fotokopiár| ***tr.*** [algo] Hacer *fotocopia de un escrito o dibujo: *estuvo fotocopiando el informe médico.* ☖ Se conjuga como 12.

fo·to·gé·ni·⌐co, ⌐ca |fotoxéniko, ka| ***adj.*** Que tiene una gracia natural para salir favorecido en las fotografías o en las películas: *Ramón es muy ~ y sabe posar ante una cámara; la actriz tenía una cara fotogénica.*

fo·to·gra·fí·a |fotoɣrafía| **1** ***f.*** Técnica que consiste en conseguir imágenes por la acción química de la luz sobre una superficie preparada para ello: *la ~ se inventó en el siglo* XIX. **2** Imagen conseguida mediante esa técnica: *nos enseñó las fotografías del viaje.* ⇒ **foto, retrato. 3** *fig.* Descripción exacta de una cosa o carácter: *en ese capítulo el autor nos presenta una ~ del padre del protagonista.* ⇒ **retrato.**

fo·to·gra·fiar |fotoɣrafiár| **1** ***tr.*** [algo, a alguien] Reproducir la imagen de una persona o cosa por medio de la fotografía: *fotografió los jardines del palacio.* **2** *fig.* [algo] Explicar fielmente una imagen o carácter: *nos ha fotografiado claramente a su madre.* ⇒ **retratar.** ☖ Se conjuga como 13.

fo·to·grá·fi·⌐co, ⌐ca |fotoɣráfiko, ka| ***adj.*** De la fotografía o que tiene relación con ella: *las técnicas fotográficas se han desarrollado enormemente durante este siglo.*

fo·tó·gra·⌐fo, ⌐fa |fotóɣrafo, fa| ***m. f.*** Persona que se dedica a la fotografía: *un ~ aficionado logró estas imágenes; la fotógrafa me enseñó sus fotos de la ciudad.*

fo·to·gra·ma |fotoɣráma| ***m.*** Imagen que forma parte de una película de cine: *cuando ves una película, pasan delante de tus ojos 24 fotogramas por segundo.*

fo·tó·me·tro |fotómetro| ***m.*** FOT. Aparato que sirve para medir la intensidad de una luz: *el director de fotografía de nuestra película siempre llevaba un ~ consigo.*

fo·to·no·ve·la |fotonoβéla| ***f.*** Historia, generalmente amorosa, que se cuenta mediante una serie de fotografías acompañadas de textos muy cortos: *protagonizó varias fotonovelas antes de ser presentadora de televisión.*

fo·to·sín·te·sis |fotosíntesis| ***f.*** BOT. Proceso químico que tiene lugar en las plantas y que consiste en transformar las sustancias minerales en alimento orgánico con la ayuda de la luz del sol: *la luz, el agua y la clorofila son elementos importantes en la ~; en la ~, las plantas transforman el dióxido de carbono en oxígeno.* ☐ El plural es *fotosíntesis.*

fo·to·sin·té·ti·⌜co, ⌜ca |fotosintétiko, ka| ***adj.*** BOT. De la *fotosíntesis o que tiene relación con ella: *los procesos fotosintéticos se realizan en las hojas de las plantas.*

frac |frá^{k}| ***m.*** Traje masculino de color negro con una *chaqueta que por delante termina en dos picos y por detrás en dos picos más largos: *el ~ es un traje exclusivamente de ceremonia; el director de la orquesta llevaba ~.* ⇒ **chaqué.** ☐ Esta palabra procede del francés. El plural es *fraques.* También se usa el plural *fracs.*

fra·ca·sa·⌜do, ⌜da |frakasáðo, ða| ***adj.-s.*** (persona) Que ha perdido la confianza o la fama a causa de *fracasos: *nada en su vida le salió bien, por lo que él mismo se creía un ~.*

fra·ca·sar |frakasár| **1** ***intr.*** No llegar a buen fin; no tener éxito: *la expedición al Polo fracasó a causa de una tormenta; el equipo fracasó en su intento de pasar a la final; está muy deprimido y piensa que ha fracasado en la vida.* **2** MAR. Romperse una embarcación, generalmente al golpearse con una piedra: *la goleta fracasó en los acantilados de la costa.*

fra·ca·so |frakáso| ***m.*** Resultado malo o distinto de lo esperado: *tras varios fracasos, al final, logró una fórmula eficaz.* ⇔ **éxito, logro.**

frac·ción |fra^{k}θión| **1** ***f.*** Parte que se separa de un todo: *divide la tarta en fracciones.* **2** Número que expresa una o varias partes proporcionales de la unidad: *en clase de matemáticas hemos resuelto fracciones.* ⇒ **quebrado.**

FRAC

frac·cio·nar |fra^{k}θionár| ***tr.*** [algo] Dividir un todo en partes o *fracciones: *puede usted ~ el pago de la suma total en varias mensualidades.*

frac·cio·na·⌜rio, ⌜ria |fra^{k}θionário, ria| ***adj.*** De la *fracción o que tiene relación con ella: *sólo me han devuelto monedas fraccionarias.*

frac·tu·ra |fra^{k}túra| **1** ***f.*** Separación violenta; hecho de romperse: *tienen múltiples fracturas de huesos debido al golpe.* ⇒ **rotura. 2** Lugar por donde se rompe una cosa y señal que deja: *el médico observó la ~ en la radiografía; desde allí se podía ver la ~ horizontal de las capas del suelo.*

frac·tu·rar |fra^{k}turár| ***tr.-prnl.*** [algo] Romper violentamente, especialmente un hueso: *el luchador fracturó el brazo de su oponente; se fracturó una pierna al caer.*

fra·gan·cia |fraγánθia| ***f.*** Olor suave y delicado: *una dulce y misteriosa ~ lo atraía hacia ella.*

fra·ga·ta |fraγáta| **1** ***f.*** MAR. Barco de guerra pequeño, rápido y ligero, usado para la protección de otras embarcaciones: *las fragatas son buques más pequeños que los destructores.* **2** Barco de vela de tres palos: *ante nuestros ojos, la ~ se hizo a la mar.*

frá·gil |fráxil| **1** ***adj.*** Que se puede romper o partir fácilmente: *estas copas son de un cristal muy ~.* **2** *fig.* Que tiene poca fuerza o resistencia; que tiene un carácter débil: *tiene una voluntad ~ y se desmoraliza pronto.*

frag·men·tar |fra^{γ}mentár| ***tr.-prnl.*** *form.* [algo] Hacer trozos o *fragmentos: *la piedra se fragmentó al caer.*

frag·men·to |fra^{γ}ménto| **1** ***m.*** Parte que se separa de un todo: *el jarrón se rompió y los fragmentos quedaron esparcidos por el suelo.* **2** *fig.* Parte de una obra literaria o artística: *sólo se han conservado unos cuantos fragmentos de este poema épico.*

fra·gor |fraγór| ***m.*** Ruido intenso y de larga duración: *desde el bosque, se podía oír el ~ de la batalla.* ⇒ **estrépito, estruendo.**

fra·go·si·dad |fraγosiðá^{ð}| ***f.*** Aspereza e irregularidad del terreno: *me asusta la ~ de este monte, tan escarpado y lleno de maleza.*

fra·gua |fráγua| **1** ***f.*** Taller donde se trabajan al fuego los metales: *fue a la ~ a recoger la verja que había encargado.* ⇒ **herrería. 2** Parte de ese taller donde se hace el fuego en que se calientan los metales para trabajarlos: *colocó el hierro sobre la ~ y sopló con el fuelle.*

fra·guar |fraγuár| **1** ***tr.*** [algo] Preparar o pensar cuidadosamente la ejecución de una cosa: *fraguaron un plan para escapar sin ser descubiertos.* **2** Trabajar un metal y darle forma con el martillo: *está fraguando hierro para hacer una reja.* ⇒ **forjar. - 3** ***intr.*** Llegar a *endurecerse la *cal, el *yeso, el *cemento u otra sustancia: *este pegamento fragua en 15 minutos.* ☐ Se conjuga como 10.

frai·le |fráile| ***m.*** Persona de sexo masculino que pertenece a una orden religiosa: *los frailes paseaban por el claustro.* ⇒ **monje, monja.**

fram·bue·sa |frambuésa| **1** ***f.*** Fruto silvestre comestible, de color rojo, de olor suave y de sabor agrio y dulce, muy agradable: *la ~ es una baya formada por granos muy pequeños; la ~ es el fruto del frambueso; las frambuesas se crían en los bosques templados.* **- 2** ***adj.*** De color rojo claro, parecido al de ese fruto: *me he comprado un vestido de tonos ~.* ☖ No varía de número.

fran·ca·che·la |fraŋkatʃéla| ***f.*** *fam.* Comida alegre y animada en extremo: *se preparan unas buenas francachelas todos los domingos.*

fran·⌐cés, ⌐ce·sa |franθés, θésa| **1** ***adj.*** De Francia o que tiene relación con Francia: *me encanta la cocina francesa.* **- 2** ***m. f.*** Persona nacida en Francia o que vive habitualmente en Francia: *Jean-Paul Sartre era ~.* **- 3 francés** ***m.*** Lengua de Francia, extendida a otros lugares del mundo: *estoy estudiando ~; ¿hablas ~?*

fran·cis·ca·⌐no, ⌐na |franθiskáno, na| **1** ***adj.-s.*** (religioso) Que pertenece a cualquiera de las fundaciones religiosas que observan la regla de la orden de San Francisco de Asís: *muchos padres franciscanos se dedican a la enseñanza.* **- 2** ***adj.*** De esa orden o que tiene relación con ella: *estudia con los padres franciscanos; su vestido es de una austeridad franciscana.*

fran·⌐co, ⌐ca |fráŋko, ka| **1** ***adj.*** (persona) Que es sincero: *prefiero ser ~ contigo y decirte lo que pienso sin mentir.* ⇔ **hipócrita. 2** (persona) Que es sencillo en su trato: *aunque es una persona muy importante, es ~ y cordial con todo el mundo.* ⇒ **campechano. 3** Que es claro; que no deja lugar a dudas: *después de la recaída el enfermo ha experimentado una franca mejoría.* **4** Que está libre de pago: *esta mercancía es de transporte ~.* **5** Que está libre de obstáculos: *podemos salir por aquella puerta, la salida está franca.* **6** De Francia o que tiene relación con Francia: *esta empresa es franco-alemana.* ⇒ **francés.** ☖ Se usa en palabras compuestas. **- 7** ***adj.*** Del pueblo que estableció su reino en la antigua Galia , o que tiene relación con él: *el pueblo ~ participó en las invasiones germánicas del siglo V.* **- 8** ***m. f.*** Persona nacida en Francia o que vive habitualmente en Francia: *la hermana de María es franca, nació en Francia.* ⇒ **francés. - 9 franco** ***m.*** Unidad de moneda de Francia y de otros países: *el ~ tiene más valor que la peseta y la lira; el ~ circula en Suiza y en Ruanda.* **10** Moneda de ese valor: *lleva diez francos en el bolsillo.*

fran·có·fi·⌐lo, ⌐la |fraŋkófilo, la| ***adj.-s.*** Que siente simpatía por Francia o por lo *francés: *soy tan ~ que incluso salgo con una francesa.*

fran·co·ti·ra·⌐dor, ⌐do·ra |fraŋkotiraðór, ðóra| ***m. f.*** Persona que dispara sin ser vista y desde lejos con una gran *puntería: *fue asesinado por un ~ que estaba en la terraza de un edificio cercano.*

fra·ne·la |franéla| ***f.*** Tejido fino de lana o algodón, con pelo en su superficie: *en invierno usaba sábanas de ~; llevaba un traje de ~ gris.*

fran·ja |fráŋxa| **1** ***f.*** Banda de tela que se usa para adornar un vestido u otra cosa: *el traje llevaba una ~ de gasa rosa.* ⇒ **faja. 2** Raya o línea larga y delgada: *tengo una camisa con franjas azules y amarillas.* ⇒ **lista. 3** *fig.* Parte alargada de una cosa: *queda una ~ de terreno entre ambas propiedades.*

fran·que·ar |fraŋkeár| **1** ***tr.*** [algo] Poner los sellos a una cosa para enviarla por correo: *este sobre lo franquearán en el lugar de destino.* **2** Pasar de un lado a otro con esfuerzo o venciendo un obstáculo: *consiguieron ~ la valla del jardín y se introdujeron en nuestra propiedad.* **3** Abrir paso; quitar o vencer un obstáculo: *hay que intentar ~ las dificultades.*

fran·que·o |fraŋkéo| **1** ***m.*** Acción y resultado de poner los sellos a una cosa para enviarla por correo: *lleva la carta a la oficina de correos y allí se encargarán del ~.* **2** Cantidad de dinero que se paga en sellos: *el ~ ha aumentado notablemente en el último año.*

fran·que·za |fraŋkéθa| **1** ***f.*** *fig.* Sinceridad y claridad al hablar: *quiero que me lo digas con ~.* ⇒ **llaneza. 2** *fig.* Familiaridad y confianza en el trato: *te hablo con ~: no sé lo que hacer.*

fran·qui·cia |fraŋkíθia| ***f.*** Falta de obligación de pagar ciertos derechos o servicios públicos: *hay envíos postales que gozan de ~.*

fras·co |frásko| ***m.*** Recipiente de cuello estrecho, generalmente de cristal: *sobre la mesa tenía un ~ de colonia.*

fra·se |fráse| ***f.*** Conjunto de palabras que tiene sentido, aunque no forme una oración: *escribió algunas frases de felicitación en la tarjeta postal y la envió;* ~ **hecha**, la que tiene una forma fija y no se puede alterar: *este ejemplo nos viene* como anillo al dedo *para decir una ~ hecha;* ■ ~ **proverbial**, la que tiene forma fija y expresa un contenido moral o ejemplar: *los refranes son frases proverbiales.* ⇒ **adagio, aforismo, dicho, proverbio, refrán, sentencia.**

fra·se·o·lo·gí·a |fraseoloxía| **1** ***f.*** LING. Conjunto de modos de expresión particulares de una lengua o un autor: *este autor utiliza una ~ fresca y variada.* **2** LING. Conjunto de frases hechas o de locuciones: *no olvides repasar la ~ de esta lección.*

fra·ter·nal |fraternál| ***adj.*** De los hermanos o que tiene relación con ellos: *sentían un amor ~.* ⇒ **fraterno.**

fra·ter·ni·dad |fraterniðáᵈ| ***f.*** Relación de amor que existe entre hermanos: *el obispo recordó que debe reinar la ~ entre todos los hombres.* ⇒ **hermandad.**

fra·ter·⌐no, ⌐na |fratérno, na| ***adj.*** ⇒ **fraternal.**

fra·tri·ci·da |fratriθíða| ***adj.-com.*** (persona) Que mata a su hermano: *Caín, el ~, mató a su hermano Abel.*

fra·tri·ci·dio |fratriθíðio| ***m.*** Acción y resultado de matar a un hermano: *el ~ le permitió ocupar el trono.*

frau·de |fráuðe| **1** ***m.*** Engaño que se hace con la intención de sacar un provecho: *muchas personas han sido víctimas de este ~.* **2** DER. Falta en el cumplimiento de una obligación legal, especialmente la que causa un *perjuicio al Estado o a otras personas: *los inspectores de hacienda combaten el ~ fiscal.*

frau·du·len·⌐to, ⌐ta |frau̯ðulénto, ta| ***adj.*** Que se hace con engaño o es ilegal; que supone un *fraude: *las autoridades persiguen la evasión fraudulenta de capital.*

fray |frái̯| ***m.*** Forma de tratamiento que se usa con los hombres que pertenecen a una orden religiosa: *~ Bartolomé de las Casas tiene mucha importancia en la historia de América.* ☐ Se usa delante de un nombre propio.

fre·cuen·cia |frekuénθia| **1** ***f.*** Repetición más o menos abundante de una cosa durante un periodo de tiempo determinado: *quizás lo veas porque viene por aquí con ~.* **2** Número de veces que ocurre una cosa durante un periodo de tiempo determinado: *¿con qué ~ dices que os visita?* **3** FÍS. Número de vibraciones, ondas o *ciclos realizados en una unidad de tiempo determinada: *este aparato funciona a un voltaje de 220 voltios y a una ~ de 50 hercios.*

fre·cuen·tar |frekuentár| **1** ***tr.*** [algo] Ir a un mismo lugar de manera frecuente: *suele ~ mucho los bares del centro de la ciudad.* **2** [a alguien] Tratar a una persona de manera frecuente; tener una *amistad: *frecuenta malas compañías.*

fre·cuen·ta·ti·⌐vo, ⌐va |frekuentatíβo, βa| ***adj.-s.*** Que expresa una acción repetida: *el verbo* golpear *es ~.*

fre·cuen·te |frekuénte| **1** ***adj.*** Que se repite de manera habitual: *habla a los medios de comunicación de modo ~.* **2** Que es común o normal: *la lluvia es ~ en el Norte de España.* ⇒ **usual.** ⇔ **infrecuente.**

fre·ga·de·ro |freɣaðéro| ***m.*** Recipiente que se usa para *fregar las cosas de la cocina: *pon la sartén en el ~ para que la friegue después.*

fre·ga·do |freɣáðo| **1** ***m.*** Asunto difícil u oscuro: *se metió en un ~ y acabaron expulsándolo de la empresa.* **2** *fam.* Pelea o enfrentamiento ruidoso entre varias personas: *le echó la cerveza por la cabeza y se armó un ~ tremendo.* **3** Acción y resultado de *fregar: *lo que más detesta es el ~ de los cacharros de la cocina.* ☐ Es el participio de *fregar.*

fre·gar |freɣár| ***tr.*** [algo] Limpiar y lavar frotando con un *estropajo, agua y jabón: *hoy tenemos muchos cacharros que ~ porque hemos sido muchos comensales; después hay que ~ bien el suelo y los armarios.* ☐ Se conjuga como 48.

fre·⌐gón, ⌐go·na |freɣón, góna| ***m. f.*** *desp.* Persona que se dedica a trabajar en la cocina y a *fregar: *trabaja como ~ en un restaurante.*

fre·go·na |freɣóna| ***f.*** Instrumento formado por un palo largo y delgado terminado en una pieza que sujeta unas tiras de material *absorbente, que sirve para *fregar el suelo de pie: *limpiaba el suelo del pasillo con la ~.* ⇒ **bayeta.**

frei·do·ra |frei̯ðóra| ***f.*** Recipiente que sirve para freír alimentos: *esta noche freiré las patatas en la ~; no olvides limpiar el aceite que contiene la ~.*

frei·du·ra |frei̯ðúra| ***f.*** Preparación de un alimento teniéndolo un tiempo en aceite hirviendo: *la ~ es lo más fácil que puedes hacer en la cocina.*

frei·du·rí·a |frei̯ðuría| ***f.*** Establecimiento en el que se fríen alimentos, especialmente pescado, para venderlos: *vamos a esa ~ a comer unas sardinas.*

fre·ír |freír| **1** ***tr.-prnl.*** [algo] Cocinar un alimento teniéndolo durante un tiempo en aceite hirviendo: *Rocío ha frito unos pescaditos en la sartén; el huevo se fríe enseguida; no frío los alimentos con mantequilla, sino con aceite de oliva.* **- 2** ***tr.*** *fam. fig.* [a alguien] Matar a tiros: *los delincuentes frieron al delator en medio de la calle.* ⇒ **acribillar. 3** *fig.* Molestar mucho y repetidamente: *le voy a ~ a preguntas cuando le vea.* ⇒ **acribillar.** ■ **ir/mandar a ~ espárragos/monas**, *fam.*, despedir con enfado a una persona: *me tenía tan harto que lo he mandado a ~ espárragos.* ☐ El participio es *frito* y *freído.* El primero se usa más frecuentemente. Se conjuga como 37.

fre·nar |frenár| **1** ***tr.-intr.*** [algo] Hacer que un vehículo se pare o vaya más *despacio: *frena, Antonio, que nos vamos a matar.* **2** *fig.* Impedir o disminuir una actividad: *la crisis ha frenado la demanda.*

fre·na·zo |frenáθo| **1** ***m.*** Detención violenta y rápida de un vehículo: *el coche dio un ~ y evitó atropellar al perro; el camión pegó un ~ y el coche de atrás chocó contra él.* **2** *fig.* Detención de un proceso: *le han dado un ~ a nuestro proyecto.*

fre·ne·sí |frenesí| ***m.*** Estado de excitación violenta en el que no se obedece a la razón: *danzaba con ~ al son de los tambores.* ⇒ **delirio.** ☐ El plural es *frenesíes.*

fre·né·ti·⌐co, ⌐ca |frenétiko, ka| ***adj.*** Que tiene o muestra *frenesí: *se movía de manera frenética de un lado a otro de la habitación.*

fre·ni·llo |freníʎo| ***m.*** Membrana que se forma en ciertas partes del organismo y que limita el movimiento de un órgano: *el ~ de la lengua le impide pronunciar bien ciertas consonantes.*

fre·no |fréno| **1** ***m.*** Mecanismo que sirve para parar o reducir el movimiento de un vehículo: *el nuevo modelo de coche tiene un complejo sistema de ~;* **~ de disco**, el que funciona haciendo presión sobre uno o varios discos sujetos a las ruedas: *este coche tiene frenos de disco.* **2** Mando o *pedal que *acciona ese mecanismo: *cuando Manolo pisó el ~, ya era demasiado tarde.* **3** *fig.* Cosa que impide o disminuye una actividad: *la pobreza es un ~ para el progreso de los individuos.* **4** Pieza de hierro que se coloca en la boca de los caballos y que sirve para sujetarlos y dirigirlos: *tiró del ~ del caballo para detenerlo.*

fren·te |frénte| **1** ***f.*** Parte superior de la cara, por encima de los ojos hasta el nacimiento del pelo: *la ~ va desde las cejas hasta el cuero cabelludo.* **- 2** ***m.*** Parte delantera: *el ~ del edificio está decorado con mármol blanco.* **3** Extensión o línea en que se enfrentan los ejércitos cuando luchan: *los soldados heridos deben ser evacuados del ~.* **4** METEOR. Superficie que separa dos masas de aire de características distintas, especialmente en cuanto a su temperatura y humedad: *un ~ nuboso se acerca a la península y provocará lluvias en los próximos días.* **5** Espacio en blanco que se deja antes de un escrito: *escribe otra vez la página porque no has dejado* *bastante* ~. ■ **al** ~, delante: *el caballo fue toda la carrera al* ~. ■ **al** ~, hacia delante: *da diez pasos al* ~ *y luego dos a la derecha.* ■ **con la** ~ **alta**, sin sentir vergüenza; con honor: *se despidió del trabajo y se fue con la* ~ *alta.* ■ **de** ~, hacia delante: *siguiendo de* ~ *por esta calle se llega a la catedral.* ■ **de** ~, enfrente: *colócate de* ~ *a la puerta.* ■ **de** ~, con decisión; de plano: *es mejor decírselo de* ~. ■ ~ **a**, enfrente de: *la pescadería está* ~ *a la frutería.* ■ ~ **a**, delante de; ante: *nos encontramos* ~ *a un problema de difícil solución.* ■ ~ **a** ~, de cara; enfrente: *el guerrero se encontró* ~ *a* ~ *con el dragón.* ■ ~ **a** ~, cara a cara; sin ocultarse: *si me lo hubiera dicho* ~ *a* ~ *no me habría enfadado tanto con él; el representante del partido liberal se enfrentó* ~ *a* ~ *con el del partido conservador.* ■ **hacer** ~, luchar contra una situación difícil: *la madre hizo* ~ *a la situación y sacó adelante a sus hijos.* ■ **hacer** ~, oponerse; dar la cara: *hizo* ~ *a los acreedores; nadie se atreve a hacer* ~ *al jefe por miedo a ser despedido.* ■ **ponerse al** ~, tomar la dirección: *eligieron a un representante para que se pusiera al* ~ *del proyecto.*

fre·sa |frésa| **1** ***f.*** Fruto comestible, casi redondo, de color rojo con pequeñas semillas negras o amarillas en la superficie: *las fresas tienen mucha vitamina C; de postre tomaron fresas con nata.* ⇒ **fresón. 2** Planta pequeña, con hojas dispuestas en grupos de tres y flores blancas, que da ese fruto: *la* ~ *silvestre crece en los bosques y praderas; la* ~ *se cultiva en lugares templados.* **- 3** ***f.*** MEC. Herramienta formada por cuchillas o dientes metálicos que, al girar rápidamente, hace agujeros en los metales: *la* ~ *labra y pule los metales.* **- 4** ***adj.*** De color rojo, parecido al de ese fruto: *¿puedes prestarme tu chaqueta de color* ~*?* ☖ No varía de número.

fre·sa·do·ra |fresaðóra| ***f.*** Máquina compuesta por varias cuchillas que, al girar, abren agujeros en el metal: *el tornero usaba la* ~ *para taladrar la chapa.*

fres·ca |fréska| ***f.*** *fam.* Dicho desagradable u ofensa que se dice a una persona de forma decidida: *cuando le pedí dinero prestado, me soltó una* ~.

fres·ca·les |freskáles| ***com.*** *fam.* Persona que habla u obra sin vergüenza o respeto: *el muy* ~ *se ha colado en el cine.* ⇒ **sinvergüenza.** ☖ El plural es *frescales.*

fres·⌐co, ⌐ca |frésko, ka| **1** ***adj.*** Que tiene una temperatura fría, pero que no es desagradable: *las noches de verano son bastante frescas en el campo.* **2** Que es *reciente; que acaba de ocurrir o *suceder: *este pescado es muy* ~*: lo pescaron esta mañana; traigo noticias frescas.* **3** Que no está congelado ni curado: *prefiero el pescado* ~ *al congelado.* **4** Que no está o no parece cansado: *no sé cómo puedes estar tan fresca después de toda la noche sin dormir.* **5** Que está tranquilo y no muestra preocupación: *me dijo lo que pensaba de mí y se quedó tan* ~. **6** (tela, prenda de vestir) Que no produce calor, que es ligera: *ponte algo más* ~*, que te vas a asar.* **- 7** ***adj.-s.*** *desp.* (persona) Que habla u obra sin vergüenza ni respeto: *¡hay que ver lo* ~ *que es ese niño! Me ha sacado la lengua.* **- 8** ***m. f.*** Temperatura fría, pero que no es desagradable: *hoy hace* ~*, así que me pondré una chaqueta; salí a la calle a tomar la fresca.* ⇒ **frescor, frescura. - 9 fresco** ***m.*** Pintura que se hace en paredes y techos con colores rápidos sobre una superficie todavía húmeda: *son famosos los frescos románicos de San Isidoro de León.* ⇒ **pintura.** ■ **estar** ~, *fam.*, expresión que indica que no se cumplirán las esperanzas de una persona: *Juan está* ~ *si piensa que lo voy a invitar a mi boda.* ■ **traer al** ~, *fam.*, no importar ni preocupar: *me trae al* ~ *lo que opines.*

fres·cor |freskór| ***m.*** Temperatura fría, pero que no es desagradable: *sintió el* ~ *de la mañana.* ⇒ **fresco, frescura.**

fres·cu·ra |freskúra| **1** ***f.*** Cualidad de fresco: *le gustaba la* ~ *del aire de la sierra.* ⇒ **fresco, frescor. 2** *fig.* Falta de vergüenza o respeto: *me pedía dinero con una* ~ *increíble.* ⇒ **desembarazo. 3** *fig.* Obra o dicho que muestra falta de vergüenza o respeto: *me contestó una* ~.

fres·no |frésno| ***m.*** Árbol de madera blanca que se utiliza para hacer muebles: *me he comprado una mesa y seis sillas de madera de* ~.

fre·són |fresón| ***m.*** Fruto comestible, casi redondo pero con punta, de color rojo oscuro y con pequeñas semillas negras o amarillas en la superficie: *el* ~ *es más grande y más ácido que la fresa; los fresones suelen comerse en primavera.* ⇒ **fresa.**

fres·que·ra |freskéra| ***f.*** Mueble o recipiente que sirve para conservar frescos los alimentos: *sacó de la* ~ *un queso y mojama.* ⇒ **nevera.**

fres·qui·lla |freskíʎa| ***f.*** Fruto comestible, redondo, con la piel muy fina y vellosa, la carne dulce y jugosa y, en su interior, un hueso duro: *las fresquillas son de color rojo oscuro; la* ~ *es una fruta de verano.* ⇒ **melocotón.**

fre·za |fréθa| **1** ***f.*** Acción y resultado de soltar los huevos los peces: *durante la* ~ *el pez soltó miles de huevos.* ⇒ **desove. 2** Conjunto de huevos de un pez o de peces *recién salidos de ellos: *entre las plantas del fondo del río se puede encontrar la* ~. **3** Señal que dejan ciertos peces cuando se rozan contra la tierra del fondo para soltar los huevos: *en el fondo se veían frezas con forma de pequeños surcos.* **4** Periodo de tiempo en que come el gusano de *seda: *después de la* ~ *el gusano teje su capullo.*

frial·dad |frialdáᵈ| **1** ***f.*** Cualidad de frío: *notábamos la* ~ *del agua.* **2** *fig.* Indiferencia; falta de interés o de pasión: *le conté mis planes, pero él me miraba con* ~*; no pone entusiasmo en el trabajo, todo lo hace con* ~. **3** *fig.* *Dominio de los nervios; tranquilidad: *aceptó la noticia con* ~*; hizo gala de una enorme* ~ *en el accidente.*

fri·ca·ti·⌐vo, ⌐va |frikatíβo, βa| ***adj.-f.*** LING. (consonante) Que se articula estrechando los órganos de la boca de manera que el aire pase rozando entre ellos: *la* c *de* cielo *representa un fonema* ~.

fric·ción |friᵏθión| **1** ***f.*** Efecto que se produce al juntarse dos superficies cuando al menos una de ellas está en movimiento: *la* ~ *del aire hace que se funda el hielo del meteorito.* ⇒ **rozamiento. 2** Frotación que se aplica a una parte del cuerpo: *le dio* *una ~ de alcohol en la rodilla.* ⇒ **friega. 3** *fig.* Enfretamiento entre dos o más personas: *existe cierta ~ entre ambos sectores del grupo político.*

fric·cio·nar |frikθionár| ***tr.*** [algo, a alguien] Dar *friegas o *fricciones: *el masajista friccionaba la pierna del jugador lesionado.*

frie·ga |friéga| ***f.*** Frotación que se aplica a una parte del cuerpo, generalmente en seco: *le estaba dando friegas en los riñones porque decía que le dolían mucho.* ⇒ **fricción.**

fri·gi·dez |frixiðéθ| ***f.*** Falta de deseo y placer sexual en la mujer: *muchas mujeres acuden a un sexólogo para superar su ~.*

frí·gi·do, ˹da |fríxiðo, ða| **1** ***adj.-s.*** Que no siente deseo o placer sexual: *la mujer frígida siente temor a expresar sus propios sentimientos.* **- 2** ***adj.*** *form.* Que está muy frío: *el agua frígida del deshielo caía por la cascada.*

fri·go·rí·fi·˹co, ˹ca |friɣorífiko, ka| **1** ***adj.*** Que produce frío; que disminuye la temperatura: *la pescadería tiene una cámara frigorífica.* **- 2 frigorífico** ***adj.-m.*** (máquina) Que sirve para conservar fríos los alimentos y las bebidas: *mete el champán en el ~ para beberlo bien frío.* ⇒ **nevera, refrigerador.**

fri·jol |frixól| ***m.*** Tipo de judía: *los frijoles mexicanos son exquisitos.* ⇒ **judía.**

frí·o, a |frío, a| **1** ***adj.*** Que tiene una temperatura baja o más baja de lo normal: *el aire de la montaña es más ~ que el de la costa; la sopa se ha quedado fría.* ⇔ **cálido, caliente. 2** (persona) Que es tranquilo; que no se preocupa ni pierde los nervios: *el detective era ~ y calculador.* ⇔ **caliente. 3** Que no muestra afectos ni sentimientos; que no es agradable: *mi padre siempre fue muy ~ conmigo: pocas veces me dirigía alguna palabra de cariño; fui a saludarla y la encontré muy fría.* ⇔ **cálido. 4** Que produce sensación de temperatura baja; que no retiene el calor: *esta habitación es la más fría de la casa.* ⇔ **cálido, caliente. 5** PINT. (color) Que pertenece a la escala del azul: *los colores fríos son apropiados para los trajes de noche.* ⇔ **cálido, caliente. - 6 frío** ***m.*** Temperatura baja del ambiente: *en la sierra hace mucho ~; el ~ hace que se hiele el agua.* ☖ Se usa con el verbo *hacer.* ⇔ **calor. 7** Sensación que produce una temperatura muy baja: *me pondré una chaqueta porque tengo mucho ~.* ⇔ **calor.** ☖ Se suele usar con el verbo *tener.* ■ **coger ~**, *resfriarse o *constiparse: *durante el paseo por el parque he cogido ~.* ■ **en ~**, sin estar bajo la influencia o presión de unas circunstancias o del momento: *las decisiones importantes hay que tomarlas en ~.* ■ **quedarse ~**, asustarse o quedarse sin capacidad de reacción a causa de un hecho que no se espera: *cuando vio el suspenso en el tablón de anuncios se quedó ~.*

frio·le·˹ro, ˹ra |frioléro, ra| ***adj.*** (persona) Que tiende a sentir frío con facilidad: *es muy ~: en verano siempre lleva chaqueta.*

fri·so |fríso| **1** ***m.*** Banda con que se adorna la parte inferior de las paredes: *colocaron un ~ de azulejos que recorría todo el pasillo.* **2** ARQ. Banda horizontal decorativa que está en la parte superior de los edificios clásicos: *el ~ suele estar entre el arquitrabe y la cornisa; en el ~ hay pequeñas esculturas alegóricas.*

fri·ta·da |fritáða| ***f.*** Comida formada por alimentos fritos: *nos invitó a una ~ de calamares para celebrar el nacimiento de su hija; conozco un sitio en Granada en el que ponen unas fritadas muy baratas.* ⇒ **fritura.**

fri·˹to, ˹ta |fríto, ta| **1** ***adj.*** Que ha sido cocinado durante un tiempo en aceite hirviendo: *me gustan los huevos fritos.* **2** *fam. fig.* Que está dormido: *se ha quedado frita viendo la película; no se entera de nada, está ~.* **3** *fam. fig.* Que está muerto: *le dejaron ~ de una cuchillada.* **4** *fam. fig.* Que está cansado o molesto por lo que hace una persona: *me tiene frita con sus continuas llamadas de teléfono.* ⇒ **harto. - 5 frito** ***m.*** Alimento que se cocina teniéndolo durante un tiempo en aceite hirviendo: *algunas noches cenan a base de fritos.*

fri·tu·ra |fritúra| ***f.*** Conjunto de alimentos que se fríen: *en la feria hay olor a frituras; el médico me ha recomendado que no coma frituras.* ⇒ **fritada.**

fri·vo·li·dad |friβoliðáᵈ| ***f.*** Calidad de *frívolo: *su ~ era lo que más atraía a todos sus amigos.* ⇒ **ligereza.**

frí·vo·˹lo, ˹la |fríβolo, la| **1** ***adj.*** Que no presta atención a lo importante; que se queda en la apariencia de las cosas: *trató el asunto de una manera frívola.* ⇒ **superficial. 2** Que no es *constante en su opinión: *es muy frívola: mañana se fijará en otro joven.* ⇒ **ligero. 3** Que no respeta la moral tradicional, generalmente en cuanto al sexo: *asistimos a un espectáculo muy ~.*

fron·da |frónda| ***f.*** Conjunto de hojas y ramas de los árboles o de las plantas: *la ~ dificultaba la visión.* ⇒ **follaje.**

fron·do·si·dad |frondosiðáᵈ| ***f.*** Abundancia de hojas y ramas en los árboles y las plantas: *entraron en un bosque de gran espesura y ~.*

fron·do·˹so, ˹sa |frondóso, sa| ***adj.*** Que tiene gran cantidad de hojas y ramas: *tras la casa, hay un jardín ~.*

fron·tal |frontál| **1** ***adj.*** Del frente o la parte delantera, o que tiene relación con él: *la puerta principal está en la pared ~ del edificio; el vehículo recibió un golpe ~ y el conductor murió en el acto.* **2** ANAT. De la frente o que tiene relación con ella: *le han hecho una radiografía de la región ~.* **- 3** ***adj.-m.*** ANAT. (hueso) Que forma la parte anterior y posterior del *cráneo: *el hueso ~ es uno de los ocho huesos del cráneo.*

fron·te·ra |frontéra| **1** ***f.*** Límite de un Estado: *nos detuvimos en la ~ con Francia y nos pidieron el carné o el pasaporte.* **2** Límite; línea que separa o que marca una extensión: *a veces es muy difusa la ~ entre el amor y el odio.*

fron·te·ri·˹zo, ˹za |fronteríθo, θa| ***adj.*** De la frontera o que tiene relación con ella; que está en la frontera: *las tropas han tomado ya varias ciudades fronterizas.*

fron·tis·pi·cio |frontispíθio| **1** ***m.*** ARQ. Fachada delantera de un edificio: *el ~ de la catedral es de* *estilo barroco.* **2** ARQ. Construcción triangular que se coloca encima de una fachada: *en el museo se conserva el ~ de un templo romano; un enorme ~ corona el edificio.* ⇒ **frontón. 3** Página de un libro anterior a la portada, en la que suele haber algún dibujo: *el ~ de este libro está hecho por un pintor famoso.*

fron·tón |frontón| **1** ***m.*** Deporte que consiste en golpear una pelota lanzándola contra una pared vertical, de modo que bote y vuelva: *al ~ se puede jugar con una raqueta, con una pala o golpeando con la mano.* **2** Pared vertical contra la que se lanza una pelota: *tiró tan alto la pelota que pasó por encima del ~.* **3** Lugar preparado para practicar ese deporte: *los niños pasaban la mañana en el ~, viendo jugar a los jóvenes.* **4** ARQ. Construcción triangular que se coloca encima de una fachada y a veces encima de ventanas o puertas: *en el ~ de la iglesia está representada la figura de la Virgen María acogiendo a los fieles.*

fro·tar |frotár| ***tr.-prnl.*** [algo; con algo] Pasar repetidamente una cosa sobre otra con fuerza: *frotó la lámpara maravillosa y salió de ella un genio; se frotaba las manos porque tenía mucho frío; frota la plata con este producto para limpiarla.*

fruc·tí·fe·⌈ro, ⌈ra |fru^{k}tífero, ra| ***adj.*** Que produce fruto: *las viñas son muy fructíferas; la tierra abonada es más fructífera; ha conseguido todo lo que se propuso: su vida ha sido fructífera.* ⇒ **productivo.**

fruc·ti·fi·car |fru^{k}tifikár| **1** ***intr.*** Dar fruto los árboles y otras plantas: *los árboles fructifican en verano.* **2** *form. fig.* Ser de utilidad: *invirtió su dinero para que fructificara; todos esperan que las negociaciones de paz fructifiquen.* ☐ Se conjuga como 1.

fruc·to·sa |fru^{k}tósa| ***f.*** QUÍM. Azúcar que está presente en la miel y en muchas frutas: *la ~ tiene forma de cristales blancos y se puede disolver en agua.*

fruc·tuo·⌈so, ⌈sa |fru^{k}tuóso, sa| ***adj.*** Que da fruto; que es de utilidad o produce el efecto deseado: *se establecerán unas relaciones fructuosas entre ambos países.* ⇔ **infructuoso.**

fru·gal |fruɣál| **1** ***adj.*** (comida) Que es escasa o poco abundante: *tomó un desayuno ~ y se marchó al trabajo.* **2** (persona) Que come o bebe muy poco: *es un hombre muy ~: no come apenas nada.* ⇒ **parco.**

fru·ga·li·dad |fruɣaliðá^{ð}| ***f.*** Cualidad de escaso o *frugal: *es un hombre muy comedido y de gran ~.*

frui·ción |fruiθión| ***f.*** Placer o goce intenso: *muchos sienten verdadera ~ por usar vocablos difíciles y largos.* ⇒ **disfrute.**

frun·cir |frunθír| **1** ***tr.*** [algo] Arrugar o encoger la frente o las *cejas: *cuando frunce el ceño es que está enfadado o preocupado.* **2** Coser una tela haciendo pequeños pliegues para darle vuelo: *las faldas se fruncen en la cintura; las mangas de la camisa se fruncen en el hombro.* ☐ Se conjuga como 3.

frus·le·rí·a |fruslería| ***f.*** Cosa de poco valor o poco importante: *del viaje le trajo bombones, alhajas y unas fruslerías.* ⇒ **futilidad, nadería.**

frus·tra·ción |frustraθión| ***f.*** Acción y resultado de *frustrar o *frustrarse: *ese fracaso le causó una gran ~.*

frus·trar |frustrár| **1** ***tr.-prnl.*** [a alguien] Quitar una alegría o una esperanza: *frustró a sus padres al abandonar los estudios; se frustró al fracasar en sus negocios.* **2** [algo] Hacer fracasar un intento: *un comentario inoportuno frustró todo nuestro plan.* ⇒ **malograr.**

fru·ta |frúta| ***f.*** Fruto comestible de ciertas plantas: *la naranja y la manzana son frutas;* ~ **del tiempo**, la que se come en la misma estación en que madura: *como teníamos huerta con árboles frutales, siempre comíamos ~ del tiempo;* ~ **del país**, la que se produce en una región determinada: *trata de hacer que crezca el consumo de ~ del país.* ■ ~ **de sartén**, dulce hecho con masa frita, de nombres y formas diferentes: *el pestiño es una ~ de sartén.*

fru·tal |frutál| ***adj.-s.*** (árbol) Que da o produce fruta: *en el jardín había plantas decorativas y árboles frutales.*

fru·te·rí·a |frutería| ***f.*** Establecimiento en el que se vende fruta: *fue a la ~ a comprar manzanas y peras.* ⇒ **carnicería, pescadería.**

fru·te·⌈ro, ⌈ra |frutéro, ra| **1** ***m. f.*** Persona que se dedica a vender fruta: *el ~ me ha dicho que este melón es muy bueno.* **- 2 frutero *m.*** Plato o recipiente que sirve para contener o llevar fruta: *colocó un ~ con uvas, peras y ciruelas sobre la mesa.*

fru·to |frúto| **1** ***m.*** Parte de la planta que contiene las semillas, rodeada por piel o cáscara, y que se separa de la planta cuando está madura: *el ~ de la encina es la bellota; ese manzano está cargado de frutos;* ~ **seco**, el que no tiene o ha perdido su humedad y se puede conservar durante mucho tiempo: *la nuez y la almendra son frutos secos.* **2** Producto de la tierra que tiene una utilidad: *si la tierra da su ~, nunca nos faltará de comer.* ☐ Se usa frecuentemente en plural. **3** Producto de la mente o del trabajo humano: *esta casa es ~ del esfuerzo de toda la familia.* **4** Persona en cuanto a sus padres: *este es el ~ de mis entrañas.* ⇒ **hijo.** ■ ~ **prohibido**, cosa que no está permitida; actividad que no está permitida: *el cine es un ~ prohibido para mí porque tengo que trabajar mucho.* ■ **sacar** ~, conseguir el efecto que se desea: *ha sacado ~ de sus palabras.*

fuc·sia |fú^{k}sia| **1** ***f.*** Planta tropical, de hojas ovaladas y flores de color rosa fuerte: *el jardinero plantó varias fucsias junto a la entrada de la casa.* **- 2 *adj.*** De color rosa fuerte: *el vestido de la madrina era ~; unos cojines ~ irán bien con la colcha.* **- 3 *adj.-m.*** (color) Que es rosa fuerte: *el ~ es un color muy alegre.*

fue·go |fuégo| **1** ***m.*** Luz y calor que se desprende al quemarse una cosa: *el ~ es uno de los principales descubrimientos del hombre.* ⇒ **candela. 2** Materia encendida en brasa o en llama: *echa leña al ~.* ⇒ **candela; fuegos de artificio/artificiales**, *cohetes y otros *artificios que producen luz y colores y se usan por la noche en fiestas y espectáculos: *la noche de la fiesta se hacen unos espléndidos fuegos artificiales.* **3** Lugar o punto donde se cocina: *aparta la olla del ~.* ⇒ **fogón. 4** Materia ardiendo de grandes proporciones y que destruye: *los bomberos apagaron el ~ del pajar.* ⇒ **incendio. 5** Disparo o disparos de arma: *el soldado se protegió del ~ enemigo.* **6** Pasión o sentimiento fuerte: *no pudo contener el ~ de su amor.* ⇒ **ardor.** ■ **abrir el** ~, comenzar a disparar o a realizar una acción: *el capitán nos ordenó que abriéramos el ~ contra el enemigo; el periodista más veterano abrió el ~ en la rueda de prensa y comenzó a hacer preguntas al político.* ■ **alto el** ~, orden de dejar de disparar; interrupción de una acción de guerra: *después de dos años de guerra se ordenó el alto el ~.* ■ **atizar el** ~, hacer más vivo un enfado o una lucha: *si le das la razón a alguno de los niños no harás más que atizar el ~.* ■ **echar** ~, mostrar gran enfado o rabia: *Luis estaba tan indignado que echaba ~ por los ojos.* ■ **estar entre dos fuegos**, encontrarse en una situación peligrosa o entre dos posibilidades igualmente difíciles: *no sabía cómo solucionarlo, estaba entre dos fuegos.* ■ **jugar con** ~, exponerse a un peligro sin necesidad: *si vas a coger setas sin conocerlas bien estás jugando con ~ porque algunas son muy venenosas.*

fue·lle |fuéʎe| **1** *m.* Instrumento que sirve para soplar, recogiendo aire y expulsándolo con fuerza en una dirección determinada: *el herrero usa el ~ para avivar el fuego.* **2** Arruga en la ropa: *como has adelgazado, el pantalón te hace un ~.* **3** Pliegue en el cuero: *los fuelles del bolso sirven para darle más cabida; el acordeón tiene fuelles; los fuelles de la capota del coche están estropeados.* **4** *fam. fig.* Capacidad para respirar: *al llegar a su piso, estaba sin ~.* ⇒ **respiración.**

fuen·te |fuénte| **1** *f.* Lugar donde brota una corriente de agua: *beberemos agua de la ~ del bosque.* ⇒ **fontana. 2** Construcción artificial de la que sale agua: *en medio de la plaza hay una ~ con cuatro*

FRUTALES

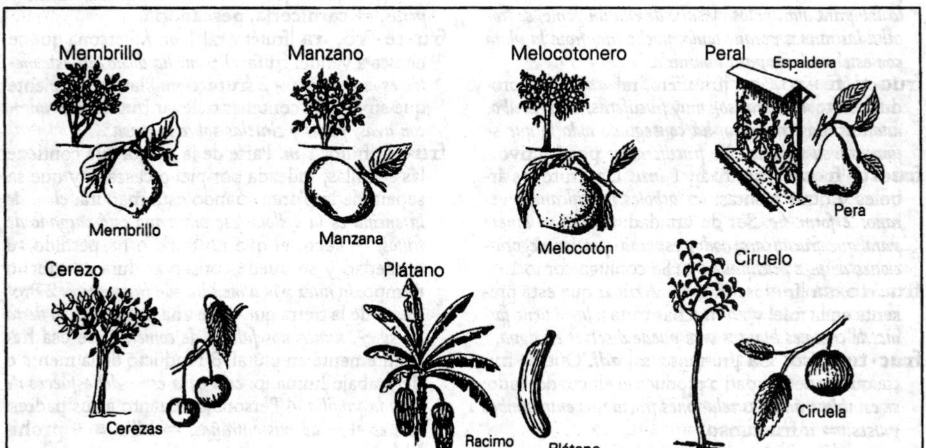

caños; el agua de las fuentes procede de manantiales o depósitos. **3** *fig.* Principio u origen de una cosa: *las fuentes del Renacimiento europeo están en Italia; la tienda es su única ~ de ingresos.* **4** Recipiente grande, llano y ovalado en el que se sirven los alimentos: *en la ~ hay fruta cortada en rodajas; puso los filetes en la ~ de cristal.* ⇒ **bandeja. 5** *fig.* Conjunto de materiales y documentos de que se sirve un autor: *consultó muchas fuentes en las bibliotecas para realizar su trabajo de investigación.*

fue·ra |fuéra| **1** ***adv. l.*** En la parte exterior; hacia la parte exterior: *voy un rato ~ de casa para que me dé el sol.* **- 2** ***adv. t.*** En un tiempo que no está comprendido entre dos momentos: *has entregado los documentos ~ del plazo de admisión.* **- 3** ***adv.*** En el exterior de un espacio o periodo que no es real o concreto: *dejemos ese punto ~ de nuestras consideraciones.* **- 4** ***m.*** DEP. Jugada que se produce al salir de los límites del terreno de juego la pelota o el objeto con que se juega: *el árbitro pitó ~ y dio el balón al equipo contrario.* **- 5** ***interj.*** Expresión que indica desagrado o desaprobación: *el público del teatro gritó: ¡~, ~!* ■ **de ~**, que procede de otra población o país: *la fruta de ~ es más cara que la nacional.* ■ **~ de**, indica que no se incluye la cosa o acción que se expresa: *~ de eso, pídeme lo que quieras.* ⇒ **excepto.** ■ **~ de sí**, sin control sobre los propios actos: *la madre estaba ~ de sí y gritaba como una loca.*

fue·ro |fuéro| **1** ***m.*** Poder o autoridad, especialmente el que se tiene sobre cierta comunidad o lugar: *el ~ eclesiástico era independiente del poder judicial;* **~ interno**, el que poseen las personas para aprobar las buenas acciones y rechazar las malas: *cada uno decidirá según su ~ interno.* **2** Conjunto de leyes o normas: *el rey otorgó un ~ a la ciudad.* **3** *fig.* Orgullo excesivo: *no tengas tantos fueros.*

fuer·te |fuérte| **1** ***adj.*** Que tiene fuerza y resistencia: *Federico es tan ~ que puede levantar cien kilos; un ~ viento ha derribado el árbol; esta viga es muy ~ y aguantará bien el peso.* ⇔ **débil, flojo. 2** Que es intenso: *el ajo tiene un sabor muy ~; sentí un ~ dolor en el costado; ¡qué olor tan ~ tiene ese perfume!* ⇔ **débil. 3** Que tiene poder o medios para obrar: *es director de una empresa muy ~.* **4** Que tiene conocimientos o experiencia en una ciencia o arte: *pregúntale a Marcos, que es el que está más ~ en matemáticas.* ☐ Se usa con *estar*. **5** *fam.* Que sorprende o admira: *me han contado una cosa muy ~; ¿ya tienes carné de conducir? ¡Qué ~!* **- 6** ***m.*** Ciencia o arte en que destaca una persona o que le gusta especialmente: *toca varios instrumentos, pero el piano es su ~.* **7** Lugar protegido por obras de defensa: *los indios atacaron el ~.* ⇒ **fortín. - 8** ***adv.*** En abundancia; con intensidad: *hoy hemos trabajado ~; no salgas ahora, que está lloviendo ~.*

fuer·za |fuérθa| **1** ***f.*** Capacidad para hacer un trabajo o mover una cosa: *los elefantes tienen mucha ~.* **2** Capacidad de producir un efecto; poder: *sus palabras tienen ~;* **~ mayor**, la que hace que no se cumpla una obligación: *sólo se permite el retraso en el pago por causa de ~ mayor.* **3** Esfuerzo, aplicación de un poder o de una capacidad: *empujó la puerta con ~.* **4** *Violencia; poder físico: *usó la ~ para obligarme a confesar;* **~ bruta**, la física, en oposición a la que da el derecho o la razón: *los niños usan la ~ bruta para convencer a los otros más pequeños.* **5** Intensidad; empuje: *protestó con mucha ~, pero no consiguió sus derechos.* **6** Resistencia; capacidad para sostener un cuerpo o resistir un empuje: *los contrafuertes de las iglesias románicas dan ~ al muro.* **7** Conjunto de personas a la orden de una autoridad o con autoridad: **~ pública**, conjunto de personas encargadas de mantener el orden: *la ~ pública contuvo los motines;* **fuerzas armadas**, conjunto formado por los ejércitos de tierra, mar y aire de un país: *hubo un desfile en el que participaron representantes de todas las fuerzas armadas;* **fuerzas de choque**, conjunto de militares preparados para el ataque: *las fuerzas de choque estaban preparadas para actuar en cualquier momento;* **fuerzas vivas**, conjunto de personas con poder o con capacidad de representación: *en aquel pequeño pueblo, el alcalde, el médico y el cura eran las fuerzas vivas.* ■ **a ~ de**, haciendo muchas veces o con intensidad: *conseguí terminar el armario a ~ de mucho trabajo; a ~ de repetirlo, acabó creyéndoselo.* ■ **a la ~**, con *violencia; contra la propia voluntad: *si no te comes el pollo, te lo haré comer a la ~.* ■ **a la ~**, de manera necesaria o que no se puede evitar: *¿vas a ir a trabajar mañana? ¡A la ~!* ■ **a la ~ ahorcan**, expresión que indica que se obra contra la propia voluntad: *yo no quería dejar los estudios, pero a la ~ ahorcan.* ■ **irse la ~ por la boca**, hablar mucho, pero no hacer nada: *Mónica protesta mucho, pero luego se le va la ~ por la boca.* ■ **por ~**, de manera necesaria o que no se puede evitar: *tengo que llevar uniforme por ~.* ■ **por la ~**, con *violencia; contra la propia voluntad: *quitó el dinero por la ~.* ■ **sacar fuerzas de flaqueza**, hacer un esfuerzo extraordinario: *el cordero estaba agotado, pero sacó fuerzas de flaqueza para escapar del lobo.*

fu·ga |fúɣa| **1** ***f.*** Abandono de un lugar en el que se está encerrado: *varios prisioneros se dieron a la ~.* ⇒ **evasión. 2** Salida o escape, especialmente de un líquido o un gas por una *avería: *si hay una ~ de gas, no enciendas la cocina; se han detectado importantes fugas de capital.* **3** MÚS. Composición musical que se basa en un tema y que se desarrolla a partir de él en diferentes voces y tonos: *Juan Sebastián Bach era un maestro en el arte de la ~.*

fu·ga·ci·dad |fuɣaθiðáᵈ| ***f.*** Cualidad de *fugaz: *pensaba sobre la ~ de la vida humana.*

fu·gar·se |fuɣárse| ***prnl.*** Escaparse o irse de un lugar en el que se está encerrado: *los forajidos se fugaron de la cárcel.* ⇒ **evadir, huir.**

fu·gaz |fuɣáθ| **1** ***adj.*** Que se aleja y desaparece con velocidad: *vio una estrella ~ y formuló un deseo.* **2** *fig.* Que tiene una duración muy corta: *sólo pudo disfrutar de un momento ~ de felicidad.*

fu·gi·ti·⌜vo, ⌜va |fuxitíβo, βa| **1** ***adj.-s.*** Que escapa o se *fuga: *la policía perseguía a los fugitivos.* **- 2** ***adj.*** *fig.* Que dura muy poco tiempo: *apenas se pudieron dirigir una mirada fugitiva.*

fu·la·na |fulána| **1** *f. desp.* Mujer que mantiene relaciones sexuales a cambio de dinero: *veía pasear a las fulanas por la acera.* ⇒ **prostituta. 2** *desp.* Mujer que se entrega sexualmente con facilidad: *esa ~ se acuesta con cualquiera.* ⇒ **puta.** ☐ Se usa como apelativo despectivo.

fu·la·⌐no, ⌐na |fuláno, na| **1** *m. f.* Persona determinada cuyo nombre se desconoce, o no se recuerda: *si viene ~ y te pide los papeles acreditativos, tienes que tenerlos preparados.* ⇒ **mengano, zutano. 2** Persona indeterminada: *vino un ~ preguntando por ti.* **3** *desp.* Persona despreciable: *si vuelve por aquí ese ~, echadlo sin más.*

ful·gor |fulɣór| *m.* Brillo muy intenso: *a lo lejos, divisó el ~ del rayo.* ⇒ **resplandor.**

ful·gu·ran·te |fulɣuránte| **1** *adj.* Que brilla con intensidad: *el cielo está lleno de estrellas fulgurantes.* **2** *fig.* Que destaca por su valor o su calidad: *el joven abogado hizo una carrera ~.*

ful·gu·rar |fulɣurár| *intr.* Brillar con intensidad: *el oro fulguraba en el cofre.*

fu·lle·⌐ro, ⌐ra |fuʎéro, ra| *adj.-s.* (persona) Que intenta engañar o hacer *trampa: *no jugaré más con esos fulleros.* ⇒ **tramposo.**

ful·mi·nan·te |fulminánte| **1** *adj.* Que destruye, causa un daño o causa la muerte de forma rápida: *un rayo ~ destruyó la cabaña del pastor.* **2** Que es muy rápido y de efecto inmediato: *el árbitro expulsó de forma ~ al jugador que había lesionado a un contrario.* **- 3** *m.* Materia que se usa para hacer estallar cargas *explosivas: *esas granadas de mano llevan un ~ muy eficaz.*

ful·mi·nar |fulminár| **1** *tr.* [algo, a alguien] Destruir, causar un daño o causar la muerte de forma rápida, especialmente un rayo o un arma: *el cielo gris fulminaba la tierra; el cielo lo fulminó una noche de tormenta; desde el caballo, lo fulminó con su espada; la peste los fulminó a todos.* **2** *fig.* [a alguien] Dejar admirada o impresionada a una persona, especialmente con una mirada o una voz que muestra odio o amor: *lo fulminó con su gesto.*

fu·ma·de·ro |fumaðéro| *m.* Establecimiento al que van las personas para fumar: *tuvieron que rescatarlo de un ~ de opio.*

fu·ma·⌐dor, ⌐do·ra |fumaðór, ðóra| *adj.-s.* (persona) Que fuma, generalmente por costumbre: *los fumadores tendrán que abstenerse de fumar durante los vuelos cortos;* ~ **pasivo**, el que, sin tener la costumbre de fumar, está sometido a los efectos del tabaco por estar en compañía de los que fuman: *los fumadores pasivos tienen que soportar el humo de los demás.*

fu·mar |fumár| **1** *intr.-tr.* [algo] Aspirar y despedir el humo del tabaco o de otras cosas: *suele ~ un puro cada día; fuma en pipa.* **- 2 fumarse** *prnl. fig.* Gastar los bienes o el dinero sin orden ni cuidado: *se fumó la paga del mes en cuatro días.* ⇒ **derrochar. 3** *fig.* Dejar de ir o de presentarse a un lugar o una actividad: *se fumó la clase de lengua española.*

fu·ma·ro·la |fumaróla| *f.* Abertura o hueco por donde salen los gases o vapores de un *volcán: *desde el avión, se divisaban las fumarolas y los cráteres de los volcanes.*

fu·mi·gar |fumiɣár| *tr.* [algo] Esparcir una sustancia por un lugar para *desinfectarlo o para matar los insectos: *fumigaron el maíz con una avioneta.* ☐ Se conjuga como 7.

fu·nám·bu·⌐lo, ⌐la |funámbulo, la| *m. f.* Persona que hace ejercicios en una cuerda o un alambre: *el ~ dio una vuelta en el aire y volvió a caer sobre el alambre.* ⇒ **alambrista.**

fun·ción |funθi̱ón| **1** *f.* Acción o actividad propia de una persona, animal o cosa; utilidad; uso o destino: *la ~ de los analgésicos es calmar el dolor.* **2** Ejercicio de un cargo o empleo: *una de las funciones de la policía es regular el tráfico.* **3** Representación o proyección, generalmente de un espectáculo o de una película: *hemos ido a ver una ~ de teatro y nos ha gustado mucho.* **4** LING. Relación que los elementos de una estructura gramatical mantienen entre sí: *en* el gato come ratones, *el sintagma* el gato *tiene la ~ de sujeto.* **5** MAT. Relación entre dos *magnitudes de manera que los valores de una dependen de los de la otra: *$y = f(x)$ es una ~.* ■ **en ~ de**, dependiendo de; de acuerdo con: *el tamaño de la sala debe elegirse en ~ de los invitados.* ■ **en funciones**, que está haciendo un trabajo en nombre de otro o de forma pasajera: *cuando el alcalde está de viaje, él se queda como alcalde en funciones.*

fun·cio·nal |funθi̱onál| **1** *adj.* De la función o que tiene relación con ella: *su hígado tiene un problema ~.* **2** (cosa) Que tiene una función práctica que domina sobre las demás: *esta lámpara no es decorativa, pero es muy ~.*

fun·cio·na·mien·to |funθi̱onamié̱nto| **1** *m.* Ejecución por parte de una persona o cosa de la función que le es propia: *el ~ de esta lavadora es muy silencioso.* **2** Uso o empleo: *tienes que enseñarme el ~ de esa máquina de cortar césped.* ⇒ **manejo.**

fun·cio·nar |funθi̱onár| *intr.* Ejecutar una persona o cosa la función que le es propia: *la máquina no funciona bien: habrá que llamar al técnico.*

fun·cio·na·⌐rio, ⌐ria |funθi̱onári̱o, ri̱a| *m. f.* Persona que ocupa un cargo o empleo público: *mi hermano es ~ de correos y se dedica a clasificar cartas.*

fun·da |fúnda| *f.* Cubierta con la que se envuelve una cosa para protegerla: *colocó el disco en su ~.* ⇒ **envoltorio.**

fun·da·ción |fundaθi̱ón| **1** *f.* Sociedad u organización que se dedica a hacer obras sociales, culturales o *humanitarias: *nuestra ~ se encarga de ayudar a las personas necesitadas.* ⇒ **patronato. 2** Principio, creación u origen de una cosa: *la ciudad fue saqueada a los 275 años de su ~.*

fun·da·⌐dor, ⌐do·ra |fundaðór, ðóra| *adj.-s.* (persona) Que funda o crea una cosa: *se recordó al ~ de nuestra ciudad.*

fun·da·men·tal |fundamentál| **1** *adj.* Que es muy importante o muy necesario: *nos encontramos en un momento ~ de la historia.* ⇒ **básico, esencial, trascendental, vital.** ⇔ **secundario. 2** Que sirve de fundamento o principio: *esa es la base ~ de todo nuestro sistema teórico.*

fun·da·men·tar |fundamentár| *tr.* [algo] Poner

los *fundamentos o principios de una cosa: *fundamenta su tesis en la diversidad climática del país.*

fun·da·men·to |fundaménto| **1** ***m.*** Principio u origen de una cosa; razón o causa de un juicio: *el ~ de esta ley está en la Constitución.* **- 2 fundamentos** ***m. pl.*** *fig.* Elementos básicos de un arte o una ciencia: *debes estudiar los fundamentos de la retórica.*

fun·dar |fundár| **1** ***tr.*** [algo] Establecer o crear; dar principio u origen: *fundó la Asociación de Amigos de la Palabra; los romanos fundaron esta ciudad.* ⇒ **asentar. - 2** ***tr.-prnl.*** Apoyarse o tener su base una cosa material en otra: *el arco se funda en el pilar.* **3** *fig.* Apoyar con causas o razones: *nuestra decisión se funda en el dictamen de los expertos; ¿en qué te fundas para decir que miento?*

fun·di·ción |fundiθión| **1** ***f.*** Acción y resultado de fundir un cuerpo sólido: *para la ~ de los metales se requieren altas temperaturas.* **2** Fábrica donde se funden metales: *trabajó en la ~ durante toda su vida.* **3** Mezcla de hierro y *carbono que contiene más de un 2% de éste. **4** Conjunto de letras o *moldes de una clase para imprimir.

fun·dir |fundír| **1** ***tr.-intr.*** [algo] Pasar del estado sólido al líquido por la acción del calor: *fundieron los cañones para hacer un monumento; el cobre funde a baja temperatura.* ⇔ **congelar. - 2** ***tr.*** Dar forma en un *molde a un metal derretido: *fundió la estatua en su propia casa.* **3** *fam. fig.* Gastar los bienes o el dinero sin orden ni cuidado: *es capaz de ~ en una noche lo que yo cobro en un mes.* ⇒ **derrochar. 4** CINEM. Mezclar los últimos momentos de una imagen con los primeros momentos de la siguiente: *ambas escenas se funden lentamente.* **- 5 fundirse** ***prnl.*** Unir intereses, ideas o partidos diferentes: *los dos partidos políticos se han fundido.* **6** Dejar de funcionar un aparato eléctrico: *se fundieron los plomos; se ha fundido la bombilla.*

fú·ne·bre |fúneβre| **1** ***adj.*** De los *difuntos o que tiene relación con ellos: *el cortejo ~ llegó hasta el cementerio.* **2** *fig.* Que es muy triste o desgraciado: *aquel día ~, la mala suerte volvió a visitarlos.* ⇒ **funesto.**

fu·ne·ral |funerál| ***m.*** Ceremonia religiosa que se celebra para recordar la muerte de una persona y para rezar por la salvación de su *alma: *al ~ asistieron todos sus familiares y amigos.* ⇒ **exequias, honra.**

fu·ne·ra·ria |funerária| ***f.*** Compañía que se encarga de organizar todo lo relacionado con el entierro de los muertos: *el coche de la ~ trasladó el ataúd al cementerio.*

fu·ne·ra·⌜rio, ⌜ria |funerário, ria| ***adj.*** Del entierro de una persona muerta o que tiene relación con él: *los actos funerarios se celebraron al día siguiente de su muerte.*

fu·nes·⌜to, ⌜ta |funésto, ta| **1** ***adj.*** Que es origen de tristezas o de desgracias: *aquel día ~ perdió todo cuanto tenía.* **2** *fig.* Que es muy triste o desgraciado: *le vino a la mente el ~ recuerdo de su pasado.* ⇒ **fúnebre.**

fun·gi·ble |fuŋxíβle| ***adj.*** DER. Que se consume con el uso: *el que recibe en préstamo dinero u otra cosa ~ adquiere su propiedad.*

fun·gi·ci·da |fuŋxíθiða| ***m.*** Sustancia que sirve para destruir los hongos parásitos que causan males o daños: *roció la sala con ~ para desinfectarla.*

fur·cia |fúrθia| **1** ***f.*** *desp.* Mujer que mantiene relaciones sexuales a cambio de dinero o de bienes materiales: *las furcias se le ofrecían mientras paseaba.* ⇒ **prostituta. 2** *desp.* Mujer que se entrega sexualmente con facilidad: *para mí que esa ~ se entiende con el vecino.* ⇒ **puta.** ☐ Se usa como apelativo despectivo.

fur·gón |furγón| **1** ***m.*** Vehículo automóvil de cuatro ruedas, con un espacio interior grande y que se usa para el transporte de mercancías: *enviarán los muebles en un ~ de mudanzas; la policía trasladó al prisionero en un ~.* **2** Vehículo destinado al transporte de correo o de mercancías, que forma parte de un tren: *sus maletas se encuentran en el ~ de equipajes.* ⇒ **vagón; ~ de cola**, el que va al final del tren: *el correo irá en el ~ de cola.* ■ **ser el ~ de cola**, *fig.*, quedarse el último en una empresa o asunto: *el ciclista asturiano no ha sido nunca el ~ de cola.*

fur·go·ne·ta |furγonéta| ***f.*** Vehículo con una puerta en la parte posterior, que sirve para transportar mercancías: *esta tarde nos lo traerán en una ~ de reparto.*

fu·ria |fúria| **1** ***f.*** Violencia producida por la rabia; enfado que no se puede controlar: *descargó la ~ de su espada contra el escudo de su rival.* ⇒ **rabia. 2** *fig.* Momento de mayor intensidad de una moda o costumbre: *eran los tiempos de la ~ de la música clásica.*

fu·ri·bun·⌜do, ⌜da |furiβúndo, da| **1** ***adj.*** Que tiene o muestra rabia o *furia: *le lanzó una furibunda mirada.* ⇒ **furioso. 2** (persona) Que admira o apoya a una persona o un grupo con pasión exagerada: *un ~ seguidor del equipo gritaba insultando al árbitro.* ⇒ **fan, fanático.**

fu·rio·⌜so, ⌜sa |furióso, sa| **1** ***adj.*** Que tiene o muestra rabia o *furia: *estaba ~ por todo lo sucedido y empezó a gritar.* ⇒ **furibundo. 2** *fig.* Que tiene o muestra violencia: *le propinó un ~ golpe en la adarga.*

fu·ror |furór| **1** ***m.*** Enfado muy grande y violento: *la miró con ~ y odio.* ⇒ **rabia. 2** *fig.* Entusiasmo, fuerza y energía: *trabaja con ~ para acabar su libro.* **3** Locura, *afición desordenada y excesiva: *amaba a su mujer con ~; me gustan los deportes con ~.* ■ **causar/ hacer ~**, *fam.*, estar de moda: *entre los jóvenes causa ~ ir en moto; aquel verano hizo ~ el biquini.*

fur·ti·⌜vo, ⌜va |furtíβo, βa| **1** ***adj.*** Que se hace de manera escondida o disimulada: *le lanzaba constantes miradas furtivas.* **- 2** ***adj.-s.*** (persona) Que hace una cosa escondiéndose de los demás , especialmente que caza o pesca lo que no debe, cuando no debe o donde no debe: *en esa región había muchos furtivos que mataban lobos.*

fu·rún·cu·lo |furúnkulo| ***m.*** Masa de tejido duro que se forma en la piel, cuando se hincha un pequeño *depósito de grasa: *le salieron varios furúnculos con pus.* ⇒ **forúnculo.**

fu·se·la·je |fuseláxe| ***m.*** AERON. Cuerpo central del avión, donde van los pasajeros y las mercancías: *el ~ se hace de material ligero.*

fu·si·ble |fusíβle| ***m.*** Mecanismo que se rompe o deja de funcionar cuando pasa por él una corriente eléctrica de una intensidad superior a la establecida: *al producirse el cortocircuito, saltaron los fusibles.* ⇒ **plomo.**

fu·sil |fusíl| ***m.*** Arma de fuego formada por un *cañón largo montado en una *culata de madera: *los soldados hacían la instrucción con el ~ al hombro.* ⇒ **chopo, rifle; ~ submarino**, arma que sirve para lanzar *arpones a gran velocidad bajo la superficie del agua: *los hombres rana llevaban fusiles submarinos para defenderse de los animales peligrosos.*

fu·si·la·mien·to |fusilamiénto| ***m.*** Ejecución de una persona con disparos: *lo llevaron al paredón de ~ y lo ejecutaron; Goya plasmó en su cuadro los fusilamientos de la Moncloa.*

fu·si·lar |fusilár| **1 *tr.*** [a alguien] Matar a una persona mediante el disparo de uno o de varios *fusiles: *sacaron al prisionero, lo ataron a un poste y lo fusilaron.* ⇒ **paredón. 2** *desp. fig.* [algo] Copiar una obra o partes de la obra de otro autor: *fusiló gran parte de la comedia del célebre autor y pensó, el ingenuo, que nadie se daría cuenta.* ⇒ **plagiar.**

fu·sión |fusión| **1 *f.*** Paso del estado sólido al líquido por la acción del calor: *la ~ del hielo en agua líquida se produce a partir de los cero grados centígrados.* ⇔ **congelación; ~ nuclear**, reacción nuclear producida por la unión de dos átomos sometidos a muy altas temperaturas, que provoca un gran desprendimiento de energía: *la bomba de hidrógeno funciona mediante la ~ nuclear.* **2** *fig.* Unión de intereses, ideas o partidos diferentes: *se ha producido la ~ de varios bancos.*

fu·sio·nar |fusionár| ***tr.-prnl.*** [algo] Producir una unión entre organismos o ideas: *los dos bancos más importantes del país se han fusionado para evitar la competencia.*

fus·ta |fústa| ***f.*** Vara flexible que se usa para golpear al caballo y darle órdenes: *la ~ tiene una correa para sujetarse a la mano; el jinete espoleó al caballo y lo golpeó con la ~.*

fus·te |fúste| **1 *m.*** ARQ. Parte de la columna que tiene forma de cilindro alargado: *el ~ está entre la basa y el capitel; las columnas jónicas tienen el ~ estriado.* **2** Importancia o valor: *la música española nunca ha tenido compositores de tanto ~ como ahora.*

fus·ti·gar |fustiγár| **1 *tr.*** [algo, a alguien] Dar golpes con una vara o *fusta: *fustigaba al caballo constantemente para llegar cuanto antes.* ⇒ **flagelar. 2** *fig.* Criticar con dureza: *el consejo fustigó al gerente por su gestión.* ⇒ **censurar, reprobar.** ☐ Se conjuga como 7.

fút·bol |fúᵗβol| ***m.*** Deporte que se juega entre dos equipos de 11 jugadores y que consiste en meter un *balón en la meta del contrario, *utilizando los pies o cualquier parte del cuerpo que no sean las manos: *es un gran aficionado al ~ y casi todas las semanas va a animar a su equipo.* ⇒ **balompié; ~ americano**, el que consiste en llevar un *balón *ovoide más allá de una línea protegida por el contrario o en meterlo en su meta, *utilizando cualquier parte del cuerpo: *el ~ americano es un deporte más violento que el balompié.* ⇒ **rugby; ~ sala**, el que se practica en un terreno de tamaño reducido con dos equipos formados por cinco jugadores cada uno: *todos los domingos juega al ~ sala con un grupo de amigos.*

fut·bo·lín |fuᵗβolín| **1 *m.*** Juego que consiste en mover unas figuras de madera o metal para que golpeen una bola y la metan en un hueco, como en el fútbol: *José Luis pasa muchas tardes jugando al ~ con un amigo.* **2** Mesa con figuras, que imita un campo de fútbol con sus jugadores y se usa para ese juego: *me gustaría tener un ~ en casa, pero ocupa mucho espacio.*

fut·bo·lis·ta |fuᵗβolísta| ***com.*** Persona que juega al fútbol: *Ángel dice que quiere ser ~ cuando sea mayor.*

fut·bo·lís·ti·⌐co, ⌐ca |fuᵗβolístiko, ka| ***adj.*** Del fútbol o que tiene relación con él: *en septiembre comienza la temporada futbolística.*

fú·til |fútil| ***adj.*** *form.* Que tiene poco valor o poca importancia: *su gobierno fue ~ para la historia de España.* ⇒ **inane, inútil, vano.**

fu·ti·li·dad |futiliðáᵈ| ***f.*** *form.* Cosa de poco valor o poco importante: *le trajo del viaje bombones, alhajas y algunas futilidades.* ⇒ **fruslería, nadería.**

fu·tu·ris·mo |futurísmo| **1 *m.*** Actitud favorable hacia el futuro: *he visto una película basada en el ~; sólo conseguiremos avanzar si adoptamos una postura de progreso y ~.* **2** Tendencia artística e *intelectual en la que se rechaza el pasado y se defiende lo moderno: *en el ~ se busca adecuar el arte a la vida industrial y urbana; el principal representante del ~ fue el poeta italiano Marinetti.*

fu·tu·ris·ta |futurísta| **1 *adj.*** Del *futurismo o que tiene relación con él: *esta novela es ~, se sitúa en el siglo* XXI. **- 2 *adj.-com.*** (persona) Que practica el *futurismo: *Umberto Boccioni es un pintor ~.*

fu·tu·⌐ro, ⌐ra |futúro, ra| **1 *adj.*** Que está próximo en el tiempo: *iremos a visitarte a tu casa durante las futuras vacaciones; mis proyectos futuros son maravillosos.* ⇔ **pasado. - 2 *adj.-s.*** LING. (tiempo verbal) Que indica que una acción todavía no se ha producido: *el verbo* llegaré *está en tiempo ~.* ⇔ **presente, pretérito, tiempo. - 3 *m. f.*** *fam.* Persona que está comprometida con otra para casarse: *te presento a mi ~, es guapo ¿eh?* ⇒ **novio, prometido. - 4 futuro *m.*** Tiempo que todavía no ha llegado: *el ~ profesional de los jóvenes es incierto; hablaremos del asunto en el ~.* ⇔ **pasado, presente.**

fu·tu·ro·lo·gí·a |futuroloxía| ***f.*** Disciplina que se dedica a prever lo que va a ocurrir en el futuro: *dice ser un experto en ~ y en tarot y asegura que seremos muy ricos dentro de pocos años.*

fu·tu·ró·lo·⌐go, ⌐ga |futuróloγo, γa| ***m. f.*** Persona que se dedica a la *futurología: *consultó a un ~ para saber si se casaría o no.*

G

G, g 1 ***f.*** Letra que en el alfabeto español sigue a la *f: la palabra* gitano *se escribe con ~, no con* j. **2** Abreviatura de gramo: *fue a comprar 100 g de bombones.*

ga·bán |gaβán| ***m.*** Prenda de vestir de abrigo, larga y con mangas, que se pone sobre otras prendas: *se puso el ~ sobre la chaqueta porque hacía mucho frío; Carlos es aquel chico que lleva un ~ marrón.* ⇒ **abrigo.**

ga·bar·di·na |gaβarðína| **1** ***f.*** Prenda de vestir larga que sirve para protegerse de la lluvia y el viento: *la ~ es ligera y cómoda; los detectives privados de muchas películas llevan ~.* **2** Tejido fuerte de algodón que se usa para fabricar prendas de vestir y otras cosas: *tenemos pantalones de tergal, de lana y de ~.* ■ **con ~**, cubierto con una masa de harina y huevo y, después, frito: *me encantan las gambas con ~.*

ga·ba·rra |gaβar̄a| **1** ***f.*** MAR. Embarcación de pequeño tamaño que puede llevar vela: *se alejaron del puerto en una ~.* **2** MAR. Barco que sirve para cargar y descargar en los *puertos: *no pudieron descargar porque la ~ del puerto estaba averiada.*

ga·bi·ne·te |gaβinéte| **1** ***m.*** Habitación pequeña que sirve para estudiar o para recibir visitas: *la alcoba está situada a la derecha del ~; en el ~ hay estanterías con muchos libros; los clientes te están esperando en el ~.* **2** Conjunto de personas que componen el gobierno de un país: *todavía no se sabe quiénes serán los ministros del nuevo ~; el ~ hizo unas declaraciones muy polémicas.* ⇒ **ministerio.**

ga·ce·la |gaθéla| ***f.*** Animal mamífero *rumiante de patas largas y finas, cabeza pequeña, cuernos curvados color marrón claro y blanco en el vientre: *el rebaño de gacelas pastaba en la pradera.* ⌂ Para indicar el sexo se usa la ~ macho y la ~ hembra.

ga·ce·ta |gaθéta| **1** ***f.*** Publicación periódica destinada a dar información: *siempre compra la ~ literaria; en la ~ de economía informaron sobre la venta de esas acciones; voy a comprar la ~ de mi pueblo, a ver qué es lo que pasa por allí.* **2** *fam. desp.* Persona que se entera de casi todo y que lo cuenta: *por ahí viene la ~: a ver qué nos dice hoy.*

ga·cha |gátʃa| **1** ***f.*** Masa blanda con gran cantidad de líquido: *me gusta el chocolate bien espeso, pero éste es una ~.* **- 2 gachas** ***f. pl.*** Comida que se hace con harina *cocida con agua y sal: *¿has probado las gachas que prepara Ascensión?; aderezó las gachas con un poco de miel.* **3** *fam. fig.* Masa que resulta de mezclar tierra y agua: *el niño se ha dedicado a pisar las gachas de la calle y se ha ensuciado hasta los calcetines.* ⇒ **barro, lodo.**

ga·chí |gatʃí| ***f.*** *vulg.* Mujer, generalmente joven: *se me cayeron los libros y me ayudó a recogerlos una ~ que pasaba por mi lado.*

ga·chó |gatʃó| **1** ***m.*** *vulg.* Hombre, generalmente joven: *¡qué ~ más simpático!* **2** *vulg.* Amante de una mujer: *está casada, pero tiene un ~.*

ga·di·ta·⌐no, ⌐na |gaðitáno, na| **1** ***adj.*** De Cádiz o que tiene relación con Cádiz: *fue a pasar sus vacaciones a la costa gaditana.* **- 2** ***m. f.*** Persona nacida en Cádiz o que vive habitualmente en Cádiz: *vendrán a vernos unos familiares que son gaditanos; el poeta Rafael Alberti es ~.*

ga·far |gafár| ***tr.*** *fam.* [algo, a alguien] Dar o traer mala suerte: *la presencia de ese actor gafó el festival de cine; va gafando a todos los que se encuentra por su camino.*

ga·fas |gáfas| ***f. pl.*** Conjunto de dos cristales colocados en una *montura que se apoya en la nariz y que se sujeta detrás de las orejas: *lleva ~ porque es un poco miope; he olvidado las ~ de sol en el coche.* ⇒ **lente.**

ga·fe |gáfe| ***adj.-com.*** *fam.* Que da o trae mala suerte: *¡qué chica tan ~, va transmitiendo mala suerte a todo el mundo!*

gai·ta |gáita| **1** ***f.*** Instrumento musical de viento formado por una bolsa que se llena de aire, un tubo por el que se sopla y dos o tres más por los

GAITA

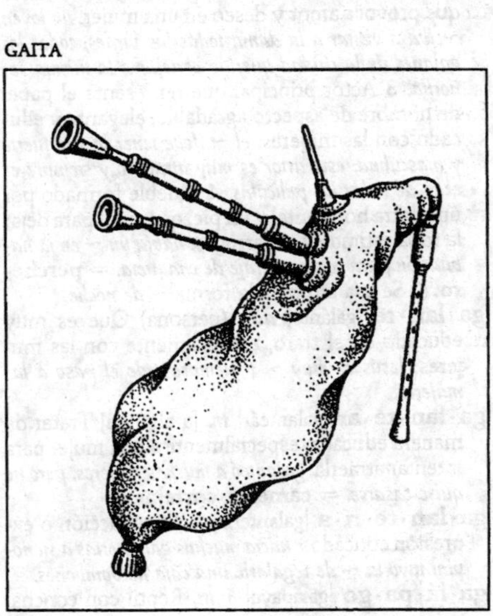

que sale el aire: *la ~ es un instrumento típico de Galicia.* **2** Instrumento musical de viento en forma de tubo con agujeros, que suele tocarse en las fiestas populares: *el día de la fiesta mayor vienen unos señores que tocan la ~ y el tamboril y todo el pueblo sube a la plaza.* **3** *fam.* Cosa que molesta, que resulta pesada o enfada: *vivir tan lejos de la ciudad es una ~ porque necesito coger el coche para cualquier cosa.* **4** *fam.* Cuello o parte baja de la cabeza: *alarga la ~ y los verás a lo lejos.* ■ **templar gaitas**, *fam.*, disminuir o hacer desaparecer un enfado: *después de la discusión, él la llamó por teléfono para templar gaitas.*

ga·jes |gáxes| ***m. pl.*** ■ **~ del oficio**, *fam.*, *consecuencia molesta que trae consigo un trabajo, profesión o actividad: *los trabajos en fin de semana son los ~ de este oficio.*

ga·jo |gáxo| ***m.*** Parte en que se dividen ciertas frutas: *peló la naranja y se comió un ~.* ⇒ **casco.**

ga·la |gála| **1** ***f.*** Vestido elegante y los adornos con que se acompaña: *se puso sus mejores galas la noche de la entrega de los premios.* ☐ Se usa sobre todo en plural. **2** Fiesta o ceremonia elegante y con muchos invitados que se organiza para celebrar o conseguir una cosa: *han organizado una comida de ~ en un céntrico hotel; se celebró una ~ para ayudar a los afectados por el terremoto.* **3** *Actuación de un artista: *el cantante hará galas durante el verano.* ■ **hacer ~ de**, presumir de una cosa: *hizo ~ de sus buenas dotes de ciclista.* ■ **llevar/tener a ~**, presumir o estar *orgulloso de una cosa: *tiene a ~ haber sido el fundador del hospital.*

ga·lác·ti·⌐co, ⌐ca |galáktiko, ka| ***adj.*** ASTRON. De la *galaxia o que tiene relación con ella: *la nave está preparada para un viaje ~.* ⇒ **estelar, sideral.**

ga·lán |galán| **1** ***m.*** Hombre de aspecto agradable, elegante y educado con las mujeres: *es un auténtico ~: alto, moreno, bien vestido y guapísimo.* **2** Hombre que provoca amor y deseo en una mujer: *un joven ~ iba a visitar a la dama todas las tardes; todos los galanes de la ciudad querían cortejar a la misma señorita.* **3** Actor principal que representa el papel de hombre de aspecto agradable, elegante y educado con las mujeres: *el ~ debe tener la voz fuerte y masculina; este actor es muy atractivo y siempre es el ~ de todas las películas.* **4** Mueble formado por una barra horizontal y un pie, que sirve para dejar la ropa estirada y sin arrugas: *había un ~ en la habitación para colgar el traje de chaqueta.* ⇒ **perchero.** ☐ Se usa también la forma *~ de noche.*

ga·lan·te |galánte| ***adj.*** (persona) Que es muy educado en el trato, especialmente con las mujeres: *Jesús es muy ~ y siempre cede el paso a las mujeres.*

ga·lan·te·ar |galanteár| ***tr.*** [a alguien] Tratar de manera educada, especialmente a una mujer para intentar atraerla: *galanteó a muchas mujeres, pero no quiso casarse.* ⇒ **camelar, cortejar.**

ga·lan·te·rí·a |galantería| ***f.*** Trato, acción o expresión educados: *hacía muchas galanterías a su novia; tuvo la ~ de regalarle una caja de bombones.*

ga·lá·pa·go |galápaɣo| **1** ***m.*** Reptil con concha, capaz de introducir la cabeza y las extremidades dentro de ella, que suele vivir cerca del agua: *la isla estaba llena de galápagos de gran tamaño.* ⇒ **tortuga.** ☐ Para indicar el sexo se usa el ~ macho y el ~ hembra. **2** *Yeso que se aplica en los salientes de un tejado: *sólo nos queda echar el ~.*

ga·lar·dón |galarðón| ***m.*** Premio, especialmente el que se concede por una acción o servicio: *todos estuvieron de acuerdo en darle un ~ por sus méritos.* ⇒ **recompensa.**

ga·lar·do·nar |galarðonár| ***tr.*** [a alguien] Conceder un premio, especialmente por una acción o un servicio: *lo han galardonado por su dedicación a la ciencia.* ⇒ **recompensar.**

ga·la·xia |galáksia| ***f.*** ASTRON. Sistema de gran tamaño formado por millones de estrellas y cuerpos celestes: *la ~ en la que está la Tierra es la Vía Láctea; con el telescopio se puede ver la ~ M-32.*

ga·le·ón |galeón| ***m.*** MAR. Barco de vela de tres o cuatro palos: *los galeones hacían viajes comerciales entre Europa y América; los piratas asaltaron el ~ para llevarse el oro.*

ga·le·ra |galéra| **1** ***f.*** Embarcación grande de vela y remo usada en las guerras: *las galeras fueron muy usadas hasta mediados del XVIII; envió a la batalla dos galeras y cinco fragatas.* - **2 galeras *f. pl.*** Castigo *consistente en remar en los barcos: *don Quijote liberó a unos reos que habían sido condenados a galeras.*

ga·le·ra·da |galeráða| ***f.*** Prueba de composición sobre la que se corrige un texto compuesto: *me han pasado las galeradas para corregir tu libro.*

ga·le·rí·a |galería| **1** ***f.*** Habitación larga y *amplia, generalmente con muchas ventanas y columnas: *a través de las ventanas de la ~ se ve el patio de la casa.* **2** Pasillo abierto o con cristales que sirve para hacer llegar la luz a espacios interiores: *esta casa está muy iluminada porque tiene dos galerías.* ⇒ **corredor.** **3** Establecimiento en el que se exponen obras de arte: *todavía no he visitado la ~ de arte.* **4** Parte más alta de un teatro o cine: *es un teatro con muy buena acústica: todo se oye bien desde la ~.* ⇒ **gallinero.** **5** Conjunto de personas; público: *hizo una exhibición de fuerza para la ~.* **6** Paso subterráneo, largo y estrecho: *los mineros están trabajando en la ~ norte de la mina.* **7** Armazón de madera que sostiene las cortinas: *la ~ se ha partido y las cortinas han caído al suelo.* - **8 galerías *f. pl.*** Conjunto de establecimientos que están en un mismo lugar: *iremos a comprar ropa y comida a las galerías.* ⇒ **centro.**

ga·ler·na |galérna| ***f.*** MAR. Viento fuerte que sopla en la costa del norte de España: *estando en alta mar, comenzó a soplar la ~.*

gal·⌐go, ⌐ga |gálɣo, ɣa| **1** ***adj.-s.*** (perro) Que pertenece a una raza de figura delgada, muy rápido y que se usa para la caza: *después de disparar saltaron los galgos y uno de ellos volvió con la presa en la boca; estuvimos viendo una carrera de galgos.* - **2 *adj.*** Que gusta mucho de los dulces o el azúcar: *¡Que niño tan ~!, todo el día comiendo chocolate.* ⇒ **goloso.** ■ **¡échale un ~!**, *fam.*, indica que es muy difícil alcanzar a una persona o conseguir una cosa: *se fue muy deprisa con su deportivo nuevo, así que ¡échale un ~!*

ga·li·cis·mo |galiθísmo| ***m.*** Palabra o modo de expresión propios de la lengua *francesa que se usa en otro idioma: *el término* chef *es un ~.*

ga·li·ma·tí·as |galimatías| **1** ***m.*** *fam.* Lenguaje poco claro y difícil de entender: *no entiendo el lenguaje de este escritor, es un verdadero ~.* **2** *fam. p. ext.* Cosa poco clara o desordenada: *esta biblioteca es un ~.* ☖ El plural es *galimatías.*

ga·llar·dí·a |gaʎarðía| **1** ***f.*** Valor y nobleza al obrar: *todos admiraban la ~ del caballero.* **2** Aspecto bueno y *elegancia en el movimiento: *subió las escaleras del palacio con ~.*

ga·llar·⌐do, ⌐da |gaʎárðo, ða| **1** ***adj.*** (persona) Que es valiente y noble al obrar: *el ~ caballero defendió los intereses de su familia.* ⇔ **cobarde, mezquino.** **2** Que tiene buen aspecto y es elegante en los movimientos: *fíjate en su cuerpo ~.* ⇔ **desgarbado.**

ga·lle·⌐go, ⌐ga |gaʎéɣo, ɣa| **1** ***adj.*** De Galicia o que tiene relación con Galicia: *La Coruña es una provincia gallega; el Miño es un río ~.* **- 2** ***m. f.*** Persona nacida en Galicia o que vive habitualmente en Galicia: *Camilo José Cela es un ~ ilustre.* **- 3 gallego** ***m.*** Lengua derivada del latín que se habla en Galicia: *el ~ tiene rasgos comunes con el portugués.*

ga·lle·guis·mo |gaʎeɣísmo| ***m.*** Palabra o modo de expresión propio de la lengua *gallega que se usa en otro idioma: *la palabra* morriña *es un ~ en español.*

ga·lle·ta |gaʎéta| **1** ***f.*** Dulce seco hecho con harina, huevos y leche, *cocido al horno y con formas y tamaños diferentes: *he comprado en el supermercado una caja de galletas; ha desayunado leche con galletas.* **2** *fam.* Golpe dado en la cara con la mano abierta: *como no te calles te voy a dar una ~.* ⇒ **bofetada, cachete, sopapo, tortazo.**

ga·lli·na |gaʎína| **1** ***f.*** Hembra del *gallo, de menor tamaño y con la *cresta más corta: *en el corral hay varias gallinas que ponen huevos.* **- 2** ***com.*** *fam.* Persona o animal cobarde: *es un ~: no es capaz de enfrentarse a los que lo insultan.* ■ **acostarse con las gallinas,** *fam.*, irse a dormir muy pronto: *eran las ocho y ya estaba en la cama, se acuesta con las gallinas.* ■ **como ~ en corral ajeno,** *fam.*, poco cómodo por estar entre personas extrañas o tratando asuntos de otros: *estaba incómodo en aquella reunión, estaba como ~ en corral ajeno.* ■ **la ~/gallinita ciega,** juego en el que uno de los participantes lleva los ojos tapados y debe coger a otro y adivinar de quién se trata: *los niños están en el patio jugando a la ~ ciega.* ■ **la ~ de los huevos de oro,** fuente de riqueza: *tuvo suerte con el negocio, resultó ser la ~ de los huevos de oro.*

ga·lli·ná·ce·⌐o, ⌐a |gaʎináθeo, a| ***adj.-f.*** ZOOL. (ave) Que pertenece a la familia de la gallina: *el faisán es una gallinácea.*

ga·lli·na·za |gaʎináθa| ***f.*** Excremento de la gallina: *hay unas granjas cerca de aquí y huele a ~.*

ga·lli·ne·⌐ro |gaʎinéro| **1** ***m.*** Lugar en el que están los *gallos y las gallinas: *en esta granja hay un establo y un ~.* **2** *fam.* Lugar en el que hay mucho ruido y gritos: *el patio del jardín de infancia es un ~.* **3** *fam.* Parte más alta de un teatro o cine: *las localidades de ~ son las más baratas.* ⇒ **galería.**

ga·lli·to |gaʎíto| ***m.*** *fam. desp.* Persona de sexo masculino que trata de *imponerse siempre a los demás: *es un ~ y cree que siempre tiene razón.*

ga·llo |gáʎo| **1** ***m.*** Ave doméstica de pico corto y que tiene una *cresta roja en lo alto de la cabeza: *el ~ es el macho de la gallina; al levantarse oyó el canto del ~.* ⇒ **gallina.** **2** Pez marino comestible de cuerpo plano, boca grande y con los ojos en uno de los lados: *la carne del ~ es blanca; me gustan los gallos fritos.* ☖ Para indicar el sexo se usa el ~ macho y el ~ hembra. **3** *fig.* Nota aguda o falsa que sale al hablar o al cantar: *el cantante soltó un ~ y el público lo abucheó.* **4** *fam. fig.* Persona que manda o quiere mandar: *no seas tan ~ y modérate con los demás.* **5** *fam.* Cantidad de *saliva y de otras

GALGO

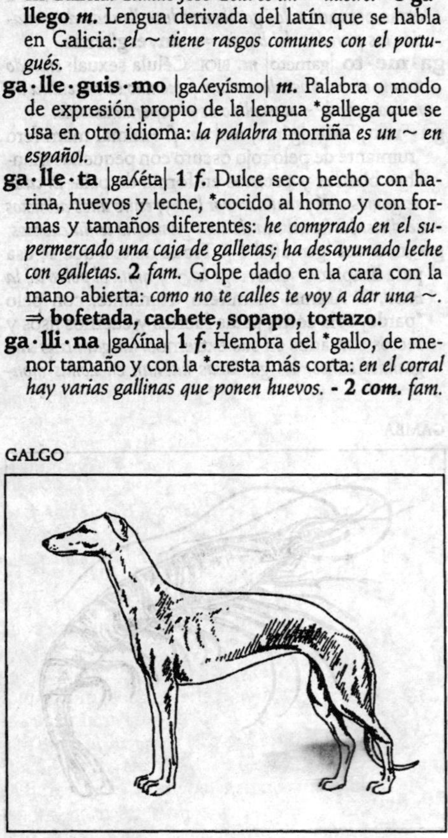

GALLINA

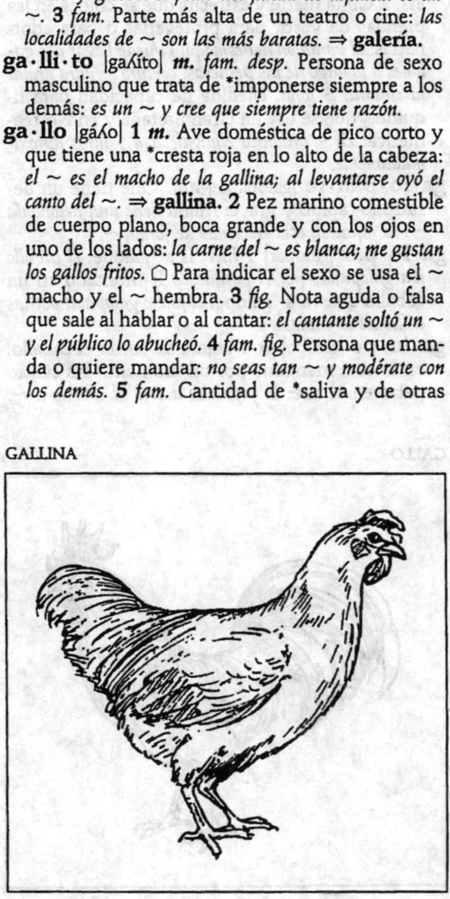

sustancias que se escupen de una vez: *al toser expulsó un ~.* ⇒ **escupitajo, gargajo.** ■ **en menos que canta un ~**, *fam.*, con mucha rapidez: *esto te lo arreglo yo en menos que canta un ~.* ■ **otro ~ le cantara/cantaría**, *fam.*, expresión que indica que, de haberse hecho una cosa, se habría conseguido mejor resultado que el que se tiene: *si hiciera caso de los consejos, otro ~ le cantara.*

ga·⌐lo, ⌐la |gálo, la| **1** ***adj.*** *form.* De Francia o que tiene relación con Francia: *el ministro ~ visitó España el mes pasado.* ⇒ **francés. 2** *form.* De la Galia, actual Francia, o que tiene relación con la Galia: *los romanos conquistaron el territorio ~ y lo incorporaron al Imperio.* **- 3** ***m. f.*** Persona nacida en Francia o que vive habitualmente en Francia: *los galos son vecinos de los alemanes.* ⇒ **francés. 4** Persona nacida en la Galia o que vive habitualmente en la Galia: *Asterix y Obelix son galos.* **- 5 galo** ***m.*** Lengua antigua de la Galia: *el ~ era una lengua celta.*

ga·lón |galón| **1** ***m.*** MIL. Tira de tela que se pone en la manga del uniforme para distinguir las distintas *graduaciones: *el soldado raso no lleva galones.* **2** Cinta fuerte y estrecha que se coloca en las prendas de vestir para protegerlas o para adornarlas: *el pantalón del esmoquin puede llevar dos galones a lo largo de las perneras; compró ~ para armar la cintura.* **3** *form.* Medida de capacidad para líquidos, que se usa en Gran Bretaña y en Norteamérica: *el ~ británico equivale a 4,5 litros aproximadamente.*

ga·lo·pan·te |galopánte| ***adj.*** Que tiene un desarrollo rápido y grave: *María tiene una neumonía ~; la inflación está creciendo de forma ~.*

ga·lo·par |galopár| **1** ***intr.*** Ir a *galope: *el caballo iba galopando por el bosque.* **2** Ir montado en un caballo que va a *galope: *el jinete galopaba por las calles de la ciudad.*

ga·lo·pe |galópe| ***m.*** Manera de correr el caballo, en la cual mantiene por un momento las cuatro patas en el aire: *la yegua se acercó al establo a ~.* ■ **a ~ tendido**, muy rápidamente: *se levantó tarde y fue a trabajar a ~ tendido.*

gal·va·ni·za·ción |galβaniθaθión| ***f.*** Acción y resultado de *galvanizar: *sometieron la chapa a una ~ para que no se oxidase.*

gal·va·ni·zar |galβaniθár| ***tr.*** [algo] Dar a un metal un baño de otro metal: *galvanizaron las verjas de las ventanas para que no se oxidaran.* ☖ Se conjuga como 4.

ga·ma |gáma| **1** ***f.*** Serie de cosas de la misma especie ordenadas por el grado o intensidad de cierta cualidad o aspecto: *eligieron dos tonos distintos dentro de la ~ de los verdes; esta empresa produce una amplia ~ de plásticos.* **2** MÚS. Serie ordenada de notas musicales: *la ~ de este piano es muy limitada.* ⇒ **escala.**

gam·ba |gámba| ***f.*** Animal invertebrado marino comestible, parecido al *langostino, pero de menor tamaño: *hemos pedido en un bar unas gambas a la plancha; las gambas tienen color rojizo.* ☖ Para indicar el sexo se usa la ~ macho y la ~ hembra.

gam·be·rra·da |gambeȓáða| ***f.*** Acción que produce daños o molestias a otras personas: *su última ~ ha sido destrozar las flores del jardín.*

gam·be·⌐rro, ⌐rra |gambéȓo, ȓa| ***adj.-s.*** (persona) Que se divierte produciendo daños o molestias a otras personas: *los gamberros han llenado de pintadas las paredes del barrio.* ⇒ **sinvergüenza.**

ga·me·to |gaméto| ***m.*** BIOL. Célula sexual: *cuando se une un ~ masculino y otro femenino se engendra un nuevo ser; el ~ masculino es el espermatozoide.*

ga·⌐mo, ⌐ma |gámo, ma| ***m. f.*** Animal mamífero *rumiante de pelo rojo oscuro con pequeñas manchas blancas y cuernos en forma de pala: *la caza de gamos está prohibida por la ley; entre unos arbustos se divisaba la cabeza de una gama, no tenía cuernos.*

ga·mu·za |gamúθa| **1** ***f.*** Trozo de tela que se usa para limpiar o secar: *coge la ~ y quita el polvo de la mesa.* **2** Animal mamífero *rumiante, con pelo *pardo, cola corta, patas fuertes y cuernos lisos y rectos curvados en sus extremos: *las gamuzas dan grandes saltos; las gamuzas habitan en zonas mon-*

GALLO

GAMBA

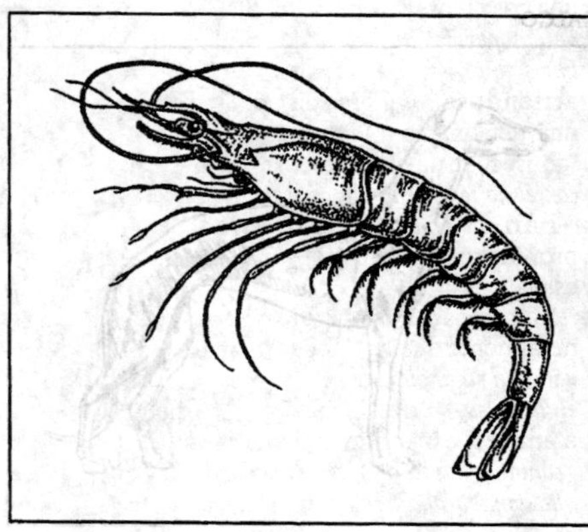

tañosas. ⌂ Para indicar el sexo se usa la ~ macho y la ~ hembra. **3** Piel trabajada de ese animal, fina y flexible: *me he comprado una chaqueta de ~.*

ga·na |gána| **1** *f.* Deseo de hacer una cosa: *esta mañana no tengo ninguna ~ de levantarme de la cama.* ⌂ Se usa sobre todo en plural. **2** Deseo de comer; hambre: *he dejado un poco de comida en el plato porque no tengo más ganas.* ⇒ **apetito.** ⌂ Se usa sobre todo en plural. ■ **con ganas**, con agrado; con ánimo: *emprendimos este trabajo con muchas ganas.* ■ **dar la** ~, *fam.*, desear hacer una cosa: *no iré a verte porque no me da la gana.* ■ **de buena** ~, con gusto y agrado: *te haré el favor que me pides de buena ~.* ■ **de mala** ~, sin gusto ni agrado: *siempre tienes que hacer lo que te mando de mala ~.* ■ **venir en** ~, *fam.*, desear hacer una cosa: *me voy al teatro porque me viene en ~.*

ga·na·de·rí·a |ganaðería| **1** *f.* Cría del *ganado para su explotación y comercio: *la ~ es la principal fuente de riqueza de este pueblo.* **2** Clase o raza de *ganado: *en esta industria trabajan con la carne de la ~ bovina.* **3** Conjunto del *ganado de un país: *Argentina tiene una importante ~.*

ga·na·de·⌜ro, ⌜ra |ganaðéro, ra| **1** *adj.* Del *ganado o que tiene relación con él: *la producción ganadera de este país es muy pobre.* **- 2** *m. f.* Persona que se dedica a la cría, explotación y comercio del *ganado: *el ~ se encarga de suministrar carne a los mercados.*

ga·na·do |ganáðo| **1** *m.* Conjunto de animales de cuatro patas que son criados para su explotación y comercio: *el pastor sacó el ~ a pastar; del ~ bovino se aprovecha la carne, la leche y la piel;* ~ **mayor**, el que está formado por animales grandes: *el ~ mayor está formado por vacas o caballos;* ~ **menor**, el que está formado por animales pequeños: *las ovejas son ~ menor.* **2** *fam.* Conjunto de personas de unas determinadas características, especialmente negativas: *¡qué ~ tan peligroso hay en esta discoteca!; voy a ver qué ~ me encuentro por ahí.*

ga·na·⌜dor, ⌜do·ra |ganaðór, ðóra| *adj.-s.* Que gana o vence: *el equipo ~ tendrá una buena recompensa económica; la tenista americana fue la ganadora del torneo.*

ga·nan·cia |ganánθi̲a| *f.* Provecho que se saca de una cosa u obra, especialmente dinero: *la empresa de automóviles ha obtenido pocas ganancias estos últimos años.* ⇒ **beneficio.** ⇔ **pérdida.** ■ **no le arriendo la** ~, expresión con la que se indica que una persona va a vivir una mala situación como *consecuencia de sus actos: *si tienes que enfrentarte con él no te arriendo la ~, es muy fuerte.*

ga·nan·cio·⌜so, ⌜sa |gananθi̲óso, sa| *adj.* Que proporciona ganancias: *vino a hablarnos de un asunto ~.*

ga·nar |ganár| **1** *tr.* [algo] Lograr o conseguir, generalmente dinero o cosas buenas: *ganó mucho dinero con su última novela; ha ganado muchos millones en la bolsa.* ⇔ **perder. 2** Conseguir en un trabajo o empleo, especialmente una cantidad de dinero: *¿cuánto gana tu padre?; en esta oficina gano el doble que donde trabajaba antes.* **3** Llegar a un lugar que se intenta alcanzar: *los náufragos ganaron a nado la orilla.* ⇒ **alcanzar. 4** [a alguien] Superar o llegar a ser mejor: *yo soy bastante buena, pero tú me ganas.* **- 5** *tr.-intr.* [algo, a alguien] Lograr la victoria o vencer en una lucha, una discusión o una competición; conseguir una cosa por la que se compite con otros: *el equipo local ganó el partido; ganó un premio literario.* ⇔ **perder. - 6** *tr.-prnl.* Hacer favorable la voluntad de una persona: *el nieto se ganó al abuelo con su simpatía.* **7** [algo] Lograr o llegar a tener, especialmente bienes morales: *se ha ganado nuestra confianza.* **8** Merecer o conseguir: *te has ganado una buena paliza; se ganó un aplauso.* **- 9** *intr.* [con algo] Mejorar; llegar a una situación mejor: *hemos ganado desde que llegó el nuevo empleado; ¡hay que ver cuánto ganas con ese peinado!*

gan·chi·llo |gantʃíʎo| **1** *m.* Aguja fuerte, de unos 20 centímetros de largo, que tiene un extremo más delgado y acabado en un gancho: *hay ganchillos de diversos grosores.* **2** Labor a mano que consiste en tejer el hilo con esa aguja: *mi abuela hace puntillas de ~; este año se llevan los chalecos de ~.*

gan·cho |gántʃo| **1** *m.* Instrumento con forma curva y con punta en un extremo o en ambos, que sirve para sostener, colgar o arrastrar: *las grúas tienen un ~ con el que sujetan y levantan los materiales pesados.* **2** *fam. fig.* Persona que intenta convencer a otra de que haga cierta cosa: *los timadores llevan a menudo un ~ que convence a los que van a ser engañados.* **3** *fam. fig.* Capacidad para gustar o atraer: *necesitamos una campaña publicitaria con mucho ~; Carmen no es muy guapa pero tiene ~.* ⇒ **atractivo. 4** DEP. Golpe dado de abajo arriba con la mano cerrada: *el boxeador le cortó la respiración a su oponente con un ~ de derecha.*

gan·⌜dul, ⌜du·la |gandúl, dúla| *adj.-s.* (persona) Que no gusta del trabajo; que no quiere trabajar: *no seas tan ~ y ponte a estudiar un rato.* ⇒ **vago.** ⇔ **trabajador.**

gan·du·le·ar |ganduleár| *intr.* Comportarse como un *gandul: *decidió dejar de ~ y se puso a buscar trabajo.* ⇒ **holgazanear, vaguear.**

gan·du·le·rí·a |gandulería| *f.* Comportamiento que se considera propio de un *gandul: *no se avergüenza de su ~.* ⇒ **holgazanería.**

gan·ga |gáŋga| **1** *f. fam.* Cosa de buena calidad o de valor que se consigue a bajo precio: *en las rebajas se pueden encontrar verdaderas gangas.* ⇒ **bicoca. 2** Materia que acompaña a los minerales y se separa de ellos por no tener utilidad: *pasaron muchas horas separando el mineral de la ~.* ⇔ **mena. 3** Ave de la familia de la gallina, con la garganta negra, un punto rojo en el pecho y con colores negro, marrón y blanco en el resto del cuerpo: *la carne de la ~ es dura y poco sustanciosa.* ⌂ Para indicar el sexo se usa la ~ macho y la ~ hembra.

gan·glio |gáŋgli̲o| **1** *m.* MED. Masa o bulto pequeño formado por un conjunto de células nerviosas: *los ganglios linfáticos se encargan de filtrar la linfa; los ganglios cerebrales forman el cerebro de los animales invertebrados.* **2** MED. Bulto pequeño y duro que se forma en las articulaciones, generalmente del cuello, los pies y las manos: *me ha salido un ~ en el dedo; se le ha formado un ~ en el cuello.*

gan·go·⌜so, ⌜sa |gaŋgóso, sa| **1** ***adj.*** (voz) Que *resuena en la nariz a causa de un defecto: *Jorge tiene voz gangosa.* - **2** ***adj.-s.*** (persona) Que tiene esa voz: *los protagonistas de muchos chistes son personas gangosas.*

gan·gre·na |gaŋgréna| **1** ***f.*** Muerte de un tejido o de un órgano debido a la falta de sangre: *la ~ puede deberse a una congelación, un golpe o una herida infectada; si la ~ avanza hay que amputar el miembro dañado.* **2** *fig.* Mal o daño grave que se extiende: *la mafia es una ~ para la ciudad.*

gan·gre·nar·se |gaŋgrenárse| ***prnl.*** Infectarse un tejido o un órgano y morir por la falta de sangre: *la pierna se gangrenó debido a la gota.*

gángs·ter |gánster| **1** ***m.*** Persona que pertenece a cierto tipo de bandas *criminales de los Estados Unidos de América: *iremos a ver una película de gángsteres; los gángsteres dirigían la distribución de bebidas alcohólicas.* **2** Persona que actúa sin una moral fija: *Antonio es un ~: se dedica a presionar a mis jefes para que no me suban el sueldo.* ☖ El plural es *gángsteres.*

gan·⌜so, ⌜sa |gánso, sa| **1** ***m. f.*** Ave doméstica con el pico de color naranja, casi negro en la punta, con el pecho y el vientre amarillos, la cabeza y el cuello de color gris oscuro y el resto del cuerpo gris con rayas marrones: *el ~ se cría en los países húmedos y es apreciado por su carne.* ⇒ **oca. 2** *fam. desp. fig.* Persona de reacciones o movimientos lentos o torpes: *¡qué ~ eres!, ¡todo lo haces mal!* ■ **hacer el ~**, *fam.*, comportarse de manera torpe con la intención de hacer reír: *es un pesado, siempre está haciendo el ~.*

gan·zú·a |ganθúa| ***f.*** Alambre fuerte y doblado en uno de sus extremos que sirve para abrir cerraduras: *los ladrones se sirvieron de una ~ para forzar la entrada de la mansión.*

ga·ñán |gaɲán| **1** ***m.*** Hombre que se comporta de manera poco educada: *¡qué ~ eres, no tienes ni pizca de educación!* **2** Hombre que trabaja en el campo a las órdenes de otro: *hemos contratado a un ~ para labrar las tierras.*

ga·ño·te |gaɲóte| ***m.*** *fam.* Parte interior de la garganta: *se le ha clavado una espina de pescado en el ~.*

ga·ra·ba·te·ar |garaβateár| ***intr.-tr.*** [algo] Hacer *garabatos: *el niño está garabateando en el papel; ha garabateado unos signos que no se entienden.*

ga·ra·ba·to |garaβáto| **1** ***m.*** Trazo irregular que no intenta representar nada: *la niña está aprendiendo a escribir y sólo sabe hacer garabatos.* **2** Dibujo mal hecho: *he intentado dibujar un caballo, pero me ha salido un ~.*

ga·ra·je |garáxe| ***m.*** Establecimiento o lugar que sirve para guardar vehículos: *tengo una plaza en el ~ de este edificio; dejó la moto en el ~ del centro comercial.* ⇒ **cochera.**

ga·ran·tí·a |garantía| **1** ***f.*** Seguridad que se ofrece: *no te doy garantías de que Sebastián acuda a la cita.* ☖ Se usa sobre todo en plural. **2** Seguridad que se ofrece del buen funcionamiento de un aparato durante un periodo de tiempo determinado: *no me gusta comprar nada que no tenga la ~ del fabricante; esta impresora tiene un año de ~.* **3** Escrito en el que aparece esa seguridad ofrecida: *no olvides llevar a la tienda el secador con su ~.* **4** Cosa que se deja como seguridad del cumplimiento de otra: *debes dejarme alguna ~ hasta que me traigas el dinero.* ⇒ **fianza, prenda.**

ga·ran·ti·zar |garantiθár| ***tr.*** [algo] Dar garantía: *te garantizo que esta tarde arreglaré la nevera; nos han garantizado el buen funcionamiento del ordenador.* ☖ Se conjuga como 4.

ga·ra·pi·ñar |garapiɲár| ***tr.*** [algo] Bañar y tostar un dulce o fruto seco en azúcar o en agua con azúcar: *el pastelero ha garapiñado los piñones de la tarta.* ⇒ **garrapiñar.**

gar·ban·zo |garβánθo| **1** ***m.*** Planta *leguminosa de tallo duro y ramoso, hojas compuestas y flores blancas, que produce unas legumbres ordenadas en *hilera dentro de una cáscara fina y flexible: *las hojas del ~ se usan para dar de comer al ganado; el ~ procede de la zona del Mediterráneo.* **2** Fruto de esa planta, encerrado en una cáscara blanda alargada y aplastada: *el ~ se recoge cuando la vaina está seca.* **3** Semilla de esa planta, de pequeño tamaño, forma redondeada y color pálido, que se consume hervida: *el cocido y el potaje llevan garbanzos; los garbanzos están duros porque se han cocido poco.* ■ **~ negro**, *fam. fig.*, persona que destaca *negativamente en un grupo por su carácter o por su comportamiento: *toda la familia era muy trabajadora, menos el hijo mayor, que era el ~ negro.*

gar·be·o |garβéo| ***m.*** *fam.* Paseo, generalmente corto: *voy a darme un ~ por el barrio y vuelvo dentro de un rato.* ⇒ **vuelta.**

gar·bo |gárβo| **1** ***m.*** Gracia en la manera de obrar y de moverse, especialmente al andar: *¡con qué ~ te desenvuelves!* **2** Gracia y elegancia de una cosa: *el estilo de este escritor se caracteriza por su ~ y soltura.*

gar·bo·⌜so, ⌜sa |garβóso, sa| ***adj.*** Que tiene *garbo: *¡qué garbosa es la manera de andar de Clara!*

gar·de·nia |garðénia| **1** ***f.*** Flor de jardín, blanca, olorosa y con los *pétalos gruesos: *la mujer llevaba dos gardenias prendidas en el pelo.* **2** Arbusto procedente del Trópico, de tallos espinosos, hojas lisas, grandes, ovaladas y de color verde brillante, que produce esa flor: *hemos plantado una ~ en el jardín.*

gar·fio |gárfio| ***m.*** Instrumento de hierro, de forma curva y acabado en punta, que sirve para coger o sujetar: *el jamón está colgando de un ~ en el sótano; un personaje de ese cuento tiene un ~ en lugar de mano.*

gar·ga·jo |garɣáxo| ***m.*** Conjunto de *saliva y *moco que se expulsa por la boca: *es tan guarro que tiene la costumbre de echar gargajos cuando va por la calle.* ⇒ **escupitajo, gallo.**

gar·gan·ta |garɣánta| **1** ***f.*** Parte delantera del cuello del hombre y de otros animales: *le acercó un* *cuchillo a la ~ y lo amenazó con matarlo.* **2** Espacio interno del cuello del hombre y de otros animales: *iré al médico porque me duele la ~; en la operación metieron un tubo por la ~ del enfermo; se clavó una espina de pescado en la ~.* **3** *fig.* Paso estrecho entre montañas: *el río atraviesa una ~ antes de desembocar al mar.* ⇒ **puerto.**

gar·gan·ti·lla |garɣantíʎa| ***f.*** Collar corto que rodea el cuello: *la princesa lucía una ~ de oro.*

gár·ga·ra |gárɣara| ***f.*** Mantenimiento de un líquido en la garganta, que se consigue poniendo la boca abierta hacia arriba y expulsando el aire lentamente: *todas las mañanas hace gárgaras antes de irse al trabajo.* ■ **mandar a hacer gárgaras,** *fam.,* echar de un lugar a una persona que resulta molesta: *no hacía más que pedirme dinero, así que lo mandé a hacer gárgaras.*

gár·go·la |gárɣola| ***f.*** Canal por el que cae el agua de un tejado, especialmente cuando está decorado con una escultura con forma de animal: *las gárgolas de la catedral representaban horribles animales mitológicos.*

ga·ri·ta |garíta| ***f.*** Lugar pequeño y cubierto que sirve para vigilar: *el centinela estaba metido en la ~.*

ga·ri·to |garíto| **1** ***m.*** *fam.* Establecimiento público, generalmente pequeño, al que la gente va para divertirse: *he quedado con un amigo en el ~ que hay en la esquina; éste es uno de los garitos más caros de Madrid.* **2** Casa de juego que no está autorizada: *la policía ha cerrado un ~ clandestino.*

ga·rra |gár̄a| **1** ***f.*** Uña fuerte, curva y afilada que tienen en el extremo de los dedos ciertos animales vertebrados: *el buitre se sujetó a la rama con sus garras.* **2** Mano o pie del animal que tiene esas uñas: *el cazador fue alcanzado por las garras del tigre.* ⇒ **zarpa.** - **3 garras** ***f. pl.*** Piel *curtida que corresponde a las patas de un animal: *mi madre usa una estola de garras en invierno.* ■ **tener ~,** demostrar fuerza y pasión: *este artista tiene mucha ~.*

ga·rra·fa |gar̄áfa| ***f.*** Recipiente de cristal o plástico con el cuerpo ancho y el cuello largo y estrecho: *aquella ~ está llena de aceite; se acaba de romper la ~ del agua.* ⇒ **garrafón.** ■ **de ~,** *fam.,* (bebida alcohólica) que se vende en grandes cantidades y es de mala calidad: *este combinado tiene ginebra de ~.* ⇒ **garrafón.**

ga·rra·fal |gar̄afál| ***adj.*** Que es muy malo o grave: *en esta página hay una falta de ortografía ~.*

ga·rra·fón |gar̄afón| ***m.*** Recipiente de cristal o plástico con el cuerpo ancho y el cuello largo y estrecho, de mayor tamaño que la *garrafa: *todo el aceite está metido en el ~.* ■ **de ~,** *fam.,* (bebida alcohólica) que se vende en grandes cantidades y es de mala calidad: *en este bar sólo venden coñac de ~.* ⇒ **garrafa.**

ga·rra·pa·ta |gar̄apáta| ***f.*** Animal invertebrado con las patas terminadas en forma de uña con las que se pega al cuerpo de distintos mamíferos para alimentarse de su sangre: *las garrapatas son parásitos que chupan la sangre de otros animales; la ~ transmite enfermedades.*

ga·rra·pi·ñar |gar̄apiɲár| ***tr.*** ⇒ **garapiñar.** ☐ La Real Academia Española prefiere la forma *garapiñar.*

ga·rro·ta |gar̄óta| **1** ***f.*** Palo grueso y fuerte que se usa como *bastón: *esa ~ era de mi abuelo y por eso la guardo con cariño.* ⇒ **garrote.** **2** Palo o vara, con la parte superior *arqueada, que se suele usar para conducir el ganado: *por aquellos montes siempre se veía a algún pastor conduciendo el ganado con una ~.* ⇒ **cayado.**

ga·rro·ta·zo |gar̄otáθo| ***m.*** Golpe dado con un *garrote o una *garrota: *el viejo dio al niño un ~ en la espalda.* ⇒ **bastonazo.**

ga·rro·te |gar̄óte| **1** ***m.*** Palo grueso y fuerte: *el anciano camina ayudándose con un ~.* ⇒ **garrota.** **2** Instrumento que sirve para matar o causar dolor a las personas y que consiste en un palo y una cuerda o un hierro que hace presión sobre una parte del cuerpo: *los prisioneros fueron torturados con el ~.*

ga·rru·cha |gar̄útʃa| ***f.*** Mecanismo que tiene una rueda con un canal por el que se hace pasar una cuerda y que sirve para mover o levantar pesos: *usaré una ~ para subir esta caja al piso de arriba; se ha roto la ~ y no puedo tender la ropa en la cuerda.* ⇒ **polea.**

gar·za |gárθa| ***f.*** Ave de alas y cola de color gris, pico largo y negro, que tiene unas plumas levantadas en la parte superior de la cabeza, y con las patas y el cuello largos: *la ~ suele vivir cerca de los ríos o pantanos.* ☐ Para indicar el sexo se usa la ~ macho y la ~ hembra.

gas |gás| **1** ***m.*** Estado de la materia que se caracteriza por una gran separación y desorden de las moléculas: *al someter un líquido a altas temperaturas, se convierte en ~.* **2** Combustible en ese estado: *Eduardo lleva un camión en el que transporta ~;* **~ ciudad,** el que tiene uso doméstico o industrial y se *distribuye mediante conductos especiales: *mi cocina funciona con ~ ciudad; el ~ ciudad se distribuye a través de las tuberías;* **~ lacrimógeno,** el que es malo para la salud y provoca *lágrimas: *la policía lanzó botes de gases lacrimógenos para disolver a los manifestantes.* - **3 gases** ***m. pl.*** Aire que se acumula en el *intestino: *tiene el vientre muy hinchado porque tiene gases.* ■ **a todo ~,** *fam.,* a toda velocidad: *tenía muchas cosas que hacer y se ha marchado a todo ~.*

ga·sa |gása| **1** ***f.*** Tejido estéril que se usa para fines médicos: *puso agua oxigenada en una ~ y limpió la herida; le vendó la pierna con ~.* **2** Tejido de hilo muy delgado: *me gusta tu vestido de ~; puso una ~ rodeando la cuna para que no entraran los mosquitos.*

ga·se·o·sa |gaseósa| ***f.*** Bebida transparente azucarada y sin alcohol, hecha con agua y ácido *carbónico: *tenía mucha sed y se tomó dos vasos de ~; es un crimen echar ~ a un vino tan bueno.* ⇒ **soda.**

ga·se·o·⌐so, ⌐sa |gaseóso, sa| **1** ***adj.*** Que está en estado de gas: *por la acción del calor los cuerpos en estado líquido pasan al estado ~.* ⇒ **líquido, sólido.** **2** Que contiene o desprende gases: *es una bebida muy gaseosa.*

ga·si·fi·car |gasifikár| **1** ***tr.*** QUÍM. [algo] Hacer que pase un líquido o un sólido al estado de gas: *en esa fábrica se dedican a ~ los combustibles.* **2** Mezclar gas *carbónico en un líquido: *en esa parte de la fábrica gasifican las bebidas refrescantes.* ☖ Se conjuga como 1.

ga·so·duc·to |gasoðúkto| ***m.*** Conducto grande y muy largo para transportar gas combustible: *el ~ transporta el gas de una ciudad a otra.*

gas·oil |gasóil| ***m.*** ⇒ **gasóleo.** ☖ La Real Academia Española prefiere la forma *gasóleo.*

ga·só·le·o |gasóleo| ***m.*** Producto líquido que se saca del *petróleo crudo y que sirve como combustible: *la calefacción de este edificio funciona con ~; el motor de ese coche funciona con ~.* ⇒ **gasoil.**

ga·so·li·na |gasolína| ***f.*** Combustible líquido que se saca del *petróleo ligero: *el depósito del coche no tiene ni una gota de ~.*

ga·so·li·ne·ra |gasolinéra| **1** ***f.*** Establecimiento en el que se venden combustibles derivados del *petróleo: *busca en el mapa la ~ más próxima porque nos estamos quedando sin gasolina.* **2** MAR. Embarcación de motor de *gasolina: *el pescador se compró una ~.*

gas·ta·⌐do, ⌐da |gastáðo, ða| ***adj.*** Que no es útil; que está viejo o acabado: *la pluma ya no escribe porque está gastada; siempre lleva un abrigo ~.*

gas·tar |gastár| **1** ***tr.-prnl.*** [algo] Usar el dinero para conseguir cosas: *he gastado todo lo que llevaba en comprar tu regalo; el dinero se gasta en poco tiempo.* ⇔ **ahorrar.** **2** Consumir o terminar una cosa: *el jabón se ha gastado: iré a comprar más.* ⇒ **desgastar.** **3** Tener una actitud negativa: *esta chica se gasta muy mal genio.* **- 4** ***tr.*** Usar o llevar por costumbre: *en invierno gasta botas y abrigo.* **5** Hacer una cosa: *es un chico que gasta bromas a todo el mundo continuamente.* ■ **gastarlas**, *fam.*, comportarse de una manera determinada: *tú no sabes cómo se las gasta el profesor cuando se enfada.*

gas·to |gásto| **1** ***m.*** Dinero entregado a cambio de bienes o servicios: *tuvo muchos gastos durante el mes de mayo; el ~ asciende a diez millones de pesetas.* ☖ Se emplea frecuentemente en plural; ~ **público**, el que entrega la Administración para satisfacer las necesidades de los ciudadanos: *el gobierno intentará reducir el ~ público.* **2** Acción por la que se entrega dinero a cambio de bienes o servicios: *siempre lleva dinero de sobra para un ~ imprevisto.* **3** Cantidad de líquido o de gas que pasa por un conducto durante un tiempo determinado: *el ~ de agua en una vivienda suele ser de setenta litros al día.* ⇒ **consumo.** ■ **correr con los gastos**, pagar; hacerse responsable de los bienes o servicios conseguidos: *pedid la comida que más os apetezca, que yo corro con los gastos.* ■ **cubrir gastos**, no perder dinero en un negocio: *la empresa no tenía grandes beneficios, pero daba para cubrir gastos.*

gás·tri·⌐co, ⌐ca |gástriko, ka| ***adj.*** MED. Del estómago o que tiene relación con él: *tiene una úlcera gástrica; los jugos gástricos ayudan a hacer la digestión.*

gas·tri·tis |gastrítis| ***f.*** MED. Inflamación del tejido interior del estómago debida a la producción excesiva de ácido: *tomaba unos comprimidos para curar su ~.* ⇒ **gastroenteritis.** ☖ El plural es *gastritis.*

gas·tro·en·te·ri·tis |gastroenterítis| ***f.*** MED. Inflamación del tejido interior del estómago y del *intestino debida a una *infección: *los alimentos en mal estado producen ~; la ~ provoca vómitos y diarrea.* ⇒ **gastritis.** ☖ El plural es *gastroenteritis.*

gas·troin·tes·ti·nal |gastrointestinál| ***adj.*** MED. Del estómago y los *intestinos, o que tiene relación con ellos: *María es una médica especializada en problemas gastrointestinales; mis problemas gastrointestinales han mejorado desde que sigo este tratamiento.*

gas·tro·no·mí·a |gastronomía| **1** ***f.*** Arte de cocinar: *Gustavo es un gran aficionado a la ~.* **2** Gusto por la buena comida: *la ~ es su pasión.*

gas·tro·nó·mi·⌐co, ⌐ca |gastronómiko, ka| ***adj.*** De la *gastronomía o que tiene relación con ella: *le han regalado un tratado ~.*

gas·tró·no·⌐mo, ⌐ma |gastrónomo, ma| **1** ***m. f.*** Persona que se dedica al arte de cocinar o a su estudio: *en el País Vasco hay grandes gastrónomos.* **2** Persona a la que le gusta la buena comida: *todos mis amigos son gastrónomos.*

ga·te·ar |gateár| ***intr.*** Andar apoyando los pies y las manos en el suelo o en otra cosa: *el niño todavía no sabe caminar, sólo gatea.*

ga·te·ra |gatéra| **1** ***f.*** Agujero en una puerta, tejado o pared, para que pasen por él los gatos: *el gato se escapó del perro metiéndose en una ~.* **2** MAR. Agujero en la cubierta de un barco por el que sale una cadena: *metió la mano en la ~ para soltar la cadena que se había enganchado.* **3** Agujero en un lado del tejado: *subió a la cámara y se puso a mirar por una ~.*

ga·ti·llo |gatíʎo| ***m.*** Pieza pequeña de las armas de fuego que al apretarla con el dedo produce el disparo: *el pistolero apretó el ~ del revólver.* ⇒ **disparador.**

ga·⌐to, ⌐ta |gáto, ta| **1** ***m. f.*** Animal mamífero doméstico de patas cortas y pelo espeso y suave, que es muy hábil cazando ratones y sirve al hombre de compañía: *he recogido un ~ que estaba abandonado en la calle;* ~ **de Angora**, el de pelo muy largo que procede de Angora: *de su viaje me han traído un ~ de Angora;* ~ **montés**, el de color *amarillento con rayas negras que en la cola forman anillos y que se alimenta de pequeños animales: *el ~ montés es una especie de gato salvaje;* ~ **siamés**, el de pelo muy corto y color *amarillento o gris, más oscuro en la cara, las orejas y la cola que en el resto del cuerpo, y que procede de Asia: *le han regalado un ~ siamés para su cumpleaños.* **2** Instrumento que sirve para levantar grandes pesos a poca altura: *he podido cambiar la rueda del coche ayudándome de un ~.* ■ **a gatas**, con las manos y las rodillas apoyadas en el suelo: *el bebé aún no sabe andar, pero va a todas partes a gatas.* ■ **como ~ panza/boca arriba**, en actitud de defensa: *después de la pelea no se podía hablar con él: estaba como ~ panza arriba.* ■ **cuatro gatos**, poca gente: *la fiesta fue muy aburrida porque sólo estábamos cuatro gatos.* ■ **dar ~ por liebre**, engañar; dar una cosa de menor calidad en lugar de la que se desea: *no voy a ese restaurante porque siempre te dan ~ por liebre.* ■ **haber ~ encerrado**, haber una causa o una razón oculta o secreta: *dicen que el viaje es de placer, pero yo creo que hay ~ encerrado.* ■ **llevarse el ~ al agua**, ganar; conseguir un éxito o una victoria: *íbamos empatados, pero al final me llevé el ~ al agua.*

ga·vi·lán |gaβilán| **1** ***m.*** Ave de color gris azulado y marrón que se alimenta de pequeños animales: *el ~ se alimenta de aves y mamíferos pequeños.* ☖ Para indicar el sexo se usa el ~ macho y el ~ hembra. **2** Punta de una pluma de escribir: *escribía tan fuerte que se rompió el ~.* **3** Gancho de hierro que sirve para *agarrar: *los gavilanes se atan con una cuerda larga.*

ga·vi·lla |gaβíʎa| ***f.*** Conjunto de ramas o tallos unidos o atados por su centro: *los campesinos echaban las gavillas de trigo en el camión.*

ga·vio·ta |gaβi̲óta| ***f.*** Ave con la espalda gris y el resto del cuerpo blanco, pico naranja y algo curvo, que vive en las costas y se alimenta de peces: *las gaviotas sobrevolaban el puerto; las gaviotas acuden a los vertederos de basura incluso tierra adentro.* ☖ Para indicar el sexo se usa la ~ macho y la ~ hembra.

ga·za·po |gaθápo| **1** ***m.*** Cría del *conejo: *metió la mano en la madriguera y sacó dos gazapos.* **2** *fam.* Equivocación al hablar o al escribir: *releí la carta con cuidado para evitar que se colase algún ~.* ⇒ **errata, error.**

gaz·mo·⌜ño, ⌜ña |gaθmóɲo, ɲa| ***adj.-s.*** Que es o parece ser muy cuidadoso en *cuestiones de moral: *es un ~: finge ser muy devoto, pero nunca va a misa.*

gaz·na·te |gaθnáte| ***m.*** *fam.* Parte superior de la garganta: *lo cogió del ~ y empezó a insultarle.* ⇒ **cuello, pescuezo.**

gaz·pa·cho |gaθpátʃo| ***m.*** Sopa fría formada por hortalizas, aceite, vinagre, sal y pan: *el ~ es una comida típica de Andalucía y Extremadura; para hacer ~ hay que triturar bien todos los ingredientes; el ~ se toma en verano.*

GAVIOTA

ge |xé| ***f.*** Nombre de la letra *g*: *se llamaba José Gerardo, pero al escribir sustituía el segundo nombre por una ~.*

géi·ser |xéi̲ser| ***m.*** Agujero de la corteza de la Tierra del que sale agua muy caliente a gran presión: *los géiseres abundan en Islandia.* ☖ El plural es *géiseres.*

gel |xél| **1** ***m.*** Jabón líquido que se usa para el aseo personal: *al lado de la bañera hay una esponja y un bote de ~; enjabonó al niño con ~ y después le quitó todo el jabón.* ⇒ **champú. 2** Sustancia en la que la parte sólida se separa de la líquida y que se usa para fines diferentes: *tengo que frotarme la rodilla con un ~ para que desaparezca el dolor.*

ge·la·ti·na |xelatína| **1** ***f.*** Alimento hecho con una sustancia transparente y densa y con zumo de frutas, que se toma en los dulces: *el camarero les ofreció una ~ de fresa para postre.* ⇒ **jalea. 2** QUÍM. Sustancia transparente y densa que se saca de los huesos y de los tejidos animales haciéndolos hervir en agua: *la ~ se usa en cocina y en farmacia; con la ~ se fabrica pegamento.*

ge·la·ti·no·⌜so, ⌜sa |xelatinóso, sa| **1** ***adj.*** Que tiene el aspecto denso de la *gelatina: *el pegamento tiene una apariencia gelatinosa.* **2** Que tiene *gelatina: *compró un jamón ~.*

gé·li·do, ⌜da |xéliðo, ða| ***adj.*** Que es o está muy frío: *en los Polos soplan vientos gélidos; el agua de la piscina está completamente gélida.* ⇒ **glacial, helado.**

ge·ma |xéma| **1** ***f.*** Piedra preciosa; sustancia mineral dura que se usa para fabricar objetos de lujo: *el diamante, la esmeralda, el rubí y el zafiro son gemas.* **2** BOT. Brote de los vegetales, del que nacen las ramas, las hojas y las flores: *las primeras gemas nacen en el mes de febrero.* ⇒ **yema.**

ge·me·⌜lo, ⌜la |xemélo, la| **1** ***adj.-s.*** (animal, persona) Que ha nacido a la vez que otro de la misma madre y es muy parecido a él: *los hermanos gemelos siempre son iguales, pero los mellizos pueden ser diferentes.* **2** *fig.* (cosa) Que es igual en su forma o función a otro objeto o elemento con el que forma un par: *las torres gemelas de la iglesia son muy bonitas.* **3** *fig.* Que se parece mucho a otra cosa; que es casi igual: *llevaron unas vidas gemelas; son dos almas gemelas.* **- 4 *adj.-m.*** (músculo) Que está situado en la parte inferior de la pierna y que, con otro igual a él, se une al talón y sirve para mover el pie: *me ha dado un tirón en los gemelos.* **- 5 gemelo *m.*** Botón de adorno que sirve para ajustar las mangas de la camisa a la muñeca y que lleva un eje o una pequeña cadena que lo une a otro igual o a una pieza de *sujeción: *le regalaron unos gemelos de oro.* **6 gemelos *m. pl.*** Aparato que sirve para ver más cerca los objetos lejanos y que está hecho con dos cilindros huecos y con cristales pulidos en los extremos: *espiaba a sus vecinos mirando a través de unos gemelos.* ⇒ **anteojos, prismático.**

ge·mi·do |xemíðo| *m.* Sonido o voz que expresa dolor u otros sentimientos o sensaciones: *me da mucha pena cuando le oigo lanzar esos gemidos.* ⇒ **sollozo.**

ge·mi·nar |xeminár| *intr.-prnl.* LING. Tender un sonido a dividirse en dos: *en esa lengua las consonantes dentales y labiales se geminan en algunos contextos.*

ge·mir |xemír| *intr.* Emitir sonidos o voces que expresan dolor u otros sentimientos o sensaciones: *el niño gime sin cesar porque le están saliendo sus primeros dientes.* ⇒ **sollozar.** ☖ Se conjuga como 34.

gen |xén| *m.* BIOL. Parte de un *cromosoma que determina los caracteres *hereditarios de los seres vivos: *el color del pelo y de los ojos de las personas está determinado por un ~.*

ge·ne·a·lo·gí·a |xenealoxía| **1** *f.* Conjunto de las personas de las que desciende otra: *este cuadro recoge la ~ del último rey de Francia.* ⇒ **ascendencia. 2** Escrito en el que aparece ese conjunto de personas: *en esta ~ hay varias personas que pertenecieron a la nobleza.*

ge·ne·a·ló·gi·⌜co, ⌜ca |xenealóxiko, ka| *adj.* De la *genealogía o que tiene relación con ella: *en este árbol ~ está representada toda su familia.*

ge·ne·ra·ción |xeneraθión| **1** *f.* Conjunto de seres vivos, generalmente humanos, nacidos en un mismo periodo de tiempo: *habrá que dejar un mundo limpio y bien cuidado para las próximas generaciones; mis abuelos pertenecían a otra ~.* **2** Conjunto de personas, generalmente dedicadas al arte o a la ciencia, cuya obra tiene características comunes: *Unamuno fue un escritor que perteneció a la ~ del 98.* **3** Creación de nuevos seres vivos por medio de la reproducción: *en el laboratorio están estudiando la ~ de nuevas especies de cereales;* **~ espontánea**, la que en teoría podría producirse a partir de una materia sin vida: *los animales no nacen por ~ espontánea.* **4** Producción o creación: *la razón de ser de la publicidad es la ~ de ventas.* **5** Conjunto de cosas construidas en un mismo periodo de tiempo y que tienen características comunes: *es un ordenador de la tercera ~.*

ge·ne·ra·⌜dor, ⌜do·ra |xeneraðór, ðóra| **1** *adj.-s.* Que genera; que produce: *hay muchas centrales generadoras de electricidad; el ruido es ~ de agresividad.* **- 2 generador** *m.* Máquina que transforma cualquier tipo de energía en electricidad: *la pila es un ~ químico; la dinamo es un ~ mecánico.* ⇒ **pila.**

ge·ne·ral |xenerál| **1** *adj.* Que es común a todos o a la mayor parte de los individuos de un conjunto: *la opinión ~ es favorable a la Constitución; han convocado una asamblea ~; los errores en el uso de las preposiciones son generales entre los estudiantes de español.* **2** Que es poco *preciso: *lo explicó de modo ~, sin concretar.* **3** Que es muy grande o comprende un campo muy grande: *la enseñanza media pretende que todos los alumnos adquieran una cultura ~.* **- 4** *m.* MIL. Miembro del ejército de la categoría más alta: *aquel señor de uniforme es ~ de división;* **~ de brigada**, miembro del ejército de categoría inmediatamente superior a la de *coronel: *el ~ de brigada pasó revista a uno de los regimientos;* **~ de división**, miembro del ejército de categoría inmediatamente superior a la de general de *brigada: *el ~ de división pasó revista a la división acorazada;* **teniente ~**, miembro del ejército de categoría superior a la de general de división: *el desfile fue presidido por el teniente ~;* **capitán ~**, miembro del ejército de la *máxima categoría: *el Rey de España es capitán ~ del ejército.* ⇒ **mariscal.** ■ **en/por lo ~**, en la mayor parte de los casos o situaciones; generalmente: *en ~, es mejor tener un trabajo fijo que estar contratado eventualmente; por lo ~ nunca leo revistas del corazón.*

ge·ne·ra·li·dad |xeneraliðáᵈ| **1** *f. form.* Conjunto de personas o cosas que componen un todo: *estoy hablando para la ~, no me refiero a nadie en particular; la encuesta recoge la opinión de la ~ de los habitantes; esta enfermedad afecta a la ~ de los ancianos.* **2** Vaguedad en lo que se dice o escribe: *este autor ha tratado el tema con demasiada ~, no profundiza en nada.* **3** Cosa que se dice o escribe con vaguedad: *déjate de generalidades y ve al grano; en lugar de dar respuestas concretas, se limitó a dar generalidades.* ☖ Se usa frecuentemente en plural. **- 4 generalidades** *f. pl.* Principios de una ciencia o materia: *el profesor nos explicó las generalidades de la fonética.*

ge·ne·ra·li·za·ción |xeneraliθaθión| **1** *f.* Aplicación a un conjunto de lo que es propio de un individuo: *hay asuntos en los que puede resultar peligroso hacer generalizaciones.* **2** Acción y resultado de hacer general o común: *en los últimos años se ha producido una ~ de la práctica del ciclismo.*

ge·ne·ra·li·zar |xeneraliθár| **1** *tr.-prnl.* [algo] Hacer general o común: *la ola de calor se ha generalizado a toda la Península; se ha generalizado el uso de ordenadores.* **- 2** *intr.* Considerar lo general, dejando a un lado los aspectos particulares: *cuando hablo de este tema, estoy generalizando mucho.* **3** Extender a un conjunto lo que es propio de un individuo: *no debes ~ diciendo que los hombres son iguales.* ☖ Se conjuga como 4.

ge·ne·rar |xenerár| *tr.* [algo] Producir; ser el origen: *el tratamiento adecuado de la fuerza del agua genera energía eléctrica.* ⇒ **originar.**

ge·ne·ra·ti·vis·mo |xeneratiβísmo| *m.* LING. Escuela lingüística que intenta explicar la *creatividad del hablante y su capacidad para emitir y comprender oraciones: *el generativismo nació en los Estados Unidos de América.* ⇒ **gramática.**

ge·ne·ra·ti·vis·ta |xeneratiβísta| **1** *adj.* LING. Del *generativismo o que tiene relación con él: *el lingüista planteó un problema lingüístico desde una perspectiva ~.* **- 2** *adj.-com.* LING. (persona) Que sigue las ideas del *generativismo: *los generativistas celebraron un congreso en la Universidad de Stanford.*

ge·ne·ra·ti·⌜vo, ⌜va |xeneratíβo, βa| *adj. form.* Que es capaz de generar, formar y dar origen a una cosa nueva: *la yema del huevo es una sustancia generativa.* ⇒ **generador.**

ge·né·ri·⌜co, ⌜ca |xenériko, ka| **1** *adj.* Que es común a muchas especies: *bajo el título ~ de ejército se agrupan distintos cuerpos militares.* ⇒ **general.** **2** LING. Del género o que tiene relación con él: *los sustantivos del español llevan marcas genéricas y numéricas.*

gé·ne·ro |xénero| **1** ***m.*** Conjunto de personas o cosas que tienen unos caracteres comunes: *lo odio a él y a todos los de su ~.* ⇒ **clase, tipo.** **2** Modo o manera de ser o hacer una cosa: *ese ~ de vida no te conviene.* **3** BIOL. Categoría de clasificación de los seres vivos, inferior a la de familia y superior a la de especie: *el león y el gato son del mismo ~.* **4** Mercancía o producto, especialmente tela o tejido: *en esta tienda sólo tienen géneros de primera calidad; ¿de qué ~ está hecho este vestido?* **5** ARTE. LIT. Categoría o clase en que se pueden ordenar las obras según sus *rasgos comunes: *la novela es el ~ literario más popular;* ~ **chico**, MÚS. LIT., conjunto de obras de teatro cortas, generalmente musicales, y cuya función es divertir: *en el siglo XIX tuvo mucho éxito el ~ chico; la zarzuela pertenece al ~ chico.* **6** LING. Categoría gramatical que aparece en el sustantivo, el adjetivo, el pronombre y el artículo y que les permite *concertar entre sí: *los géneros en castellano actual son masculino y femenino; aún quedan restos del ~ neutro en muchas lenguas indoeuropeas;* ~ **ambiguo**, LING., el de los sustantivos que pueden llevar artículo masculino o femenino: mar *es una palabra de ~ ambiguo;* ~ **común**, LING., el de los sustantivos de persona que pueden llevar artículo masculino o femenino según se refieran a hombres o a mujeres: testigo *es una palabra de ~ común;* ~ **femenino**, LING., el de los sustantivos que se combinan con el determinante *esta* y con otros determinantes del mismo tipo: *la palabra* casa *tiene ~ femenino;* ~ **masculino**, LING., el de los sustantivos que se combinan con el determinante *este* y con otros determinantes del mismo tipo: *la palabra* cazo *tiene ~ masculino;* ~ **neutro**, LING., el de los sustantivos que no son masculinos ni femeninos: *la palabra* aquello *es de ~ neutro.*

ge·ne·ro·si·dad |xenerosiðáᵈ| **1** ***f.*** Tendencia o inclinación a ayudar a los demás y a dar las cosas propias sin esperar nada a cambio: *las asociaciones benéficas no existirían si no fuera por la ~ de los ciudadanos.* ⇒ **largueza.** ⇔ **egoísmo. 2** Nobleza de carácter: *todos alabamos la ~ de Enrique.* ⇔ **cicatería.**

ge·ne·ro·⌐so, ⌐sa |xeneróso, sa| **1** ***adj.*** (persona) Que ayuda a los demás sin esperar nada a cambio: *Lucía es muy generosa: recoge ropa usada para dársela a los necesitados; debemos enseñar a los niños a ser generosos con los demás.* ⇒ **caritativo.** ⇔ **egoísta. 2** (persona) Que tiene o muestra un carácter noble: *has sido muy ~ ayudándome cuando te necesitaba.* **3** Que es abundante: *en este bar las raciones son bastante generosas.* ⇒ **copioso.** ⇔ **escaso.**

gé·ne·sis |xénesis| **1** ***f.*** Origen o principio: *hay muchas teorías sobre la ~ del Universo.* ⇒ **germen.** ⇔ **apocalipsis. 2** Proceso de formación de una cosa: *la ~ de la obra fue muy complicada.* ☖ El plural es *génesis.*

ge·né·ti·ca |xenétika| ***f.*** BIOL. Disciplina que estudia las leyes que determinan la *herencia: *Mendel es el padre de la ~.*

ge·né·ti·⌐co, ⌐ca |xenétiko, ka| **1** ***adj.*** De los *genes o que tiene relación con ellos: *la información genética está contenida en los cromosomas de los seres vivos.* **2** De la *genética o que tiene relación con ella: *está leyendo un tratado ~.* **3** Del origen o principio o que tiene relación con él: *no se sabe de manera segura cuál fue el proceso ~ de la Tierra.*

ge·nial |xeniál| **1** ***adj.*** Que se considera propio de un genio; que se considera propio de una persona muy inteligente o con gran capacidad para crear o inventar cosas nuevas y admirables: *este escultor es un artista ~.* ⇔ **mediocre. 2** Que es muy bueno: *la actuación del mago fue ~.* ⇒ **excelente.** ⇔ **pésimo.**

ge·nia·li·dad |xenialiðáᵈ| **1** ***f.*** Inteligencia o capacidad para crear o inventar cosas nuevas y admirables: *el pintor ha conseguido plasmar en esta obra toda su ~; la ~ del artista no fue reconocida en su época.* ⇔ **mediocridad. 2** Cualidad de lo que es muy bueno: *hemos de reconocer la ~ de tu investigación.* **3** Obra o dicho geniales: *Pilar nos sorprenderá con una de sus genialidades.*

ge·nio |xénio| **1** ***m.*** Naturaleza o carácter de una persona; estado del ánimo: *yo soy de ~ tranquilo y pacífico, pero, cuando no estoy de acuerdo con algo, lo digo; ¡qué mal ~ tiene tu hermana!* **2** Carácter fuerte; energía: *¡vaya ~ que tiene!, no se deja pisar por nadie.* **3** Persona muy inteligente o con gran capacidad para crear o inventar cosas nuevas y admirables: *Picasso fue un ~ de la pintura; has resuelto en un minuto el problema: eres un ~.* ⇒ **mediocre. 4** Capacidad para crear o inventar cosas nuevas y admirables: *todos admiramos el ~ creador de Falla.* **5** Dios o ser *fantástico con poder sobre una persona o una parte del espacio: *los genios del mar hundieron el barco; soñé que se me aparecía un ~ y me concedía tres deseos.*

ge·ni·tal |xenitál| **1** ***adj.*** Que sirve para la reproducción: *el herpes es una enfermedad que suele afectar al aparato ~.* ⇒ **sexual. - 2 genitales** ***m. pl.*** Partes exteriores del aparato de reproducción masculino y femenino: *los genitales de los hombres son los testículos y el pene.*

ge·no·ci·dio |xenoθíðio| ***m.*** Muerte de todas las personas que pertenecen a un grupo o a un pueblo, generalmente por *motivos políticos o religiosos: *los nazis llevaron a cabo el ~ de la población judía.* ⇒ **holocausto.**

gen·te |xénte| **1** ***f.*** Grupo o cantidad de personas: *había tanta ~ en la playa que no encontramos sitio ni para poner la toalla.* **2** Grupo o clase dentro de la sociedad: *se junta con ~ baja;* ~ **de bien**, la de buena intención y conducta: *para el negocio eligió ~ de bien;* ~ **de paz**, la que no tiene intención de comportarse de manera violenta: *no dispares, que somos ~ de paz;* ~ **menuda**, conjunto de niños:

este programa de televisión va dirigido a la ~ menuda. **3** Familia; conjunto de personas del mismo grupo familiar: *invitó a la boda sólo a su ~; lo que más me preocupa es el bienestar de mi ~.* **4** *fam.* Persona, en cuanto a su manera de ser: *no creo que Óscar sea malo ~, sólo un poco egoísta.*

gen·til |xentíl| **1** ***adj.*** (persona) Que es educado: *el caballero ~ cedió su asiento a un anciano.* ⇒ **amable, cortés. 2** Que tiene muy buen aspecto: *todos se quedaron mirando su ~ figura.*

gen·ti·le·za |xentiléθa| **1** ***f.*** Gesto educado; atención: *el dueño de la casa ha tenido la ~ de invitarnos a comer.* ⇒ **amabilidad, cortesía. 2** Buen aspecto: *cuando montaba a caballo se acentuaba la ~ de su figura.*

gen·ti·li·⌐cio, ⌐cia |xentilíθio, θia| ***adj.-m.*** (palabra) Que expresa el lugar de origen: cacereño *es el ~ que se usa para referirse a la persona nacida en Cáceres.*

gen·tí·o |xentío| ***m.*** Gran cantidad de gente reunida en un lugar: *no se podía cruzar la plaza del ~ que había.* ⇒ **muchedumbre, multitud.**

gen·tu·za |xentúθa| ***f.*** Gente que merece desprecio: *no me gusta que frecuentes tanto la casa de esa ~.*

ge·nui·⌐no, ⌐na |xenuíno, na| ***adj.*** Que conserva sus características propias; puro: *éste es un ~ cocido madrileño.* ⇒ **auténtico, castizo.** ⇔ **falso.**

ge·o·cén·tri·⌐co, ⌐ca |xeoθéntriko, ka| ***adj.*** ASTRON. Que tiene a la Tierra como centro de su movimiento o de su situación: *el sistema astronómico de Ptolomeo era ~.*

ge·o·gra·fí·a |xeoγrafía| ***f.*** Ciencia que estudia la superficie de la Tierra o sus características y los fenómenos que se producen en ella: *el profesor de ~ nos ha explicado cuáles son las montañas más altas de España.*

ge·o·grá·fi·⌐co, ⌐ca |xeoγráfiko, ka| ***adj.*** De la *geografía o que tiene relación con ella: *en este mapa están representados los principales accidentes geográficos de la isla.*

ge·ó·gra·⌐fo, ⌐fa |xeóγrafo, fa| ***m. f.*** Persona que se dedica al estudio de la *geografía: *es ~, conoce perfectamente el relieve de este territorio.*

ge·o·lo·gí·a |xeoloxía| ***f.*** Disciplina que estudia el origen, la formación y la estructura de la Tierra: *este tratado de ~ informa sobre la formación de los fósiles.*

ge·o·ló·gi·⌐co, ⌐ca |xeolóxiko, ka| ***adj.*** De la *geología o que tiene relación con ella: *en la clase nos han explicado las etapas geológicas.*

ge·ó·lo·⌐go, ⌐ga |xeóloγo, γa| ***m. f.*** Persona que se dedica al estudio de la *geología: *los geólogos pueden explicar las causas de los movimientos de la corteza terrestre.*

ge·ó·me·tra |xeómetra| ***com.*** MAT. Persona que se dedica al estudio de las medidas y formas de los cuerpos, como parte de las matemáticas: *Isabel está estudiando geometría porque le gustaría ser ~ en el futuro.*

ge·o·me·trí·a |xeometría| **1** ***f.*** MAT. Parte de las matemáticas que trata de las propiedades, relaciones y medida de la extensión: *la ~ estudia figuras como triángulos, cuadrados, etc.* **2** MAT. Tratado de esta parte de las matemáticas: *el eminente matemático ha publicado recientemente una ~.*

ge·o·mé·tri·⌐co, ⌐ca |xeométriko, ka| **1** ***adj.*** MAT. De la *geometría o que tiene relación con ella: *en este problema se plantea una progresión geométrica.* **2** *fig.* Que es muy exacto: *nos hizo una demostración geométrica que no admitía dudas.*

ge·ra·nio |xeránio| ***m.*** Planta de jardín, de tallos ramosos, hojas grandes y flores de color rojo, rosa, *lila o blanco reunidas en pequeñas cabezas: *el ~ procede del sur de África; algunos geranios tienen un aroma penetrante.*

ge·ren·cia |xerénθia| **1** ***f.*** Oficina o lugar en el que trabaja el *gerente: *fue a hacer una reclamación a la ~.* **2** Cargo de *gerente: *comenzó como un simple empleado y ha conseguido la ~ de la empresa.* **3** Tiempo durante el cual una persona ocupa ese cargo: *su ~ en el hotel duró cinco años.*

ge·ren·te |xerénte| ***com.*** Persona que dirige y administra una sociedad, una empresa o una *institución: *estudió turismo y ahora es ~ de un hotel; la ~ firmó todos los documentos en cuanto llegó.* ⇒ **director, jefe.**

ge·ria·tra |xeriátra| ***com.*** MED. Médico especialista en las enfermedades y las alteraciones físicas y mentales de las personas cuando son viejas: *llevamos a mi abuelo al ~.*

ge·ria·trí·a |xeriatría| ***f.*** MED. Disciplina que estudia las enfermedades y las alteraciones físicas y mentales de las personas cuando son viejas: *ese hospital está especializado en ~.* ⇒ **gerontología.**

ge·riá·tri·⌐co, ⌐ca |xeriátriko, ka| ***adj.-m.*** MED. (lugar, centro) Que se dedica al cuidado de las personas cuando son viejas: *el anciano estaba internado en una clínica geriátrica de Madrid.*

ge·ri·fal·te |xerifálte| **1** ***m.*** *fig.* Persona que destaca o que da órdenes a otras: *se reunieron todos los gerifaltes de la empresa.* **2** Ave de color marrón con rayas blancas en las alas y la cola y casi blanco en el vientre, que se alimenta de otros animales: *el ~ es el mayor halcón conocido.* ☖ Para indicar el sexo se usa el ~ macho y el ~ hembra.

ger·ma·ní·a |xermanía| ***f.*** Manera de hablar de ladrones y personas apartadas de la comunidad, formada por palabras españolas a las que se da un significado diferente del suyo y por otras voces de distinto origen: *los pícaros del siglo* XVI *hablaban ~.*

ger·má·ni·⌐co, ⌐ca |xermániko, ka| **1** ***adj.*** *form.* De Alemania o que tiene relación con Alemania: *el Romanticismo ~ fue muy importante.* ⇒ **alemán. 2** De la Germania, de los *germanos o que tiene relación con ellos: *los pueblos *germánicos invadieron el Imperio romano.* **3** (lengua) De la familia del *indoeuropeo y hablado por los pueblos *germanos: *el nórdico, el gótico, el alemán, el neerlandés y el inglés son lenguas germánicas.* **- 4 germánico** ***m.*** Lengua antigua de los *germanos: *la lengua alemana tiene su origen en el ~.*

ger·ma·nis·mo |xermanísmo| ***m.*** Palabra o modo de expresión propio de la lengua *alemana que se usa en otro idioma: *la palabra* guerra *es un ~ en español.*

ger·ma·⌐no, ⌐na |xermáno, na| **1** ***adj.-s.*** De la antigua Germania o que tiene relación con ella: *los pueblos germanos habitaban el norte de Europa; los germanos tenían una lengua común.* ⇒ **germánico.** - **2** ***adj.*** De Alemania o que tiene relación con Alemania: *esta empresa germana se dedica a la exportación de aparatos electrónicos.* ⇒ **alemán, germánico.** - **3** ***m. f.*** Persona nacida en Alemania o que vive habitualmente en Alemania: *el ~ le ayudó en todo lo que necesitaba.* ⇒ **alemán.**

ger·ma·nó·fi·⌐lo, ⌐la |xermanófilo, la| ***adj.-s.*** Que muestra una actitud de simpatía hacia todo lo que tiene relación con Alemania: *durante la guerra mundial, se llamó germanófilos a los partidarios de Alemania.*

ger·men |xérmen| **1** ***m.*** Ser vivo formado por una sola célula que es capaz de causar enfermedades: *las chabolas son un foco de gérmenes; limpió el suelo con lejía para hacer desaparecer los gérmenes.* **2** Primera parte en el desarrollo de un organismo, después de la *fecundación: *los seres vivos se forman desde un ~.* **3** Parte de una semilla que crece y se convierte en una nueva planta: *dentro de unos meses este ~ se habrá transformado en un rosal.* **4** *fig.* Origen o principio: *aquel encuentro casual fue el ~ de una gran amistad.* ⇒ **génesis.**

ger·mi·na·ción |xerminaθión| **1** ***f.*** Comienzo del crecimiento de una semilla: *en el vivero cuidan la ~ de las plantas.* **2** *fig.* Comienzo del desarrollo de una cosa abstracta: *cuando era niño comenzó la ~ de sus virtudes.*

ger·mi·nar |xerminár| **1** ***intr.*** Brotar y empezar a crecer las semillas: *ya está germinando el trigo.* **2** *fig.* Brotar o empezar a desarrollarse una cosa: *las enseñanzas del maestro germinan en los alumnos.*

ge·ron·to·cra·cia |xerontokráθia| ***f.*** POL. Forma de gobierno en la que las personas de mayor edad tienen el poder: *en aquella tribu la forma de gobierno es la ~.*

ge·ron·to·lo·gí·a |xerontoloxía| ***f.*** MED. Disciplina que estudia las enfermedades y las alteraciones físicas y mentales de las personas cuando son viejas: *la ~ se ocupa de la vejez desde el punto de vista psicológico y sociológico.* ⇒ **geriatría.**

ge·run·den·se |xerundénse| **1** ***adj.*** De Gerona o que tiene relación con Gerona: *la costa ~ es muy hermosa.* - **2** ***com.*** Persona nacida en Gerona o que vive habitualmente en Gerona: *los gerundenses son catalanes.*

ge·run·dio |xerúndio| ***m.*** LING. Forma no personal del verbo que expresa duración de la acción verbal: *en* comiendo *no se debe hablar, la palabra* comiendo *es un ~.* ☐ El gerundio en español termina en *-ndo.*

ges·ta |xésta| ***f.*** Conjunto de hechos admirables de una persona o de un pueblo: *el ciclista culminó su ~ ganando la etapa más difícil.*

ges·ta·ción |xestaθión| **1** ***f.*** Desarrollo del feto en el interior de la madre hasta su nacimiento: *la madre debe cuidarse mientras dure la ~.* **2** Tiempo que dura ese desarrollo: *la ~ de un niño dura nueve meses.* **3** *fig.* Preparación o elaboración: *la ~ del proyecto le llevó varios meses.*

ges·tar |xestár| **1** ***tr.-prnl.*** [algo, a alguien] Desarrollar la madre el feto en su interior; desarrollarse el feto: *la perra gestó tres crías al mismo tiempo.* **2** *fig.* Preparar o desarrollar una acción o un proyecto: *el Ministerio de Hacienda está gestando una nueva ley de impuestos.*

ges·ti·cu·lar |xestikulár| ***intr.*** Hacer movimientos y gestos para dar a entender una cosa o para acompañar a la palabra: *es una persona que gesticula mucho cuando habla.* ⇒ **accionar.**

ges·tión |xestión| **1** ***f.*** Conjunto de acciones que se realizan para conseguir una cosa: *tuve que hacer muchas gestiones para matricular al niño en esta escuela.* ⇒ **trámite.** **2** Dirección y administración de un negocio o asunto: *Rodríguez ha hecho una buena ~ al frente de la empresa.*

ges·tio·nar |xestionár| **1** ***tr.*** [algo] Hacer las acciones necesarias para conseguir una cosa: *yo me ocuparé de ~ los papeles en el Ayuntamiento.* **2** Dirigir y administrar un negocio o asunto: *el notario gestionó el asunto de la herencia.*

ges·to |xésto| **1** ***m.*** Movimiento hecho con los músculos de la cara, con las manos u otra parte del cuerpo y que expresa un estado de ánimo: *me hizo un ~ de desagrado y se marchó.* ⇒ **mueca, seña.** **2** Acción realizada por una persona para mostrar un sentimiento o un impulso: *fue un ~ muy bonito por su parte enviarle una postal.* ⇒ **detalle.**

ges·⌐tor, ⌐to·ra |xestór, tóra| **1** ***adj.-s.*** Que hace las acciones necesarias para conseguir una cosa: *la empresa gestora se encargó de hacer todos los trámites.* - **2** ***m. f.*** Persona que realiza las acciones necesarias en nombre de otra para conseguir una cosa: *dos gestores administran los bienes de la empresa.* ⇒ **administrador.**

ges·to·rí·a |xestoría| ***f.*** Establecimiento en el que trabajan personas que se ocupan de asuntos de administración de sus clientes: *he ido a una ~ para que se encarguen de hacer el seguro del coche.*

gi·ba |xíβa| **1** ***f.*** Bulto que tienen en el *lomo ciertos animales: *estaba sentado entre las gibas del camello.* ⇒ **joroba.** **2** Bulto que sale en la espalda a las personas debido a una desviación de la columna *vertebral: *si no caminas derecho, te saldrá ~.* ⇒ **chepa, joroba.**

gi·bar |xiβár| ***tr.*** *fam.* [a alguien] Molestar o fastidiar: *nos ha gibado: ahora se niega a dejarnos el coche.* ⇒ **fastidiar, jorobar.**

gi·bral·ta·re·⌐ño, ⌐ña |xiβraltaréɲo, ɲa| **1** ***adj.*** De Gibraltar o que tiene relación con Gibraltar: *el territorio ~ es muy reducido.* - **2** ***m. f.*** Persona nacida en Gibraltar: *los gibraltareños hablan español e inglés.*

gi·gan·te |xiγánte| **1** ***adj.*** Que es de un tamaño mucho mayor que el normal: *el niño se está comiendo un helado ~.* ⇒ **enorme, gigantesco, inmenso.** ⇔ **enano.** - **2** ***m.*** Personaje imaginario de gran tamaño: *el ~ vivía en el bosque y se comía* *a los niños que pasaban por allí.* **3** Figura de madera o de cartón que representa a una persona de gran altura y que recorre las calles en las fiestas populares: *vimos pasar desde el balcón una cabalgata con gigantes y cabezudos.* **4** *fig.* Persona que destaca mucho en una actividad o profesión: *este disco recoge la música de los gigantes del jazz.*

gi·gan·tes·⌜co, ⌜ca |xiɣantésko, ka| ***adj.*** Que es de un tamaño mucho mayor que el normal: *después de mucho caminar, llegamos a una gruta gigantesca.* ⇒ **enorme, gigante.**

gi·gan·tis·mo |xiɣantísmo| ***m.*** MED. Enfermedad que consiste en un desarrollo excesivo del tamaño del cuerpo: *el ~ se debe a un exceso de hormonas del crecimiento.*

gi·li·po·llas |xilipóʎas| ***adj.-com.*** *vulg.* Que es torpe o poco inteligente; que no sabe lo que debe saber: *es un chico muy guapo, pero es ~; no sé como puedes ser amiga de esos ~.* ⇒ **jilipollas, tonto.** ☖ El plural es *gilipollas.*

gi·li·po·llez |xilipoʎéθ| ***f.*** *vulg.* Idiotez; tontería: *deja de hacer gilipolleces, que te está mirando todo el mundo; dijo una ~ tras otra.* ⇒ **estupidez.**

gim·na·sia |xiᵐnásia| **1** ***f.*** Conjunto de ejercicios físicos que sirven para desarrollar el cuerpo y darle flexibilidad: *si hicieras un poco de ~ todos los días, te encontrarías mejor;* ~ **deportiva**, la que se practica sobre aparatos fijos: *la ~ deportiva es una especialidad olímpica;* ~ **rítmica**, la que practican las mujeres con aparatos *móviles y que va acompañada de música: *hay que tener un cuerpo flexible para practicar ~ rítmica;* ~ **sueca**, la que se practica sin aparatos: *la ~ sueca es buena para el mantenimiento del cuerpo.* **2** *fig.* Práctica o ejercicio de una actividad determinada: *si quieres ser un buen matemático, debes hacer mucha ~ mental.*

gim·na·sio |xiᵐnásio| ***m.*** Instalación o establecimiento que dispone de aparatos para hacer ejercicio físico y practicar ciertos deportes: *todas las tardes va a un ~ porque quiere mantenerse en forma.*

gim·nas·ta |xiᵐnásta| ***com.*** Persona que hace ejercicios para el desarrollo y la flexibilidad de los músculos del cuerpo: *la ~ está realizando un ejercicio con el aro; los gimnastas franceses han sido eliminados de la fase final.* ⇒ **atleta, deportista.**

gim·nás·ti·⌜co, ⌜ca |xiᵐnástiko, ka| ***adj.*** De la *gimnasia o que tiene relación con ella: *el atleta realizó varios ejercicios gimnásticos sobre la colchoneta.*

gi·mo·te·ar |ximoteár| ***intr.*** Llorar de forma débil o sin una razón importante: *el niño no dejaba de ~ porque no le compraban lo que quería.* ⇒ **gemir.**

gi·mo·te·o |ximotéo| ***m.*** Lloro débil o sin una razón importante: *la madre fue a la cuna porque oyó el ~ del bebé.* ⇒ **gemido.**

gi·ne·bra |xinéβra| ***f.*** Bebida con mucho alcohol y transparente que se consigue por *destilación: *la ~ se mezcla con refrescos para hacer combinados.*

gi·ne·co·lo·gí·a |xinekoloxía| ***f.*** MED. Parte de la medicina que estudia las enfermedades de los órganos de reproducción femeninos: *la ~ trata los problemas del útero y de los ovarios.*

gi·ne·có·lo·⌜go, ⌜ga |xinekóloɣo, ɣa| ***m. f.*** Médico especialista en las enfermedades de los órganos de reproducción femeninos: *la mujer debe visitar al ~ una vez al año como mínimo.*

gi·ra |xíra| ***f.*** Serie de *actuaciones que un artista o grupo de artistas hacen por distintas poblaciones: *el famoso cantante está haciendo una ~ por el sur de España; la ~ del grupo musical se compone de 50 actuaciones.*

gi·rar |xirár| **1** ***intr.*** Moverse dando vueltas: *la Tierra gira sobre sí misma y la Luna gira alrededor de la Tierra.* **2** Cambiar de dirección: *cuando llegues al semáforo debes ~ a la derecha.* ⇒ **doblar, torcer.** **3** *fig.* Desarrollarse una conversación sobre un tema determinado: *el coloquio de esta noche girará en torno a los nuevos planes de estudio.* **- 4** ***tr.-intr.*** [algo] Hacer que una cosa se mueva dando vueltas; cambiar la posición de una cosa: *giró la ruleta con mucha fuerza; gira el picaporte y abre la puerta.* **- 5** ***tr.*** Mandar dinero por correo: *hemos girado cinco mil pesetas a Murcia.*

gi·ra·sol |xirasól| ***m.*** Planta compuesta, de tallo grueso, alto y derecho, con las hojas en forma de corazón, la flor amarilla y el fruto con muchas semillas negras comestibles: *de las semillas del ~ se obtiene aceite; estas pipas son de ~.* ⇒ **mirasol, tornasol.**

gi·ra·to·⌜rio, ⌜ria |xiratório, ria| ***adj.*** Que gira o da vueltas sobre sí mismo: *el radiador se enciende dando vueltas al botón ~.*

gi·ro |xíro| **1** ***m.*** Vuelta que da un cuerpo al moverse: *el niño observaba los giros del peón; el ~ de la Tierra alrededor del Sol dura 365 días.* **2** Cambio de dirección: *el conductor hizo un ~ brusco y el coche fue a parar a la cuneta.* **3** *fig.* Cambio en el desarrollo

GIRASOL

de una conversación sobre un tema determinado: *la charla dio un ~ completo y acabamos hablando de política.* **4** Dinero que se manda por correo: *he mandado un ~ a mi tío.* **5** LING. Manera especial en que están ordenadas las palabras de una frase: *esta persona utiliza giros muy extraños al hablar.*

gi·ta·ne·rí·a |xitanería| **1** *f.* Obra o dicho que se consideran propios de *gitanos: *me ha dicho que vendes ropa de segunda mano: es una ~.* **2** Conjunto de *gitanos: *había una ~ tremenda en la puerta del hospital.*

gi·ta·nis·mo |xitanísmo| **1** *m.* Forma de vida y cultura propia de los *gitanos: *he visto una película que gira en torno al ~.* **2** Palabra o expresión propia de la lengua de los *gitanos usada en otra lengua: *la palabra* parné *para hacer referencia al dinero es un ~ que pertenece al idioma español.*

gi·ta·⌐no, ⌐na |xitáno, na| **1** *adj.-s.* (persona) Que pertenece a una raza que *probablemente tuvo su origen en la India y que se extendió por Europa: *los miembros del pueblo ~ tienen el pelo negro y la piel oscura; los gitanos conservan los rasgos físicos y culturales del pueblo del que proceden; este ~ se dedica a la compraventa de ropa.* **2** *fam. fig.* (persona) Que tiene gracia para ganarse la simpatía o la voluntad de los demás: *es tan gitana que siempre consigue de mí todo lo que quiere.* ⇒ **zalamero.** ■ **que no se lo salta un ~**, *fam.*, muy bueno; extraordinario; fuera de lo normal: *se está comiendo un bocadillo que no se lo salta un ~.*

gla·cial |glaθiál| *adj.* Que es muy frío: *en los Polos el clima es ~; hace un tiempo ~, por eso he cogido la gripe.* ⇒ **gélido, helado.** ⇔ **cálido.** ☖ No debe confundirse con *glaciar.*

gla·ciar |glaθiár| **1** *m.* Masa de hielo que se forma en las partes más altas de las montañas y que desciende lentamente: *los glaciares erosionan mucho el terreno; en la clase de geografía nos han explicado cuáles son las partes de un ~.* **- 2** *adj.* De esa masa de hielo o que tiene relación con ella: *los valles glaciares tienen forma de* U. ☖ No debe confundirse con *glacial.*

gla·dia·dor |glaðiaðór| *m.* Persona que en la antigua Roma luchaba con otras o con las *fieras: *los gladiadores se enfrentaban a las fieras en los circos romanos; el ~ murió a manos de su enemigo.*

gla·dio·lo |glaðiólo| *m.* Planta con flores de distintos colores que se reúnen en forma de *espiga: *la mesa está adornada con un jarrón de gladiolos blancos.*

glan·de |glánde| *m.* Parte extrema del órgano sexual masculino: *el ~ es la parte abultada del pene.*

glán·du·la |glándula| *f.* ANAT. Órgano que produce sustancias necesarias para el funcionamiento del cuerpo humano: *hay glándulas que producen sustancias que van a parar al interior del cuerpo; el páncreas es una ~;* **~ endocrina**, ANAT., la que produce sustancias que van directamente a la sangre: *el tiroides es una ~ endocrina;* **~ exocrina**, ANAT., la que produce sustancias que van al exterior del organismo a través de unos conductos: *el sudor y las lágrimas son producidos por glándulas exocrinas.*

glan·du·lar |glandulár| *adj.* ANAT. De la *glándula o que tiene relación con ella: *los órganos que producen hormonas forman parte del sistema ~; el hígado es un órgano ~.*

gli·ce·ri·na |gliθerína| *f.* QUÍM. Líquido espeso y dulce, sin color, que se encuentra en los cuerpos grasos: *los jabones líquidos tienen ~; la ~ se emplea para fabricar explosivos de nitroglicerina.*

glo·bal |gloβál| *adj.* Que está tomado en conjunto; sin separar las partes: *te daré una imagen ~ del tema para que te hagas una idea; este libro presenta una visión ~ de la materia.* ⇒ **general.** ⇔ **parcial.**

glo·bo |glóβo| **1** *m.* Bolsa de material flexible, generalmente de plástico, que se llena de aire u otro gas: *decoraron la habitación con globos de colores y guirnaldas; el niño estaba jugando con un ~ y se le escapó.* **2** Cuerpo sólido limitado por una superficie esférica: *la Luna tiene forma de ~.* ⇒ **esfera; ~ celeste**, esfera en la que se representan los planetas y las estrellas: *tengo un telescopio y un ~ celeste para estudiar astronomía;* **~ ocular**, ANAT., ojo, separado de los músculos y demás tejidos que lo rodean: *al rompérsele las gafas, un cristal le dañó el ~ ocular.* **3** Vehículo que sirve para el transporte aéreo y que flota en el aire por tener una gran bolsa llena de un gas ligero: *los personajes de Julio Verne viajaban en ~;* **~ aerostático**, el que se llena de un gas menos pesado que el aire para que pueda volar: *el ~ aerostático fue inventado antes que el aeroplano.* ⇒ **aerostato; ~ dirigible**, el que lleva motores y aspas para conducirlo: *un ~ dirigible sobrevolaba la ciudad;* **~ sonda**, el pequeño, que no lleva personas, sino aparatos para hacer mediciones: *los meteorólogos utilizan globos sonda para medir la atmósfera en las capas más altas.* **4** Esfera, generalmente de cristal, con que se cubre una luz para que no moleste a la vista o para que adorne: *la lámpara tiene un ~ tallado.* **5** Planeta Tierra; cuerpo sólido que representa a este planeta: *la temperatura ha aumentado en todo el ~; si no sabes dónde está Australia, búscala en un ~ terráqueo.* ⇒ **esfera.**

gló·bu·lo |glóβulo| **1** *m.* ANAT. Célula que se encuentra en los líquidos del cuerpo, especialmente en la sangre de los seres vivos: *la sangre tiene glóbulos blancos y glóbulos rojos;* **~ blanco**, ANAT., el que no tiene color: *los glóbulos blancos defienden al organismo de las infecciones.* ⇒ **leucocito; ~ rojo**, ANAT., el que tiene color rojo: *los glóbulos rojos se encargan de transportar oxígeno desde los pulmones hasta los tejidos del cuerpo.* ⇒ **hematíe. 2** *form.* Cuerpo de pequeño tamaño con forma de esfera: *a través del microscopio se pueden ver los glóbulos del jugo de la remolacha.*

glo·ria |glória| **1** *f.* REL. Estado del que se encuentra en el Cielo cerca de Dios: *los justos alcanzarán la ~ eterna.* **2** Gusto, placer extremo: *su ~ es el estudio y sólo vive para sus investigaciones; aquí hace un calorcito que da ~.* **3** Fama; honor reconocido por todos: *Cervantes ha alcanzado la ~ con sus novelas;*

el capitán general se enorgullece de la ~ de nuestro ejército. **4** Hecho o cosa que da fama u honor: *el descubrimiento de América es una de las glorias de España.* **5** Especie de pastel pequeño: *merendó un vaso de leche con una ~.* **6** Sistema para calentar una casa que consiste en un hueco bajo el suelo por donde circula aire caliente: *el suelo está muy caliente porque la casa tiene una ~.* **- 7 *m.*** Canto de la misa con el que se alaba a Dios: *el ~ cantado en latín comienza con las palabras* Gloria in excelsis Deo. ■ **estar en la ~**, *fam.*, estar muy *contento o encontrarse muy bien: *al fin se ha quedado dormido el niño y ahora está en la ~, ya no le duele nada.* ■ **que en ~ esté**, expresión que se *utiliza después del nombre de una persona que ha muerto: *don Joaquín, que en ~ esté, era muy bueno y amable.* ■ **saber a ~**, *fam.*, gustar mucho; parecer muy bueno: *la comida que has hecho nos ha sabido a ~.*

glo·rie·ta |gloriéta| **1** ***f.*** Plaza, generalmente redonda y pequeña, a la que van a parar varias calles: *en aquella ~ hay varios semáforos; en medio de la ~ han construido una fuente.* **2** Espacio cerrado, generalmente redondo, rodeado y adornado con plantas: *hemos estado paseando cerca de la ~ del jardín.*

glo·ri·fi·car |glorifikár| **1** ***tr.*** [algo, a alguien] Dar fama o *gloria: *el poeta ha glorificado su ciudad natal en este libro de poemas.* **2** Alabar o dar muestras de admiración: *en los cantares de gesta se glorifica a los héroes.* ☖ Se conjuga como 1.

glo·rio·⌐so, ⌐sa |glorióso, sa| **1** ***adj.*** Que merece fama o *gloria: *el pueblo vivió una jornada gloriosa.* **2** De la *gloria *eterna o que tiene relación con ella: *estuvo rezando al Padre ~.*

glo·sa |glósa| **1** ***f.*** Explicación o nota que aclara un texto difícil de entender: *las glosas emilianenses son textos romances escritos en el margen de manuscritos latinos.* **2** POÉT. Poema basado en unos versos que aparecen al principio y que se desarrollan y explican: *he compuesto una ~.*

glo·sar |glosár| ***tr.*** [algo] Comentar y aclarar el significado de palabras o expresiones: *el autor ha glosado el texto escribiendo unas notas al final.*

glo·sa·rio |glosário| ***m.*** Obra o parte de una obra que consiste en una serie de palabras difíciles de comprender de las que se da una explicación: *al final de este libro hay un ~ muy útil.* ⇒ **diccionario, vocabulario.**

glo·tis |glótis| ***f.*** ANAT. Hueco superior de la *laringe: *la ~ se abre al respirar.* ☖ El plural es *glotis.*

glo·⌐tón, ⌐to·na |glotón, tóna| ***adj.-s.*** (persona) Que come demasiado: *te has puesto así de gorda porque eres una niña glotona; ¿quién ha sido el ~ que se ha comido todos los pasteles?* ⇒ **comilón, tragón.**

glo·to·ne·ar |glotoneár| ***intr.*** Comer mucho: *deja de ~, que vas a engordar demasiado.*

glo·to·ne·rí·a |glotonería| ***f.*** Tendencia a comer mucho: *su ~ le ocasionará más de un problema.* ⇒ **gula.**

glu·co·sa |glukósa| ***f.*** QUÍM. Azúcar que se encuentra en la miel, la fruta y la sangre y que proporciona energía al organismo: *la adrenalina y la insulina regulan el nivel de ~ en la sangre; la ~ es esencial para el cuerpo humano.*

glu·ten |glúten| ***m.*** BIOL. Sustancia que se encuentra en la harina de trigo y que proporciona gran cantidad de energía al organismo: *los bebés deben tomar papillas sin ~.* ☖ El plural es *glútenes.*

glú·te·⌐o, ⌐a |glúteo, a| **1** ***adj.-m.*** ANAT. (parte del cuerpo) Que es carnoso y redondeado y que junto con otro está situado donde acaba la espalda: *al caer se hizo daño en la región glútea; me han puesto una inyección en el glúteo.* ⇒ **culo, nalga. 2** ANAT. (músculo) Que junto con otros dos forma una de las dos partes carnosas y redondeadas en la que acaba la espalda: *hace mucho ejercicio para fortalecer los glúteos.*

gno·mo |nómo| ***m.*** Genio de la tierra y de los bosques de tamaño muy pequeño: *los gnomos pertenecen a la mitología nórdica.*

gnos·ti·cis·mo |nostiθísmo| ***m.*** FIL. REL. Doctrina filosófica y religiosa que considera que es posible conocer una realidad en sí: *el ~ se opone al agnosticismo.*

gnós·ti·⌐co, ⌐ca |nóstiko, ka| **1** ***adj.*** FIL. REL. Del *gnosticismo o que tiene relación con él. **- 2 *adj.-s.*** FIL. REL. (persona) Que sigue la doctrina del *gnosticismo: *mi padre sigue una filosofía gnóstica.*

go·ber·na·ción |goβernaθión| **1** ***f.*** Dirección de la vida o el funcionamiento de un grupo: *varios partidos se encargan de la ~ del país.* **2** Dirección de una nave: *el capitán tuvo problemas con la ~ del buque a causa de la tormenta.* ⇒ **conducción.**

go·ber·na·⌐dor, ⌐do·ra |goβernaðór, ðóra| ***m. f.*** Jefe superior de un territorio que representa al gobierno del Estado: *el periodista hizo una entrevista a la gobernadora de la provincia.*

go·ber·nan·ta |goβernánta| **1** ***f.*** Mujer que se encarga de la limpieza y del servicio de un hotel o de otros establecimientos públicos: *la ~ revisó el trabajo de las nuevas empleadas; la ~ ha hecho un pedido de los productos que se necesitan para la limpieza del hospital.* **2** Mujer que se encarga de la administración de una casa o de un establecimiento público: *la ~ es la que lleva las cuentas de la pensión; la ~ ha decidido dar un día de vacaciones a los empleados del hotel.*

go·ber·nan·⌐te, ⌐ta |goβernánte, ta| **1** ***adj.-s.*** *fam.* (persona) Que gusta de gobernar o dirigir los asuntos de los demás: *Juan dice que su compañero es muy ~; mi mujer es una gobernanta.* **- 2 gobernante *adj.-com.*** (persona, grupo) Que gobierna o dirige un país: *los gobernantes de este país son elegidos democráticamente por todos los ciudadanos.*

go·ber·nar |goβernár| **1** ***tr.-intr.*** [algo] Dirigir y administrar un país: *el país ha sido gobernado por un partido de izquierda; gobernó con eficacia y honradez.* **- 2 *tr.*** Dirigir y administrar una comunidad: *el Rector gobierna la Universidad.* **3** Conducir una embarcación o vehículo: *el capitán gobernó el barco durante toda la travesía.* **4** [a alguien] Dominar o influir sobre una persona: *tiene un carácter muy débil y se deja ~ por los demás.* **- 5 gobernarse**

prnl. Manejarse o comportarse de una manera determinada: *aunque vive solo, se gobierna con desenvoltura.* ☐ Se conjuga como 27.

go·bier·no |goβi̯érno| **1** ***m.*** Conjunto de personas que gobiernan o dirigen un Estado: *el Gobierno ha anunciado nuevas reformas fiscales; la oposición acusa al Gobierno de ser el único responsable del paro.* ☐ En esta acepción, suele escribirse con mayúscula. **2** Modo de gobernar o dirigir un Estado: *los ciudadanos reclaman un ~ más democrático;* ~ **absoluto**, el dirigido por una persona que reúne todos los poderes: *en 1789 el pueblo se levantó contra el ~ absoluto.* **3** *p. ext.* Edificio en el que trabaja el conjunto de personas que gobierna un Estado: *tengo que ir al ~ a cursar una solicitud.* **4** Tiempo que dura el mando de un grupo de personas: *después de pocos meses de ~, el presidente ha anunciado su dimisión.*

go·ce |góθe| ***m.*** Sentimiento de placer y alegría: *es un ~ tumbarse al sol en una playa desierta.* ⇒ **gozo.**

go·⌐do, ⌐da |góðo, ða| ***adj.-s.*** De un antiguo pueblo *germánico que invadió el Imperio *romano o que tiene relación con él: *los visigodos eran un pueblo ~.*

gol |gól| **1** ***m.*** Introducción de la pelota en la meta, en fútbol y otros deportes: *el jugador metió un ~ en la portería de su propio equipo.* **2** Punto que se consigue al introducir la pelota en la meta: *el equipo nacional ganó el partido por tres goles a cero.* ⇒ **tanto.**

go·le·a·da |goleáða| ***f.*** DEP. Cantidad grande de *goles que un equipo mete a otro: *en el último partido nos metieron una buena ~.*

go·le·ar |goleár| ***tr.*** DEP. [algo, a alguien] Marcar muchos *goles al equipo contrario: *el partido de fútbol fue un desastre: nos golearon en el segundo tiempo.*

go·le·ta |goléta| ***f.*** MAR. Barco ligero de dos o tres palos y de lados poco altos: *hicieron el viaje en una ~ para llegar en el menor tiempo posible.*

golf |gólf| ***m.*** Deporte que consiste en meter una pelota pequeña en 18 agujeros con la ayuda de un palo: *Severiano es un jugador de ~ excepcional.*

gol·fa |gólfa| ***f.*** *desp.* Mujer que mantiene relaciones sexuales a cambio de dinero: *se convirtió en una ~ porque no vio otra manera de conseguir dinero.* ⇒ **prostituta.**

gol·fan·te |golfánte| ***adj.-com.*** *fam.* (persona) Que lleva una vida desordenada y de malas costumbres: *los tres golfantes se dedicaron a romper los cristales del establecimiento.* ⇒ **golfo, pillo.**

gol·fis·ta |golfísta| ***com.*** Persona que juega al *golf: *los golfistas europeos consiguieron el triunfo frente a los americanos; el ~ consiguió meter la pelota en el hoyo.*

gol·⌐fo, ⌐fa |gólfo, fa| **1** ***adj.-s.*** *desp.* (persona) Que lleva una vida desordenada o de malas costumbres; que es hábil para engañar: *es un ~, se pasa todo el día vagabundeando por las calles.* ⇒ **granuja, ladino.** ☐ Se usa como apelativo despectivo: *¡ese ~ ha sido el que me ha robado el bolso!* - **2 golfo** ***m.*** Parte grande de mar que entra en la tierra y que está situada entre dos *cabos: *el ~ de México es uno de los más grandes del mundo.* ⇒ **bahía, cala, caleta.**

go·li·lla |golíʎa| ***f.*** Adorno hecho de cartón *forrado de tela, que se pone alrededor del cuello, sujetando una tela blanca: *los miembros de la corte del siglo XVII llevaban ~.*

go·lon·dri·na |golondrína| **1** ***f.*** Pájaro de color negro azulado por encima y blanco por el pecho y el vientre, alas acabadas en punta y pico corto y negro: *la ~ es muy común en España y se alimenta de insectos; las golondrinas hacen el nido en los tejados de las casas.* ☐ Para indicar el sexo se usa la ~ macho y la ~ hembra. **2** Barca pequeña de motor usada para el transporte de viajeros: *en Barcelona hay golondrinas para pasear por el puerto.* ■ **una ~ no hace verano**, expresión que indica que no basta con un pequeño signo para suponer un resultado seguro: *ha aprobado un examen, pero veremos qué ocurre: una ~ no hace verano.*

go·lo·si·na |golosína| ***f.*** Producto de sabor muy dulce que se come sin necesidad: *los caramelos y los bombones son golosinas; a María le encantan las golosinas.* ⇒ **chuchería.**

go·lo·⌐so, ⌐sa |golóso, sa| **1** ***adj.-s.*** (persona) Que gusta mucho de comer dulces: *es una golosa: siempre está comiendo caramelos; no seas ~ y deja un poco de tarta para los demás.* ⇒ **dulcero. 2** Que es muy deseado: *fue a ese concurso porque el premio era muy ~.* ⇒ **apetecible, apetitoso.**

gol·pa·zo |golpáθo| ***m.*** Golpe fuerte: *se cayó al suelo y recibió un ~ en la cabeza.* ⇒ **golpetazo.**

gol·pe |gólpe| **1** ***m.*** Choque rápido y violento de dos cuerpos; resultado de un choque: *dio varios golpes con el puño en la puerta; sufrió un ~ en la rodilla; el ~ le ha roto el faro derecho;* ~ **bajo**, DEP., el que da el *boxeador por debajo de la cintura de su *oponente: *lo descalificaron por dar golpes bajos.* **2** *fig.* Acción o acontecimiento rápido que produce un resultado físico o moral: *hay que saber encajar los golpes de la vida;* ~ **bajo**, *fig.*, el que *pretende causar un daño *burlando la atención de otro: *ha sido un ~ bajo no avisarnos a tiempo.*

gol·pe·ar |golpeár| ***tr.-intr.-prnl.*** [algo, a alquien] Dar uno o varios golpes de manera repetida: *el ladrón golpeó al tendero en la cabeza y abrió la caja registradora; golpeaba con insistencia la puerta; dejad ya de golpearos.* ⇒ **aporrear, pegar.**

gol·pe·ta·zo |golpetáθo| ***m.*** Golpe fuerte: *no dejaba de dar golpetazos a la puerta porque quería entrar.* ⇒ **golpazo.**

gol·pe·te·o |golpetéo| ***m.*** Serie de golpes poco fuertes pero continuos: *el ~ de una ventana mal cerrada lo despertó de su sueño; le gustaba sentir el ~ de la lluvia en su cara.*

gol·pis·mo |golpísmo| **1** ***m.*** Actitud política que busca el cambio de la forma de gobierno de un país por la fuerza: *el ~ es característico de los grupos de extrema derecha; las democracias condenan el ~.* **2** Actividad que consiste en organizar y ejecutar golpes de Estado: *el ~ no triunfó porque la policía detuvo a los militares que lo habían preparado.*

gol·pis·ta |golpísta| **1** ***adj.*** Del *golpismo o que tiene relación con él: *después de la intentona ~, se extremaron las medidas de seguridad.* **- 2** ***adj.-com.*** POL. (persona) Que es partidario del *golpismo: *el general ~ hizo unas declaraciones muy comprometedoras a la prensa; los golpistas pusieron en peligro la democracia.*

go·ma |góma| **1** ***f.*** Sustancia espesa producida por ciertas plantas, que se hace sólida en presencia del aire: *cuando hizo un corte en el tronco del árbol, salieron unas gotas de ~;* ~ **arábiga**, la que se saca de árboles tropicales y se usa, generalmente, para pegar: *busca la ~ arábiga para pegar este sobre;* ~ **de mascar**, la que se convierte en *golosina dulce que se mastica: *he comprado un paquete de ~ de mascar.* ⇒ **chicle;** ~ **laca**, la que se saca de árboles de la India y que se usa generalmente, para dar brillo: *tengo que pintar la madera con ~ laca.* **2** Tira de material elástico, que suele usarse para sujetar juntos varios objetos: *se sujetó el pelo con una ~; puso una ~ en la caja de zapatos.* **3** Objeto sólido y flexible que se frota sobre una superficie para borrar lo que está escrito o dibujado en ella: *coge la ~ y borra esa palabra.*

go·me·⌜ro, ⌜ra |goméro, ra| **1** ***adj.*** De la isla *canaria de La Gomera o que tiene relación con ella: *el territorio ~ es bastante montañoso.* **- 2** ***m. f.*** Persona nacida en la isla de La Gomera o que vive habitualmente en la isla de La Gomera: *este ~ es un chico de piel morena y pelo negro.*

gón·do·la |góndola| **1** ***f.*** Embarcación ligera con los extremos salientes y acabados en punta: *las góndolas son típicas de Venecia.* **2** Mueble u objeto que sirve para exponer la mercancía en un mercado: *en esta ~ sólo se exponen verduras.*

gon·do·le·ro |gondoléro| ***m.*** Persona que se dedica a llevar una *góndola: *el ~ se ayudaba de un remo para mover la embarcación.*

gong |góŋ| ***m.*** Instrumento de percusión que consiste en un disco de metal que vibra al ser golpeado por una *maza: *el ~ es un instrumento de origen asiático; la carrera comenzó cuando sonó el ~.*

go·no·rre·a |gonor̄éa| ***f.*** MED. Enfermedad que ataca a los órganos sexuales y a los conductos de la orina, causada por una bacteria: *la ~ es una enfermedad de transmisión sexual; la ~ se trata con penicilina.*

gor·din·⌜flón, ⌜flo·na |gorðinflón, flóna| ***adj.-s.*** *fam.* Que está muy gordo: *el jefe es un señor simpático y ~; Enrique es aquel chico ~ que está hablando con Úrsula.*

GÓNDOLA

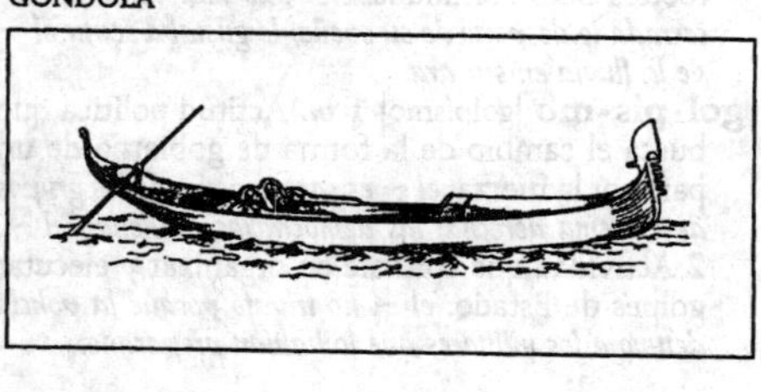

gor·⌜do, ⌜da |górðo, ða| **1** ***adj.-s.*** (persona, animal) Que es grueso; que tiene mucha grasa o carne: *yo creo que está bastante ~ porque pesa cien kilos y sólo mide 1,60 m.* ⇔ **delgado, flaco. - 2** ***adj.*** Que es ancho: *necesito un trozo ~ de madera; el hilo es demasiado ~ y no cabe en la aguja.* ⇔ **fino. 3** *fam.* Que es más grande o más importante de lo normal: *tenemos un problema ~; cometió un error muy ~.* **- 4 gordo** ***m.*** Primer premio de la *lotería: *le tocó el ~ y se marchó a vivir a una isla del Pacífico.* **5** Grasa de un animal: *quítale el ~ al filete.* ■ **armarse una gorda**, *fam.*, producirse una *pelea o agitación de gran número de personas: *le tiró una cerveza a la cara y se armó una gorda en el bar.* ■ **caer** ~, no resultar agradable o *simpático: *el vecino de enfrente me cae ~.* ■ **no tener una gorda/estar sin gorda**, no tener dinero: *quiero comprarme un televisor nuevo, pero no tengo una gorda.* ■ **tocar el** ~, tener mucha suerte; conseguir un deseo: *si tu padre te ha regalado un coche, te ha tocado el ~.*

gor·du·ra |gorðúra| ***f.*** Exceso de carne o grasa en el cuerpo: *se ha puesto a régimen porque tiene problemas con su ~.* ⇒ **obesidad.**

gor·go·ri·to |gorɣoríto| ***m.*** *fam.* Vibración de la voz en tono agudo que se hace al cantar: *el tenor estaba en su camerino haciendo gorgoritos.* ⇒ **gorjeo, quiebro.** ☐ Se usa sobre todo en plural.

go·ri·la |goríla| **1** ***m.*** Mono del tamaño de un hombre, de pelo negro, que camina sobre dos patas y se alimenta de vegetales: *en la película* Gorilas en la niebla, *una fotógrafa consigue relacionarse con un grupo de gorilas.* ☐ Para indicar el sexo se usa el ~ macho y el ~ hembra. **- 2** ***com.*** *fam. fig.* Persona que se dedica a proteger físicamente a otra: *el ministro venía con dos gorilas.* ⇒ **guardaespaldas.**

gor·je·ar |gorxeár| **1** ***intr.*** Cantar, especialmente los pájaros; emitir sonidos parecidos a la música con la garganta: *me quedé un rato en el jardín escuchando ~ a los pájaros.* **2** Hacer cambios de sonido con la voz: *deja de ~ que te sale una voz muy fea.*

gor·je·o |gorxéo| ***m.*** Vibración de la voz en la garganta: *los gorjeos de los pájaros lo despertaron por la mañana.* ⇒ **gorgorito.**

go·rra |gór̄a| ***f.*** Prenda de vestir que cubre la cabeza, generalmente sin copas, sin alas y con *visera: *la ~ se diferencia del sombrero en que no tiene ala ni copa; para jugar al golf lleva una ~ de cuadros.* ⇒ **gorro.** ■ **de** ~, *fam.*, sin pagar lo que se gasta: *siempre fuma tabaco de ~; todos huyen de él porque vive de ~.*

go·rri·⌜no, ⌜na |gor̄íno, na| **1** ***m. f.*** Cerdo, especialmente el de menos de cuatro meses: *este ~ está muy gordito.* **- 2** ***adj.-s.*** *fam. desp. fig.* (persona) Que no cuida su aseo personal o que produce asco: *no te metas el dedo en la nariz, no seas ~; es una gorrina, no se lava y huele que apesta.* ⇒ **cerdo.**

go·rrión |gor̄ión| ***m.*** Pájaro de alas marrones con manchas negras y el pecho gris, que suele vivir en las poblaciones: *el ~ es muy común en España.*

⇒ **pájaro.** ☐ Para indicar el sexo se usa el ~ macho y el ~ hembra.

go·rro |góro| ***m.*** Prenda de vestir que cubre la cabeza, generalmente sin copa y sin alas: *en invierno llevo guantes, bufanda y ~; este ~ de lana está adornado con una borla roja.* ⇒ **gorra, sombrero.** ■ **estar hasta el ~**, *fam.*, estar cansado y molesto: *estoy hasta el ~ de tus groserías.*

go·⌐rrón, ⌐rro·na |gorón, róna| ***adj.-s.*** *fam.* (persona) Que se hacer invitar por otras personas y nunca paga: *es un ~, cuando llegue el momento de pagar desaparecerá.*

go·rro·ne·ar |goroneár| ***tr.-intr.*** *fam.* [algo] Consumir una cosa, dejando que el gasto sea de los demás: *cada vez que va a casa es para ~ algo; ¡deja de gorronearme los caramelos y cómpratelos tú!*

go·ta |góta| **1** ***f.*** Masa muy pequeña de líquido, que se mantiene unida en forma más o menos esférica: *creo que va a llover porque me ha caído una ~ de agua; te ha caído una ~ de aceite en la camisa.* **2** *fig.* Cantidad pequeña de líquido: *no nos queda más que una ~ de vino; la bisagra dejará de hacer ruido con una ~ de aceite.* **3** MED. Enfermedad que hace que algunas articulaciones se hinchen: *no puede andar a causa de la ~.* ■ **~ fría**, masa de aire muy frío que desciende de las capas altas de la atmósfera causando fuertes lluvias: *en Valencia son frecuentes las inundaciones a causa de la ~ fría.* ■ **cuatro gotas**, *form.*, poca cantidad de lluvia: *¿no eres un poco exagerado?, sólo caerán cuatro gotas.* ■ **la ~ que colma el vaso**, lo último que se puede admitir; lo que acaba con la paciencia de una persona: *ese insulto de Juan es la ~ que colma el vaso.* ■ **ni ~**, *fam.*, nada o muy poco: *no nos queda ni ~ de dinero.* ■ **ser la última ~**, lo que acaba con la paciencia de una persona: *esta gamberrada es la última ~.*

go·te·ar |goteár| **1** ***intr.*** Caer un líquido gota a gota: *no cerraste bien el grifo y ha estado goteando toda la noche; el agua de las macetas gotea y se está formando un charco en el suelo.* **- 2** ***unipers.*** Caer gotas pequeñas al empezar y al terminar de llover: *vaya, está goteando y no llevo paraguas; yo creo que ya podemos salir a la calle, sólo está goteando.*

go·te·o |gotéo| ***m.*** Caída gota a gota de un líquido: *se oye el ~ de la lluvia en el patio.*

go·te·ra |gotéra| ***f.*** Paso del agua a través de una grieta o hueco de un techo o pared: *nos cambiamos de casa porque la antigua estaba llena de goteras; puso un cubo para que cayera el agua de las goteras.* ⇒ **goterón.**

go·te·rón |goterón| **1** ***m.*** Gota muy grande de agua de lluvia: *me cayó un ~ en la cabeza y me estropeó el peinado.* **2** Agujero en el techo por donde caen gotas de agua: *tengo un ~ en mi despacho.* ⇒ **gotera.**

gó·ti·⌐co, ⌐ca |gótiko, ka| **1** ***adj.*** Que pertenece al estilo artístico que se desarrolla en Europa desde el siglo XII hasta el Renacimiento: *las iglesias góticas son altas y luminosas.* **2** De los *godos o que tiene relación con ellos: *las costumbres góticas se fundieron con las romanas.* **3** (letra, texto) Que está escrito con caracteres angulosos y rectos: *los primeros impresos se hicieron en letra gótica.* **- 4 gótico** ***m.*** Estilo artístico que se desarrolla en Europa desde el siglo XII hasta el Renacimiento: *el ~ es un arte urbano de origen francés;* **~ flamígero**, el que en sus formas incluye adornos parecidos a la figura de la llama: *el ~ flamígero se cultivó en el último periodo de la Edad Media.* **5** Lengua hablada por los *godos: *el ~ era una lengua germánica.*

go·to·⌐so, ⌐sa |gotóso, sa| ***adj.-s.*** Que padece una enfermedad que hace que las articulaciones se hinchen: *las personas gotosas deben comer alimentos sin sal.*

go·za·da |goθáða| ***f.*** *fam.* Placer y alegría: *es una ~ levantarse a las doce de la mañana.*

go·zar |goθár| **1** ***intr.*** Sentir placer o alegría: *los niños gozaron mucho durante la excursión.* ⇒ **disfrutar.** **2** [de algo] Tener o disfrutar de una cosa buena o útil: *Ricardo goza de una buena posición social y económica.* ☐ Se conjuga como 4.

goz·ne |góθne| ***m.*** Mecanismo con dos piezas articuladas por un eje y unidas una a un *sostén fijo y la otra a una puerta, ventana o tapa para permitir que gire: *hay que engrasar un poco los goznes de la puerta de entrada.* ⇒ **bisagra.**

go·zo |góθo| ***m.*** Sentimiento de placer y alegría: *su vuelta a casa nos ha llenado de ~.* ⇒ **goce.**

go·zo·⌐so, ⌐sa |goθóso, sa| **1** ***adj.*** Que siente gozo: *el niño estaba ~ con su bicicleta nueva.* **2** Que produce gozo: *todos deseábamos que se produjera el ~ encuentro.*

gra·ba·ción |graβaθión| ***f.*** Recogida de imágenes y sonidos en un disco o *cinta para reproducirlos: *no puedo hacer la ~ de la película porque no tengo ninguna cinta virgen.*

gra·ba·do |graβáðo| **1** ***m.*** Arte o técnica de grabar: *el ~ sobre superficies duras se suele hacer con cinceles y otros objetos punzantes; hoy se hacen muchos grabados utilizando planchas metálicas;* **~ al agua fuerte**, arte o técnica en el que se usa un ácido: *Tapies es un pintor que ha hecho grabados al agua fuerte;* **~ en hueco**, arte o técnica en el que se usa un *molde de piedra, metal o madera: *el ~ en hueco se usa para acuñar medallas.* **2** Imagen o figura que ha sido grabada: *este ~ representa una calle de Berlín; he encontrado unos grabados preciosos en una tienda de antigüedades.* ⇒ **estampa.**

gra·ba·do·ra |graβaðóra| ***f.*** Aparato que sirve para grabar sonidos en una *cinta y reproducirlos: *puso la ~ sobre la mesa para recoger todo lo que dijera el político.* ⇒ **magnetófono.**

gra·bar |graβár| **1** ***tr.*** [algo] Marcar o hacer señales en una superficie dura para representar una figura: *el joyero ha grabado la fecha de hoy en la placa de plata.* **2** Recoger imágenes y sonidos en un disco o *cinta para reproducirlos: *me gustaría ~ el documental de hoy en una cinta de vídeo; ha grabado en una cinta las mejores canciones de su grupo favorito.* **- 3** ***tr.-prnl.*** *fig.* Fijar fuertemente en la memoria un hecho o un sentimiento: *se me ha grabado en el pensamiento la cara de tristeza de ese niño.*

gra·cia |gráθia| **1** ***f.*** Efecto divertido o que produce risa: *me ha hecho ~ ese chiste; tiene ~ que no nos hayamos visto.* ☖ Suele usarse con los verbos *hacer* y *tener.* **2** Broma o dicho divertido: *siempre está diciendo gracias.* ⇒ **chiste. 3** Conjunto de *facultades físicas o morales agradables o admirables: *tiene una ~ que cautiva a todos.* **4** *Elegancia o facilidad en el movimiento: *lo que más me gusta es la ~ que tiene al andar.* ⇒ **sal, salero. 5** REL. Bien espiritual recibido de Dios por el que el hombre tiende a obrar para conseguir la vida *eterna, según la religión *católica: *Dios distinguió al hombre otorgándole la ~.* **6** *form.* Favor o permiso que se da o se recibe sin obligación: *solicitó la ~ del perdón; nos hizo la ~ de dejarnos marchar.* **- 7 gracias** *f. pl.* Expresión que indica reconocimiento o agradecimiento por un favor o servicio recibido: *— Pase usted primero. — Gracias; le di las gracias por traernos el paquete.* ■ **caer en ~**, resultar agradable; provocar simpatía: *el profesor ha caído en ~ a los alumnos.* ■ **gracias a**, por causa de una persona o cosa que causa un bien o un mal: *he conseguido el trabajo gracias a tu ayuda.* ⇒ **merced.**

grá·cil |gráθil| *adj. form.* Que es delicado y delgado: *el potro se partió una de sus gráciles patas.*

gra·cio·⌜so, ⌜sa |graθióso, sa| **1** *adj.-s.* Que divierte y hace reír: *Fernando es un chico muy ~ y ocurrente; ¡qué chiste tan ~!* **2** *hum.* (persona) Que molesta y no tiene gracia: *algún ~ ha cerrado la puerta con llave y se ha marchado.* **- 3** *adj.* Que resulta agradable: *Mercedes tiene una sonrisa muy graciosa.* ⇒ **salado. - 4** *m. f.* Actor que representa personajes que hacen reír: *han dado al actor más joven el papel de ~.*

gra·da |gráða| **1** *f.* Asiento *colectivo, a manera de *escalón largo, en teatros, *estadios o edificios a los que *acude gran cantidad de público: *las gradas del estadio estaban repletas porque el partido era muy importante.* **2** Parte de una escalera; *escalón: *la escalera del sótano tiene 15 gradas.* **3** Instrumento para dejar lisa o mover la superficie de la tierra: *después de sembrar, pasaron la ~.* **4** *Reja o *locutorio de los *conventos de *monjas: *no pude entrar en el monasterio, pero hablé con la superiora a través de la ~.* **5** Superficie elevada, dentro de una *sala o de una habitación: *la ~ del altar era de mármol.* **6** MAR. Plano inclinado hecho de piedra, sobre el cual se construyen o *reparan embarcaciones: *el casco del barco estaba inclinado sobre la ~.* **- 7 gradas** *f. pl.* Escaleras, generalmente en la entrada, de un edificio: *se hicieron las fotos en las gradas de la catedral.*

gra·da·ción |graðaθión| **1** *f.* Ordenación o ejecución de una cosa en grados o niveles: *los ejercicios físicos requieren una ~: no se puede empezar el primer día por los más duros.* **2** Serie de personas o cosas ordenadas por grados: *entre los pintores totalmente figurativos y los plenamente abstractos existe una amplia ~.* **3** MÚS. Periodo musical en que un efecto de sonido va aumentando de grado en grado: *ejecuta la ~ con gran maestría.* **4** POÉT. Figura del lenguaje que consiste en ir aumentando el significado o la fuerza expresiva en una serie de palabras: *el poema encierra una ~ muy emocionante.*

gra·de·rí·o |graðerío| **1** *m.* Conjunto de los asientos de un *estadio: *el público ha llenado la mitad del ~ en el partido de esta tarde.* **2** *p. ext.* Conjunto de personas que ocupan esos asientos: *el ~ empezó a lanzar silbidos de desaprobación.*

gra·do |gráðo| **1** Unidad de calor: *esta noche el termómetro marcaba 11 grados bajo cero; en España la temperatura se suele medir en grados centígrados.* **2** Símbolo que representa esa unidad: *el símbolo de ~ es éste: «°»; para indicar que se trata de grados kelvin se usa «°K» y cuando se trata de grados centígrados, se usa «°C».* ☖ El grado kelvin es la unidad de calor en el Sistema Internacional. **3** Estado, valor o calidad que puede tener una persona o cosa en relación con otras: *quiere ascender al ~ superior de la escala administrativa; tiene el ~ de capitán.* **4** Título que se le da al que termina con éxito sus estudios en la *universidad: *recibirán oficialmente el ~ el mes que viene.* **5** GEOM. Parte que, junto con otras 359 iguales a ella, divide una figura circular: *este ángulo es de 90 grados; la mitad de un círculo tiene 180°.* **6** LING. Forma que tiene el adjetivo de indicar una cualidad: *el adjetivo tiene tres grados: positivo, comparativo y superlativo;* mejor *es el ~ comparativo del adjetivo* bueno. **7** *form.* Voluntad para hacer una cosa: *te lo diré de buen ~; protestaba y barría de mal ~.*

gra·dua·ción |graðuaθión| **1** *f.* Obtención de un grado o una categoría: *durante la ceremonia de ~, el estudiante con el mejor expediente recibió una placa.* **2** Categoría de militar: *ha obtenido la ~ de comandante; acudieron varios militares de alta ~.* **3** Proporción de alcohol que contienen algunas bebidas: *este brandy tiene mucha ~.* **4** Clase o nivel: *distribuyó a los alumnos según su ~.*

gra·dual |graðuál| *adj.* Que está dividido en grados o que va de grado en grado; que se desarrolla de modo continuado: *será necesario un aumento ~ de la plantilla.*

gra·duar |graðuár| **1** *tr.* [algo, a alguien] Dar o determinar un grado, una calidad o una cantidad: *con esta válvula, el operario gradúa la salida del agua; he ido a la óptica a que me gradúen la vista.* **2** Dividir u ordenar en grados: *estos ejercicios están graduados: los primeros son fáciles, pero los últimos son muy difíciles.* **- 3** *tr.-prnl.* [a alguien] Conceder o recibir un grado o una categoría: *hace dos años que se graduó en Letras; está a punto de graduarse como alférez.* ☖ Se conjuga como 11.

gra·fí·a |grafía| *f.* Letra o conjunto de letras que representan un sonido: *el sonido [b] se representa mediante las grafías* b *y* v.

grá·fi·⌜co, ⌜ca |gráfiko, ka| **1** *adj.* De la escritura o la *imprenta o que tiene relación con ellas: *he dejado el texto original en un taller de artes gráficas porque quiero publicarlo; el sistema ~ oriental no se parece al de los pueblos occidentales.* **2** *fig.* (modo de hablar) Que representa o describe con claridad una idea u otra cosa: *su descripción del paisaje africano fue* *muy gráfica: casi lo estaba viendo.* **- 3 *adj.-s.*** (cosa) Que se representa por medio de signos o dibujos: *Raúl estudia diseño ~ porque quiere ser dibujante; me serví de un ~ para llegar a la biblioteca.* ⇒ **plano.** **- 4 *m. f.*** Representación de números, cantidades u otras cosas por medio de dibujos: *en este ~ he ordenado los datos numéricos en columnas; la gráfica muestra con claridad que en esta ciudad se producen muchos nacimientos y pocas muertes.*

gra·fis·mo |grafísmo| **1 *m.*** Manera particular de escribir o dibujar: *Mabel tiene tal ~ que no hay quien entienda su letra.* **2** Representación de ideas a través de imágenes: *en el ~ se maneja todo tipo de representaciones visuales; si supieras ~, sabrías cómo distribuir los dibujos y las fotos del mural.* ⇒ **diseño.**

gra·fis·ta |grafísta| ***com.*** Persona que se dedica a representar ideas a través de imágenes: *hoy entrevistan en la radio a un famoso ~; el ~ que ha ideado la portada de esta revista tiene mucha imaginación.*

gra·fi·to |grafíto| ***m.*** Mineral de color negro o gris oscuro, blando y graso: *el ~ está compuesto de carbono.*

gra·fo·lo·gí·a |grafoloxía| ***f.*** Estudio del carácter de las personas a través de la forma de su escritura: *un experto en ~ interpretó mi firma.*

gra·fo·ló·gi·⌐co, ⌐ca |grafolóxiko, ka| ***adj.*** De la *grafología o que tiene relación con ella: *realizaron un examen ~ para conocer la personalidad del criminal.*

gra·fó·lo·⌐go, ⌐ga |grafóloɣo, ɣa| ***m. f.*** Persona que se dedica a la *grafología: *los grafólogos son capaces de determinar el carácter de una persona a partir de la escritura.*

gra·ge·a |graxéa| ***f.*** Medicina de pequeño tamaño y forma redonda u ovalada que suele ir cubierta por una capa de sabor agradable y que se traga sin deshacer: *tengo que tomar tres grageas al día para el dolor de cabeza; prefiero que el médico me mande grageas y no inyecciones.* ⇒ **comprimido, pastilla, píldora, tableta.**

gra·⌐jo, ⌐ja |gráxo, xa| **1 *m. f.*** Pájaro de color casi negro, pico y pies rojos y uñas grandes y negras: *el ~ se parece mucho al cuervo.* **- 2 grajo *m.*** *fam. desp. fig.* Persona que habla mucho: *no me gusta discutir con él, no deja de hablar, es un ~.*

gra·ma |gráma| ***f.*** Hierba silvestre con las hojas cortas, planas y agudas y con flores en *espiga: *la ~ es medicinal; la ~ se usa como césped porque es de hoja perenne.*

gra·má·ti·ca |gramátika| **1 *f.*** Disciplina lingüística u obra que enseña a hablar y escribir *correctamente una lengua: *la ~ no recomienda ese uso; todas las gramáticas están de acuerdo en este punto.* **2** Disciplina lingüística u obra que estudia la forma y el significado de los elementos de una lengua y de sus combinaciones: *la ~ forma parte de los estudios lingüísticos.* ⇒ **lingüística; ~ comparada,** LING., la que estudia las relaciones entre elementos de lenguas diferentes: *la ~ comparada se puede aplicar para la reconstrucción de lenguas desaparecidas;* **~ descriptiva,** LING., la que estudia una lengua en un momento determinado sin considerar su pasado ni su *evolución: *la ~ descriptiva trabaja generalmente con materiales de la lengua actual.* ⇒ **lingüística; ~ especulativa,** FIL., la que trata de establecer principios permanentes o universales de las lenguas: *la ~ especulativa se cultivó durante la Edad Media;* **~ estructural,** LING., la que trata de establecer relaciones *sistemáticas entre los elementos de una lengua: *la ~ estructural ha tenido un importante desarrollo en Europa.* ⇒ **estructuralismo; ~ general,** LING., la que trata de establecer principios comunes a las lenguas: *los especialistas en ~ general estudian varias lenguas.* ⇒ **lingüística; ~ generativa,** LING., la que trata de *formular reglas y principios capaces de producir las oraciones de una lengua: *la ~ generativa se ha desarrollado en la segunda mitad del siglo XX.* ⇒ **generativismo; ~ histórica,** LING., la que estudia una lengua, considerando su pasado y su *evolución: *la ~ histórica estudia los cambios lingüísticos.* ⇒ **lingüística; ~ normativa,** LING., la que enseña a hablar y a escribir *correctamente una lengua: *la ~ de la Real Academia Española es una ~ normativa.* **3** *fam. fig.* Conocimientos aprendidos por cierto medio: *la empresa siempre lo manda a negociar porque sabe mucha ~;* **~ parda,** *fam.*, conocimientos que sirven para salir de una situación difícil o para conseguir un provecho: *a ese no hay manera de pillarlo, tiene mucha ~ parda.*

gra·ma·ti·cal |gramatikál| **1 *adj.*** De la gramática o que tiene relación con ella: *los alumnos deben hacer un análisis ~ de estas oraciones.* **2** Que se ajusta a las reglas de la gramática: *esta oración no es ~: sus elementos no están colocados en el orden adecuado.*

gra·má·ti·⌐co, ⌐ca |gramátiko, ka| ***m. f.*** Persona que se dedica al estudio de la gramática: *hoy dará una conferencia un importante ~.*

gra·mo |grámo| ***m.*** Medida de masa que resulta de dividir en mil partes un kilogramo: *la abreviatura del gramo es g; esta bolsa contiene mil gramos de harina.*

gran |grán| ***adj.*** Apócope de *grande*: *el corredor brasileño ha sido el vencedor del ~ premio de motociclismo; Carlos es un ~ hombre.* ☐ Se usa delante de nombres masculinos y femeninos en número singular.

gra·na |grána| **1 *adj.-m.*** De color rojo oscuro: *el altar estaba cubierto por un manto ~; tuve que elegir entre el ~ y el azul.* ⇒ **granate. 2 *f.*** Semilla pequeña de ciertos vegetales: *ha plantado ~ de pimiento en el jardín de la casa.*

gra·na·da |granáða| **1 *f.*** Fruto redondo comestible, con corteza delgada de color entre amarillo y rojo y que tiene en su interior muchos granos rojos jugosos: *hizo una ensalada de naranja con ~.* ⇒ **granado. 2** *Proyectil con *explosivos en su interior: *un soldado lanzó una ~ contra el carro de combate enemigo;* **~ de mano,** la que se lanza con la mano: *en la guerra es frecuente el uso de granadas de mano.*

gra·na·di·na |granaðína| ***f.*** Bebida hecha con zumo de *granada: *la ~ se suele beber mezclada con agua o con un refresco.*

gra·na·di·⌐no, ⌐na |granaðíno, na| **1** ***adj.*** De Granada o que tiene relación con Granada: *la geografía granadina es muy montañosa.* **- 2** ***m. f.*** Persona nacida en Granada o que vive habitualmente en Granada: *los granadinos son vecinos de los almerienses.*

gra·na·⌐do, ⌐da |granáðo, ða| **1** ***adj.*** *fig.* Que es distinguido, importante o principal: *la cultura mozárabe ha dejado granadas muestras de su actividad artística.* ⇒ **ilustre.** **- 2 granado** ***m.*** Árbol con el tronco liso y nudoso, copa extendida con muchas ramas delgadas, hojas brillantes y flores grandes de color rojo: *el ~ crece en la región mediterránea; el fruto del ~ se llama granada.* ⇒ **granada.**

gra·nar |granár| ***intr.*** Formarse y crecer el grano de ciertos frutos: *los racimos de uva ya han granado.*

gra·na·te |granáte| **1** ***adj.-m.*** De color rojo oscuro: *el ~ es un color que resulta de mezclar el rojo y el negro; Miguel es aquel chico de la camiseta ~.* ⇒ **grana.** **- 2** ***m.*** Mineral del aspecto del cristal y de color variado según su composición: *los yacimientos de ~ abundan en Brasil; el ~ se usa en joyería.*

gran·de |gránde| **1** ***adj.*** Que tiene un tamaño mayor de lo normal: *esta camisa te queda un poco ~; compró un frasco de miel ~.* ⇒ **amplio, bueno, enorme.** ⇔ **chico, pequeño.** **2** Que es muy intenso o fuerte: *¡qué ~ es el dolor de estómago que tengo!; siente por él un amor ~.* ⇒ **bueno.** **3** Que tiene mucha importancia o fama: *veremos una película de uno de los grandes directores del cine americano.* ⇒ **famoso.** **- 4** ***adj.-s.*** (persona) Que es adulto: *te voy a presentar al más ~ de mis hijos; ¿qué vas a ser cuando seas ~?* ⇒ **mayor.** ⇔ **menor.** **- 5** ***m.*** Persona de la clase superior de la nobleza española: *la figura del ~ se convirtió en oficial durante el reinado de Carlos I.* ■ **a lo ~,** con mucho lujo: *quiso celebrar su boda a lo ~, sin privarse de nada.*

GRANADO (RAMA Y FRUTO)

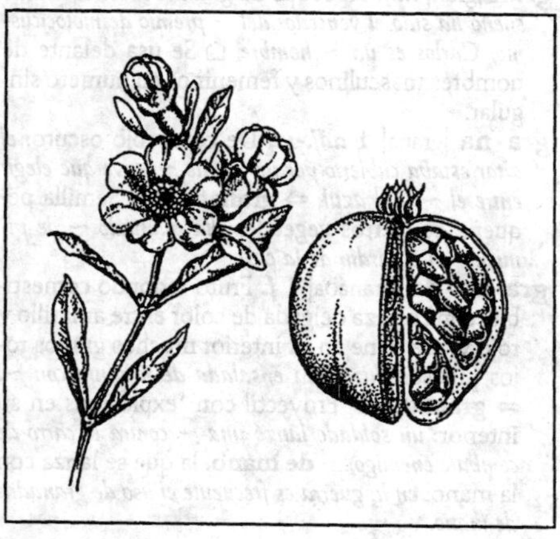

■ **pasarlo en ~,** *fam.*, disfrutar; estar muy bien: *lo pasamos en ~ en la fiesta de Juan Carlos.*

gran·de·za |grandéθa| **1** ***f.*** Nobleza de espíritu: *nos admiró a todos la ~ de su carácter.* ⇔ **mezquindad.** **2** Importancia o valor: *la ~ del deporte es que el trabajo tiene su recompensa.* **3** Conjunto de personas de la clase superior de la nobleza española: *muchos miembros de la ~ de España han asistido a la fiesta de cumpleaños del Rey.*

gran·di·lo·cuen·cia |grandilokuénθia| **1** ***f.*** Capacidad de hablar o escribir de manera admirable o extraordinaria: *su ~ hizo que se convirtiera en un conferenciante famoso.* **2** Manera de hablar o escribir que usa palabras demasiado formales y que no son necesarias: *me disgustó la ~ de su discurso.* ⇔ **sencillez.**

gran·di·lo·cuen·te |grandilokuénte| **1** ***adj.*** (persona) Que habla o escribe con *grandilocuencia: *hay muy pocos políticos grandilocuentes.* **2** (estilo, discurso) Que se adorna en exceso con palabras demasiado formales y que no son necesarias: *todas sus obras son grandilocuentes.* ⇒ **altisonante, ampuloso, pomposo.**

gran·dio·⌐so, ⌐sa |grandióso, sa| ***adj.*** Que destaca por sus buenas cualidades; que sobresale entre lo demás; que es admirable: *han quedado maravillados por las grandiosas pirámides de Egipto; el espectáculo circense fue ~.* ⇒ **extraordinario.**

gran·du·⌐llón, ⌐llo·na |granduʎón, ʎóna| ***adj.-s.*** *fam.* (niño, joven) Que está demasiado crecido para su edad: *¡con lo ~ que eres y estás montado en el columpio!*

gra·nel |granél| ■ **a ~,** sin *envase ni paquete: *he comprado la colonia a ~ porque es más barata que la que está en frascos.*

gra·ne·ro |granéro| **1** ***m.*** Lugar o habitación en el que se guarda el grano: *después de la cosecha, los graneros están repletos.* **2** Territorio en el que abundan los cereales: *España era antes el ~ de Europa.*

gra·ni·to |graníto| ***m.*** Roca muy dura que se emplea como material de construcción: *los suelos del edificio son de ~ pulido; el ~ está compuesto de cuarzo, feldespato y mica.*

gra·ni·za·⌐do, ⌐da |graniθáðo, ða| ***adj.-m.*** (bebida) Que está hecho con hielo picado y zumo de fruta, café u otra sustancia que le da sabor: *al salir de la piscina tomamos un ~ en una heladería.*

gra·ni·zar |graniθár| ***unipers.*** Caer *granizo: *graniza cuando las gotas de lluvia pasan por aire muy frío y se hielan.* ⇒ **apedrear.** ☖ Se conjuga como 4.

gra·ni·zo |graníθo| ***m.*** Agua congelada que cae de las nubes y tiene forma de bolas pequeñas, duras y blancas: *no está nevando, está cayendo ~; el ~ que ha caído durante la noche ha estropeado las flores del jardín.* ⇒ **lluvia, nieve.**

gran·ja |gráŋxa| **1** ***f.*** Terreno en el campo con animales, huerto y algún edificio: *de pequeño, vivía en una ~ entre frutales y pájaros.* **2** Terreno en el campo dedicado a la cría de aves y otros animales domésticos: *trabaja en una ~ de gallinas.* **3** Establecimiento donde se venden o sirven productos derivados de la leche: *fueron a la ~ a comprar leche.*

4 Casa de *recreo en el campo: *este fin de semana nos vamos a la ~ de mi tío.*

gran·je·ar |graŋxeár| **1** ***tr.-prnl.*** [algo, a alguien; de algo/alguien] Conseguir o llegar a tener: *se granjeó los favores de todos con la mayor facilidad; granjeó respeto y simpatía para nuestro país.* **- 2** ***tr.*** [algo] Conseguir dinero vendiendo ganado: *vendió todas las vacas y granjeó mucho dinero.*

gran·je·ˊro, ˊra |graŋxéro, ra| ***m. f.*** Persona que se dedica al cuidado de una granja: *algunos granjeros alquilan establos.*

gra·no |gráno| **1** ***m.*** Semilla o conjunto de semillas de un cereal: *esta espiga tiene más granos que la otra; almacenaron el ~ en la cámara.* **2** Semilla pequeña de una planta o fruto: *puso unos granos de anís en las galletas.* **3** Parte pequeña de una materia sólida, generalmente dura y de forma más o menos redonda: *era tan pequeño como un ~ de arena.* **4** Bulto pequeño en la piel: *te ha salido un ~ en la nariz; tiene granos en la espalda.* ■ **al ~**, a lo que verdaderamente importa en un escrito, una conversación o un asunto: *deja de dar rodeos y vayamos al ~.* ☐ Se suele usar con el verbo *ir.*

gra·nu·ja |granúxa| ***adj.-com.*** *fam.* (persona) Que es hábil para engañar; que se comporta con disimulo para conseguir una cosa: *este chico es un ~ y un ladrón; no seas ~, deja de estafar al prójimo.* ⇒ **astuto, golfo, ladino, pillo.**

gra·pa |grápa| ***f.*** Pieza de metal pequeña y delgada, cuyos extremos se doblan para unir papeles y otras cosas: *estos documentos no se pueden separar porque están unidos con una ~.*

gra·pa·do·ra |grapaðóra| ***f.*** Instrumento que sirve para clavar *grapas: *déjame la ~ para unir todas estas facturas.*

gra·par |grapár| ***tr.*** [algo] Unir o sujetar con *grapas: *he grapado las cajas para que no se caiga lo que contienen.*

gra·sa |grása| **1** ***f.*** Sustancia animal o vegetal que se encuentra en los tejidos orgánicos y que forma las reservas de energía: *la mantequilla es una ~ vegetal; debes practicar deporte para eliminar la ~ que te sobra.* **2** Sustancia animal a la que se dan distintos usos: *la ~ se utiliza para hacer jabón.* ⇒ **sebo. 3** Sustancia que se usa para disminuir el rozamiento: *debes poner un poco de ~ en la bisagra porque chirría.*

gra·sien·ˊto, ˊta |grasiénto, ta| ***adj.*** Que tiene grasa en exceso: *lávate las manos con jabón, que las tienes grasientas; esta comida te ha salido muy grasienta.* ⇒ **graso.**

gra·ˊso, ˊsa |gráso, sa| ***adj.*** Que tiene o contiene grasa: *este alimento tiene mucha sustancia grasa; este champú está indicado para cabellos grasos.* ⇒ **grasiento.**

gra·ti·fi·ca·ción |gratifikaθión| ***f.*** Bien o cantidad de dinero con que se *compensa un trabajo o un daño: *el propietario del perro perdido le dio una ~ a la persona que lo encontró.*

gra·ti·fi·car |gratifikár| ***tr.*** [a alguien] Dar un premio por un trabajo o servicio: *te gratificarán generosamente por tus esfuerzos; el gerente nos gratificó con medio millón de pesetas.* ☐ Se conjuga como 1.

gra·ti·nar |gratinár| ***tr.-prnl.*** [algo] Tostar en el horno la parte superior de un alimento: *puso los macarrones en la fuente y los gratinó; comeremos enseguida, los canelones se están gratinando.*

gra·tis |grátis| **1** ***adv. m.*** Sin cobrar o recibir dinero: *los albañiles hicieron la obra ~; no creas que voy a trabajar ~ para ti.* **2** Sin esfuerzo: *en esta vida pocas cosas se consiguen ~.* **- 3** ***adj.*** Que no cuesta dinero: *estas entradas del teatro son ~.* ⇒ **gratuito.**

gra·ti·tud |gratitúᵈ| ***f.*** Agradecimiento hacia una persona: *no sé como expresarle mi ~ por su ayuda.* ⇔ **ingratitud.**

gra·ˊto, ˊta |gráto, ta| ***adj.*** Que es agradable: *recuerdo las gratas jornadas en el campo.* ⇒ **placentero.**

gra·tui·ˊto, ˊta |gratuíto, ta| **1** ***adj.*** Que no cuesta dinero: *la entrada a los museos no es gratuita.* ⇒ **gratis. 2** Que no tiene base ni razón de ser: *todos los comentarios que estamos haciendo son completamente gratuitos.*

gra·va |gráβa| **1** ***f.*** Conjunto de piedras pequeñas que proceden de la *erosión de las rocas: *el viento ha ido formando ~ a los lados del camino.* **2** Piedra triturada que se usa para construir caminos y carreteras: *los trabajadores cubrirán el suelo con una capa de ~.* ⇒ **gravilla.**

gra·var |graβár| ***tr.*** [algo] *Imponer un *impuesto u obligación económica: *el Gobierno ha decidido ~ las importaciones de los artículos de lujo.* ⇔ **desgravar.** ☐ No debe confundirse con *grabar.*

gra·ve |gráβe| **1** ***adj.*** Que tiene peligro o que produce males físicos grandes: *sufrió un accidente ~ con el coche; su enfermedad no es ~ y saldrá pronto del hospital.* **2** Que es difícil o serio: *es una situación ~ y debemos darle una solución rápida.* **3** (sonido, voz) Que tiene el tono bajo: *las teclas de la derecha del piano tienen un sonido más ~ que las de la izquierda.* ⇔ **agudo. 4** *form.* Que demuestra seriedad: *es un hombre ~ y poco amigo de las bromas; el capítulo tiene un tono ~ y solemne.* **- 5** ***adj.-f.*** LING. (palabra) Que lleva el acento en la sílaba anterior a la última: camino *y* cárcel *son palabras graves.* ⇒ **llano, paroxítono.**

gra·ve·dad |graβeðáᵈ| **1** ***f.*** Importancia; cualidad de grave: *aún no se ha dado cuenta de la ~ de la situación.* ⇒ **trascendencia.** ⇔ **insignificancia. 2** Seriedad en la forma de obrar: *se dirigió a todos con un gesto de ~.* **3** Fuerza de atracción por la que los cuerpos tienden a dirigirse al centro de la Tierra: *la manzana cae al suelo por la ~.*

grá·vi·ˊdo, ˊda |gráβiðo, ða| **1** ***adj.*** *form.* Que está lleno o cargado: *el alpinista se sentía ~ de fuerzas.* **2** *form.* (mujer) Que está embarazada: *la mujer grávida tuvo problemas durante los tres primeros meses de embarazo.*

gra·vi·lla |graβíʎa| ***f.*** *Grava de pequeño tamaño: *los bordes del camino están llenos de ~.* ⇒ **grava.**

gra·vi·ta·ción |graβitaθión| ***f.*** FÍS. Fenómeno de atracción entre dos masas: *Isaac Newton formuló la ley de la ~ universal.*

gra·vi·tar |graβitár| **1** ***intr.*** Moverse un cuerpo celeste alrededor de otro por efecto de la atracción:

la Luna gravita alrededor de la Tierra. **2** *fig.* Caer o pesar sobre una persona o cosa un trabajo u obligación: *la amenaza de una guerra mundial gravitaba sobre las cabezas de todos ellos.* ⇒ **pender. 3** Descansar o apoyarse un cuerpo pesado sobre otro: *el peso del edificio gravita sobre varias columnas.*

graz·nar |graθnár| ***intr.*** Emitir *graznidos ciertas aves, especialmente el *cuervo: *¿has oído ~ a los grajos?*

graz·ni·do |graθníðo| ***m.*** Voz característica de ciertas aves, especialmente el *cuervo: *el cuervo lanzaba desagradables graznidos.*

gre·ca |gréka| ***f.*** ARQ. Adorno que consiste en una banda formada por una serie de líneas cortadas en ángulo recto: *los arqueólogos fotografiaban las grecas del templo.*

gre·co·la·ti·⌈no, ⌈na |grekolatíno, na| ***adj.*** De los *griegos y los *latinos o que tiene relación con ellos: *la cultura grecolatina se desarrolló en la época de la Roma clásica; en el museo exponen esculturas grecolatinas.*

gre·co·rro·ma·⌈no, ⌈na |grekor̄ománo, na| ***adj.*** De los *griegos y los *romanos o que tiene relación con ellos: *visitaremos un museo de arquitectura grecorromana.*

gre·ga·⌈rio, ⌈ria |greɣário, ria| **1** ***adj.*** (animal) Que vive en estado salvaje con otros muchos de su especie: *las cigüeñas son aves gregarias.* **- 2** ***adj.-s.*** (persona) Que sigue siempre las ideas de los demás: *es un ~: no hace nada por iniciativa propia.* **- 3 gregario** ***m.*** DEP. Corredor de *ciclismo que ayuda al más destacado de su equipo: *el ~ hizo todo lo posible para que su compañero de equipo ganara la etapa.*

gre·go·ria·no |greɣoriáno| ***adj.-m.*** (canto religioso) Que tiene una sola voz y está formado por notas uniformes en tono y duración: *el canto ~ fue adoptado por la liturgia cristiana.*

gre·gue·rí·a |greɣería| ***f.*** Obra literaria, creada por Ramón Gómez de la Serna, que presenta una imagen sorprendente de la realidad: *las greguerías son composiciones muy breves; me han regalado un libro con las greguerías más conocidas de Ramón Gómez de la Serna.*

gre·lo |grélo| ***m.*** Hoja comestible de la planta del *nabo: *el lacón con grelos es una comida gallega.*

gre·mio |grémio| **1** ***m.*** Conjunto de personas que tienen la misma profesión y defienden sus intereses según unas reglas: *los gremios se crearon en la Edad Media; los gremios surgieron para evitar la competencia de los artesanos extranjeros.* **2** Conjunto de personas que tienen la misma profesión o que se encuentran en una misma situación: *el ~ de los panaderos se ha declarado en huelga; se nota que tú no eres de nuestro ~.*

gre·ña |gréɲa| ***f.*** Pelo mal peinado, especialmente si es largo: *¡voy a peinarme un poco, que tengo unas greñas impresentables!* ☐ Se usa sobre todo en plural.

gres·ca |gréska| **1** ***f.*** Lucha muy ruidosa, pero que no es violenta: *cada vez que tiene que ducharse monta una buena ~.* **2** Situación con gritos y muchos ruidos: *el profesor tuvo que poner orden en la ~ que tenían formada en la clase.* ⇒ **alboroto, follón.**

grey |gréi| ***f.*** *fam.* Conjunto de individuos que tienen algún rasgo en común, especialmente ser cristianos: *la ~ ha logrado introducir en la Iglesia prácticas profanas tradicionales.*

grie·⌈go, ⌈ga |grie̱ɣo, ɣa| **1** ***adj.*** De Grecia o que tiene relación con Grecia: *la capital griega es Atenas; Ampurias fue una colonia griega.* ⇒ **heleno. - 2** ***m. f.*** Persona nacida en Grecia o que vive habitualmente en Grecia: *los griegos son muy hospitalarios.* ⇒ **heleno. - 3 griego** ***m.*** Lengua de Grecia: *el guía turístico hablaba ~.*

grie·ta |griéta| ***f.*** Abertura o hueco estrecho y largo que se hace en la tierra o en un cuerpo sólido: *hubo un terremoto y se hicieron grietas en el suelo; han salido unas grietas en la pared del baño.* ⇒ **raja.**

gri·fo |grífo| ***m.*** Llave que sirve para abrir o cerrar el paso de un líquido: *olvidó cerrar el ~ del lavabo e inundó la casa; abriré el ~ porque tengo que llenar el cubo de agua.*

gri·lle·te |griʎéte| ***f.*** Arco de hierro con una cadena que sirve para sujetar a una persona que cumple una pena: *los presos llevaban grilletes en los tobillos; el presidiario consiguió romper el ~ y salió huyendo.*

gri·llo |gríʎo| **1** ***m.*** Insecto de color negro, cabeza gruesa y redonda, ojos salientes, alas anteriores duras y patas posteriores adaptadas para saltar, que produce un sonido agudo: *el ~ macho produce sonido al frotar sus alas; el ~ canta por la noche.* **- 2 grillos** ***m. pl.*** Conjunto de dos hierros circulares unidos por una cadena que se ponen en los pies de una persona para que no pueda andar: *cada una de las dos piezas de los grillos se llama grillete; el presidiario de la película llevaba un traje a rayas blancas y negras y unos grillos en los tobillos; quienes remaban en las galeras iban sujetos con grillos.*

gri·ma |gríma| **1** ***f.*** Sensación desagradable que se tiene al oír determinados sonidos o al tocar determinados materiales: *me produce ~ el sonido de un rotulador cuando pasa por un papel.* ⇒ **dentera. 2** Enfado, asco o pena: *últimamente da ~ escuchar las noticias del mundo.*

grin·⌈go, ⌈ga |gríŋgo, ga| ***adj.-s.*** *desp.* Persona nacida en los Estados Unidos de América o que vive habitualmente en los Estados Unidos de América: *he visto una película sobre gringos y mejicanos.*

gri·pal |gripál| ***adj.*** De la *gripe o que tiene relación con ella: *los procesos gripales van acompañados de tos y fiebre.*

gri·pe |grípe| ***f.*** Enfermedad que produce fiebre, dolor de cabeza y otras molestias: *casi todos los inviernos cojo una ~; la ~ se extiende cuando comienzan los fríos.* ⇒ **catarro.**

gri·po·⌈so, ⌈sa |gripóso, sa| ***adj.*** Que padece la *gripe: *el niño no irá hoy al colegio porque está un poco ~.*

gris |grís| **1** ***adj.*** Del color que resulta de la mezcla del blanco y el negro: *los pantalones de mi traje son grises.* **- 2** ***adj.-m.*** (color) Que resulta de la mezcla del blanco y el negro: *me gusta el ~ para los trajes* *de chaqueta;* ~ **marengo**, el que es oscuro: *llevaba un pañuelo de color ~ marengo;* ~ **perla**, el que es claro: *la tapicería del salón es de color ~ perla.* **- 3** ***adj.*** Que es triste: *lleva una vida ~ y rutinaria.* **4** Que no se destaca de lo demás: *es un estudiante muy gris: no sobresale en ninguna materia.*

gri·sá·ce·⌐o, ⌐a |grisáθeo, a| ***adj.*** De color parecido al gris: *la camisa es grisácea y de manga larga.*

gri·tar |gritár| **1** ***intr.*** Hablar dando voces: *aquí no se entiende nada porque todo el mundo está gritando; no grites tanto, que no soy sordo.* ⇒ **chillar, vocear. 2** Dar gritos: *cuando vio al atracador gritó y salió huyendo; los niños están gritando en el patio.* **- 3** ***tr.*** [a alguien] Regañar dando voces: *la madre grita a su hija porque es muy desobediente.*

gri·te·rí·o |griterío| ***m.*** Conjunto de voces altas y poco claras: *con el ~ que hay no puedo entender lo que me estás diciendo.* ⇒ **clamor, guirigay, vocerío.**

gri·to |gríto| ***m.*** Sonido emitido en voz muy alta: *los monos enjaulados estaban dando gritos; se oían gritos en la consulta del dentista.* ■ **a ~ pelado**, *fam.*, dando voces: *Miguel está en el balcón llamando a su primo a ~ pelado.* ■ **estar en un ~**, quejarse una persona a causa de un dolor muy fuerte: *la pobre tiene dolor de muelas y está en un ~.* ■ **pedir a gritos**, *fam.*, ser muy necesaria una cosa: *este niño está pidiendo un buen baño a gritos.* ■ **poner el ~ en el cielo**, *fam.*, protestar; dar muestras de gran enfado: *puso el ~ en el cielo cuando se enteró de que su hijo se había marchado sin su permiso.* ■ **ser el último ~**, estar a la moda; ser muy nuevo: *esos pendientes que llevas son el último ~.*

gro·gui |gróγi| **1** ***adj.*** DEP. (*boxeador) Que ha perdido el conocimiento durante la lucha: *recibió un golpe en la nariz y se quedó ~.* **2** (persona) Que está o parece tonto por tener sueño o estar cansado: *se sentó a ver la televisión y se quedó ~.*

gro·se·lla |groséʎa| ***f.*** Fruto de tamaño pequeño, redondo, de color rojo, blanco o negro y de sabor agrio y dulce al mismo tiempo: *las grosellas se emplean para hacer bebidas y mermeladas; el jugo de la ~ es medicinal.*

gro·se·rí·a |grosería| ***f.*** Obra o dicho que se hace sin mostrar educación: *es una persona que dice muchas groserías y guarradas; deja de molestar con tus groserías.*

gro·se·⌐ro, ⌐ra |groséro, ra| ***adj.-s.*** (persona) Que no tiene o no muestra educación; que es de mal gusto: *eres un ~ y no tienes delicadeza con los demás; ¡qué grosera: siempre está diciendo cosas ordinarias!* ⇒ **maleducado, patán, rudo, soez.**

gro·sor |grosór| ***m.*** Anchura de un cuerpo: *la estantería no soportará el peso porque la tabla tiene poco ~.* ⇒ **espesor.**

gro·tes·⌐co, ⌐ca |grotésko, ka| ***adj.*** Que produce risa o rechazo: *aquel espectáculo ridículo fue de lo más ~.* ⇒ **patético.**

grú·a |grúa| **1** ***f.*** Máquina que consiste en una estructura de metal con un brazo horizontal del que cuelga un gancho con el que se levantan pesos: *han traído una ~ porque van a hacer obras en este solar; la ~ permite transportar cargas a distancias cortas.* **2** Vehículo que tiene esa máquina y que se usa para mover otro vehículo: *la ~ del Ayuntamiento ha remolcado el coche que estaba mal aparcado.*

grue·⌐so, ⌐sa |gruéso, sa| **1** ***adj.*** Que es gordo o de gran volumen: *Esteban es un muchacho rubio y un poco ~; no puedo escribir con este lápiz, es demasiado ~; el hilo no entra por el ojo de la aguja porque es muy ~.* ⇔ **delgado, enjuto, fino. 2** Que es grande o más grande de lo normal: *tuve que pagar una gruesa cantidad de dinero a los abogados.* **- 3 grueso** ***m.*** Ancho de un cuerpo: *¿cuál es el ~ de la puerta blindada?* ⇒ **anchura, espesor. 4** Parte mayor y más importante de una cosa: *el ~ del ejército pasó la noche en el monte.*

gru·lla |grúʎa| ***f.*** Ave de un metro de altura, de color gris, cuello largo y negro, alas grandes y redondas y cola pequeña, que tiene unas plumas largas en la parte superior de la cabeza: *la ~ vuela a gran altura durante sus migraciones.* ☖ Para indicar el sexo se usa la ~ macho y la ~ hembra.

gru·me·te |gruméte| ***m.*** MAR. Persona de poca edad que ayuda en un barco para aprender a ser *marinero: *el ~ estaba fregando en la cubierta cuando lo llamaron para pelar patatas.*

gru·mo |grúmo| ***m.*** Parte sólida de una sustancia que está mezclada con un líquido: *no ha removido bien la papilla y han salido grumos.*

gru·ñi·⌐do |gruɲíðo| **1** ***m.*** Sonido que emiten distintos animales para mostrar enfado: *el perro dio un ~ y se abalanzó sobre sus piernas.* **2** Voz característica del cerdo: *se oyen los gruñidos de los cerdos pidiendo comida.* **3** Voz o palabra mal articulada que expresa enfado o desagrado: *estaba de tan mal humor que sólo se le oían gruñidos.*

gru·ñir |gruɲír| **1** ***intr.*** Dar *gruñidos: *el animal empezó a ~ cuando nos acercamos a él.* **2** *fam.* Emitir voces o palabras mal articuladas en señal de enfado o desagrado: *deja de ~ y haz lo que te han mandado.* ⇒ **refunfuñar. 3** Emitir *gruñidos el cerdo: *los cerdos gruñían en la pocilga.* ☖ Se conjuga como 40.

gru·⌐ñón, ⌐ño·na |gruɲón, ɲóna| ***adj.*** *fam.* (persona) Que emite voces o palabras mal articuladas en señal de enfado o desagrado: *Amparo es una mujer gruñona y desagradable; no seas tan ~ y atiende los consejos que te dan.* ⇒ **protestón.**

gru·pa |grúpa| ***f.*** Parte posterior del *lomo de distintos animales, especialmente del caballo: *el vaquero colocó la silla de montar sobre la ~ del caballo y se montó en él.*

gru·po |grúpo| **1** ***m.*** Conjunto de individuos o de elementos unidos por una característica común: *un ~ de personas estaba al fondo de la habitación; su piso está en un ~ de casas de las afueras de la ciudad;* ~ **mixto**, conjunto de *parlamentarios que pertenecen a distintos partidos políticos: *los parlamentarios del ~ mixto se pusieron de acuerdo para votar a favor de la ley;* ~ **parlamentario**, conjunto de *parlamentarios que pertenecen a un mismo partido político: *sólo un ~ parlamentario votó en contra de los presupuestos generales.* **2** Conjunto de figuras pintadas o hechas en piedra, madera u otro material: *en el ~ escultórico aparecen la Virgen, Jesús y San José.* **3** Clase de elementos con unas características comunes que forman parte de un conjunto mayor: *en este curso se pueden hacer dos grupos; la tabla periódica puede dividirse en varios grupos;* ~ **electrógeno**, FÍS., equipo que sirve para producir energía eléctrica mediante un motor: *necesitamos un ~ electrógeno para iluminar la plaza;* ~ **sanguíneo**, MED., tipo en que se clasifica la sangre de los distintos individuos: *mi ~ sanguíneo es A+.*

gru·ta |grúta| ***f.*** Cueva abierta en las rocas: *esta ~ se ha formado por la erosión del viento; en el interior de esta ~ hay estalactitas y estalagmitas.* ⇒ **caverna.**

gua·ca·ma·yo |guakamáyo| ***m.*** Ave procedente de América, con la parte superior del pico blanca y la inferior negra, cuerpo rojo, azul y amarillo y cola muy larga y *llamativa: *el ~ habita en pequeños grupos en los bosques.* ◯ Para indicar el sexo se usa el ~ macho y el ~ hembra.

gua·da·la·ja·re·⌐ño, ⌐ña |guaðalaxaréɲo, ɲa| **1 *adj.*** De Guadalajara o que tiene relación con Guadalajara: *el toro es un elemento importante en las fiestas tradicionales guadalajareñas.* **- 2 *m. f.*** Persona nacida en Guadalajara o que vive habitualmente en Guadalajara: *los guadalajareños son vecinos de los madrileños.*

gua·da·ña |guaðáɲa| ***f.*** Herramienta formada por un mango grande y una cuchilla ancha, curva y acabada en punta, que se usa para cortar las hierbas: *la ~ se coge con las dos manos; el labrador segó las mieses con la ~.*

guan·che |guántʃe| **1 *adj.-s.*** Del pueblo que habitó las Islas Canarias antes del siglo XV o que tiene relación con él: *los guanches se dedicaban a la ganadería y a la agricultura.* **- 2 *m.*** Lengua que hablaba ese pueblo: *en el español de Canarias, se conservan algunas palabras del ~.*

guan·ta·da |guantáða| ***f.*** ⇒ **guantazo.**

guan·ta·zo |guantáθo| ***m.*** Golpe que se da con la mano abierta: *se enfadó con ella y le dio un sonoro ~ en la cara.* ⇒ **guantada.**

guan·te |guánte| ***m.*** Prenda que cubre o protege la mano: *en invierno llevo unos guantes y una bufanda de lana; se quitó el ~ y mostró sus anillos; los boxeadores llevan guantes.* ■ **arrojar el** ~, provocar a una persona con un fin determinado: *tras la derrota, le arrojó el ~ para un nuevo enfrentamiento.* ⇒ **retar.** ■ **colgar los guantes**, abandonar un trabajo o *tarea: *estaba tan desesperado por el fracaso de la empresa que decidió colgar los guantes.* ■ **como un** ~, *fam.*, muy *obediente: *la niña le dio un golpe tan fuerte que el niño se quedó como un ~.* ■ **de ~ blanco**, (ladrón) que es muy hábil y no se sirve de la *violencia: *la mayoría de los ladrones de joyas son de ~ blanco.* ■ **echar el** ~, *fam.*, coger; atrapar: *el asesino es escurridizo: la policía aún no ha podido echarle el ~.* ■ **más suave que un** ~, *fam.*, muy *obediente: *después de la reprimenda, se quedó más suave que un ~.*

guan·te·ra |guantéra| ***f.*** Espacio pequeño situado frente al asiento delantero del pasajero de un vehículo, que sirve para guardar distintos objetos: *la documentación del coche está en la ~.*

gua·⌐po, ⌐pa |guápo, pa| **1 *adj.-s.*** (persona) Que tiene una cara agradable: *Alfredo es un chico alto y ~; es muy guapa, pero tiene muy mal carácter.* ⇒ **bello, hermoso.** ⇔ **feo. 2** (persona) Que es elegante y va bien vestido: *¡mira que ~ se ha puesto porque va a ver a su novia!* **- 3 *adj.*** *fam.* (cosa) Que es bonito o de calidad: *se ha comprado una moto muy guapa.*

gua·ra·ní |guaraní| **1 *adj.*** (pueblo *indígena) Que procede de América del Sur, especialmente de Paraguay: *el pueblo ~ se extendía desde el Amazonas*

GUACAMAYO

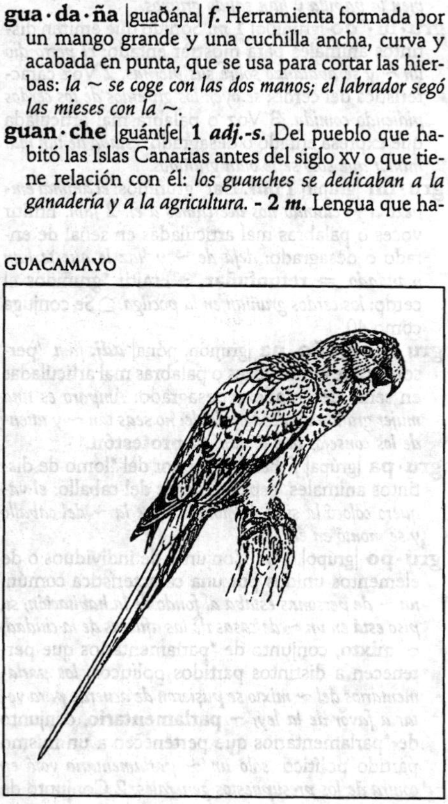

GUADAÑA

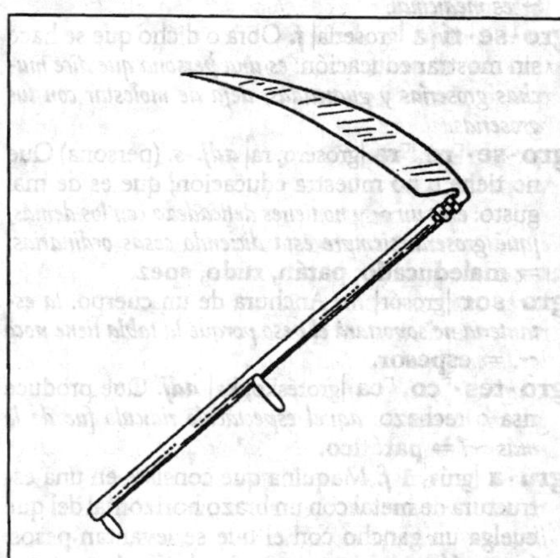

hasta el Río de la Plata. **2** De ese pueblo *indígena o que tiene relación con él: *la agricultura es el principal medio de sustento ~.* **- 3 *com.*** Persona que pertenece a ese pueblo *indígena: *los guaraníes fueron cristianizados por los jesuitas.* **- 4 *m.*** Lengua de ese pueblo *indígena: *el ~ es hoy un idioma oficial en Paraguay, junto con el español.* **5** Unidad de moneda de Paraguay: *al llegar a Paraguay cambió los cheques por guaraníes.* ⌂ El plural es *guaraníes.*

guar·da |guárða| **1 *com.*** Persona que se dedica a guardar o vigilar: *el ~ nos dijo que las puertas del teatro se cerraban a las diez; un ~ vigila la obra por las noches.* ⇒ **vigilante; ~ jurado**, el que jura su cargo ante la autoridad y puede ir armado: *a la entrada de los almacenes hay dos guardas jurados.* **- 2 *f.*** Protección o cuidado: *esta chica es la que se encargará de la ~ de los bebés.* **3** Hoja que, junto con otra, sirve para unir la tapa con el resto del libro: *este libro tiene las guardas de cartulina.*

guar·da·ba·rre·ra |guarðaβar̄éra| ***com.*** Persona que se dedica a subir y bajar la *barrera de un paso a nivel, en las líneas de *ferrocarril: *el ~ bajó la barrera cuando oyó la llegada del tren.*

guar·da·ba·rros |guarðaβár̄os| ***m.*** Pieza que llevan los vehículos junto a las ruedas para evitar que salte barro, piedras o suciedad: *llevas el ~ derecho lleno de alquitrán.* ⌂ El plural es *guardabarros.*

guar·da·bos·que |guarðaβóske| ***com.*** Persona que se dedica a guardar o vigilar un bosque: *los guardabosques se encargan de que no se cace en época de veda.*

guar·da·cos·tas |guarðakóstas| ***m.*** Barco ligero, generalmente armado, destinado a la vigilancia de las costas: *el ~ capturó varias embarcaciones con mercancía de contrabando.* ⌂ El plural es *guardacostas.*

guar·da·es·pal·das |guarðaespáldas| ***com.*** Persona que se dedica a acompañar a otra para protegerla: *el embajador nunca sale a la calle si no es rodeado de sus ~.* ⌂ El plural es *guardaespaldas.*

guar·da·me·ta |guarðaméta| ***com.*** Jugador que se coloca en la meta para evitar que entre la pelota en ella: *este ~ no permite que entre ningún balón en la portería.* ⇒ **portero.**

guar·da·mue·bles |guarðamuébles| ***m.*** Local que se destina a guardar muebles: *hemos dejado los armarios viejos en el ~.* ⌂ El plural es *guardamuebles.*

guar·da·pol·vo |guarðapólβo| ***m.*** Prenda de vestir larga, de tela ligera, que se coloca sobre la ropa y que sirve para protegerse de la suciedad: *el anticuario limpió el reloj con la manga del ~.*

guar·dar |guarðár| **1 *tr.-prnl.*** [algo] Poner o colocar una cosa en un sitio, generalmente para que no se pierda: *guardó el collar en el estuche; se guardó las llaves en el bolsillo.* **2** [algo] Reservar una parte: *guarda lo que te sobre en una tartera.* **3** [algo, a alguien] Proteger o defender de un posible mal: *el pastor guardaba el rebaño.* **4** [algo] Mantenerse en una determinada posición o situación: *tuvimos que ~ cola durante una hora; guarden silencio hasta que llegue su turno; se vio obligado a ~ cama.* **- 5 guardarse *prnl.*** [de algo/alguien] Evitar una acción o cosa peligrosa: *guárdate de ir solo; debes guardarte de las malas compañías.* ■ **guardársela**, *fam.*, no olvidar un mal recibido y estar dispuesto a devolverlo cuando llegue la ocasión: *ésa se la guardo, no se me va a olvidar.*

guar·da·rro·pa |guarðar̄ópa| **1 *m.*** Lugar de un establecimiento público en el que los clientes pueden dejar prendas de vestir y otros objetos: *he dejado el abrigo y el bolso en el ~ de la discoteca.* ⇒ **ropero. 2** *p. ext.* Conjunto de las prendas de vestir de una persona: *se ha gastado el sueldo de dos meses en renovar su ~.* ⇒ **vestuario.**

guar·de·rí·a |guarðería| ***f.*** Establecimiento en el que se cuida de niños muy pequeños cuando sus padres no pueden hacerlo: *llevan al bebé a una ~ porque se tienen que marchar a trabajar; Ángela es puericultora en una ~.*

guar·dia |guárðia| **1 *com.*** Persona que se dedica a la vigilancia: *los guardias pusieron unas esposas al malhechor; el ~ me indicó dónde se encontraba el puesto de socorro;* **~ civil**, persona que se encarga de mantener el orden fuera de la ciudades: *los guardias civiles llevan un traje de color verde;* **~ de Corps**, persona que se encarga de proteger al rey: *en la puerta del palacio había dos guardias de Corps.* **- 2 *f.*** Conjunto de personas que se dedican a la vigilancia: *la ~ escoltó al presidente; la ~ vigilaba la entrada del palacio;* **~ civil**, la que se encarga de mantener el orden fuera de las ciudades: *la ~ civil es un cuerpo armado que se creó en el siglo XIX;* **de Corps**, la que se encarga de proteger al rey: *la seguridad de la familia real es tarea de la ~ de Corps.* **3** Vigilancia; cuidado; guarda: *han confiado la ~ de las joyas a una empresa de seguridad.* **4** Servicio especial que se hace fuera de las horas de trabajo: *por las noches sólo están abiertas las farmacias de ~.* **5** Servicio de vigilancia: *estuvieron de ~ toda la noche para evitar la entrada a la fortaleza.* ■ **bajar la ~**, descuidar la vigilancia; dejar de prestar atención: *pasadas las primeras dificultades, bajó la ~.* ■ **en ~**, en actitud de defensa; en actitud de falta de confianza: *ante los rumores difundidos sobre él, se puso en ~.* ■ **poner en ~**, llamar la atención sobre un peligro: *cuando iba a salir de viaje, mi vecino me puso en ~ sobre el estado de la carretera.*

guar·⌜dián, ⌜dia·na |guarðián, ðiána| **1 *m. f.*** Persona que se dedica a vigilar o guardar: *el ladrido de los perros alertó a los guardianes; se ha erigido como el ~ de las buenas costumbres.* **- 2 guardián *m.*** MAR. Persona que en ciertas embarcaciones se encarga de las cuerdas y *cables: *tiene varias embarcaciones y algunas de ellas llevan ~.* **3** MAR. *Cable de buena calidad con el que se sujeta una embarcación cuando hay una tormenta: *aseguraron el bote con el ~, pues podía haber temporal.*

gua·re·cer |guareθér| ***tr.-prnl.*** [algo, a alguien] Acoger o guardar; dar refugio o *asilo: *cuando salimos al campo, tuvimos que guarecernos en una cueva porque empezó a granizar; una casa abandonada nos guareció de la intemperie.* ⌂ Se conjuga como 43.

gua·ri·da |guaríða| ***f.*** Lugar en el que se refugian los animales salvajes: *los cazadores no se atrevieron a acercarse a la ~ de los osos.*

gua·ris·mo |guarísmo| ***m.*** Signo o conjunto de signos que representa una cantidad numérica: *el número 3000 se compone de cuatro guarismos.* ⇒ **cifra.**

guar·ne·cer |guarneθér| **1** ***tr.*** [algo] Poner adornos u otras cosas que sirven de complemento: *guarnece las paredes de la sala con pinturas; el cocinero guarneció el filete con verduras.* **2** Equipar, disponer el material necesario: *el director guarneció la fábrica de los últimos adelantos técnicos.* ⇒ **abastecer.** **3** MIL. Proteger o defender: *enviaron más soldados para ~ el cuartel.* **4** ARQ. Cubrir las paredes: *los albañiles están guarneciendo el muro.* ⇒ **revocar.**

guar·ni·ción |guarniθión| **1** ***f.*** Alimento o conjunto de alimentos que se sirve junto con la carne o el pescado: *nos sirvieron un solomillo con champiñones de ~.* **2** Adorno de un material distinto: *compró un baúl de ébano con guarniciones de plata.* **3** MIL. Conjunto de soldados que defiende un lugar: *la ~ estaba alerta para responder al ataque del enemigo.*

gua·rra·da |guar̄áðа| **1** ***f.*** *fam.* Acción sucia, poco agradable o poco educada: *da asco ver a este chico: está todo el día haciendo guarradas.* ⇒ **cochinada, guarrería, marranada.** **2** *fam.* Obra o dicho que molesta, causa un daño o está hecho con mala intención: *nunca le perdonaré la ~ que me hizo dejándome solo.* ⇒ **faena.**

gua·rre·rí·a |guar̄ería| **1** ***f.*** *fam.* Acción sucia, poco agradable o poco educada: *¿quieres dejar de hacer guarrerías con la comida?* ⇒ **cochinada, guarrada, marranada.** **2** *fam.* Basura; cosa sucia: *después de la fiesta quedó el salón lleno de guarrerías.*

gua·⌜rro, ⌜rra |guár̄o, r̄a| **1** ***adj.-s.*** *fam. desp. fig.* (persona) Que no cuida su aseo personal o que produce asco: *María es una guarra, tiene una montaña de pelusa debajo de la cama.* ⇒ **cerdo.** - **2** ***m. f.*** Animal mamífero doméstico, bajo, grueso, de patas cortas y cola pequeña y torcida cuya carne aprovecha el hombre: *los guarros comen bellotas.* ⇒ **cerdo.**

gua·sa |guása| ***f.*** *fam.* Obra o dicho irónico; broma: *no me vengas con guasas que no estoy de buen humor; no le hagas caso, que está de ~.*

gua·⌜són, ⌜so·na |guasón, sóna| ***adj.-s.*** *fam.* (persona) Que tiende a hacer bromas y a hacer reír: *Julia es una chica muy guasona; no seas ~ y no me tomes el pelo.*

gua·ta |guáta| ***f.*** Pieza plana y delgada de tela de algodón: *la ~ se utiliza mucho para rellenar acolchados; Concha llevaba una bata de ~.*

gua·te·mal·te·⌜co, ⌜ca |guatemaltéko, ka| **1** ***adj.*** De Guatemala o que tiene relación con Guatemala: *el clima ~ es de tipo tropical; la economía guatemalteca se basa fundamentalmente en la agricultura.* - **2** ***m. f.*** Persona nacida en Guatemala o que vive habitualmente en Guatemala: *Fabián es el ~ con el que comparto el apartamento.*

gua·te·que |guatéke| ***m.*** Fiesta que se celebra en una casa, en la que se come, se bebe y se baila y en la que participan generalmente personas jóvenes: *bebimos y bailamos mucho en el ~ que Antonio celebró en su piso; los guateques estuvieron de moda en los años 60.*

guau |guáu| ***m.*** Onomatopeya de la voz del perro: *~, ~, el perro ladraba sin cesar.*

gua·ya·ba |guayáβa| ***f.*** Fruto de forma ovalada, con una carne dulce y llena de semillas pequeñas: *la ~ se consume al natural o en mermelada.*

gu·ber·na·men·tal |guβernamentál| **1** ***adj.*** *form.* Del gobierno del Estado o que tiene relación con él: *los partidos de la oposición no están de acuerdo con la decisión ~; la orden ~ decreta el cierre de los locales a las tres de la madrugada; las agencias gubernamentales llevarán a cabo una campaña en defensa del medio ambiente.* ⇒ **gubernativo.** **2** ***adj.-com.*** *form.* (persona) Que es partidario del gobierno de un Estado: *los gubernamentales están en la mayoría.*

gu·ber·na·ti·⌜vo, ⌜va |guβernatíβo, βa| ***adj.*** *form.* Del gobierno del Estado o que tiene relación con él: *las autoridades gubernativas tendrán la última palabra en el asunto; muchos ciudadanos no están de acuerdo con la política gubernativa.* ⇒ **gubernamental.**

gue·de·ja |geðéxa| **1** ***f.*** Conjunto de pelo: *le dio un tirón del pelo y se quedó con una ~ en la mano.* **2** Conjunto de pelos, generalmente largos: *dejó caer su ~ sobre los hombros.*

gue·rra |gér̄a| **1** ***f.*** Lucha armada entre dos o más grupos o naciones: *ninguna ~ tiene vencedores; las guerras producen las mayores miserias morales y materiales.* ⇒ **batalla.** ⇔ **paz;** ~ **civil**, aquella en la que luchan entre sí personas de la misma nación: *la ~ civil española se desarrolló entre 1936 y 1939;* ~ **biológica**, aquella en la que se usan bacterias para causar enfermedades al enemigo: *algunos países subdesarrollados se preparan para posibles guerras biológicas;* ~ **nuclear**, aquella en la que se usan armas atómicas: *una ~ nuclear podría acabar con parte del planeta;* ~ **química**, aquella en la que se usan sustancias venenosas: *llegó a temerse que aquella guerra se convirtiera en una ~ química;* ~ **santa**, la que se hace por causas religiosas: *durante la Edad Media, cristianos y musulmanes emprendieron diversas guerras santas.* **2** Situación tensa, en la que dos o más fuerzas o naciones se oponen: *en la ~ del tomate los agricultores franceses han volcado varios camiones españoles;* ~ **fría**, aquella en la que dos naciones o grupos de naciones se oponen fuertemente, pero sin llegar a la lucha armada: *los Estados Unidos de América y la URSS mantuvieron durante muchos años una ~ fría.* ■ **dar** ~, *fam.*, molestar o fastidiar: *mi hijo da mucha ~; como sigas dando ~ te mando a la cama.*

gue·rre·ar |ger̄eár| ***intr.*** Hacer la guerra: *los dos ejércitos guerreaban para defender los intereses de sus países.*

gue·rre·ra |ger̄éra| ***f.*** Prenda de vestir de abrigo, ajustada y *abrochada desde el cuello, especialmente la que forma parte de un uniforme: *llevaba una ~ con botones dorados.*

gue·rre·⌜ro, ⌜ra |ger̄éro, ra| **1** ***adj.*** De la guerra o que tiene relación con ella: *escuchaba aburrido las narraciones de los lances guerreros del abuelo.* **2** Que se opone a los demás y rechaza sus ideas: *es tan ~ que no nos gusta que participe en nuestras reuniones.* **- 3** ***adj.-s.*** (persona) Que lucha o interviene en una guerra: *los guerreros de la tribu atacaron con la lanza al enemigo.* **4** (persona) Que es violento y gusta de *pelear: *una pandilla de jóvenes guerreros provocó a los muchachos a la salida de la escuela.* ⇔ **pacífico. 5** (niño) Que es muy activo y molesto: *la profesora salía de clase harta de esos niños tan guerreros.*

gue·rri·lla |geříʎa| **1** ***f.*** Grupo de personas armadas que no mantienen enfrentamientos en terreno abierto y suelen atacar por sorpresa: *la ~ aprovechó su conocimiento del terreno para hacer incursiones en territorio enemigo.* ⇒ **partida. 2** Forma de guerra realizada por esos grupos: *la ~ consiste en atacar al enemigo por sorpresa.*

gue·rri·lle·⌜ro, ⌜ra |geřiʎéro, ra| ***m. f.*** Miembro de una *guerrilla: *el presidente fue capturado por los guerrilleros.*

gue·to |géto| **1** ***m.*** Conjunto de personas que viven aisladas del resto de una comunidad: *la razón de que formaran un ~ era de tipo político.* **2** *p. ext.* Lugar en el que vive ese conjunto de personas: *las minorías étnicas eran obligadas a vivir en guetos.*

guí·a |gía| **1** ***com.*** Persona o animal que conduce y enseña el camino: *un anciano se ofreció a ser nuestro ~ por el monte; el perro hizo de ~.* **2** *fig.* Persona que enseña y dirige a otra para hacer o lograr una cosa: *su padre siempre fue su amigo, su ~ y su consejero.* **3** Persona que acompaña a los visitantes de una ciudad y les da información sobre la historia, el arte, los edificios y los lugares: *el ~ del museo nos explicaba la historia y el significado de los cuadros.* **- 4** ***m.*** Parte de la bicicleta o de la *motocicleta donde se apoyan las manos para conducirla: *sujeta el ~ con las dos manos.* ⇒ **manillar. - 5** ***f.*** *fig.* Cosa que dirige o enseña: *Europa ha sido muchas veces la ~ del progreso; este libro ha sido la ~ de la profesión.* **6** Lista impresa de *datos o noticias sobre un asunto o tema: *consulte la ~ de teléfonos.* **7** Libro en el que se da información y consejos sobre un oficio o una técnica: *se compró una ~ de jardinería; la ~ del automovilista es muy útil.* **8** Tallo principal de un árbol: *cuando podes los cerezos, no cortes la ~.* **9** Vara que se coloca junto a un árbol para dirigir su crecimiento: *he colocado una ~ en el rosal.*

gui·ar |giár| **1** ***tr.*** [algo, a alguien] Conducir en una dirección o por un camino: *aquel muchacho nos guió hasta la salida del bosque.* ⇒ **encaminar, orientar. 2** [a alguien] Dirigir; aconsejar: *me guió para resolver todos mis problemas.* ⇒ **encaminar, orientar. 3** [algo] Conducir un vehículo: *nunca he intentado ~ una barca.* **- 4 guiarse** ***prnl.*** Dejarse dirigir: *me guiaré por mis intuiciones.* ⌂ Se conjuga como 13.

gui·ja·rro |gixářo| ***m.*** Piedra pequeña y con forma redonda: *en la desembocadura del río abundan los guijarros.*

gui·llo·ti·na |giʎotína| **1** ***f.*** Máquina formada por un armazón de madera y una cuchilla que sirve para cortar la cabeza de las personas condenadas a muerte: *la ~ fue creada en Francia; durante la Revolución Francesa muchos aristócratas fueron condenados a morir en la ~.* **2** Máquina con una cuchilla muy afilada que sirve para cortar el papel: *el papel era muy grande y lo cortamos con la ~.*

gui·llo·ti·nar |giʎotinár| ***tr.*** [a alguien] Cortar la cabeza con una *guillotina: *durante la Revolución Francesa guillotinaron a muchos aristócratas.* ⇒ **decapitar.**

guin·da |gínda| **1** ***f.*** Fruto redondo, de color rojo oscuro y con hueso, que acaba en un tallo largo: *la ~ es más ácida que la cereza; la tarta venía decorada con guindas.* ⇒ **cereza. 2** *fig.* Detalle que termina y hace perfecta una acción: *la ~ de la fiesta fue la actuación de una orquesta de baile.*

guin·di·lla |gindíʎa| ***f.*** Fruto pequeño terminado en punta, que pica mucho y que se usa para dar sabor a la comida: *la ~ verde se come tierna, conservada en vinagre; la ~ roja se utiliza seca.*

guin·do |gíndo| ***m.*** Arbusto parecido al *cerezo cuyo fruto es la *guinda: *el fruto del ~ es más redondo y ácido que el del cerezo.*

gui·ñar |giɲár| ***tr.-prnl.*** [algo] Cerrar y abrir con rapidez un ojo dejando el otro abierto, generalmente para hacer una señal: *me guiñó un ojo para indicarme que nos marcháramos de aquel sitio; se guiñaron los ojos como signo de complicidad.*

gui·ño |gíɲo| ***m.*** Gesto que consiste en cerrar y abrir con rapidez un ojo dejando el otro abierto, generalmente para hacer una señal: *Rafael hizo un ~ de desaprobación.*

gui·ñol |giɲól| ***m.*** Representación teatral que se hace con figuras que son movidas con la mano por personas que se colocan detrás de un *escenario: *los niños se divirtieron mucho con la representación de ~; los domingos hay ~ en el parque.*

gui·ón |gión| **1** ***m.*** Escrito breve que se sigue para desarrollar el contenido de un texto o discurso: *se estudió el ~ para exponer el tema de su oposición.* ⇒ **esquema. 2** Escrito que contiene los *diálogos y las indicaciones necesarias para la realización de una película o de un espacio de radio o televisión: *el guionista está preparando el ~ de una nueva película.* ⇒ **libreto. 3** Signo de ortografía en forma de raya horizontal que tiene diferentes usos: *el ~ se representa con el signo -; el ~ se usa para indicar que una palabra termina en un renglón y continúa en el siguiente;* café-concierto *lleva ~.*

gui·o·nis·ta |gionísta| ***com.*** Persona que escribe *guiones: *es un famoso ~ que escribe para la televisión.*

gui·puz·co·a·⌜no, ⌜na |gipuθkoáno, na| **1** ***adj.*** De Guipúzcoa o que tiene relación con Guipúzcoa: *la capital guipuzcoana es San Sebastián.* **- 2** ***m. f.*** Persona nacida en Guipúzcoa: *los guipuzcoanos son vascos.*

gui·ri·gay |giriɣái| **1** ***m.*** Conjunto de voces altas y poco claras: *no pude entender lo que me decía porque en el bar había un ~ tremendo.* ⇒ **griterío, vo-**

cerío. 2 Situación en la que hay ruido y falta de orden: *fue incapaz de poner orden en el ~ que había en la guardería.* ⇒ **alboroto, jaleo.**

guir·la·che |girlátʃe| ***m.*** Pasta muy dura hecha con *almendras tostadas y azúcar: *puso en la mesa una bandeja con peladillas y ~.*

guir·nal·da |girnálda| ***f.*** Tira tejida con flores, hojas, papel u otro material que se usa como adorno: *en Navidad, las casas se decoran con guirnaldas; los niños recortaron papeles de colores en forma de ~ y los colgaron del techo.*

gui·sa |gísa| ***f.*** Modo; manera: *¡no puedes imaginar de qué ~ apareció vestido a la fiesta!*

gui·sa·⌐do |gisáðo| ***m.*** Comida que se hace con trozos de carne o pescado, patatas y salsa: *te voy a hacer un ~ de ternera que te vas a chupar los dedos.* ⇒ **guiso.**

gui·san·te |gisánte| **1 *m.*** Planta *leguminosa con las flores en racimos blancos, rojos o azules y el fruto compuesto por unas semillas esféricas dispuestas en *hilera y cubiertas por una cáscara flexible: *el ~ es trepador; he plantado guisantes en mi huerta; el ~ se planta en jardines como adorno.* **2** Fruto de esa planta, encerrado en una cáscara blanda, alargada y aplastada: *el ~ se recoge cuando la vaina está seca.* **3** Semilla de esa planta, de pequeño tamaño, forma redondeada y color verde o amarillo, que se consume cuando aún está verde: *hoy comeremos guisantes con jamón; el ~ tiene mucho hierro.*

gui·sar |gisár| **1 *tr.-prnl.*** [algo] Cocinar un alimento sometiéndolo a la acción del fuego y poniéndole especias: *está harta de ~ y limpiar la casa; ya no se guisa con carbón, sino con butano o electricidad; las patatas con bacalao se están guisando a fuego lento.* **- 2 guisarse *prnl.*** *fam. fig.* Prepararse de manera secreta: *aquí se está guisando algo gordo, pero lo mantienen en secreto.* ⇒ **cocer, conspirar, maquinar, tramar.**

gui·so |gíso| ***m.*** Comida que se hace con trozos de carne o pescado, patatas y salsa: *este ~ lleva verduras y pescadilla; me gusta visitar a mi abuela por los guisos que hace y porque la quiero mucho.* ⇒ **guisado.**

güis·qui |guíski| ***m.*** Bebida alcohólica que se consigue por *destilación de la *cebada: *está bebiendo un combinado de ~ y cola; se ha caído al suelo la botella de ~.* ⇒ **whisky.**

gui·ta |gíta| ***f.*** Cuerda delgada: *ata todas esas revistas con un trozo de ~; la ~ se hace de cáñamo.*

gui·ta·rra |gitára| ***f.*** Instrumento musical de seis cuerdas, formado por un palo y una caja de madera con los lados curvados y un agujero redondo en el centro de la tapa: *está aprendiendo a tocar la ~; él cantaba y tocaba la ~ y ella bailaba sevillanas;* ~ **eléctrica**, la que recoge el sonido de la vibración de las cuerdas y lo emite por medio de un equipo eléctrico: *el cantante de rock toca la ~ eléctrica.*

gui·ta·rre·⌐ro, ⌐ra |gitaréro, ra| ***m. f.*** Persona que se dedica a fabricar, arreglar o vender *guitarras: *Ángel es ~ desde que era muy joven.*

gui·ta·rris·ta |gitarísta| ***com.*** Persona que toca la *guitarra: *Pedro es ~ en un grupo que toca en las fiestas de verano.*

gu·la |gúla| ***f.*** Tendencia a comer y beber en exceso: *me he comido el pastel por ~, no porque tuviera hambre.* ⇒ **glotonería.**

gu·rú |gurú| ***m.*** Dirigente espiritual de grupos religiosos que siguen una filosofía *oriental: *el ~ les enseñó a hacer yoga y meditación.*

gu·sa·ni·llo |gusaníʎo| **1 *m.*** *fam.* Deseo, necesidad o interés: *le entró el ~ de comer ostras cuando estaba en la cama; me pica el ~ de saber en qué acabó la historia; estaré con el ~ hasta que no me digan los resultados.* ☐ Se suele usar con verbos como *entrar* o *picar*. **2** Hilo de oro o plata enrollado, que se usa en ciertas labores: *el sastre ha utilizado ~ para el vestido de fiesta.* ■ **matar el ~**, *fam.*, satisfacer el hambre u otra necesidad momentáneamente: *mataron el ~ con un paquete de pipas.*

gu·sa·no |gusáno| **1 *m.*** Animal invertebrado de cuerpo alargado, plano o cilíndrico, blando y sin esqueleto ni extremidades: *el ciempiés y la oruga son gusanos; los gusanos se mueven encogiendo y estirando el cuerpo.* ☐ Para indicar el sexo se usa el ~ macho y el ~ hembra. **2** Animal en estado de desarrollo que puede alimentarse por sí mismo, pero que todavía no tiene la forma del adulto: *los insectos y los moluscos son gusanos antes de convertirse en adultos.* ⇒ **larva;** ~ **de seda**, el que produce un hilo de *seda con el que teje un capullo: *las mariposas que nacen de los gusanos de seda mueren a las pocas horas.* ⇒ **oruga. 3** *fam. fig.* Persona despreciable: *este chico es un ~, no es digno de tener amigos.*

gu·sa·ra·po |gusarápo| ***m.*** Animal pequeño y con forma de gusano que vive en el agua: *el agua de esta fuente era pura, pero ahora está plagada de gusarapos.*

gus·tar |gustár| **1 *intr.*** [a alguien] Agradar; causar una impresión agradable: *no me he marchado con ellos porque no me gusta ir a la piscina; le gustó mucho aquel helado.* ⇒ **apetecer.** ⇔ **disgustar. 2** [de algo] Sentir agrado por una cosa: *gusta de su compañía, por eso está siempre con él.* **- 3 *tr.*** [algo] Probar el sabor de un alimento: *gustó la carne y dijo que estaba en malas condiciones.*

gus·ta·ti·⌐vo, ⌐va |gustatíβo, βa| ***adj.*** Del sentido del gusto o que tiene relación con él: *las papilas gustativas permiten diferenciar los sabores salados, dulces, ácidos y amargos.*

gus·ta·zo |gustáθo| ***m.*** *fam.* Satisfacción grande que produce una cosa agradable: *hoy nos daremos el ~ de irnos a comer a aquel restaurante tan caro.*

gus·to |gústo| **1 *m.*** Sentido del cuerpo que permite notar y distinguir los sabores: *el ~ está localizado en la lengua.* **2** Sabor de una cosa: *prueba este guisado, verás qué ~ más rico tiene.* **3** Placer que produce una cosa: *tengo el ~ de invitarles al bautizo de mi hijo; se dio el ~ de comprarse la moto que tanto había deseado.* ⇒ **satisfacción. 4** Agrado con el que se hace una cosa: *cumplí mis obligaciones* *con* ~. **5** Manera de valorar una cosa: *Ramiro y Blanca tienen gustos muy parecidos.* **6** Capacidad para valorar las cosas bellas o elegantes: *ha decorado su habitación con muy buen* ~. ■ **a su** ~, de manera cómoda; sin problemas: *puede pagar a su* ~. ■ **dar** ~, hacer lo que agrada a una persona: *su novio siempre le da* ~*: hacen lo que ella quiere.*

gus·to·⌜so, ⌜sa |gustóso, sa| ***adj.*** Que hace una cosa con placer y agrado: *haré* ~ *todo lo que me ordenes; nos acompañó* ~ *hasta la estación.*

gu·tu·ral |gutural| **1 *adj.*** De la garganta o que tiene relación con ella: *el monstruo de la película emitió un horrible sonido* ~. **- 2 *adj.-com.*** LING. (sonido) Que se pronuncia acercando la parte posterior de la lengua al *velo del paladar: *la /k/ es una* ~. ⇒ **velar.**

H

H, h 1 ***f.*** Letra que en el alfabeto español sigue a la *g*: *la palabra* humo *empieza por* ~. ☖ No representa ningún sonido, excepto en algunas palabras de origen extranjero en las que se pronuncia como una aspiración parecida a la *j*. **2** Abreviatura de hora: *el avión sale a las 9 h y 15 m.*

ha·ba |áβa| **1** ***f.*** Planta *leguminosa con las flores blancas o rosadas con manchas negras y el fruto largo y grueso compuesto por unas semillas anchas y bastante planas, dispuestas en *hilera y cubiertas por una cáscara flexible: *las habas y los guisantes pertenecen a la misma familia.* **2** Fruto de esa planta, encerrado en una cáscara blanda alargada y aplastada: *las habas se suelen recoger cuando están verdes.* **3** Semilla de esa planta, más grande que el *guisante, ancha, plana y de color verde: *hoy vamos a comer habas cocidas.* **4** Bulto que sale en la piel por una *alergia o por la picadura de un insecto: *iré al médico porque me han salido unas habas en las piernas.* ⇒ **habón, picadura, roncha.** ■ **ser habas contadas**, ser o quedar muy pocos: *los días que nos quedan para las vacaciones son habas contadas.* ☖ Se usa con el artículo *el*, pero con los demás determinantes en forma femenina.

ha·ba·ne·ra |aβanéra| **1** ***f.*** Baile de ritmo lento que procede de Cuba: *el grupo cubano bailó una* ~. **2** Música y canto de ese baile: *fuimos a escuchar un festival de habaneras en el que intervenían grupos de muchos países.*

ha·ba·ne·⌜ro, ⌜ra |aβanéro, ra| **1** ***adj.*** De La Habana o que tiene relación con La Habana: *el carnaval* ~ *siempre ha sido importante.* ⇒ **habano.** - **2** ***m. f.*** Persona nacida en La Habana o que vive habitualmente en La Habana: *la editorial pertenecía a un* ~ *afincado en Miami.*

ha·ba·⌜no, ⌜na |aβáno, na| **1** ***adj.*** De La Habana o de Cuba, o que tiene relación con La Habana o con Cuba: *en aquella tienda vendían productos habanos.* ⇒ **habanero.** - **2 habano** ***m.*** Cigarro puro de Cuba: *he comprado una caja de habanos en el estanco.*

ha·ber |aβér| **1** ***aux.*** Se usa para formar los tiempos compuestos e indica que la acción, el proceso o el estado expresado por el verbo ha terminado: *me he vestido; cuando llegamos ya había comido.* ☖ El verbo que expresa la acción, el proceso o el estado va siempre en participio. - **2** ***unipers.*** Existir o estar disponible: *hay amores que matan; había fruta en la nevera; habrá cinco camareros.* ☖ No se debe confundir con *ser* ni con *estar*. Se usa sólo en la tercera persona del singular y en infinitivo; el presente es *hay*; es incorrecto el uso plural: *habían ocho personas.* **3** Tener que hacer una cosa; ser necesario: *habrá que estudiar; hay que fastidiarse.* ☖ Se usa con la conjunción *que* y el segundo verbo va en infinitivo. **4** *form.* Hacer; pasar un tiempo: *no ha mucho tiempo que vivía en esta casa un hidalgo.* - **5** ***intr.*** *form.* Tener que ejecutar una acción; deber: *ha de terminar antes de las cuatro; he de salir.* ⇒ **tener.** ☖ Se usa con la preposición *de* y el segundo verbo en infinitivo. No suele usarse en pretérito imperfecto. Se conjuga como 72. - **6** ***m.*** Conjunto de bienes, dinero o cosas de una persona o comunidad: *mis haberes son pocos.* ☖ Suele usarse en plural. **7** ECON. Parte del *balance o de la cuenta del banco en la que se ponen las sumas positivas de las que se dispone: *el* debe *no ha de ser mayor que el* ~. **8** Pago de algún servicio: *vengo a cobrar mis haberes debidos.* ■ **¡allá se las haya!**, expresión que indica que se deja a una persona que se arregle como pueda o que haga lo que pueda ella sola: *no quiere seguir mis consejos, ¡allá se las haya!* ■ **habérselas**, enfrentarse con una persona o situación; tratar con ella: *me las habré con él si es necesario; se las hubo con mi coche.*

ha·bi·chue·la |aβitʃuéla| **1** ***f.*** Planta *leguminosa de tallo delgado y en *espiral y con flores blancas o amarillas: *la* ~ *necesita mucha humedad.* **2** Fruto de esa planta, encerrado en una cáscara blanda alargada y aplastada: *la* ~ *se recoge cuando la vaina está seca.* **3** Semilla de esa planta, de pequeño tamaño y forma alargada, que se consume hervida: *las habichuelas pueden ser blancas o pintas.* ⇒ **alubia, judía.**

há·bil |áβil| **1** ***adj.*** Que puede hacer una cosa fácilmente y bien: *lo hace perfectamente: es muy* ~; *es muy* ~ *en la cocina.* ⇒ **diestro, ducho, habilidoso.** ⇔ **torpe. 2** Que está dispuesto o *capacitado legalmente para realizar una acción: *los documentos se pueden entregar en la administración los días hábiles.*

ha·bi·li·dad |aβiliðáᵈ| ***f.*** Capacidad de hacer una cosa fácilmente y bien: *la redacción no es una de mis habilidades; tiene gran* ~ *para los negocios.*

ha·bi·li·do·⌜so, ⌜sa |aβiliðóso, sa| ***adj.*** Que puede hacer una cosa fácilmente y bien: *mi padre es muy* ~ *para la fontanería.* ⇒ **hábil.**

ha·bi·li·ta·ción |aβilitaθión| **1** ***f.*** Acción y resultado de disponer o preparar una cosa para un uso determinado: *mediante la* ~ *del local, consiguieron un bonito apartamento.* **2** Cargo o empleo del *habilitado: *la* ~ *está ocupada por un suplente.* **3** Oficina del *habilitado: *el jubilado fue a la* ~ *a cobrar su paga.*

ha·bi·li·ta·⌐do, ⌐da |aβilitáðo, ða| ***m. f.*** Persona que se encarga de pagar los sueldos en una sociedad, en una empresa o en un organismo: *el ~ de la universidad ingresará el dinero en las cuentas corrientes de los funcionarios.*

ha·bi·li·tar |aβilitár| **1 *tr.*** [a alguien] Hacer que una persona pueda desempeñar una función: *me habilitaron para tomar decisiones.* **2** Autorizar y proporcionar los medios necesarios para hacer una cosa: *habilitó a su encargado para que cerrara el trato; habilitó a Miguel para comparecer ante el juez.* **3** [algo] Construir o reformar parte de una vivienda para un uso determinado: *Carlos habilitó varias habitaciones del nuevo piso para instalar una consulta de médico.*

ha·bi·ta·ble |aβitáβle| ***adj.*** Que se puede habitar: *quiere construir su casa lejos de la ciudad, pero en un lugar ~.* ⇔ **inhabitable.**

ha·bi·ta·ción |aβitaθión| **1 *f.*** Parte o pieza de una casa separada por paredes de las demás: *tenemos que pintar esa ~ porque las paredes están muy sucias.* **2** Parte de la casa que se usa para dormir: *voy a mi ~ a echarme la siesta.* ⇒ **cuarto, dormitorio.**

ha·bi·tá·cu·lo |aβitákulo| **1 *m.*** Lugar que reúne las condiciones *apropiadas para que viva una especie animal o vegetal: *el ~ natural del buitre es árido.* **2** Espacio disponible para las personas en el interior de un vehículo: *el ~ de mi coche es bastante amplio.*

ha·bi·tan·te |aβitánte| **1 *m.*** Persona que vive en un lugar determinado: *mi pueblo tiene 300 habitantes.* **2** *p. ext.* Animal que vive en un lugar determinado: *el lobo es un ~ del monte.*

ha·bi·tar |aβitár| ***tr.-intr.*** [algo] Vivir o estar normalmente en un lugar determinado: *en este edificio habitan diez familias.* ⇒ **residir.**

há·bi·tat |áβitaᵗ| **1 *m.*** Medio físico o lugar en el que vive naturalmente un ser: *el ~ del pez es el agua.* **2** *p. ext.* Condiciones y lugar de vida del hombre: *el ~ puede condicionar el carácter de las personas.* ☐ El plural es *hábitat.*

há·bi·to |áβito| **1 *m.*** Manera de actuar que se repite con frecuencia o con regularidad: *tengo el ~ de salir todas las noches.* **2** Costumbre que es difícil de abandonar: *cuesta mucho abandonar el ~ de fumar.* **3** Traje que visten los miembros de una orden religiosa: *el ~ de los dominicos es marrón y blanco.* **4** MED. Dependencia física o mental de una sustancia: *el ~ de la heroína es muy perjudicial para la salud.* ■ **el ~ no hace al monje**, expresión que indica que el aspecto exterior o el traje no siempre se corresponde con la capacidad de una persona: *va vestido de cocinero, pero el ~ no hace al monje.*

ha·bi·tual |aβituál| **1 *adj.*** Que se hace o se tiene por costumbre: *es un gesto ~ suyo; la policía del barrio ha detenido a un delincuente ~.* **- 2 *adj.-com.*** (persona) Que va a un lugar o está en él frecuentemente: *en esta tienda me tratan muy bien porque soy un cliente ~.*

ha·bi·tuar |aβituár| ***tr.-prnl.*** [a alguien; a algo] *Acostumbrar a hacer una cosa con frecuencia o regularidad: *el trabajo nocturno la ha habituado a trasnochar; acabaré por habituarme al calor.* ☐ Se conjuga como 11.

ha·bla |áβla| **1 *f.*** Capacidad natural o *facultad de hablar o de comunicarse con palabras: *perdió el ~ del susto.* **2** *Manifestación hablada de la lengua, en *oposición a la lengua escrita: *en estas cintas están grabadas muchas conversaciones para estudiar el ~.* **3** Modo particular de hablar de un individuo: *la conocí por el ~.* **4** Conjunto de *rasgos de una lengua que son propios de una región o un lugar determinados: *dentro de un dominio lingüístico, suele haber hablas regionales y hablas locales.* ⇒ **lengua, lenguaje.** **5** LING. Realización o uso individual de la lengua: *el ~ es un acto individual de voluntad e inteligencia.* ⇒ **lengua.** ■ **al ~**, indica que la persona con la que se quiere hablar por teléfono ya está puesta al teléfono: *¿es usted Juan? —Al ~.* ■ **al ~**, en *contacto; en comunicación: *déjenos su dirección y su número de teléfono y nosotros nos pondremos al ~ con usted.* ☐ Se usa con el artículo *el*, pero con los demás determinantes en forma femenina.

ha·bla·⌐dor, ⌐do·ra |aβlaðór, ðóra| **1 *adj.-s.*** (persona) Que entra en conversación con facilidad o habla mucho: *este hombre es muy poco ~.* ⇒ **dicharachero. 2** (persona) Que cuenta todo lo que ve y oye sin poner cuidado o con mala intención: *no se lo digas, es muy ~.*

ha·bla·du·rí·a |aβlaðuría| ***f.*** Rumor falso que corre entre la gente: *lo de su divorcio son habladurías.* ☐ Se usa generalmente en plural.

ha·blan·te |aβlánte| ***adj.-com.*** (persona) Que habla, especialmente una lengua: *en el mundo hay cientos de millones de hablantes de español.*

ha·blar |aβlár| **1 *intr.*** Expresarse mediante palabras: *me quedé mudo: no podía ~.* ☐ No se debe confundir con *decir.* **2** Conversar dos o más personas sobre un asunto: *estaba hablando contigo cuando me acordé de lo que me había dicho; le gusta mucho ~ de tonterías.* **3** Pronunciar o articular sonidos: *habla tan mal que no se le entiende; le duele tanto la muela que no puede ni ~.* **4** *p. ext.* Comunicarse por otro medio diferente de la palabra: *hablaban por señas a través del cristal.* **5** Explicar un asunto de palabra o por escrito: *los autores no hablan de este asunto; en ese capítulo habla de la caída del Imperio Romano.* **6** Decir unas palabras en público o pronunciar un discurso: *el ministro hablará esta tarde; es muy buen orador y da gusto oírlo ~.* **7** [de algo/alguien] Murmurar o criticar sobre un asunto o persona: *hablan de nosotros; si no quieres que la gente hable cuida tu conducta.* **8** [a alguien] Pedir o exponer un asunto por otra persona: *háblale de ello por mí.* **9** Decir todo lo que se sabe de algo, decir la verdad: *habló tras la tortura; dice que no hablará.* **10** *fig.* Parecer vivo o real: *este retrato está hablando.* **11** Tomar una decisión: *tú hablas: nosotros haremos lo que digas.* **- 12 *tr.*** [algo] Conocer o poder usar un idioma: *también habla japonés; estamos aprendiendo a ~ español.* **13** Expresar mediante palabras: *sólo sabe ~ disparates;*

siempre está hablando tonterías. **- 14 hablarse *prnl.*** Reunirse para discutir algún asunto: *se hablaron en el café.* **15** Tratarse o relacionarse: *Juan y Antonio no se hablan; nos hablamos bastante.* ■ **hacer ~**, dominar o sacar el mayor partido a un animal o cosa: *hacía ~ a su guitarra; hace ~ a su perro.* ■ **~ entre dientes**, protestar tímidamente, articulando mal las palabras por fastidio o enfado: *le dije que se callara y se quedó hablando entre dientes.* ■ **~ por ~**, decir algo para no callar o sin conocimiento exacto: *afirmar eso es ~ por ~.* ■ **¡ni ~!**, expresión que indica negación completa: *¿nos dejas ir al cine esta noche? —¡Ni ~!* ■ **¿qué hablas?**, *desp.*, expresión que niega lo dicho por la persona a quien se le dirige: *tú me has acusado ante el director. —¿Qué hablas?*

ha·bón |aβón| ***m.*** Bulto que sale en la piel a causa de una *alergia o de la *picadura de un insecto: *en mi habitación había muchos mosquitos y ahora tengo el brazo lleno de habones.* ⇒ **haba, picadura, roncha.**

ha·ce·⌈dor, ⌈do·ra |aθeðór, ðóra| **1 *adj.-s.*** (persona) Que hace una cosa determinada: *el ~ de este desastre ha desaparecido.* **- 2 hacedor *m.*** Persona que se dedica a administrar campos o ganados: *el ~ compró dos cerdos para la granja.*

ha·cen·da·⌈do, ⌈da |aθendáðo, ða| ***adj.-s.*** (persona) Que tiene una *hacienda: *el ~ compró otra finca.*

ha·cen·dis·ta |aθendísta| ***com.*** *form.* Persona que conoce la administración y la *hacienda pública: *un grupo de economistas y hacendistas se encargó de la reforma tributaria.*

ha·cen·do·⌈so, ⌈sa |aθendóso, sa| ***adj.*** Que siempre está trabajando o haciendo cosas: *es muy ~: no para de trabajar en todo el día.*

ha·cer |aθér| **1 *tr.*** [algo] Crear o producir a partir de otros elementos: *hizo una mesa; están haciendo una casa.* **2** Arreglar, ordenar o preparar: *le haré las uñas; no he hecho la cama; tengo que ~ la comida.* **3** [algo; a alguien] Causar o provocar; producir: *¿le he hecho daño?; me haces cosquillas; no me hagas reír.* **- 4 *tr.-intr.*** [algo, de algo] Representar un personaje: *haré el príncipe en la función; ella hacía de Blancanieves.* **- 5 *tr.*** [algo] Imitar un comportamiento o un sonido: *la madre hacía el elefante para divertir a sus hijos; quiero que hagas el loro.* **6** [a alguien] Creer o suponer: *te hacía en París; le hacía mayor.* ◯ Se usa generalmente en pasado. **- 7 *tr.-prnl.*** [a alguien; a algo] Adaptar o adaptarse a una situación o costumbre: *la hizo a comer poco; no me hago a este clima.* **8** [algo] Prepararse para una actividad con ejercicios: *el pianista está haciendo dedos; haz piernas para la carrera.* **9** Sumar en total: *ocho y dos hacen diez; y con éste, hacen nueve.* **10** Conseguir o lograr un fin: *¡lo hice!; no sé si lo haré.* **- 11 *intr.*** Ocupar un lugar en una serie o fila: *yo hago el quinto.* **- 12 *aux.*** Sustituye a un verbo aparecido anteriormente e indica que se ejecuta la acción señalada por él: *necesito descansar, pero no puedo hacerlo.* **13** [por algo] Procurar o intentar conseguir un fin: *haz por verla; haremos por terminar a la hora.* **- 14 *intr.*** [a algo] Convenir a un asunto o conversación: *eso no hace al caso; lo diré porque creo que hace a lo que tratamos.* **15** [a algo] Adaptarse a otra cosa por su forma: *esta llave hace a las dos cerraduras.* **- 16 *unipers.*** Estar el tiempo atmosférico de una determinada forma: *hoy no hace frío; espero que mañana haga buen día.* ◯ No se puede sustituir por *ser.* También puede usarse *hacer* con *sol, viento* o *niebla*: *esta mañana hace sol/viento/niebla.* **17** Haber pasado un tiempo: *hace tres días que he llegado; mañana hará dos meses que estamos aquí.* ◯ No se puede sustituir por *ser.* **- 18 hacerse *prnl.*** Convertirse en algo diferente; volverse: *se ha hecho muy intelectual; se hará viejo esperando.* **19** [con algo] Conseguir o poder alcanzar un objeto o fin: *se hizo con una pistola; se hará con la medalla de oro.* **20** Tener la impresión; parecer: *se me hace que no va a venir; se me hizo muy corto el viaje de vuelta.* **21** Apartarse o retirarse de un sitio: *hazte a un lado; se hizo atrás y cayó.* ◯ Se conjuga como 73. ■ **~ caca/de vientre/del cuerpo**, expulsar excrementos por el ano: *el niño está haciendo caca.* ■ **~ el canelo/indio/oso/tonto**, *fam.*, comportarse con poco juicio: *¡apártate de la ventana!, ¡no hagas el tonto!* ■ **~ el tonto**, *fam.*, no conseguir nada con una acción; no avanzar en un asunto: *has hecho el tonto viniendo; estuvimos haciendo el tonto toda la tarde.* ■ **hacerla buena**, *fam.*, estropear alguna cosa o situación: *la hiciste buena ayer en la fiesta.* ■ **~ pis**, *fam.*, expulsar la orina: *la niña quiere ~ pis.* ■ **no tener nada que ~**, ser muy inferior: *tu coche no tiene nada que ~ con el mío; no tenía nada que ~ con él y perdió.* ◯ No se debe confundir con *nada que ver.* ■ **¡qué le vamos a ~!**, expresión que indica que hay que aguantar un mal momento o una situación contraria: *si no se puede, ¡qué le vamos a ~!*

ha·cha |átʃa| **1 *f.*** Herramienta formada por una pieza de metal, plana y con filo, colocada en el extremo de un mango largo, y que se usa generalmente para cortar madera: *corté la leña con el ~.* **2** Vela de cera, grande y gruesa: *cuando se metieron en la cueva, encendieron las hachas.* ⇒ **antorcha, hachón.** ■ **desenterrar el ~ de guerra**, estar decidido a enfrentarse a una persona o a luchar con ella: *los dos vecinos desenterraron el ~ de guerra y hacían ruido para molestarse el uno al otro.* ■ **ser un ~**, destacar en una actividad; ser valiente y decidido: *ese chico es un ~ porque ha recorrido diez kilómetros en media hora.* ◯ Se usa con el artículo *el*, pero con los demás determinantes en forma femenina.

ha·cha·zo |atʃáθo| **1 *m.*** Corte producido por el *hacha; golpe dado con el *hacha: *de un ~ partió en dos la mesa.* **2** *fig.* Corte o golpe: *me di un ~ en el dedo con la cuchilla de afeitar; el toro le dio un ~ al torero con el cuerno.*

ha·che |átʃe| ***f.*** Nombre de la letra *h*: *la palabra* huevo *se escribe con ~.* ■ **por ~ o por be**, *fam.*, por una causa o por otra; de una manera o de otra: *por ~ o por be siempre lo hacemos mal.*

ha·chís |atʃís| ***m.*** Mezcla de las flores y otras partes de cierta planta, que se fuma o mastica para producir un efecto en el estado de ánimo: *en Marruecos la venta de ~ es libre.* ⇒ **chocolate, costo, marihuana.**

ha·chón |atʃón| ***m.*** Vela de cera, grande y gruesa: *la mecha de los hachones suele ser de esparto.* ⇒ **hacha.**

ha·cia |aθia| **1** ***prep.*** Indica dirección o destino: *gira ~ la derecha; vamos ~ casa; su obra caminaba ~ la inmortalidad.* ⇒ **a, para. 2** Indica aproximación en el tiempo: *llegaré ~ las tres; terminaremos el trabajo ~ el mes de julio.* ⇒ **para.**

ha·cien·da |aθiénda| **1** ***f.*** Casa de campo con ganado y con tierras alrededor dedicadas a la *agricultura: *su ~ tenía una gran extensión.* **2** Conjunto de bienes que se poseen: *mi ~ es muy limitada;* ~ **pública**, conjunto de bienes y *rentas del Estado: *la ~ pública ha crecido en los últimos años.* **3** Administración de los bienes y riquezas de un Estado: *debo pagar los impuestos a Hacienda.* ⇒ **fisco.** ▢ En esta acepción se suele escribir con mayúscula.

ha·ci·na |aθína| ***f.*** Conjunto de *haces u otros objetos colocados unos sobre otros formando un montón: *antes de trillar, los haces se amontonan formando una ~.* ⇒ **haz.**

ha·ci·na·mien·to |aθinamiénto| ***m.*** Cantidad grande de personas o cosas juntas en un espacio pequeño: *el ~ en las grandes ciudades es preocupante.*

ha·ci·nar |aθinár| **1** ***tr.*** [algo] Colocar *haces de hierba u objetos unos sobre otros para aprovechar el espacio: *el leñador hacinó la leña junto a la pared.* **- 2 hacinarse** ***prnl. fig.*** Reunirse o acumularse sin orden: *los automóviles se hacinan en las ciudades.*

ha·da |áða| ***f.*** Ser imaginario con forma de mujer y con poderes extraordinarios: *el ~ madrina de la Cenicienta convirtió la calabaza en un lujoso carruaje.* ▢ Se usa con el artículo *el,* pero con los demás determinantes en forma femenina.

ha·do |áðo| **1** ***m.*** Fuerza desconocida que determina lo que va a ocurrir: *el ~ dispuso nuestro encuentro; los hados impusieron su voluntad.* ⇒ **destino, sino. 2** Serie de causas que producen un efecto: *el ~ lo llevó al suicidio.*

ha·gio·gra·fí·a |axioγrafía| ***f.*** Historia de la vida de los santos: *la vida de Santa María Egipciaca es una ~ medieval muy bella.*

ha·gio·grá·fi·⌐co, ⌐ca |axioγráfiko, ka| ***adj.*** De la *hagiografía o que tiene relación con ella: *este profesor conoce muy bien los relatos hagiográficos medievales.*

hai·tia·⌐no, ⌐na |aitiáno, na| **1** ***adj.*** De Haití o que tiene relación con Haití: *el clima ~ es muy caluroso.* **- 2** ***m. f.*** Persona nacida en Haití o que vive habitualmente en Haití: *los haitianos son vecinos de los dominicanos.*

ha·la |ála| **1** ***interj. fam.*** Expresión que se *utiliza para meter prisa, dar ánimo o despedir a una persona: *¡~, que nos vamos!* **2** Expresión que indica sorpresa o disgusto: *¡~! ¡Hay que ver cómo me has puesto de agua!*

ha·la·ga·⌐dor, ⌐do·ra |alaγaðór, ðóra| **1** ***adj.*** Que causa satisfacción o *halaga: *su discurso fue muy ~.* ⇒ **halagüeño. - 2** ***adj.-s.*** (persona) Que dice palabras de admiración hacia otra persona para conseguir un provecho: *ten cuidado con él, es un ~.*

ha·la·gar |alaγár| **1** ***tr.*** [a alguien] Dar muestras de afecto: *mi hijo me halaga cuando me dice que me quiere.* **2** Causar satisfacción: *me halaga tu propuesta.* **3** Decir palabras de admiración hacia una persona para conseguir un provecho: *el ambicioso halaga al poderoso.* ▢ Se conjuga como 7.

ha·la·go |aláγo| **1** ***m.*** Muestra de afecto: *a los niños les gustan los halagos.* **2** Palabras de admiración que se dirigen hacia una persona para conseguir un provecho: *el jefe se dejó convencer por los halagos.* ⇒ **adulación, paripé.**

ha·la·güe·⌐ño, ⌐ña |alaγuéno, ɲa| ***adj.*** Que causa satisfacción: *la juventud es un periodo de la vida muy ~.* ⇒ **halagador.**

hal·cón |alkón| **1** ***m.*** Ave de color gris, con el pecho y el vientre casi blancos y con rayas, que se alimenta de pequeños animales: *el ~ es una rapaz diurna; el hombre se ha servido del ~ para atrapar otros pájaros.* ▢ Para indicar el sexo se usa el ~ macho y el ~ hembra. **2** ***fig.*** Persona partidaria de actitudes violentas o del empleo de la fuerza para solucionar los problemas: *mi jefe es un ~ de los negocios.* ⇔ **paloma.**

hal·co·ne·⌐ro, ⌐ra |alkonéro, ra| ***adj.-s.*** (persona) Que se dedica a cuidar *halcones de caza: *el conde y sus halconeros salieron a cazar muy temprano.*

há·li·to |álito| **1** ***m. form.*** Aire que sale por la boca al respirar: *cuando murió, salió de su boca el último ~.* **2** ***form.*** Viento suave y agradable: *por la playa corría un cálido ~.*

ha·li·to·sis |alitósis| ***f.*** Olor malo en el aliento: *mi abuelo sufre de ~.*

hall |xól| ***m.*** Parte de la casa que hay junto a la puerta principal y que se usa para recibir a los que llegan: *les dio la bienvenida en el ~ mientras se quitaban los abrigos.* ⇒ **entrada.** ▢ Esta palabra procede del inglés. Es preferible usar algún sinónimo.

ha·llar |aʎár| **1** ***tr.*** [algo, a alguien] Encontrar o descubrir: *halló a su hijo jugando en el parque; tenemos que ~ la salida.* **2** [algo] Averiguar una respuesta; encontrar una solución: *hallaremos el modo de llegar rápidamente; muy pronto se hallará un remedio contra esa enfermedad.* **3** Ver, observar o notar: *mi trabajo consiste en ~ faltas en las prendas de vestir.* **- 4 hallarse** ***prnl.*** Estar o encontrarse en un lugar o en una situación determinada: *me hallaba en París cuando nació mi sobrino; te hallarás a gusto en ese hotel.* ⇒ **existir.**

ha·llaz·go |aʎáθγo| ***m.*** Encuentro o descubrimiento: *el filósofo hizo un ~ sorprendente; los hallazgos de la medicina pueden cambiar la forma de vida.*

ha·lo |álo| **1** ***m.*** Círculo de luz alrededor del sol o la luna: *por la noche se veía claramente el ~ de la luna.* ⇒ **cerco. 2** Anillo de luz que rodea la cabeza o la figura de los santos: *si sigues siendo tan* *bueno te va a salir el ~.* **3** *fig.* Brillo o importancia que da la fama: *un ~ de elegancia rodea al mundo de la moda.*

ha·ló·ge·⌐no, ⌐na |alóxeno, na| **1** ***adj.-m.*** QUÍM. (elemento) Que forma sales minerales al unirse directamente con un metal: *el cloro es un ~.* **2** (lámpara, *faro, *foco) Que produce una luz blanca y brillante por estar hecho con uno de esos elementos: *le he puesto lámparas halógenas a mi coche.*

hal·te·ro·fi·lia |alterofília| ***f.*** Deporte que consiste en levantar pesos de acuerdo con unas categorías y normas: *la ~ exige mucha fuerza.*

ha·ma·ca |amáka| **1** ***f.*** Pieza alargada de red o de tela resistente que se cuelga por los extremos y que sirve para echarse en ella: *pon la ~ entre esas dos palmeras.* **2** Asiento formado por un armazón al que se sujeta una tela fuerte y que puede ponerse en posición horizontal: *abrí la ~ en la playa y me tumbé.* ⇒ **tumbona.**

ham·bre |ámbre| **1** ***f.*** Gana y necesidad de comer: *tengo ~, ¿podemos comer ya?; hoy he pasado mucha ~;* **~ canina,** *fig.*, deseo muy fuerte de comer: *con la gripe no he comido y ahora tengo una ~ canina.* **2** Situación en la que hay falta de alimento: *hay que hacer desaparecer el ~ de África.* ⇒ **hambruna. 3** *fig.* Deseo fuerte: *el acusado tenía ~ de justicia; el chico tenía ~ de ver a su novia.* ■ **más listo que el ~**, muy listo; más listo de lo normal: *tengo un perro más listo que el ~.* ☖ Se usa con el artículo *el,* pero con los demás determinantes en forma femenina.

ham·brien·⌐to, ⌐ta |ambriénto, ta| **1** ***adj.-s.*** (persona, animal) Que tiene o padece hambre: *la mitad de la población de ese país está hambrienta.* **2** *fig.* (persona) Que desea con fuerza a una persona o cosa: *ese hombre está ~ de poder.* **3** *fig.* (persona) Que es muy pobre: *mi madre cree que no debo salir con ese chico porque dice que es un ~.*

ham·bru·na |ambrúna| ***f.*** Situación de hambre intensa: *una mala cosecha ha sido la causa de la ~ y la mortandad que diezma la población de una región.* ⇒ **hambre.**

ham·bur·gue·sa |amburɣésa| ***f.*** Pieza redonda de carne de vaca o de otro animal, picada y cocinada, que se pone dentro de un pan pequeño con varias verduras y salsas: *las hamburguesas y los perritos calientes les gustan mucho a los niños.*

ham·bur·gue·se·rí·a |amburɣesería| ***f.*** Establecimiento donde se sirven y venden *hamburguesas y otras comidas y bebidas: *podemos comer en la ~ de enfrente.*

ham·pa |ámpa| **1** ***f.*** Forma de vida de los que no respetan la ley y *cometen crímenes: *las reglas del ~ son muy crueles.* **2** Conjunto de personas que no respetan la ley y *cometen crímenes: *durante su juventud perteneció al ~ de la ciudad.* ☖ Se usa con el artículo *el,* pero con los demás determinantes en forma femenina.

háms·ter |xámster| ***m.*** Animal mamífero roedor, parecido al ratón pero algo mayor, que se suele tener como animal de compañía: *el niño puso el ~ en su jaula.* ☖ Para indicar el sexo se usa el ~ macho y el ~ hembra.

han·gar |aŋgár| **1** ***m.*** Nave o edificio con techos altos y puertas grandes que se usa para guardar aviones: *protegieron los aviones en el ~.* **2** *p. ext.* Nave o edificio con techos altos que se usa para guardar cosas: *dejaron la mercancía en el ~; meted los camiones en los hangares.* ☖ Esta palabra procede del inglés.

ha·ra·⌐gán, ⌐ga·na |araɣán, ɣána| ***adj.-s.*** *fam.* (persona, animal) Que no quiere trabajar; que rechaza el trabajo: *tu prima es una haragana: no estudia nada.* ⇒ **gandul, holgazán, vago.**

ha·ra·ga·ne·ar |araɣaneár| ***intr.*** Dejar pasar el tiempo sin hacer nada; no trabajar debidamente: *va a la oficina a ~.* ⇒ **holgazanear.**

ha·ra·ki·ri |arakíri| ***m.*** ⇒ **haraquiri.** ☖ Esta palabra procede del japonés. La Real Academia Española prefiere la forma *haraquiri.*

ha·ra·pien·⌐to, ⌐ta |arapiénto, ta| ***adj.-s.*** (persona) Que viste con ropa vieja; que lleva *harapos: *bajo el puente viven muchos harapientos.* ⇒ **andrajoso.**

ha·ra·po |arápo| ***m.*** Prenda de vestir vieja y rota o parte separada de ella: *el mendigo vestía harapos.* ⇒ **andrajo.** ☖ Se usa generalmente en plural.

ha·ra·qui·ri |arakíri| ***m.*** Forma de quitarse la vida de origen *japonés, que consiste en herirse con una arma blanca en el vientre: *al ver que su honor estaba perdido, se hizo el ~.* ⇒ **harakiri.**

ha·rén |arén| **1** ***m.*** Parte de la casa *árabe donde viven las mujeres: *el ~ era amplio y luminoso.* **2** *p. ext.* Conjunto de mujeres que viven en esa parte de la casa árabe y que dependen de un mismo hombre: *el califa tenía un ~ de 15 mujeres.*

ha·ri·na |arína| **1** ***f.*** Polvo que se consigue al moler ciertos tipos de granos, generalmente trigo: *gran parte de la ~ de trigo que se produce en el país se destina al pan; este bollo está hecho con ~.* **2** Polvo que se consigue al moler ciertas legumbres y vegetales: *en esta tienda venden ~ de almortas.* **3** *p. ext.* Polvo que producen ciertas materias sólidas: *se derrumbó la casa y las paredes quedaron hechas ~.* ■ **estar metido en ~**, estar haciendo una cosa; estar dedicado por completo a una actividad: *ya que estamos metidos en ~, vamos a adelantar una parte del trabajo de mañana.* ■ **ser ~ de otro costal**, ser un asunto diferente; no tener que ver con el asunto de que se trata: *no me hables de las vacaciones porque eso es ~ de otro costal.*

ha·ri·ne·⌐ro, ⌐ra |arinéro, ra| **1** ***adj.*** De la harina o que tiene relación con ella: *varias empresas harineras se acaban de asociar.* **- 2** ***m. f.*** Persona que se dedica a fabricar o comerciar con harina: *los harineros llegaron a un acuerdo con los panaderos para estabilizar el precio de sus productos.*

ha·ri·no·⌐so, ⌐sa |arinóso, sa| ***adj.*** Que tiene mucha harina: *las judías blancas son harinosas.*

har·pí·a |arpía| **1** ***f.*** Persona que intenta sacar provecho de todo usando el engaño u otro medio: *ese hombre es una ~ que se aprovecha de las desgracias* *de los demás.* **2** Mujer que tiene un carácter malo y desagradable: *aquella señora era una ~ insoportable.* **3** *form.* Ser imaginario que tiene la cara de mujer y el cuerpo de ave *rapaz: *las tres harpías eran divinidades de la mitología griega.* ⇒ **arpía.** ☖ La Real Academia Española prefiere la forma *arpía.*

har·pi·lle·ra |arpiʎéra| *f.* Tejido fuerte y áspero que se usa generalmente para hacer sacos o para envolver objetos: *la ~ protege del sol y del agua.* ⇒ **arpillera.** ☖ La Real Academia Española prefiere la forma *arpillera.*

har·tar |artár| **1** *tr.-intr.-prnl.* [algo, a alguien] Llenar el estómago de alimento hasta no poder comer más: *nos hartó con el primer plato; si tienes hambre hártate de fruta; los pasteles de chocolate hartan mucho.* ⇒ **atiborrar, empachar. - 2** *tr.-prnl. fig.* Molestar o cansar: *no me hartes con tus tonterías.* **- 3 hartarse** *prnl.* [de algo] Hacer una cosa o realizar una acción hasta no tener deseos de seguir haciéndola: *se hartó de trabajar y se fue de vacaciones.* ■ **estar harto**, *desp.*, no soportar más una situación: *estoy harto de sus llantos continuos.*

har·taz·go |artáθγo| *m.* Malestar o molestia que produce el exceso de una cosa, especialmente de comida: *tengo un ~ que no me puedo mover; estuvo diez horas frente al televisor y ahora tiene tal ~ que no puede ver ningún programa.* ⇒ **hartazón, hartura.**

har·ta·zón |artaθón| *f.* ⇒ **hartazgo.**

har·⌜to, ⌜ta |árto, ta| **1** *adj.* Que está satisfecho o lleno de una cosa, especialmente de comida: *estoy ~ de manzanas.* **2** Que está molesto o cansado: *estoy ~ de tus locuras; estaban hartas de tus promesas.* ☖ Se usa con el verbo *estar.* **- 3 harto** *adv. form.* Muy; bastante: *la situación era ~ complicada.*

har·tu·ra |artúra| *m.* Malestar o molestia que produce el exceso de una cosa, especialmente de comida: *pasó del hambre a la ~.* ⇒ **hartazgo.**

has·ta |asta| **1** *prep.* Indica el punto del cual no se pasa en cuanto al tiempo, el espacio o la cantidad: *iremos ~ Madrid en avión y luego cogeremos el tren; no llegaremos ~ las diez; puedes gastarte ~ 50000 pts.* ⇒ **a.** ☖ Puede sustituir a la preposición *a* e indica dirección: *nos acercaremos a/~ tu casa; iremos a/~ Madrid.* **- 2** *conj.* Indica la posibilidad de llegar a cierto límite en cuanto al tiempo, al espacio o a la cantidad: *podría pagar por ello 3000 pts y ~ más.* ■ **~ que**, expresa el momento en que acaba la acción, el proceso o el estado expresado por el verbo principal: *leeré ~ que me canse; estaré aquí ~ que volváis.* ■ **~ luego**, saludo; nos veremos después: *~ luego y, si no te veo otra vez, ~ mañana.* ■ **~ luego**, *fam. p. ext.*, forma general de saludo; adiós: *~ luego, ya nos veremos otro día.* ■ **~ ahora**, saludo; nos veremos en seguida, dentro de unos momentos: *voy al servicio, ~ ahora.* ■ **~ ahora**, *p. ext.*, forma general de saludo; adiós: *nos veremos, ~ ahora.* ■ **~ mañana/pronto**, saludo; nos veremos mañana/pronto: *que descanses, ~ mañana.* ■ **~ el año que viene/el lunes/la vista**, saludo; nos veremos en el tiempo señalado: *~ el lunes, que pases un buen fin de semana.*

has·tiar |astiár| *tr.* [a alguien] Molestar o cansar; causar disgusto, aburrimiento o asco: *la música ruidosa me hastía.* ☖ Se conjuga como 13.

has·tí·o |astío| *m.* *Cansancio, aburrimiento o asco: *siento ~ de comer siempre en el mismo restaurante; las novelas largas me producen ~.*

ha·ta·jo |atáxo| **1** *m.* Grupo pequeño de ganado: *llevó el ~ de ovejas al monte.* ⇒ **atajo, hato. 2** *fam. fig.* Grupo o conjunto de personas o cosas con una característica determinada: *¡vaya ~ de imbéciles!* ⇒ **atajo.**

ha·to |áto| **1** *m.* Paquete pequeño que se hace liando ropa y otros objetos personales; bolsa pequeña donde se lleva comida y objetos personales: *el caminante se puso el ~ en la espalda y se marchó.* **2** Grupo pequeño de animales; rebaño: *acabo de comprar un ~ de cabras.* ⇒ **hatajo.**

ha·ya |áya| **1** *f.* Árbol de tronco grueso y liso y hojas ovaladas: *la ~ es poco frecuente en el sur de España.* **2** Madera de ese árbol: *la madera de ~ es ligera y resistente.* ☖ Se usa con el artículo *el*, pero con los demás determinantes en forma femenina.

haz |áθ| **1** *m.* Montón de hierba, plantas o palos atados por su centro con una cuerda: *trae un ~ de leña; los segadores hacían haces con la mies.* **2** Conjunto de cosas largas y estrechas atadas o unidas por el centro o en un punto determinado: *llevaba a su espalda un ~ de flechas.* **3** Conjunto de rayos de luz que tienen un mismo origen: *un ~ de luz pasaba entre las cortinas del dormitorio.* **- 4** *f.* Cara anterior de una cosa plana y delgada, especialmente de una tela o de la hoja de una planta: *el ~ de las hojas es más brillante que el envés.* ⇒ **anverso.** ⇔ **envés.** ☖ Se usa con el artículo *el*, pero con los demás determinantes en forma femenina. ■ **del ~**, con la cara anterior o principal a la vista: *ponte la camiseta del ~.*

ha·za |áθa| *f.* Terreno dedicado al cultivo: *el labrador cultiva hortalizas en el ~.* ⇒ **parcela, pedazo, tierra.** ☖ Se usa con el artículo *el*, pero con los demás determinantes en forma femenina.

ha·za·ña |aθáɲa| *f.* Hecho importante, especialmente el que exige esfuerzo y valor: *los romances cantan las hazañas del Cid; si conseguimos subir esa montaña en una hora, será una ~.* ⇒ **proeza.**

haz·me·rre·ír |aθmeřeír| *m.* Persona, acción o cosa que provoca la risa de los demás: *va vestido de tal manera que es el ~ del barrio; tu corbata es el ~ de la oficina.* ☖ Se usa sólo en singular.

he·bi·lla |eβíʎa| *f.* Pieza, generalmente de metal, por la que se mete el extremo de una correa o un *cinturón para ajustarlo: *se me ha roto la ~ del cinturón y se me caen los pantalones.*

he·bra |ébra| **1** *f.* Trozo de hilo que se pone en una aguja: *metió la ~ por el agujero de la aguja.* **2** Fibra de cualquier material: *este aparato está hecho de hebras de nailon.* **3** Fibra o hilo que tienen ciertos alimentos sólidos: *no me voy a comer estas judías verdes: tienen muchas hebras.* **4** *form.* Pelo de una persona: *sus doradas hebras brillaban al sol.* ■ **pegar la ~**, mantener una conversación; hablar: *estuve toda la tarde pegando la ~ con mi amigo.*

he·brai·⌜co, ⌜ca |eβráiko, ka| ***adj.*** *form.* De los *hebreos o que tiene relación con ellos: *quiso conocer las tradiciones y la cultura hebraicas.* ⇒ **hebreo, judío.**

he·bra·ís·mo |eβraísmo| **1** ***m.*** Religión de los judíos: *el ~ no cree en la divinidad de Jesucristo.* ⇒ **judaísmo. 2** Palabra o modo de expresión propio de la lengua *hebrea que se usa en otro idioma: Rabí *es un ~ del español.*

he·bre·⌜o, ⌜a |eβréo, a| **1** ***adj.-s.*** De un antiguo pueblo que ocupó Palestina o que tiene relación con él: *el pueblo ~ respeta el sábado desde el anochecer del viernes.* ⇒ **judío. - 2** ***adj.*** De la religión de Moisés o que tiene relación con ella: *las leyes hebreas prohíben comer carne de cerdo.* ⇒ **judío. - 3** ***m. f.*** Persona de un antiguo pueblo que ocupó Palestina: *David fue rey de los hebreos.* **4** Persona que practica la religión de Moisés: *los hebreos fueron muy numerosos en España.* ⇒ **judío. - 5 hebreo** ***m.*** Lengua antigua de Palestina: *el arameo y el ~ son lenguas hermanas.* **6** Lengua de Israel: *los niños israelíes aprenden ~ en la escuela.*

he·ca·tom·be |ekatómbe| **1** ***f.*** Accidente o hecho grave en el que mueren muchas personas: *aquel accidente de avión fue una ~.* **2** Desgracia o situación en la que se produce un daño: *los exámenes finales han sido una ~ para mis compañeros.*

he·chi·ce·rí·a |etʃiθería| **1** ***f.*** Conjunto de conocimientos y técnicas que se usan para *hechizar: *las mujeres de ese poblado dominaban la ~.* **2** Acción y resultado de *hechizar; frase que se usa para *hechizar: *la bruja convirtió al niño en conejo con una ~.* ⇒ **hechizo.**

he·chi·ce·⌜ro, ⌜ra |etʃiθéro, ra| **1** ***m. f.*** Persona que puede *hechizar o hacer magia: *la hechicera pretendía volar sobre una escoba.* ⇒ **brujo. - 2** ***adj.*** *fig.* Que es agradable y bello y se gana el afecto de la gente: *tiene una sonrisa hechicera.*

he·chi·zar |etʃiθár| **1** ***tr.*** [algo, a alguien] Influir sobre una persona o cosa mediante la magia: *la bruja hechizó al príncipe.* ⇒ **embrujar, encantar. 2** *fig.* [a alguien] Ganar el afecto de la gente; gustar, generalmente por ser agradable o bello: *el cantante hechizó al público con su simpatía.* ⇒ **cautivar, embrujar, encantar, fascinar.** ☐ Se conjuga como 4.

he·chi·zo |etʃiθo| **1** ***m.*** Acción y resultado de *hechizar; frase que se usa para *hechizar: *el mago pronunció su ~ y el animal desapareció.* ⇒ **embrujo, encanto, hechicería. 2** *fig.* Persona, animal o cosa que *hechiza o provoca admiración: *este artista es un ~; me han regalado un ~ de gato.*

he·⌜cho, ⌜cha |étʃo, tʃa| **1** ***adj.*** Que está terminado: *presentó el trabajo ~.* **2** Que está maduro o ha terminado de crecer: *me gusta la fruta hecha; es ya un gato ~.* **3** Que está cocinado; que está muy cocinado: *quiero el filete muy ~.* **- 4 hecho** ***m.*** Acción u obra que se hace, produce u ocurre: *los hechos ocurrieron durante el verano; la policía está investigando los hechos; se le acusa de un ~ delictivo.* **5** Asunto sobre el que se trata: *el ~ es que yo salía de mi casa cuando la vi.* ■ **a cosa hecha**, cuando todo está preparado o resuelto: *cuando se mete en un negocio, va a cosa hecha.* ■ **~ y derecho**, bien formado; completamente terminado: *tu hijo es ya un hombre ~ y derecho.* ■ **está ~**, expresión que asegura que algo se acepta: *¿vendrás esta tarde? —Está hecho.* ■ **estar ~ un**, *fam.*, parecer un; ser como un: *está ~ un artista; está ~ un diablo; está ~ un toro.*

he·chu·ra |etʃúra| **1** ***f.*** Forma de una cosa; manera en la que está hecha una cosa: *ese traje es de la misma ~ que el mío.* ⇒ **factura.** ☐ Se usa frecuentemente en plural. **2** Forma y proporción de un cuerpo: *los dos hermanos tenían una ~ que producía admiración entre las chicas.*

hec·tá·re·a |e^ktárea| ***f.*** Medida de superficie que equivale a 100 áreas o 10000 metros cuadrados: *tengo un campo de tres hectáreas sembrado de trigo.*

hec·to·gra·mo |e^ktoɣrámo| ***m.*** Medida de masa que equivale a 100 gramos: *el símbolo de ~ es* hg.

hec·to·li·tro |e^ktolítro| ***m.*** Medida de capacidad que equivale a 100 litros: *el símbolo de ~ es* hl.

hec·tó·me·tro |e^któmetro| ***m.*** Medida de longitud que equivale a 100 metros: *el símbolo de ~ es* hm.

he·der |eðér| **1** ***intr.*** Despedir muy mal olor: *hedía a sucio y a agua estancada.* **2** *fig.* Resultar molesto o desagradable: *todo este negocio hiede.* ☐ Se conjuga como 28.

he·dion·dez |eðiondéθ| ***f.*** *form.* Olor fuerte y desagradable: *la ~ de aquella habitación hacía que no se pudiera respirar.* ⇒ **hedor.**

he·dion·⌜do, ⌜da |eðióndo, da| **1** ***adj.*** Que despide un mal olor intenso: *tienes que lavar esos calcetines hediondos.* ⇒ **fétido. 2** *fig.* Sucio, desagradable o de mal gusto: *es un autor ~: sólo escribe obscenidades.* **3** Que molesta o enfada: *las conversaciones tan tensas son hediondas.*

he·do·nis·mo |eðonísmo| ***m.*** FIL. Doctrina que iguala el bien y el placer, especialmente el placer de los sentidos: *este filósofo valora el ~ por encima de cualquier doctrina.*

he·dor |eðór| ***m.*** Olor fuerte y desagradable: *en esta habitación hay un terrible ~ a carne podrida.* ⇒ **hediondez.**

he·ge·mo·ní·a |exemonía| ***f.*** *Dominio o *supremacía, especialmente de un país sobre otros: *la ~ del norte sobre el sur se aprecia en ámbitos muy diferentes.*

he·ge·mó·ni·⌜co, ⌜ca |exemóniko, ka| ***adj.*** *form.* De la *hegemonía o que tiene relación con ella: *los países hegemónicos imponían sus condiciones de paz sobre los vencidos.*

hé·gi·ra |éxira| ***f.*** *Era *musulmana; fecha desde la cual empieza a contarse el tiempo para los *musulmanes; tiempo que ha pasado desde el 15 de *julio del año 622, día en que Mahoma escapó de la Meca a Medina: *Mahoma murió diez años después de la ~, en el 632.* ⇒ **héjira.**

hé·ji·ra |éxira| ***f.*** ⇒ **hégira.** ☖ La Real Academia Española prefiere la forma *hégira.*

he·la·da |eláða| ***f.*** Fenómeno atmosférico que convierte el agua en hielo por acción del frío: *la ~ de anoche congeló el agua de las cañerías.* ⇒ **helado.**

he·la·de·rí·a |elaðería| ***f.*** Lugar donde se venden *helados: *en esa ~ fabrican sus propios helados.*

he·la·de·⌜ro, ⌜ra |eladéro, ra| **1** ***m. f.*** Persona que se dedica a fabricar o vender *helados: *mi vecino es ~.* **2** Lugar donde hace mucho frío: *este sitio es un ~.*

he·la·⌜do, ⌜da |eláðo, ða| **1** ***adj.*** Que se ha convertido en hielo: *el agua de los cubitos está helada.* **2** *fig.* Que está muy frío o que se ha quedado muy frío: *el agua del Cantábrico estaba helada y no pudimos bañarnos; me he quedado ~ esperando el autobús; el café estaba ~.* **3** Que está muy sorprendido o asustado: *el susto me dejó ~.* **- 4 helado *m.*** Alimento dulce, hecho con leche y otros *ingredientes que se sirve en estado sólido y muy frío: *los helados pueden servirse en copa o en cucurucho.* ⇒ **mantecado, sorbete.**

he·lar |elár| **1** ***tr.-prnl.*** [algo] Pasar del estado líquido al sólido al bajar la temperatura: *el agua se hiela a 0° centígrados; es difícil ~ el aceite.* ⇒ **congelar. - 2** ***tr.*** *fig.* [a alguien] Asustar; sorprender en gran medida: *el susto me heló por completo.* **- 3** ***unipers.*** Hacer una temperatura igual o inferior a 0° *centígrados: *esta noche ha helado; en el centro de España hiela a menudo en invierno.* **- 4 helarse *prnl.*** *fig.* Pasar o sufrir mucho frío: *como se me olvidó el abrigo, me helé cuando iba para tu casa.* ⇒ **aterirse. 5** Secarse una planta por acción del frío: *este invierno se han helado los geranios de la terraza.*

he·le·chal |eletʃál| ***m.*** Lugar donde crecen muchos *helechos: *en el norte de España hay muchos helechales.*

he·le·cho |elétʃo| ***m.*** Planta sin flores, con hojas compuestas y delicadas que suele crecer en los lugares húmedos: *el ~ se reproduce mediante esporas.*

he·lé·ni·⌜co, ⌜ca |eléniko, ka| ***adj.*** De la Grecia clásica o que tiene relación con ella: *el mundo ~ dio grandes pensadores, como Sócrates, Platón o Aristóteles.*

he·le·nis·mo |elenísmo| **1** ***m.*** Periodo de la historia y la cultura *griegas: *el ~ fue posterior al reinado de Alejandro Magno.* **2** Influencia ejercida por la cultura de la Grecia antigua: *Roma extendió el ~ por todo el Imperio.* **3** Estudio de la cultura de Grecia: *el ~ está muy desarrollado en las universidades europeas.* **4** Palabra o modo de expresión propios de la lengua *griega que se usa en otro idioma: hipnosis *es un ~ del español.*

he·le·nis·ta |elenísta| ***com.*** Persona que se dedica al estudio de la cultura de la Grecia antigua: *mi profesor de griego es un importante ~.*

he·le·nís·ti·⌜co, ⌜ca |elenístiko, ka| ***adj.*** *form.* Del *helenismo o que tiene relación con él: *en este departamento hay varios especialistas en el periodo ~.*

he·le·ni·zar |eleniθár| ***tr.-prnl.*** [algo, a alguien] Hacer tener las formas o costumbres que se consideran propias de la cultura de la Grecia antigua: *la literatura latina se helenizó fuertemente tras la conquista de Grecia; las costas mediterráneas fueron helenizadas en la Antigüedad.* ☖ Se conjuga como 4.

he·le·⌜no, ⌜na |eléno, na| **1** ***adj.*** De Grecia o que tiene relación con Grecia: *los poetas helenos influyeron en toda la literatura posterior.* ⇒ **griego. - 2** ***m. f.*** Persona nacida en Grecia o que vive habitualmente en Grecia: *los helenos tienen rasgos similares a la gente de otros países mediterráneos.* ⇒ **griego.**

he·le·ro |eléro| ***m.*** Masa de hielo de las montañas que sólo se deshace en los veranos de mucho calor: *los montañeros consiguieron fotografiar algunos heleros.*

hé·li·ce |éliθe| **1** ***f.*** Pieza de un mecanismo compuesta por varias palas que giran alrededor de un eje y que sirve para dar impulso a los barcos y a algunos aviones de motor: *ese avión tiene cuatro hélices; las centrales hidroeléctricas utilizan hélices enormes en los generadores.* **2** Línea curva en forma de muelle: *dibuja una ~ en el papel.*

he·li·coi·dal |elikoiðál| ***adj.*** Que tiene forma de muelle o de *hélice: *las escaleras de caracol siguen un trayecto ~.*

he·li·cóp·te·ro |elikóᵖtero| ***m.*** Aparato que sirve para volar, sin alas y con una o varias *hélices que, al girar rápidamente, le permiten moverse vertical y horizontalmente, así como mantenerse quieto en el aire: *el ~ puede aterrizar en un espacio muy pequeño.*

he·lio |élio| ***m.*** QUÍM. Elemento químico gaseoso, sin olor ni color, más ligero que el aire: *el ~ no es inflamable; el símbolo del ~ es* He.

he·lio·cén·tri·⌜co, ⌜ca |elioθéntriko, ka| ***adj.*** ASTRON. Que tiene al Sol como centro de su movimiento o situación: *Copérnico fue el primer astrónomo moderno en presentar seriamente una teoría heliocéntrica.*

he·lio·tro·po |eliotrópo| ***m.*** Planta de jardín, de flores pequeñas y azules que huelen a *vainilla: *plantamos unos heliotropos en el patio.*

HÉLICE

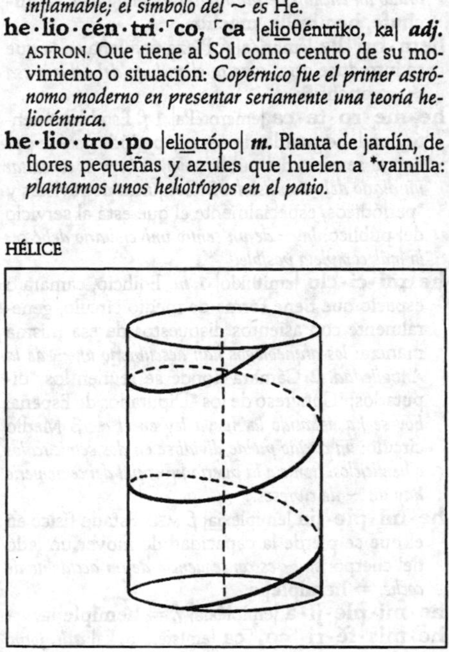

he·li·puer·to |elipuérto| ***m.*** Lugar preparado para la llegada y salida de *helicópteros: *en la azotea de ese edificio hay un ~.*

he·ma·tí·e |ematíe| ***m.*** MED. Célula de la sangre que tiene la forma de un pequeño disco rojo: *los hematíes contienen hemoglobina; la función de los hematíes es transportar oxígeno desde los pulmones a los tejidos del cuerpo.* ⇒ **glóbulo.**

he·ma·ti·tes |ematítes| ***f.*** MINERAL. Mineral compuesto de hierro y oxígeno, de color rojo y muy duro: *la ~ sirve para trabajar otros metales.* ⌂ El plural es *hematites.*

he·ma·to·lo·gí·a |ematoloxía| ***f.*** MED. Disciplina que estudia la sangre: *los analistas deben estudiar ~.*

he·ma·to·ma |ematóma| ***m.*** Zona bajo la piel en la que se acumulan sangre y otros líquidos del cuerpo, debido a un golpe u otras causas, y que suele tener un color oscuro: *el accidente sólo le produjo unos hematomas.* ⇒ **cardenal, chichón.**

he·ma·to·pa·tí·a |ematopatía| ***f.*** MED. Enfermedad de la sangre: *la leucemia es una ~.*

hem·bra |émbra| **1** ***f.*** Animal de sexo femenino: *la ~ del águila suele ser más grande que el macho.* ⇒ **macho.** ⌂ Se usa en aposición a nombres de animales que no varían de género: *la cebra ~ daba de mamar a sus crías.* **2** Planta que da los frutos de su especie: *las palmeras hembras dan los dátiles.* ⇒ **macho. 3** *vulg.* Mujer, considerada sólo en cuanto a su función sexual: *algunos hombres sólo piensan en perseguir hembras.* ⇒ **macho. 4** *fig.* Pieza que tiene un hueco o agujero en la que se adapta otra pieza que la complementa: *he comprado un enchufe ~ para hacer un alargador.* ⇒ **enchufe, hembrilla, macho.**

hem·bri·lla |embríʎa| ***f.*** Pieza pequeña en la que se introduce otra: *conecta el enchufe del cable a esa ~.* ⇒ **enchufe.**

he·me·ro·te·ca |emerotéka| **1** ***f.*** Establecimiento donde se guardan revistas y periódicos y se ponen al servicio del público: *voy a la ~ a consultar un diario del año pasado.* **2** Conjunto de revistas y *periódicos, especialmente el que está al servicio del público: *la ~ de un centro universitario debe ser lo más completa posible.*

he·mi·ci·clo |emiθíklo| **1** ***m.*** Edificio, cámara o espacio que tiene forma de medio círculo, generalmente con asientos dispuestos de esa misma manera: *los arqueólogos han descubierto un ~ de la Antigüedad.* **2** Cámara donde se reúnen los *diputados; *Congreso de los *Diputados de España: *hoy se ha debatido la nueva ley en el ~.* **3** Medio círculo: *un círculo puede dividirse en dos semicírculos o hemiciclos; frente a la puerta principal del cementerio hay un ~ de cipreses.*

he·mi·ple·jia |emiplexia| ***f.*** MED. Estado físico en el que se pierde la capacidad de mover un lado del cuerpo: *su ~ es consecuencia de un accidente de coche.* ⇒ **hemiplejía.**

he·mi·ple·jí·a |empléxía| ***f.*** ⇒ **hemiplejia.**

he·mis·fé·ri·⌜co, ⌜ca |emisfériko, ka| ***adj.*** *form.* Que tiene forma de media esfera o de *hemisferio: *el arquitecto diseñó un museo ~.*

he·mis·fe·rio |emisfério| **1** ***m.*** Mitad de la Tierra, que resulta de dividirla imaginariamente por el Ecuador o por un *meridiano: *España se encuentra en el ~ norte y Argentina en el ~ sur.* **2** Mitad de una esfera o de un objeto de forma redondeada que resulta de dividirlo en dos partes iguales: *tiene una lesión en el ~ derecho del cerebro.*

he·mo·fi·lia |emofília| ***f.*** MED. Enfermedad que consiste en que la sangre no *coagula de una forma normal: *la ~ suele ser hereditaria; sufre de ~ y ha de tener mucho cuidado de no hacerse heridas.*

he·mo·fí·li·⌜co, ⌜ca |emofíliko, ka| ***adj.-s.*** MED. Que padece *hemofilia: *tuvo dos hijos hemofílicos.*

he·mo·glo·bi·na |emoɣloβína| ***f.*** MED. Sustancia que da el color rojo a la sangre y cuya función es la de tomar oxígeno en los pulmones y llevarlo a las demás partes del cuerpo: *una carencia de hierro en la alimentación puede hacer disminuir la ~.*

he·mo·rra·gia |emor̄áxia| ***f.*** Salida abundante de sangre de los vasos por donde circula: *el corte le produjo una fuerte ~; el enfermero le ha hecho un torniquete para parar la ~.*

he·mo·rre·a |emor̄éa| ***f.*** MED. Pérdida de sangre que no ha sido provocada directamente: *lo operaron urgentemente a causa de una ~.*

he·mo·rroi·de |emor̄óiðe| ***f.*** Inflamación dolorosa de las *venas situadas alrededor del ano: *las hemorroides pueden operarse.* ⇒ **almorrana.** ⌂ Se usa también en plural con el mismo significado.

hen·chir |entʃír| ***tr.-prnl.*** [algo, a alguien] Llenar o llenarse de una cosa: *se dispuso a cantar con el pecho henchido de aire.* ⌂ Se conjuga como 34.

hen·der |endér| **1** ***tr.-prnl.*** [algo] Hacer una abertura o un hueco estrecho y largo en un objeto sin llegar a dividirlo ni partirlo del todo: *el primer golpe del hacha hendió la madera.* **- 2** ***tr.*** Atravesar un fluido o un líquido: *la flecha hiende el aire; la barca hendía el agua.* ⇒ **hendir.** ⌂ Se conjuga como 28.

hen·di·du·ra |endiðúra| ***f.*** Abertura o hueco estrecho y largo: *la araña se metió en una ~ de la pared.* ⇒ **fisura.**

hen·dir |endír| ***tr.*** ⇒ **hender.** ⌂ La Real Academia Española prefiere la forma *hender.* Se conjuga como 35.

he·no |éno| ***m.*** Hierba no muy alta que se suele cortar y dejar *secar para alimentar al ganado: *las vacas que pastan ~ fresco dan mejor leche; el granjero amontonaba el ~ con una horca.*

he·pá·ti·⌜co, ⌜ca |epátiko, ka| **1** ***adj.*** MED. Del *hígado o que tiene relación con él: *los cólicos hepáticos son muy dolorosos; el diagnóstico dice que tiene una enfermedad hepática.* **2** Que está enfermo del *hígado: *los enfermos hepáticos a veces muestran cierta coloración en la piel.*

he·pa·ti·tis |epatítis| ***f.*** MED. Inflamación del *hígado: *ha contraído la ~ y está un poco amarillento.* ⌂ El plural es *hepatitis.*

hep·tá·go·no |eᵖtáɣono| ***m.*** Figura plana de siete lados: *el profesor nos ha mandado dibujar un ~.*

hep·ta·sí·la·⌈bo, ⌈ba |eᵖtasílaβo, βa| ***adj.-m.*** (verso, palabra) Que tiene siete sílabas: si de mi baja lira *es un verso* ~.

he·rál·di·ca |eráldika| ***f.*** Disciplina que estudia las imágenes y figuras de los escudos de armas: *un especialista en ~ nos explicará por qué ese escudo tiene un león.*

he·rál·di·⌈co, ⌈ca |eráldiko, ka| ***adj.*** De la *heráldica o que tiene relación con ella: *la torre es un motivo ~ muy repetido.*

he·ral·do |eráldo| ***m.*** Persona que lleva un mensaje o una noticia: *el Papa viajó hasta ese país como ~ de la paz.*

her·bá·ce·⌈o, ⌈a |erβáθeo, a| ***adj.*** De la hierba o que tiene relación o parecido con ella: *recogió una planta de tallos herbáceos para hacer una infusión.*

her·ba·je |erβáxe| ***m.*** Conjunto de hierba que cubre un lugar: *fueron a segar el ~, que ya estaba muy alto.* ⇒ **hierba, pasto.**

her·ba·rio |erβário| ***m.*** Libro que contiene plantas secas colocadas entre papeles y ordenadas para su estudio: *los alumnos prepararon un ~ para la clase de botánica.*

her·bi·ci·da |erβiθíða| ***adj.-m.*** (producto) Que se usa para matar las malas hierbas que crecen en las tierras de cultivo: *fumigaron un ~ sobre los trigales.*

her·bí·vo·⌈ro, ⌈ra |erβíβoro, ra| ***adj.-s.*** (animal) Que se alimenta solamente de vegetales: *tanto las vacas como las jirafas son animales herbívoros.*

her·bo·la·⌈rio, ⌈ria |erβolário, ria| **1** ***m. f.*** Persona que se dedica a recoger o vender plantas que se pueden usar para curar enfermedades o calmar dolores: *el ~ me ha recomendado que me tome una infusión antes de acostarme.* **- 2 herbolario** ***m.*** Establecimiento donde se venden plantas que se pueden usar para curar enfermedades o calmar dolores: *voy al ~ a comprar manzanilla.* ⇒ **herboristería.**

her·bo·ris·te·rí·a |erβoristería| ***f.*** ⇒ **herbolario.**

her·bo·⌈so, ⌈sa |erβóso, sa| ***adj.*** Que tiene hierba abundante: *las vacas pastaban en el prado ~.*

her·cia·⌈no, ⌈na |erθiáno, na| ***adj.*** De las *oscilaciones eléctricas estudiadas por Hertz o que tiene relación con ellas: *el sonido de la radio se transmite a través de las ondas hercianas.* ⇒ **hertziano.**

her·cio |érθio| ***m.*** FÍS. Unidad de frecuencia; *ciclo por segundo: *algunas pantallas de televisión emiten a 100 hercios.* ⇒ **hertz.**

her·cú·le·⌈o, ⌈a |erkúleo, a| ***adj.*** *form.* Que es fuerte; que tiene mucha fuerza: *el lanzador de disco tenía una fuerza hercúlea; el atleta mostraba su cuerpo ~ en el gimnasio.*

hér·cu·les |érkules| ***m.*** *fig.* Hombre que tiene mucha fuerza: *es un ~: puede levantar 100 kilos.*

he·re·dad |ereðáᵈ| ***f.*** Conjunto de tierras y bienes que pertenecen a una persona o una familia: *tenía tres viñedos en su ~.*

he·re·dar |ereðár| **1** ***tr.*** [algo; de alguien] Recibir los bienes y el dinero de una persona cuando ésta muere: *heredaron de su tío una fortuna; no heredó más que deudas.* **2** Recibir unos principios o ideas y continuar defendiéndolos o trabajando en ellos: *este autor heredó la tradición de sus antecesores.* **3** Recibir ciertas características físicas o de carácter de los padres o de otros *ascendientes: *los ojos los ha heredado de su padre; esa manía la heredó de su abuela.* **4** Recibir un bien o una cosa de otra persona cuando ésta ya no puede hacer uso de ellos: *el hermano pequeño ha heredado los zapatos del hermano mayor.*

he·re·de·⌈ro, ⌈ra |ereðéro, ra| **1** ***adj.-s.*** (persona) Que recibe los bienes y el dinero de una persona cuando ésta muere: *el Príncipe Heredero de la Corona ha viajado al país vecino; los hijos suelen ser herederos de sus padres.* **2** Que recibe unos principios o ideas y continúa defendiéndolos o trabajando en ellos: *Occidente es el ~ del mundo romano.*

he·re·di·ta·⌈rio, ⌈ria |ereðitário, ria| ***adj.*** De la *herencia o que tiene relación con ella; que se consigue a través de una *herencia: *la sucesión a la monarquía es hereditaria; ciertas enfermedades son hereditarias.*

he·re·je |eréxe| ***com.*** (persona) Que sostiene ideas que se consideran equivocadas dentro de una religión o doctrina; que defiende una *herejía: *los cátaros y los adamitas eran herejes; si dices eso te llamarán ~.*

he·re·jí·a |erexía| **1** ***f.*** Idea o conjunto de ideas que se consideran equivocadas dentro de una religión o doctrina: *la ~ de Arrio tuvo muchos partidarios en la España visigoda; eso podría considerarse una ~ en el mundo de la ciencia.* **2** *fig.* Tontería grande; hecho ridículo: *el estúpido comenzó a soltar herejías.*

he·ren·cia |erénθia| **1** ***f.*** Acción y resultado de heredar: *estas tierras corresponderán a mis hijos por ~.* **2** Conjunto de bienes y dinero que se reciben legalmente de una persona, cuando ésta muere: *la ~ que le dejó su abuelo no era muy importante.* **3** Conjunto de bienes espirituales, obras o ideas que se reciben: *Bach nos dejó una ~ inmensa.* **4** Conjunto de características físicas y de carácter que se *transmiten a los descendientes: *los biólogos estudian la ~ genética en los animales y las plantas.*

he·ré·ti·⌈co, ⌈ca |erétiko, ka| ***adj.*** De la *herejía o que tiene relación con ella: *su doctrina, que negaba la existencia del purgatorio, se consideró herética.*

he·ri·da |eríða| **1** ***f.*** Daño en los tejidos del cuerpo provocado por un corte o un golpe: *me caí y me hize una ~ en la rodilla; tiene una ~ de bala en el brazo.* **2** Daño moral u ofensa: *esas palabras le causaron una profunda ~.* ■ **dar/hurgar/tocar en la ~**, hablar sobre un tema que molesta o hace daño: *no toques en la ~ y no vuelvas a hablarle de esa mujer; me hurgó en la ~ y no tuve más remedio que enfadarme.*

he·ri·⌈do, ⌈da |eríðo, ða| ***adj.-s.*** (persona, animal) Que ha recibido un daño en los tejidos del cuerpo: *los heridos fueron retirados del campo de batalla.* ■ **sentirse ~**, molestarse o enfadarse con una persona por lo que ha dicho o hecho: *cuando le habló de ese modo, se sintió ~.*

he·rir |erír| **1** ***tr.*** [a alguien] Causar un daño físico, con un corte o golpe, a los tejidos del cuerpo: *lo hirió en el hombro con la lanza; fue herido en la guerra.* ⇒ **lesionar. 2** Producir un dolor, daño moral u ofensa: *le hirió lo que le dijo; la ha herido que no la hayamos invitado.* ■ ~ **de muerte**, causar una o varias heridas lo bastante graves como para causar la muerte: *el disparo la hirió de muerte.* ☖ Se conjuga como 35.

her·ma·fro·di·ta |ermafroðíta| **1** ***adj.-s.*** (ser vivo) Que es macho y hembra a la vez; que tiene órganos sexuales masculinos y femeninos: *muchas plantas son hermafroditas; los caracoles son hermafroditas.* ⇒ **bisexual. 2** Persona que parece reunir los dos sexos en su cuerpo por un defecto físico: *los hermafroditas tienen una anatomía anormal.*

her·ma·nar |ermanár| **1** ***tr.-prnl.*** [algo, a alguien] Juntar o unir: *estaban todos hermanados en la misma habitación; nuestras naciones están hermanadas por la historia.* **- 2 hermanarse** ***prnl.*** Ponerse de acuerdo o pensar de la misma manera: *hicieron las paces y se hermanaron.*

her·ma·nas·⌜tro, ⌜tra |ermanástro, tra| ***m. f.*** Hermano o hermana en cuanto a uno solo de los padres: *Juan es mi ~: es hijo de la segunda mujer de mi padre y yo soy hijo de la primera.*

her·man·dad |ermandáᵈ| **1** ***f.*** Relación que existe entre hermanos: *pondremos nuestra ~ por encima de cualquier cosa.* ⇒ **fraternidad. 2** Grupo religioso o social que se forma para un fin determinado: *pertenece a una ~ religiosa; la ~ de agricultores ha organizado una fiesta; la ~ de donantes de sangre realiza una importante labor humanitaria.* ⇒ **cofradía. 3** Unión sincera y generosa entre personas que se consideran iguales: *perseguimos la ~ de los hombres.*

her·ma·⌜no, ⌜na |ermáno, na| **1** ***m. f.*** Persona o animal en cuanto a otro u otros que tienen los mismos padres: *mis padres tuvieron cuatro hijos: somos dos hermanos y dos hermanas;* ~ **bastardo**, el que tiene en común con otro u otros el padre o la madre y que ha nacido fuera de un *matrimonio legal: *lo despreciaban porque era ~ bastardo, hijo de una de las criadas de la casa;* ~ **de madre/padre**, el que sólo tiene en común con otro u otros la madre o el padre: *mi padre tuvo un hijo de cada matrimonio, por eso Rosa y yo somos hermanos de padre;* ~ **gemelo**, el que ha nacido a la vez que otro de la misma madre y es igual a él: *Rómulo y Remo eran hermanos gemelos.* ⇒ **gemelo;** ~ **mellizo**, el que ha nacido a la vez que otro u otros de la misma madre, pero que puede ser diferente a ellos: *eran hermanos mellizos, pero no se parecían en nada.* ⇒ **mellizo;** ~ **siamés**, el que nace con el cuerpo unido a otro: *han separado a los hermanos siameses mediante una operación quirúrgica;* **medio** ~, el que sólo tiene en común con otro u otros uno de los padres: *un ~ de padre es un medio ~ y uno de madre, también.* **2** Persona que pertenece a un grupo religioso o social determinado: *los hermanos participaron en la procesión de las antorchas; las hermanas de la caridad hacen obras benéficas.* **3** Persona que tiene una característica en común con otras, especialmente una idea o una creencia: *todos somos hermanos ante Dios.* **4** Cosa que se parece a otra o que suele ir acompañada de otra: *no encuentro el ~ de este calcetín.* ■ ~ **de leche**, persona que tiene en común con otra u otras la *nodriza; persona que ha mamado leche de la misma mujer que otra u otras, en cuanto a éstas: *somos muy distintos porque sólo somos hermanos de leche, pero nos queremos mucho.*

her·mé·ti·⌜co, ⌜ca |ermétiko, ka| **1** ***adj.*** Que cierra completamente, sin pasar el aire: *este frasco es de cierre ~.* **2** Que es difícil de conocer o comprender; que oculta su sentido: *acabo de leer un texto ~ y no he comprendido nada.*

her·me·tis·mo |ermetísmo| ***m.*** Cualidad de lo que es difícil de conocer o comprender: *siempre hizo gala de un total ~ y jamás habló de su vida privada; los dos embajadores llevan sus conversaciones con total ~.*

her·mo·⌜so, ⌜sa |ermóso, sa| **1** ***adj.*** Que es bello o agradable a la vista o a otro sentido: *es muy hermosa; desde aquí se ve un ~ panorama; compuso una música muy hermosa.* ⇒ **bonito. 2** Que está fuerte o gordo: *qué niño más ~; tu prima se está poniendo muy hermosa.*

her·mo·su·ra |ermosúra| **1** ***f.*** Belleza; sensación agradable a la vista o a otro sentido: *la ~ de la naturaleza se aprecia en cualquier rincón del bosque.* **2** Persona o cosa muy bella o agradable: *esa ~ se paseaba por la plaza; todas las tardes traemos una ~ de pastel.*

her·nia |érnia| ***f.*** Bulto blando que aparece cuando un órgano del cuerpo sale a través de un hueco del músculo o de la piel que lo sujeta o encierra: *tuvo que sujetar su ~ con un braguero hasta que se operó.*

her·niar·se |erniárse| **1** ***prnl.*** Producirse una *hernia, por un esfuerzo u otra causa: *practicaba la halterofilia y se hernió.* **2** *hum.* Trabajar mucho o hacer mucha fuerza: *deja, lo haré yo, no vayas a herniarte.*

hé·ro·e |éroe| **1** ***m.*** Hombre admirado por hacer cosas valientes o difíciles: *los salvó del fuego y ahora es un ~; el Cid es un ~ de Castilla.* ⇒ **heroína. 2** Personaje masculino de mayor importancia en una obra literaria: *Ulises es el ~ de la* Odisea. ⇒ **heroína. 3** Ser superior a los hombres e inferior a los dioses: *Hércules fue un ~.* ☖ El femenino es *heroína.*

he·roi·ci·dad |eroiθiðáᵈ| **1** ***f.*** Comportamiento valiente: *los supervivientes admiraron la ~ del bombero.* **2** Hecho importante, especialmente el que exige esfuerzo y valor: *el soldado relató las heroicidades de sus compañeros.* ⇒ **proeza.**

he·roi·⌜co, ⌜ca |eróiko, ka| **1** ***adj.*** Del *héroe o que tiene relación con él: *realizó un acto ~ y por eso lo condecoraron.* **2** POÉT. (género, obra) Que cuenta los hechos de los *héroes: *la poesía épica es parte de la poesía heroica.*

he·ro·í·na |eroína| **1** ***f.*** Sustancia derivada del *opio que suele presentarse en forma de polvo blanco y amargo y que se puede usar para calmar dolores o dormir a los enfermos o para que influya en el estado de ánimo como droga: *el consumo de ~ muchas veces va acompañado de la transmisión del* SIDA. **2** Mujer admirada por hacer cosas valientes o difíciles: *Agustina de Aragón fue una ~ española.* ⇒ **héroe. 3** Personaje femenino de mayor importancia en una obra de arte: *la ~ de la novela murió protegiendo a su familia.* ⇒ **héroe.**

he·roi·nó·ma·ᴦno, ᴦna |eroinómano, na| ***adj.-s.*** (persona) Que toma habitualmente *heroína y depende de ella: *los heroinómanos corren el riesgo de contraer el sida.* ⇒ **cocainómano.**

he·ro·ís·mo |eroísmo| ***m.*** Conjunto de cualidades que se consideran propias de un *héroe: *el ~ lo llevó a arriesgar su vida.*

her·pe |érpe| ***m.*** ⇒ **herpes.** ☖ La Real Academia Española prefiere la forma *herpes.*

her·pes |érpes| ***m.*** Enfermedad de la piel que produce unos granitos rojos y un picor fuerte: *le ha salido un ~ en el pie y le duele mucho.* ⇒ **herpe.**

he·rra·dor |eřaðór| ***m.*** Hombre que se dedica a poner las *herraduras a los caballos y a otros animales de carga: *siendo casi un niño trabajó de ~ en el pueblo.*

he·rra·du·ra |eřaðúra| ***f.*** Pieza de hierro plana y curva que se les clava a los caballos y a otros animales parecidos en los *cascos, para evitar que se hagan daño al andar: *no ganó la carrera porque su caballo perdió una ~; se supone que las herraduras dan buena suerte.*

he·rra·je |eřáxe| ***m.*** Conjunto de piezas de hierro con las que se adorna o se da fuerza a la estructura de una puerta, una mesa u otro objeto: *restauraron la puerta y cambiaron todos los herrajes.*

he·rra·mien·ta |eřamiénta| **1** ***f.*** Objeto o aparato que se usa para hacer un trabajo determinado: *tráeme las siguientes herramientas: un martillo, un destornillador y una llave inglesa.* **2** Conjunto de esos objetos que se usan con un fin determinado: *recoge la ~ que nos vamos.*

he·rrar |eřár| **1** ***tr.*** [algo] Clavar las *herraduras a los caballos y a otros animales parecidos: *esta mañana he herrado todos los burros.* **2** Marcar a un animal en la piel con un hierro caliente: *los vaqueros ya han terminado de ~ el ganado.* ☖ No se debe confundir con *errar.* Se conjuga como 27.

he·rre·rí·a |eřería| **1** ***f.*** Lugar donde se fabrican o trabajan a mano objetos de hierro: *me han hecho un juego de herraduras en la ~.* ⇒ **fragua. 2** Oficio del *herrero: *he dedicado toda mi vida a la ~.*

he·rre·ᴦro, ᴦra |eřéro, ra| ***m. f.*** Persona que se dedica a fabricar o trabajar a mano objetos de hierro: *Vulcano era el dios ~; el ~ me ha hecho una reja y una puerta de hierro.*

he·rre·te |eřéte| ***m.*** Pieza de metal, generalmente de adorno: *tiene una chaqueta con los herretes de oro.*

he·rrum·bre |eřúmbre| **1** ***f.*** Capa de color rojo que se forma en la superficie del hierro y otros metales a causa de la humedad o del agua: *la puerta del garaje está cubierta de ~.* ⇒ **óxido. 2** Sabor que toman los alimentos que han estado en *contacto con el hierro u otro metal: *estos melocotones saben a ~.*

hertz |xérᵗθ| ***m.*** FÍS. Unidad de frecuencia en el Sistema Internacional; *ciclo por segundo: *la corriente eléctrica en España tiene una frecuencia de 50 ~.* ⇒ **hercio.**

hert·zia·ᴦno, ᴦna |erᵗθiáno, na| ***adj.*** De las *oscilaciones eléctricas estudiadas por Hertz o que tiene relación con ellas: *este aparato recoge ondas hertzianas.* ⇒ **herciano.** ☖ La Real Academia Española prefiere la forma *herciano.*

her·vi·de·ro |erβiðéro| **1** ***m.*** Cantidad grande de personas o animales en continuo movimiento: *la plaza del mercado es un ~; me encontré con un ~ de avispas.* **2** Lugar o situación en la que se dan o producen muchas cosas a la vez: *la sala entera era un ~ de risas, gritos y susurros.*

her·vi·do |erβíðo| ***m.*** Comida hecha generalmente con verduras *cocidas: *esta noche cenaré un ~ de verduras.*

her·vi·dor |erβiðór| ***m.*** Recipiente que sirve para hervir líquidos: *puso agua en el ~ para hacerse una infusión.*

her·vir |erβír| **1** ***intr.*** Alcanzar un líquido la temperatura necesaria para transformarse en gas: *el agua hierve aproximadamente a 100° centígrados; retira el aceite del fuego que está hirviendo.* ⇒ **cocer. 2** Moverse un líquido de la misma manera que lo haría si estuviese a esa temperatura por reacción química o por otras causas: *el vino hierve en las barricas.* **3** *fig.* [de algo] Haber o tener una cantidad grande de personas o cosas en continuo movimiento: *el teatro hervía de gente; esa cama hierve de chinches.* ⇒ **bullir. - 4** ***tr.*** [algo] Hacer que un líquido alcance la temperatura necesaria para transformarse en gas: *hierve el agua para matar los microbios.* **5** Poner en un líquido muy caliente durante un tiempo para cocinarlo o *esterilizarlo: *hirvió durante un minuto las zanahorias; hierve ese biberón.* ■ **~ la sangre**, enfadarse o excitarse mucho: *cuando lo oyó le hervía la sangre.* ☖ Se conjuga como 35.

her·vor |erβór| ***m.*** Acción y resultado de hervir: *oyó el ~ del agua en la cocina.* ■ **dar un ~**, *cocer en agua durante poco tiempo: *dio un ~ a las espinacas y las sirvió en la mesa.*

he·te·ro·do·xia |eteroðóᵏsia| ***f.*** Alejamiento o separación de las creencias, principios o costumbres de una religión o disciplina: *estos religiosos son los representantes de la ~; la ~ literaria ha sido muy apreciada en el último siglo.*

he·te·ro·do·ᴦxo, ᴦxa |eteroðóᵏso, ᵏsa| ***adj.-s.*** (persona) Que se aparta de las creencias, principios o costumbres de una religión o una disciplina: *los heterodoxos eran castigados con la hoguera; este escritor tiene un estilo muy ~.*

he·te·ro·ge·nei·dad |eteroxeneiðáᵈ| ***f.*** Mezcla de elementos diferentes; cualidad de *heterogéneo: *la sociedad sorprende por su ~; la ~ es la característica más acusada de esa obra teatral.* ⇔ **homogeneidad.**

he·te·ro·gé·ne·ᴦo, ᴦa |eteroxéneo, a| ***adj.*** Que

está formado por elementos de distinta clase o naturaleza: *las ciudades modernas son una mezcla heterogénea de razas, culturas y formas de pensar.* ⇔ **homogéneo.**

he·te·ro·se·xual |eteroseᵏsuál| **1** ***adj.*** Que se da entre individuos de sexo diferente: *las escuelas mixtas favorecen la relación ~.* **- 2** ***adj.-s.*** (persona) Que se siente atraído por individuos del sexo contrario en sus relaciones sexuales o amorosas: *el ~ muchas veces rechaza al homosexual.* ⇒ **bisexual, homosexual.**

he·xá·go·no |eᵏsáɣono| ***m.*** Figura plana de seis lados: *las celdas de las abejas tienen forma de ~.*

he·xá·me·tro |eᵏsámetro| ***adj.-m.*** POÉT. (verso) Que está formado por seis pies *métricos: *los hexámetros de Virgilio aún admiran a sus lectores.*

he·xa·sí·la·⌜bo, ⌜ba |eᵏsasílaβo, βa| ***adj.-s.*** (verso, palabra) Que tiene seis sílabas: mecánicamente *es una palabra hexasílaba.*

hez |éθ| **1** ***f.*** Materia sólida que se expulsa por el ano: *es frecuente ver las heces de los perros en las aceras de las ciudades.* ⇒ **excremento. 2** Materia sólida que cae en el fondo de un recipiente que contiene un líquido: *las heces del vino se posan en el fondo de las tinajas.* **3** *fig.* Persona o cosa que merece desprecio: *sois la ~ de esta ciudad.* ☐ El plural es *heces.*

hia·to |iáto| ***m.*** Encuentro de dos vocales que se pronuncian en sílabas distintas: *en* había *y* poseer *tenemos dos casos de ~.* ⇔ **diptongo, sinalefa.**

hi·ber·na·ción |iβernaθión| **1** ***f.*** Estado físico de ciertos animales en invierno, por el cual la temperatura de su cuerpo disminuye y entran en una especie de sueño: *la ~ es característica de los osos.* **2** Tiempo que dura ese estado: *durante la ~ los animales no salen de su guarida.* **3** MED. Técnica que reduce la temperatura de un órgano o un cuerpo para curarlo o conservarlo: *en los viajes espaciales del futuro quizás se emplee la ~.*

hi·ber·nar |iβernár| **1** ***intr.*** Pasar el invierno en estado de *hibernación: *los osos hibernan en cuevas.* **- 2** ***tr.*** [algo, a alguien] Aplicar la técnica de la *hibernación: *hibernaron a los pasajeros de la nave.*

hí·bri·⌜do, ⌜da |íβriðo, ða| ***adj.-m.*** Que ha nacido o procede de la unión de dos especies o tipos distintos: *la mula es un ~; su formación cultural era híbrida.*

hi·dal·⌜go, ⌜ga |iðálɣo, ɣa| **1** ***m. f.*** Persona que no es noble, pero ha nacido en una familia importante: *Don Quijote era un ~ manchego.* **- 2** ***adj.*** Del *hidalgo o que tiene relación con él: *era de familia hidalga.* **3** Que es generoso y noble: *su actitud siempre ha sido hidalga y valiente.*

hi·dal·guí·a |iðalɣía| **1** ***f.*** Cualidad de *hidalgo: *siempre presumió de la rancia ~ de su familia.* **2** Generosidad, bondad y nobleza: *con los más pobres y necesitados se comportaba con ~.*

hi·dra |íðra| ***f.*** ZOOL. Serpiente venenosa que vive en el agua de las costas del mar Pacífico y del Índico: *avisaron a los turistas de que tuviesen cuidado al bañarse: podía haber hidras.*

hi·dra·ta·ción |iðrataθión| **1** ***f.*** Tratamiento de la piel de las personas para que no se seque: *la ~ es muy importante para combatir las arrugas.* **2** Aumento de la proporción de agua en un cuerpo o sustancia: *en verano bebemos agua para la ~ de los tejidos.*

hi·dra·tan·te |iðratánte| ***adj.-f.*** (sustancia, producto) Que trata la piel de las personas para que no se seque: *he comprado una crema ~ en la farmacia.*

hi·dra·tar |iðratár| **1** ***tr.*** [algo] Tratar la piel de las personas para que no se seque: *este producto sirve para limpiar e ~ el cutis.* **2** *form.* [algo, a alguien] Aumentar la proporción de agua en un cuerpo o sustancia: *los ciclistas beben mucho líquido para ~ su organismo.* ⇔ **deshidratar.**

hi·dra·to |iðráto| ***m.*** QUÍM. Unión química de una sustancia con agua: ~ **de carbono,** compuesto químico de *carbono, *hidrógeno y oxígeno que abunda en el azúcar, el pan, las patatas y otros alimentos: *los hidratos de carbono se digieren fácilmente.*

hi·dráu·li·⌜co, ⌜ca |iðráuliko, ka| ***adj.*** Que funciona gracias al agua o mediante agua: *la energía hidráulica es limpia y poco peligrosa.*

hí·dri·⌜co, ⌜ca |íðriko, ka| ***adj.*** *form.* Del agua o que tiene relación con el agua: *los niveles de contaminación hídrica son cada vez más altos.*

hi·dro·a·vión |iðroaβión| ***m.*** Avión que despega, se detiene y flota en el agua: *el ~ rescató a los náufragos.* ⇒ **hidroplano.**

hi·dro·car·bu·ro |iðrokarβúro| ***m.*** QUÍM. Sustancia química que resulta de la unión de *carbono e *hidrógeno: *el gas butano es un ~.*

hi·dro·e·lec·tri·ci·dad |iðroeleᵏtriθiðáᵈ| ***f.*** Energía eléctrica que se consigue por la fuerza del movimiento del agua: *el agua se almacena en los embalses para producir ~.*

hi·dro·e·léc·tri·⌜co, ⌜ca |iðroeléᵏtriko, ka| ***adj.*** De la energía eléctrica conseguida por la fuerza del movimiento del agua o que tiene relación con ella: *la compañía hidroeléctrica ampliará sus líneas por toda la comarca.*

hi·dró·fi·⌜lo, ⌜la |iðrófilo, la| **1** ***adj.*** Que absorbe agua con facilidad: *necesito algodón ~.* **2** (ser vivo) Que vive en ambientes húmedos: *las algas son plantas hidrófilas.*

hi·dro·fo·bia |iðrofóβia| **1** ***f.*** Enfermedad que consiste en tener un miedo excesivo al agua: *de pequeño se cayó a una piscina y ahora sufre de ~.* **2** Enfermedad *infecciosa que padecen ciertos animales, especialmente el perro, que impide tragar agua: *la ~ puede hacer que un animal se muera.* ⇒ **rabia.**

hi·dró·fu·⌜go, ⌜ga |iðrófuɣo, ɣa| ***adj.*** Que rechaza el agua o evita que las cosas se mojen: *he aplicado sobre el cristal una sustancia hidrófuga.*

hi·dró·ge·no |iðróxeno| ***m.*** QUÍM. Elemento químico que se presenta en la naturaleza en forma de gas, sin color ni olor, que forma con el oxígeno el agua y que arde fácilmente: *el símbolo del ~ es H; el ~ es muy ligero e inflamable; las sustancias orgánicas son ricas en ~.*

hi·dro·gra·fí·a |iðroɣrafía| **1** ***f.*** GEOGR. Disciplina que estudia y describe los mares, los ríos y otras corrientes de agua: *le gustaría dedicar su vida a la* ~. **2** Conjunto de los mares, los ríos y otras corrientes de agua de un país o lugar: *esta región tiene una* ~ *muy pobre.*

hi·dro·grá·fi·⌜co, ⌜ca |iðroɣráfiko, ka| ***adj.*** De la *hidrografía o que tiene relación con ella: *este libro es un tratado* ~; *el mapa representa las principales zonas hidrográficas del país.*

hi·dró·li·sis |iðrólisis| ***f.*** QUÍM. Reacción que deshace una sustancia orgánica por acción del agua, de un ácido o de un *fermento: *durante la digestión se produce la* ~. ☖ El plural es *hidrólisis.*

hi·dro·lo·gí·a |iðroloxía| ***f.*** Disciplina que estudia las aguas: *los expertos en* ~ *han estudiado el estado de las aguas subterráneas de la región.*

hi·dro·pe·sí·a |iðropesía| ***f.*** MED. Acumulación excesiva de líquido en una parte del cuerpo: *esa persona tiene el vientre muy hinchado porque tiene* ~.

hi·dro·pla·no |iðropláno| ***m.*** Embarcación que alcanza gran velocidad en el agua, por lo que tiende a levantarse sobre ella: *las dos islas se comunican por hidroplanos.* ⇒ **hidroavión.**

hi·dros·fe·ra |iðrosféra| ***f.*** Conjunto de mares, ríos y corrientes de agua de la Tierra: *la* ~ *se encuentra entre la atmósfera y la litosfera.*

hi·dro·so·lu·ble |iðrosolúβle| ***adj.*** (sustancia) Que se disuelve o puede disolverse en el agua: *las vitaminas B, C y D son hidrosolubles.*

hi·dró·xi·do |iðróksiðo| ***m.*** QUÍM. Compuesto químico que contiene, además de otros elementos, oxígeno e *hidrógeno: *el* ~ *de sodio se usa para fabricar jabones.*

hie·dra |iéðra, yéðra| ***f.*** Planta de hojas brillantes y verdes durante todo el año, que crece subiendo por paredes y árboles: *la fachada de su casa está cubierta de* ~. ⇒ **yedra.**

hiel |iél, yél| **1** ***f.*** Líquido de color amarillo verdoso y de sabor amargo producido por el *hígado: *la* ~ *ayuda a hacer la digestión.* ⇒ **bilis. 2** *fig.* Situación desagradable o mala: *la enfermedad del abuelo está siendo una* ~ *para toda la familia.*

hie·lo |iélo, yélo| **1** ***m.*** Agua en estado sólido; agua congelada: *el agua por debajo de los 0 °C se convierte en* ~; *el polo norte es un gran casquete de* ~. **2** Temperatura inferior a 0 °C: *esta noche ha habido* ~ *otra vez; el* ~ *ha acabado con las cosechas de este año.* ■ **romper el** ~, acabar con una situación tensa o difícil, en la que *nadie habla: *empezó a contar chistes para romper el* ~.

hie·na |iéna, yéna| **1** ***f.*** Animal mamífero salvaje, parecido al perro, de pelo áspero y gris, que se alimenta de los cuerpos muertos de otros animales y que vive en África y Asia: *se dice que la* ~ *ríe.* ☖ Para indicar el sexo se usa la ~ macho y la ~ hembra. **2** *fig.* Persona despreciable y cobarde: *Ramón es una* ~: *ha abandonado a sus amigos en el peor momento.*

hie·rá·ti·⌜co, ⌜ca |ierátiko, ka, yerátiko, ka| **1** ***adj.*** Que parece serio o completamente quieto; que es *solemne o *majestuoso: *las figuras hieráticas del antiguo Egipto no reflejan ningún movimiento; estaba sentado con una actitud hierática.* **2** De los sacerdotes y de las cosas *sagradas, o que tiene relación con ellos: *algunas pinturas antiguas muestran escenas de ritos hieráticos.*

hie·ra·tis·mo |ieratísmo, yeratísmo| ***m.*** *form.* Cualidad de *hierático: *las primitivas esculturas se caracterizan por su* ~.

hier·ba |iérβa, yérβa| **1** ***f.*** Planta sin tronco, cuyos tallos son hojas pequeñas y alargadas de color verde y que crece en los campos y jardines: *este fin de semana tengo que cortar la* ~ *del jardín.* ⇒ **yerba; mala** ~, la que crece por sí sola en los cultivos y los daña: *he estado toda la mañana arrancando malas hierbas.* **2** Conjunto de esas plantas que cubre un lugar: *muchos deportes se practican sobre* ~. ⇒ **yerba. 3** *fam.* *Marihuana, en el lenguaje de la droga: *está drogado, ha fumado* ~. ⇒ **yerba.** ■ **y otras hierbas**, *hum.*, y más aún que no se dice: *estaban Pedro, Juan, Luis, Antonio y otras hierbas.*

hier·ba·bue·na |ierβaβuéna, yerβaβuéna| ***f.*** Hierba de hojas verdes y muy olorosas, que se emplea para dar buen olor al ambiente y sabor a ciertos alimentos o dulces: *este chicle sabe a* ~; *con la* ~ *se puede hacer té.* ⇒ **menta.**

hie·rro |iéro, yéro| **1** ***m.*** Metal duro, de color gris, que abunda en la naturaleza y que sirve para hacer todo tipo de herramientas, estructuras y objetos: *el* ~ *se oxida fácilmente; las vías del tren son de* ~; ~ **colado/fundido**, el que ha sido calentado hasta ser convertido en líquido y *enfriado después recibiendo de este modo una forma determinada: *esa estatua es de* ~ *fundido;* ~ **dulce**, el que está solo, libre de otros metales o minerales, y que se trabaja fácilmente: *algunas camas antiguas eran de* ~ *dulce;* ~ **forjado**, el trabajado a golpes, que tiene una superficie rugosa: *las rejas de las ventanas de esa casa son de* ~ *forjado.* **2** Trozo de ese metal: *el niño se hizo una herida con un* ~ *oxidado; pusieron hierros en el hormigón para hacer los cimientos.* **3** QUÍM. Elemento de ese metal, sin unirse a ningún otro: *el símbolo del* ~ *es Fe.* **4** Objeto o arma con punta de hierro; extremo de ese objeto: *el* ~ *de la lanza alcanzó su corazón; el* ~ *del arado se ha gastado.* **5** Marca que se hace en los animales con un instrumento de ese metal calentado al rojo vivo, y que sirve para probar que pertenecen a un rebaño determinado: *pusieron el* ~ *a sus vacas; ese toro lleva el* ~ *de una ganadería.* ■ **de** ~, muy fuerte o resistente; de una fuerza física o mental fuera de lo común: *mi padre tiene una salud de* ~; *es de* ~: *lleva trabajando desde las siete y aún no ha parado.* ■ **el que/quien a** ~ **mata a** ~ **muere**, expresión que indica que a una persona la tratarán como ella trate a los demás o que le harán lo que ella haga: *pegó a su primo y después le pegaron a él: le había advertido que el que a* ~ *mata a* ~ *muere.* ■ **machacar en** ~ **frío**, insistir o repetir sin que sirva para nada: *se lo he dicho mil veces, pero hablar con él es machacar en* ~ *frío.* ■ **quitar** ~, tratar de hacer menos grave o importante algún asunto para evitar un enfado: *menos mal que estabas tú para quitar* ~ *a la discusión.*

hí·ga·do |íγaðo| ***m.*** Órgano del cuerpo de tamaño grande y color marrón, que se encuentra junto al estómago y que sirve, entre otras cosas, para hacer más pura la sangre: *el abuso de bebidas alcohólicas puede dañar el ~.* ■ **echar los hígados,** *fam.*, hacer un esfuerzo muy grande: *cada vez que subo esa escalera echo los hígados.*

hi·gie·ne |ixiéne| **1** ***f.*** Limpieza que se guarda con la intención de mejorar la salud o de evitar enfermedades o *infecciones: *la ~ ha hecho que la población tenga una mayor esperanza de vida.* **2** Disciplina que estudia los modos de evitar enfermedades e *infecciones: *la ~ es una parte de la medicina.*

hi·gié·ni·⌜co, ⌜ca |ixiéniko, ka| ***adj.*** Que sirve para evitar enfermedades o *infecciones: *necesito esparadrapo ~; tiene la higiénica costumbre de abrir las ventanas de su casa todas las mañanas.*

hi·go |íγo| ***m.*** Fruto comestible de forma parecida a la *pera, de color verde o marrón y de carne suave y dulce: *los higos se comen en verano.* ⇒ **breva;** ~ **seco**, el que ha perdido su humedad y se puede conservar durante mucho tiempo: *en Navidad sacó unos higos secos y unas ciruelas pasas.* ■ **de higos a brevas**, de año en año; con poca frecuencia: *nos vemos de higos a brevas.* ■ **estar hecho un** ~, *fam.*, estar arrugado o encogido: *cuando saqué mi camisa de la bolsa, estaba hecha un ~; su abuelo está hecho un ~.* ■ ~ **chumbo**, fruto de la *chumbera: *el ~ chumbo tiene muchas espinas.*

hi·gro·me·trí·a |iγrometría| ***f.*** FÍS. Disciplina que estudia la humedad de la atmósfera para medirla: *la ~ mide de forma exacta la humedad relativa del aire.*

hi·gró·me·tro |iγrómetro| ***m.*** Aparato que sirve para medir la humedad de la atmósfera: *tengo un ~ que cambia de color según la humedad del aire.*

hi·gue·ra |iγéra| ***f.*** Árbol frutal, de hojas verdes y grandes que produce *higos: *algunas higueras echan primero brevas y después higos.*

hi·jas·⌜tro, ⌜tra |ixástro, tra| ***m. f.*** Hijo que no es propio, sino de la persona con la que se está casado: *mi hermano y yo somos hijastros de la segunda mujer de nuestro padre.*

hi·⌜jo, ⌜ja |íxo, xa| **1** ***m. f.*** Persona o animal en cuanto a sus padres: *mi padre tiene dos hijos: mi hermano y yo; el Rey y su ~, el Príncipe, visitaron ayer nuestra ciudad;* ~ **adoptivo**, el que se considera como hijo sin haber nacido de ninguno de los padres legales: *este matrimonio tiene un ~ adoptivo porque no podía tener hijos naturales;* ~ **bastardo**, el que el padre o la madre tienen con una persona con quien no están casados: *es ~ bastardo: su padre tuvo relaciones con una artista;* ~ **ilegítimo**, persona cuyos padres no están casados legalmente o que no ha recibido los *apellidos del padre: *tengo un amigo que es ~ ilegítimo porque sus padres no se han casado;* ~ **legítimo**, persona cuyos padres están casados legalmente o que ha recibido los *apellidos del padre: *ese hombre tuvo tres hijos legítimos y dos ilegítimos;* ~ **natural**, persona en cuanto a sus padres *biológicos; persona cuyos padres no están casados o que no ha recibido los *apellidos del padre: *esa pareja tuvo un ~ natural antes de casarse;* ~ **político**, persona casada con un hijo en cuanto a los padres de él: *mi marido es el ~ político de mis padres;* ~ **único**, el que no tiene más hermanos ni hermanas: *es ~ único: cuando nació sus padres decidieron no tener más hijos.* **2** Persona nacida en un país o lugar: *Cervantes, ~ de Alcalá de Henares, fue un viajero incansable; son hijos del pueblo.* ☐ Se suele usar seguido del nombre del país o lugar. **3** Jesucristo, la Segunda Persona de la Trinidad, para los cristianos: *en el Nombre del Padre, del Hijo y del Espíritu Santo.* ⇒ **espíritu, padre.** ☐ En esta acepción se escribe con mayúscula. **4** Persona en cuanto a un director espiritual o a un sacerdote: *el sacerdote reunió a sus hijos en la iglesia.* **5** Brote de una planta: *la planta que me regalaron está echando un ~.* - **6** ***voc.*** *fam.* Persona querida, normalmente más joven, con la que se tiene confianza: *~ mío, ¿qué haces?; pues claro que sí, ~, pues claro que sí.* ☐ Se usa como apelativo. ■ **cada ~ de vecino**, *fam.*, una persona cualquiera de una comunidad: *ese tiene que pagar como cada ~ de vecino.* ■ **dar más que hacer/más problemas que un ~ tonto**, *fam. hum.*, ser molesto o pesado: *¿otra vez lo has roto? ¡Das más que hacer que un ~ tonto!* ■ ~ **de su/de mala madre**, *fam. vulg.*, persona mala y despreciable: *el ~ de su madre me empujó por la escalera.* ☐ Se usa como insulto grave. ■ ~ **de papá**, persona a la que sus padres le pagan todo, sin hacer nada por sus propios medios: *tiene el coche más llamativo porque es un ~ de papá.* ■ ~ **de perra**, *fam. vulg.*, persona mala y despreciable: *este ~ de perra sólo busca la desgracia de los demás.* ☐ Se usa como insulto y ofensa muy grave. ■ ~ **puta/de puta**, *fam. vulg.*, persona mala y despreciable: *ya me las pagará el ~ puta.* ☐ Se usa como insulto y ofensa muy grave. ■ **¡pues ~!**, *fam. desp.*, expresión con la que se indica fastidio o enfado por una ofensa: *¡Pues ~! ¡Qué se habrá creído ese idiota!*

hi·la·⌜cho, ⌜cha |ilátʃo, tʃa| ***m. f.*** Trozo de hilo que se desprende de una tela: *el vendedor de telas tenía la chaqueta llena de hilachos.*

hi·la·do |iláðo| **1** ***m.*** Acción y resultado de *hilar: *el ~ se suele hacer a máquina.* **2** Fibra que se ha convertido en hilo: *el ~ se puede hacer de lino, cáñamo o seda.*

hi·lan·de·⌜ro, ⌜ra |ilandéro, ra| ***m. f.*** Persona que fabrica hilo: *las hilanderas utilizaban la rueca para hilar la lana.*

hi·lar |ilár| **1** ***tr.-intr.*** [algo] Hacer hilo a partir de fibras de origen vegetal o animal: *las ruecas sirven para ~.* - **2** ***tr.*** Tejer sus hilos o fibras ciertos gusanos o *arañas: *los gusanos de seda hilan sus capullos en poco tiempo.* **3** *fig.* Unir varias ideas con un orden lógico: *hilando lo expuesto de esta manera, se puede llegar a la conclusión de que no existe otro medio de solucionar el problema.* ■ ~ **fino**, hacer una cosa muy difícil y con mucho cuidado: *hay que ~ muy fino para hacerlo tan bien como él.*

hi·la·ran·te |ilaránte| ***adj.*** Que produce risa: *es una comedia ~; los soldados han utilizado gas ~.*

hi·la·ri·dad |ilariðáᵈ| ***f.*** Risa provocada por lo que se ve o se oye: *los chistes del artista provocaron la ~ del público.*

hi·le·mor·fis·mo |ilemorfísmo| ***m.*** FIL. Teoría creada por Aristóteles según la cual los cuerpos están compuestos por materia y forma: *el ~ aristotélico influyó notablemente en la escolástica.*

hi·le·ra |iléra| ***f.*** Conjunto de personas o cosas colocadas una tras otra en fila: *en el huerto había varias hileras de árboles; una ~ de gente esperaba en la puerta; una ~ de soldados recorría lentamente la carretera.* ⇒ **fila.**

hi·lo |ílo| **1** ***m.*** Conjunto de fibras vegetales o de origen animal de forma larga y delgada; suele usarse para coser y tejer: *tráeme ~ y aguja para coser ese botón; voy a la mercería por un carrete de ~ azul.* **2** Fibra de *lino: *los manteles clásicos son de color blanco o crudo y de ~.* **3** Fibra que producen algunos gusanos o *arañas: *la araña colgaba de su ~.* **4** ELECTR. *Cable fino para el teléfono o la electricidad: *no funciona porque uno de los dos hilos está quemado.* **5** Líquido que cae o sale de algo de manera débil pero continua: *del manantial sólo salía un ~ de agua; tenía un ~ de sangre en el labio.* ■ **al ~ de,** en relación con una cosa; en cuanto a lo que se discute: *es, precisamente al ~ de este tema, donde surge la polémica.* ■ **coger el ~**, entender el asunto o tema del que se habla o trata: *no pude coger el ~ de su conversación.* ■ **colgar/pender de un ~**, estar en una situación delicada o poco segura: *su vida pendía de un ~.* ■ **perder el ~**, olvidar el tema principal de una frase, conversación o discurso: *he perdido el ~, ¿qué estábamos diciendo?* ■ **tirar del ~**, seguir con un razonamiento lógico o con averiguaciones: *tirando del ~, me di cuenta de sus intenciones.*

hil·ván |ilβán| **1** ***m.*** Punto largo con el que se sujetan las piezas de tela antes de coserlas de manera definitiva: *hay que quitar los hilvanes del pantalón después de coserlo a la máquina.* **2** Hilo que se usa para sujetar las piezas de tela antes de coserlas de manera definitiva: *el ~ suele ser blanco y poco resistente.*

hil·va·nar |ilβanár| **1** ***tr.*** [algo] Sujetar con hilo, pero débilmente, las piezas de tela que se van a coser: *la modista hilvanó la camisa y se la probó al maniquí.* ⇔ **deshilvanar. 2** *fig.* Preparar las primeras cosas para hacer algo: *el asunto está hilvanado, pero hay que resolverlo.* **3** *fig.* Unir o relacionar dos ideas; poner o hacer una cosa detrás de otra: *era incapaz de hilvanar dos pensamientos consecuentes; los jugadores de aquel equipo hilvanaban buenas jugadas.*

hi·men |ímen| ***m.*** ANAT. Doblez de piel *membranosa que cierra en parte la vagina de una mujer *virgen: *cuando se rompe el ~ se produce una pequeña hemorragia.*

hi·me·nóp·te·ro |imenóᵖtero| ***adj.-m.*** ZOOL. (insecto) Que tiene alas *membranosas y una especie de *pinza en su boca: *las abejas, las avispas y las hormigas son himenópteros.*

him·no |íᵐno| **1** ***m.*** Música, generalmente cantada, que se compone y se toca en honor de una nación, país o región, y que los representa: *cuando el atleta subió al podio, tocaron el ~ de su país; sonó el ~ nacional y todos se pusieron de pie.* **2** Obra corta en verso, a veces cantada, en honor de un dios, un santo, una persona o un hecho: *cantaron un ~ a la Virgen; el poeta dedicó un ~ a Zeus.*

hin·ca·pié |iŋkapié| ■ **hacer ~**, insistir sobre una cosa para que quede clara: *hizo ~ en la conveniencia de salir antes para evitar los problemas del tránsito.*

hin·car |iŋkár| **1** ***tr.*** [algo] Clavar o meter una cosa con punta en otra: *le hincó la lanza en el costado; hincó el cuchillo en la mesa.* **- 2 hincarse** ***prnl.*** Introducirse o clavarse una cosa en otra: *se me ha hincado una espina en el dedo.* ■ **~ el diente,** empezar a hacer una cosa difícil o molesta: *es un libro muy raro: no hay quien le hinque el diente.* ■ **hincarse de rodillas**, poner las rodillas en el suelo: *se hincó de rodillas ante el Rey y le suplicó que le perdonara la vida.* ☐ Se conjuga como 1.

hin·cha |íntʃa| **1** ***com.*** *fam.* Persona que anima a su equipo deportivo o que lo sigue con pasión: *a veces es difícil ser ~ de fútbol y conservar los buenos modales.* ⇒ **forofo. - 2** ***f.*** *fam.* Mala voluntad hacia una persona con o sin razón conocida: *el profesor me tiene ~ y siempre me expulsa de clase.*

hin·cha·da |intʃáða| ***f.*** Conjunto de personas que animan a su equipo deportivo o que lo siguen con pasión: *la ~ acudió al pabellón de deportes para animar a su equipo.*

hin·cha·⌜do, ⌜da |intʃáðo, ða| **1** ***adj.*** Que está lleno de orgullo; que es presumido: *se paseaba ~ con su traje gris y las manos en los bolsillos del chaleco.* **2** (lenguaje, estilo) Que se adorna en exceso con palabras demasiado formales y que no son necesarias: *tiene un lenguaje muy ~ y lleno de largas expresiones.* ⇒ **altisonante, ampuloso, grandilocuente, pomposo.**

hin·char |intʃár| **1** ***tr.-prnl.*** [algo] Aumentar el tamaño de un cuerpo al llenar su interior con una cosa: *hinchó un globo; tenía que ~ las ruedas de la bicicleta; hinchó el pecho; tenía los párpardos hinchados de no dormir.* ⇒ **inflar.** ⇔ **deshinchar. - 2** ***tr.*** *fam.* [a alguien] Fastidiar o molestar hasta el límite: *mira, niño, no me hinches que te doy una torta; la hinchó tanto que se marchó.* ⇒ **inflar. 3** [algo] Exagerar o señalar una cosa como muy importante cuando no lo es: *no hinches demasiado tu currículo; los periodistas hincharon la noticia.* ⇒ **inflar.** ⇔ **deshinchar. - 4 hincharse** ***prnl.*** Hacerse más grande una parte del cuerpo a causa de un golpe o de otra cosa: *se cayó y se le hinchó la rodilla derecha; se le ha hinchado toda la cara por culpa de una muela.* **5** *fam.* Hacer una actividad en exceso, especialmente comer demasiado o comer hasta no poder más: *me he hinchado con el primer plato y ya no puedo con el segundo; esta semana me voy a ~ a trabajar.* ☐ Se puede usar seguido de las preposiciones *a* o *de*: *se hinchó a cordero; nos hinchamos de marisco.* **6** Llenarse de orgullo o presumir: *cuanto más lo adulaban, más se hinchaba.* ■ **hinchar a golpes/palos**, *fam.*, pegar o golpear mucho y violentamente: *lo cogieron en un callejón y lo hincharon a palos.* ■ **hinchar los cojones/las narices**, *fam. vulg.*, molestar o fastidiar mucho: *me estaba hinchando las narices y tuve que decirle cuatro cosas.*

hin·cha·zón |intʃaθón| **1** *f.* Aumento del tamaño de una parte del cuerpo: *la ~ se le extendía por toda la pierna.* **2** Exageración en el modo de hablar o escribir: *la ~ del lenguaje se ha puesto de moda.*

hin·dú |indú| **1** *adj.* De la India o que tiene relación con la India: *la situación lingüística ~ es muy complicada, porque allí se hablan muchas lenguas.* **- 2** *adj.-com.* (persona) Que es de la India y adora a Brahma, o practica la religión de Buda y no la de Mahoma: *los hindúes consideran que las vacas son sagradas.* ☐ El plural es *hindúes*.

hin·duis·mo |induísmo| *m.* Religión más importante de la India, cuyos seguidores pertenecen a una *casta *hindú y reconocen ciertas escrituras *sagradas: *el ~ defiende que la inmortalidad se alcanza liberándose del ciclo de las reencarnaciones.*

hi·nies·ta |iniésta| *f.* Planta con muchas ramas largas, delgadas y flexibles, con hojas pequeñas y escasas y flores amarillas: *la ~ crece en las praderas.* ⇒ **retama.**

hi·no·jo |inóxo| *m.* Planta silvestre de hojas muy divididas, con flores amarillas y de sabor dulce, que se emplea para cocinar ciertos alimentos: *el ~ se usa para aliñar las aceitunas.*

hi·par |ipár| **1** *intr.* Producir un ruido en la garganta, causado por un movimiento rápido del pecho; tener *hipo: *se bebió el vaso de agua tan rápidamente, que luego no paraba de ~.* **2** *form.* Llorar produciendo sonidos parecidos al *hipo: *el niño no paraba de ~.* ■ **~ por**, desear fuertemente; tener muchas ganas de: *hipaba por volver a verla.*

hi·pér·ba·ton |ipérβaton| *m.* LING. POÉT. Grupo de palabras que no siguen el orden normal de la frase: *en* del rincón en el ángulo oscuro *hay un ~.* ☐ El plural es *hipérbatos*.

hi·pér·bo·la |ipérβola| *f.* Figura compuesta por dos curvas abiertas por el lado opuesto al eje que las separa: *la resolución de aquella ecuación dio como resultado una ~.*

hi·pér·bo·le |ipérβole| *f.* POÉT. Figura del lenguaje que consiste en exagerar lo que se expresa: el breve suspiro de una vida *es una ~ que se refiere al tiempo que dura una vida.*

hi·per·bó·li·⌜co, ⌜ca |iperβóliko, ka| *adj. form.* Que es muy exagerado: *las historias que cuenta siempre son hiperbólicas.*

hi·per·bó·re·o |iperβóreo| *adj.* Que está o que procede de muy al norte: *estos hombres son originarios de un pueblo ~.*

hi·per·mer·ca·do |ipermerkáðo| *m.* Establecimiento de gran tamaño en el que se venden mercancías de todo tipo y en el que los clientes se sirven a sí mismos y disponen en el exterior de lugar para dejar sus automóviles: *los hipermercados suelen encontrarse en la periferia de las ciudades; hemos ido al ~ y hemos comprado leche para todo el mes.* ☐ A veces se abrevia como *hiper*.

hi·per·me·tro·pí·a |ipermetropía| *f.* MED. Defecto del ojo que hace ver mal los objetos cercanos y más claramente los lejanos: *la ~ es frecuente en las personas mayores; leo con dificultad porque tengo ~.* ⇒ **miopía.**

hi·per·sen·si·bi·li·dad |ipersensiβiliðáᵈ| *f.* MED. Capacidad de sentir muy desarrollada: *la ~ puede conducir al suicidio.*

hi·per·sen·si·ble |ipersensíβle| *adj.* Que tiene una capacidad de sentir muy desarrollada: *algunas personas se vuelven hipersensibles cuando están enfermas.*

hi·per·ten·sión |ipertensión| *f.* MED. Presión en las *arterias superior a la normal: *fumar y beber en exceso provoca ~.* ⇔ **hipotensión.**

hi·per·tro·fia |ipertrófia| **1** *f.* MED. ZOOL. Desarrollo excesivo de un órgano: *esa glándula ha sufrido una ~.* **2** *fig.* Aumento excesivo de una cosa: *en los últimos años se ha producido una ~ de ciertos sectores de la administración.*

hí·pi·ca |ípika| *f.* Conjunto de deportes que se practican a caballo: *Dionisio es un gran aficionado a la ~.*

hí·pi·⌜co, ⌜ca |ípiko, ka| **1** *adj.* Del caballo o que tiene relación con él: *se trata de un concurso ~ muy importante.* **2** De la *hípica o que tiene relación con ella: *tengo varias apuestas en la quiniela hípica.*

hip·no·sis |iᵖnósis| *f.* Estado mental parecido al sueño en el que el individuo que lo padece obedece las órdenes de quien se lo ha provocado: *la ~ se utiliza a veces en el psicoanálisis.*

hip·nó·ti·⌜co, ⌜ca |iᵖnótiko, ka| **1** *adj.* De la *hipnosis o que tiene relación con ella: *el sueño ~ le hizo hablar de su niñez.* **- 2** *adj.-m.* (sustancia química) Que produce sueño: *no podía dormir y el médico le recetó un producto ~; era adicto a los hipnóticos.*

hip·no·tis·mo |iᵖnotísmo| *m.* Conjunto de técnicas y teorías relacionadas con la *hipnosis: *este médico es un gran experto en ~.*

hip·no·ti·zar |iᵖnotiθár| **1** *tr.* [algo, a alguien] Producir un estado de *hipnosis: *a María la hipnotizaron en público.* **2** *fig.* Atraer mucho a una persona; producir admiración: *su sonrisa me hipnotizaba.* ☐ Se conjuga como 4.

hi·po |ípo| *m.* Ruido característico en la garganta, causado por un movimiento rápido del pecho: *le entró el ~ y no podía hablar; dicen que el ~ se pasa bebiendo un trago largo de agua.* ☐ Se usa con los verbos *tener, dar* y *entrar*: *tengo ~; me ha dado ~; me ha entrado ~.* ■ **quitar el ~**, *fam.*, asustar o sorprender mucho: *te voy a dar una noticia que te va a quitar el ~.*

hi·po·con·dria |ipokóndria| *f.* ⇒ **hipocondría.**

hi·po·con·drí·a |ipokondría| *f.* MED. Sentimiento de debilidad ante la enfermedad que le hace pensar al que lo tiene que padece una enfermedad determinada; preocupación excesiva por las enfermedades: *su ~ no le permite vivir feliz, siempre piensa que está enfermo.* ⇒ **hipocondría.**

hi·po·con·dria·⌜co, ⌜ca |ipokondriako, ka| ***adj.-s.*** *form.* ⇒ **hipocondríaco.**

hi·po·con·drí·a·⌜co, ⌜ca |ipokondríako, ka| ***adj.-s.*** *form.* (persona) Que se preocupa en exceso por su salud y tiene miedo de padecer enfermedades: *los hipocondríacos sufren tristeza y ansiedad.* ⇒ **hipocondriaco.**

hi·po·co·rís·ti·co |ipokorístiko| ***adj.-s.*** LING. (nombre) Que resulta de cambiar la forma o la longitud de otro y que se usa como apelativo afectivo o familiar: Paco *es un ~ de Francisco.*

hi·po·cre·sí·a |ipokresía| ***f.*** Fingimiento de unas cualidades, sentimientos o creencias que en realidad no se tienen: *la ~ de ciertas personas las hace dignas de poca confianza.*

hi·pó·cri·ta |ipókrita| ***adj.-com.*** (persona) Que intenta parecer lo que no es o que finge cualidades, sentimientos o creencias que en realidad no tiene: *el ~ no deja ver sus verdaderas intenciones.* ⇔ **franco.**

hi·po·dér·mi·⌜co, ⌜ca |ipoðérmiko, ka| ***adj.*** Que está o se pone debajo de la piel: *compró una aguja hipodérmica en la farmacia; me pusieron una inyección hipodérmica.*

hi·pó·dro·mo |ipóðromo| ***m.*** Instalación preparada para las carreras y otros deportes en los que participan caballos: *me gusta ver las carreras de caballos en el ~ y apostar algún dinero.*

hi·pó·fi·sis |ipófisis| ***f.*** MED. Órgano pequeño situado bajo el cerebro, que se encarga de producir sustancias que regulan el crecimiento: *un mal funcionamiento de la ~ afectó gravemente al crecimiento del niño.* ☖ El plural es *hipófisis.*

hi·po·pó·ta·mo |ipopótamo| **1 *m.*** Animal mamífero, de cuerpo grande y gordo, piel gruesa y casi sin pelo, patas cortas, cabeza y boca enormes y orejas pequeñas, que se alimenta de vegetales y vive en algunos ríos de África: *el explorador descubrió al ~ porque vio moverse el lomo sobre el río.* ☖ Para indicar el sexo se usa el ~ macho y el ~ hembra. **2** *fam. fig.* Persona gorda y de mucho peso: *ha engordado mucho: se ha puesto como un ~.*

HIPOPÓTAMO

hi·po·te·ca |ipotéka| ***f.*** Derecho sobre una casa, una tierra u otra propiedad que su dueño da a otra persona o sociedad, para asegurar una deuda que ha contraído con ella: *no puede vender esa finca porque tiene una ~.*

hi·po·te·car |ipotekár| **1 *tr.*** [algo] Poner una propiedad bajo *hipoteca: *hipotecó su casa para comprarse un coche.* **2** *fig.* Poner en peligro; poner límites: *es necesario tomar medidas que no hipotequen nuestra economía.* ☖ Se conjuga como 1.

hi·po·te·ca·⌜rio, ⌜ria |ipotekário, ria| ***adj.*** De la *hipoteca o que tiene relación con ella: *el banco nos ha facilitado un crédito ~ a cambio de un interés muy bajo.*

hi·po·ten·sión |ipotensión| ***f.*** MED. Presión en las *arterias inferior a la normal: *la ~ puede provocar desmayos.* ⇔ **hipertensión.**

hi·po·te·nu·sa |ipotenúsa| ***f.*** Lado opuesto al ángulo recto de un triángulo rectángulo: *la ~ al cuadrado es igual a la suma de los cuadrados de los catetos.* ⇒ **cateto.**

hi·pó·te·sis |ipótesis| ***f.*** Idea o afirmación que no se ha demostrado: *las ~ de Einstein se comprobaron; tu ~ de que vendría no se ha cumplido.* ⇒ **supuesto.** ☖ El plural es *hipótesis.*

hi·po·té·ti·⌜co, ⌜ca |ipotétiko, ka| ***adj.*** De la *hipótesis o que tiene relación con ella: *eso de que el futuro será mucho mejor es algo ~.*

hi·ppie |xípi| **1 *adj.*** Del movimiento social de jóvenes que tuvo su origen en Estados Unidos hacia 1965, o que tiene relación con él: *la cultura y la estética hippies no parecen haber muerto definitivamente.* ⇒ **hippy. - 2 *com.*** Persona que pertenece a ese movimiento: *miles de hippies se reunieron en Woodstock.* ⇒ **hippy.** ☖ Esta palabra procede del inglés. El plural se pronuncia |xípis|.

hi·ppy |xípi| ***adj.*** ⇒ **hippie.**

hi·rien·te |iriénte| ***adj.*** Que hace daño físico o moral; que hiere: *profirió unas palabras hirientes que hicieron llorar a la mujer.*

hir·su·to |irsúto| *form.* ***adj.*** (pelo) Que es fuerte, áspero y duro: *arqueó sus hirsutas cejas cuando recibió la sorpresa.*

hi·so·po |isópo| **1 *m.*** Instrumento que usan los sacerdotes para esparcir agua *bendita en ciertas ceremonias: *tomó el ~ y bendijo el edificio.* **2** BOT. Planta muy olorosa que se emplea en medicina y para elaborar ciertos licores y sustancias olorosas: *el ~ se utiliza en perfumería.*

his·pa·len·se |ispalénse| **1 *adj.*** De Sevilla o que tiene relación con Sevilla: *San Isidoro, el obispo ~, escribió las* Etimologías. **- 2 *com.*** Persona nacida en Sevilla o que vive habitualmente en Sevilla: *los hispalenses se llaman así por el nombre de la antigua ciudad de Hispalis.* ⇒ **sevillano.**

his·pá·ni·⌜co, ⌜ca |ispániko, ka| **1** ***adj.*** De España y de los pueblos cuyos orígenes están en ella, o que tiene relación con ellos: *es una amante de toda la literatura hispánica; la influencia hispánica en el mundo es enorme.* ⇒ **español, hispano, hispanoamericano. 2** De la antigua *Hispania o que tiene relación con ella: *es un buen conocedor de las antiguas lenguas hispánicas.*

his·pa·ni·dad |ispaniðáᶞ| **1** ***f.*** Conjunto de países, pueblos, personas y culturas cuyos orígenes están en España: *la fiesta de la ~ es el 12 de octubre.* **2** Cualidad de *hispánico: *aunque lleva muchos años viviendo en países orientales, no renuncia a su ~.*

his·pa·nis·mo |ispanísmo| **1** ***m.*** Conjunto de ideas, formas de arte y de pensamiento de los pueblos cuyo origen está en España: *el ~ del sur de los Estados Unidos de América es manifiesto.* **2** Estudio de la cultura española: *el interés por el ~ va en aumento.* **3** LING. Palabra o modo de expresión propio de la lengua española que se usa en otro idioma: sieste *es un ~ en francés.* ⇒ **españolismo.**

his·pa·nis·ta |ispanísta| ***com.*** Persona que se dedica al estudio de la cultura de los pueblos cuyos orígenes están en España: *muchos hispanistas extranjeros estudian la literatura medieval española.*

his·pa·ni·zar |ispaniθár| ***tr.-prnl.*** [algo, a alguien] Hacer tener formas o costumbres propias de la cultura de los pueblos cuyos orígenes están en España: *España hispanizó casi toda América.* ☐ Se conjuga como 4.

his·pa·⌜no, ⌜na |ispáno, na| **1** ***adj.*** De Hispanoamérica o que tiene relación con Hispanoamérica: *la población hispana de los Estados Unidos de América está adquiriendo cada día mayor importancia.* ⇒ **hispanoamericano. 2** De España e Hispanoamérica o que tiene relación con ellas: *el carácter ~ suele ser amigable.* ⇒ **hispánico. - 3** ***m. f.*** Persona nacida o que tiene su origen en Hispanoamérica: *en los Estados Unidos de América hay millones de hispanos que hablan español.* ⇒ **hispanoamericano.**

his·pa·no·a·me·ri·ca·⌜no, ⌜na |ispanoamerikáno, na| **1** ***adj.*** De Hispanoamérica o que tiene relación con Hispanoamérica: *la novela hispanoamericana del siglo XX es de gran calidad.* ⇒ **hispánico, latinoamericano. 2** De España e Hispanoamérica o que tiene relación con ellas: *las relaciones hispanoamericanas han mejorado últimamente.* ⇒ **hispánico, hispano, iberoamericano. - 3** ***m. f.*** Persona nacida en un país de Hispanoamérica o que vive habitualmente en un país de Hispanoamérica: *los hispanoamericanos están hermanados por la lengua común.* ⇒ **hispano, iberoamericano.**

his·pa·no·á·ra·be |ispanoáraβe| **1** ***adj.*** De la España *musulmana o que tiene relación con ella: *las jarchas son cancioncillas hispanoárabes.* **2** De España y los países árabes o que tiene relación con ellos: *las negociaciones hispanoárabes avanzan por buen camino.*

his·pa·no·fi·lia |ispanofília| ***f.*** *form.* Sentimiento de admiración y simpatía hacia la cultura de España: *la ~ ha estado patente en la exposición sobre el descubrimiento de América.*

his·pa·nó·fi·⌜lo, ⌜la |ispanófilo, la| ***adj.-s.*** (persona) Que estudia y admira la cultura de España: *al congreso sobre literatura hispanoamericana asistieron muchos hispanófilos.*

his·pa·nó·fo·⌜no, ⌜na |ispanófono, na| ***adj.-s.*** ⇒ **hispanohablante.**

his·pa·no·ha·blan·te |ispanoaβlánte| **1** ***adj.-com.*** (persona) Que habla el español como lengua *materna: *los países hispanohablantes se han reunido en una conferencia internacional.* ⇒ **hispanófono. 2** (persona) Que habla español: *cada vez se pueden encontrar más hispanohablantes en Francia.*

his·ta·mi·na |istamína| ***f.*** MED. Sustancia del cuerpo que participa en la regulación de ciertos músculos y en la creación de los jugos del estómago: *la ~ forma cristales blancos y es soluble en el agua.*

his·te·ria |istéria| ***f.*** MED. Estado físico y mental de origen nervioso en el que se producen reacciones exageradas: *la ~ puede producir parálisis, sofocaciones y convulsiones.* ⇒ **histerismo.**

his·té·ri·⌜co, ⌜ca |istériko, ka| **1** ***adj.*** MED. De la *histeria o que está relacionado con ella: *padecía una hipocondria histérica.* **- 2** ***adj.-s.*** (persona) Que sufre de *histeria; que es muy exagerado en sus reacciones: *empezó a gritar como un ~.*

his·te·ris·mo |isterísmo| ***m.*** MED. Estado físico y mental de origen nervioso en el que se producen reacciones exageradas y que hace que el individuo que lo padece llore o grite sin control o imagine peligros o enfermedades que no existen: *sufre de ~ y ha decidido visitar al psiquiatra.* ⇒ **histeria.**

his·to·lo·gí·a |istoloxía| ***f.*** MED. Disciplina que estudia la estructura de los tejidos animales y vegetales: *la ~ es una parte de la anatomía.*

his·to·ló·gi·⌜co, ⌜ca |istolóxiko, ka| ***adj.*** MED. De la *histología o que tiene relación con ella: *en el laboratorio han hecho un estudio ~ de una muestra vegetal.*

his·to·ria |istória| **1** ***f.*** Conjunto de acontecimientos y hechos del pasado vividos por los hombres de una comunidad determinada: *somos fruto de la ~;* **Historia Sagrada**, conjunto de acontecimientos que se cuentan en la Biblia: *aunque es ateo, le interesa mucho la Historia Sagrada.* **2** Ciencia o disciplina que estudia esos hechos: *la ~ ha de reunir información y analizarla; la ~ de la ciencia estudia el progreso humano.* **3** Obra que trata de esos hechos: *el otro día compré una ~ de la música.* **4** Acontecimiento o conjunto de acontecimientos que ocurren en la vida de una o varias personas, especialmente cuando se cuentan o exponen: *le contó la ~ de cómo había llegado hasta ahí; no quería que la gente se enterase de aquella ~.* **5** Cuento tradicional o inventado: *la ~ de Caperucita Roja y el lobo feroz es muy conocida por los niños; el autor nos relata en su ~ las aventuras de un aviador.* **- 6 historias** ***f. pl.*** *fam.* Mentiras o palabras falsas que se dicen como disculpa o engaño: *no me vengas ahora con historias, la verdad es que no querías acompañarme; lo que dicen de ellos no son más que historias.* ⇒ **cuento.** ■ ~ **natural**, conjunto de las ciencias que estudian los seres de la naturaleza: *mañana tengo un examen de ~ natural.* ■ **ser** ~, pertenecer al pasado y no tener importancia en el momento actual: *los malos ratos que pasamos son ~.* ■ **tener una** ~, *fam.*, enfrentarse o tener un problema: *ya tuvimos una ~ con ellos hace dos meses.* ■ **tener una** ~, *fam.*, estar relacionado *sentimental o amorosamente con otra persona: *tuvo una ~ con ella el año pasado.*

his·to·ria·⌜dor, ⌜do·ra |istoriaðór, ðóra| *m. f.* Persona que se dedica al estudio de la historia: *los historiadores no coinciden en la interpretación de algunos periodos de la historia de ese país.*

his·to·rial |istoriál| **1** *m.* Conjunto de *datos, características y circunstancias de una persona o cosa: *el capitán tenía un brillante ~.* ⇒ **palmarés;** ~ **delictivo**, conjunto de acciones que una persona ha *cometido fuera de la ley: *tiene un amplio ~ delictivo: ha cometido varios robos y algún asesinato.* **2** Documento donde se recoge ese conjunto de *datos: *en el ~ clínico se observa la evolución de su enfermedad.*

his·to·riar |istoriár| **1** *tr.* [algo] Contar o escribir la historia de una persona o de un hecho: *para ~ este periodo es necesario acudir a fuentes muy diversas.* **2** Decorar con dibujos: *en esta sala se conserva un tapiz historiado.*

his·to·ri·ci·dad |istoriθiðáᵈ| **1** *f.* Consideración que se hace de unos hechos o acontecimientos sobre si han existido u ocurrido realmente: *la ~ de los sucesos relatados por algunas canciones de gesta es dudosa.* **2** Posibilidad de formar parte de la historia: *la ~ de la caída del muro de Berlín está fuera de toda duda.*

his·to·ri·cis·mo |istoriθísmo| *m.* Conjunto de ideas, doctrinas y sentimientos que observan la realidad y las obras humanas en cuanto a su *historicidad: *algunos críticos literarios practican el ~.*

his·tó·ri·⌜co, ⌜ca |istóriko, ka| **1** *adj.* De la historia o que tiene relación con ella: *se han escrito muchos estudios históricos sobre su figura.* **2** (hecho, persona) Que ha existido u ocurrido realmente: *el Cid fue un personaje ~.* **3** Que merece escribirse en la historia o pasar a la historia: *hoy se ha producido un acontecimiento ~: el hombre ha llegado a la Luna.*

his·to·rie·ta |istoriéta| **1** *f.* Conjunto de dibujos que cuentan una historia generalmente divertida, y en los que los personajes van apareciendo en distintas situaciones: *el niño ya se ha leído tres historietas esta mañana.* ⇒ **cómic. 2** *fam.* Cuento breve sobre un hecho de poca importancia: *nos contó unas historietas de su juventud.* ⇒ **anécdota.**

his·to·rio·gra·fí·a |istorioɣrafía| **1** *f.* Conjunto de técnicas y teorías relacionadas con el estudio de la historia: *los especialistas en ~ se preocupan por la manera de escribir la historia.* **2** Conjunto de libros que estudian la historia: *la ~ musulmana es abundante.*

his·trión |istrión| **1** *m.* Actor de teatro, especialmente el que actúa de forma exagerada: *el ~ suele interpretar comedias.* ⇒ **actor, payaso. 2** *form. desp.* Persona que se comporta en la vida normal de una manera exagerada o teatral: *me pone enfermo, es un ~.*

his·trio·nis·mo |istrionísmo| *m.* Exageración o *teatralidad en el comportamiento: *su ~ irritó a todos los invitados.*

hi·to |íto| **1** *m.* Señal que sirve para marcar el límite de una tierra o propiedad o las distintas partes de una vía o camino: *el caminante se sentó en un ~ para sacarse una piedrecita de la bota.* ⇒ **jalón, mojón. 2** Hecho muy importante dentro de la historia: *ese programa marcó un ~ en la historia de la televisión mundial.* ■ **mirar de ~ en** ~, fijar la vista en una cosa sin apartarla de ella: *ella los miraba de ~ en ~.*

ho·bby |xóβi| *m.* Actividad en la que gusta pasar el tiempo libre; distracción: *mi ~ es la música; colecciona sellos por ~.* ⇒ **afición.** ☖ Esta palabra procede del inglés. El plural es *hobbies.*

ho·ci·car |oθikár| *tr.* [algo] Mover la tierra y hacer agujeros en ella con el *hocico: *los jabalíes han hocicado toda la huerta.* ⇒ **hozar.** ☖ Se conjuga como 1.

ho·ci·co |oθíko| **1** *m.* Parte de la cabeza de algunos animales donde se encuentra la nariz y la boca: *la vaca metió el ~ en la pila y empezó a beber; el perro tiene el ~ húmedo.* ⇒ **morro. 2** *desp.* Parte de la cara de una persona en la que se encuentran la nariz y la boca: *vete de aquí, si no quieres que te rompa los hocicos.* ■ **caerse/darse de hocicos**, *fam.*, golpearse en la cara al caer; golpearse en la cara con algo: *se dio de hocicos con la señal.* ■ **estar de hocicos**, *fam.*, no hablar a causa de un enfado: *no le digas nada, está de hocicos.* ■ **meter los hocicos**, *desp.*, intentar enterarse de asuntos de otras personas: *qué cotilla es, siempre está metiendo los hocicos en todas partes.* ■ **poner hocicos**, *fam.*, hacer un gesto de enfado o disgusto: *no pongas hocicos y cómete la sopa.*

ho·ckey |xókei| *m.* Deporte en el que dos equipos tratan de introducir una pelota pequeña o un disco en la meta contraria ayudándose de un *bastón: *practica el ~ sobre hielo; el ~ sobre hierba es un deporte olímpico.*

ho·gar |oɣár| **1** *m.* Casa o lugar que una persona considera propia: *volvió a casa, se puso las zapatillas y dijo ~* dulce *~; la educación moral empieza en el ~.* **2** Lugar, dentro de una casa o edificio, donde se enciende fuego: *encendieron la chimenea y al calor del ~ hablaron durante toda la noche.* ⇒ **lar.**

ho·ga·re·⌜ño, ⌜ña |oɣaréɲo, ɲa| **1** *adj.* Del *hogar o que está relacionado con él: *todavía la mujer se dedica más a las tareas hogareñas que el hombre, pero esta situación está cambiando.* **2** Que gusta de la vida de familia y del *hogar: *sale muy poco de casa, es muy ~.* ⇒ **casero.**

ho·ga·za |oɣáθa| **1** ***f.*** Pan redondo de tamaño grande: *las hogazas tienen mucha miga; sobre la mesa había una jarra de vino y una ~ de pan.* ⇒ **barra.** **2** Pan hecho con harina mal molida o con salvado: *con la harina que quedaba mal molida, mi abuela hacía pequeñas hogazas.*

ho·gue·ra |oɣéra| ***f.*** Fuego de llamas altas que se hace quemando madera u otros materiales al aire libre: *la noche de San Juan se hacen hogueras; la gente se agrupaba alrededor de la ~.* ⇒ **fogata, lumbre.**

ho·ja |óxa| **1** ***f.*** Parte de los vegetales que crece en sus ramas, generalmente de color verde, ligera, plana y delgada, y que puede tener diversas formas dependiendo del tipo de planta: *el viento movía las hojas de los árboles;* ~ **caduca**, la que en otoño pierde su color verde, muere y cae del árbol: *la acacia es un árbol de ~ caduca;* ~ **perenne**, la que no muere ni cae del árbol con la llegada del otoño: *el pino es un árbol de ~ perenne.* **2** Pieza lisa y plana de un material, generalmente de papel o metal: *cada ~ de un libro tiene dos páginas; saca una ~ en blanco y empieza a escribir;* ~ **de lata**, la de metal, que se usa para hacer botes y latas: *me he encontrado una caja de ~ de lata.* ⇒ **hojalata.** **3** Pieza de ciertos objetos cortantes, que es plana, de metal y que termina en filo: *necesito hojas de afeitar para la maquinilla; tengo que afilar la ~ del cuchillo.* **4** Parte de las puertas o las ventanas que, junto con otra u otras iguales, se abre y se cierra: *abre sólo una ~ de la ventana para que corra un poco el fresco.* ■ ~ **de cálculo**, programa *informático que sirve para hacer operaciones matemáticas y presentar los resultados de formas diferentes: *en mi ordenador tengo instalada una ~ de cálculo muy buena.* ■ ~ **de servicios**, documento que recoge información personal y profesional de un *funcionario público: *tengo una ~ de servicios inmejorable.* ■ ~ **parroquial**, publicación de algunas iglesias en la que se da cuenta de los actos religiosos y de las opiniones de la Iglesia sobre ciertos temas: *en la ~ parroquial se informa del horario de las misas.* ■ **vuelta de** ~, *fam.*, expresión que indica que una cosa es de una forma determinada y no puede ser de otra, o que no se puede entender de otro modo: *lo que nos dijeron no tiene vuelta de ~; no hay más vuelta de ~ que ir a trabajar.*

HOJA

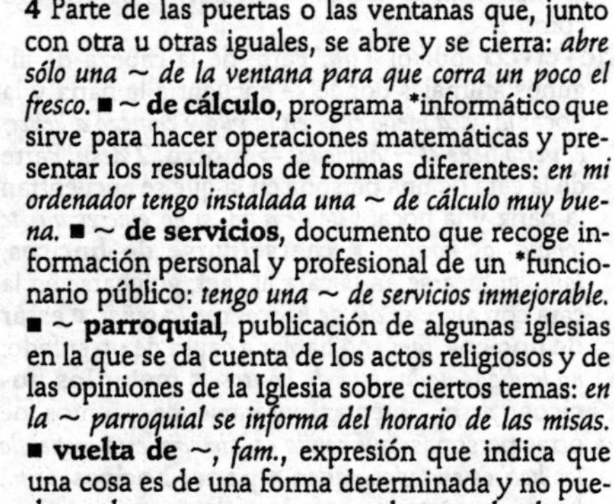

ho·ja·la·ta |oxaláta| ***f.*** Superficie delgada y lisa de hierro, cubierta por una capa de *estaño, que se usa para hacer botes y latas: *cortó la ~ con un abridor.* ⇒ **hoja.**

ho·jal·drar |oxaldrár| ***tr.*** [algo] Dar a una masa forma de *hojaldre: *tienes que ~ la masa en el horno, antes de poner la crema.*

ho·jal·dre |oxáldre| ***m.*** Masa hecha con harina y otros alimentos grasos que, al cocinarse en el horno, forma capas horizontales finas: *el ~ se emplea para confeccionar numerosos dulces y platos.*

ho·ja·ras·ca |oxaráska| **1** ***f.*** Conjunto de hojas, generalmente secas, que han caído de los árboles y que cubren el suelo: *el ratón se escondió entre la ~.* **2** Exceso de hojas en un árbol o arbusto: *voy a podar la ~ de ese árbol.* **3** *fig.* Conjunto de cosas o palabras que no sirven para nada: *tu libro está lleno de ~.*

ho·je·ar |oxeár| ***tr.*** [algo] Pasar rápidamente las hojas leyendo sólo unas líneas para hacerse una idea general del contenido de un libro u otra cosa: *hojeaba el periódico mientras esperaba el tren.* ⇒ **ojear.**

ho·jo·⌐so, ⌐sa |oxóso, sa| ***adj.*** Que tiene muchas hojas: *el árbol era muy grande y tenía una copa hojosa.* ⇒ **frondoso.**

ho·jue·la |oxuéla| ***f.*** Dulce que se hace friendo en una sartén un trozo delgado de masa: *las hojuelas hay que cubrirlas de miel.* ■ **miel sobre hojuelas**, expresión que indica que una cosa o situación es todavía mejor de lo que se había previsto: *me conformo con que lo intentes, pero si lo consigues, miel sobre hojuelas.* ⇒ **miel.**

ho·la |óla| **1** ***interj.*** *fam.* Expresión que se usa para saludarse: *¡~! ¡No te había visto!; ~, ¿qué tal estás?* ⇔ **adiós.** **2** *form.* Expresión que indica sorpresa: *¡~! ¿Qué es esto?* ⇒ **adiós.**

ho·lan·⌐dés, ⌐de·sa |olandés, désa| **1** ***adj.*** De Holanda o que tiene relación con Holanda: *el primer ministro ~ ha hecho un viaje oficial a Francia.* ⇒ **neerlandés.** - **2** ***m. f.*** Persona nacida en Holanda o que vive habitualmente en Holanda: *los holandeses hacen buenos quesos.* ⇒ **neerlandés.** - **3 holandés** ***m.*** Lengua hablada en ese país y en otros territorios: *mi hermano habla ~ y alemán.* ⇒ **neerlandés.**

ho·lan·de·sa |olandésa| ***f.*** Hoja de papel de tamaño un poco menor que el *folio: *la ~ mide 27,50 centímetros de largo por 21,50 centímetros de ancho.*

hól·ding |xóldin| ***m.*** Conjunto de empresas que pertenecen a una compañía que lleva la administración de todo el grupo: *en ese ~ participan unas 50 empresas.* ⌂ Esta palabra procede del inglés.

hol·ga·⌐do, ⌐da |olɣáðo, ða| **1** ***adj.*** (vestido, ropa) Que es ancho y permite moverse con facilidad por no ajustarse al cuerpo: *se puso un ~ traje de color gris.* ⇒ **suelto.** **2** Que cuenta con una cantidad superior a la necesaria para hacer una cosa; que no presenta problemas de dinero: *gobernó con* *una holgada mayoría en el Parlamento; llevaba una vida holgada.*

hol·gan·za |olγánθa| ***f.*** Falta de obligaciones y cosas que hacer; descanso: *la ~ excesiva puede llevar al aburrimiento o a la holgazanería.*

hol·gar |olγár| **1** ***intr.*** Ser más de lo necesario; superar lo justo o *sobrar: *huelga decir que nuestra intención es ayudar a aprender español; en realidad, mi pregunta holgaba.* **2** Descansar de un trabajo; estar sin hacer nada: *estaba holgando cuando viniste.* **- 3 holgarse** ***prnl.*** [de/con algo] Alegrarse o estar *contento: *se holgaba con su compañía.* ☖ Se conjuga como 52.

hol·ga·⌜zán, ⌜za·na |olγaθán, θána| ***adj.-s.*** *desp.* (persona, animal) Que no quiere trabajar; que rechaza el trabajo: *muévete, ~, que hay mucho que hacer.* ⇒ **haragán, vago.** ☖ Se suele usar como apelativo despectivo.

hol·ga·za·ne·ar |olγaθaneár| ***intr.*** Dejar pasar el tiempo sin hacer nada; no trabajar debidamente: *el domingo estaba holgazaneando cuando me llamaste; se pasa el tiempo holgazaneando.* ⇒ **haraganear.**

hol·ga·za·ne·rí·a |olγaθanería| ***f.*** Falta de ganas de hacer una cosa o de trabajar: *lo dejó sin terminar por ~; su principal defecto es la ~.* ⇒ **gandulería.**

hol·gu·ra |olγúra| **1** ***f.*** Facilidad o comodidad; cantidad superior a la necesaria para hacer una cosa: *la ~ con que llegó a la meta demostraba que era un campeón; demostró con ~ que era capaz de hacerlo.* **2** Distancia que queda entre dos o más cosas que ajustan: *esta tuerca tiene demasiada ~.*

ho·llar |oʎár| ***tr.*** [algo] Pisar con los pies dejando *huellas: *ningún hombre había hollado esa tierra antes.* ☖ Se conjuga como 31.

ho·lle·jo |oʎéxo| ***m.*** Piel de algunas frutas, legumbres y cereales: *estas uvas tienen el ~ muy áspero.* ⇒ **pellejo.**

ho·llín |oʎín| ***m.*** Polvo negro y pegajoso que deja el humo en un lugar: *estuvo limpiando la chimenea y se cubrió completamente de ~.*

ho·lo·caus·to |olokáu̲sto| **1** ***m.*** Accidente o hecho grave en el que mueren muchas personas: *lo que podría haber sido un ~ se redujo a unas contusiones y algunos ataques de nervios.* **2** Sacrificio o muerte de personas en grandes cantidades: *el pueblo judío sufrió un ~.* ⇒ **genocidio. 3** Sacrificio con fines religiosos: *hicieron un ~ para conseguir el favor de Dios.*

ho·lo·gra·fí·a |oloγrafía| ***f.*** Técnica que consiste en reproducir o crear imágenes en tres dimensiones: *la ~ emplea el rayo láser para proyectar cuerpos.*

ho·lo·gra·ma |oloγráma| ***m.*** Imagen en tres dimensiones reproducida o creada: *han inaugurado una exposición de hologramas en el museo de arte contemporáneo.*

hom·bra·da |ombráða| ***f.*** Acción que se considera propia de un hombre fuerte o valiente: *conseguir la medalla de oro del campeonato ha sido una ~.*

hom·bre |ómbre| **1** ***m.*** Individuo adulto de sexo masculino de la especie humana: *hay un ~ en la esquina; en esa empresa trabajan más mujeres que hombres; los hombres no lloran;* ~ **anuncio**, el que se viste de una manera determinada para hacer *publicidad: *en la puerta de la sala de fiestas había un ~ anuncio;* ~ **bueno**, DER., el que ayuda a poner paz o a poner de acuerdo a otros: *en mi pueblo no había juzgado, pero teníamos un ~ bueno;* ~ **de bien**, el que es bueno y justo: *fíate del alcalde, que es un ~ de bien;* ~ **de pelo en pecho**, el que es muy fuerte y valiente: *un ~ de pelo en pecho no tiene miedo ante nada ni ante nadie.* **2** Especie humana; género humano en general: *estoy leyendo un libro sobre el ~ y la religión.* ☖ En esta acepción se suele usar en singular. **3** Miembro de la especie humana: *los hombres han hecho grandes cosas a lo largo de la historia; el ~ es un animal racional.* **4** Persona que está bajo las órdenes de otra: *el capitán atacó con cincuenta hombres; ése es uno de los hombres de Gómez; el equipo ha perdido ya dos hombres.* ☖ En esta acepción sólo se puede aplicar a individuos de sexo masculino. No se debe decir *el equipo de jugadoras ha perdido ya dos hombres.* **5** *vulg.* Marido o *novio; persona de sexo masculino, sólo en cuanto a su función sexual: *amenazó a su ~ con abandonarlo; su sed de ~ la llevó a irse con él;* ~ **objeto**, el que es considerado solamente como objeto de placer: *como es tan guapo, se ha convertido en un ~ objeto.* **- 6** ***interj.*** *fam.* Expresión que indica admiración, sorpresa, extrañeza o disgusto: *pero, ~, ¿qué estás haciendo?; ¡~! ¡Cuánto tiempo hacía que no te veía!* ■ **de ~ a ~**, entre tú y yo; en confianza: *de ~ a ~, tu prima tiene un cuerpo estupendo.* ☖ Se emplea entre individuos de sexo masculino para introducir temas que no se consideran propios de mujeres. ■ **el ~**, *fam.*, indica afecto o pena por una persona de sexo masculino: *el ~ venía muy cansado; el ~ me lo pidió por favor y no me quedó más remedio que ayudarle.* ■ ~ **de paja**, persona que obedece a otra que no quiere actuar en nombre propio: *detrás del ~ de paja está el auténtico responsable.* ■ ~ **del saco**, personaje imaginario que se lleva a los niños que no se portan bien: *si no me obedeces, va a venir el ~ del saco.* ■ ~ **fuerte**, persona con la mayor responsabilidad dentro de un grupo: *Juan es el ~ fuerte de la organización.* ■ ~ **orquesta**, músico que toca varios instrumentos a la vez: *se ganaba la vida como ~ orquesta tocando en las plazas y calles.* ■ ~ **rana**, persona equipada con un traje de goma, *gafas y *aletas para nadar bajo el agua: *en las tareas de rescate intervienen varios hombres rana.* ⇒ **submarinista.** ■ **muy ~**, muy fuerte o valiente: *yo soy muy ~ y no quiero dejar sin castigo tu ofensa.* ■ **pobre ~**, *fam.*, expresión que muestra pena por una persona de sexo masculino: *¡pobre ~, qué mala suerte tiene!* ■ **ser un pobre ~**, no tener ninguna cualidad importante, especialmente valor o fuerza en el carácter: *era un pobre ~, siempre hicieron con él lo que quisieron.* ■ **ser un ~ hecho y derecho**, ser una persona de sexo masculino adulta: *el otro día vi a tu hijo, es ya un ~ hecho y derecho.* ⇒ **mujer, niño.**

hom·bre·ra |ombréra| **1** ***f.*** Pieza de tela u otro material que se coloca bajo el traje o la camisa y sobre el hombro para que éste parezca más alto: *hay hombreras de espuma fáciles de quitar y poner.* **2** Parte de la manga que queda sobre el hombro: *plancha bien la hombreras para que no queden arrugadas.*

hom·brí·a |ombría| ***f.*** Conjunto de cualidades morales que hacen mejor a un hombre, especialmente la firmeza: *su ~ lo hacía muy atractivo para las mujeres.* ⇒ **masculinidad.**

hom·bro |ómbro| ***m.*** Parte del cuerpo en la que se unen el tronco y el brazo y que llega hasta el cuello: *el niño se subió en sus hombros; el tenista se hizo daño en el ~.*

hom·bru·⌈no, ⌈na |ombrúno, na| ***adj.*** Del hombre o que tiene relación con él; que se considera propio de hombre: *el niño tenía ya una voz hombruna.*

ho·me·na·je |omenáxe| **1 *m.*** Acto público en honor de una o varias personas: *los premios y los homenajes son tan abundantes, que es difícil encontrar una persona que no haya recibido alguno.* **2** Demostración de respeto o admiración: *le pusieron ese nombre en ~ a su tío.* **3** Juramento de *fidelidad y sometimiento a un rey o a un señor: *todos los presentes le rindieron pleitesía y ~; en el ~ el vasallo promete luchar por su señor.*

ho·me·na·je·ar |omenaxeár| ***tr.*** [a alguien] Hacer un *homenaje: *el Ayuntamiento homenajeará mañana al autor recientemente fallecido.*

ho·me·o·pa·tí·a |omeopatía| ***f.*** MED. Conjunto de técnicas y teorías sobre el tratamiento de enfermedades por medio de pequeñas cantidades de sustancias que, aplicadas en grandes proporciones, producirían el mismo mal que el que padece un individuo: *las vacunas son aplicaciones comunes de la ~.*

ho·mi·ci·da |omiθíða| ***adj.-com.*** (persona) Que ha matado o mata a otra persona: *el ~ escapó y se ignora su paradero; ocultaba el arma ~ en el bolsillo de su gabardina.* ⇒ **asesino.**

ho·mi·ci·dio |omiθíðio| ***m.*** Muerte que una persona causa a otra, especialmente la que se produce contra la ley y violentamente: *dijo que sus desequilibrios mentales lo indujeron a cometer los homicidios.* ⇒ **asesinato.**

ho·mi·lí·a |omilía| ***f.*** *form.* Discurso pronunciado por el sacerdote durante la misa para explicar las Escrituras u otros asuntos religiosos: *en su ~, el sacerdote se refirió al papel fundamental de la Virgen María en la vida de Jesucristo.* ⇒ **sermón.**

ho·mo·fo·ní·a |omofonía| ***f.*** LING. Fenómeno del lenguaje que consiste en que varias palabras se pronuncian de la misma manera, pero tienen significados distintos: *la ~ de las palabras* vaca *y* baca *puede producir confusión.* ⇒ **homonimia.**

ho·mó·fo·⌈no, ⌈na |omófono, na| ***adj.-m.*** LING. (palabra) Que se pronuncia de la misma manera que otra u otras de distinto significado: hola, *saludo, y* ola, *de agua, son homófonos.* ⇒ **homónimo.**

ho·mo·ge·nei·dad |omoxeneiðá^{ð}| ***f.*** Cualidad de *homogéneo: *la masa debe trabajarse hasta conseguir su ~.* ⇔ **heterogeneidad.**

ho·mo·ge·nei·zar |omoxeneiθár| ***tr.*** [algo] Hacer *homogéneo lo que no lo es: *he votado a un partido que pretende ~ la sociedad, para que se terminen las diferencias entre ricos y pobres.* ☖ Se conjuga como 26.

ho·mo·gé·ne·⌈o, ⌈a |omoxéneo, a| ***adj.*** Que está formado por elementos de la misma clase o naturaleza: *no se trata de un libro ~, pues en él se incluyen obras de autores de muy diversa calidad.* ⇔ **heterogéneo.**

ho·mo·lo·ga·ble |omoloɣáβle| ***adj.*** Que se puede *homologar: *los directores buscaban un cine de calidad, ~ con el de otros países europeos.*

ho·mo·lo·ga·ción |omoloɣaθión| ***f.*** Acción y resultado de *homologar: *para seguir estudiando en España, pidió la ~ de sus estudios en el extranjero.*

ho·mo·lo·gar |omoloɣár| **1 *tr.*** [algo] Registrar o comprobar de manera oficial que una cosa tiene una categoría o calidad determinada: *el Ministerio de Sanidad ha homologado los juguetes que son adecuados para los niños.* **2** Igualar o considerar dos o más cosas como iguales: *el gobierno homologará a los profesores privados con los públicos.* **3** Registrar o comprobar un organismo autorizado el resultado de una prueba deportiva de acuerdo con ciertas normas: *la marca de este saltador no ha sido aún homologada.* **4** Dar valor a los estudios realizados en otro país, centro o especialidad: *el Ministerio de Educación ha decidido ~ algunos títulos extranjeros.* ⇒ **convalidar.** ☖ Se conjuga como 7.

ho·mó·lo·⌈go, ⌈ga |omóloɣo, ɣa| **1 *adj.*** Que es igual a otra cosa, se corresponde con ella u ocupa una misma posición: *las aletas pectorales de los peces y los brazos de los humanos son homólogos.* **- 2 *adj.-s.*** (persona, grupo) Que tiene la misma función que otro de un país o lugar diferente: *el ministro de Asuntos Exteriores de España conversó con su ~ alemán.*

ho·mo·ni·mia |omonímia| ***f.*** LING. Fenómeno del lenguaje que consiste en que varias palabras tienen la misma forma pero significados distintos: *hay una relación de ~ entre* banco *para sentarse y* banco *para guardar el dinero.* ⇒ **polisemia.**

ho·mó·ni·⌈mo, ⌈ma |omónimo, ma| ***adj.-m.*** LING. (palabra) Que se escribe o pronuncia de la misma manera que otra palabra de significado y origen diferente: *«Tarifa», la ciudad, y «tarifa» de precios son homónimos.* ⇒ **homófono.**

ho·mo·se·xual |omose^{k}suál| **1 *adj.*** Que se da entre individuos del mismo sexo: *algunas infecciones son muy frecuentes en las relaciones homosexuales.* **- 2 *adj.-s.*** (persona) Que se siente atraído por individuos de su mismo sexo en sus relaciones sexuales o amorosas: *esta tarde hay una manifestación de homosexuales para reivindicar sus derechos.* ⇒ **lesbiana, marica.**

ho·mo·se·xua·li·dad |omose^{k}sualiðá^{ð}| **1 *f.*** Atracción por individuos del mismo sexo en las relaciones sexuales o amorosas: *la ~ puede ser ma-*

nifiesta u oculta. **2** Práctica sexual o amorosa con individuos del mismo sexo: *la ~ era frecuente en el mundo griego.*

hon·da |ónda| ***f.*** Tira de cuero o de otro material flexible que se dobla y se hace girar para lanzar piedras a distancia: *cazaba pájaros con una ~ de cuero.* ☖ No se debe confundir con *onda.*

hon·⌐do, ⌐da |óndo, da| **1** ***adj.*** Que está lejos de la superficie o de la parte superior o exterior: *no lo alcanzaba con el brazo porque estaba muy ~.* ⇒ **profundo. 2** Que tiene mucha distancia entre la superficie y el fondo: *el ~ mar guarda muchos tesoros; esta piscina es muy honda y no debes bañarte en ella si no sabes nadar.* ⇒ **profundo. 3** Que llega hasta muy adentro: *se ha hecho una herida bastante honda.* **4** *fig.* Que está oculto o alejado de los sentidos: *este poema tiene un significado más ~ que no llegas a ver.* **5** *fig.* (sensación, sentimiento) Que afecta al ánimo de una manera fuerte: *cuando se marchó, sentí una honda impresión de vacío.* **- 6 hondo *adv.*** Profundamente: *hay que cavar más ~ todavía.* ■ **lo ~**, la parte más profunda: *habían plantado viñas en lo ~ del valle; se tiraba de cabeza por lo ~ de la piscina.*

hon·do·na·da |ondonáða| ***f.*** Parte de terreno más baja que el que la rodea: *sus amigos estaban en una ~ y él no los podía ver.*

hon·du·ra |ondúra| **1** ***f.*** Profundidad de una cosa: *ese pozo no tiene mucha ~.* **2** *fig.* Fuerza o profundidad en una idea, sentimiento o sensación: *es un autor de una gran ~ intelectual.*

hon·du·re·⌐ño, ⌐ña |onduréɲo, ɲa| **1** ***adj.*** De Honduras o que tiene relación con Honduras: *me han traído una pieza de cerámica hondureña de su viaje.* **- 2 *m. f.*** Persona nacida en Honduras o que vive habitualmente en Honduras: *los hondureños son centroamericanos.*

ho·nes·ti·dad |onestiðáᵈ| ***f.*** Cualidad de las personas que las hace cumplir con sus deberes morales para con ellos mismos y para con los demás: *la justicia y la ~ sustentan la convivencia entre los hombres.* ⇒ **honor, honorabilidad, honradez.**

ho·nes·⌐to, ⌐ta |onésto, ta| **1** ***adj.*** (persona) Que respeta la verdad, la ley, el dinero o los bienes de los demás; que es recto en su comportamiento: *era un padre de familia ~; sé ~ contigo mismo y deja de engañarte.* ⇒ **cabal, honrado.** ⇔ **deshonesto. 2** Que se hace o se consigue sin engaño y de acuerdo con las leyes: *creo que el dinero que me das no es ~.* ⇒ **honrado.** ⇔ **deshonesto.**

hon·go |óŋgo| **1** ***m.*** Ser vivo que crece en la tierra, no tiene *clorofila y se alimenta de animales o plantas muertos o vive como parásito: *las setas y los champiñones pertenecen al reino de los hongos; algunos hongos se pueden comer y otros son muy venenosos.* **- 2 hongos *m. pl.*** *Infección de la piel producida por pequeños seres de ese tipo: *cogió hongos en la piscina.* ■ **crecer como hongos**, *hum.*, desarrollarse o extenderse mucho y muy rápidamente: *las urbanizaciones crecen como hongos hoy en día.*

ho·nor |onór| **1** ***m.*** Cualidad de las personas que las hace cumplir seriamente con sus deberes morales, despreciando, si es necesario, los bienes económicos o incluso la propia vida: *qué saben ustedes del ~, cuando en sus mentes sólo hay lugar para el dinero; las deudas de juego son deudas de ~ y han de pagarse siempre.* ⇒ **honestidad, honorabilidad, honradez. 2** Satisfacción personal o admiración que se alcanza por un hecho destacado o por un comportamiento ejemplar: *ocupa un puesto de ~ en el acto oficial.* **3** Buena opinión de la gente; buena fama: *tras esa falta, tenía que limpiar su ~.* ⇒ **honra.** ⇔ **deshonor. - 4 honores *m. pl.*** Derecho a llevar el título de un cargo sin ejercerlo: *tiene los honores de capitán general.* ■ **dama de ~**, mujer que acompaña a una reina o *princesa, o que ocupa un lugar menos importante en una ceremonia o una fiesta: *la reina y sus damas de ~ estuvieron presentes en la inauguración de las fiestas.* ⇒ **dama.** ■ **división de ~**, DEP., en algunos deportes, primera *división: *el equipo logró su primera victoria en la división de ~.* ⇒ **división.** ■ **hacer los honores**, encargarse de tratar con atención y cuidado a los invitados de una fiesta: *su mujer fue la que hizo los honores.* ■ **hacer los honores**, presentarse o *desfilar ante un mando militar o una autoridad: *una compañía hizo los honores militares.* ■ **palabra de ~**, afirmación que da *fe de la verdad de algo, por la que se pone a prueba la buena fama de la persona que la hace: *dio su palabra de ~ de cumplir lo acordado.* ■ **palabra de ~**, *fam.*, expresión que asegura la verdad de algo: *palabra de ~ que los vi paseando por el parque.* ■ **saque de ~**, DEP., acción de poner en movimiento la pelota de un juego por una autoridad o una persona famosa: *el célebre actor hizo el saque de ~ del partido.* ⇒ **saque.** ■ **tener el ~**, *form.*, disfrutar de la satisfacción de hacer una cosa; alegrarse de poder hacer una cosa: *tengo el ~ de presentarle a mi hija; tuvo el ~ de estar entre ellos.* ⇒ **honra.**

ho·no·ra·bi·li·dad |onoraβiliðáᵈ| ***f.*** Cualidad de las personas que las hace cumplir con sus deberes morales para con ellas mismas o para con los demás despreciando, si es necesario, los bienes económicos o incluso la propia vida: *nadie ha dudado nunca de su ~.* ⇒ **honestidad, honor, honradez.**

ho·no·ra·ble |onoráβle| ***adj.*** Que merece buena opinión o admiración: *ha sido un gesto ~; ocupaba un puesto muy ~ en la sociedad.*

ho·no·ra·⌐rio, ⌐ria |onorário, ria| **1** ***adj.*** (persona) Que tiene derecho a llevar el título de un cargo sin ejercerlo: *fue nombrado director ~ cuando se jubiló.* **2** Que proporciona honor y *dignidad, pero no dinero: *las personas que tienen un cargo ~ no cobran un sueldo.* ⇒ **honorífico. - 3 honorarios *m. pl.*** Cantidad de dinero que cobra un profesional por su trabajo: *cobraron sustanciosos honorarios por sus enseñanzas; no sabemos a cuánto pueden subir los honorarios del abogado.*

ho·no·rí·fi·⌐co, ⌐ca |onorífiko, ka| ***adj.*** ⇒ **honorario.**

hon·ra |ónr̄a| **1** ***f.*** Consideración que se siente por uno mismo y que lleva a actuar pensando en la opinión de la gente: *su ~ no le permitía traicionar a un amigo.* ⇒ **amor, honrilla. 2** Buena opinión de la gente; buena fama: *consiguió aumentar la ~ de su familia.* **3** *fig.* Buena fama en cuanto a *cuestiones sexuales, especialmente de la mujer: *perdió la ~ y se retiró a un convento; ignorando su ~ se entregaba a todos.* ⇒ **honor. - 4 honras** ***f. pl.*** Ceremonia religiosa que se celebra para recordar la muerte de una persona y para rezar por la salvación de su *alma: *las honras fúnebres se celebraron al día siguiente del entierro; cada año asisto a las honras de mi padre.* ⇒ **exequias, funeral.** ■ **a mucha ~**, expresión con la que se muestra orgullo por una condición o situación: *soy español y a mucha ~; tiene a mucha ~ pertenecer a ese club deportivo.*

hon·ra·dez |onr̄aðéθ| ***f.*** Cualidad de las personas que las hace cumplir con sus deberes morales para con ellos mismos y para con los demás: *la ~ le hizo devolver el dinero que había encontrado en el suelo; cualquier trabajo científico debe estar hecho con ~.* ⇒ **honestidad, honor, honorabilidad.**

hon·ra·⌐do, ⌐da |onr̄áðo, ða| **1** ***adj.*** (persona) Que respeta la verdad, la ley, el dinero o los bienes de los demás; que es recto en su comportamiento: *somos pobres, pero honrados; había sido toda su vida un hombre ejemplar, ~, de intachable conducta.* ⇒ **cabal, honesto. 2** Que se hace o se consigue sin engaño y de acuerdo con las leyes: *no has debido hacer un negocio ~ si has ganado tanto dinero en tan poco tiempo.* ⇒ **honesto.**

hon·rar |onr̄ár| **1** ***tr.*** *form.* [a alguien] Dar *motivo de satisfacción u orgullo o tener estos sentimientos: *su presencia nos honra a todos; tu gentil ofrecimiento me honra.* **2** [algo, a alguien] Mostrar respeto o admiración: *honraron los restos mortales de su padre; en la liturgia se honra a la Virgen María.* **- 3 honrarse** ***prnl.*** [con/de algo, con/de alguien] Sentirse orgulloso de una condición o situación: *se honra con su triunfo; nos honramos de nuestros antepasados.*

hon·ri·lla |onr̄íʎa| ***f.*** *hum.* Consideración que se siente por uno mismo y que lleva a actuar pensando en la opinión de la gente: *debemos ganar la partida de cartas por la ~.* ⇒ **amor, honra.** ☖ Es el diminutivo de *honra.*

hon·ro·⌐so, ⌐sa |onr̄óso, sa| **1** ***adj.*** Que tiene el respeto o la admiración de los demás: *todos estos libros son de poco valor, salvo honrosas excepciones; tuvo el ~ privilegio de conversar con él.* **2** Que permite conservar la buena fama; que no es *humillante: *cuando comprendió que había cometido un error, buscó una salida honrosa a aquella situación.*

hon·ta·nar |ontanár| ***m.*** Lugar en el que nacen fuentes de agua: *el abuelo los llevó de excursión hasta el ~.* ⇒ **manantial.**

ho·pe·ar |opeár| ***intr.*** Mover la cola un animal, especialmente la *zorra: *la zorra hopeaba cuando la perseguían los cazadores.*

ho·ra |óra| **1** ***f.*** Medida de tiempo que equivale a 3600 segundos: *un día tiene 24 horas; trabajamos ocho horas al día.* **2** Momento o tiempo en el que se hace u ocurre una cosa: *es la ~ de comer; es ~ de que te marches.* ☖ No se debe confundir su uso con el de la palabra *tiempo;* ~ **punta**, momento de mayor presencia o movimiento de personas o vehículos; momento de mayor actividad: *será mejor que no vayas en coche al centro de la ciudad a una ~ punta.* **3** Cita o tiempo reservado con un médico, un abogado u otro profesional: *he pedido ~ al dentista; me ha dado ~ para mañana a las diez; tengo ~ con él a las cuatro de esta tarde.* ☖ No se debe confundir con *tener tiempo.* **- 4 horas** ***f. pl.*** Tiempo de trabajo pagado que supera el normal: *todavía me deben las horas del mes pasado; estuve haciendo horas extraordinarias y aún no me las han pagado.* ■ **a buenas horas/a buenas horas mangas verdes**, *hum.*, expresión que indica que ya es demasiado tarde o que ya no es necesaria una cosa: *a buenas horas lo vas a sujetar, cuando ya se ha roto; a buenas horas me lo traes ahora que ya no me hace falta; ¿mañana es el examen y hoy comienzas a prepararlo?, a buenas horas mangas verdes.* ■ **a primera ~**, en el principio del día o del tiempo de trabajo: *ven a verme a mi despacho mañana a primera ~.* ■ **a todas horas**, continuamente; todo el tiempo; sin parar: *está aquí molestando a todas horas; viene a todas horas a ver cómo está.* ■ **a última ~**, en el final del día o del tiempo de trabajo: *vino por aquí ayer a última ~, pero no dejó ningún recado.* ■ **dar la ~**, sonar el reloj: *son las tres: vámonos que ya ha dado la ~.* ■ **en qué ~**, *desp.*, expresión que indica arrepentimiento; para qué: *en qué ~ se me ocurriría a mí dedicarme a esto.* ■ **horas muertas**, tiempo libre en el que no se trabaja: *he escrito este libro en mis horas muertas; no sabía en qué gastar sus horas muertas.* ■ **las horas muertas**, *fam.*, durante mucho tiempo: *por las tardes se sentaba al pie de la escalera y allí se estaba las horas muertas.* ■ **llegar la ~**, llegar un momento determinado o importante, especialmente el de la muerte; morir: *si hoy no has ganado, no te preocupes, ya te llegará la ~; me ha tratado mal, pero ya le llegará la ~ a ella; le llegó la ~ en su ciudad natal.* ■ **llevar/tener ~**, *fam.*, tener reloj; saber qué hora es: *no sé cuánto tiempo hace que estoy esperando porque no llevo ~.* ■ **no dar ni la ~**, *fam.*, no dar nada, ni *siquiera lo que no cuesta esfuerzo ni dinero: *es un tacaño, no da ni la ~; a ese yo no le doy ni la ~.* ■ **poner en ~**, ajustar el reloj con el tiempo oficial: *mi reloj atrasa, tengo que ponerlo en ~.* ■ **¿qué ~ es?**, expresión que se usa muy frecuentemente para preguntar por el momento del día en que se está: *¿qué ~ es? —Las cinco y media.* ■ **ya era ~**, expresión que indica que una acción o una cosa ya tendría que haberse hecho o haber ocurrido: *por fin vienes, ya era ~; ya era ~ de que alguien lo dijese.*

ho·ra·dar |oraðár| ***tr.*** Hacer un agujero en un cuerpo atravesándolo de parte a parte: *los ratones horadaron la pared para salir y entrar en la cocina; nos encontramos en la roca horadada de la playa.* ⇒ **perforar.**

ho·ra·⌐rio, ⌐ria |orário, ria| **1** ***adj.*** De la hora o que tiene relación con ella: *las noticias de la radio* *comienzan tras las señales horarias.* - **2 horario** ***m.*** Cuadro en el que se señalan y reparten las horas y los asuntos relacionados con una actividad determinada: *mira en el ~ cuándo sale el próximo tren; no sé a qué hora termino mañana porque aún no tengo el ~ de clases.*

hor·ca |órka| **1** ***f.*** Herramienta formada por un palo largo que termina en dos o más puntas y que se usa para mover hierba cortada y para otros trabajos parecidos: *el granjero amontonaba el heno con una ~.* ☐ No se debe confundir con *orca.* **2** Estructura, generalmente de madera, compuesta por un palo vertical que sujeta otro horizontal, en el cual se ata una cuerda, y que sirve para colgar por el cuello a personas hasta hacerlas morir: *si en la ejecución se rompía la ~, el condenado era puesto en libertad.* **3** Pena de muerte que se ejecuta por medio de esa estructura: *lo condenaron a la ~.* **4** Palo que termina en dos puntas y que se usa para sujetar troncos, ramas de árboles, arbustos u otras cosas: *sujetaron la rama del árbol con una ~.* ⇒ **horquilla.**

hor·ca·ja·das |orkaxáðas| ■ **a ~,** con una pierna a cada lado; con las piernas abiertas y las rodillas hacia afuera: *los hombres siempre han montado los caballos a ~.*

hor·cha·ta |ortʃáta| ***f.*** Bebida de color blanco, que se hace con *chufas o *almendras molidas mezcladas con agua y azúcar, que se toma fría: *la ~ suele tomarse en verano.*

hor·cha·te·rí·a |ortʃatería| ***f.*** Establecimiento donde se hace y se vende *horchata y otras bebidas: *cerca de la playa había una ~ donde hacían un granizado muy bueno.*

hor·da |órða| **1** ***f.*** Grupo de personas violentas que destruye lo que encuentra a su paso: *una ~ de gamberros asoló ayer los alrededores del campo de fútbol.* **2** Comunidad de personas que se *desplaza continuamente y que vive de lo que roba o puede conseguir: *las hordas bárbaras invadieron el Imperio Romano.*

ho·ri·zon·tal |oriθontál| **1** ***adj.*** Que está en el horizonte o paralelo a él: *esta línea está escrita en disposición ~; coloque el cuerpo en posición ~.* ⇔ **vertical.** - **2** ***f.*** Línea *perpendicular a la vertical: *dibuja una ~ que corte a la vertical en un punto.*

ho·ri·zon·ta·li·dad |oriθontaliðáᵈ| ***f.*** Cualidad de horizontal; posición horizontal: *túmbese y no pierda la ~.*

ho·ri·zon·te |oriθónte| **1** ***m.*** Lugar donde parecen unirse el cielo y la tierra o el mar a lo lejos: *las siluetas de los jinetes se perdieron en el ~.* **2** ***fig.*** Conjunto de posibilidades que ofrece una situación: *la tecnología está abriendo un nuevo ~ para la humanidad.*

hor·ma |órma| ***f.*** Instrumento, generalmente de metal, que sirve para dar forma a un material que se va a trabajar: *el zapatero metía las hormas dentro de los zapatos.* ■ **la ~ de su zapato,** persona o cosa capaz de obligar o someter a otra: *pues si quiere discutir conmigo, ha dado con la ~ de su zapato.*

hor·mi·ga |ormíɣa| ***f.*** Insecto pequeño y de color oscuro, que hace agujeros en el interior de la tierra o de los árboles para reproducirse o acumular comida para el invierno: *las hormigas transportaban granos de trigo; has pisado una fila de hormigas.*

hor·mi·gón |ormiɣón| ***m.*** Material de construcción formado por una mezcla de piedras pequeñas, arena y *cemento: *el ~, cuando se seca, se endurece;* ~ **armado,** el que lleva una estructura de metal en su interior para darle más fuerza: *los cimientos del edificio son de ~ armado.*

hor·mi·go·ne·ra |ormiɣonéra| **1** ***f.*** Máquina que sirve para hacer *hormigón: *van a comenzar las obras y ya han traído la ~.* **2** Vehículo de gran tamaño que sirve para transportar *hormigón: *una gran ~ venía muy despacio por la carretera.*

hor·mi·gue·ar |ormiɣeár| **1** ***intr.*** Tener una sensación de *cosquilleo en una parte del cuerpo: *he tenido mal apoyada la pierna y ahora me hormiguea.* **2** ***fig.*** Estar en movimiento y sin orden gran cantidad de personas o animales: *era difícil andar entre tantas personas que hormigueaban en distintas direcciones.*

hor·mi·gue·o |ormiɣéo| **1** ***m.*** Sensación de *cosquilleo en una parte del cuerpo: *se me ha quedado dormido el brazo y ahora siento un ~.* ⇒ **cosquilleo, hormiguillo. 2** ***fig.*** Movimiento sin orden de gran cantidad de personas o cosas: *se perdió en el ~ del mercado.*

hor·mi·gue·ro |ormiɣéro| **1** ***m.*** Conjunto de agujeros y *galerías en la tierra, donde se reproducen y protegen las *hormigas: *la hormiga reina no suele salir del ~.* **2** ***fig.*** Lugar en el que se mueve sin orden una cantidad grande de personas: *la calle principal era un ~.*

hor·mi·gui·llo |ormiɣíʎo| ***m.*** Sensación de *cosquilleo en una parte del cuerpo: *tengo ~ en la mano.* ⇒ **hormigueo.**

hor·mo·na |ormóna| ***f.*** Sustancia producida por el cuerpo, que sirve para regular el crecimiento o la actividad de un órgano: *estaba obeso a causa de un problema de hormonas.*

hor·mo·nal |ormonál| ***adj.*** De las *hormonas o que tiene relación con ellas: *su enfermedad está provocada por un desajuste ~.*

hor·na·ci·na |ornaθína| ***f.*** Hueco hecho en una pared que sirve para colocar dentro de él una *estatua, una figura o un adorno: *en el muro de la iglesia de mi pueblo hay una ~ con una imagen.*

hor·na·da |ornáða| **1** ***f.*** Conjunto de cosas que se *cuecen a la vez en un horno: *la primera ~ no ha salido muy bien, llévate un pan de la segunda; acaban de sacar otra ~ de ladrillos.* **2** ***fig.*** Conjunto de personas o cosas que han nacido, se han formado o se han hecho a la vez: *una nueva ~ de artistas ha aparecido en el mundo de la pintura.*

hor·ne·ar |orneár| ***tr.*** [algo] Poner dentro de un horno para cocinar o *cocer: *después hay que ~ la masa suavemente durante 45 minutos; el barro se hornea para hacerlo más resistente.*

hor·ni·llo |orníʎo| ***m.*** Horno pequeño que se usa en la casa para cocinar y en las industrias o *laboratorios para calentar sustancias, fundir metales u otras actividades: *en mi cocina tengo un ~ de gas.*

hor·no |órno| **1** ***m.*** Construcción o aparato que consiste en un espacio cerrado en el que se genera calor y que se usa para calentar, *cocer o fundir una materia que se coloca en su interior: *ya he modelado la figura de arcilla, sólo falta meterla en el ~;* **alto ~**, el que se usa en la *metalurgia del hierro: *un alto ~ es un gran cilindro de metal de unos 25 metros de altura;* **~ crematorio**, el que sirve para quemar cuerpos muertos: *sacaron las cenizas del ~ crematorio y las pusieron en una urna.* ⇒ **crematorio; ~ de carbón**, conjunto de piezas de madera, colocadas unas sobre otras y cubiertas de tierra, de las que se saca el carbón: *en las sierras andaluzas se podían encontrar muchos ~ de carbón.* ⇒ **carbonera. 2** Aparato o parte de la cocina donde se introducen los alimentos para calentarlos o cocinarlos: *¿has sacado ya el bizcocho del ~?;* **~ de microondas**, el que calienta o cocina los alimentos rápidamente: *el ~ de microondas funciona con ondas magnéticas.* ⇒ **microondas. 3** Establecimiento donde se hace y se vende pan y otros productos parecidos: *acércate al ~ y compra dos barras de pan.* ⇒ **tahona. 4** Lugar en el que se crían las abejas fuera de las *colmenas: *me encontré un ~ de abejas en el tronco de un árbol viejo.* **5** *fam. fig.* Lugar en el que hace mucho calor: *pon el ventilador un rato porque esta habitación es un ~.* ■ **no estar el ~ para bollos**, no ser la situación o el momento *apropiado para hacer una cosa: *no sigas insistiendo en que vaya al cine: hoy no está el ~ para bollos.*

ho·rós·co·po |oróskopo| **1** ***m.*** Adivinación del futuro que se hace de acuerdo con la posición de las estrellas en determinados momentos: *ya decía el ~ que hoy tendría un mal día.* **2** Texto de una revista o publicación que contiene adivinaciones de ese tipo: *busca en el ~ qué les ocurrirá hoy a los géminis.* **3** Signo del *zodiaco: *pregúntale cuál es su ~.*

hor·qui·lla |orkíʎa| **1** ***f.*** Trozo de metal blando doblado por la mitad que se usa para sujetar el pelo: *perdió una ~ y se le deshizo el peinado.* **2** Pieza de madera o metal que termina en dos *pinzas y sirve para sujetar una cosa entre ellas: *la ~ de la bicicleta sujeta la rueda; dejó el teléfono en su ~.* ⇒ **laña. 3** Palo que termina en dos puntas: *los niños buscaron horquillas para hacerse unos tirachinas; sujetaron las ramas con horquillas.* ⇒ **horca.**

ho·rren·ᷓdo, ᷓda |oīéndo, da| **1** ***adj.*** Que produce horror o miedo: *la casa del monstruo de la película era horrenda.* ⇒ **horrible, horripilante, horroroso. 2** Que es muy feo o desagradable; que provoca rechazo: *ese vestido es ~; esa música es horrenda.* ⇒ **horrible, horroroso. 3** Que es muy grande o intenso: *el niño hacía un ruido ~.* ⇒ **horrible, horroroso.**

hó·rre·o |óreo| ***m.*** Construcción de madera levantada sobre cuatro columnas pequeñas que sirve para aislar de la humedad el grano que se guarda en ella: *los hórreos son típicos del norte de España.*

ho·rri·ble |oríβle| **1** ***adj.*** Que produce horror o miedo: *sufrió una muerte ~.* ⇒ **horrendo, horripilante, horroroso. 2** *fig.* Que es muy feo o desagradable; que produce rechazo: *pues a mí me parece un cuadro ~; no me digas que es guapa porque es ~.* ⇒ **horrendo, horroroso. 3** Que es muy grande o intenso: *tengo un dolor de cabeza ~.* ⇒ **horrendo, horroroso.**

ho·rri·pi·lan·te |oripilánte| ***adj.*** Que produce horror o miedo: *Alicia tuvo un sueño ~.* ⇒ **horrendo, horrible, horroroso.**

ho·rri·pi·lar |oripilár| **1** ***tr.-prnl.*** [a alguien] Producir horror o miedo; hacer que el pelo o el vello se ponga de punta: *le horripiló ver ahí el cadáver.* **2** *fig.* Producir rechazo o asco: *me horripila esa manera de hablar que tiene.* ⇒ **horrorizar.**

ho·rrí·so·ᷓno, ᷓna |orísono, na| ***adj.*** *form.* Que tiene un sonido que causa horror: *se estremeció al escuchar el ~ aullido de un lobo.*

ho·rror |orór| **1** ***m.*** Miedo fuerte que impide el movimiento o pone el vello de punta: *el ~ la dejó paralizada.* **2** *fig.* Rechazo o asco: *siente ~ por la injusticia; le tiene ~ a esa comida.* **3** Acto cruel, violento o desagradable: *cometió toda clase de horrores durante su reinado.* **4** *fam.* Persona o cosa muy fea o muy desagradable: *ese chico es un verdadero ~.* **- 5 horrores** ***adv.*** *fam.* Muchísimo; en gran cantidad: *pues si te he hecho daño, lo siento horrores; me gusta horrores.* ■ **¡qué ~!**, expresión que muestra sorpresa o rechazo: *¡qué ~, se ha roto!; ¡qué ~!, ¡es insoportable!* ■ **un ~**, *fam.*, muchísimo; en gran cantidad: *huele un ~ a cebolla; ¿me quieres mucho? —Un ~.*

ho·rro·ri·zar |ororiθár| **1** ***tr.*** [a alguien] Producir horror o miedo: *el grito la horrorizó.* ⇒ **horripilar. 2** *fig.* Producir rechazo o asco: *la violencia lo horroriza.* ⇒ **horripilar.** ☖ Se conjuga como 4.

ho·rro·ro·ᷓso, ᷓsa |ororóso, sa| **1** ***adj.*** Que produce horror o miedo: *cuando abrió su horrorosa boca, me asusté.* ⇒ **espantoso, horrendo, horrible, horripilante. 2** Que es muy feo o desagradable; que produce rechazo: *llevas un abrigo ~.* ⇒ **espantoso, horrendo, horrible. 3** *fam.* Que es muy grande o intenso: *en la playa hacía un calor ~.* ⇒ **espantoso, horrendo, horrible.**

hor·ta·li·za |ortalíθa| ***f.*** Planta comestible que se cultiva en las *huertas: *España produce y exporta frutas y hortalizas.* ⇒ **verdura.**

hor·te·la·ᷓno, ᷓna |orteláno, na| **1** ***adj.*** De la huerta o que tiene relación con ella: *la única faena hortelana que le gusta es el riego.* **- 2** ***m. f.*** Persona que se dedica a cultivar y cuidar una *huerta: *los hortelanos preparan los semilleros, plantan, riegan y cogen las verduras.*

hor·ten·sia |orténsia| ***f.*** Flor de jardín, rosa o azulada, que va perdiendo el color hasta quedar casi blanca y que crece en un arbusto de jardín de alrededor de un metro de altura: *las hortensias y las dalias crecían junto a la fuente.*

hor·te·ra |ortéra| ***adj.-com.*** *fam.* Que es de mal gusto y vulgar; que *pretende ser elegante y no lo es: *vaya anillo ~ que le ha regalado; esa camiseta es* *un poco ~, pero póntela; el muy ~ vino a la fiesta de mi barrio con traje y pajarita.*

hor·te·ra·da |orteráða| ***f.*** *fam.* Obra o dicho que, queriendo ser delicado o elegante, no lo es y muestra mal gusto: *se compró un traje que era una ~; esa canción es una ~; pues a mí me parece que eso de hacernos una foto todos juntos es una ~.*

hor·tí·co·la |ortíkola| ***adj.*** De la *huerta o que tiene relación con ella: *la producción ~ de la Unión Europea está disminuyendo.*

hor·ti·cul·⌜tor, ⌜to·ra |ortikultór, tóra| ***m. f.*** Persona que se dedica a la *horticultura: *entrevistaron a un famoso ~ especializado en árboles frutales.*

hor·ti·cul·tu·ra |ortikultúra| ***f.*** Técnica del cultivo de las *huertas: *le he comprado un libro de ~ para que aprenda a cultivar tomates.*

hos·⌜co, ⌜ca |ósko, ka| **1** ***adj.*** Que es rudo o poco educado en el trato: *es muy ~, no se puede hablar con él; sólo recibí una respuesta hosca.* **2** (tiempo) Que es poco agradable: *hoy el tiempo está ~.*

hos·pe·da·je |ospeðáxe| **1** ***m.*** Lugar donde se vive durante un tiempo y que pertenece a otra persona: *llegamos tarde y todavía teníamos que buscar ~.* ⇒ **albergue, alojamiento. 2** Acogida en una casa o en un establecimiento: *la universidad no nos procuró ~ y tuvimos que alquilar un piso.* ⇒ **alojamiento. 3** Cantidad de dinero que se cobra por esa acogida: *teníamos que pagar el ~ y casi no nos quedaba ya dinero.* ⇒ **alojamiento.**

hos·pe·dar |ospeðár| **1** ***tr.*** Dar *hospedaje: *hospedó durante un mes a dos estudiantes en su casa.* ⇒ **albergar, alojar. - 2 hospedarse** ***prnl.*** Vivir durante un tiempo en una casa o en un establecimiento que pertenece a otra persona: *me hospedo en un hotel muy céntrico; se hospedó en casa de sus tíos.* ⇒ **albergar, alojar.**

hos·pe·de·rí·a |ospeðería| **1** ***f.*** Establecimiento donde se acogen *huéspedes: *este matrimonio regenta una ~ en su pueblo.* **2** Habitación de un *convento reservada a los visitantes: *vamos a pasar el fin de semana en la ~ de Montserrat.*

hos·pi·cia·⌜no, ⌜na |ospiθiáno, na| ***adj.-s.*** (persona) Que vive en un *hospicio o que se ha criado en un *hospicio: *el alcalde y el obispo fueron a visitar a los niños hospicianos.*

hos·pi·cio |ospíθio| ***m.*** Establecimiento dedicado a recoger, criar y educar niños cuyos padres han muerto, los han abandonado o no pueden hacerse cargo de ellos: *el niño creció en un ~ hasta que tuvo unos padres adoptivos.* ⇒ **inclusa, orfanato.**

hos·pi·tal |ospitál| ***m.*** Establecimiento, generalmente público, con camas, personas y medios para que los enfermos o heridos reciban atención médica: *tuvo un accidente de tráfico y lo llevaron al ~; ya lleva dos semanas en el ~.* ⇒ **residencia, sanatorio.**

hos·pi·ta·la·⌜rio, ⌜ria |ospitalário, ria| **1** ***adj.*** Del hospital o que tiene relación con él: *los heridos recibieron asistencia hospitalaria; se está construyendo un nuevo centro ~.* **2** Que recibe o acoge *amablemente o de buena voluntad: *es una persona muy hospitalaria; los españoles suelen ser hospitalarios con los extranjeros.* ◻ No se debe confundir con *acogedor.*

hos·pi·ta·li·dad |ospitaliðá^{ð}| ***f.*** Amabilidad al recibir o acoger a otras personas: *dio gracias a la dueña de la casa por su ~; abusó de su ~ quedándose tanto tiempo.*

hos·pi·ta·li·za·ción |ospitaliθaθión| ***f.*** Envío o recibimiento de un enfermo en un hospital: *hay muchas operaciones que no necesitan ~.*

hos·pi·ta·li·zar |ospitaliθár| ***tr.*** [a alguien] Enviar a un hospital a un enfermo; recibir en un hospital: *quince personas han sido hospitalizadas a causa de una intoxicación.* ◻ Se conjuga como 4.

hos·que·dad |oskeðá^{ð}| ***f.*** *form.* Cualidad de *hosco: *trató a los invitados con una inesperada ~.* ⇒ **rudeza.**

hos·tal |ostál| ***m.*** Establecimiento de categoría inferior al hotel, que acoge a viajeros o visitantes y les ofrece camas y comidas a cambio de dinero: *buscamos un ~ para alojarnos porque no teníamos mucho dinero.* ⇒ **hostería, hotel, pensión.**

hos·te·le·rí·a |ostelería| ***f.*** Conjunto de servicios que dan las empresas y personas que se dedican profesionalmente a acoger y alimentar a viajeros y visitantes a cambio de dinero: *la ~ es una de las mayores fuentes de ingresos de la economía española.*

hos·te·le·⌜ro, ⌜ra |osteléro, ra| **1** ***m. f.*** Persona que se dedica a la *hostelería: *los hosteleros decidieron modernizar sus establecimientos para acoger a más turistas y veraneantes.* **- 2** ***adj.*** De la *hostelería o que tiene relación con ella: *la industria hostelera ha crecido mucho en los últimos años.*

hos·te·rí·a |ostería| ***f.*** Establecimiento de categoría inferior al hotel, que acoge a viajeros o visitantes y les ofrece camas y comidas a cambio de dinero: *en este pueblo no hay hoteles, pero hay una ~ muy confortable.* ⇒ **hostal, hotel, pensión.**

hos·tia |óstia| **1** ***f.*** Pieza delgada y redonda de pan que sirve para la *comunión en la religión cristiana: *en la comunión los fieles toman la ~.* ⇒ **forma, pan. 2** *vulg. fam.* Golpe muy fuerte: *se pegó una ~ con la moto que casi se mata; me he dado una ~ contra la farola.* **3** *fam. vulg.* Golpe fuerte dado con la mano o el puño: *como me toques, te doy una ~ que te mato; le dio una ~ en la nariz y empezó a echar sangre.* ■ **¡anda la ~!**, *vulg. fam.*, expresión con la que se indica sorpresa: *¡anda la ~!, ayer me dices que vas a venir y ahora no vienes.* ■ **dar de hostias**, *vulg. fam.*, pegar violentamente; *pelearse: *le dio de hostias por esa tontería; se dieron de hostias en la puerta de la discoteca.* ■ **hinchar a hostias**, *vulg. fam.*, pegar o golpear mucho y violentamente: *como te vuelva a ver por aquí te voy a hinchar a hostias.* ⇒ **hinchar.** ■ **¡~!/¡hostias!**, *vulg. fam.*, expresión que muestra sorpresa: *¡hostias!, ¡qué susto me has dado!; ¡~, cómo me ha puesto!* ⇒ **joder.** ■ **¡hostias, Pedrín!**, *vulg. fam.*, expresión que muestra admiración por lo peligrosa o difícil que es una cosa: *¡hostias, Pedrín!, ¡cómo quema!; ¡hostias, Pedrín! ¡este tornillo no hay quien lo saque!* ■ **ser la ~**, *vulg. fam.*, estar muy bien; ser magnífico: *el concierto de ayer* *fue la ~; aquella fiesta era la ~.* ⇒ **acojonante.** ■ **ser la ~**, *vulg. fam.*, ser muy malo; ser un *desastre: *es que eres la ~: me has roto la camisa; es la ~, ya ha destrozado tres coches.* ■ **ser la ~ de**, *vulg. fam.*, ser enormemente; ser muy: *el examen era la ~ de difícil; nos dijo que estaba a cinco minutos y luego estaba la ~ de lejos.*

hos·tiar |ostiár| ***tr.-prnl.*** *vulg. fam.* [a alguien] Pegar violentamente; *pelearse: *unos gamberros lo hostiaron cuando salía del trabajo; primero se insultaron y luego acabaron hostiándose.*

hos·ti·gar |ostiγár| **1** ***tr.*** [a alguien] Atacar para provocar una acción o para molestar: *no dejaban de hostigarle para que se marchase.* ⇒ **hostilizar. 2** MIL. [algo, a alguien] Molestar al enemigo con ataques de poca importancia: *el general ideó un plan para ~ al enemigo y desconcertarlo.* ⇒ **hostilizar. 3** [algo] Golpear con una vara o *fusta un caballo o animal de tiro: *el jinete hostigaba a su caballo para que corriera más deprisa.* ☐ Se conjuga como 7.

hos·til |ostíl| ***adj.*** Que se enfrenta o es enemigo de una persona: *cuando entró en la sala recibió varias miradas hostiles; mantuvo una actitud ~ durante todo el día.*

hos·ti·li·dad |ostiliðáᵈ| ***f.*** Enfrentamiento u *oposición: *encontró un ambiente de franca ~ y rechazo.*

hos·ti·li·zar |ostiliθár| **1** ***tr.*** [a alguien] Atacar para provocar una acción o para molestar: *los vecinos están hostilizando a esa familia para que se marche.* ⇒ **hostigar. 2** MIL. [algo, a alguien] Molestar al enemigo con ataques de poca importancia: *el ejército está hostilizando las posiciones enemigas para que abandonen la ciudad.* ⇒ **hostigar.** ☐ Se conjuga como 4.

ho·tel |otél| ***m.*** Establecimiento que acoge a viajeros o visitantes y les ofrece camas y comidas a cambio de dinero: *acaban de llegar y todavía tienen que buscar un ~ para dormir esta noche; quisieron alojarse en un ~ de cinco estrellas de la capital.* ⇒ **hostal, hostería, pensión.**

ho·te·le·⌐ro, ⌐ra |oteléro, ra| **1** ***adj.*** Del hotel o que tiene relación con él: *la industria hotelera obtiene sus mayores beneficios en las épocas de vacaciones.* **- 2** ***m. f.*** Persona que tiene un hotel o que trabaja en él: *esperaban en recepción a que el ~ los atendiese.*

hoy |ói| **1** ***adv. t.*** En el día presente; en el día actual: *hemos quedado en vernos ~ por la tarde; ~ salgo de vacaciones; tengo que terminar ~.* ⇒ **ayer, mañana. 2** En el tiempo presente; en la actualidad: *~ se sabe mucho más sobre el origen del hombre.* ■ **~ en día**, en la actualidad; en los tiempos que vivimos: *~ en día para los europeos es muy sencillo viajar por los demás países de la Unión Europea.* ■ **~ por ~**, hasta el momento; en el presente, aunque en el futuro pueda ser de otra manera: *~ por ~ no se ha dado solución al problema del hambre en el mundo.* ■ **~ por ti, mañana por mí**, expresión con la que se señala que un favor hecho en el presente puede ser correspondido con otro favor en el futuro: *no me importa levantarme temprano para llevarte a la estación, ~ por ti, mañana por mí.* ■ **por ~**, en el día presente: *por ~ es suficiente, seguiremos mañana.*

ho·ya |óya| **1** ***f.*** Agujero grande en el suelo: *el carro se quedó atascado en una ~ del camino.* **2** Terreno llano rodeado de montañas: *los excursionistas subieron la montaña y bajaron hasta la ~.*

ho·yo |óyo| **1** ***m.*** Agujero en la tierra o en una superficie más o menos plana: *cavó un ~ en el jardín para plantar un árbol; el perro hizo un ~ para esconder el hueso.* **2** *fam.* Agujero donde se entierra a los muertos: *si no te cuidas más, vas a ir al ~ antes de lo debido.* ⇒ **tumba.**

ho·yue·lo |oyuélo| ***m.*** Hueco pequeño que se puede tener en la *barbilla o que se forma a cada lado de la cara al reír: *esta niña tiene hoyuelos muy simpáticos cuando ríe.*

hoz |óθ| **1** ***f.*** Herramienta formada por un mango de madera y una hoja curva, con filo o con dientes y terminada en punta, que se usa para cortar las hierbas o el trigo: *la ~ ha sido sustituida hoy en día por cosechadoras.* **2** Valle muy estrecho limitado por altas paredes de roca: *una ~ es parecida a un barranco muy largo.*

ho·zar |oθár| ***tr.*** [algo] Mover la tierra y hacer agujeros en ella con el *hocico: *los cerdos hozan el campo.* ⇒ **hocicar.** ☐ Se conjuga como 4.

hu·cha |útʃa| **1** ***f.*** Recipiente cerrado, con una abertura estrecha y larga por donde se echa dinero para guardarlo: *el niño tenía una ~ con forma de cerdito donde guardaba sus ahorros.* ⇒ **alcancía. 2** *fig.* Dinero que no se ha gastado y se ha ido guardando para reunir una cantidad mayor: *quizás podamos hacer un viaje con la ~.* ⇒ **ahorro.**

hue·⌐co, ⌐ca |uéko, ka| **1** ***adj.*** Que está vacío por su parte interior: *toca la pared y verás cómo está hueca; el suelo de las grandes ciudades está prácticamente ~.* **2** Que es esponjoso y blando: *el bizcocho me quedó muy ~; la ropa está más hueca porque este suavizante es mejor.* **3** *fig.* Que no tiene contenido, aunque lo parece: *sus palabras huecas no engañan ya a nadie.* **4** *fig.* (persona) Que se siente orgulloso; que es presumido y *vano: *él está muy ~ por su trabajo, pero en realidad no es tan bueno; a pesar de sus malas notas, Juan está muy ~.* **- 5 hueco** ***m.*** Agujero en una superficie; abertura: *el ratón se escondió en un ~ de la pared; nos refugiamos de la lluvia en el ~ de una roca.* ⇒ **concavidad. 6** Espacio o tiempo disponible: *hazme un ~ en el sofá, que quiero sentarme; si tengo un ~ esta tarde, me ocuparé de lo tuyo.* **7** Lugar libre o cargo que está *vacante: *este nuevo cargo llena un ~ administrativo; buscaron un ~ en el mercado para introducir su producto.*

huel·ga |uélγa| ***f.*** Paro del trabajo que hacen los *obreros de común acuerdo, generalmente como protesta o para *imponer ciertas condiciones a los dueños de la empresa o al gobierno: *la ~ de camioneros ha impedido el abastecimiento de muchos mercados;* **~ de brazos caídos**, la que se hace sin abandonar el lugar de trabajo, pero sin trabajar: *he llevado el coche al taller, pero no me lo han arreglado: los obreros estaban en ~ de brazos caídos;*

~ **de celo**, la que se hace cumpliendo con las obligaciones con excesiva *meticulosidad y trabajando lo más lentamente posible para que disminuya la producción: *la ~ de celo produjo graves problemas de distribución a la empresa;* ~ **de hambre**, la que se hace dejando de comer y mostrando la decisión de morirse, si no se consigue lo que se *pretende: *hace una semana que no comen: están en ~ de hambre.*

huel·guis·ta |uelγísta| ***com.*** Persona que participa en una *huelga: *los huelguistas hicieron una manifestación.*

hue·lla |uéʎa| **1** ***f.*** Señal que queda en el suelo al pisar una persona o un animal o al pasar una cosa: *se podían ver sus huellas en la nieve del jardín; el coche dejó sus huellas en el alquitrán.* ⇒ **paso, pisada, pista, rastro. 2** Señal o marca que deja una cosa: *después del incendio, no quedaron ni las huellas del edificio.* ⇒ **rastro;** ~ **dactilar/digital**, la que deja un dedo: *el ladrón dejó sus huellas digitales por toda la casa.* **3** *fig.* Impresión profunda o *duradera: *el mundo romano dejó una ~ imborrable en la historia.* ■ **seguir las huellas**, seguir el ejemplo de una persona; imitar: *el compositor siguió las huellas de su maestro y perfeccionó su técnica.*

huér·fa·⌐no, ⌐na |uérfano, na| **1** ***adj.-s.*** (persona) Que tiene poca edad y ha perdido a su padre y a su madre, o a uno de los dos: *sus padres murieron en un accidente y él quedó ~.* **2** *fig.* Que no tiene protección o ayuda: *el ejército se marchó y dejó huérfana a la población.*

hue·⌐ro, ⌐ra |uéro, ra| **1** ***adj.*** (huevo) Que no ha producido pollo: *la paloma abandonó los huevos porque estaban hueros.* **2** *form. fig.* Que está vacío o no tiene sustancia: *pronunció un discurso ~.*

huer·ta |uérta| **1** ***f.*** Terreno destinado al cultivo de verduras, legumbres, árboles frutales y otras plantas, que suele regarse: *fue a regar la ~.* ⇒ **huerto. 2** Conjunto de tierras que se pueden regar: *la ~ de esta provincia es de las más ricas del país.*

huer·ta·no, ⌐na |uertáno, na| ***adj.-s.*** (persona) Que vive en una zona de *huerta; que se dedica a trabajar la *huerta: *el ~ llevó al mercado las hortalizas que había cultivado.*

huer·to |uérto| ***m.*** Terreno destinado al cultivo de verduras, legumbres árboles frutales y otras plantas que suele regarse y que es de menor tamaño que la *huerta: *esta mañana se marchó a regar el ~.* ⇒ **huerta.** ■ **llevar al** ~, *fam.*, convencer a una persona sobre una cosa usando métodos poco honrados: *él no quería formar parte de esa operación, pero al final se lo han llevado al ~.* ■ **llevar al** ~, *fam.*, tener una relación sexual con una persona: *estuvo trabajándosela toda la noche y al final se la llevó al ~.*

hue·sa |uésa| ***f.*** *form.* Hueco bajo tierra en el que se entierra el cuerpo muerto de una persona: *el asesino cavó una ~ para enterrar el cadáver.* ⇒ **sepultura.**

hue·so |uéso| **1** ***m.*** Pieza dura y resistente que sirve para sujetar una parte del cuerpo de los animales vertebrados y que, unida a otras muchas, forma el esqueleto: *se cayó y se rompió un ~ de la pierna; echó un ~ de jamón para darle buen sabor al cocido.* **2** Parte central y dura de una fruta, que contiene la semilla de la planta: *he comprado aceitunas sin ~; sembré un ~ de melocotón y ha nacido una planta.* **3** *fam. fig.* Persona dura y desagradable, que no muestra sentimientos ni *piedad: *me han dicho que el profesor de matemáticas es un ~.* ☖ Se suele aplicar a los profesores que suspenden a muchos estudiantes o a los jefes que no admiten errores. **4** *fam. fig.* Asunto difícil de resolver; cosa difícil de hacer o de vencer: *esa asignatura es un ~ duro de roer; nos ha tocado jugar con un equipo que es un ~.* ■ **a otro perro con ese** ~, *fam.*, expresión que indica que uno no se deja engañar: ■ ~ **de santo**, dulce de color blanco, hecho con azúcar, huevo y otros *ingredientes, que se come por la fiesta de Todos los Santos: *mi padre compró huesos de santo el día 1 de noviembre.* ■ **moler los huesos**, *fam.*, pegar mucho y violentamente: *le molieron los huesos a palos.* ■ **tener los huesos molidos**, *fam.*, estar muy cansado o sentir dolor en todo el cuerpo: *hoy me he levantado muy temprano y tengo los huesos molidos; se cayó de la bicicleta la semana pasada y tiene los huesos molidos.*

HUESO

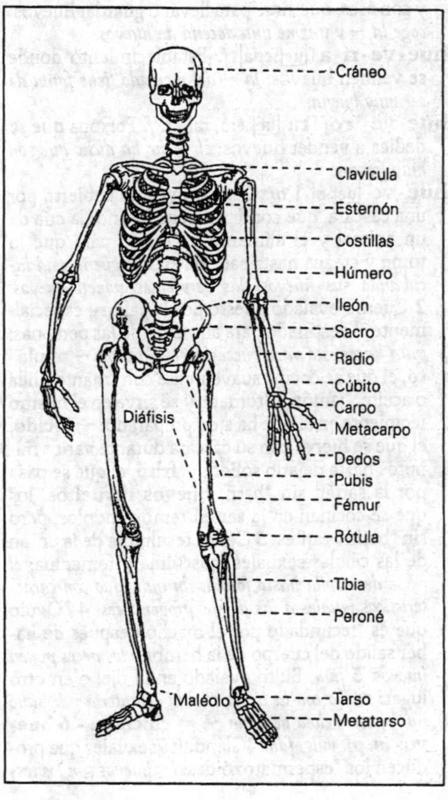

hués·⌐ped, ⌐pe·da |uéspeᵟ, peðа| **1** ***m. f.*** Persona que vive o está en una casa que no es suya, generalmente invitada por su dueño: *invitó a sus huéspedes a pasar otro día más en su casa.* **2** Persona que vive o duerme por un tiempo en un hotel o en un establecimiento parecido, pagando dinero por ello: *nos dijeron que el hostal estaba lleno de huéspedes y que no podíamos alojarnos en él.* **3** Ser vivo animal o vegetal del que se aprovecha un parásito: *el perro es el ~ de las pulgas.*

hues·te |uéste| **1** ***f.*** Ejército en movimiento: *la ~ del Cid tomó Valencia.* **2** *fig.* Conjunto de seguidores de una causa o de partidarios de una persona: *las huestes del partido en el poder votarán afirmativamente ese proyecto de ley.*

hue·su·⌐do, ⌐da |uesúðo, ða| ***adj.*** Que tiene mucho hueso; que tiene más hueso que carne: *tras su enfermedad se quedó muy flaco y ~; tenía las manos huesudas.*

hue·va |uéβa| ***f.*** Conjunto de huevos de ciertos peces que se forman dentro de una bolsa: *el caviar se prepara con huevas de esturión.*

hue·ve·ra |ueβéra| **1** ***f.*** Recipiente pequeño, parecido a una copa, en el que se coloca de pie un huevo *cocido o pasado por agua para comerlo en la mesa: *junto a la taza del desayuno, sobre un plato, había una ~ de cerámica con un huevo aún caliente.* **2** Recipiente de material flexible, pequeño y con asas, que sirve para llevar o guardar huevos: *coge la ~ y tráeme una docena de huevos.*

hue·ve·rí·a |ueβería| ***f.*** Establecimiento donde se venden huevos: *la ~ del mercado tiene fama de ser muy buena.*

hue·ve·⌐ro, ⌐ra |ueβéro, ra| ***m. f.*** Persona que se dedica a vender huevos: *el ~ me ha dicho que son muy frescos.*

hue·vo |uéβo| **1** ***m.*** Cuerpo ovalado cubierto por una cáscara, que contiene en su interior la cría de un animal y el alimento necesario para que lo tome y crezca hasta salir de él: *la cigüeña está incubando sus huevos; las serpientes ponen huevos.* **2** Cuerpo ovalado puesto por la gallina, especialmente el destinado para alimento de las personas: *para hacer este pastel necesito seis huevos;* ~ **al plato**, el que se cocina suavemente con *mantequilla o aceite, *jamón y *tomate, y se sirve en el mismo recipiente en el que ha sido preparado; ~ **cocido**, el que se hierve con su cáscara durante varios minutos hasta dejarlo sólido; ~ **frito**, el que se pasa por la sartén sin *batir; **huevos revueltos**, los que se cocinan en la sartén removiéndolos, pero sin *batirlos antes. **3** Célula resultante de la unión de las células sexuales masculina y femenina: *el ~ se desarrolla hasta formar un individuo con características iguales a las de sus progenitores.* **4** *Óvulo que es *fecundado por el macho después de haber salido del cuerpo de la hembra: *los peces ponen huevos.* **5** *fam.* Bulto ovalado en la piel o en otro lugar: *se dio con la cabeza en la estantería y le salió un ~; esa pelota tiene un ~.* ⇒ **chichón.** - **6 huevos** ***m. pl.*** *vulg. fam.* *Glándulas sexuales que producen los *espermatozoides: *los huevos son los testículos, y suena mejor llamarlos de esta última forma.* ⇒ **cojón, testículo.** ■ **a** ~, *fam.*, en las condiciones más fáciles o favorables: *se lo dejaron a ~: no tuvo que hacer más que darle una patadita para meter el gol.* ■ **costar un** ~, *fam. vulg.*, ser muy difícil; necesitar mucho trabajo: *me ha costado un ~ sacar el corcho.* ■ **costar un** ~, *fam. vulg.*, valer mucho dinero; ser muy caro: *ese coche que se ha comprado debe de costar un ~.* ■ **estar hasta los huevos**, *vulg.*, no poder aguantar más una situación: *estoy hasta los huevos de sus tonterías, no lo soporto.* ■ **importar un** ~, *vulg. desp.*, no tener interés o preocupación: *me importa un ~ lo que hagas; si se ha caído, me importa un ~: a mí como si se mata.* ■ **pisando huevos**, *fam. hum.*, andando de una manera poco natural; moviéndose muy despacio: *vaya forma de andar: parece que va pisando huevos.* ■ **por huevos**, *vulg.*, a la fuerza; necesariamente o con toda seguridad: *tenemos que terminar, por huevos, antes de una hora; por huevos, que tiene que pasar por aquí.* ■ **ser más cerrado que un** ~, *fam.*, ser muy poco inteligente: *no sirve que se lo expliques otra vez, es más cerrado que un ~.* ■ **ser más cerrado que un** ~, *fam.*, no cambiar de opinión de ninguna forma: *no va a querer, es más cerrada que un ~.* ■ **tener huevos**, *fam.*, tener *suficiente valor; ser valiente: *si tienes huevos, me lo vuelves a decir; tiene muchos huevos y no se asusta por nada.* ■ **un** ~, *fam. vulg.*, gran cantidad; en gran medida; mucho: *había un ~ de gente; me gusta un ~.*

hue·⌐vón, ⌐vó·na |ueβón, βóna| ***adj.-s.*** *fam. desp.* (persona) Que es muy lento; que no se preocupa: *¡qué ~ eres, hijo, date más prisa!* ⇒ **tardo.**

hu·go·no·te |uγonóte| ***adj.-s.*** (persona) Que sigue la doctrina *protestante de Calvino, en *oposición a los *católicos en la Francia de los siglos XVI y XVII: *los católicos y los hugonotes se enfrentaron en varias guerras a causa de la religión.*

hui·da |uíða| ***f.*** Escapada rápida: *los ladrones perdieron el dinero robado en la ~.* ⇒ **evasión, fuga.**

hui·di·⌐zo, ⌐za |uiðíθo, θa| **1** ***adj.*** Que evita el trato con los demás por ser tímido o poco *sociable: *es un muchacho ~ y por eso se fue pronto a casa.* **2** Que se mueve mucho o no está quieto durante mucho tiempo: *tenía una mirada huidiza.* **3** Que *huye o se escapa fácilmente: *el cazador perseguía al ciervo ~.*

hu·ir |uír| **1** ***intr.*** Alejarse de un lugar rápidamente por miedo o para apartarse de un mal, físico o moral: *los atracadores huyeron de la policía; miles de personas tuvieron que ~ a otros países para evitar el hambre.* ⇒ **escapar, fugarse.** - **2** ***tr.*** [algo, a alguien] Evitar; mantenerse alejado: *me huye en cuanto puede; huye la tentación, hijo mío.* - **3** ***intr.-tr.*** *form. fig.* Alejarse o pasar rápidamente: *el tiempo huye de nosotros.* ☐ Se conjuga como 62.

hu·le |úle| ***m.*** Pieza de tela que tiene una de sus superficies cubierta de una capa de plástico o pintura resistente al agua: *colocaron el ~ sobre la mesa antes de poner el mantel.*

hu·lla |úʎa| ***f.*** Carbón mineral procedente de materia orgánica y rico en *carbono: *Asturias es una región productora de ~.* ■ ~ **blanca**, corriente de agua que se emplea para producir energía.

hu·ma·ni·dad |umaniðáᶞ| **1** ***f.*** Conjunto de todos los hombres; género humano: *la ~ entera debe perseguir la paz; la historia de la ~ está llena de errores.* **2** Conjunto de características del ser humano: *Dios asumió la ~ en Jesucristo.* **3** Compasión por los que sufren dolor o desgracias: *es un hombre de gran ~ y ayuda a los necesitados.* ⇒ **humanitarismo.** **- 4 humanidades** ***f. pl.*** Conjunto de estudios y disciplinas dedicados a la literatura, el arte o las ciencias humanas: *las humanidades enriquecen el espíritu del hombre.* ⇒ **letra.**

hu·ma·nis·mo |umanísmo| **1** ***m.*** Conjunto de ideas, doctrinas y sentimientos que toman como modelos los clásicos de la Grecia y de la Roma antiguas y que consideran más importante al hombre como individuo que como objeto de la creación o elemento de la sociedad: *el ~ italiano alimentó el Renacimiento europeo.* **2** Periodo de la historia del pensamiento y el arte, en la Europa de los siglos XIV, XV y XVI, en el que se desarrollaron esas ideas: *durante el ~ la ciencia experimentó un gran avance.* **3** Estudio de las producciones *artísticas y filosóficas humanas, especialmente las de Grecia y Roma: *se fue a Roma para realizar estudios de ~.*

hu·ma·nis·ta |umanísta| **1** ***com.*** Persona que es partidaria del *humanismo: *Petrarca puede ser considerado como el primer ~.* **2** Persona que se dedica al estudio de las *humanidades: *España cuenta con importantes humanistas.* **- 3** ***adj.*** Del *humanismo o que tiene relación con él: *Antonio de Nebrija es un claro exponente del pensamiento ~.*

hu·ma·nís·ti·⌜co, ⌜ca |umanístiko, ka| ***adj.*** Del *humanismo y de las *humanidades o que tiene relación con ellos: *la filosofía, la filología y la historia son disciplinas humanísticas; la biblioteca de El Escorial es una imitación de las bibliotecas humanísticas de Italia.*

hu·ma·ni·ta·⌜rio, ⌜ria |umanitário, ria| **1** ***adj.*** (persona) Que se interesa por el bien de la *humanidad: *toda su obra filosófica ha sido humanitaria.* **2** (persona) Que ayuda a los que sufren dolor o desgracias, o que muestra compasión por ellos: *un sentimiento ~ le llevó a ayudar al ciego a cruzar la calle.*

hu·ma·ni·ta·ris·mo |umanitarísmo| ***m.*** Compasión por los que sufren dolor o desgracias: *se destacó por su ~ y recibió el premio Nobel de la Paz.* ⇒ **humanidad.**

hu·ma·ni·zar |umaniθár| **1** ***tr.*** [algo] Dar características propias del hombre, en *oposición a las de los animales y las cosas: *en los cuentos, los animales son humanizados; los antiguos humanizaron la naturaleza.* **2** Hacer una cosa más útil o agradable para el hombre: *hay que ~ la ciencia si no queremos que nos destruya.* **- 3 humanizarse** ***prnl.*** Mostrar compasión por los que sufren dolor o desgracias o hacerse más *comprensivo y *bondadoso con los demás: *su carácter duro y despiadado se humanizó con el tiempo.* ◻ Se conjuga como 4.

hu·ma·⌜no, ⌜na |umáno, na| **1** ***adj.*** Del hombre o que tiene relación con él: *la existencia humana debe buscar la armonía; el ser ~ domina las otras especies.* **2** Que muestra compasión por los que sufren dolor o desgracias; que es *comprensivo y *bondadoso con los demás: *al ver tantas personas hambrientas tuvo una reacción muy humana y rompió a llorar.* ⇔ **inhumano.** **3** Que es propio del hombre, considerado como ser imperfecto o inferior a los dioses: *errar es ~; lloro porque soy ~.* **4** Que es propio del hombre, considerado como ser superior a otros animales: *los derechos humanos fueron declarados en 1789.* **- 5 humano** ***m.*** Individuo de la especie de los hombres: *los humanos suelen considerarse superiores a otros animales y en algunos aspectos no lo son.* ⇒ **hombre, persona.**

hu·ma·noi·de |umanóiðe| ***com.*** Ser vivo que tiene forma de hombre sin serlo: *descendieron de la nave espacial tres humanoides verdes con grandes orejas y antenas.* ⇒ **humano.**

hu·ma·re·da |umaréða| ***f.*** Cantidad grande de humo: *el camión en llamas despedía una densa ~.*

hu·me·an·te |umeánte| **1** ***adj.*** Que echa o despide humo: *el fuego se ha apagado hace poco porque las brasas están humeantes.* **2** Que echa o despide vapor: *le trajo una taza de chocolate ~.*

hu·me·ar |umeár| **1** ***intr.*** Echar o despedir humo: *la casa todavía humeaba cuando llegó el dueño.* **2** Echar o despedir vapor: *tu sopa debe de quemar porque humea mucho.*

hu·me·dad |umeðáᶞ| **1** ***f.*** Cualidad de húmedo: *al acostarse sintió la ~ de las sábanas.* **2** Agua u otro líquido parecido, que hay o se introduce en un cuerpo sólido: *la ~ ha estropeado la pintura de la pared del sótano.* **3** Vapor de agua que hay en el aire o en la atmósfera: *la ~ relativa del aire es del 60%.*

hu·me·de·cer |umeðeθér| ***tr.*** [algo] Hacer que un sólido o gas contenga agua o un líquido parecido; mojar ligeramente: *humedeció un pañuelo y se lo puso en la frente; hay que ~ un algodón en alcohol.* ◻ Se conjuga como 43.

hú·me·⌜do, ⌜da |úmeðo, ða| **1** ***adj.*** (sólido, gas) Que contiene agua; que está ligeramente mojado: *esa toalla está húmeda, coge otra seca.* **2** (país, lugar) Que recibe muchas lluvias o que en su aire suele haber mucho vapor de agua: *el norte de España es más ~ que el sur.* ⇔ **árido.**

hú·me·ro |úmero| ***m.*** ANAT. Hueso largo del brazo que une el codo con el hombro: *el ~ es el hueso más fuerte de las extremidades superiores.*

hu·mi·di·fi·ca·dor |umiðifikaðór| ***m.*** Aparato que contiene agua y hace que ésta se *evapore para aumentar la humedad de una habitación o lugar: *tiene problemas en las vías respiratorias y en su dormitorio tiene un ~.*

hu·mil·dad |umildáᶞ| **1** ***f.*** Cualidad de *humilde; cualidad del que no se cree superior a los demás: *su ~ le impedía despreciar a nadie; era un hombre de* *gran ~, por lo que nunca dio demasiado mérito a sus descubrimientos.* ⇒ **modestia.** ⇔ **soberbia. 2** Falta de importancia social o de dinero: *el dinero que ganó le hizo olvidar la ~ de sus orígenes.*

hu·mil·de |umílde| **1** ***adj.*** Que no se cree superior a los demás; que quita importancia a su persona o a las obras que hace: *es una mujer ~ y no presume de su dinero.* ⇔ **engreído, estúpido, presuntuoso, soberbio, vanidoso. 2** Que es de poca importancia social; que tiene poco dinero: *nació en el seno de una familia ~.*

hu·mi·lla·ción |umiʎaθión| **1** ***f.*** Desprecio público del orgullo o del honor de una persona: *consideró esa mala respuesta como una ~.* ⇒ **degradación. 2** Vergüenza que se sufre por un desprecio recibido en público: *la ~ le hizo llorar.*

hu·mi·llan·te |umiʎánte| ***adj.*** Que *humilla: *fue una derrota ~.*

hu·mi·llar |umiʎár| **1** ***tr.*** [algo, a alguien] Despreciar públicamente el orgullo o el honor de una persona avergonzándola por ello: *la justicia humilla al soberbio.* ⇒ **degradar, pisar. 2** [algo] Bajar la cabeza u otra parte del cuerpo: *humillando la cabeza dijo que lo había hecho sin querer.* **- 3 humillarse** ***prnl.*** Tener una actitud de inferioridad ante otra persona o perder la *dignidad: *se humilló con tal de no perder su trabajo.*

hu·mo |úmo| **1** ***m.*** Conjunto de gases y polvo que despiden los materiales cuando se queman: *el ~ de los cigarrillos molesta a muchas personas; el ~ del incendio podía verse a varios kilómetros.* **2** Vapor que despiden ciertos líquidos al ser calentados o al sufrir una reacción química: *la sopa debe de estar muy caliente porque echa mucho ~.* **- 3 humos** ***m. pl.*** Orgullo excesivo: *qué humos que tiene, cómo se ha puesto cuando se lo he dicho; a mí no me vengas con esos humos.* ■ **bajar los humos**, *fam.*, hacer que una persona pierda un orgullo excesivo: *como os vuelva a insultar, voy a tener que bajarle los humos.* ■ **cortina de** ~, acción que se hace para ocultar las verdaderas intenciones: *el ataque por ese frente es una cortina de ~, en realidad les interesa más avanzar por el frente contrario.* ■ **echar** ~, *fam.*, estar muy enfadado, especialmente sin mostrarlo públicamente; sentir rabia: *no quisieron atenderlo y se fue echando ~.* ⇒ **quemar.**

hu·mor |umór| **1** ***m.*** Genio; estado o disposición del ánimo, especialmente cuando se *manifiesta exteriormente: *tiene siempre muy mal ~; vamos a pedírselo hoy que está de buen ~.* ☖ Se usa con los verbos *tener, estar* o *ponerse*, y generalmente, con los adjetivos *buen* o *mal*; ~ **de perros**, *fam.*, mal carácter; mala disposición del ánimo: *siempre tiene un ~ de perros, es un gruñón.* **2** Diversión producida por acciones o palabras destinadas a hacer reír: *ayer pusieron una película de ~ en la televisión; le gusta el ~ sutil.* ⇒ **humorismo;** ~ **negro**, diversión o risa producida por situaciones que, desde otro punto de vista, provocarían compasión, pena o terror: *le gusta el ~ negro: el otro día nos contó un chiste de muertos.* **3** Líquido de los cuerpos de los seres vivos: *el ~ vítreo se halla en el globo del ojo.* ■ **estar de** ~, encontrarse con buena disposición de ánimo para hacer una cosa: *hoy no estoy de ~ para aguantar el trabajo; ayer no estaba de ~ y se marchó pronto a casa.* ■ **sentido del** ~, capacidad de ver el lado divertido de las cosas: *le sentó mal porque no tiene sentido del ~.*

hu·mo·ra·da |umoráðа| ***f.*** Obra o dicho divertido o que hace reír: *intentó alegrar a su amigo con algunas humoradas.* ⇒ **broma.**

hu·mo·ris·mo |umorísmo| **1** ***m.*** Diversión producida por acciones o palabras destinadas a hacer reír: *por las noches se dedicaba al ~ en un club.* ⇒ **humor. 2** Capacidad de ver el lado divertido de las cosas: *tenía un ~ sorprendente.* ⇒ **humor.**

hu·mo·ris·ta |umorísta| ***com.*** Persona que se dedica a divertir a otras: *muchos humoristas trabajan en la televisión.*

hu·mo·rís·ti·⌐co, ⌐ca |umorístiko, ka| ***adj.*** De humor o que tiene relación con él: *hizo un discurso ~ que agradó a todos.*

hu·mus |úmus| ***m.*** BIOL. Capa superior del suelo en la que hay, además de tierra, *restos animales o vegetales en *descomposición: *el suelo con ~ es muy fértil.* ⇒ **mantillo.**

hun·di·mien·to |undimiénto| **1** ***m.*** Acción y resultado de hundir o hundirse: *el ~ del «Titanic» produjo una gran conmoción.* **2** *fig.* Pérdida o disminución grande de importancia o de poder: *muchos anunciaron el ~ de la economía mundial.* **3** Disminución de la altura de una cosa en cuanto a una superficie: *la torre está peligrosamente inclinada debido a un ~ del terreno.*

hun·dir |undír| **1** ***tr.-prnl.*** [algo, a alguien] Meter en lo *hondo; poner una cosa en el fondo del mar, de un recipiente o de otra cosa: *hundió la mano en la arena y sacó una caracola; hundieron dos barcos enemigos.* ⇒ **sumergir. 2** [algo] Caer al suelo una cosa que estaba levantada sobre él: *el edificio se hundió porque estaba mal construido.* **3** Disminuir la altura normal de una cosa en cuanto a una superficie: *un lado de la carretera se ha hundido más que el otro.* **4** *fig.* [algo, a alguien] Destruir física, moral o económicamente: *se marchó diciendo «¡te hundiré!»; esa empresa se hundió por falta de ventas.* **- 5 hundirse** ***prnl.*** *fig.* Entrar en un estado físico o mental de debilidad: *se hundió en los últimos tres kilómetros; se hundió en una profunda desesperación.*

hún·ga·⌐ro, ⌐ra |úŋgaro, ra| **1** ***adj.*** De Hungría o que tiene relación con Hungría: *Budapest es la capital húngara.* **- 2** ***m. f.*** Persona nacida en Hungría o que vive habitualmente en Hungría: *Béla Bartók, el gran compositor ~, pasó los últimos días de su vida en los EE.UU. de América.* **- 3 húngaro** ***m.*** Lengua de Hungría: *el ~ está emparentado lingüísticamente con el finés.*

hu·ra·cán |urakán| **1** ***m.*** Viento extremadamente fuerte que avanza girando sobre sí mismo de forma muy rápida: *los huracanes suelen producirse en el Caribe.* ⇒ **ciclón, tifón, tornado. 2** *p. ext.* Viento muy fuerte: *cierra las ventanas que se apro-*

xima un ~. **3** *fam. fig.* Persona que obra de manera rápida y desordenada: *eres un ~, mira cómo has dejado la habitación.* ⇒ **ciclón, torbellino.**

hu·ra·ca·na·⌜do, ⌜da |urakanáðo, ða| ***adj.*** (viento) Que tiene las características de un *huracán: *durante el fin de semana, sopló un viento ~ que arrancó numerosos árboles.*

hu·ra·⌜ño, ⌜ña |uráɲo, ɲa| ***adj.*** Que trata de evitar el trato con otras personas: *no nos ha saludado porque es un poco ~.*

hur·gar |urɣár| **1** ***tr.-intr.-prnl.*** [algo/en algo] Tocar o remover con los dedos o con un instrumento: *no hurgues en la televisión; te he dicho mil veces que no te hurgues la nariz.* **2** Mirar las cosas privadas de otra persona o tratar de enterarse de sus asuntos: *no me gusta que hurguen en mis cajones; siempre estaba hurgando en las cosas de los demás.* ■ **~ en la herida**, hablar sobre un tema que molesta o hace daño: *no hurgues más en la herida y no le hables de esa mujer.* ⇒ **herida.** ☖ Se conjuga como 7.

hu·rón |urón| **1** ***m.*** Animal mamífero pequeño, de cuerpo alargado y pelo áspero y largo, que se alimenta de carne: *está prohibido cazar conejos con hurones.* ☖ Para indicar el sexo se usa el ~ macho y el ~ hembra. **2** *fam. fig.* Persona a la que no le gusta tratar con otras: *es un antipático y un ~.* ⇒ **huraño. 3** *fam. fig.* Persona que siempre trata de enterarse de los asuntos privados de los demás: *ya está otra vez cotilleando, es un ~.*

hu·ro·ne·ar |uroneár| ***intr.*** *fam.* Tratar de enterarse de los asuntos privados de los demás: *es un cotilla, siempre anda huroneando por ahí.* ⇒ **cotillear.**

hu·rra |úr̄a| ***interj.*** Expresión que indica alegría o buen ánimo: *¡~!, iremos de vacaciones a la montaña; ¡tres hurras por Pepe!* ☖ Se suele decir por varias personas juntas y repetidas veces.

hur·ta·di·llas |urtaðíʎas| ■ **a ~**, de manera escondida; de modo que *nadie pueda verlo o saberlo: *entró en la habitación a ~ para que nadie se diera cuenta.*

hur·tar |urtár| ***tr.*** [algo] Robar de manera escondida y sin *violencia, generalmente cosas de poco valor: *el tendero dijo que unos niños le habían hurtado varios bolígrafos.* ⇒ **robar.**

hur·to |úrto| ***m.*** Robo de poca importancia; robo sin *violencia: *en los supermercados se cometen numerosos hurtos.*

hu·si·llo |usíʎo| ***m.*** Tornillo largo de una prensa: *el ~ sirve como eje para que la cabeza de la prensa haga presión.*

hus·me·ar |usmeár| **1** ***tr.-intr.*** [algo] Respirar aire para sentir un olor: *los perros husmeaban en busca de la presa.* - **2** ***intr.*** *fig.* Tratar de conseguir información de manera disimulada: *unos policías estuvieron husmeando por aquí.* ⇒ **fisgonear.**

hus·me·o |usméo| ***m.*** Acción y resultado de *husmear: *gracias al ~ de los perros encontraron el rastro del jabalí.*

hu·so |úso| **1** ***m.*** Instrumento de madera o hierro, alargado y acabado en punta por sus dos extremos, que al girar convierte las fibras en hilo: *la Bella Durmiente se pinchó un dedo con un ~.* **2** Pieza de hierro en la que se colocan los *carretes para enrollar el hilo: *el carrete se ha salido del ~.* ■ **~ horario**, parte imaginaria de la Tierra que, junto con otras veintitrés, determina la hora que es en los lugares que comprende: *el turista consultó en el aeropuerto el ~ horario del país que visitaba.*

huy |úi| ***interj.*** Expresión que muestra sorpresa, dolor o miedo, especialmente con poco entusiasmo o de manera irónica: *¡~!, ¡qué miedo me das!*

I

I, i 1 *f.* Letra que en el alfabeto español sigue a la *h*: *el nombre de* Ignacio *empieza por ~*. ☖ El plural es *íes*. **2** Letra que representa el valor de 1 en la numeración *romana: *en los números romanos, la* I *se repite tres veces para representar el valor del* 3. ☖ En esta acepción se escribe con mayúscula. **3** QUÍM. Símbolo del *yodo: *en el examen de química no supe decir a qué elemento químico correspondía la* I. ☖ En esta acepción se escribe con mayúscula. ■ **poner los puntos sobre las íes**, señalar o explicar con claridad los detalles de un asunto sobre los que podría haber duda: *antes de repartir el trabajo vamos a poner los puntos sobre las íes, para que nadie proteste después.*

i·bé·ri·⌐co, ⌐ca |iβériko, ka| **1** *adj.* De la antigua Iberia o que tiene relación con Iberia: *los pueblos ibéricos habitaban la península antes de la llegada de los romanos.* **2** De un antiguo pueblo que vivía en Iberia o que tiene relación con él: *hemos encontrado restos de cerámica ibérica.* ⇒ **ibero.** ■ **Península Ibérica**, parte de Europa que incluye los territorios continentales de España y Portugal: *la Península Ibérica está al norte de África.*

i·be·⌐ro, ⌐ra |iβéro, ra| **1** *adj.* De un antiguo pueblo que vivía en Iberia o que tiene relación con él: *la cultura ibera precedió a la romana.* ⇒ **ibérico, íbero.** - **2** *m. f.* Persona nacida en Iberia o que vive habitualmente en Iberia: *los iberos disponían de alfabeto escrito.* - **3 ibero** *m.* Lengua de un antiguo pueblo que vivía en Iberia: *el ~ era una lengua no indoeuropea.*

í·be·⌐ro, ⌐ra |íβero, ra| *adj.* ⇒ **ibero.**

i·be·ro·a·me·ri·ca·⌐no, ⌐na |iβeroamerikáno, na| **1** *adj.* De los países de América que pertenecieron a España y Portugal o que tiene relación con ellos: *en la conferencia se discutirán problemas iberoamericanos y españoles.* **2** De España, Portugal y América o que tiene relación con ellos: *en la cumbre iberoamericana estarán todos los jefes de estado de los países participantes.* ⇒ **hispanoamericano.** - **3** *m. f.* Persona nacida en Iberoamérica o que vive habitualmente en Iberoamérica: *la mayoría de los iberoamericanos hablan español.* ⇒ **hispanoamericano.**

i·bi·cen·⌐co, ⌐ca |iβiθéŋko, ka| **1** *adj.* De Ibiza o que tiene relación con Ibiza: *la economía ibicenca se basa en el turismo.* - **2** *m. f.* Persona nacida en Ibiza o que vive habitualmente en Ibiza: *el propietario de esta discoteca es ~.*

i·ce·berg |iθeβérᵞ| *m.* Bloque grande de hielo que flota en los mares de los Polos Norte y Sur: *sólo emerge sobre las aguas una novena parte del volumen de un ~.* ⇒ **témpano.** ■ **la punta del ~**, *form.*, parte pequeña que se ve de una cosa o un asunto que en realidad es muy grande o importante: *estos datos sólo muestran la punta del ~ de la estafa.* ☖ El plural es *icebergs*.

i·co·no |ikóno| **1** *m.* Imagen que representa a Jesucristo, a la Virgen o a un santo, pintada en una tabla de madera: *los iconos son objetos de devoción entre los cristianos ortodoxos.* **2** Signo que representa un objeto o idea con los que guarda cierta relación de parecido: *en las señales de tráfico suelen utilizarse iconos.*

i·co·no·clas·ta |ikonoklásta| **1** *adj.-com.* (persona) Que rechaza la adoración de imágenes *sagradas: *algunos iconoclastas destruyeron las estatuas de la Iglesia.* **2** *p. ext.* Que no reconoce ni respeta los valores o normas tradicionales: *siempre mantuvo una actitud ~ con respecto a la jerarquía política.*

i·co·no·gra·fí·a |ikonoγrafía| **1** *f.* Disciplina u obra que estudia y describe las imágenes y sus características: *este libro es un interesentante tratado sobre ~.* **2** Conjunto de imágenes relacionadas con un asunto determinado: *la ~ de las catedrales españolas es muy rica.*

i·co·no·grá·fi·⌐co, ⌐ca |ikonoγráfiko, ka| *adj.* De la *iconografía o que tiene relación con ella: *han publicado un estudio ~ de las iglesias de Toledo.*

ic·te·ri·cia |iᵏteríθia| *f.* MED. Enfermedad provocada por un mal funcionamiento del *hígado que hace que la piel y los ojos de la persona que la padece tomen un color amarillo: *le disgnosticaron una ~.*

ic·tio·gra·fí·a |iᵏtioγrafía| *f.* ZOOL. Disciplina que describe los peces: *la ~ es una parte de la zoología.*

ic·tio·lo·gí·a |iᵏtioloxía| *f.* ZOOL. Disciplina que estudia los peces: *la ~ es una parte de la zoología.*

ic·tio·sau·rio |iᵏtiosáurio| *m.* ZOOL. Reptil *prehistórico, de gran tamaño, con forma de pez: *el ~ vivió en la era secundaria y se encuentra en fósiles de terreno jurásico.* ⇒ **dinosaurio.**

ic·tio·sis |iᵏtiósis| *f.* MED. Enfermedad de la piel que hace que se seque y se desprenda: *fue al médico porque tenía la piel muy seca y le dijo que tenía ~.* ☖ El plural es *ictiosis*.

i·da |íða| *f.* Acción y resultado de ir o de dirigirse a un lugar: *me lo encontré a la ~ y a la vuelta.* ⇔ **regreso, vuelta.**

i·de·a |iðéa| **1** *f.* Representación mental o conocimiento de una persona, cosa o situación: *la ~ de Estado ha variado a lo largo de los siglos; la ~ de quedarse solo le aterraba.* **2** Proyecto o *plan para hacer una cosa: *ayer se me ocurrió una ~ para que* *no vuelva a suceder esta desgracia; tengo una ~ magnífica para librarnos de ellos.* **3** Intención o deseo: *mi ~ es terminar este año los estudios; fue ~ tuya venir aquí de vacaciones;* **mala ~**, *fam.*, intención de hacer un daño físico o moral: *dijo que fue sin querer, pero yo creo que me empujó con mala ~; ¡qué mala ~ tiene! quería dejarnos encerrados.* ⇒ **leche; ~ fija**, intención o deseo que no admite otras posibilidades: *tenía la ~ fija de visitar algún día China y al final lo consiguió.* **4** Opinión o juicio que se tiene sobre una persona o una cosa: *usted tiene una ~ equivocada de mí; nada más conocerla se hizo una ~ excelente de ella.* **- 5 ideas** ***f. pl.*** Creencias u opiniones: *las ideas de este filósofo han tenido diversas interpretaciones políticas; ese chico tiene unas ideas muy raras en la cabeza.* ■ **dar una ~**, indicar una solución o intención: *una manzana le dio la ~ para explicar la fuerza de la gravedad.* ■ **hacerse a la ~**, aceptar una situación desagradable o con la que no se está de acuerdo: *ve haciéndote a la ~ de que este año no vamos a tener vacaciones.* ■ **hacer una idea**, dar o lograr una impresión ligera o general de una cosa: *para que os hagáis una ~ de lo que nos cuesta vivir, os diré que la comida en esta ciudad es más cara que en ningún otro lugar.* ■ **~ de bombero**, conocimiento, opinión, deseo o proyecto muy extraño o que no está basado en la razón: *este chico tiene ideas de bombero porque quiere que recorramos a pie 50 kilómetros en un día.* ■ **no tener ni puta ~**, *vulg.*, no saber nada de un asunto: *no tiene ni puta ~ de matemáticas; no tengo ni puta ~ de dónde estamos.*

i·de·a·ción |iðeaθión| ***f.*** Proceso por el que se forman ideas en la mente: *la ~ de esta campaña ha correspondido a nuestro equipo de creadores.*

i·de·al |iðeál| **1** ***adj.*** Que es perfecto; que es muy adecuado: *buscaba a la mujer ~; perseguía un sistema ~ para organizarlo todo.* **2** De las ideas o que tiene relación con ellas: *el movimiento ~ y político de este siglo es vertiginoso.* **- 3** ***m.*** Ejemplo o modelo de perfección: *la humanidad persigue el ~ de la justicia.* **4** Conjunto de ideas políticas, morales o religiosas: *el ~ cristiano de la igualdad transformó el mundo romano; sus ideales lo llevaron a tomar esa decisión.* ⇒ **ideario, ideología.** ■ **lo ~**, la mejor de las situaciones o cosas posibles: *lo ~ sería que te quedaras dos días más.*

i·de·a·lis·mo |iðealísmo| **1** ***m.*** Tendencia a considerar el mundo y la vida de acuerdo con unos modelos que no se corresponden con la realidad: *la juventud siempre tiende al ~.* **2** FIL. Doctrina filosófica que sostiene que la verdadera realidad es el pensamiento: *el ~ de Hegel influyó de diversas formas en la política del siglo XX.* **3** ARTE. Doctrina artística que da mayor importancia a la imaginación del autor que a la copia exacta de la realidad: *la obra se realizó siguiendo la corriente artística del ~.*

i·de·a·lis·ta |iðealísta| **1** ***adj.*** Del *idealismo o que tiene relación con él: *los principios idealistas se oponen a los realistas.* **2** ***adj.-com.*** (persona) Que sigue o busca un modelo de perfección que no se corresponde con la realidad: *nunca se hará rico: es demasiado ~.*

i·de·a·li·zar |iðealiθár| ***tr.*** [algo, a alguien] Considerar o pensar que una persona o una cosa es mejor o superior de lo que es en realidad: *la pasión amorosa idealiza a la persona amada.* ☐ Se conjuga como 4.

i·de·ar |iðeár| ***tr.*** [algo] Pensar o formar una idea útil para explicar o hacer una cosa: *idearon la manera de evitar ese riesgo; ideó un sistema de riego muy eficaz.* ⇒ **pensar.**

i·de·a·rio |iðeário| ***m.*** Conjunto de ideas políticas, morales o religiosas de un autor o un grupo de personas: *el ~ del partido se recoge en este libro.* ⇒ **ideal, ideología.**

í·dem |íðen| ***pron.*** Lo mismo: *mi hermano nació en Guadalajara, y yo ~.* ☐ Es un pronombre latino que se usa para no repetir algo que se ha dicho antes. ■ **~ de ~**, *fam.*, lo mismo; exactamente igual: *si tú no quieres ir, yo ~ de ~.*

i·dén·ti·⌜co, ⌜ca |iðéntiko, ka| **1** ***adj.*** Que es exactamente igual: *tus primos gemelos son idénticos, soy incapaz de distinguirlos.* **2** *fig.* Que es muy parecido o casi igual: *tu hermano mayor es ~ a ti, por eso te he conocido; ambos países han tenido idénticos destinos.* ⇒ **mismo.**

i·den·ti·dad |iðentiðáᵈ| **1** ***f.*** Conjunto de características que permiten distinguir a un individuo o un elemento entre un conjunto: *aún se ignora la ~ de los agresores.* **2** Cualidad de ser dos o más cosas *idénticas entre sí: *es curiosa la ~ de estas dos personas.* ■ **carné de ~**, documento oficial con la fotografía, la firma y otras informaciones de una persona y que sirve para *identificarla: *con el carné de ~ o D.N.I. se puede circular libremente por todos los países de la Unión Europea.* ⇒ **carné.**

i·den·ti·fi·ca·ble |iðentifikáble| ***adj.*** Que puede ser *identificado: *de noche y de lejos las personas no son fácilmente identificables.*

i·den·ti·fi·ca·ción |iðentifikaθión| **1** ***f.*** Documento que demuestra la *identidad de una persona: *me pidieron la ~ a la entrada.* **2** Acción y resultado de *identificar, reconocer o probar: *la policía procedió a la ~ de los sospechosos.* **3** Acción y resultado de estar de acuerdo con ciertas ideas o personas: *entre este grupo de amigos hay una ~ total.* ⇒ **compenetración.**

i·den·ti·fi·car |iðentifikár| **1** ***tr.-prnl.*** [algo, a alguien] Reconocer o probar que una persona o cosa es la misma que se supone o busca: *fueron a la comisaría a ~ a los sospechosos; se indentificó antes de hacer las preguntas.* **- 2** ***tr.*** Considerar o hacer parecer dos o varias cosas como iguales entre sí: *se tiende a ~ la política con la corrupción.* **- 3 identificarse** ***prnl.*** [con algo/alguien] Estar de acuerdo con ciertas ideas o personas: *me identifico con la causa ecológica.* **4** Dar los *datos personales necesarios para ser reconocido, generalmente por medio de un documento: *la policía me pidió que me identificara a la entrada del edificio.* ☐ Se conjuga como 1.

i·de·o·gra·fí·a |iðeoγrafía| ***f.*** Técnica de representar ideas mediante imágenes, figuras o símbolos: *como no sé nada de ~ me he comprado un libro en el que se explican varias técnicas.*

i·de·o·grá·fi·⌐co, ⌐ca |iðeoγráfiko, ka| ***adj.*** De la *ideografía o que tiene relación con ella: *el chino utiliza escritura ideográfica.*

i·de·o·gra·ma |iðeoγráma| ***m.*** Símbolo escrito o dibujado que representa una palabra completa o una idea: *el uso de los ideogramas fue un paso importantísimo en la historia de la escritura; la escritura china es muy compleja porque usa ideogramas.*

i·de·o·lo·gí·a |iðeoloxía| ***f.*** Conjunto de ideas políticas, morales o religiosas: *su ~ radical apoyaba el racismo.* ⇒ **ideal, ideario.**

i·de·o·ló·gi·⌐co, ⌐ca |iðeolóxiko, ka| ***adj.*** De la *ideología o que tiene relación con ella: *los cambios ideológicos pueden provocar cambios sociales.*

i·de·ó·lo·⌐go, ⌐ga |iðeóloγo, γa| ***m. f.*** Persona que se dedica al estudio y la extensión de una *ideología: *muchos políticos influyentes han sido grandes ideólogos.*

i·dí·li·⌐co, ⌐ca |iðíliko, ka| ***adj.*** *form.* Que es muy agradable y produce paz y tranquilidad: *tienen una relación idílica a pesar de llevar muchos años juntos.*

i·di·lio |iðílio| ***m.*** Relación amorosa entre dos personas, generalmente breve e intensa: *la actriz tuvo un ~ con un conocido cantante.*

i·dio·ma |iðióma| **1** ***m.*** LING. Sistema de signos que *utiliza una comunidad de hablantes para comunicarse: *el aprendizaje de idiomas es fundamental para la formación de la persona.* ⇒ **lengua, lenguaje. 2** Forma de hablar o de escribir propia de un grupo de personas o de un autor literario; forma de hablar en una situación determinada: *el ~ que utiliza este autor es diferente del de otros autores.*

i·dio·má·ti·⌐co, ⌐ca |iðiomátiko, ka| ***adj.*** LING. Del idioma o que tiene relación con él: *muchos usos idiomáticos son difíciles de entender para los extranjeros.*

i·dio·sin·cra·sia |iðiosiŋkrásia| ***f.*** *form.* Manera de ser característica de una persona o de un pueblo: *la ~ del español no ha variado mucho en los últimos años.* ⇒ **carácter.**

i·dio·ta |iðióta| **1** ***adj.-s.*** *fam. desp.* Que es torpe o poco inteligente; que no sabe lo que debe saber: *esa es una pregunta ~; pareces ~, ¿es que no has visto nunca un libro?* ⇒ **tonto. 2** (persona) Que tiene poca inteligencia por algún defecto físico o mental: *nació con un problema cerebral y se quedó ~.* ■ **hacer el ~**, *fam.*, portarse como un tonto: *¡niño, deja de hacer el ~!* ⇒ **hacer.**

i·dio·tez |iðiotéθ| **1** ***f.*** *fam.* Obra o dicho tonto o poco inteligente: *no digas más idioteces; fue una ~ marcharnos tan pronto.* ⇒ **tontería. 2** Cualidad de idiota: *su ~ le impedía darse cuenta.* ☐ El plural es *idioteces.*

i·dio·ti·zar |iðiotiθár| ***tr.-prnl.*** *fam.* [a alguien] Volver tonto; hacer idiota: *el dinero lo está idiotizando.* ☐ Se conjuga como 4.

i·⌐do, ⌐da |íðo, ða| **1** ***adj.-s.*** *fam.* Que ha perdido la razón; que tiene alterada la mente: *se cree que es un mago: está completamente ~.* ⇒ **loco.** ☐ Es el participio de *ir.* **2** *fam.* Que no presta atención a lo que está pasando o a lo que se está diciendo: *en ese momento estaba ~ y no se enteró de nada.*

i·dó·la·tra |iðólatra| **1** ***adj.-com.*** (persona) Que adora imágenes o *ídolos: *la adoración ~ del becerro enojó a Jehová.* **2** *fig.* (persona) Que ama y admira en gran medida: *el futbolista está rodeado de seguidores idólatras que creen que es un superhombre.*

i·do·la·trar |iðolatrár| **1** ***tr.*** [algo] Adorar imágenes o *ídolos: *idolatraron la figura de un becerro.* **2** [algo, a alguien] *fig.* Amar y admirar en gran medida: *el hijo idolatra a su madre.*

i·do·la·trí·a |iðolatría| **1** ***f.*** Adoración a imágenes o *ídolos: *la ~ fue condenada por la Iglesia católica.* **2** *fig.* Amor y admiración exagerados: *estos niños sienten una gran ~ por su profesor.*

í·do·lo |íðolo| **1** ***m.*** Figura o imagen que se adora como a un dios: *los arqueólogos encontraron unos ídolos de barro cocido.* ⇒ **fetiche. 2** *fig.* Persona a la que se ama y admira en gran medida: *el músico se ha convertido en un ~ de la ciudad.*

i·do·nei·dad |iðoneiðáᵈ| ***f.*** *form.* Adecuación o utilidad para lograr cierto fin: *han puesto en duda la ~ del candidato para desempeñar este trabajo.*

i·dó·ne·⌐o, ⌐a |iðóneo, a| ***adj.*** *form.* Que es adecuado, útil o bueno para un fin determinado: *creo que él es la persona idónea para representarnos.*

i·gle·sia |iγlésia| **1** ***f.*** Edificio donde una comunidad cristiana se reúne para rezar o hacer celebraciones religiosas: *va a la ~ todos los domingos por la mañana; en esa provincia hay muchas iglesias románicas.* ⇒ **mezquita, sinagoga, templo. 2** Conjunto de personas de una misma *fe cristiana: *los comienzos de la Iglesia fueron difíciles; la Iglesia Ortodoxa se extendió por Rusia.* ☐ En esta acepción se suele escribir con mayúscula. **3** Conjunto de sacerdotes, *obispos y demás religiosos de una *fe cristiana: *la Iglesia quiere mantenerse al margen de la política; hay una profunda discusión en el seno de la Iglesia.* ☐ En esta acepción se suele escribir con mayúscula.

i·glú |iγlú| ***m.*** Construcción de bloques de hielo en forma de media esfera con una sola entrada pequeña, que hacen algunos pueblos del Polo Norte: *los esquimales pasan el invierno en iglús.* ☐ El plural más usado es *iglús.*

íg·ne·⌐o, ⌐a |íᵞneo, a| ***adj.*** *form.* De fuego o que tiene relación con el fuego: *una espada ígnea expulsó del Paraíso a Adán y Eva; la materia ígnea es expulsada por la boca del volcán.*

ig·ni·ción |iᵞniθión| ***f.*** Acción y resultado de quemarse un cuerpo combustible: *la ~ de aquel camión fue la causa del accidente.*

ig·ní·fu·⌐go, ⌐ga |iᵞnífuγo, γa| **1** ***adj.*** Que no puede quemarse: *el traje de los bomberos es ~.* **2** ***adj.-m.*** (sustancia) Que protege contra el fuego: *para la construcción de este edificio sólo se han empleado materiales ignífugos.*

ig·no·mi·nia |iᵞnomínia| ***f.*** *form.* Ofensa pública que sufre una persona: *sufrió una ~ humillante cuando lo acusaron de algo que no había hecho.*

ig·no·mi·nio·⌐so, ⌐sa |iɣnominióso, sa| ***adj.*** *form.* Que es causa de *ignominia: *recibió un trato ~.*

ig·no·ran·cia |iɣnoránθia| **1** ***f.*** Falta de conocimiento sobre un asunto o materia: *necesito ayuda: mi ~ me impide hacer el trabajo; no lo hizo con mala idea, fue por ~;* ~ **supina**, falta completa de conocimientos sobre un asunto o materia que debería saberse: *le han suspendido debido a su ~ supina.* **2** Falta de cultura, educación o formación: *su ~ era tal, que no sabía ni sumar.*

ig·no·ran·te |iɣnoránte| **1** ***adj.-com.*** (persona) Que no tiene conocimiento sobre un asunto o materia: *se adentraron en el castillo ignorantes del peligro que allí los esperaba.* **2** *desp.* (persona) Que no tiene cultura, educación o formación: *ese hombre es un burro y un ~ que no tiene ni idea de lo que dice.* ⇒ **necio.**

ig·no·rar |iɣnorár| **1** ***tr.*** [algo] No saber o no tener conocimiento de una cosa; desconocer: *ignoraba lo importante que iba a ser ese momento; ignoro cuántas personas pueden estar involucradas en este negocio.* ⇔ **saber. 2** [algo, a alguien] No hacer caso; no tener en cuenta: *si vuelves a encontrarte con él, ignóralo y haz como si no lo hubieras visto; ignoraré eso que has dicho.*

ig·no·⌐to, ⌐ta |iɣnóto, ta| ***adj.*** *form.* Que es desconocido: *se adentraron en una región ignota de la selva.*

i·gual |iɣuál| **1** ***adj.*** Que tiene las mismas características que otra persona o cosa: *mi perro es ~ que ése; parte el pan en tres trozos iguales y danos uno a cada uno; tiene un vestido ~ que el mío; todos los hombres son iguales ante la ley; eres ~ que tu padre.* **2** Que está en la misma proporción que otra u otras cosas: *sus fuerzas no eran iguales a su valor.* **- 3** ***adj.-com.*** (persona) Que es de la misma clase, grupo social o calidad: *los trataba como a sus iguales; el equipo se midió con su ~ en el partido de ayer.* **4** ***m.*** Signo que representa la *igualdad o *equivalencia entre dos cantidades o funciones: *dos por dos es ~ a cuatro; el ~ se escribe =.* **- 5** ***adv. m.*** De la misma manera; del mismo modo: *habla ~ que trabaja.* **6** La misma cantidad: *las dos pulseras cuestan ~.* **- 7 iguales** ***m. pl.*** DEP. Estado de *equivalencia de puntos en un marcador: *a la media hora de partido el marcador era de iguales.* **8** *Cupones de la *lotería de los ciegos que llevan el mismo número: *llevo iguales para hoy.* ■ **al** ~, de la misma manera; del mismo modo: *Marta, al ~ que Juana, compra en nuestra tienda.* ■ **dar/ser** ~, no importar la diferencia entre dos cosas: *da ~ que vayamos al cine o al teatro.* ■ **dar** ~, no hacer caso; no preocupar: *me da ~ lo que me diga; yo creo que le da ~ lo que hagamos.* ■ **de ~ a** ~, sin hacer distinción de clase o categoría: *habla con el rey de ~ a ~.*

iguala |iguála| ***f.*** Pago que se le hace cada año a un médico u otro profesional por sus servicios: *este mes tenemos que pagar la ~ del veterinario.*

i·gua·lar |iɣualár| **1** ***tr.*** [algo, a alguien] Poner en un mismo nivel, estado o situación: *la ley iguala a ricos y pobres; igualaron la superficie de la carretera antes de asfaltarla.* **2** Parecerse; llegar a ser como una persona o cosa: *ninguna mujer iguala su belleza; tu prima la iguala en mal genio.* **3** MAT. [algo] Hacer que dos cantidades o números sean iguales: *igualando las dos ecuaciones se obtiene el resultado.* **- 4** ***intr.-prnl.*** Ser una cosa igual a otra: *en este lienzo el color marrón se iguala al pardo.*

i·gual·dad |iɣualdáᵈ| ***f.*** Cualidad de ser una persona o cosa igual que otra; cualidad de igual: *la Francia revolucionaria proclamaba la libertad, la ~ y la fraternidad de todos los hombres.* ⇔ **desigualdad.**

i·gua·li·ta·⌐rio, ⌐ria |iɣualitário, ria| ***adj.*** Que busca la igualdad o tiende a ella: *se pretende instaurar un régimen ~ donde todos los ciudadanos tengan los mismos derechos.*

i·gua·li·ta·ris·mo |iɣualitarísmo| ***m.*** Conjunto de ideas, doctrinas y sentimientos que desean la *igualdad política y social entre los hombres: *defendía el ~: quería la igualdad de los sexos y las razas.*

i·gual·men·te |iɣuálménte| ***adv.*** También; además; de la misma manera: *es miembro, ~, de nuestra sociedad.*

i·gua·na |iɣuána| ***f.*** Reptil de gran tamaño con una *cresta a lo largo de la espalda: *la ~ habita en las regiones cálidas de América.* ◻ Para indicar el sexo se usa la ~ macho y la ~ hembra.

i·jar |ixár| ***m.*** Hueco que hay entre el hueso de la *cadera y las *costillas de las personas y de ciertos animales: *el jinete clavó las espuelas en los ijares del caballo.*

i·le·gal |ileɣál| ***adj.*** Que no está permitido por la ley: *fue detenido por venta ~ de medicamentos.* ⇒ **ilícito.** ⇔ **legal.**

i·le·ga·li·dad |ileɣaliðáᵈ| ***f.*** Falta de adecuación a la ley: *fue detenido por la ~ de la venta de droga.* ⇔ **legalidad.**

i·le·gi·ble |ilexíβle| **1** ***adj.*** Que no se puede leer: *no te esfuerces, su letra es ~.* ⇔ **legible. 2** Que es desagradable de leer por tener poca calidad literaria o mal gusto: *me parece un artículo ~.*

i·le·gi·ti·mar |ilexitimár| ***tr.*** DER. [algo, a alguien] Afirmar *oficialmente que una persona o cosa es ilegal o va contra la moral: *el tribunal ilegitimó la expropiación de los terrenos.* ⇔ **legitimar.**

i·le·gí·ti·⌐mo, ⌐ma |ilexítimo, ma| ***adj.*** Que está fuera de la ley; que va contra la moral: *los gobiernos democráticos condenaron la brutal e ilegítima acción de los rebeldes.* ⇔ **legítimo.**

i·ler·den·se |ilerðénse| **1** ***adj.*** De Lérida o que tiene relación con Lérida: *el río Segre recorre las tie-*

IGUANA

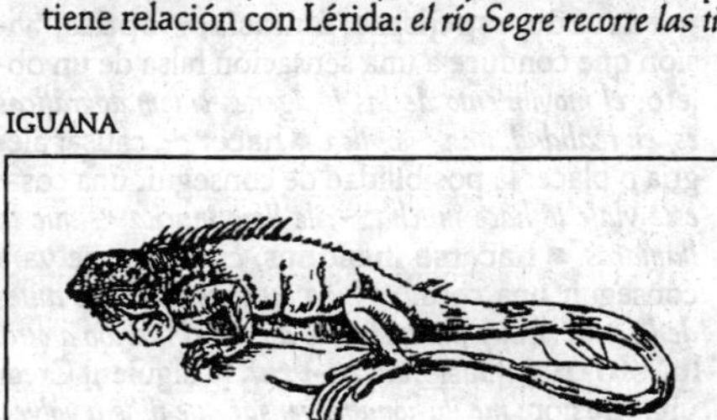

rras ilerdenses. ⇒ **leridano.** - **2** ***com.*** Persona nacida en Lérida o que vive habitualmente en Lérida: *los ilerdenses son catalanes.* ⇒ **leridano.**

i·le·⌐so, ⌐sa |iléso, sa| ***adj.*** Que no ha recibido daño físico; que se ha librado de un peligro: *el piloto salió milagrosamente ~ del accidente.* ⇒ **salvo, sano.**

i·le·tra·⌐do, ⌐da |iletráðo, ða| **1** ***adj.-s.*** (persona) Que no sabe leer ni escribir: *es profesor en una escuela para alfabetizar a adultos iletrados.* ⇒ **analfabeto. 2** (persona) Que no tiene cultura: *un pueblo ~ está más expuesto a la manipulación de los gobernantes.* ⇒ **inculto.**

i·lí·ci·⌐to, ⌐ta |ilíθito, ta| ***adj.*** *form.* Que no está permitido por la ley o la moral: *considera ilícita esa actividad y por eso la reprueba.* ⇒ **ilegal.** ⇔ **lícito.**

i·li·mi·ta·⌐do, ⌐da |ilimitáðo, ða| ***adj.*** Que no tiene límites: *los recursos naturales no son ilimitados.* ⇔ **limitado.**

i·ló·gi·⌐co, ⌐ca |ilóxiko, ka| ***adj.*** Que no *responde a la razón; que no es normal o natural: *tiene una manera ilógica de comportarse.* ⇔ **lógico.**

i·lu·mi·na·ción |iluminaθión| ***f.*** Conjunto de luces de una vía, una *sala o un edificio: *la ~ de la oficina es insuficiente; han puesto ~ en la fachada del palacio.*

i·lu·mi·na·⌐do, ⌐da |ilumináðo, ða| ***adj.-s.*** (persona) Que cree que posee poderes o conocimientos superiores a los de los demás: *empezó a hablar en voz alta como un ~.* ☖ Es el participio de *iluminar.*

i·lu·mi·nar |iluminár| **1** ***tr.*** [algo, a alguien] Dar luz: *los focos iluminaban el escenario.* ⇒ **alumbrar. 2** [algo] Poner luz o luces en un lugar: *por Navidad iluminan todas las calles de la ciudad.* ⇒ **alumbrar. 3** Adornar con dibujos en color: *un miniaturista iluminó el manuscrito.* **4** *fig.* [a alguien] Explicar una idea; comunicar un conocimiento: *sus palabras nos iluminaron a todos.*

i·lu·mi·na·ria |iluminária| ***f.*** Luz que se pone para adorno: *durante las fiestas navideñas las calles se llenan de iluminarias.* ⇒ **luminaria.**

i·lu·sión |ilusión| **1** ***f.*** Sentimiento de alegría que produce el conseguir una cosa que se desea: *sintió la misma ~ que un niño cuando le regalaron el abrigo.* **2** Esperanza de poder conseguir cierta cosa: *comenzó la carrera con una gran ~, pero al final no pudo terminar.* **3** Imagen mental, que no es real o que es inventada: *tu propuesta no es más que una ~.* ⇒ **ensueño, espejismo, fantasía; ~ óptica**, *visión que conduce a una sensación falsa de un objeto: *el movimiento de las imágenes cinematográficas es, en realidad, una ~ óptica.* ■ **hacer ~**, causar alegría o placer la posibilidad de conseguir una cosa: *este viaje le hace mucha ~; le hizo mucha ~ que la llamaras.* ■ **hacerse ilusiones**, creer que se va a conseguir una cosa: *se hizo muchas ilusiones antes de la entrevista y finalmente le dieron el trabajo a otro.*

i·lu·sio·nar |ilusionár| ***tr.-prnl.*** [a alguien] Crear una *ilusión: *me ilusionaba pensar que ibas a volver; se ilusionó mucho con su trabajo.*

i·lu·sio·nis·mo |ilusionísmo| **1** ***m.*** Conjunto de técnicas y juegos que hacen creer a un público que ve una cosa real aunque no lo sea: *en aquella sala hay un espectáculo de ~ todas las noches.* ⇒ **magia. 2** Oficio del que se dedica a poner en práctica esas técnicas y juegos delante de un público: *se dedica al ~ y hace espectáculos en las salas de fiestas.*

i·lu·sio·nis·ta |ilusionísta| ***adj.-com.*** (persona) Que se dedica al *ilusionismo: *el ~ hizo unos juegos de manos asombrosos.* ⇒ **prestidigitador.**

i·lu·⌐so, ⌐sa |ilúso, sa| ***adj.-s.*** Que cree lo que es falso o lo que todavía no es real: *tenía la ilusa idea de que algún día sería rico; no seas tan ~ y no te creas ni la mitad de lo que te promete.*

i·lu·so·⌐rio, ⌐ria |ilusório, ria| **1** ***adj.*** *form.* Que puede producir una imagen o idea falsa: *estábamos pasando por una ilusoria recuperación económica.* **2** *form.* Que no existe o no es real: *les ofrecieron una libertad ilusoria porque todos los días debían dormir en la cárcel.*

i·lus·tra·ción |ilustraθión| **1** ***f.*** Acción y resultado de *ilustrar con dibujos o fotografías un texto o un impreso: *este señor se encarga de la ~ del libro.* **2** Dibujo o fotografía que decora un libro o impreso: *es un libro muy instructivo porque tiene muchas ilustraciones.* **3** Movimiento filosófico y literario que se desarrolló en Europa y América durante el siglo XVIII y que defendía la razón y la educación como base del progreso social: *la Ilustración culminó con la Revolución Francesa.* ☖ En esta acepción se suele escribir con mayúscula. **4** Periodo de tiempo durante el que se desarrolló ese movimiento: *durante la Ilustración se creó el Jardín Botánico.* ☖ En esta acepción se suele escribir con mayúscula.

i·lus·tra·⌐do, ⌐da |ilustráðo, ða| **1** ***adj.-s.*** Del movimiento de la Ilustración o que tiene relación con él: *los ilustrados españoles fueron influidos por los franceses.* **2** (persona) Que tiene cultura: *es un hombre muy ~, que ha viajado mucho y conoce muchas culturas diferentes.*

i·lus·trar |ilustrár| **1** ***tr.*** [algo] Decorar con dibujos o fotografías un texto o un impreso: *se dedica a ~ cuentos para niños.* **2** Aclarar o explicar un asunto, generalmente por medio de ejemplos: *el conferenciante ilustró su conferencia con diapositivas.* - **3** ***tr.-prnl.*** *form.* [a alguien] Comunicar conocimientos o cultura: *hizo un meritorio esfuerzo por ilustrarse y cultivarse.*

i·lus·tre |ilústre| ***adj.*** Que es distinguido o noble por su nacimiento o sus virtudes: *es el hijo más joven de esta ~ familia; muchos hombres ilustres han pasado por estas aulas.* ⇒ **granado.**

i·ma·gen |imáxen| **1** ***f.*** Dibujo, representación o figura de una persona o una cosa: *anoche pusieron unas imágenes de la guerra en la televisión; lleva una ~ de San Cristóbal en el coche; repartían imágenes de la Virgen a la salida de la iglesia.* ⇒ **estampa. 2** Reflejo de una persona u objeto: *miró su ~ en el espejo y le pareció que había envejecido.* **3** Representación mental de una cosa material o abstracta: *se hizo una ~ de cómo sería el cuarto antes de decorarlo.* **4** Opinión general que se tiene sobre una persona o cosa: *ese político tiene muy mala ~; la ~ de nuestra empresa ha mejorado.* **5** Aspecto físico que se consigue mediante la ropa, el pelo y otras cosas: *la actriz ha vuelto a cambiar de ~.* **6** POÉT. Representación de una cosa por medio del lenguaje; relación entre un elemento real y otro *irreal, cuando ambos se expresan por medio del lenguaje: *este verso nos muestra una ~ de la muerte y del paso del tiempo.* ⇒ **metáfora, símil.** ■ **ser la viva ~**, parecerse enormemente a una persona o cosa: *tu hijo es la viva ~ de tu marido; parecía la viva ~ de la muerte.*

i·ma·gi·na·ción |imaxinaθi̲ó̲n| **1** *f.* Capacidad de inventar cosas o de formar ideas: *pon a trabajar tu ~ y escribe algo; miente con mucha ~.* ⇒ **imaginativa.** **2** Capacidad de formar imágenes mentales: *los niños tienen gran ~.* **3** Sensación o idea falsa: *me ha parecido verla hoy, pero a lo mejor son sólo imaginaciones mías.* ■ **pasarse por la ~**, pensar o tener una idea: *ni se me pasó por la ~ que pudiéramos tener una avería.*

i·ma·gi·nar |imaxinár| **1** *tr.-prnl.* [algo] Inventar cosas o situaciones; crear ideas reales o falsas: *imagínate que estás en la playa; me imaginaba un mundo mejor.* ⇒ **figurar.** **2** Formar imágenes mentales: *si consigues ~ el problema, lo tendrás casi resuelto.*

i·ma·gi·na·ria |imaxinári̲a̲| **1** *f.* MIL. Servicio que consiste en estar dispuesto para sustituir a otra persona en caso necesario, especialmente para cuidar el *dormitorio de un *cuartel: *hoy estoy de ~ del sargento de guardia.* **- 2** *m.* Soldado que está de *guardia en el *dormitorio de un *cuartel durante la noche: *esta noche me toca ser el primer ~.*

i·ma·gi·na·⌜rio, ⌜ria |imaxinári̲o̲, ri̲a̲| *adj.* Que sólo existe en la imaginación: *me contó una historia imaginaria sobre un país donde la gente tenía poderes mágicos.* ⇒ **irreal.**

i·ma·gi·na·ti·va |imaxinatíβa| *f.* Capacidad de inventar cosas o de formar ideas: *es un hombre con una gran ~.* ⇒ **imaginación.**

i·ma·gi·na·ti·⌜vo, ⌜va |imaxinatíβo, βa| **1** *adj.* De la imaginación o que tiene relación con ella: *el mundo ~ de los niños es muy rico.* **2** Que imagina o piensa mucho: *es un autor muy ~.*

i·ma·gi·ne·rí·a |imaxinería| *f.* Oficio y técnica de hacer o crear imágenes religiosas: *la ~ de aquel taller es conocida en toda la región.*

i·ma·gi·ne·⌜ro, ⌜ra |imaxinéro, ra| *m. f.* Persona que se dedica a hacer o crear imágenes religiosas: *el párroco encargó a un ~ una estatua de San Martín.*

i·mán |imán| **1** *m.* Pieza de metal o sustancia que tiene la propiedad de atraer el hierro: *se le cayeron los alfileres y los recogió con un ~.* **2** *fig.* Capacidad de atraer a otras personas: *ese hombre tiene ~ para las mujeres.* ⇒ **magnetismo.** **3** Persona que dirige las oraciones del pueblo, en la religión de Mahoma: *el ~ indicó a los fieles las oraciones de ese día.*

i·ma·nar |imanár| *tr.-prnl.* [algo] Dar a un metal o a una sustancia las propiedades del imán: *venden jarras de metal imanadas que tienen poderes curativos.* ⇒ **imantar.**

i·man·ta·ción |imantaθi̲ó̲n| *f.* Acción y resultado de *imantar: *la ~ puede estropear un reloj.*

i·man·tar |imantár| *tr.-prnl.* [algo] Dar a un metal o una sustancia las propiedades del *imán: *las tijeras se han imantado.* ⇒ **imanar.**

im·ba·ti·⌜do, ⌜da |imbatído, ða| *adj.* Que nunca ha sido vencido: *el equipo ha jugado cuatro encuentros y permanece ~.*

im·bé·cil |imbéθil| *adj.-com. fam. desp.* Que es torpe o poco inteligente; que no sabe lo que debe saber: *el ~ no supo qué contestar; ¿por qué te has saltado el semáforo?, ¿es que eres ~?* ⇒ **tonto.**

im·be·ci·li·dad |imbeθiliðáᵈ| **1** *f.* Cualidad de *imbécil: *su ~ era tal, que no se daba cuenta de que así no conseguiría nada.* **2** Obra o dicho propio de un *imbécil: *fue una ~ volver tan pronto; pero, ¿qué imbecilidades estás diciendo?* ⇒ **tontería.**

im·ber·be |imbérβe| *adj.-m.* (hombre) Que no tiene barba: *el muchacho ~ quería tener bigote.* ⇒ **lampiño.**

im·bo·rra·ble |imbor̄áβle| *adj.* Que no se puede borrar: *esa tinta es prácticamente ~; dejó una marca ~ en su memoria.* ⇒ **indeleble.**

im·bri·ca·⌜do, ⌜da |imbrikáðo| *adj. form.* Que está colocado sobre y bajo otras piezas o partes *superpuestas unas a otras: *en el tejado hay tejas imbricadas; la alcachofa tiene hojas imbricadas.* ☖ Es el participio de *imbricar.*

im·bri·car |imbrikár| *tr.-prnl.* [algo] Disponer unas cosas sobre los bordes de otras: *sobre el borde de la repisa imbricaron unos azulejos para decorarla.* ☖ Se conjuga como 1.

im·bu·ir |imbuír| *tr. form.* [a alguien] Convencer o hacer tener una idea determinada: *imbuido en esas nefastas ideas, se fue a vivir con los miembros de una secta.* ☖ Se conjuga como 62.

i·mi·ta·ble |imitáβle| **1** *adj.* Que puede ser imitado: *su estilo es fácilmente ~.* **2** Que merece ser imitado: *su vida fue ejemplar e ~.*

i·mi·ta·ción |imitaθi̲ó̲n| **1** *f.* Objeto o cosa que imita a otra: *se hizo con una ~ de la corona real.* **2** Acción y resultado de imitar: *la ignorancia alimenta la ~; hicieron unas imitaciones de políticos conocidos.*

i·mi·ta·⌜dor, ⌜do·ra |imitaðór, ðóra| **1** *adj.-s.* (persona) Que imita: *sólo es un ~, sus ideas están copiadas de artistas extranjeros.* **- 2** *m. f.* Persona que se dedica a imitar los gestos y palabras de un personaje famoso para hacer reír a un público: *actuó un ~ que cantaba exactamente igual que Elvis.*

i·mi·tar |imitár| **1** *tr.* [algo, a alguien] Hacer parecida una cosa a otra; hacer lo mismo que hace una persona o animal: *el arte imita la naturaleza; su hermano no paraba de imitarla y a ella le molestaba mucho; imitaron sus costumbres.* **2** [algo] Ser parecida una cosa a otra: *ese cuadro imita el estilo de Velázquez.*

i·mi·ta·ti·⌜vo, ⌜va |imitatíβo, βa| *adj.* De la imitación o que tiene relación con ella: *las técnicas imitativas son el origen del comportamiento de los niños.*

im·pa·cien·cia |impaθi̲é̲nθi̲a̲| **1** *f.* Cualidad de

*impaciente: *ya conocías su ~, así que no deberías haberte retrasado.* ⇔ **paciencia.** **2** Estado del que tiene prisa o deseo de que ocurra una cosa: *el aplazamiento provocó la ~ de todos.*

im·pa·cien·tar |impaθientár| ***tr.-prnl.*** [a alguien] Perder o hacer perder la paciencia: *con sus largas pausas impacientaba a los espectadores; se impacientó y salió sin esperar más.*

im·pa·cien·te |impaθiénte| ***adj.*** Que no tiene paciencia o que tiene muy poca paciencia: *con una mirada ~ le rogaba que se diera prisa; estaba ~ por ver la película.* ⇔ **paciente.**

im·pac·tar |impa^k^tár| **1** ***intr.*** [algo, a alguien] Chocar físicamente una cosa con otra: *los restos del avión impactaron en la ermita; el misil impactó en el blanco.* **-2** ***tr.-intr.*** [a alguien] Causar una fuerte impresión emocional: *el estallido de la guerra en el país vecino ha impactado a la población.*

im·pac·to |impá^k^to| **1** ***m.*** Choque físico de una cosa contra otra: *el ~ del meteorito formó un cráter; sufrió un ~ de bala en el brazo; el ~ de los dos vehículos produjo una espectacular explosión.* **2** Marca o señal que deja ese choque: *hay varios impactos de metralla en la pared.* **3** *fig.* Impresión emocional fuerte: *la lectura de ese libro le produjo un ~ profundo y duradero.* ■ **hacer ~**, chocar un objeto que se mueve por el aire con otro: *el proyectil hizo ~ en el blanco.*

im·pa·go |impáɣo| ***m.*** Hecho de no pagar lo que se debe: *el ~ de las deudas ha llevado la empresa a la quiebra.* ⇔ **pago.**

im·par |impár| **1** ***adj.-m.*** (número) Que no se puede dividir exactamente por dos: *el 1, el 3, el 5 y el 7 son números impares.* ⇒ **non.** ⇔ **par.** **- 2** ***adj.*** *form.* Que no tiene igual; que no tiene parecido con nada: *su gracia ~ la hizo muy famosa.*

im·pa·ra·ble |imparáβle| ***adj.*** Que no se puede parar o detener: *su ascenso en la empresa parece ~.* ⇒ **incesante.**

im·par·cial |imparθiál| **1** ***adj.*** Que no tiene más inclinación por una persona, causa o parte que por otra u otras: *es un árbitro ~ y pitará bien el partido.* ⇒ **objetivo.** ⇔ **parcial.** **2** Que no pertenece a ningún grupo o partido: *debe crearse un organismo ~ para resolver esos problemas.*

im·par·cia·li·dad |imparθialiðá^ð^| ***f.*** Cualidad de *imparcial: *la ~ de los jueces debe estar fuera de toda duda.* ⇔ **parcialidad.**

im·par·tir |impartír| **1** ***tr.*** [algo] Enseñar o dar clase: *durante la Edad Media las enseñanzas se impartían en latín.* **2** Repartir o comunicar una cosa: *las órdenes se imparten desde la comandancia.*

im·pa·si·bi·li·dad |impasiβiliðá^ð^| **1** ***f.*** *form.* Imposibilidad de padecer: *no se preocupa por nada: tiene una gran ~.* **2** Cualidad de *impasible: *su ~ hizo que perdiera a su mejor amigo.*

im·pa·si·ble |impasíβle| ***adj.*** *form.* Que no experimenta o no muestra emoción por lo que *sucede: *su rostro permaneció ~ cuando se produjo la explosión.* ⇒ **imperturbable.**

im·pa·sse |impás| ***m.*** Situación para la que no se encuentra salida o solución: *la economía ha entrado en un ~ muy peligroso.* ☐ Esta palabra procede del francés.

im·pa·vi·dez |impaβiðéθ| ***f.*** *form.* Valor ante un problema o un peligro: *dijo con ~ que no le importaba lo que pudiera ocurrir.*

im·pá·vi·⌜do, ⌜da |impáβiðo, ða| ***adj.*** *form.* Que no siente o no muestra miedo ante un problema o un peligro: *se quedó ~ a pesar de que la viga estaba a punto de caer sobre él.* ⇒ **impertérrito.**

im·pe·ca·ble |impekáβle| ***adj.*** Que no tiene ningún fallo o mancha; que está en perfecto estado: *este detergente deja las camisas impecables; el coche es de segunda mano, pero está ~.* ⇒ **impoluto.**

im·pe·di·⌜do, ⌜da |impeðíðo, ða| ***adj.-s.*** (persona) Que no puede moverse por sí mismo; que no puede usar sus miembros: *su padre está ~ y él tiene que estar siempre con él.* ⇒ **imposibilitado.** ☐ Es el participio de *impedir.*

im·pe·di·men·ta |impeðiménta| ***f.*** MIL. Equipo y carga de objetos personales y de otras cosas que llevan los soldados y que les impide moverse con rapidez: *los soldados dejaron la ~ en el campamento y se dispusieron a practicar algunos movimientos.*

im·pe·di·men·to |impeðiménto| ***m.*** Cosa, situación o circunstancia que impide hacer una cosa: *hicimos el viaje hasta Cádiz sin ningún ~; varios impedimentos hicieron imposible el despegue del avión.* ⇒ **obstáculo.**

im·pe·dir |impeðír| ***tr.*** [algo] Hacer que una cosa no sea posible; no dejar que ocurra una cosa: *el defensa impidió que metieran el gol; la lluvia nos impidió salir; el portero del local impide la entrada a los menores.* ☐ Se conjuga como 34.

im·pe·ler |impelér| **1** ***tr.*** *form.* [algo, a alguien] Empujar para producir un movimiento: *el camión impelió el coche.* **- 2** ***intr.*** *form. fig.* Provocar una acción en una persona: *la pobreza impele en ocasiones a la delincuencia.*

im·pe·ne·tra·ble |impenetráβle| **1** ***adj.*** Que no puede ser atravesado o *penetrado: *el casco de ese barco es ~.* ⇔ **penetrable.** **2** *fig.* Que puede ocultar un sentimiento o una intención: *su mirada ~ no dejaba ver lo que en realidad pensaba.* **3** *fig.* Que es difícil de comprender o de averiguar: *me pareció un libro ~; descubrió uno de los secretos impenetrables de la naturaleza.* ⇔ **penetrable.**

im·pe·ni·ten·te |impeniténte| ***adj.*** Que insiste en hacer una cosa, generalmente mala, y no se arrepiente de ello: *el médico me ha dicho que el tabaco me perjudica, pero yo soy un fumador ~.*

im·pen·sa·ble |impensáble| **1** ***adj.*** Que no se puede pensar lógicamente: *lo que me estás diciendo de mi amigo es ~.* ⇒ **inconcebible.** **2** Que es difícil o casi imposible que *suceda: *nos ocurrió algo ~: un ciclón levantó nuestro coche por los aires.* ⇒ **inconcebible.**

im·pen·sa·⌜do, ⌜da |impensáðo, ða| ***adj.*** (cosa) Que *sucede sin que se haya pensado en ello o sin esperarlo: *el feliz acontecimiento fue totalmente ~.*

im·pe·pi·na·ble |impepináβle| ***adj.*** *fam.* Que es seguro; que no admite duda ni discusión: *es ~ que va a venir.*

im·pe·ran·te |imperánte| ***adj.*** Que *impera o domina en un lugar o situación: *el nerviosismo ~ provocó la confusión entre la gente.*

im·pe·rar |imperár| ***intr.*** *form.* Dominar en un lugar o situación: *la paz aún no impera en el mundo; ese ciclista impera sobre todos los demás.*

im·pe·ra·ti·ˀvo, ˀva |imperatíβo, βa| **1** ***adj.*** Que exige o manda: *se lo pidió en un tono tajante e ~.* **- 2** ***adj.-m.*** LING. (modo verbal) Que expresa orden, ruego o *mandato: *los verbos de la oración* ve a casa y tráeme un paraguas *están en ~.* ⇒ **modo.**

im·per·cep·ti·ble |imperθeᵖtíβle| ***adj.*** Que no se puede notar o *percibir: *un sonido casi ~ llegaba a sus oídos; el terremoto ha sido ~ en nuestro país.* ⇔ **perceptible.**

im·per·di·ble |imperðíβle| ***m.*** Alfiler doblado que se cierra metiendo su punta dentro de un hueco o cierre para que no abra con facilidad: *se le desprendió el botón y se sujetó los pantalones con un ~.*

im·per·do·na·ble |imperðonáβle| ***adj.*** Que no se puede o no se debe perdonar: *cometió un error ~ negándoles su ayuda.*

im·pe·re·ce·de·ˀro, ˀra |impereθeðéro, ra| **1** ***adj.*** Que no se estropea o no se descompone: *ese tren transporta mercancías imperecederas.* **2** *form.* Que no muere o no *perece: *nuestro amor será ~.* ⇔ **perecedero.**

im·per·fec·ción |imperfeᵏθión| **1** ***f.*** Cualidad de lo que no es perfecto: *se nota que el cuadro es una copia por las imperfecciones que tiene; cualquier ~ te molesta.* ⇔ **perfección. 2** Defecto moral poco importante: *tienes que perdonar mis imperfecciones.*

im·per·fec·ˀto, ˀta |imperféᵏto, ta| **1** ***adj.*** Que no es perfecto; que tiene algún defecto: *el hombre es un ser ~.* **- 2** ***adj.-m.*** LING. (tiempo verbal) Que expresa una acción pasada, en su desarrollo: corría *es pretérito ~ de* correr.

im·pe·rial |imperiál| ***adj.*** Del *imperio o que tiene relación con él: *las tropas imperiales tomaron la ciudad.*

im·pe·ria·lis·mo |imperialísmo| ***m.*** POL. Sistema político y *económico que busca extenderse y dominar otros países: *el ~ lleva a los estados a no respetar a otros pueblos vecinos.*

im·pe·ria·lis·ta |imperialísta| **1** ***adj.*** POL. Del *imperialismo o que tiene relación con él: *Gran Bretaña fue una potencia ~.* **2** ***adj.-com.*** POL. (persona) Que es partidario del *imperialismo: *los países imperialistas lucharon entre sí para dominar las colonias.*

im·pe·ri·cia |imperíθia| ***f.*** *form.* Falta de experiencia en una actividad o asunto: *su ~ le ha hecho cometer muchos errores.* ⇔ **pericia.**

im·pe·rio |império| **1** ***m.*** Conjunto de territorios, personas y medios que están bajo el poder de un solo gobernante: *el reino de Judea pertenecía al ~ romano.* **2** Organización política por la que un Estado extiende su autoridad a otros países: *Napoleón soñaba con tener un gran ~.* **3** Poder que ejerce el *emperador: *pretendía someter bajo su ~ al país vecino.* **4** *fig.* Grupo de sociedades y bienes de gran importancia e influencia: *levantó un ~ en pocos años y al final se arruinó.* ■ **estilo ~**, estilo artístico desarrollado durante los años del *reinado de Napoleón Bonaparte: *en la subasta se pujará por una silla de estilo ~.* ■ **valer un ~**, ser *excelente; ser de gran valor o utilidad: *tu nuevo secretario vale un ~.*

im·pe·rio·ˀso, ˀsa |imperióso, sa| **1** ***adj.*** Que es urgente o necesario: *cuando la vio, sintió un deseo ~ de hablar con ella.* **2** Que domina con autoridad: *les dio una orden imperiosa.*

im·per·me·a·bi·li·zar |impermeaβiliθár| ***tr.*** [algo] Hacer que sea *impermeable: *los montañeros impermeabilizan sus botas con grasa de caballo.* ◯ Se conjuga como 4.

im·per·me·a·ble |impermeáβle| **1** ***adj.*** Que no se puede mojar; que no deja pasar el agua ni ningún otro líquido: *la tela de esta bolsa de viaje es ~.* ⇔ **permeable. - 2** ***m.*** Prenda de vestir que se pone sobre las otras y que está hecha de un tejido que no deja pasar la lluvia o el agua: *coge el ~ y el paraguas porque creo que va a llover.*

im·per·so·nal |impersonál| **1** ***adj.*** Que no tiene o no muestra su *personalidad, sus ideas o sus gustos; que no hace referencia a una persona concreta: *esta carta tiene un estilo ~.* **- 2** ***adj.-s.*** LING. (oración, verbo) Que no lleva sujeto en forma personal: *la oración* se habla francés *es ~;* haber *puede ser un verbo ~.* ⇒ **unipersonal, verbo.**

im·per·té·rri·ˀto, ˀta |impertérito, ta| ***adj.*** *form.* Que no siente o no muestra miedo ante un problema o peligro: *permanecía ~ ante la bestia.* ⇒ **impávido.**

im·per·ti·nen·cia |impertinénθia| **1** ***f.*** Obra o dicho molesto o que provoca enfado: *estoy cansado de oír sus impertinencias.* ⇒ **inconveniencia. 2** *form.* Obra o dicho poco adecuado a una situación, momento o persona: *me pareció una ~ que sacase ese tema en su fiesta de cumpleaños.* ⇒ **inconveniencia.**

im·per·ti·nen·te |impertinénte| **1** ***adj.-com.*** (persona) Que molesta con lo que dice o hace; que provoca enfado: *ese niño es un ~, siempre contesta mal a sus mayores.* ⇒ **pajolero. - 2** ***adj.*** *form.* Que es poco adecuado a una situación, momento o persona: *su respuesta fue ~ y no satisfizo mi curiosidad.* ⇔ **pertinente. - 3 impertinentes** ***m. pl.*** *Gafas que se sujetan con la mano mediante una vara pequeña para ponerlas delante de los ojos: *los impertinentes apenas se utilizan hoy en día.*

im·per·tur·ba·ble |imperturβáβle| ***adj.*** Que no experimenta o no muestra emoción por lo que *sucede; que no se altera por nada: *a pesar de todas las contrariedades, su rostro continuó ~.* ⇒ **impasible.**

ím·pe·tu |ímpetu| ***m.*** *form.* Energía, empuje o fuerza grande en un movimiento, acción o situación: *los hombres remaban con ~; siempre ponía mucho ~ en todo lo que hacía; el humanismo dio un nuevo ~ al interés por la ciencia.* ⇒ **impulso.**

im·pe·tuo·ˀso, ˀsa |impetuóso, sa| **1** ***adj.*** *form.* Que es fuerte o *enérgico en un movimiento, acción o situación: *es un caballo ~ y puede ganar la carrera; su ~ discurso nos incitó a todos a seguir con nuestra labor.* - **2** ***adj.-s.*** *form.* (persona) Que no piensa bien lo que hace: *un joven corrió ~ por las vías del tren.*

im·pí·ʳo, ʳa |impío, a| **1** ***adj.-s.*** *form.* (persona) Que no cree o no respeta la religión o la moral tradicional: *fueron quemados en la hoguera por impíos.* ⇔ **pío.** **2** *form.* Que no tiene compasión: *cometió un crimen ~ quemando la biblioteca.*

im·pla·ca·ble |implakáβle| ***adj.*** *form.* Que no se puede calmar o satisfacer: *tenía un ~ deseo de venganza; su ira ~ lo llevó al asesinato.*

im·plan·ta·ción |implantaθión| **1** ***f.*** Establecimiento o fundación: *la ~ de esas medidas económicas no resolverá la crisis.* **2** MED. Colocación en el cuerpo de un órgano o un aparato que sustituye a otro órgano o a una parte de él: *la ~ de miembros seccionados está en fase de desarrollo.*

im·plan·tar |implantár| **1** ***tr.-prnl.*** [algo] Establecer o fundar: *lo primero que hicieron fue ~ esta nueva ley; esta moda se implantó en nuestra sociedad a principios de siglo.* - **2** ***tr.*** MED. Colocar en el cuerpo un órgano o un aparato que sustituye a otro órgano o a una parte de él: *le van a ~ una válvula en el corazón.*

im·pli·ca·ción |implikaθión| **1** ***f.*** *form.* Efecto o *consecuencia de una acción o situación: *esa decisión política tendrá, sin duda, implicaciones negativas.* **2** Participación o *complicación, especialmente en un crimen o acción contraria a la ley: *se sospecha su ~ en el asesinato de sus padres.*

im·pli·car |implikár| **1** ***tr.*** *form.* [algo, a alguien] Incluir en una situación o acción o ser producido por ella: *el desarrollo económico no siempre implica un desarrollo cultural.* **2** [algo] Presentar o contener; tener como resultado directo: *la reforma implica demasiados gastos.* ⇒ **conllevar, ofrecer, suponer.** - **3** ***tr.-prnl.*** DER. [a alguien] Hacer que una persona participe en un crimen o en una acción contra la ley: *implicó con promesas a su compañero en el desfalco; se implicaron en unos negocios sucios.* - **4** ***tr.*** DER. Acusar o decir que una persona ha participado en un crimen o acción contra la ley: *ante el juez implicó a su hermano en el asesinato.* ⌂ Se conjuga como 1.

im·plí·ci·ʳto, ʳta |implíθito, ta| ***adj.*** *form.* Que se supone, aunque no se diga o se explique: *creo que el agradecimiento iba ~ en mi respuesta.* ⇔ **explícito.**

im·plo·rar |implorár| ***tr.*** *form.* [algo] Pedir o rogar con gran sentimiento, tratando de provocar compasión: *le imploró piedad para sus hijos.*

im·po·lu·ʳto, ʳta |impolúto, ta| ***adj.*** *form.* Que está completamente limpio: *llevaba una camisa impoluta.* ⇒ **impecable.**

im·pon·de·ra·ble |imponderáβle| **1** ***adj.*** Que no se puede medir o contar: *la cantidad de fruta que se perdió a causa de la tormenta es ~.* - **2** ***adj.-m.*** Que tiene una importancia o una influencia difícil de medir o valorar porque depende del azar: *los imponderables son los elementos que pueden llevar nuestro negocio a un fracaso.*

im·po·nen·te |imponénte| **1** ***adj.*** Que impresiona; que causa respeto o miedo: *tiene un aspecto ~ con la toga de juez.* **2** *fam.* (persona) Que tiene muy buen aspecto físico; que es muy *guapo: *desde que va al gimnasio está ~ en bañador.*

im·po·ner |imponér| **1** ***tr.*** [algo; a alguien] Hacer obligatorio; hacer cumplir una cosa: *le impusieron un severo castigo; siempre trata de ~ sus leyes; no debes tratar de ~ tus ideas a los demás.* - **2** ***tr.-intr.*** Impresionar; provocar respeto o miedo: *sus músculos imponen; no me gusta montar en la noria porque la altura me impone.* **3** ***tr.*** [algo] Poner dinero en una cuenta de un banco: *fue a ~ en su cuenta corriente el dinero de la herencia.* - **4** [algo; a alguien] Poner o dar un nombre: *le impusieron el nombre de Jesús.* - **5** **imponerse** ***prnl.*** Superar a los competidores: *se impuso por muy pocos metros; esa marca se ha impuesto en el mercado.* **6** Extenderse; hacerse general una costumbre, una moda u otra cosa: *se ha impuesto la minifalda; se impuso el gusto por lo oriental.* **7** Ser necesaria una acción o decisión: *se impone actuar con rapidez.* **8** Considerar como un deber u obligación: *se ha impuesto estudiar dos temas por día.* ⌂ Se conjuga como 78.

im·po·pu·lar |impopulár| ***adj.*** Que no tiene buena fama en una comunidad; que no es popular: *su mala educación lo ha convertido en un deportista ~.* ⇔ **popular.**

im·por·ta·ción |importaθión| **1** ***f.*** Acción y resultado de importar de otros países: *la ~ supone una pérdida de divisas; se dedica a la ~ de madera.* **2** Conjunto de cosas que se importan: *las importaciones han crecido los últimos años más que las exportaciones.* ⇔ **exportación.** ■ **de ~,** que ha sido importado: *se ha comprado un coche de ~.*

im·por·tan·cia |importánθia| ***f.*** Influencia, valor o interés: *la ~ de este descubrimiento fue enorme; sufrió una avería de poca ~.*

im·por·tan·te |importánte| **1** ***adj.*** Que importa: *un detalle ~: no olvides tirar de la anilla del paracaídas después de saltar.* ⇒ **esencial.** **2** Que destaca sobre otras personas o cosas: *se cree una persona muy ~.*

im·por·tar |importár| **1** ***intr.*** Tener influencia, valor o interés: *lo que importa es la buena intención; no importa de qué país vengas; no importaba que no fuese nuevo, sino que funcionase.* **2** [a alguien] Molestar o causar disgusto: *espero que no te importe que abra una ventana.* - **3** ***tr.*** [algo] Introducir en un país productos comerciales de otros países: *los países industrializados necesitan ~ materias primas.* ⇔ **exportar.** **4** Costar cierta cantidad de dinero; sumar: *la cena importa la cantidad de 5000 pts.* ⇒ **ascender.** ■ **a mí ¿qué me importa?,** *fam.,* expresión que indica rechazo o falta de atención o interés por parte del hablante: *vete de viaje si quieres, a mí ¿qué me importa?* ■ **a ti ¿qué te importa?,** expresión que indica rechazo de la opinión, la atención o el interés del oyente: *no me di-*

gas lo que tengo que hacer, a ti ¿qué te importa? ■ **meterse en lo que no le importa**, interesarse por asuntos privados de los demás: *no te metas en lo que no te importa y vete a tu casa.*

im·por·te |impórte| ***m.*** Cantidad de dinero que se debe pagar por una cosa: *el ~ de toda la compra asciende a 25543 pts.*

im·por·tu·nar |importunár| ***tr.*** [a alguien] Molestar o disgustar, especialmente al pedir una cosa: *no me importunes con tus tonterías.*

im·por·tu·⌐no, ⌐na |importúno, na| **1** ***adj.*** Que no es oportuno: *una llamada importuna interrumpió nuestra conversación.* **2** Que molesta; que enfada: *¿por qué no te callas y dejas tu importuna charla?* ⇒ **inoportuno.**

im·po·si·bi·li·dad |imposiβiliðá^{ð}| ***f.*** Cualidad de imposible: *ante la ~ de alcanzar un acuerdo, se rompieron las negociaciones.* ⇔ **posibilidad.**

im·po·si·bi·li·ta·⌐do, ⌐da |imposiβilitáðo, ða| ***adj.*** Que no puede moverse por sí mismo; que no puede usar sus miembros: *el anciano estaba ~ y tenía que usar una silla de ruedas.* ⇒ **impedido.** ☐ Es el participio de *imposibilitar.*

im·po·si·bi·li·tar |imposiβilitár| **1** ***tr.*** [algo] Quitar o evitar la posibilidad de hacer o conseguir una cosa: *la nieve imposibilitaba las tareas de rescate.* ⇒ **incapacitar.** - **2 imposibilitarse** ***prnl.*** Quedarse privado del movimiento de un miembro o de todo el cuerpo; quedar *impedido: *se imposibilitó el año pasado en un accidente de coche.*

im·po·si·ble |imposíβle| **1** ***adj.-m.*** (acción, cosa) Que no es posible; que no se puede hacer: *es ~ estar en dos sitios a la vez; me dijo que viajó sin gastar nada de dinero y yo creo que eso es algo ~.* ⇔ **posible.** - **2** ***adj.*** *fam.* (persona) Que tiene un carácter difícil; que es poco agradable al trato: *no hay quien hable con él, es un tipo ~; se pone ~ cada vez que hablamos de su hermano.* ☐ En esta acepción se suele usar con los verbos *estar, ponerse* o *ser.* **3** *fam.* Que está en mal estado o en malas condiciones: *el tráfico está ~ a esta hora.*

im·po·si·ción |imposiθión| **1** ***f.*** *form.* Obligación que se hace cumplir o aceptar: *era necesaria la ~ de nuevas medidas económicas; la ~ de las penas se hará de acuerdo con su gravedad.* **2** *form.* Colocación de una cosa sobre otra: *tras la ~ de las medallas sonó el himno nacional.* **3** Cantidad de dinero que se pone en una cuenta de un banco: *ha hecho varias imposiciones a lo largo de este mes.*

im·po·si·⌐tor, ⌐to·ra |impositór, tóra| **1** ***adj.-s.*** (persona) Que *impone; que provoca respeto o miedo: *no me gusta tratar con él, es un ~.* **2** (persona) Que pone dinero en una cuenta de un banco: *los impositores ingresaron su dinero en el banco.*

im·pos·tar |impostár| **1** ***tr.*** *form.* Imitar o fingir ser quien no se es o lo que no se es: *la impostada tristeza de la viuda escandalizó a quienes la conocían.* **2** MÚS. [algo] Fijar la voz en las cuerdas vocales para emitir un sonido: *el cantante estaba enfermo y no podía ~ la voz adecuadamente.*

im·pos·ter·ga·ble |impostergáble| ***adj.*** *form.* Que no se puede retrasar o *postergar: *perdóneme, hay ciertas necesidades impostergables que requieren mi atención inmediata.*

im·pos·⌐tor, ⌐to·ra |impostór, tóra| **1** ***adj.-s.*** (persona) Que finge ser quien no es o lo que no es para engañar a los demás: *el ~ se hizo pasar por fraile para no ser detenido; la impostora decía pertenecer a la nobleza.* **2** (persona) Que inventa y extiende *mentiras para acusar a otra u otras personas: *su declaración fue falsa: es un ~ y un embustero.*

im·pos·tu·ra |impostúra| **1** ***f.*** *form.* Engaño de quien finge ser quien no es o lo que no es: *se hizo pasar por el presidente y pagó con la cárcel su ~.* **2** *form.* *Mentira que parece ser verdad: *se lo creyó, aunque lo que le dijo era una ~.*

im·po·ten·cia |impoténθia| **1** ***f.*** Imposibilidad de hacer una cosa: *lloraba de rabia y de ~.* **2** Imposibilidad masculina de lograr la unión sexual completa: *fue al psiquiatra para superar su ~.*

im·po·ten·te |impoténte| **1** ***adj.*** Que no puede hacer una cosa: *se sentía ~ ante la fuerza de sus rivales.* - **2** ***adj.-m.*** (hombre) Que no puede lograr la unión sexual completa: *se decía de él que era ~ porque no tuvo hijos.*

im·prac·ti·ca·ble |impra^{k}tikáβle| **1** ***adj.*** Que no se puede hacer o practicar: *las dificultades económicas hacen ~ el proyecto.* ⇒ **inviable.** **2** Que no se puede atravesar o seguir; que no permite la entrada: *las obras han hecho ~ el acceso por la calle principal; antes había un camino entre las montañas, pero ahora es ~.* ⇒ **inviable.**

im·pre·ca·ción |imprekaθión| ***f.*** *form.* Expresión con la que se muestra deseo de que reciba un mal o un daño una persona o un grupo: *comenzó a proferir imprecaciones y maldiciones contra sus enemigos.*

im·pre·car |imprekár| ***tr.*** *form.* [algo; a alguien] Expresar un deseo de que reciba un mal o un daño una persona o un grupo: *se levantó e imprecó a todos los presentes.* ☐ Se conjuga como 1.

im·pre·ci·sión |impreθisión| ***f.*** Falta de *precisión: *una ~ de los cálculos provocó el hundimiento del barco.*

im·pre·ci·⌐so, ⌐sa |impreθíso, sa| ***adj.*** Que no es exacto o *preciso: *sus indicaciones fueron muy imprecisas y nos perdimos en el bosque; sus palabras son imprecisas y se prestan a malas interpretaciones.* ⇒ **vago.** ⇔ **preciso.**

im·pre·de·ci·ble |impreðeθíble| ***adj.*** Que no se puede prever o *predecir: *el tiempo en primavera es ~; sufrieron un accidente estúpido e ~.*

im·preg·nar |impre^{ɣ}nár| **1** ***tr.-prnl.*** [algo, alguien] Mojar con una sustancia más o menos pegajosa: *impregnaron las bisagras con grasa.* ⇒ **pringar.** **2** Mojar completamente: *tienes que ~ un algodón en alcohol y ponértelo en la herida.* ⇒ **empapar.** **3** *form. fig.* Comunicar o tener una determinada manera de pensar o de vivir: *se impregnó de las ideas renacentistas durante su estancia en Italia.*

im·pren·ta |imprénta| **1** ***f.*** Técnica de imprimir textos escritos o dibujos sobre papel: *la invención de la ~ facilitó la difusión de la cultura.* **2** Taller o lugar donde se imprime: *trabajaba en una ~ por las* *noches; tengo que pasarme por la ~ para encargar unos folletos.*

im·pres·cin·di·ble |impresθindíβle| ***adj.*** Que es totalmente necesario: *para practicar el ciclismo, es ~ disponer de una bicicleta; el aprendizaje del español se está haciendo ~.* ⇒ **indispensable.**

im·pre·sen·ta·ble |impresentáβle| **1** ***adj.*** Que no puede o no merece ser presentado: *me dio un escrito ~ para que se lo corrigiese y no pude leerlo; con esta ropa no puedo recibirla, estoy ~.* ⇔ **presentable. 2** *fig.* (persona) Que es poco educada; que es desagradable: *tiene unos amigos impresentables: se pasaron la tarde bebiendo cerveza y eructando.*

im·pre·sión |impresión| **1** ***f.*** Efecto o sensación causada por una cosa, acción o situación: *la noticia le causó una gran ~; sus palabras le dejaron una ~ de tristeza.* **2** Idea u opinión: *dio muy mala ~ contando esos chistes; si quieres causar buena ~, viste siempre lo mejor posible.* **3** Acción y resultado de imprimir sobre papel: *la ~ de este libro costará bastante dinero.* ⇒ **edición. 4** Calidad o forma de la letra con que está impresa una obra: *la ~ no ha quedado muy bien porque los tipos son muy viejos.* ■ **dar/tener la** ~, dar o tener una determinada idea u opinión de una cosa, sin conocerla completamente: *me da la ~ de que va a llover; por lo que dijo, dio la ~ de que no iba a volver; tengo la ~ de que no vamos a poder verlo.* ⇒ **sensación.**

im·pre·sio·na·ble |impresionáβle| ***adj.*** (persona) Que se impresiona fácilmente: *es muy ~ y cuando vio la sangre se desmayó.*

im·pre·sio·nan·te |impresionánte| **1** ***adj.*** Que causa una gran impresión: *fue un partido ~; el castillo está a una altura ~.* **2** *fam. fig.* Que es muy grande o intenso: *está ~, pesará unos 120 quilos.*

im·pre·sio·nar |impresionár| **1** ***tr.-prnl.*** [a alguien] Provocar una sensación, generalmente de admiración o de miedo: *la película la impresionó tanto, que no pudo dormir en toda la noche.* **2** FOT. [algo] Actuar la luz o hacer que la luz actúe sobre una placa o una película fotográfica: *cuando se abre el objetivo de una máquina fotográfica, la imagen se impresiona sobre la película.*

im·pre·sio·nis·mo |impresionísmo| ***m.*** Tendencia artística, especialmente de la pintura, que intenta reflejar en las obras las sensaciones e impresiones particulares que el artista experimenta: *Monet fue uno de los iniciadores del ~.*

im·pre·sio·nis·ta |impresionísta| **1** ***adj.*** Del *impresionismo o que tiene relación con él: *el arte ~ alcanzó su mayor popularidad a principios del siglo* XX. **- 2** ***adj.-com.*** (persona) Que practica el *impresionismo: *los impresionistas fundaron la «Sociedad anónima de pintores, escultores y grabadores» en el siglo* XIX.

im·pre·⌈so, ⌈sa |impréso, sa| **1** ***adj.*** Que ha sido imprimido: *tiene una Biblia impresa a finales del* XV. ◯ Es el participio irregular y culto de *imprimir.* **- 2 impreso** ***m.*** Hoja o conjunto de hojas de papel con un texto producido por medio de la *imprenta: *debe rellenar un ~ rosa y otro blanco para hacer la solicitud.* **3** Libro, hoja o *folleto producido por medio de la *imprenta: *están catalogando los impresos del siglo* XVII.

im·pre·⌈sor, ⌈so·ra |impresór, sóra| ***adj.-s.*** (persona) Que se dedica a imprimir: *el ~ nos ha dicho que tendrá lista la nueva edición la semana que viene.*

im·pre·so·ra |impresóra| ***f.*** INFORM. Máquina que se *conecta a un ordenador *electrónico y que sirve para escribir sobre papel: *necesitamos una ~ para imprimir los resultados.*

im·pre·vi·si·ble |impreβisíβle| ***adj.*** Que no se puede prever: *un movimiento ~ de las tropas despistó al enemigo.* ⇔ **previsible.**

im·pre·vis·⌈to, ⌈ta |impreβísto, ta| ***adj.-m.*** (acontecimiento, situación, gasto) Que no se ha previsto: *la imprevista visita del Primer Ministro causó problemas de tráfico; si sucede algún ~ en el ascensor, aprieta este botón; siempre que sale de viaje lleva la tarjeta de crédito, por si hay imprevistos.* ⇒ **eventualidad.**

im·pri·mir |imprimír| **1** ***tr.*** [algo] Reproducir en papel u otro material parecido mediante presión u otras técnicas: *ha imprimido un millón de octavillas.* **2** Elaborar un libro en la *imprenta: *el* Quijote *se imprimió por primera vez en 1605.* ⇒ **editar. 3** *form.* Dar una característica, un aspecto o un sentimiento determinados: *el maestro imprimió en su alumno el deseo de saber.* **4** FÍS. Impulsar o *transmitir: *esta fuerza imprime un movimiento rectilíneo.* ◯ Los participios son *imprimido* e *impreso*; el primero se usa en la conjugación; el segundo se usa más como adjetivo.

im·pro·ba·ble |improβáβle| **1** ***adj.*** Que no es probable que ocurra: *es muy ~ que me invite a cenar, con lo tacaño que es.* ⇔ **probable. 2** Que no se puede probar: *es ~ que sea el autor del crimen.* ⇔ **probable.**

ím·pro·⌈bo, ⌈ba |ímproβo, βa| ***adj.*** *form.* Que es enorme o excesivo: *el descubrimiento de esta vacuna es el resultado de un trabajo ~.*

im·pro·ce·den·te |improθeðénte| **1** ***adj.*** Que no es adecuado; que no produce ningún resultado positivo: *su respuesta fue bastante ~; me parece una solución ~.* **2** DER. Que no se ajusta al derecho o a la ley: *interpuso un recurso ~ y no se lo admitieron.*

im·pro·duc·ti·⌈vo, ⌈va |improðuᵏtíβo, βa| ***adj.*** Que no produce o no puede producir: *el 8% del terreno es ~.* ⇔ **productivo.**

im·pron·ta |imprónta| **1** ***f.*** *form. fig.* Efecto o impresión profunda o *duradera: *la filosofía griega dejó una ~ indeleble en el pensamiento occidental.* ⇒ **huella. 2** Reproducción de imágenes en hueco o en relieve sobre una materia blanda: *realizaron en barro la ~ de los doce Apóstoles.*

im·pro·nun·cia·ble |impronunθiáβle| **1** ***adj.*** Que no se puede pronunciar: *ese idioma es ~ para mí.* **2** Que no se debe decir, generalmente para no *ofender la moral o el buen gusto: *dijo unas palabras que no repetiré por ser impronunciables.*

im·pro·pe·rio |impropério| ***m.*** *form.* Insulto u ofensa, especialmente cuando son públicos: *bajó la ventanilla de su coche y comenzó a decirme improperios.*

im·pro·pie·dad |impropieðáᵈ| ***f.*** *form.* Falta de propiedad o adecuación: *hay que intentar evitar la ~ tan extendida en el uso de ciertas palabras.*

im·pro·⌈pio, ⌈pia |imprópio, pia| ***adj.*** Que no es propio o adecuado: *hizo un uso ~ de su cargo y fue destituido; ese comportamiento es ~ de un caballero.*

im·pro·rro·ga·ble |impror̄oɣáβle| ***adj.*** *form.* Que no se puede retrasar o *prorrogar: *le ha dado un plazo ~ de veinte días para que me entregue el documento.* ⇒ **inaplazable.** ⇔ **prorrogable.**

im·pro·vi·sa·ción |improβisaθión| **1** ***f.*** Acción y resultado de *improvisar: *la ~ da a veces buenos resultados; se nota mucho la ~ del conferenciante.* **2** MÚS. Pieza musical o parte de ella que un músico inventa y desarrolla mientras toca o canta: *el guitarrista hizo una ~ en el solo; tocó una soberbia ~ sobre un tema de Bach.*

im·pro·vi·sar |improβisár| **1** ***tr.*** [algo] Hacer una cosa de pronto, sin preparación o sin material: *tuve que ~ rápidamente una excusa; improvisó una cabaña para pasar la noche.* **2** Componer o desarrollar un poema o una canción a medida que se va tocando, cantando o hablando: *olvidó la partitura e improvisó unas variaciones de obras célebres.*

im·pro·vi·⌈so, ⌈sa |improβíso, sa| ■ **de ~**, sin esperarlo; sin haberse preparado: *el profesor apareció de ~ y nos sorprendió copiando; se presentó a cenar de ~ y no teníamos nada que ofrecerle.*

im·pru·den·cia |impruðénθia| **1** ***f.*** Falta de *prudencia o de cuidado: *su ~ le hizo perder todo el dinero que tenía.* ⇒ **inconsciencia. 2** Acción descuidada o imprudente: *cometió una ~ al adelantar a aquel automóvil sin visibilidad.*

im·pru·den·te |impruðénte| ***adj.-com.*** Que no pone cuidado al hacer una cosa; que no es *prudente: *fuiste demasiado ~ dejando el dinero a la vista de todo el mundo.* ⇒ **incauto.** ⇔ **cauteloso, cauto, prudente.**

im·pú·ber |impúβer| ***adj.-com.*** *form.* (persona) Que aún no ha llegado a la *pubertad: *es una menor, casi una ~, y hay que protegerla de los peligros.* ⇒ **niño, impúbero.**

im·pú·be·⌈ro, ⌈ra |impúβero, ra| ***adj.*** *form.* ⇒ **impúber.** ☖ La Real Academia Española prefiere la forma *impúber.*

im·pu·bli·ca·ble |impuβlikáβle| ***adj.*** Que no se puede o no se debe publicar o contar al público: *escribió un artículo ~.*

im·pú·di·⌈co, ⌈ca |impúðiko, ka| ***adj.*** *form.* Que no tiene ni muestra *pudor: *le dijo, ~, que no le daba la gana; con un gesto ~ le arrebató el papel de las manos.* ⇔ **púdico.**

im·pu·dor |impuðór| ***m.*** *form.* Falta de vergüenza o de *pudor: *tuvo el ~ de bajarse los pantalones en público.*

im·pues·to |impuésto| ***m.*** Cantidad de dinero que que se da al Estado *obligatoriamente para que haga frente al gasto público: *los impuestos son cada vez más altos; el IVA es el ~ sobre el valor añadido.* ⇒ **contribución; ~ directo**, ECON., el que se aplica sobre los bienes de las personas periódica e individualmente: *el ~ sobre la renta es un ~ directo;* **~ indirecto**, ECON., el que se aplica sobre el consumo o el gasto: *la gasolina es cara porque tiene un ~ indirecto muy alto;* **~ revolucionario**, cantidad de dinero que exige un grupo de *terroristas o *rebeldes mediante amenazas: *los rebeldes mataron al dueño de la tienda por no pagar el ~ revolucionario.*

im·pug·na·ción |impuᵞnaθión| ***f.*** *form.* Acción y resultado de *impugnar: *está esperando una respuesta a su ~.* ⇒ **recurso.**

im·pug·nar |impuᵞnár| ***tr.*** *form.* [algo] Mostrarse en contra de una opinión o decisión que se considera falsa o poco justa: *ha dicho que va a ~ la decisión del tribunal; se impugnó el recuento de votos por considerar que había habido un fraude.*

im·pul·sar |impulsár| **1** ***tr.*** [algo] Dar o tomar empuje o movimiento: *los hombres impulsan la barca con los remos; los aviones modernos se impulsan mediante motores de reacción.* **2** *fig.* Desarrollar o hacer crecer: *creen que hay que bajar los impuestos para ~ la economía.* **3** *fig.* [a alguien, a algo] Provocar a una persona para que haga una cosa; hacer que una cosa sea de una determinada manera: *los celos lo impulsaron a matarlos.*

im·pul·si·⌈vo, ⌈va |impulsíβo, βa| ***adj.*** Que se deja llevar por un sentimiento o un *impulso sin pensar demasiado lo que hace; que obedece a una emoción: *es muy ~ y de repente ha decidido marcharse.*

im·pul·so |impúlso| **1** ***m.*** Movimiento provocado por una fuerza: *el tren llevaba tanto ~, que recorrió varios quilómetros con el motor parado.* **2** Empuje; hecho de impulsar: *mi ~ ayudó a abrir la puerta.* **3** *fig.* Fuerza que se le da a algo para que se desarrolle o crezca: *quiere darle un nuevo ~ a su negocio.* **4** *fig.* Deseo que lleva a hacer una cosa sin pensar o de manera inesperada: *un ~ violento le hizo golpear la mesa con el puño; un ~ le hizo comprar unas flores y regalárselas.* ■ **coger/tomar ~**, correr antes de dar un salto o antes de lanzar un objeto para llegar más lejos o con más fuerza: *el atleta tomó ~ antes de arrojar la jabalina.* ⇒ **carrerilla.**

im·pul·⌈sor, ⌈so·ra |impulsór, sóra| ***adj.-s.*** Que impulsa o hace avanzar una cosa, acción o actividad: *el ministro fue el ~ de la reforma; este coche de juguete tiene un pequeño mecanismo ~.*

im·pu·ne |impúne| ***adj.*** Que queda sin castigo, mereciéndolo: *el juez ha asegurado que los culpables no quedarán impunes.*

im·pu·ni·dad |impuniðáᵈ| ***f.*** *form.* Falta de castigo merecido: *se concedió una amnistía y su crimen quedó en la ~.*

im·pun·tual |impuntuál| ***adj.-com.*** (persona) Que llega tarde o que suele llegar tarde: *es de mala educación ser ~, aunque a algunas personas les parezca muy elegante.* ⇔ **puntual.**

im·pu·re·za |impuréθa| **1** ***f.*** Sustancia o conjunto de sustancias extrañas a un cuerpo o materia y que están mezcladas con él o con ella: *ese diamante tiene muchas impurezas.* **2** Falta de pureza moral, especialmente de *castidad: *la lujuria y* *la ~ escandalizan a muchas personas.* ⇒ **inmundicia.** ⇔ **pureza.**

im·pu·⌐ro, ⌐ra |impúro, ra| ***adj.*** Que no es puro o limpio: *es un oro bastante ~ y no vale mucho; confesó haber tenido pensamientos impuros.* ⇒ **indecente, sórdido.** ⇔ **puro.**

im·pu·ta·ción |imputaθión| ***f.*** *form.* Acción y resultado de *imputar: *el fiscal procedió a la ~ de los cargos.* ⇒ **acusación.**

im·pu·tar |imputár| **1** ***tr.*** *form.* [algo; a alguien] Acusar de la responsabilidad de un crimen, un error o una falta: *a esta misma persona se le imputan otros delitos.* **2** *form.* [algo] Señalar el fin de una cantidad de dinero: *los gastos se imputaron al mantenimiento del edificio.*

i·na·bar·ca·ble |inaβarkáβle| ***adj.*** Que no se puede comprender o *abarcar: *la obra completa de este autor es ~.*

inabordable |inaβordáβle| ***adj.*** Que no se puede explicar, comprender o *abordar: *el misterio del origen de la vida parece ~.*

i·na·ca·ba·ble |inakaβáβle| **1** ***adj.*** Que no se puede acabar o terminar: *tal y como han dejado los cimientos, esta obra es ~.* ⇒ **interminable. 2** *fig.* Que parece que no acaba o no tiene fin: *la película era tan larga, que se me hizo ~.* ⇒ **interminable.**

i·na·ca·ba·⌐do, ⌐da |inakaβáðo, ða| ***adj.*** Que no ha sido acabado: *dejó inacabada su obra cuando murió.* ⇒ **incompleto.** ⇔ **acabado.**

i·nac·ce·si·ble |ina^{k}θesíβle| **1** ***adj.*** Que no tiene entrada o paso: *la gaviota hizo su nido en una roca ~ para nosotros.* ⇔ **accesible. 2** *fig.* De trato difícil: *muchas personalidades son inaccesibles.* ⇔ **accesible. 3** Que no se puede entender; que es demasiado difícil: *estos conocimientos son inaccesibles para un niño de tu edad.* ⇔ **accesible.**

i·nac·ción |ina^{k}θión| ***f.*** *form.* Falta de actividad o de trabajo; pereza: *no sé cómo puedes pasar toda la tarde con esta ~ tumbado en el sofá.* ⇒ **inactividad.** ⇔ **acción.**

i·na·cen·tua·⌐do, ⌐da |inaθentuáðo, ða| ***adj.*** LING. (sonido, palabra, sílaba) Que no lleva acento: antes *es una palabra inacentuada.* ⇒ **átono.** ⇔ **tónico.**

i·na·cep·ta·ble |inaθe^{p}táβle| ***adj.*** Que no se puede aceptar o recibir: *una pulsera tan cara es un regalo ~; expuso una tesis ~, llena de disparates.* ⇔ **aceptable.**

i·nac·ti·vi·dad |ina^{k}tiβiðá^{ð}| **1** ***f.*** Falta de actividad o de trabajo; pereza: *le reprochó su ~ y él dijo que se sentía enfermo.* ⇒ **inacción. 2** *form.* Falta de acción o de movimiento: *si te han operado la pierna, tendrás que resignarte a la ~ durante un tiempo.* ⇔ **actividad.**

i·nac·ti·⌐vo, ⌐va |ina^{k}tíβo, βa| **1** ***adj.*** Que no desarrolla ninguna actividad; que no hace nada: *el famoso deportista lleva cuatro meses ~.* ⇒ **pasivo. 2** ECON. Que no tiene un puesto de trabajo: *la mayor parte de las personas inactivas son jubilados y jóvenes.* ⇔ **activo.**

i·na·dap·ta·ción |inaðaptaθión| ***f.*** Falta de adaptación a ciertas condiciones o circunstancias: *la ~ de los jóvenes produce problemas de delincuencia.* ⇔ **adaptación.**

i·na·dap·ta·⌐do, ⌐da |inaða^{p}táðo, ða| ***adj.-s.*** (persona, animal) Que no está adaptado a ciertas condiciones o circunstancias: *el estudiante ~ tiene problemas de fracaso escolar.*

i·na·de·cua·ción |inaðekuaθión| ***f.*** *form.* Falta de adecuación entre dos cosas: *la ~ entre los objetivos y los medios con que contamos es evidente.*

i·na·de·cua·⌐do, ⌐da |inaðekuáðo, ða| ***adj.*** Que no es adecuado a ciertas condiciones o circunstancias: *le dieron unas instrucciones inadecuadas y estropeó el aparato.* ⇔ **adecuado.**

i·nad·mi·si·ble |ina^{ð}misíβle| ***adj.*** Que no se puede admitir o aceptar: *su comportamiento era ~.* ⇔ **admisible.**

i·nad·ver·ten·cia |ina^{ð}βerténθia| ***f.*** Falta de cuidado o atención: *como cometas otra ~ así, te despedirá.*

i·nad·ver·ti·⌐do, ⌐da |ina^{ð}βertíðo, ða| ***adj.*** Que no ha sido *advertido o *notado: *un error ~ hizo fracasar la operación.* ■ **pasar ~**, no ser visto o *notado: *los presos fugados cambiaron sus ropas para poder pasar inadvertidos entre la multitud.*

i·na·go·ta·ble |inaɣotáβle| ***adj.*** Que no se puede acabar o *agotar: *los recursos naturales no son inagotables; consiguió subir a la cima gracias a un empeño ~.*

i·na·guan·ta·ble |inaɣuantáβle| ***adj.*** Que no se puede aguantar: *soltó un discurso ~ y se marchó casi todo el mundo antes de que terminase; Antonio está ~.* ⇒ **insoportable.** ⇔ **aguantable.** ☐ Se suele usar con verbos como *estar, ponerse* o *ser.*

i·na·lám·bri·⌐co, ⌐ca |inalámbriko, ka| ***adj.*** (teléfono, medio de comunicación) Que no usa hilos o *cables para recibir y enviar mensajes: *estaba paseando por la casa mientras hablaba por el teléfono ~.*

i·nal·can·za·ble |inalkanθáβle| ***adj.*** Que no se puede alcanzar o conseguir: *se puso unos objetivos inalcanzables y no consiguió llevarlos a cabo.*

i·na·lie·na·ble |inalienáβle| ***adj.*** Que no se puede quitar o *alienar: *consideraba que la libertad de expresión era un derecho ~.*

i·nal·te·ra·ble |inalteráβle| **1** ***adj.*** Que no se puede alterar o cambiar: *el horario de clases es ~.* ⇔ **alterable. 2** (persona) Que no se altera o no cambia en su manera de ser: *permaneció ~ ante esa difícil situación.*

i·na·mo·vi·ble |inamoβíβle| ***adj.*** Que no se puede mover o cambiar: *esta decisión es ~.*

i·na·ne |ináne| ***adj.*** *form.* Que no tiene efecto ni resultado: *alimentaba la ~ esperanza de conseguir un día su amor.* ⇒ **fútil, inútil, vano.**

i·na·ni·ción |inaniθión| ***f.*** *form.* Extrema debilidad física, especialmente la que está provocada por la falta de alimento: *muchas personas siguen padeciendo ~; murió de ~.*

i·na·ni·ma·⌐do, ⌐da |inanimáðo, ða| ***adj.*** Que no tiene vida o movimiento voluntario: *este pintor sólo pinta objetos inanimados.*

i·na·pe·la·ble |inapeláβle| **1** ***adj.*** DER. (*sentencia, fallo) Que no se puede *apelar: *el juez declaró* *que su sentencia era* ~. **2** *form.* Que no se puede evitar o remediar: *la decisión de mi padre fue* ~.

i·na·pe·ten·cia |inapeténθia| ***f.*** *form.* Falta de ganas de comer: *el amor le produjo* ~ *e insomnio; la* ~ *del niño puede ser síntoma de alguna enfermedad.*

i·na·pe·ten·te |inapeténte| ***adj.*** Que no tiene hambre o *apetito: *la fiebre lo ha dejado* ~.

i·na·pla·za·ble |inaplaθáβle| ***adj.*** Que no se puede retrasar o *aplazar: *se trata de un problema* ~ *y hay que resolverlo inmediatamente.* ⇒ **improrrogable.**

i·na·pli·ca·ble |inaplikáβle| ***adj.*** Que no se puede aplicar: *esa solución es* ~ *en este caso.* ⇔ **aplicable.**

i·na·pre·cia·ble |inapreθiáβle| **1** ***adj.*** Que no se puede *apreciar por ser de un gran valor: *hemos contado con la* ~ *ayuda de su organización.* **2** Que no se puede *apreciar o *percibir por ser muy pequeño o poco importante: *debe una cantidad* ~ *de dinero al banco.* ⇒ **despreciable.** ⇔ **apreciable.**

i·nar·ti·cu·la·⌜do, ⌜da |inartikuláðo, ða| **1** ***adj.*** (sonido, voz) Que no forma palabras: *el monstruo daba unos gritos inarticulados.* ⇔ **articulado. 2** Que no está articulado: *le cortaron la pierna y le han puesto una prótesis inarticulada.* ⇔ **articulado.**

i·na·se·qui·ble |inasekíβle| ***adj.*** Que no se puede conseguir o que no es *asequible: *es un cuadro* ~ *para la mayoría de la gente.* ⇔ **asequible.**

i·na·sis·ten·cia |inasistencia| ***f.*** Falta de *asistencia: *la dirección del colegio obligaba a los profesores a justificar sus inasistencias.* ⇔ **asistencia.**

i·nau·di·ble |inauðíβle| ***adj.*** Que no se puede oír: *los sonidos que emiten algunos animales son inaudibles.* ⇔ **audible.**

i·nau·di·⌜to, ⌜ta |inauðíto, ta| **1** ***adj.*** Que no ha sido oído nunca por ser muy extraño: *este modo de curar las enfermedades es* ~. **2** Que es muy desagradable o malo: *su comportamiento durante la cena fue* ~.

i·nau·gu·ra·ción |inauɣuraθión| ***f.*** Acción y resultado de *inaugurar: *en la* ~ *del teatro estuvieron presentes varias autoridades.*

i·nau·gu·ral |inauɣurál| ***adj.*** De la *inauguración o que tiene relación con ella: *leyó el discurso en el acto* ~ *del congreso.*

i·nau·gu·rar |inauɣurár| **1** ***tr.*** [algo] Celebrar el principio o comienzo de una cosa: *el rector inaugurará el nuevo curso.* **2** Celebrar la *apertura de un local o edificio: *ayer la Reina inauguró el nuevo museo; han inaugurado la cafetería.* **3** *fig.* Comenzar o introducir una nueva idea o moda: *este autor inauguró una nueva corriente artística.* ◯ No se debe decir *inagurar.*

in·ca |íŋka| **1** ***adj.*** (pueblo *indígena) Que habita en América, en la región que hoy ocupan los países de Perú, Ecuador y Chile: *el pueblo* ~ *desarrolló una cultura muy importante.* **2** De ese pueblo *indígena o que tiene relación con él: *Cuzco era la capital del imperio* ~. **- 3** ***com.*** Persona que pertenece a ese pueblo: *en el Machu Picchu aún pueden visitarse las ruinas de una ciudad construida por los incas.*

in·cal·cu·la·ble |iŋkalkuláβle| ***adj.*** Que no se puede calcular: *ese diamante tiene un valor* ~. ⇔ **calculable.**

in·ca·li·fi·ca·ble |iŋkalifikáβle| **1** ***adj.*** Que merece ser rechazado o desaprobado: *este examen es* ~. **2** Que no se puede calificar o expresar: *cometió un crimen* ~.

in·can·des·cen·cia |iŋkandesθénθia| ***f.*** *form.* Brillo que produce una sustancia, generalmente metálica, al someterla a temperaturas muy altas: *la* ~ *del hierro iluminaba la habitación.*

in·can·des·cen·te |iŋkandesθénte| ***adj.*** Que brilla por sí mismo por haber sido sometido a temperaturas muy altas: *marcaron el ganado con un hierro* ~; *el Sol es una enorme bola de gas* ~.

in·can·sa·ble |iŋkansáβle| **1** ***adj.*** Que no se cansa: *ese ciclista parece* ~. **2** Que no para ni descansa: *el nuevo empleado es un joven* ~ *y ambicioso.* ⇒ **infatigable.**

in·ca·pa·ci·dad |iŋkapaθiðáᵈ| **1** ***f.*** Falta de conocimiento, preparación o medios para realizar una acción o una función: *la* ~ *de los asesores hizo fracasar la empresa; su* ~ *para enfrentarse a los problemas le hizo abandonar.* ⇔ **capacidad;** ~ **laboral,** pérdida de la posibilidad de trabajar a causa del daño permanente que deja una enfermedad o un accidente: *quedó inválido y le dieron la* ~ *laboral.* **2** Falta de capacidad material: *la* ~ *de los depósitos contribuye a la escasez de agua.* **3** DER. Falta de un estado o una condición legal: *el fiscal alegó la* ~ *del testigo.*

in·ca·pa·ci·tar |iŋkapaθitár| **1** ***tr.*** [algo, alguien] Hacer imposible una acción o función; hacer incapaz: *su mal pulso lo incapacitaba para ser relojero; las mareas incapacitaban el paso por la costa.* ⇒ **imposibilitar. 2** [a alguien] Quitar o perder un estado o una condición legal: *el tribunal lo incapacitó para volver a desempeñar cargos públicos.*

in·ca·paz |iŋkapáθ| **1** ***adj.*** Que no es capaz o no puede hacer una cosa: *es* ~ *de matar una mosca: no puede hacer daño a nadie; soy* ~ *de subir hasta la cima.* ◯ Se suele usar seguido de la preposición *de* y un infinitivo. **2** Que no tiene entendimiento, preparación u otras características para ejecutar una acción o cumplir una función: *se demostró que era* ~ *para ocupar ese puesto.* ⇒ **inepto.** ⇔ **apto. 3** *fam.* Que es idiota o tonto: *quita de ahí,* ~, *que no sabes hacer nada; el* ~ *no sabe ni abrir una lata de sardinas.* ⇒ **inepto.** ◯ Se usa como apelativo despectivo. **4** Que no tiene la capacidad necesaria para un fin determinado: *esta sala es* ~ *para acoger a toda esa gente.*

in·cau·ta·ción |iŋkautaθión| ***f.*** Acción y resultado de *incautarse de una cosa: *la policía ha llevado a cabo este año numerosas incautaciones de heroína.*

in·cau·tar·se |iŋkautárse| **1** ***prnl.*** [de algo] Tomar legalmente una autoridad dinero, bienes o mercancías: *el tribunal se ha incautado de tres millones de pesetas del detenido.* **2** Coger o tomar de forma contraria a la ley: *se incautaron de unos territorios que no les pertenecían.* ◯ No se debe usar como transitivo: *el tribunal incautó tres millones de pesetas al detenido.*

in·cau·⌜to, ⌜ta |iŋkáuto, ta| **1** ***adj.-s.*** Que no presta atención o no pone cuidado: *es un ~: aparcó el coche en el centro y se lo dejó abierto.* **2** (persona) Que se deja engañar fácilmente por no pensar mal de los demás: *siempre hay espabilados que andan buscando incautos para aprovecharse de ellos.* ⇒ **ingenuo.**

in·cen·diar |inθendiár| ***tr.-prnl.*** [algo] Destruir con fuego; quemar: *saquearon el pueblos e incendiaron las mieses; fueron acusados de haber incendiado el monte.*

in·cen·dia·⌜rio, ⌜ria |inθendiário, ria| **1** ***adj.-s.*** (persona) Que provoca un *incendio de forma voluntaria: *los incendiarios serán castigados por la ley.* - **2** ***adj.*** Que está hecho para causar un *incendio: *una bomba incediaria estalló ayer en nuestra ciudad.* **3** *fig.* Que lleva al desorden o a la *violencia: *pronunció unas palabras incendiarias ante la muchedumbre.*

in·cen·dio |inθénðio| **1** ***m.*** Fuego grande en el que arden cosas de valor que no deberían quemarse: *los incendios forestales son demasiado frecuentes en verano; la tormenta provocó un ~ en una fábrica.* ⇒ **quema. 2** *form. fig.* Pasión o sentimiento fuerte que excita el ánimo: *su presencia provoca un ~ en mi corazón.*

in·cen·sa·rio |inθensário| ***m.*** Recipiente de metal que cuelga de unas cadenas delgadas y que sirve para quemar *incienso y esparcir su olor en las ceremonias religiosas: *el sacerdote purificaba la iglesia con el ~; el monaguillo balancea el ~.* ⇒ **botafumeiro.**

in·cen·ti·var |inθentiβár| **1** ***tr.*** [a alguien] Animar por medio de un premio o *gratificación para conseguir un mejor resultado en una acción o en una actividad: *la empresa incentivó a los empleados con una paga extraordinaria.* ⇒ **estimular. 2** [algo] Dar fuerza o empuje a una actividad: *se ha hecho una reforma para ~ la inversión de capital.*

in·cen·ti·vo |inθentíβo| ***m.*** Premio o *gratificación que ayuda a conseguir un mejor resultado o rendimiento en una actividad: *dice que la disminución de los impuestos supondrá un ~ para la recuperación económica.* ⇒ **estímulo.**

in·cer·ti·dum·bre |inθertiðúmbre| ***f.*** Falta de seguridad o de *certidumbre sobre una cosa: *no sabía si la vería o no y esa ~ lo angustiaba.* ⇒ **duda.** ⇔ **certidumbre.**

in·ce·san·te |inθesánte| ***adj.*** *form.* Que no se detiene; que no *cesa: *el ~ paso del tiempo no perdona a nadie.* ⇒ **imparable.**

in·ces·to |inθésto| ***m.*** Relación sexual entre familiares directos: *Edipo cometió ~ sin saberlo.*

in·ces·tuo·⌜so, ⌜sa |inθestuóso, sa| ***adj.*** Del *incesto o que tiene relación con él: *mantenía una relación incestuosa con su hermana.*

in·ci·den·cia |inθiðénθia| **1** ***f.*** Influencia o efecto que tiene una cosa o una acción: *la ~ de esa noticia ha sido escasa.* **2** Hecho que ocurre en el desarrollo de un asunto o negocio y que influye sobre él: *las incidencias de la jornada están detalladas en ese informe.*

in·ci·den·tal |inθiðentál| **1** ***adj.*** *form.* Que se considera un *incidente: *fue un encuentro ~.* **2** *form.* Que es de poca importancia para el desarrollo de un asunto o negocio: *es una cuestión ~ para el tema que nos ocupa.*

in·ci·den·te |inθiðénte| **1** ***m.*** Acontecimiento que puede afectar *negativamente en el desarrollo de un asunto o negocio, aunque no forma parte de él: *la celebración se desarrolló sin incidentes.* **2** *Pelea entre dos o más personas: *un ~ entre dos comensales interrumpió la cena.*

in·ci·dir |inθiðír| **1** ***intr.*** Influir en un asunto o negocio: *la subida de los precios puede ~ desfavorablemente en el crecimiento del turismo.* **2** Poner interés o atención en un asunto particular sobre el que se está tratando: *creo que conviene ~ en este aspecto.* **3** Llegar una bala, un rayo de luz u otra cosa a una superficie: *el rayo incidía en el espejo y se reflejaba en la pared.*

in·cien·so |inθiénso| ***m.*** Sustancia olorosa que se quema en ciertas ceremonias religiosas: *le regalaron oro, ~ y mirra; el sacerdote echó un poco de ~ en el incensario.*

in·cier·⌜to, ⌜ta |inθiérto, ta| **1** ***adj.*** Que no es verdadero o cierto: *esa afirmación es incierta.* ⇒ **falso.** ⇔ **cierto, seguro. 2** Que no es o no está seguro: *el resultado del partido es todavía ~.* ⇔ **cierto. 3** Que no se conoce: *su futuro era ~.*

in·ci·ne·ra·ción |inθineraθión| ***f.*** Acción y resultado de *incinerar: *eliminan las basuras mediante la ~.* ⇒ **cremación.**

in·ci·ne·rar |inθinerár| ***tr.*** [algo, a alguien] Quemar hasta reducir a cenizas: *incineraron su cadáver y esparcieron las cenizas en el mar.*

in·ci·pien·te |inθipiénte| ***adj.*** Que empieza o comienza: *el joven tenía una barba ~.*

in·ci·sión |inθisión| ***f.*** *form.* Abertura o corte hecho con un instrumento cortante: *el cirujano practicó una ~ en el abdomen del enfermo.*

in·ci·si·⌜vo, ⌜va |inθisíβo, βa| **1** ***adj.*** Que sirve para cortar o abrir: *el asesino mató a sus víctimas con una arma incisiva; se sirvió de un instrumento ~ para destapar la lata de pintura.* **2** ***adj.-m.*** (diente) Que está situado en la parte delantera de la boca, es plano y cortante y tiene una sola raíz: *los roedores tienen los dientes incisivos muy desarrollados; el hombre tiene ocho dientes incisivos.* ⇒ **diente, pala.** ☐ Se usa sobre todo como sustantivo masculino: *mordió un trozo de manzana con los incisivos.* **3** *fig.* Que critica de forma cruel o con mala intención: *tus comentarios incisivos ofenden a todo el mundo; es una persona muy incisiva y crítica.* ⇒ **corrosivo, mordaz.**

in·ci·⌜so, ⌜sa |inθíso, sa| **1** ***adj.*** *form.* Que está cortado, marcado o grabado: *los armarios se decoraban con figuras incisas en la madera.* - **2 inciso *m.*** *Comentario o pausa que se introduce en un discurso o una conversación: *los incisos no suelen tener relación con el tema principal de la conversación.* ⇒ **paréntesis.**

in·ci·tar |inθitár| ***tr.*** [a alguien; a algo] Provocar o convencer; animar o impulsar a hacer una cosa: *incitó al criado a rebelarse contra el señor.* ⇒ **espolear.**

in·cle·men·cia |iŋkleménθia| **1 *f.*** Fenómeno atmosférico que provoca el mal tiempo: *las inclemencias del tiempo no impidieron que se celebrara la carrera clicista.* ⇒ **rigor. 2** Falta de compasión en la manera de obrar: *el fiscal tuvo demasiada ~ con el acusado.* ⇔ **clemencia, compasión.** ☐ Se usa sobre todo en plural.

in·cli·na·ción |iŋklinaθión| **1 *f.*** Acción y resultado de inclinar o inclinarse: *la torre de Pisa está experimentando una peligrosa ~.* **2** *fig.* Tendencia hacia una cosa o a hacer una cosa: *su ~ a la bebida le ha traído muchos problemas.* ⇒ **propensión, tendencia. 3** Gesto que se hace inclinando la cabeza o el cuerpo: *el ministro japonés saludó a su invitado con una ~.* ⇒ **reverencia.**

in·cli·nar |iŋklinár| **1 *tr.-prnl.*** [algo, a alguien] Desviar de la posición vertical u horizontal o de cualquier otra que tenga un carácter estable: *inclinó el cuerpo hasta el suelo; el camino se inclina a la derecha.* **- 2 *tr.*** *fig.* [a alguien] Convencer a una persona para que haga o diga una cosa de la que no estaba segura: *inclinó a todos en favor de su propuesta.* **- 3 inclinarse *prnl.*** Tender hacia una cosa o a hacer una cosa: *se inclina a la virtud; me inclino a creerlo.*

ín·cli·⌐to, ⌐ta |íŋklito, ta| ***adj.*** *form.* Que es distinguido y tiene buena fama: *el antiguo alcalde era un personaje ~ de la ciudad.* ⇒ **ilustre.**

in·clu·ir |iŋkluír| **1 *tr.*** [algo, a alguien] Poner una cosa dentro de otra o dentro de sus límites; contar dentro de un grupo: *te incluyen entre los buenos; el vendedor incluyó un secador de pelo en el lote.* ⇔ **excluir. 2** [algo] Contener una cosa a otra o llevarla consigo: *el libro incluye un capítulo sobre anatomía; el precio del viaje no incluye las excursiones opcionales.* ⇒ **abarcar, comprender, englobar.** ☐ Se conjuga como 62.

in·clu·sa |iŋklúsa| ***f.*** Establecimiento dedicado a recoger, criar y educar niños cuyos padres han muerto, los han abandonado o no pueden hacerse cargo de ellos: *se crió en una ~ sin saber quiénes eran sus padres.* ⇒ **hospicio.**

in·clu·se·⌐ro, ⌐ra |iŋkluséro, ra| ***adj.-s.*** *form.* (persona) Que se cría o se ha criado en una *inclusa: *el gobierno ha dado una ayuda a los incluseros.* ☐ Se usa como apelativo despectivo.

in·clu·sión |iŋklusión| ***f.*** Acción y resultado de incluir: *muchas personas estuvieron en desacuerdo con su ~ en la lista electoral.* ⇔ **exclusión.**

in·clu·si·ve |iŋklusíβe| ***adv.*** Incluyendo los límites que se nombran: *que entren las personas cuyo apellido esté entre García y Gutiérrez, ambos ~.* ⇔ **exclusive.** ☐ No se debe decir *inclusives.*

in·clu·⌐so |iŋklúso| **1 *adv.*** Incluyendo una persona o una cosa: *nos insultó a todos, ~ a mí.* **- 2 *conj.*** Indica una dificultad o hecho que no impide que se realice o produzca una acción: *aprobaré el examen, ~ sin estudiar.* **- 3 *prep.*** Indica que lo que se dice después sorprende: *~ mi hijo pequeño supo acertar la respuesta.* **4** Indica mayor fuerza o grado en una comparación: *este libro es malo, pero este otro es ~ peor.*

in·co·ar |iŋkoár| ***tr.*** DER. [algo] Comenzar un proceso que puede llevar al castigo de una falta: *incoaron un pleito contra la empresa; el Comité de Competición decidió ~ un expediente al jugador que había insultado al contrincante.* ☐ No se suele usar en la primera persona singular del presente de indicativo.

in·co·a·ti·⌐vo, ⌐va |iŋkoatíβo, βa| ***adj.*** Que indica el principio de una cosa o de una acción que progresa: *los verbos como* florecer *o* amanecer *son incoativos.* ⇒ **verbo.**

in·cóg·ni·ta |iŋkóᵞnita| **1 *f.*** MAT. Cantidad que no se conoce y que se debe averiguar: *en el curso superior, los alumnos resuelven ecuaciones con dos incógnitas.* ⇒ **x. 2** *fig.* Causa o razón oculta de un hecho que se examina: *el móvil de su acción es una ~.*

in·cóg·ni·⌐to, ⌐ta |iŋkóᵞnito, ta| ***adj.*** Que no se sabe o no se conoce: *este autor siempre cita libros incógnitos;* **de ~**, sin darse a conocer; ocultando la verdadera *identidad: *el rey viajaba de ~ para librarse del protocolo.*

in·co·he·ren·cia |iŋkoerénθia| **1 *f.*** Cualidad de *incoherente: *hablaba mucho, pero no se le entendía por su ~.* ⇒ **incongruencia.** ⇔ **coherencia. 2** Cosa que se opone a otra, o no guarda una relación lógica con ella: *su conferencia estaba plagada de incoherencias.* ⇒ **incongruencia.**

in·co·he·ren·te |iŋkoerénte| ***adj.*** Que no es *coherente; que no guarda una relación adecuada entre sus partes o con otra cosa: *la película parecía enrevesada e ~.* ⇒ **inconexo, incongruente.** ⇔ **coherente.**

in·co·lo·⌐ro, ⌐ra |iŋkolóro, ra| ***adj.*** Que no tiene color: *el agua es incolora.*

in·com·bus·ti·ble |iŋkombustíβle| **1 *adj.*** Que no se puede quemar: *han recubierto las paredes de un material ~.* ⇔ **combustible. 2** *fig.* (persona) Que no se *agota a pesar de los problemas: *lleva ocho años como presidente: es ~.*

in·co·mo·dar |iŋkomoðár| ***tr.-prnl.*** [a alguien] Molestar; provocar o sentir enfado o disgusto: *sus constantes elogios me incomodan; ¿te has incomodado por lo que te dije?*

in·co·mo·di·dad |iŋkomoðiðáᵈ| **1 *f.*** Cualidad de incómodo: *no me gusta este sofá por su ~.* ⇔ **comodidad. 2** Alteración de la comodidad o de la tranquilidad del ánimo, causada por un enfado, un esfuerzo o una agitación excesiva: *un huésped en casa siempre causa algunas incomodidades.* ⇒ **molestia.**

in·có·mo·⌐do, ⌐da |iŋkómoðo, ða| ***adj.*** Que no resulta agradable o que es molesto; que no es cómodo: *tuve que esperar en un sillón ~; fue un viaje ~ porque no pudimos sentarnos.* ⇔ **cómodo.**

in·com·pa·ra·ble |iŋkomparáβle| **1 *adj.*** Que no tiene o no admite comparación: *estos dos libros son incomparables.* ⇔ **comparable. 2** *fig.* Que es muy bueno; que no hay nada igual: *la belleza de este paisaje es ~.*

in·com·pa·ti·bi·li·dad |iŋkompatiβiliðá^{ð}| **1** *f.* Cualidad de *incompatible: *alegaron ~ de caracteres para divorciarse.* **2** Imposibilidad legal para ejercer una función determinada o para ejercer dos o más cargos a la vez: *no lo han nombrado director por la ~ de este cargo con el que ya tiene.*

in·com·pa·ti·ble |iŋkompatíβle| *adj.* Que no puede existir junto con otro, por ser opuesto o contrario: *los vicios son incompatibles con la salud; nuestros caracteres son incompatibles.* ⇒ **antagónico.** ⇔ **compatible.**

in·com·pe·ten·cia |iŋkompeténθia| *f.* Falta de *competencia o de capacidad: *por su ~ nos vemos ahora en esta difícil situación; la ~ del alcalde ha perjudicado a los ciudadanos.*

in·com·pe·ten·te |iŋkompeténte| *adj.* Que no es *competente o no tiene buenas cualidades para desarrollar cierta actividad: *no sé cómo puede ocupar ese puesto siendo tan ~.*

in·com·ple·┌to, ┌ta |iŋkompléto, ta| *adj.* Que no está completo: *la obra quedó incompleta por falta de presupuesto.* ⇒ **inacabado, inconcluso.** ⇔ **completo.**

in·com·pren·di·┌do, ┌da |iŋkomprendíðo, ða| *adj.-s.* (persona) Que no es comprendida o valorada como merece: *soy un ~, nadie aprecia mi genio creador.*

in·com·pren·si·ble |iŋkomprensíβle| *adj.* Que no se puede comprender: *los problemas de física me resultan incomprensibles.* ⇒ **ininteligible.** ⇔ **comprensible.**

in·com·pren·sión |iŋkomprensión| *f.* Actitud poco tolerante, que no respeta los sentimientos o actos de otras personas: *mis padres han criticado mi decisión, pero no esperaba tal ~ por parte de un amigo.* ⇔ **comprensión.**

in·co·mu·ni·ca·ción |iŋkomunikaθión| **1** *f.* Falta de comunicación o de relación: *el mal funcionamiento se ha debido, en gran parte, a la ~ entre las personas responsables.* **2** DER. Prohibición del trato con otros a una persona dispuesta por un tribunal: *el detenido permaneció en régimen de ~ en las dependencias policiales.*

in·co·mu·ni·car |iŋkomunikár| **1** *tr.* [algo, a alguien] Impedir la comunicación: *han incomunicado a un preso por su mala conducta; el terremoto incomunicó toda la provincia.* **- 2 incomunicarse** *prnl.* Separarse del trato de los demás: *ha tenido una fuerte depresión y se ha incomunicado.* ☐ Se conjuga como 1.

in·con·ce·bi·ble |iŋkonθeβíβle| **1** *adj.* Que no se puede pensar lógicamente: *para mi madre es ~ que el hombre haya evolucionado partiendo del mono.* ⇒ **impensable. 2** Que es difícil o casi imposible que *suceda; que es muy extraño: *no puedo creerlo: es ~ que se haya suicidado.* ⇒ **impensable.**

in·con·clu·┌so, ┌sa |iŋkoŋklúso, sa| *adj.* Que no está terminado: *la catedral quedó inconclusa a la muerte del arquitecto.* ⇒ **inacabado, incompleto.** ⇔ **definitivo.**

in·con·di·cio·nal |iŋkondiθionál| **1** *adj.* Que es *absoluto o total; que no tiene limitación o condición: *el ejército exige el cumplimiento ~ de las órdenes.* **- 2** *adj.-com.* Que sigue fielmente a una persona o idea, sin limitación o condición ninguna: *sólo unos cuantos incondicionales apoyaron al capitán del barco durante el motín.* ⇒ **adepto, forofo.**

in·co·ne·┌xo, ┌xa |iŋkoné^{k}so, ^{k}sa| *adj.* Que no tiene unión o no guarda una relación adecuada entre sus partes o con otra cosa: *sólo fue capaz de decir algunas frases inconexas.* ⇒ **incoherente, incongruente.** ⇔ **conexo.**

in·con·fe·sa·ble |iŋkonfesáβle| *adj.* Que, por ser *vergonzoso, no puede contarse ni darse a conocer: *el asunto era tan repugnante, que resultaba ~.*

in·con·fe·┌so, ┌sa |iŋkonféso, sa| *adj.* Que no reconoce ser culpable del *delito del que se le acusa: *lo metieron en la cárcel ~.* ⇔ **confeso.**

in·con·for·mis·mo |iŋkonformísmo| *m.* Cualidad del que no se conforma y no se adapta con facilidad a las circunstancias: *los grupos juveniles de los años setenta se caracterizaban por su ~.* ⇔ **conformismo.**

in·con·for·mis·ta |iŋkonformísta| **1** *adj.-com.* (persona) Que no está de acuerdo con lo tradicional o lo establecido de forma oficial: *algunas personas han ido a la cárcel por sus ideas inconformistas; sólo algunos inconformistas protestaron contra esa ley.* ⇔ **conformista. 2** (persona) Que no se conforma ni se adapta fácilmente a las circunstancias: *nunca estará contento con lo que tiene porque es un ~.* ⇔ **conformista.**

in·con·fun·di·ble |iŋkonfundíβle| *adj.* Que no se puede confundir: *José tiene un modo de andar ~.*

in·con·gruen·cia |iŋkoŋgruénθia| **1** *f.* Falta de relación entre las partes de un conjunto: *la ~ de su discurso hizo que no convenciera a nadie.* ⇒ **incoherencia.** ⇔ **congruencia. 2** Cosa que se opone a otra, o no guarda una relación lógica con ella: *es una ~ casarse por la iglesia si no se es católico.* ⇒ **incoherencia.**

in·con·gruen·te |iŋkoŋgruénte| *adj.* Que no guarda una relación adecuada entre sus partes o con otra cosa; que no es *congruente: *lo que has dicho es completamente ~.* ⇒ **incoherente, inconexo.** ⇔ **congruente.**

in·con·men·su·ra·ble |iŋko^{n}mensuráβle| *adj.* Que no puede ser medido: *tenía joyas de un valor ~.* ⇔ **conmensurable.**

in·cons·cien·cia |iŋkonsθiénθia| **1** *f.* Estado de la persona que ha perdido el conocimiento y generalmente también la capacidad de moverse y de sentir: *después del accidente, estuvo tres días en total ~.* ⇒ **coma.** ⇔ **consciencia. 2** Falta de juicio o de *prudencia: *su ~ fue el principal motivo de la quiebra del negocio.* ⇒ **imprudencia.**

in·cons·cien·te |iŋkonsθiénte| **1** *adj.* (persona) Que ha perdido el conocimiento y generalmente también la capacidad de moverse y de sentir: *el enfermo sigue ~.* ⇔ **consciente. - 2** *adj.-com. p. ext.* (persona) Que actúa sin juicio ni *prudencia: *es un ~: hace las cosas a lo loco y sin pensar.* ⇒ **imprudente, irreflexivo, irresponsable.**

in·con·se·cuen·te |iŋkonsekuénte| ***adj.-com.*** Que no se corresponde de forma lógica con una cosa; que no demuestra una relación adecuada entre las ideas y el comportamiento: *Juan es un ~: dice que es vegetariano y come pollo.* ⇔ **consecuente.**

in·con·sis·ten·cia |iŋkonsisténθia| **1** ***f.*** Cualidad de la materia que no resiste sin romperse o que se deforma fácilmente: *la ~ del armazón de madera hizo que se derrumbara el escenario.* ⇔ **consistencia. 2** *fig.* Falta de unión y relación adecuada de todas las partes que forman un todo: *todos criticaron la ~ de sus argumentos.* ⇔ **consistencia.**

in·con·sis·ten·te |iŋkonsisténte| **1** ***adj.*** Que se rompe o deforma con facilidad: *esta jarra es ~.* ⇔ **consistente. 2** Que no es sólido ni firme; que no dura mucho tiempo: *esas hipótesis son demasiado inconsistentes para formular una teoría.* ⇔ **consistente.**

in·con·so·la·ble |iŋkonsoláβle| ***adj.*** Que no puede ser *consolado; que es difícil de *consolar: *una viuda ~ lloraba la muerte de su marido.*

in·cons·tan·cia |iŋkonstánθia| ***f.*** Cualidad de *inconstante: *nunca acaba nada por culpa de su ~.*

in·cons·tan·te |iŋkonstánte| **1** ***adj.*** (persona) Que cambia o no es firme en sus ideas o en sus proyectos: *es muy ~ en el amor: ha tenido ya siete novias.* ⇔ **constante. 2** Que dura muy poco tiempo; que cambia con frecuencia: *este tiempo tan ~ me afecta mucho.* ⇔ **constante.**

in·cons·ti·tu·cio·nal |iŋkonstituθionál| ***adj.*** Que no está de acuerdo con la *Constitución de un Estado: *se hizo una reforma política ~.* ⇒ **anticonstitucional.** ⇔ **constitucional.**

in·con·ta·ble |iŋkontáβle| **1** ***adj.*** Que no puede decirse o contarse: *me llamó por teléfono y lo que me dijo es ~.* **2** Que es muy numeroso; que existe en una cantidad enorme: *el dinero que tienen es ~.* ⇒ **innumerable.**

in·con·ti·nen·cia |iŋkontinénθia| **1** ***f.*** Alteración del organismo que consiste en expulsar involuntariamente la orina y los excrementos: *el enfermo padecía ~ de orina.* **2** Falta de control sobre los deseos, los sentimientos o las acciones: *su ~ lo ha convertido en un vividor.*

in·con·tro·la·ble |iŋkontroláβle| ***adj.*** Que no se puede controlar: *sentía un deseo ~ de matar.*

in·con·ve·nien·cia |iŋkombeniénθia| **1** ***f.*** Falta de comodidad o de conveniencia: *es una ~ desplazarse al centro de una gran ciudad en automóvil.* ⇔ **conveniencia. 2** Obra o dicho que no es adecuado en el trato social: *cada vez que hablas con él dices bastantes inconveniencias.* ⇒ **impertinencia.**

in·con·ve·nien·te |iŋkombeniénte| **1** ***adj.*** Que no es conveniente o adecuado: *esas palabras tuyas son totalmente inconvenientes en este momento.* **- 2** ***m.*** Dificultad u obstáculo para hacer una cosa: *surgieron algunos inconvenientes, pero todos pudieron ser superados; ¿tiene algún ~ para que me case con su hija?* **3** Daño o efecto negativo que resulta de hacer una cosa: *antes de emprender un negocio tan ambicioso, hay que evaluar las ventajas y los inconvenientes que podemos conseguir.*

in·cor·diar |iŋkorðiár| ***tr.-intr.*** [a alguien] Fastidiar o molestar: *ya está otra vez incordiando con ese asunto.* ⌂ Se conjuga como 12.

in·cor·dio |iŋkórðio| ***m.*** *fam.* Persona o cosa que molesta mucho: *este tipo es un ~, no hace más que hablar durante la película.*

in·cor·po·ra·ción |iŋkorporaθión| **1** ***f.*** Unión a un grupo: *el político decidió en el último momento su ~ a la lista electoral.* **2** Acción y resultado de empezar a trabajar en un puesto o un cargo: *su ~ a la universidad se producirá en enero.*

in·cor·po·rar |iŋkorporár| **1** ***tr.*** [algo] Añadir o unir a un todo: *incorporó un nuevo capítulo al libro.* **- 2** ***tr.-prnl.*** [a alguien] Levantar la cabeza o la parte superior del cuerpo: *la enfermera incorporó al anciano para darle la medicina; se incorporó para ver la televisión.* **- 3 incorporarse** ***prnl.*** Presentarse en un lugar o en el puesto en que se debe prestar un servicio o hacer un trabajo: *se incorporará a su destino el día uno de junio.*

in·co·rrec·ción |iŋkoȓe^{k}θión| **1** ***f.*** Error o defecto; cualidad de incorrecto: *la ~ de sus análisis sorprendió a todos.* ⇔ **corrección. 2** Falta de educación o de respeto a las normas sociales: *fue una ~ imperdonable entrar sin saludar.*

in·co·rrec·⌐to, ⌐ta |iŋkoȓé^{k}to, ta| **1** ***adj.*** Que está equivocado; que tiene errores: *la respuesta que has dado es incorrecta.* ⇔ **correcto. 2** Que no cumple o no respeta las normas sociales: *sus modales son totalmente incorrectos.* ⇔ **correcto.**

in·co·rre·gi·ble |iŋkoȓexíβle| **1** ***adj.*** Que no se puede corregir: *los resultados de las encuestas son incorregibles.* **2** (persona) Que no quiere cambiar su actitud o su comportamiento: *eres ~: has tenido ya dos infartos y todavía sigues fumando.*

in·co·rrup·ti·ble |iŋkoȓu^{p}tíβle| ***adj.*** Que no se puede *corromper: *los árbitros de fútbol deben ser incorruptibles.* ⇒ **insobornable.**

in·cre·du·li·dad |iŋkreðuliðá^{ð}| **1** ***f.*** Estado o cualidad del que no cree fácilmente: *ella le dijo que lo quería, pero él la miró con ~ y sorpresa; no podrás convencerlo a causa de su ~.* ⇔ **credulidad. 2** Falta de *fe o de creencia religiosa: *me sorprende la ~ de este chico, viniendo de una familia tan religiosa.*

in·cré·du·⌐lo, ⌐la |iŋkréðulo, la| **1** ***adj.-s.*** (persona) Que no cree fácilmente: *es un ~, no me creyó a pesar de todas las pruebas que le di.* ⇔ **crédulo. 2** (persona) Que no cree en una doctrina religiosa: *allí están los catequistas para convencer a los incrédulos.*

in·cre·í·ble |iŋkreíβle| **1** ***adj.*** Que no se puede creer: *la historia que has contado es ~.* ⇔ **creíble. 2** *fig.* Que es muy difícil de creer: *es ~ que hayas aprobado el examen de conducir a la primera.*

in·cre·men·tar |iŋkrementár| ***tr.-prnl.*** [algo] Aumentar la cantidad o el tamaño de una cosa: *la venta de coches se ha incrementado un 20% este año.*

in·cre·men·to |iŋkreménto| ***m.*** Aumento o crecimiento: *no han valorado el ~ de clientes que se ha* *producido en su negocio; está contento del ~ de su cuenta bancaria en los últimos meses.*

in·cre·par |iŋkrepár| ***tr.*** *form.* [a alguien] Corregir o llamar la atención a una persona por haber *cometido un error o por su mal comportamiento: *el taxista increpó al conductor que se había saltado el semáforo.* ⇒ **recriminar, regañar, reñir, reprender.**

in·cri·mi·nar |iŋkriminár| ***tr.*** [a alguien] Acusar de un crimen o acto contra la ley: *la familia incriminó al mayordomo.*

in·cruen·⌜to, ⌜ta |iŋkruénto, ta| ***adj.*** Que no es cruel ni violento: *fue una manifestación incruenta.* ⇔ **cruel, cruento, sangriento.**

in·crus·ta·ción |iŋkrustaθión| **1** ***f.*** Adorno hecho de piedra, madera, metal u otro material de valor, que se coloca a presión en una superficie lisa, para formar un dibujo: *la caja de las reliquias era de oro con incrustaciones de marfil y perlas.* **2** Colocación y ajuste de un adorno de piedra, madera, metal u otro material de valor en una superficie lisa, para formar un dibujo: *los trabajos de artesanía utilizan la técnica de la ~.*

in·crus·tar |iŋkrustár| **1** ***tr.*** [algo] Introducir en una superficie lisa y dura piedras, metales, maderas u otros materiales formando dibujos para adornarla: *en el mármol de la fachada han incrustado unas piedrecillas negras.* **- 2** ***tr.-prnl.*** Pegarse fuertemente una cosa a otra: *las manchas de grasa se incrustan en la ropa.*

in·cu·ba·ción |iŋkuβaθión| **1** ***f.*** Desarrollo de una enfermedad hasta que aparecen los efectos *externos: *la ~ del germen duró dos semanas: después aparecieron en su cuerpo muchas manchas rojas.* **2** Desarrollo de un movimiento político, cultural, religioso o social, antes de mostrarse por completo: *el clima intelectual era adecuado para la ~ de nuevas ideas filosóficas.* **3** Calentamiento de los huevos para que se desarrollen las crías dentro de ellos: *los huevos de las aves necesitan un periodo de ~;* ~ **artificial**, la que se realiza sin la intervención de los padres: *en las granjas donde se crían los pollos se utiliza la ~ artificial.*

in·cu·ba·do·ra |iŋkuβaðóra| **1** ***f.*** Aparato donde se mantiene a los niños nacidos antes de tiempo o en circunstancias difíciles, para evitar que enfermen y para completar su desarrollo: *el bebé nació a los siete meses y lo metieron en la ~.* **2** Aparato donde se calientan los huevos de las aves para que se desarrollen las crías dentro de ellos: *en la granja tenían una ~.*

in·cu·bar |iŋkuβár| **1** ***tr.*** [algo] Calentar los huevos para que se desarrollen las crías dentro de ellos: *la paloma incuba los huevos en el nido.* ⇒ **empollar. - 2** ***tr.-prnl.*** Desarrollar una enfermedad lentamente hasta que aparecen los efectos *externos: *el niño incubaba el sarampión; la varicela se estaba incubando.* **3 incubarse** ***prnl.*** Empezar a desarrollarse un movimiento político, cultural, religioso o social, antes de mostrarse por completo: *la revolución industrial venía incubándose desde tiempos atrás.*

in·cues·tio·na·ble |iŋkuestionáβle| ***adj.*** Que no se puede poner en duda: *su buena voluntad es ~.* ⇒ **indiscutible, indudable, inequívoco, innegable.** ⇔ **cuestionable.**

in·cul·car |iŋkulkár| ***tr.*** *fam.* [algo] Poner en el ánimo una idea o un *concepto: *trataba de ~ en ellos el respeto por la ley.* ☐ Se conjuga como 1.

in·cul·par |iŋkulpár| ***tr.*** DER. [a alguien] Culpar o acusar: *han inculpado a una mujer del crimen.*

in·cul·⌜to, ⌜ta |iŋkúlto, ta| **1** ***adj.*** Que no tiene cultura: *aunque haya estudiado en la universidad, es un ~.* ⇒ **analfabeto, iletrado.** ⇔ **culto. 2** *fig.* Que tiene malos modos; que es poco delicado: *el muy ~ no sabe tratar a la gente.* ⇒ **bravío, rústico, silvestre. 3** *form.* (terreno) Que no se cultiva o trabaja: *se empezaron a labrar tierras hasta entonces incultas.*

in·cul·tu·ra |iŋkultúra| ***f.*** Falta de cultivo o de cultura: *se lamentaba de su ~ porque no podía ayudar a sus hijos a hacer los deberes de la escuela.* ⇔ **cultura.**

in·cum·ben·cia |iŋkumbénθia| ***f.*** Obligación que corresponde a una persona, especialmente por su cargo o condición: *ese asunto no es de mi ~: compete al secretario.* ⇒ **competencia.**

in·cum·bir |iŋkumbír| ***intr.*** Corresponder o tener como obligación: *tu vida no me incumbe.* ⇒ **atañer, competer, concernir.**

in·cum·pli·mien·to |iŋkumplimiénto| ***m.*** Acción y resultado de *incumplir: *si no haces el trabajo, pueden demandarte por ~ de contrato.* ⇔ **cumplimiento.**

in·cum·plir |iŋkumplír| ***tr.*** [algo] Dejar de cumplir: *incumplió la ley y fue castigado; si incumples tus promesas, nadie te creerá.*

in·cu·ra·ble |iŋkuráβle| **1** ***adj.*** Que no se puede curar: *tiene una enfermedad ~.* **2** *fig.* (persona) Que no quiere cambiar su actitud o su comportamiento: *es un bebedor ~, no hay manera de que se enmiende.* ⇒ **incorregible.**

in·cu·rrir |iŋkuřír| **1** ***intr.*** [en algo] Caer en culpa o error; merecer una pena o un castigo a *consecuencia de una acción: *incurrió en un grave delito.* ⇒ **cometer. 2** *form.* Causar o ganarse odio, enfado u otros sentimientos negativos: *incurrió en el enojo de su padre.*

in·cur·sión |iŋkursión| **1** ***f.*** Ataque rápido en el que se entra y se sale de un lugar en un corto espacio de tiempo: *una escuadra de soldados hizo una ~ en el campo enemigo para volar el arsenal.* **2** Entrada y salida rápidas en un lugar: *una breve ~ en la sala le bastó para comprobar que ella no estaba allí.* **3** Acción y resultado de caer en culpa o error: *su ~ fue por provocada por otra persona.*

in·da·ga·ción |indaɣaθión| ***f.*** Acción y resultado de *indagar: *la ~ de las causas de tan extraño fenómeno le llevó mucho tiempo.*

in·da·gar |indaɣár| ***tr.*** [algo] Tratar de llegar a saber o a conocer una cosa pensando o preguntando: *la policía está indagando el asesinato.* ⇒ **investigar.** ☐ Se conjuga como 7.

in·de·bi·⌜do, ⌜da |indeβíðo, ða| ***adj.*** Que no se

debe hacer por no ser adecuado, legal o justo: *la penalización fue por hacer un uso ~ de unos documentos.* ⇔ **debido.**

in·de·cen·cia |indeθénθia| **1** ***f.*** Cualidad de lo que no es justo ni honrado: *la ~ de ese hombre le ha llevado a la soledad.* ⇔ **decencia. 2** Falta de respeto a la moral, especialmente en el aspecto sexual: *la ~ en el vestir puede significar falta de educación.* ⇔ **decencia. 3** Obra o dicho *indecente: *los niños no deben ver esta película porque está llena de indecencias.*

in·de·cen·te |indeθénte| **1** ***adj.*** Que va contra lo que es justo u honrado; que es malo o tiene mala intención: *se comportó de manera ~ con sus antiguos empleados.* ⇔ **decente. 2** Que va contra la moral establecida, especialmente en el aspecto sexual: *le parecen indecentes esos tangas que algunos chicos llevan a la playa.* ⇒ **impuro, sórdido.** ⇔ **decente. 3** Que no es adecuado; que está sucio o poco arreglado: *quítate esa ropa ~ para salir a la calle.* ⇔ **decente. 4** *fam.* Que tiene una calidad o unas condiciones inferiores a las normales: *cobra un sueldo ~ para ser un licenciado.* ⇔ **decente.**

in·de·ci·ble |indeθíβle| ***adj.*** Que no se puede decir, explicar o describir: *hacía un frío ~ en aquel pueblo.* ⇒ **indescriptible, inenarrable.**

in·de·ci·sión |indeθisión| **1** ***f.*** Falta de determinación ante una cosa dudosa: *perdimos el negocio por culpa de una ~.* ⇔ **decisión. 2** Debilidad de carácter: *siempre actúa como los demás quieren a causa de su ~.* ⇒ **inseguridad.** ⇔ **decisión.**

in·de·ci·ʳso, ʳsa |indeθíso, sa| ***adj.*** Que duda y no se decide: *no sabía qué coche comprar: estaba ~.* ⇔ **decidido.**

in·de·co·ro·ʳso, ʳsa |indekoróso, sa| ***adj.*** Que no tiene o no muestra decoro: *le dio un beso ~ a su novia en el portal.* ⇔ **decoroso.**

in·de·fec·ti·ble |indefe^{k}tíβle| ***adj.*** Que no puede faltar o dejar de ser: *siempre venía con su ~ sonrisa.*

in·de·fen·ʳso, ʳsa |indefénso, sa| ***adj.*** Que no tiene defensa: *la ciudad quedó indefensa cuando las tropas salieron de maniobras; cogieron a un pobre pollito ~ y lo ataron a la pata de una silla.*

in·de·fi·ni·ʳdo, ʳda |indefiníðo, ða| **1** ***adj.*** Que no está fijado de manera clara y exacta: *sobre la cama había una colcha vieja, de colores indefinidos.* ⇔ **definido. 2** Que no tiene fin señalado o conocido: *las obras del hotel se han suspendido por tiempo ~.*

in·de·for·ma·ble |indeformáβle| ***adj.*** Que no se deforma o no se puede deformar: *hicieron la carrocería del coche con un material ~.*

in·de·le·ble |indeléble| ***adj.*** Que no se puede borrar: *escribió la carta con tinta ~; aquella muchacha dejó una imagen ~ en mi memoria.* ⇒ **imborrable.**

in·dem·ne |indé^{m}ne| ***adj.*** Que está libre de daño: *salió ~ del accidente; trató de mantener ~ su orgullo.* ⇒ **ileso, sano.**

in·dem·ni·za·ción |inde^{m}niθaθión| **1** ***f.*** Acción y resultado de *indemnizar: *el gobierno se encargará de la ~ de las víctimas del accidente.* **2** Cantidad de dinero con la que se *indemniza: *recibió una ~ por las molestias que había sufrido.*

in·dem·ni·zar |inde^{m}niθár| ***tr.*** [a alguien] Satisfacer o *compensar por un daño o mal: *han indemnizado a las víctimas de la intoxicación.* ⇒ **resarcir.**

in·de·pen·den·cia |independénθia| **1** ***f.*** Libertad para elegir y actuar sin *condicionamientos exteriores: *a pesar de las ofertas de varios partidos políticos, ha conservado su ~.* **2** Situación de una nación o territorio que es independiente: *Estados Unidos obtuvo su ~ en 1783.* ⇒ **soberanía.**

in·de·pen·den·tis·mo |independentísmo| ***m.*** POL. Movimiento político que defiende la *independencia de un territorio: *en la historia de Hispanoamérica han sido frecuentes los independentismos; hay independentismos extremos que utilizan la violencia.*

in·de·pen·den·tis·ta |independentísta| **1** ***adj.*** POL. Del *independentismo o que tiene relación con él: *los movimientos independentistas defienden la autonomía política respecto a la metrópoli.* **- 2** ***adj.-com.*** POL. (persona) Que es partidario del *independentismo: *los guerrilleros independentistas fueron capturados; los independentistas organizaron una manifestación.*

in·de·pen·dien·te |independiénte| **1** ***adj.*** Que tiene *independencia: *esta región es ~, no está vinculada al gobierno central; Marisa es una chica muy ~: le gusta vivir sola; no serás ~ hasta los 21 años.* ⇒ **autónomo.** ⇔ **dependiente. - 2** ***adj.-com.*** (persona) Que trabaja sin depender de otros: *confiaron el trabajo a un grupo de abogados independientes.* ⇒ **autónomo.**

in·de·pen·di·zar |independiθár| **1** ***tr.-prnl.*** [algo, a alguien] Hacer independiente: *uno de los socios se independizó de la empresa.* ⇒ **emancipar. 2** [a alguien] Empezar a vivir sin la protección o cuidado de otras personas: *el padre independizó a su hijo a los 17 años; en España, los hijos se independizan de sus familias cada vez más tarde.*

in·des·ci·fra·ble |indesθifráβle| ***adj.*** Que no se puede *descrifrar o que es muy difícil hacerlo: *este jeroglífico es ~; los espías se enviaban mensajes indescifrables para el enemigo.*

in·des·crip·ti·ble |indeskri^{p}tíβle| ***adj.*** Que no se puede decir, explicar o describir: *la belleza del paisaje era ~.* ⇒ **indecible, inenarrable.**

in·de·se·a·ble |indeseáβle| ***adj.-com.*** (persona) Que no es recomendable tratar con él por tener malas intenciones o ser malo: *si el muchacho se junta con maleantes e indeseables, se hará como ellos.*

in·des·truc·ti·ble |indestru^{k}tíβle| ***adj.*** Que no se puede destruir: *el material del que está hecho el traje es prácticamente ~.*

in·de·ter·mi·na·ʳdo, ʳda |indeterminaðo, ða| ***adj.*** Que no está determinado; que es poco concreto: *la nota especifica el lugar de la cita, pero la fecha está indeterminada.*

in·dia·ʳno, ʳna |indiáno, na| **1** ***adj.*** De América o que tiene relación con América: *de su viaje ha traído varias especias indianas para condimentar.*

- 2 ***adj.-s.*** (persona) Que vuelve rico de América: *el ~ volvió a su pueblo y se hizo una enorme mansión.*

in·di·ca·ción |indikaθión| **1** ***f.*** Acción y resultado de indicar: *esa ~ está mal escrita.* **2** Información que permite llegar al conocimiento de una cosa: *según las indicaciones que me han dado, la casa de Juan es ésta.* **3** Corrección, observación o consejo que se da a una persona: *para hacer una buena tesis doctoral, hay que seguir las indicaciones del director.* **4** Orden o *instrucción: *debes seguir fielmente las indicaciones del médico.*

in·di·ca·⌐dor, ⌐do·ra |indikaðór, ðóra| **1** ***adj.-s.*** Que señala o sirve para indicar: *la veleta es un signo ~ del viento.* ⇒ **indicativo. - 2 indicador** ***m.*** Señal que sirve para dar una información: *en el cruce hay un ~ que dice:* Cuenca 160 km*; los indicadores de la autopista son de color azul.* ⇒ **indicativo. 3** Aguja o luz que indica el estado de funcionamiento de las diferentes partes de un mecanismo en un *panel de control: *el ~ de la gasolina está encendido; en verano, vigile el ~ de la temperatura.*

in·di·car |indikár| **1** ***tr.*** [algo] Dar una información que permita llegar al conocimiento de una cosa: *un policía me indicó el camino; la altura del mercurio en el termómetro indica la temperatura.* **2** Corregir, hacer observaciones o dar consejos a una persona sobre una acción o comportamiento: *le indicó que permaneciera en silencio.* ⇒ **decir. 3** Dar una orden o *instrucción: *me indicó que saliese de la sala.* ⇒ **decir.** ☖ Se conjuga como 1.

in·di·ca·ti·⌐vo, ⌐va |indikatíβo, βa| **1** ***adj.*** Que indica o sirve para indicar: *antes de girar, mire la señal indicativa.* **- 2** ***adj.-m.*** LING. (modo verbal) Que expresa una acción, un proceso o un estado como algo que es real: *la forma* leemos *está en ~.* ⇒ **modo. - 3 indicativo** ***m.*** Señal que sirve para dar una información: *no sé lo que significan esos indicativos.* ⇒ **indicador.**

ín·di·ce |índiθe| **1** ***m.*** Lista ordenada de las materias o de las partes de un libro, que aparece al principio o al final de éste: *consultó el ~ del libro y vio que el capítulo tercero estaba dedicado a la fauna ibérica; si miras el ~, encontrarás con rapidez lo que buscas.* **2** Lista, ordenada por letras o por años, de las obras de un autor o sobre una materia determinada: *revisé el ~ de la biblioteca y no encontré ninguna novela de ese escritor.* ⇒ **catálogo. 3** Señal que indica el grado o intensidad de una cosa: *la continua subida de los impuestos es un ~ de la crisis económica.* ⇒ **indicio. 4** Valor numérico que expresa la relación entre varias cantidades referentes a un mismo fenómeno: *el ~ de precios al consumo indica las variaciones que experimentan los precios a lo largo de un periodo de tiempo;* **~ de mortalidad**, el que expresa la relación entre el número de muertes que se producen en un periodo de tiempo y el número total de individuos de una población: *los países del tercer mundo tienen un ~ de mortalidad muy alto;* **~ de natalidad**, el que expresa la relación entre el número de nacimientos que se producen en un periodo de tiempo y el número total de individuos de una población: *el ~ de natalidad ha descendido mucho.* **5** MAT. Número o letra que indica el grado de una raíz: *el ~ de una raíz cuadrada no se escribe.* **- 6** ***adj.-m.*** (dedo) Que es el segundo de la mano, que normalmente se usa para señalar: *el ~ está situado entre el corazón y el pulgar.* ⇒ **dedo.**

in·di·cio |indíθio| **1** ***m.*** Señal que sirve para descubrir una cosa o llegar a una conclusión: *andaba buscando algún ~ para descubrir al asesino.* ⇒ **pista, vestigio. 2** Signo relacionado directamente con una cosa o una acción: *el humo es ~ de fuego.* **3** Cantidad muy pequeña de una cosa: *se han encontrado indicios de veneno en la sangre.*

in·di·fe·ren·cia |indiferénθia| ***f.*** Estado de ánimo en el que no se siente inclinación ni desagrado por nada: *prefiero tu odio a tu ~.*

in·di·fe·ren·te |indiferénte| **1** ***adj.*** (persona) Que no siente inclinación ni desagrado: *¿cómo puedes permanecer ~ ante semejante injusticia?* **2** Que no importa que sea o se haga de una o de otra forma: *es ~ que cortes las patatas o que las pongas enteras.*

in·dí·ge·na |indíxena| ***adj.-com.*** (persona, pueblo) Que tiene su origen en la zona en la que vive; que ha vivido en un lugar siempre o desde el principio: *los pobladores indígenas de América del Sur se mezclaron con los colonizadores.* ⇒ **aborigen, autóctono.**

in·di·gen·cia |indixénθia| ***f.*** Escasez económica; falta de lo necesario para poder vivir: *pasó los últimos años de su vida en la ~, durmiendo en un banco del parque.* ⇒ **miseria.**

in·di·ge·nis·mo |indixenísmo| **1** ***m.*** Estudio de los caracteres y la cultura de los pueblos *indígenas de América: *el ~ tiene gran influencia en la literatura y el arte contemporáneos.* **2** Doctrina política que defiende la *identidad política y social y el valor de la cultura de *indios y *mestizos: *el ~ tiene mucha fuerza en las repúblicas iberoamericanas.* **3** Palabra o modo de expresión procedente de una lengua *indígena y que se usa en otro idioma: *en la lengua española hay muchos indigenismos.*

in·di·gen·te |indixénte| ***adj.-com.*** (persona) Que es muy pobre; que no tiene lo necesario para poder vivir: *las monjas dan de comer por caridad a muchos indigentes.*

in·di·ges·tar·se |indixestárse| **1** ***prnl.*** Sufrir *indigestión: *se encuentra mal porque ayer se indigestó.* ⇒ **empachar. 2** No sentar bien una comida: *muchos invitados a la cena se han indigestado.* **3** *fig.* No agradar una persona o una cosa: *tu primo se me ha indigestado y ya no lo aguanto.*

in·di·ges·tión |indixestión| ***f.*** Alteración del aparato *digestivo causada por comer en exceso o por no masticar bien los alimentos: *no comas tan deprisa, que te va a dar una ~.* ⇒ **empacho.** ⇔ **digestión.**

in·di·ges·⌐to, ⌐ta |indixésto, ta| ***adj.*** (alimento) Que no se *digiere o se *digiere con dificultad: *no debo comer marisco porque es muy ~.*

in·dig·na·ción |indiᵞnaθión| ***f.*** Enfado, molestia

o disgusto contra una persona o contra sus actos: *su falta de respeto nos produjo una gran ~.*

in·dig·nan·te |indi^{v}nánte| ***adj.*** Que produce enfado, molestia o disgusto: *su actitud de superioridad es ~.*

in·dig·nar |indi^{v}nár| ***tr.-prnl.*** [a alguien] Producir enfado, molestia o disgusto: *su falta de consideración me indigna; se indignó cuando supo que no le habían invitado a la boda.*

in·dig·ni·dad |indi^{v}niðá^{ð}| **1** ***f.*** Cualidad de *indigno: *no nos merecemos pasar por la ~ de esta situación tan humillante.* **2** Cosa que es *indigna: *tu manera de tratar a los empleados es una ~ para esta empresa.*

in·dig·⌜no, ⌜na |indí^{v}no, na| **1** ***adj.*** Que no corresponde a lo que se podría esperar de una persona dadas sus circunstancias; que es inferior a la calidad y categoría de una persona: *ese vocabulario es ~ de una persona culta; no quiso recoger la basura porque lo consideraba ~.* **2** (persona) Que no merece o no está a la altura de una cosa: *el padre dijo al primogénito que era ~ de ser hijo suyo.* **3** Que merece desprecio: *estoy harto de tus indignas mentiras.* ⇒ **vil.**

in·⌜dio, ⌜dia |índio, dia| **1** ***adj.*** De la India o que tiene relación con la India: *el budismo es una religión india; el Ganges es un río ~.* **2** De los pueblos que habitan América desde antes de su descubrimiento o que tiene relación con ellos: *en el Amazonas viven muchas comunidades indias.* **- 3** ***m. f.*** Persona nacida en la India o que vive habitualmente en la India: *Gandhi era ~.* **4** Persona que pertenece a los pueblos que habitan América desde antes de su descubrimiento: *un ~ se ofreció a ser el guía de la expedición.* **- 5 indio** ***m.*** QUÍM. Metal blanco y brillante, blando y muy escaso en la naturaleza: *el símbolo del ~ es In; el ~ se encuentra en yacimientos de zinc.* ■ **hacer el ~,** *fam. fig.*, comportarse con poco juicio: *los niños se pasan el día haciendo el ~; se puso una cacerola en la cabeza y empezó a hacer el ~.* ⇒ **hacer.**

in·di·rec·ta |indiré^{k}ta| ***f.*** Dicho que sirve para dar a entender una cosa pero sin decirla de manera clara: *a pesar de las muchas indirectas que le lanzamos, no se dio por aludida.* ⇒ **insinuación.**

in·di·rec·⌜to, ⌜ta |indiré^{k}to, ta| **1** ***adj.*** Que no es recto; que se desvía; que no es directo: *para alcanzar la cumbre es necesario seguir una vía indirecta.* ⇔ **directo. 2** Que ha sido producido por una causa que tenía otro fin: *dejar de fumar provoca un ahorro ~ de dinero.*

in·dis·ci·pli·na |indisθiplína| ***f.*** Falta de disciplina: *castigaron al soldado por su ~.*

in·dis·ci·pli·na·⌜do, ⌜da |indisθiplináðo, ða| ***adj.-s.*** (persona) Que no guarda la disciplina: *los niños no deben ser indisciplinados y deben obedecer a sus padres.* ⇒ **desobediente.**

in·dis·cre·ción |indiskreθión| **1** ***f.*** Cualidad del que no guarda un secreto y suele contar a otras personas todo lo que sabe: *su ~ le ha hecho perder todas sus amistades.* ⇔ **discreción. 2** Cualidad del que habla y obra de modo poco adecuado: *en las reuniones importantes no debes actuar con ~.* ⇔ **discreción. 3** Obra o dicho *indiscreto: *fue una ~ preguntarle la edad.*

in·dis·cre·⌜to, ⌜ta |indiskréto, ta| **1** ***adj.-s.*** (persona) Que no es capaz de guardar un secreto y suele contar a otras personas todo lo que sabe: *es muy ~: no creo que tu secreto esté seguro con él.* ⇒ **cotilla.** ⇔ **discreto. 2** (persona) Que habla y obra de modo poco adecuado: *los indiscretos no son bien vistos.* ⇔ **discreto. - 3** ***adj.*** Que no es lógico ni adecuado: *creo que llevarle flores es ~: no es el momento oportuno.* ⇔ **discreto.**

in·dis·cri·mi·na·⌜do, ⌜da |indiskrimináðo, ða| **1** ***adj.*** Que no establece diferencias: *el bombardeo ~ de la ciudad provocó la muerte de muchos inocentes.* **2** Que no se distingue de otra cosa: *para los descubridores de América, todos los indios formaban un conjunto ~.* ⇒ **indistinto.**

in·dis·cu·ti·ble |indiskutíβle| ***adj.*** Que no se puede poner en duda: *es ~ que la Tierra es redonda.* ⇒ **incuestionable, indudable, inequívoco, innegable.**

in·di·so·lu·ble |indisolúβle| ***adj.*** Que no se puede *desunir o separar: *el matrimonio católico debe ser un vínculo ~.*

in·dis·pen·sa·ble |indispensáβle| ***adj.*** Que es totalmente necesario para una cosa; que no se puede pasar sin ello: *después de lo que hiciste, es ~ que te disculpes.* ⇒ **imprescindible.**

in·dis·po·ner |indisponér| **1** ***tr.-prnl.*** [a alguien] Hacer que dos o más personas se enfaden o rompan sus relaciones: *los hermanos se han indispuesto a causa de la herencia.* **2** Causar dolor ligero o falta de salud: *el calor me indispone; se ha indispuesto y se ha quedado en la cama.* ☖ Se conjuga como 78.

in·dis·po·si·ción |indisposiθión| ***f.*** Molestia, dolor ligero o falta de salud: *ha sufrido una ~ y se ha marchado a casa a descansar.*

in·dis·pues·⌜to, ⌜ta |indispuésto, ta| **1** ***adj.*** Que siente molestia, dolor ligero o falta de salud: *está ~, así que no atenderá a nadie esta tarde.* ☖ Es participio de indisponer. **2** Que está enfadado: *está ~ conmigo por lo que dije de su hermana.*

in·dis·tin·⌜to, ⌜ta |indistínto, ta| **1** ***adj.*** Que no se distingue de otra cosa: *ir en tren o en autobús es ~: llegas a la misma hora.* ⇒ **indiscriminado. 2** (cuenta corriente, *depósito) Que hacen dos o más personas conjuntamente, del cual puede disponer cualquiera de ellas: *mi hermano y yo tenemos una cuenta indistinta.*

in·di·vi·dual |indiβiðuál| **1** ***adj.*** Del individuo o que tiene relación con él: *las democracias garantizan los derechos individuales.* ⇒ **particular. 2** Que es para una sola persona: *hemos reservado en el hotel una habitación doble y otra ~.* **3** Que es propio o característico de una persona o cosa: *el pesimismo era el rasgo ~ más destacado de su carácter.* ⇒ **personal.**

in·di·vi·dua·li·dad |indiβiðualiðá^{ð}| ***f.*** Cualidad particular de una persona o cosa por la cual se da a conocer o se señala singularmente: *la ~ de estos textos permite analizarlos separadamente.*

in·di·vi·dua·lis·mo |indiβiðualísmo| **1** ***m.*** Actitud de la persona que busca su propio interés por encima del de los demás: *tu ~ ha hecho que pierdas a todos tus amigos.* ⇒ **egoísmo. 2** Tendencia a obrar según la propia voluntad y no de acuerdo con el grupo al que se pertenece: *el ~ es muy común en la sociedad moderna.* **3** Doctrina que considera al individuo como *entidad básica de la sociedad, por encima del estado o del grupo: *ayer fuimos a una conferencia en la que se hablaba sobre el ~.*

in·di·vi·dua·lis·ta |indiβiðualísta| **1** ***adj.-com.*** (persona) Que obra buscando su propio interés por encima del de los demás: *no seas tan ~ y comparte la información con tus compañeros.* ⇒ **egoísta. 2** (persona) Que obra según la propia voluntad y no de acuerdo con el grupo al que pertenece: *es un ~ que siempre quiere que las cosas se hagan a su modo.* **3** (persona) Que sigue la doctrina que considera al individuo como *entidad básica de la sociedad, por encima del estado o del grupo: *no pertenece a ninguna asociación porque es ~.*

in·di·vi·dua·li·zar |indiβiðualiθár| **1** ***tr.*** [algo, a alguien] Señalar las características de un individuo o un grupo frente a los demás de su especie: *el test nos ayuda a ~ a los alumnos.* ⇒ **diferenciar, especificar. 2** Ser característico de un individuo o grupo: *una pequeña mancha en las alas individualiza este tipo de mariposas.* ☐ Se conjuga como 4.

in·di·vi·duo |indiβíðuo| **1** ***m.*** Ser organizado, animal o vegetal, en cuanto a la especie a que pertenece: *quedan muy pocos individuos de esa especie de gorilas.* **2** Persona perteneciente a una clase o grupo: *los individuos de la sociedad se beneficiarán igualmente de los servicios que ésta ofrece.* **3** Persona considerada independientemente de las demás: *cada ~ debe aportar sus ideas para el desarrollo del proyecto.* **4** ***desp.*** Persona cuyo nombre no se indica: *ha venido a buscarte un ~ con pinta sospechosa.*

in·di·vi·si·ble |indiβisíβle| ***adj.*** Que no se puede dividir: *analizaremos todo el poema porque es un texto ~.*

in·do·cu·men·ta·⌈do, ⌈da |indokumentáðo, ða| **1** ***adj.*** Que no lleva consigo o no tiene documentos de *identificación personal: *detuvieron a un joven ~ que estaba en el lugar del robo.* **2** Que no tiene prueba o *testimonio válido: *es mejor no consultar un libro ~ como ése.* **- 3** ***adj.-s. fig.*** (persona) Que no tiene cultura o conocimientos: *prefiero no discutir con indocumentados.*

in·do·eu·ro·pe·⌈o, ⌈a |indoeuropéo, a| **1** ***adj.*** *form.* (lengua) Que procede de un idioma hablado por un antiguo pueblo que se extendió desde la India hasta Europa: *el griego, el latín y el eslavo son lenguas indoeuropeas.* **2** (pueblo) Que procede de Asia y se extendió desde la India hasta Europa: *los pueblos indoeuropeos se dedicaban a la agricultura, a la ganadería y a la minería.* **- 3 indoeuropeo** ***m.*** LING. Lengua antigua, hablada por un pueblo que se extendió desde la India hasta Europa, que es el tronco común del que se derivan muchas familias de lenguas: *no hay textos escritos en ~, pero se ha intentado reconstruir a partir de las lenguas derivadas de él.*

ín·do·le |índole| **1** ***f.*** Manera de ser característica de una persona o de un pueblo: *siempre trabaja poco: es de ~ perezosa.* ⇒ **carácter. 2** Naturaleza y condición de las cosas: *la ~ religiosa de la cuestión nos impide ocuparnos ahora de ese tema.* ⇒ **calaña.**

in·do·len·cia |indolénθia| **1** ***f.*** *form.* Falta de voluntad o energía; pereza: *su ~ aumentaba en las horas calurosas de la tarde.* ⇒ **abulia, pereza. 2** Falta de emoción, de impresión o de compasión: *el misionero habló de la ~ de la sociedad hacia los problemas de los pobres.*

in·do·len·te |indolénte| **1** ***adj.*** *form.* Que no tiene voluntad o energía; que no tiene ánimo: *es un joven ~: no le importa haberse quedado sin trabajo.* ⇒ **abúlico, perezoso, vago. 2** Que no se *conmueve; que no tiene compasión: *el atraco se produjo en pleno día, bajo la mirada ~ de los paseantes.* **3** Que no siente el dolor: *la anestesia dejó su cuerpo totalmente ~.*

in·do·lo·⌈ro, ⌈ra |indolóro, ra| ***adj.*** Que no causa dolor: *la acupuntura es un método ~ de tratamiento.*

in·do·ma·ble |indomáβle| **1** ***adj.*** Que no se puede *domar: *ese caballo es ~.* **2** ***fig.*** (persona) Que no se deja someter: *estos niños son indomables, la profesora ya no sabe qué hacer con ellos.*

in·dó·mi·⌈to, ⌈ta |indómito, ta| **1** ***adj.*** Que no está *domado: *este documental muestra la vida de los tigres indómitos en su hábitat natural.* **2** Que no se puede *domar: *ese león es ~.* **3** Que es difícil de sujetar o contener: *sintió un deseo ~ de matarla.* ⇒ **irreprimible.**

in·duc·ción |indu^{k}θión| **1** ***f.*** *form.* Influencia sobre una persona para que realice una acción, generalmente mala: *la mujer fue acusada de ~ al delito porque convenció a su marido para que lo cometiera.* **2** *form.* Razonamiento que establece una ley general a partir de la observación de unos hechos particulares: *el médico examinó a los enfermos y, por ~, supo que habían comido alimentos intoxicados.* ⇔ **deducción. 3** FIL. Forma de pensamiento que consiste en ir de lo particular a lo general: *la ~ se emplea en las ciencias empíricas.* ⇒ **deducción. 4** ELECTR. Proceso por el cual el campo *magnético creado por un *conductor eléctrico provoca una fuerza eléctrica en otro conductor: *la ~ es el principio de funcionamiento de los generadores de corriente alterna.*

in·du·cir |induθír| **1** ***tr.*** *form.* [a alguien] Influir en una persona para que realice una acción, generalmente mala: *uno de los presos indujo a los demás a la rebelión; la película inducía al espectador a participar en aquel mundo fantástico.* ⇒ **empujar, instigar. 2** *form.* [algo] Establecer una ley general a partir de la observación de unos hechos particulares por medio de un razonamiento: *de los efectos se inducen las causas.* ⇔ **deducir.** ☐ Se conjuga como 46.

in·duc·ti·⌈vo, ⌈va |indu^{k}tíβo, βa| ***adj.*** Que *induce o se consigue *induciendo: *he aplicado un método ~ en mis investigaciones.* ⇔ **deductivo.**

in·duc·⌐tor, ⌐to·ra |induᵏtór, tóra| **1** ***adj.-s.*** *form.* Que influye en una persona para que realice una acción, generalmente mala: *el acusado reconoció que había un ~ del delito.* **- 2 inductor** ***m.*** ELECTR. Parte del generador eléctrico que produce un campo *magnético para provocar una fuerza eléctrica: *el ~ está formado por electroimanes.*

in·du·da·ble |induðáβle| ***adj.*** Que no se puede poner en duda: *es ~ que la Tierra es redonda.* ⇒ **incuestionable, indiscutible, inequívoco, innegable.**

in·dul·gen·cia |indulxénθia| **1** ***f.*** Actitud para perdonar o disimular las culpas o para conceder favores: *cuando me equivoco, cuento con su ~.* **2** REL. Perdón que concede una autoridad de la Iglesia para los *pecados *cometidos: *el Papa, con su bendición, ha concedido ~ plenaria.*

in·dul·gen·te |indulxénte| ***adj.*** Que tiende con facilidad a perdonar y disimular los errores o a conceder favores: *ha sido muy ~ con sus deudores perdonándoles lo que le debían.*

in·dul·tar |indultár| ***tr.*** [a alguien] Perdonar a una persona la pena que tiene *impuesta o parte de ella: *el rey indultó al reo de la pena de muerte.*

in·dul·to |indúlto| ***m.*** Gracia por la cual el superior perdona a una persona la pena que tiene *impuesta o parte de ella: *han concedido el ~ al atracador.*

in·du·men·ta·ria |indumentária| ***f.*** Conjunto de las prendas de vestir: *Marisa suele llevar una ~ muy informal.* ⇒ **ropa, vestido.**

in·dus·tria |indústria| **1** ***f.*** Actividad económica que consiste en transformar unas materias determinadas hasta hacerlas adecuadas para satisfacer las necesidades del hombre: *la ~ metalúrgica es una de las más importantes de España.* **2** Fábrica o empresa que se dedica a esa actividad: *durante el año pasado se crearon muchas nuevas industrias; la ~ textil ha abaratado mucho la producción de ropa.* ⇒ **empresa. 3** Conjunto de fábricas o empresas en las que se trabaja con unos mismos productos o que tiene una característica en común: *la ~ del zapato emplea a muchas personas en Alicante.*

in·dus·trial |industriál| **1** ***adj.*** De la industria o que tiene relación con ella: *ha comprado una nave ~.* **- 2** ***com.*** Dueño de una industria: *los industriales han decidido reinvertir los beneficios en sus propias empresas.*

in·dus·tria·lis·mo |industrialísmo| ***m.*** Tendencia política y social que da gran importancia a los intereses industriales: *el ~ potencia el desarrollo de la industria de un país; con el siglo* XIX *llegó el ~ y la mecanización.*

in·dus·tria·lis·ta |industrialísta| **1** ***adj.*** Del *industrialismo o que tiene relación con él: *los países industrialistas venden sus productos a los que tienen menor desarrollo económico.* **- 2** ***adj.-com.*** (persona) Que es partidario del *industrialismo: *es una persona ~, defiende el desarrollo de la industria en su ciudad.*

in·dus·tria·li·za·ción |industrializaθaθión| **1** ***f.*** Acción y resultado de *industrializar o hacer que una cosa sea objeto de producción industrial: *la ~ de la fabricación de zapatos ha creado muchos puestos de trabajo.* **2** Desarrollo de la industria: *la ~ de ese país es más importante cada día.*

in·dus·tria·li·zar |industrializθár| **1** ***tr.*** [algo] Hacer que una cosa sea objeto de producción industrial: *esta cerámica se producía artesanalmente, pero hace unos años industrializaron su producción.* **2** Hacer que se desarrollen las industrias en una región o país: *los países ricos invierten para ~ zonas del Tercer Mundo.* **3** Aplicar los métodos de la industria a otra actividad económica: *si consiguen industrializar la recogida de la uva, los beneficios serán mayores.* ▢ Se conjuga como 4.

i·né·di·⌐to, ⌐ta |inédito, ta| **1** ***adj.*** (escrito) Que no está publicado: *el autor presentó al concurso unos poemas inéditos.* **2** Que es nuevo y no conocido: *nos mostró unos productos todavía inéditos en el mercado español.*

i·ne·fa·ble |inefáβle| ***adj.*** *form.* Que no se puede explicar con palabras: *tardamos dos horas en recoger las maletas: lo que pasó en el aeropuerto es ~.*

i·ne·fi·ca·cia |inefikáθia| ***f.*** Cualidad de *ineficaz: *la ~ del medicamento estuvo a punto de producir la muerte del paciente.* ⇔ **eficacia.**

i·ne·fi·caz |inefikáθ| ***adj.*** Que no obra o no funciona de manera adecuada; que no produce el efecto deseado: *hemos comprobado que el sistema de alarma es totalmente ~.* ⇒ **infructuoso, inoperante, inútil.** ⇔ **eficaz.**

i·ne·fi·cien·te |inefiθiénte| ***adj.*** Que no realiza o no cumple de manera adecuada su función: *si el empleado es ~, deberá despedirlo.* ⇔ **eficiente.**

i·ne·lu·di·ble |ineluðíβle| ***adj.*** Que no se puede evitar: *debo marcharme porque tengo un compromiso ~.* ⇒ **inexcusable, insoslayable.**

i·ne·na·rra·ble |inenar̄áβle| ***adj.*** Que no se puede decir, explicar o describir: *el pánico de la multitud fue ~; conoció a una joven de una belleza ~.* ⇒ **indecible, indescriptible.**

i·nep·ti·tud |inePtitúᵈ| ***f.*** Falta de *aptitud; cualidad de *inepto: *al cabo de un año lo echaron de la empresa por su total ~.* ⇔ **capacidad.**

i·nep·⌐to, ⌐ta |inépto, ta| **1** ***adj.-s.*** (persona) Que no tiene entendimiento, preparación u otras características para ejecutar una acción o cumplir una función: *lo despidieron porque era un ~.* ⇒ **incapaz.** ⇔ **apto. 2** Que es idiota y tonto: *nunca se enteran de nada: son unos ineptos.* ⇒ **incapaz.**

i·ne·quí·vo·⌐co, ⌐ca |inekíβoko, ka| ***adj.*** Que no se puede poner en duda: *tenemos datos inequívocos y por eso afirmamos que el paro descenderá en el próximo trimestre.* ⇒ **incuestionable, indiscutible, indudable, innegable.**

i·ner·cia |inérθia| **1** ***f.*** FÍS. Propiedad de los cuerpos que les hace mantener el movimiento o el *reposo: *la ~ hizo que el tren avanzase ocho kilómetros.* **2** *form.* Falta de energía física o moral: *entró en una ~ que le impedía hacer las cosas más sencillas.* **3** *fam. fig.* Costumbre que lleva a hacer una cosa sin pensar: *era fiesta, pero, por ~, se levantó a trabajar.*

i·ner·me |inérme| ***adj.*** Que no tiene armas; que no puede defenderse: *los civiles, inermes, caían ante el ataque enemigo.*

i·ner·te |inérte| ***adj.*** *form.* Que no tiene vida o movimiento: *las rocas son masas inertes; en la calle apareció el cuerpo ~ del capitán; el anciano miraba con ojos inertes.*

i·nes·cru·ta·ble |ineskrutáβle| ***adj.*** Que no se puede saber o averiguar: *el jugador de ajedrez contempló el tablero con una mirada ~.*

i·nes·pe·ra·⌈do, ⌈da |inesperáðo, ða| ***adj.*** Que ocurre sin esperarse: *tu visita ha sido completamente inesperada: una agradable sorpresa.*

i·nes·ta·bi·li·dad |inestaβiliðáᵈ| **1** ***f.*** Cualidad de *inestable: *la ~ de la bolsa ha provocado un descenso de las inversiones.* ⇒ **volubilidad.** ⇔ **estabilidad. 2** Situación de falta de equilibrio: *el obrero se cayó a causa de la ~ del andamio.* ⇔ **estabilidad.**

i·nes·ta·ble |inestáβle| **1** ***adj.*** Que cambia y varía; que no es estable, seguro o firme: *el tiempo en primavera es muy ~.* ⇒ **voluble. 2** Que no se mantiene en posición de equilibrio: *esa silla es ~: tiene una pata rota.* ⇔ **estable. 3** (persona) Que tiene un carácter cambiante: *no te fíes de sus decisiones porque es muy ~.*

i·nes·ti·ma·ble |inestimáβle| ***adj.*** Que tiene un valor *tan grande, que es imposible calcularlo: *tu ayuda ha sido ~ para este trabajo; el cariño de la madre es un bien ~.*

i·ne·vi·ta·ble |ineβitáβle| ***adj.*** Que no se puede evitar: *fue un accidente ~, pues lo provocó un fallo en los frenos del vehículo.*

i·ne·xac·ti·tud |ineᵏsaᵏtitúᵈ| ***f.*** Cualidad de *inexacto: *la ~ de los datos provocó los errores en las conclusiones.* ⇔ **exactitud.**

i·ne·xac·⌈to, ⌈ta |ineᵏsáᵏto, ta| ***adj.*** Que no es exacto: *el resultado de este problema es ~.* ⇔ **exacto.**

i·nex·cu·sa·ble |ineᵏskusáβle| **1** ***adj.*** Que no se puede o no se debe perdonar: *ha cometido un error ~ para un economista.* ⇒ **imperdonable. 2** Que no se puede evitar: *tengo que marcharme porque tengo una cita ~.* ⇒ **ineludible.**

i·ne·xis·ten·cia |ineᵏsisténθi̲a̲| ***f.*** Cualidad de *inexistente: *no se puede demostrar la ~ de vida en otros planetas.* ⇔ **existencia.**

i·ne·xis·ten·te |ineᵏsisténte| **1** ***adj.*** Que no existe: *los gnomos son seres inexistentes.* **2** *fig.* Que no tiene valor, efecto o capacidad: *la comprensión lectora del niño es ~.* ⇒ **nulo.**

i·ne·xo·ra·ble |ineᵏsoráβle| **1** ***adj.*** Que no se puede evitar: *hay que resignarse al ~ paso de los años.* **2** Que no se deja convencer por ruegos: *su padre es ~ y no conseguimos que dejara ir a la discoteca a María.*

i·nex·pe·rien·cia |ineᵏsperi̲é̲n̲θi̲a̲| ***f.*** Falta de experiencia: *su ~ hizo que no tomara la decisión adecuada.* ⇔ **experiencia.**

i·nex·per·⌈to, ⌈ta |ineᵏspérto, ta| ***adj.-s.*** Que no tiene experiencia: *un conductor ~ siempre tiene más probabilidades de provocar un accidente.* ⇔ **experto.**

i·nex·pli·ca·ble |ineᵏsplikáβle| ***adj.*** Que no se puede explicar: *el fracaso de este negocio ha sido completamente ~.*

i·nex·plo·ra·⌈do, ⌈da |ineᵏsploráðo, ða| ***adj.*** Que no está explorado: *gran parte de la selva permanece aún inexplorada.*

i·nex·pre·si·⌈vo, ⌈va |ineᵏspresíβo, βa| ***adj.*** Que no tiene capacidad de expresión: *su rostro es tan ~, que nunca sé lo que piensa.* ⇔ **expresivo.**

i·nex·pug·na·ble |ineᵏspuᵞnáβle| **1** ***adj.*** Que no se puede vencer o tomar con la fuerza de las armas: *sobre la montaña construyeron una fortaleza ~.* **2** *fig.* Que no se deja vencer o convencer: *la joven se mostraba siempre ~ a los requerimientos de los muchachos de su edad.*

i·nex·tin·gui·ble |ineᵏstiŋgíβle| **1** ***adj.*** Que no se puede *extinguir o apagar: *algunos incendios forestales son inextinguibles.* **2** *fig.* Que dura mucho tiempo o para siempre: *el amor a su novia es ~.*

in·fa·li·ble |infalíβle| **1** ***adj.*** (persona) Que no se equivoca nunca: *perdona mi error, nadie es ~.* **2** Que produce siempre el resultado adecuado; que no falla nunca: *me han dicho que este método para dejar de fumar es ~.*

in·fa·mar |infamár| ***tr.*** [algo, a alguien] Quitar el honor y el buen nombre; cubrir de vergüenza: *me ha infamado: ha contado muchas historias sobre mí.*

in·fa·me |infáme| **1** ***adj.-com.*** (persona) Que no tiene honor, buen nombre ni *estimación: *por todos sus malos actos, está considerado un ~.* **- 2** ***adj.*** Que es muy malo y despreciable en su especie: *vivían en una chabola ~.*

in·fa·mia |infámi̲a̲| **1** ***f.*** Obra o dicho que hace perder el honor y el buen nombre: *eso que ha dicho es una ~ y exijo que se retracte inmediatamente.* **2** Acción mala y despreciable: *fue una ~ robar a ese pobre hombre.*

in·fan·cia |infánθi̲a̲| **1** ***f.*** Primer periodo de la vida humana, que llega hasta la *adolescencia: *durante la ~, el niño aprende cosas fundamentales en su vida; pasó su ~ en un pueblecito.* ⇒ **niñez. 2** *fig.* Estado primero de una cosa después de su nacimiento o creación: *ese cuadro es de su ~ como pintor.*

in·fan·⌈te, ⌈ta |infánte, ta| **1** ***m. f.*** *form.* Persona que tiene pocos años de vida: *mira qué tierno ~.* ⇒ **niño. 2** Hijo del rey que no puede heredar la corona: *el príncipe y las infantas asistieron a la ceremonia.* **3** Título que se concede a una persona de la familia real: *el rey le concedió el título de ~ por su gran valor.* **- 4** ***m.*** Soldado que sirve a pie: *impusieron al ~ la medalla al mérito militar.*

in·fan·te·rí·a |infantería| ***f.*** Fuerzas que van a pie en un ejército: *la ~ tomó la ciudad; ~* **de marina**, la destinada a apoyar en tierra a las fuerzas *navales: *los soldados de ~ de marina están preparados para combatir en tierra y en el mar.*

in·fan·ti·ci·da |infantiθíða| ***adj.-com.*** (persona) Que mata a un niño: *los infanticidas que cometieron el terrible asesinato fueron condenados a cadena perpetua.*

in·fan·ti·ci·dio |infantiθíðio| *m.* Muerte dada violentamente a un niño: *dos testigos presenciaron el terrible ~, pero no pudieron evitarlo.*

in·fan·til |infantíl| **1** *adj.* De la *infancia o que tiene relación con ella: *a mi hijo le encanta la literatura ~, aunque también lee libros de mayores.* **2** *fig.* Que es propio de un niño; que muestra poco juicio y madurez: *es demasiado ~ para su edad; está con una rabieta ~ y ahora ni siquiera quiere vernos.*

in·fan·ti·lis·mo |infantilísmo| **1** *m.* Cualidad de *infantil: *no me gusta su ~: no se puede hablar en serio con él.* **2** MED. Problema de desarrollo que consiste en la *persistencia, en una persona adulta, de los caracteres físicos o mentales propios de la niñez: *no tiene barba a causa del ~ que padece.* **3** *fig.* Falta de madurez y de juicio: *es un completo irresponsable: todos conocemos su ~.* ⇒ **inmadurez.**

in·far·to |infárto| *m.* MED. Enfermedad grave en la que los tejidos de un órgano mueren por falta de oxígeno en sus células: *el ~ se produce por la obstrucción de los vasos sanguíneos;* **~ de miocardio**, enfermedad grave en la que deja de latir el corazón: *el síntoma del ~ de miocardio es el dolor en el pecho y en el brazo; la obstrucción de la coronaria es la causa del ~ de miocardio.* ⇒ **ataque.** ☐ Se usa frecuentemente *infarto* para referirse al del corazón.

in·fa·ti·ga·ble |infatiɣáβle| **1** *adj.* Que no se cansa: *los niños son infatigables: siempre quieren jugar y divertirse.* **2** Que no para o no descansa: *nuestro jardinero es ~ porque ama su trabajo.* ⇒ **incansable.**

in·fec·ción |infe^kθión| **1** *f.* Enfermedad causada por virus o bacterias: *tiene una ~ en las vías respiratorias y está tomando un antibiótico.* **2** Contaminación con virus o bacterias; comunicación o contagio de una enfermedad: *la falta de higiene puede provocar ~; se utilizó un producto químico para evitar la ~.*

in·fec·cio·⌈so, ⌈sa |infe^kθióso, sa| **1** *adj.* Que infecta o puede infectar: *los gérmenes infecciosos se desarrollan en lugares húmedos.* ⇒ **contagioso.** **2** Que tiene las características de la *infección: *la gripe es una enfermedad infecciosa.*

in·fec·tar |infe^ktár| **1** *tr.-prnl.* [algo] Contaminar con virus o bacterias: *la herida se ha infectado, hay que curarla con alcohol; las tijeras oxidadas infectaron la gasa.* **2** [a alguien] Comunicar o contagiar una enfermedad: *el hombre contrajo el virus durante un viaje e infectó a su familia.* **3** *fig.* Extender actitudes, ideas o costumbres que se consideran malas: *el libertino infectó a todo su grupo.* ⇒ **corromper.**

in·fec·⌈to, ⌈ta |infé^kto, ta| *adj. form. fig.* Que es sucio y despreciable; que produce asco: *vivía en un agujero ~ del suburbio de la ciudad; bebía un brebaje ~.* ⇒ **asqueroso, ínfimo.**

in·fe·cun·⌈do, ⌈da |infekúndo, da| *adj.* Que no es *fecundo; que no da fruto: *trató de cultivar aquel campo, pero la tierra era infecunda.* ⇒ **árido, estéril.** ⇔ **fecundo.**

in·fe·li·ci·dad |infeliθiðá^ð| **1** *f.* Cualidad de infeliz: *nadie conoce el motivo de su ~.* ⇔ **felicidad.** **2** Caso o hecho triste y que produce dolor o sufrimiento moral: *desde la muerte de su padre vive en una ~ permanente.* ⇒ **desgracia.**

in·fe·liz |infelíθ| **1** *adj.-com.* (persona) Que sufre desgracias: *es muy ~ desde que su mujer lo abandonó.* **2** (persona) Que tiene buen carácter y la gente se aprovecha de ello: *ese ~ se ha dejado timar por un par de supuestos amigos.*

in·fe·ren·cia |inferénθia| *f. form.* Acción y resultado de *inferir o sacar una conclusión: *el investigador realiza inferencias a partir de los resultados de sus experimentos.*

in·fe·rior |inferiór| **1** *adj.* Que está debajo o más bajo: *en la parte ~ de la montaña la vegetación es más abundante.* ⇔ **superior.** ☐ No se debe decir *más ~*. **2** Que es menos o menor en cantidad, calidad o importancia: *si compra una chaqueta de ~ calidad, le costará más barata; este juguete no es recomendable para niños de edad ~ a ocho años.* ⇔ **superior.** **3** *fig.* Que es muy malo: *ha usado ingredientes de calidad ~.* ⇔ **superior.** - **4** *com.* (persona) Que trabaja a las órdenes de otra de cargo superior: *es muy amable y comprensivo con sus inferiores en la empresa.* ⇒ **subordinado.**

in·fe·rio·ri·dad |inferioriðá^ð| *f.* Cualidad de inferior: *tuvo que reconocer su ~ cuando se enfrentó a un verdadero maestro de ajedrez.*

in·fe·rir |inferír| **1** *tr.* [algo] *form.* Sacar una conclusión por medio de un razonamiento a partir de una información: *de los datos se infiere que el sector agrario va en aumento.* ⇒ **colegir.** **2** [algo; a alguien] *form.* Hacer o causar una ofensa o un daño: *está enfadado con él porque en la discusión le infirió algunos insultos.* ☐ Se conjuga como 35.

in·fer·nal |infernál| **1** *adj.* Del infierno o que tiene relación con él: *las almas de los pecadores se consumirán en el fuego ~.* **2** *fig.* Que es muy malo: *la película no me ha gustado nada: es ~.* **3** *fig.* Que causa gran disgusto o enfado; que es muy desagradable: *no sé cómo soportas el ruido ~ que hay en esta discoteca.*

in·fes·tar |infestár| *tr.* [algo] Invadir o llenar por completo un lugar, especialmente los animales o plantas *perjudiciales: *las ratas infestan el puerto; la sala estaba infestada de gente.*

in·fi·de·li·dad |infiðeliðá^ð| *f.* Cualidad de *infiel: *no pudo perdonar la ~ de su mujer y se divorció de ella.*

in·fiel |infiél| **1** *adj.* Que no es firme en sus afectos o ideas; que falta a la palabra dada o que no la cumple: *quien es ~ con sus amigos, nunca tendrá amigos verdaderos.* ⇔ **fiel.** **2** Que engaña a su pareja, manteniendo relaciones amorosas o sexuales con otra persona: *cuando descubrió que su esposa le era ~, pidió el divorcio.* **3** Que no es exacto: *hizo un relato ~ y nadie lo creyó.* - **4** *adj.-com.* Que no es cristiano: *en la Edad Media se hicieron cruzadas contra los infieles.*

in·fier·ni·llo |infierníʎo| *m.* *Utensilio pequeño y *móvil que sirve para calentar la comida: *fueron de campamento y llevaron un ~ para hacer la comida.*

in·fier·no |infiérno| **1** *m.* Lugar al que van las *almas de las personas que mueren en *pecado, según la religión cristiana: *si eres malo irás al* ~. ⇒ **abismo, averno.** ⇔ **cielo. 2** Lugar en el que habitan las *almas de todos los muertos, según las religiones de la Europa anterior al *cristianismo: *Eneas descendió a los infiernos; Cerbero vigila atento la puerta del* ~. ⇒ **averno.** ◯ Se usa frecuentemente en plural. **3** Lugar en el que hay mucho ruido y agitación: *bajad esa música, que esto es un* ~. ■ **vete al** ~, *desp.*, expresión que se dirige a la persona que molesta o causa disgusto con la intención de perderla de vista: *estoy harto de tus estupideces, ¡vete al ~!*

in·fil·tra·ción |infiltraθión| ***f.*** Acción y resultado de *infiltrar o *infiltrarse: *este muro tiene una ~ de agua; el servicio de inteligencia descubrió la ~ de un espía entre sus miembros.*

in·fil·trar |infiltrár| **1** ***tr.-prnl.*** [algo] Introducir poco a poco un líquido en los huecos de un cuerpo: *le han infiltrado un medicamento en la rodilla.* **- 2 infiltrarse** ***prnl.*** Introducirse en un lugar o grupo para conseguir una información o para otro fin: *el soldado se infiltró en las filas enemigas; el espía se infiltró en el servicio de inteligencia del otro país.*

ín·fi·⌜mo, ⌜ma |ínfimo, ma| ***adj.*** Que es lo más bajo o lo último en cantidad, calidad o importancia: *la calidad de este tejido es ínfima; los trabajadores se quejaban de las ínfimas condiciones de trabajo.*

in·fi·ni·dad |infiniðáð| **1** ***f.*** Cualidad de *infinito: *le parecía increíble la ~ de los números.* **2** *fig.* Número o cantidad muy grande, enorme o imposible de calcular o limitar: *hay una ~ de estrellas en el firmamento.* ⇒ **sinfín, sinnúmero.**

in·fi·ni·ti·⌜vo |infinitíβo| ***m.*** LING. Forma no personal del verbo que expresa una idea verbal de forma abstracta, sin concretar las variaciones gramaticales de voz, modo, tiempo, aspecto, número y persona: *los verbos aparecen en ~ en los diccionarios; los infinitivos en español acaban en* -ar, -er *e* -ir. ◯ El infinitivo puede hacer las funciones del nombre.

in·fi·ni·⌜to, ⌜ta |infiníto, ta| **1** ***adj.*** Que no tiene ni puede tener fin: *el número de frases que se pueden construir en un idioma es ~; la serie de los números es infinita.* ⇒ **eterno.** ⇔ **finito. 2** Que es muy numeroso y grande: *el español tiene un número ~ de palabras.* **- 3 infinito** ***m.*** Espacio sin límites: *miraba pensativo al ~.* **4** MAT. Signo en forma de un ocho tendido que expresa un valor mayor que cualquier cantidad: *pon ~ como resultado de la operación.* **- 5** ***adv.*** Excesivamente, mucho, sin límite: *te quiero ~; esta pobre familia ha sufrido ~.*

in·fla·ción |inflaθión| ***f.*** ECON. *fig.* Subida permanente de los precios a lo largo del tiempo acompañada de una pérdida del valor del dinero: *la ~ ha provocado la pérdida de poder adquisitivo de la mayoría de la población; este piso costará el año que viene casi el doble a causa de la ~.* ◯ No se debe decir *inflacción.*

in·fla·ma·ble |inflamáβle| ***adj.*** Que se *inflama con facilidad: *el camión que se incendió transportaba un líquido ~.*

in·fla·ma·ción |inflamaθión| **1** ***f.*** Aumento del tamaño y la temperatura de una parte del cuerpo, que suele ir acompañado de dolor: *el médico observó el hígado del enfermo y vio que tenía una fuerte ~.* **2** *form.* Proceso en el que una sustancia arde con llamas: *la elevada temperatura provocó la ~ de la nitroglicerina.*

in·fla·mar |inflamár| **1** ***tr.-prnl.*** [algo] Aumentar el tamaño y la temperatura de una parte del cuerpo, como reacción ante un golpe, una herida o una *infección: *se le inflamaron las anginas por culpa de una bebida fría.* ⇔ **desinflamar. 2** *form.* Encender y hacer arder con llamas: *una chispa eléctrica inflama la gasolina en el motor; la pólvora se inflamó y explotaron varios cohetes.* **3** *fig.* Excitar los ánimos, los deseos o las pasiones: *su mirada seductora inflamaba los corazones; se inflamaba de ira al recordar la pelea.*

in·fla·ma·to·⌜rio, ⌜ria |inflamatório, ria| ***adj.*** Que produce *inflamación o que procede de ella: *el golpe originó un proceso ~.*

in·flar |inflár| **1** ***tr.-prnl.*** [algo] Aumentar el tamaño de un cuerpo al llenar de gas su parte interior: *infló el globo soplando.* ⇒ **hinchar. 2** ***tr.*** *fam.* [a alguien] Fastidiar o molestar hasta el límite: *ya me estás inflando, así que cállate si no quieres llevarte una bofetada.* ⇒ **hinchar. 3** *fig.* Exagerar o señalar una cosa como muy importante cuando no lo es: *infló tanto su hazaña, que todos creyeron que era un héroe.* ⇒ **hinchar. - 4 inflarse** ***prnl.*** *fig.* Comer o beber demasiado; comer o beber hasta no poder más: *es de mala educación inflarse en las bodas.* ◯ Si se indica la comida o bebida, se hace con las preposiciones *a* o *de*: *se infló a cordero; nos inflamos a coñac.* **5** Llenarse de orgullo o presumir: *se ha inflado tanto, que ya no se puede tratar con él.* **6** *fam.* Hacer una cosa hasta no tener deseos de seguir: *se infló de trabajar.* ⇒ **hartar.**

in·fle·xi·ble |infleksíβle| **1** ***adj.*** Que es *rígido; que no es posible doblarlo o torcerlo: *el hierro es un material ~.* **2** *fig.* (persona) Que no se aparta de su punto de vista o de lo que considera justo o razonable: *el juez ha sido ~ en su sentencia; permaneció ~ a pesar de los ruegos de los hijos del acusado.*

in·fle·xión |infleksión| **1** ***f.*** *form.* Cambio de tono de la voz: *notó en su propia voz una ~ de queja y desamparo.* **2** Torcimiento o doblamiento de una cosa recta o plana: *el artista la pintó con una dulce ~ del cuello sobre el hombro.* **3** GEOM. Punto de la curva en que cambia de sentido: *la gravedad modifica la ~ en la trayectoria de los proyectiles.* **4** LING. Terminación que toma una palabra variable: *para conjugar los verbos se añaden inflexiones.*

in·fli·gir |inflixír| **1** ***tr.*** [algo] Causar o producir un daño: *la segunda guerra mundial ha infligido torturas indecibles a millones de seres humanos.* **2** Poner un castigo: *el Comité infligirá una pena al club deportivo por la falta de seguridad que hay en su campo.* ◯ No se debe confundir con *infringir.* Se conjuga como 6.

in·flo·res·cen·cia |infloresθénθia| ***f.*** BOT. Grupo de flores que se reúnen sobre un mismo eje: *muchas plantas tienen inflorescencias en racimo o en espiga.* ⇒ **cabezuela, compuesto, espiga, racimo, umbela.**

in·fluen·cia |influénθia| **1** *f. fig.* Poder o autoridad de una persona para con otra u otras: *ejerce una gran ~ sobre sus compañeros; colocó a su hijo en la empresa porque tenía mucha ~.* **2** FÍS. Efecto producido a distancia: *fuera de la atmósfera no existe la ~ de la gravedad.*

in·flu·ir |influír| **1** *intr. fig.* Ejercer poder o autoridad moral una persona sobre otra u otras: *influyó sobre el jefe para que tomara aquella decisión.* **2** Producir un efecto de manera indirecta o a distancia: *el imán influye sobre el hierro; el calor influye en la vegetación.* ☖ Se conjuga como 62.

in·flu·jo |inflúxo| **1** *m.* Efecto que una cosa produce sobre otra: *el ~ de la crisis se deja notar en el mercado de trabajo.* **2** Poder moral que una persona tiene sobre otra: *el ~ de las malas compañías es siempre pernicioso.* **3** MAR. Movimiento de bajada de las aguas del mar, causado por la atracción del Sol y de la Luna: *con el ~ los arrecifes quedaron al descubierto.* ⇒ **reflujo.**

in·flu·yen·te |influyénte| **1** *adj.* Que influye: *ese libro fue una obra ~ en varias generaciones.* **2** Que tiene poder y autoridad: *es un ejecutivo muy ~ en su empresa.*

in·for·ma·ción |informaθión| **1** *f.* Noticia o conocimiento que se da o se recibe: *según las últimas informaciones, los montañeros han sido rescatados; no nos han dado la ~ suficiente para rellenar este impreso.* **2** Comunicación de noticias: *los periodistas son profesionales de la ~.* **3** Lugar o establecimiento donde se dan noticias o *datos sobre una cosa: *si quiere saber dónde está la oficina, pregunte en ~.* **4** DER. Averiguación legal de un hecho o de un crimen: *pusieron a varios hombres a trabajar en la ~ del caso.*

in·for·ma·⌐dor, ⌐do·ra |informaðór, ðóra| *adj.-s.* (persona) Que informa: *constituyeron una comisión informadora para explicar sus actuaciones.*

in·for·mal |informál| **1** *adj.* (persona) Que no cumple sus *promesas; que no hace lo que debe o es obligado: *es muy ~: nunca llega a la hora que debe llegar.* ⇔ **cabal, formal. 2** Que no se ajusta a lo legal o a lo tradicionalmente acordado: *hicieron un acuerdo ~, de palabra, que no tiene valor ante los tribunales.* ⇔ **formal. 3** Que tiene relación con el trato corriente entre amigos, conocidos o familiares; que no es *formal: *no hace falta que vengas de etiqueta porque es una cena ~.*

in·for·ma·li·dad |informaliðáᵈ| **1** *f.* Falta de *formalidad para cumplir las *promesas o hacer lo que se debe: *su ~ se puso de manifiesto cuando no acudió a la cita.* ⇔ **formalidad. 2** Cualidad de lo que no se ajusta a lo legal o a lo tradicionalmente acordado: *romper ese contrato no te traerá consecuencias legales debido a su ~.* **3** Falta de *formalidad en el trato: *no sé divertirme si no es en un ambiente de ~.*

in·for·man·te |informánte| *com.* Persona que proporciona información, generalmente contestando a unas preguntas: *por cada estrato de población, encuestaron a cuatro informantes: dos hombres y dos mujeres.*

in·for·mar |informár| **1** *tr.* [a alguien] Hacer saber; dar noticia: *nos informaron de que no había vuelos.* **2** *fam.* Dar forma: *estas ideas informan toda su obra.*

in·for·má·ti·ca |informátika| *f.* Conjunto de conocimientos científicos y técnicos que se ocupan del tratamiento de la información por medio de ordenadores: *hoy en día es imprescindible tener algún conocimiento de ~.*

in·for·má·ti·⌐co, ⌐ca |informátiko, ka| **1** *adj.* De la *informática o que tiene relación con ella: *este diccionario ha sido elaborado con la ayuda de medios informáticos.* **- 2** *m. f.* Persona que trabaja o *investiga en el campo de la *informática: *un ~ ha programado la base de datos.*

in·for·ma·ti·⌐vo, ⌐va |informatíβo, βa| **1** *adj.* Que informa: *es una revista informativa sobre los errores de los médicos.* **- 2 informativo** *m.* Programa de radio o televisión, en el que se comunican hechos nuevos y actuales: *los informativos deben presentar las noticias de modo imparcial y objetivo; encendió la radio para escuchar el ~ de las ocho.* ⇒ **noticiario.**

in·for·ma·ti·zar |informatiθár| *tr.-prnl.* [algo] Introducir o aplicar los medios o métodos de la *informática: *la dirección de la empresa ha decidido ~ toda la gestión económica.* ☖ Se conjuga como 4.

in·for·me |infórme| **1** *m.* Información, generalmente escrita, que se da de un negocio o *suceso o acerca de una persona: *el contable presentó un ~ sobre el estado de las finanzas de la empresa.* **2** Acción y resultado de informar: *no nos pasaron el ~ de la reunión y nadie sabía qué hacer.* **- 3** *adj.* Que no tiene forma o figura o que no se distingue su forma o figura: *sólo pudimos distinguir una masa ~ debido a la oscuridad.* ⇒ **amorfo, deforme.**

in·for·tu·na·⌐do, ⌐da |infortunáðo, ða| *adj.-s.* Que no tiene suerte o *fortuna: *la infortunada víctima del accidente fue trasladada al hospital.* ⇒ **desafortunado, desgraciado.**

in·for·tu·nio |infortúnio| **1** *m.* Caso o hecho triste y que produce dolor o sufrimiento moral: *no pudo recuperarse de aquel terrible ~ que fue la muerte de su marido.* ⇒ **desgracia. 2** Situación o circunstancia mala o que es resultado de la mala suerte: *el ~ de su matrimonio les llevó al divorcio.* ⇒ **desgracia. 3** Mala suerte: *echa la culpa de su actual miseria al ~.* ⇒ **desgracia.**

in·frac·ción |infraᵏθión| *f.* Falta o acción que va contra una ley o una norma: *una ~ grave de las normas de tráfico puede acarrear la retirada del carné de conducir.* ⇒ **transgresión.**

in·frac·⌐tor, ⌐to·ra |infraᵏtór, tóra| *adj.-s.* (persona) Que va contra la ley o no la cumple: *los infractores del código de circulación son responsables de muchos accidentes.* ⇒ **transgresor.**

in·fra·es·truc·tu·ra |infraestruᵏtúra| **1** *f.* Conjunto de medios e instalaciones necesarios para el desarrollo de una actividad: *el gobierno está intentando crear una adecuada ~ deportiva.* **2** ARQ. Parte de una construcción que está bajo el nivel del suelo: *el terremoto dañó la ~ del edificio y ahora hay peligro de que se derrumbe.*

in·fran·que·a·ble |infraŋkeáβle| ***adj.*** Que no se puede *franquear o que es muy difícil de *franquear: *a causa de la nieve, la carretera estaba ~.*

in·fra·rro·⌜jo, ⌜ja |infrar̄óxo, xa| ***adj.*** (*radiación) Que no se ve a simple vista y que se extiende a continuación del color rojo: *los cuerpos calientes emiten rayos infrarrojos.*

in·fra·va·lo·rar |infraβalorár| ***tr.*** [algo, a alguien] Dar menos valor del que corresponde: *no infravalores mi capacidad de trabajo porque puedo rendir como el que más.*

in·fre·cuen·te |infrekuénte| ***adj.*** Que no es frecuente: *las nevadas son muy infrecuentes en Sevilla.* ⇔ **frecuente.**

in·frin·gir |infriŋxír| ***tr.*** [algo] Ir contra una ley o norma, o no cumplirlas: *entró en la reunión infringiendo las normas de la escuela.* ⇒ **contravenir, transgredir, violar.** ⌂ No se debe confundir con *infligir.* Se conjuga como 6.

in·fruc·tuo·⌜so, ⌜sa |infrukᵏtuóso, sa| ***adj.*** Que no obra o no funciona de manera adecuada; que no produce el efecto deseado: *su esfuerzo por conquistarla ha resultado ~.* ⇒ **ineficaz, inoperante, inútil.** ⇔ **fructuoso.**

ín·fu·las |ínfulas| **1** ***f. pl.*** *fam.* Comportamiento del que presume: *tiene muchas ~: se cree un rey.* ⇒ **vanidad. 2** Tiras anchas de tela que caen por la parte posterior de la *mitra del *obispo: *las ~ son dos.*

in·fun·da·⌜do, ⌜da |infundáðo, ða| ***adj.*** Que no tiene base, razón o fundamento: *las noticias sensacionalistas crean una infundada alarma social.*

in·fun·dio |infúndio| ***m.*** Información falsa que se extiende entre el público: *denunció a la emisora por propagar infundios sobre él.*

in·fun·dir |infundír| ***tr.*** *fig.* [algo; a alguien] Causar en el ánimo un sentimiento o sensación: *su seguridad me infundió valor para acometer el proyecto.* ⌂ Tiene dos participios: *infundido* e *infuso.* El segundo es irregular y culto.

in·fu·sión |infusión| **1** ***f.*** Bebida que se hace echando a una sustancia agua hirviendo o muy caliente: *después de comer toman manzanilla o cualquier otra ~.* **2** Acción y resultado de *infundir: *hablé con él y la ~ de valor que me dio hizo que pudiera presentarme a las elecciones.* **3** Acción de tratar con agua caliente una sustancia para sacar de ella las partes que se pueden disolver, especialmente hasta el momento de empezar a hervir.

in·fu·⌜so, ⌜sa |infúso, sa| ***adj.*** Que se ha conseguido sin esfuerzo ni trabajo: *no ha estudiado y ahora quiere aprobar por ciencia infusa.* ⌂ Es el participio irregular de *infundir.*

in·ge·niar |iŋxeniár| ***tr.*** [algo] Trazar o inventar con *ingenio: *el niño ingenió un fusil con el palo de una escoba.* ■ **ingeniárselas**, hacer proyectos o pensar ideas para conseguir o ejecutar una cosa: *se las ingenia para ir viviendo con lo poco que gana.* ⌂ Se conjuga como 12.

in·ge·nie·rí·a |iŋxeniería| **1** ***f.*** Arte de aplicar los conocimientos científicos al uso de la materia y de las fuentes de energía: *es destacable la ~ de este edificio.* **2** Profesión y ejercicio del *ingeniero: *se dedica a la ~ desde hace varios años.*

in·ge·nie·⌜ro, ⌜ra |iŋxeniéro, ra| ***m. f.*** Persona que se dedica a la *ingeniería: ~ **aeronáutico**, el que se dedica a proyectar, ejecutar y conservar toda clase de naves aéreas: *un ~ aeronáutico hizo el diseño del avión;* ~ **agrónomo**, el que se dedica al estudio y aplicación de medios técnicos a la *agricultura: *consultaron al ~ agrónomo para mejorar la producción de su campo;* ~ **de caminos, canales y puertos**, el que se dedica a proyectar, ejecutar y conservar obras públicas: *contrataron a varios ingenieros de caminos, canales y puertos para realizar la autovía;* ~ **de minas**, el que se dedica a la explotación de las *minas: *es ~ de minas y trabaja en un yacimiento de carbón;* ~ **de montes**, el que se dedica al estudio y aplicación de medios técnicos para el aprovechamiento de los montes: *después del incendio, varios ingenieros de montes hicieron un estudio para su repoblación;* ~ **de telecomunicaciones**, el que se dedica a proyectar, ejecutar y conservar aparatos y sistemas de comunicación a distancia: *la investigación de nuevos sistemas de telefonía móvil está a cargo de un grupo de ingenieros de telecomunicaciones;* ~ **industrial**, el que se dedica a la industria de las fábricas: *es ~ industrial y trabaja en una fábrica de conservas;* ~ **naval/de marina**, el que se dedica a proyectar, ejecutar y conservar toda clase de construcciones *navales: *de pequeño quería ser ~ de marina para construir enormes barcos;* ~ **técnico**, el que ha hecho estudios de grado medio: *para ser ~ técnico hay que estudiar tres años en una escuela técnica.* ⇒ **perito.**

in·ge·nio |iŋxénio| **1** ***m.*** Capacidad de pensar con rapidez y claridad: *es una persona de gran ~: resuelve todos los problemas sobre la marcha.* **2** Capacidad de inventar y contar historias con facilidad: *tiene mucho ~ y sus chistes son muy buenos.* **3** Máquina o aparato con mecanismos: *numerosos ingenios han hecho más cómoda la vida del hombre.* **4** Capacidad de producir buenas obras literarias: *el ~ de este autor está fuera de toda duda.* ■ **aguzar el ~**, poner cuidado o atención para pensar con rapidez y claridad: *esta prueba es más difícil que la anterior y tendrás que aguzar tu ~.*

in·ge·nio·⌜so, ⌜sa |iŋxenióso, sa| **1** ***adj.*** (persona) Que tiene *ingenio: *Enrique es muy ~: tiene unas ideas sorprendentes.* **2** Que muestra *ingenio: *contó un acertijo muy ~.*

in·gen·te |iŋxénte| ***adj.*** Que es muy grande: *reconocieron con el premio Nobel la ~ aportación de aquel científico al saber universal.*

in·ge·nui·dad |iŋxenuiðáᵈ| ***f.*** *Desconocimiento del mal; pureza de sentimientos: *se aprovechó de la ~ de la muchacha haciéndole creer que estaba enamorado de ella.* ⇒ **candor, inocencia.** ⇔ **malicia.**

in·ge·⌜nuo, ⌜nua |iŋxénuo, nua| ***adj.-s.*** (persona) Que no tiene mala intención o disimulo al obrar; que es fácil de engañar: *has sido muy ~ creyendo que todos actuaban de buena fe.* ⇒ **cándido, confiado, inocente.**

in·ge·rir |iŋxerír| ***tr.*** [algo] Introducir por la boca al estómago: *le han operado de las anginas y aún no puede ~ alimentos sólidos.* ⇒ **tragar.** ☖ Se conjuga como 35.

in·ges·tión |iŋxestión| ***f.*** Acción de *ingerir: *la intoxicación ha sido producida por la ~ de huevos en mal estado.*

in·gle |íŋgle| ***f.*** Parte del cuerpo en la que se une la parte superior de la pierna con el vientre: *el paracaídas iba fuertemente sujeto al cuerpo por correas que pasaban por los hombros y las ingles.*

in·⌐glés, ⌐gle·sa |iŋglés, glésa| **1 *adj.*** De Inglaterra o que tiene relación con Inglaterra: *la primera máquina de vapor era inglesa; la libra es la moneda inglesa.* **- 2 *m. f.*** Persona nacida en Inglaterra o que vive habitualmente en Inglaterra: *mi profesor es ~; los ingleses inventaron el fútbol.* **- 3 inglés *m.*** Lengua del Reino Unido, Australia, Estados Unidos y otros países: *el ~ es la segunda lengua oficial de muchos países africanos y asiáticos; el ~ se habla hoy en todo el mundo.*

in·gra·ti·tud |iŋgratitú^{ð}| ***f.*** *form.* Falta de agradecimiento: *no podía creer su ~: después de todos los favores que le había hecho, no quiso saber nada de ella.* ⇔ **gratitud.**

in·gra·⌐to, ⌐ta |iŋgráto, ta| **1 *adj.-s.*** *form.* Que no agradece el bien o el favor recibido: *eres un ~: con todo lo que tus padres han hecho por ti y ahora que son viejos los abandonas.* ⇒ **desagradecido. - 2 *adj.*** Que no corresponde al trabajo que cuesta: *el trabajo de los defensas es el más ~ en el fútbol, pues la afición nunca los valora como merecen.*

in·gre·dien·te |iŋgreðiénte| ***m.*** Cosa que entra con otras en un compuesto: *apuntó los ingredientes del pastel para hacerlo en casa.*

in·gre·sar |iŋgresár| **1 *tr.*** [algo] Meter dinero: *fue al banco a ~ en su cuenta el dinero que le habían dado.* **2** [a alguien] Entrar o meter en un establecimiento sanitario para someterse a un tratamiento: *la embarazada ingresó en el hospital y un día después dio a luz a su hijo; han ingresado a mi tío para operarlo de cataratas.* ⇒ **internar. - 3 *intr.*** Entrar a formar parte de un conjunto: *el muchacho ingresó en el ejército en cuanto tuvo edad para ello.*

in·gre·so |iŋgréso| **1 *m.*** Acción y resultado de *ingresar: *celebró con sus padres su ~ en la Escuela de Arquitectura.* **2** Entrada de un edificio o lugar: *en el ~ hay una oficina de información.* **- 3 ingresos *m. pl.*** Cantidad de dinero que se recibe o se consigue regularmente: *sus ingresos son demasiado bajos para comprar una casa.*

in·gui·nal |iŋginál| ***adj.*** ANAT. De la *ingle o que tiene relación con ella: *después de montar a caballo tenía un fuerte dolor ~.*

in·ha·bi·li·tar |inaβilitár| **1 *tr.*** [algo] Quitar la posibilidad de hacer cierta acción; prohibir: *han inhabilitado la sala de juegos.* ⇒ **imposibilitar, incapacitar. 2** Quitar *oficialmente la *aptitud legal: *cometió un error en la operación y lo han inhabilitado para ejercer la medicina.* ⇒ **incapacitar.**

in·ha·bi·ta·ble |inaβitáβle| ***adj.*** (lugar) Que no se puede habitar: *el Ayuntamiento derribó una manzana de casas inhabitables para construir nuevas viviendas.* ⇔ **habitable.**

in·ha·la·ción |inalaθión| ***f.*** *form.* Aspiración de un gas, de un vapor o de un líquido: *la ~ de gases tóxicos le produjo una enfermedad pulmonar.*

in·ha·la·dor |inalaðór| ***m.*** Aparato que sirve para aspirar una medicina en forma de gas, de vapor o de líquido: *cuando está acatarrado siempre lleva un ~ en el bolsillo.*

in·ha·lar |inalár| ***tr.*** [algo] Aspirar un gas, un vapor o un líquido: *se intoxicó al ~ gas butano; la tos mejora al ~ vapores de eucalipto.*

in·he·ren·cia |inerénθia| ***f.*** *fam.* Unión de cosas inseparables por naturaleza o que sólo se pueden separar mentalmente: *entre estos dos conceptos se da una gran ~.*

in·he·ren·te |inerénte| ***adj.*** Que es *esencial y permanente; que no se puede separar: *la debilidad es ~ a la naturaleza humana.* ⇒ **característico, inmanente, propio.**

in·hi·bi·ción |iniβiθión| **1 *f.*** *form.* Impedimento o freno de un sentimiento, de una capacidad o de un hábito: *el hombre declaró que no tenía inhibiciones de ningún tipo.* **2** Renuncia a intervenir en un asunto o en una actividad: *un equipo de sociólogos realizó una encuesta para averiguar las causas de la ~ política.*

in·hi·bir |iniβír| **1 *tr.-prnl*** DER. [a alguien] Dejar un *juez de intervenir en el conocimiento de una causa para que ésta la siga otro tribunal: *al ser parlamentario un acusado, el juez se inhibió a favor del Tribunal Supremo.* **2** MED. [algo] Suspender por un tiempo una función o actividad del organismo mediante la acción de un *estímulo adecuado: *este medicamento inhibe la producción de colesterol.* ⇔ **estimular. - 3 inhibirse *prnl.*** Retirarse de un asunto o no participar en él: *le pidieron su colaboración, pero se inhibió de participar en el proyecto.* ⇒ **abstenerse.**

in·hós·pi·⌐to, ⌐ta |inóspito, ta| ***adj.*** Que es poco acogedor y poco agradable: *la casa era terriblemente inhóspita y fría.*

in·hu·ma·⌐no, ⌐na |inumáno, na| ***adj.*** Que hace o deja sufrir sin sentir compasión: *fue ~ negar su ayuda a aquellos niños perdidos.* ⇒ **cruel.** ⇔ **humano.**

in·hu·mar |inumár| ***tr.*** [algo, a alguien] Enterrar el cuerpo de una persona muerta: *a las once se oficiará el funeral y a las doce se inhumará el cadáver.*

i·ni·cia·ción |iniθiaθión| **1 *f.*** Acción y resultado de *iniciar: *la ~ de las obras se está retrasando por un problema económico.* **2** Acción y resultado de *iniciarse o introducirse en una cosa: *está muy preocupado por la ~ de sus estudios universitarios.*

i·ni·cia·⌐do, ⌐da |iniθiáðo, ða| ***adj.-s.*** (persona) Que participa en el conocimiento de cierto secreto: *sólo los iniciados conocen el rito de la hermandad.*

i·ni·cial |iniθiál| **1 *adj.*** Del *inicio o que tiene relación con él: *los miembros iniciales del equipo aún trabajan en él.* ⇔ **final. - 2** ***adj.-f.*** (letra) Que es la primera de una palabra: *la ~ de los nombres propios se escribe con mayúscula.*

i·ni·ciar |iniθiár| **1** ***tr.*** [algo] Comenzar una acción o serie de acciones: *el invitado inició el debate.* **- 2** ***tr.-prnl.*** Introducir en una enseñanza o conocimiento: *un viejo sacerdote lo inició en teología; se está iniciando en el oficio de su padre.* ☐ Se conjuga como 12.

i·ni·cia·ti·va |iniθiatíβa| **1** ***f.*** Acción de *adelantarse a los demás en hablar u obrar: *su ~ pareció demasiado atrevida a los jefes.* **2** Cualidad personal que inclina a esta acción: *buscan un joven empleado que tenga ~.* **3** Idea que sirve para empezar a hacer una cosa: *ha tenido una ~ original para crear una empresa.* **4** Derecho de hacer una propuesta: *el presidente tiene la ~.* **5** Acto de ejercer ese derecho: *el diputado presentó la ~ de su partido.*

i·ni·cio |iníθio| ***m.*** Origen y principio de una cosa; primer momento o primera parte: *el ~ de las clases será el primer día de octubre.* ⇒ **comienzo.** ⇔ **colofón.**

i·ni·⌜cuo, ⌜cua |iníkuo, kua| ***adj.*** *form.* Que no es justo; que no obra con justicia: *denunció a la empresa por el comportamiento ~ que había mostrado al despedir al empleado por estar enfermo.* ⇒ **injusto.**

i·ni·gua·la·ble |iniγualáβle| ***adj.*** Que no se puede igualar por extraordinario o bueno: *el rey tuvo una hija de ~ belleza.*

i·ni·ma·gi·na·ble |inimaxináβle| **1** ***adj.*** Que es difícil o casi imposible que *suceda: *las modas actuales eran inimaginables hace unos años.* ⇒ **impensable, inconcebible, insospechable. 2** Que no se puede imaginar: *creo que, si existiera vida en otros planetas, consistiría en seres inimaginables.* ⇒ **impensable, inconcebible, insospechable.**

i·nin·te·li·gi·ble |inintelixíβle| ***adj.*** Que no se puede entender o comprender: *de la habitación de los padres llegaba un murmullo ~; una actitud semejante resulta ~ en un hombre de su posición social.* ⇒ **incomprensible.** ⇔ **inteligible.**

in·je·ren·cia |iŋxerénθia| ***f.*** Acción y resultado de *entrometerse: *el empleado dirigía el negocio sin la ~ del dueño.* ⇒ **intervención, intromisión.**

in·jer·tar |iŋxertár| **1** ***tr.*** [algo] Unir una parte de una planta a una rama o tronco de otra, para que pueda crecer en ella: *injertó rosales de diversas clases y ahora tiene rosas de varios colores.* **2** MED. Unir un trozo de tejido tomado de una parte del cuerpo y colocarlo en otra distinta o en otro individuo: *le injertaron un trozo de piel de la espalda al brazo.* ☐ El participio irregular *injerto* sólo se usa como sustantivo.

in·jer·to |iŋxérto| **1** ***m.*** Unión de una parte de una planta a otra: *experimentó varios injertos con los limoneros.* **2** Parte de una planta que se une a otra: *creo que el ~ se va a secar.* **3** MED. Trozo de tejido tomado de una parte del cuerpo y colocado en otra parte distinta o en otro individuo: *le hicieron un ~ de piel en la cara.* **4** Acción y resultado de *injertar: *nunca se me ha dado bien el ~.*

in·ju·ria |iŋxúria| **1** ***f.*** *form.* Ofensa que se hace al nombre o al honor de una persona con palabras o con obras: *le pidió que retirara públicamente las injurias que había dicho contra él.* ⇒ **agravio, insulto. 2** *form.* Obra o dicho que va contra la razón y la justicia: *no apoyes sus injurias.*

in·ju·riar |iŋxuriár| **1** ***tr.*** *form.* [algo, a alguien] Hacer una ofensa al nombre o al honor de una persona: *la injurió gravemente y ella respondió con una bofetada.* ⇒ **ofender, vilipendiar. 2** [a alguien] Obrar o actuar contra la razón o la justicia: *injuriaron a mi padre y los he denunciado.* ☐ Se conjuga como 12.

in·ju·rio·⌜so, ⌜sa |iŋxurióso, sa| ***adj.*** Que *injuria o hace una ofensa: *se sintió insultado y contestó con palabras injuriosas.*

in·jus·ti·cia |iŋxustíθia| **1** ***f.*** Acción contraria a la justicia: *es una grave ~ pagar menos a las mujeres que a los hombres por el mismo trabajo.* **2** Cualidad de injusto: *los alumnos suspensos se quejaban de la ~ del sistema de calificación.* ⇔ **justicia.**

in·jus·ti·fi·ca·ble |iŋxustifikáβle| ***adj.*** Que no se puede explicar o disculpar: *tu desconocimiento sobre este tema es ~, no pretendas ahora poner excusas.*

in·jus·⌜to, ⌜ta |iŋxústo, ta| ***adj.*** Que no es justo; que no obra con justicia: *la concesión de las subvenciones ha sido completamente injusta porque se las han dado a quien menos las merecía; todos criticaron la injusta decisión.* ⇒ **inicuo.**

in·ma·cu·la·⌜do, ⌜da |i^{m}makuláðo, ða| ***adj.*** Que está completamente limpio; que no tiene mancha material o moral: *este detergente deja la ropa con una blancura inmaculada.* ⇒ **impoluto.**

in·ma·du·rez |i^{m}maðuréθ| ***f.*** Cualidad de *inmaduro en una persona: *no se puede discutir con él a causa de su ~: sólo acepta a quienes le dan la razón.* ⇔ **madurez.**

in·ma·du·⌜ro, ⌜ra |i^{m}maðúro, ra| **1** ***adj.*** (fruta) Que todavía no ha alcanzado la madurez: *no comas esos plátanos: todavía están inmaduros.* ⇔ **maduro. 2** *fig.* (proyecto) Que no está completamente pensado: *aunque el proyecto aún está demasiado ~, parece interesante.* **- 3** ***adj.-s.*** *fig.* (persona) Que no ha alcanzado la madurez de juicio propia de la edad adulta o de la edad que tiene: *los adolescentes son aún demasiado inmaduros para comprender ciertas cosas; es un ~: no es capaz de asumir sus responsabilidades.* ⇔ **maduro.**

in·ma·nen·te |i^{m}manénte| ***adj.*** *form.* Que es *esencial y permanente; que no se puede separar de otra cosa: *algunos psicólogos consideran que el egoísmo es ~ al ser humano.* ⇒ **inherente.**

in·ma·te·rial |i^{m}materiál| ***adj.*** Que pertenece al espíritu y no al mundo físico; que no se puede *percibir por los sentidos: *es conveniente para el equilibrio psíquico conservar y cultivar valores inmateriales como el amor y la amistad.* ⇒ **espiritual.** ⇔ **material.**

in·me·dia·tez |i^{m}meðiatéθ| ***f.*** Cualidad de inmediato: *me asustaba la ~ de su llegada.*

in·me·dia·⌜to, ⌜ta |i^{m}meðiáto, ta| **1** ***adj.*** Que está próximo a otra cosa, a su lado o muy cerca, sin nada en medio: *las casas inmediatas a la vía del tren tienen que soportar muchos ruidos.* ⇒ **cercano.** ⇔ **mediato. 2** Que ocurre en seguida, justo después de otra cosa: *la reacción a sus palabras fue inmediata.*

in·me·jo·ra·ble |i^mmexoráβle| ***adj.*** Que no se puede mejorar: *sus calificaciones han sido inmejorables.*

in·me·mo·rial |i^mmemorial| ***adj.*** (tiempo, periodo) Que es *tan antiguo, que no hay memoria de cuándo comenzó: *los dinosaurios se extinguieron en tiempos inmemoriales.*

in·men·si·dad |i^mmensiðáᵈ| **1** ***f.*** Cualidad de inmenso: *se asombraba de la ~ de su odio.* **2** Extensión o tamaño muy grande: *se quedó sorprendido ante la ~ de sus tierras.*

in·men·⌐so, ⌐sa |i^mménso, sa| **1** ***adj.*** Que es *tan grande, que no puede medirse ni contarse: *una inmensa cantidad de estrellas se ve desde nuestra azotea.* **2** *fig.* Que es muy grande; que tiene un tamaño mayor de lo normal: *una inmensa muchedumbre abarrotó la sala.* ⇒ **enorme, gigante.**

in·me·re·ci·⌐do, ⌐da |i^mmereθíðo, ða| ***adj.*** Que no se merece: *el premio que le han dado ha sido totalmente ~.*

in·mer·sión |i^mmersión| ***f.*** Acción de introducir o introducirse una cosa en un líquido: *desde el barco observamos la ~ de un submarino.*

in·mer·⌐so, ⌐sa |i^mmérso, sa| **1** ***adj.*** Que está hundido o metido en un líquido: *descubrieron un barco antiguo ~ en el océano.* **2** (persona) Que tiene la atención puesta en un pensamiento o en una acción, con descuido de cualquier otra cosa: *está tan ~ en sus estudios, que no se dará cuenta de nada.* ⇒ **absorto.**

in·mi·gra·ción |i^mmiγraθión| **1** ***f.*** Movimiento por el cual las personas se establecen en un país o región diferente de su lugar de origen: *la ~ causa, a veces, graves problemas.* ⇒ **migración.** ⇔ **emigración. 2** Situación en la que se encuentra la persona que participa en ese movimiento: *echa de menos a su familia: lleva varios años en la ~.*

in·mi·gran·te |i^mmiγránte| ***com.*** Persona que se establece en un país o región diferente de su lugar de origen: *los inmigrantes procedentes del norte de África frecuentemente se dedican a trabajos socialmente poco valorados.* ⇔ **emigrante.**

in·mi·grar |i^mmiγrár| ***intr.*** Establecerse en un país o región diferente del lugar de origen: *han inmigrado con toda su familia.* ⇒ **migrar.** ⇔ **emigrar.**

in·mi·nen·te |i^mminénte| ***adj.*** Que va a ocurrir *enseguida; que parece que va a ocurrir *enseguida: *la casa está en un estado de ruina ~.*

in·mis·cu·ir·se |i^mmiskuírse| ***prnl.*** [en algo] Participar sin haber sido llamado: *siempre trata de ~ en los problemas de los demás.* ⇒ **entremeter, entrometerse, meter.**

in·mo·bi·lia·ria |i^mmoβiliária| ***f.*** Sociedad que se dedica a construir, comprar y vender viviendas: *fuimos a una ~ porque buscábamos un piso en alquiler; una ~ está construyendo unos pisos en las afueras de la ciudad.*

in·mo·bi·lia·⌐rio, ⌐ria |i^mmoβiliário, ria| ***adj.*** De los bienes que no se pueden cambiar de lugar, o que tiene relación con ellos: *las fábricas pertenecen al patrimonio ~ de la empresa.*

in·mo·lar |i^mmolár| **1** ***tr.*** [algo, a alguien] *Sacrificar, ofrecer o dar como signo de reconocimiento u *obediencia a un dios: *todos los años inmolan un cordero el día de la fiesta del pueblo.* **- 2 inmolarse** ***prnl.*** Dar la vida o los bienes en provecho u honor de una persona o de una idea: *el muchacho se inmoló para pedir que terminasen las guerras.*

in·mo·ral |i^mmorál| ***adj.*** Que va contra la moral: *su comportamiento es completamente ~ y escandaliza a todos.* ⇔ **moral.**

in·mo·ra·li·dad |i^mmoraliðáᵈ| **1** ***f.*** Cualidad de *inmoral: *nos asombró la ~ de sus pensamientos e ideas.* ⇔ **moralidad. 2** Obra o dicho *inmoral: *dar semejante espectáculo en público es una ~.*

in·mor·tal |i^mmortál| **1** ***adj.*** Que no muere nunca: *Fausto vendió su alma al diablo para ser ~.* ⇔ **mortal. 2** *fig.* Que está destinado a durar *indefinidamente en la memoria de los hombres: *la obra de Cervantes es ~.*

in·mor·ta·li·dad |i^mmortaliðád| **1** ***f.*** Cualidad de *inmortal: *las leyendas de Transilvania aseguran la ~ de Drácula.* ⇔ **mortalidad. 2** *fig.* Duración indefinida de una cosa en la memoria de los hombres: *sus obras alcanzarán la ~.* **3** Creencia de que el espíritu del hombre sigue viviendo después de la muerte del cuerpo: *cree en la ~, y por eso ha dedicado su vida a extender esa idea.*

in·mor·ta·li·zar |i^mmortaliθár| ***tr.*** [algo, a alguien] Hacer que se conserve para siempre una persona o una cosa en la memoria de los hombres: *el pintor inmortalizó la imagen de la bailarina.* ☖ Se conjuga como 4.

in·mó·vil |i^mmóβil| **1** ***adj.*** Que no se mueve: *se quedó completamente ~, como si fuera una estatua.* ⇒ **estático.** ⇔ **móvil. 2** *fig.* Que es firme y *constante: *su actitud siempre es ~.*

in·mo·vi·li·dad |i^mmoβiliðáᵈ| ***f.*** Cualidad de *inmóvil: *la ~ de su cuerpo hacía que fuera imposible trasladarlo.* ⇔ **movilidad.**

in·mo·vi·lis·mo |i^mmoβilísmo| ***m.*** Actitud en la que se defiende la tradición y se rechazan las reformas: *el ~ ha provocado muchos retrasos en la evolución científica de la sociedad.* ⇒ **conservadurismo.**

in·mo·vi·li·za·ción |i^mmoβiliθaθión| ***f.*** Acción y resultado de *inmovilizar: *para curarle el brazo tiene que hacer una ~ completa.*

in·mo·vi·li·zar |i^mmoβiliθár| ***tr.-prnl.*** [algo, a alguien] Hacer que una persona o cosa no se mueva: *este veneno inmoviliza los músculos del cuerpo; me dio un calambre y se me inmovilizó el brazo.* ⇔ **movilizar.** ☖ Se conjuga como 4.

in·mue·ble |i^mmuéble| **1** ***adj.*** DER. (bien, propiedad) Que no puede separarse del lugar en el que está: *se consideran bienes inmuebles las tierras, los edificios y los árboles.* ⇔ **mueble. - 2** ***m.*** Edificio o construcción, generalmente el que se usa para vivir en él: *la policía entró en el ~ y detuvo a los delin-*

cuentes que se escondían dentro de él. ⇒ **edificación, edificio.**

in·mun·di·cia |iᵐmundíθia| **1** ***f.*** Cosa o sustancia sucia o que mancha: *no pudimos entrar en la habitación a causa de la ~: hacía tiempo que no la limpiaban.* ⇒ **basura, suciedad. 2** *fig.* Falta de pureza moral: *le han expulsado del seminario a causa de su ~.* ⇒ **impureza.**

in·mun·⌐do, ⌐da |iᵐmúndo, da| **1** ***adj.*** Que está sucio o contaminado; que da asco: *las cloacas despedía un olor ~.* **2** *fig.* Que es desagradable o va contra la moral establecida, especialmente en el terreno sexual: *la violación es un acto ~.*

in·mu·ne |iᵐmúne| **1** ***adj.*** DER. Libre de ciertos oficios, cargos, *pagos o penas: *los parlamentarios son inmunes y no pueden ser sometidos a juicio.* **2** Que no puede ser atacado por cierta enfermedad: *lo vacunaron y es ~.* **3** *fig.* Que no puede ser afectado o alterado: *parece ~ a todo sentimiento.*

in·mu·ni·dad |iᵐmuniðáᵈ| **1** ***f.*** Derecho de ciertos cargos a no ser sometidos a juicio: *no lo sometieron a juicio porque goza de ~ parlamentaria.* **2** Resistencia contra una enfermedad: *desarrolló una fuerte ~ contra esa infección.*

in·mu·ni·zar´ |iᵐmuniθár| **1** ***tr.-prnl.*** [algo, a alguien] Hacer resistente frente a una enfermedad: *la vacuna inmunizó al niño contra la hepatitis.* **2** *fig.* Hacer resistente frente a un mal o un daño: *ha visto tantas desgracias, que se ha inmunizado contra el dolor.* ☖ Se conjuga como 4.

in·mu·no·de·fi·cien·cia |iᵐmunoðefiθiénθia| ***f.*** MED. Estado del organismo que consiste en haber perdido gran parte de sus defensas: *un simple resfriado podría matarlo debido a su ~.*

in·mu·no·lo·gí·a |iᵐmunoloxía| ***f.*** MED. Disciplina que estudia la resistencia del organismo frente a las enfermedades: *la ~ se ocupa de las vacunas.*

in·mu·nó·lo·⌐go, ⌐ga |iᵐmunóloɣo, ɣa| ***m. f.*** MED. Médico especialista en *inmunología: *inmunólogos de todo el mundo se reunieron para tratar el problema del sida.*

in·mu·ta·ble |iᵐmutáβle| **1** ***adj.*** Que no cambia o no puede cambiar: *el reglamento de la asociación es ~.* **2** Que no siente o no muestra alteración del ánimo: *Juan permaneció ~ ante la noticia de la muerte de su padre.*

in·mu·tar |iᵐmutár| **1** ***tr.*** [algo] Alterar o cambiar: *no le gustó el escrito y lo inmutó.* **- 2 inmutarse** ***prnl.*** *fig.* Sentir y mostrar cierta alteración del ánimo: *quise darle un susto, pero no se inmutó.*

in·na·⌐to, ⌐ta |iⁿnáto, ta| ***adj.*** Que pertenece a la naturaleza de un ser desde su origen o nacimiento: *muchos investigadores opinan que la capacidad para aprender lenguas es innata en el ser humano; su ceguera es innata.*

in·ne·ce·sa·⌐rio, ⌐ria |iⁿneθesário, ria| ***adj.*** Que no es necesario; que está de más: *tantas precauciones son innecesarias.* ⇒ **superfluo.**

in·ne·ga·ble |iⁿneɣáβle| ***adj.*** Que no se puede negar; que no se puede poner en duda: *la eficacia del método es ~.* ⇒ **incuestionable, indiscutible, indudable, inequívoco.**

in·no·ble |iⁿnóβle| ***adj.*** Que no es bueno, generoso o fiel; que tiene *maldad; que merece desprecio: *su actitud al negar su ayuda a los necesitados fue totalmente ~.* ⇒ **vil.**

in·no·va·ción |iⁿnoβaθión| ***f.*** Acción y resultado de *innovar: *han introducido importantes innovaciones en el proceso de producción de sus automóviles.*

in·no·va·⌐dor, ⌐do·ra |iⁿnoβaðór, ðóra| ***adj.-s.*** Que *innova o cambia las cosas introduciendo *novedades: *el nuevo presidente de la compañía es muy ~; han lanzado una campaña publicitaria innovadora.*

in·no·var |iⁿnoβár| ***tr.*** [algo] Cambiar las cosas introduciendo *novedades: *la industria informática está innovando continuamente en el campo de los programas.*

in·nu·me·ra·ble |iⁿnumeráβle| **1** ***adj.*** Que es muy numeroso; que existe en una cantidad enorme: *sus amigos son innumerables.* ⇒ **incontable.** ☖ Se usa sólo con sustantivos en plural, excepto cuando se trata de colectivos: *ejército ~; ejércitos innumerables.* **2** Que no puede ser contado: *aquel imperio llegó a tener innumerables riquezas y recursos.* ⇒ **incalculable, incontable.**

i·no·cen·cia |inoθénθia| **1** ***f.*** Cualidad de *inocente: *el abogado demostró la ~ del acusado.* ⇒ **ingenuidad.** ⇔ **culpabilidad. 2** Estado del espíritu que desconoce el mal: *conserva la ~ de cuando era niño.* **3** Falta de mala intención o de disimulo al obrar: *lo han perdonado porque lo había hecho con ~, sin darse cuenta.* ⇔ **malicia.**

i·no·cen·ta·da |inoθentáða| **1** ***f.*** Engaño ridículo en el que uno cae por descuido o por falta de atención: *le han hecho una ~: le dijeron que hoy era fiesta y no ha venido a trabajar.* ⇒ **broma. 2** Broma que se hace el día 28 de *diciembre: *yo no he caído en ninguna ~ porque estaba sobre aviso.*

i·no·cen·te |inoθénte| **1** ***adj.-s.*** (persona) Que está libre de culpa: *el jurado lo declaró ~ del crimen.* ⇔ **culpable. 2** (persona) Que no busca el mal y tiene sentimientos puros: *vigilaba desde el balcón los inocentes juegos de los niños.* ⇒ **cándido, ingenuo. 3** (persona) Que no merece un castigo o una pena: *en las guerras mueren muchos inocentes.* **4** *fig.* Que no tiene mala intención o disimulo al obrar; que es fácil de engañar: *es un ~: se lo cree todo.* ⇒ **cándido, ingenuo, inocentón.**

i·no·cen·⌐tón, ⌐to·na |inoθentón, tóna| ***adj.-s.*** *fam.* (persona) Que no tiene mala intención o disimulo al obrar; que es fácil de engañar: *es tan ~, que se cree todo lo que le dicen.* ⇒ **inocente.**

i·no·cu·lar |inokulár| ***tr.*** [algo] Introducir en el organismo por medios artificiales el virus o la bacteria de una enfermedad contagiosa: *la vacuna consiste en ~ los virus que producen la enfermedad, para que el organismo cree anticuerpos.*

i·no·⌐cuo, ⌐cua |inókuo, kua| ***adj.*** Que no es malo; que no hace daño: *no se preocupe porque este tratamiento es totalmente ~.* ⇒ **inofensivo.**

i·no·do·⌐ro, ⌐ra |inoðóro, ra| **1** ***adj.*** Que no tiene olor: *el agua es inodora.* **- 2 inodoro** ***m.*** Recipiente con una *cisterna de agua en el que se orina y se hace de vientre: *utiliza los guantes para limpiar el ~.* ⇒ **retrete, taza, váter.**

i·no·fen·si·⌐vo, ⌐va |inofensíβo, βa| **1** ***adj.*** (persona, animal) Que no es capaz de causar ofensa o daño: *¿cómo pueden acusar a mi hijo de ese crimen, si él es completamente ~?* **2** Que no es malo; que no hace daño: *estas pastillas adelgazantes son inofensivas según la farmacéutica.* ⇒ **inocuo.**

i·nol·vi·da·ble |inolβiðáβle| ***adj.*** Que no puede o no debe olvidarse: *nuestra luna de miel fue ~.*

i·no·pe·ran·te |inoperánte| ***adj.*** *form.* Que no obra o no funciona de manera adecuada; que no produce el efecto deseado: *conviene sacar de la fábrica toda la maquinaria ~ y anticuada.* ⇒ **ineficaz.**

i·no·pia |inópia| ***f.*** Escasez económica; falta de lo necesario para poder vivir: *no tiene trabajo y vive en la ~.* ⇒ **indigencia, miseria, pobreza.** ■ **estar en la ~,** *fam. fig.*, estar distraído; tener la mente ocupada en otra cosa: *no creo que te esté escuchando: siempre está en la ~.*

i·no·por·tu·⌐no, ⌐na |inoportúno, na| **1** ***adj.*** Que se hace u ocurre fuera del tiempo adecuado o conveniente: *tu llegada fue muy inoportuna porque estaba a punto de declararle mi amor.* ⇔ **oportuno.** **2** Que no es agradable en la conversación y obra o habla de manera poco adecuada: *¡qué ~ has sido recordándole la muerte de su esposo!* ⇒ **importuno.** ⇔ **oportuno.**

i·nor·gá·ni·⌐co, ⌐ca |inorɣániko, ka| **1** ***adj.*** *form.* (elemento) Que no tiene vida; que no es capaz de vivir: *los minerales son inorgánicos.* ⇔ **orgánico.** **2** *form.* (sustancia o materia) Que no pertenece a los seres vivos; que no está formado por *restos de seres vivos: *los plásticos y los metales son materiales inorgánicos.* ⇔ **orgánico.**

i·no·xi·da·ble |inoᵏsiðáβle| ***adj.*** Que no se puede oxidar: *la cubertería es de acero ~.*

in·que·bran·ta·ble |iŋkeβrantáβle| ***adj.*** Que no se puede *quebrantar: *ha hecho un juramento ~.*

in·quie·tan·te |iŋkietánte| ***adj.*** Que causa preocupación o altera los nervios: *he recibido noticias inquietantes y prefiero asegurarme de que todo va bien.*

in·quie·tar |iŋkietár| ***tr.-prnl.*** [a alguien] Causar preocupación; alterar los nervios: *el ruido inquietó a los vecinos; se inquietó por lo que le dijeron.*

in·quie·⌐to, ⌐ta |iŋkiéto, ta| **1** ***adj.*** Que no está quieto; que causa desorden: *el niño es muy ~, tiene revuelta a toda la familia.* **2** Que no está tranquilo por una agitación del ánimo: *estoy un poco ~ por los nervios del viaje.* ⇔ **quieto. 3** *fig.* (cosa) Que no se tiene con calma o tranquilidad: *el niño tiene un sueño ~.*

in·quie·tud |iŋkietúᵈ| **1** ***f.*** Cualidad de *inquieto: *su ~ le hace moverse continuamente.* **2** Tendencia o inclinación del ánimo hacia una actividad o estudio, especialmente en el campo de las artes: *siente ~ por la pintura.*

in·qui·li·⌐no, ⌐na |iŋkilíno, na| ***m. f.*** Persona que *alquila una vivienda para vivir en ella: *los inquilinos del edificio están obligados a pagar el alquiler antes del día cinco de cada mes.* ⇒ **arrendatario.**

in·qui·na |iŋkína| ***f.*** Sentimiento de rechazo o disgusto hacia una persona o cosa que no se puede soportar o admitir: *sentía una terrible ~ hacia su compañero.* ⇒ **aversión, odio.**

in·qui·rir |iŋkirír| ***tr.*** [algo] Tratar de llegar a saber o a conocer una cosa preguntando o examinando: *envió una carta para ~ el motivo del rechazo de su solicitud.* ☖ Se conjuga como 30.

in·qui·si·ción |iŋkisiθión| **1** ***f.*** Acción y resultado de *inquirir: *la ~ de las causas del crimen no llegó a realizarse.* **2** Tribunal de la Iglesia, establecido para descubrir y castigar las faltas contra la *fe o las doctrinas de la Iglesia: *en el siglo* XVI, *muchas personas murieron porque la Inquisición los condenaba por herejes.* ☖ En esta acepción se escribe con mayúscula.

in·qui·si·⌐dor, ⌐do·ra |iŋkisiðór, ðóra| **1** ***adj.-s.*** Que *inquiere: *es un ~: todo lo quiere saber.* **- 2 inquisidor** ***m.*** *Juez del tribunal de la *Inquisición: *está escribiendo un libro sobre un ~ famoso que condenó a muchas personas a morir en la hoguera.*

in·sa·cia·ble |insaθiáβle| ***adj.*** Que no se puede *saciar o satisfacer: *es ~ en sus apetitos; tiene un deseo ~ de poder.*

in·sa·lu·bre |insalúβre| ***adj.*** Que es malo para la salud: *no se puede nadar en este río porque el agua es ~.* ⇒ **insano.** ⇔ **salubre.**

in·sa·lu·bri·dad |insaluβriðáᵈ| ***f.*** Cualidad de *insalubre: *la sequía está provocando la ~ de las aguas.* ⇔ **salubridad.**

in·sal·va·ble |insalβáβle| ***adj.*** Que no se puede salvar: *hay diferencias insalvables entre nosotros.*

in·sa·⌐no, ⌐na |insáno, na| **1** ***adj.*** Que es malo para la salud: *este ambiente cerrado y lleno de humo es muy ~.* ⇒ **insalubre.** ⇔ **sano. 2** Que hace daño al espíritu y a la moral: *sus insanas proposiciones ofendieron a la muchacha.* ⇔ **sano.**

in·sa·tis·fe·⌐cho, ⌐cha |insatisfétʃo, tʃa| ***adj.*** Que no está satisfecho: *estoy completamente ~ con vuestro trabajo; si alguien se ha quedado ~, puede repetir porque todavía queda comida.* ⇔ **satisfecho.**

ins·cri·bir |inskriβír| **1** ***tr.-prnl.*** [a alguien] Apuntar en una lista para un fin determinado: *¿queréis que os inscriba en el campeonato de mus?; se ha inscrito en un curso de informática.* ⇒ **afiliar. 2** Impresionar; dejar marca en la mente o el espíritu: *los paisajes de la infancia siempre se inscriben en nuestras memorias.* **3** [algo] Grabar; dejar marcado: *ha inscrito su nombre en la pared.* **4** GEOM. Trazar una figura dentro de otra tocándola en el mayor número de puntos posibles: *tienes que ~ una figura dentro de la circunferencia.* ⇒ **circunscribir.** ☖ El participio es *inscrito* o *inscripto.*

ins·crip·ción |inskriᵖθión| **1** ***f.*** Acción y resultado de *inscribir o *inscribirse en una lista: *necesitas traer tu carné de identidad y dos fotografías para la ~ en la biblioteca.* ⇒ **afiliación. 2** Escrito corto grabado en una superficie dura: *el latinista estudiaba las inscripciones aparecidas en unas tumbas antiguas; en la parte trasera de la medalla hay una ~.*

ins·cri·⌐to, ⌐ta |inskríto, ta| ***adj.*** Que está apuntado en una lista para cierto fin: *Juan está ~ en los cursos de informática.* ⌂ Es participio irregular de *inscribir.*

in·sec·ti·ci·da |insektiθíða| ***adj.-m.*** (sustancia, cosa) Que sirve para matar insectos: *ha echado ~ por toda la casa para matar las moscas que entraron.* ⇒ **matamoscas.**

in·sec·tí·vo·⌐ro, ⌐ra |insektíβoro, ra| ***adj.*** BIOL. (animal o planta) Que se alimenta de insectos: *muchas aves son insectívoras; las plantas insectívoras tienen vivos colores; el topo es ~.*

in·sec·to |inséktо| ***adj.-m.*** (animal) Que es invertebrado, pequeño, con el cuerpo dividido en anillos o partes y con tres pares de patas compuestas por piezas articuladas, que sufre transformaciones en su desarrollo y que respira por *tráqueas comunicadas con el exterior: *las hormigas, los escarabajos y las mariposas son insectos; no me gusta salir al campo porque hay muchos insectos;* ~ **social,** el que vive formando parte de una comunidad con numerosos individuos de la misma especie, que de manera *jerarquizada cumplen las funciones que les corresponden: *las abejas son insectos sociales que viven juntos en colmenas.*

in·se·gu·ri·dad |inseɣuriðáᵈ| ***f.*** Cualidad de *inseguro; debilidad de carácter: *si no vence su ~, nunca llegará a nada; la ~ en el empleo es un problema muy común en las situaciones de crisis.* ⇒ **indecisión.** ⇔ **seguridad.**

in·se·gu·⌐ro, ⌐ra |inseɣúro, ra| **1** ***adj.*** Que no está libre de peligro o daño; que no ofrece seguridad: *no me gusta este barrio: es demasiado ~.* ⇔ **seguro. 2** (persona) Que tiene dudas sobre sí mismo y su propia capacidad: *no ha aceptado ningún puesto de responsabilidad porque es muy ~.*

in·se·mi·na·ción |inseminaθión| ***f.*** Acción y resultado de *inseminar: *la ~ es el primer paso necesario para la fecundación;* ~ **artificial,** procedimiento que consiste en hacer llegar el *semen al *óvulo mediante un instrumento o *artificio: *la ~ artificial permite cruzar razas diferentes de animales.*

in·se·mi·nar |inseminár| ***tr.*** [algo, a alguien] Poner *semen masculino en las vías *genitales femeninas: *el veterinario ha inseminado artificialmente algunas vacas del establo.*

in·sen·sa·tez |insensatéθ| **1** ***f.*** Cualidad de *insensato: *tiene tanta ~, que no se puede confiar en él.* ⇔ **sensatez. 2** *fig.* Obra o dicho insensato: *conducir un coche sin seguro, además de ser ilegal, es una ~.*

in·sen·sa·⌐to, ⌐ta |insensáto, ta| ***adj.*** Que no muestra buen juicio o madurez en sus actos: *es un ~: gasta todo lo que gana.* ⇔ **sensato.**

in·sen·si·bi·li·zar |insensiβiliθár| **1** ***tr.-prnl.*** [algo, a alguien] Hacer perder la capacidad física de sentir: *la anestesia que te pone el dentista insensibiliza la zona y no sientes el dolor.* **2** [a alguien] Hacer perder la compasión o los sentimientos humanos: *la dureza de la vida lo ha insensibilizado.* ⌂ Se conjuga como 4.

in·sen·si·ble |insensíβle| **1** ***adj.*** Que no puede sentir; que ha perdido la *sensibilidad: *desde el golpe, tenía los dedos insensibles.* **2** *fig.* Que no siente compasión; que no tiene sentimientos o *sensibilidad: *era un tirano, una persona ~; no tiene ni idea de arte: es ~ a tanta belleza.* **3** Que no se puede notar; que no es importante: *aquella era una suma ~ de dinero.* ⇒ **imperceptible.**

in·se·pa·ra·ble |inseparáβle| **1** ***adj.*** Que no se puede separar o que es muy difícil hacerlo: *este mueble está formado por módulos inseparables.* ⇔ **separable. 2** LING. (*partícula) Que entra en la formación de palabras compuestas: in *o* hiper *son partículas inseparables.* **3** *fig.* (persona) Que está muy unido o fuertemente relacionado con otra persona: *Roberto y su hermano son ~, siempre van juntos a todas partes.*

in·ser·ción |inserθión| ***f.*** Acción y resultado de *insertar: *la ~ de ese capítulo alteró la estructura de la novela.*

in·ser·tar |insertár| ***tr.-prnl.*** [algo] Incluir una cosa en otra: *insertó varias fotografías en el texto.* ⌂ Tiene dos participios: *insertado* e *inserto* . El segundo es irregular y culto.

in·ser·vi·ble |inserβíβle| ***adj.*** Que no sirve para cierto uso; que no está en condiciones para ser usado: *la moto ha quedado ~ después del accidente.*

in·si·dia |insíðia| ***f.*** *form.* Engaño oculto o disimulado para lograr un mal fin y que acaba causando un daño: *con sus insidias consiguió que echaran a un compañero.* ⇒ **asechanza.**

in·si·dio·⌐so, ⌐sa |insiðióso, sa| **1** ***adj.-s.*** *form.* (persona) Que engaña de modo oculto o disimulado para lograr un mal fin y causar un daño: *parece una buena persona, pero, cuando la conoces, te das cuenta de que es muy insidiosa.* **- 2** ***adj.*** *form.* Que contiene un engaño oculto o disimulado para lograr un mal fin y que acaba causando un daño: *sus palabras eran insidiosas.* **3** MED. (enfermedad) Que es grave a pesar de su apariencia *benigna: *me ha dicho el médico que este grano es ~.*

in·sig·ne |insíᵞne| ***adj.*** Que tiene fama y es muy conocido: *el ~ escritor ha sido nombrado miembro de la Real Academia Española de la Lengua.* ⇒ **célebre, famoso.**

in·sig·nia |insíᵞnia| **1** ***f.*** Señal o figura con un significado, especialmente cuando es pequeña y puede llevarse sujeta a la ropa: *el general lleva varias insignas y medallas que recuerdan sus hazañas en la guerra.* ⇒ **distintivo, placa. 2** Bandera o figura que toma una *asociación o grupo social por la que es reconocido: *la mujer del alcalde encabezaba la procesión portando la ~ de la cofradía.* ⇒ **emblema, estandarte.**

in·sig·ni·fi·can·cia |insiᵞnifikánθia| **1** ***f.*** Cualidad de *insignificante: *cuando pienso en lo grande que es el Universo, me doy cuenta de mi ~.* ⇔ **gravedad. 2** Cosa pequeña o poco importante: *en realidad, el regalo que te hago es una ~.* ⇒ **pequeñez.**

in·sig·ni·fi·can·te |insiᵞnifikánte| ***adj.*** Que es muy pequeño o poco importante: *no vamos a discutir por una cantidad tan ~.* ⇒ **irrisorio.**

in·si·nua·ción |insinuaθión| ***f.*** Obra o dicho que sirve para dar a entender una cosa sin decirla de manera clara: *sólo fue una ~, pero creo que me quiso llamar tonta.* ⇒ **indirecta.**

in·si·nuar |insinuár| **1** ***tr.*** [algo] Dar a entender una cosa sin decirla de manera clara: *le insinuamos varias veces que estaba estorbando, pero al final tuvimos que decírselo directamente.* ⇒ **sugerir.** - **2 insinuarse** ***prnl.*** *fig.* Dar a entender el deseo de establecer relaciones amorosas: *se insinúa tan descaradamente al jefe, que todos nos hemos dado cuenta.* **3** Verse el principio de una cosa: *detrás de la montaña se insinuaba la chimenea de la fábrica.* ⇒ **asomar.** ☖ Se conjuga como 11.

in·sí·pi·⌜do, ⌜da |insípiðo, ða| **1** ***adj.*** (alimento) Que tiene poco o ningún sabor: *los aguacates son muy insípidos; el caldo te ha quedado ~.* ⇒ **desabrido, insulso, soso.** **2** *fig.* Que no tiene gracia o *viveza: *no me gusta salir con él: es un chico muy ~ y me aburre.* ⇒ **insulso, soso.**

in·sis·ten·cia |insisténθia| **1** ***f.*** Cualidad de insistente: *su ~ puede llegar a convertirse en pesadez si no se le pone un límite.* **2** Repetición de una pregunta o *petición: *perdone mi ~, pero necesitamos una respuesta antes del martes.*

in·sis·ten·te |insisténte| ***adj.*** Que insiste: *no era el candidato más adecuado, pero fue el más ~ y por eso lo eligieron.* ⇒ **pesado, tenaz.**

in·sis·tir |insistír| **1** ***intr.*** Repetir varias veces una *petición o acción para conseguir una cosa: *tanto insistió, que al final le dije la respuesta.* **2** Destacar la importancia de un hecho repitiéndolo: *el profesor insistió varias veces en cómo debíamos hacer las peticiones de becas.* **3** Descansar o apoyarse una cosa sobre otra: *vamos a colocar esta madera de forma que insista sobre estos palos para hacer un asiento.*

in·so·bor·na·ble |insoβornáβle| **1** ***adj.*** Que no puede ser *sobornado: *por supuesto que el juez es ~, ¿cómo has podido dudarlo?* **2** Que no se deja llevar por ninguna influencia exterior: *es un político ~, fiel a las consignas del partido.*

in·so·la·ción |insolaθión| **1** ***f.*** MED. Enfermedad producida por una *exposición excesiva a los rayos del sol: *niño, ven a la sombra un rato, que vas a coger una ~.* **2** *Exposición a la luz, especialmente a la del sol: *esta planta no necesita mucha ~.*

in·so·len·cia |insolénθia| **1** ***f.*** Cualidad de *insolente: *la ~ de su criado era tal, que tuvo que llamarle la atención.* **2** Obra o dicho *insolente: *cometió numerosas insolencias.*

in·so·len·te |insolénte| **1** ***adj.-com.*** (persona) Que falta al respeto debido a la gente, especialmente a los superiores: *jovencito, no sea usted ~ y mantenga la boca cerrada cuando hablan los adultos.* **2** (persona) Que actúa con desprecio hacia los demás: *no me gusta trabajar con él porque es un ~: cree que nunca se equivoca.* - **3** ***adj.*** Que *implica falta del respeto debido: *sus palabras insolentes nos ofendieron.*

in·só·li·⌜to, ⌜ta |insólito, ta| **1** ***adj.*** Que ocurre pocas veces: *la llegada de un grupo musical extranjero es un acontecimiento ~ en la ciudad.* ⇒ **excepcional, inusitado, inusual.** **2** Que sorprende o destaca por su extrañeza: *el montaje de la obra de teatro era ~.* ⇒ **excepcional, inusitado, inusual.**

in·so·lu·ble |insolúβle| **1** ***adj.*** Que no se puede disolver: *las piedras son insolubles.* ⇔ **soluble.** **2** *fig.* Que no se puede resolver: *nos enfrentamos a un problema ~ con los recursos con los que contamos.* ⇒ **irresoluble.** ⇔ **soluble.**

in·sol·ven·cia |insolβénθia| **1** ***f.*** Falta de capacidad para hacer gastos o pagar deudas: *la empresa quebró por ~.* **2** Falta de capacidad para dar solución a asuntos difíciles: *la ~ del director es irritante.*

in·sol·ven·te |insolβénte| ***adj.*** (persona) Que no dispone de fondos para pagar deudas: *como no puede hacer frente a sus obligaciones se ha declarado ~.* ⇔ **solvente.**

in·som·ne |insómne| ***adj.*** Que tiene falta de sueño o dificultad para dormir: *es ~ y tiene que tomar somníferos.*

in·som·nio |insómnio| ***m.*** Dificultad para dormir; falta de sueño: *desde que lo despidieron del trabajo sufría ~; no es aconsejable tomar somníferos para combatir el ~.*

in·son·da·ble |insondáβle| **1** ***adj.*** *form.* Que es *tan profundo, que no se puede averiguar la profundidad de su fondo: *se perdió en los abismos insondables del mar océano.* **2** *form. fig.* Que no se puede averiguar: *para mí, los misterios de la ciencia son insondables.*

in·so·no·ri·zar |insonoriθár| ***tr.*** [algo] Aislar un lugar para que no entren ni salgan de él los sonidos: *tienen que ~ completamente el local si quieren hacer una discoteca.* ☖ Se conjuga como 4.

in·so·por·ta·ble |insoportáβle| ***adj.*** Que no se puede soportar o aguantar; que molesta o enfada mucho: *aquí hace un calor ~; tu primo es un chico ~.* ⇒ **irresistible.** ⇔ **soportable.**

in·sos·la·ya·ble |insoslayáβle| ***adj.*** Que no se puede evitar: *tarde o temprano tendrás que afrontar ese problema porque es ~.* ⇒ **ineludible.**

in·sos·pe·cha·ble |insospetʃáβle| **1** ***adj.*** Que es difícil o casi imposible que *suceda: *es ~ que gane ese partido: casi no tiene afiliados.* ⇒ **impensable, inconcebible, inimaginable.** **2** Que no se puede sospechar o imaginar: *en un viaje semejante te pueden ocurrir aventuras insospechables.* ⇒ **impensable, inconcebible, inimaginable.**

in·sos·te·ni·ble |insosteníβle| **1** ***adj.*** Que no se puede sostener: *la columna pesaba tanto, que parecía insostenible.* **2** *fig.* Que no se puede defender con razones: *tu teoría es ~, está completamente equivocada.*

ins·pec·ción |inspekθión| **1** ***f.*** *Examen u observación cuidadosa que sirve para hacer una comprobación: *han hecho una ~ en el colegio para comprobar que la educación de los niños es la adecuada.* ⇒ **supervisión.** **2** Oficina del *inspector: *la ~ está en el tercer piso.*

ins·pec·cio·nar |inspekθionár| ***tr.*** [algo, a alguien] Examinar u observar con atención y cuidado para hacer una comprobación: *Hacienda ha inspeccionado las cuentas de su negocio y ha encontrado que todo estaba en regla.* ⇒ **controlar, supervisar.**

ins·pec·⌐tor, ⌐to·ra |inspe^któr, tóra| **1** ***adj.*** Que *inspecciona: *una comisión inspectora denunció esos abusos.* - **2** ***m. f.*** Persona que se dedica a la *inspección y vigilancia en el campo a que pertenece: *vino un ~ de hacienda para informarse.*

ins·pi·ra·ción |inspiraθión| **1** ***f.*** Movimiento para llevar el aire exterior a los pulmones o para oler: *la ~ es una de las fases de la respiración.* ⇒ **aspiración, respiración.** ⇔ **espiración. 2** *fig.* Estado en el que se siente una especial facilidad para producir obras de arte: *el poeta se sentó a esperar la ~.* ⇒ **musa. 3** *fig.* *Estímulo que hace producir obras de arte de modo fácil y rápido, sin esfuerzo: *ella es la ~ de mis cuadros.* ⇒ **musa. 4** *fig.* Cualidad que da a una obra valor artístico: *escribía unas novelas aburridas y faltas de ~.* **5** Influencia sobre una obra de arte: *construye edificios de ~ neoclásica; ha lanzado una colección de moda de ~ mediterránea.* **6** Acción de *inspirar o de causar en el ánimo un sentimiento, una sensación o una idea: *después de explicárselo todo, tuve la ~ de que me había equivocado.*

ins·pi·rar |inspirár| **1** ***tr.*** [algo] Atraer el aire exterior a los pulmones: *inspiró todo el aire que pudo antes de sumergirse en el agua.* ⇒ **aspirar.** ⇔ **espirar. 2** [algo; a alguien] Causar o provocar en el ánimo un sentimiento, una sensación o una idea: *Jesús me inspira una gran confianza.* - **3** ***tr.-prnl.*** *fig.* [a alguien] Hacer producir obras de arte de modo fácil y rápido sin esfuerzo: *el paisaje inspiró al poeta para componer aquella oda; se inspiró en su esposa para pintar a Venus.* **4** *fig.* Influir sobre una persona, especialmente sobre un artista: *la métrica italiana inspiró a varios poetas españoles; el arquitecto se inspiró en los templos griegos.*

ins·ta·la·ción |instalaθión| **1** ***f.*** Acción y resultado de instalar o instalarse: *la ~ del nuevo equipo costó mucho esfuerzo y dinero; tras su ~ en Barcelona, la familia aumentó sus ingresos.* **2** Conjunto de aparatos y cosas instaladas: *hay que renovar completamente la ~ del gas del edificio.*

ins·ta·lar |instalár| **1** ***tr.-prnl.*** [a alguien] Colocar o establecer, especialmente a una persona en una vivienda: *se han instalado en uno de los mejores barrios de la ciudad.* - **2** ***tr.*** Colocar en un lugar los aparatos y cosas necesarias para un servicio: *han instalado una antena parabólica para toda la comunidad; los técnicos vinieron a ~ el aire acondicionado.*

ins·tan·cia |instánθia| 1 Documento oficial en el que se solicita una cosa: *tiene usted que rellenar esta ~ para reclamar el dinero.* ⇒ **solicitud. 2** DER. Grado establecido por la ley para solucionar asuntos legales: *el Ministerio de Justicia va a crear seis nuevos tribunales de primera ~.* ■ **en última ~**, en una circunstancia especial: *te juro que no voy a vender la pulsera, si no es en última ~.*

ins·tan·tá·ne·a |instantánea| ***f.*** Fotografía, especialmente la que se impresiona en un periodo muy corto de tiempo: *me hice unas instantáneas para entregarlas en la escuela; la revista presentaba una ~ del portero en el momento de parar el penalti.*

ins·tan·tá·ne·⌐o, ⌐a |instantáneo, a| **1** ***adj.*** Que sólo dura un *instante: *el relámpago es un fulgor ~ que recorre el cielo.* **2** Que se produce o se consigue en un *instante: *en esa zapatería hacen los arreglos instantáneos.*

ins·tan·te |instánte| ***m.*** Periodo de tiempo muy breve: *el flash me cegó por un ~.* ⇒ **momento.**

ins·tar |instár| ***tr.-intr.*** [algo] Obligar a hacer una cosa con rapidez: *le insté a que resolviera cuanto antes el asunto; el partido instó a los ciudadanos a una manifestación; la junta directiva podrá ~ y obtener judicialmente la prohibición del uso del local.* ⇒ **apremiar, urgir.**

ins·tau·rar |instaurár| ***tr.*** [algo] Fundar o establecer una cosa que no existía; hacer que empiece a funcionar: *han instaurado la monarquía en ese país.* ⇒ **establecer, instituir.**

ins·ti·ga·⌐dor, ⌐do·ra |instiγaðór, ðóra| ***adj.-s.*** (persona) Que *instiga o influye en una persona: *un intelectual fue el ~ de la revuelta estudiantil.*

ins·ti·gar |instiγár| ***tr.*** [algo, a alguien] Influir en una persona para que realice una acción generalmente mala: *no lo quería hacer, pero mi compañero me instigó y ahora soy el culpable.* ⇒ **incitar, inducir.** ☖ Se conjuga como 7.

ins·tin·ti·⌐vo, ⌐va |instintíβo, βa| ***adj.*** Que es obra o resultado de un *instinto; que está determinado por un *instinto: *cerrar los ojos cuando te echan arena es un movimiento ~; mi reacción instintiva fue darle un puñetazo, pero me contuve.*

ins·tin·to |instínto| **1** ***m.*** Conjunto de reacciones de los sentidos, comunes a todos los individuos de la misma especie y adaptadas a una finalidad, de las que el sujeto que obra generalmente no tiene *conciencia: *el animal ataca por ~ de conservación; el ~ hizo que el muchacho perdido sobreviviera en la selva.* **2** *p. ext.* Capacidad adaptada a una finalidad, que entra en funcionamiento naturalmente sin que sea el resultado de la experiencia o de la educación y sin que exija esfuerzo mental: *aprendió rápidamente a tocar la batería porque tenía el ~ del ritmo; triunfará porque tiene ~ para los negocios.*

ins·ti·tu·ción |instituθión| **1** ***f.*** Acción de *instituir; proceso de ser *instituido: *varios colectivos de abogados españoles demandan la ~ del jurado en los juicios.* **2** Organización que ha sido fundada con un fin determinado: *la Universidad es una ~ pública.* **3** Ley u organización básica: *las instituciones están al servicio del ciudadano.*

ins·ti·tu·cio·nal |instituθionál| ***adj.*** De la *institución o que tiene relación con ella: *al final del acto, cantaron el himno ~.*

ins·ti·tu·ir |instituír| ***tr.*** [algo] Fundar o establecer una cosa que no existía: *instituyó una fundación benéfica el siglo pasado.* ⇒ **instaurar.** ☖ Se conjuga como 62.

ins·ti·tu·to |institúto| **1** ***m.*** Establecimiento oficial donde se hacen los estudios de enseñanza *secundaria: *mis hijos ya van al ~, y el mayor pronto irá a la Universidad.* **2** Organización con fines científicos, literarios o *benéficos o con otros fines de utilidad pública: *el Instituto Iberoamericano ha organizado un ciclo de conciertos.* **3** Establecimiento comercial donde se proporcionan ciertos servicios al público: *fue a hacerse una limpieza de cutis a un ~ de belleza.* ⇒ **salón.** **4** Regla que ordena cierta forma y método de vida o de enseñanza, especialmente el de las órdenes religiosas: *el ~ de esta orden religiosa no permite visitar a la familia más de una vez al año.*

ins·ti·tu·triz |institutríθ| ***f.*** Mujer que se dedica a educar y enseñar a uno o más niños en la casa de éstos: *los niños vivían muy lejos de la escuela, pero tenían una ~.*

ins·truc·ción |instru^{k}θión| **1** ***f.*** Conjunto de conocimientos que se enseñan o se aprenden de forma ordenada: *recibió su primera ~ en la escuela de su pueblo.* **2** Conjunto de reglas o normas: *para instalar el vídeo debes seguir las instrucciones cuidadosamente.* ☐ Se suele usar en plural. **3** *Inicio y desarrollo de un proceso: *ése es el juez que llevará la ~ del caso.*

ins·truc·ti·⌜vo, ⌜va |instru^{k}tíβo, βa| ***adj.*** Que sirve para enseñar o *instruir: *siempre regala juguetes instructivos a sus hijos.*

ins·truc·⌜tor, ⌜to·ra |instru^{k}tór, tóra| **1** ***adj.*** Que enseña o *instruye: *el juez ~ se encarga de asuntos penales.* **- 2** ***m. f.*** Persona que se dedica a enseñar o *instruir, especialmente en actividades deportivas o militares: *el ~ trataba con severidad a los soldados; la instructora daba a sus alumnos consejos para calentar los músculos.* ⇒ **preparador.**

ins·tru·ir |instruír| **1** ***tr.*** [a alguien] Comunicar conocimientos o doctrinas: *el filósofo griego instruía a sus discípulos en la plaza pública.* ⇒ **enseñar.** **2** Dar a conocer el estado de una cosa: *el médico nos instruyó sobre los peligros de aquel medicamento.* **3** DER. [algo] Realizar las acciones necesarias para ejecutar un proceso: *la jueza que instruyó el caso no hizo declaraciones a la prensa.* ☐ Se conjuga como 62.

ins·tru·men·tal |instrumentál| **1** ***adj.*** Del instrumento o que tiene relación con él: *el taller estaba dotado de los medios instrumentales más modernos.* **2** Que sirve de instrumento o tiene función de instrumento: *la amistad no debe ser una relación ~ para conseguir beneficios.* **3** (música) Que se ha escrito para ser tocado con instrumentos y no para ser cantado: *el primer fragmento de esta composición es ~.* ⇒ **vocal.** **- 4** ***m.*** Conjunto de instrumentos de cualquier clase: *el profesor nos pidió que cuidáramos el ~ del laboratorio; el doctor sacó su ~ del maletín; los músicos afinaban el ~ antes de ensayar;* ~ **quirúrgico**, el que sirve para operar a los enfermos: *el ~ quirúrgico debe estar esterilizado.*

ins·tru·men·tar |instrumentár| **1** ***tr.*** [algo] Preparar una cosa para que pueda ser usada: *el director de publicidad instrumentó un plan.* **2** MÚS. Preparar una obra musical para que pueda ser *interpretada con varios instrumentos a la vez: *ya he compuesto la canción y ahora tengo que instrumentarla.* ⇒ **orquestar.**

ins·tru·men·tis·ta |instrumentísta| ***com.*** MÚS. Persona que toca un instrumento musical: *la orquesta está formada por cuarenta y dos instrumentistas procedentes del conservatorio.*

ins·tru·men·to |instruménto| **1** ***m.*** Objeto formado por una o varias piezas y que se usa para practicar artes y oficios: *dice que no puede arreglar el avión porque no dispone de ciertos instrumentos.* **2** Objeto formado por una o varias piezas que se usa para producir música: *colecciona instrumentos antiguos;* ~ **de cuerda**, el que produce música mediante la vibración de unas cuerdas: *el violín, la guitarra y el piano son instrumentos de cuerda;* ~ **de percusión**, el que produce música al ser golpeado: *el tambor y el xilófono son instrumentos de percusión;* ~ **de viento**, el que produce música al soplar por él: *la trompeta y la flauta son instrumentos de viento.* **3** *fig.* Medio que se usa para alcanzar un fin: *algunos gobiernos utilizan la prensa como ~ de manipulación; me engañó: no fui más que un ~ para ella.*

in·su·bor·di·na·ción |insuβorðinaθión| ***f.*** Acción y resultado de *insubordinar: *las tropas fueron castigadas por su ~.* ⇒ **desobediencia.** ⇔ **subordinación.**

in·su·bor·di·nar |insuβorðinár| **1** ***tr.-prnl.*** [a alguien] Hacer tomar una actitud *rebelde: *la tripulación del barco se insubordinó ante las insensatas órdenes del capitán.* ⇒ **sublevar.** **2** Preocupar, alterar el ánimo; provocar protesta o enfado: *un grupo de manifestantes se insubordinó y tuvo que actuar la policía.* ⇒ **sublevar.**

in·subs·tan·cial |insu^{β}stanθiál| ***adj.*** Que tiene poca o ninguna sustancia: *este libro es completamente ~: no aporta nada nuevo.* ⇒ **insustancial.** ⇔ **substancial.** ☐ La Real Academia Española prefiere la forma *insustancial.*

in·subs·ti·tui·ble |insu^{β}stituíβle| ***adj.*** Que no se puede sustituir: *se cree ~, aunque cualquiera podría hacer su trabajo; esa pieza es ~, si se estropea, habrá que comprar un televisor nuevo.* ⇒ **insustituible.** ☐ La Real Academia Española prefiere la forma *insustituible.*

in·su·fi·cien·cia |insufiθiénθia| **1** ***f.*** Falta de capacidad, de adecuación; escasez: *el ingeniero declaró que solucionaría la ~ del servicio técnico.* ⇔ **suficiencia.** **2** MED. *Incapacidad de un órgano para realizar adecuadamente sus funciones: *una ~ renal casi acaba con su vida.*

in·su·fi·cien·te |insufiθiénte| **1** ***adj.*** Que no es bastante: *el dinero que gana es ~ para mantener a toda la familia.* ⇔ **suficiente.** **- 2** ***m.*** Nota de haber sido suspendido en un *examen o prueba: *le pusieron un ~ porque no contestó bien ni a la mitad de las preguntas.* ⇒ **suspenso.** ⇔ **aprobado, suficiente.**

in·su·flar |insuflár| **1** ***tr.*** *form. fig.* [algo] Comunicar ideas o sentimientos: *sus amigos le insuflaron las ganas de vivir después del accidente.* **2** MED. Introducir, soplando, un gas, un vapor o una sustancia en polvo dentro del cuerpo: *tuvieron que ~ aire en los pulmones del ahogado para que no muriera.*

in·su·fri·ble |insufríβle| ***adj.*** Que no se puede soportar o sufrir; que molesta o enfada mucho: *todos los programas que echaban ayer por televisión eran insufribles.*

in·su·lar |insulár| **1** ***adj.*** De la isla o que tiene relación con ella: *el gobierno ~ de Gran Canaria se encargará de ese asunto.* ⇒ **isleño. - 2** ***com.*** Persona nacida en una isla: *la compañía aérea ofrece descuentos a los insulares en los viajes por el archipiélago.* ⇒ **isleño.**

in·su·li·na |insulína| ***f.*** *Hormona producida por el *páncreas, que sirve para regular la cantidad de azúcar de la sangre: *los diabéticos no producen suficiente ~.*

in·sul·⌜so, ⌜sa |insúlso, sa| **1** ***adj.*** (alimento) Que tiene poco o ningún sabor: *este guiso te ha quedado ~.* ⇒ **desabrido, insípido, soso. 2** *fig.* Que no tiene gracia o *viveza: *es tan ~, que nadie se ríe de sus chistes.* ⇒ **insípido, soso.**

in·sul·tan·te |insultánte| ***adj.*** Que es un insulto o una ofensa o se *interpreta como tal: *nos trató con una soberbia ~.*

in·sul·tar |insultár| ***tr.*** [a alguien] Hablar sin respeto o consideración; hacer una ofensa de palabra: *me insultó llamándome imbécil.*

in·sul·to |insúlto| ***m.*** Ofensa que se hace al nombre o al honor de una persona con palabras: *me ofendieron sus muchos insultos.* ⇒ **injuria.**

in·su·mi·sión |insumisi̲ó̲n| ***f.*** Cualidad o estado de *insumiso: *la ~ va aumentando: cada vez son más los jóvenes que no quieren hacer el servicio militar.* ⇒ **rebeldía.** ⇔ **sumisión.**

in·su·mi·⌜so, ⌜sa |insumíso, sa| **1** ***adj.*** (persona) Que no obedece o no muestra respeto: *es ~: discute hasta con su padre.* ⇒ **desobediente, rebelde.** ⇔ **sumiso. - 2 insumiso** ***adj.-m.*** (hombre) Que se niega a hacer el servicio militar o el servicio *civil a que obligan las leyes del estado: *el joven ~ ingresó ayer en prisión.*

in·su·pe·ra·ble |insuperáβle| ***adj.*** Que no se puede superar o que es muy difícil de superar: *han desarrollado una técnica ~ de salto; la blancura de este detergente es ~.*

in·su·rrec·ción |insur̄ekθi̲ó̲n| ***f.*** Levantamiento contra un superior o contra una autoridad: *los altos cargos consiguieron sofocar la ~.* ⇒ **rebelión, sublevación.**

in·su·rrec·⌜to, ⌜ta |insur̄ékto, ta| ***adj.-s.*** (persona) Que se levanta contra un poder superior: *los militares insurrectos fueron degradados y enviados a prisión.* ⇒ **rebelde.**

in·sus·tan·cial |insustanθi̲á̲l| ***adj.*** Que tiene poca o ninguna sustancia: *hizo un discurso ~ plagado de tópicos.* ⇒ **insubstancial.** ⇔ **sustancial.**

in·sus·ti·tui·ble |insustitu̲í̲βle| ***adj.*** Que no se puede sustituir: *su trabajo es tan bueno, que se ha hecho ~ en el taller; esa joya es ~ por su valor sentimental.* ⇒ **insubstituible.**

in·ta·cha·ble |intatʃáβle| ***adj.*** Que no tiene ninguna mancha o defecto; que está en perfecto estado: *su comportamiento ha sido ~: no se le puede culpar de nada.* ⇒ **impecable, irreprochable.**

in·tac·⌜to, ⌜ta |intákto, ta| **1** ***adj.*** Que no está tocado: *había tanta comida, que la tarta quedó intacta: nadie la probó.* **2** *fig.* Que no sufre alteración o daño: *te he prestado el coche, pero espero que me lo devuelvas ~.* **3** *fig.* Que no está tratado o estudiado; que no se habla de ello: *este campo de investigación está aún ~.*

in·tan·gi·ble |intaŋxíβle| **1** ***adj.*** Que debe ser respetado o que no se puede alterar: *la Constitución es ~.* ⇒ **intocable. 2** Que no se puede tocar: *Dios es ~.* ⇒ **intocable.** ⇔ **tangible. 3** *fig.* Que no se puede *percibir de manera *precisa: *el amor y la amistad son bienes intangibles.* ⇔ **tangible.**

in·te·gra·ción |inteɣraθi̲ó̲n| **1** ***f.*** Formación de un conjunto con varios elementos: *trataron de conseguir la ~ de todos los partidos de izquierda.* ⇔ **desintegración. 2** Entrada en un grupo y adaptación a él: *la comunidad ha puesto en práctica un plan de ~ para niños minusválidos.*

in·te·gral |inteɣrál| **1** ***adj.*** Que está completo; que tiene todas sus partes: *el pan ~ es el que se hace sin quitar el salvado.* **- 2** ***f.*** MAT. Función que se *obtiene por una operación a partir de la derivada: *el problema consiste en hallar la ~ de la función dada.* **3** MAT. Operación por la que se calcula el área de una función: *hoy nos han enseñado a hacer integrales.* ⇒ **derivada.**

in·te·gran·te |inteɣránte| ***adj.-com.*** Que, junto con otros elementos, forma un conjunto: *los integrantes de la asociación reciben mensualmente una revista; España y Portugal son países integrantes de la Unión Europea.*

in·te·grar |inteɣrár| **1** ***tr.*** [algo] Formar un conjunto junto con otros elementos: *los factores que integran este producto son varios; doscientos miembros integran la asociación.* **2** MAT. Determinar mediante cálculo una cantidad, conociendo sólo la expresión derivada: *en el problema me piden ~ una función.* **3** [a alguien] Hacer entrar; admitir o hacer que se admita: *los demás niños lo han integrado en la clase perfectamente.* **- 4 integrarse** ***prnl.*** Unirse a un grupo: *muchos inmigrantes se han integrado perfectamente en la sociedad española.* ⇒ **incorporar.**

in·te·gri·dad |inteɣriðáᵈ| **1** ***f.*** Estado de lo que está completo o tiene todas sus partes: *justificaron la guerra como una defensa de la ~ del territorio nacional.* **2** Cualidad de respetar la verdad, la ley, el dinero o los bienes de los demás; cualidad de cumplir perfectamente las obligaciones: *nadie duda de la ~ del juez.*

in·te·gris·mo |inteɣrísmo| ***m.*** Doctrina *basada en el mantenimiento de una tradición, especialmente religiosa, y en su defensa, frente a cualquier tipo de cambio o renovación: *en los países islámicos, el ~ tiene más seguidores cada día.*

in·te·gris·ta |inteɣrísta| ***adj.-com.*** Que es partidario del *integrismo: *una veintena de integristas islámicos arremetieron contra los espectadores de un concierto de música moderna en Argel.*

ín·te·⌐gro, ⌐gra |ínteɣro, ɣra| **1** ***adj.*** (cosa) Que está completo; que tiene todas sus partes: *publicó la entrevista íntegra en la primera página.* **2** *fig.* (persona) Que respeta la verdad, la ley, el dinero o los bienes de los demás; que cumple perfectamente sus obligaciones: *siempre ha sido una persona íntegra, incapaz de faltar a su palabra.* ⇒ **honrado.**

in·te·lec·to |inteléᵏto| ***m.*** Capacidad de formar ideas o representaciones de la realidad en la mente relacionándolas entre sí: *el ~ distingue a las personas de los animales irracionales.* ⇒ **entendimiento, inteligencia, razón.**

in·te·lec·tual |inteleᵏtuál| **1** ***adj.*** Del entendimiento o la razón o que tiene relación con ellos: *el doctor ha alcanzado un gran prestigio ~ en su comunidad.* **- 2** ***adj.-com.*** (persona) Que se dedica a la creación de obras sobre el entendimiento o el comportamiento del hombre: *muchos intelectuales se opusieron al régimen de Franco.*

in·te·li·gen·cia |intelixénθia| **1** ***f.*** Acción de comprender una cosa: *la ~ de las lecturas bíblicas puede resultar imposible.* **2** Capacidad de formar ideas o representaciones de la realidad en la mente relacionándolas entre sí; capacidad de comprender y aprender: *es un hombre de ~ privilegiada.* ⇒ **entendimiento, intelecto, razón. 3** Conjunto de todas las funciones que tienen por objeto el conocimiento y que son sensación, *asociación, memoria, imaginación, entendimiento, razón y *conciencia: *este chico tiene una ~ superior a sus compañeros.* **4** Habilidad, *destreza: *tiene una gran inteligencia para el arte.* **5** Ser espiritual, en *oposición a cuerpo: *algunos creen que una ~ superior rige el universo.* **6** Comunicación secreta de dos o más personas o naciones entre sí: *conozco a dos miembros del servicio de ~ de mi país.*

in·te·li·gen·te |intelixénte| ***adj.*** Que tiene una especial capacidad para formar ideas y representaciones de la realidad en la mente, relacionando unas con otras; que tiene una especial capacidad para comprender y aprender: *~ en matemáticas.* ⇒ **listo.**

in·te·li·gi·ble |intelixíβle| ***adj.*** Que se puede comprender o entender: *la asignatura es complicada, pero ~.* ⇒ **claro, comprensible.** ⇔ **ininteligible.**

in·tem·pe·rie |intempérie| ***f.*** Ambiente natural que se produce en los lugares no cubiertos ni protegidos: *la ~ deterioró la pintura de la fachada.* ■ **a la ~**, sin resguardarse o refugiarse: *tuvieron que pasar la noche a la ~ porque habían perdido las llaves de la casa.* ⇒ **raso.**

in·tem·pes·ti·⌐vo, ⌐va |intempestíβo, βa| ***adj.*** Que se hace u ocurre fuera del tiempo adecuado o conveniente: *¿a qué se debe esta llamada tan intempestiva?, ya estábamos acostados.* ⇒ **inoportuno.**

in·ten·ción |intenθión| ***f.*** Determinación de la voluntad en orden a un fin: *su ~ era buena, pero todo le salió mal; mi ~ es comprar la casa para venderla dentro de unos años.* ⇒ **propósito; segunda ~**, la que está oculta o escondida y no se nota a primera vista: *cuando dijo que yo era muy lista, creo que lo dijo con segunda ~.* ■ **con ~**, voluntariamente: *no te enfades con él porque no lo ha hecho con ~.*

in·ten·cio·na·⌐do, ⌐da |intenθionáðo, ða| **1** ***adj.*** Que tiene cierta intención: *su acto ha sido bien ~, aunque las consecuencias hayan sido negativas.* ☐ Se usa con los adverbios *bien, mal, mejor* y *peor.* **2** Que se hace de forma voluntaria o con intención: *el árbitro juzgó que la falta cometida por el delantero había sido intencionada, y por eso lo expulsó.* ⇒ **deliberado, voluntario.**

in·ten·den·cia |intendénθia| **1** ***f.*** Dirección y gobierno de una cosa: *la ~ es necesaria para mantener el orden público.* **2** Conjunto de soldados destinados a proporcionar y organizar todo lo que necesitan las fuerzas armadas o los *campamentos para funcionar de una forma adecuada: *la ~ se ocupa de pagar a los soldados y de darles la ropa y el equipo que necesitan, entre otras cosas.*

in·ten·si·dad |intensiðáᵈ| **1** ***f.*** Grado de fuerza o energía de una cosa: *no es prudente salir a la calle porque está lloviendo con mucha ~.* **2** *fig.* Fuerza de los sentimientos o afectos: *la ~ de su odio crecía cada vez más.* **3** *Magnitud de una fuerza, cualidad, efecto u otra cosa por unidad de espacio o de tiempo, o comparada con otra que sirve de unidad: *la ~ de la crisis económica mundial ha repercutido en la economía nacional.*

in·ten·si·fi·car |intensifikár| ***tr.*** [algo] Hacer más intenso: *al final tendremos que ~ el esfuerzo para terminar a tiempo.* ☐ Se conjuga como 1.

in·ten·si·⌐vo, ⌐va |intensíβo, βa| ***adj.*** Que se hace en poco tiempo o en poco espacio: *hizo un curso ~ de español; la agricultura intensiva se aplica hoy en todo el mundo.*

in·ten·⌐so, ⌐sa |inténso, sa| **1** ***adj.*** Que se presenta o se realiza con mucha fuerza o energía: *el frío es muy ~ en esta zona.* **2** *fig.* (afecto, sentimiento) Que es muy fuerte o vivo: *siente un ~ amor por su pareja.*

in·ten·tar |intentár| ***tr.*** [algo] Tener intención de hacer una cosa; hacer el esfuerzo o las acciones necesarias para conseguir una cosa: *intentó arrancar el coche pero no pudo; ha intentado matarme.* ⇒ **pretender, probar, procurar, tratar.**

in·ten·to |inténto| **1** ***m.*** Acción de intentar una cosa: *los escaladores alcanzaron la cima de la montaña en el segundo ~.* ⇒ **conato. 2** Acción que se intenta y no se consigue: *lo acusaron de ~ de violación.*

in·ten·to·na |intentóna| ***f.*** *desp.* Intento de hacer una cosa, especialmente si no se ha conseguido el fin deseado: *el coche no ha arrancado a la primera ~: hay que probar de nuevo.*

in·te·rac·ción |interaᵏθión| ***f.*** Acción o relación

recíproca: *en la enseñanza de idiomas es importante la ~ entre el profesor y los estudiantes.*

in·ter·ca·lar |interkalár| ***tr.*** [algo] Colocar una cosa entre otras: *el autor ha intercalado fotografías en las páginas del libro.*

in·ter·cam·biar |interkambiár| ***tr.-prnl.*** [algo] Cambiar una cosa entre sí dos o más personas o grupos: *los jugadores intercambiaron las camisetas al terminar el partido.* ☖ Se conjuga como 12.

in·ter·cam·bio |interkámbio| ***m.*** Cambio recíproco: *es necesario un ~ de ideas para no dar lugar a malos entendidos.*

in·ter·ce·der |interθeðér| ***intr.*** Intervenir; pedir un favor para otra persona: *intercedió por su hermano ante el juez.* ⇒ **mediar.**

in·ter·cep·tar |interθeptár| **1** ***tr.*** [algo] Detener una cosa antes que llegue al lugar o a la persona a que se destina: *el defensa interceptó el balón que el jugador contrario había lanzado a su delantero.* **2** Impedir una comunicación: *el espía interceptó el mensaje.* **3** GEOM. Cortar una línea o superficie a otra línea o superficie: *la carretera nacional está interceptada por varias comarcales.*

in·ter·ce·sión |interθesión| ***f.*** Acción y resultado de *interceder: *el condenado fue indultado gracias a la ~ del Rey.*

in·ter·ce·sor, ⌐so·ra |interθesór, sóra| ***adj.-s.*** Que ruega para conseguir un favor para otro; que *intercede: *la Virgen y San Juan son intercesores ante Cristo.*

in·ter·cos·tal |interkostál| ***adj.*** ANAT. Que está entre las *costillas: *este dolor ~ ha sido causado por el frío de la sierra; a causa del accidente le salieron grandes cardenales en la zona ~.*

in·ter·den·tal |interðentál| ***adj.-f.*** LING. (sonido) Que se articula poniendo la punta de la lengua entre los dientes delanteros superiores y los inferiores: *la* c *que se pronuncia en* cenicero *es ~.*

in·ter·de·pen·den·cia |interðependénθia| ***f.*** Relación por la que dos o más personas o cosas dependen unas de otras: *los inversores están atentos a las evoluciones de las bolsas extranjeras porque son conscientes de la ~ que existe en la economía mundial.* ⇒ **dependencia.**

in·te·rés |interés| **1** ***m.*** Utilidad o bien buscado: *actuó así por ~ propio; dice que habla en ~ de los trabajadores; debe velar por los intereses de la familia.* ⇔ **desinterés.** **2** Bien material que se consigue mediante dinero: *los bancos obtienen enormes beneficios mediante el cobro de intereses sobre los préstamos; si ingresas tu sueldo en esa cuenta, te dará más ~.* **3** Atracción o inclinación del ánimo: *sus preguntas demostraron que escuchó con poco ~; puso un ~ especial en nuestro caso; ha perdido todo ~ por la lectura.*

in·te·re·sa·⌐do, ⌐da |interesáðo, ða| **1** ***adj.-s.*** Que tiene interés en una cosa: *está muy ~ en comprar la finca.* ☖ Es el participio de *interesar.* **2** Persona que hace un *trámite *administrativo por cuenta propia: *la solicitud debe ir firmada por el ~.* **3** Que se deja llevar del interés propio o que sólo se mueve por él: *no creo que te esté ayudando sin esperar nada porque es un ~.*

in·te·re·san·te |interesánte| ***adj.*** Que interesa o que puede interesar: *hoy hablan en la radio de un tema muy ~: la educación de los hijos.*

in·te·re·sar |interesár| **1** ***tr.*** [a alguien] Atraer, gustar o causar inclinación del ánimo: *el arte me interesa mucho.* **2** Preocupar; tener importancia o valor: *todos tus problemas me interesan.* **3** Ser útil o bueno: *te interesa llevarte bien con tus compañeros.* **4** Dar parte en un negocio o comercio: *le interesé en mi empresa.* **- 5 interesarse** ***prnl.*** [por algo/alguien] Preguntar por una cosa o por el estado de una persona: *se ha interesado por la salud de mi padre.*

in·te·res·te·lar |interestelár| ***adj.*** Que está situado entre las estrellas: *en la película, las naves espaciales surcaban el espacio ~.*

in·ter·fe·ren·cia |interferénθia| **1** ***f.*** Acción que impide el desarrollo normal de otra: *el proceso de paz se retrasó porque hubo muchas interferencias.* **2** Fenómeno que consiste en el cruce de dos o más ondas en un mismo punto: *no pudimos ver el festival en la televisión porque había interferencias.*

in·ter·fe·rir |interferír| **1** ***tr.*** [algo] Mezclarse o cruzarse una acción en el desarrollo normal de otra: *la decisión del alcalde interfirió el proyecto de obras.* ⇒ **obstaculizar. - 2** ***tr.-intr.*** FÍS. Causar una *interferencia: *la emisora de ese radioaficionado interfiere en la recepción de las ondas de televisión.* ☖ Se conjuga como 35.

in·ter·fo·no |interfóno| **1** ***m.*** Red telefónica interior, especialmente en los edificios de viviendas: *llamó a su secretaria por el ~.* **2** Aparato eléctrico para hablar en dicha red: *tenía desconectado el ~ porque no quería que le molestaran.*

ín·te·rin |ínterin| ***m.*** Mientras; mientras tanto: *aplazaron la reunión y en el ~ celebraron la cena.* ⇒ **entretanto.** ☖ El plural es *intérines.* No se debe decir *interín.*

in·te·ri·⌐no, ⌐na |interíno, na| ***adj.-s.*** (persona) Que sirve por cierto tiempo en sustitución de otra persona: *durante la baja de la maestra enviaron un profesor ~.*

in·te·rior |interiór| **1** ***adj.*** Que está o queda dentro: *sólo se come la parte ~ de la naranja.* **2** Que no tiene comunicación con la parte de fuera: *es la única habitación ~ de toda la casa.* **3** Del país al que se pertenece o que tiene relación con él; que no es extranjero: *la política ~ suele interesar más que los asuntos exteriores.* **4** *fig.* Que pertenece a los pensamientos o sentimientos que no se comunican: *su aspecto tranquilo ocultaba una vida ~ desgarrada.* **- 5** ***m.*** Parte que está o queda dentro: *sólo se come el ~ de la nuez; había varias personas en el ~ de la sala; la población está emigrando hacia el ~ del país.* **6** *fig.* Conjunto de pensamientos y de sentimientos; espíritu de una persona: *la belleza está en el ~.* **7** Parte de una película que se rueda dentro de un estudio o edificio: *los interiores los filmaron en Londres y los exteriores en Castilla.* ☖ Se usa sobre todo en plural.

in·te·rio·ri·dad |interioriðá^{ð}| **1** ***f.*** Cualidad de interior: *en la ~ de su pensamiento hay buenas ideas.* **- 2 interioridades *f. pl.*** Cosas privadas, generalmente secretas, de las personas, familias o grupos: *no sé por qué me cuenta a mí sus interioridades, si yo no soy de su confianza.*

in·te·rio·ri·zar |interioriθár| ***tr.*** [algo] Hacer propio; meter de manera profunda en la mente: *los niños, en la escuela, interiorizan pautas de comportamiento social.* ⇒ **asimilar.** ⇔ **exteriorizar.** ☖ Se conjuga como 4.

in·ter·jec·ción |interxe^{k}θión| ***f.*** Palabra que expresa por sí sola sorpresa, alegría, dolor y otros estados de ánimo: *al decir* ¡viva!, ¡olé! *o* ¡ay! *estamos empleando interjecciones.* ☖ Las interjecciones se escriben entre signos de admiración.

in·ter·li·ne·al |interlineál| ***adj.*** Que está entre dos líneas escritas: *disminuye el espacio ~ para que quepa todo el texto en un folio.*

in·ter·lo·cu·⌐tor, ⌐to·ra |interlokutór, tóra| ***m. f.*** Persona que toma parte en una comunicación o conversación: *no respeta el turno de palabra de sus interlocutores y siempre los interrumpe.*

in·ter·lu·dio |interlúðio| ***m.*** MÚS. Composición musical corta que sirve de *intermedio entre dos partes más extensas: *el concierto incluía varios interludios.*

in·ter·me·dia·⌐rio, ⌐ria |intermeðiário, ria| **1 *adj.-s.*** (persona) Que media entre dos o más partes para comerciar con unas mercancías que no ha producido: *los vendedores intermediarios se encargan de que los artículos lleguen a los consumidores.* **2** Que media entre dos o más partes para que lleguen a un acuerdo en un negocio o problema: *el ~ se entrevistó con los jefes de los dos países en guerra.* ⇒ **mediador.**

in·ter·me·⌐dio, ⌐dia |intermédio, ðia| **1 *adj.*** Que está entre dos o más puntos, en el espacio o en el tiempo: *siempre nos encontramos en un lugar ~ entre su oficina y la mía; el equipo fue eliminado en la fase intermedia del Mundial de fútbol.* **2** Que está entre los extremos de una escala; que tiene características compartidas con dos o más cosas: *el gris es un tono ~ entre el blanco y el negro.* **- 3 intermedio *m.*** Periodo de tiempo que hay entre dos acciones o dos momentos: *pasaron a limpiar el aula en el ~ de las clases.* **4** Periodo de tiempo que divide o interrumpe un espectáculo: *en los intermedios de este programa de televisión ponen mucha publicidad; salimos a fumar un cigarro en el ~ de la obra de teatro.* ⇒ **descanso.**

in·ter·mi·na·ble |intermináβle| **1 *adj.*** Que no se puede acabar o terminar: *la búsqueda de la verdad científica es ~.* ⇒ **inacabable. 2** *fig.* Que parece que no acaba o no tiene fin: *los niños se aburrían con las interminables lecciones de música.* ⇒ **inacabable.**

in·ter·mi·nis·te·rial |interministeriál| ***adj.*** Que se refiere a varios *ministerios o que los relaciona entre sí: *el presidente ha convocado una reunión ~.*

in·ter·mi·ten·te |intermiténte| **1 *adj.*** Que se interrumpe cada cierto tiempo: *el canto ~ de las cigarras se oye en las tardes de verano; la lluvia ~ no les dejaba pasear.* **- 2 *m.*** Luz a ambos lados de un vehículo, delante y detrás, que se enciende y se apaga *constantemente para señalar un cambio de dirección: *el ~ es de color amarillo o naranja; enciende el ~ derecho si vas a girar a la derecha.* **3** Mecanismo que enciende y apaga *constantemente una o varias luces: *sobre la puerta principal colocaron un ~ con luces que anunciaban el nombre del hotel.* ⇒ **luminoso.**

in·ter·na·cio·nal |internaθionál| **1 *adj.*** De dos o más naciones o que tiene relación con ellas: *la crisis política es de ámbito ~; este congreso no es nacional, sino ~.* ⇒ **nacional. - 2 *adj.-com.*** (*deportista) Que toma parte en pruebas en las que participan varias naciones: *ha sido ~ dos veces: ha jugado contra Francia e Italia.*

in·ter·na·cio·na·li·zar |internaθionaliθár| ***tr.*** [algo] Convertir en internacional lo que era de una sola nación: *el gobierno ha internacionalizado un puerto.* ☖ Se conjuga como 4.

in·ter·na·⌐do, ⌐da |internáðo, ða| **1 *adj.-s.*** (persona) Que está encerrado en una *institución: *los enfermos internados en el manicomio pueden recibir visitas de sus familiares.* **2** (estudiante) Que es interno de un centro educativo: *muchos de los padres de los internados de este colegio trabajan en el extranjero.* **- 3 internado *m.*** Estado y *régimen del estudiante interno de un centro educativo: *he matriculado a mi hija en régimen de ~.* **4** Edificio en el que viven los estudiantes internos de un centro educativo: *los fines de semana salía del ~ para ir a casa de sus padres.*

in·ter·nar |internár| **1 *tr.*** [algo, a alguien] Llevar o dejar en un lugar, especialmente en cierto tipo de establecimientos: *internaron a Tomás en una residencia de ancianos; lo internaron ayer en el sanatorio.* ⇒ **ingresar. 2** Trasladar o llevar al interior de un lugar: *el general ordenó ~ dos helicópteros en la zona enemiga.* **- 3 internarse *prnl.*** Avanzar hacia adentro: *los delincuentes se internaron en el bosque y la policía les perdió la pista.* ⇒ **penetrar. 4** *fig.* Conocer o tratar una materia de forma profunda: *el profesor se internó en los procedimientos filosóficos de la obra.*

in·ter·⌐no, ⌐na |intérno, na| **1 *adj.*** Que está o queda dentro: *el mecanismo ~ está estropeado.* ⇔ **externo. 2** Del interior o que tiene relación con él: *se dedica a la medicina interna; tenemos un departamento de asuntos internos.* **3** Del país al que se pertenece o que tiene relación con él; que no es extranjero: *la política interna le preocupa menos que los asuntos exteriores.* **- 4 *adj.-s.*** (persona) Que vive en el mismo lugar en el que desarrolla su actividad: *fueron a buscar a un médico ~ del hospital; en este colegio estudian alumnos internos.* ⇔ **externo.**

in·ter·par·la·men·ta·⌐rio, ⌐ria |interparlamentário, ria| ***adj.*** POL. (relación) Que se establece entre los *parlamentos de distintos países: *los órganos legislativos están en contacto permanente gracias a las comisiones interparlamentarias.*

in·ter·pe·la·ción |interpelaθión| *f.* Exigencia de explicaciones sobre un asunto: *la ~ al parlamentario fue acogida con desagrado por el resto de los políticos.*

in·ter·pe·lar |interpelár| ***tr.*** *form.* [a alguien] Exigir explicaciones sobre un asunto: *el fiscal interpeló al testigo con dureza; el miembro del Gobierno fue interpelado por la oposición.*

in·ter·po·la·ción |interpolaθión| *f.* Acción y resultado de *interpolar: *hemos realizado cinco interpolaciones en el mismo texto.*

in·ter·po·lar |interpolár| **1** ***tr.*** [algo] Poner o colocar una cosa entre otras: *entre la primera parte del libro y la segunda debes ~ estas fotografías.* ⇒ **interponer. 2** Introducir palabras en un texto ya terminado: *posteriormente se interpoló este poema en el manuscrito.*

in·ter·po·ner |interponér| **1** ***tr.-prnl.*** [algo] Poner o colocar una cosa entre otras; ponerse en medio: *hemos interpuesto una mesa entre los dos muebles.* ⇒ **cruzar. 2** Poner a una persona como *mediadora: *se interpuso entre los contendientes.* ☖ Se conjuga como 78.

in·ter·po·si·ción |interposiθión| *f.* Acción y resultado de *interponer o *interponerse: *la ONU ha decidido aprobar la ~ de sus tropas entre los dos bandos en conflicto.*

in·ter·pre·ta·ción |interpretaθión| **1** *f.* Explicación de un contenido o de una forma: *la ~ que das de este poema es distinta de la mía.* **2** Representación, en una película u obra de teatro: *la ~ de este actor fue premiada con un* Óscar. ⇒ **actuación. 3** Ejecución de una obra musical o de un baile: *la soprano realizó una magnífica ~.*

in·ter·pre·tar |interpretár| **1** ***tr.*** [algo] Explicar un contenido o una forma: *el profesor nos ayudó a ~ un texto de Góngora.* **2** [algo, a alguien] Atribuir un significado a acciones o palabras que pueden ser entendidas de varias formas: *no quiero que interpretes mal mi actitud.* **3** Representar en una película u obra de teatro: *esa actriz ha interpretado siempre papeles cómicos.* **4** [algo] Entender, ordenar y expresar de un modo personal, especialmente artístico: *el pintor interpreta la naturaleza.* **5** Ejecutar una obra musical o un baile: *la orquesta interpretó una obra de Mozart.* ⇒ **tocar.**

in·tér·pre·te |intérprete| **1** ***com.*** Persona que se dedica a traducir lo que se dice de una lengua a otra: *el presidente de Estados Unidos y el de Rusia se comunican por medio de dos intérpretes; hay un gran número de intérpretes en la sede de la Unión Europea.* **2** Persona que se dedica a *interpretar personajes en el cine o el teatro: *no me gustó la obra de teatro porque los intérpretes actuaban muy mal.* **3** Persona que se dedica a *interpretar obras musicales o bailes: *la orquesta ha reunido un grupo de intérpretes excepcionales.*

in·te·rro·ga·ción |inter̄oɣaθión| **1** *f.* Pregunta que se hace para conocer una información: *el periodista pedía respuestas a sus interrogaciones.* ⇒ **pregunta. 2** Signo de ortografía que indica el principio y el fin de un *enunciado interrogativo: *la ~ se representa como ¿?* ⇒ **interrogante.**

in·te·rro·gan·te |inter̄oɣánte| **1** ***amb.*** Pregunta que se hace para conocer una información: *le planteó una ~ difícil y el pobre hombre no supo contestar.* ☖ Se usa con los artículos *el* o *la*, aunque la Real Academia Española prefiere *la interrogante.* **2** Problema que hay que resolver; cosa dudosa o poco clara: *la energía nuclear sigue planteando numerosas interrogantes.* **- 3** ***m.*** Signo de ortografía que indica el principio y el fin de un *enunciado interrogativo: *si quiere escribir correctamente, no olvide los interrogantes en las oraciones que los necesiten.* ⇒ **interrogación.**

in·te·rro·gar |inter̄oɣár| ***tr.*** [a alguien] Hacer preguntas: *la policía interrogó a los testigos.* ⇒ **preguntar.** ☖ Se conjuga como 7.

in·te·rro·ga·ti·⌐vo, ⌐va |inter̄oɣatíβo, βa| **1** ***adj.*** Que indica o expresa pregunta: *las palabras del comisario tomaron un tono ~.* **- 2** ***adj.-s.*** LING. Que sirve para introducir oraciones que expresan pregunta: *los pronombres acentuados* qué, cuál *y* quién *y los adverbios* cuándo, cuánto, dónde *y* cómo *son interrogativos.* **3** (oración) Que sirve para preguntar: *las oraciones interrogativas tienen una entonación diferente;* ¿vendrás conmigo mañana? *es una oración interrogativa.*

in·te·rro·ga·to·rio |inter̄oɣatório| **1** ***m.*** Serie de preguntas: *¿tengo que contestar a este ~?* **2** [a alguien] Acción de dirigirlas a quien las ha de contestar: *durante el ~, el acusado confesó que era culpable.*

in·te·rrum·pir |inter̄umpír| **1** ***tr.*** [algo] Impedir la continuación de una cosa: *la llamada interrumpió su siesta; hay un coche averiado que está interrumpiendo el tráfico.* **2** Comenzar a hablar mientras otra persona está hablando, impidiendo que ésta termine normalmente su discurso: *¿Es que no sabes que es de mala educación ~ a quien está hablando?*

in·te·rrup·ción |inter̄u^{p}θión| *f.* Acción y resultado de interrumpir: *después de esta breve ~, continuamos con nuestra programación habitual.*

in·te·rrup·⌐tor |inter̄u^{p}tór| ***m.*** Mecanismo con el que se abre o se cierra un *circuito eléctrico: *al entrar en la habitación, buscó el ~ para encender la luz.* ⇒ **llave.**

in·ter·sec·ción |interse^{k}θión| *f.* Punto común a dos líneas, dos superficies o dos sólidos que se cortan: *la plaza de toros está en la ~ de estas dos calles.*

in·ters·ti·cio |interstíθio| ***m.*** *form.* Espacio pequeño que media entre dos cuerpos o entre dos partes de un mismo cuerpo: *el niño metió la cabeza en un ~ de los barrotes de la barandilla.*

in·te·rur·ba·⌐no, ⌐na |interurβáno, na| ***adj.*** (relación, servicio de comunicación) Que se establece entre poblaciones distintas: *vinimos en un autobús ~ desde Segovia.*

in·ter·va·lo |interβálo| **1** ***m.*** Espacio o distancia que hay entre dos momentos, puntos o lugares: *entre la primera votación y la segunda hay un ~ de quince días; llegaba el sonido del reloj a intervalos regulares.* **2** Conjunto de valores entre dos límites determinados: *el ~ entre 16 y 22 grados de temperatura es el más adecuado para estudiar.* **3** MÚS. Distancia que existe entre dos notas de la escala natural: *entre la nota* do *y la nota* re *hay un ~ de un tono.* □ No se debe decir *intérvalo.*

in·ter·ven·ción |interβenθión| **1** ***f.*** Acción y resultado de intervenir: *gracias a su ~ hemos conseguido el crédito.* **2** Curación de un enfermo abriendo y cortando el tejido o el órgano dañado con los instrumentos médicos adecuados: *la ~ ha sido un éxito; tuvo que someterse a una ~ para recuperar el oído.* ⇒ **operación.**

in·ter·ven·cio·nis·mo |interβenθionísmo| **1** ***m.*** POL. Tendencia política que defiende la intervención de un Estado en la economía de otro país: *en el ~ el Estado se hace cargo de actividades de iniciativa privada; el ~ ha provocado una fuerte crisis económica.* ⇔ **liberalismo. 2** POL. Tendencia que defiende la intervención de un país en los asuntos internos de otro: *las grandes potencias practican el ~ en los asuntos políticos y económicos de los países subdesarrollados.*

in·ter·ven·cio·nis·ta |interβenθionísta| **1** ***adj.*** POL. Del *intervencionismo o que tiene relación con él: *la postura ~ del Gobierno traerá malas consecuencias; la práctica ~ favoreció a los grupos financieros; las colonias han sufrido las consecuencias de una política ~.* **2** ***adj.-com.*** POL. (persona) Que es partidario del *intervencionismo: *los intervencionistas contaron con el apoyo del gobierno.*

in·ter·ve·nir |interβenír| **1** ***intr.*** [en algo] Tomar parte en un asunto: *intervino en la redacción del manifiesto.* **2** Oponerse a un enfrentamiento o tomar parte en él: *la policía tuvo que ~ en la manifestación; el presidente aseguró que su país no intervendría en el conflicto.* **- 3** ***tr.*** MED. [a alguien] Operar *quirúrgicamente: *el paciente fue intervenido a las dos horas de ingresar en el hospital.* **4** [algo] Vigilar una comunicación: *creo que han intervenido nuestro teléfono; intervinieron toda su correspondencia.* ⇒ **pinchar. 5** Dirigir o limitar una actividad: *el gobierno ha intervenido el comercio exterior de cereales.* □ Se conjuga como 90.

in·ter·ven·⌜tor, ⌜to·ra |interβentór, tóra| **1** ***adj.-s.*** Que interviene: *se publicarán las conferencias de todos los interventores.* **- 2** ***m. f.*** *Funcionario que autoriza ciertas operaciones a fin de que se hagan de acuerdo con la ley: *un ~ fiscal examinó las cuentas del negocio.* **3** Persona nombrada *oficialmente por un *candidato en una elección, para vigilar la regularidad de la votación y autorizar el resultado de la misma, en unión del *presidente y los otros miembros de la mesa: *el ~ de ese partido ha denunciado que hubo irregularidades en las votaciones.*

in·ter·viú |interβiú| ***amb.*** Conversación de un *periodista con otra persona para dar a conocer sus ideas u opiniones: *la periodista hizo una ~ al cantante durante su gira por España; en la ~, el príncipe dijo que aún no se había decidido a casarse.* ⇒ **entrevista.** □ Esta palabra procede del inglés. El plural es *interviús.* La Real Academia Española prefiere la forma *entrevista.*

in·tes·ti·nal |intestinál| ***adj.*** ANAT. Del *intestino o que tiene relación con él: *este niño padece una infección ~.*

in·tes·ti·⌜no, ⌜na |intestíno, na| **1** ***adj.*** *form.* Que es interno; que se produce en el interior de una cosa: *la lucha por la alcaldía desató enfrentamientos intestinos en el pueblo; las luchas intestinas entre los dos bandos destrozaron la nación.* **- 2 intestino** ***m.*** ANAT. Tubo musculoso y plegado que está situado a continuación del estómago: *la última parte del proceso de la digestión tiene lugar en el ~; el ~ humano tiene varios metros de longitud.* □ Se usa también el plural *intestinos*: *el especialista me ha hecho una radiografía de los intestinos;* ~ **delgado**, ANAT., la parte de ese tubo que tiene menor anchura y mayor longitud: *en el ~ delgado hay jugos que ayudan a realizar la digestión;* ~ **grueso**, ANAT., la parte de ese tubo que tiene mayor anchura y menor longitud: *el ~ grueso se divide en tres partes: ciego, colon y recto.* ⇒ **tripa.**

in·ti·mar |intimár| **1** ***intr.*** [con alguien] Establecer relaciones estrechas: *desde que trabajan juntos han intimado mucho y se han hecho grandes amigos.* **- 2** ***tr.*** [algo; a alguien] *form.* Exigir con autoridad el cumplimiento de una cosa: *la autoridad gubernativa intimará a los sublevados que se disuelvan y retiren inmediatamente.*

in·ti·mi·dad |intimiðáð| **1** ***f.*** Relación estrecha de afecto: *se conocen hace poco tiempo, pero se tratan con gran ~.* ⇒ **confianza. 2** Parte reservada o más particular de los pensamientos, afectos o asuntos interiores de una persona, familia o grupo: *los periodistas no respetan la ~ de los famosos.*

in·ti·mi·dar |intimiðár| **1** ***tr.*** [a alguien] Causar miedo: *su mirada me intimida.* **2** Dar a entender la intención de causar un daño: *los criminales trataron de ~ al testigo para que no declarase.* ⇒ **amenazar.**

in·ti·mis·mo |intimísmo| ***m.*** Tendencia artística en la que se da mucha importancia a los temas privados y personales: *no me gustan los escritores que practican el ~, prefiero los que se ocupan de temas sociales.*

in·ti·mis·ta |intimísta| **1** ***adj.*** Del *intimismo o que tiene relación con él: *en la poesía ~ el autor expresa sus sentimientos e inquietudes; la obra de este artista es de carácter ~.* **- 2** ***adj.-com.*** (*pintor) Que representa en sus obras temas de la vida familiar: *en los lienzos de los intimistas abundan interiores domésticos y escenas de familia.* **3** (escritor) Que expresa sus sentimientos y sus emociones: *los románticos fueron autores intimistas que reflejaron su alma en sus escritos.*

ín·ti·⌜mo, ⌜ma |íntimo, ma| **1** ***adj.*** Que es más interior o interno: *se metió en las habitaciones ínti-*

mas de la casa. **2** *fig.* Que forma parte de los sentimientos más profundos: *tenía un ~ deseo de ser famoso.* **3** (*amistad, amigo) Que es de mucha confianza; que presenta una relación muy estrecha: *sólo se lo conté a una amiga íntima.*

in·to·ca·ble |intokáβle| **1** ***adj.*** Que debe ser respetado o que no se puede alterar: *sus principios morales son intocables.* ⇒ **intangible. 2** Que no se puede tocar: *los cuadros del museo son intocables.* ⇒ **intangible.**

in·to·le·ra·ble |intoleráβle| ***adj.*** Que no se puede admitir o tolerar: *su falta de respeto es ~.*

in·to·le·ran·cia |intoleránθia| ***f.*** Falta de respeto a las opiniones o ideas de los demás que no coinciden con las propias: *la ~ de algunos grupos religiosos impidió que se firmara el tratado de paz.* ⇒ **intransigencia.** ⇔ **tolerancia.**

in·to·le·ran·te |intoleránte| **1** ***adj.*** Que no respeta las opiniones o ideas de los demás si no coinciden con las propias: *su padre es tan ~, que no permite que salga con muchachos de diferente ideología política.* ⇒ **intransigente.** ⇔ **tolerante. 2** Que no tiene capacidad de soportar o de admitir: *si sigues siendo tan ~ con los errores de los demás, nadie querrá trabajar contigo.* ⇒ **intransigente.**

in·to·xi·ca·ción |into^{k}sikaθión| ***f.*** Daño causado por un veneno o por una sustancia en mal estado: *ingresó en el hospital con una ~ por culpa de las drogas.* ⇔ **desintoxicación.**

in·to·xi·car |into^{k}sikár| **1** ***tr.-prnl.*** [a alguien] Causar daño en el organismo con un veneno, una droga o una sustancia en mal estado: *se intoxicó con lejía; la mayonesa intoxicó a veinte personas.* ⇒ **envenenar.** ⇔ **desintoxicar. - 2** ***tr.*** *fig.* [algo, a alguien] Dar una información excesiva o falsa para confundir: *publicaron la noticia para ~ a la opinión pública.* ☖ Se conjuga como 1.

in·tra·du·ci·ble |intraðuθíβle| ***adj.*** Que no se puede traducir o que es muy difícil de traducir: *esa frase es ~ al español.*

in·tra·mus·cu·lar |intramuskulár| ***adj.*** Que está o se pone directamente en el interior de los músculos: *le pusieron una inyección ~ en la nalga.*

in·tran·qui·li·dad |intraŋkiliðá^{ð}| ***f.*** Cualidad de *intranquilo; estado de excitación: *no tiene trabajo fijo y vive siempre con mucha ~.* ⇒ **nerviosismo.**

in·tran·qui·li·zar |intraŋkiliθár| ***tr.*** [a alguien] Producir agitación, preocupación o nervios: *la noticia nos intranquilizó.* ⇒ **excitar, preocupar.** ⇔ **tranquilizar.** ☖ Se conjuga como 4.

in·tran·qui·⌐lo, ⌐la |intraŋkílo, la| **1** ***adj.*** Que presenta agitación, movimiento o ruido: *el bar de la esquina es demasiado ~.* ⇔ **tranquilo. 2** Que tiene preocupación o nervios: *la madre estaba intranquila porque sus hijos no habían vuelto.* ⇔ **tranquilo.**

in·trans·fe·ri·ble |intransferíβle| ***adj.*** Que no se puede dar o *transferir a otra persona: *el Documento Nacional de Identidad es personal e ~.*

in·tran·si·gen·cia |intransixénθia| **1** ***f.*** Falta de respeto a las opiniones o ideas de los demás que no coinciden con las propias: *normalmente es muy razonable, pero en cuestiones políticas muestra la más absoluta ~.* ⇒ **intolerancia. 2** Falta de capacidad para soportar o admitir una cosa: *aunque muestres tanta ~ con tus hijos, no conseguirás que sean perfectos.*

in·tran·si·gen·te |intransixénte| **1** ***adj.*** Que no respeta las opiniones o ideas de los demás si no coinciden con las propias: *es muy ~ y no acepta consejos ni opiniones ajenas.* ⇒ **intolerante. 2** Que no tiene capacidad de soportar o de admitir: *no es capaz de mantener un debate: es muy ~.* ⇒ **intolerante.**

in·tran·si·ta·ble |intransitáβle| ***adj.*** (camino, lugar) Que no se puede pasar a través de él; que no permite la entrada: *la carretera ha quedado ~ después de la inundación.*

in·tran·si·ti·⌐vo, ⌐va |intransitíβo, βa| ***adj.-s.*** LING. (oración, verbo) Que no lleva objeto directo: *el verbo* nacer *es ~; la oración* mañana saldremos de viaje *es intransitiva.* ⇒ **transitivo, verbo.**

in·tras·cen·den·cia |intrasθendénθia| ***f.*** Cualidad de *intrascendente: *la ~ debería ser una característica de la mayoría de los juegos.* ⇔ **trascendencia.**

in·tras·cen·den·te |intrasθendénte| ***adj.*** Que no es importante; que no *trasciende: *las peleas entre niños son intrascendentes.*

in·tra·ta·ble |intratáβle| **1** ***adj.*** Que no se puede tratar o que es muy difícil de tratar: *ese tema es demasiado amplio: es ~.* **2** *fig.* Que tiene mal genio o que es muy difícil relacionarse con él: *¡Caramba, Manolo, hoy estás ~!* ⇒ **antipático, huraño.**

in·tra·ve·no·⌐so, ⌐sa |intraβenóso, sa| ***adj.*** Que está o se pone directamente en el interior de una *vena: *han puesto al enfermo un antibiótico por vía intravenosa.*

in·tré·pi·⌐do, ⌐da |intrépiðo, ða| ***adj.*** Que tiene valor o determinación: *el ~ explorador no se acobardaba ante los peligros de la selva.* ⇒ **valiente.**

in·tri·ga |intríγa| **1** ***f.*** Acción o *plan que se prepara en secreto, generalmente para hacer daño: *con sus intrigas consiguió que Santiago se separara de su mujer.* **2** Sentimiento fuerte que produce la espera por conocer una cosa: *no puedes dejarme con la ~: tienes que contarme el final de la historia.* ⇒ **curiosidad, suspense.**

in·tri·gar |intriγár| **1** ***intr.*** Preparar en secreto una acción para hacer daño a una o varias personas: *creo que están intrigando contra Julio.* ⇒ **maquinar, tramar. - 2** ***tr.*** [a alguien] Excitar la *curiosidad o el interés: *me intriga ese silencio.* ☖ Se conjuga como 7.

in·trin·car |intriŋkár| ***tr.-prnl.*** [algo] Confundir o *enredar: *el asunto se está intrincando cada vez más.* ☖ Se conjuga como 1.

in·trín·se·⌐co, ⌐ca |intrínseko, ka| ***adj.*** Que es propio o característico de una cosa por sí misma o que no depende de circunstancias exteriores: *la blancura es una cualidad intrínseca de la nieve.* ⇔ **extrínseco.**

in·tro·duc·ción |introðu^{k}θión| **1** ***f.*** Colocación en el interior de un lugar físico o imaginario: *procedieron a la ~ de una sonda; la ~ de este artículo en la Constitución requerirá un referéndum.* **2** Texto que va delante del cuerpo principal de una obra: *la ~ y las notas de esta edición de El Quijote son de Martín de Riquer.* **3** Preparación para un estudio: *este texto es una buena ~ a la astronomía.*

in·tro·du·cir |introðuθír| **1** ***tr.-prnl.*** [algo, a alguien] Hacer que una persona o cosa entre dentro de un lugar físico o imaginario: *introdujo una moneda en la máquina; se introdujeron en la selva.* ⇒ **entrar, meter. 2** *fig.* [a alguien; en algo/algún lugar] Hacer que una persona entre a formar parte de una sociedad o comunidad: *la introdujeron en la corte; se introdujo en el mundo del cine.* **- 3** ***tr.*** *fig.* [algo] Poner en uso una costumbre o actividad que no existía antes: *en los años sesenta se introdujo la moda de la minifalda; introdujeron un nuevo sistema de trabajo.* **4** [algo] Provocar o producir una situación: *introdujo el desorden con sus escritos.* ◯ Se conjuga como 46. Es incorrecta la forma *introduciste* por *introdujiste.*

in·tro·duc·⌜tor, ⌜to·ra |introðu^{k}tór, tóra| ***adj.-s.*** Que introduce: *este diseñador fue el ~ del estilo italiano en la moda española.* ⇒ **introductorio.**

in·tro·duc·to·⌜rio, ⌜ria |introðu^{k}tório, ria| ***adj.*** Que sirve para introducir: *hizo un curso ~ de informática para poder usar su ordenador; en el párrafo ~ se resume el contenido del artículo.* ⇒ **introductor.**

in·tro·mi·sión |intromisión| ***f.*** Acción y resultado de *entrometer o *entrometerse: *no puedo aceptar semejante ~ en asuntos de mi única competencia.* ⇒ **injerencia.**

in·tros·pec·ción |introspe^{k}θión| ***f.*** Observación que una persona hace de sus estados de ánimo y de sus sentimientos: *hizo una profunda y detallada ~ antes de decidir su futuro.*

in·tros·pec·ti·⌜vo, ⌜va |introspe^{k}tíβo, βa| ***adj.*** De la *introspección o que tiene relación con ella: *tu marido es demasiado ~: nunca se decide, si no es después de largas reflexiones.*

in·tro·ver·ti·⌜do, ⌜da |introβertíðo, ða| ***adj.-s.*** (persona) Que hace poco caso del mundo exterior; que se cierra en sí mismo; que tiene dificultad para relacionarse: *Álvaro es muy ~ y tímido y por eso no tiene apenas amigos.* ⇒ **cerrado.** ⇔ **extrovertido.**

in·tru·sión |intrusión| ***f.*** Acción de introducirse sin derecho: *no permitirá ninguna ~ en su labor creativa.*

in·tru·⌜so, ⌜sa |intrúso, sa| **1** ***adj.-s.*** (persona) Que se ha introducido sin derecho: *cuando volvieron a la casa encontraron un ~ y llamaron a la policía.* **2** (persona) Que ejerce una profesión sin título legal para ello: *ese médico es un ~: dice que estudió la carrera en el extranjero, pero no es verdad.*

in·tu·bar |intuβár| ***tr.*** MED. [algo, a alguien] Introducir un tubo en el interior de un órgano: *tuvieron que intubarle la tráquea porque no podía respirar.*

in·tui·ción |intuiθión| ***f.*** Conocimiento inmediato de una cosa, idea o verdad, sin la intervención del pensamiento o la razón: *sé por ~ cuándo una persona quiere hacerme daño.*

in·tu·ir |intuír| ***tr.*** [algo] Conocer de manera inmediata una cosa, idea o verdad sin la intervención del pensamiento o la razón: *el investigador intuyó que le estaban tendiendo una trampa.* ◯ Se conjuga como 62.

in·tui·ti·⌜vo, ⌜va |intuitíβo, βa| **1** ***adj.*** De la *intuición o que tiene relación con ella: *en esta crítica artística predominan los aspectos intuitivos.* **2** (persona) Que usa más la *intuición que el razonamiento: *es muy intuitiva y se guía por sus primeras impresiones.*

i·nun·da·ción |inundaθión| ***f.*** Acción y resultado de *inundar o *inundarse: *las lluvias torrenciales han producido graves inundaciones en Valencia.* ⇒ **aluvión.**

i·nun·dar |inundár| **1** ***tr.-prnl.*** [algo] Cubrir el agua un lugar: *el río se ha desbordado y ha inundado los campos vecinos; se ha roto una cañería y se ha inundado el sótano.* ⇒ **anegar, empantanar. 2** *fig.* Llenar un lugar: *los turistas inundan en agosto las costas españolas.*

i·nu·si·ta·⌜do, ⌜da |inusitáðo, ða| **1** ***adj.*** Que ocurre pocas veces: *me recibió con una inusitada amabilidad.* ⇒ **excepcional, insólito, inusual. 2** Que sorprende o destaca por su extrañeza: *el nuevo modelo de coche deportivo tiene un diseño ~.* ⇒ **excepcional, insólito.**

i·nu·sual |inusuál| ***adj.*** Que ocurre pocas veces: *es ~ que contraten a una persona sin titulación para este cargo, pero puede ocurrir.* ⇒ **excepcional, insólito, inusitado.** ⇔ **usual.**

i·nú·til |inútil| **1** ***adj.*** Que no es útil: *es ~ que me hagas la pelota porque no te voy a hacer ese favor.* ⇒ **fútil, inane, vano. - 2** ***adj.-com.*** (persona) Que no puede trabajar o moverse por impedimento físico: *tuvo un accidente de automóvil y se quedó ~.* **3** (persona) Que no sirve para hacer un trabajo o que hace mal una cosa que es fácil: *es un ~: sólo tiene que copiar lo que le dan escrito y encima se equivoca.* ⇒ **torpe.**

i·nu·ti·li·dad |inutiliðá^{ð}| ***f.*** Cualidad de *inútil: *se dio cuenta demasiado tarde de la ~ de su esfuerzo.* ⇔ **utilidad.**

i·nu·ti·li·za·ble |inutiliθáβle| ***adj.*** Que no se puede usar; que no sirve: *el coche ha quedado ~ después de la avería.*

i·nu·ti·li·zar |inutiliθár| ***tr.-prnl.*** [algo] Hacer *inútil: *ha inutilizado la cerradura y ahora tienen que entrar por la puerta trasera.* ◯ Se conjuga como 4.

in·va·dir |imbaðír| **1** ***tr.*** [algo] Entrar por fuerza en un lugar para ocuparlo: *los hunos invadieron Europa.* **2** Llegar en gran cantidad y llenar un lugar: *la langosta ha invadido los campos.* **3** *fig.* Introducirse sin derecho: *la prensa ha invadido su intimidad.* **4** *fig.* *Apoderarse un estado de ánimo de una persona dominándola por completo: *cuando contemplo las injusticias sociales me invade una profunda rabia.*

in·va·li·dar |imbaliðár| ***tr.*** [algo] Hacer que una

cosa quede sin efecto o valor: *el general invalidó la orden que había dado el teniente.* ⇒ **anular.**

in·va·li·dez |imbaliðéθ| ***f.*** Cualidad de *inválido: *se quedó incapacitado por un accidente laboral y ahora cobra un subsidio por ~.*

in·vá·li·⌐do, ⌐da |imbáliðo, ða| **1** ***adj.-s.*** (persona) Que tiene un defecto físico o mental que impide o hace difícil una actividad: *ayudaron al viejo ~ a cruzar la calle; dejó sentarse a un ~ de guerra.* **2** *fig.* Que no tiene fuerza o solidez en el entendimiento o en la razón: *ese argumento es ~.* **3** *fig.* Que no se tiene en cuenta por no reunir las condiciones que exigen las leyes: *declararon que el acuerdo era ~.*

in·va·ria·ble |imbariáβle| **1** ***adj.*** Que no cambia o varía: *mantiene siempre unos criterios invariables.* **2** LING. (palabra) Que no sufre ningún cambio en su forma: *los adverbios son invariables.*

in·va·sión |imbasión| ***f.*** Acción y resultado de invadir: *el Imperio Romano sucumbió ante las invasiones de los pueblos bárbaros.*

in·va·⌐sor, ⌐so·ra |imbasór, sóra| ***adj.-s.*** Que invade: *el ejército ~ tomó por sorpresa la ciudad.*

in·ven·ci·ble |imbenθíβle| ***adj.*** Que no se puede vencer: *Felipe II creía que su armada era ~.*

in·ven·ción |imbenθión| **1** ***f.*** Acción de inventar: *en sus ratos libres, se dedica a la ~ de extraños útiles domésticos.* **2** Cosa inventada: *las invenciones del siglo XX han hecho más fácil y cómoda la vida.* ⇒ **invento.** **3** Cosa falsa o que engaña: *así que todo lo que me contaste era una ~.* ⇒ **mentira.**

in·ven·tar |imbentár| **1** ***tr.*** [algo] Crear o descubrir con habilidad y estudio una cosa nueva o no conocida: *ha inventado un remedio contra la calvicie.* **- 2** ***tr.-prnl.*** Imaginar hechos falsos: *se inventó una historia fantástica.*

in·ven·ta·riar |imbentariár| ***tr.*** [algo] Hacer *inventario: *ordenó ~ los bienes de su difunto padre.* ▢ Se conjuga como 13.

in·ven·ta·rio |imbentário| **1** ***m.*** Lista ordenada de los bienes y demás cosas que pertenecen a una persona o grupo: *a la muerte de los padres, hicieron el ~ de los muebles de la casa para repartirlos entre todos los hermanos.* ⇒ **catálogo.** **2** Libro en el que están escritas esas cosas: *hemos colocado todos los inventarios en la misma estantería.* ⇒ **catálogo.**

in·ven·ti·va |imbentíβa| ***f.*** Capacidad y facilidad para inventar: *para ser novelista hay que tener mucha ~.* ⇒ **creatividad.**

in·ven·to |imbénto| ***m.*** Cosa inventada: *la máquina de vapor fue un gran ~ que revolucionó los sistemas de producción.* ⇒ **invención.**

in·ven·⌐tor, ⌐to·ra |imbentór, tóra| ***adj.-s.*** Que inventa: *Graham Bell fue el ~ del teléfono.*

in·ver·na·de·ro |imbernaðéro| ***m.*** Lugar *acondicionado para mantener una temperatura regular y en el que se cultivan plantas: *nuestro ~ estaba lleno de plantas preciosas.*

in·ver·nal |imbernál| ***adj.*** Del invierno o que tiene relación con él: *con los primeros fríos invernales, la familia se trasladaba a la casa de la ciudad.*

in·ver·nar |imbernár| ***intr.*** Pasar el invierno en cierto lugar: *al final del otoño, una muchedumbre de aves llegaba a ~ en la laguna vecina.* ▢ Se conjuga como 27.

in·ve·ro·sí·mil |imberosímil| ***adj.*** Que parece *mentira; que es difícil de creer: *lo que me cuentas parece totalmente ~: no creo que eso ocurriera así.* ⇔ **verosímil.**

in·ver·sión |imbersión| **1** ***f.*** Cantidad de dinero que se emplea en una cosa para conseguir *ganancias: *las inversiones más seguras son las de las empresas públicas; hizo una ~ de cien millones de pesetas.* **2** Colocación de una cosa de la manera opuesta a como estaba: *la ~ de la dirección de esta calle nos ha confundido.* **3** Cambio de sentido en una corriente eléctrica.

in·ver·sio·nis·ta |imbersionísta| ***com.*** Persona que emplea una cantidad de dinero en una cosa para conseguir *ganancias: *los inversionistas deben conocer la situación económica.* ⇒ **inversor.**

in·ver·⌐so, ⌐sa |imbérso, sa| ***adj.*** Que es opuesto o contrario: *hay una relación inversa entre la edad de la mujer y la tasa de ocupación; para cerrar la puerta, gire la llave en sentido ~ al de las agujas del reloj.* ■ **a la inversa**, de forma totalmente opuesta; al contrario: *siempre cuenta todo a la inversa: comienza por el final.*

in·ver·⌐sor, ⌐so·ra |imbersór, sóra| ***adj.-s.*** Que emplea una cantidad de dinero en una cosa para conseguir *ganancias: *los socios inversores perdieron dinero porque destinaron su dinero a un negocio inseguro.* ⇒ **inversionista.**

in·ver·te·bra·⌐do, ⌐da |imberteβráðo, ða| ***adj.-s.*** ZOOL. (animal) Que no tiene esqueleto: *los insectos son animales invertebrados.* ⇔ **vertebrado.**

in·ver·ti·⌐do, ⌐da |imbertíðo, ða| ***m. f.*** Persona que se siente atraída por otro individuo de su mismo sexo en sus relaciones sexuales o amorosas: *ha tenido que soportar muchas bromas y discriminaciones por ser un ~.* ⇒ **homosexual.** ▢ Es participio de *invertir.*

in·ver·tir |imbertír| **1** ***tr.*** [algo] Emplear dinero en una cosa para conseguir *ganancias: *el capitalista ha invertido la mitad de sus bienes en acciones; es un buen momento para que el capital se invierta en la industria textil.* **2** Colocar una cosa de forma opuesta: *si inviertes el frasco, saldrá el poco líquido que queda dentro de él.* **3** Emplear el tiempo de una u otra manera: *invirtió muchos años de su vida en formarse y se convirtió en un buen ingeniero.* ▢ Se conjuga como 35.

in·ves·ti·du·ra |imbestiðúra| ***f.*** Acción y resultado de *investir: *varias autoridades eclesiásticas asistieron a la ceremonia de ~ del nuevo obispo.*

in·ves·ti·ga·ción |imbestiɣaθión| ***f.*** Acción y resultado de *investigar: *tras una larga ~, la policía descubrió al culpable.*

in·ves·ti·ga·⌐dor, ⌐do·ra |imbestiɣaðór, ðóra| ***adj.-s.*** (persona) Que *investiga: *contrató a un ~ privado para descubrir si su mujer le era infiel.*

in·ves·ti·gar |imbestiɣár| **1** ***tr.*** [algo] Tratar de llegar a saber o a conocer una cosa pensando o preguntando: *la policía sigue investigando el crimen.*

⇒ **indagar.** **2** Estudiar profundamente una materia o ciencia para aumentar los conocimientos sobre ella: *en el laboratorio están investigando el proceso de ciertas enfermedades tropicales.* ☖ Se conjuga como 7.

in·ves·tir |imbestír| ***tr.*** [a alguien] Dar un cargo importante o de honor: *el rey lo invistió con el cargo de canciller.* ☖ Se conjuga como 34.

in·via·ble |imbiáβle| **1** ***adj.*** Que no se puede hacer o realizar: *el proyecto de trabajo que has planteado es ~.* ⇒ **impracticable.** ⇔ **viable.** **2** (camino) Que no se puede usar: *la carretera que va a mi pueblo es ~.* ⇒ **impracticable.** ⇔ **viable.**

in·vic·ˆto, ˆta |imbíkto, ta| ***adj.*** Que no ha sido vencido: *el equipo permanece ~ después de siete jornadas de liga.*

in·vi·den·te |imbiðénte| ***adj.-com.*** Que no puede ver; que está privado de la vista: *ayudó a un ~ a cruzar la calle.* ⇒ **ciego.** ⇔ **vidente.**

in·vier·no |imbiérno| ***m.*** Estación del año comprendida entre el otoño y la primavera: *en verano vamos a la playa y en ~ vamos a esquiar a la montaña.*

in·vio·la·ble |imbioláβle| ***adj.*** Que no se debe o no se puede *violar; que debe ser respetado: *la Constitución es ~; el domicilio es ~ y nadie puede entrar en él sin una orden de registro.*

in·vi·si·ble |imbisíβle| ***adj.*** Que no puede ser visto: *el actor que hacía de Superman volaba colgado de hilos invisibles; estos microbios son invisibles sin un microscopio.* ⇔ **visible.**

in·vi·ta·ción |imbitaθión| **1** ***f.*** Acción y resultado de invitar: *te ruego que aceptes nuestra ~ y vengas a cenar con nosotros esta noche.* **2** Carta o papel con que se invita: *ya han mandado la ~ para la boda a todos los familiares.*

in·vi·ta·ˆdo, ˆda |imbitáðo, ða| ***m. f.*** Persona que ha sido invitada: *no voy a permitir que me ayudes a fregar los platos porque eres mi invitada; fueron cien invitados al bautizo.* ☖ Es participio de *invitar.*

in·vi·tar |imbitár| **1** ***tr.*** [a alguien] Pedir a una persona que esté en una celebración, comida u otra cosa: *la invitó a comer en su casa; como no nos invitó a su boda, no le hicimos regalo.* ⇒ **convidar.** **2** Pagar el precio de lo que se come o se bebe: *insistió en invitarme y tuve que dejar que pagara él; nos invitó Carlos porque era su cumpleaños.* **3** Pedir a una persona que haga una cosa: *el guía nos invitó cortésmente a guardar silencio.* **- 4** ***intr.*** Provocar o convencer a una persona para que haga una cosa: *esta estupenda piscina invita a darse un baño.* ⇒ **incitar.**

in·vo·ca·ción |imbokaθión| ***f.*** Acción y resultado de *invocar: *cuando tiene problemas hace invocaciones a la Virgen.*

in·vo·car |imbokár| **1** ***tr.*** [a alguien] Pedir una ayuda o un favor: *cuando se vio perdido, invocó a Dios y a la Virgen.* **2** ***fig.*** [algo] Decir o exponer como prueba o defensa en favor de una persona un dicho o razón: *invocó su derecho a permanecer en silencio.* ⇒ **alegar.** ☖ Se conjuga como 1.

in·vo·lu·ción |imboluθión| **1** ***f.*** Cambio o transformación que es contraria a otra: *estamos asistiendo a una ~ de la moda: vuelven a llevarse las minifaldas.* ⇔ **evolución.** **2** Paso de un estado a otro más bajo o peor dentro de un desarrollo: *parecía que la crisis económica iba a terminar, pero se ha producido una ~.* ⇔ **evolución.**

in·vo·lu·crar |imbolukrár| **1** ***tr.-prnl.*** [a alguien] Hacer participar en un crimen o en una acción contra la ley: *involucró a su hermano en un negocio sucio; se ha involucrado en contrabando de drogas.* ⇒ **implicar.** **- 2** ***tr.*** Acusar o decir que una persona ha participado en un crimen o en una acción contra la ley: *todas las circunstancias lo involucran.*

in·vo·lun·ta·ˆrio, ˆria |imboluntário, ria| **1** ***adj.*** Que no nace de la voluntad o del libre deseo: *nos causó una ofensa involuntaria.* ⇔ **voluntario.** **2** Independiente de la voluntad: *golpeó la mesa con un movimiento ~; aquella visión le produjo una turbación involuntaria.*

in·vul·ne·ra·ble |imbulneráβle| **1** ***adj.*** Que no puede recibir daño; que es fuerte: *algunos metales son invulnerables.* ⇔ **vulnerable.** **2** ***fig.*** Que no resulta afectado por lo que se hace o dice en su contra: *el presidente es ~: no le afectan las críticas.*

in·yec·ción |inyeᵏθión| **1** ***f.*** Medicina líquida que se introduce a presión en un cuerpo vivo mediante una aguja: *el médico me ha recetado unas inyecciones para curar la gripe.* **2** Introducción de un gas o un líquido a presión en el interior de un cuerpo: *algunos mecheros se cargan con la ~ de propano.* **3** MEC. Sistema de alimentación de un motor que consiste en introducir a presión el combustible en el cilindro: *los automóviles modernos llevan motores de ~ electrónica.*

in·yec·ta·ble |inyeᵏtáβle| ***adj.-m.*** (medicina líquida) Que se introduce a presión en un cuerpo vivo: *le han mandado unos inyectables para curarle la bronquitis.*

in·yec·tar |inyeᵏtár| **1** ***tr.*** [algo] Introducir un gas o un líquido a presión en el interior de un cuerpo: *la serpiente clavó sus colmillos y empezó a ~ su veneno.* **- 2** ***tr.-prnl.*** Administrar una medicina o una droga líquida introduciéndola a presión en un cuerpo vivo: *algunos diabéticos deben inyectarse insulina una vez al día.*

io·ni·zar |ioniθár, yoniθár| ***tr.-prnl.*** QUÍM. [algo] Convertir o convertirse los átomos de un compuesto en átomos cargados eléctricamente: *el rayo se produce al ionizarse las nubes.* ⇒ **electrizar.** ☖ Se conjuga como 4.

ir |ír| **1** ***intr.-prnl.*** [a/hacia/para algún lugar] Moverse de un sitio hacia otro: *fuimos a Barcelona en avión; se van al pueblo esta tarde.* ☖ No se puede indicar el lugar de destino con la preposición *en*: *fuimos en Barcelona en avión.* **2** Estar presente en una situación o acto: *no puedo ~ a la boda de tu primo; ¿irás a la entrega de premios?* **3** Funcionar o desarrollarse: *va bien con su trabajo; el motor no va bien; las negociaciones van por buen camino.* **4** Extenderse desde un punto a otro: *el capítulo noveno va desde la página 223 hasta la 257.* **- 5** ***intr.*** Ser o desarrollarse de una determinada manera unas circunstancias o la vida: *le va bastante bien en su* *nuevo trabajo; ¿qué tal te va?* - **6** ***aux.*** Seguido de la preposición *a* y un infinitivo indica que la acción que señala el verbo que va a continuación está a punto de hacerse: *voy a comerme ese pastel; va a venir esta tarde; iba a salir y empezó a llover.* **7** Seguido de gerundio, indica que la acción señalada por el verbo que va a continuación dura en el tiempo: *la pluma fue cayendo poco a poco; el cauce iba llenándose lentamente.* - **8 irse** ***prnl.*** Salir de un lugar; abandonar un sitio: *ya he terminado, me voy; se fue sin decir adiós.* ■ **a eso iba/voy,** *fam.*, expresión que se usa para indicar que se tiene intención de hablar de un tema: *¿y no explicas nada de lo tratado en la reunión? - A eso voy.* ■ **el no va más,** *fam.*, lo mejor que puede existir: *se ha comprado un televisor que es el no va más.* ■ **estar ido,** *fam.*, haber perdido el juicio: *Antonio está ido desde que sufrió el accidente.* ■ **~ y,** *fam.*, expresión que indica que la acción del verbo que va detrás ocurre de pronto o no se espera: *como el niño lloraba sin parar, fue y le trajo unos caramelos.* ⇒ **agarrar, coger.** ☖ Se conjuga como 74. No se debe decir la forma *ves* por el imperativo *ve*.

i·ra |íra| ***f.*** Enfado muy grande o violento: *mató a su mujer en un arrebato de ~; la ~ le hizo insultar a los que se reían de él.* ⇒ **rabia.**

i·ra·cun·⌐do, ⌐da |irakúndo, da| ***adj.-s.*** Que siente *ira con facilidad: *en las grandes ciudades las personas se vuelven iracundas.* ⇒ **irascible.**

i·ra·ní |iraní| **1** ***adj.*** De Irán o que tiene relación con Irán: *la moneda ~ es el rial.* - **2** ***com.*** Persona nacida en Irán o que vive habitualmente en Irán: *los iraníes hablan farsi y tienen la religión islámica.*

i·ra·quí |irakí| **1** ***adj.*** De Irak o que tiene relación con Irak: *Bagdad es la capital ~.* - **2** ***com.*** Persona nacida en Irak o que vive habitualmente en Irak: *muchos iraquíes siguen la religión islámica.*

i·ras·ci·ble |irasθíβle| ***adj.*** Que siente *ira con facilidad: *se enfadó porque es muy ~.* ⇒ **iracundo.**

i·ris |íris| ***m.*** ANAT. Disco de color situado en la parte anterior del globo del ojo: *la pupila está en el centro del ~; el ~ adapta el tamaño de la pupila a la luz del exterior.*

ir·lan·⌐dés, ⌐de·sa |irlandés, désa| **1** ***adj.*** De Irlanda o que tiene relación con Irlanda: *la música irlandesa se está haciendo muy famosa.* - **2** ***m. f.*** Persona nacida en Irlanda o que vive habitualmente en Irlanda: *Oscar Wilde era ~; la mayoría de los irlandeses son católicos.* - **3 irlandés** ***m.*** Lengua de Irlanda: *el ~ está emparentado con el escocés.*

i·ro·ní·a |ironía| **1** ***f.*** *Burla fina y disimulada que consiste en dar a entender lo contrario de lo que se dice: *me dijo con ~ que estaba muy elegante con mi vestido fucsia.* ⇒ **sarcasmo. 2** Palabra o grupo de palabras que dan a entender lo contrario de lo que significan: *usa frecuentemente en sus novelas la ~.*

i·ró·ni·⌐co, ⌐ca |iróniko, ka| ***adj.*** Que da a entender lo contrario de lo que se dice: *sus elogios eran completamente irónicos.*

i·ro·ni·zar |ironiθár| ***intr.*** Hablar con *ironía: *le conté mis problemas e ironizó sobre ellos.* ☖ Se conjuga como 4.

i·rra·cio·nal |ir̄aθionál| **1** ***adj.*** Que no tiene capacidad de pensar o no tiene razón: *los perros son animales irracionales.* **2** Que va contra la razón o que está fuera de ella: *no trates de convencerme con esos argumentos irracionales.*

i·rra·diar |ir̄aðiár| **1** ***tr.*** [algo] Despedir rayos de luz, calor u otro tipo de energía, en todas direcciones: *el sol irradiaba sus rayos sobre la tierra.* **2** *fig.* Extender una idea, una acción o una influencia: *Roma irradiaba su poder a todo el imperio.* ☖ Se conjuga como 12.

i·rre·al |ir̄eál| ***adj.*** Que no es verdadero o real: *las historias de las películas son irreales.* ⇒ **imaginario.** ⇔ **real.**

i·rre·a·li·dad |ir̄ealiðáᵈ| ***f.*** Cualidad de *irreal: *los cuentos infantiles se caracterizan por su fantasía e ~.* ⇔ **realidad.**

i·rre·a·li·za·ble |ir̄ealiθáβle| ***adj.*** Que no se puede hacer o realizar: *los proyectos que tú planteas son irrealizables.*

i·rre·ba·ti·ble |ir̄eβatíβle| ***adj.*** Que no se puede rechazar o *rebatir: *me convenció con sus argumentos irrebatibles.* ⇒ **irrefutable.**

i·rre·con·ci·lia·ble |ir̄ekonθiliáβle| **1** ***adj.*** (persona) Que no quiere *reconciliarse con otra persona: *después de la faena que me has hecho, soy ~.* **2** Que no puede existir junto con otro, por ser opuesto o contrario: *las ideas de los dos sectores del partido son irreconciliables.* ⇒ **incompatible.**

i·rre·cu·pe·ra·ble |ir̄ekuperáβle| ***adj.*** Que no se puede recuperar: *los datos del ordenador que se han perdido son irrecuperables.*

i·rre·duc·ti·ble |ir̄eðuᵏtíβle| ***adj.*** Que no se puede reducir: *Astérix vivía en una aldea de irreductibles galos.*

i·rre·em·pla·za·ble |ir̄ᵉemplaθáβle| ***adj.*** Que no se puede sustituir o *reemplazar: *ten cuidado con ese sello porque es ~.*

i·rre·fle·xi·⌐vo, ⌐va |ir̄efleᵏsíβo, βa| **1** ***adj.*** Que no piensa o *reflexiona: *dilapidó toda su fortuna comportándose como un muchacho ~.* ⇒ **inconsciente. 2** Que se dice o hace sin pensar o *reflexionar: *no se puede decir que hubo premeditación porque lo golpeó presa de un arrebato ~.*

i·rre·fu·ta·ble |ir̄efutáβle| ***adj.*** Que no se puede rechazar, negar o *refutar: *sus argumentos son irrefutables, así que me ha convencido.* ⇒ **irrebatible.**

i·rre·gu·lar |ir̄eɣulár| **1** ***adj.*** Que no es uniforme o regular: *el turista se perdió por callejuelas estrechas e irregulares.* ⇔ **regular. 2** Que no ocurre de manera común o frecuente: *durante el verano las lluvias son irregulares.* **3** *form.* Que no se ajusta totalmente a la ley: *la policía buscaba a un empresario que hacía negocios irregulares.* ⇒ **turbio. 4** LING. (palabra) Que tiene una forma que se aparta de la regla o de la norma de una lengua: *el verbo* ir *es un verbo ~.* **5** GEOM. (figura o cuerpo) Que no es regular; que no tiene sus ángulos y lados iguales: *muchos minerales cristalizan en polígonos irregulares.*

i·rre·gu·la·ri·dad |ir̄eɣulariðáᵈ| ***f.*** Cualidad de irregular: *la ~ de la carretera hace más difícil la conducción.* ⇒ **anomalía.**

i·rre·le·van·te |ireleβánte| ***adj.*** Que no es importante o que no merece ser tenido en cuenta: *tus opiniones son irrelevantes para la solución del problema.*

i·rre·li·gio·⌜so, ⌜sa |irelixióso, sa| ***adj.-s.*** (persona) Que no tiene creencias religiosas; que no practica ninguna religión: *después de varios años de dudas, se ha convertido en un ~ convencido.*

i·rre·me·dia·ble |iremeðiáβle| ***adj.*** Que no se puede remediar: *la viuda lloraba la ~ pérdida de su esposo.* ☖ No se debe confundir con *irremisible.*

i·rre·mi·si·ble |iremisíβle| ***adj.*** Que no se puede o no se debe perdonar: *el castigo impuesto por el juez en este caso es ~.* ⇒ **imperdonable.** ☖ No se debe confundir con *irremediable.*

i·rre·pa·ra·ble |ireparáβle| ***adj.*** Que no se puede satisfacer, *compensar o *reparar: *los daños causados por la tormenta en la fachada de este edificio son irreparables.*

i·rre·pe·ti·ble |irepetíβle| ***adj.*** Que no puede o no debe ser repetido: *el espectáculo que hemos presenciado esta noche es ~.*

i·rre·pri·mi·ble |ireprimíβle| ***adj.*** Que no se puede contener o *reprimir: *una rabia ~ me embarga cada vez que me habla en ese tono.*

i·rre·pro·cha·ble |ireprotʃáβle| ***adj.*** Que no tiene ninguna mancha ni defecto; que está en perfecto estado: *han hecho un trabajo ~ al restaurar este retablo.* ⇒ **impecable, intachable.**

i·rre·sis·ti·ble |iresistíβle| **1** ***adj.*** Que es *tan fuerte que no se puede oponer resistencia: *sintió un ~ deseo de besarla.* **2** Que no se puede soportar o aguantar; que molesta o enfada mucho: *el ruido de esta discoteca es ~.* ⇒ **insoportable. 3** *fig.* (persona) Que resulta muy *atractivo: *todas las chicas están locas por él porque es ~.*

i·rre·so·lu·ble |iresolúβle| ***adj.*** Que no se puede resolver: *el investigador se encontraba ante un caso ~.* ⇒ **insoluble.**

i·rres·pe·tuo·⌜so, ⌜sa |irespetuóso, sa| ***adj.*** Que no muestra respeto o consideración: *ese comentario ha sido muy ~ por tu parte.* ⇒ **irreverente.** ⇔ **respetuoso.**

i·rres·pi·ra·ble |irespiráβle| **1** ***adj.*** Que no puede respirarse: *el butano es un gas ~.* **2** Que difícilmente puede respirarse: *el aire de las grandes ciudades es ~.* **3** *fig.* (ambiente social) Que hace que uno se sienta molesto o disgustado: *cuando él llegó, el ambiente se hizo ~.*

i·rres·pon·sa·bi·li·dad |iresponsaβiliðáᵈ| **1** ***f.*** Falta de cumplimiento de una obligación: *sus compañeros vigilan su trabajo porque conocen su ~.* ⇔ **responsabilidad. 2** Obra o dicho *irresponsable: *ha sido una ~ por tu parte dejar a los niños solos en casa.*

i·rres·pon·sa·ble |iresponsáβle| **1** ***adj.-com.*** (persona) Que obra o toma decisiones importantes sin pensar en las *consecuencias: *¿cómo has dejado a tus hijos en manos de un ~ como él?* ⇒ **inconsciente. 2** (persona) Que no es responsable de lo que hace: *los niños son legalmente irresponsables.* **- 3** ***adj.*** (acto) Que es resultado de la falta de juicio y de obrar sin pensar en las *consecuencias: *el accidente fue provocado por la conducción ~ del joven.*

i·rre·ve·ren·cia |ireβerénθia| **1** ***f.*** Cualidad de *irreverente: *los periodistas dicen que la actitud adoptada por los políticos es una ~.* **2** Obra o dicho *irreverente: *lo que le dijo al presidente fue una ~.*

i·rre·ve·ren·te |ireβerénte| ***adj.-com.*** Que no muestra respeto o consideración: *su actitud ~ en la iglesia provocó la crítica de todos los feligreses.* ⇒ **irrespetuoso.**

i·rre·ver·si·ble |ireβersíβle| ***adj.*** Que no puede volver a un estado o situación anterior: *el anciano padece una enfermedad ~.* ⇔ **reversible.**

i·rre·vo·ca·ble |ireβokáβle| ***adj.*** Que no se puede *revocar: *presentó su dimisión ~.*

i·rri·gar |iriɣár| **1** ***tr.*** [algo] Llevar agua a las tierras para regarlas: *el ingeniero ideó un sistema artificial para ~ los campos de cultivo.* ⇒ **regar. 2** Esparcir un líquido en forma de gotas sobre una superficie: *la humedad irrigaba la hierba.* ⇒ **rociar. 3** ANAT. Hacer llegar sangre a los tejidos a través de los vasos y conductos *sanguíneos: *se debe dormir suficiente para ~ el cerebro.* **4** MED. Introducir un líquido en una parte del cuerpo, especialmente en el *intestino: *le irrigaron el intestino para hacerle unas radiografías.* ☖ Se conjuga como 7.

i·rri·so·⌜rio, ⌜ria |irisório, ria| **1** ***adj.*** Que provoca risa: *llevaba un vestido ~ y todos se burlaron de ella.* **2** Que es muy pequeño o poco importante: *piden una cantidad irrisoria por la casa.* ⇒ **insignificante.**

i·rri·ta·ble |iritáβle| ***adj.*** Que se enfada o *irrita con facilidad: *hay que tener mucho tacto con él porque es muy ~.*

i·rri·ta·ción |iritaθión| **1** ***f.*** Enfado muy grande y violento: *sus palabras le produjeron una ~ profunda, cercana al odio.* ⇒ **ira. 2** Picor, dolor, *inflamación o *enrojecimiento en una parte del cuerpo: *comer tantos caramelos le produjo una ~ en el paladar.*

i·rri·tan·te |iritánte| **1** ***adj.*** Que hace sentir un enfado muy grande y violento: *la tía de Mercedes era una persona ~ e insoportable.* ⇒ **condenado. 2** Que causa o produce picor, dolor, *inflamación o *enrojecimiento en una parte del cuerpo: *algunos alimentos son irritantes: es mejor no comerlos.*

i·rri·tar |iritár| **1** ***tr.-prnl.*** [a alguien] Hacer sentir un enfado muy grande y violento: *los atascos de tráfico irritan a los conductores; se irritaba con facilidad.* ⇒ **exacerbar, exasperar, crispar, provocar. 2** [algo] Causar o producir picor, dolor, *inflamación o *enrojecimiento en una parte del cuerpo: *se le irritó la piel al tocar las ortigas; el olor del amoniaco irrita las vías respiratorias.*

i·rrom·pi·ble |irompíβle| ***adj.*** Que no se puede romper: *me aseguraron que este jarrón era ~, pero se ha roto.*

i·rrum·pir |irumpír| **1** ***intr.*** Entrar violentamente en un lugar: *un grupo de manifestantes irrumpió en el Ayuntamiento cuando se celebraba la junta.* **2** Invadir o entrar de pronto: *la noticia irrumpió por sorpresa en todos los medios de comunicación.*

i·rrup·ción |iȓuᵖθión| *f.* Acción y resultado de *irrumpir: *el profesor no aceptó la ~ de aquel alumno en su clase.*

is·la |ísla| **1** *f.* Extensión de tierra que está rodeada de agua por todas partes: *el archipiélago canario está formado por siete islas; ¿te gustaría vivir en una ~desierta?; iremos de vacaciones a la ~ de Mallorca.* **2** *p.ext.* Zona aislada o bien diferenciada del espacio que la rodea: *vayamos a esa ~ de árboles para descansar un poco; este sitio es una ~ de sosiego.*

is·lam |islán| **1** *m.* Religión de los que siguen a Mahoma como *profeta de Alá: *los practicantes del ~ rezan cinco veces al día.* ⇒ **islamismo. 2** Conjunto de los pueblos que tienen esta religión: *el ~ se extiende por el norte de África, el oeste de Asia y parte del sur de Europa.* ☖ No se usa en plural. Se escribe generalmente con mayúscula.

is·lá·mi·⌜co, ⌜ca |islámiko, ka| *adj.* Del *islam o que tiene relación con él: *en Andalucía quedan grandes muestras de arte ~.*

is·la·mis·mo |islamísmo| *m.* Religión de los que siguen a Mahoma como *profeta de Alá: *el ~ une la política a la vida religiosa.* ⇒ **islam, mahometismo.**

is·lan·⌜dés, ⌜de·sa |islandés, désa| **1** *adj.* De Islandia o que tiene relación con Islandia: *la capital islandesa es Reikiavic.* **- 2** *m. f.* Persona nacida en Islandia: *los islandeses se relacionan mucho con los daneses y los noruegos.* **- 3 islandés** *m.* Lengua de Islandia: *el ~ pertenece al grupo germánico.*

is·le·⌜ño, ⌜ña |isléɲo, ɲa| **1** *adj.* De la isla o que tiene relación con ella: *el clima ~ es suave y tiene cambios poco bruscos en la temperatura.* ⇒ **insular. - 2** *m. f.* Persona nacida en una isla: *hemos conocido a unos isleños muy simpáticos.* ⇒ **insular.**

is·le·ta |isléta| *f.* Espacio marcado en una carretera o vía para vehículos en el que éstos no deben entrar: *hay que bordear la ~ para llegar a la parte izquierda de la plaza.*

is·lo·te |islóte| **1** *m.* Isla pequeña y desierta: *en aquel ~abundan los reptiles.* **2** Roca muy grande rodeada de mar: *durante la tormenta el barco chocó con un ~.* **3** *fig.* Zona aislada o bien diferenciada del espacio que la rodea: *el monje encontró en aquel monasterio un ~ de paz y tranquilidad.* ⇒ **isla.**

i·so·ba·ra |isoβára| *f.* Línea imaginaria que une todos los puntos de la Tierra que tienen la misma presión atmosférica: *en el mapa meteorológico aparecen las isobaras muy juntas.*

is·ra·e·lí |isȓaelí| **1** *adj.* De Israel o que tiene relación con Israel: *el ejército ~ invadió el sur del Líbano en 1982.* **- 2** *com.* Persona nacida en Israel o que vive habitualmente en Israel: *la mayoría de los israelíes son judíos.* ☖ El plural es israelíes.

ist·mo |ísmo| *m.* GEOGR. Superficie alargada de tierra que une dos continentes o una *península y un continente: *el ~ de Panamá está entre el océano Pacífico y el mar Caribe.*

i·ta·lia·nis·mo |italianísmo| **1** *m.* Amor o gusto por la cultura y las tradiciones características de Italia: *el ~ influyó mucho en las artes renacentistas y barrocas españolas.* **2** Palabra o modo de expresión de la lengua *italiana que se usa en otro idioma: *la palabra* espagueti *es un ~ del español.*

i·ta·lia·⌜no, ⌜na |italiáno, na| **1** *adj.* De Italia o que tiene relación con Italia: *la comida italiana es muy conocida y apreciada; es un experto en literatura italiana contemporánea.* **- 2** *m. f.* Persona nacida en Italia o que vive habitualmente en Italia: *dicen que los italianos se parecen a los españoles.* **- 3 italiano** *m.* Lengua de Italia: *necesito aprender ~ cuanto antes.*

i·tá·li·⌜co, ⌜ca |itáliko, ka| **1** *adj.* De Italia, especialmente la antigua, o que tiene relación con ella: *los pueblos itálicos fueron absorbidos por Roma.* **2** *adj.* (carácter, letra) Que está inclinado o se une mucho al carácter o a la letra siguiente por lo que parece haberse escrito con rapidez: *este ejemplo está escrito en letra itálica.* ⇒ **cursiva.**

i·te·ra·ti·⌜vo, ⌜va |iteratíβo, βa| *adj. form.* Que se repite: *el fundido en negro es un elemento ~ en la película.* ⇒ **reiterativo.**

i·ti·ne·ran·te |itineránte| *adj.* Que puede ir de un lugar a otro: *se está organizando una exposición ~ de libros antiguos.* ⇒ **ambulante.**

i·ti·ne·ra·rio |itinerário| **1** *m.* Camino establecido o previsto para un viaje: *la agencia de viajes nos propuso un ~ que parecía muy interesante.* ⇒ **ruta. 2** Acción de recorrer el espacio que hay entre dos puntos: *su ~ por La Mancha estuvo lleno de sorpresas.* ⇒ **ruta, trayecto, viaje.**

i·zar |iθár| *tr.* [algo] Subir una bandera o una vela: *izaron la bandera para que la vieran desde el puerto.* ⇔ **arriar.** ☖ Se conjuga como 4.

iz·quier·da |iθkiérða| **1** *f.* Mano situada, en relación con la posición de una persona, en el lado que tiene el corazón: *sólo escribe con la ~.* ⇒ **siniestra.** ⇔ **derecha, diestra. 2** POL. Conjunto de personas que defienden transformaciones sociales que favorecen al pueblo: *la ~ cuenta con una buena representación para las próximas elecciones.* ⇔ **derecha.**

iz·quier·dis·mo |iθkierðísmo| *m.* POL. Tendencia política que defiende las reformas y rechaza las diferencias sociales: *el ~ defiende transformaciones sociales que favorezcan a la clase trabajadora.* ⇔ **derechismo.**

iz·quier·dis·ta |iθkierðísta| **1** *adj.* POL. Del *izquierdismo o que tiene relación con él: *se acaba de fundar una asociación ~; la ideología ~ es defensora del progresismo y de posturas no conservadoras.* ⇔ **derechista. - 2** *adj.-com.* POL. (persona) Que es partidario del *izquierdismo: *los candidatos izquierdistas esperan conseguir más votos; los izquierdistas no apoyan las nuevas condiciones laborales.* ⇔ **derechista.**

iz·quier·⌜do, ⌜da |iθkiérðo, ða| **1** *adj.* (parte de una cosa) Que está situado, en relación con la posición de una persona, en el lado que tiene el corazón: *el museo está en el lado ~ de la calle; suele jugar en la parte izquierda del campo.* ⇔ **derecho, diestro. 2** (órgano, parte del cuerpo) Que está situado en el lado del cuerpo en el que tiene el corazón o en el lado en el que la mayor parte de la gente tiene menos habilidad: *es zurdo porque lo vi escribiendo con la mano izquierda.* ⇔ **derecho. 3** (lugar) Que está situado, en relación con el movimiento de una persona o de una cosa, en el lado del cuerpo en el que la persona tiene o tendría el corazón: *detuvieron la barca en la orilla izquierda del río.* ⇔ **derecho. 4** (persona) Que tiene mayor habilidad en las extremidades que están en el lado en que tiene el corazón. ⇒ **zurdo.** ■ **levantarse con el pie ~**, *fam.*, tener mala suerte durante todo un día: *el examen no me va a salir bien porque creo que hoy me he levantado con el pie ~.*

J

J, j ***f.*** Letra que en el alfabeto español sigue a la *i*: *la palabra* jabón *empieza por* ~.

ja·ba·ˈlí, ˈli·na |xaβalí, lína| ***m. f.*** Animal mamífero salvaje parecido al cerdo, con pelo fuerte de color marrón o gris y con dos dientes más desarrollados que salen de la boca: *el cazador salió al bosque a cazar jabalíes.* ☖ El plural es *jabalíes*.

ja·ba·li·na |xaβalína| **1** ***f.*** DEP. Barra de fibra o metal parecida a una lanza, con que se realiza una de las pruebas de *atletismo: *en la prueba de lanzamiento de ~ se trata de arrojarla a la mayor distancia posible.* **2** Arma más corta que la lanza que se usa en la caza mayor: *antiguamente se cazaban los ciervos con ~; el cazador hirió al venado con la ~.*

ja·ba·ˈto, ˈta |xaβáto, ta| **1** ***m. f.*** Cría del *jabalí, que tiene el pelo rojo con rayas amarillas: *el cazador disparó a un ~ y le dio en una pata.* **- 2** ***adj.-s.*** *fam.* (persona) Que es valiente: *es un ~: él solo hizo huir a los ladrones.*

ja·bón |xaβón| ***m.*** Producto que se usa para limpiar la piel o la ropa: *este ~ huele muy bien; en el lavabo del cuarto de baño hay una pastilla de ~; he puesto ~ en polvo en la lavadora.* ■ **dar ~**, *fam.*, decir cosas buenas de una persona, exagerándolas o inventándolas, para conseguir un favor o ganar su voluntad: *no me des ~ y dime claramente qué quieres de mí.* ⇒ **adular.**

ja·bo·nar |xaβonár| ***tr.*** [algo, a alguien] Mojar con agua y jabón: *tendrás que ~ la camiseta antes de meterla en la lavadora; el barbero jabona la barba de sus clientes.*

ja·bo·ne·ra |xaβonéra| ***f.*** Recipiente en el que se coloca o se guarda el jabón: *esta ~ es de porcelana blanca; la ~ está colocada al lado del lavabo.*

ja·bo·no·ˈso, ˈsa |xaβonóso, sa| ***adj.*** Que tiene jabón; que tiene una característica que se considera propia del jabón: *la superficie de esta prenda está jabonosa, hay que aclararla bien; esa piedra tiene una superficie jabonosa.*

JABALÍ

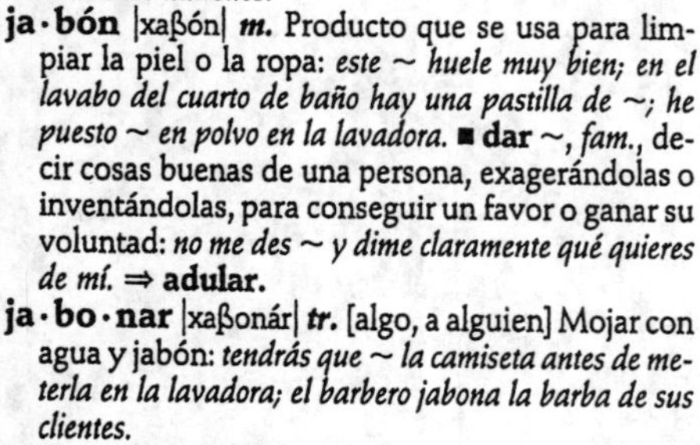

ja·ca |xáka| **1** ***f.*** Hembra del caballo: *la ~ ha parido un potrillo sano y fuerte.* ⇒ **yegua. 2** Caballo que no llega a metro y medio de altura: *montaba una ~ árabe, muy adecuada para el salto por su poco peso.*

ja·cin·to |xaθínto| ***m.*** Planta de jardín, de hojas largas, gruesas y brillantes, con flores olorosas, en *espiga, de colores delicados: *el ~ procede de Asia Menor; he plantado algunos bulbos de ~.*

ja·co |xáko| ***m.*** Caballo pequeño y débil: *ese ~ no aguantará tu peso.*

jac·tan·cia |xa^{k}tánθia| ***f.*** *form.* Alabanza excesiva, especialmente de una cosa que se tiene o que se usa: *hablaba con ~ de sus cualidades personales.* ⇒ **presunción.**

jac·tan·cio·ˈso, ˈsa |xa^{k}tanθióso, sa| ***adj.*** *form.* (persona) Que alaba excesivamente, especialmente una cosa que tiene o que usa: *es una jactanciosa: cuenta a todo el mundo lo competente que es en su trabajo.* ⇒ **cuentista, presuntuoso.**

jac·tar·se |xa^{k}társe| ***prnl.*** *form.* [de algo] Alabar en exceso, especialmente una cosa que se tiene o que se usa: *era un presuntuoso, siempre se jactaba de sus victorias.* ⇒ **presumir.**

ja·de |xáðe| ***m.*** Piedra muy dura y de color blanco o verde que se usa como adorno: *lleva una pulsera con perlas de ~; el ~ tiene aspecto jabonoso.*

ja·de·ar |xaðeár| ***intr.*** Respirar con rapidez por haber hecho un esfuerzo o ejercicio: *jadeaba porque había subido las escaleras corriendo.*

ja·ez |xaéθ| **1** ***m.*** Adorno que se pone a los caballos: *el caballo que tira del carruaje lleva jaeces adornando su cabeza.* ☖ Se usa sobre todo en plural. El plural es *jaeces*. **2** *fig.* Género, clase o cualidad: *no me gusta relacionarme con gente de ese ~.*

ja·guar |xaγuár| ***m.*** Animal mamífero nocturno, parecido al gato, pero más grande, generalmente de color amarillo con pequeñas manchas oscuras y el vientre claro, con fuertes uñas que usa para cazar animales: *el ~ se parece al leopardo; un ~ atacó al ciervo y lo mató.* ☖ Para indicar el sexo se usa el ~ macho y el ~ hembra.

ja·lar |xalár| ***tr.-prnl.*** *fam.* [algo] Comer con *apetito: *¡hay que ver, se ha jalado todo el jamón en un momento!* ⇒ **jamar.**

ja·le·a |xaléa| **1** ***f.*** Conserva transparente que se hace con diversas frutas: *la ~ tiene aspecto gelatinoso; en el armario hay unos frascos con ~.* **2** Sustancia de color blanco; ~ **real**, sustancia de color blanco con la que se alimenta la abeja reina: *la ~ real se utiliza como reconstituyente; la ~ real es segregada por las abejas.*

ja·le·ar |xaleár| ***tr.*** [algo, a alguien] Animar dando voces: *el público jaleaba con palmas y gritos al cantaor de flamenco; los cazadores jaleaban a los perros.*

ja·le·o |xaléo| **1** ***m.*** Situación en la que hay ruido y falta de orden: *en la fiesta se formó un gran ~ y vinieron los vecinos a protestar; las gallinas del corral armaban mucho ~; en la calle hay un ~ de coches enorme.* ⇒ **alboroto, algarada, escandalera, escándalo, estruendo, lío. 2** Ambiente alegre y ruidoso producido por mucha gente reunida: *desde el interior de la casa se oía el ~ de la calle.* ⇒ **animación, bullicio.**

ja·lón |xalón| **1** ***m.*** Hecho muy importante dentro de una vida o de un proceso: *la invención de las jarchas fue un ~ en la historia de la literatura.* ⇒ **hito. 2** Palo acabado en una punta de metal que se clava en la tierra como señal: *colocaron jalones a lo largo del sembrado.*

ja·lo·nar |xalonár| **1** ***tr.*** [algo] Marcar dentro de una vida o de un proceso: *los continuos éxitos han jalonado su carrera profesional.* **2** Señalar un lugar de la tierra clavando un palo acabado en una punta de metal: *el terreno ha sido jalonado por el trabajador.*

ja·mai·ca·⌜no, ⌜na |xamaikáno, na| **1** ***adj.*** De Jamaica o que tiene relación con Jamaica: *Kingston es la capital jamaicana.* **- 2** ***m. f.*** Persona nacida en Jamaica o que vive habitualmente en Jamaica: *los jamaicanos suelen emigrar al Reino Unido.*

ja·mar |xamár| ***tr.-prnl.*** *fam.* [algo] Comer con *apetito: *se ha jamado el plato de lentejas en un momento.* ⇒ **jalar.**

ja·más |xamás| ***adv. t.*** Nunca; en ningún tiempo; ninguna vez: *~ te dejaré de querer; ~ me había divertido tanto en el cine.* ⌂ Se puede usar después de *nunca* o de *siempre*: *nunca ~ contaré este secreto a nadie.*

ja·mel·go |xamélɣo| ***m.*** Caballo delgado, débil y sin gracia: *aquel ~ ya no podía aguantar el peso de una persona.* ⇒ **penco.**

ja·món |xamón| **1** ***m.*** Pata de cerdo curada con sal: *en este pueblo hay unos jamones buenísimos; en la cesta navideña había un ~ serrano; ha comprado en la charcutería un cuarto de kilo de ~;* **~ york/de york/en dulce**, el que ha sido *cocido: *el ~ de york es un fiambre.* **2** *fam. vulg. fig.* Pierna gruesa de una persona: *¡vaya jamones tengo, a ver si como un poco menos!; cuando se pone esos pantalones tan estrechos se le marcan los jamones.* **- 3** ***adj.-m.*** *fam.* (hombre) Que está un poco grueso y es de edad madura: *hay mujeres a las que les gustan los hombres jamones.* ⇒ **jamona. 4** *fam.* (hombre) Que es físicamente atrayente: *¡vaya chico más ~!* ⇒ **bueno, jamona, macizo. ■ y un ~/y un ~ con chorreras**, *fam.*, expresión con la que se niega o rechaza una cosa: *¡y un ~, para eso no cuentes conmigo!*

ja·mo·na |xamóna| **1** ***adj.-f.*** *fam.* (mujer) Que está un poco gruesa y es de edad madura: *debes reconocer que Sara ya no es una niña: está hecha una ~.* ⇒ **jamón. 2** *fam.* (mujer) Que es físicamente atrayente: *¡vaya chica más ~!* ⇒ **jamón.**

ja·po·⌜nés, ⌜ne·sa |xaponés, nésa| **1** ***adj.*** De Japón o que tiene relación con Japón: *la poesía japonesa es preciosa; la industria japonesa es muy importante.* ⇒ **nipón. - 2** ***m. f.*** Persona nacida en Japón o que vive habitualmente en Japón: *una japonesa vino a vivir con nosotros.* ⇒ **nipón. - 3 japonés** ***m.*** Lengua oficial de Japón: *estudió ~ durante varios años.*

ja·que |xáke| ***m.*** Acción del juego del *ajedrez en la que el rey de uno de los jugadores está amenazado por una pieza del otro jugador: *Juan dio ~ y luego se comió la reina de Sebastián;* **~ mate**, acción que pone fin a una partida de *ajedrez por estar amenazado y no poder salvarse el rey: *acabo de ganar la partida porque te he dado ~ mate.* ⇒ **mate. ■ tener en ~**, *fam.*, molestar continuamente; tener vencido: *esta chica me tiene en ~ todos los días, ya estoy harto de ella.*

ja·que·ca |xakéka| ***f.*** Dolor fuerte de cabeza que afecta a un lado o una parte de ella: *sufría continuas jaquecas.*

ja·ra |xára| ***f.*** Arbusto de hojas alargadas, olorosas y pegajosas, que echa flores blancas o de otros colores: *la ~ puede alcanzar dos metros de altura.*

ja·ra·be |xaráβe| **1** ***m.*** Medicina en forma líquida, generalmente espesa: *el médico me ha mandado un ~ para la tos.* **2** Bebida muy dulce hecha con agua, azúcar y zumos: *ese cóctel estaría mejor con un poco de ~ de fresa.* **■ ~ de palo**, *fam.*, conjunto de golpes; castigo: *si el perro se comporta mal, dale ~ de palo.*

ja·ral |xarál| ***m.*** Lugar donde crecen muchas *jaras: *hay muchos jarales en la región mediterránea.*

ja·ra·na |xarána| **1** ***f.*** *fam.* Diversión muy animada, con ruido y desorden: *esta noche nos iremos de ~.* ⇒ **juerga. 2** *fam.* *Pelea; enfrentamiento: *ha habido ~ y la policía ha detenido a varias personas.* ⇒ **riña.**

jar·cha |xártʃa| ***f.*** POÉT. Versos escritos en *mozárabe que se encuentran al final de algunos poemas árabes o *hebreos: *las jarchas, del siglo* XI, *son las primeras muestras de la poesía en lengua romance.*

jar·dín |xarðín| ***m.*** Terreno, generalmente al aire libre, en el que se cultivan plantas y flores para hacerlo agradable: *como hacía buen tiempo, salieron a cenar al ~; hay que cortar el césped del ~;* **~ botánico**, el que tiene plantas de muchas clases para que el público pueda verlas o estudiarlas: *la profesora nos ha llevado al ~ botánico de la ciudad.* **■ ~ de infancia**, lugar en el que hay personas dedicadas al cuidado de los niños que son demasiado pequeños para ir a la escuela: *a mi hijo le gusta mucho ir al ~ de infancia.*

jar·di·ne·ra |xarðinéra| ***f.*** Recipiente alargado en el que se ponen plantas como adorno: *he metido tres tiestos en la ~ de la terraza; Úrsula plantó un geranio en la ~.* **■ a la ~**, (comida) que se cocina con varios tipos de verduras: *hoy comeremos sopa a la ~.*

jar·di·ne·rí·a |xarðinería| ***f.*** Arte y oficio que consiste en cuidar jardines: *pregúntale a María cuán-*

do debes regar esta planta, que ella sabe de ~; le gustan mucho las plantas, por eso se ha dedicado a la ~.

jar·di·ne·⌐ro, ⌐ra |xarðinéro, ra| ***m. f.*** Persona que se dedica a cuidar un jardín: *los jardineros han cultivado rosales en el jardín del barrio.*

ja·re·ta |xaréta| **1** ***f.*** Doblez que se hace en una prenda de vestir para introducir una cinta, un cordón o una goma: *mi madre hizo una ~ en la cintura del vestido para meter el cinturón.* **2** *p. ext.* Pliegue de una prenda de vestir, cosido en el borde y que sirve de adorno: *la blusa lleva jaretas en el pecho.* ⇒ **dobladillo.**

ja·rra |xára| ***f.*** Recipiente de boca y cuello anchos, con una o dos asas, que se usa para contener líquidos o de adorno: *se bebieron ellos solos una ~ de limonada entera; sobre el televisor hay una ~ de porcelana.* ■ **en jarras**, con los brazos separados del cuerpo y las manos apoyadas en la cintura: *se puso en jarras y empezó a regañarme.*

ja·rro |xáro| ***m.*** Recipiente con una asa que se usa para contener líquidos o de adorno: *trajo agua a la mesa en un ~ de vidrio.* ■ **echar un ~ de agua fría**, quitar de pronto el ánimo o la esperanza: *me echó un ~ de agua fría al decirme que se casaba con otro.*

ja·rrón |xarón| ***m.*** Recipiente más alto que ancho que sirve de adorno: *sobre la mesa hay un ~ con flores; el ~ se ha caído y se ha hecho mil trozos.*

jas·pe |xáspe| ***m.*** Piedra de grano fino y de varios colores que se usa como adorno: *el ~ está recorrido por vetas de diversos tonos.*

jas·pe·a·⌐do, ⌐da |xaspeáðo, ða| ***adj.*** Que tiene varios colores, como el *jaspe: *esta chaqueta no es lisa, es jaspeada; me he comprado una falda jaspeada.*

jau·la |xáula| **1** ***f.*** Caja hecha con barras de madera o metal separadas entre sí, que sirve para encerrar animales: *los leones están metidos en una ~; la ~ del pájaro está colgada en la pared.* **2** Caja hecha con barras de madera separadas entre sí, que sirve para guardar o transportar mercancías: *metió en el remolque del camión varias jaulas de quesos.*

jau·rí·a |xauría| ***f.*** Conjunto de perros que cazan juntos: *la ~ apresó al jabalí en un recodo de la montaña.*

jaz·mín |xaθmín| **1** ***m.*** Arbusto de flores pequeñas, blancas y muy olorosas: *el ~ es originario de Asia.* **2** Flor de esa planta: *el ~ se utiliza para hacer perfumes; llevaba en la mano un ramillete de jazmines.*

jazz |yás| ***m.*** Género musical con un ritmo de base en el que los músicos suelen hacer cambios a medida que van tocando: *el ~ nació en las comunidades negras de Estados Unidos.* ⇒ **yaz.** ☖ Esta palabra procede del inglés. La Real Academia Española prefiere la forma *yaz.*

je·fa·tu·ra |xefatúra| **1** ***f.*** Oficina o edificio de determinados cuerpos oficiales: *tengo que entregar unos documentos en la ~; el policía se dirigía a la ~.* **2** Cargo de jefe: *conservó la ~ durante diez años.*

je·⌐fe, ⌐fa |xéfe, fa| **1** ***m. f.*** Persona que tiene poder o autoridad para dirigir el trabajo o las actividades de otras: *el ~ ha dicho que nos van a subir el sueldo; el ~ de personal está por debajo del director general;* ~ **de Estado**, el que tiene la mayor autoridad en un país: *el Rey es el ~ del Estado español.* **2** MIL. Miembro del ejército de categoría superior a la de oficial e inferior a la de general: *los jefes se reunieron antes de la batalla.* **3** *fam.* Forma de tratamiento que indica respeto y afecto: *¡~!, olvida usted el paraguas.*

jen·gi·bre |xeŋxíβre| **1** ***m.*** Sustancia de sabor picante que se saca del tallo subterráneo de una planta: *el ~ se usa en medicina y como especia; ¿has probado el pan de ~?* **2** Planta procedente de la India, con las flores amarillas y rojas, y con un tallo subterráneo, aplastado, de carne blanca, olorosa y sabor agrio y picante: *el ~ es una planta tropical.*

je·que |xéke| ***m.*** Jefe de un territorio o de una comunidad árabe: *el ~ iba acompañado de todo su séquito; el ~ se reunió con los sultanes.*

je·rar·ca |xerárka| ***com.*** Persona superior y principal, especialmente en el orden de la Iglesia: *los jerarcas de la Iglesia se reúnen para tomar las decisiones importantes.*

je·rar·quí·a |xerarkía| **1** ***f.*** Organización de categorías o poderes, siguiendo un orden de importancia: *en la sociedad egipcia existía una fuerte ~ de clases; los cargos de la empresa siguen una rígida ~.* **2** Conjunto de personas que están al frente de una organización: *forma parte de la ~ de la empresa; se han reunido los miembros de la ~ eclesiástica.*

je·rár·qui·⌐co, ⌐ca |xerárkiko, ka| ***adj.*** De la *jerarquía o que tiene relación con ella: *las sociedades antiguas tenían un sistema ~ de clases; los dirigentes políticos forman parte de un grupo ~ muy cerrado.*

je·rez |xeréθ| ***m.*** Vino blanco y seco, de gran calidad, que se elabora en Jerez de la Frontera: *tomé un ~ con unas aceitunas; el ~ es un vino con muchos grados.*

jer·ga |xérɣa| **1** ***f.*** *fam. fig.* Lenguaje difícil de entender: *el niño me hablaba en su ~; el borracho voceaba en una ~ incomprensible.* ⇒ **jerigonza.** **2** LING. Lenguaje característico de un oficio o de un grupo social: *los médicos hablan una ~ que pocos entienden; la ~ de los estudiantes es muy divertida.* ⇒ **argot.** **3** Tejido grueso y áspero: *la ~ se usaba para hacer colchones.*

jer·gón |xerɣón| ***m.*** Saco de forma plana y rectangular lleno de *paja o de otra cosa: *tuvo que dormir en un duro ~.* ⇒ **camastro.**

je·ri·gon·za |xeriɣónθa| ***f.*** Lenguaje difícil de entender: *no sé muy bien lo que dice, porque está utilizando una ~ que nunca he oído.* ⇒ **jerga.**

je·rin·ga |xeríŋga| ***f.*** Instrumento que consiste en un tubo hueco con un extremo muy estrecho por el que se expulsan o aspiran líquidos o sustancias blandas: *la enfermera le inyectó una sustancia en el recto con una ~.* ⇒ **jeringuilla.**

je·rin·gar |xeriŋgár| ***tr.-prnl.*** *fam. fig.* [a alguien] Molestar o fastidiar; hacer enfadar: *¡deja de jeringarme y márchate de aquí!* ☖ Se conjuga como 7.

je·rin·gui·lla |xeriŋgíʎa| ***f.*** Instrumento que consiste en un tubo hueco con un extremo muy estrecho en el que se coloca una aguja hueca y que se usa para poner *inyecciones: *la enfermera pre-*

paró la ~ y le puso una inyección; el drogadicto dejó en el baño del hotel una ~. ⇒ **jeringa.**

je·ro·glí·fi·⌐co, ⌐ca |xeroɣlífiko, ka| **1** ***adj.*** (escritura) Que está formado por signos dibujados que representan cosas diferentes: *la escritura egipcia era jeroglífica; la escritura jeroglífica se da en muchos pueblos antiguos.* **- 2 jeroglífico *m.*** Pasatiempo que consiste en adivinar una palabra o frase a partir de símbolos o figuras: *¿has adivinado ya el ~ que aparece en el periódico?* **3** *p. ext.* Imagen o apunte difícil de entender: *no entiendo este mensaje: es un ~.*

jer·sey |xerséi| ***m.*** Prenda de vestir de punto de lana o algodón, de manga larga, que cubre la parte superior del cuerpo: *sobre la camisa, llevaba un ~ rojo; le regalaré un ~ de cachemir.* ⇒ **niqui, polo, suéter.** ⌂ El plural es *jerséis.*

je·sui·ta |xesuíta| ***adj.-m.*** (religioso) Que pertenece a la Compañía de Jesús: *los jesuitas evangelizaron muchos territorios americanos.*

je·ta |xéta| **1** ***f.*** *fam.* Parte anterior de la cabeza, en la que están la boca, la nariz y los ojos: *¡vaya ~ se ha puesto el niño con el chocolate!* ⇒ **cara. 2** *fam.* Expresión o gesto que refleja un sentimiento o un estado de ánimo de *desacuerdo o desagrado: *no me pongas esa ~, que yo también tengo motivos para estar enfadado.* ⇒ **cara. 3** *fam.* Falta de vergüenza: *¡qué ~ tiene, se ha colocado el primero en la cola!* ⇒ **cara, caradura.**

jí·ba·⌐ro, ⌐ra |xíβaro, ra| **1** ***adj.*** Del pueblo que habita en la zona *oriental de Ecuador o que tiene relación con él: *las tribus jíbaras se dedican a la caza y la pesca.* **- 2 *m. f.*** Persona que pertenece a ese pueblo: *los jíbaros practicaban la reducción de las cabezas de sus enemigos.*

ji·bia |xíβia| **1** ***f.*** Animal invertebrado marino comestible, con una cabeza grande de la que salen ocho patas, que se mueve lanzando agua con fuerza: *¡qué rica está la ~ a la plancha!; las jibias viven en las costas cálidas, como las del Mediterráneo.* ⇒ **sepia.** ⌂ Para indicar el sexo se usa la ~ macho y la ~ hembra. **2** Hueso que tiene ese animal en el interior del cuerpo: *la ~ se pone en la jaula de los canarios para que se afilen el pico.*

jí·ca·ra |xíkara| ***f.*** Recipiente de pequeño tamaño que se usa para contener chocolate: *tomaron chocolate en unas jícaras de porcelana.*

jie·nen·se |xienénse| ***adj.*** ⇒ **jiennense.** ⌂ La Real Academia Española prefiere la forma *jiennense.*

jien·nen·se |xieⁿnénse| **1** ***adj.*** De Jaén o que tiene relación con Jaén: *la industria ~ se dedica fundamentalmente a la elaboración de aceite; el río Guadalquivir atraviesa el territorio ~.* ⇒ **jienense. - 2 *m. f.*** Persona nacida en Jaén o que vive habitualmente en Jaén: *Cristóbal es ~, nació en un pueblo de Jaén llamado La Guardia.* ⇒ **jienense.**

jil·gue·ro |xilɣéro| ***m.*** Pájaro de color marrón en la espalda, con una mancha roja en la cara, otra negra en la parte superior de la cabeza, cuello blanco, la cola y las alas negras y amarillas con las puntas blancas, que es *apreciado por su canto: *el ~ puede cruzarse con el canario.* ⇒ **colorín.** ⌂ Para indicar el sexo se usa el ~ macho y el ~ hembra.

ji·li·po·llas |xilipóʎas| ***adj.-com.*** *vulg.* Que es torpe o poco inteligente; que no sabe lo que debe saber: *esta chica es un poco ~, todo el mundo le toma el pelo.* ⇒ **gilipollas, tonto.** ⌂ El plural es *jilipollas.*

ji·ne·ta |xinéta| ***f.*** Animal mamífero de cuerpo delgado, cabeza pequeña, patas cortas y cola muy larga, con el pelo marrón con bandas negras, que se alimenta de pequeños animales: *la ~ se encuentra en los países mediterráneos.* ⌂ Para indicar el sexo se usa la ~ macho y la ~ hembra.

ji·ne·te |xinéte| ***m.*** Hombre que monta a caballo: *el ~ bajó de su caballo y lo dejó en la cuadra; en la carrera participarán 35 jinetes.* ⇒ **amazona.**

ji·pi·ja·pa |xipixápa| ***m.*** Sombrero de ala ancha, tejido con una hoja muy fina y flexible: *el ~ se llama así por una población de Ecuador.*

ji·ra·fa |xiráfa| **1** ***f.*** Animal mamífero *rumiante muy alto, con el cuello muy largo y delgado, las patas delgadas y el pelo de color *amarillento con manchas marrones: *en África se pueden ver manadas de jirafas.* ⌂ Para indicar el sexo se usa la ~ macho y la ~ hembra. **2** Brazo articulado que sostiene un *micrófono y que puede aproximarse desde arriba: *hay que repetir la toma, porque la ~ ha entrado en el encuadre.*

ji·rón |xirón| **1** ***m.*** Trozo pequeño cortado o arrancado de una tela: *se enganchó el vestido en un alambre y se hizo un ~.* **2** *fig.* Parte pequeña de un todo: *de su poesía, sólo nos queda un ~, lo demás se ha perdido.*

joc·key |xókei| ***m.*** Persona que se dedica a montar

JIRAFA

caballos de carreras: *un ~ debe tener muy poco peso.* ⇒ **yóquey.** ◯ Esta palabra procede del inglés. La Real Academia Española prefiere la forma *yóquey.*

jo·co·si·dad |xokosiðáᵈ| **1** ***f.*** Cualidad de gracioso y divertido: *una de las características de esta novela es su ~.* **2** Hecho o dicho gracioso o divertido: *no dejó de decir jocosidades en toda la tarde.* ⇒ **chiste.**

jo·co·⌐so,⌐sa |xokóso, sa| ***adj.*** Que tiene sentido del humor; que es gracioso y divertido: *es una persona muy jocosa; este autor ha escrito poemas jocosos.*

jo·der |xoðér| **1** ***intr.-tr.*** *vulg.* [a alguien] Realizar el acto sexual: ⇒ **follar. - 2** ***tr.-prnl.*** *vulg. fig.* [a alguien] Molestar o fastidiar: *¡lárgate y deja de joderme con tus estupideces!; si tienes que trabajar el sábado, jódete.* ⇒ **jorobar. 3** [algo] Romper o estropear: *deja el ordenador que lo vas a ~; el balón ha jodido el cristal.* ⇒ **jorobar. - 4** ***interj.*** Expresión que indica enfado o sorpresa: *¡~, qué moto se ha comprado!; ¡~, esto no me lo esperaba!*

jol·go·rio |xolγório| ***m.*** Diversión muy animada, con ruido y desorden: *han organizado un buen ~ en la cafetería.* ⇒ **juerga.**

jo·lín |xolín| ***interj.*** *fam.* Expresión que indica enfado o sorpresa: *¡~, yo no quiero ir esta tarde al cine!* ◯ Se usa también la forma plural *jolines.*

jon·do |xóndo| ***adj.*** ⇒ **cante.**

jó·ni·⌐co,⌐ca |xóniko, ka| ***adj.*** ARQ. Del orden que adorna la parte superior de las columnas con *volutas, o que tiene relación con él: *los capiteles del templo eran jónicos.* ⇒ **orden.**

jor·na·da |xornáða| **1** ***f.*** Tiempo que se dedica al trabajo en un día o en una semana: *mi ~ laboral es de ocho horas diarias; ~* **intensiva**, la que se *realiza de forma continuada, sin interrupción: *en verano tenemos ~ intensiva.* **2** Periodo de tiempo de 24 horas: *la radio ha comentado las noticias de la ~.* **3** DEP. Parte de una competición deportiva en la que participan todos los competidores, y que se celebra durante un periodo de tiempo determinado, generalmente durante un día: *el equipo de fútbol ha perdido en la primera ~ del campeonato.* **4** Camino que se recorre en un día de viaje: *llegaron a su destino después de dos jornadas a caballo.* **5** *fig.* Parte en la que se divide una obra de teatro español antiguo: *en la última ~ se resuelve la trama.* **6** *form. fig.* Tiempo que dura la vida de un hombre: *está llegando el final de su ~: va a morir.*

jor·nal |xornál| ***m.*** Cantidad de dinero que se gana cada día de trabajo: *se comprará un coche nuevo porque puede pagarlo con su ~; me deben el ~ de tres días.* ⇒ **paga, salario.**

jor·na·le·⌐ro, ⌐ra |xornaléro, ra| ***m. f.*** Persona que trabaja por días a cambio de un *jornal, especialmente en el campo: *los jornaleros están recogiendo aceitunas en Andalucía; los jornaleros no tienen trabajo todos los días del año.* ⇒ **bracero.**

jo·ro·ba |xoróβa| **1** ***f.*** Bulto que tienen en el *lomo ciertos animales: *el camello tiene dos jorobas y el dromedario, una.* ⇒ **giba. 2** Bulto que sale en la espalda a las personas debido a una desviación de la columna *vertebral: *es muy alto y camina encorvado: le saldrá ~.* ⇒ **chepa, giba. - 3** ***interj.*** Expresión que indica enfado o molestia: *¡~, yo no quiero quedarme sin vacaciones!*

jo·ro·ba·⌐do, ⌐da |xoroβáðo, ða| ***adj.-s.*** Que tiene *joroba: *en la película había un personaje ~.*

jo·ro·bar |xoroβár| **1** ***tr.-prnl.*** *fam.* [a alguien] Molestar o fastidiar: *no me jorobes con tus problemas.* ⇒ **joder. 2** [algo] Romper o estropear: *he estado tocando el botón y he jorobado el reloj.* ⇒ **joder.**

jo·ta |xóta| **1** ***f.*** Nombre de la letra *j*: *la palabra* jilguero *se escribe con ~; la letra ~ va detrás de la* i *y delante de la* k *en el abecedario.* **2** Baile popular de varias regiones de España: *la ~ se baila por parejas; en la ~ se levantan los brazos y se dan saltos y vueltas.* **3** Canción popular que acompaña a ese baile: *los dos baturros cantaron una ~ humorística.* ■ **ni ~**, *fam.*, nada: *perdona, pero no he entendido ni ~ de lo que has dicho; Luis no sabe ni ~.* ⇒ **papa, patata.**

joule |yúl| FÍS. Unidad de trabajo y de energía, en el Sistema Internacional: *el símbolo del ~ es* J. ⇒ **julio.**

jo·ven |xóβen| **1** ***adj.-com.*** (persona) Que tiene poca edad: *tiene dos hijos jóvenes y un bebé; ¿te has fijado en esas jóvenes?* ⇒ **muchacho.** ⇔ **anciano, viejo. - 2** ***adj.*** De la juventud o que tiene relación con ella: *aunque es muy mayor, le gusta la moda ~.* ⇒ **juvenil. 3** Que tiene poco tiempo de vida; que está en las primeras *etapas de su existencia: *todas las plantas del jardín son bastante jóvenes.* ⇒ **nuevo.** ⇔ **viejo.**

jo·vial |xoβiál| ***adj.*** Que es alegre y divertido: *Felipe es una persona muy ~, siempre está de buen humor.*

jo·ya |xóya| **1** ***f.*** Objeto de gran valor hecho con metales o piedras preciosas, que suele usarse como adorno: *va adornada con joyas; este collar es una ~ que vale mucho dinero.* **2** *fig.* Persona o cosa de gran valor: *esta chica es una ~, me ayuda siempre que se lo pido; ten cuidado con este aparato, es una ~.* ⇒ **perla.**

jo·ye·rí·a |xoyería| **1** ***f.*** Establecimiento en el que se fabrican, arreglan o venden joyas: *he llevado la pulsera a la ~ para que me la arreglen; ha comprado un collar de perlas en la ~.* **2** Arte y comercio de las joyas: *mi primo se dedica a la ~.*

jo·ye·⌐ro, ⌐ra |xoyéro, ra| **1** ***m. f.*** Persona que se dedica a fabricar, arreglar o vender joyas: *la joyera me ha dicho que la reparación del reloj es muy cara.* **- 2 joyero** ***m.*** Caja en la que se guardan las joyas: *¿has metido los pendientes en el ~?; este ~ tiene un espejo dentro.*

jua·ne·te |xuanéte| ***m.*** Deformidad o bulto del hueso del dedo gordo del pie: *la abuela tiene juanetes a causa de su reuma; me ha salido un ~ en el pie derecho por llevar estos zapatos tan apretados.*

ju·bi·la·ción |xuβilaθión| **1** ***f.*** Retirada del servicio o del trabajo por edad o por enfermedad: *le quedan cinco años para llegar a la ~.* **2** Cantidad de dinero que cobra una persona cuando se produce esa retirada: *con la ~ que le queda no tiene para vivir.* ⇒ **pensión.**

ju·bi·la·⌐do, ⌐da |xuβiláðo, ða| ***adj.-s.*** (persona) Que está retirado del servicio o del trabajo, por edad o por enfermedad: *el político prometió una mejora de las condiciones de vida de las personas jubiladas; los jubilados acuden con frecuencia a esta residencia.* ⇒ **pensionista.**

ju·bi·lar |xuβilár| **1** ***tr.-prnl.*** [a alguien] Librar o librarse del servicio o del trabajo por cumplir una edad determinada, por enfermedad o por otras circunstancias: *la fábrica ha jubilado a los empleados mayores de sesenta años; mañana me jubilo, porque cumplo 65 años; cuando se jubiló le quedó una buena pensión y se dedicó a viajar.* **2** *fig.* [algo] Dejar o abandonar una cosa que no es útil: *voy a ~ el coche, porque está demasiado viejo.*

ju·bi·le·o |xuβiléo| **1** ***m.*** Perdón que concede el Papa: *fuimos a la catedral para ganar el ~.* **2** Entrada y salida frecuente de muchas personas de un lugar: *la sala de fiestas era un ~.*

jú·bi·lo |xúβilo| ***m.*** *form.* Alegría grande que se *manifiesta exteriormente: *nos comunicó con ~ el nacimiento de su hija.* ⇒ **regocijo.**

ju·bón |xuβón| ***m.*** Prenda de vestir ajustada al cuerpo, que cubre desde los hombros a la cintura: *el ~ es una prenda antigua, tanto masculina como femenina; las personas de la corte de los Austrias llevaban jubones muy lujosos.*

ju·dai·⌜co, ⌜ca |xuðái̯ko, ka| ***adj.*** De los judíos o que tiene relación con ellos: *la religión judaica es monoteísta.*

ju·da·ís·mo |xuðaísmo| ***m.*** Religión de los judíos, que sigue las doctrinas de Moisés y del Antiguo Testamento: *el ~ no acepta a Cristo como Hijo de Dios.* ⇒ **hebraísmo.**

ju·das |xúðas| ***com.*** *fig.* Persona traidora: *es un ~, estoy seguro de que nos delatará y se descubrirá todo.* ⇒ **delator.** ☖ El plural es *judas.*

ju·de·o·es·pa·⌜ñol, ⌜ño·la |xuðeoespaɲól, ɲóla| **1** ***adj.*** De los judíos expulsados de España en 1492 o que tiene relación con ellos: *las comunidades judeoespañolas perviven en el norte de África, en los Balcanes y en Asia Menor.* **- 2** ***m. f.*** Judío expulsado de España que conserva la lengua y las tradiciones españolas: *los judeoespañoles luchan para no perder su cultura.* **- 3 judeoespañol** ***m.*** Variedad del español hablada por los judíos expulsados de España y por sus descendientes: *el ~ conserva rasgos del castellano del siglo* XVI. ⇒ **ladino, sefardí.**

ju·de·rí·a |xuðería| ***f.*** Conjunto de calles habitadas por los judíos: *¿has visitado la ~ de Toledo?; la ~ de esta ciudad se remonta a la época medieval.* ⇒ **morería.**

ju·dí·a |xuðía| **1** ***f.*** Planta *leguminosa de tallo delgado y en *espiral y con flores blancas o amarillas: *la ~ es una planta originaria de América.* **2** Fruto de esa planta, encerrado en una cáscara blanda, alargada y aplastada; ~ **verde**, la de cáscara blanda, aplastada y comestible: *para cocinar las judías verdes hay que cortarlas y lavarlas.* **3** Semilla de esa planta, de pequeño tamaño y forma de *riñón, que se consume hervida: *las judías se pueden comer tiernas o secas;* ~ **blanca**, la que tiene color blanco: *hoy comeremos judías blancas con chorizo;* ~ **pinta**, la que tiene color marrón: *puso las judías pintas al fuego.* ⇒ **alubia, habichuela.**

ju·di·ca·tu·ra |xuðikatúra| **1** ***f.*** DER. Actividad de juzgar o de *dictar *sentencias: *piensa dedicarse a la ~ cuando termine la carrera.* **2** DER. Cuerpo formado por los *jueces de un país: *el presidente del país ha pedido a la ~ que dé su opinión sobre la futura ley del aborto.* **3** DER. Empleo de *juez y tiempo que dura: *estuvo en la ~ más de treinta años.*

ju·di·cial |xuðiθi̯ál| ***adj.*** De la administración de justicia o que tiene relación con ella: *hay que evitar cualquier coacción al poder ~.*

ju·dí·⌜o, ⌜a |xuðío, a| **1** ***adj.*** De la religión o la doctrina de Moisés o que tiene relación con ella: *se casaron por el rito ~.* ⇒ **hebreo. 2** De Judea o que tiene relación con Judea: *el pueblo ~ sufrió cautiverio en Egipto.* **- 3** ***m. f.*** Persona que sigue la religión y la doctrina de Moisés: *en la España medieval convivieron judíos, católicos y musulmanes.* **4** Persona nacida en Judea o que vive habitualmente en Judea: *los judíos formaron parte del Imperio Romano.*

ju·do |yúðo| ***m.*** Deporte que consiste en luchar cuerpo a cuerpo para vencer aprovechando la fuerza y el impulso del contrario: *el ~ es un deporte de origen japonés.* ⇒ **yudo.** ☖ La Real Academia Española prefiere la forma *yudo.*

jue·go |xu̯égo| **1** ***m.*** Acto de divertirse haciendo una cosa: *los niños están todo el día inventando juegos.* ⇒ **entretenimiento; ~ de manos**, el que se basa en la habilidad de las manos y consiste en hacer aparecer y *desaparecer objetos: *este ilusionista hace unos juegos de manos increíbles.* **2** Diversión organizada según unas reglas y en la que los participantes ganan o pierden: *te enseñaré un ~ de naipes que no conoces; no conozco las reglas de este ~;* ~ **de azar**, el que depende de la suerte: *la oca y los dados son juegos de azar.* **3** Movimiento de cosas que están articuladas: *me he caído y no puedo hacer el ~ de la muñeca.* **4** Conjunto de cosas que se usan con un fin determinado: *en la caja hay un ~ de toallas verdes; en este ~ de sartenes falta una pieza.* **5** Conjunto de elementos que se combinan para conseguir un efecto *vistoso: *el escenario cambió por completo con el ~ de luces y sombras.* **6** DEP. Parte en que se divide un partido en ciertos deportes: *se marchó antes de que el tenista acabara el segundo ~.* **7** Modo de obrar, especialmente si es malo o secreto: *ha logrado enemistarnos a todos con sus juegos.* **- 8 juegos** ***m. pl.*** Conjunto de competiciones: *los grandes juegos se celebrarán dentro de unos meses;* **Juegos Olímpicos**, conjunto de pruebas o competiciones deportivas que se celebran cada cuatro años en una ciudad determinada: *los Juegos Olímpicos tuvieron su origen en la ciudad de Olimpia.* ☖ En esta acepción se escribe con mayúscula; **juegos florales**, conjunto de pruebas, generalmente de literatura, en las que se premia al vencedor con una flor: *los juegos florales estuvieron presididos por la reina.* ■ **dar ~**, *fam.*, ofrecer muchas posibilidades: *las herramientas que me has regalado dan mucho ~.* ■ **hacer el ~**, *fam.*, apoyar o seguir a una persona en un asunto o punto de vista: *su amigo le hacía el ~: siempre estaba de acuerdo con todo lo que decía.* ■ **hacer ~**, combinar bien una cosa con otra: *esta falda de cuadros no hace ~ con la blusa de rayas.* ■ **~ de niños**, cosa que es fácil de hacer: *arreglar un enchufe es un ~ de niños.* ■ **~ de palabras**, figura del lenguaje que consiste en combinar palabras que tienen una forma parecida o que pueden ser *interpretadas de varias formas: *si dices* no estoy cansado, sino casado *estás haciendo un ~ de palabras.* ■ **poner en ~**, usar o poner en funcionamiento: *en este proyecto ponemos en ~ todo nuestro dinero.*

juer·ga |xuérγa| ***f.*** Diversión muy animada, con ruido y desorden: *no suele beber mucho, pero anoche estuvo de ~ y cogió una buena borrachera.* ⇒ **desmadre, farra, jarana, jolgorio, parranda.**

juer·guis·ta |xuerγísta| ***adj.-com.*** (persona) Que gusta mucho de las fiestas y las diversiones: *Manuela es una persona muy ~, siempre está divirtiéndose en la calle.*

jue·ves |xuéβes| ***m.*** Cuarto día de la semana: *iré a verte el ~ por la tarde, ¿de acuerdo?; los ~ son días laborables.* ■ **no ser una cosa del otro ~**, *fam.*, no ser nada especial o fuera de lo normal: *no me ha gustado mucho esa película, no es una cosa del otro ~.* ☐ El plural es *jueves.*

juez, jue·za |xuéθ, xuéθa| **1** ***m. f.*** Persona que tiene capacidad de juzgar y que es responsable de la aplicación de las leyes y de la dirección de los juicios: *el ~ emitió una sentencia favorable al acusado;* **~ de instrucción/de primera instancia**, el que se encarga de asuntos penales: *he presentado el caso ante el ~ de instrucción.* **2** Persona que tiene autoridad para juzgar y dar su opinión: *el ~ decidirá quién ha sido el ganador.* **3** DEP. Persona que en distintos deportes hace que se respeten unas reglas: *el ~ reprendió a los jugadores por su mal comportamiento.* ⇒ **árbitro, colegiado; ~ de línea**, DEP., el que en el fútbol vigila el juego por las líneas laterales del campo: *el ~ de línea advierte al árbitro con una bandera.* ■ **ser ~ y parte**, juzgar una cosa en la que no se puede dejar de *opinar por estar interesado en ella: *no pudo marcharse de la reunión, porque era ~ y parte del conflicto.*

ju·ga·da |xuγáða| **1** ***f.*** Acción de jugar una persona cuando llega su turno o tiene oportunidad: *me puse por delante de los demás en la última ~; el futbolista metió un gol en una de las jugadas.* **2** Acción destacada de un juego: *en el partido se pudieron ver muy buenas jugadas.* ⇒ **lance. 3** *fig.* Acción mala contra una persona: *no confiaré nunca más en ti, después de la ~ que me has hecho.* ⇒ **treta.**

ju·ga·⌐dor, ⌐do·ra |xuγaðór, ðóra| **1** ***m. f.*** Persona que juega, especialmente si lo hace como deporte: *no quiero estar en el mismo equipo que él, porque es un mal ~; las jugadoras de baloncesto son muy altas.* **2** Persona a la que le gustan mucho los juegos de azar: *es un ~ empedernido, apuesta todo su dinero al póquer.*

ju·gar |xuγár| **1** ***intr.*** Divertirse o *entretenerse haciendo una cosa: *el niño está jugando con sus amigos; le gusta ~ en la calle; jugaba con el bolígrafo mientras hablaba.* **2** Actuar sin dar la importancia que merece un asunto o cosa: *creo que está jugando con su salud.* **3** Tomar parte en un asunto o negocio: *Antonio juega en este asunto;* **~ fuerte**, proceder con decisión o poniendo en peligro una cosa: *si quieres renovar la empresa, tienes que ~ fuerte;* **~ limpio**, proceder honradamente o con buena intención: *no ha jugado limpio en el asunto de la compra de acciones;* **~ sucio**, proceder sin honradez o con mala intención: *en la dirección de la empresa ha jugado sucio y se ha apoderado de varios millones.* **- 4** ***tr.-intr.*** [algo/a algo; con alguien] Tomar parte en una diversión organizada por reglas: *esta tarde vamos a ~ un partido de fútbol; estuvieron jugando a las cartas toda la tarde.* **5** [algo] Emplear su turno un jugador: *ya ha jugado su carta; le tocaba jugar a él; tú juegas.* **- 6** ***tr.-prnl.*** Exponer o poner en peligro una cantidad de dinero para tomar parte en un juego de azar: *¿cuánto dinero te has jugado a las cartas?; no me gusta ~;* **~ fuerte**, exponer una cantidad grande de dinero: *en esta partida se juega muy fuerte.* ⇒ **apostar. - 7 jugarse** ***prnl.*** [algo] Poner en peligro: *se juega la vida en ese coche.* **8** Llevarse a *cabo un juego de azar: *la partida se jugó el sábado por la noche.* ■ **jugársela**, *fam.*, engañar a una persona en un asunto: *se la jugó diciéndole que podría comprarlo más barato al día siguiente.* ☐ Se conjuga como 53.

ju·ga·rre·ta |xuγaréta| ***f.*** *fam.* Acción que molesta o se hace con mala intención: *no me gusta trabajar con Raquel, porque acostumbra hacer jugarretas a todo el mundo; ¡vaya ~ que me has hecho!* ⇒ **faena.**

ju·glar |xuγlár| ***m.*** Persona que divierte a la gente con sus poemas, canciones y juegos: *los juglares de la Edad Media iban de un lugar a otro difundiendo los cantares de gesta.*

ju·gla·res·⌐co, ⌐ca |xuγlarésko, ka| ***adj.*** Del *juglar o que tiene relación con él: *las habilidades juglarescas entretenían a los miembros de las Cortes; se han conservado poemas juglarescos.*

ju·gla·rí·a |xuγlaría| ***f.*** Oficio del *juglar: *gracias a la ~ conservamos escritos cantares de gesta y romances.*

ju·go |xúγo| **1** ***m.*** Líquido contenido en las frutas y en algunos alimentos, que lo desprenden al ser calentados o *exprimidos: *me gusta el pescado con un chorro de ~ de limón; ¡qué buenos están los filetes en su ~!* ⇒ **zumo; ~ gástrico**, líquido ácido que expulsan las *glándulas del estómago para *digerir los alimentos: *los jugos gástricos son necesarios para hacer la digestión.* **2** *fig.* Contenido útil y sustancial de una cosa: *leí dos veces la novela para sacarle todo el ~.*

ju·go·⌐so, ⌐sa |xuγóso, sa| **1** ***adj.*** Que tiene jugo: *la sandía es una fruta muy jugosa.* ⇔ **seco. 2** Que tiene sustancia y sabor: *este filete está ~ por la salsa que lo acompaña.* ⇔ **seco. 3** *fig.* Que es interesante y tiene mucho contenido: *su discurso fue ~, se podía sacar provecho de todo lo que decía.* ⇒ **sustancioso.**

ju·gue·te |xuɣéte| **1** ***m.*** Objeto que sirve para jugar: *tiene toda la habitación llena de muñecas y otros juguetes; este ~ funciona sin pilas.* **2** *fig.* Persona o cosa dominada o manejada por otra: *Guillermo es un ~ en manos de su esposa; las ramas de los árboles son juguetes del viento.*

ju·gue·te·ar |xuɣeteár| **1** ***intr.*** [con algo] Divertirse moviendo o tocando una cosa: *estuvo jugueteando con el bolígrafo y acabó rompiéndolo; jugueteaba con las teclas de la calculadora.* **2** [con algo/alguien] Divertirse jugando o corriendo: *los niños están jugueteando con su maestra; Miguel jugueteaba con el perrito.*

ju·gue·te·rí·a |xuɣetería| **1** ***f.*** Establecimiento en el que se venden juguetes: *en Navidad las jugueterías están llenas de gente; iré a una ~ a comprar un muñeco de peluche para mi hija.* **2** Fabricación y comercio de juguetes: *muchos industriales de la zona levantina se dedican a la ~.*

ju·gue·⌈tón, ⌈to·na |xuɣetón, tóna| ***adj.*** Que gusta mucho de jugar y lo hace con frecuencia: *este gato es muy ~: está todo el día corriendo y haciendo travesuras.*

jui·cio |xuíθio| **1** ***m.*** Proceso legal por el que se resuelve un asunto: *me han llamado para declarar en el ~; aún no se ha celebrado el ~ contra el presunto asesino;* ~ **de Dios**, el que se hace con una o varias pruebas físicas para demostrar la verdad de un asunto: *en la Edad Media era frecuente el ~ de Dios;* ~ **final**, el que, según la religión cristiana, celebrará Dios al final de los tiempos: *el día del ~ final todos los hombres de todas las épocas tendrán que responder ante el Juez Supremo;* ~ **sumarísimo**, DER., el que se celebra de la forma más breve posible: *después del ~ sumarísimo, los soldados fueron encarcelados.* **2** Capacidad de pensar y considerar las situaciones y circunstancias, para distinguir lo positivo de lo negativo: *tiene mucho ~ y no cometerá ninguna imprudencia; creo que actuó con poco ~ comportándose de una forma tan impulsiva.* ⇒ **cordura, seso.** **3** Estado mental sano: *perdió el ~ y lo tuvieron que internar en un hospital psiquiátrico.* **4** Opinión razonada sobre un asunto o persona: *hizo un ~ precipitado de su visita; no conviene escuchar juicios tan descabellados como ése;* ~ **temerario**, el que puede causar mal a una persona por no tener fundamento: *no hagas juicios temerarios sobre tus vecinos.* ■ **a mi** ~, según mi opinión: *a mi ~, no debemos hacerlo.* ■ **estar en su sano** ~, tener un estado mental sano: *creo que no está en su sano ~, porque dijo que repartiría todo su dinero por la calle.*

jui·cio·⌈so, ⌈sa |xuiθióso, sa| ***adj.-s.*** (persona) Que obra con juicio y madurez: *Ramón es una persona juiciosa que no actúa sin reflexionar.* ⇒ **sensato.**

ju·lio |xúlio| **1** ***m.*** Séptimo mes del año: *siete de ~, San Fermín; el pasado ~ fue muy caluroso.* **2** FÍS. Unidad de trabajo y de energía: *un ~ equivale al producto de un voltio por un culombio.* ⇒ **joule.**

ju·men·⌈to, ⌈ta |xuménto, ta| ***m. f.*** Animal mamífero doméstico con grandes orejas y cola larga, parecido al caballo aunque más pequeño, que por ser muy resistente se usa para trabajos en el campo y como animal de carga: *Sancho Panza quería mucho a su ~, que era el compañero de sus fatigas; la labradora se subió al ~.* ⇒ **asno, burro.**

jun·cal |xuŋkál| **1** ***adj.*** *form. fig.* Que es delgado, bello y elegante: *la princesa es admirada por su ~ figura.* ⇒ **esbelto.** - **2** ***m.*** Lugar donde crecen los *juncos: *los juncales suelen ser sitios húmedos.*

jun·co |xúŋko| **1** ***m.*** Planta silvestre, con muchos tallos rectos, largos y flexibles, de color verde oscuro y acabados en una punta dura: *el pato se escondió entre los juncos; le puso media docena de churros en un ~.* ⇒ **junquera.** **2** MAR. Embarcación ligera de vela, usada en Oriente: *la costa estaba repleta de juncos llenos de personas.*

jun·gla |xúŋgla| ***f.*** Bosque tropical formado por una *vegetación muy abundante: *los tigres habitan en las junglas.* ⇒ **selva.**

ju·nio |xúnio| ***m.*** Sexto mes del año: *el mes de ~ tiene 30 días; en ~ tengo 15 días de vacaciones.*

jun·que·ra |xuŋkéra| ***f.*** Planta silvestre, con muchos tallos rectos, largos y flexibles, de color verde oscuro y acabados en una punta dura: *la ~ crece en lugares húmedos; las orillas del río estaban pobladas de junqueras.* ⇒ **junco.**

jun·qui·llo |xuŋkíʎo| **1** ***m.*** Planta de jardín de tallo liso y largo y de flores amarillas: *el ~ crece de un bulbo y tiene las flores muy olorosas.* **2** Tira larga y estrecha de madera que se pone como adorno en el borde de un mueble o de otros objetos de madera: *el armario está rematado con junquillos.*

jun·ta |xúnta| **1** ***f.*** Conjunto de personas que se reúnen para tratar un asunto: *la ~ de vecinos se reunirá esta tarde para aprobar los presupuestos.* **2** Ocasión en la que se reúnen esas personas: *el jueves es día de ~.* **3** Conjunto de personas elegidas por una comunidad para dirigir y gobernar sus asuntos: *la ~ de accionistas del banco no ha tomado una decisión aún.* **4** Punto o lugar en que se unen dos o más cosas: *la ~ de las tuberías debe estar limpia para poder soldarlas.* ⇒ **juntura.** **5** Pieza de goma u otro material flexible, que se coloca en la unión de dos tubos o piezas para impedir la salida de un fluido: *los grifos llevan una ~ de goma para que no se pierda el agua.* **6** Espacio que queda entre las piedras o los ladrillos de una pared y que se llena con una masa: *los romanos rellenaban las juntas con mortero; pon un poco de yeso en la ~, antes de que se caiga ese baldosín.*

jun·tar |xuntár| **1** ***tr.-prnl.*** [algo] Acercar una cosa a otra: *he juntado las dos mesas para tener más espacio.* ⇔ **alejar, separar.** **2** [algo, a alguien] Reunir o formar un grupo: *junta todas las cosas a un lado para hacer un poco de sitio; nos juntamos para repartirnos el trabajo y el dinero.* ⇔ **separar.** - **3 juntarse** ***prnl.*** [con alguien] Andar en compañía; tener una *amistad: *no me gusta que te juntes con esa clase de amigos.* ⇒ **frecuentar.** **4** Acercarse mucho a una persona: *no te juntes tanto, que me das calor.* ⇔ **alejar, separar.** **5** [con alguien] Unirse un hombre y una mujer sin estar casados: *todo el mundo la critica porque se ha juntado con su novio.* ⇒ **amancebarse.** ⌂ El participio *juntado* se usa en la conjugación verbal; el participio irregular *junto* se usa como adjetivo y adverbio.

jun·⌜to, ⌜ta |xúnto, ta| **1** ***adj.*** Que está cercano o unido: *colocó dos sillas juntas para que nos sentásemos; se distinguen varias casas juntas en el valle.* **- 2 junto** ***adv. l.*** cerca de: *lo esconde en el cuadro que hay ~ a la ventana; mi casa está ~ al banco.* **- 3** ***adv. m.*** al mismo tiempo; a la vez: *¿cavar y sembrar?: lo hicieron ~.*

jun·tu·ra |xuntúra| **1** ***f.*** Punto o lugar en que se unen dos o más cosas: *se rompieron las junturas de los tubos y se produjo un escape de gas; el frío de la calle está entrando a través de las junturas de la ventana.* ⇒ **junta. 2** Pieza que se coloca entre dos partes de un aparato para que se unan: *ha ido a comprar una ~ para arreglar la puerta de la lavadora.*

ju·ra |xúra| ***f.*** Hecho y ceremonia por los que una persona se compromete a cumplir con los deberes de un cargo o servicio: *las más altas personalidades del país asistieron a la ~ del rey; la ~ tendrá lugar esta tarde a las cinco.* ■ **~ de bandera,** hecho y ceremonia por los que una persona se compromete a servir y ser fiel a una nación: *toda la familia de José asistió a su ~ de bandera.*

ju·ra·⌜do, ⌜da |xuráðo, ða| **1** ***adj.*** (persona) Que ha prestado juramento: *es un intérprete ~.* **- 2 jurado** ***m.*** Conjunto de ciudadanos que tiene cierta capacidad para juzgar en materia *criminal: *doce personas componían el ~.* **3** Ciudadano que forma parte de un tribunal para juzgar en materia *criminal: *ella fue ~ en aquel juicio sobre tráfico de drogas.* **4** Conjunto de personas que juzga la calidad o el valor de las obras en un *concurso o a los participantes en una competición deportiva: *el ~ premió su novela por unanimidad; el ~ estimó que el salto fue nulo; le han nombrado ~ del concurso de cuentos.*

ju·ra·men·to |xuraménto| **1** ***m.*** Acto y expresión con los que se asegura una cosa poniendo por *testigo a Dios o a personas o cosas muy respetadas: *hizo un solemne ~ ante todos los presentes.* ⇒ **promesa. 2** Palabra o expresión poco agradable o mal considerada: *tan pronto como se marchó su jefe, empezó a decir juramentos.* ⇒ **palabrota, taco.**

ju·rar |xurár| **1** ***tr.*** [algo] Asegurar poniendo por *testigo a Dios o a personas o cosas muy respetadas: *te juro que yo no sabía nada del asunto; juro por Dios no volver a mentir nunca más.* **2** Comprometerse a cumplir con los deberes de un cargo o servicio: *los ministros juraron su cargo ante el rey.* **- 3** ***intr.*** Decir palabras o expresiones poco agradables y mal consideradas: *cuando le salen mal las cosas se pone a ~ y a decir tacos.* ⇒ **maldecir.** ■ **~ bandera,** comprometerse a ser fiel a una nación: *todos los soldados juran bandera al terminar el periodo de instrucción.* ■ **jurársela/jurárselas,** *fam.*, asegurar una persona que *causará daño a otra: *no me gustó lo que me hizo y se la he jurado.*

ju·rá·si·⌜co, ⌜ca |xurásiko, ka| **1** ***adj.-m.*** GEOL. (periodo) Que forma con otro la *era *secundaria: *los dinosaurios vivieron en el periodo ~; el ~ comenzó hace unos 190 millones de años.* **- 2** ***adj.*** GEOL. Del periodo que forma con otro esa *era o que tiene relación con él: *han estudiado unas rocas jurásicas.*

ju·rel |xurél| ***m.*** Pez marino comestible de cuerpo carnoso y espinas fuertes y agudas a los lados, con la parte superior de color azul: *hoy no había jureles en la pescadería.* ⇒ **chicharro.** ☖ Para indicar el sexo se usa el ~ macho y el ~ hembra.

ju·rí·di·⌜co, ⌜ca |xuríðiko, ka| ***adj.*** Del derecho o que tiene relación con él: *analizó el problema desde el punto de vista ~, no desde el moral.*

ju·ris·dic·ción |xurisði^{k}θión| **1** ***f.*** Autoridad o poder para juzgar y aplicar las leyes generales a casos particulares: *este problema es de la ~ del gobernador provincial.* **2** Territorio en el que se ejerce ese poder: *este pueblo queda fuera de su ~.*

ju·ris·dic·cio·nal |xurisði^{k}θionál| ***adj.*** De la *jurisdicción o que está relacionado con ella: *el abogado cree que es una cuestión ~.*

ju·ris·pru·den·cia |xurispruðénθia| **1** ***f.*** DER. Estudio y ejercicio del derecho: *es un experto en ~.* **2** DER. Doctrina que se *extrae de las decisiones o fallos de autoridades del gobierno o de los tribunales al *interpretar y aplicar las leyes: *la ~ no nos da ningún caso parecido.* **3** DER. Norma que sustituye la falta de una ley y que se basa en las prácticas seguidas en casos iguales o parecidos: *el código penal no contempla este delito, por lo que el juez ha acudido a la ~.*

ju·ris·ta |xurísta| ***com.*** Persona que se dedica a estudiar o ejercer el derecho: *los juristas están discutiendo la legalidad del proyecto de ley.*

jus·ta |xústa| **1** ***f.*** Combate entre dos personas a caballo y con lanza: *durante la Edad Media se celebraban justas de exhibición.* ⇒ **combate. 2** *fig.* Prueba cultural en la que los participantes intentan conseguir un premio: *la dirección del colegio organizó una ~ literaria para que participaran los alumnos.* ⇒ **certamen.**

jus·ta·men·te |xústaménte| **1** ***adv. m.*** De manera exacta: *has dicho ~ lo que esperaba oír de ti.* ⇒ **justo. 2** De manera justa; con justicia: *debes calificar ~ y no dejarte influir por tus preferencias personales.*

jus·ti·cia |xustíθia| **1** ***f.*** Cualidad o virtud que hace proceder y juzgar respetando la verdad y dar a cada uno lo que le corresponde: *las autoridades deben obrar con ~.* ⇔ **injusticia. 2** Acción de proceder y juzgar respetando la verdad y dando a cada uno lo que le corresponde: *la muchedumbre*

JUREL

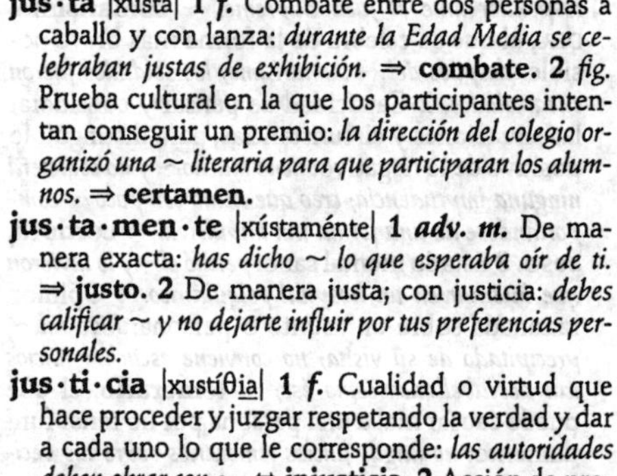

pedía ~ ante el tribunal; ~ **divina**, la que administra Dios: *la ~ divina no dejará impune este crimen.* **3** Organismo oficial que se encarga de juzgar: *el Ministerio de Justicia me ha citado para la vista; los malhechores huyeron de la ~.* **4** Aplicación de una pena tras un juicio: *recibieron ~ a los pocos días.* ■ **hacer** ~, proceder o juzgar respetando la verdad y dando a cada uno lo que le corresponde: *los jueces deben hacer ~; los críticos no hicieron ~ despreciando su obra.*

jus·ti·cie·⌐ro, ⌐ra |xustiθiéro, ra| **1** ***adj.*** (persona) Que respeta y hace respetar la justicia con severidad: *Antonio es un abogado ~ y responsable.* **2** (persona) Que es muy severo en el castigo de las faltas: *era un pueblo ~ que no permitió que el asesino quedara sin pagar su crimen.*

jus·ti·fi·ca·ción |xustifikaθión| **1** ***f.*** *Aportación de una razón; explicación de una causa: *espero que me des enseguida una ~ de tu comportamiento.* **2** Demostración con pruebas: *las palabras de los testigos serán una buena ~ de su delito.* **3** Igualación del largo de las líneas de una página según una medida exacta: *los ordenadores hacen la ~ de las páginas de modo automático.*

jus·ti·fi·can·te |xustifikánte| **1** ***adj.*** Que *justifica o da prueba o razón: *la ignorancia no es una causa ~ de tu error.* **- 2** ***m.*** Documento o papel que demuestra una circunstancia o que se ha hecho una cosa: *el alumno trajo un ~ del médico, para demostrar que había estado enfermo.* ⇒ **comprobante.**

jus·ti·fi·car |xustifikár| **1** ***tr.*** [algo] *Aportar o dar una razón; explicar una causa: *el hecho de ser joven no justifica su conducta irresponsable.* **2** Demostrar con pruebas: *estos papeles justifican los gastos que he tenido este mes.* **3** Igualar el largo de las líneas de una página según una medida exacta: *falta ~ estas páginas para que tengan una buena presentación.* **- 4** ***tr.-prnl.*** [a alguien] Demostrar que no hay culpa; disculpar: *siempre anda justificando a su hijo.* ☖ Se conjuga como 1.

jus·⌐to, ⌐ta |xústo, ta| **1** ***adj.*** Que muestra justicia o que da a cada uno lo que le corresponde: *se pretende un reparto ~ de la riqueza; es un hombre ~ y no discriminará a nadie.* **2** Que respeta las leyes: *queremos un juicio ~.* **3** Que es exacto: *tiene que adivinar el precio ~ de ese paraguas.* **4** Que está apretado; que coincide exactamente: *el traje me está ~: no hace falta arreglarlo.* **- 5 justo *adv. m.*** Exactamente; sin que sobre ni falte nada: *eso es ~ lo que iba a decir; has llegado ~ a tiempo.* ⇒ **justamente.**

ju·ve·nil |xuβeníl| **1** ***adj.*** De la juventud o que tiene relación con ella: *Susana lleva hoy un peinado muy ~.* ⇒ **joven. - 2** ***adj.-com.*** DEP. (categoría) Que corresponde a *deportistas de edades comprendidas entre los 15 y los 18 años: *los participantes juveniles han recibido premios especiales; los juveniles tendrán una carrera ciclista mañana por la mañana.*

ju·ven·tud |xuβentúᵈ| **1** ***f.*** Periodo de la vida que está entre la niñez y el comienzo de la edad madura: *escribió sus mejores poemas durante su ~; esta enfermedad se manifiesta durante la ~.* ⇒ **adolescencia, mocedad.** ⇔ **senectud, vejez. 2** Energía propia de ese periodo de la vida: *es muy anciano: le falta ~ para hacer nuevos planes.* **3** Conjunto de personas jóvenes: *este tipo de ropa va destinado a la ~; la ~ acude a esta discoteca los fines de semana.*

juz·ga·⌐do |xuθγáðo| **1** ***m.*** Tribunal de un solo *juez: *el caso lo lleva el ~ número tres de nuestra ciudad.* **2** Edificio o local donde se juzga: *llevaron al detenido al ~.* ☖ Se usa frecuentemente en plural. **3** Territorio en el que un *juez tiene autoridad: *no es competencia de este ~.* **4** Conjunto de *jueces que forman un tribunal: *el ~ decidirá si fue difamación o no.*

juz·gar |xuθγár| **1** ***tr.*** [algo, a alguien] Decidir en favor o en contra; especialmente, pronunciar un tribunal una *sentencia: *juzgarán el caso el mes próximo; fue juzgado por homicidio.* **2** [algo] Creer o tener una opinión; estar convencido: *tú juzgarás si te parece bien o mal; no puedes ~ sobre las apariencias.* ☖ Se conjuga como 7.

K

K, k ***f.*** Letra que en el alfabeto español sigue a la *j*: *la palabra kilo puede escribirse con ~.*

ka |ká| ***f.*** Nombre de la letra *k*: *la palabra quilómetro también puede escribirse con ~.*

ka·ra·te |karáte| ***m.*** ⇒ **kárate.** ☖ Esta palabra procede del japonés. La Real Academia Española prefiere la forma *kárate.*

ká·ra·te |kárate| ***m.*** Técnica de lucha sin armas procedente de Japón, que consiste en golpear al contrario con los bordes de las manos, los codos o los pies: *se defendió de sus agresores usando golpes de ~.* ⇒ **karate.**

ka·ra·te·ca |karatéka| ***com.*** Persona que practica el *kárate: *los karatecas combaten dando golpes secos con los brazos y los pies.*

ka·tius·ka |katiúska| ***f.*** Calzado de goma, que llega hasta media pierna o hasta la rodilla y que sirve para proteger los pies de la lluvia: *se puso las katiuskas, cogió el paraguas y salió a la calle.* ⇒ **catiusca.** ☖ Se usa generalmente en plural.

ke·ro·se·no |keroséno| ***m.*** Combustible derivado del *petróleo que se emplea en los motores de los aviones: *compró ~ para el quinqué.* ⇒ **queroseno.**

ki·lo |kílo| **1** ***m.*** Unidad de masa: *este melón pesa tres kilos y medio.* ⇒ **kilogramo, quilo. 2** *fam.* Millón de pesetas: *le han tocado más de veinticinco kilos en la lotería.* ⇒ **quilo.**

ki·lo·ca·lo·rí·a |kilokaloría| ***f.*** Medida de energía *térmica, que equivale a 1000 *calorías: *el rozamiento hizo que se desprendieran 1200 kilocalorías.* ⇒ **caloría.**

ki·lo·gra·mo |kiloɣrámo| ***m.*** Unidad de masa, en el Sistema Internacional: *un litro de agua pura a unos cuatro grados centígrados pesa, aproximadamente, un ~; el símbolo de ~ es* kg. ⇒ **kilo, quilogramo; ~ fuerza**, medida de fuerza que equivale a 9,8 *newton: *un ~ fuerza equivale al peso de un ~ sometido a la gravedad normal.* ☖ No se debe decir *kilógramo.*

ki·lo·me·tra·je |kilometráxe| ***m.*** Cantidad de kilómetros que hay o se recorren entre dos puntos: *no te olvides de medir el ~.*

ki·lo·mé·tri·⌐co, ⌐ca |kilométriko, ka| **1** ***adj.*** Del kilómetro o que tiene relación con él: *tuvo lugar un accidente grave en el punto ~ 32,5 de la carretera de Burgos.* **2** *fam. fig.* Que tiene una gran extensión: *escribió un libro ~.* ⇒ **quilométrico.**

ki·ló·me·tro |kilómetro| ***m.*** Medida de longitud que equivale a 1000 metros: *recorrieron 20 kilómetros a pie; el símbolo de ~ es* km; **~ cuadrado**, medida de superficie que equivale a 1000000 metros cuadrados: *el símbolo de ~ cuadrado es* km². ⇒ **quilómetro.**

ki·lo·pon·dio |kilopóndio| ***m.*** Kilogramo fuerza: *la fuerza de un ~ equivale al peso de un kilogramo.* ⇒ **kilogramo.**

ki·lo·va·tio |kiloβátio| ***m.*** FÍS. Medida de *potencia eléctrica equivalente a mil *vatios en el Sistema Internacional: *el símbolo del ~ es* kW. ⇒ **vatio.** ■ **~ hora**, FÍS., medida de trabajo o energía equivalente a la energía producida o consumida por la unidad de *potencia en una hora: *el símbolo del ~ hora es* kWh.; *el ~ hora equivale a 3 600 000 julios.*

ki·mo·no |kimóno| **1** ***m.*** Prenda de vestir femenina procedente de Japón, con las mangas anchas y que llega hasta los pies: *el ~ tiene forma de bata y se ciñe a la cintura.* ⇒ **quimono. 2** Prenda de vestir ancha y de tela fuerte, formada por una *chaqueta y un pantalón y que se usa para practicar artes *marciales: *el ~ se ajusta con un cinturón.* ⇒ **quimono.** ☖ Esta palabra procede del japonés. La Real Academia Española prefiere la forma *quimono.*

kios·co |kiósko| **1** ***m.*** Construcción de pequeño tamaño, generalmente de material ligero, que se coloca en las calles y lugares públicos para vender periódicos u otros artículos: *acércate al ~ y tráeme el diario de hoy; fuimos al ~ a comprar un helado.* **2** Estructura cubierta y abierta por los lados, que

KOALA

se coloca en los parques o jardines: *la banda de música dio un concierto en el ~ del parque.* ⇒ **quiosco.** ☖ La Real Academia Española prefiere la forma *quiosco.*

ki·vi |kíβi| ***m.*** ⇒ **kiwi.**

ki·wi |kíui| **1** ***m.*** Ave de plumas largas y con pico largo y delgado: *la hembra del ~ mide unos 50 centímetros de longitud y el macho, la mitad.* ⇒ **kivi.** ☖ Para indicar el sexo se usa el ~ macho y el ~ hembra. ☖ La Real Academia Española prefiere la forma *kivi.* **2** Fruto comestible, de forma redonda, con la cáscara fina y de color marrón y con el interior verde y jugoso: *el ~ tiene un sabor un poco ácido que me gusta.* ⇒ **quivi.** ☖ La Real Academia Española prefiere la forma *quivi.* **3** Planta procedente de China, que crece subiendo y sujetándose a otras o a superficies, que da ese fruto: *han puesto unos kiwis en el invernadero.* ⇒ **quivi.** ☖ La Real Academia Española prefiere la forma *quivi.*

ko·a·la |koála| ***m.*** Animal mamífero que tiene una bolsa en el vientre donde guarda a sus hijos los primeros meses de vida, con grandes orejas, pelo gris, que vive en los árboles y se alimenta de vegetales: *los koalas se encuentran en los bosques de Australia; el ~ del zoológico parece un osito de peluche.* ☖ Para indicar el sexo se usa el ~ macho y el ~ hembra.

krau·sis·mo |krausísmo| ***m.*** FIL. Doctrina filosófica de Friedrich Krause y de sus seguidores: *el ~ se preocupó por problemas morales, sociales y religiosos.*

krau·sis·ta |krausísta| **1** ***adj.*** FIL. Del *krausismo o que tiene relación con él: *ese libro explica la influencia ~ en España.* **- 2** ***adj.-com.*** FIL. (persona) Que sigue las ideas del *krausismo: *ese gobierno estaba lleno de krausistas.*

L

L, l 1 ***f.*** Letra que en el alfabeto español sigue a la *k*: *la palabra* leal *empieza y termina con* ~. **2** Letra que representa el valor de 50 en la numeración *romana: *una L y una X juntas son 60.* ⌂ En esta acepción se escribe con mayúscula. **3** Abreviatura de litro: *en esa piscina caben 2000 l de agua.*

la |la| **1** ***art.*** Forma del artículo en género femenino y número singular: ~ *niña canta.* **- 2** ***pron. pers.*** Forma del pronombre de tercera persona para el objeto directo, en género femenino y número singular: ~ *miré; mírala.* ⇒ **le, lo.** ⌂ Se escribe unida al verbo cuando va detrás: *cógela*. No se debe usar como objeto indirecto. **- 3** ***m.*** Sexta nota musical de la escala: *el* ~ *sigue al sol.*

la·be·rin·to |laβerínto| **1** ***m.*** Lugar lleno de caminos cruzados del que es muy difícil salir: *el Minotauro estaba encerrado en el* ~ *de Creta; la princesa se perdió en un* ~ *que había en el jardín del palacio.* **2** *fig.* Asunto o situación poco clara o difícil: *el detective ha conseguido pistas para aclarar el* ~ *que debía resolver.* ⇒ **embrollo. 3** ANAT. Parte del oído interno de los vertebrados: *en el* ~ *tiene lugar la recepción de los sonidos.*

la·bia |láβia| ***f.*** *fam.* Capacidad para convencer por medio de la palabra; facilidad de palabra: *el vendedor tenía mucha* ~ *y logró vender el coche.*

la·bial |labiál| ***adj.-f.*** (sonido) Que se pronuncia haciendo uso de un labio o de los dos: *la* p *y la* b *son sonidos labiales.* ⇒ **bilabial.**

la·bio |láβio| **1** ***m.*** Borde exterior, carnoso y movible de la boca de los mamíferos: *Julia lleva los labios pintados de rojo; me he mordido el* ~ *sin darme cuenta;* ~ **leporino**, el superior del hombre, cuando está partido por una mala formación: *el* ~ *leporino recuerda al de las liebres.* **2** Órgano que sirve para hablar: *juro que de mis labios no han salido tales acusaciones.* ⇒ **boca.** ⌂ Se usa sobre todo en plural. **3** *fig.* Borde exterior de una abertura: *ha pasado un algodón con agua oxigenada por los labios de la herida para que no se infecte.* ⌂ Se usa sobre todo en plural. ■ **morderse los labios**, *fam.*, hacer esfuerzos por no hablar: *me tuve que morder los labios, no quise discutir con él.* ⇒ **lengua.** ■ **no despegar los labios**, no hablar: *debe pasarle algo a Miguel, no despegó los labios en toda la tarde.*

la·bor |laβór| **1** ***f.*** Trabajo o actividad: *después de su enfermedad volvió a sus labores periodísticas.* ⇒ **trabajo. 2** Cuidado de las tierras de cultivo: *el agricultor pasó el año entero dedicado a las labores del campo; arar, sembrar y segar son algunas labores agrícolas.* ⇒ **faena. 3** Trabajo u obra que se realiza con hilo o tela: *las sábanas llevaban una rica* ~; *se compró una revista de labores para aprender a coser y a bordar.* ■ **hacer ~/ labores**, coser, hacer punto; realizar un trabajo con hilo o tela: *los domingos por la tarde hace* ~ *frente a la ventana.* ■ **no estar por la** ~, no querer o no estar dispuesto a hacer una cosa: *le dije que me ayudara en el trabajo, pero no estaba por la* ~. ■ **sus labores**, dedicación de la persona que hace los trabajos de su propia casa: *tradicionalmente se decía que la profesión de las amas de casa era "sus labores".*

la·bo·ra·ble |laβoráβle| **1** ***adj.*** Que se dedica al trabajo: *en este mes hay pocos días festivos: casi todos son laborables.* **2** Que se trabaja o labora: *este pueblo tiene poca tierra* ~.

la·bo·ral |laβorál| ***adj.*** Del trabajo o que tiene relación con él: *pidieron la reducción de la jornada* ~.

la·bo·rar |laβorár| ***intr.*** *form.* Trabajar con esfuerzo para conseguir un fin: *los representantes de ambos países laboran por llegar a un acuerdo.* ⇒ **trabajar.**

la·bo·ra·to·rio |laβoratório| ***m.*** Lugar o instalación preparada para realizar experimentos científicos o trabajos técnicos: *los alumnos fueron a visitar un* ~ *químico; el fotógrafo decidió montar un* ~ *por su cuenta; María del Mar trabajó durante varios años en un* ~ *de investigaciones biológicas.*

la·bo·rio·⌜so, ⌜sa |laβorióso, sa| **1** ***adj.*** Que trabaja mucho: *el hombre* ~ *aprovecha bien su tiempo; las abejas son animales muy laboriosos.* ⇒ **afanoso. 2** Que exige mucho trabajo y esfuerzo: *empleaban una técnica muy laboriosa para pintar la cerámica; es un plan delicado y* ~.

la·bo·ris·mo |laβorísmo| ***m.*** Doctrina política de carácter *socialista: *el* ~ *es la ideología propia del Partido Laborista británico; el* ~ *es defensor de la clase trabajadora.*

la·bo·ris·ta |laβorísta| **1** ***adj.*** Del *laborismo o que tiene relación con él: *el Partido Laborista inglés fue fundado por obreros: el partido* ~ *se opone a la política del partido conservador.* **- 2** ***adj.-com.*** (persona) Que es partidario del *laborismo: *los sindicatos laboristas comenzaron a funcionar a principios del siglo* XX; *los laboristas ganaron el poder en varias ocasiones.*

la·bra·⌜dor, ⌜do·ra |laβraðór, ðóra| **1** ***adj.-s.*** (persona) Que se dedica a trabajar o *labrar la tierra: *su padre es* ~, *pero él se ha marchado a trabajar a la ciudad.* ⇒ **campesino. - 2** ***m. f.*** Persona que posee tierras en el campo y las cultiva: *cada vez hay menos labradores.*

la·bran·za |laβránθa| **1** ***f.*** Cultivo de los campos: *antes de la aparición de las industrias, casi todo el* *mundo se dedicaba a la ~.* **2** Terreno de labor: *posee muchas tierras de ~.*

la·brar |laβrár| **1** ***tr.*** [algo] Cultivar o trabajar la tierra: *hace muchos años, nosotros labrábamos esa finca.* **2** Trabajar o preparar una materia: *labra la madera a martillo; los canteros labraban la piedra.* **3** Abrir y remover la tierra: *hay que ~ rápidamente, antes de que empiece a llover.* ⇒ **arar. 4** *fig.* Hacer o causar: *estaba labrándose su fortuna.*

la·brie·⌜go, ⌜ga |laβriéɣo, ɣa| ***m. f.*** Persona que se dedica a trabajar la tierra: *se acercó a un ~ y le preguntó dónde podría encontrar agua fresca.* ⇒ **labrador.**

la·ca |láka| **1** ***f.*** Sustancia que se aplica al pelo y que sirve para fijarlo y conservar el peinado: *le hicieron un moño y le echaron un poco de ~; he comprado una ~ en aerosol que se aplica fácilmente.* **2** Sustancia líquida y pastosa que sirve para dar color y brillo: *estos muebles llevan una película de ~ para que no se estropeen; la cerámica china está decorada con ~ de colores.* ⇒ **esmalte; ~ de uñas,** la que sirve para dar color y brillo a las uñas: *compró el lápiz de labios y la ~ de uñas.* **3** Objeto cubierto o decorado con esa sustancia líquida y pastosa: *mañana se inaugura una exposición de lacas.*

la·ca·yo |lakáyo| **1** ***m.*** Criado que acompaña a su señor: *los lacayos llevaban un uniforme elegante; un ~ sujetaba la puerta del carruaje del conde.* **2** *desp. fig.* Persona que da la razón falsamente o apoya a otra para conseguir un favor: *el ministro estaba rodeado de lacayos; el mafioso y sus lacayos se presentaron en el restaurante.*

la·ce·rar |laθerár| **1** ***tr.-prnl.*** *form.* [algo, a alguien] Herir o causar dolor: *el látigo laceraba las carnes de los caballos.* ⇒ **lastimar. 2** *fig.* Hacer una ofensa; producir un daño moral: *sus abusos laceraron la reputación de toda la familia.* ⇒ **lastimar.**

la·⌜cio, ⌜cia |láθio, θia| **1** ***adj.*** (pelo) Que es demasiado liso; que no tiene ondas ni rizos: *tenía el pelo negro y ~.* **2** Que no tiene buen aspecto; que está estropeado: *llevaba un abrigo ~ y sucio.* **3** Que no tiene o no hace fuerza: *estrechó su mano lacia.* ⇒ **lánguido.**

la·cón |lakón| ***m.*** Carne curada de la pata del cerdo: *el sábado fuimos a un sitio donde preparan muy bien el ~ con grelos.*

la·có·ni·⌜co, ⌜ca |lakóniko, ka| ***adj.*** Que es breve; que expresa el pensamiento con pocas palabras: *es un novelista ~; me respondió de forma lacónica.*

la·cra |lákra| **1** ***f.*** Señal de una enfermedad o de un daño físico: *el accidente de coche le dejó dolorosas lacras.* **2** Daño o mal; defecto: *el hambre es una ~ del mundo.* ⇒ **enfermedad, vicio.**

la·crar |lakrár| ***tr.*** [algo] Cerrar con *lacre: *cerró el sobre y lo lacró.*

la·cre |lákre| ***m.*** Pasta de goma que se derrite y que sirve para cerrar cartas y documentos: *el ~ se calienta y se deja caer sobre la carta; puso su sello sobre el ~.*

la·cri·mal |lakrimál| ***adj.*** *form.* De las *lágrimas o que tiene relación con ellas: *el ojo tiene un aparato ~ para mantenerse húmedo y limpio.* ⇒ **lagrimal.**

la·cri·mó·ge·⌜no, ⌜na |lakrimóxeno, na| ***adj.*** Que hace llorar; que produce *lágrimas: *utilizaron gases lacrimógenos para que salieran de la cueva; leyó una novela lacrimógena y le pareció horrible.* ⇒ **lacrimoso.**

la·cri·mo·⌜so, ⌜sa |lakrimóso, sa| **1** ***adj.*** Que tiene *lágrimas: *tenía los ojos lacrimosos.* **2** Que hace llorar: *es una película lacrimosa; se produjo un silencio ~ entre ellos.* ⇒ **lacrimógeno.**

lac·tan·cia |lakˈtánθia| ***f.*** Primer periodo de la vida de los mamíferos durante el cual se alimentan sólo de leche, especialmente de la que maman de su madre: *durante la ~, la madre debe cuidar su alimentación.*

lac·tan·te |lakˈtánte| **1** ***adj.-s.*** Que mama o se alimenta de leche: *su hijo es ~ aún.* **2** *form.* Que da de mamar: *la madre ~ cuidaba de su bebé con cariño.*

lác·te·⌜o, ⌜a |lákˈteo, a| ***adj.*** De la leche o que tiene relación con ella: *existen muchas industrias lácteas en el norte de España; la mantequilla es un producto ~.* ⇒ **láctico, lechero.**

lác·ti·⌜co, ⌜ca |lákˈtiko, ka| **1** ***adj.*** *form.* De la leche o que tiene relación con ella: *Pasteur investigó la fermentación láctica; el queso, la mantequilla y el yogur son productos lácticos.* ⇒ **lácteo, lechero. 2** QUÍM. (ácido) Que se forma al *agriarse la leche o al *fermentar determinadas frutas u hortalizas por la acción de ciertas bacterias: *el ácido ~ se emplea en la industria alimentaria y en medicina.*

lac·to·sa |lakˈtósa| ***f.*** QUÍM. Azúcar que está presente en la leche de los mamíferos: *la ~ se emplea en medicina y en alimentación; la ~ da sabor dulce a la leche.*

la·de·ar |laðeár| ***tr.-prnl.*** [algo] Inclinar; torcer hacia un lado: *ladeó la cabeza para mirar a su hermano; evitó el golpe ladeando el cuerpo.*

la·de·ra |laðéra| ***f.*** Lado inclinado de una montaña: *construyeron una cabaña en la ~ del monte; el ganado se alimenta en las laderas.*

la·di·lla |laðíʎa| ***f.*** Insecto muy pequeño de cuerpo casi redondo, aplastado y de color amarillo, que se pega con las uñas a las partes con pelo del cuerpo humano: *la ~ es un animal parásito que se reproduce con mucha rapidez; las ladillas se transmiten de una persona a otra.*

la·di·⌜no, ⌜na |laðíno, na| **1** ***adj.-s.*** *fam. fig.* Que es hábil para engañar; que se comporta con disimulo para conseguir una cosa: *el muy ~ adulaba a la anciana para robarle el dinero.* ⇒ **astuto, golfo, granuja. - 2 ladino *m.*** Lengua religiosa de los judíos españoles: *el ~ es un calco de los textos bíblicos hebreos y se escribe con caracteres latinos.* **3** Variedad del español hablada por los judíos expulsados de España: *todavía hay muchos judíos que hablan ~.* ⇒ **judeoespañol.**

la·do |láðo| **1** ***m.*** Parte que queda a la izquierda o la derecha de un cuerpo o de un objeto: *a ambos lados de la sala hay ventanas; le duele en el ~ izquierdo del pecho.* ⇒ **costado. 2** Parte del espacio que hay alrededor de una persona o una cosa: *se sentó al ~ de su madre; puso la silla al ~ del balcón.* **3** Superficie de un objeto plano: *el folio es tan delgado que se puede leer lo escrito por el otro ~; cose la tela por el otro ~.* **4** Lugar de un espacio: *va con su perro a todos lados.* **5** Parte o posición particular: *la suerte no está de nuestro ~; cada cual va por su ~.* **6** Línea que, con otras, forma o limita un ángulo o figura: *los lados de un ángulo recto forman 90º; el triángulo tiene tres lados.* ■ **al ~**, muy cerca: *mi casa está al ~ de la estación.* ■ **de ~**, inclinado sobre una de sus partes: *la Torre de Pisa está de ~.* ■ **de ~**, *excluido de una relación o del trato: *la dejaron de ~ y no quisieron llamarla para ir al cine; dejemos de ~ los intereses económicos.* ■ **ir de ~**, equivocarse; no seguir el camino adecuado: *como no sigas mi consejo, vas de ~.*

la·drar |laðrár| **1** ***intr.*** Emitir *ladridos el perro: *los perros de la finca ladraban cada vez más fuerte.* **2** *fig.* Hablar de manera poco agradable o educada; gritar: *cuando el jefe ladra, es mejor darle la razón.*

la·dri·do |laðríðo| **1** ***m.*** Voz característica del perro: *los ladridos la asustaban.* ⇒ **guau.** **2** *fam. fig.* Grito o expresión poco agradable o educada: *fue a pedirle un favor y ella le respondió con ladridos.*

la·dri·llo |laðríʎo| **1** ***m.*** Pieza de barro *cocido, con forma de *prisma, que se usa en la construcción: *las paredes de la casa eran de ~; el albañil unió los ladrillos con cemento.* ⇒ **rasilla.** **2** *fam.* Cosa pesada o difícil de soportar: *la asignatura era un ~ para toda la clase; la última novela que me he leído es un ~.*

la·⌈drón, ⌈dro·na |laðrón, ðróna| **1** ***adj.-s.*** (persona, animal) Que roba: *los ladrones desvalijaron la casa; el perro ~ salió corriendo.* ⌂ Se usa como apelativo afectivo en el lenguaje familiar: *ven aquí, ~, granuja, no te escapes.* Se usa también como apelativo despectivo. ⇒ **carterista, chorizo.** - **2 ladrón *m.*** Pieza que se coloca en una toma de corriente para poder enchufar varios aparatos a la vez: *la televisión, el vídeo y la radio estaban conectados al mismo enchufe gracias a un ~.*

la·gar |laɣár| **1** ***m.*** Lugar o recipiente donde se pisan, prensan o trituran ciertos frutos, especialmente la uva y la aceituna: *tenía en la bodega un ~ y fabricaba su propio vino.* **2** Edificio donde se pisan o trituran esos frutos: *cerca de la casa estaba el ~ de aceite.*

la·gar·ti·ja |laɣartíxa| ***f.*** Reptil pequeño con cuatro patas cortas y cola larga, de color verde, marrón o gris, que se alimenta de insectos: *había dos lagartijas tomando el sol en el muro; si una ~ pierde la cola, le crece otra vez.* ⌂ Para indicar el sexo se usa la ~ macho y la ~ hembra.

la·gar·⌈to, ⌈ta |laɣárto, ta| **1** ***m. f.*** Reptil con cuatro patas cortas y cola larga, de color verde, marrón o gris, que se alimenta de insectos: *los dedos de los lagartos están provistos de uñas largas y afiladas; los lagartos son más grandes que las lagartijas.* **2** *fam.* Persona hábil para lograr un fin o para engañar a otros: *Fermín es un ~, hasta su padre desconfía de él.* ⇒ **astuto, pícaro.** - **3 ¡lagarto! *interj.*** Expresión que se usa para rechazar una cosa que se cree que es causa de mala suerte: *después de romper el espejo gritó: ¡~! ¡~!* ⌂ Se suele usar de manera repetida.

la·go |láɣo| ***m.*** Acumulación grande y permanente de agua en un terreno *hondo: *los jóvenes solían ir al ~ a bañarse o a pasear en barca.* ⇒ **mar.**

lá·gri·ma |láɣrima| **1** ***f.*** Gota de líquido que es vertida por los ojos: *una ~ cayó en la arena; una ~ rodó por su rostro angelical; seca tus lágrimas.* - **2 lágrimas *f. pl.*** *fig.* Dolores, penas o sufrimientos: *en su matrimonio todo fueron lágrimas.* ■ **lágrimas de cocodrilo**, *fig.*, dolor que muestra una persona y que es falso: *cuando lo castigó, empezó a lamentarse con lágrimas de cocodrilo.* ■ **llorar a ~ viva**, llorar con gran pena: *los familiares lloraban a ~ viva ante el cadáver.* ■ **saltárse las lágrimas**, echarse a llorar: *la naranja estaba muy ácida y al morderla se le saltaron las lágrimas; no puede ver películas tristes, porque en seguida se le saltan las lágrimas.*

la·gri·mal |laɣrimál| **1** ***adj.*** De las *lágrimas o que tiene relación con ellas: *la niña nació con las glándulas lagrimales obstruidas.* ⇒ **lacrimal.** - **2** ***m.*** Extremo del ojo próximo a la nariz: *se limpió el ~ con la punta del pañuelo.*

la·gu·na |laɣúna| **1** ***f.*** Acumulación natural de agua, generalmente dulce, menos extensa que un lago: *las lagunas son de menor tamaño que los lagos; cerca del pueblo hay una ~ donde la gente va a bañarse.* **2** *fig.* Parte que falta, especialmente en un escrito: *este trabajo no está completo, tiene bastantes lagunas; no pudieron reconstruir el manuscrito porque tenía lagunas.* **3** *fig.* Información que no se da, porque no se sabe o por olvido: *el alumno tuvo varias lagunas a lo largo de su exposición.* ⇒ **lapsus.** **4** *fig.* Vacío en una lista, conjunto o serie: *en la lista de los alumnos de cuarto hay tres lagunas, no sé los nombres de esos alumnos.*

lai·⌈co, ⌈ca |láiko, ka| **1** ***adj.-s.*** (persona) Que no es sacerdote ni pertenece a ninguna orden religiosa: *no sólo los clérigos, también los laicos forman la Iglesia.* ⇒ **lego, seglar.** - **2** ***adj.*** Que no sigue o enseña una doctrina religiosa: *vivimos en una sociedad laica; Diego estudió en una escuela laica y Francisco en un colegio de frailes.*

la·ís·mo |laísmo| ***m.*** LING. Fenómeno que consiste en usar las formas *la* y *las* del pronombre personal como objeto indirecto, en lugar de *le* y *les*: *el ~ se produce cuando alguien dice* la dije que viniera *en lugar de* le dije que viniera.

la·ís·ta |laísta| ***adj.-com.*** LING. (persona) Que usa las formas *la* y *las* del pronombre personal como objeto indirecto, en lugar de *le* y *les*: *muchos castellanos son laístas.*

la·ja |láxa| ***f.*** Piedra lisa, plana y delgada: *estuvo cavando hasta que la pala chocó con una ~.* ⇒ **lancha, lastra, losa.**

la·ma |láma| **1** ***f.*** Barro blando del fondo del mar, de los ríos o de los lugares donde hay agua acumulada: *pisó en la ~ y se hundió.* ⇒ **cieno, légamo, limo, lodo.** **2** Plancha de madera o de metal:

el somier de la cama era de lamas de madera. ⇒ **lámina.** - **3** ***m.*** Sacerdote *budista del Tíbet: *el ~ meditaba en silencio.*

la·me·cu·los |lamekúlos| ***com.*** *vulg. desp.* Persona que dice cosas buenas de otra, exagerándolas o inventándolas, para ganarse su voluntad o conseguir un favor: *el director estaba rodeado de ~ y de inútiles.* ⇒ **adulador, pelotillero.** ☐ El plural es *lameculos.*

la·men·ta·ble |lamentáβle| **1** ***adj.*** Que produce pena o dolor: *su pérdida fue ~ para todos nosotros; es ~ que tengas que marcharte tan pronto.* ⇒ **lastimoso, penoso. 2** Que está estropeado; que tiene mal aspecto: *al día siguiente tenía una cara ~.*

la·men·ta·ción |lamentaθión| ***f.*** Expresión del dolor o de la pena que se siente: *no debería pasar el día entre lamentaciones inútiles.* ⇒ **lamento, queja.**

la·men·tar |lamentár| **1** ***tr.-prnl.*** [algo] Sentir una pena de forma viva y profunda: *lamento la muerte de tu hijo; lamentó que tuvieran que marcharse tan pronto.* ⇒ **deplorar. 2 lamentarse** ***prnl.*** Expresar con palabras la pena o el dolor que se siente: *pasaba el día lamentándose: ¡ay!, ¡me duele mucho, no puedo respirar!* ⇒ **quejarse.**

la·men·to |laménto| ***m.*** Expresión del dolor o de la pena que se siente: *desde que la abandonó su novio, salen de su boca lamentos y suspiros.* ⇒ **lamentación, queja.**

la·men·to·⌐so, ⌐sa |lamentóso, sa| ***adj.*** (voz, palabra) Que se emplea para quejarse: *la voz lamentosa del condenado se oía en toda la prisión.* ⇒ **quejumbroso.**

la·mer |lamér| **1** ***tr.-prnl.*** [algo, a alguien] Pasar la lengua por una cosa: *el perro lamió la mano de su amo; el gato lamía la leche con avidez; se lamía los dedos.* **2** *form. fig.* [algo] Tocar de forma ligera: *el mar lame dulcemente las costas levantinas; las llamas lamían las paredes y los techos del salón.*

la·me·tón |lametón| ***m.*** Paso o roce de la lengua: *notó un ~ en la mano y vio a su perro acostado junto a él; la niña se comía el helado a lametones.* ⇒ **lengüetazo.**

lá·mi·na |lámina| **1** ***f.*** Pieza plana y delgada de cualquier materia: *no se puede entrar porque unas láminas de madera tapan la puerta; tuvo el detalle de regalarme una caja de láminas de chocolate.* ⇒ **lama. 2** Plancha en que está grabado un dibujo que se va a reproducir después: *el dibujo del escudo ya está preparado en la ~, sólo queda estamparlo.* **3** Imagen o figura que está impresa en un papel: *sobre la mesa hay láminas con motivos florales; estas láminas reproducen algunos de los cuadros más famosos de Murillo.* ⇒ **estampa. 4** Aspecto o figura total de una persona o de un animal: *este caballo es el de mejor ~ de la cuadra.* ⇒ **estampa. 5** BOT. Parte ancha de las hojas de las plantas: *las láminas de las hojas del ficus son muy anchas.*

la·mi·na·ción |laminaθión| ***f.*** Acción y resultado de *laminar: *han comprado una máquina para la ~.*

la·mi·na·dor |laminaðór| ***m.*** Máquina que sirve para dar forma de plancha a los metales, haciéndolos pasar a presión entre dos cilindros que giran en sentido contrario: *el ~ extiende el cobre, el estaño y otros metales.*

la·mi·nar |laminár| **1** ***adj.*** Que tiene forma de plancha o de *lámina: *lo cubrieron con una capa ~ de zinc.* **2** ***tr.*** [algo] Cortar un metal u otro material en planchas o *láminas: *hay que ~ ese hierro.* **3** Cubrir con planchas o *láminas: *laminaron cuidadosamente el libro con papel de oro.*

lám·pa·ra |lámpara| **1** ***f.*** Instrumento que sirve para producir luz: *hoy en día las lámparas son eléctricas; sobre la mesa había una antigua ~ de gas.* **2** Objeto que sirve de soporte para una o varias luces: *la ~ colgaba del techo; encendió una ~ para poder leer; hemos comprado dos lámparas para el salón.* **3** *Bombilla eléctrica: *llevo un juego de lámparas de repuesto en el coche; se ha fundido una ~: hay que cambiarla.* **4** *fam.* Mancha en la ropa: *la abuela les riñe cuando les ve las camisas llenas de lámparas.* ⇒ **lamparón.**

lam·pa·re·⌐ro, ⌐ra |lamparéro, ra| ***m. f.*** Persona que se dedica a fabricar o a vender lámparas: *fue a visitar al ~ para encargarle una lámpara especial.*

lam·pa·ri·lla |lamparíʎa| ***f.*** Lámpara pequeña que se enciende como recuerdo de una persona muerta, para hacer una *petición a Dios o a un santo o para hacer una *ofrenda: *la noche de difuntos se encienden lamparillas; la anciana encendió una ~ a la Virgen.*

lam·pa·rón |lamparón| ***m.*** Mancha grande en la ropa: *se cambió de ropa porque llevaba la blusa llena de lamparones.* ⇒ **lámpara.**

lam·pi·⌐ño, ⌐ña |lampíɲo, ɲa| **1** ***adj.*** Que no tiene pelo en la cara: *aunque ya es todo un hombre, continúa ~; se quedó mirando la cara lampiña del muchacho.* ⇒ **imberbe. 2** Que tiene poco pelo o vello: *en la familia todos eran lampiños.*

la·na |lána| **1** ***f.*** Pelo de la oveja y de otros animales: *el pastor está quitando la ~ a las ovejas; la ~ de las llamas es muy apreciada;* **~ virgen**, la que se emplea para hacer telas o trajes: *mi abrigo es de pura ~ virgen.* **2** Hilo o tela elaborados con ese pelo: *compró ~ para hacerse un jersey; en invierno llevamos ropa de ~; estos pantalones son de ~.* **3** *fam.* Pelo muy rizado de las personas: *recógete esas lanas que no se te ve la cara.* **4** *fam. fig.* Conjunto de monedas o billetes corrientes que se usan en el comercio: *eso vale mucha ~ y estoy pelado.* ⇒ **dinero.** ■ **ir por ~ y volver trasquilado**, *fam.*, comenzar un asunto para sacar provecho y perder: *se acercó a la chica para ligar, pero ella le dio tal corte que fue por ~ y volvió trasquilado.*

la·nar |lanár| ***adj.*** Que tiene lana: *las ovejas y los corderos forman el ganado ~.*

lan·ce |lánθe| **1** ***m.*** Acontecimiento real o imaginario interesante: *lo mejor de esta obra teatral son sus lances amorosos.* **2** Ocasión difícil: *debemos ser fuertes para superar este ~.* ⇒ **trance. 3** Enfrentamiento entre dos personas: *el ~ entre los dos candidatos acabó amistosamente.* ⇒ **pelea, riña. 4** Acción destacada de un juego: *cuéntame algunos lances del partido de fútbol.* **5** Acción de lanzar: *es* *un pescador experimentado en el ~ de las redes.* ⇒ **lanzamiento.**

lan·ce·o·la·⌐do, ⌐da |lanθeoláðo, ða| ***adj.*** BOT. (hoja) Que tiene la forma de una punta de *lanza: *el ciruelo y el laurel tienen las hojas lanceoladas.*

lan·ce·ro |lanθéro| ***m.*** Soldado que lucha con lanza: *intervinieron en la batalla doscientos lanceros.*

lan·ce·ta |lanθéta| ***f.*** MED. Instrumento de acero, con una hoja triangular con corte en ambos lados y punta muy aguda, que se usa para hacer pequeñas aberturas: *la ~ sirve para abrir pequeños tumores.*

lan·cha |lántʃa| **1** ***f.*** Embarcación pequeña descubierta, de remo o de motor: *fueron rescatados por una ~ de la Cruz Roja;* ~ **cañonera,** MIL., la que va armada con fines militares: *una ~ cañonera detuvo el mercante;* ~ **de desembarco,** MIL., la de suelo plano y que se abre por la parte delantera para hacer posible la salida de soldados y vehículos militares: *las lanchas de desembarco se abrieron al llegar a la playa.* **2** MAR. Embarcación pequeña que puede llevarse en un barco: *se aproximaron al buque en la ~.* **3** Piedra lisa y plana: *acamparon al lado de una ~ y la utilizaron de mesa.* ⇒ **losa.**

lan·gos·ta |laŋgósta| **1** ***f.*** Animal invertebrado marino comestible, de cuerpo alargado, con la cabeza grande y con diez patas y dos largas antenas: *me gusta mucho el marisco, pero sobre todo las langostas; las langostas son mucho más grandes que los langostinos.* ☖ Para indicar el sexo se usa la ~ macho y la ~ hembra. **2** Insecto de cuerpo alargado, ojos salientes, patas posteriores fuertes y muy largas con las que da saltos, y que come mucho, por lo que es malo para los cultivos: *una plaga de ~ destrozó el sembrado.*

lan·gos·ti·no |laŋgostíno| ***m.*** Animal invertebrado marino comestible, de cuerpo alargado, con la cabeza grande y con patas cortas y finas: *los langostinos se vuelven de color rosa cuando se cuecen.* ☖ Para indicar el sexo se usa el ~ macho y el ~ hembra.

lan·gui·de·cer |laŋgiðeθér| **1** ***intr.*** Experimentar debilidad y *cansancio: *el enfermo languidecía poco a poco.* **2** Perder la fuerza y la energía: *en ese vaso languidece una flor.* ☖ Se conjuga como 43.

lan·gui·dez |laŋgiðéθ| **1** ***f.*** Debilidad y *cansancio: *la esposa notó la ~ de su cuerpo.* **2** Falta de fuerza y de energía: *se dejó arrastrar por la ~ del sueño.*

lán·gui·⌐do, ⌐da |láŋgiðo, ða| **1** ***adj.*** Que está débil y cansado: *su mirada lánguida y triste daba lástima.* **2** Que no tiene fuerza ni energía: *recordaba las tardes lánguidas y calurosas del verano.* ⇒ **lacio.**

la·nu·⌐do, ⌐da |lanúðo, ða| ***adj.*** Que tiene mucha lana o vello: *se compró un perro ~; las ovejas más lanudas ya han sido esquiladas.*

lan·za |lánθa| **1** ***f.*** Arma formada por una vara muy larga con una punta de hierro cortante en su extremo: *el caballero pidió la ~ y espoleó al caballo.* **2** Palo largo de madera que sale de la parte delantera de un carro o de otro vehículo y que sirve para enganchar los animales y dirigirlos: *a cada lado de la ~ se enganchan los caballos o los bueyes.* ■ **romper una** ~, salir en defensa: *¿es que nadie va a romper una ~ por el acusado?*

lan·za·co·he·tes |lanθakoétes| ***adj.-s.*** (arma) Que sirve para lanzar *cohetes: *colocaron varios ~ cerca de la frontera.* ☖ El plural es *lanzacohetes.*

lan·za·de·ra |lanθaðéra| **1** ***f.*** AERON. Vehículo que transporta una carga al espacio exterior y después vuelve a la Tierra: *se está construyendo una ~ espacial para enviar pasajeros a la Luna.* ⇒ **transbordador. 2** Instrumento de forma alargada, que sirve para tejer: *la ~ lleva el hilo que se va entrecruzando con la trama; las máquinas de coser usan una ~ que contiene la canilla con el hilo.*

lan·za·lla·mas |lanθaʎámas| ***adj.-s.*** (tubo, aparato) Que sirve para lanzar llamas: *prendió fuego a la choza con el ~ para hacer salir a los enemigos.* ☖ El plural es *lanzallamas.*

lan·za·mien·to |lanθamiénto| **1** ***m.*** Impulso o empuje que se da a una cosa: *el jugador hizo un buen ~ y el balón entró en la portería; retransmitieron por televisión el ~ del cohete.* **2** DEP. Prueba de *atletismo que consiste en lanzar distintos aparatos: *el atleta no participó en el ~ de disco.*

lan·zar |lanθár| **1** ***tr.-prnl.*** [algo, a alguien] Impulsar, tirar o echar con *violencia: *lanzó la jabalina y superó a sus rivales; lanzaban piedras al agua.* **2** Dejar caer desde un objeto que se mueve: *lanzaremos octavillas desde el coche por todas las calles; los aviones lanzaron bombas sobre la ciudad; los paracaidistas se lanzaron formando grupos.* **- 3** ***tr.*** [algo] Hacer que despegue un vehículo espacial: *lanzaron el cohete para poner el satélite en órbita.* **4** *fig.* Dar a conocer al público: *están lanzando falsos rumores; ha lanzado un nuevo disco estas navidades.* **- 5 lanzarse** ***prnl.*** *fig.* Comenzar una acción o actividad con energía, valor o *violencia: *me he lanzado al mundo de los negocios; se lanzó a proferir insultos.* ☖ Se conjuga como 4.

la·ña |láɲa| ***f.*** Pieza de metal que sirve para unir o sujetar: *las lañas se usan en piezas de barro y cerámica; el médico me ha puesto una ~ en la herida.* ⇒ **grapa, horquilla.**

la·pa |lápa| **1** ***f.*** Animal invertebrado marino comestible, con una concha en forma de cono aplastado, que vive pegado fuertemente a las rocas de la costa: *es muy difícil desprender una ~ de la roca.* **2** *fig.* Persona demasiado insistente y pesada, de la que es difícil librarse: *voy a ver si consigo dar esquinazo a Chema, porque es una ~.*

la·pi·ce·ro |lapiθéro| ***m.*** Instrumento en forma de barra delgada y larga, con un cilindro fino de *grafito u otra sustancia mineral en el interior, que sirve para escribir, dibujar o pintar: *el pescadero se quitó el ~ de la oreja para hacer la cuenta.* ⇒ **lápiz.**

lá·pi·da |lápiða| ***f.*** Piedra lisa, plana y delgada en la que se graban unas palabras en memoria de una persona o de un hecho: *las lápidas del cementerio eran de mármol o de granito; en la ~ decía: «Descansa en paz».*

la·pi·dar |lapiðár| ***tr.*** [a alguien] Lanzar piedras contra una persona para herirla o matarla: *aquellas imágenes en televisión en que se veía ~ a un hombre eran muy desagradables.* ⇒ **apedrear.**

la·pi·da·⌜rio, ⌜ria |lapiðário, ria| **1** ***adj.*** *fig.* (estilo) Que es muy breve y *formal: *ese escritor tiene un estilo ~.* **2** (frase, expresión) Que está grabada en una *lápida: *las frases lapidarias son breves, profundas y solemnes.*

lá·piz |lápiθ| **1** ***m.*** Instrumento en forma de barra delgada y larga, con un cilindro fino de *grafito u otra sustancia mineral en el interior, que sirve para escribir, dibujar o pintar: *sacó punta al ~; subráyalo con ~ rojo; mi madre me regaló una caja de lápices.* ⇒ **lapicero. 2** Barra de tamaño pequeño que contiene una sustancia para dar color a los ojos o a los labios: *la joven se miraba al espejo para hacerse la raya con el ~ de ojos; sacó un ~ de labios de su bolso.* ■ **a ~**, dibujado con ese instrumento: *el artista presentó también unos bocetos a ~ de sus cuadros.*

lap·so |lápso| ***m.*** Periodo de tiempo: *transcurrió un ~ de cinco años hasta que volvieron a verse.*

lap·sus |lápsus| ***m.*** Equivocación o error involuntario; información que no se da, porque no se sabe o por olvido: *el empleado se disculpó por no haber guardado bien el dinero diciendo que había sido un ~.* ⇒ **laguna.** ☖ El plural es *lapsus.*

lar |lár| **1** ***m.*** Lugar donde se enciende el fuego: *la mujer removía las cenizas junto al ~.* ⇒ **hogar. 2** Dios de la casa o del *hogar en la antigua Roma: *los lares protegían a la familia.* **- 3 lares** ***m. pl.*** *fig.* Lugar o región: *se atrajo a la burguesía de aquellos lares.*

lar·gar |laryár| **1** ***tr.*** *fam.* [algo; a alguien] Dar una cosa; realizar una acción: *Pedro le largó una bofetada a su hermana; como me sigas molestando, te largo una torta.* **2** *fam.* Decir o hablar de manera poco adecuada: *le largó que no le daba la gana.* **3** MAR. Soltar una cuerda, generalmente poco a poco: *le largaron un cabo para que pudiese subir a bordo.* **- 4** ***tr.-intr.*** *fam. desp.* Hablar demasiado; hablar sin un fin determinado o sobre temas poco importantes: *no se lo digas porque lo larga todo; se les pasan las horas largando.* **- 5 largarse** ***prnl.*** *fam.* Irse o dejar un lugar: *se ha largado sin decir adiós; cuando vimos que había pelea, nos largamos.* ☖ Se conjuga como 7.

lar·⌜go, ⌜ga |láryo, ya| **1** Que tiene mucha longitud o duración: *necesitamos una cuerda larga; en verano los días son largos; la carrera es larga y no hay que correr demasiado al principio.* ⇔ **breve, corto. - 2** ***adj.-s.*** (persona) Que es muy alto: *es tan ~ que tiene que agacharse para entrar en casa.* **3** (persona) Que es inteligente o tiene habilidad: *es muy ~ y lo resuelve todo rápidamente.* **4** (persona) Que da con generosidad lo que tiene: *es una persona larga y cortés.* ⇒ **generoso. - 5** ***adj.-s.*** MÚS. (movimiento) Que es lento: *me gusta el ~ de la sonata.* **- 6 largo** ***m.*** Longitud total: *midió el ~ y se dio cuenta de que había cortado mal.* **7** Longitud de un animal que corre con otros: *mi caballo ganó por un ~.* **- 8** ***adv.*** Durante mucho tiempo: *hablaremos ~ y tendido.* ■ **a lo ~**, siguiendo una longitud o duración: *a lo ~ del río hay embarcaderos y balsas; desarrolló esa profesión a lo ~ de toda su vida.* ■ **dar largas**, retrasar un hecho o acontecimiento: *cuando le digo que me devuelva el dinero, siempre me da largas.* ■ **¡largo!**, *fam.*, expresión que se usa para hacer que se *marche una persona que resulta molesta o desagradable: *¡~ de aquí! ¡Marchaos con el balón a otra parte!* ■ **pasar de ~**, no pararse; no prestar atención: *pasó de ~, como si no me hubiera visto.*

lar·go·me·tra·je |laryometráxe| ***m.*** Película de cine de larga duración: *los sábados por la tarde siempre hay un ~ en la tele; el ~ dura más de 60 minutos.*

lar·gue·ro |laryéro| **1** ***m.*** Palo de madera que se pone a lo largo, en posición horizontal, en un mueble o en una construcción: *siéntate con cuidado, porque el ~ del sofá está ya algo carcomido.* **2** DEP. Palo superior de la *portería, en el fútbol y en otros deportes: *el delantero golpeó la pelota y la envió por encima del ~ de la portería.* ⇒ **travesaño.**

lar·gue·za |laryéθa| ***f.*** Cualidad por la que se dan las cosas propias sin esperar nada a cambio: *una de las características del caballero ha de ser su ~.* ⇒ **generosidad.**

lar·gui·ru·⌜cho, ⌜cha |laryirútʃo, tʃa| ***adj.*** *fam.* Que es exageradamente largo o alto: *recordaba a su antigua compañera como una niña larguirucha y flaca.*

lar·gu·ra |laryúra| ***f.*** Dimensión más grande de una superficie; longitud: *cogió un metro para medir la ~ del pasillo.* ⇒ **altura, anchura.**

la·rin·ge |laríŋxe| ***f.*** ANAT. Órgano del aparato *respiratorio en forma de tubo, de paredes musculosas y situado a continuación de la *faringe: *la ~ está entre la faringe y la tráquea; en la ~ se encuentran las cuerdas vocales que, al vibrar, producen la voz.*

la·rín·ge·⌜o, ⌜a |laríŋxeo, a| ***adj.*** ANAT. De la *laringe o que tiene relación con ella: *el tiroides es un órgano ~; las paredes laríngeas se abultan formando la nuez.*

la·rin·gi·tis |lariŋxítis| ***f.*** MED. Inflamación de la *laringe: *estuvo afónico por culpa de una ~.* ☖ El plural es *laringitis.*

lar·va |lárβa| ***f.*** ZOOL. Animal en estado de desarrollo, en el periodo en que ha salido del huevo, pero aún no ha alcanzado el estado adulto: *ese gusano es la ~ de una hermosa mariposa.* ⇒ **gusano.**

las·ci·via |lasθíβia| ***f.*** Tendencia excesiva al deseo sexual: *en el jardín, los amantes se entregaron a la ~ más desenfrenada.* ⇒ **lujuria.**

las·ci·⌜vo, ⌜va |lasθíβo, βa| **1** ***adj.*** De la *lascivia o que tiene relación con ella: *dirigió a la mujer una mirada lasciva.* **- 2** ***adj.-s.*** Que tiene excesiva tendencia al deseo sexual: *vio la figura seductora de una mujer lasciva.* ⇒ **libidinoso, lujurioso.**

lá·ser |láser| **1** ***m.*** Rayo o conjunto de rayos de luz intensa y de gran energía: *en la discoteca hay un juego de luces con ~.* **2** Aparato que produce un rayo de luz intensa y de gran energía: *este ~ funciona excitando los átomos de un gas.*

la·⌜so, ⌜sa |láso, sa| **1** ***adj.*** (hilo) Que no está torcido: *recogieron hilo ~ de seda.* **2** *form.* Que está cansado; que no tiene fuerzas: *se sintió ~ y flojo y descabalgó.*

lás·ti·ma |lástima| **1** *f.* Sentimiento de pena o dolor que se tiene hacia una persona que sufre o hacia una cosa que ha sufrido un mal: *¿no te produce ~ ver tanta miseria?* ⇒ **compasión. 2** Cosa que causa pena o dolor: *fue una ~ que no pudieras venir a la fiesta.*

las·ti·mar |lastimár| **1** *tr.-prnl.* [algo, a alguien] Herir o causar dolor: *se lastimó una mano haciendo gimnasia; el sol y el agua lastiman el pelo en verano.* ⇒ **lacerar. - 2** *tr.* [algo] Hacer una ofensa; producir un daño moral: *las críticas negativas lastimaron su orgullo.* ⇒ **lacerar.**

las·ti·me·⌈ro, ⌈ra |lastiméro, ra| *adj.* Que provoca compasión o *lástima: *se oía la voz lastimera de un niño abandonado.*

las·ti·mo·⌈so, ⌈sa |lastimóso, sa| *adj.* Que produce pena o dolor: *llegaron a una situación lastimosa y decidieron separarse.* ⇒ **lamentable, penoso.**

las·tra |lástra| *f.* Piedra lisa, plana y delgada: *encontró un camino de lastras y lo siguió.* ⇒ **laja, lancha, losa.**

las·trar |lastrár| **1** *tr.* MAR. [algo] Poner peso en una embarcación o nave: *si no queremos ~ demasiado el barco, nos conviene dejar esas cajas en tierra.* **2** *fig.* Influir o tener peso moral: *graves limitaciones ideológicas lastraban sus investigaciones.*

las·tre |lástre| **1** *m.* Peso que se pone en el fondo de una embarcación o nave para hacer que baje su nivel o altura: *si no soltamos ~ por la borda, nos hundiremos; quitaron ~ del globo para elevarse.* **2** *fig.* Obstáculo físico o moral que hace difícil llevar a buen fin lo que se intenta: *esas malas costumbres son un ~ para sus relaciones sociales.* **3** Piedra de mala calidad: *saltaron sobre el ~ y se rompió.*

la·ta |láta| **1** *f.* Hoja de metal, liso, plano y delgado, cubierto con una capa de *estaño: *forró la puerta con ~ para protegerla en invierno.* ⇒ **hojalata. 2** Recipiente hecho con ese material, que se usa para guardar y conservar sólidos o líquidos: *abrió una ~ de sardinas para merendar; tiró a la basura las latas vacías; compró una ~ de aceite para el coche.* ⇒ **bote. 3** Asunto que cansa o que molesta, por ser muy pesado: *la película fue una ~; su conversación me resulta una auténtica ~.* ⇒ **ladrillo. ■ dar la ~**, fastidiar o molestar; ser pesado: *por favor, deja de dar la ~; te voy a dar la ~ hasta que me hagas caso.*

la·ten·te |laténte| *adj.* Que está oculto; que existe sin mostrarse al exterior: *se comportaba con amabilidad, pero un odio ~ crecía en su pecho.*

la·te·ral |laterál| **1** *adj.* Que está al lado o a un lado: *el camión descargó las mercancías ante la puerta ~ del edificio.* **2** *fig.* Que no es directo: *mi parentesco con Raquel es ~.* **- 3** *adj.-f.* LING. (sonido) Que se pronuncia dejando salir el aire por los lados de la lengua: *el sonido de la* l *es ~.* **4** LING. (letra) Que representa ese sonido: *la* ll *es ~.* **- 5** *m.* Parte de un objeto que está cerca del extremo: *el balcón está en un ~ de la casa.*

la·ti·do |latíðo| **1** *m.* Movimiento rítmico del corazón al entrar o salir la sangre: *el enfermo sufría del corazón y sus latidos eran anormales.* **2** Golpe producido por ese movimiento: *le puso una mano en el pecho para notar mejor los latidos.*

la·ti·fun·dio |latifúndio| *m.* Propiedad de tierra de cultivo de gran extensión que pertenece a una sola persona: *era dueño de un palacio y de un vasto ~.* ⇔ **minifundio.**

la·ti·fun·dis·ta |latifundísta| **1** *adj.* Del *latifundio o que tiene relación con él: *las explotaciones latifundistas pueden ser mecanizadas fácilmente.* **- 2** *com.* Persona que posee un *latifundio: *los latifundistas contratan a jornaleros y arrendatarios para cultivar sus tierras.*

la·ti·ga·zo |latiɣáθo| **1** *m.* Golpe dado con un *látigo u otro objeto parecido: *el domador daba latigazos a las fieras para mantenerlas alejadas.* ⇒ **zurriagazo. 2** Sonido del *látigo al golpear: *corrieron hacia donde se oían los latigazos para ver qué ocurría.* **3** *fam.* Descarga de corriente eléctrica: *al intentar arreglar el enchufe me dio un ~.* **4** *fig.* Golpe o daño moral: *recibió muchos latigazos por publicar su biografía.*

lá·ti·go |látiɣo| *m.* Instrumento de cuerda o de otro material, largo y flexible, que sirve para castigar o hacer ruido, generalmente para que los animales se muevan o realicen un trabajo: *golpeó suavemente al caballo con su ~ para que corriera; el aventurero era muy hábil con el ~.*

la·ti·gui·llo |latiɣíʎo| *m.* Palabra o expresión que se repite *constantemente al hablar: *los latiguillos deben evitarse porque demuestran pobreza de vocabulario.* ⇒ **muletilla.**

la·tín |latín| **1** *m.* Lengua del Lacio, que los antiguos *romanos hablaron y extendieron por todo el Imperio y de la que proceden las lenguas *románicas: *el español procede del ~.* **- 2 latines** *m. pl.* Palabra o frase de esa lengua, empleada en español: *el anciano empezó a decir latines y muy pocos lo entendieron.* ⇒ **latinajo. ■ jurar en ~**, *fam.*, expresar el enfado o el disgusto que se siente: *se pilló los dedos con una puerta y empezó a jurar en ~.* **■ saber ~**, *fam.*, ser muy inteligente y *astuto: *aquel tipo sabía ~ y no había manera de engañarlo.*

la·ti·na·jo |latináxo| *m. fam. desp.* Palabra o frase del latín, empleada en español: *el joven replicó* minus quam muscae sumus *y la mujer le pidió que se dejara de latinajos y que hablara claro.* ⇒ **latín.** ☖ Se usa con valor despectivo.

la·ti·nis·mo |latinísmo| *m.* Palabra o modo de expresión propio de la lengua latina que se usa en otro idioma: *la expresión* statu quo *es un ~.*

la·ti·nis·ta |latinísta| *com.* Persona que se dedica a estudiar la lengua y la literatura latinas: *Antonio de Nebrija fue un experto ~.*

la·ti·ni·zar |latiniθár| *tr.* [algo, a alguien] Hacer tener formas o costumbres propias de la cultura del Imperio Romano: *el pensamiento renacentista latinizó la cultura de la época.* ☖ Se conjuga como 4.

la·ti·⌈no, ⌈na |latíno, na| **1** *adj.* Del latín o que tiene relación con él: *le gusta la literatura latina.*

- 2 *adj.-s.* (persona) Que procede de un lugar en el que se habla una lengua procedente del latín: *dicen que los latinos son ardientes y fogosos; las mujeres latinas suelen ser morenas.* ⇒ **hispanoamericano, latinoamericano, mediterráneo.**

la·ti·no·a·me·ri·ca·⌐no, ⌐na |latinoamerikáno, na| **1 *adj.*** (país *americano) Que fue *colonizado por las naciones latinas de Europa: *representantes de los países latinoamericanos estuvieron presentes en la última reunión.* ⇒ **hispanoamericano, iberoamericano. 2** De esos países o que tiene relación con ellos: *estamos estudiando la geografía y la historia latinoamericanas.* **- 3 *m. f.*** Persona nacida en uno de esos países o que vive habitualmente en uno de ellos: *los argentinos, los brasileños y los venezolanos son latinoamericanos.*

la·tir |latír| **1 *intr.*** Moverse con ritmo el corazón al entrar o salir la sangre: *subió las escaleras corriendo y su corazón latía muy deprisa.* ⇒ **palpitar. 2** Vivir oculto; existir sin mostrarse al exterior: *un fuerte deseo latía en su pecho; la violencia latía en lo más hondo de la ciudad.*

la·ti·tud |latitúᵈ| **1 *f.*** Extensión de un terreno: *el cacique se convirtió en dueño de todas estas latitudes.* **2** GEOGR. Distancia que hay desde un punto de la superficie de la Tierra hasta el Ecuador: *la ~ se mide en grados, minutos y segundos; los lugares situados al norte del Ecuador tienen ~ norte.* ⇒ **longitud. 3** ASTRON. Distancia que hay desde el plano de la *órbita hasta un punto de la esfera celeste: *la ~ se mide en grados.*

la·⌐to, ⌐ta |láto, ta| **1 *adj.*** *form.* Que es extenso: *era dueño de un territorio ~ y muy rico.* **2** *fig.* (sentido) Que se da a una palabra, frase o texto por extensión de su significado: *cuando en este diccionario aparece una palabra con un significado ~, utilizamos la abreviatura* p. ext.

la·tón |latón| ***m.*** Material de metal, mezcla de *cobre y *cinc, de color amarillo, que suele tener mucho brillo y que se usa para fabricar diversos objetos y *utensilios: *el cabecero de la cama era de ~; llevaba medallas de ~ en su disfraz de militar.*

la·to·⌐so, ⌐sa |latóso, sa| ***adj.-s.*** Que cansa o que molesta, por ser muy pesado: *tenían una charla latosa y aburrida; ¡qué chico más ~, déjame en paz!* ⇒ **pelmazo.**

la·úd |laúᵈ| ***m.*** Instrumento musical de cuerda, con seis pares de cuerdas y una caja de forma ovalada, un poco más grande que la *bandurria: *el ~ se toca pulsando sus doce cuerdas; el ~ fue importante en la música barroca.*

lau·da·ble |lauðáβle| ***adj.*** *form.* Que merece ser alabado: *en su discurso, mencionó los laudables esfuerzos de sus predecesores.* ⇒ **loable.**

lau·da·to·⌐rio, ⌐ria |lauðatório, ria| ***adj.*** Que alaba: *tuvo palabras laudatorias para su maestro.*

lau·re·a·⌐do, ⌐da |laureáðo, ða| ***adj.-s.*** (persona, grupo) Que ha merecido o recibido un honor o un premio: *se convirtió en el escritor más ~ de su generación.*

lau·re·ar |laureár| **1 *tr.*** [a alguien] Poner una corona de *laurel como honor o como premio: *una preciosa muchacha laureó al campeón de la carrera.* ⇒ **coronar. 2** *fig.* Conceder un honor o un premio: *la Academia laureó a Miguel Delibes.* ⇒ **premiar.**

lau·rel |laurél| **1 *m.*** Árbol con el tronco liso, de corteza delgada y con las hojas duras, permanentes, ásperas, ovaladas, de color verde oscuro y de olor agradable: *el ~ tiene propiedades medicinales; las hojas de ~ se usan para dar sabor a la comida.* **2** *fig.* Premio o fama: *el motorista español consiguió el ~ del campeonato.* ■ **dormirse en los laureles,** *fam.*, no esforzarse lo *suficiente por estar satisfecho con los resultados ya conseguidos y *confiar demasiado en el éxito: *un campeón no debe dormirse en los laureles, siempre hay aspirantes dispuestos a arrebatarle el título; no debes dormirte en los laureles, los exámenes están cerca.*

la·va |láβa| ***f.*** Materia fundida que sale de un *volcán y que, cuando se *enfría, se hace sólida y dura: *los habitantes temían que la ~ llegara hasta el poblado.* ⇒ **escoria.**

la·va·ble |laβáβle| ***adj.*** Que se puede lavar: *el vendedor me dijo que esa camisa era ~.*

la·va·bo |laβáβo| **1 *m.*** Recipiente con agua corriente y un *desagüe que se usa para lavarse las manos y la cara y que suele colocarse en el cuarto de baño o en el aseo: *abrió el grifo del ~ y se lavó los ojos.* **2** Habitación donde se encuentra ese recipiente: *perdone, ¿puede decirme dónde está el ~?; voy al ~.* ⇒ **aseo, baño, servicio, váter.**

la·va·de·ro |laβaðéro| **1 *m.*** Lugar o habitación en la que se lava la ropa: *a las afueras del pueblo había un ~ donde las mujeres se reunían.* **2** Lugar donde se lavan los minerales en una *mina: *los lavaderos de oro estaban situados al pie de la montaña.*

la·va·do |laβáðo| ***m.*** Limpieza con agua y jabón: *después del ~ va el aclarado; el ~ de coches es contaminante.* ■ **~ de cerebro,** acción *psicológica que se ejerce sobre una persona para cambiar sus ideas y transformar su mente de una manera determinada: *sufrió un ~ de cerebro mientras estuvo en la secta.* ■ **~ de estómago,** operación que consiste en llenar el estómago de agua con medicinas para hacer desaparecer las sustancias venenosas: *el niño tragó detergente y tuvieron que hacerle un ~ de estómago en el hospital.*

la·va·do·ra |laβaðóra| ***f.*** Máquina eléctrica que sirve para lavar la ropa: *la ~ automática no debe llenarse del todo; mete las toallas en la ~.*

la·va·fru·tas |laβafrútas| ***m.*** Recipiente con agua que se pone en la mesa para lavar las frutas que se comen con piel: *junto al plato de cerezas había un ~.* ☖ El plural es *lavafrutas.*

la·va·ma·nos |laβamános| **1 *m.*** Recipiente con agua que se pone en la mesa para lavarse los dedos: *después de comer marisco, metió los dedos en el ~.* **2** Recipiente que sirve para lavarse las manos: *compraron un precioso ~ de cerámica.* ☖ El plural es *lavamanos.*

la·van·da |laβánda| **1 *f.*** Hierba con los tallos *leñosos, hojas ovaladas, flores azules en *espiga y semilla de color gris: *la ~ crece en lugares secos; los* *campos de ~ tienen tonos morados y violetas.* **2** Líquido elaborado con el aceite que se saca de las flores y hojas de esa planta: *compró un frasco de ~ en una perfumería; ese ambientador es de ~.*

la·van·de·rí·a |laβandería| ***f.*** Establecimiento donde se lava la ropa: *no tengo lavadora en casa y llevo la ropa a una ~.*

la·van·de·⌜ro, ra |laβandéro, ra| ***m. f.*** Persona que se dedica a lavar la ropa: *la despidieron y ahora está de lavandera en un hotel.*

la·va·pla·tos |laβaplátos| **1** ***m.*** Máquina eléctrica que sirve para lavar los platos, los vasos y los *utensilios de cocina: *al acabar la cena, metimos la vajilla en el ~.* ⇒ **lavavajillas. - 2** ***com.*** Persona que se dedica a lavar platos: *el ~ del restaurante era un chico muy joven.* ⌂ El plural es *lavaplatos.*

la·var |laβár| **1** ***tr.-prnl.*** [algo, a alguien] Limpiar con agua u otro líquido: *lávate las manos con agua y jabón antes de comer; hay que ~ la herida con agua oxigenada para que no se infecte.* **2** *fig.* [algo] Purificar, quitar un defecto, una culpa o una falta: *el caballero quería ~ la ofensa con sangre; han comenzado una campaña de publicidad para ~ su mala imagen.* **- 3** ***intr.*** Resistir la limpieza con agua y jabón: *el algodón lava muy bien; ten cuidado: esta tela lava fatal.* ⌂ Se usa sólo con telas y prendas de vestir.

la·va·ti·va |laβatíβa| **1** ***f.*** Líquido que se introduce en el recto a través del ano: *tuvo que ponerse una ~ para terminar con su estreñimiento.* ⇒ **enema.** **2** Instrumento manual para introducir ese líquido: *la ~ es como una pera de goma.*

la·va·to·rio |laβatório| **1** ***m.*** Limpieza con agua u otro líquido: *todas las mañanas había un tiempo dedicado al ~.* **2** REL. Ceremonia del Jueves Santo que recuerda a Jesucristo lavando los pies a sus *apóstoles: *en el ~, el sacerdote lava los pies a doce hombres.* **3** Líquido hervido con sustancias medicinales que se usa para limpiar una parte exterior del cuerpo: *el boticario preparó un ~ y limpió las llagas del herido.*

la·va·va·ji·llas |laβaβaxíʎas| **1** ***m.*** Máquina eléctrica que sirve para lavar los platos, los vasos y los *utensilios de cocina: *al terminar de comer, llenó el ~ y lo puso en marcha.* ⇒ **lavaplatos.** **2** Producto químico que sirve para lavar los platos, los vasos y los *utensilios de cocina: *ese ~ es tan suave que cuida y protege mis manos.* ⇒ **detergente.** ⌂ El plural es *lavavajillas.*

la·xan·te |la^ksánte| ***adj.-s.*** Que hace fácil la *expulsión de los excrementos: *las verduras son laxantes; compró en la farmacia un ~.* ⇔ **astringente.**

la·xar |la^ksár| **1** ***tr.*** *form.* [algo] Poner floja una cosa tensa: *después de lanzar la flecha, laxó el arco.* **2** Hacer fácil la *expulsión de los excrementos: *las ciruelas son buenas para ~ el vientre.*

la·⌜xo, ⌜xa |lá^kso, ^ksa| **1** ***adj.*** *form.* Que está flojo; que no tiene la *tensión adecuada: *los cabos están laxos: hay que tensarlos o las velas se caerán.* ⇒ **flojo.** ⇔ **tenso.** **2** *fig.* (moral, costumbre) Que no es firme; que es demasiado libre: *lleva una vida desenfrenada, de moral laxa.* ⇔ **estricto, severo.**

la·za·da |laθáða| ***f.*** Nudo que se deshace fácilmente tirando de una de las puntas: *me he hecho una ~ en el cordón del zapato.* ⇒ **lazo.**

la·zar |laθár| ***tr.*** [algo, a alguien] Coger o sujetar con *lazo: *preparó la cuerda para ~ conejos.* ⌂ Se conjuga como 4.

la·za·ri·llo |laθaríʎo| **1** ***m.*** Persona o perro que acompaña a un ciego para indicarle el camino: *el protagonista de la novela* El Lazarillo de Tormes *es un ~ famoso.* **2** *p. ext.* Persona que acompaña a otra para ofrecerle su ayuda: *voy a hacer de ~ para un amigo extranjero que tiene que arreglar unos documentos.*

la·zo |láθo| **1** ***m.*** Nudo que se deshace fácilmente tirando de una de las puntas: *la dependienta cerró el paquete y lo ató haciendo un ~ con la cuerda.* ⇒ **lazada.** **2** Adorno que se hace doblando una tira flexible por ambos extremos y haciendo un nudo: *adornaron el árbol con lazos y bolas de colores; la niña llevaba un ~ en el pelo; el traje de novia llevaba un enorme ~ en la espalda.* **3** Adorno que imita la forma de ese nudo: *la niña llevaba unos zapatos con lazos; el bolso tenía un ~.* **4** Tira de tela o de hilo grueso que se ata con ese nudo y sirve de adorno: *mamá, átame el ~; se compró un ~ de raso.* ⇒ **cinta.** **5** *fig.* Unión firme y *duradera; relación: *quiso averiguar qué lazos unían a aquellas dos personas; el director quiso establecer un ~ entre su película y el espectador.* ⇒ **vínculo.** **6** Tira de tela que se pone alrededor del cuello, se ata con un nudo y sirve de adorno: *el novio se colocó el ~ delante del espejo.* ⇒ **corbata, pajarita.** **7** *fig.* Engaño; acción que tiene como fin engañar: *sus enemigos le tendieron un ~.* **8** Cuerda con un nudo *corredizo que sirve para atrapar animales: *el cazador colocó el ~ y esperó a que pasaran los conejos; el vaquero echó el ~ al ternero.*

le |le| ***pron. pers.*** Forma del pronombre de tercera persona para el objeto indirecto, en género masculino y femenino y en número singular: *~ entregó la carta; ~ compró unos zapatos nuevos.* ⇒ **la, lo, se.** ⌂ Se escribe unida al verbo cuando va detrás: *dile que venga.* La Real Academia Española no rechaza su uso como objeto directo cuando se refiere a una persona en masculino y en singular. *¿visteis ayer a mi hijo? —Sí, ~ vimos.*

le·al |leál| **1** ***adj.*** (persona) Que es firme en sus afectos e ideas; que no falta a la palabra dada o que la cumple: *siempre ha sido una amiga ~.* ⇒ **fiel, legal.** **2** Que se dice o se hace con gran firmeza y sinceridad: *lo consoló con palabras leales; gracias, es muy ~ por tu parte.* **3** (animal) Que muestra obediencia a su dueño: *dicen que el perro es un animal ~.* **- 4** ***adj.-com.*** (persona) Que sigue a otra persona, a un partido o a un grupo: *los leales al rey defendieron el palacio.* ⇒ **partidario.**

le·al·tad |lealtá^ð| ***f.*** Firmeza en los afectos o en las ideas; cumplimiento de la palabra dada: *les pidió un poco de ~.* ⇒ **fidelidad.**

le·bra·to |leβráto| ***m.*** Cría de la *liebre; *liebre de corta edad: *vimos un ~ saltar por el monte siguiendo a su madre.*

le·brel |leβrél| ***adj.-m.*** (perro) Que pertenece a una raza de *talla alta y delgada, con el labio superior y las orejas caídas y que se usa para cazar: *el cazador había adiestrado a sus lebreles con mucho cariño.*

le·bri·llo |leβríʎo| ***m.*** Recipiente de barro, más ancho por el borde que por el fondo: *lavaba la ropa en un ~.*

lec·ción |le^{k}θión| **1** ***f.*** Parte de un manual o libro de texto, que forma una unidad independiente: *la ~ tercera trataba de las fuentes de energía.* ⇒ **tema. 2** Conjunto de conocimientos que se enseñan y aprenden: *recibió lecciones de canto antes de empezar en la ópera.* ⇒ **clase. 3** *Exposición de una materia determinada para enseñarla o explicarla: *la ~ de hoy tratará de la economía en el año 29.* **4** Parte de una materia que se enseña o se aprende de una vez: *el maestro preguntó la ~ a sus alumnos.* **5** *fig.* Ejemplo o muestra que enseña: *aquel suceso le sirvió de ~.* ⇒ **escarmiento.** ■ **dar una ~**, enseñar; hacer comprender un error para corregirlo: *la vida se encargará de dar una ~ a ese orgulloso.* ⇒ **escarmentar.**

le·cha·da |letʃáða| ***f.*** Masa clara de sustancia blanca disuelta en agua que se usa para pintar las paredes o en otros trabajos de construcción: *blanqueó la pared de la habitación con ~.*

le·chal |letʃál| ***adj.-s.*** (animal mamífero) Que todavía mama: *la carne de cordero ~ es muy tierna y sabrosa.* ⇒ **recental.**

le·che |létʃe| **1** ***f.*** Líquido blanco que producen las hembras de los mamíferos para alimentar a sus hijos, especialmente el de las vacas: *la cría toma la ~ de la teta de su madre; voy a comprar dos litros de ~; siempre desayuna con ~ y galletas;* ~ **frita**, la que se mezcla con harina y se fríe en la sartén: *tomaré ~ frita de postre;* ~ **merengada**, la que se prepara con huevo, azúcar y *canela: *la ~ merengada me gusta bien fría.* **2** Sustancia parecida a ese líquido blanco: *el árbol echaba una ~ pegajosa;* ~ **de almendras**, la que se consigue aplastando *almendras: *este plato lleva una ~ de almendras que le da cierta suavidad;* ~ **limpiadora**, sustancia líquida que limpia la piel de las personas: *he comprado un frasco de ~ limpiadora.* **3** *fam. vulg. fig.* Golpe que recibe o da una persona: *como vuelvas a decir eso te doy una ~; se dio una ~ contra la pared.* **4** *fam. fig.* Ánimo o intención mala o fastidiosa; enfado: *¡qué ~ tienes!; hoy está de mala ~.* ■ **a toda ~**, *fam.*, a toda velocidad; con mucha prisa: *el tren pasó por la estación a toda ~.* ■ **mala ~**, intención de hacer una daño físico o moral: *el hombre le dio un fuerte golpe con toda su mala ~.* ⇒ **idea.** ■ **ser la ~**, *fam.*, ser más de lo que se puede soportar: *es la ~: ha vuelto a subir el paro.* ■ **ser una ~**, *fam.*, resultar desagradable o fastidioso: *esto de trabajar los días de fiesta es una ~.*

le·che·ra |letʃéra| **1** ***f.*** Recipiente que se usa para guardar y transportar la leche: *el hijo del vaquero salió del establo con una ~ llena.* **2** *fam. fig.* Automóvil de la policía de gran capacidad para el transporte de personas: *varias lecheras aparcaron frente al bar y comenzó la redada.*

le·che·rí·a |letʃería| ***f.*** Establecimiento donde se vende leche: *la leche de esa ~ es muy fresca.*

le·che·⌜ro, ⌜ra |letʃéro, ra| **1** ***adj.*** De la leche o que tiene relación con ella: *la industria lechera es importante en el norte de España.* ⇒ **lácteo. 2** Que contiene o produce leche: *los postres lecheros son nutritivos; el granjero tenía varias vacas lecheras.* **- 3** ***m. f.*** Persona que se dedica a vender o repartir leche: *el ~ dejó dos botellas en la puerta de la casa.*

le·cho |létʃo| **1** ***m.*** *form.* Cama preparada para dormir: *el matrimonio dormía en un magnífico ~.* ⇒ **tálamo. 2** Lugar que sirve para dormir o descansar: *el buey se recostó sobre un ~ de paja.* ⇒ **cama. 3** Parte del terreno por donde va una corriente de agua: *limpiaron el ~ del río; el ~ del arroyo contenía diminutas pepitas de oro.* ⇒ **cauce, madre. 4** Superficie plana de una materia determinada que cubre otra superficie y que puede servir para poner otras cosas encima: *un ~ de pétalos de rosa cubría toda la plaza; he puesto la carne sobre un ~ de verdura.*

le·⌜chón, ⌜cho·na |letʃón, tʃóna| **1** ***m. f.*** Cría del cerdo que todavía mama: *comimos ~ asado.* ⇒ **cochinillo. 2** Cerdo de cualquier edad: *tenía una granja en la que criaba lechones y gallinas.*

le·cho·⌜so, ⌜sa |letʃóso, sa| ***adj.*** Que se parece a la leche: *un líquido ~ salía del caño; la contaminación volvió las aguas lechosas.*

le·chu·ga |letʃúɣa| ***f.*** Hortaliza que tiene unas hojas grandes y verdes unidas por la base y que suele comerse sin cocinar: *vamos a hacer una ensalada con tomate y ~.* ■ **ser más fresco que una ~**, *fam.*, no tener vergüenza: *Luis es más fresco que una ~: trata a todo el mundo de tú.* ⇒ **descarado.**

le·chu·gui·no |letʃuɣíno| **1** ***m.*** *Lechuga pequeña, antes de ser movida y plantada en otro sitio: *este año los lechuguinos se han secado.* **2** *fam. desp.* Persona que se da una importancia o valor que no tiene: *se cree que todo el mundo lo admira y no es más que un ~.*

le·chu·za |letʃúθa| ***f.*** Ave nocturna de ojos grandes, cabeza redonda y pico pequeño y curvo, que se alimenta de pequeños animales: *la ~ es de menor tamaño que el búho.* ▢ Para indicar el sexo se usa la ~ macho y la ~ hembra.

lec·ti·⌜vo, ⌜va |le^{k}tíβo, βa| ***adj.*** Que se destina al trabajo en la escuela y en otros centros de enseñanza: *mañana es día ~; el periodo ~ no incluye Navidad ni Semana Santa.*

lec·⌜tor, ⌜to·ra |le^{k}tór, tóra| **1** ***adj.-s.*** (persona) Que lee: *desde pequeño fue un ~ entusiasta de este autor.* **- 2** ***m. f.*** Profesor extranjero que enseña su lengua: *el ~ de sueco dará una conferencia hoy sobre la lengua y la cultura de Suecia.* **3** Persona que lee los textos enviados a un *editor: *el ~ eligió estos cinco originales entre los que se recibieron.* **- 4 lector** ***m.*** Aparato que sirve para ver lo que está escrito o grabado en ciertos documentos: *puede obtener copias del manuscrito con aquel ~ de microfilmes.*

5 Aparato que permite reproducir lo grabado en bandas o discos *magnéticos: *ha comprado un ~ para el laboratorio de idiomas.*

lec·tu·ra |lektúra| **1** ***f.*** Acción de leer: *los niños disfrutaban con la ~ de historias fantásticas.* **2** Texto u obra que se lee: *los periódicos son parte importante de sus lecturas; en sus artículos se nota la influencia de sus lecturas.* **3** *Interpretación del contenido de un texto, especialmente de una obra literaria o de una intención: *sus actos tienen más de una ~; el crítico hizo una ~ muy particular de la obra completa de Cervantes.* ⇒ **explicación.**

le·er |leér| **1** ***tr.-intr.*** [algo] *Interpretar el significado de unos signos, especialmente los escritos: *mi hijo está aprendiendo a ~; le gusta ~ en la cama; es capaz de ~ música;* **~ de corrido**, hacerlo de forma rápida y fácil: *me he leído el periódico de corrido.* **2** [algo; a/para alguien] Pronunciar en voz alta un texto escrito: *ahora te toca ~ a ti; nos leyó un fragmento del* Quijote. **- 3** ***tr.*** *fig.* [algo] Adivinar un significado o una intención a partir de señales: *leyó en su mirada la impaciencia;* **~ el pensamiento**, adivinar la intención de una persona sin que ella la exprese: *sabía lo que iba a decir: le estaba leyendo el pensamiento;* **~ entre líneas**, adivinar un significado a partir de un escrito que no lo explica claramente: *en la noticia del periódico se leía entre líneas que no pensaba asistir a la reunión.* **4** Exponer y defender en público un trabajo de *investigación o un ejercicio: *mañana leo la tesis doctoral.* ☖ Se conjuga como 61.

le·ga·ción |leγaθión| **1** ***f.*** *form.* Conjunto de personas elegidas por un gobierno para representar a su país en el extranjero: *la ~ española en Rabat se entrevistará con el ministro de Asuntos Exteriores.* ⇒ **embajada. 2** Edificio donde trabajan esas personas: *la policía aumentó la vigilancia en la ~ británica.*

le·ga·do |leγáðo| **1** ***m.*** Cosa que se deja en un *testamento: *el hijo quiso conservar el ~ de su padre.* **2** *p. ext.* Cosa que se deja o *transmite: *el ~ del Imperio Romano ha marcado la cultura occidental.* **3** Persona enviada por una autoridad para que actúe en su nombre con un fin determinado: *el príncipe acudió a la ceremonia como ~ del rey.*

le·ga·jo |leγáxo| ***m.*** Conjunto de papeles atados que tratan de una misma materia: *el bibliotecario sacó unos legajos; el abogado examinó un ~.*

le·gal |leγál| **1** ***adj.*** Que es ordenado por la ley y se ajusta a ella: *el asesinato, el robo y el fraude no son actividades legales.* ⇒ **lícito.** ⇔ **ilegal. 2** De la ley o que tiene relación con ella: *el fiscal emprendió una acción ~ contra los estafadores.* **3** *fam.* (persona) Que es firme en sus afectos e ideas; que no falta a la palabra dada o que la cumple: *es un jefe ~: no creo que te haga una guarrada.* ⇒ **leal.**

le·ga·li·dad |leγaliðáð| ***f.*** Cualidad de legal: *investigaron los negocios del banquero para ver si estaban dentro de la ~.* ⇔ **ilegalidad.**

le·ga·li·za·ción |leγaliθaθión| ***f.*** Hecho de hacer legal: *el parlamento debatió la ~ del aborto.*

le·ga·li·zar |leγaliθár| **1** ***tr.*** [algo] Hacer legal: *muchos inmigrantes intentan ~ su situación.* **2** Dar por verdadero y cierto: *el notario legalizó la firma de los herederos.* ⇒ **certificar.** ☖ Se conjuga como 4.

lé·ga·mo |léγamo| ***m.*** Barro blando de los lugares donde hay agua: *se agachó para tocar el ~ de la charca.* ⇒ **cieno, lama, limo, lodo.**

le·ga·ña |leγáɲa| ***f.*** Sustancia blanca o amarilla que produce el ojo y que expulsa por el extremo próximo a la nariz: *se levantó con los ojos llenos de legañas; lávate el ojo, que tienes una ~.*

le·ga·ño·⌐so, ⌐sa |leγaɲóso, sa| ***adj.*** Que tiene muchas *legañas: *se lavó los ojos legañosos.*

le·gar |leγár| **1** ***tr.*** [algo; a alguien] Dejar un bien, derecho u obligación en un *testamento: *le legó todas sus propiedades a él solo.* **2** *fig.* Dejar o hacer llegar una cosa a los que siguen en el tiempo: *legó su obra a la posteridad.* ☖ Se conjuga como 7.

le·gen·da·⌐rio, ⌐ria |lexendário, ria| **1** ***adj.*** De las *leyendas o que tiene relación con ellas: *Ulises es un héroe ~; Marco Polo viajó por tierras legendarias.* **2** Que es magnífico o famoso: *ha comprado un vídeo de la legendaria exposición sobre Velázquez.* ⇒ **fantástico, maravilloso.**

le·gi·ble |lexíβle| ***adj.*** Que se puede leer: *tiene una letra ~: se entiende muy bien.* ⇔ **ilegible.**

le·gión |lexión| **1** ***f.*** *fig.* Cantidad grande de personas o animales: *una ~ de adolescentes corría hacia el aeropuerto para recibir al cantante.* ⇒ **ejército. 2** Cuerpo del ejército en el Imperio Romano: *César conquistó las Galias al mando de las legiones.* **3** Cuerpo militar especial que actúa como fuerza de choque: *quería aventura y se alistó en la ~.*

le·gio·na·⌐rio, ⌐ria |lexionário, ria| **1** ***adj.*** De la *legión o que tiene relación con ella: *el general ~ mandó atacar.* **2** (soldado) Que sirve en la *legión: *los legionarios participaron en las tareas de pacificación.*

le·gis·la·ción |lexislaθión| ***f.*** Conjunto de leyes: *la ~ no permite ese tipo de operaciones comerciales.*

le·gis·la·⌐dor, ⌐do·ra |lexislaðór, ðóra| ***adj.-s.***

LECHUZA

Que *legisla o puede *legislar: *el Parlamento es un organismo ~.*

le·gis·lar |lexislár| ***intr.*** Hacer, dar o establecer leyes: *durante la Restauración, el gobierno legisló mucho.*

le·gis·la·ti·⌐vo, ⌐va |lexislatíβo, βa| ***adj.*** Que hace o puede hacer leyes: *el poder ~ recae en el parlamento.*

le·gis·la·tu·ra |lexislatúra| ***f.*** Periodo de tiempo que dura desde que se establecen los órganos encargados de hacer o reformar las leyes hasta que se disuelven: *en España, la ~empieza cuando se constituyen unas Cortes y acaba cuando se disuelven; en la anterior ~ el gobierno modificó la ley de pensiones.*

le·gi·ti·mar |lexitimár| **1** ***tr.*** [algo, a alguien] Probar la verdad, la razón o la calidad de acuerdo con las leyes: *no se pueden ~ esas acciones violentas.* ⇔ **ilegitimar. 2** [a alguien] Reconocer legalmente a un hijo: *sabe que no es su hijo, pero de todas formas lo va a ~.*

le·gí·ti·⌐mo, ⌐ma |lexítimo, ma| **1** ***adj.*** Que es conforme a la ley: *el heredero exigió sus legítimos derechos.* ⇔ **ilegítimo. 2** Que es cierto y verdadero; que es justo: *todos reconocieron que la victoria había sido legítima.* ⇒ **justo.**

le·⌐go, ⌐ga |léɣo, ɣa| **1** ***adj.-s.*** (persona) Que no es sacerdote ni pertenece a una orden religiosa: *forma parte de una hermandad de legos.* ⇒ **laico.** - **2** ***adj.*** Que es nuevo o no tiene experiencia: *lo siento, soy ~ en la materia.* ⇒ **novato, novel, profano.**

le·gua |légua| ***f.*** Medida de longitud que equivale a 5572,7 metros: *anduvo cuarenta leguas; el capitán Nemo hizo 20000 leguas de viaje submarino.* ■ **a la** ~, de lejos, a gran distancia: *se nota a la ~ que no tienes idea de lo que dices.*

le·gum·bre |leɣúmbre| **1** ***f.*** Fruto o semilla que crece formando una *hilera con otras iguales en el interior de una cáscara alargada y flexible: *las lentejas, las judías y los guisantes son legumbres; las legumbres crecen dentro de la vaina.* ⇒ **leguminoso. 2** *p. ext.* Planta que se cultiva en un huerto: *voy a regar las legumbres antes de que salga el sol.*

le·gu·mi·no·⌐so, ⌐sa |leɣuminóso, sa| ***adj.-f.*** BOT. De la familia de las plantas cuyo fruto es una legumbre: *los garbanzos y los guisantes son leguminosas.* ⇒ **legumbre.**

le·ís·mo |leísmo| ***m.*** LING. Fenómeno que consiste en usar las formas *le* y *les* del pronombre personal como objeto directo, en lugar de *lo* y *los*: *si usted dice* he comprado un cuadro, mírale, *está cometiendo un ~, debería decir* míralo.

le·ís·ta |leísta| ***adj.-com.*** LING. (persona) Que usa las formas *le* y *les* del pronombre personal como objeto directo, en lugar de *lo* y *los*: *los habitantes de las ciudades en España suelen ser leístas.*

le·ja·ní·a |lexanía| **1** ***f.*** Distancia entre dos puntos: *la ~ entre nuestras ciudades impide que nos veamos más a menudo.* ⇔ **cercanía, vecindad. 2** Parte más alejada de un lugar: *el jinete se perdió en la ~.* ⇒ **lontananza.**

le·ja·⌐no, ⌐na |lexáno, na| ***adj.*** Que está lejos o a gran distancia en el espacio o en el tiempo: *aquello ocurrió en tiempos lejanos; llegó de una ciudad lejana.* ⇒ **distante.**

le·jí·a |lexía| ***f.*** Sustancia química líquida, compuesta de agua y sales de *cloro, y que se usa para poner blanca la ropa y para *desinfectar: *para la ropa blanca, echa un chorrito de ~ en el agua; fregaba los suelos con ~.*

le·jos |léxos| ***adv. l. t.*** A gran distancia en el espacio o en el tiempo: *Australia está muy ~ de España; los días de la infancia están ya ~.* ■ **a lo** ~, a gran distancia: *el cielo estaba raso y sólo una nube se veía a lo ~.* ■ **de** ~, desde una gran distancia: *no veo bien de ~.* ■ ~ **de**, en lugar de: *~ de salir huyendo, se enfrentó a la fiera cara a cara.*

le·⌐lo, ⌐la |lélo, la| ***adj.-s.*** Que es torpe o poco inteligente; que no sabe lo que debe saber: *vaya novia más lela que tiene.* ⇒ **tonto.**

le·ma |léma| **1** ***m.*** Norma que sirve de *guía al comportamiento de una persona: *su ~ fue siempre «divide y vencerás».* ⇒ **regla. 2** Palabra que se *define en un *diccionario: *el ~ aparece siempre en un tipo de letra distinto, para que resalte.* ⇒ **entrada. 3** Texto corto que se coloca delante de ciertas obras literarias: *este ~ resume el contenido del poema.* **4** Palabra o conjunto de palabras que sirve para mantener en secreto el nombre del autor de una obra que se presenta a un *concurso, hasta que falla el jurado: *presentó su novela bajo el ~ de* Rosa.

len·ce·rí·a |lenθería| **1** ***f.*** Ropa interior femenina: *la ~ la constituyen el sujetador, las bragas, la combinación, el body, las medias, los ligueros y muchas otras prendas.* **2** Establecimiento donde se vende ropa interior femenina: *voy a la ~ a comprarme unas medias; la ~ de la esquina tiene unos camisones preciosos.* ⇒ **corsetería. 3** Ropa blanca de hilo para la mesa o la cama: *los manteles y las sábanas componen la ~; la ~ suele ser de algodón.*

len·gua |léŋgua| **1** ***f.*** Órgano muscular flexible y carnoso que se encuentra en el interior de la boca: *cortó la ~ a sus esclavos para que no hablasen; el niño sacó la ~ al médico.* **2** *fig.* Cosa que tiene, más o menos, la forma de ese órgano: *unas lenguas de fuego descendieron sobre los apóstoles;* ~ **de gato**, galleta o trozo de chocolate que recuerda, por su forma, a ese órgano: *me han regalado una caja de lenguas de gato.* **3** LING. Sistema de signos que *utiliza una comunidad de hablantes para comunicarse: *esto es un diccionario para el aprendizaje de la ~ española; habla cinco lenguas.* ⇒ **habla, idioma, lenguaje;** ~ **extranjera**, la que no es propia del país del hablante: *el estudio de las lenguas extranjeras es beneficioso para conocer otras culturas;* ~ **materna**, la que, aprendida de los padres, se habla como propia o principal: *el español es su lengua ~, pero habla otros cuatro idiomas;* ~ **muerta**, la que ya no se habla en ninguna nación como propia o principal: *el latín es una ~ muerta;* **segunda** ~, la que se aprende en segundo lugar y no se usa como propia o principal: *soy inglés, pero el español* *es mi segunda ~.* **4** Forma de hablar o de escribir característica de un grupo de personas, de un autor, de una región o de un periodo determinados: *la ~ del Renacimiento es de una riqueza extraordinaria; la ~ de Berceo tiene rasgos riojanos.* ⇒ **habla, lenguaje.** ▪ **con la ~ fuera,** *fam.*, con mucha prisa y cansado: *llegó con la ~ fuera diez minutos tarde.* ▪ **darle a la ~,** *fam.*, hablar demasiado o hablar de cosas sin importancia: *se pasaron toda la mañana dándole a la ~ y no hicieron nada.* ▪ **haber comido ~,** *fam.*, tener mucha disposición para hablar: *hoy no para de hablar, parece que ha comido ~.* ▪ **irse de la ~,** *fam.*, decir un secreto o algo que había que callar: *se fue de la ~ y le dijo que estábamos preparando una fiesta de cumpleaños.* ▪ **malas lenguas,** personas que hablan mal de los demás: *las malas lenguas dicen que mis vecinos se van a divorciar.* ▪ **media ~,** *fam.*, forma de hablar en la que no se pronuncian bien algunos sonidos: *el niño me dijo con su media ~ que quería beber agua.* ▪ **morderse la ~,** callarse algo que a uno le gustaría poder decir: *tuve que morderme la ~ para no recordarle que había sido él quien se había equivocado.* ⇒ **labio.** ▪ **no tener pelos en la ~,** *fam.*, no sentir vergüenza o miedo por decir lo que se siente: *no tengo pelos en la ~ y se lo voy a decir bien claro.* ▪ **tener en la punta de la ~,** *fam.*, estar a punto de decir o de recordar una cosa: *no me lo digas, que lo tengo en la punta de la ~.* ▪ **tirar de la ~,** *fam.*, hacer que una persona cuente algo que debería callar: *le tiró de la ~ y se enteró de todo.*

len·gua·do |leŋguáðo| *m.* Pez marino comestible de cuerpo plano y de forma ovalada, que vive en el fondo del mar tendido sobre una de sus caras: *el ~ y el rodaballo tienen los dos ojos en uno de sus flancos; la carne de ~ es muy blanca.* ☖ Para indicar el sexo se usa el ~ y el ~ hembra.

len·gua·je |leŋguáxe| **1** *m.* Capacidad propia del hombre para expresar pensamientos y sentimientos por medio de la palabra: *últimamente se están haciendo muchas investigaciones sobre la adquisición del ~.* **2** *p. ext.* Conjunto de señales que usan los animales para comunicarse: *el biólogo estudió el ~ de los delfines.* **3** Sistema de símbolos y señales que permite componer y comprender un mensaje: *estoy aprendiendo el ~ de los sordomudos; los lenguajes artificiales son imprescindibles para la comunicación con los ordenadores.* **4** Sistema de signos que usa una comunidad de hablantes para comunicarse: *el forastero hablaba en un ~ extranjero.* ⇒ **idioma, lengua. 5** Forma de hablar o de escribir característica de un grupo de personas o de un autor literario: *el ~ periodístico admite muchos préstamos y tecnicismos.* ⇒ **habla, lengua.**

LENGUADO

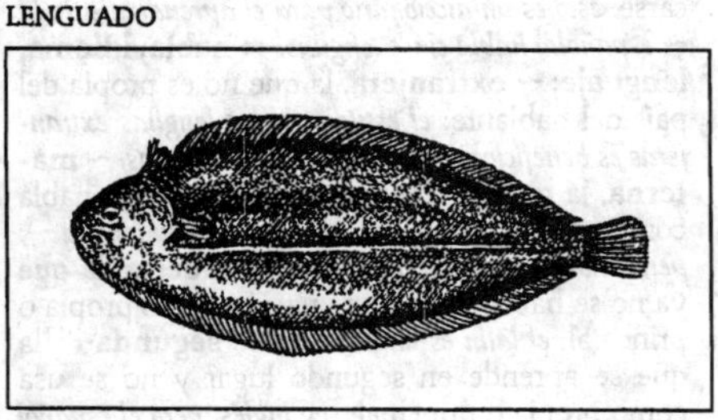

len·gua·raz |leŋguaráθ| ***adj.-s.*** (persona) Que tiende a hablar mucho, sin miedo ni vergüenza: *los lenguaraces a menudo dicen lo que no deben.*

len·güe·ta |leŋguéta| **1** *f.* Pieza pequeña y delgada, generalmente de metal, que, colocada en la boca de distintos instrumentos de viento, produce sonidos al vibrar: *no le sonaba la armónica porque se le habían roto las lengüetas.* **2** Tira de cuero que tienen distintos calzados en su parte superior: *la ~ está debajo de los cordones; las zapatillas de deporte están muy viejas y se les ha caído la ~.*

len·güe·ta·zo |leŋguetáθo| ***m.*** Paso o roce de la lengua: *el perro le dio un ~ en la cara al niño.* ⇒ **lametón.**

le·ni·ti·⌜vo, ⌜va |lenitíβo, βa| ***adj.-s.*** *form.* Que sirve para hacer blanda y suave una cosa: *la imagen pura y lenitiva de su madre calmaba su dolor; necesitaba un ~ para ahogar su pena.*

le·no·ci·nio |lenoθínio| ***m.*** Actividad que consiste en hacer posible u ocultar relaciones sexuales que no están permitidas: *los chulos de las prostitutas se dedican al ~.* ⇒ **prostitución.**

len·te |lénte| **1** ***amb.*** Cristal transparente con sus dos caras curvas o con una curva y otra plana, que cambia la dirección de la luz: *la ~ permite corregir la imagen; los microscopios, los telescopios y las cámaras fotográficas funcionan con lentes;* **~ de contacto,** disco pequeño y transparente, que se aplica directamente sobre el ojo para corregir los defectos de la vista: *llevo lentes de contacto porque son muy cómodas.* ⇒ **lentilla. - 2 lentes *m. pl.*** Conjunto de dos cristales colocados en una *montura que se apoya en la nariz y que se sujeta detrás de las orejas: *el anciano se puso los lentes para leer el periódico.* ⇒ **gafas.**

len·te·ja |lentéxa| **1** *f.* Planta *leguminosa con tallos débiles y ramosos, hojas compuestas y flores blancas, que produce unas legumbres ordenadas en *hilera dentro de una cáscara fina y flexible: *la ~ es una planta anual; la ~ se utiliza para dar de comer al ganado.* **2** Fruto de esa planta, encerrado en una cáscara blanda, alargada y aplastada: *la ~ se recoge cuando la vaina está seca.* **3** Semilla de esa planta, de pequeño tamaño, forma aplastada y color marrón, que se consume hervida: *en invierno solemos comer muchas lentejas; ¿te gustan las lentejas con chorizo?*

len·ti·lla |lentíʎa| *f.* Disco pequeño y transparente, que se aplica directamente sobre el ojo para corregir los defectos de la vista: *hay que lavar bien las lentillas antes de ponérselas de nuevo; existen lentillas de usar y tirar.* ⇒ **lente.**

len·ti·tud |lentitú^{d}| **1** *f.* Falta de rapidez; poca velocidad en el movimiento: *pedaleaba con ~ para disfrutar del paisaje; levantó la pierna con ~.* ⇒ **parsimonia.** ⇔ **rapidez. 2** Falta de rapidez para comprender o para hacer las cosas: *cuando juega al ajedrez, mueve con ~.*

len·⌐to, ⌐ta |lénto, ta| **1** ***adj.*** Que no es rápido; que se mueve con poca velocidad: *andaba con paso ~; los días se sucedían de forma lenta; eres más ~ que un caracol.* ⇒ **paulatino.** ⇔ **rápido. 2** Que no es rápido para comprender; que hace las cosas con tranquilidad: *es muy lenta para tomar decisiones, dale tiempo; el niño es algo ~: ten paciencia y explícaselo otra vez.* **3** (fuego) Que es suave; que calienta poco a poco: *cuando el agua hierva, eche el arroz y cuézalo a fuego ~.*

le·ña |léɲa| **1** ***f.*** Conjunto de trozos de madera que sirven para hacer fuego: *el leñador fue a buscar ~ al bosque para hacer fuego en la chimenea.* **2** *fam.* Conjunto de golpes: *aunque la manifestación era pacífica, hubo ~; como vuelvas a hacer llorar a la niña, te voy a dar ~.* ⇒ **paliza.** ■ **echar ~ al fuego,** *fam.*, aumentar el enfado; hacer que una situación vaya a peor: *la discusión se iba haciendo cada vez más violenta, porque los vecinos no dejaban de echar ~ al fuego.*

le·ña·⌐dor, ⌐do·ra |leɲaðór, ðóra| ***m. f.*** Persona que se dedica a cortar *leña del bosque: *el ~ llevaba el hacha al hombro.*

le·ña·zo |leɲáθo| ***m.*** *fam.* Golpe fuerte: *es un inconsciente y un día se va a dar un ~ con el coche.*

le·ñe |léɲe| ***interj.*** *fam.* Expresión que indica enfado o sorpresa: *¡~!, ¡que me quemo!*

le·ñe·ra |leɲéra| ***f.*** Lugar donde se guarda la madera para el fuego: *junto a la casa había una vieja ~; cortaba la leña y la almacenaba en la ~.*

le·ño |léɲo| **1** ***m.*** Trozo de árbol cortado y limpio de ramas: *trajo varios leños para la chimenea.* ⇒ **tronco. 2** *fam. fig.* Persona torpe y poco inteligente: *este hijo mío es un ~.* ⇒ **zoquete.** ■ **dormir como un ~,** *fam.*, dormir profundamente: *duerme como un ~ y no se entera de nada.*

le·ño·⌐so, ⌐sa |leɲóso, sa| ***adj.*** Que es duro y resistente: *el tallo de algunas plantas es ~; retire las zonas leñosas de la piña antes de comerla; sus manos estaban leñosas de tanto trabajar.*

le·⌐ón, ⌐o·na |león, óna| **1** ***m. f.*** Animal mamífero muy fiero, parecido al gato, pero mucho más grande y fuerte, con el pelo de color marrón claro, la cabeza grande, la cola larga y con fuertes uñas que usa para cazar otros animales: *el ~ tiene una larga melena y la leona, no; los leones suelen cazar de noche; fuimos a un safari en África y fotografiamos varios leones.* **2** *fig.* Persona valiente y decidida: *es un ~ para los negocios.* ■ **~ marino,** animal mamífero con las extremidades posteriores convertidas en *aletas, que vive generalmente en mares fríos y se alimenta de peces y pequeños animales: *los leones marinos viven en manadas.*

le·o·na·⌐do, ⌐da |leonáðo, ða| ***adj.*** De color marrón claro, como el del pelo del león: *el libro estaba encuadernado en piel leonada.*

le·o·ne·ra |leonéra| **1** ***f.*** Lugar en el que se tienen encerrados los leones: *el cuidador fue a la ~ a limpiar y dar de comer a sus fieras.* **2** *fam.* Habitación desordenada: *su habitación es una ~.*

le·o·⌐nés, ⌐ne·sa |leonés, nésa| **1** ***adj.*** De León o que tiene relación con León: *Astorga es una población leonesa; la catedral leonesa es una maravilla del gótico.* **- 2** ***m. f.*** Persona nacida en León o que vive habitualmente en León: *¿es usted gallego? No, soy ~.* **- 3 leonés** ***m.*** Variedad lingüística *medieval derivada del latín y usada en el Reino de León: *el ~ se conoce también como asturleonés.*

le·o·par·do |leopárðo| ***m.*** Animal mamífero parecido al gato, pero más grande, generalmente de color amarillo con manchas oscuras y el vientre claro, muy rápido y fiero, con fuertes uñas que usa para cazar animales: *el ~ trepó al árbol y atacó al mono; el domador del circo entró en la jaula de los leopardos.* ☐ Para indicar el sexo se usa el ~ macho y el ~ hembra.

le·o·tar·do |leotárðo| **1** ***m.*** Prenda de vestir femenina de punto de lana o algodón, que cubre cada una de las piernas desde los pies a la cintura: *en invierno llevo leotardos.* ☐ Se usa más el plural *leotardos.* **2** Prenda de vestir de tejido muy delgado y elástico, que se ajusta mucho al cuerpo: *el bailarín llevaba unos leotardos negros.* ☐ Se usa más el plural *leotardos.*

le·pra |lépra| ***f.*** Enfermedad provocada por una bacteria que infecta la piel y los nervios, produciendo manchas y heridas que no se cierran: *la ~ se trata con productos químicos.*

le·pro·⌐so, ⌐sa |lepróso, sa| ***adj.-s.*** (persona) Que padece *lepra: *antiguamente, los leprosos eran expulsados de las ciudades.*

ler·⌐do, ⌐da |lérðo, ða| **1** ***adj.*** Que es tonto y torpe: *¡pero qué lerdos sois!* **2** (animal) Que es lento y torpe: *una tortuga lerda salió de entre los juncos.*

le·ri·da·⌐no, ⌐na |leriðáno, na| **1** ***adj.*** De Lérida o que tiene relación con Lérida: *hicieron un viaje por tierras leridanas.* ⇒ **ilerdense. - 2** ***m. f.*** Persona nacida en Lérida o que vive habitualmente en Lérida: *sus padres son leridanos.*

les·bia·na |lesβiána| ***f.*** Mujer que se siente atraída sexualmente por otras mujeres; mujer que tiene movimientos y actitudes que se consideran propios de los hombres: *un colectivo de lesbianas protestó ante los juzgados de la capital.* ⇒ **homosexual, machorra, marimacho.**

les·bia·nis·mo |lesβianísmo| ***m.*** Atracción de la mujer por personas de su mismo sexo en sus relaciones sexuales o amorosas: *la conferencia del sexólogo tratará hoy sobre el ~.*

le·sión |lesión| **1** ***f.*** Daño físico causado por una herida, golpe o enfermedad: *tiene una ~ de espalda y no puede trabajar; el accidente le provocó lesiones múltiples.* **2** Ofensa o daño moral: *cuando lo expulsaron de la asociación, le hicieron una grave ~ a su honor.*

le·sio·na·⌐do, ⌐da |lesionáðo, ða| ***adj.*** Que sufre un daño físico causado por una herida, golpe o enfermedad: *los jugadores lesionados no podrán salir al terreno de juego.*

le·sio·nar |lesionár| **1** ***tr.-prnl.*** [algo, a alguien] Producir daños físicos: *el golpe lesionó la rodilla izquierda del tenista; se ha lesionado un brazo, pero no* *es grave.* ⇒ **herir.** - **2** ***tr.*** [algo] Hacer una ofensa o producir un daño moral: *esa publicación lesiona el derecho a la intimidad de los famosos.*

le·si·⌐vo, ⌐va |lesíβo, βa| ***adj.*** Que produce o puede producir daño: *la decisión del director es lesiva para mis intereses personales.*

le·⌐so, ⌐sa |léso, sa| ***adj.*** Que recibe daño u ofensa: *el atentado contra el rey supuso un delito de lesa majestad.* ☖ Se usa delante del sustantivo.

le·tal |letál| ***adj.*** Que causa o puede causar la muerte: *ingirió una dosis ~ de drogas; ajusticiaron al condenado con una inyección ~.* ⇒ **mortífero.**

le·ta·ní·a |letanía| **1** ***f.*** Oración formada por una serie de ruegos y llamadas, cada una de las cuales es dicha o cantada por una o más personas y repetida, contestada o completada por otras: *en la iglesia están rezando la ~ del rosario.* **2** *fig.* Lista o relación larga y aburrida: *empezó con la ~ de sus desgracias.*

le·tar·go |letárɣo| **1** ***m.*** Estado *temporal en el que viven ciertos animales, durante el cual se muestran poco activos o dormidos: *los reptiles salen de su ~ en primavera.* **2** Estado en el que el organismo siente un sueño del que es difícil despertar: *la tristeza y la anemia eran culpables del ~ de la anciana.* **3** *fig.* Falta de actividad: *la asociación ha salido de su ~ y prepara un ciclo de conferencias y exposiciones.* ⇒ **inactividad.**

le·⌐tón, ⌐to·na |letón, tóna| **1** ***adj.*** De Letonia o que tiene relación con Letonia: *Riga es la capital letona.* - **2** ***m. f.*** Persona nacida en Letonia o que vive habitualmente en Letonia: *los letones son vecinos de los lituanos y de los rusos.* - **3 letón** ***m.*** Lengua de Letonia: *el ~ es una lengua báltica.*

le·tra |létra| **1** ***f.*** Signo escrito que, solo o con otros, representa un sonido: *la palabra* mosca *tiene cinco letras;* ~ **de imprenta**, la que es *mayúscula y está escrita a mano de la manera más clara posible: *por favor, rellene este impreso con ~ de imprenta;* ~ **mayúscula**, la que suele usarse en el comienzo de un escrito, de un nombre propio y detrás de un punto, generalmente de mayor tamaño que el resto: España *se escribe con la ~* E *mayúscula;* ~ **minúscula**, la que suele usarse en, la mayor parte de un escrito: *lo suspendieron por escribir su nombre con ~ minúscula.* **2** Forma de trazar los signos escritos propia de una persona, *época o lugar: *tiene una ~ horrible y no se entiende nada de lo que pone; este documento está escrito con una ~ del siglo* XIV. **3** Texto de una pieza musical cantada: *¿puedes copiarme la ~ de esta canción?* **4** Documento por el que se hace un pago dentro de una fecha determinada: *todavía me quedan por pagar tres letras.* **5** Sentido recto y exacto de un texto escrito: *siempre va a la ~.* - **6 letras** ***f. pl.*** Conjunto de estudios y disciplinas dedicados a la literatura, el arte o las ciencias humanas: *es un hombre de letras; dedicó su vida a las letras.* ⇒ **humanidad.**

le·tra·⌐do, ⌐da |letráðo, ða| **1** ***adj.*** Que es sabio y tiene muchos conocimientos culturales: *la burguesía letrada dio un gran impulso a las artes en el Renacimiento.* - **2** ***m. f.*** Persona que ha estudiado derecho, que da consejo en temas legales y representa a las partes afectadas en los juicios: *el ~ de la acusación puede empezar.* ⇒ **abogado.**

le·tre·ro |letréro| **1** ***m.*** Mensaje o texto que se pone en un lugar público y que sirve para dar aviso o noticia de una cosa: *el ~ dice: se vende coche.* ⇒ **rótulo.** **2** *p. ext.* Superficie o soporte donde se coloca ese mensaje: *oiga, que se le ha caído el ~ de su tienda.*

le·tri·lla |letríʎa| **1** ***f.*** POÉT. Poema de versos cortos que suele cantarse: *Luis ha compuesto una ~.* **2** POÉT. Poema de arte menor con unos versos que se repiten al final de cada *estrofa y cuyos temas más frecuentes son la diversión, la fiesta o el amor: *Góngora escribió letrillas muy divertidas.*

le·tri·na |letrína| **1** ***f.*** Agujero cavado en el suelo que se usa para expulsar en él los excrementos: *montaron el campamento y, lejos de él, cavaron las letrinas.* **2** Instalación preparada con agujeros en el suelo que se usan para expulsar los excrementos: *el capitán mandó a un soldado limpiar las letrinas del cuartel.* **3** *fig.* Cosa sucia o que produce asco: *toda la casa era una ~.*

leu·ce·mia |leuθémia| ***f.*** Enfermedad grave de la sangre, provocada por un exceso de *glóbulos blancos: *la ~ se puede curar con trasplantes de médula ósea.*

leu·co·ci·to |leukoθíto| ***m.*** ANAT. Célula de la sangre que no tiene color: *los leucocitos evitan las infecciones.* ⇒ **glóbulo.**

le·va·du·ra |leβaðúra| **1** ***f.*** Sustancia que hace *fermentar los cuerpos con los que se mezcla: *la ~ se emplea para hacer el pan, los pasteles y la cerveza.* **2** Hongo que forma esa sustancia: *el biólogo estudiaba la fermentación de las levaduras.*

le·van·ta·mien·to |leβantamiénto| **1** ***m.*** Movimiento de abajo hacia arriba: *los montes se formaron por el ~ del terreno; el suelo se ha agrietado por el ~ de las baldosas; la prueba de ~ de pesos fue muy disputada.* **2** *Edificación o construcción: *fueron necesarios cientos de años para el ~ de esta catedral.* **3** *Suspensión o desaparición de una pena o prohibición: *el juez ha decidido que se proceda al ~ del castigo.* **4** Acción y resultado de levantarse contra el poder establecido: *las clases obreras organizaron un ~.* ⇒ **alzamiento, rebelión, sedición, sublevación.**

le·van·tar |leβantár| **1** ***tr.-prnl.*** [algo] Mover de abajo hacia arriba: *levantó la mano porque quería hacer una pregunta.* **2** [algo, a alguien] Poner en un lugar más alto: *han levantado un poco la mesa; levantó al niño para darle un beso; se levantó la falda para cruzar el arroyo.* ⇒ **alzar, subir.** **3** Poner en posición vertical: *el profesor de gimnasia les ordenó que se levantaran.* **4** [algo] Construir o hacer: *han levantado esa casa en menos de dos meses; levantaron una pared alrededor del patio.* ⇒ **alzar.** **5** Aumentar la intensidad: *no levantes la voz.* **6** Abandonar una actividad o un lugar y llevarse las cosas que hay o que están relacionadas con ellos: *levantaron el campamento y se marcharon de ahí.* **7** Hacer que un animal salga del lugar donde se esconde para cazarlo: *se llevó el perro para ~ las piezas.* **8** Hacer que se separe una cosa de una superficie: *el agua ha levantado el parqué del suelo.* **9** Hacer que una pena o prohibición desaparezca: *le levantaron la pena de muerte por intervención del rey; le han levantado la excomunión después de medio siglo.* **10** Hacer una *declaración seria u oficial: *el notario levantó acta.* **11** Hacer que se extienda una opinión o creencia: *no levantes falsos testimonios; levantó el rumor de que había estado en la cárcel.* **12** Hacer terminar una reunión de personas: *levantó la sesión hasta el día siguiente.* **- 13 levantarse** ***prnl.*** Salir de la cama: *se levantó a las seis de la mañana; todavía no se ha levantado de la siesta.* **14** Ponerse en pie: *al verla se levantó de la silla; no es necesario que se levante.* **15** Oponerse de manera abierta a una situación social o política: *la muchedumbre se levantó pidiendo pan.* ⇒ **alzar, rebelarse, sublevar. 16** Aparecer el Sol o un cuerpo celeste por el horizonte: *el Sol se levanta por el este.* ■ **~ el vuelo**, separarse del suelo y comenzar a volar: *cuando salió al jardín, los gorriones levantaron el vuelo.* ■ **~ el vuelo**, empezar a funcionar o a salir bien un asunto o negocio: *después de la crisis, la empresa ha levantado el vuelo.*

le·van·te |leβánte| **1** ***m.*** Punto del horizonte situado donde nace el Sol: *esas nubes de ~ amenazan tormenta.* ⇒ **este, oriente. 2** Viento que viene de ese punto: *el ~ suele ser un viento fuerte y molesto.* ⇒ **este, solano. 3** Nombre de las regiones *mediterráneas de Valencia y Murcia: *nosotros veraneamos siempre en Levante.* ☖ En esta acepción se escribe con mayúscula.

le·van·ti·⌈no, ⌈na |leβantíno, na| **1** ***adj.*** De Levante o que tiene relación con Levante: *las costas levantinas tienen playas magníficas; las fiestas levantinas son muy hermosas.* **- 2** ***m. f.*** Persona nacida en Levante o que vive habitualmente en Levante: *unos amigos levantinos me han invitado a su casa.*

le·var |leβár| ***tr.*** MAR. [algo] Levantar y sacar; subir una *ancla: *el capitán mandó ~ anclas y zarpar rápidamente.*

le·ve |léβe| **1** ***adj.*** Que es ligero; que no pesa: *una ~ brisa entraba por la ventana; siento un peso ~ en la cabeza.* ⇒ **liviano. 2** *fig.* Que es poco importante: *le perdonó porque había sido una falta ~; era un dolor ~.*

le·vi·ta |leβíta| ***f.*** Prenda de vestir masculina con mangas y con la parte de atrás en forma de cola: *la ~ es la parte de arriba de un chaqué.* ⇒ **chaqué.**

le·vi·tar |leβitár| **1** ***intr.*** Levantarse en el aire personas, animales o cosas sin que intervenga ningún fenómeno físico conocido: *dicen que algunas personas pueden ~ y atravesar las paredes.* **2** FÍS. Hacer que algo más pesado que el fluido que lo rodea se levante o se mantenga arriba sin medios que se puedan ver: *en el laboratorio hicieron ~ un metal mediante fuerzas magnéticas.*

lé·xi·⌈co, ⌈ca |lékˢiko, ka| **1** ***adj.*** De las palabras o que tiene relación con ellas: *se propuso realizar un estudio ~; encontraron algunas diferencias léxicas entre los dos textos.* **- 2 léxico** ***m.*** LING. Conjunto de las palabras de una lengua: *el ~ del español es muy abundante.* ⇒ **diccionario. 3** Conjunto de palabras y expresiones características de un grupo, una profesión, una región o un periodo determinados: *el ~ de Quevedo es muy culto; quiere estudiar el ~ de Toledo; el ~ de la medicina tiene muchos cultismos y tecnicismos.* ⇒ **diccionario.**

le·xi·co·gra·fí·a |lekˢikoγrafía| **1** ***f.*** LING. Técnica de componer *diccionarios: *se dedicó toda su vida a la ~.* ⇒ **lexicología. 2** Disciplina lingüística que estudia los principios teóricos de la composición de *diccionarios: *los redactores consultaban un manual de ~.*

le·xi·co·grá·fi·⌈co, ⌈ca |lekˢikoγráfiko, ka| ***adj.*** De la *lexicografía o que tiene relación con ella: *algunas técnicas lexicográficas se emplean desde hace siglos.*

le·xi·có·gra·⌈fo, ⌈fa |lekˢikóγrafo, fa| ***m. f.*** LING. Persona que se dedica a la *lexicografía: *un equipo de lexicógrafos prepara un diccionario ideológico de la lengua española.* ⇒ **diccionarista.**

le·xi·co·lo·gí·a |lekˢikoloxía| ***f.*** LING. Disciplina lingüística que estudia las palabras y sus relaciones dentro del sistema de la lengua: *la ~ estudia el léxico de una lengua.* ⇒ **lexicografía, semántica.**

le·xi·có·lo·⌈go, ⌈ga |lekˢikóloγo, γa| ***m. f.*** LING. Persona que se dedica a estudiar las palabras y sus relaciones dentro del sistema de la lengua: *España tiene importantes lexicólogos.*

le·xi·cón |lekˢikón| ***m.*** *Diccionario, especialmente de una lengua antigua: *consultó el ~ de griego para hacer sus traducciones.* ⇒ **diccionario, léxico.**

ley |léi| **1** ***f.*** Regla o norma establecida por una autoridad superior: *todos los ciudadanos deben respetar la ~;* **~ marcial**, la de orden público que se establece en caso de guerra: *la ~ marcial prohíbe reunirse en grupos por la noche;* **~ orgánica**, DER., la que se deriva directamente de la Constitución y la desarrolla: *la enseñanza pública se rige por una ~ orgánica;* **~ sálica**, la que impide reinar a las mujeres y a sus descendientes: *las hijas de los reyes quedan excluidas del trono por la ~ sálica;* **~ seca**, la que prohíbe consumir bebidas alcohólicas y comerciar con ellas: *la acción de la película se desarrolla en la época en que estaba en vigor la ~ seca.* **2** Regla o norma *constante a la que está sujeto un fenómeno de la naturaleza o la relación entre varios elementos: *Newton descubrió la ~ de la gravedad.* **3** Manera de proceder o de tomar una decisión: *allá donde va intenta imponer su ~;* **~ del embudo**, *fam.*, la que no se usa con igualdad para todos: *sólo tienes en cuenta la parte que te beneficia y eso es la ~ del embudo: para mí lo ancho y para el otro lo estrecho;* **~ del más fuerte**, la que no considera los intereses de los débiles: *entre los animales rige la ~ del más fuerte;* **~ de la ventaja**, DEP., la que no *impone un castigo que pueda resultar favorable al equipo que *comete la falta: *el árbitro no pitó falta y aplicó la ~ de la ventaja.* **4** Conjunto de reglas y normas propias de una religión: *los ju-*

díos siguen la ~ de Moisés. **5** Cantidad de metal precioso que, según unas normas oficiales, ha de tener un objeto: *esta pulsera es de oro de ~.* ■ **de buena/mala ~**, de buena o mala calidad material o *espiritual: *tú eres un amigo de buena ~.* ■ **hecha la ~, hecha la trampa**, expresión con la que se indica que siempre se pueden encontrar medios para no respetar una regla o norma: *alguna manera habrá de no pagar esa multa, porque hecha la ~, hecha la trampa.*

le·yen·da |leyénða| **1** ***f.*** Relación de acontecimientos extraordinarios y admirables, que parecen imaginarios más que verdaderos: *pasaron la noche narrando leyendas de dioses y héroes.* **2** Composición literaria que cuenta esos acontecimientos: *ese escritor se dedica a publicar leyendas populares.* **3** Texto que aparece en las monedas, al pie de un cuadro o en un mapa: *la ~ de la medalla estaba muy borrosa; para saber lo que significan los símbolos del mapa, consulte la ~.*

lez·na |léθna| ***f.*** Instrumento que sirve para coser y hacer agujeros: *los zapateros usan la ~ para coser el material.*

lí·a |lía| ***f.*** Cuerda gruesa de *esparto que se usa para atar: *aseguraron los fardos con una ~.* ⇒ **soga.**

lia·na |liána| **1** ***f.*** Planta tropical de tallos largos y delgados, que crece y sube sujetándose a los árboles, hasta alcanzar la parte alta, donde nacen abundantes ramas: *Tarzán viajaba de ~ en ~; las lianas se utilizan para atar.* **2** *p. ext.* Planta cuyo tallo crece y sube sujetándose a los árboles, varas u otros objetos: *las lianas habían inundado el jardín; hay muchas clases de lianas.* ⇒ **enredadera.**

li·an· te, ˹ta |liánte, ta| ***adj.-s.*** *fam.* (persona) Que hace que un asunto o una situación sean o resulten más complicados de lo normal: *sois unos verdaderos liantes: siempre me estáis engañando.* ⇒ **lioso.**

li·ar |liár| **1** ***tr.*** [algo] Hacer que un asunto o una situación sea o resulte más complicado de lo normal: *no vengas aquí a ~ más las cosas.* ⇒ **embarullar, embrollar. 2** [a alguien; en algo] Hacer que una persona entre a formar parte de un asunto o de una situación: *lo liaron para que organizase la fiesta; estaba liado en la compra ilegal de alcohol.* **3** [algo] Enrollar de manera que quede sujeto: *está liando el paquete para enviarlo por correo; lío el tabaco con el papelillo.* ⇔ **desliar. - 4 liarse *prnl.*** Hacerse difícil un asunto o una situación: *las cosas se han liado últimamente.* **5** Meterse en un asunto o en una situación difícil; confundirse o equivocarse: *se lió al hacer la integral y no le salió bien el problema; me he liado con la declaración de la renta.* **6** *fam. fig.* Establecer una relación amorosa o sexual con otra persona sin estar casados: *se liaron en la fiesta de la universidad.* **7** *fam.* [a algo] Ponerse a hacer una cosa con fuerza o determinación: *se lió a darle tortas; cuando me lío a comer no sé parar.* ☖ Se conjuga como 13.

li·bar |liβár| **1** ***tr.*** [algo] Chupar el jugo: *las abejas liban el polen de las flores.* **2** Probar o gustar: *acercó sus labios a la copa para ~ el exquisito licor.*

li·bé·lu·la |liβélula| ***f.*** Insecto con dos pares de alas largas, estrechas e iguales, cuerpo alargado y ojos muy grandes: *las libélulas se alimentan de mosquitos; la ~ tiene unos ojos que le permite encontrar a sus presas durante el vuelo.*

li·be·ra·ción |liβeraθión| ***f.*** Acción y resultado de poner en libertad; desaparición de una situación de dependencia: *todo el mundo espera que la ~ del industrial secuestrado se produzca pronto.*

li·be·ral |liβerál| **1** ***adj.*** Que es tolerante con otras opiniones y costumbres: *fue siempre ~ y respetuoso, nunca criticó a sus compañeros.* ⇒ **tolerante. - 2 *adj.-com.*** Que es partidario del *liberalismo: *el partido ~ ganó las elecciones; los liberales y los conservadores hicieron un pacto.*

li·be·ra·li·dad |liβeraliðáᵈ| ***f.*** Cualidad de *liberal: *obró siempre con ~.*

li·be·ra·lis·mo |liβeralísmo| ***m.*** Doctrina política, económica y social que defiende la libertad del individuo y rechaza la intervención del Estado en la vida social y *económica: *el ~ surgió de las ideas de la Ilustración del siglo XVIII; el ~ buscó que el Estado garantizara los derechos y deberes de los ciudadanos; el ~ económico defiende la libertad de precios en el mercado.* ⇔ **intervencionismo.**

li·be·ra·li·zar |liβeraliθár| ***tr.-prnl.*** [algo] Dar mayor libertad, especialmente a la economía y al comercio: *quisieron ~ el comercio de la pesca en la zona costera; el comercio internacional se liberalizó cuando se suprimieron las aduanas.* ☖ Se conjuga como 4.

li·be·rar |liβerár| **1** ***tr.-prnl.*** [algo, a alguien] Salvar o evitar un problema o una situación desagradable: *se liberó de sus obligaciones.* ⇒ **librar. 2** [a alguien] Poner en libertad: *los atracadores han liberado al rehén esta mañana; la ley obligaba a ~ a todos los esclavos.* ⇒ **libertar.** ⇔ **esclavizar. 3** Librar de una dominación exterior: *el ejército liberó el país expulsando a los enemigos.* **4** Soltar o desprender: *el esclavo se liberó de sus cadenas.* **- 5 liberarse *prnl.*** Superar un obstáculo moral o social: *no conseguía liberarse de la sensación de culpabilidad; el enfermo se curó al liberarse de sus taras infantiles.*

li·ber·tad |liβertáᵈ| **1** ***f.*** Capacidad de hacer y decir cualquier cosa que no se oponga a la ley ni a la costumbre: *las leyes deben garantizar la ~ y la justicia;* **~ de culto**, la de practicar públicamente la religión que uno tiene: *en esta ciudad hay iglesias, mezquitas y sinagogas, porque hay ~ de culto;* **~ de opinión**, la de pensar y expresar ideas sin ninguna presión del gobierno: *el ejercicio del periodismo requiere ~ de opinión.* **2** Estado del que no está en la cárcel: *a los presos se les priva de la ~;* **~ condicional**, la que se da a los condenados en la última parte de la pena, si muestran buen comportamiento: *el ladrón salió de la cárcel en ~ condicional.* **3** Capacidad de elegir una forma de *actuación o de pensamiento: *algunos filósofos no creen en la ~ del hombre.* **4** Confianza en el trato: *estamos en familia: puedes hablar con entera ~.* ■ **tomarse la ~**, actuar en un asunto sin pedir la opinión de una persona relacionada con él: *me he tomado la ~ de prepararle el baño, señor.*

li·ber·ta·⌐dor, ⌐do·ra |liβertaðór, ðóra| ***adj.-s.*** Que pone en libertad: *los esclavos dieron las gracias a sus libertadores.*

li·ber·tar |liβertár| ***tr.*** [a alguien] Poner en libertad: *la señora decidió ~ a sus esclava; los delincuentes libertaron a los rehenes.* ⇒ **liberar.** ⇔ **esclavizar.**

li·ber·ta·⌐rio, ⌐ria |liβertário, ria| ***adj.*** Que defiende la libertad del individuo y la desaparición del Estado: *los guerrilleros creían en el movimiento ~; los defensores de las ideas libertarias rechazan la imposición de leyes al individuo.* ⇒ **ácrata, anarquista.**

li·ber·ti·na·je |liβertináxe| ***m.*** Comportamiento que va contra la libertad y los derechos de los demás: *se entregó a los vicios y al ~.*

li·ber·ti·⌐no, ⌐na |liβertíno, na| ***adj.-s.*** (persona) Que tiene un comportamiento que va contra la libertad y los derechos de los demás: *era un hombre lujurioso y ~.*

li·bi·di·no·⌐so, ⌐sa |liβiðinóso, sa| ***adj.-s.*** Que tiene excesiva tendencia al deseo sexual: *le dirigió una mirada libidinosa.* ⇒ **lascivo, lujurioso.**

li·bi·do |liβíðo| ***f.*** MED. Deseo sexual, considerado generalmente como impulso o causa del comportamiento del hombre: *los enfermos mentales tienen trastornos de la ~.* ☐ No se debe decir *líbido.*

li·bra |líβra| **1** ***f.*** Unidad de moneda del Reino Unido y de otros países: *el regalo me costó cinco libras.* **2** Medida de peso antigua: *la ~ equivale en Castilla a 460 gramos.*

li·bra·⌐dor, ⌐do·ra |liβraðór, ðóra| ***m. f.*** COM. Persona que extiende una letra de cambio u otro documento de orden de pago: *el ~ es la persona o entidad que recibe dinero por estar en posesión del documento que le da este derecho.*

li·bra·mien·to |liβramiénto| ***m.*** COM. Escrito en el que se ordena el pago de una cantidad de dinero: *estoy esperando recibir un ~, porque necesito dinero.*

li·brar |liβrár| **1** ***tr.-prnl.*** [alguien; de algo] Evitar un problema o situación desagradable: *como no estaba en casa, me libré de una buena bronca; el Señor os librará de todo mal.* ⇒ **excusar, liberar, salvar.** **- 2** ***tr.*** [algo] Sostener una lucha: *los dos caballeros libraron una larga batalla.* **3** COM. Extender una letra de cambio u otro documento de orden de pago: *la empresa ha librado una letra de cambio en lugar de pagar en efectivo.* **4** Dar a conocer o comunicar: *el juez librará sentencia mañana.* **- 5** ***intr.*** *fam.* Disfrutar de un día de descanso: *el único día de la semana que libro es el domingo.*

li·bre |líβre| **1** ***adj.*** Que tiene la capacidad de elegir una forma de *actuación o de pensamiento: *eres ~ para venir con nosotros o quedarte; creo que, a su edad, ya es ~ de hacer lo que crea conveniente.* **2** Que tiene la capacidad de hacer y decir cualquier cosa que no se oponga a la ley ni a la costumbre: *soy ~ de expresar mis ideas políticas.* **3** Que no está en la cárcel: *cuando termine mi condena volveré a ser un hombre ~.* **4** Que no está ocupado o usado: *aquí quedan dos sitios libres.* **5** Que no tiene *impedimentos o límites: *el concierto empieza a las ocho y la entrada es ~; salimos a pasear al aire ~.* **6** Que no está obligado o sujeto: *dentro de un mes estaré ~ de preocupaciones; estas ganancias están libres de impuestos.* ■ **por ~**, sin seguir a los demás; sin seguir el uso o la costumbre: *este chico hace lo que quiere, siempre va por ~.*

li·bre·cam·bio |liβrekámbio| ***m.*** ECON. Sistema económico que se basa en la libre circulación de mercancías: *el comercio mundial se basa en el ~.*

li·bre·cam·bis·mo |liβrekambísmo| ***m.*** ECON. Doctrina *económica que defiende la libre circulación de mercancías y la desaparición de las *aduanas en el comercio internacional: *si existen trabas comerciales, no se puede llevar a cabo una economía de ~.* ⇔ **proteccionismo.**

li·bre·cam·bis·ta |liβrekambísta| **1** ***adj.*** ECON. Del *librecambismo o que tiene relación con él: *varios países consiguieron una gran acumulación de capital al poner en práctica las ideas librecambistas; la doctrina ~ es opuesta a la proteccionista.* ⇔ **proteccionista.** **- 2** ***adj.-com.*** ECON. (persona) Que es partidario del *librecambismo: *los políticos librecambistas se oponían a la intervención del Estado en los asuntos económicos; un ~ rechazaría la protección del sistema económico.* ⇔ **proteccionista.**

li·bre·pen·sa·⌐dor, ⌐do·ra |liβrepensaðór, ðóra| ***adj.-s.*** Que es partidario del *librepensamiento: *Voltaire fue un ~.*

li·bre·pen·sa·mien·to |liβrepensamiénto| ***m.*** Doctrina que se basa en la *tolerancia y en la *independencia de la razón: *el ~ comenzó a desarrollarse en los siglos XVII y XVIII.*

li·bre·rí·a |liβrería| **1** ***f.*** Establecimiento donde se venden libros: *han puesto una ~ nueva en la calle Mayor.* **2** Mueble con estantes para colocar libros: *compraron una preciosa ~ para la biblioteca de su casa.*

li·bre·⌐ro, ⌐ra |liβréro, ra| ***m. f.*** Persona que se dedica a vender libros: *ha llamado el ~ para decirnos que ya están en la tienda nuestros encargos.*

li·bres·⌐co, ⌐ca |liβrésko, ka| ***adj.*** Que se basa en los libros y no en la realidad: *el autor tenía una mentalidad libresca.*

li·bre·ta |liβréta| ***f.*** Libro pequeño que se usa para hacer apuntes o cuentas: *se sacó la ~ del bolsillo y anotó todo lo que iba diciendo el orador; apuntaré tu dirección y tu número de teléfono en mi ~;* **~ de ahorros**, la que registra los movimientos de dinero que una persona realiza en el banco: *el dinero que tengo en la ~ de ahorros me ha dejado un 6 por ciento de intereses; iré al banco a sacar dinero de la ~ de ahorros.* ⇒ **cartilla.**

li·bre·tis·ta |liβretísta| ***com.*** Autor del texto que acompaña una obra musical: *el compositor contrató como ~ de su ópera a un escritor famoso; Martínez Sierra fue el ~ de* El Amor Brujo, *de Manuel de Falla.*

li·bre·to |liβréto| ***m.*** Texto escrito de una obra musical: *fue autor de libretos de ópera y zarzuela.* ⇒ **guión.**

li·bro |líβro| **1** ***m.*** Conjunto de hojas que contienen texto o imágenes, cosidas o unidas por uno de sus lados: *estás sujetando un ~ entre las manos;*

le dio con el ~ en la cabeza; ~ **de bolsillo**, el que es ligero, pequeño y generalmente flexible: *los libros de bolsillo son baratos.* **2** Texto o conjunto de textos o de imágenes, puesto en hojas cosidas o unidas por uno de sus lados: *escribió su último ~ hace dos años; ha leído tres libros este mes;* ~ **amarillo/azul/blanco/rojo**, el que se publica para la información de hechos relacionados con la política: *se ha editado un ~ blanco para la educación;* ~ **de caballerías**, el que trata sobre las aventuras amorosas y guerreras de uno o varios *caballeros: *el* Quijote *es un ~ de caballerías.* **3** Conjunto de hojas de registro: ~ **de cuentas**, el que recoge operaciones económicas: *el inspector de hacienda nos ha pedido el ~ de cuentas;* ~ **de familia**, el que recoge los *datos personales de un *matrimonio y de sus hijos: *para conseguir la ayuda económica debo presentar el ~ de familia;* ~ **de oro**, el que recoge los nombres de los visitantes importantes de un lugar: *el Príncipe firmó en el ~ de oro de nuestra institución.* **4** Parte de una obra, puesta en hojas cosidas o unidas por uno de sus lados: *en el ~ tercero habla de la llegada a Asia.* **5** Tercera de las cuatro partes del estómago de los *rumiantes: *el ~ tiene pliegues en su pared interna.* ⇒ **cuajar, panza, redecilla.** ■ **colgar los libros**, dejar los estudios, durante un tiempo o para siempre: *después de tres años, colgó los libros.*

li·cen·cia |liθénθia| **1** *f.* Permiso o autorización: *el cazador necesitaba una ~ de armas.* **2** Documento legal en el que figura ese permiso: *el policía le pidió la ~.* ⇒ **permiso.**

li·cen·cia·⌜do, ⌜da |liθenθiáðo, ða| *m. f.* Persona que ha conseguido el grado *académico que permite ejercer una profesión: *es ~ en derecho y está de abogado en un bufete.* ⇒ **diplomado, doctor.**

li·cen·ciar |liθenθiár| **1** *tr.* [a alguien] Dar permiso a un soldado para que abandone el servicio militar: *licenciaron al recluta por su enfermedad.* **2** Dar el título de *licenciado al terminar los estudios en la *universidad: *aquel curso, la Facultad de Letras licenció a veinte alumnos.* **- 3 licenciarse** *prnl.* Terminar el servicio militar: *se licenció tras cumplir diez meses de servicio.* **4** Terminar los estudios en la *universidad y conseguir el título de *licenciado: *se licenciaron en el mismo año.* ☖ Se conjuga como 12.

li·cen·cia·tu·ra |liθenθiatúra| **1** *f.* Grado *académico que permite ejercer una profesión al terminar los estudios en la *universidad: *consiguió su ~ en Medicina en sólo cinco años.* ⇒ **diplomatura, doctorado. 2** Conjunto de estudios necesarios para conseguir ese grado: *en mi universidad, la ~ en Filología consta de cuatro años y veinticinco asignaturas.* ⇒ **diplomatura, doctorado.**

li·cen·cio·⌜so, ⌜sa |liθenθióso, sa| *adj.* Que tiene costumbres poco morales: *se casó con un caballero de vida licenciosa.* ⇒ **disoluto.**

li·ce·o |liθéo| **1** *m.* Sociedad o establecimiento donde las personas se reúnen para participar en actividades culturales y para pasar su tiempo libre: *los niños acuden al ~ de la ciudad para aprender canto.* **2** Centro *francés o *italiano de enseñanza: *en mi ciudad hay un ~ francés.*

li·ci·tar |liθitár| *tr.-intr.* [algo] Ofrecer dinero por un objeto en una *subasta: *el conde licitó en la subasta hasta conseguir el cuadro.*

lí·ci·⌜to, ⌜ta |líθito, ta| *adj.* Que está permitido por la ley o la moral: *nunca es ~ el uso de la violencia.* ⇒ **legal.** ⇔ **ilícito.**

li·cor |likór| *m.* Bebida con mucho alcohol que se consigue por *destilación: *se tomó un ~ de melocotón con hielo.*

li·co·re·ra |likoréra| *f.* Botella, generalmente decorada, que se usa para guardar y servir el licor: *sacó una ~ con vino de Jerez y sirvió dos copas.*

li·co·re·rí·a |likorería| **1** *f.* Fábrica de licores: *a las afueras de la ciudad había una ~.* ⇒ **destilería. 2** Establecimiento donde se venden licores: *entró en una ~ a comprar oporto.*

li·cua·ción |likuaθión| *f.* Cambio al estado líquido de un sólido o de un gas: *la empresa invertirá una gran cantidad de dinero en la construcción de una planta de ~ de gas natural.*

li·cua·do·ra |likuaðóra| *f.* Aparato de cocina que sirve para triturar las frutas y las verduras: *preparó un zumo de zanahoria con la ~.*

li·cuar |likuár| *tr.* [algo] Convertir en líquido un sólido o un gas: *la cera de la vela se licua debajo de la llama; licuan el gas sometiéndolo a alta presión.* ☖ Se conjuga como 10.

lid |líð| *f. form.* Lucha o pelea: *el rey en persona presenció la ~ de los caballeros.* ☖ El plural es *lides.*

lí·der |líðer| **1** *com.* Director o jefe de un grupo o de una sociedad: *el ~ del partido habló ante los afiliados; el ~ del grupo es el cantante; la clase la eligió como ~.* **2** Persona o grupo de personas que ocupan el primer lugar en una clasificación o en una competición deportiva: *el ciclista español fue el ~ durante tres etapas; esta empresa es ~ en el sector electrónico.* ☖ Se usa en aposición a otros sustantivos. *la empresa ~ en alimentación.*

li·de·raz·go |liðeráθγo| **1** *m.* Condición de *líder: *obtuvo el ~ del partido por mayoría absoluta.* **2** Primer lugar en una clasificación o en una competición deportiva: *el equipo mantuvo su ~ durante varias temporadas; varias multinacionales compiten por el ~ en el mercado internacional del automóvil.*

li·dia |líðia| *f.* Acción de *lidiar un toro hasta darle muerte: *el rejoneador era un experto en la ~ a caballo.* ⇒ **toreo.**

li·diar |liðiár| *tr.* [algo] Luchar con un toro, provocando y evitando sus ataques, hasta darle muerte: *el torero lidió seis toros en la misma corrida.* ⇒ **torear.** ☖ Se conjuga como 12.

lie·bre |liéβre| **1** *f.* Animal mamífero roedor, con las orejas largas, las patas traseras más largas que las delanteras, la cola corta y el pelo espeso y suave, que corre muy rápido: *la ~ es más grande que el conejo; hicieron un guiso de ~ con patatas.* ☖ Para indicar el sexo se usa la ~ macho y la ~ hembra. **2** DEP. *Deportista que, en las carreras de velocidad, corre muy rápido para hacer más vivo el ritmo y abandona la carrera antes de llegar a la meta: *corre tanto que lo usaron como ~ en la carrera.* ■ **donde menos se espera, salta la** ~, expresión que indica que las cosas ocurren en momentos o lugares extraños o inesperados: *no te confíes, donde menos se espera salta la ~.* ■ **levantar la** ~, *fam.*, sacar a la luz o atraer la atención sobre algo que ha estado oculto o no se conoce: *esos dos periodistas levantaron la ~ sobre el tema de la corrupción en el gobierno.*

lien·dre |liénðre| ***f.*** Huevo del *piojo: *este champú previene las liendres; es muy fácil que salgan liendres donde no hay higiene.*

lien·zo |liénθo| **1** ***m.*** Tela preparada para pintar sobre ella: *colocó el ~ en el caballete y se puso a pintar.* **2** Pintura hecha sobre esa tela: *en el museo se exponen lienzos de Murillo.* **3** Tela de *lino, *cáñamo o algodón: *puso en la habitación unas cortinas blancas de ~.* **4** ARQ. Trozo continuo y recto de pared: *cinco o seis hombres apoyaban sus espaldas contra el ~ que les protegía del sol.*

li·ga |líɣa| **1** ***f.*** Tira de tela que sirve para sujetar las medias a las piernas: *al subirse la falda se le vieron las ligas.* **2** DEP. Competición deportiva en la que participan equipos de una misma categoría y en la que se enfrentan todos entre sí: *el vencedor de una ~ es el equipo que consigue mayor número de puntos; la ~ de balonmano acabará en el mes de julio.* **3** Conjunto de personas u organismos unidos por unos mismos intereses: *diez naciones formaron una ~ para defenderse de su enemigo.* ⇒ **alianza, coalición, confederación.**

li·ga·du·ra |liɣaðúra| **1** ***f.*** Cuerda que se usa para atar: *pudo desatarse las ligaduras y consiguió huir.* **2** MÚS. Línea que une dos o más notas que se han de ejecutar juntas: *hay una ~ y no debes separar esas tres corcheas.* **3** Acción y resultado de atar: *hicieron la ~ con cuerdas muy gruesas.*

li·ga·men·to |liɣaménto| **1** ***m.*** ANAT. Cordón fibroso y resistente que une los huesos de las articulaciones: *cuando jugaba al baloncesto se cayó y se rompió el ~ de la rodilla.* ⇒ **tendón. 2** *form.* Unión entre dos o más elementos: *el ~ de las letras de este manuscrito sólo se puede ver con lupa.*

LIEBRE

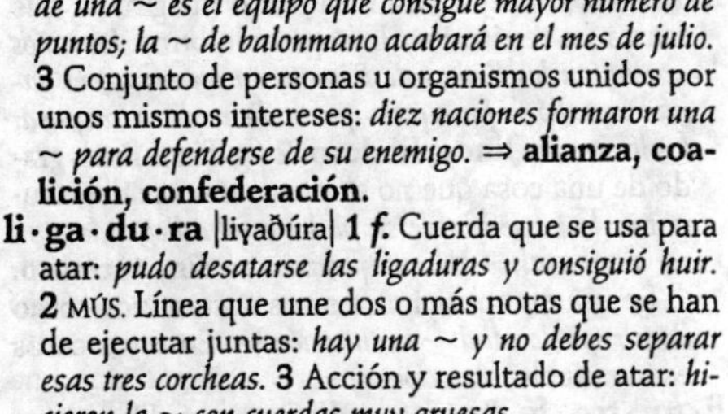

li·gar |liɣár| **1** ***tr.*** [algo, a alguien; a/con algo] Unir o poner en relación: *los liga una estrecha amistad; las ventas están ligadas a la publicidad.* **2** [algo] Unir o sujetar con cuerdas: *pusieron la carga bien ligada en la parte trasera.* **3** Mezclar dos metales fundidos para conseguir una *aleación: *ligaron cobre y cinc para hacer latón.* **4** MÚS. Unir la duración de dos o más notas musicales: *no puedo ~ tantas notas seguidas: me quedo sin aire.* **- 5** ***tr.-intr.*** Hacer que un alimento líquido se vuelva más denso: *añadió harina para ~ la salsa.* **- 6** ***intr.-prnl.*** *fam.* [a/con alguien] Establecer relaciones amorosas o sexuales: *fueron a la discoteca a ~; sin conocerla de nada, se la ligó en unas pocas horas.* **- 7 ligarse** ***prnl.*** [a algo/ alguien] Unirse o ponerse en relación personas, ideas o acciones: *se ligó a esa asociación hace muchos años.*

li·ga·zón |liɣaθón| ***f.*** Unión entre dos o más cosas: *existía una estrecha ~ entre ambos sucesos.*

li·ge·re·za |lixeréθa| **1** ***f.*** Cualidad de ligero; poco peso: *las plumas tienen una gran ~.* **2** Rapidez o velocidad: *la noticia se propagó con la ~ del viento.* ⇒ **prontitud. 3** *fig.* Falta de responsabilidad: *la ~ con la que actúa le traerá problemas graves.* **4** *fig.* Obra o dicho poco pensados o poco responsables: *la familia se sentía abochornada ante tantas ligerezas.* ⇒ **frivolidad.**

li·ge·⌐ro, ⌐ra |lixéro, ra| **1** ***adj.*** Que tiene poco peso: *mi maleta es ligera como una pluma; el helio es más ~ que el aire.* ⇔ **pesado. 2** Que es poco fuerte o poco intenso: *tiene un sueño muy ~ y se despierta con el menor ruido; tengo la ligera impresión de que va a pasar algo; un viento ~ acariciaba su rostro.* **3** (alimento) Que se puede *digerir fácilmente: *tienes el estómago sucio y te conviene tomar comidas ligeras.* **4** *fam.* Que es rápido o veloz: *un caballo ~ la llevó hasta el castillo.* ⇔ **lento. 5** *fig.* Que no es *constante en su opinión: *es tan ~ que cada día dice una cosa.* ⇒ **frívolo.** ■ **a la ligera**, de manera rápida y poco pensada: *no debes hablar tan a la ligera.*

li·⌐gón, ⌐go·na |liɣón, ɣóna| ***adj.-s.*** *fam.* Que establece relaciones amorosas o sexuales fácilmente: *¡menudo ~ estás hecho, tío!; muchas chicas huyen de los ligones.* ⇒ **conquistador.**

li·gue |líɣe| **1** ***m.*** *fam.* Relación amorosa o sexual que se establece de forma pasajera: *no le gusta comprometerse, prefiere los ligues de fin de semana.* ⇒ **conquista, plan. 2** *fam.* Persona con la que se establece esa relación: *se marcha cada quince días al Caribe porque tiene un ~ allí.*

li·gue·⌐ro, ⌐ra |liɣéro, ra| **1** ***adj.*** DEP. De la *liga o que tiene relación con ella: *el equipo de Luis fue el primer derrotado en la temporada liguera.* **- 2 liguero** ***m.*** Tira de tela que se coloca en la cintura y que sirve para sujetar las medias de las mujeres: *en el escaparate hay un ~ negro bordado; no llevo ~ porque es muy incómodo.*

li·ja |líxa| **1** ***f.*** Papel con granos pequeños y duros en una de sus caras y que sirve para pulir madera o metales: *el carpintero está alisando la tabla de madera con ~.* **2** Pez marino de cuerpo alargado, cabeza pequeña, con muchos dientes y piel muy áspera: *la ~ también tiene el nombre de pintarroja; la ~ vive en el Atlántico y el Mediterráneo; del hígado de la ~ se saca aceite.* ☖ Para indicar el sexo se usa la ~ macho y la ~ hembra.

li·jar |lixár| ***tr.*** [algo] Pulir o desgastar una superficie con *lija; poner liso: *lijaron las puertas para pintarlas de nuevo.* ⇒ **limar, pulir.**

li·la |líla| **1** ***f.*** Flor en forma de racimo blanco o morado, con un olor intenso y agradable: *cogió las lilas y las puso en un jarrón.* **2** Arbusto muy ramoso, con las hojas blandas en forma de corazón, que da esa flor: *la ~ procede de Persia; las lilas ya están en flor.* **- 3** ***adj.*** De color *morado claro: *la cinta del sombrero era ~.* **- 4** ***adj.-m.*** (color) Que es *morado claro: *el ~ y el blanco combinan muy bien.* **- 5** ***adj.-com.*** *fam. fig.* (persona) Que es tonto o presumido: *hablaba con voz de ~, un poco redicha.*

li·ma |líma| **1** ***f.*** Herramienta alargada de acero, con la superficie rugosa, que se usa para desgastar materias duras: *estuvo igualando con la ~ las patas de la silla.* ⇒ **escofina. 2** Instrumento alargado de superficie rugosa, que se usa para pulir y dar forma a las uñas: *llevo una ~ en el bolso para arreglarme las uñas.* **3** Desgaste producido por el roce de esa herramienta: *aquí se nota una ~.* **4** *fig.* Corrección; perfeccionamiento: *sus modales necesitan una buena ~.* **5** *fam. fig.* Persona que come mucho: *este niño es una ~, siempre tiene hambre.* **6** Fruta de corteza lisa y amarilla y de sabor ácido: *la ~ se parece al limón, pero es verdosa y más pequeña.* **7** Árbol de tronco liso y flores blancas que da esa fruta: *las limas crecen en climas cálidos.*

li·ma·du·ras |limaðúras| ***f. pl.*** Trozos muy pequeños que se desprenden al pulir o desgastar un metal: *el imán atrae las ~ de hierro; después de limar la pieza, barrió las ~.*

li·mar |limár| **1** ***tr.*** [algo] Pulir o desgastar con una *lima para poner liso: *después de cortarse las uñas, se las limó; el carpintero limó el borde de la mesa y la barnizó.* ⇒ **lijar, pulir. 2** *fig.* Corregir hasta hacer perfecto o más perfecto: *el poeta limaba sus versos una y otra vez.* ⇒ **pulir. 3** *fig.* Hacer más agradable o adecuado: *debería usted ~ sus modales: son demasiado bruscos.* ■ **~ asperezas/diferencias**, hacer posible el trato entre dos partes que no están de acuerdo: *la reunión sirvió para ~ asperezas entre los dos abogados.*

lim·bo |límbo| **1** ***m.*** Lugar al que van los espíritus de los niños que mueren sin pertenecer a la Iglesia

LIJA

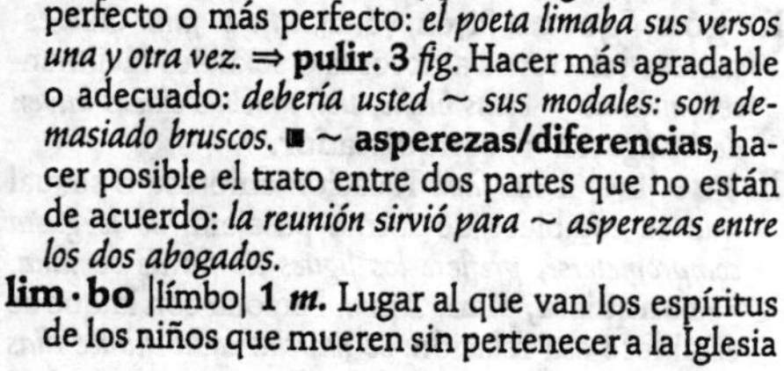

Católica o las *almas de los justos que esperan la *redención de la humanidad: *su primer hijo murió en el parto y ellos creen que estará en el ~.* **2** Círculo brillante que se ve a veces alrededor de una estrella: *las estrellas se aprecian mejor cuando se ve el ~.* ■ **en el ~**, *fam.*, distraído; sin entender lo que ocurre alrededor: *¿en qué estás pensando? Llevas toda la tarde en el ~.*

li·mi·ta·ción |limitaθión| ***f.*** Circunstancia o condición que limita: *el hombre tiene una serie de limitaciones que debe vencer.*

li·mi·ta·⌜do, ⌜da |limitáðo, ða| ***adj.*** Que tiene unos límites conocidos: *la venta de productos rebajados será limitada.* ⇒ **escaso.** ⇔ **ilimitado.** Que es corto de entendimiento; que no es muy inteligente: *su cerebro es muy ~: no intentes que lo comprenda.*

li·mi·tar |limitár| **1** ***tr.*** [algo] Poner límites: *los obreros limitaron el terreno con estacas.* **2** Impedir la acción o el desarrollo de una cosa: *la ley limitará los abusos.* **- 3** ***intr.*** Estar al lado; tener frontera: *¿con qué países limita España?* ⇒ **colindar, confinar, lindar. - 4 limitarse** ***prnl.*** Hacer una cosa únicamente: *desde ahora, te limitarás a tus obligaciones; ella le preguntaba, pero él se limitaba a mover la cabeza para decir sí o no.*

lí·mi·te |límite| **1** ***m.*** Línea real o imaginaria que marca un territorio y lo separa de otros: *los niños aprendían los límites de España en un mapa; el ganadero valló su finca para que nadie pudiera traspasar los límites.* ⇒ **linde, lindero. 2** *fig.* Fin o final; grado de una cosa que no se puede o no se debe superar: *la paciencia de su padre estaba llegando a su ~; estaba al ~ de sus fuerzas.* ⇒ **fin, término.** ☖ Se usa en aposición a otros sustantivos como *hora ~, velocidad ~* o *situación ~*. En estos casos es invariable, *situaciones ~*.

li·mí·tro·fe |limítrofe| ***adj.*** Que está al lado; que tiene frontera: *el autobús comunicaba la capital con los pueblos limítrofes.* ⇒ **contiguo.**

li·mo |límo| ***m.*** Barro blando de los lugares donde hay agua o que se forma cuando llueve: *llegó con las botas manchadas de ~.* ⇒ **cieno, lama, légamo, lodo.**

li·món |limón| **1** ***m.*** Fruto comestible, de forma ovalada, con cáscara amarilla y gruesa y carne de sabor agrio de la que se saca zumo: *el pescado se suele servir acompañado de medio ~; el zumo de ~ quita la sed.* ⇒ **cítrico, naranja. 2** Árbol con el tronco liso y ramoso, copa abierta, hojas duras de color verde brillante y flores olorosas de color blanco y rosa, que da ese fruto: *se sentaron a la sombra de un ~.* ⇒ **limonero.**

li·mo·na·da |limonáða| **1** ***f.*** Bebida hecha con zumo de *limón, agua y azúcar: *la tía preparaba siempre ~ para los niños.* **2** Bebida hecha con agua, vino, azúcar, zumo de *limón y trozos de frutas: *celebró su cumpleaños invitando a sus amigos a ~.* ⇒ **sangría.**

li·mo·ne·ro |limonéro| ***m.*** Árbol con el tronco liso y ramoso, copa abierta, hojas duras, permanentes y de color verde brillante, flores olorosas de color blanco y rosa, cuyo fruto es el *limón: *el patio tenía un ~ y un naranjo.*

li·mos·na |limósna| **1** *f.* Ayuda o auxilio que se da a los necesitados, generalmente dinero: *un mendigo pedía ~ a la puerta de la iglesia; la mujer se acercó y le dio una ~.* ⇒ **caridad. 2** *desp.* Cantidad pequeña de dinero que se da como premio o como pago de un trabajo: *cuando me pagó, le dije que no quería sus limosnas.*

li·mos·ne·⌐ro, ⌐ra |limosnéro, ra| ***adj.-s.*** Que ayuda con frecuencia a los necesitados, generalmente dándoles dinero: *la señora y su hija eran muy limosneras.*

lim·pia |límpia| ***f.*** Acción y resultado de limpiar; acción y resultado de apartar o quitar: *he hecho una buena ~ en el jardín: he quitado todas las hojas secas.* ⇒ **limpieza.**

lim·pia·bo·tas |limpiaβótas| ***com.*** Persona que se dedica a limpiar y dar brillo a los zapatos: *en la estación de tren aún podía verse algún ~ buscando clientes.* ☖ El plural es *limpiabotas.*

lim·pia·cris·ta·les |limpiakristáles| **1** ***com.*** Persona que se dedica a limpiar los cristales: *el dueño de la tienda contrató a un ~ para que limpiara los escaparates.* **- 2** ***m.*** Líquido que sirve para limpiar cristales y espejos: *aplique un poco de ~ y frote con un paño hasta eliminar la suciedad.* ☖ El plural es *limpiacristales.*

lim·pia·⌐dor, ⌐do·ra |limpiaðór, ðóra| **1** ***adj.-s.*** Que sirve para limpiar: *utilice un producto ~ para la moqueta.* **- 2** ***m. f.*** Persona que se dedica a limpiar: *el servicio de limpiadores se declaró en huelga.*

lim·pia·pa·ra·bri·sas |limpiaparaβrísas| ***m.*** Mecanismo situado en los cristales delantero y trasero del automóvil, que limpia la lluvia o la nieve que cae sobre ellos: *el ~ está compuesto por una varilla metálica y una tira de goma que arrastra el agua y seca el cristal.* ☖ El plural es *limpiaparabrisas.* En el habla informal, se usa también la forma *limpia: dale al limpia, que está lloviendo.*

lim·piar |limpiár| **1** ***tr.*** [algo] Quitar la suciedad: *se limpió la mancha de salsa con el pañuelo; va a ~ la broza del jardín.* ⇔ **ensuciar. 2** *fig.* Quitar lo que mancha o *ensucia: *se confesó para ~ sus culpas.* **3** *fig.* Expulsar de un lugar, generalmente a las personas que molestan o causan daño: *se ha propuesto ~ de maleantes la ciudad.* **4** *fig.* Quitar a los árboles las ramas pequeñas: *aprovechamos el domingo para ~ los árboles del jardín.* **5** *fig.* Robar de manera escondida y sin *violencia: *me limpiaron la cartera en el rastro.* ⇒ **hurtar.** ☖ Se conjuga como 12.

lim·pie·za |limpiéθa| **1** ***f.*** Cualidad de limpio: *Carlota está muy pendiente de la ~ de su casa.* ⇔ **suciedad. 2** Acción y resultado de limpiar: *la ~ de la casa me ha dejado muy cansado.* ⇒ **aseo, limpia.** ■ **~ de sangre**, cualidad derivada de no haberse mezclado una familia con personas de otra raza o de otra religión: *antiguamente la ~ de sangre era condición indispensable para acceder a diversos cargos.*

lim·⌐pio, ⌐pia |límpio, pia| **1** ***adj.*** Que no tiene mancha; que no está sucio: *quítate esa camisa y ponte otra limpia; no te pongas en el suelo, que no está ~.* ⇔ **sucio. 2** Que cuida de su aspecto exterior: *Rafael es un chico muy ~; los gatos son unos animales muy limpios.* ⇒ **pulcro. 3** Que es puro; que no tiene mezcla: *el médico ha recomendado a Elisa que respire el aire ~ de la sierra.* ⇔ **impuro. 4** (cantidad de dinero) Que resulta una vez que se han quitado los gastos: *en ese negocio he conseguido un millón de pesetas ~.* **5** (persona) Que es bueno y honrado: *te puedo asegurar que Miguel es ~ e incapaz de engañar a nadie.* ⇒ **casto, decente, noble. 6** *fam.* (persona) Que está libre de culpa: *registraron al chico y comprobaron que estaba ~.* **7** *fam.* (persona) Que se ha quedado sin dinero: *jugó con ellos a las cartas y lo dejaron ~.* ■ **en ~**, sin errores; bien presentado: *ha puesto las cuentas en ~.* ■ **pasar a ~**, escribir un texto de nuevo sin errores ni manchas: *antes de darme el escrito debes pasarlo a ~.* ■ **sacar en ~**, conseguir una idea clara o una explicación: *aunque discutimos mucho, no sacamos nada en ~.*

li·mu·si·na |limusína| ***f.*** Automóvil de lujo, de gran longitud, que se usa en ocasiones importantes: *el presidente fue al aeropuerto en una ~ negra.*

li·na·je |lináxe| ***m.*** Origen y condición social noble heredada de la familia: *al casarse con ella, emparentó con un ~ muy antiguo.* ⇒ **abolengo, alcurnia, estirpe.**

li·na·za |linάθa| ***f.*** Semilla de la que se hace un aceite que se usa para fabricar pinturas: *la ~ se saca del lino; el aceite de ~ tiene un olor fuerte y desagradable.*

lin·ce |línθe| **1** ***m.*** Animal mamífero salvaje parecido al gato, pero más grande, con pelos largos en las puntas de las orejas y con fuertes uñas que usa para cazar animales: *los linces viven en los bosques de coníferas de Europa; los linces tienen una vista muy aguda.* ☖ Para indicar el sexo se usa el ~ macho y el ~ hembra. **2** *fig.* Persona muy inteligente y rápida de mente: *Antonio es un ~, lo comprende todo a la primera.*

lin·cha·mien·to |lintʃamiénto| ***m.*** Ejecución pública de una persona sin hacer antes un juicio: *el pueblo entero pedía el ~ del asesino.*

lin·char |lintʃár| ***tr.*** [a alguien] Ejecutar públicamente a una persona sin hacer antes un juicio: *una multitud linchó al ladrón de caballos.*

lin·dar |lindár| ***intr.*** Estar al lado; tener límite o frontera: *las dos casas vecinas lindan por esta pared; España linda con Portugal por el oeste.* ⇒ **colindar, confinar, limitar.**

lin·de |línde| ***amb.*** Línea real o imaginaria que marca un territorio y lo separa de otros: *el agricultor marcó las lindes de sus tierras con piedras.* ⇒ **límite, lindero.**

lin·de·⌐ro, ⌐ra |lindéro, ra| **1** ***adj.*** Que limita con otra cosa: *la casa lindera con la suya era una enorme mansión.* **- 2 lindero** ***m.*** Línea real o imaginaria que marca un territorio y lo separa de otros: *caminó hasta los linderos de la finca.* ⇒ **límite, linde.**

lin·de·za |lindéθa| **1** ***f.*** Belleza o agrado para los sentidos: *la pintura barroca veneciana es una ~.*

2 Hecho o dicho gracioso: *el pretendiente se pasaba las horas diciéndole lindezas a su amada.* **3** Hecho o dicho poco agradable o poco adecuado: *me llamó tonto, inútil y algunas lindezas más.*

lin·⌈do, ⌈da |líndo, da| ***adj.*** Que es muy bello y agradable para los sentidos: *una linda casa se levantaba junto a la playa; ¡qué vestido tan ~!*

lí·ne·a |línea| **1** ***f.*** Extensión de una sola dimensión: *acabo de trazar una ~;* **~ curva**, la que está formada por elementos que cambian de dirección sin formar ángulo: *el círculo es una ~ curva cerrada;* **~ quebrada**, la que no es recta y está formada por rectas: *la verja de la ventana hacía líneas quebradas;* **~ recta**, la más corta entre dos puntos: *traza una ~ recta, sin torcerte.* **2** Señal o marca larga y estrecha que se hace sobre un cuerpo o superficie: *sigue la ~ que hay en el suelo.* ⇒ **raya. 3** Serie de letras dispuestas horizontalmente en una página: *he escrito 20 líneas.* ⇒ **renglón. 4** Serie de elementos colocados unos tras otros: *hizo una ~ de cajas;* **~ de combate**, la formada por soldados y material de guerra: *tuvo que luchar en la primera ~ de combate.* **5** Sistema de transporte regular que une dos o más lugares: *existe una ~ de autobuses entre la capital y el pueblo;* **~ aérea**, la que se sirve de aviones para comunicar dos o más lugares: *han aumentado el número de vuelos en la ~ aérea Madrid-Valencia;* **~ férrea**, la que se sirve de trenes para comunicar dos o más lugares: *ese tren cubre el servicio de la ~ férrea Madrid-Sevilla.* **6** Relación entre familiares: *es mi tío por ~ materna.* **7** Figura o forma de un objeto: *la ~ de este deportivo es muy aerodinámica.* **8** Figura adecuada de una persona: *si quieres guardar la ~, no comas tantos bombones.* **9** Conjunto de productos de una misma marca: *es el diseñador de la ~ de baño.* **10** Comunicación por medio del teléfono o del *telégrafo: *no podemos llamar por teléfono, porque han cortado la ~.* **11** DEP. Raya que señala los límites de un terreno de juego: *la pelota no llegó a rebasar la ~;* **~ de fondo**, la que marca el límite de un extremo del terreno: *el balón salió por la ~ de fondo;* **~ de meta**, la que está bajo las *porterías: *el balón cruzó la ~ de meta, así que fue gol.* - **12** ***f. pl.*** Escrito de corta extensión: *sólo pude escribirte unas líneas.* ■ **en líneas generales**, desde un punto de vista general; sin entrar en aspectos particulares: *en líneas generales, el clima de las costas es muy agradable.*

li·ne·al |lineál| **1** ***adj.*** De la línea o que tiene relación con ella: *su asignatura preferida es el dibujo ~.* **2** Que está formado por líneas: *revisaron el trazado ~ del metro.* **3** Que sigue un desarrollo *constante, sin alteraciones: *se registró un aumento ~ de los impuestos.*

lin·fa |línfa| ***f.*** BIOL. Líquido sin color compuesto por células esféricas que defienden al organismo de las enfermedades: *los leucocitos de la ~ se encargan de la formación de anticuerpos; la ~ contiene agua y proteínas.*

lin·fá·ti·⌈co, ⌈ca |linfátiko, ka| ***adj.*** BIOL. De la *linfa o que tiene relación con ella: *las células linfáticas se forman en la médula ósea.*

lin·go·te |liŋgóte| ***m.*** Trozo o barra de metal limpio y fundido, generalmente de hierro o de oro, plata u otro metal noble: *guardan los lingotes de oro en la cámara acorazada del banco.*

lin·güis·ta |liŋguísta| ***com.*** Persona que se dedica a la lingüística: *los lingüistas europeos se reunieron en un congreso.*

lin·güís·ti·ca |liŋguístika| ***f.*** Ciencia que estudia el lenguaje en general y las distintas lenguas: *la ~ se ha desarrollado en los dos últimos siglos.* ⇒ **gramática; ~ aplicada**, LING., la que se ocupa de dar un fin práctico a los conocimientos sobre las lenguas: *la elaboración de manuales de español para extranjeros es labor de la ~ aplicada;* **~ contrastiva**, LING. la que se ocupa de estudiar y comparar dos o más lenguas: *la ~ permite identificar los elementos comunes a varias lenguas;* **~ diacrónica/histórica**, LING., la que se ocupa del estudio de la transformación y el cambio de las lenguas a través del tiempo: *la ~ diacrónica estudia la lengua de épocas antiguas.* ⇒ **gramática; ~ general**, LING., la que trata de establecer principios comunes a todas las lenguas: *la ~ general es un estudio teórico del lenguaje.* ⇒ **gramática; ~ sincrónica**, LING., la que se ocupa del estudio de la lengua en un determinado estado, sin tener en cuenta el cambio: *los estudios de ~ sincrónica se centran en el siglo* XX. ⇒ **gramática.**

lin·güís·ti·⌈co, ⌈ca |liŋguístiko, ka| **1** ***adj.*** Del lenguaje o que tiene relación con él: *las lenguas son sistemas lingüísticos.* **2** De la ciencia que estudia el lenguaje y las lenguas, o que tiene relación con ella: *el investigador hizo un estudio ~ riguroso de la ciudad.*

li·ni·men·to |liniménto| ***m.*** Medicina hecha de aceite y sustancias olorosas, que se aplica frotando sobre una parte del cuerpo: *el masajista aplicó un ~ al jugador lesionado.*

li·no |líno| **1** ***m.*** Planta de flores azules, de cuyo tallo se saca una fibra que sirve para hacer tejidos: *el ~ puede llegar a medir un metro; de las semillas del ~ se extrae el aceite de linaza.* **2** Fibra que sirve para hacer tejidos: *el ~ es muy delicado y fino.* **3** Tejido hecho de esa fibra: *la chaqueta es de ~, por eso se arruga tanto; las toallas de ~ son preciosas.*

lin·ter·na |lintérna| **1** ***f.*** Aparato que se lleva en la mano para dar luz y que funciona con pilas eléctricas: *nos metimos en la cueva con una ~.* **2** ARQ. Torre pequeña con ventanas, que se construye encima de algunos edificios: *la cúpula está iluminada desde arriba por una ~.*

lí·o |lío| **1** ***m.*** *fig.* Desorden; asunto o situación difícil: *menudo ~ tiene en su habitación; se ha metido en un buen ~.* ⇒ **alboroto, barullo, confusión, desarreglo, follón, jaleo. 2** Conjunto de cosas atadas: *llevaba un ~ de ropa a la espalda.* **3** *fig.* Relación amorosa o sexual entre dos personas que no forman pareja estable: *tuvo un ~ con su secretaria; su mujer tenía un ~ con su jefe.* ⇒ **aventura, enredo.**

li·o·⌈so, ⌈sa |lióso, sa| **1** ***adj.*** *fam.* Que es difícil o complicado: *se lo explicó muy despacio, porque era* *un poco* ~. **- 2 *adj.-s.*** *fam.* (persona) Que hace que un asunto o una situación sean o resulten más complicados de lo normal: *es un hombre tan ~ que es preferible que no le consultes su opinión.* ⇒ **liante.**

li·po·ti·mia |lipotímia| ***f.*** MED. Pérdida pasajera del sentido y del conocimiento: *el calor excesivo le produjo una ~.* ⇒ **desmayo, desvanecimiento.**

li·quen |líken| ***m.*** BOT. Planta formada por la unión de un hongo y un *alga, que crece en los lugares húmedos, las rocas y las cortezas de los árboles: *los líquenes tienen un color gris, amarillo o rojizo.* ☐ El plural es *líquenes.*

li·qui·da·ción |likiðaθión| **1 *f.*** Pago completo de una deuda o de una cuenta: *no puedo hacer la ~ hasta principios del mes próximo; el jefe ha pagado a cada uno la ~ que le corresponde.* ⇒ **saldo. 2** Acción y resultado de vender a un precio bajo las mercancías de un comercio: *aprovecha para comprar todo lo que necesites, que están de ~ en la droguería; en las galerías hay ~ porque van a hacer obras.* ⇒ **saldo.**

li·qui·dar |likiðár| **1 *tr.*** [algo] Pagar completamente una deuda o una cuenta: *se marchó del país sin ~ las deudas que había contraído.* ⇒ **finiquitar, saldar. 2** *fig.* Acabar una cosa: *esta cuestión está liquidada, así que no quiero oír nada más al respecto.* ⇒ **finiquitar, saldar. 3** Vender a un precio bajo las mercancías de un comercio: *al final de la temporada de verano, las tiendas liquidan las existencias que han sobrado.* ⇒ **saldar. 4** *fam. fig.* Gastar completamente el dinero del que se dispone: *no es nada previsor, liquidó en un mes lo que su abuelo le dejó en herencia.* **5** *fam. fig.* [a alguien] Acabar con una vida: *pagaron a un asesino para que liquidara al presidente de la sociedad.* ⇒ **eliminar, matar.**

lí·qui·⌐do, ⌐da |líkiðo, ða| **1 *adj.-m.*** (sustancia) Que se adapta a la forma del recipiente que lo contiene: *el agua deja de ser líquida a partir de los 0°.* ⇒ **gaseoso, sólido. 2** ECON. (cantidad de dinero) Que queda tras comparar lo que se tiene con lo que se debe: *su ~ disponible no le permite hacer ese pago.* **- 3 *adj.-f.*** LING. (sonido) Que forma sílaba con la consonante *sorda que va delante o detrás: *la* s *de la palabra latina* spectaculum *es líquida.* **4** (sonido) Que tiene unas características propias de las vocales y otras propias de las consonantes: *la* l *y la* r *son consonantes líquidas.* **- 5 líquido *m.*** Alimento que se adapta a la forma del recipiente que lo contiene: *los líquidos se beben, los sólidos se comen; el médico me ha aconsejado que tome muchos líquidos.* **6** MED. Sustancia fluida del organismo: *tiene una fuerte insolación y ha perdido muchos líquidos;* **~ amniótico,** MED., el que se contiene en la *membrana en la que se encuentran las crías de los mamíferos: *esta mujer ha comenzado a perder ~ amniótico.*

li·ra |líra| **1 *f.*** Unidad de moneda de Italia, Turquía y otros países: *cuando fuimos de viaje a Florencia gastamos muchas liras; en el banco puedes cambiar las pesetas por liras.* **2** MÚS. Instrumento musical antiguo formado por varias cuerdas tensadas sobre una estructura con forma de U y que se toca con ambas manos: *en el libro aparece un grabado del dios Apolo tocando la ~.* **3** POÉT. Poema en el que se combinan cinco versos, de siete sílabas el primero, tercero y cuarto y de once los otros dos: *Garcilaso de la Vega compuso hermosas liras.*

lí·ri·ca |lírika| ***f.*** LIT. Género literario de las obras, generalmente en verso, que expresan los sentimientos del autor y que provocan sentimientos parecidos: *ese poeta, en su juventud, cultivó la ~.*

lí·ri·⌐co, ⌐ca |líriko, ka| **1 *adj.*** De la *lírica o que tiene relación con ella: *el relato es de tono ~ y se encuentra impregnado por el sentimiento de la nostalgia.* **2** (obra de teatro) Que se canta o que es musical: *escribió óperas y otras obras líricas.*

li·rio |lírio| ***m.*** Planta con hojas largas y duras, alrededor de un tallo central ramoso, con flores grandes, de seis *pétalos azules, morados o blancos: *el ~ es silvestre en las zonas cálidas; el ~ se utiliza como planta de adorno;* **~ blanco,** planta de tallo alto y hojas largas y estrechas, que da una flor grande, blanca y olorosa: *el cuadro representa unos lirios blancos.* ⇒ **azucena.**

li·ris·mo |lirísmo| ***m.*** Expresión de sentimientos y emociones, generalmente en la literatura: *es sorprendente el ~, la inmensa fuerza expresiva de esta poesía.*

li·rón |lirón| **1 *m.*** Animal mamífero roedor, con grandes orejas, cola larga y pelo suave de color marrón, que vive en los árboles y pasa el invierno dormido: *vimos un ~ en un bosque de Asturias.* ☐ Para indicar el sexo se usa el ~ macho y el ~ hembra. **2** *fam. fig.* Persona que duerme demasiado: *levántate, ~, que son las doce de la mañana.* ⇒ **dormilón, marmota.**

li·sia·⌐do, ⌐da |lisiáðo, ða| **1 *adj.-s.*** Que ha perdido el movimiento a causa de una herida, golpe o enfermedad: *una herida de guerra le dejó el brazo ~; un ~ se acercó a pedir limosna.* ⇒ **tullido. 2** *fam.* Que está cansado por haber realizado un gran esfuerzo: *vengo ~ del trabajo.*

li·siar |lisiár| ***tr.-prnl.*** [a alguien] Perder el movimiento a causa de una herida, golpe o enfermedad: *los muy salvajes le habían golpeado hasta lisiarlo.* ☐ Se conjuga como 12.

li·⌐so, ⌐sa |líso, sa| **1 *adj.*** Que no tiene asperezas, salientes ni arrugas: *la superficie de la mesa es lisa.* ⇔ **áspero. 2** (pelo) Que no tiene rizos: *Rocío es aquella chica de pelo negro y ~.* ⇒ **lacio. 3** Que es de un solo color; que no tiene adornos: *el papel de la pared es ~; necesito una tela lisa para hacerme un vestido.* ⇔ **estampado. 4** Que no tiene obstáculos: *Julio es especialista en la carrera de cien metros lisos.*

li·son·ja |lisóŋxa| ***f.*** Alabanza exagerada para conseguir un favor o ganar la voluntad de una persona: *con sus lisonjas consiguió que su jefe le subiera el sueldo.* ⇒ **adulación, halago.**

li·son·je·ar |lisoŋxeár| **1 *tr.*** [a alguien] Alabar exageradamente a una persona para conseguir un favor o ganar su voluntad: *no hacía más que lisonjearla para seducirla.* ⇒ **adular, halagar. - 2 *tr.-***

prnl. Llenar de orgullo; sentir satisfacción: *era el único que podía lisonjearse de haber descubierto una nueva tierra.*

li·son·je·ʳro, ʳra |lisoŋxéro, ra| ***adj.-s.*** Que alaba exageradamente: *era un ~, un adulador y un falso.*

lis·ta |lísta| **1** ***f.*** Serie ordenada de nombres o de *datos: *el secretario elaboró una ~ con los datos de los alumnos; fue a comprobar la ~ del censo.* ⇒ **catálogo, listado; ~ de bodas**, la que elaboran los *novios indicando los objetos que desean recibir como regalo: *la ~ de bodas se asigna a una tienda;* **~ de espera**, la que contiene los asuntos o los nombres de las personas que deben guardar un turno: *los hospitales tienen listas de espera para los enfermos que han de operarse;* **~ de pasajeros**, la de las personas que viajan en un medio de transporte: *el sobrecargo tiene la ~ de pasajeros;* **~ negra**, la que contiene los nombres de personas o grupos que se consideran peligrosos o enemigos: *decían que su nombre figuraba en la ~ negra del régimen totalitario.* **2** Raya o línea larga y delgada que decora una tela o un tejido: *la camiseta llevaba dos listas verticales de color morado.* ⇒ **franja, raya. 3** Tira de papel, tela o cualquier material: *de la pared colgaban unas cuantas listas.* ■ **pasar ~**, leer en voz alta una relación de nombres de personas para saber cuáles están presentes: *el maestro pasaba ~ todas las mañanas antes de empezar la clase.*

lis·ta·ʳdo, ʳda |listáðo, ða| **1** ***adj.*** Que forma o tiene listas o líneas: *llevaba una camiseta listada.* **- 2 listado *m.*** Relación o lista de nombres o *datos: *el jefe pidió un ~ de todos los empleados de la empresa.* ⇒ **lista.**

lis·tín |listín| **1** ***m.*** *Cuaderno de pequeño tamaño que sirve para apuntar nombres: *sacó su ~ y miró las direcciones de sus amigos.* **2** Lista impresa de números de teléfono: *consultó el ~ telefónico para buscar el número del aeropuerto.* ⇒ **guía.**

lis·ʳto, ʳta |lísto, ta| **1** ***adj.*** Que entiende con facilidad y rapidez: *es el niño más ~ del colegio, por eso le ponen las mejores notas.* ⇒ **inteligente. 2** Que es hábil para afrontar y resolver problemas: *es muy ~ y sabrá arreglárselas él solo.* ■ **andar ~**, *fam.*, estar bien *atento o dispuesto: *ya puede andar ~ para no volver a cometer un error como ése.* ■ **estar ~**, estar preparado o dispuesto: *el café está ~; ¿ya estás lista para salir?* ■ **estar/ir ~**, *fam. desp.*, estar equivocado en cuanto a una opinión o deseo: *pues, si se cree que se lo vamos a permitir, va ~.* ■ **pasarse de ~**, *fam. desp.*, creerse más inteligente o hábil que los demás: *hazme caso y no te pases de ~.*

lis·tón |listón| **1** ***m.*** Pieza de madera larga y delgada: *hizo el marco del cuadro con cuatro listones.* **2** DEP. Barra que se coloca horizontalmente para marcar la altura que se debe superar: *el saltador pasó rozando el ~, pero no lo derribó.* ■ **dejar/poner el ~ alto**, hacer algo muy bien, de modo que sea difícil de superar; exigir mucho: *al obtener el premio, el director ha dejado el ~ muy alto para los futuros cineastas españoles.*

li·te·ra |litéra| **1** ***f.*** Mueble formado por dos o más camas puestas una sobre otra: *compraron una ~ para la habitación de los niños.* **2** Cama que forma parte de ese mueble: *mi hermano duerme en una ~ y yo en la otra.* **3** Cama fija de los *camarotes de un barco y de ciertos *vagones de tren: *¿prefiere coche-cama o ~?; el joven se mareaba en cubierta y se fue a su ~.* **4** Vehículo para una o dos personas, formado por una caja de la que salen dos varas largas hacia adelante y otras dos hacia atrás y que puede ser transportado por dos personas o por dos animales: *el pueblo esperaba ansioso el paso de la ~ del emperador.*

li·te·ral |literál| **1** ***adj.*** (significado) Que es exacto y propio de una palabra: *el diccionario nos da el significado ~ de las palabras.* ⇒ **recto. 2** Que respeta exactamente un modelo o una fuente: *publicó una traducción ~ de la poesía de Virgilio.*

li·te·ra·ʳrio, ʳria |literário, ria| ***adj.*** De la literatura o que tiene relación con ella: *Don Quijote es un personaje ~.*

li·te·ra·ʳto, ʳta |literáto, ta| ***m. f.*** Persona que se dedica a escribir literatura: *los jóvenes literatos se reunían en un café; un ~ muy importante escribió una novela bajo seudónimo.* ⇒ **escritor.**

li·te·ra·tu·ra |literatúra| **1** ***f.*** Arte que se expresa por medio de la palabra: *la lírica, la narrativa y el teatro forman parte de la ~.* **2** Conjunto de teorías que tratan del arte literario, de sus obras y de sus autores: *el profesor de ~ era un gran erudito; el crítico literario se dedica a la ~.* **3** Conjunto de las obras literarias de un género, de un país o de un periodo determinados: *la ~ del Siglo de Oro es muy importante; es un gran conocedor de la ~ griega.*

li·ti·gan·te |litiɣánte| **1** ***adj.-com.*** (persona) Que discute en un juicio; que se somete a juicio: *el juez citó a los litigantes a las nueve de la mañana.* **2** *fig.* (persona) Que discute o se enfrenta a otro por una diferencia de opiniones o intereses: *en el debate televisivo participaron tres litigantes.*

li·ti·gar |litiɣár| **1** ***tr.*** [algo] Discutir en un juicio; someter a juicio: *la justicia será gratuita, cuando no se tengan recursos para ~.* **- 2 *intr.*** *fig.* Discutir o enfrentarse por una diferencia de opiniones o de intereses: *esos dos se pasan el día litigando.* ☐ Se conjuga como 7.

li·ti·gio |litíxio| **1** ***m.*** Discusión en un juicio: *el ~ se resolvió a nuestro favor.* **2** *fig.* Discusión o enfrentamiento por una diferencia de opiniones o de intereses: *el ~ de los herederos dura ya varios años.* ⇒ **pleito.**

li·to·ral |litorál| **1** ***adj.*** De la costa o que tiene relación con ella: *dejaron la autopista y se desviaron por una carretera ~.* **- 2 *m.*** Costa; parte de una costa: *el ~ cantábrico es muy hermoso.*

li·tos·fe·ra |litosféra| ***f.*** Capa exterior y sólida de la Tierra: *la ~ está formada por la corteza y parte del manto terrestre.*

li·tro |lítro| ***m.*** Medida de capacidad que equivale a 0,001 metros cúbicos: *en esa piscina caben 600 litros de agua; un ~ equivale a un decímetro cúbico o a un kilogramo de agua aproximadamente.*

li·tua·⌜no, ⌜na |lituáno, na| **1** ***adj.*** De Lituania o que tiene relación con Lituania: *la capital lituana es Vilna.* **- 2** ***m. f.*** Persona nacida en Lituania o que vive habitualmente en Lituania: *los lituanos son vecinos de los polacos.* **- 3 lituano** ***m.*** Lengua de Lituania: *el ~ es una lengua eslava.*

li·tur·gia |litúrxia| ***f.*** REL. Orden y forma de las ceremonias religiosas: *ya en la ~ de la primitiva Iglesia católica, la lectura del Nuevo Testamento estaba contemplada.*

li·via·⌜no, ⌜na |liβiáno, na| **1** ***adj.*** Que es ligero; que tiene poco peso: *esas gafas son muy livianas.* ⇒ **leve, ligero.** ⇔ **pesado. 2** *fig.* Que es poco importante: *cometió algunas faltas livianas y no lo expulsaron.*

li·vi·dez |liβiðéθ| ***f.*** *form.* Cualidad de *lívido: *la ~ de la cicatriz hacía pensar en una infección.*

lí·vi·⌜do, ⌜da |líβiðo, ða| **1** ***adj.*** Que tiene un color morado, debido al frío, a un golpe o a una herida: *tenía la cara lívida y los ojos hinchados.* **2** Que es o está pálido: *se quedó ~ del susto.* ⇒ **pálido. 3** *p. ext.* Que está sorprendido y no es capaz de reaccionar: *al recibir la noticia se quedó completamente ~.*

li·za |líθa| **1** ***f.*** Lucha o enfrentamiento: *la ~ entre los contrincantes duró varios días.* **2** Campo en el que se lucha: *en los torneos medievales los caballeros se enfrentaban en la ~.*

ll ***f.*** Letra doble que representa el sonido consonántico lateral y *palatal: caballo *se escribe con ~.* ⇒ **yeísmo.** ⌂ Se pronuncia frecuentemente como *y.*

lla·ga |ʎáγa| **1** ***f.*** Herida abierta: *vino peregrinando desde Roncesvalles hasta Santiago y traía llagas en los pies.* ⇒ **úlcera. 2** Daño o desgracia que causa pena: *le será difícil curar la ~ de la muerte de su hijo.* **3** ARQ. Junta vertical entre dos ladrillos: *en la pared se notaban las llagas entre los ladrillos.* ■ **poner el dedo en la ~**, señalar el punto más importante o la causa principal de un problema: *los escritos de este poeta fueron censurados porque ponían el dedo en la ~ de los problemas sociales.*

LLAMA

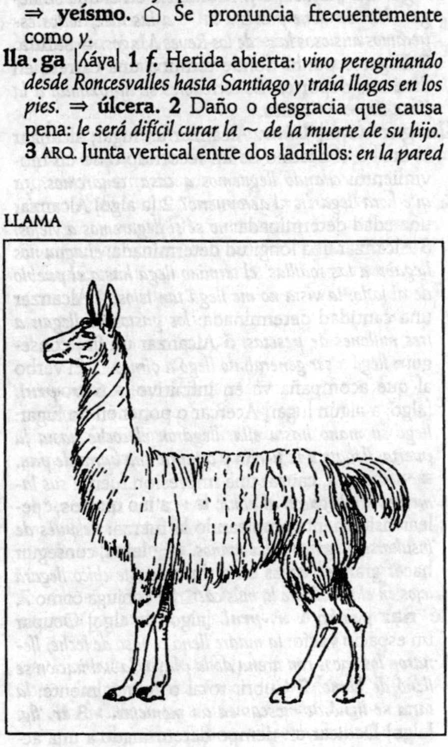

lla·ma |ʎáma| **1** ***f.*** Masa de gas ardiendo, que se desprende hacia arriba de los cuerpos que se queman y que emite luz: *desde el pueblo se veían las llamas de la hoguera; encendió el mechero y salió una pequeña ~.* ⇒ **llamarada. 2** *fig.* Fuerza de una pasión o deseo: *se encendió en su corazón la ~ del amor.* **3** Animal mamífero *rumiante doméstico, con pelo largo y que se usa como animal de carga: *la ~ es originaria de América del Sur.* ⌂ Para indicar el sexo se usa la ~ macho y la ~ hembra.

lla·ma·da |ʎamáða| **1** ***f.*** Voz, sonido o gesto que sirven como señal para atraer la atención: *yo daba gritos desde la montaña, pero tú no oías mi ~.* **2** Comunicación a través del teléfono: *señorita, páseme la ~ a mi despacho; esperaba una ~ importante.* **3** Señal en los textos escritos que sirve para enviar al *lector de una parte del texto a otra: *las llamadas suelen hacerse con asteriscos o con números.* **4** Invitación a una acción: *el alcalde hizo una ~ a la calma.* **5** *fig.* Impulso o atracción: *sintió la ~ de la naturaleza y se marchó a vivir a la montaña.*

lla·ma·dor |ʎamaðór| ***m.*** Pieza de metal que se pone en las puertas para llamar golpeando: *la puerta tenía un ~ en forma de mano de mujer; dejó caer el ~ sobre la puerta.* ⇒ **aldaba.**

lla·ma·mien·to |ʎamamiénto| **1** ***m.*** Aviso que pide o exige la presencia o la ayuda de varias personas: *las organizaciones humanitarias han hecho un ~ a la generosidad y la buena voluntad de la población.* **2** MIL. Aviso que exige la presencia de una persona para hacer el servicio militar: *se incorporará al ejército en el próximo ~.*

lla·mar |ʎamár| **1** ***tr.-intr.*** [a alguien] Atraer la atención, empleando la voz u otro medio: *andaba por la calle, cuando oí que alguien me llamaba; baja a la calle y llama a tu hermano; abre la puerta, que están llamando.* **2** Comunicarse a través del teléfono: *tu hermana te llama desde Bilbao; han llamado tres veces preguntando por ti.* ⇒ **telefonear. - 3** ***tr.*** [algo, a alguien] Nombrar o distinguir con un nombre concreto: *lo llaman «el Divino»; lo llamó estúpido en presencia de todos.* ⇒ **denominar. 4** [a alguien] Tratar; usar una forma de tratamiento hacia una persona: ~ **de tú**, usar la forma de tratamiento *tú* y las formas verbales de segunda persona: *puedes llamarme de tú, porque somos colegas.* ⇒ **tutear;** ~ **de usted**, usar la forma de tratamiento *usted* y las formas verbales de tercera persona: *como soy el director, los empleados tienen que llamarme de usted.* **- 5 llamarse** ***prnl.*** Tener por nombre; tener por título: *me llamo Eduardo, ¿y usted?; se llama José, pero lo llaman Pepe; esta canción se llama «A mi manera».* **6** *fam. fig.* Ser verdaderamente; ser con intensidad: *esto sí que se llama comer; a eso se le llama vivir.* ■ ~ **la atención**, atraer la *curiosidad o el interés: *me llama la atención la forma de escribir que tienes.* ■ ~ **la atención**, señalar un error o culpa; regañar: *le llamó la atención por mascar chicle en clase.*

lla·ma·ra·da |ʎamaráða| ***f.*** Llama grande que sube o se forma de manera violenta: *una ~ de fuego subió hasta el piso superior incendiándolo; del mechero salió una fuerte ~; el fuego reventó los cristales y salió formando llamaradas.*

lla·ma·ti·⌐vo, ⌐va |ʎamatíβo, βa| ***adj. fig.*** Que llama mucho la atención: *era una mujer muy llamativa; llevaba una blusa de colores llamativos.*

lla·me·ar |ʎameár| ***intr.*** Echar o tener llamas: *sólo una vela llameaba en la oscuridad.*

lla·na |ʎána| ***f.*** Herramienta plana de metal con puño de madera que sirve para extender y dejar lisa la masa: *el albañil usaba la ~ para enfoscar la pared.* ⇒ **plana.**

lla·ne·⌐ro, ⌐ra |ʎanéro, ra| ***m. f.*** Persona que vive en las *llanuras: *un grupo de llaneros llegó a la ciudad para vender ganado.*

lla·ne·za |ʎanéθa| **1** ***f.*** Cualidad de la persona que tiene un comportamiento sencillo y natural: *me gusta Antonio por su simpatía y ~.* ⇒ **sencillez. 2** Cualidad de la persona que tiene un comportamiento sincero: *Esteban no le ocultó nada, le presentó la situación con gran ~.* ⇒ **franqueza.**

lla·⌐no, ⌐na |ʎáno, na| **1** ***adj.*** (superficie) Que tiene el mismo nivel en todas sus partes: *quiere comprar un terreno ~.* ⇔ **escarpado. 2** *fig.* Que es sencillo: *le gusta escribir en un estilo ~; es una persona llana y de trato agradable.* **3** Que no pertenece a la nobleza: *es del pueblo ~.* **- 4** ***adj.-f.*** LING. (palabra) Que lleva el acento en la sílaba anterior a la última: *la palabra* casa *es llana.* ⇒ **grave, paroxítono. - 5 llano** ***m.*** Terreno que tiene el mismo nivel en todas sus partes: *descendieron de la montaña al ~.*

llan·ta |ʎánta| **1** ***f.*** Círculo de metal de una rueda que sirve para montar o sujetar el *neumático: *los coches más lujosos llevan las llantas de aluminio; el neumático se salió de la ~.* **2** Círculo o *aro de metal que hay en la parte exterior de una rueda: *las ruedas de madera suelen llevar llantas.*

llan·tén |ʎantén| ***m.*** Hierba con hojas gruesas, anchas y ovaladas y con flores pequeñas y verdosas reunidas en una *espiga larga y apretada: *el ~ crece en lugares húmedos; algunas variedades de ~ son malas hierbas.*

llan·to |ʎánto| **1** ***m.*** Acción de llorar y quejarse, expresando dolor o tristeza: *la vio derrumbarse en un ~ desesperado.* **2** Expresión de una queja por una pena o una necesidad, generalmente para despertar compasión o conseguir un fin: *todos los días viene con su ~ para que le conceda una semana de vacaciones.* ⇒ **lloro.**

lla·nu·ra |ʎanúra| ***f.*** Terreno llano y extenso: *el caballero cabalga por la ~ castellana; las llanuras están sembradas de trigo.* ⇒ **planicie.** ⇔ **montaña, monte.**

lla·ve |ʎáβe| **1** ***f.*** Objeto que sirve para abrir y cerrar cerraduras: *he perdido las llaves del coche y no puedo arrancarlo; ¿tienes la ~ del portal?; esta puerta se abre con una ~ magnética;* ~ **maestra**, la que abre y cierra varias cerraduras: *el conserje tiene una ~ maestra.* **2** Pieza que abre y cierra el paso de una corriente: *¿dónde está la ~ de la luz?; está limpiando las llaves de su trompeta.* ⇒ **interruptor.** ☐ No se debe confundir con *tecla.* **3** Herramienta que sirve para hacer girar un tornillo o una *tuerca: *necesito una ~ para quitar la rueda del coche;* ~ **inglesa**, la que dispone de un mecanismo que permite adaptarla a tornillos de diferentes medidas: *ajusta bien la ~ inglesa antes de hacer fuerza.* **4** Signo de ortografía que sirve para encerrar un conjunto de números o de letras: *las llaves se representan con los signos* { }. **5** DEP. Movimiento que sirve para sujetar al contrario y tirarlo al suelo en una lucha: *le hizo una ~ y lo dejó fuera de combate.* **6** *fig.* Medio de salir de una situación difícil o de evitar una dificultad: *esta tarjeta es una ~ que le evitará muchos problemas.* ■ **guardar/poner bajo siete llaves**, guardar con mucho cuidado en un lugar seguro: *tengo esa fotografía guardada bajo siete llaves.* ■ **poner bajo ~**, guardar en un sitio que cuenta con cerradura: *hay que poner bajo ~ estos papeles.*

lla·ve·⌐ro |ʎaβéro| ***m.*** Objeto que sirve para guardar y llevar juntas las llaves: *le regaló un ~ con un escudo de su ciudad; sacó un ~ de piel y se lo dio a su hijo para que abriera la puerta.*

lla·vín |ʎaβín| ***m.*** Llave pequeña: *sacó el ~ del bolsillo y lo introdujo en la cerradura.* ⇒ **llave.**

lle·ga·da |ʎeγáða| **1** ***f.*** Momento en el que se llega: *el avión tiene prevista la ~ a las diez; todos esperamos ansiosos la ~ de los Reyes Magos.* ⇔ **salida. 2** Lugar o punto donde termina una carrera en distintos deportes: *los corredores se aproximan a la línea de ~.* ⇒ **meta.**

lle·gar |ʎeγár| **1** ***intr.*** Alcanzar un lugar; alcanzar el final o el destino de un recorrido o de un movimiento: *cuando lleguemos a casa, cenaremos; ¿a qué hora llegaréis al aeropuerto?* **2** [a algo] Alcanzar una edad determinada: *no sé si llegaremos a viejos.* **3** Alcanzar una longitud determinada: *el agua nos llegaba a las rodillas; el término llega hasta el pueblo de al lado; la vista no me llega tan lejos.* **4** Alcanzar una cantidad determinada: *los gastos no llegan a tres millones de pesetas.* **5** Alcanzar un fin; conseguir: *llegó a ser general; no llegó a oírnos.* ☐ El verbo al que acompaña va en infinitivo. **- 6** ***tr.-prnl.*** [algo; a algún lugar] Acercar o poner en un lugar: *llegó su mano hasta ella; llegaron el coche hasta la puerta; llégate a la tienda y compra una barra de pan.* ■ **~ al alma**, causar una impresión fuerte: *sus lamentos me llegaron al alma.* ■ **~ a las manos**, *pelear físicamente empleando la fuerza: *después de insultarse, llegaron a las manos.* ■ **~ lejos**, conseguir hacer grandes cosas en el futuro: *este chico llegará lejos en el mundo de la música.* ☐ Se conjuga como 7.

lle·nar |ʎenár| **1** ***tr.-prnl.*** [algo; de algo] Ocupar un espacio vacío: *la madre llenó el vaso de leche; llenaron los sacos con arena de la playa; la habitación se llenó de humo.* **2** Cubrir total o *parcialmente: *la tarta se llenó de moscas en un momento.* **- 3** ***tr. fig.*** [algo] Dedicar un tiempo determinado a una actividad: *llena sus horas libres ayudando a los más pobres.* ⇒ **emplear, ocupar. 4** *fig.* [a alguien] Dar en abundancia: *la vida lo ha llenado de alegrías; en un momento, nos llenó de insultos.* ⇒ **colmar. 5** *fig.* [algo, a alguien] Satisfacer un deseo, una esperanza o una aspiración: *no encuentra nada en el mundo que llene su ansia de riqueza.* ⇒ **colmar. - 6** ***tr.-intr.*** [algo] Atraer a una gran cantidad de personas: *el cantante llenó el estadio de fútbol; la obra de teatro tuvo éxito y llenó todas las noches.* **- 7** ***intr.-prnl.*** Dejar o quedarse satisfecho de comida o de bebida: *las patatas llenan mucho; me he llenado con el refresco y ahora no tengo hambre.*

lle·⌜no, ⌜na |ʎéno, na| **1** ***adj.*** Que contiene todo lo que su capacidad permite: *los vasos están llenos de leche; coge otra caja porque ésta está llena.* ⇒ **completo.** ⇔ **vacío. 2** Que está cubierto total o *parcialmente por una cosa: *este mueble está ~ de polvo; llevas los zapatos llenos de barro.* ☖ Se construye seguido de la preposición *de.* **3** (lugar) Que tiene mucha gente: *el cine está ~: no hay sitios libres; el salón estuvo ~ toda la noche.* ⇔ **vacío. 4** *fig.* Que está satisfecho de comida o de bebida: *no quiero tomar postre: estoy ~.* **5** Que está un poco gordo: *se puso a régimen porque estaba un poco ~.* **- 6 lleno** ***m.*** Presencia de personas en un espectáculo público ocupando todo el espacio o los asientos disponibles: *hubo un ~ total en el estreno de la película; el ~ de la plaza de toros era aplastante.* ■ **de ~**, enteramente, totalmente: *el golpe le dio de ~ en el pecho; has acertado de ~.*

lle·va·de·⌜ro, ⌜ra |ʎeβaðéro, ra| ***adj.*** Que se puede sufrir o soportar sin mucho esfuerzo: *el trabajo es duro, pero ~; el amor de la madre es lo que hace más llevadera la vida.*

lle·var |ʎeβár| **1** ***tr.*** [algo, a alguien; a algún lugar] Mover o transportar de un lugar a otro: *lleva estos platos a la cocina; tenemos que ~ la compra a casa.* **2** [algo] Hacer que algo se mueva de un lugar a otro: *llevaron la barca hasta la orilla; lleva el coche al garaje.* **3** Vestir o tener puesto: *lleva una chaqueta gris; llevaba el traje de gala; siempre lleva vaqueros.* ⇒ **traer. 4** Necesitar o ser necesario: *este tapiz lleva mucho trabajo.* **5** Tener o disponer de una cosa: *no llevo dinero suelto.* **6** Tener una cosa en un estado determinado: *llevo el intermitente estropeado.* **7** Soportar, generalmente una actividad o una pena: *lleva muy bien su trabajo; llevaba una pena en el corazón.* **8** [a alguien] Hacer que una opinión se incline hacia un lado: *lleva a su madre por donde quiere.* **9** [algo] Seguir o acompañar: *lleva muy bien el ritmo.* **10** Superar en una cantidad: *le lleva dos minutos de ventaja; nos llevamos dos meses.* **11** Haber conseguido, especialmente una cantidad: *llevo dos páginas escritas.* **12** [algo, a alguien] Costar o cobrar una cantidad de dinero: *el arreglo del coche me lleva el sueldo de un mes; el sastre me ha llevado mucho dinero por el traje.* **- 13** ***intr.*** Dirigir o conducir hacia un destino o fin: *esta carretera lleva a Barcelona; esos razonamientos la llevaron lejos.* **- 14 llevarse** ***prnl.*** Entenderse o comprenderse en una relación o trato: *se lleva mal con su padre; nos llevamos muy bien.* ☖ Se usa con un adverbio o una locución adverbial. **15** Sentir o experimentar una sensación: *se llevó una alegría muy grande cuando se enteró; se llevará una sorpresa cuando te vea.* ■ **llevarse a matar**, entenderse o comprenderse muy mal: *Pedro y Luis se llevan a matar, ni siquiera se hablan.* ■ **~ la contraria**, *fam.*, decir o tener una opinión opuesta; hacer lo opuesto a lo que se dice o se espera: *siempre está llevando la contraria a su madre.* ■ **~ la corriente**, *fam.*, decir o hacer lo que propone una persona para no discutir con ella: *vendrá diciendo tonterías, pero tú llévale la corriente.* ■ **llevarse por delante**, *fam.*, golpear o comunicar un movimiento con *violencia: *entró tan deprisa que se llevó por delante al conserje; la corriente se llevó por delante el puente.*

llo·rar |ʎorár| **1** ***intr.*** Verter pequeñas gotas de agua por los ojos en señal de dolor o de tristeza: *lloró por la muerte de su padre; el niño empezó a ~ porque tenía hambre.* **2** Quejarse de las penas o de las necesidades propias, generalmente para despertar compasión o conseguir un fin: *empezó a llorarle a su madre para que la dejara salir.* **- 3** ***intr.-tr.*** [algo] Echar pequeñas gotas de líquido: *los pinos lloraban resina; la grasa del jamón lloraba abundantemente.* **4** *fig.* [algo, a alguien] Sentir profundamente: *lloraba su mala suerte; el país entero lloró la muerte de su rey.* ■ **~ a moco tendido**, *fam.*, llorar intensamente: *al recibir la noticia, se puso a ~ a moco tendido.*

llo·ri·ca |ʎoríka| ***com.*** *fam.* Persona que llora mucho o fácilmente: *es un ~: no aguanta las bromas.* ⇒ **llorón.** ☖ Se usa como apelativo despectivo.

llo·ri·que·ar |ʎorikeár| ***intr.*** Llorar y quejarse débilmente: *desde la habitación se oía ~ al niño.* ⇒ **gimotear.**

llo·ri·que·o |ʎorikéo| ***m.*** Lloro y queja débil: *el ~ de la niña era fingido.*

llo·ro |ʎóro| **1** ***m.*** Acción de llorar y quejarse, expresando dolor o tristeza: *el ~ de su amiga la conmovió.* **2** Expresión de una queja por una pena o una necesidad, generalmente para despertar compasión o conseguir un fin: *con sus lloros ha conseguido un aumento de sueldo.* ⇒ **llanto.**

llo·⌜rón, ⌜ro·na |ʎorón, róna| **1** ***adj.-s.*** *fam.* (persona) Que llora mucho o fácilmente: *este niño es un ~; ¡anda, llorona, cállate un rato!* ⇒ **llorica. 2** *fam.* (persona) Que se queja frecuentemente y sin causa: *su primo era un ~ que venía a visitarlo para pedirle dinero.* ⇒ **quejica.**

llo·ro·⌜so, ⌜sa |ʎoróso, sa| **1** ***adj.*** (ojo, mirada) Que está húmedo por haber llorado o por estar a punto de llorar: *me miró con ojos llorosos.* **2** Que produce tristeza o ganas de llorar: *se escribían cartas llorosas.*

llo·ver |ʎoβér| **1** ***unipers.*** Caer agua de las nubes en forma de gotas: *el cielo se ha llenado de nubes negras y esta tarde lloverá; estaba lloviendo y nos mojamos;* **~ a cántaros**, *fam.*, caer agua de las nubes en gran cantidad: *no salgas ahora, porque está lloviendo a cántaros.* **- 2** ***intr.*** *fig.* Venir o recibir abundante o continuamente: *le llovieron tortas; llovían* *desgracias sobre ellos.* ⌂ Se conjuga como 32. ■ **como quien oye ~**, *fam.*, sin hacer caso o poner atención: *se lo dije, pero él estaba como quien oye ~.* ■ **haber llovido**, *fam.*, haber pasado mucho tiempo: *ha llovido mucho desde entonces; ya ha llovido desde la última vez que nos vimos.*

llo·viz·na |ʎoβíθna| ***f.*** Lluvia muy fina que cae suavemente: *sólo es una ~, pero llévate el paraguas porque te puedes mojar.* ⇒ **lluvia.**

llo·viz·nar |ʎoβiθnár| ***unipers.*** Caer una lluvia muy fina: *una nube gris cubrió el sol y empezó a ~.* ⇒ **chispear.**

llue·ca |ʎuéka| ***adj.-s.*** (gallina, ave) Que se sienta sobre los huevos para darles calor: *la gallina ~ empollaba sus huevos.* ⇒ **clueca.**

llu·via |ʎúβia| **1** ***f.*** Fenómeno atmosférico que consiste en la caída de agua de las nubes en forma de gotas: *la ~ hizo que el río se desbordara; la ~ refrescaba la ciudad.* ⇒ **granizo, nieve; ~ ácida**, la que tiene un alto contenido de *azufre, procedente de los contaminantes de ciertas industrias: *la ~ ácida ataca la vegetación y el medio ambiente;* **~ meona**, *fam.*, la que es muy fina y cae suavemente: *la ~ meona te moja casi sin que te des cuenta.* ⇒ **calabobos, llovizna. 2** *fig.* Abundancia, gran cantidad de una cosa: *una ~ de arroz cayó sobre los recién casados; una ~ de personas penetró por las puertas del estadio.* ■ **~ de estrellas**, aparición de estrellas *fugaces: *se levantaron de madrugada para contemplar la ~ de estrellas.*

llu·vio·⌐so, ⌐sa |ʎuβióso, sa| ***adj.*** (tiempo, lugar) De lluvias frecuentes: *la tarde está lluviosa; los días de abril son lluviosos; La Coruña es una ciudad muy lluviosa.*

lo |lo| **1** ***art.*** Forma del artículo en género *neutro y número singular: *distinguir ~ bueno y ~ malo: esto es ~ tuyo.* **- 2** ***pron. pers.*** Forma del pronombre de tercera persona para el objeto directo, en género masculino y número singular: *~ cogió y se ~ llevó; lavó el jersey y ~ tendió.* ⇒ **la, le.** ⌂ Se escribe unida al verbo cuando va detrás: *cógelo.* No se debe usar como objeto indirecto.

lo·a |lóa| **1** ***f.*** *form.* Expresión o discurso con que se alaba: *el padrino hizo una ~ de los novios.* ⇒ **alabanza. 2** *form.* Poema breve en el que se alaba a una persona o un acontecimiento: *los poetas del Renacimiento escribían loas a sus mecenas.*

lo·a·ble |loáβle| ***adj.*** *form.* Que merece ser alabado: *es muy ~ que te ofrezcas a ayudarnos.* ⇒ **laudable.**

lo·ar |loár| ***tr.*** *form.* [algo, a alguien] Reconocer o demostrar con palabras la admiración: *loaron la calidad de sus obras.* ⇒ **alabar.**

lo·ba·to |loβáto| ***m.*** Cría del *lobo: *los pastores rescataron a un ~ herido.* ⇒ **lobezno.**

lo·be·⌐ra |loβéra| ***f.*** Lugar en el que viven y se protegen los *lobos: *tras las rocas había una ~.* ⇒ **guarida.**

lo·bez·no |loβéθno| ***m.*** Cría del *lobo: *la loba amamantaba a sus lobeznos.* ⇒ **lobato.**

lo·⌐bo, ⌐ba |lóβo, βa| ***m. f.*** Animal mamífero salvaje parecido al perro, de pelo gris oscuro, orejas derechas, cola larga y con mucho pelo, que se alimenta de otros animales: *el pastor ahuyentó al ~ que quería atacar el rebaño de ovejas; cada vez quedan menos lobos en los bosques españoles; en invierno bajan los lobos de la montaña.* ■ **~ de mar**, marinero con mucha experiencia de la vida en el mar y en la navegación: *el capitán es un viejo ~ de mar.* ■ **~ marino**, animal mamífero anfibio que vive generalmente en mares fríos y se alimenta de peces y pequeños animales: *el ~ marino es parecido a la foca.* ⇒ **foca.** ■ **¡menos lobos!**, expresión que indica que lo que se dice es muy exagerado: *¿así que te defendiste tú solo de diez atracadores? ¡menos lobos!*

ló·bre·⌐go, ⌐ga |lóβreγo, γa| **1** ***adj.*** *form.* Que está muy oscuro: *nos hizo bajar hasta la lóbrega bodega.* ⇒ **tenebroso. 2** *fig.* Que está triste, *melancólico: *llevó una vida lóbrega.*

ló·bu·lo |lóβulo| **1** ***m.*** Parte inferior, carnosa, blanda y redondeada, de la oreja: *muchas personas se hacen agujeros en los lóbulos para adornar las orejas con pendientes.* **2** BIOL. Parte redondeada y saliente que, junto con otra, forma distintos órganos del cuerpo: *los pulmones y el cerebro tienen lóbulos.* **3** Parte saliente del borde de una cosa: *el interior de ese arco árabe está rematado con lóbulos en forma de ondas.*

lo·cal |lokál| **1** ***m.*** Lugar cubierto y cerrado que se suele usar para poner en él un establecimiento o negocio: *ha alquilado un ~ para abrir una cafetería; esta avenida está llena de locales comerciales.* **- 2** ***adj.*** De un lugar o que tiene relación con él: *¿en qué mes se celebran las fiestas locales?* **3** Que sólo afecta a una parte de un todo: *la operación es muy sencilla y sólo le pondrán anestesia ~.*

lo·ca·li·dad |lokaliðaᵈ| **1** ***f.*** Pueblo o ciudad: *el viajero visitó la ~ de Cifuentes; por favor, anote la ~ en la que usted vive.* **2** Plaza o asiento en un cine, teatro u otro lugar donde se celebran espectáculos: *las primeras localidades estaban reservadas; el acomodador los condujo hasta sus localidades.* **3** Billete de entrada a un lugar donde se celebran espectáculos: *compró dos localidades para el partido de baloncesto del domingo.*

lo·ca·lis·mo |lokalísmo| **1** ***m.*** Interés y amor por lo que es propio de un lugar determinado: *era un auténtico defensor del ~ y de la identidad de la ciudad.* **2** Palabra o modo de expresión propio de un lugar determinado: *la lengua de este pueblo tiene muchos localismos.*

lo·ca·lis·ta |lokalísta| **1** ***adj.*** Que siente interés y amor por lo que es propio de un lugar determinado: *los socios del casino leían un diario ~.* **2** (autor) Que trata temas locales: *a principios de siglo había muchos escritores localistas.*

lo·ca·li·za·ción |lokaliθaθión| ***f.*** Determinación del lugar donde se encuentra una persona o una cosa: *la ~ de un donante de sangre llevó varias horas.*

lo·ca·li·zar |lokaliθár| **1** ***tr.*** [algo, a alguien] Determinar el lugar donde se encuentra una persona o una cosa: *no lograba ~ a su padre; localizó el te-*

léfono del médico y llamó; los niños tenían que ~ España en un mapa. ⇒ **encontrar.** - **2** ***tr.-prnl.*** [algo] Fijar o determinar unos límites: *los bomberos localizaron el fuego y consiguieron detenerlo; la avería se localiza en el piso tercero.* ☐ Se conjuga como 4.

lo·ca·ti·va |lokatíβa| ***adj.-f.*** LING. (oración) Que expresa una circunstancia de lugar en relación a la acción, el proceso o el estado expresado por otra oración: *en* coloqué los libros donde me habías indicado, donde me habías indicado *es una oración ~.*

lo·ción |loθión| ***f.*** Producto líquido para el cuidado de la piel o el pelo: *usaba una ~ para después del afeitado; es una ~ muy buena para la caspa.*

lo·⌈co, ⌈ca |lóko, ka| **1** ***adj.-s.*** Que ha perdido la razón; que tiene alterada la mente: *los locos son enfermos mentales; un ~ se escapó del manicomio.* ⇒ **lunático. 2** Que tiene poco juicio; que es imprudente: *ese motorista es un ~ de la carretera.* ⇔ **cuerdo.** ☐ Se usa como apelativo despectivo: *¿estás ~ o qué? Casi nos matas.* **3** Que experimenta intensamente un sentimiento: *Otelo estaba ~ de celos; están locos de alegría con su nieto.* ☐ Se construye seguido de la preposición *de.* **4** Que desea intensamente hacer o que ocurra una cosa: *estamos locos por verte, ven pronto; estoy loca por salir de aquí.* ☐ Se construye seguido de la preposición *por* y de un infinitivo. **5** *fam.* Que es muy agitado y movido: *fue una noche loca la de aquella fiesta.* **6** *fig.* Que sobresale mucho; que es extraordinario o excesivo: *ha tenido una suerte loca con ese trabajo.* ■ **a lo ~**, *fam.* sin pensar, sin razonar con tranquilidad: *te ha salido mal porque lo hiciste a lo ~; ese hombre conduce a lo ~.* ■ **cada ~ con su tema**, *fam.*, expresión que indica que cada persona tiende a lo que le gusta o hace lo que le interesa: *mi madre critica la obsesión de mi padre por el fútbol, pero yo le digo: tranquila, cada ~ con su tema.* ■ **hacer el ~**, *fam.*, divertirse haciendo cosas que no son normales o armando mucho ruido: *un grupo de jóvenes salió del bar haciendo el ~.* ■ **hacerse el ~**, *fam.*, fingir que no se ve o no se entiende una cosa; hacerse el distraído: *lo llamó para regañarle, pero él se hizo el ~.* ■ **~ de atar/ perdido/ de remate**, *fam.*, que se comporta como si hubiera perdido la razón: *no le hagas ni caso: está ~ perdido.* ■ **ni ~**, *fam.*, nunca; de ningún modo: *no pienso ir contigo ni ~.* ■ **volver ~**, *fam.*, molestar mucho a una persona: *deja ya de hacer ruido, porque me estás volviendo ~.* ■ **volver ~**, *fam.*, gustar mucho una persona o una cosa: *las películas de terror lo vuelven ~; el cava me vuelve ~.*

lo·co·mo·ción |lokomoθión| ***f.*** Movimiento de un lugar a otro: *la ~ es característica del hombre y los animales.*

lo·co·mo·⌈tor, ⌈to·ra |lokomotór, tóra| ***adj.*** Que sirve para mover una cosa o moverse de un lugar a otro: *los huesos y los músculos forman parte del aparato ~.* ⇒ **locomotriz.**

lo·co·mo·to·ra |lokomotóra| ***f.*** Máquina que tira de los *vagones de un tren: *las antiguas locomotoras se movían por vapor; las locomotoras modernas funcionan con electricidad o gasoil; el maquinista va en la ~.* ■ **como una ~**, *fam.*, muy rápido: *hablaba como una ~; venía como una ~.*

lo·co·mo·triz |lokomotríθ| ***adj. f.*** Que sirve para mover una cosa o moverse de un lugar a otro: *esta máquina produce la fuerza ~.* ⇒ **locomotor.**

lo·cua·ci·dad |lokuaθiðáᵈ| ***f.*** Cualidad de *locuaz: *la ~ de aquel vendedor era increíble: no paraba de hablar.*

lo·cuaz |lokuáθ| ***adj.*** Que habla mucho o demasiado: *la tía de mi amigo era una mujer muy ~.* ⇒ **parlanchín.**

lo·cu·ción |lokuθión| ***f.*** LING. Conjunto de palabras que presentan un orden fijo y que funcionan como un elemento único: *la frase* al pie de la letra *es una ~;* ~ **adjetiva**, la que califica a un nombre y hace la función de adjetivo: *en* es una mujer de armas tomar, de armas tomar *es una ~ adjetiva;* ~ **adverbial**, la que hace la función de adverbio: *en* le gusta comer a deshora, a deshora *es una ~ adverbial;* ~ **conjuntiva**, la que hace la función de una conjunción: por consiguiente *y* a pesar de que *son locuciones conjuntivas;* ~ **nominal**, la que hace la función de un sustantivo: *en* no me hablo con esa mosquita muerta, mosquita muerta *es una ~ nominal;* ~ **prepositiva**, la que hace la función de una preposición: en pos de *y* en torno a *son locuciones prepositivas;* ~ **verbal**, la que funciona como un verbo: *en* mi hermana nos pidió que le echáramos una mano, echáramos una mano *es una ~ verbal.* ⇒ **modismo.**

lo·cu·ra |lokúra| **1** ***f.*** Falta de la razón; alteración de la mente: *el asesino estaba aquejado de una ~ temporal.* **2** Acción imprudente, con poco juicio: *basta ya de hacer locuras, a ver si somos más formales.* **3** *fig.* Entusiasmo grande o amor excesivo: *siente auténtica ~ por sus amigos; sentía ~ por los coches de carreras.* ⇒ **pasión. 4** *fam.* Agitación y movimiento continuos: *la fiesta resultó una ~.* ■ **con ~**, *fam.*, mucho; en extremo: *te quiero con ~, amor mío.* ■ **de ~**, *fam.*, que es exagerado o está fuera de lo normal: *hacía un viento de ~.*

lo·cu·⌈tor, ⌈to·ra |lokutór, tora| ***m. f.*** Persona que se dedica a dar noticias o informar en radio o televisión: *Nuria era locutora de los informativos de radio; ese ~ es magnífico comentando los deportes.*

lo·cu·to·rio |lokutório| **1** ***m.*** Habitación o local dividido por una *reja o un cristal, donde se recibe a las visitas en los monasterios y en las cárceles: *la monja acudió al ~ y desde allí pudieron darle el recado; el funcionario acompañó al preso hasta el ~, donde lo esperaba su esposa.* **2** Habitación o espacio pequeño en el que hay un teléfono: *en las estaciones, aeropuertos y grandes almacenes hay locutorios para uso público.* ⇒ **cabina.**

lo·da·zal |loðaθál| ***m.*** Terreno lleno de barro: *se perdieron en el campo y acabaron en un ~.* ⇒ **barrizal, ciénaga.**

lo·do |lóðo| **1** ***m.*** Barro blando de los lugares donde hay agua o que se forma cuando llueve: *los caminos estaban llenos de ~.* ⇒ **cieno, lama, léga-**

mo, limo. 2 *fig.* Mala fama: *su comportamiento cubrió de ~ nuestro apellido.*

lo·ga·rit·mo |loγaríᵗmo| ***m.*** MAT. Número de veces que ha de multiplicarse un número dado por sí mismo para conseguir una cantidad determinada: *se llama ~ en base* a *de un número* n *al exponente al que hay que elevar la base* a *para obtener el número* n.

ló·gi·ca |lóxika| **1 *f.*** Ciencia que estudia la expresión de la estructura, el fundamento y el uso del conocimiento humano: *Aristóteles y Bertrand Russell fueron grandes conocedores de la ~.* **2** Orden o razón: *la historia que nos contó carecía de ~.* **3** Capacidad de razonar o sentido común: *parece que no tienes ~: siempre estás metido en líos.*

ló·gi·⌐co, ⌐ca |lóxiko, ka| **1 *adj.*** Que *responde a la razón; que es normal o natural: *es ~ que no quiera verte después de lo que le hiciste.* ⇔ **ilógico. 2** De la lógica o que tiene relación con ella: *buscaba un planteamiento ~ y no lo encontraba.* **- 3 *adj.-s.*** (persona) Que se dedica al estudio de la lógica: *ningún ~ lo habría explicado mejor.*

lo·gís·ti·ca |loxístika| **1 *f.*** MIL. Técnica que se ocupa del movimiento de los ejércitos, de su transporte y mantenimiento: *en esa batalla, el general demostró sus grandes conocimientos de ~.* **2** *p. ext.* Organización y medios necesarios para un fin determinado: *se encargará de toda la ~ del viaje.* **3** LÓG. Disciplina que emplea en sus operaciones los métodos y el *simbolismo de las matemáticas: *nuestro porfesor de lógica ha escrito varios libros de ~.*

lo·gís·ti·⌐co, ⌐ca |loxístiko, ka| ***adj.*** De la *logística o que tiene relación con ella: *el apoyo ~ es imprescindible en una batalla.*

lo·go·ti·po |loγotípo| ***m.*** Dibujo o símbolo que distingue a una empresa, *institución o sociedad y a las cosas que tienen relación con ella: *el ~ de* Mercedes *es una estrella de tres puntas inscrita en un círculo.* ⇒ **distintivo.**

lo·gra·⌐do, ⌐da |loγráðo, ða| ***adj.*** Que está bien hecho; que tiene buena apariencia: *los cuadros de ese pintor están muy logrados.*

lo·grar |loγrár| ***tr.*** [algo] Conseguir una cosa que se intenta o se desea: *logró ser presidente; ¿has logrado ya hablar español?* ⇒ **conseguir.**

lo·gro |lóγro| **1 *m.*** Acción y resultado de conseguir una cosa: *están muy contentos por el ~ de lo que siempre habían deseado.* ⇒ **consecución. 2** Hecho de conseguir un resultado *satisfactorio; éxito: *ha sido todo un ~ que acabase la carrera; es una eminencia, su vida está llena de logros.* ⇔ **fracaso.**

lo·gro·⌐ñés, ⌐ñe·sa |loγroɲés, ɲésa| **1 *adj.*** De Logroño o que tiene relación con Logroño: *fuimos a un restaurante típico ~.* **- 2 *m. f.*** Persona nacida en Logroño o que vive habitualmente en Logroño: *los logroñeses acudieron a animar a su equipo de fútbol.*

lo·ís·mo |loísmo| ***m.*** LING. Fenómeno que consiste en usar las formas *lo* y *los* del pronombre personal como objeto indirecto, en lugar de *le* y *les*: *el ~ se produce al decir* lo vi las manos sucias, *en vez de* le vi las manos sucias.

lo·ís·ta |loísta| ***adj.-com.*** LING. (persona) Que usa las formas *lo* y *los* del pronombre personal como objeto indirecto, en lugar de *le* y *les*: *si quiere usted hablar correctamente, no sea ~, por favor.*

lo·ma |lóma| ***f.*** *Elevación del terreno de poca altura y de bordes suaves: *en aquella ~ se ven las ruinas de un castillo.* ⇒ **colina.**

lom·bar·da |lombárða| ***f.*** Hortaliza parecida a la *col, con las hojas moradas, grandes, firmes, muy apretadas y unidas por la base: *limpió y coció la ~ antes de servirla.*

lom·briz |lombríθ| ***f.*** Gusano de color blanco o rosa, de cuerpo blando, cilíndrico y muy alargado, que vive debajo de la tierra: *le daba miedo entrar allí, porque había muchas lombrices;* ~ **de tierra**, la que vive en las zonas húmedas del suelo: *el pescador usa lombrices de tierra como cebo;* ~ **intestinal**, la que es parásita y vive en el *intestino del hombre y de algunos animales: *el médico le recetó un medicamento contra las lombrices intestinales.* ☖ El plural es *lombrices.*

lo·mo |lómo| **1 *m.*** Espalda de un animal de cuatro patas: *acarició el ~ de su perro; puso la silla en el ~ del caballo.* **2** Carne que forma la espalda del cerdo: *hoy vamos a comer ~ frito.* **3** Parte del libro opuesta al corte de las hojas: *cogió el libro y, sin abrirlo, leyó el título en el ~.* **4** Parte de un instrumento cortante opuesta al filo: *sujetaba la cuchilla por el mango y, con la palma de la otra mano, la golpeaba en el ~.* **5** Tierra que queda entre dos *surcos: *esta tierra tiene unos lomos muy anchos.* **6** *fam.* Parte inferior y central de la espalda: *si no te metes la camisa por dentro, se te va a enfriar el ~.*

lo·na |lóna| **1 *f.*** Tejido fuerte de algodón: *la ~ se emplea para toldos, tiendas de campaña, etc.; cubrió el coche con una ~ para que no se mojara.* **2** *fig.* Suelo en el que se lucha por deporte: *los dos boxeadores están ya sobre la ~; el vencedor dejó en la ~ a su rival.*

lon·cha |lóntʃa| ***f.*** Trozo delgado y alargado que se corta de un alimento: *puso en el plato unas lonchas de jamón y de queso.* ⇒ **rebanada, rodaja.**

lon·di·nen·se |londinénse| **1 *adj.*** De Londres o que tiene relación con Londres: *los grandes almacenes londinenses tienen mucha fama.* **- 2 *com.*** Persona nacida en Londres o que vive habitualmente en Londres: *este verano nos visitarán unos londinenses.*

lon·ga·ni·za |loŋganíθa| ***f.*** *Embutido de forma cilíndrica, alargada y delgada, hecho con carne de cerdo cruda picada, que se fríe o *asa antes de comerlo: *encontré al perro subido a la mesa comiéndose la ~; he comprado en el mercado un quilo de ~.*

lon·ge·vi·dad |loŋxeβiðáᵈ| ***f.*** Mucha edad o *vejez; capacidad para vivir mucho tiempo: *está muy débil debido a su ~; la ~ del hombre es mayor que la del perro.*

lon·ge·⌐vo, ⌐va |loŋxébo, βa| **1 *adj.*** Que tiene mucha edad; que es muy viejo: *era un escritor ~.* **2** Que vive mucho tiempo: *la tortuga es un animal ~.*

lon·gi·tud |loŋxitúᵈ| **1 *f.*** Extensión *máxima de una superficie: *esta habitación tiene diez metros de ~*

y cinco de anchura. **2** GEOGR. Distancia que hay desde un punto de la superficie de la Tierra hasta el *meridiano de Greenwich: *hay ~ oeste al occidente del meridiano de Greenwich.* ⇒ **latitud.**

lon·gi·tu·di·nal |loŋxituðinál| **1** ***adj.*** De la longitud o que tiene relación con ella: *el kilómetro es una medida ~.* **2** Que está colocado en el sentido de la longitud: *las rayas de los pasos de cebra no son longitudinales, sino transversales.* ⇔ **transversal.**

lon·guis |lóŋgis| ***adj.-com.*** *fam.* Distraído o *ajeno: *deja de hacer el ~ y ponte a trabajar.* ☐ Se usa únicamente con el verbo *hacer.*

lon·ja |lóŋxa| ***f.*** Edificio donde se compran y venden mercancías en grandes cantidades: *los pescaderos madrugan mucho para estar en la ~ cuando se subasta el pescado.*

lon·ta·nan·za |lontanánθa| ***f.*** Parte más alejada de un lugar: *vio que llegaba hasta la ~ de la extensa llanura.* ⇒ **lejanía.** ■ **en ~**, a lo lejos: *en ~ se veían venir tres coches.*

lo·que·ʳro, ʳra |lokéro, ra| **1** ***m. f.*** *fam.* Persona que se dedica a cuidar y vigilar a los *locos: *los loqueros traían una camisa de fuerza.* **- 2 loquero** ***m.*** *fam.* Centro médico donde se interna y se cuida a los *locos: *la metieron en el ~.* ⇒ **manicomio.**

lo·ri·ga |loríɣa| ***f.*** Cubierta formada por pequeñas chapas de acero, que servía para proteger el pecho y la espalda de los soldados: *la lanza no pudo traspasar la ~.*

lo·ro |lóro| **1** ***m.*** Ave procedente de América, con pico fuerte, grueso y curvo, cabeza amarilla, alas rojas en parte del cuerpo y verde en el resto, que es capaz de repetir sonidos propios del lenguaje humano: *se ha comprado un ~ y se pasa el día hablando con él.* ☐ Para indicar el sexo se usa el ~ macho y el ~ hembra. **2** Ave de África con pico fuerte, grueso y curvo, cola roja, cara blanca y el resto del cuerpo gris: *los loros africanos son diferentes de los americanos.* **3** *fam. desp.* Persona fea y de aspecto extraño, especialmente de sexo femenino: *no sé cómo te puede gustar ese ~.* **4** *fam. desp.* Persona que habla mucho sin decir nada interesante: *es un ~, no dejó de hablar en toda la tarde.* **5** *fam.* Aparato eléctrico capaz de reproducir música o de recibir señales de radio: *ayer le robaron el ~ del coche.* ■ **al ~**, *fam.*, *atento a lo que pasa o se dice; al corriente de lo que ocurre: *estáte al ~, que nos pueden ver.*

lo·sa |lósa| **1** ***f.*** Piedra lisa, plana y delgada: *solaron la plaza con enormes losas de granito.* ⇒ **laja, lancha, lastra.** **2** Piedra plana y delgada que cubre una *tumba: *sellaron el sepulcro con una ~ de mármol blanco.* ⇒ **lápida.**

lo·se·ta |loséta| ***f.*** Piedra lisa, plana y delgada, más pequeña que una *losa, que se usa para cubrir suelos y muros: *las losetas de la cocina eran rojas y blancas.* ⇒ **baldosa, losa.**

lo·te |lóte| **1** ***m.*** Conjunto de cosas con unas características comunes: *en esta tienda regalan un ~ de productos de belleza por la compra de un secador.* **2** Parte en que se divide un todo: *dividieron la tierra que heredaron en seis lotes iguales.* ■ **darse el ~**, *fam.*, besarse y tocarse una pareja: *en el parque había varias parejas que se estaban dando el ~.*

lo·te·rí·a |lotería| **1** ***f.*** Juego público que consiste en sortear unos números y premiar con dinero a las personas que posean los billetes cuyos números coincidan con los sorteados: *he comprado un décimo de ~ para este sábado;* **~ primitiva**, juego público que consiste en sortear seis números entre 49 y premiar con dinero a las personas que posean los *boletos en los que se hayan marcado esos mismos números: *cada semana gasta mucho dinero en la ~ primitiva.* ⇒ **loto.** **2** *fig.* Asunto en el que interviene la suerte o el azar: *la vida es una ~.* ■ **tocar la ~**, ganar dinero con ese juego: *le ha tocado la ~ y se ha ido a vivir junto al mar.* ■ **tocar la ~**, *fig.*, tener mucha suerte: *le tocó la ~ al casarse con ese hombre.*

lo·to |lóto| **1** ***m.*** Planta de agua, de hojas muy grandes y duras, y flores blancas de olor intenso: *el ~ abunda en las orillas del Nilo; el estanque estaba lleno de lotos.* **- 2** ***f.*** Juego de azar que consiste en acertar una serie de números: *todos los jueves jugamos a la ~.* ⇒ **lotería.**

lo·za |lóθa| **1** ***f.*** Barro fino, *cocido y *barnizado que se usa para hacer platos, tazas y otros objetos parecidos: *la vajilla nueva era de ~ blanca.* ⇒ **china, porcelana.** **2** Conjunto de objetos hechos con ese barro: *voy a limpiar la ~.*

lo·za·ní·a |loθanía| ***f.*** Salud, fuerza y energía: *la ~ de la joven era envidiable.*

lo·za·ʳno, ʳna |loθáno, na| ***adj.*** Que tiene salud, fuerza y energía: *los hijos de la vecina eran unos niños lozanos y sonrosados.*

lu·bi·na |luβína| ***f.*** Pez marino comestible de color gris metálico, cola recta y *aletas espinosas: *la ~ habita en las costas de Europa y África; en el restaurante nos pusieron unas lubinas riquísimas.* ☐ Para indicar el sexo se usa la ~ macho y la ~ hembra.

lu·bri·can·te |luβrikánte| ***adj.-m.*** Sustancia que se aplica a las piezas de un mecanismo para que no rocen entre sí: *compró una lata de ~ para el motor del coche.*

lu·bri·car |luβrikár| ***tr.*** [algo] Aplicar una sustancia a las piezas de un mecanismo para que no rocen entre sí: *hay que ~ los motores para que funcionen bien.* ⇒ **lubrificar.** ☐ Se conjuga como 1.

lu·bri·fi·ca·ción |luβrifikaθión| ***f.*** *form.* Acción y resultado de *lubrificar: *la buena ~ de una máquina evita las averías.*

lu·bri·fi·car |luβrifikár| ***tr.*** [algo] Aplicar una sustancia a las piezas de un mecanismo para que no rocen entre sí: *los motores de los coches se lubrifican con un aceite especial.* ⇒ **engrasar, lubricar.** ☐ Se conjuga como 1.

lu·cen·se |luθénse| **1** ***adj.*** De Lugo o que tiene relación con Lugo: *las fiestas lucenses son muy vistosas.* **- 2** ***com.*** Persona nacida en Lugo o que vive habitualmente en Lugo: *todos mis amigos eran lucenses.*

lu·ce·ʳro, ʳra |luθéro, ra| **1** ***adj.*** (animal) Que tiene una mancha blanca en la frente: *venía montado sobre un caballo ~; tengo una ovejita lucera.* **- 2 lu-**

cero *m.* Cuerpo celeste que se ve en el cielo y que parece más grande y brillante que los demás, salvo el Sol y la Luna: *aquel ~ que ves es una estrella muy lejana.* **3** El planeta Venus: *el ~ se puede ver brillar sobre el horizonte al amanecer o al atardecer;* ~ **del alba/de la mañana/de la tarde**, el planeta Venus: *mira, está oscureciendo y ya ha salido el ~ de la tarde.* **4** Mancha blanca y grande que tienen en la frente algunos animales, especialmente los que andan a cuatro patas: *esa vaca tiene un ~.*

lu·cha |lútʃa| **1** *f.* Enfrentamiento verbal o físico: *le salió un chichón como consecuencia de la ~; comenzaron hablando amistosamente y acabaron en una ~.* ⇒ **disputa, pelea. 2** Deporte en el que dos personas se enfrentan cuerpo a cuerpo: *la ~ es uno de los deportes olímpicos más antiguos;* ~ **grecorromana**, deporte en el que vence el participante que consigue que el otro tenga la espalda en el suelo durante unos segundos: *los luchadores de ~ grecorromana son muy fuertes;* ~ **libre**, deporte en el que están permitidos ciertos golpes y en el que vence el participante que consigue que el otro quede de espaldas y no se pueda mover: *nunca podré ser campeón mundial de ~ libre.*

lu·char |lutʃár| **1** *intr.* Atacar, golpear o herir al contrario y defenderse de sus ataques: *los dos ciervos luchaban violentamente; los dos boxeadores empezaron a ~.* ⇒ **contender, pelear. 2** Atacar para someter o destruir: *la sociedad lucha contra la droga; el gobernador prometió ~ contra la corrupción.* ⇒ **combatir. 3** *fig.* Trabajar con esfuerzo para vencer los obstáculos y conseguir un fin: *mi padre ha luchado mucho en la vida; luchó para conseguir la igualdad racial.*

lu·ci·dez |luθiðéθ| **1** *f.* Claridad y rapidez para exponer o comprender ideas: *expuso su teoría con ~.* **2** Estado mental normal: *los enfermos mentales tienen periodos de ~.*

lu·ci·⌈do, ⌈da |luθíðo, ða| **1** *adj.* Que es bonito y elegante: *don Leonardo llevaba siempre unas corbatas muy lucidas; ¡qué ~ iba con su traje nuevo!* **2** Que destaca; que permite mostrar una habilidad o capacidad: *ese actor tiene un papel ~ en la obra de teatro; fregar y limpiar la casa son tareas poco lucidas.*

lú·ci·⌈do, ⌈da |lúθiðo, ða| **1** *adj. fig.* Que comprende las ideas y los hechos de forma clara y rápida: *es un estudiante ~ y aprende muy bien.* **2** Que es inteligente: *todos se asombraron del ~ razonamiento de la niña.* **3** Que se encuentra en un estado mental normal: *el enfermo estuvo ~ toda la mañana, pero después perdió la consciencia.*

lu·ciér·na·ga |luθiérnaɣa| *f.* Insecto que desprende una luz verdosa de la parte posterior de su cuerpo: *la ~ hembra tiene forma de gusano y es mayor que el macho; la ~ macho tiene las alas anteriores duras y las patas finas.* ◯ Para indicar el sexo se usa la ~ macho y la ~ hembra.

lu·ci·mien·to |luθimiénto| *m.* Muestra de habilidad o capacidad en un trabajo o una actividad: *el ~ personal es lo único que le importa; la calidad de la obra permite el ~ del artista.*

lu·cio |lúθio| *m.* Pez de agua dulce comestible, de color verdoso y cabeza en forma de punta, con la boca grande y muchos dientes afilados: *los lucios se alimentan de otros peces; la carne del ~ es grasa y blanca.* ◯ Para indicar el sexo se usa el ~ macho y el ~ hembra.

lu·cir |luθír| **1** *intr.* Dar o producir luz: *las estrellas lucen por la noche; esa bombilla no luce.* ⇒ **brillar. 2** *fig.* Aparecer o mostrarse el resultado de un trabajo: *después de tres días, ya empieza a lucirle el trabajo.* **- 3** *tr.* [algo] Mostrar presumiendo: *la reina lució todas sus joyas en la fiesta.* **- 4 lucirse** *prnl.* Mostrar habilidad o capacidad en un trabajo o una actividad: *salió a la pista a lucirse delante de sus amigos.* **5** *hum.* Ponerse en una situación ridícula: *se vistió con unos trapos horribles y salió a la calle a lucirse; te luciste ayer hablando de ese modo.* ◯ Se conjuga como 45.

lu·crar·se |lukrárse| **1** *prnl.* Conseguir *ganancias en un asunto o en un negocio: *con la venta de los terrenos se han lucrado los propietarios.* **2** *p. ext.* Hacerse rico: *se ha lucrado gracias a un matrimonio ventajoso.* ⇒ **enriquecer.**

lu·cra·ti·⌈vo, ⌈va |lukratíβo, βa| *adj.* Que produce muchas *ganancias: *se dedica a una actividad muy lucrativa, es banquero.*

lu·cro |lúkro| *m.* *Ganancia, que se consigue en un asunto o en un negocio: *se presentó para alcalde sin ningún ánimo de ~.*

lu·cu·brar |lukuβrár| *tr.-intr.* [algo] Pensar mucho y de manera intensa sobre una cosa: *se pasaba el día entero lucubrando viajes y fiestas; deja de ~ y empieza a actuar.* ⇒ **elucubrar.**

lú·di·⌈co, ⌈ca |lúðiko, ka| *adj. form.* Del juego o que tiene relación con él: *ocupa su tiempo libre en actividades lúdicas.* ⇒ **lúdicro.**

lú·di·⌈cro, ⌈cra |lúðikro, kra| *adj.* ⇒ **lúdico.** ◯ La Real Academia Española prefiere la forma *lúdico.*

lue·go |luégo| **1** *adv. t.* Después; más adelante en el tiempo: *primero comieron, ~ se echaron la siesta; ahora no puedo, ~ iré.* ⇒ **después. - 2** *conj.* Introduce una oración que es resultado o *consecuencia de la oración anterior: *pienso, ~ existo.* ■ **desde** ~, de acuerdo, conforme; sin duda: *desde ~ que iré a tu fiesta; —¿lo harás? — Desde ~.* ■ **hasta** ~, expresión de despedida; adiós: *—nos veremos dentro de un rato. —Hasta ~.*

lu·gar |luɣár| **1** *m.* Parte o punto de un espacio; sitio: *están buscando un ~ para hacer su nueva casa; se esconde en algún ~ del bosque.* **2** Parte de un espacio que corresponde a una persona o una cosa: *que cada hombre ocupe su ~.* **3** Posición en una serie o un conjunto: *llegó en quinto ~; todo el mundo tiene su ~ en la sociedad.* **4** Espacio libre o disponible: *buscaba un ~ donde sentarse.* ⇒ **sitio. 5** Tiempo libre o disponible: *no me dejó ~ para contestar.* **6** Pueblo o población pequeña: *era el más listo del ~.* ■ **dar ~ a**, producir o provocar: *tu comportamiento da ~ a muchos enfados.* ■ **en ~ de,** en sustitución de; en vez de: *he venido a trabajar en ~ de mi hermano; en ~ de cantar, toca la guitarra.* ■ **estar fuera de** ~, no ser adecuado u oportuno:

tus gritos están fuera de ~. ■ **sin ~ a dudas,** sin posibilidad de error; de forma cierta: *sin ~ a dudas, eres el mejor amigo que tengo.* ■ **tener ~,** ocurrir o producirse: *la conferencia tuvo ~ en el salón de actos; el eclipse tuvo ~ a las 11 de la mañana.*

lu·ga·re·⌜ño, ⌜ña |luγaréɲo, ɲa| **1** ***adj.*** De un lugar o población pequeña o que tiene relación con ellos: *la música lugareña le pareció muy interesante al forastero.* **- 2** ***adj.-s.*** (persona) Que vive en un lugar o población pequeña: *pararon junto a la carretera y preguntaron a un ~.*

lu·gar·te·nien·te |luγarteniénte| ***com.*** Persona que puede sustituir a otra en su cargo: *el general nos presentó a su ~.*

lú·gu·bre |lúγuβre| **1** ***adj.*** *form.* Que es triste y oscuro: *presentaba un aspecto ~.* **2** Que tiene o trae desgracias y mala suerte: *tuvo la ~ idea de visitar el cementerio de noche.* ⇒ **aciago, funesto.**

lu·jo |lúxo| **1** ***m.*** Riqueza; abundancia de dinero y de objetos caros: *llevó una vida de ~; la habitación estaba decorada con ~.* **2** Gasto en bienes de consumo que no son necesarios: *esta casa es un ~ que no nos podemos permitir.* **3** *fig.* Abundancia o gran cantidad de una cosa: *me contó la historia con todo ~ de detalles.* **4** *fig.* Cosa muy buena o extraordinaria: *tu trabajo es un verdadero ~.*

lu·jo·⌜so, ⌜sa |luxóso, sa| ***adj.*** Que es caro; que muestra riqueza y abundancia de dinero: *llevaba un ~ collar de diamantes; su casa es muy lujosa: está llena de objetos de arte.*

lu·ju·ria |luxúria| ***f.*** Tendencia excesiva al deseo sexual: *los habitantes de Sodoma y Gomorra fueron castigados por su ~.* ⇒ **lascivia.** ⇔ **castidad.**

lu·ju·rio·⌜so, ⌜sa |luxurióso, sa| **1** ***adj.*** De la *lujuria o que tiene relación con ella: *durante la fiesta intercambiaron miradas lujuriosas.* **- 2** ***adj.-s.*** (persona) Que tiene excesiva tendencia a la *lujuria o al deseo sexual: *su comportamiento ~ me desagrada mucho.* ⇒ **caliente, lascivo, libidinoso.**

lum·ba·go |lumbáγo| ***m.*** Dolor fuerte de los huesos o de los músculos de la parte baja de la espalda: *le ha dado un ataque de ~ y no puede ni andar.*

lum·bar |lumbár| ***adj.*** ANAT. De la zona situada en la parte inferior de la espalda o que tiene relación con ella: *la región ~ está entre los glúteos y las últimas costillas; no me puedo agachar, porque me duele la zona ~.*

lum·bre |lúmbre| **1** ***f.*** Fuego; luz y calor que se desprende al quemarse una cosa: *en la oscuridad sólo vio una ~ a lo lejos; observó la ~ del cigarro; acércate a la ~ para calentarte.* ⇒ **candela, fuego.** **2** Materia combustible encendida: *aún queda ~ en la chimenea.* ⇒ **candela.** ■ **dar ~,** dar fuego para encender un cigarro: *caballero, ¿es tan amable de darme ~?* ⇒ **fuego.** ■ **echar ~,** *fam. fig.*, mostrar gran enfado o rabia: *sus ojos echaban ~.*

lum·bre·ra |lumbréra| **1** ***f.*** Abertura en un techo para que entren el aire y la luz: *la ~ hace que esta habitación sea la más luminosa de la casa.* **2** *fam.* Persona muy inteligente y *culta: *ese científico es una ~.*

lu·mi·na·ria |luminária| ***f.*** Luz que se pone para adorno: *las luminarias de las fiestas públicas adornan el pueblo.* ⇒ **iluminaria.**

lu·mi·no·si·dad |luminosiðá^{ð}| **1** ***f.*** Cualidad de tener o emitir luz: *me gusta esta habitación por su ~; la oscuridad de los templos románicos se opone a la ~ de las iglesias góticas.* **2** Claridad o brillantez: *es notable la ~ de las ideas de este filósofo.*

lu·mi·no·⌜so, ⌜sa |luminóso, sa| **1** ***adj.*** Que despide luz: *observaba las estrellas luminosas.* **2** Que tiene mucha luz; que está bien iluminado: *el salón y la cocina de la casa son muy luminosos.* **3** (color) Que es claro y brillante: *llevaba un vestido en tonos verdes muy luminosos.* **4** *fig.* Que es alegre; que tiene mucha vida y energía: *me miraba con ojos luminosos.* **5** *fig.* Que es muy acertado o *excelente: *tenía ideas luminosas para el proyecto; con una explicación luminosa, nos sacó de dudas.* **- 6** ***adj.-m.*** (*cartel, *letrero) Que emite luz artificial: *de noche, la ciudad se iluminaba con las farolas y los luminosos de los comercios.*

lu·mi·no·tec·nia |luminoté^{k}nia| **1** ***f.*** Técnica de disponer luces artificales para fines industriales o artísticos: *es un experto en ~ y trabaja en la televisión.* **2** Conjunto de luces artificiales que se disponen para fines industriales o artísticos: *esa empresa pondrá la ~.*

lu·mi·no·téc·ni·⌜co, ⌜ca |luminoté^{k}niko, ka| ***adj.*** De la *luminotecnia o que tiene relación con ella: *el montaje ~ de este plató es excepcional.*

lu·na |lúna| **1** ***f.*** Cuerpo que se ve por la noche en el cielo, que completa un giro alrededor de la Tierra cada 28 días y que refleja hacia la Tierra la luz del Sol según su posición: *mandaron un cohete a la Luna; los antiguos adoraban a la Luna como diosa;* ~ **creciente**, ese cuerpo, cuando sólo refleja luz su parte derecha: *la ~ creciente aparece entre la ~ nueva y la ~ llena;* ~ **llena**, ese cuerpo, cuando refleja luz toda ella: *la ~ llena se ve redonda y aparece entre la ~ creciente y la ~ menguante;* ~ **menguante**, ese cuerpo, cuando sólo refleja luz su parte izquierda:

LUNA

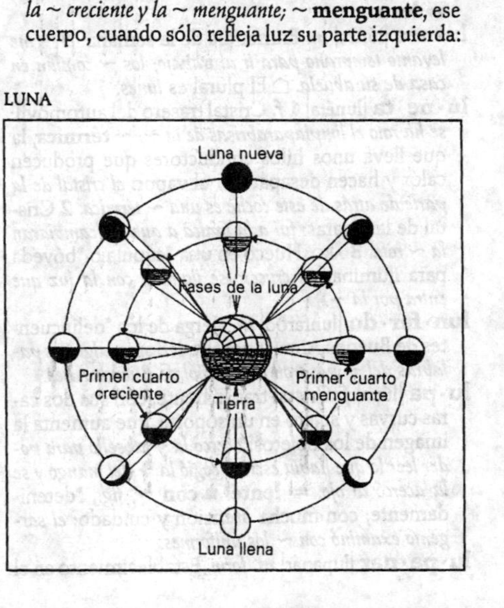

la ~ menguante aparece entre la ~ llena y la ~ nueva; ~ **nueva**, ese cuerpo, cuando no refleja luz: *la ~ nueva no se ve y se da entre la ~ menguante y la ~ creciente.* ⇒ **cuarto.** ⌂ Cuando se hace referencia a ese cuerpo y no a sus estados, se suele escribir con mayúscula. **2** *fig.* Figura con la forma de ese cuerpo: *el agua formó una ~ al caer sobre la mesa;* **media** ~, la que tiene forma de la mitad de ese cuerpo y suele representar a los países árabes: *ondeaba la bandera de la media ~.* **3** Cristal, generalmente grande y grueso, que protege un espacio interior: *los gamberros rompieron la ~ de la tienda con una piedra.* **4** Cuerpo que gira alrededor de otro de mayor tamaño: *Ganímedes es una ~ de Júpiter.* **5** Periodo de tiempo que tarda el cuerpo que gira alrededor de la Tierra en dar una vuelta completa y que equivale a 28 días. ■ **estar en la ~**, *fam.*, estar *despistado o no prestar atención a lo que ocurre o se dice: *siempre estás en la ~ y no te enteras de nada de lo que te digo.* ■ ~ **de miel**, periodo que sigue al día de la boda, especialmente cuando se dedica a un viaje de placer: *todavía están en plena ~ de miel, así que será difícil encontrarlos.* ■ ~ **de miel**, *fig.*, periodo de buenas relaciones que sigue a un acuerdo, a unas elecciones o a otra cosa: *las fuertes críticas de la prensa marcan el final de la ~ de miel con el nuevo presidente.*

lu·nar |lunár| **1** ***m.*** Mancha pequeña y de color marrón en la piel: *tenía un ~ junto a la boca; el ~ le daba un aire de misterio a su rostro.* ⇒ **peca. 2** Punto o dibujo en forma de círculo: *las ventanas tenían unos visillos de lunares; el traje de sevillana llevaba lunares rojos y negros.* **- 3** ***adj.*** De la Luna o que tiene relación con ella: *las fases lunares son cuatro.*

lu·ná·ti·⌈co, ⌈ca |lunátiko, ka| ***adj.-s.*** Que ha perdido la razón; que tiene alterada la mente: *su vecino era un ~ que se pasaba el día cazando bichos.* ⇒ **loco.**

lu·nes |lúnes| ***m.*** Primer día de la semana: *el ~ me levanto temprano para ir al trabajo; los ~ comían en casa de su abuela.* ⌂ El plural es *lunes.*

lu·ne·ta |lunéta| **1** ***f.*** Cristal trasero del automóvil: *se ha roto el limpiaparabrisas de la ~;* ~ **térmica**, la que lleva unos hilos conductores que producen calor y hacen desaparecer el vapor: *el cristal de la parte de atrás de este coche es una ~ térmica.* **2** Cristal de las *gafas: *fui a la óptica a que me cambiaran la ~ rota.* **3** ARQ. Hueco en una *cúpula o *bóveda para iluminar: *el crucero se ilumina con la luz que entra por la ~.*

lun·far·do |lunfárðo| ***m.*** *Jerga de los *delincuentes de Buenos Aires y sus alrededores: *algunas palabras del ~ pasaron al español de Buenos Aires.*

lu·pa |lúpa| ***f.*** Cristal transparente, con sus dos caras curvas y sujeto en un soporte, que aumenta la imagen de los objetos: *acercó la ~ al sello para poder leer lo que había escrito; cogió la ~ del mango y se la acercó al ojo.* ⇒ **lente.** ■ **con ~**, *fig.*, *detenidamente; con mucha atención y cuidado: *el sargento examinó con ~ los uniformes.*

lu·pa·nar |lupanár| ***m.*** *form.* Establecimiento en el que trabajan mujeres que mantienen relaciones sexuales a cambio de dinero: *en esa calle había varios lupanares.* ⇒ **burdel, prostíbulo.**

lú·pu·lo |lúpulo| ***m.*** Planta de tallo largo y nudoso, hojas permanentes y flores con sexos separados: *el ~ contiene una sustancia amarillenta que da sabor amargo a la cerveza.*

lu·⌈so, ⌈sa |lúso, sa| **1** ***adj.*** De Portugal o que tiene relación con Portugal: *la literatura lusa del siglo* XVI *fue brillante.* ⇒ **portugués. - 2** ***m. f.*** Persona nacida en Portugal o que vive habitualmente en Portugal: *los lusos y los españoles son vecinos.* ⇒ **portugués.**

lus·trar |lustrár| ***tr.*** [algo] Dar brillo frotando con fuerza: *me he pasado la mañana entera lustrando la plata.*

lus·tre |lústre| **1** ***m.*** Brillo de las cosas limpias o pulidas: *la vecina admiró el ~ del suelo recién encerado.* **2** *fig.* Aspecto sano, debido al color y la limpieza de la piel: *la vendedora alababa el ~ de los melocotones; todos coincidían en que la niña tenía mucho ~.* **3** *fig.* Brillo social: *los negocios le salieron bien y en poco tiempo consiguió cierto ~.* ⇒ **prestigio.**

lus·tro |lústro| ***m.*** Periodo de cinco años: *volvió a España después de una ausencia que duró varios lustros.* ⇒ **quinquenio.**

lus·tro·⌈so, ⌈sa |lustróso, sa| **1** ***adj.*** Que tiene brillo: *dejó la plata lustrosa.* ⇒ **brillante. 2** Que tiene un aspecto sano debido al color y la limpieza de la piel: *le ofreció una lustrosa manzana; tu hijo está muy ~.*

lu·te·ra·nis·mo |luteranísmo| ***m.*** Doctrina de Lutero, según la cual la fe sola justifica al hombre: *la fuente del ~ es la Biblia interpretada por la razón individual.*

lu·te·ra·⌈no, ⌈na |luteráno, na| **1** ***adj.*** De Lutero o del *luteranismo o que tiene relación con ellos: *la reforma luterana nació en el siglo* XVI. **- 2** ***adj.-s.*** (persona) Que sigue la doctrina de Lutero: *los luteranos son cristianos protestantes.*

lu·to |lúto| **1** ***m.*** Dolor y pena causados por la muerte de una persona: *el Ayuntamiento izó la bandera a media asta en señal de ~.* **2** Muestra exterior del dolor y la pena causados por la muerte de una persona, especialmente el uso de ropa negra: *llevó el ~ por su marido durante muchos meses.* **3** Periodo de tiempo que dura esa muestra: *el Gobierno Civil ha decretado una semana de ~; el ~ duró siete años.*

lu·xa·ción |lu^ksaθión| ***f.*** *form.* Daño que se produce cuando un hueso se sale de su articulación: *una ~ en la muñeca le impidió participar en el partido de tenis.* ⇒ **dislocación.**

lu·xem·bur·⌈gués, ⌈gue·sa |lu^ksemburɣés, ɣésa| **1** ***adj.*** De Luxemburgo o que tiene relación con Luxemburgo: *el río Mosela atraviesa el territorio ~.* **- 2** ***m. f.*** Persona nacida en Luxemburgo o que vive habitualmente en Luxemburgo: *los luxemburgueses son vecinos de los belgas y de los alemanes.*

luz |lúθ| **1** ***f.*** Forma de energía que produce un brillo que permite ver: *la ~ entraba por la ventana; en esta sala hay poca ~; la ~ impresiona nuestras retinas;* ~ **artificial**, la que despiden objetos o aparatos hechos por el hombre: *apaga el tubo fluorescente, que no me gusta la ~ artificial;* ~ **eléctrica**, la producida mediante energía eléctrica: *la ~ eléctrica es limpia y cómoda;* ~ **natural**, la producida por el Sol: *los colores se ven mejor con la ~ natural.* ⇔ **sombra. 2** Objeto o aparato que emite esa forma de energía: *se ha fundido la ~ del cuarto de baño; apaga las luces del coche.* **3** *fam.* Energía eléctrica: *el precio de la ~ ha vuelto a subir este año; esos focos gastan mucha ~.* **4** Espacio abierto en una pared que deja pasar esa forma de energía: *esta casa tiene pocas luces;* ~ **cenital**, la que entra por un espacio abierto en el techo: *este estudio tiene una ~ cenital.* **5** *form.* Modelo que marca un camino o una moda: *ese filósofo fue la ~ de los jóvenes de mi generación.* **- 6 luces** ***f. pl.*** Conocimientos científicos y culturales; inteligencia: *es un profesor con muchas luces.* ■ **a todas luces**, de manera clara y segura: *ha sido, a todas luces, una injusticia.* ■ **dar a** ~, expulsar el feto la mujer: *no tuvo tiempo de llegar al hospital, dio a ~ en el taxi.* ⇒ **parir.** ■ **sacar a la** ~, publicar un texto u obra: *en 1605 sacó a la ~ la que sería su más famosa obra.*

M

M, m 1 ***f.*** Letra que en el alfabeto español sigue a la *l*: *en la frase* mi mamá me mima *la única consonante es la* ~. **2** Letra que representa el valor de 1000 en la numeración *romana: *una M y una C equivalen a mil cien.* ⌂ En esta acepción se escribe con mayúscula. **3** Abreviatura de metro: *la barra medía 1,5 m.* **4** Abreviatura de minuto: *el tren sale a las 15 h y 27 m.*

ma·ca·⌐bro, ⌐bra |makáβro, βra| ***adj.*** Que tiene relación con la muerte; que produce rechazo y miedo: *no me gusta que me cuenten historias macabras.*

ma·ca·rra |makár̄a| **1** ***adj.*** *fam.* Que es vulgar y de mal gusto: *siempre viste con ropa* ~. ⇒ **hortera.** **- 2** ***adj.-com.*** (persona) Que se comporta de manera vulgar y *agresiva: *un grupo de macarras llegó en sus motos levantando polvo y haciendo ruido.* **- 3** ***m.*** Hombre que vive de lo que ganan las *prostitutas: *es un* ~: *tiene a cinco prostitutas trabajando para él.* ⇒ **chulo.**

ma·ca·rrón |makar̄ón| **1** ***m.*** Pasta de harina de trigo que tiene forma de tubo hueco: *¿has probado los macarrones con queso?; un día a la semana hacemos una comida a base de macarrones.* ⌂ Se usa frecuentemente en plural. **2** Tubo de plástico delgado y flexible que suele usarse para cubrir hilos eléctricos: *el cable está recubierto por un* ~ *que lo protege de la humedad; este alambre no tiene* ~.

ma·ca·rró·ni·⌐co, ⌐ca |makar̄óniko, ka| ***adj.*** Que es incorrecto; que mezcla palabras o formas de lenguas diferentes: *los estudiantes se burlaban hablando un latín* ~; *cuando habla inglés, tiene una pronunciación macarrónica.*

ma·ce·do·nia |maθeðón<u>i</u>a| ***f.*** Comida fría y dulce hecha con frutas cortadas y *almíbar: *me gusta poner a la* ~ *un chorrito de licor; está preparando una* ~ *para el bebé; esta* ~ *tiene trocitos de piña y manzana y zumo de naranja.*

ma·ce·do·⌐nio, ⌐nia |maθeðón<u>i</u>o, n<u>i</u>a| **1** ***adj.*** De Macedonia o que tiene relación con Macedonia: *Skopje es la capital macedonia.* **- 2** ***m. f.*** Persona nacida en Macedonia o que vive habitualmente en Macedonia: *los macedonios son vecinos de los búlgaros y de los albaneses.*

ma·ce·rar |maθerár| **1** ***tr.*** [algo] Poner blanda una cosa dándole golpes, apretándola o manteniéndola sumergida en un líquido durante un tiempo: *antes de cocinar el pulpo, el cocinero lo maceró bien.* **2** Sumergir una sustancia en un líquido durante un tiempo para separar las partes que se pueden disolver: *puso a* ~ *romero en alcohol para preparar una loción.*

ma·ce·ta |maθéta| **1** ***f.*** Recipiente de barro que, lleno de tierra, se usa para cultivar plantas: *puso las macetas en el balcón para adornarlo.* ⇒ **tiesto.** **2** Herramienta formada por una pieza de metal duro y un mango, que se usa para romper piedra o ladrillo: *la* ~, *aunque se puede manejar con una mano, es más pesada que el martillo.* ⇒ **mazo.**

ma·ce·te·ro |maθetéro| **1** ***m.*** Soporte o armazón que sirve para colocar *macetas con plantas: *en la terraza de la casa había varios maceteros.* **2** Recipiente donde se introduce una *maceta con una planta: *le regalaron un bonito* ~ *de cerámica.*

ma·cha·car |matʃakár| **1** ***tr.*** [algo] Golpear hasta triturar o reducir a trozos muy pequeños: *machacó ajo y perejil en el mortero.* ⇒ **majar.** **- 2** ***tr.-prnl.*** [algo, a alguien] Golpear y aplastar una cosa: *se machacó un dedo con el martillo; los salvajes le habían machacado el cráneo.* **- 3** ***tr.-intr.*** *fam. fig.* [a alguien] Ganar o vencer al contrario: *el equipo azul machacó a los amarillos en el primer tiempo; el aspirante machacó al campeón durante todo el combate.* **- 4** ***intr.*** *fam. fig.* Insistir hasta llegar a molestar y cansar: *deja ya de* ~, *hombre, que estás siempre con la misma canción.* ⇒ **martillear.** ⌂ Se conjuga como 1.

ma·cha·⌐cón, ⌐co·na |matʃakón, kóna| ***adj.-s.*** (persona) Que insiste excesivamente; que cansa y molesta: *¡qué hombre más* ~, *no hay quien lo aguante!* ⇒ **pesado.**

ma·cha·co·ne·rí·a |matʃakonería| ***f.*** *fam.* Insistencia excesiva; *pesadez: *todos los socios pidieron la dimisión del presidente con* ~.

ma·cha·da |matʃáda| ***f.*** *fam.* Comportamiento valiente, pero imprudente y poco oportuno: *es un fanfarrón y se pasa el día haciendo machadas para demostrar lo fuerte que es.*

ma·cha·mar·ti·llo |matʃamartíʎo| ■ **a** ~, *fam.*, fuertemente; insistentemente: *intentó imponer su voluntad a* ~.

ma·cha·que·o |matʃakéo| ***m.*** Acción de golpear hasta triturar o reducir a trozos muy pequeños: *después del* ~, *las almendras quedaron totalmente trituradas.*

ma·che·te |matʃéte| ***m.*** Cuchillo grande con la hoja ancha: *los montañeros llevaban un* ~ *para cortar las ramas y abrirse paso entre la maleza; el cazador amenazó al oso con el* ~.

ma·chis·mo |matʃísmo| ***m.*** Actitud de la persona que considera que el hombre es superior a la mujer: *el abogado calificó de* ~ *a la empresa por pagar más a sus empleados varones.*

ma·chis·ta |matʃísta| **1** ***adj.*** Del *machismo o que tiene relación con él: *en el mundo hay muchas sociedades machistas.* ⇔ **feminista. - 2** ***adj.-com.*** (persona) Que considera que el hombre es superior a la mujer: *su marido era un ~ y no entendía que ella quisiera estudiar y trabajar fuera de casa.* ⇔ **feminista.**

ma·cho |mátʃo| **1** ***m.*** Animal de sexo masculino: *los machos de los mamíferos tienen pene; el pez ~ fertiliza los huevos, pero no los pone.* ⇔ **hembra.** ☖ Se usa en aposición a los nombres de animales que no varían de género. **2** Planta que *fecunda a otra de su especie: *esta higuera es ~.* ⇔ **hembra. 3** *fam.* Hombre, considerado sólo en cuanto a su función sexual: *aquellas mujeres estaban buscando un ~ para divertirse.* ⇔ **hembra. 4** *fig.* Pieza con un saliente que se adapta a otra que la complementa: *enchufó el ~ en la pared; ese ~ es demasiado grueso para esa tuerca.* ⇒ **enchufe, hembra. 5** Palo o *pilar fuerte que sujeta parte de un edificio: *hay que reforzar los machos de la casa.* **6** *Mazo grande y pesado que usa el herrero: *el herrero golpeaba el hierro caliente con el ~.* **- 7** ***adj.-m.*** *fam.* (hombre) Que tiene gran fuerza o valor: *mis amigos son muy machos; se portó como un ~ en el campo de fútbol; mira, ~, es verdad lo que te digo.* ⇒ **machote.** ☖ Se usa como apelativo, independientemente de la edad o características de la persona a la que se dirige: *ven aquí, macho, que te voy a dar dinero para que te compres un helado.*

ma·chón |matʃón| ***m.*** Palo o *viga fuerte que sujeta parte de un edificio: *de la vieja casa, sólo quedaron los machones.* ⇒ **macho.**

ma·cho·rra |matʃór̄a| ***f.*** *fam.* Mujer que tiene movimientos y actitudes que se consideran propios de los hombres: *una ~ salió de detrás del mostrador y se lió a puñetazos.* ⇒ **lesbiana.**

ma·cho·⌈rro, ⌈rra |matʃór̄o, r̄a| ***adj.*** *fam.* Que es estéril; que no puede tener hijos: *el ganadero separó a las hembras machorras del resto del ganado.* ⇒ **estéril.**

ma·cho·te |matʃóte| **1** ***adj.-m.*** *fam.* (persona) Que tiene mucha fuerza o valor: *¡qué machotes fueron al soportar el dolor sin llorar!* ☖ Se usa frecuentemente como apelativo afectivo, independientemente de la edad o características de la persona a la que se dirige: *¡anda, ~, dale un beso a tu abuelo!* **2** (hombre) Que tiene una gran capacidad sexual: *presumía de ser un ~.* ⇒ **macho.**

ma·ci·⌈zo, ⌈za |maθíθo, θa| **1** ***adj.*** Que es sólido, que está lleno y no tiene hueco en su interior: *ese bloque de piedra maciza pesa demasiado; la pulsera es de oro ~.* **2** Que es fuerte y más bien grueso: *los futbolistas tienen unas piernas macizas.* **3** *fam.* Que tiene un cuerpo muy bien formado y carne dura: *Roberto es muy guapo y además está ~.* **- 4 macizo** ***m.*** Conjunto de montañas: *hicieron una excursión por un hermoso ~ de la sierra de Gredos.* **5** Conjunto de plantas que sirve para decorar: *el jardinero regaba el ~ de hortensias.* **6** ARQ. Parte de una pared que está entre dos huecos: *vamos a recubrir los macizos con madera.*

ma·cro·bió·ti·ca |makroβi̲ó̲tika| ***f.*** *form.* Forma de alimentación, basada en productos vegetales, que busca hacer más larga la vida de una persona: *la ~ nació en Oriente.*

ma·cro·bió·ti·⌈co, ⌈ca |makroβi̲ó̲tiko, ka| ***adj.*** *form.* (alimento) Que sirve para hacer más larga la vida de una persona: *los cereales, las legumbres y las verduras son alimentos macrobióticos; he comprado unas galletas macrobióticas en el herbolario.*

ma·cros·có·pi·⌈co, ⌈ca |makroskópiko, ka| ***adj.*** Que se ve a simple vista, sin ayuda del *microscopio: *el biólogo estudiaba los caracteres macroscópicos de los tejidos vegetales.* ⇔ **microscópico.**

ma·cu·to |makúto| ***m.*** Saco de tela fuerte que sirve para llevar la comida, la caza, objetos para viaje y otras cosas: *dentro del ~, llevaba ropa para cambiarse.* ⇒ **mochila.**

ma·de·ja |maðéxa| ***f.*** Hilo recogido en vueltas iguales y generalmente grandes: *mi madre compró dos madejas para hacer un jersey; colocó la ~ entre dos palos y fue tirando del hilo para hacer un ovillo.* ■ **enredar la ~**, hacer difícil o más difícil un asunto: *intentó enredar la ~ aún más malmetiendo a unos amigos con otros.* ⇒ **complicar, liar.**

ma·de·ra |maðéra| **1** ***f.*** Material duro y fibroso que forma el tronco y las ramas de los árboles: *el tronco tiene la ~ más gruesa que las ramas.* **2** Material duro y fibroso que procede de los árboles: *necesitamos un poco de ~ para el fuego; este armario es de ~ de nogal.* ■ **tener ~**, disfrutar de una condición o una capacidad: *se le ve que tiene ~ de político; tiene ~ para este trabajo.* ■ **tocar ~**, prevenir un mal o desear que no ocurra: *toca ~ por que no nos equivoquemos.*

ma·de·re·⌈ro, ⌈ra |maðeréro, ra| **1** ***adj.*** De la madera o que tiene relación con ella: *la producción maderera aumentó el año pasado.* **- 2** ***m. f.*** Persona que se dedica a comerciar con maderas: *emigró a Canadá y se convirtió en un importante ~.* **3** Persona que se dedica a transportar madera por el río: *fue ~ en el río Tajo, pero era un oficio duro.*

ma·de·ro |maðéro| ***m.*** Pieza larga de madera: *atrancó la puerta del corral con un ~; sólo se encontraron algunos maderos del bote abandonado.*

ma·dras·tra |maðrástra| **1** ***f.*** Mujer del padre en cuanto a los hijos que éste tiene de un *matrimonio anterior: *el padre de Cenicienta llegó a casa con la ~ y sus dos hijas.* ⇒ **padrastro. 2** *fig.* Madre mala, que no cuida a sus hijos: *al morir su marido, se convirtió en una ~.*

ma·dra·za |maðráθa| ***f.*** *fam.* Madre que trata con demasiado cariño a sus hijos y les permite hacer su voluntad: *es una ~: nunca regaña a su hija.* ⇒ **padrazo.**

ma·dre |máðre| **1** ***f.*** Hembra que ha tenido uno o más hijos o crías: *la ~ amamantaba a sus crías; fue ~ por primera vez a los 25 años.* ⇒ **padre. 2** Mujer en cuanto a sus hijos: *mi ~ tiene dos hijos: mi hermana y yo.* ⇒ **padre; ~ adoptiva**, la que se considera así, aun sin haber dado a luz a sus hijos legales: *este niño es hijo de ~ adoptiva, la suya murió cuando él nació;* **~ de familia**, mujer que se dedica al cuidado de sus hijos y a los trabajos de la casa:

María José es ~ de familia y se dedica a la limpieza de su hogar; ~ **de leche**, la que da el pecho a uno o a varios niños sin ser suyos: *la ~ del bebé estaba enferma y buscaron una ~ de leche para que lo amamantase.* ⇒ **nodriza;** ~ **política**, la de la persona con la que se está casado, con relación a uno: *no se lleva muy bien con su ~ política; la ~ de mi marido es mi ~ política.* ⇒ **suegro.** ☐ En muchas zonas de América *madre* es ofensivo y se suele emplear *mamá.* **3** Mujer que pertenece a una orden religiosa: *las madres del colegio son franciscanas;* ~ **superiora**, la de mayor autoridad en el *convento: *las monjas están bajo las órdenes de la ~ superiora.* **4** Causa u origen más importante de una cosa: *será la ~ de todas las batallas.* **5** Parte del terreno por donde va una corriente de agua: *ha llovido tanto que el río se ha salido de su ~.* ⇒ **cauce, lecho. 6** *Madero que sirve de apoyo para otras partes de una estructura: *esta viga no se puede quitar porque es ~.* ■ **ciento y la ~**, *fam.*, gran cantidad de gente: *era casi imposible entrar en la cafetería, había ciento y la ~.* ■ **la ~ del cordero**, *fam.*, la causa u origen de una cosa: *ésa es la ~ del cordero.* ■ **¡la ~ que te parió!**, *vulg.*, expresión que indica enfado o disgusto contra la persona o cosa a la que se le dirige: *¡la ~ que te parió!, ¡qué daño me has hecho!* ■ **¡~ mía!**, *fam.*, expresión que indica sorpresa o admiración: *¡~ mía!, casi nos matamos.* ■ ~ **patria**, país que ha dado origen a otros: *los países hispanoamericanos consideran a España como su ~ patria.* ■ **salirse de** ~, perder el *dominio, la tranquilidad o la paciencia: *en la fiesta todo el mundo se salió de ~.* ■ **como su ~ lo trajo al mundo**, *fam. hum.*, completamente desnudo, sin ropa alguna: *se bañó en la fuente como su ~ lo trajo al mundo; posó para una revista como su ~ la trajo al mundo.*

ma·dre·sel·va |maðresélβa| *f.* Arbusto de tallos largos y nudosos, de hojas ovaladas y flores olorosas: *la ~ se utiliza como planta decorativa; algunas variedades de ~ tienen el fruto tóxico.*

ma·dri·gal |maðriγál| **1** *m.* POÉT. Poema muy corto cuyo asunto es el amor, en el que se combinan versos de siete y once sílabas: *se recuerda a ese poeta por los madrigales galantes que escribió a su amada.* **2** MÚS. Composición musical alegre hecha para varias voces y cuyo asunto es el amor: *el ~ es característico de la música renacentista.*

ma·dri·gue·ra |maðriγéra| **1** *f.* Lugar en el que viven y se protegen los *conejos y otros animales: *el cazador esperó en la entrada de la ~.* **2** *fig.* Lugar donde se aísla una persona: *cuando estaba deprimido y triste, se refugiaba en su ~.* **3** *fig.* Lugar donde viven o se reúnen personas que están fuera de la ley: *los ladrones tenían su ~ en un piso de las afueras de la ciudad.*

ma·dri·le·⌐ño, ⌐ña |maðriléɲo, ɲa| **1** *adj.* De Madrid o que tiene relación con Madrid: *el cocido ~ es muy famoso.* **- 2** *m. f.* Persona nacida en Madrid o que vive habitualmente en Madrid: *conozco a muchos madrileños.*

ma·dri·na |maðrína| **1** *f.* Mujer que presenta o acompaña a una persona cuando ésta recibe un *sacramento: *la ~ cogió al niño en los brazos para que lo bautizara el sacerdote; el novio y la ~ llegaron a la iglesia antes que la novia y el padrino.* ⇒ **padrino. 2** Mujer elegida para *presidir un acto público determinado: *la reina fue la ~ de la ceremonia de la Cruz Roja.* **3** Mujer elegida para botar un barco: *la ~ rompió la botella de cava contra el casco del velero.*

ma·dro·ño |maðróɲo| **1** *m.* Árbol de flores blancas que da un fruto comestible: *el ~ es el símbolo de Madrid.* **2** Fruto comestible, redondo, rojo por fuera y amarillo por dentro y con la superficie áspera: *los madroños están muy dulces; el licor de madroños es digestivo.*

ma·dru·ga·da |maðruγáða| **1** *f.* Parte del día que va desde las doce de la noche hasta el amanecer: *en verano, se acuestan a las tres o las cuatro de la ~.* ⇒ **mañana. 2** Tiempo durante el cual sale el Sol: *llovió durante la ~.* ⇒ **alba, amanecer.** ■ **de** ~, al amanecer: *se levantó de ~ para beber agua.*

ma·dru·ga·⌐dor, ⌐do·ra |maðruγaðór, ðóra| *adj.-s.* (persona, cosa) Que se levanta o se produce muy pronto, especialmente antes de la salida del Sol: *es un hombre ~ y se va a trabajar a las seis de la mañana.*

ma·dru·gar |maðruγár| **1** *intr.* Levantarse muy pronto, especialmente antes de la salida del Sol: *madrugaban para ir al trabajo.* **2** *fig.* Ganar tiempo en un asunto o negocio: *sabía que le pediría la licencia, así que madrugó entregándosela de antemano.* ☐ Se conjuga como 7.

ma·dru·gón |maðruγón| *m. fam.* Hecho de levantarse muy pronto, especialmente antes de la salida del Sol: *cuando iban a pescar se daban un buen ~.*

ma·du·ra·ción |maðuraθión| *f.* Proceso por el cual un fruto llega al momento justo y adecuado para ser cogido o comido: *muchas veces, las frutas y verduras se cogen verdes, con lo que su ~ termina en cámaras frigoríficas.*

ma·du·rar |maðurár| **1** *tr.-intr.* [algo] Alcanzar o hacer alcanzar un desarrollo completo: *el sol maduró las frutas del huerto; las uvas maduran lentamente.* **2** Preparar o prepararse un proyecto o un asunto antes de empezarlo: *el presidente prefirió ~ las modificaciones de la ley antes de aprobarlas; la venganza maduró poco a poco en su mente.* **- 3** *intr.* Crecer y desarrollar el cuerpo, la mente y el espíritu: *ahora los hijos maduran rápidamente.*

ma·du·rez |maðuréθ| **1** *f.* Estado de un fruto que ha alcanzado un desarrollo completo: *las uvas se cogen en verano, cuando llegan a su ~.* **2** Desarrollo completo del cuerpo, la mente y el espíritu; buen juicio: *le asombró la ~ del joven aprendiz; habló con ~.* ⇒ **prudencia, sensatez.** ⇔ **inmadurez. 3** Edad adulta, entre la juventud y la *vejez: *la ~ trajo serenidad y experiencia a su vida.* **4** Desarrollo completo de un asunto o proyecto: *todo el equipo trabajó para conseguir la ~ de su plan de urbanismo.*

ma·du·⌐ro, ⌐ra |maðúro, ra| **1** *adj.* (fruto) Que ha alcanzado su desarrollo completo: *por favor, déme un kilo de tomates maduros; esas naranjas no están maduras.* ⇒ **pasado.** ⇔ **verde. 2** (persona) Que ha desarrollado por completo su cuerpo, su mente y su espíritu; que tiene buen juicio; que piensa antes de obrar: *es muy ~ para su edad; tiene treinta años, pero aún no es una persona madura.* ⇒ **prudente, sensato.** ⇔ **inmaduro. 3** (persona) Que tiene una edad adulta; que no es ni viejo ni joven: *se casó con un hombre ~; era una mujer madura muy bella y atractiva.* **4** (asunto, proyecto) Que está pensado y preparado por completo: *cuando el plan estuvo ~, el grupo lo llevó a cabo.*

ma·es·tre |maéstre| ***m.*** Persona que ocupa el cargo superior de una orden militar: *el ~ de la orden de Calatrava presidió la reunión.*

ma·es·trí·a |maestría| **1 *f.*** Arte o habilidad para hacer una cosa: *ejecutó una pieza al piano con gran ~; el crítico destacó la ~ del joven pintor.* **2** Oficio y título de *maestro: *se preparó unas oposiciones de ~ industrial.*

ma·es·⌈tro, ⌈tra |maéstro, tra| **1 *adj.*** Que tiene gran valor por sus cualidades; que es muy importante: *con tan sólo 20 años, escribió una obra maestra.* **- 2 *m. f.*** Persona que enseña una ciencia, arte u oficio, especialmente la que enseña las primeras letras: *Aristóteles fue el ~ de Alejandro Magno; es maestra y da clase a niños de cinco años.* ⇒ **alumno, profesor. 3** Persona de gran experiencia en una materia: *es una maestra: nadie hace las tartas como ella.* **4** *fig.* Persona o cosa que enseña o forma: *la historia es la maestra de la vida.* **5** Persona que ejerce un oficio de forma independiente y que lo enseña a otros: *aprendió a cortar en casa de un ~ sastre de Madrid.* **6** Persona que dirige el personal o las actividades de un servicio: *es ~ de cocina en un conocido restaurante;* ~ **de ceremonias**, el que dirige los actos públicos en lugares oficiales o importantes: *el ~ de ceremonias ordenó servir la cena.* **7** Persona que compone música o que dirige un conjunto musical: *el ~ ya había dirigido esa orquesta en varias ocasiones.* **8** Persona que se dedica a *torear: *el ~ cortó dos orejas al primer toro de la tarde.* ⇒ **torero. - 9 maestra *f.*** Pieza larga de madera o fila de piedras que sirve de *guía a los *albañiles: *el albañil puso la maestra para enlosar la terraza.*

ma·fia |máfia| **1 *f.*** Organización secreta e ilegal, de origen *italiano y formada por un gran número de personas, que ejerce su poder a través de la fuerza, el crimen y el *chantaje: *la Mafia actúa en Italia y en Estados Unidos.* ☖ En esta acepción se escribe con mayúscula. **2** *p. ext.* Organización secreta e ilegal, formada por un gran número de personas, que se dedica al crimen: *las autoridades temen que una ~ de contrabandistas esté actuando en la costa.* **3** *p. ext.* Organización que emplea métodos ilegales o poco claros en sus negocios: *han fundado un grupo de empresas que controla el mercado como una ~.*

ma·fio·⌈so, ⌈sa |mafióso, sa| **1 *adj.*** De la *mafia o que tiene relación con ella: *el fiscal descubrió los negocios mafiosos del acusado.* **- 2 *adj.-s.*** (persona) Que pertenece a la *mafia: *un grupo de mafiosos destrozó el restaurante.*

mag·da·le·na |maᵞðaléna| ***f.*** Bollo pequeño, dulce y generalmente redondo, hecho con harina, leche, huevo y aceite y que se cocina en el horno: *las magdalenas van protegidas por un molde de papel; los niños desayunaron leche y magdalenas.* ■ **llorar como una Magdalena**, *fam.*, llorar mucho: *cuando vio que se marchaban, la niña empezó a llorar como una Magdalena.*

ma·gia |máxia| **1 *f.*** Conjunto de técnicas y juegos que hacen creer a un público que ve una cosa real aunque no lo sea: *hubo un programa de ~ en la televisión.* ⇒ **ilusionismo. 2** Conjunto de técnicas ocultas que intentan conseguir unos efectos con ayuda de seres *sobrenaturales o de fuerzas secretas de la naturaleza: *creyó que a través de la ~ conseguiría el éxito y el dinero; no creía en la ~;* ~ **blanca**, la que *aparentemente consigue unos efectos positivos por medios naturales: *el mago utilizó la ~ blanca para hacerme invisible;* ~ **negra**, la que *aparentemente consigue unos efectos, generalmente negativos, pidiendo ayuda a los malos espíritus: *la bruja utilizó la ~ negra para dejarlo ciego.* ⇒ **brujería. 3** *fig.* Admiración y placer que provoca una persona o cosa: *los amaneceres junto al mar tienen ~; me gusta ese chico porque hay ~ en sus ojos.* ⇒ **atractivo, encanto.** ■ **como por arte de** ~, de manera que no se puede explicar por causas naturales: *el enfermo mejoró como por arte de ~.*

má·gi·⌈co, ⌈ca |máxiko, ka| **1 *adj.*** De la magia o que tiene relación con ella: *el hada madrina tenía poderes mágicos; la bruja le aseguró que la pócima mágica la haría más bella.* **2** Que provoca admiración y placer: *en la habitación había una atmósfera mágica.* ⇒ **fantástico, maravilloso.**

ma·gis·te·rio |maxistério| **1 *m.*** Título, cargo o profesión de *maestro: *es diplomada en ~.* **2** Conjunto de estudios que se hacen para conseguir ese título: *cursó ~ en Guadalajara y ahora ejerce en Madrid.* **3** Enseñanza y *guía del *maestro: *Ortega y Gasset ejerció su ~ sobre filósofos, intelectuales y artistas.*

ma·gis·tra·⌈do, ⌈da |maxistráðo, ða| ***m. f.*** Persona que forma parte de la *judicatura de un país; superior, en un organismo *civil: *Juan es ~ del Tribunal Supremo.* ⇒ **juez.**

ma·gis·tral |maxistrál| ***adj.*** Que se hace con arte o con habilidad; que es perfecto: *el conferenciante dio un discurso ~; toreó de manera ~; las magistrales pinturas de Goya pueden verse en El Prado.*

ma·gis·tra·tu·ra |maxistratúra| **1 *f.*** Cargo de *magistrado: *obtuvo la ~ de la audiencia provincial de Ávila.* **2** Tiempo durante el cual un *magistrado ejerce su cargo: *el juicio ocurrió en 1988, durante la ~ del juez Martínez.* **3** Conjunto de los *magistrados: *la ~ dio a conocer su opinión a través de la prensa.* **4** Tribunal formado por representantes de los empleados y de los *empresarios encargado de resolver los enfrentamientos legales de tipo *laboral: *la ~ también se llama* Juzgado de lo social.

mag·ma |máᵞma| ***m.*** Materia fundida que se encuentra en el interior de la Tierra y que sale al exterior a través de los *volcanes o las grietas: *el ~ se convierte en lava y la lava en roca.*

mag·na·ni·mi·dad |maʸnanimiðáᵈ| ***f.*** Grandeza, bondad y generosidad: *obró siempre con ~.*

mag·ná·ni·⌜mo, ⌜ma |maʸnánimo, ma| ***adj.*** Que es grande, bueno y generoso: *tenía un corazón ~; fue un rey ~ y justo.*

mag·na·te |maʸnáte| ***com.*** Persona muy importante, por su cargo o su poder, en el mundo de la industria o de los negocios: *entrevistaron al ~ de los medios de comunicación; los magnates del petróleo se reunieron en El Cairo.*

mag·né·ti·⌜co, ⌜ca |maʸnétiko, ka| **1** ***adj.*** Que tiene las cualidades propias del imán: *la brújula se construye con una aguja magnética.* **2** Del *magnetismo o que tiene relación con él: *quiso profundizar en el estudio del campo ~ terrestre.* **3** *fig.* Que es capaz de atraer a otras personas: *en el pueblo hablaban de que la mujer tenía unos ojos magnéticos; su forma de hablar es magnética.*

mag·ne·tis·mo |maʸnetísmo| **1** ***m.*** Propiedad que tiene el imán para atraer el hierro: *el ~ hace posible encontrar objetos metálicos perdidos.* **2** Conjunto de fenómenos producidos por los imanes y las corrientes eléctricas: *el físico quiso estudiar el ~ y su influencia en los metales.* **3** Disciplina que estudia esos fenómenos: *ese profesor es una autoridad en ~.* **4** *fig.* Capacidad de atraer a otras personas: *aquel hombre era un gran seductor: poseía un ~ especial para gustar a las mujeres.* ⇒ **imán.**

mag·ne·ti·zar |maʸnetiθár| **1** ***tr.*** [algo] Dar a un metal o a una sustancia las propiedades del imán: *al ~ dos agujas, éstas se repelen.* ⇒ **imantar.** **2** *fig.* [a alguien] Atraer a otras personas: *la belleza de la joven magnetizó a los presentes.* ☖ Se conjuga como 4.

mag·ne·to·fón |maʸnetofón| ***m.*** ⇒ **magnetófono.**

mag·ne·to·fó·ni·⌜co, ⌜ca |maʸnetofóniko, ka| ***adj.*** Del *magnetófono o que tiene relación con él: *el periodista recibió unas cintas magnetofónicas.*

mag·ne·tó·fo·no |maʸnetófono| ***m.*** Aparato eléctrico que sirve para grabar y reproducir sonidos por medio de una *cinta cubierta de óxido de hierro: *un micrófono capta el sonido y el ~ lo convierte en impulsos eléctricos que se graban en la cinta; puso en marcha el ~ y grabó toda la conversación.* ⇒ **magnetofón.**

mag·ni·fi·car |maʸnifikár| **1** ***tr.*** [algo] Hacer más grande o importante; alabar o *ensalzar mucho: *el director del museo magnificó la figura de sus benefactores.* **2** *fig.* Exagerar; dar excesiva importancia: *aunque nuestra situación económica es grave, no debes ~ los hechos ni las cifras.* ☖ Se conjuga como 1.

mag·ni·fi·cen·cia |maʸnifiθénθia| ***f.*** Cualidad de magnífico: *encontraron dos códices que destacaban por su ~.*

mag·ní·fi·⌜co, ⌜ca |maʸnífiko, ka| **1** ***adj.*** Que destaca por sus buenas cualidades; que sobresale entre lo demás; que es admirable: *tu trabajo ha sido ~, te felicito; fue una magnífica victoria para el equipo.* ⇒ **extraordinario.** **2** Que causa admiración por su grandeza, lujo o perfección: *el resultado de la obra fue una iglesia magnífica.* ⇒ **espléndido.**

mag·ni·tud |maʸnitúᵈ| **1** ***f.*** Tamaño o medida; propiedad física que puede ser medida: *la temperatura es una ~.* **2** *fig.* Grandeza o importancia: *el paro es un problema de ~.*

mag·⌜no, ⌜na |máʸno, na| ***adj.*** Que es grande o importante: *todos alabaron el ~ esfuerzo de los voluntarios; el gobierno emprendió una magna obra de reformas.*

mag·no·lia |maʸnólia| **1** ***f.*** Flor de jardín grande, blanca y de olor intenso y agradable: *la novia llevaba un ramo de magnolias.* **2** Árbol de tronco liso y copa siempre verde, con las hojas grandes y duras, que da esa flor: *la ~ procede de América y Asia.*

ma·⌜go, ⌜ga |máɣo, ɣa| **1** ***m. f.*** Persona que emplea técnicas y juegos para hacer creer al público que ve una cosa real aunque no lo sea: *el ~ hizo unos trucos con una baraja de cartas.* ⇒ **ilusionista, prestidigitador.** **2** Persona que emplea técnicas ocultas para conseguir unos efectos con ayuda de seres *sobrenaturales o de fuerzas secretas de la naturaleza: *Arturo visitó al ~ Merlín; una maga le predijo que se casaría con un rey.* ⇒ **adivino, brujo, encantador.**

ma·⌜gro, ⌜gra |máɣro, ɣra| **1** ***adj.*** (carne) Que no tiene grasa: *está a régimen y sólo puede comer carne magra.* ⇒ **molla.** **2** Que está delgado y no tiene grasa: *el deportista tenía un cuerpo ~ y musculoso.* **- 3 magro** ***m.*** Carne de cerdo sin grasa y cercana al *lomo: *pidieron unas raciones de ~ con tomate.*

ma·gu·lla·du·ra |maɣuʎaðúra| ***f.*** Daño que se produce en el interior de un cuerpo, sin herida exterior: *la caída le produjo algunas magulladuras.* ⇒ **contusión.**

ma·gu·llar |maɣuʎár| ***tr.-prnl.*** [algo, a alguien] Golpear o producir un daño en el interior de un cuerpo, sin herida exterior: *al saltar la tapia se magulló una rodilla.* ⇒ **contusionar.**

ma·ho·me·ta·⌜no, ⌜na |maometáno, na| **1** ***adj.-s.*** (persona) Que sigue la religión de Mahoma: *el libro sagrado de los mahometanos es el Corán.* ⇒ **musulmán. - 2** ***adj.*** De Mahoma o de su religión o que tiene relación con ellos: *muchas costumbres mahometanas son extrañas para los cristianos.*

ma·ho·me·tis·mo |maometísmo| ***m.*** Religión de los que siguen a Mahoma como *profeta de Alá: *el libro sagrado del ~ es el Corán.* ⇒ **islamismo.**

ma·ho·ne·sa |maonésa| ***adj.-f.*** (salsa) Que se hace mezclando huevo, aceite, vinagre o *limón y sal: *se le cortó la ~ y tuvo que arreglarla con más huevo; pon un poco más de ~ en mis espárragos.* ⇒ **mayonesa.** ☖ Como sustantivo, la Real Academia Española prefiere la forma *mayonesa.*

mai·llot |maʎóᵗ, maiʎóᵗ| ***m.*** Prenda de vestir deportiva, fina y elástica, que se ajusta al cuerpo: *los ciclistas llevan un ~ en la parte superior del cuerpo; muchas nadadoras usan ~.* ☖ Esta palabra procede del francés.

ma·íz |maíθ| **1** ***m.*** Planta de tallos rectos y largos, con las hojas grandes y las flores *agrupadas en racimo que da un grano amarillo comestible: *el ~ procede de América; el ~ se cultiva en terrenos de regadío.* ⇒ **panizo. 2** Grano de esa planta: *tomaron ensalada de ~ dulce; las palomitas se hacen con ~ tostado.*

ma·ja·da |maxáða| **1** *f.* Lugar donde se refugian el ganado y los pastores por la noche: *en la ~ había un pilón donde bebían las ovejas y una cabaña para los pastores.* **2** Excremento del ganado: *utilizaron la ~ como abono para el campo.*

ma·ja·de·rí·a |maxaðería| *f. fam. desp.* Obra o dicho torpe o poco adecuado: *por favor, deja de decir majaderías.* ⇒ **chorrada, necedad, sandez.**

ma·ja·de·⌜ro, ⌜ra |maxaðéro, ra| **1** *adj.-s. fam. desp.* (persona) Que es torpe en el trato y que molesta: *es un ~: prefiero no tener que hablar con él.* ☖ Se usa como apelativo despectivo. **- 2 majadero** *m.* Herramienta parecida a un *mazo, que se usa para romper piedra o ladrillo: *destruyeron todo el muro con un ~.*

ma·jar |maxár| *tr.* [algo] Golpear hasta triturar o reducir a trozos muy pequeños: *el mortero se usa para ~ el ajo, la nuez moscada y otros condimentos.* ⇒ **machacar.**

ma·ja·ra |maxára| *adj. fam.* ⇒ **majareta.**

ma·ja·re·ta |maxaréta| **1** *adj.-com. fam.* (persona) Que ha perdido la razón; que tiene alterada la mente: *se volvió ~ por culpa de la televisión.* ⇒ **loco, majara. 2** *fam.* (persona) Que tiene poco juicio; que es imprudente: *tú estás ~ perdido.* ⇒ **chiflado, loco, majara.**

ma·jes·tad |maxestáᵈ| **1** *f.* Grandeza, superioridad y autoridad que provoca admiración y respeto: *el caballero cabalgaba con ~.* **2** Forma de tratamiento que se usa hacia Dios, un rey o un *emperador y que indica respeto y obediencia: *el documento fue firmado por Su Majestad el Rey; Majestad, un viajero solicita audiencia.* ☖ En esta acepción se escribe con mayúscula. ■ **en ~,** PINT. ESC., (imagen de Cristo o de la Virgen) sentado en un *trono: *el Cristo en ~ es propio del arte medieval; en uno de los pórticos de la catedral aparece la Virgen en ~, rodeada de ángeles.*

ma·jes·tuo·si·dad |maxestuosiðáᵈ| *f.* Cualidad de *majestuoso: *el poeta describió la ~ de las tierras de Andalucía.*

ma·jes·tuo·⌜so, ⌜sa |maxestuóso, sa| *adj.* Que provoca admiración y respeto por su grandeza, superioridad o nobleza: *al entrar al palacio nos deslumbró la majestuosa escalera; caminaba con un porte ~.* ⇒ **señorial, solemne.**

ma·⌜jo, ⌜ja |máxo, xa| **1** *adj. fam.* (persona) Que es simpático o agradable en el trato: *mi vecina es una señora muy maja; tus amigos son unos chicos muy majos.* ☖ Se usa como apelativo afectivo: *hola, maja, ¿cómo te ha ido?* **2** *fam.* (persona) Que es bello: *tiene un novio ~: es alto, moreno, guapo y atlético; ¡qué hijo más ~ tienen!* ⇒ **guapo, hermoso. 3** *fam.* (cosa) Que gusta por ser bello, pero no lujoso o excesivo: *se ha comprado un coche muy ~; ¡qué cartera tan maja!* **- 4** *m. f.* Persona del Madrid de los siglos XVIII y XIX, con una forma de vestir particular: *en los cartones de Goya se puede ver a los majos en las romerías y en las fiestas.*

mal |mál| **1** *adv. m.* De manera contraria a la debida; de un modo que no es adecuado o correcto: *se portó ~ con nosotros; se comporta muy ~ en público; has resuelto ~ el problema.* ⇔ **bien. 2** En un estado incómodo, desagradable o de enfermedad: *estoy muy ~ en esta silla; esta mañana cuando me he levantado estaba muy ~; me encuentro ~ de salud.* ⇔ **bien. 3** De una manera desagradable; con disgusto: *lo pasamos ~ en la fiesta de Alberto; lleva ~ su enfermedad.* ⇔ **bien. 4** Con dificultad: *~ puedo creer en tu palabra, si siempre me engañas.* ⇔ **bien. - 5** *m.* Cosa que es mala y que produce un daño físico o moral: *quería hacernos ~, pero no lo ha conseguido; ese tratamiento le ha hecho ~;* **~ de ojo**, el que se supone causado por una mirada: *le echó un ~ de ojo y ahora tiene muy mala suerte.* ⇔ **bien. 6** Enfermedad o *dolencia: *siempre se está quejando de sus males; cree que su ~ le viene de una mala alimentación.* **7** Idea abstracta de todo lo que se aparta de lo bueno o justo: *sus discursos incitan al ~; nunca podría obrar así porque aborrece el ~.* ⇔ **bien. - 8** *adj.* Apócope de *malo*: *no es ~ chico, pero es un poco ambicioso.* ☖ Delante de un sustantivo femenino, se usa la forma *mala*: *no es mala chica; vino en una mala ocasión.* ⇒ **malo.** ■ **ir de ~ en peor,** *fam.*, avanzar hacia una situación cada vez más difícil o más grave: *el paro va de ~ en peor.* ■ **~ que**, *form.*, si bien; aunque: *seguiré haciéndolo, ~ que te pese.* ■ **menos ~**, por suerte: *menos ~ que no se ha roto al caer.*

ma·la·bar |malaβár| *adj.* (juego) Que consiste en mantener objetos en un equilibrio poco estable, lanzándolos al aire y recogiéndolos con habilidad: *después de los leones, vinieron los juegos malabares; el artista hizo un juego ~ con tres naranjas.*

ma·la·ba·ris·mo |malaβarísmo| **1** *m.* Juego que consiste en mantener objetos en un equilibrio poco estable, lanzándolos al aire y recogiéndolos con habilidad: *hizo un ~ fantástico con unos platos.* **2** Oficio de la persona que se dedica a ese juego: *desde muy pequeño se interesó por el ~.* **3** *fig.* Habilidad para hacer una cosa: *convenció a todos con su ~ verbal.* ⇒ **destreza. 4** *fam. fig.* Acción muy difícil pero necesaria: *hace malabarismos para llegar a fin de mes con su sueldo.*

ma·la·ba·ris·ta |malaβarísta| *com.* Persona que hace juegos manteniendo objetos en equilibrio: *un ~ lanzaba mazas envueltas en fuego.*

ma·la·ci·ta·⌜no, ⌜na |malaθitáno, na| **1** *adj. form.* De Málaga o que tiene relación con Málaga: *las costas malacitanas son muy turísticas.* **- 2** *m. f.* Persona nacida en Málaga o que vive habitualmente en Málaga: *un ~ se brindó a enseñarnos su ciudad.* ⇒ **malagueño.**

ma·la·con·se·ja·⌜do, ⌜da |malakonsexáðo, ða| *adj.-s.* (persona) Que obra de manera equivocada siguiendo malos consejos: *era un hombre ~ y provocó muchas enemistades.*

ma·la·cos·tum·brar |malakostumbrár| **1** *tr.* [a alguien] Permitir que una persona haga su voluntad sin corregirla o castigarla: *está malacostumbrando a esos niños.* ⇒ **consentir, malcriar, mimar.** 2 Hacer que una persona tenga malos hábitos o costumbres: *aquellas amistades lo malacostumbraron.*

má·la·ga |málaɣa| *m.* Vino dulce que se produce en la zona de Málaga: *ayer tomé dos copas de ~.*

ma·la·gue·ña |malaɣéɲa| **1** *f.* Cante *flamenco de *coplas de cuatro versos de ocho sílabas, que se acompaña con *guitarra: *una muchacha cantó una ~.* **2** Baile que acompaña a ese canto: *las bailaoras se arrancaron por malagueñas.*

ma·la·gue·⌐ño, ⌐ña |malaɣéɲo, ɲa| **1** *adj.* De Málaga o que tiene relación con Málaga: *viajaron por los pueblos malagueños de la costa.* **- 2** *m. f.* Persona nacida en Málaga o que vive habitualmente en Málaga: *se casó con una malagueña.* ⇒ **malacitano.**

ma·lan·⌐drín, ⌐dri·na |malandrín, drína| *adj.-s. fam.* (persona) Que es malo: *esos niños son unos malandrines.* ⌂ Se usa como apelativo despectivo: *¡ven acá, ~, rufián!*

ma·la·ven·tu·ra·⌐do, ⌐da |malaβenturáðo, ða| *adj.* Que es desgraciado e infeliz; que no tiene suerte: *fue toda su vida un hombre ~ y sin fortuna.* ⇔ **bienaventurado.**

mal·ca·sa·⌐do, ⌐da |malkasáðo, ða| **1** *adj.* Que no es feliz en el *matrimonio: *toda su vida fue una mujer malcasada por culpa de una boda de conveniencia.* **2** Que está separado o *divorciado: *tiene un hijo ~.*

mal·co·mer |malkomér| *intr.* Comer poca cantidad o alimentos de mala calidad: *no tienen dinero ni para ~.* ⇒ **comer.**

mal·cria·⌐do, ⌐da |malkri̲á̲ðo, ða| **1** *adj.-s.* (persona) Que no es educado; que se comporta de forma molesta y desagradable: *mi vecino es un ~.* ⇒ **maleducado, malencarado. 2** (niño) Que hace su voluntad sin que ninguna persona lo corrija o castigue: *¡vaya hijo más ~ que tiene!*

mal·criar |malkri̲á̲r| *tr.* [a alguien] Educar mal; permitir que una persona haga su voluntad sin corregirla o castigarla: *si sigues malcriando a los niños, luego serán insoportables.* ⇒ **consentir, malacostumbrar, mimar.** ⌂ Se conjuga como 13.

mal·dad |maldáᵈ| **1** *f.* Cualidad de malo: *actuó con ~.* ⇒ **malicia.** ⇔ **bondad. 2** Acción mala: *todo el pueblo sufría las maldades de aquellos criminales.*

mal·de·cir |maldeθír| **1** *tr.* [algo, a alguien] Decir *maldiciones; pedir y desear que le ocurra un mal a una persona: *la vieja le dijo: —yo te maldigo y ojalá que seas un desgraciado en esta vida; maldijo la hora en que conoció a esa mujer.* ⇔ **bendecir. 2** Condenar y hacer que se produzca un mal: *Dios maldijo esta tierra inhóspita.* **- 3** *tr.-intr.* Hablar mal o insultar: *se pasa el día maldiciendo y renegando.* ⇒ **criticar.** ⌂ Se conjuga como 79.

mal·di·ción |maldiθi̲ó̲n| **1** *f.* Palabra o frase con la que una persona se queja y expresa el deseo de que le ocurra un mal a otra: *la bruja le echó una ~ y poco después el joven tenía la cara llena de granos.* ⇔ **bendición. 2** Castigo o mal producido por una fuerza *sobrenatural: *la destrucción de la torre de Babel fue una ~ del cielo.* ⇔ **bendición. - 3** *interj. fam.* Expresión que indica disgusto o enfado: *¡~, se me han escapado esos rufianes!*

mal·di·⌐to, ⌐ta |maldíto, ta| **1** *adj.-s.* (persona, cosa) Que no goza de la gracia o la protección de Dios: *esa casa está maldita, váyase; los malditos están condenados al infierno.* ⇔ **bendito. 2** (persona) Que hace el mal voluntariamente; que tiene malas costumbres: *era un viejo maldito y odioso.* ⌂ Se usa también para calificar a sustantivos que funcionan como apelativos despectivos: *devuélvenos el dinero, ~ estafador.* ⇔ **bendito. - 3** *fam. adj.* Que molesta y hace perder la paciencia: *¡maldita casa, qué trabajo me da!; ese ~ niño va a acabar con nosotros.* ⇒ **condenado.** ⇔ **bendito.**

ma·le·a·ble |maleáβle| **1** *adj.* (metal) Que puede recibir formas muy diversas: *el estaño es un metal ~.* ⇒ **dúctil. 2** *fig.* (persona) Que puede adaptarse y cambiar de opinión fácilmente: *es joven y tiene un carácter ~.* ⇒ **dúctil.**

ma·le·an·te |maleánte| *adj.-com.* (persona) Que vive fuera de la ley por dedicarse al robo y a otros *delitos: *una pandilla de maleantes entró en el bar y lo destrozó.* ⇒ **delincuente.**

ma·le·ar |maleár| **1** *tr.-prnl.* [algo] Dañar o echar a perder: *se negó a prestar sus joyas por miedo a que las malearan.* **2** *fig.* [a alguien] Enseñar malas costumbres o un mal comportamiento: *aquel ambiente maleó al joven estudiante; la muchacha se maleó por culpa de las malas compañías.* ⇒ **pervertir.**

ma·le·cón |malekón| *m.* Muro que se construye en los *puertos y que sirve como defensa contra la fuerza del agua: *los pescadores dejaban sus cañas en el ~; las olas se estrellaban contra el ~.* ⇒ **rompeolas.**

ma·le·di·cen·cia |maleðiθénθi̲a̲| *f.* Crítica, insulto; hecho de hablar mal: *procuraba que no le afectaran la envidia y la ~.*

ma·le·du·ca·⌐do, ⌐da |maleðukáðo, ða| *adj.-s.* (persona, animal) Que no es educado; que se comporta de forma molesta y desagradable: *huya de las personas maleducadas y groseras; es usted un ~.* ⇒ **grosero, malcriado, malencarado, patán, soez.** ⇔ **educado.**

ma·le·fi·cio |malefíθi̲o̲| **1** *m.* Daño provocado por medio de la magia: *la enfermedad de nuestra hija es un ~, dijo la reina.* **2** Conjunto de palabras mágicas que provocan ese daño: *el príncipe estaba preso de un ~ y por eso parecía una bestia.* ⇒ **hechizo.**

ma·lé·fi·⌐co, ⌐ca |maléfiko, ka| *adj.* Que causa o puede causar un mal o un daño: *conseguimos descubrir sus maléficas intenciones de matar a los niños.*

ma·len·ca·ra·⌐do, ⌐da |maleŋkaráðo, ða| **1** *adj.* Que tiene un aspecto que no anima a la confianza: *un tipo ~ se acercó a la cabina.* **2** Que tiene cara de enfado: *¿dónde vas tan ~?* **- 3** *adj.-s.* (persona) Que no es educado; que se comporta de forma molesta y desagradable: *su hija es una malencarada.* ⇒ **malcriado, maleducado.**

ma·len·ten·di·do |malentendíðo| *m.* Equivoción; situación que puede entenderse de varias maneras y que provoca un error: *hubo un ~ en el aeropuerto y perdieron el vuelo; el policía les pidió perdón por el ~*. ⌂ El plural es *malentendidos*.

ma·les·tar |malestár| ***m.*** Sensación molesta; dolor ligero causado por una enfermedad: *tengo un ~ en el estómago; ya tiene los malestares del embarazo.* ⇒ **molestia.**

ma·le·ta |maléta| **1** ***f.*** Caja rectangular, de tela, cuero o plástico, con una asa, que sirve para llevar la ropa y otros objetos necesarios en un viaje: *metió varios trajes y camisas en la ~; antes de subir al avión debes facturar la ~; se ha perdido su ~.* ⇒ **maletín.** - **2** ***com.*** *fam.* Persona que no hace bien su trabajo: *los espectadores empezaron a silbar y a decirle al torero: ¡~, ~!*

ma·le·te·⌐ro, ⌐ra |maletéro, ra| **1** ***m. f.*** Persona que se dedica a transportar maletas y objetos de viaje: *los maleteros trabajan en los hoteles, en las estaciones y en los aeropuertos.* - **2 maletero *m.*** Espacio cerrado en un vehículo que sirve para guardar maletas y otros objetos: *los coches suelen llevar el ~ en la parte de atrás; mete la compra en el ~ y vámonos.* ⇒ **portaequipajes. 3** Mueble que sirve para guardar mantas, maletas y otras cosas en una casa: *mi padre ha construido un ~ en su habitación.*

ma·le·ti·lla |maletíʎa| ***com.*** Persona joven que aspira a ser torero o torera: *el ~ saltó al ruedo y dio algunos pases al toro para darse a conocer.*

ma·le·tín |maletín| ***m.*** Caja pequeña, de tela, cuero o plástico, con una asa, que sirve para llevar documentos y objetos pequeños: *el abogado sacó el contrato de su ~; el médico dejó su ~ junto a la mesa; llevaba los objetos de aseo en un ~.* ⇒ **maleta.**

ma·lé·vo·⌐lo, ⌐la |maléβolo, la| ***adj.*** Que tiende a hacer el mal; que no tiene una buena intención: *aleja de ti esos malévolos pensamientos: no debes robar dinero para pagar tus deudas.*

ma·le·za |maléθa| **1** ***f.*** Conjunto de árboles, arbustos y otras plantas que crecen muy juntas y de forma salvaje: *no podían avanzar entre la ~; la ~ ocultaba la fuente.* **2** Conjunto de malas hierbas que causan daño a las tierras de cultivo: *los campesinos limpiaron el campo de malezas y las quemaron.*

mal·gas·tar |malɣastár| ***tr.*** [algo] Gastar de mala manera; usar mal o no aprovechar: *no malgastes el tiempo y ponte a estudiar; malgastó el dinero.* ⇒ **desperdiciar.**

mal·ha·bla·⌐do, ⌐da |malaβláðo, ða| ***adj.-s.*** (persona) Que usa expresiones vulgares al hablar; que falta al respeto de los demás: *es un ~: se pasa el día diciendo tacos.* ⇔ **bienhablado.**

mal·he·⌐chor, ⌐cho·ra |maletʃór, tʃóra| ***adj.-s.*** (persona) Que obra contra la ley de forma habitual: *una banda de malhechores asaltaba los caminos.*

mal·he·rir |malerír| ***tr.*** [algo, a alguien] Herir gravemente: *el toro malhirió al torero.* ⌂ Se conjuga como 35.

mal·hu·mor |malumór| ***m.*** Humor malo; estado de ánimo o genio malo: *la criada aguantaba el ~ del niño.* ⇒ **humor.**

mal·hu·mo·ra·⌐do, ⌐da |malumoráðo, ða| ***adj.*** Que tiene mal humor: *hoy estoy ~, así que no me enfades; es un viejo ~ y siempre nos está regañando.*

ma·li·cia |malíθia| **1** ***f.*** Cualidad de malo: *es torpe y tonto, pero no tiene ~.* ⇒ **maldad. 2** Tendencia a pensar o a obrar mal: *su pecho se llenó de ~; la ~ de las gentes hacía desgraciada a la joven.* ⇔ **ingenuidad. 3** Intención mala o disimulo al obrar, ocultando la verdadera intención: *se acercó a ella con ~.* ⇔ **inocencia.**

ma·li·ciar |maliθiár| ***tr.-intr.-prnl.*** [algo] Sospechar o pensar mal de una persona o de un hecho: *no confiaba en él y se maliciaba que no iba a hacer nada bueno.* ⌂ Se conjuga como 12.

ma·li·cio·⌐so, ⌐sa |maliθióso, sa| **1** ***adj.*** Que hace el mal; que tiene mala intención: *era una mujer maliciosa y cruel.* **2** Que sospecha o piensa mal: *le lanzó una mirada maliciosa.* ⇒ **malpensado.**

ma·lig·⌐no, ⌐na |malíᵞno, na| **1** ***adj.*** Que tiende a hacer el mal o a pensar mal; que se porta mal: *le dirigía miradas malignas; tenía un carácter ~; era una persona maligna.* ⇒ **malo. 2** *fig.* Que causa o puede causar un daño: *las plagas son malignas para las cosechas.* ⇒ **perjudicial. 3** (enfermedad) Que es grave; que no puede curarse: *le extirparon dos tumores malignos.* ⇔ **benigno. 4** (fuerza, espíritu) Del mal; que está en contra de Dios: *el sacerdote exorcizó a la niña y alejó a los espíritus malignos.* - **5 maligno *m.*** *Diablo; espíritu del mal: *el Maligno se apoderó de su espíritu.* ⌂ Con este significado siempre se dice y se escribe *el Maligno*.

ma·lin·ten·cio·na·⌐do, ⌐da |malintenθionáðo, ða| ***adj.-s.*** Que tiene mala intención: *es una persona malintencionada, ten cuidado; en una acción malintencionada, intentó enemistar a los dos amigos.* ⇔ **bienintencionado.**

ma·lla |máʎa| **1** ***f.*** Prenda de vestir de tejido muy delgado y elástico, que se ajusta mucho al cuerpo: *los bailarines usan mallas.* ⇒ **leotardo.** ⌂ Se usa sobre todo en plural. **2** Tejido parecido a una red: *las naranjas están dentro de una bolsa de ~ roja.* **3** Tejido formado por anillos de metal unidos entre sí: *el guerrero llevaba una cota de ~ bajo la armadura.*

ma·llor·⌐quín, ⌐qui·na |maʎorkín, kína| **1** ***adj.*** De Mallorca o que tiene relación con Mallorca: *las playas mallorquinas son muy bellas; el paisaje ~ es muy variado.* - **2** ***m. f.*** Persona nacida en Mallorca o que vive habitualmente en Mallorca: *Eva es mallorquina.* - **3 mallorquín *m.*** Variedad del *catalán, que se habla en las Islas Baleares: *su habla familiar es el ~.*

mal·me·ter |malmetér| ***tr.*** [a alguien] Poner a una persona en contra de otra; hacer enemigas a dos o más personas: *trató de ~ a los dos amigos.* ⇒ **encizañar.**

ma·⌐lo, ⌐la |málo, la| **1** ***adj.*** Que tiende a hacer el mal o a pensar mal: *tiene cara de hombre ~.* ⇒ **maligno. 2** Que se porta mal o que causa problemas:

es un niño muy ~ y no hace caso a sus padres. **3** Que no es adecuado o conveniente para un fin o circunstancia: *es un trabajador ~.* **4** Que no tiene calidad: *es una máquina mala y siempre está estropeada; las judías eran malas y se le quedaron duras.* **5** Que es desagradable a los sentidos: *me invitó a un helado muy ~; este ambientador quita los malos olores.* **6** *fam.* Que está enfermo o que tiene mala salud: *hoy no ha podido venir porque se ha puesto ~; de pequeño siempre estaba ~.* ☐ Se suele usar con los verbo *estar* y *ponerse.* **7** Que tiene un efecto negativo: *la mala gestión llevó el banco a la quiebra.* ⇒ **mal, peor, pésimo.** ⇔ **bueno. - 8 ¡malo! *interj.*** Expresión con la que se indica que no se tiene una buena impresión: *cuando vi que venía muy serio dije ¡~!* ■ **estar de malas**, *fam.*, no estar bien dispuesto o de buen ánimo: *el jefe está de malas, así que no le pidas hoy el aumento.* ■ **por las malas**, usando la fuerza: *lo sacaron del bar por las malas.* ☐ Cuando va delante de un sustantivo masculino en singular, se usa la forma *mal.*

ma·lo·gra·⌐do, ⌐da |maloγráðo, ða| ***adj.-s.*** (persona) Que ha muerto muy joven o antes de lo esperado: *la viuda del ~ actor recibió ayer a la prensa.*

ma·lo·grar |maloγrár| ***tr.-prnl.*** [algo] Estropear; hacer que un proyecto no llegue a su fin o no resulte bien: *la lesión del delantero ha malogrado las esperanzas de triunfo.* ⇒ **frustrar.**

ma·lo·lien·te |malolíénte| ***adj.*** Que despide mal olor: *entraron en una habitación ~ y se sentaron a esperar; un hombre ~ se acercó a preguntarles la hora.*

mal·pa·ra·⌐do, ⌐da |malparáðo, ða| ***adj.*** Que ha sufrido un daño fuerte: *salió bastante malparada de la discusión con sus compañeros.*

mal·pa·rir |malparír| ***intr.*** Interrumpir el embarazo, impidiendo que el feto se desarrolle: *mi mujer ha malparido y ha tenido un aborto.* ⇒ **parir.**

mal·pen·sa·⌐do, ⌐da |malpensáðo, ða| ***adj.-s.*** (persona) Que siempre considera las acciones o las palabras de otra persona como malas o de mala intención: *caramba, chico, ¡qué ~ eres!* ⇒ **malicioso.**

mal·que·ren·cia |malkerénθia| ***f.*** Odio, *antipatía o *enemistad hacia una persona: *aseguraron que por encima de cualquier ~ siempre serían socios.* ⇒ **antipatía.**

mal·sa·⌐no, ⌐na |malsáno, na| **1** ***adj.*** Que hace daño a la salud: *vivían en un sótano húmedo y ~; era un clima ~ y decidieron mudarse a otro pueblo.* ⇒ **insalubre. 2** Que hace daño al espíritu y a la moral: *fue un hombre de costumbres malsanas.* ⇒ **inmoral.**

mal·so·nan·te |malsonánte| ***adj.*** (palabra, expresión) Que es vulgar y de mal gusto: *los tacos y palabrotas son palabras malsonantes.*

mal·ta |málta| **1** ***f.*** *Cebada preparada para fabricar *cerveza: *la ~ es cebada germinada.* **2** Conjunto de granos de *cebada o de trigo que se usan para sustituir al café: *la ~ es un sucedáneo del café.*

mal·⌐tés, ⌐te·sa |maltés, tésa| **1** ***adj.*** De Malta o que tiene relación con Malta: *la capital maltesa es La Valetta.* **- 2 *m. f.*** Persona nacida en Malta o que vive habitualmente en Malta: *los malteses son vecinos de los italianos.* **- 3 maltés *m.*** Lengua de Malta: *el ~ es una lengua semítica.*

mal·tra·er |maltraér| ***tr.*** [a alguien] Maltratar, molestar o disgustar: *las huelgas maltraen a muchos empleados.* ■ **llevar/ traer a ~**, *fam.*, molestar de modo *constante: *mis hijos me traen a ~.* ☐ Se conjuga como 88.

mal·tra·tar |maltratár| ***tr.-prnl.*** [algo, a alguien] Tratar mal; causar daño o dolor: *le acusaron de ~ a su esposa; maltrataba los libros.* ⇒ **patear, pisotear.**

mal·tra·to |maltráto| ***m.*** Comportamiento violento que causa daño o dolor: *aumenta el ~ a los animales.*

mal·tre·⌐cho, ⌐cha |maltrétʃo, tʃa| ***adj.*** Que ha sufrido un daño fuerte: *la caída lo dejó ~; salió ~ de la entrevista de trabajo.*

mal·va |málβa| **1** ***adj.*** De color morado claro, parecido al rosa: *llevó un vestido ~ a la reunión.* **- 2 *adj.-m.*** (color) Que es morado claro, parecido al rosa: *se compró un bañador de color ~; el ~ no te favorece.* **- 3 *f.*** Planta de tallo ramoso, con las hojas de color verde intenso y las flores grandes de color morado claro: *las malvas crecen en terrenos húmedos y tierras sin cultivar.* ■ **criar malvas**, *fam.*, estar muerto y enterrado: *los matones lo enviaron a criar malvas.* ■ **ser una ~**, *fam. fig.*, ser bueno, tranquilo y agradable en el trato: *ese marido tuyo es una ~.*

mal·va·⌐do, ⌐da |malβáðo, ða| ***adj.-s.*** Que es muy malo; que sólo hace el mal: *la madrastra de Blancanieves era malvada.* ⇒ **perverso.**

mal·ven·der |malβendér| ***tr.*** [algo] Vender una cosa por un precio más bajo del que le corresponde: *tuvo que ~ su casa y sus bienes para pagar el hospital.*

mal·ver·sa·ción |malβersaθión| **1** ***f.*** *form.* Acción ilegal que consiste en gastar o negociar con unos bienes o un dinero, generalmente públicos, que se administran por encargo: *la ~ de fondos del Estado es un delito grave, castigado con penas de cárcel.* **2** Robo de dinero público: *fue acusado de ~ de fondos públicos.*

mal·ver·sar |malβersár| **1** ***tr.*** *form.* [algo] Gastar o negociar de forma ilegal con los bienes o el dinero, generalmente públicos, que se administran por encargo: *el director del banco nacional malversaba los fondos públicos invirtiendo en bolsa y en terrenos inmuebles puestos a nombre de su esposa.* **2** Robar dinero público: *ha ingresado en prisión por ~ más de cien millones de pesetas.*

mal·vi·vir |malβiβír| ***intr.*** Vivir mal, sin tener cubiertas las necesidades elementales: *encontraron a una pareja en una choza, malviviendo entre tanta pobreza y suciedad.*

ma·ma |máma| **1** ***f.*** Órgano de las hembras de los mamíferos que produce leche: *las mujeres tienen dos mamas.* ⇒ **pecho, teta. 2** *fam.* Mujer en cuanto a sus hijos: *¡~, mira mi hermano, no me deja en paz!* ⇒ **madre, mamá.** ☐ Se usa como apelativo afectivo.

ma·má |mamá| ***f.*** *fam.* Mujer en cuanto a sus hijos:

~, *¿puede venir Laura a comer?* ⇒ **madre, mama.** ☖ Se usa como apelativo afectivo. El plural es *mamás*.

ma·ma·ʳdo, ʳda |mamáðo, ða| *adj. fam. desp.* Que ha bebido mucho alcohol y está borracho: *ya está ~ otra vez, no para de darle a la botella.* ⇒ **borracho.**

ma·mar |mamár| **1** *tr.-intr.* [algo] Chupar con los labios y la lengua la leche de las mamas: *la madre dio de ~ al bebé; el niño no quiere ~; el cachorro mamaba la leche con ansia.* **2** *fam.* Tomar licores y bebidas alcohólicas: *se pasan el día mamando en el bar.* ⇒ **beber. - 3** *tr. fig.* Aprender siendo niño: *ese joven ha mamado el vicio.*

ma·ma·rra·cho |mamar̄átʃo| **1** *adj.-m. fam. desp.* (persona) Que viste o se comporta de forma ridícula: *anda, ~, quítate de mi vista.* ☖ Se usa como apelativo despectivo. **2** Figura o cosa fea o ridícula: *en las fiestas del Carnaval, la gente mantea un ~.* ⇒ **facha.**

mam·bo |mámbo| **1** *m.* Baile de ritmo alegre procedente de Cuba: *estuvieron toda la noche bailando ~ y rumba en la playa.* **2** Música y canto de ese baile: *la orquesta interpretó un ~.*

ma·mí·fe·ʳro, ʳra |mamífero, ra| *adj.-s.* ZOOL. (animal) Que es vertebrado, de temperatura *constante, y que alimenta a sus crías con la leche de las mamas de la hembra: *hay mamíferos de formas muy diversas, como el hombre, el caballo, la ballena y el murciélago; esta plaga de insectos ataca a los mamíferos.*

ma·mo·la |mamóla| *f.* Caricia o broma que se hace tocando con la mano la *barbilla de otra persona: *la abuela tenía la costumbre de hacernos mamolas mientras comíamos.*

ma·ʳmón, ʳmo·na |mamón, móna| **1** *adj.-s.* (persona, animal) Que está mamando; que todavía es bebé: *el ~ se despertó llorando porque tenía hambre.* **2** Que mama más cantidad o más tiempo de lo normal: *mi hijo fue un ~, estuvo mamando hasta los once meses.* **3** *fam. desp.* Persona de conducta mala; persona que tiene malas intenciones: *ten cuidado con él, es un auténtico ~, se aprovecha de todo el mundo; se comporta como un ~ con las chicas.* ⇒ **cabrito.** ☖ Se usa como apelativo despectivo.

mam·pa·ra |mampára| *f.* Plancha movible de madera, cristal u otro material, que se coloca en un lugar para aislarlo y separarlo de otros: *en la bañera había una ~ de cristal; una ~ dividía la habitación en dos zonas.* ⇒ **biombo.**

mam·po·rro |mampór̄o| *m. fam.* Golpe dado con la mano o el puño: *como no te estés quieto, te voy a dar un ~; los dos borrachos se liaron a mamporros.* ⇒ **puñetazo.**

mam·pos·te·rí·a |mampostería| *f.* ARQ. Obra o construcción que se hace con piedras de distintos tamaños colocadas sin orden y unidas por una masa o mezcla: *una pared de ~ limita la finca.*

ma·mut |mamúᵗ| *m.* Animal mamífero *prehistórico con dos dientes muy largos y de pelo largo, parecido al *elefante, pero más grande: *los mamuts vivieron en el hemisferio norte hace un millón de años.* ☖ Para indicar el sexo se usa el ~ macho y el ~ hembra.

ma·na·da |manáða| **1** *f.* Grupo grande de ganado, especialmente de animales de cuatro patas: *el pastor cuidaba de la ~; fueron a ver la ~ de toros.* **2** Conjunto de animales de la misma especie que viven juntos: *una ~ de lobos mataba las ovejas.* **3** Grupo grande de personas: *los motoristas llegaban en ~.*

ma·nan·tial |manantįál| **1** *m.* Lugar donde brota una corriente de agua: *bebieron directamente del ~ de las aguas medicinales; cerca de ese valle hay un ~.* **2** *fig.* Principio y origen de una cosa: *el sol es ~ de salud.* ⇒ **fuente.**

ma·nar |manár| **1** *intr.-tr.* [algo] Brotar una corriente de un líquido: *el agua manaba de una roca; la herida mana sangre.* ⇒ **brotar, dimanar. - 2** *intr. fig.* Aparecer o surgir una cosa: *las ideas manaban rápidamente de su mente; de su boca manaban las palabras con claridad.* ⇒ **brotar.**

ma·na·zas |manáθas| *adj.-com. fam.* (persona) Que es torpe, especialmente con las manos: *hijo, ¡qué ~ eres: lo que tocas lo rompes!* ⇔ **manitas.** ☖ Se usa como apelativo despectivo. El plural es *manazas*.

man·ce·ʳbo, ʳba |manθéβo, βa| **1** *m. f.* Persona joven, especialmente bella: *en su vejez, buscó la compañía de mancebos.* ⇒ **joven. 2** Persona que se dedica a trabajar como ayudante en una *farmacia: *el farmacéutico mandó al ~ que ordenara las medicinas.*

man·cha |mántʃa| **1** *f.* Señal o marca, especialmente de suciedad: *se me ha caído el café en la blusa y tengo una ~; este detergente elimina hasta las manchas más difíciles.* **2** Zona de una superficie que tiene un color diferente: *los dálmatas son perros blancos con manchas negras.* **3** *fig.* Cosa que afecta o hace daño a la fama o el honor de una persona: *este suspenso es una ~ en tu expediente.*

man·char |mantʃár| **1** *tr.-prnl.* [algo, a alguien] Poner o ponerse sucio: *el vino manchó el mantel; Ramón se manchó la camisa comiendo; te has manchado las manos.* ⇒ **ensuciar. 2** *tr. fig.* [a alguien] Dañar la honra o el honor: *el hijo manchó el buen nombre de sus padres; has manchado mi honor: vete y no vuelvas más.* ⇒ **mancillar.**

man·che·ʳgo, ʳga |mantʃéɣo, ɣa| **1** *adj.* De La Mancha o que tiene relación con La Mancha: *el queso ~ es muy sabroso; Albacete es una provincia manchega; el río Guadiana pasa por tierras manchegas.* **- 2** *m. f.* Persona nacida en La Mancha o que vive habitualmente en La Mancha: *muchos manchegos se dedican a la producción de vino.*

man·ci·llar |manθiʎár| **1** *tr.* [algo, a alguien] Dañar o manchar la honra o el honor: *con sus vicios mancilló el buen nombre de su familia.* ⇒ **desacreditar. 2** [algo] Manchar o maltratar una cosa: *acostumbran ~ las paredes con pintadas.*

man·ʳco, ʳca |máŋko, ka| **1** *adj.-s.* (persona, animal) Que está falto de un brazo o una mano o que tiene un defecto físico en ellos: *un hombre ~ se encargaba del aparcamiento; se ha quedado ~ por* *culpa del accidente.* ⇒ **cojo.** - **2** ***adj.*** *fig.* Que está *incompleto o mal hecho: *los versos de ese poeta son mancos.*

man·co·mu·nar |maŋkomunár| ***tr.-prnl.*** [algo] Unir personas, fuerzas o bienes para un fin: *mancomunaron los esfuerzos; se mancomunaron entre sí para hacer frente a los gastos.*

man·co·mu·ni·dad |maŋkomuniðá$^{\eth}$| ***f.*** Unión o relación legal de varias poblaciones con intereses comunes: *el consejo de la ~ de la Alta Alcarria se reunió para elegir presidente.*

man·da·⌜do, ⌜da |mandáðo, ða| **1** ***m. f.*** Persona a la que se encarga una labor o un trabajo especial: *el banquero envió a un ~ en su nombre.* - **2 mandado** ***m.*** Encargo u orden de un superior: *esta obra se ha escrito por ~ del marqués.* ⇒ **mandato. 3** Compra de una o varias mercancías o artículos para cubrir las necesidades *diarias de una casa: *el niño ha ido a un ~.* ⇒ **recado.** ■ **ser un ~**, *fam.*, limitarse a obedecer la orden de un superior: *no vengas a quejarte a mí, yo soy un ~.*

man·da·más |mandamás| **1** ***com.*** *form.* Persona que manda en una oficina o negocio: *¿dónde está el despacho del ~?* ⇒ **jefe. 2** Persona a la que le gusta mandar en exceso: *¡menudo ~ está hecho! No para de dar órdenes.* ⇒ **mandón, marimandón. 3** Persona que tiene poder e influencia en la vida pública: *los mandamases se reunieron en el palacio.* ☐ El plural es *mandamases.*

man·da·mien·to |mandamiénto| **1** ***m.*** Orden o indicación de un superior a un inferior: *recibió el ~ de no dejar salir a nadie.* **2** Regla de la Iglesia: *aprendió los diez mandamientos; pecó contra el quinto ~.* **3** DER. Comunicación dada por el juzgado para la ejecución de una cosa: *recibió un ~ judicial en el que se le decía que tenía que demoler el edificio.*

man·dan·ga |mandáŋga| **1** ***f.*** Pereza o falta de rapidez y de energía: *¡menuda ~ tiene ése cuando hay que trabajar duro!* ⇒ **holgazanería, pachorra, pereza.** - **2 mandangas** ***f. pl.*** *fam.* Cuentos, tonterías o noticias poco importantes: *no me vengas con mandangas y ponte a trabajar.* ⇒ **chisme.**

man·dar |mandár| **1** ***tr.*** [algo; a alguien] Dar una orden; obligar a hacer una cosa: *nos mandó callar; mandó que se limpiara la habitación.* ⇒ **ordenar. 2** Enviar o hacer llegar: *nos mandó una postal desde Tenerife; mándale el paquete por correo.* **3** [algo] Encargar o pedir que se traiga o se tenga preparada una cosa: *por favor, manda a Pepe que venga con los archivos.* - **4** ***tr.-intr.*** [a alguien] Dirigir o gobernar: *el general mandaba los ejércitos de tres países; el rey mandaba sobre sus súbditos; ese muchacho tiene dotes para ~; ¿quién manda en tu casa?* ■ **¡a ~!**, *fam.*, expresión que indica que una persona está preparada para obedecer: *llamaron a uno de los criados y éste, al entrar, dijo: ¡a ~, señor conde!* ■ **~ al otro barrio**, *fam.*, matar: *una enfermedad del corazón lo mandó al otro barrio en dos meses.* ■ **¡mande!**, *fam.*, expresión que se usa para contestar a una llamada o para pedir que se repita una palabra o una frase que no se ha entendido: *don Andrés. —¡Mande!; vente conmigo a la cocina. —¡Mande! —Que te vengas conmigo a la cocina.* ⇒ **qué.**

man·da·rín |mandarín| **1** ***m.*** Hombre con un alto cargo en el gobierno de la China *imperial: *los mandarines controlaban la administración pública.* **2** *fig.* Persona que tiene poder e influencia en la vida pública: *su dinero lo ha convertido en el ~ de la economía.*

man·da·ri·na |mandarína| ***f.*** Naranja que tiene una carne muy dulce y una cáscara fácil de quitar: *la ~ es más pequeña que la naranja; la ~ es un cítrico.*

man·da·ta·⌜rio, ⌜ria |mandatário, ria| ***m. f.*** Persona que acepta de otra el encargo de representarla o de llevar sus negocios: *el presidente, como ~ de los intereses de España, nos representa.*

man·da·to |mandáto| **1** ***m.*** Orden; lo que se manda obedecer, observar o ejecutar: *el soldado cumplió fielmente el ~ de su sargento.* ⇒ **mandado, recado. 2** Periodo de tiempo durante el cual una persona manda o dirige un lugar o un grupo: *durante el ~ del antiguo alcalde se plantaron 10000 árboles en el municipio.*

man·dí·bu·la |mandíβula| **1** ***f.*** ANAT. Hueso que, junto con otro, limita la boca de los vertebrados y en el que se encuentran los dientes: *gracias al movimiento de las mandíbulas masticamos los alimentos; tienen que operar a Carmen de la ~ inferior; el boxeador recibió un fuerte puñetazo en la ~.* ⇒ **quijada. 2** ZOOL. Pieza dura que, junto con otra, forma el pico de las aves: *el águila cogió un ratón con sus fuertes mandíbulas.* **3** ZOOL. Pieza dura que, junto con otra, forma la boca de distintos insectos: *los insectos masticadores mueven lateralmente las mandíbulas para triturar los alimentos.* ■ **reír a ~ batiente**, *fam.*, reír con ganas y de manera ruidosa: *era una obra muy divertida, todos los espectadores reían a ~ batiente.*

man·dil |mandíl| ***m.*** Prenda de vestir, de tela fuerte, que se cuelga al cuello, se ata a la cintura y sirve para no mancharse o para protegerse en un trabajo: *ponte el ~ si vas a cocinar; el médico se puso un ~ para protegerse de la radiación; los soldadores llevan ~.* ⇒ **delantal.**

man·dio·ca |mandióka| **1** ***f.*** Planta tropical con raíces muy grandes y carnosas: *la ~ es un arbusto que crece en regiones cálidas de África y América; las flores de la ~ tienen la forma de un racimo.* **2** Sustancia que se saca de la raíz de esa planta y que se usa en la alimentación: *esta sopa está hecha con ~.*

man·do |mándo| **1** ***m.*** Botón, llave o mecanismo que sirve para controlar un aparato o una máquina: *pulse el ~ verde para poner en marcha el ventilador y pulse el ~ rojo para pararlo.* ☐ Se usa también en plural: *no suelte los mandos del automóvil bajo ningún pretexto;* **~ a distancia**, instrumento con una serie de botones que sirve para controlar y manejar una televisión u otro aparato eléctrico: *en casa tenemos un ~ a distancia para la tele y para el vídeo; la puerta del garaje se abre con un ~ a distancia.* **2** Autoridad o poder para dirigir o gobernar: *el ~ de la expedición recayó en el hombre con más* *experiencia; el capitán pidió el ~ de la tercera compañía.* **3** Persona u organismo que tiene esa autoridad: *Felipe es un ~ de la policía.* ☖ Se usa también en plural: *los mandos pasaron revista en el cuartel;* **alto ~**, persona o conjunto de personas que dirigen un ejército: *el alto ~ planeó el ataque.*

man·do·ble |mandóβle| **1** ***m.*** Golpe fuerte dado con la mano o con un objeto: *un muchacho le dio a otro un ~.* **2** Golpe o corte que se da con una arma blanca: *levantó la espada con las dos manos y partió la mesa de un ~.*

man·do·li·na |mandolína| ***f.*** MÚS. Instrumento musical de cuerda, pequeño, con cuatro pares de cuerdas y una caja de forma ovalada: *en el concurso de disfraces, el arlequín salió tocando la ~.* ⇒ **bandolina.**

man·⌜dón, ⌜do·na |mandón, dóna| ***adj.-s.*** (persona) Que gusta de mandar en exceso: *es una niña muy mandona y caprichosa.* ⇒ **mandamás, marimandón.**

man·dril |mandríl| ***m.*** Mono con pelo espeso de color marrón, azulado en la parte inferior, de nariz roja con *aletas azules, cola corta y trasero rojo: *el ~ que vimos en la jaula tenía cara de enfadado.* ☖ Para indicar el sexo se usa el ~ macho y el ~ hembra.

ma·ne·ci·lla |maneθíʎa| **1** ***f.*** Aguja que marca una cosa en un reloj u otro instrumento parecido: *la ~ que señala los minutos se llama minutero.* ⇒ **saeta. 2** Cierre que se usa generalmente en ciertos libros: *el misal de mi abuela tenía una manecilla de oro.* **3** Signo que representa la figura de una mano y que suele ponerse para llamar la atención sobre un trozo de texto: *no te olvides de poner las manecillas en este capítulo.*

ma·ne·ja·ble |manexáβle| ***adj.*** Que es fácil de manejar: *me he comprado un teléfono portátil muy ~.*

ma·ne·jar |manexár| **1** ***tr.*** [algo] Usar o mover con las manos: *¡qué bien manejas la aguja y el hilo!; manejaban los remos al unísono.* **2** Usar o emplear para un fin: *¿sabes ~ ese programa de ordenador?* **3** Gobernar, dirigir o administrar: *él maneja varios negocios importantes.* **4** *fam.* [a alguien] Dominar o someter: *deja a esa mujer, ¿no ves que te está manejando?* ⇒ **manipular. - 5** ***tr.-intr.*** *fam.* [algo] Tener mucho dinero: *desde que es arquitecto, sabe lo que es ~; no veas lo que maneja Pepe.* **- 6 manejarse** ***prnl.*** Obrar o relacionarse con habilidad y facilidad: *se maneja muy bien con los niños.* ⇒ **desenvolver, valer.**

MANDRIL

ma·ne·jo |manéxo| **1** ***m.*** Uso o movimiento de una cosa, especialmente con las manos: *es un experto en el ~ del bisturí.* **2** Uso o empleo: *el ~ de este diccionario es muy sencillo.* ⇒ **funcionamiento. 3** Gobierno, dirección y administración de un negocio: *está cansado del ~ de las finanzas familiares.* **4** *fig.* Conjunto de operaciones engañosas que se hacen en un asunto o negocio: *no sé qué manejos se trae, pero no debe ser nada claro.* ⇒ **chanchullo, estratagema, maniobra.**

ma·ne·ra |manéra| **1** ***f.*** Modo de ser, hacer o parecer: *tiene una ~ de decir las cosas muy agradable; están buscando la ~ de llegar a un acuerdo.* ⇒ **forma. 2** Modo de comportarse, especialmente según ciertas reglas sociales: *niño, cuida tus maneras.* ☖ En esta acepción, suele usarse en plural. ■ **a ~ de**, como si fuera; como: *se puso una tela en el cuello, a ~ de bufanda.* ■ **de ~ que**, indica el efecto o resultado: *habrá que hacerlo de ~ que cada uno pague su parte.* ■ **de ninguna ~**, expresión que se usa para negar de forma *absoluta: *no quiero que vayas, de ninguna ~.* ■ **de todas maneras**, indica que una cosa que se ha dicho antes o que se sabe no impide lo que se dice a continuación: *quizás no esté yo, pero, de todas maneras, puedes venir a mi casa.*

man·ga |máŋga| **1** ***f.*** Parte de una prenda de vestir que cubre el brazo, en parte o por completo: *las mangas de esta camisa me están cortas;* **~ corta**, la que cubre como *máximo hasta el codo: *en verano suelo llevar camisas de ~ corta;* **~ larga**, la que cubre hasta la muñeca: *se compró dos camisas de ~ larga para el invierno.* **2** Tubo largo y flexible que contiene o conduce un líquido: *necesitamos una ~ más larga para regar esa parte del jardín.* ⇒ **manguera; ~ pastelera**, la que se usa en la cocina para adornar alimentos: *hizo los adornos de nata de la tarta con la ~ pastelera.* **3** Objeto de tela con forma de cono, que se usa para señalar la dirección y la intensidad del viento: *en las autopistas suele haber mangas en las zonas de mucho viento.* **4** DEP. Parte de una competición deportiva: *tan sólo cuatro jugadores han pasado a la segunda ~; esta carrera de esquí consta de dos mangas.* **5** MAR. Anchura *máxima de una embarcación: *mi barco tiene cuatro metros de ~.* ■ **~ de agua**, *fam.*, lluvia fuerte de corta duración: *por la tarde cayó una ~ de agua que inundó la calle.* ■ **~ de viento**, aire fuerte que se mueve dando vueltas: *una ~ de viento levantó los papeles que había por la calle.* ■ **~ por hombro**, *fam.*, de manera desordenada o descuidada: *en esta habitación todo está ~ por hombro.* ■ **sacarse de la ~**, decir o hacer una cosa rápidamente y sin una explicación lógica: *se sacó de la ~ la solución al problema; se sacó de la ~ no sé qué excusa.* ■ **tener en la ~**, *fam.*, ocultar una cosa para causar sorpresa: *tenía en la ~ su decisión, pero no la supimos hasta última hora.*

man·ga·ne·so |maŋganéso| ***m.*** QUÍM. Metal brillante, duro, de color gris claro y muy abundante en la naturaleza: *el símbolo del ~ es Mn; el acero tratado con ~ es muy resistente; el ~ se usa para teñir el vidrio.*

man·gan·te |maŋgánte| **1 *adj.-com.*** *fam. desp.* (persona) Que roba; que es un ladrón: *la calle, a esa hora, estaba llena de mangantes.* **- 2 *com.*** Persona que pide dinero prestado sin intención de devolverlo; persona que no tiene vergüenza de aprovecharse de los demás: *ahí viene el ~ de tu sobrino, ten cuidado.* ⇒ **estafador, sinvergüenza.**

man·gar |maŋgár| ***tr.*** *fam.* [algo] Robar o quitar con engaño: *me han mangado la cartera.* ☖ Se conjuga como 7.

man·go |máŋgo| **1 *m.*** Parte estrecha y larga por donde se coge con la mano un instrumento o una herramienta: *cogió la cuchara por el ~; el ~ del martillo es de madera; se rompió el ~ de la pala.* ⇒ **asa, puño, rabo. 2** Fruto comestible, de forma ovalada, con la piel rugosa y una carne naranja muy agradable: *comimos ~ de postre.* **3** Árbol *originario de la India que da ese fruto: *el ~ se cultiva en zonas tropicales.*

man·go·ne·ar |maŋgoneár| **1 *tr.-intr.*** *fam. desp.* [algo] Intervenir en un asunto de otra persona, tratando de dirigirlo: *no le pedimos ayuda, pero ella se presentó a ~ la mudanza; creo que le encanta ~.* **2** [a alguien] Mandar, dirigir o dominar: *ella ha mangoneado a su marido y a sus hijos toda la vida.* ⇒ **manipular.**

man·go·ne·o |maŋgonéo| ***m.*** *fam. desp.* Acción y resultado de *mangonear: *me molesta su ~: siempre se mete en todo.*

man·gue·ra |maŋgéra| ***f.*** Tubo largo y flexible que contiene o conduce un líquido: *el bombero dirigió la ~ hacia el fuego; para regar los jardines utilizan una ~.* ⇒ **manga.**

man·gui·to |maŋgíto| **1 *m.*** Prenda de abrigo en forma de tubo en la que se meten las manos para mantenerlas calientes: *llevaba un abrigo ceñido y un ~ de piel de zorro; actualmente ya no se usan mucho los manguitos.* **2** Prenda en forma de tubo que se pone encima de la manga para protegerla: *el oficinista llevaba unos manguitos para no manchar su camisa de tinta.* **3** MEC. Pieza hueca que sirve para unir dos objetos cilíndricos iguales: *para sujetar estas dos piezas hay que poner un ~.*

ma·ní |maní| ***m.*** Fruto seco de tamaño pequeño y algo alargado que suele comerse tostado y salado: *cuando voy al zoo, siempre llevo ~ para los monos.* ⇒ **cacahuete.** ☖ El plural es *manises.*

ma·ní·a |manía| **1 *f.*** Odio o falta de simpatía: *el niño creía que su maestro le tenía ~; tengo ~ a ese cantante, no lo puedo ni ver.* ⇒ **antipatía, aversión. 2** Pasión grande; deseo excesivo: *tiene la ~ de coleccionar posavasos.* ⇒ **locura. 3** Costumbre o deseo raro o poco adecuado: *tiene la ~ de morderse las uñas; de pronto, le entró la ~ de marcharse de viaje.* ⇒ **capricho, extravagancia. 4** MED. Enfermedad mental que produce alegría y energía excesivas y un deseo de hablar exagerado: *las personas que sufren ~ se niegan a aceptar sus conflictos internos y se vuelcan en el exterior; la ~ produce una sensación insatisfecha de placer.*

ma·nia·⌜co, ⌜ca |maniáko, ka| ***adj.-s.*** (persona) Que sufre una *manía: *los maniacos rechazan la realidad; algunos maniacos son asesinos.* ⇒ **maníaco.**

ma·ní·a·⌜co, ⌜ca |maníako, ka| ***adj.-s.*** ⇒ **maniaco.**

ma·nia·tar |maniatár| ***tr.*** [a alguien] Atar las manos: *amordazaron al rehén y lo maniataron.*

ma·niá·ti·⌜co, ⌜ca |maniátiko, ka| ***adj.-s.*** (persona) Que tiene una pasión grande o un deseo raro: *era una maniática de la limpieza; es un ~ de las camisas de flores.*

ma·ni·co·mio |manikómio| **1 *m.*** Hospital o establecimiento dedicado al cuidado de enfermos mentales: *ingresó en un ~ y murió completamente loca.* **2** *fam.* Lugar donde hay mucho ruido y *confusión: *esta casa es un ~: aquí no hay quien se entienda.* ⇒ **gallinero.**

ma·ni·cu·ra |manikúra| ***f.*** Cuidado de las manos y las uñas: *voy a hacerme la ~ a un centro de belleza.* ⇒ **pedicura.**

ma·ni·cu·⌜ro, ⌜ra |manikúro, ra| ***m. f.*** Persona que se dedica a cuidar las manos, especialmente las uñas: *pidió cita con la manicura del hotel.*

ma·ni·⌜do, ⌜da |maníðo, ða| **1 *adj.*** Que es común, vulgar, frecuente y normal; que está muy usado: *empleó argumentos muy manidos y por eso no convenció.* **2** Que está muy usado, gastado o estropeado: *no te pongas esa chaqueta tan manida.* ⇒ **sobado.**

ma·nie·ris·mo |manierísmo| ***m.*** Tendencia artística en la que abundan las formas difíciles, poco naturales y con adornos: *el primer ~ apareció como reacción al equilibrio de formas del Renacimiento.*

ma·nie·ris·ta |manierísta| **1 *adj.*** Del *manierismo o que tiene relación con él: *las obras de El Greco pertenecen al movimiento ~; la tendencia ~ precedió en el tiempo al barroco.* **- 2 *adj.-com.*** (persona) Que practica el *manierismo: *Tiziano y Tintoretto son pintores manieristas.*

ma·ni·fes·ta·ción |manifestaθión| **1 *f.*** Acto público de protesta o reclamación: *los sindicatos han convocado una ~ para el próximo día 30; acudieron a la ~ unas dos mil personas.* ⇒ **concentración. 2** Comunicación de una opinión o sentimiento: *las manifestaciones de la artista sobre su vida personal escandalizaron a la opinión pública.* **3** Muestra o reflejo de una cosa: *la expresión de su cara es una clara ~ de su alegría.*

ma·ni·fes·tan·te |manifestánte| ***com.*** Persona que toma parte en un acto público de protesta o reclamación: *los manifestantes se enfrentaron con la policía; los manifestantes se sentaron en la carretera y cortaron el tráfico.*

ma·ni·fes·tar |manifestár| **1** ***tr.-prnl.*** [algo] Dar a conocer una opinión o sentimiento: *el ministro se ha manifestado en desacuerdo con las nuevas medidas de seguridad; Ramón manifestó una gran pena cuando su novia lo abandonó.* ⇒ **declarar, expresar.** - **2** ***tr.*** Mostrar o hacer ver; poner a la vista: *la huelga general manifiesta con claridad el malestar de la clase obrera; cada vez que habla manifiesta su ignorancia.* - **3 manifestarse** ***prnl.*** Tomar parte en un acto público de protesta o reclamación: *los trabajadores de la fábrica de automóviles se han manifestado a las puertas del Ministerio de Trabajo.* ☖ Se conjuga como 27.

ma·ni·fies·⌜to, ⌜ta |manifiésto, ta| **1** ***adj.*** Que se ve o se comprueba con claridad: *los celos por su mujer eran manifiestos.* ⇒ **palmario, palpable, patente.** - **2 manifiesto** ***m.*** Escrito que se dirige a la opinión pública: *los surrealistas publicaron un ~ para exponer sus ideas.* ■ **poner de ~**, exponer, mostrar o dar a conocer: *el ministro puso de ~ su preocupación por la situación árabe.*

ma·ni·ja |maníxa| **1** ***f.*** Mango que sirve para abrir la puerta de un automóvil: *fue a abrir la puerta del coche y se quedó con la ~ en la mano.* **2** Mango por donde se *agarran ciertos objetos: *se ha roto la ~ de la sierra.*

ma·ni·lla |maníʎa| ***f.*** Aguja que señala las horas, minutos o segundos en un reloj: *¿quién dirá que no son dos las manillas del reloj?* ⇒ **manecilla.**

ma·ni·llar |maniʎár| ***m.*** Parte de la bicicleta o de la *motocicleta donde se apoyan las manos para conducirla: *el ciclista se aferraba al ~ para no caerse.* ⇒ **guía.**

ma·nio·bra |manióβra| **1** ***f.*** Serie de movimientos y operaciones que se hacen en un vehículo o nave con un fin determinado: *el piloto se salió de la pista al realizar una brusca ~; tuvo que hacer muchas maniobras para meter el coche en un sitio tan pequeño.* **2** Conjunto de operaciones que se hacen en un asunto o negocio: *consiguió quitarle el puesto mediante sucias maniobras.* ⇒ **manejo. 3** MIL. Movimiento o serie ordenada de movimientos que se ejecutan en el ejército: *el batallón realizó una ~ envolvente; estuvieron haciendo maniobras durante todo el mes de julio.*

ma·nio·brar |manioβrár| ***intr.*** Hacer una serie de movimientos ordenados: *tuvo que ~ cuidadosamente para poder sacar el coche de ese sitio.*

ma·ni·pu·la·ción |manipulaθión| ***f.*** Acción y resultado de *manipular: *la ~ de los alimentos debe hacerse en condiciones de máxima higiene; las autoridades no deben consentir la ~ de la información.*

ma·ni·pu·la·⌜dor, ⌜do·ra |manipulaðór, ðóra| **1** ***adj.-s.*** Que maneja con las manos: *los manipuladores de alimentos deben tener una gran higiene; los obreros manipuladores de máquinas trabajaban en cadena.* **2** *fig.* Que influye o interviene en un asunto para sacar un provecho: *se descubrió que el vendedor era un ~ de sus clientes.*

ma·ni·pu·lar |manipulár| **1** ***tr.*** [algo] Manejar con las manos: *para ~ los productos químicos del laboratorio hay que ponerse unos guantes.* **2** *fig.* Influir o intervenir en un asunto para sacar un provecho: *manipuló la información para que no llegara a los ciudadanos; fue acusado de ~ las cuentas del banco.* **3** Mezclar o combinar un producto con otras substancias para alterarlo: *fue detenido por la policía por ~ el aceite: le había añadido substancias tóxicas.* ⇒ **adulterar. 4** [a alguien] Dominar o someter: *se deja ~ por su novia.* ⇒ **manejar.**

ma·ni·que·ís·mo |manikeísmo| **1** ***m.*** Actitud o pensamiento que lleva a clasificar las cosas en dos categorías opuestas sin *términos medios: *no me gustó la película por su ~ y su simplicidad en la interpretación de la realidad.* **2** Religión que se basa en la existencia de dos principios contrarios, el bien y el mal que luchan entre sí: *el ~ pide a sus seguidores practicar la oración y el ayuno.*

ma·ni·que·⌜o, ⌜a |manikéo, a| **1** ***adj.*** Del *maniqueísmo o que tiene relación con él: *la concepción infantil del mundo es maniquea.* - **2** ***adj.-s.*** (persona) Que cree en el *maniqueísmo: *es un ~, cree en la lucha entre el bien y el mal.*

ma·ni·quí |manikí| **1** ***m.*** Figura con forma humana que se usa para mostrar ropa en público: *los escaparates de las tiendas de ropa tienen maniquíes; el escultor utilizó un ~ de madera para crear sus obras.* **2** Armazón con figura de cuerpo humano sin extremidades, que sirve para exponer, probar y arreglar prendas de vestir: *la modista probaba los patrones sobre el ~; había una camisa sobre un ~.* - **3** ***com.*** Persona que se dedica a mostrar ropa en público: *trabaja de ~ en una casa de modas; las maniquíes tienen una bonita figura.* ⇒ **modelo.** - **4** ***m.*** *fig.* Persona sin carácter ni voluntad: *es un simple ~ en la oficina: nadie le hace caso.* **5** *fig.* Persona muy bien vestida y arreglada: *esta chica es un ~ los fines de semana.* ⇒ **pincel.** ☖ El plural es *maniquíes.*

ma·ni·rro·⌜to, ⌜ta |maniřóto, ta| ***adj.-s.*** *fam.* (persona) Que gasta el dinero en exceso y no sabe administrarlo: *era un ~ y derrochó su fortuna en frivolidades.*

ma·ni·tas |manítas| ***adj.-com.*** *fam.* (persona) Que tiene mucha habilidad para hacer trabajos con las manos: *mi marido es un ~.* ⇒ **mañoso.** ⇔ **manazas.** ☖ El plural es *manitas.* ■ **hacer ~**, *fam.*, cogerse o tocarse las manos una pareja en señal de amor: *los novios hacían ~ en la cafetería.*

ma·ni·ve·la |maniβéla| ***f.*** Pieza en ángulo recto, generalmente de hierro, que sirve para dar vueltas a una rueda o al eje de una máquina: *los primeros automóviles se ponían en marcha con una ~; algunos molinillos de café tienen una ~.* ⇒ **manubrio.**

man·jar |maŋxár| ***m.*** Alimento, comida muy buena y de sabor agradable: *la mesa estaba repleta de ricos manjares.*

ma·no |máno| **1** ***f.*** Parte del cuerpo que va desde la muñeca hasta la punta de los dedos: *se puso el guante en la ~; sostenía un libro con la ~.* ⇒ **pie. 2** Pata delantera de un animal: *el caballo se ha hecho daño en la ~ derecha.* **3** *fig.* Lado en el que cae u ocurre una cosa: *los servicios están a ~ derecha.* **4** *fig.* Capa de pintura que se le da a una superficie: *hay que darle otra ~ a la puerta para protegerla del agua.* **5** *fig.* Forma de hacer una cosa o resolver un asunto: *deja que Juan solucione el problema, tú no tienes ninguna ~;* **buena ~**, habilidad para hacer las cosas: *tiene buena ~ para los negocios;* **~ dura**, seriedad o aspereza en el trato con las personas: *el director usa ~ dura con sus empleados;* **~ izquierda**, habilidad en el trato con las personas para conseguir lo que se desea: *deja que Juan negocie solo: tiene mucha ~ izquierda.* **6** *fig.* Uso que se le da a una cosa: *me he comprado un televisor de primera ~;* **segunda ~**, el que se hace después del primer uso: *me he comprado un coche de segunda ~.* **7** *fig.* Partida, especialmente de cartas: *vamos a jugar otra ~.* **8** *fig.* Persona que empieza un juego, especialmente de cartas: *en esta partida, yo soy ~.* ■ **a ~**, sin ayudarse de ninguna máquina: *tengo que lavar esta ropa a ~; escribe a ~ una carta.* ■ **a ~**, cerca o al alcance de una persona: *¿tienes a ~ un bolígrafo?* ■ **a ~ armada**, usando armas: *entraron a ~ armada en la iglesia.* ■ **abrir la ~**, permitir; ser menos serio o duro: *aunque la madre había castigado a sus hijos, al final abrió la ~.* ■ **al alcance de la ~**, con la posibilidad de coger o conseguir una cosa: *el equipo tuvo el triunfo al alcance de la ~.* ■ **alzar/levantar la ~**, pegar o amenazar con pegar a una persona: *nunca vuelvas a levantarme la ~.* ■ **con las manos en la masa**, *fam.*, durante el desarrollo de una acción: *estaba robando y lo pillaron con las manos en la masa.* ■ **con las manos vacías**, sin nada; sin ninguna *posesión: *llegó a la ciudad con las manos vacías y ahora es alcalde.* ■ **con una ~ detrás y otra delante**, sin nada, especialmente sin dinero o sin empleo u ocupación: *cuando se incorporó a esta empresa vino con una ~ detrás y otra delante.* ■ **dar la ~**, saludar a una persona ofreciéndole la mano: *se dieron la ~ cuando los presentaron.* ■ **de primera ~**, directamente; de la fuente *original: *he conseguido una noticia de primera ~.* ■ **echar una ~**, prestar ayuda a una persona que la necesita: *si tienes que mudarte de casa, yo te echaré una ~.* ⇒ **cable, cabo, capote.** ■ **estar en manos/las manos de una persona**, depender de una persona para hacer una cosa o resolver un asunto: *la denuncia está en manos del juez.* ■ **irse de las manos**, escapar o perder el control de una cosa o una acción: *la inflación se le ha ido de las manos al gobierno.* ■ **irse la mano**, realizar con exceso una acción determinada: *al cocinero se le fue la ~ al echarle sal al pescado.* ■ **llevarse las manos a la cabeza**, sentir *asombro; *escandalizarse: *la forma en que se gasta el dinero es para llevarse las manos a la cabeza.* ■ **~ a ~**, entre dos personas solamente: *los invitados discutieron ~ a ~ en la tertulia.* ■ **~ de obra**, trabajo que realiza un *obrero: *es más cara la ~ de obra que las piezas que te van a cambiar en el coche.* ■ **~ de obra**, conjunto de *obreros: *tenemos que conseguir ~ de obra para comenzar a construir la casa.* ■ **~ de santo**, solución o remedio rápido y adecuado: *este jarabe es ~ de santo para la tos.* ■ **~ sobre ~**, sin hacer nada: *se pasa el día en su casa ~ sobre ~.* ■ **meter ~**, tocar

MANO

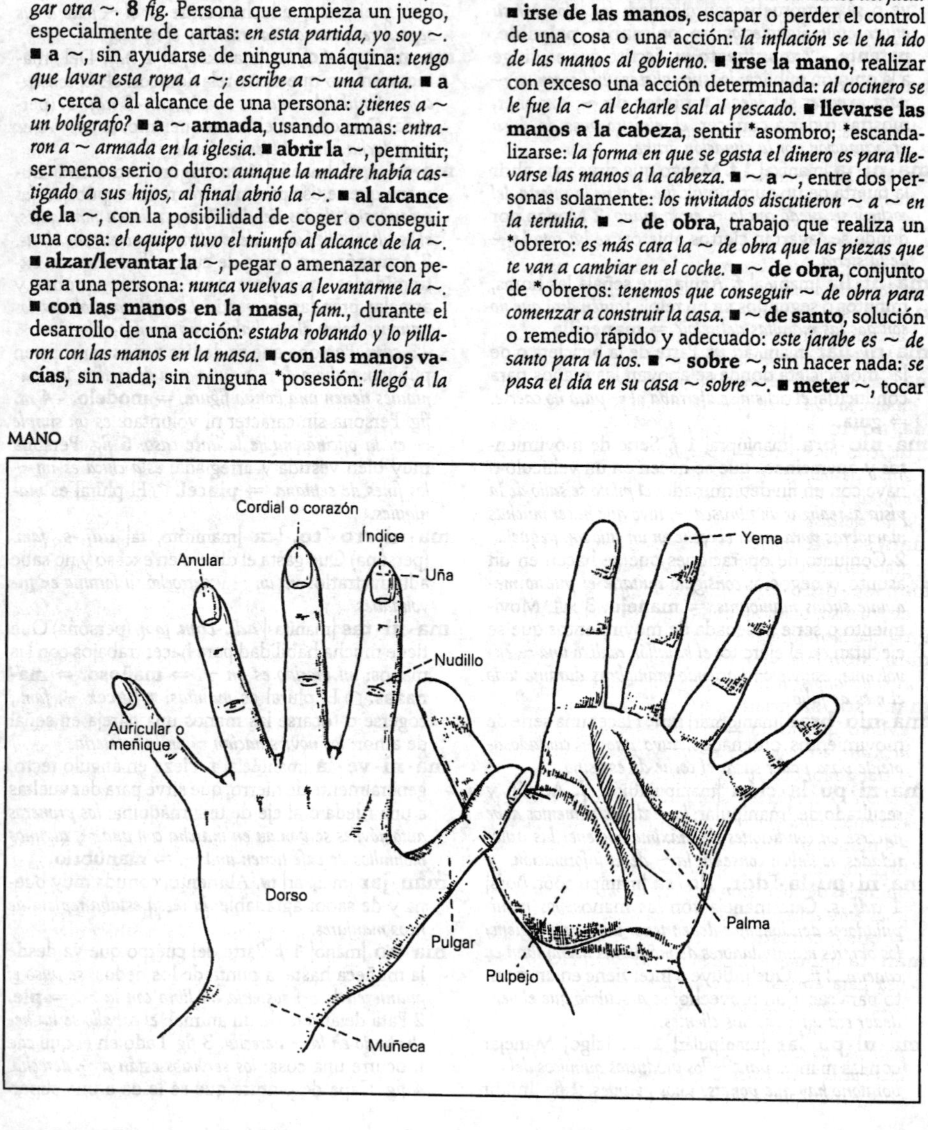

las partes *íntimas del cuerpo de otra persona: *ese chico me quiere meter ~.* ■ **pedir la ~**, pedir autorización a los padres para casarse con su hija: *esta tarde vendrán Jesús y sus padres para pedir la ~ de mi hija.* ■ **poner la ~ en el fuego**, asegurar; dar *fe: *yo pongo la ~ en el fuego por mis amigos.* ■ **poner la ~ encima**, pegar; dar golpes: *a mi hijo nadie le pone la ~ encima.* ■ **tener la ~ muy larga**, tener inclinación a pegar o dar golpes a los demás: *vigila a tu hijo, que tiene la ~ muy larga.* ■ **tener las manos libres**, tener libertad para hacer una cosa: *tienes las manos libres para disponer del dinero como quieras.*

ma·no·jo |manóxo| **1** ***m.*** Conjunto de cosas que se pueden coger de una vez con la mano: *traía un ~ de rosas.* **2** *p. ext.* Conjunto de cosas *agrupadas: *compra un ~ de espárragos y otro de perejil.*

ma·nó·me·tro |manómetro| ***m.*** FÍS. Aparato que sirve para medir la presión de los líquidos y de los gases: *el submarinista miró el ~ y decidió regresar a la superficie.*

ma·no·pla |manópla| **1** ***f.*** Prenda que cubre la mano y que no tiene separaciones para los dedos: *el niño lleva unas manoplas de lana en invierno.* ⇒ **guante. 2** Pieza de la *armadura que protege la mano: *el casco, la coraza y las manoplas formaban parte de la armadura de los caballeros.*

ma·no·se·ar |manoseár| ***tr.*** [algo, a alguien] Tocar repetidamente con las manos: *si manoseas tanto el libro lo ensuciarás; deja de ~ el pan.* ⇒ **sobar.**

ma·no·ta·zo |manotáθo| ***m.*** Golpe dado con la mano: *dio un ~ en la mesa y mató una mosca.*

ma·no·te·ar |manoteár| ***intr.*** Hacer movimientos con las manos, especialmente al hablar: *un grupo de mujeres manoteba y hablaba sin parar; el niño corría hacia la casa manoteando para ahuyentar a las moscas.*

man·sal·va |mansálβa| ■ **a ~**, en abundancia; en gran cantidad: *se dedicó a hacer travesuras a ~.*

man·se·dum·bre |manseðúmbre| ***f.*** Cualidad de *manso, bueno y tranquilo: *la ~ del caballo hacía que fuera fácil de montar.* ⇒ **bondad.**

man·sión |mansión| ***f.*** Casa muy grande y lujosa: *el millonario se hizo construir una ~ junto al mar.*

man·⌜so, ⌜sa |mánso, sa| **1** ***adj.*** (animal) Que no es fiero; que no ataca: *las ovejas son mansas; puedes acercarte, ese león es ~.* ⇔ **bravo. 2** Que es bueno y tranquilo; que no se enfada fácilmente: *era un hombre ~: odiaba la violencia.* **3** Que se mueve lentamente: *mirábamos el ~ discurrir de la corriente.* **- 4 manso *m.*** Animal al que se le han quitado los órganos sexuales y sirve para conducir a otros animales de su misma especie: *los mansos conducen a los toros a los corrales; el ~ va delante del rebaño.* ⇒ **buey, cabestro.**

man·ta |mánta| **1** ***f.*** Pieza de tejido grueso que se usa para abrigar, generalmente en la cama: *pon una ~ sobre la colcha porque esta noche hace frío; se cubrió las piernas con una ~; échale una ~ al caballo para que no coja frío.* **2** *fig.* Serie de golpes: *le dieron una buena ~ de palos.* **3** Pez marino de cuerpo ancho y muy plano, con forma de *rombo, y con una cola larga y delgada: *las aletas de la ~ tienen forma triangular.* ☐ Para indicar el sexo se usa la ~ macho y la ~ hembra. **- 4 *com.*** Persona que no hace bien su trabajo o que es poco útil: *ese portero es un ~, le meten muchos goles.* ■ **a ~**, *fam.*, de forma abundante; en gran cantidad: *en esta zona hay conejos a ~.* ■ **liarse la ~ a la cabeza**, *fam.*, empezar una acción sin pensar en los efectos: ■ **tirar de la ~**, descubrir un secreto que compromete a otras personas: *los acusados decidieron tirar de la ~ y dar a conocer el nombre de sus cómplices.*

man·te·ar |manteár| ***tr.*** [a alguien] Lanzar al aire a una persona impulsándola con una manta sostenida entre varias personas: *los aldeanos mantearon a Sancho Panza.*

man·te·ca |mantéka| **1** ***f.*** Grasa de los animales, especialmente la del cerdo: *esas tortas se hacen con ~, harina y leche.* **2** Grasa de la leche y de algunos frutos: *el chocolate se elabora con ~ de cacao.*

man·te·ca·da |mantekáda| ***f.*** Bollo hecho con harina, huevos, azúcar y *manteca, que se cocina al horno: *las mantecadas de Astorga son famosísimas.*

man·te·ca·do |mantekáðo| **1** ***m.*** Bollo hecho con harina, azúcar y *manteca de cerdo: *cuando va al pueblo, me trae unos mantecados buenísimos; en casa comemos mantecados en Navidad.* **2** Alimento dulce, hecho con leche, huevos y azúcar, que se sirve en estado sólido y muy frío: *en la copa había un ~ adornado con un barquillo.* ⇒ **helado.**

man·te·co·⌜so, ⌜sa |mantekóso, sa| ***adj.*** Que tiene *manteca o una característica que se considera propia de la *manteca: *¿prefieres el queso ~ o el queso duro?*

man·tel |mantél| ***m.*** Trozo de tela, papel o plástico que se coloca sobre la mesa para comer: *pon el ~ y las servilletas, que vamos a cenar; fuimos a merendar al campo y llevamos un ~ de cuadros.*

man·te·le·rí·a |mantelería| ***f.*** Conjunto formado por una pieza de tela grande para cubrir la mesa y varias piezas más pequeñas para limpiarse durante la comida: *compró una ~ de hilo bordada a mano; el día de su cumpleaños sacó la mejor ~.*

man·te·ner |mantenér| **1** ***tr.*** [algo, a alguien] Conservar en un estado o una situación: *el frigorífico mantiene los alimentos en buenas condiciones; el ejercicio físico ayuda a ~ la salud.* ⇒ **sustentar. 2** Dar el alimento o el dinero necesarios para vivir: *mantiene a toda su familia.* ⇒ **sustentar. 3** [algo] Seguir o continuar con una acción o situación: *mantienen una estrecha amistad; mantuvieron correspondencia durante muchos años.* **4** Celebrar o sostener: *mantuvieron una entrevista en su casa; mantendrán una reunión esta tarde.* **5** Defender una idea u opinión: *mantiene que la riqueza nos aparta de la felicidad.* **- 6 *tr.-prnl.*** No cambiar una idea u opinión: *mantengo lo que dije el mes pasado; se mantiene firme en sus creencias.* **- 7 mantenerse *prnl.*** Conseguir el alimento o el dinero necesarios para vivir: *no nos mantenemos del aire.* **8** Estar un cuerpo levantado, sin caer: *el globo se mantiene en el aire; estaba herido y no podía mantenerse en pie.* **9** Tener el cuerpo en forma: *si no comieras tanto, te* *mantendrías mucho mejor; es mayor, pero se mantiene.* ☐ Se conjuga como 87.

man·te·ni·ʳdo, ʳda |manteníðo, ða| **1** ***m. f.*** *fam.* Persona que vive gracias al dinero de otra: *son unos mantenidos y unos vagos.* **2** Persona que tiene una relación sexual con otra y vive del dinero de ésta: *está casado pero tiene una mantenida en la ciudad.* ⇒ **amante.**

man·te·ni·mien·to |mantenimiénto| ***m.*** Conservación de una cosa en un estado o una situación: *el ~ de la naturaleza es cosa de todos.*

man·te·que·ra |mantekéra| ***f.*** Recipiente en el que se sirve la *mantequilla en la mesa: *saca la ~ del frigorífico, que vamos a desayunar.*

man·te·que·rí·a |mantekería| ***f.*** Establecimiento en el que se vende *mantequilla, *queso y *embutidos: *en una ~ se puede comprar comida precocinada y latas de conserva.*

man·te·qui·lla |mantekíʎa| ***f.*** Grasa comestible que se saca de la nata de la leche: *las tostadas me gustan con ~ y mermelada; ¿prefieres ~ o margarina?* ■ **de ~**, que es débil; que no tiene fuerza: *tiene los brazos de ~.*

man·ti·lla |mantíʎa| **1** ***f.*** Prenda de vestir femenina de tejido muy ligero que cubre la cabeza: *se colocó la ~ sobre la peineta.* **2** Prenda que envuelve a los bebés por encima de la ropa: *tapa al niño con la ~, hace frío.*

man·ti·llo |mantíʎo| ***m.*** Materia formada por tierra y restos animales y vegetales en *descomposición que cubre ciertos suelos: *fueron a la granja a recoger un poco de ~ para los tiestos.* ⇒ **humus.**

man·tis |mántis| ***f.*** Insecto de cuerpo alargado y estrecho, de color verde o amarillo, que tiene las patas delanteras largas y juntas y que se alimenta de otros insectos: *la ~ hembra devora al macho tras la cópula.*

man·to |mánto| **1** ***m.*** Prenda de vestir muy ancha, suelta, sin mangas y abierta por delante, que se lleva sobre la ropa: *se puso el ~ porque tenía frío.* ⇒ **capa. 2** Cosa que cubre u oculta: *todo lo tapaba con el ~ de su generosidad; un oscuro ~ de nubes cubre el cielo.* **3** GEOL. Capa sólida que está entre el centro y la corteza de la Tierra: *el ~ alcanza temperaturas muy altas.*

man·tón |mantón| **1** ***m.*** Pieza de tela de abrigo, cuadrada o rectangular, que se echa sobre los hombros y envuelve todo el cuerpo: *la anciana llevaba un ~ negro; envolvieron al niño en un ~.* **2** Pieza de tela cuadrada que llevan las mujeres sobre los hombros como adorno: *el ~ se dobla en forma de triángulo.* ⇒ **pañuelo.**

ma·nual |manuál| **1** ***adj.*** Que se hace o se usa con las manos: *el punto y el ganchillo son labores de tipo ~.* ⇒ **artesanal.** ⇔ **mecánico. - 2** ***m.*** Libro que recoge lo más importante de una materia: *en el ~ se explica para qué sirve cada botón de la lavadora; este ~ de español tiene muchas actividades.*

ma·nua·li·dad |manualiðáᵈ| ***f.*** Trabajo que se hace con las manos: *siempre se me han dado muy bien las manualidades: hago casas pequeñas con palillos de dientes, muñecos de lana y otras muchas cosas.*

ma·nu·brio |manúβrio| ***m.*** Pieza en ángulo recto, generalmente de hierro, que sirve para dar vueltas a una rueda o al eje de una máquina: *los organillos se tocaban haciendo girar un ~.* ⇒ **manivela.**

ma·nu·fac·tu·ra |manufaᵏtúra| **1** ***f.*** Producto elaborado a partir de una materia *prima: *la ciudad importaba productos agrícolas y exportaba sus manufacturas.* **2** Fábrica donde se elaboran esos objetos: *su padre es presidente de una ~ de tabaco.* ⇒ **fábrica.**

ma·nu·fac·tu·rar |manufaᵏturár| ***tr.*** [algo] Producir o fabricar objetos: *la empresa manufacturaba armas antiguas y objetos de metal.*

ma·nus·cri·ʳto, ʳta |manuskríto, ta| **1** ***adj.*** Que está escrito a mano: *me envió una carta manuscrita para felicitarme.* **- 2 manuscrito** ***m.*** Papel o libro escrito a mano, especialmente el que tiene cierto valor o antigüedad: *estudió los manuscritos notariales del reinado de Juan II.* **3** Texto escrito por un autor, a partir del cual se compone un libro: *envió el ~ de su novela para que lo leyera el editor.* ⇒ **original.**

ma·nu·ten·ción |manutenθión| ***f.*** Conjunto de alimentos, dinero y medios necesarios para vivir: *la beca incluye la ~ del alumno durante un año.*

man·za·na |manθána| **1** ***f.*** Fruto comestible, redondo, un poco aplastado, con la piel fina, de color verde, amarillo o rojo, la carne blanca, de sabor dulce o ácido y, en el centro, unas semillas pequeñas de color marrón: *la tarta de ~ está muy buena; ¿te apetece una ~?; comimos manzanas y queso.* ⇒ **manzano. 2** Espacio, generalmente cuadrado, limitado por calles y destinado a la construcción de edificios: *vive cerca de aquí, a dos manzanas; el hospital está en la otra ~; el ensanche de la ciudad está dividido en manzanas rectangulares.* ⇒ **cuadra.**

man·za·ni·lla |manθaníʎa| **1** ***f.*** Planta con tallos débiles, hojas pequeñas y abundantes y flores olorosas con el centro amarillo, rodeado de *pétalos blancos: *fuimos al campo a recoger ~.* ⇒ **camomila. 2** Flor de esta planta: *puse un ramo de manzanillas al lado del teléfono.* **3** Bebida caliente que se hace hirviendo flores de esta planta: *me sentó mal la comida y me tomé después una ~.* **4** Vino blanco, oloroso y seco, que se hace en Andalucía: *tomamos una copa de ~ en el aperitivo.*

man·za·no |manθáno| ***m.*** Árbol de tronco áspero y nudoso, ramas gruesas y copa ancha, con las hojas ovaladas y las flores olorosas, cuyo fruto es la manzana: *los manzanos y los ciruelos están en flor; se subió al ~ para coger una manzana.* ⇒ **manzana.**

ma·ña |máɲa| **1** ***f.*** Habilidad y facilidad para hacer una cosa: *tiene ~ para cocinar; se deslizó con ~ por la ventana.* ⇒ **cautela, destreza. 2** Arte o técnica para hacer mejor o con menos esfuerzo un trabajo determinado: *la abuela le enseñó todas sus mañas.* ⇒ **truco.** ■ **darse ~**, obrar con habilidad y fácilmente: *se da mucha ~ en los negocios.*

ma·ña·na |maɲána| **1** ***f.*** Parte del día que empieza al amanecer y termina a la hora de comer: *trabajo por la ~ y por la tarde estudio español.* **2** Parte del día que va desde las doce de la noche hasta el amanecer: *el teléfono sonó a las tres de la ~ y me asusté; no pude dormirme hasta las dos de la ~.* ⇒ **madrugada.** - **3** ***adv. t.*** En el día después del de hoy: *hoy no puedo ir a verte, pero ~ iré; ~ no tengo que trabajar porque es fiesta.* ⇒ **ayer, hoy; pasado** ~, en el segundo día después del de hoy: *si hoy es martes, pasado ~ será jueves.* **4** En el futuro: *~ acabará el siglo.* - **5** ***m.*** Tiempo futuro cercano: *el ~ es siempre incierto.* ■ **de** ~, en las primeras horas del día: *nos levantamos muy de ~ para ir al campo.* ■ **¡hasta** ~!, despedida del que espera ver a una persona al día siguiente: *me voy a acostar, ¡hasta ~!* ■ **por la** ~, entre la salida del sol y la hora de comer: *¿tienes algo que hacer ~ por la ~?*

ma·⌜ño, ⌜ña |máɲo, ɲa| **1** ***adj.*** De Aragón o que tiene relación con Aragón: *la jota maña es muy alegre.* ⇒ **aragonés.** - **2** ***m. f.*** Persona nacida en Aragón o que vive habitualmente en Aragón: *los maños suelen ser simpáticos y bonachones.* ⇒ **aragonés.**

ma·ño·⌜so, ⌜sa |maɲóso, sa| ***adj.*** Que tiene habilidad: *es muy ~ y hace arreglos en su casa.* ⇒ **manitas.**

ma·pa |mápa| ***m.*** Representación de la Tierra o de parte de ella en una superficie plana: *consulte un ~ de España para localizar cada provincia;* ~ **mudo**, el que no lleva escritos los nombres de las poblaciones, de los ríos y de los demás accidentes del terreno: *los niños aprenden los nombres de ríos y montañas y los escriben sobre el ~ mudo.* ■ **borrar del** ~, *fam.*, hacer desaparecer; matar: *te voy a dar una patada que te voy a borrar del ~.* ⇒ **eliminar.** ■ **dejar la cara como un** ~, *fam.*, golpear a una persona en la cara y ponérsela morada: *le dejó la cara como un ~.*

ma·pa·che |mapátʃe| ***m.*** Animal mamífero nocturno de color gris, con una cola larga blanca y negra y la cara blanca con unos círculos negros alrededor de los ojos: *los mapaches viven en los bosques de América.* ☐ Para indicar el sexo se usa el ~ macho y el ~ hembra.

MANZANO (RAMA Y FRUTO)

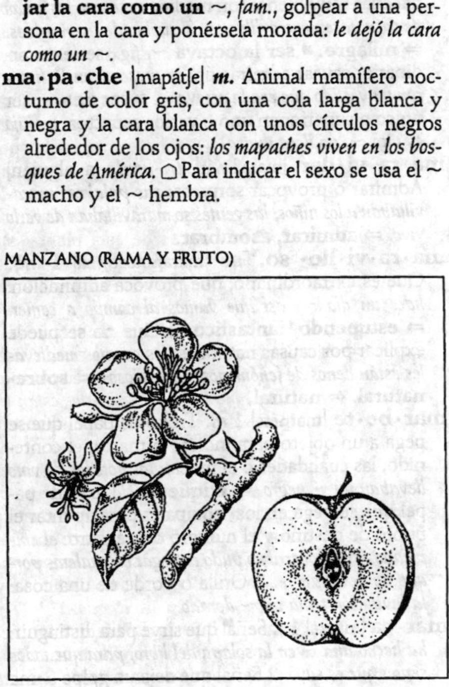

ma·pa·mun·di |mapamúndi| ***m.*** Mapa que representa la superficie completa de la Tierra: *tiene un ~ en la pared con las horas de los distintos países del mundo.*

ma·pu·che |mapútʃe| **1** ***adj.-s.*** *form.* (*indio) Que procede de Arauco, Chile: *los mapuches se llaman también araucanos.* - **2** ***m.*** LING. Lengua de los *indios de Arauco, Chile: *el ~ es una lengua amerindia.*

ma·que·ta |makéta| **1** ***f.*** Modelo o reproducción en tamaño reducido de un *monumento, edificio u otro objeto: *colecciona maquetas de coches antiguos; he visto la ~ del nuevo museo.* **2** Muestra de un libro, disco o cinta: *han enviado maquetas a todas las casas discográficas.* **3** Modelo de prueba que se hace antes de imprimir: *están preparando la ~ del libro y lo editarán pronto.*

ma·qui·lla·je |makiʎáxe| **1** ***m.*** Producto que se usa para dar color, cubrir defectos y hacer más bella la cara: *fue a una perfumería a comprar un tubo de ~; cuando salgo de noche me pongo un poco de ~.* **2** Acción y resultado de *maquillar: *el ~ perfecto es el que no se nota.* **3** Conjunto de técnicas que sirven para *maquillar: *quiso estudiar ~ profesional.*

ma·qui·llar |makiʎár| **1** ***tr.-prnl.*** [algo, a alguien] Dar color, cubrir defectos y hacer más bella la cara, usando productos naturales o artificiales: *maquillaron a la novia una hora antes de la boda; se maquilla un poco los ojos y las mejillas.* ⇒ **pintar.** **2** Dar color a la cara para representar un personaje de teatro o de cine o para salir en televisión: *los mimos se maquillan la cara de blanco y los ojos negros.* - **3** ***tr.*** *fig.* [algo] Alterar el aspecto real de una cosa para que parezca distinta: *sus compañeros intentaron ~ el abandono para que pareciera un descanso.* ⇒ **disfrazar.**

má·qui·na |mákina| **1** ***f.*** Conjunto de piezas ajustadas que transforma una forma de energía en otra para hacer un trabajo determinado: *tengo en casa una ~ de coser; copia esta carta con la ~ de escribir.* ☐ Se suele indicar el trabajo que hace mediante la preposición *de* seguida de un verbo en infinitivo. **2** Parte de un tren que le comunica el movimiento: *colocaron una ~ en la cola para empujar.* **3** Conjunto de elementos que forman un todo: *la ~ del universo se mueve de forma muy precisa.* **4** Aparato que funciona introduciendo dinero y que sirve para jugar, vender un producto u otras cosas: *los billetes de metro se compran en la ~; he estado en un bar jugando a la ~ durante una hora; he comprado caramelos en una ~.* **5** Conjunto de mecanismos que sirven para cambiar las *escenas en un teatro: *Enrique no es actor, es el encargado de la ~.* ⇒ **tramoya.** ■ **a** ~, ayudándose de un conjunto de piezas para hacer un trabajo: *hacen los bordados a ~.* ■ **a toda** ~, con mucha rapidez o intensidad: *trabaja a toda ~.*

ma·qui·nal |makinál| ***adj.*** (acto, movimiento) Que es involuntario; que se hace sin pensar: *caminaba por la Alameda de modo ~.* ⇒ **automático, mecánico.**

ma·qui·nar |makinár| ***tr.*** [algo] Preparar *secretamente una acción, generalmente mala: *estuvieron maquinando una venganza terrible contra su enemigo.* ⇒ **tramar.**

ma·qui·na·ria |makinária| **1** *f.* Conjunto de máquinas que se usan para un fin determinado: *la ~ agrícola ahorra mucho trabajo al campesino.* **2** Mecanismo que da movimiento a un aparato: *la ~ del reloj está estropeada.* **3** Técnica de construir máquinas: *estudió ingeniería y se especializó en ~ industrial.*

ma·qui·ni·lla |makiníʎa| *f.* Instrumento que sirve para afeitar o cortar el pelo y que consiste en un mango y una pieza *perpendicular a éste que sujeta una hoja de metal afilada y cortante: *primero se dio jabón y luego se afeitó la barba con una ~;* **~ eléctrica**, la que afeita en seco y funciona haciendo girar varias hojas pequeñas y afiladas: *metió la ~ eléctrica en el estuche después de afeitarse.*

ma·qui·nis·ta |makinísta| **1** *com.* Persona que se dedica a conducir una máquina de tren: *el ~ frenó a tiempo y evitó el accidente.* **2** Persona que se dedica a arreglar y controlar el trabajo de una máquina: *el capitán del barco llamó a los maquinistas.*

mar |már| **1** *amb.* Masa de agua salada que cubre la mayor parte de la superficie de la Tierra: *los barcos navegan por el ~; la ~ oculta muchos tesoros;* **alta ~**, parte de esa masa de agua que está alejada de la tierra: *los antiguos no entraban con sus embarcaciones en alta ~.* **2** Parte en que se divide esa masa de agua: *el ~ Mediterráneo baña el sur de Europa.* ⇒ **océano. 3** *p. ext.* Masa de agua limitada por tierra: *se hallaron unas escrituras junto al ~ Muerto; en el ~ de Castilla se pueden practicar deportes náuticos.* ⇒ **lago. 4** *fig.* Gran cantidad de agua o de otra cosa: *bañada en un ~ de lágrimas, contó su triste historia; vivo en un ~ de dudas.* ■ **a mares**, *fam.*, en gran cantidad o número: *está lloviendo a mares.* ■ **la ~ de**, *fam.*, gran cantidad o número de: *vino la ~ de gente a la inauguración.* ■ **~ de fondo**, agitación de las aguas más profundas: *estaba prohibido bañarse porque había ~ de fondo.* ■ **~ gruesa**, agitación de las aguas con olas de hasta seis metros de altura: *no salió a navegar a causa de la ~ gruesa.*

ma·ra·bun·ta |maraβúnta| **1** *f.* Conjunto numeroso de *hormigas que se trasladan atacando y destruyendo plantas y animales: *la ~ es propia de América del Sur.* **2** *fam. fig.* Desorden y destrucción: *la ~ de la guerra cayó sobre la ciudad.*

ma·ra·ca |maráka| *f.* Instrumento musical de percusión formado por una bola hueca llena de pequeñas piedras o semillas y que se agita con un mango para que suene: *las maracas originales de América del Sur se hacían con una calabaza seca; el cantante cubano Antonio Machín hizo populares las maracas.*

ma·ra·ña |maráɲa| **1** *f.* Conjunto de árboles, arbustos y otras plantas que crecen muy juntas y de forma salvaje: *cortaron la ~ para evitar incendios.* ⇒ **maleza. 2** *fig.* Conjunto de hilos o de pelos enrollados entre sí y que no se pueden separar: *intentó desenredar aquella ~ de pelo llena de nudos.* ⇒ **enredo. 3** *fig.* Asunto *confuso y difícil de resolver: *la burocracia le parecía una ~.*

ma·ra·ñón |maraɲón| *m.* Árbol de América Central, con el tronco irregular, las hojas ovaladas, las flores en racimo y el fruto de semilla comestible en forma de nuez: *el fruto del ~ se llama anacardo.*

ma·ra·tón |maratón| **1** *m.* DEP. Carrera que tiene un recorrido de unos 42 kilómetros: *el ~ se creó en honor del soldado griego Filípides.* **2** *p. ext.* Actividad intensa que se desarrolla sin descansar: *los profesores han hecho un ~ para corregir todos los exámenes a tiempo.*

ma·ra·vi·lla |maraβíʎa| **1** *f.* Persona, cosa o hecho extraordinario que produce admiración: *el monasterio de El Escorial es una ~; los españoles creían ver maravillas al llegar a América.* ⇒ **portento. 2** Sentimiento de admiración: *la ~ es el principio de la poesía.* **3** Planta de jardín de flores compuestas, de color rojo o naranja: *la infusión de flores de la ~ se usa en medicina.* ⇒ **caléndula. 4** Planta de jardín con las flores azules, cuyo tallo crece y sube sujetándose a los árboles, varas u otros objetos: *la ~ procede de América.* ■ **a las mil maravillas**, muy bien; perfectamente: *Jesús y Nuria se entienden a las mil maravillas.* ■ **a ~**, de un modo extraordinario y admirable: *la casulla de San Ildefonso estaba bordada a ~.* ■ **contar/decir maravillas**, alabar, hablar muy bien de una persona o de una cosa: *los que han visto Granada cuentan maravillas de esa ciudad.* ■ **de ~**, muy bien; perfectamente: *el traje te sienta de ~; Fernando le cayó de ~.* ■ **hacer maravillas**, hacer muchas cosas o hacerlas muy bien y con medios escasos: *las amas de casa hacen maravillas con el sueldo de sus maridos.* ⇒ **milagro.** ■ **ser la octava ~**, *fig.*, ser extraordinario; causar admiración: *se presentó en la fiesta con un vestido que era la octava ~.* ■ **ser una ~**, ser único o superior en uno o varios aspectos: *mi hijo es una ~, no llora nunca.*

ma·ra·vi·llar |maraβiʎár| *tr.-prnl.* [a alguien] Admirar o provocar sorpresa: *sus palabras maravillaban a los niños; las gentes se maravillaban de verlo vivo.* ⇒ **admirar, asombrar.**

ma·ra·vi·llo·⌐so, ⌐sa |maraβiʎóso, sa| **1** *adj.* Que es extraordinario; que provoca admiración: *hace un día ~, así que vamos al campo a comer.* ⇒ **estupendo, fantástico. 2** Que no se puede explicar por causas naturales: *los cuentos medievales están llenos de fenómenos maravillosos.* ⇒ **sobrenatural.** ⇔ **natural.**

mar·be·te |marβéte| **1** *m.* Trozo de papel que se pega a un objeto para indicar la marca, el contenido, las cualidades o el precio: *las botellas de vino llevaban un ~ negro.* ⇒ **etiqueta. 2** Trozo de papel que se pega en los *equipajes para apuntar el punto de destino y el número del registro: *el empleado del ferrocarril no pudo entregar las maletas porque no llevaban ~.* **3** Orilla o borde de una cosa: *la invitación tenía un ~ dorado.*

mar·ca |márka| **1** *f.* Señal que sirve para distinguir: *ha hecho una ~ en la solapa del libro, para que todos sepan que es suyo.* **2** Señal que deja un golpe o una herida: *se me ha quedado en el brazo la ~ de la herida que me hice cuando me caí.* **3** Nombre de un producto: *estos pantalones vaqueros son de una ~ muy conocida;* ~ **registrada**, la que está reconocida por la ley y que sólo puede usar su fabricante: *tenemos nuestra ~ registrada, por lo que nadie puede copiarnos.* **4** DEP. Resultado que consigue un *deportista en una prueba: *el atleta rumano ha superado su propia ~ en la prueba de salto de altura.* ⇒ **récord.** ■ **de ~**, que es de un fabricante conocido e importante: *este niño es muy exigente, sólo quiere llevar ropa de ~; es lógico que los zapatos sean tan caros, son de ~.* ■ **de ~**, que destaca; que se sale de lo común: *Antonio es un estudiante de ~, es muy bueno en matemáticas.* ■ **de ~ mayor**, que destaca; que se sale de lo común: *Gustavo no respeta ni a sus padres, es un sinvergüenza de ~ mayor.*

mar·ca·dor |markaðór| ***m.*** DEP. Cuadro en el que aparecen los puntos que consigue cada equipo: *si te fijas en el ~, verás que los equipos van empatados.* ⇒ **tablero.**

mar·ca·pa·sos |markapásos| ***m.*** Aparato que, mediante señales eléctricas, sirve para mantener el ritmo del corazón: *desde que le pusieron el ~ se encuentra muy bien de salud.* ☖ El plural es *marcapasos.*

mar·car |markár| **1** ***tr.*** [algo, a alguien] Hacer o poner una señal: *marcaron el ganado con un hierro candente; han marcado las cartas para hacer trampa.* **2** [algo] Indicar un aparato de medida señales o cantidades: *el termómetro marca dos grados bajo cero.* **3** Componer en el teléfono el número al que se quiere llamar: *marca el 003 en el caso de que necesites información.* **4** DEP. Conseguir un *gol o tanto: *el delantero centro marcó casi al final del partido.* **5** *fig.* [a alguien] Dejar un recuerdo o una *huella: *sus años en el extranjero lo marcaron para siempre.* **6** [algo] Fijar un movimiento o actividad: *marca el ritmo con la batería; marcó la labor de los obreros;* ~ **el paso**, mover con un ritmo los pies, sin avanzar: *los soldados marcaban el paso antes de comenzar el desfile.* **7** Poner precio a lo que se va a vender: *tienes que ~ unos libros que han llegado hoy.* **8** Señalar una dirección: *marcaron el rumbo que seguirían.* **9** DEP. [a alguien] Seguir a un jugador contrario para impedirle jugar con comodidad: *me tocó ~ al jugador más rápido del equipo contrario.* ⇔ **desmarcarse.** **10** [algo, a alguien; de algo] Atribuir unas características, generalmente negativas: *lo marcaron de inmoral y libertino.* - **11** ***tr.-intr.*** Sujetar el pelo, generalmente después de lavarlo, para darle la forma deseada: *en esta peluquería se dedican solamente a lavar y ~.* ☖ Se conjuga como 1.

mar·cha |márt∫a| **1** ***f.*** Movimiento para ir a un lugar o trasladarse de un lugar a otro: *iniciamos la ~ a las seis de la mañana; hay que prepararlo todo para la ~.* ⇒ **andadura, desplazamiento.** ⇔ **retorno.** **2** *fig.* Desarrollo o manera de funcionar: *vigilaré la ~ del reloj, creo que se atrasa; no me gusta la ~ de este negocio; la enfermedad sigue su ~.* **3** Posición del cambio de velocidades de un automóvil: *este coche tiene cinco marchas.* **4** Movimiento ordenado de personas que caminan juntas con un fin determinado: *se ha organizado una ~ contra el racismo; la ~ a Santiago comenzará el próximo lunes.* **5** *fam. fig.* Energía, ánimo o alegría: *esta chica tiene una ~ increíble.* **6** *fam. fig.* Diversión o fiesta: *la ~ empezó después de medianoche.* **7** MIL. Movimiento ordenado del ejército para trasladarse de un lugar a otro: *el cuarto batallón saldrá de ~ este fin de semana.* **8** MÚS. Obra musical, destinada a marcar el paso de un ejército: *los soldados desfilaron al son de una ~ militar.* ■ **a marchas forzadas**, muy deprisa: *caminaron a marchas forzadas.* ■ **a marchas forzadas**, *fam.*, haciendo mucho trabajo en poco tiempo, para acabar antes; muy deprisa: *escribe los libros a marchas forzadas.* ■ **a toda ~**, *fam.*, con prisa; rápidamente: *salió a toda ~ porque perdía el tren.* ■ **coger la ~**, *fam.*, conseguir habilidad; dominar: *es nuevo en la empresa, pero le ha cogido la ~ a las máquinas.* ■ **dar ~ atrás**, retroceder o hacer retroceder el automóvil: *cuidado, ese camión está dando ~ atrás.* ■ **dar ~ atrás**, *fam. fig.*, no continuar con una idea o proyecto: *dio ~ atrás en sus declaraciones y retiró la denuncia.* ■ **poner en ~**, hacer que empiece a funcionar una cosa: *pon en ~ la lavadora, por favor; la nueva tienda de calzado ya se ha puesto en ~.* ■ **sobre la ~**, a medida que se hace una cosa: *mientras trabaja, le gusta improvisar sobre la ~.* ■ **tener ~**, estar siempre dispuesto para la diversión y la fiesta: *los chicos jóvenes tienen mucha ~.*

mar·cha·mo |mart∫ámo| ***m.*** *Seña o marca que se pone en un objeto o producto una vez analizado o reconocido: *el aduanero le ha puesto un ~ a mi maleta después de revisarla.*

mar·chan·te |mart∫ánte| ***com.*** Persona que se dedica a comerciar con obras de arte: *un ~ se interesó por la obra del pintor y organizó una exposición.*

mar·char |mart∫ár| **1** ***intr.*** Andar o moverse: *el tren marcha despacio por este tramo; el corredor marcha por delante de sus rivales.* **2** Funcionar o desarrollarse una cosa: *los negocios marchan bien.* **3** MIL. Moverse un ejército de forma ordenada: *la tropa marchaba en columnas por la carretera.* - **4** ***intr.-prnl.*** Ir de un lugar a otro; partir de un lugar o abandonarlo: *marchó a Madrid esta mañana; me marcho de vacaciones el mes que viene; se marchó hace una hora.*

mar·chi·tar |mart∫itár| **1** ***tr.-prnl.*** [algo] Secar o secarse las plantas y las flores: *la falta de agua marchita las plantas; la rosa se marchitó al poco tiempo.* **2** *fig.* [algo, a alguien] Quitar la salud, la fuerza y la energía: *la edad había marchitado la piel de la bella mujer; se ha marchitado con los disgustos.* ⇒ **ajar.**

mar·chi·⌜to, ⌜ta |mart∫íto, ta| **1** ***adj.*** Que está seco y sin vida: *miraba los claveles marchitos de la maceta.* ⇒ **mustio.** **2** *fig.* Que no tiene salud, fuerza o energía: *observó el rostro ~ de su madre.*

mar·cho·⌜so, ⌜sa |mart∫óso, sa| ***adj. fam.*** Que es alegre y tiene mucha diversión: *fueron a la zona marchosa de la ciudad a tomar una copas y a bailar; los jóvenes son muy marchosos.*

mar·cial |marθiál| ***adj.*** De la guerra o del ejército o que tiene relación con ellos: *los niños caminaban al son del tambor con aires marciales.* ⇒ **militar.**

mar·cia·⌐no, ⌐na |marθjáno, na| **1** ***m. f.*** Habitante imaginario de Marte; habitante imaginario de otro planeta: *he visto una película en la que varios marcianos verdes y cabezones bajaban de un OVNI.* ⇒ **extraterrestre. - 2** ***adj.*** Del planeta Marte o que tiene relación con él: *una nave sin tripulación está fotografiando la superficie marciana.*

mar·co |márko| **1** ***m.*** Cosa que rodea a otra: *el ~ del cuadro es dorado; los marcos de las puertas son de madera de cedro.* **2** Unidad de moneda de Alemania y Finlandia: *he cambiado dólares por marcos porque voy a viajar a Berlín.* **3** *fig.* Circunstancia o situación: *es preciso conocer el ~ de la época para comprender lo que escribe ese poeta.* ⇒ **entorno, escenario.**

ma·re mág·num |maremáᵞnum| **1** ***m.*** *Confusión o abundancia de cosas desordenadas: *un ~ de ideas habitaba en su mente.* ⇒ **revoltijo. 2** Cantidad grande de personas que hacen ruido: *un ~ de gente cantaba y bailaba durante el concierto.* ⇒ **maremagno.**

ma·re·a |maréa| **1** ***f.*** Movimiento de subida y bajada de las aguas del mar, causado por la atracción del Sol y de la Luna: *las mareas se producen de manera periódica y alternativa; la ~ dura unas 12 horas; esperaremos a que suba la ~ para ir a pescar a la playa.* **2** *fig.* Cantidad grande de personas o cosas que se encuentran en un lugar: *los almacenes fueron invadidos por una ~ de clientes; una ~ de admiradoras esperaba al cantante en el aeropuerto.* ■ **~ negra**, capa de *petróleo vertida en el mar: *el barco sufrió un accidente y ocasionó una ~ negra que llegó a la costas.* ■ **~ roja**, acumulación de *algas que producen veneno: *cuando hay ~ roja ciertas algas productoras de toxinas se acumulan en el cuerpo de los crustáceos y su consumo es peligroso.*

ma·re·a·⌐do, ⌐da |mareáðo, ða| ***adj.*** Que experimenta una sensación desagradable en la cabeza y en el estómago, generalmente a causa del movimiento de un vehículo o de una nave: *los últimos días del viaje estuvo ~.*

ma·re·ar |mareár| **1** ***tr.*** [algo] Dirigir el movimiento de una embarcación: *el piloto mareaba la nave con acierto.* **- 2** ***intr.-tr.*** [a alguien] Molestar o causar fastidio: *ese niño siempre está mareando; me marea con sus historias.* **- 3 marearse** ***prnl.*** Experimentar una sensación desagradable en la cabeza y en el estómago, generalmente a causa del movimiento de un vehículo o de una nave: *no puede viajar en barco porque se marea; me mareo cuando la carretera tiene muchas curvas.*

ma·re·ja·da |marexáða| **1** ***f.*** Agitación del agua del mar, con olas de gran altura: *hay ~ en el Cantábrico y los pescadores se han quedado en el puerto.* **2** *fig.* Rumor de voces provocado por una situación tensa o de disgusto: *las palabras del diputado provocaron una ~ que terminó en alboroto y escándalo.*

ma·re·mag·no |maremáᵞno| ***m.*** ⇒ **mare mágnum.** ⌂ La Real Academia Española prefiere la forma *mare mágnum.*

ma·re·mo·to |maremóto| ***m.*** *Terremoto que se produce en el fondo del mar: *los maremotos se producen en zonas de actividad sísmica.* ⇒ **seísmo.**

ma·ren·go |maréŋgo| **1** ***adj.*** Que es de color gris oscuro: *ponte el pantalón ~, que te favorece.* ⌂ No varía de número. **- 2** ***adj.-m.*** (color) Que es gris oscuro: *el ~ se llevará mucho en invierno.*

ma·re·o |maréo| **1** ***m.*** Mal estado físico, con pérdida del equilibrio, sudor y ganas de vomitar: *he tomado una pastilla para prevenir el ~ durante el viaje en coche; en el embarazo tuvo frecuentes mareos.* **2** *fam. fig.* Mal estado físico y del ánimo, producido por una molestia: *¡qué ~ estar todo el día cuidando niños en la guardería!*

mar·fil |marfíl| **1** ***m.*** Material precioso, de color claro, que se emplea para elaborar objetos de lujo y que se saca de los *colmillos del *elefante y otros animales: *en el museo vieron un crucifijo de ~; el libro tenía las tapas de ~.* **2** Sustancia dura, muy blanca y pesada, que forma parte de los dientes de los mamíferos: *el esmalte recubre y protege el ~.* **- 3** ***adj.*** De color casi blanco: *tengo en el salón unas cortinas ~.* ⌂ No varía de número. **- 4** ***adj.-m.*** (color) Que es casi blanco: *la novia llevó un vestido de color ~.*

mar·fi·le·⌐ño, ⌐ña |marfiléɲo, ɲa| ***adj.*** Del *marfil o que tiene una característica que se considera propia del *marfil: *su mano tiene un tacto ~.*

mar·ga·ri·na |marɣarína| ***f.*** Sustancia blanda y de color amarillo hecha con grasas vegetales o animales: *la ~ suele usarse para sustituir a la mantequilla; el niño se está comiendo un bocadillo de ~ y jamón york.*

mar·ga·ri·ta |marɣaríta| **1** ***f.*** Planta con tallos débiles, hojas abundantes y flores con el centro amarillo, rodeado de *pétalos blancos: *¡mira cuántas margaritas han crecido en el sembrado!* **2** Flor con centro amarillo, rodeado de *pétalos blancos: *le regaló un ramo de margaritas que había cogido del campo; los enamorados deshojan las margaritas para saber si su amor es correspondido.* **3** *fig.* Parte cambiable de ciertas máquinas que sirven para escribir, en la que se encuentran todas las letras, números y signos que pueden reproducir: *esta máquina de escribir es de ~.* **- 4** ***m.*** Bebida *refrescante hecha con *tequila, zumo de *lima y licor de naranja: *he pedido al camarero dos margaritas.*

mar·gen |márxen| **1** ***amb.*** Parte del terreno que queda a los lados de un río o de un camino: *el río se desbordó y se inundaron las márgenes.* **- 2** ***m.*** Espacio en blanco que se deja alrededor de una página, especialmente a la derecha y a la izquierda: *escribió unas notas en el ~ derecho del papel.* **3** *fig.* Espacio o periodo: *no he podido acabar el test porque he tenido muy poco ~ de tiempo.* **4** COM. *Ganancia que se consigue al vender una mercancía: *para calcular el ~ de un producto hay que tener en cuenta el precio de coste y el de su venta.* ⇒ **beneficio.** ■ **al ~**, apartado; sin participar en un asunto: *como no quería implicarme en el asunto, me mantuve al ~ durante la conversación.*

mar·gi·na·ción |marxinaθión| **1** ***f.*** Situación social de aislamiento e inferioridad: *muchas asociaciones están luchando contra la ~*. ⇒ **discriminación. 2** Acción de evitar, dejar de lado o apartar de una relación o del trato social: *el ministro de Exteriores se quejó de la ~ de su país en las relaciones internacionales.*

mar·gi·na·⌈do, ⌈da |marxináðo, ða| ***adj.-s.*** (persona) Que no vive *integrado en la sociedad; que ocupa un puesto inferior en la sociedad: *los emigrantes ilegales son grupos marginados; muchas agrupaciones intentan ayudar a los marginados.* ⇒ **marginal.**

mar·gi·nal |marxinál| **1 *adj.*** Que no vive *integrado en la sociedad: *se abrió un nuevo centro para ayudar a los drogadictos y otros grupos marginales.* ⇒ **marginado. 2** *fig.* Que es *secundario o poco importante: *el banquero no quiso discutir cuestiones marginales.* ⇒ **accesorio, periférico. 3** Que no se ajusta a las normas establecidas: *varios actores jóvenes formaron un grupo de teatro ~*. **4** Que está escrito o dibujado en el espacio en blanco que hay en los extremos de una hoja de papel escrito: *el manuscrito presentaba ilustraciones marginales.*

mar·gi·nar |marxinár| **1 *tr.-prnl.*** [a alguien] Poner en una situación social de aislamiento e inferioridad: *muchos países marginan a las personas de otra raza; el poeta se aisló y se marginó voluntariamente.* ⇒ **discriminar. - 2 *tr.*** [algo, a alguien] Evitar, dejar de lado; apartar de una relación o del trato social: *al principio marginaron al recién llegado; el político no quiso hablar de algunas cuestiones y marginó detalles importantes.*

ma·rí·a |maría| **1 *f.*** *fam.* Parte de unos estudios que resulta fácil de aprobar: *sólo le han aprobado las marías: la gimnasia y la religión; la ~ de esta carrera es la física.* **2** *fam. vulg.* Droga que se saca de las hojas y flores secas del *cáñamo y que se fuma mezclada con tabaco: *los pillaron traficando con ~*. ⇒ **marihuana. 3** *fam.* Pájaro de color blanco en el vientre y negro brillante en el resto del cuerpo: *la ~ suele llevarse a sus nidos pequeños objetos brillantes.* ⇒ **marica, urraca.**

ma·ria·⌈no, ⌈na |mariáno, na| ***adj.*** *form.* De la Virgen María o que tiene relación con ella: *esta iglesia está consagrada al culto ~; el Papa inauguró el año ~*.

ma·ri·ca |maríka| **1 *m.*** *fam. desp.* Hombre que tiene movimientos y actitudes que se consideran propios de las mujeres; hombre que se siente atraído sexualmente por otros hombres: *dicen que es ~ porque tiene la voz muy aguda.* ⇒ **homosexual, maricón. 2 *f.*** Pájaro de color blanco en el vientre y negro brillante en el resto del cuerpo: *la ~ vuela bajo.* ⇒ **maría, urraca.**

ma·ri·cón |marikón| **1 *m.*** *fam. desp.* Hombre que tiene movimientos y actitudes que se consideran propios de las mujeres; hombre que se siente atraído sexualmente por otros hombres: *los maricones se paseaban por la playa en tanga.* ⇒ **marica. 2** *fam. desp. fig.* Persona cuya conducta hace mal a otras personas o que no tiene buenas intenciones: *es un ~, no sabe más que fastidiar.* ⇒ **cabrón.** ◯ Se usa como apelativo despectivo.

ma·ri·co·ne·ra |marikonéra| ***f.*** Bolsa de mano, de pequeño tamaño, que usan algunos hombres: *llevaba una ~ para el tabaco y las llaves.*

ma·ri·dar |mariðár| ***tr.*** *fig.* [algo] Unir cosas que se parecen o son iguales; hacer que se correspondan o adapten entre sí: *algunos artistas intentan ~ la música árabe y el rock.*

ma·ri·do |maríðo| ***m.*** Persona de sexo masculino casada: *conoció a su ~ durante unas vacaciones.* ⇒ **esposo, mujer.**

ma·ri·hua·na |mariwána| ***f.*** Droga que se saca de las hojas y flores secas del *cáñamo y que se fuma mezclada con tabaco: *la ~ se considera una droga blanda; lo detuvieron por poseer una plantación de ~*. ⇒ **hachís, hierba, maría.**

ma·ri·ma·cho |marimátʃo| ***amb.*** *fam. desp.* Mujer que tiene movimientos y actitudes que se consideran propios de los hombres; mujer que se siente atraída sexualmente por otras mujeres: *dicen que es una ~ y que por eso no se ha casado.* ⇒ **lesbiana.**

ma·ri·man·⌈dón, ⌈do·na |marimandón, dóna| ***adj.-s.*** (persona) A la que le gusta mandar en exceso: *es una marimandona y ninguna niña quiere jugar con ella.* ⇒ **mandamás, mandón.**

ma·ri·mo·re·na |marimoréna| ***f.*** *fam.* Enfrentamiento o discusión violenta en la que intervienen varias personas y que crea desorden y ruido: *menuda ~ se armó en el bar por culpa del fútbol.* ⇒ **pelea, riña.**

ma·ri·na |marína| **1 *f.*** Conjunto de barcos de un Estado o de una compañía de navegación: *ayer asistimos a una exhibición de la ~ española;* ~ **de guerra**, conjunto de barcos armados: *embarcaciones de la ~ de guerra y de la Cruz Roja intentaron encontrar a los náufragos;* ~ **mercante**, conjunto de barcos que se emplean en el comercio: *hubo una huelga de la ~ mercante el mes pasado.* **2** Conjunto de personas que sirven en el ejército del mar: *se alistó en la ~ y no hemos vuelto a saber de él.* **3** Conjunto de técnicas de la navegación: *siempre le apasionó la ~*. **4** Pintura que representa el mar: *en el salón de su casa tiene un cuadro que es una ~*.

ma·ri·ne·rí·a |marinería| **1 *f.*** Conjunto de personas que se dedican a actividades relacionadas con el mar: *dio permiso a la ~ y a los viajeros para descender a tierra durante unas horas.* **2** MIL. Conjunto de soldados que sirven en la marina: *el almirante se dirigió a la ~*. **3** Oficio del que se dedica a actividades relacionadas con el mar: *trabaja en la ~*.

ma·ri·ne·⌈ro, ⌈ra |marinéro, ra| **1 *adj.*** De la marina o que tiene relación con ella: *es una familia muy marinera, todos son pescadores.* **2** (embarcación) Fácil de dirigir o gobernar: *cruzaron el estrecho en una goleta marinera.* **- 3 *m. f.*** Persona que se dedica a una actividad relacionada con el mar: *unos marineros lo encontraron inconsciente en la playa.* ⇒ **marino, navegante. 4** Soldado que sirve en la marina: *arrestaron a varios marineros por emborracharse.* ⇒ **marino.**

ma·ri·⌜no, ⌜na |maríno, na| **1** ***adj.*** Del mar o que tiene relación con él: *las corrientes marinas lo llevaron hasta la costa.* **2** De color azul oscuro: *lleva un traje azul ~.* ⌂ No varía de número. **- 3 marino** ***m.*** Persona que se dedica a una actividad relacionada con el mar: *los marinos suelen amar la aventura.* ⇒ **marinero, navegante. 4** Soldado que sirve en la marina: *en el puerto de Almería desembarcaron marinos americanos.* ⇒ **marinero.**

ma·rio·ne·ta |marionéta| **1** ***f.*** *Muñeco que se mueve por medio de hilos o metiendo la mano en su interior: *la obra de teatro se representó con marionetas.* ⇒ **fantoche, títere. 2** *fam. fig.* Persona que se deja manejar por los demás: *se convirtió en la ~ de su mujer.*

ma·ri·po·sa |maripósa| **1** ***f.*** Insecto con cuerpo alargado y cuatro alas grandes, generalmente de colores variados: *en primavera, el campo se llena de mariposas.* **2** Pieza que se ajusta a un tornillo y que, por tener dos pequeñas alas, puede ser apretada o quitada con la mano: *si quieres separar estas tablas, afloja la ~.* **3** *fam. desp.* Hombre de *modales femeninos: *dicen que Juan es ~ porque trata mucho con mujeres.* ⇒ **marica. 4** DEP. Estilo de nadar que consiste en mover los dos brazos a la vez, en círculo y hacia adelante, mientras las piernas se agitan juntas arriba y abajo: *sé nadar a braza, pero no a ~.*

ma·ri·po·se·ar |mariposeár| **1** ***intr.*** *fig.* Variar frecuentemente de opinión o de gustos, especialmente en el amor: *se pasó media vida mariposeando y ahora está completamente solo.* **2** *fig.* Andar alrededor de una persona para conseguir un favor o una atención especial de ella: *estuvo mariposeando en torno a Mercedes más de dos meses, pero ella nunca dijo que sí.*

ma·ri·qui·ta |marikíta| **1** ***f.*** Insecto redondeado, generalmente de color rojo, con pequeñas manchas negras: *la ~ es útil para el agricultor porque se alimenta de pulgones.* **- 2** ***m.*** *fam. desp.* Hombre que tiene movimientos y actitudes que se consideran propios de las mujeres: *dicen que éste es un bar de mariquitas.* ⇒ **afeminado, marica.**

MARIPOSA

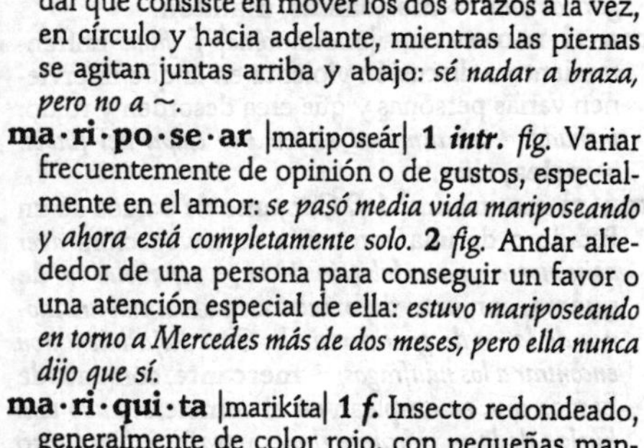

ma·ri·sa·bi·di·lla |marisaβiðíʎa| ***f.*** *fam.* Mujer que presume de sabia: *le salió la hija un tanto ~ y cotorra.*

ma·ris·cal |mariskál| ***m.*** Miembro del ejército de la *máxima categoría, en algunos países: *el ~ ordenó que las tropas se retiraran.* ⇒ **general.**

ma·ris·co |marísko| ***m.*** Animal marino invertebrado comestible: *las gambas y los langostinos son mariscos; fuimos a una marisquería a comer mariscos; no compraré ~ porque está muy caro.*

ma·ris·ma |marísma| ***f.*** Terreno bajo que ha sido invadido por las aguas: *las aguas pantanosas de las marismas dan lugar a una abundante flora y fauna; el río Guadalquivir forma marismas.*

ma·ris·que·rí·a |mariskería| ***f.*** Establecimiento donde se vende *marisco y pescado: *nos llevó a una ~ muy buena en la costa gallega.*

ma·ri·tal |maritál| ***adj.*** Del marido o del *matrimonio o que tiene relación con ellos: *cuando se quedó viudo echó de menos la vida ~.* ⇒ **matrimonial.**

ma·rí·ti·⌜mo, ⌜ma |marítimo, ma| ***adj.*** Del mar o que tiene relación con él: *en los pueblos marítimos se come buen pescado.*

mar·mi·ta |marmíta| ***f.*** Recipiente de metal con tapa ajustada y una o dos asas: *echó la carne y la verdura en la ~ y la puso al fuego.*

már·mol |mármol| ***m.*** Piedra dura, brillante y fría, que se emplea como material de construcción de gran valor: *los griegos utilizaban el ~ de Paros en sus monumentos; el ~ puede tener muchos colores diferentes.*

mar·mo·lis·ta |marmolísta| ***com.*** Persona que se dedica a trabajar el *mármol y otras piedras: *llamó a los mejores marmolistas para construir su propio mausoleo.*

mar·mó·re·⌜o, ⌜a |marmóreo, a| ***adj.*** Del *mármol o que tiene una característica que se considera propia del *mármol: *me asustaba su rostro ~.*

mar·mo·ta |marmóta| **1** ***f.*** Animal mamífero roedor nocturno, con cola larga, cabeza grande, orejas pequeñas, pelo espeso y uñas curvas y fuertes, que se alimenta de vegetales y pasa el invierno dormido: *las marmotas se despiertan al llegar la primavera.* ⌂ Para indicar el sexo se usa la ~ macho y la ~ hembra. **2** *fam. fig.* Persona que duerme demasiado: *es una ~, odia levantarse temprano; te pasas el día en la cama, como las marmotas.* ⇒ **dormilón, lirón.**

ma·ro·ma |maróma| ***f.*** Cuerda gruesa de fibras vegetales o artificiales: *todos los marinos tiraban de la ~ para izar el ancla.* ⇒ **soga.**

mar·⌜qués, ⌜que·sa |markés, késa| ***m. f.*** Miembro de la nobleza de categoría inferior a la de *duque y superior a la de *conde: *el ~ de Santillana fue un hombre ilustre e importante.*

mar·que·sa·do |markesáðo| **1** ***m.*** Conjunto de tierras y bienes que pertenecen a un *marqués: *el ~ ocupaba un gran territorio; estos pueblos pertenecen* *al* ~. **2** Título y categoría de *marqués: *el rey otorgó el* ~ *a uno de sus favoritos.*

mar·que·si·na |markesína| ***f.*** Cubierta pequeña que protege lugares exteriores: *se puso a llover y todos nos apretamos bajo la* ~ *de la parada del autobús; el taxi me dejó frente a la* ~ *del hotel.*

mar·que·te·rí·a |marketería| **1** ***f.*** Trabajo que se hace combinando madera con metales y materiales preciosos: *las puertas del coro y las sillas son de* ~. ⇒ **ebanistería. 2** Técnica de trabajar maderas finas: *los trabajos de* ~ *se hacen con una sierra llamada segueta.*

ma·rra·⌈jo, ⌈ja |mar̄áxo, xa| **1** ***adj.*** (persona) Que es difícil de ser engañado y oculta sus intenciones: *no te fíes de Alfredo: es un* ~. ⇒ **astuto. - 2 marrajo** ***m.*** Pez marino de gran tamaño, de color gris, cola en forma de media luna, cabeza alargada y dientes desarrollados: *los marrajos abundan en las costas del sur de España y de Marruecos; el* ~ *es un tipo de tiburón muy peligroso.* ⌂ Para indicar el sexo se usa el ~ macho y el ~ hembra.

ma·rra·na·da |mar̄anáða| **1** ***f.*** *fam.* Acción sucia, poco agradable o poco educada: *meterse el dedo en la nariz es una* ~. ⇒ **cochinada, guarrada, guarrería. 2** *fam.* Obra o dicho que molesta, causa un daño o está hecho con mala intención: *su novia le hizo la* ~ *de marcharse con otro.* ⇒ **faena.**

ma·rra·⌈no, ⌈na |mar̄áno, na| **1** ***m. f.*** Animal mamífero doméstico, bajo, grueso, de patas cortas y cola pequeña y torcida, cuya carne aprovecha el hombre: *por Navidad matan un* ~. ⇒ **cerdo, cochino. - 2** ***adj.-s.*** *desp. fig.* (persona, animal) Que no cuida su aseo personal o que produce asco: *lávate la cara, marrana.* ⌂ Se usa como apelativo despectivo. **3** *desp. fig.* (persona) Que muestra tener poca educación o pocos principios morales: *ya no tiene amigos porque es un* ~.

ma·rrar |mar̄ár| ***intr.-tr.*** [algo] Fallar; caer en un error: *el cazador marró el tiro.* ⇒ **equivocar.**

ma·rras |már̄as| ■ **de** ~, *fam. desp.*, que es muy conocido; que se ha nombrado anteriormente: *el niño de* ~ *tiene los cabellos rubios.*

ma·rras·qui·no |mar̄askíno| ***m.*** Licor hecho con el zumo de ciertas *cerezas amargas y mucha azúcar: *las guindas al* ~, *cubiertas de chocolate, son un postre magnífico.*

ma·rro |már̄o| **1** ***m.*** Juego que consiste en lanzar una piedra para hacer caer una pieza colocada más lejos en posición vertical: *en el pueblo, los jóvenes se entretenían jugando al* ~ *en el patio de la iglesia.* **2** Juego de niños que consiste en que los participantes deben correr y atraparse los unos a los otros: *me torcí un tobillo jugando al* ~.

ma·rrón |mar̄ón| **1** ***adj.*** De color parecido al del chocolate o al del café: *Silvia tiene los ojos marrones; el pelo de mi gata es* ~; *lleva un abrigo* ~. ⌂ Para hacer referencia al pelo de las personas no se usa *marrón*, sino *castaño*. **- 2** ***adj.-m.*** (color) Que es parecido al del chocolate o al del café: *siempre viste de color* ~. **- 3** ***m.*** *fam.* Cosa molesta, mala o desagradable: *¡vaya* ~ *que tienen con su hijo drogadictol; me he metido en un buen* ~ *al aceptar tu propuesta.*

ma·rro·quí |mar̄okí| **1** ***adj.*** De Marruecos o que tiene relación con Marruecos: *compramos una alfombra* ~. **- 2** ***com.*** Persona nacida en Marruecos o que vive habitualmente en Marruecos: *muchos marroquíes vienen a vivir a España.* ⌂ El plural es *marroquíes*.

ma·rru·lle·rí·a |mar̄uʎería| ***f.*** Acción hecha de forma poco clara o en contra de una ley o una norma: *cuando juega a las cartas hace muchas marrullerías.*

ma·rru·lle·⌈ro, ⌈ra |mar̄uʎéro, ra| ***adj.-s.*** (persona) Que hace una cosa de forma poco clara o en contra de una ley o una norma: *ese jugador de fútbol es muy* ~. ⇒ **adulador.**

mar·su·pial |marsupi̯ál| ***adj.-s.*** ZOOL. (animal) Que es mamífero y cuya hembra tiene una bolsa en el vientre en la que mantiene y alimenta a sus crías durante varios meses después del nacimiento: *el canguro es* ~; *las crías de los marsupiales pasan del útero a la bolsa ventral donde completan su desarrollo.*

mar·ta |márta| ***f.*** Animal mamífero con cabeza pequeña, cola larga y pelo suave y espeso de color marrón vivo, con una mancha amarilla en la garganta, que se alimenta de otros animales: *las martas se cazan para hacer abrigos con su piel; una* ~ *se paró a mirar bajo el abeto.* ⌂ Para indicar el sexo se usa la ~ macho y la ~ hembra.

mar·tes |mártes| ***m.*** Segundo día de la semana: *el próximo* ~ *iré a visitarte; hoy es* ~ *y trece.* ⌂ El plural es *martes*.

mar·ti·lla·zo |martiʎáθo| ***m.*** Golpe dado con un martillo: *se dio un* ~ *en el dedo; su vecino se pasa el día dando martillazos en la pared.*

mar·ti·lle·ar |martiʎeár| **1** ***tr.*** [algo] Golpear repetidamente con un martillo: *el carpintero martilleó los clavos hasta hundirlos en la madera.* **- 2** ***tr.*** *fig.* Repetir una cosa insistiendo mucho: *se pasa el día martilleando que quiere un coche y ya nos tiene hartos.* ⇒ **machacar.**

mar·ti·lle·o |martiʎéo| ***m.*** Serie de golpes repetidos, especialmente los que se dan con un martillo: *no puedo soportar el* ~ *del vecino en la pared; me despertó el* ~ *de la lluvia en el techo de uralita.*

mar·ti·llo |martíʎo| **1** ***m.*** Herramienta formada por una cabeza de metal y un mango de madera: *necesito el* ~ *para clavar el clavo en la pared.* **2** ANAT. Hueso del oído medio de los mamíferos: *la inflamación del oído le presionaba el* ~. **3** DEP. Esfera de metal unida a un *cable que sirve para realizar una de las pruebas de lanzamiento: *el deportista hizo girar el* ~ *sobre su cabeza antes de lanzarlo.*

mar·tin·ga·la |martiŋgála| **1** ***f.*** Acción hábil o engaño: *el tío Andrés siempre estaba liado con sus martingalas para ganarse la vida.* ⇒ **astucia. 2** *fig.* Asunto molesto, incómodo o pesado: *el hombre no dejaba de hablarnos de sus martingalas.*

már·tir |mártir| **1** ***com.*** Persona que es perseguida o maltratada y que muere por defender su religión: *San Lorenzo fue* ~; *la Iglesia venera a los már-*

tires. **2** *fig.* Persona perseguida por sus opiniones: *muchos intelectuales y artistas fueron mártires de la sociedad.* **3** *fig.* Persona que padece trabajos duros y penosos: *las madres suelen ser unas mártires.*

mar·ti·rio |martírio| **1** ***m.*** Sufrimiento, dolor o muerte que se padecen por creer una cosa, especialmente por creer o practicar una doctrina religiosa: *los niños sufrieron ~ por no querer renegar de la religión cristiana.* **2** *fig.* Trabajo penoso o sufrimiento grande: *el trabajo de ama de casa era un ~ para ella.*

mar·ti·ri·zar |martiriθár| **1** ***tr.*** [a alguien] Hacer sufrir a una persona hasta matarla, por defender su religión: *martirizaron a San Sebastián para que renegara de su fe.* **2** [algo, a alguien] Maltratar, molestar o hacer sufrir: *el carretero estaba martirizando a los caballos a latigazos; siempre nos martirizaba con sus quejas y sus caprichos.* ☖ Se conjuga como 4.

mar·xis·mo |mar^k^sísmo| **1** ***m.*** Doctrina surgida de la filosofía de Karl Marx, que rechaza el *capitalismo y defiende una sociedad sin clases: *el ~ tiene ideas políticas, económicas e históricas; el ~ afirma que es necesario sustituir el capitalismo por el socialismo.* ⇒ **comunismo.** **2** POL. Conjunto de movimientos políticos que se apoyan en esa doctrina: *el ~ agrupa partidos políticos diversos.*

mar·xis·ta |mar^k^sísta| **1** ***adj.*** Del *marxismo o que tiene relación con él: *los partidos comunistas están basados en algunas de las ideas marxistas; la doctrina ~ se fraccionó dando lugar a diversas escuelas;* El capital *es una obra ~.* ⇒ **comunista.** ⇔ **capitalista.** **- 2** ***adj.-com.*** Que es partidario del *marxismo: *los seguidores marxistas desean una transformación de la realidad; los marxistas están influidos por las ideas del filósofo Hegel.* ⇔ **capitalista.**

mar·zo |márθo| ***m.*** Tercer mes del año: *volveremos a España en ~; la primavera comienza en ~.*

mas |mas| ***conj.*** *form.* Indica *oposición; expresa valor *adversativo: *quise hacerlo, ~ no pude.* ⇒ **pero.**

más |más| **1** ***adv.-adj.*** Indica mayor cantidad o intensidad en una comparación: *tengo ~ caramelos; viajar en avión cuesta ~ dinero que ir en tren; tu hermano mayor es ~ alto que tú; murieron ~ de dos mil personas; nos va a costar ~ de lo que crees.* ☖ El segundo término de la comparación va detrás de la conjunción *que*. Si es un número o una expresión cuantitativa, sigue a la preposición *de*: *vinieron ~ de cien personas.* **2** Indica preferencia: *me gustaría ~ que viniera después de la cena.* ☖ Se usa con verbos como *querer*. **3** *fam.* Indica gran cantidad o intensidad: *¡qué casa ~ bonita!; ¡había ~ gente!; ¡hacía ~ frío!* ☖ Se usa en oraciones exclamativas. **- 4** ***conj.*** Indica suma o *adición; equivale a *y*: *dos ~ dos son cuatro.* **- 5 más** ***m.*** Signo que representa la suma: *sabes que esa operación es una suma porque al lado lleva un ~, que se escribe «+».* ■ **a lo ~**, como *máximo; como mucho: *seremos 30 a lo ~.* ■ **a ~ no poder**, *fam.*, todo lo posible: *llueve a ~ no poder; vino corriendo a ~ no poder.* ■ **de ~**, en cantidad o intensidad mayor; de *sobra: *está de ~ hablar de ese modo; ¿estoy de ~?* ■ **ir a ~**, aumentar: *la fiebre va a ~.* ■ **~ bien**, indica proximidad o preferencia: *creo que es ~ bien rubio.* ■ **~ que**, indica el límite de una posibilidad: *no abrir ~ que en caso de emergencia; no vine ~ que yo.* ⇒ **sino.** ■ **ni ~ ni menos**, en su justa medida; exactamente: *no quiero, ni ~ ni menos, que lo que se me debe.* ■ **no ~**, solamente; únicamente: *váyase no ~.* ☖ Se usa en el español de América. ■ **sin ~ ni ~**, sin consideración ni cuidado; por sorpresa: *se presentaron en mi casa sin ~ ni ~.* ■ **sus ~ y sus menos**, problemas; discusión o trato difícil: *los dos niños tuvieron sus ~ y sus menos cuando repartieron los juguetes.* ☖ No se debe decir *~ mayor, ~ mejor, ~ peor, ~ antes, ~ buenísimo.*

ma·sa |mása| **1** ***f.*** Mezcla espesa hecha con un líquido y una sustancia en polvo: *el pan se hace con una ~ de harina, levadura y agua.* ⇒ **pasta.** **2** Conjunto de elementos iguales que forman un todo: *una ~ de orugas devoró la planta.* **3** Gran cantidad de gente; pueblo en general: *la televisión es un medio de comunicación de masas.* **4** FÍS. Cantidad de materia que contiene un cuerpo: *el kilogramo es una unidad de ~.* **5** ELECTR. Conjunto de las piezas metálicas que se comunican con el suelo. ■ **en ~**, en conjunto; en reunión: *todos los estudiantes fueron en ~ a la manifestación.*

ma·sa·crar |masakrár| ***tr.*** [a alguien] Matar a muchas personas a la vez: *los enemigos tomaron la ciudad y masacraron a sus habitantes.* ⇒ **asesinar, matar.**

ma·sa·cre |masákre| ***f.*** *form.* Acción en la que se mata a muchas personas a la vez: *en las guerras, los ejércitos pueden cometer muchas masacres de población civil.* ⇒ **matanza.**

ma·sa·je |masáxe| ***m.*** Operación que consiste en presionar, frotar o golpear suavemente determinadas zonas del cuerpo: *el ~ sirve para relajar los músculos, aliviar el dolor, adelgazar y mejorar las lesiones de huesos.* ⇒ **friega.**

ma·sa·jis·ta |masaxísta| ***com.*** Persona que se dedica a dar *masajes: *el ~ del equipo ayudó al jugador a levantarse; contrató a una ~ diplomada para combatir el estrés.*

mas·car |maskár| **1** ***tr.*** [algo] Partir y triturar con los dientes, generalmente un alimento: *mordía la manzana, la mascaba y se la tragaba rápidamente.* ⇒ **masticar.** **- 2 mascarse** ***prnl.*** *fam. fig.* Notar o saber que va a ocurrir un hecho: *se mascaba el malhumor y la tensión nada más entrar en la sala.* ☖ Se conjuga como 1.

más·ca·ra |máskara| **1** ***f.*** Objeto que sirve para cubrirse la cara: *en Carnaval nos disfrazamos con una ~ que tenía la forma de una cabeza de cocodrilo; hemos comprado máscaras africanas en nuestro viaje a Kenia.* ⇒ **antifaz, careta.** **2** Aparato que sirve para cubrirse la cara y respirar con normalidad: *los bomberos llevaban máscaras al entrar en el edificio.* **3** Trozo de tela o papel que sirve para cubrir o proteger la nariz y la boca: *la enfermera ayuda al cirujano a ponerse la ~ y los guantes.* ⇒ **mascarilla.** **4** *fig.* Fingimiento o disimulo, generalmente de la intención o de la manera de ser de una persona: *su preocupación es una ~.* ⇒ **careta.** ■ **quitar la ~**, descubrir las verdaderas intenciones o la manera de ser de una persona: *intentó quitarle la ~ delante de todos, para que vieran su falsedad; el malvado conde se quitó la ~ y su mujer descubrió su perversidad.*

mas·ca·ra·da |maskaráða| **1** *f.* Fiesta donde las personas llevan *máscaras y *disfraces: *los jóvenes organizaron una ~ la noche de fin de año.* **2** *fig.* Engaño o fingimiento para ocultar una cosa: *el recibimiento fue una auténtica ~.* ⇒ **farsa.**

mas·ca·ri·lla |maskaríʎa| **1** *f.* Prenda que cubre la parte inferior de la cara: *los cirujanos y las enfermeras usan mascarillas durante las operaciones.* ⇒ **máscara.** **2** Capa de crema o de otra sustancia que se aplica en la cara: *se puso una ~ que retarda la aparición de las arrugas.* **3** Aparato que se coloca sobre la nariz y la boca para respirar ciertos gases: *pusieron una ~ al paciente porque se ahogaba.*

mas·ca·rón |maskarón| *m.* Adorno con forma de cara imaginaria: *la fachada estaba decorada con un enorme ~ de piedra;* **~ de proa,** MAR., figura de adorno colocada en la parte delantera de una embarcación: *el ~ de proa del barco representaba una sirena.*

mas·co·ta |maskóta| **1** *f.* Animal de compañía: *muchas personas tienen perros y gatos como ~.* **2** Persona, animal o cosa a los cuales se atribuyen virtudes para alejar desgracias o atraer la buena suerte: *utilizaban un perro como ~ del equipo; lleva en el bolso un búho y dice que es su ~.* ⇒ **amuleto, talismán.** **3** Figura u objeto que sirve de símbolo para un acontecimiento público importante: *un perro muy simpático será la ~ de los Juegos Olímpicos.*

mas·cu·li·ni·dad |maskuliniðáᵈ| *f.* Cualidad de masculino: *aquella acción puso en duda su ~.* ⇒ **hombría.**

mas·cu·li·⌜no, ⌜na |maskulíno, na| **1** *adj.* Del hombre o que tiene relación con él: *el paro ~ ha disminuido en el último semestre; ese club ha sido tradicionalmente ~; los personajes masculinos de esta obra están tratados con especial dureza.* ⇔ **femenino.** **2** (ser vivo) Que tiene órganos para *fecundar: *separa las plantas masculinas.* **3** De los seres vivos con órganos para *fecundar o que tiene relación con ellos: *las enfermedades masculinas son abundantes.* **4** Que parece propio del hombre; que tiene alguna cualidad que se considera propia o característica del hombre: *ese corte de pelo es muy ~.* ⇒ **varonil.** **5** Del género de los sustantivos que combinan con el determinante *este* o que tiene relación con él: *la terminación -o es una terminación masculina muy frecuente.* **- 6** *adj.-m.* (género) De los sustantivos que combinan con el determinante *este* y con otros determinantes del mismo género: palo *es una palabra de género ~.* ⇔ **femenino.**

mas·cu·llar |maskuʎár| *tr.* [algo] Hablar entre dientes o pronunciar mal las palabras: *el perdedor se retiró a su rincón mascullando insultos.*

ma·sí·a |masía| *f.* Casa en el campo, rodeada de tierras de cultivo: *las masías son características de Cataluña.*

ma·si·lla |masíʎa| *f.* Masa o pasta blanda que al secarse se pone dura y que se usa generalmente para sujetar cristales: *los cristales de la ventana se mueven porque les falta ~.*

ma·si·⌜vo, ⌜va |masíβo, βa| *adj.* Que es muy numeroso; que se hace en gran cantidad: *los biólogos están preocupados por la migración masiva de cigüeñas; una dosis masiva de tranquilizantes fue la causa de su muerte.*

ma·⌜són, ⌜so·na |masón, sóna| *m. f.* Persona que pertenece a la *masonería: *los masones son personas instruidas y, a menudo, influyentes.*

ma·so·ne·rí·a |masonería| *f.* Sociedad secreta que *supuestamente aspira a la *hermandad universal, admitiendo y respetando todas las religiones, y que se basa en la ayuda y la compasión por los que sufren: *la ~ fue muy importante en el siglo* XIX.

ma·só·ni·⌜co, ⌜ca |masóniko, ka| *adj.* De la *masonería o que tiene relación con ella: *el compás, la escuadra y el mandil de cuero son símbolos masónicos.*

ma·so·quis·mo |masokísmo| *m.* Práctica sexual en la que se experimenta placer cuando se sufre y se es maltratado y golpeado: *le gusta el ~.* ⇒ **sadismo.**

ma·so·quis·ta |masokísta| **1** *adj.-com.* (persona) Que siente placer sexual cuando sufre y es maltratado y golpeado: *la película reflejaba la vida de una joven ~.* ⇒ **sádico.** **2** *p. ext.* (persona) Que disfruta con un pensamiento, situación o hecho desagradable y doloroso: *mis amigos son algo masoquistas: les encanta recordar sufrimientos pasados.*

mas·ti·car |mastikár| *tr.* [algo] Partir y triturar con los dientes, generalmente un alimento: *masticó bien la carne; no está permitido ~ chicle en clase.* ⇒ **mascar.** ☖ Se conjuga como 1.

más·til |mástil| **1** *m.* Palo de una embarcación: *subió al ~ para vigilar el horizonte; un rayo rompió el ~; ordenó que lo atasen al ~.* **2** Palo derecho que sostiene una cosa: *un ~ sujeta el enorme crucifijo.* **3** MÚS. Parte estrecha de un instrumento de cuerda que une la cabeza con el cuerpo: *tomó el violín por el ~ y se lo colocó sobre el hombro para tocar.* **4** BOT. Tallo grueso y fuerte de una planta: *el huracán no consiguió romper los mástiles de estas plantas.*

mas·tín |mastín| *m.* (perro) Que pertenece a una raza de gran tamaño y fuerza, patas gruesas, cabeza grande, orejas largas y caídas y pelo corto: *el ~ guarda la casa.* ☖ Para indicar el sexo se usa el ~ macho y el ~ hembra.

mas·to·don·te |mastoðónte| **1** *m.* Animal mamífero *prehistórico con cuatro dientes muy largos, parecido al *elefante: *los paleontólogos están estudiando los restos fósiles de un ~.* **2** *fam. fig.* Persona o cosa enorme: *el portero de la discoteca es un ~, así que prefiero no discutir con él; cuando vi el armario me pregunté cómo íbamos a meter ese ~ por la puerta de la casa.* ☖ Se usa como apelativo despectivo.

mas·tuer·zo |mastu̲érθo| **1** *m.* Hortaliza con tallos gruesos y carnosos y flores en racimo de color blanco: *el ~ es de sabor picante; pedimos una ensalada de ~.* ⇒ **berro.** **2** *fam. fig.* Hombre tonto y torpe: *yo no sé cómo ese ~ se atrevió a despedir a Elvirita, la mejor secretaria que hemos tenido nunca.* ◯ Se usa como apelativo despectivo.

mas·tur·ba·ción |masturβaθión| ***f.*** Acción de tocar o tocarse los órganos sexuales para sentir placer: *la ~ forma parte de los juegos eróticos de una pareja.* ⇒ **paja.**

mas·tur·bar |masturβár| ***tr.-prnl.*** [a alguien] Tocar o tocarse los órganos sexuales para sentir placer: *es frecuente que los adolescentes se masturben.*

ma·ta |máta| **1** ***f.*** Hierba, planta o arbusto de poca altura: *en la ladera sólo crecían matas de tomillo y romero; el conejo saltó detrás de una ~; en el huerto tengo plantadas algunas matas de tomate.* ⇒ **matojo, matorral. 2** Conjunto de hierbas o plantas cortadas: *te traigo una ~ de guisantes; puso una ~ de hierbabuena para perfumar el armario.* **3** *fig.* Cantidad grande de pelo: *se quitó el casco y dejó caer su ~ de pelo rubio; tiene una buena ~, no se quedará calvo.* ■ **a salto de ~**, *fam.*, de manera poco *constante: *si estudias a salto de ~ no aprobarás fácilmente.*

ma·ta·ca·ba·llo |mátakaβáʎo| ■ **a ~**, muy rápidamente o con mucha prisa: *la madre llevaba a su hijo a ~ para llegar a tiempo al médico.* ⇒ **caballo.** ◯ La Real Academia Española prefiere la locución *a mata caballo.*

ma·ta·de·ro |mataðéro| ***m.*** Lugar donde se mata el ganado destinado al consumo: *por las noches trabajaba en el ~; han cerrado el ~ de aves hasta que pase la epidemia.*

ma·ta·⌐dor, ⌐do·ra |mataðór, ðóra| **1** ***m. f.*** Persona que se dedica a *torear: *el ~ recibió dos orejas por una faena espléndida; quiere ser matadora de toros.* ⇒ **torero. - 2** ***adj.*** *fam. fig.* Que es feo y ridículo; que es de mal gusto: *llevaba un vestido ~ pero ella creía que iba guapísima.* ⇒ **hortera.**

ma·ta·du·ra |mataðúra| **1** ***f.*** Herida que hace una correa a un animal de carga por el roce: *la mula era vieja y estaba llena de mataduras.* **2** Mancha que sale en la piel de las personas de edad avanzada: *tiene la mano llena de mataduras de viejo.*

ma·ta·mos·cas |matamóskas| **1** ***m.*** Instrumento ligero, con un mango y una pequeña pala en un extremo, que sirve para matar *moscas y otros insectos: *el hombre cogió el ~ y, dando un golpe fuerte en la mesa, mató tres moscas.* **2** Producto químico, líquido o gaseoso, que sirve para matar *moscas y otros insectos: *niño, trae el ~ que voy a rociar la habitación.* ⇒ **insecticida.** ◯ El plural es *matamoscas.*

ma·tan·za |matánθa| **1** ***f.*** Acción y resultado de matar, de quitar la vida: *estamos preocupados por la ~ de miles de focas en el Ártico.* **2** Acción en la que se mata a muchas personas, generalmente *indefensas: *los soldados efectuaron una gran ~ entre la población civil; Herodes ordenó la ~ de los niños.* ⇒ **masacre. 3** Operación en la que se mata un cerdo y se prepara su carne: *la ~ suele hacerse en invierno; fueron a ayudar a su madre en la ~.* **4** Periodo del año en el que se matan los cerdos: *en la ~ siempre hace frío y hiela.* **5** Carne de cerdo preparada para comerla de distintos modos: *los chorizos, las morcillas, los lomos y los jamones forman parte de la ~.*

ma·tar |matár| **1** ***tr.-prnl.*** [algo, a alguien] Acabar con una vida: *pisó una hormiga y la mató; han matado un cordero para el banquete; se mató con el coche.* ⇒ **eliminar, liquidar. 2** *fig.* [a alguien] Causar dolor o sufrimiento: *estos zapatos me están matando; el calor me mata; los días como hoy me matan.* **3** *fig.* [algo] Disminuir una intensidad o actividad: *comieron un bocadillo para matar el hambre.* **4** Echar una carta de más valor que la del contrario: *mato el caballo que has tirado con el rey de oros.* **- 5 matarse** ***prnl.*** Quitarse la vida voluntariamente: *se mató con veneno.* ⇒ **suicidarse. 6** *fam.* Trabajar mucho o poner mucha atención en un asunto: *se mata por hacerlo lo mejor posible.* ■ **a ~**, con la intención de quitar la vida: *cúbrete, que disparan a ~.* ■ **a ~**, *fam.*, muy mal; de mala manera: *no se hablan porque se llevan a ~.* ■ **~ el tiempo**, distraerse para no aburrirse: *hacía pajaritas de papel para ~ el tiempo.* ■ **matarlas callando**, *fam.*, trabajar en secreto para conseguir un mal fin: *hay que tener cuidado con él porque las mata callando.*

ma·ta·ri·fe |matarífe| ***m.*** Persona que se dedica a matar el ganado destinado al consumo: *el ~ se acercó a la vaca y le introdujo el cuchillo en el cuello.*

ma·ta·rra·tas |matar̄átas| ***m.*** Sustancia o veneno que se usa para matar roedores: *puso ~ en el sótano porque había muchas ratas y ratones.* ⇒ **raticida.** ◯ El plural es *matarratas.*

ma·ta·sa·nos |matasános| ***m.*** *fam. desp.* Médico, especialmente el que no hace bien su trabajo: *voy a ver qué me dice el ~; no me fío de los ~.* ◯ El plural es *matasanos.*

ma·ta·se·llos |mataséʎos| **1** ***m.*** Instrumento que se usa en las oficinas de correos para marcar las cartas y paquetes: *el empleado cogió el ~ y lo estampó en la carta.* **2** Dibujo que deja ese instrumento sobre la carta o el paquete: *el ~ indica la fecha y el lugar de origen de la carta.* ◯ El plural es *matasellos.*

ma·ta·sue·gras |matasuéɣras| ***m.*** Tubo de papel enrollado que, al soplar por un extremo, se extiende: *el ~ lleva una boquilla que pita al soplar; los ~ se usan en las fiestas de Navidad sobre todo.* ◯ El plural es *matasuegras.*

ma·te |máte| **1** ***adj.*** Que no tiene brillo: *el cuadro estaba pintado en tonos mates.* **2** *fig.* Que no tiene energía o fuerza: *su vida era una vida ~.* **- 3** ***m.*** Acción del juego de *ajedrez que pone fin a la partida por estar amenazado y no poder salvarse el rey: *uno de los jugadores hizo un ~ y ganó la partida.* ⇒ **jaque. 4** Bebida que se prepara hirviendo en agua las hojas secas y tostadas de una planta de América: *el ~ se bebe en América del Sur.* **5** DEP. Jugada de *baloncesto que consiste en meter la pelota en la *canasta llevándola hasta ella con la mano, en un movimiento de arriba a abajo: *antes de la final, habrá un concurso de mates entre los jugadores de los dos equipos.*

ma·te·má·ti·ca |matemátika| ***f.*** Ciencia que estudia la expresión de la cantidad, los números y las relaciones que se establecen entre ellos: *es un* *experto en ~; la ~ le apasiona.* ◯ Se usa frecuentemente en plural: *ahora voy a clase de matemáticas, luego nos vemos.*

ma·te·má·ti·⌈co, ⌈ca |matemátiko, ka| **1** ***adj.*** De las matemáticas o que tiene relación con ellas: *resolvió un complejo problema ~.* **2** Que es exacto: *su razonamiento es ~ e irrebatible.* **- 3** ***m. f.*** Persona que se dedica a las matemáticas: *aquel joven ~ ha escrito un tratado de álgebra.*

ma·te·ria |matéria| **1** ***f.*** FÍS. Elemento o conjunto de elementos a partir de los cuales se forman los sólidos, los líquidos y los gases: *la ~ se puede transformar en energía.* **2** Sustancia que forma un cuerpo o un líquido: ~ **prima**, la que usa la industria para transformarla: *las siderurgias utilizan el mineral del hierro como ~ prima;* ~ **gris**, la que forma parte del sistema nervioso y está compuesta por el cuerpo de las *neuronas: *en el cerebro hay ~ gris;* ~ **orgánica**, la que está formada por células animales y vegetales, descompuestas totalmente o en parte: *en el suelo de los bosques hay mucha ~ orgánica.* ⇒ **material. 3** Asunto principal de un juicio, estudio u obra: *la ~ de este libro es bien conocida.* **4** Sustancia del cuerpo en *oposición al espíritu: *la ~ nos ata al mundo.* ■ **entrar en** ~, empezar a tratar un asunto principal: *antes de entrar en ~, me gustaría aclarar algo.* ■ **en ~ de**, en un asunto o especialidad determinados; hablando de: *se acordarán unos puntos en ~ de defensa.*

ma·te·rial |materiál| **1** ***adj.*** De la materia o que tiene relación con ella: *no sé cuál es el peso ~ de ese objeto.* **2** Que pertenece al mundo físico y no al espíritu; que se puede *percibir por los sentidos: *el hombre es parte ~, parte espiritual.* ⇔ **espiritual. 3** *fig.* Que da excesivo valor a las cosas del mundo físico: *tiene unos sentimientos muy materiales; él defendía una concepción del mundo completamente ~.* **- 4** ***m.*** Sustancia que forma un cuerpo: *no quiere revelar con qué materiales ha elaborado su fórmula.* ⇒ **materia. 5** Materia o elemento que sirve para construir: *el cemento es un ~ de construcción; el albañil no empezará la obra hasta que no tenga los materiales.* **6** Conjunto de materias o elementos necesarios en un trabajo o profesión: *el cirujano pidió el ~ quirúrgico; la Cruz Roja esperaba un envío de ~ médico.* **7** Piel de los animales curada y preparada para su uso: *¿su maleta es de plástico, de tela o de ~?* ⇒ **cuero.**

ma·te·ria·lis·mo |materialísmo| ***m.*** FIL. Doctrina filosófica que considera que sólo existe la materia y que el espíritu es una *consecuencia de ella: *el ~ en Occidente surgió con el atomismo de Demócrito.*

ma·te·ria·lis·ta |materialísta| **1** ***adj.*** Del *materialismo o que tiene relación con él: *el marxismo es una doctrina ~.* **- 2** ***adj.-com.*** Que tiene interés por las cosas materiales; que da excesivo valor a las cosas del mundo físico: *ese hombre es un ~, sólo le interesa el dinero y la comodidad.* ⇔ **espiritual.**

ma·te·ria·li·zar |materialiθár| ***tr.-prnl.*** [algo] Hacer real y concreto un proyecto, una idea o un deseo: *después de grandes esfuerzos, sus planes se materializaron.* ⇒ **concretar.** ◯ Se conjuga como 4.

ma·ter·nal |maternál| ***adj.*** Que es o se considera propio de la madre: *de pronto, sintió que se le despertaba el instinto ~.* ⇒ **paternal.**

ma·ter·ni·dad |materniðáᵈ| **1** ***f.*** Estado o cualidad de madre: *la ~ es una experiencia maravillosa; la felicitaron por su nueva ~.* ⇒ **paternidad. 2** Hospital o servicio de un hospital donde las mujeres van a dar a luz: *ingresó en la ~ y a las pocas horas tuvo a su hijo.*

ma·ter·⌈no, ⌈na |matérno, na| ***adj.*** De la madre o que tiene relación con ella: *no hay nada como el amor ~.* ⇒ **paterno.**

ma·ti·nal |matinál| **1** ***adj.*** De la mañana o que tiene relación con ella: *lo despertó una fuerte lluvia ~.* ⇒ **matutino. - 2** ***adj.-f.*** (*sesión, espectáculo) Que se celebra por la mañana: *la programación ~ de televisión está llena de dibujos animados; fuimos a la función ~ del circo; algunos cines tienen una ~, que suele ser más barata.*

ma·tiz |matíθ| **1** ***m.*** Tono o grado de intensidad que puede tener un color: *las paredes estaban pintadas en un amarillo lleno de matices; el artista consiguió un efecto muy real al captar los diversos matices del azul del mar.* **2** *fig.* Diferencia pequeña que distingue dos cosas parecidas: *muchas palabras parecen sinónimas, pero hay entre ellas algunos matices que las diferencian.* ⇒ **rasgo.**

ma·ti·zar |matiθár| **1** ***tr.*** [algo] Combinar adecuadamente distintos colores y tonos: *el pintor ha matizado los blancos y los rosas a la perfección.* **2** *fig.* Fijar o determinar; añadir una nota o un detalle: *el ministro explicó que se harían grandes reformas, pero matizó que primero habría que aprobar los presupuestos.* ⇒ **precisar.** ◯ Se conjuga como 4.

ma·to·jo |matóxo| ***m.*** Hierba, planta o arbusto de poca altura: *el monte estaba poblado de matojos secos; se escondió detrás de un ~.* ⇒ **mata.**

ma·tón |matón| ***m.*** *fam. fig.* Hombre que emplea la amenaza o la fuerza para obligar a los demás a hacer una cosa: *el mafioso había contratado a unos matones para que convencieran al dueño del edificio de que debía venderlo.*

ma·to·rral |matořál| **1** ***m.*** Terreno donde abundan las plantas y los arbustos de poca altura: *el ~ es propio de climas secos.* **2** Planta o arbusto de poca altura: *el perro olisqueó el ~ y el cazador supo que allí estaba la presa.* ⇒ **mata.**

ma·tra·ca |matráka| **1** ***f.*** Rueda de tablas en forma de aspa que al girar son golpeadas por pequeños *mazos produciendo un ruido seco y desagradable: *la ~ se hace sonar en Semana Santa.* ⇒ **carraca. 2** *fam. fig.* Persona o cosa pesada que causa molestia: *menuda ~ es este chico.* ⇒ **pelmazo.** ■ **dar la ~**, *fam.*, insistir mucho en un asunto hasta molestar: *haz el favor de no dar más la ~, pesado.*

ma·traz |matráθ| ***m.*** *form.* Recipiente de cristal, generalmente de forma esférica, con un cuello recto y estrecho que se usa para contener líquidos: *el ~ se usa en los laboratorios.* ☐ El plural es *matraces.*

ma·triar·ca |matriárka| ***f.*** Mujer de mayor autoridad entre sus familiares o entre un grupo de personas: *la ~ organizaba las labores del campo y la economía de la casa.* ⇒ **patriarca.**

ma·triar·cal |matriarkál| ***adj.*** De la *matriarca o que tiene relación con ella: *en mi casa la autoridad es ~.* ⇒ **patriarcal.**

ma·tri·ci·da |matriθíða| ***adj.-com.*** *form.* (persona) Que mata a su madre: *el ~ se entregó a la policía.* ⇒ **parricida.**

ma·tri·ci·dio |matriθíðio| ***m.*** *form.* Crimen contra la propia madre: *fue juzgado por un delito de ~.* ⇒ **parricidio.**

ma·trí·cu·la |matríkula| **1** ***f.*** Placa que llevan los vehículos para indicar el lugar y el número con el que están registrados legalmente: *los coches de ese país llevan la ~ blanca y los números negros; los coches de Madrid llevan la* M *en la ~.* **2** Apunte o registro legal de una persona o de una cosa en un libro oficial: *los estudiantes fueron a hacer la ~ para el primer curso en la universidad.* **3** Conjunto de personas o cosas que se registran en un libro oficial: *en la secretaría del centro puede usted consultar la ~ para este curso.* **4** Documento oficial que demuestra que una persona o cosa está registrada *oficialmente: *para pedir el título, deberá usted presentar una fotocopia de la ~ y otra de sus calificaciones.* ■ **~ de honor**, calificación, nota más alta que se concede en una prueba o *examen y que da derecho a registrarse sin pagar en el curso siguiente: *tuvo cuatro matrículas de honor en el último curso de la carrera.*

ma·tri·cu·la·ción |matrikulaθión| ***f.*** Registro legal de una persona o de una cosa en un libro oficial: *el plazo de ~ se abre mañana y durará quince días.*

ma·tri·cu·lar |matrikulár| ***tr.-prnl.*** [algo, a alguien] Registrar legalmente una persona o una cosa en un libro oficial: *se ha comprado un coche nuevo y ha ido a matricularlo; los padres querían ~ a su hijo en el conservatorio; me he matriculado en un curso de español.*

ma·tri·mo·nial |matrimoniál| ***adj.*** Del *matrimonio o que tiene relación con él: *la pareja atraviesa una crisis ~; celebraron una fiesta por el compromiso ~ de los dos jóvenes.*

ma·tri·mo·nio |matrimónio| **1** ***m.*** Unión legal de un hombre y una mujer: *el número de matrimonios ha descendido notablemente;* **~ civil**, el que se celebra ante un *juez y conforme a la ley *civil: *los matrimonios civiles se formalizan en el juzgado; la pareja prefirió el ~ civil;* **~ religioso**, el que se celebra ante un sacerdote y conforme a la ley de la Iglesia: *el ~ religioso se celebrará el domingo próximo en la iglesia de Santa María.* ⇒ **casamiento, enlace.** **2** REL. *Sacramento de la Iglesia *católica que une a un hombre y a una mujer ante Dios y ante la Iglesia: *la pareja se unió en santo ~ hace una semana.* **3** Pareja formada por el marido y la mujer: *vienen tres matrimonios a cenar esta noche; el ~ Pérez vivía en la calle ancha junto a la farmacia.* ■ **consumar el ~**, *form.*, realizar el primer acto sexual la pareja casada: *si no se consuma el ~, no se considera válido.* ■ **contraer ~**, casarse o unirse legalmente un hombre y una mujer en una ceremonia: *la pareja contrajo ~ en la basílica del Pilar.* ⇒ **casar.**

ma·tri·ten·se |matriténse| **1** ***adj.*** *form.* De Madrid o que tiene relación con Madrid: *Mesonero Romanos escribió obras de tema ~.* ⇒ **madrileño.** - **2** ***com.*** Persona nacida en Madrid o que vive habitualmente en Madrid: *muchos matritenses suelen veranear en Gandía.* ⇒ **madrileño.**

ma·triz |matríθ| **1** ***f.*** ANAT. Órgano interno de reproducción de las mujeres y de las hembras de los mamíferos en el que se desarrolla el feto: *la menstruación tiene lugar en el interior de la ~; la ~ es ancha, pero acaba en un estrechamiento.* ⇒ **útero.** **2** Recipiente hueco que sirve para hacer objetos iguales: *en el taller hay una ~ en la que fundimos las piezas; estas matrices se utilizan para hacer llaves.* **3** Parte de un libro de *cheques que queda una vez cortadas las hojas que lo forman: *miraré la ~ del talonario para saber la fecha del pago.* **4** MAT. Conjunto de números colocados en líneas horizontales y verticales y dispuestos en forma de rectángulo: *para saber cuántos kilómetros hay entre Toledo y Sevilla puedes consultar la ~.*

ma·tro·na |matróna| **1** ***f.*** Mujer que se dedica a ayudar a las mujeres en el *parto: *la ~ del hospital acudió rápidamente a la sala de partos.* ⇒ **comadre, comadrón.** **2** *fam.* Mujer que está un poco gruesa y es madura: *las matronas acudían a recoger a sus hijos a la salida del colegio.* **3** Encargada de registrar a las mujeres en las *aduanas o en las cárceles: *la ~ encontró dinero falso entre las ropas de la detenida.* **4** Madre de familia respetable, en la Antigua Roma: *las matronas eran las esposas de los patricios.*

ma·tu·ti·⌐no, ⌐na |matutíno, na| **1** ***adj.*** De la mañana o que tiene relación con ella: *estudiaba en las horas matutinas.* ⇒ **matinal, vespertino.** **2** Que ocurre o se hace por la mañana: *a las ocho empieza la jornada matutina de gimnasia.*

mau·la |máula| ***com.*** *fam.* Persona que tiene pereza y que no cumple sus obligaciones: *los padres sabían que era un ~ sin remedio.* ⇒ **vago.**

mau·llar |mauʎár| ***intr.*** Emitir *maullidos el gato: *el gato maulló toda la noche porque tenía hambre y frío.*

mau·lli·do |mauʎíðo| ***m.*** Voz característica del gato: *se oían los maullidos de un gato.* ⇒ **miau.**

mau·so·le·o |mausoléo| ***m.*** *form.* Construcción lujosa que sirve para guardar el cuerpo muerto de una persona importante: *el emperador se hizo construir un ~.* ⇒ **panteón, tumba.**

ma·xi·lar |maksilár| **1** ***adj.-m.*** ANAT. (hueso) Que junto con otros dos forma la *mandíbula: *hay dos huesos maxilares que forman la mandíbula superior y uno que forma la inferior; el ~ inferior es móvil y tiene forma de herradura.* - **2** ***adj.*** ANAT. De la *mandíbula o que tiene relación con ella: *a consecuencia de la caída tiene una fractura ~; este cirujano está especializado en operaciones maxilares.*

má·xi·ma |máksima| **1** ***f.*** Expresión que recoge

una idea moral: *este libro es una recopilación de las máximas de los filósofos griegos.* **2** Norma que determina el modo de obrar de una persona: *una de sus máximas es la seriedad en el trabajo.* **3** Principio o regla admitida por los que cultivan un sistema de ideas: *aunque es católico, desconoce las máximas de su religión; su trabajo de investigación va contra las máximas de la ciencia médica.* **4** Temperatura más alta que alcanza la atmósfera en un periodo de tiempo determinado: *la ~ de hoy ha sido de 25 °C, y la mínima de 12 °C.* ⇒ **mínima.**

má·xi·me |mákˢsime| ***adv.*** *form.* *Principalmente; con más razón: *empezar la temporada con un triunfo es importante, ~ si el triunfo se consigue en el campo del contrario.*

má·xi·⌜mo, ⌜ma |mákˢsimo, ma| **1** ***adj.*** Que es tan grande en su especie, que no lo hay mayor ni igual: *la temperatura máxima de las capitales españolas ha correspondido hoy a Córdoba; el profesor se había ganado el ~ respeto por parte de sus alumnos.* **- 2 máximo** ***m.*** Límite superior o extremo a que puede llegar una cosa: *su velocidad ha sobrepasado el ~ permitido por la ley para esta carretera.*

ma·ya |máya| **1** ***adj.*** (pueblo *indígena) Que habita en Yucatán, norte de Guatemala y Honduras: *el pueblo ~ creó una civilización muy importante.* **2** De ese pueblo *indígena o que tiene relación con él: *fuimos a visitar los templos mayas.* **- 3** ***com.*** Persona que pertenece a ese pueblo: *Fray Diego de Landa escribió sobre los mayas.* **- 4** ***m.*** Lengua de los *indígenas que habitan en Yucatán, norte de Guatemala y Honduras: *la lengua quiché está emparentada con el ~.*

ma·yal |mayál| **1** ***m.*** Palo del que tira un animal que mueve un *molino: *ataron el burro al ~ para moler.* **2** Instrumento formado por dos palos con que se golpean los cereales y las *legumbres para separar el grano de la *paja: *cogió el ~ y se puso a desgranar el centeno.*

ma·yes·tá·ti·⌜co, ⌜ca |mayestátiko, ka| ***adj.*** De la *majestad o que tiene relación con ella: *la figura principal de ese cuadro tiene un aspecto ~.*

ma·yo |máyo| **1** ***m.*** Quinto mes del año: *me parece que nació en ~; muchas parejas se casan en ~.* **2** Árbol o palo alto, adornado con tiras de colores, que se coloca en las plazas de los pueblos durante ese mes como señal de fiesta: *los quintos del pueblo colocan el ~ frente al ayuntamiento.* **3** Canción popular que se canta en ese mes: *la noche del uno de ~, los mozos cantaban mayos frente a las casas de las solteras.*

ma·yo·ne·sa |mayonésa| ***f.*** Salsa que se hace mezclando huevo, aceite, vinagre o *limón y sal: *la ensaladilla rusa tiene ~ por encima; he mezclado los ingredientes de la ~ en la batidora.* ⇒ **mahonesa.**

ma·yor |mayór| **1** ***adj.*** (ser vivo) Que tiene más edad: *su hermano ~ vendrá con nosotros; es ~ que tú porque está en un curso superior.* ⇔ **menor. 2** Que es más grande; que tiene más tamaño o importancia: *he engordado y necesito una talla ~; esa inversión tiene un riesgo ~.* ☖ Es el comparativo de *grande.* Acompañado del artículo, forma el grado superlativo: *esa inversión tiene el ~ riesgo.* **3** MÚS. (*intervalo) Que es de segunda, tercera, sexta o séptima en la escala natural. **4** MÚS. (modo) Que tiene los *intervalos de tercera, sexta y séptima de esa clase: *todos los modos mayores tiene un modo menor relativo.* **- 5** ***adj.-com.*** (persona) Que está en la edad adulta: *cuando sea ~ seré fraile; los mayores no comprenden a los niños.* **6** (persona) Que tiene mucha edad: *tu padre es muy ~ para montar en bicicleta.* **- 7** ***m.*** Jefe o superior de una comunidad: *los mayores del clan decidieron no intervenir.* **8** MIL. Miembro del ejército de categoría inmediatamente superior a la de *capitán: *el ~ dirigió el ataque por el frente norte.* **9** MAT. Signo que indica que el *término que está a su izquierda tiene más valor que el de su derecha: *~ se representa como* >. **- 10 mayores** ***m. pl.*** Personas de las que se desciende: *nuestros mayores soñaron un futuro mejor.* ⇒ **ascendiente.** ■ **al por ~**, en cantidades grandes: *en ese almacén venden azúcar al por ~.*

ma·yo·ral |mayorál| **1** ***m.*** Persona con autoridad sobre un grupo de pastores: *el ~ ordenó a los otros pastores que guardaran el ganado.* **2** Persona con autoridad sobre un grupo de trabajadores del campo: *el dueño de la finca llamó a su ~.* ⇒ **capataz.**

ma·yo·raz·go |mayoráθɣo| **1** ***m.*** Derecho que tiene el hijo mayor a heredar todos los bienes de sus padres, con la condición de conservarlos *íntegros en su familia: *el ~ no permite la venta de las posesiones heredadas.* **2** Conjunto de bienes heredados: *todas aquellas tierras pertenecían al ~.*

ma·yor·do·mo |mayorðómo| ***m.*** Criado principal de una casa, encargado de la economía y de la organización del servicio: *aquella familia tiene un ~ inglés y varios criados.*

ma·yo·rí·a |mayoría| **1** ***f.*** Parte mayor de las personas o cosas que componen un grupo o un conjunto: *la ~ de los españoles es católica; la ~ de nosotros opina igual; la ~ de las manzanas estaba podrida; se aburre la ~ de los días.* ⇔ **minoría. 2** Número mayor de votos: *ese partido ganó las elecciones por ~;* **~ absoluta**, la que está formada por más de la mitad de los votos: *no hubo ~ absoluta y la ley no se aprobó;* **~ relativa**, la que está formada por el mayor número de votos, con relación al número que tiene cada una de las personas o asuntos votados a la vez: *para gobernar, necesitarán la ~ relativa.* ■ **~ de edad**, edad que, según la ley, es necesaria para que una persona pueda ejercer todos los derechos *civiles: *la ~ de edad en España se alcanza a los dieciocho años.*

ma·yo·ris·ta |mayorísta| ***com.*** Persona que se dedica a vender mercancías en grandes cantidades: *los mayoristas abastecen de productos a los pequeños comercios.* ⇔ **minorista.**

ma·yo·ri·ta·⌜rio, ⌜ria |mayoritário, ria| ***adj.*** Que forma la mayor parte de un conjunto o de una sociedad: *el sí fue la respuesta mayoritaria de los votantes; el fútbol y el baloncesto son deportes mayoritarios.* ⇔ **minoritario.**

ma·yús·cu·la |mayúskula| ***f.*** Letra de mayor tamaño, que se emplea generalmente como *inicial en los nombres propios y al principio de una frase: *los nombres y los apellidos deben escribirse en ~.* ⇔ **minúscula.**

ma·yús·cu·⌐lo, ⌐la |mayúskulo, la| ***adj.*** *fam.* Que es más grande de lo normal: *su sorpresa fue mayúscula cuando se enteró de que le había tocado un coche.* ⇔ **minúsculo.**

ma·za |máθa| **1 *f.*** Herramienta parecida a un martillo, pero más pesada y con el mango más largo que sirve para golpear y aplastar: *los albañiles emplean una ~ para partir el escombro.* **2** Arma antigua de hierro o de madera, con un mango largo y delgado y, en un extremo una cabeza gruesa: *un caballero levantó su espada y el otro paró el golpe con su ~.* **3** Bola unida a un mango de madera que sirve para tocar un tambor: *el músico golpeó el bombo con las mazas.* **4** DEP. Aparato de madera, con forma alargada, más grueso en uno de los extremos, que se lanza al aire o se hace girar, produciendo un efecto artístico: *la gimnasta realizó su ejercicio de mazas con gran precisión y belleza.*

ma·za·co·te |maθakóte| **1 *m.*** Comida seca, dura y pegajosa: *aquel puré era un auténtico ~, así que no se lo comieron.* **2** *fig.* Obra de arte que resulta pesada y poco elegante: *el arquitecto ha proyectado un ~ en lugar de un puente.*

ma·za·pán |maθapán| ***f.*** Dulce hecho con *almendras y azúcar, cocinado al horno y al que se dan formas que recuerdan distintas figuras: *en Navidad es típico comer ~; no me gustan los mazapanes, me resultan demasiado dulces; estos mazapanes tienen forma de pececitos.*

ma·za·zo |maθáθo| **1 *m.*** Golpe dado con la *maza o con el *mazo: *rompió la piedra de un ~.* **2** *fig.* Impresión fuerte o dolorosa: *la noticia de su muerte fue un duro ~ para todos.*

maz·mo·rra |maθmóra| ***f.*** Cárcel pequeña construida bajo tierra: *en los sótanos del castillo había unas mazmorras donde encerraban a los prisioneros.*

ma·zo |máθo| **1 *m.*** Martillo grande y pesado, con el mango de madera: *el herrero golpea el hierro con un ~.* **2** Martillo pequeño de madera que sirve para golpear, aplastar y triturar: *partía las almendras y las avellanas con un ~; el juez golpeó la mesa con el ~ y dijo:* «Orden en la sala». ⇒ **maceta.** **3** Conjunto de cosas *agrupadas: *arrancó un ~ de hojas del calendario.*

ma·zor·ca |maθórka| **1 *f.*** Conjunto formado por los granos de ciertas plantas y la base que los sujeta: *estuvieron desgranando mazorcas de maíz.* ⇒ **espiga, panocha.** **2** Figura redondeada en la mitad de una columna delgada: *todas las columnas del patio tenían mazorcas.*

ma·zur·ca |maθúrka| **1 *f.*** Baile con ritmo de tres por cuatro procedente de Polonia: *en el salón de baile, las mujeres escogieron a sus parejas para bailar una ~.* **2** Música de ese baile: *la orquesta interpretó una ~ y todos se pusieron a bailar.*

me |me| ***pron. pers.*** Forma del pronombre de primera persona para el objeto directo e indirecto, en género masculino y femenino y en número singular: *Pablo ~ saludó desde el autobús; ~ he comprado unos zapatos; ~ escribió una postal desde Menorca; ~ levanto a las ocho.* ☐ No va acompañada de preposición. Se escribe unida al verbo cuando va detrás: *mírame; cómprame una chaqueta.*

me·a·da |meáða| **1 *f.*** *fam.* Cantidad de orina que se expulsa de una vez: *salió por la puerta trasera del bar y se fue a echar una ~ al campo.* **2** Señal que deja la orina: *la portera estaba harta de limpiar las meadas de los gatos.*

me·an·dro |meándro| **1 *m.*** Curva que forma un río en su curso: *los meandros son frecuentes en terreno llano.* **2** ARQ. Curva usada como figura de decoración: *el friso estaba recorrido por meandros.*

me·ar |meár| ***tr.-intr.-prnl.*** *fam.* [algo] Expulsar la orina: *espera, que voy a ~; el enfermo empezó a ~ sangre y tuvo que ser operado; el servicio está ocupado y me estoy meando; el niño se ha meado otra vez.* ⇒ **orinar.** ■ **mearse de risa**, *fam. hum.*, reírse mucho: *hace tantas tonterías que te meas de risa; esa película es para mearse de risa.*

me·ca·chis |mekátʃis| ***interj.*** *fam.* Expresión que indica enfado o disgusto: *¡~!, ¡he vuelto a perder el autobús!*

me·cá·ni·ca |mekánika| **1 *f.*** FÍS. Disciplina que trata del movimiento y del equilibrio de los cuerpos y de las fuerzas que los producen: *las leyes de la ~ fueron establecidas por Newton.* **2** Técnica de inventar, construir, arreglar o manejar máquinas: *han contratado un experto en ~ para que revise las máquinas de la fábrica.* **3** Conjunto de piezas o elementos ajustados que hacen un trabajo o cumplen una función: *la ~ del reloj se ha estropeado.* ⇒ **maquinaria, mecanismo.** **4** *fig.* Modo o manera de funcionar una cosa: *el presentador explicó la ~ del juego a los concursantes.*

me·cá·ni·⌐co, ⌐ca |mekániko, ka| **1 *adj.*** De las máquinas o que tiene relación con ellas: *el profesor nos enseñó a comprender el funcionamiento de los aparatos mecánicos.* **2** Que se hace con una máquina: *la fabricación mecánica de productos sustituyó a la elaboración manual.* ⇔ **manual.** **3** (acto, movimiento) Que es involuntario; que se hace sin pensar: *observaba todos sus movimientos, incluso los más mecánicos, como levantarse y vestirse.* ⇒ **automático, maquinal.** - **4 *m. f.*** Persona que se dedica a manejar y arreglar máquinas, especialmente vehículos: *el ~ revisó el coche y reparó los frenos.* ■ **~ dentista**, persona que ayuda al *dentista en la preparación de dientes y *dentaduras artificiales: *estudió tres años para ser ~ dentista y ahora tiene un taller propio.*

me·ca·nis·mo |mekanísmo| **1 *m.*** Conjunto de piezas que, con movimientos combinados, hacen un trabajo o cumplen una función: *el ~ de una rueda es muy sencillo; este reloj lleva un complicado ~.* **2** *fig.* Manera de producirse una actividad: *la digestión tiene un ~ muy preciso.*

me·ca·ni·zar |mekaniθár| **1 *tr.-prnl.*** [algo] Equipar con máquinas para dedicar menos tiempo y esfuerzo a una actividad: *los agricultores han mecanizado las faenas agrícolas y ha aumentado la* *producción.* ⇒ **motorizar. 2** *fig.* [algo, a alguien] Convertir en automáticos los actos o movimientos humanos: *los filósofos advirtieron que la técnica excesiva podía ~ al hombre y privarlo de libertad.* ☖ Se conjuga como 4.

me·ca·no |mekáno| ***m.*** Juguete formado por piezas que se pueden articular y tornillos para unirlas, con el que se hacen construcciones, objetos y mecanismos sencillos: *es un niño muy imaginativo y con el ~ hace edificios del futuro.*

me·ca·no·gra·fí·a |mekanoɣrafía| ***f.*** Técnica de escribir a máquina: *vamos a clase de ~ los jueves; necesita una secretaria que sepa ~ y taquigrafía.* ⇒ **dactilografía.**

me·ca·no·gra·fiar |mekanoɣrafi̱ár| ***tr.*** [algo] Escribir a máquina: *por favor, mecanografíe estas cartas y envíelas.*

me·ca·nó·gra·⌜fo, ⌜fa |mekanóɣrafo, fa| ***m. f.*** Persona que se dedica a escribir a máquina: *he contratado a dos mecanógrafas para la oficina.* ⇒ **dactilógrafo.**

me·ce·dor |meθeðór| ***m.*** Asiento sujeto a dos cuerdas o cadenas y colgado de la rama de un árbol o de una armazón de madera o metal, que se mueve hacia atrás y hacia delante: *los domingos vamos al parque para montar en los mecedores.* ⇒ **balancín, columpio.**

me·ce·do·ra |meθeðóra| ***f.*** Silla que apoya las patas en dos bases en forma de arco, de modo que al empujarla se mueve de atrás hacia delante: *la anciana hacía punto sentada en su ~.* ⇒ **balancín.**

me·ce·nas |meθénas| ***com.*** Persona que protege las letras y las artes en general o a una persona que se dedica a ellas en particular, generalmente dando dinero: *el ~ organizaba tertulias literarias en su mansión.* ☖ El plural es *mecenas.*

me·cer |meθér| ***tr.-prnl.*** [algo, a alguien] Mover de un lado a otro una cosa que cuelga de un punto fijo o que está apoyada sobre una superficie: *el padre mece la cuna del recién nacido; la madre mece al niño en sus brazos; la niña se mecía.* ⇒ **balancear.** ☖ Se conjuga como 2.

me·cha |métʃa| **1** ***f.*** Cuerda hecha de hilos que se queman con facilidad: *acerca la cerilla a la ~ de la vela; la ~ de esta bomba es demasiado corta.* ⇒ **pabilo. 2** Grupo de pelos de la cabeza, especialmente los que se han pintado de un color diferente al del resto del *cabello: *la peluquera le ha teñido unas mechas rubias; ¡cómo has cambiado de imagen con esas mechas de colores!* ⇒ **mechón.** ☖ Se usa frecuentemente en plural. **3** Trozo de carne de cerdo que se mete dentro de otras carnes para cocinarlo: *este asado de carne lleva mechas de tocino.* ■ **aguantar** ~, *fam.*, soportar una situación desagradable, un castigo o un peligro: *tú has cometido el error, ahora no tienes más remedio que aguantar ~.* ■ **a toda** ~, *fam.*, con mucha rapidez: *lo llamaron y salió a toda ~ de la reunión.*

me·che·ro |metʃéro| ***m.*** Aparato que sirve para encender una materia combustible: *sacó un ~ del bolsillo y encendió su cigarro; encendió el fuego con un ~ eléctrico.* ⇒ **encendedor.**

me·chón |metʃón| ***m.*** Conjunto de pelos o hilos: *un ~ negro le caía por la frente.* ⇒ **mecha.**

me·da·lla |meðáʎa| **1** ***f.*** Placa de metal, generalmente redonda, que lleva grabada una imagen: *la niña llevaba una ~ de oro colgando del cuello.* **2** Placa de metal que se recibe como premio: *el soldado fue condecorado con la ~ al valor; el atleta subió al podio para recibir la ~ de oro; la asociación de escritores concedió la ~ a un joven poeta.* ⇒ **condecoración.**

me·da·llón |meðaʎón| **1** ***m.*** Joya en forma de caja pequeña y plana, que se cuelga al cuello: *en el interior del ~ se colocan fotos, pinturas u otros objetos de recuerdo.* ⇒ **medalla. 2** Pieza que se corta en forma redonda y gruesa: *el redondo de ternera se corta en medallones.* **3** ARQ. Relieve en forma redonda: *el ~ se rellenaba con pinturas; en las esquinas había medallones con la figura de los reyes.*

me·dia |médi̱a| **1** ***f.*** Prenda de vestir femenina de tejido elástico muy fino, que cubre cada pierna desde el pie hasta más arriba de la rodilla: *llevas una carrera en una ~.* **2** Prenda de vestir de punto, de lana o algodón, que cubre la pierna desde el pie hasta la rodilla: *los jugadores de fútbol llevan medias.* ⇒ **calcetín. 3** Cantidad que representa de manera proporcional a otras cantidades: *la ~ de edad de los encuestados fue 40 años; la ~ de alumnos por aula es de 25.* **4** Periodo de tiempo que dura 30 minutos; mitad de una hora: *son la diez y ~.* **- 5 medias *f. pl.*** Prenda de vestir de tejido elástico muy fino, casi transparente, que cubre cada pierna desde los pies a la cintura: *la modelo llevaba unas medias negras.* ⇒ **panty.**

me·dia·ción |meði̱aθi̱ón| ***f.*** Intervención en una discusión o en un enfrentamiento entre dos partes para encontrar una solución: *el acuerdo se firmó gracias a la ~ del secretario de Naciones Unidas.*

me·dia·⌜do, ⌜da |meði̱áðo, ða| ***adj.*** Que sólo contiene la mitad de su capacidad: *cogió la botella verde mediada de aceite y bajó la escalera despacio.* ■ **a mediados**, hacia la mitad de un periodo de tiempo señalado: *vendrá a visitarnos a ~ del mes que viene; a ~ de año hicieron un viaje por las islas.*

me·dia·⌜dor, ⌜do·ra |meði̱aðór, ðóra| ***m. f.*** Persona u organismo encargado de intervenir en una discusión o en un enfrentamiento entre dos partes para encontrar una solución: *la Federación deportiva será la mediadora entre el club y el jugador.* ⇒ **intermediario.**

me·dia·lu·na |meði̱alúna| **1** ***f.*** Objeto que tiene forma parecida a la de una luna creciente o *menguante: *el escudo estaba adornado con dibujos de medias lunas.* **2** Bollo que tiene esa forma: *desayunaron leche y unas mediaslunas rellenas de mermelada.* ⇒ **cruasán.** ☖ El plural es *mediaslunas.*

me·dia·na |meði̱ána| **1** ***f.*** Pared de pequeña altura que divide los sentidos de la circulación en una carretera: *está prohibido que los vehículos crucen la ~ para cambiar de sentido.* **2** MAT. *Segmento de recta que une un *vértice de un triángulo con el punto medio del lado opuesto: *utilizó un compás y una regla para trazar la ~.*

me·dia·ne·rí·a |meðianería| *f.* Pared común a dos casas que están juntas: *el árbol de los vecinos crecía por encima de la ~ e invadía nuestro jardín.*

me·dia·ne·ʳro, ʳra |meðianéro, ra| **1** *adj.* Que está en medio de dos cosas: *está separado por una pared medianera.* **- 2** *adj.-s.* (persona) Que pide o media por otro para conseguirle un bien o evitarle un mal: *el abogado ha hecho de ~.* **- 3 medianero** *m.* Persona que trabaja una tierra a medias con otra: *mi primo y yo somos medianeros.*

me·dia·ní·a |meðianía| **1** *f.* Punto o lugar medio entre dos partes o extremos: *quiero construir la casa en la ~ del terreno.* **2** *fig.* Falta de cualidades destacadas o sobresalientes: *el profesor se quejaba de la ~ de sus alumnos.*

me·dia·ʳno, ʳna |meðiáno, na| **1** *adj.* Que no es ni grande ni pequeño: *necesito una talla mediana; era ~ de estatura.* **2** Que tiene una calidad media; que no es ni bueno ni malo: *es un algodón ~, déme otro mejor; has hecho un trabajo ~: la próxima vez esfuérzate más.*

me·dia·no·che |meðianótʃe| **1** *f.* Hora que señala el fin de un día y el principio del siguiente: *el reloj dio la ~.* **2** Periodo de tiempo alrededor de las doce horas de la noche: *se levantaba a ~ a beber leche.* ⇒ **mediodía. 3** Bollo pequeño de forma ovalada que se abre por la mitad y se *rellena de algún alimento: *las mediasnoches se suelen tomar para desayunar y para merendar.* ☐ El plural es *mediasnoches.* ■ **a ~**, alrededor de las doce de la noche: *llegamos a casa a ~.*

me·dian·te |meðiante| *adv. t.-prep.* Por medio de: *la forma más rápida de comunicar una noticia es ~ el teléfono.*

me·diar |meðiár| **1** *intr.* Intervenir o pedir un favor para otra persona: *el empleado medió por su amigo ante el director.* **2** Intervenir en una discusión o en un enfrentamiento entre dos partes para encontrar una solución: *el diplomático mediará entre los dos países para que lleguen a un acuerdo de paz.* ⇒ **paz. 3** Existir o estar en medio: *entre ellas mediaba una gran rivalidad.* **4** Pasar o correr el tiempo: *mediaron quince días entre una visita y otra.* ⇒ **transcurrir. 5** Llegar a la mitad: *la tinaja del vino está mediando ya.* ☐ Se conjuga como 12.

me·dia·ti·zar |meðiatiθár| *tr.* [algo] Influir en un poder, autoridad o negocio impidiendo la libertad de acción: *el gobierno mediatizaba la opinión pública a través de los medios de comunicación.* ☐ Se conjuga como 4.

me·dia·ʳto, ʳta |meðiáto, ta| *adj.* Que está próximo a una cosa, pero separado de ella por una tercera cosa: *no se habían previsto las consecuencias mediatas ni inmediatas de la ley.* ⇔ **inmediato.**

me·di·ca·ción |meðikaθión| **1** *f.* Administración de medicinas a los enfermos: *una ~ rigurosa acabará con la infección.* **2** Conjunto de medicinas y medios para curar una enfermedad: *la ~ le sentaba mal y el médico tuvo que cambiársela.*

me·di·ca·men·to |meðikaménto| *m.* Sustancia que sirve para curar, calmar o evitar enfermedades: *el médico me ha recetado un ~ contra el dolor de muelas.* ⇒ **fármaco, medicina.**

me·di·car |meðikár| *tr.-prnl.* [a alguien] Administrar medicinas: *no debe usted medicarse sin consultar al médico.* ⇒ **medicinar.** ☐ Se conjuga como 1.

me·di·ci·na |meðiθína| **1** *f.* Sustancia que sirve para curar, calmar o evitar enfermedades: *fue a la farmacia a comprar las medicinas; me estoy tomando una ~ para el catarro.* ⇒ **fármaco, medicamento. 2** Ciencia que se ocupa de curar, calmar o evitar las enfermedades: *tan pronto como terminó los estudios de ~, empezó a trabajar en el hospital; voy a la facultad de ~;* ~ **natural**, la que emplea medios naturales para conservar la salud y tratar las enfermedades: *no toma medicamentos químicos: sigue un tratamiento de ~ natural.* ⇒ **naturismo.** ■ ~ **popular**, conjunto de creencias sobre las enfermedades y las formas de curarlas que proceden de una tradición, no de un estudio científico: *el remedio de la ~ popular para el resfriado es la leche con miel.*

me·di·ci·nal |meðiθinál| *adj.* Que tiene un efecto curativo: *las aguas de ese balneario son medicinales; el eucalipto es ~.*

me·di·ci·nar |meðiθinár| *tr.-prnl.* [a alguien] Administrar medicinas: *la enfermera medicinaba al enfermo; tenga cuidado al medicinarse.* ⇒ **medicar.**

me·di·ción |meðiθión| *f.* Acción y resultado de medir: *los topógrafos efectuaron una ~ del terreno.* ⇒ **medida.**

mé·di·ʳco, ʳca |médiko, ka| *m. f.* Persona que se dedica a curar o evitar las enfermedades: *si te sigue doliendo la cabeza, tendrás que ir al ~.* ⇒ **doctor;** ~ **de cabecera**, el que se encarga habitualmente de curar o evitar las enfermedades de una familia: *el ~ de cabecera le recetó un jarabe.*

me·di·da |meðíða| **1** *f.* Acción y resultado de medir: *aquí traigo apuntadas las medidas de la mesa que quiero poner en el salón; el termómetro sirve para la ~ de la temperatura.* ⇒ **medición. 2** Unidad, o *múltiplo o *divisor de ésta, con que se compara una *magnitud para medirla: *el quilómetro es una ~ de longitud.* **3** Proyecto de acción para conseguir o evitar alguna cosa: *los bomberos exigen que se adopten medidas de prevención contra incendios.* **4** Grado o intensidad: *el paro afecta en mayor ~ a las mujeres y a los jóvenes.* **5** Instrumento que sirve para medir: *el lechero tiene una ~ para vender la leche.* **6** Cuidado y equilibrio: *si tiendes a engordar, deberías comer con ~.* **7** POÉT. Número de sílabas de un verso: *la ~ de todos los versos de un soneto es la misma.* ■ **a la ~**, hecho a *propósito con un tamaño determinado: *como es tan grande, necesita que le hagan los zapatos a la ~; necesito un armario a la ~ para esta habitación.* ■ **a la ~**, que es muy adecuado o viene muy bien: *encontraron un restaurante a la ~ para lo que ellos querían.* ■ **a la ~ de**, en proporción o relación con: *debes comprar un coche a la ~ de tus posibilidades.* ■ **a ~ que**, según; al mismo tiempo que: *el anfitrión saludaba a los invitados a ~ que llegaban; a ~ que curaba su enfermedad el niño se sentía* *más alegre y vital.* ■ **en cierta** ~, de algún modo; hasta cierto punto: *la opinión del gobierno coincide en cierta ~ con la de la patronal.* ■ **sin** ~, de modo exagerado: *pasó de no gastar nada a gastar sin ~ todos sus ahorros.*

me·di·dor |meðiðór| ***m.*** Aparato que sirve para medir: *para obtener la cantidad justa de papilla, utilice el ~; el ayuntamiento colocó un ~ de radiación nuclear.*

me·die·val |meðieβál| ***adj.*** De la Edad Media o que tiene relación con ella: *aún se conservan algunos castillos medievales; encontraron un documento ~ muy importante.*

me·die·va·lis·ta |meðieβalísta| ***com.*** Persona que se dedica a estudiar la Edad Media: *un grupo de prestigiosos medievalistas revisó los documentos.*

me·die·vo |meðiéβo| ***m.*** Periodo de la historia que va desde el fin del Imperio Romano hasta el siglo XV: *durante el ~, la Península Ibérica estaba fragmentada en varios reinos.* ⇒ **edad, medioevo.**

me·⌜dio, ⌜dia |médio, ðia| **1** ***adj.*** Que es igual a la mitad de una cosa: *comió media manzana; hay ~ queso en la nevera; salió durante dos horas y media.* ⇔ **entero.** ☖ Se pone detrás del sustantivo cuando va precedido de otro numeral. **2** Que está entre dos extremos: *nos sentamos en la parte media del avión; estaba colocado en un lugar ~.* **3** Que tiene las características más comunes a un conjunto: *el español ~ no puede permitirse esos lujos.* **- 4 medio** ***m.*** Parte que está entre dos extremos: *se puso a gritar en el ~ de la plaza.* **5** Elemento o sistema que tiene un fin determinado: *hay que buscar el ~ de salir de aquí;* ~ **de comunicación**, el que sirve para dar información y *entretener a los miembros de una comunidad determinada: *la televisión es un ~ de comunicación;* ~ **de transporte**, el que sirve para llevar personas o cosas de un lugar a otro: *el tren es un ~ de transporte barato.* **6** Elemento o conjunto de circunstancias en que vive un ser: *los anfibios necesitan un ~ húmedo; en el palacio, se encuentra en su ~;* ~ **ambiente**, conjunto de circunstancias físicas en que vive un ser: *la contaminación destruye el ~ ambiente.* **7** Tercer dedo de la mano: *se puso el anillo en el ~ y no podía sacárselo.* **- 8 medios** ***m. pl.*** Conjunto de instrumentos, dinero y bienes necesarios para un fin determinado: *no tiene medios como para hacer frente a esos gastos.* ■ **a medias**, sin terminar; de manera *incompleta: *ha dejado ese cuadro a medias y ha empezado otro; lo dijo a medias y por eso no pude enterarme bien.* ■ **a medias**, entre dos o más personas: *la comida la pagaremos a medias entre los dos.* ■ **a** ~, sin terminar de dar fin a una acción: *dejó la cama a ~ hacer y salió de casa.* ☖ El verbo que le sigue va en infinitivo. ■ **en** ~, en la mitad; entre dos extremos: *su voz se alzó en ~ de la multitud; se situó en ~ de la sala.* ■ ~ **de vida**, forma de conseguir el dinero y los alimentos necesarios para vivir: *es muy joven y todavía no ha encontrado un ~ de vida.*

me·dio·cre |meðiókre| **1** ***adj.*** Que no es de buena calidad; que es de calidad baja, casi mala: *su último disco es un tanto ~; se hospedó en un hotel ~.* **2** Que no es importante; que no tiene valor: *el trabajo realizado fue ~, por eso no ganó el premio.* ⇔ **genial. - 3** ***adj.-com.*** (persona) Que no es inteligente; que no tiene capacidad para la actividad que realiza: *es un cantante ~; es un ~: nunca llegará a triunfar en los negocios.* ⇔ **genial, genio.**

me·dio·cri·dad |meðiokriðáᵈ| **1** ***f.*** Calidad baja, casi mala: *la ~ de las telas era evidente.* **2** Falta de valor; poca importancia: *el profesor se sintió defraudado por la ~ de las redacciones.* **3** Falta de inteligencia y de capacidad: *el jefe detestaba la ~, por eso despidió a su ayudante.* ⇔ **genialidad.**

me·dio·dí·a |meðioðía| **1** ***m.*** Hora en la que el Sol está en el punto más alto de su *elevación sobre el horizonte: *el ~ coincide con las doce horas solares.* **2** Periodo de tiempo alrededor de las doce horas de la mañana: *el ~ se presenta muy caluroso.* **3** GEOGR. Punto del horizonte opuesto al norte: *Andalucía está situada en el ~ español.* ⇒ **sur.** ■ **a** ~, alrededor de las doce de la mañana: *te espero en el restaurante a ~.*

me·dio·e·vo |meðioéβo| ***m.*** ⇒ **medievo.**

me·dio·me·tra·je |meðiometráxe| ***m.*** Película que dura más o menos una hora: *el director había realizado antes algunos cortos y un ~, pero éste es su primer largometraje.*

me·dir |meðír| **1** ***tr.*** [algo, a alguien] Determinar una longitud, extensión, volumen o valor: *tenemos que ~ la pared antes de comprar el cuadro; midieron la superficie del terreno; mediremos la presión con el manómetro.* **2** [algo] Considerar unas ventajas o males: *debemos ~ los riesgos antes de decidirnos.* **- 3** ***tr.-prnl.*** Comprobar una habilidad, fuerza o actividad comparándola con otra: *los rivales se midieron en el circuito.* **4** Ajustar una obra o dicho a unas circunstancias: *debes aprender a medirte en situaciones como ésta.* ☖ Se conjuga como 34.

me·di·ta·bun·⌜do, ⌜da |meðitaβúndo, da| ***adj.*** Que piensa con atención; que está entregado intensamente a sus pensamientos: *estuvo ~ durante toda la tarde.* ⇒ **pensativo.**

me·di·ta·ción |meðitaθión| **1** ***f.*** Pensamiento o consideración cuidadosa: *me explicó que después de una profunda ~ había decidido aceptar el puesto.* ⇒ **reflexión. 2** Oración o rezo mental: *los místicos y los ascetas se dedican a la ~.* ⇒ **contemplación.**

me·di·tar |meðitár| **1** ***tr.-intr.*** [algo] Pensar y considerar una cosa con atención y cuidado: *meditó la oferta de trabajo antes de aceptarla; ¿has meditado suficientemente sobre el asunto?* ⇒ **elucubrar, estudiar, filosofar, pensar, reflexionar. - 2** ***intr.*** Hacer oración mental: *el asceta se retiró a ~.* ⇒ **contemplar.**

me·di·te·rrá·ne·⌜o, ⌜a |meðiteřáneo, a| ***adj.*** Del mar Mediterráneo y de sus territorios o que tiene relación con ellos: *el clima ~ es muy suave y agradable; está interesado en la cultura mediterránea; la España mediterránea es muy hermosa.*

mé·dium |médiun| ***com.*** Persona que *supuestamente tiene poderes mentales extraordinarios que le permiten comunicarse con los espíritus del más allá: *fue a visitar a un ~ para poder hablar con su difunto esposo.* ◇ El plural es *médium.*

me·drar |meðrár| ***intr.*** Mejorar de posición social y económica: *se marchó a la capital a ~; medró con negocios poco limpios.*

me·dro·⌐so, ⌐sa |meðróso, sa| ***adj.*** Que tiene mucho miedo; que es cobarde: *Alejandra siempre fue de espíritu ~.* ⇒ **miedoso.**

me·du·la |méðula| ***f.*** ⇒ **médula.**

mé·du·la |meðúla| **1** ***f.*** Sustancia grasa que se encuentra dentro de los huesos de los animales: *me gusta chupar la ~ de la ternera;* ~ **amarilla**, la que se encuentra en los huesos largos: *la ~ amarilla se llama también tuétano.* ⇒ **tuétano;** ~ **roja**, la que tiene muchos vasos por los que circula la sangre: *en la ~ roja se producen los glóbulos rojos.* **2** *fig.* Parte central y más importante de una cosa o un asunto: *hay que llegar hasta la ~ del problema.* **3** Parte central del tallo y de la raíz de las plantas: *muchos objetos decorativos de lujo se fabrican con ~ vegetal.* ■ ~ **espinal**, cordón de tejido nervioso situado en el interior de la columna *vertebral, que comunica el cerebro con los demás órganos y miembros del cuerpo: *una lesión en la ~ espinal provoca la parálisis.* ⇒ **médula.**

me·du·lar |meðulár| **1** ***adj.*** De la *médula o que tiene relación con ella: *los médicos lo han operado de una lesión ~.* **2** *fig.* Que es lo más importante de una cosa o un asunto: *aquello fue un descubrimiento ~ para la medicina.* ⇒ **capital.**

me·du·sa |meðúsa| ***f.*** Animal invertebrado marino, con forma de medio círculo con brazos colgantes: *en la playa hay que tener cuidado con las medusas porque irritan la piel si se las toca.*

me·ga·fo·ní·a |meɣafonía| **1** ***f.*** Técnica que se ocupa de los aparatos e instalaciones necesarias para aumentar el volumen del sonido: *un especialista en ~ controlará el sonido en el campo de fútbol.* **2** Conjunto de aparatos que aumentan el volumen del sonido: *la ~ se estropeó y no pudieron dar los resultados de las carreras de caballos.*

me·gá·fo·no |meɣáfono| ***m.*** Aparato más ancho por un extremo que por otro que sirve para aumentar el volumen del sonido, especialmente de la voz: *el capitán de la policía hablaba por un ~.* ⇒ **altavoz.**

me·ga·lí·ti·⌐co, ⌐ca |meɣalítiko, ka| ***adj.*** *form.* De los *megalitos o que tiene relación con ellos: *un grupo de arqueólogos está excavando en los alrededores del conjunto ~.*

me·ga·li·to |meɣalíto| ***m.*** *form.* *Monumento *prehistórico construido con grandes bloques de piedra: *los megalitos tenían carácter funerario.*

me·ji·ca·nis·mo |mexikanísmo| ***m.*** Palabra o modo de expresión propio de la variedad del español hablada en Méjico: *decir* camión *por* autobús *es un ~.*

me·ji·ca·⌐no, ⌐na |mexikáno, na| **1** ***adj.*** De Méjico o que tiene relación con Méjico: *Acapulco es una ciudad mejicana.* ⇒ **mexicano.** **- 2** ***m. f.*** Persona nacida en Méjico o que vive habitualmente en Méjico: *dicen que los mejicanos son muy alegres.* ⇒ **mexicano.**

me·ji·lla |mexíʎa| ***f.*** Parte carnosa de la cara que se encuentra bajo los ojos y a ambos lados de la nariz: *la muchacha se da colorete en las mejillas; tiene las mejillas llenas de pecas.* ⇒ **cachete, carrillo, moflete.**

me·ji·llón |mexiʎón| ***m.*** Animal invertebrado marino comestible, con dos conchas casi triangulares y de color negro: *compró una lata de mejillones para el aperitivo; voy a cocer los mejillones; esta paella lleva mejillones.*

me·jor |mexór| **1** ***adj.*** Que es más bueno; que es superior a otra cosa; que sobresale en una cualidad: *este libro es ~ que aquél; su casa es ~ que la nuestra.* ⇒ **bueno, óptimo.** ⇔ **peor.** ◇ Es el comparativo de *bueno.* Acompañado del artículo forma el grado superlativo: *es la ~ película que he visto jamás; de todos los platos que probamos, el asado era el ~.* **2** Que es preferible: *es ~ que no salgas porque hace mucho frío; ~ que no venga.* **- 3** ***adv.*** Más bien; de manera más conforme a lo bueno o lo conveniente: *¿te encuentras ~ de tu gripe?; Luis trabajó bien, pero su hermano lo hizo ~.* ⇒ **bien.** ⇔ **peor.** ◇ Es el comparativo de *bien.* ■ **a lo** ~, *fam.*, posiblemente; *quizá: *a lo ~ puedo venir a tu fiesta, aún no lo sé; a lo ~ no sabe llegar hasta aquí.*

me·jo·ra |mexóra| **1** ***f.*** Cambio o progreso de una cosa hacia un estado mejor: *en los últimos meses, las relaciones entre los dos países han experimentado una ~.* ⇒ **mejoría.** **2** Disminución de un dolor o de la gravedad de una enfermedad; recuperación de la salud: *la niña experimentó una ~ y ha salido de peligro.* ⇒ **mejoría.** **3** Cambio hacia un tiempo más agradable: *para mañana jueves, se espera una ~ de las condiciones atmosféricas en toda la Península.* ⇒ **mejoría.** **4** Obra que se realiza en una casa, en un edificio o en un lugar para cambiarlo o hacerlo mejor: *se han iniciado las mejoras del metro; pidieron un préstamo para realizar una ~ de su vivienda.*

me·jo·rar |mexorár| **1** ***tr.-intr.-prnl.*** [algo] Poner o ponerse una cosa o situación mejor de lo que estaba: *¿cuándo van a ~ tus notas en matemáticas?* ⇔ **empeorar.** **2** [algo, a alguien] Hacer que una persona enferma recupere la salud: *desde que hago deporte ha mejorado mi estado de salud; con las inyecciones el enfermo mejoró rápidamente; espero que te mejores muy pronto.* **- 3** ***intr.-prnl.*** Hacerse el tiempo más agradable: *estos días el tiempo ha mejorado mucho.* ⇔ **empeorar.**

me·jo·rí·a |mexoría| **1** ***f.*** Cambio o progreso de una cosa hacia un estado mejor: *se espera una ~ de la situación económica para el año próximo.* ⇒ **mejora.** **2** Disminución de un dolor o de la gravedad de una enfermedad; recuperación de la salud: *el enfermo experimentó cierta ~.* ⇒ **mejora.** **3** Cambio hacia un tiempo más agradable: *los especialistas en meteorología esperan una ~ del tiempo para el fin de semana.* ⇒ **mejora.**

me·jun·je |mexúŋxe| **1** ***m.*** *fam.* Sustancia formada por la mezcla de diversos elementos, especialmente la que se usa como medicina o como producto *cosmético: *todas las noches se pone en la cara un ~ que, según él, quita las arrugas.* **2** *fig.* Mezcla de diversos elementos que se bebe: *después de hacer deporte se toma un ~ para recuperar la energía.* ⇒ **pócima.**

me·lan·co·lí·a |melaŋkolía| ***f.*** Tristeza indefinida, profunda y permanente: *al morir su esposo le entró una honda ~.*

me·lan·có·li·⌈co, ⌈ca |melaŋkóliko, ka| ***adj.-s.*** Que siente o tiende a sentir *melancolía: *se pasaba el día deprimido y ~, nunca quería salir.* ⇒ **triste.**

me·la·ni·na |melanína| ***f.*** QUÍM. Sustancia que da color a la piel, al pelo y a los ojos: *al tomar el sol, la ~ se activa y la piel se pone morena.*

me·la·za |meláθa| ***f.*** Líquido espeso, dulce y de color oscuro, que queda como resto al fabricar el azúcar: *ponían la ~ en unos cubos y luego fabricaban alcohol con ella.*

me·le·na |meléna| **1** ***f.*** Conjunto de pelo largo y suelto: *la actriz lucía una hermosa ~ rubia; la madre desenredaba la ~ ondulada de su hija pequeña.* ⇒ **cabellera. 2** Conjunto de pelo que tiene el león alrededor del cuello: *el león tiene ~ y la leona no.* **- 3 melenas *f. pl.*** *fam.* Conjunto de pelo muy largo, mal peinado o de aspecto desagradable: *a ver si vas a la peluquería y te cortas esas melenas.*

me·le·nu·⌈do, ⌈da |melenúðo, ða| ***adj.*** Que tiene el pelo abundante y largo: *un chico ~ entró en el supermercado.* ☐ Se usa como apelativo despectivo.

me·li·fluo |melífluo| **1** ***adj.*** Que tiene miel o una característica que se considera propia de la miel: *el médico me ha recetado un jarabe ~ para suavizar la garganta.* **2** *fig.* Que es dulce o suave: *los enamorados mantenían una conversación meliflua al atardecer.*

me·li·llen·se |meliʎénse| **1** ***adj.*** De Melilla o que tiene relación con Melilla: *el camarero ~ es muy activo.* **- 2 *com.*** Persona nacida en Melilla o que vive habitualmente en Melilla: *un grupo de melillenses ha viajado hasta Madrid en avión.*

me·lin·dre |melíndre| ***m.*** *fig.* Delicadeza excesiva en las acciones o en las palabras: *déjate de melindres y toma una decisión rápidamente.* ☐ Se usa frecuentemente en plural.

me·lin·dro·⌈so, ⌈sa |melindróso, sa| ***adj.-s.*** (persona) Que es excesivamente delicado en sus acciones o en sus palabras: *la señora nos presentó a su hija, una señorita melindrosa y muy pálida.* ⇒ **remilgado.**

me·lla |méʎa| **1** ***f.*** Grieta o parte rota en el filo o borde de un objeto: *el sable se hizo una ~ al golpear la piedra; este vaso tiene una ~, no bebas en él.* ⇒ **rotura. 2** Hueco que queda en un lugar cuando falta una parte: *su dentadura estaba llena de mellas.* **3** *fig.* Disminución o daño que sufre una cosa: *desde que murió su hijo, su salud ha sufrido una ~ importante.* ■ **hacer ~,** causar impresión; afectar: *aquella película hizo ~ en su imaginación infantil.*

me·lla·⌈do, ⌈da |meʎáðo, ða| ***adj.-s.*** Que no tiene uno o más dientes: *a pesar de ser muy joven, estaba ~.* ⇒ **desdentado.**

me·llar |meʎár| **1** ***tr.-prnl.*** [algo] Romper o estropear el filo o el borde: *dio un fuerte golpe en el plato y lo melló; el cuchillo cayó al suelo y se melló.* **2** *fig.* Causar una disminución o daño: *esa historia tan negra ha mellado su reputación.*

me·lli·⌈zo, ⌈za |meʎíθo, θa| ***adj.-s.*** (animal, persona) Que ha nacido a la vez que otro u otros de la misma madre y que puede ser algo diferente a ellos: *los mellizos pueden ser del mismo sexo o de sexo diferente; cada ~ se forma de un óvulo diferente.* ⇒ **gemelo.**

me·lo·co·tón |melokotón| **1** ***m.*** Fruto comestible, redondo, con la piel muy delgada y vellosa, la carne dulce y jugosa y, en su interior, un hueso duro: *el ~ tiene un olor y un sabor agradables; el ~ se prepara en almíbar.* **2** Árbol que da ese fruto: *el ~ procede de China y se cultiva en las regiones de clima templado.* ⇒ **melocotonero.**

me·lo·co·to·ne·ro |melokotonéro| ***m.*** Árbol de flores blancas o *rosadas cuyo fruto es el *melocotón: *el ~ tiene las hojas lanceadas.* ⇒ **melocotón.**

me·lo·dí·a |meloðía| **1** ***f.*** Serie de sonidos musicales bien ordenados, independientemente de su acompañamiento: *me gusta la ~ de esta canción, pero la letra es muy vulgar.* ⇒ **música. 2** Cualidad de un sonido por la que resulta agradable o musical: *los músicos se preocupan mucho por la ~.*

me·ló·di·⌈co, ⌈ca |melóðiko, ka| ***adj.*** De la *melodía o que tiene relación con ella: *el movimiento ~ es la diferente altura de los sonidos que integran la melodía.*

me·lo·dio·⌈so, ⌈sa |meloðióso, sa| ***adj.*** (sonido, música) Que resulta agradable de oír: *tenía una voz melodiosa.*

me·lo·dra·ma |meloðráma| **1** ***m.*** Género musical en el que un texto *dialogado se canta acompañado de música: *era un gran aficionado al ~.* **2** Obra de ese género: *un ~ italiano se estrenó el*

MELOCOTÓN

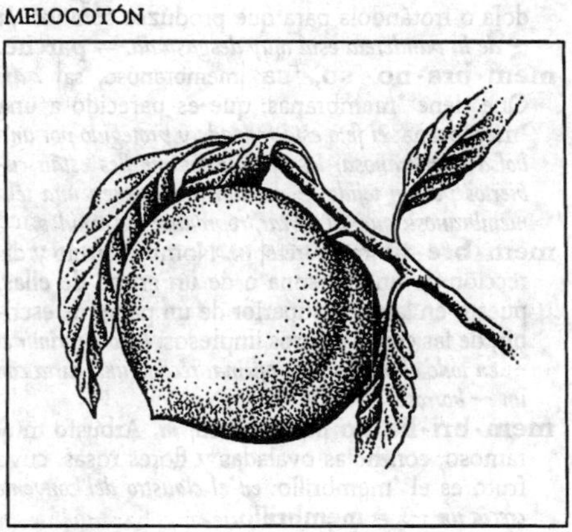

pasado viernes. **3** Género de teatro, cine o televisión en el que se cuenta una historia exagerando los sentimientos para mantener la atención del público: *el ~ y la comedia son géneros cinematográficos muy populares.* ⇒ **drama.** **4** Obra de ese género: *la última película de ese director es un ~.* ⇒ **culebrón, folletín.** **5** *fam. fig.* Acontecimiento de la vida real exageradamente triste y desgraciado: *la vida de esa pobrecilla es un ~: su marido borracho le pega y sus hijos son drogadictos.*

me·lo·ma·ní·a |melomanía| *f.* Pasión y entusiasmo por la música: *su ~ comenzó a los siete años.*

me·ló·ma·⌈no, ⌈na |melómano, na| ***adj.-s.*** (persona) Que siente pasión y entusiasmo por la música: *el escritor fue un ~; los melómanos están de suerte: el Teatro Real estrena hoy una obra de Wagner.*

me·lón |melón| **1** ***m.*** Fruto comestible, de tamaño grande y forma alargada, con una corteza muy dura y rugosa y con una carne blanca, jugosa y dulce, con muchas semillas alargadas y planas en el centro: *el ~ se come en verano; les encanta el ~ con jamón.* ⇒ **sandía.** **2** *fam. hum.* Cabeza de una persona, especialmente si es grande: *vaya ~ que tiene el pobre: no hay sombreros de su talla.* ⇒ **calabaza.** **3** *fam. desp.* Persona torpe o poco inteligente: *¡ay, ~, todo lo que tocas lo estropeas!*

me·lo·nar |melonár| ***m.*** Terreno en el que se cultivan *melones: *voy a regar el ~.*

me·lo·pe·a |melopéa| ***f.*** *fam.* Estado en el que se pierde el control a causa del consumo excesivo de alcohol: *la noche de fin de año agarraron una buena ~.* ⇒ **borrachera.**

me·lo·⌈so, ⌈sa |melóso, sa| **1** ***adj.*** Que tiene una característica que se considera propia de la miel: *el dulce de membrillo tenía una consistencia melosa.* **2** *fig.* Que es suave y dulce en exceso: *intentó convencerle con una voz melosa; el gato se acercó con actitud melosa.* ⇒ **empalagoso.**

mem·bra·na |membrána| **1** ***f.*** Capa muy fina de tejido animal o vegetal, generalmente elástica y resistente, que envuelve un órgano o separa dos espacios: *el ojo humano está protegido por varias membranas.* **2** Plancha muy estirada de piel, plástico u otro material que se hace vibrar golpeándola o frotándola para que produzca sonidos: *la ~ de la pandereta está muy desgastada.* ⇒ **parche.**

mem·bra·no·⌈so, ⌈sa |membranóso, sa| ***adj.*** Que tiene *membranas; que es parecido a una *membrana: *el feto está rodeado y protegido por una bolsa membranosa; los ojos de los reptiles están cubiertos por un tejido ~; los altavoces tienen una tela membranosa que, al vibrar, reproduce los sonidos.*

mem·bre·te |membréte| ***m.*** Nombre, título y dirección de una persona o de un grupo de ellas, puesto en la parte superior de un papel de escribir, de las cartas y otros impresos: *hizo imprimir el ~ en todo el material de oficina; recibió una carta con un ~ borroso.*

mem·bri·lle·ro |membriʎéro| ***m.*** Arbusto muy ramoso, con hojas ovaladas y flores rosas, cuyo fruto es el *membrillo: *en el claustro del convento crecía un ~.* ⇒ **membrillo.**

mem·bri·llo |membríʎo| **1** ***m.*** Fruto comestible, muy oloroso, con la piel amarilla y la carne áspera: *el ~ se come asado o en conserva; si pones membrillos entre la ropa, olerá muy bien.* **2** Arbusto muy ramoso, con hojas ovaladas y flores rosas, que da ese fruto: *el ~ crece en el clima mediterráneo.* ⇒ **membrillero.** ■ **carne de ~**, dulce elaborado con ese fruto: *la carne de ~ es un postre exquisito.*

me·mez |meméθ| **1** ***f.*** Cualidad de *memo: *me marcho, no aguanto su ~.* **2** Obra o dicho simple y tonto: *están hartos de las memeces de su hijo.* ⇒ **tontería.**

me·⌈mo, ⌈ma |mémo, ma| ***adj.-s.*** (persona) Que es tonto y simple; que tiene poco juicio: *es un auténtico ~.* ⇒ **mentecato, necio.**

me·mo·ra·ble |memoráβle| ***adj.*** Que merece ser recordado: *aquella fiesta en tu casa fue ~; desde el día ~ de mi boda no he dejado de ser feliz.*

me·mo·rán·dum |memorándun| **1** ***m.*** *form.* Documento en el que se resumen hechos y razones para que se tengan presentes en un asunto grave: *los miembros del consejo de seguridad de la ONU leyeron el ~ del embajador.* **2** Informe o documento en el que se exponen hechos y razones en relación con un asunto determinado: *el presidente del banco pidió a sus consejeros que elaboraran un ~.* ☖ El plural es *memorándos* o *memoranda.* No se debe decir *memorándums.*

me·mo·ria |memória| **1** ***f.*** Capacidad de recordar: *tiene una gran ~, se acuerda de todo; recibió un golpe en la cabeza y perdió la ~.* **2** Recuerdo que se tiene de una persona o cosa: *esas palabras quedaron en la ~ de todos; la ~ de su mujer lo animaba a continuar.* **3** Informe del estado o desarrollo de una actividad: *deberán presentar una ~ antes de un mes.* **4** Estudio o trabajo sobre un tema determinado que se presenta por escrito: *tengo que hacer una ~ para que me aprueben la asignatura.* **5** INFORM. Parte del ordenador que recoge y guarda los *datos que se tratan: *el ordenador no tiene suficiente ~ para ejecutar este programa.* - **6 memorias *f. pl.*** Obra o escrito en el que se cuentan los recuerdos y los acontecimientos de la vida de una persona: *comenzó a escribir sus memorias a los 67 años.* ■ **de ~**, usando tan sólo el recuerdo y sin ayudarse de escritos: *es capaz de recitar de ~ cien versos seguidos de la Eneida.* ■ **refrescar la ~**, *fam.*, recordar para que no se olvide: *espero no tener que refrescarte la ~ al respecto.*

me·mo·rial |memoriál| **1** ***m.*** *form.* Acto público en memoria y honor de una persona: *en el pabellón deportivo se celebró un ~ en honor de un famoso deportista.* **2** Libro o *cuaderno en el que se apunta una cosa con un fin determinado: *anotaba todos los datos en el ~ para poder hacer el resumen al final del año.* **3** Publicación oficial de algunas sociedades: *la Sociedad de Amigos de los Castillos ha publicado el ~ de sus actividades de los dos últimos años.* **4** Escrito en el que se pide un favor: *me mandó un ~ pidiéndome que lo ayudara.*

me·mo·ri·za·ción |memoriθaθión| ***f.*** Acción y

resultado de *memorizar: *la ~ y el razonamiento son elementos fundamentales del aprendizaje.*

me·mo·ri·zar |memoriθár| ***tr.*** [algo] Aprender de memoria: *los niños memorizaron una poesía de Nicolás Guillén; memorizó su número de teléfono.* ⇒ **retener.** ☖ Se conjuga como 4.

me·na |ména| ***f.*** Parte de un mineral o de una roca que contiene el metal útil: *en la mina se separa la ~ de la ganga.* ⇔ **ganga.**

me·na·je |menáxe| ***m.*** Conjunto de muebles, *utensilios y demás objetos necesarios en una casa: *los novios incluyeron el ~ de su casa en la lista de bodas.*

men·ción |menθión| ***f.*** Recuerdo o memoria que se hace de una persona o cosa: *la radio merece también una ~ por su labor informativa.* ■ ~ **honorífica**, distinción o *recompensa inferior al premio y al *accésit: *esa película recibió una ~ honorífica en el festival de cine de San Sebastián.* ■ **hacer** ~, decir el nombre de una persona o cosa; hacer referencia: *en el prólogo, el autor hace ~ de todas las personas que le han inspirado la obra.* ⇒ **mencionar.**

men·cio·nar |menθionár| ***tr.*** [algo, a alguien] Decir el nombre de una persona o cosa; hacer referencia: *en la reunión, uno de ellos mencionó a Antonio; nos contó lo que había ocurrido pero no quiso ~ su relación con aquellas personas.*

men·da |ménda| **1** ***com.*** *fam.* Persona que habla; yo: *¡el ~ dice que no se levanta y no se levanta!* ☖ Se usa con el verbo en tercera persona. **2** Persona cuyo nombre no está determinado o no se quiere determinar: *de un callejón oscuro salió un ~ con una navaja.* ⇒ **tío.**

men·daz |mendáθ| ***adj.*** *form.* Que no dice la verdad o que tiene costumbre de mentir: *es muy ~, nunca dice la verdad.* ⇒ **mentiroso.**

men·di·can·te |mendikánte| ***adj.-com.*** (persona) Que se dedica a *mendigar: *la puerta de esta iglesia siempre está llena de pobres mendicantes.* ■ **orden** ~, orden religiosa cuyos miembros no pueden tener bienes personales y que viven de su trabajo y de lo que *mendigan: *los franciscanos pertenecen a una orden ~.*

men·di·ci·dad |mendiθiðáᵈ| ***f.*** Situación y estado del *mendigo: *el gobierno quería acabar con la ~; cada día son más personas las que viven en la ~.*

men·di·gar |mendiɣár| **1** ***tr.*** [algo] Pedir ayuda o auxilio, generalmente en forma de dinero o alimentos: *una familia llamaba a todas las puertas, mendigando un trozo de pan.* **2** *fig.* Pedir o rogar con *humildad un favor: *se presentó ante el director mendigando un trabajo para su hijo.* ⇒ **suplicar.** ☖ Se conjuga como 7.

men·di·⌜go, ⌜ga |mendíɣo, ɣa| ***m. f.*** Persona muy pobre, que no tiene las cosas necesarias para vivir y habitualmente pide dinero y alimentos: *los mendigos se refugiaban en el metro o en los portales para no morir de frío.* ⇒ **pordiosero.**

men·dru·go |mendrúɣo| **1** ***m.*** *Pedazo de pan duro: *el anciano echó un ~ al suelo y rápidamente los pájaros lo picotearon.* **- 2** ***adj.-m.*** *fam. fig.* (persona) Que es torpe o poco inteligente: *pero qué ~ eres, madre mía.* ⇒ **zoquete.**

me·ne·ar |meneár| **1** ***tr.-prnl.*** [algo, a alguien] Mover o agitar: *el perro meneaba el rabo alegremente.* **2** *fam. fig.* Obrar con rapidez y decisión; tratar con decisión un asunto: *si quieres que se den prisa, debes ~ tú el asunto; ¡hay que ver cómo se menea cuando va al mercado!* ■ **de no te menees**, *fam. fig.*, muy grande o muy intenso; muy importante: *no salgas, hace un frío de no te menees.*

me·ne·o |menéo| **1** ***m.*** Movimiento o agitación de una cosa: *el ~ del tren le produce mareo.* **2** *fig.* Golpe o conjunto de golpes: *como no te estés quieto te voy a dar un ~ que te vas a enterar.* **3** *fig.* Movimiento excesivo de los hombros y las *caderas al andar: *la actriz caminaba con un ~ que dejaba a los hombres boquiabiertos.*

me·nes·ter |menestér| ***m.*** *form.* Ocupación o trabajo: *para el ~ de colar el vino, existen unos utensilios especiales; está ocupado en sus menesteres.* ☖ Se usa frecuentemente en plural. ■ **haber** ~, necesitar: *el hombre siempre encuentra a su alrededor lo que ha ~.* ■ **ser** ~, ser necesario: *se ofrecieron a ayudar en lo que fuera ~; es ~ que respondas a mis preguntas.*

me·nes·te·ro·⌜so, ⌜sa |menesteróso, sa| ***adj.-s.*** (persona) Que no tiene lo necesario para vivir; que necesita ayuda: *la iglesia recogió dinero para ayudar a los enfermos y a los menesterosos.*

me·nes·tra |menéstra| ***f.*** Comida hecha con hortalizas y verduras variadas, a las que se suele añadir trozos de carne, generalmente de *ternera: *esta ~ lleva judías verdes, zanahoria, guisantes y coles.*

men·ga·⌜no, ⌜na |meŋgáno, na| ***m. f.*** Persona imaginaria o sin determinar: *me dijo que había venido fulano y que ~ había preguntado por mí.* ⇒ **fulano, zutano.** ☖ Se suele usar detrás de *fulano* y antes que *zutano.*

men·gua |méŋgua| ***f.*** Falta o disminución de una cosa: *todos notaron la ~ de la memoria de la abuela; la ~ del dinero se notaba cada día más; le prometieron que su prestigio no sufriría ~ alguna.* ⇒ **menoscabo.**

men·guan·te |meŋguánte| **1** ***adj.*** Que disminuye: *el actor estaba preocupado por su ~ fama.* ⇔ **creciente. - 2** ***adj.-m.*** (luna) Que refleja luz en su parte izquierda, vista desde la Tierra: *la Luna ~ tiene forma de C.* ⇒ **creciente, cuarto, luna. - 3** ***f.*** Disminución del caudal de agua de un río: *el Nilo experimenta crecientes y menguantes drásticas.*

men·guar |meŋguár| **1** ***intr.*** Disminuir o irse consumiendo una cosa: *la estatura mengua con la edad.* ⇒ **disminuir, empequeñecer, encoger.** ⇔ **crecer. 2** Disminuir el número de puntos en una labor para hacerla más estrecha: *al tejer las mangas hay que ~ en la sisa.* ⇔ **crecer. 3** Disminuir el tamaño de la parte iluminada de la Luna: *la Luna mengua esta semana.* ⇔ **crecer. 4** *fig.* Decaer; venir a menos: *después de aquel fracaso, su fama menguó considerablemente.* ☖ Se conjuga como 22.

me·ni·na |menína| ***f.*** Mujer de la nobleza que siendo niña empezaba a servir a la reina o a las *infantas niñas: *Velázquez retrató a las meninas de la infanta Margarita.*

me·nin·ge |meníŋxe| ***f.*** ANAT. Tejido delgado que, junto con otros dos, rodea el *encéfalo y la *médula espinal: *la meningitis es una enfermedad grave debida a una infección de las meninges.*

me·nin·gi·tis |meniŋxítis| ***f.*** MED. Enfermedad por la que se hinchan las *meninges debido a una *infección de virus o bacterias: *la ~ puede provocar la muerte.* ☖ El plural es *meningitis.*

me·nis·co |menísko| ***m.*** ANAT. Tejido elástico y resistente, en forma de media luna, que sirve para *facilitar la articulación de los huesos de la rodilla: *no puede jugar al fútbol porque tiene una lesión de ~.*

me·no·pau·sia |menopáusia| **1** ***f.*** BIOL. Desaparición natural de la *menstruación y de la capacidad de reproducción de la mujer: *la ~ aparece a partir de los 45 años.* **2** BIOL. Periodo de tiempo en que se produce esa desaparición: *muchas mujeres sufren sofocos y cansancio durante la ~.*

me·nor |menór| **1** ***adj.*** Que es menos grande; que tiene menos tamaño o importancia: *he adelgazado y necesito una talla ~; se corre ~ peligro yendo por aquí.* ☖ Es el comparativo de *pequeño.* Acompañado del artículo y de un sustantivo equivale a *ningún* o *ninguno*: *no tiene la ~ importancia.* **2** (ser vivo) Que tiene menos edad: *su hermano ~ se quedará en casa; es ~ que tú porque aún no va a la escuela.* ⇔ **mayor. 3** MÚS. (*intervalo) Que es igual que el mayor, pero cuya nota superior ha bajado medio tono: *el intervalo ~ de tercera está formado por un tono y medio.* **4** MÚS. (modo) Que tiene los *intervalos de tercera, sexta y séptima de esa clase: *todos los modos mayores tienen un modo ~ relativo.* **- 5 *adj.-com.*** (persona) Que no ha llegado a la edad adulta: *los menores no pueden ver ese tipo de películas.* **- 6 *m.*** MAT. Signo que indica que el *término que está a su izquierda tiene menos valor que el de su derecha: *6<8, seis es menor que ocho.* ■ **al por ~**, en cantidades pequeñas: *sólo venden artículos al por ~.*

me·nos |ménos **1** ***adv.-adj.*** Indica menor cantidad o intensidad en una comparación: *deberías ir ~ deprisa; viajar en tren cuesta ~ dinero; tu padre es ~ importante que el mío.* ☖ El segundo término de la comparación va tras la conjunción *que.* Si es un número o una expresión cuantitativa, precede a la preposición *de*: *vinieron ~ de treinta personas.* **2** Indica idea opuesta a la de preferencia: *no quiero abandonarte, pero ~ quisiera hacerte daño.* ☖ Se usa con verbos como *querer.* **- 3 *adv. m.*** Indica que una persona o cosa no está incluida en lo que se dice: *fueron todos al cine ~ Alberto; daría cualquier cosa ~ eso.* ⇒ **excepto. - 4 *conj.*** Indica resta: *siete ~ dos son cinco.* **- 5 *m.*** Signo que representa la resta: *tú sabes que esa operación es una resta porque lleva un ~, que se escribe «—».* ■ **a ~ que**, como no sea que; a no ser que: *deberías ser puntual, a ~ que tengas una buena excusa.* ■ **de ~**, en cantidad o intensidad menor al adecuado: *me ha dado usted dinero de ~.* ■ **por lo ~**, como *mínimo; como poco: *vendrán 300 por lo ~.*

me·nos·ca·bar |menoskaβár| **1** ***tr.*** *form. fig.* [algo] Estropear; hacer perder calidad o valor: *las últimas obras habían menoscabado la seguridad del edificio; la crisis económica menoscabó el nivel de vida del país.* **2** *fig.* Causar daño o disminución en la honra o en la fama: *sus malas acciones menoscabaron la confianza que sus amigos tenían en él.*

me·nos·ca·bo |menoskáβo| ***m.*** *form.* Daño o disminución en la honra o en la fama: *el honor de su familia sufrió un fuerte ~ por culpa de aquella vil acción.* ⇒ **mengua.**

me·nos·pre·cia·ble |menospreθiáβle| **1** ***adj.*** Que puede ser despreciado o que no merece consideración: *su actitud es ~ y no merece la pena tenerla en cuenta.* **2** Que no merece atención o no es importante: *los decimales son una cantidad ~, fíjate en los enteros.* ⇒ **desdeñable, despreciable.**

me·nos·pre·ciar |menospreθiár| **1** ***tr.*** [algo, a alguien] Considerar que una cosa no merece atención o no es importante: *no deberías ~ tu salud de esa forma.* ⇒ **despreciar. 2** Considerar y rechazar a una persona o cosa que no merece consideración o no tiene valor: *se siente mal entre esa gente porque lo menosprecian continuamente.* ☖ Se conjuga como 12.

me·nos·pre·cio |menospréθio| ***m.*** Falta de consideración o de afecto: *sintió el ~ de sus colegas.* ⇒ **desprecio.**

men·sa·je |mensáxe| **1** ***m.*** Noticia o información que comunica una persona a otra: *¿podría dejar un ~ para el señor Pérez?; no hemos recibido ningún ~ de nuestra sucursal en Sevilla.* ☖ Esta acepción procede del inglés. Es preferible usar *nota* o *aviso.* **2** Idea o sentido profundo: *hoy no quiero ver una película con ~, sino una comedia divertida.* **3** Conjunto de señales o signos que se usa en una comunicación: *el servicio de inteligencia está tratando de descifrar el ~.*

men·sa·je·rí·a |mensaxería| **1** ***f.*** Servicio de reparto de cartas y paquetes urgentes, generalmente dentro de una misma ciudad: *llamó a la sección de ~ de la empresa para enviar los pedidos.* **2** Sociedad o empresa que se dedica a ese servicio: *trabajaba en una ~ de la capital.*

men·sa·je·ʳro, ʳra |mensaxéro, ra| **1** ***adj.-s.*** Que lleva un mensaje: *en la azotea criaba palomas mensajeras.* **- 2 *m. f.*** Persona que se dedica a llevar cartas y paquetes urgentes a su destino, generalmente dentro de una misma ciudad: *los mensajeros utilizan motos y bicis para evitar el tráfico de la gran ciudad.* ⇒ **enviado.**

mens·trua·ción |menstruaθión| **1** ***f.*** Proceso natural por el que las mujeres y las hembras de ciertos animales expulsan sangre procedente del *útero todos los meses: *se produce la ~ siempre que el óvulo no ha sido fecundado.* ⇒ **ovulación, periodo, regla. 2** Sangre procedente del *útero que todos los meses expulsan naturalmente las mujeres y las hembras de ciertos animales: *esta mujer tiene una ~ muy abundante.*

mens·truar |menstruár| ***intr.*** *form.* Expulsar sangre procedente del *útero todos los meses las mujeres y las hembras de ciertos animales: *las mujeres menstrúan cada 28 días.* ◯ Se conjuga como 11.

men·sual |mensuál| **1** ***adj.*** Que se repite cada mes: *hace un viaje ~ a Madrid.* **2** Que dura un mes: *el paciente siguió un tratamiento ~; mañana comenzará un ciclo ~ de cine.*

men·sua·li·dad |mensualiðáᵈ| **1** ***f.*** Sueldo de un mes: *el primer día del mes recibía puntualmente su ~.* **2** Cantidad de dinero que se cobra o se paga cada 30 días: *solicite un crédito y páguelo en cómodas mensualidades; por las clases de baile paga una ~ elevada.* ⇒ **mes.**

men·ta |ménta| **1** ***f.*** Planta con las hojas verdes y olorosas y con flores de color morado formando racimos: *la ~ crece en sitios húmedos.* ⇒ **hierbabuena, poleo. 2** Licor preparado con esa planta: *ese cóctel lleva unas gotas de ~.* **3** Bebida caliente que se hace hirviendo las hojas de esa planta: *una ~ te ayudará a hacer la digestión.*

men·tal |mentál| ***adj.*** De la mente o que tiene relación con ella: *lo enviaron a un sanatorio para enfermos mentales.*

men·ta·li·dad |mentaliðáᵈ| **1** ***f.*** Modo de pensar: *tu padre tiene una ~ algo anticuada; en su novela se refleja la ~ de toda una época.* ⇒ **mente. 2** Capacidad mental: *es un hombre adulto, pero tiene la ~ de un niño de tres años.*

men·ta·li·zar |mentaliθár| ***tr.-prnl.*** [a alguien] Conocer o hacer conocer un hecho, un problema o una situación para que se pueda actuar de la manera más adecuada: *el entrenador mentalizaba a los jugadores antes del partido para que no perdieran la calma.* ◯ Se conjuga como 4.

men·tar |mentár| ***tr.*** [algo, a alguien] Decir el nombre de una persona o cosa; hacer referencia: *a ese sinvergüenza ni lo mientes, por favor.* ⇒ **mencionar, nombrar.** ◯ Se conjuga como 27.

men·te |ménte| **1** ***f.*** Conjunto de capacidades *intelectuales del hombre: *el psiquiatra estudia los trastornos de la ~; nuestra ~ es un sistema muy complejo.* ⇒ **cerebro, inteligencia. 2** Pensamiento, imaginación o voluntad: *dejaba su ~ en blanco y se relajaba; tengo muchas ideas en la ~; tu ~ está confusa, piénsalo mejor.* **3** Modo de pensar: *tiene una ~ algo anticuada.* ⇒ **mentalidad.** ■ **tener en ~**, pensar en una cosa como un proyecto: *el matrimonio tiene en ~ cambiarse de casa.*

men·te·ca·⌜to, ⌜ta |mentekáto, ta| ***adj.-s.*** (persona) Que es tonto y se comporta sin juicio; que no es inteligente: *el abogado era un ~.* ⇒ **memo.**

men·tir |mentír| **1** ***intr.*** Decir lo contrario de lo que se sabe, se cree o se piensa que es verdad: *me dijo que volvería, pero me estaba mintiendo; suele ~ en lo referente a su edad.* **2** Llevar a error; conducir a un razonamiento falso: *muchos filósofos creen que los sentidos mienten.* ■ **¡miento!**, expresión que se usa para indicar que lo que se acaba de decir no era cierto: *creo que ayer estuvo aquí; ¡miento!, no fue ayer, sino anteayer.* ◯ Se conjuga como 35.

men·ti·ra |mentíra| **1** ***f.*** Expresión contraria a lo que se sabe, se cree o se piensa que es verdad: *me parece que eso que dices es ~; estaban hartas de tantas mentiras.* ⇒ **embuste, trola.** ⇔ **verdad. 2** Cosa falsa o equivocada: *se dio cuenta de que su vida era una ~.* ⇒ **ilusión. 3** *fam. fig.* Mancha blanca, muy pequeña, que sale en las uñas: *las mentiras aparecen por falta de minerales.* **4** *fam.* Fallo o defecto: *al pintar la pared te has dejado algunas mentiras.* ■ **de ~**, de broma; para engañar: *se enfadó de ~ para que todos le hicieran más caso.* ■ **parece ~**, expresión que indica que una cosa causa extrañeza o admiración: *¿sabías que Pepe se dedica a robar coches? -¡Parece ~! ¡Y parecía tan buena persona!*

men·ti·ri·ji·llas |mentirixíʎas| ■ **de ~**, *fam.*, de broma: *empezó a llorar de ~.*

men·ti·ro·⌜so, ⌜sa |mentiróso, sa| ***adj.-s.*** (persona) Que miente o tiende a mentir mucho: *a Pinocho le crecía la nariz por ~; eres una mentirosa y ya no te puedo creer.* ⇒ **cuentista, embustero, trolero.**

men·tol |mentól| ***m.*** Sustancia sólida que se saca de la *menta: *el ~ se usa en farmacia y en perfumería; los caramelos para la garganta contienen ~.*

men·to·la·⌜do, ⌜da |mentoláðo, ða| ***adj.*** Que contiene o sabe a *mentol: *usaba una pasta de dientes mentolada.*

men·tón |mentón| ***m.*** Parte de la cara que está debajo de la boca: *el estudiante tenía el codo apoyado en la mesa y la mano en el ~.* ⇒ **barbilla.**

men·tor |mentór| ***m.*** *form. fig.* Persona que aconseja, protege y enseña a otra: *el moribundo nombró a su amigo ~ de su hija.* ⇒ **tutor.**

me·nú |menú| **1** ***m.*** Conjunto de platos que forman una comida: *había un ~ variado, formado por ensaladas, verduras, carne o pescado y de postre helado;* **~ del día**, comida que se ofrece en un restaurante por un precio único: *el ~ del día estaba formado por un primer plato, un segundo plato, el postre y agua y valía más barato.* **2** Lista de comidas y bebidas que se pueden elegir en un establecimiento donde se sirven: *camarero, ¿puede traernos el ~?; leyeron el ~ y eligieron los platos típicos del lugar.* ⇒ **carta. 3** INFORM. Lista de funciones, *programas u otra cosa que se presenta en la pantalla de un ordenador entre las que se puede elegir: *las opciones del ~ llevan un número para que el usuario elija de una forma cómoda y rápida.* ◯ El plural es *menús.*

me·nu·de·ar |menuðeár| **1** ***intr.*** Ocurrir una cosa frecuentemente: *las visitas menudeaban en aquella casa.* **- 2** ***tr.*** [algo] Hacer una cosa frecuentemente: *Manuela no estaba dispuesta a ~ sus salidas.*

me·nu·den·cia |menuðénθia| ***f.*** Pequeñez; cosa sin importancia o valor: *no debes preocuparte por esa ~, hay gente que está peor que tú.*

me·nu·de·o |menuðéo| ***m.*** COM. Acción y resultado de vender productos en pequeñas cantidades: *no trabaja en un lugar fijo, es un vendedor ambulante que se dedica al ~.*

me·nu·di·llos |menuðíʎos| ***m. pl.*** Órganos internos de las aves: *el hígado y la molleja son ~; una nube de insectos cubría los ~ de gallina que había en el suelo.* ⇒ **víscera.**

me·nu·ʳdo, ʳda |menúðo, ða| **1** ***adj.*** Que es delgado, bajo o de pequeño tamaño: *Sandra es una chica menuda; en mi familia todos son altos menos yo, que soy un poco ~; las perlas del collar son blancas y menudas; escribió la carta con letra menuda y cuidada.* ⇔ **enorme, grande. 2** Que tiene poca importancia: *los asuntos menudos los trataremos al final de la reunión.* **3** *Intensifica el valor del sustantivo que va detrás: *¡~ coche se ha comprado!; ¡menuda chica, qué mal genio tiene!; ¡~ lío has armado!; ¡menuda situación, todos hablaban y nadie se entendía!* **- 4 menudos** ***m. pl.*** Vientre, patas y sangre del ganado muerto: *pedí al carnicero menudos para mi perro; lo que más me gusta del pollo son los menudos.* ■ **a ~**, con frecuencia: *voy a visitarle a ~; no van muy a ~ a la iglesia.*

me·ñi·que |meɲíke| ***adj.-m.*** (dedo) Que es el quinto y el más pequeño de la mano o del pie: *se rascó la oreja con el ~.* ⇒ **dedo.**

me·o·llo |meóʎo| ***m.*** Parte más importante de una cosa: *acabas de dar con el ~ de la cuestión; el ~ del artículo consiste en poner en ridículo las modas pasajeras.*

me·ʳón, ʳo·na |meón, óna| ***adj.-s.*** *fam.* (persona, animal) Que *mea mucho o frecuentemente: *ese niño es un ~; cuando bebe cerveza se pone meona.*

me·que·tre·fe |meketréfe| **1** ***com.*** *fam.* Persona que gusta de intervenir en los asuntos de otras personas: *aquel tipo era un ~.* **2** *fam.* Persona débil o poco importante: *ese ~ no puede ser una amenaza para ti.* ▢ Se usa como apelativo despectivo.

mer·ca·der |merkaðér| ***m.*** Persona que se dedica a vender mercancías: *los mercaderes llevaban en su carromato todo tipo de artículos.* ⇒ **comerciante, vendedor.**

mer·ca·de·rí·a |merkaðería| ***f.*** Producto con el que se comercia: *en los mercados al aire libre venden todo tipo de mercaderías.* ⇒ **género, mercancía.**

mer·ca·do |merkáðo| **1** ***m.*** Establecimiento o edificio público donde se compran y venden mercancías y servicios: *compramos en el ~ los artículos de consumo diario; hay mercados al aire libre y mercados instalados en locales.* ⇒ **plaza. 2** Compra y *venta de mercancías y servicios: *las épocas de crisis económicas repercuten de forma negativa en el ~ de trabajo;* ~ **negro**, el que se hace sin autorización del Estado: *puede ser peligroso cambiar moneda en el ~ negro.* **3** Conjunto de compradores de una mercancía o servicio: *a pesar de que estos productos son muy caros, tienen un amplio ~.* **4** Zona a la que un país o industria destina su producción: *las grandes potencias económicas buscan nuevos mercados.* **5** Situación de la economía: *el ~ se rige por la ley de la oferta y la demanda.*

mer·ca·do·tec·nia |merkaðotéᵏnia| ***f.*** Conjunto de principios y técnicas que buscan el crecimiento del comercio de un producto o de un servicio: *la ~ busca modos de aumentar la demanda de un mercado.*

mer·can·cí·a |merkanθía| **1** ***f.*** Producto con el que se comercia: *en el sótano de la tienda se acumulan las mercancías que no se han vendido; hay un atasco en la carretera porque ha habido un accidente con un camión de mercancías.* ⇒ **género, mercadería. - 2 mercancías** ***m. pl.*** Tren que transporta solamente productos: *por la vía 2 va a pasar un mercancías; no puedes ir a Madrid en un mercancías.*

mer·can·te |merkánte| **1** ***adj.*** (embarcación) Que sirve para transportar personas y mercancías: *ha llegado a puerto un buque ~.* **2** Del comercio por mar o que tiene relación con él: *el país dispone de una flota ~ bien equipada.*

mer·can·til |merkantíl| ***adj.*** Del comercio o que tiene relación con él: *Ramón es especialista en derecho ~.*

mer·can·ti·lis·mo |merkantilísmo| **1** ***m.*** ECON. Doctrina que defiende el desarrollo del comercio y que considera como signo de riqueza tener metales preciosos: *el ~ se desarrolló entre los siglos XV y XVIII; el ~ favoreció la acumulación de oro y plata.* **2** *fig.* Interés excesivo en conseguir *ganancias en cosas que no deberían ser objeto de comercio: *el ~ crea problemas en las sociedades comerciales.*

mer·can·ti·lis·ta |merkantilísta| **1** ***adj.*** ECON. Del *mercantilismo o que tiene relación con él: *el espíritu ~ defendió la intervención del Estado en la economía de los países.* **- 2** ***adj.-com.*** ECON. (persona) Que es partidario del *mercantilismo: *los gobiernos mercantilistas prohibían la exportación de metales preciosos.* **3** (persona) Que es especialista en derecho *mercantil: *Mario es un experto en comercio, es ~.*

mer·car |merkár| ***tr.-prnl.*** *fam.* [algo] Conseguir a cambio de dinero: *bajó al pueblo, pero sin dinero poco pudo ~.* ⇒ **comprar.**

mer·ced |merθéᵈ| **1** ***f.*** Honor, favor, perdón o *beneficio concedido por una persona: *el monarca concedió muchas mercedes entre los súbditos leales; la dama no le había concedido ninguna ~.* **2** Forma de tratamiento de segunda persona que indica respeto y *cortesía: *yo haré lo que diga vuestra ~, señor don Quijote.* ⇒ **usted.** ▢ Se usaba con *su, vuestra o vuesa* y era equivalente a *usted.* ■ **a ~ de**, bajo la voluntad y el poder de una persona o cosa: *el barco quedó a ~ de los vientos; cuando el cazador tuvo a la presa a su ~ disparó.* ■ **~ a**, *form.*, por causa de una persona o cosa que produce un bien o un mal: *consiguió salir adelante ~ a unas fincas que tenía en el pueblo y que le proporcionaban una pequeña renta.* ⇒ **gracia.**

mer·ce·na·ʳrio, ʳria |merθenári̲o̲, ri̲a̲| **1** ***adj.-s.*** (persona) Que pone sus armas al servicio de un país extranjero a cambio de dinero o de un favor: *las tropas mercenarias han cruzado el país y han cambiado de bando.* **2** (persona) Que sólo trabaja para ganar dinero, generalmente haciendo cosas que no son legales: *para asesinar al presidente, contrataron a dos mercenarios.*

mer·ce·rí·a |merθería| ***f.*** Establecimiento donde se venden telas, hilos, agujas y otros objetos para coser y hacer labores: *necesitaba una cinta de raso y unos corchetes, así que fue a la ~.*

mer·cu·rio |merkúri̲o̲| ***m.*** Metal líquido, denso,

de color gris plata: *el ~ se ha usado para fabricar termómetros; los vapores de ~ son tóxicos.* ⇒ **azogue.**

me·re·cer |mereθér| **1** ***tr.-prnl.*** [algo, a alguien] Tener derecho a una cosa o una acción como premio o castigo; ser o hacerse *digno de una cosa: *la señora era muy buena y merecía una vida mejor; por lo que acabas de hacer mereces que te llamen tonto; el alumno merecía un sobresaliente; el empleado creía ~ un puesto mejor.* **2** [algo] Tener derecho a una cosa: *tus ofensivas preguntas no merecen respuesta; el científico presentó una hipótesis que merece ser comprobada.* **- 3** ***intr.*** Realizar una acción para conseguir un provecho o un fin: *los oficinistas se pasaban el día mereciendo delante del jefe.* ■ **~ la pena**, ser importante; estar bien empleado el esfuerzo: *merece la pena que leas esto con atención.* ⇒ **compensar.** ☖ Se conjuga como 43.

me·re·ci·do |mereθíðo| ***m.*** Castigo justo y adecuado: *llevó su ~; te voy a dar tu ~, sinvergüenza.*

me·re·ci·mien·to |mereθimiénto| ***m.*** Derecho a recibir un premio o una alabanza: *el resultado final del campeonato no coincidía con los merecimientos de los equipos.* ⇒ **mérito.**

me·ren·dar |merendár| **1** ***tr.-intr.-prnl.*** Tomar una comida ligera por la tarde, antes de la *cena: *los niños han merendado muy bien; les daban pan y chocolate para ~; se merendó un bocadillo y un vaso de leche.* ⇒ **almorzar, cenar, comer, desayunar. - 2 merendarse** ***prnl.*** *fam. fig.* Vencer o dominar a otras personas en una competición: *el motorista se merendó a sus contrincantes en la primera vuelta.* **3** *fam.* Terminar una labor o un trabajo rápidamente: *esto me lo meriendo yo en una hora.* ⇒ **acabar.** ☖ Se conjuga como 27.

me·ren·de·ro |merendéro| **1** ***m.*** Lugar al aire libre al que se va a comer: *a las afueras del pueblo han hecho un ~ con mesas y bancos de piedra.* **2** Establecimiento en el campo o en la playa y donde se sirven comidas y bebidas: *comieron una paella en uno de los merenderos del paseo marítimo.*

me·ren·gue |meréŋge| **1** ***m.*** Dulce hecho con claras de huevo y azúcar y cocinado al horno: *ha estado comiendo pasteles y se ha manchado la cara con el ~; pasó por la pastelería y compró unos merengues.* **2** Baile típico del Caribe: *cuando viajé a la República Dominicana me enseñaron a bailar ~.* **3** *fig.* Persona delicada y débil: *eres un ~, no puedes pasar un día sin quejarte.*

me·ri·dia·⌐no, ⌐na |meriðiáno, na| **1** Que es muy claro o brillante: *de repente lo vio todo con claridad meridiana.* **- 2 meridiano** ***m.*** GEOGR. Círculo imaginario trazado en la esfera de la Tierra y que pasa por los polos; línea que va de polo a polo: *la longitud en el mapa se mide en relación con el ~ de Greenwich.* ⇒ **paralelo.**

me·ri·dio·nal |meriðionál| ***adj.*** Del Sur o que tiene relación con él: *la España ~ es cálida y seca.* ⇔ **septentrional.**

me·rien·da |meriénda| ***f.*** Comida que se hace por la tarde, antes de la *cena: *su ~ consistía en un café con leche y una manzana; la madre preparó unos bocadillos para la ~.* ⇒ **almuerzo, cena, comida, desayuno.**

mé·ri·to |mérito| **1** ***m.*** Derecho a recibir un premio o una alabanza: *ha realizado un trabajo digno de ~.* ⇒ **merecimiento. 2** Valor o importancia: *tiene mucho ~ que quieras ayudar a los más pobres; el ~ de su obra reside en la captación de la atmósfera.* ■ **de ~**, que merece un premio o una alabanza: *su último libro es de ~.* ⇒ **meritorio.**

me·ri·to·⌐rio, ⌐ria |meritório, ria| ***adj.*** Que merece un premio o una alabanza: *el esfuerzo que ha hecho durante el último mes es muy ~.*

mer·lu·za |merlúθa| **1** ***f.*** Pez marino de carne muy *apreciada, de cuerpo alargado, con la primera *aleta superior corta y la segunda larga: *las merluzas abundan en las costas españolas; he comprado en el mercado filetes de ~ congelada.* ⇒ **pescada.** ☖ Para indicar el sexo se usa la ~ macho y la ~ hembra. **2** *fam. fig.* Estado en el que se pierde el control a causa del consumo excesivo de alcohol: *cogió tal ~ que estuvo todo el día en la cama.* ⇒ **borrachera, tajada.**

mer·lu·⌐zo, ⌐za |merlúθo, θa| ***m. f.*** *fam. fig.* Persona tonta: *¡no seas ~ y deja de hacer bobadas!*

mer·ma |mérma| ***f.*** Disminución o reducción en el número o en el tamaño: *el mercado del libro ha sufrido una ~ considerable.*

mer·mar |mermár| **1** ***intr.-prnl.*** Bajar o disminuir una cosa; consumirse naturalmente una parte de una cosa: *la carne ha mermado al freírla.* **- 2** ***tr.*** [algo] Quitar o disminuir: *tuvieron que ~ las raciones de arroz ante la gran escasez; el corredor ha mejorado en velocidad, pero esto no mermará sus fuerzas en la montaña.*

mer·me·la·da |mermeláða| ***f.*** Dulce que se hace con frutas hervidas y trituradas, agua y azúcar: *este tarro tiene ~ de fresa; untó la tostada con mantequilla y ~ de melocotón.* ⇒ **compota.**

me·⌐ro, ⌐ra |méro, ra| **1** ***adj.*** Que es puro y sin mezcla, especialmente en sentido moral e *intelectual: *va al trabajo por el ~ placer de pasar el día con sus compañeros.* ☖ Se coloca siempre delante del nombre. **2** Que es poco o nada importante: *el alcalde contestó que eso era una mera cuestión de detalle.* **- 3 mero** ***m.*** Pez marino comestible, de carne muy fina y delicada, que vive en el Mediterráneo y en el Atlántico: *el ~ es un pescado muy sabroso.* ☖ Para indicar el sexo se usa el ~ macho y el ~ hembra.

MERLUZA

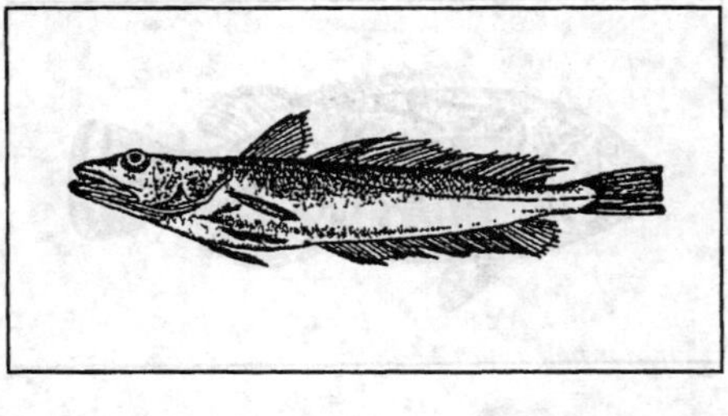

me·ro·de·ar |meroðeár| ***intr.*** Andar por los alrededores de un lugar con malas intenciones: *un zorro merodeaba por la granja en busca de comida; una señora llamó a la policía porque vio a un hombre merodeando por su casa.*

mes |més| **1** ***m.*** Periodo de tiempo que, junto con otros once, forma un año: *los meses del año son doce; ¿en qué ~ naciste?* **2** Periodo de tiempo de treinta días: *las clases durarán tres meses; se marchó un ~ a España; dentro de dos meses iremos a verte.* **3** Cantidad de dinero que se paga o se cobra cada 30 días: *ya han pagado los dos primeros meses del piso que han comprado.* ⇒ **mensualidad.** ■ **el ~**, proceso natural por el que las mujeres y las hembras de ciertos animales expulsan sangre procedente del *útero todos los meses: *se queda muy débil cada vez que tiene el ~.* ⇒ **menstruación.**

me·sa |mésa| **1** ***f.*** Mueble formado por una superficie horizontal y una o varias patas que la sostienen: *pon esos papeles sobre mi ~; han comprado una ~ de nogal para el salón;* **~ camilla**, la redonda, que suele cubrirse con una tela que llega hasta el suelo para guardar el calor: *hemos puesto una ~ camilla en la salita.* ⇒ **camilla; ~ de operaciones**, mueble de metal y articulado que se usa para intervenciones médicas: *el enfermo estuvo sobre la ~ de operaciones más de cuatro horas.* **2** *fig.* Comida; arte de la cocina: *es un amante de la buena ~.* **3** *fig.* Conjunto de personas que dirige una reunión: *pidió la palabra a la ~;* **~ electoral**, la que se forma para recoger votos: *lo llamaron para formar parte de la ~ electoral en las elecciones pasadas;* **~ redonda**, aquella en la que se reúnen varias personas para hablar sobre un asunto generalmente ante un público que también puede dar su opinión: *participamos en una ~ redonda sobre lexicografía.* **4** GEOGR. Terreno *elevado y llano, de gran extensión y rodeado de valles: *en medio del valle había una gran ~.* ■ **levantarse de la ~**, dejar de comer y levantarse del asiento: *se levantó de la ~ sin terminar la comida.* ■ **poner la ~**, colocar los platos y cubiertos para comer: *sentaos a comer que la ~ está puesta.* ■ **sentarse a/en la ~**, ocupar un asiento para comer: *el camarero le ofreció la silla para que se sentase a la ~.*

me·sar |mesár| ***tr.-prnl.*** [algo] Arrancar el pelo o la barba como señal de dolor: *las mujeres lloraban y se mesaban los cabellos ante el cadáver de la niña.*

mes·co·lan·za |meskolánθa| ***f.*** Mezcla que resulta extraña o ridícula: *en la tienda había una ~ de ropa, comida y productos de limpieza.* ⇒ **mezcolanza.** ⌂ La Real Academia Española prefiere la forma *mezcolanza.*

MERO

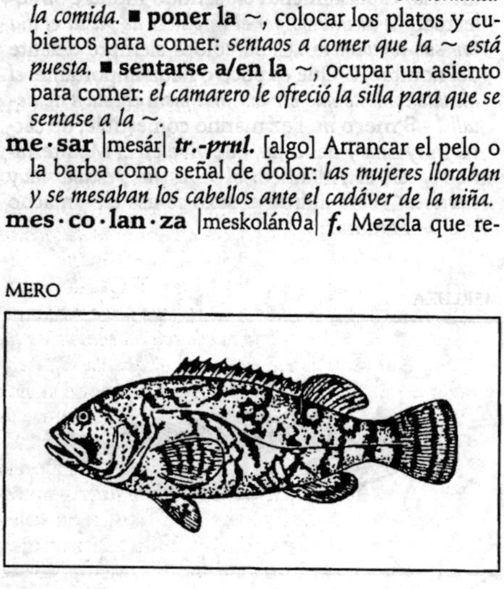

me·se·ta |meséta| ***f.*** Terreno llano, extenso y *elevado: *la ~ está poblada de bosques de encinas; en la ~ castellana se alcanzan temperaturas muy altas en los meses de verano.*

me·si·lla |mesíʎa| ***f.*** Mueble pequeño en forma de mesa con cajones, que se coloca a un lado de la cama: *dejó las gafas y el libro en la ~ y se durmió.*

me·són |mesón| **1** ***m.*** Establecimiento donde se sirven comidas y bebidas, decorado de una forma tradicional y rústica: *visitaron Cuenca y luego comieron en un ~ de la Plaza Mayor.* ⇒ **restaurante.** **2** Establecimiento situado en un camino que acoge a los viajeros: *el caminante paró a dormir en un ~.* ⇒ **posada, venta.**

me·so·ne·⌐ro, ⌐ra |mesonéro, ra| ***m. f.*** Persona que tiene un *mesón: *llamaron al ~ para que les sirviera la comida.*

mes·ti·za·je |mestiθáxe| ***m.*** Cruce de razas distintas: *en América se dio el ~ entre negros, indios y blancos.*

mes·ti·⌐zo, ⌐za |mestíθo, θa| ***adj.-s.*** (persona) Que ha nacido de un padre y una madre de raza diferente: *los mestizos son mezcla de raza blanca y raza india.* ⇒ **mulato.**

me·su·ra |mesúra| ***f.*** *Moderación en el ánimo, en las pasiones y en los placeres: *en los asuntos difíciles actuaba con ~.* ⇒ **templanza.**

me·su·rar |mesurár| ***tr.-prnl.*** [algo] *Moderar el ánimo, las pasiones y los placeres: *por favor, Eduardo, mesura tu comportamiento; mesúrate en la comida y no engordarás tanto.*

me·ta |méta| **1** ***f.*** Lugar o punto en el que termina una carrera: *el corredor levantó los brazos al llegar a la ~; el caballo traspasó la línea de ~ con ventaja.* ⇔ **salida.** **2** *fig.* Fin al que se dirige una acción u operación: *¿cuál es tu ~ en la vida?* ⇒ **objetivo.** **3** DEP. Armazón formado por tres palos, dos verticales y uno horizontal que los une, con una red al fondo que debe *traspasar la pelota para conseguir un *gol en ciertos deportes: *el portero guarda la ~ para que no entren los balones.* ⇒ **portería.**

me·ta·bó·⌐li·co, ⌐ca |metaβóliko, ka| ***adj.*** Del *metabolismo o que tiene relación él: *el anabolismo es una fase metabólica.*

me·ta·bo·lis·mo |metaβolísmo| ***m.*** Conjunto de los cambios químicos y *biológicos que se producen continuamente en las células vivas: *las reacciones del ~ pueden ser de síntesis o de análisis.*

me·ta·car·po |metakárpo| ***m.*** ANAT. Conjunto de huesos que forman parte del esqueleto de los miembros anteriores de los vertebrados: *el ~ forma parte del esqueleto de la mano y tiene cinco huesos.*

me·ta·fí·si·ca |metafísika| ***f.*** Disciplina filosófica que trata del ser, de sus principios, de sus propiedades y de sus causas: *la ~ trata de determinar el fundamento de lo real.*

me·ta·fí·si·⌐co, ⌐ca |metafísiko, ka| **1** ***adj.*** De la *metafísica o que tiene relación con ella: *muchos* *filósofos se preocupan especialmente por lo metafísico.* **2** *fig.* Que es abstracto y difícil de comprender: *se enzarzaron en discusiones metafísicas que nadie más entendía.*

me·tá·fo·ra |metáfora| ***f.*** POÉT. Figura que consiste en establecer una igualdad o comparación entre dos *términos y emplear uno de ellos con el significado del otro: la primavera de la vida *es una ~ de la juventud;* el manto de la noche *es una ~ de la oscuridad.* ⇒ **imagen, símil.**

me·ta·fó·ri·⌐co, ⌐ca |metafóriko, ka| **1** ***adj.*** *form.* Que tiene muchas *metáforas: *el poeta utiliza un lenguaje ~ en su última obra.* **2** *fig.* Que es figurado o no real: *muchas palabras tienen un significado ~.*

me·tal |metál| **1** ***m.*** Material duro y brillante que se saca de los minerales y que se usa para fabricar numerosos objetos: *las cucharas y los tenedores son de ~; en esa fábrica trabajan el ~ para fabricar barras o planchas.* **2** QUÍM. Cuerpo simple, generalmente sólido a temperatura normal, conductor del calor y la electricidad y con un brillo característico: *el hierro, el aluminio, el cromo y el cobre son metales; los metales tienden a ceder electrones y se combinan bien con el oxígeno;* **~ noble**, el que resiste la acción del oxígeno y no se oxida: *el aluminio es un ~ noble;* **~ precioso**, el que tiene mucho valor: *el oro, la plata y el platino son metales preciosos.* **3** MÚS. Conjunto de instrumentos de viento de una *orquesta que están hechos con ese material: *la trompeta y el trombón pertenecen al ~; en este movimiento, entra el ~.* ■ **el vil ~**, el dinero: *sólo le interesa el vil ~, es un materialista.*

me·ta·len·gua·je |metaleŋguáxe| ***m.*** LING. Lenguaje que se usa para hablar de la lengua: *hacemos uso del ~ cuando decimos que* fertilizante *tiene cinco sílabas.*

me·tá·li·⌐co, ⌐ca |metáliko, ka| **1** ***adj.*** Del metal o que tiene relación con él: *la silla tenía las patas metálicas; compró una caja metálica.* **2** Que tiene una característica que se considera propia del metal: *el reloj cayó al suelo haciendo un ruido ~.* **- 3 metálico *m.*** *fig.* Cantidad de dinero de la que se dispone: *¿pagará usted con tarjeta o en ~?* ⇒ **efectivo.**

me·ta·lur·gia |metalúrxia| ***f.*** Industria que se ocupa de sacar los metales de los minerales que los contienen para elaborarlos y darles forma: *la ~ es una fuente de riqueza para muchas regiones.* ⇒ **siderurgia.**

me·ta·lúr·gi·⌐co, ⌐ca |metalúrxiko, ka| **1** ***adj.*** De la *metalurgia o que tiene relación con ella: *el sector ~ está en crisis.* **- 2 *m. f.*** Persona que trabaja en la *metalurgia: *estudió ingeniería y ahora es un importante ~.*

me·ta·mór·fi·⌐co, ⌐ca |metamórfiko, ka| ***adj.*** GEOL. Del *metamorfismo o que tiene relación con él; que ha sufrido *metamorfismo: *la pizarra es una roca metamórfica.*

me·ta·mor·fis·mo |metamorfísmo| ***m.*** Transformación natural que se produce en una roca: *el ~ se produce en las rocas después de su consolidación definitiva.*

me·ta·mor·fo·si |metamorfósi| ***f.*** ⇒ **metamorfosis.** ⌂ La Real Academia Española prefiere la forma *metamorfosis.*

me·ta·mor·fo·sis |metamorfósis| **1** ***f.*** *form.* Transformación o cambio: *las nuevas ideas suponen una ~ completa de nuestro modo de pensar.* **2** ZOOL. Cambio que experimentan muchos animales en su desarrollo y que afecta a la forma, a las funciones y al modo de vida: *después de su ~, los renacuajos se convierten en ranas; siempre sorprende a los niños la ~ de los gusanos que se convierten en mariposas.* ⇒ **metamorfosi.**

me·te·ó·ri·⌐co, ca |meteóriko, ka| **1** ***adj.*** De los fenómenos de la atmósfera o que tiene relación con ellos: *en esta época la situación meteórica es muy estable.* **2** *fig.* Que es muy rápido: *la carrera de este actor ha sido meteórica.*

me·te·o·ri·to |meteoríto| ***m.*** ASTRON. Cuerpo del espacio exterior que puede entrar en la atmósfera y deshacerse cayendo en trozos sobre la superficie de la Tierra: *un ~ cayó en un pequeño pueblo de Andalucía.*

me·te·o·ro |meteóro| ***m.*** Fenómeno natural que se produce en la atmósfera: *el viento, la nieve y los rayos son meteoros; el arco iris es un ~ luminoso.*

me·te·o·ro·lo·gí·a |meteoroloxía| ***f.*** Disciplina que estudia los fenómenos de la atmósfera: *el Instituto Nacional de Meteorología ha previsto fuertes temporales en la mitad norte de la Península.*

me·te·o·ro·ló·gi·⌐co, ⌐ca |meteorolóxiko, ka| ***adj.*** De la *meteorología o que tiene relación con ella: *según el parte ~, tendremos sol durante toda la semana; hoy hay buenas condiciones meteorológicas para volar en el aeroplano.*

me·te·o·ró·lo·⌐go, ⌐ga |meteorólogo, ga| ***m. f.*** Persona que se dedica a estudiar los fenómenos de la atmósfera: *los meteorólogos aseguran que pronto lloverá.*

me·ter |metér| **1** ***tr.-prnl.*** [algo; en algo] Introducir o dejar en el interior: *metió la mano en la bolsa; mete la guitarra en su funda; se metieron en la cueva para refugiarse de la lluvia.* ⇔ **sacar. - 2 *tr.*** *fig.* Dejar dinero en el banco o dedicarlo a un negocio: *voy al banco a ~ el dinero que he cobrado.* ⇔ **sacar. - 3 *tr.-prnl.*** *fig.* [a alguien; en algo] Dar o conseguir un empleo: *lo han metido en la fábrica de su tío; se metió en el ministerio.* ⇒ **colocar. - 4 *tr.*** [algo] Hacer que una pieza de tela resulte más corta doblándola y cosiéndola: *tuvo que ~ la falda porque le estaba grande; esos pantalones son demasiado largos para ti: tendrás que ~ los bajos.* **5** Causar o producir: *mete mucho ruido cuando llega tarde por las noches; nos estuvo metiendo miedo con amenazas; se fue metiendo voces; no me metas prisa, que me equivoco.* **6** *fam.* [algo; a alguien] Dar, especialmente un golpe: *como te vuelvas a acercar a la tarta, te meto un guantazo.* **7** *fig.* Vender con engaño o a la fuerza: *me metió unos filetes de mala calidad.* **- 8 meterse *prnl.*** [en algo] Participar sin haber sido llamado: *se metió en una clase que no era la suya; se ha metido en el banquete sin invitación.* ⇒ **colar, entremeter, entrometerse, inmiscuirse. 9** Desempeñar un oficio; dedicarse a una cosa: *se ha metido a torero; acabará metiéndose monja.* ◯ Se suele usar con la preposición *a*. **10** Ir a parar; terminar en un lugar o en una situación determinada: *¿dónde se habrá metido mi perro?; no sé dónde se ha metido Anselmo.* ■ **a todo ~**, *fam.*, con la mayor velocidad posible: *iban con la moto a todo ~.* ■ **meterse con**, *fam.*, provocar, enfadar o insultar: *se estuvo metiendo con él toda la tarde y al final se pelearon.*

me·ti·ᒥcón, ᒥco·na |metikón, kóna| ***adj.-s.*** *fam.* (persona) Que tiende a intervenir en los asuntos de otras personas: *el casero es un ~ y siempre está opinando, aunque no se le pregunte.*

me·ti·cu·lo·si·dad |metikulosiðáᵈ| ***f.*** Cuidado y atención que se pone en una cosa; cualidad de *meticuloso: *en esta obra destaca la ~ con que se describe el paisaje.* ⇒ **minuciosidad.**

me·ti·cu·lo·ᒥso, ᒥsa |metikulóso, sa| **1** ***adj.*** Que se hace con gran cuidado y atención: *todos alabaron su ~ trabajo de investigación.* ⇒ **minucioso.** **- 2** ***adj.-s.*** (persona) Que obra con gran cuidado y atención: *es un hombre muy ~ en su trabajo; soy ~ en la limpieza de la casa.* ⇒ **minucioso.**

me·ti·ᒥdo, ᒥda |metíðo, ða| **1** ***adj.*** Que abunda en una cosa: *es un señor algo ~ en años; una joven metida en carnes se dirigió al policía.* **- 2 metido** ***m.*** Trozo de tela que se dobla en una prenda de vestir para hacerla más corta: *el ~ que has hecho en el pantalón queda muy feo.*

me·tó·di·ᒥco, ᒥca |metóðiko, ka| **1** ***adj.*** Que se hace con método y orden: *el alumno hizo una exposición metódica de su trabajo.* **2** (persona) Que hace las cosas con método y orden: *es un hombre muy ~ y no sabe improvisar.*

mé·to·do |métoðo| **1** ***m.*** Modo ordenado de proceder para llegar a un resultado o un fin determinado, especialmente para descubrir la verdad y organizar los conocimientos en un sistema: *como no obraste con ~, has llegado a conclusiones falsas.* **2** Modo de obrar de una persona: *dinos qué ~ has utilizado para llegar a este resultado.* **3** Conjunto de reglas y ejercicios destinados a enseñar una actividad, un arte o una ciencia: *aprendió a escribir a máquina utilizando un ~.*

me·to·do·lo·gí·a |metoðoloxía| ***f.*** *form.* Conjunto de métodos que se siguen en una disciplina científica, en un estudio o en una *exposición: *en uno de los capítulos de su tesis, explicaba la ~ que había utilizado.*

me·to·men·to·do |metomentóðo| ***adj.-com.*** *fam.* (persona) Que gusta de intervenir en los asuntos de otras personas: *su prima era una ~ y quería gobernar a toda la familia.*

me·to·ni·mia |metonímia| ***f.*** POÉT. Figura del lenguaje que consiste en cambiar el nombre de una cosa por el de otra que es su causa, efecto o continuación: *si decimos* hay que respetar las canas *por* hay que respetar la vejez, *utilizamos la figura de la ~.*

me·tra·je |metráxe| ***m.*** *form.* Longitud expresada en metros, especialmente la de una película: *es una película larga, tiene mucho ~.*

me·tra·lla |metráʎa| ***f.*** Conjunto de *pedazos pequeños de metal, especialmente los que se usan para cargar bombas: *parte de la ~ le alcanzó en la espalda.*

me·tra·lle·ta |metraʎéta| ***f.*** Arma de fuego automática que dispara de forma muy rápida y que puede transportar una persona: *dos policías custodiaban la entrada con la ~ sujeta al hombro.* ⇒ **ametralladora.**

mé·tri·ca |métrika| ***f.*** POÉT. Arte y técnica que se ocupa de la medida de los versos, de su estructura, de sus clases y de sus combinaciones: *el poeta aplicaba sus conocimientos de ~ a sus estrofas; hay poetas que han escrito bellísimos poemas sin saber una palabra de ~.*

mé·tri·ᒥco, ᒥca |métriko, ka| **1** ***adj.*** Del metro o de la medida o que tiene relación con ellos: *el centímetro es una medida del sistema ~ decimal; midió todo cuidadosamente con una cinta métrica.* **2** POÉT. De la medida de los versos o que tiene relación con ella: *está haciendo un estudio ~ de la poesía del Siglo de Oro.*

me·tro |métro| **1** ***m.*** Unidad de longitud, en el Sistema Internacional: *el símbolo del ~ es m; un ~ equivale a la distancia que recorre la luz en el vacío durante 1/299792458 de segundo;* **~ cuadrado**, unidad de superficie, en el Sistema Internacional: *se ha comprado un piso de 116 metros cuadrados;* **~ cúbico**, unidad de volumen, en el Sistema Internacional: *la cisterna de la casa tiene una capacidad de 1200 metros cúbicos;* **~ por segundo**, unidad de velocidad, en el Sistema Internacional: *el sonido se propaga en el aire a una velocidad aproximada de 333 metros por segundo; la abreviatura del metro por segundo es m/s.* **2** Instrumento que tiene marcadas distintas medidas de longitud y que sirve para medir: *el carpintero sacó un ~ y empezó a medir las paredes de la cocina.* **3** Tren que circula bajo tierra y que comunica las distintas partes de una ciudad: *¿vas a trabajar en ~ o en autobús?* ⇒ **metropolitano.** ◯ Es la forma abreviada de *metropolitano*. **4** Conjunto de instalaciones y lugares donde para ese tren para recoger viajeros: *buscaron la boca de ~ más cercana; sintió mucho calor al entrar en el ~.* **5** *form.* Medida característica de una clase de versos: *los poetas renacentistas adaptaron al español el ~ italiano.*

me·tró·no·mo |metrónomo| ***m.*** MÚS. Aparato que sirve para marcar de modo exacto los tiempos del *compás: *puso el ~ sobre el piano y comenzó a practicar siguiendo el compás.*

me·tró·po·li |metrópoli| **1** ***f.*** Ciudad muy grande y con muchos habitantes; ciudad principal, cabeza de un territorio o estado: *Sevilla se ha convertido en una ~.* **2** Nación que gobierna y administra otras regiones: *España fue la ~ de gran parte de América del Sur.* ⇒ **metrópolis.** ◯ Se usa también *metropólis* para hacer referencia a una sola de estas ciudades o naciones.

me·tró·po·lis |metrópolis| ***f.*** ⇒ **metrópoli.**

me·tro·po·li·ta·ᒥno, ᒥna |metropolitáno, na| **1** ***adj.*** De la *metrópoli o que tiene relación con ella: *la contaminación atmosférica, la edificación y el transporte producen empobrecimiento y desorden en la región metropolitana.* **- 2 metropolitano** ***m.*** Tren que circula bajo tierra y que comunica las distintas partes de una ciudad: *miles de madrileños viajan cada día en el ~.* ⇒ **metro.**

me·xi·ca·⌜no, ⌜na |mexikáno, na| **1** ***adj.*** De Méjico o que tiene relación con Méjico: *la geografía mexicana es muy variada; la comida mexicana es muy sabrosa.* ⇒ **mejicano. - 2** ***m. f.*** Persona nacida en Méjico o que vive habitualmente en Méjico: *unos mexicanos han abierto un restaurante en Madrid.* ⇒ **mejicano.** ☐ La letra *x* en esta palabra se pronuncia como *j*. La Real Academia Española prefiere la forma *mejicano.*

mez·cla |méθkla| **1** ***f.*** Unión o conjunto formado por dos o más elementos distintos: *los invitados formaban una extraña ~ de campesinos y gente de ciudad.* **2** Sustancia que resulta de la unión de dos o más elementos distintos: *un cóctel es una ~ de licores, zumos y otras bebidas.* **3** Tela formada por hilos de varios materiales o colores: *llevo una blusa de ~ porque las de seda pura se arrugan mucho.* **4** Operación de combinar las imágenes con los sonidos en una película o en otra cosa: *varios técnicos se encargan de la ~.*

mez·clar |meθklár| **1** ***tr.-prnl.*** [algo] Juntar o unir varias cosas para que formen un todo: *bata los huevos y mézclelos con la harina; el bodeguero mezclaba vino y agua; el pintor no ha mezclado bien los colores.* **2** Desordenar lo que estaba ordenado: *deja de tocar mis papeles, los estás mezclando.* ⇒ **revolver. 3** [algo, a alguien] Juntar o reunir personas o cosas distintas: *en su fiesta mezcló a intelectuales y artistas.* **4** [a alguien] Meter a una persona en un asunto que no le importa o que puede traerle problemas: *mezcló a su familia en sus sucios negocios y ahora están todos en la cárcel.* ⇒ **involucrar. 5** CINEM. [algo] Unir varias imágenes y varios sonidos: *en el laboratorio se mezclan los fotogramas de la película con los efectos especiales.* **- 6 mezclarse** ***prnl.*** Introducirse o meterse entre la gente: *el cantante se mezcló entre el público.* **7** Tener relación o trato: *sus padres le prohibieron mezclarse con los otros chicos del barrio.*

mez·co·lan·za |meθkolánθa| ***f.*** Mezcla que resulta extraña o ridícula: *el artista utilizó una ~ de colores y de materiales para impresionar al público.* ⇒ **mescolanza.**

mez·quin·dad |meθkindáᵈ| **1** ***f.*** Cualidad de *mezquino: *la ~ de ese chico hace que sus compañeros no quieran tener amistad con él.* ⇔ **grandeza. 2** Obra o dicho *mezquino: *eso que me has dicho es una ~.*

mez·qui·⌜no, ⌜na |meθkíno, na| **1** ***adj.*** Que es despreciable por *carecer de honor: *nunca esperé una acción tan mezquina de ti.* ⇒ **ruin, vil.** ⇔ **gallardo. 2** Que intenta gastar lo menos posible: *la patrona es una mujer mezquina, que escatima la comida a sus huéspedes.* ⇒ **avaro, tacaño. 3** Que es excesivamente pequeño o escaso: *no quiero pelear por una cantidad tan mezquina.*

mez·qui·ta |meθkíta| ***f.*** Edificio donde una comunidad mahometana se reúne para rezar o hacer celebraciones religiosas: *la ~ de Córdoba es bellísima; muchas mezquitas españolas fueron convertidas en iglesias.* ⇒ **iglesia, sinagoga.**

mi |mi| **1** ***adj. pos.*** Forma que indica *posesión en primera persona, en género masculino y femenino y en número singular o plural: *mis padres viajan mucho; ~ amigo vendrá a visitarme en Navidad.* ⇒ **mí.** ☐ Es el apócope de los posesivos *mío, mía.* El plural es *mis.* **2** ***m.*** MÚS. Tercera nota musical de la escala: *después de re viene ~.* ☐ El plural es *mis.*

mí |mí| ***pron. pers.*** Forma del pronombre de primera persona, en género masculino y femenino y en número singular: *trajo una camiseta para Juan y otra para ~; el médico se dirigió hacia ~; dijo que preguntaban por ~.* ☐ Se usa acompañado de preposición. Con la preposición *con* forma la palabra *conmigo.* ■ **¡a mí qué!**, *fam.*, expresión que indica que una cosa o una acción no importa o no preocupa: *¿sabes que Álvaro se casa? —¡A ~ qué!* ■ **para ~**, *fam.*, según cree la persona que habla: *~ mí que en realidad te molesta su boda.*

miau |miáu| ***m.*** Onomatopeya de la voz del gato: *el ~ del gato me despertó.*

mi·ca |míka| ***f.*** MINERAL. Mineral formado por varias hojas delgadas, brillantes y flexibles: *la ~ se encuentra formando parte de muchas piedras.*

mi·che·lín |mitʃelín| ***m.*** *fam.* Acumulación de grasa, en forma de pliegue, que se forma alrededor de la cintura de las personas gruesas: *cuando se pone en bañador se le notan los michelines; está tan gordo que le cuelgan los michelines.*

mi·⌜co, ⌜ca |míko, ka| **1** ***m. f.*** Mono de cola larga: *en el circo tienen un ~ amaestrado que da la mano.* **2** *fam. fig.* Niño de corta edad: *no hay manera de quitarle a esta mica la manía de chuparse el dedo.* **- 3 mico** ***com.*** *fam. desp. fig.* Persona muy fea: *no sé cómo has roto con Ernesto para salir con ese ~.*

mi·cra |míkra| ***f.*** Medida de longitud que resulta de dividir el metro en un millón de partes: *la ~ se usa en las observaciones microscópicas.*

mi·cro·bio |mikróβio| ***m.*** Organismo vivo que no se puede ver sin la ayuda del *microscopio: *las bacterias son microbios.* ⇒ **microorganismo.**

mi·cro·bús |mikroβús| ***m.*** Vehículo automóvil de cuatro o más ruedas, con un espacio interior grande para transportar un grupo reducido de personas dentro de una población: *el ~ es más pequeño que el autobús, pero más grande que el coche.* ⇒ **autobús.**

mi·cro·cli·ma |mikroklíma| ***m.*** Conjunto de condiciones *climáticas de un espacio pequeño: *el ~ de esta región permite el cultivo de plantas tropicales.*

mi·cro·cos·mo |mikrokósmo| **1** ***m.*** Sociedad o grupo humano muy reducido: *el nuevo médico quedó asombrado con el ~ de la pequeña ciudad.* **2** FIL. Hombre considerado como un resumen del universo: *el conocimiento del ~ puede llevar a la comprensión del universo.* ⇒ **microcosmos.**

mi·cro·cos·mos |mikrokósmos| ***m.*** ⇒ **microcosmo.** ☖ La Real Academia Española prefiere la forma *microcosmo.*

mi·cro·film |mikrofílm| ***m.*** *form.* ⇒ **microfilme.** ☖ La Real Academia Española prefiere la forma *microfilme.*

mi·cro·fil·mar |mikrofilmár| ***tr.*** [algo] Reproducir en *microfilme: *el archivo ya ha microfilmado la mayor parte de sus documentos.*

mi·cro·fil·me |mikrofílme| ***m.*** *form.* Película de tamaño muy pequeño que sirve para tomar fotografías de textos o de dibujos y luego reproducirlos a tamaño natural o más grande: *muchos documentos antiguos se guardan en ~ para que los estudiosos puedan consultarlos.* ⇒ **microfilm.**

mi·cró·fo·no |mikrófono| ***m.*** Aparato que sirve para convertir las ondas *sonoras en corriente eléctrica con el fin de emitirlas o grabarlas: *el cantante cogió el ~ y se dirigió al público; en el interior del teléfono hay un ~; el espía colocó un ~ en la habitación del médico.*

mi·cro·on·das |mikr°óndas| ***adj.-m.*** (horno) Que calienta o cocina los alimentos rápidamente: *los ~ someten los alimentos a la acción de radiaciones electromagnéticas.* ⇒ **horno.**

mi·cro·or·de·na·dor |mikr°orðenaðór| ***m.*** Ordenador pequeño: *los ordenadores personales son microordenadores.* ⇒ **ordenador.**

mi·cro·or·ga·nis·mo |mik°oryanísmo| ***m.*** Organismo vivo que no se puede ver sin la ayuda del *microscopio: *algunos microorganismos son nocivos para el hombre.* ⇒ **microbio.**

mi·cros·có·pi·⌐co, ⌐ca |mikroskópiko, ka| **1** ***adj.*** Que tiene un tamaño tan pequeño, que sólo puede observarse con el *microscopio: *en el agua y en el aire viven multitud de seres microscópicos.* ⇔ **macroscópico. 2** *p. ext.* Que es muy pequeño: *lleva unos pendientes microscópicos.*

mi·cros·co·pio |mikroskópio| ***m.*** Instrumento *óptico, formado por un sistema de *lentes, que sirve para observar seres u objetos muy pequeños, aumentando su imagen: *el médico observa los tejidos dañados a través del ~;* ~ **electrónico**, el que usa ondas *electrónicas para iluminar el objeto: *el ~ electrónico consigue aumentar la imagen entre 50.000 y 400.000 veces.*

mie·di·tis |mieðítis| ***f.*** *fam.* Sentimiento que mueve a rechazar o tratar de evitar las cosas que se consideran peligrosas o capaces de hacer daño: *venga, ¿a qué viene tanta ~ cuando vas al dentista?* ⇒ **miedo.**

mie·do |miédo| **1** ***m.*** Sentimiento que mueve a rechazar o tratar de evitar las cosas que se consideran peligrosas o capaces de hacer daño: *el niño tiene ~ a la oscuridad; el torero se acercó sin ~ al animal.* ⇒ **aprensión, pánico, temor, terror. 2** Falta de confianza que lleva a creer que ocurrirá un hecho contrario a lo que se desea: *cuando viaja en avión, tiene ~ de que ocurra un accidente.* ⇒ **recelo.** ■ **de** ~, que trata un tema de terror; que asusta: *le gustan las historias de ~.* ■ **de** ~, *fig.*, que está muy bueno; que tiene gran calidad: *la comida está de ~.* ■ **de** ~, que tiene una cara y un cuerpo bellos y bien formados: *tu novia está de ~.* ■ **de** ~, muy bien: *fuimos al parque de atracciones y lo pasamos de ~.* ■ **morirse de** ~, sentir terror ante una situación: *cuando oyó los disparos, se moría de ~.*

mie·do·⌐so, ⌐sa |mieðóso, sa| ***adj.-s.*** Que tiene mucho miedo; que es cobarde: *el niño es ~ y no quiere dormir con la luz apagada.* ⇒ **medroso.**

miel |miél| ***f.*** Sustancia densa, pegajosa y muy dulce que elaboran las abejas: *tomaron queso fresco con ~; en lugar de azúcar, tomo ~.* ■ **dejar con la ~ en los labios**, *fam.*, quitarle a una persona una cosa que le empezaba a gustar: *no quiso contarme el final de la historia y me dejó con la ~ en los labios.* ■ **hacerse de** ~, portarse de manera agradable: *si te haces de ~ con esas personas, pronto se aprovecharán de ti.* ■ ~ **sobre hojuelas**, *fam.*, expresión que indica que una cosa o situación es todavía mejor de lo que se había previsto: *le tocó la lotería y además encontró pareja, ~ sobre hojuelas.* ⇒ **hojuela.**

miem·bro |miémbro| **1** ***m.*** Extremidad del hombre y de los animales articulada con el tronco: *los brazos son los miembros superiores y las piernas son los miembros inferiores del cuerpo humano; tuvieron que amputarle el ~ inferior derecho a causa de una terrible enfermedad.* **2** Órgano sexual masculino: *el ~ permite al macho practicar la cópula.* ⇒ **pene.** ☖ También se usa *miembro viril.* **3** Parte de un todo unida a él: *identifica los miembros de esta oración gramatical.* **4** MAT. Cantidad que, junto con otra, forma una igualdad: *el primer ~ de una ecuación está colocado a la izquierda y el segundo, a la derecha.* **- 5** ***com.*** Individuo que forma parte de un grupo o comunidad: *Ana es ~ del comité directivo del equipo de baloncesto; ¿cuántos son los miembros de la Real Academia Española?; Luis conoce a todos los miembros del jurado.*

mien·tras |miéntras| **1** ***adv. t.*** En tanto; entre tanto: *él se fue a la compra y ella se quedó trabajando ~.* ⇒ **entretanto. - 2** ***conj.*** Durante el tiempo en que; indica que dos acciones ocurren al mismo tiempo: *~ estemos aquí, comeremos en un restaurante; ~ duraron las vacaciones, sus relaciones fueron buenas.* ☖ Se usa también con la forma *que*: *~ que tú juegas, nosotros estudiamos.*

miér·co·les |miérkoles| ***m.*** Tercer día de la semana: *los miércoles vamos a natación; esta semana descanso el lunes, el martes y el ~;* ~ **de ceniza**, REL., día en el que empieza la Cuaresma: *el ~ de ceniza los cristianos reciben ceniza en la cabeza como señal de penitencia.* ☖ El plural es *miércoles.*

mier·da |miérða| **1** ***f.*** *fam. vulg.* Excremento que se expulsa por el ano: *en la acera había una ~ de perro; Pepe, creo que has pisado una ~.* ⇒ **caca, deposición, hez. 2** *fam. vulg. fig.* Grasa, suciedad o basura que se queda pegada a la ropa o a otra cosa: *lleva siempre los puños de la camisa llenos de ~; a ver si limpias el coche, que está lleno de ~.* **3** *fam. vulg. desp.* Cosa mal hecha o de mala calidad: *vaya ~ de disco que me han regalado.* ⇒ **basura, caca, castaña, patata. 4** *fam. vulg.* Estado en el que se pierde el control a causa del consumo excesivo de alcohol: *después de beber tanto, tenía una inmensa ~.* ⇒ **borrachera.** - **5** ***adj.-com.*** *fam. vulg. desp. fig.* (persona) Que es despreciable; que no tiene cualidades buenas: *hija, te has casado con un ~.* ☖ Se usa como apelativo despectivo. - **6 ¡~!** ***interj.*** *fam. vulg.* Expresión que indica enfado, disgusto o asco: *cuando se le cala el coche por las mañanas, sólo dice: ¡~!* ■ **¡a la ~!**, *fam. vulg.*, expresión que indica rechazo o desprecio: *¡a la ~! te he dicho que no hago eso y no lo voy a hacer.* ■ **hecho una ~**, *fam. vulg.*, que está estropeado o en malas condiciones: *tiene la casa hecha una ~.* ■ **hecho una ~**, *fam. vulg.*, que está muy cansado: *he tenido mucho lío en el trabajo y vengo hecho una ~.* ■ **irse a la ~**, *fam. vulg.*, fallar un proyecto: *todos sus planes se fueron a la ~.* ■ **mandar a la ~**, *fam. vulg.*, rechazar a una persona con enfado y disgusto: *él venía buscando bronca pero lo mandaron a la ~.* ■ **¡una ~!**, *fam. vulg.*, expresión que indica negación y rechazo: *Elena, vete a hacer la compra. — ¡Una ~!, ¡que vaya Andrés!* ■ **¡vete a la ~!**, *fam. vulg.*, expresión que sirve para rechazar a una persona con enfado y disgusto: *¡anda, imbécil, vete a la ~ y déjame en paz!*

mies |miés| **1** ***f.*** Cereal maduro: *en verano se siegan las mieses.* **2** Tiempo en el que se recoge el grano: *ya ha pasado la ~.* - **3 mieses** ***f. pl.*** Terrenos en los que se cultiva cereal: *las mieses rodeaban el caserío.* ☖ El plural es *mieses.*

mi·ga |míɣa| **1** ***f.*** Parte más blanda del pan, cubierta por la corteza: *estas barras casi no tienen ~; él nunca se come la ~.* **2** Trozo muy pequeño de pan o de otra cosa: *solía comer en la cama y la llenaba de migas; el anciano da migas a los gorriones.* ⇒ **migaja.** **3** *fig.* Sustancia o contenido de una cosa o una acción: *el policía comprendió que aquel crimen tenía mucha ~.* - **4 migas** ***f. pl.*** Comida que consiste en trozos de pan duro, que se mojan y se fríen en aceite con *ajo y *pimentón y que se acompañan con trozos de carne y otras cosas: *el día de la matanza, se comía migas; las migas con chocolate están riquísimas.* ■ **hacer buenas/malas migas**, *fam.*, tener una relación buena o mala con una persona con la que se comparten o no unas mismas ideas y unos mismos gustos: *creo que tú y yo hacemos buenas migas.*

mi·ga·ja |miɣáxa| **1** ***f.*** Trozo muy pequeño de pan o de otra cosa: *tienes el pantalón lleno de migajas; coció el pescado y lo hizo migajas.* ⇒ **miga.** **2** *fig.* Poco o casi nada: *no queda ni una ~ de comida, tendré que hacer la compra.* ☖ En la lengua hablada y familiar se usa la forma *miaja* o *mieja*: *echa una miaja de sal, que la sopa está sosa.* - **3 migajas** ***f. pl.*** *fig.* Restos de una cosa después de haberla usado o consumido: *el pastor comió la carne y le dio las migajas al perro.*

mi·gra·ción |miɣraθión| **1** ***f.*** Movimiento por el cual las personas dejan un país o región para establecerse en otro: *las migraciones son muy abundantes en épocas de crisis económica.* ⇒ **emigración, inmigración.** **2** Viaje que las aves, peces y otros animales realizan cada cierto tiempo: *el biólogo quería estudiar las migraciones de las cigüeñas.*

mi·grar |miɣrár| **1** ***intr.*** Dejar el lugar de origen para establecerse en otro país o región: *muchos españoles migraron a América.* ⇒ **emigrar.** **2** Dejar un lugar y dirigirse a otro determinadas especies de aves, peces y otros animales: *las aves migran en invierno hacia el sur.*

mi·gra·to·⌈rio, ⌈ria |miɣratório, ria| **1** ***adj.*** *form.* De la *emigración o que tiene relación con ella: *en la clase de geografía estudiamos los movimientos migratorios del siglo* XIX. **2** Que deja un lugar y se dirige a otro: *los salmones y las anguilas son peces migratorios.*

mi·jo |míxo| **1** ***m.*** Planta cereal procedente de la India, de tallo fuerte y hojas planas, largas y terminadas en punta: *el ~ se utiliza como alimento de animales.* **2** Semilla pequeña, redonda y brillante de esa planta: *el ~ se usa como alimento humano.*

mil |míl| **1** ***num.*** 100 multiplicado por 10: *500 por dos son ~.* **2** (persona, cosa) Que sigue en orden al que hace el número 999; *milésimo: *si voy después del 999, soy el ~ de la lista.* ☖ Es preferible el uso del ordinal: *soy el milésimo.* **3** *fig.* (número o cantidad) Que es muy grande o está sin determinar: *te lo he dicho ~ veces.* ⇒ **millar.** - **4** ***m.*** Número que representa el valor de 100 multiplicado por 10: *escribe el ~ después del 999.*

mi·la·gro |miláɣro| **1** ***m.*** Hecho que no se puede explicar por causas naturales y que se considera producido por la intervención de Dios o de un ser *sobrenatural: *Dios hizo un ~ separando las aguas del mar Rojo; Jesucristo hizo muchos milagros.* **2** Acontecimiento o cosa rara, extraordinaria y que provoca admiración: *todos consideran un ~ que ese equipo haya ganado la final; es un ~ que hayas aprobado porque no has estudiado nada.* ■ **de ~**, por muy poco: *está vivo de ~ porque el accidente fue horrible; he llegado de ~ porque había un atasco.* ■ **hacer milagros**, hacer muchas cosas o hacerlas muy bien y con medios escasos: *esa cocinera hace milagros con la comida.* ⇒ **maravilla.**

mi·la·gro·⌈so, ⌈sa |milaɣróso, sa| **1** ***adj.*** Que no se puede explicar por causas naturales: *este cambio de tiempo ha sido ~.* ⇒ **prodigioso.** ⇔ **natural.** **2** Que es raro, extraordinario y provoca admiración: *la recuperación del herido fue milagrosa.* ⇒ **prodigioso.**

mi·la·no |miláno| ***m.*** Ave de color casi rojo, cola y alas muy largas, que se alimenta de pequeños animales: *el ~ pasa todo el año en España.* ☖ Para indicar el sexo se usa el ~ macho y el ~ hembra.

mi·le·na·⌈rio, ⌈ria |milenário, ria| **1** ***adj.*** Que tiene mil años o más: *Sevilla es una ciudad milenaria.* **2** *fig.* Que es muy antiguo: *visitaron un castillo ~; las milenarias pirámides egipcias les parecieron fabulosas.* - **3 milenario** ***m.*** Día en el que se celebra que se han cumplido mil años de un acontecimiento determinado: *los habitantes asistieron a las fiestas del ~ de la fundación de la ciudad.*

mi·le·nio |milénio| ***m.*** Periodo de mil años: *esta-*

mos a punto de entrar en el tercer ~ después del nacimiento de Cristo.

mi·lé·si·⌐mo, ⌐ma |milésimo, ma| **1** ***num.*** (persona, cosa) Que sigue en orden al que hace el número 999: *si voy después del 999, soy el ~ de la lista.* **2** (parte) Que resulta de dividir un todo en 1000 partes iguales: *eran 1000 personas y le correspondió a cada uno un ~.*

mil·ho·jas |milóxas| ***amb.*** Pastel de forma rectangular hecho de *hojaldre y *merengue: *los ~ llevan por encima azúcar en polvo; las milhojas que compramos ayer estaban riquísimas.* ☐ El plural es *milhojas.*

mi·li |míli| ***f.*** *fam.* Servicio que se presta al Estado siendo soldado durante un periodo de tiempo determinado: *hizo la ~ en Plasencia; la ~ suele durar nueve meses; yo no he ido a la ~.* ⇒ **servicio.**

mi·li·bar |miliβár| ***m.*** Medida de presión de la atmósfera que resulta de dividir en mil partes un bar: *el símbolo del ~ es* mb; *hoy el barómetro indica una presión atmosférica muy alta: 1013 milibares.*

mi·li·cia |milíθia| **1** ***f.*** Ejército o conjunto de personas que se dedican a la guerra: *capturaron a un jefe de la ~ enemiga;* ~ **urbana,** conjunto de personas *civiles que participan en una guerra: *la ~ urbana vigilaba las entradas de la ciudad.* **2** Técnica de hacer la guerra y de preparar a los soldados para ella: *los romanos extendieron, además de su lengua, sus costumbres y su ~.* **3** Servicio o profesión militar: *estuvo en la ~ 40 años.*

mi·li·gra·mo |miliɣrámo| ***m.*** Medida de masa que resulta de dividir en mil partes el gramo: *la abreviatura de ~ es* ml. ☐ No se debe decir ni escribir *milígramo.*

mi·li·li·tro |mililítro| ***m.*** Medida de capacidad que resulta de dividir en mil partes un litro y que equivale a un centímetro cúbico: *un ~ equivale aproximadamente a un centímetro cúbico; la abreviatura de ~ es* ml. ☐ No se debe decir ni escribir *milílitro.*

mi·lí·me·tro |milímetro| ***m.*** Medida de longitud que resulta de dividir en mil partes el metro: *la abreviatura de ~ es* mm.

mi·li·tan·te |militánte| ***adj.-com.*** (persona) Que forma parte de un grupo o sociedad, especialmente de un partido político: *los militantes se reunirán en asamblea para proponer un candidato al Congreso.*

mi·li·tar |militár| **1** ***adj.*** Del ejército o que tiene relación con él: *el gobierno redujo los presupuestos para material ~.* **- 2** ***com.*** Persona que forma parte de un ejército: *mi marido es ~; los militares defendieron el país de una invasión extranjera.* ⇒ **soldado. - 3** ***intr.*** Formar parte de un ejército o servir en la guerra: *en los cuerpos especiales militan miles de jóvenes soldados.* **4** *p. ext.* Formar parte de un grupo o sociedad, especialmente de un partido político: *no milita en ningún partido, es diputado independiente.*

mi·li·ta·ris·mo |militarísmo| **1** ***m.*** Influencia excesiva de los militares en la vida de un país: *con el ~, el ejército interviene en las instituciones del Estado.* **2** Actitud que defiende la influencia excesiva de los militares en la vida de un país: *su ~ le llevó a afirmar que el Estado debería invertir más en armamento.*

mi·li·ta·ris·ta |militarísta| **1** ***adj.*** Del *militarismo o que tiene relación con él: *son mayoría los partidarios de poner en práctica una política ~.* **- 2** ***adj.-com.*** (persona) Que es partidario del *militarismo: *los sectores militaristas del Gobierno defendieron la intervención armada; los militaristas piensan que la guerra es el elemento principal de la política exterior.*

mi·li·ta·ri·zar |militariθár| **1** ***tr.*** [a alguien] Someter a la disciplina o la organización militar: *a causa de la huelga de conductores, los transportes públicos han sido militarizados.* **2** Organizar a un grupo de personas como si fueran militares: *las dictaduras suelen ~ las sociedades.* ☐ Se conjuga como 4.

mi·lla |míʎa| ***f.*** Medida de longitud que equivale a 1609 metros: *la ~ se utiliza en la navegación por aire;* ~ **náutica,** medida de longitud empleada en la *marina que equivale a 1852 metros: *la extensión de las aguas jurisdiccionales de un país se fija en millas náuticas.*

mi·llar |miʎár| **1** ***m.*** Conjunto formado por 1000 unidades: *se reunió un ~ de personas.* **2** Número o cantidad que es muy grande o está sin determinar: *habré estado allí un ~ de veces.* ⇒ **mil.**

mi·llón |miʎón| **1** ***num.*** 1000 multiplicado por 1000: *500000 por dos son un ~; un ~ puede escribirse como* 10^6. **- 2** ***m.*** Número que representa el valor 1000 multiplicado por 1000: *escribe un ~ después del 999999.* **3** Conjunto formado por 1000 *millares de unidades: **4** *fig.* Número o cantidad que es muy grande o está sin determinar: *lo he hecho un ~ de veces.*

mi·llo·na·da |miʎonáða| ***f.*** Cantidad muy grande, especialmente de dinero: *ese coche debe valer una ~.*

mi·llo·na·⌐rio, ⌐ria |miʎonário, ria| **1** ***adj.-s.*** (persona) Que es muy rico; que tiene mucho dinero: *su padre es ~.* **- 2** ***adj.*** (cantidad) Que supera el millón: *ha ganado una suma millonaria a las quinielas.*

mi·llo·né·si·⌐mo, ⌐ma |miʎonésimo, ma| **1** ***num.*** (persona, cosa) Que sigue en orden al que hace el número 999999: *si voy después del 999999, soy el ~ de la lista.* **2** (parte) Que resulta de dividir un todo en un millón de partes iguales: *este instrumento es capaz de medir millonésimas.*

mi·mar |mimár| **1** ***tr.*** [a alguien] Permitir que los niños hagan su voluntad, sin corregirlos ni castigarlos: *si sigues mimando así a tu hija, de mayor se hará insoportable.* ⇒ **consentir. 2** [algo, a alguien] Tratar con mucho cariño: *los recién casados se mimaban el uno al otro.*

mim·bre |mímbre| **1** ***m.*** Arbusto de cuyo tronco nacen muchas ramas largas, delgadas y flexibles, de corteza gris y madera blanca: *el ~ crece a la orilla de ríos y lagos.* ⇒ **mimbrera. 2** Rama larga, delgada y flexible de ese arbusto: *el ~ se emplea para hacer cestos y muebles.*

mim·bre·ra |mimbréra| **1** ***f.*** Arbusto de cuyo

tronco nacen muchas ramas largas, delgadas y flexibles, de corteza gris y madera blanca: *la ~ puede medir dos o tres metros.* ⇒ **mimbre. 2** Lugar donde crecen muchos *mimbres: *salió a pasear por la ~.*

mi·mé·ti·⌐co, ⌐ca |mimétiko, ka| **1** ***adj.*** Que imita o copia: *el niño llama la atención del adulto con gestos miméticos.* **2** BIOL. Que imita o se parece a los seres o cosas que hay cerca para ocultarse: *la única posibilidad de defenderse que tienen estos lagartos es su aspecto ~.*

mi·me·tis·mo |mimetísmo| **1** ***m.*** BIOL. Propiedad de imitar o parecerse a los seres o cosas que hay cerca, especialmente en el color, para ocultarse: *los niños querían comprobar hasta dónde llegaba el ~ del camaleón y lo colocaban sobre trapos rojos y violetas.* **2** *fam.* Propiedad de reproducir, imitar o copiar: *la desaparición de las fronteras hace posible el ~ de modelos de vida más deseables.*

mí·mi·ca |mímika| ***f.*** Arte y técnica de imitar, representar o expresarse por medio de gestos y actitudes: *los actores estudian ~ para perfeccionar su expresión corporal.*

mi·mo |mímo| **1** ***m.*** Actitud de favor hacia los niños permitiendo en exceso que hagan su voluntad, sin corregirlos ni castigarlos: *con tanto ~ ha malcriado a sus hijos.* **2** Expresión y señal de amor o afecto: *la madre hace mimos a su bebé.* ⇒ **cariño.** ☐ Se usa generalmente en plural. **3** Delicadeza o cuidado con que se hace o se trata una cosa: *trata este libro con ~, que es muy valioso.* ⇒ **cariño. 4** Arte y técnica para imitar, representar o expresarse por medio de gestos y actitudes: *recibía clases de ~.* ⇒ **mímica. - 5** ***com.*** Actor que imita, representa o se expresa por medio de gestos y actitudes: *mira, hay un ~ en la plaza que está imitando a los transeúntes.*

mi·mo·⌐so, ⌐sa |mimóso, sa| ***adj.*** Que disfruta dando y recibiendo muestras de cariño: *es una chica muy mimosa con su madre.*

mi·na |mína| **1** ***f.*** Lugar donde abundan los minerales: *era propietario de una ~ de oro en Alaska.* ⇒ **yacimiento. 2** Conjunto de instalaciones subterráneas o a cielo abierto desde las que se sacan los minerales: *trabajaban en una ~ de carbón; una de las galerías de la ~ quedó obstruida por la explosión.* **3** Barra de *grafito o de otra sustancia mineral, de distintos colores, que va en el interior de los *lápices y sirve para dibujar o escribir: *este lápiz tiene la ~ rota, sácale punta.* **4** *fig.* Oficio o negocio en el que con poco trabajo se consigue mucho *beneficio: *el trabajo de tu amiga es una ~: trabaja sólo durante una semana y cobra por todo un mes.* **5** *fig.* Cosa o asunto del que puede sacarse una utilidad: *este libro es una ~ de consejos.* **6** Aparato oculto que explota al ser tocado o rozado: *el camión entró en zona de minas;* ~ **submarina**, la que se usa para defender los *puertos y canales contra los barcos enemigos: *una ~ submarina explotó y destruyó un submarino.* **7** Paso subterráneo que se usa para establecer una comunicación o para conducir las aguas: *el pastor llegó hasta la boca de la ~.*

mi·nar |minár| **1** ***tr.*** [algo] Colocar *explosivos para volar o derribar muros y edificios, o para impedir el paso del enemigo: *los soldados minaron el campo de batalla; unos artificieros expertos minaron el edificio para derruirlo.* **2** *fig.* Consumir; destruir poco a poco: *la enfermedad está minando la salud de Ana.*

mi·ne·ral |minerál| **1** ***adj.*** (compuesto natural) Que no tiene vida; que no es capaz de vivir: *las plantas toman el agua y las sustancias minerales del suelo.* ⇒ **inorgánico. 2** De los compuestos naturales sin vida que forman la corteza de la Tierra o que tiene relación con ellos: *buena parte de la naturaleza está formada por el reino ~.* **- 3** ***m.*** Compuesto natural sin vida, que se encuentra en la corteza de la Tierra y que está formado por uno o más elementos químicos: *la pirita es un ~ de hierro y azufre.* **4** Materia natural sin vida que se saca de la corteza de la Tierra para distintos fines industriales: *en la mina se extrae el ~; del ~ se extraen los distintos metales.*

mi·ne·ra·lo·gí·a |mineraloxía| ***f.*** Disciplina que estudia los minerales y su formación: *la ~ está relacionada con la química.*

mi·ne·rí·a |minería| **1** ***f.*** Técnica de explotación de los minerales: *en los últimos años ha habido un gran adelanto en ~.* **2** Conjunto de las *minas de un país o región: *la ~ asturiana está pasando por una grave crisis.*

mi·ne·⌐ro, ⌐ra |minéro, ra| **1** ***adj.*** De la *minería o que tiene relación con ella: *la explotación minera está atravesando una crisis.* **- 2** ***m. f.*** Persona que trabaja en una *mina: *varios mineros quedaron atrapados en una galería.*

mi·nia·tu·ra |miniatúra| **1** ***f.*** Reproducción en tamaño muy pequeño de una cosa: *compró una ~ de El Escorial como recuerdo.* **2** Objeto de arte de pequeño tamaño, delicado y valioso: *la estantería estaba repleta de miniaturas de cristal.* **3** *fam.* Persona o cosa muy pequeña: *su reloj es una ~.* **4** *form.* Pintura de pequeño tamaño, hecha con gran detalle, especialmente la que adorna los documentos y los libros antiguos: *las biblias medievales contienen preciosas miniaturas.* ■ **en ~**, en tamaño muy pequeño y reducido: *nos enseñó una copia en ~ del Palacio de Oriente.*

mi·ni·fal·da |minifálda| ***f.*** Falda corta, por encima de las rodillas: *la chica llevaba una ~ de tablas y unas medias de colores.* ⇒ **falda.**

mi·ni·fun·dio |minifúndio| ***m.*** Propiedad de tierra que, por su reducida extensión, no puede dar el fruto *suficiente para pagar el trabajo que exige su explotación: *en la mitad norte de España abundan los minifundios.* ⇔ **latifundio.**

mí·ni·ma |mínima| ***f.*** Temperatura más baja que alcanza la atmósfera en un periodo de tiempo determinado: *en algunos puntos de España la ~ ha estado por debajo de los 0 °C.* ⇒ **máxima.**

mi·ni·mi·zar |minimiθár| ***tr.*** [algo] Quitar importancia o valor a una cosa o una acción: *creo que hay que ~ el problema, tampoco es tan grave.* ☐ Se conjuga como 4.

mí·ni·⌜mo, ⌜ma |mínimo, ma| **1** ***adj.*** Que es tan pequeño en su especie, que no lo hay menor ni igual: *la diferencia entre estos dos jerséis es mínima; no tiene la mínima educación.* **- 2 mínimo** ***m.*** Límite inferior o extremo al que puede llegar una cosa: *los embalses están llegando al ~ de su capacidad.*

mi·ni·⌜no, ⌜na |miníno, na| ***m. f.*** *fam.* Animal mamífero doméstico, de patas cortas y pelo espeso y suave, que es muy hábil cazando ratones y sirve al hombre de compañía: *la anciana llamaba a su ~.* ⇒ **gato.**

mi·nis·te·rial |ministeriál| ***adj.*** Del *ministerio o que tiene relación con él: *la nueva orden ~ entra en vigor el próximo uno de octubre.*

mi·nis·te·rio |ministério| **1** ***m.*** Parte que, junto con otras, forma el gobierno de un país y que es responsable de la administración de un aspecto determinado de la vida política, social o económica: *el ~ de Asuntos Exteriores se ocupa de las relaciones con otros países.* ☖ En esta acepción se suele escribir con mayúsculas. **2** Edificio en el que trabajan las personas responsables de una parte del gobierno de un país: *los grupos de manifestantes se han instalado frente al ~ de Economía y Hacienda.* **3** Cargo de *ministro de un gobierno: *nadie sabe quién ocupará el ~ después de la dimisión del ministro.* **4** Tiempo que dura ese cargo: *durante su ~ se hicieron muchas obras.* ■ **~ fiscal**, representación de la ley y defensa del interés público ante los tribunales de justicia: *el ~ fiscal suele encargarse de la acusación.* ⇒ **fiscal.**

mi·nis·⌜tro, ⌜tra |minístro, tra| **1** ***m. f.*** Persona que forma parte de un gobierno y es responsable de la administración de un determinado aspecto de la vida política, social o económica dentro del gobierno de un país: *los ministros ayudan al presidente del gobierno.* **2** Persona que realiza una función determinada: *el rey envió a un ~ para negociar las condiciones de la paz.* ■ **primer ~**, jefe del gobierno de un país: *en Gran Bretaña, en lugar de presidente del gobierno, hay primer ~.* ■ **~ de Dios**, sacerdote: *tenía problemas familiares y fue a hablar con el ~ de Dios.* ☖ Debe decirse *la ministra* y *la primera ministra.*

mi·no·rí·a |minoría| **1** ***f.*** Parte menor de las personas o cosas que componen un grupo o un conjunto: *en el país hay una ~ protestante.* ⇔ **mayoría.** **2** Número menor de votos: *ese partido no pudo conseguir un escaño porque obtuvo la ~.* ■ **~ de edad**, edad en la que, según la ley, una persona no puede decidir por sí misma y debe estar bajo la autoridad de otra: *durante la ~ de edad, el niño está a cargo de sus padres o tutores.*

mi·no·ris·ta |minorísta| ***com.*** Persona que se dedica a vender mercancías en pequeñas cantidades: *los minoristas tienen pocos medios para competir con los grandes almacenes.* ⇒ **detallista.** ⇔ **mayorista.**

mi·no·ri·ta·⌜rio, ⌜ria |minoritário, ria| ***adj.*** Que forma la menor parte de un conjunto o sociedad: *los partidos minoritarios del parlamento formaron un frente común; esa es una opinión minoritaria.* ⇔ **mayoritario.**

mi·nu·cia |minúθia| ***f.*** Pequeñez; cosa sin importancia o valor: *no quiso detenerse en minucias y pasó a tratar lo importante.*

mi·nu·cio·si·dad |minuθiosiðáᵈ| ***f.*** Cuidado y atención que se pone en una cosa: *en su forma de trabajar destaca la ~.* ⇒ **meticulosidad.**

mi·nu·cio·⌜so, ⌜sa |minuθióso, sa| **1** ***adj.*** Que se hace con gran cuidado y atención: *hizo un examen ~ del aparato antes de comprarlo.* ⇒ **meticuloso.** **- 2** ***adj.-s.*** (persona) Que obra con gran cuidado y atención: *es un investigador ~.* ⇒ **meticuloso.**

mi·nús·cu·la |minúskula| ***f.*** Letra que es de tamaño pequeño y se emplea generalmente al escribir: *redacte el examen en ~, pero su nombre póngalo en mayúscula.* ⇔ **mayúscula.**

mi·nús·cu·⌜lo, ⌜la |minúskulo, la| ***adj.*** Que es de tamaño muy pequeño o más pequeño de lo normal: *el ratón nos miraba con sus ojos minúsculos; la diferencia de precio era minúscula.* ⇔ **mayúsculo.**

mi·nus·va·lí·a |minusβalía| **1** ***f.*** Disminución del valor de una cosa por causas *externas a ella: *ha perdido mucho dinero debido a la ~ de sus tierras.* ⇔ **plusvalía.** **2** Defecto físico o mental de una persona: *la ley concedía ciertas ventajas para las personas con minusvalías.*

mi·nus·vá·li·⌜do, ⌜da |minusβáliðo, ða| ***adj.-s.*** (persona) Que tiene un defecto o un daño físico o mental que le impide hacer cierta actividad: *los minusválidos participaron en unas pruebas deportivas con gran éxito.*

mi·nu·ta |minúta| ***f.*** Nota escrita en la que se expresa la cantidad de dinero que hay que pagar a un abogado, a un médico o a otro profesional por su trabajo: *el abogado nos pasó la ~.*

mi·nu·te·ro |minutéro| ***m.*** Aguja del reloj que señala los minutos: *el ~ suele ser más largo y fino que la aguja que marca las horas.* ⇒ **segundero.**

mi·nu·to |minúto| **1** ***m.*** Medida de tiempo que equivale a 60 segundos: *la película dura 90 minutos, es decir, hora y media.* **2** GEOM. Parte que, junto con otras 60 iguales a ella, forma un grado: *el ángulo medía 32 grados y doce minutos.* ■ **sin perder un ~**, rápidamente: *debemos llevar al herido al hospital sin perder un ~.*

mí·⌜o, ⌜a |mío, a| **1** ***pron. poses.*** Forma del pronombre de primera persona, en género masculino o femenino y en número singular: *tu hermano es más alto que el ~.* **- 2** ***adj. poses.*** Forma de primera persona, en género masculino o femenino y en número singular: *mañana vendrá un amigo ~, así que portaos bien.* ⇒ **mi.** ☖ El plural es *míos, mías.* ■ **la mía**, la ocasión favorable para mí: *el ladrón vio que los policías no miraban y diciendo «ésta es la mía» se escapó.* ■ **lo ~**, actividad que hago muy bien o que me gusta hacer: *lo ~ es la biología: me encantan los animales y las plantas.* ■ **los míos**, mi familia: *estoy preocupada por los míos.*

mio·car·dio |miokárðio| ***m.*** ANAT. Tejido muscular del corazón de los vertebrados: *falleció a causa de un infarto de ~ mientras conducía su coche.*

mio·pe |miópe| **1** ***adj.-com.*** Que padece un defecto del ojo y ve mal los objetos lejanos: *los miopes deben llevar lentes divergentes.* ⇒ **vista. 2** *fig.* Que no se da cuenta de cosas que son muy claras: *ese hombre es un poco ~: no se da cuenta de que esa chica está enamorada de él.*

mio·pí·a |miopía| **1** ***f.*** MED. Defecto del ojo que hace ver mal los objetos lejanos y más claramente los cercanos: *la ~ se debe a que el cristalino enfoca mal la imagen.* ⇒ **hipermetropía. 2** *fig.* Falta de capacidad para darse cuenta de cosas que son muy claras: *menuda ~ tienes: no te enteras de nada.*

mi·ra |míra| **1** ***f.*** Pieza que tienen las armas de fuego y algunos instrumentos de medida y que sirve para dirigir y fijar la vista en un punto determinado: *este fusil tiene una ~ de gran alcance;* ~ **telescópica**, la que sirve para fijar la vista de forma exacta a una gran distancia: *se ha comprado un rifle con ~ telescópica para ir de caza mayor.* **2** *fig.* Intención al hacer una cosa: *ignoro cuáles son sus miras en este asunto.* ■ **con miras a**, con la intención de: *se tomaron fuertes medidas económicas con miras a frenar el crecimiento de la inflación.*

mi·ra·da |miráða| **1** ***f.*** Acción y resultado de mirar o dirigir la vista con atención: *lo dijo con la ~.* **2** Modo de mirar: *tiene una ~ fría y calculadora; me gusta su ~, es muy cariñosa.*

mi·ra·dor |miraðór| **1** ***m.*** Lugar preparado para mirar desde él con comodidad: *paramos el coche en el ~ que hay bajando el puerto.* **2** Balcón cubierto y cerrado, generalmente con cristales: *las casas que dan al paseo marítimo tienen miradores de madera blanca.*

mi·ra·mien·to |miramiénto| **1** ***m.*** Respeto, atención y buen juicio al decir o hacer una cosa: *es muy prudente y obra con ~.* **2** Respeto y atención hacia una persona: *el yerno trata a su suegra con mucho ~.*

mi·rar |mirár| **1** ***tr.*** [algo, a alguien] Dirigir la vista con atención: *mira esas ilustraciones; estaba mirando las estrellas; no debes mirar lo que hacen los demás.* **2** [algo] Considerar con cuidado; prestar atención: *mira con detenimiento ese informe y dame tu opinión; mira lo que haces, no vayas a equivocarte.* **3** Tener o llevar un fin determinado: *sólo mira su provecho; miraba por el bien de todos.* ☖ Se suele usar con la preposición *por.* **4** *fig.* Tener una idea u opinión: *mira bien la política del gobierno; miraba mal todo lo relacionado con el juego; mira con malos ojos todo lo que hago.* ⇒ **ver.** ☖ Se suele usar con los adverbios *bien* y *mal;* ~ **por encima del hombro**, considerar inferior; despreciar: *es muy orgulloso y mira por encima del hombro a todo el mundo.* **5** [a/hacia algún lugar] Estar *orientado: *esta casa mira al mar; la ventana de mi cuarto mira al norte y por eso, hace mucho frío.* **- 6** ***prnl.*** **mirarse** *fam.* Ajustar una obra o un dicho a las circunstancias o posibilidades: *se mirará mucho de no pronunciar ese nombre en mi presencia.* ☖ Se suele usar con la preposición *de.* **7** [en algo/alguien] Tener como modelo o ejemplo: *se mira en su padre; se miraba en un ideal.* ■ **de mírame y no me toques**, *fam.*, muy delicado o *frágil: *ten cuidado al cerrar la ventana porque el cristal está de mírame y no me toques.* ■ **¡mira!**, expresión que indica admiración, sorpresa o disgusto: *¡~!, ¡ahora me dice que no puede ser!; ¡~! ¡no me hartes!* ■ ~ **atrás**, pensar en el pasado; recordar: *no mires atrás y empieza de nuevo.* ■ **se mire como se mire**, de cualquier modo; de todas maneras: *se mire como se mire, lleva razón.*

mi·ra·sol |mirasól| ***m.*** Planta compuesta, de tallo grueso, alto y derecho, con las hojas en forma de corazón, la flor amarilla y el fruto con muchas semillas negras comestibles: *el campo estaba sembrado de mirasoles.* ⇒ **girasol, tornasol.** ☖ La Real Academia Española prefiere la forma *girasol.*

mi·ri·lla |miríʎa| ***f.*** Abertura pequeña en una puerta que sirve para ver qué hay al otro lado: *antes de abrir la puerta miraba por la ~.*

mi·ri·ña·que |miriɲáke| ***m.*** Armazón de tela dura o de metal que sirve para hacer más huecas las faldas: *las damas de la corte llevaban un ~ bajo el vestido.* ⇒ **cancán.**

mir·lo |mírlo| ***m.*** Pájaro de color negro, con las patas y el pico de color rojo o amarillo: *la hembra del ~ es marrón; los mirlos pueden ser domesticados.* ☖ Para indicar el sexo se usa el ~ macho y el ~ hembra. ■ ~ **blanco**, caso verdaderamente raro o extraño: *¡qué chico!, lo tiene todo: guapo, inteligente..., es un ~ blanco.*

mi·⌐rón, ⌐ro·na |mirón, róna| **1** ***adj.-s.*** *desp.* (persona) Que mira demasiado, con deseo de saber lo que no le importa: *algunas de sus vecinas son unas mironas.* ⇒ **fisgón. 2** *fam. desp.* Que no participa en una acción y se conforma con mirar: *los jugadores de cartas se ponen nerviosos con los mirones.*

mi·rra |míra| ***f.*** Sustancia pegajosa, compuesta por aceites, resina y goma, de color rojo y olor intenso, que se saca de un árbol procedente de Arabia y Etiopía: *la ~ se usa en perfumería; el incienso se elabora con ~.*

mir·to |mírto| ***m.*** Arbusto oloroso, de ramas flexibles, con las hojas de color verde intenso, pequeñas y duras, y con flores blancas: *perfumaba su casa con ramas de ~ y de hierbabuena.* ⇒ **arrayán.**

mi·sa |mísa| **1** ***f.*** Ceremonia en la que, según la Iglesia Católica, se recuerda la Última Cena de Jesucristo: *durante la ~ se realiza la consagración del pan y el vino;* ~ **cantada**, la que se acompaña de canto: *se celebró una ~ cantada por las almas de los difuntos;* ~ **concelebrada**, la que se celebra conjuntamente por varios sacerdotes: *para esta fiesta se hará una ~ concelebrada;* ~ **de campaña**, la que se celebra al aire libre, generalmente para soldados: *la fiesta terminó con una ~ de campaña;* ~ **del gallo**, la que se celebra en Nochebuena: *después de cenar, asistieron a la ~ del Gallo.* **2** *fig.* Ceremonia que sigue un *rito determinado: ~ **negra**, la que se celebra con fines *satánicos: *celebraron una ~ negra para invocar a los espíritus malignos.* ⇒ **aquelarre.** ■ **cantar ~**, celebrar un sacerdote por primera vez la ceremonia en la que se recuerda la última *cena de Jesucristo: *el sacerdote* *cantó* ~ *con 25 años.* ■ **decir** ~, celebrar un sacerdote esa ceremonia: *el sacerdote dijo tres misas seguidas.* ■ **decir** ~, *fam.*, hacer cualquier cosa para conseguir un fin: *no le hago ni caso, a mí como si dice* ~. ■ **de la** ~ **la media,** *fam.*, muy poco o nada sobre un asunto: *no me enteré de la* ~ *la media; no sé de la* ~ *la media.* ■ **oír** ~, estar presente en la ceremonia en la que se recuerda la última Cena de Jesucristo: *oigo* ~ *todos los domingos.*

mi·sal |misál| ***m.*** Libro que contiene el orden y el modo de celebrar la misa: *el sacerdote se guía por el* ~.

mis·ce·lá·ne·a |misθelánea| ***f.*** Mezcla de cosas diferentes: *el programa de radio consiste en una* ~ *de música y entrevistas.*

mis·ce·lá·ne·⌐o, ⌐a |misθeláneo, a| ***adj.*** *form.* Que está compuesto por dos o más cosas diferentes: *presenta en la televisión un programa* ~. ⇒ **mixto.**

mi·se·ra·ble |miseráβle| **1** ***adj.*** (persona) Que es excesivamente pequeño o escaso: *su madre le dejó una herencia* ~*; donó una cantidad* ~ *de dinero.* **- 2** ***adj.-s.*** (persona) Que es muy pobre; que está necesitado: *creó una obra social para ayudar a los miserables sin techo ni hogar.* **3** (persona) Que se encuentra sin valor ni fuerza física o moral: *está muy dreprimido y se siente* ~. **4** (persona) Que es desgraciado e infeliz: *cuando le dejó su novia, se convirtió en un* ~*; llevaron una vida* ~. **5** (persona) Que no quiere gastar dinero; que intenta gastar lo menos posible: *fue un hombre* ~ *toda su vida.* ⇒ **avaro, tacaño. 6** (persona) Que es muy malo o perverso; que es despreciable y no tiene honor: *decían que eran sus amigos, pero eran unos miserables, no hacían más que fastidiarle.* ⇒ **canalla.**

mi·se·ria |miséria| **1** ***f.*** Escasez económica; falta de lo necesario para poder vivir: *antes era rico, pero cayó en la más absoluta* ~*; tenéis suerte de no haber conocido la* ~ *de cerca.* **2** Desgracia o sufrimiento: *el pobre ha pasado muchas miserias en su vida.* ⇒ **penalidad.** ☐ Se usa sobre todo en plural. **3** *fam. fig.* Cantidad muy pequeña de una cosa: *les dejó una* ~ *como herencia; termina de comer, que te has dejado una* ~. **4** Miramiento excesivo para gastar dinero: *la* ~ *del clérigo era tan grande, que dormía de un solo lado para no gastar las sábanas.*

mi·se·ri·cor·dia |miserikórðia| **1** ***f.*** Virtud que inclina el ánimo a sentir pena o dolor por los que sufren y a tratar de ayudarlos: *el señor perdonó al niño que había robado la pulsera y todos alabaron su* ~. ⇒ **piedad. 2** REL. Cualidad de Dios, por la cual perdona las faltas y remedia las penas: *la* ~ *de Dios es infinita.*

mi·se·ri·cor·dio·⌐so, ⌐sa |miserikorðióso, sa| ***adj.-s.*** (persona) Que siente compasión o pena hacia quienes sufren: *Jesucristo dijo:* bienventurados los misericordiosos porque ellos alcanzarán misericordia. ⇒ **compasivo, piadoso.**

mí·se·⌐ro, ⌐ra |mísero, ra| **1** ***adj.*** Que es muy pobre; que está necesitado: *vivían en una casa mísera.* **2** Que se encuentra sin valor ni fuerza física o moral: *la anciana contempló su mísera cara en el espejo.* **3** Que es excesivamente pequeño o escaso: *tiene una cuenta de ahorros mísera y no tiene para vivir.* **4** Que es desgraciado e infeliz: *arrastraba una mísera existencia.*

mi·sé·rri·⌐mo, ⌐ma |misérimo, ma| ***adj.*** *form.* Que es muy *mísero; que no puede ser más *mísero: *viven en condiciones misérrimas.* ☐ Es el superlativo de *mísero.*

mi·sil |misíl| ***m.*** *Proyectil movido por el empuje de los gases que salen a gran velocidad de su parte posterior, que suele llevar una carga *explosiva y que puede dirigirse hacia un *objetivo: *disponen de un nuevo* ~ *capaz de alcanzar objetivos a centenares de kilómetros de distancia.*

mi·sión |misión| **1** ***f.*** Trabajo o encargo que una persona debe hacer o cumplir: *¿cuál es nuestra* ~ *en el nuevo proyecto?* ⇒ **cometido. 2** Obligación moral: *el padre tiene la* ~ *de cuidar de sus hijos.* **3** *form.* Conjunto de personas elegidas por una comunidad para realizar una labor determinada: *la ONU envió una* ~ *a la zona en guerra.* ⇒ **comisión. 4** *form.* Labor que desempeña ese conjunto de personas: *los observadores de la ONU están allí en* ~ *de paz.* **5** Viaje que realiza un grupo de científicos para explorar un lugar: *un grupo de biólogos realizará una* ~ *al polo sur.* ⇒ **expedición. 6** REL. Enseñanza de la religión cristiana a los pueblos que no la conocen: *la monja sintió una fuerte vocación por las misiones.* **7** Territorio donde se lleva a *cabo esa enseñanza: *el sacerdote se marchó a las misiones.* **8** Casa, iglesia o centro donde viven las personas dedicadas a enseñar la religión cristiana en los territorios donde no se conoce: *en la* ~ *hay una escuela y un pequeño hospital.*

mi·sio·ne·⌐ro, ⌐ra |misionéro, ra| **1** ***adj.*** De la *misión o que tiene relación con ella: *la obra misionera de la Iglesia católica es muy importante.* **- 2** ***m. f.*** Persona dedicada a enseñar la religión cristiana a los pueblos que no la conocen: *el sacerdote se hizo* ~ *y fue a predicar a África.*

mi·si·va |misíβa| ***f.*** *form.* Papel escrito, generalmente cerrado, que una persona envía a otra para comunicarse con ella: *el general mandó una* ~ *al enemigo para pedir la paz.* ⇒ **carta, epístola.**

mis·⌐mo, ⌐ma |mísmo, ma| **1** ***adj.-pron.*** Que es una la persona o la cosa que se presenta en circunstancias distintas o se relaciona con otras diferentes: *es el* ~ *hombre que vimos ayer; estos tres libros son del* ~ *autor.* **2** Que es muy parecido o casi igual: *tiene la misma cara que su padre; soy de la misma opinión.* ⇒ **idéntico, semejante. 3** Que no ha cambiado: *tu hermana sigue siendo la* ~ *que yo conocí; tú ya no eres el* ~. ☐ Se usa acompañado del artículo. **4** Que es la persona o cosa citada y no otra: *tú* ~ *me dijiste que me recogerías, ¿ya no te acuerdas?* ☐ Se usa acompañado de pronombres, adverbios y sustantivos: *yo* ~ *lo vi; ella misma hablará; el padre* ~ *lo dijo.* **- 5 mismo** ***adv.*** Exactamente; en concreto: *hoy* ~ *te llamo para quedar; si te parece, nos vemos aquí* ~ *a las tres.* ■ **dar lo** ~, no importar: *si no puedes venir hoy, da lo* ~, *ya lo* *haremos mañana.* ■ **por lo ~**, por esa razón: *no se entendían muy bien y, por lo ~, prefirió no verlo.*

mi·so·gi·nia |misoxínia| *f. form.* Sentimiento de odio o de rechazo hacia las mujeres: *en algunas de las obras se apreciaba la ~ del autor.*

mi·só·gi·⌐no, ⌐na |misóxino, na| *adj.-s. form.* (persona) Que siente odio o rechazo hacia las mujeres: *hay muchos libros medievales que son misóginos.*

mis·te·rio |mistério| **1** *m. fig.* Cosa secreta u oculta: *desde este puesto de responsabilidad, se tiene acceso a los misterios de la política.* ⇒ **secreto.** **2** Cosa que no se puede entender: *los científicos tratan de desvelar los misterios de la naturaleza.* **3** Ceremonia secreta en la que sólo son admitidos los *iniciados: *los misterios de Eleusis eran ritos antiguos.* **4** Verdad que los cristianos deben creer aunque no la comprendan: *el ~ de la Santísima Trinidad.* **5** Representación con imágenes o figuras de la vida, pasión y muerte de Jesucristo: *en la Semana Santa se representa el ~ de la pasión de Cristo.* **6** Representación teatral de tema religioso, que se celebra en las iglesias o junto a ellas en ciertas fiestas: *el ~ de Elche tiene su origen en la Edad Media.*

mis·te·rio·⌐so, ⌐sa |misterióso, sa| **1** *adj.* Que es secreto y oculto; que no se puede entender: *su comportamiento ~ levantó sospechas.* **2** (persona) Que entiende o explica las cosas como si fueran secretas cuando no lo son: *no me gusta ese hombre, siempre tan ~ y malpensado.*

mís·ti·ca |místika| *f.* Parte de la *teología que trata de la unión del hombre con Dios, de los grados de esta unión y especialmente de la *contemplación de Dios: *este sacerdote es un gran conocedor de la ~.*

mis·ti·cis·mo |mistiθísmo| *m.* Estado extraordinario de perfección religiosa que consiste en cierta unión con Dios por medio del amor: *la santa llegó al ~.*

mís·ti·⌐co, ⌐ca |místiko, ka| **1** *adj.* De la *mística o que tiene relación con ella: *el teólogo quiso profundizar en el pensamiento ~ del siglo* XVI. **- 2** *adj.-s.* (persona) Que se dedica a la *contemplación de Dios: *Santa Teresa de Jesús fue una monja mística.*

mis·ti·fi·car |mistifikár| *tr.* [algo] Cambiar o alterar una cosa para que deje de ser verdadera: *en su novela, el autor mistifica la realidad.* ⇒ **deformar, falsear, falsificar, mixtificar.** ◯ Se conjuga como 1.

mi·tad |mitáᵈ| **1** *f.* Parte que, junto con otra igual, forma un todo: *15 es la ~ de 30; partió la hoja en dos mitades.* **2** Lugar que está a la misma distancia de dos extremos: *estamos todavía a la ~ del camino.* ■ **en ~ de**, durante el desarrollo: *salió de la sala en ~ del concierto.* ■ **~ y ~**, a partes iguales: *¿cómo lo vamos a repartir? -~ y ~.*

mí·ti·⌐co, ⌐ca |mítiko, ka| **1** *adj.* (persona, cosa o hecho) Que entra a formar parte de la historia o toma el valor de modelo: *mañana se repone un ciclo del ~ Alfred Hitchcock.* ⇒ **legendario.** **2** Del *mito o que tiene relación con él: *durante su juventud estuvo muy interesado en los relatos míticos de la India.*

mi·ti·fi·car |mitifikár| **1** *tr.* [algo, a alguien] Transformar en *mito: *la juventud de aquella época mitificó a su ídolo.* ⇔ **desmitificar.** **2** Tener admiración y respeto excesivos por una persona o cosa: *los adolescentes suelen ~ su primer amor.* ⇒ **idealizar.** ◯ Se conjuga como 1.

mi·ti·gar |mitiɣár| *tr.-prnl.* [algo] Hacer más suave o más débil; disminuir la importancia o la gravedad de una cosa: *este analgésico mitigará el dolor de espalda que usted tiene; hay que ~ el hambre del Tercer Mundo.* ⇒ **paliar.** ◯ Se conjuga como 7.

mi·tin |mítin| *m.* Reunión donde se tratan y discuten temas políticos y sociales: *las elecciones están cerca y los políticos hacen sus mítines en los estadios de fútbol y las plazas de toros.* ◯ El plural es *mítines.*

mi·to |míto| **1** *m.* Historia inventada basada en las acciones de dioses y seres superiores: *las culturas y las religiones antiguas tienen muchos mitos; un ~ muy bello es el de Júpiter y Europa.* **2** *fig.* Persona, cosa o hecho muy importante que entra a formar parte de la historia o toma el valor de modelo: *Greta Garbo es un ~ del cine; Napoleón se ha convertido en un ~.* **3** Historia o noticia que altera las verdaderas cualidades de una persona o de una cosa y les da más valor: *aquella promesa de éxito era sólo un ~ creado por el entrenador para dar ánimos a sus jugadores.*

mi·to·lo·gí·a |mitoloxía| **1** *f.* Conjunto de historias inventadas basadas en las acciones de dioses y seres superiores de la Antigüedad: *los pintores del Renacimiento se inspiraron en la ~ para pintar algunos cuadros.* **2** Conjunto de historias inventadas que pertenecen a un pueblo, a una cultura o a una religión: *la ~ griega y la ~ romana han influido en el mundo occidental; Borges era un gran conocedor de la ~ escandinava.*

mi·to·ló·gi·⌐co, ⌐ca |mitolóxiko, ka| *adj.* De la *mitología o que tiene relación con ella: *las sirenas son seres mitológicos.* ⇒ **legendario.**

mi·tra |mítra| *f.* Sombrero alto y terminado en punta, con el que se cubren la cabeza los religiosos importantes en las ceremonias oficiales: *sólo los cardenales, arzobispos y obispos llevaban ~ cuando recibieron al Papa.*

mix·ti·fi·car |miᵏstifikár| *tr.* [algo] Cambiar o alterar una cosa para que deje de ser verdadera: *el joven mixtificó los acontecimientos para que le dieran la razón a él.* ⇒ **falsear, mistificar.** ◯ La Real Academia Española prefiere la forma *mistificar.* Se conjuga como 1.

mix·⌐to, ⌐ta |míᵏsto, ta| **1** *adj.* Que está compuesto por dos o más cosas mezcladas: *un sandwich ~ lleva jamón y queso; en un colegio ~ estudian tanto chicos como chicas.* **- 2 mixto** *m.* Pieza pequeña de madera u otro material, con una cabeza hecha de una sustancia que arde al ser rozada sobre una superficie áspera: *llevo una caja de mixtos para encender los cigarrillos.* ⇒ **cerilla, fósforo.**

mix·tu·ra |miᵏstúra| **1** *f. form.* Unión o conjunto formado por dos o más elementos distintos: *la ~ de productos contrarios puede ser peligrosa.* ⇒ **mezcla.** **2** Sustancia que resulta de la unión de dos o más elementos distintos: *el farmacéutico elaboró una ~ para curar el acné.* ⇒ **mezcla.**

mne·mo·tec·nia |nemotéᵏnia| *f. form.* Método que usa distintas técnicas para retener información en la memoria: *la ~ puede ser muy útil.* ⇒ **nemotecnia.**

mne·mo·téc·ni·⌐co, ⌐ca |nemotéᵏniko, ka| ***adj.*** *form.* De la *mnemotecnia o que tiene relación con ella: *usó un procedimiento ~ para aprender los símbolos de los elementos químicos.* ⇒ **nemotécnico.**

mo·bi·lia·rio |moβiliário| ***m.*** Conjunto de muebles de una casa o de una habitación: *los dueños del hotel renovaron el ~ el año pasado; el ~ del palacio era de estilo Luis XV.*

mo·ca |móka| **1** ***amb.*** Café de buena calidad que procede de Arabia: *los caramelos de ~ son deliciosos.* **2** Crema de café, *mantequilla, azúcar y *vainilla que se ponen en ciertos dulces: *para tu cumpleaños te regalaremos una tarta de ~.*

mo·ca·sín |mokasín| ***m.*** Zapato plano, muy flexible y sin cordones: *se compró unos mocasines para ir al trabajo.*

mo·ce·dad |moθeðáᵈ| ***f.*** Periodo de la vida que está entre la niñez y el comienzo de la edad madura: *vivió grandes aventuras en su ~.* ⇒ **juventud.**

mo·ce·⌐tón, ⌐to·na |moθetón, tóna| ***m. f.*** Persona joven con el cuerpo alto y fuerte: *mi hija mayor es una mocetona.*

mo·cha·les |motʃáles| ***adj.*** *fam.* (persona) Que ha perdido el juicio; que está *loco: *está completamente ~ y no sabe lo que hace.*

mo·chi·la |motʃíla| ***f.*** Saco de tela fuerte que se lleva sujeto a la espalda con correas y que sirve para llevar la comida u objetos para viaje: *el excursionista sacó el chubasquero de la ~; llevaba las botas colgadas de la ~.* ⇒ **macuto.**

mo·⌐cho, ⌐cha |mótʃo, tʃa| **1** ***adj.*** Que no tiene punta; que no acaba en punta; que está sin terminar: *desde que chocó el avión, la torre de la iglesia está mocha.* **2** *fam. fig.* Que tiene el pelo cortado; que ha perdido el pelo: *la abuela tiene un gato viejo y ~.* **- 3 mocho *m.*** Extremo grueso y sin punta de un instrumento o de un *utensilio largo: *la culata es el ~ del fusil.*

mo·chue·lo |motʃuélo| **1** ***m.*** Ave nocturna, de menor tamaño que el *búho, que se alimenta de pequeños animales: *el ~ es más pequeño que el búho.* ☖ Para indicar el sexo se usa el ~ macho y el ~ hembra. **2** *fam. fig.* Culpa o responsabilidad mayor en un asunto o en un trabajo desagradable: *al final le hicieron cargar con el ~ del robo.*

mo·ción |moθión| ***f.*** *form.* Propuesta o *petición que se hace en una junta o reunión: *la asamblea discutirá distintas mociones; el Congreso rechazó la ~ presentada por el diputado independiente;* **~ de censura,** POL. *form.*, la que presenta la *oposición política contra un órgano de gobierno: *se ha aprobado la ~ de censura; la ~ de censura contra el alcalde no prosperó.*

mo·co |móko| **1** ***m.*** Sustancia espesa y pegajosa elaborada por la *membrana *mucosa, especialmente la de la nariz: *sacó un pañuelo del bolsillo y se sonó los mocos; el niño estaba enfermo y no paraba de toser y de sonarse los mocos.* ☖ Se usa frecuentemente en plural. **2** *fam.* Sustancia densa y pegajosa que forma grumos dentro de un líquido: *cuando limpias los grifos de la cerveza sale un ~ asqueroso.* **3** Cera derretida de las velas que corre y se va haciendo sólida a lo largo de ellas: *las velas y los cirios de la iglesia tenían un ~ viejo y renegrido.* ■ **llorar a ~ tendido,** *fam.*, llorar mucho y con gran pena: *las dos mujeres lloraban a ~ tendido viendo la película en la tele.* ■ **no ser ~ de pavo,** *fam.*, ser importante o considerable: *su enfermedad no es ~ de pavo.* ■ **quitar los mocos,** *fam.*, dar un golpe sobre la cara con la mano abierta: *como sigas insultándome, te voy a quitar los mocos.* ⇒ **bofetada, torta.** ■ **tirarse el ~,** *fam.*, presumir de lo que no se es o de lo que no se ha hecho: *es un chulo y siempre se tira el ~ de lo bien que conduce.*

mo·co·⌐so, ⌐sa |mokóso, sa| **1** ***adj.-s.*** (persona) Que tiene la nariz llena de *mocos: *ese niño es un ~; la chica estuvo mocosa y acatarrada varios días.* **2** *fig.* (persona) Que no tiene experiencia; que habla u obra sin vergüenza o respeto: *es un ~ y quiere dar lecciones a todo el mundo.*

mo·da |móða| **1** ***f.*** Conjunto de gustos, costumbres y modos de comportarse propios de un periodo de tiempo o de un país determinado: *es un apasionado de la ~ de los años veinte.* **2** Conjunto de prendas de vestir, adornos y complementos, con un estilo o un diseño común, que se usan durante un periodo de tiempo determinado: *ya se ha presentado la ~ de la próxima temporada de primavera y verano; la ~ de este otoño se caracteriza por la comodidad y los colores naturales.* ■ **a la ~,** con ropa, adornos y complementos nuevos y actuales: *Arturo siempre viste a la ~; las mujeres intentan ir a la ~.* ■ **de ~,** dentro de los gustos y costumbres de un periodo de tiempo o de un país determinado: *este invierno están de ~ las botas altas con cordones;*

MOCHUELO

la canción de ~ del verano sonaba en todas las discotecas. ■ **pasado de ~,** que ya no se usa; que está fuera de los gustos y costumbres de un periodo de tiempo: *todas sus camisas están pasadas de ~; usaba una gorra pasada de ~ a la que tenía mucho cariño.* ⇒ **anticuado.**

mo·dal |moðál| **1** ***adj.*** LING. Del modo del verbo o que tiene relación con él: *el subjuntivo es una categoría ~.* **- 2** ***adj.-f.*** LING. (oración) Que expresa una circunstancia de modo en relación a la acción, el proceso o el estado expresado por otra oración: *en* radiaron el partido de fútbol, según iba desarrollándose, según iba desarrollándose *es una oración ~.* **- 3 modales** ***m. pl.*** Acciones con que una persona da a conocer su buena o mala educación: *toda esa familia tiene unos modales exquisitos.*

mo·da·li·dad |moðaliðáᵈ| **1** ***f.*** Modo de ser, hacer o aparecer: *el producto es el mismo, pero se presenta en varias modalidades.* ⇒ **forma. 2** DEP. Categoría, estilo o forma de practicar un deporte: *el piloto español corre en la ~ de 125 centímetros cúbicos; hoy se juega la final de tenis en la ~ de dobles masculinos.*

mo·de·la·do |moðeláðo| ***m.*** Arte o técnica que consiste en dar forma a una materia blanda: *en la escuela de Bellas Artes se enseña el ~ a los alumnos; dedica sus ratos libres al ~ del barro.*

mo·de·lar |moðelár| **1** ***tr.*** [algo] Formar o hacer una figura o un adorno con cera, barro u otro material blando: *los niños han modelado un cenicero de escayola; el alfarero modelaba una preciosa jarra en el torno.* **2** Dar una forma determinada: *yo no me creo que esta crema modele mi cuerpo dejándolo perfecto.* ⇒ **moldear. 3** *fig.* Formar y enseñar a una persona para que desarrolle unas cualidades determinadas: *su viejo maestro había modelado su carácter desde que era niño.* ⇒ **moldear.**

mo·de·lis·ta |moðelísta| ***com.*** Persona que se dedica a hacer modelos: *el ~ de la empresa hará la maqueta del proyecto.*

mo·de·lo |moðélo| **1** ***m.*** Persona u objeto que se imita: *utilizaron como ~ una estatua de Fidias; tiene a su padre como ~.* **2** Persona u objeto que merece ser imitado por sus características: *se considera un ~ de elocuencia.* ☐ Puede usarse en aposición a otro sustantivo: *es un padre ~.* **3** Objeto que se fabrica en serie: *tenemos un ~ de aspirador más moderno que este; esa marca vende muchos modelos diferentes.* **4** Prenda de una *colección de ropa: *la señorita luce un precioso ~ realizado en seda.* **- 5** ***com.*** Persona que se dedica a probarse y mostrar ropa en público; persona que muestra un producto: *trabaja como ~ en una agencia de renombre internacional; se buscan modelos para hacer un anuncio publicitario.* ⇒ **maniquí. 6** Persona que se presta para aparecer representada en una obra de arte: *está buscando una ~ para su cuadro; es ~ fotográfico.* **- 7** ***m.*** Estructura teórica o sistema de una cosa o un proceso complicado: *algunas pruebas matemáticas comparan un ~ teórico con los datos recogidos de la relidad.*

mo·de·ra·ción |moðeraθión| ***f.*** Virtud que consiste en contener, frenar o sujetar los sentimientos o los impulsos evitando los excesos: *actúa con ~ y todo te irá bien; el médico le ha aconsejado que coma y fume con ~.* ⇒ **mesura, templanza.**

mo·de·ra·⌐do, ⌐da |moðeráðo, ða| **1** ***adj.*** Que no es exagerado; que está en un punto medio entre los extremos: *esa tienda vende más que las otras porque ofrece unos precios moderados y un buen servicio; el favorito mostraba un ~ optimismo.* ⇒ **templado. 2** Que tiene ideas políticas poco radicales: *los partidos moderados ocupan el centro del espectro político.*

mo·de·ra·⌐dor, ⌐do·ra |moðeraðór, ðóra| ***m. f.*** Persona que dirige una reunión en la que varias personas discuten sobre un tema: *el ~ de la asamblea fue dando la palabra a los que querían intervenir.*

mo·de·rar |moðerár| **1** ***tr.*** [algo] Disminuir la intensidad; evitar el exceso: *este aparato modera la luz de la sala.* **2** Dirigir una reunión en la que varias personas discuten sobre un tema: *un periodista famoso modera cada jueves una mesa redonda sobre política.* **- 3** ***tr.-prnl.*** Contener, frenar o sujetar los sentimientos o los impulsos: *modera tu lengua o acabarás teniendo un problema; modérate en la mesa y no comas tanto.* ⇒ **controlar, reprimir.**

mo·der·ni·dad |moðerniðáᵈ| ***f.*** Cualidad de moderno: *ha decorado su casa con ~; estamos en las postrimerías de la ~.* ⇔ **antigüedad.**

mo·der·nis·mo |moðernísmo| **1** ***m.*** Gusto por las cosas modernas, especialmente en arte y en literatura: *era tal su ~ que, compraba todo lo que le parecía moderno, aunque no lo fuera.* **2** Tendencia artística europea de finales del siglo XIX y principios del XX, en la que se suelen representar temas relacionados con la naturaleza y en la que abundan las líneas curvas: *el ~ surgió como reacción al racionalismo; el ~ fue un movimiento en el que se desarrolló el valor decorativo de las formas curvas.* **3** LIT. Tendencia artística, seguida en España e Hispanoamérica a finales del siglo XIX y principios del XX, en la que se da importancia a las culturas y los temas *exóticos y que se caracteriza por el cuidado de la lengua y el *refinamiento de la expresión: *el ~ mostró sensibilidad hacia la cultura francesa.*

mo·der·nis·ta |moðernísta| **1** ***adj.*** Del *modernismo o que tiene relación con él: *toda la habitación está decorada con motivos modernistas;* Azul *es el título de un libro ~.* **- 2** ***adj.-com.*** (persona) Que practica el *modernismo en literatura o en arte: *Rubén Darío es el autor ~ más importante; los poetas modernistas intentaron construir un mundo ideal y refinado.*

mo·der·ni·za·ción |moðerniθaθión| **1** ***f.*** Proceso mediante el cual una cosa antigua toma forma o aspecto modernos: *la ~ de las instalaciones del cine duró varios meses.* **2** Adaptación del modo de vida a los usos y costumbres más avanzados y modernos: *ese país ha vivido un proceso muy rápido de ~ de la sociedad.*

mo·der·ni·zar |moðerniθár| **1** ***tr.*** [algo] Dar forma o aspecto modernos a una cosa antigua: *veo que has modernizado tu casa.* - **2 modernizarse** ***prnl.*** Adaptarse a los usos y costumbres más avanzados y modernos: *el campo se ha modernizado enormemente; Elena se ha modernizado mucho desde que volvió del extranjero.* ☖ Se conjuga como 4.

mo·der·⌐no, ⌐na |moðérno, na| **1** ***adj.*** Que pertenece al presente, al periodo de tiempo actual: *la electricidad es un adelanto de la vida moderna; el hombre ~ está acostumbrado a la vida de la ciudad.* **2** Que existe, se conoce o se usa desde hace poco tiempo; que está muy avanzado: *en esa fábrica emplean la tecnología más moderna.* ⇒ **novedoso. 3** Que está de acuerdo con la moda: *lleva un peinado muy ~; mi hija es muy moderna; se creen muy modernos, pero en realidad son unos palurdos.* ⇔ **anticuado, clásico.**

mo·des·tia |moðéstia| **1** ***f.*** Cualidad de las personas que no se creen superiores a los demás o se quitan importancia a sí mismas: *la ~ es una gran virtud.* ⇒ **humildad. 2** Falta de dinero o de medios necesarios para vivir: *el matrimonio vivía con ~, pero no pasaba necesidades.*

mo·des·⌐to, ⌐ta |moðésto, ta| **1** ***adj.*** Que no se cree superior a los demás; que quita importancia a su persona o a las obras que hace: *muchos genios tienen fama de ser modestos.* **2** Que tiene poca importancia social y que tiene poco dinero: *llevó una vida modesta en una villa de la sierra; su novia pertenecía a una familia modesta.*

mó·di·⌐co, ⌐ca |móðiko, ka| ***adj.*** *form.* Que no es exagerado; que es *moderado: *compre esta fabulosa batidora por un ~ precio.*

mo·di·fi·ca·ción |moðifikaθión| ***f.*** Cambio o alteración de una cosa que no afecta a sus características principales: *el proyecto del nuevo edificio fue aprobado con algunas pequeñas modificaciones.*

mo·di·fi·car |moðifikár| ***tr.*** [algo] Transformar una cosa cambiando alguna de sus características, pero sin alterar sus cualidades: *el parlamento revisó y modificó la ley en alguno de sus puntos; modificaron la cubierta del libro al hacer una segunda edición.* ⇒ **variar.** ☖ Se conjuga como 1.

mo·dis·mo |moðísmo| ***m.*** Conjunto de palabras, característico de una lengua o de una variedad lingüística, que presenta un orden fijo y que funciona como un elemento único: en un abrir y cerrar de ojos *es un ~ del español que significa* rápidamente. ⇒ **locución.**

mo·dis·⌐to, ⌐ta |moðísto, ta| ***m. f.*** Persona que se dedica a hacer trajes y otras prendas de vestir, especialmente de moda: *la modista española ha triunfado en la alta costura parisina; una modista me está haciendo el traje de novia; el ~ italiano acaba de presentar su última colección.* ⇒ **diseñador.**

mo·do |móðo| **1** ***m.*** Forma o manera particular de ser, hacer o parecer: *no me gusta su ~ de comportarse; tiene que haber un ~ más fácil de hacerlo.* **2** Manera de comportarse, especialmente según ciertas reglas sociales: *entró preguntando por él de muy malos modos; le respondió de mal ~.* ☖ En esta acepción, suele usarse en plural. **3** LING. Variación *formal del verbo que expresa la actitud del hablante ante la acción, el proceso o el estado expresados por el verbo: ~ **condicional/potencial,** el que expresa una acción, un proceso o un estado como futuro y posible: *en* si pudiera, iría a verte, iría *está en ~ condicional;* ~ **imperativo,** el que expresa orden, ruego o *mandato: *en* ¡abre la puerta!, abre *está en ~ imperativo;* ~ **indicativo,** el que expresa una acción, un proceso o un estado como algo real: *en* todos los días como en ese restaurante, como *está en ~ indicativo;* ~ **subjuntivo,** el que expresa una acción, un proceso o un estado como algo que no es real: *en* no me importa que vengas a casa, vengas *está en ~ subjuntivo.* **4** MÚS. Manera de disponerse los sonidos en la escala musical: ~ **mayor,** aquel que tiene los *intervalos de tercera, sexta y séptima mayores: *las marchas militares a menudo están en ~ mayor;* ~ **menor,** aquel que tiene los *intervalos de tercera, sexta y séptima menores: *el ~ mayor tiene un ~ menor relativo.* ■ **a ~ de,** de forma parecida a; como si se tratase de: *usó la mano a ~ de visera.* ■ **de ~ que,** indica efecto o resultado: *hay que dividirlo de ~ que a cada uno le corresponda una parte.* ■ **de todos modos,** indica que una cosa que se ha dicho antes o que se sabe no impide lo que se dice a continuación: *ya sé que lo acordamos por teléfono, pero de todos modos me gustaría que me lo pusieras por escrito.*

mo·do·rra |moðóra| **1** ***f.*** Pesadez y torpeza de los sentidos provocada por el sueño: *los niños no aguantaban la ~ de la siesta.* ⇒ **somnolencia. 2** Sueño pesado y profundo: *Andrés despertó de su ~.*

mo·do·⌐so, ⌐sa |moðóso, sa| ***adj.*** Que se comporta ante los demás con cuidado y educación: *la niña se convirtió en una joven modosa y recatada.* ⇒ **comedido, recatado.**

mo·du·la·ción |moðulaθión| ***f.*** MÚS. Adecuación del tono de una voz o de un instrumento: *la cantante tiene una hermosa ~ de los agudos.*

mo·du·lar |moðulár| **1** ***adj.*** Que está formado por partes que se pueden separar: *ha encargado unos armarios modulares.* - **2** ***tr.*** MÚS. [algo] Adecuar el tono de una voz o de un instrumento: *no modula bien y su voz llama la atención entre las demás.*

mó·du·lo |móðulo| **1** ***m.*** Elemento de un conjunto que puede considerarse por separado: *el salón de actos está en aquel ~ de la Universidad; hemos comprado un sofá formado por cuatro módulos separables.* **2** Proporción que se considera ideal o perfecta para medir una cosa: *el templo dórico se construía usando como ~ la medida del capitel.*

mo·fa |mófa| ***f.*** *form.* Obra o dicho con que se intenta poner en ridículo a una persona o cosa: *sus compañeros hicieron ~ de él y de su traje.* ⇒ **burla.**

mo·far·se |mofárse| ***prnl.*** *form.* Poner en ridículo a una persona o cosa, riéndose de ella o gastándole una broma: *todos se mofaron de la ingenuidad del recién llegado.* ⇒ **burlar, cachondearse.**

mo·fe·ta |moféta| ***f.*** Animal mamífero nocturno

de color blanco y negro, con cola larga, que lanza un líquido de olor muy desagradable cuando se siente amenazado y que se alimenta de carne: *tuvieron que tirar la ropa que llevaban cuando se tropezaron con la ~ porque el olor no desaparecía; las mofetas se crían en Norteamérica.* ⌂ Para indicar el sexo se usa la ~ macho y la ~ hembra.

mo·fle·te |mofléte| ***m.*** *fam.* Parte carnosa de la cara que se encuentra bajo los ojos y a ambos lados de la nariz, especialmente cuando es gruesa y carnosa: *el niño tiene dos buenos mofletes.* ⇒ **cachete, mejilla.**

mo·fle·tu·⌐do, ⌐da |mofletúðo, ða| ***adj.*** *fam.* Que tiene *mofletes grandes: *le regalaron una muñeca de cara mofletuda.*

mo·go·llón |moɣoʎón| **1** ***m.*** *fam.* Cantidad grande de una cosa: *había ~ de hormigas cubriendo la tortilla; un ~ de personas esperaba para ver a su cantante favorito.* ⇒ **multitud. 2** *fam.* *Confusión, lío, desorden, especialmente de personas: *en medio del ~ se distinguía la cabeza de un chico muy alto.*

mo·go·te |moɣóte| ***m.*** *Elevación del terreno de menor altura que una montaña: *unos niños tiraban piedras desde un ~ de roca.* ⇒ **cerro.**

mo·hín |moín| ***m.*** Gesto o movimiento hecho con los músculos de la cara para expresar un estado de ánimo: *la chica contestó con un ~ de asentimiento; nos hizo un ~ de desprecio.* ⇒ **gesto, mueca.**

mo·hí·⌐no, ⌐na |moíno, na| ***adj.*** Que está triste o poco animado: *esta mañana se ha levantado mohína y no hay manera de alegrarla.*

mo·ho |mó°| **1** ***m.*** Capa de color verde o gris que se forma en la superficie de los alimentos y otros materiales orgánicos, estropeándolos y pudriéndolos: *esos limones tienen ~, tíralos.* **2** Capa de óxido de color verde que se forma sobre los objetos de metal a causa de la humedad: *al acabar el invierno, los jardineros limpiaban el ~ de los bancos del parque.* ⇒ **cardenillo, verdín. 3** BOT. Hongo muy pequeño que se cría en la superficie de los materiales orgánicos produciendo su *descomposición: *el hombre utiliza algunas especies de ~ para crear antibióticos; muchos mohos son parásitos de las plantas.*

mo·ho·⌐so, ⌐sa |m°óso, sa| ***adj.*** Que está cubierto de *moho: *el pan estaba ~; encontró una cuchara mohosa.*

moi·sés |moisés| ***m.*** *Cuna pequeña hecha de material flexible y que se puede llevar de un lado a otro: *el padre llevaba al recién nacido en un ~ de mimbre.*

mo·ja·ma |moxáma| ***f.*** Carne de pescado seca, curada y salada: *pusieron ~ y queso de entremés; no me gusta la ~ porque está muy salada.*

mo·jar |moxár| **1** ***tr.-prnl.*** [algo, a alguien] Tocar el agua u otro líquido la superficie de un cuerpo; entrar el agua en el interior de un cuerpo: *el mar moja la arena de la playa; la lluvia está mojando la ropa tendida; el vino se derramó y mojó el mantel.* **- 2 *tr.*** Hacer que el agua u otro líquido toque la superficie de un cuerpo o entre en su interior: *mójate el pelo ligeramente.* ⇔ **secar. - 3 *tr.-prnl.*** *fam. fig.* Expulsar la orina sin quitarse la ropa o encima de uno mismo: *el niño moja la cama todas las noches; es tan cobarde, que se mojó de miedo.* ⇒ **orinar. - 4 *tr.*** [algo] Meter trozos de pan o de otro alimento en una salsa o en una bebida: *mojaba tres o cuatro galletas en un vaso de leche; ¿qué tal unos churros para ~ en el chocolate?* **5** *fam. fig.* Celebrar una cosa tomando unas bebidas: *esta noticia tan fantástica hay que mojarla.* ⇒ **remojar. - 6 mojarse *prnl.*** Comprometerse en un asunto difícil, generalmente una opinión: *es tan egoísta, que no se moja jamás por nada ni por nadie.* ⇒ **implicar.**

mo·ji·cón |moxikón| **1** ***m.*** Bollo que se toma mojado en café, leche o chocolate: *el señor de aquella mesa pidió unos mojicones con su café.* **2** *fam. fig.* Golpe que se da en la cara con la mano: *como no te estés quieto, te voy a dar un ~.* ⇒ **torta.**

mo·ji·ga·te·rí·a |moxiɣatería| ***f.*** Actitud exagerada de rechazo hacia las acciones que se consideran malas desde el punto de vista moral: *la ~ de las solteronas del pueblo hizo sufrir a más de una muchacha.*

mo·ji·ga·⌐to, ⌐ta |moxiɣáto, ta| ***adj.-s.*** (persona) Que tiende a juzgar las acciones desde el punto de vista moral y rechaza las que considera malas: *las personas mojigatas se escandalizan por todo; es una mojigata y cree que darse un beso en público es inmoral.*

mo·jón |moxón| ***m.*** Señal que sirve para marcar el límite de una tierra, o propiedad o las distintas partes de una vía o camino: *caminaron hasta el primer ~ de la carretera comarcal; aquel ~ señala el punto en que limitan las tres provincias.* ⇒ **hito.**

mo·lar |molár| **1** ***adj.*** De la *muela o que tiene relación con ella: *el dentista nos ha dicho que el niño tiene una infección ~.* **2** Que sirve para moler o triturar: *la piedra ~ es la que machaca el grano en los molinos.* **- 3 *adj.-m.*** (diente) Que está situado en la parte posterior de la boca y sirve para triturar los alimentos: *los dientes molares están detrás de los caninos; la dentadura humana tiene 12 molares.* ⇒ **diente, muela.** ⌂ Se usa sobre todo como sustantivo masculino. **- 4 *intr.*** *fam.* [a alguien] Gustar o ser del agrado de una persona: *la película que acabo de ver no me ha molado nada; no veas cómo me mola esa chica.*

mol·da·⌐vo, ⌐va |moldáβo, βa| **1** ***adj.*** De Moldavia o que tiene relación con Moldavia: *Kishinev es la capital moldava.* **- 2 *m. f.*** Persona nacida en Moldavia o que vive habitualmente en Moldavia: *los moldavos son vecinos de los ucranianos y de los rumanos.*

mol·de |mólde| ***m.*** Pieza hueca o recipiente en el que se echa una masa blanda o fundida para que tome una forma determinada al volverse sólida: *para hacer las tartas, mi madre cubre el ~ con mantequilla; las figuras de escayola se hacen con un ~; el escultor fabricó un ~ para hacer una estatua de bronce.*

mol·de·ar |moldeár| **1** ***tr.*** [algo] Dar una forma determinada: *el escultor moldea el barro con sus manos.* ⇒ **modelar. 2** Peinar el pelo dándole forma de ondas o rizos: *el peluquero le puso unos rulos* *gruesos para moldearle la melena.* **3** *fig.* [algo, a alguien] Formar y enseñar a una persona para que desarrolle unas cualidades determinadas: *los padres y los maestros moldean la personalidad del niño.* ⇒ **modelar. 4** Echar una masa blanda o fluida en una pieza o recipiente hueco para que al volverse sólida tome una forma determinada: *el artista moldeó algunas figuras antes de realizar la escultura definitiva.*

mol·du·ra |moldúra| *f.* Banda saliente que se usa de adorno: *una ~ recorre la fachada; hay molduras de madera, de piedra o de otros materiales.*

mo·le |móle| *f.* Cosa de gran tamaño, volumen o peso: *una ~ de cemento se desplomó desde lo alto de la grúa; está tan gordo, que parece una ~.*

mo·lé·cu·la |molékula| *f.* FÍS. Parte más pequeña de una sustancia pura, que conserva las propiedades de dicha sustancia: *la ~ de agua está formada por dos átomos de hidrógeno y un átomo de oxígeno.* ⇒ **partícula.**

mo·le·cu·lar |molekulár| ***adj.*** FÍS. *form.* De la molécula o que tiene relación con ella: *el médico se especializó en biología ~.*

mo·ler |molér| **1** ***tr.*** [algo] Triturar hasta reducir a trozos muy pequeños o a polvo: *en el molino se muele el trigo para hacer harina; molió un poco de café.* ⇒ **machacar. 2** *fig.* Cansar mucho físicamente: *descargar tantos muebles muele a cualquiera.* ■ **~ a palos,** *fam.,* tratar mal; causar daño o dolor: *como vuelva a pillarte robándome, te voy a ~ a palos.* ⇒ **pegar.** ☐ Se conjuga como 32.

mo·les·tar |molestár| **1** ***tr.*** [algo, a alguien] Causar una molestia, especialmente en el ánimo o en los sentidos: *la luz era tan fuerte, que molestaba a la vista; aquella noche, el calor le molestaba más de lo debido; todas las tardes, llama para molestarme con sus problemas.* **2** Producir un dolor ligero o poco importante: *ya está recuperada de la operación, pero le molestan los puntos.* **- 3 *tr.-prnl.*** [a alguien] Disgustar o enfadar ligeramente: *perdóname si te han molestado mis palabras; le molesta que le digan que se está haciendo viejo; me molesté con sus insinuaciones.* ⇒ **ofender. - 4 molestarse *prnl.*** Esforzarse en hacer una cosa por una persona: *no te molestes en acompañarme, conozco el camino; se molestó en avisarnos por teléfono.*

mo·les·tia |moléstia| **1** *f.* Alteración de la comodidad o de la tranquilidad del ánimo, causada por el enfado, el esfuerzo o una agitación excesiva: *es un placer ayudarte: no me causa ninguna ~; se está tomando demasiadas molestias con este asunto.* ⇒ **engorro, incomodidad, malestar. 2** Persona, cosa o situación que causa esa alteración: *la mujer se convirtió en una ~ para sus familiares; la ropa estrecha es una ~ para la libertad de movimientos.* **3** Dolor ligero o poco importante: *sintió una ~ en la garganta; el médico me preguntó si tenía molestias.*

mo·les·⌈to, ⌈ta |molésto, ta| **1** ***adj.*** Que causa una molestia: *la ropa ajustada me resulta molesta; ¡qué ~ eres, hijo!* **2** *fig.* (persona) Que no se siente cómodo o tranquilo: *me encuentro ~ en este autobús.* **3** Que siente un dolor ligero o poco importante: *el enfermo se encontraba algo ~ después de la cena.* **4** Que está enfadado o disgustado ligeramente: *estoy ~ con mi amigo porque últimamente no viene a verme; aquella reprimenda fue tan dura, que lo dejó algo ~.*

mo·lien·da |moliénða| **1** *f.* Proceso que consiste en triturar una materia hasta reducirla a trozos muy pequeños o a polvo: *la ~ del trigo se hace hoy con métodos muy modernos.* **2** Cantidad de materia que se tritura de una vez: *el campesino fue a recoger la ~ de su cosecha.*

mo·li·ne·⌈ro, ⌈ra |molinéro, ra| ***m. f.*** Persona que trabaja en un *molino: *el ~ del pueblo siempre llevaba la ropa manchada de harina.*

mo·li·ne·te |molinéte| **1 *m.*** Rueda con aspas que gira y que se pone en un cristal de una habitación para renovar el aire: *en el bar había mucho humo porque no funcionaba el ~.* **2** Juguete de niños que consiste en una vara o palo en cuyo extremo va sujeta una rueda o estrella de papel que gira impulsada por el viento: *el abuelo compró a su nieto un precioso ~ de colores.* ⇒ **molinillo.**

mo·li·ni·llo |moliníʎo| **1 *m.*** Instrumento o aparato pequeño que sirve para moler: *conservaba un antiguo ~ de café; en la cocina hay un ~ eléctrico.* **2** Instrumento de cocina que consiste en un palo cilíndrico con una rueda gruesa en su extremo inferior y que se usa para *batir el chocolate y otras cosas: *cuando hago chocolate a la taza, lo remuevo con el ~ para que no salgan grumos.* **3** Juguete de niños que consiste en una vara o palo en cuyo extremo va sujeta una rueda o estrella de papel que gira impulsada por el viento: *el niño sopla para ver cómo gira el ~.* ⇒ **molinete.**

mo·li·no |molíno| **1 *m.*** Máquina o mecanismo que sirve para triturar una materia hasta reducirla a trozos muy pequeños o a polvo: *cada vecino llevaba su cosecha al ~ y luego se llevaba la harina;* **~ de viento**, el que está unido a un armazón de aspas de madera que se mueve por la fuerza del viento: *en la Mancha hay muchos molinos de viento;* **~ de agua/hidráulico**, el que funciona por la fuerza de una corriente de agua: *junto a los ríos se construían molinos de agua.* **2** Edificio donde está instalada esa máquina: *ha comprado un viejo ~ y lo ha convertido en una preciosa casa.*

mo·lla |móʎa| **1** *f.* Carne que no tiene grasa: *los niños prefieren la ~.* ⇒ **magro. 2** Parte más blanda del pan: *le gustan los panes redondos porque tienen más ~.* ⇒ **miga. 3** *fam.* Acumulación de carne o de grasa en una parte del cuerpo: *está muy gorda y le han salido unas mollas horribles en las caderas.* **4** *fam.* Músculo que hace que se doble el brazo: *se pasa el día haciendo deporte para poner duras las mollas.* ⇒ **bíceps.**

mo·lle·ja |moʎéxa| **1** *f.* Estómago de las aves, de paredes gruesas y musculosas, donde se trituran los alimentos: *algunas aves tienen piedrecillas en la ~.* **2** *Glándula de ciertos animales jóvenes: *compró mollejas de cordero en la carnicería; pidió unas mollejas picantes.*

mo·lle·ra |moʎéra| **1** ***f.*** *fam.* Parte más alta de la cabeza: *hoy me he levantado con dolor de ~; como no te calles, te voy a dar un coscorrón en la ~.* **2** *fam. fig.* Capacidad de pensar y juzgar: *es un chico muy atractivo, pero no tiene ni pizca de ~; por más vueltas que le doy, no me entra en la ~ por qué te quieres marchar.* ⇒ **seso.** ■ **cerrado de ~,** *fam.*, que es poco inteligente: *no te molestes en explicárselo otra vez, que es muy cerrado de ~ y no te entenderá.* ■ **duro de ~,** *fam.*, que es poco inteligente: *no ha aprobado, ha estudiado mucho pero es un poco duro de ~.* ■ **duro de ~,** *fam.*, que se mantiene firme en sus ideas y no se deja convencer: *María es encantadora, pero muy dura de ~.* ⇒ **cabezota, terco.**

mo·lus·co |molúsko| ***adj.-m.*** ZOOL. (animal) Que es invertebrado, tiene el cuerpo blando y suele tener concha: *el caracol, la sepia y el mejillón son especies diferentes de animales moluscos; hay moluscos terrestres y marinos; la púrpura se obtenía de las glándulas de un ~.*

mo·men·tá·ne·⌜o, ⌜a |momentáneo, a| ***adj.*** Que no dura mucho tiempo; que dura sólo un momento: *sintió el pinchazo de la aguja, pero fue un dolor ~; tuvo una pérdida momentánea de memoria.*

mo·men·to |moménto| **1** ***m.*** Periodo de tiempo muy breve: *estaré listo en un ~; tan sólo puedes verlo un ~.* ⇒ **instante, punto. 2** Tiempo en el que se hace u ocurre una cosa: *en el ~ en que salía, tropezó; creo que es el ~ adecuado para discutir el tema; en esos momentos no estaba en condiciones de elegir.* **3** FÍS. Tiempo oportuno para hacer una cosa o para que ocurra una cosa: *ahora es el ~ de salir a la calle: ha dejado de llover.* ■ **a cada ~,** continuamente; todo el tiempo: *viene a molestar a cada ~.* ■ **al ~,** con la mayor rapidez; inmediatamente: *si vienes, te lo daré al ~.* ■ **de ~,** por ahora; en el tiempo actual: *de ~ no he recibido información, ya te avisaré.* ■ **de un ~ a otro,** muy pronto, pero sin saber exactamente cuándo: *el ministro vendrá de un ~ a otro.* ☐ Se usa con verbos en tiempo futuro. ■ **en un ~,** *fam.*, en muy poco tiempo: *prepararé la comida en un ~.* ■ **hace un ~,** hace muy poco tiempo: *Juan no está, salió hace un ~.*

MOLINO DE VIENTO

mo·mia |mómia| **1** ***f.*** Cuerpo sin vida que se conserva sin pudrirse: *en las tumbas egipcias se han encontrado momias de los faraones y de personajes ilustres.* **2** *fam. desp.* Persona que tiene mucha edad: *la ~ de la vecina subía la escalera fatigosamente.*

mo·mi·fi·car |momifikár| ***tr.*** [algo, a alguien] Preparar el cuerpo muerto de una persona para que se conserve sin descomponerse: *antes de morir, pidió que lo momificaran.* ⇒ **embalsamar.** ☐ Se conjuga como 1.

mo·na |móna| ***f.*** *fam.* Estado en el que se pierde el control a causa del consumo excesivo de alcohol: *cogió una ~ en la fiesta de fin de curso.* ⇒ **borrachera.** ☐ Suele usarse con los verbos *coger, llevar* o *tener.*

mo·na·cal |monakál| ***adj.*** De las *monjas o los *monjes o que tiene relación con ellos: *lleva una vida ~ desde que murió su marido.* ⇒ **monástico.**

mo·na·da |monáða| **1** ***f.*** *fig.* Gesto o acción graciosa, especialmente el que hace un niño o un animal pequeño: *el bebé se pasa el día haciendo reír con sus monadas.* ⇒ **monería. 2** *fig.* Persona, animal o cosa pequeña, delicada y bella: *tiene una novia que es una ~; se han comprado una ~ de perro; llevaba una blusa que era una verdadera ~.* ⇒ **monería.**

mo·na·gui·llo |monaγíʎo| ***m.*** Persona que ayuda al sacerdote en la misa: *el ~ sujetaba el agua bendita mientras el cura daba la bendición.*

mo·nar·ca |monárka| ***m.*** Jefe del Estado por derecho propio, generalmente *adquirido por nacimiento: *el ~ visitó las zonas del país afectadas por el terremoto.* ⇒ **rey, soberano.**

mo·nar·quí·a |monarkía| **1** ***f.*** Forma de gobierno en la que una persona dirige el Estado y lo hace por derecho propio, generalmente *adquirido por nacimiento: *en una ~, el soberano está al frente de la jefatura del Estado hasta su muerte; el príncipe es el heredero de la ~;* **~ absoluta,** forma de gobierno en la que el rey no tiene limitado su poder por ninguna ley: *el sistema político de Fernando VII fue una ~ absoluta;* **~ constitucional,** forma de gobierno en la que la Constitución limita el poder del rey: *en España existe una ~ constitucional.* **2** País que se gobierna de esa manera: *se reunieron los representantes de varias monarquías europeas.* **3** *fig.* Periodo de tiempo en el que un *monarca dirige un Estado: *durante la ~ de Carlos III se llevaron a cabo reformas económicas y sociales.*

mo·nár·qui·⌜co, ⌜ca |monárkiko, ka| **1** ***adj.*** De la *monarquía o que tiene relación con ella: *el régimen ~ no cuenta con demasiados seguidores en ese país; este intelectual es católico, tradicional y ~.* **- 2** ***adj.-s.*** (persona) Que es partidario de la *monarquía: *los ministros monárquicos eran contrarios a la República; Javier nunca compartió las ideas de los monárquicos.*

mo·nas·te·rio |monastério| ***m.*** Edificio o casa, generalmente lejos de una población, en la que vive una comunidad de religiosos bajo unas reglas: *visitaron un ~ cisterciense.* ⇒ **convento.**

mo·nás·ti·⌜co, ⌜ca |monástiko, ka| ***adj.*** Del monasterio o que tiene relación con él: *la vida monástica era muy tranquila.* ⇒ **monacal.**

mon·da |mónda| ***f.*** Piel o cáscara que se quita de las hortalizas y las frutas: *peló la naranja y tiró la ~ a la basura; el suelo estaba lleno de mondas de patatas.* ⇒ **mondadura.** ■ **ser la ~**, ser muy gracioso y divertido: *tu amigo es la ~: no para de contar chistes.*

mon·da·dien·tes |mondaðiéntes| ***m.*** Palo pequeño y delgado de madera que sirve para pinchar los alimentos o para limpiar los dientes: *pinchaban las aceitunas con un ~.* ⇒ **palillo.** ☖ El plural es *mondadientes.*

mon·da·du·ra |mondaðúra| ***f.*** Piel o cáscara que se quita de las hortalizas y las frutas: *alimentaban a sus cerdos con mondaduras de manzana y patata.* ⇒ **monda.**

mon·dar |mondár| **1** ***tr.*** [algo] Quitar la piel o la cáscara a las hortalizas y las frutas: *hay que ~ unas patatas para el puré; no sabe ~ una naranja.* ⇒ **pelar. 2** Limpiar el *cauce de un río o de un canal: *metieron unas excavadoras en el río para mondarlo.* **3** Quitar las ramas viejas o secas de los árboles: *cuando llega el invierno hay que ~ los frutales.* **- 4 mondarse** ***prnl.*** *fam.* Reír mucho: *nos mondábamos con las anécdotas de aquel hombre tan gracioso.*

mon·⌜do, ⌜da |móndo, da| **1** ***adj.*** Que está limpio y libre de cosas extrañas, añadidas e innecesarias: *los restauradores han hecho un buen trabajo dejando las paredes mondas de yeso y pintura.* **2** Que no tiene pelo: *su cabeza está monda como una calavera.* ⇒ **calvo.** ■ **~ y lirondo**, *fam.*, que está limpio y sin cosas añadidas: *llevaba un vestido ~ y lirondo.*

mon·don·go |mondóŋgo| ***m.*** Conjunto formado por el estómago y las tripas de un animal, especialmente del cerdo: *el águila despedazaba el ~ del animal muerto.*

mo·ne·da |monéda| **1** ***f.*** Unidad aceptada en uno o más países como medida común para fijar el precio de las cosas: *la peseta es la ~ española; el ecu es la ~ de la Unión Europea.* ⇒ **dinero. 2** Pieza de metal, generalmente redonda y con un relieve en cada cara, que sirve para comprar o pagar: *en mi bolsillo tengo tres monedas; coleccionaba monedas antiguas; ¿quiere usted el cambio en billetes o en monedas?* ⇒ **billete.** ■ **pagar con la misma ~**, comportarse una persona con otra de la misma manera con que ésta la trató a ella: *él fue muy amable conmigo y yo le pagaré con la misma ~; si le haces una faena, él te pagará con la misma ~.* ■ **ser ~ corriente**, ser común o frecuente: *los insultos son ~ corriente en esas reuniones.*

mo·ne·de·ro |moneðéro| ***m.*** Objeto de pequeño tamaño, hecho de tela o cuero, que sirve para guardar el dinero: *el ~ llevaba una cremallera para*

MOLUSCOS

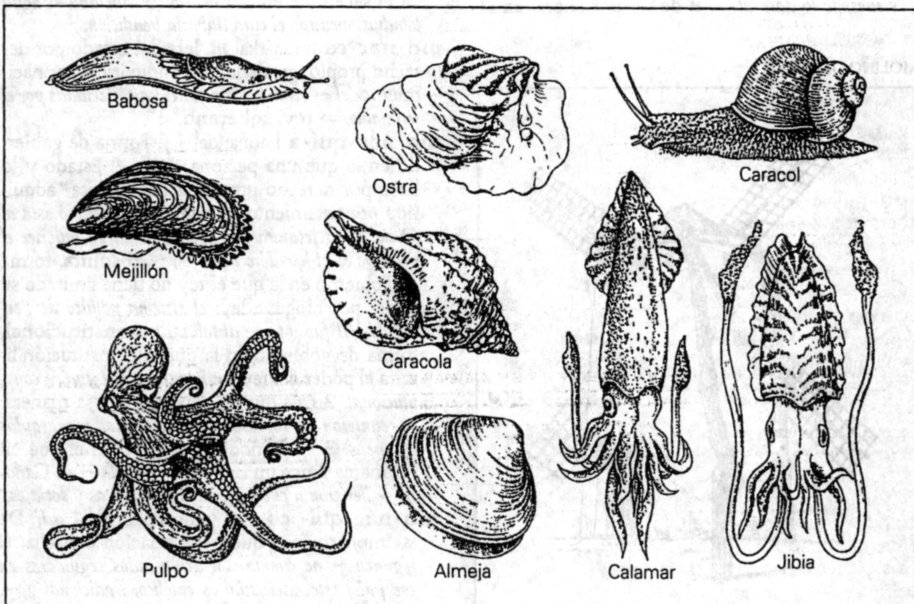

que no se salieran las monedas. ⇒ **billetero, cartera.**

mo·ne·gas·⌈co, ⌈ca |moneγásko, ka| **1** ***adj.*** De Mónaco o que tiene relación con Mónaco: *Montecarlo es la capital monegasca.* **- 2** ***m. f.*** Persona nacida en Mónaco o que vive habitualmente en Mónaco: *los monegascos son vecinos de los franceses.*

mo·ne·rí·a |monería| **1** *fig.* Gesto o acción graciosa, especialmente el que hace un niño o un animal pequeño: *el cachorro hacía muchas monerías y los niños se reían.* ⇒ **monada. 2** *fig.* Persona, animal o cosa pequeña, delicada y bella: *su novio es una ~; llevaba una ~ de pantalón.* ⇒ **monada.**

mo·ne·ta·⌈rio, ⌈ria |monetário, ria| ***adj.*** *form.* De la moneda o que tiene relación con ella: *una grave crisis económica paralizó la circulación monetaria.*

mon·gó·li·⌈co, ⌈ca |moŋgóliko, ka| **1** ***adj.*** Que padece una enfermedad que provoca retraso mental: *se especiliazó en pediatría y ahora trabaja con niños mongólicos.* **2** *fam.* Tonto, idiota: *no seas ~ y deja de insultarme.* ☖ Se usa como apelativo despectivo.

mon·go·lis·mo |moŋgolísmo| ***m.*** MED. Enfermedad que provoca retraso mental: *el ~ se llama también síndrome de Down; el ~ se produce por una alteración de los cromosomas.*

mo·ni·go·te |moniγóte| **1** ***m.*** *fig.* Persona tonta y de ningún valor: *¿y quién es ese ~ para darme órdenes?* **2** *Muñeco o figura ridícula: *le colgaron un ~ en la espalda el día de los Santos Inocentes.* **3** Dibujo mal hecho: *el niño dibujó dos monigotes y dijo que eran sus padres.*

mo·ni·⌈tor, ⌈to·ra |monitór, tóra| **1** ***m. f.*** Persona que enseña o dirige: *nuestro ~ de esquí es un chico muy simpático; la monitora se encargó de organizar la excursión.* ⇒ **instructor. - 2 monitor** ***m.*** Mecanismo que permite vigilar el funcionamiento de un aparato o sistema: *el ~ avisó del incencio.* **3** Superficie de cristal en la que se forma la imagen en un *televisor, un *ordenador y otros aparatos *electrónicos: *me quiero comprar un ~ en color y una impresora.*

mon·ja |móŋxa| ***f.*** Persona de sexo femenino que pertenece a una orden religiosa: *dos monjas con hábito negro llegaron a la casa pidiendo limosna para los pobres; las monjas de clausura no pueden salir del convento.* ⇒ **fraile.**

mon·je |móŋxe| ***m.*** Persona de sexo masculino que pertenece a una orden religiosa y que suele vivir en un monasterio: *cerca de mi pueblo hay un monasterio de monjes benedictinos.* ⇒ **fraile.**

mon·jil |moŋxíl| **1** ***adj.*** De la *monja o que tiene relación con ella: *la vida ~ es muy austera.* **- 2** ***m.*** Prenda de vestir femenina, que llega hasta los pies y que usan las *monjas: *algunas monjas de clausura llevan un ~ negro y una toca blanca.* ⇒ **hábito.**

mo·⌈no, ⌈na |móno, na| || **1** ***m. f.*** Animal mamífero que tiene pies y manos capaces de sujetar cosas, y cuyo aspecto tiene parecido con el hombre: *el ~ tiene un origen común con el hombre; a los monos les gustan los plátanos.* **2** *fam. desp. fig.* Persona muy fea o que hace gestos parecidos a los de ese animal: *ella es bastante fea pero su novio es un ~.* ☖ Se usa como apelativo despectivo. **- 3** ***adj.*** *fam.* Que es bonito o agradable a la vista: *tu vestido es muy ~ y te sienta muy bien; tiene un niño muy ~.* **- 4 mono** ***m.*** Prenda de vestir de tela fuerte, generalmente de color azul, que se usa para trabajar: *el mecánico tenía el ~ manchado de grasa.* **5** Estado físico y mental producido por interrumpir el consumo de una sustancia que crea dependencia: *tenía el ~ y le temblaba el pulso.* ■ **ser el último ~,** *desp.*, ser una persona que no cuenta para nada o no tiene importancia: *le dijo que se callara porque era el último ~.*

mo·no·cro·⌈mo, ⌈ma |monokrómo, -na| ***adj.*** *form.* Que tiene un solo color: *el monitor del ordenador era ~.*

mo·nó·cu·lo |monókulo| ***m.*** *form.* Cristal que se coloca en un ojo para ver mejor: *llevaba el ~ colgado de una cadena.* ⇒ **lente.**

mo·no·cul·ti·vo |monokultíβo| ***m.*** Técnica que consiste en dedicar toda la tierra disponible a un solo cultivo: *en estas tierras, la vid se explota en régimen de ~.*

mo·no·ga·mia |monoγámia| ***f.*** Estado o costumbre de tener una sola mujer o de haberse casado una sola vez: *la ~ es general en España ya que la poligamia está prohibida.* ⇔ **poligamia.**

mo·nó·ga·⌈mo, ⌈ma |monóγamo, ma| **1** ***adj.-s.*** (persona) Que se ha casado una vez: *llevo 20 años casado con mi mujer y soy ~.* ⇔ **polígamo. - 2** ***adj.-m.*** (hombre) Que está casado con una sola mujer: *en muchos países ser ~ es algo extraño.*

mo·no·gra·fí·a |monoγrafía| ***f.*** Estudio sobre un punto especial y particular de una materia: *lleva dos años preparando una ~ sobre Cervantes.*

mo·no·grá·fi·⌈co, ⌈ca |monoγráfiko, ka| ***adj.*** Que estudia o trata un solo tema: *hay un ciclo ~ del director de cine Luis Buñuel; pidió una beca para hacer un estudio ~ sobre la fauna de esa provincia.*

mo·no·lin·güe |monolíŋgue| **1** ***adj.-com.*** *form.* (persona) Que habla una sola lengua: *muchas personas son monolingües, aunque hoy día casi todo el mundo aprende otros idiomas.* ⇒ **bilingüe. - 2** ***adj.*** Que está escrito en una sola lengua: *éste es un diccionario ~ de español.* ⇒ **bilingüe.**

mo·no·lí·ti·⌈co, ⌈ca |monolítiko, ka| **1** ***adj.*** *form.* Que está hecho de una sola pieza de piedra: *fuimos a visitar los monumentos monolíticos de la isla.* **2** *fig.* Que tiene una unión muy fuerte entre sus distintas partes: *el régimen feudal parecía un sistema ~.*

mo·no·li·to |monolíto| ***m.*** Construcción u obra de piedra de una sola pieza: *los monolitos son propios de las culturas prehistóricas.*

mo·no·lo·gar |monoloγár| ***intr.*** Pronunciar o decir un *monólogo: *cuando hablas conmigo no conversas, monologas.* ☖ Se conjuga como 7.

mo·nó·lo·go |monóloγo| **1** ***m.*** Discurso que hace una sola persona en voz alta; conversación que mantiene una persona consigo misma: *todas las mañanas, mientras se vestía ante el espejo, tenía el* *mismo ~.* **2** LIT. Obra literaria, especialmente de teatro, en la que habla un solo personaje: *la obra* Cinco horas con Mario *es un ~.* ⇒ **diálogo.**

mo·no·po·lio |monopólio| **1** ***m.*** Permiso concedido a un solo individuo o sociedad para explotar un negocio o para vender o consumir un determinado producto: *el gobierno concedió el ~ de tabacos a una empresa tabacalera; en algunos países el comercio de la gasolina es un ~.* **2** Realización o ejercicio de una sola actividad; *dominio o influencia total sobre una cosa: *el partido político más poderoso tenía el ~ del parlamento.*

mo·no·po·li·zar |monopoliθár| **1** ***tr.*** [algo] Tener, conseguir o atribuirse el permiso *exclusivo para explotar un negocio o para vender o consumir un determinado producto: *esta empresa ha monopolizado la distribución del petróleo y sus derivados.* **2** Realizar o ejercer una actividad con mayor dedicación y éxito que los demás: *las empresas japonesas monopolizan el mercado de la electrónica.* **3** *fig.* Atraer la atención de las personas presentes: *durante toda la fiesta monopolizó la conversación.* ☐ Se conjuga como 4.

mo·no·rra·íl |monor̄aíl| ***m.*** Tren o vehículo que circula por un solo *raíl: *un ~ circulaba por el interior del parque.*

mo·no·sa·bio |monosáβio| ***m.*** Persona que ayuda al picador en la plaza de toros: *los monosabios suelen ir vestidos con una camisa roja y se ayudan en su trabajo con una vara.*

mo·no·sí·la·⌐bo, ⌐ba |monosílaβo, βa| ***adj.-m.*** (palabra) Que tiene una sola sílaba: *son monosílabos las palabras como* mi, tu, de, en *o* y. ⇔ **polisílabo.**

mo·no·te·ís·mo |monoteísmo| ***m.*** Doctrina religiosa que defiende la existencia de un solo dios: *el ~ suele aparecer en culturas desarrolladas.*

mo·no·te·ís·ta |monoteísta| **1** ***adj.*** REL. Del *monoteísmo o que tiene relación con él: *las creencias monoteístas se extendieron por occidente.* ⇔ **politeísta. - 2** ***com.*** Persona que defiende la existencia de un solo dios: *los judíos, los budistas, los mahometanos y los cristianos son monoteístas.* ⇔ **politeísta.**

mo·no·to·ní·a |monotonía| **1** ***f.*** Igualdad de tono; cualidad de *monótono: *la ~ de la voz del orador acabó durmiendo a la audiencia.* **2** *fig.* Falta de variación que produce aburrimiento: *quería acabar con la ~ de su vida, pero no sabía cómo.*

mo·nó·to·⌐no, ⌐na |monótono, na| **1** ***adj.*** Que tiene siempre el mismo tono: *una melodía monótona sonaba de fondo en el restaurante.* **2** Que no cambia o varía y produce aburrimiento: *desde el tren, el paisaje discurría ~.*

mon·se·ñor |monseɲór| ***m.*** Forma de tratamiento que indica respeto y *cortesía y que se usa hacia los altos cargos de la Iglesia: *~ Fernández ofició la misa en honor de la patrona de la ciudad.*

mon·ser·ga |monsérγa| **1** ***f.*** *fam.* Lenguaje *confuso que no se entiende: *sus palabras eran una auténtica ~.* **2** *fam.* Asunto que cansa o molesta por ser muy pesado: *¡por favor, déjate de monsergas!* ⇒ **lata.**

mons·truo |mónstruo| **1** ***m.*** Personaje imaginario, generalmente feo y desagradable, que aparece en la literatura o en el cine: *uno de los monstruos más famosos fue el ~ de Frankenstein.* **2** Persona o cosa muy fea: *ella lo quiere mucho, pero su novio es un ~.* **3** Persona muy cruel y perversa: *fue un ~ con los niños: todos le tenían miedo.* **4** Cosa que no es normal en la naturaleza: *la expansión de la onda radiactiva hizo que muchos niños y animales fueran monstruos con múltiples defectos físicos.* ⇒ **aberración. 5** Cosa excesivamente grande o extraordinaria: *construyeron un edificio que es un ~.* **6** Persona que tiene unas cualidades extraordinarias para realizar una actividad: *Lope de Vega fue un ~ de la literatura.*

mons·truo·si·dad |monstruosiðáᵈ| **1** ***f.*** Falta de proporción y de regularidad, especialmente en el cuerpo humano: *Cuasimodo se avergonzaba de la ~ de su cuerpo.* ⇒ **deformidad. 2** Cosa o cantidad excesivamente grande o extraordinaria: *el nuevo estadio de fútbol es una ~.* **3** Crueldad o *maldad: *los observadores internacionales han denunciado las monstruosidades cometidas en la guerra.*

mons·truo·⌐so, ⌐sa |monstruóso, sa| **1** ***adj.*** Que no es normal; que presenta una falta de proporción y de regularidad en su forma: *después del accidente, su rostro había quedado ~.* ⇒ **deforme. 2** Que es excesivamente grande o extraordinario: *una estatua monstruosa presidía el puerto de Rodas; este muchacho tiene una fuerza monstruosa.* **3** Que es muy cruel y perverso: *la policía dijo que había sido un asesinato ~; todos los países condenaron la monstruosa masacre de indígenas.* **4** Que es muy feo: *ese actor tiene un rostro ~, siempre hace papeles de terror.*

mon·ta |mónta| **1** ***f.*** Arte de montar a caballo: *es un experto en la ~ de caballos.* **2** Unión sexual de los caballos y los toros con sus hembras: *vamos a llevar al toro a aquella finca para la ~.* **3** Valor o importancia de una cosa: *no puedo perder el tiempo en un asunto de tan poca ~.*

mon·ta·car·gas |montakárγas| ***m.*** *Ascensor que sirve para transportar mercancías: *las personas subían en el ascensor, pero las maletas iban en un ~.* ⇒ **ascensor.**

mon·ta·⌐do, ⌐da |montáðo, ða| **1** ***adj.-s.*** Que va subido en un caballo o en otro animal: *los soldados montados desfilaron ante el Rey; la guardia montada está a las puertas del palacio.* **- 2 montado** ***m.*** Alimento formado por carne *asada o frita, colocado sobre un trozo de pan: *me he comido dos montados de lomo.* ☐ Se usan también las formas *montadito* o *montadito de lomo.*

mon·ta·⌐dor, ⌐do·ra |montaðór, ðóra| **1** ***m. f.*** Persona que se dedica a montar máquinas o aparatos: *trabaja de ~ en una fábrica.* **2** Persona que se dedica a montar películas de cine o *programas de radio y televisión: *el ~ elimina los fotogramas inútiles.*

mon·ta·je |montáxe| **1** ***m.*** Acción y resultado de montar o poner juntas unas piezas que ajustan entre sí: *buscan a un mecánico que se dedique al ~ de motores de automóvil.* **2** Organización y preparación de una representación teatral u otro tipo de espectáculo: *en el teatro contemporáneo el ~ juega un papel importantísimo.* **3** CINEM. Técnica de cine, radio y televisión que consiste en elegir y unir una serie de *escenas o de sonidos para elaborar una película o un *programa: *la Academia de cine premió esa película por su estupendo ~.* **4** *fig.* Situación fingida que hace parecer verdadero lo que es falso: *el marido intentó explicar que toda aquella historia de su adulterio era un ~ de su secretaria.* ⇒ **farsa.** ■ ~ **fotográfico**, imagen conseguida con partes de varias fotografías: *en la portada de la revista aparece un ~ fotográfico del acueducto de Segovia en medio del desierto.*

mon·tan·te |montánte| **1** *m.* Cantidad de dinero, especialmente la que se debe y que es resultado de una cuenta: *el director de la película recibe un tanto por ciento del ~ de la taquilla.* **2** Pieza vertical que sostiene una estructura: *se rompieron los montantes y la estatua se cayó al suelo.* **3** Ventana abierta sobre una puerta: *el pasillo tenía una puerta con dos hojas y montantes.* **4** Columna delgada que divide el hueco de una ventana: *el ~ del ventanal está algo carcomido.* ⇒ **parteluz.** - **5** *f.* Subida del agua del mar: *la ~ arrastró peces muertos a la playa.* ⇒ **pleamar.**

mon·ta·ña |montáɲa| **1** *f.* *Elevación del terreno de gran altura y generalmente de lados muy inclinados: *escalaron la ~ y llegaron a su cumbre.* ⇒ **monte.** ⇔ **llanura.** **2** Terreno en el que abundan alturas naturales: *nos iremos de excursión a la ~; se fue a vivir a la ~ huyendo de la contaminación de la ciudad.* ⇒ **sierra.** **3** *fig.* Gran cantidad o acumulación de una cosa: *le pusieron en el plato una ~ de patatas fritas; ha hecho una ~ con la ropa vieja que va a tirar.* **4** *fam. fig.* Problema difícil de solucionar: *has convertido en una ~ algo que no tiene ninguna importancia.* ■ ~ **rusa**, atracción que suele haber en los lugares de diversión y que consiste en pequeños vehículos que circulan muy rápido por una vía estrecha con muchas curvas e inclinaciones: *fuimos al parque de atracciones y montamos en la ~ rusa.*

mon·ta·ñe·⌜ro, ⌜ra |montaɲéro, ra| *m. f.* Persona que practica el *montañismo: *un grupo de montañeros acamparon en el refugio; Antonio es un intrépido ~.* ⇒ **alpinista.**

mon·ta·⌜ñés, ⌜ñe·sa |montaɲés, ɲésa| **1** *adj.* De la montaña o que tiene relación con ella: *el clima ~ sentó de maravilla a los niños.* - **2** *adj.-s.* (persona) Que vive en la montaña: *los montañeses suelen ser personas hospitalarias.*

mon·ta·ñis·mo |montaɲísmo| *m.* Deporte que consiste en subir y andar por las montañas: *el único deporte que practica Felipe es el ~.* ⇒ **alpinismo.**

mon·ta·ño·⌜so, ⌜sa |montaɲóso, sa| *adj.* Que tiene muchas montañas: *el río nace en un terreno ~.*

mon·tar |montár| **1** *intr.-prnl.* Subir encima de una cosa que está en un lugar más alto: *los niños montaron en los columpios.* - **2** *tr.-intr.-prnl.* [algo] Subir encima de un animal o cosa que se mueve o que se puede mover: *montó en el autobús para ir al colegio; se montaron en la noria; montaba un caballo blanco.* ⇔ **desmontar.** - **3** *intr.-tr.* [algo] Estar o andar sobre un animal: *sabe ~ a caballo.* - **4** *tr.* [algo] Poner juntas unas piezas que ajustan entre sí: *ha desarmado el televisor y ahora no sabe cómo montarlo; los soldados aprenden a ~ las pistolas.* ⇔ **desmontar.** **5** Organización y preparación de una representación teatral u otro espectáculo: *el Ayuntamiento ha montado un festival taurino.* **6** Poner una piedra preciosa sobre un soporte: *el joyero montó un brillante en el anillo.* ⇒ **engarzar.** **7** *Batir la nata de la leche o las claras de huevo hasta que queden esponjosas: *montó la nata para comérsela con las fresas.* **8** Unirse sexualmente un animal macho a su hembra: *ha comprado un semental para que monte las vacas.* **9** CINEM. Disponer y unir las partes de una película de cine o de un programa de *radio o televisión: *ya han completado el rodaje y sólo les queda ~ la película.* - **10** *tr.-prnl.* Disponer o preparar lo necesario para una actividad: *han montado una tienda magnífica; se ha montado una fiesta para esta tarde.* - **11** *intr.* [en algo] Experimentar y mostrar un sentimiento fuerte: *cuando lo oyó, montó en cólera.* ☐ Se usa seguido de la preposición *en.* **12** Conducir o manejar un vehículo: *la niña no sabía ~ en bicicleta.* ■ **tanto monta, monta tanto**, expresión con la que se indica que los dos elementos de los que se habla tienen la misma importancia: *puedes consultárselo a Luisa o a Carmen, tanto monta, monta tanto.*

mon·ta·raz |montaráθ| **1** *adj.* Que se ha criado en la montaña o vive en ella: *en la dehesa pastaban caballos montaraces.* **2** *fig.* (persona) Que tiene un carácter violento y un comportamiento poco educado: *esos niños son un poco montaraces.* ⇒ **rudo.**

mon·te |mónte| **1** *m.* *Elevación del terreno de gran altura y generalmente de lados muy inclinados: *el aire puro del ~ es muy bueno para los pulmones; el Mulhacén es un ~ que está en Sierra Nevada.* ⇒ **montaña.** ⇔ **llanura.** **2** Terreno sin cultivar en el que hay árboles: *se ha declarado un incendio en el ~; he cogido tomillo en el ~.* ⇒ **bosque**; ~ **alto**, el que está poblado con árboles grandes: *mi pueblo está situado en un ~ alto en el que hay muchos pinos y abetos;* ~ **bajo**, el que está poblado con hierbas y árboles pequeños: *el conejo corría por el ~ bajo escondiéndose entre los arbustos.* **3** Parte saliente del cuerpo: ~ **de Venus**, parte inferior del vientre de la mujer: *el ~ de Venus es el pubis de la mujer.* ⇒ **pubis.** ■ **echarse al** ~, *huir de los lugares habitados, por estar fuera de la ley: *se echó al ~ para que no lo encontrara la policía.* ■ ~ **de piedad**, establecimiento en el que se presta dinero a cambio de objetos empeñados con un bajo interés: *pasamos tantos apuros, que tuvimos que llevar las joyas a un ~ de piedad.* ■ **no todo el ~ es orégano**, expresión con la que se indica que no todo es fácil: *no creas que todo el ~ es orégano,* *aquí te vas a encontrar con muchas dificultades.* ☐ Se usa con verbos como *creer* o *pensar.*

mon·te·ne·gri·⌈no, ⌈na |monteneɣríno, na| **1** ***adj.*** De Montenegro o que tiene relación con Montenegro: *Titogrado es la capital montenegrina.* **- 2** ***m. f.*** Persona nacida en Montenegro o que vive habitualmente en Montenegro: *los montenegrinos formaban parte de la antigua Yugoslavia.*

mon·te·ra |montéra| ***f.*** Sombrero del torero: *la ~ es negra.*

mon·te·rí·a |montería| ***f.*** Caza de animales de gran tamaño: *salieron de ~ y cazaron jabalíes y algún ciervo.* ⇒ **cacería.**

mon·te·⌈ro, ⌈ra |montéro, ra| ***m. f.*** Persona que caza por el monte: *el duque llamó a los monteros para que le ojearan las piezas.*

mon·tí·cu·lo |montíkulo| ***m.*** *Elevación del terreno pequeña y aislada, natural o hecha por el hombre o los animales: *los cazadores se escondieron detrás de un ~ de tierra.* ⇒ **monte.**

mon·to |mónto| ***m.*** *form.* Suma final de varias cantidades: *el ~ ascendía a varios millones de pesetas.*

mon·tón |montón| **1** ***m.*** Conjunto de cosas puestas sin orden unas sobre otras: *recoge el ~ de papeles de periódico; sobre la mesa había un ~ de revistas.* **2** *fig.* Número o cantidad grande de cosas: *traigo un ~ de regalos para todos; barrió bajo la cama y sacó un ~ de polvo y basura.* ■ **a ~/ montones,** *fam.*, de manera abundante: *en la biblioteca hay libros a montones.* ■ **ser del** ~, no sobresalir; no destacar: *es una chica del ~, ni guapa ni fea.*

mon·to·ne·ra |montonéra| *fam.* Número o cantidad grande de cosas: *tiene una ~ de hijos y nietos.* ⇒ **montón.**

mon·tu·ra |montúra| **1** ***f.*** Armazón que sostiene las piezas de un objeto: *lleva gafas con ~ metálica; había un espejo con la ~ rota.* **2** Animal sobre el que se puede montar: *el jinete cuidaba mucho su ~.* ⇒ **cabalgadura. 3** Conjunto formado por la silla y los objetos necesarios para montar sobre un caballo u otro animal: *muchos jinetes saben montar sin ~.*

mo·nu·men·tal |monumentál| **1** ***adj.*** De los *monumentos o que tiene relación con ellos: *el artista se especializó en la pintura ~.* **2** *fig.* Que es muy grande; que es de tamaño mucho mayor de lo normal: *próximamente empezarán las obras de una ~ estación de ferrocarril.* **3** *fig.* Que es muy superior; que sobresale por encima de otros de su misma clase: *el jugador cometió un error ~ al fallar el penalti.*

mo·nu·men·to |monuménto| **1** ***m.*** Obra de arquitectura, escultura o grabado hecha para recordar a una persona, un acto o una fecha importante: *la ciudad ha sufragado los gastos para construir un ~ en honor a Valle Inclán.* **2** Edificio u obra pública de gran valor histórico o artístico: *la Puerta de Alcalá es uno de los monumentos de Madrid; en Granada hay magníficos monumentos.* **3** Objeto o documento de gran valor para la historia o para la ciencia: *en la excavación se encontraron varios monumentos que aclaran el origen de este pueblo.* **4** Obra científica, artística o literaria de gran valor: *el descubrimiento de la penicilina fue un ~ para la medicina.* **5** *fam.* Persona muy bella: *Luis tiene una novia que es un ~.*

mon·zón |monθón| ***m.*** Viento que sopla en el *sudeste de Asia, unas veces en una dirección y otras veces en otra: *el ~ de verano es cálido, el de invierno es seco y frío.*

mon·zóni·⌈co, ⌈ca |monθóniko, ka| **1** ***adj.*** Del *monzón o que tiene relación con él: *los vientos monzónicos de verano traen lluvias torrenciales; las lluvias monzónicas han causado el desbordamiento de varios ríos.* **2** Que tiene lluvias fuertes y abundantes en verano: *el clima ~ es propio de Asia meridional.*

mo·ña |móɲa| **1** ***f.*** Adorno que se ponen las mujeres en la cabeza: *la muchacha iba vestida con un traje típico y en el pelo llevaba una ~.* **2** *fam.* Estado en el que se pierde el control a causa del consumo excesivo de alcohol: *se bebieron una botella de anís y agarraron una ~.* ⇒ **borrachera.**

mo·ño |móɲo| **1** ***m.*** Peinado que se hace recogiendo el pelo en forma redonda y sujetándolo junto a la cabeza: *perdió una horquilla y se le deshizo el ~.* **2** Conjunto de plumas o de pelo que se levanta en la parte superior de la cabeza de ciertos animales: *la garza tiene ~.*

mo·que·ar |mokeár| ***intr.*** Echar *mocos de forma continuada: *cuando estamos resfriados, nos pasamos el día moqueando.*

mo·que·ro |mokéro| ***m.*** *fam.* Pieza de tela o papel, pequeña y cuadrada, que sirve para limpiarse la nariz: *el labrador sacó el ~ del bolsillo y se sonó con fuerza.* ⇒ **pañuelo.**

mo·que·ta |mokéta| ***f.*** Tela fuerte de lana que se usa para para cubrir paredes y suelos: *las habitaciones de la casa tenían ~.*

mo·ra |móra| ***f.*** Fruto comestible de forma redonda, de color blanco, rosa o morado oscuro, de sabor dulce y agradable: *las moras de morera son blancas o rosadas; las moras de moral son moradas.* ⇒ **moral, morera, zarzamora.**

mo·ra·da |moráða| ***f.*** Casa o lugar donde habitualmente vive una persona o un animal: *Marco vivía en una humilde ~; en aquellas peñas hacían su ~ las águilas.*

mo·ra·⌈do, ⌈da |moráðo, ða| **1** ***adj.*** Del color que resulta al mezclar el rojo y el azul: *se ha comprado un chaquetón ~; llevaba una camisa morada.* ⇒ **lila, violeta. - 2** ***adj.-m.*** (color) Que resulta al mezclar el rojo y el azul: *las berenjenas son de color ~; el ~ es un color algo triste.* ■ **pasarlas moradas**, tener muchos problemas; encontrarse en una situación difícil: *vengo del supermercado y las he pasado moradas para aparcar.* ■ **ponerse** ~, *fam.*, satisfacer en exceso el deseo de una cosa, especialmente de comida o bebida: *siempre que va a un banquete se pone ~.*

mo·ra·⌈dor, ⌈do·ra |moraðór, ðóra| ***adj.-s.*** Que vive en un lugar: *le interesan los animales moradores de la campiña; los moradores de aquella casa jamás salían a la calle.*

mo·ral |morál| **1** ***adj.*** De los valores o costumbres que se consideran buenos o que tiene relación con ellos: *su comportamiento no es ~, es escandaloso.* **2** Que es conforme a las costumbres que se consideran buenas: *pronunció un discurso ~.* ⇔ **inmoral. 3** Del espíritu o la mente, en *oposición al cuerpo: *ya no tenía fuerza ~ para continuar.* **- 4 *f.*** Conjunto de reglas morales que dirigen el comportamiento del hombre: *la ~ de algunos estamentos sociales está corrompida.* ⇒ **ética. 5** Estado de ánimo o de confianza: *el equipo tiene la ~ alta y puede ganar.* **- 6 *m.*** Árbol cuyo fruto es la *mora: *se sentó a la sombra de un ~.* ⇒ **morera.**

mo·ra·le·ja |moraléxa| ***f.*** Enseñanza provechosa que se saca de una historia: *las fábulas terminan con una ~.*

mo·ra·li·dad |moraliðáᵈ| **1 *f.*** Cualidad de moral o conforme a las costumbres que se consideran buenas: *su pensamiento siempre se ha distinguido por su ~.* ⇔ **inmoralidad. 2** Correspondencia de la opinión, el comportamiento o los hechos con las reglas de la moral: *fue un filósofo preocupado por la ~ de su tiempo.*

mo·ra·lis·ta |moralísta| **1 *adj.*** Que tiene una intención moral: *ha escrito numerosos tratados moralistas.* **2 *com.*** Persona que hace *reflexiones morales y escribe sobre moral: *es un importante filósofo y ~.*

mo·ra·li·zar |moraliθár| **1 *tr.-prnl.*** [algo, a alguien] Hacer morales los hábitos y las costumbres de las personas: *muchos religiosos intentaron ~ a la gente de su época.* **- 2 *intr.*** Hacer *reflexiones morales: *en su libro, el filósofo moraliza sobre la eutanasia.* ☖ Se conjuga como 4.

mo·rar |morár| ***intr. form.*** Vivir habitualmente en un lugar: *¿quién moraba en esta casa?*

mo·ra·to·ria |moratória| ***f.*** Tiempo de espera para hacer una cosa, especialmente para cumplir una obligación: *tras concluir el plazo de devolución de la deuda, se le concedió una ~ de tres meses.*

mor·bi·li·dad |morβiliðáᵈ| ***f.*** Cantidad de personas que enferma en un lugar y un periodo de tiempo determinados: *la ~ de esa región africana es la más alta del continente.* ⇒ **mortalidad.**

mor·bo |mórβo| **1 *m.*** *fam.* Gusto por las cosas desagradables, crueles, prohibidas o que van contra la moral: *mucha gente fue a ver esa película sangrienta por ~.* ⇒ **morbosidad. 2** *form.* Enfermedad o alteración de la salud: *el ~ se extendió a la mayor parte de la población.*

mor·bo·si·dad |morβosiðáᵈ| ***f.*** Cualidad de *morboso: *la ~ de la situación atraía a mucha gente.* ⇒ **morbo.**

mor·bo·⌐so, ⌐sa |morβóso, sa| **1 *adj.*** Que muestra un excesivo gusto por las cosas desagradables, crueles, prohibidas o que van contra la moral: *en el Barroco, muchas pinturas presentan escenas morbosas.* **2** *form.* De la enfermedad o que tiene relación con ella: *un equipo médico observa los procesos morbosos o infecciosos de la población de mayor edad.*

mor·ci·lla |morθíʎa| **1 *f.*** *Embutido de color negro, de forma cilíndrica alargada y gruesa, hecho con sangre de cerdo *cocida, especias y *cebolla, que se fríe o *asa antes de comerlo: *las morcillas pueden rellenarse con diversos ingredientes, como la cebolla o el arroz; ha comido alubias con ~.* **2** *fam. fig.* Conjunto de palabras o frases inventadas que un actor introduce en su papel: *como el comediante no se sabía el papel, no dejó de meter morcillas.* ■ **que le den ~**, *fam.*, expresión con la que se indica desprecio o desinterés por alguna persona:

mor·ci·llo |morθíʎo| ***m.*** Parte carnosa de las patas de la vaca, el toro y otros animales parecidos: *en mi casa utilizamos el ~ para hacer cocido.*

mor·daz |morðáθ| ***adj.*** Que critica de forma cruel o con mala intención: *es una película dura y ~ con la situación social; este periodista es muy ~.* ⇒ **corrosivo, incisivo, satírico.**

mor·da·za |morðáθa| **1 *f.*** Trozo de tela o de otro material que se ata alrededor de la cabeza de una persona para taparle la boca: *los secuestradores le pusieron una ~ y la metieron en el coche.* **2** Cierre que impide que se mueva una cadena: *el marinero puso la ~ a la cadena del ancla.*

mor·de·du·ra |morðeðúra| **1 *f.*** Acción y resultado de morder: *de pronto sintió una ~ en el tobillo: una rata clavaba sus dientes en él.* ⇒ **bocado, mordisco. 2** Herida o señal que se deja al morder: *el médico observó una ~ de serpiente en el cuello del cadáver.*

mor·der |morðér| **1 *tr.-prnl.*** [algo, a alguien] Sujetar y apretar clavando los dientes: *el niño muerde la manzana; un perro le mordió en la pierna.* **- 2 *tr.*** [algo] Gastar; arrancar poco a poco partes pequeñas: *la lima muerde el acero; el mar muerde las rocas de la playa.* **- 3 *tr.-intr.*** [a alguien] Besar y dar *bocados suaves, como muestra de cariño: *la madre mordía al bebé y se reía con él.* **4** *fam. fig.* Demostrar el enfado o el mal humor que se siente: *hoy está que muerde, déjala y no la molestes.* ☖ Se conjuga como 32.

mor·dien·te |morðiénte| **1 *m.*** Sustancia química que sirve para fijar los colores a las telas: *las sales de cromo se usan como ~.* **2** Ácido con el que se desgasta una plancha para grabarla: *el agua fuerte se emplea como ~.*

mor·dis·co |morðísko| **1 *m.*** Acción y resultado de clavar los dientes: *mamá, mi hermano me ha dado un ~.* ⇒ **bocado, dentellada. 2** Trozo que se saca de una cosa al morderla: *el perro le atacó y se llevó un ~ de su brazo.* ⇒ **bocado. 3** *fig.* Parte o *ganancia que se saca de un negocio, de un sorteo o cosa parecida: *los acreedores se llevaron un buen ~ de la herencia.* ⇒ **pellizco.**

mor·dis·que·ar |morðiskeár| ***tr.*** [algo] Morder de manera repetida pero con poca fuerza: *un ratón mordisqueaba un trozo de queso.*

mo·re·⌐no, ⌐na |moréno, na| **1 *adj.*** Que tiene el pelo de color oscuro o negro: *la madre es morena, pero tiene un niño rubio; muchos españoles son morenos.* ⇒ **castaño, pelirrojo, rubio. 2** Que tiene la piel de la cara y el cuerpo de color oscuro: *ella es más bien pálida y su novio es muy ~.* **3** Que ha tomado el sol y tiene la piel más oscura que de costumbre: *tienes la cara morena; como pasa mucho* *tiempo en la playa, siempre está morena.* **4** Que tiene un color más oscuro de lo normal: *¿prefieres el pan blanco o ~?; para los postres, use azúcar ~.* **- 5** ***adj.-s.*** *fam.* (persona) De la raza negra: *muchos morenos trabajaron en plantaciones americanas.* ◯ No se recomienda el uso de esta acepción. **- 6 moreno** ***m.*** Color oscuro que toma la piel al tomar el sol: *dicen que el ~ de playa es muy bonito.* ■ **¡y lo que te rondaré morena!**, *fam.*, expresión que indica que un asunto no ha acabado todavía y durará mucho tiempo: *llevan diez años de novios y lo que te rondaré morena.*

mo·re·ra |moréra| ***f.*** Árbol con el tronco ancho, la copa abierta, hojas ovaladas y flores verdes, cuyo fruto es la *mora: *las hojas de la ~ sirven de alimento al gusano de seda.* ⇒ **moral.**

mo·re·rí·a |morería| ***f.*** Conjunto de calles habitadas por los *moros: *fueron a visitar la antigua ~.* ⇒ **judería.**

mor·fe·ma |morféma| ***m.*** LING. Elemento de la lengua, el más pequeño con significado: *la* -s *es un ~ de plural en español;* ~ **derivativo,** LING., el que, añadido a una palabra, sirve para formar palabras nuevas a partir de ella: *los prefijos, los infijos y los sufijos son morfemas derivativos;* ~ **gramatical,** LING., el que sirve para expresar las categorías de género, número, persona, tiempo, aspecto y modo verbal: *en la palabra* niña, -a *es un ~ gramatical que indica género femenino;* ~ **léxico,** LING., el que tiene significado léxico y se mantiene en todas las formas de una palabra variable: *en la palabra* pato, pat- *es el ~ léxico.* ⇒ **raíz;** ~ **relacional,** LING., el que sirve para establecer relaciones entre los distintos elementos de la oración: *las preposiciones y las conjunciones son morfemas relacionales.*

mor·fi·na |morfína| ***f.*** Sustancia que se emplea como calmante: *la ~ se comercializa en forma de sales; la ~ es un alcaloide del opio.*

mor·fo·lo·gí·a |morfoloxía| **1** ***f.*** BIOL. Parte de la *biología que trata de la forma de los seres vivos y de sus cambios y transformaciones: *estamos estudiando la ~ de la rana.* **2** LING. Parte de la gramática que trata de la forma de las palabras: *estudiamos la ~ de las palabras derivadas de* educar.

mor·fo·ló·gi·⌜co, ⌜ca |morfolóxiko, ka| ***adj.*** *form.* De la *morfología o que tiene relación con ella: *se ha publicado un estudio ~ del sistema nervioso; las lenguas tienen reglas morfológicas.*

mor·fo·sin·ta·xis |morfosintá^{k}sis| ***f.*** LING. Parte de la lingüística que describe las reglas de combinación de los *morfemas para formar palabras, *sintagmas y oraciones: *en ~ analizamos la diferencia entre las oraciones simples y las compuestas.* ◯ El plural es *morfosintaxis.*

mo·ri·bun·⌜do, ⌜da |moriβúndo, da| ***adj.-s.*** Que está a punto de morir: *el pajarillo ~ dejó de piar; el sacerdote acudió al lecho del ~.*

morigerar |morixerár| ***tr.-prnl.*** [algo] Evitar el exceso en una acción; disminuir la fuerza o la intensidad: *tienes que ~ tu lenguaje y hablar de una forma más educada.*

mo·rir |morír| **1** ***intr.-prnl.*** Dejar de tener vida: *hace poco que murió su abuelo; no sufrió, se murió mientras dormía; uno de los caballos murió durante la noche.* ⇒ **fallecer.** ⇔ **vivir. 2** *fig.* Acabar del todo; llegar al fin: *aquella moda murió y dejó paso a otra; regresaron cuando moría el día.* **3** *fig.* Apagarse el fuego o la luz: *la hoguera moría lentamente.* **- 4** ***intr.*** *fig.* Acabar, terminar el desarrollo de una cosa o una acción: *el río muere en el mar; esa calle muere unos metros más arriba.* **5** *fig.* Desear en exceso; gustar mucho una persona o cosa: *me muero por bailar contigo; se moría por conseguir el amor de su amado.* **- 6 morirse** ***prnl.*** *fig.* Sentir intensamente una sensación o un sentimiento: *se murieron de hambre y de frío.* ◯ Se conjuga como 33. El participio irregular es *muerto.*

mo·ris·⌜co, ⌜ca |morísko, ka| **1** ***adj.-s.*** (persona) Que pertenece al pueblo árabe que se quedó en España cuando terminó la Reconquista: *los moriscos abandonaban su religión y se hacían cristianos.* **- 2** ***adj.*** De esas personas o que tiene relación con ellas: *Felipe II tuvo que hacer frente a una sublevación morisca en Granada.*

mor·⌜món, ⌜mo·na |mormón, móna| ***adj.-s.*** (persona) Que sigue una doctrina religiosa fundada en Estados Unidos en el siglo XIX y basada en la Biblia y en el libro de Mormón: *los mormones han practicado la poligamia.*

mo·⌜ro, ⌜ra |móro, ra| **1** ***adj.-s.*** (persona) Del norte de África: *se casó con una mujer mora; muchos moros emigran a Europa.* ⇒ **árabe. 2** *p. ext.* (persona) Que sigue la religión de Mahoma: *los moros rezan cinco veces al día mirando hacia La Meca.* ⇒ **mahometano, musulmán. 3** (persona) Que pertenece al pueblo árabe que vivió en España: *los moros dejaron en España una rica cultura y tradición.* **- 4** ***adj.*** Del norte de África y de sus habitantes o que tiene relación con ellos: *los occidentales a veces no comprenden las costumbres moras; de su viaje nos trajo una bonita alfombra mora.* ⇒ **árabe. 5** Del pueblo árabe que vivió en España o que tiene relación con él: *muchos de los dulces y postres españoles son de tradición mora.* **- 6 moro** ***adj.-m.*** (hombre) Que domina *absolutamente a su mujer y no le concede ninguna libertad: *mi marido es muy ~ y no me deja salir sola de casa.* ⇒ **celoso.** ■ **haber moros en la costa,** *fam.*, estar cerca una persona que no debe enterarse de un asunto determinado: *dejaron de cotillear porque había moros en la costa.*

mo·ro·si·dad |morosiðá^{ð}| **1** ***f.*** Retraso en el pago de una cantidad debida: *lo va a denunciar por ~.* **2** Falta de actividad; retraso: *tu ~ nos ha hecho perder el tren.*

mo·ro·⌜so, ⌜sa |moróso, sa| **1** ***adj.-s.*** (persona) Que se retrasa en el pago de una cantidad debida: *nuestra agencia está especializada en cobrar a los morosos.* **2** Que está falto de actividad o se retrasa: *siempre hace las cosas de forma morosa.*

mo·rral |mořál| ***m.*** Saco o bolsa que usan los pastores, los cazadores y otras personas para llevar la comida, la ropa o los objetos necesarios: *el pastor sacó un queso y un pan de su ~.* ⇒ **zurrón.**

mo·rra·lla |mořáʎa| **1** ***f.*** *fig.* Cantidad grande de cosas de escaso valor: *no llevaba en los bolsillos más que ~.* **2** Cantidad grande de personas de baja condición social: *no quería que sus hijos convivieran con la ~ del barrio.* ⇒ **chusma.**

mo·rre·ar |mořeár| ***tr.-intr.-prnl.*** *fam. vulg.* Besar a una persona en la boca durante mucho tiempo: *una pareja de novios morreaba en un banco del parque.*

mo·rre·na |mořéna| ***f.*** GEOL. Montón de rocas, arena, barro y otros materiales que transporta y acumula un *glaciar: *los escaladores se acercaron hasta la ~.*

mo·rri·ña |moříɲa| ***f.*** *fam.* Tristeza o pena que se siente al estar lejos de las personas o de los lugares queridos: *la ~ invadió su corazón.* ⇒ **nostalgia.**

mo·rro |mόřo| **1** ***m.*** Parte de la cabeza de algunos animales donde se encuentran la nariz y la boca: *el perro alzó el ~ para oler el aire; la vaca tiene el ~ seco porque tiene fiebre.* ⇒ **hocico.** **2** Extremo delantero y alargado de algunos objetos: *chocó contra el ~ de un avión; mi coche tiene un gran ~.* **3** Montaña o roca pequeña y redonda: *a lo lejos, se veía un ~ sobre la llanura; el navegante se guió por un ~ para llegar a la orilla.* **4** *fam. fig.* Falta de vergüenza: *¡menudo ~ que tienes, deja de pedirme dinero!* ⇒ **cara, jeta.** **5** *fam.* Labios de una persona: *el muchacho se enfadó con su amigo y le dio un puñetazo en el ~.* ■ **beber a ~**, beber sin vaso, directamente del recipiente que contiene un líquido: *todos bebían a ~ de la bota de vino; por favor, no bebas a ~ de la botella.* ■ **estar de ~/morros**, *fam.*, estar enfadado: *las dos vecinas estaban de ~ y no se hablaban.* ■ **por el ~**, *fam.*, sin pagar, sin esfuerzo; sin vergüenza: *esa señora se ha colado por el ~; se presentó en una fiesta por el ~.* ■ **torcer el ~**, *fam.*, demostrar disgusto y enfado: *cuando le dije que me marchaba, torció el ~.*

mo·rro·co·tu·⌈do, ⌈da |mořokotúðo, ða| ***adj.*** *fam.* Que es muy grande o importante: *se cayó de espaldas y se llevó un susto ~; ha tenido una suerte morrocotuda con ese premio.* ⇒ **formidable, magnífico.**

mo·rrón |mořόn| **1** ***adj.*** (*pimiento) Que es más grueso que los de otras variedades: *acompañó la carne con pimientos morrones.* **- 2** ***m.*** *fam.* Golpe dado al caer: *vaya ~ que se dio contra el suelo.* ⇒ **porrazo.**

mor·sa |mórsa| ***f.*** Animal mamífero que vive generalmente en mares fríos, tiene dos dientes superiores más desarrollados que le salen de la boca y se alimenta de peces y pequeños animales: *en el zoo han preparado una zona con agua fría para las morsas y las focas.* ☖ Para indicar el sexo se usa la ~ macho y la ~ hembra.

mor·se |mórse| ***m.*** Sistema de comunicación que combina puntos y rayas y que permite componer y comprender un mensaje: *el ~ se usa para transmitir mensajes telegráficos.* ⇒ **código.**

mor·ta·de·la |mortaðéla| ***f.*** *Embutido de color rosa, de forma cilíndrica, alargada y gruesa, hecho con carne picada de cerdo o de vaca, que se come frío sin necesidad de freírlo o *asarlo: *la ~ y el salchichón son embutidos; su madre le ha preparado a Javier un bocadillo de ~.*

mor·ta·ja |mortáxa| ***f.*** Tela o ropa en la que se envuelve el cuerpo muerto de una persona para enterrarlo: *pusieron el cadáver en la ~ antes de depositarlo en la tierra.*

mor·tal |mortál| **1** ***adj.*** Que ha de morir; que está sujeto a la muerte: *el hombre es un ser ~.* ⇔ **inmortal.** **2** Que produce o puede producir la muerte: *el soldado tiene una herida ~ en el pecho.* **3** Que es o tiene una característica que se considera propia de un muerto: *todos se extrañaron de su palidez ~.* **4** Que desea la muerte de una persona: *se tienen un odio ~.* **5** *fig.* Que produce *cansancio: *fue una espera ~; en esa carretera hay diez kilómetros mortales.* **6** *fig.* Que es muy fuerte o intenso: *caminaban en medio de un frío ~, que les paralizaba la sangre.* **7** (*pecado) Que se opone gravemente a la ley o la norma y no es fácil de perdonar: *matar a una persona es un pecado ~.* ⇒ **venial.** **- 8** ***m.*** Persona; ser humano: *cometer errores es propio de mortales.*

mor·ta·li·dad |mortaliðáᵈ| **1** ***f.*** Cualidad de *mortal: *el cristiano reconoce la ~ de su cuerpo, pero cree en la inmortalidad de su alma.* ⇔ **inmortalidad.** **2** Cantidad de personas que mueren en un lugar y en un periodo de tiempo determinados: *la ~ infantil es cada día menor en los países europeos.* ⇒ **morbilidad.** ⇔ **natalidad.**

mor·tan·dad |mortandáᵈ| ***f.*** Cantidad grande de muertes causadas por una desgracia extraordinaria: *la epidemia de cólera provocó una gran ~ entre la población.*

mor·te·ci·⌈no, ⌈na |morteθíno, na| ***adj.*** Que no tiene vida o fuerza: *una luz mortecina iluminaba la habitación.*

mor·te·ro |mortéro| **1** ***m.*** Recipiente de madera u otro material, con forma de vaso ancho, que sirve para moler o *machacar: *echó ajo y perejil en*

MORSA

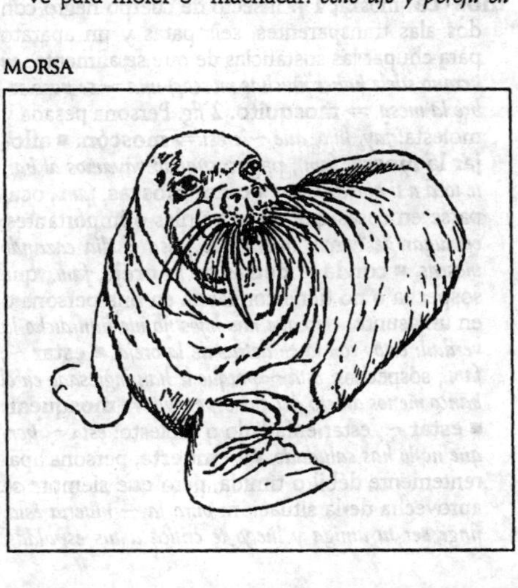

el ~. ⇒ **almirez. 2** Mezcla de *cal, arena y agua que se usa en la construcción: *hizo la pared con piedras y* ~. ⇒ **argamasa. 3** Arma que lanza *proyectiles muy pesados a distancias cortas: *el ejército enemigo atacó con morteros.*

mor·tí·fe·⌐ro, ⌐ra |mortífero, ra| ***adj.*** Que causa o puede causar la muerte: *empleó un veneno* ~; *la picadura de esa serpiente puede ser mortífera.* ⇒ **letal.**

mor·ti·fi·ca·ción |mortifikaθión| **1** ***f.*** Dolor, sufrimiento: *no pudo soportar tanta* ~ *y terminó abandonando a su familia y huyendo.* **2** Dolor o sufrimiento físico que se produce para dominar los deseos y las pasiones: *sólo a través de la* ~ *lograrás alcanzar la perfección; los ascetas se imponen voluntariamente la* ~ *y la entrega de su cuerpo y alma a Cristo.* **3** Cosa que produce sufrimiento o dolor: *la drogadicción de su hijo es su* ~.

mor·ti·fi·car |mortifikár| **1** ***tr.-prnl.*** [algo, a alguien] Castigar el cuerpo para dominar las pasiones: *el asceta se mortificaba con ayunos y dolor.* **2** *fig.* Producir dolor o pena; molestar, disgustar o enfadar: *la idea del fracaso lo mortifica continuamente; por favor, no me mortifiques más con tus desprecios.* ☖ Se conjuga como 1.

mor·tuo·⌐rio, ⌐ria |mortuório, ria| ***adj.*** De los muertos y de las ceremonias dedicadas a ellos o que tiene relación con los muertos: *un coche* ~ *condujo el féretro hasta el cementerio.*

mo·ru·⌐no, ⌐na |morúno, na| ***adj.*** De los pueblos de raza árabe o que tiene relación con ellos: *el anfitrión los llevó a una sala y se sentaron en el suelo, según la costumbre moruna.* ⇒ **moro.**

mo·sai·co |mosáiko| **1** ***m.*** Obra artística que se hace ajustando y pegando sobre una superficie piezas pequeñas de distintos colores: *las piedrecitas de este* ~ *forman el dibujo de un dragón; los mosaicos pueden estar hechos con trozos de cerámica o vidrio de colores.* **2** *fig.* Conjunto de cosas de distinto tipo: *durante una importante etapa de su historia, la Península Ibérica fue un* ~ *de culturas y religiones.*

mos·ca |móska| **1** ***f.*** Insecto de cuerpo negro con dos alas transparentes, seis patas y un aparato para chupar las sustancias de que se alimenta: *en verano suele haber muchas moscas; una* ~ *se posó sobre la mesa.* ⇒ **mosquito. 2** *fig.* Persona pesada y molesta: *¡ay, hijo, qué* ~ *eres!* ⇒ **moscón.** ■ **aflojar la mosca**, *fam.*, pagar: *cuando vayamos al bar, te toca a ti aflojar la* ~. ■ **cazar moscas**, *fam.*, ocuparse en cosas que no son útiles o importantes: *en lugar de buscar trabajo, se pasa el día cazando moscas.* ■ **con la** ~ **detrás de la oreja**, *fam.*, que sospecha o no tiene confianza en una persona o en un asunto: *creo que mis hijos no me han dicho la verdad: estoy con la* ~ *detrás de la oreja.* ■ **estar** ~, *fam.*, sospechar: *está* ~ *porque le han ingresado en el banco menos dinero del que esperaba.* ⇒ **mosquear.** ■ **estar** ~, estar enfadado o molesto: *está* ~ *porque no lo has saludado.* ■ ~ **muerta**, persona aparentemente débil o tímida, pero que siempre se aprovecha de la situación: *mira la* ~ *muerta ésta, finge ser tu amiga y luego te critica a tus espaldas.* ■ **por si las moscas**, *fam.*, por lo que pueda ocurrir: *tú si quieres quédate, yo, por si las moscas, me marcho.* ⇒ **acaso.** ■ **¿qué** ~ **te ha picado?**, *fam.*, expresión que se usa para preguntar a una persona cuál es la causa de su enfado o de su mal humor: *¿por qué me gritas?, pero, ¿qué* ~ *te ha picado?*

mos·car·da |moskárða| ***f.*** Insecto parecido a la *mosca, pero de mayor tamaño, de ojos rojos y salientes, alas transparentes, con una mancha de color de oro en la parte anterior de la cabeza: *la* ~ *deposita sus huevos sobre la carne muerta; cierra la ventana para que no entren moscardas.* ⇒ **moscardón.**

mos·car·dón |moskarðón| **1** Insecto de mayor tamaño que la *mosca: *las moscardas, las avispas y los zánganos, entre otros insectos, son moscardones.* **2** Insecto de ojos salientes y alas transparentes parecido a la *mosca, pero de mayor tamaño: *el moscardón zumba al volar.* ⇒ **moscón. 3** Insecto parecido a la *mosca, pero de mayor tamaño, de ojos rojos y salientes, alas transparentes, con una mancha de color de oro en la parte anterior de la cabeza: *los moscardones pueden poner los huevos en el queso.* ⇒ **moscarda. 4** *fig.* Persona pesada y molesta: *detrás de mí siempre tengo un* ~ *pidiéndome favores.*

mos·ca·tel |moskatél| **1** ***adj.*** (uva) Que es muy dulce: *he comprado un kilo de uva* ~. **- 2** ***adj.-m.*** (vino) Que es dulce y se saca de ese tipo de uva: *nos tomamos unas copas de* ~.

mos·cón |moskón| **1** ***m.*** Insecto de ojos salientes y alas transparentes parecido a la *mosca, pero de mayor tamaño: *los moscones volaban sobre la comida recién preparada.* ⇒ **moscardón. 2** *fam. fig.* Persona pesada y molesta: *después de la pelea, la puerta de la taberna se llenó de moscones; este tipo es un* ~ *que no deja de incordiarme.* ⇒ **moscardón.**

mos·co·vi·ta |moskoβíta| **1** ***adj.*** De Moscú o que tiene relación con Moscú: *los inviernos moscovitas son muy crudos.* **- 2** ***com.*** Persona nacida en Moscú o que vive habitualmente en Moscú: *los moscovitas son muy aficionados a la música.*

mos·que·ar |moskeár| **1** ***tr.-prnl.*** *fam.* [a alguien] Sospechar o hacer sospechar a una persona: *las continuas salidas de su hijo lo están mosqueando.* **2** Enfadarse o hacer enfadar a una persona: *tus continuas indirectas sobre mi gordura me mosquean; no sabe aguantar una broma, se mosquea enseguida.* ⇒ **amoscarse, molestar.**

mos·que·o |moskéo| **1** ***m.*** *fam.* Sospecha o suposición: *desde que su mujer no va a cenar a casa, él tiene un* ~. **2** Disgusto o enfado: *ve a pedir perdón a tu hermano, que tiene un fuerte* ~ *por lo que le has dicho.*

mos·que·te·ro |mosketéro| ***m.*** Antiguo soldado armado con una arma de fuego que se apoya sobre un soporte para ser disparada: *los mosqueteros dispararon sus mosquetes; los mosqueteros también eran diestros en el manejo de la espada.*

mos·qui·te·ro |moskitéro| ***m.*** Pieza de tela delgada que se coloca en las puertas, en las ventanas o sobre las camas para impedir que entren los *mosquitos: *cubrieron la cuna con un ~ para que los insectos no picaran al niño.*

mos·qui·to |moskíto| ***m.*** Insecto de cuerpo fino, dos alas transparentes y patas alargadas que se alimenta de sangre: *el ~ hembra chupa la sangre del hombre y de los animales, pero el ~ macho se alimenta de néctar; tengo el brazo lleno de picaduras de mosquitos.* ⇒ **mosca.**

mos·ta·cho |mostátʃo| ***m.*** Conjunto de pelos que salen sobre el labio superior de un hombre: *tenía un ~ tan largo, que le tapaba la boca.* ⇒ **bigote.**

mos·ta·za |mostáθa| **1 *f.*** Planta de hojas grandes, flores amarillas y semillas negras por fuera y amarillas por dentro: *la semilla de la ~ se utiliza para hacer condimentos.* **2** Salsa de color amarillo y sabor fuerte y picante hecha con las semillas de esa planta: *sobre la mesa de la cafetería hay un bote de tomate y otro de ~; ha puesto ~ a la hamburguesa.*

mos·to |mósto| ***m.*** Zumo de la uva, con el que se elabora el vino: *el ~ no tiene alcohol.*

mos·tra·dor |mostraðór| ***m.*** Mesa o tablero que hay en las tiendas, los bares y otros establecimientos que se usa para presentar y servir los productos que piden los clientes: *el camarero dejó los cafés en el ~; la señora se acercó al ~ de la frutería para pagar.* ⇒ **barra.**

mos·trar |mostrár| **1 *tr.*** [algo; a alguien] Exponer a la vista: *subimos a una torre y desde allí, nos mostró todas sus tierras; le mostró el reloj nuevo.* **2** Explicar una cosa para convencer de que es cierta: *yo te mostraré que lo que digo es verdad.* **3** Dar a conocer una cualidad o un sentimiento: *el joven mostró su valor en el combate; el perro mostraba su alegría moviendo la cola.* **- 4 mostrarse *prnl.*** Darse a conocer o dejarse ver; comportarse de una determinada manera: *se mostró bastante convencido con mi explicación.* ☐ Se conjuga como 31.

mos·tren·⌈co, ⌈ca |mostrénko, ka| **1 *adj.-s.*** *fam. desp. fig.* (persona) Que tiene poca inteligencia o tarda en entender: *el muy ~ no sabía lo que le estábamos proponiendo.* **2** *fam. desp. fig.* (persona) Que es muy gordo o pesado: *es un ~, casi rompió la báscula.*

mo·ta |móta| **1 *f.*** Cantidad muy pequeña de una cosa que se pega a la ropa, a los muebles o a otras partes: *limpió las motas de polvo con un paño húmedo.* **2** Mancha o dibujo en forma de círculo muy pequeño: *el caballo era gris con motas blancas.* ⇒ **pinta.**

mo·te |móte| ***m.*** Nombre que se da a una persona en lugar del suyo propio: *era un hombre tan vago que le pusieron el ~ de «trabajador».* ⇒ **alias, apelativo, apodo, sobrenombre.**

mo·te·ar |moteár| ***tr.*** [algo] Esparcir manchas; dibujos en forma de círculo muy pequeño sobre una superficie: *la dueña pidió que al pintar la pared la motearan de azul.*

mo·tel |motél| ***m.*** Establecimiento situado cerca de una carretera, que acoge a los viajeros de paso y les ofrece camas a cambio de dinero: *durmieron en un ~ de la autopista.* ⇒ **hotel.**

mo·te·te |motéte| ***m.*** MÚS. Composición musical corta, cuya letra es generalmente un texto de la Biblia: *el ~ apareció en el siglo* XII *y fue muy popular en Francia.*

mo·ti·⌈lón, ⌈lo·na |motilón, lóna| ***adj.-s.*** (persona) Que pertenece a un pueblo *indígena de Colombia y Venezuela: *los indios motilones llevan un corte de pelo en forma de casquete.*

mo·tín |motín| ***m.*** Acción y resultado de *amotinarse: *los presos organizaron un ~.* ⇒ **rebelión, sublevación.**

mo·ti·va·ción |motiβaθión| **1 *f.*** Causa o razón que lleva a obrar de una manera determinada: *no supieron nunca qué motivaciones le llevaron al suicidio.* ⇒ **motivo. 2** Razón que anima a una persona a mostrar interés por una cosa o una acción en particular: *el niño necesita una ~ para estudiar.* ⇒ **estímulo.**

mo·ti·var |motiβár| **1 *tr.*** [algo] Ser la causa o la razón de que una cosa ocurra: *su mala respuesta motivó una fuerte discusión entre los dos congresistas.* ⇒ **causar. - 2 *tr.-prnl.*** [a alguien] Hacer que una persona muestre interés por una cosa o una acción en particular: *la pintura no lo motivaba lo suficiente y decidió dedicarse a la poesía; este chico no se motiva con nada.* ⇒ **estimular.** ⇔ **desmotivar.**

mo·ti·vo |motíβo| **1 *m.*** Causa o razón que lleva a obrar de una manera determinada: *el ~ de que lo suspendiera fue que no contestó a ninguna pregunta del examen; desconozco los motivos por los que Clara y Eduardo se han divorciado.* **2** Forma o figura que se repite en un dibujo o adorno: *el papel pintado de la pared tiene motivos geométricos.* **3** Tema o asunto de una obra artística, musical o literaria: *la miseria humana fue uno de los motivos de la novela naturalista.*

mo·to |móto| ***f.*** Vehículo automóvil de dos ruedas con capacidad para una o dos personas: *le gusta viajar en ~; se ha comprado una ~ de carreras.* ⇒ **motocicleta.** ☐ Es la forma abreviada de *motocicleta.*

mo·to·ci·cle·ta |motoθikléta| ***f.*** Vehículo automóvil de dos ruedas con capacidad para una o dos personas: *el casco es obligatorio para montar en ~.* ⇒ **ciclomotor, moto.**

mo·to·ci·clis·mo |motoθiklísmo| ***m.*** Deporte de los que gustan de montar en *motocicleta: *es muy aficionado al ~ y todos los domingos asiste a las carreras.*

mo·to·cross |motokrós| ***m.*** Deporte que consiste en ir por terrenos accidentados con *motocicletas: *las motos con las que se practica el ~ tienen ruedas con tacos.*

mo·⌈tor, ⌈to·ra |motór, tóra| **1 *adj.*** Que produce movimiento: *el mecanismo ~ de esta máquina es muy potente.* ⇒ **motriz.** ☐ El femenino también puede ser *motriz.* **- 2 motor *m.*** Aparato capaz de transformar una energía en movimiento: **~ de arranque**, el que es eléctrico y pone en movimiento otro mayor, generalmente de *explosión: *tuvo que empujar el coche para ponerlo en marcha porque se le estropeó el ~ de arranque;* **~ de combus-**

tión interna/de explosión, el que produce movimiento quemando un combustible en su interior: *la mayoría de los automóviles funcionan con motores de combustión interna;* ~ **de reacción**, el que produce movimiento expulsando gases a gran velocidad: *muchos aviones llevan ~ de reacción;* ~ **diesel**, el que produce movimiento quemando *gasóleo: *casi todos los camiones llevan ~ diesel.* ⇒ **diesel;** ~ **eléctrico**, el que produce movimiento transformando energía eléctrica: *el secador de pelo tiene un ~ eléctrico.*

mo·to·ra |motóra| ***f.*** Embarcación pequeña movida por un motor: *recorrieron la costa en una ~.*

mo·to·ris·mo |motorísmo| ***m.*** Deporte que se practica con una *motocicleta: *el ~ se practica en campo y en pista.*

mo·to·ris·ta |motorísta| ***com.*** Persona que conduce una *motocicleta: *el ~ tuvo un accidente al chocar con un coche.*

mo·to·ri·za·ción |motoriθaθión| ***f.*** Acción y resultado de *motorizar o *motorizarse: *la ~ de la industria supuso un aumento de la producción; la ~ de la población ha mejorado la calidad de vida.*

mo·to·ri·zar |motoriθár| **1** ***tr.-prnl.*** [algo] Equipar con máquinas y motores: *el ejército se motorizó.* ⇒ **mecanizar. - 2 motorizarse** ***prnl.*** *fam.* Equiparse con un vehículo automóvil: *la mayor parte de la población española se ha motorizado.* ☐ Se conjuga como 4.

mo·to·sie·rra |motosiéra| ***com.*** Máquina con una cadena con dientes movida por un motor, que sirve para cortar árboles y madera: *echó gasolina a la ~ y comenzó a talar.*

mo·triz |motríθ| ***adj.-f.*** Que produce movimiento: *la fuerza ~ del agua se emplea para producir energía.* ⇒ **motor.** ☐ El masculino es *motor*.

mo·ve·di·⌐zo, ⌐za |moβeðíθo, θa| **1** ***adj.*** Que se puede mover fácilmente: *en la oscuridad vio un obstáculo ~, un bulto extraño.* ⇒ **móvil. 2** Que no está firme; que no es seguro: *los animales quedaron atrapados en las arenas movedizas.* **3** *fig.* Que no es *constante; que cambia fácilmente de opinión: *la joven tenía un espíritu inquieto y ~.*

mo·ver |moβér| **1** ***tr.-prnl.*** [algo] Cambiar o hacer cambiar de lugar; ir o hacer ir a un lugar: *las plantas no pueden moverse; si quieres sentarte, tendrás que ~ la silla;* **2** Llevar de un lado para otro; agitar: *movía las manos para decir adiós; el viento mueve las hojas de los árboles; movía el café con la cucharilla.* **3** Provocar una acción o un comportamiento: *el interés la movió a emprender un nuevo negocio.* **- 4** ***tr.*** Hacer funcionar: *el motor mueve las hélices.* **- 5** ***intr.*** Cambiar de sitio las *fichas en un juego: *ahora te toca ~ a ti.* **6** [a algo] Provocar un sentimiento: *su desgracia mueve a la piedad.*

mo·vi·ble |moβíβle| ***adj.*** Que puede moverse o ser movido: *esa máquina tiene varias piezas fijas y otras movibles.* ⇒ **móvil.**

mo·vi·da |moβíða| ***f.*** *fam.* *Confusión, lío: *se organizó una gran ~ al llegar la policía.* ⇒ **mogollón.**

mo·vi·⌐do, ⌐da |moβíðo, ða| **1** ***adj.*** Que es agitado; que no es tranquilo: *el día de la mudanza fue muy ~; el viaje fue algo ~.* **2** *fig.* Que es activo y provoca interés: *la tertulia resultó ser muy movida.* **3** FOT. (fotografía) Que no se distingue con claridad por culpa de un movimiento durante el tiempo de *exposición: *las fotos han salido movidas, hay que repetirlas.*

mó·vil |móβil| **1** ***adj.-s.*** Que se mueve o puede moverse: *este juguete tiene una parte ~ y otra parte fija.* ⇒ **movible.** ⇔ **fijo, inmóvil. - 2** ***adj.*** Que no tiene *estabilidad: *no te sientes en esa silla ~, que te puedes caer.* **- 3** ***m.*** *form.* Causa o razón: *el detective descubrió que el ~ del crimen había sido el robo de las joyas.* ⇒ **motivo.**

mo·vi·li·dad |moβiliðáᵈ| ***f.*** Capacidad o facilidad para moverse: *la empresa busca un agente con gran ~.* ⇔ **inmovilidad.**

mo·vi·li·za·ción |moβiliθaθión| **1** ***f.*** Puesta en actividad o en movimiento con un fin determinado: *los obreros llamaron a la ~ de todo el sector industrial para conseguir una subida de salarios.* **2** Reunión y preparación de las personas, armas y materiales necesarios para la guerra: *el inicio de la guerra supuso la ~ de todos los ciudadanos mayores de edad.* ⇔ **desmovilización.**

mo·vi·li·zar |moβiliθár| **1** ***tr.-prnl.*** [algo, a alguien] Poner en actividad o movimiento con un fin determinado: *todos los estudiantes se movilizaron contra la nueva ley; la empresa ha movilizado todos sus recursos para salir de la crisis.* **2** Preparar las personas, armas y materiales necesarios para la guerra: *el ejército movilizó a todos sus hombres.* ⇔ **desmovilizar.** ☐ Se conjuga como 4.

mo·vi·mien·to |moβimiénto| **1** ***m.*** Cambio de lugar o de posición: *desde la ventana, observo el ~ de las personas y de los coches.* **2** Estado de los cuerpos mientras cambian de lugar o de posición: *la tierra siempre está en ~; los cuerpos pueden estar en ~ o en reposo.* **3** *fig.* Circulación o alteración: *los sábados por la noche hay mucho ~ en la ciudad.* **4** Levantamiento *civil o militar contra el poder o la autoridad: *los movimientos revolucionarios del siglo* XIX *cambiaron el mundo.* ⇒ **rebelión. 5** Desarrollo y extensión de una corriente de pensamiento que persigue un fin determinado: *el Cubismo es un ~ artístico; el Romanticismo fue un ~ filosófico, político y artístico.* **6** Conjunto de alteraciones o cosas nuevas ocurridas durante un periodo de tiempo: *se ha publicado el balance del ~ de la bolsa española en el pasado año.* **7** ECON. Alteración de la cantidad de dinero que se tiene en la cuenta de un banco: *este extracto del banco explica con detalle los movimientos de tu cuenta.* **8** PINT. Efecto de la combinación de las líneas, las luces y *sombras: *los maestros renacentistas se preocuparon mucho por el ~.* **9** MÚS. Parte independiente dentro de una composición musical, con un tiempo y una velocidad de ejecución propios: *esta* suite *tiene cuatro movimientos.* **10** MÚS. Velocidad o tiempo de la pieza musical: *el ~ se indica en la partitura como* Allegro, Andante, *etc.*

mo·zá·ra·be |moθáraβe| **1** ***adj.-com.*** Persona de religión cristiana en la España *musulmana: *los árabes permitieron que los mozárabes conservaran su* *religión y costumbres; los mozárabes vivieron en la España musulmana entre los siglos* VIII *y* XII. **- 2 *adj.*** De esas personas o que tiene relación con ellas: *la comunidad ~ permaneció durante mucho tiempo en Toledo; en la arquitectura ~ se utiliza el arco de herradura.* **- 3 *m.*** LING. Lengua hablada por esas personas: *el ~ es una lengua romance.*

mo·⌜zo, ⌜za |móθo, θa| **1 *adj.-s.*** (persona) Que tiene poca edad: *tiene un hijo ~; los mozos del pueblo corrían delante del toro.* ⇒ **joven. 2** (persona) Que está *soltero: *sus tres hijas son mozas, pero una ya tiene novio.* **- 3 *m. f.*** Persona que sirve en oficios para los que no se necesitan conocimientos especiales: *la cocinera cogió una moza a su servicio; en el taller había un ~ que hacía los recados.* **4** Persona que sirve comidas y bebidas a los clientes en los bares y en otros establecimientos: *un ~ se acercó con la bandeja de los refrescos.* ⇒ **camarero. - 5 mozo *m.*** Joven que ha sido llamado para ser soldado: *los mozos se incorporarán a filas en mayo.* ⇒ **quinto. ■ años mozos**, *fam.*, juventud de una persona: *fue un gran deportista en sus años mozos.* **■ buen ~**, persona alta y de cuerpo bello y bien formado: *tu hijo se ha hecho un buen ~.*

mu |mú| ***m.*** Onomatopeya de la voz del toro o de la vaca: *la vaca hace ~.* **■ no decir ni ~**, *fam.*, no decir una sola palabra; no hablar: *le echó una buena bronca y él no dijo ni ~.*

mu·cha·cha |mutʃátʃa| ***f.*** Mujer que se dedica a hacer los trabajos de la casa: *como los dos trabajamos fuera, hemos contratado una ~.*

mu·cha·cha·da |mutʃatʃáða| **1 *f.*** Grupo de personas de poca edad: *una ~ entró en la discoteca.* ⇒ **chiquillería. 2** Obra o dicho que se considera propio de personas de poca edad: *son unos niños: lo que hicieron no tiene importancia, fue una ~.* ⇒ **chiquillada.**

mu·cha·⌜cho, ⌜cha |mutʃátʃo, tʃa| ***m. f.*** Persona que tiene poca edad: *se casó con una muchacha de la capital; tu amigo es un ~ muy majo.* ⇒ **chico, joven, niño.**

mu·che·dum·bre |mutʃeðúmbre| **1 *f.*** Conjunto grande de personas: *una ~ se agolpaba a las puertas del estadio; una ~ caminaba por la calle en son de paz.* ⇒ **avalancha, multitud. 2** Cantidad grande de animales o cosas: *una ~ de insectos inundó la charca.* ⇒ **avalancha, multitud.**

mu·⌜cho, ⌜cha |mútʃo, tʃa| **1 *adj.-pron. indef.*** Gran cantidad o número de personas o cosas: *hay mucha gente en la sala; tengo muchos libros de astronomía; no es ~ lo que usted pide; muchos de los presentes no lo saben.* ⇒ **bastante.** ⇔ **poco. - 2 mucho *adv. c.*** En gran cantidad; más de lo normal: *en esta empresa trabajamos ~; los alumnos han estudiado ~ para este examen.* ⇔ **poco. 3** Añade intensidad al valor de ciertos adverbios: *se fue ~ antes de las doce; Juan come ~ más que yo.* ☐ Se usa delante de ciertos adverbios. **- 4 mucho *adv. t.*** Gran cantidad de tiempo: *hace ~ que no te veo.* ⇔ **poco. ■ como ~**, a lo más: *asistieron 50 personas como ~.* ☐ Se expresa el límite superior. **■ ni ~ menos**, no; de ningún modo: *encontrarse bien no es estar curado, ni ~ menos.* **■ por ~ que**, por más que; a pesar de que: *no vi nada, por ~ que abrí los ojos.*

mu·co·sa |mukósa| ***adj.-f.*** BIOL. (*membrana) Que elabora una sustancia densa y pegajosa para proteger un órgano o una parte del cuerpo: *las mucosas están en el aparato digestivo, en el repiratorio y en el genital.*

mu·co·si·dad |mukosiðáᵈ| ***f.*** Sustancia densa y pegajosa que elaboran las *membranas del organismo: *el aparato digestivo y el respiratorio están recubiertos por mucosidades.*

mu·co·⌜so, ⌜sa |mukóso, sa| **1 *adj.*** Que es parecido al *moco: *esta crema tiene un aspecto ~.* ⇒ **viscoso. 2 *adj.-f.*** ANAT. (tejido) Que cubre el interior de los conductos del cuerpo que se comunican con el exterior, y que produce una sustancia parecida al *moco: *hay membranas mucosas en el interior de la nariz; las mucosas están en las paredes interiores del aparato digestivo y respiratorio.*

mu·da |múða| **1 *f.*** Conjunto de ropa interior, especialmente si se cambia de una vez: *se cambia de ~ todos los días; aquí tienes una ~ limpia.* **2** Proceso en el que las aves y otros animales cambian su pluma o su piel: *durante la primavera o el otoño se produce la ~.* **3** Periodo de tiempo que dura ese proceso: *unos biólogos filmaron la vida de la serpiente durante la ~.*

mu·dan·za |muðánθa| **1 *f.*** Traslado o paso de un lugar a otro; especialmente, traslado de una casa a otra: *hemos comprado una casa nueva y ahora estamos haciendo la ~.* **2** Cambio o transformación: *los años sesenta trajeron una gran ~ en las costumbres.*

mu·dar |muðár| **1 *intr.*** Cambiar el aspecto, la naturaleza o el estado de una cosa: *la cara de Julio mudó de color.* **2** Variar o cambiar una persona su opinión o su comportamiento: *mudó de costumbres y se hizo más casero; lo siento, he mudado de idea.* **- 3 *tr.*** [algo] Cambiar un animal de piel, de pelo o de pluma: *las aves mudan las plumas anualmente.* **- 4 mudarse *prnl.*** Irse de la casa o lugar en que se estaba: *los Pérez se han mudado de piso; nos mudaremos a otra oficina más grande.* **5** Cambiarse de ropa interior; quitarse la ropa usada o sucia y ponerse otra limpia: *después del baño, se mudó.*

mu·dé·jar |muðéxar| **1 *adj.-com.*** (persona) Que es árabe, seguidor de Mahoma en la España cristiana: *los mudéjares eran un grupo de población muy numeroso en tiempos de la Reconquista.* **- 2 *adj.*** De esos árabes o que tiene relación con ellos: *me han regalado una vasija ~.* **- 3 *adj.-m.*** (arte) Que funde elementos *románicos y *góticos con el arte árabe, y es obra de los árabes de la España cristiana: *el arte ~ floreció en España desde el siglo* XIII *al* XVI.

mu·⌜do, ⌜da |múðo, ða| **1 *adj.-s.*** (persona) Que no puede hablar: *el niño era ~ de nacimiento; una infección de garganta le ha dejado ~.* **- 2 *adj.*** Que no tiene voz o sonido: *acabo de ver una película muda; la obra de teatro se basa en personajes mudos.* **3** (mapa) Que no lleva ningún nombre escrito: *los niños fueron señalando las capitales de Europa sobre un mapa ~.* **4** *fig.* Que está callado o muy silencioso: *un paseante fue el testigo ~ de la pelea; permaneció ~ ante la presencia de su padre.* **5** LING. (letra) Que se escribe, pero no se pronuncia: *la letra h en español es muda.*

mue·ble |muéβle| **1** ***m.*** Objeto de madera, metal, cristal, plástico u otro material resistente que se encuentra dentro de las casas y edificios y que sirve para adornar o hacer cómoda la vida de las personas: *las sillas, las mesas, las camas, los armarios y los sofás son algunos de los muebles que hay en las casas;* ~ **bar**, armario o parte de un armario en el que se guardan botellas de licor: *cuando vienen sus amigos a visitarlo, abre el ~ bar.* **- 2** ***adj.*** (bien, propiedad) Que puede separarse del lugar en el que está: *los cuadros y las joyas son bienes muebles.* ⇔ **inmueble.**

mue·ca |muéka| ***f.*** Gesto o movimiento hecho con los músculos de la cara para expresar un estado de ánimo: *su cara tenía una ~ de burla; nos hacía muecas para que disimuláramos.* ⇒ **gesto.**

mue·la |muéla| **1** ***f.*** Diente situado en la parte posterior de la boca que sirve para triturar los alimentos: *las muelas son más anchas que los incisivos; tengo que ir al dentista porque se me ha picado una ~.* ⇒ **molar;** ~ **cordal/del juicio**, la que está al final de la boca y aparece en edad adulta: *me encuentro fatal porque me está saliendo la ~ del juicio.* **2** Piedra redonda que gira sobre otra fija para triturar grano u otras cosas: *la harina se hacía machacando el trigo con la ~.*

mue·lle |muéʎe| **1** ***m.*** Pieza elástica, generalmente de metal, con forma de *espiral y gran capacidad para deformarse y estirarse y luego volver a tomar su posición natural: *las hojas del cuaderno van sujetas con un ~; muchas sillas y sillones llevan muelles en su interior.* ⇒ **resorte. 2** Obra construida en la orilla del mar o de un río para hacer más fácil el embarque y el *desembarque: *el barco está atracado en el ~ número tres; están descargando la mercancía en el ~; de madrugada llegan los barcos pesqueros a los muelles del puerto.* **3** *Plataforma alta en las estaciones de tren que sirve para la carga y descarga de mercancías: *todos los paquetes estaban en el ~.* **- 4** ***adj.*** Que es suave, blando, delicado y agradable: *gracias a los desvelos del padre, la familia llevó una vida ~.*

muér·da·go |muérðaγo| ***m.*** Planta parásita con los tallos divididos en *ramos, hojas carnosas y permanentes, flores amarillas y fruto pequeño, esférico y blanco: *el ~ vive sobre los troncos y ramas de los árboles; el ~ se usa en medicina para bajar la tensión.*

muer·mo |muérmo| **1** ***m.*** *fam.* Aburrimiento y fastidio: *no ha venido a trabajar porque le ha entrado el ~.* **2** *fam.* Persona, cosa o situación pesada y aburrida: *este programa es un ~, cambia de canal.* **3** *fam.* Molestia física o mental que producen las drogas: *después de fumarse varios porros de hachís, no podía soportar el ~.*

muer·te |muérte| **1** ***f.*** Fin de una vida: *encontró la ~ en la carretera; temía el momento de su ~;* ~ **natural**, la que no es *forzada o provocada: *murió de ~ natural a los 93 años y en su cama;* ~ **violenta**, la provocada por la fuerza: *aún no se sabe si fue un accidente o si murió por ~ violenta.* **2** *fig.* Ser imaginario que quita la vida, generalmente representado por un esqueleto: *le rogó a la ~ que no se lo llevase tan pronto.* ⇒ **parca.** ☖ En esta acepción se suele escribir con mayúscula. **3** Separación del cuerpo y el *alma, en muchas religiones: *en el momento de su ~, su alma voló hacia el cielo como un pájaro.* ■ **a** ~, hasta que uno de los que luchan o participan pierda la vida: *lo desafió a un duelo a ~.* ■ **a** ~, con la mayor energía y hasta el final: *desde el principio se vio que ganaría el partido, salió a jugar a ~.* ■ **a vida o** ~, *arriesgando la vida: *el médico decidió operarlo a vida o ~.* ■ **de mala** ~, *desp.*, de muy poco valor; despreciable: *tiene un cargo de mala ~, pero se cree muy importante.*

muer·⌐to, ⌐ta |muérto, ta| **1** ***adj.-s.*** (cuerpo) Que no tiene vida; que ya no vive: *encontraron un animal ~ en medio del campo; el accidente ha producido una docena de muertos.* ⇒ **cadáver, cuerpo, difunto.** ⇔ **vivo.** ☖ Es el participio irregular de *morir.* **- 2** ***adj.*** *fig.* Que está apagado o poco activo: *los pueblos de la sierra están muertos en invierno.* **3** *fam. fig.* Que está muy cansado: *llevo todo el día de pie y vengo ~.* ☖ Se usa siempre con el verbo *estar.* ■ **callarse como un** ~, guardar silencio; no querer hablar: *cuando le pregunté si había sido él, se calló como un ~.* ■ **cargar/echar el** ~, *fam.*, echar la culpa; hacer responsable de un asunto: *si esto sale mal, le echaremos el ~ a Abundio.* ■ **cargar/ echar el** ~, *fam.*, dar un trabajo pesado: *no me eches el ~, que ya tengo bastante.* ■ **hacer el** ~, flotar sobre el agua tendido de espaldas: *me gusta hacer el ~ en la piscina.* ■ **más** ~ **que vivo**, *fam.*, muy asustado; muy cansado: *esa película de terror me ha dejado más ~ que vivo.* ■ **ser un** ~ **de hambre**, *fam. desp.*, ser muy pobre y desgraciado: *su padre no quería casarla con un ~ de hambre.* ⇒ **miserable.** ☖ Se usa como apelativo despectivo: *vete de aquí, ~ de hambre.*

mues·ca |muéska| **1** ***f.*** Hueco estrecho que hay o se hace en una cosa para introducir otra: *hizo una ~ en el marco de la puerta con la punta de la navaja.* **2** Corte que, como señal, se hace al ganado en la oreja: *marcaron los terneros con muescas.*

mues·tra |muéstra| **1** ***f.*** Cantidad pequeña de una mercancía que se enseña para dar a conocer su calidad: *el tabernero les dio a probar una ~ de vino; en la farmacia me han regalado una ~ para que pruebe una crema hidratante.* **2** Parte que se saca de una materia para analizarla y hacer pruebas con ella: *la enfermera analizó las muestras de sangre y orina del enfermo; una ~ del tejido revela restos de veneno.* **3** *fig.* Señal que demuestra o da a conocer una cosa: *daba muestras de alegría.* **4** Modelo que se debe imitar o copiar: *los niños copiaban una ~; en la revista hay una ~ del bordado de la mantelería.* **5** Conjunto de elementos o individuos que se consideran *representativos de un grupo o de una cosa que se quiere analizar: *el investigador ha escogido una ~ de población para hacer una encuesta.*

6 Presentación de un conjunto de productos o de obras de arte: *mañana se abre al público la mayor ~ de material informático del mundo; en la ~ se recogen los cuadros y esculturas más importantes del artista.* ⇒ **exposición, feria.**

mues·tra·rio |muestrário| ***m.*** *Colección de cantidades pequeñas de una mercancía: *el vendedor nos enseñó un ~ de corbatas.*

mues·tre·o |muestréo| ***m.*** Elección de un conjunto de elementos o individuos que se consideran *representativos de un grupo o de una cosa que se quiere analizar: *para realizar una encuesta hay que hacer antes un ~.*

mu·gi·do |muxíðo| ***m.*** Voz característica del toro o de la vaca: *los mugidos de las vacas empezaron a alarmar al vaquero.* ⇒ **mu.**

mu·gir |muxír| ***intr.*** Emitir *mugidos el toro o la vaca: *el toro mugió para avisar a la manada.* ☐ Se conjuga como 6.

mu·gre |múɣre| ***f.*** Grasa o suciedad: *las paredes de la cocina estaban llenas de ~.*

mu·grien·⌐to, ⌐ta |muɣriénto, ta| ***adj.*** Que está lleno de grasa o suciedad: *salió de la caldera con el pelo ~.*

mu·jer |muxér| **1 *f.*** Individuo adulto de sexo femenino de la especie humana: *le preguntó qué hora era a una ~; las mujeres tienen los mismos derechos que los hombres.* ⇒ **hombre; ~ de mala vida**, la que mantiene relaciones sexuales a cambio de dinero: *frecuentaba las tabernas y las mujeres de mala vida.* ⇒ **prostituta; ~ de su casa**, la que cuida de su familia: *es una ~ de su casa y todos los días prepara la comida para toda la familia;* **~ fatal**, la que se hace amar por los hombres y los domina: *cree que es una espía o una ~ fatal;* **~ fácil**, *desp.*, la que se entrega sexualmente con facilidad: *es una ~ fácil: se acuesta con todos.* ⇒ **mujerzuela. 2** Persona de sexo femenino casada; *esposa: *es soltero, no tiene ~ ni hijos; quiero que conozcas a mi ~.* ■ **la ~**, *fam.*, expresión que muestra afecto o pena por una persona de sexo femenino: *la ~ estaba muy preocupada por ti.* ■ **ser ~**, tener o haber tenido la primera *menstruación: *ha cumplido los doce años y ya es una ~.*

mu·je·rie·go |muxeriéɣo| ***adj.-m.*** (hombre) Que gusta ir con mujeres: *su marido era un ~ empedernido.*

mu·je·rí·o |muxerío| ***m.*** Conjunto o grupo grande de mujeres: *el ~ aplaudió el discurso de la presidenta de la asociación de mujeres.*

mu·jer·zue·la |muxerθuéla| ***f.*** *desp. fam.* Mujer que se entrega sexualmente con facilidad: *hijo, deja a esa ~, que el día menos pensado te traerá un disgusto.* ☐ Se usa como apelativo despectivo.

mu·la·dar |mulaðár| **1 *m.*** Lugar donde se echan los excrementos de los animales y la basura de las casas: *las moscas merodeaban por el ~.* **2** *fig.* Lugar muy sucio: *aquella casucha era un ~.*

mu·la·⌐to, ⌐ta |muláto, ta| ***adj.-s.*** (persona) Que ha nacido de padre blanco y madre negra, o de padre negro y madre blanca: *en Brasil conoció a una mulata que bailaba maravillosamente.* ⇒ **mestizo.**

mu·le·⌐ro, ⌐ra |muléro, ra| ***m. f.*** Persona que se dedica a cuidar *mulas: *los muleros condujeron a los animales de carga hacia un lugar seguro.*

mu·le·ta |muléta| **1 *f.*** Instrumento largo y resistente con el extremo superior adaptado para colocar el brazo, que sirve para apoyarse al andar: *tiene la pierna rota y debe llevar muletas; el herido se apoyaba en una ~.* ⇒ **bastón. 2** Paño de color rojo sujeto a un palo, que usa el torero para *torear: *el torero engañaba al toro con la ~ mientras alzaba la espada.* ⇒ **capote.**

mu·le·ti·lla |muletíʎa| ***f.*** Palabra o frase que se repite innecesariamente al hablar: *siempre terminaba sus frases con la misma ~: ¿me explico?* ⇒ **latiguillo.**

mu·lli·⌐do, ⌐da |muʎíðo, ða| ***adj.*** Que es blando y esponjoso: *se tumbó en una cama mullida y confortable.*

mu·llir |muʎír| ***tr.*** [algo] Hacer que una cosa esté blanda y esponjosa: *la enfermera mulló las almohadas del enfermo.* ☐ Se conjuga como 41.

mu·⌐lo, ⌐la |múlo, la| **1 *m. f.*** Animal mamífero doméstico, de cuatro patas, nacido del cruce de un caballo y una *burra, o de una *yegua y un *burro: *los mulos se emplean como animales de carga y en las labores agrícolas.* ⇒ **burro, caballo. 2** *fam.* Persona con mucha fuerza y energía; persona que resiste bien el trabajo: *¡este chico es una mula, hay que ver qué fuerza tiene!* **3** *fam. desp. fig.* Persona torpe o ruda que usa la fuerza en vez de la razón; idiota, que no entiende bien las cosas o es poco inteligente: *su tío es un ~, será mejor que no vayas a verlo.* ⇒ **burro.** ■ **ser más terco que una mula**, *fam.*, mantenerse excesivamente firme en unas ideas o intenciones: *eres más terco que una mula y no se puede razonar contigo.* ■ **trabajar como una mula**, *fam.*, trabajar duramente: *esa mujer trabaja como una mula para sacar a sus hijos adelante.*

mul·ta |múlta| **1 *f.*** Castigo en forma de dinero que se pone por una falta o *delito: *el guardia ponía multas a los que habían aparcado mal; tienes que pagar la ~ en el Ayuntamiento.* ⇒ **sanción. 2** Papel oficial donde figura ese castigo y la cantidad de dinero que hay que pagar: *el policía pidió al conductor que firmara la ~.*

mul·tar |multár| ***tr.*** [a alguien] Poner una *multa: *el Ayuntamiento ha multado a los bares por el exceso de ruido.* ⇒ **sancionar.**

mul·ti·co·lor |multikolór| ***adj.*** Que tiene muchos colores: *la playa estaba repleta de sombrillas multicolores.*

mul·ti·co·pis·ta |multikopísta| ***f.*** Máquina que sirve para hacer varias copias de un texto o de un dibujo: *en la oficina utilizan una ~ en lugar de una fotocopiadora.*

mul·ti·for·me |multifórme| ***adj.*** Que tiene muchas formas: *el cristal roto refleja una imagen ~.* ⇔ **uniforme.**

mul·ti·mi·llo·na·⌐rio, ⌐ria |multimiʎonário, ria| **1 *adj.-s.*** (persona) Que es muy rico; que tiene mucho dinero: *los multimillonarios veraneaban en sus yates privados.* ⇒ **archimillonario. - 2 *adj.*** De muchos millones de pesetas: *se dice que el club pagará una cifra multimillonaria por el jugador.*

mul·ti·na·cio·nal |multinaθionál| ***adj.-f.*** (sociedad) Que tiene negocios y actividades en varios países: *las multinacionales del automóvil estaban en crisis; es el presidente de una ~ de la industria óptica.*

múl·ti·ple |múltiple| ***adj.*** Que está formado por varios elementos; que no es único ni simple: *hay opiniones múltiples sobre cómo resolver el problema.* ⇔ **simple.**

mul·ti·pli·ca·ción |multiplikaθión| **1** ***f.*** Operación de multiplicar: 2 × 2 *es una ~.* **2** Crecimiento de una cantidad o de un número: *en la Biblia se cuenta el milagro de la ~ de los panes y los peces.*

mul·ti·pli·ca·⌐dor, ⌐do·ra |multiplikaðór, ðóra| **1** ***adj.-s.*** Que multiplica: *su dedicación ha tenido un efecto ~ y ahora todo el mundo trabaja más.* **- 2 multiplicador *m.*** MAT. Número que indica, en una multiplicación, cuántas veces debe sumarse otro número: *en* 4 × 2 = 8, *el ~ es el* 2. ⇒ **multiplicando.**

mul·ti·pli·can·do |multiplikándo| ***m.*** MAT. Número que ha de ser multiplicado: *el orden de los multiplicandos no altera el producto; en* 4 × 2 = 8, *el ~ es el* 4. ⇒ **multiplicador.**

mul·ti·pli·car |multiplikár| **1** ***tr.-prnl.*** [algo] Crecer en número considerablemente los individuos o unidades de una especie o grupo: *debemos ~ los beneficios; la sequía ha impedido que se multipliquen los pájaros.* **- 2 *tr.*** MAT. Averiguar con una operación matemática el resultado de sumar un número con él mismo, tantas veces como indique otro: *si multiplicas ocho por cinco, el resultado es 40.* **- 3 multiplicarse *prnl.*** Hacer muchas cosas a la vez: *la anfitriona se multiplicaba para complacer a todos sus invitados.* ☐ Se conjuga como 1.

mul·ti·pli·ci·dad |multipliθiðáᵈ| ***f.*** Variedad grande o excesiva de hechos, especies o individuos: *te asombrarías de la ~ de tipos de insectos que existe.*

múl·ti·plo |múltiplo| ***adj.-m.*** MAT. (número, cantidad) Que contiene otro varias veces exactamente: *350 es ~ de cinco.*

mul·ti·tud |multitúᵈ| **1** ***f.*** Conjunto grande de personas: *el alcalde saludó a la ~ que se agolpaba en la plaza.* ⇒ **avalancha, muchedumbre.** **2** Cantidad grande de animales o cosas: *una ~ de gaviotas alzaron el vuelo.* ⇒ **avalancha, muchedumbre.**

mul·ti·tu·di·na·⌐rio, ⌐ria |multituðinário, ria| ***adj.*** Que reúne o forma una *multitud: *los organizadores no encuentran un sitio para el concierto ~ que se quiere celebrar.*

mun·da·nal |mundanál| ***adj.*** Del mundo o que tiene relación con él: *huyó al campo, lejos del ~ ruido.* ⇒ **mundano.**

mun·da·⌐no, ⌐na |mundáno, na| **1** ***adj.*** Del mundo o que tiene relación con él: *ha viajado y ha leído mucho, es muy ~.* ⇒ **mundanal.** **2** Del ambiente de la alta sociedad o que tiene relación con él: *se nota que es de buena cuna: tiene modales mundanos.* **3** (persona) Que participa frecuentemente en las fiestas y reuniones de la alta sociedad: *es muy ~: no falta nunca a ninguna fiesta de la alta sociedad.*

mun·dial |mundiál| **1** ***adj.*** Del mundo o que tiene relación con él: *es muy difícil conseguir la paz ~.* **- 2 *m.*** Competición deportiva en la que se compite por el título de *campeón del mundo: *podremos ver en la televisión los partidos del ~ de fútbol.*

mun·di·llo |mundíʎo| ***m.*** Conjunto limitado de personas que tienen una misma posición social, profesión o trabajo: *en el ~ del ciclismo, la* pájara *es el cansancio, el agotamiento.*

mun·do |múndo| **1** ***m.*** Tierra; planeta en el que viven los seres humanos: *aseguró que podía dar la vuelta al ~ en 80 días; todavía hay muchas guerras en el ~;* **medio ~**, gran parte del planeta en el que viven los seres humanos: *ha recorrido medio ~ buscando la verdad;* **Nuevo Mundo**, parte del planeta que incluye América y Oceanía: *los españoles descubrieron el Nuevo Mundo.* ☐ En esta acepción se escribe con mayúscula; **Mundo Antiguo**, parte del planeta que incluye Europa, Asia y el norte de África: *sobre la mesa había un mapa del Mundo Antiguo.* ☐ En esta acepción se escribe con mayúscula; **Tercer Mundo**, conjunto de los países de menor desarrollo económico e industrial: *los países ricos son, en gran medida, responsables de la pobreza del Tercer Mundo.* ☐ En esta acepción se escribe con mayúscula. **2** Lugar o situación en que se vive, en que se está o en que se desarrolla una actividad: *se maneja bien en el ~ de las finanzas; quiere introducirse en el ~ de la moda;* **el otro ~**, aquel en el que habitan las *almas de los muertos: *no puedes llevarte tu dinero al otro ~;* **este ~**, aquel en el que habitan los seres humanos vivos: *dejó este ~ cuando era aún muy joven.* **3** Planeta, generalmente en el que hay vida: *cree que existen otros mundos distintos al nuestro fuera del sistema solar.* **4** Conjunto de personas que forman una sociedad determinada: *el ~ moderno introdujo enormes cambios sociales; en su ~ no se respetan las buenas maneras; viven en mundos distintos;* **el ~ entero**, la totalidad de los hombres de la Tierra: *el ~ entero está pendiente de ese país;* **todo el ~**, la totalidad de los hombres de una sociedad determinada: *todo el ~ habla mal de él; pienso decírselo a todo el ~.* **5** Conjunto de bienes o placeres existentes en el planeta en el que viven los seres humanos: *le prometió el ~ si accedía a casarse con él; dejó el ~ y se enclaustró en la abadía.* ■ **desde que el ~ es ~**, desde el comienzo de los tiempos; desde siempre: *la energía solar existe desde que el ~ es mundo.* ■ **el ~ es un pañuelo**, *fam.*, expresión con que se indica sorpresa por un encuentro con otra persona en un lugar poco habitual para ambos: *estando en las Bahamas me encontré con mi vecino: el ~ es un pañuelo.* ■ **hacer un ~**, dar una importancia demasiado grande a un asunto: *hizo un ~ de esa tontería.* ■ **hundirse el ~**, ocurrir una desgracia: *dijo que vendría aunque se hundiese el ~.* ■ **no ser nada del otro ~**, *fam.*, ser común o normal; no tener nada especial: *no sé por qué te gusta si no es nada del otro ~.* ■ **valer un ~**, ser muy *apreciado por su valor material o moral: *este chico vale un ~, tiene solución para todo.* ■ **venirse el ~ encima**, perder el ánimo por falta de fuerzas para resistir las desgracias: *cuando su padre murió, se le vino el ~ encima.* ■ **ver ~**, viajar por muchos lugares para conocerlos: *se dedicó a ver ~ durante su juventud.*

mu·ni·ción |muniθión| ***f.*** Carga de las armas de fuego: *los soldados se quedaron sin ~ y dejaron de disparar.*

mu·ni·ci·pal |muniθipál| **1** ***adj.*** Del *municipio o que tiene relación con él: *las leyes municipales prohíben la venta ambulante.* **- 2** ***com.*** Persona que se encarga de mantener el orden en una población: *un ~ dirigía el tráfico; los municipales ayudaron a la anciana.* ⇒ **guardia.**

mu·ni·ci·pio |muniθípio| **1** ***m.*** División territorial más pequeña en que se organiza un Estado: *las provincias se componen de municipios; los pueblos y las ciudades son municipios.* **2** Territorio comprendido en cada una de esas divisiones: *tiene una finca en el ~ de Yunquera; el ayuntamiento rige el ~.* ⇒ **término. 3** Conjunto de habitantes de ese territorio: *todo el ~ está consternado ante la muerte de su paisano más famoso.* **4** Grupo formado por un *alcalde y varios *concejales y que administra ese territorio: *uno de los vecinos se quejó al ~ del escándalo que había en la calle.* ⇒ **ayuntamiento.**

mu·ñe·ca |muɲéka| ***f.*** Articulación que une la mano con el brazo: *el reloj de pulsera se lleva en la ~; se ha hecho daño en una ~ al caer del caballo.*

mu·ñe·⌐co, ⌐ca |muɲéko, ka| **1** ***m. f.*** Juguete con forma de persona o animal: *por tu cumpleaños te regalaremos el ~ que llora y hace pis; la niña lava y peina a su muñeca.* **2** Figura con forma humana: *en el escaparate de la tienda había una muñeca con un vestido de novia.* ⇒ **maniquí. - 3 muñeco** ***m.*** *fam. fig.* Persona sin carácter ni voluntad, que se deja llevar por otra: *todos abusan de él porque es un ~.* ⇒ **pelele.**

mu·ñe·que·ra |muɲekéra| ***f.*** Tira de tela elástica o de cuero que se coloca en la muñeca: *llevo una ~ porque me he lastimado la muñeca; va adornada con muñequeras de cuero.*

mu·ñón |muɲón| ***m.*** Parte de un miembro que queda unida al cuerpo cuando ha sido cortado un trozo del mismo: *tiene un ~ porque durante la guerra un proyectil le cortó el brazo; las piernas artificiales van unidas a los muñones.*

mu·ral |murál| ***adj.-m.*** (pintura) Que está hecho sobre un muro o una pared: *las pinturas murales de la iglesia se conservaban muy bien; el pintor realizó un ~ para el palacio de exposiciones.*

mu·ra·lis·ta |muralísta| ***com.*** PINT. Persona que pinta *murales: *un ~ se encargará de la decoración exterior del edificio.*

mu·ra·lla |muráʎa| ***f.*** Muro alto y grueso que rodea una población y que sirve como defensa o protección: *muchas ciudades y pueblos españoles conservan las murallas medievales; Ávila es famosa por su ~.*

mur·cia·⌐no, ⌐na |murθiáno, na| **1** ***adj.*** De Murcia o que tiene relación con Murcia: *la vega murciana es muy fértil.* **- 2** ***m. f.*** Persona nacida en Murcia o que vive habitualmente en Murcia: *los murcianos son vecinos de los andaluces.*

mur·cié·la·go |murθiélaγo| ***m.*** Animal mamífero volador nocturno, que tiene una *membrana que va desde las extremidades anteriores hasta la cola y que emite vibraciones para *orientarse: *cuando entramos en la vieja iglesia, varios murciélagos levantaron el vuelo; en la cueva había varios murciélagos colgados boca abajo.* ☐ Para indicar el sexo se usa el ~ macho y el ~ hembra.

mur·ga |múrγa| **1** ***f.*** Conjunto de músicos que tocan por las calles: *una ~ tocaba de puerta en puerta.* **2** *fam. fig.* Persona o cosa que molesta y causa disgusto: *los vecinos del piso de arriba son una ~.* ■ **dar la ~**, *fam.*, molestar: *deja de dar la ~, no te pongas pesado.*

mur·mu·llo |murmúʎo| ***m.*** Ruido *sordo y *confuso: *oía el ~ del viento en las hojas de los olmos; se percibía un ~ en la biblioteca; le gustaba escuchar el ~ del agua.* ⇒ **cuchicheo.**

mur·mu·ra·ción |murmuraθión| ***f.*** Conversación en la que se habla mal de una persona o grupo de personas que no están presentes: *las vecinas la estaban amargando con sus murmuraciones.* ⇒ **cotilleo.**

mur·mu·ra·⌐dor, ⌐do·ra |murmuraðór, ðóra| ***adj.-s.*** (persona) Que habla mal de una persona o grupo de personas que no están presentes: *por favor, no hagas caso de los murmuradores y cree lo que te digo.*

mur·mu·rar |murmurár| **1** ***intr.-tr.*** [algo; de alguien/algo] Hablar mal de una persona o grupo de personas que no están presentes: *en cuanto se fue Sonia, sus amigos se pusieron a ~ de ella.* ⇒ **cotillear. 2** [algo] Hablar bajo y entre dientes: *¿qué estás murmurando?; el viejo siempre estaba murmurando y renegando de sus dolores; murmuraba una oración.* ⇒ **cuchichear. - 3** ***intr.*** Hacer un ruido suave y tranquilo la corriente del agua, las hojas, el viento u otras cosas: *los pájaros cantan y el viento murmura entre las hojas.*

mu·ro |múro| **1** ***m.*** Construcción vertical, generalmente gruesa que cierra un espacio o lo separa de otro: *los muros de la casa son de piedra; están res-*

MURCIÉLAGO

taurando los muros de la catedral. **2** Pared que rodea una población que sirve como defensa o protección: *los enemigos derribaron los muros y entraron en el poblado.*

mus |mús| ***m.*** Juego de cartas que está formado por cuatro partes en las que se hacen *apuestas y que se juega por parejas: *el ~ suele jugarse por parejas; durante las fiestas del pueblo se celebra un campeonato de ~.*

mu·sa |músa| **1 *f.*** Diosa clásica de Grecia y Roma que protege una ciencia o un arte: *Calíope era la ~ de la épica; en la mitología latina, las musas habitaban en el Parnaso.* **2** Facilidad y calidad en la creación o composición de obras de arte: *el poeta dejó la pluma porque le había abandonado la ~.* ⇒ **inspiración.**

mu·sa·ra·ña |musaráɲa| **1 *f.*** Animal mamífero nocturno de pequeño tamaño, con pelo corto y rojo oscuro, patas delanteras más pequeñas que las traseras y que se alimenta de insectos: *en el techo de la habitación había una ~.* ☖ Para indicar el sexo se usa la ~ macho y la ~ hembra. **2** Especie de nube o tela que se pone en los ojos e impide ver con claridad: *no veía bien y el médico le dijo que era debido a una ~.* ■ **mirar las musarañas,** *fam.*, estar distraído, generalmente con la mirada perdida: *el profesor se deprimía viendo a los alumnos mirar las musarañas.* ■ **pensar en las musarañas,** *fam.*, estar distraído, no poner atención en lo que se hace o se dice: *debía estar pensando en las musarañas cuando le hablé del mueble, porque no se acuerda de nada.*

mus·cu·lar |muskulár| ***adj.*** Del músculo o que tiene relación con él: *todas las noches hace ejercicios de relajación ~; el sistema ~ hace posible el movimiento.*

mus·cu·la·tu·ra |muskulatúra| ***f.*** Conjunto de los músculos del cuerpo: *este deportista es muy alto y tiene una buena ~; va a un gimnasio para fortalecer la ~.*

mús·cu·lo |múskulo| ***m.*** Órgano o masa de tejido, compuesto de fibras que se estiran y contraen y que sirve para producir el movimiento: *los músculos realizan movimientos voluntarios o involuntarios; los músculos recubren los huesos.*

mus·cu·lo·⌜so, ⌜sa |muskulóso, sa| ***adj.*** Que tiene los músculos muy desarrollados: *los nadadores suelen ser musculosos.*

MUSARAÑA

mu·se·o |muséo| **1 *m.*** Edificio o lugar abierto al público en el que se guardan y exponen series ordenadas de objetos de valor para la ciencia, para el arte, para la cultura o para el desarrollo de los conocimientos humanos: *Madrid y Barcelona tienen importantes museos; fueron a visitar el Museo del Prado.* ⇒ **pinacoteca.** **2** *p. ext.* Lugar donde se exponen objetos que pueden atraer el interés del público: *junto a la iglesia había un ~ de reliquias.* **3** *fig.* Lugar en el que hay muchas obras de arte: *la casa del empresario es un ~.*

mus·go |músɣo| ***m.*** Planta sin flores, con pequeñas raíces, con tallo y hojas falsos, que crece sobre los árboles y las piedras en lugares húmedos, formando una capa verde, gruesa y suave: *en invierno recogemos ~ para decorar nuestro belén.*

mú·si·ca |músika| **1 *f.*** Arte de combinar los sonidos con el tiempo: *se dedicó a la ~ desde muy joven.* **2** Teoría de ese arte: *además de ser gran compositor, escribió mucho sobre ~.* **3** Obra compuesta según ese arte: *¿de dónde procede esa ~?; la ~ de esta canción es muy bella.* ⇒ **melodía.** **4** Conjunto de las obras musicales de un autor, de un estilo, de un país o de un periodo determinados: *es un gran aficionado a la ~ barroca; a él le gusta la ~ clásica, a mí la ~ moderna; la ~ española tiene una gran fuerza.* ■ **ir/marchar con la ~ a otra parte,** *fam.*, expresión con la que se despide a una persona que se cree que está molestando o con la que se rechaza a una persona molesta: *vete con la ~ a otra parte, pesado.*

mu·si·cal |musikál| **1 *adj.*** De la música o que tiene relación con ella: *¿sabes tocar algún instrumento ~?* **2** Que tiene música; que produce música: *le han regalado un juguete ~.* **3** *fig.* Que tiene un sonido o un ritmo agradable: *la madre hablaba a su hijo con voz ~.* **- 4 *adj.-m.*** (obra de cine o de teatro) Que tiene música, canciones y baile como parte de la acción: *la película* Sonrisas y lágrimas *es un ~.*

mu·si·ca·li·dad |musikaliðáᵈ| ***f.*** Conjunto de características de ritmo y sonido propias de la música: *es fantástica la ~ que tiene el canto del ruiseñor.*

mú·si·⌜co, ⌜ca |músiko, ka| ***m. f.*** Persona que se dedica a la música: *de mayor quiere ser ~; dibujó tres músicos tocando.* ⇒ **artista.**

mu·si·co·lo·gí·a |musikoloxía| ***f.*** Estudio de la teoría y de la historia de la música: *es un autor que sólo conocen los expertos en ~.*

mu·si·có·lo·⌜go, ⌜ga |musikóloɣo, ɣa| ***m. f.*** Persona que se dedica a estudiar la teoría y la historia de la música: *una eminente musicóloga ha escrito este tratado sobre Mozart.*

mu·si·tar |musitár| ***intr.-tr.*** *fam.* [algo] Susurrar o hablar bajo y entre dientes: *me paso el día musitando tu nombre, amada mía.* ⇒ **bisbisear.**

mus·lo |múslo| **1 *m.*** Parte de la pierna que va desde el tronco hasta la rodilla: *el pantalón corto sólo le* *cubría medio ~.* **2** Parte superior de la pata de los animales: *pidió un ~ de pollo asado.*

mus·⌈tio, ⌈tia |mústio, tia| **1** *adj.* (flor, planta) Que está seco y sin vida: *si no riegas las flores se pondrán mustias.* ⇒ **marchito. 2** Que está triste; que no tiene energía: *estos días la encuentro mustia, no sé qué le preocupará.*

mu·sul·⌈mán, ⌈ma·na |musulmán, mána| **1** *adj.-s.* (persona) Que sigue la religión de Mahoma: *los musulmanes ayunan durante el mes del Ramadán.* ⇒ **mahometano. - 2** *adj.* De esta religión o que tiene relación con ella: *la organización política y administrativa musulmana llegó a ser muy compleja.*

mu·ta·ción |mutaθión| **1** *m. form.* Cambio, transformación: *las ideas del científico experimentaron una importante ~ en poco tiempo; en este poema se observa una ~ del estilo del autor.* **2** Alteración de la estructura de las células de un ser vivo que pasa a sus descendientes: *la ~ de los cromosomas puede producir la aparición de un carácter nuevo.* **3** Cambio de decoración, al representar una obra de teatro: *los actores y las actrices se cambiaron de ropa durante la ~ escénica.*

mu·tan·te |mutánte| **1** *adj.-m.* BIOL. (*gen, *cromosoma) Que ha surgido por un cambio o una transformación de otro que ya existía: *un gen ~ ha hecho que esta bacteria sea más resistente a los antibióticos.* **2** BIOL. Célula, organismo o individuo en el que se ha producido un cambio *hereditario de material *genético: *esos peces con un color diferente son mutantes.*

mu·tar |mutár| **1** *tr.-prnl.* Cambiar, transformar o alterar: *esperó a que la suerte se mutara y volvió a hacer apuestas.* ⇒ **mudar. 2** BIOL. Sufrir un cambio o una transformación *genética: *algunas células mutan de forma espontánea.*

mu·ti·la·⌈do, ⌈da |mutiláðo, ða| *adj.-s.* (persona) Que ha perdido una parte del cuerpo, especialmente una extremidad: *es ~ de guerra y no puede trabajar.*

mu·ti·lar |mutilár| **1** *tr.-prnl.* [algo, a alguien] Cortar un miembro o una parte del cuerpo: *una bomba le mutiló la mano.* **- 2** *tr.* [algo] Quitar o suprimir una parte de una cosa: *la censura mutiló el libro.*

mu·tis·mo |mutísmo| *m. form.* Silencio voluntario u obligado: *el poeta fue condenado al ~.*

mu·tua·li·dad |mutualiðáᵈ| *f.* Sociedad cuyos miembros pagan una cantidad de dinero destinada a cubrir las necesidades de cualquiera de ellos o a prestarles ayuda: *los agricultores de la comarca se asociaron en una ~.*

mu·⌈tuo, ⌈tua |mútuo, tua| *adj.* Que se da y se recibe; que establece una correspondencia igual entre dos elementos: *la fidelidad de los esposos es mutua; quedaron de ~ acuerdo en que siempre se ayudarían.* ⇒ **recíproco.**

muy |muí| *adv. c.* Indica el grado más alto de lo que se expresa: *tu amigo es ~ alto; terminó ~ cansado; llegaron ~ tarde a cenar; los coches pasaban ~ de prisa.* ⇒ **mucho.** ☖ Se usa ante adjetivos, participios, adverbios y locuciones adverbiales. ■ **~ de,** *fam.*, propio y característico de una persona o de una cosa: *su abuela era ~ de Madrid; es ~ de María eso de llegar tarde.* ■ **~ de,** *fam.*, que gusta de una cosa o tiene interés por ella: *es una mujer ~ de su casa.*

N

N, n 1 ***f.*** Letra que en el alfabeto español sigue a la *m*: *la palabra* nariz *se escribe con ~*. **2** MAT. Signo que sirve para representar un número no determinado: *encuentra un conjunto de ~ elementos.* **3** Abreviatura de Norte: *en el mapa vimos dibujada una flecha señalando hacia el N.* ☖ En esta acepción se escribe con mayúscula.

na·bo |náβo| **1** ***m.*** Tallo subterráneo carnoso, generalmente de color blanco, que se usa como alimento: *los nabos se suelen comer hervidos.* **2** Hortaliza de hojas grandes, que produce ese tallo: *Eugenio planta nabos en la huerta.* **3** *fam.* Órgano sexual masculino; pene: *el ~ es el pene, y suena mejor llamarlo de esta última forma.*

ná·car |nákar| ***m.*** Sustancia dura y blanca, que se forma en el interior de ciertas conchas y que refleja la luz proyectando brillos de colores suaves: *el ~ se utiliza para hacer objetos de adorno; me he comprado unos pendientes de ~.*

na·ca·ra·⌜do, ⌜da |nakaráðo, ða| **1** ***adj.*** Que tiene una característica que se considera propia del *nácar: *se pinta las uñas de un color ~; esos polvos dan un aspecto ~ a la piel.* **2** Que está adornado con *nácar: *el libro tenía las tapas nacaradas.*

na·cer |naθér| **1** ***intr.*** Salir del vientre de la madre: *nació el dos de enero de 1515; nacerá en un mundo mejor.* **2** Salir una planta de su semilla o del suelo: *han nacido malas hierbas después de las lluvias.* **3** Salir hojas, flores o frutos de una planta: *le han nacido brotes nuevos al árbol.* **4** Salir vello, pelo o pluma de la piel de un animal: *a mi gato le ha nacido pelo blanco en el rabo.* **5** *fig.* Comenzar a tener existencia o ser; tener origen: *el comercio nació en las ciudades; durante su reinado, nació la costumbre de usar el tenedor en la mesa.* **6** Surgir el agua u otro líquido de un lugar: *este río nace en la sierra vecina.* ⇒ **brotar. 7** Aparecer por el horizonte un cuerpo celeste: *el sol nace por el Este.* **8** *fam. fig.* [a/para algo] Tener tendencia o estar destinado a un fin: *nació para poeta; creyó haber nacido para dominar el mundo.* ■ **volver a ~**, *fam.*, escapar de un peligro grande sin daño importante: *volvimos a ~ después de aquel accidente.* ⇔ **morir.** ☖ Se conjuga como 42.

na·ci·⌜do, ⌜da |naθíðo, ða| ***adj.-s.*** (persona) Que ha salido del vientre de la madre; ser humano: *su mensaje se dirigía a todos los nacidos;* **bien ~**, (persona) que se comporta de manera noble: *todos los hermanos eran bien nacidos;* **mal ~**, (persona) que se comporta de mala manera; que tiene mala intención: *era un mal ~ que sólo quería el daño y la perdición de los demás.* ☖ Se usa como apelativo despectivo: *¡fuera de mi vista, mal ~, desgraciado!;* **recién ~**, (niño) que acaba de nacer: *los abuelos fueron a visitar a la madre y al recién ~.*

na·cien·te |naθiénte| **1** ***adj.*** Que es nuevo; que empieza a desarrollarse: *los críticos observaron un gusto ~ por la música popular y nacional.* ⇒ **reciente. - 2** ***m.*** Punto *cardinal que está donde nace el Sol: *dirigió la mirada hacia el ~ y observó el vuelo de las aves.* ⇒ **este, levante, oriente.**

na·ci·mien·to |naθimiénto| **1** ***m.*** Principio de una vida: *el ~ de su nuevo hijo tendrá lugar en mayo; el ~ de los cereales suele ser en primavera.* ⇒ **parto. 2** *fig.* Principio u origen; momento en que una cosa comienza a tener existencia o ser: *los alumnos estaban estudiando el ~ de las revoluciones contemporáneas.* **3** Lugar donde comienza a salir el vello o el pelo: *tenía un lunar en el ~ del pelo.* **4** Lugar donde brota una corriente de agua: *visitamos el ~ del río Tajo; bebimos en un ~ de agua en plena montaña.* ⇒ **fuente, manantial. 5** Momento en el que aparece por el horizonte un cuerpo celeste: *nos quedamos despiertos para ver el ~ del sol sobre el mar.* **6** Origen del que desciende o procede una persona: *el homenajeado era una persona de gran sabiduría e ilustre ~.* **7** Conjunto de figuras y objetos que representan momentos o lugares relacionados con el principio de la vida de Jesucristo: *todos los años colocan un ~ en la puerta de la iglesia el día 24 de diciembre.* ⇒ **belén, pesebre.** ■ **de ~**, (defecto o enfermedad) que se padece desde que se nace: *el niño era sordo de ~.*

na·ción |naθión| **1** ***f.*** Conjunto de personas que viven en un mismo territorio y tienen un mismo gobierno: *toda la ~ fue a votar a sus representantes.* **2** Territorio en el que vive ese conjunto de personas: *la ~ es una pequeña isla en el Pacífico.* ⇒ **país.**

na·cio·nal |naθionál| **1** ***adj.*** De la nación o que tiene relación con ella: *los niños aprendían los nombres de los ríos nacionales.* **2** Que pertenece a una nación, en *oposición a lo extranjero: *después de la publicidad les hablaremos del panorama ~.* ⇒ **internacional.**

na·cio·na·li·dad |naθionaliðáᵈ| ***f.*** Estado o situación propios de las personas que pertenecen a una nación: *yo tengo la ~ española; nació en Méjico, pero pidió la ~ española.*

na·cio·na·lis·mo |naθionalísmo| **1** ***m.*** POL. Doctrina política que defiende lo que se considera propio de una nación: *el ~ supone la exaltación de lo característico de un país; el ~ tuvo una gran influencia en la música de la segunda mitad del siglo* XIX. **2** POL. Movimiento político que defiende la creación de un Estado independiente: *los nacionalismos extremos dan lugar a actos de violencia.*

na·cio·na·lis·ta |naθionalísta| **1** ***adj.*** Del *nacionalismo o que tiene relación con él: *las fuerzas nacionalistas protagonizaron una manifestación en la tarde del lunes.* **- 2** ***adj.-com.*** (persona) Que es partidario del *nacionalismo: *los nacionalistas apoyaron el proyecto de ley del gobierno; Macià fue un ~ catalán.*

na·cio·na·li·zar |naθionaliθár| **1** ***tr.-prnl.*** [a alguien] Conceder a un extranjero o *adquirir los derechos de los que han nacido en un país: *el poeta chileno quiso nacionalizarse español.* ⇒ **naturalizar. 2** [algo] Transformar una actividad o *entidad privada en pública: *el gobierno ha expropiado unos terrenos y los ha nacionalizado, para construir un embalse.* ⇔ **desnacionalizar. 3** Dar un carácter nacional: *el gobierno ha comprado las acciones que estaban en manos extranjeras y ha nacionalizado completamente la empresa.* ⇔ **desnacionalizar.** ☖ Se conjuga como 4.

na·da |náða| **1** ***pron. indef.*** Ninguna cosa: *dijo que no quería ~; no hay ~ mejor que el agua para la sed.* **2** Poco o muy poco: *se ha ido hace ~; se enfada por ~.* **- 3** ***adv. neg.*** *fam.* Indica negación total: *~, que no quiere venir.* ⇒ **no. - 4** ***f.*** Falta total de ser o de existencia: *cree que tras la muerte se perderá en la ~.* ⇔ **todo. - 5** ***adv.*** De ningún modo; en *absoluto: *este abrigo no es ~ caro.* ■ **¡ahí es ~!**, *fam.*, expresión que indica sorpresa o admiración: *pedía por ello 4000 pesetas, ¡ahí es ~!* ■ **como si ~**, *fam.*, sin dar la menor importancia: *volvió a hacerlo como si ~.* ■ **de ~**, expresión con la que se *responde a un agradecimiento: *gracias por esperar. —De ~.* ■ **de ~**, de poco valor o poco importante: *no fue grave: sólo fue una heridita de ~.* ■ **~ menos**, expresión con la que se destaca la importancia o el valor de una cosa: *me llamaron ~ menos que diez personas para comentarme lo mismo.*

na·da·⌈dor, ⌈do·ra |naðaðór, ðóra| **1** ***adj.*** Que nada o puede nadar: *este perro es un buen ~.* **- 2** ***m. f.*** Persona que practica el deporte de la *natación: *la nadadora alemana ha conseguido una medalla de plata.*

na·dar |naðár| **1** ***intr.*** Mantenerse y avanzar dentro del agua moviendo las extremidades: *los niños están aprendiendo a ~; me gusta ~ en el mar.* **2** Flotar en un líquido: *no bebas de esa copa porque hay migas nadando en el vino.* **3** *fig.* Tener en gran cantidad: *el empresario nadaba en dinero hasta que se arruinó.*

na·de·rí·a |naðería| ***f.*** Cosa poco o muy poco importante: *siempre se enfada por naderías.* ⇒ **futilidad, nimiedad.**

na·die |náðie| ***pron. indef.*** Ninguna persona: *no hay ~ en la casa; ~ nos ha visto.* ■ **no ser ~**, no ser una persona importante o decisiva: *tú no eres ~ para decirme lo que tengo que hacer.* ■ **ser un don ~**, *fam.*, ser una persona sin importancia ni poder: *no sé qué se habrá creído, pero es un don ~ en esta empresa.*

na·hua |náua| **1** ***adj.*** De un pueblo *indígena que procede de Méjico y de América Central o que tiene relación con él: *las costumbres nahuas se conservan en algunas regiones americanas.* ⇒ **náhuatl. - 2** ***adj.-s.*** (persona) Que pertenece a un pueblo *indígena que procede de Méjico y de América Central: *en esa zona viven muchos nahuas.* ⇒ **náhuatl.**

ná·huatl |náuatl| **1** ***com.*** Persona que pertenece a un pueblo *indígena que procede de Méjico y de América Central: *cuando llegué al hotel de Méjico, vino a saludarme un ~.* **- 2** ***m.*** Lengua de ese pueblo *indígena: *el ~ se habla hoy en muchos estados mejicanos.* ⇒ **azteca.**

nai·lon |náilon| ***m.*** Fibra artificial, elástica y resistente, que sirve para fabricar tejidos y prendas de vestir: *llevaba los calcetines de ~.* ⇒ **nilón.**

nai·pe |náipe| ***m.*** Cartón pequeño que lleva por una cara dibujos y que, junto con otros, sirve para jugar: *el as es el ~ que más valor tiene; sacó una baraja de naipes y me propuso una partida.* ⇒ **carta.**

nal·ga |nálɣa| ***f.*** Parte carnosa y redondeada que, junto con otra, está situada donde acaba la espalda: *el chico le dio un pellizco en las nalgas y ella le dio una bofetada.* ⇒ **culo, glúteo.** ☖ Se usa frecuentemente en plural.

na·na |nána| **1** ***f.*** Canción que se canta para que los niños pequeños se duerman: *mi madre solía cantarnos una ~ al acostarnos.* **2** Saco pequeño con una abertura en un lado, que sirve para abrigar a los bebés: *la madre metió al bebé en su ~.* **3** *fam.* Madre del padre o de la madre en cuanto a una persona: *el niño lloraba porque quería ver a su ~.* ⇒ **abuelo.**

na·o |náo| ***f.*** *form.* Vehículo construido para flotar y viajar por el agua y movido, generalmente, por el viento: *la ~ Victoria llegó felizmente a puerto.* ⇒ **nave.**

na·pias |nápias| ***f. pl.*** *fam.* Nariz de una persona: *me he dado un golpe tan fuerte que casi me parto las ~.* ⇒ **nariz.**

na·ran·ja |naráŋxa| **1** ***f.*** Fruto comestible, redondo, con una cáscara gruesa y con una carne dulce de la que se saca zumo: *compró un kilo de naranjas; tomaré un zumo de ~.* **- 2** ***adj.*** Del color de ese fruto: *llevaba una blusa ~.* **- 3** ***adj.-m.*** (color) Que es como el de ese fruto: *el ~ es un color secundario y se forma mezclando rojo y amarillo.* ■ **media ~**, persona que se adapta perfectamente a otra: *la joven buscó su media ~; el marido es la media ~ de la mujer; la mujer es la media ~ del marido.* ■ **¡naranjas de la China!**, *fam.*, expresión que se usa para negar: *me pidió que fuéramos andando y yo le dije que naranjas de la China, que estaba muy lejos.* ⇒ **no.**

na·ran·ja·da |naraŋxáða| ***f.*** Bebida hecha con zumo de naranja, agua y azúcar: *los niños meriendan un bocadillo y un vaso de ~.*

na·ran·jal |naraŋxál| ***m.*** Tierra en la que hay *naranjos: *el ~ huele muy bien en primavera.*

na·ran·jo |naráŋxo| **1** ***m.*** Árbol de tronco liso, copa abierta, hojas verdes, ovaladas, duras y brillantes, y flores blancas y olorosas, cuyo fruto es la naranja: *los campos valencianos están llenos de na-*

ranjos. ⇒ **naranja.** 2 Madera de ese árbol: *el ~ se emplea en objetos de lujo.*

nar·ci·sis·ta |narθisísta| ***com.*** Persona que siente admiración por sí misma y sólo se preocupa de su aspecto físico: *los narcisistas se pasan el día hablando de lo maravillosos que son.* ⇒ **egocéntrico, narciso.**

nar·ci·so |narθíso| **1 *m.*** Flor olorosa, blanca o amarilla, de una planta de jardín: *los narcisos del jarrón están mustios.* **2** Planta de jardín con hojas estrechas y apuntadas, que nacen en la base del tallo, y que produce esa flor: *los narcisos ya han florecido; hemos plantado unos bulbos de ~.* **- 3 *com.*** *fig.* Persona que siente admiración por sí misma y sólo se preocupa de su aspecto físico: *era un hombre muy guapo, lástima que fuera un ~.* ⇒ **narcisista.**

nar·có·ti·⌐co, ⌐ca |narkótiko, ka| ***adj.-m.*** (droga o medicina) Que produce sueño: *el opio es un ~.*

nar·co·ti·zar |narkotiθár| ***tr.-prnl.*** [a alguien] Administrar una droga o una medicina que produce sueño: *el secuestrado dijo que lo habían narcotizado.* ☐ Se conjuga como 4.

nar·co·tra·fi·can·te |narkotrafikánte| ***com.*** Persona que comercia o negocia con drogas: *la policía ha detenido a varios narcotraficantes en el aeropuerto.* ⇒ **traficante.**

nar·co·trá·fi·co |narkotráfiko| ***m.*** Comercio o negocio de drogas: *los gobiernos intentan acabar con el ~ internacional.* ⇒ **tráfico.**

nar·do |nárðo| **1 *m.*** Flor de jardín blanca y olorosa: *la florista de la calle Alcalá llevaba los nardos apoyados en la cadera.* **2** Planta con el tallo sencillo y derecho, y con flores blancas, muy olorosas, dispuestas en *espigas: *el ~ se cultiva en países intertropicales.*

na·ri·⌐gón, ⌐go·na |nariγón, γóna| ***adj.-s.*** (persona) Que tiene grande la nariz: *ha pasado corriendo un niño ~.* ⇒ **narigudo.**

na·ri·gu·⌐do, ⌐da |nariγúðo, ða| ***adj.-s.*** *fam.* (persona) Que tiene grande la nariz: *el novio de la chica era un tipo feo y ~.* ⇒ **narigón.**

na·riz |naríθ| **1 *f.*** Órgano situado en la cara de una persona, entre los ojos y la boca, que sirve para oler y para tomar el aire al respirar: *la niña acercó la ~ a las flores; tiene el hueso de la ~ algo desviado y no puede respirar bien.* ⇒ **napias.** ☐ Se usa también en plural: *se cayó de bruces y empezó a sangrar por las narices;* ~ **aguileña**, la que es curva y sale excesivamente de la cara, y que parece el pico de un *águila: *la ~ aguileña no es del gusto de muchas personas;* ~ **chata**, la que es muy pequeña y aplastada: *Carmen tiene la ~ chata;* ~ **griega**, la que forma una línea de continuación con la frente: *la ~ griega se considera muy bella y perfecta;* ~ **respingona**, la que está ligeramente levantada: *Laura tiene una ~ respingona muy graciosa.* **2** Parte situada en la cabeza de muchos animales vertebrados, que sirve para oler y para tomar el aire al respirar: *la ~ del cerdo es alargada y tiene dos grandes agujeros; la ~ del elefante forma una trompa.* **3** *fig.* Capacidad para oler, para sentir los olores: *la policía utiliza perros porque tienen una ~ excelente.* ⇒ **olfato.** ■ **asomar las narices**, *fig.*, aparecer en un lugar para averiguar y saber qué está ocurriendo: *a mi vecino le gusta asomar las narices en todas las discusiones.* ⇒ **husmear.** ■ **dar con la puerta en las narices**, *fam. fig.*, rechazar; negarse a ayudar a otra persona: *fue a pedir un favor a su compañero, pero éste le dio con la puerta en las narices.* ■ **dar en la ~**, *fam. fig.*, sospechar una cosa: *me da en la ~ que van a venir sin avisarnos.* ■ **darse de narices**, *fam.*, tropezar con una persona o cosa: *como nunca mira hacia delante, se dio de narices contra la farola; me di de narices con Gema en el pasillo.* ⇒ **chocar.** ■ **dejar con un palmo/tres palmos de narices**, *fam. fig.*, dejar sorprendida a una o a varias personas; *decepcionar: *después de esperarlo dos horas, no apareció y nos dejó con un palmo de narices; me ha dejado con tres palmos de narices.* ■ **delante/en las narices/en las propias narices**, *fam. fig.*, delante de una persona; sin que se entere o sin importar que se entere: *los ladrones estaban robando el coche delante de las narices de un policía; me insultó en mis propias narices.* ■ **meter las narices**, *fam. fig.*, intentar averiguar y enterarse de lo que hacen otras personas: *me molesta que los demás metan las narices en mis asuntos.* ⇒ **entrometerse.** ■ **no ver más allá de las narices**, *fam., fig.*, ser lento al pensar; pensar poco; no darse cuenta de las cosas: *tú no ves más allá de tus narices, deberías espabilarte.* ■ **pasar/restregar por las narices**, *fam. fig.*, mostrar una cosa insistiendo mucho para molestar a una persona: *ha conseguido un puesto importante y se lo pasa por las narices a todo el mundo.* ■ **tocarse las narices**, *fam., fig.* hacer el vago; no trabajar ni cumplir con una obligación: *va a la oficina a tocarse las narices.*

na·rra·ción |nar̄aθión| **1 *f.*** Obra literaria que explica una historia real o inventada: *los niños escribieron unas narraciones y luego las leyeron en alto.* ⇒ **cuento, historia, novela, relato.** **2** Explicación de un hecho o de una historia: *el viajero comenzó la ~ de su vida aventurera y llena de peligros.*

na·rra·⌐dor, ⌐do·ra |nar̄aðór, ðóra| ***m. f.*** Persona que explica una historia real o inventada; que hace una relación de acontecimientos: *en la película se oye constantemente la voz de una narradora.*

na·rrar |nar̄ár| ***tr.*** [algo] Explicar una historia real o inventada; hacer una relación de acontecimientos: *el anciano se puso a ~ una vieja leyenda popular; el aventurero quiso ~ sus viajes en un libro.* ⇒ **contar, relatar.**

na·rra·ti·va |nar̄atíβa| ***f.*** LIT. Género literario que incluye la *novela y el cuento: *estamos estudiando la ~ europea del siglo XX.*

na·rra·ti·⌐vo, ⌐va |nar̄atíβo, βa| ***adj.*** De la *narración o que tiene relación con ella: *la técnica narrativa de este autor es admirable.*

na·sal |nasál| **1 *adj.*** De la nariz o que tiene relación con ella: *el aire llega a los pulmones a través de las fosas nasales; los vahos de eucalipto son ideales para despejar la cavidad ~.* **- 2 *adj.-f.*** LING. (sonido)

Que se pronuncia haciendo salir el aire por la nariz: *el sonido de la eme es ~.* **3** LING. (letra) Que representa ese sonido: *la* m *y la* n *son nasales.*

na·ta |náta| **1** ***f.*** Sustancia espesa que se forma en la superficie de la leche: *por favor, cuela la leche, que no me gusta la ~.* **2** Crema blanca y dulce que se hace mezclando esa sustancia de la leche con azúcar: *rellenó la tarta con ~; pon un poco de ~ en el café.* **3** Sustancia espesa que se forma en la superficie del vino, el vinagre y los licores: *el bodeguero destapó la tinaja de vino y le quitó la ~.*

na·ta·ción |nataθión| ***f.*** Deporte que consiste en nadar: *se están celebrando pruebas de ~ en la piscina olímpica; la mariposa es una modalidad de la ~.*

na·tal |natál| ***adj.*** Del lugar donde se ha nacido, o que tiene relación con él: *volvió a su ciudad ~ para vivir los últimos años de vida; jamás salió de su pueblo ~.* ⇒ **nativo.**

na·ta·li·dad |nataliðáᵟ| ***f.*** Cantidad de personas que nacen en un lugar y en un periodo de tiempo determinados: *la ~ está descendiendo en nuestro país.* ⇔ **mortalidad.**

na·ti·llas |natíʎas| ***f. pl.*** Dulce hecho con yemas de huevo, azúcar y leche: *para hacer ~ tienes que mezclar los ingredientes mientras se cuecen lentamente; el niño ha tomado ~ en el postre.*

na·ti·vi·dad |natiβiðáᵟ| ***f.*** *form.* Nacimiento de Jesucristo: *la Natividad se celebra el 25 de diciembre.* ⇒ **navidad.** ⌂ Se suele escribir con mayúscula.

na·ti·⌜vo, ⌜va |natíβo, βa| **1** ***adj.*** Del lugar donde se ha nacido, o que tiene relación con él: *hablaba muy bien el español, pero aún conservaba el acento de su lengua nativa.* ⇒ **natal.** - **2** ***adj.-s.*** (persona) Que ha nacido en un pueblo o nación determinados: *los nativos de España se llaman* españoles; *llegamos a la isla y un grupo de nativos nos recibió con flores y con música.* ⇒ **natural.** ⇔ **extranjero.**

na·⌜to, ⌜ta |náto, ta| **1** ***adj.*** (cualidad, defecto) Que se tiene desde que se nace; que no es aprendido: *su interés por la ciencia era una curiosidad nata; un impulso ~ le hizo salvar al niño.* **2** (persona) Que tiene una cualidad o un defecto desde que nace, que no los ha aprendido: *este chico es un deportista ~; el poeta fue un escritor ~.*

na·tu·ra |natúra| ***f.*** *form.* Conjunto, orden y disposición de las cosas y de las fuerzas del universo: *la ~ lo había colmado de dones.* ⇒ **naturaleza.** ■ **contra** ~, *form.*, contrario a la inclinación natural: *el incesto es una relación contra ~.*

na·tu·ral |naturál| **1** ***adj.*** Que no ha sido hecho por el hombre: *el agua forma cuevas naturales en la roca caliza.* **2** Que está hecho sin mezcla ni composición: *esta mermelada es ~: no tiene conservantes ni colorantes.* **3** Que no es extraño o raro; que ocurre normalmente: *el frío y el hielo son naturales en febrero; es ~ que venga a visitarte si estás enfermo.* **4** Que es sincero; que se comporta de manera sencilla: *me gusta Juan porque es muy ~; en sus películas es muy ~.* ⇒ **espontáneo, franco, llano.** **5** Que no está preparado antes: *la modelo adopta una pose ~; has salido muy ~ en esta foto.* **6** Que es propio y característico de una cosa: *la dureza y la frialdad son naturales en el cristal.* ⇒ **inherente.** **7** Que se puede explicar por medio de la razón y de la ciencia: *el rayo es un fenómeno ~, aunque antiguamente los hombres creyeran que era un milagro.* ⇔ **maravilloso, milagroso, sobrenatural.** **8** Que imita muy bien la realidad: *se ha teñido el pelo de un color caoba muy ~; estas flores de tela son muy naturales.* ⌂ Se usa frecuentemente con el adverbio *muy.* - **9** ***adj.-s.*** (persona) Que ha nacido en un pueblo o nación determinados: *el fallecido era ~ de Oviedo; los naturales de Madrid se denominan* madrileños. ⇒ **nativo.** - **10 natural** ***m.*** Carácter, manera de ser y de comportarse: *tiene un ~ bondadoso y tranquilo; el ~ de Elena es violento.* ⇒ **genio, instinto, temperamento.** ■ **al** ~, sin elaboración, tal y como es en la vida real; sin adorno: *su voz es mucho más bella al ~ que en los discos; Laura está más guapa al ~.* ■ **al** ~, (fruta) en su jugo, sin *condimentos o componentes artificiales: *compraremos tomate al ~, pelado y triturado.* ■ **del** ~, PINT., de un modelo vivo y real: *estos paisajes están copiados del ~; el artista no copia del ~: lo interpreta.*

na·tu·ra·le·za |naturaléθa| **1** ***f.*** Conjunto, orden y disposición de las cosas y de las fuerzas del universo: *el científico estudiaba los fenómenos de la ~.* **2** Conjunto de obras que no han sido hechas por el hombre: *la ~ se opone al arte; me gusta ir al campo porque se está más en contacto con la ~.* **3** Carácter, manera de ser y de comportarse; inclinación, conjunto de cualidades propias de un ser: *tuvo desde niño una ~ débil y enfermiza; su ~ violenta le hizo ganar enemigos.* **4** Propiedad característica de un ser o de una acción: *la muerte forma parte de la ~ humana; quiso estudiar la ~ del problema.* ⇒ **esencia.** **5** Especie, género, clase o tipo al que pertenece una cosa: *al llegar a la isla, descubrieron árboles de una ~ jamás vista.* **6** *form.* Calidad que da derecho a un extranjero a ser considerado como natural de un país: *varios marroquíes pidieron la ~ española.* ■ ~ **muerta**, PINT., cuadro que representa animales muertos, frutas, flores u objetos sin vida: *los pintores barrocos se recrean en las naturalezas muertas.* ⇒ **bodegón.** ■ **poco favorecido por la** ~, que no tiene cualidades destacadas o importantes: *tuvieron un hijo feo, tonto y torpe, en fin, poco favorecido por la ~.* ■ **por** ~, por inclinación y manera natural de ser: *el hombre es social por ~.*

na·tu·ra·li·dad |naturaliðáᵟ| ***f.*** Sencillez, sinceridad; falta de orgullo o de fingimiento: *hablaba con ~, sin afectación; la actriz representaba su papel con mucha ~.*

na·tu·ra·lis·mo |naturalísmo| **1** ***m.*** LIT. Tendencia artística en la que se representa la parte más cruda y desagradable de la realidad: *el ~ surgió como reacción al romanticismo del siglo* XIX; *el ~ es un movimiento de origen francés preocupado por las circunstancias sociales y económicas del hombre.* **2** FIL. Sistema de pensamiento que considera la naturaleza como principio de todas las cosas: *en el ~ se da mucha importancia a la experiencia.*

na·tu·ra·lis·ta |naturalísta| **1** ***adj.*** Del *naturalismo o que tiene relación con él: La Taberna *es el título de una novela* ~. **- 2** ***adj.-com.*** (persona) Que practica o sigue los principios del *naturalismo: *Zola fue un autor ~; los filósofos naturalistas consideran que todos los seres del universo son naturales.* **- 3** ***com.*** (persona) Que se dedica al estudio de las ciencias naturales: *esta enciclopedia ha sido creada por un equipo de naturalistas; Juana es ~ y ha fundado una asociación para la defensa de la naturaleza.*

na·tu·ra·li·zar |naturaliθár| ***tr.-prnl.*** [a alguien] Conceder a un extranjero o *adquirir los mismo derechos que tienen los que han nacido en un país: *el nuevo tratado permitió ~ a más de mil personas extranjeras; el emigrante quiso naturalizarse español, pero sin perder su nacionalidad de origen.* ⇒ **nacionalizar.** ⇔ **desnaturalizar.** ☐ Se conjuga como 4.

na·tu·ris·mo |naturísmo| ***m.*** Doctrina que defiende el empleo de medios naturales para conservar la salud y tratar las enfermedades: *hace años que se volvió vegetariano y que practica el ~.*

na·tu·ris·ta |naturísta| **1** ***adj.*** Del *naturismo o que tiene relación con él: *confiaban en la medicina ~.* **- 2** ***adj.-s.*** Que defiende o practica el *naturismo: *en el pueblo abandonado se instaló un grupo de naturistas; un médico ~ le recetó unas infusiones.*

nau·fra·gar |naufraɣár| **1** ***intr.*** Hundirse o perderse una embarcación: *el galeón español naufragó a causa de una tormenta.* **2** Encontrarse en una embarcación que se hunde o se pierde: *naufragamos junto a un archipiélago desierto.* **3** *fig.* Salir mal un asunto o negocio: *todos sus proyectos naufragaron.* ☐ Se conjuga como 7.

nau·fra·gio |naufráxio| **1** ***m.*** Hundimiento de una embarcación: *en el ~ perecieron 154 personas.* **2** *fig.* Acción y resultado de perderse o estropearse una cosa: *el ~ de la empresa fue debido a una mala gestión.*

náu·fra·⌐go, ⌐ga |náufraɣo, ɣa| ***adj.-s.*** (persona) Que ha sufrido un *naufragio: *los náufragos, agarrados a los restos de la embarcación, llegaron a la costa empujados por el oleaje.*

náu·se·a |náusea| **1** ***f.*** Sensación que se tiene cuando se quiere vomitar: *tenía náuseas, se puso pálido y se desmayó; el olor de este coche me da ~.* **2** *fig.* Asco grande: *la habitación estaba muy sucia y daba náuseas entrar allí.* ⇒ **asco.** ☐ Se usa frecuentemente en plural.

nau·se·a·bun·⌐do, ⌐da |nauseaβúndo, da| ***adj.*** Que produce asco y ganas de vomitar: *había un olor ~ a basura por toda la calle.*

náu·ti·ca |náutika| ***f.*** Conjunto de las técnicas de la navegación: *he hecho un curso de ~.*

náu·ti·⌐co, ⌐ca |náutiko, ka| ***adj.*** De la navegación o que tiene relación con ella: *en esta ciudad hay varias escuelas náuticas.*

na·va |náβa| ***f.*** Terreno llano y sin árboles, situado generalmente entre montañas: *los excursionistas pasaron la noche en la ~.*

na·va·ja |naβáxa| **1** ***f.*** Cuchillo cuya hoja puede doblarse para guardar el filo dentro del mango: *el montañero llevaba siempre una ~; el atracador amenazó a la chica con una ~.* ⇒ **cortaplumas;** ~ **de afeitar**, la que sirve para cortar el pelo de la barba: *el barbero limpió la ~ de afeitar con un papel.* **2** Animal invertebrado marino, comestible, que tiene el cuerpo alargado y encerrado entre dos conchas iguales: *abrió una lata de navajas y las puso de aperitivo.*

na·va·ja·zo |naβaxáθo| **1** ***m.*** Golpe dado con una *navaja: *el delincuente mató a navajazos a su víctima.* **2** Herida o corte hecho con una *navaja: *el hombre tenía un ~ en la cara y otro en el cuello.*

na·val |naβál| **1** ***adj.*** De la navegación o que tiene relación con ella: *impusieron un bloqueo ~ al puerto.* **2** De las embarcaciones o que tiene relación con ellas: *la industria ~ empleaba grandes cantidades de madera.*

na·va·⌐rro, ⌐rra |naβáro, ra| **1** ***adj.*** De Navarra o que tiene relación con Navarra: *vamos a esquiar al Pirineo ~.* **- 2** ***m. f.*** Persona nacida en Navarra o que vive habitualmente en Navarra: *conocimos a un ~ muy simpático.*

na·ve |náβe| **1** ***f.*** Vehículo construido para flotar y viajar por el agua y movido por el viento o por un motor: *las naves de Colón cruzaron el Atlántico; la ~ estaba atracada en el puerto.* ⇒ **barco. 2** *p. ext.* Vehículo construido para viajar por el aire: *el piloto de la ~ saltó en paracaídas; los pasajeros podrán acceder a la ~ por la puerta lateral.* ⇒ **avión;** ~ **espacial**, la que sirve para viajar al espacio exterior: *el hombre llegó a la Luna en una ~ espacial.* ⇒ **cohete. 3** Edificio grande, de una sola planta y con el techo alto, que se usa como fábrica o para guardar cosas: *en la ~ había cien máquinas y quinientos obreros; los camiones van a descargar la mercancía a la ~.* **4** Espacio longitudinal de una iglesia o de otro edificio de gran tamaño: *las iglesias suelen tener tres naves; la ~ perpendicular a las demás se llama crucero;* ~ **principal**, la que queda en el centro y es más ancha y más alta que las otras: *el altar se coloca en la ~ principal; la ~ principal de la catedral tiene un bonito coro.* ■ **quemar las naves**, *fig.*, tomar una decisión de modo que no se pueda volver atrás: *cuando decidí cerrar mi negocio, quemé las naves y cambié de profesión.*

na·ve·ga·ble |naβeɣáβle| ***adj.*** (río, lago) Que se puede navegar: *el río Guadalquivir es ~ desde Sevilla hasta su desembocadura.*

na·ve·ga·ción |naβeɣaθión| **1** ***f.*** Viaje por el agua en un barco o nave: *la ~ duró varios días; la ~ en un transatlántico de lujo es una experiencia inolvidable.* **2** Técnica de navegar: *por las mañanas, va a una escuela de ~; buscaba un libro de ~.* ⇒ **náutica, pilotaje.**

na·ve·gan·te |naβeɣánte| ***com.*** Persona que navega: *los portugueses y los españoles fueron grandes navegantes; el ~ español ganó la regata.* ⇒ **marinero, marino.**

na·ve·gar |naβeɣár| **1** ***intr.*** Viajar o ir por el agua en un barco o nave: *hemos alquilado un yate para ~ por el Mediterráneo; los mercantes navegan por el Guadalquivir hasta Sevilla.* **2** Viajar o ir por el aire en un vehículo: *es un gran aficionado a ~ en globo y en ala delta; la nave espacial navegará durante ocho semanas.* **3** *form.* Avanzar una nave; recorrer una distancia: *este buque navega a cinco millas por hora; el velero navegaba de costado; los aviones supersónicos navegan a la velocidad del sonido.* ☖ Se conjuga como 7.

na·vi·dad |naβiðáᶞ| **1** ***f.*** Fiesta en la que se celebra el nacimiento de Jesucristo: *las comunidades cristianas celebran la Navidad con la tradicional misa del gallo.* ☖ En esta acepción se escribe con mayúscula. **2** Día 25 de *diciembre, en el cual se celebra esa fiesta: *estoy muy contento porque hoy es Navidad; esta noche es Nochebuena y mañana Navidad.* ☖ En esta acepción se escribe con mayúscula. **3** Tiempo inmediato a ese día: *se pagará por navidad.* ☖ En esta acepción se usa frecuentemente en plural: *pasaremos las navidades en casa de los abuelos.*

na·vi·de·⌐ño, ⌐ña |naβiðéɲo, ɲa| ***adj.*** Del tiempo de la Navidad o que tiene relación con él: *salió a comprar los regalos navideños; el árbol es un adorno ~.*

na·vie·⌐ro, ⌐ra |naβiéro, ra| **1** ***adj.*** De la navegación o que tiene relación con ella: *la compañía naviera ha fletado un nuevo barco.* **- 2** ***adj.-s.*** (persona) Que posee un barco o una nave: *cuando llegaron los navieros al puerto, se reunieron en la taberna.* **3** (persona) Que cubre las necesidades de un barco comercial, especialmente las de alimentos: *el ~ cargó en el barco los víveres para el viaje.*

na·ví·o |naβío| **1** ***m.*** Embarcación de gran tamaño y resistencia: *el ~ chocó contra un bloque de hielo.* **2** MIL. Barco de guerra de gran tamaño: *ayer visitamos un ~ que participó en el Desembarco de Normandía.*

na·za·re·no |naθaréno| ***m.*** Persona que en las *procesiones de Semana Santa lleva una *túnica: *en las procesiones sevillanas desfilan muchos nazarenos.* ⇒ **penitente.**

na·zi |náθi| **1** ***adj.*** De la doctrina y el movimiento político y social fundado en Alemania por Adolfo Hitler después de la Primera Guerra Mundial o que tiene relación con él: *la policía ~ se denominaba las SS.* **- 2** ***com.*** Persona que sigue ese movimiento: *los nazis fueron derrotados en la Segunda Guerra Mundial.* ⇒ **fascista.**

na·zis·mo |naθísmo| ***m.*** POL. Movimiento político y social fundado en Alemania por Adolfo Hitler después de la Primera Guerra Mundial; doctrina de ese movimiento: *el ~ tenía un carácter totalitario.* ⇒ **fascismo.**

ne·bli·na |neβlína| ***f.*** Niebla poco espesa y baja: *a través de la ~ se podía distinguir la silueta de los árboles; la ~ es molesta para conducir.*

ne·bu·lo·sa |neβulósa| ***f.*** ASTRON. Masa de materia celeste brillante cuyo aspecto recuerda al de una nube: *una ~ puede ser el origen de una estrella.*

ne·bu·lo·⌐so, ⌐sa |neβulóso, sa| **1** ***adj.*** Que tiene niebla: *hoy el día está muy húmedo y ~.* **2** Que está oscuro; que está poco claro; que no es transparente: *las escenas de las películas de terror tienen una atmósfera nebulosa; sólo recuerdo unas imágenes nebulosas del accidente.* ⇒ **borroso, confuso.**

ne·ce·dad |neθeðáᶞ| **1** ***f.*** Cualidad de *necio: *tu ~ te traerá problemas.* **2** Obra o dicho torpe o poco adecuado: *sus palabras no eran más que una ~.* ⇒ **chorrada, majadería, sandez.**

ne·ce·sa·⌐rio, ⌐ria |neθesário, ria| ***adj.*** Que hace falta para un fin de manera obligatoria: *el aire es ~ para la vida; es ~ ahorrar agua en tiempo de sequía.* ⇒ **imprescindible, indispensable.**

ne·ce·ser |neθesér| ***m.*** Caja o bolsa pequeña que sirve para guardar los objetos necesarios para el aseo personal: *siempre llevo un ~ en mis viajes; el cepillo de dientes está en el ~.*

ne·ce·si·dad |neθesiðáᶞ| **1** ***f.*** Cualidad de necesario: *se dieron cuenta de la ~ de una nueva carretera.* **2** Cosa necesaria: *ese chalé no era una ~: era un lujo.* **3** Deseo o impulso de hacer una cosa: *sintió la ~ de salir corriendo.* **4** Falta de una cosa necesaria para vivir, especialmente falta de alimento: *la ~ le ha obligado a robar.* **5** Situación difícil: *un amigo suyo está pasando por una ~ y ha ido a ayudarlo.* ⇒ **apuro.** ■ **hacer alguien sus necesidades**, expulsar los excrementos y la orina: *se encierra en el váter con el periódico cuando va a hacer sus necesidades.* ⇒ **cagar, hacer, mear.** ■ **sin ~ de**, sin que haga falta una cosa: *podemos discutir un problema sin ~ de gritar.*

ne·ce·si·ta·⌐do, ⌐da |neθesitáðo, ða| ***adj.-s.*** (persona) Que es pobre y no tiene lo necesario para vivir: *prestó dinero a un amigo ~; se marchó a ayudar a los más necesitados.* ⇒ **pobre.**

ne·ce·si·tar |neθesitár| ***tr.*** [algo, a alguien] Hacer falta una cosa o una persona para un fin de manera obligatoria: *el viajero necesitaba una nueva maleta; si me necesitas, estoy en la otra sala; necesitarás varios días para acabar el dibujo.* ■ **se necesita**, *fam.*, expresión que se usa para hacer más intenso lo que se dice: *¡se necesita ser imbécil para actuar así!; se necesita tener mucha suerte para encontrar un trabajo como éste.*

ne·⌐cio, ⌐cia |néθio, θia| **1** ***adj.-s.*** (persona) Que es tonto o torpe para aprender o para obrar; que no sabe lo que debe saber: *eres un ~, te has dejado engañar; las personas necias dificultan mucho el trabajo.* ⇒ **ignorante, tonto. - 2** ***adj.*** (acción) Que se hace de forma torpe o imprudente: *después de varias decisiones necias, por fin encontró el buen camino.*

né·co·ra |nékora| ***f.*** Animal invertebrado marino comestible, con el cuerpo cubierto por una concha redondeada dura y flexible y con las patas delanteras grandes y fuertes: *las nécoras se parecen mucho a los cangrejos; las nécoras están deliciosas, pero son bastante caras.*

ne·cro·ló·gi·⌐co, ⌐ca |nekrolóxiko, ka| ***adj.-f.*** (noticia, lista) Que informa de la muerte de una o de varias personas: *el jubilado se entretenía leyendo la sección de necrológicas; el periódico traía una escueta nota necrológica sobre el difunto.*

ne·cró·po·lis |nekrópolis| ***f.*** *form.* Terreno en el que se entierra a las personas: *los arqueólogos descubrieron una ~ ibérica.* ⇒ **cementerio.** ☐ El plural es *necrópolis.*

néc·tar |nékʰtar| **1** ***m.*** Bebida de los dioses: *los dioses del Olimpo bebían ~.* **2** Sustancia dulce que contienen ciertas flores: *las abejas liban el ~ de las rosas.* **3** *fig.* Líquido de sabor muy bueno: *¿no has probado el zumo que prepara mi abuelo?, pues es auténtico ~.*

ne·er·lan·⌐dés, ⌐de·sa |neᵉrlandés, désa| **1** ***adj.*** *form.* De los Países Bajos o que tiene relación con ellos: *están estudiando la pintura de los maestros neerlandeses del Renacimiento.* ⇒ **flamenco, holandés. - 2** ***m. f.*** Persona nacida en los Países Bajos: *los neerlandeses suelen hablar varios idiomas.* ⇒ **holandés. - 3 neerlandés** ***m.*** Lengua *germánica del norte de Bélgica y de los Países Bajos: *el ~ es hablado por menos personas que el francés.*

ne·fas·⌐to, ⌐ta |nefásto, ta| ***adj.*** Que es triste o desgraciado; que causa daño: *fue un año ~ para la agricultura; ¡vaya día más ~!*

ne·ga·ción |neγaθión| **1** ***f.*** Prohibición, *oposición o rechazo de una cosa; acción de decir que no: *la ~ del tratado por parte de una minoría hizo que no se llegara a un acuerdo.* ⇒ **negativa. 2** No; respuesta negativa: *le pedí que me ayudara y obtuve una ~ por respuesta.* **3** LING. Elemento gramatical que sirve para negar: *el adverbio* no *es una ~.* **4** *form.* Falta total de una cosa: *la ~ de libertad lleva al hombre a la alienación.*

ne·gar |neγár| **1** ***tr.*** [algo] Decir que no: *le dije que era muy guapo, pero él lo negó.* **2** Decir que no es verdad; decir que es incorrecto o falso: *el científico negó las teorías anteriores; el ministro negó que los acuerdos hubieran terminado.* **3** [algo; a alguien] Prohibir una cosa: *el tirano negó la libertad a su pueblo.* **4** [algo, a alguien] Rechazar, oponerse: *con su conducta, estaba negando la posibilidad de ser feliz; el viejo negó a sus hijos.* **- 5 negarse** ***prnl.*** [a algo] No querer hacer una cosa: *me niego a seguir escuchándote; se han negado a comer; lo siento, pero me niego.* ■ **negarse a la evidencia**, no querer cambiar de opinión; no reconocer un error: *intentamos convencerlo, pero se negó a la evidencia.* ■ **negarse a sí mismo**, renunciar a los propios deseos u opiniones: *con esa actitud lo único que hace es negarse a sí mismo.* ☐ Se conjuga como 48.

ne·ga·ti·va |neγatíβa| ***f.*** Prohibición, *oposición o rechazo de una cosa; respuesta que dice que no: *le pedí el coche pero me contestó con una ~.* ⇒ **negación.**

ne·ga·ti·⌐vo, ⌐va |neγatíβo, βa| **1** ***adj.*** Del no o que tiene relación con el no; que indica o expresa negación: *le pedí el coche pero su respuesta fue negativa.* ⇔ **afirmativo, positivo.** ☐ No se debe usar en lugar del adverbio *no.* **2** Que hace daño o puede hacer daño; que no es favorable: *los efectos de la helada sobre la cosecha han sido muy negativos; la película ha recibido críticas negativas.* ⇔ **positivo. 3** (*análisis, experimento) Que no presenta las muestras buscadas: *las pruebas de embarazo resultaron negativas.* ⇔ **positivo. 4** *fam.* Que tiende a ver y a juzgar las cosas en su aspecto peor o más desagradable: *ese chico es tan ~ que incluso los días de sol lleva un paraguas.* ⇒ **pesimista.** ⇔ **positivo. 5** MAT. (número, expresión matemática) Que es menor de *cero y va *precedido del signo –: *el cinco es un número positivo, pero el –5 es ~.* ⇔ **positivo. - 6** ***adj.-m.*** FOT. (imagen, película) Que reproduce los colores y los tonos de la realidad alterados: *nos pidió los negativos de las fotos para hacer copias.* ⇔ **positivo. - 7** ***adj.-f.*** LING. (oración) Que expresa negación; que niega: *una oración negativa puede ser:* mañana no lloverá; *las oraciones negativas expresan lo contrario que las afirmativas.* ⇒ **afirmativo.**

ne·gli·gen·cia |neγlixénθia| ***f.*** Descuido o falta de preocupación: *si actúas con ~, echarás a perder todo el trabajo; fue despedido por su ~ habitual.* ⇒ **desidia.**

ne·gli·gen·te |neγlixénte| ***adj.-com.*** Que es descuidado; que no se preocupa de sus obligaciones: *es una persona ~ y por eso no hace su trabajo.*

ne·go·cia·ción |neγoθiaθión| **1** ***f.*** Trato de un asunto para llegar a un acuerdo o solución: *el acuerdo sobre la ley de reforma agraria está en vías de ~.* **2** Acción de comprar y vender mercancías o servicios para conseguir *ganancias: *la ~ de los cereales ha sido muy rentable.* ⇒ **operación.**

ne·go·cia·⌐dor, ⌐do·ra |neγoθiaðór, ðóra| ***adj.-s.*** (persona) Que trata un asunto para llegar a un acuerdo o solución: *los negociadores de la paz se sentaron a firmar un acuerdo.*

ne·go·cian·te |neγoθiánte| ***com.*** Persona que se dedica a vender mercancías: *este ~ se gana la vida presentando los artículos en las casas.* ⇒ **comerciante, vendedor.**

ne·go·ciar |neγoθiár| **1** ***intr.*** [con algo] Comprar y vender mercancías para conseguir *ganancias: *Benjamín se dedica a negociar con productos del campo.* ⇒ **comerciar, tratar. - 2** ***intr.-tr.*** [algo] Tratar un asunto para llegar a un acuerdo o solución: *negociaron para determinar cuál iba a ser el futuro de la fábrica; se reunieron para ~ sobre el tratado de comercio.* ⇒ **parlamentar.** ☐ Se conjuga como 12.

ne·go·cio |neγóθio| **1** ***m.*** Ocupación o trabajo, especialmente el que consiste en comprar y vender para conseguir *ganancias: *se dedican al ~ de la compraventa de vehículos; ha alquilado un local y ha montado en él un pequeño ~.* **2** *Ganancia conseguida: *has hecho un buen ~ dedicándote a la venta de fruta.* **3** Establecimiento en el que se venden mercancías: *pasa la mayor parte del día en su ~.* **4** Asunto o situación: *no deberías opinar porque no sabes nada de este ~; no te metas, que no es ~ tuyo.*

ne·gra |néγra| ***f.*** MÚS. Nota musical cuya duración equivale a la mitad de la blanca: *este compás de cuatro por cuatro tiene dos negras y una blanca.*

ne·gre·⌐ro, ⌐ra |neγréro, ra| **1** ***adj.-s.*** (persona) Que se dedica al comercio ilegal de personas negras y las vende como esclavos: *los negreros llevaban a los esclavos de África a América.* **2** *p. ext.* Persona que trata de forma cruel e *inhumana a los inferiores y los explota: *el capataz era un ~ y los albañiles estaban hartos de él.*

ne·gri·ta |neɣríta| ***f.*** Letra que tiene el trazo más grueso y que destaca en el texto: *las entradas del diccionario aparecen en ~.*

ne·⌐gro, ⌐gra |néɣro, ɣra| **1 *adj.*** De tono muy oscuro; del color del carbón: *Juan tiene el pelo ~; llevaba una blusa de seda negra.* **2** Que está falto de luz y color: *las noches de luna nueva son negras; los túneles son negros.* **3** De color oscuro o más oscuro que otras cosas de su especie: *me gusta mucho la cerveza negra; las uvas pueden ser blancas o negras.* **4** *fam. fig.* Que está sucio: *el niño siempre trae el cuello y los puños de la camisa negros.* **5** *fam. fig.* Que está excesivamente tostado por el Sol: *se fue una semana a la playa y volvió negra.* **6** *fig.* Que es triste, desgraciado, infeliz: *hoy es un día ~.* **- 7 *adj.-s.*** (persona) De la raza de piel oscura que comprende los principales pueblos de África y Oceanía, entre otros, y que se llama así para distinguirla de las otras razas: *Martin Luther King era ~.* **- 8 negro *m.*** Tono muy oscuro; color del carbón; falta de luz y de color: *el ~ es muy elegante; la viuda iba de ~.* **9** *fig.* Persona que trabaja para que otra destaque y se luzca, especialmente escribiendo obras literarias: *los escritores de folletines del siglo XIX tenían muchos negros.* ■ **en blanco y ~**, que sólo posee estos dos tonos: *las antiguas televisiones eran en blanco y ~; me gustan las fotos en blanco y ~.* ■ **estar ~**, *fam. fig.*, estar muy enfadado o muy preocupado: *está ~ con su hijo pequeño.* ⇒ **harto.** ■ **estar/ponerse ~**, *fam. fig.*, tener o tomar mal aspecto un asunto; hacerse peligroso: *se está poniendo ~ encontrar trabajo.* ⇒ **feo.** ■ **poner/ponerse ~**, *fam. fig.*, molestar, enfadar; perder o hacer perder la paciencia: *los culebrones me ponen ~; se pone ~ en cuanto mencionan a su suegra.* ■ **trabajar como un ~**, *fam. fig.*, trabajar excesivamente: *mi hermano trabaja como un ~ para sacar adelante a su familia.* ■ **verse ~ para hacer algo**, *fam. fig.*, tener muchos problemas para hacer una cosa: *con mi sueldo, me veo ~ para llegar a fin de mes.*

ne·gru·ra |neɣrúra| ***f.*** Cualidad de negro: *quedaron fascinados por la ~ de los ojos de la niña.*

ne·gruz·⌐co, ⌐ca |neɣrúθko, ka| ***adj.*** Que tiene un color oscuro, casi negro y muy sucio: *el mantel tenía unas manchas negruzcas.*

ne·mo·tec·nia |nemotéᵏnia| ***f.*** *form.* Método que usa distintas técnicas para retener información en la memoria: *los juglares utilizaban la ~ para aprender los cantares y los romances.* ⇒ **mnemotecnia.** ⌂ La Real Academia Española prefiere la forma *mnemotecnia.*

ne·mo·téc·ni·⌐co, ⌐ca |nemotéᵏniko, ka| ***adj.*** *form.* De la *nemotecnia o que tiene relación con ella: *algunas personas utilizan reglas nemotécnicas para recordar listas de palabras.* ⇒ **mnemotécnico.** ⌂ La Real Academia Española prefiere la forma *mnemotécnico.*

ne·⌐ne, ⌐na |néne, na| ***m. f.*** *fam.* Niño pequeño: *la abuelita fue a ver al ~.* ⌂ Se usa como apelativo afectivo también para las personas mayores: *¿qué tal está hoy el ~?; dame un beso, nena.*

ne·nú·far |nenúfar| ***m.*** Planta de agua, con las hojas redondas u ovaladas y con las flores olorosas, blancas o amarillas: *los nenúfares crecen espontáneamente en algunas lagunas de España; hemos plantado nenúfares en el estanque.*

ne·o·cla·si·cis·mo |neoklasiθísmo| **1 *m.*** Movimiento cultural caracterizado por el gusto por las formas y las culturas clásicas: *el ~ surgió como una tendencia bien diferenciada del Barroco.* **2** Periodo que comienza a *mediados del siglo XVIII y termina a *comienzos del siglo XIX: *muchos avances científicos se produjeron durante el ~.* ⇒ **barroco, renacimiento, romanticismo.** ⌂ Se suele escribir con mayúscula.

ne·o·clá·si·⌐co, ⌐ca |neoklásiko, ka| **1 *adj.*** Del Neoclasicismo o que tiene relación con él: *la arquitectura neoclásica recuerda las grandes obras de Grecia y Roma.* **- 2 *adj.-s.*** (persona) Que sigue las tendencias del Neoclasicismo: *los escritores neoclásicos buscaban el buen gusto en sus obras.*

ne·ó·fi·⌐to, ⌐ta |neófito, ta| **1 *m. f.*** Persona, especialmente adulta, que acaba de entrar en la comunidad cristiana: *nada más ser bautizados, pasaréis a recibir instrucción con los demás neófitos.* **2** *p. ext.* Persona que se acaba de unir a una opinión, a un grupo o a otra cosa: *la directora de la sección se encargará de formar a los neófitos en la empresa.*

ne·o·lo·gis·mo |neoloxísmo| ***m.*** LING. Palabra o modo de expresión nuevo en una lengua: *el lenguaje científico y técnico es una fuente de neologismos.*

ne·ón |neón| **1 *m.*** QUÍM. Gas noble que no tiene color ni olor: *el símbolo del ~ es* Ne; *el ~ se emplea en el láser.* **2** *fig.* Luz o tubo de iluminación que funciona con ese gas: *vio el ~ verde de los letreros de las tiendas; colocaron un ~ en la azotea del hotel.* ⇒ **luminoso, rótulo.**

ne·po·tis·mo |nepotísmo| ***m.*** Trato de favor con los familiares y amigos, dándoles puestos de trabajo, cargos o títulos: *el ~ es una forma de corrupción política.* ⇒ **favoritismo.**

ner·va·du·ra |nerβaðúra| **1 *f.*** ARQ. Conjunto de nervios de una estructura: *esa bóveda de crucería tiene la ~ pintada en gris.* **2** BIOL. Conjunto de nervios, generalmente de una hoja o del ala de un insecto: *a las hojas de ese árbol se les nota bien la ~.*

ner·vio |nérβio| **1 *m.*** ANAT. Órgano pequeño y delgado como un hilo, compuesto por muchas fibras, que sirve para unir el cerebro con las células de todo el cuerpo: *los nervios transmiten las órdenes del cerebro y le llevan las sensaciones.* **2** *fam.* Conjunto de fibras, parecido a un cordón, blanco y duro, que tiene la carne comestible: *no le gusta la carne de vaca porque tiene muchos nervios.* ⇒ **tendón.** **3** *fig.* Fuerza; energía y ánimo: *contrataremos a Ester porque tiene mucho ~; escribe poemas sin ~.* ⇒ **vitalidad.** **4** *form.* Conjunto de fibras, con forma de hilo, que corre por las hojas de las plantas y que se puede ver claramente en su parte posterior: *por los nervios de las hojas circula la savia.*

5 ARQ. Arco que se cruza con otros iguales para formar una *bóveda: *los nervios del crucero forman figuras de estrellas.* **6** *form.* Cuerda que sirve para unir las hojas de un libro: *los nervios de un libro forman un tejido en el lomo.* **7** MAR. *Cabo fijo en la parte alta de la *verga para sujetar firmemente la vela: *durante la tormenta, los nervios se soltaron y nos quedamos sin la vela mayor.* **- 8 nervios** ***m. pl.*** Estado de excitación; falta de tranquilidad: *cuando voy al médico me entran los nervios y no puedo estarme quieto.* ⇒ **nerviosismo.** ■ **alterar los nervios,** *fam.*, hacer perder la tranquilidad y la paciencia: *mi vecina me altera los nervios; se le alteran los nervios fácilmente.* ■ **crispar los nervios,** *fam.*, hacer perder la tranquilidad y la paciencia: *deja ya de quejarte, me estás crispando los nervios.* ■ **estar de los nervios,** *fam.*, haber perdido la tranquilidad y la paciencia: *Juan está de los nervios con los exámenes.* ■ **poner los nervios de punta,** *fam.*, hacer perder la tranquilidad y la paciencia: *la montaña rusa me pone los nervios de punta.* ■ **tener nervios de acero,** *fam.*, tener un gran control en los momentos difíciles o peligrosos; no perder la calma: *Ulises tiene los nervios de acero.* ■ **tener los nervios fuera del cuerpo,** *fam.*, estar muy excitado; no estar tranquilo: *me he bebido cuatro cafés y tengo los nervios fuera del cuerpo.* ■ **ser puro ~,** *fam.*, ser muy activo; tener mucha energía: *Maite es puro ~, está ocupada todo el día.*

ner·vio·sis·mo |nerβiosísmo| ***m.*** Estado de gran excitación; falta de tranquilidad: *antes de las vacaciones, aumenta el ~ de las personas.* ⇒ **nervio, tensión.** ⇔ **relajación.**

ner·vio·⌜so, ⌜sa |nerβióso, sa| **1** ***adj.*** De los nervios o que tiene relación con ellos: *las neuronas forman parte del sistema ~.* **2** (persona, animal) Que no está tranquilo; que está excitado: *no te pongas nerviosa y pensemos en cómo salir de este ascensor; estoy muy ~ porque hoy tengo un examen.* ⇔ **tranquilo. 3** Que se excita y pierde la tranquilidad fácilmente: *no le convienen las impresiones fuertes porque es una persona muy nerviosa.* ⇔ **tranquilo.**

ne·⌜to, ⌜ta |néto, ta| **1** ***adj.-s.*** (cantidad de dinero) Que resulta después de haber *descontado gastos, tasas u otras cantidades: *su sueldo ~ es el 15% menos que el bruto.* **2** (peso) Que resulta después de haber *descontado el peso del recipiente: *el peso neto de esta lata de caballa es de 250 gramos.* **- 3** ***adj.*** Que es limpio y puro; que es claro: *ya te he dado una explicación neta.*

neu·má·ti·⌜co |neumátiko| ***m.*** Rueda de un vehículo automóvil, formada por una cubierta dura de *caucho llena de aire o con un tubo circular de goma en su interior lleno de aire: *los coches deben llevar los neumáticos en buen estado; la moto tiene un ~ pinchado.*

neu·mo·ní·a |neumonía| ***f.*** MED. Enfermedad por la que se hinchan los pulmones debido a una *infección de bacterias: *tenía una fuerte ~, con mucha fiebre y tos.* ⇒ **pulmonía.**

neu·ral·gia |neurálxia| ***f.*** MED. Dolor intenso a lo largo de un nervio o de sus extensiones: *el médico diagnosticó una ~ del nervio facial.*

neu·rál·gi·⌜co, ⌜ca |neurálxiko, ka| **1** ***adj.*** De la *neuralgia o que tiene relación con ella: *me están sometiendo a un tratamiento ~.* **2** *fig.* (lugar, momento) Que es muy importante en un asunto: *el Ministerio era el centro ~ del que partían todas las órdenes.*

neu·ri·tis |neurítis| ***f.*** MED. Enfermedad por la que se hincha un nervio: *el consumo de drogas puede provocar una ~.* ☖ El plural es *neuritis.*

neu·ro·ci·ru·gí·a |neuroθiruxía| ***f.*** MED. Parte de la medicina que cura las enfermedades del sistema nervioso mediante operaciones: *la ~ trata los tumores cerebrales.*

neu·ro·lo·gí·a |neuroloxía| ***f.*** MED. Disciplina que estudia el sistema nervioso y sus enfermedades: *ya es médico, pero ahora se quiere especializar en ~; la unidad de ~ del hospital está en la primera planta.*

neu·ro·ló·gi·⌜co, ⌜ca |neurolóxiko, ka| ***adj.*** De la *neurología o que tiene relación con ella: *han creado un servicio ~ en el hospital.*

neu·ró·lo·⌜go, ⌜ga |neuróloγo, γa| ***m. f.*** MED. Médico especialista en el sistema nervioso y sus enfermedades: *el ~ hizo un estudio del cerebro del bebé.*

neu·ro·na |neuróna| ***f.*** ANAT. Célula del sistema nervioso formada por un *núcleo y una serie de alargamientos, uno de los cuales es mayor que los demás: *las prolongaciones cortas de las neuronas se llaman dendritas.*

neu·ro·sis |neurósis| ***f.*** MED. Enfermedad que consiste en una alteración del sistema nervioso debida a causas exteriores al organismo: *en las ~ se altera el estado emocional del enfermo.* ☖ El plural es *neurosis.*

neu·ró·ti·⌜co, ⌜ca |neurótiko, ka| **1** ***adj.-s.*** MED. Que padece *neurosis: *los enfermos neuróticos sienten angustia y ansiedad; Freud trabajó con enfermos neuróticos.* **2** *fam.* Que siente *obsesión o una gran preocupación por un asunto: *es un ~: tiene la manía de la limpieza.* ⇒ **maniático.**

neu·tral |neutrál| ***adj.*** Que no se inclina por ninguna de las partes enfrentadas en una lucha o en una competición: *el árbitro debe ser ~ durante el partido; me da igual quién gane, soy ~.* ⇒ **neutro.**

neu·tra·li·dad |neutraliðáᵈ| ***f.*** Equilibrio, falta de inclinación por alguna de las partes enfrentadas en una lucha o en una competición: *la Unión Europea ha declarado su ~ ante el conflicto.*

neu·tra·li·za·ción |neutraliθaθión| **1** ***f.*** Disminución del efecto de una acción por la aparición de otra contraria: *no debes beber alcohol si no quieres que se produzca una ~ de los efectos del antibiótico.* **2** QUÍM. Proceso químico mediante el cual se hace *neutra una sustancia: *en una ~ química los ácidos reaccionan con las bases.* **3** DEP. Consideración de que un periodo de tiempo o una parte de una competición deportiva no tiene valor para el resultado final: *en el paso a nivel se produjo* *una ~ de la carrera ciclista; en el partido de baloncesto hubo varias neutralizaciones.*

neu·tra·li·zar |neutraliθár| **1** ***tr.-prnl.*** *form.* [algo] Disminuir el efecto de una acción al aparecer una acción contraria: *el antídoto neutralizó los efectos del veneno de la serpiente.* ⇒ **contrarrestar.** **2** QUÍM. Hacer que una sustancia pierda el carácter ácido o básico: *los ácidos se neutralizan con las bases, formando sales y agua.* **3** DEP. Considerar un periodo de tiempo o una parte de una competición deportiva sin valor para el resultado final: *ayer neutralizaron la carrera en el último kilómetro.* ◯ Se conjuga como 4.

neu·⌈tro, ⌈tra |néutro, tra| **1** ***adj.*** Que no presenta ninguna de dos características opuestas: *he comprado un champú ~; aquel aceite era de calidad neutra: ni buena ni mala.* **2** Que no está determinado; que es indefinido: *la lejía ha dejado el pantalón de un color ~; el anuncio aparecía sobre un fondo ~.* **3** Que no comunica o muestra ninguna emoción o intención: *lo miraba con ojos neutros; su rostro tenía un gesto ~: no parecía alegrarse de la noticia.* **4** *form.* Que no se inclina por ninguna de las partes enfrentadas en una lucha o en una competición: *las Naciones Unidas tomaron una postura neutra en el conflicto.* ⇒ **imparcial, neutral.** **5** *form.* Que prefiere no intervenir en política: *la encuesta dio como resultado un gran número de población neutra.* **- 6** ***adj.-m.*** LING. Que no es masculino ni femenino: *la palabra* lo *es una forma neutra.* ⇒ **femenino, masculino.**

neu·trón |neutrón| ***m.*** FÍS. Parte del *núcleo del átomo que no tiene carga eléctrica: *los neutrones se utilizan para bombardear átomos radiactivos.* ⇒ **electrón, protón.**

ne·va·da |neβáða| ***f.*** Cantidad de nieve que cae sin interrupción: *el día de Nochebuena cayó una buena ~; los puertos de montaña están cerrados al tráfico de vehículos a causa de las nevadas.*

ne·va·⌈do, ⌈da |neβáðo, ða| **1** ***adj.*** Que está cubierto de nieve: *a lo lejos se distinguían las montañas nevadas de la sierra.* **2** *fig.* Que tiene un color blanco como la nieve: *ese conejo tiene el pelo ~.* ⇒ **blanco.**

ne·var |neβár| ***unipers.*** Caer nieve: *en esta ciudad no nieva nunca; ha nevado tanto que hemos tenido que poner cadenas a los coches.* ◯ Se conjuga como 27.

ne·ve·ra |neβéra| **1** ***f.*** Máquina eléctrica para conservar fríos los alimentos y las bebidas: *mete la carne en la ~ para que no se estropee; saca una cerveza de la ~.* ⇒ **frigorífico.** **2** Caja o bolsa de material aislante, que sirve para conservar fríos los alimentos y las bebidas: *cuando vamos al campo, siempre llevamos una ~ con la bebida.* ⇒ **fresquera.**

ne·vis·ca |neβíska| ***f.*** Cantidad de nieve que cae sin interrupción, generalmente por poco tiempo y con *copos de pequeño tamaño: *las neviscas nos impidieron esquiar; el pueblo de la montaña sufre neviscas durante todo el invierno.*

new·ton |niúton| ***m.*** Unidad de fuerza que equivale a la fuerza que, aplicada a un cuerpo que tiene una masa de un kilogramo, le comunica una *aceleración de un metro por segundo cada segundo, en el Sistema Internacional: *el símbolo del ~ es* N. ⇒ **dina.**

ne·xo |nékso| **1** ***m.*** *form.* Nudo o unión: *quería eliminar cualquier ~ con su pasado.* ⇒ **enlace.** **2** LING. Parte de la oración que no cambia de forma y que une o relaciona dos elementos: *la conjunción sirve de ~ entre palabras u oraciones.* ⇒ **conjunción, preposición.**

ni |ni| **1** ***conj.*** Indica unión de dos elementos del mismo nivel o función; une oraciones negativas o formas dependientes de una oración negativa: *no vendrá hoy ~ mañana; no quiere verte ~ que tú lo veas.* ⇒ **y.** ◯ Cuando el verbo va al final de la oración, es obligatorio el uso de *ni* delante de cada término y es incorrecto el empleo de *no* ante el verbo: *~ de día ~ de noche descansa.* **2** Añade fuerza e intensidad en la forma o la oración que introduce: *no tiene tiempo ~ para comer; no quiero ~ pensarlo.* ■ **~ que,** expresa una comparación: *¡~ que fuese tonto!* ◯ Se usa en oraciones exclamativas y equivale a *como si.*

ni·ca·ra·güen·se |nikaraγuénse| **1** ***adj.*** De Nicaragua o que tiene relación con Nicaragua: *Managua es la capital ~.* **- 2** ***com.*** Persona nacida en Nicaragua o que vive habitualmente en Nicaragua: *los nicaragüenses hablan español.*

ni·cho |nítʃo| ***m.*** Hueco hecho o construido en un muro para colocar una cosa, generalmente un cuerpo muerto: *el cadáver del abuelo está en un ~ del cementerio.*

ni·co·ti·na |nikotína| ***f.*** Sustancia excitante que se *extrae de las hojas del tabaco: *la ~ es tóxica; el filtro del cigarro impide el paso de la ~; la ~ se emplea en los insecticidas.*

ni·da·da |niðáða| ***f.*** Conjunto de los huevos o las crías de un nido: *los niños subieron al árbol para ver la ~ de la urraca.* ⇒ **nido.**

ni·dal |niðál| **1** ***m.*** Lugar donde la gallina y otras aves domésticas ponen siempre sus huevos: *apartó a la gallina y cogió tres huevos del ~.* ⇒ **nido.** **2** Huevo artificial que se deja en un lugar para que la gallina ponga *allí los huevos: *pon el ~ encima de la paja.*

ni·di·fi·car |niðifikár| ***intr.*** Hacer el nido las aves: *algunas aves nidifican en el suelo y otras en los árboles.* ◯ Se conjuga como 1.

ni·do |níðo| **1** ***m.*** Construcción hecha por las aves para poner sus huevos y alimentar a sus crías: *las golondrinas hacen sus nidos en los tejados de las casas.* **2** Agujero o cueva donde los animales de ciertas especies tienen y alimentan a sus crías: *en este árbol hay un ~ de ratones; la serpiente salió de su ~ para buscar comida.* **3** Lugar donde la gallina y otras aves domésticas ponen siempre sus huevos: *el granjero entró en el corral y buscó los nidos.* ⇒ **nidal.** **4** Parte de un hospital donde se encuentran los niños que acaban de nacer: *las incubadoras están en el ~.* **5** *fig.* Lugar donde viven o se reúnen personas sin moral: *la casa resultó ser un ~ de ladrones.* **6** *p. ext.* Lugar donde se reúne mucha gente: *la biblioteca es un ~ en época de exámenes; el Café*

Gijón fue un ~ de intelectuales. **7** *fig.* Lugar escondido que se usa para ocultar dinero o materiales peligrosos: *los soldados construyeron un ~ de ametralladoras para sorprender al enemigo.* ⇒ **escondrijo. 8** *fig.* Lugar o situación donde aparecen o se crean cosas que no son materiales: *ese programa de televisión es un ~ de polémica.* **9** *fam. fig.* Casa, vivienda de una familia: *los García tienen su ~ en la calle Toledo.* ⇒ **hogar; ~ de amor,** *fam. fig.*, casa en la que vive o se reúne una pareja que se ama: *los recién casados están preparando su ~ de amor.*

nie·bla |niébla| *f.* Nube que está sobre la superficie de la Tierra: *la ~ dificulta la visión; en los lugares húmedos hay ~ casi todos los días; la ~ provocó el choque entre los dos coches.*

nie·⌐to, ⌐ta |niéto, ta| *m. f.* Persona en cuanto a los padres de sus padres: *la abuela tiene nueve nietos; la nieta pequeña es algo traviesa.* ⇒ **abuelo.**

nie·ve |niéβe| *f.* Agua congelada que se desprende de las nubes en cristales muy pequeños que, al caer sobre la superficie de la Tierra, se juntan formando *copos de color blanco: *la ~ ha cubierto el suelo de toda la calle; los niños están haciendo un muñeco con la ~ que hay en el patio del colegio.* ⇒ **granizo, lluvia.**

ni·gro·man·cia |niɣrománθia| *f.* Adivinación del futuro que se consigue llamando a los espíritus del mal: *el mago utilizó la ~ para saber si el cliente le pagaría o no.* ⇒ **magia.**

ni·gro·man·te |niɣrománte| *com.* Persona que practica la *nigromancia: *nos dio su tarjeta de visita donde ponía que era ~.* ⇒ **mago.**

ni·hi·lis·mo |niˈlísmo| **1** *m.* FIL. Doctrina filosófica que niega toda creencia o todo principio religioso, político o social: *defiende un ~ desgarrado.* **2** Doctrina política que propone acabar con la estructura de la sociedad actual: *el ~ se desarrolló en un partido revolucionario de la Rusia del siglo XIX.*

ni·hi·lis·ta |niˈlísta| **1** *adj.* FIL. Del *nihilismo o que tiene relación con él: *su profundo pesimismo se relaciona con su postura ~.* **- 2** *adj.-com.* FIL. (persona) Que sigue las ideas del *nihilismo: *desprecia la moral general y el sentido común porque es un ~.*

ni·ki |níki| *m.* Prenda de vestir de algodón u otro tejido ligero, generalmente de manga corta, que cubre la parte superior del cuerpo: *el ~ puede llevar el cuello alto o camisero.* ⇒ **niqui, polo, suéter.** ◯ La Real Academia Española prefiere la forma *niqui.*

ni·lón |nilón| *m.* Fibra artificial, elástica y resistente, que sirve para fabricar tejidos y prendas de vestir: *el niño lleva un babi de ~.* ⇒ **nailon.** ◯ La Real Academia Española prefiere la forma *nailon.*

ni·mie·dad |nimieðáᵈ| *f. form.* Cosa pequeña o poco importante: *los acuerdos no llegaron a firmarse por una ~.* ⇒ **nadería.**

ni·⌐mio, ⌐mia |nímio, mia| *adj.* Que es poco o nada importante: *la diferencia era nimia.* ⇒ **insignificante.**

nin·fa |nínfa| **1** *f.* Diosa clásica de las fuentes, los bosques, las montañas y los ríos: *los pintores retrataron a las ninfas coronadas de flores.* **2** *form. fig.* Mujer muy bella: *llamaron a la muchacha a presencia del rey y éste pudo ver una ~ delicada y sublime.* **3** ZOOL. Insecto que ha pasado ya el estado de *larva y prepara su última *metamorfosis: *cuando el gusano está dentro de su capullo es una ~.*

nin·fó·ma·na |ninfómana| *f. form.* Mujer que siente un deseo sexual exagerado: *el psiquiatra logró curar a una paciente que era ~.*

nin·fo·ma·ní·a |ninfomanía| *f. form.* Deseo sexual exagerado en la mujer: *la ~ debe ser tratada por el psiquiatra.*

nin·gún |ningún| *adj. indef.* Apócope de *ninguno*: *no hay ~ libro en su casa; no viene ~ día a verme.* ⇒ **ninguno.** ◯ Se usa sólo delante de nombres masculinos.

nin·gu·⌐no, ⌐na |ningúno, na| **1** *adj. indef.* Ni una sola cosa o persona: *ninguna novela me ha gustado; no tenía ninguna idea buena.* ⇒ **ningún.** ◯ Delante de un nombre masculino se usa *ningún*: *no tengo ningún dinero.* **2** Hace más intenso el valor de la negación: *no tiene valor ~.* ⇒ **ningún. - 3** *pron. indef.* Nadie; ni una persona o cosa: *no ha venido ~ de los invitados; ¿ninguna quiere venir?*

ni·ña |níɲa| *f.* Abertura circular del ojo, de color negro, a través de la cual pasa la luz: *los rayos de luz llegan hasta la retina del ojo por medio de la ~.* ⇒ **pupila.** ■ **la ~ de los ojos**, persona o cosa a la que se quiere mucho o en la que se pone mucha confianza: *sus amigos son las niñas de sus ojos.*

ni·ñe·⌐ro, ⌐ra |niɲéro, ra| *m. f.* Persona que se dedica a cuidar niños: *he dejado al bebé con la niñera; el ~ se encargó de cambiarles los pañales a los niños.*

ni·ñe·rí·a |niɲería| **1** *f.* Acción propia de los niños: *las travesuras y los disparates eran niñerías de la infancia.* **2** Hecho o dicho de poca importancia: *anda, déjate de niñerías y vamos a trabajar.*

ni·ñez |niɲéθ| *f.* Primer periodo de la vida humana, que llega hasta la *adolescencia: *pasó su ~ en Sevilla; tengo bonitos recuerdos de la ~.* ⇒ **infancia.**

ni·⌐ño, ⌐ña |níɲo, ɲa| **1** *m. f.* Persona que tiene pocos años de vida: *los niños juegan en el parque; tengo dos hijos: una niña de siete años y un ~ de cuatro.* ◯ Se considera *niño* o *niña* a una persona hasta que cumple trece o catorce años; **~ de pecho/teta**, el que aún está mamando: *la mujer llevaba un ~ de pecho en el carrito.* ⇒ **bebé. 2** *fig.* Persona que tiene poca experiencia: *en materia de hombres, todavía es una niña.* ⇒ **crío, ingenuo, inocente. 3** *fam. fig.* Persona que obra sin pensar: *mira cómo lo has manchado todo: eres un ~.* ◯ En el lenguaje informal, puede ser un apelativo afectivo: *¡qué guapa estás hoy, niña!*; pero también puede ser despectivo: *mira, niña, me estás hartando.* ■ **~ bien/bonito,** *fam. desp.*, joven que pertenece a una familia con dinero y que se comporta de manera superficial y presumida: *los niños bien siempre quieren vestir a la última moda.* ⇒ **pijo.** ■ **como ~ con zapatos nuevos,** *fam.*, expresión que indica que una persona está muy alegre y feliz porque ha conseguido una cosa importante: *le ha tocado la lotería y está como ~ con zapatos nuevos.* ■ **Niño Jesús**, Jesucristo cuando era pequeño: *la Virgen María sostiene al Niño Jesús en sus brazos.* ■ **Niño Jesús**, *p. ext.*, imagen que representa a Jesucristo cuando era pequeño: *en la capilla había un Niño Jesús de alabastro.* ■ ~ **mimado**, *fam.*, persona que es la preferida de su padre o su madre: *Juan es el ~ mimado de la casa.* ■ ~ **probeta**, persona que nace gracias a una técnica artificial que consiste en *fecundar el *óvulo fuera de la madre: *muchos matrimonios estériles tienen niños probeta.* ■ **¡ni qué ~ muerto!**, *fam. desp.*, expresión que indica que no se comparte o que se desprecia una opinión: *¡qué descapotable ni qué ~ muerto!: tienes que comprarte un coche grande.*

ni·⌈pón, ⌈po·na |nipón, póna| **1** ***adj.*** *form.* De Japón o que tiene relación con Japón: *la industria nipona es muy poderosa.* ⇒ **japonés. - 2** ***m. f.*** Persona nacida en Japón o que vive habitualmente en Japón: *los nipones tienen fama de ser trabajadores incansables.* ⇒ **japonés.**

ní·quel |níkel| ***m.*** Metal muy duro, con un brillo como el de la plata, que resiste la acción del óxido y es fácil de trabajar: *el símbolo del ~ es* Ni; *compró una cama de ~.*

ni·que·lar |nikelár| ***tr.*** [algo] Cubrir con una capa de *níquel: *muchos metales se pueden ~ para que no se oxiden.*

ni·qui |níki| ***m.*** Prenda de vestir de algodón u otro tejido ligero, generalmente de manga corta, que cubre la parte superior del cuerpo: *llevas el ~ sucio, ponte otro.* ⇒ **niki, polo.**

nís·ca·lo |nískalo| ***m.*** Hongo comestible, con el sombrero de color naranja o rojo, que desprende un jugo oloroso: *los níscalos se cogen en otoño; compró un kilo de níscalos.*

nís·pe·ro |níspero| **1** ***m.*** Fruto comestible de color amarillo o naranja, ovalado, blando y dulce cuando está maduro, con unas semillas grandes en su interior: *el ~ madura en un lecho de paja; el ~ se come en verano.* **2** Árbol de tronco delgado, con las ramas abiertas y un poco espinosas, las hojas grandes y duras, y las flores blancas, que produce ese fruto: *el ~ puede ser silvestre o cultivado;* ~ **del Japón**, arbusto de hojas ovaladas y flores pequeñas en grupos, que produce un fruto amarillo, casi esférico, de sabor agradable: *el ~ del Japón se cultiva en la zona del Mediterráneo.*

ni·ti·dez |nitiðéθ| ***f.*** Cualidad de *nítido; claridad: *los aparatos de televisión mejoran cada día la ~ de la imagen.*

ní·ti·⌈do, ⌈da |nítiðo, ða| ***adj.*** *form.* Que está limpio y claro: *observaba el vino a través del ~ cristal de la copa; el agua nítida corría entre la hierba; el cielo estaba ~, pero se fue oscureciendo.*

ni·tra·to |nitráto| ***m.*** QUÍM. Sal que se forma a partir de un ácido del *nitrógeno: *algunos nitratos se usan para abonar las tierras de cultivo;* ~ **de Chile**, sustancia blanca que procede de los excrementos de ciertas aves y que se usa para *abonar las tierras de cultivo: *el ~ de Chile se halla en grandes cantidades en el desierto de Atacama.*

ni·tró·ge·no |nitróxeno| ***m.*** QUÍM. Elemento que se presenta en la naturaleza en forma de gas, sin color ni olor, y que forma la mayor parte del aire de la atmósfera, disminuyendo la acción oxidante del oxígeno: *el símbolo del ~ es* N; *el ~ no sirve para la respiración ni para la combustión; el ~ líquido se emplea en el frío industrial.*

ni·tro·gli·ce·ri·na |nitroγliθerína| ***f.*** QUÍM. Líquido *graso de color amarillo pálido, que arde y explota con facilidad: *la ~ es un explosivo potente; la dinamita se fabrica con ~.*

ni·vel |niβél| **1** ***m.*** Altura a la que llega o que tiene una cosa: *ha subido el ~ de las aguas; el ~ de la nieve era de un metro.* **2** Plano horizontal: *la altura del terreno en este ~ es muy pequeña.* **3** Piso o planta de una construcción: *la casa tiene tres niveles; aparque su coche en el primer ~ del aparcamiento.* **4** *fig.* Estado, valor o calidad que puede tener una persona o una cosa en relación con otras: *los atletas competían a un ~ muy alto; los niveles sociales más bajos vivían en los suburbios de las ciudades.* ⇒ **grado. 5** Instrumento que sirve para averiguar la diferencia de altura entre dos puntos y para comprobar si una línea o un plano están completamente horizontales o verticales: *los albañiles y los carpinteros utilizan un ~ en su trabajo.* ■ **a ~**, en un plano horizontal: *los ladrillos no estaban colocados a ~.* ■ ~ **del mar**, altura de las aguas del mar cuando está en calma, que sirve de referencia para medir la altura o la profundidad de un lugar: *Madrid está a unos 600 metros sobre el ~ del mar.* ■ ~ **de vida**, grado de comodidad y riqueza, *principalmente material, alcanzado por el conjunto de los habitantes de un país o por los miembros de un mismo grupo social o profesional: *cuando la economía de un país funciona bien, el ~ de vida de los habitantes sube.*

ni·ve·la·ción |niβelaθión| ***f.*** Igualación o colocación a una misma altura o grado: *se aprobó un plan de ~ de impuestos.*

ni·ve·lar |niβelár| **1** ***tr.*** [algo] Poner a igual altura dos o más cosas: *hay que ~ esas estanterías para que no se caigan los libros.* ⇒ **equilibrar. 2** Igualar o hacer proporcionado: *la empresa nivelaba los gastos con las ventas.* **3** Poner un plano en posición horizontal: *el carpintero no niveló bien la mesa y por eso se inclina hacia un lado.* **4** Averiguar, con la ayuda de un instrumento, la diferencia de altura entre dos puntos; comprobar si una línea o un plano están completamente horizontales o verticales: *los topógrafos estuvieron nivelando el terreno.*

ní·ve·⌈o, ⌈a |níβeo, a| ***adj.*** *form.* Que es tan blanco como la nieve: *el poeta describió el ~ rostro de su amada.* ⇒ **blanco.**

no |nó| **1** ***adv. neg.*** Expresa negación, especialmente como respuesta a una pregunta: *¿has traído el libro?* —~. **2** Indica que una cosa es incorrecta o falsa: *ella ~ es alemana, es belga; ~ vendrá hoy, sino mañana.* **3** Indica prohibición: *~ traigas las bo-*

tas sucias; ~ se permiten animales; ~ fumar. **4** Indica *oposición o rechazo: *~ quiero que vuelvas tarde; ~ pienso como tú; ~ me gusta el arroz.* **5** Indica que se espera una respuesta *afirmativa a una pregunta: *¿~ has dicho que vendrías pronto?; ¿pero hoy ~ es lunes?* **6** Expresa la *petición de una respuesta *afirmativa o la *confirmación de una cosa que ya se sabía: *estarás aquí cuando vuelva, ¿~?; fuiste al médico, ¿~?* ☖ Con el verbo en presente o futuro, puede expresar ironía: *estarás contento con tu comportamiento, ¿~?* **7** *Refuerza la negación cuando aparece repetido: *~, ~ quiero verlo más; ~, he dicho que ~ y es que ~.* **8** *form.* Expresa el significado opuesto de lo que expresan los nombres abstractos y los adjetivos: *el gobierno habla de la ~ intervención en la guerra; se comportó de una manera no convencional.* **- 9** ***m.*** Negación, respuesta negativa: *me dio un ~ por respuesta; la votación ha arrojado un resultado de dos síes y cuatro noes.* ☖ El plural es *noes.* ■ **¡a que ~!**, expresión que provoca a una persona para que haga una cosa: *¡a que ~ eres capaz de venir a trabajar el domingo!* ☖ Se usa también como respuesta a una provocación: *¡a que te rompo la cara! -¡A que ~!* ■ **~ más**, sólo, únicamente: *~ dice más que tonterías; tengo 1000 pesetas, ~ más.* ■ **~ obstante**, indica *oposición; expresa valor *adversativo: *creo que hoy no he recibido correo, no obstante abriré el buzón.* ⇒ **pero.** ■ **~ sin**, con: *lo conseguiremos, ~ sin esfuerzo, claro.*

no·bi·lia·ʳrio, ʳria |noβiliário, ria| ***adj.*** De la nobleza o que tiene relación con ella: *se le concedió un título ~ por su fidelidad a la corona.*

no·ble |nóβle| **1** ***adj.*** Que es bueno, generoso y fiel; que no tiene *maldad: *los médicos desempeñan una profesión muy ~; es muy ~ por tu parte acompañarme hasta mi casa; Pedro es una persona ~; mi ~ amigo, lamento tu ausencia.* **2** Que tiene gran calidad y valor; que es de lujo: *la caoba y el nogal son maderas nobles; el oro y la plata son metales nobles.* ⇒ **lujoso, precioso. - 3** ***adj.-s.*** (persona) Que pertenece a una familia importante por poseer un título concedido por el rey: *el caballero se casó con una dama ~ de Escocia; el rey y sus nobles se fueron de caza.* ⇒ **ilustre.**

no·ble·za |noβléθa| **1** ***f.*** Bondad, generosidad; falta de *maldad: *me admira la ~ de corazón de ese hombre; la ~ es una cualidad del caballo.* **2** Calidad, valor y lujo: *la ~ de la madera y del mármol hacen de este mueble un ejemplar único.* **3** Conjunto de los nobles de un lugar; grupo social formado por los nobles: *dio una fiesta y acudió toda la ~ de España; la ~ fue muy poderosa en la Edad Media.*

no·che |nótʃe| **1** ***f.*** Periodo de tiempo desde que se pone el Sol hasta que vuelve a salir: *las noches son más cortas en verano.* ⇔ **día; ~ cerrada**, la que no tiene luz natural de la luna o las estrellas: *era una ~ cerrada y había una fuerte tormenta.* **2** Periodo de tiempo triste o malo: *nuestra empresa ya está saliendo de la ~.* ■ **ayer ~**, ayer cuando ya se había puesto el sol: *volvimos ayer ~.* ⇒ **anoche.** ■ **buenas noches**, expresión que se usa para saludar o para despedirse cuando ya se ha puesto el sol: *buenas noches, ¿qué desean? —Una mesa para dos, por favor; me voy a dormir, buenas noches.* ■ **de la ~**, expresión que se usa para diferenciar las horas en las que hay sol de aquellas en las que no hay: *las diez de la ~ son las 22 horas del día.* ■ **de la ~ a la mañana**, *fam.*, en muy poco tiempo; de forma rápida e inesperada: *era millonario, pero se quedó en la ruina de la ~ a la mañana.* ■ **de ~**, después de ponerse el sol; cuando ya no hay luz solar: *tardamos tanto que llegamos de ~; en invierno, a las siete ya es de ~.* ■ **hacer ~**, descansar o dormir cuando se hace un viaje largo, que dura más de un día: *de camino a Málaga, hicimos ~ en un hotel de Jaén.* ■ **hacerse de ~**, marcharse la luz solar; ponerse el sol: *vámonos ya a casa, que se está haciendo de ~.* ⇒ **anochecer.** ■ **~ y día**, continuamente, durante todo el tiempo: *trabaja ~ y día para salir adelante.* ■ **pasar la ~ en blanco**, *fam.*, no dormir ni descansar: *por culpa del café he pasado la ~ en blanco.* ■ **perderse en la ~ de los tiempos**, haber nacido, existido u ocurrido hace mucho tiempo: *el origen de esta ciudad se pierde en la ~ de los tiempos.*

No·che·bue·na |notʃeβuéna| **1** ***f.*** Día 24 de *diciembre, especialmente por la noche: *esta noche es ~ y mañana Navidad, saca la bota María que me voy a emborrachar.* ⇒ **navidad. 2** Fiesta que se celebra en honor del nacimiento de Jesucristo: *celebraremos la ~ en familia; comeremos besugo en la cena de ~.*

No·che·vie·ja |notʃeβiéxa| ***f.*** Día 31 de *diciembre, especialmente por la noche; última noche del año: *en ~, comemos doce uvas al son de las campanadas de la medianoche.*

no·ción |noθión| **1** ***f.*** Conocimiento o idea: *el profesor explicó la ~ de alma en filosofía; la ~ del tiempo es muy peculiar en Machado.* ⇒ **idea. 2** Conocimiento básico de una materia: *el niño ya sabe las primeras nociones de cálculo.* ■ **no tener ~ de una cosa**, no conocer o no estar enterado de una cosa: *cuando duerme, no tiene ~ del tiempo.*

no·ci·ʳvo, ʳva |noθíβo, βa| ***adj.*** Que hace daño; que es peligroso: *el tabaco es ~ para la salud; el pulgón es muy ~ para las plantas.* ⇒ **dañino, perjudicial.**

noc·tám·bu·ʳlo, ʳla |noktámbulo, la| **1** ***adj.-s.*** (persona) Que tiene por costumbre vivir y divertirse de noche: *a las seis de la mañana todavía se ve a algunos noctámbulos en las discotecas.* **- 2 adj.** (animal) Que vive de noche: *el mochuelo y la lechuza son aves noctámbulas.*

noc·tur·ni·dad |nokturniðáð| **1** ***f.*** Cualidad de nocturno: *la película ofrece siempre un ambiente de ~.* **2** DER. Circunstancia que hace más grave un *delito, por haberse realizado de noche: *el juez lo condenó a seis años más de prisión por alevosía y ~.*

noc·tur·ʳno, ʳna |noktúrno, na| **1** ***adj.*** De la noche o que tiene relación con ella: *asistía a clases nocturnas de informática.* **2** ZOOL. (animal) Que busca su alimento durante la noche: *el búho es una rapaz nocturna.* **3** BOT. (planta) Que sólo tiene sus flores abiertas durante la noche: *el don Diego es* *una planta nocturna que abre sus flores al atardecer.* **- 4 nocturno** ***m.*** Composición musical tranquila, corta y de sonido dulce: *el músico interpretó un ~.*

no·dri·za |noðríθa| **1** ***f.*** Mujer que da el pecho al hijo de otra mujer, generalmente a cambio de dinero: *siempre había vivido en casa de su ~.* **2** Recipiente grande para combustible: *el motor no se ponía en marcha porque se había roto la ~ y se había perdido todo el combustible.* **3** Barco o avión que se emplea para llevar combustible a otros barcos o aviones: *esperaron el barco ~ en el lugar convenido; el avión ~ abasteció al bombardero en pleno vuelo.* ☖ En esta acepción funciona en aposición a otros nombres.

nó·du·lo |nóðulo| ***m.*** *form.* Acumulación de pequeños trozos de materia mineral u orgánica hasta formar una masa más o menos redonda y dura: *un ~ de grasa en la sangre puede provocar una trombosis.*

no·gal |noɣál| **1** ***m.*** Árbol de tronco alto y fuerte, con la corteza lisa, la copa grande y redonda, formada por ramas gruesas, las hojas verdes y brillantes, y las flores blancas, cuyo fruto es la nuez: *el ~ crece en lugares templados de Europa y Asia; el ~ es un árbol de hoja caduca.* **2** Madera de ese árbol: *los muebles del salón son de ~; el ~ es una madera dura y muy apreciada.* **- 3** ***adj.*** De color parecido al de la madera de ese árbol: *las sillas estaban teñidas de ~; el ~ es más oscuro que el castaño.* ☖ No varía de número.

nó·ma·da |nómaða| **1** ***adj.-com.*** (persona o animal) Que va de un lugar a otro y nunca se establece en un sitio fijo: *quisieron conocer las costumbres de los pueblos nómadas del desierto; aquel hombre era un ~ beduino.* **- 2** ***adj.*** (costumbre, vida) Que consiste en ir de un lugar a otro, sin establecerse en un lugar fijo: *llevó siempre una vida ~, viajando por todo el mundo.* ⇒ **errante.**

no·ma·dis·mo |nomaðísmo| ***m.*** Forma de vida que consiste en ir de un lugar a otro sin establecerse en un sitio fijo: *el ~ es propio de los pueblos que viven de la caza o del pastoreo.*

nom·bra·⌐do, ⌐da |nombráðo, ða| ***adj.*** Que es distinguido, famoso: *ayer estuvimos en un restaurante muy ~.* ⇒ **célebre, conocido.**

nom·bra·mien·to |nombramiénto| **1** ***m.*** Elección de una persona para un cargo o función: *uno de los presentes propuso el ~ de Pepe para alcalde.* **2** Documento en el que figura esa elección: *ayer recibió su ~ como rector.*

nom·brar |nombrár| **1** ***tr.*** [algo, a alguien] Decir el nombre de una persona o de una cosa; hacer referencia: *el profesor lee la lista de los alumnos, nombrándolos en voz alta; ¿has nombrado ya todos los tipos de seres vivos?* ⇒ **mentar. 2** [a alguien] Elegir o señalar para un cargo o una función: *el país nombra a sus representantes a través de las elecciones; lo han nombrado delegado.*

nom·bre |nómbre| **1** ***m.*** Palabra para llamar y distinguir objetos físicos o abstractos: *¿cómo se llama este objeto? Su ~ es* mesa; manzana, inteligencia *y* libertad *son nombres.* **2** Palabra para distinguir a las personas, unas de otras: *mi ~ es Juan Pedro; ¿su ~, por favor? —Elisa García Sánchez.* **3** *fig.* Fama, opinión que se tiene sobre una persona: *se ha labrado un ~ dentro de la profesión.* **4** LING. Palabra que lleva *morfemas de género y número, que funciona como *núcleo de un *sintagma nominal y que puede realizar, entre otras, la función de sujeto: *el ~, el verbo, el adjetivo, la preposición y el adverbio son elementos de la oración.* ⇒ **sustantivo.** ☖ El nombre varía en género y número; ~ **abstracto**, el que señala y distingue cualidades o propiedades que no son materiales: paciencia, movimiento, conjunto *y* democracia *son nombres abstractos;* ~ **ambiguo**, el que se usa como masculino o como femenino: mar *es un ~ ambiguo, puede decirse* el mar *o* la mar; ~ **animado**, el que señala y distingue personas, animales y seres que tienen vida: hombre, perro *y* unicornio *son nombres animados;* ~ **colectivo**, el que indica, en singular, un conjunto, un número de seres de la misma especie: docena, arboleda *y* escuadrón *son nombres colectivos;* ~ **común**, el que se aplica a todos los seres que tienen unas mismas características: naranja *es un ~ común porque, al decir* la naranja tiene muchas vitaminas, *se hace referencia a todas las naranjas existentes;* ~ **epiceno**, el que, con un solo género gramatical, se aplica al macho y a la hembra de la misma especie: hormiga *es un ~ epiceno.* ☖ Para indicar el sexo se usa la palabra *macho* o la palabra *hembra*: *una rata macho; una rata hembra;* ~ **genérico**, el que se aplica a todos los seres que tienen unas mismas características: hombre *es un ~ genérico;* ~ **inanimado**, el que señala y distingue seres que no tienen vida: piedra *y* agua *son nombres inanimados;* ~ **propio**, el que se aplica a personas, animales y lugares para distinguirlos de otros: César *y* Cristina *son nombres propios de persona;* Alcalá *es ~ propio de lugar.* ☖ La primera letra de los nombres propios se escribe con mayúscula. ■ **a ~ de**, para la persona que se llame así: *el paquete vino a ~ de José Navas.* ■ **de ~**, sólo como título, pero no de verdad: *él es jefe de ~, pero ella es quien manda en realidad.* ■ **en ~ de alguien**, en lugar de otra persona y con su autoridad: *el secretario firmó en ~ del presidente.* ■ **no tener ~**, ser una acción incorrecta y criticable: *su comportamiento no tiene ~.*

no·men·clá·tor |nomeŋklátor| ***m.*** Lista de nombres de personas, cosas o lugares que tienen relación entre sí: *el médico buscó en el ~ el nombre del medicamento.* ⇒ **catálogo.**

no·men·cla·tu·ra |nomeŋklatúra| **1** ***f.*** Lista de nombres de personas o cosas que tienen relación entre sí: *consulte la ~ de la UNESCO.* **2** Conjunto de las palabras técnicas de una ciencia: *el alumno debe formular los compuestos siguiendo la ~ del Sistema Internacional.*

nó·mi·na |nómina| **1** ***f.*** Lista de nombres de personas o cosas: *la ~ de escritores españoles del siglo* XX *es muy extensa.* ⇒ **catálogo. 2** Lista de los nombres de las personas que trabajan en una empresa: *veinte hombres integran la ~ del club deportivo;*

la policía pidió una ~ de la empresa. ⇒ **plantilla.** **3** Cantidad de dinero que recibe *mensualmente una persona por su trabajo: *en esta oficina se cobra la ~ a fin de mes.* ⇒ **sueldo.**

no·mi·na·ción |nominaθión| **1** *f. form.* Elección de una persona para un cargo o función: *la ~ del embajador tuvo lugar unos días después.* ⇒ **nombramiento.** **2** Propuesta de una persona para un posible cargo o un posible premio: *la ~ de aquel escritor para el premio Nobel fue una gran sorpresa.* ⌂ Es un anglicismo.

no·mi·nal |nominál| **1** *adj.* Del nombre o que tiene relación con él: *el predicado ~ es aquel que tiene como núcleo un nombre; la secretaria ha escrito una lista ~ de los empleados de la empresa.* **2** Del nombre de una cosa, pero no de la realidad a la que se refiere: *el valor ~ de una acción es distinto de su valor efectivo o real.*

no·mi·na·lis·mo |nominalísmo| *m.* FIL. Doctrina filosófica que considera que los universales no existen ni en la realidad ni en la mente y que sólo son nombres o *términos: *el ~ surgió en el siglo XIII.*

no·mi·nar |nominár| *tr.* [a alguien] Proponer o señalar a una persona para un posible cargo o un posible premio: *una película española fue nominada para el Óscar.* ⇒ **proponer, seleccionar.** ⌂ Es un anglicismo.

no·mi·na·ti·⌜vo, ⌜va |nominatíβo, βa| *adj.* COM. (título) Que debe llevar el nombre de la persona que lo posee: *un cheque ~ sólo puede cobrarlo la persona cuyo nombre consta en él.*

non |nón| **1** *adj.-m.* (número) Que no se puede dividir exactamente por dos: *el uno y el tres son números nones.* ⇒ **impar.** ⇔ **par.** ⌂ Se suele usar en plural en la pregunta del juego *¿pares o nones?* - **2 nones** *m. pl.* Negación; no: *insistió para que le prestara dinero y yo le dije que nones.* ■ **de ~**, sin pareja: *se reunieron siete amigos, tres matrimonios y uno de ~.*

no·na·gé·si·⌜mo, ⌜ma |nonaxésimo, ma| **1** *num.* (persona, cosa) Que sigue en orden al que hace el número 89: *si voy después del 89, soy el ~ de la lista.* **2** (parte) Que resulta de dividir un todo en 90 partes iguales: *eran 90 personas y le correspondió a cada una un ~.*

no·na·⌜to, ⌜ta |nonáto, ta| **1** *adj.* Que no ha nacido aún; que no existe todavía: *los médicos están preocupados por la criatura nonata.* **2** Que no ha nacido en un parto normal: *se llama nonatos a las personas que han nacido mediante cesárea o después de morir la madre.*

no·nin·gen·té·si·⌜mo, ⌜ma |noninxentésimo, ma| **1** *num.* (persona, cosa) Que sigue en orden al que hace el número 899: *si voy después del 899, soy el ~ de la lista.* **2** (parte) Que resulta de dividir un todo en 900 partes iguales: *eran 900 personas y le correspondió a cada una un ~.*

no·⌜no, ⌜na |nóno, na| *num.* (persona, cosa) Que sigue en orden al que hace el número ocho: *si voy después del ocho, soy el ~ de la lista.* ⇒ **noveno.**

no·pal |nopál| *m.* Planta de tallos aplastados, carnosos y con espinas: *el ~ tiene flores grandes, rojas o amarillas; el fruto del ~ es el higo chumbo.* ⇒ **chumbera.**

no·que·ar |nokeár| *tr.* DEP. [a alguien] Vencer por fuera de *combate, en el deporte del *boxeo: *el aspirante al título mundial noqueó a su contrincante en pocos asaltos.*

nor·des·te |norðéste| **1** *m.* Punto del horizonte situado entre el norte y el este, a la misma distancia de uno y otro: *el ~ se opone al suroeste.* ⇒ **noreste.** **2** Lugar situado hacia ese punto: *Cataluña está situada en el ~ de España.* **3** Viento que viene de ese punto: *hoy sopla un fuerte ~.*

nór·di·⌜co, ⌜ca |nórðiko, ka| **1** *adj.* Del norte de Europa o que tiene relación con él: *las zonas nórdicas tienen climas fríos.* - **2** *m. f.* Persona nacida en el norte de Europa o que vive habitualmente en el norte de Europa: *los nórdicos suelen tener los ojos y el cabello claros.*

no·res·te |noréste| *m.* ⇒ **nordeste.** ⌂ La Real Academia Española prefiera la forma *nordeste.*

no·ria |nória| **1** *f.* Atracción de *feria que consiste en una gran rueda, con asientos para las personas, que gira verticalmente: *los niños querían subir a la ~, pero su madre tenía miedo.* **2** Máquina para sacar agua, que consiste en dos grandes ruedas unidas, una horizontal movida por un animal y otra vertical con recipientes que recogen y suben el agua: *engancharon una mula a la ~ y sacaron agua para regar.*

nor·ma |nórma| **1** *f.* Razón que debe servir de medida y a la que se han de ajustar las acciones para que resulten: *no tenía una ~ de conducta clara.* ⇒ **regla.** **2** Ley básica que sirve para el gobierno o la ejecución de una cosa: *la sociedad debe cumplir unas normas; la ~ del hotel es que el cliente siempre lleva razón.* ⇒ **regla.** **3** Modelo o ejemplo: *las ideas del pensador se convirtieron en la ~ para toda una generación de jóvenes.* **4** Regla que determina el tamaño, la composición y otras características que debe tener un objeto o un producto industrial: *algunos productos fueron retirados del mercado porque no cumplían la ~ de la Unión Europea.* **5** LING. Conjunto de reglas que determinan el uso de una lengua: *el sistema permite construir sustantivos, a partir de verbos, con los sufijos* - miento *y* -ción, *pero la ~ restringe esa posibilidad.*

nor·mal |normál| **1** *adj.* Que es corriente, habitual y no llama la atención: *llevaba una vida ~, sin sobresaltos ni excesos; era una chica ~ hasta que le tocó la lotería.* ⇔ **chocante.** **2** Que se encuentra en su estado natural: *el médico examinó el corazón y vio que estaba ~.* **3** Que es lógico: *si le insultaste, es ~ que no te quiera hablar.*

nor·ma·li·dad |normaliðáᵈ| *f.* Cualidad de normal: *se comportó con ~, disimulando su nerviosismo; después de las vacaciones hay que volver a la ~.*

nor·ma·li·zar |normaliθár| **1** *tr.-prnl.* [algo] Hacer normal una cosa que no lo era o que había dejado de serlo: *las medidas aprobadas iban encaminadas a ~ la economía del país; los servicios de tren se normalizaron después de la huelga.* **2** Poner en orden: *abandonó las malas amistades y normalizó su vida.* ☖ Se conjuga como 4.

nor·ma·ti·va |normatíβa| ***f.*** Conjunto de normas que sirven para el gobierno o la ejecución de una cosa: *se aprobó una ~ para la protección del medio ambiente; la ~ de circulación prohíbe la competencia de velocidad.*

nor·ma·ti·⌜vo, ⌜va |normatíβo, βa| ***adj.*** Que sirve de norma: *el hospital dio unas medidas normativas para evitar que la epidemia siguiera avanzando.*

no·ro·es·te |noroéste| **1 *m.*** Punto del horizonte situado entre el norte y el oeste, a la misma distancia de uno y otro: *el ~ es opuesto al sureste.* **2** Lugar situado hacia ese punto: *Galicia se encuentra en el ~ de España.* **3** Viento que viene de ese punto: *el ~ es un viento frío.*

nor·te |nórte| **1 *m.*** Punto del horizonte situado frente a una persona a cuya derecha está el este: *el ~ se opone al sur; el barco navegaba hacia el ~.* ⇒ **este, oeste, sur. 2** Lugar situado más cerca del polo *ártico, en cuanto a otro lugar con el cual se compara: *Asturias está en el ~ de España; el ~ de la ciudad está repleto de fábricas.* **3** Viento que viene de ese punto: *si sigue soplando ese ~, mañana tendremos lluvia.* **4** *fig.* Persona o cosa que dirige o enseña: *su filosofía se convirtió en el ~ de toda la generación; su maestro fue el ~ en su vida.* ⇒ **guía.**

nor·te·a·me·ri·ca·⌜no, ⌜na |norteamerikáno, na| **1 *adj.*** De los Estados Unidos de América del Norte o que tiene relación con los Estados Unidos de América del Norte: *la industria cinematográfica norteamericana es muy importante.* ⇒ **estadounidense. 2** De América del Norte o que tiene relación con ella: *Canadá, Estados Unidos y México son los tres países norteamericanos.* **- 3 *m. f.*** Persona nacida en los Estados Unidos de América del Norte o que vive habitualmente en los Estados Unidos de América del Norte: *muchos norteamericanos vienen a España a estudiar español; Hemingway era ~.* ⇒ **estadounidense, yanqui.**

nor·te·⌜ño, ⌜ña |nortéɲo, ɲa| ***adj.*** Que está situado hacia el norte: *viajaron por las costas norteñas del país; La Coruña es una ciudad norteña.*

no·rue·⌜go, ⌜ga |noruéγo, γa| **1 *adj.*** De Noruega o que tiene relación con Noruega: *la ciudad noruega de Lillehammer fue la sede de los Juegos Olímpicos de invierno en 1994.* **- 2 *m. f.*** Persona nacida en Noruega o que vive habitualmente en Noruega: *el escritor Ibsen era ~.* **- 3 noruego *m.*** Lengua de Noruega: *el ~ pertenece al grupo germánico nórdico; su compañera hablaba ~ perfectamente.*

nos |nos| ***pron. pers.*** Forma del pronombre de primera persona para el objeto directo e indirecto, en género masculino y femenino y en número plural: *me contó que ~ había visto salir del café; ~ llamó, pero no le hicimos caso; mi madre ~ ha traído un bocadillo.* ☖ No va acompañada de preposición. Se escribe unida al verbo cuando va detrás de él: *míranos; pregúntanos cuando volvamos.*

no·so·⌜tros, ⌜tras |nosótros, tras| ***pron. pers.*** Forma del pronombre de primera persona para el sujeto, en género masculino y femenino y en número plural: *~ volveremos pronto, tú quédate aquí; él cree que es difícil, pero nosotras no opinamos igual.* ☖ Con preposición se usa en los complementos: *ese libro es para ~, puedes venir con ~.*

nos·tal·gia |nostálxia| **1 *f.*** Tristeza o pena que se siente al estar lejos de las personas y de los lugares queridos: *llevaba siete años fuera de su país y sentía ~.* **2** Tristeza o pena que causa el recuerdo de un bien perdido: *la música de su juventud le hacía sentir ~.* ⇒ **añoranza.**

no·ta |nóta| **1 *f.*** Mensaje corto escrito para comunicar o recordar una cosa: *te escribiré una ~ con mi número de teléfono.* **2** Papel donde se escribe ese mensaje: *se me han caído las notas del bolsillo.* **3** Calificación o número de puntos conseguidos en un *examen: *mañana les darán las notas; el alumno obtuvo un siete como ~ final.* ☖ También puede significar *calificación alta*: *los alumnos que quieran sacar ~ deben hacer un trabajo de curso.* **4** Cuenta o lista donde se explican los gastos o el dinero que hay que pagar por ellos: *el camarero le entregó la ~ en un platito.* ⇒ **factura. 5** Escrito que se coloca a pie de página o al final de un texto para comentar o aclarar el contenido o para dar ciertos *datos: *la ~ número siete hace un envío al capítulo siguiente; las citas bibliográficas se colocan en las notas.* **6** Apunte que se toma sobre una materia para extenderla o recordarla después: *el director le dictaba algunas notas a su secretario; los alumnos toman ~ de lo que dice el profesor.* **7** *form.* Noticia de la prensa que ocupa un espacio pequeño: *este periódico tiene las notas y los breves en las últimas páginas.* **8** *form.* Documento escrito de carácter oficial: *el ministro ha enviado una ~ a la embajada; el consejero de Industria ha hecho pública una ~ explicando las razones de la reforma.* **9** *fig.* Detalle o característica que destaca: *la actuación del cómico puso la ~ de humor a la velada;* ~ **discordante**, la que rompe la unidad de un conjunto: *las palabras de crítica hacia Martínez fueron la única ~ discordante de la reunión;* ~ **dominante**, la que más destaca; la que es más frecuente: *la ironía es la ~ dominante de su obra.* **10** MÚS. Signo para representar un sonido musical: *las notas se escriben en el pentagrama.* **11** MÚS. Sonido musical, producido por una vibración de frecuencia *constante: *la ~* Re *sigue a la ~* Do *en la escala.* ■ **dar la** ~, llamar la atención; ponerse en ridículo: *Mario dio la ~ en casa de Valentina.* ■ **de mala** ~, de mala fama; de mala opinión en la sociedad: *una prostituta es una mujer de mala ~.* ■ **tomar buena** ~, poner atención en una cosa para no olvidarla; grabar en la memoria: *tomó buena ~ de las palabras de su amigo.*

no·ta·ble |notáβle| **1 *adj.*** Que merece atención: *había una ~ falta de modestia en sus palabras; hizo un esfuerzo ~.* **2** Que es grande y destaca en su línea: *fue un investigador ~; has hecho un trabajo ~: te felicito.* **- 3 *m.*** Calificación o nota inmediatamente inferior a la de sobresaliente y superior a la de aprobado: *tuvo un ~ en el examen de física.* **- 4 notables *m. pl.*** Personas principales de un lugar: *la asamblea de notables del municipio se reunía los viernes.*

no·ta·ción |notaθión| *f.* Representación por medio de unos signos determinados: *si no conoces la ~ musical, no podrás interpretar una partitura.*

no·tar |notár| **1** *tr.* [algo] Sentir; experimentar una sensación o darse cuenta de ella: *noto un poco de calor; notaron un sabor extraño en la comida; de repente, notó un pinchazo en el dedo.* ⇒ **sentir. 2** Observar o darse cuenta: *notaba cómo sus amigos lo iban abandonando; notó que ocurría algo anormal en la estación.* **- 3** *tr.-prnl.* [a alguien] Encontrar a una persona con un estado de ánimo determinado: *todos lo notaban preocupado; doctor, me noto cansado.* ■ **hacer ~**, *form.*, señalar una cosa para que se considere y se ponga atención en ella: *el empresario hizo ~ la falta de inversiones extranjeras.* ⇒ **advertir, señalar.** ■ **hacerse ~**, llamar la atención; distinguirse por una característica particular: *era un hombre presumido y disfrutaba haciéndose ~.*

no·ta·rí·a |notaría| **1** *f.* Oficina del *notario: *llevó el contrato a una ~, para que el notario diera fe del documento.* **2** Cargo del *notario: *Ventura preparaba oposiciones para conseguir una ~.*

no·ta·rial |notariál| *adj.* Del *notario o que tiene relación con él: *presentó unos documentos notariales ante el juez.*

no·ta·⌐rio, ⌐ria |notário, ria| *m. f.* Persona que tiene autoridad para asegurar que un documento es verdadero y legal y para dar *fe de actos públicos o entre personas: *el millonario redactó y firmó su testamento ante un ~.*

no·ti·cia |notíθia| **1** *f.* Hecho nuevo y actual, que se comunica a quien lo desconoce: *los periodistas siempre están en el lugar de la ~;* **~ bomba**, la que causa mucha impresión, por ser importante o inesperada: *la caída del muro de Berlín fue una ~ bomba.* **2** Comunicación de un hecho nuevo y actual a quien lo desconoce: *me gusta leer las noticias del periódico; escuchaba un programa de noticias en la radio.* **3** Conocimiento o idea: *no teníamos ~ de que se hubiera marchado tan lejos.* **- 4 noticias** *f. pl. fam.* *Programa de la radio o la televisión, en el que se comunican hechos nuevos y actuales: *después de comer, mi padre enciende la tele para ver las noticias.* ⇒ **informativo, noticiario.**

no·ti·cia·rio |notiθiário| **1** *m.* *Programa de la radio o la televisión, en el que se comunican hechos nuevos y actuales: *de camino al trabajo, va escuchando un ~ en la radio; trabaja de presentador en el ~ de las tres de la tarde.* ⇒ **informativo, noticia. 2** Parte de un periódico en la que se dan noticias: *déjame el periódico, que quiero leer el ~ deportivo.*

no·ti·ción |notiθión| *m. fam.* Noticia extraordinaria, que causa gran impresión, por ser importante o inesperada: *todas las revistas dedicaron sus páginas centrales al ~ del verano.* ⇒ **noticia.**

no·ti·fi·ca·ción |notifikaθión| **1** *f.* Comunicación oficial: *el Ministerio procedió a la ~ de la denuncia a todos los afectados.* **2** Documento en el que se comunica una cosa *oficialmente: *recibió una ~ del Ayuntamiento.* ⇒ **circular.**

no·ti·fi·car |notifikár| **1** *tr.* [algo; a alguien] Comunicar de forma oficial: *el juzgado notificó al acusado que había sido absuelto del delito.* **2** *p. ext.* Dar noticia; hacer saber: *envió tarjetas a todos sus familiares para notificarles que se casaba.* ☐ Se conjuga como 1.

no·to·rie·dad |notorieðáᵈ| *f.* Cualidad de *notorio; fama: *es un artista muy modesto y no le gusta la ~; el hombre declaró que sólo lo había hecho por ~.*

no·to·⌐rio, ⌐ria |notório, ria| **1** *adj.* Que es importante y conocido: *fue un artista ~; la belleza de sus composiciones es notoria.* **2** Que está claro; que se ve con claridad: *nunca fue procesado, a pesar de que sus fraudes y robos eran notorios.* ⇒ **evidente, patente, visible.**

no·va·ta·da |noβatáða| **1** *f.* Broma que se gasta a una persona nueva en un lugar o en un trabajo: *los alumnos del último curso hicieron una ~ a los del primero.* **2** *p. ext.* Error causado por la falta de experiencia en un asunto o negocio: *con aquel tropiezo pagó la ~, pero aquello le enseñó a ser más precavido.*

no·va·⌐to, ⌐ta |noβáto, ta| *adj.-s.* (persona) Que es nuevo; que lleva poco tiempo en un lugar o en un trabajo: *perdone, mi capitán, pero soy ~ en el barco y no sé dónde está la popa.* ⇒ **novel, nuevo, pipiolo, principiante.**

no·ve·cien·⌐tos, ⌐tas |noβeθiéntos, tas| **1** *num.* 100 multiplicado por nueve: *899 más uno son ~.* **2** (persona, cosa) Que sigue en orden al que hace el número 899; *noningentésimo: *si voy después del octingentésimo nonagésimo noveno, soy el ~ de la lista.* ☐ Es preferible el uso del ordinal: *soy el noningentésimo.* **- 3** *m.* Número que representa el valor de 100 multiplicado por nueve: *escribe el ~ después del 899.*

no·ve·dad |noβeðáᵈ| **1** *f.* Existencia, conocimiento o uso nuevos: *la ~ de este método hace que todavía no se practique en todos los hospitales.* **2** Objeto o asunto que existe, se conoce o se usa desde hace poco tiempo: *este producto es una ~ en el mercado español.* **- 3 novedades** *f. pl.* Mercancías adecuadas a la moda: *vea nuestras novedades en la cuarta planta.*

no·ve·do·⌐so, ⌐sa |noβeðóso, sa| *adj.* Que existe, se conoce o se usa desde hace poco tiempo: *la empresa ha empleado una técnica novedosa en el diseño del nuevo coche.* ⇒ **moderno.**

no·vel |noβél| *adj.-com.* (persona) Que es nuevo y no tiene experiencia: *el concurso de pintura era una gran oportunidad para los pintores noveles.* ⇒ **bisoño, lego, novato.**

no·ve·la |noβéla| **1** *f.* Obra literaria que cuenta en *prosa una historia real o imaginaria, normalmente de forma extensa: *estoy leyendo una ~ de Galdós; se pasa el día leyendo novelas.* ⇒ **ficción; ~ histórica**, la que se basa en hechos y personajes que existieron en el pasado: *la ~ histórica tiene un gran éxito en nuestros días;* **~ negra/po-**

licíaca, la que trata de unos *delitos misteriosos que uno de los personajes debe resolver: *en las novelas policíacas suele haber un asesinato, un robo, una desaparición misteriosa, etc.*; ~ **rosa**, la que cuenta una historia en la que el amor *triunfa frente a todo tipo de obstáculos y dificultades: *las novelas rosas se venden mucho; la ~ rosa es el antecedente del culebrón televisivo.* **2** Género literario, en *prosa, formado por ese tipo de obras: *sólo le gusta la ~ contemporánea.* **3** *fig.* Historia de la vida real que parece imaginaria o falsa: *cuando llegaba su tío a visitarlos, les contaba auténticas novelas de sus viajes por África.*

no·ve·lar |noβelár| ***tr.*** [algo] Dar forma de *novela a una historia o a una relación de acontecimientos, generalmente deformándolos: *hicieron una película novelando la vida de Goya.*

no·ve·le·⌜ro, ⌜ra |noβeléro, ra| ***adj.-s.*** (persona) Que tiene inclinación a imaginar e inventar historias: *la niña les había salido algo novelera y se pasaba el día en las nubes.* ⇒ **fantasioso.**

no·ve·les·⌜co, ⌜ca |noβelésko, ka| **1** ***adj.*** De la *novela o que tiene relación con ella: *don Quijote y Sancho son personajes novelescos.* **2** Que parece imaginario; que se considera propio de una *novela: *llevó una vida novelesca.*

no·ve·lis·ta |noβelísta| ***com.*** Persona que escribe *novelas: *Cela y Delibes son unos novelistas muy conocidos.*

no·ve·lón |noβelón| ***m.*** *fam.* *Novela extensa y de baja calidad, que trata de hechos tristes y desgraciados: *se pasaba el día leyendo novelones sobre niñas huerfanitas.* ☖ Se usa de manera despectiva.

no·ve·na |noβéna| ***f.*** REL. Periodo de nueve días durante el cual se reza a un determinado santo o a la Virgen: *hoy empieza la ~ de la Virgen de la Peña.*

no·ve·⌜no, ⌜na |noβéno, na| **1** ***num.*** (persona, cosa) Que sigue en orden al que hace el número ocho: *si voy después del ocho, soy el ~ de la lista.* ⇒ **nono. 2** (parte) Que resulta de dividir un todo en nueve partes iguales: *si somos nueve para comer, me toca un ~ de tarta.*

no·ven·ta |noβénta| **1** ***num.*** Diez multiplicado por nueve: *89 más uno son ~; si tengo 100 manzanas y te doy diez, me quedan ~.* **2** (persona, cosa) Que sigue en orden al que hace el número 89; *nonagésimo: *si voy después del octogésimo noveno, soy el ~ de la lista.* ☖ Es preferible el uso del ordinal: *soy el nonagésimo.* **- 3 *m.*** Número que representa el valor de diez multiplicado por nueve: *escribe el ~ después del 89.*

no·ven·ta·⌜vo, ⌜va |noβéntaβo, βa| ***num.*** (parte) Que resulta de dividir un todo en 90 partes iguales: *eran 90 personas y le correspondió a cada una un ~.*

no·viaz·go |noβiáθγo| **1 *m.*** Relación que existe entre dos personas que se van a casar: *la ilusión del ~ es un recuerdo imborrable.* **2** Tiempo que dura esa relación: *decidieron alargar su ~ y retrasar la fecha de la boda.*

no·vi·⌜cio, ⌜cia |noβíθio, θia| **1 *m. f.*** Religioso que aún no ha hecho los votos definitivos de una orden: *doña Inés era novicia cuando don Juan la sacó del convento.* **- 2 *adj.-s.*** *fig.* (persona) Que comienza en un arte u oficio: *los maestros de pintura enseñan a los novicios.*

no·viem·bre |noβiémbre| ***m.*** Undécimo mes del año: *~ sigue a octubre y va antes que diciembre; el uno de ~ es el día de Todos los Santos.*

no·vi·lla·da |noβiʎáða| ***f.*** *Corrida en la que se *torean toros que no tienen más de tres años: *hubo una ~ en la plaza de toros del pueblo.*

no·vi·lle·⌜ro, ⌜ra |noβiʎéro, ra| ***m. f.*** Persona que *torea toros que no tienen más de tres años: *el ~ lo hizo tan bien que salió por la puerta grande.* ⇒ **torero.**

no·vi·⌜llo, ⌜lla |noβíʎo, ʎa| ***m. f.*** Cría de la vaca, de dos o tres años: *el torero lidió dos novillos; un ~ mugía en la dehesa.* ■ **hacer novillos**, *fam.*, no ir a una clase o a un lugar donde se debe cumplir una obligación: *van a castigar a los alumnos que hagan novillos; cuando éramos niños hacíamos novillos para ir al río a coger ranas.* ⇒ **pella.**

no·⌜vio, ⌜via |nóβio, βia| **1 *m. f.*** Persona que mantiene una relación de amor con intención de casarse: *fueron novios durante dos años y después se casaron; llevaba muchos años buscando ~.* **2** Persona que se acaba de casar: *después de la boda, la novia besó al ~ apasionadamente.* ■ **quedarse compuesta y sin ~**, *fam.*, no conseguir una cosa que se esperaba, después de haberla preparado: *María se despidió del trabajo porque le ofrecían otro mejor: ahora está compuesta y sin ~ porque no se lo han dado.* ■ **¡vivan los novios!**, *fam.*, expresión que sirve para *felicitar a dos personas que se acaban de casar y para mostrar alegría por la boda: *en plena comida, un invitado dijo: -¡Vivan los novios!*

nu·ba·rrón |nuβarón| ***m.*** Nube grande, oscura y espesa: *al fondo se ve un ~ que presagia tormenta; en cuanto se han ido los nubarrones ha aparecido el sol.*

nu·be |núβe| **1 *f.*** Masa de vapor de agua que flota en el cielo: *el cielo se cubrió de nubes negras y empezó a llover.* **2** *p. ext.* Masa de contaminación que flota en el aire: *la chimenea soltaba una ~ de humo.* **3** *fig.* Cantidad enorme de personas o cosas reunidas o acumuladas en un mismo lugar: *una ~ de gente baja por la calle Preciados hacia la Puerta del Sol; una ~ de langostas devastó las cosechas de la zona.* **4** Mancha pequeña y blanca que se forma en el ojo y no deja ver: *fue al oculista porque tenía una ~ en el ojo izquierdo.* **5** *fig.* Cosa que *oscurece, tapa o no deja ver otra: *una ~ de confusión le impedía ver la solución del problema.* ■ **andar en las nubes**, *fam.*, ser distraído y soñador; no vivir en el mundo real: *María siempre anda en las nubes.* ☖ También se usa con los verbos *estar* y *vivir*: *despierta, que estás en las nubes; vive en las nubes y no se entera de lo que ocurre.* ■ **estar por las nubes**, *fam.*, ser muy caro; tener un precio muy alto: *los pisos en Madrid están por las nubes.* ■ **~ de verano**, tormenta con lluvia fuerte pero que dura poco tiempo: *una ~ de verano nos estropeó la tarde en la playa.*

⇒ **chaparrón.** ■ ~ **de verano,** *fig.*, pasión fuerte que dura poco tiempo: *su primer amor fue una ~ de verano; tuvieron una fuerte discusión, pero sólo fue una ~ de verano.* ■ **poner por las nubes,** *fam.*, alabar, tener una opinión muy buena: *todas las madres ponen a sus hijos por las nubes.* ■ **ponerse por las nubes,** *fam.*, subir el precio; hacerse más caro: *con la crisis, la gasolina se ha puesto por las nubes.*

nu·bla·⌜do, ⌜da |nuβláðo, ða| **1** ***adj.*** (cielo) Que está cubierto de nubes: *miraban el cielo ~ y temían que la tormenta los alcanzara; la noche estaba nublada y sintió miedo.* ⇒ **nublo, nubloso, nuboso.** - **2 nublado *m.*** Nube densa y oscura que amenaza tormenta: *el viento se llevó el ~ hacia la montaña.* ⇒ **nube, nublo.**

nu·blar |nuβlár| **1** ***tr.-prnl.*** [algo] Ocultar las nubes el azul del cielo o la luz del Sol o la Luna: *las nubes nublaban el cielo; el cielo se está nublando: parece que va a llover.* ⇒ **anublar. 2** *fig.* Alterar la vista: *las lágrimas le nublaron la vista; se le nubló la vista.* **3** *fig.* Alterar y confundir la razón: *el vino empezó a nublarle el cerebro; se le nubló el entendimiento y empezó a golpear a su contrincante sin piedad.* ⇒ **trastornar. 4** *fig.* *Oscurecer; quitar el brillo o la importancia: *su fama se nubló demasiado pronto; el chico no quiso ~ la alegría de sus padres, así que no les contó lo de la pelea.* ⇒ **empañar.**

nu·⌜blo, ⌜bla |núβlo, βla| **1** ***adj.*** Que está lleno de nubes: *aunque estamos en primavera, el cielo está ~.* ⇒ **nublado, nubloso, nuboso.** - **2 nublo *m.*** Nube que amenaza tormenta: *mira esos nublos del horizonte: yo saldría a la calle con paraguas.* ⇒ **nublado.**

nu·blo·⌜so, ⌜sa |nuβlóso, sa| ***adj.*** Que está cubierto de nubes: *el cielo está ~, tal vez llueva.* ⇒ **nublado, nublo, nuboso.**

nu·bo·si·dad |nuβosiðáᵈ| ***f.*** Abundancia de nubes en el cielo: *según los meteorólogos, este fin de semana habrá ~ variable en el norte de España.*

nu·bo·⌜so, ⌜sa |nuβóso, sa| ***adj.*** Que está lleno de nubes: *en las noticias han dicho que el cielo estará ~ varios días.* ⇒ **nublado, nublo, nubloso.**

nu·ca |núka| ***f.*** Parte superior y posterior del cuello, donde se une con la cabeza: *le dolía la ~ de tanto estar sentado; le dieron un golpe en la ~ y perdió el conocimiento.* ⇒ **cogote.**

nu·cle·ar |nukleár| **1** ***adj.*** Que emplea la energía que se encuentra en el *núcleo de los átomos: *las centrales nucleares sirven para producir electricidad; los países trabajan para conseguir el desarme ~.* ⇒ **atómico. 2** *form.* Que es principal e importante; que está en el centro de un asunto: *el profesor pidió a sus alumnos que analizaran los elementos nucleares del relato.*

nú·cle·o |núkleo| **1** ***m.*** Parte o punto que está en el centro: *el ~ de nuestro planeta está formado por materia incandescente.* **2** Parte principal o más importante: *el ~ del curso serán las clases prácticas.* **3** Parte del interior de una célula que controla su funcionamiento: *la célula está compuesta por citoplasma, ~ y membranas.* **4** Parte central de un átomo que tiene carga positiva y la mayor parte de la masa: *los protones y los neutrones están en el ~ del átomo.* **5** LING. Elemento principal en un grupo de palabras: *el ~ del sintagma nominal es el sustantivo.* **6** ASTRON. Parte más densa y brillante de un cuerpo celeste: *en el ~ de una estrella se alcanzan temperaturas altísimas.*

nu·di·llo |nuðíʎo| ***m.*** Parte exterior de la articulación de los dedos: *le dio un golpe con los nudillos.*

nu·dis·mo |nuðísmo| ***m.*** Actividad que consiste en ponerse desnudo para sentirse unido con la naturaleza: *en muchas playas de España se puede practicar el ~.*

nu·dis·ta |nuðísta| **1** ***adj.*** Del *nudismo o que tiene relación con él: *estuvieron en una playa ~.* - **2 *com.*** Persona que practica el *nudismo: *cada día hay más nudistas en esa playa.*

nu·do |núðo| **1** ***m.*** *Lazo que se hace en un hilo, una cuerda u otra cosa parecida o que sirve para unir dos de esas cosas: *ató el paquete con una cinta y luego hizo un ~; no te hagas un ~ en los cordones, que luego no los puedes desatar; llevas el ~ de la corbata mal colocado;* ~ **corredizo,** el que se hace con una sola cuerda, formando una *anilla en un extremo y metiendo el otro extremo por ella: *hicieron un ~ corredizo con la soga para ahorcar al pistolero;* ~ **marinero,** el que es muy seguro y fácil de deshacer: *hizo un ~ marinero para amarrar el barco al puerto.* **2** *fig.* Unión fuerte: *sintió que los dos estaban atados por el ~ de la amistad.* ⇒ **lazo, vínculo. 3** *fig.* Dificultad importante en una materia: *se propuso llegar al ~ del problema y lo resolvió.* **4** Punto donde se cruzan dos o más vías de comunicación: *el ~ sur de la autopista está colapsado; la ciudad era el principal ~ ferroviario del país.* **5** CINEM. LIT. Parte más importante de una acción, en las obras de literatura o de cine: *el planteamiento, el ~ y el desenlace son los tres momentos en los que se puede dividir una novela, un cuento o una película.* **6** Bulto que se forma en las partes de los árboles o las plantas donde salen las hojas, los tallos o las ramas: *el tallo de los claveles tiene muchos nudos; la parte alta del tronco estaba llena de nudos; cortó el bambú por uno de los nudos.* **7** MAR. Unidad de velocidad que se usa en navegación y que equivale a una *milla por hora: *el barco navegaba a 50 nudos.* **8** Bulto pequeño y duro que sale entre los hilos de una tela o que destaca en una superficie lisa: *llevaba una falda de lino con nudos.* ■ ~ **gordiano,** *form.*, problema que tiene una solución difícil, pero que hay que resolver inmediatamente: *la falta de alimentos se convirtió en el ~ gordiano para la expedición.* ■ **un ~ en la garganta,** sensación molesta que impide tragar, respirar e incluso hablar y que se debe a un esfuerzo violento o a una emoción: *llegó pálido y, con un ~ en la garganta, nos explicó que varios ladrones le venían siguiendo.*

nu·do·⌜so, ⌜sa |nuðóso, sa| ***adj.*** Que tiene muchos nudos: *el árbol tenía el tronco ~.*

nue·ra |nuéra| ***f.*** Mujer en cuanto a los padres de su marido: *la ~ y la suegra se llevaban muy bien.* ⇒ **suegro, yerno.**

nues·⌈tro, ⌈tra |nuéstro, tra| **1** ***adj. pos.*** Forma del adjetivo de primera persona, en género masculino y femenino y en número singular o plural: *~ padre llega mañana; nuestra casa es más grande que la suya; nuestros gustos son diferentes; venderemos nuestras joyas.* **- 2** ***pron. pos.*** Forma del pronombre de primera persona, en género masculino y femenino y en número singular o plural: *en lugar de llevar los dos coches, iremos sólo en el ~; quiso comparar su suerte con la nuestra.* ■ **la nuestra**, *fam.*, la ocasión más favorable para nosotros: *¡vamos, muchachos, ésta es la nuestra!* ■ **lo ~**, *fam.*, actividad que hacemos muy bien o que nos gusta hacer: *hacer diccionarios es lo ~, ¿verdad?* ■ **los nuestros**, los que pertenecen al mismo grupo que el que habla: *era uno de los nuestros, no podíamos abandonarlo.*

nue·va |nuéβa| ***f.*** Noticia que no se había dicho ni oído: *¿hay nuevas de los recién casados?* ■ **coger de nuevas**, sin preparación; sin saber nada de un asunto: *el cambio de planes nos ha cogido de nuevas.* ■ **hacerse de nuevas**, dar a entender que se desconoce una noticia que se sabe de cierto: *no te hagas de nuevas, que sabías muy bien que Rosa se iba a casar con Ernesto.*

nue·ve |nuéβe| **1** ***num.*** Ocho más uno: *cinco y cuatro son ~; si tengo 100 manzanas y te doy 91, me quedan ~.* **2** (persona, cosa) Que sigue en orden al que hace el número ocho; noveno: *si voy después del octavo, soy el ~ de la lista.* ☖ Es preferible el uso del ordinal: *soy el noveno.* **- 3** ***m.*** Número que representa el valor de ocho más uno: *escribe el ~ después del ocho.*

nue·⌈vo, ⌈va |nuéβo, βa| **1** ***adj.*** Que acaba de aparecer, de formarse o de ser hecho: *la ciudad tiene un parque ~; en primavera salen hojas nuevas.* ⇔ **antiguo. 2** Que se ve o se oye por primera vez: *este chico tan joven es un cantante ~.* **3** Que se añade a un conjunto o a una clase: *la empresa de automóviles ha presentado el modelo ~ de utilitario; una nueva edición del* Quijote *acaba de aparecer.* **4** Que es diferente y distinto: *el científico expuso una nueva teoría; se necesita una nueva ley.* ⇒ **otro. 5** Que sustituye a una cosa de su misma clase: *me he comprado unos zapatos nuevos; ayer nos mudamos a la nueva casa.* **6** Que no está estropeado, gastado o viejo por el uso: *no tires esos pantalones: están nuevos; el jersey está ~, pero ya no me gusta.* ☖ Se usa con el verbo *estar.* **- 7** ***adj.-s.*** (persona) Que lleva poco tiempo en un lugar, en una profesión o en un trabajo: *mis vecinos son nuevos en el barrio; han venido dos chicas nuevas a la oficina; Jesús es ~ en la construcción.* ■ **de ~**, una vez más, otra vez: *no me ha quedado muy bien el dibujo, así que lo haré de ~; intenta arrancar de ~ el coche.*

nuez |nuéθ| **1** ***f.*** Fruto de forma ovalada, cáscara de color marrón, dura, rugosa y formada por dos mitades que encierran la semilla: *la ~ es el fruto del nogal; la parte comestible de la ~ está separada por una membrana; la ~, la avellana y la castaña son frutos secos;* ~ **moscada**, la que tiene forma ovalada, color marrón y sabor fuerte: *la ~ moscada se utiliza para condimentar las comidas.* **2** Bulto pequeño de la *laringe, en la parte anterior del cuello: *las mujeres no tienen ~.* ⇒ **bocado.** ☖ El plural es *nueces.*

nu·li·dad |nuliðáᵈ| **1** ***f.*** Falta de *validez o de capacidad: *el juez dictaminó la ~ del matrimonio; el empleado demostró su ~.* **2** *fig.* Persona falta de inteligencia o de habilidad: *ese hombre es una ~.*

nu·⌈lo, ⌈la |núlo, la| **1** ***adj.*** Que no tiene valor: *esta entrada es nula porque no tiene el sello estampado.* ⇔ **válido. 2** Que no tiene efecto: *los resultados de la investigación fueron nulos.* ⇔ **válido. 3** (persona) Que no tiene capacidad para una cosa determinada: *te podrías dedicar a otra cosa porque en los trabajos manuales eres ~.* ⇒ **incapaz, inepto.**

nu·me·ra·ción |numeraθión| **1** ***f.*** Proceso que consiste en poner números a una serie de cosas: *la ~ de las páginas se hace automáticamente por ordenador.* **2** Conjunto de números que *identifican una serie de cosas: *la ~ de las páginas nos permite encontrar con facilidad lo que buscamos.* **3** Sistema para expresar todos los números con una cantidad limitada de palabras y de signos: ~ **arábiga**, la más usada actualmente y que, con el valor y la posición de diez signos de origen árabe, puede expresar cualquier cantidad: *los números 1, 2, 3, etc. pertenecen a la ~ arábiga.* ⇒ **número;** ~ **romana**, la que expresa los números por medio de siete letras del alfabeto *latino: *el número CXXXIV de la ~ romana equivale al 134; los siglos se nombran con la ~ romana.* ⇒ **número.**

nu·me·ra·dor |numeradór| ***m.*** Número que indica las partes iguales del todo o de la unidad que se toman en una división: *el ~ de la fracción 3/2 es 3.* ⇒ **denominador.**

nu·me·ral |numerál| **1** ***adj.*** Del número o que tiene relación con él: *el sistema ~ romano es diferente al arábigo.* **- 2** ***adj.-m.*** LING. (adjetivo, pronombre) Que sirve para indicar número o cantidad: *los adjetivos como* dos, cien, segundo *y* cuarto *son numerales;* ~ **cardinal**, el que indica un número: uno *es un ~ cardinal;* ~ **ordinal**, el que indica un orden: primero *es un ~ ordinal.*

nu·me·rar |numerár| **1** ***tr.*** [algo, a alguien] Contar los elementos que componen una serie siguiendo el orden de los números: *he numerado los libros y no falta ninguno.* **2** [algo] Marcar los elementos que componen una serie con números ordenados: *numere las páginas del documento antes de entregarlo.* ⇒ **foliar.**

nu·me·ra·⌈rio, ⌈ria |numerário, ria| ***adj.-s.*** *form.* (empleado) Que ocupa una plaza fija dentro de un trabajo: *fue profesor ~ en el Conservatorio de Música de Málaga.*

nu·mé·ri·⌈co, ⌈ca |numériko, ka| ***adj.*** Del número o que tiene relación con él: *en el folio había escritas dos columnas numéricas; la superioridad numérica del ejército contrario los hizo retroceder.*

nú·me·ro |número| **1** ***m.*** Signo con que se representa una cantidad o un valor: *encontré un papel lleno de números; los billetes llevan escrito el ~ en la parte inferior derecha.* ⇒ **cifra.** ☖ La abreviatura es *n.º*; ~ **arábigo**, signo que se usa de manera universal para representar la cantidad: *los números* *arábigos son:* 1, 2, 3, 4, 5, 6, 7, 8, 9, 0; ~ **romano**, letra del alfabeto *latino que se usa para representar una cantidad: *los siglos se expresan en números romanos: siglo* XX; *los números romanos son:* I, V, X, L, C, D, M. **2** MAT. Valor o expresión de la cantidad, con relación a la unidad: *las operaciones matemáticas son posibles gracias a los números;* ~ **decimal**, (número) que es menor que un entero: 0,5 *es un ~ decimal;* ~ **impar**, el que no se puede dividir por dos: *el ~ siete es un ~ impar;* ~ **ordinal**, el que expresa idea de orden: primero y segundo *son números ordinales;* ~ **par**, el que se puede dividir por dos: *el catorce es un ~ par;* ~ **primo**, el que sólo se puede dividir por él mismo y por la unidad: *el dos, el tres, el cinco y el siete son números primos.* **3** Cantidad de personas o cosas: *un gran ~ de jóvenes asistió a la función; ha realizado una obra de arte con un pequeño ~ de materiales.* **4** Puesto que se ocupa en una fila u otra serie ordenada: *¿qué ~ tiene usted? —El cuatro; soy el ~ cien en las listas del censo.* **5** Revista o *cuaderno que aparece periódicamente y que forma parte de una serie: *ya hemos recibido el primer ~ de la revista; en el ~ seis de este periódico se publicó la noticia de su nombramiento; ya está a la venta el ~ de invierno.* ⇒ **ejemplar.** **6** Billete para participar en un sorteo: *todos los años, juega el mismo ~ en la Lotería de Navidad; compró muchos números de la tómbola y le tocó el tercer premio.* **7** Medida por la que se ordenan los zapatos y las prendas de vestir, según su tamaño: *¿qué ~ de pie calza?; esta chaqueta le está grande, necesita un ~ más pequeño.* ⇒ **talla.** **8** Parte o acto de un espectáculo o de una función destinada al público: *los niños disfrutan con el ~ de los payasos; el ~ de magia no está anunciado en el programa;* ~ **musical**, parte de una película o de una obra de teatro en la que se canta o se baila: *la protagonista también interpreta los números musicales de la obra; el género de la revista está lleno de números musicales.* **9** LING. Variación *formal de una palabra que hace referencia a la cantidad: *en español, el ~ puede ser singular o plural; el adjetivo debe concordar con el sustantivo al que califica en género y ~.* ⇒ **plural, singular.** ☐ Los nombres, los pronombres, los adjetivos y los verbos tienen número; los adverbios, las conjunciones y las preposiciones no lo tienen. **10** *fam.* Acción extraña o poco correcta con que se llama la atención o se hace el ridículo: *¡vaya ~ que organizaron los dos bromistas!; por favor, no me montes un ~ por llegar tarde.* ☐ Se usa frecuentemente con los verbos: *montar, hacer* y *dar.* También es frecuente el diminutivo *numerito: allí donde va, siempre monta el numerito.* **11** Individuo sin grado en los cuerpos militares de la Guardia Civil y de la Policía: *un capitán y varios números del cuerpo especial de artificieros desactivaron la bomba.* ■ **de ~**, *form.*, que forma parte de un conjunto compuesto por una cantidad fija y limitada de personas: *hoy se reúnen los miembros de ~ de la Real Academia Española.* ■ **en números redondos**, aproximadamente; acercando el valor total a la unidad inmediatamente superior o inferior: *el coche cuesta 1.190.985, es decir, 1.200.000 en números redondos.* ■ **en números rojos**, sin dinero en el banco: *tiene la cuenta corriente en números rojos; estoy en números rojos, me he gastado todo el sueldo del mes.* ■ **hacer números**, *fam.*, calcular las posibilidades de hacer o conseguir una cosa: *debemos hacer números antes de comprar esa casa.* ■ ~ **uno**, persona que destaca en una actividad por encima de los demás: *este niño es un ~ uno en matemáticas; Carlos es el ~ uno del automovilismo español.* ⇒ **as.**

nu·me·ro·ˀso, ˀsa |numeróso, sa| **1** *adj.* Que incluye gran número de personas o cosas: *un grupo ~ de personas se presentó delante del banco para protestar; se propuso leer la numerosa obra de Lope de Vega.* ⇒ **abundante.** **2** Que existe en mucha cantidad: *numerosas personas salen los fines de semana al campo; en el parque había numerosos pinos, pero pocos abetos.* ⇒ **mucho.** ☐ Se usa especialmente ante sustantivos en plural.

nu·mis·má·ti·ca |numismátika| *f. form.* Disciplina que trata del conocimiento de las monedas y de las *medallas, especialmente las antiguas: *su padre era un erudito en ~.*

nu·mis·má·ti·ˀco, ˀca |numismátiko, ka| ***m. f.*** *form.* Persona que conoce las monedas y las *medallas, especialmente las antiguas: *encontró unas monedas en una excavación y fue a consultar a un ~.*

nun·ca |núŋka| ***adv. t.*** En ningún tiempo; ninguna vez: *el niño ~ ha visto el mar; no insistas, ~ saldré contigo.* ⇒ **jamás.** ■ ~ **más/jamás**, expresión que indica una negación muy intensa: *no volveremos a hablarte ~ más; prometió que ~ jamás haría tonterías.*

nup·cial |nupθiál| ***adj.*** *form.* De la boda o que tiene relación con ella: *la tarta ~ tenía seis pisos; la novia avanzaba por el pasillo al son de la marcha ~.*

nup·cias |núpθias| ***f. pl.*** *form.* Ceremonia en la que dos personas se casan: *se declaró una semana de fiesta con motivo de las ~ del príncipe.* ⇒ **boda.**

nu·tria |nútria| ***f.*** Animal mamífero de cuerpo largo y delgado, pelo denso rojo oscuro o marrón, patas cortas, que nada muy bien y se alimenta *principalmente de peces: *las nutrias viven en madrigueras que construyen en las riberas de los ríos y a las que se entra por debajo del agua.* ☐ Para indicar el sexo se usa la ~ macho y la ~ hembra.

nu·tri·ción |nutriθión| ***f.*** Acción y resultado de proporcionar las sustancias que necesita el organismo para completar lo que pierde y para crecer: *la hembra se ocupa de la ~ de sus polluelos; el pediatra es especialista en ~ infantil.* ⇒ **alimentación.**

nu·tri·ˀdo, ˀda |nutríðo, ða| ***adj.*** *fig.* Lleno, abundante; numeroso: *esa tienda tiene una clientela muy nutrida; la mansión tenía una nutrida biblioteca.*

nu·trir |nutrír| **1** ***tr.-prnl.*** [algo, a alguien] Proporcionar las sustancias que necesita el organismo para completar lo que pierde y para crecer: *enviaron una partida de alimentos para ~ a los niños; las plantas se nutren de minerales y agua.* ⇒ **alimentar.** **2** *fig.* [algo] Llenar o proporcionar: *el viaje a América nutrió la obra del poeta de nuevas imágenes; su vida se iba nutriendo de conocimientos.*

nu·tri·ti·ˀvo, ˀva |nutritíβo, βa| ***adj.*** Que sirve para alimentar: *los helados tienen un gran poder ~; las carnes y los pescados son nutritivos.*

Ñ

Ñ, ñ ***f.*** Letra que en el alfabeto español sigue a la *n*: *la ~ es una consonante característica del abecedario español; la palabra* champiñón *lleva una ~.*

ñan·dú |ɲandú| ***m.*** Ave procedente de América, de color gris, con patas y cuello largos y fuertes, con sólo dos dedos en cada pie, que corre y no puede volar: *el ~ es más pequeño que el avestruz.* ☖ El plural es *ñandúes*. Para indicar el sexo se usa el ~ macho y el ~ hembra.

ña·⌈to, ta |ɲáto, ta| ***adj.*** Que tiene la nariz aplastada: *aquel hombre era ~ y un poco calvo.* ⇒ **chato.** ☖ Se usa en el español de América.

ño·ñe·rí·a |ɲoɲería| ***f.*** Obra o dicho de una persona que es muy simple, tímida y poco segura: *deja de hacer noñerías y compórtate como una persona normal.* ⇒ **ñoñez.**

ño·ñez |ɲoɲéθ| **1** ***f.*** Cualidad de *ñoño o simple: *me fastidia la ~ de su carácter.* **2** Obra o dicho de una persona que es muy simple, tímida y poco segura: *me estoy cansando de tus ñoñeces.* ⇒ **ñoñería.** ☖ El plural es *ñoñeces*.

ño·⌈ño, ⌈ña |ɲóɲo, ɲa| ***adj.*** (persona) Que es muy simple, tímido y poco seguro: *Isabel es una chica muy ñoña: le falta iniciativa; ¡qué ~, dice que no se come la tarta con las manos!*

ñu |ɲú| ***m.*** Animal mamífero con el cuerpo parecido al de los caballos, la cabeza grande y cuernos curvos como los de los toros, que se alimenta de vegetales: *desde el vehículo pudimos fotografiar una manada de ñúes que atravesaba la sabana africana.* ☖ Para indicar el sexo se usa el ~ macho y el ~ hembra. El plural es *ñúes*.

O

O, o 1 ***f.*** Letra que en el alfabeto español sigue a la *ñ*: *la ~ es una vocal.* ⌂ El plural es *oes.* **- 2** ***conj.*** Indica *alternativa o *exclusión entre dos elementos de un mismo nivel o función: *¿tomarán vino blanco ~ tinto?; lo harás, ~ de buen grado ~ por fuerza.* ⇒ **u.** ⌂ Se usa *u* cuando precede inmediatamente a otra palabra que empiece por *o* o por *ho. no sé si llegó ayer u hoy.* **3** Indica *equivalencia o igualdad: *el protagonista ~ personaje principal de la fábula es Hércules.* ■ **no saber hacer la ~ con un canuto**, *fam.*, ser muy tonto; no saber nada: *dice que es ingeniero, pero no sabe hacer la ~ con un canuto.* ■ **~ sea**, indica *equivalencia o igualdad: *la madre de su padre, o sea su abuela, le regaló este anillo.*

o·a·sis |oásis| **1** ***m.*** Lugar con plantas y con agua, en medio de un desierto: *los viajeros acamparon en el ~ para descansar y dar de beber a los camellos.* **2** *fig.* Detención o descanso de una actividad o trabajo: *los veranos en la playa son un ~ en mi vida.* ⌂ El plural es *oasis.*

ob·ce·car |o$^{\beta}$θekár| **1** ***tr.*** [a alguien] Confundir la mente; hacer perder el sentido o la razón: *su presencia me obceca de tal modo que no puedo contener mis impulsos.* **- 2 obcecarse** ***prnl.*** Insistir con gran fuerza en una cosa sin *atender a ninguna otra: *se obcecó con el estudio de esa asignatura y suspendió todas las demás.* ⇒ **empecinarse, obstinarse.** ⌂ Se conjuga como 1.

o·be·de·cer |oβeðeθér| **1** ***tr.*** [algo, a alguien] Cumplir la voluntad de quien manda o lo que ordena la ley: *te conviene ~ a tus padres; el soldado actuó obedeciendo las órdenes de su sargento.* **2** Hacer los movimientos que se ordenan: *el perro obedece a su amo.* **3** *fig.* *Responder a un esfuerzo o una intención: *por mucho que yo quería levantarme, las piernas no me obedecían.* **- 4** ***intr.*** *fig.* [a algo] Proceder o tener como origen: *su presencia obedecía al deseo de ser cortés.* ⌂ Se conjuga como 43.

o·be·dien·cia |oβeðiénθia| **1** ***f.*** Cumplimiento de la voluntad del que manda o de lo que ordena la ley: *los soldados deben ~ a sus mandos.* ⇒ **acatamiento. 2** Tendencia a cumplir lo que se manda: *le enseño a mi hijo el sentido de la ~ a los mayores.*

o·be·dien·te |oβeðiénte| **1** ***adj.*** Que *acostumbra obedecer: *toma ejemplo de tu primo, que es muy ~ y nunca contesta mal a sus padres.* **2** Que obedece: *los alumnos, obedientes, abrieron sus libros.*

o·be·lis·co |oβelísko| **1** ***m.*** *Monumento con forma de columna cuadrada y alta, un poco más estrecho en la parte superior que en la base y acabado en punta: *los antiguos egipcios construían obeliscos.* **2** Signo que se pone en el *margen de una página para llamar la atención sobre un trozo de texto: *el libro estaba lleno de obeliscos.*

o·ber·tu·ra |oβertúra| ***f.*** MÚS. Pieza instrumental con que se comienza una obra musical: *la ~ de esta ópera concuerda con el tono dramático de toda la representación.* ⇒ **preludio.**

o·be·si·dad |oβesiðá^{ð}| ***f.*** Exceso de carne o grasa en el cuerpo: *la ~ puede traerte problemas de salud: deberías hacer un régimen.* ⇒ **gordura.**

o·be·⌜so, ⌜sa |oβéso, sa| ***adj.*** (persona) Que es excesivamente gordo: *debe perder 15 quilos porque está realmente obesa.*

ó·bi·ce |óβiθe| ***m.*** *form.* Dificultad u obstáculo: *su ausencia no es ~ para que se pueda celebrar la reunión.* ⇒ **impedimento.**

o·bis·pa·do |oβispáðo| **1** ***m.*** Cargo de *obispo: *era muy anciano cuando alcanzó el ~.* ⇒ **episcopado. 2** Zona que depende de un *obispo: *mi parroquia pertenece al ~ de Alcalá.* ⇒ **diócesis, episcopado. 3** Edificio u oficina donde funciona la administración que depende del *obispo: *el arquitecto trabaja en el ~ y se encarga de la restauración de los templos.* ⇒ **episcopado. 4** Conjunto de *obispos: *la reunión del ~ se celebrará el mes que viene.* ⇒ **episcopado.**

o·bis·pal |oβispál| ***adj.*** Del *obispo o que tiene relación con él: *la mitra y el báculo son atributos obispales.* ⇒ **episcopal.**

o·bis·po |oβíspo| ***m.*** Sacerdote cristiano de grado más *elevado que gobierna una zona: *el Papa nombra a los obispos; el ~ ordenó a los nuevos sacerdotes.*

ó·bi·to |óβito| ***m.*** Muerte de una persona: *en el momento del ~ recordó todas sus malas acciones.* ⇒ **deceso, defunción.**

ob·je·ción |o$^{\beta}$xeθión| ***f.*** Razón que se propone o problema que se presenta para rechazar o negar una idea o una propuesta: *puso algunas objeciones, pero al final se convenció de la conveniencia de llevar adelante el proyecto.* ⇒ **observación; ~ de conciencia**, la que se propone para rechazar u oponerse a cumplir el servicio militar: *la ~ de conciencia es alegada por muchos jóvenes pacifistas.*

ob·je·tar |o$^{\beta}$xetár| **1** ***tr.*** [algo] Oponerse o rechazar; proponer una razón contraria: *no tengo nada que ~.* **- 2** ***intr.*** Negarse a cumplir el servicio militar: *el joven objetó porque estaba en contra de la existencia de los ejércitos.*

ob·je·ti·⌜vo, ⌜va |o$^{\beta}$xetíβo, βa| **1** ***adj.*** Que no tiene más tendencia o inclinación por una persona o una cosa que por otra: *para juzgar un asunto* *hay que ser ~ y no dejarse llevar por los sentimientos.* ⇒ **imparcial.** ⇔ **subjetivo. 2** *form.* Del objeto o que tiene relación con él, en *oposición al sujeto: *el hombre analiza la realidad objetiva.* **- 3 objetivo** ***m.*** Fin al que se dirige una acción u operación: *el estudiante debe proponerse objetivos claros y seguros.* ⇒ **objeto. 4** *Lente o sistema de *lentes: *esa cámara fotográfica lleva un buen ~; el telescopio tenía un ~ muy potente.* **5** Punto o zona que se ha de atacar u ocupar militarmente: *el avión bombardeó los objetivos militares.*

ob·je·to |o$^{\beta}$xéto| **1** ***m.*** Cosa material, generalmente de pequeño tamaño: *los muebles, las herramientas o los libros son objetos.* ⇒ **cosa. 2** *form.* Materia o asunto sobre el cual el individuo pone su pensamiento o sus sentidos: *el hombre es el sujeto que observa y reflexiona sobre el mundo, que es su ~.* ⇒ **sujeto. 3** *form.* Materia o asunto de que se ocupa una ciencia: *la lengua es el ~ de estudio de la lingüística; la energía es ~ de la física.* **4** *form.* Fin al que se dirige una acción u operación: *ella es ~ de todas las miradas; el ~ de mi viaje es descansar; el libro tiene como único ~ la divulgación de su poesía.* ⇒ **objetivo. 5** LING. Complemento del verbo en una oración: *en la oración* el estudiante consulta el diccionario, el diccionario *es el ~.* ⇒ **complemento; ~ directo**, el que está formado por la palabra o por el *sintagma que *designa la persona o cosa afectada por la acción del verbo o la persona o cosa que *especifica la acción o el proceso expresado por el verbo: *en* hablo catalán y castellano, catalán y castellano *es el ~ directo.* ⇒ **complemento; ~ indirecto**, el que está formado por la palabra o por el *sintagma que *designa la persona o cosa afectada por la acción del verbo, la persona o cosa presentada como *destinataria o *beneficiada por la acción del verbo o la persona o cosa presentada de otros modos: *en* todos los meses escribo a mis amigos de Alemania, a mis amigos de Alemania *es el ~ indirecto.* ⇒ **complemento. ■ al/con ~ de**, *form.*, con la finalidad de; para: *le envío esta carta al ~ de comunicarle su ascenso; el gobierno ha adoptado fuertes restricciones con ~ de frenar la crisis.*

ob·je·tor |o$^{\beta}$xetór| ***adj.-m.*** (hombre) Que se niega a cumplir el servicio militar por considerarlo contrario a su *conciencia: *César es ~ y está cumpliendo el servicio social en una asociación de minusválidos; muchos jóvenes se declaran objetores de conciencia.*

o·ble·a |oβléa| ***f.*** Hoja muy delgada de masa, hecha con harina y agua: *de las obleas se cortan las hostias que después se consagran.*

o·bli·cui·dad |oβlikuiðá$^{\eth}$| **1** ***f.*** Cualidad de *oblicuo: *esta pared tiende a la ~.* **2** GEOM. Inclinación que aparta del ángulo recto una línea o un plano en relación con otra u otro: *ese ángulo tiene una ~ de 45 grados.*

o·bli·⌐cuo, ⌐cua |oβlíkuo, kua| **1** ***adj.*** Que está en una posición media entre la vertical y la horizontal: *la lluvia caía de manera oblicua a causa del viento.* ⇒ **inclinado. 2** GEOM. (línea, plano) Que no forma ángulo recto con relación a otro: *dibuja una línea oblicua.*

o·bli·ga·ción |oβliɣaθión| **1** ***f.*** Exigencia que determina la moral, la ley o la autoridad: *es ~ de todos ayudar a los más débiles.* ⇒ **deber. 2** Cosa que se debe hacer: *si vives en comunidad, sabes que debes cumplir con una serie de obligaciones; los trabajadores tienen la ~ de acudir todos los días a su puesto de trabajo.* ⇒ **deber. 3** Título que representa una cantidad de dinero que ha sido prestada por una persona u organismo: *las obligaciones de las empresas tienen un interés fijo.*

o·bli·ga·⌐do, ⌐ga |oβliɣáðo, ða| ***adj.*** Que no puede dejar de hacerse; que debe hacerse por obligación: *las normas que aparecen en el cartel son de ~ cumplimiento.* ☖ Es el participio de *obligar.*

o·bli·gar |oβliɣár| **1** ***tr.*** [a alguien] Mover o impulsar con autoridad a hacer una cosa, sin dejar elección: *el deber me obliga a salir; el contrato le obliga a vender su casa; ¿me va usted a ~ a que me marche?* **2** [algo] Hacer fuerza para conseguir un efecto: *tendrá que ~ la llave para que entre en la cerradura.* **- 3 obligarse** ***prnl.*** Comprometerse a cumplir una cosa: *se obligó a venir y ahora tiene que hacerlo aunque no quiera.* ☖ Se conjuga como 7.

o·bli·ga·to·rie·dad |oβliɣatorieðá$^{\eth}$| ***f.*** Obligación de cumplir o hacer una cosa: *dada la ~ de la ley fiscal, el que no la cumpla será sancionado.*

o·bli·ga·to·⌐rio, ⌐ria |oβliɣatório, ria| ***adj.*** Que obliga a su cumplimiento; que tiene que ser hecho: *la enseñanza primaria es obligatoria.*

ob·nu·bi·lar |o$^{\beta}$nuβilár| ***tr.-prnl.*** [a alguien] Perder o hacer perder la razón o la claridad de ideas; hacer sentir una gran admiración: *la belleza de esas pinturas me ha obnubilado; cuando me miras a los ojos me obnubilo.*

o·bo·e |oβóe| ***m.*** MÚS. Instrumento musical de viento, formado por un tubo de madera con llaves y agujeros y una *boquilla por la que se sopla: *el ~ tiene un sonido más agudo que el clarinete.*

o·bra |óβra| **1** ***f.*** Resultado o producto de una acción o una actividad: *la naturaleza es ~ de Dios; la gripe es ~ de un virus; las obras del hombre son muy numerosas.* **2** Producción del pensamiento humano en la ciencia, la cultura o el arte: *las obras cien-*

OBOE

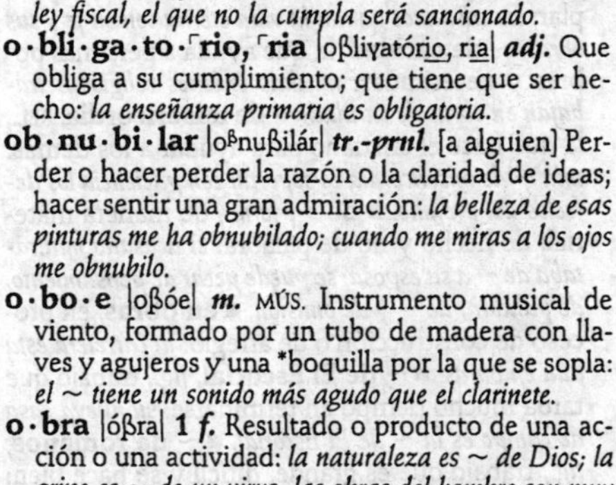

tíficas y filosóficas del siglo XVIII *son muy interesantes.* ⇒ **trabajo; ~ completa**, conjunto de todos los trabajos de un autor: *he comprado la ~ completa de Cervantes; el museo de Arte Contemporáneo exhibe este mes la ~ completa de Miró;* **~ de arte**, objeto o trabajo de gran valor artístico: *son obras de arte: un cuadro, una escultura, un monumento, una sinfonía, un poema, un ballet o una película.* ⇒ **arte; ~ de taller**, PINT., trabajo en el que han participado los ayudantes de un artista: *los cuadros de algunos pintores son obras de taller;* **~ de teatro**, producción escrita y representación *dramática: *Lope de Vega escribió magníficas obras de teatro; fuimos a ver una ~ de teatro a Madrid;* **~ literaria**, producción escrita que se considera propia de la literatura: *las obras literarias pueden estar escritas en verso o en prosa.* ⇒ **novela, poema. 3** Construcción o arreglo de un edificio o de parte de él, de un camino, de un canal o de otra cosa: *el arquitecto ha empezado ya las obras del nuevo hotel; en casa de mis vecinos hacen obras cada año; los puentes, canales, puertos y carreteras son obras de ingeniería;* **~ pública**, la que se destina a uso de todos los ciudadanos: *las carreteras y autopistas son obras públicas.* ☐ Se usa frecuentemente en plural. **4** Actividad o trabajo de una o de varias personas: *ha sido ~ de todo un equipo; está orgulloso de su ~.* **5** Acción buena o ejemplar: *los cristianos ganan la vida eterna con su fe y sus obras;* **~ de caridad**, la que ayuda a personas pobres y necesitadas: *muchas órdenes religiosas trabajan en obras de caridad;* **~ de misericordia**, REL., la que hace el cristiano para ayudar a los demás: *una ~ de misericordia es soportar con paciencia los defectos del prójimo.* ■ **de ~**, *form.*, de manera material; de hecho y no de palabra: *el acusado maltrataba de ~ a su esposa; se puede pecar de pensamiento, de palabra, de ~ y de omisión.* ■ **en obras**, en proceso de construcción o de arreglo: *la carretera está aún en obras.* ■ **~ de El Escorial**, *fig.*, trabajo que tarda mucho tiempo en terminarse: *su nueva casa de campo es la ~ de El Escorial.* ■ **~ de romanos**, *fig.*, trabajo que es grande, difícil y se hace bien: *su proyecto del puente sobre el río es ~ de romanos.* ■ **~ social**, *form.*, organismo o centro dedicado a la cultura o a la ayuda de personas: *la mayoría de los bancos y cajas de ahorros tienen una ~ social.* ■ **por ~ de**, por medio de; por el poder de: *desapareció por ~ de magia.* ■ **por ~ y gracia del Espíritu Santo**, *fam. fig.*, sin esforzarse o sin trabajar: *algunos maridos creen que su casa está limpia por ~ y gracia del Espíritu Santo.*

o·brar |oβrár| **1** ***intr.*** Comportarse o proceder de una manera determinada: *obró con malicia cuando acusó a sus compañeros; las religiosas obran por amor a Dios.* **2** Existir en un lugar determinado: *el testamento obra en poder del notario.* **3** Expulsar excrementos por el ano: *aún no ha obrado.* ⇒ **cagar, defecar. - 4** ***tr.*** [algo] Someter una materia a una acción continua y ordenada para darle forma: *obra la madera con arte.* ⇒ **trabajar. 5** Construir o levantar: *están obrando un palacio.* **6** [algo, a alguien] Causar un efecto: *el remedio no ha obrado una mejoría en el enfermo.*

o·bre·⌜ro, ⌜ra |oβréro, ra| **1** ***adj.*** De las personas que se dedican a hacer un trabajo físico o que tiene relación con ellas: *el sector ~ está muy agitado con la noticia de la huelga; se ha anunciado un paro ~.* **- 2** ***m. f.*** Persona que se dedica a hacer un trabajo físico: *los obreros de la construcción tienen que llevar casco; la sirena de la fábrica señala la hora de salida de los obreros.* ⇒ **operario.**

obs·ce·⌜no, ⌜na |o$^{\beta}$sθéno, na| ***adj.*** Que va contra la moral establecida, especialmente en el terreno sexual: *el cantante hacía gestos obscenos en público; tenía un calendario con fotografías obscenas de mujeres desnudas.* ⇒ **verde.**

obs·cu·re·cer |o$^{\beta}$skureθér| **1** ***unipers.*** Hacerse de noche, empezar a desaparecer la luz del Sol: *cuando volvíamos a casa empezaba a ~.* ⇒ **anochecer, oscurecer. - 2** ***tr.-prnl.*** [algo] Poner oscuro; disminuir la luz y la claridad: *con el lápiz negro se obscurece el contorno de los ojos.* ⇒ **oscurecer. - 3** ***tr.*** *fig.* Hacer disminuir el valor o la importancia: *su talento fue obscurecido por la presencia de grandes personalidades.* ⇒ **oscurecer. 4** *fig.* Hacer difícil el entendimiento de una idea: *este estilo tan rebuscado obscurece las ideas de la novela.* ⇒ **oscurecer. - 5 obscurecerse** ***prnl.*** Ocultar las nubes el cielo, el Sol o la Luna: *parece que el día se está obscureciendo.* ⇒ **nublarse, oscurecer.** ☐ La Real Academia Española prefiere la forma *oscurecer.* Se conjuga como 43.

obs·cu·ri·dad |o$^{\beta}$skuriðá$^{\eth}$| **1** ***f.*** Falta o escasez de luz: *la ~ de la sala asustó a la niña.* ⇒ **oscuridad. 2** Parecido o proximidad de un color con el negro: *la ~ de sus ojos resulta muy seductora.* ⇒ **oscuridad. 3** *fig.* Dificultad que ofrece una cosa para ser entendida: *siempre se habla de la ~ de los versos de Góngora.* ⇒ **oscuridad. 4** *fig.* Falta de seguridad: *no encuentra solución al problema: se encuentra en la ~ más absoluta.* ⇒ **oscuridad.** ☐ La Real Academia Española prefiere la forma *oscuridad.*

obs·cu·⌜ro, ⌜ra |o$^{\beta}$skúro, ra| **1** ***adj.*** Que no tiene luz o que tiene poca luz: *esta sala es muy obscura porque no tiene ninguna ventana.* ⇒ **oscuro.** ⇔ **claro. 2** (color) Que se acerca al negro y que se opone a otro más claro de su misma clase: *me he comprado unos pantalones obscuros.* ⇒ **oscuro.** ⇔ **claro. 3** *fig.* Que es difícil de entender: *el artículo está escrito con un lenguaje muy ~, no se entiende nada.* ⇒ **confuso, desordenado, oscuro.** ⇔ **claro. 4** *fig.* Que no es o no está seguro: *la juventud tiene un futuro ~.* ⇒ **incierto, inseguro, oscuro.** ■ **a obscuras**, sin luz: *se ha ido la luz en toda la calle y nos hemos quedado a obscuras.* ⇒ **oscuro.** ☐ La Real Academia Española prefiere la forma *oscuro.*

ob·se·quiar |o$^{\beta}$sekiár| **1** ***tr.*** [algo; a alguien] Dar u ofrecer una cosa como muestra de afecto o de consideración: *sus alumnos le obsequiaron un bonito jarrón cuando se jubiló.* ⇒ **agasajar, regalar. 2** [a alguien] Tratar con afecto y consideración: *las* *autoridades agasajaron y obsequiaron al embajador.* ⇒ **agasajar.** ◯ Se conjuga como 12.

ob·se·quio |oᵝsékio| **1** ***m.*** Objeto o cosa que se da u ofrece como muestra de afecto o de consideración: *te hemos traído un ~ para celebrar tu cumpleaños.* ⇒ **dádiva, regalo. 2** Muestra o señal de afecto o de *cortesía: *esta pequeña fiesta es sólo un ~ de bienvenida.* ⇒ **regalo.**

ob·ser·va·ción |oᵝserβaθión| **1** ***f.*** Acción y resultado de observar: *una ~ más atenta del árbol nos llevó a deducir que había sido atacado por una plaga de insectos.* **2** Nota escrita que explica o *aclara: *a pie de página, el traductor hace una ~ sobre el término inglés y su traducción al castellano.* **3** Razón que se propone o problema que se presenta para rechazar, cambiar o mejorar una idea o una propuesta: *hizo unas cuantas observaciones inteligentes que fueron aceptadas inmediatamente.* ⇒ **advertencia, objeción.**

ob·ser·va·⌐dor, ⌐do·ra |oᵝserβaðór, ðóra| **1** ***adj.-s.*** (persona, animal) Que observa: *sólo él se fijó en la ropa que llevaba aquel señor porque es muy ~.* **- 2** ***m. f.*** Persona que es admitida en una reunión o grupo sin ser miembro de derecho: *sólo está aquí como ~: no tiene voz ni voto.*

ob·ser·van·cia |oᵝserβánθia| ***f.*** Cumplimiento exacto y rápido de lo que se manda ejecutar: *como buen ciudadano, se enorgullecía de la ~ de la ley.*

ob·ser·var |oᵝserβár| **1** ***tr.*** [algo, a alguien] Mirar o examinar con atención: *con este telescopio observaremos las estrellas; el médico observa los síntomas de la enfermedad.* **2** [algo] Darse cuenta; prestar atención o consideración: *observo que cojea; he observado que la calidad del trabajo es cada vez mejor.* ⇒ **advertir, reparar. 3** Guardar y cumplir exactamente: *si observas las indicaciones del médico, te curarás enseguida.*

ob·ser·va·to·rio |oᵝserβatório| **1** ***m.*** Lugar *apropiado para observar: *mi terraza es un buen ~ para ver la playa.* **2** Edificio que tiene el personal y los instrumentos adecuados para observar el cielo o el espacio: *los meteorólogos del ~ han anunciado la proximidad de un frente frío.*

ob·se·sión |oᵝsesión| ***f.*** Idea fija; preocupación excesiva que ocupa la mente: *desde que vi a aquella mujer, se ha convertido en una ~ para mí.* ⇒ **fijación.**

ob·se·sio·nar |oᵝsesionár| ***tr.-prnl.*** [a alguien] Ocupar la mente con una idea fija o una preocupación excesiva: *durante la adolescencia, el aspecto físico obsesiona a muchos chicos; se obsesionó con su trabajo y no quería salir ni pensar en otra cosa.*

ob·se·si·⌐vo, ⌐va |oᵝsesíβo, βa| **1** ***adj.*** De la *obsesión o que tiene relación con ella: *la película pretende buscar ambientes cerrados y obsesivos.* **- 2** ***adj.-s.*** (persona) Que tiene inclinación a *obsesionarse: *piensa que está siempre enfermo: tiene un carácter ~.*

ob·se·⌐so, ⌐sa |oᵝséso, sa| ***adj.-s.*** (persona) Que sufre una *obsesión, especialmente sexual: *la policía cree que el asesinato de la prostituta es obra de un ~.*

ob·so·le·⌐to, ⌐ta |oᵝsoléto, ta| ***adj.*** *form.* Que es antiguo y no se usa: *algunas técnicas de enseñanza se han quedado obsoletas.* ⇒ **anticuado, viejo.**

obs·ta·cu·li·zar |oᵝstakuliθár| ***tr.*** [algo, a alguien] Poner obstáculos; impedir o hacer difícil: *su furgoneta está obstaculizando la salida del garaje; la falta de inversión es la que ha obstaculizado el avance de la investigación científica.* ◯ Se conjuga como 4.

obs·tá·cu·lo |oᵝstákulo| **1** ***m.*** Cosa que impide pasar o avanzar: *la bicicleta no podía pasar porque había un ~ en medio de la calzada.* **2** *fig.* Situación que impide el desarrollo de una acción: *la lluvia no fue ~ para que se celebrase la competición.* ⇒ **impedimento. 3** DEP. Dificultad que hay que salvar en una carrera: *el corredor francés ganó en la carrera de obstáculos.*

obs·tan·te |oᵝstánte| ■ **no ~,** indica *oposición; expresa valor *adversativo: *no quiero ir de vacaciones, no ~ tomaré algunos días libres.* ⇒ **pero.** ◯ No se debe decir *no ~ de, no ~ a, no ~ que.*

obs·tar |oᵝstár| ***intr.-unipers.*** Impedir o hacer difícil; oponerse: *su buen comportamiento de los últimos meses no obsta para que dentro de un año cometa un delito.*

obs·te·tri·cia |oᵝstetríθia| ***f.*** MED. Disciplina que trata del embarazo, el *parto y el periodo posterior a éste: *la ~ se ocupa de la alimentación y cuidados médicos de la embarazada y del recién nacido.* ⇒ **tocología.**

obs·ti·na·ción |oᵝstinaθión| ***f.*** Mantenimiento excesivamente firme de una idea, intención u opinión: *no puedo entender tu ~ en oponerte a la boda de tu hija.*

obs·ti·nar·se |oᵝstinárse| ***prnl.*** Mantenerse excesivamente firme en una idea, intención u opinión: *se obstinó en arreglar él mismo la avería y estropeó completamente el coche; es probable que quien se obstine en ir contra la opinión general acabe desplazado o tenga que abandonar su puesto de trabajo.* ⇒ **empecinarse, obcecar.**

obs·truc·ción |oᵝstrukθión| **1** ***f.*** Cierre o estrechamiento que impide el paso por una vía, un conducto o un camino: *una ~ en una vena puede provocar una trombosis; la ~ del tráfico era enorme; hay una ~ en la tubería y no sale el agua.* ⇒ **atasco, congestión, oclusión, tapón. 2** Acto para impedir o hacer difícil el desarrollo de un proceso o de una actividad: *los perjudicados intentaron una ~ de la ley; fue acusado de ~ a la justicia.*

obs·tru·ir |oᵝstruír| **1** ***tr.-prnl.*** [algo] Cerrar, estrechar o impedir el paso: *el trapo que se cayó ha obstruido la cañería; la entrada de la mina se ha obstruido tras el derrumbamiento.* ⇒ **atascar, atorar, atrancar, taponar. - 2** ***tr.*** Impedir o hacer difícil el desarrollo de un proceso o de una actividad: *la nueva ley ha obstruido los planes; el cómplice trató de ~ la investigación policial.* ◯ Se conjuga como 62.

ob·ten·ción |oᵝtenθión| ***f.*** Acción y resultado de *obtener: *la asociación se mantuvo gracias a la ~ de subvenciones.*

ob·te·ner |oᵝtenér| **1** ***tr.*** [algo] Lograr, conseguir o llegar a tener: *obtiene grandes beneficios de sus negocios.* **2** Producir o sacar, generalmente a partir de una cosa: *la familia obtiene la miel de las colmenas que ella misma cuida.* ☖ Se conjuga como 87.

ob·tu·⌐so, ⌐sa |oᵝtúso, sa| **1** ***adj.*** Que no tiene punta: *sobre ese monte ~ hay una casa.* **2** *fig.* Que no es inteligente ni hábil: *cuanto más viejo es, más ~ se vuelve.* **3** GEOM. (ángulo) Que tiene más de 90 grados y menos de 180: *el ángulo ~ es mayor que el recto.*

o·bús |oβús| **1** ***m.*** Arma de fuego formada por un tubo largo y hueco que sirve para disparar *granadas: *colocaron un ~ en lo alto de la colina.* **2** *Proyectil hueco con *explosivos en su interior, que se lanza a distancia: *han caído varios obuses sobre la ciudad esta noche.*

ob·viar |oᵝβiár| **1** ***tr.*** [algo] Evitar o quitar obstáculos o problemas: *para ~ estas dificultades de comunicación, todo el grupo debería ser capaz de hablar el lenguaje de los sordomudos.* **2** Dejar de nombrar o decir, especialmente lo que se considera sabido: *obviaré los datos que aparecen en el manual.* ☖ Se conjuga como 12.

ob·⌐vio, ⌐via |óᵝβio, βia| **1** ***adj.*** Que está a la vista, delante de los ojos: *¿cómo puedes negar lo que es ~ y todos hemos visto?* **2** *fig.* Que es muy claro; que no es difícil de comprender o pensar: *si todos los hombres son mortales y Juan es un hombre, la conclusión es obvia.*

o·ca |óka| **1** ***f.*** Ave doméstica con el pico de color naranja, casi negro en la punta, con el pecho y el vientre amarillos, la cabeza y el cuello de color gris oscuro y el resto del cuerpo gris con rayas marrones: *tiene ocas y patos en el corral.* ⇒ **ganso.** ☖ Para indicar el sexo se usa la ~ macho y la ~ hembra. **2** Juego de mesa en el que participan entre dos y cuatro personas y que consiste en mover una *ficha pequeña por una serie de cuadros dibujados en un tablero para llegar al final del recorrido antes que los demás: *estuvieron jugando a la ~ toda la tarde; cuando la ficha de un jugador cae en una casilla que tiene dibujada una oca hay que decir: de ~ a ~ y tiro porque me toca.*

OCA

o·ca·ri·na |okarína| ***f.*** Instrumento musical de viento, de forma ovalada más o menos alargada, con agujeros por los que sale el aire y que se toca tapando los agujeros con los dedos: *la ~ produce un sonido muy dulce.*

o·ca·sión |okasión| **1** ***f.*** Oportunidad de tiempo o lugar para hacer o conseguir una cosa: *no he tenido ~ de hablar con Tomás de este asunto.* **2** Momento y lugar que se relacionan con un hecho o una circunstancia: *en aquella ~ tú llevabas un traje gris; quizá nos encontremos en otra ~.* ■ **de ~**, que se vende a un precio más bajo del habitual: *en esa tienda venden muebles de ~ y hay verdaderas gangas.*

o·ca·sio·nal |okasionál| **1** ***adj.*** Que ocurre por azar o accidente: *un encuentro ~ fue el principio de nuestra relación.* **2** Que ocurre en un momento determinado; que no se hace habitualmente ni por costumbre: *en su ficha médica pone que es bebedor ~.* ⇒ **circunstancial.**

o·ca·sio·nar |okasionár| ***tr.*** [algo] Ser causa u origen: *un escape de gas ocasionó el incendio.* ⇒ **causar, originar.**

o·ca·so |okáso| **1** ***m.*** Puesta del Sol o de otro cuerpo celeste por el horizonte: *esperemos que refresque el día cuando venga el ~.* **2** Punto *cardinal situado hacia donde se oculta el Sol: *si subes a la colina y miras hacia el ~ verás la finca.* ⇒ **oeste, poniente.** **3** *fig.* Final o *decadencia: *ya no tiene fuerza para nada: está en el ~ de su vida.*

oc·ci·den·tal |oᵏθiðentál| **1** ***adj.*** Del *occidente o que tiene relación con él: *España y Portugal se reunieron con otros países occidentales de Europa.* **2** De los países de *occidente o que tiene relación con ellos: *la economía ~ compite con la oriental.* **- 3** ***com.*** Persona nacida en uno de los países de *occidente o que vive habitualmente en uno de estos países: *los occidentales suelen tener los ojos redondos y los orientales, rasgados.*

oc·ci·den·te |oᵏθiðénte| **1** ***m.*** Punto del horizonte situado donde se oculta el Sol: *el avión despegó hacia ~ y giró después hacia el Norte; el sol se pone exactamente por ~ en los días del equinoccio.* ⇒ **oeste, poniente.** **2** Lugar situado hacia ese punto: *España tiene el océano Atlántico en el ~ y el mar Mediterráneo en el oriente.* **3** *fig.* Conjunto de países de la parte oeste de Europa: *la Unión Europea agrupa a casi todos los países de ~.* **4** *fig.* Conjunto de países de varios continentes, cuyas lenguas y culturas proceden del oeste de Europa: *cada día hay menos diferencias políticas y culturales entre oriente y ~.*

oc·ci·pi·tal |oᵏθipitál| ***adj.-m.*** ANAT. (hueso) Que está situado en la parte posterior de la cabeza, donde ésta se une con las *vértebras del cuello: *recibió un fuerte golpe en la región ~ cuando se cayó de la moto.*

o·cé·a·no |oθéano| **1** ***m.*** Masa de agua con sal, que cubre aproximadamente las tres *cuartas partes de la Tierra: *los grupos ecologistas defienden la vida y la limpieza del ~.* ⇒ **mar. 2** Parte en que se considera dividida esa masa: *los océanos son cinco: Atlántico, Pacífico, Índico, Boreal y Austral; atravesó el ~ Atlántico en su viaje a Nueva York.* **3** *fig.* Cantidad o extensión grande de una cosa: *un ~ de dificultades nos impidió llevar a cabo nuestro proyecto.*

o·ce·a·no·gra·fí·a |oθeanoɣrafía| ***f.*** Disciplina que estudia los mares, sus fenómenos, sus animales y plantas: *está muy interesado por la ~ y ha hecho un cursillo de submarinismo.*

o·ce·a·no·grá·fi·⌜co, ⌜ca |oθeanoɣráfiko, ka| ***adj.*** De la *oceanografía o que tiene relación con ella: *me he comprado un mapa ~ para estudiar los mares.*

o·ce·a·nó·gra·⌜fo, ⌜fa |oθeanóɣrafo, fa| ***m. f.*** Persona que se dedica a estudiar los mares, sus fenómenos, sus animales y plantas: *el eminente ~ ha grabado varias series de documentales para la televisión.*

o·ce·lo |oθélo| **1** ***m.*** ZOOL. Ojo simple que forma parte del ojo compuesto de los animales invertebrados, especialmente de los insectos: *los ojos de las abejas están formados por ocelos; los ocelos pueden captar la luz, pero no las imágenes de los objetos.* **2** Mancha de forma redonda que tienen las alas de ciertos insectos y aves: *las alas de esta mariposa tienen ocelos de color rojo y amarillo.*

o·chen·ta |otʃénta| **1** ***num.*** 70 más diez: *cuarenta por dos son ~; si tengo 100 manzanas y te doy 20, me quedan ~.* **2** (persona, cosa) Que sigue en orden al que hace el número 79; *octogésimo: *si voy después del septuagésimo noveno, soy el ~ de la lista.* ⌂ Es preferible el uso del ordinal: *soy el octogésimo.* **- 3** ***m.*** Número que representa el valor de diez multiplicado por ocho: *escribe el ~ después del 79.*

o·chen·ta·⌜vo, ⌜va |otʃentávo, va| ***num.*** (parte) Que resulta de dividir un todo en 80 partes iguales: *eran 80 personas y le correspondió a cada una un ~.*

o·cho |ótʃo| **1** ***num.*** Siete más uno: *cuatro por dos son ~; si tengo 100 manzanas y te doy 92, me quedan ~.* **2** (persona, cosa) Que sigue en orden al que hace el número siete; octavo: *si voy después del séptimo, soy el ~ de la lista.* ⌂ Es preferible el uso del ordinal: *soy el octavo.* **- 3** ***m.*** Número que representa el valor de siete más uno: *escribe el ~ después del siete.* ■ **dar igual ~ que ochenta**, *fam.*, no importar nada: *antes se preocupaba por todo, pero ahora le da igual ~ que ochenta.*

o·cho·cien·⌜tos, ⌜tas |otʃoθi̯éntos, tas| **1** ***num.*** 100 multiplicado por ocho: *799 más uno son ~.* **2** (persona, cosa) Que sigue en orden al que hace el número 799; *octingentésimo: *si voy después del septingentésimo nonagésimo noveno, soy el ~ de la lista.* ⌂ Es preferible el uso del ordinal: *soy el octingentésimo.* **- 3** ***m.*** Número que representa el valor de 100 multiplicado por ocho: *escribe el ~ después del 799.*

o·cio |óθi̯o| **1** ***m.*** Descanso o pausa en el trabajo o en una actividad: *en sus ratos de ~ juega a las cartas con los amigos; el equilibrio entre el trabajo y el ~ es esencial para la salud mental de la persona.* **2** Diversión u ocupación que se elige para los momentos de tiempo libre: *nosotros preferimos actividades de ~ cultural, como ir al cine o leer novelas.* ⇒ **solaz.**

o·cio·⌜so, ⌜sa |oθi̯óso, sa| **1** ***adj.-s.*** (persona) Que no tiene obligaciones ni cosas que hacer: *los jubilados ociosos pasan las mañanas paseando por la plaza.* **2** (persona) Que está descansando o haciendo una pausa en el trabajo o en una actividad: *tengo ganas de coger vacaciones para estar un rato ~.* **- 3** ***adj.*** Que no tiene utilidad, provecho ni sentido: *tus disculpas son ociosas porque una ofensa así no puede ser perdonada; no me convencerás con ese argumento ~.*

o·clu·sión |oklusi̯ón| ***f.*** Cierre o estrechamiento que impide el paso por una vía, un conducto o un camino: *ha sido operado de una ~ intestinal.* ⇒ **obstrucción.**

o·clu·si·⌜vo, ⌜va |oklusíβo, βa| **1** ***adj.*** MED. Que cierra un conducto del cuerpo: *las válvulas de la aorta tienen una función oclusiva.* **- 2** ***adj.-f.*** LING. Consonante que se articula cerrando por un momento la salida del aire: *las oclusivas en español son* p, t, k, b, d, g.

o·cre |ókre| **1** ***adj.*** De color amarillo oscuro: *este sofá ~ no quedará bien con el color rosa de las cortinas.* **- 2** ***adj.-m.*** (color) Que es amarillo oscuro: *la casa tenía la puerta ~ y la fachada blanca.* **3** ***m.*** Mineral óxido de hierro, con aspecto de tierra y de color amarillo, que se usa en pintura: *el ~ se mezcla frecuentemente con arcilla.*

oc·tá·go·⌜no, ⌜na |oᵏtáɣono, na| ***m.*** GEOM. Figura plana de ocho lados: *el ~ es un polígono.* ⇒ **octógono.**

oc·ta·no |oᵏtáno| ***m.*** Unidad en la que se expresa el poder *antidetonante de la *gasolina: *la gasolina súper tiene 96 octanos.*

oc·ta·va |oᵏtáβa| **1** ***f.*** POÉT. Poema en el que se combinan ocho versos de once sílabas, rimando los seis primeros de forma alterna y los dos últimos entre sí: *la ~ con rima ABABABCC se llama ~ real u ~ rima italiana.* **2** POÉT. Poema en el que se combinan ocho versos de cualquier clase: *la ~ se generalizó con el uso del endecasílabo;* **~ aguda**, POÉT., la formada por versos de siete u once sílabas, en la que el cuarto y el octavo son agudos y riman entre sí: *el romanticismo mostró preferencia por la ~ aguda.* **3** MÚS. Serie de sonidos en la que se incluyen las siete notas de una escala y la repetición de la primera de ellas: *el niño practicó las octavas con el piano durante cinco minutos.* **4** Sonido que forma la *consonancia más sencilla y perfecta con otro: *yo bajo la melodía y tú la repites en la ~ alta.* **5** REL. Periodo de ocho días durante los que la Iglesia *católica celebra una fiesta: *en mi pueblo somos muy devotos de San Martín y cada año celebramos su ~.*

oc·ta·vi·lla |oᵏtaβíʎa| **1** ***f.*** Hoja pequeña de papel impresa con *publicidad, generalmente de carácter político: *el partido imprimía octavillas en la clandestinidad; se ganaba algún dinero repartiendo octa-*

villas por los buzones. **2** POÉT. Combinación de ocho versos de ocho o menos sílabas: *en el siglo* XV *se escribieron muchas octavillas.*

oc·ta·⌜vo, ⌜va |o^{k}táβo, βa| **1** ***num.*** (persona, cosa) Que sigue en orden al que hace el número siete: *si voy después del séptimo, soy el ~ de la lista.* **2** (parte) Que resulta de dividir un todo en ocho partes iguales: *si somos ocho para comer, me toca un ~ de tarta.* ■ **octavos de final**, DEP., parte de una competición en la que se enfrentan por parejas 16 *deportistas o equipos: *ocho equipos de fútbol quedaron eliminados en los octavos de final.*

oc·tin·gen·té·si·⌜mo, ⌜ma |o^{k}tiŋxentésimo, ma| **1** ***num.*** (persona, cosa) Que sigue en orden al que hace el número 799: *si voy después del 799, soy el ~ de la lista.* **2** (parte) Que resulta de dividir un todo en 800 partes iguales: *eran 800 personas y le correspondió a cada una un ~.*

oc·to·gé·si·⌜mo, ⌜ma |o^{k}toxésimo, ma| **1** ***num.*** (persona, cosa) Que sigue en orden al que hace el número 79: *si voy después del 79, soy el ~ de la lista.* **2** (parte) Que resulta de dividir un todo en 80 partes iguales: *eran 80 personas y le correspondió a cada una un ~.*

oc·tó·go·no |o^{k}tóγono| ***m.*** GEOM. Figura plana de ocho lados: *ese edificio tiene forma de ~.* ⇒ **octágono.**

oc·to·sí·la·⌜bo, ⌜ba |o^{k}tosílaβo, βa| ***adj.-m.*** POÉT. (verso) Que tiene ocho sílabas: *el* Romance del Enamorado y la Muerte *está escrito en octosílabos.*

oc·tu·bre |o^{k}túβre| ***m.*** Décimo mes del año: *en ~ empiezan las clases en universidades e institutos.*

o·cu·lar |okulár| **1** ***adj.*** Del ojo o que tiene relación con él: *ha cogido una infección ~.* **- 2** ***m.*** Cristal o aparato que forma parte de un instrumento que aumenta el tamaño de la imagen: *¿cómo vas a ver bien, si el ~ está muy sucio?*

o·cu·lis·ta |okulísta| ***com.*** Médico especialista en las enfermedades de los ojos y en los defectos de la *visión: *el ~ me recomendó que llevase siempre las gafas puestas.* ⇒ **oftalmólogo.**

o·cul·tar |okultár| **1** ***tr.-prnl.*** [algo, a alguien] Impedir ser visto o encontrado: *los piratas ocultaron el tesoro en una cueva; un ladrón se ocultaba en la sombra.* ⇒ **esconder.** ⇔ **enseñar. - 2** ***tr.*** [algo] Callar lo que se debe decir: *fue acusado de ~ el delito de su esposa; ocultó la noticia para no disgustar a su madre.*

o·cul·⌜to, ⌜ta |okúlto, ta| ***adj.*** Que no se da a conocer; que no se deja ver o encontrar: *parecía buena persona, pero nadie conocía sus intenciones ocultas.*

o·cu·pa·ción |okupaθión| **1** ***f.*** Llenado del interior de una cosa o colocación de personas o cosas en un lugar: *la policía ha evitado la ~ del edificio por parte de los huelguistas;* ~ **militar**, *estancia en un territorio del ejército de otro Estado que, sin tomarlo para sí, interviene en su vida pública y la dirige: *el país soportó una ~ de casi tres años.* **2** Empleo, trabajo o cargo: *gran cantidad de personas está actualmente sin ~.* **3** Dedicación de un tiempo a un asunto o una actividad: *si te vas a quedar aquí unos días, habrá que buscarte una ~ para que no te aburras.*

o·cu·pan·te |okupánte| ***adj.-s.*** (persona) Que ocupa un lugar, generalmente una casa, un vehículo o un asiento: *los tres ocupantes del automóvil salieron ilesos del accidente.*

o·cu·par |okupár| **1** ***tr.*** [algo] Llenar un espacio; estar en un lugar: *la fuente ocupa toda la plaza; los niños ocuparon los primeros asientos.* **2** Entrar en un lugar, invadirlo o instalarse en él: *los huelguistas ocuparon el edificio de Correos; el ejército enemigo ocupó la ciudad.* **3** Habitar una casa; estar instalado en un lugar: *el director ocupa el despacho principal; los vecinos que ocupan el quinto piso son un poco escandalosos.* **4** Tener un empleo, un trabajo o un cargo determinados: *el señor Martín ocupará el puesto de fiscal.* **5** Llenar o necesitar un periodo de tiempo determinado: *esta profesión ocupa todo mi tiempo; la limpieza de la casa nos ocupará varias horas.* ⇒ **llevar. 6** Dedicar un periodo de tiempo determinado a una actividad determinada: *tras la jubilación, ocupaba sus ratos libres en pintar o pasear por el campo.* ⇒ **llenar. 7** [a alguien] Emplear, dar trabajo o empleo: *la industria ocupa a la mayoría de la población trabajadora de este país.* **- 8 ocuparse** ***prnl.*** [de/en algo] Hacerse responsable de un asunto o negocio o encargarse de ellos: *ella se ocupa de la tienda; yo me ocuparé de la cena.* **9** [de alguien] Preocuparse por una persona, prestarle cuidado y atención: *la abuela se ocupa del niño cuando su madre está fuera.* **10** *form.* [de algo] Tratar, hablar o escribir sobre un asunto: *primero, me ocuparé de los animales y luego, de los vegetales; en el capítulo anterior, nos ocupábamos de las enfermedades más usuales.*

o·cu·rren·cia |okur̄énθia| ***f.*** Idea que sorprende por ser original o inesperada: *nunca me aburro con las simpáticas ocurrencias de Loreto.*

o·cu·rren·te |okur̄énte| ***adj.*** (persona) Que tiene ideas originales o inesperadas: *siempre tiene una contestación adecuada porque es muy ~.*

o·cu·rrir |okur̄ír| **1** ***intr.*** Producirse un hecho: *el suceso ocurrió en mi casa; ocurre a veces que te distraes.* ⇒ **acaecer, acontecer, suceder. - 2 ocurrirse** ***prnl.*** [a alguien] Venir de pronto a la imaginación: *se le ocurrió la idea de la novela mientras estaba en el campo; no se me ocurre ningún otro ejemplo.*

o·da |óða| ***f.*** POÉT. Poema extenso, generalmente de contenido amoroso o histórico: *Fray Luis, en su* Oda a Felipe Ruiz, *trató el tema de la búsqueda de la verdad.*

o·diar |oðiár| ***tr.*** [algo, a alguien] Tener o sentir rechazo o disgusto; no poder soportar o admitir a una persona o cosa: *me ha hecho tantas jugarretas que he acabado odiándolo; no creo que llegue a tiempo porque odia madrugar.* ⇒ **abominar, aborrecer, detestar.** ⇔ **amar.** ☖ Se conjuga como 12.

o·dio |óðio| ***m.*** Sentimiento de rechazo o disgusto hacia una persona o cosa que no se puede soportar o admitir: *la envidia y el rencor que sentía hacia él se fueron convirtiendo en un profundo ~.* ⇒ **antipatía.** ⇔ **amor.**

o·dio·⌜so, ⌜sa |oðióso, sa| **1** ***adj.*** Que merece ser odiado: *el ~ y despreciable prestamista desalojó a la familia y la dejó en la calle.* **2** Que es molesto y desagradable: *lo que más me fastidia son estas odiosas moscas.*

o·di·se·a |oðiséa| **1** ***f.*** Viaje largo, de un lado para otro y lleno de aventuras: *hemos hecho un viaje en coche desde Moscú hasta París y ha sido una ~.* **2** Conjunto de dificultades que pasa una persona para conseguir un fin determinado: *para muchos extranjeros es una ~ conseguir el permiso de residencia.*

o·don·to·lo·gí·a |oðontoloxía| ***f.*** MED. Disciplina que estudia los dientes, sus enfermedades y su tratamiento: *los especialistas en ~ se reunieron para hablar de los nuevos materiales para las prótesis.*

o·don·tó·lo·⌜go, ⌜ga |oðontóloɣo, ɣa| ***m. f.*** MED. Médico especialista en los dientes, sus enfermedades y su tratamiento: *le aconsejó que visitara a un ~.* ⇒ **dentista.**

o·es·te |oéste| **1** ***m.*** Punto del horizonte situado donde se oculta el Sol: *la abreviatura de ~ es O.* ⇒ **este, norte, occidente, sur. 2** Lugar situado hacia ese punto: *¿Valencia está al este o al ~ de la Península Ibérica?; yo vivo al ~ de la ciudad.* **3** Viento que viene de ese punto: *en esa zona siempre sopla el ~.* **4** Territorio de Norteamérica situado entre los Apalaches y el Pacífico: *la colonización del Oeste se llevó a cabo en el siglo XIX; he visto una película del Oeste americano.* ☐ En esta acepción se escribe con mayúscula.

o·fen·der |ofendér| **1** ***tr.*** [algo, a alguien] Hacer daño moral o físico; fastidiar o molestar: *lo ofendió diciéndole que era un cobarde; tu comportamiento ofende el honor y el buen nombre de la familia.* ⇒ **injuriar. - 2 ofenderse** ***prnl.*** Sentirse molesto; considerarse objeto de una ofensa: *se ofendió cuando dijiste que su prima era más guapa que ella.* ⇒ **agraviar.**

o·fen·sa |ofénsa| ***f.*** Daño moral o físico; fastidio o molestia: *no lo invitaron y le pareció una ~.*

o·fen·si·va |ofensíβa| ***f.*** Situación o estado del que ataca: *muchas personas perdieron la vida durante la ~ alemana.* ■ **tomar la ~,** prepararse para atacar al enemigo y atacarlo: *el ejército tomó la ~.* ⇒ **ataque.**

o·fen·si·⌜vo, ⌜va |ofensíβo, βa| ***adj.*** Que hace o puede hacer daño moral o físico: *contestó a sus imprecaciones con palabras ofensivas; el conductor hizo un gesto ~ al motorista que le adelantó por la derecha.*

o·fen·⌜sor, ⌜so·ra |ofensór, sóra| ***adj.-s.*** (persona) Que causa ofensa: *el ~ y el ofendido se reconciliaron y nunca más volvieron a pelear.*

o·fer·ta |oférta| **1** ***f.*** Ofrecimiento para hacer o cumplir una cosa: *me ha hecho una ~ tan buena que no la he podido rechazar.* **2** Acción de ofrecer mercancías, especialmente a un precio bajo o más bajo: *las tiendas deben hacer ofertas para competir.* ⇒ **rebaja.** ⇔ **demanda. 3** Mercancías que se ofrecen a un precio más bajo de lo normal: *he comprado tres ofertas en el supermercado.* ⇒ **rebaja. 4** ECON. Conjunto de mercancías o servicios que se presentan en el mercado: *el precio de las patatas ha bajado porque hay mucha ~; el paro aumenta cuanto mayor es la ~ de mano de obra.* **5** Cantidad de dinero que se ofrece para conseguir una mercancía o un servicio que se vende: *la ~ que han hecho para adquirir el mueble isabelino es demasiado baja.*

o·fer·tar |ofertár| ***tr.*** [algo] Ofrecer mercancías a un precio bajo o más bajo: *esta semana no ofertan nada que me interese en el supermercado.*

off·set |ófset| ***m.*** Máquina que sirve para sacar copias o fotografías: *saca 4000 copias de este ejemplar con el ~.*

o·fi·⌜cial, ⌜cia·la |ofiθiál, θiála| **1** ***m. f.*** Persona que ha terminado de aprender un oficio, pero que todavía no es *maestro: *en la obra trabajan un maestro albañil, cuatro oficiales y dos aprendices.* ⇒ **aprendiz. 2** Persona que se ocupa o trabaja en un oficio, especialmente si es físico: *el ~ de laboratorio me ha ordenado hacer un pedido de material.* **3** Persona que tiene un cargo en un pueblo o ciudad: *los oficiales del ayuntamiento se reunieron ayer.* **4** Persona que estudia y prepara la parte *administrativa de los *negocios en una oficina bajo las órdenes de un jefe: *dile al ~ que entregue esos papeles al jefe.* **- 5 oficial** ***adj.*** Que depende del Estado y no es particular o privado: *las bases del concurso aparecen en el boletín ~; estudió en una escuela ~.* ⇔ **particular, privado. - 6** ***adj.-com.*** (persona) Que *asiste a un centro que depende del Estado: *los alumnos oficiales se matricularán en junio.* **- 7** ***com.*** MIL. Miembro del ejército de categoría superior a la de *suboficial e inferior a la de jefe: *el soldado se cuadró ante su ~; el alférez es un ~ del ejército de tierra.*

o·fi·cian·te |ofiθiánte| ***m.*** Sacerdote que celebra la misa: *el ~ pronunció un sermón que nos asombró a todos.*

o·fi·ciar |ofiθiár| **1** ***tr.*** [algo] Decir la misa y demás oficios de la iglesia: *el párroco de San Ambrosio oficiará la misa solemne esta tarde.* **2** DER. Comunicar *oficialmente y por escrito: *el Ministerio de Justicia oficiará la orden al Ministerio del Interior para que se practique la detención.* ☐ Se conjuga como 12.

o·fi·ci·na |ofiθína| **1** ***f.*** Lugar donde se hacen trabajos *administrativos: *trabaja en la ~ de unos grandes almacenes; fue a preguntar por los sitios de interés cultural a la ~ de información y turismo.* **2** Lugar donde se hace, prepara o trabaja una cosa: *hemos montado una ~ en el cuarto piso.*

o·fi·ci·nis·ta |ofiθinísta| ***com.*** Persona que trabaja en una oficina: *la empresa busca un ~ con conocimientos de contabilidad e informática.*

o·fi·cio |ofíθio| **1** ***m.*** Ocupación o trabajo habitual, especialmente si es físico: *su ~ ha sido siempre el de albañil; como es trabajador, no le costará encontrar algún ~.* **2** Función propia de alguna cosa: *la bicicleta está muy vieja, pero todavía hace su ~.* **3** Comunicación escrita que trata de los asuntos del servicio público en las dependencias del Estado: *ha recibido un ~ del Ministerio de Hacienda.* **4** REL. Ceremonia de la Iglesia, especialmente cada una de las de Semana Santa: *ha ido a los oficios del Jueves Santo;* ~ **de difuntos**, el que tiene destinado la Iglesia para rogar por los muertos: ■ **de** ~, DER., que depende del Estado y no debe ser pedido ni pagado por parte alguna: *si no tienes dinero, te asignarán un abogado de* ~. ■ **de** ~, por orden de una autoridad: *no hay acusación privada, pero se abrirá una investigación de* ~. ■ **no tener** ~ **ni beneficio**, no tener trabajo ni dinero ni poder conseguirlo: *¿cómo te vas a casar con ese hombre que no tiene* ~ *ni beneficio?*

o·fi·cio·ˀso, ˀsa |ofiθióso, sa| ***adj.*** Que ha sido hecho o dicho por una autoridad, pero sin carácter oficial: *el nombramiento del nuevo director general es* ~, *todavía no es oficial.*

o·fi·ˀdio, ˀdia |ofíðio, ðia| ***adj.-s.*** ZOOL. (animal) Que no tiene extremidades y su cuerpo es largo y estrecho; reptil; serpiente: *la mordedura de algunos ofidios es venenosa.*

o·fre·cer |ofreθér| **1** ***tr.*** [algo] Presentar y dar voluntariamente: *nos ofreció un café y bombones; cuando supo que venía, me ofreció su casa.* **2** Celebrar o dar una comida o una fiesta: *los Rodríguez ofrecieron anoche una fiesta por el cumpleaños de su hija.* **3** [algo; a alguien] Proponer o dar oportunidad o facilidad para hacer una cosa: *le han ofrecido ser director de un hotel.* ⇒ **brindar, proporcionar.** **4** [algo] Prometer u obligarse a dar: *la familia ofrece toda su fortuna a cambio de la vida del secuestrado.* **5** *form.* Decir o exponer la cantidad que se está dispuesto a pagar por una cosa: *una empresa japonesa ofrecía miles de millones por un cuadro de Van Gogh.* ⇒ **pujar.** **6** *form.* Tener o mostrar un aspecto determinado: *la cara de la muchacha ofrecía una hermosa sonrisa; ese pastel no ofrece un buen aspecto: no lo comas.* **7** *form.* Presentar o contener; tener como resultado directo: *la operación ofrecía algunos riesgos; la venta de su casa ofrecía muchas ventajas.* ⇒ **conllevar, implicar, suponer.** **8** REL. [algo, a alguien] Dedicar a Dios o a los santos: *el sacerdote ofrece el pan y el vino en la misa; la anciana ofreció cuatro velas a Santa Rita.* ⇒ **consagrar.** - **9 ofrecerse** ***prnl.*** Estar o mostrarse dispuesto voluntariamente para hacer una cosa: *se ofreció a llevarla en el coche; se ofreció de guía turístico; nos ofrecimos para ayudarles en la mudanza.* **10** *form.* [a/ante algo/alguien] Presentarse o mostrarse: *una maravillosa vista se ofrecía ante sus ojos.* ⇒ **manifestarse.** ☖ Se conjuga como 43.

o·fre·ci·mien·to |ofreθimiénto| ***m.*** Acción y resultado de ofrecer u ofrecerse: *te agradezco tu* ~, *pero no puedo ir con vosotros al apartamento de la playa porque tengo que trabajar.*

o·fren·da |ofrénda| **1** ***f.*** Regalo que se ofrece y dedica a Dios o a los santos: *los niños llevaban flores como* ~ *a la Virgen.* **2** *p. ext.* Regalo o servicio como muestra de respeto y amor: *toma esta* ~ *en prueba de amistad.*

o·fren·dar |ofrendár| ***tr.*** [algo] Ofrecer para mostrar amor o respeto o para dar gracias: *Abel ofrendó un cordero y Caín una cesta de frutas; las niñas ofrendaron una corona de flores a la Virgen.*

of·tal·mo·lo·gí·a |oftalmoloxía| ***f.*** MED. Disciplina que trata de las enfermedades de los ojos y los defectos de la vista: *la* ~ *se ocupa de la miopía, de la conjuntivitis y de otras enfermedades.*

of·tal·mó·lo·ˀgo, ˀga |oftalmóloɣo, ɣa| ***m. f.*** MED. Médico especialista en las enfermedades de los ojos y en los defectos de la *visión: *fue al* ~ *para curar su miopía.* ⇒ **oculista.**

o·fus·ca·ción |ofuskaθión| ***f.*** Pérdida del sentido o de la razón: *la* ~ *lo llevó a actuar de esa forma.*

o·fus·car |ofuskár| ***tr.-prnl.*** [algo, a alguien] Hacer perder el sentido o la razón: *le ofuscó el entusiasmo de la victoria; cuando tuvo el accidente, se ofuscó y no supo reaccionar a tiempo.* ⇒ **cegar, trastornar.** ☖ Se conjuga como 1.

o·gro |óɣro| **1** ***m.*** Ser imaginario con forma de persona de gran tamaño que se alimenta de carne humana: *en el cuento, un* ~ *atrapaba a los dos hermanos y los metía en una olla para comérselos.* **2** *fam.* Persona de mal carácter: *no se puede razonar con él porque es un* ~.

oh |ó| ***interj.*** Expresa un sentimiento fuerte, generalmente sorpresa, admiración o pena: *¡*~*, qué bonito!, decía la gente cuando estallaban los cohetes en las ferias; ¡*~*, qué lástima!, se ha roto el jarrón.*

ohm |óm| ***m.*** ELECTR. ⇒ **ohmio.** ☖ Se usa en el Sistema Internacional.

oh·mio |ómio| ***m.*** ELECTR. Unidad de resistencia eléctrica: *un* ~ *equivale a la resistencia de un conductor en el que la corriente circula con la intensidad de un amperio con una tensión de un voltio.* ⇒ **ohm.**

o·í·do |oíðo| **1** ***m.*** Órgano del cuerpo que permite recoger los sonidos: *el* ~ *humano está en el interior de la oreja; el* ~ *regula el equilibrio del cuerpo.* **2** Sentido del cuerpo con el que se recogen los sonidos: *los sentidos son cinco: vista,* ~, *olfato, gusto y tacto.* **3** Capacidad para recoger, distinguir y reproducir de manera exacta sonidos musicales: *Pedro siempre ha tenido muy buen* ~. ■ **al** ~, en voz baja, cerca de la oreja de una persona para que *nadie más pueda oír: *me molesta que se digan cosas al* ~ *cuando yo estoy delante.* ■ **dar/prestar oídos**, escuchar y creer lo que se dice: *si diera oídos a Luisa, posiblemente me enemistaría con todo el mundo.* ■ **de** ~, escuchando, sin estudiar: *aprendió a tocar la guitarra de* ~, *pues no sabe solfeo.* ■ **duro de** ~, que no puede oír bien: *grítale cuando le hables, que es un poco duro de* ~. ■ **entrar por un** ~ **y salir por el otro**, no tener ningún efecto: *este niño no me hace el más mínimo caso: lo que digo le entra por un* ~ *y le sale por el otro.* ■ **llegar a oídos de alguien**, llegar a conocimiento de una persona: *ha llegado a mis oídos que te irás a vivir a Francia, ¿es cierto?* ■ **regalar el** ~, decir cosas agradables a una persona: *el jefe me ha regalado el* ~, *me ha dicho que últimamente todo lo hago bien.* ■ **ser todo oídos**, escuchar con mucha atención: *cúentame tus problemas, soy toda oídos.*

o·ír |oír| **1** ***tr.*** [algo] Recoger los sonidos por medio del oído: *¿has oído la nueva canción?; oigo sin dificultad, así que no me grites.* **2** Prestar atención a lo que suena; hacer caso de lo que se habla; darse por enterado: *¿me estás oyendo, Roberto?; oye los consejos de los mayores.* ⇒ **escuchar. 3** *Responder a los ruegos: *nadie oyó las súplicas de la pobre cerillera.* ☖ Se conjuga como 75. ■ **como lo oyes,** *fam.*, expresión que indica que lo que se cuenta es verdad, aunque parezca extraño: *¿seguro que Milagros está embarazada? —Como lo oyes.* ■ **como quien oye llover,** *fam.*, sin hacer ningún caso ni poner atención: *yo le advertí de todos los peligros, pero él, como quien oye llover.* ■ **¡oiga!/¡oigan!/¡oye!,** expresión con que se llama la atención de una persona cuando está lejos, especialmente cuando no se conoce su nombre: *¡oiga! Se le ha caído este papel de la carpeta.*

o·jal |oxál| **1 *m.*** Abertura en una tela preparada para pasar por ella un botón: *se abrochó la camisa metiendo cada botón en su ~.* **2** Agujero que atraviesa una cosa de parte a parte: *he hecho un ~ en la cortina para pasar una cinta.*

o·ja·lá |oxalá| ***interj.*** Indica deseo de que *suceda una cosa: *~ puedas venir a buscarme; ~ llueva para que refresque un poco.* ☖ Si se usa seguido de un verbo, éste aparece en subjuntivo.

o·je·a·da |oxeáða| ***f.*** Mirada rápida y sin atención: *si no tienes tiempo de leerte el artículo, por lo menos échale una ~; le bastó una ~ para darse cuenta de que ella no estaba en la fiesta.* ⇒ **vistazo.**

o·je·a·⌐dor, ⌐do·ra |oxeaðór, ðóra| ***m. f.*** Persona que *ojea: *Juan es el ~ en esa cacería; los ojeadores están buscando una cantante nueva.*

o·je·ar |oxeár| **1 *tr.*** [algo, a alguien] Dirigir los ojos y mirar: *sólo después de que la hubo ojeado bien, le preguntó su nombre.* ⇒ **hojear. 2** Buscar personas o cosas necesarias para un fin determinado: *los técnicos del equipo de fútbol se dedican a ~ a los jóvenes futbolistas.* **3** [algo] Asustar y perseguir la caza para que se dirija a un lugar determinado: *han ojeado tres conejos en aquel cerro.*

o·je·ra |oxéra| ***f.*** Mancha oscura que se forma alrededor de la base del ojo: *el enfermo tiene ojeras; ¡menudas ojeras tienes!, ¿es que no has dormido hoy?*

o·je·ri·za |oxeríθa| ***f. fam.*** Odio o falta de simpatía: *mi hijo dice que su profesora le tiene ~ y que por eso le pone malas notas.* ⇒ **manía.**

o·je·te |oxéte| **1 *m.*** *fam. vulg.* Agujero en el que termina el *intestino y por el que se expulsan los excrementos: *el ~ es el ano, y suena mejor de esta última forma.* ⇒ **ano, culo. 2** Abertura redonda en una tela preparada para meter por ella un cordón u otra cosa: *pasa la cuerda por el ~ y tira de ella.* **3** Agujero con el que se adornan algunas labores de *costura: *la costurera se esmeraba en bordar los ojetes de las sábanas.*

o·ji·va |oxíβa| ***f.*** Figura formada por dos arcos iguales que se cortan en uno de los extremos formando un ángulo agudo o una punta: *los arcos con forma de ~ son frecuentes en la arquitectura gótica.*

o·ji·val |oxiβál| ***adj.*** Que tiene forma de *ojiva: *los arcos ojivales son frecuentes en las iglesias góticas.*

o·jo |óxo| **1 *m.*** Órgano situado en la cabeza del hombre y los animales, que sirve para ver: *el ~ está compuesto en su mayoría de agua; el ~ es muy delicado;* ~ **compuesto,** BIOL., el que tienen los insectos y otros invertebrados, que está formado por varios órganos más pequeños unidos entre sí: *el ~ compuesto está formado por varios ocelos; las moscas tienen ojos compuestos.* **2** Parte de ese órgano que es *visible en la cara, a ambos lados de la nariz: *los párpados y las pestañas forman parte del ~; Carlos tiene los ojos azules.* ☖ Se usa generalmente en plural; ~ **a la funerala,** *fam. fig.*, el que tiene un color oscuro, a causa de un golpe: *un balonazo le ha puesto un ~ a la funerala;* **ojos de besugo,** *fam. fig.*, los que son muy redondos y salientes: *tiene los ojos de besugo y eso lo acompleja.* ☖ Se usa como apelativo despectivo: *Eugenio era un insoportable ojos de besugo;* **ojos de carnero degollado,** *fam. fig.*, los que tienen una expresión triste: *cuando me pide un favor, pone ojos de carnero degollado;* **ojos de gato,** *fam. fig.*, los que tienen un color verde o gris: *mi sobrina tiene unos preciosos ojos de gato;* **ojos de sapo,** *fam. fig.*, los que son grandes e hinchados: *si lloras mucho, se te pondrán los ojos de sapo.* ☖ Se usa como apelativo despectivo: *¡anda, ojos de sapo, déjame en paz!;* **ojos rasgados,** los que tienen el párpado largo y estrecho: *las personas de raza oriental tienen los ojos rasgados;* **ojos saltones,** los que son salientes: *tiene los ojos pequeños, pero saltones;* **ojos tiernos,** *fig.*, los que tienen exceso de agua y lloran involuntariamente: *el señor Mariano tenía los ojos tiernos;* **ojos vivos,** *fig.*, los que brillan mucho: *los ojos vivos del animal se posaron en su amo.* **3** Agujero que tiene la aguja para meter el hilo: *no puedo enhebrar la aguja porque no veo el ~.* **4** Anillo que tienen las *tijeras y otras herramientas para introducir los dedos o el mango con el que se manejan: *las herramientas estaban colgadas en la pared, sujetas por el ~; las llaves antiguas tienen el ~ muy grande.* **5** Agujero de una cerradura: *mete la llave por el ~ y gírala dos veces.* **6** Gota de aceite o grasa que flota en un líquido: *la sopa tiene ojos; si echas aceite en el agua, salen ojos.* **7** Espacio o arco entre dos columnas o muros de un puente: *el puente del río tiene tres ojos.* **8** Hueco o agujero que tienen ciertos alimentos: *he comprado un queso con grandes ojos.* **9** Círculo de colores

OJO

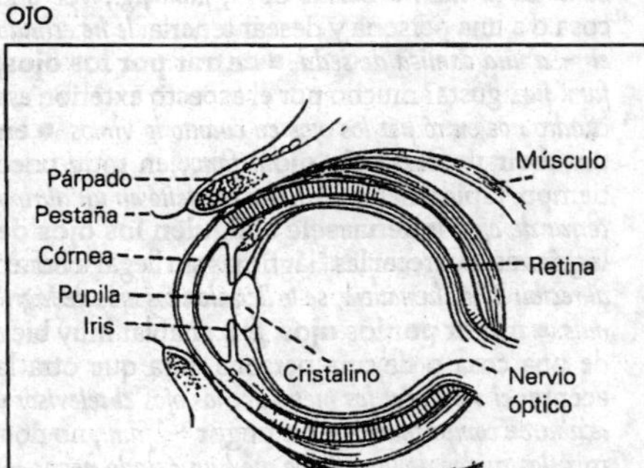

que aparece en las plumas de la cola del *pavo real: *el tapiz imitaba los grandes ojos de la cola del pavo.* **10** Fuente que surge en un llano: *los animales van a beber al ~ de la pradera.* **11** Abertura de las letras que tienen formas curvas: *la letra* o *tiene el ~ redondo.* **12** *fig.* Atención y cuidado que se pone al hacer una cosa: *ten mucho ~ y no estropees la tela; hay que poner mucho ~ para no equivocarse.* **13** *fig.* Capacidad para notar rápidamente las características de un asunto y formar un juicio sobre él: *presume de tener un gran ~ para conocer a las personas.* ⇒ **acierto, perspicacia, tino.** - **14** ***interj.*** Expresión que indica que hay que tener mucho cuidado o poner gran atención: *¡~! Recién pintado, mancha; ¡~ con ese perro, que muerde!* ⇒ **cuidado.** ■ **a ~**, de manera aproximada; sin pesar, sin medir, sin contar: *así, a ~, esa bolsa tiene cinco kilos de patatas.* ⇒ **bulto.** ☐ En el lenguaje familiar se usa *a ~ de buen cubero*, con el mismo significado. ■ **abrirle los ojos a alguien**, *fam. fig.*, mostrar a una persona un daño que desconocía: *su mejor amigo le abrió los ojos: su novia lo engañaba.* ■ **alegrársele los ojos a alguien**, *fig.*, estar alegre y feliz a causa de una noticia o hecho favorable: *al volver a ver a sus padres, se le alegraron los ojos.* ■ **andar con ~**, *fam.*, estar prevenido: *ándate con ~, que no quiero que te engañen.* ■ **bailarle los ojos a alguien**, *fam. fig.*, tener alegría, ánimo y energía: *desde que se ha casado, le bailan los ojos.* ■ **cerrar los ojos**, morir: *el ilustre poeta cerró los ojos de madrugada.* ■ **clavar los ojos**, *fig.*, mirar con mucha atención, fijamente: *el detective clavó los ojos en el hombre del sombrero y lo siguió.* ■ **comer con los ojos**, *fam.*, desear fuertemente la comida por su buen aspecto: *este niño come con los ojos, se ha dejado la mitad del helado.* ■ **comer con los ojos**, *fam. fig.*, mirar con deseo y pasión: *en las escenas de amor, los actores se comen con los ojos.* ■ **costar un ~/un ~ de la cara**, *fam.*, valer mucho dinero; ser muy caro: *esta pulsera te habrá costado un ~.* ■ **cuatro ojos**, *fam. desp.*, persona que lleva *gafas: *mamá, en el colegio me llaman cuatro ojos.* ■ **¡dichosos los ojos!**, expresión que indica gran alegría al encontrar a una persona a la que hacía tiempo que no se veía: *¡dichosos los ojos que te ven! hace diez años que no sé nada de tu vida.* ■ **echar el ~**, *fam. fig.*, ver una cosa o a una persona y desear tenerla: *le he echado el ~ a una camisa de seda.* ■ **entrar por los ojos**, *fam. fig.*, gustar mucho por el aspecto exterior: *ese cuadro nos entró por los ojos en cuanto lo vimos.* ■ **en un abrir y cerrar de ojos**, *fam.*, en muy poco tiempo; rápidamente: *Alfonso se afeitó en un abrir y cerrar de ojos.* ■ **llenársele a alguien los ojos de lágrimas**, aparecer las *lágrimas sin llegar a llorar: *al recibir la mala noticia, se le llenaron los ojos de lágrimas.* ■ **meter por los ojos**, *fam.*, hablar muy bien de una cosa o de una persona para que otra la acepte: *el vendedor les metió por los ojos el televisor y acabaron comprándolo.* ■ **no pegar ~**, *fam.*, no dormir: *los ruidos de la calle no me han dejado pegar ~.* ■ **no quitar ~**, no dejar de mirar: *el señor de enfrente no te quita ~.* ■ **~ avizor**, en actitud de vigilancia; con atención: *le pareció oír ruidos en la casa y estaba con ~ avizor.* ■ **~ de buey**, ventana redonda: *los barcos tienen ojos de buey.* ■ **~ de gallo**, dureza redonda que se forma en los dedos de los pies: *el callista le extirpó un ~ de gallo que le dolía.* ■ **~ del culo**, *fam. vulg.*, ano; abertura por donde se expulsan los excrementos: ■ **pasar los ojos**, leer ligeramente: *pasó los ojos por el periódico y lo dejó.* ■ **poner los ojos en blanco**, *fam.*, mostrar admiración: *todos los presentes pusieron los ojos en blanco al oír las historias del aventurero.* ■ **sacar los ojos**, *fam.*, abusar de una persona, especialmente haciéndole gastar dinero: *su familia le está sacando los ojos.* ■ **saltar un ~**, perderlo; dejarlo ciego: *la máquina le ha saltado un ~.* ■ **ser el ~ derecho de alguien**, *fam.*, ser el preferido de una persona: *mi hijo es mi ~ derecho.* ■ **tener entre ojos**, *fam.*, odiar; no tener simpatía: *es una mala persona, por eso todos le tienen entre ojos.*

o·la |óla| **1** ***f.*** Acumulación de un líquido que se levanta y se mueve sobre una superficie del mismo líquido, generalmente agua, a causa del viento, de una corriente o de un movimiento: *en esta playa corre mucho viento, por eso hay tantas olas; no te metas en el agua muy dentro, que hay olas muy grandes; la parte superior de una ~ se llama cresta.* ⇒ **onda.** **2** Fenómeno de la atmósfera que provoca un cambio de temperatura en un lugar: *en el mes de julio sufrimos una fuerte ~ de calor.* **3** *fig.* Movimiento de gente que forma un grupo: *cuando abrieron las puertas de los almacenes, entró una ~ de personas que esperaba a la entrada.* ⇒ **avalancha, oleada.** **4** *fig.* Aparición no esperada de una gran cantidad de cosas, acontecimientos o personas: *hay una gran ~ de sarampión que está afectando sobre todo a los niños.* ⇒ **oleada; nueva ~**, tendencia nueva en los gustos de la gente: *estos músicos pertenecen a la nueva ~; Isabel va vestida a la nueva ~.* ☐ No debe confundirse con *hola.*

o·lé |olé| ***interj.*** Expresión que se usa para alabar o dar ánimo: *toda la plaza dijo ¡~!, cuando el torero dio aquel pase con la muleta.*

o·lea·da |oleáða| **1** ***f.*** *fig.* Aparición no esperada de una gran cantidad de cosas, personas o acontecimientos: *el hambre ha provocado una ~ de robos; la puesta en práctica de la ley levantó una ~ de protestas.* ⇒ **ola.** **2** *fig.* Movimiento de gente que forma un grupo: *los policías no pudieron contener la ~ de manifestantes.* ⇒ **avalancha, ola.** **3** Golpe de una ola: *no pude gobernar el velero a causa de las fuertes oleadas.*

o·le·a·je |oleáxe| ***m.*** Movimiento continuo de las olas: *hoy no te debes bañar porque hay mucho ~.*

ó·le·o |óleo| **1** ***m.*** Pintura que se hace con colores disueltos en aceite: *estoy preparando ~ para pintar un cuadro;* **al ~**, que ha sido pintado con colores disueltos en aceite: *tiene cuadros al ~ en el salón.* **2** Cuadro pintado con esos colores: *tiene colgado en el salón un ~ de un pintor de la ciudad.* **3** Aceite que se usa en ciertas ceremonias: *el sacerdote ungió al enfermo con el santo ~.* ☐ Se usa frecuentemente en plural con el mismo significado.

o·le·o·duc·to |oleoðúᵏto| ***m.*** Canal o conducto que sirve para llevar *petróleo de un lugar a otro: *el petróleo es transportado hasta los lugares de embarque a través de un ~.*

o·ler |olér| **1** ***tr.*** [algo, a alguien] Aspirar el aire por la nariz para notar los olores: *la señorita olió la rosa; el cocinero olió el pescado para asegurarse de que estaba fresco.* ⇒ **olfatear. - 2** ***tr.-intr.*** *fig.* Preguntar o tratar de averiguar con insistencia: *ya está éste oliendo otra vez.* ⇒ **olfatear. - 3** ***tr.-prnl.*** [algo] Adivinar o sospechar una cosa oculta: *ya me había olido yo que aquí había algo extraño; me huelo que nos está engañando.* **- 4** ***intr.*** Despedir olor: *esas flores huelen muy bien; la casa huele a cerrado.* **5** *fig.* Parecer o tener un aspecto determinado, generalmente malo: *este hombre huele a hereje.* ☖ Se conjuga como 60.

ol·fa·te·ar |olfateár| **1** ***tr.*** [algo, a alguien] Aspirar el aire por la nariz con insistencia para notar los olores: *los perros se olfatearon y empezaron a reñir.* ⇒ **oler. 2** *fig.* Preguntar o tratar de averiguar con excesiva insistencia: *odio que la policía venga por aquí a olfatearnos.* ⇒ **oler.**

ol·fa·ti·⌜vo, ⌜va |olfatíβo, βa| ***adj.*** Del sentido del *olfato o que tiene relación con él: *una intensa sensación olfativa le produjo un leve mareo.*

ol·fa·to |olfáto| **1** ***m.*** Sentido del cuerpo que permite notar y distinguir los olores: *los perros tienen un ~ muy fino.* ⇒ **nariz. 2** *fig.* Capacidad para descubrir o entender lo que está oculto: *¡menudo ~ tiene para los negocios!*

o·li·gar·quí·a |oliɣarkía| **1** ***f.*** Forma de gobierno en la que el poder está en manos de unas pocas personas que pertenecen a una misma clase social: *la nación estuvo gobernada durante años por una ~ aristocrática.* **2** País que se gobierna de esa manera: *el territorio era una ~ gobernada por los miembros más ancianos de la sociedad.* **3** Grupo de personas pertenecientes a una misma clase social que ejerce ese poder: *la ~ militar se hizo con el mando del país después del golpe de Estado.* **4** *fig.* Grupo reducido de personas poderosas que dirige una organización o actividad: *una influyente ~ controla el negocio del petróleo.* **5** *p. ext.* Organización o actividad dirigida por ese grupo de personas: *el negocio del tabaco es una ~ en manos de un pequeño grupo de terratenientes.*

o·li·gár·qui·⌜co, ⌜ca |oliɣárkiko, ka| ***adj.*** De la *oligarquía o que tiene relación con ella: *en la Grecia clásica hubo sistemas de gobierno oligárquicos; el partido está controlado por una minoría oligárquica.*

o·lim·pia·da |olimpi̲á̲ða| ***f.*** Celebración deportiva de carácter universal que tiene lugar cada cuatro años en un lugar determinado: *en Barcelona se celebraron las Olimpiadas de 1992.* ⇒ **juego, olimpíada.** ☖ Se usa sobre todo en plural.

o·lim·pí·a·da |olimpíaða| ***f.*** ⇒ **olimpiada.**

o·lím·pi·⌜co, ⌜ca |olímpiko, ka| **1** ***adj.*** De los Juegos Olímpicos o que tiene relación con ellos: *el lanzamiento de disco es un deporte ~.* **2** Del monte Olimpo o que tiene relación con él: *Zeus es un dios ~.* **- 3** ***adj.-s.*** *fig.* (persona) Que ha participado en uno o más Juegos Olímpicos: *los atletas olímpicos fueron felicitados por las autoridades.*

o·li·va |olíβa| **1** ***f.*** Fruto pequeño comestible de forma ovalada y color verde o negro, del que se saca un tipo de aceite: *yo sólo cocino con aceite de ~; las olivas tienen un hueso muy duro en su interior; las olivas se cogen en invierno.* ⇒ **aceituna. 2** Árbol de tronco corto, grueso y torcido, con la copa ancha y ramosa, las hojas duras, permanentes y de color verde oscuro, y las flores pequeñas, blancas y en racimos: *la ~ se cultiva por su fruto y por su madera.* ⇒ **olivo.**

o·li·var |oliβár| ***m.*** Tierra en la que hay *olivos: *por el ~ venían los gitanos; los jornaleros están en el ~, vareando los olivos.*

o·li·va·re·⌜ro, ⌜ra |oliβaréro, ra| ***adj.*** Del *olivo o que tiene relación con él: *trabaja en la industria olivarera; Andalucía es una región olivarera.*

o·li·vo |olíβo| **1** ***m.*** Árbol de tronco corto, grueso y torcido, con la copa ancha y ramosa, las hojas duras y de color verde oscuro y con las flores pequeñas, blancas y en racimos: *el ~ es un árbol de hoja perenne; el fruto del ~ se llama aceituna u oliva.* ⇒ **aceituno, oliva. 2** Madera de ese árbol: *el ~ es muy resistente, se emplea para fabricar muebles y también como combustible.*

o·lla |óʎa| **1** ***f.*** Recipiente redondo, de barro o metal, con una o dos asas y con tapa, que se usa para cocinar: *echa en la ~ medio quilo de lentejas, un trozo de chorizo, un diente de ajo y un poco de cebolla; ~* **a presión/exprés**, la de metal, que forma presión en su interior y permite cocinar los alimentos con rapidez: *he hecho unas lentejas en la ~ exprés.* **2** Comida hecha con carne, legumbres y hortalizas que se hierven juntas: *preparó una ~ con alubias, zanahorias y tocino; ~* **podrida**, la que tiene aves y *embutidos en abundancia: *nos gusta ir a ese restaurante a comer ~ podrida.*

ol·mo |ólmo| ***m.*** Árbol de tronco fuerte y derecho, copa ancha, hojas ovaladas cubiertas de vello por una cara y flores de color blanco rosado: *se sentaron a descansar a la sombra de un ~.*

o·lor |olór| **1** ***m.*** Sensación que ciertos gases o sustancias producen en el *olfato: *me encanta el ~ de ese jabón; un ~ muy fuerte a butano se extendió por la habitación.* **2** *fig.* Fama u opinión de la gente: *murió en ~ de santidad.* **3** *fig.* Aspecto extraño que mueve a sospechar algo malo: *no quise participar en su negocio porque tenía cierto ~ a delito.* ⇒ **tufo.**

o·lo·ro·⌜so, ⌜sa |oloróso, sa| **1** ***adj.*** Que despide olor; que tiene un olor agradable: *se metió en un ~ baño de espuma.* ⇒ **aromático. - 2 oloroso** ***m.*** Vino de Jerez que despide un fuerte olor: *celebraron su encuentro con unas copitas de ~.*

ol·vi·da·di·⌜zo, ⌜za |olβiðaðíθo, θa| ***adj.*** Que se olvida con facilidad de las cosas: *perdone que no recuerde su nombre, pero es que soy muy ~.*

ol·vi·dar |olβiðár| **1** ***tr.-prnl.*** [algo, a alguien] Perder la memoria o el recuerdo de una cosa: *con el tiempo, olvidó los nombres de sus viejos amigos; se me ha olvidado tu número de teléfono; se olvidó de invitarte a la fiesta.* ⇔ **evocar. 2** [algo] Descuidar, abandonar o dejar de hacer una cosa involuntariamente: *he olvidado darle las llaves y ahora no podrá abrir la puerta; se me han olvidado los libros.* - **3** ***tr.*** [a alguien] Perder el trato o el afecto: *¡qué pronto olvidas a tus amigos!* **4** [algo] No tener en cuenta: *olvida los agravios que te hicieron.*

ol·vi·do |olβíðo| **1** ***m.*** Pérdida de la memoria; hecho de no recordar una situación, persona o cosa: *todo lo que le dije cayó en el ~; ¡qué ~ más tonto he tenido!* ⇔ **recuerdo. 2** Descuido de una cosa que se debe tener presente: *por ~ dejó la luz de la habitación encendida.*

om·bli·go |omblíγo| ***m.*** *Cicatriz pequeña, redonda y arrugada que queda en medio del vientre tras cortar el cordón *umbilical: *el ~ es una cicatriz que procede de la unión del feto con la madre; si te pones biquini se te verá el ~.* ■ **ser el ~ del mundo**, ser el centro o la parte más importante de una cosa: *se cree que es el ~ del mundo y no tiene dónde caerse muerto.*

o·me·ga |oméγa| ***f.*** *Última letra del alfabeto *griego: *la ~ equivale a la o larga del *latín.* ⇒ **alfa.**

o·mi·no·⌜so, ⌜sa |ominóso, sa| ***adj.*** *form.* Que merece ser odiado y despreciado: *nunca podrá perdonar aquella ominosa afrenta.*

o·mi·sión |omisión| **1** ***f.*** Acción y resultado de *omitir: *la ~ de su nombre fue totalmente intencionada.* **2** Falta que se *comete por haber dejado de decir o de hacer una cosa: *padre, me acuso de haber pecado de pensamiento, palabra, obra y ~; su ~ ha provocado graves pérdidas a la empresa.*

o·mi·⌜so, ⌜sa |omíso, sa| ***adj.*** Que es descuidado; que no se preocupa de sus obligaciones: *dicen de mí que he sido ~ e ignorante.*

o·mi·tir |omitír| **1** ***tr.*** [algo] Dejar de decir una cosa: *omitió el nombre de varios de los miembros de la asociación.* ⇒ **silenciar, suprimir. 2** Dejar de hacer o usar una cosa: *es un delito ~ el auxilio a las víctimas de un accidente.* ⇒ **elidir.**

óm·ni·bus |ómniβus| ***m.*** Vehículo automóvil de gran capacidad, que sirve para transportar personas: *el ~ que traerá a los niños del colegio está al llegar.* ⇒ **autobús.**

om·ni·po·ten·cia |omnipoténθia| **1** ***f.*** Poder total: *la ~ de Dios es incuestionable.* **2** *fig.* Poder muy grande: *es un tirano: abusa de su ~.*

om·ni·po·ten·te |omnipoténte| **1** ***adj.*** Que todo lo puede: *Dios es ~.* ⇒ **todopoderoso. 2** *fig.* Que tiene un poder muy grande: *el ~ banquero consiguió hundir la empresa.*

om·ni·pre·sen·cia |omnipresénθia| ***f.*** Capacidad de estar presente en todas partes a la vez: *como todavía no tengo el don de la ~, si voy al trabajo no podré estar en esa reunión.* ⇒ **ubicuidad.**

om·ni·pre·sen·te |omnipresénte| **1** ***adj.*** Que está presente en todas partes a la vez: *yo no puedo estar ~.* ⇒ **ubicuo. 2** *fig.* Que se encuentra con facilidad y parece que está en todas partes: *es la actriz de moda: está ~ en todas las revistas.*

om·nis·cien·cia |omnisθiénθia| **1** ***f.*** Conocimiento de todas las cosas reales y posibles: *la ~ es atributo exclusivo de Dios.* **2** *fig.* Conocimiento de muchas materias: *este científico me asombra con su ~.*

om·nis·cien·te |omnisθiénte| ***adj.*** Que conoce todas las cosas reales y posibles: *la novela está contada por un narrador ~.*

om·ní·vo·⌜ro, ⌜ra |omníβoro, ra| ***adj.-s.*** (animal) Que se alimenta de toda clase de sustancias orgánicas: *los cerdos son omnívoros.*

o·mo·pla·to |omopláto| ***m.*** MED. Hueso ancho, triangular y casi plano, situado a un lado de la espalda, donde se articulan los huesos del hombro y el brazo: *recibió un golpe en el ~ y cayó al suelo.* ⇒ **omóplato.**

o·mó·pla·to |omóplato| ***m.*** ⇒ **omoplato.**

on·ce |ónθe| **1** ***num.*** Diez más uno: *seis y cinco son ~; si tengo 100 manzanas y te doy 89, me quedan ~.* **2** (persona, cosa) Que sigue en orden al que hace el número diez; *undécimo: *si voy después del décimo, soy el ~ de la lista.* ☐ Es preferible el uso del ordinal: *soy el undécimo.* - **3** ***m.*** Número que representa el valor de diez más uno: *escribe el ~ después del 10.*

on·ce·a·⌜vo, ⌜va |onθeáβo, βa| ***num.*** (parte) Que resulta de dividir un todo en 11 partes iguales: *si somos 11 para comer, me toca un ~ de tarta.* ⇒ **onceno.**

on·ce·⌜no, ⌜na |onθéno, na| **1** ***num.*** (persona, cosa) Que sigue en orden al que hace el número diez: *si voy después del décimo, soy el ~ de la lista.* ⇒ **undécimo. 2** (parte) Que resulta de dividir un todo en 11 partes iguales: *si somos 11 para comer, me toca un ~ de tarta.* ⇒ **onceavo.**

on·co·lo·gí·a |oŋkoloxía| ***f.*** MED. Disciplina que trata de los *tumores y de su tratamiento: *la ~ se ocupa del cáncer.*

on·da |ónda| **1** ***f.*** Acumulación de un líquido que se levanta y se mueve sobre una superficie del mismo líquido, generalmente agua, a causa del viento, de una corriente o de un movimiento: *la barca se balanceaba sobre las ondas del mar; tiró una piedra al lago y produjo ondas concéntricas.* ⇒ **ola. 2** Curva con forma de ola o de *S*: *las ondas del pelo le caen a los lados de la cara.* **3** FÍS. Vibración periódica a través de un medio o del vacío: *hay ondas luminosas que el ojo no puede captar; la televisión se transmite mediante ondas;* ~ **corta**, FÍS., la que tiene una longitud de entre 10 y 50 metros: *he cogido una frecuencia de ~ corta;* ~ **electromagnética**, FÍS., la producida por cargas eléctricas en movimiento: *las ondas electromagnéticas destruyeron la información que había en el disquete;* ~ **hertziana**, FÍS., la que se *propaga en el vacío a la misma velocidad que la luz: *la televisión se transmite por medio de ondas hertzianas;* ~ **larga**, FÍS., la que tiene una longitud de mil metros o más: *la ~ larga ya no se emplea en emisiones de radiodifusión;* ~ **media/normal**, FÍS., la que tiene una longitud de entre doscientos y mil metros: *ese programa se emite en ~ media.* **4** Adorno con forma de medio círculo que se pone en los bordes de vestidos y de otras prendas: *le puso ondas al bajo de su falda.* **5** Estilo o moda: *parece que vuelve la ~ de los años sesenta.* ☖ No se debe confundir con *honda.* ■ **captar la ~**, *fam.*, entender una cosa que se dice de modo indirecto: *no fui muy explícito al decirle que estaba estorbando, pero creo que captó la ~.* ■ **estar en la ~**, estar al corriente de lo que ocurre o de las últimas tendencias: *los jóvenes están en la ~ de lo último que sale al mercado en música de discoteca.*

on·de·ar |ondeár| ***intr.*** Moverse formando ondas: *su pelo ondeaba al viento; la bandera ondea en el mástil.* ⇒ **ondular.**

on·du·la·ción |ondulaθión| ***f.*** Onda en una superficie: *las ondulaciones del terreno permitían a los niños jugar al escondite.*

on·du·la·⌜do, ⌜da |onduláðo, da| ***adj.*** Que tiene o forma ondas: *la superficie del mar es ondulada; prefiero las patatas fritas onduladas porque son más crujientes.* ☖ Es el participio de *ondular.*

on·du·lar |ondulár| **1** ***tr.*** [algo] Hacer o formar ondas: *el peluquero le onduló el pelo.* **- 2** ***intr.*** Moverse formando ondas: *las banderas ondulan al viento.* ⇒ **ondear.**

o·ne·ro·⌜so, ⌜sa |oneróso, sa| ***adj.*** Que es pesado, molesto o *costoso: *no deseo irme a vivir con mis tíos porque no quiero ser una carga onerosa para ellos.*

o·ní·ri·⌜co, ⌜ca |oníriko, ka| ***adj.*** *form.* De los sueños o que tiene relación con ellos: *está interesado por los significados oníricos.*

o·no·más·ti·ca |onomástika| **1** ***f.*** *form.* Día del santo de una persona: *las mujeres que se llaman Pilar celebran su ~ el día 12 de octubre.* **2** *form.* Disciplina que estudia los nombres propios de persona y de lugar, y los ordena por países o por periodos de tiempo: *consultó varios libros de ~ hispanorromana.*

o·no·ma·to·pe·ya |onomatopéya| **1** ***f.*** Imitación de un sonido que no es propio del lenguaje humano: ¡guau! *es una ~.* **2** LING. Palabra que imita un sonido que no es propio del lenguaje humano: *en* se oía el tic tac del reloj, tic tac *es una ~.*

on·to·lo·gí·a |ontoloxía| ***f.*** FIL. Disciplina de la *metafísica que trata del *concepto del ser y de sus propiedades: *Juan es especialista en ~.*

o·nu·ben·se |onuβénse| **1** ***adj.*** De Huelva o que tiene relación con Huelva: *mi familia veranea en una playa ~.* **- 2** ***com.*** Persona nacida en Huelva o que vive habitualmente en Huelva: *los onubenses hablan el español de Andalucía.*

on·za |ónθa| **1** ***f.*** Medida de peso que equivale a 28,70 gramos: *una libra tiene dieciséis onzas.* **2** Parte o cuadro en que se divide una *tableta de chocolate: *me he comido dos onzas de chocolate.* **3** Moneda de oro que pesa aproximadamente 28,70 gramos: *al derribar el muro, aparecieron 20 onzas de oro.*

o·pa·⌜co, ⌜ca |opáko, ka| **1** ***adj.*** Que no deja pasar la luz: *he puesto un cristal ~ en la puerta del cuarto de baño.* ⇔ **diáfano, transparente. 2** Que es oscuro; que no tiene brillo ni luz: *una hierba opaca y de aspecto polvoriento cubría el jardín.* **3** Que no destaca; que es común: *no destaca en nada: es una persona opaca y mediocre.*

ó·pa·lo |ópalo| ***m.*** Mineral duro de distintos colores que se puede usar como adorno: *el ~ es una variedad del cuarzo.*

op·ción |oᵖθión| **1** ***f.*** Capacidad para obrar según una preferencia; libertad o posibilidad de elegir: *no nos queda ~: tenemos que hacer lo que nos mandan.* ⇒ **alternativa, elección. 2** Cosa que se puede elegir o que se ha elegido: *tiene que examinar bien las opciones antes de decidirse.* **3** Derecho que se tiene a un oficio, honor o cargo: *el príncipe tiene ~ al trono.*

op·cio·nal |oᵖθionál| ***adj.*** Que se puede elegir según una preferencia: *el coche tiene la dirección asistida, pero el aire acondicionado es ~; los alumnos deben cursar dos de las diez asignaturas opcionales que se ofrecen.* ⇒ **optativo.**

ó·pe·ra |ópera| **1** ***f.*** Género musical en el que un texto *dialogado se canta acompañado de música: *es un gran aficionado a la ~.* **2** Obra de ese género: *fuimos a ver la ~ «Don Giovanni» de Mozart.* **3** Lugar donde se representa esa obra: *se vistió con un traje de noche para ir a la ~.*

o·pe·ra·ción |operaθión| **1** ***f.*** Ejecución de una acción: *los terroristas fueron detenidos gracias a una ~ de la policía; la ~ ideada por el general permitió el despliegue de las tropas.* **2** Curación de un enfermo que se realiza abriendo y cortando el tejido o el órgano dañado con los instrumentos médicos adecuados: *han sometido a Isabel a una ~ de estómago; el cirujano dijo que se presentaron complicaciones durante la ~.* **3** Combinación de números o de expresiones matemáticas, según unas reglas, para *obtener un resultado: *creo que el resultado de esta ~ es correcto.* **4** Acción de comprar y vender mercancías o servicios para conseguir *ganancias: *toda su vida se ha dedicado a hacer operaciones en la Bolsa.* ⇒ **negociación.**

o·pe·ra·⌜dor, ⌜do·ra |operaðór, ðóra| **1** ***adj.-s.*** Que opera; que hace una operación: *los contratos los han negociado dos operadores de nuestra empresa.* **2** Técnico encargado de manejar y hacer que funcionen ciertos aparatos: *Rafa trabaja como ~ de ordenadores en una empresa.* **3** Persona que, en el servicio público de teléfonos, establece las comunicaciones que no son automáticas: *la operadora me puso en comunicación con la habitación de mi amigo en el hospital.*

o·pe·rar |operár| **1** ***tr.-intr.*** [algo, a alguien; de algo] Curar a un enfermo abriendo y cortando el tejido o el órgano dañado con los instrumentos médicos adecuados: *han operado a su madre del corazón; el cirujano operó la pierna atrofiada.* **- 2** ***intr.*** [con algo] Combinar números o expresiones matemáticas, según unas reglas, para *obtener un resultado: *para resolver este problema, hay que ~ con números naturales.* ⇒ **calcular. 3** *form.* [en/sobre algo, alguien] Producir el efecto esperado: *el calmante operó rápidamente sobre el paciente.* ⇒ **actuar. 4** *form.* Obrar o trabajar; ejecutar acciones, especialmente comerciales, militares o ilegales: *para conseguir buenos resultados, debemos ~ con prudencia; esta empresa opera en bolsa; las fuerzas de la OTAN están operando en el Atlántico Norte.* ⇒ **actuar.** - **5** ***tr.-prnl.*** *form.* [algo] Causar o causarse; realizar; producirse: *por fin se opera un profundo cambio en su comportamiento.* ⇒ **realizar.** - **6 operarse** ***prnl.*** [de algo] Dejar que el médico cure un órgano o tejido dañado del cuerpo, abriéndolo y cortándolo con los instrumentos médicos adecuados: *el médico me ha dicho que tengo que operarme del riñón.*

o·pe·ra·⌐rio, ⌐ria |operário, ria| ***m. f.*** Persona que se dedica a hacer un trabajo físico: *los operarios de las fábricas no tienen títulos universitarios.* ⇒ **obrero.**

o·pe·ra·ti·⌐vo, ⌐va |operatíβo, βa| **1** ***adj.*** Que obra y tiene efecto: *si este remedio no da resultado, habrá que buscar uno que resulte más ~.* **2** Que tiene relación con la práctica y la ejecución de las acciones: *los objetivos de este proyecto son concretos y operativos.*

o·pe·re·ta |operéta| ***f.*** MÚS. Composición musical cantada y con *diálogos, en la que se cuenta una historia festiva y divertida: *la ~ es un espectáculo de origen francés; Marta parece un personaje de ~, tan sufrida siempre y tan sentimental.*

o·pi·nar |opinár| **1** ***intr.-tr.*** [algo] Expresar una opinión de palabra o por escrito: *el ministro aún no ha opinado sobre el asunto; opino que no debes invertir ese dinero.* - **2** ***intr.*** Formar o tener opinión: *es necesario conocer los hechos antes de ~.*

o·pi·nión |opinión| **1** ***f.*** Juicio sobre una *cuestión; idea que se forma o se tiene de una cosa: *quiere saber su ~ sobre el producto; los nuevos datos me han hecho cambiar de ~;* **~ pública**, la que es común a la *mayoría de las personas acerca de un asunto: *los medios de comunicación de masas tratan de ganar la ~ pública para sus causas; el antiguo alcalde tiene a la ~ pública a su favor.* **2** Fama o idea que se tiene de una persona o cosa: *la buena ~ que tengo de ti me hace aceptar lo que me propongas.*

o·pio |ópio| ***m.*** Droga que produce sueño y que se *obtiene de ciertas plantas: *el ~ se obtiene de las adormideras.*

o·pí·pa·⌐ro, ⌐ra |opíparo, ra| ***adj.*** (comida) Que es muy abundante y generoso: *después de la opípara cena salimos a dar un paseo.*

o·po·ner |oponér| **1** ***tr.*** [algo] Exponer razones contrarias a una idea o un proyecto: *el diputado opuso varios argumentos a la construcción del embalse.* **2** Poner un obstáculo para impedir una acción: *el detenido opuso resistencia a la policía; el equipo blanco sólo pudo ~ entusiasmo ante el ataque del equipo azul.* - **3 oponerse** ***prnl.*** Ser contrario; negar: *el blanco se opone al negro; nadie se opuso a su decisión; María quiso ir de compras, pero su madre se opuso.* ☖ El participio es *opuesto.* Se conjuga como 78.

o·por·to |opórto| ***m.*** Vino dulce que se produce *principalmente en Oporto: *estuvimos en Portugal y allí probamos el ~.*

o·por·tu·ni·dad |oportuniðáᵈ| **1** ***f.*** Circunstancia oportuna: *debes aprovechar esta ~ porque no sabes cuándo surgirá otra igual.* **2** Cualidad de oportuno: *no pongo en duda la ~ de su visita.*

o·por·tu·nis·mo |oportunísmo| ***m.*** Habilidad para aprovechar las oportunidades: *el ~ del delantero del equipo de fútbol salvó el partido.*

o·por·tu·nis·ta |oportunísta| ***adj.-com.*** (persona) Que sabe aprovechar las oportunidades, pero está falto de otros valores: *es un ~ que logró el ascenso adulando al jefe.*

o·por·tu·⌐no, ⌐na |oportúno, na| **1** ***adj.*** Que se hace u ocurre en un momento adecuado o conveniente: *tu llamada no puede ser más oportuna porque hace rato que quería hablar contigo.* ⇔ **inoportuno.** **2** Que es agradable en la conversación y muestra buenas ideas: *me agrada: es una chica muy oportuna.* ⇔ **inoportuno.**

o·po·si·ción |oposiθión| **1** ***f.*** Hecho o fuerza contraria a una acción: *la familia no puso ~ a que los jóvenes se casaran; no ha encontrado ninguna ~ a su propuesta.* **2** Procedimiento de *selección de personas que aspiran a ocupar un puesto de trabajo: *Clara ha aprobado el primer examen de la ~; las oposiciones para el cuerpo de funcionarios del Estado tendrán lugar en febrero.* ⇒ **concurso.** ☖ Se usa frecuentemente en plural. **3** Grupo político que no está en el poder y que es contrario a la acción del Gobierno: *la ~ votó en contra de la nueva ley; los miembros de la ~ manifestaron un punto de vista diferente al del Gobierno.*

o·po·si·tar |opositár| ***intr.*** [a algo] Presentarse a las pruebas de *selección para ocupar un puesto de trabajo: *hizo la carrera de derecho y después opositó a notarías.*

o·po·si·⌐tor, ⌐to·ra |opositór, tóra| **1** ***m. f.*** Persona que se opone a otra: *fue su ~ en aquel debate.* **2** Persona que aspira a un puesto que se concede por *oposición: *quinientos opositores se presentaron al primer examen.*

o·pre·sión |opresión| **1** ***f.*** Acción y resultado de *oprimir: *escapó de casa para huir de la ~ que su padre ejercía sobre la familia.* **2** Molestia producida por una cosa que aprieta: *la ~ de este vendaje no me deja respirar.*

o·pre·⌐sor, ⌐so·ra |opresór, sóra| ***adj.-s.*** (persona, cosa) Que domina o manda con autoridad excesiva o injusta: *los trabajadores se rebelaron contra el régimen ~.*

o·pri·mir |oprimír| **1** ***tr.*** [algo, a alguien] Ejercer presión: *no estoy cómodo con este pantalón porque me oprime.* ⇒ **apretar.** **2** *fig.* Dominar o mandar con autoridad excesiva o injusta: *el dictador oprimía al pueblo.* ⇒ **tiranizar.**

op·tar |oᴾtár| **1** ***intr.*** [a algo] Intentar conseguir; tener posibilidades de conseguir o hacer una cosa: *dos aspirantes optaban al cargo.* ⇒ **aspirar.** **2** [por/entre algo/alguien] Escoger o preferir para un fin; tomar de un conjunto: *pudo ~ entre dos puestos de trabajo y se quedó con el más seguro.*

op·ta·ti·⌐vo, ⌐va |oᴾtatíβo, βa| ***adj.*** Que se puede elegir o no; que no es necesario: *el curso incluía* *clases obligatorias y actividades optativas, como excursiones y visitas culturales.* ⇒ **opcional.**

óp·ti·ca |óᴾtika| **1** ***f.*** Establecimiento en el que se venden instrumentos para mejorar la vista: *fui a la ~ a cambiar mis gafas por unas más modernas.* **2** FÍS. Disciplina que trata de la luz y de los fenómenos que tienen relación con ella: *está leyendo un tratado de ~.* **3** Arte de construir espejos, *lentes e instrumentos para ver: *ha estudiado ~ y se ha especializado en lentes de contacto.*

óp·ti·⌈co, ⌈ca |óᴾtiko, ka| **1** ***adj.*** De la *óptica o que tiene relación con ella: *han abierto un nuevo establecimiento ~ en la calle Mayor.* **2** De la vista o que tiene relación con ella: *el tamaño de la nariz de ese actor es un efecto ~ producido por el maquillaje.* **- 3** ***m. f.*** Persona que se dedica a fabricar o vender instrumentos de *óptica: *el ~ me ha recomendado estas gafas.*

op·ti·mis·mo |oᴾtimísmo| ***m.*** Tendencia a ver y a juzgar las cosas en su aspecto mejor o más agradable: *las lluvias de la primavera hicieron nacer el ~ entre los agricultores acerca de la abundancia de su cosecha.* ⇔ **pesimismo.**

op·ti·mis·ta |oᴾtimísta| ***adj.-com.*** (persona) Que tiende a ver y juzgar las cosas en su aspecto mejor o más agradable: *los optimistas están convencidos de que todo lo que hagan les va a salir bien.* ⇔ **pesimista.**

óp·ti·⌈mo, ⌈ma |óᴾtimo, ma| ***adj.*** Que es muy bueno; que no puede ser mejor: *en un monasterio encontró el lugar ~ para el estudio.* ⇒ **mejor.** ⇔ **pésimo.** ☐ Es el superlativo de *bueno.*

o·pues·⌈to, ⌈ta |opuésto, ta| ***adj.*** Que está o se mueve en contra; que se opone: *tiene ideas opuestas a las mías.* ⇒ **contrario.** ☐ Es el participio irregular de *oponer.*

o·pu·len·cia |opulénθia| **1** ***f.*** Riqueza grande: *si vives en la ~, es más difícil comprender las necesidades de los pobres.* **2** *fig.* Abundancia de una cosa: *la ~ de las despensas del castillo no sirvió para alimentar a toda la población.*

o·pu·len·⌈to, ⌈ta |opulénto, ta| **1** ***adj.*** Que es muy rico: *la crisis económica afectó gravemente a las opulentas arcas del Estado.* **2** Que es muy abundante: *el camarero me sirvió un desayuno opulento.*

o·que·dad |okeðáᵈ| ***f.*** Espacio hueco en el interior de un cuerpo u objeto: *el bandolero se escondía en una ~ del tronco del árbol.*

o·ra |óra| ***conj.*** Indica que dos o más acciones alternan o se oponen: *~ andando, ~ corriendo, llegaron al pueblo.* ⇒ **o, ya.**

o·ra·ción |oraθión| **1** ***f.*** Ruego que se hace a Dios o a los santos; *elevación de la mente a Dios para alabarlo o pedirle favores: *el padrenuestro es la ~ más conocida en el mundo cristiano.* **2** LING. Expresión formada *básicamente por un sujeto y un *predicado: *la ~ es una de las principales unidades de la lengua;* ~ **simple,** LING., la que está formada por un solo *predicado y un solo sujeto: Pedro pasea por el parque *es una ~ simple;* ~ **compuesta,** LING., la que está formada por más de un sujeto y más de un *predicado o por una serie de oraciones simples: *las siguientes son oraciones compuestas:* Juan lee y Pedro pasea; el libro que me has comprado tiene bellas ilustraciones; ~ **coordinada,** LING., la que está unida a otra de la misma naturaleza y función, pero no depende de ella: María estudia y Juan trabaja *son oraciones coordinadas;* ~ **subordinada,** LING., la que depende de otra principal: *en* cuando llueve, me mojo, *la ~* cuando llueve *es una ~ subordinada.*

o·ra·cio·nal |oraθionál| ***adj.*** De la oración gramatical o que tiene relación con ella: *la función de sujeto es una característica ~.*

o·rá·cu·lo |orákulo| **1** ***m.*** Mensaje o respuesta que procede de un dios: *la sacerdotisa interpretó el ~.* **2** Lugar donde se *acude para *consultar a un dios: *muchas personas acudían al ~ de Delfos.* **3** *fig.* Persona sabia y autorizada cuya opinión se considera verdadera: *sabe de todo: es un ~.*

o·ra·⌈dor, ⌈do·ra |oraðór, ðóra| ***m. f.*** Persona que habla en público: *el profesor es un excelente ~ y nos encanta escucharle.*

o·ral |orál| **1** ***adj.*** Que se hace de palabra y no por escrito: *el examen de español será ~.* ⇒ **verbal.** **2** De la boca o que tiene relación con la boca: *estoy estudiando la cavidad ~ de los peces.* **3** (medicina) Que se toma por la boca: *el jarabe y las pastillas son medicinas orales.*

o·ran·gu·tán |oraŋgután| ***m.*** Mono del tamaño de un hombre, de pelo entre marrón y rojo, que camina sobre dos patas, tiene las extremidades anteriores muy largas y se alimenta de vegetales: *los orangutanes se encuentran en las selvas de Sumatra y Borneo.* ☐ Para indicar el sexo se usa el ~ macho y el ~ hembra.

o·rar |orár| **1** ***intr.*** Rogar a Dios o a los santos: *las beatas oran por los difuntos.* **2** Hablar en público: *para ~ es conveniente no ponerse nervioso.*

o·ra·to·ria |oratória| ***f.*** Capacidad de hablar de manera agradable para convencer o provocar un sentimiento determinado: *la ~ era muy importante para los clásicos.* ⇒ **elocuencia, retórica.**

o·ra·to·rio |oratório| **1** ***m.*** Lugar preparado para rezar: *los monjes acudieron al ~ para rezar sus oraciones diarias.* **2** MÚS. Composición musical de asunto religioso: *en cuaresma se interpretan oratorios; se ha dicho que el ~ era una ópera sin escena.*

or·be |órβe| **1** ***m.*** Conjunto de todas las cosas que existen: *la peste asoló todo el ~ en la Edad Media.* **2** Conjunto de todas las cosas que pertenecen a un determinado campo o terreno: *su descubrimiento revolucionó el ~ científico.*

ór·bi·ta |órβita| **1** ***f.*** Camino que recorre un cuerpo celeste en el espacio por acción de la gravedad: *los planetas describen órbitas en su movimiento de traslación alrededor del Sol.* **2** ANAT. Hueco en el que se encuentra el ojo: *tiene unos ojos tan grandes que parece que no le caben en las órbitas.* ⇒ **cuenca.** **3** *fig.* Campo de acción o de influencia: *el mercado hispanoamericano está en la ~ de esta empresa; este aspecto se sale de la ~ de nuestros estudios.* ■ **estar en ~,** conocer un ambiente o asunto: *me ha dicho que sobre este tema está en ~, sabe todo lo que ocurre.*

■ **estar fuera de** ~, no conocer un ambiente o asunto: *a mí no me preguntes qué música está de moda porque estoy fuera de* ~. ■ **poner en** ~, lanzar al espacio una nave o un *satélite: *la NASA ha puesto en* ~ *un satélite artificial.*

or·ca |órka| ***f.*** Animal mamífero marino con forma de pez de gran tamaño y de color negro por encima y blanco por debajo: *la* ~ *vive en los mares del norte.* ☐ Para indicar el sexo se usa la ~ macho y la ~ hembra. No se debe confundir con *horca.*

ór·da·go |órðaɣo| ***m.*** Jugada del *mus en la que se *apuesta todo lo que falta para ganar: *le eché un* ~, *pero no lo quiso.* ■ **de** ~, *fam.*, que es muy bueno, grande o intenso: *te ha salido un guiso de* ~.

or·den |órðen| **1** ***m.*** Colocación de las cosas en el lugar que les corresponde: *el* ~ *de los libros te permitirá encontrarlos luego con facilidad.* ⇒ **ordenación, ordenamiento. 2** Organización; correspondencia de las cosas entre sí: *en esta casa falta un poco de* ~. ⇒ **armonía.** ⇔ **anarquía;** ~ **establecido**, organización social, política y económica propia de una comunidad: *la revolución es la lucha contra el* ~ *establecido;* ~ **natural**, organización y forma de ocurrir las cosas según las leyes de la naturaleza: *el* ~ *natural establece que la muerte ha de venir tras la vida;* ~ **público**, situación o estado de paz y de respeto a la ley de una comunidad: *los disturbios de ayer tarde pretendían alterar el* ~ *público.* **3** Regla o modelo: *las palabras deben colocarse por* ~ *alfabético.* **4** Serie de cosas relacionadas entre sí: *¿ cuál es el* ~ *de los días de la semana?* ⇒ **sucesión. 5** ARQ. Estilo o colocación y proporción de los cuerpos que componen un edificio: *la arquitectura moderna no sigue el* ~ *clásico;* ~ **compuesto**, ARQ., el que combina el *corintio y el *jónico: *la fachada de ese edificio es de* ~ *compuesto;* ~ **corintio**, ARQ., el que adorna la parte superior de las columnas con hojas: *las columnas del* ~ *corintio son algo más altas que las del dórico;* ~ **dórico**, ARQ., el que no adorna las columnas y las presenta lisas: *los capiteles del* ~ *dórico son sencillos;* ~ **jónico**, ARQ., el que adorna la parte superior de las columnas con *volutas: *las columnas del* ~ *jónico son algo más altas que las del dórico y más bajas que las del corintio;* ~ **toscano**, ARQ., el que es sólido, sencillo y liso: *el* ~ *toscano deriva del dórico.* **6** BIOL. Categoría de clasificación de los seres vivos, inferior a la de clase y superior a la de familia: *el perro y el gato pertenecen al* ~ *de los carnívoros, pero son de distinta familia.* **7** REL. *Sacramento de la Iglesia *católica por el que un hombre se convierte en sacerdote: *el presbítero recibió el* ~ *sacerdotal.* **8** Grado o categoría de los hombres que están al servicio de la Iglesia: *las órdenes pueden ser mayores o menores.* ☐ En plural se usa el género femenino. **9** *form.* Grupo o categoría social: *la aristocracia romana estaba formada por el* ~ *de los senadores.* - **10** ***f.*** Acción que se manda obedecer, observar y ejecutar: *el soldado cumplió la* ~; *ha dado* ~ *de que no se le moleste.* ⇒ **mandato; real** ~, *form.*, la que manda el gobierno: *los antiguos reyes dictaban y firmaban estas reales órdenes; en la democracia, la real* ~ *la firma un ministro en nombre del rey.* **11** Comunidad religiosa aprobada por la Iglesia que vive bajo unas reglas establecidas por su fundador: *Santa Teresa de Jesús fundó la* ~ *de las Carmelitas descalzas.* ⇒ **congregación. 12** Organización *civil o militar creada con un fin determinado: *los caballeros de la* ~ *de Santiago vigilaban el camino de Santiago.* ■ **a la** ~, expresión que indica que se va a obedecer en lo que se ha mandado: *prepara la comida. — A la* ~. ■ **a las órdenes de**, bajo el mando de: *Sancho trabajaba a las órdenes de Don Quijote.* ■ **¡a sus órdenes!**, expresión militar que se usa para saludar y para *responder a un mando superior: *¡a sus órdenes, mi capitán!* ■ **dar órdenes**, mandar: *se pasa el día dando órdenes, es como un sargento.* ■ **del** ~ **de**, *form.*, aproximadamente: *las pérdidas son del* ~ *de cuatro millones.* ■ **en** ~, siguiendo una organización establecida: *desfilaremos en* ~. ■ **estar a la** ~ **del día**, ser muy frecuente; estar de moda: *la minifalda está a la* ~ *del día.* ■ **llamar al** ~, mandar a una persona que deje de hacer una cosa que no debe hacer: *el bibliotecario llamó al* ~ *a los que estaban hablando en voz alta.* ■ ~ **del día**, serie de puntos que han de tratarse en una reunión: *el primer punto del* ~ *del día es aprobar el acta de la reunión anterior.* ■ ~ **del día**, serie de actividades que han de realizarse a lo largo de un día: *según el* ~ *del día, mañana por la mañana debemos hacer gimnasia.* ■ **poner en** ~, colocar las cosas en el lugar que les corresponde: *por favor, pon en* ~ *tu habitación.* ⇒ **ordenar.** ■ **sin** ~ **ni concierto**, *fam.*, de cualquier manera: *los coches circulaban en todas direcciones, sin* ~ *ni concierto.*

or·de·na·ción |orðenaθión| **1** ***f.*** Colocación de las cosas en el lugar u el orden que les corresponde: *no sólo hay que aprenderse la lista de los elementos, sino también su* ~. ⇒ **orden, ordenamiento. 2** Organización y clasificación de las cosas: *la* ~ *política tiene como modelo la de otros países democráticos; la Revolución Francesa produjo un cambio en la* ~ *social.* **3** REL. Ceremonia por la que se hace una persona sacerdote cristiano: *toda la familia asistió a la* ~ *del hijo menor.*

or·de·na·da |orðenáða| ***f.*** MAT. Distancia que hay, dentro de un plano, entre un punto y un eje horizontal, medida en la dirección de un eje vertical: *si te doy los valores de la abscisa y la* ~, *puedes localizar un punto en un plano.* ⇔ **abscisa.** ■ **eje de ordenadas**, eje vertical; eje de *y*: *tienes que dibujar un eje de ordenadas y otro de abscisas.*

or·de·na·⌐do, ⌐da |orðenáðo, ða| ***adj.*** (persona) Que guarda orden y método en sus acciones: *mis hijos son muy ordenados con su ropa.* ☐ Es el participio de *ordenar.*

or·de·na·dor |orðenaðór| ***m.*** INFORM. Máquina capaz de tratar información automáticamente mediante operaciones matemáticas y lógicas realizadas con mucha rapidez y controladas por programas *informáticos: *el* ~ *simplifica los trabajos mecánicos y repetitivos; Marisa trabaja metiendo datos en un* ~. ⇒ **computadora.**

or·de·na·mien·to |orðenamiénto| **1** ***m.*** Colocación de las cosas en el lugar u el orden que les corresponde: *el ~ de esos documentos es muy importante para su posterior localización.* ⇒ **orden, ordenación. 2** DER. Conjunto breve de leyes que se hacen públicas al mismo tiempo; conjunto breve de normas o de disposiciones relacionadas con una materia: *el nuevo ~ propone algunas restricciones comerciales.*

or·de·nan·za |orðenánθa| **1** ***f.*** Conjunto de normas u órdenes, especialmente los que se dan para el buen gobierno de una ciudad o comunidad: *las ordenanzas municipales prohíben verter basuras en ese lugar.* **- 2** ***m.*** Empleado de categoría inferior en ciertas oficinas: *le pidió al ~ que avisase al jefe.* **- 3** Soldado que está bajo las órdenes de un oficial o de un jefe para los asuntos del servicio: *el capitán arrestó al ~.*

or·de·nar |orðenár| **1** ***tr.*** [algo] Poner en orden: *pasó toda la mañana ordenando su habitación; ha ordenado los apuntes por materias.* ⇔ **desordenar, empantanar. 2** [algo; a alguien] Dar una orden; obligar: *le ordené que volviera.* ⇒ **mandar. - 3** ***tr.-prnl.*** [a alguien] Nombrar o hacer sacerdote por medio de un *sacramento: *el Papa ordenó veinte nuevos sacerdotes; su ilusión era ver ordenarse a su hijo mayor.*

or·de·ñar |orðeɲár| **1** ***tr.*** [algo] Sacar la leche apretando la mama: *la granjera se levanta temprano para ~ las vacas; bebía leche recién ordeñada.* **2** *fam. fig.* [algo, a alguien] Sacar todo el provecho posible: *el dueño de la fábrica ordeñó al muchacho y luego lo abandonó.*

or·di·nal |orðinál| **1** ***adj.*** Del orden o que tiene relación con el orden: *los cargos militares tienen una escala ~.* **- 2** ***adj.-m.*** LING. (adjetivo, pronombre) Que indica orden: *los numerales* primero, segundo *y* tercero *son ordinales.* ⇒ **cardinal, numeral.**

or·di·na·riez |orðinariéθ| ***f.*** Falta de educación y cultura: *meterse el dedo en la nariz es una ~.*

or·di·na·⌐rio, ⌐ria |orðinário, ria| **1** ***adj.*** Que es común, regular o normal; que ocurre habitualmente: *ese profesor imparte las clases ordinarias y su ayudante, las prácticas.* ⇔ **extraordinario. 2** Que no se distingue por ser el mejor ni el peor: *es un estudiante ~, aprueba sin sacar buenas notas.* **3** Que es vulgar o de mal gusto; que tiene poco valor: *el vestido es bonito, pero está hecho con un tejido ~.* ⇒ **chabacano.** ⇔ **exquisito. 4** (*juez, tribunal) Que pertenece a la justicia *civil; que no es militar ni religioso: *los insumisos quieren ser juzgados por tribunales ordinarios.* **5** (correo) Que se envía por tierra o por mar siguiendo un proceso normal: *envíe el sobre por correo ~, no es necesario que lo certifique.* **- 6** ***adj.-s.*** (persona) Que tiene malos modos o que es poco educado; que tiene escasa formación cultural: *es un ~, siempre está soltando tacos.* ⇒ **rudo.**

o·re·ar |oreár| **1** ***tr.*** [algo] Sacar al aire libre una cosa para *enfriarla, secarla o quitarle el olor: *el viento orea la casa; hemos oreado las pieles.* **- 2 orearse** ***prnl.*** *fam.* Salir a tomar el aire: *ha ido a dar una vuelta y a orearse.*

o·ré·ga·no |oréɣano| ***m.*** Hierba olorosa de tallos vellosos, con las hojas pequeñas y ovaladas y las flores rosadas en *espiga: *el ~ se usa para dar sabor a la comida; ese adobo lleva ~ y pimentón.* ■ **no todo el monte es ~**, *fam. fig.*, expresión que indica que no todas las cosas son fáciles y agradables: *eres un ingenuo y un iluso, ya te advertimos que no todo el monte es ~.*

o·re·ja |oréxa| **1** ***f.*** Órgano situado en la cabeza y que forma la parte exterior del oído: *Elisa tiene unas orejas enormes y por eso no se deja el pelo corto; el perro levantó las ~ cuando oyó los pasos en el corredor; el elefante tiene unas orejas enormes.* ⇒ **pabellón. 2** *fig.* Capacidad para oír o para enterarse de las cosas: *yo no lo he oído porque tengo mala ~.* **3** Objeto que se parece a ese órgano: *tengo un sillón con orejas.* ■ **agachar/bajar las orejas**, *fam.*, *ceder de modo *humilde o aceptar sin protestar: *no estoy dispuesto a seguir agachando las orejas ante las injusticias.* ■ **aguzar las orejas**, poner mucha atención o cuidado: *aguzad las orejas porque voy a decir por última vez lo que tenéis que hacer.* ■ **aplastar/planchar la ~**, *fam.*, dormir: *estoy muy cansado, me voy a planchar la ~.* ■ **asomar/descubrir/enseñar la ~**, *fam.*, descubrir las intenciones verdaderas: *creí en él hasta que enseñó la ~.* ■ **calentar las orejas**, *fam.*, regañar con dureza: *cuando descubra al culpable, le va a calentar bien las orejas.* ■ **con las orejas caídas/gachas**, con tristeza y sin haber conseguido lo que se desea: *se marchó de la fiesta con las orejas gachas porque no había podido bailar con Ana.* ■ **mojar la ~**, insultar o molestar a una persona tratando de discutir con ella: *no sigas mojándome la ~, que te voy a dar una bofetada.* ■ **poner las orejas coloradas**, *fam.*, decir palabras desagradables; regañar con dureza: *haré bien el trabajo porque no quiero que luego me pongan las orejas coloradas.* ■ **ver las orejas al lobo**, encontrarse en una situación de mucho peligro: *cuando tuvo el accidente le vio las orejas al lobo y ahora es muy prudente con la moto.*

o·re·je·ra |orexéra| ***f.*** Pieza de la *gorra que, junto con otra igual, cubre las orejas: *no me gusta esa gorra porque no tiene ~ y se me enfrían las orejas.*

o·re·⌐jón, ⌐jo·na |orexón, xóna| **1** ***adj.*** Que tiene orejas grandes o más grandes de lo que se considera normal: *nunca lleva pendientes porque es un poco orejona; ¡qué perro tan ~!* ⇒ **orejudo. - 2 orejón** ***m.*** Trozo de fruta seca, generalmente de *melocotón o *albaricoque: *en Navidades siempre toman orejones; los orejones están metidos en esa caja de cartón.*

o·re·ju·⌐do, ⌐da |orexúðo, ða| ***adj.*** Que tiene orejas grandes o largas; que tiene orejas más grandes de lo que se considera normal: *el elefante es un animal ~.* ⇒ **orejón.**

o·ren·sa·⌐no, ⌐na |orensáno, na| **1** ***adj.*** De Orense o que tiene relación con Orense: *el territorio ~ pertenece a la comunidad autónoma de Galicia.*

- 2 ***m. f.*** Persona nacida en Orense o que vive habitualmente en Orense: *los orensanos son vecinos de los coruñeses.*

o·re·o |oréo| ***m.*** Acción y resultado de *orear u *orearse: *el ~ refrescó la habitación.* ⇒ **ventilación.**

or·fa·na·to |orfanáto| ***m.*** Establecimiento dedicado a recoger, criar y educar niños cuyos padres han muerto, los han abandonado o no pueden hacerse cargo de ellos: *cuando sus padres murieron, una vecina llevó a los dos hermanitos al ~.* ⇒ **hospicio, inclusa orfelinato.**

or·fe·bre |orfébre| **1** ***com.*** Persona que se dedica a trabajar objetos de oro, plata u otros metales preciosos: *un ~ labró el cofre.* **2** Persona que se dedica a vender objetos de oro, plata u otros metales preciosos: *he comprado este anillo a un ~ de Toledo.*

or·fe·bre·rí·a |orfeβrería| ***f.*** Arte de trabajar objetos de oro, plata u otros metales preciosos: *la ~ es una labor de artesanía.*

or·fe·li·na·to |orfelináto| ***m.*** Establecimiento dedicado a recoger, criar y educar niños cuyos padres han muerto, los han abandonado o no pueden hacerse cargo de ellos: *no tiene padres: vive en el ~.* ⇒ **orfanato.** ☐ Esta palabra procede del francés. La Real Academia Española prefiere la forma *orfanato.*

or·fe·ón |orfeón| ***m.*** Grupo de personas que cantan juntas sin acompañamiento de instrumentos: *el Orfeón Donostiarra interpretó varias canciones.* ⇒ **coro.**

or·gá·ni·⌈co, ⌈ca |orγániko, ka| **1** ***adj.*** *form.* (cuerpo, ser) Que tiene vida; que es capaz de vivir: *las plantas y los animales son seres orgánicos.* ⇔ **inorgánico. 2** *form.* (sustancia o materia) Que es o ha sido parte de un ser vivo; que está formado por *restos de seres vivos: *la basura orgánica puede recuperarse como abono; el petróleo está formado a partir de restos orgánicos.* ⇔ **inorgánico. 3** Del organismo, de los órganos de los seres vivos o que tiene relación con ellos: *las vitaminas aumentan nuestras defensas orgánicas; la biología estudia el funcionamiento ~ de animales y plantas.* **4** *form. p. ext.* Que está organizado en partes separadas que cumplen una función determinada y que están relacionadas entre sí: *los códigos de leyes deben ser conjuntos orgánicos.* **5** QUÍM. (sustancia) Que se compone *principalmente de *carbono: *una parte de la química estudia los compuestos orgánicos.*

or·ga·ni·llo |orγaníʎo| ***m.*** Instrumento musical de percusión, que suena por un mecanismo que hace girar un cilindro con salientes que golpean unas piezas de metal: *en la verbena de San Isidro los chulapos bailan al son del ~; tocar el ~ es muy fácil.*

or·ga·nis·mo |orγanísmo| **1** ***m.*** Conjunto de los órganos que forman un ser vivo: *el ~ de los recién nacidos es muy delicado.* **2** Ser vivo: *en el agua viven muchos organismos microscópicos.* **3** *fig.* Conjunto de oficinas, dependencias o empleos que forman un cuerpo o una *institución dedicados a un fin determinado: *trabaja en un ~ del Ministerio de Agricultura.*

or·ga·nis·ta |orγanísta| ***com.*** Persona que toca el órgano: *el ~ de la catedral es un sacerdote muy anciano.*

or·ga·ni·za·ción |orγaniθaθión| **1** ***f.*** Acción y resultado de organizar u organizarse: *la ~ del congreso fue muy buena.* **2** *fig.* Arreglo, orden o colocación: *te falta ~ en tu vida.* ⇔ **anarquía. 3** *fig.* Grupo de personas y medios organizados con un fin determinado: *la ~ nacional de ciegos da trabajo a muchos invidentes.*

or·ga·ni·za·⌈dor, ⌈do·ra |orγaniθaðór, ðóra| ***adj.-s.*** (persona) Que organiza o que tiene especial capacidad para organizar: *los organizadores del festival contrataron al cantante; es un gran ~, capaz de hacer que la gente trabaje en grupo.*

or·ga·ni·zar |orγaniθár| **1** ***tr.*** [algo] Preparar una cosa pensando y cuidando todos sus detalles: *¿por qué no organizamos un viaje a las Bahamas?; han organizado una gran fiesta.* ⇒ **planear.** ⇔ **desorganizar. 2** [algo, a alguien] Disponer y preparar un conjunto de personas y medios para un fin determinado: *la Cruz Roja organizará un grupo de salvamento.* **3** *fam.* [algo] Ordenar; poner en orden: *podrías ~ un poco tu mesa de trabajo; estoy hecho un lío y debo ~ mis ideas.* **- 4 organizarse** ***prnl.*** Prepararse con los medios adecuados para un fin determinado: *los estudiantes se organizaron frente al palacio para manifestarse.* **5** *fam.* Ordenar o arreglar la vida o un asunto: *no sabe organizarse solo.* **6** *fam. fig.* Formarse una cosa sin ser causada ni prevista: *se organizó una pelea en plena calle.* ⇒ **armar.** ☐ Se conjuga como 4.

ór·ga·no |órγano| **1** ***m.*** Parte de un ser vivo que puede considerarse separadamente y que cumple una función determinada: *el corazón es el ~ que bombea la sangre; el accidente no le ha dañado ningún ~ vital.* **2** Parte de un conjunto organizado que puede considerarse separadamente y que cumple una función determinada: *el Parlamento es un ~ de gobierno.* **3** MÚS. Instrumento musical de gran tamaño formado por teclas y por muchos tubos que producen sonido al pasar por ellos el aire que empuja un mecanismo: *el réquiem sonó en el ~ de la iglesia;* **~ eléctrico,** el que produce el sonido por medios eléctricos: *yo toco el ~ y Juanjo la batería en un grupo de rock.*

or·gas·mo |orγásmo| ***m.*** Satisfacción intensa en la excitación sexual: *después del ~, el pene vuelve a su tamaño normal; muchas mujeres llegan al ~ por la estimulación del clítoris.*

or·gí·a |orxía| **1** ***f.*** Fiesta en la que se abusa del sexo, la comida y la bebida: *en aquella casa se montaban las mayores orgías que se recuerdan en la ciudad.* **2** *fig.* Abuso en la satisfacción de pasiones y deseos: *de joven se dedicó a la ~ y su salud se ha resentido.*

or·gu·llo |orγúʎo| **1** ***m.*** Exceso de valoración por el que uno se cree superior a los demás: *su ~ le impide pedir perdón.* ⇒ **soberbia. 2** Sentimiento de satisfacción por un comportamiento bueno o por una obra bien hecha: *puede decir con ~ que en toda la carrera no ha suspendido ni un solo examen.*

or·gu·llo·⌈so, ⌈sa |orɣuʎóso, sa| ***adj.-s.*** (persona) Que tiene o siente orgullo: *es un ~ que desprecia a todos los que tienen menos dinero que él; está muy ~ de ese trabajo porque le ha salido muy bien.* ⇒ **arrogante.**

o·rien·ta·ción |orientaθión| **1** ***f.*** Colocación en una posición determinada *respecto a los puntos *cardinales: *me gusta la ~ de tu casa: tiene mucha luz natural.* **2** Posición *respecto de los puntos *cardinales: *trataban de buscar la ~ con una brújula.* **3** Información sobre un asunto o negocio: *le dio ciertas orientaciones para que comenzase a trabajar.*

o·rien·tal |oriental| **1** ***adj.*** Del *oriente o que tiene relación con él: *el territorio ~ es más rico que el occidental.* **2** De los países de *oriente o que tiene relación con ellos: *la gastronomía ~ utiliza mucho el arroz.* **- 3** ***com.*** Persona nacida en uno de los países de *oriente o que vive habitualmente en uno de estos países: *los orientales son muy trabajadores.*

o·rien·tar |orientár| **1** ***tr.*** [algo, a alguien] Colocar en una posición determinada *respecto a los puntos *cardinales: *orientaron el espejo hacia el sol; esta casa está orientada hacia poniente.* **2** Ocupar una posición *respecto de los puntos *cardinales: *nos encontramos orientados hacia el noroeste de la ciudad.* **3** Determinar una posición para situar todos los puntos *cardinales: *orientaron el mapa para mirar dónde se encontraban.* **4** Informar sobre un asunto o negocio: *nos orientó sobre lo que teníamos que hacer nada más llegar.* **5** *fig.* Dirigir hacia un fin determinado: *orientaron su política hacia la lucha contra el paro.* ⇒ **encaminar, guiar. 6** Dirigir hacia un lugar determinado: *en la agencia nos orientaron sobre cómo debíamos llegar al hotel.* ⇒ **encaminar, guiar.**

o·rien·te |oriénte| **1** ***m.*** Punto del horizonte situado donde nace el Sol: *todas las ventanas de la casa miran hacia ~.* ⇒ **este, levante. 2** Lugar situado hacia ese punto: *para volar a Grecia, hay que dirigirse hacia el ~ del Mediterráneo.* **3** Territorio que ocupa Asia y las zonas de África y Europa más cercanas a ella: *la península arábiga forma parte de Oriente; los Reyes Magos vienen de Oriente.* ⌂ En esta acepción se escribe con mayúscula.

o·ri·fi·cio |orifíθio| **1** ***m.*** *form.* Abertura o agujero: *el agua sale por este ~.* **2** Abertura de algunos conductos del organismo que los comunica con el exterior: *la ballena tiene dos orificios por donde respira.*

o·ri·gen |oríxen| **1** ***m.*** Principio o causa de una cosa; momento de su nacimiento: *el ~ del problema del paro hay que buscarlo en la crisis económica que sufrió el país.* **2** Lugar donde uno ha nacido o donde tuvo principio su familia; lugar de donde una cosa procede: *este vino tiene su ~ en la región andaluza de Jerez.* **3** *Ascendencia o familia: *se casó con una joven de ~ noble.*

o·ri·gi·nal |orixinál| **1** ***adj.*** Del origen o que tiene relación con él: *el equipo ~ estaba formado por cuatro personas.* **2** Que no es copiado ni imitado, sino fruto de la creación; que se distingue por ser nuevo y diferente: *los trajes de esta diseñadora son muy originales.* **3** (persona) Que produce obras o ideas nuevas y diferentes, que no son copiadas ni imitadas: *es un escritor muy ~.* **- 4** ***adj.-s.*** (obra, documento) Que no es copia; que ha sido producido directamente por su autor: *el cuadro ~ debe valer una fortuna, pero éste sólo es una copia; el ~ de esta novela fue escrito en francés; hay que presentar el documento ~ acompañado de dos fotocopias.* **- 5** ***m.*** Texto que se da a la *imprenta para que con arreglo a él se haga la impresión de una obra: *el ~ del autor venía manuscrito y fue preciso mecanografiarlo.* **6** Cosa que se copia o sirve de modelo para una copia: *tengo que hacer 40 fotocopias de este ~; el retrato es muy fiel al ~.*

o·ri·gi·na·li·dad |orixinaliðáᵈ| **1** ***f.*** Cualidad de original: *su ~ lo ha hecho famoso.* **2** Obra o dicho original: *algunas originalidades están muy cercanas a la extravagancia.*

o·ri·gi·nar |orixinár| **1** ***tr.*** [algo] Ser causa u origen: *un rayo originó el incendio.* ⇒ **causar, ocasionar. - 2 originarse** ***prnl.*** Tener origen o principio: *la guerra se originó por un conflicto territorial.*

o·ri·gi·na·⌈rio, ⌈ria |orixinário, ria| **1** ***adj.*** Que da origen a una persona o cosa: *este manantial es ~ de un río importante.* **2** Que trae su origen en un lugar, persona o cosa: *somos vecinos de una familia originaria de Asturias.*

o·ri·lla |oríʎa| **1** ***f.*** Parte extrema de una superficie, que toca una de las líneas que la limitan: *la ~ de la tela está muy gastada.* **2** Parte de tierra más próxima al mar, a un lago o a un río: *paseábamos por la ~ del mar.*

o·rín |orín| **1** ***m.*** Óxido rojo que se forma en la superficie del hierro: *limpió cuidadosamente el ~ de las bisagras y cerraduras.* **- 2 orines** ***m. pl.*** Líquido de color amarillo que se forma en el *riñón y se expulsa: *aquella esquina estaba llena de orines de perro.* ⇒ **orina.**

o·ri·na |orína| ***f.*** Líquido de color amarillo que se forma en el *riñón y se expulsa: *aquí hay un fuerte olor a ~; el médico le dijo que se hiciera un análisis de ~.* ⇒ **orín.**

o·ri·nal |orinál| ***m.*** Recipiente que sirve para recoger la orina y los excrementos y que se puede llevar de un lugar a otro: *debajo de la cama tiene un ~ para no tener que salir al váter por la noche; sentó al niño en el ~ hasta que hizo caca.* ⇒ **bacín.**

o·ri·nar |orinár| **1** ***intr.*** Expulsar la orina: *perdonadme, pero tengo que ir a ~.* ⇒ **mear. - 2** ***tr.*** [algo] Expulsar por la *uretra: *ha ido al médico porque ayer orinó sangre y se asustó.* **- 3 orinarse** ***prnl.*** Expulsar la orina sin quitarse la ropa o encima de uno mismo: *el niño se ha orinado, así que hay que cambiarle los pañales.*

o·riun·⌈do, ⌈da |oriúndo, da| ***adj.*** Que tiene su origen en un lugar determinado: *esta planta es oriunda del Amazonas.*

or·la |órla| **1** ***f.*** Adorno alrededor de un escrito, un impreso o un dibujo: *tiene su fotografía con una ~ dorada.* **2** Adorno en el borde de telas, vestidos u otras cosas: *lleva una ~ de armiño en su manto.* **3** Hoja en la que se reúnen las fotografías de los estudiantes de una *promoción, cuando terminan sus estudios o consiguen el título: *el médico tiene la ~ colgada al lado de su título en la consulta; en la ~ salimos todos los compañeros y los profesores del curso.*

or·lar |orlár| ***tr.*** [algo] Poner un adorno alrededor: *voy a ~ estas fotos de mi boda.*

or·na·men·ta·ción |ornamentaθión| **1** ***f.*** Acción y resultado de hacer más bonita una cosa o de poner adornos: *los anfitriones encargaron la ~ del palacio a una empresa especializada.* **2** Conjunto de cosas que sirven para adornar u *ornamentar: *la ~ del salón resultaba demasiado recargada.*

or·na·men·tal |ornamentál| ***adj.*** De la *ornamentación o que tiene relación con ella: *las artes ornamentales son más apreciadas por el público; además de los elementos constructivos, un edificio puede tener muchos elementos ornamentales.*

or·na·men·tar |ornamentár| ***tr.*** [algo, a alguien] Hacer más bonito; poner adornos: *el abad ornamentó la iglesia con bonitos retablos.* ⇒ **adornar, ornar.**

or·na·men·to |ornaménto| ***m.*** *form.* Adorno que sirve para que algo esté más bonito: *los ornamentos de la sala eran de oro y marfil.*

or·nar |ornár| ***tr.*** [algo, a alguien] Hacer más bonito; poner adornos: *una pluma orna el sombrero.* ⇒ **adornar, ornamentar.**

or·na·to |ornáto| ***m.*** Adorno o conjunto de adornos: *los ornatos del sagrario están hechos de oro y marfil.*

or·ni·to·lo·gí·a |ornitoloxía| ***f.*** ZOOL. Parte de la *zoología que estudia las aves: *estudió ~ y ahora es capaz de distinguir las aves sólo por su canto.*

or·ni·tó·lo·⌐go, ⌐ga |ornitóloɣo, ɣa| ***m. f.*** Persona que se dedica al estudio de las aves: *un equipo de ornitólogos está estudiando la migración de las cigüeñas.* ⇒ **zoólogo.**

o·ro |óro| **1** ***m.*** Metal precioso de color amarillo, muy fácil de trabajar y de dar forma: *lleva unos pendientes de ~ a juego con el collar; el símbolo del ~ es Au.* **2** Sustancia que se parece a ese metal o que lleva parte de él: *tengo una pulsera bañada en ~.* **3** *fig.* Caudal, dinero y riquezas: *gastaron mucho ~ en aquel negocio.* ⇒ **plata. 4** Primer premio en una competición: *la tenista española consiguió el ~.* ⇒ **bronce, plata. 5** Carta de la *baraja española en la que aparecen dibujadas una o varias monedas amarillas, especialmente el *as: *yo he tirado un ~ y tú has tirado una espada.* **- 6 *adj.-m.*** (color) Que es amarillo como el de ese metal: *tiene los cabellos de ~.* **- 7 oros *m. pl.*** Conjunto o palo de la *baraja española en el que aparecen dibujadas monedas amarillas: *echó el cinco de oros.* ■ **como ~ en paño,** con mucha atención y cuidado: *guardaba aquel retrato de su padre como ~ en paño y se disgustó mucho cuando se lo robaron.* ■ **de ~,** que es muy bueno; que tiene mucho valor: *Blancanieves tenía un corazón de ~.* ■ **hacerse de ~,** *fam.,* ganar mucho dinero: *si nos sale bien este negocio, nos haremos de ~.* ■ **~ negro,** *petróleo: *ha subido el precio del ~ negro.* ■ **prometer el ~ y el moro,** *fam.,* ofrecer cosas imposibles: *les prometió el ~ y el moro, si se unían a su partido.* ■ **valer su peso en ~,** tener mucho valor: *ten cuidado con ese jarrón, que vale su peso en ~.*

o·ro·gra·fí·a |oroɣrafía| **1** ***f.*** GEOGR. Disciplina que estudia y describe las montañas: *los especialistas en ~ estudian la formación de los grandes sistemas montañosos.* **2** Conjunto de montes de una región o de un país: *se conoce muy bien la ~ de su comarca.*

o·ron·⌐do, ⌐da |orón̥do, da| **1** ***adj.*** Que es muy gordo o redondo: *mira ese Papá Noel: tiene una barriga oronda.* **2** *fig.* Que es muy orgulloso: *míralo qué ~ va con su traje nuevo.*

o·ro·pel |oropél| **1** ***m.*** *Lámina fina de metal que imita al oro: *se disfrazó de rey y se puso una corona de ~.* **2** *fig.* Cosa de poco valor y muy *vistosa: *venía toda cargada de baratijas y oropeles.*

or·ques·ta |orkésta| **1** ***f.*** Conjunto de músicos que tocan siguiendo las indicaciones de un director: *la ~ de Radio Televisión Española interpretó obras de Vivaldi;* ~ **de cámara,** MÚS., la que está formada por unos pocos músicos, generalmente de cuerda y de viento: *la ~ de cámara nació en las cortes europeas del siglo XVIII;* ~ **filarmónica,** MÚS., la que puede incluir instrumentos e *interpretar obras que no son habituales en la *sinfónica: *la banda sonora de esta película será interpretada por una famosa ~ filarmónica;* ~ **sinfónica,** MÚS., la que está formada aproximadamente por 100 músicos que tocan instrumentos de cuerda, viento y percusión: *la ~ sinfónica interpreta obras sinfónicas, instrumentales o de cámara.* **2** Lugar destinado para los músicos y comprendido entre la *escena y los asientos de un teatro: *ya va a empezar: los músicos se están acomodando en la ~.*

or·ques·ta·ción |orkestaθión| ***f.*** MÚS. Preparación de una obra musical para que pueda ser tocada por los instrumentos de una *orquesta: *la ~ es una labor muy dificultosa.*

or·ques·tal |orkestál| ***adj.*** De la *orquesta o que tiene relación con ella: *el famoso músico abandonó la dirección ~ a los 72 años.*

or·ques·tar |orkestár| **1** ***tr.*** [algo] Preparar y adaptar una obra musical para que pueda ser *interpretada por una *orquesta: *el compositor orquestó la pieza.* ⇒ **instrumentar. 2** Organizar o dirigir una cosa: *se enfada si no queda orquestado todo.*

or·quí·de·a |orkíðea| **1** ***f.*** Flor de jardín grande, muy rara y bella, con un *pétalo más desarrollado que los otros: *su novio le regaló una ~ blanca; las orquídeas son muy caras.* **2** Planta que crece subiendo por las ramas y troncos de los árboles y que da esa flor: *la ~ se usa en la decoración.*

or·ti·ga |ortíɣa| ***f.*** Planta silvestre con las hojas ovaladas y cubiertas por unos pelos que producen un líquido que pica: *las ortigas crecen en lugares húmedos; la ~ se usa en medicina y en perfumería.*

or·to·do·xia |ortoðóksia| **1** ***f.*** *Conformidad con la doctrina de la Iglesia *católica: *ese grupo de teó-*

logos se ha movido siempre dentro de la ~. **2** *p. ext.* *Conformidad con una doctrina, una tendencia o unas reglas: *respeta estrictamente la ~ de su partido.* **3** Conjunto de las iglesias cristianas *orientales separadas de la Iglesia de Roma: *los representantes de la ~ se han reunido con el Papa.*

or·to·do·⌐xo, ⌐xa |ortoðóᵏso, sa| **1** ***adj.-s.*** (persona) Que sigue los principios de la doctrina de la Iglesia *católica: *pertenece a una institución ortodoxa; es un ~ radical.* **2** (persona) Que sigue los principios de una doctrina o una tendencia o que cumple unas normas: *sigue fielmente las normas: es muy ~.* **3** (persona) Que sigue los principios de las iglesias cristianas *orientales separadas de la Iglesia de Roma: *se han casado por el rito ~.*

or·to·gra·fí·a |ortoɣrafía| **1** ***f.*** LING. Parte de la gramática que enseña las reglas de uso de las letras y los signos *auxiliares para escribir *correctamente: *la ~ soluciona muchas dudas al redactar.* **2** Forma *correcta de escribir las palabras de una lengua, respetando sus reglas: *este texto está muy mal redactado: está lleno de errores de ~.*

or·to·grá·fi·⌐co, ⌐ca |ortoɣráfiko, ka| ***adj.*** De la ortografía o que tiene relación con ella: *una carta con faltas ortográficas es signo de una educación deficiente.*

or·to·pe·dia |ortopéðia| ***f.*** MED. Parte de la medicina que se ocupa de corregir o prevenir las deformaciones del cuerpo por medio de aparatos o tratamientos especiales: *fue a tratar su espalda a una clínica de ~.*

or·to·pé·di·⌐co, ⌐ca |ortopéðiko, ka| ***adj.*** De la *ortopedia o que tiene relación con ella: *lleva una pierna ortopédica porque perdió la suya en la guerra.*

o·ru·ga |orúɣa| **1** ***f.*** Gusano que se alimenta de hojas y que se transforma en mariposa: *la ~ es la larva de las mariposas; las orugas han estropeado el árbol del jardín.* **2** Vehículo que tiene las ruedas de cada lado unidas entre sí por una cadena: *necesitan una ~ para poder moverse por este terreno.*

o·ru·jo |orúxo| **1** ***m.*** Piel de la uva, después de prensada: *pisaron la uva y separaron el ~.* **2** Licor transparente sacado de esa piel: *los gallegos queman el ~ y lo beben caliente.* **3** Resto de la aceituna molida y prensada: *una vez molida la aceituna, tiraron el ~.*

or·za |órθa| ***f.*** Recipiente de barro, alto y sin asas: *el queso manchego lo parto en cuatro trozos y lo meto en una ~ con aceite.*

or·zue·lo |orθuélo| ***m.*** Bulto pequeño que nace en el borde de la piel del ojo debido a una *infección: *el médico me ha dado unas gotas para curar el ~.*

os |os| ***pron. pers.*** Forma del pronombre de segunda persona para el objeto directo e indirecto, en género masculino y femenino y en número plural: *~ dejé un mensaje en el contestador; ~ he visto a ti y a tu marido paseando por la plaza.* ⌂ No va acompañada de preposición. Se escribe unida al verbo cuando va detrás de él: *miraos; preguntaos si habéis obrado bien.*

o·sa·dí·a |osaðía| **1** ***f.*** *form.* Valor o capacidad para enfrentarse sin miedo y con entereza a situaciones difíciles: *el rey premió la ~ del joven caballero.* ⇒ **coraje, valentía, valor. 2** *form.* Falta de vergüenza o de respeto: *cometió la ~ de acercarse y tutear al rey.* ⇒ **desvergüenza.**

o·sa·⌐do, ⌐da |osáðo, ða| **1** ***adj.*** *form.* Que tiene valor: *los osados guerreros defendieron la plaza con sus vidas.* ⇒ **valiente. 2** *form.* Que habla u obra sin vergüenza ni respeto: *es un muchacho muy ~, capaz de decir cualquier grosería a una mujer.* ⇒ **descarado, descocado, desvergonzado, sinvergüenza.**

o·sa·men·ta |osaménta| ***f.*** Conjunto de huesos del cuerpo de los vertebrados: *los arqueólogos han encontrado la ~ de un mamut.* ⇒ **esqueleto.**

o·sar |osár| ***intr.-tr.*** *form.* [algo] Intentar hacer o hacer con valor una cosa peligrosa: *¿cómo osas enfrentarte a tu padre?* ⇒ **atreverse.**

o·sa·rio |osário| **1** ***m.*** Lugar donde se reúnen los huesos que se sacan de las *sepulturas: *cuando el cementerio estuvo lleno, hubo que trasladar los huesos de los nichos al ~.* **2** Lugar donde hay muchos huesos: *al derribar la pared, descubrieron un ~.*

os·cen·se |oˢθénse| **1** ***adj.*** De Huesca o que tiene relación con Huesca: *ha habido un fuego en los bosques oscenses.* **- 2** ***m. f.*** Persona nacida en Huesca o que vive habitualmente en Huesca: *los oscenses son muy aficionados a los deportes de invierno.*

os·ci·la·ción |oˢθilaθión| **1** ***f.*** Movimiento de un cuerpo, primero hacia un lado y después hacia el otro: *lo hipnotizó con la ~ del péndulo.* ⇒ **vaivén. 2** Cambio o variación: *la crisis ha producido fuertes oscilaciones en el precio de la gasolina.*

os·ci·la·dor |osθilaðór| ***m.*** FÍS. Aparato que produce ondas eléctricas que cambian periódicamente de intensidad y de sentido: *el ~ convierte la energía eléctrica en ondas de radio.*

os·ci·lan·te |oˢθilánte| ***adj.*** Que *oscila o se mueve primero hacia un lado y luego hacia el contrario: *el terremoto produjo un movimiento ~ de los pisos más altos.*

os·ci·lar |oˢθilár| **1** ***intr.*** Moverse primero hacia un lado y luego hacia el contrario, desde una posición de equilibrio determinada por un punto fijo o un eje: *el péndulo oscila.* **2** *fig.* Cambiar o variar: *la temperatura oscila entre los 19 y los 21 grados.* ⇒ **fluctuar.**

os·cu·ran·tis·mo |oskurantísmo| ***m.*** Actitud contraria a que se extienda la cultura entre las clases bajas de la sociedad: *durante siglos las clases altas han mantenido una postura de ~.*

os·cu·ran·tis·ta |oskurantísta| **1** ***adj.*** Del *oscurantismo o que tiene relación con él: *las posturas oscurantistas han sido frecuentes en muchas dictaduras.* **- 2** ***adj.-com.*** (persona) Que es partidario del *oscurantismo: *los oscurantistas despreciaban al pueblo llano.*

os·cu·re·cer |oskureθér| **1** ***unipers.*** Hacerse de noche, empezar a desaparecer la luz del Sol: *en verano oscurece más tarde que en invierno.* ⇒ **anochecer, obscurecer. - 2** ***tr.-prnl.*** [algo] Poner oscuro; disminuir la luz y la claridad: *es un pintor al que le gusta ~ una parte de sus cuadros para que re-*

salten otras; al correr las cortinas se ha oscurecido la sala. ⇒ **obscurecer. - 3** ***tr.*** *fig.* Hacer disminuir el valor o la importancia: *su mal carácter ha oscurecido su triunfo.* ⇒ **obscurecer. 4** *fig.* Hacer difícil el entendimiento de una idea: *esta forma de escribir oscurece el contenido.* ⇒ **obscurecer. - 5 oscurecerse** ***prnl.*** Ocultar las nubes el cielo, el Sol o la Luna: *el cielo se oscureció de repente.* ⇒ **nublarse, obscurecer.** ⌂ Se conjuga como 43.

os·cu·ri·dad |oskuriðáᵈ| **1** ***f.*** Falta o escasez de luz: *la ~ de la capilla invita a la oración.* ⇒ **obscuridad. 2** Parecido o *proximidad de un color con el negro: *no me gusta la ~ de su ropa.* ⇒ **obscuridad. 3** *fig.* Dificultad que ofrece una cosa para ser entendida: *la ~ de su pensamiento hacía que nadie prestara atención a su obra.* ⇒ **obscuridad. 4** *fig.* Falta de seguridad: *en aquella encrucijada de su vida, se hallaba en la más completa ~.* ⇒ **obscuridad.**

os·cu·ʳro, ʳra |oskúro, ra| **1** ***adj.*** Que no tiene luz o que tiene poca luz: *hoy no ha salido el Sol, ¡qué mañana más oscura!; pasó tres días encerrado en un cuarto ~.* ⇒ **obscuro.** ⇔ **claro. 2** (color) Que se acerca al negro y que se opone a otro más claro de su misma clase: *esta camiseta es azul ~, pero yo la quiero azul claro.* ⇒ **obscuro.** ⇔ **claro. 3** *fig.* Que es difícil de entender: *sus palabras fueron oscuras y confusas.* ⇒ **confuso, desordenado, obscuro.** ⇔ **claro. 4** *fig.* Que no es o no está seguro: *veo tu porvenir muy ~.* ⇒ **incierto, inseguro, obscuro.** ■ **a oscuras**, sin luz: *la tormenta dejó la ciudad a oscuras.* ⇒ **obscuro.**

ó·se·ʳo, ʳa |óseo, a| **1** ***adj.*** Del hueso o que tiene relación con él: *está escayolado porque tiene una fractura ósea.* **2** Que es parecido al hueso o está hecho de la materia del hueso: *los cuernos de los toros son prolongaciones óseas.*

o·sez·no |oséθno| ***m.*** Cría del oso: *la osa del zoo ha parido dos oseznos.*

os·mo·sis |osmósis| ***f.*** ⇒ **ósmosis.**

ós·mo·sis |ósmosis| **1** ***f.*** Fenómeno por el que un fluido o alguno de sus componentes pasa a través de una *membrana que lo separa de otro fluido: *la ~ es muy importante en la alimentación de plantas y animales.* **2** *fig.* Influencia entre dos personas o cosas: *Don Quijote y Sancho Panza sufren una ~ al final de la novela.* ⇒ **osmosis.** ⌂ El plural es *ósmosis.*

o·ʳso, ʳsa |óso, sa| **1** ***m. f.*** Animal mamífero de tamaño grande, cuerpo *macizo, cola muy corta y patas con fuertes uñas: *un ~ hambriento atacó a los excursionistas; a los osos les gusta mucho la miel;* **~ blanco/polar**, el de tamaño mayor y pelo blanco, que vive en climas muy fríos: *los esquimales cazaban osos polares para aprovechar su piel y su carne;* **~ negro/pardo**, el de pelo oscuro que vive en América del Norte: *han llevado un ~ negro al zoo de Madrid.* **2** Animal que recuerda por su aspecto a ese mamífero: **~ hormiguero,** animal mamífero de pelo áspero y gris, con cola larga, sin dientes y con una larga lengua que usa para atrapar *hormigas: *consiguió una buena fotografía de un ~ hormiguero;* **~ panda**, animal mamífero con el pelo de color blanco y negro y que se alimenta *principalmente de vegetales: *el ~ panda vive en los bosques de bambú de China.* ⇒ **panda.** ■ **hacer el ~**, comportarse con poco juicio: *ayer castigaron a unos alumnos que estaban haciendo el ~.*

os·ten·si·ble |ostensíβle| ***adj.*** Que se ve o comprueba con facilidad: *se secó una lágrima de manera ~, para que todo el mundo se diera cuenta de su pena.* ⇒ **manifiesto, visible.**

os·ten·ta·ción |ostentaθión| ***f.*** Muestra orgullosa de lo que se tiene o se usa: *le encanta hacer ~ de sus riquezas delante de sus parientes.* ⇒ **jactancia, vanagloria.**

os·ten·tar |ostentár| **1** ***tr.*** [algo] Mostrar abiertamente o llevar con orgullo: *ostenta un lujo desenfrenado.* **2** Ocupar o disfrutar: *el anterior ministro ostenta actualmente el cargo de vicepresidente.*

os·ten·to·ʳso, ʳsa |ostentóso, sa| **1** ***adj.*** Que muestra un lujo y riqueza excesivos: *ese coche me parece demasiado ~.* ⇒ **aparatoso. 2** Que se hace para que los demás lo vean: *hizo ademanes ostentosos de querer pagar la cuenta, pero al final se dejó invitar.*

os·tra |óstra| ***f.*** Animal invertebrado marino comestible, con dos conchas rugosas de color entre marrón y verde por fuera y lisas y blancas por dentro: *las ostras se comen crudas; algunas ostras tienen una perla dentro.* ■ **aburrirse como una ~**, *fam.*, estar muy aburrido: *no vinieron las chicas y nosotros nos aburrimos como ostras.*

os·tra·cis·mo |ostraθísmo| ***m.*** *form.* *Destierro político a que se condena a los ciudadanos que se consideran peligrosos para el Estado: *los antiguos griegos condenaban al ~ a los ciudadanos muy ambiciosos.*

o·te·ar |oteár| **1** ***tr.*** [algo] Mirar desde un lugar

OSO BLANCO

alto: *se subió a la colina para ~ el horizonte.* **2** Registrar o mirar con cuidado: *otea la casa para comprobar si queda alguien dentro.*

o·te·ro |otéro| ***m.*** *Elevación del terreno aislada que domina un llano: *el rayo cayó en el olivo que corona aquel ~.*

o·ti·tis |otítis| ***f.*** Enfermedad en la que el oído se *inflama debido a una *infección: *bucear mucho rato en la piscina puede causar ~.* ☐ El plural es *otitis.*

o·to·ñal |otoɲál| **1** ***adj.*** Del otoño o que tiene relación con él: *a finales del verano empiezan a vender la ropa ~.* **2** (persona) Que tiene una edad madura: *es un actor famoso por sus papeles de galán ~.*

o·to·ño |otóɲo| **1** ***m.*** Estación del año comprendida entre el verano y el invierno: *el ~ empieza el día 21 de septiembre; las uvas se recogen en ~.* **2** Periodo en el que se pierde fuerza o importancia: *el anciano sentía que estaba en el ~ de su vida.*

o·tor·gar |otorɣár| ***tr.*** [algo; a alguien] *Consentir o conceder lo que se pide: *le rogó tanto que al final se lo otorgó.* ☐ Se conjuga como 7.

o·to·rri·no·la·rin·go·lo·gí·a |otor̄inolariŋgoloxía| ***f.*** MED. Disciplina que estudia las enfermedades del oído, la nariz y la garganta: *ha estudiado medicina y se ha especializado en ~.*

o·to·rri·no·la·rin·gó·lo·⌈go, ⌈ga |otor̄inolariŋgóloɣo, ɣa| ***m. f.*** Médico especialista en las enfermedades del oído, la nariz y la garganta: *fue al ~ porque tenía una otitis.* ☐ Se usa frecuentemente la forma *otorrino.*

o·⌈tro, ⌈tra |ótro, tra| **1** ***adj.-pron. indef.*** (persona, cosa) Que es diferente de aquello de lo que se habla: *el novelista ha publicado ~ libro; no quiero éste, quiero el ~.* **2** Indica un parecido entre dos personas o cosas distintas: *ese valiente soldado es ~ Cid.* **3** Indica un pasado cercano: *la otra tarde vino Juan.* ☐ Se usa con artículo y ante sustantivos como *día, mañana, tarde* o *noche.* **4** Siguiente; indica un tiempo futuro: *a la otra semana empiezan las vacaciones.* ☐ Se usa ante sustantivos como *día, semana, mes* o *año.*

o·va·ción |oβaθión| ***f.*** *Aplauso largo, fuerte y ruidoso de un grupo grande de personas: *el torero recibió una gran ~ y dio la vuelta al ruedo; al terminar la representación, la actriz recibió una ~ por parte del público.*

o·va·cio·nar |oβaθionár| ***tr.*** [algo, a alguien] *Aplaudir de forma fuerte y ruidosa un grupo grande de personas: *el público ovacionó al deportista.* ⇒ **vitorear.**

o·val |oβál| ***adj.*** Que tiene forma ovalada o de huevo: *las hojas de ese árbol son ovales.* ⇒ **ovalado.**

o·va·la·⌈do, ⌈da |oβaláðo, ða| ***adj.*** Que tiene forma de *óvalo o de huevo: *lleva una medalla ovalada sobre el pecho.* ⇒ **oval.**

ó·va·lo |óβalo| ***m.*** Curva cerrada con dos ejes diferentes que forman ángulo recto, compuesta por varios arcos de *circunferencia que se tocan: *los rizos de su cabello rodean el ~ de su cara; los artistas románicos pintaban la figura de Dios dentro de un ~.* ⇒ **elipse.**

o·vá·ri·⌈co, ⌈ca |oβáriko, ka| ***adj.*** *form.* Del *ovario o que tiene relación con él: *las funciones ováricas son la generación del óvulo y la producción de hormonas sexuales.*

o·va·rio |oβário| **1** ***m.*** Órgano sexual femenino: *las hembras de los vertebrados tienen los ovarios en la cavidad abdominal; el ~ produce los óvulos.* **2** BOT. Órgano sexual femenino, situado en el interior de la flor: *el ~ es la parte baja del pistilo; el ~ se convierte en el fruto.*

o·ve·ja |oβéxa| **1** ***f.*** Animal mamífero hembra, *rumiante, doméstico y con el cuerpo cubierto de lana: *la ~ es la hembra del carnero; Abel era pastor de un rebaño de ovejas.* **2** *fig.* Persona que forma parte de un grupo: *el sacerdote cuida del espíritu de sus ovejas;* ~ **descarriada/negra**, persona que no está de acuerdo en general con las ideas o actitudes de grupo: *toda su familia era muy buena, pero él era la ~ negra.* ■ **cada ~ con su pareja**, expresión que indica que las personas deben unirse con otras de su misma clase: *su padre no quiere que se case con ese extranjero, piensa que cada ~ con su pareja.*

o·vi·duc·to |oβiðú^{k}to| ***m.*** ANAT. Tubo del aparato de reproducción de los mamíferos que conduce los *óvulos procedentes de los *ovarios: *en la mujer, los oviductos se llaman trompas de Falopio.*

o·vi·llo |oβíʎo| **1** ***m.*** Bola que se forma enrollando un hilo sobre sí mismo: *necesitó cinco ovillos de lana para tejer el jersey.* **2** *fig.* Cosa de figura redonda envuelta o enrollada sobre sí misma: *el erizo se hace un ~ para defenderse de sus enemigos.*

o·vi·⌈no, ⌈na |oβíno, na| **1** ***adj.*** Del ganado que tiene lana o que tiene relación con él: *se dedica a la cría ovina.* **2** ***adj.- m.*** (animal) Que es *rumiante, de pequeño tamaño, con pelo en el *hocico y cuernos enroscados, mayores en los machos que en las hembras: *el carnero y la cabra son ovinos.*

o·ví·pa·⌈ro, ⌈ra |oβíparo, ra| ***adj.-s.*** ZOOL. (animal) Que nace de un huevo y completa su desarrollo fuera de la madre: *las aves son ovíparas.*

o·vu·la·ción |oβulaθión| ***f.*** *form.* Desprendimiento de la célula sexual femenina, ya madura, del órgano de reproducción que la forma: *la ~ se produce hacia la mitad del ciclo menstrual; tras la ~, el óvulo se traslada al útero.* ⇒ **menstruación, periodo, regla.**

o·vu·lar |oβulár| **1** ***intr.*** *form.* Realizar el desprendimiento de la célula sexual femenina, ya madura, del órgano de reproducción que la forma: *las mujeres ovulan cada veintiocho días.* **- 2** ***adj.*** *form.* Del *óvulo o que tiene relación con él: *no puede tener hijos porque tiene un problema ~.*

ó·vu·lo |óβulo| **1** ***m.*** Célula sexual femenina: *el ~ y el espermatozoo se unen para formar un nuevo ser vivo.* **2** BOT. Estructura en forma de saco en el interior del órgano de reproducción femenino de la flor: *cuando el fruto madura, el ~ se convierte en semilla.* **3** Medicina en forma de pequeño huevo que se introduce en los órganos sexuales femeninos: *los óvulos sirven para curar enfermedades vaginales.*

o·xi·da·ción |o^{k}siðaθión| **1** ***f.*** Formación de una capa de color rojo en la superficie del hierro y otros metales a causa de la humedad o del agua: *las vigas del edificio sufrieron una fuerte* ~. **2** Transformación de un cuerpo mediante la acción del oxígeno: *si dejas una fruta abierta, puede sufrir una* ~. **3** QUÍM. Disminución del número de *electrones de un elemento químico: *estos elementos han sido sometidos a un proceso de* ~.

o·xi·dar |oksiðár| **1** ***tr.-prnl.*** [algo] Formar una capa de color rojo en la superficie del hierro y otros metales por causa de la humedad o del agua: *los radios de la bicicleta se han oxidado; pintó la barandilla con minio para que no se oxidara.* **2** QUÍM. Transformar un cuerpo mediante la acción del oxígeno: *la fruta pelada se oxida en contacto con el aire.* **3** QUÍM. Disminuir el número de *electrones de un elemento químico: *los metales se oxidan al combinarse con los no metales.*

ó·xi·do |óksiðo| **1** ***m.*** Capa de color rojo que se forma en la superficie del hierro y otros metales a causa de la humedad o del agua: *la puerta de la casa abandonada estaba cubierta de* ~. ⇒ **herrumbre, orín. 2** QUÍM. Compuesto formado por oxígeno y otro elemento químico: *el* ~ *de calcio es la cal; el profesor explicó ayer cómo se forman los óxidos.*

o·xi·ge·na·ción |oksixenaθión| **1** ***f.*** Entrada de aire puro y limpio en un lugar: *el aeróbic es bueno para la* ~ *de la sangre.* **2** *fig.* Aclarado del pelo con un producto químico: *la* ~ *deja el cabello frágil y castigado.* ⇒ **decoloración.**

o·xi·ge·na·⌐do, ⌐da |oksixenáðo, ða| **1** ***adj.*** Que tiene aire puro y limpio: *el estudiante debe buscar un lugar bien* ~ *para estudiar.* **2** *fig.* (pelo) Que ha sido aclarado con un producto químico: *el rockero llevaba un mechón* ~ *sobre la frente.* **3** *p. ext.* (persona) Que se ha aclarado el pelo con un producto químico: *mi vecina es una rubia oxigenada.* ⇒ **decolorado.**

o·xi·ge·nar |oksixenár| **1** ***tr.*** [algo] Hacer entrar aire puro y limpio en un lugar: *la enfermera iba a* ~ *la habitación cada día.* ⇒ **airear, ventilar. - 2** ***tr.-prnl.*** QUÍM. Combinar el oxígeno con otro elemento químico: *los óxidos metálicos resultan de* ~ *los metales.* ⇒ **oxidar. 3** *fig.* Aclarar el color del pelo con un producto químico: *la actriz se oxigenó el cabello y se convirtió en una rubia platino.* ⇒ **decolorar. - 4 oxigenarse** ***prnl.*** *fig.* Descansar al aire libre; respirar aire fresco: *los fines de semana vamos a oxigenarnos al campo.* ⇒ **airear.**

o·xí·ge·no |oksíxeno| ***m.*** QUÍM. Elemento químico *gaseoso que forma parte del aire, del agua y de la mayor parte de los compuestos: *el símbolo del* ~ *es* O; *el* ~ *es esencial en la respiración y en la combustión; el* ~ *líquido se usa para propulsar naves espaciales.*

o·xí·to·⌐no, ⌐na |oksítono, na| ***adj.-f.*** LING. (palabra) Que lleva el acento en la última sílaba: *palabras como* adiós, tomar, vendré *o* salí *son oxítonas.* ⇒ **agudo.**

o·yen·te |oyénte| **1** ***adj.-com.*** (persona) Que oye: *los programas nocturnos de radio tienen cada vez más oyentes.* **2** Persona que participa en un curso sólo para oír, pero que no se presenta a *examen ni puede conseguir un título: *pidió permiso al profesor para asistir a sus lecciones como* ~.

o·zo·no |oθóno| ***m.*** QUÍM. Gas de color azul pálido que se forma en las capas altas de la atmósfera y que protege la Tierra de la acción del Sol: *el* ~ *es una forma de oxígeno electrizado; el* ~ *se usa para blanquear o decolorar.*

P

P, p ***f.*** Letra que en el alfabeto español sigue a la *o*: *la palabra* patata *empieza por ~.*

pa·be·llón |paβeʎón| **1** ***m.*** Edificio, generalmente aislado, que depende de otro principal o que está junto a él: *en aquel ~ están los laboratorios de la universidad; junto al museo habían construido un ~ para albergar la nueva colección de fósiles.* **2** Construcción o edificio que forma parte de un conjunto: *el hospital está formado por tres pabellones.* **3** Tienda de campaña con la base en forma de círculo, sostenida en el interior por un palo y sujeta al terreno con cuerdas y clavos: *junto al oasis plantaron un hermoso ~ blanco.* ⇒ **tienda. 4** Tela lujosa colocada en un armazón, que cuelga sobre una cama: *la cama del rey tenía un ~ de seda roja.* ⇒ **baldaquín, dosel, palio. 5** Bandera que indica la nacionalidad de los barcos de mercancías: *el buque hundido navegaba bajo ~ británico.* **6** Pieza de tela, generalmente de forma cuadrada o rectangular, de colores y unida a un palo, que sirve para representar a un grupo de personas, para hacer señales o de adorno: *en el mástil ondeaba el ~ español.* ⇒ **bandera. 7** ANAT. Extremo de un tubo o conducto que se hace más ancho: ~ **auditivo**, *form.*, el que forma la parte exterior del oído: *el ~ auditivo recoge los sonidos con claridad; he tenido una lesión en el ~ auditivo.* ⇒ **oreja.**

pa·bi·lo |paβílo| ***m.*** Cuerda hecha de hilos que está en el centro de la vela y que se enciende para que dé luz: *el ~ llameaba ligeramente.* ⇒ **mecha.**

pa·ca·⌜to, ⌜ta |pakáto, ta| **1** ***adj.-s.*** (persona) Que tiene miedo o muestra excesivos *escrúpulos: *es tan ~ en cuestiones relacionadas con el sexo que nunca llama a las cosas por su nombre.* **- 2** ***adj.*** Que tiene poco valor o importancia: *la adaptación de esa obra de teatro ha sido vulgar y pacata.*

pa·cen·se |paθénse| **1** ***adj.*** De Badajoz o que tiene relación con Badajoz: *Mérida es una hermosa población ~.* **- 2** ***m. f.*** Persona nacida en Badajoz o que vive habitualmente en Badajoz: *los pacenses son vecinos de los portugueses.*

pa·cer |paθér| ***intr.-tr.*** [algo] Comer el ganado en el campo: *las ovejas pacen en la dehesa.* ⇒ **apacentar, pastar.** ☖ Se conjuga como 42.

pa·chan·ga |patʃáŋga| ***f.*** Diversión; fiesta ruidosa y desordenada: *al salir a la calle se vieron envueltos en la ~.* ⇒ **jolgorio.**

pa·chan·gue·⌜ro, ⌜ra |patʃaŋgéro, ra| **1** ***adj.*** (espectáculo, fiesta, música) Que es ruidoso y movido; que anima a bailar: *la orquesta tocaba música pachanguera.* **2** *desp.* Que es de mala calidad: *fuimos a la verbena pero la música era pachanguera y ramplona.*

pa·⌜chón, ⌜cho·na |patʃón, tʃóna| ***adj.-s.*** *fam. fig.* (persona) Que es tranquila y lenta en sus acciones o movimientos: *es tan ~ que no se altera por nada del mundo.*

pa·cho·rra |patʃór̄a| ***f.*** *fam.* Calma, tranquilidad y *lentitud: *con esa ~ no sé cómo vas a acabar tus tareas.*

pa·chu·⌜cho, ⌜cha |patʃútʃo, tʃa| **1** ***adj.*** Que está pasado; que no está fresco: *las flores llevan tres días sin agua y están pachuchas.* **2** *fig.* (persona) Que está débil y se encuentra mal de salud: *el viaje no le sentó bien y estuvo ~ varios días.* ⇒ **enfermo.**

pa·cien·cia |paθiénθia| **1** ***f.*** Virtud que consiste en saber sufrir y tolerar las desgracias con valor y sin quejarse: *el santo Job es un ejemplo de ~.* **2** Cualidad que consiste en saber esperar con tranquilidad una cosa que tarda: *debes tener ~, ya verás cómo al final todo sale bien.* ⇔ **impaciencia. 3** Tranquilidad para hacer cosas difíciles y con gran detalle: *es un hombre muy mañoso y con mucha ~, por eso se le dan bien los trabajos manuales.* **4** Dulce redondo y muy pequeño, hecho con harina, huevo, *almendra y azúcar, que se cocina en el horno: *les ofreció unas paciencias para tomarlas con el café.* ■ **acabarse la ~**, no poder soportar más una situación: *mi hijo me da tantos disgustos que se me está acabando la ~.* ■ **armarse/cargarse de ~**, prepararse para soportar una cosa pesada o molesta: *pincharon dos ruedas del coche, pero el conductor se armó de ~ y las cambió.* ■ **hacer perder la ~**, hacer que una persona no pueda soportar más una situación: *deja de gastarme bromas pesadas, me haces perder la ~.*

pa·cien·te |paθiénte| **1** ***adj.*** Que tiene paciencia: *fue siempre un hombre ~ y un padre ejemplar.* ⇔ **impaciente. - 2** ***com.*** Persona que padece una enfermedad: *el médico atendía a sus pacientes en la consulta; el ~ presentaba síntomas de infarto.* ⇒ **enfermo.**

pa·ci·fi·ca·ción |paθifikaθión| ***f.*** Acción y resultado de *pacificar: *el gobierno está intentando la ~ de la región.*

pa·ci·fi·car |paθifikár| **1** ***tr.*** [algo, a alguien] Establecer la paz donde había guerra; solucionar un enfrentamiento: *las Naciones Unidas intentan ~ el país; enviaron al embajador para ~ a los bandos enemigos.* ⇒ **apaciguar, conciliar. - 2 pacificarse** ***prnl.*** *fig.* Calmarse; quedarse quieto: *tras la tormenta, el viento se pacificó y dejó paso al buen tiempo.* ☖ Se conjuga como 1.

pa·cí·fi·⌐co, ⌐ca |paθífiko, ka| **1** ***adj.*** Que está quieto y tranquilo; que es amigo de la paz: *aquellos indígenas eran personas pacíficas; es un niño ~; puedes acercarte a ese camello, es totalmente ~.* ⇔ **guerrero, violento. 2** (lugar) Que no está alterado por luchas o guerras: *desembarcaron en una isla pacífica.*

pa·ci·fis·mo |paθifísmo| ***m.*** Tendencia que defiende la paz y es contraria a los actos violentos y a los enfrentamientos armados: *el ~ condena la guerra y todo tipo de enfrentamientos armados entre países.* ⇔ **belicismo.**

pa·ci·fis·ta |paθifísta| **1** ***adj.*** Del *pacifismo o que tiene relación con él: *el partido que subió al poder llevó a cabo una buena política ~; en esta obra se refleja el espíritu ~ del autor.* ⇔ **belicista. - 2** ***adj.-com.*** (persona) Que es partidario del *pacifismo: *las organizaciones pacifistas del país convocaron una manifestación; los pacifistas son contrarios a hacer el servicio militar.* ⇔ **belicista.**

pa·co·ti·lla |pakotíʎa| ***f.*** Mercancía que los *marineros u oficiales de un barco pueden embarcar sin pagar por ello: *la ~ que llevaban los marineros era para su uso personal.* ■ **de ~**, *fam. desp.*, de poca calidad o valor: *vino presumiendo de un reloj de ~ que había comprado por poco dinero.*

pac·tar |paᵏtár| ***tr.*** [algo] Acordar una serie de condiciones con la obligación de cumplirlas: *los dos países han pactado el fin de la guerra; el gobierno pactó con los sindicatos.*

pac·to |páᵏto| **1** ***m.*** Acuerdo entre dos o más personas o grupos que obliga a cumplir una serie de condiciones: *los dos empresarios hicieron un ~; el presidente del país vencido no quiso firmar el ~.* **2** Condición o serie de condiciones que se han de cumplir por ese acuerdo: *el policía les recordó que el ~ había sido dejar libre al rehén.*

pa·de·cer |paðeθér| **1** ***tr.-intr.*** [algo] Tener, sentir o aguantar un dolor o una situación mala: *padece usted una gripe benigna; la mujer padecía del corazón desde muy joven; padece fuertes dolores de muelas; doctor, ¿qué padezco?* ⇒ **sufrir. - 2** ***tr.*** Soportar con paciencia un daño moral o físico: *la madre padecía en silencio los desvaríos de su hijo.* ⇒ **aguantar, soportar, sufrir. 3** Tener una necesidad: *durante el viaje por el desierto, padecieron hambre y sed continuamente.* ☐ Se conjuga como 43.

pa·de·ci·mien·to |paðeθimi̲énto| ***m.*** Sufrimiento de un dolor o una situación mala: *después de grandes padecimientos, llegaron al Nuevo Continente.*

pa·dras·tro |paðrástro| **1** ***m.*** Marido de la madre en cuanto a los hijos que ésta tiene de un *matrimonio anterior: *antes de volver a casarse, la madre les presentó al que sería su ~.* ⇒ **madrastra. 2** *fig.* Padre malo, que no cuida de sus hijos: *es un ~, nunca se acuerda de su familia.* **3** *fig.* Trozo de la piel que hay junto a las uñas que se levanta y causa dolor y molestia: *corta los padrastros con unas tijeras y ponte una tirita.*

pa·dra·zo |paðráθo| ***m.*** *fam.* Padre que trata con demasiado cariño a sus hijos y les permite hacer su voluntad: *mi marido es un ~.* ⇒ **madraza.**

pa·dre |páðre| **1** ***m.*** Macho que ha *engendrado un hijo: *mi perro ha sido ~; fue ~ muy joven.* ⇒ **madre. 2** Hombre en cuanto a sus hijos: *mi ~ llega mañana; el ~ de Ignacio trabaja mucho; estos niños adoran a su ~.* ⇒ **madre; ~ adoptivo**, el que se considera como tal, aunque no haya *engendrado a sus hijos legales: *aunque era soltero, decidió ser el ~ adoptivo de varios niños huérfanos;* **~ de familia**, el que es cabeza de familia ante la ley: *la ley te considera ~ de familia aunque no tengas hijos;* **~ político**, el de la persona con quien se está casado, en cuanto a uno mismo: *mi ~ político es muy cariñoso conmigo.* ⇒ **papá, suegro.** ☐ En muchas zonas de América *padre* es ofensivo y se suele emplear *papá*. **3** Dios, la Primera Persona de la Trinidad, para los cristianos: *Padre, en tus manos encomiendo mi espíritu.* ⇒ **espíritu, hijo.** ☐ En esta acepción se escribe con mayúscula. **4** Sacerdote o religioso: *fue a pedir consejo a un ~ del convento.* ☐ Se usa como apelativo. Se puede usar delante de un nombre propio: *vengo de hablar con el Padre Juan;* **~ de la Iglesia**, *doctor de la antigua Iglesia *griega o *latina: *los padres de la Iglesia escribieron sobre los dogmas;* **Santo Padre**, el Papa: *el Santo Padre vive en el Vaticano.* **5** *fig.* Causa u origen de una cosa: *el ocio es ~ de todos los vicios.* **6** *fig.* Creador o *inventor de una cosa; persona que ha adelantado mucho una ciencia o una rama del saber: *Bell y Edison son los padres del teléfono.* **7** Macho que se destina a la cría: *el ganadero llevó al ~ donde estaban todas las hembras para que las preñara.* ⇒ **semental. - 8** ***adj.*** *fam.* Que es muy grande: *allí se armó la juerga ~.* ☐ Se usa siempre después de sustantivo. **- 9 padres** ***m. pl.*** Padre y madre de una persona: *mis padres se marcharon de vacaciones a la montaña; vive con sus padres.* ⇒ **papá. 10** Personas de las que descienden otras: *en el pasillo hay retratos de los padres de la familia.* ⇒ **ancestro, antecesor, antepasado.** ■ **de ~ y muy señor mío**, *fam.*, muy grande; muy intenso: *aquella mañana cayó una nevada de ~ y muy señor mío.* ■ **sin ~ ni madre, ni perro que le ladre**, *fam. fig.*, expresión que indica que una persona se siente abandonada y sola: *en la calle, una niña sin ~ ni madre, ni perro que le ladre, pide limosna.* ■ **¡tu ~!**, *fam. desp.*, expresión que indica enfado: *¡tu ~! ¡qué pesada eres!*

pa·dre·nues·tro |páðrenu̲éstro| ***m.*** REL. Oración que rezan los cristianos y que empieza por las palabras «Padre nuestro»: *el niño se arrodilló junto a su cama y rezó un ~ antes de acostarse.*

pa·dri·no |paðríno| **1** ***m.*** Hombre que presenta o acompaña a una persona cuando ésta recibe un *sacramento: *le pidió a su mejor amigo que fuera su ~ de boda.* ⇒ **madrina. 2** Hombre que presenta o acompaña a una persona cuando ésta va a participar en una competición o una lucha o cuando va a recibir un honor: *el joven debutó como torero teniendo por padrinos a dos grandes figuras; el caba-*

llero se presentó en el duelo con sus padrinos, que llevaban las armas.

pa·drón |paðrón| ***m.*** Lista donde figuran las personas que viven en un lugar: *cada Ayuntamiento debe elaborar un ~ de su localidad; debes comprobar que toda tu familia está inscrita en el ~.* ⇒ **catastro, censo, registro.**

pa·e·lla |paéʎa| **1 *f.*** Comida hecha con arroz, al que se añaden *mariscos, carne, pescado y otros alimentos: *la ~ es el plato más típico de Valencia; la ~ tiene color amarillo porque lleva azafrán; les invitaron a tomar ~ y sangría en la playa.* **2** Recipiente de metal, de poco fondo y con dos asas, que sirve para cocinar esa comida: *agarraron la ~ por las asas y la pusieron al fuego.* ⇒ **paellera.**

pa·e·lle·ra |paeʎéra| ***f.*** Recipiente de metal, de poco fondo y con dos asas, que sirve para cocinar la *paella: *esta ~ es demasiado pequeña para seis personas.* ⇒ **paella.**

pa·ga |páɣa| **1 *f.*** Acción de pagar, especialmente el dinero que se debe: *hoy es día de ~.* **2** Cantidad de dinero que se paga: *recibirá su dinero en tres pagas de cien mil pesetas cada una.* **3** Cantidad de dinero con la que se paga un servicio o un trabajo: *voy a la oficina del contable a cobrar la ~.* ⇒ **estipendio, salario, soldada, sueldo. 4** Cantidad de dinero que se da a los niños o a los jóvenes todas las semanas o los días de fiesta: *mamá, ¿me das la ~?; no te gastes hoy toda la ~, guarda para mañana.*

pa·ga·⌐dor, ⌐do·ra |paɣaðór, ðóra| **1 *adj.-s.*** (persona) Que debe pagar: *no suelen venderle nada a crédito porque es un mal ~.* **- 2 *m. f.*** Persona encargada de pagar en un banco, una oficina: *trabaja como ~ del Estado.*

pa·ga·nis·mo |paɣanísmo| ***m.*** Religión de los *paganos: *el paso del ~ romano al cristianismo supuso un cambio importante en Europa.*

pa·ga·⌐no, ⌐na |paɣáno, na| **1 *adj.-s.*** (persona) Que adora a varios dioses o imágenes, especialmente los de la antigua Grecia y Roma: *los paganos construyeron muchos templos.* **2** *p. ext.* (persona) Que no cree en la doctrina cristiana: *es un ~, no es cristiano.* **3** *hum.* (persona) Que paga la culpa o la deuda de otra persona: *así que Juan hizo la faena y María fue la pagana que se llevó todas las broncas.* **- 4 *adj.*** De cualquier religión que defiende la existencia de muchos dioses o que tiene relación con ella: *aún se conservan muchos templos paganos en Italia.*

pa·gar |paɣár| **1 *tr.*** [algo] Dar una cantidad de dinero a cambio de una cosa, un servicio o un trabajo: *los invitó a comer en un restaurante y pagó la cuenta; los niños menores de cinco años no pagan en el autobús; despidió a sus obreros sin pagarles; mañana pagaremos al fontanero.* **2** Dar una cantidad de dinero para cubrir una deuda o una carga pública: *les llegó un aviso para que pagaran la letra del piso; todos debemos ~ impuestos.* **3** *fig.* Cumplir una pena o castigo: *el acusado pagará su crimen con la cárcel.* **4** *fig.* Corresponder al cariño o al favor de otra persona: *¿así es como pagas mis desvelos?* **5** Sufrir los resultados de una equivocación: *tu mujer y tus hijos te han abandonado: has pagado tu egoísmo.* ☖ Se conjuga como 7. ■ **~ justos por pecadores,** *fam.*, sufrir todos por culpa de unos pocos: *Pepe volvió tarde a casa, pero el padre castigó a todos los hermanos: pagaron justos por pecadores.* ■ **pagarlas todas juntas,** *fam.*, sufrir el castigo o el efecto de un conjunto de malas acciones: *tú sigue fastidiándonos, aunque no importa, porque al final las pagarás todas juntas.*

pa·ga·ré |paɣaré| ***m.*** Documento con el que una o varias personas se comprometen a pagar una cantidad de dinero en un tiempo determinado: *estos pagarés vencen dentro de una semana.*

pá·gi·na |páxina| **1 *f.*** Cara de la hoja de un libro: *este libro tiene 300 páginas; una ~ está emborronada.* ⇒ **plana. 2** Texto escrito o impreso en esa cara de la hoja: *leyó dos páginas y se durmió.* **3** *fig.* Hecho ocurrido en el curso de una vida o una actividad: *el día de hoy se señalará como una feliz ~ en la historia de España.* ■ **páginas amarillas,** parte de la *guía *telefónica en la que se encuentran los *datos de profesionales, establecimientos y empresas, ordenados según los diferentes tipos de servicios que prestan: *consulte las páginas amarillas; para localizar un taller de coches, usaron las páginas amarillas.*

pa·gi·na·ción |paxinaθión| ***f.*** Orden o numeración de las páginas de un libro o *cuaderno: *no cambies las hojas para no alterar la ~.*

pa·gi·nar |paxinár| ***tr.*** [algo] Ordenar o numerar las páginas de un libro o *cuaderno: *tienes que ~ otra vez con cuidado.*

pa·go |páɣo| **1 *m.*** Entrega de una cantidad de dinero que se debe: *hizo el primer ~ del préstamo.* ⇔ **impago. 2** Satisfacción o premio: *y como ~ a sus servicios, me complace entregarle este reloj.* **3** Cantidad de dinero que se ha de pagar: *el ~ asciende a medio millón.*

pa·go·da |paɣóða| ***f.*** Edificio donde una comunidad religiosa *oriental, especialmente *budista, se reúne para rezar o para hacer celebraciones religiosas: *las pagodas suelen tener varios pisos con tejados y cornisas.*

pa·ís |país| **1 *m.*** Estado independiente: *las autoridades del ~ han pedido ayuda para combatir el hambre.* ⇒ **nación. 2** Territorio correspondiente a un pueblo o nación: *el viajero venía de un lejano ~; todo el ~ está padeciendo la sequía.*

pai·sa·je |paisáxe| **1 *m.*** Extensión de terreno que se ve desde un lugar determinado: *pararon junto al camino para admirar el ~; adoraba el ~ de la ciudad.* ⇒ **panorama. 2** Cuadro o fotografía que representa esa extensión: *el pintor presentó una colección de paisajes.*

pai·sa·jis·ta |paisaxísta| ***com.*** Persona que pinta *paisajes: *fuimos a ver una exposición de los paisajistas del siglo XIX.* ⇒ **pintor.**

pai·sa·⌐no, ⌐na |paisáno, na| **1 *adj.-s.*** (persona) Que ha nacido en el mismo lugar que otra: *César y yo somos paisanos: los dos somos del mismo pueblo; se encontró con un ~ suyo y se hicieron muy amigos.*

⇒ **compatriota.** - **2** ***m. f.*** Persona que vive y trabaja en el campo: *hemos conocido a unos paisanos que se dedican a recolectar fruta.* ■ **de ~**, que no lleva uniforme: *es policía pero va de ~.*

pa·ja |páxa| **1** ***f.*** Tallo del trigo y otros cereales, una vez seco y separado del grano: *la cosechadora separa el grano de la ~.* **2** Conjunto de esos tallos: *el mozo fue a buscar un poco de ~ para los caballos.* **3** Parte pequeña y delgada de una hierba o de otra cosa parecida: *se le metió una ~ en el ojo.* **4** Tubo muy delgado, de plástico flexible, que sirve para beber líquidos absorbiéndolos: *el camarero les llevó unos batidos con una ~ dentro.* **5** *fig.* Parte poco importante o que no sirve en un escrito, una conversación o un asunto: *ha escrito un artículo que no es más que ~; en el examen todo era ~, no había una idea sólida.* ⇒ **grano.** - **6** ***adj.*** De color amarillo claro: *me encanta su pelo de ~.* ☖ No varía de número. ■ **hacerse una ~**, *fam. vulg.*, tocarse el hombre los órganos sexuales para sentir placer: ⇒ **masturbar.** ■ **por un quítame allá esas pajas**, *fam.*, por una cosa poco importante; sin ninguna razón: *los dos amigos discutieron por un quítame allá esas pajas.*

pa·jar |paxár| ***m.*** Lugar donde se guarda *paja: *llenaron el ~ durante el verano.*

pá·ja·ra |páxara| ***f.*** DEP. Pérdida de las fuerzas al hacer un esfuerzo grande, especialmente los *ciclistas: *el corredor tuvo que retirarse de la prueba porque le dio una ~.*

pa·ja·re·ra |paxaréra| ***f.*** Jaula grande o lugar donde se crían los pájaros: *en medio del jardín había una ~ con jilgueros, canarios y otras aves cantoras.*

pa·ja·re·rí·a |paxarería| ***f.*** Establecimiento donde se venden pájaros y otros animales domésticos: *tengo que ir a la ~ a comprar alpiste para mi canario.*

pa·ja·re·⌜ro, ⌜ra |paxaréro, ra| **1** ***adj.*** De los pájaros o que tiene relación con ellos: *hemos hecho un censo sobre reproducción pajarera.* **2** *fam.* (persona) Que es muy alegre y *bromista: *es muy ~: siempre está cantando.* **3** *fam.* (tela, pintura) Que tiene colores muy fuertes pero mal combinados: *no me gusta el cuadro que hay en el salón: es muy ~.* - **4** ***m. f.*** Persona que se dedica a cazar, criar o vender pájaros: *estamos esperando al ~ para comprar un loro.*

pa·ja·ri·ta |paxaríta| **1** ***f.*** Pájaro de vientre blanco y cuello, pecho, alas y cola negros que mueve continuamente la cola: *como los campos estaban nevados, las pajaritas acudían al pueblo.* ⇒ **aguzanieves.** ☖ Para indicar el sexo se usa la ~ macho y la ~ hembra. **2** Figura hecha con un papel doblado varias veces que recuerda la forma de un pájaro: *se aburría y se puso a hacer pajaritas de papel.* **3** *Lazo que se sujeta alrededor del cuello: *el abuelo se presentó en la fiesta con una ~.*

pá·ja·⌜ro, ⌜ra |páxaro, ra| **1** ***m. f.*** Ave, especialmente de pequeño tamaño: *los gorriones, los canarios, los jilgueros y otros pájaros se alimentan de grano.* **2** Persona que es hábil para engañar o tiene malas intenciones: *ten cuidado con ese ~ o te traerá problemas; tu amiga es una pájara.* ⇒ **astuto; ~ de cuenta**, *fam.*, persona en la que no se debe tener confianza debido a su mal comportamiento: *tu tío es un ~ de cuenta, es un estafador.* ■ **matar dos pájaros de un tiro**, *fam.*, hacer o lograr dos cosas de una sola vez: *fui al cine a ver una película basada en la novela que tengo que leer para la clase: he matado dos pájaros de un tiro.* ■ **tener pájaros en la cabeza**, *fam.*, tener poco juicio o demasiada imaginación: *debería dejar de tener pájaros en la cabeza y pensar en el futuro.*

pa·ja·rra·co |paxarāko| **1** ***m.*** *desp.* Pájaro grande y feo: *un enorme ~ volaba sobre sus cabezas abriendo el pico.* **2** *fam. desp. fig.* Persona que es hábil para engañar o tiene malas intenciones: *menudo ~ está hecho, es capaz de vender a su madre.* ⇒ **astuto.**

pa·je |páxe| ***m.*** Hombre joven que está al servicio de un *caballero: *el ~ anunciaba a su señor y le servía en la mesa; el rey llamó a su ~.*

pa·ji·⌜zo, ⌜za |paxíθo, θa| **1** ***adj.*** Que está hecho o cubierto de *paja: *se refugiaron en una choza de techo ~.* **2** Que tiene el color de la *paja: *tiene el pelo ~ y los ojos verdes.*

pa·jo·le·⌜ro, ⌜ra |paxoléro, ra| **1** ***adj.-s.*** *fam.* (persona) Que molesta y enfada: *es un ~: siempre está molestando a los otros chicos.* ⇒ **impertinente.** - **2** ***adj.*** *vulg. fam.* Que es despreciable: *nunca tuvo suerte en toda su pajolera vida.* ☖ Se usa delante del sustantivo: *no tienes ni pajolera idea de lo que estás diciendo.*

pa·la |pála| **1** ***f.*** Herramienta grande compuesta por una pieza de madera o metal plana y rectangular, más ancha que larga, sujeta a un mango largo de madera: *el obrero de la construcción cargaba arena con la ~.* **2** Parte ancha y delgada de ciertos instrumentos: *atornilló las palas de una bisagra; la ~ del remo se mete en el agua.* **3** Parte, generalmente movible, en que termina el brazo de ciertas máquinas y que sirve para recoger una carga: *esa excavadora tiene una ~ de gran tamaño.* **4** Diente con una sola raíz, plano y cortante, situado en la parte delantera y superior de la boca de las personas: *cepíllate bien las palas.* ⇒ **incisivo, paleta.** **5** Parte superior del calzado, que rodea el pie por encima: *me he comprado unos zapatos con un lazo en la ~.* **6** Diente que cambia la cría del caballo a los treinta meses: *el potro ha perdido una ~.* **7** Plancha que gira alrededor de un eje en una *hélice: *esta hélice tiene tres palas.* **8** DEP. Tabla de madera de forma redonda, unida a un mango, que sirve para dar golpes a la pelota en distintos juegos: *coge las palas, que vamos a jugar al frontón.* **9** DEP. Estructura circular de madera, con mango, que sujeta una red y sirve para golpear pelotas en ciertos juegos: *tuvo que cambiar tres veces de ~ durante el partido.* ⇒ **raqueta.**

pa·la·bra |paláβra| **1** ***f.*** Sonido o conjunto de sonidos articulados que expresan una idea: *el extranjero no comprendió algunas de las palabras de la conversación, pero entendió la idea general.* ⇒ **término; ~ simple**, la que no se compone de otras de la misma lengua: *la palabra* casa *es una ~ sim-*

ple; ~ **compuesta**, la que está formada por la unión de otras de la misma lengua: abrelatas *y* guardaespaldas *son palabras compuestas.* **2** Representación escrita de estos sonidos; grupo de letras unidas entre sí y que va *precedido y seguido de un espacio: *la palabra* holocausto *se escribe con hache.* **3** Capacidad de expresar el pensamiento por medio del lenguaje articulado: *no tiene el don de la ~; se asombró tanto que perdió la ~.* **4** *Promesa de que una cosa es verdad o de que se va a hacer lo que se dice: *ha dado su ~ de honor; tienes mi ~ de que el pedido será entregado a tiempo.* **5** Derecho o turno para hablar: *el señor García tiene la ~.* **- 6 palabras** ***f. pl.*** Dichos que no *responden a ninguna realidad: *no lo ha dicho de corazón, sólo son palabras.* **7** Dicho o texto de una persona: *no lo he dicho yo, son palabras de Cervantes.* ■ **medir las palabras**, hablar con cuidado para no decir lo que no sea adecuado: *con Rosa hay que medir las palabras porque en seguida se ofende.* ■ **ni** ~, nada: *no entiendo ni ~ de aritmética.* ■ **palabras mayores**, cosa que puede *ofender o insultar: *no nombres a mi madre porque eso son palabras mayores.* ■ **palabras mayores**, cosa o asunto importante: *si hablamos de invertir tanto dinero, eso ya son palabras mayores.* ■ **quitar la ~ de la boca**, decir lo que otra persona estaba a punto de expresar: *te iba a pedir que fuéramos al cine, pero me has quitado la ~ de la boca.* ■ **quitar la ~ de la boca**, interrumpir a quien está hablando: *es un maleducado, siempre le quita a la gente la ~ de la boca.* ■ **tener unas palabras**, discutir o decirse cosas desagradables dos personas: *Juan y Enrique tuvieron unas palabras, pero ahora son otra vez muy amigos.*

pa·la·bre·ja |palaβréxa| ***f.*** *desp.* Palabra rara, especialmente si se usa poco o no se entiende bien: *menudas palabrejas emplea al hablar: no me entero de lo que dice.* ⇒ **palabra.**

pa·la·bre·rí·a |palaβrería| ***f.*** Abundancia de palabras sin sustancia ni utilidad: *con tanta ~ no nos convencerás: queremos ver hechos.* ⇒ **verborrea.**

pa·la·bro·ta |palaβróta| ***f.*** Palabra o expresión desagradable u *ofensiva: *la palabra* mierda *es una ~.* ⇒ **taco.**

pa·la·cie·⌐go, ⌐ga |palaθiéɣo, ɣa| ***adj.*** Del palacio o que tiene relación con él: *las estancias palaciegas eran lujosas y confortables.* ⇒ **cortesano, palatino.**

pa·la·cio |paláθio| **1** ***m.*** Edificio grande y lujoso donde vive un rey o una persona importante: *los reyes de España viven en el ~ de la Zarzuela.* ⇒ **castillo. 2** Edificio público muy grande donde se celebran reuniones o exposiciones: *la conferencia de paz se celebró en el ~ de exposiciones y congresos; el presidente se dirigió al ~ del Senado.* **3** Casa de una familia noble: *en esta ciudad quedan magníficos palacios de la época del descubrimiento de América.*

pa·la·dar |palaðár| **1** ***m.*** ANAT. Parte interior y superior de la boca de los vertebrados: *el ~ separa la cavidad bucal de la cavidad nasal; la lengua está en contacto con el ~.* **2** *fig.* Capacidad de valorar el sabor de los alimentos: *no tienes ~ si no distingues el bacalao de la merluza.* **3** *fig.* Capacidad de valorar una cosa que no es material: *tiene un excelente ~ para la música clásica.*

pa·la·de·ar |palaðeár| **1** ***tr.*** [algo] Disfrutar poco a poco el sabor de un alimento o una bebida: *paladeaba el helado lentamente.* **2** *fig.* Disfrutar pensando con detenimiento una cosa que agrada: *quiso ~ su última representación en el teatro.* ⇒ **saborear.**

pa·la·dín |palaðín| **1** ***m.*** Caballero que en la guerra se distingue por sus acciones valientes y nobles: *Lanzarote del Lago fue un gran ~.* ⇒ **caballero. 2** *fig.* Persona o conjunto de personas que defiende esforzadamente una causa: *desde muy joven quiso ser el ~ de los más pobres; el grupo ecologista se convirtió en el ~ del medio ambiente.*

pa·lan·ca |paláŋka| **1** ***f.*** Barra que se apoya sobre un punto y que sirve para levantar un cuerpo situado en el extremo contrario al que se aplica una fuerza: *las palancas sirven para levantar pesos.* **2** Pieza que sirve para hacer funcionar un aparato: *movió la ~ y salieron caramelos de la máquina.* **3** *fam.* Influencia que permite conseguir un *beneficio: *entrará sin problemas en el Ministerio porque tiene ~.* **4** DEP. Base situada a cierta altura y que sirve para tirarse al agua desde ella: *el nadador saltó sobre la ~ antes de tirarse a la piscina.*

pa·lan·ga·na |palaŋgána| ***f.*** Recipiente circular, ancho y poco profundo, que se usaba para lavarse: *el lavabo ha sustituido a la ~.*

pa·la·tal |palatál| **1** ***adj.*** ANAT. Del paladar o que tiene relación con él: *los maxilares superiores están en la región ~.* **- 2** ***adj.-f.*** LING. (sonido) Que se pronuncia acercando la lengua al paladar: *el sonido de la eñe es ~.* **3** LING. (letra) Que representa ese sonido: *la* ll *es una letra ~.*

pa·la·ti·⌐no, ⌐na |palatíno, na| **1** ***adj.*** Del palacio o que tiene relación con él: *las más altas personalidades asistieron a una gala palatina.* ⇒ **cortesano, palaciego. 2** ANAT. Del paladar o que tiene relación con él: *el paladar también se llama bóveda palatina.* **- 3** ***adj.-m.*** ANAT. (hueso) Que forma el paladar: *los palatinos están en la parte inferior del cráneo de los vertebrados.*

pal·co |pálko| **1** ***m.*** Espacio aislado con forma de balcón, generalmente situado en alto, donde se colocan varios asientos para ver un espectáculo: *tengo entradas de ~ para ir a la ópera; en el ~ central del teatro estaba sentado el presidente.* **2** Suelo de tablas formado en alto sobre un armazón, en el que se pone la gente para ver una función: *los carros formaban un círculo y detrás había palcos para que la gente pudiera ver bien la corrida.* ⇒ **tablado.**

pa·len·ti·⌐no, ⌐na |palentíno, na| **1** ***adj.*** De Palencia o que tiene relación con Palencia: *los campos palentinos se veían desde el tren.* **- 2** ***m. f.*** Persona nacida en Palencia o que vive habitualmente en Palencia: *los palentinos son vecinos de los leoneses.*

pa·le·o·gra·fí·a |paleoɣrafía| ***f.*** Técnica que consiste en leer e *interpretar los signos y la escritura de documentos y textos antiguos y en determinar la fecha y lugar del que proceden: *la ~ es una gran ayuda para historiadores y filólogos.*

pa·le·ó·gra·⌈fo, ⌈fa |paleóγrafo, fa| ***m. f.*** Persona que se dedica a la *paleografía: *un equipo de paleógrafos consiguió fechar el documento medieval.*

pa·le·o·lo·gí·a |paleoloxía| ***f.*** *form.* Estudio de las lenguas antiguas: *se marchó a Egipto para profundizar en la ~.*

pa·le·ó·lo·⌈go, ga |paleóloγo, γa| ***m. f.*** *form.* Persona que se dedica al estudio de las lenguas antiguas: *un ~ revisó los manuscritos para determinar el idioma en el que estaban escritos.*

pa·le·on·to·lo·gí·a |paleontoloxía| ***f.*** Disciplina que estudia los seres orgánicos cuyos restos se encuentran convertidos en piedra: *la ~ estudia los fósiles.*

pa·le·on·tó·lo·⌈go, ⌈ga |paleontóloγo, γa| ***m. f.*** *form.* Persona que se dedica a la *paleontología: *los paleontólogos han hecho grandes descubrimientos sobre la vida de especies desaparecidas.*

pa·les·tra |paléstra| **1** ***f.*** Lugar en el que se celebran luchas y competiciones de carácter deportivo: *los griegos se ejercitaban en la ~.* **2** *fig.* Lugar en el que se celebran ejercicios literarios públicos o desde donde se habla al público: *se subió a la ~ para dar la conferencia.*

pa·le·ta |paléta| **1** ***f.*** Tabla pequeña con un agujero en uno de sus extremos para meter el dedo pulgar y sobre la que el *pintor mezcla y compone los colores para pintar: *el pintor sujeta la ~ con el pulgar de una mano y pinta con la otra.* **2** *p. ext.* Conjunto o serie de colores *utilizados en una obra: *la ~ de este pintor impresionista tiene colores muy suaves.* ⇒ **colorido. 3** Instrumento de metal con una parte más ancha unida a un mango largo, que se usa en la cocina: *sacaré el pescado frito de la sartén con la ~.* **4** Instrumento formado por una plancha triangular unida a un mango de madera, que sirve para extender una masa: *los albañiles han cubierto la pared de argamasa con la ayuda de paletas.* **5** Diente con una sola raíz, plano y cortante, situado en la parte delantera superior de la boca: *el niño se ha caído al suelo y se ha partido una ~.* ⇒ **incisivo, pala. 6** DEP. Tabla de madera de forma redonda, unida a un mango, que sirve para dar golpes a la pelota en distintos juegos: *las paletas se utilizan en el tenis de mesa.*

pa·le·ta·da |paletáða| ***f.*** Cantidad que la pala puede coger de una vez: *unos hombres arrojaban paletadas de arena sobre la carretera.*

pa·le·ti·lla |paletíʎa| **1** ***f.*** Hueso ancho, triangular y casi plano situado a un lado de la espalda, donde se articulan los huesos del hombro y del brazo: *el perro se rascó en la ~.* ⇒ **omoplato. 2** Carne de la pata delantera del cerdo u otro animal, curada o preparada para comer: *esto no es jamón, es ~; comieron ~ de cordero guisada.*

pa·le·⌈to, ⌈ta |paléto, ta| **1** ***adj.-s.*** (persona) Que ha nacido en un pueblo pequeño o en el campo: *los paletos se dibujan con boina negra y con garrota.* ☖ Se usa como apelativo. **2** *desp.* (persona) Que tiene malos modos o que es poco educado; que tiene escasa formación cultural: *es un ~, no sabe comportarse en sociedad.* ⇒ **rudo.**

pa·liar |paliár| **1** ***tr.*** [algo] Calmar o hacer menos intenso un dolor o una enfermedad: *tómese esas pastillas para ~ la artrosis.* ⇒ **mitigar. 2** *fig.* Hacer menor la gravedad de un hecho o de una situación: *las principales potencias enviaron alimentos y medicinas para ~ el desastre de la guerra.* ☖ Se conjuga como 12.

pa·li·de·cer |paliðeθér| **1** ***intr.*** Ponerse pálido: *cuando se sintió descubierta, la asesina palideció.* **2** *fig.* Perder o disminuir el valor o la importancia: *después de aquel fracaso su prestigio palideció.* ☖ Se conjuga como 43.

pa·li·dez |paliðéθ| ***f.*** Cualidad de pálido: *observó la ~ del rostro del enfermo.*

pá·li·⌈do, ⌈da |páliðo, ða| **1** ***adj.*** Que ha perdido su color natural; que es más claro de lo normal: *tienes la cara pálida, ¿te encuentras mal?; la piel del bebé era pálida y delicada.* ⇒ **lívido. 2** (color) Que no es fuerte o intenso; que tiene gran parte de blanco en su mezcla: *llevaba un jersey rosa ~; el amarillo ~ te sienta muy bien.*

pa·li·du·⌈cho, ⌈cha |paliðútʃo, tʃa| ***adj.*** *fam.* Que tiene un color de piel más blanco de lo normal; que está pálido: *hoy estás un poco ~, ¿te encuentras bien?*

pa·li·llo |palíʎo| **1** ***m.*** Palo pequeño y delgado de madera que sirve para pinchar los alimentos o para limpiar los dientes: *cogió un ~ y pinchó una aceituna; por favor, no te hurgues la boca con el ~: es odioso.* ⇒ **mondadientes. 2** *fig.* Persona muy delgada: *Alberto era un ~, un fideo.* **- 3 palillos *m. pl.*** Palos largos y delgados que sirven para comer: *la comida china se toma con palillos.* **4** Palos redondos y con cabeza que sirven para tocar el tambor: *el niño sostenía los palillos en las manos.*

pa·lio |pálio| **1** ***m.*** *form.* Pieza de tela lujosa colocada en un armazón de cuatro o más barras, bajo la cual va el cuerpo de Cristo, una imagen religiosa o una persona importante en una ceremonia: *el ~ se coloca en señal de dignidad; el Papa va bajo ~ en las procesiones.* ⇒ **baldaquín, dosel, pabellón. 2** *form.* Prenda de vestir de los antiguos *griegos: *el ~ era un manto cuadrado que se colocaba sobre la túnica.* **3** *form.* Banda de lana blanca que rodea los hombros y que usa el Papa: *el ~ lleva seis cruces negras bordadas.* **4** *form.* Paño de tela lujosa que se ofrece como premio al vencedor de un juego: *el ~ solía ser de seda.* ■ **bajo ~,** *fig.*, con mucho respeto y afecto: *sus primos lo recibían siempre bajo ~, tratándolo con cariño.* ■ **correr el ~,** participar en una carrera cuyo premio es un paño de tela lujosa: *correr el ~ era un juego medieval que hoy se conserva en Italia.*

pa·li·que |palíke| ***m.*** *fam.* Conversación que no tiene un fin determinado, sobre temas poco importantes: *hacía tanto tiempo que no se veían que estuvieron de ~ más de dos horas.* ⇒ **charla.**

pa·li·tro·que |palitróke| ***m.*** Palo pequeño, torcido o mal trabajado: *buscó un ~ y empezó a hurgar en el suelo con él.*

pa·li·za |palíθa| **1** *f.* Cantidad grande de golpes que se da o se recibe: *unos maleantes le dieron una ~ al salir del trabajo; la mujer denunció las continuas palizas que recibía.* ⇒ **somanta, tunda, zumba, zurra. 2** *fig.* *Derrota sufrida en una competición: *el equipo local dio una buena ~ al visitante.* **3** *fig.* Trabajo duro, esfuerzo: *limpiar la cocina es una ~; me he dado una ~ estudiando.* **- 4 *com.*** *fam.* Persona que molesta y cansa: *mira, por ahí viene el ~ de Antonio.* ⇒ **pelma, plasta.** ■ **dar la ~**, *fam.*, molestar, cansar con una conversación pesada: *no me des la ~, que no me vas a convencer.*

pal·ma |pálma| **1** *f.* Parte inferior de la mano, desde la muñeca hasta los dedos: *apoyó las palmas de las manos en la mesa; el guardia de tráfico detuvo a los coches mostrándoles la ~ de la mano.* **2** Parte inferior de la pata de los caballos y otros animales: *el caballo se clavó una astilla en la ~ y cojeaba.* **3** Árbol de tronco áspero y cilíndrico, muy alto y terminado en hojas grandes con el nervio central recto y *consistente, con flores blancas y olorosas y fruto comestible: *las palmas crecían al borde del mar.* ⇒ **palmera. 4** BOT. Planta que pertenece a una familia que se caracteriza por tener el tronco *leñoso, alto y terminado en un conjunto de hojas grandes y siempre verdes: *la palmera, el palmito y el cocotero son palmas.* **5** Hoja de esa planta, especialmente la que tiene color amarillo: *las palmas se usan para hacer cestos, escobas, abanicos y otros objetos; los católicos llevan palmas en la procesión del Domingo de Ramos.* **6** *fig.* Victoria, fama y honor reconocido por todos: *la ~ fue para la tenista australiana.* **7** Golpe que se da chocando las manos abiertas, una con otra: *el público daba palmas al compás de la música.* ⇒ **aplauso, palmada.** ■ **batir palmas/tocar las palmas**, golpear ambas manos para acompañar el ritmo del canto y el baile *flamenco: *el cantaor batía palmas mientras sonaba la guitarra.* ■ **conocer como la ~ de la mano**, *fam.*, conocer una cosa muy bien: *conozco esa ciudad como la ~ de mi mano.* ■ **llevar en palmas**, tratar con mucho cariño a una persona, teniendo toda clase de atenciones con ella: *cuando viene la tía de mi mujer, todos la llevamos en palmas.* ☖ Se usa también *llevar en palmitas.* ■ **llevarse la ~**, sobresalir en un aspecto; superar a otras personas en una actividad: *el cantante de Valencia se lleva la ~ en cuanto a discos vendidos; te llevas la ~ de la tontería.*

pal·ma·da |palmáða| **1** *f.* Golpe dado con la palma de la mano: *me saludó dándome una ~ en la espalda; se dio una ~ en la frente.* **2** Golpe que se da chocando las manos abiertas, una contra otra: *el maestro dio unas palmadas para que se callaran los niños.* **- 3 palmadas *f. pl.*** Ruido que se hace golpeando las palmas de la mano una con otra: *las palmadas del público animaban al cantante.* ⇒ **aplauso.**

pal·mar |palmár| ***intr.*** *fam.* Morir; dejar de vivir: *el veneno surtió efecto y la vieja palmó al poco tiempo.*

pal·ma·rés |palmarés| **1** *m.* Relación de éxitos y victorias conseguidos: *el artista tiene un ~ inmejorable; esta nueva medalla viene a aumentar el ~ del equipo.* ⇒ **currículum, historial. 2** Lista de ganadores de una competición: *el español, el suizo y el noruego formaban el ~ del esquí alpino.*

pal·ma·⌐rio, ⌐ria |palmári̲o̲, ri̲a̲| ***adj.*** Que es claro y *manifiesto: *la diferencia entre tus conocimientos y los suyos es palmaria.* ⇒ **palpable, patente.**

pal·ma·to·ria |palmatóri̲a̲| *f.* Soporte en forma de plato pequeño que sirve para sujetar una vela: *la niña llevaba en la mano una vieja ~ con una vela.* ⇒ **candelabro.**

pal·me·ra |palméra| **1** *f.* Árbol de tronco áspero y cilíndrico, muy alto y terminado en hojas grandes con el nervio central recto y *consistente, con flores blancas y olorosas y fruto comestible: *las palmeras crecen en climas tropicales; algunas palmeras dan dátiles.* ⇒ **palma. 2** Dulce de *hojaldre que tiene forma de corazón: *el niño lleva una ~ de chocolate para el recreo.*

pal·me·ral |palmerál| ***m.*** Lugar donde crecen muchas *palmeras: *el oasis del desierto era un magnífico ~; en Elche y Orihuela están los mayores palmerales de España.*

pal·me·ta |palméta| *f.* Tabla pequeña, redonda, con un mango, con la que los *maestros castigaban a los niños dándoles golpes en la palma de la mano: *el niño extendió la mano y el maestro le dio con la ~.*

pal·mí·pe·⌐do, ⌐da |palmípeðo, ða| ***adj.-s.*** ZOOL. (ave) Que tiene los dedos de los pies unidos por *membranas: *los patos son animales palmípedos.*

pal·mi·to |palmíto| **1 *m.*** Tallo comestible, blanco y cilíndrico que se encuentra dentro del tronco de un árbol: *la ensalada tropical lleva palmitos troceados.* **2** Árbol de la familia de las palmas, con el tronco subterráneo y las hojas en forma de medio círculo: *las hojas del ~ se usan para hacer escobas.* **3** *fam. fig.* Cuerpo de una mujer, especialmente cuando es bello: *se compra ropa ajustada para lucir el ~.* ⇒ **figura.**

pal·mo |pálmo| ***m.*** Medida de longitud que equivale a la distancia que hay desde el extremo del pulgar hasta el del dedo pequeño, con la mano abierta y extendida: *la mesa mide cinco palmos.* ■ **dejar con un ~ de narices**, *fam.*, hacer que una persona sufra una decepción por no hacer o tener lo que esperaba: *él esperaba que yo le prestara el coche, pero lo dejé con un ~ de narices.* ■ **~ a ~**, *fig.*, lentamente; con dificultad: *el atleta fue ganando terreno ~ a ~.*

pal·mo·te·ar |palmoteár| ***intr.*** Dar *palmadas en señal de alegría o de satisfacción: *los niños palmoteaban cuando vieron los regalos.* ⇒ **aplaudir.**

pa·lo |pálo| **1 *m.*** Trozo de madera más largo que grueso, generalmente cilíndrico: *el niño hizo salir a la araña metiendo un ~ en el agujero de la piedra.* **2** Golpe que se da con ese trozo de madera: *le dio al burro un ~ para que anduviera.* **3** Serie de cartas con una característica en común y que, junto con otras tres series, forma la *baraja: *los palos de la baraja española son oros, copas, espadas y bastos.* **4** Madero vertical que sirve para sostener las velas de una embarcación: *la tempestad destrozó los palos de la embarcación.* ⇒ **mástil.** **5** *fam.* Experiencia desagradable; situación difícil: *es un ~ tener que levantarse a las seis de la mañana.* **6** Línea dibujada con un fin: *el niño ha escrito palos en el cuaderno para aprender a escribir.* **7** DEP. Madero que, junto con otros dos, forma la *portería: *el balón dio en el ~ y no llegó a la red.* ⇒ **travesaño.** ■ **a ~ seco**, sin una cosa que ayude o complemente: *se tomó tres copas de anís a ~ seco.* ■ **dar palos de ciego**, hacer una cosa sin saber, sin conocer ni medir los resultados: *como no conocía bien el tema, se limitó a dar palos de ciego.* ■ **no dar un ~ al agua**, *fam.*, no trabajar: *lleva tres días sin dar un ~ al agua.*

pa·lo·duz |paloðúθ| ***m.*** Raíz que se chupa o se mastica porque tiene un jugo dulce y agradable: *el ~ es la raíz del regaliz; el ~ se usa en medicina contra la tos.* ⇒ **regaliz.**

pa·lo·ma |palóma| **1** ***f.*** Ave de cuello corto y cabeza pequeña, que vuela muy rápido y que se puede *domesticar: *el niño corría tras la palomas en el parque;* ~ **mensajera**, la que se usa por el hombre para llevar de un lugar a otro pequeños escritos u objetos de poco peso atados a su pata: *enviaron el microfilm con una ~ mensajera;* ~ **torcaz**, la que suele hacer sus nidos en árboles y vivir en los campos en estado salvaje: *estuvieron cazando palomas torcaces.* **2** *fig.* Persona partidaria de la paz y a la que no le gusta solucionar los problemas de forma violenta: *esa chica es una ~ que sólo quiere que te concilies con tus enemigos.* ⇔ **halcón.**

pa·lo·mar |palomár| ***m.*** Lugar donde se refugian y crían *palomas: *en la azotea de la casa había un ~.*

pa·lo·me·ta |palométa| **1** ***f.*** Pez marino comestible de color gris oscuro, con el cuerpo aplastado verticalmente, la cabeza pequeña y con dientes finos, largos y apretados: *la ~ se pesca en el Mediterráneo; hoy comeremos ~ con tomate.* ▢ Para indicar el sexo se usa la ~ macho y la ~ hembra. **2** Armazón de tres piezas en forma de triángulo que sirve para sostener cosas: *coloca la tabla en la ~ para cortarla.*

PALOMA

pa·lo·mi·no |palomíno| **1** ***m.*** Pollo de la *paloma silvestre: *le sirvieron un ~ frito.* ⇒ **pichón.** **2** *fig.* Persona sin energía o sin experiencia: *desde que salió del colegio es un ~.* **3** *fam.* Mancha o resto de excrementos en la ropa interior: *eres un cochino porque que no te cambias el calzoncillo hasta que no tiene ~.*

pa·lo·mi·ta |palomíta| **1** ***f.*** Grano de *maíz tostado y reventado, que tiene color blanco y forma de flor: *entraron al cine con un refresco y una bolsa de palomitas.* **2** Bebida *refrescante hecha con *anís y agua: *no me gusta casi ningún licor, aparte de las palomitas, que son muy dulces.*

pa·lo·⌐mo, ⌐ma |palómo, ma| **1** ***adj.-s.*** *fam.* (persona) Que puede ser engañado fácilmente: *no creo que esos palomos puedan hacer grandes negocios.* **- 2 palomo *m.*** Macho de la *paloma: *un ~ arrullaba a una hembra en la torre de la iglesia.*

pa·lo·te |palóte| ***m.*** Trazo simple de escritura: *los niños tienen que rellenar muchas cartillas de palotes para aprender a escribir.*

pal·pa·ble |palpáβle| **1** ***adj.*** Que puede tocarse con las manos: *había una niebla tan densa que casi era ~.* **2** *fig.* Que es claro; que se ve con claridad: *la defensa presentó una serie de pruebas palpables sobre la inocencia del acusado.* ⇒ **manifiesto, palmario, patente.**

pal·par |palpár| **1** ***tr.*** [algo, a alguien] Tocar con las manos para reconocer por el sentido del *tacto: *palpó la pierna para encontrar la herida.* **- 2 *tr.-intr.*** *p. ext.* Andar en la oscuridad tocando los objetos para reconocerlos: *se apagó la luz y tuvo que ~ para encontrar el camino.* **- 3 *tr.*** *fig.* Notar o sentir una cosa tan claramente como si se tocara: *aquí se palpa la tranquilidad.*

pal·pi·ta·ción |palpitaθión| ***f.*** Latido del corazón más fuerte y rápido de lo normal: *después de subir la escalera sentía palpitaciones.*

pal·pi·tan·te |palpitánte| ***adj.*** *fig.* (tema) Que es actual; que tiene interés: *esta noche en nuestro debate trataremos un tema ~.*

pal·pi·tar |palpitár| **1** ***intr.*** Moverse con ritmo el corazón para hacer entrar y salir la sangre: *el médico comprobó si el corazón del enfermo palpitaba.* ⇒ **latir.** **2** Aumentar el ritmo del corazón a causa de una emoción intensa: *se llevó un susto tan grande que su corazón empezó a ~.* **3** Moverse o agitarse un órgano del cuerpo de forma involuntaria: *el ojo empezó a palpitarle.* **4** *fig.* Mostrarse con fuerza un afecto o una pasión: *su amor por Isabel palpita en su poesía; en aquellas palabras palpitaba el odio.*

pál·pi·to |pálpito| ***m.*** *fam. fig.* Sensación de que una cosa va a ocurrir sin estar seguro de ello: *la noche anterior al incendio había sentido un ~.* ⇒ **corazonada, presentimiento.**

pa·lu·dis·mo |paluðísmo| ***m.*** MED. Enfermedad contagiosa, con ataques continuos de fiebre, *transmitida por un *mosquito: *el ~ se da en zonas pantanosas.*

pa·lur·⌈do, ⌈da |palúrðo, ða| ***adj.-s.*** *desp.* Que tiene malos modos o que es poco educado; que tiene escasa formación cultural: *llegó con una chica palurda.* ⇒ **rudo.**

pa·lus·tre |palústre| **1** ***adj.*** Que se cría en los *pantanos: *en el delta hay vegetación ~.* **- 2** ***m.*** Herramienta formada por un trozo plano y triangular de metal y un mango: *extendía el cemento con el ~.* ⇒ **paleta.**

pa·me·la |paméla| ***f.*** Sombrero de ala muy ancha que usan las mujeres: *la madrina llevaba una ~ de raso; para ir a la playa se pone una ~ de paja.*

pam·pa |pámpa| ***f.*** GEOGR. Terreno llano y extenso, sin árboles, propio de América del Sur: *los gauchos vivían en la pampa argentina.*

pám·pa·na |pámpana| ***f.*** Conjunto de las hojas de la planta que da la uva: *fui a la viña y vi que toda la ~ estaba verde.*

pám·pa·⌈no, ⌈na |pámpano, na| **1** ***m. f.*** Hoja de la planta que da la uva: *los racimos y los pámpanos de la vid cubren la verja del jardín.* **- 2 pámpano** ***m.*** Brote verde, delgado y blando de la planta que da la uva: *los pámpanos tienen forma de caracol.* ⇒ **zarcillo.**

pan |pán| **1** ***m.*** Alimento hecho con harina, generalmente de trigo, mezclada con agua, sal y *levadura, y cocinado al horno: *el ~ es esencial para el hombre;* ~ **ázimo**, el que se hace sin poner *levadura en la masa: *el ~ ázimo se come en la Pascua judía;* ~ **de molde**, el que se hace con leche y materias grasas y se corta en rebanadas cuadradas: *el ~ de molde es ideal para los sandwiches;* ~ **integral**, el que se hace con harina entera, sin separar la cáscara del grano de trigo: *el ~ integral contiene mucha fibra y es ideal para la dieta;* ~ **bendito**, el que se usa en la misa: *el sacerdote repartió el ~ bendito entre los fieles.* ⇒ **hostia;** ~ **rallado**, el que se usa molido para cocinar: *muchos alimentos se rebozan en ~ rallado antes de freírlos.* **2** Pieza de ese alimento: *compró un ~ de un kilo; cortó el ~ en rebanadas.* ⇒ **barra, hogaza. 3** Masa esponjosa, elaborada con un fruto o una sustancia comestible: *compró ~ de higo en una pastelería.* **4** *fig.* Alimento que se necesita para vivir: *me prometió que con él no me faltaría el ~.* ⇒ **sustento. 5** *fig.* Hoja de harina que se cocina entre dos hierros al fuego: *las mujeres preparaban el ~ para hacer obleas.* **6** *fam. fig.* Persona o cosa muy buena: *este hombre es un ~.* ■ **a falta de ~ buenas son tortas**, expresión que indica que, cuando falta lo importante, hay que conformarse con lo que se tiene: *no podemos ir a la playa, pero tenemos una piscina cerca de casa: a falta de ~, buenas son tortas.* ■ **al ~, ~ y al vino, vino**, *fam.*, expresión con la que se indica que hay que decir las cosas claramente: *al ~, ~, y al vino, vino: que es tonto y no que parece poco listo.* ■ **comer ~ con corteza**, *fam. fig.*, ser una persona adulta y no necesitar ayuda: *deja que él lo haga solo, que ya come ~ con corteza.* ■ **con su ~ se lo coma**, expresión con la que se indica falta de interés hacia las acciones o asuntos de otra persona: *no me importa si tiene un buen sueldo o no, con su ~ se lo coma.* ■ **contigo, ~ y cebolla**, expresión con la que se indica que una persona siente un amor muy grande por otra: *cuando le dijo a su novia que lo habían despedido del trabajo, ella le respondió: —No te preocupes; contigo, ~ y cebolla.* ■ **ganarse el ~**, *fam.*, trabajar y ganar el dinero necesario para vivir: *se levanta muy temprano para ganarse el ~.* ■ **más bueno que el ~**, que es muy buena persona; que es de muy buena calidad: *tu hijo es más bueno que el ~, nunca llora.* ■ ~ **de oro**, hoja muy fina de oro, plata u otro metal que se usa para cubrir objetos y darles un aspecto más bello y valioso: *muchos techos de madera del palacio están adornados con ~ de oro.* ■ ~ **sin sal**, *fam.*, persona que no tiene gracia: *ese hijo tuyo es un ~ sin sal.* ⇒ **soso.** ■ **ser el ~ nuestro de cada día**, *fam.*, ocurrir frecuentemente: *las peleas en esta casa son el ~ nuestro de cada día.* ■ **ser ~ comido**, *fam.*, ser muy fácil de hacer o de conseguir: *ese trabajo es ~ comido, ya lo verás.*

pa·na |pána| ***f.*** Tela gruesa de algodón, con pelo muy corto en la superficie formando rayas: *en invierno lleva pantalones de ~; esa chaqueta de ~ me encanta.* ⇒ **terciopelo.**

pa·na·ce·a |panaθéa| **1** ***f.*** Medicina que se cree que puede curar distintas enfermedades: *antiguamente se usaba la ~ para todos los dolores.* **2** *fig.* Remedio o solución para cualquier tipo de problema: *los agricultores esperan una ~ para todos los males del campo.*

pa·na·de·rí·a |panaðería| ***f.*** Establecimiento en el que se vende pan, bollos y otros alimentos: *se levanta temprano para ir a la ~ a comprar el pan recién hecho.*

pa·na·de·⌈ro, ⌈ra |panaðéro, ra| ***m. f.*** Persona que se dedica a hacer o vender pan: *el ~ del pueblo ha hecho unos panes especiales para la fiesta.*

pa·nal |panál| **1** ***m.*** Conjunto de pequeños huecos que las abejas forman dentro de la *colmena para guardar la miel: *los panales están hechos de cera.* **2** Estructura parecida a ese conjunto que fabrican las *avispas: *en ese tejado hay un ~ de avispas.* ⇒ **avispero.**

pa·na·má |panamá| **1** ***m.*** Tela de algodón con el hilo muy grueso sobre la que se cose formando dibujos: *con el ~ se hacen manteles y servilletas.* **2** Sombrero flexible, con el ala recogida, que usan los hombres en verano: *el ~ es un sombrero ligero.* ☖ El plural es *panamaes.*

pa·na·me·⌈ño, ⌈ña |panaméɲo, ɲa| **1** ***adj.*** De Panamá o que tiene relación con Panamá: *¿cuáles son los colores de la bandera panameña?* **- 2** ***m. f.*** Persona nacida en Panamá o que vive habitualmente en Panamá: *te ha telefoneado un ~ que te conoció en París.*

pa·na·me·ri·ca·nis·mo |panamerikanísmo| ***m.*** Tendencia que consiste en favorecer las relaciones entre todos los países de América: *muchos políticos son partidarios del ~.*

pa·na·me·ri·ca·nis·ta |panamerikanísta| ***com.***

Persona que defiende el *panamericanismo: *este embajador es ~: ha luchado mucho por conseguir la cooperación entre las naciones americanas.*

pa·na·me·ri·ca·⌐no, ⌐na |panamerikáno, na| ***adj.*** De toda América o que tiene relación con toda América: *durante el pasado mes se ha celebrado un congreso ~; los juegos panamericanos se celebran cada cuatro años en una ciudad del continente americano.*

pan·car·ta |paŋkárta| ***f.*** Trozo de papel o de tela de gran tamaño en el que se escribe o dibuja una cosa para que la vean los demás: *los manifestantes llevaban pancartas pidiendo la paz.* ⇒ **cartel.**

pan·ce·ta |panθéta| ***f.*** Capa de grasa de ciertos animales, especialmente del cerdo, que está unida a la carne y se usa como alimento: *he comprado un trozo de ~ para hacer un guiso de lentejas; prefiero la ~ fresca al tocino.*

pan·⌐cho, ⌐cha |pántʃo, tʃa| **1 *adj.*** Que está tranquilo; que no se altera fácilmente: *míralo, nosotros nerviosos y él tan ~.* **2** Que siente satisfacción: *primero los insultó y luego se quedó tan ~.*

pán·cre·as |páŋkreas| ***m.*** ANAT. Órgano del cuerpo que se encuentra detrás del estómago y que se encarga especialmente de producir jugos que permiten *digerir los alimentos: *el ~ segrega jugos gástricos e insulina; lo sometieron a una operación de ~.* ◯ El plural es *páncreas.*

pan·cre·á·ti·⌐co, ⌐ca |paŋkreátiko, ka| ***adj.*** ANAT. Del *páncreas o que tiene relación con él: *el jugo ~ contiene enzimas que descomponen los alimentos que llegan al estómago.*

pan·da |pánda| **1 *f.*** Grupo de personas que se reúnen habitualmente para divertirse o con otro fin: *Julio ha ido con su ~ a la discoteca.* ⇒ **pandilla. 2 *com.*** Animal mamífero parecido a un oso, con el pelo de color blanco y negro y que se alimenta *principalmente de vegetales: *todos los niños quieren ver el ~ del zoo.* ◯ Para indicar el sexo se usa el ~ macho y el ~ hembra.

pan·de·re·ta |panderéta| ***f.*** Instrumento musical de percusión, formado por una piel estirada sobre un círculo y con chapas de metal que suenan al moverse el instrumento: *los niños van a pedir el aguinaldo cantando villancicos y tocando la ~.* ⇒ **pandero.**

pan·de·ro |pandéro| **1 *m.*** Instrumento musical de percusión formado por una piel estirada sobre uno o dos círculos de madera o metal: *el ~ se toca con la mano o con una maza.* ⇒ **pandereta. 2** *fam. fig.* *Trasero grande: *con ese ~ no sé cómo se atreve a ponerse pantalones ajustados.* ⇒ **culo.**

pan·di·lla |pandíʎa| ***f.*** Grupo de personas que se reúnen habitualmente para divertirse o con otro fin: *el chico sale con su ~ todos los fines de semana.* ⇒ **panda.**

pa·ne·ci·llo |paneθíʎo| ***m.*** Pan pequeño y esponjoso, especialmente el que se toma para el *desayuno: *tomó un ~, lo abrió y lo rellenó de mermelada.* ⇒ **bollo, pan.**

pa·ne·gí·ri·co |panexíriko| ***m.*** *form.* Discurso o escrito que se hace para alabar a una persona: *algunos libros comienzan con un ~ a una persona ilustre que fue mecenas del autor.* ⇒ **alabanza, apología, elogio.**

pa·nel |panél| **1 *m.*** Plancha lisa, generalmente cuadrada o rectangular, que forma parte de una superficie: *vamos a cambiar el ~ superior de la puerta por un cristal, para que entre la luz.* **2** Plancha que se usa para dividir un espacio: *en la oficina, las mesas están separadas por paneles de contrachapado.* **3** Plancha en la que se colocan avisos o noticias: *las notas aparecerán en el ~ del Departamento de Física.* **4** Superficie en la que se reflejan los resultados de una medición o las informaciones que recoge un aparato eléctrico: *se ha estropeado el ~ principal de la torre de control y por eso no pueden permitir ningún aterrizaje.* ⇒ **cuadro.**

pa·ne·ra |panéra| **1 *f.*** Recipiente en el que se sirve el pan en la mesa: *en la ~ había pequeñas tostadas y barritas alargadas.* **2** Recipiente que sirve para guardar el pan en una casa: *abrió la ~ y vio que sólo quedaba una barra de pan.* **3** Recipiente grande, de material flexible, que sirve para transportar pan: *el panadero sacó las paneras del camión de reparto.*

pán·fi·⌐lo, ⌐la |pánfilo, la| **1 *adj.-s.*** (persona) Que no tiene ánimo ni ganas de hacer cosas; que no tiene voluntad: *esa niña es una pánfila.* ⇒ **soso. 2** Que es tonto; que no es inteligente ni rápido de mente: *es tan ~ que no puede ir solo a ninguna parte.* ⇒ **simple, simplón.** ◯ Se usa como apelativo despectivo.

pan·fle·to |panfléto| **1 *m.*** Papel con información y comentarios políticos: *los miembros más jóvenes repartían panfletos a la salida del mitin.* **2** Acción o cosa que hace *propaganda excesiva, especialmente si es desagradable o violenta: *esta película es un ~ a favor del racismo.*

pá·ni·co |pániko| ***adj.-m.*** (miedo, terror) Que es muy grande y se da en muchas personas: *cuando se declaró el incendio, cundió el ~ entre los vecinos; oyó un fuerte trueno y sintió ~.* ◯ Como adjetivo se usa en el español de América.

pa·ni·fi·ca·do·ra |panifikaðóra| ***f.*** Fábrica donde se elabora pan: *la ~ de las afueras suministra el pan a toda la ciudad.*

pa·ni·zo |paníθo| **1 *m.*** Planta de tallos rectos, con las hojas grandes y las flores *agrupadas en racimo, que da un grano amarillo comestible: *de la mazorca del ~ se extrae aceite.* ⇒ **maíz. 2** Grano de esa planta: *fueron a moler el ~.*

pa·no·cha |panótʃa| ***f.*** Conjunto formado por los granos del *maíz y la base que los sujeta: *las panochas tiernas se comen asadas.* ⇒ **mazorca.**

pa·no·li |panóli| ***adj.-s.*** *fam.* (persona) Que es simple; que no tiene voluntad: *pero qué ~ eres: te dejas dominar por todos.*

pa·no·ra·ma |panoráma| **1 *m.*** Vista de una gran extensión de terreno desde un lugar determinado: *desde lo alto de la montaña se divisaba un ~ magnífico.* ⇒ **paisaje. 2** *fig.* Aspecto que presenta un asunto o una situación: *los entendidos están preocupados por el ~ económico.*

pan·ta·lla |pantáʎa| **1 *f.*** Superficie grande y con

forma de rectángulo, sobre la que se proyectan imágenes de cine o fotografía: *la ~ de este cine es especial; el profesor proyectaba diapositivas en la ~.* **2** Superficie de cristal en la que se forma la imagen en el *televisor, el ordenador y otros aparatos *electrónicos: *la ~ del ordenador no funciona bien; encendió el televisor y en la ~ aparecieron varias líneas de colores; la inauguración de la Olimpiada se retransmitía por medio de pantallas gigantes de vídeo.* **3** *p. ext.* Mundo del cine y la televisión: *su sueño era convertirse en una estrella de la ~;* ~ **grande**, *fig.*, mundo del cine: *la historia no gustó al público cuando se llevó a la ~ grande;* **pequeña** ~, *fig.*, mundo de la televisión: *conocía muy bien a todas las figuras de la pequeña ~.* **4** Pieza plana y delgada que se coloca ante una fuente de luz para dirigirla hacia un punto concreto o para que no moleste a los ojos: *la lámpara de pie llevaba una ~ de tela.* **5** Plancha de metal, madera o cristal, que se pone delante de las *chimeneas para protegerse del exceso de calor o de luz: *a través de la ~ de cristal veía crepitar el fuego.* **6** *fig.* Persona o cosa que, puesta delante de otra, la oculta o le hace *sombra: *se colocó detrás de la multitud para que fuera su ~.*

pan·ta·lón |pantalón| *m.* Prenda de vestir que se ajusta al cuerpo en la cintura y cubre cada pierna por separado: *la gente joven siempre viste con ~ porque es muy cómodo; este ~ no lleva cremallera, sino botones.* ☖ Se usa también en plural para hacer referencia a una sola de estas prendas. ■ **llevar los pantalones**, *fam. fig.*, mandar: *en su casa, es la mujer la que lleva los pantalones.* ■ **ponerse los pantalones**, *fam. fig.*, hacer valer una persona su autoridad en una situación de desorden: *cuando los niños son muy traviesos, la madre se pone los pantalones y les regaña.*

pan·ta·no |pantáno| **1** *m.* Terreno profundo donde se recoge y se detiene el agua de manera natural, formando un fondo lleno de barro: *en los pantanos viven muchos animales acuáticos.* **2** Lago artificial en el que se acumulan las aguas de un río para aprovecharlas mejor: *la sequía dejó los pantanos sin suministro.* ⇒ **embalse, presa.**

pan·ta·no·⌜so, ⌜sa |pantanóso, sa| **1** *adj.* (terreno) Que es poco profundo y tiene mucha agua detenida y barro: *se perdieron en una zona pantanosa de la que era difícil salir.* **2** (agua) Que se queda retenida de forma natural en un lugar: *estas aguas son pantanosas y no se deben beber.* **3** *fig.* Que está lleno de peligros y obstáculos: *el científico reconoció que se movía en un terreno ~.*

pan·te·ón |panteón| *m.* Edificio o construcción que sirve para guardar el cuerpo muerto de varias personas, generalmente de la misma familia: *en mitad del cementerio hay un ~ que pertenece a una familia de la ciudad.* ⇒ **mausoleo, tumba.**

pan·te·ra |pantéra| *f.* Animal mamífero, parecido al gato, pero más grande, generalmente de color amarillo, con manchas oscuras y el vientre claro, muy rápido y fiero y con fuertes uñas que usa para cazar animales: *la ~ daba vueltas encerrada en su jaula;* ~ **negra**, la que tiene el pelo de color negro: *en el zoo ha nacido una ~ negra.* ☖ Para indicar el sexo se usa la ~ macho y la ~ hembra.

pan·to·mi·ma |pantomíma| **1** *f.* Representación de teatro en la que los actores no se expresan con palabras, sino con gestos y con el cuerpo: *ayer fuimos a ver una ~.* ⇒ **mimo.** **2** *fig.* Engaño que consiste en fingir lo que en realidad no se siente, para conseguir un fin: *aquel disgusto sólo era una ~ para que todos la compadecieran.* ⇒ **comedia, farsa.**

pan·to·rri·lla |pantoříʎa| *f.* Parte posterior de la pierna, por debajo de la rodilla: *tenía agujetas en las pantorrillas de tanto subir escaleras.*

pan·tu·fla |pantúfla| *f.* Calzado ligero y cómodo, sin talón, que se usa para estar en casa: *al levantarse, se puso una bata y las pantuflas.* ⇒ **zapatilla.**

pan·ty |pánti| *m.* Prenda de vestir femenina de tejido elástico muy fino, casi transparente, que cubre cada una de las piernas desde los pies a la cintura: *los pantys pueden ser, entre otras cosas, de nailon o de espuma; las mujeres usan pantys con falda porque queda más elegante.* ⇒ **media.** ☖ El plural es *pantys.*

pan·za |pánθa| **1** *f. fam.* Espacio del cuerpo del hombre o de los animales en el que están contenidos los aparatos *digestivo, *genital y *urinario: *al caballo le ha dado un dolor fuerte en la ~.* ⇒ **tripa, vientre.** **2** *fam.* Parte del cuerpo comprendida entre el pecho y las extremidades inferiores, especialmente cuando está más *abultada de lo normal: *vaya ~ que le está saliendo desde que trabaja en esa oficina; voy a hacer ejercicio para perder esta ~.* ⇒ **abdomen, barriga, estómago, tripa, vientre.** **3** Parte curva más saliente de un objeto, especialmente un recipiente: *el jarrón tiene decorada la ~ con dibujos geométricos.* **4** Primera de las cuatro partes del estómago de los *rumiantes: *la ~ es la parte más grande del estómago de los rumiantes.* ⇒ **cuajar, libro, redecilla.**

pan·za·da |panθáða| **1** *f.* Golpe dado con el vientre o en él: *el animal resbaló y cayó dándose una ~ contra el suelo.* **2** *fam. fig.* Exceso al realizar una acción: *se dio una buena ~ de correr; menuda ~ de comer me he dado, voy a reventar.*

pan·zu·⌜do, ⌜da |panθúðo, ða| **1** *adj.* Que tiene el vientre grande y *abultado: *un señor ~ me preguntó la hora.* **2** (cosa) Que tiene un volumen mayor en su parte media: *compró una vasija panzuda para guardar el aceite.*

pa·ñal |paɲál| **1** *m.* Tira de *celulosa, que se usa para absorber y retener los excrementos de los bebés: *cámbiale el ~ al niño; estos pañales son desechables.* ☖ Se usa en plural con el mismo significado. **2** Pieza de tela que se usaba para envolver a un bebé: *encontraron un niño en pañales.*

pa·ño |páɲo| **1** *m.* Tejido de lana apretada y espesa: *el ~ se utiliza para fabricar prendas de abrigo.* **2** Pieza de tela cuadrada o rectangular: *trae un ~ para limpiar los cristales; mojó un ~ con agua fría para bajarle la fiebre;* ~ **de cocina**, el que se emplea en la cocina: *los paños de cocina sirven para secarse las manos, secar la vajilla, etc.* **3** Pieza de tejido que sirve de adorno: *un ~ de ganchillo cubría la mesa; trajo* *la bandeja cubierta con un ~ bordado.* ⇒ **tapete.** **4** Mancha oscura que sale en la piel: *el ~ suele salir durante el embarazo.* **5** *form.* Capa de *yeso u otra masa que se da a las paredes: *los edificios mudéjares suelen tener decoración de ~.* **6** MAR. Conjunto de velas de una embarcación: *el velero navega con todo el ~.* ⇒ **trapo.** ■ **conocer el ~**, *fam. fig.*, conocer muy bien un asunto del que se trata: *Javier es un buen abogado y presume de conocer el ~ en su profesión.* ■ **en paños menores**, casi desnudo o sólo con la ropa interior: *llamé a la puerta y abrió un hombre en paños menores.* ■ **haber ~ que cortar**, *fam.*, haber materia o trabajo abundante: *hay ~ que cortar en la cuestión de los presupuestos.* ■ **~ de lágrimas**, *fig.*, persona que da consejo y ayuda: *ella se convirtió en el ~ de lágrimas de su hermana.* ■ **paños calientes**, *fam. fig.*, obra o dicho que busca hacer más suave o fácil una situación o una acción: *si quieres abandonarme, dímelo sin paños calientes.*

pa·ño·le·ta |paɲoléta| **1** *f.* Prenda de vestir, de forma triangular, que se lleva como adorno o abrigo alrededor del cuello o sobre los hombros: *llevará una ~ de colores sobre los hombros.* **2** *Corbata del torero: *la ~ es del mismo color que el fajín.*

pa·ñue·lo |paɲuélo| **1** *m.* Pieza de tela o papel, pequeña y cuadrada, que sirve para limpiarse la nariz, el sudor y para otras cosas: *siempre llevo un ~ en el bolsillo; abre bien el ~ para sonarte la nariz.* ⇒ **moquero.** **2** Pieza de tela que sirve para abrigar o adornar el cuello o la cabeza: *como hacía mucho viento, se puso un ~ en la cabeza para no despeinarse; me gusta el ~ de seda que llevas en el cuello.*

pa·pa |pápa| **1** *m.* *Sucesor de San Pedro en el gobierno universal de la Iglesia *católica: *el Papa se reunió con los cardenales; el Papa vive en el Vaticano.* ⇒ **padre, pontífice.** ☖ En esta acepción se escribe con mayúscula. **2** *fam.* Hombre en cuanto a sus hijos: *oye, ~, ¿me llevas al cine?* ⇒ **padre, papá.** ☖ Se usa como apelativo afectivo. **3** *Tubérculo comestible, de forma redonda o alargada y de color marrón por fuera y blanco o amarillo por dentro, que se usa como alimento: *me gustan mucho las papas fritas.* ⇒ **patata.** ☖ Se usa en el español de Andalucía, Canarias, y América. ■ **ni ~**, *fam.*, nada: *no entendía ni ~ de lo que le decía su amigo.* ⇒ **jota, patata.**

pa·pá |papá| **1** *m.* *fam.* Hombre en cuanto a sus hijos: *mi ~ me ha dicho que no abra la puerta a ningún desconocido.* ⇒ **padre, papa.** ☖ Se usa como apelativo afectivo. - **2 papás** *m. pl. fam.* Padre y madre de una persona: *el niño daba la mano a sus papás.* ⇒ **padre.**

pa·pa·da |papáða| **1** *f.* Piel y carne que cuelga en exceso bajo la *barbilla: *la señora llevaba una cinta de raso negro para sujetarse la ~.* **2** Pliegue de la piel que sobresale en el borde inferior del cuello de animales como el cerdo o el toro: *el toro recibió un golpe en la ~.*

pa·pa·ga·yo |papaɣáyo| **1** *m.* Ave procedente de América de colores *vistosos y pico grueso, con plumas levantadas en la parte superior de la cabeza, que tiene cuatro dedos en cada pata con los que coge la comida para llevársela a la boca: *le gustan la aves exóticas y se ha comprado un ~.* ☖ Para indicar el sexo se usa el ~ macho y el ~ hembra. **2** *fam. desp.* Persona que habla mucho sin decir nada interesante: *tengo que hablar con él esta tarde y no me gusta porque es un ~.*

pa·pa·na·tas |papanátas| *com. fam.* Persona demasiado simple y fácil de engañar: *tu marido es un ~.* ☖ Se usa como apelativo despectivo. El plural es *papanatas.*

pa·pa·rru·cha |papar̄út∫a| *f. fam.* Obra o dicho tonto y sin sentido: *no hagas caso, eso no son más que paparruchas.* ⇒ **tontería.**

pa·pa·ya |papáya| *f.* Fruto tropical comestible, de forma alargada, de color naranja y con muchas semillas en su interior: *la confitura de ~ es muy apreciada; la pulpa de la ~ es parecida a la del melón.*

pa·pel |papél| **1** *m.* Hoja delgada, hecha con pasta de fibras vegetales, a la que se da varios usos: *he dejado a Rocío una nota escrita en un ~; necesito un ~ para envolver los zapatos;* ~ **calco/carbón/de calco**, el que es negro por una de sus caras y se usa para hacer copias: *como necesitaba una copia de su manuscrito lo escribió con ~ de calco; escríbelo con ~ carbón para darme una copia;* ~ **cebolla**, el que es transparente y muy fino: *copia el dibujo con ~ cebolla;* ~ **charol**, el que es brillante, fino y de colores: *los niños hicieron sus disfraces con ~ charol;* ~ **cuché**, el que tiene brillo y se usa para hacer copias fotográficas o para otras cosas: *este grabado está impreso sobre ~ cuché;* ~ **de aluminio/plata**, el que esta hecho con *aluminio y se suele usar para envolver alimentos: *envuélveme el bocadillo con ~ de aluminio;* ~ **de estraza**, el que es muy áspero: *metió los garbanzos dentro de una bolsa de*

PAPAGAYO

papel de ~; ~ **de fumar**, el que sirve para envolver el tabaco de los cigarros: *ahora se utiliza poco el ~ de fumar;* ~ **de lija**, el que tiene granos pequeños y duros en una de sus caras y sirve para pulir madera y metales: *los granos del ~ de lija suelen ser de vidrio o o arena molidos;* ~ **higiénico**, el que se vende enrollado y tiene usos sanitarios: *he comprado un paquete con seis rollos de ~ higiénico;* ~ **pinocho**, el que es fino y arrugado y se usa para ser estirado al envolver una cosa: *hicieron los adornos con ~ pinocho;* ~ **pintado**, el que tiene dibujos o adornos y se pega en las paredes: *el salón de mi casa está empapelado con ~ pintado de color rosa;* ~ **secante**, el que se usa para secar la tinta de un escrito: *el ~ secante es esponjoso y puede absorber la tinta;* ~ **vegetal**, el que es transparente y suelen usar los dibujantes y *delineantes: *los planos de la casa están hechos sobre ~ vegetal.* **2** Trozo de esa hoja. **3** Documento escrito: *tengo que llevar unos papeles al Ayuntamiento antes de las dos.* **4** Documento escrito con el que una persona se *identifica: *la policía los detuvo porque no tenían los papeles en regla.* ☖ Se usa sobre todo en plural. **5** Parte de una obra de cine o teatro que representa un actor: *han dado el ~ principal a un actor desconocido por el público.* **6** Personaje representado por un actor: *la actriz ha declarado que el ~ que tiene en la obra es muy interesante.* **7** *fig.* Función que una persona desempeña en un lugar o en una situación: *el ~ del entrenador es fundamental en un equipo de fútbol.* **8** Documento negociable que representa un valor en dinero: *los bancos han puesto en circulación mucho ~.*

pa·pe·le·o |papeléo| ***m.*** Conjunto de documentos y *trámites necesarios para solucionar un asunto: *hay que hacer mucho ~ para renovar el carné de conducir.*

pa·pe·le·ra |papeléra| **1** ***f.*** Cubo o recipiente donde se tiran los papeles y las cosas que no sirven: *las calles están llenas de papeleras; no tire los cigarros a la ~: puede arder el papel.* **2** Fábrica donde se elabora papel: *la ~ abrirá sus puertas próximamente y empleará a muchos obreros.* **3** *form.* Mueble que sirve para escribir y guardar papeles: *las papeleras se fabricaban artesanalmente con maderas muy valiosas.* ⇒ **escritorio.**

pa·pe·le·rí·a |papelería| ***f.*** Establecimiento en el que se vende papel y otros objetos para escribir o dibujar: *voy a la ~ a comprar un bolígrafo.*

pa·pe·le·⌈ro, ⌈ra |papeléro, ra| **1** ***adj.*** Del papel o que tiene relación con él: *la industria papelera es importante en España; Játiva fue un gran centro ~ en la Edad Media.* **- 2** ***m. f.*** Persona que fabrica o vende papel: *el ~ José Florens suministró el papel para la edición del* Quijote *de 1780.*

pa·pe·le·ta |papeléta| **1** ***f.*** Hoja pequeña de papel en la que figura un número para un sorteo: *compró varias papeletas de la rifa de Navidad.* ⇒ **boleto. 2** Hoja de papel que se usa para votar: *los votantes deben meter la ~ en un sobre antes de introducirla en la urna.* ⇒ **voto. 3** Papel en el que se comunica la calificación de un *examen: *voy a recoger la ~ a la secretaría de la Facultad.* **4** *fam. fig.* Asunto difícil de resolver: *menuda ~ tiene con su enfermedad; no sé cómo resolveremos esa ~.*

pa·pe·ra |papéra| **1** ***f.*** Desarrollo excesivo de la *glándula *tiroides, que aumenta el tamaño de la parte anterior e inferior del cuello: *este tratamiento es bueno contra la ~.* ⇒ **bocio. - 2 paperas** ***f. pl.*** Enfermedad en la que se hinchan las *glándulas de la *saliva situadas en la parte posterior de la boca, debido a la *infección causada por un virus: *las paperas atacan sobre todo a los niños y a los adolescentes.*

pa·pi·la |papíla| ***f.*** ANAT. Bulto muy pequeño que se encuentra en la piel, especialmente en la lengua, con el que se distinguen los sabores: *las papilas de la lengua son el órgano del gusto.*

pa·pi·lla |papíʎa| **1** ***f.*** Alimento líquido y espeso, especialmente el preparado con harina y agua o leche: *ha hecho ~ triturando la comida que sobró ayer; los bebés toman ~ porque no tienen dientes para masticar los alimentos; está preparando una ~ de miel y cereales; iré a la farmacia a comprar ~ para la niña.* **2** Sustancia líquida y espesa que se usa con un fin determinado: *tengo que tomar una ~ porque me van a hacer una exploración de estómago.* ■ **dejar/estar hecho ~**, *fam.*, dejar o estar muy cansado: *después del partido, los jugadores estaban hechos ~.* ■ **echar la primera ~/ hasta la primera ~**, *fam.*, echar con *violencia todo el alimento contenido en el estómago: *todos se marearon y echaron la primera ~.*

pa·pi·ro |papíro| **1** ***m.*** *form.* *Lámina flexible y delicada, sacada del tallo de una planta, que se emplea para escribir o dibujar en ella: *los egipcios, los griegos y los romanos usaron el ~.* **2** *form.* Texto o dibujo hecho en esa *lámina: *los egiptólogos se afanaban en encontrar algún ~ literario.* **3** *form.* Planta procedente de Oriente Medio, con las hojas largas, muy estrechas y permanentes y con el tallo alto, hueco, cilíndrico y liso, terminado en un conjunto de *espigas con muchas flores pequeñas y verdes: *los papiros crecen a la orilla de los ríos; antiguamente, el tallo del ~ se empleaba en lugar del papel.*

pa·po |pápo| **1** ***m.*** Parte *abultada que tienen algunos animales bajo la cara: *el cazador disparó y le dio en el ~.* **2** Bolsa interior en la garganta de las aves, en la que guardan los alimentos: *el pájaro se guarda la comida en el ~ para llevársela a sus crías.* ⇒ **buche.**

pa·que·bo·te |pakeβóte| ***m.*** MAR. Embarcación que transporta viajeros y correo: *los pasajeros esperaron el ~ en el muelle.*

pa·que·te |pakéte| **1** ***m.*** Objeto o conjunto de objetos que se envuelven para su transporte: *compró un ~ de folios; no tengo más que un ~ de arroz;* ~ **postal**, el que se envía por correo: *acabamos de recibir un ~ postal.* **2** Papel, plástico u otro material flexible que envuelve o contiene un conjunto de cosas: *se comió las galletas y tiró el ~ a la papelera; se rompió el ~ de harina.* ⇒ **caja. 3** *fig.* Conjunto de cosas de la misma especie o que tienen relación entre sí: *hay que organizar toda esta información en paquetes;* ~ **de acciones**, ECON., conjunto de acciones de una sociedad que pertenecen a un solo dueño: *el empresario tuvo que vender varios paquetes de acciones para reponer las pérdidas;* ~ **de medidas**, *form.*, conjunto de decisiones tomadas con un fin determinado: *el gobierno aprobó un nuevo ~ de medidas económicas propuesto por el ministro de Hacienda;* ~ **informático**, INFORM., conjunto de programas de ordenador: *al comprar el ordenador, le regalaron un ~ informático con una base de datos y un programa de contabilidad.* **4** *fig.* Persona que acompaña al conductor en un vehículo de dos ruedas: *ella conduce la moto y su novio va de ~.* **5** *fig.* Persona torpe y poco inteligente: *nadie quiere trabajar con él porque es un ~.* ■ **meter un ~**, *fam.*, *fig.* castigar o regañar a una persona, criticando su mal comportamiento: *el sargento le metió un ~ a uno de los soldados; si sigues así, te van a meter un buen ~.*

pa·qui·der· mo, ʳma |pakiðérmo, ma| ***adj.-s.*** ZOOL. (animal) Que es mamífero, de piel muy gruesa y dura, grande y pesado, que se alimenta generalmente de vegetales: *los elefantes y los hipopótamos son paquidermos; se movía con la pesadez y la lentitud de un ~.*

par |pár| **1** ***adj.*** Que es igual o muy parecido: *estos dos chicos son pares en todo.* ⇒ **parejo. 2** ZOOL. (órgano) Que corresponde *simétricamente a otro igual: *los ojos y las orejas son órganos pares.* **- 3 *adj.-m.*** MAT. (número) Que se puede dividir por dos: *el 44 es un número ~.* ⇔ **impar, non. - 4 *m.*** Conjunto de dos personas, animales o cosas de la misma especie: *tu hermano y tú sois un ~ de tontos; ponte otro ~ de calcetines; el torero puso varios pares de banderillas.* ⇒ **pareja.** ■ **a la ~**, al mismo tiempo: *trabajar y comer a la ~ no es bueno.* ■ **a la ~**, igual; sin distinción: *Pepe y Mariano trabajan a la ~.* ■ **a pares**, de dos en dos; en gran cantidad: *los aplausos llovían a pares.* ■ **de ~ en ~**, abierto por completo: *las puertas y las ventanas estaban de ~ en ~.* ■ **pares y nones**, juego que consiste en adivinar si la suma de los elementos que esconden los jugadores será un número que se puede dividir por dos o no: *decidieron jugarse las tareas a pares y nones.* ■ **sin ~**, que no tiene igual; que no se parece a nada: *es un artista sin ~, es un genio.* ⇒ **impar.**

pa·ra |para| **1** ***prep.*** Indica finalidad o utilidad: *fue al cine ~ distraerse; compró tela ~ un vestido.* **2** Introduce un objeto indirecto añadiendo la idea de finalidad: *compraremos un juguete ~ el niño; traigo una carta ~ tu madre.* ⇒ **a. 3** Indica destino: *salgo ~ Madrid dentro de una hora.* ⇒ **a, hacia. 4** Indica aproximación en el tiempo: *volveremos ~ las fiestas de Navidad; terminarán de pagar el crédito ~ el año que viene.* ⇒ **hacia. 5** Indica capacidad o uso: *este producto es bueno ~ limpiar el horno; este jarabe es ~ la tos.* **6** Indica relación por comparación u oposición: *este niño habla muy bien ~ lo pequeño que es; no obtuvo buenas notas ~ lo mucho que estudió.* **7** Indica causa o razón: *¿~ qué te levantas tan temprano? —Para hacer ejercicio.* **8** Indica proximidad: *toda la tarde estuvo ~ llover y decidimos no salir.* **9** Indica una circunstancia poco favorable: *¡~ colmo me olvidé el paraguas!; me paso el día esperando y ~ postre, me dejas plantada.* ☐ Se usa seguido de sustantivos como *colmo, remate* o *postre.* ■ **~ con**, en relación a: *fue bueno ~ con todos; ¿quién es usted ~ conmigo?* ■ **~ eso**, indica desprecio hacia una cosa, por ser demasiado fácil o por no ser útil: *~ eso, mejor que no hubieras venido; ~ eso, más vale que esperes.* ■ **que ~ qué**, *fam.*, que es muy grande, importante o intenso: *hacía un frío que ~ qué; tiene un genio que ~ qué.*

pa·ra·bién |paraβi̲é̲n| ***m.*** Demostración de alegría y satisfacción ante un hecho ocurrido a otra persona: *los invitados dieron su ~ a los novios.* ⇒ **enhorabuena, felicitación.** ☐ El plural es *parabienes.*

pa·rá·bo·la |paráβola| **1** ***f.*** Cuento imaginado, del que se saca, por comparación o parecido, una verdad importante o una enseñanza moral: *Jesucristo explicaba sus doctrinas con parábolas.* **2** Curva abierta con un eje: *la representación de la función* $y = x^2$ *es una ~.*

pa·ra·bri·sas |paraβrísas| ***m.*** Cristal que llevan los automóviles en su parte delantera: *una piedra saltó y rompió el ~.* ☐ El plural es *parabrisas.*

pa·ra·ca·í·das |parakaíðas| **1** ***m.*** Pieza de tela ligera y resistente, generalmente en forma rectangular o de media esfera, que se sujeta con cuerdas a un cuerpo o un objeto y que, al soltarse desde una altura, se abre y cae lentamente, regulando la velocidad de caída del cuerpo al que va atado y evitando que se dañe: *el piloto se tiró del avión en ~; mucha gente practica el deporte de tirarse en ~.* **2** *p. ext.* Cosa que sirve para evitar o disminuir el golpe de una caída: *se cayó de la terraza y el toldo del primer piso actuó de ~.* ☐ El plural es *paracaídas.*

pa·ra·cai·dis·mo |paraka̲i̲ðísmo| ***m.*** Técnica que consiste en saltar con un *paracaídas desde un avión: *a Miguel le gusta practicar el ~; hay gente que practica el ~ como deporte.*

pa·ra·cai·dis·ta |paraka̲i̲ðísta| ***com.*** Persona que practica el *paracaidismo: *el ~ tiró de la anilla y el paracaídas se abrió; en el ejército hay soldados que son paracaidistas.*

pa·ra·cho·ques |paratʃókes| ***m.*** Pieza de los automóviles colocada en su parte delantera o trasera que sirve para disminuir el efecto de los golpes: *la moto se empotró contra el ~ trasero del coche.* ☐ El plural es *parachoques.*

pa·ra·da |paráða| **1** ***f.*** Lugar en el que se detienen los vehículos de transporte público para recoger o dejar viajeros: *Jesús está esperando el autobús en la ~.* **2** Interrupción o fin de un movimiento o acción: *haremos una pequeña ~ y después continuaremos caminando.* **3** Lugar para detenerse: *este sitio es ~ obligada de los turistas.* **4** DEP. Detención del *balón por el *portero: *el portero hizo una buena ~ y evitó la victoria del equipo contrario.* **5** Comportamiento y reunión de los animales durante la *época de reproducción: *los pastores observaron la ~ nupcial de las aves.*

pa·ra·de·ro |paraðéro| ***m.*** Lugar o sitio donde está una persona o una cosa: *nadie sabe el ~ de las cartas del pintor; todavía no han dado con el ~ del estafador.*

pa·ra·dig·ma |paraðíɣma| **1** ***m.*** *form.* Ejemplo que sirve de norma; modelo que se debe seguir: El Lazarillo de Tormes *sirvió de ~ para las novelas picarescas.* ⇒ **modelo. 2** LING. Conjunto de unidades que pueden sustituirse en un punto del *contexto: *en* nuestro sobrino se llama Rafael, sobrino *puede sustituirse por* hermano, tío, primo, etc., *porque pertenecen al mismo ~.*

pa·ra·dig·má·ti·⌐co, ⌐ca |paraðiɣmátiko, ka| **1** ***adj.*** *form.* Del *paradigma o que tiene relación con él: El Lazarillo de Tormes *es un caso ~.* **2** LING. (relación) Que se establece entre las unidades que pueden aparecer en un mismo *contexto: *los sustantivos* avión, gorrión *y* pato *tienen una relación paradigmática.* ⇒ **sintagmático.**

pa·ra·di·sia·⌐co, ⌐ca |paraðisiáko, ka| ***adj.*** ⇒ **paradisíaco.**

pa·ra·di·sí·a·⌐co, ⌐ca |paraðisíako, ka| ***adj.*** Del *paraíso o que tiene relación con él: *en esta isla del Caribe hay unas playas paradisíacas.* ⇒ **paradisiaco.**

pa·ra·⌐do, ⌐da |paráðo, ða| **1** ***adj.-s.*** (persona) Que no tiene empleo o trabajo: *antes trabajaba de albañil, pero lleva dos años ~; el número de parados aumenta en invierno.* ⇒ **desempleado, desocupado. - 2** ***adj.*** Que es tímido; que no tiene energía o voluntad: *esa chica es muy parada.* **3** Que ha tenido un efecto o un resultado determinado: *el torero se arriesgó mucho pero salió bien ~ del lance.* ☖ Se usa con verbos como *salir, quedar* y precedido de *bien, mejor* o *mal, peor.* **4** Que tiene o muestra sorpresa: *al comunicarme el accidente me quedé ~; me dejó ~ con su pregunta.* ☖ Se usa con verbos como *quedar* y *dejar.*

pa·ra·do·ja |paraðóxa| **1** ***f.*** Hecho contrario u opuesto a otro u otros: *¡qué ~! va a un restaurante caro y le sienta mal la comida.* ⇒ **contradicción. 2** Figura del lenguaje que consiste en poner en relación dos ideas que parecen opuestas, pero en el fondo no lo son: *la frase* vivo sin vivir en mí *es una paradoja.*

pa·ra·dó·ji·⌐co, ⌐ca |paraðóxiko, ka| ***adj.*** Que es contrario y se opone a otra cosa: *es ~ que lo invites a tu casa si dices que te cae tan mal.* ⇒ **contradictorio.**

pa·ra·dor |paraðór| ***m.*** Establecimiento hotelero que presta un servicio de gran calidad, con instalaciones conformes al arte, estilo o tradiciones típicas de la región en la que se encuentra: *los paradores españoles suelen ser castillos o conventos restaurados y están en lugares turísticos.*

pa·ra·fer·na·lia |parafernália| **1** ***f.*** Conjunto de instrumentos o aparatos necesarios para un fin determinado: *los músicos de la orquesta llevan mucha ~.* **2** Conjunto de medios que acompañan a una persona o un acto importante: *la ~ de la reunión de jefes de Estado ha sido impresionante.* ⇒ **pompa.**

pa·ra·fi·na |parafína| ***f.*** QUÍM. Sustancia sólida y blanca, que funde fácilmente y que se emplea para fabricar velas y para otros usos industriales: *la ~ es un hidrocarburo; las cerillas llevan ~.*

pa·ra·fra·se·ar |parafraseár| ***tr.*** *form.* [algo] *Interpretar o explicar un texto usando palabras diferentes de las originales: *el nuevo presidente siempre procura parafrasear a Cervantes.*

pa·ra·guas |paráɣuas| ***m.*** Objeto que sirve para protegerse de la lluvia, formado por una barra y unas *varillas cubiertas por una tela, y que puede extenderse o plegarse: *los días nublados salgo a la calle con mi ~ bajo el brazo.* ⇒ **sombrilla.** ☖ El plural es *paraguas.*

pa·ra·gua·ya |paraɣuáya| ***f.*** Fruto comestible, redondo y aplastado, con la piel vellosa, la carne dulce y jugosa y, en su interior, un hueso duro: *la ~ es una fruta de verano; esta ~ está aún verde y no sabe bien.*

pa·ra·gua·⌐yo, ⌐ya |paraɣuáyo, ya| **1** ***adj.*** De Paraguay o que tiene relación con Paraguay: *me gustaría probar una comida típica paraguaya.* **- 2** ***m. f.*** Persona nacida en Paraguay o que vive habitualmente en Paraguay: *recuerda que tienes que invitar a los paraguayos.*

pa·ra·güe·ro |paraɣuéro| ***m.*** Cubo o recipiente parecido que sirve para colocar los *paraguas: *en el recibidor de la casa había un bonito ~ de latón y cerámica.*

pa·ra·í·so |paraíso| **1** ***m.*** Lugar donde Dios puso al primer hombre y a la primera mujer: *Adán y Eva fueron expulsados del ~.* **2** Lugar en el que los santos y los espíritus de los justos gozan de la compañía de Dios para siempre, según los cristianos: *sólo los buenos gozarán del Paraíso.* ⇒ **cielo.** ☖ En esta acepción se escribe con mayúscula. **3** *fig.* Lugar bello, tranquilo y agradable: *se ha construido una casa que es un ~; el bosque constituía un ~ de paz.* **4** Conjunto de asientos del piso más alto de ciertos teatros y cines: *el ~ es lo más barato del teatro.*

pa·ra·je |paráxe| ***m.*** Lugar, sitio, especialmente si está al aire libre: *nadie había visitado aquellos parajes; llegaron a un ~ muy bello.*

pa·ra·le·la |paraléla| **1** ***f.*** GEOM. Línea que no se encuentra nunca con otra porque todos sus puntos están a la misma distancia: *nos mandaron trazar una ~ a una línea dada.* **- 2 paralelas *f. pl.*** DEP. Aparato formado por dos barras situadas en el mismo sentido y a la misma altura del suelo que sirve para realizar ejercicios de equilibrio: *las paralelas son ejercicios de competición de categoría masculina.* ⇒ **barra.**

pa·ra·le·le·pí·pe·do |paralelepípeðo| ***m.*** GEOM. Cuerpo con seis caras iguales de cuatro lados, siendo paralelas las opuestas entre sí: *los alumnos deben construir paralelepípedos y pirámides de cartulina.*

pa·ra·le·lis·mo |paralelísmo| **1** ***m.*** Igualdad de distancia entre todos los puntos de dos o más líneas o planos: *el profesor les pidió que comprobaran el ~ de las dos rectas.* **2** *form.* Figura literaria y artística que consiste en repetir una misma estructura pero alterando uno o más elementos: *el ~ se usa en música, poesía y cine.*

pa·ra·le·⌐lo, ⌐la |paralélo, la| **1** ***adj.*** Que está colocado al lado de otra cosa, en la misma dirección y sin tener ningún punto en común con ella: *en la calle paralela a ésta encontrará el cine; colocó las dos mesas paralelas; los coches corrían paralelos por la autopista.* **2** *fig.* Que coincide o que se parece; que tiene relación o correspondencia: *son gemelas y llevan vidas paralelas; los dos filósofos tenían un pensamiento ~.* ⇒ **semejante. 3** *fig.* Que ocurre al mismo tiempo que otra acción u otro hecho: *los terroristas han cometido atentados paralelos en varias ciudades.* ⇒ **simultáneo. 4** GEOM. (línea, plano) Que no puede cortar nunca otra línea u otro plano porque todos sus puntos están a la misma distancia: *el alumno trazó dos líneas paralelas; las caras opuestas del cubo son paralelas entre sí.* **- 5 paralelo** ***m.*** *form.* Comparación o relación de igualdad: *el autor del libro establece un ~ entre la vida del protagonista y la del país entero.* **6** GEOGR. Círculo imaginario formado por todos los puntos de la Tierra que se encuentran a la misma distancia de uno de los polos: *los paralelos sirven para determinar la latitud de un lugar; el ~ cero es el Ecuador.* ⇒ **ecuador, meridiano.** ■ **en ~**, ELECTR., (*circuito) que tiene colocados los componentes con los polos iguales unidos entre sí: *las resistencias en ~ dan más resultado que en serie.*

pa·ra·le·lo·gra·mo |paraleloɣrámo| ***m.*** GEOM. Figura plana con cuatro lados, de los cuales los opuestos son iguales y paralelos entre sí: *el campo de fútbol tiene forma de ~.*

pa·rá·li·sis |parálisis| **1** ***f.*** Pérdida de la capacidad de movimiento, debida, generalmente, a un daño del sistema nervioso: *el golpe en la espalda le ha producido una ~ de la mitad inferior del cuerpo.* **2** *fig.* Imposibilidad de intervenir en una actividad; imposibilidad de acción: *el conferenciante habló sobre la ~ mundial ante el desastre ecológico.* ☐ El plural es *parálisis.*

pa·ra·lí·ti· co, ⌐ca |paralítiko, ka| ***adj.-s.*** Que ha perdido la capacidad de movimiento, debido, generalmente, a un daño del sistema nervioso: *se quedó ~ por culpa del accidente.*

pa·ra·li·za·ción |paraliθaθi̱ón| ***f.*** Acción y resultado de *paralizar o *paralizarse: *se teme que la ~ de las obras dure mucho tiempo; la ~ del proyecto trajo consecuencias importantes a todos.* ⇒ **detención.**

pa·ra·li·zar |paraliθár| **1** ***tr.-prnl.*** [algo, a alguien] Perder o hacer perder la capacidad de movimiento del cuerpo o de un órgano: *tuvo un accidente y se le paralizaron las piernas; la enfermedad le ha paralizado el lado izquierdo de la cara.* **- 2** ***tr.*** *fig.* [algo] Detener la acción o el movimiento: *la crisis política paralizó la economía del país; las obras de reforma se han paralizado en espera de una revisión.* ☐ Se conjuga como 4.

pa·ra·men·to |paraménto| **1** ***m.*** ARQ. Cara de una pared o muro: *el ~ exterior está muy dañado.* **2** ARQ. Aspecto exterior de una construcción o estructura; capa que cubre una superficie, especialmente para adornar: *el ~ de las columnas era dorado.* ⇒ **revestimiento.**

pa·ra·me·ra |paraméra| ***f.*** GEOGR. Región o gran extensión de terreno llano y seco, donde las plantas son pobres: *en el interior de España hay algunas parameras.* ⇒ **páramo.**

pa·rá·me·tro |parámetro| **1** ***m.*** *fig.* Elemento cuyo conocimiento es necesario para comprender un problema o un asunto: *vamos a calificar el examen teniendo en cuenta dos parámetros: la claridad y la concisión.* **2** MAT. Variable que permite que otras variables puedan ser expresadas por funciones de ella: *esa función tiene demasiados parámetros.*

pa·ra·mi·li·tar |paramilitár| ***adj.*** Que tiene un carácter parecido o que recuerda a la organización militar: *el gobierno prohibió las asociaciones paramilitares y clandestinas.*

pá·ra·mo |páramo| **1** ***m.*** GEOGR. Terreno llano y seco, donde las plantas son pobres y escasas: *una pareja de buitres sobrevolaba el ~ en busca de alimento.* ⇒ **paramera. 2** *fig.* Actividad que no se cultiva bastante y que no da fruto: *todos los críticos coincidían en que la enseñanza musical era un ~.*

pa·ran·gón |paraŋgón| ***m.*** *form.* Comparación o correspondencia entre dos cosas: *el inventor fabricó una máquina que no tiene ~ en el mercado.* ⇒ **semejanza.**

pa·ran·go·nar |paraŋgonár| **1** ***tr.*** [algo; con algo] Establecer una comparación: *no se deben ~ dos libros tan diferentes; no parangones tu conducta con la de tu hermano.* **2** Ajustar al tamaño de una línea letras, signos y adornos de tamaño distinto: *en esta página hay que ~ las cuatro últimas líneas.*

pa·ra·nin·fo |paranínfo| ***m.*** *form.* Habitación donde celebra sus actos públicos un centro de enseñanza, especialmente una *universidad: *el ~ de la Universidad de Alcalá de Henares es una obra de arte.* ⇒ **salón.**

pa·ra·no·ia |paranói̱a| ***f.*** MED. Enfermedad mental grave por la que el enfermo se siente perseguido: *la ~ es un estado de delirio.*

pa·ra·noi·⌐co, ⌐ca |paranói̱ko, ka| ***adj.-s.*** MED. Que padece *paranoia: *los paranoicos sobrevaloran sus capacidades.*

pa·ra·pen·te |parapénte| ***m.*** *Paracaidismo deportivo en el que el *paracaidista se lanza desde un lugar alto: *el ~ es un deporte muy emocionante y de escaso riesgo.*

pa·ra·pe·tar·se |parapetárse| **1** ***prnl.*** Resguardarse o protegerse de un ataque enemigo: *los soldados se parapetaron tras un muro.* **2** *fig.* Protegerse o librarse de una cosa mediante una disculpa: *la acusada se parapetaba en su silencio.*

pa·ra·pe·to |parapéto| **1** ***m.*** ARQ. Valla o pared que cierra lugares altos para impedir que las personas se caigan y permitir que se apoyen: *el mirador que da a la playa tiene un ~ de hierro.* **2** Defensa formada por una pequeña pared, levantada para proteger a los que luchan: *los policías improvisaron un ~ con los coches.* ⇒ **barrera.**

pa·ra·ple·jia |parapléxi̱a| ***f.*** ⇒ **paraplejía.**

pa·ra·ple·jí·a |paraplexía| *f.* MED. Pérdida de la capacidad de movimiento de la mitad inferior del cuerpo: *la consecuencia del accidente fue la ~.* ⇒ **paraplejia.**

pa·ra·plé·ji·⌐co, ⌐ca |parapléxiko, ka| *adj.-s.* MED. Que ha perdido la capacidad de movimiento de la mitad inferior del cuerpo: *era monitor de natación de un grupo de parapléjicos.*

pa·ra·psi·co·lo·gí·a |parapsikoloxía| *f. form.* Estudio de los fenómenos mentales que no tienen todavía una explicación científica: *la ~ trata temas como la telepatía.* ⇒ **parasicología.**

pa·ra·psi·có·lo·⌐go, ⌐ga |parapsikóloɣo, ɣa| *m. f. form.* Persona que se dedica a la *parapsicología: *decidió consultar lo que estaba ocurriendo en su casa a un ~.* ⇒ **parasicólogo.**

pa·rar |parár| **1** *intr.-prnl.* Detenerse; dejar de producirse un movimiento o una acción: *el coche se paró en mitad de la cuesta; se me ha parado el reloj; el otro día me paré a hablar con tu hermano.* - **2** *intr.* Llegar al final de un recorrido: *este tren para en Barcelona.* **3** Llegar una cosa determinada a ser propiedad de una persona: *al final, las joyas fueron a ~ a manos de un coleccionista.* **4** Reducirse o convertirse una cosa en otra que no se esperaba: *¿en qué para la belleza de la juventud?; ¿dónde ha ido a ~ tu ilusión?* **5** Habitar o vivir durante un tiempo o de manera habitual en un lugar: *no sabemos dónde para Alfredo últimamente.* - **6** *tr.* [algo, a alguien] Detener o impedir el movimiento o la acción: *voy a ~ la lavadora un rato; el portero paró el balón con las manos; el joven paró a un señor para preguntarle la hora.* - **7 pararse** *prnl.* Realizar una acción del pensamiento poniendo mucha atención y cuidado: *antes de hablar, párate a pensar lo que vas a decir.* ◯ Se usa seguido de la preposición *a* y un infinitivo. ■ **¡dónde va a ~!**, expresión que se usa para alabar las cualidades de una cosa en comparación con otra: *esta cama es mucho más cómoda, ¿verdad? -¡Huy! ¡dónde va a ~!* ■ **¡dónde iremos a ~!**, *fam.*, expresión que indica sorpresa, *confusión o alteración del ánimo ante una situación: *¡madre mía, qué cosas inventa la gente! ¡dónde iremos a ~!* ■ **ir a ~**, dirigirse y *desembocar una cosa en un lugar determinado después de recorrer una distancia: *los ríos van a ~ al mar; la pelota salió rodando calle abajo y fue a ~ a una alcantarilla.* ■ **no ~**, trabajar mucho; esforzarse para conseguir una cosa: *¡hay que ver lo que estudian, no paran!; la joven no paró hasta lograr una entrevista con el director.* ■ **no ~ en**, *fam.*, no aparecer mucho por un lugar: *está todo el día fuera, no para en casa ni para comer; no para mucho por esta ciudad.* ■ **sin ~**, sin descanso; continuamente: *se reían sin ~.* ■ **y pare usted de contar**, y nada más: *te compraremos las camisa, los pantalones y pare usted de contar.*

pa·ra·rra·yos |parar̄áyos| *m.* Aparato formado por una barra metálica terminada en punta, que se coloca verticalmente en lo alto de un edificio y que sirve para atraer los rayos y evitar sus efectos *perjudiciales: *en el campanario de la iglesia hay un ~.*

pa·ra·si·co·lo·gí·a |parasikoloxía| *f. form.* ⇒ **parapsicología.** ◯ La Real Academia Española prefiere la forma *parapsicología.*

pa·ra·si·có·lo·⌐go, ⌐ga |parasikóloɣo, ɣa| *m. f. form.* ⇒ **parapsicólogo.** ◯ La Real Academia Española prefiere la forma *parapsicólogo.*

pa·ra·sín·te·sis |parasíntesis| *f.* Procedimiento para formar palabras nuevas que combina la composición y la derivación: *la palabra* picapedrero *se ha formado por el procedimiento de la ~.* ⇒ **composición, derivación.** ◯ El plural es *parasíntesis.*

pa·ra·si·ta·⌐rio, ⌐ria |parasitário, ria| *adj.* De los parásitos o que tiene relación con ellos: *tenía el cuerpo lleno de organismos parasitarios; llevaba una vida parasitaria.*

pa·ra·si·tis·mo |parasitísmo| **1** *m.* Estado o modo de vida de los organismos parásitos: *está muy interesado en estudiar el ~ animal.* **2** *fig.* Comportamiento o modo de vida de la persona que vive aprovechándose de otra: *el nuevo ministro se propuso luchar contra el ~ en la Administración.*

pa·rá·si·⌐to, ⌐ta |parásito, ta| **1** *adj.-s.* (animal, planta) Que vive alimentándose de las sustancias que elabora otro ser de distinta especie y causándole un daño: *las pulgas son parásitos de los animales y del hombre; la tenia es un ~ intestinal.* - **2** *m. f. fig.* Persona que vive aprovechándose de otra: *ese hombre no es tu amigo, es un ~.*

pa·ra·si·to·lo·gí·a |parasitoloxía| *f.* BIOL. Disciplina que estudia los parásitos: *la ~ tiene aplicaciones en medicina, por la cantidad de parásitos que atacan al hombre.*

pa·ra·sol |parasól| **1** *m.* Objeto plegable, parecido a un gran *paraguas y fijado a un soporte, que sirve para dar *sombra: *se colocaron bajo uno de los parasoles que había en la playa.* ⇒ **quitasol, sombrilla.** **2** Pieza de material duro colocada junto al cristal delantero de un automóvil que sirve para evitar el reflejo del sol: *algunos parasoles llevan un espejo en la cara interior.* ⇒ **visera.**

par·ca |párka| *f. form. fig.* Ser imaginario que quita la vida: *cuando la ~ nos arrebata a un ser querido nos sentimos desconsolados.* ⇒ **muerte.**

par·ce·la |parθéla| **1** *f.* Terreno dedicado al cultivo: *tenía dos parcelas en secano y diez en regadío.* ⇒ **haza, pedazo, tierra.** **2** Terreno que pertenece a una persona y que está registrado legalmente: *debe ir usted a pagar los impuestos de su ~.* ⇒ **finca.** **3** Parte pequeña de una cosa: *le interesa estudiar biología, pero sólo se centrará en una ~ de esa ciencia.*

par·ce·lar |parθelár| **1** *tr.* [algo] Dividir un terreno en partes más pequeñas: *el propietario parceló sus tierras para arrendarlas a los agricultores.* **2** Medir y señalar límites de un terreno, determinando su valor, para registrarlos legalmente: *el alcalde y el secretario acompañaban a los peritos que parcelaron las propiedades del pueblo.* **3** *fig.* Dividir o establecer separaciones: *el escritor parcela la realidad en su novela.*

par·che |pártʃe| **1** *m.* Pieza de tela, papel, plástico u otro material flexible, que se pega sobre una superficie para tapar un agujero o una abertura: *llevo parches por si se pincha la rueda de la bicicleta; se le rompió la chaqueta por los codos y su madre le ha puesto unos parches.* **2** Pieza de tela o plástico que contiene una medicina por una de sus caras y que se pega sobre una parte del cuerpo: *en la farmacia venden unos parches para dejar de fumar; tenía un callo en el pie y el médico le puso un ~.* **3** *fig.* Cosa que se añade a otra y que la estropea, especialmente en una obra artística: *el cuadro estaría mejor si no fuera por esos parches.* ⇒ **pegote.** **4** *fig.* Arreglo que se hace para solucionar un problema o para mejorar una situación: *poniendo parches no solucionaron nada.* **5** Piel del tambor y de otros instrumentos de percusión: *se ha roto el ~ del tambor, hay que cambiarlo.* ⇒ **témpano.** ■ **¡ojo al ~!**, *fam.*, expresión que indica que hay que tener mucho cuidado o poner gran atención: *¡ojo al ~, que en esta carretera hay muchas curvas!*

par·che·ar |partʃeár| *tr.* [algo] Poner *parches: *el ciclista parcheó la cámara de la rueda y volvió a colocarla en su sitio.*

par·chís |partʃís| **1** *m.* Juego de mesa en el que cada jugador juega con varias *fichas de un color y debe hacerlas llegar al cuadro central antes que los demás, recorriendo una serie de *casillas: *he perdido la partida de ~ porque he tenido mala suerte; me han comido una ficha jugando al ~.* **2** Tablero y *fichas con que se juega a ese juego: *teníamos un ~, pero no sé dónde está.*

par·cial |parθi̯ál| **1** *adj.* Que no es completo; que no es total: *hubo un eclipse ~ de Sol; la respuesta de la población ha sido ~.* **2** Que se inclina en favor o en contra de una persona o cosa al obrar o al juzgar un asunto: *me parece que estás siendo ~ en tu decisión.* ⇒ **subjetivo.** ⇔ **imparcial.** **- 3** *adj.-m.* (*examen) Que trata sólo una parte de la materia: *estoy preparando el ~ de geografía; los exámenes parciales serán en febrero.*

par·cia·li·dad |parθi̯aliðáᵈ| *f. form.* Cualidad de *parcial: *el juez nunca debe obrar con ~; has juzgado los hechos con ~.* ⇔ **imparcialidad.**

par·⌐co, ⌐ca |párko, ka| **1** *adj. form.* Que no gusta de los excesos: *es un hombre ~.* **2** Que es escaso; *moderado: *fue ~ en palabras.* ⇒ **frugal.**

par·diez |parði̯éθ| *interj. form.* Expresión que indica enfado o sorpresa: *¡~! Estamos rodeados de cocodrilos.*

par·di·⌐llo, ⌐lla |parðíʎo, ʎa| **1** *adj.-s. fam. desp.* (persona) Que se deja engañar con facilidad: *al muy ~, han vuelto a estafarle.* **- 2 pardillo** *m.* Pájaro de cabeza y pecho rojos, vientre blanco y el resto del cuerpo marrón, casi rojo: *el ~ es apreciado por su canto y se puede domesticar.* ☐ Para indicar el sexo se usa el ~ macho y el ~ hembra.

par·⌐do, ⌐da |párðo, ða| **1** *adj.* Del color marrón de la tierra: *venía montado sobre una mula parda; muchos monos tienen el pelo ~.* **- 2** *adj.-m.* (color) Que es parecido al marrón de la tierra: *el ~ es uno de los colores que menos me gustan.* **- 3** *adj.* (persona) Que está poco educado; que tiene poca experiencia: *tu amigo es un poco ~.*

par·dus·⌐co, ⌐ca |parðúsko, ka| *adj.* Que tiene un color indefinido, próximo al marrón: *al lavar los pantalones, tomaron un tono ~.* ⇒ **pardo.**

pa·re·a·⌐do, ⌐da |pareáðo, ða| **1** *adj.* Que forma un par con otra cosa: *los soportales estaban sujetos por columnas pareadas.* **- 2 pareado** *m.* POÉT. Combinación de dos versos que riman entre sí: *los versos* Yo vi sobre un tomillo / posarse un pajarillo *forman un ~.*

pa·re·ar |pareár| **1** *tr.* [algo, a alguien] Juntar o igualar dos cosas comparándolas entre sí: *pareó a los niños que tenían la misma edad.* **2** [algo] Poner cosas de dos en dos, formando pares: *el arquitecto pareó las columnas que rodean el patio.*

pa·re·cer |pareθér| **1** *m.* Opinión, juicio o idea: *no quiso expresar su ~; queremos saber tu ~ sobre el asunto.* **2** Aspecto físico de una persona, especialmente cuando es bello: *es un chico muy majo, de buen ~.* **- 3** *v.* Tener un aspecto determinado: *con ese sombrero pareces un explorador; la casa parecía un palacio; pareces tonto.* **- 4** *unipers.* Haber o existir razones para creer una cosa: *parece que va a llover; parecía que el tiempo se había detenido en aquel lugar.* **- 5 parecerse** *prnl.* Ser igual; mostrar características iguales o comunes: *el padre y su hijo se parecen; dicen que tú y yo nos parecemos; esa foto se parece a una que tiene Pedro; los dos caballos se parecían, pero uno era más fuerte.* ☐ Se conjuga como 43. ■ **al ~**, según las señales y la información que se tiene: *al ~, está enferma.* ■ **~ bien/ mal**, ser acertada o no una cosa según una opinión: *¿te parece bien lo que has hecho?; me parece mal que llegues tan tarde.*

pa·re·ci·⌐do, ⌐da |pareθíðo, ða| **1** *adj.* Que se parece a otra persona o a otra cosa: *Luisa y su hermana son muy parecidas; este libro es ~ a uno que tengo en casa.* ⇒ **similar.** **2** (persona) Que tiene una cara y un cuerpo bellos: *es un actor bien ~; su novia no es mal parecida.* ☐ Se usa siempre precedido de los adverbios *bien* o *mal*. **- 3 parecido** *m.* Correspondencia entre dos cosas que son iguales o que se parecen: *es increíble el ~ de esta niña con mi hija; la contrataron porque tenía cierto ~ con una actriz muy famosa.* ⇒ **semejanza, similitud.**

pa·red |paréᵈ| **1** *f.* Construcción vertical que cierra un espacio o lo separa de otro: *el albañil ha levantado una ~ que separa una sala de la otra; los ladrones entraron en el banco haciendo un agujero en la ~.* ⇒ **muro, tabique;** **~ maestra**, la más grande de un edificio, que soporta el peso del techo: *el local se vendrá abajo si no arregláis las grietas de la ~ maestra.* **2** *fig.* Superficie del lado de un cuerpo: *las paredes del acuario han criado musgo: hay que cambiar el agua.* **3** Corte vertical en un lado de una montaña: *los alpinistas tuvieron problemas para escalar esa ~.* ■ **entre cuatro paredes**, retirado del trato con la gente; encerrado en un lugar: *saldré un rato a la calle, no puedo estar mucho tiempo entre cuatro paredes.* ■ **las paredes oyen**, expresión que indica que hay que cuidar dónde se dice una cosa que debe mantenerse en secreto: *no me lo cuentes aquí, las paredes oyen.* ■ **subirse por las paredes**, estar muy enfadado: *se subía por las paredes cuando se enteró de que, si se hubiera presentado a este puesto de trabajo, lo habría conseguido.*

pa·re·dón |pareðón| **1** ***m.*** Pared que queda en pie, entre los restos derrumbados de un edificio: *cuando llegaron, aún quedaban algunos paredones del castillo.* **2** Pared muy gruesa: *el ~ del almacén impedía el paso del sol al interior.* **3** Pared junto a la cual se ejecuta a los condenados: *el militar fue conducido hasta el ~ y allí fue fusilado.* ■ **llevar al ~**, *fig.*, ejecutar a una persona disparándole: *sus palabras estuvieron a punto de llevarle al ~.* ⇒ **fusilar.**

pa·re·ja |paréxa| **1** ***f.*** Conjunto de dos personas, animales o cosas de la misma especie, especialmente macho y hembra: *los niños se sentaron por parejas; tenemos una ~ de tortugas en el jardín.* ⇒ **par. 2** Conjunto formado por un hombre y una mujer: *varias parejas de novios paseaban por el parque; fueron a cenar con otra ~.* **3** Persona que forma parte de ese conjunto, en cuanto a la otra persona: *quiero que conozcáis a mi ~; Carmen venía acompañada de su ~.* **4** Conjunto de dos policías o de dos *guardias: *una ~ de la policía hizo ronda toda la noche alrededor de la casa.* **5** Compañero o compañera en un baile: *¿quiere usted ser mi ~ en este pasodoble?*

pa·re·⌐jo, ⌐ja |paréxo, xa| ***adj.*** *form.* Que es igual o muy parecido: *la mejora industrial produjo un crecimiento ~ del comercio; admiró los dientes blancos y parejos de la muchacha.*

pa·ren·te·la |parentéla| ***f.*** Conjunto de todas las personas que pertenecen a una misma familia: *se presentó en la casa con toda su ~.* ⇒ **familia.**

pa·ren·tes·co |parentésko| **1** ***m.*** Relación de sangre o legal que se establece entre las personas: *el ~ nos une a nuestros padres, hermanos o hijos.* **2** *fig.* Relación que tienen las cosas entre sí: *el crítico estableció un ~ entre la película y un cuadro renacentista.*

pa·rén·te·sis |paréntesis| **1** ***m.*** *Comentario o pausa que se introduce en un discurso o una conversación: *el presidente hizo un ~ en su discurso para alabar la labor de sus ministros.* ⇒ **inciso. 2** Signo de ortografía que sirve para encerrar ese conjunto de palabras: *los ~ se representan con los signos ( ).* ⇒ **corchete. 3** *fig.* Interrupción, detención o parada en mitad de un proceso: *el profesor hizo un pequeño ~ en su explicación para buscar la tiza.* ⇒ **pausa.** ■ **abrir un ~**, *fig.*, interrumpir un proceso o una acción: *la guerra abrió un ~ en la recuperación económica del país.* ■ **cerrar un ~**, *fig.*, continuar un proceso o una acción que estaban interrumpidos: *con la decisión del gobierno se cierra un ~ de duda y de hostilidad.* ■ **poner entre ~**, *fig.*, poner en duda: *el diputado dijo que había que poner entre ~ las promesas del presidente.* ☖ El plural es *paréntesis.*

pa·ria |pária| **1** ***com.*** Persona de la *casta más baja en la India: *los parias no tienen derechos civiles ni religiosos.* **2** *fig.* Persona a la que se considera inferior y a la que se le niegan el trato y las ventajas de que gozan las demás: *los mendigos y vagabundos son los parias de nuestra sociedad.*

pa·ri·dad |pariðáᵈ| **1** ***f.*** *form.* Igualdad de las cosas entre sí: *los empleados pidieron una ~ salarial con los trabajadores de otras fábricas.* **2** ECON. Relación de valor de una moneda con otra o con la unidad de referencia internacional: *el Fondo Monetario Internacional fijó la ~ de la peseta.*

pa·rien·⌐te, ⌐ta |pariénte, ta| **1** ***adj.-s.*** (persona) Que pertenece a la misma familia que otra: *hizo un largo viaje para visitar a sus parientes.* ⇒ **familiar. - 2** ***m. f.*** *fam. vulg.* Marido en cuanto a su mujer; mujer en cuanto a su marido: *voy a decirle a mi parienta que no me espere a cenar.*

pa·rie·tal |parietál| ***adj.-m.*** ANAT. (hueso) Que junto con otro forma la parte media del *cráneo: *los huesos parietales están en los laterales de la cabeza; los parietales son los huesos más grandes del cráneo.*

pa·rie·ta·ria |parietária| ***f.*** Hierba con tallos rojos sencillos y ramas muy cortas, con las hojas ásperas y las flores verdes y pequeñas, reunidas en grupos: *la ~ crece junto a las paredes; popularmente, la ~ se usa en cataplasmas.*

pa·ri·hue·la |pariuéla| **1** ***f.*** Instrumento formado por dos varas gruesas con unas tablas atravesadas en medio y que se usa para transportar una carga entre dos personas: *los obreros transportaban los sacos en unas parihuelas.* **2** Cama estrecha que se sujeta con dos varas gruesas y que sirve para llevar enfermos y heridos: *llevaban a los heridos en parihuelas.* ⇒ **camilla.** ☖ Se usa frecuentemente en plural.

pa·ri·pé |paripé| ***m.*** *fam.* Engaño o fingimiento que se hace para conseguir el favor de una persona: *ella lo criticaba constantemente pero delante de él hacía el ~.* ⇒ **adulación, halago.**

pa·rir |parír| **1** ***intr.-tr.*** [algo, a alguien] Expulsar la hembra el feto que tiene en su vientre: *la gata parió tres gatitos preciosos; parió un hijo varón.* ⇒ **alumbrar, dar. - 2** ***tr.*** *fig.* [algo] Producir o crear una cosa: *las profesoras han parido un libro de ejercicios.* ■ **poner a ~**, *fam.*, hablar muy mal de una persona; insultar y criticar: *le pregunté por su amigo y ella lo puso a ~ en un momento.*

par·king |párkin| **1** ***m.*** Lugar en la vía pública o en un edificio donde pueden dejarse los vehículos: *dejó el coche en un ~ y visitó la ciudad andando; recoja su ficha antes de entrar en el ~.* ⇒ **aparcamiento. 2** Edificio que sirve para dejar los vehículos: *al final de la calle han construido un ~.* ⇒ **aparcamiento.** ☖ Esta palabra procede del inglés. La Real Academia Española prefiere la forma *aparcamiento.*

par·la·men·tar |parlamentár| ***intr.*** Conversar para llegar a un acuerdo o una solución en un asunto: *la guerrilla está dispuesta a ~; estuvieron más de dos horas parlamentando.* ⇒ **negociar.**

par·la·men·ta·⌐rio, ⌐ria |parlamentário, ria| **1** ***adj.*** Del *parlamento o que tiene relación con él: *el debate ~ fue transmitido por radio y televisión.*

2 ***m. f.*** Político que forma parte de un *parlamento: *la parlamentaria andaluza se negó a hacer declaraciones a la prensa; después de diez años como ~, se ha retirado de la política.*

par·la·men·ta·ris·mo |parlamentarísmo| ***m.*** POL. Sistema político en el que el *parlamento controla la acción del gobierno y elabora, aprueba y reforma las leyes: *en los países democráticos existe pluripartidismo y ~.*

par·la·men·to |parlaménto| **1** ***m.*** Órgano político encargado de elaborar, aprobar y reformar las leyes: *los miembros del ~ son elegidos por los ciudadanos; el ~ está formado por una o dos cámaras.* ⇒ **congreso. 2** Edificio en el que se reúnen los miembros de ese órgano: *los terroristas amenazaron con poner una bomba en el ~; los políticos están charlando en el pasillo del ~.* **3** *form.* Conversación larga para llegar a un acuerdo o solucionar un problema: *los parlamentos de los embajadores fueron inútiles, pues los bandos enfrentados no hicieron tregua.* **4** Intervención larga en verso o en *prosa que hace un actor: *ahora saldrá al escenario un personaje que lanzará un triste ~.*

par·lan·⌐chín, ⌐chi·na |parlantʃín, tʃína| ***adj.-s.*** *fam.* (persona) Que habla mucho o que dice lo que no debe: *tiene un loro ~ en la ventana; esa vecina es una parlanchina.* ⇒ **locuaz.**

par·lar |parlár| **1** ***tr.-intr.*** [algo] Hablar con facilidad: *nuestro hijo ya va parlando.* **- 2** ***intr.*** *p. ext.* Hablar mucho, especialmente sin decir nada importante: *se pasa la mañana parlando y luego dice que tiene mucho trabajo que hacer.* ⇒ **cotorrear. 3** Emitir una ave sonidos que parecen palabras humanas: *los loros parlaban sin cesar.*

par·lo·te·ar |parloteár| ***intr.*** Hablar por *entretenimiento de asuntos poco importantes: *mis vecinos parlotean sin parar.*

par·né |parné| ***m.*** *fam.* Moneda o billete corriente que se usa en el comercio: *en esa familia hay ~ en abundancia.* ⇒ **dinero.**

pa·ro |páro| **1** ***m.*** Situación de falta de empleo: *llevo en ~ casi dos años; el ~ es uno de los problemas más importantes de este país.* **2** Interrupción de un trabajo o actividad: *las máquinas estuvieron en ~ durante una hora por falta de suministro eléctrico; los obreros hicieron un ~ de dos horas para protestar.*

pa·ro·dia |paróðia| **1** ***f.*** Imitación de una persona o de una situación en tono de humor y broma o para ponerla en ridículo: *el humorista realizó una ~ estupenda de una famosa actriz.* **2** Imitación de una obra seria, del estilo de un escritor o de un género literario, para ponerlos en ridículo: *este libro es una ~ de las novelas de caballerías.*

pa·ro·diar |paroðiár| **1** ***tr.*** [algo, a alguien] Imitar a una persona o una situación en tono de humor y broma o para ponerla en ridículo: *cuando está entre amigos parodia a los famosos.* **2** Imitar una obra, el estilo de un escritor o un género literario, para ponerlos en ridículo: *en su última novela intenta ~ los culebrones de la televisión.* ☐ Se conjuga como 12.

pa·ro·xis·mo |paroᵏsísmo| **1** ***m.*** *form.* Excitación extrema de los sentimientos y las pasiones: *la tensión del concierto llegó hasta el ~.* **2** MED. Ataque violento de una enfermedad, que puede llevar a la pérdida del conocimiento: *la fiebre y el delirio provocaron el ~.*

pa·ro·xí·to·⌐no, ⌐na |paroᵏsítono, na| ***adj.-f.*** LING. (palabra) Que lleva el acento en la sílaba anterior a la última: *la palabra* árbol *es paroxítona.* ⇒ **grave, llano.**

par·pa·de·ar |parpaðeár| ***intr.*** Abrir y cerrar los párpados de forma rápida: *parpadeaba muy deprisa porque le molestaba la luz.* ⇒ **pestañear.**

par·pa·de·o |parpaðéo| ***m.*** Acción de *parpadear; movimiento rápido y repetido de los párpados: *la actriz tenía un ~ muy sensual.* ⇒ **pestañeo.**

pár·pa·do |párpaðo| ***f.*** Pliegue que forma la piel y que sirve para proteger el ojo: *las pestañas están en los párpados; tiene los párpados hinchados de tanto llorar.*

par·que |párke| **1** ***m.*** Terreno de gran extensión, con plantas, árboles y agua, destinado especialmente para pasear, descansar y divertirse: *la ciudad tenía muchos parques y jardines; unas señoras estaban sentadas en un banco del ~; en el ~ había un estanque con patos; ~* **de atracciones**, lugar donde hay espectáculos, juegos y aparatos eléctricos que sirven para divertirse: *en lo alto del Tibidabo hay un ~ de atracciones; los chicos querían ver el pasaje del terror del ~ de atracciones; la montaña rusa de ese ~ de atracciones es gigantesca; ~* **nacional**, lugar donde se protegen las especies vegetales y animales que viven en él: *¿has visitado el ~ nacional de Doñana?; ~* **zoológico**, lugar donde se conservan, cuidan o crían animales para que el público pueda verlos: *el domingo fuimos a ver el ~ zoológico de Madrid.* ⇒ **zoo, zoológico. 2** Terreno con aparatos para que jueguen los niños: *en el ~ de la casa hay columpios, toboganes, balancines, puentes y muchas más cosas para los niños.* **3** Armazón de forma cuadrada o circular, rodeado por una red elástica y protegida de distintas formas, donde se deja a los niños que aún no andan, para que jueguen: *el bebé juega en el ~ con sus muñecos.* ■ **~ automovilístico**, conjunto de vehículos de un país o de una ciudad: *el ~ automovilístico español se está renovando rápidamente.* ■ **~ de bomberos**, conjunto de vehículos, aparatos y materiales destinados a apagar *incendios y a otras labores de auxilio: *el parque de bomberos de esta ciudad está de continuo en movimiento.* ■ **~ móvil**, conjunto de vehículos que son propiedad del Estado: *los coches de policía pertenecen al ~ móvil.*

par·qué |parké| ***m.*** Suelo de madera hecho con tablas muy finas que forman dibujos: *el ~ es muy delicado y se raya con facilidad.* ⇒ **parquet.**

par·quet |parkéᵗ| ***m.*** ⇒ **parqué.** ☐ La Real Academia Española prefiere la forma *parqué.*

pa·rra |pára| ***f.*** Planta de la uva, especialmente la que crece en alto y extiende mucho sus tallos: *la ~ del patio daba sombra en verano; las avispas comían uvas de la ~.* ⇒ **cepa, vid.** ■ **subirse a la ~**, *fam.*, tomar una persona funciones o cargos que no le corresponden: *me parece que se está subiendo a la ~ y habrá que llamarle la atención.*

pa·rra·fa·da |par̃afáða| ***f.*** Discurso largo y pesado: *menuda ~ nos soltó.*

pá·rra·fo |pár̃afo| ***m.*** Parte de un texto escrito que comienza en línea aparte: *pon punto y aparte y comienza otro ~.*

pa·rral |par̃ál| **1** ***m.*** Conjunto de *parras sostenidas con una armazón: *los parrales cubrían el patio por completo.* **2** Lugar donde hay *parras: *tenía un ~ junto al río.*

pa·rran·da |par̃ánda| **1** ***f.*** *fam.* Diversión muy animada, con ruido y desorden: *estuvo toda la noche de ~.* ⇒ **juerga. 2** Grupo de personas que salen de noche tocando música o cantando para divertirse: *una ~ iba pidiendo el aguinaldo de casa en casa.*

pa·rri·ci·da |par̃iθíða| ***adj.-com.*** (persona) Que mata a uno de sus familiares: *el ~ confesó que se había vuelto loco.* ⇒ **matricida.**

pa·rri·ci·dio |par̃iθíðio| ***m.*** *form.* Crimen contra un familiar propio: *cumple condena por ~.* ⇒ **matricidio.**

pa·rri·lla |par̃íʎa| **1** ***f.*** Estructura formada por un conjunto de barras de hierro sujetas a un mango que se pone sobre el fuego y sirve para cocinar los alimentos: *cuando van a comer al campo, asan las chuletas en la ~.* ⇒ **barbacoa.** ☖ Se usa frecuentemente en plural. **2** Establecimiento en el que se sirven comidas *asadas: *aquella tarde fueron a merendar a una ~.* ⇒ **asador.** ■ **~ de programación**, conjunto de programas de la radio o televisión, con su *horario correspondiente: *la cadena pública está preparando su ~ de programación para el próximo otoño.* ■ **~ de salida**, DEP., conjunto de líneas pintadas en el suelo que señalan las posiciones de salida de los vehículos que participan en una carrera: *los coches están en la ~ de salida, va a sonar el disparo y dará comienzo la carrera.*

pa·rri·lla·da |par̃iʎáða| ***f.*** Comida hecha con carnes o pescados que se cocinan exponiéndolos a la acción directa del fuego: *¡han preparado una buena ~ en el restaurante!*

pá·rro·co |pár̃oko| ***m.*** Sacerdote que dirige una iglesia: *en esta parroquia hay un ~ y otros dos sacerdotes; nos casó don Inocencio, el ~ de San Ildefonso.*

PARRILLA

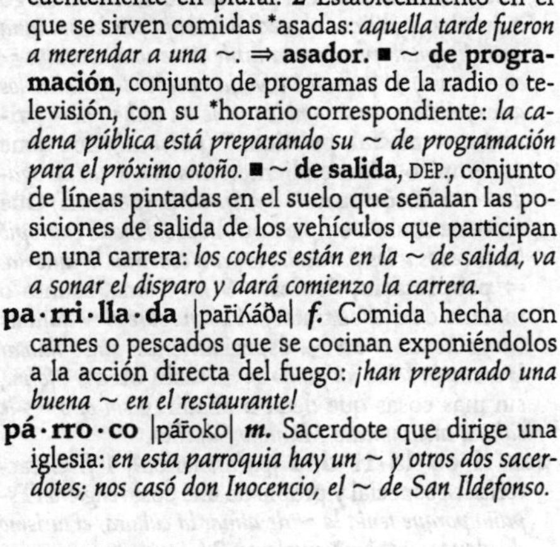

pa·rro·quia |par̃ókia| **1** ***f.*** Iglesia principal de una zona: *el párroco se ocupa de todos los asuntos de la ~.* **2** Conjunto de personas que van a una iglesia: *la ~ está formada sobre todo por personas mayores.* ⇒ **parroquiano. 3** Territorio que depende de una iglesia: *vivimos cerca y pertenecemos a la misma ~.* **4** Conjunto de personas que van de manera frecuente a un mismo establecimiento público: *el dueño del bar celebró el nacimiento de su hijo con toda su ~.* ⇒ **parroquiano.**

pa·rro·quial |par̃okiál| ***adj.*** De la *parroquia o que tiene relación con ella: *en la hoja ~ se publican las lecturas de la misa.*

pa·rro·quia·⌐no, ⌐na |par̃okiáno, na| **1** ***adj.-s.*** De la *parroquia o que tiene relación con ella: *el cura lanzó un duro sermón a sus parroquianos.* **- 2** ***m. f.*** Persona que va de manera frecuente a un mismo establecimiento público: *el panadero lleva muchos años en el barrio, por eso tiene tantos parroquianos.* ⇒ **parroquia.**

par·si·mo·nia |parsimónia| ***f.*** Tranquilidad y calma excesiva: *el cliente hablaba con ~.* ⇒ **lentitud.**

par·si·mo·nio·⌐so, ⌐sa |parsimonióso, sa| ***adj.*** Que es excesivamente tranquilo y lento: *la maestra era una mujer parsimoniosa.* ⇒ **flemático, lento.**

par·te |párte| **1** ***f.*** Cantidad indefinida que se toma de un todo: *el anciano donó ~ de su fortuna a una biblioteca.* **2** Unidad, cantidad determinada que se toma de un todo dividido: *hizo tres partes del pastel y lo repartió; ponga dos partes de agua y una de leche.* **3** Sitio o lugar cualquiera: *es un vago y va en coche a todas partes.* ⇒ **lado. 4** División que, junto con otras iguales, compone una obra científica o literaria: *su novela constaba de dos partes, de tres capítulos cada una.* **5** Persona, grupo o ejército, que se opone o lucha contra otro: *las partes enfrentadas quieren llegar a un acuerdo.* **6** Persona que, junto con otras, participa o tiene interés en un asunto: *reunidas ante el juez todas las partes implicadas en el delito, empezó el juicio.* **7** Lado al que una persona se inclina en una discusión o lucha: *¿y tú, de qué ~ estás?* **8** Aspecto en que se puede considerar una persona o cosa: *el hombre es ~ espiritual y ~ animal.* **- 9** ***m.*** Escrito poco extenso, que se envía a una persona para darle un aviso o noticia urgente: *el ~ venía firmado por el ministro.* **10** Información comunicada por teléfono, radio o televisión: *a continuación, podrán ver ustedes el ~ meteorológico.* **- 11 partes** ***f. pl.*** Órganos sexuales exteriores: *el portero recibió un balonazo en sus partes y tuvo que ser hospitalizado.* ■ **dar ~**, avisar o comunicar unos hechos ocurridos: *le robaron el coche y fue a dar ~ a la policía.* ■ **de ~ a ~**, de un lado a otro; de un extremo al extremo opuesto: *la bala le atravesó el pecho de ~ a ~.* ■ **de ~ de**, a favor; en defensa de: *Jesús estaba de ~ de los más pobres.* ■ **de ~ de**, en nombre de; por orden o encargo: *lleva este regalo y di que vas de ~ de tu padre.* ■ **en ~**, no enteramente, no del todo: *lo que dijo era en ~ verdad y en ~ mentira.* ■ **hacer las partes,**

dividir, repartir: *el notario hizo las partes de la herencia.* ■ **llevar la mejor** ~, salir o resultar *beneficiado: *cuando hay cambios en la empresa, siempre se lleva la mejor* ~. ■ **llevar la peor** ~, salir o resultar *perjudicado: *si hay pelea, él se llevará la peor* ~. ■ **no ir a ninguna** ~, no tener posibilidad de éxito: *con esa actitud no vas a ninguna* ~. ■ ~ **por** ~, sin ocultar ni quitar nada: *analizaremos ~ por ~ el problema.* ■ **poner de su** ~, hacer todo lo posible por lograr un fin: *para aprobar, debes poner todo de tu* ~. ■ **por partes**, tratando el asunto en todos sus aspectos: *para resolver el enigma, el detective fue por partes.* ■ **salva sea la** ~, expresión que se usa para no pronunciar el nombre de cierta zona del cuerpo: *estaba tan enfadado que le dieron ganas de pegarle una patada en salva sea la ~, o sea, en el culo.* ■ **tomar** ~, participar, intervenir: *el atleta tomó ~ en los últimos juegos olímpicos; resolvieron el conflicto sin que tuviera que tomar ~ la justicia.*

par·te·luz |partelúθ| ***m.*** Columna delgada que divide en dos partes el hueco de una ventana: *cruzaba la ventana verticalmente un ~ de ébano labrado.* ⇒ **montante.**

par·te·ro, ra |partéro, ra| ***m. f.*** Persona que se dedica a ayudar a las mujeres en el *parto: *tuvieron que llamar a la partera porque la mujer había empezado a tener dolores de parto.* ⇒ **comadre, comadrón.**

par·ti·ción |partiθión| ***f.*** Acción y resultado de partir o dividir: *uno de los herederos no aceptaba las particiones; el notario hizo la ~ de las tierras.*

par·ti·ci·pa·ción |partiθipaθión| **1** ***f.*** Intervención en un acto: *el próximo festival contará con la ~ de famosos artistas.* **2** Cantidad de dinero que se juega como parte de un décimo de *lotería: *no me gustaría quedarme sin una ~ de la lotería de este sorteo.* **3** Recibo o billete en el que aparece la cantidad de dinero que se juega como parte de un décimo de *lotería: *he guardado las participaciones en la caja de metal de la derecha.* **4** ECON. Parte del dinero y de los bienes de una compañía que tiene una persona: *como tiene participaciones en la empresa, puede intervenir en su gestión.* ⇒ **acción. 5** Aviso o noticia: *hemos recibido la ~ de los señores Herrera comunicándonos la boda de su hijo.*

par·ti·ci·pan·te |partiθipánte| ***adj.-com.*** (persona, equipo) Que participa en una competición, en un sorteo o en un *concurso: *los participantes están ya en la línea de salida; hay cuatro equipos participantes.*

par·ti·ci·par |partiθipár| **1** ***intr.*** [en algo] Intervenir, tener o tomar parte en una cosa, especialmente en una competición o sorteo: *quiere ~ en un concurso de la televisión; los niños participaron en las carreras de sacos; no todos los países pudieron ~ en la Olimpiada.* **2** [de algo] Tener las mismas opiniones, ideas o ventajas que otra persona o que otra cosa: *este seguro participa de las mismas ventajas que el suyo y además añade unas nuevas; el presentador dijo que no participaba de las ideas de su invitado.* **- 3** ***tr.*** [algo] Comunicar una noticia: *le participó su pésame con una carta muy cariñosa.*

par·tí·ci·pe |partíθipe| ***adj.-s.*** Que toma parte en una cosa o una acción: *su amigo fue ~ en el robo; me hago ~ de tu dolor.*

par·ti·ci·pio |partiθípio| ***m.*** LING. Forma no personal del verbo que tiene algunas de las características de los adjetivos: salido *es el ~ del verbo* salir. ☖ El participio español termina en *-ado*, si es de la primera conjugación, y en *-ido*, si es de la segunda o tercera.

par·tí·cu·la |partíkula| **1** ***f.*** Cantidad muy pequeña: *las partículas de polvo se posaban en los muebles.* ⇒ **molécula, mota. 2** LING. Forma *invariable que sirve para establecer relaciones en la oración: *las partículas suelen ser las conjunciones y las preposiciones.*

par·ti·cu·lar |partikulár| **1** ***adj.*** Que es propio y característico de una persona o cosa: *el hombre tenía un modo ~ de hablar.* ⇒ **peculiar. 2** Que pertenece a una o varias personas: *esa finca es ~ y está prohibido el paso; la urbanización tiene una piscina ~.* ⇒ **privado. 3** (persona) Que realiza un trabajo de manera especial para una persona o un grupo pequeño de ellas: *los niños tienen una profesora ~ de idiomas; la mansión tenía un jardinero ~.* ⇒ **exclusivo. 4** (servicio) Que se realiza de manera especial para una persona o un grupo: *Almudena asiste a clases particulares de piano.* **5** Que es especial, extraordinario, raro y poco corriente: *Gaudí construyó edificios muy particulares.* **6** Que se tiene o se realiza de manera privada, fuera de un cargo o empleo público: *el médico trabaja por la mañana en el hospital, pero por la tarde tiene una consulta ~ en su casa; el presidente viaja en coche oficial a los actos públicos, pero también tiene un coche ~.* ⇒ **privado.** ⇔ **oficial, público. 7** (persona) Que tiene un empleo independiente: *consultó a un abogado ~.* ⇒ **autónomo. - 8** ***adj.-com.*** (persona) Que no tiene título o empleo público: *el Estado expropió los terrenos a los particulares para construir la autovía.* ⇒ **propietario, titular. - 9** ***m.*** Tema, asunto o materia de que se trata: *hablaron sobre el ~ durante varias horas.* ■ **en** ~, especialmente: *quiso llamar la atención sobre un punto en ~.* ■ **sin otro** ~, *form.*, sin más cosas que decir o añadir: *y sin otro ~, le saluda atentamente Mariano Sánchez.*

par·ti·cu·la·ri·dad |partikulariðáᵈ| **1** ***f.*** Característica especial y propia de una cosa: *eligieron España porque tenía la ~ de aunar la cultura, el turismo de playa y un clima excelente.* **2** Circunstancia poco importante o muy concreta de un asunto: *quiso tratar el asunto objetivamente, sin entrar en particularidades.*

par·ti·cu·la·ri·zar |partikulariθár| **1** ***intr.*** Explicar una cosa con detalle: *no particularices tanto y dime qué ocurrió al final.* **- 2** ***tr.*** [algo] Tratar con mucha atención; hacer de modo particular: *en este colegio los profesores particularizan mucho el trato con los estudiantes.* **- 3 particularizarse** ***prnl.*** Distinguirse o destacar entre los demás: *esta máquina se particulariza por su gran velocidad.* ⇒ **singularizar.** ☖ Se conjuga como 4.

par·ti·da |partíða| **1** ***f.*** Salida de un lugar: *me ape-*

nó el momento de la ~. ⇒ **marcha.** **2** Conjunto de mercancías destinadas al comercio: *devolvieron una* ~ *de latas de conserva que estaba en malas condiciones.* **3** Conjunto de acciones de un juego: *¿qué tal si echamos una* ~ *de mus después de la comida?* **4** Registro de ciertas circunstancias referentes a un persona que se hace en un libro oficial: *gracias a las partidas se conoce la fecha de los bautismos y de las bodas.* **5** Documento en el que aparecen esas circunstancias: *necesito la* ~ *de nacimiento para poder hacer la matrícula del curso.* **6** Cantidad que se escribe en una cuenta: *el comerciante ha anotado la* ~ *de telas que han traído de la fábrica.* **7** Grupo pequeño de personas armadas: *una* ~ *de bandoleros se refugia en el monte.* ■ **por** ~ **doble**, con un resultado que supone el doble de lo esperado: *ha tenido gemelos y ahora es madre por* ~ *doble.*

par·ti·da·⌐rio, ⌐ria |partiðário, ria| **1** ***adj.-s.*** (persona) Que sigue a un partido o grupo: *se produjo un enfrentamiento entre los partidarios del rey y los de su hermano.* ⇒ **leal.** **2** (persona) Que está de acuerdo con una idea o una tendencia y la defiende: *no es* ~ *de la reforma laboral.* ⇒ **adicto.**

par·ti·do |partíðo| **1** ***m.*** Organización o conjunto de personas que comparten las mismas ideas políticas: *Rafael es miembro de un* ~ *de centro; ¿a qué* ~ *político votarás en las próximas elecciones?* **2** Competición deportiva en la que se enfrentan dos equipos o dos jugadores: *esta tarde jugaremos un* ~ *contra el equipo del colegio.* ⇒ **encuentro.** **3** Territorio de una administración: *los dos pueblos pertenecen al mismo* ~. ■ **sacar** ~, *obtener una *ganancia o provecho: *siempre saca* ~ *de todos los negocios.* ■ **ser un buen/mal** ~, ser una persona adecuada o poco adecuada para casarse con ella, especialmente según su posición social o *económica: *cásate con Elena: es un buen* ~. ■ **tomar** ~, elegir entre varias posibilidades: *en la discusión tomé* ~ *por el más débil.*

par·tir |partír| **1** ***tr.*** [algo, a alguien] Dividir o separar en partes; formar grupos o establecer separaciones: *parte ese tronco por la mitad con el hacha; partió en pedazos el pan; ¿me partes un trozo de salchichón, por favor?* **2** Repartir; hacer partes y dividirlas entre varias personas: *partiremos ese dinero entre los amigos.* **3** Hacer una abertura o un hueco estrecho y largo sin llegar a dividir: *le dio un golpe con el bastón y le partió la cabeza.* **4** *fam.* [a alguien] Hacer que no salgan las cosas como espera una persona; hacer que una persona se sienta mal: *cuando le robaron el coche lo partieron.* **- 5** ***intr.*** Empezar a moverse; ponerse en camino: *partimos de Madrid para Sevilla.* **6** Empezar; tener comienzo u origen: *a* ~ *de este día no volveré a hablarte; tu explicación parte de un supuesto falso.* **- 7 partirse** ***prnl.*** *fam.* Reírse mucho y con ganas: *cuando Araceli cuenta chistes, todos nos partimos de risa.* ⇒ **descojonarse, desternillarse.** **8** Dividirse en opiniones o grupos: *los miembros de la asociación se han partido.*

par·ti·ti·⌐vo, ⌐va |partitíβo, βa| ***adj.*** LING. (nombre o adjetivo) Que expresa una parte de un todo: *la palabra* mitad *es un nombre* ~.

par·ti·tu·ra |partitúra| ***f.*** MÚS. Texto de una obra musical en el que se *anotan los sonidos que han de ejecutar los distintos instrumentos o voces y el modo en que han de hacerlo: *me gustaría conseguir la* ~ *de esta pieza para tocarla al piano.*

par·to |párto| **1** ***m.*** Acción de dar a luz el feto que la hembra tiene en su vientre: *el* ~ *se desarrolló con normalidad y el niño nació bien.* ⇒ **alumbramiento, nacimiento.** **2** *fig.* Producción o creación: *el director declaró que su película había sido el* ~ *de todo un equipo.* ■ **estar/ponerse de** ~, tener los dolores que acompañan a la *expulsión del feto: *la mujer se puso de* ~ *en el taxi.*

par·tu·rien·ta |parturiénta| ***adj.-f.*** (mujer) Que está dando a luz un hijo o que acaba de hacerlo: *el médico y la comadrona ayudaban a la* ~.

par·va |párβa| **1** ***f.*** Cereal cortado y extendido sobre la *era: *llovió mucho y se mojó la* ~. **2** *fig.* Cantidad grande de una cosa: *tengo una* ~ *de problemas que da miedo.* **3** *fig.* Cantidad grande de niños: *una* ~ *de chiquillos seguía al elefante del circo.*

par·vu·la·rio |parβulário| ***m.*** Centro de enseñanza donde van los niños pequeños hasta que tienen edad para ir a la escuela: *los niños aprendían a dibujar en el* ~.

pár·vu·⌐lo, ⌐la |párβulo, la| **1** ***m. f.*** Persona que tiene pocos años de vida; niño pequeño: *la maestra de los párvulos es muy cariñosa.* **2** *fig.* Persona que no conoce el mal y es fácil de engañar: *¡ay, eres aún un* ~ *y te queda mucho por aprender!*

pa·sa |pása| ***f.*** Uva dulce y seca: *les ofreció una bandeja de pasas y de ciruelas.* ⇒ **uva;** ~ **de Corinto**, la que no tiene semillas grandes dentro: *compra una cajita de pasas de Corinto.*

pa·sa·ca·lle |pasakáʎe| ***m.*** Composición musical de ritmo muy vivo que se toca en las fiestas populares, generalmente por las calles: *la banda fue hasta la estación tocando un* ~ *para recibir a los soldados.* ⌂ También se usa *pasacalles* para hacer referencia a una sola de esas composiciones.

pa·sa·da |pasáða| **1** ***f.*** Acción de trasladarse de un lugar a otro: *el aeroplano hizo algunas pasadas sobre el campo antes de aterrizar.* **2** Repaso que se da a un trabajo: *el estudio está casi terminado, pero debo darle una* ~ *antes de entregarlo.* ⇒ **retoque.** **3** Paso o roce de una cosa sobre otra: *daremos una* ~ *a la alfombra con el aspirador; estas puertas necesitan una* ~ *de brocha.* **4** Movimiento de la plancha sobre la ropa: *no guardes las sábanas todavía, hay que darles una* ~. **5** *fam.* Cosa que destaca por estar fuera de lo normal: *¡el concierto de ayer fue una* ~*!; fíjate en esa esmeralda, es una* ~.

pa·sa·di·zo |pasaðíθo| ***m.*** Lugar estrecho que se usa para pasar de un sitio a otro: *la vieja casa estaba llena de pasadizos subterráneos; el palacio estaba unido a la catedral por un* ~.

pa·sa·⌐do, ⌐da |pasáðo, ða| **1** ***adj.*** Que es anterior al presente: *tu forma de pensar es propia de tiempos pasados.* **2** Que está estropeado; que está en mal estado: *estos tomates no se pueden comer, están pasados.* **- 3 pasado** ***m.*** Tiempo anterior al presente: *en el ~ la gente vestía de modo diferente; tuvo con ella un romance, pero ya pertenece al ~.* **4** LING. (tiempo verbal) Que expresa una acción anterior al presente: *estamos estudiando en clase los tiempos del ~.* ⇒ **pretérito.**

pa·sa·dor |pasaðór| **1** ***m.*** *Alfiler grande que sirve para sujetar el pelo o como adorno de la cabeza: *Sara se ha recogido el pelo con un ~ de colores; la novia llevaba el tocado sujeto en la cabeza con pasadores.* **2** Objeto que sirve para sujetar la *corbata a la camisa: *ha regalado a Miguel un ~ y unos gemelos dorados.* **3** Pieza de metal sujeta a la hoja de una puerta o ventana que sirve para mantenerla cerrada: *la ventana se ha quedado cerrada porque el ~ se ha atascado y no se mueve.* ⇒ **pestillo. 4** Instrumento de cocina que sirve para triturar alimentos: *hemos hecho puré con el ~.* ⇒ **pasapurés.**

pa·sa·je |pasáxe| **1** ***m.*** Documento o billete que da derecho a ser transportado en un barco o avión: *compraron dos pasajes de avión para Londres.* **2** Conjunto de personas que viajan en un barco o avión: *la tripulación informó al ~ de que estaban a punto de aterrizar.* **3** Parte de una obra, generalmente corta: *leyó un ~ del* Quijote *para explicarlo.* **4** Acción y resultado de pasar de una parte a otra: *el ~ de esta orilla a la otra va a ser difícil porque el puente está muy deteriorado.* **5** Paso público entre dos calles, a veces cubierto: *tomaron el ~ subterráneo para cruzar la avenida.* **6** Lugar por donde se pasa: *avanzaban a través de un estrecho ~ entre dos altas montañas.* **7** Derecho que se paga por pasar por un lugar: *les pidió un ~, amenazándolos con tirarlos al río si no pagaban.*

pa·sa·je·⌜ro, ⌜ra |pasaxéro, ra| **1** ***adj.*** Que pasa rápido o dura poco: *tiene usted unas molestias pasajeras, no se preocupe; la moda es una fiebre pasajera.* **- 2** ***m. f.*** Persona que viaja en un vehículo pero no lo conduce: *la azafata atiende a los pasajeros del avión.* ⇒ **viajero.**

pa·sa·ma·nos |pasamános| ***m.*** Barra superior que une las columnas de las vallas que cierran sitios altos: *el niño bajó las escaleras deslizándose por el ~.* ⇒ **barandal.** ⌂ Se usa también *pasamano.*

pa·sa·mon·ta·ñas |pasamontáɲas| ***m.*** Prenda de vestir que cubre la cabeza hasta el cuello, dejando libre la cara o sólo los ojos, y que sirve para protegerse del frío: *los días de nieve o frío, me pongo el ~ para salir a la calle.* ⇒ **verdugo.** ⌂ El plural es *pasamontañas.*

pa·san·te |pasánte| ***com.*** Ayudante de un abogado: *trabaja de ~ en un bufete.*

pa·sa·por·te |pasapórte| ***m.*** Documento que sirve para demostrar la *identidad y la *nacionalidad cuando se viaja a una país extranjero: *la policía de las aduanas revisa los pasaportes de los viajeros.* ■ **dar ~**, *fam. fig.*, matar a una persona: *los asesinos le esperaron en la puerta de su casa y en el portal le dieron ~.*

pa·sa·pu·rés |pasapurés| ***m.*** Instrumento de cocina que sirve para triturar alimentos: *voy a preparar las patatas cocidas con el ~; hizo una papilla triturando las verduras en el ~.* ⇒ **pasador.** ⌂ El plural es *pasapurés.*

pa·sar |pasár| **1** ***tr.*** [algo, a alguien] Llevar o conducir de un lugar a otro: *pasaron los muebles al pasillo para pintar la habitación; un hombre pasó a los emigrantes por la frontera.* **- 2** ***tr.-intr.*** [algo] Atravesar o cruzar: *pasaron el río gracias a unas barcas.* **- 3** ***tr.*** [algo; a alguien] Enviar o hacer llegar un mensaje o información: *¿le has pasado el recado a Luis?* ⇒ **transmitir. 4** Dar una cosa propia a otra persona: *el moribundo pasó sus propiedades a sus herederos.* **- 5** ***tr.-intr.-prnl.*** [algo] Ir más allá de un lugar o un límite: *pasaron la frontera entre los dos países sin ninguna dificultad; creo que te estás pasando de la raya.* **- 6** ***tr.-prnl.*** Hacer deslizar una cosa por una superficie: *se pasó la mano por la frente; la madre pasaba el cepillo por el pelo de la niña.* **7** *fig.* Tragar; comer o beber: *estaba tan hambriento que pasó todo lo que le pusieron en la mesa.* **- 8** ***tr.*** [a alguien] Superar o llevar *ventaja: *en ciencias pasa a su hermano.* ⇒ **aventajar, sobrepasar. 9** [algo, a alguien] Atravesar con instrumento: *pasó el brazo de su oponente con la espada.* **10** [algo] Introducir o sacar mercancías prohibidas o ilegales: *el detenido pasaba droga y artículos de contrabando.* ⇒ **traficar. 11** Sufrir o padecer: *ha pasado muchas penalidades; durante la noche pasaron frío.* **12** [algo; a alguien] Soportar, admitir o permitir una cosa que no gusta o no se aprueba: *sus padres le pasaron muchas tonterías.* ⇒ **tolerar. 13** [algo] Introducir una cosa por el hueco de otra: *enhebrar una aguja consiste en ~ el hilo por el ojo de la aguja.* **14** Limpiar un líquido y separar de él las *partículas sólidas que contiene: *antes de servir el café lo pasó por un colador.* ⇒ **colar. 15** Aprobar un *examen: *el joven pasó el examen de conducir a la primera.* **16** Proyectar una película en el cine o en la televisión: *en este cine sólo pasan películas de acción o de aventuras.* **17** Estar en un lugar durante un tiempo determinado: *la familia pasaba el verano en la playa; ¿dónde has pasado el fin de semana?* **18** DEP. [algo; a alguien] Enviar la pelota un jugador a otro de su mismo equipo para que continúe la jugada: *el centrocampista pasó el balón al delantero para que marcara el gol.* **- 19** ***intr.*** Moverse o trasladarse de un lugar a otro: *mucha gente pasa por esta calle para ir a la estación; por favor, pasen en silencio.* **20** Andar por la vía pública: *los peatones pasan por los pasos de cebra.* ⇒ **transitar. 21** Entrar en un lugar: *llamó a la puerta y pasó.* **22** Comunicarse una información: *la noticia pasó de boca en boca.* **23** Cambiar de estado o de condición: *el joven pasó de pronto a hombre.* **24** No querer tomar parte en una jugada de un juego de cartas: *uno de los jugadores apostó el doble y el otro pasó.* **25** Empezar a hacer una cosa: *después de las presentaciones, pasaron a almorzar.* **26** Correr el tiempo: *la tarde pasó lentamente; han pasado ya diez años desde que lo vimos.* ⇒ **transcurrir. 27** Durar una cosa; estar en condiciones de ser usada: *este vestido puede ~ este verano.* **28** Ser considerado: *ella pasa por ser la jefa pero sólo* *es la secretaria.* ☐ Se usa con la preposición *por.* - **29** ***intr.-prnl.*** Ir a un lugar sin detenerse en él mucho tiempo: *me pasaré por tu casa al salir de la oficina.* **30** Comunicarse una enfermedad entre la gente: *la gripe pasó de unos a otros.* ⇒ **contagiar. 31** Acabar, dejar de ocurrir: *¿ya se te ha pasado el enfado?* **32** No necesitar; poder vivir sin una cosa: *podemos ~ sin cobrar este mes; no puede ~ sin fumar.* **33** Venir una cosa a la imaginación: *nadie sabe lo que le pasa por la cabeza.* - **34** ***unipers.*** Ocurrir o producirse un hecho: *¿qué pasó entre vosotros?; ven rápido, ha pasado algo horrible.* - **35 pasarse** ***prnl.*** Cambiar de un partido, organización o equipo, a otro: *el diputado se pasó al grupo mixto.* **36** Olvidar o borrarse de la memoria: *lo siento, se me pasó llamarte por teléfono.* **37** Ponerse demasiado maduro; empezar a estropearse: *los plátanos se han pasado y ya no los podremos comer.* **38** Tener una cualidad o propiedad en exceso: *creo que se pasa de bueno.* ■ **~ a mayores**, hacerse grave o más grave un asunto: *si los enfrentados no llegan a un acuerdo, el problema pasará a mayores.* ■ **~ de largo**, ir o atravesar un lugar sin detenerse: *vieron una gasolinera junto a la autopista, pero pasaron de largo.* ■ **~ de todo**, *fam.*, no preocuparse o no mostrar interés por nada: *Antonio pasa de todo.* ■ **~ las de Caín**, *fam.*, sufrir mucho: *el matrimonio pasó las de Caín con su hijo enfermo.* ■ **~ por alto**, aceptar o permitir una cosa, especialmente un error o una conducta poco adecuada; no dar importancia a una cosa: *mi padre me ha pasado por alto que anoche llegara tarde a casa.*

pa·sa·re·la |pasaréla| **1** ***f.*** Puente pequeño o *provisional, generalmente el que se coloca entre un barco y el muelle: *colocaron la ~ para que los pasajeros bajasen a tierra.* **2** Parte larga de un *escenario que sale hacia adelante, en la que se muestran artistas o modelos: *el último modelo que salió a la ~ llevaba un traje de novia.*

pa·sa·tiem·po |pasatiémpo| ***m.*** Diversión o juego que sirve para pasar un tiempo agradable: *la natación y la lectura eran sus pasatiempos de verano.* ⇒ **entretenimiento.**

pas·cal |paskál| ***m.*** Unidad de presión, en el Sistema Internacional: *el símbolo del ~ es* Pa.

pas·cua |páskua| **1** ***f.*** REL. Fiesta en la que los cristianos celebran la Resurrección de Jesucristo: *la Semana Santa termina con la ~.* **2** REL. Fiesta más importante de los judíos, en la que celebran la libertad y el fin de la *esclavitud de su pueblo en Egipto: *la ~ judía se celebra en marzo.* - **3 pascuas** ***f. pl.*** Periodo de tiempo que va desde el 24 de *diciembre hasta el seis de *enero: *las pascuas empiezan el día de Navidad y terminan el día de Reyes; pasaron las pascuas en familia.* ⇒ **navidad.** ■ **como unas pascuas**, *fam.*, estar muy alegre: *hoy empieza sus vacaciones y está alegre como unas pascuas.* ■ **de pascuas a ramos**, *fam.*, muy poco; de vez en cuando: *viene por aquí de pascuas a ramos.* ■ **felicitar las pascuas**, expresar buenos deseos en las fiestas de Navidad: *llamó a sus amigos por teléfono para felicitarles las pascuas.* ■ **hacer la ~**, *fam.*, molestar o hacer daño a una persona: *don Pablo piensa que los sobrinos de su mujer han venido a hacerle la ~.* ⇒ **fastidiar.** ■ **¡santas pascuas!**, *fam.*, expresión que indica que hay que conformarse con lo que se hace o se dice: *iremos al cine y ¡santas pascuas!*

pa·se |páse| **1** ***m.*** Documento en el que figura un permiso para hacer una cosa, especialmente para entrar en un lugar o viajar *gratis: *los invitados debían mostrar al portero un ~ especial; el soldado tenía un ~ para ir a su casa a dormir.* ⇒ **licencia. 2** Ocasión en la que se proyecta una película en el cine o en la televisión: *el próximo ~ es a las nueve; le gusta ir al último ~ del sábado.* ⇒ **sesión. 3** Acto en el que se muestran modelos al público: *el sábado habrá un ~ de modelos.* ⇒ **desfile. 4** Avance en una clasificación o en una competición, especialmente deportiva: *el brillante juego del tenista le permitió su ~ a la final; los equipos buscaban su ~ a la segunda fase.* **5** Acción de dejar pasar al toro después de haberlo citado con la *muleta: *el matador recibió al astado con un ~ de rodillas.* **6** DEP. Envío de la pelota que hace un jugador para que otro de su mismo equipo continúe la jugada: *un ~ de Quique en el último minuto decidió el partido.*

pa·se·ar |paseár| **1** ***intr.-prnl.*** Andar por diversión o para hacer ejercicio: *toda la familia salió a ~ al parque; ¿te gustaría ~ con nosotros?; el enfermo se paseaba por la habitación; la pareja paseó por los prados de su finca.* ⇒ **callejear, dar. 2** Ir montado en un caballo u otro animal, en un vehículo o en una embarcación, para divertirse o para hacer ejercicio: *un día pasearon en camello por el desierto; el padre los llevó a ~ en el coche nuevo; vamos al Retiro a ~ en barca.* - **3** ***tr.*** [algo, a alguien] Hacer andar a una persona o a un animal: *paseaba al niño por el jardín; todas las tardes pasea a su perro.* **4** ***fig.*** [algo] Llevar una cosa de un lugar a otro: *el oficinista paseó los documentos por varias pisos, sin saber dónde llevarlos.* - **5 pasearse** ***prnl.*** Presentarse una o más ideas en la mente de una persona: *aquel pensamiento de destrucción se paseaba continuamente por su cabeza.* **6** Hacer una cosa con facilidad: *cuando ese equipo viene a jugar a nuestro campo se pasea y se marcha.*

pa·se·í·llo |paseíʎo| ***m.*** Paso ordenado de los toreros y sus ayudantes por la plaza de toros antes de empezar la *corrida: *la música empezó a sonar y los toreros iniciaron el ~.*

pa·se·o |paséo| **1** ***m.*** Acción de pasear o pasearse: *se mantiene en forma gracias a su ~ diario.* **2** Lugar público por donde se pasea: *la ciudad tiene un hermoso ~ bordeado de árboles.* **3** Distancia corta o que se puede recorrer en poco tiempo: *de su casa al colegio hay un ~.* ■ **anda/vete a ~**, *fam.*, expresión que sirve para rechazar a una persona con enfado o disgusto: *¡vete a ~ y no me molestes!* ■ **dar un ~**, andar por diversión o para hacer ejercicio: *salimos por la tarde a dar un ~ por la calle Mayor.* ⇒ **pasear.** ■ **de ~**, paseando; andando por diversión o para hacer ejercicio: *los novios salían de ~ cada tarde.* ■ **mandar a ~**, *fam.*, rechazar a una persona con enfado o disgusto: *cuando vino pidiendo explicaciones, lo mandó a ~.*

pa·si·llo |pasíʎo| ***m.*** Espacio largo y estrecho que comunica unas habitaciones con otras dentro de una casa o de un edificio: *las paredes del ~ estaban decoradas con cuadros y espejos; vaya hasta el fondo del ~ y llame en la puerta de la derecha; mi despacho está al final del ~.* ⇒ **corredor.**

pa·sión |pasión| **1** ***f.*** Sentimiento muy fuerte e intenso que domina a una persona: *se dejó llevar por las bajas pasiones y acabó mal; la ~ arrastró a los dos amantes.* **2** Inclinación o preferencia por una cosa: *siente ~ por los animales; sus hijos son su gran ~.* ⇒ **amor. 3** Sufrimiento o padecimiento, especialmente el de Jesucristo hasta su muerte: *el sacerdote leyó en el evangelio los pasajes de la Pasión.*

pa·sio·nal |pasionál| ***adj.*** De la pasión, especialmente amorosa, o que tiene relación con ella: *el hombre había cometido un crimen ~.* ⇔ **cerebral.**

pa·si·⌐vo, ⌐va |pasíβo, βa| **1** ***adj.*** Que deja obrar a los demás y no hace nada: *estudia mucho, pero es muy ~ en la clase; debes tomar la iniciativa y no ser una persona pasiva.* ⇒ **inactivo.** ⇔ **activo. - 2** ***adj.-f.*** LING. (oración) Que lleva un sujeto formado por la palabra o por el *sintagma que *designa la persona o cosa afectada por un proceso causado por un *agente: *la oración* la mesa fue golpeada por los niños *es pasiva.* ⇒ **voz.** ⇔ **activo; pasiva refleja,** LING., (oración) que lleva un sujeto formado por la palabra o por el *sintagma que *designa la persona o cosa afectada por un proceso: *la oración* se limpian alfombras *es pasiva refleja.* ⇒ **voz.** ⇔ **activo.** ☐ La pasiva refleja se forma con *se* y un verbo en voz activa. **- 3 pasivo** ***m.*** ECON. Conjunto de deudas de una persona o de un organismo: *hay déficit cuando el ~ es mayor que los beneficios.* ⇔ **activo.**

pas·mar |pasmár| **1** ***tr.-prnl.*** [algo, a alguien] Poner muy frío; congelar o congelarse: *se me están pasmando los pies de frío; los días de invierno se pasma uno por las mañanas.* ⇒ **congelar, helar. 2** *fig.* [a alguien] Causar una gran admiración: *el coche del forastero pasmó a todo el pueblo.* ⇒ **asombrar.**

pas·ma·ro·te |pasmaróte| ***m.*** *fam.* Persona tímida o tonta, que no tiene energía ni voluntad; persona que está *ensimismada: *no te quedes ahí como un ~ y ven a ayudarnos.*

pas·mo |pásmo| **1** ***m.*** Sensación de frío con dolor en los huesos y *tensión en los músculos: *al salir a la calle, le entró el ~.* **2** *fig.* Admiración exagerada que impide hablar o reaccionar: *nos miró con ojos de ~.* **3** Enfermedad provocada por la *infección de una bacteria y que causa dolores en los músculos, incapacidad de movimiento e, incluso, la muerte: *el niño se había pinchado con un clavo y murió del ~.* ⇒ **tétanos.**

pas·mo·⌐so, ⌐sa |pasmóso, sa| ***adj.*** Que causa *pasmo o admiración: *acudió al examen con una tranquilidad pasmosa.*

pa·so |páso| **1** ***m.*** Movimiento que hace el hombre al andar, levantando un pie, adelantándolo y volviéndolo a poner sobre el suelo: *la anciana no podía dar ni un ~; el niño dio tres pasos.* **2** Distancia que hay desde el talón de un pie al talón del otro al andar: *desde aquí a tu mesa hay seis pasos.* **3** Modo de moverse o de andar: *los pasos del gato son lentos y elegantes; caminaba con ~ firme.* **4** Lugar por donde se puede pasar: *no cruce las vías del tren, utilice el ~ subterráneo;* ~ **de cebra/ peatones,** lugar por donde pueden cruzar la calle las personas que van a pie: *es necesario pintar un ~ de cebra en la puerta del colegio;* ~ **a nivel,** lugar por donde los coches pueden cruzar las vías del tren y que tiene unas *barreras que se cierran al pasar el tren: *el ~ a nivel está cerrado porque va a pasar el tren.* **5** Lugar por donde se puede pasar una montaña: *Irún y La Junquera son dos pasos de los Pirineos; de La Mancha a Andalucía se llega por el ~ de Despeñaperros.* ⇒ **puerto. 6** Señal que deja el pie al pisar: *sobre la arena de la playa se veían los pasos de dos personas.* ⇒ **huella, pisada. 7** Movimiento que se hace en un baile: *lo siento, no sé los pasos del tango; el bailarín ensayó unos cuantos pasos del vals.* **8** Avance que realiza un aparato al medir o contar una cantidad determinada: *los pasos suelen registrarse con números; en el recibo del gas viene detallado el número de pasos del contador.* **9** *fig.* Progreso o avance en una actividad o en un trabajo: *ese descubrimiento fue un gran ~ para la ciencia.* **10** Acto o proceso *administrativo, que se hace para pedir o conseguir una cosa: *para obtener el pasaporte tuvo que seguir unos pasos determinados; para resolver una ecuación hay que seguir una serie de pasos.* ⇒ **gestión, operación, trámite. 11** Acto de la vida de un hombre: *Antonio Machado dio sus primeros pasos en Sevilla.* **12** Representación de una *escena de la Pasión de Jesucristo que se saca a la calle en Semana Santa: *la gente caminaba en silencio detrás del ~ de la Última Cena.* **- 13 pasos** ***m. pl.*** DEP. Falta, en el juego del *baloncesto, que consiste en andar sin botar la pelota: *el árbitro pitó pasos al jugador número ocho.* ■ **abrir** ~, abrir camino: *un policía iba delante abriendo ~ entre la muchedumbre.* ■ **abrirse** ~, vencer los obstáculos; tener éxito en la vida: *sus comienzos fueron duros pero se abrió ~ gracias a su tesón.* ■ **a/con ese** ~, de esa manera: *a ese ~ no vais a acabar nunca.* ■ **a ~ de tortuga,** muy lentamente: *si vas a ~ de tortuga, no llegarás a tiempo.* ■ **a un** ~, muy cerca: *la iglesia está a un ~ del ayuntamiento.* ■ **dar un ~ en falso,** equivocarse: *al abandonar su trabajo, dio un ~ en falso.* ■ **no poder/no saber dar un ~ sin,** necesitar mucho la ayuda de una persona o una cosa: *es un poco inútil y no sabe dar un ~ sin su madre.* ■ **para salir del** ~, para cumplir una obligación, pero sin poner interés: *le invitamos para salir del ~.* ■ **~ a** ~, poco a poco; lentamente: *fue ascendiendo ~ a ~.* ■ **~ del ecuador,** superación de la mitad del tiempo previsto de unos estudios que frecuentemente va acompañada de una celebración o viaje: *todo el curso está vendiendo camisetas para pagar el viaje de ~ del ecuador.*

pa·so·do·ble |pasoðóβle| **1** ***m.*** Baile de pareja de ritmo vivo: *el ~, el bolero y el tango son bailes de* *salón.* **2** Música, generalmente con ritmo de dos por cuatro, con la que se ejecuta ese baile: *el público se animó al oír el ~ que la orquesta dedicaba al torero.*

pa·so·ta |pasóta| ***com.*** *fam.* Persona que no se preocupa o no muestra interés por nada: *este hijo mío es un ~, no sé qué voy a hacer con él.*

pas·ta |pásta| **1** ***f.*** Masa hecha de harina de trigo y agua: *con la ~ se fabrican macarrones y espaguetis.* **2** Conjunto de alimentos que se hace con esa masa: *mañana comeremos ~ de primer plato y carne de segundo.* **3** Alimento de pequeño tamaño, con forma plana, hecho de masa de harina, azúcar, leche y huevo y cocido al horno: *estas pastas llevan chocolate y almendras por encima; pusieron unas pastas para acompañar el café.* **4** Masa hecha de harina, aceite y otros componentes: *¿sabes qué cantidad de agua hay que poner a la ~ de los pasteles?* **5** Masa espesa que se hace triturando y mezclando varias cosas sólidas y líquidas: *el albañil ha tapado los agujeros de la pared con una ~ de yeso y agua; hizo una ~ mezclando tierra y agua.* **6** *fam.* Conjunto de monedas o billetes corrientes que se usan en el comercio: *le atracó un chorizo y le quitó toda la ~ que llevaba encima.* ⇒ **dinero.** **7** Pieza de cartón que cubre y protege las hojas de los libros: *he forrado las pastas del cuaderno para que no se estropeen; las pastas de este libro son de piel.* **8** *fam.* Carácter o modo de ser de una persona: *puedes confiar en esta gente, todos son de buena ~.*

pas·tar |pastár| ***intr.*** Comer el ganado en el campo: *las vacas están pastando en el prado.* ⇒ **pacer.**

pas·tel |pastél| **1** ***m.*** Dulce de pequeño tamaño que puede llevar crema, chocolate, frutas u otros componentes: *compró pasteles de nata; ¿te apetece un ~ con el café?* ⇒ **tarta.** **2** Masa hecha de harina, huevos y *mantequilla que se llena de alimentos y se cocina en el horno: *el cocinero hizo un ~ de carne exquisito; este ~ de ciruelas está muy rico.* **- 3** ***adj.*** (color) Que es suave y pálido: *su casa está decorada en tonos ~; llevaba un vestido azul ~.* ☖ No varía de número. Se usa con otros sustantivos que indican color. ■ **descubrirse el** ~, *fam.*, hacerse público un asunto ilegal que se mantenía oculto: *al llegar el nuevo presidente se descubrió el ~: los ejecutivos habían estado especulando con el dinero.* ■ **repartirse el** ~, *fam.*, repartirse un dinero o un *beneficio: *varias empresas se repartieron el ~ al quebrar la fábrica de plásticos.*

pas·te·le·rí·a |pastelería| **1** ***f.*** Establecimiento en el que se elaboran y venden dulces, pasteles y chocolates: *he encargado una tarta en la ~; en esa ~ venden chocolatinas y bombones.* ⇒ **bollería, confitería.** **2** Técnica de elaborar pasteles y dulces: *buenos días, me gustaría comprar un libro de ~.* **3** Conjunto de pasteles o dulces: *compró un quilo de ~ surtida.*

pas·te·le·⌐ro, ⌐ra |pasteléro, ra| ***m. f.*** Persona que se dedica a elaborar y vender dulces, pasteles y chocolates: *el ~ me ha regalado unas pastas de té deliciosas.* ⇒ **confitero, dulcero.**

pas·teu·ri·zar |pasteuriθár| ***tr.*** [algo] Someter durante muy poco tiempo un alimento, generalmente líquido, a una temperatura de unos 80 °C, para evitar la presencia de los *microbios: *no se debe consumir leche sin ~ o esterilizar.* ☖ Se conjuga como 4.

pas·ti·che |pastítʃe| ***m.*** Imitación que consiste en tomar elementos de distintas obras de un autor o de un estilo y combinarlos de manera que el resultado parezca una creación original: *esta obra de teatro es un ~ en el que se pueden reconocer elementos de teatro de otra del siglo pasado.*

pas·ti·lla |pastíʎa| **1** ***f.*** Medicina sólida, de pequeño tamaño y de forma generalmente redonda: *el médico me ha recetado unas pastillas para el dolor.* ⇒ **comprimido, píldora, tableta.** **2** Trozo de pasta dura, generalmente de pequeño tamaño y de forma cuadrada o redonda, que se usa con un fin determinado: *la ~ de jabón se ha gastado, pon una nueva.* **3** Dulce duro de sabor agradable, hecho con azúcar y otras cosas: *esas pastillas de café están buenísimas.* ⇒ **caramelo.** ■ **a toda** ~, *fam.*, muy rápido; a gran velocidad: *los bomberos salieron a toda ~ hacia el lugar del incendio.*

pas·ti·zal |pastiθál| ***m.*** Terreno donde abunda la hierba para el ganado: *los pastores condujeron al ganado hacia los pastizales del norte.* ⇒ **prado.**

pas·to |pásto| **1** ***m.*** Hierba que come el ganado en el campo: *hay tanta sequía que es difícil encontrar buenos pastos; la alfalfa y las algarrobas forman parte del ~ del ganado.* ⇒ **forraje.** **2** Campo donde abunda esa hierba: *en el norte de España están los mejores pastos; el pastor condujo a las ovejas a los pastos.* ☖ Se usa frecuentemente en plural. **3** *fig.* Cosa que se consume o se destruye: *las cabañas de los campesinos fueron ~ de las llamas; el pequeño animal fue ~ de los depredadores del bosque.*

pas·⌐tor, ⌐to·ra |pastór, tóra| **1** ***m. f.*** Persona que se dedica a cuidar ganado: *el ~ llevaba siempre un perro.* ⇒ **cabrero.** **- 2 pastor** ***m.*** *fig.* Sacerdote, especialmente el de la Iglesia *protestante: *llevaron al niño para que el ~ lo bendijera.*

pas·to·ral |pastorál| **1** ***adj.*** De los pastores de una iglesia o que tiene relación con ellos: *el obispo vendrá esta primavera de visita ~ a nuestra parroquia; el sacerdote realizó una gran labor ~ en aquel barrio obrero.* **2** De la literatura que trata de la vida en el campo, o que tiene relación con ella: *escribió varios poemas pastorales.* ⇒ **pastoril.** **- 3** ***adj.-f.*** (carta, escrito) Que es dirigido por un pastor de la iglesia a sus fieles: *en su última ~, el obispo exhortaba a los cristianos a valorar la familia.* **- 4** ***f.*** LIT. Obra de teatro cuyos personajes son pastores y pastoras: *se ha representado una ~ en el palacio real.* **5** MÚS. Composición musical cuyo asunto son los pastores: *mis composiciones favoritas son las pastorales de los clásicos.*

pas·to·re·ar |pastoreár| ***tr.*** [algo] Llevar el ganado al campo y cuidar de él mientras come: *en el invierno hacía quesos y en el verano pastoreaba ovejas en la dehesa.*

pas·to·re·o |pastoréo| ***m.*** Cuidado del ganado: *cada vez son menos las personas que se dedican al ~.*

pas·to·ril |pastoríl| **1** ***adj.*** Del pastor o que tiene relación con él: *en esa revista hay un reportaje sobre la vida ~.* **2** LIT. *form.* Que trata del amor de pastores y pastoras en medio de una naturaleza perfecta: *Cervantes escribió una novela ~.* ⇒ **bucólico.**

pas·to·⌜so, ⌜sa |pastóso, sa| ***adj.*** Que es blando, espeso y suave: *la pomada es una masa pastosa; el pescado va acompañado de una salsa verde y pastosa; el yeso es ~.*

pa·ta |páta| **1** ***f.*** Pie y pierna de un animal: *su caballo no participa en la carrera porque se hizo daño en una ~; algunas aves duermen apoyándose sobre una sola ~.* ⇒ **pezuña, tentáculo. 2** Apoyo vertical que sujeta un mueble u objeto: *la alfombra está pillada debajo de una ~ de la cama; la silla está coja porque una de las patas está rota.* **3** *fam.* Pie y pierna de una persona: *tiene unas patas horribles: no sé cómo se atreve a llevar minifalda.* ■ **a cuatro patas,** apoyando en el suelo los pies y las manos a la vez: *se le cayó una lentilla y recorría la habitación a cuatro patas.* ■ **a la ~ coja,** apoyando en el suelo un solo pie y levantando el otro: *perdió un zapato y tuvo que andar hasta su casa a la ~ coja.* ■ **a ~,** *fam. vulg.,* andando, sin usar ningún medio de transporte: *se ha acabado la gasolina, así que tendremos que ir a ~.* ■ **mala ~,** *fig. fam.,* mala suerte: *tengo muy mala pata en los negocios.* ⇒ **pie.** ■ **meter la ~,** *fig. fam.,* decir o hacer una cosa con poco acierto; equivocarse completamente en un asunto: *metió la ~ al hacer la operación final y suspendió el examen; has metido la ~ invitándola a venir.* ⇒ **cazo.** ■ **patas arriba,** *fig. fam.,* con la parte superior debajo y la inferior encima: *el coche se salió de la carretera y quedó patas arriba.* ■ **patas arriba,** *fig. fam.,* en gran desorden: *el niño estuvo jugando con el perro y la habitación quedó patas arriba.*

pa·ta·da |patáða| ***f.*** Golpe dado con el pie o con la pata: *los futbolistas dan patadas al balón.* ■ **a patadas,** *fam.,* en abundancia; en exceso; por todas partes: *en aquel río había truchas a patadas.* ■ **dar la ~,** *fam.,* despedir a una persona de su trabajo: *trabajó allí durante doce años pero le dieron la ~.* ⇒ **despedir.** ■ **en dos patadas,** *fam.,* fácilmente y sin esfuerzo: *no te preocupes, esto lo hacemos en dos patadas.*

pa·ta·le·ar |pataleár| **1** ***intr.*** Mover las piernas o las patas rápidamente y con fuerza: *el animal cayó boca arriba y pataleaba, pero no podía levantarse.* **2** Dar patadas en el suelo con fuerza: *la niña empezó a llorar y a ~.* ⇒ **patear.**

pa·ta·le·ta |pataléta| ***f.*** *fam.* Enfado o disgusto grande y de poca duración: *la madre no sabía cómo parar la ~ del niño.* ⇒ **rabieta.**

pa·tán |patán| ***adj.-m.*** *desp.* (hombre) Que se comporta de manera poco educada: *parecía un caballero, pero en la mesa era un auténtico ~.* ⇒ **grosero, maleducado.**

pa·ta·ta |patáta| **1** ***f.*** *Tubérculo comestible, de forma redonda o alargada y de color marrón por fuera y blanco o amarillo por dentro, que se usa como alimento: *peló las patatas y las lavó antes de cortarlas; de primero, tomaremos puré de patatas; ¿te apetecen unas patatas fritas?* ⇒ **papa. 2** Planta de América, de tallo ramoso, con las hojas ovaladas y flores blancas y moradas, que produce ese *tubérculo: *se marchó a regar las patatas del huerto.* **3** *fam. desp. fig.* Cosa mal hecha o de mala calidad: *ese dibujo es una ~, más vale que hagas otro.* ⇒ **basura, caca, castaña, mierda.** ■ **ni ~,** *fam.,* nada; ninguna cosa: *cuando habla no se le entiende ni ~.* ⇒ **jota, papa.**

pa·ta·tín |patatín| ■ **que si ~, que si patatán,** *fam.* expresión que se usa en lugar de otra expresión que no se considera importante: *él intentaba convencerla, pero ella que si ~, que si patatán, obstinada en que llevaba razón.*

pa·ta·tús |patatús| **1** ***m.*** *fam.* Ataque violento e intenso de una enfermedad: *del disgusto, le dio un ~ y se murió.* **2** *p. ext.* Impresión muy fuerte: *al verlo le dio un ~.* ☐ El plural es *patatuses.*

pa·té |paté| ***m.*** Pasta comestible hecha de *hígado de *oca, *pato o cerdo, carne o pescado: *cogía el ~ de la lata y lo untaba en pan tostado.* ☐ Esta palabra procede del francés. El plural es *patés.*

pa·te·ar |pateár| **1** ***tr.*** [algo] Dar golpes con los pies: *los niños del barrio patearon el césped del jardín.* ⇒ **pisotear. 2** *fig.* [algo, a alguien] Tratar sin delicadeza y sin educación: *fue a pedir trabajo y el encargado de la fábrica lo pateó.* ⇒ **maltratar. - 3** ***tr.-intr.*** [algo] Andar mucho por uno o más lugares: *he pateado todas las tiendas de la ciudad buscando unos zapatos; estuvo pateando durante todo el día para presentar la declaración de la renta.* **- 4** ***intr.*** *fam.* Dar patadas en señal de enfado o dolor: *es un niño muy mimado y siempre patea cuando no le hacen caso.* ⇒ **patalear. 5** *fam. fig.* Estar muy enfadado: *por mí, rabia y patea todo lo que quieras, ya se te pasará.*

pa·te·na |paténa| ***f.*** Plato pequeño de oro u otro metal en el cual se pone la *hostia durante la misa: *el sacerdote limpia la ~ antes de terminar la misa.* ■ **limpio como una ~,** muy limpio: *Luis tenía el coche limpio como una ~.* ■ **más limpio que una ~,** *fam.,* muy limpio: *tenía la casa más limpia que una ~: daba gusto verla.*

pa·ten·tar |patentár| ***tr.*** [algo] Dar o conseguir una *patente: *el industrial quiere ~ un nuevo modelo de lavadora.*

pa·ten·te |paténte| **1** ***adj.*** Que se ve con claridad; que está claro: *es ~ tu gran interés por la lectura; esta novela refleja la realidad de modo ~.* ⇒ **manifiesto, palmario, palpable. - 2** ***f.*** Documento oficial en el que se reconoce la propiedad sobre un invento y que permite fabricarlo y venderlo durante un tiempo determinado: *el señor Salas ha solicitado la ~ de su automóvil solar.* **3** *p. ext.* Autorización para hacer una cosa: *si quieres abrir una fábrica necesitarás una ~.* ⇒ **licencia; ~ de corso,** *fig.,* autorización para hacer una cosa prohibida: *el veterinario le estaba proporcionando al ganadero una ~ de corso para trasladar impunemente animales muertos.*

pa·ter·nal |paternál| ***adj.*** Que es o se considera propio del padre: *el profesor le dio un consejo en tono ~.* ⇒ **maternal.**

pa·ter·na·lis·mo |paternalísmo| ***m.*** Actitud *protectora hacia los demás, especialmente hacia los subordinados, impidiendo que decidan por sí mismos: *el hombre hablaba de la muchacha con cierto ~.*

pa·ter·na·lis·ta |paternalísta| ***adj.*** Que tiene una actitud *protectora hacia los demás, especialmente hacia los subordinados, impidiendo que decidan por sí mismos: *su gobierno era muy ~, especialmente en lo referente a la economía.*

pa·ter·ni·dad |paterniðáð| **1** ***f.*** Estado o cualidad de padre: *el hombre se encontraba muy nervioso con su nueva ~.* ⇒ **maternidad. 2** *fig.* Origen o creación: *un científico quiso atribuirse la ~ de la fórmula.*

pa·ter·⌜no, ⌜na |patérno, na| ***adj.*** Del padre o que tiene relación con él: *siempre siguió los consejos paternos.* ⇒ **materno.**

pa·té·ti·⌜co, ⌜ca |patétiko, ka| **1** ***adj.*** Que causa impresión y mueve a compasión porque expresa un dolor o una tristeza grandes: *el vagabundo tenía un aspecto ~.* **2** *fig.* Que resulta ridículo: *su comportamiento durante la fiesta fue ~.* ⇒ **grotesco.**

pa·te·tis·mo |patetísmo| ***m.*** Cualidad de *patético: *en la televisión han puesto unas imágenes llenas de ~.*

pa·tí·bu·lo |patíβulo| ***m.*** Lugar, generalmente en alto, en el que se ejecuta una pena de muerte: *el condenado subió al ~, allí le esperaba el verdugo.*

pa·ti·di·fu·⌜so, ⌜sa |patiðifúso, sa| ***adj.*** *fam.* Que está sorprendido o extrañado: *la noticia de su boda dejó a todos patidifusos.* ⇒ **estupefacto, patitieso.**

pa·ti·lla |patíʎa| **1** ***f.*** Pelo que crece delante de las orejas y que en los hombres se une a la barba: *el peluquero le recortó las patillas.* **2** Vara muy fina y generalmente curvada que, junto con otra, sujeta el armazón de las *gafas a las orejas: *esas gafas tienen una ~ rota; las patillas estaban muy duras y le hacían daño.*

pa·tín |patín| **1** ***m.*** Calzado o plancha que se adapta a la *suela del zapato y lleva una hoja de metal con filo o varios pares de ruedas, y que se usa para deslizarse o resbalar sobre una superficie dura y lisa: *la patinadora se puso los patines de hielo antes de entrar a la pista; tengo unos patines con ruedas para patinar por la calle.* **2** Juguete formado por una plancha de metal, de madera o de plástico, apoyada en unas ruedas, que sirve para *patinar subiéndose en él de pie: *muchos adolescentes hacen cabriolas y ejercicios difíciles con su ~.* ⇒ **patinete. 3** Embarcación que avanza por medio de un sistema de *paletas movidas por *pedales: *fueron a la playa y alquilaron un ~.*

pa·ti·na·je |patináxe| ***m.*** Deporte que consiste en deslizarse o resbalar sobre el hielo u otra superficie dura y lisa, haciendo figuras y ejercicios difíciles: *el ~ se practica con botas especiales, con cuchillas o ruedas.*

pa·ti·nar |patinár| **1** ***intr.*** Deslizarse o resbalar sobre el hielo u otra superficie dura y lisa: *¿por qué no vamos a ~ sobre hielo?; muchos jóvenes van patinando por las calles de la ciudad.* **2** Resbalar involuntariamente: *el suelo estaba encerado, patiné y caí.* **3** Resbalar las ruedas de un vehículo: *el coche patinó por culpa del hielo; la rueda derecha patinó en el barro.* ⇒ **derrapar. 4** *fig.* Equivocarse en una acción: *me parece que has patinado con esta decisión tan repentina.*

pa·ti·na·zo |patináθo| **1** ***m.*** Acción y resultado de resbalar involuntariamente o *patinar: *después de varios patinazos, el coche chocó contra una valla.* ⇒ **resbalón. 2** *fam. fig.* Error o equivocación: *el comentario que hizo en aquella reunión fue un ~ y lo pagó caro.*

pa·ti·ne·te |patinéte| ***m.*** Juguete formado por una plancha de metal, madera o plástico, apoyada en unas ruedas y con una barra en la parte delantera, que sirve para *patinar subiéndose en él de pie: *el ~ es un juguete muy peligroso.* ⇒ **patín.**

pa·tio |pátio| **1** ***m.*** Espacio de un edificio que se deja al descubierto, sin techo: *los niños salieron al ~ del colegio para jugar; Elena está tendiendo la ropa en el ~;* ~ **de armas**, el que está en un edificio militar y se usa para que formen los soldados, los vehículos militares y otras cosas: *el cambio de guardia se realiza en el ~ de armas del cuartel.* **2** Planta baja de un cine o teatro: *en este teatro, las mejores entradas son las de ~;* ~ **de butacas**, zona de la planta baja de un cine o teatro que ocupa el público: *el ~ de butacas estaba lleno en el estreno de aquella comedia.* **3** *fam.* Situación o ambiente; ánimo de un grupo de personas: *¡hay que ver cómo está el ~ hoy!, todo el mundo está enfadado.*

pa·ti·tie·⌜so, ⌜sa |patitiéso, sa| **1** ***adj.*** *vulg. fam.* (persona) Que no puede mover las piernas o los pies, generalmente a causa de un accidente: *el albañil se cayó del tejado y está ~ en el hospital.* **2** *vulg. fam. fig.* Que tiene o muestra sorpresa o extrañeza: *chica, me dejas patitiesa con esa noticia.* ⇒ **estupefacto, patidifuso. 3** *fig.* Que anda con el cuerpo muy estirado y derecho para presumir: *cuando sale a la calle siempre va ~.*

pa·ti·tuer·⌜to, ⌜ta |patituérto, ta| ***adj.*** Que tiene *arqueadas o torcidas las piernas o las patas: *la niña patituerta no saltaba bien a la comba.*

pa·ti·zam·⌜bo, ⌜ba |patiθámbo, ba| ***adj.-s.*** (persona) Que tiene las piernas torcidas hacia fuera y junta mucho las rodillas: *el recién llegado era un tipo ~ y tímido.*

pa·⌜to, ⌜ta |páto, ta| **1** ***m. f.*** Ave de patas cortas con los dedos unidos por *membranas y pico más ancho en la punta que en la base: *el ~ camina con dificultad, pero se mueve con facilidad en el agua.* **- 2 pato** ***m.*** *fam. hum.* Persona de movimientos torpes: *¿otra vez te has caído?, ¡qué ~ eres!* ☐ Se usa como apelativo despectivo. ■ **pagar el ~**, *fam.*, cargar con la culpa o la responsabilidad de una falta o error de varias personas: *él pagó el ~, pero la culpa la tuvieron sus hermanos.*

pa·to·cha·da |patotʃáða| ***f.*** Obra o dicho que no tiene razón ni sentido; tontería: *estaban hartos de las patochadas de aquella familia.* ⇒ **dislate, disparate.**

pa·tó·ge·⌜no, ⌜na |patóxeno, na| ***adj.*** *form.* Que puede producir una enfermedad: *muchos virus y bacterias son organismos patógenos; hay que desinfec-*

tar las habitaciones para evitar los gérmenes patógenos.

pa·to·lo·gí·a |patoloxía| **1** ***f.*** MED. Disciplina que estudia las enfermedades: *el médico consultó un tratado de ~.* **2** MED. Enfermedad o alteración física o mental: *el médico observó en el paciente síntomas de una ~ mental.*

pa·to·ló·gi·⌜co, ⌜ca |patolóxiko, ka| **1** ***adj.*** *form.* De la *patología o que tiene relación con ella: *la enfermera nos entregó el informe ~ de mi sobrino.* **2** De la enfermedad o que tiene relación con ella: *están casi seguros de que padece un miedo ~.*

pa·to·⌜so, ⌜sa |patóso, sa| ***adj.*** Que es torpe; que se mueve con dificultad: *es una niña muy patosa y siempre lleva heridas y cardenales.*

pa·tra·ña |patráɲa| ***f.*** Historia falsa e inventada; *mentira: *eso que usted dice es una ~.* ⇒ **mentira.**

pa·tria |pátria| ***f.*** Lugar, tierra o país en el que se ha nacido o que se elige como propio y al cual se pertenece por razones *sentimentales, históricas o legales: *España es mi ~; aunque vivía en el extranjero, siempre quiso volver a su ~.* ⇒ **nación, país;** ~ **chica,** pueblo, ciudad o región en la que se ha nacido: *Alcalá de Henares es la ~ chica de Cervantes.*

pa·triar·ca |patriárka| **1** ***m.*** Hombre de mayor autoridad entre sus familiares o entre un grupo de personas: *el ~ de la familia fue un importante hombre dedicado a la cultura.* ⇒ **matriarca. 2** *Obispo de la Iglesia *ortodoxa: *el Papa se entrevistó con el ~ de Constantinopla.*

pa·triar·cal |patriarkál| **1** ***adj.*** Del *patriarca o que tiene relación con él: *todavía muchas familias tienen una organización ~ y la mujer ocupa un segundo plano en ellas.* ⇒ **matriarcal. 2** *fig.* (autoridad, gobierno) Que se ejerce con sencillez y sin excesiva dureza: *la regañó con autoridad patriarcal porque quería lo mejor para ella.*

pa·tri·⌜cio, ⌜cia |patríθio, θia| ***adj.-s.*** (persona) Que pertenece a la clase social noble o más alta, en la Antigua Roma: *las familias patricias descendían de los senadores nombrados por Rómulo; los patricios y los plebeyos tuvieron varios enfrentamientos.*

pa·tri·mo·nial |patrimoniál| **1** ***adj.*** Del *patrimonio o que tiene relación con él: *en la Facultad de Derecho imparten un curso sobre delitos patrimoniales.* **2** Que pertenece a una persona: *sus bienes patrimoniales son heredados.* **3** LING. (palabra, forma, construcción) Que es tradicional de un idioma: *la mayoría de las palabras patrimoniales del español proceden del latín.*

pa·tri·mo·nio |património| **1** ***m.*** Conjunto de bienes que una persona hereda de la familia de la que desciende: *es un hombre muy rico, su ~ es uno de los más grandes del país.* **2** *fig.* Conjunto de bienes propios de una persona o de una sociedad: *muchas obras de arte pertenecen al ~ de la Iglesia; el propietario sólo buscó aumentar su ~;* ~ **del Estado,** conjunto de bienes que pertenecen a un Estado determinado: *todas las playas españolas forman parte del ~ del Estado;* ~ **histórico-artístico,** conjunto de edificios, obras de arte, objetos y documentos con valor para la ciencia, la historia o las artes de un país, una administración, una empresa u otro grupo de personas: *en los museos nacionales pueden verse ricas muestras del ~ histórico-artístico.*

pa·⌜trio, ⌜tria |pátrio, tria| ***adj.*** *form.* De la *patria o que tiene relación con ella: *trasladaron los restos mortales del poeta a suelo ~.*

pa·trio·ta |patrióta| ***adj.-com.*** (persona) Que ama a su *patria: *en las guerras murieron muchos patriotas.* ⇒ **patriotero.**

pa·trio·te·⌜ro, ⌜ra |patriotéro, ra| ***adj.-s.*** *fam.* (persona) Que presume de *patriotismo de forma exagerada y poco oportuna: *sus palabras eran patrioteras, pero sus actos demostraron que eran falsas.* ⇒ **patriota.**

pa·trió·ti·⌜co, ⌜ca |patriótiko, ka| **1** ***adj.*** De la *patria o que tiene relación con ella: *la bandera es un símbolo ~.* **2** Del *patriota o que tiene relación con él: *el sentimiento ~ lo llevó a luchar para defender su país.*

pa·trio·tis·mo |patriotísmo| ***m.*** Amor a la *patria: *los soldados lucharon con ~.*

pa·tro·ci·na·⌜dor, ⌜do·ra |patroθinaðór, ðóra| ***adj.-s.*** (persona, sociedad) Que paga los gastos de una actividad determinada, generalmente para conseguir *publicidad: *los organizadores de la prueba de atletismo buscan un ~.*

pa·tro·ci·nar |patroθinár| **1** ***tr.*** [a alguien] Defender, proteger o ayudar a una persona: *cuando se retiró del mundo del espectáculo, se dedicó a ~ a jóvenes promesas.* **2** [algo] Pagar los gastos de un programa de radio o televisión, de una competición deportiva o de una actividad cultural, generalmente para hacerse *publicidad: *una empresa de productos alimenticios patrocina esa serie de televisión; un banco patrocinaba al tenista.*

pa·tro·ci·nio |patroθínio| **1** ***m.*** Protección o ayuda para realizar un proyecto: *pudo estudiar en un conservatorio de Viena gracias al ~ de un terrateniente de su región.* ⇒ **patronato. 2** Pago de los gastos de una actividad, generalmente para conseguir *publicidad: *el ~ del concurso corre a cargo de un banco.*

pa·⌜trón, ⌜tro·na |patrón, tróna| **1** ***m. f.*** Persona que emplea trabajadores, generalmente para hacer un trabajo físico: *el ~ mandó llamar a los obreros.* ⇒ **patrono. 2** Dueño o *propietario: *es el ~ de una gran empresa.* **3** Santo o *Virgen que protege a un grupo de personas o un lugar: *Santa Bárbara es la patrona de los mineros; el apóstol Santiago es el ~ de España.* **- 4 patrón *m.*** Persona que manda y dirige una embarcación pequeña: *el ~ no quiso abandonar el barco a la deriva.* **5** Modelo de papel, cartón o tela según el cual se corta un material determinado: *la modista hace primero el ~ y luego corta la tela.* **6** Metal que se toma como referencia para determinar el valor de la moneda en un sistema *monetario: *el oro suele ser el ~ internacional para las distintas monedas del mundo.* **7** Unidad de referencia: *el metro se toma como ~ para calcular la longitud.* ■ **cortado por el mismo** ~, que se parece mucho a otra persona o cosa: *el* *comportamiento del padre es malo y el del hijo está cortado por el mismo ~.*

pa·tro·nal |patronál| **1** ***adj.*** Del *patrono o que tiene relación con él: *la modernización de la empresa ha sido una decisión ~.* - **2** ***f.*** Conjunto de dueños de fábricas o *negocios que defiende sus intereses: *la ~ se reunió ayer con los representantes de los sindicatos para negociar la subida salarial.*

pa·tro·na·to |patronáto| **1** ***m.*** Sociedad u organización que se dedica a hacer obras sociales, culturales o *humanitarias: *el ~ donó una cantidad importante para construir un hospital benéfico.* ⇒ **fundación. 2** Consejo formado por varias personas, que dirigen o vigilan los asuntos de un organismo social o cultural para que cumpla sus fines: *es miembro del ~ desde el pasado año.* **3** Protección o ayuda para realizar un proyecto: *la carrera de atletismo se ha organizado gracias al ~ de una fundación.* ⇒ **patrocinio.**

pa·tro·ní·mi·⌈co, ⌈ca |patronímiko, ka| ***adj.-m.*** (*apellido) Que se ha formado por derivación del nombre del padre o de un *antecesor: *los patronímicos españoles suelen terminar en* -ez *como* Fernández, Pérez *o* López. ⇒ **apellido.**

pa·tro·⌈no, ⌈na |patróno, na| **1** ***m. f.*** Persona que emplea trabajadores, generalmente para hacer un trabajo físico: *el ~ contrató a un grupo de muchachos para la vendimia.* ⇒ **patrón. 2** Dueño o señor: *la criada preguntó a la patrona qué debía comprar.* ⇒ **patrón. 3** Santo o *Virgen elegido para que proteja un grupo de gente o un lugar: *la Virgen del Pilar es la patrona de España.* ⇒ **patrón.**

pa·tru·lla |patrúʎa| **1** ***f.*** Grupo pequeño de soldados, policías o gente armada que circula por las calles y otros lugares, vigilándolos para mantener el orden y la seguridad: *una ~ de policía llegó rápidamente al lugar del accidente.* **2** Conjunto de barcos o aviones que se usan para vigilar una costa: *la ~ costera divisó una lancha.*

pa·tru·llar |patruʎár| **1** ***intr.*** Circular por las calles y otros lugares, vigilándolos para mantener el orden y la seguridad: *los coches de policía salieron a ~.* **2** Vigilar una costa: *los barcos de la Armada patrullaron por el Mediterráneo.*

pa·tru·lle·⌈ro, ⌈ra |patruʎéro, ra| ***adj.-s.*** (barco, avión) Que sirve para vigilar y defender un lugar: *la policía ha comprado una lancha patrullera para navegar por el estrecho; un ~ del ejército sirvió de escolta a los reyes.*

pau·la·ti·⌈no, ⌈na |paulatíno, na| ***adj.*** Que se produce o se hace lentamente: *hubo un ~ descenso de la población; el veneno actuó de forma paulatina.* ⇒ **lento.**

pau·pé·rri·⌈mo, ⌈ma |paupérimo, ma| ***adj.*** *form.* Que es muy pobre; que no puede ser más pobre: *vivía en condiciones paupérrimas.* ⇒ **pobre.** ⌂ Es el superlativo de *pobre.*

pau·sa |páusa| **1** ***f.*** Interrupción breve de un movimiento, una acción o un ejercicio: *el conferenciante hizo una ~ en el discurso; vamos a hacer una ~ y luego continuamos trabajando.* **2** Falta de rapidez en el movimiento: *al principio estaba muy nervioso pero se serenó y empezó a contarnos la historia con más ~.*

pau·sa·⌈do, ⌈da |pausáðo, ða| **1** ***adj.*** (persona) Que hace las cosas lentamente; que es lento: *don José era un hombre tranquilo y ~.* **2** Que ocurre o se realiza lentamente: *la mujer hablaba poco y en voz baja y pausada.*

pau·ta |páuta| **1** ***f.*** Norma o modelo en la ejecución de una cosa: *el comportamiento de sus mayores le sirvió de ~ en la vida.* **2** Instrumento que sirve para hacer rayas en el papel y no torcerse al escribir: *me he comprado una ~ para hacer líneas en los folios.* ⇒ **falsilla. 3** Raya o conjunto de rayas hechas con ese instrumento: *necesitas hacer pautas en el folio para no torcerte al escribir.*

pa·va |páβa| **1** ***f.*** *vulg.* Conjunto de sustancias y alimentos que estaban en el estómago y se expulsan por la boca: *había una ~ en la acera y le daba asco pasar; echó la ~ en una esquina.* ⇒ **devuelto, vómito. 2** Cigarro que no se ha quemado del todo: *dejó la ~ en el cenicero.* ■ **pelar la ~,** hablar entre sí un hombre y una mujer que quieren casarse: *estaban pelando la ~ a la puerta de la iglesia; sólo pelan la ~ los novios.*

pa·ve·sa |paβésa| ***f.*** Parte muy pequeña de materia que se desprende de un cuerpo que arde y se convierte en ceniza: *el hombre miraba cómo flotaban las pavesas que saltaban de la chimenea.*

pa·vi·men·ta·ción |paβimentaθión| **1** ***f.*** Acción y resultado de *pavimentar: *los obreros empezarán mañana la ~ de las calles.* **2** Superficie artificial que se pone sobre el suelo para que esté firme y llano: *la ~ de la carretera se ha deteriorado mucho durante el invierno.* ⇒ **pavimento.**

pa·vi·men·tar |paβimentár| ***tr.*** [algo] Cubrir el suelo con ladrillos, piedras u otro material: *el Ayuntamiento quiere ~ las calles de los barrios antiguos.* ⇒ **solar.**

pa·vi·men·to |paβiménto| ***m.*** Superficie artificial que se pone sobre el suelo para que esté firme y llano: *la casa tenía el ~ de mármol; el ~ de la carretera estaba muy deteriorado.* ⇒ **empedrado, pavimentación, piso, suelo.**

pa·vi·so·⌈so, ⌈sa |paβisóso, sa| ***adj.*** *fam.* Que no tiene gracia ni *viveza: *¡ay, hijo, qué ~ eres!* ⇒ **soso.**

pa·⌈vo, ⌈va |páβo, βa| **1** ***m. f.*** Ave procedente de América, de la familia de la gallina, de color negro, cuello largo y con trozos de piel rojos en la cabeza y sobre el pico: *aquella noche cenaron ~ relleno;* ~ **real,** el que tiene un grupo de plumas en la cabeza, la cola larga y *llamativa y, cuando la extiende, en forma de medio círculo: *en algunos jardines hay pavos reales y cisnes.* **2** *fam.* Persona con poca gracia o poco decidida: *el ~ se quedó quieto cuando le quitaron la maleta; la muy pava estaba despistada.* ■ **no ser moco de ~,** *fam.,* ser importante o considerable: *ya nos deben el importe de tres pedidos y eso no es moco de ~.* ■ **subírsele el ~,** *fam.,* ponérsele a uno la cara roja a causa de la vergüenza: *cuando lo sacaron a la pizarra, se le subió el ~.*

pa·vo·ne·ar·se |paβoneárse| ***prnl.*** Presumir de forma exagerada; hacer *ostentación de una cosa que se posee: *se pavoneaba ante los demás con su traje nuevo.* ⇒ **vanagloriarse.**

pa·vo·ne·o |paβonéo| ***m.*** Acción de *pavonearse: *a sus amigos les molestaba el excesivo ~ de la muchacha.* ⇒ **vanagloria.**

pa·vor |paβór| ***m.*** *form.* Miedo extremo: *sus labios temblaron de ~.* ⇒ **terror.**

pa·vo·ro·so, ⌐sa |paβoróso, sa| ***adj.*** Que produce miedo o *pavor: *el accidente del avión fue ~.*

pa·ya·sa·da |payasáða| **1** ***f.*** Obra o dicho que se consideran propios de un *payaso: *los niños se rieron mucho con las payasadas.* **2** *fam.* Obra o dicho ridículo: *el niño se pasa el día haciendo payasadas y el maestro está harto.* ⇒ **tontería.**

pa·ya·⌐so, ⌐sa |payáso, sa| **1** ***m. f.*** Persona con un traje ridículo y con la cara pintada, que se dedica a divertir y a hacer reír, generalmente en un *circo: *el ~ llevaba unos zapatos enormes y una nariz roja.* ⇒ **bufón.** - **2** ***adj.-s.*** *fam.* (persona) Que gasta bromas y hacer reír a los demás: *es un ~, le gusta mucho contar chistes y hacernos reír.* **3** *fam.* (persona) Que es tonto y hace el ridículo: *la pobrecilla se casó con un ~.* ⇒ **tonto.** ☖ Se usa como apelativo despectivo. ■ **hacer el** ~, *fam.*, hacer el ridículo; comportarse con poco juicio: *por favor, deja de hacer el ~ que nos estás abochornando.*

pa· yo, ⌐ya |páyo, ya| ***m. f.*** Persona que no pertenece a la raza *gitana, para los *gitanos: *los gitanos no quieren que sus hijas se casen con payos.*

paz |páθ| **1** ***f.*** Situación en la que no hay guerra ni enfrentamientos entre dos o más países o partes enfrentadas: *el presidente quiso mantener la ~ en su país y no se alió con las naciones atacantes.* ⇔ **guerra.** **2** Acuerdo para poner fin a la guerra entre dos o más países o partes enfrentadas: *los dos países firmaron la ~.* **3** Tranquilidad y buena relación entre las personas, en oposición a la discusión o la lucha: *en la casa reinaba la ~.* **4** Tranquilidad y calma; falta de ruido: *se marchó al campo a buscar la ~.* ⇒ **quietud, sosiego.** ■ **aquí ~ y después gloria**, expresión que se usa para poner fin a una discusión o enfrentamiento: *estos dos alumnos se pelean mucho en clase: los ponemos en distinto grupo y aquí ~ y después gloria.* ■ **dejar en** ~, no molestar a una persona: *Luis, deja en ~ a tu hermana, que está estudiando; déjame en ~, pesado.* ■ **descansar en** ~, estar muerto: *el gran poeta descansa en ~ en el pueblo en que nació.* ■ **estar en** ~, no tener ninguna deuda: *aquí tienes el dinero que te debía, y con esto estamos en ~.* ■ **hacer las paces**, volver a ser amigos los que estaban enfrentados o separados: *los niños hicieron las paces con un abrazo; los caballeros se dieron la mano para hacer las paces.* ⇒ **reconciliar.** ■ **poner** ~, intervenir en una discusión o enfrentamiento para encontrar una solución: *la madre tuvo que poner ~ entre los dos hermanos.* ⇒ **mediar.** ■ **que en ~ descanse**, expresión que se usa para desear que una persona muerta goce de la gracia de Dios y de la vida *eterna: *ha muerto como un valiente, que en ~ descanse.* ■ **y en** ~, expresión que se usa para dar por terminado un asunto: *nos comeremos los pasteles en la cena y en ~.* ☖ El plural es *paces.*

pa·zo |páθo| ***m.*** Casa antigua y noble de Galicia, especialmente la que está en el campo: *el marqués vivía en su ~ y nunca viajaba a la ciudad.*

pe |pé| ***f.*** Nombre de la letra *p*: primavera *es una palabra que empieza con ~, lo mismo que* patata. ■ **de ~ a pa**, *fam.*, del todo; del principio al fin: *el niño se sabe el cuento de ~ a pa.*

pe·a·je |peáxe| **1** ***m.*** Cantidad de dinero que hay que pagar por pasar por una carretera, un puente o un lugar parecido: *si quiere utilizar la autopista,*

PAVO COMÚN

PAVO REAL

tendrá que pagar el ~. **2** *p. ext.* Lugar donde se paga ese dinero: *el cartel anuncia que el ~ está a dos kilómetros; eran las ocho cuando llegaron al ~.*

pe·a·na |peána| ***f.*** Base o apoyo que sirve para colocar encima una escultura u otro objeto: *las imágenes de las iglesias suelen estar encima de una ~.* ⇒ **pedestal.**

pe·a·⌜tón, ⌜to·na |peatón, tóna| ***m. f.*** Persona que va a pie por una calle o carretera: *~, en carretera circule por su izquierda; los coches deben respetar a los peatones que cruzan la calle.*

pe·a·to·nal |peatonál| ***adj.*** Que es para uso de los *peatones: *vivo en una calle ~, por lo que no pueden pasar los coches.*

pe·ca |péka| ***f.*** Mancha pequeña y de color marrón que suele salir en la piel, especialmente de la cara: *si te pones al sol demasiado tiempo, te van a salir pecas; María tiene algunas pecas en la nariz.* ⇒ **lunar.**

pe·ca·do |pekáðo| **1** ***m.*** Pensamiento, palabra, obra u *omisión que va contra la ley de Dios o los *mandamientos de la Iglesia: *matar y robar son pecados; fue a confesar sus pecados al sacerdote;* ~ **original**, el de Adán y Eva, que se *transmite a todos los hombres cuando nacen: *el bautismo quita el ~ original.* **2** Acto que se aparta de lo que es recto y justo: *desperdiciar los alimentos puede considerarse un pecado.*

pe·ca·⌜dor, ⌜do·ra |pekaðór, ðóra| ***adj.-s.*** (persona) Que *peca: *la mujer pecadora se acercó a Jesucristo y él la perdonó.*

pe·ca·mi·no·⌜so, ⌜sa |pekaminóso, sa| ***adj.*** Del *pecado o que tiene relación con él: *intentaba no llevar una vida pecaminosa; tenía pensamientos pecaminosos.*

pe·car |pekár| **1** ***intr.*** Pensar, hablar u obrar contra la ley de Dios o los *mandamientos de la Iglesia: *el hombre supo que había pecado y se arrepintió de corazón.* **2** Apartarse de lo que es recto y justo; faltar a una obligación: *no quisiera ~ con mi decisión.* **3** Tener una cualidad en exceso: *la pobre mujer pecaba de inocente y todo el mundo la engañaba.* ☐ Se conjuga como 1.

pe·ce·ra |peθéra| ***f.*** Recipiente transparente con agua, generalmente de pequeño tamaño, en el que viven peces y otros animales: *le regalaron una ~ con dos peces tropicales.* ⇒ **acuario.**

pe·char |petʃár| **1** ***tr.-intr.*** [algo; a alguien] Pagar una cantidad de dinero: *en la Edad Media, los vasallos tenían que ~ al señor feudal.* **- 2** ***intr.*** Aceptar una carga u obligación que desagrada: *si desobedeces, tendrás que ~ con las consecuencias.* ⇒ **asumir.**

pe·che·ra |petʃéra| **1** ***f.*** Parte de la camisa y otras prendas de vestir que cubre el pecho: *la blusa lleva un volante en la ~.* **2** *fam.* Zona del pecho de la mujer: *solía llevar una cruz en la ~; el escote dejaba ver la ~ de la dama.* **3** Pieza de tela que se pone a los caballos en el pecho para que no se hagan daño al tirar: *la ~ va rellena de lana.*

pe·chi·na |petʃína| ***f.*** ARQ. Triángulo de lados curvos formado por el anillo de una *cúpula y los arcos sobre los que se construye: *las pechinas se usan para construir una cúpula de base redonda sobre un espacio cuadrado.*

pe·cho |pétʃo| **1** ***m.*** Parte superior del tronco del hombre y de los vertebrados, situada entre el cuello y el *abdomen, en la que se encuentran el corazón y los pulmones: *hace pesas para fortalecer los músculos del ~.* ⇒ **tórax.** **2** Parte delantera del tronco: *se desabrochó la camisa y dejó el ~ descubierto.* **3** Parte delantera del tronco de los animales mamíferos o de las aves, situada debajo del cuello: *la paloma inflaba su ~; el caballo adelantó el ~.* **4** Conjunto de órganos que sirven para la respiración: *la niña tenía fiebre y mucho dolor en el ~.* **5** Órgano de la mujer que produce leche: *la piel del ~ es muy delicada; durante los primeros meses, los niños maman del ~ de su madre.* ⇒ **mama, teta.** **6** Conjunto de los dos órganos de la mujer que producen leche: *el agua fría es excelente para mantener el ~ firme.* ⇒ **busto.** **7** *fig.* Interior de una persona: *nadie supo lo que aquel joven albergaba en su ~.* ⇒ **corazón.** ■ **a lo hecho,** ~, expresión que indica que hay que aceptar la responsabilidad de un error o de una equivocación, cuando ya no se puede remediar: *¿decidiste venir y ahora no te gusta? Pues a lo hecho, ~.* ■ **dar el** ~, dar de mamar a un bebé: *la madre no pudo darle el ~ y el niño tomaba biberón.* ⇒ **amamantar.** ■ **entre ~ y espalda**, *fam.*, comer o beber una cosa: *compró un enorme bocadillo y se lo metió entre ~ y espalda.* ■ **no caber en el** ~, tener un sentimiento muy intenso y desear mostrarlo: *su alegría al verlos no le cabía en el ~.* ■ **partirse el** ~, defender a una persona o cosa con gran esfuerzo: *él siempre se ha partido el ~ por sus amigos.* ■ **tomar a** ~, tomar una cosa como ofensa; tomarla en serio: *no debes gastarle bromas a Jiménez, se las toma a ~.*

pe·chu·ga |petʃúɣa| **1** ***f.*** Pecho de una ave: *este pájaro tiene vistosas plumas en la ~.* **2** Parte que, junto con otra igual, forma el pecho de una ave: *he puesto ~ de gallina en el cocido; ¿qué prefieres comer, la ~ o el muslo del pollo?* **3** *fam. fig.* Pecho de una persona: *llevas tanto escote que vas enseñando toda la ~.*

pe·cio·lo |peθi̯ólo| ***m.*** BOT. Tallo de la hoja: *el ~ une la hoja a la rama o al tallo de la planta.* ⇒ **pecíolo, rabo.**

pe·cí·o·lo |peθíolo| ***m.*** ⇒ **peciolo.**

pé·co·ra |pékora| **1** ***f.*** *fig.* Persona hábil para engañar y con mala intención: *la muy ~ quería robarme el dinero.* ☐ Se usa como apelativo despectivo. **2** Mujer que tiene relaciones sexuales a cambio de dinero: *todo el vecindario decía que la joven del quinto era una ~.* ⇒ **prostituta, zorra.**

pe·co·⌜so, ⌜sa |pekóso, sa| ***adj.*** Que tiene *pecas: *su cara pecosa resultaba muy atractiva; Marianela era una niña pecosa y pelirroja.*

pec·to·ral |pektorál| **1** ***adj.*** Del pecho o que tiene relación con él: *el cadáver presentaba varios disparos en la región ~.* **- 2** ***adj.-m.*** ANAT. (músculo) Que está situado en el pecho y que permite el movimiento del brazo: *está haciendo gimnasia para endurecer sus pectorales.* **- 3** ***m.*** REL. Cruz que llevan sobre el pecho los *obispos y el Papa: *el ~ es una insignia bendecida.*

pe·cu·liar |pekuliár| ***adj.*** Que es propio o característico de una persona o de una cosa: *Roberto tiene un modo ~ de hablar.* ⇒ **particular.**

pe·cu·lia·ri·dad |pekuliariðáᵈ| ***f.*** Cualidad por la que se distingue a una persona o cosa de otras de su especie; cualidad típica de la naturaleza de una persona o cosa: *¿cuál es la ~ de la especie humana?* ⇒ **característica.**

pe·cu·lio |pekúlio| ***m.*** *form.* Cantidad de dinero y conjunto de bienes que pertenecen a una persona: *el propietario de la parcela pagó el alcantarillado de su ~.* ☖ No se debe decir *pecunio.*

pe·cu·nia·⌐rio, ⌐ria |pekuniário, ria| ***adj.*** *form.* Del dinero en efectivo o que tiene relación con él: *no puede pagar las deudas porque su situación pecuniaria es desastrosa.*

pe·da·go·gí·a |peðaɣoxía| ***f.*** Ciencia que estudia la forma de enseñar y educar a los niños: *estudió ~ y psicología infantil.*

pe·da·gó·gi·⌐co, ⌐ca |peðaɣóxiko, ka| ***adj.*** De la *pedagogía o que tiene relación con ella: *el maestro debe tener amplios conocimientos pedagógicos.*

pe·da·go·⌐go, ⌐ga |peðaɣóɣo, ɣa| ***m. f.*** Persona que se dedica a la *pedagogía: *un grupo de pedagogos trabaja en la redacción de un libro sobre la historia de la pedagogía.*

pe·dal |peðál| **1** ***m.*** Pieza que se aprieta con el pie y que pone en movimiento un mecanismo: *los pedales de la bicicleta transmiten el movimiento a las ruedas a través de la cadena y los piñones; pisa el ~ del embrague y cambia de marcha.* **2** Pieza movida por el pie que sirve para producir ciertos sonidos o para darles una característica determinada, en el *piano y otros instrumentos musicales: *si pisas el ~, modificas la calidad de los sonidos del piano.* ■ **dar pedales**, poner en movimiento una de esas piezas, especialmente la de una bicicleta: *la niña aprende a dar pedales en su triciclo nuevo.* ⇒ **pedalear.**

pe·da·le·ar |peðaleár| ***intr.*** Poner en movimiento uno o más *pedales, especialmente de una bicicleta: *el niño pedaleaba con fuerza al subir la calle empinada.*

pe·dan·te |peðánte| ***adj.-com.*** (persona) Que presume de tener muchos conocimientos y que, por eso, resulta desagradable: *es un hombre ~ y su conversación resulta pesada; no me gusta esa chica porque es una ~.*

pe·dan·te·rí·a |peðantería| **1** ***f.*** Cualidad de *pedante: *no soporto su ~.* **2** Obra o dicho *pedante: *esas respuestas eran una ~.*

pe·da·zo |peðáθo| ***m.*** Parte de una cosa considerada aparte del resto: *le dio un ~ de tarta de chocolate; merendaron un ~ de queso.* ⇒ **cacho, trozo.** ■ **~ de alcornoque/ de animal/ de bestia/ de bruto**, *fam.*, persona torpe, tonta o poco inteligente: *¡anda, ~ de alcornoque, déjalo que yo lo haré!* ☖ Se usa como apelativo despectivo. ■ **caerse a pedazos**, *fam.*, estar muy vieja una cosa: *ese abrigo se cae a pedazos.* ■ **en pedazos**, por partes; en trozos: *partió el pan en pedazos grandes.* ■ **estar hecho pedazos**, *fam.*, estar muy cansado después de hacer un esfuerzo intenso: *después de la mudanza, toda la familia estaba hecha pedazos.* ■ **hacerse pedazos**, romperse una cosa en muchos trozos pequeños: *el jarrón cayó de lo alto de la estantería y se hizo pedazos.* ⇒ **añicos.** ■ **ser un ~ de pan**, *fam.*, ser muy bueno y generoso: *el abuelo es un ~ de pan.*

pe·der·nal |peðernál| **1** ***m.*** Piedra muy dura formada *principalmente por *sílice: *al frotar un hierro con un ~, saltan chispas que provocan el fuego.* ⇒ **sílex. 2** *fig.* Cosa muy dura: *este pan es un ~, no hay quien lo coma.*

pe·des·tal |peðestál| ***m.*** Cuerpo sólido que sirve para colocar encima una columna, una escultura u otro objeto: *los pedestales suelen tener forma de prisma rectangular.* ⇒ **peana.** ■ **en un ~**, en muy buena opinión o consideración: *quería tanto a su padre, que lo tenía en un ~.* ☖ Se usa con verbos como *poner, estar* o *tener.*

pe·des·tre |peðéstre| **1** ***adj.*** DEP. (carrera) Que se hace a pie, andando o corriendo: *este domingo se celebrará una carrera ~.* **2** Que es vulgar: *es una chica con unos modales un poco pedestres.* ⇒ **ordinario.**

pe·dia·tra |peðiátra| ***com.*** MED. Médico especialista en las enfermedades y los cuidados de los niños: *al niño le dolían los oídos y su madre lo llevó al ~.*

pe·dia·trí·a |peðiatría| ***f.*** MED. Parte de la medicina que se ocupa de las enfermedades y de los cuidados de los niños: *estudió ~ para doctorarse.*

pe·di·cu·ra |peðikúra| ***f.*** Cuidado de los pies: *esta tarde voy a hacerme la ~.* ⇒ **manicura.**

pe·di·cu·⌐ro, ⌐ra |peðikúro, ra| ***m. f.*** Persona que se dedica a cuidar los pies y a tratar sus problemas: *los pedicuros tratan los callos y los uñeros.*

pe·di·da |peðíða| ***f.*** *Solicitud que hace un hombre a los padres de una mujer para casarse con ella: *la ~ es una costumbre que se está perdiendo.* ⇒ **petición.**

pe·di·do |peðíðo| **1** ***m.*** Encargo que se hace a un fabricante o un vendedor: *el almacén ha hecho un ~ de mesas muy grande; no olvides firmar la factura del ~.* **2** Conjunto de mercancías que se encarga de una vez a un fabricante o a un vendedor: *el miércoles llegará el ~ de productos de limpieza.*

pe·di·grí |peðiɣrí| **1** ***m.*** Conjunto de los *antepasados de un animal con un origen de calidad, especialmente de caballos y de perros: *han comprado un perro con ~.* ⇒ **genealogía. 2** Documento donde figura ese conjunto: *al comprar el perro les dieron también su ~.* ☖ El plural es *pedigríes.*

pe·di·güe·⌐ño, ⌐ña |peðiɣuéɲo, ɲa| ***adj.-s.*** (persona) Que pide con insistencia y de forma frecuente: *ese niño es un ~; muchos pedigüeños esperaban en las puertas de las iglesias.*

pe·dir |peðír| **1** ***tr.*** [algo; a alguien] Solicitar o rogar que se haga una cosa: *me gustaría pedirte un pequeño favor; me ha pedido que cuide a su bebé esta noche;* **~ la mano**, solicitar un hombre casarse con una mujer ante los padres o la familia de ella:

cuando el joven pidió la mano de la chica, le regaló un anillo de oro. **2** Solicitar o rogar una cantidad pequeña de dinero: *el hombre se sentó delante de la iglesia y se puso a ~ a todos los que pasaban.* ⇒ **mendigar. 3** Poner precio a una mercancía: *¡qué barbaridad, me ha pedido una fortuna por una maceta!* **4** [algo] Necesitar o exigir: *estas sábanas están pidiendo un buen lavado.* **5** Querer o desear: *sólo pido que en el parto no haya problemas.* ☐ Se conjuga como 34.

pe·do |péðo| **1** ***m.*** Aire o gas que se expulsa por el ano de forma ruidosa: *es una falta de educación tirarse un ~ en público.* ⇒ **cuesco. 2** *fam.* Estado en el que se pierde el control a causa del consumo excesivo de alcohol o droga: *vaya ~ que llevaban los seis amigos aquella noche.* ⇒ **borrachera.**

pe·do·rre·ta |peðoȓéta| ***f.*** Sonido que se hace con la boca imitando el ruido de un *pedo: *el niño hacía pedorretas y se burlaba de sus hermanos.*

pe·do·⌈rro, ⌈rra |peðóȓo, ȓa| **1** ***adj.-s.*** *fam.* (persona) Que se tira *pedos frecuentemente o que lo hace sin vergüenza: *estuvo ~ toda la tarde; ¡qué hombre más ~!* **2** *fam.* Que resulta molesto o desagradable: *Eugenio es un ~ insoportable.* ⇒ **tonto.**

pe·dra·da |peðráða| **1** ***f.*** Acción de tirar una piedra: *llegaron en son de paz pero los recibieron con una ~.* **2** Golpe dado con una piedra lanzada: *el pobre gato recibió varias pedradas.* **3** Señal que deja el golpe de una piedra: *¿qué es ese cardenal que llevas? —Una ~.* **4** *fig.* Expresión dicha con la intención de que una persona se moleste: *su amigo le lanzó una ~ para que se diera por aludido.*

pe·dre·a |peðréa| **1** ***f.*** *fam.* Conjunto de premios menores de la *lotería nacional: *ya que no me ha tocado el gordo, me podría haber tocado la ~.* **2** Enfrentamiento entre varias personas que se lanzan piedras: *Mario llegó a casa con una brecha en la frente porque estuvo en una ~.* **3** Lluvia de *granizo: *la ~ ha destrozado las cosechas de melocotones de toda la región.*

pe·dre·gal |peðreɣál| ***m.*** Terreno en el que abundan las piedras: *aquella tierra era un ~ y no se podía cultivar.*

pe·dre·go·⌈so, ⌈sa |peðreɣóso, sa| ***adj.*** Que abunda en piedras: *caminaron por un sendero ~ hasta el río.*

pe·dre·rí·a |peðrería| ***f.*** Conjunto de piedras preciosas: *el vestido llevaba ~ en el escote.*

pe·dris·⌈co, ⌈ca |peðrísko, ka| ***m. f.*** Tormenta acompañada de *granizo grueso: *el ~ nos pilló en medio del campo y no encontramos ningún sitio para resguardarnos.*

pe·drus·co |peðrúsko| ***m.*** Piedra grande y sin trabajar: *el forzudo levantó un ~ sin esfuerzo.*

pe·er·se |peérse| ***prnl.*** *fam.* Expulsar aires o gases por el ano de forma ruidosa: *a causa de su enfermedad, no pudo contenerse y empezó a ~.*

pe·ga |péga| **1** ***f.*** Sustancia que se usa para pegar objetos: *fue a comprar ~ de zapatero para unir las suelas.* ⇒ **pegamento. 2** *fam.* Obstáculo, dificultad en un asunto; defecto en un objeto: *siempre está poniéndole pegas a todo; el coche sólo tenía un par de pegas fáciles de arreglar.* ■ **de ~**, *fam.*, falso; hecho como imitación: *quiso asustarme con una pistola de ~.*

pe·ga·di·⌈zo, ⌈za |peɣaðíθo, θa| **1** ***adj.*** Que se extiende fácilmente a otras personas: *tienes una risa simpática y pegadiza.* ⇒ **contagioso, pegajoso. 2** Que se graba fácilmente en la memoria: *esta canción triunfó por su ritmo ~.*

pe·ga·⌈do, ⌈da |peɣáðo, ða| ***adj.*** *fam.* Que no tiene conocimientos sobre una materia: *lo siento, en matemáticas estoy ~.*

pe·ga·jo·⌈so, ⌈sa |peɣaxóso, sa| **1** ***adj.*** Que se pega fácilmente: *la cola y el pegamento son sustancias pegajosas; el pollo estaba cocinado con una salsa pegajosa.* **2** Que se extiende fácilmente a otras personas: *los malos hábitos son pegajosos.* ⇒ **contagioso, pegadizo. 3** *fam. fig.* Que es demasiado afectivo o cariñoso: *¡ay, hijo, qué ~ eres, deja de darme besos y abrazos!* ⇒ **sobón.**

pe·ga·men·to |peɣaménto| ***m.*** Sustancia que sirve para pegar o unir con firmeza: *pegó los recortes de periódico con un poco de ~; ese ~ es especial para niños.* ⇒ **cola.**

pe·gar |peɣár| **1** ***tr.*** [algo] Unir una cosa con otra para que no puedan separarse: *pegaron varios carteles en la pared; pega las etiquetas en los discos, por favor.* **2** Unir o juntar una cosa con otra cosiéndola, atándola o de otro modo parecido: *la modista pegará los botones de la camisa.* **3** Acercar o colocar una cosa junto a otra de manera que se toquen: *no pegues la silla a la pared, que la rayas.* ⇒ **arrimar. 4** Realizar una acción con fuerza y de forma decidida: *llegó a la casa pegando voces; ¿por qué has pegado ese grito?; unos francotiradores empezaron a ~ tiros.* **5** [algo; a alguien] Hacer que un ser vivo sufra una enfermedad; comunicar una enfermedad: *creo que le he pegado la gripe.* ⇒ **contagiar. 6** Comunicar o extender una costumbre, una idea o un *vicio a otras personas: *ya veo que tu esposa te ha pegado la costumbre de levantarte tarde.* **- 7 *intr.*** Estar una cosa junto a otra o a su lado: *mi casa pega con la casa de ese señor; el banco es ese edificio que está pegando con Correos.* **8** Formar un conjunto bello y agradable: *el blanco y el azul pegan; esa falda no pega con la blusa que llevas.* ⇒ **combinar. 9** *fam.* Calentar el sol: *el sol pegaba en la ventana de la cocina; no veas cómo pega el sol por la mañana.* **10** *fam. fig.* Estar de moda: *esa canción está pegando fuerte este verano.* **11** Tropezar en una cosa con un fuerte impulso: *el coche frenó bruscamente y pegó contra una tapia.* **- 12 *tr.-intr.*** [a alguien] Castigar con golpes o golpear: *no le pegues tanto; se aburría y pegaba con la cuchara sobre el plato.* ⇒ **aporrear. - 13 *tr.-prnl.*** [algo; a alguien] Dar, producir o recibir: *se enfadó y pegó un puñetazo en la mesa; como no me sueltes, te pego una patada; se pegó un tiro.* **- 14 pegarse *prnl.*** Luchar, enfrentarse dos personas: *los niños discutieron y se pegaron; los vecinos llamaron a la policía porque había varios jóvenes pegándose.* ⇒ **pelear, reñir. 15** Unirse una cosa a otra de modo que no se puedan separar: *el caracol se pegó a la pared; la grasa* *se pegaba a las paredes y a los muebles.* **16** Quemarse un *guiso y quedar una parte de él unida a un recipiente: *las lentejas se han pegado porque el fuego estaba muy fuerte.* ⇒ **agarrar. 17** *fig.* Introducirse en un lugar o unirse a un grupo donde no se ha sido invitado: *al principio, sólo íbamos los amigos, pero luego se pegaron otras personas.* **18** *fam. fig.* Grabarse fácilmente en la memoria: *la música de los anuncios se pega bien, todo el mundo la canta.* ◯ Se conjuga como 7. ■ **pegarle fuerte**, practicar intensamente una actividad: *durante el verano le pegó fuerte a las asignaturas que había suspendido.* ■ **pegársela**, *fam.*, ser *infiel al marido o a la mujer: *su mujer se la pegaba con uno de los vecinos.* ⇒ **engañar.** ■ **pegarse los ojos**, *fam.*, tener mucho sueño: *estoy tan cansado que se me pegan los ojos.*

pe·ga·ti·na |peɣatína| *f.* Papel o plástico de pequeño tamaño que se puede pegar a una superficie y que lleva impreso un dibujo, un mensaje u otras cosas: *lleva el cristal del coche lleno de pegatinas.* ⇒ **adhesivo, autoadhesivo.**

pe·go |péɣo| ■ **dar el** ~, *fam. fig.*, engañar, disimular o fingir: *esta pintura da el ~, parece auténtica pero es una falsificación.*

pe·go·te |peɣóte| **1** *m.* Cosa espesa y pegajosa: *el coche estaba lleno de pegotes de barro; el techo de la cocina tenía pegotes de grasa.* **2** *fam. fig.* Cosa que se añade a otra y que la estropea, especialmente en una obra artística: *el cuadro tenía muchos pegotes y no era de calidad.* ⇒ **parche. 3** *fig.* Persona pesada y molesta que no se aparta de otra: *tu hermano es un ~, siempre te acompaña a todas partes.* ■ **tirarse el** ~, *fam.*, presumir de lo que no se es o de lo que no se ha hecho: *se tiró el ~ delante de todos diciendo que era piloto del ejército.*

pe·gu·jal |peɣuxál| **1** *m. fig.* Extensión de terreno pequeña: *decidió no plantar nada en el ~.* **2** Extensión de terreno que el dueño deja a un guarda o encargado para que la cultive por su cuenta, como parte de su paga: *el amo le dio a aquel hombre un ~ cerca del monte.*

pei·na·do |peinádo| **1** *m.* Forma de arreglar y colocar el pelo: *ese ~ no te favorece nada; lleva un ~ muy moderno; voy a la peluquería a que me hagan un ~.* **2** *fig.* *Examen o control; registro cuidadoso de una zona: *la policía hizo un ~ del bosque para encontrar al fugitivo.* ⇒ **rastreo.**

pei·nar |peinár| **1** *tr.-prnl.* [algo, a alguien] Arreglar o colocar de una forma determinada el pelo: *Isabel ha ido a la peluquería a que la peinen; se está peinando con un cepillo.* ⇔ **despeinar. - 2** *tr.* [algo] Registrar una zona con mucho cuidado: *la policía peinó el barrio buscando al terrorista; los cazadores peinaron el monte con ayuda de los perros.* **3** Arreglar o limpiar el pelo de un animal o de un tejido: *peinó la lana antes de meterla en el colchón.*

pei·ne |péine| *m.* Instrumento de madera, plástico u otro material, compuesto por una fila de dientes paralelos, que sirve para limpiar, arreglar y colocar el pelo: *siempre lleva un ~ en el bolso; se hizo la raya del pelo con un ~; después de lavarse el pelo se lo desenreda con un ~.* ⇒ **cepillo.** ■ **enterarse de lo que vale un** ~, *fam.*, recibir una persona el castigo que merece: *como no llegues puntual, te vas a enterar de lo que vale un ~.*

pei·ne·ta |peinéta| *f.* Peine ligeramente curvo que sirve para sujetar o para adornar el pelo: *la bailarina llevaba una ~ en el moño.*

pe·la |péla| **1** *f.* Acción y resultado de quitar la piel o la corteza: *en ese restaurante realizan la ~ de la fruta delante del cliente.* **2** *fam. fig.* Unidad de moneda de España: *es un tacaño, ahorra hasta la última ~.* ⇒ **peseta. - 3 pelas** *f. pl. fam. fig.* Conjunto de monedas o billetes corrientes que se usan en el comercio: *ese carro cuesta muchas pelas; estoy sin pelas y no puedo comprar tabaco.* ⇒ **dinero.**

pe·la·di·lla |peladíʎa| *f.* *Almendra cubierta de azúcar duro y blanco: *la bandeja tiene polvorones, higos secos y peladillas; la ~ está tan dura que al morderla me he roto un diente.*

pe·la·⌜do, ⌜da |peládo, ða| **1** *adj.* Que no tiene una cosa o una característica que habitualmente adorna, cubre o rodea: *a lo lejos vieron un monte ~, sin árboles ni plantas; a través de la herida se veía el hueso ~.* **2** Que ha perdido el pelo: *de tanto estudiar se quedó ~.* ⇒ **pelón. 3** *fig.* Que es pobre; que no tiene dinero: *estoy ~, no puedo invitarte a cenar.* ⇒ **pelón. 4** *fig.* (número) Que termina en *cero: *tenemos el cien ~.* **- 5 pelado** *m.* Acción y resultado de *pelar o *pelarse: *el ~ de los niños pequeños es muy difícil porque se mueven mucho; el peluquero me ha hecho un ~ muy moderno.*

pe·la·ga·tos |pelaɣátos| *m.* Persona pobre y poco importante: *la mujer no quería que aquel ~ volviera a visitarla.* ⇒ **desgraciado.** ◯ El plural es *pelagatos.*

pe·la·je |peláxe| **1** *m.* Naturaleza y calidad del pelo o de la lana que tiene un animal: *los caballos de la cuadra tenían distinto ~.* **2** *desp. fig.* Calidad y aspecto de una persona: *ese chico tiene un mal ~, no vayas más con él.* **3** *fam.* Cantidad grande de pelo: *madre mía, qué ~ tiene este gato.* ⇒ **mata.**

pe·lam·bre |pelámbre| *amb.* Conjunto de pelo abundante en todo el cuerpo o en algunas partes de él: *se acarició la ~ negra de su barba.*

pe·lam·bre·ra |pelambréra| *f.* Cantidad de pelo o de vello abundante y desordenado: *por favor, apártate esa ~ de la cara.*

pe·lan·dus·ca |pelandúska| *f.* Mujer que tiene relaciones sexuales a cambio de dinero: *su marido la engañaba con una ~.* ⇒ **prostituta.**

pe·lar |pelár| **1** *tr.-prnl.* [algo, a alguien] Cortar, arrancar o quitar el pelo: *en la mili le pelaron la cabeza; vaya, veo que te has pelado.* **2** [algo] Quitar las plumas: *la vieja estaba pelando una gallina en el corral.* ⇒ **desplumar. 3** Quitar la piel, la película o la corteza: *no sabe ~ las manzanas y se las come con piel; por favor, pélame la naranja.* ⇒ **mondar. 4** *fam. fig.* [a alguien] Quitarle a una persona todos los bienes y el dinero: *se dejó engañar por unos estafadores, que lo pelaron y lo abandonaron en un descampado.* ⇒ **desplumar. 5** *fig.* Hablar mal y cruelmente de una persona: *las dos vecinas estuvieron* *toda la tarde pelando al vecindario entero.* ⇒ **despellejar. - 6 pelarse** ***prnl.*** Perder el pelo por una enfermedad o un accidente: *la quimioterapia es tan fuerte que el enfermo se fue pelando poco a poco.* **7** Perder la piel poco a poco por tomar con exceso el sol, por una *quemadura o una *rozadura: *el sol y el aire de la montaña le abrasaron la cara y ahora se le está pelando la nariz.* ■ **duro de** ~, *fam.*, que es difícil de hacer o de lograr: *es un contrincante muy bueno y será duro de* ~. ■ **pelárselas**, *fam.*, hacer una cosa con energía y rapidez; muy deprisa; muy bien: *este coche corre que se las pela.* ■ **que pela**, *fam.*, que produce una sensación extrema, generalmente de frío o de calor: *hace un frío que pela.*

pel·da·ño |peldáɲo| ***m.*** Parte de una escalera donde se apoya el pie al subir o bajar: *los peldaños de la escalera eran de piedra y madera; resbaló en un* ~ *y cayó rodando.* ⇒ **escalón.**

pe·le·a |peléa| **1** ***f.*** Lucha en la que se emplea la fuerza o las armas para someter al enemigo o destruirlo: *los dos hombres se enzarzaron en una* ~ *y nadie pudo separarlos.* ⇒ **combate. 2** Enfrentamiento entre dos o más personas por no estar de acuerdo sobre una circunstancia o idea: *los dos enamorados también tenían sus peleas de vez en cuando.* ⇒ **disputa, lucha, riña. 3** Lucha o enfrentamiento entre dos animales: *durante el safari pudieron ver una* ~ *entre dos leones;* ~ **de gallos**, la que se produce entre dos *gallos preparados para ello: *las peleas de gallos están prohibidas en la mayoría de los países.*

pe·le·ar |peleár| **1** ***intr.*** Atacar, golpear o herir al contrario, y defenderse de sus ataques: *los dos hombres empezaron a* ~ *y cayeron al suelo en un cuerpo a cuerpo.* ⇒ **contender, luchar. 2** Luchar con la fuerza o con las armas para someter al enemigo o destruirlo: *los soldados pelearon hasta la muerte.* ⇒ **combatir. 3** *fig.* Esforzarse y pasar sacrificios para mejorar un estado o una situación: *no tiene miedo a* ~, *si con ello consigue llegar alto.* ⇒ **luchar. - 4 pelearse** ***prnl.*** Enfrentarse dos o más personas por no estar de acuerdo sobre una circunstancia o idea: *se pelearon por culpa de unas tierras.* ⇒ **reñir.**

pe·le·char |peletʃár| ***intr.*** Cambiar un animal el pelo o la pluma: *el perro está pelechando y deja los sofás llenos de pelo; al acabar el invierno, el pájaro empezó a* ~. ⇒ **despeluchar.**

pe·le·le |peléle| **1** ***m.*** Muñeco hecho de trozos viejos de tela, que se saca a la calle en Carnaval: *muchos pueblos de España queman un* ~ *en sus fiestas.* **2** *fam. fig.* Persona débil o simple: *después del golpe de estado, el presidente se convirtió en un* ~ *de los militares.*

pe·le·ˆón, ˆo·na |peleón, óna| **1** ***adj.*** *fam.* Que gusta de luchar o discutir: *aquel hombre forzudo y* ~ *no traía buenas intenciones.* ⇒ **camorrista. 2** (vino) Que es de mala calidad: *nos sirvió un tinto* ~ *que sabía a rayos.*

pe·le·te·rí·a |peletería| **1** ***f.*** Establecimiento en el que se venden prendas de piel y cuero: *fueron a varias peleterías antes de decidirse a comprar el abrigo.* **2** Oficio del que fabrica prendas de vestir de piel y cuero: *desde hace años se dedica a la* ~.

pe·le·te·ˆro, ˆra |peletéro, ra| ***m. f.*** Persona que se dedica a fabricar o vender prendas de vestir de piel y cuero: *los peleteros más famosos siguen diseñando modelos nuevos para cada temporada; los peleteros ven peligrar su negocio ante la acción de la sociedad protectora de animales.*

pe·lia·gu·ˆdo, ˆda |peliaɣúðo, ða| ***adj.*** Que es difícil de entender o de resolver: *el presidente meditó su decisión ya que el asunto era muy* ~.

pe·li·ca·no |pelikáno, na| ***m.*** ⇒ **pelícano.**

pe·lí·ca·no |pelíkano| ***m.*** Ave de patas cortas con los dedos unidos por *membranas, cuyo pico, de gran tamaño, tiene una bolsa en su parte inferior: *el* ~ *transporta en el pico los peces que coge.* ⇒ **pelicano.** ⌂ Para indicar el sexo se usa el ~ macho y el ~ hembra.

pe·lí·cu·la |pelíkula| **1** ***f.*** Piel delgada y delicada o capa muy fina que cubre una cosa: *cuando la leche hierve se forma una* ~ *de nata en la superficie; con ayuda de un algodón, retire la* ~ *de esmalte de sus uñas.* **2** Tira de material *sensible a la luz que se introduce en el interior de la cámara y sobre la que se imprimen las imágenes fotográficas: *para revelar las películas, no debe haber luz en el laboratorio.* ⇒ **carrete. 3** Tira de material *sensible enrollada en un soporte que contiene un conjunto de imágenes grabadas con una cámara de cine o de *vídeo y preparadas para ser proyectadas en una pantalla: *creo que se ha terminado la* ~ *de vídeo; colocaron la* ~ *en el proyector y apagaron las luces de la sala.* ⇒ **cinta. 4** Asunto o historia representado en ese conjunto de imágenes: *ese director de cine ha dejado de hacer películas; están rodando una* ~ *en el*

PELÍCANO

palacete Laredo; ¿qué ~ vamos a ver? **5** *fig.* Explicación de un hecho o de una historia: *y ahora, te contaré la ~ de mi vida.* ⇒ **historia, narración.** ■ **allá películas**, *fam.*, expresión que indica que la persona que habla no se hace responsable de lo que ocurre o puede ocurrir: *yo ya te advertí, no me hiciste caso, pues allá películas.* ■ **de ~**, *fam.*, de lujo; muy bueno, muy bien: *tiene una casa de ~; mi marido cocina de ~.*

pe·li·cu·le·⌐ro, ⌐ra |pelikuléro, ra| ***adj.-s.*** *fam.* (persona) Que suele hablar de cosas imaginadas o inventadas: *tu amigo es un ~, dile que baje de las nubes.*

pe·li·grar |peliɣrár| ***intr.*** Estar en peligro: *se marchó de aquel país porque peligraba su vida.*

pe·li·gro |pelíɣro| **1** ***m.*** Situación en la que es posible que ocurra un daño o un mal: *durante el viaje en barco vivieron muchos peligros.* ⇒ **riesgo. 2** Persona o cosa que puede provocar un daño o un mal: *este puente tan ruinoso es un ~; vuestro hijo es un ~: más vale que lo vigiléis.* ■ **correr ~**, estar expuesto a un daño o un mal: *no te acerques más a los leones, corres ~.* ⇒ **peligrar.**

pe·li·gro·si·dad |peliɣrosiðáᵈ| ***f.*** Cualidad de peligroso: *la ~ de las grandes ciudades es alarmante.*

pe·li·gro·⌐so, ⌐sa |peliɣróso, sa| **1** ***adj.*** Que tiene peligro; que puede causar daño: *no subas a ese árbol, es muy ~; consumir bebidas alcohólicas es ~ para la salud.* **2** *fig.* (persona) Que tiene un carácter violento; que puede realizar una acción violenta: *se busca a un bandido muy ~.*

pe·li·rro·⌐jo, ⌐ja |pelir̄óxo, xa| ***adj.-s.*** Que tiene el pelo rojo: *era un muchacho alto y ~; se casó con una mujer pelirroja muy bella.* ⇒ **castaño, moreno, rubio.**

pe·lla |péʎa| **1** ***f.*** Trozo de masa a la que se da forma redonda: *el cocinero tomó una ~ de pasta para hacer un panecillo.* **2** Conjunto de tallos de ciertas plantas: *las pellas son la parte más tierna y apreciada de la coliflor.* ■ **hacer pellas**, *fam.*, no ir a una clase o a un lugar donde se debe cumplir una obligación: *faltaba mucho a clase, siempre hacía pellas.* ⇒ **novillo.**

pe·lle·jo |peʎéxo| **1** ***m.*** Piel o trozo de piel: *los cazadores mataron un zorro para arrancarle el ~; tiene los labios cortados y llenos de pellejos.* ⇒ **piel. 2** Cuero cosido y pegado que sirve para contener líquidos: *en la bodega había pellejos y toneles repletos de vino.* **3** *fam. desp. fig.* Persona muy vieja y fea: *viste como una chica joven, pero ya es un ~.* ■ **estar/ ponerse en el ~**, estar o ponerse en la misma situación o condiciones de otra persona: *¿tú qué harías si estuvieras en su ~?* ■ **jugarse el ~**, *fam.*, poner la vida en peligro: *uno de los bomberos se jugó el ~ saltando por los tejados.* ■ **no caber en el/su ~**, *fam.*, estar muy *contento y satisfecho: *lo han nombrado alcalde y no cabe en su ~.* ■ **salvar el ~**, *fam.*, librar la vida de un peligro: *todavía no se explican cómo pudieron salvar el ~.*

pe·lli·za |peʎíθa| **1** ***f.*** Prenda de vestir de abrigo, hecha de piel con su lana o pelo, que llega hasta por encima de la rodilla: *tengo una ~ de piel vuelta para los días fríos de invierno.* ⇒ **chamarra, zamarra. 2** *p. ext.* Prenda de vestir de abrigo, con el cuello y los puños de tela fuerte, que llega hasta por encima de la rodilla: *la ~ es un chaquetón.*

pe·lliz·car |peʎiθkár| **1** ***tr.-prnl.*** [algo, a alguien] Coger con el dedo pulgar y cualquiera de los otros dedos una pequeña cantidad de piel y carne de una persona, apretándola de manera que produzca dolor: *tenía la mala costumbre de ~ a sus amigos en el brazo.* - **2** ***tr.*** Tomar o quitar una pequeña cantidad de una cosa: *tenía tanta hambre que se puso a ~ el pan.* - **3 pellizcarse** ***prnl.*** Sujetar y herir ligeramente: *me he pellizcado la mano con el abridor.* ⇒ **pillar.** ◇ Se conjuga como 1.

pe·lliz·co |peʎíθko| **1** ***m.*** Acción y resultado de *pellizcar: *le dio un ~ para que se callara.* **2** Señal que queda en la carne al *pellizcarla: *todavía se nota el ~ que me diste.* **3** Cantidad pequeña que se toma o se quita de una cosa: *cogió un ~ de pan y se lo llevó a la boca.*

pel·ma |pélma| ***adj.-com.*** *fam.* (persona) Que es pesado y molesto: *anda, majo, que eres un ~.* ⇒ **pelmazo, plasta.**

pel·ma·⌐zo, ⌐za |pelmáθo, θa| **1** ***adj.-s.*** *fam.* (persona) Que es muy lento en sus acciones: *tu cuñada es una pelmaza; tu prima es un ~.* **2** *fam.* (persona) Que es pesado y molesto: *se le acercó un joven que resultó ser un ~.* ⇒ **latoso, pelma, plasta.**

pe·lo |pélo| **1** ***m.*** Fibra delgada, en forma de hilo, que nace de la piel de la mayor parte de los mamíferos: *algunos animales tienen el cuerpo lleno de pelos; el perro lo puso todo perdido de pelos.* **2** Conjunto de esas fibras que cubre el cuerpo o una parte del cuerpo, especialmente la cabeza: *los niños llevaban el ~ muy corto; la novia llevaba el ~ recogido en un moño; el joven apenas tenía ~ en la cara; tenía un gato de ~ largo.* ⇒ **cabello, vello. 3** Vello que tienen algunos frutos en la cáscara o en la piel: *el ~ del melocotón me da alergia.* ⇒ **vello. 4** Conjunto de fibras que forman parte de un cepillo o de un *utensilio parecido: *he comprado una brocha de ~ duro para pintar las puertas.* **5** Hilo que queda en la superficie de las telas o los tejidos: *el paño está viejo y ya no tiene ~; estoy tejiendo un jersey con mucho ~.* **6** Color de los caballos y de otros animales: *no me gusta el ~ de tu caballo.* **7** Raya oscura en las piedras preciosas que les quita valor: *el diamante tenía un ~ y era mucho más barato.* **8** Raya o grieta por donde se rompen las piedras, el cristal o los metales más fácilmente: *la ventana está a punto de romperse porque tiene un ~; le ha salido un ~ al mármol y ya no nos sirve.* **9** Sierra muy fina que se usa para cortar maderas delgadas: *el ~ de la segueta se rompe con facilidad; el uso del ~ es imprescindible en los trabajos de marquetería.* ⇒ **segueta.** ■ **al ~**, adecuado para la ocasión: *me regalaron una caja que me vino al ~ para guardar caramelos.* ⇒ **ideal.** ■ **a ~**, sin ropa, especialmente cuando hace frío: *era pleno invierno, pero él salía a ~ por las mañanas.* ■ **caerse el ~ a alguien**, *fam.*, ser castigado o regañado por una cosa mal hecha: *como no vayas a* *clase, se te va a caer el* ~. ■ **con pelos y señales**, *fam.*, sin olvidar un solo detalle: *te voy a contar mi vida con pelos y señales.* ■ **dar para el** ~, *fam.*, amenazar a una persona con un castigo: *eres un chico muy travieso y te van a dar para el* ~, *para que aprendas.* ■ **de medio** ~, *fam.*, de poca categoría; poco importante: *se casó con un abogado de medio* ~. ■ **de** ~ **en pecho**, *fam.*, que es muy fuerte o valiente: *era un hombre de* ~ *en pecho y no se asustaba de nada.* ■ **estar en un** ~, *fam.*, estar a punto de ocurrir: *has estado en un* ~ *de estropear la sorpresa.* ■ **estar hasta el** ~, *fam.*, estar molesto y cansado: *estoy hasta el* ~ *de tantas tonterías.* ■ **hacer a** ~ **y a pluma**, *fam.*, tener relaciones sexuales con hombres y con mujeres: *el chico del tercero hacía a* ~ *y a pluma.* ⇒ **hacer.** ■ **montar a** ~, montar a caballo sin silla o manta: *el domador montó a* ~ *y galopó un buen rato.* ■ **no tener pelos en la lengua**, *fam.*, expresar abiertamente los pensamientos o sentimientos: *seré sincero: yo no tengo pelos en la lengua para decirte que eres un imbécil.* ■ **no tener un** ~ **de tonto**, *fam.*, ser muy listo: *no intentes engañarme porque no tengo un* ~ *de tonto.* ■ **no vérsele el** ~ **a alguien**, *fam.*, faltar de un lugar durante mucho tiempo: *hombre, Sebastián, ¿dónde te metes, que no se te ve el* ~ *por el trabajo?* ■ **ponerse los pelos de punta**, *fam.*, sentir mucho miedo: *vimos una película que nos puso los pelos de punta.* ■ **por los pelos**, en el último momento; en el límite; al límite: *se ha librado del castigo por los pelos; he aprobado el examen por los pelos.* ■ **soltarse el** ~, *fam.*, empezar a hablar o a obrar con mucha libertad: *desde que trabaja se ha soltado el* ~. ■ **tirarse de los pelos**, *fam.*, arrepentirse; estar muy enfadado: *se tiraba de los pelos cada vez que pensaba en el ridículo que había hecho.* ■ **tomar el** ~, *fam.*, gastar una broma; poner en ridículo a una persona, engañándola o riéndose de ella: *llevaba un traje horrible y sus compañeros le tomaban el* ~ *diciéndole que era precioso.* ■ **un** ~, muy poco, un poco: *ha faltado un* ~ *para que se cayera.*

pe·ˈlón, ˈlo·na |pelón, lóna| **1** ***adj.-s.*** (persona, animal) Que no tiene pelo o tiene muy poco: *el bebé todavía está* ~. **2** Que lleva cortado el pelo de raíz: *los soldados iban todos pelones.* **3** *fam. fig.* Que es pobre; que no tiene dinero: *a fin de mes siempre está algo* ~. ⇒ **pelado.**

pe·lo·ta |pelóta| **1** ***f.*** Bola de goma u otro material flexible que sirve para jugar: *los niños están jugando con la* ~ *en el jardín; la* ~ *de béisbol es pequeña y pesada.* ⇒ **balón. 2** Juego que se practica con esa bola: *preferimos la* ~ *al juego del escondite;* ~ **vasca,** juego que se practica impulsando la pelota con la mano o con distintos instrumentos contra una pared: *la* ~ *vasca se juega en un frontón formado por dos paredes en ángulo recto.* **3** Trozo de masa a la que se da forma redonda: *el ceramista puso una* ~ *de barro sobre el torno y empezó a moldearla.* ⇒ **pella. 4** *vulg.* Órgano de reproducción masculino en cuyo interior se encuentran las células sexuales: *le han dado un balonazo en las pelotas.* ⇒ **bola, testículo. - 5** ***adj.-com.*** *fam.* (persona) Que trata de agradar para conseguir una *ganancia o una ventaja: *Ramón es el más* ~ *de la oficina.* ⇒ **pelotillero.** ■ **devolver la** ~, *fam.*, *responder a una obra o dicho de manera *semejante a éstos: *cuando discuto con él nunca se calla: siempre me devuelve la* ~. ■ **en pelota/pelotas**, *fam.*, sin ropa; desnudo: *a esa actriz no le importa que la vean en pelotas.* ⇒ **bola.** ■ **hacer la** ~, *fam.*, tratar de agradar para conseguir una *ganancia o una ventaja: *no te prestaré la moto aunque me hagas la* ~.

pe·lo·ta·zo |pelotáθo| **1** ***m.*** Golpe dado con una pelota: *el niño recibió un* ~ *en la cara; rompieron el escaparate de un* ~. ⇒ **balonazo. 2** *fam. fig.* Trago de una bebida alcohólica: *camarero, pónganos un* ~ *de vodka con naranja.* ⇒ **combinado, cubalibre.**

pe·lo·te·ar |peloteár| ***intr.*** Jugar con una pelota por diversión o como *entrenamiento: *los tenistas pelotearon antes de empezar el partido.*

pe·lo·te·ra |pelotéra| ***f.*** *fam.* Enfrentamiento entre dos o más personas por no estar de acuerdo sobre una circunstancia o idea: *menuda* ~ *se armó en el portal; las dos muchachas se enzarzaron en una* ~. ⇒ **riña.**

pe·lo·ti·lle·ˈro, ˈra |pelotiʎéro, ra| ***adj.-s.*** *fam.* (persona) Que trata de agradar para conseguir una *ganancia o una ventaja: *¡qué pelotillero es ese empleado con sus superioras!; eres un* ~, *no sé qué buscas con tanto halago.* ⇒ **adulador, pelota.**

pe·lo·tón |pelotón| **1** ***m.*** *fig.* Grupo de personas o conjunto de cosas, juntas y sin orden: *el* ~ *de ciclistas rodaba tranquilo por el llano; ha pasado un* ~ *de niños dando voces.* **2** MIL. Unidad militar compuesta por dos *escuadras y mandada por un *sargento: *ordenó al* ~ *que saliera a formar.*

pe·lu·ca |pelúka| ***f.*** Objeto hecho con pelo natural o artificial que sirve para cubrir la cabeza: *se quedó calva y lleva una* ~; *los niños se disfrazaron con pelucas.* ⇒ **bisoñé.**

pe·lu·che |pelútʃe| **1** ***m.*** Tejido muy suave, con pelo en la superficie: *me ha regalado un león de* ~. **2** Juguete hecho de ese tejido: *Iván juega con sus peluches.*

pe·lu·ˈdo, ˈda |pelúðo, ða| ***adj.*** Que tiene mucho pelo: *el gato de Angora es más* ~ *que el siamés.*

pe·lu·que·rí·a |pelukería| **1** ***f.*** Establecimiento en el que se peina, se corta y se cuida el pelo: *necesito un buen corte de pelo, iré a la* ~; *pidió hora para ir a la* ~. **2** Oficio de las personas que se dedican a peinar, cortar y cuidar el pelo: *estudió* ~ *durante dos años; se dedicó a la* ~ *desde muy joven.*

pe·lu·que·ˈro, ˈra |pelukéro, ra| ***m. f.*** Persona que se dedica a peinar, cortar y cuidar el pelo: *el* ~ *le cortó el pelo a navaja; la peluquera le había teñido el pelo de rubio.*

pe·lu·quín |pelukín| ***m.*** *Peluca pequeña que sólo cubre la parte superior de la cabeza: *se quedó calvo muy joven y se puso un* ~. ⇒ **bisoñé.** ■ **ni hablar del** ~, *fam.*, expresión que indica que no se quiere hablar de un tema o hacer una cosa: *¡que quieres que me ponga a estudiar!, ni hablar del* ~.

pe·lu·sa |pelúsa| **1** ***f.*** Vello fino que cubre ciertas frutas: *la* ~ *del melocotón me da alergia.* **2** Vello muy fino, casi *invisible, en la cara de las personas: *la ~ se nota junto a las orejas y en las mandíbulas.* **3** Pelo que sueltan las prendas de punto o de tela con el uso: *los jerséis de angora dejan mucha ~; el abrigo estaba lleno de ~.* **4** Acumulación de polvo y suciedad debajo de los muebles y de otros lugares donde no se limpia frecuentemente: *barre debajo de las camas porque hay mucha ~.* **5** *fam.* Sentimiento de *envidia que tienen los niños: *mi hijo mayor tiene ~ de su hermanito recién nacido.*

pel·vis |pélβis| ***f.*** ANAT. Parte del esqueleto situada en la zona inferior del tronco: *la ~ contiene el final del tubo digestivo, la vejiga urinaria y algunos órganos del aparato genital.* ☐ El plural es *pelvis.*

pe·na |péna| **1** ***f.*** Castigo que debe cumplir una persona responsable de una falta o *delito: *lo han condenado a una ~ de seis meses de cárcel.* ⇒ **condena; ~ capital/de muerte**, condena a ser ejecutado: *en España ya no existe la ~ capital.* **2** Dolor, sufrimiento o tristeza: *me da ~ ver a esos niños tan pobres y desnutridos; siento ~ cada vez que me acuerdo de ella.* ⇒ **lástima. 3** Dificultad, trabajo o esfuerzo que cuesta una cosa: *han pasado muchas penas para salir de la pobreza.* ■ **a duras penas**, con mucho esfuerzo y trabajo: *anduvieron varias horas y a duras penas consiguieron llegar hasta un pueblo.* ■ **de ~**, muy malo; muy mal: *estoy leyendo un libro de ~; este deportista salta que es de ~.* ■ **merecer/valer la ~**, ser importante; estar bien empleado un esfuerzo: *merece la ~ que vayamos juntos; déjalo, no vale la ~.* ■ **sin ~ ni gloria**, sin sobresalir ni destacar: *aquel autor pasó sin ~ ni gloria entre sus contemporáneos.* ■ **so ~ de**, a menos que; como no sea que: *no puedes quedarte más, so ~ de que pagues otro mes de alquiler.*

pe·na·cho |penátʃo| **1** ***m.*** Grupo de plumas levantadas que tienen en la cabeza ciertas aves: *el pavo real luce un ~ de colores brillantes.* ⇒ **airón, moño. 2** Grupo de plumas que se ponen como adorno en *cascos o sombreros: *los caballeros llevaban sus cascos engalanados con penachos de colores.* ⇒ **airón. 3** *fig.* Cosa que parece un conjunto de plumas: *las palmeras inclinaban sus penachos.*

pe·na·⌜do, ⌜da |penáðo, ða| ***m. f.*** Persona que está encerrada en una cárcel cumpliendo una pena: *unos veinte penados fueron trasladados a otra prisión más segura.* ⇒ **recluso.**

pe·nal |penál| **1** ***adj.*** DER. De las faltas y las penas o que tiene relación con ellas: *el abogado conoce todos los artículos del código ~.* **- 2** ***m.*** Edificio o local en el que la autoridad encierra a los que han obrado contra la ley: *el delincuente ha sido ingresado en un ~.* ⇒ **cárcel, presidio, prisión.**

pe·na·li·dad |penaliðáᵈ| ***f.*** Trabajo o situación molesta o incómoda: *pasaron muchas penalidades hasta llegar a puerto.* ⇒ **miseria.**

pe·na·li·zar |penaliθár| ***tr.*** [a alguien] Poner una pena o castigo: *el jugador de baloncesto ha sido penalizado y no podrá jugar en los próximos partidos.*

pe·nal·ti |penálti| **1** ***m.*** Falta que se hace en el juego del fútbol dentro del área de *gol propia a un jugador del equipo contrario: *el equipo perdió el partido porque hizo un ~.* ⇒ **penalty. 2** Pena que corresponde a esa falta: *el árbitro ha señalado ~.* ⇒ **penalty. 3** Lanzamiento de la pelota a meta desde un punto determinado del área de *gol como *consecuencia de esa falta: *el jugador ha fallado un ~.* ⇒ **penalty.** ■ **casarse de ~**, *fam.*, unirse un hombre y una mujer en *matrimonio cuando están ya esperando un hijo: *se casó de ~: cuando se celebró la boda ya estaba embarazada.* ☐ El plural es *penaltis.*

pe·nal·ty |penálti| ***m.*** ⇒ **penalti.** ☐ La Real Academia Española prefiere la forma *penalti.*

pe·nar |penár| **1** ***tr.*** [a alguien] Poner la pena o castigo que debe cumplir una persona responsable de una falta o *delito: *el juez penó al acusado con diez años de prisión.* ⇒ **condenar. 2** DER. [algo] Señalar la ley el castigo para una acción determinada: *la ley pena con la cárcel los delitos de robo y asesinato.* **- 3** ***intr.*** Padecer o soportar un dolor o una pena: *la bella florista penaba de amores; ha penado mucho por sus hijos.* ⇒ **sufrir.**

pen·co |péŋko| ***m.*** *fam.* Caballo delgado, débil y sin gracia: *¡cómo quieres ganar una carrera en el hipódromo con ese ~!* ⇒ **jamelgo.**

pen·den·cie·⌜ro, ⌜ra |pendenθi̲éro, ra| ***adj.*** Que gusta de luchar o discutir: *aquel hombre era una joya: jugador, ~, mujeriego y bebedor.* ⇒ **camorrista.**

pen·der |pendér| **1** ***intr.*** Estar colgada, suspendida o inclinada una cosa: *una lujosa lámpara pendía del techo.* **2** *fig.* Estar sin resolver o terminar un negocio o un juicio: *el pleito pende ante el Tribunal.*

pen·dien·te |pendi̲énte| **1** ***adj.*** Que está inclinado: *el terreno de la montaña era muy ~.* **2** *fig.* Que está sin resolver o terminar: *quiero solucionar algunos asuntos pendientes antes de irme; el juicio está ~ de sentencia.* **3** Que pone mucha atención en una persona o una cosa; que se preocupa: *la madre estaba ~ de su bebé en todo momento; el empresario estuvo ~ de las noticias de la bolsa.* ☐ Se usa con el verbo *estar.* **- 4** ***m.*** Adorno que se pone en la oreja: *la mujer llevaba unos pendientes de oro y brillantes; esos pendientes te favorecen.* ⇒ **anillo, collar, pulsera, zarcillo. - 5** ***f.*** Cuesta o inclinación de una superficie: *la pelota rodó por la ~; los escaladores se ayudaron con cuerdas para bajar una fuerte ~.* ⇒ **caída. 6** Inclinación de los tejados que sirve para que corra el agua: *las casas de los lugares donde llueve o nieva mucho tienen los tejados con mucha ~.* ⇒ **vertiente.**

pen·dón |pendón| **1** ***m.*** Bandera que usan ciertos grupos militares y religiosos y que consiste en una pieza de tela sujeta al borde superior de una barra horizontal: *el ~ era la insignia de los caballeros y de sus ejércitos.* ⇒ **estandarte. 2** *fam. desp. fig.* Persona de vida irregular y desordenada: *sus hijos son unos pendones que no pisan en su casa más que para dormir.* **3** *fam. fig.* Persona, especialmente mujer, que lleva una vida entregada a los *vicios: *desde que se quedó viudo no sale más que con pendones.*

pen·du·lar |pendulár| ***adj.*** Del *péndulo o que tiene relación con él: *hacía con la medalla un movimiento ~ intentando hipnotizar a su paciente.*

pén·du·lo |péndulo| ***m.*** Cuerpo sólido que se mueve primero hacia un lado y luego hacia el contrario, desde una posición de equilibrio determinada por un punto fijo situado por encima de su centro de gravedad: *el ~ del reloj hace posible su funcionamiento.*

pe·ne |péne| ***m.*** ANAT. Órgano sexual masculino: *los testículos y el ~ forman el aparato genital masculino; la introducción del esperma en la vagina se realiza mediante el ~.* ⇒ **falo, miembro.**

pe·ne·tra·ble |penetráβle| **1** ***adj.*** Que puede ser atravesado o *penetrado: *esa plancha de metal no nos servirá porque es ~.* ⇔ **impenetrable. 2** *fig.* Que es fácil de comprender o de averiguar: *las matemáticas no son tan difíciles, son penetrables.* ⇔ **impenetrable.**

pe·ne·tra·ción |penetraθión| **1** ***f.*** Acción y resultado de *penetrar: *el gobierno permitió la ~ de capital extranjero.* **2** *Comprensión de una cosa difícil: *resulta compleja la ~ en el pensamiento de Aristóteles.* **3** Inteligencia, capacidad de pensar con rapidez y claridad: *con gran ~, vio que la ciencia moderna había comenzado en el Renacimiento.* ⇒ **ingenio.**

pe·ne·tran·te |penetránte| **1** ***adj.*** Que es profundo; que entra mucho: *la lanza le produjo una herida ~; los ritmos de la música actual son muy penetrantes.* **2** *fig.* (voz, grito) Que es agudo o alto: *en medio del silencio se escuchó la voz ~ del tenor.* **3** Que es inteligente; que piensa con rapidez y claridad: *nada podía escapar a la mente ~ de aquel genio.*

pe·ne·trar |penetrár| **1** ***tr.*** [algo, a alguien] Introducirse o meterse una cosa dentro de otra: *el agua penetra la tierra.* ⇒ **internar. 2** Hacerse sentir de manera intensa y violenta el frío u otra sensación molesta: *aquel frío penetraba las carnes; el viento helado penetró hasta los huesos del caminante.* **3** *fig.* Afectar un dolor o un sentimiento profundamente: *el odio había penetrado su corazón.* **4** [a alguien] Introducir el pene dentro de la *vagina en el acto sexual. **- 5** ***tr.-intr.*** *fig.* [algo, a alguien] Comprender el interior de una persona o de una cosa difícil: *fue un hombre dotado de una gran sensibilidad para ~ el alma humana.* **- 6** ***intr.*** Introducirse en el interior de un grupo de personas o de un espacio: *penetraron en la cueva por una boca estrecha; penetró en los círculos más escogidos de la sociedad.*

pe·ni·ci·li·na |peniθilína| ***f.*** Sustancia elaborada por un hongo, que se usa en medicina para curar las *infecciones producidas por bacterias: *la ~ fue descubierta por Fleming; algunas personas son alérgicas a la ~.*

pe·nín·su·la |península| ***f.*** GEOGR. Extensión de tierra que está rodeada de agua por todas partes menos por una, por donde se une con un continente: *el castillo se elevaba sobre una pequeña ~; cuando subía la marea, el istmo de la ~ quedaba oculto bajo las aguas.*

pe·nin·su·lar |peninsulár| **1** ***adj.*** De la *península o que tiene relación con ella: *el investigador se proponía estudiar la fauna costera ~.* **2** De la Península Ibérica o que tiene relación con ella: *el hombre del tiempo señalaba un mapa ~; los niños estudian los ríos peninsulares.* **- 3** ***adj.-com.*** (persona) Que habita en la Península Ibérica, en oposición a las islas Baleares, Canarias y a las ciudades de Ceuta y Melilla: *la encuesta recogía la opinión de los peninsulares sobre la nueva ley de enseñanza.*

pe·ni·ten·cia |peniténθia| **1** ***f.*** REL. *Sacramento de la Iglesia *católica, por el cual el sacerdote perdona los *pecados en el nombre de Dios: *en muchas comunidades católicas, la ~ se celebra en común y ya no hay confesionarios.* **2** Pena que pone el sacerdote al que quiere ser perdonado: *me puso como ~ que rezara dos rosarios.* **3** *fam. fig.* Cosa muy molesta que uno debe hacer o soportar; castigo: *¡menuda ~ me mandas con ese encargo!*

pe·ni·ten·cia·rí·a |penitenθiaría| ***f.*** Edificio o local en el que la autoridad encierra a los que han obrado contra la ley: *dos policías llevaron al ladrón a la ~.* ⇒ **penitenciario.**

pe·ni·ten·cia·⌜rio, ⌜ria |penitenθiário, ria| ***adj.*** De la *penitenciaría o que tiene relación con ella: *los establecimientos penitenciarios cuentan con grandes medidas de seguridad; muchos parlamentarios pidieron la reforma del actual sistema ~.*

pe·ni·ten·te |peniténte| **1** ***com.*** Persona que cumple una pena, generalmente puesta por un sacerdote, para ser perdonado por Dios: *en el camino de la ermita es frecuente ver a muchos penitentes andando.* **2** Persona que en las *procesiones de Semana Santa hace una *penitencia: *en Semana Santa vi una procesión en la que iban penitentes descalzos y golpeándose la espalda desnuda.* ⇒ **nazareno.**

pe·no·⌜so, ⌜sa |penóso, sa| **1** ***adj.*** Que exige mucho esfuerzo o trabajo: *la construcción de las pirámides fue una tarea penosa.* ⇒ **trabajoso. 2** Que produce pena o dolor: *fue una experiencia penosa visitar aquellos lugares llenos de pobreza.* ⇒ **lamentable, lastimoso. 3** *fig.* Que es de mala calidad: *el trabajo de ese actor es ~.*

pen·sa·⌜dor, ⌜do·ra |pensaðór, ðóra| ***m. f.*** Persona que se dedica a estudios muy profundos: *el ~ y poeta recibió el premio Nobel de Literatura.*

pen·sa·mien·to |pensamiénto| **1** ***m.*** Capacidad de formar ideas y representaciones de la realidad en la mente, relacionando unas con otras: *el ~ es una cualidad humana.* **2** Idea o representación mental de una persona, cosa o situación: *ella es su único ~; pasó la tarde enfrascado en sus pensamientos.* **3** Deseo, intención o proyecto: *¿qué pensamientos tienes?; se acercó a la casa con malos pensamientos.* **4** Conjunto de ideas propias de una persona o de un grupo de personas: *el libro recoge el ~ de Ortega y Gasset; el ~ de la época se refleja bien en ese escritor.* **5** Idea o conjunto de ideas que destaca en un escrito o discurso: *la libertad es el único ~ en sus intervenciones públicas.* **6** Flor de jardín con forma de campana muy abierta y de varios colores: *al lado del césped de mi jardín tengo pensamientos morados y* *blancos.* 7 Planta de pequeño tamaño que da esa flor: *el ~ es una planta muy decorativa.*

pen·sar |pensár| **1** ***tr.-intr.*** [algo; en algo/alguien] Formar ideas y representaciones de la realidad en la mente, relacionando unas con otras: *el hombre piensa; estuvo pensando en sus amigos; ese trabajo exige ~ mucho.* **2** Examinar con cuidado un asunto: *pensaré en tu oferta y te daré la respuesta el lunes.* ⇒ **meditar. 3** Decidir una cosa después de examinar un asunto: *he pensado aceptar ese puesto.* **4** Tener la intención de hacer una cosa; hacer proyectos: *pienso salir esta noche contigo; estamos pensando hacer un viaje largo.* ⇒ **planear. 5** Inventar; formar una idea útil para explicar o hacer una cosa: *el prisionero pensó un plan para escapar; ¿has pensado ya cómo resolver el problema?* ⇒ **idear. 6** Dar a conocer una opinión: *pienso que no llevas razón; los dos pensaban igual; ¿tú qué piensas?* ⇒ **opinar.** ■ **¡ni pensarlo!**, expresión que se usa para rechazar una idea o propuesta; indica negación completa: *hoy no iremos al zoo, ¡ni pensarlo!* ■ **~ mal**, considerar las acciones o las palabras de otra persona como malas o de mala intención: *no confía en nadie, siempre piensa mal de los que le rodean.* ⇒ **malpensado.** ■ **sin ~**, de manera rápida e inesperada; de manera involuntaria: *se aburría, así que, sin ~, tomó el tren hacia Madrid; perdóname, lo hice sin ~.* ☖ Se conjuga como 27.

pen·sa·ti·ˈvo, ˈva |pensatíβo, βa| ***adj.*** Que piensa con atención; que está entregado intensamente a sus pensamientos: *cuando fui a verlo, estaba sentado con aire ~, leyendo el contrato.* ⇒ **meditabundo.**

pen·sión |pensión| **1** ***f.*** Establecimiento de categoría inferior al *hostal, que acoge a viajeros o visitantes y les ofrece camas y comidas a cambio de dinero: ⇒ **hostal, hotel. 2** Cantidad de dinero que se cobra por esa acogida: *perdone, don Elías, pero este mes no me ha pagado usted la ~.* **3** Conjunto de servicios de habitación y alimentación que se ofrece al cliente en un hotel u otro establecimiento de *hostelería: *¿con qué tipo de ~ desea usted alojarse en el hotel?;* **media ~**, la que se compone de habitación, *desayuno y una comida: *estuvimos de vacaciones a media ~: sólo desayunábamos y cenábamos en el hotel;* **~ completa**, la que se compone de habitación, *desayuno y dos comidas: *¿tienen ustedes media ~ o ~ completa?* **4** Cantidad de dinero que recibe una persona como ayuda, especialmente cuando la recibe cada cierto tiempo de un organismo oficial: *los jubilados cobran una ~ del Estado.*

pen·sio·nis·ta |pensionísta| **1** ***com.*** Persona que disfruta de una cantidad de dinero como ayuda, especialmente cuando la recibe cada cierto tiempo de un organismo oficial: *se jubiló por una enfermedad grave y ahora es ~; el Ayuntamiento construyó un centro social para los pensionistas.* ⇒ **jubilado. 2** Persona que paga una cantidad de dinero cada cierto tiempo por vivir en un *colegio o en una casa particular: *cuando estudiaba el bachillerato fue ~ en una residencia de estudiantes.* ⇒ **pupilo.**

pen·tá·go·no |pentáɣono| ***m.*** GEOM. Figura plana de cinco lados: *muchos niños dibujan casas que parecen pentágonos; el ~ es un polígono.*

pen·ta·gra·ma |pentaɣráma| ***m.*** MÚS. Conjunto de cinco líneas horizontales y paralelas, situadas a igual distancia unas de otras, y sobre el cual se escribe la música: *escuchó las melodías tradicionales y las llevó al ~ para evitar que se olvidaran.* ☖ No se debe decir *pentágrama.*

pen·ta·sí·la·ˈbo, ˈba |pentasílaβo, βa| ***adj.-m.*** (verso, palabra) Que tiene cinco sílabas: *la palabra* penitenciario *es pentasílaba.*

pe·núl·ti·ˈmo, ˈma |penúltimo, ma| ***adj.-s.*** Que ocupa el lugar anterior al último: *el corredor quedó en el ~ puesto de la carrera; era el ~ de los hijos del médico.* ⇒ **último.**

pe·num·bra |penúmbra| ***f.*** Estado entre la luz y la oscuridad: *¿por qué no enciendes la luz?, está anocheciendo y la casa está en ~.*

pe·nu·ria |penúria| ***f.*** Falta de las cosas más necesarias para vivir: *le han prestado dinero para ayudarle a salir de su ~.* ⇒ **escasez, estrechez.**

pe·ña |péɲa| **1** ***f.*** Piedra grande y natural, que no ha sido trabajada por el hombre: *con el temblor de tierra, varias peñas se desprendieron y cayeron al barranco.* **2** Elevación del terreno que tiene muchas piedras y rocas: *llegaron a una ~ desde la que se divisaba el valle.* **3** Grupo de personas que tienen unos mismos intereses deportivos, culturales o de otro tipo, especialmente las que se reúnen para celebrar ciertas fiestas: *somos muy aficionados al fútbol y formamos parte de una ~ que apoya al equipo local.* ⇒ **asociación, club.**

pe·ñas·cal |peɲaskál| ***m.*** Terreno cubierto de rocas grandes: *anduvieron por cerros y peñascales hasta que, por fin, encontraron la fuente.*

pe·ñas·co |peɲásko| ***m.*** Roca de gran tamaño, situada generalmente en un lugar alto: *las cabras trepan con agilidad por los peñascos; caminaremos hasta llegar a ese ~ del fondo; el castillo está en la cumbre de un ~.* ⇒ **peña.**

pe·ña·zo |peɲáθo| ***m.*** *fam. fig.* Persona o cosa molesta o aburrida: *vaya película más ~; eres un ~, no me dejas en paz.* ⇒ **pelma.**

pe·ñón |peɲón| ***m.*** Montaña llena de rocas: *desde aquel ~ podían divisarse los barcos que llegaban a la costa.*

pe·ón |peón| **1** ***m.*** Obrero que realiza trabajos físicos que no necesitan un conocimiento o una habilidad especial: *el maestro albañil llevaba un oficial y dos peones;* **~ caminero**, el que trabaja en la conservación y arreglo de las carreteras y vías públicas: *una cuadrilla de peones camineros estaba asfaltando la calle.* **2** Pieza del *ajedrez que se mueve de frente, avanzando un solo cuadro en cada movimiento: *cada jugador tiene ocho peones; los peones se colocan delante de las demás piezas al inicio de la partida.* **3** Juguete con forma de cono, generalmente de madera y con una punta de hierro, al que se enrolla una cuerda para lanzarlo y hacer que gire sobre sí mismo: *cuando era niño sabía bailar muy bien el ~.* ⇒ **peonza, trompo.**

pe·o·na·da |peonáða| **1** *f.* Trabajo que un *obrero hace en un día, especialmente en las labores del campo: *los jornaleros fueron a cobrar las peonadas que les correspondían.* **2** Conjunto de *peones que trabajan en una obra: *el capataz llamó a la ~ para darles las últimas órdenes.*

pe·on·za |peónθa| **1** *f.* Juguete con forma de cono, generalmente de madera y con una punta de hierro, al que se enrolla una cuerda para lanzarlo y hacer que gire sobre sí mismo: *ese niño es un maestro lanzando la ~; hacía bailar la ~ sobre la mesa.* ⇒ **peón, trompo. 2** *fig.* Persona a la que le gusta mucho bailar: *mi padre se aburre en las fiestas, pero mi madre es una ~.* **3** *fig.* Persona nerviosa y que se mueve mucho: *cuando tiene exámenes es una ~.* ■ **a ~**, *fam.*, andando; a pie: *no teníamos dinero para un taxi y tuvimos que venir a ~.*

pe·or |peór| **1** *adj.* Que es más malo; que es inferior a otra cosa: *esta tela es ~ que la que has comprado.* ⇒ **malo, pésimo.** ⇔ **mejor.** ☐ Es el comparativo de *malo.* Acompañado del artículo forma el grado superlativo: *de todas las ciudades que conozco, ésta es la ~.* **- 2** *adv.* Más mal; de manera más contraria a lo bueno o lo conveniente: *el enfermo se encuentra ~; cada día lo hace ~.* ⇒ **mal.** ⇔ **mejor.** ☐ Es el comparativo de *mal.*

pe·pi·ni·llo |pepiníʎo| *m.* *Pepino pequeño, conservado en sal y vinagre: *he comprado un bote de pepinillos y otro de cebollitas en vinagre.* ⇒ **pepino.**

pe·pi·no |pepíno| **1** *m.* Hortaliza de forma cilíndrica, con una corteza áspera y rugosa, verde o amarilla, y en su interior una carne blanca con muchas semillas pequeñas y planas en el centro: *el ~ se come crudo y en ensalada.* ⇒ **pepinillo. - 2** *adj.-m. fam.* (*melón) Que está poco maduro: *al cortar el melón se dieron cuenta de que estaba ~; los melones pepinos se echan a los cerdos.* ■ **importar un ~**, *fam.*, no valer nada; no ser importante: *a él le importaba un ~ que sus amigos lo hubieran abandonado.* ⇒ **bledo, comino, rábano.**

pe·pi·ta |pepíta| **1** *f.* Semilla pequeña de la uva, de la manzana y de otras frutas y hortalizas: *no te comas las pepitas de la sandía; con las pepitas de uva se hace aceite; las pepitas son pequeñas y duras.* ⇒ **pipa. 2** Trozo pequeño y pulido de oro o de otro metal: *algunos ríos arrastraban pepitas de oro.* **3** Enfermedad que ataca a las gallinas y otras aves domésticas en la lengua: *la ~ produce trastornos respiratorios y es contagiosa.*

pe·pi·to |pepíto| **1** *m.* Bollo de forma alargada que tiene dentro crema o chocolate: *en aquella pastelería venden unos pepitos buenísimos; este ~ está relleno de nata y cubierto de azúcar.* **2** Pan partido en dos mitades, entre las cuales se pone un trozo delgado de carne: *¿quieres un ~ de lomo o de ternera?*

pe·po·na |pepóna| **1** *f.* Muñeca grande, generalmente con la cara gorda: *nos tocó una ~ en una tómbola.* **2** *fam.* Mujer con la cara gorda: *los hombres decían que era muy guapa, pero las mujeres decían que era una ~.*

pe·que·ñez |pekeɲéθ| **1** *f.* Cualidad de pequeño: *siempre le fastidió la ~ de sus ojos.* **2** Cosa pequeña o poco importante: *eso son pequeñeces, no veo por qué te enfadas.* ⇒ **nimiedad.**

pe·que·⌐ño, ⌐ña |pekéɲo, ɲa| **1** *adj.* Que tiene un tamaño menor de lo normal: *quiero una taza pequeña para el café; tiene la boca pequeña y los ojos grandes; vivieron en un piso ~.* ⇒ **diminuto, enano.** ⇔ **grande. 2** Que tiene poca altura: *esos olivos son pequeños; para su edad, está muy ~, ¿no crees?* ⇒ **bajo. 3** Que tiene muy poca edad: *tiene un niño ~; aún eres ~ para montar en la montaña rusa.* **4** Que es poco importante; que no es nada importante: *se hizo una pequeña herida en el dedo; tengo un ~ papel en la obra de teatro.* **5** *fig.* Que es de poca importancia social o tiene poco dinero: *es un ~ comerciante de la ciudad.* ■ **en ~**, en tamaño reducido: *esta maqueta representa mi casa, pero en ~, claro.*

pe·ra |péra| **1** *f.* Fruto comestible, ancho por un extremo y delgado por el otro, con la piel fina, de color verde o amarillo, la carne blanca, de sabor dulce o ácido y, en el centro, unas semillas pequeñas de color negro: *he comprado un kilo de peras; las peras en almíbar están muy buenas.* ⇒ **manzana. 2** Objeto con la forma de ese fruto, que sirve para llamar a un *timbre o para encender y apagar la luz: *la luz de su habitación se apagaba desde una ~ que había sobre la cama.* ⇒ **interruptor. 3** Recipiente de goma con la forma de ese fruto que se usa para impulsar un líquido o un gas: *las madres utilizan una ~ para limpiar la nariz y los oídos de los bebés.* **4** *fig.* Conjunto de pelo que se deja crecer en la punta de la barba: *el caballero llevaba ~ y patillas.* ⇒ **perilla. - 5** *adj.-com. fig.* (persona) Que es muy presumido y siempre va muy arreglado: *los niños ~ siempre usan ropa cara.* ⇒ **cursi.** ■ **el año de la ~**, *fam.*, en un tiempo muy antiguo: *llevaba unas corbatas del año de la ~.* ■ **~ en dulce**, *fam. fig.*, persona o cosa con muy buenas cualidades o muy favorable: *ese novio tuyo es una ~ en dulce.* ■ **ser la ~**, *fam.*, destacar sobre todo lo demás por una cualidad buena o mala: *los transportes son la ~: nunca llegan a tiempo.*

pe·ral |perál| **1** *m.* Árbol de tronco recto y liso, copa muy poblada con hojas ovaladas y flores blancas en grupo, que produce un fruto comestible: *el fruto del ~ se llama pera; los perales del huerto estaban sin podar.* **2** Madera de ese árbol: *el ~ es de color blanco rojizo; el ~ se usa para fabricar reglas y plantillas de dibujo.*

pe·ral·te |perálte| **1** *m.* Altura de la parte exterior de una curva en una carretera o vía: *el ~ de la autovía evitó que el coche se saliera de la curva.* **2** ARQ. Elevación de una *armadura por encima de los puntos de apoyo o arranque: *el ~ de la bóveda da al edificio mayor esbeltez.*

per·cal |perkál| *m.* Tejido de algodón, de poco precio: *salió de la choza una niña descalza y sucia que llevaba un vestido de ~.* ■ **conocer el ~**, conocer muy bien una cosa o un asunto: *no hace falta que me expliques nada, ya conozco el ~.*

per·can·ce |perkánθe| *m.* Hecho o accidente con

el que no se cuenta y que impide o retrasa un proyecto: *han sufrido un pequeño ~ en la carretera y no llegarán a tiempo.* ⇒ **contratiempo.**

per·ca·tar·se |perkatárse| ***prnl.*** [de algo] Darse cuenta de una cosa: *el maestro se percató de que uno de los niños no estaba atento.* ⇒ **notar.**

per·ce·be |perθébe| ***m.*** Animal invertebrado marino, de forma alargada, que vive pegado a las piedras del mar: *pescar percebes es muy peligroso; los percebes son muy caros.*

per·cep·ción |perθeᵖθión| **1** ***f.*** Acción y resultado de *percibir o recibir una cosa: *el desempleado tendrá derecho a la ~ de una parte de su sueldo base.* **2** Proceso por el cual una persona llega al conocimiento del mundo exterior a partir de las impresiones que le comunican los sentidos: *la ~ del objeto es distinta en cada individuo.* **3** Representación mental de una persona, cosa o situación: *no consiguió llegar a la ~ de la solución del problema.* ⇒ **idea.**

per·cep·ti·ble |perθeᵖtíβle| ***adj.*** Que se puede notar o *percibir: *es ~ tu falta de interés: podías disimular un poco.* ⇔ **imperceptible.**

per·cha |pértʃa| **1** ***f.*** Utensilio ligero, de madera, metal o plástico, con un soporte para colocar trajes u otras prendas de vestir y un gancho en la parte superior para colgarlo en una barra u otro lugar fijo: *dentro del armario, la ropa se cuelga en perchas.* **2** Pieza que se fija a la pared y que tiene varios ganchos que sirven para colgar la ropa: *detrás de la puerta hay una ~, allí puedes dejar tu abrigo.* **3** Mueble con ganchos para colgar la ropa: *en la entrada de la casa había una bonita ~ de madera.* ⇒ **perchero.**

per·che·ro |pertʃéro| ***m.*** Mueble con ganchos para colgar la ropa: *colgó su sombrero y su abrigo en el ~.* ⇒ **percha.**

per·che·⌐rón, ⌐ro·na |pertʃerón, róna| ***adj.-m.*** (caballo) Que es muy grande y fuerte y se usa para arrastrar grandes pesos: *utilizaban una yegua percherona en las labores del campo.*

per·ci·bir |perθiβír| **1** ***tr.*** [algo] Tener conocimiento del mundo exterior por medio de las impresiones que comunican los sentidos: *al entrar en la habitación, percibió un olor desagradable; los colores se perciben a través de la vista.* **2** Recibir una cosa, especialmente cobrar un sueldo u otra cantidad: *los empleados perciben su salario mensualmente; el ganador percibirá el premio en metálico.* **3** Comprender o conocer una cosa: *era muy listo y siempre percibía los verdaderos sentimientos de la gente.*

per·cu·sión |perkusión| **1** ***f.*** Acción de golpear varias veces seguidas: *la ~ del tambor resultaba molesta.* **2** MÚS. Conjunto de instrumentos que producen música al ser golpeados: *el tambor y los platillos son instrumentos de ~.* **3** MED. Método para explorar una parte del cuerpo dando golpes secos con los dedos: *la ~ y la auscultación son básicas en un reconocimiento médico.*

per·cu·tir |perkutír| **1** ***tr. form.*** [algo] Dar golpes varias veces: *se compró un martillo para ~ el metal.* **2** MED. Explorar una parte del cuerpo dando golpes secos con los dedos: *el médico empezó a ~ la espalda del paciente para hacerle un reconocimiento.*

per·de·⌐dor, ⌐do·ra |peðeðór, ðóra| ***adj.-s.*** Que pierde o es vencido: *el equipo ~ se portó con deportividad y aceptó la derrota con honor; Mariano es un ~: nunca ha ganado nada en un juego de azar.* ⇔ **vencedor.**

per·der |perðér| **1** ***tr.*** [algo, a alguien] Verse privado de una persona o cosa por un descuido o por una desgracia: *he perdido las llaves del piso; debido a la enfermedad, perdió el pelo; había tanta gente en el estadio que Pepe perdió a sus amigos.* **2** [a alguien] Verse privado de la compañía de una persona querida, generalmente a causa de su muerte: *muchas familias perdieron a sus hijos en la batalla; el ejército ha perdido muchos hombres.* **3** [algo] Emplear mal o no aprovechar debidamente: *estás perdiendo el tiempo con ella; perdió la ocasión de su vida al rechazar aquel empleo.* **4** No conseguir dinero; gastar los bienes y el dinero sin cuidado: *el comerciante perdió dinero invirtiendo en ese negocio.* ⇔ **ganar. 5** Provocar un daño; estropear: *la lluvia ha perdido la cosecha.* **6** [algo, a alguien] Producir daño en la *honra o en los bienes de una persona: *el vicio lo ha perdido.* **7** [algo] Quedar vencido en una lucha, una discusión o una competición: *el equipo azul perdió el partido; ha perdido la apuesta que hizo con su compañero.* ⇔ **ganar. 8** Disminuir poco a poco el contenido de un recipiente: *la rueda derecha pierde aire, tal vez está pinchada.* **9** Disminuir de peso una persona: *el trabajo es tan duro que ya he perdido varios kilos; hizo un régimen para ~ peso.* **10** Dejar de tener un sentimiento o una actitud: *el alumno no debe ~ el respeto a su maestro; debes ~ el miedo a las alturas; lo siento, he perdido la calma; tu hijo ha perdido nuestro cariño.* **- 11 *intr.*** Borrarse o apagarse los colores de una tela: *ten cuidado al lavar los vaqueros porque pierden.* ⇒ **desteñir. - 12 perderse *prnl.*** Equivocarse de camino; no encontrar un camino o una salida correcta: *perdone, creo que me he perdido, ¿podría ayudarme?; los excursionistas se perdieron en el bosque.* **13** *fig.* Olvidar el asunto del que se estaba hablando: *lo siento, me he perdido, ¿qué estábamos diciendo?* **14** *fig.* Ocultarse una corriente de agua en la tierra: *llegaron a un lugar en el que se perdía el Guadiana.* **15** *fig.* Entregarse a un *vicio: *el hijo pequeño gastó su herencia y se perdió en juegos y diversiones.* **16** *fig.* Amar con pasión a una persona o cosa: *me pierdo por tu cariño; se pierde por tener un buen coche.* ☐ Se conjuga como 28. ■ **llevar/ tener las de** ~, *fam.*, no tener posibilidad de ganar: *sabía que llevaba las de ~, así que aceptó.* ■ **¡piérdete!**, *fam.*, ¡vete!; ¡márchate!: *como no me dejaba en paz le dije: «¡Piérdete!».* ■ **saber** ~, no enfadarse al quedar vencido: *nadie quiere jugar con él porque no sabe ~.* ■ **tener buen/mal** ~, aceptar de buena o mala manera la *derrota: *menos mal que tienes buen ~.*

per·di·ción |perðiθión| **1** ***f.*** Daño, destrucción o desgracia: *su afición a la bebida causó la ~ de toda su familia.* ⇒ **ruina. 2** Persona o cosa que provoca daño, destrucción o desgracia: *este niño tan rebelde va a ser nuestra ~.*

pér·di·da |pérðiða| **1** ***f.*** Falta de lo que se poseía: *su ~ de peso se debe a la enfermedad que padece; la caída de la bolsa ha provocado pérdidas millonarias; la ~ de la cosecha ha arruinado a los agricultores.* ⇔ **ganancia. 2** Escape o *fuga de un fluido: *este depósito tiene pérdidas.* **3** Mal uso de una cosa: *este trabajo es una ~ de tiempo y de energía.*

per·di·⌐do, ⌐da |perðíðo, ða| **1** ***adj.*** Que no tiene o no lleva un destino determinado: *creo que estamos perdidos: vamos a mirar un mapa.* **2** *fam.* Que está muy sucio; que se ha manchado: *el niño se puso ~ de arena; me he puesto perdida de agua.* **3** *fam.* Que tiene una enfermedad o un defecto determinado; que tiene un sentimiento determinado: *el pobre hombre estaba loco ~; las dos hermanas son tontas perdidas.* ☖ Se usa siempre detrás de un adjetivo. **- 4** ***m. f.*** Persona de vida desordenada o de malas costumbres: *sois unos perdidos, no pensáis más que en la juerga.* ⇒ **golfo.**

per·di·gón |perðiγón| **1** ***m.*** Bola pequeña de *plomo que, junto con la pólvora, compone la carga de ciertas armas de fuego: *utilizaban cartuchos de perdigones para cazar codornices.* **2** Cría de la *perdiz: *los perdigones corrían junto al camino detrás de su madre.* **3** *Perdiz macho que usan los cazadores para atraer otras piezas: *cuando llegaron al monte, los cazadores echaron a cantar a los perdigones.*

per·diz |perðíθ| ***f.*** Ave de la familia de la gallina, con pico y patas rojas, con la cabeza pequeña, el cuerpo grueso y que anda más que vuela: *la ~ es muy estimada por su carne.* ⇒ **perdigón.** ☖ Para indicar el sexo se usa la ~ macho y la ~ hembra. ■ **marear la ~**, *fam.*, tratar el mismo asunto una y otra vez: *protestaron ante su jefa con la única intención de marear la ~.*

PERDIZ

per·dón |perðón| **1** ***m.*** Acción y resultado de perdonar o no tener en cuenta una falta: *siempre obtengo su ~.* ⇒ **indulgencia. 2** Acción y resultado de librar a una persona de una deuda o de un castigo: *el juez está considerando otorgar el ~ a un preso.* ■ **con ~**, *fam.*, expresión que se usa cuando se pronuncia el nombre de una cosa que se considera molesta o de mal gusto: *se levantó de la mesa diciendo: —"Tengo que ir al váter, con ~".* ■ **pedir ~**, pedir a una persona que no tenga en cuenta una falta: *vengo a pedir ~ por todo el daño que te he hecho.*

per·do·nar |perðonár| **1** ***tr.*** [algo, a alguien] No tener en cuenta una falta que *comete una persona: *acepto tus disculpas, te perdono; el rey perdonó al Cid; Dios puede perdonar tus debilidades.* **2** [a alguien] Librar a una persona de una deuda o de un castigo: *el banco le perdonó el crédito y no tuvo que devolverlo; aunque los castigó sin postre, la madre terminó perdonando a sus hijos.* **3** [algo] Dejar de hacer una cosa; dejar pasar: *dice que está a régimen pero el postre no lo perdona.*

per·do·na·vi·das |perðonaβíðas| ***com.*** *fig.* Persona que presume de ser valiente: *no me mires con esa cara de ~, eres un inútil.* ⇒ **chulo, fanfarrón.** ☖ El plural es *perdonavidas.*

per·du·rar |perðurár| ***intr.*** Durar mucho; conservarse o mantenerse en un mismo estado: *existen muchas tradiciones populares que aún perduran.* ⇒ **subsistir.**

pe·re·ce·de·⌐ro, ⌐ra |pereθeðéro, ra| ***adj.*** Que dura poco; que puede estropearse en un tiempo breve: *la carne y el pescado fresco son alimentos perecederos.* ⇒ **caduco.** ⇔ **imperecedero.**

pe·re·cer |pereθér| **1** ***intr.*** *form.* Dejar de tener vida: *la catástrofe ha hecho ~ a cientos de personas, sepultadas por la lava.* ⇒ **fallecer, morir. 2** Acabar del todo; llegar al fin: *la literatura jamás perecerá.* **3** *fig.* Sentir de forma intensa una sensación o un sentimiento; no tener lo necesario para vivir: *perecieron de hambre.* ☖ Se conjuga como 43.

pe·re·gri·na·ción |pereγrinaθión| **1** ***f.*** Viaje por tierras extrañas: *durante el año pasado hice una ~ por varios continentes.* ⇒ **peregrinaje. 2** Viaje a un lugar *sagrado, generalmente el que se hace andando y por *motivos religiosos: *todos los musulmanes deben hacer al menos una ~ a La Meca en la vida; la catedral de Santiago es un famoso lugar de ~ para los cristianos.* ⇒ **peregrinaje. 3** Acción y resultado de andar de un lugar a otro buscando o intentando resolver un asunto: *la ~ para conseguir los permisos oficiales me ha llevado dos semanas.* ⇒ **peregrinaje.**

pe·re·gri·na·je |pereγrináxe| ***m.*** ⇒ **peregrinación.** ☖ La Real Academia Española prefiere la forma *peregrinación.*

pe·re·gri·nar |pereγrinár| **1** ***intr.*** Andar por tierras extrañas: *Marco peregrinó por el mundo en busca de su madre.* **2** Ir a visitar un lugar *sagrado, generalmente andando y por *motivos religiosos: *muchos cristianos de todo el mundo peregrinan hasta Santiago de Compostela.* **3** *fam. fig.* Andar de un lugar a otro buscando o intentando resolver un asunto: *tuvo que ~ por todo Madrid para arreglar los papeles de la nacionalidad.*

pe·re·gri·no, ⌜na |pereγríno, na| **1** ***adj.-s.*** (persona) Que va a visitar un lugar *sagrado, generalmente andando y por *motivos religiosos: *los peregrinos de Santiago llegaron hasta las puertas de la catedral.* ⇒ **romero.** - **2** ***adj.*** Que anda por tierras extrañas: *la novela cuenta la historia de un viajero ~.* **3** (ave) Que deja un lugar y se dirige a otro: *la golondrina es una ave peregrina.* ⇒ **migratorio.** **4** *fig.* Que es extraño o raro; que ha sido visto pocas veces: *tiene unas ideas un tanto peregrinas.*

pe·re·jil |perexíl| ***m.*** Hierba olorosa con tallos finos, hojas brillantes de color verde oscuro, divididas en tres partes, y flores blancas o verdes muy pequeñas: *el ~ se usa para dar sabor a la comida; la carne picada se adoba con ajo y ~.*

pe·ren·ne |peréⁿne| **1** ***adj.*** *form.* Que es continuo; que no se interrumpe o no termina nunca: *subieron el puerto en medio de una niebla ~.* ⇒ **constante, eterno, permanente, perpetuo.** **2** BOT. (hoja de las plantas) Que no cae en otoño; que dura todo el año: *los pinos y los abetos son árboles de hoja ~.* ⇔ **caduco.** **3** BOT. (planta) Que vive más de dos años: *todos los árboles son perennes.* ⇒ **vivaz.**

pe·ren·to·rio, ria |perentórjo, rja| **1** ***adj.*** DER. Que es lo último; que pone fin a un asunto: *han puesto como plazo ~ el próximo día 31.* **2** Que es urgente o exige rapidez: *el asunto requiere una respuesta perentoria.*

pe·re·za |peréθa| **1** ***f.*** Descuido y falta de preocupación por las propias obligaciones; desagrado por el trabajo: *siempre está ideando cosas, pero no las hace por ~.* ⇒ **dejadez, indolencia, vagancia.** **2** Descuido, retraso o *lentitud en las acciones o movimientos: *por las mañanas, la ~ no le deja levantarse de la cama.*

pe·re·zo·so, ⌜sa |pereθóso, sa| **1** ***adj.*** Que hace poco o nada; que no le gusta trabajar; que tiene pereza: *no debes ser ~, es mejor que hagas las tareas cuanto antes.* ⇒ **vago.** - **2 perezoso** ***m.*** Animal mamífero con brazos largos adaptados para *trepar, pelo espeso, de movimientos lentos y que se alimenta de vegetales: *el ~ se encuentra en los bosques tropicales de América del Sur.* ☐ Para indicar el sexo se usa el ~ macho y el ~ hembra.

per·fec·ción |perfeᵏθjón| **1** ***f.*** Cualidad de perfecto: *el artista quiso reflejar la ~ de la naturaleza; los hombres santos buscan la ~ de su alma.* ⇔ **imperfección.** **2** Cosa perfecta: *esa modelo es la ~ personificada.*

per·fec·cio·nar |perfeᵏθjonár| ***tr.-prnl.*** [algo] Hacer mejor o perfecto: *tu trabajo se puede ~; el inventor quiere ~ su técnica; los hombres deben conocerse y perfeccionarse.* ⇒ **coronar.**

per·fec·cio·nis·mo |perfeᵏθjonísmo| ***m.*** Tendencia a mejorar un trabajo de manera indefinida, sin decidirse a considerarlo acabado: *el ~ fue una constante en su trabajo.*

per·fec·cio·nis·ta |perfeᵏθjonísta| ***adj.-com.*** (persona) Que tiende a mejorar un trabajo de manera indefinida, sin decidirse a considerarlo acabado: *se definió a sí mismo como un ~.*

per·fec·⌜to, ⌜ta |perféᵏto, ta| **1** ***adj.*** Que tiene todas las cualidades necesarias; que no posee defectos: *los escultores griegos modelaban figuras perfectas.* **2** Que es adecuado para hacer algo: *ese vestido es ~ para salir a cenar.* ⇒ **ideal.** **3** Completo o total: *ese hombre es un ~ idiota.* ☐ En esta acepción se usa siempre delante del nombre al que califica. **4** LING. (tiempo verbal) Que expresa una acción acabada: *la forma* había cantado *pertenece a un tiempo ~.* ⇒ **pretérito.**

per·fi·dia |perfíðja| ***f.*** Falta de firmeza en los afectos o las ideas: *la ~ de un amor la ha hecho muy desgraciada.*

pér·fi·⌜do, ⌜da |pérfiðo, ða| ***adj.-s.*** Que no es firme en sus afectos o ideas; que falta a la palabra dada o que no cumple su palabra: *era una mujer pérfida y vengativa.* ⇒ **infiel, traidor.**

per·fil |perfíl| **1** ***m.*** Línea fina que marca el borde de una cosa: *cuando amanece se ve el ~ de los árboles y las montañas.* ⇒ **silueta.** **2** Modo en que está puesta una persona o cosa y que deja ver solamente un lado del cuerpo: *en la comisaría le hicieron una foto de frente y otra de ~.* **3** Aspecto particular con el que se presenta una cosa: *las negociaciones tomaron un ~ peligroso.* **4** Conjunto de cualidades o *rasgos propios de una persona o cosa: *se busca a una persona que tenga un ~ de economista;* **~ psicológico**, conjunto de *rasgos más importantes y característicos de la *personalidad de un individuo: *un experto desveló el ~ psicológico del asesino.* **5** Contorno de una figura representado por líneas que determinan su forma: *el dibujante esbozó el ~ de la plaza.* - **6 perfiles** ***m. pl.*** Complementos y detalles con los que se termina una cosa: *faltan algunos perfiles, pero la obra pronto estará completa.*

per·fi·lar |perfilár| **1** ***tr.*** [algo] Dibujar o marcar un *perfil: *el maquillador perfiló los labios de la modelo con un lápiz rojo.* **2** *fig.* Trabajar con gran cuidado en una cosa con el fin de hacerla perfecta: *el científico aún está perfilando su teoría.* - **3 perfilarse** ***prnl.*** Empezar a tomar una forma clara y exacta: *con la primera luz del sol se perfilaron los objetos de la sala.* **4** Presentar un aspecto particular: *las primeras negociaciones se perfilan como algo tensas.*

per·fo·ra·ción |perforaθjón| **1** ***f.*** Acción y resultado de *perforar: *los albañiles están terminando la ~ de la pared.* **2** MED. *Rotura de las paredes del *intestino, del estómago o de otro órgano: *la úlcera le provocó una ~ en el estómago y tuvo que ser operado urgentemente.*

per·fo·rar |perforár| ***tr.*** [algo] Atravesar una cosa o un lugar; hacer uno o más agujeros: *han perforado la montaña para construir el túnel; para poner un pendiente, antes hay que perforar el lóbulo de la oreja.* ⇒ **agujerear, horadar.**

per·fu·ma·dor |perfumaðór| ***m.*** Recipiente que contiene una sustancia olorosa y que sirve para dar buen olor: *tenía un precioso ~ de cristal sobre su tocador.* ⇒ **ambientador.**

per·fu·mar |perfumár| ***tr.-prnl.*** [algo, a alguien] Dar buen olor mediante una sustancia olorosa: *después de ponerse el vestido se perfumó detrás de las orejas; la señora había perfumado su casa con ambientador de rosas; le gusta ~ el armario con membrillo; estas sales perfuman el baño.*

per·fu·me |perfúme| **1** ***m.*** Producto elaborado con alcohol, flores, frutas u otras sustancias olorosas que se usa para dar y tener buen olor: *le regaló un ~ de París por su aniversario; los perfumes se fabrican con esencias y aceites.* ⇒ **colonia. 2** Olor muy agradable: *la joven adoraba el ~ de las rosas.* ⇒ **aroma.**

per·fu·me·rí·a |perfumería| **1** ***f.*** Establecimiento en el que se venden *colonias, *perfumes, productos de *maquillaje y de aseo: *entró en una ~ y quedó admirado de la gran variedad de frascos que había.* **2** Industria que fabrica y vende *perfumes, productos de *maquillaje y de aseo: *es químico y trabaja en una fábrica de ~.* **3** Conjunto de productos y materias de esa industria: *recibió un catálogo de ~.*

per·ga·mi·no |perɣamíno| **1** ***m.*** Piel de animal, convenientemente preparada y estirada, que se usa para distintos fines: *los antiguos escribían en ~; muchos libros están encuadernados en ~.* **2** Documento escrito en esa piel: *han encontrado unos pergaminos en un antiguo monasterio paleocristiano.*

per·ge·ñar |perxeɲár| ***tr.*** [algo] Disponer o ejecutar una cosa con más o menos habilidad: *mientras estudiaba, iba pergeñando sus primeras creaciones artísticas.*

pér·go·la |pérɣola| ***f.*** *form.* Armazón de columnas y barras que sostiene plantas para cubrir un espacio: *las señoritas se sentaron a la sombra de la ~.*

pe·ri·cia |períθia| ***f.*** Experiencia y habilidad para una actividad: *dibujaba el paisaje con gran ~; el jinete demostró su ~ en los saltos.* ⇒ **destreza.** ⇔ **impericia.**

pe·ri·co |períko| **1** ***m.*** Ave procedente de América, con el cuerpo de color verde y el pico fuerte, grueso y curvo: *los pericos son fácilmente domesticables.* ⇒ **periquito.** ☖ Para indicar el sexo se usa el ~ macho y el ~ hembra. **2** *fig.* Recipiente que se usa para orinar que se puede llevar de un lugar a otro: *siempre pone el ~ debajo de la cama.* **3** *fam. vulg.* En el lenguaje de la droga, *cocaína: *buscaba un camello para comprar ~.*

pe·ri·fe·ria |periféria| ***f.*** Espacio que rodea a un punto considerado como centro: *no vivo en el centro, sino en la ~ de la ciudad; la Comunidad Valenciana está en la ~ peninsular de España.*

pe·ri·fé·ri·⌜co, ⌜ca |periféiko, ka| **1** ***adj.*** De la *periferia o que tiene relación con ella: *se aprobó el plan para construir varias urbanizaciones periféricas.* ⇒ **marginal. - 2 periférico** ***m.*** INFORM. Unidad exterior de un ordenador, que no forma parte de la unidad central y que sirve para la entrada y la salida de información: *la pantalla, la impresora y el escáner son periféricos.*

pe·ri·fo·llo |perifóʎo| **1** ***m.*** Planta de tallos finos y ramosos, con las hojas muy *recortadas y olorosas, flores blancas y semilla pequeña y negra: *las hojas del ~ son de gusto agradable y se usan en ensaladas y como condimento.* **2** *fam. fig.* Adorno que usan las mujeres en la ropa y el peinado, especialmente el que es excesivo o de mal gusto: *siempre lleva las blusas cargadas de perifollos; se presentó en la fiesta con un ~ horrible en la cabeza.*

pe·rí·fra·sis |perífrasis| **1** ***f.*** LING. Grupo de palabras formado por un verbo auxiliar conjugado seguido de otro verbo en infinitivo, gerundio o participio: *las siguientes frases tienen una ~:* voy a contestar al teléfono, anduvo mirando los cuadros, deben de ser las cuatro *o* te tengo dicho que vengas pronto. **2** POÉT. Figura del lenguaje que consiste en expresar una idea con un rodeo, cuando puede decirse más fácilmente: *el lenguaje de los periodistas está lleno de perífrasis.* ☖ El plural es *perífrasis.*

pe·ri·frás·ti·⌜co, ⌜ca |perifrástiko, ka| **1** ***adj.*** *form.* Que contiene una o varias *perífrasis: *el artículo del periódico tenía un estilo ~.* **2** De la *perífrasis o que tiene relación con ella: *el futuro se construye muchas veces de forma perifrástica;* vamos a cantar *es un futuro ~.*

pe·ri·lla |períʎa| ***f.*** Conjunto de pelo que se deja crecer en la punta de la barba: *Julián tiene bigote y se ha afeitado parte de la barba dejándose sólo la ~.* ⇒ **pera.** ■ **de ~**, *fam.*, muy bien; muy oportuno: *me viene de ~ que Juan y yo vivamos cerca porque todos los días me acerca a casa con su coche.*

pe·rí·me·tro |perímetro| **1** ***m.*** Conjunto de líneas que limitan un cuerpo o una figura: *una valla recorría el ~ de la finca.* ⇒ **contorno. 2** GEOM. Longitud total que suma ese conjunto de líneas: *para hallar el ~ de un cuadrado se suman las longitudes de todos sus lados.*

pe·rió·di·⌜co, ⌜ca |perióðiko, ka| **1** ***adj.*** Que

PERICO

ocurre o se hace cada cierto periodo de tiempo: *debe hacer visitas periódicas a su médico; es una revista periódica que sale cada dos meses.* **- 2 periódico** ***m.*** Publicación de información general que sale a la *venta todos los días o todas las semanas: *todas las mañanas lee el ~ mientras desayuna; todos los periódicos del país recogen la noticia del accidente.* ⇒ **diario, prensa, revista.**

pe·rio·dis·mo |perioðísmo| **1** ***m.*** Profesión que consiste en informar al público de las noticias que ocurren, a través de la prensa, la radio o la televisión: *el escritor se dedicó al ~ durante su juventud.* **2** Conjunto de estudios necesarios para conseguir el título de *periodista: *estoy estudiando ~ en la Facultad de Ciencias de la Información.*

pe·rio·dis·ta |perioðísta| ***com.*** Persona que se dedica a informar al público de las noticias que ocurren, a través de la prensa, la radio o la televisión: *Nuria es ~ y trabaja en la radio; una nube de periodistas esperaba al presidente en el aeropuerto.*

pe·rio·dís·ti· co, ca |perioðístiko, ka| ***adj.*** Del *periodismo o que tiene relación con él: *el lenguaje ~ es muy innovador; los autores del reportaje ~ fueron premiados.*

pe·rio·do |perióðo| **1** ***m.*** Tiempo que tarda una cosa en volver al estado o posición que tenía al principio: *el movimiento de la Tierra alrededor del Sol se produce en un ~ de 365 días aproximadamente.* ⇒ **período. 2** Espacio de tiempo; tiempo que dura una cosa: *gobernó durante un ~ de cuatro años; el curso abarca un ~ de seis semanas.* ⇒ **período. 3** Proceso natural por el que las mujeres y las hembras de ciertos animales expulsan sangre procedente del *útero todos los meses: *se fatigaba mucho los días que tenía el ~.* ⇒ **menstruación, ovulación, período, regla. 4** MAT. Número o conjunto de números *decimales que se repiten indefinidamente en el *cociente de una división: *10 dividido entre 3 da 3,3 ~.* ⇒ **período. 5** Expresión formada por una serie de oraciones simples: *cuando escribas, procura construir periodos más cortos, con uno o dos verbos.* ⇒ **oración, período.**

pe·rí·o·do |períoðo| ***m.*** ⇒ **periodo.**

pe·ri·pa·té·ti· co, ⌜ca |peripatétiko, ka| **1** ***adj.*** FIL. De la doctrina filosófica de Aristóteles o que tiene relación con ella: **- 2** ***adj.-s.*** FIL. (persona) Que sigue la doctrina filosófica de Aristóteles: *los peripatéticos estudiaron cuidadosamente la naturaleza.*

pe·ri·pe·cia |peripéθia| ***f.*** Circunstancia o accidente que ocurre por sorpresa y que altera una situación o cambia el estado: *al protagonista de la novela le ocurren muchas peripecias, pero al final triunfa; el viaje a Grecia estuvo lleno de peripecias.*

pe·ri·plo |períplo| **1** ***m.*** Navegación que se hace siguiendo la costa sin alejarse de ella: *algunas naves naufragaron en su ~ hacia Tierra Santa.* **2** Obra en la que se cuenta una navegación: *en su ~, narra las aventuras de los tripulantes y describe las tierras que encontraban a su paso.* **3** *p. ext.* Viaje largo, por numerosos países: *tras un peligroso ~, regresaron a sus hogares y contaron lo que habían visto.*

pe·ri·pues· to, ⌜ta |peripuésto, ta| ***adj.*** *fam.* (persona) Que se viste y se arregla en exceso: *es muy presumida y siempre va muy peripuesta con abrigos de pieles y joyas.*

pe·ri·que·te |perikéte| ***m.*** ■ **en un ~,** de forma rápida; en un momento: *estaré con vosostros en un ~, esperadme.*

pe·ri·qui·to |perikíto| ***m.*** Ave procedente de América con el cuerpo de color verde y el pico fuerte, grueso y curvo: *tiene en casa una pareja de periquitos.* ⇒ **perico.** ☐ Para indicar el sexo se usa el ~ macho y el ~ hembra.

pe·ris·co·pio |periskópio| ***m.*** Instrumento *óptico formado por un sistema de espejos montados en un tubo vertical, que sirve para ver lo que hay por encima de un obstáculo: *los periscopios se usan en los submarinos para ver lo que ocurre fuera del agua.*

pe·ri·ta·je |peritáxe| **1** ***m.*** Estudio o trabajo realizado por un *perito: *la empresa ha ordenado hacer un ~ para valorar los efectos del accidente.* **2** Conjunto de estudios necesarios para conseguir el título de *perito: *un ~ es una carrera técnica.* ⇒ **ingeniería.**

pe·ri·⌜to, ⌜ta |períto, ta| **1** ***adj.-s.*** Que tiene experiencia, práctica o habilidad en una ciencia o arte: *voy a consultarle a Pedro, que es un ~ en la materia.* ⇒ **sabio. - 2** ***m. f.*** Persona que tiene el título de técnico de grado medio en *ingeniería: *los peritos son ingenieros técnicos y aparejadores.* ⇒ **ingeniero.**

per·ju·di·car |perxuðikár| ***tr.-prnl.*** [algo, a alguien] Causar un daño o un mal: *fumar perjudica seriamente la salud; Raúl se ha perjudicado con su imprudencia.* ⇔ **beneficiar.** ☐ Se conjuga como 1.

per·ju·di·cial |perxuðiθiál| ***adj.*** Que causa o puede causar un daño: *fumar es ~ para la salud; el jabalí es muy ~ para los cultivos.* ⇒ **dañino, dañoso, maligno.**

per·jui·cio |perxuíθio| ***m.*** Daño moral o material: *la helada causó grandes perjuicios a la agricultura de la zona; los comentarios que hizo fueron en su ~, no en su beneficio.* ⇒ **detrimento.** ⇔ **beneficio.**

per·ju·rio |perxúrio| ***m.*** *Delito de jurar en falso: *el testigo cometió ~ porque mintió al declarar en el juicio.*

per·ju·⌜ro, ⌜ra |perxúro, ra| ***adj.-s.*** (persona) Que jura en falso: *el juez condenó al ~.*

per·la |pérla| **1** ***f.*** Bola de pequeño tamaño, de color blanco o gris con reflejos brillantes, que se forma en el interior de ciertos *moluscos: *las perlas se sacan de las madreperlas y las ostras; la modelo lucía un valioso collar de perlas.* **2** Bola de pequeño tamaño, de color blanco o gris con reflejos brillantes, que se consigue de forma artificial imitando la que se forma en el interior de ciertos *moluscos: *me he comprado un collar de perlas artificiales.* **3** Cuerpo de pequeño tamaño con forma de esfera: *he comprado perlas de cera; estas perlas perfumadas son para el baño.* **4** Gota de un líquido muy claro: *en su frente se veían perlas de sudor, debido al esfuerzo.* **5** *fig.* Persona o cosa de gran valor: *tiene* *una niña que es una ~; ese restaurante presume de ser la ~ de la ciudad.* ⇒ **joya.**

per·ma·ne·cer |permaneθér| ***intr.*** Mantenerse en un mismo lugar, estado o calidad sin experimentar cambio: *el estudiante permaneció callado durante un rato; el pueblo permanece abandonado desde hace años.* ⇒ **durar.** ⌂ Se conjuga como 43.

per·ma·nen·cia |permanénθia| **1** ***f.*** Mantenimiento o duración de una cosa: *para este invierno se anuncia la ~ de las hostilidades.* **2** Acción de estar o de vivir en un lugar durante un tiempo: *durante su ~ en el colegio tuvo que acatar una serie de reglas.* ⇒ **estancia.**

per·ma·nen·te |permanénte| **1** ***adj.*** Que se mantiene en un mismo lugar, estado o calidad sin experimentar ningún cambio: *tenía una tos ~; su manía de llegar tarde es ~; las permanentes lluvias hicieron que el río se desbordara.* ⇒ **perenne. - 2** ***f.*** Peinado que consiste en rizar el pelo y fijarlo con un producto artificial para que dure mucho tiempo: *le han hecho una ~ muy suave; lleva ~ porque dice que es muy cómoda.*

per·me·a·ble |permeáβle| ***adj.*** Que se puede mojar; que deja pasar el agua u otro fluido: *el papel es un material ~.* ⇔ **impermeable.**

per·mi·si·ble |permisíβle| ***adj.*** Que se puede permitir: *ese tipo de travesuras sólo es ~ en los niños.*

per·mi·si·⌐vo, ⌐va |permisíβo, βa| ***adj.*** Que permite hacer una cosa con facilidad; que da mucha libertad: *el jefe de esos grandes almacenes es muy ~ con los vendedores.*

per·mi·so |permíso| ***m.*** Autorización para hacer una cosa: *pidió ~ para ir al servicio; su padre no le dio ~ para hacer el viaje.* ⇒ **licencia.**

per·mi·tir |permitír| **1** ***tr.*** [algo; a alguien] Autorizar o aprobar que se haga o se deje de hacer una cosa: *el padre permitió que sus hijos fueran de excursión; no te permito que hables así.* ⇒ **consentir, dejar. 2** [algo] No impedir una cosa que se debe evitar: *permitió que lo criticaran y no se defendió; Pilatos permitió que crucificaran a Jesucristo.* **3** Hacer posible: *el sol me da en los ojos y no me permite ver; esas cortinas permiten la entrada de la luz.* **- 4 permitirse** ***prnl.*** Tener los medios para hacer una cosa; tomarse la libertad de hacer una cosa: *ella puede permitirse muchos lujos y caprichos.*

per·mu·ta |permúta| ***f.*** *form.* Cambio entre dos personas que ocupan un puesto público de sus *respectivos empleos: *un funcionario destinado en Valladolid hará ~ con otro destinado en Sevilla.*

per·mu·tar |permutár| **1** ***tr.*** [algo] Cambiar una cosa por otra: *el Ayuntamiento quiere ~ unos terrenos con el Ejército.* **2** Cambiar entre sí el empleo dos personas que ocupan puestos públicos: *uno de los maestros busca alguien con quien ~ su plaza.* **3** Variar el orden o la colocación en que estaban dos o más cosas: *los factores de un producto matemático se pueden ~.*

per·ne·ra |pernéra| ***f.*** Parte del pantalón y otras prendas de vestir que cubre cada pierna: *el pantalón se pone metiendo cada pierna en una ~; cortó las perneras del pantalón para hacerse unas bermudas.*

per·ni·cio·⌐so, ⌐sa |perniθióso, sa| ***adj.*** Que causa un daño muy grave: *la contaminación tiene efectos perniciosos para la salud y el medio ambiente.* ⇒ **perjudicial.**

per·nil |perníl| **1** ***m.*** Pata de un animal, especialmente la del cerdo: *el carnicero está cortando la carne del ~.* **2** Pata de cerdo curada con sal: *en Aragón llaman ~ al jamón.* ⇒ **jamón. 3** Parte del pantalón y otras prendas de vestir que cubre cada pierna: *el niño se enganchó con la verja y se hizo un siete en el ~ derecho.* ⇒ **pernera.**

per·noc·tar |perno^{k}tár| ***intr.*** *form.* Pasar la noche en un lugar determinado, fuera de la vivienda habitual: *como no encontraron un hotel, decidieron ~ en una tienda de campaña.*

pe·ro |péro| **1** ***conj.*** Indica oposición; expresa un valor *adversativo: *Clara dice que estudia, ~ no es cierto; es pobre, ~ honrado.* ⇒ **aunque. 2** Añade fuerza e intensidad en la forma o la oración que introduce: *~ ¿qué haces ahí subido?; ~ ¡qué guapo eres!* ⌂ Se usa siempre al principio de la frase. **- 3** ***m.*** *fam.* Problema o dificultad: *nunca está contento, siempre me pone algún ~.* ■ **~ que**, añade fuerza o intensidad a un adjetivo o un adverbio: *tiene una casa ~ que muy bonita.*

pe·ro·gru·lla·da |peroγruʎáða| ***f.*** Verdad tan clara o tan conocida que resulta simple o tonto decirla: *es una ~ decir que la Tierra es redonda o que la nieve es blanca.*

pe·rol |peról| ***m.*** Recipiente de metal en forma de media esfera y generalmente con dos asas, que sirve para cocinar: *el cocinero puso todos los ingredientes en un ~ y empezó a darle vueltas al guiso.*

pe·ro·né |peroné| ***m.*** ANAT. Hueso delgado de la pierna, situado junto a la *tibia: *el ~ está situado detrás de la tibia; la tibia y el ~ van desde la rodilla hasta el tobillo.* ⇒ **tibia.**

pe·ro·rar |perorár| **1** ***intr.*** *fam.* Pronunciar un discurso: *uno de los invitados se levantó y peroró sobre la felicidad conyugal.* **2** *fam. p. ext.* Hablar en una conversación como si estuviera pronunciando un discurso: *el padre se pasaba el día perorando delante de los amigos.*

pe·ro·ra·ta |peroráta| ***f.*** Discurso o conversación que resulta molesta o aburrida: *el aprendiz aguantó la ~ de su maestro.*

per·pen·di·cu·lar |perpendikulár| ***adj.-f.*** (línea o plano) Que forma un ángulo recto con otra línea o plano: *el niño dibujó dos rectas perpendiculares entre sí; para hallar la ~ necesitas un compás o un cartabón.* ⇒ **paralelo.**

per·pe·trar |perpetrár| ***tr.*** *form.* [algo] Realizar una acción equivocada, incorrecta o ilegal: *se ha perpetrado un horrible crimen en el número diez del Paseo de la Estación.* ⇒ **cometer.**

per·pe·tuar |perpetuár| ***tr.-prnl.*** [algo] Durar o hacer durar para siempre: *quería tener un hijo para ~ su linaje.* ⌂ Se conjuga como 11.

per·pe·⌐tuo, ⌐tua |perpétuo, tua| **1** ***adj.*** Que dura siempre: *en las cumbres de las montañas hay nieves perpetuas.* ⇒ **perenne. 2** (cargo, empleo)

Que dura toda la vida: *consiguió un puesto ~ como bibliotecario.* ⇒ **vitalicio.**

per·ple·ˉjo, ˉja |perpléxo, xa| **1** ***adj.*** (persona) Que duda o no es decidido; que no sabe qué hacer o qué decir: *la noticia nos dejó perplejos.* ⇒ **confuso. 2** Que siente admiración o extrañeza: *cuando me dijeron que estaba despedido, me quedé ~.* ⇒ **suspenso.**

pe·rra |péřa| **1** ***f.*** *fam.* Moneda; dinero: *no me queda ni una ~ del sueldo de este mes; con las perras que ganó, se compró un reloj.* **2** *fam.* Enfado ruidoso en el que se llora y grita, especialmente el de un niño: *¡menuda ~ ha pillado Manolito porque no le quisimos comprar ese juguete!* **3** *fam.* Deseo muy grande o exagerado: *hasta que no consiga lo que quiere, no se le pasará la ~.*

pe·rre·ra |peřéra| ***f.*** Lugar donde se guardan o encierran perros: *por el día el perro está suelto, pero por la noche, lo guardan en su ~;* ~ **municipal**, lugar donde se guardan los perros abandonados o que no tienen dueño: *los niños fueron a la ~ municipal para adoptar un cachorro.*

pe·rre·rí·a |peřería| ***f.*** *fam.* Acción mala, que hace daño: *el mayor no deja de molestar con sus perrerías a su hermano.* ⇒ **faena, travesura.**

pe·ˉrro, ˉrra |péřo, řa| **1** ***m. f.*** Animal mamífero doméstico de cuatro patas que sirve al hombre de compañía o para cazar: *el ~ es el mejor amigo del hombre; a Irene la encantaría tener un ~; la perra ha parido tres cachorritos.* ⇒ **can, chucho;** ~ **faldero**, el de pequeño tamaño que hace compañía: *le gustan los animales y se ha comprado un ~ faldero;* ~ **policía**, el que ha sido enseñado para ayudar a la policía: *encontraron la droga gracias a los perros policía;* ~ **salchicha**, el que tiene el cuerpo alargado y las patas cortas: *los perros salchicha son originarios de Alemania, donde los usaban para cazar tejones.* **2** *fig.* Persona con un modo de ser o unas características determinadas: ~ **faldero**, persona que muestra gran sometimiento a otra: *las opiniones de su marido no cuentan para nada, es un ~ faldero;* ~ **viejo**, persona prevenida, que tiene experiencia: *confía en él, es un ~ viejo y conoce todos los trucos de esta profesión.* **- 3** ***adj.-s.*** *fam. fig.* (persona, cosa) Que es muy malo; que es despreciable: *Esteban es el hombre más ~ y miserable que conozco; es un ~, no tiene sentimientos; hemos pasado una semana perra.* **4** *fam. fig.* (persona) Que no quiere trabajar: *no seas ~ y levántate del sillón; venga, no seas ~ y ponte a arreglar la casa.* ◻ Se usa como apelativo despectivo. **5** *fig.* (persona) Que obra de forma *constante y firme para conseguir una cosa: *es un ~ persiguiendo a los delincuentes.*

■ **a otro ~ con ese hueso**, *fam.*, expresión con la que se rechaza o se indica que no se cree una cosa: *no me engañarás más, ve a otro ~ con ese hueso.*

■ **atar los perros con longaniza**, *fam.*, expresión con la que se destaca de forma irónica la abundancia o la riqueza: *se ha ido a otro país porque pensaba que iba a ganar mucho dinero: creía que ataban los perros con longaniza.* ■ **de perros**, muy malo, molesto o desagradable: *hoy llueve y hace mucho viento, hace un día de perros.* ■ **echar/soltar los perros**, *fam.*, regañar a una persona: *cuando sus padres vieron sus malas notas le echaron los perros.*

■ **llevarse como el ~ y el gato**, *fam.*, discutir continuamente: *los vecinos del quinto se llevan como el ~ y el gato, siempre están discutiendo o peleándose.*

■ **muerto el ~, se acabó la rabia**, expresión con la que se indica que cuando desaparece una causa, también desaparecen sus efectos: *es una persona conflictiva, menos mal que ha cambiado de trabajo: muerto el ~ se acabó la rabia.* ■ ~ **caliente**, bollo alargado que tiene dentro una *salchicha: *pon mostaza y tomate a tu ~ caliente.* ◻ Se usa más frecuentemente *perrito caliente.*

PERRO

pe·rru·ˉno, ˉna |peřúno, na| **1** ***adj.*** Del perro o que tiene relación con él: *me conozco todas las razas perrunas.* **2** Que tiene una característica que se considera propia del perro: *tiene un olfato ~.*

per·sa |pérsa| **1** ***adj.*** De Persia, actualmente Irán, o que tiene relación con ella: *tenemos varias alfombras persas en la casa; Alejandro Magno conquistó el Imperio ~.* **- 2** ***com.*** Persona nacida en Persia o que vive habitualmente en Persia: *los persas fueron muy poderosos en la Antigüedad.* **- 3** ***m.*** Lengua de Persia: *el ~ moderno es la lengua oficial de Irán y de gran parte de Afganistán.*

per·se·cu·ción |persekuθión| **1** ***f.*** Acción y resultado de perseguir: *la policía tuvo que abandonar la ~ de los ladrones.* **2** Conjunto de acciones y castigos físicos que sufren las personas que defienden una doctrina, una religión o unas ideas determinadas: *los cristianos padecieron muchas persecuciones.*

per·se·guir |perseγír| **1** ***tr.*** [a alguien] Seguir a una persona que *huye con intención de alcanzarla: *la policía persiguió al ladrón por el parque; los cazadores persiguieron al león durante un buen rato.*

2 *fig.* [algo] Solicitar; intentar conseguir una cosa insistiendo o molestando: *lo único que perseguía era un puesto mejor.* ⇒ **pretender, procurar. 3** *fig.* [a alguien] Seguir o buscar a una persona por todas partes, molestándola: *uno de sus pretendientes la perseguía de la mañana a la noche.* ⇒ **acosar. 4** *fig.* Acompañar a una persona sin abandonarla nunca: *la mala suerte le persigue.* **5** DER. [algo, a alguien] Intervenir o actuar la justicia contra una persona o un *delito: *el fiscal general del Estado ha prometido ~ el crimen organizado y el narcotráfico.* ⇒ **proceder.** ☖ Se conjuga como 8.

per·se·ve·ran·cia |perseβeránθia| ***f.*** Dedicación firme y permanente: *gracias a su ~ no se hundió en los momentos difíciles.* ⇒ **constancia.**

per·se·ve·rar |perseβerár| ***intr.*** Mantenerse firme y *constante en una manera de ser o de obrar: *sólo si perseveras conseguirás triunfar, no te rindas tan pronto.* ⇒ **persistir.**

per·sia·na |persiána| ***f.*** Cierre que se coloca en las ventanas, formado por *láminas muy finas, que no permite pasar la luz: *sube la ~, que ya es de día; esa ~ es eléctrica.*

per·sig·nar |persiᵞnár| **1** ***tr.-prnl.*** [a alguien] Hacer la señal de la cruz con los dedos en la frente, en la boca y en el pecho: *se persignó delante del crucifijo y se arrodilló para rezar.* ⇒ **santiguar. - 2 persignarse** ***prnl.*** *fam. fig.* Mostrar de manera exagerada admiración y sorpresa: *un grupo de santurronas se persignó al ver a la vecina en biquini.*

per·sis·ten·cia |persisténθia| **1** ***f.*** Existencia o duración de una cosa durante mucho tiempo: *el profesor destacó la ~ de algunos motivos artísticos desde la Antigüedad hasta nuestros días.* **2** Insistencia o firmeza en las ideas o intenciones: *me asombra tanta ~ en la búsqueda de un trabajo.* ⇒ **tenacidad.**

per·sis·tir |persistír| **1** ***intr.*** Mantenerse firme o *constante en una cosa: *no persistas en tu idea porque estás equivocado, reconócelo.* ⇒ **perseverar. 2** Durar o existir durante mucho tiempo: *en algunos lugares todavía persiste la costumbre de realizar sacrificios humanos.*

per·so·na |persóna| **1** ***f.*** Individuo de la especie humana: *habría un centenar de personas; varias personas entraron en el banco.* **2** Individuo cuyo nombre no se conoce o no se quiere decir: *¿quién era? —No sé, una ~; vio a dos personas en la playa.* **3** LING. Variación gramatical que altera la forma de los verbos y de los pronombres para hacer referencia a los individuos que intervienen en la comunicación: *en español hay tres personas: primera, segunda y tercera;* **primera ~**, la que habla: *la primera ~ se puede expresar con* yo, nosotros *o con las formas correspondientes del verbo, como* canto, cantamos; **segunda ~**, aquella a quien va destinado el mensaje: *la forma verbal* cantas *se refiere a la segunda ~;* **tercera ~**, aquella que no es ni la primera ni la segunda en el discurso: él, ella, ellos *y* ellas *son pronombres de tercera ~.* **4** Personaje de una obra literaria: *en la acción teatral intervenían tres personas.* ⇒ **personaje. 5** DER. Cualquier individuo o grupo de individuos sujetos a la ley: **~ física**, individuo o miembro de una comunidad: *el impuesto de la declaración de la renta obliga a las personas físicas;* **~ jurídica**, sociedad o grupo de individuos que se unen en un negocio: *una empresa de accionistas es una ~ jurídica.* ■ **en ~**, uno mismo; estando presente uno mismo: *iré yo en ~ a recoger el premio; ¡Dios mío!, ¡pero si es el presidente en ~!* ■ **~ no/non grata**, *form.*, individuo mal considerado, al que no se acepta en sociedad: *desde su estafa, se ha convertido en una ~ no grata; el gobierno ha declarado ~ non grata al agregado militar extranjero.*

per·so·na·je |personáxe| **1** ***m.*** Persona, animal o ser *ficticio, inventado por un escritor, que interviene en la acción de una obra literaria: *en esta novela hay cuatro personajes.* **2** Persona que tiene fama y es muy conocida en la vida pública: *a la fiesta asistieron algunos de los personajes más conocidos del mundo del espectáculo.* ⇒ **celebridad, personalidad.**

per·so·nal |personál| **1** ***adj.*** De la persona o que tiene relación con ella: *no debéis solucionar vuestras cuestiones personales en horas de trabajo.* **2** Que es de una sola persona o para una sola persona: *llegó una carta ~ a tu nombre.* **3** Que pertenece a la vida privada: *tiene algunos problemas personales y no se encuentra bien.* **4** LING. (pronombre) Que señala a las personas que intervienen en la comunicación: *la palabra* vosotros *es un pronombre ~.* ⇒ **pronombre. - 5** ***m.*** Conjunto de las personas que trabajan en el mismo lugar o en el mismo oficio: *el ~ de la oficina está en huelga.* **- 6** ***adj.-f.*** DEP. (falta) Que hace un jugador de *baloncesto al tocar o empujar a otro del equipo contrario, para impedir una jugada: *el jugador número cinco hizo varias personales durante el partido.*

per·so·na·li·dad |personaliðáᵈ| **1** ***f.*** Manera de ser de una persona que es resultado de un conjunto de *rasgos y circunstancias por los que se distingue de los demás: *es una persona con una ~ cambiante; es una mujer con mucha ~.* ⇒ **carácter. 2** Persona que tiene fama y es muy conocida en la vida pública: *es una ~ de la literatura.* ⇒ **celebridad, personaje.**

per·so·na·li·zar |personaliθár| ***tr.*** [algo] Adaptar a las características de una o de cada persona: *Juan ha personalizado totalmente su despacho; esta escuela debe ~ más la enseñanza.* ☖ Se conjuga como 4.

per·so·nar·se |personárse| ***prnl.*** Presentarse en persona en un lugar: *el denunciado deberá ~ en el gobierno civil el martes a las diez de la mañana.*

per·so·ni·fi·car |personifikár| **1** ***tr.*** [algo] Atribuir vida o acciones propias de persona a los animales o a las cosas abstractas o sin vida: *los escritores de fábulas suelen ~ a los animales y les hacen hablar como si fueran hombres.* **2** Representar una persona determinada un hecho o una opinión: *Einstein personifica la física del siglo* XX. ☖ Se conjuga como 1.

pers·pec·ti·va |perspeᵏtíβa| **1** ***f.*** Método que permite representar en una superficie plana objetos de tres dimensiones: *los pintores del Renacimiento estaban preocupados por el dominio de la ~.* **2** Obra o representación ejecutada con ese método: *su última obra es una ~ de la ciudad tomada desde un monte.* **3** *fig.* Conjunto de objetos que se presentan a la vista desde un punto determinado, especialmente cuando están lejanos o producen una impresión de distancia: *desde lo alto del castillo se dominaba una ~ de varios kilómetros.* **4** *fig.* Modo de ver o considerar las cosas: *el escritor adoptó una ~ humorística y crítica para tratar el tema.* ⇒ **ángulo.** **5** *fig.* Circunstancia que puede preverse en un asunto o un negocio: *las perspectivas económicas se presentan muy halagüeñas.*

pers·pi·ca·cia |perspikáθia| ***f.*** Cualidad de *perspicaz: *ese policía es conocido por su ~.* ⇒ **ojo.**

pers·pi·caz |perspikáθ| **1** ***adj.*** Que es agudo y rápido: *el periodista hizo un comentario ~.* **2** (persona) Que tiene la mente despierta y rápida; que es capaz de comprender con claridad: *fue un hombre ~ y descubrió las verdaderas intenciones de su amigo.* ⇒ **agudo, sutil.** **3** (vista) Que está muy desarrollado; que *percibe las cosas con detalle: *los ojos perspicaces del halcón vigilan la llanura en busca de una presa.*

per·sua·dir |persuaðír| ***tr.-prnl.*** [a alguien; de/con algo] Conseguir que una persona piense de una manera determinada o que haga una cosa: *su mujer lo persuadió para que la acompañara.* ⇒ **convencer.** ⇔ **disuadir.**

per·sua·sión |persuasión| **1** ***f.*** Acción y resultado de *persuadir: *ese vendedor tiene un gran poder de ~.* **2** Capacidad o habilidad para convencer: *la ~ es una virtud apreciada en el vendedor.*

per·sua·si·⌜vo, ⌜va |persuasíβo, βa| ***adj.*** Que es hábil para convencer: *es un hombre muy ~.*

per·te·ne·cer |perteneθér| **1** ***intr.*** Ser una cosa propiedad de una persona: *la casa nos pertenece; este libro pertenece a Andrés.* **2** Ser obligación de una persona o de un cargo determinado: *esto pertenece al delegado de Agricultura.* ⇒ **competer, concernir.** **3** Referirse o tener relación una cosa a otra; formar parte una cosa de otra: *este fragmento pertenece al* Quijote*; el pino pertenece a la familia de las coníferas.* **4** Formar parte de un grupo o sociedad: *el cuadro pertenece a la colección del museo; no pertenece a ningún partido político.* ☐ Se conjuga como 43.

per·te·nen·cia |pertenénθia| **1** ***f.*** Acción y resultado de pertenecer o ser una cosa propiedad de una persona: *se discutió la ~ de los territorios descubiertos.* **2** Acción de formar parte de un grupo o sociedad: *hice saber mi ~ a esa sociedad y me dejaron entrar en el edificio.* **3** Cosa que pertenece a una persona: *recoge tus pertenencias y márchate: estás despedido.* ⇒ **enseres.**

pér·ti·ga |pértiγa| ***f.*** DEP. Vara larga y flexible que se usa en las pruebas de salto: *el atleta toma impulso con la ~.*

per·ti·naz |pertináθ| **1** ***adj.*** (persona) Que se mantiene excesivamente firme en sus ideas o intenciones: *es un hombre ~ y es imposible razonar con él.* ⇒ **tenaz, terco, tozudo.** **2** *fig.* Que dura o existe durante mucho tiempo: *una sequía ~ azotó la región durante años.*

per·ti·nen·te |pertinénte| ***adj.*** Que es adecuado u oportuno: *sus comentarios sobre la situación fueron pertinentes.* ⇔ **impertinente.**

per·tre·char |pertretʃár| ***tr.-prnl.*** [algo, a alguien; con/de algo] Llevar, dar o preparar lo necesario para el desarrollo de una actividad: *pertrecharon la fortificación para su defensa; nos pertrechamos de víveres para la travesía.*

per·tur·ba·ción |perturβaθión| **1** ***f.*** Alteración del orden, la costumbre o la tranquilidad: *la ~ del orden público causa molestias a muchos ciudadanos.* ⇒ **turbulencia.** **2** Pérdida de la razón; alteración de la mente: *el paciente sufre una ~ transitoria.*

per·tur·ba·⌜do, ⌜da |perturβáðo, ða| ***adj.-s.*** (persona) Que ha perdido la razón; que tiene alterada la mente: *un ~ es el autor de varios crímenes en una pequeña ciudad del sur.* ⇒ **loco.**

per·tur·bar |perturβár| **1** ***tr.-prnl.*** [algo, a alguien] Alterar el orden, la costumbre o la tranquilidad: *¿quién perturba la paz de esta casa?; guarde silencio, está usted perturbando el silencio de la biblioteca.* **- 2** ***tr.*** [a alguien] Hacer perder la calma o la tranquilidad: *los gritos de la calle la perturbaban y no podía trabajar.* **3** Interrumpir o molestar a una persona que está hablando: *un rumor al fondo de la sala comenzó a ~ al conferenciante.* **- 4 perturbarse** ***prnl.*** Perder el juicio; volverse *loco: *su mujer se fue de casa y él se ha perturbado.*

pe·rua·⌜no, ⌜na |peruáno, na| **1** ***adj.*** De Perú o que tiene relación con Perú: *Lima es la capital peruana.* **- 2** ***m. f.*** Persona nacida en Perú o que vive habitualmente en Perú: *muchos peruanos son aficionados a los caballos.*

per·ver·si·dad |perβersiðáᵈ| **1** ***f.*** Cualidad de perverso: *la inteligencia de ese hombre es tan grande como su ~.* **2** Obra o dicho *perverso: *asustaba al niño con sus perversidades.*

per·ver·sión |perβersión| ***f.*** Acción y resultado de *pervertir: *la ~ de niños y jóvenes es un delito.*

per·ver·⌜so, ⌜sa |perβérso, sa| **1** ***adj.-s.*** (persona) Que hace el mal de manera voluntaria; que es malo: *fue un hombre ~ y ordenó la matanza de muchos niños.* ⇒ **malvado.** **2** (persona, cosa) Que es contrario a la moral: *la Historia está llena de personajes perversos.* **- 3** ***adj.*** Que se hace con mala intención: *la venganza es una acción perversa.*

per·ver·tir |perβertír| ***tr.-prnl.*** [algo, a alguien] Causar un daño moral con malos consejos o malos ejemplos; hacer mala a una persona: *las drogas han pervertido a la sociedad; las malas compañías pervirtieron a mi hijo; se ha pervertido completamente.* ⇒ **corromper, depravar, viciar.** ☐ Se conjuga como 35.

pe·sa |pésa| **1** ***f.*** Pieza de metal con un peso determinado que se usa para saber el peso que tienen las cosas, poniéndolas en equilibrio en una *balanza: *en un plato de la balanza se coloca el objeto que se quiere pesar y en el otro las pesas.* **2** Pieza de mucho peso que se cuelga en el extremo de una cuerda y que se usa para hacer funcionar ciertos mecanismos o para subir y bajar objetos pesados: *algunos ascensores suben y bajan gracias a un conjunto de pesas.* **3** Barra de metal con una o más piezas pesadas en cada extremo que sirve para hacer deporte: *el deportista tiene los músculos muy desarrollados porque levanta pesas; mañana hay una competición de levantamiento de pesas.*

pe·sa·dez |pesaðéθ| **1** ***f.*** Cualidad de pesado: *mi problema es la ~ y me canso mucho al andar.* **2** Persona o cosa que es molesta o difícil de soportar: *levantarse temprano en invierno es una ~.* **3** *fig.* Sensación molesta que se experimenta en la cabeza, en el estómago o en otra parte del cuerpo: *tomaba un jarabe para evitar la ~ de estómago después de las comidas.*

pe·sa·di·lla |pesaðíʎa| **1** ***f.*** Sueño desagradable que produce miedo: *se despertó gritando porque había tenido una ~; no quiere dormir porque tiene pesadillas horribles.* **2** *fig.* Preocupación grave y continua debida a un asunto importante: *los padres vivían una ~ queriendo apartar a su hijo de la droga; los acreedores son la ~ de ese hombre arruinado.*

pe·sa·⌈do, ⌈da |pesáðo, ða| **1** ***adj.*** Que pesa mucho: *no puedo mover esta caja: es demasiado pesada.* ⇔ **ligero. 2** *fig.* Que es molesto; que es difícil de soportar: *deja de decir siempre lo mismo: ¡qué ~ eres!; le gastaron una broma muy pesada.* ⇒ **machacón, insistente. 3** *fig.* (sueño) Que es profundo: *tiene un sueño tan ~ que, aunque hables en voz alta, no se despertará.* ⇔ **ligero. 4** *fig.* Que es muy lento: *al cabo de las horas su andar se hizo ~.* ⇔ **ligero, rápido. 5** *fig.* Que puede sentar mal: *no comas plátanos por la noche, que son muy pesados.* ⇔ **ligero.**

pe·sa·dum·bre |pesaðúmbre| ***f.*** Sentimiento de tristeza o disgusto: *la alegría y el gozo del recién llegado contrastaban con la ~ de sus anfitriones.*

pé·sa·me |pésame| ***m.*** Expresión con la que se muestra a la familia de una persona el dolor o la pena que se siente por la muerte de ésta: *todos los asistentes al entierro dieron su ~ a la viuda.* ☖ El plural es *pésames.*

pe·sar |pesár| **1** ***tr.*** Tener un peso determinado: *Carmen pesa 49 kilos; la bolsa de patatas pesa tres kilos; quiero un filete que pese 200 gramos; ¿cuánto pesas?* **- 2** ***intr.*** Tener peso, especialmente tener mucho peso: *no debes cargar con cosas que pesen; las bolsas de la compra pesaban mucho y un vecino me ayudó a llevarlas.* **3** *fig.* Tener valor o merecer consideración: *hay una serie de razones que pesan en este asunto.* **4** *fig.* Hacer fuerza en el ánimo la razón; influir en una cosa: *la separación de sus padres pesa mucho en su comportamiento en el colegio.* **- 5** ***unipers.*** Producir arrepentimiento o dolor: *me pesa haberle dejado el coche; le pesaba no haber podido hablar con ella.* ☖ Se usa con los pronombres *me, te, le, nos, os, les.* **- 6** ***tr.-prnl.*** [algo, a alguien] Determinar el peso o la masa de una persona o cosa por medio de ciertos aparatos: *el carnicero pesa la carne en la báscula; mañana iremos a ~ al niño; hace un régimen muy severo y se pesa todas las mañanas.* **- 7** ***tr.*** *fig.* Examinar con atención las ventajas y los problemas de un asunto: *tuvo que pesar las ventajas y los inconvenientes antes de aceptar el trabajo.* ⇒ **sopesar. - 8** ***m.*** Sentimiento de pena o dolor: *la marcha de su amigo le produjo un gran ~.* ⇒ **tristeza. 9** Arrepentimiento por una cosa mal hecha: *tengo un gran ~ por lo que te dije ayer.* ■ **a ~ de**, contra la voluntad o el gusto de una persona; contra la fuerza o la resistencia de una cosa: *a ~ de lo que digas, lo haré; salieron a ~ del frío.* ■ **a ~ de los pesares**, contra todos los problemas u obstáculos: *a ~ de los pesares tengo que ir a reunirme con ella.* ■ **a ~ de que**, indica oposición a la acción principal, pero que no supone un obstáculo o dificultad para su cumplimiento o realización: *a ~ de que era ya anciano, decidió estudiar.* ⇒ **aunque.** ■ **pese a**, contra la voluntad o gusto de una persona; contra la fuerza o resistencia de una cosa: *pese a los consejos de su padre, se marchó a tierras lejanas.*

pe·sa·ro·⌈so, sa |pesaróso, sa| ***adj.*** Que tiene mucha pena o pesar: *después de hacerle esa faena a mi compañero me quedé triste y ~.* ⇒ **triste.**

pes·ca |péska| **1** ***f.*** Acción y resultado de pescar: *todos lo felicitaron porque había hecho una ~ excelente.* **2** Oficio y arte de pescar: *desde hace siglos su familia se dedica a la ~ en el Cantábrico;* **~ de altura**, la que se realiza en aguas alejadas de la costa: *la ~ de altura sólo se hace con grandes barcos;* **~ de arrastre**, la que se hace arrastrando redes: *para pescar atunes se emplea la ~ de arrastre;* **~ de bajura**, la que se realiza cerca de la costa: *la ~ de bajura se hace con embarcaciones pequeñas;* **~ submarina**, la que se realiza en el fondo del mar: *en las aguas cálidas se practica la ~ submarina como deporte.* **3** Conjunto de peces y animales que viven en el agua y que se pescan: *en esta zona del océano abunda la ~; traía la ~ en una cesta de mimbre.* ■ **y toda la ~**, expresión que sirve para cerrar o sustituir la parte final de una *enumeración: *cuando vamos a la playa, preparamos las sillas, las toallas y toda la ~.*

pes·ca·da |peskáða| ***f.*** Pez marino de carne muy apreciada, de cuerpo alargado, con la primera *aleta superior corta y la segunda larga: *no voy a comprar ~ fresca esta semana porque está muy cara; la cocinera preparó pescadas rebozadas en harina.* ⇒ **merluza.** ☖ Para indicar el sexo se usa la ~ macho y la ~ hembra.

pes·ca·de·rí·a |peskaðería| ***f.*** Establecimiento en el que se vende pescado y otros alimentos del mar: *compró unas sardinas en la ~.* ⇒ **carnicería, frutería.**

pes·ca·de·⌈ro, ⌈ra |peskaðéro, ra| ***m. f.*** Persona que se dedica a vender pescado y otros alimentos del mar: *el ~ me aseguró que ese lenguado era muy fresco.*

pes·ca·di·lla |peskaðíʎa| ***f.*** Cría de la *merluza: *Carmen está a régimen, por eso está comiendo acelgas y ~ hervida; cuando fui a la pescadería, ya se habían terminado las pescadillas.*

pes·ca·do |peskáðo| ***m.*** Pez comestible: *¿qué ~ te* *gusta más, el rape o el emperador?; no sé si tomar carne o ~.*

pes·ca·⌐dor, ⌐do·ra |peskaðór, ðóra| ***m. f.*** Persona que se dedica a pescar: *los pescadores del Cantábrico no pueden salir a faenar debido al temporal; para ser ~ en este río se necesita licencia.*

pes·can·te |peskánte| **1** ***m.*** Pieza que sale de una pared, de un poste o de una superficie vertical: *tomó el hacha que colgaba del ~ y salió a cortar leña.* **2** Asiento de un coche de caballos, desde donde el *cochero gobierna los animales: *súbete al ~ y coge las riendas.* **3** Estructura del *escenario de un teatro que se usa para hacer bajar o subir personas o figuras: *para hacer de ángel lo subieron con el ~.*

pes·car |peskár| **1** ***tr.*** [algo] Coger peces y otros animales que viven en el agua con redes, *cañas u otros instrumentos: *los barcos van a los mares fríos del Norte para ~ el bacalao.* ⇒ **cazar. 2** *p. ext.* Sacar una cosa del fondo del mar o de un río: *esperó varias horas y al final pescó una bota vieja.* **3** *fam. fig.* Contraer una enfermedad: *está en la cama porque ha pescado un resfriado.* **4** *fam. fig.* Conseguir una cosa que se deseaba: *ha pescado un puesto de trabajo fabuloso.* **5** *fam.* Entender con rapidez el significado de una cosa: *es un lince, pesca los chistes como nadie.* **6** *fam.* [a alguien] Sorprender o descubrir: *una noche, sus padres lo pescaron saliendo por la ventana.* ⇒ **coger, pillar.** ☖ Se conjuga como 1.

pes·co·zón |peskoθón| ***m.*** Golpe dado con la mano sobre la cabeza o la parte trasera del cuello: *como no estudies, te voy a dar un ~.*

pes·cue·zo |peskuéθo| **1** ***m.*** Parte del cuerpo de un animal, que une la cabeza con el tronco: *mi madre pone ~ de cordero en el cocido; el toro tenía un ~ muy gordo.* ⇒ **cuello. 2** Parte posterior del cuello humano: *es tan peludo que tiene vello hasta en el ~.* ■ **torcer/retorcer el** ~, *fam.*, matar a una persona o a un animal ahogándolo: *mi abuela agarraba al pavo y le retorcía el ~ rápidamente.*

pe·se·bre |peséβre| **1** ***m.*** Cajón donde comen los animales domésticos: *la mula se acercó al ~.* **2** Lugar donde se coloca ese cajón: *el campesino guardó los bueyes en el ~.* **3** Conjunto de figuras y objetos que representan momentos o lugares relacionados con el *nacimiento de Jesucristo: *los padres y los niños colocan juntos el ~.* ⇒ **belén, nacimiento.**

pe·se·ta |peséta| **1** ***f.*** Unidad de moneda de España: *esta chaqueta cuesta 50000 pesetas.* ☖ Su símbolo es *pta.* **2** Moneda de ese valor: *el niño se tragó una ~.* ■ **la ~ es la ~**, expresión con la que se indica que lo más importante es el dinero: *no se lo podía vender tan barato: la ~ es la ~.* ■ **mirar la ~**, intentar gastar lo menos posible: *compra el televisor que te gusta y no mires tanto la ~.*

pe·se·te·⌐ro, ⌐ra |pesetéro, ra| ***adj.-s.*** (persona) Que da mucha importancia al dinero; que intenta gastar lo menos y ganar lo más posible: *es una persona pesetera y egoísta.* ⇒ **ruin, tacaño.**

pe·si·mis·mo |pesimísmo| ***m.*** Tendencia a ver y a juzgar las cosas en su aspecto peor o más desagradable: *hay que afrontar la vida con alegría y desterrar el ~.* ⇔ **optimismo.**

pe·si·mis·ta |pesimísta| ***adj.-com.*** (persona) Que tiende a ver y a juzgar las cosas en su aspecto peor o más desagradable: *es algo ~ y cree que todo ha de salirle mal.* ⇒ **negativo.** ⇔ **optimista.**

pé·si·⌐mo, ⌐ma |pésimo, ma| ***adj.*** Que es muy malo; que no puede ser peor: *hija, tienes un gusto ~ para la ropa; tiene un ~ sentido del humor.* ⇒ **malo, peor.** ⇔ **óptimo.** ☖ Es el superlativo de *malo.*

pe·so |péso| **1** ***m.*** Fuerza con la que los cuerpos son atraídos por acción de la gravedad: *el ~ se mide en gramos.* **2** Valor que tiene esa fuerza: *esta bolsa de patatas tiene cinco kilos de ~;* ~ **atómico**, FÍS., el que tiene un átomo de un cuerpo: *el ~ atómico del oxígeno es 16;* ~ **específico**, FÍS., el de la unidad de volumen: *el lugar de la tierra en que se encuentra un cuerpo determina su ~ específico.* **3** Mecanismo que sirve para conocer lo que pesan las cosas o las personas: *según este ~, he engordado tres kilos.* ⇒ **báscula. 4** Unidad de moneda de distintos países *americanos: *el ~ es la moneda de Bolivia.* **5** *fig.* Carga moral que sufre una persona: *con esta noticia me has quitado un ~ de encima.* **6** *fig.* Importancia o calidad: *tengo razones de ~ para abandonar el país.* **7** DEP. Categoría deportiva del *boxeo: ~ **gallo**, DEP., categoría superior al peso mosca a la que pertenece un *boxeador que pesa menos de 53 kilogramos y 524 gramos; ~ **ligero**, DEP., categoría superior al peso pluma a la que pertenece un *boxeador que pesa menos de 61 kilogramos y 235 gramos; ~ **medio**, DEP., categoría superior al peso ligero a la que pertenece un *boxeador que pesa menos de 72 kilogramos y 574 gramos; ~ **mosca**, DEP., categoría a la que pertenece un *boxeador que pesa menos de 50 kilogramos y 802 gramos; ~ **pesado**, DEP., categoría superior al peso medio a la que pertenece un *boxeador que pesa más de 79 kilogramos y 378 gramos; ~ **pluma**, DEP., categoría superior al peso gallo a la que pertenece un *boxeador que pesa menos de 57 kilogramos y 152 gramos. **8** DEP. Esfera de metal que se usa en la prueba de lanzamiento: *el ~ de las pruebas masculinas tiene unos siete kilos.* ■ **caerse por su ~/por su propio ~**, *fam.*, ser lógico o razonable: *eso es de sentido común: se cae por su propio ~.* ■ **de ~**, que es importante: *es un político de ~ en la ciudad; me ha dado una razón de ~ para dejar de fumar.*

pes·pun·te |pespúnte| ***m.*** Labor de *costura que consiste en coser una tela dando una serie de puntos unidos e iguales: *los pantalones vaqueros llevan ~ en las costuras.*

pes·pun·tear |pespunteár| ***tr.*** [algo] Coser una tela dando puntos seguidos e iguales, sin espacio entre ellos: *la modista pespunteó todas las costuras.*

pes·que·⌐ro, ⌐ra |peskéro, ra| **1** ***adj.*** De la pesca o que tiene relación con ella: *todos los pueblos de esa zona viven de la industria pesquera.* **- 2 *adj.-m.*** (embarcación) Que se dedica a la pesca: *es dueño de varios barcos pesqueros; los pesqueros salieron del puerto al amanecer.*

pes·qui·sa |peskísa| ***f.*** Acción que sirve para llegar a saber o a conocer una cosa; averiguación: *la policía comenzó una serie de pesquisas inmediatamente después del asesinato.*

pes·ta·ña |pestáɲa| **1** *f.* Pelo que crece en el borde del párpado del ojo: *tengo las pestañas muy largas; la ~ protege el ojo, impidiendo que entre el polvo y la suciedad.* **2** Pieza estrecha que sale en el borde de una cosa: *para abrir la caja de leche, levante la ~ y tire de ella.* ⇒ **solapa.** ■ **quemarse las pestañas,** *fam.*, estudiar o trabajar con ánimo: *se ha quemado las pestañas para sacar buenas notas.*

pes·ta·ñe·ar |pestaɲeár| ***intr.*** Abrir y cerrar los párpados, moviendo las *pestañas: *de pronto, se puso a ~ nerviosamente porque se le había metido algo en el ojo.* ⇒ **parpadear.** ■ **sin ~,** con gran atención; con mucha tranquilidad: *el niño veía la película sin ~; hizo el examen sin ~.*

pes·ta·ñe·o |pestaɲéo| ***m.*** Movimiento rápido y repetido de los párpados: *intentó atraer a la chica con un ~ muy provocador.* ⇒ **parpadeo.**

pes·te |péste| **1** *f.* Enfermedad contagiosa que causaba gran cantidad de muertes: *la ~ es una infección que provoca fiebre, hinchazón de los ganglios, hemorragia y coma; las ratas transmiten la ~.* **2** *p. ext.* Enfermedad o desgracia que causa un daño grave en una población: *los accidentes de carretera son una auténtica ~; una ~ destruyó la cosecha de todo el pueblo.* ⇒ **plaga. 3** Mal olor: *de los establos salía una ~ asquerosa; ¡vaya ~ que echan estos calcetines!* ⇒ **pestilencia. 4** *fam.* Persona pesada y molesta: *entonces llegó la ~ de su vecina a cotillear.* ⇒ **pelma. - 5 pestes *f. pl.*** Palabras de enfado, de amenaza o de insulto: *se marchó echando pestes y dando un portazo.*

pes·ti·ci·da |pestiθíða| ***adj.-m.*** Sustancia que mata los animales de pequeño tamaño que atacan los cultivos: *los agricultores utilizaron ~ para exterminar la plaga de langostas.*

pes·ti·len·cia |pestilénθia| ***f.*** Mal olor: *la ~ de los pantanos llegaba hasta la casa.* ⇒ **peste.**

pes·ti·len·te |pestilénte| ***adj.*** Que huele mal; que despide mal olor: *cayeron en un pozo de cieno ~.*

pes·ti·llo |pestíʎo| **1** ***m.*** Barra de hierro que pasa a través de unas anillas, con la que se cierran puertas y ventanas: *entró en la habitación y echó el ~ para que nadie más pudiera pasar.* ⇒ **cerrojo. 2** Pieza de una cerradura que sobresale de ella y entra en un hueco, dejando cerrada una puerta, una tapa u otra cosa: *hay que engrasar el ~ de esa puerta porque se queda enganchado.*

pes·ti·ño |pestíɲo| **1** ***m.*** *fam.* Masa de harina y huevos, frita en aceite y cubierta con miel o azúcar: *mi abuela hace pestiños en Semana Santa; los pestiños me empachan porque son demasiado grasientos.* **2** Persona o cosa que aburre: *cambia la tele de canal porque este programa es un ~; no me gusta salir con tus amigas, son un ~.* ⇒ **rollo.**

pe·ta·ca |petáka| **1** *f.* Caja de cuero, metal u otro material, que sirve para llevar cigarros o tabaco: *siempre lleva tabaco picado en una ~.* **2** Botella plana y de pequeño tamaño que sirve para llevar licor: *en el bolsillo interior de la chaqueta llevaba una ~ con coñac.* ■ **hacer la ~,** *fam.*, gastar una broma que consiste en doblar una sábana de la cama por la mitad de modo que parezca que hay dos sábanas y con el fin de que la persona que se meta en la cama no pueda estirar las piernas: *sus compañeros de cuarto le hicieron la ~ para reírse un rato.*

pé·ta·lo |pétalo| ***m.*** Hoja de colores que, junto con otras iguales, forma la flor y protege sus órganos de reproducción: *los pétalos de rosa huelen muy bien; los pétalos forman la corola.*

pe·tan·ca |petáŋka| ***f.*** Juego que consiste en tirar una bola pequeña y después otras más grandes tratando de acercar las grandes lo más posible a la pequeña: *mi abuelo ha ido al parque a jugar a la ~ con sus amigos.*

pe·tar·do |petárðo| **1 *m.*** Tubo de papel o cartón, lleno de pólvora o *explosivos, que se prende por la parte inferior y explota produciendo un ruido muy fuerte: *para terminar la fiesta colocaron una traca con muchos petardos.* ⇒ **cohete. 2** *fam. fig.* Persona o cosa muy aburrida o de escasas cualidades: *eres un ~, siempre me estás pidiendo lo mismo; la película resultó un ~ y casi nos dormimos.* **3** Cigarro hecho a mano que contiene droga mezclada con tabaco: *unos chicos estaban liando un ~ de marihuana.* ⇒ **canuto, porro.**

pe·ta·te |petáte| ***m.*** Bolsa o paquete grande de tela fuerte que usan los *marineros o los soldados para llevar su ropa: *cada soldado llevaba su ~ al hombro.* ■ **liar el ~,** irse de un lugar: *se cansó de su marido y lió el ~.*

pe·ti·ción |petiθión| **1** *f.* Acción de pedir: *viajó a Madrid para hacerle algunas peticiones al ministro;* **~ de mano,** *fig.*, acto por el que un hombre solicita permiso a los padres de una mujer para casarse con ella: *el novio le regaló una pulsera a la novia el día de la ~ de mano.* ⇒ **pedida. 2** Escrito en el que se pide una o varias cosas: *la ~ venía firmada por miles de personas.* **3** Oración con que la se pide: *al acostarme, siempre hago las mismas peticiones.*

pe·ti·me·⌜tre, ⌜tra |petimétre, tra| ***m. f.*** Persona que se preocupa en exceso de su aspecto y de vestir según la moda: *recordaba a su primo como un ~ y un lechuguino.*

pe·ti·rro·jo |petir̄óxo| ***m.*** Pájaro de color verdoso, con el cuello, garganta y pecho de color rojo o naranja: *el ~ hace sus nidos en muros y árboles.* ☖ Para indicar el sexo se usa el ~ macho y el ~ hembra.

pe·to |péto| **1 *m.*** Pieza de tela que se coloca sobre el pecho de algunas prendas de vestir: *el uniforme del colegio consistía en una falda con ~ y una blusa blanca; en el bolsillo del ~ llevaba el tabaco.* **2** Pantalones con una pieza de tela que se coloca sobre el pecho: *me he comprado un ~ vaquero.*

pé·tre·⌜o, ⌜a |pétreo, a| **1 *adj.*** *form.* Que es de piedra: *los suelos pétreos son malos para la agricultura.* **2** *fig.* Que tiene una característica que se considera propia de la piedra: *su ~ corazón jamás albergó un sentimiento bueno.*

pe·tri·fi·car |petrifikár| **1 *tr.-prnl.*** [algo] Convertir en piedra: *los fósiles son restos animales que se* *han petrificado.* 2 *fig.* [a alguien] Dejar a una persona muy sorprendida: *aquella noticia los petrificó.* ◯ Se conjuga como 1.

pe·tró·le·o |petróleo| ***m.*** Líquido graso, más ligero que el agua, de color oscuro y olor fuerte, que arde con facilidad y que se encuentra en estado natural bajo tierra: *el ~ es la materia prima de la que se obtienen la gasolina y otros combustibles, los disolventes, el alquitrán, los aceites industriales y otras muchas cosas.*

pe·tro·le· ro, ⌐ra |petroléro, ra| **1** ***adj.*** Del *petróleo o que tiene relación con él: *la región tiene industrias petroleras, químicas y siderúrgicas.* **- 2** ***adj.-m.*** (embarcación) Que transporta *petróleo: *un buque ~ naufragó en el mar del Norte; varios petroleros están anclados en el puerto.*

pe·tro·lí·fe·⌐ro, ⌐ra |petrolífero, ra| ***adj.*** Que contiene *petróleo: *han encontrado en la costa un yacimiento ~.*

pe·tro·quí·mi·⌐co, ⌐ca |petrokímiko, ka| ***adj.*** *form.* Que usa el *petróleo o el gas natural como materias *primas para la fabricación de productos químicos: *las industrias petroquímicas son numerosas en España.*

pe·tu·lan·cia |petulánθia| ***f.*** Cualidad del que presume en exceso y de modo ridículo de sus cualidades y actos: *habla con mucha ~.*

pe·tu·lan·te |petulánte| ***adj.*** Que presume en exceso y de modo ridículo de sus cualidades o sus actos: *su papel es el de un jovencito ~.*

pe·tu·nia |petúnia| **1** ***f.*** Flor de jardín en forma de campana, grande y de colores variados: *cogió unas cuantas petunias blancas para adornar la mesa.* **2** Planta de jardín muy ramosa y con las hojas ovaladas, que da esa flor: *la ~ puede alcanzar los dos metros de altura; he plantado unas petunias en el jardín.*

pe·yo·ra·ti·⌐vo, ⌐va |peyoratíβo, βa| ***adj.*** (palabra, expresión) Que se emplea o entiende en el valor más negativo o *desfavorable de los que tiene: *llamar a alguien* esto *es ~.*

pez |péθ| **1** ***m.*** Animal vertebrado que vive en el agua, respira por *branquias, tiene el cuerpo protegido por escamas, las extremidades en forma de *aletas y se reproduce generalmente por huevos: *la trucha es un ~ de río; en casa tengo peces de colores en un acuario.* ⇒ **pescado.** ◯ El plural es *peces.* **- 2** ***f.*** Sustancia negra o de color oscuro, muy espesa y pegajosa, que se saca del *alquitrán: *la ~ se usaba para hacer impermeables las superficies.* ■ **estar como ~ en el agua**, *fam.*, estar cómodo; sentirse bien en un lugar o en un ambiente: *Luisa está como ~ en el agua cuando va a montar a caballo.* ■ **estar ~**, *fam.*, no saber nada sobre un asunto: *ha suspendido el examen porque estaba ~ en matemáticas.* ■ **~ gordo**, *fam.*, persona con mucho poder y mucho dinero: *en ese hotel se alojan peces gordos, por eso hay tanta vigilancia.*

pe·zón |peθón| **1** ***m.*** Parte que sobresale en los pechos de las hembras de los mamíferos, por donde los hijos chupan la leche: *los pezones tienen un color rosado.* **2** Tallo muy fino que sostiene la hoja, la flor o el fruto de las plantas: *al podar la planta hay que tener cuidado de no cortar los pezones.* **3** Extremo o parte saliente de ciertas cosas: *tomó un limón y observó el ~.*

pe·zu·ña |peθúɲa| ***f.*** Uña grande o *casco duro de las patas de ciertos animales: *la vaca tenía una raja en la ~.* ⇒ **pie.**

pia·do·⌐so, ⌐sa |piaðóso, sa| **1** ***adj.*** (persona) Que siente pena o dolor hacia quienes sufren: *es una mujer piadosa y siempre ayuda a los necesitados.* ⇒ **compasivo.** ⇔ **despiadado. 2** Que es muy religioso: *dejó parte de su fortuna para obras piadosas.* ⇒ **devoto, pío.**

pia·nis·ta |pianísta| **1** ***com.*** Persona que toca el *piano: *el ~ ejecutó una sonata.* **2** Persona que se dedica a fabricar o vender *pianos: *si quieres comprar un buen piano, ve a este ~ que te recomiendo.*

pia·nís·ti·⌐co, ⌐ca |pianístiko, ka| ***adj.*** Del *piano o que tiene relación con él: *la obra pianística de Chopin es magnífica.*

pia·no |piáno| **1** ***m.*** Instrumento musical de percusión, compuesto por un conjunto de cuerdas metálicas de diferentes medidas y unos martillos que las golpean accionados por unas teclas: *el ~ es un instrumento polifónico que se suele tocar con las dos manos a la vez;* **~ de cola**, el que tiene las cuerdas extendidas horizontalmente: *en los grandes conciertos se suele emplear el ~ de cola;* **~ de pared**, el que tiene las cuerdas extendidas verticalmente, para ocupar menos espacio: *tiene un ~ de pared en casa.* **- 2** ***adv. m.*** MÚS. Suavemente; con poca intensidad: *no toques tan fuerte en este fragmento: tócalo ~.* **3** *fam.* *Despacio; poco a poco: *lo haremos, pero ~.*

pi·ar |piár| **1** ***intr.*** Emitir los pollos y otras aves su voz característica: *el águila oyó ~ a sus polluelos; el canario piaba en su jaula.* **2** *fam. fig.* Llamar; pedir una cosa con insistencia: *el chico no deja de ~ para que le compremos la moto.* **3** *fam.* Protestar o quejarse: *¡qué pesado es, siempre está piando!* ◯ Se conjuga como 13.

pia·ra |piára| ***f.*** Grupo grande de cerdos: *en los campos extremeños se pueden ver muchas piaras.* ⇒ **manada, rebaño.**

pi·ca |píka| **1** ***f.*** Arma formada por una vara muy larga con una punta de hierro cortante en su extremo: *golpeó con la ~ a su adversario y lo tiró del caballo.* ⇒ **lanza. 2** Vara larga con una punta de hierro cortante en su extremo que se usa para herir a los toros desde un caballo: *castigó mucho al toro con la ~ y el público protestó.* ⇒ **puya. - 3 picas** ***f. pl.*** Conjunto o palo de la *baraja *francesa en el que aparecen dibujadas unas figuras con forma de corazón con el *vértice hacia arriba y con un pie: *puso encima de la mesa el as de picas.*

pi·ca·de·ro |pikaðéro| **1** ***m.*** Lugar donde se *doman los caballos y donde las personas aprenden a montar: *todas las tardes voy a un picadero para aprender a montar.* **2** *fam. fig.* Casa o piso de una persona que la utiliza sólo para sus citas: *este joven tiene un ~ muy bien arreglado.*

pi·ca·di·llo |pikaðíʎo| **1** ***m.*** Comida hecha con

carne picada, verduras, huevos y especias: *ha estado muy bueno el ~; hoy he comido sopa de ~.* **2** Carne de cerdo que se pica y se arregla con especias para hacer *chorizos: *durante la matanza las mujeres se encargaban de hacer el ~.* ■ **hacer** ~, *fam.*, dejar o quedar una persona o cosa en malas condiciones: *el trabajo es muy duro, me hace ~; el coche se hizo ~ en el accidente; como vaya para allá, te voy a coger y te voy a hacer ~.*

pi·ca·⌈do, ⌈da |pikáðo, ða| **1** ***adj.*** Que tiene agujeros, señales o marcas: *las cañerías del edificio están muy viejas y picadas; tiene la cara picada a causa de la viruela.* **2** *fam. fig.* Que está enfadado o molesto: *está picada conmigo desde el día en que discutimos.* **3** *fam. fig.* Que quiere demostrar su superioridad: *ese automovilista anda ~ conmigo y quiere adelantarme.* **- 4 picado *m.*** Bajada rápida y muy pronunciada: *el piloto hizo un ~ que asombró a todos los que miraban.* **5** Golpe fuerte y seco que se da en la parte baja de la bola de *billar: *si haces un ~, conseguirás que la bola vaya y después vuelva.* **6** CINEM. Toma que se hace de arriba abajo: *a lo largo de la película salen varios picados de la ciudad.* **7** MÚS. Conjunto de notas que se ejecuta interrumpiendo un momento el sonido entre unas y otras; técnica de ejecutar ese conjunto de notas: *el violinista domina muy bien el ~.* ■ **en** ~, con mucha rapidez o intensidad; de arriba hacia abajo: *las ventas del producto bajaron en ~ en los últimos meses; el aeroplano bajó en ~ a la pista de aterrizaje.* ☐ Se usa con verbos como *bajar, caer* o *descender.*

pi·ca·⌈dor, ⌈do·ra |pikaðór, ðóra| **1 *m. f.*** Persona montada a caballo, que se dedica a picar los toros con un instrumento agudo: *hoy debutará en la plaza de las Ventas un joven ~; en la novillada habrá dos picadores.* **2** Persona que se dedica a *domesticar caballos: *era un caballo muy salvaje, pero el ~ consiguió domarlo.* **3** MIN. Persona que se dedica a sacar minerales picando en la pared de una *mina: *trabajó como ~ en una mina durante varios años.*

pi·ca·du·ra |pikaðúra| **1 *f.*** *Pinchazo o *punzada que da un insecto: *se dio un poco de crema en la ~ de la abeja.* ⇒ **picotazo. 2** *Mordedura de una serpiente: *la ~ de la pitón es muy dolorosa.* **3** Agujero o grieta que se produce en una superficie de metal: *esta llave se mojó y ahora está llena de picaduras.* **4** Señales o marcas oscuras que se forman en los dientes por acción de la *caries: *tienes una ~ en la muela: deberías ir al dentista.* **5** Tabaco picado para fumar: *fue al estanco y pidió ~.*

pi·ca·jo·⌈so, ⌈sa |pikaxóso, sa| ***adj.-s.*** (persona) Que se molesta o se enfada fácilmente: *eres un poco ~, ¿no crees?, porque mis palabras no tenían mala intención.*

pi·can·te |pikánte| **1 *adj.-m.*** (alimento) Que produce una sensación de picor al comerlo: *esta comida tiene salsa ~; no me gusta la comida con ~.* **- 2 *adj.*** *fig.* (historia, *narración) Que está relacionado con el sexo: *no sabe contar nada más que chistes picantes.*

pi·ca·pe·dre·⌈ro, ⌈ra |pikapeðréro, ra| ***m. f.*** Persona que se dedica a trabajar las piedras para las construcciones: *los picapedreros llegaban a la cantera de madrugada.* ⇒ **cantero.**

pi·ca·plei·tos |pikapléitos| ***com.*** *fam. desp.* Persona que ha estudiado Derecho y da consejo en temas legales: *el tío Andrés era un viejo que no se fiaba de los ~.* ⇒ **abogado.** ☐ Se usa como apelativo despectivo. El plural es *picapleitos.*

pi·ca·por·te |pikapórte| ***m.*** Instrumento metálico sujeto a una puerta o una ventana que sirve para abrirla o cerrarla, o para llamar: *si empujas el ~ hacia abajo, la puerta se abrirá.* ⇒ **pomo.**

pi·car |pikár| **1 *tr.*** [algo, a alguien] Pinchar o morder una ave con el pico; pinchar un insecto con la *trompa o el aguijón: *las gallinas picaban el grano del suelo; me ha picado un mosquito en el brazo.* **2** [algo] Morder un pez el *cebo puesto en el *anzuelo: *lleva varias horas sentado ahí con la caña, pero aún no ha picado ningún pez.* **- 3 *intr.*** *fam. fig.* Caer en un engaño o *trampa: *le preparamos una broma y picó.* **- 4 *tr.*** [algo] Marcar una persona autorizada el billete de un medio de transporte o servicio: *el revisor no ha pasado hoy, así que no me ha picado el billete.* **- 5 *intr.*** Golpear una superficie con un pico o herramienta con punta: *hay que picar en este lugar para hacer un agujero.* **- 6 *tr.*** [algo] Cortar o dividir un alimento en trozos muy pequeños: *pidió al carnicero que le picase un kilo de carne de ternera.* **7** INFORM. Escribir un texto en un ordenador: *tenemos que picar los datos antes de procesarlos.* **- 8 *tr.-intr.*** Comer trozos pequeños de alimento de uno en uno: *picaba un racimo de uvas.* **9** *p. ext.* Tomar un poco de alimento fuera de las comidas: *¡cómo no vas a estar gordo, si no haces más que ~ todo el día!; el camarero nos ha puesto unas aceitunas para ~.* **10** Herir al toro con una *pica: *el picador picó el toro.* **- 11 *tr.-prnl.*** *fam. fig.* [a alguien] Excitar o provocar: *si te metes con él, se pica.* **12** Causar disgusto o enfado: *sus palabras me han picado.* ⇒ **disgustar, enfadar, enojar. 13** Manifestar deseo de demostrar la superioridad: *Alfredo se picó conmigo en los exámenes.* **- 14 *intr.*** Causar picor en una parte del cuerpo: *esta ropa es muy áspera y pica.* **15 picarse *prnl.*** Tener o empezar a tener agujeros una tela: *la blusa se ha picado por la polilla.* **16** Desprenderse trozos de una superficie: *se le han picado los dientes; con la humedad se picó la pintura.* **17** Estropearse o pudrirse un alimento o bebida: *ese vino está picado: tíralo.* **18** Formarse olas pequeñas en la superficie del mar: *si la mar se pica, no saldremos a pescar.* **19** Tener o empezar a tener agujeros o grietas una superficie de metal: *la chapa del coche se ha picado.* ☐ Se conjuga como 1.

pi·car·dí·a |pikarðía| **1 *f.*** Disimulo para que no se vea o no se note una cosa: *le preguntó con mucha ~ dónde había estado, para sorprenderla en una mentira.* **2** Acción mala pero poco importante: *estos niños se pasan el día haciendo picardías.* ⇒ **diablura, travesura. 3** Engaño, mal o *traición: *nos hizo una ~ que no olvidaremos.* **- 4 *m.*** Conjunto formado por un *camisón corto y unas *bragas: *le regaló un ~ para que se lo pusiese esa misma noche.*

pi·ca·res·ca |pikaréska| **1** ***f.*** Género literario en que se describe la vida de los *pícaros: *la ~ se cultivó en España especialmente durante los siglos* XVI *y* XVII. **2** Conjunto de costumbres que se consideran propias de los *pícaros: *la ~ caracteriza algunos aspectos de la vida en sociedad.*

pi·ca·res·⌐co, ⌐ca |pikarésko, ka| ***adj.*** De los *pícaros o que tiene relación con ellos: *la vida picaresca está llena de sorpresas, generalmente desagradables.*

pí·ca·⌐ro, ⌐ra |píkaro, ra| **1** ***adj.-s.*** (persona) Que es hábil para engañar; que se comporta con disimulo para conseguir una cosa: *ese joven ~ se aprovechó de ella.* ⇒ **pillo.** - **2 pícaro** ***m.*** Persona sin honor y de baja condición que engaña a otras para vivir: *el* Lazarillo de Tormes *relata la vida de un ~.*

pi·ca·tos·te |pikatóste| ***m.*** Rebanada de pan frita en aceite: *hemos desayunado picatostes y café con leche.* ⇒ **tostón.**

pi·ca·zón |pikaθón| ***f.*** Sensación molesta que se produce en una parte del cuerpo y que hace rascarse: *tenía una ~ horrible en los brazos.* ⇒ **picor.**

pi·chón |pitʃón| **1** ***m.*** Cría de la *paloma: *los niños perseguían los pichones porque no podían volar.* ⇒ **palomino. 2** *fam.* Persona joven de sexo masculino: *adiós, ~, te veré más tarde.* ⇒ **pichona.** ☖ Se usa como apelativo afectivo.

pi·cho·na |pitʃóna| ***f.*** *fam.* Persona joven de sexo femenino: *ven aquí, ~.* ⇒ **pichón.** ☖ Se usa como apelativo afectivo.

pi·co |píko| **1** ***m.*** Parte saliente de la cabeza de las aves, formada por dos piezas que sirven para tomar la comida: *el pájaro cogía con el ~ migas de pan; el pelícano metió el ~ en el agua.* **2** Parte con punta que sale de la superficie o del borde de un objeto: *se dio con el ~ de la mesa en la pierna.* **3** Herramienta grande formada por una pieza de metal duro que termina en dos puntas opuestas y un mango que la sujeta: *el obrero hacía una zanja con el ~.* **4** Punta del borde de un recipiente: *echa el agua por el ~ porque si no se te va a derramar.* **5** Extremo más alto y agudo de una montaña: *subieron al ~ más alto de la sierra.* **6** Parte pequeña que pasa de una cantidad determinada: *puedes quedarte con el ~ como propina.* **7** Parte que pasa de una cantidad determinada, cuyo valor no se conoce: *cuesta unas tres mil y ~; serían las cuatro y ~ cuando pasó por aquí.* **8** *fam.* Facilidad para hablar: *¡qué ~ tiene!, ¡dejó a todos callados!*; ~ **de oro,** *fam.*, persona que tiene facilidad para hablar muy bien: *mi hermana es un ~ de oro: relata las historias muy bien.* **9** *fam. desp.* Boca de una persona: *niño, abre el ~, que te voy a dar la medicina.* **10** *fam. vulg.* Droga que se introduce en las *venas de una vez: *se puso varios picos y murió de sobredosis.* ■ **abrir el ~,** *fam.*, hablar una persona: *estuvo toda la tarde sin abrir el ~.* ■ **cerrar el ~,** *fam.*, callar o dejar de hablar: *el muchacho hablaba sin parar y sus amigos le hicieron cerrar el ~.* ■ **de picos pardos,** *fam.*, divirtiéndose con cosas de poca utilidad y dejando de lado lo importante: *siempre están por ahí de picos pardos y no van nunca a clase.* ■ **tener mucho ~,** *fam. desp.*, hablar demasiado sin saber bien lo que se dice: *la portera de mi casa tiene mucho ~, lo cuenta todo.*

pi·cor |pikór| **1** ***m.*** Sensación molesta que se produce en una parte del cuerpo y que hace rascarse: *sentía ~ en los ojos y se los frotó con los dedos.* ⇒ **picazón. 2** Sensación molesta que se produce en la boca por haber comido una cosa picante: *la pimienta te deja un fuerte ~ en la boca.*

pi·co·ta |pikóta| **1** ***f.*** Columna que se utilizaba para mostrar al público a los culpables de un crimen: *las cabezas de los ajusticiados eran colocadas en la ~; en la ~ se exponían los reos a la vergüenza pública.* **2** Fruto redondo, pequeño, de color rojo oscuro y con hueso: *las picotas se parecen a las cerezas, pero no se suelen vender con rabito.* ■ **poner en la ~,** señalar públicamente las faltas o errores: *este escritor critica y pone en la ~ las injusticias cometidas por los empresarios.*

pi·co·ta·zo |pikotáθo| **1** ***m.*** Golpe que dan las aves con el pico: *el niño metió el dedo dentro de la jaula y el loro le dio un ~.* **2** *Pinchazo o *punzada que da un insecto: *esa noche había muchos mosquitos y lo acribillaron a picotazos.* ⇒ **picadura. 3** Señal o herida que dejan esos golpes: *la muchacha mostró los picotazos al médico.*

pi·co·te·ar |pikoteár| **1** ***tr.*** [algo] Golpear o herir las aves con el pico: *un jilguero picoteaba la mano de la niña en busca de alimento; el pájaro carpintero picotea la madera.* - **2** ***tr.-intr.*** Comer de cosas distintas y en pequeñas cantidades: *picoteaban de los platos de frutas y dulces mientras charlaban.* ⇒ **picar.** - **3** ***intr.*** *fig.* Mover continuamente la cabeza el caballo de arriba hacia abajo: *había varios caballos en la pradera y todos picoteaban.*

pic·tó·ri·⌐co, ⌐ca |pi^k^tóriko, ka| **1** ***adj.*** De la pintura o que tiene relación con ella: *la técnica pictórica de este artista ha sido muy alabada por los expertos.* **2** Que es adecuado para ser representado en pintura: *los paisajes de montaña son muy pictóricos.*

pi·cu·⌐do, ⌐da |pikúðo, ða| **1** ***adj.*** Que tiene pico: *todas las aves son picudas.* **2** Que acaba en forma de pico: *su nariz es grande y picuda; llevaba un ~ pañuelo azul en el bolsillo de la chaqueta; escribió un cartel grande y de letras picudas.*

pie |pie̯| **1** ***m.*** Parte del cuerpo que va desde el *tobillo hasta la punta de los dedos y que permite andar: *Esteban tiene los pies muy grandes y no le resulta fácil encontrar zapatos de su número; me he quemado la planta de los pies al pisar la arena caliente.* ⇒ **mano;** ~ **plano,** el que no tiene curvada la planta: *le tienen que poner plantillas porque tiene los pies planos.* **2** Pata de un animal: *la cabalgadura se ha lastimado un ~.* ⇒ **mano, pezuña. 3** Base en la que se apoya una cosa: *la lámpara se balancea porque tiene el ~ muy estrecho.* **4** Parte que se opone a otra que destaca más: *no pongas la almohada en los pies de la cama, ponla en la cabecera; el gato está durmiendo al pie de la escalera.* ☖ Se usa principalmente en plural. **5** Parte inferior de un escrito y espacio en blanco que queda al final de un papel: *han escrito una pequeña nota en el ~ de la carta; el abogado le dijo que firmara al ~ del documento.* **6** Texto corto que aparece debajo de un dibujo o una pintura: *si lees el ~ del cuadro, sabrás cuál es su título.* **7** Medida de longitud usada en ciertos países o para ciertas actividades: *el avión volaba a diez mil pies de altura.* **8** Parte de un verso *latino o *griego formado por dos, tres o más sílabas: *en la métrica griega y latina los versos se miden en pies; los pies se construyen atendiendo a la cantidad o el acento.* ■ **a ~**, andando: *no cogeré el autobús, prefiero ir a ~ al cine.* ■ **a ~ firme**, sin moverse de un lugar: *estuvo esperando a ~ firme durante dos horas.* ■ **a pies juntillas**, con gran convencimiento: *se creyó a pies juntillas que no estabas en casa.* ■ **al ~ de la letra**, de forma completa y fiel: *he seguido las recomendaciones del médico al ~ de la letra.* ■ **buscarle tres/cinco pies al gato**, *fam.*, empeñarse en encontrar obstáculos o problemas donde no los hay: *todo le parece complicado, siempre busca tres pies al gato.* ■ **con buen ~**, de una manera buena o adecuada; con buena suerte: *entró con buen ~ en la empresa, a todos les pareció muy simpático.* ■ **con el ~ derecho**, con buena suerte: *hoy se ha levantado con el ~ derecho.* ■ **con el ~ izquierdo**, con mala suerte: *ha empezado su nuevo trabajo con el ~ izquierdo.* ■ **con mal ~**, de una manera mala o poco adecuada; con mala suerte: *he empezado el año con mal ~, espero que las cosas se arreglen.* ⇒ **pata.** ■ **con pies de plomo**, *fam.*, con mucho cuidado: *ahora tienes que ir con pies de plomo en las relaciones con tu jefe.* ■ **dar ~**, hacer que una cosa pueda ser u ocurrir: *tus palabras me han dado ~ para enfadarme contigo.* ■ **de/en ~**, levantado, derecho; en posición vertical: *al entrar el director, todos los empleados se pusieron de ~; está tan borracho, que no puede tenerse en ~.* ■ **hacer ~**, llegar a tocar el suelo con los pies cuando se está en el agua: *puedes estar tranquilo porque en este lado de la piscina los niños hacen ~.* ■ **ir con el ~ cambiado**, hacer una cosa al contrario de como debe hacerse: *cuando yo voy, él viene: siempre vamos con el ~ cambiado.* ■ **nacer de ~**, tener mucha suerte: *tú has nacido de ~ porque todo te sale bien en la vida.* ■ **parar los pies**, hacer que una persona no siga haciendo una cosa o realizando una acción, generalmente mala: *hay que pararles los pies a los traficantes de droga.* ■ **poner los pies**, llegar a un lugar: *en cuanto puso los pies allí, todo empezó a funcionar.* ■ **poner pies en polvorosa**, *fam.*, irse o escapar rápidamente de una lugar: *cuando los ladrones oyeron las sirenas de la policía, pusieron pies en polvorosa.* ■ **no tener ni pies ni cabeza**, no tener sentido o razón: *el cuento que has escrito no tiene ni pies ni cabeza.* ■ **pies, ¿para qué os quiero?**, *fam.*, expresión con que una persona se da ánimo a sí misma para escapar o salir corriendo de una situación o de un lugar: *cuando vi que se acercaban aquellos hombres con malas intenciones, me dije «pies, ¿para qué os quiero?».* ■ **saber de qué ~ cojea**, *fam.*, saber cuáles son los defectos de una persona: *mi jefe no se atreverá a meterse conmigo porque yo sé muy bien de qué ~ cojea.* ■ **sacar los pies del tiesto**, actuar de manera poco adecuada o que se sale de lo que es normal: *el empleado sacó los pies del tiesto y comenzó a insultar a su jefe.* ■ **sin pies ni cabeza**, *fam.*, sin sentido ni razón de ser: *es muy alocado, todo lo hace sin pies ni cabeza y luego paga las consecuencias.*

PIE

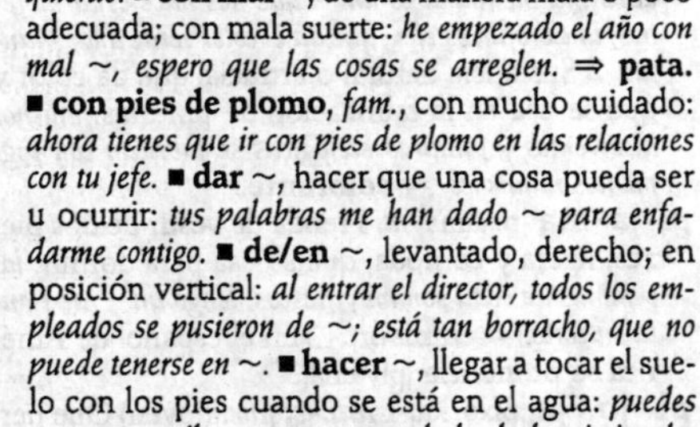

pie·dad |pieðá^{d}| **1** *f.* Sentimiento de pena o dolor que se tiene hacia quienes sufren: *¡tenga ~ de este pobre inválido que no puede trabajar!* ⇒ **compasión, conmiseración, lástima, misericordia.** **2** Virtud que mueve a rezar, a ir a la iglesia y a adorar las cosas santas: *era admirable la ~ que demostraba la joven, mientras las otras muchachas sólo pensaban en ir al baile.* **3** Pintura o escultura en la que se representa a la Virgen con Jesucristo muerto entre sus brazos: *la ~ de Miguel Ángel es una escultura de incalculable valor artístico.*

pie·dra |piédra| **1** *f.* Materia mineral muy dura y de estructura firme: *los muros de la catedral son de ~;* ~ **pómez**, la que es áspera, de estructura *porosa y color gris: *la ~ pómez tiene origen volcánico; la ~ pómez se utiliza para pulir las asperezas;* ~ **preciosa**, la que es muy dura y se usa para fabricar objetos valiosos: *han regalado a Soledad unos pendientes con piedras preciosas; el zafiro es una ~ preciosa;* ~ **filosofal**, la que, para los *alquimistas, sirve para fabricar oro: *se pasó la vida buscando la ~ filosofal y no la encontró.* **2** Trozo de esa materia: *en la orilla del río hay unos muchachos tirando piedras; estuvieron separando las piedras de la arena.* **3** Trozo de esa materia al que se da forma: *las piedras del edificio se están cayendo.* **4** Acumulación de pequeños trozos de materia mineral u orgánica que se forma de manera extraña en algunos órganos internos del cuerpo: *está en el hospital porque tienen que quitarle unas piedras del riñón.* ⇒ **cálculo.** **5** Pieza de los *encendedores con la que se producen *chispas: *este mechero no funciona porque no tiene ~.* **6** Objeto circular de materia mineral muy dura que gira sobre un eje y que sirve para moler: *la ~ tritura el grano en el molino.* ⇒ **muela.** ■ **dejar/quedarse de ~**, *fam.*, sorprender o sorprenderse con o ante un hecho inesperado: *me quedé de ~ cuando me dijeron que habías tenido un accidente.*

☐ Se usa con verbos como *quedarse* o *dejar*. ■ **ser/parecer de ~**, *fam.*, no tener sentimientos: *Mario es de ~ porque no sufre ni siente.* ■ **tirar la ~ y esconder la mano**, *fam.*, obrar mal y ocultarlo: *ese chico es de los que nunca dan la cara, tira la ~ y esconde la mano.* ■ **tirar piedras al/contra el propio tejado**, *fam.*, obrar *causándose daño uno mismo: *con lo que dice se acusa a sí mismo, tira piedras a su propio tejado.*

piel |piél| **1** *f.* Tejido exterior que cubre el cuerpo del hombre y los animales: *Ángela es pelirroja y tiene la ~ cubierta de pecas; la ~ de los osos está cubierta de pelo;* ~ **de gallina**, la de las personas cuando, por el frío o el miedo, toma un aspecto parecido al de las aves sin plumas: *tengo tanto frío, que se me ha puesto la ~ de gallina.* ⇒ **carne. 2** Capa delgada que cubre la carne de ciertos frutos: *quita la ~ al melocotón antes de comerlo.* ■ **dejarse la ~**, *fam.*, esforzarse mucho: *hizo un buen trabajo, pero se dejó la ~.* ■ **ser de la ~ del diablo**, *fam.*, ser muy *travieso: *su hija es de la ~ del diablo: siempre está haciendo travesuras.*

pien·so |piénso| ***m.*** Alimento seco para el ganado: *ha criado sus ovejas con ~;* ~ **compuesto**, el que está formado por varias clases de sustancias para que alimente más: *los piensos compuestos llevan vitaminas y minerales.*

pier·na |piérna| **1** *f.* Miembro inferior del cuerpo, que une el tronco con el pie, especialmente la parte que va de la rodilla al *tobillo: *el perro se abalanzó sobre ella y le mordió una ~; se ha fracturado una ~ jugando al fútbol; los brazos y las piernas son las extremidades del hombre; el músculo gemelo está en la ~.* **2** Pata de un animal: *en Navidad comemos ~ de cordero asada.* ■ **dormir a ~ suelta**, *fam.*, dormir muy bien y profundamente: *estaba tan cansado, que durmió a ~ suelta más de diez horas.* ■ **estirar las piernas**, *fam.*, pasear, especialmente después de haber estado mucho tiempo quieto: *¡qué viaje tan largo!, ya tenía ganas de estirar las piernas.* ■ **hacer piernas**, hacer ejercicio andando: *salían a pasear todas las mañanas, necesitaban hacer piernas.*

pie·za |piéθa| **1** *f.* Elemento que tiene una función en un mecanismo: *voy por unas piezas de recambio; se ha roto una ~ del motor.* **2** Parte que compone un conjunto; objeto que pertenece a la misma clase que otros: *este vestido es de dos piezas; la cubertería tiene 80 piezas.* **3** Trozo de tela, especialmente la que se cose a la que está rota o vieja: *compraré una ~ de tela en la tienda de retales; he puesto unas piezas a los codos de la chaqueta.* **4** Animal que se caza o se pesca: *hoy la caza se me ha dado mal, pues no he conseguido ninguna ~.* **5** Obra de teatro formada por un solo acto: *la ~ que acabamos de ver me ha parecido un poco aburrida.* **6** Composición musical: *el repertorio del pianista consta de 80 piezas.* **7** *fam.* Persona que destaca por tener un comportamiento poco adecuado: *¿que si conozco a Julio?, ¡claro, menuda ~ está hecho!; Sandra es una niña muy revoltosa, es una buena ~.* ☐ Se usa con palabras que le dan mayor intensidad. **8** Figura de ciertos juegos de mesa o conjuntos: *ya he colocado todas las piezas sobre el tablero del ajedrez; ya han puesto todas las piezas del belén.* **9** Habitación de una casa: *utilizaremos la ~ del fondo de la casa como despacho.* ■ **de una ~**, *fam.*, muy sorprendido ante un hecho inesperado: *su marcha nos ha dejado de una ~.* ☐ Se usa con verbos como *quedarse* o *dejar*.

pi·fia |pífia| **1** *f.* Golpe en falso que se da con el *taco en la bola de *billar: *eres muy mal jugador: cada vez que tiras haces una ~.* **2** *fam. fig.* Obra o dicho equivocado o sin acierto; error: *cuando habla, siempre comete alguna ~.*

pi·fiar |pifiár| **1** ***intr.*** Dar un golpe falso con el *taco en la bola de *billar: *decía que sabía jugar, pero solo pifiaba.* **2** *fam. fig.* Caer en un error; hacer o decir una cosa equivocada o sin acierto: *me suspendieron porque pifié en la última prueba.* **3** Dejar oír demasiado el aire expulsado al tocar la *flauta *travesera: *no es un buen flautista porque pifia mucho.* ☐ Se conjuga como 12.

pig·men·tar |pi^{y}mentár| **1** ***tr.-prnl.*** *form.* [algo] Dar o tomar color, especialmente con una sustancia adecuada para ello: *su trabajo consistía en ~ pelucas.* ⇒ **colorear, teñir. 2** Producir en la piel o en otros tejidos un color que no es normal: *esta crema pigmenta la piel.*

pig·men·to |pi^{y}ménto| **1** ***m.*** Sustancia que se encuentra en las células de los seres vivos y que da color: *la melanina es un ~ que nos hace estar morenos; la clorofila es el ~ que da el color verde a las plantas.* **2** Sustancia natural o artificial que da color y que se usa en la fabricación de pinturas: *muchos disolventes y pinturas ecológicas se fabrican con pigmentos naturales.* ⇒ **colorante.**

pi·ja·ma |pixáma| ***m.*** Prenda de vestir de dos piezas, ligera y cómoda, que se usa para dormir: *los pijamas de seda son muy frescos; tengo un ~ de pantalón corto.* ⇒ **camisón.** ☐ En el español de América se pronuncia |piyáma|.

pi·⌈jo, ⌈ja |píxo, xa| **1** ***adj.-s.*** *fam.* (joven) Que pertenece a una familia con dinero y que se comporta de manera superficial y presumida: *esta es una discoteca de pijos.* ⇒ **niño. - 2** ***adj.*** *fam.* De esos jóvenes o que tiene relación con ellos: *se han comprado un coche muy ~; ¡qué camisa tan pija!* **- 3** ***m.*** ***f.*** *fam. vulg.* Órgano sexual masculino: *el ~ es el pene, y suena mejor llamarlo de esta última forma.* ⇒ **pene.**

pi·la |píla| **1** *f.* Aparato que sirve para producir una corriente eléctrica continua: *esta radio funciona con cuatro pilas; la ~ se ha gastado y el reloj no funciona.* ⇒ **generador. 2** Recipiente de material resistente en el que cae y se acumula el agua: *el fregadero de la cocina tiene dos pilas; la fuente tenía un caño de cobre y una ~ de mármol en forma de concha;* ~ **bautismal**, la que hay en las iglesias para administrar el *bautismo: *a la entrada de la iglesia, en la capilla de la derecha, había una ~ bautismal.* **3** Conjunto de cosas puestas unas sobre otras: *al fondo del almacén hay una ~ de cajas de detergente.* ⇒ **torre. 4** *fam.* Cantidad grande de una cosa: *tiene una ~*

de juguetes; hay una ~ de papeles sobre tu mesa de trabajo.

pi·lar |pilár| **1** ***m.*** Elemento vertical de apoyo, más alto que ancho, que sirve para soportar una estructura de un edificio, un arco u otras cosas: *cuatro pilares sostienen la cúpula.* **2** *fig.* Apoyo o base: *el abuelo fue el ~ de la familia hasta que murió.*

pi·las·tra |pilástra| ***f.*** ARQ. Columna de base cuadrada o rectangular que está pegada a un muro: *el muro de la iglesia tiene varias pilastras.*

píl·do·ra |píldora| **1** ***f.*** Medicina de pequeño tamaño, generalmente redonda: *el médico le recetó unas píldoras para el corazón.* ⇒ **pastilla. 2** *fam. p. ext.* Medicina que impide el embarazo: *desde que se casó, toma la ~.* ■ **dorar la** ~, *fam.*, presentar una noticia desagradable de forma suave: *uno de los hermanos doraba la ~ a su madre.*

pi·le·ta |piléta| **1** ***f.*** Lugar que tiene o en el que se recoge agua: *no bebas agua de la ~.* **2** Recipiente pequeño, generalmente de piedra, que hay en las iglesias y que tiene agua *bendita: *al entrar en la iglesia, los devotos toman agua de la ~ y se santiguan.*

pi·lla·je |piʎáxe| **1** ***m.*** Robo o destrucción hechos por soldados en un país enemigo: *tras la batalla, el ~ de las tropas enemigas empobreció aún más la ciudad.* **2** Robo que se ejecuta violentamente: *en esos barrios, hay bandas que se dedican al ~.*

pi·llar |piʎár| **1** ***tr.*** *fam.* [algo, a alguien] Coger o tomar: *pilló al niño por la oreja y lo llevó a casa.* **2** *fam.* Alcanzar o ponerse a la misma altura: *a Pedro lo pilló un coche y le rompió una pierna; el Betis ha pillado al Sevilla en la clasificación.* **3** *fam.* [a alguien] Sorprender en falta o engaño: *pillaron al cajero tratando de llevarse un fajo de billetes.* **4** *fam.* Sorprender o descubrir: *la noche nos pilló en el monte; si lo hubiera sabido, no me habrías pillado sin dinero.* ⇒ **coger, pescar. 5** *fam.* [algo] Coger; llegar a tener: *el sábado pillamos una borrachera de campeonato; me divertí mucho en la nieve, pero pillé un tremendo catarro.* **- 6** ***intr.*** *fam.* Encontrarse en una posición, en relación con la de una persona o una cosa: *el trabajo me pilla muy cerca de casa.* **- 7** ***tr.-prnl.*** [algo, a alguien] Sujetar o retener, generalmente con daño: *me pillé el dedo con la puerta del coche.* ■ **aquí te pillo, aquí te mato**, *fam.*, expresión que indica que una cosa se hace sin preparación o sin dejar pasar un momento: *todo lo quiere hacer aquí te pillo, aquí te mato.*

pi·lle·rí·a |piʎería| ***f.*** Obra o dicho de un *pillo: *este niño es muy travieso y está todo el día haciendo pillerías.*

pi·⌐llo, ⌐lla |píʎo, ʎa| ***adj.-s.*** (persona) Que es hábil para engañar; que se comporta con disimulo para conseguir una cosa: *menudo ~ está hecho tu hijo, ya verás cuando crezca.* ⇒ **astuto, granuja, pícaro.**

pi·lón |pilón| ***m.*** Recipiente de piedra en que cae y se acumula el agua de las fuentes: *las vacas beben en el ~.*

pi·lo·⌐so, ⌐sa |pilóso, sa| ***adj.*** Del pelo o que tiene relación con él: *el pelo nace de un folículo piloso.*

pi·lo·ta·je |pilotáxe| **1** ***m.*** Acción de conducir o gobernar un vehículo: *el ~ de un avión requiere gran habilidad.* ⇒ **conducción. 2** Técnica de conducir o gobernar un vehículo: *asiste a una escuela de ~.* ⇒ **navegación.**

pi·lo·tar |pilotár| **1** ***tr.*** [algo] Dirigir o conducir una nave: *su gran ilusión era ~ un avión de caza algún día; el grumete tomó el timón, dispuesto a ~ la goleta.* ⇒ **tripular. 2** Dirigir o conducir un vehículo capaz de alcanzar gran velocidad: *este año va a ~ un fórmula 1.*

pi·lo·to |pilóto| **1** ***com.*** Persona que conduce o gobierna un vehículo: *Carlos es ~ de coches de carreras; el ~ del helicóptero saltó en paracaídas.* ⇒ **conductor;** ~ **automático**, mecanismo que conduce o gobierna un vehículo: *el comandante conectó el ~ automático del avión.* **- 2** ***m.*** Luz del automóvil que sirve para marcar su posición: *los pilotos se encienden de noche; enciende el ~ antiniebla porque llueve mucho.* **3** Luz en un aparato eléctrico que indica si está en funcionamiento: *cuando funciona la lavadora, se enciende el ~ rojo.* **4** Muestra o modelo: *fuimos a visitar el chalé ~ de la urbanización; este coche es un proyecto ~.* ⇒ **prototipo.** ⌂ En esta acepción funciona en aposición a otros nombres.

pil·tra·fa |piltráfa| **1** ***f.*** Trozo de carne delgada pero con mucha piel: *tira ese trozo de carne: es una ~.* **2** Resto de comida: *tiró las piltrafas a los perros.* ⌂ Se usa frecuentemente en plural. **3** *fam.* Persona que está débil o enferma: *de joven era muy apuesto, pero ahora es una ~.*

pi·men·te·ro |pimentéro| **1** ***m.*** Recipiente que contiene *pimienta molida: *pon el ~ y el salero en el centro, para que todos alcancen.* **2** Arbusto de tallos nudosos, con las hojas ovaladas y gruesas y las flores en *espiga, cuyo fruto es la *pimienta: *el ~ procede de Oriente.*

pi·men·tón |pimentón| ***m.*** Polvo que se saca al moler *pimientos rojos secos: *el ~ y la canela son especias; para hacer pulpo a la gallega tienes que ponerle una pizca de ~.*

pi·mien·ta |pimiénta| ***f.*** Fruto pequeño, redondo y rojo, que toma color negro cuando se seca y que tiene sabor picante: *la ~, en grano o molida, se usa para condimentar las comidas;* ~ **blanca**, la que tiene color casi blanco porque se le ha quitado la corteza: *la ~ blanca es más suave que la ~ negra;* ~ **negra**, la que conserva la corteza: *utilizo la ~ negra para aderezar mis guisos.*

pi·mien·to |pimiénto| **1** ***m.*** Hortaliza de color verde, rojo o amarillo, ancha y casi hueca: *he comido pimientos rojos asados;* ~ **de Padrón**, el que es verde y de pequeño tamaño: *los pimientos de Padrón se cultivan en Galicia;* ~ **del piquillo**, el que es rojo, de tamaño medio, un poco picante, terminado en punta y se asa: *en aquel restaurante, el plato típico son los pimientos del piquillo;* ~ **morrón**, el que es rojo, grueso y tiene sabor dulce: *la ensaladilla rusa tiene trocitos de ~ morrón.* **2** Planta de flores blancas y fruto hueco, primero verde y después amarillo o rojo, lleno de semillas planas: *el ~ es una planta americana; en la huerta tenemos algunos pimientos.* ■ **un** ~, *fam.*, poco o nada: *me im-*

porta un ~ que vengas o que te quedes; esta radio es muy barata, no vale un ~. ◯ Se usa en frases exclamativas para negar o rechazar: *mañana iremos al cine. —¡Y un ~!*

pim·po·llo |pimpóʎo| **1** ***m.*** *fam. fig.* Niño o joven que llama la atención por ser bello o gracioso: *su hija es un auténtico ~; ese bebé tan guapo parece un ~.* ◯ Se usa como apelativo afectivo. **2** *fam. fig.* Persona que conserva un aspecto joven: *tiene ya sus añitos, pero está hecho un ~.* **3** Brote, yema o tallo nuevo de una planta: *las acacias del paseo tenían ya los primeros pimpollos.* **4** Rosa que no se ha abierto: *puso los pimpollos en agua y, dos días después, eran rosas rojas.* ⇒ **capullo. 5** Árbol nuevo, especialmente el pino: *han plantado pimpollos para repoblar el bosque; ese ~ crecerá rápido si lo riegas.*

pi·na·co·te·ca |pinakotéka| ***f.*** *form.* Edificio o lugar abierto al público en el que se guardan o exponen pinturas: *el museo del Prado es la mejor pinacoteca del mundo.* ⇒ **galería, museo.**

pi·ná·cu·lo |pinákulo| **1** ***m.*** Parte superior y más alta de un edificio: *la torre de la iglesia termina en un ~.* **2** Elemento arquitectónico en forma de cono o de *pirámide que adorna los edificios, especialmente los de estilo *gótico: *las catedrales góticas están rematadas por pináculos.*

pi·nar |pinár| ***m.*** Lugar donde crecen muchos pinos: *el pueblo se sentía orgulloso de sus pinares; subieron al ~ a merendar.* ⇒ **bosque.**

pin·cel |pinθél| **1** ***m.*** Instrumento estrecho o redondeado, formado por un mango con un conjunto de pelos fijos en un extremo, más estrecho y delgado que una *brocha, y que sirve para pintar: *el pintor tomó un poco de óleo con el ~ y lo estampó en el lienzo; para maquillarse utiliza un ~ muy suave.* ⇒ **brocha. 2** *fig.* Modo de pintar: *admiraba el ~ suave de los impresionistas.* ■ **ir hecho un ~**, *fam.*, vestir de forma elegante: *casi no te conocía: hoy vas hecho un ~.*

pin·ce·la·da |pinθeláða| **1** ***f.*** Trazo hecho con un *pincel: *en el cuadro se apreciaban pequeñas pinceladas de ocres y marrones.* **2** *fig.* Rasgo o idea que da un carácter propio a un discurso o a una obra: *el libro está salpicado de pinceladas de humor e ironía.* ■ **dar la última ~**, *fig.*, poner los elementos finales en una obra o un trabajo para terminarlo: *mañana entregaremos el proyecto, le estamos dando la última ~.*

pin·cha·dis·cos |pintʃaðískos| ***com.*** *fam.* Persona que se dedica a poner música en la radio, en un bar o en otro establecimiento: *el ~ de este bar es malísimo; la discoteca tiene un nuevo ~ que causa furor entre los jóvenes.* ◯ El plural es *pinchadiscos.*

pin·char |pintʃár| **1** ***tr.-prnl.*** [algo] Introducir un cuerpo acabado en punta en una superficie: *me acabo de ~ el dedo con la aguja; ten cuidado y no te pinches al coger la rosa.* ⇒ **picar. 2** Sujetar un objeto clavando en él un instrumento acabado en punta: *pincha la carne con el tenedor.* **3** *fam.* [a algo, a alguien] Poner *inyecciones: *el niño está llorando porque no quiere que la enfermera lo pinche; tienen que pincharme para que se me cure el resfriado.* - **4** ***intr.*** *fam.* Introducirse un cuerpo acabado en punta en la superficie de la rueda de un coche: *poco después de salir pinchamos, por eso llegamos tarde.* **5** *fam.* No tener éxito; fracasar: *he vuelto a ~ en los exámenes de este semestre.* - **6** ***tr.*** *fig.* [a alguien] Molestar a una persona hasta hacer que se enfade: *deja de ~ a tu hermano, que te va a dar una bofetada.* **7** *fam.* Animar a una persona: *me presenté al concurso porque mi familia me pinchó mucho para que lo hiciera.* **8** *fam. fig.* [algo] Intervenir un teléfono: *han pinchado el teléfono del presidente.* - **9** ***tr.-intr.*** *fam. fig.* Poner música: *Jaime pincha discos en una discoteca los fines de semana; este locutor de radio no sabe ~.* - **10 pincharse** ***prnl.*** *fam.* Ponerse droga en la sangre: *si te pinchas, sólo conseguirás tener problemas.* ■ **ni ~ ni cortar**, *fam.*, no influir en un asunto: *sus opiniones no se tienen en cuenta, ni pincha ni corta.*

pin·cha·zo |pintʃáθo| **1** ***m.*** Acción y resultado de poner una medicina o una droga líquida en la sangre: *el paciente notó el ~ en el brazo, pero no se quejó.* **2** Herida o señal que se hace con un instrumento que pincha: *se clavó un alfiler y todavía tiene el ~ en el dedo.* **3** Agujero que se hace al introducirse un cuerpo acabado en punta en la superficie de una rueda o de una pelota y que produce la salida del aire: *el balón tiene un ~, por eso se desinfla.* **4** *fig.* Obra o dicho con que se molesta a una persona o se la convence para que tome una decisión: *los continuos pinchazos de su familia hicieron que cambiara de opinión.*

pin·che |píntʃe| ***com.*** Persona que ayuda al *cocinero en la cocina: *el cocinero dio las instrucciones al ~.*

pin·chi·to |pintʃíto| ***m.*** Comida ligera hecha con trozos pequeños de alimentos atravesados por un palo muy fino: *el camarero les puso unos pinchitos de tortilla con los vinos; para comer hizo pinchitos de carne asados.* ⇒ **pincho.**

pin·cho |píntʃo| **1** ***m.*** Punta aguda y afilada: *me he clavado un ~ del cactus en el dedo; el cardo está lleno de pinchos.* **2** Vara o palo que acaba en una punta afilada: *el guarda recoge los papeles del suelo hincando en ellos su ~.* **3** Comida hecha con trozos de alimentos atravesados por un palo muy fino: *hicimos una cena informal y ligera a base de pinchos;* **~ moruno**, el que está formado por trozos de carne, generalmente de cerdo, preparados con especias y atravesados por una vara delgada de madera o de metal: *los pinchos morunos se cocinan a la brasa.* ⇒ **pinchito.**

pin·ga·jo |piŋgáxo| ***m.*** *fam. desp.* Trozo de tela roto o viejo que cuelga de un lugar o de una cosa: *de la chaqueta rota colgaba un ~.* ⇒ **pingo.**

pin·go |píŋgo| **1** ***m.*** *fam. desp.* Trozo de tela roto o viejo que cuelga de un lugar o de una cosa: *la explosión causó grandes destrozos: de las cortinas sólo quedaron unos pingos.* ⇒ **pingajo. 2** Prenda de vestir, rota, vieja o sucia: *aunque estés en casa, no te pongas esos pingos.* **3** *fam.* Persona a la que le gusta mucho salir a divertirse: *¡qué ~ estás hecho!* - **4 pingos** ***m. pl.*** *fam.* Prendas de vestir femeninas de mala calidad: *no sabe vestir, sólo se compra* *pingos.* ■ **andar/estar/ir de** ~, *fam.*, estar siempre en la calle, divirtiéndose y relacionándose socialmente: *en lugar de venir a vernos, estás todo el día de* ~.

pin·güe |píŋgue| ***adj.*** Que es abundante: *el negocio le reportaba pingües beneficios.*

pin·güi·no |piŋguíno| ***m.*** Ave de las zonas frías, con las patas cortas y los dedos de los pies unidos por *membranas, con espalda negra y pecho blanco, que nada muy bien y no puede volar: *los pingüinos viven en las costas de aguas frías.* ☖ Para indicar el sexo se usa el ~ macho y el ~ hembra.

pi·no |píno| **1** ***m.*** Árbol de tronco fuerte y rugoso, con las hojas estrechas en forma de aguja y cuyo fruto es la piña: *en España abundan los pinos; la resina se extrae del* ~. **2** Madera de ese árbol: *en mi habitación los muebles son de* ~. ■ **en el quinto** ~, *fam.*, muy lejos: *esa calle está en el quinto* ~, *así que prefiero tomar el autobús.* ■ **hacer el** ~, poner el cuerpo verticalmente con los pies hacia arriba y las manos apoyadas en el suelo: *el profesor de gimnasia nos mandó hacer el* ~. ■ **hacer los primeros pinos**, dar los primeros pasos un niño que empieza a andar: *no tiene aún ocho meses y ya hace sus primeros pinos.* ■ **hacer los primeros pinos**, *fig.*, hacer los primeros progresos o avances en una actividad o un trabajo: *la gran actriz hizo sus primeros pinos en el teatro.* ☖ Se usa también *hacer pinitos.*

pin·ta |pínta| **1** ***f.*** Mancha o señal pequeña en la piel, el pelo o las plumas de los animales: *mi gato es gris con pintas negras; era una gallina parda con pintas blancas.* ⇒ **mota. 2** Dibujo en forma de mancha muy pequeña con el que se adorna una tela: *el abrigo es gris jaspeado, con pintas más oscuras.* **3** *fig.* Aspecto o apariencia exterior de una persona o cosa: *con ese traje tienes* ~ *de hombre de negocios; tu novia tiene* ~ *de ser muy simpática; esa comida tiene muy buena* ~*; ¡qué mala* ~ *tiene la carne!* **4** Carta de la *baraja, que se descubre para señalar el palo que más valor tiene en un juego: *el dos de copas era la* ~. - **5** ***m.*** *fam.* Hombre que habla u obra sin vergüenza ni respeto: *ten cuidado con él porque es un* ~ *y te engañará.* - **6** ***f.*** Medida de capacidad para líquidos o para *áridos: *la* ~ *varía según los países.*

PINO

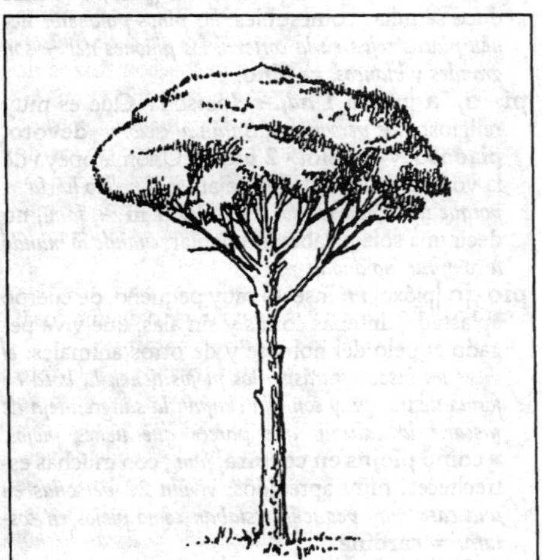

pin·ta·da |pintáðа| **1** ***f.*** Escrito de gran tamaño hecho a mano sobre una superficie, generalmente una pared: *los manifestantes hicieron varias pintadas en la fachada del ayuntamiento.* **2** Ave de la familia de la gallina, con el cuerpo negro con manchas blancas, la cabeza *pelada y la *cresta dura: *cerca de mi casa hay una granja de pintadas.* ☖ Para indicar el sexo se usa la ~ macho y la ~ hembra.

pin·ta·⌐do, ⌐da |pintáðo, ða| ***adj.*** (animal) Que tiene manchas de color en la piel, el pelo o las plumas: *salió de las cuadras un caballo* ~, *brioso y noble.* ⇒ **pinto.** ■ **que ni** ~, *fig.*, que es muy adecuado u oportuno: *esta hoja de papel me viene que ni pintada para apuntar los teléfonos.*

pin·ta·la·bios |pintaláβios| ***m.*** Barra que se usa para dar color a los labios, generalmente guardada en una pequeña caja: *lleva siempre un* ~ *en el bolso.* ⇒ **carmín.** ☖ El plural es *pintalabios.*

pin·ta·mo·nas |pintamónas| ***com.*** *fig.* *Pintor poco hábil: *ese es un* ~, *no sabe ni coger el pincel.* ☖ El plural es *pintamonas.*

pin·tar |pintár| **1** ***tr.-intr.*** [algo, a alguien] Representar en una superficie con colores y líneas: *Roberto se dedica a* ~ *cuadros abstractos; me gusta este artista porque pinta con colores muy suaves.* **2** [algo] Cubrir con color una superficie: *mi marido pasó el fin de semana pintando la valla del jardín; he pintado las paredes y el techo de la habitación de color blanco.* - **3** ***tr.*** *fig.* [algo, a alguien] Describir con palabras: *no me parece que Isabel sea como tú la pintas; el niño nos ha pintado el colegio como un sitio horrible.* - **4** ***tr.-prnl.*** [a alguien] Dar color, cubrir defectos y hacer más bella la cara, usando productos naturales o artificiales: *la maquilladora ha pintado a la estrella de cine; María no puede salir a la calle sin pintarse.* ⇒ **maquillar.** - **5** ***intr.*** Dejar una señal un *lápiz o un objeto de características parecidas: *tengo que comprar una carga para el bolígrafo porque ya no pinta.* **6** *fig.* Ser importante; valer: *tú en la oficina no pintas nada, así que te puedes marchar.* ☖ Se usa en oraciones negativas e interrogativas que esperan una respuesta negativa. *¿se puede saber qué pinta Elvira aquí?* **7** Señalar una carta de la *baraja el palo que más valor tiene en un juego: *pintan copas.* ■ **pintárselas solo**, *fam.*, arreglarse bien: *Guillermo se las pinta solo para animar las fiestas.*

pin·ta·rra·je·ar |pintaraxeár| **1** ***tr.-intr.*** *fam.* [algo, a alguien] Pintar de varios colores y sin arte ni cuidado: *los niños han pintarrajeado la pared de su habitación.* - **2** ***tr.-prnl.*** Pintar o dar color a la cara de una persona de forma excesiva y poco adecuada: *ella se pintarrajea y cree que va muy guapa.*

pin·⌐to, ⌐ta |pínto, ta| ***adj.*** (animal) Que tiene

manchas de color en la piel, el pelo o las plumas: *le regalaron un jilguero ~.* ⇒ **pintado.**

pin·⌐tor, ⌐to·ra |pintór, tóra| **1** ***m. f.*** Persona que se dedica al arte de la pintura: *Picasso fue un ~ genial; hay una exposición de pintores del Barroco.* ⇒ **artista, escultor. 2** Persona que se dedica a pintar puertas, paredes, casas y superficies en general: *los pintores vendrán mañana a pintar la casa entera; el ~ le dejó el coche como nuevo.*

pin·to·res·⌐co, ⌐ca |pintorésko, ka| **1** ***adj.*** Que presenta una imagen bella, agradable y única: *cerca de la carretera había un paisaje ~ que podía admirarse desde un mirador.* **2** *fig.* (lenguaje, estilo) Que se usa para describir la realidad de forma viva y animada: *el escritor retrata a los personajes con el habla pintoresca de la región.* **3** *fig.* Que llama la atención por ser extraño y singular: *mi vecino tiene una forma de hablar pintoresca.*

pin·tu·ra |pintúra| **1** ***f.*** Arte de pintar o representar en una superficie con colores y líneas: *estudió ~ en Florencia; decidió dedicarse a la ~; la ~ abstracta nace en el siglo* XX. **2** Obra que se hace aplicando ese arte: *este cuadro es una famosa ~ de El Greco;* ~ **rupestre**, la *prehistórica, hecha sobre roca: *en algunas cuevas hay pinturas rupestres.* **3** Conjunto de obras pintadas de un autor, de un estilo, de un país o de un periodo determinados: *es un apasionado de la ~ de Goya; se especializó en la ~ cubista.* **4** Técnica o procedimiento usado para pintar una obra: ~ **al fresco**, la que se hace en paredes y techos con colores rápidos sobre una superficie todavía húmeda: *la ~ al fresco se ha utilizado para decorar muchas iglesias.* ⇒ **fresco;** ~ **al óleo**, la que emplea colores disueltos en aceite: *la ~ al óleo se suele hacer sobre lienzo.* ⇒ **óleo;** ~ **al temple**, la que emplea colores mezclados con cola y agua caliente: *he pintado las paredes de la casa con ~ al temple.* ⇒ **temple. 5** Producto con un color determinado que se usa para pintar: *el pintor necesitaba un tubo más de ~; he comprado un bote de ~ negra para pintar las rejas.* **6** Capa o cubierta de color que tiene una superficie: *la ~ de la pared se está cayendo por culpa de la humedad; hay que lijar la ~ vieja antes de pintar de nuevo.* **7** Técnica de cubrir con color una superficie: *llamó a una empresa que hace trabajos de chapa y ~.* **8** *Lápiz de color: *el niño lleva una caja de pinturas y rotuladores para la clase de dibujo.* **9** *form. fig.* Descripción de personas o cosas por medio de palabras: *en esa novela se hace una ~ de la sociedad española de aquel tiempo.* **- 10 pinturas *f. pl.*** *fam.* Conjunto de productos que sirven para pintarse la cara: *si quieres maquillarte, puedes coger mis pinturas.* ■ **no poder ver ni en** ~, *fam.*, odiar en extremo a una persona: *no lo aguanto, no lo puedo ver ni en ~.*

pin·tu·re·⌐ro, ⌐ra |pinturéro, ra| ***adj.-s.*** *fam.* (persona) Que presume de ser bello, fino o elegante: *paseaba su figura pinturera por el parque.*

pin·za |pínθa| **1** ***f.*** Instrumento formado por dos piezas que se juntan y se separan haciendo presión con los dedos y que sirve para sujetar, coger o apretar: *siempre usamos pinzas de madera para tender la ropa; Almudena se quitaba los pelos de las cejas con unas pinzas de depilar.* ◯ Se usa también en plural para hacer referencia a uno solo de estos instrumentos. **2** Pliegue cosido en la tela de una prenda de vestir: *los pantalones con pinzas sientan muy bien.* **3** Parte final de las patas de algunos animales, dividida en dos partes que cierran con fuerza para sujetar o apretar: *los cangrejos tienen unas pinzas muy fuertes.* ⇒ **pinza.**

pi·ña |píɲa| **1** ***f.*** Fruto del pino y otros árboles, de forma cónica u ovalada, terminado en punta, formado por muchas piezas duras y colocadas en forma de escamas: *recogieron piñas para adornar el árbol de Navidad; algunas clases de piñas tienen piñones comestibles.* **2** Fruto comestible procedente de América, de forma cónica y tamaño grande, con una corteza rugosa y áspera, terminado en un conjunto de hojas y con una carne amarilla y jugosa en el interior: *la ~ es una fruta tropical; nos gusta tanto la ~, que la tomamos en ensaladas y postres.* **3** Racimo de *plátanos: *no pude comprar plátanos porque la ~ estaba verde.* **4** *fig.* Conjunto de personas o cosas unidas estrechamente: *son amigos desde niños y ahora forman una ~.* **5** *fam. fig.* Golpe muy fuerte: *conducían como locos y se dieron una ~ contra un muro.*

pi·ña·ta |piɲáta| ***f.*** Recipiente de barro o de otro material, lleno de dulces, que se cuelga para romperlo a palos con los ojos tapados: *en la fiesta de cumpleaños los niños jugaron a romper una ~.*

pi·ñón |piɲón| **1** ***m.*** Semilla del pino, de forma ovalada, con una cáscara muy dura y una carne blanca y dulce: *los piñones se comen en invierno; algunos piñones se comen cubiertos de azúcar duro y blanco.* **2** Rueda pequeña y con dientes en el borde, que ajusta con otra de igual o distinto tamaño en una máquina: *las bicicletas llevan un ~ en la rueda trasera.*

pi·ño·ne·⌐ro |piɲonéro| ***adj.-m.*** (pino) Que produce semillas comestibles: *los pinos piñoneros tienen placas rojas en la corteza; los piñones del ~ son grandes y blancos.* ⇒ **pino.**

pí·⌐o, ⌐a |pío, a| **1** ***adj.-s.*** (persona) Que es muy religioso: *las personas pías irán al cielo.* ⇒ **devoto, piadoso.** ⇔ **impío. - 2 pío *m.*** Onomatopeya de la voz del pollo o de los pájaros: *el pollito hacía ~ porque tenía mucho frío.* ■ **no decir ni** ~, *fam.*, no decir una sola palabra; no hablar: *cuando lo mandó a comprar, no dijo ni ~.*

pio·jo |pi̯óxo| ***m.*** Insecto muy pequeño, de cuerpo aplastado, antenas cortas y sin alas, que vive pegado al pelo del hombre y de otros animales: *el ~ es un insecto parásito; los piojos tienen la boca en forma de trompa y con ella chupan la sangre; deja de rascarte la cabeza, que parece que tienes piojos.* ■ **como piojos en costura**, *fam.*, con muchas estrecheces, muy apretados: *vivían 20 personas en una casa muy pequeña, estaban como piojos en costura.* ⇒ **sardina.**

pio·jo·⌐so, ⌐sa |pi̯oxóso, sa| **1** ***adj.*** Que tiene muchos *piojos: *un hombre pobre y ~ me pidió una li-*

mosna. **2** *fam. desp.* (persona) Que merece desprecio, generalmente porque no ayuda a los demás: *eres un ~ y un desagradecido, nunca me prestas tu ayuda cuando la necesito.*

pio·ne·⌐ro, ⌐ra |pionéro, ra| ***m. f.*** (persona) Que realiza los primeros descubrimientos o los primeros trabajos en una actividad determinada: *además de médico, fue ~ en el campo de la genética.* ⇒ **precursor.**

pi·pa |pípa| **1** ***f.*** Semilla pequeña de ciertos frutos: *las pipas de calabaza son comestibles; se atragantó con una ~ de sandía.* ⇒ **pepita. 2** Semilla negra y comestible del *girasol: *cuando sale de paseo se compra una bolsa de pipas.* **3** Instrumento que sirve para fumar y que está formado por un recipiente en el que se quema el tabaco unido a un tubo por el que se aspira el humo: *un hombre sacó una ~ y la llenó de tabaco.* ⇒ **cachimba. 4** *fam.* Arma de fuego corta, que se dispara con una sola mano: *uno de los atracadores apuntó al cajero con la ~.* ⇒ **pistola.**

pi·pe·ta |pipéta| ***f.*** *form.* Tubo de cristal, estrecho, alargado y terminado en punta, que se usa para trasladar pequeñas cantidades de líquido de un recipiente a otro: *al tapar el orificio superior de la ~ el líquido no se derrama.*

pi·pí |pipí| ***m.*** *fam.* Líquido de color amarillo que se forma en el *riñón y se expulsa: *estos pañales absorben muy bien el ~.* ⇒ **orina, pis.** ■ **hacer ~,** expulsar la orina: *mamá, quiero hacer ~.* ⇒ **mear, orinar.**

pi·pio·⌐lo, ⌐la |pipiólo, la| ***m. f.*** *fam.* Persona muy joven; persona que no tiene experiencia: *los mayores ayudaron a los pipiolos que acababan de entrar a la academia; ¡no seas ~ y no te dejes engañar!* ⇒ **novato.**

pi·que |píke| **1** ***m.*** Enfado o disgusto provocado por una discusión o un enfrentamiento: *desde que se pelearon tienen un ~ y no se hablan para nada.* **2** Empeño en hacer una cosa por amor propio o para demostrar la superioridad: *son compañeros, pero hay un ~ entre ellos para ver quién asciende antes.* ■ **irse a ~,** hundirse un barco hasta llegar al fondo: *el Titanic se fue a ~ en pocos minutos.* ■ **irse a ~,** *fig.*, estropearse o no llegar a su fin un proyecto: *mi matrimonio se fue a ~ por culpa de mis celos.*

pi·que·ta |pikéta| **1** ***f.*** Herramienta formada por una cabeza de metal, plana por un extremo y acabada en punta por el otro, y un mango corto de madera: *daba forma a la roca con una ~.* **2** Trozo de madera acabado en punta que se clava en la tierra: *pusimos piquetas para sujetar la tienda de campaña al suelo.*

pi·que·te |pikéte| **1** ***m.*** Grupo de personas que recorren las calles o se colocan en ciertos lugares con un fin determinado: *los piquetes de los huelguistas han tenido enfrentamientos con la policía.* **2** Herida de poca importancia hecha con un objeto agudo: *se hizo un ~ en la cabeza al golpearse con la estantería.* **3** Agujero pequeño: *realizó un ~ en la pared para meter el cable del teléfono.*

pi·ra |píra| ***f.*** Fuego de llamas altas: *prepararon una ~ para quemar el cadáver.* ⇒ **hoguera.**

pi·ra·⌐do, ⌐da |piráðo, ða| ***adj.-s.*** *fam.* (persona) Que está *loco; que tiene alterada la razón: *ese amigo tuyo está ~; un ~ incendió el monte.*

pi·ra·gua |piráɣua| ***f.*** Embarcación larga y estrecha, hecha generalmente de una pieza: *los indios navegaban por el río en canoas y piraguas.* ⇒ **canoa.**

pi·ra·güis·mo |piraɣuísmo| ***m.*** Deporte que consiste en navegar en una *piragua: *en el ~ los deportistas impulsan la embarcación con palas; el ~ es deporte olímpico desde 1936.*

pi·ra·güis·ta |piraɣuísta| ***com.*** Persona que practica el *piragüismo: *en esa canoa hay dos piragüistas.*

pi·rá·mi·de |pirámiðe| **1** ***f.*** GEOM. Cuerpo que tiene una base que no es redonda, siendo las demás caras triángulos que se juntan en un punto común: *el punto común que tienen las pirámides se llama* vértice. **2** Construcción que tiene esa forma, especialmente si tiene por base un cuadrado: *las pirámides de Gizeh son muy bellas.*

pi·ra·ña |pirápa| ***f.*** Pez tropical de agua dulce, de pequeño tamaño y dientes fuertes y afilados: *millares de pirañas atacaron a la res que atravesaba el río; las pirañas habitan en el Amazonas.* ☖ Para indicar el sexo se usa la ~ macho y la ~ hembra.

pi·rar·se |pirárse| ***prnl.*** *fam.* Irse de un sitio: *bueno, me piro, que tengo prisa.*

pi·ra·ta |piráta| **1** ***adj.*** Que va contra la ley o que no la sigue: *sacaron una edición ~ de su libro y los ha denunciado; la policía cerró una emisora ~ que había en este barrio; tengo una versión ~ de ese programa informático.* **- 2** ***m.*** Persona que se dedica a *asaltar las naves de otros: *los piratas asaltaron la galera; se hizo ~ y recorrió los siete mares.* ⇒ **bucanero; ~ del aire,** el que obliga a un avión a cambiar su dirección o su destino: *el ~ del aire desvió el avión hacia la isla.* **3** *desp. fig.* Persona que se aprovecha del trabajo o de las obras de otros: *es un ~, ha copiado la idea de su novela de otra del siglo pasado.*

pi·ra·te·ar |pirateár| **1** ***intr.*** Tomar naves por *asalto: *escapó de la prisión de la isla y pirateó por*

PIRÁMIDE

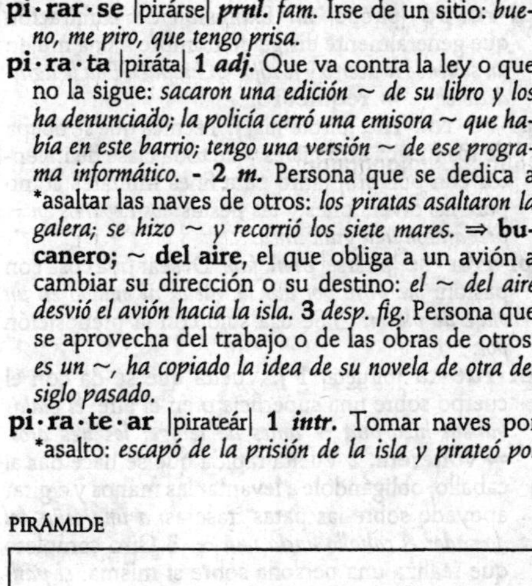

todos los mares del sur. - **2** ***tr.-intr.*** *fig.* [algo] Copiar contra la ley una obra de literatura o de música: *piratearon un disco y lo pusieron a la venta.* **3** *fig.* Aprovecharse del trabajo o de las obras de otros: *no me gusta ~, prefiero hacer mi trabajo personalmente; Antón piratea todos los juegos de ordenador que encuentra.*

pi·ra·te·rí·a |piratería| **1** ***f.*** Acción propia de un *pirata: *muchos hombres se dedicaban a la ~ en el siglo XVII.* **2** Conjunto de cosas robadas por los *piratas: *después de asaltar el barco se marcharon a esconder la ~ en algún lugar seguro.* ⇒ **botín.** **3** *fig.* Robo o destrucción de los bienes de una persona: *la ~ ha acabado con muchos negocios.* **4** *fig.* *Apropiación del trabajo o las obras de otros: *la ~ está muy extendida en la informática.*

pi·re·nai·⌜co, ⌜ca |pirenáiko, ka| ***adj.*** De los montes Pirineos o que tiene relación con ellos: *los paisajes pirenaicos son muy hermosos, tanto en verano como en invierno.*

pi·ró·ma·⌜no, ⌜na |pirómano, na| ***adj.-s.*** (persona) Que siente una pasión excesiva por el fuego y le gusta ver arder las cosas: *los pirómanos son muy peligrosos cerca de los bosques.*

pi·ro·pe·ar |piropeár| ***tr.*** *fam.* [a alguien] Dirigir expresiones de admiración a una persona: *las chicas no dejaron de ~ al cantante durante el concierto.*

pi·ro·po |pirópo| ***m.*** Expresión de admiración que generalmente dirige un hombre a una mujer: *un señor se le acercó y le dijo: «¡Guapa!». Ella le agradeció el ~.* ⇒ **requiebro.**

pi·ro·tec·nia |piroté^{k}nia| ***f.*** Técnica que se ocupa de los fuegos artificiales y de toda clase de inventos con pólvora, tanto para fines militares como para las diversiones y las fiestas: *los expertos en ~ prepararon una gran traca.*

pi·rrar·se |piřárse| ***prnl.*** *fam.* Desear una cosa con pasión: *me pirro por dar la vuelta al mundo en un viaje de placer.* ⌂ Se usa sólo con la preposición *por.*

pi·rue·ta |piruéta| **1** ***f.*** Vuelta que se da con el cuerpo sobre una superficie o en el aire: *el malabarista hizo una ~ antes de recoger los tres aros.* ⇒ **voltereta.** **2** Vuelta rápida que se hace dar al caballo, obligándole a levantar las manos y a girar apoyado sobre las patas traseras: *a una seña del domador el caballo hacía una ~.* **3** Giro completo que realiza una persona sobre sí misma: *el patinador hizo una magnífica ~ y el público empezó a aplaudir.* **4** *fam. fig.* Acción con la que se resuelve una situación difícil: *el negocio iba mal, pero con muchas piruetas consiguió salvarlo.*

pi·ru·lí |pirulí| ***m.*** *Caramelo, generalmente largo y en forma de cono, y con un palo muy fino que sirve de mango: *mamá, cuando vayamos a la feria me compras un ~.* ⌂ El plural es *pirulíes.*

pis |pís| ***m.*** *fam.* Líquido de color amarillo que se forma en el *riñón y se expulsa: *tengo que ir a hacer ~; el niño se ha hecho ~.* ⇒ **orina, pipí.** ⌂ El plural es *pises.*

pi·sa·da |pisáða| **1** ***f.*** Acción y resultado de pisar: *me dio una ~ que me aplastó un dedo del pie.* ⇒ **pisotón.** **2** Señal que deja un pie al pisar: *el suelo está lleno de pisadas porque usted no friega con lejía.* ⇒ **huella, paso.** **3** Sonido que produce el pie al pisar: *se escondió al oír las pisadas de su padre.*

pi·sa·pa·pe·les |pisapapéles| ***m.*** Objeto pesado que se pone sobre los papeles para sujetarlos: *sobre el escritorio había un ~ de cristal.* ⌂ El plural es *pisapapeles.*

pi·sar |pisár| **1** ***tr.*** [algo, a alguien] Poner el pie sobre una persona o cosa: *iba dando saltos porque no quería ~ la arena caliente; cuando bailes, procura no ~ a nadie; como andaba a gatas, le pisé la mano sin querer.* **2** *fig.* [algo] Ir a un lugar; aparecer por un lugar: *hace varios años que no piso su casa.* ⌂ Se suele usar en frases negativas. **3** *fam. fig.* [a alguien] Situarse por delante de una persona para lograr un fin, causándole daño: *no le importó ~ a su mejor amigo para convertirse en dueño de la fábrica.* **4** *fam. fig.* Tratar mal; despreciar: *no te dejes ~ por nadie y defiende tus derechos.* ⇒ **humillar.**

pis·ci·cul·⌜tor, ⌜to·ra |pisθikultór, tóra| ***m. f.*** *form.* Persona que se dedica a criar peces y otros animales que viven en el agua: *su marido era ~.*

pis·ci·cul·tu·ra |pisθikultúra| ***f.*** Técnica que se ocupa de la reproducción y cría de peces y otros animales que viven en el agua: *Pepe es un experto en ~.*

pis·ci·fac·to·rí·a |pisθifa^{k}toría| ***f.*** Conjunto de instalaciones donde se crían peces y otros animales que viven en el agua: *junto al río hay una ~ dedicada a la cría de la trucha.*

pis·ci·na |pisθína| **1** ***f.*** Construcción o recipiente de grandes *dimensiones, lleno de agua, que sirve para bañarse y nadar: *en el jardín de la casa hay una ~ para los niños; el hotel tiene dos piscinas; los nadadores se colocan en sus puestos para tirarse a la ~ olímpica; en invierno voy a la ~ cubierta.* **2** Establecimiento o conjunto de instalaciones donde se puede practicar la *natación y otros deportes de agua: *los vestuarios, los servicios y las duchas de la ~ están a la derecha.* **3** Recipiente de gran tamaño, lleno de agua, que se usa para tener peces y otros animales que viven en el agua: *en el zoo tienen una ~ con tiburones.*

pi·so |píso| **1** ***m.*** Vivienda en un edificio de varias plantas: *dejaron el ~ y se compraron una casa; busco un ~ en alquiler en el centro de la ciudad.* ⇒ **apartamento, casa.** **2** Parte horizontal que forma, junto con otras, un edificio: *vivían en el ~ tercero; ese rascacielos tiene 30 pisos.* ⇒ **planta.** **3** Superficie artificial sobre la que se pisa, cubierta con diversos materiales: *las habitaciones tienen el ~ de moqueta.* ⇒ **pavimento, suelo.** **4** Parte del calzado que queda debajo del pie y que toca el suelo: *los zapatos con ~ de goma resbalan menos.* ⇒ **suela.**

pi·so·te·ar |pisoteár| **1** ***tr.*** [algo, a alguien] Pisar repetidamente maltratando o estropeando: *una manada de búfalos pisoteó al cazador; tiró al suelo la ropa y la pisoteó.* **2** *fig.* [a alguien] Maltratar o despreciar a una persona, causando daño a sus sentimientos: *les ofreció su ayuda y su apoyo y ellos lo pisotearon.* ⇒ **humillar, pisar.**

pi·so·tón |pisotón| ***m.*** Acción y resultado de pisar fuerte sobre el pie de otra persona: *le dieron un ~ en el autobús.* ⇒ **pisada.**

pis·ta |písta| **1** ***f.*** Señal que queda al pisar o al pasar una persona o cosa por un lugar: *el caballo iba dejando una ~ en la arena; el explorador seguía la ~ de los indios.* ⇒ **huella, rastro. 2** *fig.* Señal que sirve para descubrir una cosa o llegar a una conclusión: *el policía seguía una ~ falsa; el profesor nos dio algunas pistas del problema.* ⇒ **indicio, vestigio. 3** Superficie donde despegan y toman tierra los aviones: *el avión hacia Mallorca espera en la ~ número tres; su finca tiene una ~ para helicópteros.* **4** Superficie para practicar deportes o hacer carreras: *los corredores están ya en la ~ de atletismo; hemos alquilado una ~ para jugar al tenis; el campeonato de motociclismo se corre en ~.* **5** Superficie para bailar: *la ~ de la discoteca está llena de luces y sonido; la ~ del salón de baile estaba repleta de parejas.* **6** Superficie donde se representan espectáculos o funciones de *circo: *los leones saltaron a la ~; el número de los payasos es en la ~ central.* **7** Carretera importante, con dos o más espacios para cada sentido de la circulación: *van a construir una nueva ~ para hacer más fluido el tráfico de Madrid.* ⇒ **autopista. 8** Camino o carretera de tierra: *esta es una antigua ~ que usaba el ejército; la ~ forestal cruza la montaña.* **9** Superficie lineal en que se divide un disco o una cinta *magnética y que sirve para grabar información: *este disquete tiene nueve pistas; la voz se grababa en una ~ y la música en otra.*

pis·ta·cho |pistátʃo| **1** ***m.*** Fruto seco comestible, con una cáscara muy dura de color marrón claro y una semilla carnosa verde, de pequeño tamaño, cubierta por una piel oscura muy fina: *el camarero trajo unos pistachos y unas almendras de aperitivo.* **- 2** ***adj.*** De color verde claro muy brillante: *venía con una falda ~ y un bolso a juego.* ☐ No varía de número.

pis·ti·lo |pistílo| ***m.*** BOT. Órgano de reproducción femenino de una flor: *el polen se posa en el estigma, pasa por el estilo y se deposita en el ovario del ~, donde fecunda la flor.* ⇒ **estambre.**

pis·to |písto| ***m.*** Comida hecha con hortalizas picadas en trozos muy pequeños que se fríen y luego se cocinan lentamente: *no podemos hacer ~ porque nos faltan los calabacines y el pimiento; el ~ es una comida demasiado fuerte.* ■ **darse ~**, *fam.*, darse importancia: *se da mucho ~, se cree más importante de lo que es.*

pis·to·la |pistóla| **1** ***f.*** Arma de fuego corta, que se dispara con una sola mano: *tira la ~ y pon las manos en alto.* **2** Aparato que sirve para esparcir un líquido a presión sobre una superficie: *la ~ pulveriza la pintura líquida; los coches se pintan con ~; el envase del limpiacristales es una ~.* **3** Barra pequeña de pan: *déme dos pistolas y una bolsa de magdalenas, por favor.*

pis·to·le·⌐ro, ⌐ra |pistoléro, ra| ***m. f.*** Persona que usa la pistola para robar, atacar o matar a otras: *Billy el Niño fue un famoso ~ del Oeste.*

pis·to·le·ta·zo |pistoletáθo| **1** ***m.*** Disparo hecho con una pistola: *dio varios pistoletazos, pero no alcanzó al ladrón.* **2** Ruido producido por ese tiro: *cuando se oye el ~ de salida, comienza la carrera de caballos.*

pis·tón |pistón| **1** ***m.*** MEC. Pieza que se mueve en el interior de una bomba o del cilindro de un motor: *el ~ va conectado a la biela.* ⇒ **émbolo. 2** MÚS. Llave que tienen ciertos instrumentos de viento: *la trompeta lleva unos pistones que cambian la calidad de los sonidos.*

pis·to·nu·⌐do, ⌐da |pistonúðo, ða| ***adj.*** *fam.* Que es muy bueno; que es admirable: *se ha comprado una moto pistonuda.* ⇒ **fantástico, formidable.**

pi·ta |píta| **1** ***f.*** Planta de hojas grandes, largas y carnosas, que nacen de la raíz que vive en terrenos secos: *la ~ tiene flores amarillentas.* **2** Cuerda o hilo que se hace con una fibra que produce esa planta: *ataron la paja con la ~.*

pi·ta·da |pitáða| **1** ***f.*** Sonido o golpe producido por un *pito: *todos los niños se ponían en fila cuando el profesor de gimnasia daba una ~.* ⇒ **pitido. 2** Muestra de rechazo que se expresa por medio de *pitos y *silbidos: *cuando el defensa le dio una patada al delantero, el público protestó con una gran ~.*

pi·tan·za |pitánθa| ***f.*** *fam.* Alimento *diario que recibe una persona: *los mendigos acudían al convento para recibir la ~.*

pi·tar |pitár| **1** ***intr.*** Producir un sonido agudo y continuo, soplando por un *pito: *el niño cogió el silbato y empezó a ~.* **2** *p. ext.* Producir un sonido fuerte un automóvil para avisar o llamar la atención: *los coches no dejaron de ~ durante el atasco; el coche pitó varias veces al motociclista para que se retirara.* **3** Zumbar, producir un sonido agudo y continuo: *la olla está pitando desde hace rato, así que apaga el fuego.* **4** Producir un sonido agudo soplando con los labios muy juntos o formando con los dedos un conducto estrecho en la boca, generalmente para demostrar disgusto o rechazo: *los espectadores pitaron al salir el árbitro.* ⇒ **silbar. 5** DEP. Hacer de *árbitro en una competición deportiva: *en este partido pitará el señor Pérez.* ⇒ **arbitrar. - 6** ***tr.*** DEP. [algo] Señalar o indicar usando un *pito: *el árbitro pitó un solo penalti en el partido de fútbol.* ■ **pitando**, *fam.*, con mucha prisa; rápidamente: *adiós, me voy ~.*

pi·ti·do |pitíðo| ***m.*** Sonido producido por un *pito o que se parece a él: *el árbitro dio un ~ con su silbato; se despertó con el ~ de la sirena.* ⇒ **pitada.**

pi·ti·lle·ra |pitiʎéra| ***f.*** Caja que sirve para guardar los cigarros: *su mujer le regaló una ~ de cuero y oro.*

pi·ti·llo |pitíʎo| ***m.*** Cilindro pequeño de tabaco picado envuelto en papel para fumarlo: *sacó el paquete de pitillos y se fumó uno.* ⇒ **cigarrillo.**

pi·ti·mi·ní |pitiminí| **1** ***m.*** Rosal que tiene unas rosas muy pequeñas: *el ~ es trepador.* **2** Rosa muy pequeña: *le han regalado un ramillete de pitiminíes.* ■ **de ~**, *fig.*, de tamaño pequeño y gracioso: *su boca de ~ la hace muy atractiva.* ☐ El plural es *pitiminíes.*

pi·to |píto| **1** ***m.*** Instrumento pequeño que produce un sonido agudo cuando se sopla por él: *pasaron por la calle tocando pitos y tambores.* ⇒ **silbato. 2** Instrumento de un vehículo que produce un sonido fuerte: *se puso a tocar el ~ como un loco porque le habían cerrado el paso; el conductor del tren tocó el ~ al acercarse al paso a nivel.* ⇒ **bocina, claxon. 3** *fam.* Cilindro pequeño de tabaco picado envuelto en papel para fumarlo: *se fumaron un ~ sentados al borde del camino.* ⇒ **cigarrillo, cigarro, pitillo. 4** *fam.* Órgano sexual masculino. **5** Sonido que se produce juntando el dedo medio con el pulgar y haciendo resbalar el primero sobre el segundo: *unos bailaban y otros hacían las palmas y los pitos.* **6** *Ficha que tiene el valor de un punto, en el juego del *dominó: *puso el ~ y terminó la partida.* ■ **entre pitos y flautas**, *fam.*, considerándolo todo en conjunto: *entre pitos y flautas, le ha salido muy caro.* ■ **importar un ~**, *fam. desp.*, despreciar o dar poca importancia a una persona, una cosa o a un acontecimiento: *me importa un ~ si él no puede venir.* ■ **no valer un ~**, *fam. desp.*, no tener fuerza o importancia: *¿cómo voy a tenerle miedo si no vale un ~?*

pi·tón |pitón| **1** ***m.*** Punta del cuerno de los toros; cuerno de los animales, cuando empieza a salir: *el toro enganchó el capote con el ~ derecho.* **2** Tubo con forma de cono que sale de la parte superior de ciertos recipientes: *nunca aprenderás a beber por el ~ del botijo.* ⇒ **pitorro. 3** ***f.*** Serpiente de gran tamaño, que vive en tierra o en los árboles de las zonas húmedas y *cálidas y se alimenta de carne: *la ~ mata a los animales asfixiándolos con su enorme fuerza.*

pi·to·ni·sa |pitonísa| ***f.*** Mujer que lee el futuro y tiene poderes mágicos: *la ~ miró en su bola de cristal y adivinó el futuro de aquella muchacha.* ⇒ **brujo, hechicero.**

pi·to·rre·ar·se |pitor̄eárse| ***prnl.*** Reírse o *burlarse de una persona o cosa y ponerla en ridículo: *sus amigos entuvieron toda la tarde pitorreándose de él.*

pi·to·rre·o |pitor̄éo| ***m.*** *fam.* Risa o *burla: *le dijo, con ~, que le sentaba muy bien el traje.* ⇒ **cachondeo.**

pi·to·rro |pitór̄o| ***m.*** Tubo con forma de cono que sale de la parte superior de ciertos recipientes: *cuando se bebe en porrón o en botijo no se debe chupar el ~.* ⇒ **pitón.**

pi·to·te |pitóte| ***m.*** *fam.* Situación en la que hay ruido y falta de orden: *un coche mal aparcado tuvo la culpa del ~ que se armó en la calle.* ⇒ **barullo, jaleo.**

pí·vot |píβotᵗ| ***com.*** DEP. Jugador alto que se coloca en el centro y en la posición más adelantada del equipo de *baloncesto: *la misión del ~ en el baloncesto es coger los balones que van a mucha altura.* ⌂ El plural es *pivots.*

pi·vo·te |piβóte| **1** ***m.*** Extremo de un objeto, en el que se apoya otro fijo o que gira: *el tocadiscos tiene un ~ en el centro para meter los discos.* **2** Objeto cilíndrico que se clava en el suelo: *en la calle han puesto unos pivotes para que no pasen los coches.*

pi·za·rra |piθár̄a| **1** ***f.*** Superficie de forma rectangular, negra o de otro color, que se usa para escribir con *tiza u otra cosa y permite borrar lo escrito con facilidad: *el maestro escribió el problema en la pizarra.* ⇒ **encerado. 2** Roca de color negro azulado, que se divide con facilidad en hojas planas y delgadas: *los pastores construían sus casas con ~.*

piz·ca |píθka| ***f.*** *fam.* Cantidad muy pequeña de una cosa: *a la comida le falta una ~ de sal; no tengo ni ~ de idea de dónde están las llaves.*

pi·zza |pítsa| ***f.*** Masa de harina de trigo plana y redonda, sobre la que se ponen distintos alimentos, y que se cocina al horno: *he tomado una ~ con anchoas y champiñón; la ~ es una comida de origen italiano.*

pi·zze·rí·a |pitsería| ***f.*** Establecimiento en el que se hacen y venden *pizzas: *el sábado por la noche cenaron en una ~.* ⇒ **restaurante.**

pla·ca |pláka| **1** ***f.*** Pieza plana y delgada, generalmente de metal, sobre la que se escribe un texto: *en la puerta hay una ~ dorada en la que está puesto su nombre; si miras la ~ que hay en la pared, sabrás el nombre de esta calle; al pie de la estatua hay una ~ con la fecha en que se hizo.* **2** Pieza de metal, generalmente plana, que forma parte de un aparato o de otra cosa: *este radiador tiene dos placas; la ~ de la cocina se ha ensuciado de grasa;* ~ **solar**, la que sirve para *almacenar energía solar: *las placas solares guardan una energía que luego se transforma en energía térmica o eléctrica.* **3** Objeto, generalmente de metal, que llevan los *agentes de policía como distintivo: *el jefe de policía llevaba una ~ en el pecho y una pistola en el cinturón.* ⇒ **insignia. 4** GEOL. Parte que, junto con otras, forma la capa exterior de la Tierra: *la ~ euroasiática es una de las siete que componen la litosfera.*

pla·cen·ta |plaθénta| ***f.*** Tejido carnoso y esponjoso que, durante el embarazo, se desarrolla en el interior del *útero para hacer llegar la sangre al feto: *el cordón umbilical forma parte de la ~; después del parto, la ~ se desprende y se expulsa.*

pla·cen·te·⌐ro, ⌐ra |plaθentéro, ra| ***adj.*** Que es muy agradable y produce mucho placer: *los ancianos daban todas las tardes un paseo ~ por la alameda.* ⇒ **grato.**

pla·cer |plaθér| **1** ***m.*** Satisfacción o sensación agradable producida por una cosa que gusta: *es un ~ tomar el sol en esta terraza; escuchar música clásica es un auténtico ~.* **2** Diversión, cosa que produce alegría: *debes disfrutar todo lo que puedas de los placeres de la vida.* **- 3** ***intr.*** *form.* Gustar o agradar: *haré todo lo que me plazca.* ⌂ Se conjuga como 76.

pla·ci·dez |plaθiðéθ| ***f.*** Tranquilidad y paz: *nos miró con ~ y nos sonrió.*

plá·ci·⌐do, ⌐da |pláθiðo, ða| **1** ***adj.*** Que está tranquilo y lleno de paz: *el bebé dormía un sueño ~.* ⇒ **quieto. 2** Que es suave y agradable: *la mañana amaneció plácida.*

pla·fón |plafón| **1** ***m.*** Lámpara plana que se coloca pegada al techo o a una pared: *como la habitación tiene el techo bajo, hemos decidido iluminarla con un ~.* **2** Tablero o superficie que sirve para separar zonas, cubrir, decorar u otros usos: *heredó un arca con tres plafones en el frente decorados con distintos escudos.*

pla·ga |pláɣa| **1** ***f.*** Enfermedad o desgracia que causa un daño grave en una población: *las plagas están diezmando la población.* ⇒ **epidemia, peste.** **2** *fig.* Daño o desorden que se extiende: *los atracos y los robos eran una ~ en la ciudad.* ⇒ **epidemia.** **3** *fig.* Cantidad grande de personas, animales o cosas que causan un daño: *una ~ de bandidos asolaba la región; una ~ de langostas arruinó la cosecha.*

pla·gar |plaɣár| ***tr.-prnl.*** [algo] Llenar o cubrir de una cosa desagradable o que hace daño: *la casa se plagó de moscas y mosquitos; plagó su discurso de errores sintácticos.* ☐ Se conjuga como 7.

pla·giar |plaxi̱ár| ***tr.*** [algo, a alguien] Copiar una obra o parte de una obra de otro autor: *fue a juicio por ~ una novela.* ⇒ **fusilar.** ☐ Se conjuga como 12.

pla·gio |pláxi̱o| ***m.*** Copia que una persona hace de las ideas, las palabras o las obras de otra, presentándolas como si fueran propias: *el ~ es un delito castigado por la ley.* ⇒ **calco.**

plan |plán| **1** ***m.*** Proyecto o idea que se tiene para alcanzar un fin o para hacer un trabajo: *tenía un ~ para fugarse de la cárcel; el ~ que nos propuso era brillante.* **2** Conjunto de disposiciones tomadas para hacer un trabajo o con un fin determinado: **~ de estudios**, conjunto de enseñanzas que se han de seguir para conseguir un título: *el ~ de estudios de esta carrera es muy extenso;* **~ de pensiones**, modo de *ahorro para conseguir el pago de una *pensión en el futuro: *nuestro ~ de pensiones le garantiza una vejez segura;* **~ de trabajo**, el que se propone para repartir funciones o actividades: *haremos un ~ de trabajo y distribuiremos el material necesario.* **3** *fam. fig.* Relación amorosa o sexual que se establece de forma pasajera: *creo que busca un ~ para estas vacaciones.* ⇒ **ligue.** **4** *fam. p. ext.* Persona con la que se establece esa relación: *por ahí llega tu ~.* ⇒ **ligue.**

pla·na |plána| **1** ***f.*** Cara de una hoja de papel: *llenó toda la ~ de garabatos.* **2** Conjunto de jefes y personas al mando de una empresa o comunidad: *el director reunió a toda la ~;* **~ mayor**, MIL., conjunto de jefes militares que no pertenecen a ninguna compañía: *esta tarde vendrá la ~ mayor.* **3** Conjunto de líneas ajustadas que componen una página: *nos faltan las últimas planas del libro.* **4** Herramienta plana de metal con un puño de madera que sirve para extender y dejar lisa una masa: *para extender el yeso en la pared se ha de utilizar la ~.* ⇒ **llana.**

plan·cha |plántʃa| **1** ***f.*** Instrumento formado por una pieza pesada de metal con forma triangular, con su cara inferior lisa y una asa en posición horizontal, que se calienta mucho y sirve para quitar las arrugas a la ropa: *enchufaré la ~ para que se vaya calentando; ¿puedes pasar la ~ a esta camisa arrugada?* **2** Pieza de metal u otra materia, plana y delgada: *el patio está protegido con planchas de hierro; necesitamos unas planchas de madera para construir el armario.* **3** Pieza de metal plana y delgada que despide calor y sirve para cocinar: *Encarna ha puesto a asar en la ~ unas sardinas.* **4** Conjunto de ropa a la que hay que quitar las arrugas: *esta semana tengo poca ~.* **5** Acción de quitar las arrugas a la ropa: *el domingo es día de ~.* ⇒ **planchado.** **6** Posición horizontal del cuerpo en la que éste no tiene apoyo: *Fermín se ha tirado al agua en ~.* ■ **a la ~**, cocinado sin aceite sobre una superficie caliente de metal: *hemos comido unas gambas a la ~ riquísimas; los filetes a la ~ me gustan poco hechos.*

plan·cha·do |plantʃáðo| ***m.*** Acción de quitar las arrugas a la ropa: *el ~ de la ropa es una labor muy fatigosa.* ⇒ **plancha.**

plan·char |plantʃár| **1** ***tr.*** [algo] Pasar una plancha caliente sobre la ropa para quitarle las arrugas o para estirarla: *si quieres quitar las arrugas más fácilmente, plancha la camisa cuando aún esté húmeda.* ⇒ **alisar.** **2** Quitar las arrugas o estirar la ropa empleando un medio determinado: *en la lavandería, planchan la ropa con prensas.*

pla·ne·a·dor |planeaðór| ***m.*** Avión sin motor, que vuela aprovechando las corrientes de aire: *una avioneta remolca al ~ y luego lo deja volar.*

pla·ne·ar |planeár| **1** ***tr.*** [algo] Hacer un proyecto; pensar o preparar una acción futura: *estoy planeando irme de vacaciones; el autor planea ya una nueva novela.* ⇒ **organizar, proyectar.** **- 2** ***intr.*** Volar sin mover las alas: *la gaviota planeaba sobre el puerto; el águila planea en busca de una presa.* **3** Volar sin motor: *el ala delta planeaba sobre el río; los motores se averiaron y el avión tuvo que ~.*

pla·ne·ta |planéta| ***m.*** Cuerpo celeste sólido que gira alrededor de una estrella y que no emite luz propia: *Júpiter es el ~ más grande del sistema solar; la Luna no es un ~, sino un satélite de la Tierra.*

pla·ne·ta·ʳrio, ʳria |planetári̱o, ri̱a| **1** ***adj.*** De los planetas o que tiene relación con ellos: *Kepler estudió el movimiento ~.* **- 2 planetario** ***m.*** Aparato que representa los planetas del sistema solar y reproduce sus movimientos; edificio en que está instalado: *estuvimos viendo cómo se mueve la Tierra en el ~.*

pla·ni·cie |planíθi̱e| ***f.*** Terreno llano y extenso: *los dos pueblos están separados por una gran ~; construyeron la ciudad sobre una ~.* ⇒ **llanura.**

pla·ni·fi·ca·ción |planifikaθi̱ón| ***f.*** Acción y resultado de *planificar o proyectar: *él se encargará de la ~ de la obra;* **~ familiar**, la que se hace para determinar el número de los hijos de una pareja y el tiempo en que han de nacer: *en ciertos países se pide a los ciudadanos que se dejen aconsejar por expertos en ~ familiar.*

pla·ni·fi·car |planifikár| ***tr.*** [algo] Hacer un proyecto; pensar o preparar una acción futura: *planificaron el trabajo hasta el último detalle.* ⇒ **planear.** ☐ Se conjuga como 1.

pla·ʳno, ʳna |pláno, na| **1** ***adj.*** Que es llano y liso: *empezó a esquiar en un terreno ~; la superficie de la mesa es plana.* **- 2 plano** ***m.*** Representación, generalmente sobre papel, de un terreno o de la planta de un edificio: *siguieron el ~ de la ciudad para ir a la estación; el arquitecto ha trazado los planos del hospital.* **3** Espacio real o imaginario en el que se encuentran objetos que están a una misma distancia: *en el cuadro se puede distinguir un ~ cercano al espectador y otro más alejado de él; el protagonista salió en el primer ~ de la fotografía.* **4** Posición desde la que se observa o considera una cosa: *si cortamos en cualquier sentido una figura geométrica, obtenemos un ~; el asunto se puede tratar desde diferentes planos.* **5** GEOM. Superficie en la que puede haber una línea recta en cualquier posición: *las superficies curvas tienen límite, mientras que las planas no lo tienen;* ~ **de simetría**, GEOM., el que divide un cuerpo en dos partes iguales, que se corresponden de manera exacta: *el ~ de simetría de una esfera como la Tierra pasa por el ecuador;* ~ **inclinado**, MEC., el que forma un ángulo agudo con otro: *es más fácil subir pesos por un ~ inclinado.* **6** CINEM. Parte de una película que se ha rodado desde un lugar determinado o con unas características determinadas: *todos opinaron que aquel cortometraje tenía demasiados planos sangrientos; algunos planos fueron rodados en el desierto;* **primer** ~, CINEM., el que presenta con detalle personas y objetos: *el primer ~ de la actriz dejaba ver todos los rasgos de su cara.* ■ **de** ~, completamente; directamente: *el sol le daba de ~ en los ojos; el acusado confesó de ~.*

plan·ta |plánta| **1** *f.* Ser orgánico con tejidos que vive y crece sin poder moverse: *he colocado la ~ en una maceta grande; estas plantas necesitan sol y agua abundante; el pino es una ~ que tiene hojas todo el año.* ⇒ **vegetal. 2** Parte inferior del pie: *no puede poner el pie en el suelo porque tiene una herida en la ~.* **3** Parte horizontal que forma, junto con otras, un edificio: *la vivienda es de dos plantas; la ropa de caballero está en la quinta ~ del almacén; vivo con tres vecinos en la misma ~ de este edificio.* ⇒ **piso. 4** Fábrica, instalación industrial: *nuestra empresa tiene una ~ en Roma; han construido una ~ de energía eléctrica en las afueras de la ciudad.* **5** *fam.* Aspecto físico de una persona: *me gusta este chico para el puesto de trabajo, tiene buena ~.* **6** Plano horizontal de un edificio: *tenemos el dibujo de la ~ de la casa.* ■ **de nueva** ~, de nuevo, desde el principio: *no han aprovechado lo que ya estaba edificado, sino que han construido la iglesia de nueva ~; el equipo ha preparado un diccionario de nueva ~.*

plan·ta·ción |plantaθión| **1** *f.* Gran extensión de tierra dedicada al cultivo: *trabajaban en plantaciones de algodón.* **2** Acción y resultado de plantar: *estas máquinas nos ayudarán en la ~.*

plan·tar |plantár| **1** *tr.* [algo] Poner o meter en tierra una planta para que viva en ella: *plantaron un árbol el día que nació su hijo.* **2** Poner plantas en un terreno: *plantaron el monte de pinos.* **3** *fig.* Poner o clavar: *cuando pisó tierra, plantó una cruz en el suelo.* ⇒ **fijar. 4** *fam. fig.* Colocar en un lugar determinado: *plantó el florero encima de la mesa.* **5** [a alguien] No *acudir a una cita con una persona: *mis amigos me han plantado: seguro que están por ahí divirtiéndose.* ⇒ **dar. 6** *fam.* [algo; a alguien] Pegar o golpear: *le plantó un bofetón en la cara.* ⇒ **cascar, propinar. 7** *fig.* [a alguien] Poner a una persona en un lugar o estado contra su voluntad: *lo plantaron en la calle por cantar dentro del restaurante.* **- 8 plantarse** *prnl. fig.* Ponerse en un determinado lugar sin moverse: *pienso plantarme aquí hasta que salga de su casa; el burro se plantó en medio del camino y no se apartaba.* **9** Mantenerse firme en una idea u opinión: *se plantó en que no cedería y no cedió.* **10** No querer más cartas de las que se tienen en ciertos juegos: *le dieron otra carta y se plantó.* **11** *fig.* Llegar a un lugar en poco tiempo: *se plantó en Cádiz media hora después.*

plan·te |plánte| **1** *m.* Acuerdo entre varias personas que tienen una característica en común para exigir o rechazar una cosa: *se han roto las negociaciones por el ~ de una de las partes.* **2** Falta a una cita o a un *compromiso: *no te puedo perdonar el ~ que me diste ayer.* ⇒ **plantón.**

plan·te·a·mien·to |planteamiénto| *m.* Forma de mostrar o *plantear un asunto: *sus planteamientos ponían en claro la cuestión.*

plan·te·ar |planteár| **1** *tr.* [algo; a alguien] Mostrar o dar a conocer un asunto: *nos planteó la cuestión del modo más simple.* ⇒ **presentar. 2** *fig.* [algo] Considerar un problema, aunque no se le dé solución: *para resolver un problema, hay que plantearlo bien.* **- 3 plantearse** *prnl.* Estudiar o considerar un asunto: *tengo que plantearme seriamente la compra de una casa.*

plan·tí·gra·⌜do, ⌜da |plantíɣraðo, ða| *adj.-s.* (animal) Que es mamífero, tiene cuatro patas y al andar apoya en el suelo toda la planta de los pies y de las manos: *el oso y el tejón son plantígrados.*

plan·ti·lla |plantíʎa| **1** *f.* Pieza delgada de material flexible que se introduce en el interior del calzado: *si los zapatos te están un poco grandes, intenta ponerles unas plantillas.* **2** Pieza de material *rígido que sirve de modelo para darle forma a un objeto: *el zapatero puso la ~ encima del cuero para cortarlo; usa una ~ para hacer esa figura geométrica.* **3** Conjunto de personas que trabajan de forma fija en una empresa o en otro lugar: *ese señor ya no está en la ~ de esta fábrica.*

plan·tí·o |plantío| *m.* Terreno plantado: *las lluvias inundaron los plantíos.*

plan·tón |plantón| **1** *m.* Árbol pequeño y nuevo que ha de ser cambiado de sitio: *tiene varios plantones que trasplantar.* **2** Persona que guarda la puerta exterior de un edificio: *está de ~ en la puerta principal.* **3** MIL. Soldado que está de *guardia más tiempo del normal, por castigo: *ha estado de ~ toda la tarde porque lo habían castigado por llegar tarde a la comida.* **4** *fam.* Desprecio que hace una persona cuando no se presenta a una cita: *quedaron en la puerta del cine, pero ella le dio ~ y no apareció.* ⇒ **plante.** ☖ Suele usarse con el verbo *dar.* ■ **dar** ~, tardar en acudir a una cita o no ir a ella: *quedamos en la esquina del supermercado, pero me dieron ~.* ■ **estar de** ~, esperar a que una persona acuda a una cita a la que llega tarde: *estoy* *aquí de ~ desde las seis de la tarde esperando a que llegue Alfredo.*

pla·ñi·de·ra |plaɲiðéra| ***f.*** Mujer que llora en los *entierros a cambio de dinero: *las plañideras lloraban alrededor del cadáver.*

pla·que·ta |plakéta| **1 *f.*** BIOL. Elemento de la sangre en forma de disco ovalado o redondo que hace que ésta se haga más o menos sólida: *las plaquetas hacen que se cierren las heridas; las plaquetas son los elementos más pequeños de la sangre.* **2** Pieza de piedra u otro material duro, generalmente fina y lisa, que se usa para cubrir los suelos: *el albañil ha puesto ~ blanca en el suelo del cuarto de baño; hemos cambiado el parqué de la casa por ~ porque es más resistente.* ⇒ **baldosa.**

plas·ma |plásma| **1 *m.*** BIOL. Parte líquida de la sangre que contiene los elementos sólidos de ésta: *los glóbulos rojos, los leucocitos y las plaquetas están en el ~; el ~ está formado fundamentalmente de agua.* **2** BIOL. Líquido que resulta de suprimir de la sangre sus elementos sólidos: *en la ambulancia llevan bolsas de ~.*

plas·mar |plasmár| **1 *tr.*** [algo, a alguien] Representar o dar forma a una cosa, especialmente en barro: *plasmó una Sagrada Familia en barro.* ⇒ **modelar. 2** *fig.* [algo] Representar o formar una idea por medio de palabras o explicaciones: *en su artículo, plasmó vivamente la situación actual del mercado de trabajo.*

plas·ta |plásta| **1 *f.*** Masa blanda y de poca solidez: *sobre el suelo había plastas de barro.* **2** Cosa aplastada: *la masa quedó hecha una ~.* **- 3 *com.*** *fam. desp.* Persona que cansa o molesta por ser muy pesada: *vámonos, que por ahí viene ese ~ y no quiero hablar con él.* ⇒ **coñazo.**

plás·ti·ca |plástika| ***f.*** Arte o técnica que consiste en crear objetos dando forma a una materia blanda: *en la clase de ~ hemos estado haciendo vasijas de arcilla.*

plás·ti·⌐co, ⌐ca |plástiko, ka| **1 *adj.-m.*** (material) Que puede cambiar de forma y conservarla de manera permanente: *los materiales plásticos pueden ser moldeados sin necesidad de aplicar mucha fuerza o altas temperaturas; he metido los pendientes en una caja de ~; he cubierto el coche con un ~ grande.* ⇒ **elástico. - 2 *adj.*** De la plástica o que tiene relación con ella: *estoy aprendiendo alfarería en una escuela de artes plásticas.* **3** *fig.* (lenguaje) Que es exacto, vivo y *expresivo: *este capítulo de la novela tiene frases de gran fuerza plástica.*

plas·ti·fi·car |plastifikár| ***tr.*** [algo] Cubrir con una capa delgada de material plástico: *plastificaron los documentos para que no se arrugaran.* ⇒ **forrar.** ☐ Se conjuga como 1.

pla·ta |pláta| **1 *f.*** Metal precioso de color blanco brillante, muy fácil de trabajar y de dar forma: *lleva una pulsera de ~ con su nombre grabado en ella; el símbolo de la ~ es* Ag. **2** Sustancia que se parece a ese metal o que lleva parte de él: *estas cucharas llevan un baño de ~.* **3** *fig.* Caudal, dinero y riquezas: *me he quedado sin ~ y no puedo pagar mis deudas.* ⇒ **oro.** ☐ Se usa frecuentemente en el español del América. **4** *fig.* Segundo premio en una competición: *la ~ fue para el corredor francés.* ⇒ **bronce, oro.**

pla·ta·for·ma |platafórma| **1 *f.*** Superficie, o tablero horizontal, descubierta y puesta a cierta distancia sobre el suelo, donde se colocan personas o cosas: *el cazador se subió a una ~ desde la cual podía ver mejor.* **2** Conjunto de personas que han sido elegidas para representar a otras con un fin social: *los obreros formaron una ~ reivindicativa para evitar los despidos masivos.* **3** *fig.* Medio para conseguir un fin: *aquellas fiestas fueron la ~ para conseguir amistades influyentes.* **4** Instalación sobre una superficie horizontal *elevada: *en el Mar del Norte hay muchas plataformas petrolíferas.*

pla·ta·nal |platanál| ***m.*** Terreno donde se cultivan las *plataneras: *pararon en un ~ para descansar.* ⇒ **bananal, platanero.**

pla·ta·ne·ra |platanéra| ***f.*** Planta de tallo alto, formado por hojas enrolladas unas sobre otras y terminado en una copa de hojas verdes, grandes y enteras, cuyo fruto es el *plátano: *una sola ~ puede dar muchos kilos de plátanos.* ⇒ **platanero, plátano.**

pla·ta·ne·⌐ro, ⌐ra |platanéro, ra| **1 *adj.*** Del *plátano o que tiene relación con él: *la industria platanera suele ser importante en los países tropicales.* ⇒ **bananero. - 2 *adj.-s.*** (persona) Que se dedica a cultivar o vender *plátanos: *los plataneros se quejan de la mala cosecha de este año.* **- 3 platanero *m.*** Terreno donde se cultivan las *plataneras: *desde la montaña se veían los plataneros.* ⇒ **bananal, platanal. 4** Planta de tallo alto, formado por hojas enrolladas unas sobre otras, y terminado en una copa de hojas verdes, grandes y enteras, cuyo fruto es el *plátano: *el ~ se cría en lugares cálidos.* ⇒ **platanera, plátano.**

plá·ta·no |plátano| **1 *m.*** Fruto comestible, alargado, cubierto por una corteza lisa y amarilla: *el ~ es muy nutritivo; compró un kilo de plátanos; resbaló en una piel de ~.* ⇒ **banana. 2** Planta de tallo alto, formado por hojas enrolladas unas sobre otras, y terminado en una copa de hojas verdes, grandes y enteras, que da ese fruto: *el ~ crece en las regiones tropicales.* ⇒ **platanera. 3** Árbol de gran altura, con el tronco grueso, de corteza lisa de la que se van desprendiendo placas, y con hojas abundantes y anchas: *el ~ produce mucha sombra; el ~ se planta en plazas y paseos.*

pla·te·a |platéa| ***f.*** Planta baja de un cine o teatro: *tenemos entradas de ~ para asistir al estreno de la obra de teatro.* ⇒ **patio.**

pla·te·ar |plateár| **1 *tr.*** [algo] Cubrir con plata una superficie: *llevó una pulsera al joyero para que se la plateara.* ⇒ **dorar. 2** Cubrir una superficie con una sustancia de color de plata: *ahora quiere ~ los tiradores de las puertas.*

pla·te·res·⌐co, ⌐ca |platerésko, ka| **1 *adj.*** Que pertenece al estilo español de los siglos XV y XVI que se distingue por los adornos abundantes: *estuvimos contemplando un edificio ~.* **- 2 plateresco *m.*** Estilo de la arquitectura española de los siglos XV y XVI que se distingue por los adornos abundantes: *la fachada de la Universidad de Salamanca es del ~.*

plá·ti·ca |plátika| **1** ***f.*** Conversación, acto de hablar o comunicarse: *tuvieron una larga ~ sobre los tiempos en los que se conocieron.* ⇒ **charla. 2** Discurso corto y de contenido moral, generalmente pronunciado en público por un sacerdote: *en su ~ les recordó la obligación cristiana de recibir los sacramentos.* ⇒ **sermón.**

pla·ti·llo |platíʎo| **1** ***m.*** Objeto plano y redondo, de forma parecida a un plato: *puso un quilo de patatas en uno de los platillos de la balanza;* ~ **volador/volante**, objeto que vuela, y que se supone que procede del espacio exterior: *muchas personas dicen haber visto platillos volantes con extraterrestres.* **2** MÚS. Disco de metal que, junto con otro igual, forma un instrumento musical de percusión: *tocaba los platillos en la banda de música de su pueblo.*

pla·ti·na |platína| **1** ***f.*** Parte del *microscopio en la que se coloca el objeto que se quiere observar: *pusieron unas gotas de sangre en la ~.* **2** Aparato que sirve para leer una cinta *magnética y que se *conecta a una cadena de sonido: *no podemos escuchar este disco porque se ha estropeado la ~.*

pla·ti·no |platíno| **1** ***m.*** QUÍM. Metal brillante, muy duro y resistente a los ácidos, que se usa para fabricar instrumentos médicos, joyas y componentes eléctricos: *el símbolo del ~ es* Pt. **- 2 platinos** ***m. pl.*** MEC. Piezas que establecen el *contacto eléctrico en el encendido de un motor de *explosión: *el mecánico revisó los platinos del coche y vio que estaban gastados.*

pla·to |pláto| **1** ***m.*** Recipiente redondo que se usa para poner los alimentos: *sirve la verdura en los platos; reserva los platos de porcelana para las comidas especiales; tú harás la comida y yo lavaré los platos;* ~ **hondo**, el que es profundo: *la sopa se sirve en platos hondos;* ~ **llano**, el que no es profundo: *serviré el pollo en los platos llanos.* **2** Comida que se prepara para ser consumida: *la paella es mi ~ favorito; hoy tenemos macarrones de primer ~ y pescado de segundo;* ~ **combinado**, el que está formado por varios alimentos: *tenía prisa y pedí un ~ combinado;* ~ **fuerte**, el más importante de una comida: *el ~ fuerte del día es cordero.* **3** Parte del *tocadiscos sobre la que se coloca el disco y que gira siempre a la misma velocidad: *la música no suena porque el ~ se ha estropeado.* **4** DEP. Objeto redondo que se lanza al aire para dispararle con una arma deportiva: *Pepe tiene tan mala puntería, que no consigue derribar ni un solo ~.* ■ **comer en el mismo** ~, *fam.*, tener mucha confianza dos personas: *no intentes romper su amistad: comen en el mismo ~.* ■ **no haber roto un** ~, *fam.*, no haber hecho nunca nada malo: *con esa cara de bueno que tiene, parece que nunca ha roto un ~.* ■ **no ser ~ de gusto**, *fam.*, no agradar: *salir a la calle con el frío que hace no es ~ de gusto.* ■ **pagar los platos rotos**, *fam.*, ser injustamente castigado: *el profesor estaba enfadado y los estudiantes pagaron los platos rotos.* ■ **ser ~ de segunda mesa**, *fam.*, sentirse despreciado o poco importante: *no bailaré con él después de que haya bailado con mi amiga: no me gusta ser ~ de segunda mesa.*

pla·tó |plató| ***m.*** CINEM. *Escenario de un estudio de cine o televisión: *el director ordenó despejar el ~.* ⌂ El plural es *platós.*

pla·tó·ni·⌜co, ⌜ca |platóniko, ka| **1** ***adj.*** (amor) Que es ideal y desinteresado: *siente un amor ~ por ella y se conforma con verla pasar todos los días.* **2** FIL. De la doctrina filosófica de Platón o que tiene relación con ella: *la influencia de la doctrina platónica ha sido decisiva en la historia del pensamiento.* **- 3** ***adj.-s.*** FIL. (persona) Que sigue la doctrina filosófica de Platón: *las obras platónicas han influido en las culturas árabe y judía.*

pla·to·nis·mo |platonísmo| ***m.*** FIL. Doctrina filosófica de Platón: *el ~ influyó en el cristianismo.*

plau·si·ble |plausíβle| ***adj.*** Que merece aprobación; que merece un *aplauso: *las investigaciones ofrecieron unos resultados plausibles.*

pla·ya |pláya| **1** ***f.*** Superficie casi plana, cubierta de arena o piedras, en la orilla del mar, de un río o de un lago: *los niños hacen castillos de arena en la ~; las playas del levante son muy anchas.* **2** Parte del mar que baña esa superficie: *me gusta ir a descansar a la ~.*

pla·ye·ra |playéra| ***f.*** Calzado de verano, de tela fuerte y piso de goma: *las playeras suelen llevar cordones; se ha comprado unas playeras de colores.* ⇒ **zapatilla.**

pla·ye·⌜ro, ⌜ra |playéro, ra| ***adj.*** De la playa o que tiene relación con ella: *se llevó el bañador y ropa playera.*

pla·za |pláθa| **1** ***f.*** Lugar espacioso dentro de una población al que van a parar varias calles: *la ~ tiene bancos y farolas; he quedado con unos amigos en la ~ Mayor.* **2** Lugar en el que cabe una persona o cosa: *el autocar tiene 40 plazas; el edificio cuenta con un garaje de cien plazas.* **3** *fig.* Puesto de trabajo; ocupación: *ha conseguido la ~ de profesor después de muchos esfuerzos; ha quedado una ~ vacante en el Ministerio; me gustaría que me dieran una ~ de médico en este hospital.* ⇒ **empleo. 4** Lugar en el que se venden alimentos y productos de consumo corriente: *me voy a comprar fruta a la ~.* ⇒ **mercado. 5** Lugar o población, especialmente la que está rodeada por muros de defensa: *el ejército romano asedió la ~ durante varias semanas.* ■ **~ de toros**, construcción redonda donde se celebran corridas de toros: *en casi todos los pueblos españoles hay una ~ de toros.*

pla·zo |pláθo| **1** ***m.*** Periodo de tiempo en el que se debe hacer una cosa: *el ~ para presentar los documentos acaba hoy; ha habido tantas peticiones que han ampliado el ~ varios días.* **2** Parte en que se divide una cantidad de dinero que hay que pagar: *si me compro un coche, tendré que pagarlo a plazos.*

pla·zo·le·ta |plaθoléta| ***f.*** Plaza de extensión reducida, que suele haber en jardines y en algunos paseos con árboles: *quedaron en una ~ del parque.* ⇒ **glorieta.**

ple·a·mar |pleamár| **1** ***f.*** Fin del movimiento por el que suben las aguas del mar: *con la ~, las aguas llegan hasta el paseo marítimo.* ⇔ **bajamar. 2** Tiempo que dura ese movimiento: *aconsejan no bañarse durante la ~.*

ple·be |pléβe| **1** ***f.*** Clase social social inferior de una población: *la clase política parece olvidarse de la ~.* ⇒ **pueblo.** ⇔ **aristocracia. 2** Conjunto de personas que no tienen mucha cultura: *ese partido reclamaba más medios para educar a la ~.* ⇒ **vulgo.**

ple·be·⌐yo, ⌐ya |pleβéyo, ya| **1** ***adj.-s.*** (persona) Que pertenece a la clase social inferior de la población: *los aristócratas raras veces se relacionan con los plebeyos.* **2** *desp.* (persona) Que no tiene mucha cultura: *ese ~ no puede entender nuestras sutilezas.*

ple·ga·ble |pleɣáβle| ***adj.*** Que se puede plegar o doblar: *sacó un paraguas ~ de su bolso.*

ple·gar |pleɣár| **1** ***tr.*** [algo] Juntar los extremos de un objeto flexible: *plegó la chaqueta para guardarla en la maleta.* ⇒ **doblar. 2** Doblar y cerrar las piezas de un objeto articulado: *plegó la silla para que ocupase menos espacio.* **- 3 plegarse** ***prnl.*** *fig.* Darse por vencido; actuar según la voluntad de otra persona: *en cuanto vieron que los otros eran más que ellos, se plegaron.* ⇒ **ceder, someter.** ◻ Se conjuga como 48.

ple·ga·ria |pleɣária| ***f.*** Ruego con el que se pide un favor, generalmente dirigido a Dios o a un santo: *todos creían que las plegarias de la madre habían curado al niño.*

plei·te·ar |pleiteár| **1** ***tr.*** [algo] Discutir o enfrentarse en un juicio: *pleiteaban la propiedad de esas tierras desde hacía años.* **- 2** ***intr.*** Defender dos o más personas opiniones o intereses opuestos: *pleiteaban por todo.* ⇒ **discutir, disputar.**

plei·to |pléito| **1** ***m.*** Discusión entre dos partes en un juicio: *el ~ parece que se alarga.* **2** Discusión o enfrentamiento por diferencia de opiniones o de intereses: *no sé qué pleitos tienen entre ellos.* ⇒ **litigio.**

ple·na·⌐rio, ⌐ria |plenário, ria| **1** ***adj.*** (reunión) Que cuenta con todas las personas que forman un conjunto: *hoy se ha celebrado una reunión plenaria de la comunidad de vecinos.* **- 2 plenario** ***m.*** Reunión general de un grupo o conjunto de personas determinado: *en el ~ ha habido muchas discusiones.*

ple·ni·tud |plenitúᵈ| ***f.*** Momento de mayor importancia o intensidad; cualidad de *pleno: *a pesar de su edad, está en ~ de facultades.*

ple·⌐no, ⌐na |pléno, na| **1** ***adj.*** Que está lleno o entero: *la sala estaba plena de espectadores; goza de su ~ confianza.* ⇒ **completo. - 2 pleno** ***m.*** Reunión o junta general de una sociedad o *institución: *en el ~ del Ayuntamiento se presentarán los nuevos presupuestos.*

ple·o·nas·mo |pleonásmo| ***m.*** POÉT. Figura del lenguaje que consiste en emplear más palabras de las necesarias, sin *aportar una información nueva: *si decimos* lo vi con mis propios ojos, *utilizamos la figura del ~.*

ple·o·nás·ti·⌐co, ⌐ca |pleonástiko, ka| ***adj.*** POÉT. Del *pleonasmo o que tiene relación con él: *los usos pleonásticos pueden resultar molestos.*

ple·tó·ri·⌐co, ⌐ca |pletóriko, ka| ***adj.*** Que está lleno: *volvió ~ de fuerzas, con una salud de hierro; fueron días pletóricos.*

pleu·ra |pléura| ***f.*** ANAT. Tejido que cubre los pulmones: *la ~ está formada por dos capas: una unida a los pulmones y la otra al tórax.*

ple·xo |pléᵏso| ***m.*** ANAT. Red formada por nervios y vasos que se cruzan entre sí: *el ~ cardiaco está situado en el corazón y consta de seis nervios.*

plé·ya·de |pléyaðe| ***f.*** *form. fig.* Grupo de personas que destacan en una actividad y un periodo de tiempo determinados: *al congreso internacional asistió una ~ de escritores reconocidos internacionalmente.*

plie·go |pliéɣo| **1** ***m.*** Hoja de papel de forma cuadrada y doblada por la mitad: *en la mesa, tenía varios pliegos de papel; después de doblar los pliegos de un libro, se cosen y se pegan.* **2** Hoja de papel que se vende sin doblar: *he comprado tres pliegos de papel de colores para hacer trabajos manuales.* **3** Comunicación importante u oficial que se envía a una persona: *nos envió un ~ en el que se relataba lo sucedido y los cargos que se nos imputaban.* **4** Conjunto de papeles contenidos en un mismo sobre o cubierta: *en ese ~ están los informes que buscamos.*
■ **pliego de cordel**, *cuaderno de cuatro u ocho *folios que contenía *romances, *novelas cortas u obras populares y que se vendía suelto: *los pliegos de cordel se imprimían para aprovechar el papel que sobraba después de hacer libros de gran tamaño.*

plie·gue |pliéɣe| **1** ***m.*** Parte que se dobla o se pliega en una cosa: *la camisa llevaba un ~ de adorno en las mangas.* **2** Señal que deja una arruga o un doblez: *la edad le iba dejando pequeños pliegues junto a los ojos.* ⇒ **arruga. 3** GEOL. Efecto producido en la corteza *terrestre por el movimiento de rocas sometidas a una presión lateral: *algunas montañas aparecen por el ~ de los estratos sedimentarios.*

plin·to |plínto| **1** ***m.*** DEP. Aparato de *gimnasia con forma rectangular y alargada, hecho con varios cajones *superpuestos, que se usa para hacer saltos sobre él: *en la clase de gimnasia teníamos que saltar el ~ y dar una voltereta.* ⇒ **caballo, potro. 2** ARQ. Pieza cuadrada que se coloca como base de una columna: *han puesto los plintos y mañana pondrán las columnas.*

pli·sar |plisár| ***tr.*** [algo] Formar pliegues de adorno en una tela u otro material flexible: *el niño plisó el papel para hacer una guirnalda.*

plo·ma·da |plomáða| **1** ***f.*** Pesa de metal que, colgada de una cuerda, sirve para señalar una línea vertical: *pusieron la ~ para comprobar que la hilera de ladrillos estaba bien puesta.* ⇒ **plomo. 2** MAR. Conjunto de piezas de *plomo que se sujetan a una red para pescar: *por la tarde, en la playa, aseguraron la ~ a la red.*

plo·mi·⌐zo, ⌐za |plomíθo, θa| ***adj.*** De un color gris parecido al del *plomo: *el cielo se tornó de un tono ~ y amenazaba lluvia.*

plo·mo |plómo| **1** ***m.*** Metal pesado, blando y de color gris, que se usa *principalmente para fabricar tubos, pinturas y balas para las armas de fuego: *el fontanero cambió la tubería de ~ por otra nueva; la pintura de ~ es muy tóxica; los delantales de ~ protegen de la radiactividad.* **2** QUÍM. Elemento químico de ese metal cuando no está unido a ningún otro: *el símbolo del ~ es* Pb. **3** *fam. fig.* Persona o cosa pesada y molesta: *ese hombre es un auténtico ~, no hay quien le aguante; vaya película más ~.* ⌂ Se usa como apelativo despectivo: *cállate ya, ~.* **4** *fig.* Bala o *proyectil de las armas de fuego: *disparó la pistola y le metió tres plomos en el costado.* ⇒ **bala, proyectil. 5** Pesa de metal que, colgada de una cuerda, sirve para señalar una línea vertical: *el albañil utiliza un ~ para trazar una pared recta.* ⇒ **plomada. - 6 plomos *m. pl.*** Mecanismo que se rompe o deja de funcionar cuando pasa por él una corriente eléctrica de una intensidad superior a la normal: *enchufó todos los electrodomésticos a la vez y se fundieron los plomos.* ⇒ **fusible.** ■ **a ~**, verticalmente y con fuerza: *el agua salía a ~ del caño de la fuente; se dejó caer a ~ en la cama porque estaba muy cansado.* ■ **con pies de ~**, *fam.*, con mucho cuidado: *habrá que andar con pies de ~ si no queremos fracasar.*

plu·ma |plúma| **1** ***f.*** Pieza que cubre el cuerpo de las aves: *los pavos reales tienen plumas de colores; antiguamente las plumas se usaban para escribir; ¡qué cómoda es esta almohada de plumas!* **2** Instrumento que sirve para escribir: *firmó el contrato con su ~;* **~ estilográfica**, la que funciona con una carga de tinta: *el día de mi cumpleaños me regalaron una ~ estilográfica.* ■ **a vuela ~**, deprisa y con facilidad: *escribió estos versos a vuela ~.*

plu·ma·je |plumáxe| ***m.*** Conjunto de plumas que cubren el cuerpo de una ave: *los loros tienen un ~ vistoso.*

plu·me·ro |pluméro| **1** ***m.*** Conjunto de plumas, generalmente atadas a un mango de madera, que sirve para quitar el polvo: *limpió las figuritas del aparador con el ~.* **2** Conjunto de plumas que sirve para adornar los *cascos, los sombreros o los peinados de las mujeres y la cabeza de los caballos: *al saludar el caballero se agitaba el ~ de su casco.* ⇒ **penacho.** ■ **verse el ~**, *fam.*, descubrirse una intención o pensamiento: *se te ve el ~: siempre te ofreces para llevar a Juana a casa porque estás loco por ella.*

plu·mí·fe·⌐ro, ⌐ra |plumífero, ra| **1** ***adj.*** *form.* Que tiene plumas: *el pequeño animal ~ escapó volando de su jaula.* **- 2 plumífero *m.*** Prenda de vestir de abrigo que cubre la parte superior del cuerpo y que está *rellena de plumas: *se ha comprado un ~ porque no quiere pasar frío este invierno.*

plu·mi·lla |plumíʎa| **1** ***f.*** Punta pequeña de metal que se coloca en el extremo de una pluma de escribir: *la ~ se moja en la tinta.* ⇒ **plumín. 2** BOT. Yema pequeña que sale de la semilla y que da lugar al tallo: *la ~ forma parte del embrión.*

plu·mín |plumín| ***m.*** Punta pequeña de metal que se coloca en el extremo de una pluma para escribir: *se le cayó la pluma al suelo y se rompió el ~.* ⇒ **plumilla.**

plu·món |plumón| ***m.*** Pluma corta, delgada y suave, que tienen las aves debajo de las plumas exteriores: *la paloma se limpiaba el ~ con el pico.*

plu·ral |plurál| **1** ***adj.*** *form.* Que presenta varios aspectos o varias características a la vez: *vivimos en una sociedad ~.* **- 2 *adj.-m.*** LING. (número gramatical) Que expresa más de una unidad: *el ~ de* libro *es* libros. ⇒ **número, singular.** ⌂ En español, el plural se forma generalmente añadiendo *-s* o *- es.*

plu·ra·li·dad |pluraliðá^{ð}| **1** ***f.*** *form.* Cantidad o número grande de una cosa: *me gusta la ~ de ideas.* **2** Cualidad de lo que presenta varios aspectos o varias características a la vez: *la ~ es esencial en una democracia.*

plu·ra·lis·mo |pluralísmo| **1** ***m.*** Cantidad o número grande de una cosa: *la Península Ibérica se ha distinguido a lo largo de su historia por el ~ de razas y culturas.* ⇒ **multiplicidad, pluralidad. 2** Sistema por el cual se acepta o reconoce la *diversidad de doctrinas o métodos en materia política, económica o en otras materias: *el ~ político constituye uno de los valores superiores del Estado de derecho.*

plu·ra·li·zar |pluraliθár| ***intr.*** Atribuir a dos o más sujetos una característica propia de uno de ellos: *no pluralices, yo no tengo nada que ver con lo que él ha hecho.* ⌂ Se conjuga como 4.

plu·ri·ce·lu·lar |pluriθelulár| ***adj.*** Que está formado por más de una célula: *los animales son seres pluricelulares.*

plu·ri·em·ple·o |pluriempléo| ***m.*** Ejercicio o desempeño de varios empleos u ocupaciones por una misma persona: *el gobierno trata de acabar con el ~ para que todos los ciudadanos puedan acceder a un puesto de trabajo.*

plu·ri·par·ti·dis·mo |pluripartiðísmo| ***m.*** POL. Sistema político en el que existe más de un partido: *la llegada de la democracia trajo consigo el ~ político.*

plu·ri·par·ti·dis·ta |pluripartiðísta| ***adj.*** POL. Del *pluripartidismo o que tiene relación con él: *la democracia es un sistema ~.*

plus |plús| **1** ***m.*** Paga que se añade al sueldo: *los obreros del turno de noche cobran un ~.* ⇒ **extra. 2** Cosa que se añade a lo normal o que se sale de lo acordado: *es un médico competente y además tiene el ~ de su afabilidad.* ⌂ El plural es *pluses.*

plus·cuam·per·fec·to |pluskuamperfé^{k}to| ***adj.-m.*** LING. (tiempo verbal) Que expresa una acción acabada y anterior en relación a otra acción pasada: *en español se llama así a las formas* había cantado *y* hubiera *o* hubiese cantado. ⇒ **pretérito.**

plus·mar·ca |plusmárka| ***f.*** Marca *máxima conseguida en una modalidad deportiva: *el corredor ha conseguido la ~ del año.* ⇒ **récord.**

plus·va·lí·a |plusβalía| **1** ***f.*** Aumento del valor de una cosa por causas *externas a ella: *los propietarios de estos terrenos se han beneficiado de su ~.* ⇔ **minusvalía. 2** Cantidad de dinero que se debe pagar por ese aumento de valor: *tengo que pagar la ~ del piso que he comprado.*

plu·to·nio |plutónio| ***m.*** QUÍM. Elemento químico que se usa para producir energía nuclear: *el símbolo del ~ es Pu; el ~ es radiactivo y muy tóxico; el ~ se usa en las centrales nucleares y en las armas atómicas.*

plu·vial |pluβiál| ***adj.*** *form.* (agua) Que cae de las nubes: *los canalones recogen y conducen las aguas pluviales.*

plu·vió·me·tro |pluβiómetro| ***m.*** Aparato que sirve para medir la cantidad de lluvia que cae en un lugar y en un periodo de tiempo determinados: *el ~ ha registrado pocos milímetros de lluvia en estos últimos meses.*

plu·vio·si·dad |pluβiosiðáᶞ| ***f.*** *form.* Cantidad de lluvia que cae en un lugar y un periodo de tiempo determinado: *en las zonas secas de España la ~ es muy escasa.*

po·bla·ción |poβlaθión| **1** ***f.*** Conjunto de personas que habitan en un lugar: *la mayor parte de la ~ española es católica; la ~ de esta ciudad asciende a varios millones de habitantes.* **2** Lugar con edificios, calles y otros espacios públicos, donde habita un conjunto de personas: *los pueblos y las ciudades son poblaciones.* ⇒ **poblado. 3** Conjunto de seres vivos de la misma especie que habitan en un lugar determinado: *la ~ de garzas aumenta cada año en el coto.* **4** Conjunto limitado de individuos o elementos con una característica común que son objeto de estudio *estadístico: *una muestra representa a una ~; la ~ estudiantil se estanca por el descenso de la natalidad.*

po·bla·do |poβláðo| ***m.*** Lugar donde habita un conjunto de personas: *visitamos un ~ indio en el Amazonas.* ⇒ **población.**

po·bla·⌜dor, ⌜do·ra |poβlaðór, ðóra| ***m. f.*** Persona que habita en un lugar: *se han hecho muchos estudios sobre los primeros pobladores del continente americano.*

po·blar |poβlár| **1** ***tr.*** [algo] Ocupar un lugar con personas u otros seres vivos para que habiten en él: *el país intentó ~ las tierras coloniales enviando convictos; intentaron ~ el monte con conejos.* **2** Habitar o vivir en un lugar: *los hombres pueblan la Tierra; algunas tribus pueblan el desierto.* **- 3 poblarse** ***prnl.*** Llenarse en gran cantidad: *su cabeza se pobló de pelo; cuando se descubrió oro, Alaska se pobló de gente.* ☖ Se conjuga como 31.

po·bre |póβre| **1** ***adj.-com.*** (persona) Que no tiene lo necesario para vivir o que lo tiene con escasez: *procede de una familia ~, por eso no ha podido estudiar; en ese país hay grandes diferencias entre los ricos y los pobres; cada día hay más pobres pidiendo por las calles de las ciudades.* ⇒ **mendigo.** ⇔ **rico. - 2** ***adj.*** Que es escaso; que no está completo: *la cena me ha parecido cara y ~; fue una conferencia ~ de ideas.* **3** *fig.* Que tiene poco valor o calidad: *no cultivarán en este suelo porque es muy ~; la actuación del cantante fue muy ~.* **4** *fig.* (persona) Que es infeliz; que despierta compasión: *la ~ mujer perdió el monedero con todo su dinero; el ~ Agustín ha tenido muy mala suerte con sus estudios.* ☖ En esta acepción se usa delante del nombre. Los superlativos son *pobrísimo* y *paupérrimo.* **- 5** ***interj.*** Expresión con que se indica compasión: *¡~ Nieves, al llegar de vacaciones descubrió que habían robado en su casa!* ■ **¡~ de mí!/¡pobres de nosotros!**, expresión que indica compasión hacia uno mismo: *¡~ de mí!, siempre tengo que solucionar los problemas de los demás.* ■ **¡~ de ti/él!**, expresión con la que se amenaza a una persona: *¡~ de ti si llegas tarde!* ☖ Se usa también en plural: *¡pobres de vosotros si no estáis a las diez en casa!*

po·bre·za |poβréθa| **1** ***f.*** Falta o escasez de lo necesario para vivir: *la familia vivía en la ~.* ⇔ **riqueza. 2** Cualidad de pobre, de lo que es escaso y no está completo: *no pudieron llevar a cabo el trabajo por la ~ de medios.* ⇔ **abundancia. 3** *fig.* Falta de abundancia, calidad o valor: *el crítico denunciaba la ~ intelectual de su país; la ~ de ese suelo impide una buena cosecha.* ⇔ **riqueza. 4** *fig.* Falta de valor y nobleza; falta de *bondad y de generosidad: *la ~ de su corazón le hacía un ser mezquino y despreciable.*

po·⌜cho, ⌜cha |pótʃo, tʃa| **1** ***adj.*** Que está pasado; que no está fresco: *los limones están poniéndose pochos; la planta está pocha porque le falta luz.* ⇒ **pachucho. 2** *fam. fig.* Que está débil y se encuentra mal de salud: *estuvo ~ todo el invierno por culpa de una gripe.* ⇒ **pachucho.**

po·cil·ga |poθílγa| **1** ***f.*** Lugar cubierto en el que se encierra a los cerdos: *la ~ estaba al fondo de la granja, junto a un barrizal.* ⇒ **porqueriza. 2** *fig.* Lugar sucio o desordenado: *su casa es una ~, por eso no les gusta recibir visitas.* ⇒ **cuadra.**

pó·ci·ma |póθima| **1** ***f.*** Bebida elaborada con hierbas medicinales: *una hada del bosque le dio una ~ que lo convirtió en pájaro.* ⇒ **bebedizo, cocimiento, filtro. 2** *fam.* Líquido desagradable de beber: *¿qué clase de ~ es esto de la copa?* ⇒ **brebaje.**

po·ción |poθión| ***f.*** Bebida, especialmente la que es medicinal: *el farmacéutico elaboró una ~ contra el dolor de muelas.*

po·⌜co, ⌜ca |póko, ka| **1** ***adj. indef.*** Cantidad o número pequeño de personas o cosas: *asistió poca gente; aquí hay poca comida; quedan pocos días para acabar.* ⇒ **bastante.** ⇔ **mucho.** ☖ Se usa siempre delante del nombre. **- 2** ***pron. indef.*** Cantidad pequeña: *déme un ~ de agua; he tomado un ~ de queso; yo tengo de sobra, toma un ~.* ☖ Se usa siempre con el indefinido *un* y la preposición *de.* **- 3** ***adv. c.*** En pequeña cantidad; menos de lo normal: *has estudiado ~; come ~ y por eso está tan flaco.* ⇔ **mucho. 4** Expresa un valor negativo: *este niño es ~ tranquilo; tu amigo es ~ educado.* ☖ Se usa delante de un adjetivo. **- 5** ***adv. t.*** Pequeña cantidad de tiempo: *hace ~ que estuve con él; llegó ~ después.* ⇔ **mucho.** ☖ Se usa con verbos de tiempo. ■ **a ~ de**, un breve periodo de tiempo después: *llegaron a ~ de irte tú.* ■ **de ~**, que no tiene valor y no es muy importante: *el accidente ha sido cosa de ~, gracias a Dios.* ■ **para ~**, que no tiene energía ni fuerza física o moral: *tu padre ya está para ~.* ■ **~ a ~**, lentamente; en cantidades pequeñas: *hay que hacerlo ~ a ~ para no fallar; se lo bebió ~ a ~.* ■ **~ más o menos**, aproximadamente: *en la caja hay 50 billetes ~ más o menos.* ■ **por ~**, casi: *resbaló y por ~ se cae.* ■ **tener en ~**, no dar a una persona el valor que se merece: *aunque ella ha demostrado su capacidad, la siguen teniendo en ~.*

po·dar |poðár| ***tr.*** [algo] Cortar o quitar las ramas que no son necesarias de los árboles o plantas para que crezcan y se desarrollen con más fuerza: *hay que ~ los frutales.*

po·den·⌈co, ⌈ca |poðéŋko, ka| ***adj.-s.*** (perro) Que pertenece a una raza que, por su capacidad para ver y oler, es adecuada para la caza: *el ~ se parece al galgo, pero tiene la cola enroscada y las orejas tiesas.*

po·der |poðér| **1** ***m.*** Autoridad para mandar, dominar o influir sobre los demás: *lo que más deseó en su vida fue alcanzar el ~; es una persona con mucho ~.* **2** Gobierno de un grupo de personas, especialmente de un país: *cuando subió al ~ realizó importantes reformas.* **3** Capacidad para obrar: *envidio el ~ de convicción que tiene Pilar.* **4** Autorización que da una persona a otra para que obre en su nombre: *he dado poderes al notario para que haga lo que estime conveniente.* ☐ Se usa sobre todo en plural. **5** Propiedad o *posesión de una cosa: *la isla pasó a ~ del enemigo; tiene en su ~ varios millones de pesetas.* **- 6** ***tr.-intr.*** [algo] Tener capacidad para obrar: *con estos zapatos de tacón no puedo correr; no puedo con la carga.* **7** Tener facilidad o tiempo para obrar: *todavía no te puedo devolver el dinero porque no lo tengo; siento no ~ ir con ustedes; no voy a ~ llegar a tiempo a la función de teatro.* ☐ Se usa sobre todo en frases negativas. **8** Tener autorización o permiso para obrar: *como tengo 18 años, puedo llegar tarde a casa; señorita, ¿podría invitarla a tomar algo?; aquí no podemos fumar.* **- 9** ***unipers.*** Ser posible que ocurra una cosa: *está muy nublado, puede que llueva; puede que este fin de semana vayamos a haceros una visita.* **- 10** ***intr.*** [a alguien] Tener fuerza o más fuerza que otro: *Jaime es mayor que yo, por eso me puede.* ☐ Se conjuga como 77. ■ **a más no ~**, todo lo que es posible; sin que sea posible más: *bailé en la fiesta a más no ~; Teresa es antipática a más no ~.* ■ **de ~ a ~**, de igual a igual: *los dos tenistas se enfrentan de ~ a ~.* ■ **en ~ de**, en propiedad de; en manos de: *la embarcación estuvo varios días en ~ del enemigo.* ■ **no ~ con**, no ser capaz de dominar una situación o de hacer razonar a una persona: *no puedo con él, hace siempre lo que le da la gana.* ■ **no ~ con**, no ser capaz de aguantar a una persona: *Ramón no deja de decir estupideces, ¡no puedo con él!* ■ **no ~ más**, no tener capacidad para continuar y acabar una cosa: *llevo seis horas limpiando sin parar, ya no puedo más.* ■ **no ~ menos que**, no tener capacidad para evitar o dejar de hacer una cosa: *cuando vio que se caía, Rosa no pudo menos que ayudarle.* ■ **no ~ parar**, estar incómodo a causa de un dolor o molestia: *tengo un dolor de muelas que no puedo parar.* ■ **¿se puede?**, expresión con la que se pide permiso para entrar en un lugar: *¿se puede?, perdone, tengo algo urgente que consultarle.*

po·de·rí·o |poðerío| **1** ***m.*** Poder o autoridad para dominar: *el Mediterráneo estuvo bajo el ~ fenicio en la Antigüedad.* **2** Fuerza o energía grande: *Maruja se había convertido en una mujer llena de salud y ~.* **3** Conjunto de bienes y riquezas: *el marqués es un señor con mucho ~ en este pueblo.*

po·de·ro·⌈so, ⌈sa |poðeróso, sa| **1** ***adj.-s.*** (persona) Que tiene poder: *Alejandro Magno fue un hombre ~; ~ caballero es don dinero.* **2** (persona) Que es muy rico y tiene poder y autoridad: *es el terrateniente más ~ de la comarca.* ⇒ **potente.** **- 3** ***adj.*** Que es activo y produce el efecto deseado: *este producto es un ~ detergente, arrastra la suciedad y elimina las manchas.* ⇒ **activo, eficaz.**

po·dio |póðio| ***m.*** *Plataforma en la que se suben los *deportistas que han ganado una prueba o competición: *los atletas vencedores suben al ~ para recoger sus medallas.*

po·dó·lo·⌈go, ⌈ga |poðóloγo, γa| ***m. f.*** MED. Persona que se dedica al tratamiento de las enfermedades y cuidado de los pies: *el ~ vio que el niño tenía los pies planos y aconsejó que le pusieran plantillas.* ⇒ **callista.**

po·dre·dum·bre |poðreðúmbre| **1** ***f.*** Cualidad de lo que está podrido: *la ~ de los alimentos producía un olor insoportable.* **2** *fig.* Cualidad de lo que es malo o hace daño: *la ~ de algunos funcionarios va en perjuicio de los ciudadanos.* **3** Cosa, lugar o ambiente que es malo o hace daño: *aquella pobre familia siempre vivió en la ~.*

po·dri·⌈do, ⌈da |poðríðo, ða| ***adj.*** Que está dominado por el *vicio: *vivían en una sociedad podrida.* ■ **estar ~ de**, *fam. fig.*, tener una cosa o una cualidad determinada en abundancia: *ese viejo está ~ de dinero; está podrida de envidia.*

po·drir |poðrír| ***tr.-prnl.*** ⇒ **pudrir.** ☐ la Real Academia Española prefiere la forma *pudrir.*

po·e·ma |poéma| **1** ***m.*** Composición en verso: *compró un libro de poemas de Pablo Neruda; le encantan los poemas de Quevedo.* ⇒ **poesía.** **2** Obra en *prosa parecida a esa composición por su estilo y por su contenido: *los poemas en prosa de Juan Ramón Jiménez son muy conocidos.* **3** *fam. fig.* Hecho o situación que se considera ridícula: *su aparición con aquel vestido tan horrible fue todo un ~.*

po·e·sí·a |poesía| **1** ***f.*** Expresión de la belleza o del sentimiento que ésta produce: *sus novelas están llenas de ~.* **2** Poema; composición en verso: *sé de memoria esa ~ de Espronceda que comienza* Con cien cañones por banda; *mi hermano ha escrito un libro de poesías.* ⇒ **verso.** **3** Conjunto de obras en verso con una característica común: *la ~ española del Siglo de Oro es muy abundante; admiro la ~ de García Lorca.* **4** Capacidad o cualidad de provocar un sentimiento profundo de belleza: *las miradas de los enamorados estaban cargadas de ~.* **5** Arte de componer obras literarias que expresen la belleza o el sentimiento que ésta produce: *ha estudiado mucha ~, pero sus versos no tienen fuerza.* ⇒ **poética.**

po·e·ta |poéta| ***com.*** Persona que compone poemas o tiene las cualidades necesarias para componerlos: *Garcilaso de la Vega fue un ~ del Renacimiento; Pérez Estrada es uno de nuestros mayores poetas actuales.* ⇒ **poetisa.**

po·é·ti·ca |poétika| **1** ***f.*** Arte de componer obras literarias que expresen la belleza o el sentimiento que ésta produce: *los antiguos griegos sentaron algunos principios de la ~ occidental.* ⇒ **poesía. 2** Disciplina que estudia la naturaleza y principios de los poemas, los géneros y el lenguaje literario: *es un profesor de ~.* **3** POÉT. Conjunto de principios o de reglas que siguen un género literario, una escuela o un autor: *el predominio del endecasílabo forma parte de la ~ de esos años.*

po·é·ti·⌜co, ⌜ca |poétiko, ka| **1** ***adj.*** De la *poesía o que tiene relación con ella: *mañana se celebrará un recital ~; la obra poética de Cervantes ha quedado ensombrecida por su novela.* **2** Que *manifiesta o expresa belleza o el sentimiento que ésta produce: *leía en el atlas los poéticos nombres de ciudades lejanas.*

po·e·ti·sa |poetísa| ***f.*** Mujer que compone poemas o tiene las cualidades necesarias para componerlos: *Gabriela Mistral fue una gran ~.* ⇒ **poeta.**

po·la·⌜co, ⌜ca |poláko, ka| **1** ***adj.*** De Polonia o que tiene relación con Polonia: *el Vístula y el Oder son dos ríos polacos.* **- 2** ***m. f.*** Persona nacida en Polonia o que vive habitualmente en Polonia: *Chopin era ~.* **- 3 polaco** ***m.*** Lengua de Polonia: *el ~ es una de las lenguas eslavas.*

po·lai·na |poláina| ***f.*** Prenda de paño o cuero, que cubre la pierna desde el pie a la rodilla: *el cazador llevaba unas polainas verdes.*

po·lar |polár| ***adj.*** De los polos de la Tierra o que tiene relación con ellos: *el clima ~ es muy frío y poco adecuado para la vida del hombre.* ⇒ **austral, boreal.**

pol·ca |pólka| **1** ***f.*** Baile de pareja de movimiento rápido: *este grupo siempre baila la ~ en sus espectáculos.* **2** Música de ese baile: *Chopin compuso varias polcas.*

po·le·a |poléa| **1** ***f.*** Rueda que tiene en el borde un canal por el que se hace pasar una cuerda u otra cosa y que sirve para disminuir el esfuerzo necesario para levantar un cuerpo: *la ~ se usa para elevar grandes pesos con poco esfuerzo.* **2** MEC. Rueda de metal por la que pasa una correa en un mecanismo: *el ventilador del automóvil funciona gracias a una ~.*

po·lé·mi·ca |polémika| **1** ***f.*** Discusión larga y repetida entre dos o más personas que defienden opiniones contrarias: *los dos periodistas sostuvieron una fuerte ~ a través de sus artículos.* ⇒ **controversia. 2** *fam.* Enfrentamiento entre dos o más personas: *todos los días hay ~ en esta casa a la hora de comer.*

po·lé·mi·⌜co, ⌜ca |polémiko, ka| ***adj.*** Que provoca *polémica, discusión o enfrentamiento: *las últimas declaraciones del empresario han sido muy polémicas.*

po·len |pólen| ***m.*** Conjunto de granos de pequeño tamaño que contienen las células masculinas que hacen posible la reproducción en la flor: *el ~ sale de los estambres y se deposita en el pistilo.* ☖ El plural es *pólenes.*

po·le·o |poléo| ***m.*** Planta con las hojas verdes y olorosas y con flores de color morado formando racimos: *tomó una infusión de ~ para el dolor; fuimos a coger ~ al monte.* ⇒ **menta.**

po·li·cí·a |poliθía| **1** ***f.*** Conjunto de personas y medios a las órdenes de las autoridades políticas, que se encarga de vigilar el mantenimiento del orden público y la seguridad de los ciudadanos, así como el cumplimiento de las leyes: *la ~ busca a los secuestradores;* ~ **judicial**, la que trabaja a las órdenes de los tribunales de justicia para *investigar los *delitos y perseguir a los *delincuentes: *la ~ judicial lo localizó en su domicilio;* ~ **militar**, la que se encarga de la seguridad y mantenimiento de disciplina de los miembros del ejército: *la ~ militar detuvo a dos soldados borrachos;* ~ **municipal/urbana**, la que trabaja a las órdenes de un *ayuntamiento y se encarga del cumplimiento de las normas del *municipio: *la ~ municipal retira los coches mal aparcados en las calles;* ~ **nacional**, la que trabaja a las órdenes del gobierno y se encarga de la seguridad del Estado: *al lado de mi casa hay una comisaría de ~ nacional.* **- 2** ***com.*** Persona que se dedica a vigilar el mantenimiento del orden público y la seguridad de los ciudadanos, así como el cumplimiento de las leyes: *dos policías de paisano siguieron al sospechoso hasta su casa; trabaja como ~ en Lérida.* ⇒ **agente.**

po·li·cia·⌜co, ⌜ca |poliθiáko, ka| ***adj.*** De la policía o los policías o que tiene relación con ellos: *me gustan las novelas policiacas.* ⇒ **policíaco.**

po·li·cí·a·⌜co, ⌜ca |poliθíako, ka| ***adj.*** ⇒ **policiaco.**

po·li·cro·mí·a |polikromía| ***f.*** *form.* Cualidad de los objetos que tienen muchos colores: *en la Alhambra de Granada pudieron admirar la ~ de los techos árabes.*

po·li·de·por·ti·vo |poliðeportíβo| ***m.*** Instalación pública en la que se practican varios deportes: *el ~ cuenta con campos de fútbol y pistas de tenis.*

po·lie·dro |poliédro| ***m.*** GEOM. Cuerpo sólido de más de tres caras: *el cubo es un ~.*

po·li·fa·cé·ti·⌜co, ⌜ca |polifaθétiko, ka| **1** ***adj.*** Que tiene varios aspectos: *los problemas humanos suelen ser polifacéticos.* **2** *p. ext.* (persona) Que tiene capacidad para realizar muchas actividades distintas: *fue un artista ~, pintaba, esculpía y componía versos.*

po·li·fo·ní·a |polifonía| ***f.*** MÚS. Música que combina de forma bella los sonidos de varias voces o instrumentos: *en la ~, el oído percibe varias líneas melódicas superpuestas.*

po·li·fó·ni·⌜co, ⌜ca |polifóniko, ka| ***adj.*** MÚS. De la *polifonía o que tiene relación con ella: *después de la etapa polifónica, la música pasó a la etapa armónica.*

po·li·ga·mia |poliɣámia| ***f.*** Estado, cualidad o

costumbre de *polígamo: *la ~ no está permitida en España.* ⇒ **bigamia.** ⇔ **monogamia.**

po·lí·ga·⌐mo, ⌐ma |políɣamo, ma| **1** ***adj.-m.*** (hombre) Que está casado con varias mujeres al mismo tiempo: *algunos hombres son polígamos.* ⇒ **bígamo.** ⇔ **monógamo. 2** ***adj.-s.*** (árbol, planta) Que tiene flores masculinas, femeninas y *hermafroditas: *el algarrobo y el fresno son árboles polígamos.* **3** (animal) Que se junta con varias hembras de su especie: *los leones son animales polígamos.*

po·li·glo·to, ⌐ta |poliɣlóto, ta| ***adj.*** *form.* ⇒ **polígloto.**

po·lí·glo·⌐to, ta |políɣloto, ta| **1** ***adj.*** *form.* Que está escrito en varias lenguas: *el cardenal Cisneros fue el promotor de una Biblia políglota.* **- 2** ***adj.-s.*** (persona) Que habla varias lenguas: *las azafatas suelen ser políglotas.* ⇒ **poligloto.** ☐ Se usa frecuentemente la forma *políglota* en género común: *un políglota, una políglota.*

po·lí·go·no |políɣono| **1** ***m.*** GEOM. Figura plana formada por varias rectas, especialmente por más de cuatro: *el pentágono, el octágono, el decágono y el dodecágono son polígonos.* **2** Superficie de terreno limitada y destinada a fines *administrativos, industriales o de otro tipo: *en las afueras de la ciudad han construido un nuevo ~ industrial; los soldados fueron al ~ de tiro.*

po·li·lla |políʎa| **1** ***f.*** Mariposa de alas horizontales y estrechas y antenas casi verticales, que suele volar por la noche: *alrededor de las farolas vuelan muchas polillas.* **2** Gusano de esa mariposa: *las polillas se alimentan de las sustancias que sacan de los tejidos; el abrigo está lleno de agujeros porque en el armario hay polillas.* **3** *fig.* Cosa que destruye otra: *la ~ del juego se comió la fortuna de toda la familia.*

po·li·ni·za·ción |poliniθaθión| ***f.*** BOT. Colocación del *polen en el lugar adecuado de la planta para que produzca semillas: *los insectos y las aves posibilitan la ~ a distancia.*

po·li·ni·zar |poliniθár| ***tr.*** BOT. [algo] Colocar el *polen en el lugar adecuado de la planta para que produzca semillas: *tuvieron que ~ las plantas para que produjesen semillas.* ☐ Se conjuga como 4.

po·li·no·mio |polinómio| ***m.*** MAT. Expresión matemática que *consta de varios números y variables unidos por signos de suma o resta: $4x^2+7x+12$ *es un ~.*

po·lio |pólio| ***f.*** *fam.* Enfermedad producida por un virus que ataca la *médula espinal y provoca *parálisis: *de pequeño tuvo la ~ y ahora no puede andar.* ⇒ **poliomielitis.**

po·lio·mie·li·tis |póliomielítis| ***f.*** Enfermedad producida por un virus que ataca la *médula espinal y provoca *parálisis: *la ~ ataca a los niños principalmente; voy a vacunar a mi hijo contra la ~.* ⇒ **polio.** ☐ El plural es *poliomielitis.*

pó·li·po |pólipo| **1** ***m.*** MED. Masa que se forma y crece en los tejidos que cubren el interior de algunos conductos del cuerpo que se comunican con el exterior: *los pólipos se forman generalmente en la nariz o en la vagina.* **2** Animal invertebrado marino, en un periodo de su desarrollo en que tiene forma de tubo con una abertura hacia arriba, que vive sujeto al fondo o a las rocas: *muchos pólipos se transforman en medusas.*

po·li·se·mia |polisémia| ***f.*** LING. Fenómeno del lenguaje que consiste en que una misma palabra tiene varios significados: *en la palabra* ojo *se da ~.* ⇒ **homonimia.**

po·li·sí·la·⌐bo, ⌐ba |polisílaβo, βa| ***adj.-m.*** (palabra) Que tiene más de una sílaba: *la palabra* portafolios *es polisílaba.* ⇔ **monosílabo.**

po·li·sín·de·ton |polisíndeton| ***m.*** POÉT. Figura del lenguaje que consiste en unir varios elementos *lingüísticos mediante repetidas conjunciones: *si decimos* y las manos y el rostro y el cuerpo todo, *utilizamos la figura del ~.*

po·li·téc·ni·⌐co, ⌐ca |politéᵏniko, ka| ***adj.*** (*instituto, escuela) Que comprende y trata varias ramas de la ciencia o de la técnica: *en la universidad politécnica se estudian las carreras de arquitectura y de ingeniería.*

po·li·te·ís·mo |politeísmo| ***m.*** Doctrina religiosa que defiende la existencia de varios o muchos dioses: *el ~ se opone al monoteísmo.*

po·li·te·ís·ta |politeísta| **1** ***adj.*** Del *politeísmo o que tiene relación con él: *los antiguos griegos tenían creencias politeístas.* ⇔ **monoteísta. - 2** ***com.*** Persona que cree en la existencia de muchos dioses: *en la India hay muchos politeístas.* ⇔ **monoteísta.**

po·lí·ti·ca |política| **1** ***f.*** Ciencia que trata del gobierno y la organización de las sociedades humanas, especialmente de los Estados: *se ha dedicado a la ~ desde los 19 años.* **2** Conjunto de actos con los que se dirigen los asuntos públicos: *los dos países han llegado a un acuerdo en ~ económica; si no quieres que discutamos, no hablemos de ~.* **3** Tendencia que dirige la manera de obrar de una persona o de una *institución: *Enríquez ha puesto en práctica una ~ que le ha permitido conseguir muchos beneficios; la empresa ha llevado a cabo una mala ~ económica, por eso ha quebrado.* **4** Habilidad para tratar con la gente: *tiene mucha ~ y sabe cómo debe comportarse con sus invitados; si llevas el asunto con ~, conseguirás lo que te has propuesto.* ⇒ **cortesía, diplomacia, tacto.**

po·lí·ti·⌐co, ⌐ca |político, ka| **1** ***adj.*** De la política o que tiene relación con ella: *este periódico da noticias sobre la actualidad política del país; no me convence el programa electoral de ningún partido ~.* **2** (persona) Que tiene habilidad para tratar con la gente: *tiene facilidad para los negocios porque es muy ~.* **3** Que no es natural, sino *consecuencia de un *matrimonio: *mi suegra es mi madre política; el cuñado de Isabel es su hermano ~.* **- 4** ***adj.-s.*** (persona) Que se dedica a la política: *no comparto sus ideas, pero reconozco que es un buen ~.*

po·li·ti·que·ar |politikeár| ***intr.*** *desp.* Intervenir en política o hablar de política de forma superficial y poco acertada: *se pasó la vida politiqueando, pero nunca hizo nada de provecho para la comunidad.*

po·li·ti·zar |politiθár| ***tr.-prnl.*** [algo] Dar contenido político a acciones o pensamientos que no lo tenían: *el festival de música ha estado politizado.* ⇔ **despolitizar.** ☐ Se conjuga como 4.

po·li·va·len·te |polißalénte| ***adj.*** Que tiene varios valores; que tiene varias funciones; que puede ser usado con distintos fines: *había un salón ~: servía de comedor y de sala de reunión; le pusieron una vacuna ~.* ⇒ **comodín.**

pó·li·za |póliθa| **1** ***f.*** Documento que sirve para demostrar la *validez de un *contrato, en seguros, bolsa y en otros negocios: *leyó detenidamente las condiciones de la ~ del seguro de accidente antes de firmar el contrato.* **2** Sello que el Estado obligaba a poner sobre ciertos documentos y que se usaba como *impuesto: *las pólizas se compraban en los estancos, igual que los sellos.*

po·li·zón |poliθón| ***com.*** Persona que sube a un barco de forma oculta e ilegal: *como no tenía dinero para el pasaje, se embarcó de ~.*

po·lla |póʎa| **1** ***f.*** Gallina joven que aún no pone huevos o que hace poco que ha empezado a ponerlos: *compró unas gallinas y ahora vende pollitas a buen precio.* **2** *fam. vulg.* Órgano sexual masculino: *la ~ es el pene.* ■ **~ de agua**, ave de patas largas y finas que se alimenta de pequeños animales *acuáticos: *intentaron cazar una ~ de agua con un tirador.*

po·lle·rí·a |poʎería| ***f.*** Establecimiento donde se venden huevos y aves comestibles: *voy a la ~ a comprar una docena de huevos y unas pechugas de pollo.*

po·lle·⌐ro, ⌐ra |poʎéro, ra| ***m. f.*** Persona que se dedica a criar o vender pollos: *el ~ me ha vendido un pollo muy fresco.*

po·lli·⌐no, ⌐na |poʎíno, na| **1** ***m. f.*** Animal mamífero doméstico con grandes orejas y cola larga, parecido al caballo aunque más pequeño, que por ser muy resistente se usa para trabajos en el campo y como animal de carga: *el labrador fue al monte con el ~; iban montados a caballo y traían la carga sobre un ~.* ⇒ **asno, burro.** **2** *fam. fig.* Persona torpe o ruda que usa la fuerza en vez de la razón; idiota, que no entiende bien las cosas o es poco inteligente: *¿cómo pretendes explicarle química a ese ~?* ⇒ **asno, burro.**

po·llo |póʎo| **1** ***m.*** Gallina joven, especialmente la destinada al consumo: *los miércoles comen ~ asado con patatas fritas; preparó unos muslos de ~ con pimientos.* **2** Cría que sale de un huevo, especialmente de la gallina: *los pollitos rompieron ayer el cascarón; los niños recogieron un ~ de perdiz y lo están criando; el águila da de comer a sus pollos, que no pueden salir del nido.* **3** *fam. fig.* Persona que tiene poca edad: *el vecinito era un ~ que prometía.* ⇒ **joven.**

po·lo |pólo| **1** ***m.*** Extremo del eje alrededor del cual gira una esfera: *el profesor pidió al alumno que señalase los polos en la esfera.* **2** Zona cercana a cada uno de los extremos del eje imaginario alrededor del cual gira la Tierra: *la Tierra tiene dos polos: el ~ norte y el ~ sur; el ~ sur está en la Antártida.* **3** *fig.* Dulce *helado que tiene un palo que lo atraviesa para cogerlo: *los polos que más me gustan son los de limón.* ⇒ **helado.** **4** Prenda de vestir de algodón u otro tejido ligero, que cubre la parte superior del cuerpo y que generalmente es de manga corta y tiene botones desde el cuello hasta el pecho: *Ernesto es aquel chico que lleva vaqueros y un ~ azul.* ⇒ **niqui, suéter.** **5** *fam. fig.* Extremo de una cosa: *físicamente se parecen bastante, pero en el carácter son dos polos opuestos.* **6** Punto de reunión; centro de atención o interés: *esta región es uno de los polos de desarrollo industrial del país; este lugar es el ~ de atracción de muchos visitantes.* **7** ELECTR. Extremo del *circuito de una pila: **~ negativo**, ELECTR., el que tiene menor *potencial y por el que sale la energía eléctrica: *el ~ negativo también se llama cátodo.* ⇒ **cátodo; ~ positivo**, ELECTR., el que tiene mayor *potencial y por el que entra la energía eléctrica: *el ~ positivo también se llama ánodo.* ⇒ **ánodo.** **8** DEP. Deporte en el que los participantes van montados a caballo y que consiste en meter una pelota de madera en la meta del equipo contrario golpeándola con unos palos: *en el juego del ~ cada equipo se compone de cuatro jinetes.* ■ **de ~ a ~**, de una parte a otra, con una gran distancia entre ambas: *recorrió la región de ~ a ~, pero no encontró nada.*

pol·tro·na |poltróna| ***f.*** Asiento con brazos, ancho y cómodo: *en el porche había varias poltronas de mimbre.*

po·lu·ción |poluθión| **1** ***f.*** *form.* Contaminación del agua, del aire y del medio ambiente: *los residuos industriales son la causa de la ~; la ~ es mayor en invierno.* **2** *Expulsión de *semen, especialmente de manera involuntaria: *durante el sueño pueden producirse poluciones.*

pol·va·re·da |polßaréda| **1** ***f.*** Cantidad de polvo que se levanta de la tierra, agitada por un viento fuerte: *el helicóptero levantó una ~ al aterrizar.* **2** Efecto que provoca una obra o un dicho que altera la opinión pública: *menuda ~ se armó cuando la actriz apareció desnuda en una revista.*

pol·ve·ra |polßéra| **1** ***f.*** Caja de pequeño tamaño que sirve para contener polvos que se ponen en la cara: *en el bolso siempre lleva la ~ y el pintalabios por si tiene que retocar su maquillaje.* **2** Objeto de algodón o pluma con que se suelen aplicar los polvos en la cara: *pasó la ~ varias veces por la nariz.*

pol·vo |pólßo| **1** ***m.*** Conjunto de *partículas que flotan en el aire y caen sobre los objetos: *¿has limpiado ya el ~ del mueble?; toda la casa estaba llena de ~ cuando regresamos de vacaciones.* **2** Conjunto de partes muy pequeñas que resultan de moler una sustancia sólida: *lleva en la mochila un bote de leche en ~; el pastelero ha puesto cacao en ~ sobre la tarta.* **- 3 polvos** ***m. pl.*** Producto que usan las mujeres para pintarse la cara: *ponte unos polvos en la cara, que estás muy pálida;* **polvos de arroz**, el que se saca de esta semilla: *antes las mujeres usaban los polvos de arroz, pero ahora ya no se venden.* ■ **echar un ~**, *vulg.*, realizar el acto sexual: ⇒ **coito.** ■ **estar hecho ~**, *fam.*, tener poca fuerza o ánimo: *estoy hecho ~ desde que me ha dejado mi novia.*

■ **hacer** ~, *fam.*, dejar muy cansado: *estos niños son tan revoltosos, que me hacen ~ cada vez que tengo que cuidarlos.* ■ **hacer** ~, *fam.*, causar daño, generalmente un problema o una preocupación: *la noticia de su muerte ha hecho ~ a Sebastián.* ■ **hacer** ~, *fam.*, romper; estropear: *has hecho ~ el jarrón con el pelotazo que le has dado.* ■ **morder el** ~, morir; ser vencido o derribado: *en aquella discusión, mi jefe mordió el ~.* ■ **sacudir el** ~, *fam.*, golpear; pegar a una persona: *discutimos en la calle y le sacudí el ~.*

pól·vo·ra |pólβora| **1** *f.* Mezcla en forma de granos, generalmente de *nitrato de *potasio, *azufre y carbón, que se enciende a una determinada temperatura y arde desprendiendo una gran cantidad de gases: *la ~ se usa en las armas de fuego y en los fuegos artificiales.* **2** Conjunto de fuegos artificiales que se disparan en una fiesta: *se interrumpirá el baile para dar paso a la ~.* **3** *fig.* Mal carácter de una persona, que se molesta o enfada por cualquier razón: *¡menuda ~ gasta este hombre, no se puede hablar con él!* ■ **haber inventado la** ~, *fam.*, presentar como nueva una cosa que ya era conocida: *nos enseñó su dibujo como si hubiera inventado la ~.*

pol·vo·rien·⌜to, ⌜ta |polβoriénto, ta| *adj.* Que está lleno o cubierto de polvo: *pasó un dedo por los muebles polvorientos del salón; sacudió una alfombra polvorienta.*

pol·vo·rín |polβorín| *m.* Lugar o edificio preparado para guardar pólvora y otras sustancias que explotan: *el ~ del cuartel está vigilado noche y día para evitar accidentes.*

pol·vo·rón |polβorón| *m.* Dulce de forma redonda hecho con harina, *manteca y azúcar, que se deshace al comerlo: *es típico comer polvorones en Navidad; sobre la bandeja hay turrón y polvorones.*

po·ma·da |pomáða| *f.* Mezcla hecha con grasa y otras sustancias, que se emplea como medicina de uso exterior: *esa ~ va muy bien para los dolores de huesos; en invierno uso ~ labial.*

po·me·lo |pomélo| **1** *m.* Fruto comestible amarillo, redondo y de sabor ácido, parecido a la naranja: *tomaré zumo de ~ para desayunar; he comprado naranjas, limones y pomelos.* ⇒ **toronja. 2** Árbol de tronco recto, con la copa redonda y abundante, las hojas ovaladas de color verde oscuro y las flores grandes y blancas, que produce ese fruto: *el ~ puede llegar a medir 10 metros de altura; en el Levante español se cultivan pomelos.*

po·mo |pómo| **1** *m.* Tirador redondo, de madera o metal, que se coloca en puertas y muebles: *puso la mano en el ~ y abrió lentamente la puerta.* ⇒ **picaporte. 2** *form.* Recipiente pequeño de cristal o metal, que sirve para contener y conservar licores, aceites o mezclas olorosas: *el perfume se derramó del ~; guardaba el óleo en un ~ diminuto.* **3** *form.* Extremo de la espada, encima del puño, opuesto a la punta de la hoja: *el caballero descansaba la mano sobre el ~ de su espada.*

pom·pa |pómpa| **1** *f.* Burbuja que forma un líquido por el aire que se le introduce: *el niño hacía pompas de jabón soplando por un tubo.* **2** Conjunto de medios que acompañan un acto importante o una ceremonia: *tras su triunfo, fueron recibidos en el palacio con gran ~.* ⇒ **aparato, parafernalia;** ~ **fúnebre**, acto o ceremonia que se organiza en honor de una persona que ha muerto: *una funeraria organizará las pompas fúnebres.* ☖ Se usa generalmente en plural: *pompas fúnebres.*

pom·po·⌜so, ⌜sa |pompóso, sa| **1** *adj.* Que muestra un lujo y riqueza excesivos; que llama mucho la atención por sus adornos: *la novia llevaba un ~ vestido.* **2** *fig.* (lenguaje, estilo) Que se adorna en exceso con palabras demasiado formales y que no son necesarias: *no le gusta ese ensayista por su estilo ~.* ⇒ **altisonante, ampuloso, grandilocuente.**

pó·mu·lo |pómulo| **1** *m.* Hueso saliente de la cara, situado bajo los ojos y a ambos lados de la nariz: *los pómulos se encuentran bajo las órbitas de los ojos.* **2** Parte de la cara que corresponde a ese hueso: *es un niño de pómulos sonrosados; Mercedes se ha puesto colorete bajo los pómulos.*

pon·che |póntʃe| *m.* Bebida hecha con licor, agua, *limón y azúcar o bien con leche, huevo, frutas y *coñac: *llegó mojado y le preparé un ~.*

pon·cho |póntʃo| *m.* Prenda de vestir de abrigo, de lana o paño, que consiste en una manta con una abertura en el centro para meter la cabeza, y que cubre desde los hombros hasta más abajo de la cintura: *me encantan los ponchos peruanos por sus colores vivos.*

pon·de·rar |ponderár| **1** *tr.* [algo] Considerar o examinar con cuidado un asunto: *antes de tomar una decisión, el banco deberá ~ todos los aspectos financieros.* **2** [algo, a alguien] Alabar de forma exagerada las buenas cualidades de una persona o cosa: *el galán ponderó la belleza y la bondad de su dama.*

po·nen·cia |ponénθia| *f.* Informe o relación sobre un tema concreto que se somete al *examen de un conjunto de personas reunidas: *en los congresos suele haber ponencias, mesas redondas y comunicaciones.*

po·nen·te |ponénte| **1** *adj.-com.* (persona) Que hace relación o propone la solución de un asunto en una *asamblea o en un reunión: *en el congreso de nuestro partido político seré yo el ponente de asuntos económicos.* **- 2** *com.* Autor de una *ponencia: *los organizadores del congreso regalaron varios libros a los ponentes.*

po·ner |ponér| **1** *tr.* [algo] Colocar en un lugar: *pondremos el cuadro en la pared de la izquierda; pon un poco de mantequilla en la tostada.* ⇔ **quitar. - 2** *tr.-prnl.* Colocar o ajustar en el cuerpo de una persona: *Isabel se ha puesto el vestido nuevo; ponte los zapatos.* ⇔ **quitar. 3** [a alguien] Dedicar a un empleo o profesión: *han puesto a Miguel de repartidor con un camión; como no encontraban un trabajo mejor, se pusieron como cajeras en un supermercado.* **- 4** *tr.* [algo] Disponer o preparar una cosa con un fin determinado: *puse el despertador a las siete; ¿cómo vamos a comer si no has puesto la mesa?* **5** Hacer uso de una cualidad o de una habilidad con un fin determinado: *puso todos sus esfuerzos para que el negocio saliera adelante.* **6** Empezar a mostrar; *adoptar: *el jefe puso mala cara cuando se lo dije.* **7** Hacer que funcione un aparato eléctrico: *pon la tele a ver qué hay; no pongas la radio muy alta, que la gente está durmiendo todavía.* **8** Establecer, montar u organizar: *han puesto una tienda de ordenadores en el barrio.* **9** Suponer o imaginar; pensar como posibilidad: *pongamos que el experimento resulta un fracaso, ¿qué harías?* **10** Escribir en un lugar: *no entiendo tu letra: ¿qué has puesto aquí?; el profesor puso en la pizarra una fórmula para resumir lo dicho.* **11** *fam.* Representar una obra o película: *esta noche no ponen nada interesante en la televisión.* **12** Exponer a la acción de un *agente: *pondremos la ropa al sol para que se seque pronto.* **13** Dejar en manos de otra persona: *he puesto el asunto en tus manos porque confío en ti.* **14** [a algo/alguien] Dar un nombre o *apodo: *cuando bautizaron a la niña, le pusieron Laura; le han puesto* El Pitufo *porque siempre va vestido de azul.* **- 15 *tr.-unipers.*** [algo] Decir o expresar: *¿puede ~ un ejemplo para que lo entendamos mejor?; la carta pone que hemos de estar allí a las diez de la mañana; ¿has leído lo que pone la pintada de la pared?; ¿qué pone ahí?* **- 16 *tr.-intr.*** Soltar un huevo las aves: *mi abuela tiene unas gallinas que ponen muchos huevos.* **- 17 *tr.*** [a alguien; por algo] Usar para un fin: *pongo a Juan por testigo de que lo que digo es cierto.* ☐ Se usa con nombres que indican el fin que se persigue. **18** [a alguien; de algo] Tratar de una manera determinada: *lo puso de ladrón y de mentiroso.* **- 19 ponerse *prnl.*** [con algo] Dedicarse a una cosa: *se puso con los libros nada más llegar a casa.* **20** [a algo] Comenzar a hacer: *se puso a leer la novela en cuanto llegó a su casa; me pondré a lavar los platos ahora mismo.* ☐ Se usa con el infinitivo del verbo que indica la acción. El participio es *puesto.* Se conjuga como 78.

po·ney |póni| ***m.*** ⇒ **poni.** ☐ La Real Academia Española prefiere la forma *poni.*

po·ni |póni| ***m.*** Caballo que pertenece a una raza que se distingue por su pequeño tamaño y su pelo largo: *los niños quisieron dar un paseo en ~.* ⇒ **poney.**

po·nien·te |poniénte| **1** ***m.*** Punto del horizonte situado donde se oculta el Sol: *salieron de viaje en dirección al ~.* ⇒ **occidente, oeste. 2** Viento que viene de ese punto: *hoy sopla fuerte el ~.*

pon·te·ve·⌈drés, ⌈dre·sa |ponteβeðrés, ðrésa| **1** ***adj.*** De Pontevedra o que tiene relación con Pontevedra: *la costa pontevedresa es muy bella.* **- 2 *m. f.*** Persona nacida en Pontevedra o que vive habitualmente en Pontevedra: *los pontevedreses son gallegos.*

pon·ti·fi·cal |pontifikál| ***adj.*** Del Papa o que tiene relación con él: *la silla ~ no puede quedar vacía durante mucho tiempo.*

pon·tí·fi·ce |pontífiθe| ***m.*** Sacerdote cristiano de grado más *elevado que gobierna una *diócesis: *los obispos y arzobispos son pontífices de la Iglesia católica; al Papa también lo llaman Sumo Pontífice o Pontífice Máximo.* ⇒ **papa.**

pon·ti·fi·⌈cio, ⌈cia |pontifíθio, θia| ***adj.*** REL. Del *pontífice o que tiene relación con él: *para pedir audiencia con el Papa, hay que hablar con el secretario ~.*

pon·tón |pontón| **1** ***m.*** Puente de madera: *atravesaron el estanque por el ~.* **2** Barco con su parte anterior de forma redonda, que se usa para pasar ríos, construir puentes y limpiar el fondo de los *puertos con ayuda de máquinas: *llevaron un ~ al río para limpiar el fondo.* **3** Barco viejo que, sujeto a un muelle, sirve de *almacén, hospital o cárcel: *fue al ~ para curarse las heridas.*

pon·zo·ña |ponθóɲa| **1** ***f.*** Sustancia que causa la muerte de un ser vivo cuando entra en su cuerpo: *el escorpión clavó el aguijón, inyectando su ~.* ⇒ **veneno. 2** *fig.* Doctrina que causa daño moral: *muchos pensaban que aquellas ideas eran una ~ que estaba envenenando las mentes.*

pop |póᵖ| ***adj.-m.*** (música) Que es popular y deriva del *rock: *el cantante confesó que está muy influido por el ~ inglés.*

po·pa |pópa| ***f.*** Parte posterior de una embarcación: *el camarote del capitán estaba en la ~; se lanzó al agua por la ~.* ⇔ **proa.**

po·pu·la·che·⌈ro, ⌈ra |populatʃéro, ra| **1** ***adj.*** *desp.* Del *populacho o que tiene relación con él: *él dice que es un señor educado, pero sus costumbres populacheras lo delatan.* **2** Que gusta al *populacho: *fue un discurso ~; es un periódico ~.*

po·pu·la·cho |populátʃo| ***m.*** *desp.* Conjunto de personas del nivel social y cultural más bajo: *le daba miedo hablar al ~.* ⇒ **chusma, plebe.**

po·pu·lar |populár| **1** ***adj.*** Del pueblo o que tiene relación con él: *el folclore ~ español es muy rico y variado.* **2** Que pertenece a las clases más bajas de la sociedad: *vivía en un barrio ~ a las afueras de la ciudad.* **3** Que tiene aceptación y fama entre la gente: *cenaron en un restaurante muy ~ de la capital.* ⇒ **famoso. 4** Que tiene a favor muchos amigos o personas: *era la chica más ~ del colegio y la eligieron reina de fin de curso.* **5** Que forma parte de la tradición de un pueblo: *el villancico es una canción ~ de Navidad.* ⇒ **tradicional. 6** Que está al alcance de las personas de escasa formación cultural: *mientras que la ópera es un género culto, la zarzuela es ~.* ⇔ **culto. 7** Que es *barato y está al alcance de las personas con menos medios económicos: *las casas de libros lanzan ahora ediciones populares de las mejores obras literarias.*

po·pu·la·ri·dad |populariðáᵈ| ***f.*** Aceptación y fama que tiene una persona o una cosa entre la gente: *es un restaurante con una gran ~; el actor jamás imaginó que su papel alcanzaría tanta ~.* ⇒ **fama.**

po·pu·la·ri·zar |populariθár| **1** ***tr.-prnl.*** [algo, a alguien] Extender la fama de una persona o cosa entre la gente: *su última película lo está popularizando mucho.* **2** [algo] Dar carácter popular: *con este trabajo quieren ~ la ópera.* ☐ Se conjuga como 4.

po·pu·lis·mo |populísmo| **1** ***m.*** POL. Doctrina

política que defiende los intereses del pueblo: *este político se considera partidario del ~; el ~ aspira a mejorar las condiciones de las clases populares.* **2** Modo de obrar en política que busca agradar al pueblo: *esas palabras demuestran su ~.*

po·pu·lis·ta |populísta| ***adj.*** Del pueblo o que tiene relación con él: *Arniches escribió obras de inspiración ~.*

po·pu·lo·⌜so, ⌜sa |populóso, sa| ***adj.*** (lugar) Donde hay mucha gente habitualmente: *Madrid es una ciudad populosa; esa es una de las plazas más populosas de la capital.*

po·pu·rrí |popur̄í| **1** ***m.*** MÚS. Composición musical formada por partes de obras diferentes: *los músicos hicieron un ~ de rancheras mejicanas.* **2** *fig.* Mezcla extraña y *confusa de cosas diferentes: *su casa está decorada con un ~ de estilos y colores.*

pó·quer |póker| ***m.*** Juego de cartas que consiste en combinar de diversas formas cartas del mismo valor o del mismo color: *en el ~ se apuestan grandes cantidades de dinero.*

por |por| **1** ***prep.*** Indica el lugar por donde se pasa: *para llegar a mi oficina tienes que pasar ~ la calle José Abascal; fuimos ~ una carretera comarcal, no ~ la autopista; entre usted ~ la puerta de la derecha.* **2** Indica lugar de manera aproximada: *la cafetería de la que te han hablado está ~ las Ramblas; ¿hay una farmacia ~ aquí cerca?* **3** Indica una parte o lugar concreto: *agarró al niño ~ una oreja y lo echó a la calle; sujeta la cacerola ~ el asa.* **4** Indica tiempo: *iré a verte ~ Navidades.* **5** Indica causa o razón: *está en la cama ~ una gripe; suspendieron el concierto ~ la lluvia; lo hice todo ~ ti; gracias ~ su visita.* **6** Indica medio o instrumento a través del cual se hace una cosa: *anoche hablé con mi padre ~ teléfono; le mandaron el pedido ~ correo.* **7** Indica el modo en que se hace una cosa: *la policía entró en el local ~ la fuerza.* **8** Indica finalidad: *ha venido solamente ~ hablar contigo.* ⇒ **para.** **9** Indica precio: *he comprado el mechero ~ cien pesetas.* **10** Indica proporción: *cada uno recibirá el diez ~ ciento de los beneficios.* **11** Indica multiplicación de cantidades: *cuatro ~ diez son 40.* **12** Indica el autor de una acción o de una cosa: *el cuadro fue pintado ~ Picasso.* **13** Indica que una cantidad se reparte con igualdad: *tocamos a diez ~ persona y día.* **14** Indica favor o defensa: *haría cualquier cosa ~ su hijo; el poema es un canto ~ la paz.* **15** Indica sustitución: *no os preocupéis, iré yo ~ Jaime.* **16** En cuanto a; con relación a: *~ nuestra parte no hay ningún problema.* **17** Indica juicio u opinión: *en el barrio tienen a Alejandro ~ buena persona; dieron ~ apto al recluta.* **18** Indica calidad o condición: *Francisco tomó a Isabel ~ esposa; siempre lo ha tenido ~ tonto.* **19** Con la intención de buscar o recoger: *voy ~ la niña al colegio; fueron ~ un poco de azúcar, pero ahora vuelven.* ⌂ Se usa con verbos de movimiento. La Real Academia Española considera incorrecto el uso de *a por* con este valor: *voy a por pan.* Sin embargo, se usa frecuentemente. **20** Indica que una acción todavía no está hecha: *son las doce y las camas están ~ hacer; todavía quedan ~ llegar unos paquetes.* ⌂ La acción que no está hecha se pone en infinitivo. **21** Indica la razón que se opone a la ejecución de una acción, aunque no evita su cumplimiento: *~ mucho que te quejes, no te harán ningún caso; no verás bien el escenario ~ cerca que te pongas.* ⌂ Se construye con un adjetivo o adverbio y con la conjunción *que*, o acompañado de *no*: *no ~ preocuparse uno mucho se solucionan los problemas.* **22** Indica falta de utilidad: *no hagas caso a Leticia, habla ~ hablar; Mario fuma ~ fumar.* ⌂ Se construye *precedida de un verbo y seguida de ese mismo verbo en infinitivo. - **23** ***m.*** Signo que indica multiplicación de cantidades (×): *lo que hay entre los dos números parece un ~.* ■ **~ qué,** indica causa o razón: *¿~ qué te has enfadado tanto?; ¿~ qué estudias español?*

por·ce·la·na |porθelána| **1** ***f.*** Barro fino, *cocido y *barnizado, que se usa para hacer objetos de adorno: *sobre el mueble hay varios jarrones de ~.* ⇒ **china, loza.** **2** Objeto con mucho brillo hecho con ese tipo de barro: *tiene una magnífica colección de porcelanas antiguas.*

por·cen·ta·je |porθentáxe| ***m.*** Cantidad que representa una parte de un total de cien: *ingresó su dinero en un banco y recibía unos beneficios con un ~ muy alto.* ⇒ **tanto.**

por·che |pórtʃe| ***m.*** Espacio exterior cubierto que hay a la entrada de algunos edificios: *sus padres estaban esperando en el ~.* ⇒ **atrio.**

por·ci·⌜no, ⌜na |porθíno, na| ***adj.*** Del cerdo o que tiene relación con él: *la cría de ganado ~ es una de las fuentes de riqueza de Extremadura.*

por·ción |porθi̯ón| **1** ***f.*** Cantidad separada de otra mayor o de una cosa que se puede dividir: *sírvete una ~ de queso y otra de membrillo.* ⇒ **trozo.** **2** Parte que corresponde a cada persona al repartir una cosa: *¿qué ~ de la herencia te ha tocado?* **3** Número grande y no determinado de personas o cosas: *una ~ de la población está descontenta.*

por·dio·se·⌜ro, ⌜ra |porði̯oséro, ra| ***m. f.*** Persona muy pobre, que no tiene las cosas necesarias para vivir y habitualmente pide dinero y alimentos: *en el convento daban de comer a los pordioseros de la ciudad.* ⇒ **mendigo.**

por·fiar |porfi̯ár| **1** ***intr.*** Mantenerse excesivamente firme en una opinión cuando se discute: *deja de ~, que esta vez no llevas razón.* **2** Pedir una cosa de forma repetida, insistiendo hasta molestar: *yo siempre le digo que no, pero él no deja de ~.* **3** Continuar; insistir en una acción para lograr una cosa difícil o que se resiste: *la reja no cedía, pero él porfiaba en su intento de derribarla.* ⌂ Se conjuga como 13.

por·me·nor |pormenór| **1** ***m.*** Detalle o circunstancia particular de un asunto: *después de cenar nos contó los pormenores de su viaje.* ⌂ Se usa frecuentemente en plural. **2** Detalle poco importante: *no nos interesa el ~ de este trabajo, sino su resultado.*

por·no·gra·fí·a |pornoɣrafía| **1** ***f.*** Carácter de las obras literarias o *artísticas que presentan o describen actos sexuales con *realismo o dureza: *los críticos discutían si aquellas escenas tenían erotismo o ~.* ⇒ **erotismo.** **2** Conjunto de obras de ese carácter: *la ~ se ha convertido en un negocio.* **3** Obra literaria o artística de ese carácter: *él dice que es su obra de arte, los demás piensan que es ~.*

por·no·grá·fi·˹co, ˹ca |pornoγráfiko, ka| ***adj.*** Que presenta o describe actos sexuales con *realismo o dureza: *de madrugada ponen películas pornográficas en televisión; el juez ordenó el cierre de un local ~.* ⇒ **erótico.**

po·ro |póro| **1** ***m.*** Agujero muy pequeño, que no se puede ver a simple vista, que hay en la superficie de los animales y vegetales, especialmente el que permite la salida del sudor en la piel de los mamíferos: *la piel expulsa las toxinas por los poros; el vapor de agua abre los poros.* **2** Agujero entre las moléculas que forman un cuerpo: *el agua penetra por los poros de la esponja.*

po·ro·˹so, ˹sa |poróso, sa| ***adj.*** Que tiene *poros: *compró un rodillo ~ para pintar las paredes de su casa.*

por·que |porke| ***conj.*** Indica causa o razón: *me quedo en casa ~ tengo trabajo.* ⇒ **por.** ☖ No se debe confundir con *porqué* ni con *por qué.*

por·qué |porké| ***m.*** Causa o razón: *te diré el ~ del asunto.* ☖ El plural es *porqués.* No se debe confundir con *porque* ni con *por qué.*

por·que·rí·a |porkería| **1** ***f.*** *fam.* Suciedad o basura: *lávate porque tienes ~ en las orejas; la calle estaba llena de ~.* ⇒ **cochambre. 2** *fam.* Acción sucia, que va contra la moral, especialmente en relación con el sexo: *dicen de él que le gustan las porquerías.* ⇒ **guarrada, guarrería. 3** *fam.* Cosa sucia o que mancha: *niño, ¿dónde has cogido esa ~?* ⇒ **cochambre, guarrería. 4** *fam.* Alimento ligero, normalmente de sabor agradable, que se come sin necesidad: *el niño ha estado comiendo porquerías y ahora le duele el estómago.* ⇒ **chuchería, golosina. 5** *fam.* Conjunto de cosas viejas, sucias o rotas: *su casa es una ~; a ver si tiras todas las porquerías que tienes guardadas en el armario.*

por·que·ri·za |porkeríθa| ***f.*** Lugar cubierto en el que se encierra a los cerdos: *el granjero se dirigió a la ~ a dar de comer a los cerdos.* ⇒ **pocilga.**

por·que·ri·˹zo, ˹za |porkeríθo, θa| ***m. f.*** Persona que se dedica a cuidar cerdos: *el dueño de la finca llamó al ~.*

po·rra |póřa| **1** ***f.*** Palo con una bola o cabeza *abultada en uno de sus extremos: *iba vestido con una piel de oso y llevaba una ~ en la mano.* ⇒ **cachiporra. 2** Objeto en forma de cilindro alargado, como un palo, que usa la policía como arma: *los policías sacaron la ~ para repeler el ataque de los manifestantes.* **3** Masa de harina de forma alargada, más grande que el *churro, que se fríe en aceite: *de madrugada, fueron a desayunar un café con porras.* ⇒ **churro. - 4 ¡porras! *interj.*** *fam.* Indica enfado, disgusto o asco: *¡porras!, ¡qué frío hace!* ■ **mandar a la ~,** *fam.*, rechazar a una persona con enfado y disgusto: *quise ayudarle, pero me mandó a la ~.* ■ **¡una ~!,** *fam.*, expresión que indica negación y rechazo: *le pedí que me acompañara pero me dijo: -¡Una ~! Vas tú solo.* ■ **¡vete a la ~!,** *fam.*, expresión que sirve para rechazar a una persona con enfado y disgusto: *¡anda, imbécil, vete a la ~ y déjame en paz!*

po·rra·zo |pořáθo| **1** ***m.*** Golpe dado con una *porra: *uno de los personajes de la película esperaba escondido para darle un ~ a otro.* **2** *p. ext.* Golpe dado con un objeto o instrumento: *la niña cogió un libro y le dio un ~ con él a su compañero.* ⇒ **cacharrazo. 3** *fig.* Golpe que se recibe por una caída o por chocar contra un cuerpo duro: *se cayó en la bañera y se dio un fuerte ~.* ⇒ **cacharrazo.**

po·rro |póřo| ***m.*** *fam.* Cigarro hecho a mano que contiene droga mezclada con tabaco: *durante la fiesta se fumaron unos porros de hachís.* ⇒ **canuto.**

po·rrón |pořón| ***m.*** Recipiente de cristal, con la base ancha y el cuello estrecho, que tiene un tubo largo en forma de cono y que sirve para beber a *chorro: *si no inclinas el ~, el vino no sale; no sabe beber en ~.*

por·ta·a·vio·nes |portaªβiónes| ***m.*** Barco de guerra con una cubierta dispuesta para que en ella puedan despegar y tomar tierra aviones: *el ~ es uno de los buques de guerra más poderosos.* ⇒ **portaviones.** ☖ El plural es *portaaviones.*

por·ta·da |portáða| **1** ***f.*** Primera página de un periódico o de un conjunto de hojas: *la noticia apareció en la ~ de todos los periódicos; pongan su nombre en la ~ del cuaderno.* **2** Cubierta delantera de un libro en la que aparece el título y el autor: *no recuerdo el título de la novela, pero en la ~ tenía dibujado un barco.* ⇒ **carátula. 3** Adorno que se coloca alrededor de una puerta en la fachada de un edificio: *habrás visto esa ~ barroca miles de veces en las postales y fotografías.* **4** Frente o cara principal: *vivo enfrente de la ~ de la iglesia de mi pueblo.*

por·ta·˹dor, ˹do·ra |portaðór, ðóra| **1** ***adj.-s.*** Que lleva o trae una cosa de un lugar a otro: *el ~ de la carta se presentó ante el rey; aquel hombre era el ~ de un terrible secreto; allí viene la portadora de buenas noticias.* **2** Que lleva en su cuerpo las bacterias

PORRÓN

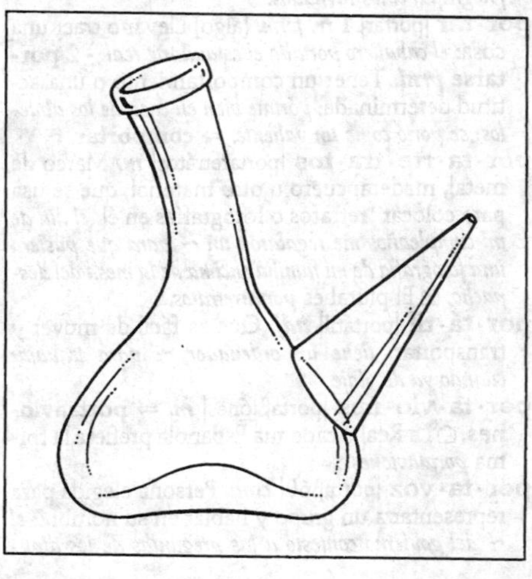

o virus que causan una enfermedad y los puede comunicar: *la mujer no padece la hemofilia, pero es portadora.* **3** Persona que tiene en su poder un documento público o un valor comercial que le da ciertos derechos: *el ~ del presente documento no está obligado a pagar peaje en la aduana.* ■ **al ~**, emitido a favor de la persona que lo tiene en su poder: *me firmó un cheque al ~; el banco emitió una serie de títulos hipotecarios al ~.*

por·ta·e·qui·pa·jes |portaekipáxes| **1** *m.* Espacio cerrado de un automóvil que se usa para guardar maletas y otros objetos: *mete la caja de herramientas en el ~.* ⇒ **maletero. 2** Estructura, generalmente metálica, que se coloca sobre el techo de un automóvil para llevar maletas y bultos: *el conductor colocó la maleta en el ~ y la ató con una cuerda.* ⇒ **baca.** ☖ El plural es *portaequipajes.*

por·ta·fo·lio |portafólio| *m.* *Maletín rectangular y plano, que se usa para guardar y llevar papeles: *el notario sacó el testamento de un ~ y se lo dio al anciano.* ☖ Se usa también el plural *portafolios.*

por·tal |portál| **1** *m.* Parte de una casa o de un edificio donde se encuentra la puerta principal: *en el ~ se encuentra la escalera y el ascensor del edificio.* ⇒ **entrada. 2** Espacio exterior cubierto, construido junto a un edificio, con una estructura sujeta por columnas, que generalmente rodea una plaza o recorre una calle: *la plaza Mayor está rodeada de portales donde los comerciantes ponen sus puestos.* ⇒ **soportal.** ■ **~ de Belén**, representación del *establo donde nació Jesucristo: *en el ~ de Belén estaban la Virgen, San José, la mula, el buey y el niño Jesús.*

por·ta·lám·pa·ras |portalámparas| *m.* Pieza metálica donde se coloca una *bombilla para que reciba electricidad: *enrosque la bombilla en el ~ situado en el techo.* ⇒ **casquillo.** ☖ El plural es *portalámparas.*

por·ta·lón |portalón| *m.* Puerta grande que cierra un espacio descubierto que rodea una casa: *los periodistas se reunieron al otro lado del ~ tratando de fotografiar a los invitados.*

por·tar |portár| **1** *tr. form.* [algo] Llevar o traer una cosa: *el caballero portaba el estandarte real.* **- 2 portarse** *prnl.* Tener un comportamiento o una actitud determinada: *pórtate bien en casa de los abuelos; se portó como un valiente.* ⇒ **comportar.**

por·ta·rre·tra·tos |portar̄etrátos| *m.* Marco de metal, madera, cuero u otro material, que se usa para colocar *retratos o fotografías en él: *el día de mi cumpleaños me regalaron un ~ para que pusiera una fotografía de mi familia encima de la mesa del despacho.* ☖ El plural es *portarretratos.*

por·tá·til |portátil| *adj.* Que es fácil de mover y transportar: *tiene un ordenador ~ para trabajar cuando va de viaje.*

por·ta·vio·nes |portaβiónes| *m.* ⇒ **portaaviones.** ☖ La Real Academia Española prefiere la forma *portaaviones.*

por·ta·voz |portaβóθ| *com.* Persona elegida para representar a un grupo y hablar en su nombre: *el ~ del gobierno contestó a las preguntas de los diputados; como era el más conocido, lo eligieron ~ de los trabajadores.*

por·ta·zo |portáθo| **1** *m.* Golpe fuerte que da la puerta: *hacía mucho viento y las puertas de la casa comenzaron a dar portazos.* **2** Golpe fuerte que se da al cerrar la puerta para molestar y disgustar a una persona: *después de la pelea, ella se marchó dando un ~.*

por·te |pórte| **1** *m.* Acción y resultado de portar: *el camión hace portes diarios a Madrid.* **2** Cantidad que se paga por llevar una mercancía de un lugar a otro: *la empresa paga los portes.* **3** *form.* Aspecto, generalmente elegante, que presenta una persona por sus gestos, su modo de vestir, su educación o su comportamiento: *ella tenía un ~ distinguido.*

por·ten·to |porténto| **1** *m.* Cosa o hecho extraordinario que produce admiración: *muchas creaciones de la naturaleza son portentos.* ⇒ **maravilla, prodigio. 2** *fig.* Persona que sobresale por una cualidad extraordinaria: *Juan es un ~ de la fotografía; esta niña es un ~.* ⇒ **maravilla, prodigio.**

por·ten·to·⌜so, ⌜sa |portentóso, sa| *adj.* Que es extraño y singular y produce admiración: *Hércules hizo gala de una fuerza portentosa.*

por·te·rí·a |portería| **1** *f.* Parte de un edificio desde la que una persona vigila la salida y entrada de otras: *cuando salí, dejé la llave en la ~; el portero de mi casa vive en la ~.* **2** DEP. Armazón formado por tres palos, dos verticales y uno horizontal que los une, con una red al fondo, que debe *traspasar la pelota para conseguir un *gol en ciertos deportes: *el portero debe evitar que el balón entre en la ~.* ⇒ **meta.**

por·te·⌜ro, ⌜ra |portéro, ra| **1** *m. f.* Persona que se dedica a vigilar la entrada de un edificio y a realizar en él trabajos de cuidado y mantenimiento: *he dejado al ~ un paquete para ti; el ~ se encarga de mantener las calderas de la calefacción en buen estado.* ⇒ **conserje**; **~ automático**, mecanismo que sirve para abrir la puerta de un edificio desde las viviendas: *utilizó el ~ automático para abrirle la puerta a su prima.* **2** DEP. Jugador que se coloca en la meta para evitar que entre la pelota: *parecía imposible que el ~ parara ese balón.* ⇒ **arquero.**

pór·ti·co |pórtiko| *m.* Espacio exterior cubierto, con una estructura sujeta por columnas, generalmente junto a un edificio: *la casa era de las mejores de la ciudad, con un ~ que tenía columnas y escalones; en los pórticos de la plaza colocaban los cafés sus mesitas.*

por·to·rri·que·⌜ño, ⌜ña |portor̄ikéɲo, ɲa| **1** *adj.* De Puerto Rico o que tiene relación con Puerto Rico: *las playas portorriqueñas son maravillosas.* ⇒ **puertorriqueño. - 2** *m. f.* Persona nacida en Puerto Rico o que vive habitualmente en Puerto Rico: *los portorriqueños hablan español.* ⇒ **puertorriqueño.** ☖ La Real Academia Española prefiere la forma *puertorriqueño.*

por·tua·⌜rio, ⌜ria |portuário, ria| *adj.* Del *puerto de mar o que tiene relación con él: *el tráfico ~ aumentó durante la primavera.*

por·tu·⌜gués, ⌜gue·sa |portuɣés, ɣésa| **1** ***adj.*** De Portugal o que tiene relación con Portugal: *el ejecutivo ~ se reunirá con el español en Lisboa.* **- 2** ***m. f.*** Persona nacida en Portugal o que vive habitualmente en Portugal: *durante las vacaciones, hicimos amistad con unos portugueses.* **- 3 portugués** ***m.*** Lengua de Portugal, Brasil y de otros países: *el ~ es una lengua románica; el ~ se habla también en Angola.*

por·tu·gue·sis·mo |portuɣesísmo| ***m.*** Palabra o modo de expresión propio de la lengua *portuguesa que se usa en otro idioma: *la palabra* chubasco *es un ~ en español.*

por·ve·nir |porβenír| ***m.*** Hecho o tiempo futuro: *este cantante tiene un brillante ~; no sabemos qué nos deparará el ~; una mujer me leyó el ~ en la palma de la mano.* ☐ No se usa en plural.

po·sa·da |posáða| ***f.*** Establecimiento situado en un camino que acoge a los viajeros: *la diligencia hizo parada en una ~.* ⇒ **mesón, venta.**

po·sa·de·ras |posaðéras| ***f. pl.*** *fam.* Partes carnosas y redondeadas que están situadas donde acaba la espalda: *como no te portes bien te voy a dar en las ~.* ⇒ **culo, nalga.**

po·sa·de·⌜ro, ⌜ra |posaðéro, ra| ***m. f.*** Persona que tiene una *posada: *los mosqueteros llamaron al ~ para que les preparara la cena y las habitaciones.*

po·sar |posár| **1** ***intr.*** Colocarse en una posición determinada ante un *pintor o una cámara fotográfica: *la modelo posaba para el artista; hemos posado para un reportaje.* **- 2** ***tr.*** [algo] Poner suavemente: *la niña posó su mano en la de su padre; posé la cabeza en su hombro.* **3** Soltar una carga para descansar: *posó las bolsas de la compra en el rellano y respiró fuerte.* **- 4 posarse** ***prnl.*** Detenerse en un lugar las aves, los insectos o los aviones, después de un vuelo: *el búho se posó en una rama; la abeja se posó en la flor; el helicóptero se posó en la pista.* ⇒ **asentar. 5** Caer en el fondo de un líquido la materia sólida que está flotando en él: *eché azúcar en el café y en lugar de disolverse, se posó en el fondo de la taza.* ⇒ **depositar. 6** Caer el polvo sobre las cosas o en el suelo: *el polvo de la calle entraba por las ventanas, posándose en los muebles y formando una fina capa.* ⇒ **depositar.** ■ **~ la vista/los ojos**, mirar u observar: *de pronto, posó la vista en uno de los muchachos; posó sus enormes ojos en los míos.*

po·sa·va·sos |posaβásos| ***m.*** Objeto plano que se pone debajo de los vasos para proteger las mesas: *un amigo mío hace colección de posavasos de cartón; le han regalado unos ~ de madera.* ☐ El plural es *posavasos.*

pos·da·ta |posðáta| ***f.*** Frase o mensaje que se añade al final de una carta ya firmada: *la ~ decía: «no te olvides de mandarme tu número de teléfono».* ⇒ **postdata.**

po·se |póse| **1** ***f.*** Situación o actitud fingida en la que se coloca una persona, especialmente la que va a ser fotografiada: *el fotógrafo pidió a la modelo que adoptara una ~ interesante.* ⇒ **postura. 2** Actitud fingida o exagerada que intenta producir un efecto determinado: *cuando quiere pedir un favor, adopta una ~ de niño bueno.*

po·se·er |posᵉér| **1** ***tr.*** [algo] Tener o ser dueño: *Carlos posee una villa junto al mar.* **2** Tener; disponer de una cosa o contar con ella: *el joven poseía una fuerza descomunal; posee una inteligencia brillante; Valencia posee las instalaciones adecuadas para nuestro proyecto.* **- 3 poseerse** ***prnl.*** Dominarse; contener, frenar o sujetar los ánimos: *estaba tan enfadado, que no podía poseerse.* ☐ Se conjuga como 61.

po·se·í·⌜do, ⌜da |poseíðo, ða| **1** ***adj.-s.*** (persona) Que está dominado por un estado de ánimo: *el pobre hombre estaba ~ por los celos y quería matar a su mujer.* **2** (persona) Que está dominado por un espíritu: *dijeron que la niña estaba poseída por el demonio.* ⇒ **poseso.**

po·se·sión |posesión| **1** ***f.*** Acción de poseer, tener o ser dueño: *lo único que le preocupaba era la ~ de un coche descapotable.* **2** Cosa que se posee: *aquel anillo era una ~ valiosa para ella.* **3** Acción de *apoderarse un espíritu del espíritu de una persona: *dijeron que aquello era una ~ del demonio.* **4** Terreno rústico: *su familia tenía algunas posesiones en Álava.* ☐ Se usa frecuentemente en plural. ■ **estar en ~ de**, poseer; tener; ser dueño: *Carmen estaba en ~ de la verdad.* ■ **tomar ~ de**, *form.*, ocupar un cargo de forma oficial: *el presidente tomó ~ de su cargo ante el rey.*

po·se·si·⌜vo, ⌜va |posesíβo, βa| **1** ***adj.*** (persona) Que domina la voluntad de los demás: *su madre era muy posesiva y no le gustaba que su hijo saliera con chicas.* **- 2** ***adj.-m.*** LING. Que expresa *posesión, *pertenencia u otras ideas en relación con una de las personas del discurso: *las palabras* mi, tu, su, mío, tuyo *y* suyo *son posesivos.* ☐ En español, hay adjetivos y pronombres posesivos.

po·se·⌜so, ⌜sa |poséso, sa| ***adj.-s.*** (persona) Que está dominado por un espíritu: *Jesucristo curó a muchos posesos.* ⇒ **poseído.**

pos·gue·rra |posɣéřa| ***f.*** Tiempo que sigue a una guerra, durante el cual se sufren sus *consecuencias: *la ~ siempre es una época de hambre, dificultades y dolor.*

po·si·bi·li·dad |posiβiliðáᵈ| **1** ***f.*** Cualidad de posible: *la ~ de una nueva epidemia tenía atemorizada a la población.* ⇔ **imposibilidad. 2** Cosa que es posible: *tenemos dos posibilidades: salir al cine o quedarnos en casa viendo la tele.* **3** Capacidad para hacer o no hacer una cosa: *tú tienes la ~ de viajar al extranjero.* **- 4 posibilidades** ***f. pl.*** Medios de los que se dispone para hacer una cosa, especialmente bienes o riqueza: *carecen de posibilidades, no podrán hacerlo.* ⇒ **posible.**

po·si·bi·li·tar |posiβilitár| ***tr.*** [algo] Hacer posible: *la nueva ley posibilitó la entrada de capital extranjero.* ⇒ **facilitar.**

po·si·ble |posíβle| **1** ***adj.*** Que puede ser, existir u ocurrir; que se puede realizar o lograr: *es ~ que venga hoy; si es ~ hacerlo en menos tiempo, mejor.* ⇔ **imposible. - 2 posibles** ***m. pl.*** Medios de los que se dispone para hacer una cosa: *en este mo-*

mento no contamos con posibles para efectuar los cambios. ⇒ **posibilidad.** **3** Bienes o riqueza que posee una persona: *es un hombre de posibles y vive desahogadamente.* ■ **¿es ~?/¿cómo es ~?**, indica sorpresa y admiración ante un hecho raro o extraño: *¿sabes que Luisa se ha roto una pierna? —¿Es ~?* ■ **hacer todo lo ~**, poner todos los medios necesarios para conseguir un fin determinado: *el médico hizo todo lo ~ por el niño enfermo.*

po·si·ción |posiθión| **1** *f.* Manera de estar o colocarse: *no pongas el tarro en ~ horizontal, que se caerá la miel; procura poner la espalda en ~ recta.* ⇒ **postura.** **2** Manera de pensar o de obrar: *este político ha mantenido una ~ muy radical en el asunto.* ⇒ **postura.** **3** Lugar en una serie, una lista o un conjunto: *esta canción ha ocupado la tercera ~ en la lista de ventas.* ⇒ **puesto.** **4** Condición social o económica de una persona: *Berta es una señora que goza de una buena ~ social.* **5** Punto situado en un lugar adecuado para realizar ciertas operaciones militares: *el ejército tomó posiciones en la zona del enemigo.*

po·si·ti·vis·mo |positiβísmo| **1** *m.* FIL. Doctrina filosófica y científica que considera que el único medio de conocimiento pasa por la experiencia *sensible y la *inducción: *Comte fue el primero que empleó el término ~.* **2** Gusto excesivo por las comodidades y los placeres materiales: *siempre ha hecho gala de un gran ~.*

po·si·ti·vis·ta |positiβísta| **1** *adj.* Que muestra gusto excesivo por las comodidades y los placeres materiales: *siempre he tenido una actitud ~.* **- 2** *adj.-com.* FIL. (persona) Que sigue la doctrina del *positivismo: *muchos científicos del siglo XIX eran positivistas.*

po·si·ti·⌜vo, ⌜va |positíβo, βa| **1** *adj.* Que indica existencia; que indica o expresa afirmación: *me gustaría que la respuesta a mi pregunta fuera positiva.* ⇒ **afirmativo.** ⇔ **negativo.** **2** Que es útil, bueno o favorable: *todos los consejos que recibió fueron muy positivos para él.* **3** (*análisis, experimento) Que presenta las muestras buscadas: *el análisis de sangre ha dado un resultado ~.* ⇔ **negativo.** **4** Que tiende a ver y juzgar las cosas en su aspecto mejor o más agradable: *Sandra es una persona positiva, da gusto tratar con ella.* ⇔ **negativo.** **5** MAT. (número, expresión matemática) Que es mayor de cero: *5 es un número positivo.* ⇔ **negativo.** **- 6** *adj.-m.* FOT. (imagen, película) Que reproduce los colores y los tonos tal y como aparecen en la realidad: *me ha enseñado los positivos de las fotografías del bautizo.* ⇔ **negativo.**

po·so |póso| **1** *m.* Materia que, habiendo estado flotando en un líquido, se queda en el fondo: *la taza tenía posos de café.* ⇒ **sedimento.** **2** *fig.* Señal o resultado que queda de un disgusto o un sufrimiento pasado: *le quedó un ~ de rencor.*

pos·po·ner |posponér| *tr.* [algo] Retrasar, dejar para más adelante: *tuvieron que ~ la reunión porque faltaban algunas pruebas.* ☖ Se conjuga como 78.

pos·tal |postál| **1** *adj.* Del correo o que tiene relación con el correo: *el cartero me entregó un paquete ~; en la dirección de la carta debe aparecer el código ~ de la población.* **- 2** *adj.-f.* (*tarjeta) Que se envía por correo sin sobre y con el texto a la vista: *os enviaré una ~ desde Menorca; colecciona postales de todos los lugares del mundo.* ⇒ **tarjeta.**

post·da·ta |posᵗðáta| *f.* Frase o mensaje que se añade al final de una carta ya firmada: *olvidó un detalle en la carta y lo puso en la ~.* ⇒ **posdata.** ☖ La Real Academia Española prefiere la forma *posdata.*

pos·te |póste| **1** *m.* Objeto más largo que ancho, que se coloca verticalmente para servir de apoyo o señal: *el vaquero ató el caballo en el ~ de madera; el coche chocó contra un ~.* **2** DEP. Palo vertical que forma un lado de la *portería, en el fútbol y en otros deportes: *el balón dio en el ~ derecho y se salió fuera del campo.*

pós·ter |póster| *m.* *Cartel que se cuelga en una pared como adorno: *el chico tiene en su habitación un ~ de su equipo de fútbol favorito.*

pos·ter·gar |posterγár| **1** *tr. form.* [algo] Retrasar; hacer sufrir retraso en el espacio o en el tiempo: *tenemos que ~ nuestra entrevista porque ha surgido un imprevisto.* **2** [algo, a alguien] Considerar o dar menos valor a una cosa o a una persona que a otra: *desde que conoció a esa mujer ha postergado el cariño de su familia.* **3** [a alguien] Causar un daño a un empleado dando a otro más moderno un puesto superior que correspondía a aquél: *en la empresa han vuelto a postergarlo.* ☖ Se conjuga como 7.

pos·te·ri·dad |posteriðáᵈ| **1** *f.* Generación futura en cuanto a un momento o una persona determinados: *la ~ sabrá reconocer tus méritos.* **2** Tiempo futuro: *quiso dejar una obra importante para la ~.* **3** Fama después de la muerte: *la ~ no debe preocuparte especialmente.*

pos·te·rior |posteriór| **1** *adj.* Que se dice, se hace u ocurre después de otra cosa: *ella insistía en que su marcha fue ~ a la nuestra.* ⇒ **siguiente.** ⇔ **anterior.** **2** Que está detrás: *el accidente alcanzó a los coches posteriores.* ⇔ **anterior.** **3** Que está en la parte de atrás de una cosa: *las habitaciones posteriores de la casa dan a un jardín.*

pos·ti·go |postíγo| **1** *m.* Puerta o plancha de madera que se usa para cerrar una ventana: *abrió los postigos para que entrase el sol; la luz de la casa se filtraba por las rendijas de los postigos cerrados.* ⇒ **contraventana.** **2** Puerta pequeña abierta en otra mayor: *no pude entrar con el cochecito del niño porque sólo abrió el ~.* **3** Puerta pequeña en el muro de una ciudad: *el traidor entró en Zamora por un ~.*

pos·tín |postín| *m. fam.* Género de vida que muestra riqueza, lujo y *elegancia. ■ **de ~**, de lujo: *vive en un barrio de ~.*

pos·ti·⌜zo, ⌜za |postíθo, θa| **1** *adj.* Que sustituye artificialmente una cosa natural; que no es propio, sino añadido: *lleva dentadura postiza porque perdió los dientes.* **2** *fig.* Que no forma un conjunto agradable con una cosa a la que está unido: *el lazo del vestido queda ~, ¿no crees?* **- 3 postizo** *m.* Pelo artificial que sirve para aumentar el volumen de un peinado: *para que el moño resultara más alto le pusieron un ~ en el interior.* ⇒ **crepé.**

pos·trar |postrár| **1** ***tr.-prnl.*** [algo, a alguien] Dejar débil; quitar la energía y la fuerza: *la enfermedad ha postrado su cuerpo; su salud se postró después de aquel disgusto.* **- 2 postrarse** ***prnl.*** Ponerse de rodillas ante una persona en señal de respeto: *el caballero se postró ante la reina.* ⇒ **humillar.**

pos·tre |póstre| ***m.*** Alimento, generalmente dulce, que se toma al final de una comida: *¿qué vais a tomar de ~, fruta o helado?; he comido demasiado, no quiero ~; hoy tenemos natillas de ~.* ■ **al/a la ~**, al fin; en último *término: *a la ~, ¿cuál ha sido el resultado?* ■ **a los postres**, al final de una comida: *el presidente dijo unas palabras de agradecimiento a los postres.* ■ **para ~**, como final o terminación: *llegó una hora tarde y, para ~, no trajo lo que le había pedido.*

pos·tre·⌈ro, ⌈ra |postréro, ra| ***adj.-s.*** *form.* Que es el último en una serie ordenada: *el sueño llega a las horas postreras del día.*

pos·tri·me·rí·a |postrimería| ***f.*** Último periodo de la vida; último periodo de la duración de una cosa: *aquella batalla sucedió en las postrimerías de la Edad Media.* ☖ Se usa generalmente en plural.

pos·tu·la·do |postuláðo| ***m.*** Expresión que se admite como cierta sin demostración y que sirve como base para otros razonamientos: *la carga ideológica convirtió estas películas en propaganda de los postulados del régimen.*

pos·tu·lar |postulár| **1** ***tr.-intr.*** [algo] Pedir y recoger dinero para fines *benéficos o religiosos: *este domingo miles de niños saldrán a ~ dinero y alimentos para los habitantes del Tercer Mundo.* **- 2** ***tr.*** Defender una idea o un principio en un discurso o escrito: *el Renacimiento postulaba la adopción de los modelos de vida grecorromanos.*

pós·tu·⌈mo, ⌈ma |póstumo, ma| ***adj.*** Que nace o se realiza después de la muerte del padre o del autor: *se publicó una colección de poemas, obra póstuma del poeta.*

pos·tu·ra |postúra| **1** ***f.*** Situación, actitud o modo en que está puesta o colocada una persona, animal o cosa: *llevo tantas horas sentado en esta silla, que no sé en qué ~ ponerme; cambió de ~ y se puso más cómodo.* ⇒ **pose, posición. 2** *fig.* Manera de pensar o de obrar: *las posturas de los dos grupos políticos están enfrentadas.* ⇒ **posición. 3** Cantidad de dinero que se ofrece por una cosa en *venta o alquiler en una *subasta: *anularon la subasta porque no había posturas.*

po·ta·ble |potáβle| **1** ***adj.*** (agua) Que se puede beber: *esta fuente es de agua ~.* **2** *fam.* Que se puede admitir o aceptar como bueno: *conoció a un chico bastante ~.*

po·ta·je |potáxe| **1** ***m.*** Comida hecha con *garbanzos y verduras: *el ~ se come los días de abstinencia; ¿te gusta el ~ con acelgas?* **2** *fig.* Mezcla de cosas distintas: *¡menudo ~ de libros tienes encima de la cama!*

po·ta·sio |potásio| ***m.*** QUÍM. Metal del color de la plata, blando, ligero y que arde en contacto con el aire y el agua: *el símbolo del ~ es* K.

po·te |póte| **1** ***m.*** Recipiente redondo de pequeño tamaño que sirve para beber o contener un líquido: *cuidado con este ~, está lleno de aceite.* **2** Recipiente de metal, redondo, de boca ancha, con dos asas pequeñas a los lados y una mayor en forma de medio círculo, que se usa para cocinar: *la señora está haciendo el guiso en el ~.* **3** Comida hecha con verduras hervidas y *caldo: *el ~ es una comida típica de Asturias y Galicia.* ■ **darse ~**, *fam.*, presumir de las cualidades propias: *¡qué ~ se da!, siempre está hablando de lo maravilloso que es.* ⇒ **postín.**

po·ten·cia |poténθia| **1** ***f.*** Poder para hacer una cosa o producir un efecto: *esta escopeta tiene una gran ~ de tiro; la ~ de esta aspiradora es enorme.* **2** Poder y fuerza de un Estado; medios con los que cuenta para superar a los demás: *el Reino Unido ganó la batalla gracias a su ~ naval.* **3** Nación con gran poder político o económico: *Estados Unidos es una de las grandes potencias mundiales.* **4** Persona o empresa que tiene poder y autoridad sobre otras: *la empresa de tu padre es una ~ en el sector químico y farmacéutico.* **5** FÍS. Fuerza que mueve una máquina, especialmente la que se aplica para vencer una resistencia: *la ~ se opone a la resistencia.* **6** FÍS. Trabajo realizado en una unidad de tiempo: *la ~ se mide en vatios.* **7** MAT. Producto que resulta de multiplicar un número por sí mismo una o varias veces: *el cuatro es ~ de dos.* ⇒ **base, exponente.** ■ **en ~**, que aún no es, pero será: *este niño es un científico en ~.*

po·ten·cial |potenθiál| **1** ***adj.*** *form.* Que es posible, que puede existir; que no es real, pero puede llegar a serlo: *los telespectadores son los consumidores potenciales del mercado.* **- 2** ***m.*** Fuerza o poder del que se dispone para lograr un fin: *el ~ militar del país era muy escaso; la nación contaba con un enorme ~ económico.* **3** ELECTR. Energía acumulada en un cuerpo conductor: *el ~ eléctrico se mide en voltios.* **4** LING. Tiempo del verbo que expresa la acción como futura y posible: *la forma* tendría *está en potencial.* ⇒ **modo, condicional.** ☖ Algunos gramáticos opinan que el potencial es un modo, otros opinan que es un tiempo dentro del modo indicativo.

po·ten·ciar |potenθiár| **1** ***tr.*** [algo] Comunicar fuerza o energía: *se buscaban medidas que potenciasen el desarrollo industrial de la región.* **2** Aumentar la fuerza o el poder de una cosa: *no tome medicamentos con bebidas alcohólicas ya que potencian sus efectos negativos.* ☖ Se conjuga como 12.

po·ten·te |poténte| **1** ***adj.*** Que puede, especialmente que puede mucho; que tiene mucha fuerza o intensidad: *esta medicina es muy ~; el Madrid y el Barcelona son equipos potentes.* **2** (persona) Que es muy rico y tiene poder y autoridad sobre otras personas: *fue uno de los economistas más potentes de su época.* ⇒ **poderoso. 3** *fam.* Que es grande o *desmesurado: *en medio del silencio se oyó un ~ grito.*

po·tes·tad |potestáᵟ| ***f.*** Poder, autoridad que se tiene sobre una cosa: *el Ayuntamiento tiene ~ para efectuar estos nombramientos;* **patria ~**, la que legalmente tienen los padres sobre los hijos que dependen de ellos: *se descubrió que maltrataba a sus hijos y el juez le quitó la patria ~.*

po·tes·ta·ti·⌐vo, ⌐va |potestatíβo, βa| ***adj.*** DER. Que no es necesario; que puede hacerse u ocurrir con total libertad: *es potestativa la concesión de la extradición.* ⇒ **facultativo.**

po·tin·gue |potíŋge| **1** ***m.*** *fam. desp.* Líquido o mezcla de aspecto u olor desagradable: *es muy aficionado a comer potingues hechos con mayonesa.* **2** *fam. desp.* Medicina o producto de belleza, especialmente en crema: *se da un ~ en la rodilla para calmar el dolor; es muy presumida y se da muchos potingues en la cara.*

po·ti·to |potíto ***m.*** Alimento preparado para niños pequeños, *envasado en un recipiente de cristal: *para cenar, mi hijo toma un ~ de verduras y pescado.*

po·to·sí |potosí| ***m.*** Riqueza extraordinaria: *ganó un ~ en las minas de América.* ⌂ El plural es *potosíes.*

po·tra |pótra| ***f.*** *fam.* Buena suerte: *¡qué ~ tiene, ha aprobado el examen del carné de conducir a la primera!*

po·⌐tro, ⌐tra |pótro, tra| **1** ***m. f.*** Cría del caballo, desde que nace hasta que cambia los dientes de leche: *en el establo hay dos caballos y varios potros.* **- 2 potro** ***m.*** DEP. Aparato de *gimnasia formado por cuatro patas y un cuerpo alargado que sirve para realizar diferentes tipos de saltos: *el gimnasta apoyó las manos sobre el ~ y saltó a la lona.* ⇒ **caballo, plinto.**

po·yo |póyo| ***m.*** Banco de piedra u otro material que se construye junto a una pared, generalmente al lado de la puerta de la casa: *por las tardes, las mujeres salían a sentarse en el ~ y hacían labor.*

po·za |póθa| **1** ***f.*** Hueco en el terreno donde se acumula el agua: *cerca de la granja había una ~ donde bebían los animales.* ⇒ **charca. 2** Parte de un río que tiene más profundidad: *los chicos solían ir a bañarse a la ~ porque podían tirarse de cabeza.* ⇒ **pozo.**

po·zo |póθo| **1** ***m.*** Agujero profundo que se hace en la tierra para sacar agua y otras sustancias: *metió el cubo en el ~ y lo subió con la cuerda; en el patio de la casa sevillana hay un ~ adornado con geranios; bajan a la mina por un ~ con ascensor;* **~ artesiano**, el que se hace para que el agua contenida entre dos capas subterráneas de la tierra salga a la superficie: **~ ciego/negro**, el que se hace para acumular las aguas sucias: *cuando no hay alcantarillas, se construyen pozos ciegos.* **2** MIN. Agujero que se hace en la tierra para sacar minerales: *los mineros quedaron atrapados en el ~ porque hubo un desprendimiento; en los países árabes hay pozos de petróleo.* **3** *fig.* Persona que posee en abundancia una cualidad: *Ricardo es un verdadero ~ de ciencia.* ⌂ Se construye seguido de la preposición *de.* **4** Parte de un río que tiene más profundidad: *el bañista estuvo a punto de ahogarse en un ~.* ⇒ **poza.**

prác·ti·ca |prákᵗika| **1** ***f.*** Ejercicio de cualquier ciencia o arte, conforme a sus reglas: *se dedica a la ~ de la medicina desde hace diez años.* **2** Habilidad o experiencia conseguida con ese ejercicio: *aunque estudió derecho, todavía no tiene mucha ~ en los juicios.* **3** Uso continuado, costumbre o estilo de una cosa: *no te preocupes, se aprende a conducir con la ~.* **4** Aplicación real o particular de una idea, pensamiento o teoría: *la ciencia debe aunar teoría y ~.* **5** Ejercicio o prueba que se hace bajo la dirección de un profesor para conseguir habilidad o experiencia en una profesión o trabajo: *al terminar la carrera, hizo prácticas en un hospital.* ⌂ Se usa frecuentemente en plural.

prac·ti·ca·ble |prakᵗikáβle| **1** ***adj.*** Que se puede practicar o realizar: *tiene muchas ideas, pero ninguna es ~.* **2** (camino, paso) Que se puede recorrer o seguir: *hay un sendero hacia la ermita que sólo es ~ en verano.*

prac·ti·can·te |prakᵗikánte| **1** ***adj.*** Que practica una religión: *toda la familia era católica ~.* **- 2** ***com.*** Persona que se dedica a cuidar y curar a los enfermos, generalmente poniendo *inyecciones: *el médico le recetó unas inyecciones, así que llamaron al ~ para que se las pusiera.* ⇒ **auxiliar, enfermero.**

prac·ti·car |prakᵗikár| **1** ***tr.-intr.*** [algo] Repetir varias veces una cosa que se ha aprendido para conseguir dominarla: *en la clase somos pocos estudiantes, por eso practicamos bastante el español; no serás un buen tenista a no ser que practiques más.* **- 2** ***tr.*** Hacer de forma habitual una cosa que se ha aprendido: *estudió medicina y ahora ha empezado a practicarla en un hospital.* **3** *form.* Hacer; ejecutar: *el médico forense practicó la autopsia e hizo un informe; los bomberos practicaron un agujero en el edificio para poder entrar.* **4** Aplicar los principios e ideas de una religión; seguir sus normas: *era protestante, pero nunca practicó su religión.* ⌂ Se conjuga como 1.

prác·ti·⌐co, ⌐ca |prákᵗiko, ka| **1** ***adj.*** Que es útil o que presta un buen servicio: *los coches pequeños son muy prácticos en la ciudad; compre este aparato tan ~ y le regalaremos otro igual; los pañuelos de papel son prácticos e higiénicos.* **2** De la *práctica o que tiene relación con ella: *la teoría no siempre funciona en el terreno ~; las clases prácticas son por la tarde.* ⇒ **pragmático. 3** Que es hábil o capaz, por tener experiencia: *es muy ~ en cirugía.* **- 4 práctico** ***m.*** MAR. Persona que dirige o conduce una embarcación en un lugar difícil: *el ~ dirige la entrada al puerto de los grandes barcos.*

pra·de·ra |praðéra| **1** ***f.*** Lugar del campo, llano y con hierba, más grande que el *prado: *las niños juegan al fútbol en una ~ cercana a la escuela.* ⇒ **prado. 2** Conjunto de *prados: *en el norte de España abundan las praderas.*

pra·do |práðo| **1** ***m.*** Terreno llano, muy húmedo, donde crece o se cultiva la hierba para alimentar al ganado: *los campesinos siegan la hierba de los prados y la guardan para el invierno.* ⇒ **pastizal. 2** Lugar del campo, llano y con hierba, donde las personas van a pasear o a pasar el tiempo de forma agradable: *las familias del pueblo van a comer a un ~ el día de la fiesta.* ⇒ **pradera.**

prag·má·ti·⌜co, ⌜ca |pra^{v}mátiko, ka| **1** ***adj.*** *form.* Que no se refiere a la teoría sino a la práctica, a la ejecución de las acciones: *el científico tuvo en cuenta los aspectos pragmáticos de su investigación.* ⇒ **práctico. 2** FIL. Del *pragmatismo o que tiene relación con él: *a todos sorprendieron las teorías pragmáticas del conferenciante.*

prag·ma·tis·mo |pra^{v}matísmo| ***m.*** FIL. Doctrina filosófica que considera que el único medio de juzgar la verdad moral, social, religiosa o científica consiste en considerar sus efectos prácticos: *en las ideas de ese político hay mucho ~.*

prag·ma·tis·ta |pra^{v}matísta| **1** ***adj.*** FIL. Del *pragmatismo o que tiene relación con él: *este profesor siempre ha sido muy ~.* **- 2** ***adj.-com.*** FIL. (persona) Que sigue la doctrina del *pragmatismo: *para los pragmatistas es más importante la acción que los principios teóricos.*

pre·ám·bu·lo |preámbulo| **1** ***m.*** Conjunto de palabras o expresiones que se dicen o escriben antes de entrar en materia en un discurso o escrito. ⇒ **prefacio, prólogo. 2** Rodeo o explicación poco clara o adecuada que se da antes de decir claramente una cosa: *déjate de preámbulos y ve al grano, ¿qué es lo que quieres?* ⇒ **rodeo.**

pre·ben·da |preβénða| **1** ***f.*** Dinero o favor que se recibe con algunos cargos u oficios: *el cargo de consejero tiene muchas prebendas.* **2** *fig.* Oficio o cargo en el que se gana mucho y se trabaja poco: *este trabajo no es ninguna ~, pero te gustará.*

pre·bos·te |preβóste| ***m.*** Persona que dirige o gobierna una comunidad o grupo: *el ministro es uno de los grandes prebostes que manejan la opinión nacional.*

pre·ca·len·ta·mien·to |prekalentamiénto| ***m.*** DEP. Conjunto de ejercicios suaves que sirven para preparar el cuerpo antes de hacer un esfuerzo físico grande: *el jugador hizo un ~ para evitar que le dieran tirones en los músculos.*

pre·ca·⌜rio, ⌜ria |prekário, ria| ***adj.*** Que es poco estable, poco seguro o escaso: *su salud está en una situación precaria.*

pre·cau·ción |prekauθión| ***f.*** Atención que se pone para evitar o prevenir un peligro: *debes cruzar la calle con ~.* ⇒ **cautela, cuidado.**

pre·ca·ver |prekaβér| ***tr.-prnl.*** [algo] Prevenir un daño o peligro y hacer lo necesario para evitarlo: *debes ~ los riesgos antes de lanzarte a ese negocio.*

pre·ca·vi·⌜do, ⌜da |prekaβíðo, ða| ***adj.*** Que obra con cuidado y evita los daños o peligros: *ya se sabe, hombre ~ vale por dos.*

pre·ce·den·te |preθeðénte| **1** ***adj.*** Que *precede: *durante aquel año tuvo al mismo tutor de los cursos precedentes.* **- 2** ***m.*** Obra, dicho o circunstancia anterior, que sirve para juzgar o entender hechos posteriores: *muchos estudiosos buscan los precedentes de la novela moderna.* ⇒ **antecedente. 3** *form.* Solución anterior, dada a un caso igual o parecido, que sirve de ejemplo para casos posteriores: *el abogado busca un ~ para salvar a su defendido.*

pre·ce·der |preθeðér| **1** ***tr.-intr.*** [algo, a alguien] Ir delante de una persona o cosa en tiempo, orden o lugar: *el guía precedía al grupo de visitantes.* ⇒ **anteceder. 2** *fig.* Tener una persona o cosa más importancia o superioridad que otra: *debes respetar a los que te preceden.*

pre·cep·ti·⌜vo, ⌜va |preθe^{p}tíβo, βa| ***adj.*** Que es ordenado por un *precepto: *estas normas son de aplicación preceptiva a partir del mes que viene.*

pre·cep·to |preθépto| ***m.*** Orden o *mandato establecidos por una autoridad: *los católicos deben cumplir los preceptos de la Iglesia.*

pre·cep·⌜tor, ⌜to·ra |preθe^{p}tór, tóra| ***m. f.*** Persona que enseña, especialmente como *maestro privado: *los niños tenían un ~ que todos los días les daba clase de gramática y de matemáticas.*

pre·ciar·se |preθiárse| ***prnl.*** Presumir o mostrar orgullo por una cualidad propia: *se preciaba de valiente.* ⌂ Se conjuga como 12.

pre·cin·tar |preθintár| ***tr.*** [algo] Mantener cerrado un objeto o un lugar y asegurar que no se abre hasta que corresponda, generalmente mediante una cuerda, una cinta, una tira de papel o de plástico u otra cosa: *la policía precintó el lugar del crimen; muchas fábricas precintan sus productos.*

pre·cin·to |preθínto| ***m.*** Cosa que sirve para mantener cerrado un objeto o un lugar y asegurar que no se abra hasta que corresponda, especialmente una cuerda, una cinta o una tira de papel o de plástico: *todas las botellas de licor llevan un ~ de garantía.*

pre·cio |préθio| **1** ***m.*** Cantidad de dinero que vale una cosa: *¿cuál es el ~ de este paraguas?; el ~ del pan ha subido dos veces en un mes.* ⇒ **coste; ~ de coste**, el que cuesta hacer o producir una cosa: *no he ganado nada en esta venta porque lo he vendido a ~ de coste.* **2** *fig.* Esfuerzo, pérdida o sufrimiento que sirve como medio para conseguir una cosa: *tuvo que pagar un ~ muy alto para ser reconocido como un miembro más de la familia.* ■ **no tener ~**, ser de mucho valor: *le ha regalado una escultura que no tiene ~, es de gran valor.*

pre·cio·si·dad |preθiosiðá^{ð}| ***f.*** Persona, animal o cosa muy bellos: *tu primer hijo es una ~; esos pendientes son una ~; ¡qué ~ de ojos!*

pre·cio·⌜so, ⌜sa |preθióso, sa| **1** ***adj.*** Que es muy bello: *hace un día ~; tu novia es preciosa; tenemos un perro ~.* **2** Que tiene mucho valor o cuesta mucho dinero: *el diamante es una piedra preciosa.*

pre·ci·pi·cio |preθipíθio| **1** ***m.*** Corte del terreno vertical y profundo: *en la película Julián arrojó a Elena a un ~; este ~ debe de tener cien metros de profundidad.* ⇒ **vacío. 2** *fig.* Caída o desviación espiritual: *su depresión le está llevando al borde de un ~.*

pre·ci·pi·ta·ción |preθipitaθión| **1** ***f.*** *fig.* Imprudencia o falta de cuidado al obrar: *debes meditar bien tu decisión, no obres con ~; si actúas con ~ es posible que te arrepientas.* **2** Agua en estado líquido o sólido que procede de la atmósfera y cae sobre la superficie de la Tierra: ⇒ **lluvia.** ⌂ Se usa sobre todo en plural: *este mes las precipitaciones han sido muy abundantes; hay sequía debido a la falta de* *precipitaciones.* **3** Acción y resultado de ocurrir una cosa rápidamente o antes de lo que se espera: *las cosas sucedieron con gran ~ y no pudimos tomar ninguna medida.* **4** Lanzamiento o caída desde un lugar alto: *la excesiva velocidad provocó la ~ del automóvil al río.*

pre·ci·pi·ta·⌐do, ⌐da |preθipitáðo, ða| **1** ***adj.*** Que se hace o se dice con prisa y sin pensar: *una decisión precipitada puede ser fatal para tu futuro.* **2** (persona) Que hace o dice las cosas con prisa y sin pensar: *era un joven simpático pero algo ~.* **- 3 precipitado** ***m.*** QUÍM. Sustancia sólida que aparece en una reacción química y que no se puede disolver en la mezcla: *el ~ se deposita siempre en el fondo del recipiente.*

pre·ci·pi·tar |preθipitár| **1** ***tr.-prnl.*** [algo, a alguien] Lanzar desde un lugar alto: *la mujer se precipitó desde la roca; los marineros precipitaron la carga por la borda.* ⇒ **arrojar. 2** [algo] Hacer que un acontecimiento o proceso ocurra más rápido o antes de lo que se espera: *la falta de alimentos precipitó la caída del gobierno.* ⇒ **acelerar. - 3** ***tr.-intr.*** QUÍM. Producir una reacción química por la que aparece una sustancia sólida que no se puede disolver en la mezcla: *esta mezcla no ha precipitado.* **- 4 precipitarse** ***prnl.*** Hacer o decir una cosa con prisa y sin pensar: *no te precipites en tu elección, reflexiona bien.*

pre·ci·sar |preθisár| **1** ***tr.-intr.*** Necesitar o *requerir: *este trabajo precisa mucha concentración; preciso de tu compañía.* **- 2** ***tr.*** [algo] Fijar o determinar de un modo exacto: *le pidieron al director que precisara algunos puntos de su proyecto.* ⇒ **puntualizar.**

pre·ci·sión |preθisi̲ó̲n̲| ***f.*** Cualidad de *preciso o exacto: *me admira la ~ de este reloj; sus descripciones se caracterizan por la ~.* ⇒ **exactitud.** ⇔ **vaguedad.**

pre·ci·⌐so, ⌐sa |preθíso, sa| **1** ***adj.*** Que es necesario: *es ~ que me ayudes; es ~ que vengas rápidamente.* **2** Que es exacto: *utilizaron una balanza muy precisa; el escritor utiliza un lenguaje ~.* ⇒ **fiel.** ⇔ **impreciso.**

pre·co·ci·dad |prekoθiðáᵈ| ***f.*** Cualidad de *precoz: *tal era la ~ del tenista que a los trece años ganó el campeonato de España; el buen tiempo de febrero ha desembocado en la ~ de la cosecha.*

pre·co·ci·na·⌐do, ⌐da |prekoθináðo, ða| ***adj.-s.*** (comida) Que se compra ya cocinado y está listo para calentar: *actualmente se consume bastante comida precocinada; esta tortilla española es precocinada, sólo tienes que calentarla antes de comerla; los precocinados ahorran mucho tiempo en la cocina.*

pre·con·ce·bir |prekonθeβír| ***tr.*** [algo] Pensar o proyectar una acción y sus detalles con anterioridad: *preconcibió un plan para librarse de su esposa él solo.* ⌂ Se conjuga como 34.

pre·co·ni·zar |prekoniθár| ***tr.*** [algo] Defender o apoyar: *en su informe sobre la economía española preconizaba la puesta en práctica de un plan estabilizador.* ⌂ Se conjuga como 4.

pre·coz |prekóθ| **1** ***adj.*** Que se hace o termina demasiado pronto o antes de tiempo: *ha tomado una decisión muy ~, no tenía suficientes elementos de juicio.* **2** *fig.* (persona) Que, con poca edad, muestra cualidades morales o físicas propias de personas mayores: *es muy ~: tiene cuatro años y ya toca el piano.* ⌂ El plural es *precoces.*

pre·cur·⌐sor, ⌐so·ra |prekursór, sóra| **1** ***adj.-s.*** Que *precede o va delante: *la obra precursora de esta otra se publicó hace un año.* **2** *fig.* Que comienza o introduce ideas o teorías que se desarrollarán en un tiempo futuro: *muchos consideran a Goya un ~ del Romanticismo.* ⇒ **pionero.**

pre·de·ce·⌐sor, ⌐so·ra |preðeθesór, sóra| **1** ***m. f.*** Persona que estuvo antes que otra en un lugar, un puesto o un cargo: *el nuevo alcalde quiso mencionar a sus predecesores en el cargo.* ⇒ **antecesor. 2** Persona de la que desciende otra u otras: *en esta familia siempre hemos honrado a nuestros predecesores.* ⇒ **ancestro, antecesor, antepasado, ascendiente.**

pre·de·cir |preðeθír| ***tr.*** [algo] Anunciar un hecho que va a ocurrir: *no creo que el futuro se pueda ~; un vidente predijo un terremoto.* ⇒ **pronosticar.** ⌂ El participio irregular es *predicho.* Se conjuga como 79.

pre·des·ti·nar |preðestinár| ***tr.*** [algo, a alguien] Destinar para un fin antes de empezar: *este proyecto está predestinado al fracaso.*

pre·de·ter·mi·nar |preðeterminár| ***tr.*** [algo] Determinar, decidir o resolver con *anticipación: *lo que digas en esta conversación puede ~ nuestra futura relación.*

pré·di·ca |prédika| **1** ***f.*** Discurso de contenido moral: *el sacerdote hizo una ~ sobre las virtudes teologales.* ⇒ **sermón. 2** *desp.* Discurso largo y poco oportuno: *no soporta más tus prédicas.*

pre·di·ca·ción |preðikaθi̲ó̲n̲| ***f.*** Acción de comunicar una enseñanza religiosa: *muchos oyeron su ~ y se convirtieron.*

pre·di·ca·⌐do |preðikáðo| ***m.*** LING. Unidad en la que hay un verbo, y generalmente un sujeto, y que forma la oración: *en la oración* el tren llegaba con retraso, llegaba con retraso *es el ~.* ⇒ **sujeto;** ~ **nominal**, el que no tiene como *núcleo un verbo conjugado: *los atributos son predicados nominales.* ⌂ Los predicados nominales o no verbales son característicos de las oraciones atributivas; ~ **verbal**, el que tiene como *núcleo un verbo conjugado: *la oración* el chico salió a pasear *tiene un ~ verbal cuyo núcleo es* salió.

pre·di·ca·⌐dor, ⌐do·ra |preðikaðór, ðóra| ***adj.-s.*** (persona) Que da a conocer la palabra de Dios: *los frailes predicadores enseñaban su doctrina por las calles.*

pre·di·ca·men·to |preðikaménto| ***m.*** Capacidad de influir una persona sobre otras: *su mala conducta ha hecho que ya no tenga ningún ~.*

pre·di·car |preðikár| **1** ***tr.-intr.*** [algo] Pronunciar un discurso de contenido moral: *el sacerdote se subió al púlpito a ~.* **2** Alabar con exceso: *en este programa se predican las virtudes de un producto de limpieza.* **3** LÓG. LING. Expresar algo del sujeto: *en los* muchachos corrían por el campo, *se predica de los muchachos que corrían por el campo.* ☖ Se conjuga como 1.

pre·di·ca·ti·⌜vo, ⌜va |preðikatíβo, βa| **1** ***adj.*** LING. Del *predicado o que tiene relación con él: estudiamos los apuntes *es una oración predicativa.* **- 2 predicativo** ***m.*** LING. Palabra o conjunto de palabras que dependen del verbo de la oración, pero que tienen la función de calificar o explicar el sujeto o el objeto directo: *en la oración* María llega cansada, cansada *es un ~ del sujeto; en la oración* encontramos a María muy cansada, muy cansada *es un ~ del objeto directo.* ☖ El predicativo siempre concuerda en género y número con el elemento al que se refiere.

pre·dic·ción |preði^{k}θión| ***f.*** Acción y resultado de *predecir o anunciar un hecho que va a ocurrir: *después de las noticias darán la ~ del tiempo para mañana; mis predicciones siempre fallan.*

pre·di·lec·ción |preðile^{k}θión| ***f.*** Cariño especial o preferencia con que se distingue a una persona o cosa: *todos conocen la ~ que ella siente por ese sobrino.*

pre·di·lec·⌜to, ⌜ta |preðilékto, ta| ***adj.*** Que es preferido: *él es nuestro ayudante ~.*

pre·dis·po·ner |preðisponér| ***tr.*** [algo, a alguien] Disponer o preparar con anterioridad una cosa o el ánimo de una persona con un fin determinado: *ella nos predispuso contra ti.* ☖ Se conjuga como 78.

pre·dis·po·si·ción |preðisposiθión| ***f.*** Inclinación o actitud favorable: *tenía cierta ~ a engordar; mostró ~ a volver a nuestro país; presume de tener ~ para los negocios.*

pre·do·mi·nar |preðominár| **1** ***intr.*** Destacar, distinguirse por ser superior: *para él, lo que predomina es el dinero.* **2** Ser una cosa más abundante o intensa que otra u otras: *el negro predomina en los cuadros tenebristas.*

pre·do·mi·nio |preðomínio| ***m.*** Poder, superioridad o fuerza por la que destaca una persona o cosa: *en su obra pictórica se observa un ~ absoluto del blanco.*

pre·e·mi·nen·te |pre^{e}minénte| ***adj.*** Que es superior; que está más *elevado: *los novios se sitúan en un lugar ~, tanto en la iglesia como en el banquete.*

pre·es·co·lar |pre^{e}skolár| ***adj.*** Que es anterior a la enseñanza que se recibe en la escuela: *tiene cinco años, por eso recibe una educación ~.*

pre·fa·bri·car |prefaβrikár| ***tr.*** [algo] Fabricar en serie un conjunto de piezas que después se montan y ajustan para formar una construcción, un aparato u otra cosa: *las paredes y las ventanas de esta casa son prefabricadas.* ☖ Se conjuga como 1.

pre·fa·cio |prefáθio| ***m.*** Escrito que va colocado delante en un libro y que generalmente no forma parte de la obra en sí: *el autor explica en el ~ cómo comenzó a redactar la obra.* ⇒ **prólogo.**

pre·fec·to |prefé^{k}to| **1** ***m.*** Persona que dirige y gobierna una comunidad de la Iglesia: *el ~ tenía encuentros periódicos con el obispo.* **2** Jefe militar y *civil de la antigua Roma: *el ~ fue aclamado por los romanos.*

pre·fec·tu·ra |prefe^{k}túra| **1** ***f.*** Cargo del *prefecto: *le otorgaron la ~ porque era la persona con más aptitudes para ella.* **2** Oficina del *prefecto: *la puerta de la ~ es de nogal.* **3** Territorio gobernado por el *prefecto: *estaba al cargo de una de las prefecturas más extensas de la región.*

pre·fe·ren·cia |preferénθia| **1** ***f.*** Ventaja que una persona o cosa tiene sobre otra: *los coches que circulan por la derecha tienen ~ sobre los demás; el hermano mayor tiene ~ sobre los pequeños.* ⇒ **prioridad. 2** Elección de una persona o cosa entre varias; inclinación favorable hacia ella: *el abuelo siempre ha tenido ~ por su nieta Clara.* ⇒ **predilección.**

pre·fe·ren·te |preferénte| ***adj.*** Que disfruta de ventaja o favor: *los miembros de la nobleza gozaban de un trato ~.*

pre·fe·ri·ble |preferíβle| ***adj.*** Que es mejor y más adecuado: *es ~ que vengas un poco antes de la cita.*

pre·fe·rir |preferír| **1** ***tr.*** [algo, a alguien] Elegir o querer más a una persona o cosa que a otras: *le di a elegir y ella prefirió el pastel de chocolate; se nota que Carmen prefiere a Ernesto.* **2** Considerar a una persona o una cosa más adecuada para un fin determinado: *preferiría que vinieras tú; preferimos a una persona joven para el puesto.* ☖ Se conjuga como 35.

pre·fi·jar |prefixár| ***tr.*** *form.* [algo] Determinar, señalar o fijar en el presente una acción futura: *prefijaron la fecha de la reunión siguiente.*

pre·fi·jo |prefíxo| **1** ***m.*** LING. Elemento que se añade al comienzo de una palabra para formar otra nueva: *el ~* in- *indica lo contrario de la palabra a la que se añade, como en* inconstante *o en* intolerable. ⇒ **sufijo. 2** Combinación de números o de letras que se añaden a todos los números de teléfono de una zona, ciudad o país para distinguirlos de los de otro lugar: *hay que marcar el ~, si queremos llamar fuera de nuestra provincia.*

pre·gón |preγón| **1** ***m.*** Publicación oficial de una noticia que se hace en voz alta en los lugares públicos para que todos la conozcan: *el pregonero del pueblo dice el ~ en las calles y plazas más importantes.* **2** Discurso con que se da comienzo a una fiesta o un acontecimiento: *este año el encargado del ~ de las fiestas de la ciudad fue un famoso periodista.*

pre·go·nar |preγonár| **1** ***tr.*** [algo] Publicar en voz alta una noticia para que todos la conozcan: *el alguacil del ayuntamiento pregonó el bando del alcalde.* **2** Anunciar en voz alta la mercancía que se lleva para vender: *el conductor del camión iba pregonando: «melón, al rico melón».* **3** *fig.* Hacer pública una cosa que debía mantenerse oculta: *le faltó tiempo para ~ el secreto que había jurado guardar.*

pre·go·ne·⌜ro, ⌜ra |preγonéro, ra| ***m. f.*** Persona que se dedica a publicar en voz alta una noticia para que todos la conozcan: *el ayuntamiento paga a un ~ para que vaya por las calles del pueblo.*

pre·gun·ta |preγúnta| **1** ***f.*** Frase que se dice o escribe para conocer una información y que generalmente se pronuncia con una *entonación particular o se escribe entre los signos «¿?»: *no contestó a mis preguntas; los periodistas dirigieron al ministro varias preguntas sobre los presupuestos.* ⇒ **cuestión, interrogación. 2** Tema o punto que debe ser contestado en una prueba o *examen: *he contestado a la segunda ~ del examen mejor que a la primera.*

pre·gun·tar |preɣuntár| **1** ***tr.-prnl.*** [algo] Hacer preguntas: *preguntó la hora a un señor; se pregunta qué ha sucedido.* ⇒ **interrogar. 2** Exponer en forma interrogativa para dar a entender una duda o para dar fuerza a la expresión: *él se pregunta: ¿será verdad?*

pre·gun·⌈tón, ⌈to·na |preɣuntón, tóna| ***adj.-s.*** *fam.* (persona) Que pregunta mucho y resulta molesto: *tiene una niña muy preguntona.*

pre·his·to·ria |preistória| **1** ***f.*** Periodo de la vida de los hombres anterior a todo documento escrito y que sólo se conoce por ciertos restos: *la ~ se divide en Edad de Piedra y Edad de los Metales.* **2** Disciplina histórica que estudia ese periodo: *el departamento de ~ de la Universidad prepara unas excavaciones arqueológicas.*

pre·his·tó·ri·⌈co, ⌈ca |preistóriko, ka| ***adj.*** De la *prehistoria o que tiene relación con ella: *los dinosaurios son animales prehistóricos.*

pre·jui·cio |prexuíθio| ***m.*** Juicio u opinión que no se basa en la razón ni en el conocimiento y que muestra rechazo hacia un individuo, un grupo o una actitud social: *los prejuicios pueden llevar a una sociedad hacia el racismo y la intolerancia.*

pre·juz·gar |prexuθɣár| ***tr.*** [algo, a alguien] Juzgar a una persona o cosa antes de tener un conocimiento justo de ella: *los jueces no deben ~ a los acusados.*

pre·la·do |preláðo| **1** ***m.*** Superior de la Iglesia que tiene algún cargo o *dignidad dentro de ella: *el obispo de Tarragona no firmó el escrito de los demás prelados catalanes.* **2** Superior de un *convento o comunidad de religiosos: *el ~ recibió a los familiares de un fraile.*

pre·li·mi·nar |preliminár| ***adj.*** *form.* Que sirve de introducción a un tema o a una materia: *antes de entrar en materia, hizo unos comentarios preliminares.*

pre·lu·diar |preluðiár| ***tr.*** [algo] Comenzar o dar entrada; anunciar: *el deshielo de las nieves preludia la primavera.* ☐ Se conjuga como 12.

pre·lu·dio |prelúðio| **1** ***m.*** Cosa o acción que sirve de entrada, preparación o principio: *aquel beso fue el ~ de un gran amor.* **2** MÚS. Pieza instrumental corta que se ejecuta antes de una obra musical: *la orquesta interpretó un ~ de Bach.* ⇒ **obertura.**

pre·ma·tu·⌈ro, ⌈ra |prematúro, ra| **1** ***adj.*** Que ocurre antes de tiempo: *fue una decisión prematura por su parte; su prematura muerte ha sido un duro golpe para sus familiares y amigos.* **2** Que no está maduro: *estas frutas prematuras terminarán de desarrollarse en las cámaras frigoríficas.* **3** (niño) Que nace antes de los nueve meses de embarazo: *los niños prematuros pueden nacer sin cejas o sin uñas.*

pre·me·di·ta·ción |premeðitaθión| **1** ***f.*** DER. Pensamiento y organización *previos a una acción: *se dictaminó que el delito había sido hecho con ~ y la pena fue mayor.* **2** Pensamiento cuidadoso de una cosa antes de ejecutarla: *respondió sin ~ y con naturalidad.*

pre·me·di·tar |premeðitár| ***tr.*** [algo] Pensar cuidadosamente una cosa antes de hacerla: *se comportó como si lo hubiera premeditado.*

pre·miar |premiár| ***tr.*** [algo, a alguien] Dar un premio como reconocimiento por una obra, una actividad o una cualidad: *han premiado al candidato más joven; premió el esfuerzo de Miguel con dos meses de vacaciones pagadas.* ⇒ **laurear, recompensar.** ☐ Se conjuga como 12.

pre·mio |prémio| **1** ***m.*** Cosa que se da como reconocimiento por una obra, una actividad o una cualidad: *el director de cine no pudo recoger su ~; le regalaron una bicicleta como ~ por haber aprobado todas las asignaturas.* ⇒ **recompensa. 2** Objeto o dinero que se gana en un juego: *el ~ de esta rifa consiste en un equipo de música; le ha tocado un ~ de la lotería;* **~ de consolación**, el que no es el principal: *a los que no ganamos nos dieron un ~ de consolación por haber participado;* **~ gordo**, el más importante, especialmente el que se da en la *lotería nacional: *a mi vecino le han tocado muchos millones, le ha tocado el ~ gordo.* **3** Competición, especialmente artística o deportiva: *hay buenos candidatos para el ~ de narrativa de este año.* **4** Reconocimiento en una *graduación *académica; **~ extraordinario**, calificación *máxima que se da en una *graduación *académica: *era el mejor estudiante de su promoción, le dieron el ~ extraordinario de licenciatura.*

pre·mi·sa |premísa| ***f.*** Afirmación o idea probada antes o que se da como cierta y que sirve de base a un razonamiento o una discusión: *antes de discutir sobre esa tema, debemos dejar sentadas algunas premisas.*

pre·mo·lar |premolár| ***adj.-m.*** (diente) Que está situado junto a un *colmillo y más adentro en la boca: *hay cuatro dientes premolares en cada mandíbula; los premolares están situados entre los molares y los caninos.* ☐ Se usa sobre todo como sustantivo masculino.

pre·mo·ni·ción |premoniθión| **1** ***f.*** Señal que anuncia un hecho futuro: *tuvo una ~ y decidió quedarse en casa.* ⇒ **presentimiento. 2** Adivinación de los hechos futuros: *tenía el don de la ~.*

pre·mo·ni·to·⌈rio, ⌈ria |premonitório, ria| ***adj.*** *form.* Que anuncia o adivina un hecho del futuro: *tenía sueños de carácter ~.*

pre·mu·ra |premúra| ***f.*** *form.* Prisa o *urgencia: *si quieres que el trabajo salga bien, procura no hacerlo con ~.*

pren·da |prénda| **1** ***f.*** Objeto que forma parte del vestido o del calzado: *en el armario de la derecha tienes las prendas interiores; el esmoquin es una ~ que se suele usar en actos solemnes.* ⇒ **ropa. 2** Cosa que se deja como garantía del cumplimiento de otra: *le prestó dinero, pero le pidió que le dejara su reloj en ~.* **3** Señal con la que se demuestra una cosa:

le regaló un collar de perlas en ~ de su amor. **4** *fig.* Persona a la que se quiere mucho: *¡~, ven aquí a darme un beso!* ◯ Se usa como apelativo cariñoso. **5** Cualidad física o moral de una persona: *se pasa la vida hablando de las prendas de su hija.* **- 6 prendas** ***f. pl.*** Juego en el que cada jugador entrega un objeto a una persona, debiendo hacer lo que se le mande para recuperarlo: *los niños están sentados en el suelo jugando a las prendas.* ■ **no soltar** ~, *fam.*, no decir nada: *lo había visto todo, pero cuando la policía le preguntó no soltó ~.*

pren·dar |prendár| **1** ***tr.*** [a alguien] Ganar el agrado de una persona: *los ojos de esta niña prendan a cualquiera.* **- 2 prendarse** ***prnl.*** [de algo/alguien] Gustar o agradar mucho: *se prendó de él el primer día que lo vio; me he prendado de ese abrigo.* ⇒ **enamorar.**

pren·de·dor |prendeðór| ***m.*** Alfiler que se usa para sujetar una prenda de vestir o como adorno: *lleva un ~ en la falda.*

pren·der |prendér| **1** ***tr.*** [algo] Sujetar una cosa a otra: *prendió la flor en la solapa de la chaqueta con un alfiler; he prendido las dos piezas de tela con aguja e hilo.* **2** [a alguien] Detener o encerrar en una cárcel o en un lugar parecido: *dos policías lo prendieron en la aduana; lo prendieron porque era una persona muy peligrosa.* ⇒ **apresar. 3** [algo] Quemar, comunicar fuego a una cosa: *dos pirómanos prendieron el coche.* **- 4** ***tr.-prnl.*** Comenzar a arder: *el papel no prendió porque la lluvia lo impidió; se han prendido muchas hectáreas de terreno.* **- 5** ***intr.*** *fig.* Ser aceptada o acogida una cosa o un acontecimiento: *esta nueva música no ha prendido entre la gente joven.*

pren·di·mien·to |prendimiénto| ***m.*** *form.* Detención de una persona por parte de una autoridad: *los dos guardias civiles procedieron al ~ de los cuatro conspiradores.* ⇒ **arresto.**

pren·sa |prénsa| **1** ***f.*** Máquina que sirve para imprimir presionando una plancha con caracteres o figuras sobre papel: *en ese taller de grabado trabajan todavía con prensas muy antiguas.* **2** *p. ext.* Conjunto de *publicaciones periódicas, especialmente las *diarias: *la ~ se ha interesado por el asunto.* ⇒ **periódico; ~ amarilla,** la que trata temas *escandalosos o tiende a exagerar los hechos: *esta revista es ~ amarilla porque siempre busca el escándalo;* **~ del corazón,** la que trata temas relacionados con la vida privada y amorosa de personas famosas o de importancia social: *la ~ del corazón ha publicado las fotos de sus vacaciones en la costa.* **3** Máquina que sirve para aplastar o reducir el volumen, compuesta por dos superficies que se juntan sometiendo a presión lo que queda entre ellas: *pusieron las uvas en la ~ para extraer el mosto.* ■ **en** ~, imprimiéndose para ser publicado: *el libro ya está en ~ y saldrá a la venta la semana que viene.* ■ **tener buena** ~, disfrutar de buena fama o de buena opinión por parte de los demás: *tiene buena ~ entre sus compañeros.* ■ **tener mala** ~, no disfrutar de buena fama o de buena opinión por parte de los demás: *no creo que lo elijan porque últimamente no tiene muy buena ~.*

pren·sar |prensár| ***tr.*** [algo] Aplastar o reducir el volumen de una materia *sometiéndola a presión: *las uvas y las aceitunas se prensan para obtener vino y aceite; esta máquina sirve para ~ papel.*

pren·sil |prensíl| ***adj.*** Que sirve para coger o sujetar: *el elefante cogía los cacahuetes con su trompa ~; el camaleón se agarra a las ramas con su cola ~.*

pre·ñar |preɲár| ***tr.*** [algo, a alguien] Dejar un hombre embarazada a una mujer; hacer un mamífero macho que la hembra *conciba un hijo: *llevaron un toro para que preñara las vacas de la ganadería.*

pre·ñez |preɲéθ| ***f.*** Embarazo de la mujer; estado de la hembra *preñada: *mi gata ha llevado la ~ sin ningún problema.*

pre·o·cu·pa·ción |preokupaθión| **1** ***f.*** Acción y resultado de preocupar o preocuparse: *tengo una gran ~ por mis hijos.* **2** Persona, cosa o situación que preocupa: *este niño se está convirtiendo en una ~.* **- 3 preocupaciones** ***f. pl.*** Cargos u obligaciones: *sus preocupaciones no le permiten tener fines de semana libres.*

pre·o·cu·par |preokupár| **1** ***tr.-prnl.*** [a alguien] Hacer que una persona pierda la tranquilidad y sienta miedo o *angustia al pensar en una persona, una cosa o una situación: *le preocupa mucho la paz mundial; me preocupaba la salud de mi madre; se preocupan por estudiar más.* ⇒ **intranquilizar. 2** [algo] Sentir interés: *me preocupan los avances tecnológicos.* **- 3 preocuparse** ***prnl.*** Dedicar atención y cuidados a una persona o cosa de forma voluntaria: *se preocupó por los niños enfermos; ella le daba consejos y se preocupaba por él.*

pre·pa·ra·ción |preparaθión| **1** ***f.*** Acción y resultado de preparar o disponer para un fin determinado: *la ~ del material para la obra nos llevará varios días.* **2** Acción y resultado de enseñar una materia; educación de una persona: *los años de estudio son una ~ para el futuro; los maestros son imprescindibles en la ~ de los jóvenes.* ⇒ **aprendizaje, formación. 3** Conjunto de conocimientos sobre una materia: *no tenía ninguna ~ para aquel trabajo.*

pre·pa·ra·⌐do, ⌐da |preparáðo, ða| **1** ***adj.*** (persona) Que tiene muchos conocimientos sobre una materia determinada: *es un hombre ~: triunfará; está muy ~ en matemáticas.* **- 2** ***adj.-m.*** (sustancia) Que se elabora para un fin determinado: *este sobre contiene un ~ alimenticio que repone las fuerzas.*

pre·pa·ra·⌐dor, ⌐do·ra |preparaðór, ðóra| ***m. f.*** Persona que se dedica a preparar a los *deportistas: *han contratado una nueva preparadora para el equipo de balonmano.* ⇒ **entrenador, instructor.**

pre·pa·rar |preparár| **1** ***tr.*** [algo, a alguien] Disponer para un fin determinado: *mañana se van de viaje y están preparando el equipaje; ahora no puedo coger el teléfono, estoy preparando la cena; prepárale un café antes de que se vaya; la madre preparaba al bebé para el bautizo.* ⇒ **arreglar. 2** [a alguien] Enseñar una materia; educar a una persona: *buscamos un buen profesor que prepare a nuestro hijo para entrar en la Universidad.* **- 3** ***tr.-prnl.*** [algo, a alguien] Estudiar o *entrenarse para una prueba: *no* *he tenido tiempo de ~ bien el examen de manaña; Javier ha ganado la carrera porque se ha preparado muy bien.* **4** [a alguien] Prevenir para una acción futura: *prepáralos antes de darles la mala noticia; creo que aún no estoy preparado para vivir solo; señores pasajeros, prepárense para salir.* **- 5 prepararse** ***prnl.*** *fam.* Darse las condiciones para que ocurra una cosa: *yo que tú no iría a la manifestación porque se está preparando un buen lío.*

pre·pa·ra·ti·vo |preparatíβo| ***m.*** Cosa dispuesta o preparada: *ya está ultimando los preparativos de la boda; ¿has hecho algún ~ para mañana?*

pre·pon·de·ran·cia |preponderánθia| **1** ***f.*** Exceso de peso, o mayor peso, de una cosa en cuanto a otra: *la ~ de la carga en uno de los lados puede hacer que la embarcación se incline.* **2** *fig.* Superioridad de influencia, de autoridad o de otra cosa: *la ~ de los partidarios de la reforma hace prever que será aprobada por el pleno del parlamento.*

pre·po·si·ción |preposiθión| ***f.*** Clase de palabras que no experimentan cambios en su forma y que indican relación entre elementos dentro de una oración: *las preposiciones más usadas son* a, con, de, en, para, por. ⇒ **conjunción.**

pre·po·ten·cia |prepoténθia| ***f.*** Poder que es grande o superior al de otros: *la dirección de la empresa hace valer su ~ a la hora de tomar las decisiones.*

pre·po·ten·te |prepoténte| ***adj.*** Que presume y abusa de su poder: *nos disgusta su actitud ~; las personas prepotentes son ruines y miserables.*

pre·rro·ga·ti·va |prer̄oγatíβa| ***f.*** Favor o gracia especial que se concede a una o varias personas: *los miembros del gobierno tienen algunas prerrogativas.*

pre·sa |présa| **1** ***f.*** Persona, animal o cosa que se coge por la fuerza, se caza o se atrapa: *el lobo acechaba a su ~; el cazador avistó la ~ y disparó; el perro llevaba la ~ entre los dientes.* **2** *fig.* Persona, animal o cosa que sufre o padece un sentimiento, un dolor o una enfermedad: *el marido fue ~ de los celos; fue ~ de un ataque de nervios.* **3** Muro grueso construido a través de un río u otra corriente, que sirve para acumular el agua o conducirla fuera del *cauce: *están construyendo una nueva ~ en el río para almacenar agua.* **4** Lago artificial en el que se acumulan las aguas de un río para aprovecharlas mejor: *la ~ tiene menos agua en verano.* ⇒ **embalse, pantano.**

pre·sa·giar |presaxiár| ***tr.*** [algo] Anunciar ciertos signos un hecho futuro: *las nubes negras presagiaban una fuerte tormenta; la obra contiene símbolos que presagian el final trágico del protagonista.* ☖ Se conjuga como 12.

pre·sa·gio |presáxio| **1** ***m.*** Señal que anuncia un hecho futuro: *esa nube larga y delgada es ~ de buen tiempo.* **2** Adivinación de un hecho futuro: *nunca he creído en los presagios de ese hombre.*

pres·bí·te·ro |presβítero| ***m.*** *form.* Sacerdote; persona que puede decir misa en la Iglesia *católica: *el ~ confesó al enfermo y le dio la comunión.*

pres·cin·dir |presθindír| ***intr.*** Dejar de tener en cuenta a una persona o cosa; no contar con ella o evitarla: *tendremos que ~ de algunos caprichos si queremos comprar una nueva casa; el jefe decidió ~ de los servicios de Alonso; ya no podemos ~ del ordenador.*

pres·cri·bir |preskriβír| **1** ***tr.*** [algo; a alguien] Ordenar remedios o *medicamentos: *le prescribió un reposo absoluto.* **2** [algo] Determinar o decidir, especialmente unas órdenes o reglas: *la ley prescribe nuestros derechos.* **- 3** ***intr.*** Perder *efectividad un derecho o una acción por el paso del tiempo: *la acción para exigir el pago de esta cuenta prescribe a los cinco años.* ☖ El participio es *prescrito.*

pre·sen·cia |presénθia| **1** ***f.*** Estado de la persona o cosa que se encuentra delante de otra u otras o en el mismo lugar que ellas: *agradecieron al escritor su ~ en el programa; el ejército detectó la ~ de un espía.* ⇔ **ausencia. 2** Forma exterior y aspecto de una persona: *es un hombre maduro pero tiene una ~ admirable.* ⇒ **estampa.** ■ **~ de ánimo**, tranquilidad ante los acontecimientos, por malos que sean: *los hijos demostraron gran ~ de ánimo el día del entierro de su padre.*

pre·sen·ciar |presenθiár| ***tr.*** [algo] Estar presente en un hecho o un acontecimiento: *la policía busca algún testigo que presenciara el delito; presenciamos un espectáculo magnífico.* ⇒ **asistir.** ☖ Se conjuga como 12.

pre·sen·ta·ble |presentáβle| ***adj.*** Que está en condiciones de presentarse o aparecer en público: *cuando llegó la visita, la señora no estaba ~ y corrió a vestirse.* ⇔ **impresentable.**

pre·sen·ta·ción |presentaθión| **1** ***f.*** Acción y resultado de presentar o presentarse: *mañana se celebra la ~ de un nuevo disco; el club hará la ~ de sus jugadores en el próximo partido.* **2** Aspecto exterior de una cosa: *la ~ del regalo es importante; era un producto con una ~ lujosa.* ■ **hacer las presentaciones**, dar el nombre de una persona a otra u otras para que se conozcan: *el anfitrión se encargó de hacer las presentaciones entre los invitados.* ⇒ **presentar.**

pre·sen·ta·⌐dor, ⌐do·ra |presentaðór, ðóra| ***m. f.*** Persona que presenta un espectáculo, un programa de radio o de televisión o un acto público: *el ~ del concurso fue llamando a los participantes.*

pre·sen·tar |presentár| **1** ***tr.*** [algo] Mostrar, dar a conocer o poner ante una persona: *para obtener el título de doctor hay que ~ una tesis; quiero presentarle disculpas por lo que sucedió ayer; el bosque presenta señales del incendio del año pasado.* **2** [alguien; a alguien] Dar a conocer el nombre de una persona a otra u otras para que se conozcan: *María, te presento a Iván; Ismael me presentó ayer a una chica un poco pesada.* ⇒ **presentación. 3** [algo] Dar a conocer al público: *el diseñador presentó sus creaciones de primavera en el pase de modelos; el escritor ha presentado un nuevo libro de poemas.* **4** Anunciar y comentar un espectáculo de radio o televisión: *antes trabajaba en la radio y ahora presenta las noticias en la televisión.* **- 5** ***tr.-prnl.*** [a alguien] Proponer a una persona para un cargo o empleo: *el comité ha presentado a López como nuevo presidente de la* *compañía; se presenta como candidato a la alcaldía.* **- 6 presentarse** ***prnl.*** Aparecer en un lugar o ante una persona: *el estudiante se presentó cuando la clase estaba a punto de acabar; el soldado recibió la orden de presentarse rápidamente al coronel.* ⇒ **comparecer. 7** Aparecer en un lugar de manera inesperada: *no está bien presentarse en casa de los demás a las diez de la noche; Ricardo se presentó a la fiesta sin haber sido invitado.* **8** Mostrarse o aparecer: *el verano se presenta muy caluroso; al enfermo se le presentó una trombosis.* **9** Ofrecerse como voluntario: *se presentó en el hospital cuando se enteró de que necesitaban donantes de sangre.*

pre·sen·te |preséntel| **1** ***adj.*** Que está en un lugar al mismo tiempo que otra persona o cosa: *había varias personas presentes cuando ocurrió el robo; cuando me llamaron, no me encontraba* ~. ⇔ **ausente. 2** Que ocurre actualmente; que existe ahora: *los momentos presentes son difíciles.* ⇒ **actual. - 3** ***adj.-m.*** LING. (tiempo verbal) Que expresa la *coincidencia de la acción de lo que se habla con el momento en que se habla: *el ~ del verbo* cantar *es* canto, cantas, canta, etc. ⇒ **futuro, pretérito, tiempo. - 4** ***m.*** Tiempo actual, opuesto a pasado y a futuro: *nosotros vivimos en el ~, no en el pasado o en el futuro.* **5** *form.* Regalo o cosa que se da voluntariamente en señal de agradecimiento o afecto: *le ofrecieron muchos presentes por su valentía.* ⇒ **don.**

pre·sen·ti·mien·to |presentimiénto| ***m.*** Sensación de que una cosa va a ocurrir sin estar seguro de ello: *tengo el ~ de que no va a pasar nada bueno.* ⇒ **corazonada, pálpito.**

pre·sen·tir |presentír| ***tr.*** [algo] Tener la sensación de que va a ocurrir una cosa: *presiento que hoy va a venir tu hermano.* ⇒ **sentir.** ⌂ Se conjuga como 35.

pre·ser·var |preserβár| ***tr.*** [algo, a alguien] Proteger a una persona o cosa de un daño o peligro: *los padres preservan a sus hijos de los peligros.*

pre·ser·va·ti·⌜vo, ⌜va |preserβatíβo, βa| **1** ***adj.*** Que *preserva o protege: *los médicos utilizan medios preservativos contra las infecciones de los clientes.* **- 2 preservativo** ***m.*** Funda o cubierta muy fina de goma que se coloca sobre el pene y que sirve para impedir el embarazo y prevenir enfermedades sexuales: *compró una caja de preservativos en la farmacia.* ⇒ **condón.**

pre·si·den·cia |presiðénθia| **1** ***f.*** Acción de *presidir: *aún no se sabe quién se encargará de la ~ de la empresa.* **2** Cargo de *presidente: *la ~ de la Unión Europea es rotatoria.* **3** Tiempo que dura ese cargo: *esas carreteras se construyeron durante la ~ de Álvarez.* **4** Oficina del *presidente, lugar desde donde *preside: *la empresa tiene la ~ en la calle Madrid.*

pre·si·den·cial |presiðenθiál| ***adj.*** Del *presidente o que tiene relación con él: *el presidente y el ministro salieron del coche ~.*

pre·si·den·⌜te, ⌜ta |presiðénte| ***m. f.*** Persona que *preside: *el ~ del gobierno viajó a Bruselas; el ~ del Congreso llamó al orden a los diputados; fue ~ de uno de los bancos más conocidos.*

pre·si·dia·⌜rio, ⌜ria |presiðiário, ria| ***m. f.*** Persona que está en la cárcel cumpliendo una pena o castigo: *la suerte le fue adversa y acabó siendo un ~.* ⇒ **preso, recluso.**

pre·si·dio |presíðio| ***m.*** Edificio o local en el que la autoridad encierra a los condenados por haber obrado en contra de la ley: *era un delincuente peligroso y fue trasladado a un ~ más seguro.* ⇒ **cárcel, prisión, talego.**

pre·si·dir |presiðír| **1** ***tr.*** [algo] Tener el primer puesto o el lugar más importante en una reunión, en una sociedad, en una empresa o en un tribunal: *presidió el gobierno de la nación durante cinco años; el juez Sánchez presidirá el juicio; el industrial aragonés preside un grupo de empresas textiles.* **2** *fig.* Destacar una cosa sobre las demás: *la justicia preside nuestros actos.* **3** *fig.* Estar una cosa en el lugar más importante de un espacio: *el cuadro de la familia preside el comedor.*

pre·si·lla |presíʎa| **1** ***f.*** Anilla de hilo o cordón, que se cose en el borde de una prenda de vestir para sujetar un botón o enganchar un cierre: *el corchete se engancha en la ~.* **2** Forma de coser una tela para evitar que se abra o se deshaga: *el ojal se cose con punto de ~.*

pre·sión |presión| **1** ***f.*** Fuerza o empuje que se ejerce sobre una cosa: *hizo ~ sobre el botón y la batidora empezó a funcionar.* **2** Fuerza que ejerce un gas, un líquido o un sólido sobre una superficie: *la unidad de ~ recibe el nombre de pascal;* ~ **arterial**, la que ejerce la sangre sobre las paredes de las *arterias: *el médico le ha dicho que tiene la ~ arterial muy alta.* ⇒ **tensión;** ~ **atmosférica**, la que ejerce la atmósfera sobre la superficie de la Tierra: *tengo dolor de cabeza, noto mucho la ~ atmosférica;* ~ **sanguínea**, la que ejerce la sangre al circular por los vasos: *los análisis de sangre ofrecen información sobre la ~ sanguínea.* **3** *fig.* Fuerza que se ejerce sobre una persona para determinar sus actos: *decidió cambiar de empresa porque en el anterior trabajo estaba sometido a muchas presiones.* ⇒ **coacción.** ■ **a** ~, con fuerza, con empuje: *el desodorante de este frasco está envasado a ~; el agua del grifo sale a ~.* ■ ~ **fiscal**, relación que hay entre los *ingresos de la *hacienda pública de un país y el producto nacional: *el gobierno ha decidido disminuir la ~ fiscal.*

pre·sio·nar |presionár| **1** ***tr.*** [algo] Hacer fuerza o empujar sobre una cosa: *presione la tecla de la derecha; el gas presiona las paredes del globo.* **2** *fig.* [a alguien] Hacer fuerza sobre una persona para determinar sus actos: *están intentando presionarlo para que acepte el cargo.* ⇒ **coaccionar. 3** DEP. Atacar insistiendo mucho un *deportista, equipo o jugador a otro: *el jugador número cinco está presionando al contrario.*

pre·⌜so, ⌜sa |préso, sa| ***adj.-s.*** (persona) Que está encerrado o *recluido en una cárcel: *los presos se paseaban durante una hora por el patio de la cárcel.* ⇒ **cautivo, presidiario, recluso.**

pres·ta·ción |prestaθión| **1** ***f.*** Cosa o servicio que una persona, una *institución o una empresa da a otra: *la empresa debe mejorar las prestaciones sociales que da a sus empleados.* **- 2 prestaciones** ***f. pl.*** Rendimiento y características de una máquina: *los nuevos modelos de automóviles ofrecen excelentes prestaciones.*

pres·ta·mis·ta |prestamísta| ***com.*** Persona que se dedica a prestar dinero cobrando por ello un interés: *estoy en una situación económica apurada, así que tendré que acudir a un ~.*

prés·ta·mo |préstamo| **1** ***m.*** Acción y resultado de prestar o tomar prestado: *las bibliotecas dejan libros en ~; este libro no es mío, es un ~.* **2** Cantidad de dinero o de otra cosa que se presta: *tiene que devolver el ~ con intereses.* **3** LING. Palabra que una lengua toma de otra: *la palabra* rock *es un ~ del inglés.*

pres·tar |prestár| **1** ***tr.*** [algo] Entregar una cosa a una persona para que la use durante un tiempo y después la devuelva: *Carmen nos ha prestado sus discos; el banco le prestó el dinero que necesitaba para comprar la casa.* **2** Dar o comunicar: *la prosperidad económica prestó un gran impulso a la cultura y al ocio.* **- 3 prestarse** ***prnl.*** Ofrecerse o mostrarse dispuesto voluntariamente para hacer una cosa: *nadie se prestó a ayudarnos; Lucas se prestó voluntario.* **4** Dar ocasión para que ocurra una cosa: *sus palabras se prestaban a malentendidos.* ■ **~ ayuda/auxilio**, ayudar: *algunos conductores pararon para ~ ayuda a los accidentados.* ■ **~ atención**, *atender o hacer caso: *por favor, presten atención a la explicación.*

pres·te·za |prestéθa| ***f.*** Habilidad y rapidez para hacer una cosa: *barajaba las cartas con gran ~.*

pres·ti·di·gi·ta·⌜dor, ⌜do·ra |prestiðixitaðór, ðóra| ***m. f.*** Persona que hace juegos de manos y otros trucos: *es un ~ muy bueno e hizo desaparecer una paloma en una caja.* ⇒ **ilusionista, mago.**

pres·ti·giar |prestixiár| ***tr.-prnl.*** [algo, a alguien] Dar *prestigio o autoridad; hacer ganar buena fama: *ordenadores como éste prestigian a todos los que se dedican a la informática.* ⇔ **desprestigiar.** ☖ Se conjuga como 17.

pres·ti·gio |prestíxio| ***m.*** Influencia, autoridad, valor o fama que tiene una persona o cosa: *es un hombre con mucho ~; esta marca de coches tiene un ~ internacional.*

pres·ti·gio·⌜so, ⌜sa |prestixióso, sa| ***adj.*** Que tiene *prestigio: *el ayuntamiento ha encargado el monumento a un ~ escultor.*

pres·⌜to, ⌜ta |présto, ta| **1** ***adj.*** Que es rápido y adecuado: *me dejó asombrado su presta solución.* **2** Que está preparado: *estaba ~ a decir la verdad cuando le preguntaran.* **- 3 presto** ***adv. t.*** *form.* Rápido; pronto: *~ tendrá usted noticias mías.* **- 4** ***adv. m.*** MÚS. Con movimiento muy rápido: *esta parte de la composición ha de interpretarse ~.* **- 5** ***m.*** MÚS. Composición o parte de ella con ese movimiento: *el ~ de esta pieza es difícil de ejecutar.*

pre·su·mir |presumír| **1** ***intr.*** Sentirse orgulloso de uno mismo o de una característica propia: *Elena presume de guapa; Ignacio no tiene nada de qué ~.* ⇒ **pavonearse, vanagloriarse. 2** Cuidar mucho el aspecto personal para resultar bello y agradable: *se compra ropa porque le encanta ~.* **- 3** ***tr.*** [algo] Sospechar una cosa a partir de unas señales: *la mujer presumió que su marido estaba borracho.*

pre·sun·ción |presunθión| **1** ***f.*** Muestra orgullosa de lo que se consideran virtudes o bienes propios: *estoy harto de sus vanas presunciones.* ⇒ **ego. 2** DER. Hecho que, según la ley, se tiene como verdad hasta que no se demuestre lo contrario: *no se puede olvidar la ~ de inocencia.*

pre·sun·⌜to, ⌜ta |presúnto, ta| ***adj.*** Que se supone: *el juicio del ~ asesino se resolvió en una semana.*

pre·sun·tuo·⌜so, ⌜sa |presuntuóso, sa| ***adj.-s.*** (persona) Que muestra orgullo por las cualidades o actos propios: *no seas ~ porque lo que tienes tú lo tiene mucha gente.* ⇒ **engreído, vanidoso.** ⇔ **humilde.**

pre·su·po·ner |presuponér| ***tr.*** [algo] Dar por cierta o conocida una cosa necesariamente anterior a otra: *si Pérez es el asesino, hay que ~ que estuvo aquí a la hora del crimen.* ☖ El participio irregular es *presupuesto.* Se conjuga como 78.

pre·su·pues·to |presupuésto| **1** ***m.*** Cálculo de lo que va a costar una cosa o de los gastos e *ingresos que se producirán en un periodo de tiempo determinado: *la familia hizo un ~ de las obras de su casa; la empresa ha aprobado el ~ para el año próximo.* **2** Cantidad de dinero calculado para hacer frente a unos gastos determinados: *gastó todo el ~ del mes en aquella fiesta.*

pre·su·ro·⌜so, ⌜sa |presuróso, sa| ***adj.*** Que tiene prisa o se hace con mucha prisa: *anda todo el día ~ porque quiere salir del trabajo dos horas antes.*

pre·ten·der |pretendér| **1** ***tr.*** [algo] Querer o intentar conseguir una cosa: *yo no sé lo que pretende; pretende construir una tapia entre las dos casas; nunca pretendió hacer daño.* **2** Pedir una cosa sobre la que se cree tener cierto derecho; hacer todo lo posible para conseguirla: *varios príncipes europeos pretendían el trono vacante.* **3** [a alguien] *Cortejar a una mujer para casarse con ella: *Miguel Ángel pretende a María.*

pre·ten·dien·te |pretendiénte| ***adj.-s.*** (persona) Que pide o *pretende una cosa; que *pretende casarse con una mujer: *la bella Laura tenía muchos pretendientes.*

pre·ten·sión |pretensión| **1** ***f.*** Deseo o intención de conseguir una cosa: *se presentó a las oposiciones con la ~ de ganar una plaza.* **2** Derecho que una persona cree tener sobre una cosa: *el casamiento truncó las pretensiones al trono de algunos miembros de la realeza.* **3** Muestra orgullosa de lo que se consideran virtudes o bienes propios: *la familia estaba cansada de la ~ de la tía rica.* ☖ Se usa frecuentemente en plural. ■ **tener muchas pretensiones**, aspirar a conseguir mucho poder y riquezas: *esta chica tenía muchas pretensiones pero pocos amigos.*

pre·té·ri·⌜to, ⌜ta |pretérito, ta| **1** ***adj.*** *form.* Que pertenece al pasado; que existió u ocurrió en el pasado: *el pobre caballero se aferraba a la pretérita importancia de su familia.* ⇒ **pasado.** - **2** ***adj.-m.*** LING. (tiempo verbal) Que expresa una acción anterior al presente: *los tiempos de ~ en español son perfecto, pluscuamperfecto, imperfecto, anterior e indefinido.* ⇒ **futuro, presente, tiempo;** ~ **anterior**, el que expresa una acción acabada inmediatamente antes de otra acción pasada y acabada: *el ~ anterior de* saltar *es* hube saltado. ☖ El pretérito anterior se forma con el pretérito indefinido de *haber* y el participio del verbo conjugado. En la actualidad se usa muy poco y es sustituido por otros tiempos; ~ **imperfecto**, el que expresa una acción pasada, en su desarrollo: *el ~ imperfecto de* ir *es* iba; ~ **indefinido/perfecto simple**, el que expresa una acción acabada en el pasado: *el ~ indefinido de* ir *es* fui; ~ **perfecto/perfecto compuesto**, el que expresa una acción acabada dentro de una unidad de tiempo que incluye el presente: *el ~ perfecto de* salir *es* he salido. ☖ El pretérito perfecto compuesto se forma con el presente de *haber* y el participio del verbo conjugado; ~ **pluscuamperfecto**, el que expresa una acción acabada y anterior en relación a otra acción pasada: *el ~ pluscuamperfecto de* leer *es* había leído. ☖ El pretérito pluscuamperfecto se forma con el pretérito imperfecto de *haber* y el participio del verbo conjugado.

pre·tex·to |preté^k^sto| ***m.*** Razón o prueba fingida que da una persona para demostrar que no tiene culpa en un asunto determinado: *entró en la habitación con el ~ de que había olvidado un libro; puso el ~ de que estaba enfermo para no asistir a la reunión.* ⇒ **disculpa, excusa.**

pre·til |pretíl| ***m.*** Muro bajo que cierra lugares altos para impedir que las personas se caigan y permitir que se apoyen: *los niños se sentaron en el ~ del puente.*

pre·va·le·cer |preβaleθér| **1** ***intr.*** Sobresalir una persona o cosa; ser superior a otras: *la amistad prevaleció por encima de los intereses particulares.* **2** *fig.* Mantenerse, crecer o aumentar una cosa no material: *la idea de que el Sol gira alrededor de la Tierra prevaleció durante largo tiempo.* ☖ Se conjuga como 43.

pre·ven·ción |preβenθi̲ó̲n| **1** ***f.*** Preparación o disposición para evitar un mal o ejecutar una cosa: *han puesto en marcha una campaña de ~ contra el sida.* **2** Puesto de *guardia o de policía donde se lleva a las personas que han obrado contra la ley o contra una norma: *llevaron al soldado a la ~ para que cumpliera su castigo.* **3** Cuidado o idea poco favorable que se tiene *respecto de una persona o situación: *tengo cierta ~ hacia esa persona: no me inspira confianza.*

pre·ve·ni·⌈do, ⌈da |preβeníðo, ða| **1** ***adj.*** Que está dispuesto y preparado para una cosa: *como no estaba ~, lo pilló el toro; no estábamos prevenidos contra la sequía.* **2** (persona) Que piensa y prepara antes las cosas que hará o necesitará después: *es una mujer prevenida y tiene siempre la nevera llena.* ⇒ **previsor.**

pre·ve·nir |preβenír| **1** ***tr.*** [algo] Conocer con anterioridad un daño o peligro y tratar de evitarlo o impedirlo: *muchas enfermedades se pueden ~.* **2** [a alguien] Avisar o informar a una persona de que va a ocurrir una cosa: *no digas que no te previne.* **3** *p. ext.* Influir en una persona poniéndola en contra de otra persona o de una cosa: *ella me previno contra ti.* - **4** ***tr.-prnl.*** [algo] Preparar o disponer con anterioridad las cosas necesarias para un fin determinado: *Carlos previno todo lo necesario para el viaje; me previne antes de salir.* ☖ Se conjuga como 90.

pre·ver |preβér| **1** ***tr.*** [algo] Ver con anterioridad; conocer por medio de señales las cosas que van a ocurrir: *dicen que ella tiene poder para ~ el futuro.* **2** Preparar las cosas necesarias para disminuir los efectos negativos de una acción: *no habían previsto las pérdidas y el negocio salió mal.* ☖ No se debe confundir con *proveer.* Se conjuga como 91.

pre·⌈vio, ⌈via |préβi̲o̲, βi̲o̲| ***adj.*** Que va delante o que ocurre primero: *tendremos un ensayo ~ antes de la ceremonia; la cita exige una petición previa de hora.* ⇒ **anterior.**

pre·vi·si·ble |preβisíβle| ***adj.*** Que puede ser previsto: *ante la ausencia de lluvias es ~ una gran sequía.* ⇔ **imprevisible.**

pre·vi·⌈sor, ⌈so·ra |preβisór, sóra| ***adj.-s.*** (persona) Que piensa y prepara antes las cosas que hará o necesitará después: *como soy ~, supe que tardaríamos en llegar a la casa y he traído agua y comida.*

prez |préθ| ***amb.*** Honor que se gana por haber hecho una cosa que merece ser alabada: *el soldado consiguió ~ y gloria.* ☖ El plural es *preces.*

prie·⌈to, ⌈ta |pri̲é̲to, ta| ***adj.*** Que está apretado: *estos pantalones me están muy prietos de la cintura.*

pri·ma |príma| **1** ***f.*** Cantidad de dinero que se paga por tener un seguro: *el asegurado paga la ~ al asegurador.* **2** Cantidad de dinero que se concede como premio o para animar a hacer mejor un trabajo: *los empleados de la empresa reciben una ~ a final de año si han superado el volumen de ventas previsto.* **3** Primera cuerda, la más delgada, de ciertos instrumentos musicales: *la ~ es la cuerda que produce los sonidos más agudos.*

pri·ma·cí·a |primaθía| ***f.*** Superioridad o ventaja de una cosa sobre otra de su especie: *para este tipo de adornos, es innegable la ~ del oro sobre los demás metales; el atleta demostró nuevamente su ~.*

pri·mar |primár| **1** ***intr.*** Destacar, sobresalir o distinguirse: *el humor prima en su obra; lo que primó en su vida fue su dedicación a los pobres.* - **2** ***tr.*** [algo, a alguien] Conceder o pagar una cantidad de dinero como *prima: *el presidente del equipo de fútbol primó a sus jugadores por ganar la liga.*

pri·ma·⌈rio, ⌈ria |primári̲o̲, ri̲a̲| **1** ***adj.*** Que es el primero en orden o grado: *es maestro de enseñanza primaria.* **2** Que es necesario o principal: *el alimento es un bien ~.* **3** Que es primitivo; que está poco desarrollado: *utilizan un método muy ~, pero lo van a perfeccionar.* **4** Que es rudo y se comporta sin educación: *el casero era un tipo ~.* **5** (color) Que es puro y se mezcla con otro u otros para producir todos los colores: *los colores primarios son el azul, el rojo y el amarillo.* **- 6** ***adj.-m.*** GEOL. (periodo de la historia de la Tierra) Que se extiende desde hace 570 millones de años hasta hace 255 millones de años: *en la era primaria se formaron el carbón y el petróleo; durante el ~ aparecieron los primeros vertebrados.* ⇒ **cuaternario, secundario, terciario.**

pri·ma·te |primáte| ***adj.-m.*** ZOOL. (animal) Que es mamífero, parecido al hombre, con cinco dedos en cada mano y que se alimenta de vegetales y de otras cosas: *los simios y los hombres son primates; los primates viven generalmente en climas tropicales.*

pri·ma·ve·ra |primaβéra| **1** ***f.*** Estación del año comprendida entre el invierno y el verano: *la ~ en el hemisferio norte corresponde a los meses de marzo, abril y mayo; en ~ comienza a hacer calor y nacen las hojas y las flores.* **2** *fig.* Tiempo en que una persona o cosa está en su mayor grado de desarrollo, belleza o energía: *la juventud es la ~ de la vida.* **3** Planta de pequeño tamaño, con las hojas anchas y largas y con flores amarillas: *la ~ se cultiva como planta de adorno en los jardines.* **- 4** ***adj.-m.*** (persona) Que es fácil de engañar: *este chico es un ~.* **- 5 primaveras** ***f. pl.*** *fig.* Años, especialmente para las personas jóvenes: *está contenta con sus 20 primaveras.*

pri·ma·ve·ral |primaβerál| ***adj.*** De la primavera o que tiene relación con ella: *estos días está haciendo un tiempo ~.*

pri·mer |primér| ***adj.*** Apócope de *primero*: *hoy es el ~ día del curso.* ⇒ **primero.** ⌂ Sólo se usa delante de los sustantivos masculinos.

pri·me·ra |priméra| ***f.*** *Marcha del motor de un vehículo que se usa para empezar a *circular: *después de arrancar el coche, metió la ~.* ■ **a la ~ de cambio/a las primeras de cambio**, de manera inesperada; en la primera ocasión: *a la ~ de cambio, me pidió prestado dinero.* ■ **de buenas a primeras**, de manera inesperada; sin que haya una razón: *empezó a llorar de buenas a primeras.* ■ **de ~**, muy bueno; muy bien: *la paella te ha salido de ~.* ■ **de ~**, (permiso de conducir) que permite llevar *camiones y *autobuses: *me saqué el carné de ~ para conducir el camión.* ■ **de ~ necesidad**, que no puede faltar: *han subido el precio de muchos productos de ~ necesidad.* ■ **de primeras**, al principio; en un primer momento: *de primeras me pareció un buen chico.*

pri·me·ri·za |primeríθa| ***adj.-f.*** (mujer o hembra) Que va a tener su primer hijo: *el médico atendió a la ~ y la felicitó por el parto.*

pri·me·ri·⌜zo, ⌜za |primeríθo, θa| ***adj.-s.*** Que hace por primera vez una cosa; que es nuevo en un trabajo o profesión: *el camarero se disculpó diciendo que era ~.* ⇒ **novato.**

pri·me·⌜ro, ⌜ra |priméro, ra| **1** ***num.*** (persona, cosa) Que está, en un orden, antes que los demás: *si el número dos va después mí, soy el ~ de la lista.* ⇔ **último.** **2** Que es más importante o mejor que los demás de un conjunto o serie: *Roberto es el ~ a la hora de trabajar; Rafael siempre ha sido el ~ de la clase.* **- 3** ***adj.*** Que es antiguo o anterior: *menos mal que las cosas han vuelto a su estado ~.* **- 4 primero** ***adv. t.*** antes que nada: *~ recoge todos esos trastos y luego puedes irte a jugar.* ■ **a primeros**, en los días con los que comienza un periodo de tiempo: *iremos a verte a primeros de agosto; las rebajas comenzarán a primeros de año.*

pri·mi·cia |primíθia| ***f.*** Noticia hecha pública por primera vez: *tengo una ~ para ti; la cadena de televisión dio la ~ a las tres de la tarde.*

pri·mi·ti·va |primitíβa| ***adj.-f.*** (*lotería) Que consiste en sortear seis números entre 49 y premiar con dinero a quienes hayan acertado algunos o todos esos números: *todos los jueves juegan a la ~.* ⇒ **lotería.**

pri·mi·ti·vis·mo |primitiβísmo| **1** ***m.*** Conjunto de actitudes y costumbres que se consideran propias de los pueblos primitivos: *en su viaje a África quedó asombrado por el ~ de las tribus.* **2** Comportamiento poco delicado: *me avergüenzo del ~ de tus modales; en esa novela el protagonista destaca por su ~.* ⇒ **rudeza.** **3** Tendencia artística que se basa en un estilo sencillo: *me gusta el ~ de este pintor, sus cuadros son muy simples.*

pri·mi·ti·⌜vo, ⌜va |primitíβo, βa| **1** ***adj.*** Que pertenece a los orígenes o primeros tiempos o que tiene relación con ellos: *en el yacimiento encontraron objetos primitivos; no deberían reformar la iglesia, tendrían que conservarla en su estado ~.* **- 2** ***adj.-s.*** Que tiene una cultura poco avanzada: *los pueblos primitivos cazaban animales y se cubrían con sus pieles.* **- 3** ***adj.*** Que es muy elemental, que está poco desarrollado: *todavía usan métodos primitivos para cultivar la tierra.* **4** (persona) Que es rudo, que se comporta sin educación: *es muy ~, todavía no ha aprendido las normas sociales.* **- 5** ***adj.-m.*** LING. (palabra) Que no procede de otra palabra de la misma lengua: pescado *es la palabra primitiva a partir de la que se han formado* pescadero *y* pescadería. ⇒ **derivado.** **6** ESC. PINT. Que es anterior al periodo clásico de un estilo: *la pintura de los primitivos flamencos es de una belleza extraordinaria.*

pri·⌜mo, ⌜ma |prímo, ma| **1** ***m. f.*** Hijo o hija de un *tío o una *tía en cuanto a una persona: *Luis y sus primos se fueron a merendar al campo; vino a visitarnos un ~ lejano;* **~ hermano**, hijo o hija de los *tíos *paternos o *maternos en cuanto a una persona: *Olga y yo somos primas hermanas.* **2** *fam. fig.* Persona simple que se deja engañar fácilmente: *me parece que este chico es un ~, todo el mundo se aprovecha de él.* ⇒ **ingenuo.** ■ **hacer el ~**, *fam.*, dejarse engañar fácilmente; hacer un trabajo que no va a ser útil: *si trabajas mucho en la fábrica y no te pagan de acuerdo con tu trabajo, estás haciendo el ~.* ■ **ser ~ hermano de**, *fam.*, ser una cosa muy parecida a otra: *estas mesas son primas hermanas.*

pri·mo·gé·ni·⌜to, ⌜ta |primoxénito, ta| ***adj.-s.***

(hijo) Que nace el primero: *el rey nombró heredero a su ~.*

pri·mor |primór| **1** ***m.*** Habilidad o cuidado al hacer o decir una cosa: *bordaba las sábanas con ~.* **2** Obra bella y delicada hecha con cuidado: *al ver el mantel, sólo pudo decir: «¡qué ~!».*

pri·mor·dial |primorðiál| ***adj.*** Que es necesario o muy importante: *aquella obra fue ~ para el avance de la ciencia.* ⇒ **esencial, fundamental.**

pri·mo·ro·⌈so, ⌈sa |primoróso, sa| **1** ***adj.*** Que es bello y delicado; que está hecho con habilidad y cuidado: *es una poesía primorosa.* **2** Que tiene habilidad y cuidado al hacer o decir una cosa: *se trata de un pintor ~, que cuida todos los detalles.*

prin·ce·sa |prinθésa| **1** ***f.*** Hija del rey, que hereda la corona: *el rey Fernando VII tuvo dos hijas, la princesa Isabel y la infanta Luisa Fernanda.* **2** Jefa de un Estado con el título de *principado: *la ~ mostró su principado a los visitantes más ilustres.* ⇒ **príncipe, reina.** **3** Mujer que pertenece a una familia real: *muchas princesas europeas quieren casarse con el heredero.*

prin·ci·pa·do |prinθipáðo| **1** ***m.*** Conjunto de bienes y tierras que pertenecen a un *príncipe: *muchos principados medievales persisten en la actualidad; el ~ de Mónaco está enclavado en Francia.* **2** Título o categoría de *príncipe: *el heredero del trono recibió el ~ nada más nacer.*

prin·ci·pal |prinθipál| **1** ***adj.*** Que es lo más importante o lo primero: *el objetivo ~ de la campaña publicitaria es vender el producto.* ⇒ **básico, fundamental, trascendental, vital.** ⇔ **secundario.** **2** LING. (palabra o grupo de palabras) Que *rige o *subordina a otras: *en* cuando llegue Paula, saldremos hacia tu casa, saldremos hacia tu casa *es la oración ~.* - **3** ***adj.-m.*** (piso de un edificio) Que está sobre el bajo o sobre el *entresuelo: *los Méndez viven en el ~.*

prín·ci·pe |prínθipe| **1** ***m.*** Hijo del rey, *heredero de la corona: *los reyes y el príncipe presidieron la ceremonia.* ⇒ **princesa.** **2** Jefe de un Estado con el título de *principado: *el ~ de Mónaco asistió a la recepción del embajador.* ⇒ **rey.** **3** Hombre que pertenece a una familia real: *a la boda real asistieron príncipes de todo el mundo.* **4** Título de honor que da el rey a una persona por su valor: *Carlos IV nombró a Godoy Príncipe de la Paz.* **5** Hombre que es el primero, el mejor o superior en una cosa: *fue el ~ de los poetas de su tiempo.* ■ **~ azul**, hombre ideal con el que una mujer sueña casarse: *muchas personas dicen que su ~ azul no existe.*

prin·ci·pes·⌈co, ⌈ca |prinθipésko, ka| ***adj.*** Que tiene una característica que se considera propia de un *príncipe: *el trato entre los invitados fue ~.*

prin·ci·pian·te |prinθipiánte| ***adj.-s.*** (persona) Que empieza a ejercer una profesión y no tiene demasiada experiencia: *soy un ~ pero aprendo rápido y tengo mucha ilusión.* ⇒ **novato.**

prin·ci·piar |prinθipiár| ***tr.-intr.*** [algo] Comenzar, empezar o dar principio: *el* Quijote *principia con las palabras «En un lugar de La Mancha».* ☐ Se conjuga como 12.

prin·ci·pio |prinθípio| **1** ***m.*** Primer momento o parte primera de una cosa: *al ~ discutíamos mucho, pero ahora somos buenos amigos; deberías comenzar leyendo el libro por el ~, no por la última página.* ⇒ **comienzo, inicio.** ⇔ **fin, final.** **2** Origen o causa: *aquel encuentro casual fue el ~ de una larga amistad.* **3** Idea en la que se apoya un razonamiento: *debes estudiar los principios de aritmética para resolver este problema; si partes del ~ de que es un mentiroso, comprenderás muchas cosas.* ⇒ **base.** ☐ Se usa frecuentemente en plural. **4** Idea o norma que *orienta la manera de pensar o de obrar: *mis principios no me permiten aprobar tu comportamiento; es una persona sin principios.* ☐ Se usa frecuentemente en plural. **5** Elemento que junto con otros compone un cuerpo o sustancia: *si te falta algún principio elemental no te saldrá bien lo que estás haciendo.* ■ **a principios**, en los primeros días de un periodo de tiempo: *vendrán a España a principios de mayo; esta ópera se compuso a principios de siglo.* ■ **al ~**, al comienzo: *al ~ no me di cuenta del error.* ⇔ **final.** ■ **dar ~**, comenzar una cosa: *dio ~ a la reunión con unas buenas frases.* ■ **en ~**, de modo *inicial; sin analizar en detalle: *en ~ estoy de acuerdo contigo, pero discrepo en algunos aspectos; en ~ nos vemos mañana, pero esta tarde te lo aseguraré.*

prin·gar |priŋgár| **1** ***tr.*** *fam. vulg.* [algo] Mojar trozos de pan u otro alimento con *pringue, grasa o salsa: *le gusta ~ en el aceite que queda en el plato.* - **2** ***tr.-prnl.*** *fam.* [algo, a alguien] Manchar o mancharse con *pringue o grasa: *ya has pringado la manga; me he pringado con el aceite del coche.* **3** *fam. fig.* [a alguien] Meter a una persona en un asunto que no le importa o que puede traer problemas: *ha pringado a toda su empresa en el fraude; varios empleados se pringaron en un asunto turbio.* ⇒ **mezclar.** - **4** ***intr.*** *fam.* Trabajar de forma intensa, generalmente más que los demás: *los más jóvenes son los únicos que pringan.* ☐ Se conjuga como 7.

prin·go·⌈so, ⌈sa |priŋgóso, sa| ***adj.*** Que tiene grasa, suciedad pegajosa o *pringue: *llevaba la ropa pringosa.*

prin·gue |príŋge| **1** ***amb.*** Grasa que suelta el *tocino u otro alimento *grasiento sometido a la acción del fuego: *tenía los dedos manchados de ~.* **2** *fig.* Suciedad o grasa que se pega a la ropa o a otra cosa: *¡Dios mío, qué ~ hay en la cocina!*

prior |priór| ***m.*** Hombre que gobierna una comunidad religiosa: *quiero hablar con el ~ del convento.* ⇒ **priora, superior.**

prio·ra |prióra| ***f.*** Mujer que gobierna una comunidad religiosa: *la ~ del convento congregó a todas las hermanas.* ⇒ **prior, superior.**

prio·ri·dad |prioriðáᵈ| **1** ***f.*** Ventaja que una persona o cosa tiene sobre otra: *este asunto tiene absoluta ~, hay que resolverlo primero; en este cruce tiene usted la ~.* ⇒ **preferencia.** **2** Cosa que es más importante o que tiene ventaja sobre otra: *cada persona tiene sus prioridades y el bienestar es una de ellas.* ☐ Se usa frecuentemente en plural.

pri·sa |prísa| **1** ***f.*** Rapidez con que ocurre o se hace una cosa: *con la ~, se me olvidó el dinero.* **2** Deseo de hacer o de decir una cosa rápidamente: *tenemos ~ por acabar.* ⇒ **deprisa.** ■ **correr ~**, ser urgente: *deja lo que estás haciendo y ayúdame, que esto corre ~.* ■ **darse ~**, intentar hacer o acabar una cosa rápidamente: *date ~ en vestirte, que llegamos tarde.* ■ **meter ~**, intentar que una persona haga una cosa rápidamente: *no me metas ~ porque al final me va a salir mal.*

pri·sión |prisión| **1** ***f.*** Edificio o local en el que la autoridad encierra a los que han obrado contra la ley: *las prisiones cuentan con fuertes sistemas de seguridad para que nadie pueda escapar.* ⇒ **cárcel, presidio, talego. 2** Estado del *preso o *prisionero: *lleva 20 años de ~.* **3** DER. Pena de *privación de libertad, inferior a la de *reclusión y superior a la de *arresto: *fue condenado a ~; ~* **mayor**, la que dura desde seis años y un día hasta doce años: *el cómplice del asesino fue condenado a ~ mayor;* ~ **menor**, la que dura desde seis meses y un día a seis años: *el estafador fue condenado a ~ menor;* ~ **preventiva**, la que ordena un *juez mientras se *tramita la causa: *el juez ha ordenado la ~ preventiva para el acusado.*

pri·sio·ne·⌜ro, ⌜ra |prisionéro, ra| **1** ***m. f.*** Persona a la que se encierra y se retiene contra su voluntad: *los secuestradores del avión tomaron al piloto como ~; uno de los prisioneros logró escapar.* ⇒ **cautivo;** ~ **de guerra**, persona que cae en poder del ejército enemigo: *el ejército trató con dureza a los prisioneros de guerra.* **2** *fig.* Persona que está dominada por una pasión o afecto: *aquel hombre era ~ del deseo.*

pris·ma |prísma| **1** ***m.*** GEOM. Cuerpo sólido con dos caras paralelas e iguales, llamadas bases, y con tantas caras como lados tiene cada base: *los diamantes tienen forma de ~;* ~ **recto**, el de caras que forman ángulo recto con la base; ~ **oblicuo**, el de caras que no forman ángulo recto con la base. **2** Cuerpo sólido de cristal de base triangular, usado para reflejar o descomponer la luz: *en esta cámara, la imagen pasa a través de un ~.* **3** *fig.* Manera de considerar una cosa: *consideremos el problema desde un ~ distinto.*

pris·má·ti·⌜co, ⌜ca |prismátiko, ka| **1** ***adj.*** Que tiene forma de *prisma: *el frío congeló el agua formando figuras prismáticas.* **- 2 prismáticos** ***m. pl.*** Aparato con dos tubos que tienen en su interior una combinación de *prismas, para hacer que se vean más grandes las cosas que están lejos: *miraba las águilas con unos prismáticos.* ⇒ **anteojos, gemelo.**

pri·va·ción |priβaθión| **1** ***f.*** Falta o pérdida de una cosa que se tenía: *lo han condenado a una pena de ~ de libertad.* **2** Falta o *carencia de lo necesario para vivir: *cuando se quedó sin trabajo, pasó muchas privaciones.* ☐ Se usa frecuentemente en plural.

pri·va·⌜do, ⌜da |priβáðo, ða| **1** ***adj.*** Que se realiza con muy poca gente presente, de manera familiar y sin ceremonia: *doy una fiesta privada en mi casa, sólo para amigos; no quisieron que su boda fuera un acontecimiento social, prefirieron que fuera privada.* **2** Que es propio y personal: *nadie debe invadir la vida privada de cada persona; no le gusta contar los problemas privados.* **3** Que pertenece a una o varias personas y sólo ellas pueden disponer su uso: *este campo de golf es ~.* ⇒ **particular.** ⇔ **público. 4** Que se tiene o se realiza de manera particular, fuera de un cargo, empleo o actividad públicos: *venga a mi consulta privada.* ⇒ **particular.** ⇔ **oficial, público. 5** (persona) Que ha perdido el sentido por culpa de un golpe o un dolor: *el niño se quedó ~ después de la caída.* **- 6 privado** ***m.*** Hombre en quien *confía un gobernante y al que pide consejo: *el conde-duque de Olivares fue el ~ del rey Felipe IV.*

pri·var |priβár| **1** ***tr.*** [a alguien] Quitar a una per-

PRISMA HEXAGONAL

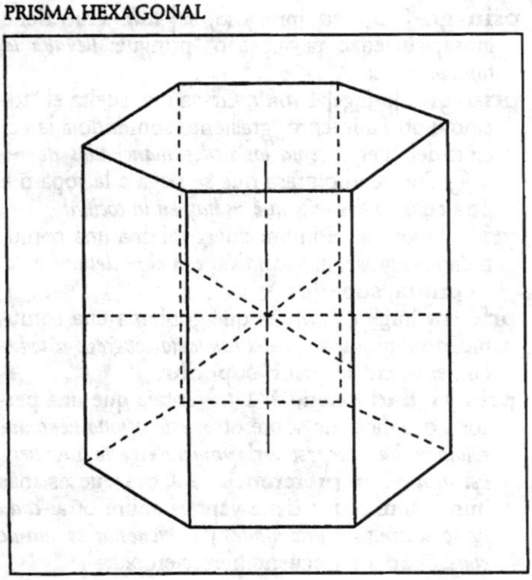

PRISMA TETRAGONAL

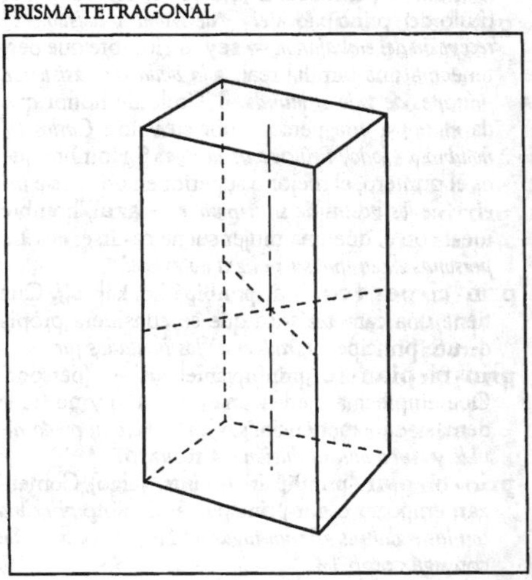

sona una cosa que posee o de la que disfruta: *los dictadores privaron a los ciudadanos de sus derechos.* **2** Prohibir o impedir: *el médico me ha privado de fumar.* **- 3** ***tr.-prnl.*** Perder o hacer perder el sentido por culpa de un golpe o dolor: *el golpe lo privó de la vista.* **- 4** ***intr.-prnl.*** Gustar mucho: *le privan los pasteles de chocolate; me privo por la paella.* **- 5** ***intr.*** Estar de moda: *lo que priva ahora es ir en moto.* **- 6 privarse** ***prnl.*** Renunciar voluntariamente a una cosa agradable o útil: *si nos privamos de comer en restaurantes, ahorraremos un poco.*

pri·va·ti·⌈vo, ⌈va |priβatíβo, βa| **1** ***adj.*** *form.* Que es propio o especial de una persona o de una cosa: *las instalaciones deportivas son para uso ~ de los socios.* ⇒ **exclusivo, personal. 2** Que supone prohibición o falta de una cosa: *la condena de prisión es una pena privativa de libertad.*

pri·va·ti·zar |priβatiθár| **1** ***tr.*** ECON. [algo] Hacer pasar al *sector privado una actividad del *sector público: *el gobierno ha decidido ~ el servicio de correos.* **2** ECON. Hacer pasar a propiedad privada una actividad pública: *se han privatizado muchas empresas estatales.* ◯ Se conjuga como 4.

pri·vi·le·gio |priβiléxio| **1** ***m.*** Ventaja, derecho o provecho del que disfruta una o varias personas: *los nobles tenían privilegios, como el de no pagar impuestos; el jefe tiene el ~ de levantarse tarde; es un ~ poder entrar en su casa.* **2** Documento en el que figura la *concesión de una ventaja, un derecho o un provecho: *en el archivo se conservan los privilegios firmados por el rey.*

pro |pro| ***prep.*** En favor de: *organizaron una colecta ~ derechos humanos.* ◯ Se usa delante de sustantivos sin artículo. ■ **en ~ de**, en defensa de: *todos firmaron la petición en ~ de la naturaleza.* ■ **los pros y los contras**, ventajas e *inconvenientes de un asunto: *analizaron los pros y los contras antes de tomar una decisión.*

pro·a |próa| ***f.*** Parte anterior de una embarcación: *la ~ cortaba las olas; se acercó a la ~ para mirar el horizonte.* ⇔ **popa.**

pro·ba·bi·li·dad |proβaβiliðáᶞ| **1** ***f.*** Posibilidad de que una cosa se cumpla u ocurra: *tengo muchas probabilidades de aprobar el examen porque he contestado a todas las preguntas.* **2** Cálculo de las posibilidades de que una cosa se cumpla o *suceda: *sólo hay un cinco por ciento de ~ de que la operación no sea un éxito.*

pro·ba·ble |proβáβle| **1** ***adj.*** Que es muy posible que ocurra: *el cielo está nuboso y es ~ que llueva; es muy ~ que venga hoy.* ⇒ **posible.** ⇔ **improbable. 2** Que se puede probar: *el abogado defensor necesitaba una coartada ~ para salvar al acusado.* ⇔ **improbable.**

pro·ba·dor |proβaðór| ***m.*** Espacio pequeño y aislado donde los clientes se prueban las prendas de vestir en las tiendas de ropa: *¿puedo probarme este pantalón? —Naturalmente. Pase al ~ del fondo.*

pro·bar |proβár| **1** ***tr.-prnl.*** [algo] Usar una cosa para ver si funciona o sirve para un fin: *antes de comprar el equipo de música, conviene que lo pruebes; acabo de arreglar la plancha, pruébala para ver si funciona; estaba delante del espejo probándose un sombrero rojo.* **- 2** ***tr.*** Tomar una pequeña cantidad de comida o bebida: *probó la ensalada y dijo que tenía demasiado vinagre; el cocinero metió la cuchara en la olla y probó el guisado; prueba este cóctel, verás como te gusta.* ⇒ **catar. 3** Demostrar la verdad de un hecho mediante razones: *el abogado no pudo ~ la inocencia del acusado.* **4** Comer o beber una cosa: *Pilar pasó un día entero sin ~ bocado; desde que el médico se lo prohibió, no prueba la carne.* ◯ Se usa sobre todo en frases negativas. **5** [a alguien] Examinar las cualidades de una persona: *lo único que buscaba con sus preguntas impertinentes era ~ a Lucía.* **- 6** ***intr.*** Intentar una cosa: *probó a levantarse, pero no pudo; prueba tú a abrir este bote, que yo no puedo.* ◯ Se usa con la preposición *a* y otro verbo en infinitivo. Se conjuga como 31.

pro·be·ta |proβéta| ***f.*** Recipiente en forma de tubo, generalmente de cristal, que sirve para contener o medir líquidos: *la ~ se usa en los laboratorios químicos y fotográficos; hay probetas con un pie de apoyo y con un pico en el borde para verter líquidos.*

pro·ble·ma |proβléma| **1** ***m.*** Hecho o situación que hace difícil o impide hacer o conseguir una cosa: *tengo problemas con la cadena de la bicicleta; el único ~ es que no tengo tiempo para verte.* ⇒ **dificultad. 2** Hecho o situación que necesita una solución: *el paro es un ~ social grave; en la reunión se plantearon los problemas de la agricultura; no hay modo de resolver el ~ de la vivienda.* **3** MAT. Presentación de una información a partir de la cual hay que dar respuesta a una pregunta o resolver una situación: *el profesor resolvió el ~ durante la clase de matemáticas.*

pro·ble·má·ti·⌈co, ⌈ca |proβlemátiko, ka| ***adj.*** Que supone un problema; que da problemas: *mis amigos tienen un hijo muy ~; la votación será problemática.*

pro·ca·ci·dad |prokaθiðáᶞ| ***f.*** Cualidad de *procaz: *la ~ de su lenguaje es ofensiva.*

pro·caz |prokáθ| ***adj.*** Que habla u obra sin vergüenza o de un modo *atrevido: *es un hombre ~ y grosero, que hace proposiciones deshonestas a cualquiera.*

pro·ce·den·cia |proθeðénθia| **1** ***f.*** Origen de una persona o de una cosa: *nadie conoce su verdadera ~.* **2** Lugar de origen de una persona o de una cosa: *se especula sobre la ~ de las aguas contaminadas; se trató de determinar la ~ de los disparos.* **3** DER. Adecuación a la moral, la razón o el derecho: *se cuestiona la ~ de su actuación.*

pro·ce·den·te |proθeðénte| **1** ***adj.*** Que procede o desciende de una persona o cosa: *el dinero ~ de la colecta se repartirá entre los pobres.* **2** Que procede o viene de un lugar: *el avión ~ de Bilbao llegará dentro de cinco minutos.* **3** Que es adecuado a la moral, la razón o el derecho: *creo que los medios utilizados no han sido procedentes.*

pro·ce·der |proθeðér| **1** ***m.*** *form.* Manera de comportarse: *su ~ no fue el más adecuado a las circunstancias.* **- 2** ***intr.*** DER. Comenzar o seguir un juicio: *se ha procedido contra el posible asesino.* **3** *form.*

Comportarse de una manera determinada: *procedió como convenía a la situación; cada uno debe ~ como le dicte su conciencia.* **4** *form.* Ser conveniente o adecuado: *procede actuar con mucha prudencia; tus opiniones no proceden.* **5** [de algo, de algún lugar] Nacer o tener origen: *las esculturas encontradas proceden de la cultura azteca; ¿de dónde procede la palabra* perejil*?; este producto procede de los montes Urales.* ⇒ **provenir. 6** Tener origen una persona; nacer o descender: *Alberto procede de una antigua familia de Burgos.* **7** [de algún lugar] Salir o venir: *los ingresos de los músicos procedían de sus conciertos.* **8** *form.* [a algo] Comenzar a hacer una cosa: *después de la discusión procedieron a la votación.*

pro·ce·di·mien·to |proθeðimiénto| **1** ***m.*** Método o manera de ejecutar o de hacer una cosa: *le explicó el ~ para poner en marcha la maquinaria.* **2** DER. Ejecución y proceso *administrativo o legal: *faltan los expedientes y se asegura que se ha omitido el ~ de contratación administrativa.*

pro·ce·sar |proθesár| **1** ***tr.*** DER. [a alguien] Formar un proceso legal contra una persona: *el detenido será procesado por la comisión de un delito.* **2** Someter a un proceso de elaboración o de transformación: *están procesando los datos en el centro de cálculo.*

pro·ce·sión |proθesión| **1** ***f.*** Conjunto de personas que caminan en orden de un lugar a otro, llevando imágenes religiosas y rindiéndoles *culto: *desde la ventana vimos pasar una ~ con la Virgen de la Soledad.* **2** Acción de caminar en orden de un lugar a otro, generalmente con un fin religioso: *el pueblo fue en ~ hasta la ermita.* **3** *fig.* Conjunto de personas o animales que van en orden de un lugar a otro: *una ~ de orugas trepaba por el árbol.* ■ **ir la ~ por dentro,** *fam.*, sentir pena o dolor pero mostrando tranquilidad: *todos asistieron al entierro sin llorar, pero la ~ iba por dentro.*

pro·ce·sio·nal |proθesionál| ***adj.*** De la *procesión o que tiene relación con ella: *el desfile ~ pasará por esta calle a media tarde.*

pro·ce·sio·na·ria |proθesionária| ***f.*** Gusano de ciertos insectos cubierto de pelo que se traslada en grupos formando filas: *la ~ vive en las encinas o los pinos y se alimenta de sus hojas.*

pro·ce·so |proθéso| **1** ***m.*** Conjunto de los diferentes momentos de un fenómeno natural o artificial: *debes tener paciencia porque la curación de tu enfermedad seguirá un ~ lento; el ~ de creación de una democracia debe pasar por la votación de un texto constitucional.* **2** Conjunto de las diferentes acciones realizadas para conseguir un resultado: *en el ~ de elaboración del pan se utilizan levaduras; han inventado nueva maquinaria para acelerar el ~ de fabricación de ropa industrial.* **3** DER. Conjunto de acciones realizadas por un tribunal de justicia: *mañana comienza el juicio por el ~ que se sigue contra los acusados de tráfico de droga.* ⇒ **causa.**

pro·cla·mar |proklamár| **1** ***tr.*** [algo] Publicar en voz alta una cosa para que todo el mundo la conozca: *el caballero proclamó el amor que sentía por la princesa.* **2** Hacer público el comienzo de un gobierno determinado, generalmente en una ceremonia: *después de derrocar al rey, proclamaron la república.* **- 3 proclamarse *prnl.*** Darse o atribuirse a uno mismo un cargo, una autoridad o un *mérito: *Napoleón se proclamó emperador.*

pro·clí·ti·⌜co, ⌜ca |proklítiko, ka| ***adj.-m.*** LING. (palabra) Que, por no tener acento propio, se une en la pronunciación a la palabra siguiente, aunque al escribirla se mantenga separada: *los artículos son proclíticos.* ⇔ **enclítico.**

pro·cli·ve |proklíβe| ***adj.*** Que tiene inclinación o disposición natural a una cosa: *nuestra sociedad es ~ al cambio.* ⇒ **propenso.**

pro·cre·ar |prokreár| ***tr.*** [algo] Crear un animal un miembro de su misma especie: *el zoológico ha reunido un macho y una hembra de panda para que procreen.* ⇒ **engendrar.**

pro·cu·ra·⌜dor, ⌜do·ra |prokuraðór, ðóra| ***m. f.*** DER. Persona que, con permiso legal, ejerce ante los tribunales la representación de otra persona en un proceso *judicial: *será castigado el abogado o ~ que perjudique a su cliente o descubra sus secretos.*

pro·cu·rar |prokurár| **1** ***tr.*** [algo] Esforzarse todo lo posible para conseguir una cosa que se desea: *procura portarte bien; la madre procuró dominarse y no ponerse nerviosa.* ⇒ **intentar. - 2 *tr.-prnl.*** Conseguir para uno mismo o para los demás: *le procuramos agua, comida y unas mantas; se procuró un techo bajo el que dormir.*

pro·di·gar |proðiɣár| **1** ***tr.*** [algo] Gastar con exceso y sin cuidado: *no prodigues así tu dinero o te arruinarás.* **2** Dar con abundancia: *la madre prodigaba caricias y besos a sus hijos.* **- 3 prodigarse *prnl.*** Mostrarse en público de forma excesivamente frecuente y poco adecuada: *se prodiga en las fiestas de la alta sociedad para darse a conocer.* ⇒ **exhibir.** ☐ Se conjuga como 7.

pro·di·gio |proðíxio| **1** ***m.*** Hecho que no puede explicarse por causas naturales y que provoca admiración: *muchas personas presenciaron el ~ de la conversión del agua en vino.* ⇒ **milagro. 2** Persona, cosa o hecho extraordinario que produce admiración: *muchas mariposas son un ~ de la naturaleza.* ⇒ **maravilla, portento.**

pro·di·gio·⌜so, ⌜sa |proðixióso, sa| **1** ***adj.*** Que no se puede explicar por causas naturales y que provoca admiración: *muchos santos han hecho curaciones prodigiosas.* ⇒ **milagroso. 2** Que es extraordinario y provoca admiración: *la prodigiosa voz de la cantante parece no agotarse nunca.* ⇒ **maravilloso, milagroso.**

pró·di·⌜go, ⌜ga |próðiɣo, ɣa| **1** ***adj.-s.*** (persona) Que gasta con exceso y sin cuidado: *si sigues siendo tan ~ acabarás en la ruina.* ⇒ **manirroto. - 2 *adj.*** Que es muy generoso: *gracias a un amigo ~ pudo estudiar en el extranjero.* **3** Que produce o da en abundancia una cosa: *el mercado ya no es tan ~ en ofertas; esta tierra es pródiga en agua.*

pro·duc·ción |proðuᵏθión| **1** ***f.*** Acción y resultado de producir: *esta fábrica se dedica a la ~ de calzado.* **2** Cosa producida de manera natural o artificial: *nuestra ~ es de gran calidad; el director quiso examinar la ~.* ⇒ **producto. 3** Suma de los productos del campo y de la industria: *la ~ del país es eminentemente agrícola; la ~ industrial ha bajado con relación al año anterior.* **4** Acción y resultado de realizar una película o un programa de radio o televisión, o de montar un espectáculo: *además de gran actor, invierte su dinero en la ~ de películas de directores jóvenes.* **5** Conjunto de personas y medios que se dedican a realizar una película o un programa de radio o televisión, a montar un espectáculo u otra cosa parecida: *el equipo de ~ ha sido premiado recientemente.* **6** ECON. Conjunto de actividades humanas dirigidas a aprovechar las materias *primas naturales para conseguir bienes útiles para el hombre: *la ~ es la actividad fundamental de cualquier sociedad humana en cualquier periodo histórico.*

pro·du·cir |proðuθír| **1** ***tr.*** [algo] Causar, *ocasionar o dar origen: *la primera vez que vi un cuadro de Picasso me produjo una gran impresión; la picadura del mosquito le ha producido un gran picor.* **2** Dar fruto la tierra o las plantas: *estos terrenos son muy adecuados para ~ trigo; la vid es la planta que produce la uva.* **3** Fabricar cosas a través del trabajo: *esta empresa produce quesos y otros derivados de la leche.* **4** Pagar los gastos que supone realizar una película o un programa, montar un espectáculo u otra cosa parecida: *se ha encargado de ~ un programa para la radio; el cineasta inglés producirá una película de ciencia-ficción.* **5** Crear una obra de arte: *el escritor acaba de ~ uno de sus mejores libros.* **6** ECON. Crear cosas que tienen un valor *económico: *el negocio va muy bien: se ha producido más que el año pasado; el dinero del banco me ha producido muy pocos intereses.* ☐ Se conjuga como 46.

pro·duc·ti·vi·dad |proðu^{k}tiβiðá^{ð}| **1** ***f.*** Cualidad de *productivo: *la excelente situación de esta empresa se debe a su ~.* **2** Capacidad de producir: *los abonos mejoran la ~ de la tierra.*

pro·duc·ti·⌜vo, ⌜va |proðu^{k}tíβo, βa| **1** ***adj.*** Que produce o es capaz de producir en abundancia: *están muy contentos porque tienen un negocio ~; esta raza de vacas es muy productiva.* ⇒ **fructífero.** ⇔ **estéril, improductivo.** **2** ECON. Que da un resultado favorable al comparar los precios y los *costes: *la inversión está resultando francamente productiva.*

pro·duc·to |proðú^{k}to| **1** ***m.*** Cosa producida de manera natural o artificial: *este camión se utiliza para transportar productos del campo; la industria ha tenido problemas para vender todos sus productos.* ⇒ **artículo, género, producción.** **2** Resultado de una situación o circunstancia: *la categoría profesional que tiene es ~ de su esfuerzo.* **3** Provecho que se saca de una cosa u obra, especialmente dinero: *lo compró con el ~ de su trabajo.* ⇒ **beneficio, ganancia.** **4** MAT. Cantidad que resulta de multiplicar un número por otro: *64 es el ~ que se obtiene al multiplicar 8 por 8.*

pro·duc·⌜tor, ⌜to·ra |proðu^{k}tór, tóra| **1** ***adj.-s.*** Que produce: *las abejas son productoras de miel; es un país ~ de café y cacao.* **- 2** ***m. f.*** Persona que interviene en la producción de bienes y servicios: *en el modelo económico actual todos somos productores y consumidores al mismo tiempo.* ⇔ **consumidor.** **3** Persona que paga los gastos que supone realizar una película de cine o un programa de radio o de televisión, montar un espectáculo u otra cosa parecida: *el grupo musical está buscando un ~ para su último trabajo.*

pro·duc·to·ra |proðu^{k}tóra| ***f.*** Sociedad que produce películas de cine, programas de radio y televisión y otras cosas: *además de actor y director, es el dueño de una ~.*

pro·e·za |proéθa| ***f.*** Hecho importante, especialmente el que exige esfuerzo y valor: *su vida estuvo llena de proezas.* ⇒ **hazaña, heroicidad.**

pro·fa·nar |profanár| **1** ***tr.*** [algo] Tratar una cosa *sagrada sin el debido respeto: *alguien había profanado las tumbas durante la noche.* **2** *fig.* Dañar la *honra y el buen nombre de una persona muerta, generalmente hablando mal de ella: *no profanes el recuerdo de tu padre.* ⇒ **deshonrar.**

pro·fa·⌜no, ⌜na |profáno, na| **1** ***adj.*** Que no está relacionado con la religión: *Quevedo escribió poesía profana.* ⇒ **secular.** **- 2** ***adj.-s.*** (persona) Que no tiene conocimientos ni autoridad en una materia: *por favor, explíquelo más claramente porque nosotros somos profanos en la materia.*

pro·fe·cí·a |profeθía| **1** ***f.*** Anuncio de un hecho futuro que realiza una persona *inspirada por Dios: *todas las profecías que hizo aquel hombre santo se cumplieron.* **2** Gracia *sobrenatural que consiste en conocer por *inspiración de Dios los hechos futuros: *Dios concedió a sus profetas el don de la ~.* **3** *fig.* Suposición o juicio que se forma de una cosa por las señales que se observan en ella: *las profecías de aquel pensador se convirtieron en realidad.* ⇒ **conjetura.**

pro·fe·rir |proferír| ***tr.*** [algo] Pronunciar o decir: *estaba tan enfadado que empezó a gritar y a ~ insultos contra vosotros.* ☐ Se conjuga como 35.

pro·fe·sar |profesár| **1** ***tr.*** [algo] Ejercer o enseñar profesionalmente una ciencia, arte u oficio: *desde que se licenció, ha profesado la medicina.* ⇒ **ejercer.** **2** Cultivar una inclinación, sentimiento o creencia: *profesa una gran amistad a su vecino.* **3** Unirse a una religión, doctrina u opinión: *el grupo de filósofos decidió ~ los principios de Platón.* **- 4** ***intr.*** Comprometerse u obligarse a cumplir los votos propios de una orden religiosa: *profesó en los Carmelitas para dedicar su vida a Dios; hoy ha profesado.*

pro·fe·sión |profesión| **1** ***f.*** Empleo, oficio o trabajo que una persona tiene y ejerce a cambio de dinero: *¿cuál es su ~? —Soy abogado.* **2** Acción y resultado de *profesar o unirse a una religión, doctrina u opinión: *todos los que asistieron a la misa hicieron ~ de fe rezando una oración.*

pro·fe·sio·nal |profesionál| **1** ***adj.*** De la profesión o que tiene relación con ella: *las actividades profesionales ocupan casi todo su tiempo.* **- 2** ***adj.-com.*** (persona) Que se dedica a una profesión u oficio: *los profesionales del taxi están expuestos a muchos peligros.* **- 3** ***com.*** Persona que realiza su trabajo con cuidado y honradez: *la obra ha quedado perfecta porque la ha hecho un equipo de profesionales.*

pro·fe·sio·na·li·dad |profesionaliðáᵈ| **1** ***f.*** Cualidad de profesional: *la calidad del trabajo demuestra la ~ de su autor.* **2** Capacidad para realizar un trabajo de forma rápida y *eficaz: *conocemos la ~ de estos albañiles y sabemos que terminarán las obras a tiempo.*

pro·fe·ˈsor, so·ra |profesór, sóra| **1** ***m. f.*** Persona que enseña una ciencia o arte: *el ~ de Lengua siempre aclara mis dudas; es ~ de Informática en la Universidad.* ⇒ **alumno, maestro. 2** Persona que toca un instrumento musical en una *orquesta: *el director golpeó la batuta para indicar a los profesores que se prepararan.*

pro·fe·so·ra·do |profesoráðo| **1** ***m.*** Cargo de profesor: *obtuvo el ~ siendo muy joven.* **2** Conjunto de profesores: *el ~ de este centro es muy activo.*

pro·fe·ta |proféta| **1** ***m.*** Hombre que, *inspirado por Dios, habla en su nombre anunciando hechos futuros: *Isaías fue un ~.* **2** *fig.* Hombre que hace suposiciones o juicios sobre un hecho futuro por las señales que observa: *muchas veces el escritor se convierte en ~ de su tiempo; Julio Verne fue un ~ de la era espacial.*

pro·fe·ti·zar |profetiθár| **1** ***tr.*** [algo] Anunciar un hecho futuro gracias al *don de la *profecía: *Juan el Bautista profetizó la llegada del Mesías.* **2** *fig.* Hacer suposiciones o juicios sobre un hecho futuro observando unas señales: *un vidente profetizó el terremoto.* ⇒ **predecir, pronosticar.** ☐ Se conjuga como 4.

pró·fu·ˈgo, ˈga |prófuɣo, ɣa| **1** ***adj.-s.*** Persona que ha escapado, generalmente de la autoridad: *la justicia busca a los prófugos por todo el territorio nacional.* **- 2 prófugo** ***m.*** Joven que se escapa o se oculta para no hacer el servicio militar: *los prófugos están sujetos a las leyes militares.*

pro·fun·di·dad |profundiðáᵈ| **1** ***f.*** Cualidad de profundo: *los edificios que aparecen representados en el cuadro le dan ~ a la pintura.* **2** Distancia que hay desde la superficie o la parte exterior hasta la más alejada de ella: *la ~ del río aumenta en esta zona.* ⇒ **hondura. 3** *fig.* Fuerza o intensidad en una idea, sentimiento o sensación: *es un autor de una gran ~ intelectual.* **4** Parte de una masa de agua que está más alejada de la superficie: *el barco se hundió en las profundidades del mar.* ☐ Se usa frecuentemente en plural. **5** Dimensión de un cuerpo *perpendicular a una superficie dada: *esta caja tiene más anchura que ~.* ⇒ **altura.**

pro·fun·di·zar |profundiθár| **1** ***intr.*** Examinar con gran atención y cuidado un tema, una idea u otra cosa para conocerla y comprenderla mejor: *quiso ~ en la medicina infantil.* **- 2** ***tr.*** [algo] Hacer más profundo: *he tenido que ~ más el hoyo para poder plantar ese árbol.* ⇒ **ahondar.** ☐ Se conjuga como 4.

pro·fun·ˈdo, da |profúndo, da| **1** ***adj.*** Que está lejos de la superficie o de la parte superior o exterior: *no alcanzaba la pelota con el brazo porque la caja donde estaba guardada era muy profunda.* ⇒ **hondo.** ⇔ **superficial. 2** *fig.* Que es muy fuerte, grande o intenso: *Romeo sentía por Julieta un amor ~; entre ellos dos hay profundas diferencias; la muerte de su padre la sumió en un dolor ~.* **3** Que tiene mucha distancia entre la superficie y el fondo: *ten cuidado, que el río aquí es muy ~.* ⇒ **hondo. 4** Que está extendido a lo largo; que tiene mucho fondo: *el pasillo de la casa era estrecho y profundo.* **5** Que llega hasta muy adentro: *en aquella montaña, hay cuevas muy profundas.* ⇒ **hondo. 6** *fig.* Que resulta difícil de comprender: *todo lo que dices es demasiado ~ para nosotros.* **7** *fig.* (sonido) Que tiene un tono grave: *el cantante tiene una voz profunda.* **8** *fig.* (pensamiento, persona) Que es muy agudo y llega hasta el fondo de las cosas: *nunca he conocido a nadie con un talento tan ~.* ⇔ **superficial.**

pro·fu·sión |profusión| ***f.*** Abundancia excesiva: *este autor suele citar a otros con ~.*

pro·fu·ˈso, ˈsa |profúso, sa| ***adj.*** Que es abundante, generalmente en exceso: *el texto del libro iba acompañado de profusas ilustraciones.*

pro·ge·ni·ˈtor, ˈto·ra |proxenitór, tóra| ***m. f.*** *form.* Padre y madre de una persona: *los progenitores tienen la obligación de atender a sus hijos.* ⇒ **madre, padre.**

pro·gra·ma |proɣráma| **1** ***m.*** Proyecto ordenado de un conjunto de actividades que se van a realizar: *el ~ de las actividades del hotel puede consultarse en recepción; vamos a establecer un riguroso ~ de trabajo para acabar el próximo jueves.* **2** Sistema de división y reparto de las materias de un curso o *asignatura: *el primer día de curso el profesor nos explicó el ~.* **3** Escrito en el que figura ese sistema: *¿puedes dejarme el ~? He perdido el mío.* **4** Anuncio o *exposición de las distintas partes que componen una celebración o una representación: *el concejal de festejos y su equipo elaborarán el ~ de las ferias y fiestas de la ciudad.* **5** Escrito en el que figura ese anuncio o *exposición: *el ~ fue enviado por correo a todos los ciudadanos.* **6** Unidad independiente con un tema propio que, junto con otras, compone la emisión de una cadena de radio o de televisión: *la televisión ofrece programas informativos, culturales, deportivos y de ocio en general.* **7** INFORM. Conjunto de reglas o normas que se da a un ordenador para que realice determinadas operaciones o trabajos: *me he comprado un ~ de tratamiento de textos.*

pro·gra·ma·ción |proɣramaθión| **1** ***f.*** Acción y resultado de *programar: *un equipo de cuatro personas se está encargando de la ~ de las fiestas.* **2** Conjunto de programas de radio o de televisión: *la ~ de esta cadena incluye muy pocos programas culturales.*

pro·gra·ma·ˈdor, ˈdora |proɣramaðór, ðóra| **1** ***adj.-s.*** (persona) Que *programa: *los programadores del acto están muy contentos porque todo ha salido bien.* **- 2** ***m. f.*** INFORM. Persona que se dedica a elaborar programas para ordenador: *Luis estudió informática y después se hizo ~.*

pro·gra·mar |proɣramár| **1** ***tr.-prnl.*** [algo, a alguien] Fijar o establecer el programa de una serie de actividades: *tú te encargarás de ~ todo lo referente a la cena de aniversario.* - **2** ***tr.*** [algo] Preparar una máquina para que haga un trabajo posteriormente: *voy a ~ la lavadora para que lave la ropa mientras estamos fuera.* - **3** ***tr.-intr.*** INFORM. Elaborar programas para ordenador: *cada día son más las personas interesadas en ~.*

pro·gre·sar |proγresár| **1** ***intr.*** Pasar una persona o una cosa a un estado mejor o más avanzado: *el niño progresó en sus lecciones rápidamente; las conversaciones de paz no han progresado.* ⇒ **adelantar, mejorar. 2** Desarrollarse una sociedad en el aspecto económico, social, científico y cultural: *el país ha progresado mucho en los últimos diez años.*

pro·gre·sión |proγresión| **1** ***f.*** Acción de avanzar o de seguir: *si los beneficios aumentan con esta ~ haremos una pequeña fortuna.* **2** Serie no interrumpida: *tengo que ver cómo ha sido la ~ de mis calificaciones a lo largo de mi carrera universitaria.* **3** MAT. Serie de números o de *términos matemáticos ordenados: ~ **aritmética**, aquella en que cada número es igual al anterior más una cantidad fija: *los números* 1, 3, 5, 7, 9 *forman una ~ aritmética;* ~ **geométrica**, aquella en que cada número es igual al anterior multiplicado por una cantidad fija: *los números* 1, 2, 4, 8, 16, 32 *forman una ~ geométrica.*

pro·gre·sis·mo |proγresísmo| ***m.*** Tendencia o doctrina que defiende y busca el desarrollo de una sociedad en el aspecto económico, social, científico y cultural: *en las últimas elecciones salió victorioso el ~.*

pro·gre·sis·ta |proγresísta| **1** ***adj.*** Del *progresismo o que tiene relación con él: *la nación necesitaba leyes progresistas.* - **2** ***adj.-com.*** (persona) Que defiende y busca el desarrollo de una sociedad en el aspecto económico, social, científico y cultural: *los progresistas han propuesto una reforma del mercado laboral.*

pro·gre·si·⌜vo, ⌜va |proγresíβo, βa| ***adj.*** Que avanza o progresa de forma continuada: *tenía una enfermedad progresiva.*

pro·gre·so |proγréso| **1** ***m.*** Paso o cambio a un estado mejor o más avanzado: *está muy contento porque ha hecho muchos progresos hablando español.* ⇒ **mejora. 2** Desarrollo de una sociedad en el aspecto económico, social, científico y cultural: *hay personas que tienen miedo del ~.*

pro·hi·bi·ción |proiβiθión| ***f.*** Acción y resultado de prohibir: *la ~ de que se suministren alimentos está resultando muy cruel para la población civil.*

pro·hi·bir |proiβír| ***tr.*** [algo] Impedir que una cosa se haga o se use: *el gobierno prohibió las armas de fuego; en este local se prohíbe fumar; el médico me ha prohibido el café y el alcohol.* ⌂ Se conjuga como 21.

pro·hi·bi·ti·⌜vo, ⌜va |proiβitíβo, βa| ***adj.*** Que es muy caro; que cuesta más dinero de lo normal: *los precios de las viviendas son prohibitivos.*

pró·ji·mo |próximo| **1** ***m.*** Cualquier persona, en cuanto a otra persona: *hay que amar al ~ como a uno mismo.* **2** *desp.* Individuo; sujeto: *¿quién es ese ~?*

pro·le |próle| ***f.*** Conjunto de hijos: *se presentaron a dormir el matrimonio y toda su ~.* ⇒ **descendencia.**

pro·le·gó·me·no |proleγómeno| **1** ***m.*** *form.* Escrito que va colocado delante en un libro, donde se exponen los principios generales de la materia que se va a tratar: *el ~ de esta obra es relativamente breve.* **2** Preparación o introducción poco adecuada o poco necesaria: *perdemos más tiempo en los prolegómenos de la conversación que en discutir el asunto principal.* ⌂ Se usa frecuentemente en plural. - **3 prolegómenos** ***m. pl.*** Momentos inmediatamente anteriores a un acontecimiento: *en los prolegómenos de la competición, los deportistas intercambiaron algunos regalos.*

pro·le·ta·ria·do |proletariáðo| ***m.*** Clase social formada por las personas que no disponen de medios propios de producción y venden su fuerza de trabajo a cambio de un sueldo: *la burguesía y el ~ son las dos clases sociales de la era contemporánea.* ⇔ **burguesía.**

pro·le·ta·⌜rio, ⌜ria |proletário, ria| **1** ***adj.*** Del *proletariado o que tiene relación con él: *los barrios proletarios del siglo pasado eran lugares miserables.* - **2** ***m. f.*** Persona que no dispone de medios propios de producción y vende su fuerza de trabajo a cambio de un sueldo; individuo de la clase más pobre de la sociedad: *los proletarios no podemos permitirnos ciertos lujos.*

pro·li·fe·ra·ción |proliferaθión| ***f.*** Acción y resultado de *proliferar o multiplicarse: *la reducción del número de policías ha causado una ~ de los actos criminales.*

pro·li·fe·rar |proliferár| ***intr.*** Multiplicarse; aumentar rápidamente en cantidad o en número: *en los mares cálidos proliferan los tiburones.*

pro·lí·fi·⌜co, ⌜ca |prolífiko, ka| **1** ***adj.*** Que tiene facilidad para *engendrar o dar origen a nuevos seres: *el conejo es un animal ~.* **2** (persona) Que tiene una extensa producción artística o científica: *Lope de Vega fue un escritor muy ~.*

pro·li·⌜jo, ⌜ja |prolíxo, xa| **1** ***adj.*** *form.* Que es demasiado largo, extenso y resulta pesado: *sería ~ explicar aquí cada uno de los efectos de este medicamento.* **2** Que se detiene hasta en los detalles más pequeños: *empleó un ~ cálculo para sus facturas.* ⇒ **minucioso. 3** (persona) Que resulta demasiado pesado y molesto: *es un conversador ~.*

pro·lo·gar |proloγár| ***tr.*** [algo] Escribir el *prólogo de una obra: *el artista pidió a su escritor favorito que prologara un libro de poemas.* ⌂ Se conjuga como 7.

pró·lo·go |próloγo| ***m.*** Escrito que va colocado delante en un libro y que generalmente no forma parte de la obra en sí: *el autor agradece en el ~ la ayuda que le han prestado otras personas.* ⇒ **prefacio.**

pro·lon·ga·ción |prolongaθión| **1** ***f.*** Acción y resultado de *prolongar: *las obras de ~ de la línea de metro están dificultando el tráfico.* **2** Parte de una cosa que se extiende más allá de lo que es habitual en ella: *la cola de los animales es una ~ de su espina dorsal.* **3** Pieza que se añade a una cosa para hacerla más larga: *la escalera tiene una ~ para poder subir a la azotea.*

pro·lon·gar |proloŋgár| **1** ***tr.-prnl.*** [algo] Extender en longitud; hacer más largo en el espacio: *prolongaron la mesa para que pudieran comer todos en ella; van a ~ la carretera hasta el pueblo más próximo.* ⇒ **alargar. 2** Durar o hacer durar más tiempo: *la espera parecía ~ la tarde; la fiesta se prolongó hasta la madrugada.* ⇒ **alargar.** ☖ Se conjuga como 7.

pro·me·dio |promédio| ***m.*** MAT. Número igual a la media de un conjunto de cantidades: *las cifras arrojan un ~ del cinco por ciento.* ⇒ **término.**

pro·me·sa |promésa| **1** ***f.*** Acto y expresión con los que se asegura que se va a hacer una cosa: *antes de marcharse les hizo la ~ de que algún día volvería; no tienes palabra, no has cumplido tu ~; no me hagas promesas, prefiero hechos.* ⇒ **juramento. 2** *fig.* Señal que hace esperar un bien: *cuando el cielo se pone de ese color es ~ de lluvia.* **3** Persona que da muestras de que va a tener éxito en el futuro: *el joven delantero es una ~ del fútbol.*

pro·me·te·ˊdor, ˊdo·ra |prometeðór, ðóra| ***adj.*** (persona, cosa) Que promete; que da muestras de que va a resultar bueno en el futuro: *tienes un futuro ~; es un joven muy ~.*

pro·me·ter |prometér| **1** ***tr.*** [algo] Asegurar que se va a hacer una cosa: *prometió no volver a mentir nunca más; prometí a mi hermano que le traería un sombrero de Méjico.* **2** [algo; a alguien] Asegurar la verdad de lo que se está diciendo: *os prometo que os arrepentiréis de lo que habéis hecho; te prometo que no sé de qué me estás hablando.* **3** [algo] Dar muestras una cosa de que será tal y como se dice: *la velada con tus amigos promete ser soporífera; las ventas del nuevo producto prometen ser buenas.* **- 4 *intr.*** Dar muestras una persona o cosa de que va a resultar bueno en el futuro: *esta muchacha promete; el nuevo producto que hemos lanzado al mercado promete.* **- 5 prometerse *prnl.*** Obligarse de palabra un hombre y una mujer a casarse: *Raquel y Gustavo se prometieron el año pasado.* ⇒ **comprometer.** ■ **prometérselas felices**, *fam.*, tener esperanza de lograr una cosa buena: *se las promete muy felices en su nuevo puesto de trabajo.*

pro·me·ti·ˊdo, ˊda |prometíðo, ða| ***m. f.*** Persona en cuanto a otra con la que promete casarse: *nuestro hijo quiso presentarnos a su prometida.*

pro·mi·nen·cia |prominénθia| ***f.*** *Elevación de una cosa sobre lo que está alrededor: *el terreno era casi llano, sólo se apreciaban unas ligeras prominencias.*

pro·mi·nen·te |prominénte| ***adj.*** Que se *eleva sobre lo que está a su alrededor: *tenía una nariz ~.*

pro·mis·cui·dad |promiskuiðáᵈ| ***f.*** Mezcla o falta de orden; cualidad de *promiscuo: *es una persona muy metódica que no soporta la ~.*

pro·mis·ˊcuo, ˊcua |promískuo, kua| **1** ***adj.*** Que está mezclado y no tiene orden: *los datos de su estudio estaban presentados de forma promiscua y confusa.* **2** (persona) Que lleva una vida sin orden y mantiene relaciones sexuales con varias personas: *Luis ha tenido siempre fama de hombre ~.*

pro·mo·ción |promoθión| **1** ***f.*** Acción y resultado de *promover: *las agencias de publicidad se encargan de la ~ de los productos comerciales.* ⇒ **propaganda. 2** Conjunto de individuos que consiguen un grado o un empleo al mismo tiempo: *¿conoces a Miguel?, es un compañero de mi ~.* ■ **en ~**, (producto, servicio) que se está dando a conocer y se ofrece a un precio reducido: *voy a probar este maquillaje que está en ~.*

pro·mo·cio·nar |promoθionár| **1** ***tr.-prnl.*** [a alguien] Hacer subir de categoría profesional o de puesto social: *si hubieran promocionado un poco a Nuria, ahora sería gerente de la empresa; desde que ocupó el cargo, no ha hecho otra cosa que promocionarse.* **- 2 *tr.*** [algo] Dar a conocer un producto o servicio: *se está organizando una campaña publicitaria para ~ la lectura entre los niños.*

pro·mon·to·rio |promontório| ***m.*** Terreno alto y poco extenso, especialmente el rocoso que se mete en el mar: *las murallas están situadas en la cima del ~; contemplaba el mar desde el ~.*

pro·mo·ˊtor, ˊto·ra |promotór, tóra| ***adj.-s.*** Que *promueve: *¿cuál es la empresa promotora de esta obra?*

pro·mo·ver |promoβér| **1** ***tr.*** [algo] Aumentar la actividad o la intensidad; procurar el éxito de una cosa: *el ayuntamiento de la ciudad está promoviendo una campaña contra las drogas.* ⇒ **fomentar. 2** Dar lugar; causar u *ocasionar: *el descontento fue lo que promovió la oleada de protestas.* ⇒ **provocar, suscitar.** ☖ Se conjuga como 32.

pro·mul·gar |promulγár| ***tr.*** *form.* [algo] Publicar *formalmente una ley u otra disposición de la autoridad: *han promulgado un nuevo decreto.* ☖ Se conjuga como 7.

pro·nom·bre |pronómbre| ***m.*** Palabra que señala elementos del discurso o de la realidad y que puede desempeñar las funciones del sustantivo: *en* ten en cuenta esto, mañana no saldrás, *la palabra* esto *es un ~;* ~ **demostrativo**, el que sirve para señalar una relación entre el texto o la realidad y una de las personas del discurso: *los pronombres demostrativos son* éste, ése *y* aquél; ~ **exclamativo**, el que se usa en frases *exclamativas: *en la frase* ¡quién puede saberlo!, *la palabra* quién *es un ~ exclamativo;* ~ **indefinido**, el que se refiere a personas o cosas de manera poco exacta o concreta: *las palabras* alguien *y* nadie *son pronombres indeterminados;* ~ **interrogativo**, el que se usa en las frases interrogativas: *en la frase ¿qué colonia has comprado?, la palabra* qué *es un ~ interrogativo;* ~ **personal**, el que señala a las personas que intervienen en la comunicación: yo, tú, él, nosotros, vosotros *y* ellos *son pronombres personales;* ~ **posesivo**, el que expresa posesión, *pertenencia u otras ideas en relación con una de las personas del discurso: mío, tuyo, suyo, nuestro *y* vuestro *son pronombres posesivos;* ~ **relativo**, el que se refiere a elementos aparecidos anteriormente en el discurso: *los pronombres relativos son* quien, cual, que *y* cuyo.

pro·no·mi·nal |pronominál| **1** ***adj.*** Del pronombre o que tiene relación con él: *la palabra* yo *es una forma* ~. **2** (verbo) Que se conjuga con un pronombre: *los verbos pronominales en este diccionario se señalan con la abreviatura* prnl.

pro·nos·ti·car |pronostikár| **1** ***tr.*** [algo] Anunciar, basándose en ciertas señales, lo que va a ocurrir en el futuro: *han pronosticado lluvias generalizadas para el fin de semana; la calidad de la uva pronostica un buen año de vino.* ⇒ **predecir. 2** Hacer el médico un juicio sobre el estado o el desarrollo de una enfermedad: *el doctor le pronosticó una neumonía.* ⌂ Se conjuga como 1.

pro·nós·ti·co |pronóstiko| **1** ***m.*** Anuncio, basado en ciertas señales, de lo que va a ocurrir en el futuro: *contra todo ~, el campeón del mundo perdió el combate; si mis pronósticos no fallan, Lucía vendrá dentro de unos días; el hombre del tiempo ha hecho buenos pronósticos para los próximos días.* **2** Juicio que hace el médico sobre el estado o curso de una enfermedad: *en el encierro, dos mozos sufrieron heridas de ~ leve; el ~ no es grave, al paciente se le dará de alta mañana;* ~ **reservado**, el que no se emite por no disponerse de todos los *datos de una enfermedad: *en el hospital hay varios accidentados con ~ reservado.*

pron·ti·tud |prontitú^{ð}| ***f.*** Cualidad de rápido o veloz: *en su trabajo también se valoraba la ~.*

pron·⌐to, ⌐ta |prónto, ta| **1** ***adj.*** Que es rápido o veloz: *fue una respuesta pronta; es un hombre ~ de ingenio.* **2** Que siempre está dispuesto a hacer una cosa o ayudar a hacerla: *ella siempre se muestra pronta para trabajar.* **- 3 pronto *m.*** *fam.* Reacción violenta: *le dio un ~, se levantó y se marchó dando un portazo.* **4** *fam.* Carácter fuerte de una persona: *¡menudo ~ tiene, no se puede hablar con él!* **- 5 *adv. t.*** En un tiempo anterior al señalado o a lo que es normal: *hoy hemos terminado ~; los niños suelen acostarse ~.* ⇒ **temprano.** ⇔ **tarde.**

pro·nun·cia·ción |pronunθiaθión| **1** ***f.*** Acción y resultado de pronunciar: *tienes que practicar más la ~ de esa palabra.* **2** Manera de pronunciar: *tu ~ del inglés es todavía muy mala.* ⇒ **fonética.**

pro·nun·cia·⌐do, ⌐da |pronunθiáðo, ða| ***adj.*** Que se nota o sobresale mucho: *tenía unas arrugas pronunciadas en la frente.*

pro·nun·cia·mien·to |pronunθiamiénto| **1** ***m.*** DER. Decisión de un tribunal: *se espera el ~ del juez que ve el caso.* **2** MIL. Levantamiento militar contra el poder superior para derribarlo: *se ha producido un ~ militar y han nombrado un nuevo presidente.*

pro·nun·ciar |pronunθiár| **1** ***tr.*** [algo] Emitir sonidos al hablar: *tengo dificultades para ~ la erre y la jota; Lola pronuncia las zetas como eses; ¿cómo se pronuncia la sílaba* psi? **2** Decir en voz alta y ante un público: *el cura pronunció un sermón muy irónico; el presidente de la asociación pronunciará un discurso en el salón de actos.* **3** DER. Hacer pública una *sentencia: *el magistrado pronunció la resolución del juicio.* ⇒ **dictar. - 4 *tr.-prnl.*** Destacarse, notarse: *cada día se pronuncian más las diferencias que los separan; a medida que se va haciendo mayor, se le pronuncia más la calva.* ⇒ **acentuar, resaltar. - 5 pronunciarse *prnl.*** Mostrarse a favor o en contra de un hecho o de una situación: *el diputado se pronunció a favor de la ley de reforma laboral.* **6** Levantarse los militares contra el gobierno para derribarlo: *el ejército se pronunció y se hizo con el poder político.* ⌂ Se conjuga como 12.

pro·pa·ga·ción |propaɣaθión| ***f.*** Acción y resultado de *propagar o *propagarse: *el viento contribuyó a la ~ del incendio.*

pro·pa·gan·da |propaɣánda| **1** ***f.*** Conjunto de medios, actos y mensajes que dan a conocer al público un producto, una opinión o a una persona, con un fin determinado: *cada día encuentro el buzón lleno de ~ del supermercado; a los lados de la carretera hay carteles con ~ electoral.* ⇒ **publicidad. 2** Acción y resultado de dar a conocer al público un producto, una opinión o a una persona, con un fin determinado: *estos libros se venden bien gracias a la ~.* ⇒ **publicidad.**

pro·pa·gan·dis·ta |propaɣandísta| ***com.*** Persona que hace *propaganda, generalmente política: *defiende con tanta fuerza sus ideas que le acusan de ~.*

pro·pa·gar |propaɣár| **1** ***tr.-prnl.*** [algo] Multiplicar o reproducir: *trasladaron a la región algunas parejas de la especie para que se propagaran.* **2** Extender o esparcir por el espacio en todas las direcciones: *la enfermedad se propagó por toda la región.* **3** Dar a conocer entre un gran número de personas: *viajaron por todos los países para ~ su doctrina.* ⇒ **circular.** ⌂ Se conjuga como 7.

pro·pa·no |propáno| ***m.*** QUÍM. Gas que se emplea como combustible y que se encuentra en el *petróleo en *bruto: *el ~ es un hidrocarburo derivado del petróleo; la calefacción del edificio funcionaba con ~.*

pro·pa·ro·xí·to·⌐no, ⌐na |proparo^{k}sítono, na| ***adj.-f.*** LING. (palabra) Que lleva el acento en la tercera sílaba, empezando a contar desde el final: *la palabra* mínimo *es proparoxítona.* ⇒ **esdrújulo.**

pro·pa·sar |propasár| **1** ***tr.-prnl.*** [algo, a alguien] Ir más adelante de lo debido: *se contará como falta ~ la línea blanca; cuando avancéis formando una fila no debéis ~ a los demás.* **- 2 propasarse *prnl.*** Hacer o decir una cosa que va más allá de lo *correcto, razonable o educado: *se propasó bebiendo y ahora se encuentra mareado.* **3** Faltar al respeto, especialmente a una mujer: *un hombre se propasó con ella en el autobús.*

pro·pen·sión |propensión| **1** ***f.*** Tendencia o inclinación de una persona o cosa hacia lo que es de su gusto o naturaleza: *tu ~ a la bebida te traerá problemas.* **2** Tendencia, inclinación o disposición natural a contraer una enfermedad: *su ~ a la faringitis es preocupante.*

pro·pen·⌐so, ⌐sa |propénso, sa| ***adj.*** Que tiene inclinación o disposición natural hacia una cosa: *es ~ a engordar.* ⇒ **proclive.**

pro·pi·ciar |propiθiár| **1** ***tr.*** [algo] Favorecer la aparición o la realización de una cosa: *tus gritos han propiciado que todos estemos nerviosos.* **- 2 *tr.-prnl.*** Atraer, conseguir o ganar: *con su discurso se propició la admiración de todos.* ⌂ Se conjuga como 12.

pro·pi·⌐cio, ⌐cia |propíθio, θia| ***adj.*** Que es oportuno o favorable: *tienes que esperar el momento ~ para invertir tus ahorros.*

pro·pie·dad |propieðáᵈ| **1 *f.*** Derecho o poder que tiene una persona para disponer de una cosa que le pertenece: *mi familia siempre ha disfrutado de la ~ de estas tierras.* **2** Cosa que pertenece a una persona, especialmente si es un bien *inmueble, como un terreno o un edificio: *la familia era muy rica y tenía propiedades en toda España.* ⇒ **bien. 3** Cualidad particular y característica de una persona o cosa: *esta pomada tiene propiedades calmantes.* **4** *fig.* Parecido o imitación perfecta: *el artista ha copiado el paisaje con gran ~.* **5** Significado o sentido exacto de una palabra o una frase: *debe usted hablar con ~ y corrección.*

pro·pie·ta·⌐rio, ⌐ria |propietário, ria| ***adj.-s.*** (persona) Que tiene derecho de propiedad sobre una cosa, especialmente sobre un bien *inmueble: *la sociedad bancaria es la propietaria del edificio; quiero ver al ~ de la tienda.* ⇒ **dueño.**

pro·pi·na |propína| ***f.*** Cantidad de dinero que se da voluntariamente para mostrar *satisfacción por el buen trato o el servicio recibido: *al pagar la cuenta en el restaurante dieron una ~ al camarero.*

pro·pi·nar |propinár| **1 *tr.*** *hum.* [algo; a alguien] Dar o pegar: *unos maleantes le propinaron una paliza al salir del trabajo.* **2** Comunicar o decir una cosa desagradable, molesta o incómoda: *menudo disgusto nos ha propinado; les propinó un discurso de tres horas.*

pro·⌐pio, ⌐pia |própio, pia| **1 *adj.*** Que pertenece a una persona: *vivió en una casa alquilada hasta poder comprarse una propia; cada niño tiene su ~ cuarto.* **2** Que es característico de una persona o cosa: *ese comportamiento no es ~ de ti; hace un frío ~ del invierno.* **3** Que conviene y es adecuado para un fin: *sus observaciones no eran propias para el caso.* **4** Que es natural, en *oposición a artificial: *¿ese color de pelo es ~?* **5** Que se refiere a la misma persona que habla o de quien se habla: *debe venir el ~ interesado a recoger el paquete; habló en defensa propia.* ⇒ **mismo.** ☖ Se puede usar para reforzar el significado del nombre al que acompaña: *me insultó en mi propia cara.*

pro·po·ner |proponér| **1 *tr.*** [algo] Exponer una idea o un proyecto para que otros lo conozcan, lo aprueben o lo realicen: *te propongo que esta tarde vayamos al cine; me propuso un trabajo interesante.* **2** [a alguien] Presentar a una persona para un cargo o un empleo: *lo acaban de ~ como representante de los trabajadores.* **- 3 proponerse *prnl.*** Aspirar a conseguir una cosa poniendo los medios para ello: *se propuso aprender a conducir y lo consiguió; si no te lo propones en serio, no lo lograrás.* ☖ Se conjuga como 78.

pro·por·ción |proporθión| **1 *f.*** Relación lógica de adecuación y correspondencia que debe haber entre las partes y el todo o de una cosa con otra, en cuanto a tamaño, cantidad o grado: *entre las distintas partes del cuerpo humano hay ~; los distintos elementos del cuadro deben guardar una ~.* **- 2 proporciones *f. pl.*** Tamaño de una cosa: *no sé qué proporciones tiene el frigorífico nuevo y si cabrá en la cocina.* ⇒ **dimensión. 3** Grandeza o importancia: *el incendio alcanzó proporciones extraordinarias.*

pro·por·cio·nal |proporθionál| ***adj.*** Que guarda o respeta una proporción: *el sueldo que recibe debe ser ~ al trabajo que realiza.*

pro·por·cio·nar |proporθionár| **1 *tr.-prnl.*** [algo] Dar a una persona lo que necesita para un fin determinado: *allí le proporcionaron un coche y algún dinero para continuar el viaje.* **2** Producir o causar: *los niños proporcionan grandes alegrías; yo mismo me proporcioné la ruina.* **- 3 *tr.*** Colocar u ordenar una cosa con la debida proporción: *debes ~ a cada capítulo del libro un número parecido de páginas.*

pro·po·si·ción |proposiθión| **1 *f.*** Ofrecimiento, invitación para que se haga una cosa determinada: *le hizo una buena ~ de trabajo; algunas proposiciones eran valiosas y otras disparatadas.* ⇒ **propuesta. 2** LING. Oración que está *coordinada o subordinada a otra oración y forma parte de una oración compuesta: *una oración como* Carlos se sentó en un banco y esperó *tiene dos proposiciones,* Carlos se sentó en un banco *y* esperó. ⇒ **oración.**

pro·pó·si·to |propósito| **1 *m.*** Ánimo o intención de hacer o de no hacer una cosa: *¿con qué ~ has venido a verme?* **2** Fin al que se dirige una cosa o una acción: *este nuevo libro tiene un solo ~: servir de ayuda a los estudiantes de español.* ⇒ **objetivo.** ■ **a ~**, de forma voluntaria, con intención: *no lo hizo sin querer, lo hizo a ~.* ⇒ **adrede, aposta.** ■ **a ~**, que es adecuado y conveniente para un fin: *la mesa está hecha a ~ para dibujar planos.* ■ **a ~**, por cierto; en relación con lo que se acaba de decir: *dices que acabas de volver de vacaciones, pero, a ~, ¿dónde has estado?* ■ **a ~ de**, en relación con; hablando de: *a ~ de Beatriz, ¿cómo le va?* ■ **fuera de ~**, que no es adecuado o conveniente: *ese comentario está fuera de ~.*

pro·pues·ta |propuésta| **1 *f.*** Idea o *proposición que se ofrece con un fin determinado: *le hicieron una ~ para que cambiara de trabajo.* **2** Idea o proyecto sobre un asunto o negocio que se presenta ante una o varias personas que tienen autoridad para aprobarlo o rechazarlo: *el diputado lleva una ~ para que la estudie el parlamento.*

pro·pug·nar |propuᵞnár| ***tr.*** [algo] Defender una idea u otra cosa que se considera útil o adecuada: *el proyecto del diputado propugnaba un cambio económico.*

pro·pul·sar |propulsár| ***tr.*** [algo, a alguien] Impulsar o empujar hacia adelante: *los veleros son propulsados por el viento.*

pro·pul·sión |propulsión| ***f.*** Acción y resultado de *propulsar: *la ~ permite que un vehículo avance a una velocidad determinada;* **~ a chorro/reacción**, AERON., sistema que origina el movimiento de un vehículo al despedir una corriente de gases, producidos a gran presión por el motor, en dirección contraria a la *marcha: *la ~ se utiliza en aviones y naves espaciales.* ⇒ **retropropulsión.**

pro·pul·sor |propulsór| ***m.*** AERON. Motor de *propulsión: *los aviones de reacción funcionan con propulsores.* ⇒ **reactor.**

pró·rro·ga |próṝoɣa| ***f.*** Continuación de una cosa durante un periodo de tiempo determinado: *quiere pedir una ~ de la beca para ampliar sus estudios; el equipo ganó el partido en la ~.*

pro·rro·ga·ble |proṝoɣáβle| ***adj.*** *form.* Que se puede retrasar o *prorrogar: *he firmado un contrato por tres años ~.* ⇔ **improrrogable.**

pro·rro·gar |proṝoɣár| **1** ***tr.*** [algo] Continuar; hacer durar más tiempo: *quiero ~ mi estancia en España para poder visitar más lugares; le han prorrogado la beca por un año más.* **2** Retrasar o suspender la ejecución de una cosa: *la empresa quiere ~ los pagos.* ⇒ **aplazar.** ☐ Se conjuga como 7.

pro·rrum·pir |proṝumpír| ***intr.*** Mostrar un sentimiento, de forma intensa o violenta: *el público prorrumpió en aplausos.* ⇒ **estallar.**

pro·sa |prósa| **1** ***f.*** Forma natural del lenguaje que no está sujeta a una rima o a una medida: *la lengua hablada se expresa en ~; las novelas están escritas en ~.* ⇒ **verso. 2** *fig.* Abundancia de palabras para decir cosas poco importantes: *su ~ se hace cada vez más pesada y molesta.*

pro·sai·⌜co, ⌜ca |prosáiko, ka| ***adj.*** Que se opone al ideal o a la perfección; que es vulgar: *llevaba una existencia prosaica.*

pros·cri·bir |proskriβír| **1** ***tr.*** *form.* [a alguien] Expulsar o hacer salir de un país o de un lugar, generalmente por causas políticas: *las autoridades proscribieron a los rebeldes.* ⇒ **desterrar. 2** *fig.* [algo] Prohibir; acabar con un uso o costumbre: *el gobierno proscribió el consumo de alcohol.* ☐ El participio irregular es *proscrito.*

pros·cri·⌜to, ⌜ta |proskríto, ta| ***adj.-s.*** *form.* (persona) Que ha sido expulsado de un país o de un lugar, generalmente por causas políticas: *los gobiernos de algunos países enviaban a los proscritos a las colonias más alejadas.*

pro·se·guir |proseɣír| ***tr.-intr.*** [algo] Continuar o llevar adelante una labor que se ha empezado: *se hizo tarde y decidieron ~ la lectura al día siguiente.* ☐ Se conjuga como 56.

pro·se·li·tis·mo |proselitísmo| ***m.*** Acción para convencer y ganar seguidores o partidarios para una causa: *los miembros de la secta hacen ~ en las escuelas de la zona.* ☐ Frecuentemente tiene un matiz despectivo.

pro·se·li·tis·ta |proselitísta| **1** ***adj.*** Del *proselitismo o que tiene relación con él: *su exagerada actitud ~ lo descubrió ante todos.* **- 2** ***com.*** Persona que trata de convencer y ganar seguidores o partidarios para una causa: *es un ~, siempre está hablando de su partido.*

pro·sis·ta |prosísta| ***com.*** Persona que escribe obras en *prosa: *Azorín fue un ~ excelente.* ⇒ **escritor, poeta.**

pro·so·dia |prosóðia| ***f.*** LING. Parte de la gramática que enseña la pronunciación *correcta: *se compró un manual de ~.*

pros·pec·ción |prospeᵏθión| **1** ***f.*** Exploración del terreno para descubrir la existencia de un mineral, de agua o de otra cosa: *ya han comenzado las prospecciones petrolíferas en el mar del Norte.* **2** *p. ext.* Estudio de las características de un mercado para encontrar futuros clientes: *la empresa quiere hacer una ~ en el mercado español para ver cómo se venderá su nuevo producto.*

pros·pec·to |prospéᵏto| ***m.*** Escrito breve que da a conocer las características de un determinado producto, aparato o mercancía: *lee el ~ de los medicamentos para ver su composición y sus indicaciones.* ⇒ **folleto.**

pros·pe·rar |prosperár| **1** ***intr.*** Mejorar de posición social y económica: *sus negocios prosperaron rápidamente.* ⇒ **medrar. 2** Tener éxito: *la propuesta española prosperó en la Comisión Europea.* ⇒ **triunfar.**

pros·pe·ri·dad |prosperiðáᵈ| ***f.*** Desarrollo favorable de las cosas: *la situación económica augura un futuro de ~.*

prós·pe·⌜ro, ⌜ra |próspero, ra| ***adj.*** Que es favorable: *los últimos años han sido prósperos para nuestro mercado.*

prós·ta·ta |próstata| ***f.*** ANAT. *Glándula masculina situada junto a la *vejiga de la orina: *la ~ segrega un líquido blanquecino, que al mezclarse con los espermatozoides forma el semen; a Felipe lo operaron hace poco de ~.*

pros·tí·bu·lo |prostíβulo| ***m.*** Establecimiento en el que trabajan mujeres que mantienen relaciones sexuales a cambio de dinero: *muchos prostíbulos están alejados de las poblaciones.* ⇒ **burdel, lupanar.**

pros·ti·tu·ción |prostituθión| ***f.*** Acción y resultado de *prostituir o *prostituirse: *llegó a la ~ porque vivía en la miseria.*

pros·ti·tu·ir |prostituír| **1** ***tr.-prnl.*** [a alguien] Hacer mantener o mantener relaciones sexuales a cambio de dinero: *se prostituía para alimentar a sus dos niños.* **2** *fig.* [algo] Hacer despreciable un empleo o una autoridad abusando de ellos o ejerciéndolos de forma injusta: *hay que evitar que se prostituyan los cargos públicos.* ☐ Se conjuga como 62.

pros·ti·tu·ta |prostitúta| ***f.*** Mujer que mantiene relaciones sexuales a cambio de dinero: *querían constituir una asociación de prostitutas.* ⇒ **fulana, furcia, puta, ramera, zorra.**

pro·ta·go·nis·mo |protaɣonísmo| **1** ***m.*** Condición de *protagonista: *el presidente del consejo de administración de la empresa no supo asumir el ~ que le correspondía en aquella situación.* **2** Tendencia a estar en el primer plano de una actividad: *su afán de ~ hace que sea una persona odiosa.*

pro·ta·go·nis·ta |protaɣonísta| **1** ***com.*** Personaje principal de una obra literaria, una película u otra creación artística: *el ~ de la película es un joven rubio y muy atractivo.* **2** *p. ext.* Persona que tiene la parte principal en un hecho o acontecimiento: *una joven de Sevilla fue la ~ de un extraño rapto por amor.*

pro·ta·go·ni·zar |protaɣoniθár| **1** ***intr.*** Representar el personaje principal de una obra literaria, una película u otra creación artística: *le han ofrecido ~ una película de aventuras.* **2** *p. ext.* Tener la parte principal en un hecho o un acontecimiento: *dos ancianos protagonizaron un atraco a un banco.* ☖ Se conjuga como 4.

pró·ta·sis |prótasis| ***f.*** LING. Oración que expresa una suposición que condiciona la acción, el proceso o el estado expresado por otra oración: *en la oración* si vuelves, trae también a tu esposa, *la ~ es* si vuelves. ⇒ **condicional.** ⇔ **apódosis.**

pro·tec·ción |prote^{k}θión| **1** ***f.*** Acción y resultado de proteger: *el testigo necesitó la ~ de la policía; muchos jóvenes luchan por la ~ de la naturaleza.* **2** Cosa que protege: *los jugadores llevan protecciones en las rodillas y los codos.*

pro·tec·cio·nis·mo |prote^{k}θionísmo| ***m.*** ECON. Doctrina que defiende la economía de un país frente a la *competencia extranjera: *el ~ defiende la industria de una nación estableciendo aranceles.* ⇔ **librecambismo.**

pro·tec·cio·nis·ta |prote^{k}θionísta| **1** ***adj.*** ECON. Del *proteccionismo o que tiene relación con él: *en la historia del país ha habido etapas de economía ~ y etapas de librecambio.* ⇔ **librecambista.** **- 2** ***adj.-com.*** ECON. (persona) Que es partidario del *proteccionismo: *los pensadores proteccionistas son partidarios de la imposición de impuestos a las mercancías extranjeras.* ⇔ **librecambista.**

pro·tec·⌈tor, ⌈to·ra |prote^{k}tór, tóra| **1** ***adj.*** Que defiende o protege: *el colchón de la cuna lleva una funda protectora.* **- 2 protector** ***m.*** DEP. Aparato o prenda que sirve para proteger determinadas partes del cuerpo: *los boxeadores se ponen protectores en la boca para proteger los dientes de los golpes.*

pro·te·ger |protexér| **1** ***tr.-prnl.*** [algo, a alguien] Impedir que una persona o cosa sufra daño o esté en peligro: *se protegió de la lluvia con un impermeable; el anticongelante protege el motor del automóvil de las heladas; debemos ~ a los animales; las organizaciones ecologistas quieren ~ la naturaleza.* ⇒ **asegurar, defender. 2** Defender; ayudar; apoyar: *no protejas a Juan porque no se lo merece; supo protegerse cuando todos empezaron a amenazarle.* ☖ Se conjuga como 5.

pro·te·í·na |proteína| ***f.*** BIOL. QUÍM. Molécula que forma parte de las células vivas y que es su componente más importante: *las proteínas están formadas por aminoácidos; al alimentarnos, tomamos proteínas para compensar el desgaste de nuestro cuerpo.*

pró·te·sis |prótesis| **1** ***f.*** MED. Pieza artificial que sustituye a una parte del cuerpo dañada: *el dentista tuvo que ponerle varias ~.* **2** MED. Operación que consiste en sustituir una parte del cuerpo dañada por una pieza artificial: *en el hospital, le hicieron una ~ en el brazo.* **3** POÉT. Figura del lenguaje que consiste en añadir uno o más sonidos al principio de una palabra: *algunos dicen* amoto, *añadiendo una ~ a la palabra* moto. ☖ El plural es *prótesis.*

pro·tes·ta |protésta| ***f.*** Acción y resultado de protestar: *dirigió una carta de ~ al concejal porque la iluminación de su calle llevaba dos semanas averiada.* ⇒ **queja.**

pro·tes·tan·te |protestánte| **1** ***adj.-com.*** (persona) Que practica el *protestantismo: *el pastor ~ pronunció un sermón muy elocuente.* **- 2** ***adj.*** Del *protestantismo o que tiene relación con él: *la doctrina ~ permite que los pastores se casen.*

pro·tes·tan·tis·mo |protestantísmo| **1** ***m.*** Iglesia cristiana separada de la Iglesia *católica de Roma: *el luteranismo y el calvinismo pertenecen al ~.* **2** Doctrina de esa iglesia: *el ~ defiende que la salvación sólo se consigue por la fe.*

pro·tes·tar |protestár| **1** ***intr.*** [contra/de/por algo/alguien] Mostrar *oposición, falta de acuerdo o enfado: *protestó por la injusticia que se estaba cometiendo.* **2** Negar o considerar mala una cosa o una acción: *protesto contra la mentira y la envidia.*

pro·tes·⌈tón, ⌈to·na |protestón, tóna| ***adj.-s.*** (persona) Que protesta en exceso: *mi abuelo es muy ~; eres una protestona, todo te parece mal.* ⇒ **gruñón.**

pro·to·co·lo |protokólo| **1** ***m.*** Conjunto de reglas que ordenan la celebración de ciertos actos oficiales o *formales: *el rey está obligado a seguir el ~; el ~ dice que la mesa es presidida por la mesa más importante.* ⇒ **ceremonial. 2** Serie ordenada de escrituras y documentos que una persona autorizada guarda siguiendo ciertas *formalidades: *el ~ está en poder del notario.* **3** Documento en el que se recoge un acuerdo o las conclusiones de una reunión: *los presidentes de los dos gobiernos firmaron el ~ de intercambio comercial.*

pro·tón |protón| ***m.*** FÍS. Parte del *núcleo del átomo que tiene carga eléctrica positiva: *la carga eléctrica del ~ es igual a la carga eléctrica del electrón, pero de signo contrario.* ⇒ **electrón, neutrón.**

pro·to·ti·po |prototípo| **1** ***m.*** Primera muestra que se fabrica de una figura, un invento u otra cosa y que sirve de modelo para fabricar otras iguales: *en el salón del automóvil se presentaron varios prototipos de coches eléctricos.* **2** *fig.* Persona o cosa que sirve de modelo de una virtud, una cualidad o de otra cosa: *los entendidos dicen que esa modelo es el ~ de la belleza femenina de esta década.*

pro·tu·be·ran·cia |protuβeránθia| ***f.*** *Elevación o bulto que sobresale de una superficie: *se me ha formado en el brazo una ~ que me preocupa mucho.*

pro·ve·cho |proβét∫o| **1** ***m.*** Utilidad que se saca de una cosa: *obtuvo un gran ~ de las prácticas que hizo en la empresa.* ⇒ **beneficio. 2** Efecto que produce la comida o la bebida en el organismo: *por más que cuida su régimen alimenticio, parece que las comidas no le hacen ningún ~.* **3** Aprovechamiento o *adelantamiento: *toda su labor humanitaria ha sido en ~ de los más pobres.* ■ **buen ~**, expresión que indica deseo de que siente bien una comida: *sigan comiendo y buen ~.* ⇒ **aprovechar.**

pro·ve·cho·⌈so, ⌈sa |proβet∫óso, sa| ***adj.*** Que produce un provecho; que es útil: *las clases que hemos recibido nos serán muy provechosas en el futuro.*

pro·ve·e·⌈dor, ⌈do·ra |proβe^{e}ðór, ðóra| ***m. f.*** Persona o empresa que se dedica a hacer llegar a otras un producto determinado: *el encargado de compras de la fábrica llamó a su ~.*

pro·ve·er |proβ^{e}ér| **1** ***tr.-prnl.*** [algo, a alguien; de algo] Dar, llevar o poner al alcance, especialmente una cosa necesaria: *debemos proveernos de lo más conveniente para atravesar la selva; tienen que proveernos de gasolina.* ⇒ **abastecer, suministrar, surtir. 2** [algo] Disponer, resolver o dar salida a un asunto: *tuvieron que ~ una solución transitoria.* **3** Dar un cargo o empleo a una persona: *decidieron ~ el puesto con la persona más digna.* **4** DER. Tomar una decisión un *juez o un tribunal: *la denuncia presentada aún está sin ~ por el juez.* ⌂ Se conjuga como 61. No debe confundirse con *prever.*

pro·ve·nir |proβenír| ***intr.*** Nacer o tener origen: *aquella moda provenía de más allá del océano.* ⇒ **proceder.** ⌂ Se conjuga como 90.

pro·ver·bial |proβerβiál| **1** ***adj.*** Del *proverbio o que tiene relación con él: *durante la Edad Media se redactaron numerosas obras de contenido ~.* **2** Que es muy conocido: *nos atendió en su despacho con su ~ amabilidad.*

pro·ver·bio |proβérβio| ***m.*** Frase que tiene un contenido moral o *doctrinal: *la Biblia incluye muchos proverbios; un ~ es decir «no por mucho madrugar amanece más temprano».* ⇒ **adagio, aforismo, refrán, sentencia.**

pro·vi·den·cia |proβiðénθia| **1** ***f.*** Cuidado que pone Dios en el mundo y los hombres: *hemos hecho lo que hemos podido, sólo nos queda confiar en la ~.* **2** DER. Decisión de un *juez relacionada con asuntos de *trámite o poco importantes: *la ~ manifiesta simplemente la voluntad de un juez.*

pro·vi·den·cial |proβiðenθiál| ***adj.*** De la *providencia o que tiene relación con ella: *es ~ que no le haya pasado nada al niño al darse ese golpe tan fuerte en la cabeza.*

pro·vin·cia |proβínθia| **1** ***f.*** División territorial en que se organiza un Estado: *España está dividida en comunidades autónomas, formadas a su vez por provincias.* **2** Territorio comprendido en cada una de esas divisiones: *el gobierno civil y la diputación gobiernan la ~; la ~ de Madrid limita con la de Toledo.* **3** Conjunto de habitantes de ese territorio: *toda la ~ estuvo presente en la feria industrial que se celebró en la capital.* **- 4 provincias *f. pl.*** Territorios de un país que no corresponden a la *capital: *la compañía inicia una gira por provincias para presentar su espectáculo.*

pro·vin·cial |proβinθiál| ***adj.*** De la *provincia o que tiene relación con ella: *se presentó al campeonato ~ de ajedrez.*

pro·vin·cia·⌐no, ⌐na |proβinθiáno, na| **1** ***adj.-s.*** (persona) Que ha nacido o vive en una *provincia, en *oposición a una persona de la *capital: *muchos provincianos acuden a la capital los fines de semana.* **2** *desp.* Que tiene una característica que se considera propia de las personas que no han nacido en la *capital: *los provincianos no suelen estar acostumbrados al ajetreo de la ciudad.*

pro·vi·sión |proβisión| **1** ***f.*** Acción y resultado de *proveer o dar lo necesario para un fin determinado: *olvidó pensar en la ~ de combustible para el invierno.* **2** Conjunto de alimentos para las personas: *los excursionistas prepararon provisiones para diez días.* ⇒ **víveres.** ⌂ Se usa sobre todo en plural.

pro·vi·sio·nal |proβisionál| ***adj.*** Que no es fijo ni regular; que depende de ciertas circunstancias: *el fontanero ha dicho que este arreglo es sólo ~ y que volverá mañana.* ⇒ **eventual.** ⇔ **definitivo.**

pro·vo·ca·ción |proβokaθión| **1** ***f.*** Acción y resultado de hacer sentir un enfado muy grande y violento mediante palabras o acciones: *estoy un poco harto de sus continuas provocaciones.* **2** Intento de despertar el deseo sexual: *su manera de vestir es una ~.*

pro·vo·ca·⌐dor, ⌐do·ra |proβokaðór, ðóra| ***adj.-s.*** Que provoca: *nos miró con ojos provocadores.*

pro·vo·car |proβokár| **1** ***tr.*** [algo] Dar lugar; causar u *ocasionar: *las lluvias torrenciales han provocado el desbordamiento del río.* ⇒ **promover, suscitar. 2** [a alguien] Hacer sentir un enfado muy grande y violento mediante palabras o acciones: *he discutido con él porque no deja de provocarme.* ⇒ **irritar. - 3 *tr.-intr.*** Intentar despertar el deseo sexual: *sus palabras de amor tenían la intención de provocarla.* ⌂ Se conjuga como 1.

pro·vo·ca·ti·⌐vo, ⌐va |proβokatíβo, βa| ***adj.*** Que provoca deseo sexual: *lleva siempre ropa provocativa.*

pro·xi·mi·dad |pro^{k}simiðá^{ð}| **1** ***f.*** Cualidad de próximo: *ante la ~ de las fiestas, la gente hace ya sus compras de Navidad.* ⇒ **cercanía. - 2 proximidades *f. pl.*** Terrenos cercanos a un lugar: *no había ni un solo teléfono en las proximidades.* ⇒ **alrededor.**

pró·xi·⌐mo, ⌐ma |pró^{k}simo, ma| **1** ***adj.*** Que está cerca en el espacio o en el tiempo: *te espero en la cafetería próxima al hospital; en fecha próxima se inaugurará el hotel.* ⇒ **cercano. 2** Que sigue o está después: *el ~ día trae un cuaderno y un bolígrafo; enfermera, haga pasar al ~ paciente.* ⇒ **siguiente.** ⌂ En esta acepción, se usa sólo delante de un sustantivo.

pro·yec·ción |proye^{k}θión| **1** ***f.*** Acción o resultado de lanzar o de dirigir una cosa hacia adelante o a distancia: *mediante la pólvora se consigue la ~ de la bala.* **2** Presentación de una película en el cine: *la ~ de la película será esta tarde a las cinco.* **3** Imagen que se proyecta sobre una pantalla o una superficie: *las proyecciones no se veían con claridad.* **4** Alcance o influencia: *la obra literaria de este autor ha tenido una gran ~.* ⇒ **trascendencia.**

pro·yec·tar |proye^{k}tár| **1** ***tr.*** [algo] Lanzar o dirigir una cosa hacia adelante o a distancia: *los focos proyectan la luz hacia el cielo.* **2** Pensar y decidir el modo y los medios de hacer una cosa: *ha proyectado un bonito viaje a las islas del Caribe; está proyectando montar su propio negocio; debes ~ tu trabajo cada semana.* ⇒ **planear. 3** Presentar una película en el cine: *dentro de poco proyectarán una película de Bertolucci.* **4** Reflejar una imagen sobre una pantalla o una superficie: *están proyectando una película* *de dibujos animados en la pared de la sala.* **5** GEOM. Trazar líneas rectas desde todos los puntos de un cuerpo hasta una superficie: *cuando proyectas los puntos de un cuerpo sobre un plano, consigues una representación de su figura.* - **6** ***tr.-prnl.*** Hacer que una figura se pueda ver sobre una superficie: *los árboles proyectan sus largas sombras en el camino; la silueta del bailarín se proyecta en el fondo del escenario.*

pro·yec·til |proye^{k}tíl| ***m.*** Cuerpo que se lanza a distancia, generalmente con armas de fuego: *les lanzaron piedras, tomates y todo tipo de proyectiles; los proyectiles explotaron y destruyeron el edificio.*

pro·yec·to |proyé^{k}to| **1** ***m.*** Conjunto de cálculos, escritos y dibujos que se hacen para indicar cómo se va a hacer un trabajo o cuál va a ser el resultado: *el arquitecto presentó un ~ del parque y el ayuntamiento lo está estudiando; han hecho un ~ para reducir la contaminación de las aguas; está redactando el ~ de investigación para solicitar la ayuda.* **2** Intención o deseo de hacer una cosa: *tiene el ~ de ir a Japón.* ⇒ **idea. 3** DER. Conjunto de disposiciones que se proponen como ley: *el partido en el poder ha presentado un ~ de ley para evitar el fraude fiscal.*

pro·yec·tor |proye^{k}tór| **1** ***m.*** Aparato que sirve para proyectar o reflejar una imagen sobre una pantalla o superficie plana: *el ~ está al fondo de la sala del cine.* **2** Lámpara que emite una luz muy intensa: *los rayos de luz del ~ llegaban al escenario.* ⇒ **foco.**

pru·den·cia |pruđénθia| **1** ***f.*** Virtud que consiste en distinguir si una acción es buena o mala, para seguirla o apartarse de ella: *la ~ lo llevó a apartarse de aquella mala gente.* **2** Buen juicio y madurez: *lo eligieron como portavoz del grupo por su ~.* **3** Virtud que consiste en contener, frenar o sujetar los sentimientos o los impulsos evitando los excesos: *si tomas bebidas alcohólicas, hazlo con ~.* ⇒ **moderación, templanza.**

pru·den·te |pruđénte| ***adj.*** Que muestra buen juicio y madurez en sus actos: *debes ser ~ al conducir un automóvil.* ⇒ **sensato.** ⇔ **imprudente.**

prue·ba |pruéba| **1** ***f.*** Uso de una cosa que sirve para comprobar si funciona o se ajusta a un fin determinado: *he hecho una ~ y he visto que el aparato funciona bien.* ⇒ **ensayo, examen. 2** Comprobación de la calidad o de una capacidad: *la ~ oral me parece más difícil que la ~ escrita; el atleta ha conseguido superar tres de las cuatro pruebas;* **~ de fuego,** la más difícil; la más importante: *si consigues aprobar ese examen, habrás superado la ~ de fuego.* **3** Medio o razón que demuestra la verdad o la falsedad: *el testigo dio pruebas de que el acusado era inocente.* **4** Señal o muestra que se da de una cosa: *te regalo este anillo en ~ de mi amor.* **5** Muestra de un texto escrito que sirve para corregir los errores: *tendré que revisar con mucho cuidado estas pruebas.* **6** Situación difícil: *en la vida hay que superar muchas pruebas.* **7** MAT. Operación que sirve para determinar la exactitud de otra: *tengo bien la multiplicación: he hecho la ~.* ■ **a ~,** en una situación que permite comprobar la calidad o una cualidad: *el director pondrá al nuevo empleado a ~ y después decidirá si lo contrata.* ■ **a ~ de bomba,** muy fuerte o resistente: *esta caja fuerte está hecha a ~ de bombas.*

pru·ri·to |prurito| **1** ***m.*** Picor que se siente en una parte del cuerpo o en todo él: *el ~ causado por plantas o picaduras de insectos se alivia con pomada.* ⇒ **picor. 2** *fig.* Deseo *constante de hacer una cosa de la mejor manera posible: *su ~ de investigador no le permitía hacer las cosas a la ligera: debía estudiar la cuestión.*

psi·co·a·ná·li·sis |sikoanálisis| **1** ***m.*** Teoría que se basa en el estudio de los procesos mentales inconscientes: *el ~ ha evolucionado mucho desde Freud.* ⇒ **sicoanálisis. 2** Método de *diagnóstico y curación de enfermedades mentales basado en esa teoría: *fue a ver a un médico y la sometiron al ~.* ⇒ **sicoanálisis.** ☖ El plural es *psicoanálisis.*

psi·co·a·na·lis·ta |sikoanalísta| ***adj.-com.*** (persona) Que se dedica al *psicoanálisis: *el ~ le ayudó a superar su ansiedad.* ⇒ **sicoanalista.**

psi·co·lo·gí·a |sikoloxía| **1** ***f.*** Ciencia que estudia la mente y el comportamiento humano: *se especializó en ~ infantil.* ⇒ **sicología. 2** Manera de sentir de una persona o un grupo: *un grupo de especialistas está haciendo un estudio sobre la ~ de los ancianos.* ⇒ **sicología. 3** *p. ext.* Capacidad para comprender y conocer a las personas: *tiene mucha ~ y sabe cómo tratar a los demás.* ⇒ **sicología.**

psi·co·ló·gi·⌜co, ⌜ca |sikolóxiko, ka| ***adj.*** De la *psicología o que tiene relación con ella: *está muy enterado de las últimas teorías psicológicas.* ⇒ **sicológico.**

psi·có·lo·⌜go, ⌜ga |sikóloɣo, ɣa| **1** ***m. f.*** Persona que se dedica a la *psicología: *fue a ver a un ~.* **2** *p. ext.* Persona que tiene especial capacidad para comprender y conocer a otras personas: *es un gran ~ y rápidamente comprendió cómo era Juan.* ⇒ **sicólogo.**

psi·có·pa·ta |sikópata| ***com.*** *form.* Persona que padece una enfermedad mental que consiste en una alteración de la *personalidad y un comportamiento violento: *algunos asesinos son psicópatas.* ⇒ **sicópata.**

psi·co·sis |sikósis| **1** ***f.*** Enfermedad mental grave: *los complejos que sufren algunas personas son ~.* ⇒ **sicosis. 2** *p. ext.* Miedo irracional y *constante: *la falta de agua está produciendo una ~ entre los ciudadanos.* ⇒ **sicosis.** ☖ El plural es *psicosis.*

psi·que |síke| ***f.*** *form.* Conjunto de actos y funciones propios de la mente en *oposición a los puramente orgánicos: *el desarrollo de su ~ no se ajusta a su edad biológica.*

psi·quia·tra |sikiátra| ***com.*** Médico especialista en las enfermedades mentales y su tratamiento: *fue a visitar al ~ porque se sentía atacado por todos.* ⇒ **siquiatra.**

psi·quia·trí·a |sikiatría| ***f.*** MED. Disciplina que estudia las enfermedades mentales y su tratamiento: *estudió ~ porque le parecía fascinante la mente humana.* ⇒ **siquiatría.**

psí·qui·⌜co, ⌜ca |síkiko, ka| ***adj.*** De la mente o

que tiene relación con ella: *tiene que encontrarse en perfecto estado físico y ~ para reincorporarse a la competición.* ⇒ **anímico, síquico.**

pú·a |púa| **1** *f.* Cuerpo delgado y firme que acaba en punta aguda: *se pinchó con una ~ de la valla.* **2** Pincho o espina de un animal: *los erizos tienen púas.* **3** Diente de un peine: *a este peine le faltan tres púas, habrá que comprar otro.* **4** Chapa triangular de material delgado y firme que se usa para tocar instrumentos de cuerda: *el guitarrista perdió la ~.*

pub |pú$^{\beta}$, pá$^{\beta}$| ***m.*** Establecimiento en el que se venden bebidas, generalmente por la tarde o por la noche: *los amigos se reunieron en el ~ para tomar unas copas.*

pu·ber·tad |puβertá$^{\eth}$| ***f.*** Periodo de la vida humana en que se producen unos cambios físicos que hacen posible el comienzo de las funciones sexuales: *la ~ es la primera fase de la adolescencia; los chicos cambian la voz durante la ~.* ⇒ **adolescencia.**

pu·bis |púβis| **1** ***m.*** ANAT. Parte inferior del vientre, próxima a los órganos sexuales: *el ~ está cubierto de vello.* ⇒ **monte. 2** ANAT. Hueso que, junto con otros dos, forma la *pelvis: *el cóccix está formado por el ~ y otros huesos.* ☖ El plural es *pubis.*

pu·bli·ca·ción |puβlikaθión| **1** ***f.*** Acción y resultado de publicar: *la ~ de la obra inédita del autor causó un gran revuelo.* **2** Obra que se imprime y se pone a la *venta: *esta revista es una ~ mensual; a los 30 años contaba con varias decenas de publicaciones.*

pu·bli·car |puβlikár| **1** ***tr.*** [algo] Hacer que una cosa sea sabida y conocida por mucha gente: *los medios de comunicación se encargan de ~ las noticias más importantes.* **2** Exponer, mostrar o dar a conocer una cosa: *el juez publicó la sentencia; los novios publicaron la fecha de su boda.* **3** Revelar o decir una cosa que era secreta y se debía ocultar: *el periódico publicó unas conversaciones telefónicas muy comprometidas para el banquero.* **4** Imprimir y poner a la *venta un periódico, un libro u otra obra: *esta editorial publica diccionarios; el escritor busca un editor que publique su último libro de poemas.* ☖ Se conjuga como 1.

pu·bli·ci·dad |puβliθiðá$^{\eth}$| **1** ***f.*** Conjunto de medios, actos y mensajes que dan a conocer al público un producto, una opinión o a una persona, con un fin determinado: *entre la ~ que llenaba el buzón había una carta del banco.* ⇒ **propaganda. 2** Acción y resultado de dar a conocer al público un producto, una opinión o a una persona, con un fin determinado: *los productos de consumo son conocidos por la gente gracias a la ~; han interrumpido la película cuatro veces para hacer ~; no ha habido mucho público porque no se ha dado ~ al espectáculo.* ⇒ **propaganda.**

pu·bli·ci·ta·⌐rio, ⌐ria |puβliθitário, ria| ***adj.*** De la *publicidad o que tiene relación con ella: *la empresa presentó su nueva campaña publicitaria.*

pú·bli·⌐co, ⌐ca |púβliko, ka| **1** ***adj.*** Que es sabido o conocido por mucha gente: *sus relaciones extramatrimoniales se han convertido en un escándalo ~; es pública su gran afición a la bebida; el defensor del pueblo es una persona pública.* **2** Del Estado o que tiene relación con él: *llevo a mis hijos a un colegio ~ porque no puedo pagar uno privado; en la estación de ferrocarril hay teléfonos públicos.* ⇒ **particular, privado. - 3 público** ***m.*** Conjunto de personas que participan de las mismas *aficiones o que van a un mismo lugar: *el cine de terror tiene su ~; las pistas de esquí tienen un ~ especial.* **4** Conjunto de personas que hay en un lugar, especialmente para ver un espectáculo: *se ruega al ~ de la sala que se mantenga en silencio; el ~ que había acudido al aeropuerto para recibir al héroe prorrumpió en aplausos a su llegada.* ■ **dar/sacar al ~**, dar a conocer una obra escrita u otra cosa: *ese autor acaba de sacar al ~ una nueva novela.* ■ **en ~**, ante toda la gente: *no le gusta nada hablar en ~.*

pu·che·ra·zo |putʃeráθo| ***m.*** *fam.* Engaño que consiste en hacer público un resultado falso al contar los votos de una *elección: *las votaciones electorales de principios del siglo XX estuvieron cargadas de pucherazos.*

pu·che·ro |putʃéro| **1** ***m.*** Recipiente de boca ancha con una o dos asas que sirve para cocinar: *pondré la verdura en el ~; en el armario de la cocina están todos los pucheros.* **2** Comida de todos los días que cuesta poco dinero: *no creas que gano tanto, mi jornal sólo me permite pagarme el ~; voy a casa a ver qué tengo de ~.* ■ **hacer pucheros**, hacer con la cara los gestos con los que se empieza a llorar: *¡mira qué pucheros hace el bebé!; al ver al padre enfadado, el niño comenzó a hacer pucheros.*

pú·di·⌐co, ⌐ca |púðiko, ka| ***adj.*** Que tiene o muestra *pudor; que siente vergüenza de mostrar su cuerpo: *sus movimientos son púdicos y decorosos.* ⇒ **pudoroso.** ⇔ **impúdico.**

pu·dien·te |puðiénte| ***adj.-com.*** (persona) Que tiene poder y dinero: *los más pudientes dieron dinero para ayudar a los más pobres.*

pu·dor |puðór| ***m.*** Vergüenza que se siente especialmente hacia el sexo o hacia el propio cuerpo: *el ~ le impedía desnudarse ante la enfermera.* ⇒ **decencia, decoro.**

pu·do·ro·⌐so, ⌐sa |puðoróso, sa| ***adj.*** Que tiene o muestra *pudor; que siente vergüenza de mostrar su cuerpo: *algunos niños son muy pudorosos.* ⇒ **púdico.**

pu·dri·de·ro |puðriðéro| **1** ***m.*** Lugar en que se pone una cosa para que se pudra: *echaron todos los desperdicios del poblado en el ~.* **2** Lugar donde se tiene durante un tiempo un cuerpo muerto antes de colocarlo en un *panteón: *los restos mortales del conde reposaron en el ~ antes de colocarlo en el panteón de la familia.*

pu·drir |puðrír| **1** ***tr.-prnl.*** [algo] Descomponer una sustancia animal o vegetal: *el agua pudre la madera; la fruta se estaba pudriendo; los cadáveres se pudren.* ⇒ **podrir. 2** *fig.* Molestar, causar pena o desagrado: *la ambición y el dinero han podrido su corazón; se pudre de envidia.* ☖ El participio es *podrido.*

Las restantes formas se conjugan a partir del infinitivo *pudrir.*

pue·ble·ri·⌐no, ⌐na |pueβleríno, na| **1** ***adj.-s.*** (persona) Que ha nacido o vive en un pueblo o en un lugar pequeño: *los pueblerinos tienen una vida más tranquila que los de la gran ciudad.* **2** *desp.* (persona) Que tiene malos modos o es poco educado; que tiene escasa formación cultural: *siempre mostraba sus modales de pueblerino.* ⇒ **rudo.**

pue·blo |puéβlo| **1** ***m.*** Población más pequeña y menos importante que una ciudad: *la familia pasa los fines de semana en un ~ de la sierra; muchos pueblos del interior de la Meseta están deshabitados.* ⇒ **ciudad. 2** Conjunto de calles y edificios que componen esa población: *vive a las afueras del ~; el ayuntamiento y la iglesia son las construcciones más importantes del ~.* ⇒ **ciudad. 3** Conjunto de personas que vive en esa población: *el ~ entero se reunió en la plaza durante la fiesta.* **4** Conjunto de personas de un lugar, región o país: *el ~ gallego se solidarizó con las víctimas del naufragio.* **5** Conjunto de personas que forman una comunidad y están unidas por una misma raza, una misma religión, un mismo idioma o una misma cultura: *el ~ gitano sigue conservando sus costumbres; hay pueblos nómadas en el desierto; el Papa guía al ~ cristiano.* **6** Conjunto de habitantes de un país en cuanto a sus gobernantes: *el ~ elige a sus representantes en el gobierno y el parlamento.* **7** Conjunto de personas de nivel social bajo: *la reina bajó del coche para mezclarse con el ~.*

puen·te |puénte| **1** ***m.*** Construcción que se hace sobre los ríos y otros lugares para pasar de un lado a otro: *cruzamos el río por el ~ de piedra; se sentaron en la hierba, a la sombra de un ~; han construido un ~ de hormigón sobre la carretera para el paso de los peatones;* ~ **colgante,** el que se sostiene con cadenas de hierro o cuerdas gruesas: *el ~ colgante comunica las dos partes de la ciudad; en el barranco hay un ~ colgante;* ~ **levadizo,** el que se puede levantar por uno de sus extremos para impedir el paso: *los puentes levadizos estaban construidos sobre los fosos de las fortalezas.* **2** Pieza de metal que sirve para sujetar los dientes artificiales a los naturales: *el dentista le puso a Fernando tres puentes; al sonreír se le veía el ~ de oro.* **3** Día en que no se trabaja por estar entre dos festivos: *como el jueves y el sábado son días de fiesta, haremos ~ el viernes; aprovecharemos este ~ para viajar por la costa.* **4** Unión que permite el paso de la corriente eléctrica: *los ladrones pusieron en marcha el coche haciendo un ~.* **5** Curva o arco de la parte interior o central de la planta del pie: *el niño tiene problemas al caminar porque tiene demasiado ~.* **6** Pieza de las *gafas que sirve para unir los dos cristales: *se caló las gafas empujando el ~ con el dedo.* **7** MAR. Estructura de la cubierta de una embarcación desde la que se dan órdenes: *el capitán dirigía la maniobra desde el ~ del buque.* **8** Tabla pequeña colocada sobre la tapa de un instrumento musical de cuerda que sirve para sujetar las cuerdas: ⇒ **cordal. 9** Ejercicio físico que consiste en dejar caer el cuerpo hacia atrás en forma de arco hasta sujetarlo sobre los pies y las manos: *la gimnasta se lastimó una muñeca cuando intentó hacer un ~.* **10** ARQ. Madero que se coloca en posición horizontal entre otros dos verticales. ■ ~ **aéreo,** comunicación frecuente que se establece entre dos lugares por medio de aviones para transportar personas y mercancías: *envió los paquetes por el ~ aéreo.* ■ ~ **aéreo,** instalaciones que están al servicio de la comunicación frecuente entre dos lugares por medio de aviones: *esperó unos minutos en el ~ aéreo y luego tomó su avión.*

puer·⌐co, ⌐ca |puérko, ka| **1** ***adj.-s.*** *desp. fig.* (persona) Que no cuida su aseo personal o que produce asco: *no comas con las manos sucias, no seas ~.* ⇒ **cerdo. - 2** ***adj.*** *desp.* Que está sucio: *Marta no quería ponerse aquella puerca peluca.* **- 3** ***m. f.*** Animal mamífero doméstico, bajo, grueso, de patas cortas y cola pequeña y torcida cuya carne aprovecha el hombre: *el granjero criaba puercos y vendía los cochinillos.* ⇒ **cerdo, cochino.** ■ ~ **espín/espino,** animal mamífero pequeño, nocturno, que tiene la espalda y la cola cubiertas de espinas y la cabeza cubierta de pelos largos y que se alimenta de frutos secos y raíces: *anoche vi junto al río un ~ espín.*

pue·ri·cul·⌐tor, ⌐to·ra |puerikultór, tóra| ***m. f.*** Persona que se dedica a la *puericultura: *una puericultora enseñaba a las futuras madres todo lo necesario para cuidar bien a sus bebés; Ángela es una excelente puericultora.*

pue·ri·cul·tu·ra |puerikultúra| ***f.*** Disciplina que trata de la *crianza y cuidado de los niños durante los primeros años de vida: *leían libros y revistas de ~ para prepararse para ser padres.*

pue·ril |pueríl| **1** ***adj.*** *form.* Que tiene una característica que se considera propia de los niños: *tienes que corregir esa conducta tan ~.* **2** Que tiene poco valor o poca importancia: *sus comentarios siempre son pueriles: nunca dice nada interesante.* ⇒ **trivial.**

pue·rro |puéro| ***m.*** Hortaliza con las hojas planas, largas y estrechas y las flores rosas, cuyo tallo es blanco y comestible: *cavó la tierra alrededor de los puerros.*

puer·ta |puérta| **1** ***f.*** Plancha, normalmente de madera y de forma rectangular, que se coloca en el hueco de una pared y que puede abrir o cerrar: *las puertas están sujetas al marco con bisagras; abre la ~ para que salga el gato; no he oído el timbre porque la ~ estaba cerrada; la ~ de la nevera se ha quedado abierta.* **2** Hueco de una pared, normalmente de forma rectangular, por el que se sale y se entra: *Miguel acaba de entrar por la ~; pasa, pasa, no te quedes en la ~.* **3** Hueco por el que se sale o se entra: *este coche tiene tres puertas.* **4** Lugar de entrada a una población: *esta ~ antiguamente formaba parte de las murallas que rodeaban la ciudad.* **5** Marco rectangular por el que tiene que entrar la pelota para marcar un tanto en un juego o deporte: *el delantero disparó a la ~, pero el balón no entró.* ⇒ **portería. 6** *fig.* Modo de conseguir una cosa: *su gran simpatía fue la ~ de la popularidad.* ■ **a las**

puertas, muy cerca: *el enfermo pasó la noche a las puertas de la muerte.* ■ **a ~ cerrada**, en secreto, de manera privada: *la firma del acuerdo se hizo a ~ cerrada.* ■ **cerrarse todas las puertas**, ser rechazada una persona; no recibir ayuda: *al salir de la cárcel se le cerraron todas las puertas: nadie quiso darle trabajo.* ■ **coger la ~**, irse de un sitio: *si no te gusta esto puedes coger la ~ ahora mismo.* ■ **dar con la ~ en las narices**, *fam.*, negar con malos modos lo que se pide; no hacer caso: *el jefe le dio con la ~ en las narices cuando le pidió un aumento de sueldo.* ■ **de puertas adentro**, de manera privada: *este tema es muy delicado, sólo lo hablaremos de puertas adentro.* ■ **de ~ a ~**, (mercancía) que se recoge en la casa de la persona que hace el envío y se entrega directamente a la persona que lo debe recibir: *voy a enviarte este paquete de ~ a ~, es privado.* ■ **en puertas**, a punto de ocurrir: *la boda está en puertas, se casan la próxima semana.* ■ **por la ~ grande**, con gran honor: *el torero salió por la ~ grande: cortó dos orejas y un rabo.*

puer·to |puérto| **1** ***m.*** Lugar de la costa o del lado de un río preparado para que las embarcaciones puedan llegar y recogerse: *el buque se refugió en el ~ hasta que pasó la tormenta; los obreros del ~ descargaron las mercancías del barco; te acompañaremos al ~ para despedirnos de ti;* ~ **franco**, el que recibe mercancías libres del pago de *impuestos: *la isla tenía un ~ franco.* **2** Localidad en la que se encuentra ese lugar: *Cartagena es un gran puerto del Mediterráneo.* **3** Paso alto y estrecho entre montañas: *el ~ está cerrado al tráfico porque hay nieve; para llegar a su pueblo tuvimos que pasar por el ~.* ⇒ **garganta. 4** Punto más alto de ese paso: *los ciclistas tienen que subir dos puertos en la etapa de hoy.* **5** *fig.* Lugar, situación o persona que sirve como refugio: *mi madre fue mi ~.* ■ **llegar a buen ~**, superar una situación difícil: *después de la crisis económica, la peseta ha llegado a buen ~.* ■ **tomar ~**, llegar una embarcación a un lugar de la costa o del lado de un río preparado para acogerla: *el transatlántico tomó ~ en la madrugada del lunes.*

PUERTA

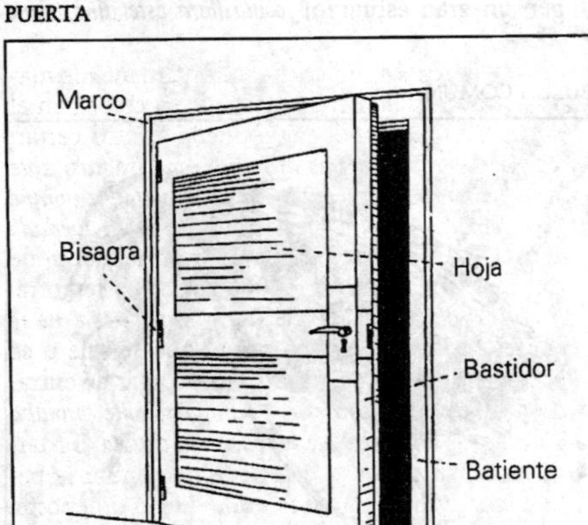

puer·to·rri·que·⌐ño, ⌐ña |puertoriképo, pa| **1** ***adj.*** De Puerto Rico o que tiene relación con Puerto Rico: *El Yunque es un precioso paraje ~.* ⇒ **portorriqueño. - 2** ***m. f.*** Persona nacida en Puerto Rico o que vive habitualmente en Puerto Rico: *muchos puertorriqueños viven en Norteamérica.* ⇒ **portorriqueño.**

pues |pues| **1** ***conj.*** Indica causa o razón: *no puedo ir contigo ~ viene mi madre a visitarme.* ⇒ **porque. 2** Indica condición: *~ tanto le quieres, cásate con él.* **3** Añade intensidad a lo que se dice en una frase: *¡~ no faltaba más!*

pues·ta |puésta| **1** ***f.*** Acción de ponerse el sol u otro cuerpo celeste: *se quedaron para ver la ~ de sol.* **2** Acción de poner huevos las aves: *muchas aves realizan la ~ en primavera.* **3** Conjunto de huevos que pone una ave en un tiempo determinado: *esa gallina tiene una ~ superior a las demás;* ~ **a punto**, operación que consiste en regular un mecanismo o una máquina para que funcione *correctamente: *llevó el coche al taller para una ~ a punto antes del invierno;* ~ **de largo**, fiesta que se celebra para presentar a una joven en sociedad: *la joven se compró un vestido muy lujoso para su ~ de largo;* ~ **en antena**, acción y resultado de emitir por primera vez un programa de radio o televisión: *una nueva cadena privada tiene prevista su ~ en antena para enero;* ~ **en escena**, preparación del decorado y *escenario de una obra de teatro o de una película: *el director escénico se encarga de la ~ en escena.*

pues·⌐to, ⌐ta |puésto, ta| **1** ***adj.*** Que va vestido o arreglado: *ese hombre siempre va muy ~ a trabajar; ¿crees que voy bien puesta para la ocasión?* ◻ Se usa con los adverbios *bien* o *mal.* **2** Que tiene muchos conocimientos sobre una materia: *está muy ~ en electrónica.* ◻ Se usa con el verbo *estar.* **- 3 puesto** ***m.*** Lugar o espacio que ocupa o que le corresponde a una persona o cosa: *los nadadores se colocaron en sus puestos antes de la salida; ahora que tu padre ha muerto, tu ~ está junto a tu madre; el automóvil ocupa un ~ importante en nuestros gastos.* **4** Tienda en un mercado; instalación de pequeño tamaño y de material ligero que se coloca en las calles y lugares públicos para vender artículos: *tiene un ~ de fruta en el mercado de abastos; durante la feria de artesanía, el paseo se llena de puestos en los que se vende cerámica, cuero, objetos de plata, cristal y otros productos hechos a mano.* **5** Oficio o empleo en el que se trabaja: *¿cuál es tu ~ en la empresa?; tiene un ~ de mucha responsabilidad en la fábrica.* ⇒ **cargo. 6** Lugar ocupado por un grupo de soldados, de *guardias o de policías en acto de servicio: *cerca de aquí hay un ~ de policía municipal; fueron al ~ de la guardia civil para denunciar el accidente.* **7** Lugar donde se esconde el cazador para disparar a la pieza: *como era la primera vez que iba a cazar, le dejaron el mejor ~.* ■ **~ que**, indica causa: *~ que no tiene remedio, no lo lamentes más.*

puf |púf| ***m.*** Asiento pequeño y blando, sin respaldo, sin brazos y sin patas: *al lado de la mesa del salón habían colocado un ~.*

pú·gil |púxil| ***m.*** Persona que practica el *boxeo: *el ~ se alzó con el título mundial de los pesos pesados.* ⇒ **boxeador.**

pu·gi·la·to |puxiláto| ***m.*** Deporte en el que dos *rivales luchan entre sí golpeándose solamente con los puños: *el ~ es un deporte muy duro.* ⇒ **boxeo.**

pug·na |púᵞna| **1 *f.*** Lucha o enfrentamiento armado: *la ~ entre los dos ejércitos fue muy dura.* ⇒ **batalla, pelea. 2** Enfrentamiento entre personas, países o partidos distintos: *los dos países vecinos sostienen una ~ por la modalidad de pesca.* ⇒ **disputa.**

pug·nar |puᵞnár| **1 *intr.*** *form.* Luchar o *combatir: *los habitantes de la ciudad pugnaron por su defensa hasta la extenuación.* **2** *fig.* Insistir con esfuerzo para lograr una cosa: *el prisionero pugnaba por escaparse.* ☐ Se usa con las preposiciones *para* o *por.*

pu·ja |púxa| **1 *f.*** Acción y resultado de ofrecer cantidades de dinero mayores que las que han ofrecido otros en la misma situación: *los tres coleccionistas de sellos hicieron una ~ porque estaban muy interesados en la mercancía que se subastaba.* **2** Cantidad de dinero que se ofrece de esa manera: *no adquirió el jarrón chino porque no pudo hacer frente a la ~ que hizo el marqués.* **3** Fuerza para hacer o continuar una cosa: *con la ~ que le da a su trabajo será el primero en terminarlo.*

pu·jan·te |puxánte| ***adj.*** Que se desarrolla con mucha fuerza: *la informática es una industria ~.*

pu·jan·za |puxánθa| ***f.*** Fuerza grande: *la ~ de la industria ayudará a otros sectores de la sociedad.*

pu·jar |puxár| **1 *tr.*** [algo] Ofrecer una cantidad de dinero mayor que las que han ofrecido otros en la misma situación: *dos personas pujaron 100000 pesetas por el cuadro que se subastaba.* **- 2 *intr.*** Hacer fuerza para realizar, conseguir o continuar una cosa: *pujaron mucho para que no los echaran de aquel edificio.*

pul·cri·tud |pulkritúᵟ| ***f.*** Cualidad de *pulcro: *se limpió la boca con toda ~.*

pul·⌐cro, ⌐cra |púlkro, kra| **1 *adj.*** Que tiene un aspecto limpio y cuidado: *el médico tenía unas manos firmes, con las uñas pulcras, blanquísimas; es una mujer muy pulcra.* ⇒ **limpio. 2** (persona) Que hace las cosas con cuidado y delicadeza: *es un carpintero ~, no hace chapuzas.* **3** (cosa) Que está hecho con cuidado y delicadeza: *las sábanas tenían un bordado ~.* ☐ El superlativo es *pulquérrimo.*

pul·ga |púlᵞa| ***f.*** Insecto parásito capaz de dar grandes saltos, que se alimenta de la sangre de los mamíferos y las aves: *el perro lleva un collar que ahuyenta a las pulgas.* ■ **tener malas pulgas,** *fam.*, tener mal humor: *tu padre tiene muy malas pulgas.*

pul·ga·da |pulᵞáða| ***f.*** Antigua medida española de longitud que equivale a unos 2,3 centímetros: *en el mundo anglosajón se ha acordado atribuir a la ~ una equivalencia de 25,4 milímetros.*

pul·gar |pulᵞár| ***adj.-m.*** (dedo) Que es el primero y más grueso de la mano o del pie: *señaló con el ~ hacia arriba para indicar que todo había salido bien.* ⇒ **dedo.**

pul·gón |pulᵞón| ***m.*** Insecto muy pequeño de color marrón o verde, sin alas las hembras y con cuatro los machos, boca *chupadora, que expulsa un líquido por la parte posterior de su cuerpo: *las hembras de los pulgones viven agrupadas en las partes tiernas de las plantas; el ~ daña los cultivos.*

pu·li·men·tar |pulimentár| ***tr.*** [algo] Hacer que una cosa esté lisa y brillante: *los obreros pulimentaron el mármol del suelo con una máquina especial.* ⇒ **pulir.**

pu·lir |pulír| **1 *tr.*** [algo] Hacer que una cosa esté lisa y brillante: *esta máquina pule los suelos de mármol.* ⇒ **pulimentar. 2** Revisar y corregir una cosa para quitarle los defectos y hacerla perfecta: *ha escrito un artículo, pero aún tiene que pulirlo.* **- 3 *tr.-prnl.*** *fig.* [a alguien] Educar a una persona para que deje de tener malos modos y sepa comportarse en sociedad: *los maestros y los padres se encargan de ~ a los niños.* **4** *fam.* [algo] Gastar el dinero sin orden ni cuidado: *Pepe pulía en una noche de juerga el sueldo de una semana.* ⇒ **derrochar.**

pu·lla |púʎa| ***f.*** Expresión que se usa para molestar o herir a una persona: *estuvo metiendo pullas durante toda la conversación para provocar a la otra persona, pero no lo consiguió.* ⇒ **puyazo.**

pul·món |pulmón| **1 *m.*** Órgano blando y esponjoso de la respiración del hombre y de los animales vertebrados que respiran fuera del agua: *el hombre tiene dos pulmones alojados en el pecho; el aire llega a los pulmones y oxigena la sangre; algunos reptiles tienen un solo ~; el tabaco afecta a los pulmones.* **2** ZOOL. Órgano de respiración de ciertos *moluscos y *arácnidos: *los pulmones de los moluscos son una cavidad con vasos sanguíneos.* **3** Aparato que ayuda a respirar: ~ **artificial/de acero,** el que ayuda a respirar a un enfermo provocando en él los movimientos de la respiración: *el aire del interior del ~ de acero sufre cambios de presión.* **- 4 pulmones *m. pl.*** *fam. fig.* Capacidad para emitir una voz fuerte o para hacer ejercicios físicos que exigen un gran esfuerzo: *¡cómo llora este niño, tiene*

PULGA COMÚN

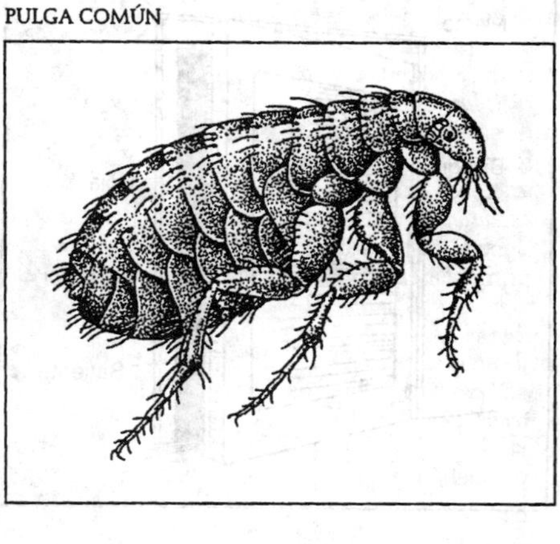

buenos pulmones!; me faltan pulmones para continuar caminando por el monte.

pul·mo·nar |pulmonár| ***adj.*** De los pulmones o que tiene relación con ellos: *la sangre llega a los pulmones a través de la arteria ~; el tabaco es la causa de muchas enfermedades pulmonares.*

pul·mo·ní·a |pulmonía| ***f.*** MED. Enfermedad por la que se hinchan los pulmones debido a una *infección de bacterias: *no pudo resguardarse de la tormenta y cogió una ~.* ⇒ **neumonía.**

pul·pa |púlpa| **1** ***f.*** Carne de la fruta: *el melocotón y la manzana tienen mucha ~; esta mermelada está hecha con ~ de albaricoque.* ⇒ **carne. 2** Parte central y más blanda de los vegetales con la que se fabrica una pasta para uso industrial: *la ~ de muchos árboles sirve para fabricar papel.*

pul·pe·jo |pulpéxo| ***m.*** Parte carnosa y blanda de un miembro pequeño del cuerpo: *la niña se clavó una espina en el ~ del dedo corazón.*

púl·pi·to |púlpito| ***m.*** *Plataforma pequeña que hay en las iglesias, levantada a cierta altura, que se usa para hablar a los *asistentes: *el sacerdote subió al ~ a predicar; ese ~ está labrado con escenas de la Biblia.*

pul·po |púlpo| **1** ***m.*** Animal invertebrado marino comestible, con el cuerpo redondo, ocho brazos, ojos muy desarrollados y cabeza grande y ovalada: *en las costas del Mediterráneo y el Atlántico abundan los pulpos; el ~ cocido se sirve sobre una tabla redonda de madera.* ☐ Para indicar el sexo se usa el ~ macho y el ~ hembra. **2** *fam. desp.* Persona que suele tocar repetidamente a otra con la que está y resulta molesta: *no me acerco a Antonio porque es un ~.* **3** Cuerda elástica, terminada en ganchos de metal, con la que se sujeta una carga a la parte superior de un automóvil: *las bicicletas irán en la baca bien sujetas con un ~.*

pul·sa·ción |pulsaθión| **1** ***f.*** Golpe producido por el movimiento de la sangre en las *arterias: *la enfermera notó que las pulsaciones aumentaban por culpa de la fiebre.* ⇒ **pulso. 2** Golpe o toque que se da en el teclado de una máquina de escribir o de un ordenador: *es un mecanógrafo excepcional: alcanza las trescientas pulsaciones por minuto.*

pul·sa·⌜dor |pulsaðór| ***m.*** Botón que sirve para poner en funcionamiento un mecanismo o aparato: *el ~ del timbre hace sonar la campana; este ~ enciende las luces.*

pul·sar |pulsár| **1** ***tr.*** [algo] Tocar presionando de forma suave: *pulse la tecla F1 del ordenador para obtener más información; pulsó el botón para llamar al ascensor; el guitarrista pulsa con maestría las cuerdas.* **2** Examinar o estudiar una opinión; formarse una primera idea de ella: *los diplomáticos deben ~ el estado del país en que se hallan y la opinión de sus colegas.*

pul·se·ra |pulséra| **1** ***f.*** Adorno o joya en forma de *aro o de cadena que se pone en la muñeca: *le regaló una ~ de oro por su cumpleaños; lleva muchas pulseras.* ⇒ **anillo, collar, pendiente. 2** Correa o cadena que lleva un reloj y que sirve para sujetarlo a la muñeca: *es un reloj con la ~ de acero.*

pul·so |púlso| **1** ***m.*** Conjunto de golpes producidos por el movimiento de la sangre en las *arterias, que se *perciben en una parte del cuerpo: *el enfermo tiene el ~ muy débil; usted mismo puede tomarse el ~ en la muñeca.* ⇒ **pulsación. 2** Parte de la muñeca donde se *notan esos golpes: *se te notan muy bien las venas en el ~.* **3** Seguridad o firmeza en la mano para ejecutar una acción con acierto: *no puede coger las tazas llenas de café porque no tiene ~.* **4** *fig.* Habilidad o cuidado en un negocio: *tiene mucho ~ cuando habla de negocios.* **5** Prueba de fuerza entre dos personas que consiste en que cada una de ellas apoya un codo sobre una superficie, une su mano a la del contrario e intenta vencer la resistencia que opone hasta hacerle doblar el brazo: *los dos hombres se apoyaron en la mesa para echar un ~.* **6** *p. ext.* Prueba de fuerza y poder entre dos grupos o partidos contrarios: *los dos equipos están echando un ~ para ver cuál gana la liga.* ■ **a ~**, haciendo fuerza con la mano y la muñeca, sin apoyar el brazo: *Julio tiene mucha fuerza, puede levantar a ~ un motor.* ■ **tomar el ~**, intentar conocer las características de un asunto antes de tratarlo: *el gobierno encargó una encuesta para tomar el ~ a la nación.*

pu·lu·lar |pululár| **1** ***intr.*** Abundar o multiplicarse los insectos, los gusanos y otros animales: *en el granado pululaban las hormigas y los pulgones.* **2** Abundar o moverse personas, animales o cosas en un lugar: *por esas calles pululan ladrones, traficantes y gentes de mal vivir.*

pul·ve·ri·za·dor |pulβeriθaðór| ***m.*** Instrumento que sirve para *pulverizar un líquido: *los envases de laca llevan un ~.* ⇒ **atomizador.**

pul·ve·ri·zar |pulβeriθár| **1** ***tr.-prnl.*** [algo] Reducir a polvo una cosa sólida: *esas máquinas pulverizan la piedra.* - **2** ***tr.*** Esparcir un líquido en forma de gotas muy pequeñas: *pulverice el producto sobre la superficie manchada, espere unos minutos y después pase un paño húmedo.* ⇒ **vaporizar. 3** *fig.* [a alguien] Destruir por completo: *el ejército pulverizó a la guerrilla.* ☐ Se conjuga como 4.

pu·ma |púma| ***m.*** Animal mamífero procedente de América, parecido al gato, pero más grande, de pelo suave de color marrón claro, muy rápido y fiero, con fuertes uñas que usa para cazar animales: *el ~ se encuentra en toda América.* ☐ Para indicar el sexo se usa el ~ macho y el ~ hembra.

pun·ción |punθión| ***f.*** MED. Operación que consiste en atravesar con un instrumento los tejidos, hasta llegar a un órgano o un hueco, para examinar o vaciar su contenido: *la ~ en la zona lumbar sirve para diagnosticar algunas enfermedades.*

pun·do·nor |pundonór| ***m.*** Sentimiento de respeto y *honra personal: *si pones en duda la palabra de una persona, estás hiriendo su ~.*

pun·ta |púnta| **1** ***f.*** Extremo de una cosa: *Jesús metió la ~ del pie en el agua de la piscina; la peluquera me ha cortado las puntas del pelo; ¡qué golpe me he dado en la cadera con la ~ de la mesa!* **2** Extremo agudo de un objeto que corta o hiere: *el ladrón acercó al cuello de la víctima la ~ de la navaja; me he* *pinchado el dedo con la ~ de la aguja.* **3** Clavo de pequeño tamaño: *me hacen falta unas puntas para sujetar la madera del cajón; el carpintero está colocando las puntas con el martillo.* **4** Parte de tierra alargada y de poca extensión que entra en el mar: *caminamos por la playa hasta la ~.* **5** Pequeña cantidad de una cosa: *esta salsa lleva una ~ de coñac.* ■ **de ~**, estirado, en posición vertical: *por mucho que me peino, siempre llevo el pelo de ~.* ■ **de ~ a ~**, de un extremo a otro: *he recorrido la ciudad de ~ a ~ y no he encontrado ninguna floristería.* ■ **de ~ en blanco**, *fam.*, muy arreglado, muy bien vestido: *Tomás se puso de ~ en blanco para ir a la discoteca.* ☖ Se usa con verbos como *ir* o *ponerse.* ■ **por la otra ~**, *fam.*, expresión con la que se niega completamente un hecho o afirmación: *me dijo que sacara al perro a la calle, pero yo le dije que iba a hacerlo por la otra ~.* ■ **por la ~ de atrás**, *fam.*, expresión con la que se niega completamente un hecho o afirmación: *lo que me cuentas es cierto por la ~ de atrás.* ■ **sacar ~**, *fam.*, encontrar a una cosa un sentido negativo que no tiene: *no saques ~ a mis palabras, yo no he dicho eso.* ■ **tener en la ~ de la lengua**, *fam.*, estar a punto de decir una cosa que no se acaba de recordar: *tengo en la ~ de la lengua el apellido de ese político.*

pun·ta·da |puntáða| **1** ***f.*** Agujero hecho con la aguja cuando se está cosiendo: *esta aguja hace las puntadas muy gruesas, necesito una más fina.* ⇒ **punto. 2** Pasada de una aguja o un instrumento parecido a través de una tela u otro material por cada uno de esos agujeros: *hilvana este bajo con unas cuantas puntadas.* ⇒ **punto. 3** Espacio que hay entre dos de esos agujeros que están más *próximos entre sí: *las puntadas eran muy largas.* **4** Cantidad de hilo que se usa en ese espacio: *esto está cosido con ~ doble para reforzarlo.* ■ **tirar una ~**, *fam.*, decir una cosa de forma indirecta para molestar o herir a una persona: *después de una discusión más fuerte, se tiraron algunas puntadas.*

pun·tal |puntál| **1** ***m.*** Madero fijo en el suelo que, inclinado, sujeta una pared o un edificio que puede caerse: *pusieron varios puntales a la tapia.* **2** Madero grueso que se usa para sujetar las paredes de las *minas: *la vagoneta golpeó un ~ y sobrevino un derrumbamiento.* **3** *fig.* Elemento principal de un sistema o de un asunto: *la capital fue el ~ político del país; Mario es el puntal de nuestra asociación.* **4** MAR. Altura de la nave desde su parte inferior hasta la cubierta superior: *las bodegas de ese barco tienen que ser enormes, considerando su ~.*

pun·ta·pié |puntapié| ***m.*** Golpe dado con la punta del pie: *mientras caminaba daba puntapiés a las piedras.* ☖ El plural es *puntapiés.*

pun·te·ar |punteár| **1** ***tr.*** [algo] Dibujar, pintar o grabar con puntos: *primero debes ~ la silueta y luego trazar las líneas.* **2** Marcar con puntos: *el profesor punteó en el mapa mudo las capitales de provincia y los alumnos pusieron los nombres correspondientes.* **3** MÚS. Tocar por separado las cuerdas de un instrumento musical: *está aprendiendo a ~ la guitarra.*

pun·te·ra |puntéra| **1** ***f.*** Parte del calzado, del *calcetín o de la media que cubre la punta del pie: *estas medias vienen sin talón y sin ~ para poder llevar zapatos abiertos.* **2** Pieza que adorna o hace más fuerte la parte del calzado que cubre la punta del pie: *esas botas llevan la ~ de acero.*

pun·te·rí·a |puntería| **1** ***f.*** Habilidad o facilidad para acertar al tirar o disparar: *es un gran tirador porque tiene mucha ~; tengo muy mala ~.* ⇒ **tino. 2** Dirección del arma apuntada: *debe usted rectificar la ~ si quiere dar en aquella diana.*

pun·te·⌐ro, ⌐ra |puntéro, ra| **1** ***adj.*** Que es avanzado o destacado dentro de su género, especie o categoría: *es una empresa puntera en tecnología digital.* **- 2 puntero *m.*** Vara que sirve para señalar en un texto o en un dibujo: *nos indicó con el ~ dónde estaba esa ciudad en el mapa; con el ~ iba guiando la lectura.* **3** Herramienta que consiste en un trozo de metal duro con punta aguda en un extremo y plana en el otro, que se usa para hacer agujeros: *golpeando el martillo con el ~, hizo un agujero en la pared.*

pun·tia·gu·⌐do, ⌐da |puntiaγúðo, ða| ***adj.*** Que tiene la punta aguda: *el pino tiene las hojas puntiagudas.*

pun·ti·lla |puntíʎa| **1** ***f.*** Tejido estrecho con agujeros muy finos, que se pone como adorno en el borde de las prendas de vestir y de otras telas: *la blusa llevaba puntillas en el cuello y en los puños; la ~ de la cortina es de encaje.* **2** Instrumento cortante, más pequeño que el cuchillo, que sirve para dar una muerte rápida a algunos animales: *uno de la cuadrilla se acercó a descabellar al toro con la ~.* ■ **dar la ~**, clavar un instrumento cortante en el cuello del toro para darle una muerte rápida: *el torero falló con el estoque y tuvieron que darle la ~ al toro.* ■ **dar la ~**, *fig.*, acabar, destruir a una persona o cosa: *la televisión está dando la ~ al cine y al teatro.* ⇒ **arruinar.** ■ **de puntillas**, caminando sobre las puntas de los pies, sin apoyar los talones: *las bailarinas de ballet clásico andan de puntillas en el escenario.* ■ **de puntillas**, *fig.*, sin hacer ruido alguno; *sigilosamente: *vino de puntillas y nos sorprendió en la conversación.*

pun·ti·llo |puntíʎo| ***m.*** MÚS. Signo con forma de punto que se coloca al lado de una nota añadiéndole a su duración la mitad de su valor: *esa nota lleva ~ y tienes que hacerla más larga.*

pun·ti·llo·⌐so, ⌐sa |puntiʎóso, sa| ***adj.*** (persona) Que se molesta por cualquier cosa: *es muy ~ y siempre cree que lo están engañando.* ⇒ **susceptible.**

pun·to |púnto| **1** ***m.*** Señal circular de pequeño tamaño que destaca sobre una superficie: *este dibujo está hecho a base de puntos; deberá rellenar este cuestionario escribiendo sobre la línea de puntos.* **2** Pasada de una aguja con hilo, especialmente a través de una tela: *coseré el botón a la camisa con un ~.* ⇒ **puntada. 3** Nudo pequeño hecho con un hilo: *se han salido algunos puntos del jersey; se hizo una herida en la pierna y le dieron cuatro puntos.* **4** Manera de unir los hilos que forman un tejido: *sobre la mesa hay un paño de ~ de ganchillo; la rebeca está* *hecha con ~ de aguja.* **5** Roto que se hace en las medias al soltarse uno de los nudos del tejido: *Pilar se ha enganchado la media y se ha hecho un ~.* **6** Sitio o lugar: *¿en qué ~ de la ciudad se encuentra la biblioteca?; sé que tu hermano vive en Perú pero no sé en qué ~.* **7** Unidad que sirve para valorar o contar: *el jugador ha conseguido seis puntos más para su equipo; cada pregunta del examen vale dos puntos.* **8** Asunto o materia que se trata o de que se habla: *hoy se trata el ~ relativo al medio ambiente; ahora pasaremos al primer ~ de nuestro debate.* **9** Parte de una materia: *este tema de historia está formado por siete puntos principales.* **10** Parte muy pequeña de tiempo: *a partir de este ~ empieza la cuenta atrás.* ⇒ **instante, momento.** **11** Extremo o grado que se puede alcanzar: *mi paciencia ha llegado a un ~ en que no aguanto más;* ~ **de nieve**, el que se alcanza agitando la clara de un huevo hasta que toma espesor: *bate los huevos a ~ de nieve.* **12** FÍS. Grado de temperatura necesario para que ocurra un fenómeno físico: *el ~ de ebullición del agua es de 100 °C.* **13** GEOM. Parte de una recta o plano que tiene extensión, pero considerado sin *dimensiones. **14** LING. Signo de escritura que indica el fin de una oración; signo de escritura que aparece después de una abreviatura: *se debe poner un ~ cuando finaliza una expresión con sentido completo; la abreviatura* Sr. *tiene un ~ al final;* ~ **final**, LING., el que se usa cuando acaba un escrito: ~ **y aparte**, LING., el que se usa cuando acaba un *párrafo y el texto continúa en una nueva línea: ~ **y coma**, LING., el que se usa para señalar una pausa algo mayor que la que representa la coma: *; es la representación del ~ y coma;* ~ **y seguido**, LING., el que se usa cuando acaba una oración y el texto continúa en la misma línea; **puntos suspensivos**, LING., tres puntos seguidos para indicar el sentido de la oración no queda completo: *los puntos suspensivos se representan con ...;* **dos puntos**, LING., dos puntos, uno sobre otro, para indicar el fin del sentido gramatical, pero no el lógico: *los dos puntos se representan con :.* **15** LING. Signo de escritura que se pone sobre la *i* y sobre la *j*: *Ignacio escribe tan rápido que olvida poner los puntos sobre las letras.* **16** *fam.* Persona que no tiene vergüenza: *tu hermana está hecha un buen ~.* ⌂ No varía de género, aunque se refiera al sexo femenino. **17** Manera de entender o explicar una cosa: ~ **de vista**, manera de considerar una cosa: *este problema se puede tratar desde varios puntos de vista.* **18** Parte o aspecto de una persona o cosa: ~ **débil/flaco**, el que puede ser dañado con facilidad; el que tiene menos fuerza: *mi ~ débil en los estudios es la física;* ~ **fuerte**, el que es más seguro; el que tiene más fuerza: *mi ~ fuerte en el deporte es el salto de altura.* **19** *fam.* Acción muy buena o agradable; acción que extraña o causa sorpresa: *¡qué ~!, apenas le conocía y me mandó a casa un ramo de flores; fue un ~ que Ramón se fuera voluntario al ejército.* ■ **a ~**, preparado; listo: *¿a qué hora salimos?, yo ya estoy a ~.* ■ **a ~**, a tiempo; en el momento adecuado: *llegó a ~ para ver cómo se solucionaba la disputa.* ■ **a ~ de**, expresión que indica que una acción está próxima: *estuve a ~ de comprarte aquel disco que tanto te gustaba.* ⌂ Se construye seguida de un verbo en infinitivo. ■ **a ~ de caramelo**, preparado o listo para empezar, con todas las condiciones necesarias para que suceda; cercano a producirse: *el resultado está a ~ de caramelo.* ■ **al ~**, rápidamente, al momento: *se lo ordenaron y lo hizo al ~.* ■ **en ~**, *exactamente: *nos iremos a las tres en ~.* ■ **en su ~**, en la situación perfecta, en el mejor momento; en el estado adecuado: *han servido la carne en su ~.* ■ **hasta cierto ~**, en cierto modo, pero no completamente: *hasta cierto ~ tienes razón.* ■ **poner los puntos sobre las íes**, *fam.*, aclarar una cosa que no está clara: *querían que les ayudara, pero yo puse los puntos sobre las íes y les dije que no era una ayuda, sino un trabajo.* ■ **~ muerto**, posición del cambio de velocidades de un automóvil cuando no se comunica el movimiento del motor a las ruedas: *deja el coche en ~ muerto.* ■ **~ muerto**, estado de un asunto que no avanza: *el trazado de la autovía a su paso por la montaña está en ~ muerto.*

pun·tua·ción |puntuaθión| **1** *f.* Nota que se pone a un ejercicio: *el gimnasta obtuvo una ~ muy alta en las barras paralelas; la ~ de las preguntas me da para pasar al siguiente examen.* ⇒ **calificación.** **2** Conjunto de los signos de ortografía que sirven para distinguir las palabras y para separar las oraciones y sus partes: *redactó el texto sin ~ y no se entendía muy bien.*

pun·tual |puntuál| **1** *adj.* Que llega a un lugar a la hora convenida: *el tren es ~; ella lo intenta, pero nunca es ~ en sus citas.* ⇔ **impuntual.** **2** Que hace las cosas de manera exacta y rápida, sin retraso: *esta empresa siempre es ~ en los pagos.* **3** Que es aislado, concreto o *específico: *en una acción ~ la guerrilla atacó un cuartel; mediante una ayuda ~ se puede resolver ese problema financiero.*

pun·tua·li·dad |puntualiðá^{d}| *f.* Cualidad de *puntual: *me gusta la ~ de Carmen, nunca me hace esperar; entregaron el trabajo con ~.* ⇒ **regularidad.**

pun·tua·li·zar |puntualiθár| **1** *tr.* [algo] Describir un hecho sin olvidar ningún detalle: *el testigo puntualizó que el acusado salió de la casa a las tres y no a las dos y media.* **2** Revisar y corregir los detalles de una cosa para hacerla perfecta: *en cuanto puntualice algunos detalles, te entrego el trabajo.* ⇒ **pulir.** ⌂ Se conjuga como 4.

pun·tuar |puntuár| **1** *tr.* [algo] Poner en un escrito los signos de ortografía necesarios para que sea *correcto: *no he puntuado correctamente el texto: le faltan comas y puntos.* **- 2** *tr.-intr.* DEP. Sacar o conseguir puntos en una competición deportiva: *la prueba de hoy puntúa para la clasificación general.* ⌂ Se conjuga como 11.

pun·za·da |punθáða| **1** *f.* Herida producida por un objeto que tiene una punta: *la aguja le atravesó el dedo y aún le duele la ~.* **2** *fig.* Dolor agudo y breve, que suele repetirse de tiempo en tiempo: *fue a visitar al médico porque sentía punzadas en una rodilla.*

pun·zar |punθár| **1** ***tr.*** [algo, a alguien] Herir con un objeto que tiene punta: *una espina de la rosa punzó el dedo de la dama.* ⇒ **pinchar. 2** *fig.* Molestar; hacer sentir pena o dolor: *los remordimientos punzaban el corazón del avaro.* ☖ Se conjuga como 4.

pun·zón |punθón| ***m.*** Herramienta que consiste en un trozo de metal o de otro material con punta aguda en un extremo y que se usa para hacer agujeros, grabar metales y para otras cosas: *el ~ de bordar es de hueso o plástico; sobre la mesa del taller había varios punzones y martillos.*

pu·ña·da |puɲáða| ***f.*** Golpe dado con el puño: *los dos hombres peleaban a puñadas.* ⇒ **puñetazo.**

pu·ña·do |puɲáðo| **1** ***m.*** Cantidad de materia que cabe en un puño: *cogió un ~ de arena y me lo tiró a los ojos; toma un ~ de almendras para el camino.* **2** *fig.* Cantidad pequeña de materia: *sólo queda un ~ de arroz, tendré que comprar más.* ■ **a puñados**, abundantemente: *en las montañas había oro a puñados.*

pu·ñal |puɲál| ***m.*** Arma blanca, de hoja corta, que sólo hiere con la punta: *le regalaron un ~ con piedras preciosas en la empuñadura.*

pu·ña·la·da |puɲaláða| **1** ***f.*** Golpe dado con el *puñal u otra arma blanca parecida: *le dio una ~ en un costado.* **2** Herida hecha con un *puñal: *el cuerpo presentaba varias puñaladas en el pecho y el vientre.* **3** *fig.* Disgusto grande que se produce de pronto y sin aviso: *su muerte fue una ~ para nosotros.* **4** *fig.* Acción traidora: *no puedo creer que nos espiaras: eso es una ~.*

pu·ñe·ta |puɲéta| ***f.*** Parte de la manga que rodea la muñeca, adornada con *bordados y *puntillas: *las puñetas de las togas son blancas.* ■ **hacer la** ~, *fam.*, molestar o hacer daño a una persona: *me estáis haciendo la ~ y me estoy aguantando.* ⇒ **fastidiar, pascua.**

pu·ñe·ta·zo |puɲetáθo| ***m.*** Golpe dado con el puño: *el boxeador dio un ~ en la cara a su contrincante; estaba tan enfadado que derribó una puerta de un ~.* ⇒ **puñada.**

pu·ñe·te·⌐ro, ⌐ra |puɲetéro, ra| ***adj.*** *fam.* Que molesta o fastidia: *¡qué hombre más ~, no para de dar la lata ni un momento!*

pu·ño |púɲo| **1** ***m.*** Mano cerrada: *cuando se enfada, da golpes con los puños; ¿qué escondes en el ~?* **2** Pieza de la manga de la camisa y otras prendas de vestir, que se ajusta a la muñeca: *el ~ de la camisa es una tira de tela que se abrocha con un botón; algunas prendas de vestir tienen puños de adorno.* **3** Parte por donde se sujetan con la mano las armas de filo, como la espada, y otros objetos: *el anciano se apoyaba en el ~ de su bastón; el ~ de la daga era de plata; el ~ del paraguas está hecho de madera.* ⇒ **mango.** ■ **comerse los puños**, *fam.*, pasar hambre; ser muy pobre: *los habitantes de las chabolas se comían los puños.* ■ **como un ~/como puños**, expresión que indica que una cosa es más grande que otras de su especie: *el muchacho dijo una mentira como un ~, pero le creyeron.* ■ **de ~ y letra**, escrito a mano: *tengo una carta de ~ y letra del propio Lorca; leyó el contrato y lo firmó de su ~ y letra.* ■ **en un** ~, asustado, con miedo; dominado: *la amenaza de un nuevo ataque tiene a todo el país en un ~.* ☖ Se usa con los verbos *meter, poner, tener.*

pu·pa |púpa| **1** ***f.*** Herida en cualquier parte del cuerpo, especialmente la que se forma en los labios a causa de la fiebre: *hay una pomada muy buena para curar las pupas; tiene la pierna llena de pupas.* **2** Capa seca que se forma en la superficie de una herida al curarse: *la varicela lo dejó lleno de pupas.* ⇒ **costra. 3** *fam.* Dolor o herida de un niño al darse un golpe: *el niño lloraba y decía "mamá, me he hecho ~".* ☖ Se usa en el lenguaje infantil.

pu·pi·la |pupíla| ***f.*** ANAT. Abertura circular del ojo, de color negro, a través de la cual pasa la luz: *la ~ está situada en el centro del iris; la ~ se contrae o se dilata adaptándose a la luz del exterior.* ⇒ **niña.**

pu·pi·la·je |pupiláxe| ***m.*** Estado o condición del *pupilo o de la *pupila: *vivió en ~ durante varios años en su casa.*

pu·pi·⌐lo, ⌐la |pupílo, la| **1** ***m. f.*** Persona que vive en una casa particular por un precio ajustado: *tenía varios pupilos que ocupaban las habitaciones vacías.* **2** DEP. *fig.* Persona que hace deporte, en cuanto a su *entrenador: *el preparador ha dirigido bien a su ~.*

pu·pi·tre |pupítre| ***m.*** Mueble de madera, con tapa en forma de plano inclinado, que sirve para escribir sobre él: *el aula tenía 20 pupitres para los alumnos.*

pu·ré |puré| ***m.*** Comida que se hace hirviendo y triturando patatas, legumbres o verduras hasta conseguir una pasta espesa: *voy a hacer un ~ con puerros, judías verdes y zanahorias; este ~ de patatas tiene trocitos de pan frito por encima.* ■ **hecho** ~, *fam.*, muy cansado, molido: *he estado en el polideportivo jugando al baloncesto y he terminado hecho ~.*

pu·re·za |puréθa| **1** ***f.*** Cualidad de puro: *es admirable la ~ de esas aguas; la ~ del oro es indispensable.* ⇔ **impureza. 2** *fig.* Estado de la persona que no ha tenido relaciones sexuales: *se desposó con aquella joven en estado de ~.* ⇒ **virginidad.**

pur·ga |púrɣa| **1** ***f.*** Medicina que sirve para hacer expulsar los excrementos del vientre: *esta ~ te sentará de maravilla.* **2** Acción y resultado de *purgar: *al llegar el nuevo ministro, comenzó una ~ en el ministerio.*

pur·gan·te |purɣánte| **1** ***adj.*** Que *purga, que limpia y purifica: *el escarmiento ha sido ~: ya no volverá a comportarse mal.* **- 2 *adj.-m.*** (sustancia) Que sirve para hacer expulsar los excrementos del vientre: *el médico le recetó agua ~; se tomó un ~ en ayunas.*

pur·gar |purɣár| **1** ***tr.*** [algo] Limpiar, purificar, quitando lo malo, lo peligroso o lo que no conviene: *el director ha decidido ~ la empresa despidiendo a los malos trabajadores.* **2** Sacar de un tubo, de un conducto o de un aparato el gas o el líquido que impide que funcione bien: *tuvieron que ~ los radiadores de la calefacción porque no calentaban bien.* **- 3 *tr.-prnl.*** [a alguien] Hacer expulsar los excrementos del vientre mediante una medicina o una sustancia medicinal: *la enfermera dio una infusión al enfermo para purgarlo; tuvo que purgarse con aceite de ricino.* **- 4 *tr.*** *form.* [algo] Satisfacer una falta con una pena o un castigo: *el acusado purgará sus faltas con dos años de prisión.* **5** REL. Purificar el espíritu, para poder morir en paz: *el moribundo había purgado sus pecados: ya podía entrar en el cielo.* ◯ Se conjuga como 7.

pur·ga·to·rio |puryatório| **1 *m.*** REL. Lugar en el que las *almas pagan sus faltas antes de subir al cielo, según la religión cristiana: *rezaba todas las noches por el alma de su abuelo, a quien suponía en el ~ purgando sus pecados.* **2** *fig.* Lugar donde hay trabajo y dolor: *no me gusta vivir allí, es un ~, está lejos de todo.* **3** *fig.* Dolor y trabajo excesivos: *si no te tranquilizas, vas a pasar un ~ con la oposición.*

pu·ri·fi·car |purifikár| **1 *tr.-prnl.*** [algo] Hacer pura o más pura una cosa: *este aparato sirve para ~ el aire.* ⇒ **depurar. 2** Hacer perfecta o mejor una cosa no material: *hijo mío, debes ~ tu alma.* ◯ Se conjuga como 1.

pu·ri·ta·nis·mo |puritanísmo| **1 *m.*** Iglesia cristiana separada de la iglesia oficial de Inglaterra: *el ~ acepta la libre interpretación de la Biblia según el juicio individual.* **2** *p. ext.* Dureza excesiva, especialmente en el terreno moral: *la prohibición de esa película es una muestra más del ~ de la sociedad.*

pu·ri·ta·⌐no, ⌐na |puritáno, na| **1 *adj.*** Del *puritanismo o que tiene relación con él: *su vida está regida por costumbres puritanas.* **- 2 *adj.-s.*** (persona) Que practica el *puritanismo: *los puritanos fueron perseguidos por Isabel I.* **3** *fig.* (persona) Que muestra dureza excesiva en el terreno moral y que presume de ello: *sus padres son muy puritanos y nunca aceptaron que su hija se fuese a vivir con un hombre sin casarse.*

pu·⌐ro, ⌐ra |púro, ra| **1 *adj.*** Que no tiene mezcla de otra cosa: *esta tableta es de chocolate ~.* ⇔ **impuro. 2** Que no tiene sustancias sucias o contaminantes: *sale al campo para respirar aire ~.* **3** *fig.* Que es perfecto: *fue un alma pura; su amor es ~.* **4** *fig.* (lenguaje o estilo) Que es *correcto o exacto; que sigue las normas de la gramática: *es un escritor con un estilo ~.* **- 5 puro *m.*** Cilindro de hojas de tabaco enrolladas para fumar: *desde que no fuma puros, tose menos y se encuentra más joven.* ⇒ **cigarro.**

púr·pu·ra |púrpura| **1 *adj.*** De color rojo fuerte, casi morado: *llevaba un lazo ~ en el pelo.* **- 2 *adj.-m.*** (color) Que es rojo fuerte, casi morado: *algunos pergaminos estaban escritos con tinta de color ~; los rostros de los novios se pusieron como el ~.* **- 3 *f.*** Sustancia de color rojo fuerte que se usa para dar color: *los fenicios fueron los primeros en utilizar la ~.* **4** Tela de lujo, generalmente de lana y de ese color, usada por los reyes y las personas de cargos importantes: *los cardenales de la Iglesia católica visten la ~.*

pur·pu·ri·na |purpurína| **1 *f.*** Pintura de brillo metálico, de color oro o plata: *los marcos de los cuadros estaban pintados con ~.* **2** Polvo muy fino con el que se prepara esa pintura: *la ~ se obtiene del bronce.*

pu·ru·len·⌐to, ⌐ta |purulénto, ta| ***adj.*** *form.* Que tiene *pus: *el médico curó las llagas purulentas del herido.*

pus |pús| ***m.*** Líquido espeso, blanco o amarillo, que se forma en los tejidos infectados y fluye por las heridas: *tiene las encías inflamadas y llenas de ~.* ◯ Se usa mucho como femenino. El plural es *puses.*

pu·si·lá·ni·me |pusilánime| ***adj.-com.*** (persona) Que no tiene ánimo o energía para aguantar las desgracias o para hacer cosas importantes: *era ~ y por eso se dejaba mandar por los demás.*

pús·tu·la |pústula| ***f.*** *form.* Bolsa pequeña, llena de *pus, que se forma en la piel: *el enfermo tenía el cuerpo lleno de pústulas.*

pu·ta |púta| **1 *f.*** *vulg. desp.* Mujer que mantiene relaciones sexuales a cambio de dinero: ⇒ **prostituta. 2** *vulg. desp.* Mujer que se entrega sexualmente con facilidad: ⇒ **fulana, furcia, ramera, zorra.** ◯ Se usa como apelativo despectivo.

pu·ta·da |putáða| ***f.*** *vulg.* Obra o dicho que molesta, causa un daño o está hecho con mala intención: *menuda ~, le han despedido; primero me haces una ~ y luego vienes tan amable, no te entiendo.* ⇒ **faena.**

pu·te·ar |puteár| ***tr.*** *vulg.* [algo, a alguien] Fastidiar o causar un daño o problema: *el cabo intentaba ~ a uno de sus soldados; me está puteando todo el día y al final le voy a contestar de mala manera.*

pu·⌐to, ⌐ta |púto, ta| **1 *adj.*** *vulg. desp.* Que molesta y hace perder la paciencia: *este ~ reloj se ha vuelto a parar; ese ~ negocio va a acabar con él.* ◯ Se usa delante del sustantivo. **2** *vulg. desp.* Que es excesivamente pequeño, escaso o difícil: *se enfadó por diez putas pesetas; qué trabajo más ~.* **3** *vulg. desp.* Indica o expresa *énfasis: *¡qué puta suerte tiene!; le han dejado en la puta calle; lo ha arreglado de puta pena.* ■ **de puta madre**, *vulg. desp.*, muy bien: *se lo pasaron de puta madre durante las vacaciones.* ■ **pasarlas putas**, *vulg.*, estar en una situación muy difícil o peligrosa: *las pasó putas para subir los muebles hasta el cuarto piso.*

pu·tre·fac·ción |putrefa^{k}θión| ***f.*** *Descomposición de una sustancia animal o vegetal: *encontraron un cadáver en estado de ~; los hongos y las bacterias ayudan a la ~.*

pu·tre·fac·⌐to, ⌐ta |putrefá^{k}to, ta| ***adj.*** Que está podrido o descompuesto: *el mal olor procedía de la fruta putrefacta.*

pu·ya |púya| ***f.*** Punta aguda de acero colocada en el extremo de una vara, con la que se pincha a los toros y vacas: *el picador hundió la ~ en el toro para quitarle fuerza.* ⇒ **pica.**

pu·ya·zo |puyáθo| **1 *m.*** Herida hecha con la *puya: *el toro embistió al caballo del picador y recibió un ~.* **2** *fam. fig.* Expresión que se usa para molestar o herir a una persona: *en cuanto puede te coloca un ~.* ⇒ **pulla.**

Q

Q, q *f.* Letra que en el alfabeto español sigue a la *p*: *la palabra* queso *se escribe con* ~. ⌂ Sólo forma sílaba con las vocales *e, i,* que se escriben precedidas de una *u*. Esta *u* no se pronuncia: *quiero un queso de riquísima leche.*

que |ke| **1** ***pron. relat.*** Se refiere a un sustantivo que ha aparecido antes: *la casa ~ nos hemos comprado es muy grande; los niños ~ hayan terminado pueden marcharse.* ⇒ **cual.** ⌂ Tiene como antecedente un nombre o un pronombre. Se puede construir con el artículo determinado y con *lo*: *el ~ tenga hambre que pida un bocadillo; no me gustó lo ~ dijiste ayer; escogió las ~ más le gustaron.* **- 2** ***conj.*** Introduce una oración con función de sujeto, objeto directo o *término de una preposición: *le gusta que la peinen; deseo ~ vengas; acostúmbralo a ~ se lave.* **3** Indica comparación, cuando aparece acompañada de *más, menos, mejor, peor, mayor, menor* y otras formas: *es más bueno ~ el pan; esa silla es menos cómoda ~ aquella; nadie es mejor ~ tú.* **4** Indica *oposición; expresa un valor *adversativo: *suya es la culpa, ~ no mía.* ⇒ **pero, y. 5** Indica causa: *ya verás como lo hace, ~ ha prometido hacerlo.* ⇒ **porque, pues. 6** Indica *consecuencia, cuando aparece acompañada de *tanto, *tan, tal, así, de modo, de manera*: *iba tan despacio ~ llegó tarde; hablaba de modo ~ nadie le entendía.* **7** Indica igualdad: *corre ~ vuela.* ⌂ Equivale a *de manera que.* **8** Indica una acción repetida, haciéndola más intensa: *era un cabezota, siempre estaba dale ~ dale.* **9** Añade fuerza e intensidad a los adverbios *sí* y *no*: *no, hombre, ~ no, ~ no se lo digo a nadie.* ■ **el ~ más y el ~ menos,** cada cual; todos: *en aquellos tiempos, el ~ más y el ~ menos hacía negocios sucios.*

qué |ké| **1** ***pron. interr.*** Indica pregunta: *¿~ libro estás leyendo? ¿~ ciudad es aquélla?* ⌂ Como neutro equivale a *¿qué cosa?*: *¿~ haré?; ¿~ prefieres, café o té?* **2** Introduce una oración subordinada que indica pregunta: *dime ~ quieres que compre.* **- 3** ***pron. excl.*** Indica emoción o admiración; indica disgusto: *¡~ bello es ese cuadro!; ¡~ día más horrible!; ¡~ calor hace hoy!* ⌂ Se usa también con adverbios: *¡~ bien te ha salido ese dibujo!; ¡~ mal estoy!* ■ **no hay de ~,** no existe *motivo; no tiene importancia: *muchas gracias. —No hay de ~.* ⌂ Se usa para responder a un agradecimiento. ■ **¿~?,** indica que no se entiende o no se quiere entender lo que se oye: *me voy a la compra. —¿~? —Que me voy a la compra.* ■ **¿~?,** se usa para *responder a una llamada: *oye, Silvia. —¿~? —¿Me dejas el coche?* ■ **~ tal,** cómo: *¿~ tal te ha salido el examen?; ¿~ tal las vacaciones?* ■ **~ tal estás/está usted,** expresión que se usa para saludar: *¡hombre, Luis!, ¿~ tal estás?; le presento al señor Romero. —¿~ tal está usted?* ■ **sin ~ ni por ~,** sin causa, sin razón: *estábamos hablando y sin ~ ni por ~ ella se levantó enfadada y se fue.* ■ **¿y ~?,** expresión que indica que una cosa no importa: *últimamente te portas muy mal. —¿Y ~? Me da igual.*

que·bra·da |keβráða| ***f.*** Paso estrecho entre montañas: *el pastor conduce a sus ovejas por las quebradas de la sierra.*

que·bra·de·ro |keβraðéro| ***m.*** *fam.* Preocupación; falta de tranquilidad: *te evitarías muchos quebraderos de cabeza si fueras preparado para una emergencia.* ⌂ Se usa sólo en la expresión *~ de cabeza.*

que·bra·di·⌈zo, ⌈za |keβraðíθo, θa| **1** ***adj.*** Que se rompe fácilmente: *tiene el pelo débil y ~.* ⇒ **frágil. 2** *fig.* Que es débil y delicado de salud: *tiene una salud quebradiza y casi no sale a la calle.*

que·bra·⌈do, ⌈da |keβráðo, ða| **1** ***adj.*** (terreno) Que no es igual; que tiene altos y bajos: *por este sitio no se puede pasar con los coches porque es bastante ~.* ⇒ **desigual, tortuoso. - 2** ***adj.-m.*** MAT. (número) Que expresa una o varias partes proporcionales de la unidad: *el profesor explica a sus alumnos cómo se suman números quebrados.* ⇒ **fracción.**

que·bran·ta·hue·sos |keβrantauésos| **1** ***m.*** Ave de gran tamaño, con las patas cubiertas de plumas hasta los dedos, que se alimenta generalmente de animales muertos: *el ~ suele vivir solo en regiones rocosas de África, Asia y Europa.* ⌂ Para indicar el sexo se usa el ~ macho y el ~ hembra. **2** *fam. desp.* Persona que molesta o causa fastidio y disgusto: *Luis es un ~, siempre molesta en los momentos más inoportunos.*

que·bran·tar |keβrantár| **1** ***tr.*** [algo] Romper o separar violentamente las partes de una cosa dura: *le apretó la mano como si fuera a quebrantarle los huesos.* ⇒ **quebrar. 2** Ir contra una cosa; no cumplir una ley, una palabra dada o una obligación: *el acusado había quebrantado muchas veces la ley; has quebrantado tu palabra: no tienes honor.* ⇒ **violar. - 3** ***tr.-prnl.*** Hacer débil o peor una cualidad física o del espíritu: *el invierno acabó de ~ la poca salud del enfermo; el nerviosismo quebrantó su fuerza de voluntad; si no descansas, tu salud se quebrantará.*

que·bran·to |keβránto| **1** ***m.*** Hecho de no cumplir una ley, una palabra dada o una obligación: *el ~ de los acuerdos de paz llevó a la declaración de* *la guerra.* **2** *form. fig.* Debilidad o decaimiento: *después de la enfermedad, el ~ de su persona era inmenso.* **3** *fig.* Pérdida o daño grave: *la muerte del líder supuso un gran ~ para todo el grupo.* **4** *fig.* Dolor o pena grande: *el viajero le contó sus innumerables quebrantos.*

que·brar |keβrár| **1** ***tr.-prnl.*** [algo] Romper o separar una cosa en partes de manera violenta: *se sentó en la silla de golpe y quebró una pata.* ⇒ **partir quebrantar, rajar. 2** Doblar o torcer: *el caballo se ha caído y se ha quebrado una pata.* ⇒ **partir. - 3** ***tr.*** *fig.* Interrumpir la continuación de una cosa que no es material: *quebraron sus planes cuando les dijeron que se iban a vivir a otra ciudad.* **- 4** ***intr.*** COM. *fig.* Poner fin a un comercio o una industria por no poder pagar las deudas: *la empresa ha quebrado y se han quedado sin trabajo mil obreros; el negocio quebrará, si las ganancias son inferiores a las pérdidas.* ⇒ **arruinarse. - 5 quebrarse** ***prnl.*** Interrumpirse la continuidad en un terreno: *al fondo se puede ver cómo se quiebra la cadena montañosa.* ☐ Se conjuga como 27.

que·chua |kétʃua| **1** ***adj.*** (pueblo *indígena) Que procede de la región de Cuzco, en Perú: *el pueblo ~ vivía en la región de Cuzco.* **2** De ese pueblo *indígena o que tiene relación con él: *el arqueólogo iba en busca de restos quechuas.* **- 3** ***com.*** Persona que pertenece a ese pueblo *indígena: *los quechuas se dedican a la agricultura principalmente.* **- 4** ***m.*** Lengua de los *indígenas procedentes de la región de Cuzco, en Perú: *el español ha tomado palabras del ~, como cóndor.*

que·da |kéda| ***f.*** Hora de la tarde o de la noche, a partir de la cual la población *civil tiene prohibida la libre circulación: *el toque de ~ es una medida propia del estado de guerra o de excepción.* ⇒ **toque.**

que·dar |keðár| **1** ***intr.-prnl.*** Estar en un sitio: *me quedaré en Madrid todo el mes de septiembre; me quedé en casa para curarme el resfriado.* ⇒ **permanecer. 2** Estar o mantenerse en un estado: *el documento ha quedado sin firmar; quedó ciego por el accidente; he comido bien, pero me he quedado con hambre.* **- 3** ***intr.*** Haber todavía; estar o existir todavía; restar: *no saldrás a la calle en lo que queda de semana; en el armario sólo queda una botella de aceite; queda una semana para las vacaciones de verano.* **4** Terminar, acabar: *allí quedó la negociación y nadie volvió a hablar del asunto.* ⇒ **cesar. 5** Citarse con una persona: *¿qué te parece si quedamos mañana a las siete?; he quedado en la plaza dentro de una hora.* **6** Estar situado en un sitio: *la imprenta queda muy cerca de la oficina; ¿sabes si ese pueblo queda lejos de aquí?* **7** Sentar de cierta manera una prenda de vestir: *ese sombrero te queda muy bien; pediré otro pantalón porque este me queda grande.* **8** Dar o producir una impresión determinada a otra persona: *si no acudo a la cita, voy a ~ muy mal con mi novio.* **9** [en algo] Ponerse de acuerdo; convenir: *entonces, quedamos en que tú compras la comida y yo compro las bebidas.* **- 10 quedarse** ***prnl.*** [con algo] Hacerse con una cosa o retenerla: *me quedaré con este bolso; si te gusta la foto, quédatela; quédese con la vuelta; aunque me ha repetido el número de teléfono varias veces, no me he quedado con él.* **11** *fam.* [con alguien] Hacer tener por cierto lo que no lo es: *oye, no te quedes conmigo, que no me creo nada de lo que dices.* ⇒ **engañar. 12** *fam.* Perder la vida; dejar de existir: *se quedó nada más llevarlo al hospital.* ⇒ **morir.** ■ **¿en qué quedamos?**, *fam.*, expresión con que se pide a una persona que sea clara o que se decida: *bueno, ¿vienes o no?, ¿en qué quedamos?* ■ **no ~**, no dejar de hacer lo que se debe: *no ha quedado por mí: hice todo lo que pude.* ■ **~ atrás**, estar superada u olvidada una cosa: *quedaron atrás todas nuestras diferencias.* ■ **~ atrás**, no progresar; estar en una situación de inferioridad: *mi hijo se ha quedado atrás en matemáticas.* ■ **quedarse en blanco**, *fam.*, no recordar: *se quedó en blanco en el examen.* ■ **quedarse tan ancho/ tan fresco**, *fam.*, no mostrar preocupación después de haber dicho o hecho una cosa poco adecuada: *insultó a su mejor amigo y se quedó tan fresco.*

que·⌐do, ⌐da |kédo, ða| **1** ***adj.*** *form.* Que está quieto: *miró las hojas quedas de los árboles.* **- 2 quedo** ***adv. m.*** Con voz baja o que se oye muy poco: *hablaba ~, con miedo a que lo descubrieran.* **3** Con cuidado: *abrió la puerta ~.*

que·ha·cer |keaθér| ***m.*** Ocupación o negocio; deber: *pasa el día con sus quehaceres; tengo muchos quehaceres y ahora no puedo atenderle.*

que·ja |kéxa| **1** ***f.*** Expresión del dolor o la pena que se siente: *se oían las quejas del paciente dentro de la consulta del dentista; estoy harto de escuchar sus quejas a todas horas.* ⇒ **lamentación, lamento, quejido. 2** Acusación o protesta que se hace ante una persona con autoridad: *los sindicalistas expusieron las quejas de los trabajadores al ministro de trabajo.* ⇒ **protesta.**

que·jar·se |kexárse| **1** ***prnl.*** Expresar con la voz el dolor o la pena que se siente: *la enfermedad le produjo muchos dolores, pero nunca se quejó; el niño lloraba y se quejaba de la pierna.* ⇒ **lamentar. 2** Expresar disgusto o enfado: *si no se marchan, iré a quejarme a la guardia civil; ¡anda, no te quejes tanto de que trabajas mucho!*

que·ji·ca |kexíka| ***adj.-com.*** (persona) Que se queja mucho: *ese niño es un ~: se pasa el día llorando.* ⇒ **llorón.** ☐ Se usa como apelativo afectivo o despectivo. *¡venga, ~, que no ha sido para tanto!*

que·ji·do |kexíðo| ***m.*** Expresión del dolor o la pena que se siente: *toda la noche se oyeron los quejidos del perro abandonado.* ⇒ **queja.**

que·jum·bro·⌐so, ⌐sa |kexumbróso, sa| **1** ***adj.*** *form.* Que se queja frecuentemente y sin causa: *siempre estaba ~ y triste.* **2** (palabra, voz) Que expresa queja: *pidió limosna con palabras quejumbrosas.*

que·ma |kéma| ***f.*** Destrucción con fuego: *los habitantes del edificio no pudieron salvarse de la ~; los bomberos acudieron rápidamente al lugar de la ~; en verano abundan las quemas en los bosques.* ⇒ **incendio.** ■ **huir de la ~**, alejarse de un peligro:

cuando vio llegar al profesor, huyó de la ~ librándose del castigo.

que·ma·de·ro |kemaðéro| ***m.*** Lugar en el que se queman cosas, especialmente basuras: *los quemaderos suelen estar a las afueras de las ciudades.*

que·ma·⌐do, ⌐da |kemaðo, ða| **1** ***adj.*** *fam. fig.* Que está enfadado o molesto: *el asunto del trabajo lo tiene muy ~.* **2** Que está muy cansado; que ha dejado de ser útil: *el director de cine hizo tantas películas en un año que terminó ~.*

que·ma·dor |kemaðór| ***m.*** Pieza que regula la salida de combustible en las cocinas y otros aparatos: *el ~ se ha obstruido y no funciona bien el calentador.*

que·ma·du·ra |kemaðúra| **1** ***f.*** *Descomposición de un tejido orgánico producida por el fuego o por ciertas sustancias: *el accidente le produjo cortes y quemaduras de gravedad.* **2** Señal, marca o *ampolla producida en la piel por el fuego o por ciertas sustancias: *se hizo una ~ en la mano friendo patatas.* **3** Desprendimiento de la corteza y debilidad de las hojas y partes verdes de una planta, debidos a cambios grandes y rápidos de temperatura: *ha hecho tanto frío que los árboles están llenos de quemaduras.*

que·mar |kemár| **1** ***tr.-prnl.*** [algo, a alguien] Destruir con fuego o con calor: *después de leer la carta, la quemó; retira la sartén del fuego, que se está quemando el aceite; si estás todo el día sin camiseta, el sol quemará tu piel.* **2** [algo; a alguien] Causar una sensación de *ardor: *sentí cómo el aguardiente me iba quemando la garganta.* **3** [algo] Secarse una planta por efecto del calor o del frío excesivo: *el frío ha quemado los geranios del balcón; por mucho calor que haga, el cactus no se quemará.* **- 4** ***tr.*** *fam. fig.* [a alguien] Hacer enfadar, molestar: *este asunto está empezando a ~ a la gente; ¡cómo me quema este tío, siempre está gritándome!* **- 5** ***intr.*** Estar muy caliente: *el agua del baño quema un poco; no puedo tomar la leche porque quema todavía.* **- 6** ***tr.*** *fig.* [algo] Gastar dinero de forma poco adecuada: *el vizconde quemó su fortuna en cuatro días.* **- 7 quemarse** ***prnl.*** Sufrir o sentir mucho calor: *si soplas la sopa no te quemarás; no te acerques a la hoguera, que te quemas.* **8** *fam. fig.* Estar muy cerca de encontrar una cosa: *para saber si estás cerca de lo que buscas, pregunta "¿me quemo?" y nosotros te responderemos.*

que·ma·rro·pa |kemar̄ópa| ■ **a ~**, desde cerca: *le disparó a ~.* ■ **a ~**, de forma directa: *me preguntó a ~ si quería casarme con ella.* ⇒ **bocajarro.** ☖ Se escribe también *a quema ropa.*

que·ma·zón |kemaθón| ***f.*** Sensación molesta de calor o de picor: *al beber la ginebra, notó una ~ espantosa en la garganta.*

que·re·lla |keréʎa| **1** ***f.*** DER. Acusación ante un tribunal para pedir justicia: *van a presentar una ~ en el juzgado contra los fotógrafos.* **2** Diferencia de opiniones: *entre ellos siempre hay alguna ~.* **3** Expresión de dolor o pena: *al anochecer liberaba sus querellas en la soledad.*

que·re·llar·se |kereʎárse| **1** ***prnl.*** DER. Acusar ante un tribunal para pedir justicia; presentar una *querella contra una persona: *ha declarado que se querellará contra ellos por invadir su intimidad.* **2** Expresar dolor o pena; quejarse: *en tu ausencia me querello, en tu presencia callo.*

que·ren·cia |kerénθi̲a| ***f.*** Tendencia o cariño hacia una cosa, especialmente hacia el lugar en que se ha nacido o en el que se ha vivido mucho tiempo: *Juan tiene ~ hacia el mar: nació en un pueblo de la costa.*

que·rer |kerér| **1** ***tr.*** [algo] Desear tener o hacer una cosa: *no quiero güisqui, prefiero un refresco; ¿quieres venir con nosotros?; quiero ir esta tarde a la peluquería.* **2** [algo, a alguien] Amar; sentir cariño: *¡cómo quiere el niño a su perro!; te quiero y me gustaría que viviéramos juntos.* **3** [algo] Tener voluntad de hacer una cosa; intentar hacer una cosa: *quiero acabar este trabajo cuanto antes; ¡cómo quieres que te crea, si estás todo el día diciendo mentiras!* ⇒ **pretender.** **4** Provocar, proponerse o dar pie para que ocurra una cosa: *por tu comportamiento, parece que quieres que te dé una torta.* ☖ Se conjuga como 80.

que·ri·⌐do, ⌐da |keríðo, ða| ***m. f.*** Persona en cuanto a otra con quien tiene relaciones amorosas sin estar casada con ella: *la esposa pidió el divorcio al enterarse de que su marido tenía una querida.* ⇒ **amante.**

que·ro·se·no |keroséno| ***m.*** Combustible derivado del *petróleo que se emplea en los motores de los aviones: *el ~ es una mezcla líquida de hidrocarburos.* ⇒ **keroseno.**

que·ru·bín |keruβín| **1** ***m.*** Espíritu del cielo, servidor y mensajero de Dios: *en los cuadros de tema religioso a menudo aparecen querubines.* ⇒ **ángel.** **2** *fig.* Persona, especialmente niño, de gran belleza: *mira ese bebé, parece un ~.*

que·se·ra |keséra| ***f.*** Plato cubierto por una campana de cristal que sirve para conservar el *queso: *destapó la ~ y cortó un trozo de queso.*

que·se·⌐ro, ⌐ra |keséro, ra| **1** ***adj.*** Del *queso o que tiene relación con él: *la industria quesera española es mejor cada día.* **2** *fam.* (persona) Que gusta mucho del *queso: *mi marido es muy ~.* **- 3** ***m. f.*** Persona que se dedica a hacer o vender *queso: *preguntaron por el ~ del pueblo.*

que·so |késo| **1** ***m.*** Alimento que se elabora haciendo sólida la leche: *el ~ se hace con leche de vaca, oveja o cabra; en esta fábrica elaboramos quesos y otros productos lácteos;* **~ de bola**, el que tiene forma redonda y corteza roja: *el queso de ~ es originario de Holanda;* **~ de Burgos**, el de leche de oveja, blanco y cremoso: *el ~ se Burgos se puede tomar con miel;* **~ de cabrales**, el que tiene olor y sabor muy fuertes: *el ~ de cabrales parece que está sucio pero está muy bueno.* ⇒ **cabrales; ~ manchego**, el de leche de oveja elaborado en La Mancha: *tomamos unas tapas de ~ manchego.* **2** *fam. fig.* Pie de una persona: *¡cómo te huelen los quesos, majo!; ¿quieres quitar tus quesos de encima de la mesa?* ■ **darla con ~**, *fam.*, engañar a una persona: *los vendedores callejeros siempre me la dan con ~.*

qui·cio |kíθi̲o| ***m.*** Hueco en el que se *encaja el extremo de una puerta o ventana y que le permite girar: *si se sale la puerta del ~ no se puede abrir o cerrar.* ■ **sacar de ~**, hacer perder la calma: *las travesuras de los niños me sacan de ~.* ■ **sacar de ~**, *interpretar de modo equivocado, generalmente exagerado: *siempre saca las cosas de ~, todo lo interpreta mal.*

quid |kíᶞ, kuíᶞ| ***m.*** Razón, explicación o causa de una cosa: *ése es el ~ de la cuestión.* ⇒ **clave.** ■ **dar en el ~**, acertar o descubrir: *al ver las caras de los demás, dio en el ~ de la broma.* ☖ Se usa sólo en singular.

quie·bra |kiébra| **1 *f.*** COM. Fin de un comercio o una industria por no poder pagar las deudas: *iremos a la ~ porque no podemos competir con los grandes almacenes.* ⇒ **bancarrota, ruina. 2** Fin de una cosa que no es material: *la época renacentista supuso la ~ de los valores del hombre medieval.* **3** Separación de una cosa en partes, especialmente la que se produce de manera violenta: *la ~ de la madera ha hecho caer el andamiaje.* ⇒ **rotura. 4** Separación de la tierra: *las lluvias han causado una ~ en el valle.*

quie·bro |kiébro| **1 *m.*** Movimiento que se hace con el cuerpo hacia un lado doblando la cintura: *hizo un ~ para engañar al portero del equipo contrario.* **2** Vibración de la voz al cantar: *la soprano hizo unos quiebros durante el ensayo general.*

quien |kien| ***pron. relat.*** Indica o señala a una persona: *~ desee venir, puede hacerlo; vimos a ~ tú ya sabes.* ☖ Cuando la oración es negativa, equivale a *nadie*: *no hay ~ aguante a ese hombre.* El plural es *quienes.* ■ **como ~**, expresión que compara una acción con otra: *saltó en paracaídas como ~ bebe un vaso de agua.* ■ **no ser ~**, no tener capacidad o poder: *tú no eres ~ para decirme lo que tengo que hacer.* ■ **~ más, ~ menos**, cada uno, todos: *~ más, ~ menos, todos han bebido cerveza.*

quién |kién| **1 *pron. interr.*** Pregunta por una persona: *¿~ ha venido a vernos?; ¿a ~ vas a invitar?; ¿con ~ se casó?* **2** Introduce una oración subordinada que indica pregunta: *preguntó ~ había roto el jarrón; quiso saber con ~ se marcharía.* **- 3 *pron. excl.*** Indica deseo o admiración: *¡~ pudiera hacer lo mismo que tú!; ¡~ lo diría!* ☖ El plural es *quiénes.*

quien·quie·ra |kieŋkiéra| ***pron. indef.*** Persona sin determinar; cualquier persona: *~ que sea, pase, por favor.* ⇒ **cualquiera.** ☖ Si se antepone al verbo, va acompañado del relativo *que*. El plural es *quienesquiera.*

quie·⌜to, ⌜ta |kiéto, ta| **1 *adj.*** Que no se mueve: *el perro se estuvo ~ hasta que el cazador lo llamó; lo encontraron ~.* ⇒ **estático. 2** *fig.* Que está tranquilo y lleno de paz: *la miraba con ojos quietos.* ⇒ **plácido.** ⇔ **inquieto.**

quie·tud |kietúᶞ| **1 *f.*** Falta de movimiento: *detesta la ~ de las cosas inanimadas.* **2** *fig.* Falta de agitación, movimiento o ruido: *le gustaba ir al campo porque allí se respiraba ~.* ⇒ **paz, reposo, serenidad, sosiego, tranquilidad.**

qui·ja·da |kixáða| ***f.*** Pieza de hueso que, junto con otra, limita la boca de los vertebrados, y en la que se encuentran los dientes: *en el museo de ciencias naturales se conserva la ~ de un animal prehistórico.* ⇒ **mandíbula.** ☖ Se utiliza para hacer referencia a esa pieza de hueso de los animales, no de las personas.

qui·jo·ta·da |kixotáða| ***f.*** Acción que se considera propia de un *quijote: *¡qué ~!: querer terminar con el paro de todo el país.*

qui·jo·te |kixóte| ***m.*** *fig.* Persona que vive de acuerdo con unos modelos de perfección que no existen en la realidad, por lo que lucha y defiende causas nobles y justas: *nunca se ha visto un ~ que triunfe.* ⇒ **idealista.**

qui·jo·tes·⌜co, ⌜ca |kixotésko, ka| ***adj.*** De características que se consideran propias de un *quijote o que se relacionan con él: *durante su juventud, tuvo unos ideales quijotescos.*

qui·la·te |kiláte| **1 *m.*** Unidad de peso para las *perlas y piedras preciosas: *un ~ equivale a 0,205 gramos; le regaló un diamante de 20 quilates.* **2** Unidad que mide la pureza del oro en una mezcla de oro y de otro metal: *el ~ equivale a una parte de oro puro en veinticuatro partes de mezcla.* **3** *fig.* Calidad, valor o bondad, especialmente en una cosa que no es material: *tiene una fuerza de voluntad de muchos quilates.*

qui·lla |kíʎa| **1 *f.*** Pieza alargada situada en la parte inferior de una embarcación y que puede considerarse como la base de su construcción: *el fondo de la barca chocó contra un arrecife y se rompió la ~.* **2** ZOOL. Hueso largo y afilado que recorre el pecho de las aves: *sobre la ~ de las aves se insertan los músculos de las alas.*

qui·lo |kílo| **1 *m.*** Unidad de masa: *en las tiendas españolas venden las patatas por quilos.* ⇒ **kilo, quilogramo.** ☖ La Real Academia Española prefiere la forma *kilo*. **2** *fam.* Un millón de pesetas: *ha ganado un ~ en un concurso de la televisión.* ⇒ **kilo. 3** MED. Líquido de aspecto lechoso y con gran cantidad de grasa que elabora el *intestino: *el ~ resulta de la digestión de los alimentos.*

qui·lo·gra·mo |kiloɣrámo| ***m.*** Unidad de masa: *he comprado tres quilogramos de manzanas.* ⇒ **kilogramo, quilo; ~ fuerza**, unidad de fuerza en el Sistema Internacional: *un ~ fuerza equivale al peso de un ~ sometido a la gravedad normal.* ☖ No se debe decir *quilógramo*. La Real Academia Española prefiere la forma *kilogramo.*

qui·lo·mé·tri·⌜co, ⌜ca |kilométriko, ka| **1 *adj.*** Del *kilómetro o que tiene relación con él: *tengo un mapa de carreteras con indicaciones quilométricas.* ⇒ **kilométrico. 2** *fam. fig.* Que tiene gran extensión: *ha comprado una cuerda quilométrica para atar los paquetes.* ⇒ **kilométrico.** ☖ La Real Academia Española prefiere la forma *kilométrico.*

qui·ló·me·tro |kilómetro| ***m.*** Medida de longitud que equivale a 1000 metros: *este fin de semana haremos una marcha de diez quilómetros;* **~ cuadrado**, medida de superficie que equivale a 1000000 de metros cuadrados: *esa finca es de varios quilómetros cuadrados.* ⇒ **kilómetro.** ☖ La Real Academia Española prefiere la forma *kilómetro.*

qui·me·ra |kiméra| **1 *f.*** Imagen o idea falsa; sueño imposible: *vive sólo de quimeras, ignorando la realidad; comprar un piso se ha convertido en una ~.* ⇒ **ilusión, sueño. 2** *form.* Animal imaginario que echa llamas por la boca y que tiene la cabeza de león, el vientre de *cabra y cola de *dragón: *la ~ es un monstruo de la mitología griega.*

qui·mé·ri·⌐co, ⌐ca |kimériko, ka| ***adj.*** Que es imaginario o falso; que no tiene base cierta: *se movía en un mundo ~.*

quí·mi·ca |kímika| ***f.*** Ciencia que estudia la composición y propiedades de la materia y de las transformaciones que experimenta: *se matriculó en la universidad para estudiar ~;* ~ **biológica**, la que estudia los seres vivos: *los biólogos necesitan estudiar ~ biológica.* ⇒ **bioquímica;** ~ **inorgánica**, la que estudia los compuestos minerales: *en la clase de ~ inorgánica estudiaron la composición del hierro;* ~ **orgánica**, la que estudia los compuestos del *carbono: *mediante la ~ orgánica podemos conocer la fórmula de los derivados del petróleo.*

quí·mi·⌐co, ⌐ca |kímiko, ka| **1** ***adj.*** De la química o que tiene relación con ella: *las industrias químicas son abundantes en esa zona.* ⇒ **físico. 2** Que se refiere a la composición y propiedades de la materia y de las transformaciones que experimenta: *están estudiando los efectos químicos de la contaminación.* ⇒ **físico. - 3** ***m. f.*** Persona que se dedica a la química: *doce químicos trabajaban en el laboratorio.*

qui·mo·no |kimóno| **1** ***m.*** Prenda de vestir femenina procedente de Japón, con las mangas anchas y que llega hasta los pies: *el ~ es una túnica larga con las mangas anchas.* ⇒ **kimono. 2** Prenda de vestir ancha y de tela fuerte, formada por una *chaqueta y un pantalón y que se usa para practicar artes *marciales: *el ~ se compone de chaqueta, pantalón y cinturón.* ⇒ **kimono.**

qui·na |kína| **1** ***f.*** Sustancia que se saca de la corteza de un árbol y que se usa como medicina: *la ~ baja la fiebre.* **2** Vino dulce al que se le añade esa sustancia: *la ~ se toma como aperitivo; la ~ abre las ganas de comer.* **3** Corteza de un árbol procedente de América que contiene una sustancia medicinal: *la ~ amarilla es la más estimada.* ■ **tragar ~**, *fam.*, soportar o sufrir: *muchos tragarán ~ con tu triunfo.*

quin·ca·lla |kiŋkáʎa| ***f.*** Conjunto de objetos de metal de escaso valor: *en un puesto de la feria vendían ~.*

quin·ce |kínθe| **1** ***num.*** Diez más cinco: *14 más uno son ~; si tengo 100 manzanas y te doy 85, me quedan ~.* **2** (persona, cosa) Que sigue en orden al que hace el número 14; *decimoquinto: *si voy después del decimocuarto, soy el ~ de la lista.* ⌂ Es preferible el uso del ordinal: *soy el decimoquinto.* **- 3** ***m.*** Número que representa el valor de diez más cinco: *escribe el ~ después del 14.*

quin·ce·a·ñe·⌐ro, ⌐ra |kinθeaɲéro, ra| ***adj.-s.*** *fam.* (persona) Que tiene entre quince y veinte años: *un grupo de quinceañeras empezó a gritar al ver al cantante en el escenario.*

quin·ce·a·⌐vo, ⌐va |kinθeáβo, βa| ***num.*** (parte) Que resulta de dividir un todo en 15 partes iguales: *si somos 15 para comer, me toca un ~ de tarta.*

quin·ce·na |kinθéna| **1** ***f.*** Conjunto formado por 15 unidades: *una ~ de personas asistió a la reunión.* **2** Periodo de tiempo de quince días: *el tratamiento durará una ~.*

quin·ce·nal |kinθenál| ***adj.*** Que se repite cada quince días: *los pagos serán quincenales; recibe en su casa una revista ~.* ⇒ **bisemanal.**

quin·cua·gé·si·⌐mo, ⌐ma |kiŋkuaxésimo, ma| **1** ***num.*** (persona, cosa) Que sigue en orden al que hace el número 49: *si voy después del 49, soy el ~ de la lista.* **2** (parte) Que resulta de dividir un todo en 50 partes iguales: *eran 50 personas y le correspondió a cada una un ~.*

quin·gen·té·si·⌐mo, ⌐ma |kinxentésimo, ma| **1** ***num.*** (persona, cosa) Que sigue en orden al que hace el número 499: *si voy después del 499, soy el ~ de la lista.* **2** (parte) Que resulta de dividir un todo en 500 partes iguales: *son 500 personas y le corresponderá un ~ a cada una.*

qui·nie·la |kiniéla| **1** ***f.*** Juego de azar que consiste en acertar los resultados de una determinada competición deportiva: *la gente apuesta dinero en la ~ de fútbol; hizo seis apuestas en la ~ hípica.* ⌂ Se usa frecuentemente en plural. **2** Impreso que se debe *rellenar para participar en ese juego: *vamos a rellenar una ~, a ver si nos toca.* **3** Premio ganado con ese juego: *le tocó la ~ y no ha vuelto por el trabajo.*

qui·nie·lis·ta |kinielísta| ***com.*** Persona que juega a las *quinielas, especialmente la que juega de manera habitual: *los quinielistas sueñan con hacerse ricos de forma rápida y fácil.*

qui·nien·⌐tos, ⌐tas |kiniéntos, tas| **1** ***num.*** 100 multiplicado por cinco: *250 por 2 son ~.* **2** (persona, cosa) Que sigue en orden al que hace el número 499; *quingentésimo: *si voy después del 499, soy el ~ de la lista.* ⌂ Es preferible el uso del ordinal: *soy el quingentésimo.* **- 3** ***m.*** Número que representa el valor de 100 multiplicado por cinco: *escribe el ~ después del 499.*

quin·qué |kiŋké| ***m.*** Aparato para iluminar, con un tubo o una pantalla de cristal, que funciona con *petróleo, aceite o electricidad: *sobre la mesa había un antiguo ~ de hierro y cristal.* ⌂ El plural es *quinqués.*

quin·que·nal |kiŋkenál| **1** ***adj.*** Que se repite cada cinco años: *estructuraron la economía en planes quinquenales.* **2** Que dura cinco años: *es un proyecto ~.*

quin·que·nio |kiŋkénio| ***m.*** Periodo de cinco años: *las cosas han cambiado mucho en el último ~.* ⇒ **lustro.**

quin·qui |kíŋki| **1** ***com.*** Persona que roba y negocia con objetos robados: *la policía consiguió detener a un ~ que vendía ropa robada.* **2** *fam. fig.* Persona sucia o mal vestida: *este barrio está lleno de quinquis.*

quin·ta |kínta| **1** ***f.*** Casa para descansar en el campo: *se puso muy enferma y tuvieron que llevarla a la ~ para que mejorara.* **2** Conjunto de soldados nuevos que renuevan el ejército cada año: *la ~ del año* *pasado fue muy numerosa.* **3** *p. ext.* Conjunto de personas que tienen la misma edad: *creo que los dos somos de la misma ~.* **4** Renovación del ejército con nuevos soldados, que suele hacerse cada año: *la ~ empezará en octubre.* ■ **entrar en quintas**, llegar a la edad en que se sortea el número de jóvenes que han de ser soldados: *el hijo mayor pronto entrará en quintas.*

quin·ta·e·sen·cia |kintaesénθia| *f.* Cualidad más pura que distingue a una cosa: *el compositor buscaba la ~ de la música.* ⇒ **esencia.** ☖ La Real Academia Española prefiere la forma *esencia.*

quin·tal |kintál| *m.* Medida de masa que equivale a 100 kilogramos: *exprese en quintales la masa de una ballena.* ☖ Se denomina también *quintal métrico.*

quin·te·to |kintéto| **1** *m.* Conjunto de cinco elementos: *en el ~ inicial de jugadores había dos extranjeros.* **2** POÉT. Poema de cinco versos de más de ocho sílabas que pueden rimar de varias formas: *en un ~ no pueden rimar entre sí los dos últimos versos ni puede haber tres versos seguidos que rimen.* **3** MÚS. Conjunto de cinco voces o instrumentos: *el cantante iba acompañado por un ~ de instrumentos de metal.*

quin·ti·lla |kintíʎa| *f.* POÉT. Combinación de cinco versos de ocho sílabas que pueden rimar de varias formas: *la ~ tiene una estructura similar al quinteto, pero es de arte menor.*

quin·ti·lli·⌐zo, ⌐za |kintiʎíθo, θa| *adj.-s.* (animal, persona) Que ha nacido a la vez que otros cuatro de la misma madre: *los quintillizos nacieron bien, aunque muy delgados.*

quin·⌐to, ⌐ta |kínto, ta| **1** *num.* (persona, cosa) Que sigue en orden al que hace el número cuatro: *si voy después del cuarto, soy el ~ de la lista.* **2** (parte) Que resulta de dividir un todo en cinco partes iguales: *si somos cinco para comer, me toca un ~ de tarta.* **- 3 quinto** *m.* MIL. Joven que, junto con otros nacidos en un mismo año, es llamado para el servicio militar: *esta noche hay un baile de quintos.* ⇒ **mozo.** **4** Botella de *cerveza de 20 *centilitros: *esta marca de cervezas no envasa quintos.* ⇒ **botellín.**

quin·tu·pli·car |kintuplikár| *tr.-prnl.* [algo] Hacer cinco veces mayor una cosa o una cantidad: *las ventas se han quintuplicado desde que salió el anuncio en televisión.* ☖ Se conjuga como 1.

quín·tu·⌐plo, ⌐pla |kíntuplo, pla| *num.* (cantidad, número) Que resulta de multiplicar por cinco una cantidad: *diez es el ~ de dos.*

quios·co |kiósko| **1** *m.* Construcción de pequeño tamaño, generalmente de material ligero, que se coloca en las calles y lugares públicos para vender periódicos u otros artículos: *bajó al ~ a comprar unas revistas; buscó un ~ para comprar chicles.* **2** Estructura cubierta y abierta por los lados, que se coloca en los parques o jardines: *todos los domingos había un concierto en el ~ de la plaza.* ⇒ **kiosco.**

quios·que·⌐ro, ⌐ra |kioskéro, ra| *m. f.* Persona que vende periódicos y otros artículos en un *quiosco: *el ~ me ha dicho que se ha agotado la revista que quería.*

qui·qui·ri·quí |kikirikí| *m.* Onomatopeya del canto del *gallo: *todas las mañanas, el gallo me despierta con su ~.* ☖ El plural es *quiquiriquíes.*

qui·ró·fa·no |kirófano| *m.* Local destinado a realizar operaciones médicas: *metieron al enfermo en el ~.*

qui·ro·man·cia |kirománθia| *f.* Adivinación del futuro leyendo las rayas de la mano: *no hizo caso de lo que le dijeron porque no creía en la ~.*

qui·ro·mán·ti·⌐co, ⌐ca |kiromántiko, ka| **1** *adj.* De la *quiromancia o que tiene relación con ella: *no tengo ningún conocimiento ~.* **2** *m. f.* Persona que conoce la *quiromancia o que se dedica a ella: *quise conocer mi futuro y acudí a un ~.*

qui·rúr·gi·⌐co, ⌐ca |kirúrxiko, ka| *adj.* De la *cirugía o que tiene relación con ella: *el médico se puso unos guantes quirúrgicos antes de comenzar la operación.*

quis·que |kíske| *m. fam.* Individuo; persona: *por aquí tiene que pasar todo ~; cada ~ que haga el trabajo que le corresponda.* ⇒ **quisqui.** ☖ Se usa detrás de *todo* o de *cada.*

quis·qui |kíski| *m.* ⇒ **quisque.**

quis·qui·lla |kiskíʎa| *f.* Animal invertebrado marino comestible, muy pequeño, con la cabeza grande y con diez patas: *las quisquillas parecen gambas diminutas.* ⇒ **camarón.** ☖ Para indicar el sexo se usa la ~ macho y la ~ hembra.

quis·qui·llo·⌐so, ⌐sa |kiskiʎóso, sa| *adj.-s.* (persona) Que se molesta o se enfada frecuentemente y por cosas poco importantes: *es una persona quisquillosa y no aguanta una broma.*

quis·te |kíste| *m.* Bolsa que forman los tejidos del cuerpo para contener líquidos no normales o parásitos: *tuvieron que operarla porque tenía un ~ en un pulmón;* ~ **sebáceo**, MED., el que produce la piel por la acumulación de la grasa de una *glándula cuando no puede salir al exterior: *los quistes sebáceos no suelen ser peligrosos.*

qui·ta·man·chas |kitamántʃas| *m.* Producto que sirve para quitar manchas: *limpió las gotas de grasa de la alfombra con un ~.* ☖ El plural es *quitamanchas.*

qui·ta·mie·dos |kitamiéðos| *m.* Objeto colocado en posición vertical y que sirve de protección en un lugar alto o peligroso: *en las curvas de esa carretera tan estrecha han puesto unos ~; en el balcón de la torre hay un ~ para evitar que pueda caer fácilmente una persona.* ☖ El plural es *quitamiedos.*

qui·ta·nie·ves |kitaniéβes| *adj.-s.* (máquina) Que sirve para limpiar de nieve las calles, las carreteras y las vías del tren: *quedaron atrapados en la nieve hasta que llegó el ~ a sacarlos.* ☖ El plural es *quitanieves.*

qui·tar |kitár| **1** *tr.* [algo] Coger y separar o apartar: *quitó los platos sucios de la mesa y puso otros limpios.* ⇔ **poner.** **2** Hacer desaparecer: *les presentamos el detergente que quita hasta las manchas más difíciles; el agua quita la sed.* **3** [algo; a alguien] Robar o llevarse con engaño: *me acaban de ~ la cartera.* **4** Impedir o prohibir: *el médico le quitó la sal y las grasas porque estaba un poco obesa.* **5** Librar de cargas, deudas u obligaciones: *la madre quitó el castigo a los niños porque empezaron a portarse mejor.* **- 6** ***tr.-prnl.*** Desnudar; dejar o quedarse sin una o varias prendas de vestir: *el marido ayudó a su esposa a quitarse el abrigo; se quitó los zapatos y se puso unas zapatillas.* ⇔ **poner. 7** Hacer que una persona se quede sin una cosa que le pertenece: *le quitaron el coche y la casa.* ⇒ **embargar. - 8 quitarse** ***prnl.*** [de algo] Dejar una cosa o apartarse totalmente de ella: *se ha quitado del tabaco porque le duelen los pulmones; me quité del juego y no me arrepiento.* ■ **quitarse de en medio/de encima**, librarse de una cosa o de una persona que molesta: *al fin consiguió quitarse de encima aquel problema.* ■ **quitarse de en medio/de delante**, *fam.*, apartarse de un asunto para evitar problemas: *cuando vio que iban a pelear, se quitó de enmedio y salió del bar.*

qui·ta·sol |kitasól| ***m.*** Objeto plegable, parecido a un gran *paraguas y fijado a un soporte, que sirve para dar *sombra: *compraron un ~ para la terraza.* ⇒ **parasol, sombrilla.**

qui·te |kíte| ***m.*** Movimiento del torero, generalmente con la capa, para librar a otro del ataque del toro: *el matador fue vitoreado por el espléndido ~ que hizo.* ■ **al** ~, en auxilio o defensa de una persona: *como vio que dudábamos, salió al ~; mientras su amigo hablaba, él estaba al ~.*

qui·vi |kíβi| **1** ***m.*** Fruto comestible, de forma redonda, con la cáscara fina y de color marrón y con el interior verde y jugoso: *el ~ tiene un sabor un poco ácido que me gusta.* ⇒ **kiwi. 2** Planta procedente de China, que crece subiendo y sujetándose a otras o a superficies, que da ese fruto: *el ~ se ha aclimatado a varias zonas de la geografía española.* ⇒ **kiwi.**

qui·zá |kiθá| ***adv.*** Indica posibilidad: *~ estamos equivocados; ~ venga a verte mañana.* ⇒ **quizás.**

qui·zás |kiθás| ***adv.*** ⇒ **quizá.**

quó·rum |kuórun| ***m.*** Número de personas necesario para dar valor legal a una reunión, una elección o un acuerdo: *tuvieron que suspender la votación ante la falta de ~.* ☖ El plural es *quórum.*

R

R, r ***f.*** Letra que en el alfabeto español sigue a la *q: la palabra* comer *termina en* ~.

ra·ba·di·lla |r̄aβaðíʎa| **1** ***f.*** Extremo inferior de la columna *vertebral: *la ~ está formada por las últimas vértebras del espinazo; cayó sentado y se hizo daño en la ~.* **2** Extremidad movible de las aves, en la que están las plumas de la cola: *las plumas de la ~ del pavo real son muy largas y de muchos colores.*

rá·ba·no |r̄áβano| **1** ***m.*** Raíz comestible, carnosa y de sabor picante: *el ~ es de color blanco o rojo; comimos ensalada de rábanos.* **2** Hortaliza con el tallo ramoso, las hojas ásperas y grandes y las flores blancas, amarillas o moradas, cuya raíz es comestible: *el ~ procede de Asia central.* ■ **coger/tomar el ~ por las hojas**, *fam.*, *interpretar una cosa de un modo equivocado: *siempre hay quien coge el ~ por las hojas y explica cosas que no entiende.* ■ **importar un ~**, *fam.*, no valer nada; no ser importante: *le estaban insultando pero a él le importaba un ~.* ⇒ **bledo, comino.** ■ **¡un ~!**, *fam.*, expresión que se usa para rechazar una idea o propuesta; indica negación completa: *¿por qué no me ayudas a recoger? -¡Un ~!* ⇒ **no.**

ra·bí |r̄aβí| ***m.*** ⇒ **rabino.** ☖ La Real Academia Española prefiere la forma *rabino*. El plural es *rabís* o *rabíes*.

ra·bia |r̄áβia| **1** ***f.*** Enfermedad *infecciosa que padecen ciertos animales, especialmente el perro, que impide tragar agua: *el perro tenía la ~ y lo vacunaron; la ~ se transmite a través de las mordeduras.* ⇒ **hidrofobia. 2** *fig.* Enfado grande y violento: *me dio mucha ~ que no me invitase a su fiesta.* ⇒ **furia, furor, ira, saña.**

ra·biar |r̄aβiár| **1** ***intr.*** Dar muestras de un enfado grande: *no le digas nada hoy, que está que rabia.* **2** Padecer un dolor muy fuerte: *rabia del dolor de muelas que tiene.* **3** Provocar un dolor o una molestia fuerte: *esta guindilla pica que rabia.* **4** Tener mucho deseo de una cosa: *rabiaba por tener un coche nuevo.* ☖ Se construye con la preposición *por*. Se conjuga como 12. ■ **a ~**, *fam.*, con gran intensidad: *hemos pasado una noche muy mala: el niño ha estado todo el tiempo llorando a ~.*

ra·bie·ta |r̄aβiéta| ***f.*** *fam.* Enfado o disgusto grande y de poca duración: *al niño le entró una ~ cuando le dijeron que no podía salir.* ⇒ **pataleta.**

ra·bi·llo |r̄aβíʎo| **1** ***m.*** Ángulo del extremo exterior del ojo: *me estabas haciendo burla: te he visto por el ~ del ojo.* **2** BOT. Tallo muy fino y delgado de las hojas y los frutos: *cortó la hoja por el ~.* ⇒ **rabo.**

ra·bi·no |r̄aβíno| ***m.*** *Maestro que explica el libro *sagrado entre los judíos: *lleva unas barbas largas como las de un ~.* ⇒ **rabí.**

ra·bio·⌈so, ⌈sa |r̄aβióso, sa| **1** ***adj.-s.*** Que sufre la enfermedad de la rabia: *puso un bozal al perro ~.* **- 2** ***adj.*** Que está muy enfadado: *está ~ porque no le han dado el premio que esperaba.* ⇒ **colérico, furioso. 3** Que es grande; que es total o *absoluto: *esta revista recoge las noticias de la más rabiosa actualidad.*

ra·bo |r̄áβo| **1** ***m.*** Cola que tienen ciertos animales, especialmente los de cuatro patas: *la vaca caminaba moviendo el ~; el niño cogió la lagartija por el ~.* ⇒ **cola. 2** Tallo muy fino y delgado de las hojas y los frutos: *sujetó la manzana por el ~; los rabos de cereza se usan en infusiones.* ⇒ **peciolo, rabillo. 3** *fig.* Parte posterior de un objeto, de forma delgada y larga: *colgó la sartén del ~; el niño golpeaba el vaso con el ~ del tenedor.* ⇒ **extremo, mango.** ■ **con el ~ entre las piernas**, *fam. fig.*, avergonzado, vencido: *él empezó la discusión, pero se marchó con el ~ entre las piernas.*

ra·ca·ne·ar |r̄akaneár| **1** ***intr.*** *fam.* Guardar u ocultar una parte de una cosa que no se quiere dar o mostrar; no ser generoso: *deja de ~ y pon tu parte como todos.* **2** Comportarse como un vago; evitar el trabajo: *no estudia nada: racanea todo el día.*

rá·ca·⌈no, ⌈na |r̄ákano, na| **1** ***adj.-s.*** *fam. desp.* (persona) Que no gusta de gastar o dar cosas, generalmente dinero; que no es generoso: *no seas ~ y paga nuestra cena, que sabemos que tienes mucho dinero.* **2** (persona) Que se comporta como un vago; que evita el trabajo: *tienes que madrugar más: no seas tan ~.*

ra·cha |r̄átʃa| **1** ***f.*** Periodo de tiempo corto de buena o mala suerte: *estamos pasando una mala ~, pero esperamos que las cosas mejoren pronto; siguió jugando a la lotería porque quiso aprovechar su buena ~.* **2** Golpe de viento violento y de poca duración: *una ~ de aire entró por la ventana y la puerta se cerró bruscamente.* ⇒ **ráfaga.**

ra·cial |r̄aθiál| ***adj.*** De la raza o que tiene relación con ella: *hay que acabar con la discriminación ~.*

ra·ci·mo |r̄aθímo| **1** ***m.*** Conjunto de frutos que cuelgan de un tallo común: *cortó un ~ de uvas para comer; sujetaba un ~ de cerezas en una mano.* **2** Conjunto de flores que nacen de un eje común: *las lilas son racimos de flores; el olivo tiene las flores en ~.* ⇒ **inflorescencia. 3** *fig.* Conjunto apretado de personas o cosas: *desde el aire, veíamos racimos de casas blancas; los niños, en ~, se suben al autobús.*

ra·cio·ci·nio |r̄aθioθínio| **1** ***m.*** Capacidad de pensar o de razonar: *dispones de ~, así que puedes* *decidir por ti mismo.* **2** Serie de ideas o frases que expresan un pensamiento: *mediante unos complicados raciocinios, logró convencerlos.*

ra·ción |r̄aθión| **1** *f.* Parte de alimento que corresponde a una persona: *en esta olla se pueden hacer hasta 12 raciones; cada uno tiene ya su ~, así que dejad de discutir.* **2** Cantidad determinada de comida: *si tenéis hambre, podéis comeros unas raciones de queso en ese bar.*

ra·cio·nal |r̄aθionál| **1** ***adj.-s.*** (ser) Que dispone de capacidad de pensar o de razonar: *siempre se dice que el hombre es un animal ~.* **- 2** ***adj.*** Que sigue la razón o que está de acuerdo con ella: *intentad comportaros de una forma ~ y no discutáis por tonterías.*

ra·cio·na·lis·mo |r̄aθionalísmo| ***m.*** FIL. Doctrina filosófica que considera que la razón humana es el único medio que hace posible el conocimiento: *el ~ tuvo mucha fuerza en el siglo XVIII.*

ra·cio·na·lis·ta |r̄aθionalísta| **1** ***adj.*** FIL. De la doctrina filosófica del *racionalismo o que tiene relación con ella: *su manera de pensar es absolutamente ~.* **- 2** ***adj.-com.*** FIL. (persona) Que sigue la doctrina filosófica del *racionalismo: *los racionalistas no estuvieron de acuerdo con los empiristas.*

ra·cio·na·li·zar |r̄aθionaliθár| **1** ***tr.*** [algo] Organizar de acuerdo con la razón: *se esforzó por ~ el proceso y llegar a unas conclusiones correctas.* **2** Lograr un rendimiento mayor con un trabajo menor: *están intentando ~ la gestión de la oficina de correos.* ☖ Se conjuga como 4.

ra·cio·na·mien·to |r̄aθionamiénto| ***m.*** Reparto que se hace de una cosa que es escasa: *para conseguir pan se necesita una cartilla de ~.*

ra·cio·nar |r̄aθionár| **1** ***tr.*** [algo] Repartir de forma ordenada y limitada una cosa que es escasa: *a causa de la escasez de combustible, el gobierno lo ha racionado.* **2** Limitar o controlar el consumo de una cosa para evitar un mal: *si no puedes dejar de fumar, al menos debes ~ el tabaco.*

ra·cis·mo |r̄aθísmo| **1** ***m.*** Tendencia o actitud de rechazo hacia las personas que pertenecen a otra raza: *el ~ conduce a actos absurdos y es un lastre para el avance de la civilización.* **2** Doctrina que defiende la superioridad de la raza propia frente a las demás: *el ~ está arraigado en muchas sociedades.*

ra·cis·ta |r̄aθísta| **1** ***adj.*** Del *racismo o que tiene relación con él: *escribió un artículo ~.* **- 2** ***adj.-com.*** (persona) Que siente o defiende el *racismo: *es un ~ y piensa que los blancos son mejores que los negros.*

ra·da |r̄áða| ***f.*** MAR. Parte de mar que entra en la tierra, más pequeña que el *golfo: *pasaron la noche en la ~.* ⇒ **bahía.**

ra·dar |r̄aðár| ***m.*** Aparato que emite ondas de alta frecuencia para *localizar objetos y determinar la distancia a la que se encuentran: *vieron en la pantalla del ~ cómo se aproximaban dos aviones enemigos.* ☖ No se debe decir *rádar.* El plural es *radares.*

ra·dia·ción |r̄aðiaθión| **1** ***f.*** FÍS. Emisión de *partículas de energía: *la ~ es aprovechada como fuente de energía.* **2** *Exposición a un tipo determinado de energía: *el médico le dijo al enfermo que tenía que someterse a radiaciones durante un mes.*

ra·diac·ti·vi·dad |r̄aðiaᵏtiβiðáᵈ| **1** ***f.*** Energía o *radiaciones que emiten ciertos cuerpos procedentes de la *descomposición de sus átomos: *este lugar está lleno de ~: debe de haber una central nuclear cerca de aquí.* **2** Capacidad de emitir *radiaciones: *el matrimonio Curie descubrió la ~ de ciertos elementos.*

ra·diac·ti·⌐vo, ⌐va |r̄aðiaᵏtíβo, βa| ***adj.*** (cuerpo) Que emite *radiaciones de energía procedentes de la *descomposición natural del átomo: *el uranio es un elemento ~.*

ra·dia·dor |r̄aðiaðór| **1** ***m.*** Aparato formado por un conjunto de tubos por los que circula un líquido caliente y que sirve para calentar un lugar u otra cosa: *coloqué la ropa en el ~ y se me secó; este ~ es eléctrico.* **2** Conjunto de tubos por los que circula agua para *enfriar el motor de un automóvil: *el ventilador va conectado al ~.*

ra·dial |r̄aðiál| **1** ***adj.*** Del radio *geométrico o que tiene relación con él: *construyeron las carreteras siguiendo un sistema ~.* **2** ANAT. Del hueso llamado radio o que tiene relación con él: *la fractura ~ es muy dolorosa.*

ra·dian·te |r̄aðiánte| **1** ***adj.*** *fig.* Que brilla o emite luz: *salieron a pasear por la ciudad bajo un sol ~.* **2** *fig.* Que expresa gozo o alegría: *entró con una sonrisa ~ y dijo que le había tocado la lotería.*

ra·diar |r̄aðiár| **1** ***tr.*** [algo] Emitir o *transmitir por radio: *esta tarde, radiarán el concierto desde Budapest.* **- 2** ***intr.-tr.*** FÍS. Despedir un cuerpo *radiaciones de energía: *ese cuerpo radia mucho calor.* ⇒ **irradiar.** ☖ Se conjuga como 12.

ra·di·cal |r̄aðikál| **1** ***adj.*** De la raíz o que tiene relación con ella: *esta planta sufre una enfermedad ~.* **2** *fig.* Que se da o se encuentra en la base o el origen de una cosa: *la empresa ha experimentado un cambio ~.* **- 3** ***adj.-com.*** *fig.* (persona) Que considera sus modos de *actuación y sus ideas como los únicos posibles y *correctos, despreciando los de los demás: *un grupo ~ intervino en la manifestación causando destrozos en coches y comercios.* **- 4** ***m.*** LING. Parte de una palabra variable que se mantiene en todas las formas de la misma: *en la palabra* corríamos, *corr- es el ~.* ⇒ **raíz. 5** MAT. Signo que representa la raíz: $\sqrt{\ }$.

ra·di·ca·lis·mo |r̄aðikalísmo| **1** ***m.*** Conjunto de ideas y doctrinas de los que quieren reformar totalmente o en parte el orden político, científico, moral o religioso: *sus discursos dejan ver un ~ ideológico total.* **2** *p. ext.* Modo *extremado de comportarse o de tratar un asunto: *todo el mundo desprecia su ~ y su intransigencia.*

ra·di·ca·li·zar |r̄aðikaliθár| ***tr.-prnl.*** [algo] Llevar al extremo; hacer poco flexible: *Miguel ha radicalizado sus ideas políticas desde que milita en ese partido; el pensamiento de este escritor se ha radicalizado con el paso del tiempo.* ☖ Se conjuga como 4.

ra·di·car |r̄aðikár| **1** ***intr.-prnl.*** Echar raíces: *los helechos radican en zonas húmedas.* **- 2** ***intr.*** Estar o encontrarse una cosa en un lugar determinado: *la finca radicaba en la comarca de El Bierzo.* **3** Consistir, estar fundada una cosa en otra: *el problema radica en la falta de solidaridad.* ☖ Se conjuga como 1.

ra·dio |r̄áðio| **1** ***f.*** Aparato eléctrico que recibe señales emitidas por el aire y las transforma en sonidos: *baja el volumen de la ~.* ⇒ **radiorreceptor.** ☖ Es la forma abreviada de *radiorreceptor.* **2** Aparato que produce y emite ondas con señales que luego pueden recibirse y transformarse en sonidos: *le comuniqué la noticia por la ~.* ⇒ **radiotransmisor.** ☖ Es la forma abreviada de *radiotransmisor.* **3** Técnica de emitir por el aire señales que luego pueden recibirse y transformarse en sonidos: *lleva un mes trabajando como técnico de ~; la ~ fue inventada por Marconi.* ⇒ **radiofonía.** ☖ Es la forma abreviada de *radiofonía.* **4** Conjunto de personas y medios que se dedican a emitir información, música y otras cosas usando esa técnica: *la ~ sigue siendo un medio de difusión muy importante; escuché la noticia por la ~; he captado una emisora de ~ americana.* ⇒ **radiodifusión.** ☖ Es la forma abreviada de *radiodifusión*; ~ **pirata**, la que emite sin permiso legal: *el otro día cerraron una ~ pirata.* **5** ***m.*** Línea recta o distancia que une el centro de una figura circular con cualquier punto del borde o de la superficie exterior: *la longitud de la circunferencia es dos veces su ~ multiplicado por la constante 3,1416.* **6** Espacio circular *definido por esa línea: *no había ninguna gasolinera en un ~ de 30 kilómetros.* **7** Vara o trozo de metal recto que une el centro de una rueda con la parte más alejada de él: *mi bicicleta tiene tres radios rotos; el volante de mi coche es de cuatro radios.* **8** Hueso más corto de los dos que tiene el *antebrazo, que une el codo con la mano: *el cúbito y el ~ forman el antebrazo.* ⇒ **cúbito.** **9** ***m.*** Metal de color blanco, muy raro y que desprende cierta energía nuclear: *el ~ fue estudiado por el matrimonio Curie.* ■ **~ de acción**, aquel al que se extiende la influencia de una cosa: *el ~ de acción de esa bomba es de 20 km; Eugenio quiso ampliar su ~ de acción a todo el edificio.* ■ **~ macuto**, *fam. hum.*, lugar imaginario desde el que se emiten rumores o cosas sin importancia: *me he enterado de su embarazo por ~ macuto.*

ra·dio·a·fi·cio·na·⌐do, ⌐da |r̄aðioafiθionáðo, ða| ***adj.-s.*** (persona) Que se pone en comunicación con otras por medio de un aparato de radio y de forma privada: *un ~ transmitió la noticia.*

ra·dio·ca·se·te |r̄aðiokaséte| ***m.*** Aparato que graba y reproduce el sonido en una *cinta *casete y que dispone de una radio: *ayer pusieron esta canción por la radio y la grabé con mi ~.* ⇒ **casete, radiocassette.**

ra·dio·ca·sse·tte |r̄aðiokaséte, r̄aðiokasét| ***m.*** ⇒ **radiocasete.** ☖ La Real Academia Española prefiere la forma *radiocasete.*

ra·dio·di·fu·sión |r̄aðioðifusión| **1** ***f.*** Emisión por el aire de señales que luego pueden recibirse y transformarse en sonidos: *la ~ supuso un avance importantísimo en la comunicación humana.* ⇒ **radio.** **2** Conjunto de personas y medios que emiten esas señales: *la ~ y la prensa no hablan de otra cosa.* ⇒ **radio.**

ra·dio·fo·ní·a |r̄aðiofonía| ***f.*** Técnica de emitir por el aire señales que luego pueden recibirse y transformarse en sonidos: *tras largos estudios consiguió ser especialista en ~.* ⇒ **radio.**

ra·dio·fó·ni·⌐co, ⌐ca |r̄aðiofóniko, ka| ***adj.*** De la radio o que tiene relación con ella: *tiene un programa ~ por las noches en esa emisora.*

ra·dio·gra·fí·a |r̄aðioγrafía| **1** ***f.*** Procedimiento que consiste en hacer fotografías con rayos X: *la ~ permite ver el interior del cuerpo.* **2** Imagen *obtenida por ese procedimiento: *se ha roto una pierna y le han hecho una ~.*

ra·dio·lo·gí·a |r̄aðioloxía| ***f.*** MED. Parte de la medicina que estudia las aplicaciones de los rayos X al *diagnóstico y tratamiento de las enfermedades: *está estudiando medicina y le gustaría especializarse en ~.*

ra·dio·rre·cep·tor |r̄aðior̄eθeptór| ***m.*** Aparato eléctrico que recibe señales emitidas por el aire y las transforma en sonidos: *he comprado un ~ para el coche.* ⇒ **radio.**

ra·dio·te·le·fo·ní·a |r̄aðiotelefonía| ***f.*** Sistema de comunicación *telefónica por medio de ondas: *puedes comunicarte con nosotros mediante ~.*

ra·dio·te·le·fó·ni·⌐co, ⌐ca |r̄aðiotelefóniko, ka| ***adj.*** De la *radiotelefonía o que tiene relación con ella: *se establecerá una comunicación radiotelefónica entre los dos puntos.*

ra·dio·te·le·gra·fí·a |r̄aðioteleγrafía| ***f.*** Sistema de comunicación *telegráfica por medio de ondas: *la ~ dio lugar a otras técnicas como la radiodifusión o la televisión.*

ra·dio·te·le·grá·fi·⌐co, ⌐ca |r̄aðioteleγráfiko, ka| ***adj.*** De la *radiotelegrafía o que tiene relación con ella: *consiguieron emitir señales radiotelegráficas a lo largo del continente.*

ra·dio·te·ra·pia |r̄aðioterápia| ***f.*** MED. Uso de los rayos X y del radio para curar enfermedades: *la ~ se utiliza para el tratamiento de enfermedades cancerosas.*

ra·dio·trans·mi·sor |r̄aðiotransmisór| ***m.*** Aparato que produce y emite ondas con señales que luego pueden recibirse y transformarse en sonidos: *tiene un ~ y se comunica con personas de otros países.* ⇒ **radio.**

ra·dio·yen·te |r̄aðioyénte| ***com.*** Persona que oye lo que se emite por radio: *nuestros radioyentes ya conocen bien al invitado de hoy.*

ra·er |r̄aér| ***tr.*** [algo] Raspar una superficie con un instrumento cortante o con otra superficie que roza: *el roce de una madera contra otra las va a ~.* ☖ Se conjuga como 81.

rá·fa·ga |r̄áfaγa| **1** ***f.*** Golpe de viento violento y de poca duración: *las ráfagas de viento hicieron que la barca se tambaleara de un lado a otro.* ⇒ **racha.** **2** Golpe de luz vivo y rápido: *el faro lanzaba ráfagas de luz a su alrededor; una ~ de luz sorprendió a los fugados en el muro de la prisión.* **3** Conjunto de disparos lanzados sin interrupción por un arma automática: *los soldados disparaban ráfagas de ametralladora desde helicópteros.*

ra·í·⌐do, ⌐da |r̄aíðo, ða| ***adj.*** Que está muy gastado o estropeado por el uso: *esa camisa está muy raída: tendrás que tirarla y comprarte otra.*

rai·gam·bre |r̄ai̯γámbre| **1** ***f.*** *fig.* Raíz, base o fundamento que hace que una cosa sea estable o segura: *tienen unas costumbres de vieja ~.* **2** Conjunto de las raíces de un vegetal, unidas entre sí: *tienes que trasplantar el arbolillo con toda su ~.*

ra·íl |r̄aíl| ***m.*** Barra de hierro alargada y paralela a otra igual sobre la que van los trenes: *están sustituyendo los raíles viejos por otros nuevos en este tramo.* ⇒ **carril.**

ra·íz |r̄aíθ| **1** ***f.*** Parte de las planta que se introduce en la tierra para fijarla al suelo y para absorber las sustancias minerales necesarias para el crecimiento: *la ~ crece en sentido inverso al tallo; el árbol tenía las raíces gruesas y retorcidas.* **2** *fig.* Parte oculta de una cosa, de la cual procede: *el champú actúa en el pelo de la ~ a las puntas.* **3** Origen, principio o causa de una cosa: *la envidia era la ~ de todas sus desgracias.* **4** ANAT. Parte de los dientes que se mete en el hueso: *el dentista le sacó una muela porque tenía dañada la ~.* **5** MAT. Cantidad que se multiplica por sí misma una o varias veces para conseguir un número determinado; ~ **cuadrada,** la que se multiplica por sí misma una vez: *la ~ cuadrada de 144 es 12.* **6** LING. Parte de una palabra variable que se mantiene en todas las formas de la misma: *con la ~* sill- *podemos formar las palabras* silla, sillón, sillería sillero, sillita, sillar. ⇒ **morfema, radical.** ■ **a ~ de,** debido a; a causa de: *los ecologistas estaban preocupados a ~ de la aparición de un agujero en la capa de ozono.* ⇒ **causa, consecuencia.** ■ **de ~,** del principio al fin; por entero: *los problemas deben solucionarse de ~; había que extirpar el mal de ~.* ■ **echar raíces,** fijarse, establecerse de manera permanente o afirmarse en un lugar: *se marchó a América y echó raíces allí; el vicio echó raíces en Sodoma.* ⇒ **arraigar.**

ra·ja |r̄áxa| **1** ***f.*** Abertura o hueco estrecho y largo: *esa pared tiene una ~ muy grande.* **2** Trozo delgado y largo que se corta de un alimento sólido: *le ofreció una ~ de sandía.* ⇒ **rebanada.**

ra·jar |r̄axár| **1** ***tr.-prnl.*** [algo] Dividir o partir una cosa a lo largo o a lo ancho: *al caer al suelo, el melón se rajó.* **2** *fam.* [a alguien] Herir con arma blanca: *me das todo lo que llevas o te rajo.* **- 3** ***intr.*** *fam. fig.* Protestar o hablar mucho o mal de una persona o una cosa: *ese chico raja muchísimo cuando le mandan trabajar.* **- 4 rajarse** ***prnl.*** *fam.* Abandonar un asunto o una situación; no cumplir lo prometido: *no te irás a ~ ahora que está todo preparado.*

ra·ja·ta·bla |r̄axatáβla| ■ **a ~,** con la mayor *rectitud posible; sin apartarse de lo previsto: *el contrato se cumplirá a ~.*

ra·le·a |r̄aléa| ***f.*** Conjunto de personas o cosas que tienen unas características comunes: *su falta de modales es comprensible conociendo la ~ de la que procede.* ☖ Se usa con un valor despectivo.

ra·len·tí |r̄alentí| ***m.*** MEC. Número de vueltas por minuto que debe dar el motor de un automóvil cuando no está en movimiento: *tu coche no carbura bien, tiene el ~ muy alto.* ■ **al ~,** detenido, pero con el motor funcionando: *pon el coche en marcha y déjalo un tiempo al ~ para que se caliente.* ☖ El plural es *ralentíes.*

ra·len·ti·zar |r̄alentiθár| ***tr.*** [algo] Hacer lenta una operación o un proceso; disminuir su velocidad: *esta cámara de vídeo ralentiza las imágenes.* ☖ Se conjuga como 4.

ra·lla·dor |r̄aʎaðór| ***m.*** Instrumento de cocina formado por una chapa de metal con agujeros que sirve para deshacer ciertos alimentos en partes muy pequeñas: *coge el ~ y ralla el pan.*

ra·lla·du·ra |r̄aʎaðúra| ***f.*** Conjunto de trozos pequeños de un cuerpo, especialmente de un alimento, que ha sido deshecho: *para hacer rosquillas se necesita la ~ de la corteza de un limón.*

ra·llar |r̄aʎár| ***tr.*** [algo] Deshacer un cuerpo, especialmente un alimento, frotándolo en la superficie de un instrumento con agujeros: *estoy rallando queso para ponerlo sobre los macarrones.* ☖ No debe confundirse con el verbo *rayar.*

ra·⌐lo, ⌐la |r̄álo, la| ***adj.*** (*cabello, pelo) Que está muy separado; que es escaso: *tenía el cabello ~ y la cara muy sucia.*

ra·ma |r̄áma| **1** ***f.*** Parte que crece a partir del tallo o del tronco de ciertas plantas y que sirve de soporte a las hojas, las flores y los frutos: *se subió a la ~ del árbol para mirar a lo lejos; el fuerte viento llegó a arrancar varias ramas.* ⇒ **ramo. 2** *fig.* Conjunto de personas que tienen su origen en un tronco común: *ella pertenece a otra ~ de la familia.* **3** Parte de una cosa que se deriva de otra principal: *pertenece a la ~ de carpintería metálica.* ⇒ **ramo. 4** Parte de una ciencia: *se ha especializado en la ~ de biología molecular.* ■ **andarse por las ramas,** tratar los aspectos poco importantes o que tienen poca relación, dejando el asunto principal: *cada vez que le pregunto algo se va por las ramas y no me contesta.*

ra·ma·je |r̄amáxe| ***m.*** Conjunto de las ramas de un vegetal, unidas entre sí: *se sentaron bajo el ~ espeso de una higuera.*

ra·mal |r̄amál| **1** ***m.*** Parte que sale de la línea principal; parte de las dos o más en que se divide una línea: *el presidente inauguró un ~ que conducirá el agua del embalse a los pueblos del valle.* **2** Vía de comunicación que sale de otra principal: *este ~ de la carretera atraviesa la ciudad.* **3** Cuerda que se sujeta en la cabeza del *burro o de un animal parecido para tirar de él: *coge el ~ y llévate el burro de aquí.*

ra·ma·la·zo |r̄amaláθo| **1** ***m.*** *fam. fig.* Dolor agudo que no se espera: *le dio un ~ en el hombro y no podía moverse.* **2** *fam. fig.* Pérdida pasajera del juicio o de la razón: *no nos podemos fiar de él: le dan muchos ramalazos.* **3** *fig. desp.* Aspecto o actitud en un hombre que se consideran propios de las mujeres: *seguro que es marica: ¿no ves el ~ que tiene?*

ram·bla |r̄ámbla| **1** ***f.*** Lugar por el que corren las aguas de la lluvia: *las ramblas recogen el agua de la lluvia torrencial; la ~ se seca cuando no llueve; muchas* *ramblas van a parar al mar.* **2** Calle o paseo de una población construidos sobre uno de esos lugares: *todos los domingos por la mañana paseaba por la ~.*

ra·me·ra |r̄améra| **1** ***f.*** *vulg. desp.* Mujer que mantiene relaciones sexuales a cambio de dinero: *en el puerto se puede ver a unas cuantas rameras.* ⇒ **prostituta. 2** *vulg. desp.* Mujer que se entrega sexualmente con facilidad: *eres una ~, te acuestas con el primero que llega.* ⇒ **puta.** ☖ Se usa como apelativo despectivo.

ra·mi·fi·ca·ción |r̄amifikaθión| **1** ***f.*** Extensión y división de las ramas de una planta: *este árbol tiene unas enormes ramificaciones.* **2** *fig.* Parte de una cosa que se deriva de otra principal: *ese movimiento social originó diversas ramificaciones.* **3** ANAT. Extensión y división de las *venas, las *arterias o los nervios: *en la ilustración se pueden observar las ramificaciones del aparato circulatorio del pie.*

ra·mi·fi·car·se |r̄amifikárse| **1** ***prnl.*** Extenderse y dividirse en ramas una planta: *el árbol se ramifica tratando de abarcar la mayor superficie posible.* **2** *fig.* Derivar en partes una cosa principal: *la empresa se ha ramificado y ahora fabrican productos muy diferentes.* ☖ Se conjuga como 1.

ra·mi·lle·te |r̄amiʎéte| **1** ***m.*** Conjunto pequeño de flores o ramas hecho de forma artificial: *la novia lleva en la mano un ~ de rosas rojas; ha puesto en el jarrón varios ramilletes de hierbas silvestres.* **2** *fig.* Conjunto de elementos escogidos con un fin determinado: *consiguió rodearse de un buen ~ de intelectuales; ha publicado en un pequeño libro un ~ de poesías de amor.*

ra·mo |r̄ámo| **1** ***m.*** Rama de segundo orden, que nace de una principal: *de los ramos nacen las flores.* **2** Rama cortada del árbol: *llevaba en la mano un ~ de olivo.* **3** Conjunto natural o artificial de flores, ramas o hierbas: *les envió un ~ de felicitación.* **4** *fig.* Parte en que se considera dividida una actividad o una organización: *el ~ de la construcción generará otros 1000 puestos de trabajo.* ⇒ **rama.**

ra·mo·⌐so, ⌐sa |r̄amóso, sa| ***adj.*** Que tiene muchas ramas o *ramos: *es una clase de árbol ~ y grande.*

ram·pa |r̄ámpa| ***f.*** Plano inclinado dispuesto para subir y bajar por él: *subieron los barriles por una ~ de madera.*

ram·⌐plón, ⌐plo·na |r̄amplón, plóna| ***adj.*** Que tiene un aspecto o estilo poco cuidado; que resulta rudo: *esas escenas le dan a la obra un estilo ~; esos zapatos no le van con el vestido: son muy ramplones.*

ra·na |r̄ána| **1** ***f.*** Animal vertebrado anfibio, pequeño y con las patas traseras muy desarrolladas para saltar, que vive en el agua en su primera edad, respira aire a través de pulmones en edad adulta y se alimenta de insectos: *una ~ verde saltó asustada desde el estanque; se oía a lo lejos el croar de las ranas; las ancas de ~ son un manjar exquisito.* ⇒ **sapo.** ☖ Para indicar el sexo se usa la ~ macho y la ~ hembra. **2** Juego que consiste en lanzar desde cierta distancia una chapa o moneda para que entre por la boca abierta de una figura de metal con la forma de ese animal: *los muchachos se entretenían jugando a la ~ en la terraza del bar.* **3** Prenda de vestir de bebé que tiene forma de saco en la parte inferior: *cambió los pañales al niño y le puso una ~ limpia.* ■ **cuando las ranas críen pelo**, *fam. hum.*, nunca; en ningún momento: *—Isabel, ¿cuándo te casarás conmigo? —Cuando las ranas críen pelo.* ■ **salir** ~, *fam.*, resultar de un modo que no se espera: *este niño que parecía tan estudioso, nos ha salido ~ y ha suspendido el curso.*

ran·che·ra |r̄antʃéra| **1** ***f.*** Composición musical, popular y alegre procedente de Hispanoamérica: *las rancheras son muy conocidas en todo el mundo hispánico.* **2** Baile y canto de esa música: *es una famosa cantante de rancheras.* **3** Automóvil cuyo espacio interior está preparado para aumentar la capacidad de personas o de carga: *se ha comprado una ~ para llevar a toda la familia y al perro.*

ran·che·⌐ro, ⌐ra |r̄antʃéro, ra| ***m. f.*** Persona que gobierna un *rancho o que vive en él: *los rancheros del sur del estado se han reunido para hablar de sus problemas.*

ran·cho |r̄ántʃo| **1** ***m.*** Comida hecha para muchas personas, que suele consistir en un solo plato: *prepararon el ~ para la tropa; después del trabajo, dieron el ~ a los presos.* **2** Granja para la cría de vacas o caballos: *tenían un ~ con caballos y vacas.* **3** MAR. Comida que se embarca en una nave: *la bodega se ha inundado y se ha perdido el ~.*

ran·⌐cio, ⌐cia |r̄ánθio, θia| **1** ***adj.*** (vino, alimento) Que con el tiempo toma un sabor y olor fuertes, *mejorándose o echándose a perder: *tiraron el vino antes de beberlo porque olía a ~; tomó un poco de tocino ~ con pan.* **2** *fig.* Que tiene antigüedad o larga tradición; que es viejo: *pertenece a una familia de rancia nobleza; este armario huele a ~.*

ran·go |r̄áŋgo| **1** ***m.*** Categoría dentro de una organización: *el soldado tiene que obedecer porque el cabo tiene mayor ~ que él.* ⇒ **escalón. 2** Clase o categoría: *el Estado dicta normas de distinto ~.*

ra·nu·ra |r̄anúra| **1** ***f.*** Abertura larga y estrecha: *la hucha tiene una ~ por la que se pueden meter monedas.* ⇒ **raja. 2** Canal largo y estrecho: *por esa ~ se desliza la hoja de la ventana.*

ra·pa·pol·vo |r̄apapólβo| ***m.*** *fam.* Corrección o llamada de atención suave que se hace a una persona por haber *cometido un error o por su mal comportamiento: *le echó un buen ~ por haber llegado tarde al trabajo.* ⇒ **regañina, reprimenda.** ☖ El plural es *rapapolvos.*

ra·par |r̄apár| ***tr.-prnl.*** [algo; a alguien] Cortar el pelo de la cabeza o de otra parte del cuerpo al nivel de la piel con una *cuchilla o con otro instrumento: *cuando entró en el ejército, le raparon la cabeza.* ⇒ **afeitar, rasurar.**

ra·⌐paz, ⌐pa·za |r̄apáθ, páθa| **1** ***m. f.*** Persona de corta edad, muy joven: *los rapaces estaban jugando en la calle.* ⇒ **chico, muchacho. - 2 rapaz *adj.-f.*** (ave) Que tiene alas fuertes, pico corto y fuerte, patas con uñas afiladas, y que se alimenta de pequeños animales que caza o de la carne de animales muertos: *el búho es una ~ nocturna; las águilas son aves rapaces.*

ra·pe |r̄ápe| ***m.*** Pez marino comestible de color gris oscuro, cuerpo pequeño y cabeza y boca muy grandes: *la carne de ~ es exquisita; el ~ abunda en el Mediterráneo.* ☖ Para indicar el sexo se usa el ~ macho y el ~ hembra. ■ **al** ~, (pelo) cortado hasta la piel: *le cortaron el pelo al ~ y de lejos parece calvo.*

ra·pi·dez |r̄apiðéθ| ***f.*** Velocidad grande en un movimiento, actividad o proceso: *se introdujo en el coche con ~ y arrancó; todo se desarrolló con tanta ~ que apenas nos dimos cuenta.* ⇔ **lentitud.**

rá·pi· do, ⌜da |r̄ápiðo, ða| **1** ***adj.*** Que se mueve o se hace con una gran velocidad: *con un movimiento ~ se apartó de la carretera.* ⇒ **raudo.** ⇔ **lento, pesado. 2** Que se hace de forma superficial: *he hecho una lectura rápida del texto.* **- 3 rápido *m.*** Parte de un río o de otra corriente en la que el agua fluye de forma violenta: *el ~ del río está en la parte más estrecha y rocosa.*

ra·pi·ña |r̄apíɲa| ***f.*** Robo rápido y violento, que aprovecha el descuido o la falta de defensa: *las tropas se dieron a la ~ de la ciudad.* ■ **de** ~, (ave) que caza otros animales para comer: *el águila y el halcón son aves de ~.*

ra·po·⌜so, ⌜sa |r̄apóso, sa| **1 *m. f.*** Animal mamífero salvaje parecido al perro, con el pelo entre marrón y rojo y la cola larga y *peluda, que se alimenta de otros animales: *una raposa se llevó dos gallinas del corral.* ⇒ **zorro. 2** *fig.* Persona inteligente y *astuta: *¡menudo ~ estás hecho!, ¡has engañado a todos con tu broma!*

rap·tar |r̄aptár| ***tr.*** [a alguien] Llevarse y retener a una persona contra su voluntad con un fin determinado: *raptaron a una mujer y querían venderla como esclava.* ⇒ **secuestrar.**

rap·to |r̄ápto| **1 *m.*** Acción de llevarse y retener a una persona contra su voluntad con un fin determinado: *el ~ de las niñas se produjo a primeras horas de la tarde.* ⇒ **secuestro. 2** Impulso o estado provocado por una emoción fuerte: *dijo cosas horribles en un ~ de ira.*

ra·que·ta |r̄akéta| **1 *f.*** DEP. Instrumento que sirve para golpear una pelota y que está formado por un mango y una superficie ovalada en cuyo interior hay cuerdas cruzadas: *sin ~ no se puede jugar al tenis.* **2** Calzado que sirve para andar por la nieve que tiene una base ancha y ovalada: *cayó una nevada tan grande que la gente andaba con raquetas por el campo.* **3** Desvío en forma de medio círculo que hay en las carreteras para hacer un cambio de dirección: *para entrar a la ciudad hay que desviarse en la primera ~.*

ra·quis |r̄ákis| **1 *m.*** ANAT. Cadena de huesos pequeños y planos, unidos entre sí, que recorre la espalda del ser humano y de muchos animales, cuya función es la de sujetar el esqueleto: *dentro del ~ se encuentra la médula espinal.* ⇒ **columna. 2** Nervio principal de una hoja: *el ~ de esta especie de plantas es muy fuerte.* ☖ El plural es *raquis.*

ra·quí·ti·⌜co, ⌜ca |r̄akítiko, ka| **1 *adj.*** Que es muy pequeño: *esta ración de tortilla es raquítica.* **2** (persona, animal) Que es muy delgado o débil: *este perrito está muy ~.* ⇒ **canijo. 3** MED. Que padece la enfermedad del *raquitismo: *tiene problemas en los huesos y está ~.*

ra·qui·tis·mo |r̄akitísmo| ***m.*** Enfermedad caracterizada por deformaciones de los huesos del tronco y de los miembros: *el ~ es un mal que afecta a los niños mal alimentados.*

ra·re·za |r̄aréθa| **1 *f.*** Cualidad de raro: *la ~ de este hecho lo hace aún más sorprendente.* **2** Acción u objeto poco común o frecuente: *este jarrón es una verdadera ~; estoy cansado de sus rarezas.*

ra·⌜ro, ⌜ra |r̄áro, ra| **1 *adj.*** Que es poco común o poco frecuente; que no parece seguir las reglas de la lógica: *es muy ~ que no haya llegado todavía; se dio un fenómeno ~ y difícil de comprender.* ⇒ **chocante. 2** Que es muy bueno; que es extraordinario: *escribió un libro sencillo y ~, una verdadera obra maestra.*

ras |r̄ás| ■ **a ~ de**, casi tocando; al nivel de: *volaba casi a ~ del suelo.* ■ **al** ~, a nivel; hasta un límite determinado; en un estado de igualdad en la superficie o la altura: *he llenado los vasos al ~.*

ra·san·te |r̄asánte| **1 *adj.*** Que pasa rozando el suelo u otra superficie: *el vuelo ~ de un avión comercial asustó a los bañistas.* **- 2 *f.*** *form.* Línea de una calle o camino en relación con el plano horizontal: *el edificio tendrá cuatro plantas: tres sobre la ~ y una subterránea.* ■ **cambio de** ~, línea que marca un cambio de *pendiente en una carretera: *es peligroso parar el coche cerca de un cambio de ~.*

ras·ca·cie·los |r̄askaθiélos| ***m.*** Edificio de gran altura y de muchos pisos: *me impresionó ver los enormes ~ de Nueva York.* ☖ El plural es *rascacielos.*

ras·car |r̄askár| **1 *tr.-prnl.*** [algo, a alguien] Rozar la piel con una cosa aguda o áspera, generalmente con las uñas: *se rascaba la espalda con un bolígrafo; deja de rascarte la nariz, que se te va a poner como un tomate.* **2** [algo] Hacer rayas en una superficie lisa, generalmente levantando con un objeto la capa que la cubre: *rascaron la pintura del coche con unas llaves.* ⇒ **arañar, raspar, rayar. 3** Tocar mal un instrumento de cuerda: *no sabe más que ~ un poco la guitarra.* ☖ Se conjuga como 1.

ra·se·ro |r̄aséro| ***m.*** Palo cilíndrico que se usa para quitar la parte de grano o polvo que *excede de una medida determinada: *antiguamente se utilizaba el ~ en la medida de los cereales.* ■ **por el mismo** ~, sin hacer la menor diferencia; con la *máxima igualdad: *todos han de recibir un trato igual y se han de medir sus virtudes por el mismo ~.*

ras·ga·du·ra |r̄asɣaðúra| ***f.*** *Rotura de un vestido o tela: *llevaba una ~ en el pantalón.*

ras·gar |r̄asɣár| ***tr.-prnl.*** [algo] Romper o hacer trozos sin la ayuda de ningún instrumento, generalmente cosas delgadas o de escasa resistencia: *el pergamino se rasgó al cogerlo, pues estaba muy estropeado; se rasgó la camisa porque se la enganchó en un clavo.* ☖ Se conjuga como 7.

ras·go |r̄ásɣo| **1 *m.*** Línea trazada con un instrumento de escritura, especialmente la que se hace para adornar las letras al escribir: *los rasgos de las letras mostraban cierto nerviosismo en la persona que las escribió.* **2** Forma o característica física, especialmente de la cara: *sus rasgos me son familiares.* ☖ En esta acepción, suele usarse en plural. **3** Carácter o particularidad: *se notan claramente los rasgos de su estilo; nunca he percibido en él un ~ de nobleza.*

ras·gue·ar |r̄asɣeár| ***tr.*** [algo] Tocar un instrumento musical rozando varias cuerdas a la vez con los dedos: *el guitarrista rasgueaba la guitarra.*

ras·gue·o |r̄asɣéo| ***m.*** Roce rápido de los dedos sobre las cuerdas de un instrumento musical: *al tocar sevillanas hay que hacer rasgueos.*

ras·gu·ñar |r̄asɣuɲár| ***tr.-prnl.*** [algo, a alguien] Rascar o *arañar la piel con las uñas o con algún instrumento cortante: *se rasguñó en la cara con la zarza.*

ras·gu·ño |r̄asɣúɲo| ***m.*** Corte pequeño, poco profundo y largo en la piel: *el niño llegó a casa sucio y lleno de rasguños porque se había peleado en el colegio.*

ra·si·lla |r̄asíʎa| ***f.*** Ladrillo delgado, que se suele emplear para dividir espacios en el interior de un edificio: *rompieron la ~ del tabique con un solo golpe de martillo.*

ra·⌜so, ⌜sa |r̄áso, sa| **1** ***adj.*** Que es plano y liso; que no tiene obstáculos: *desde el autobús, miraba la meseta, completamente rasa, sin árboles; todavía tiene la cara rasa, sin barba.* ⇒ **llano. 2** Que está limpio, sin nubes o niebla: *el día amaneció ~; el cielo ~ y azul lo cegaba; hoy está ~.* ⇒ **despejado. 3** Que está completamente lleno, pero sin pasar el borde: *ponga dos cucharadas rasas de azúcar.* **4** Que no tiene un título, una categoría o una característica que lo distinga: *los soldados rasos no llevan galones ni estrellas.* **5** Que pasa o se mueve a poca altura del suelo: *la avioneta inició un vuelo ~; el bateador lanzó una pelota rasa.* **- 6 raso *m.*** Tela brillante, ligera y suave: *el ~ se usa para las prendas de ropa interior; la niña lleva un lazo de ~ en el pelo.* ■ **al ~**, sin resguardarse o refugiarse: *los pastores dormían al ~; no encontramos el albergue y tuvimos que dormir al ~.* ⇒ **intemperie.**

ras·pa |r̄áspa| **1** ***f.*** Conjunto de las espinas del pescado: *cuidado con las raspas de la trucha; limpiando el pescado le quitó la ~.* ⇒ **espina. 2** Parte delgada y fina como un hilo, que sale de la cáscara de los cereales: *la ~ del trigo seco es áspera.* **3** Tronco que queda al quitar los granos de la *espiga del *maíz: *los cuervos se han comido la mazorca y han dejado la ~.* **4** *fam. fig.* Persona desagradable con la que no es fácil tratar: *tiene cara de ~, es un antipático.*

ras·par |r̄aspár| **1** ***tr.*** [algo] Frotar una superficie con otra rugosa o áspera o con un objeto de borde agudo: *estuvieron raspando la pared con la espátula; mamá, esta toalla raspa la piel.* ⇒ **arañar, rascar, rayar. - 2 *tr.-intr.*** Causar un líquido una sensación de picor al beberlo: *el orujo raspa la garganta; este vino raspa.* **3** Pasar rozando ligeramente un cuerpo con otro: *no lo atropelló el coche, pero pasó raspando.*

ras·po·⌜so, ⌜sa |r̄aspóso, sa| **1** ***adj.*** Que es áspero al *tacto: *estas toallas están rasposas.* **2** Que tiene muchas raspas: *la sardina es un pescado ~.* **3** *fig.* (persona) Que no es delicado o suave en el trato: *era un hombre ~ y no tuvo muchos amigos.*

ras·tre·ar |r̄astreár| **1** ***tr.-intr.*** [algo, a alguien] Seguir o buscar un *rastro o una señal: *el explorador indio rastreaba las huellas de los fugitivos; los perros rastrearán la presa.* **2** MAR. Llevar por el fondo del agua instrumentos de pesca: *los detuvieron por ~ ilegalmente.*

ras·tre·o |r̄astréo| ***m.*** Acción y resultado de *rastrear: *continúan las labores de ~ en busca de las tres personas desaparecidas en la montaña.*

ras·tre·⌜ro, ⌜ra |r̄astréro, ra| **1** ***adj.*** *fig. desp.* Que es despreciable, bajo y malo: *consiguió convencerlos con chantajes y otros procedimientos rastreros.* ⇒ **ruin, vil. 2** *fam.* Que es vulgar o de mala calidad: *¡a ver si tiras ya esa cazadora tan rastrera y te compras una decente!* **3** BOT. (tallo) Que crece pegado al suelo y va echando raíces: *la planta de la fresa tiene tallos rastreros.*

ras·tri·llar |r̄astriʎár| ***tr.*** [algo] Recoger hierba o plantas secas o cortadas con un *rastrillo: *estaba rastrillando el jardín después de cortar el césped.*

ras·tri·llo |r̄astríʎo| **1** ***m.*** Instrumento formado por un mango largo y delgado que termina en una pieza *perpendicular con muchas puntas: *segó el césped del jardín y lo amontonó con el ~.* ⇒ **rastro. 2** Tabla con muchos dientes gruesos de metal sobre los que se pasa el *lino o el *cáñamo para separar bien las fibras: *antes de empezar a hilar, tenemos que pasar el ~ para separar la estopa de la fibra.*

ras·tro |r̄ástro| **1** ***m.*** Señal que queda al pisar o al pasar una persona o cosa por un lugar: *siguieron el ~ de los fugitivos hasta las montañas.* ⇒ **estela, huella, pista. 2** Lugar de una población preparado para vender objetos, generalmente usados, cierto día de la semana: *mañana iremos al ~ a ver lo que podemos comprar.* **3** Instrumento formado por un mango largo y delgado que termina en una pieza *perpendicular con muchas puntas: *coge el ~ y limpia el jardín.* ⇒ **rastrillo.**

ras·tro·jo |r̄astróxo| **1** ***m.*** Resto del cereal que queda en la tierra después de cortarlo: *el ~ impedía a la liebre correr con rapidez.* **2** Terreno, después de que el cereal ha sido cortado: *tiene que arar varios rastrojos.*

ra·su·rar |r̄asurár| ***tr.-prnl.*** [algo, a alguien] Cortar el pelo de la barba o de otra parte del cuerpo al nivel de la piel con una *cuchilla o con otro instrumento: *se rasuró cuidadosamente antes de salir.* ⇒ **afeitar, rapar.**

ra·ta |r̄áta| **1** ***f.*** Animal mamífero roedor más grande que el ratón, de pelo marrón o gris, con cola larga, patas cortas, cabeza pequeña y orejas *tiesas: *¡que asco!, he visto una ~ saliendo de esa alcantarilla; las ratas han hecho agujeros en los sacos de harina.* ☖ Para indicar el sexo se usa la ~ macho y la ~ hembra. **2** *fam. desp. fig.* Persona despreciable: *un tipo que es capaz de quitar dinero a unos huérfanos es una ~ y debería estar en la cárcel.* **- 3 *com.***

fam. desp. fig. Persona que no quiere gastar dinero: *anda, no seas ~ e invítanos a unas cervezas; Roberto es un ~, gana un montón de dinero y mira qué ropa tan vieja lleva.* ■ **más pobre que una ~/las ratas**, *fam.*, que no tiene nada de dinero: *durante la guerra, toda mi familia era más pobre que las ratas.*

ra·te·⌐ro, ⌐ra |r̄atéro, ra| ***adj.-s.*** (persona) Que roba sin *violencia objetos de poco valor: *cogieron al ~ en el mercado.* ⇒ **caco.**

ra·ti·ci·da |r̄atiθíða| ***adj.-m.*** (producto) Que se usa para matar *ratas: *hemos puesto ~ en la cocina.* ⇒ **matarratas.**

ra·ti·fi·car |r̄atifikár| ***tr.-prnl.*** [algo] Aprobar o dar por seguro o por bueno: *el gobierno ratificó su nombramiento como director; se ratificó en su postura.* ⇒ **apoyar.** ☐ Se conjuga como 1.

ra·to |r̄áto| **1** ***m.*** Espacio de tiempo, especialmente cuando es corto: *hace un ~ que lo espero; me quedaré un ~ más.* **2** Distancia o espacio físico: *de Málaga a Barcelona hay un buen ~.* **3** Espacio de tiempo que se pasa de una forma determinada; **buen** ~, el que se pasa bien: *pasamos muy buenos ratos juntos;* **mal** ~, el que se pasa mal: *he pasado un mal ~ viéndote ahí arriba.*

ra·⌐tón, ⌐to·na |r̄atón, tóna| **1** ***m. f.*** Animal mamífero roedor de pequeño tamaño, de pelo blanco o gris, con cola larga, patas cortas, cabeza pequeña y orejas *tiesas: *el ~ se metió por un agujero del muro de la cocina; los ratones comen queso.* **- 2 ratón *m.*** INFORM. Instrumento de un ordenador, que sirve para introducir órdenes y cuyo movimiento reproduce una *flecha en la pantalla: *señala con el ~ el lugar donde quieres que se imprima el gráfico; en este programa es más cómodo usar el ~ que el teclado.*

ra·to·ne·ra |r̄atonéra| **1** ***f.*** Aparato que sirve para coger o cazar ratones: *colocó un pedazo de queso dentro de la ~ y la puso en la cocina.* **2** Agujero que hacen los ratones en los muros o paredes para entrar y salir por él: *se metió en la ~ y el gato no pudo atraparlo.* **3** Lugar donde viven y crían los ratones: *en el desván hay una ~.* **4** *fig.* Lugar o situación de difícil salida: *aquel local era una ~ porque no tenía salida de emergencia.*

rau·dal |r̄auðál| **1** ***m.*** Cantidad grande de agua que corre con fuerza: *cuando el dique se rompió, un ~ de agua se escapó.* **2** *fig.* Cantidad grande de cosas que vienen de golpe: *ganó un ~ de dinero.* ■ **a raudales**, en gran cantidad: *hemos recibido felicitaciones a raudales.*

rau·⌐do, ⌐da |r̄áu̯ðo, ða| ***adj.*** *form.* Que es muy rápido o que se mueve con gran velocidad: *un ~ jinete cabalgó para llevar el mensaje.*

ra·ya |r̄áya| **1** ***f.*** Línea larga y delgada: *he ido a una adivina para que me lea las rayas de la mano; he hecho en el papel una ~ con el lápiz.* ⇒ **lista. 2** Línea que se hace en el pelo al separarlo hacia dos lados opuestos: *el peluquero le ha hecho la ~ a un lado.* **3** Marca vertical que se hace al planchar los pantalones u otras prendas de vestir: *hay que tener mucho cuidado para hacer bien la ~ a los pantalones.* **4** Signo de ortografía que se usa para indicar el comienzo de una conversación escrita o para separar una nota dentro de un discurso: *cuando intercala incisos en el relato utiliza rayas en lugar de paréntesis.* **5** Línea que marca el fin: *sólo tienes que pintar la pared hasta la ~.* **6** Línea imaginaria que marca la división entre territorios: *los aviones de guerra traspasaron la ~ que separa los dos estados.* **7** *fam.* *Porción pequeña de *cocaína en polvo que se absorbe por la nariz, en el lenguaje de la droga: *fueron al lavabo para echarse unas rayas.* **8** Pez marino de color gris, cuerpo aplastado y cola larga y delgada: *la ~ se desplaza con un movimiento ondulatorio; las rayas son animales carnívoros.* ☐ Para indicar el sexo se usa la ~ macho y la ~ hembra. ■ **a** ~, dentro de los límites tolerados: *su padre es la única persona que pone al niño a ~.* ■ **pasarse de la** ~, *fam.*, superar el límite de lo tolerable: *como vuelvas a pasarte de la ~, vas a tener problemas conmigo.*

ra·ya·⌐no, ⌐na |r̄ayáno, na| ***adj.*** *form.* Que está junto al límite; que llega al límite: *tiene unos pensamientos rayanos con la locura.*

ra·yar |r̄ayár| **1** ***tr.*** [algo] Hacer o tirar rayas o líneas: *se puso a ~ un papel con la pluma.* **2** Hacer rayas en una superficie lisa, generalmente levantando con un objeto la capa que la cubre: *el niño está rayando la pared con un juguete.* ⇒ **arañar, rascar, raspar. 3** Colocar rayas o líneas debajo de palabras o cosas escritas o dibujadas: *rayó las op-*

RATA

RAYA

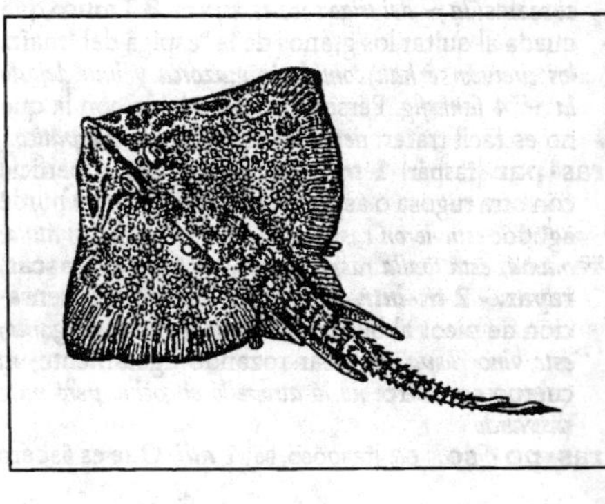

ciones que mejor le parecieron. ⇒ **subrayar.** - **4** ***intr.*** *fig.* Estar junto al límite de una cosa o situación: *raya con los primeros.* **5** Comenzar a verse: *rayaba la mañana cuando partieron.* ⌂ Se suele usar con los sustantivos *alba, día* o *luz.*

ra·yo |r̄áyo| **1** ***m.*** Línea de luz, especialmente la que procede del sol o de la luna: *protégete de los rayos del sol con esta crema; en invierno echamos de menos los rayos del sol;* **rayos ultravioletas/uva**, los que desprende el Sol o una *lámpara adecuada y hacen que la piel humana se ponga más oscura: *está tan morena porque le dan rayos uva en el salón de belleza;* **rayos X**, los que atraviesan distintos cuerpos y se usan en medicina para observar el interior del cuerpo humano: *me han mirado los huesos de la pierna por rayos X.* **2** Reacción eléctrica muy intensa y *luminosa producida por una descarga entre dos nubes o entre una nube y la tierra: *ha habido una tormenta con rayos y truenos; un ~ cayó sobre un árbol y lo partió; el perro se asustó al ver los rayos de la tormenta y se metió debajo de la mesa.* **3** *fam. fig.* Persona o cosa que realiza una actividad o produce un efecto de forma muy rápida: *este mecánico es un ~, ha reparado el coche en una sola tarde; el vendedor me ha asegurado que este jabón es un ~ contra la grasa.* **4** *fam. fig.* Persona muy lista: *es un ~ para los negocios, confía en su consejo.* ■ **a rayos**, con muy mal sabor u olor: *este guisado se ha quemado y sabe a rayos; ¡en esta habitación huele a rayos!* ■ **echar rayos**, mostrar gran enfado: *el jefe estaba tan enfadado que echaba rayos contra todos.* ■ **~ de luz**, idea que aparece de forma rápida, que no se espera y que soluciona o aclara una cosa: *los conocimientos del experto arrojaron un ~ de luz en el asunto.*

ra·yue·la |r̄ayuéla| ***f.*** Juego de niños que consiste en llevar una piedra lisa sobre varios cuadros dibujados en el suelo, empujándola con un pie y llevando el otro en el aire, procurando no pisar las rayas y que la piedra no se pare sobre ellas: *las niñas pintaron con tiza los cuadros para jugar a la ~.* ⇒ **tejo.**

ra·za |r̄áθa| **1** ***f.*** Grupo de personas, de animales o de pueblos que tienen un origen común y ciertas características físicas que los distinguen de otros: *en este país siempre han convivido en perfecta armonía varias razas.* **2** Conjunto de características físicas que distinguen a unas personas, animales o pueblos de otros: *la ~ no puede ser causa de discriminación.* **3** BIOL. Categoría de clasificación inferior a la especie, formada por individuos con caracteres de diferenciación muy *secundarios que se *transmiten de generación en generación: *las razas humanas son cuatro: blanca, negra, amarilla y cobriza.*

ra·zón |r̄aθón| **1** ***f.*** Capacidad de formar ideas y representaciones de la realidad en la mente relacionándolas entre sí: *creía que la ~ le permitiría llegar hasta los principios de la filosofía.* ⇒ **entendimiento, intelecto, inteligencia.** **2** Causa que provoca un resultado posterior: *no sé cuál es la ~ que lo impulsa a comportarse de ese modo.* **3** Justicia o *rectitud en una acción: *tienes ~, no me había dado cuenta.* **4** Demostración o explicación: *todavía no me has dado ninguna ~ para que te haga caso.* **5** *form.* Conjunto de palabras con que se expresa una idea: *se expresaba con largas y recargadas razones.* **6** MAT. Resultado de la comparación entre dos cantidades: *la ~ de dividir seis entre dos es tres.* ■ **a ~ de**, expresión que indica la cantidad que corresponde a cada parte en un reparto: *salimos a ~ de 1000 pesetas por persona.* ■ **atender a razones**, prestar atención o considerar una explicación; tener en cuenta una cosa: *cuando se enfada, no atiende a razones.* ■ **dar la ~**, reconocer o aceptar lo que piensa o dice otra persona: *procura no darle la ~ en todo lo que diga.* ■ **entrar en ~**, aceptar una cosa que es razonable: *nos costó mucho que entrara en ~.* ■ **perder la ~**, volverse *loco: *cuando lo echaron del trabajo, perdió la ~.*

ra·zo·na·ble |r̄aθonáβle| **1** ***adj.*** Que está de acuerdo con la razón o la justicia: *es muy ~ que te tomes unas vacaciones.* **2** *fig.* Que tiene una calidad o una cantidad bastante o *suficiente: *podríamos vender la finca por un precio ~.*

ra·zo·na·mien·to |r̄aθonamiénto| **1** ***m.*** Conjunto de ideas o razones: *tras largos razonamientos, llegó a pensar que el asunto sólo tenía una solución.* **2** Conjunto de palabras con que se expresa una serie de ideas o razones: *su ~ fue claro y conciso.*

ra·zo·nar |r̄aθonár| **1** ***intr.*** Unir de manera lógica una serie de ideas o razones: *creo que es incapaz de ~ por sí mismo.* **2** Expresar una serie de ideas o razones: *intenta ~ más ese punto.*

re |r̄e| ***m.*** Segunda nota musical de la escala: *el ~ sigue al do.* ⌂ El plural es *res.*

re·ac·ción |r̄eakθión| **1** ***f.*** Acción provocada por otra y de efectos contrarios a ella: *cuando me da un dolor de estómago, mi ~ natural es la de poner la mano sobre él y doblar el cuerpo;* **~ en cadena**, *fig.*, conjunto de acontecimientos, provocados cada uno de ellos por el anterior: *la caída de la bolsa causó una ~ en cadena en toda la economía.* **2** Comportamiento provocado por una situación, una persona u otra cosa: *la ~ del caballo fue salir huyendo; la ~ ante el abuso suele ser la indignación y la fuerza; el último ataque ha provocado una ~ internacional.* **3** Cambio físico o estado de fiebre provocado por una enfermedad o una medicina: *la vacuna le hizo ~; la aspirina hace ~ a los pocos minutos; el paciente experimentó una fuerte ~.* **4** QUÍM. Proceso en el que unas sustancias químicas se transforman en otras: *en la ~ de la sosa con el agua se produce calor.* **5** AERON. Sistema que origina el movimiento de un vehículo al despedir una corriente de gases producidos a gran presión por el motor, y en dirección contraria a la *marcha: *los aviones del ejército llevan motores de ~.* ⌂ Se debe emplear la forma *de reacción* y no *a reacción.*

re·ac·cio·nar |r̄eakθionár| **1** ***intr.*** *Responder o actuar como respuesta a una cosa: *todo sucedió tan rápido que no le dio tiempo a ~.* **2** Mejorar la salud o las funciones *vitales: *el enfermo no reacciona.* **3** Cambiar una sustancia por la acción de un *reactivo: *cuando le añadieron los polvos, el líquido reaccionó y se derramó por la mesa.*

re·ac·cio·na·⌜rio, ⌜ria |r̄eaᵏθionário, ria| ***adj.-s.*** POL. Que defiende la tradición y se opone a las reformas: *los elementos reaccionarios de la sociedad quieren el absolutismo; los reaccionarios son partidarios de restablecer instituciones abolidas.* ⇒ **conservador.**

re·a·⌜cio, ⌜cia |r̄eáθio, θia| ***adj.*** *form.* Que se opone a hacer una cosa determinada; que no gusta de hacer una cosa determinada: *siempre ha sido ~ al trato social.*

re·ac·ti·va·ción |r̄eaᵏtiβaθión| **1 *f.*** Arranque o funcionamiento que se hace o se produce de nuevo: *aquel técnico consiguió la ~ del motor.* **2** Actividad mayor en un proceso: *persiguen la ~ del sector agrario.*

re·ac·ti·var |r̄eaᵏtiβár| **1 *tr.*** [algo] Volver a arrancar o a hacer funcionar: *reactivaron el contador de la luz.* **2** Dar más actividad: *pretenden ~ la economía con estas medidas.*

re·ac·ti·⌜vo, ⌜va |r̄eaᵏtíβo, βa| **1 *adj.-m.*** *form.* Que produce reacción: *la fiebre es un ~ frente a la enfermedad.* **- 2 reactivo *m.*** QUÍM. Sustancia empleada para reconocer o medir los elementos de un compuesto: *emplearon un ~ para detectar la presencia de veneno.*

re·ac·tor |r̄eaᵏtór| **1 *m.*** Avión que usa motor de reacción: *el ~ dejó una estela blanca en el cielo; el soldado era piloto de un ~.* ⇒ **avión. 2** FÍS. Instalación destinada a producir energía nuclear: *las centrales nucleares funcionan gracias a un ~ donde se produce la fisión del uranio.* **3** AERON. Motor de reacción: *los reactores hacían mucho ruido.* ⇒ **propulsor.**

re·ad·mi·sión |r̄eaᵈmisión| ***f.*** Recibimiento o admisión que se hace o produce de nuevo: *se está considerando su ~ en el partido.*

re·ad·mi·tir |r̄eaᵈmitír| ***tr.*** [algo, a alguien; en algo] Volver a admitir o a recibir: *el socio expulsado fue readmitido la semana pasada en el club.*

re·a·fir·mar |r̄eafirmár| ***tr.*** [algo] Volver a afirmar o a asegurar: *el monarca reafirmó su compromiso con su país.*

re·a·jus·tar |r̄eaxustár| **1 *tr.*** [algo] Volver a ajustar o a fijar: *reajustaron todas las piezas del gran reloj de la iglesia.* **2** *fig.* Aumentar una cantidad de dinero que se ha de pagar: *el gobierno ha declarado que se van a ~ los porcentajes.*

re·a·jus·te |r̄eaxúste| **1 *m.*** Cambio o adecuación: *se está preparando un ~ de las medidas económicas.* **2** Aumento o disminución de una cantidad de dinero que se ha de pagar: *se prevé un reajuste de los tipos de interés.*

re·al |r̄eál| **1 *adj.*** Que tiene existencia verdadera y efectiva: *confundía el mundo ~ con el imaginario.* ⇔ **irreal. 2** Del rey o la reina o que tiene relación con ellos: *se han dado cita miembros de las casas reales de Europa.* ⇒ **regio. - 3 *m.*** Moneda española antigua, que equivalía a 0,25 pesetas: *le pagaban dos reales por semana.* **4** Campo abierto donde tiene lugar una *feria o una *batalla: *este año han instalado muchas atracciones en el ~.*

re·al·ce |r̄eálθe| **1 *m.*** Adorno o labor que sale por encima de la superficie de una cosa: *aprendió a bordar de ~.* **2** *fig.* *Estimación o grandeza importante: *se hizo socio, para ~ de nuestra institución.*

re·a·len·⌜go, ⌜ga |r̄ealéŋgo, ga| ***adj.*** (población) Que depende directamente del rey o la reina: *en las villas realengas no tenían jurisdicción las órdenes militares.*

re·a·le·za |r̄ealéθa| ***f.*** Autoridad y cargo del rey o de la reina: *el poder de la ~ era incuestionable.*

re·a·li·dad |r̄ealiðáᵈ| **1 *f.*** Existencia real y efectiva: *tienes que asumir la ~ de la vida.* ⇔ **ficción. 2** Conjunto formado por todo lo existente: *este libro supone una nueva interpretación de la ~.* ■ **en ~,** efectivamente, verdaderamente: *en ~, no vengo de trabajar, sino de tomar una copa.*

re·a·lis·mo |r̄ealísmo| **1 *m.*** ARTE. Forma fiel de representar la naturaleza en las obras de arte: *es un cuadro que tiene un gran ~: parece una fotografía.* **2** FIL. Doctrina filosófica que considera que existe una realidad exterior y que puede ser comprendida por la mente humana: *el ~ se enfrentaba al nominalismo.* **3** POL. Doctrina política que apoya el gobierno de los reyes: *su defensa del ~ le llevó a ser encarcelado por los republicanos.*

re·a·lis·ta |r̄ealísta| **1 *adj.*** Que obra de manera práctica y ajustada a la realidad: *sé ~ y no te engañes a ti mismo.* **2** FIL. Del *realismo o que tiene relación con él: *el pensamiento ~ dominó la filosofía de aquel siglo.* **- 3 *adj.-com.*** FIL. (persona) Que sigue la doctrina filosófica del *realismo: *los realistas afirman la existencia objetiva de la realidad.* **4** POL. (persona) Que sigue la doctrina política del *realismo: *los realistas se agruparon en torno al monarca exiliado.*

re·a·li·za·ción |r̄ealiθaθión| **1 *f.*** Ejecución de una obra: *el arquitecto consiguió una subvención para la ~ del puente.* **2** Dirección de la ejecución de una película: *esta película tiene una buena ~.* **3** Desarrollo completo de una capacidad o un deseo: *con esta obra he llegado a la total ~ de mis aspiraciones profesionales.*

re·a·li·za·⌜dor, ⌜do·ra |r̄ealiθaðór, ðóra| ***m. f.*** Persona que se dedica a realizar películas o programas de televisión: *el ~ elige la imagen más conveniente en cada momento.*

re·a·li·zar |r̄ealiθár| **1 *tr.*** [algo] Hacer o ejecutar: *realizó una importante labor cuando trabajó como concejal de deportes; las obras de resconstrucción de la catedral se han realizado en seis meses.* **- 2 *tr.-prnl.*** Transformar en real un proyecto o un sueño: *afortunadamente todos mis planes se han realizado.* **- 3 *tr.*** Dirigir la ejecución de una película o de un programa de televisión: *la persona que ha realizado esta película es un director desconocido.* **- 4 realizarse *prnl.*** Desarrollar por completo una capacidad o un deseo: *tuvo mala suerte y nunca se realizó en su trabajo.* ☐ Se conjuga como 4.

re·al·men·te |r̄eálménte| ***adv. m.*** Efectivamente; en realidad; de verdad: *ha sido ~ apasionante.*

re·al·zar |r̄ealθár| **1** ***tr.-prnl.*** [algo, a alguien] Destacar; hacer que una persona o cosa aparezca mayor, mejor, más bella o más importante: *el vestido realzaba aún más la hermosura de la dama; su modestia lo realza como genio.* **2** FOT. PINT. Dar luz a un objeto o a una parte de una composición: *en los cuadros de Zurbarán se realza el color blanco; cerrando el ángulo de encuadre se realza el primer plano.* ☖ Se conjuga como 4.

re·a·ni·mar |r̄eanimár| **1** ***tr.-prnl.*** [algo, a alguien] Devolver las fuerzas o la energía: *el aire nos reanima; esperaron un momento a que se reanimase.* **2** Hacer recuperar la respiración o el movimiento del corazón: *intentaron ~ al bañista haciéndole la respiración artificial.* **3** *fig.* Dar ánimo o valor: *sus palabras de consuelo consiguieron ~ al herido.*

re·a·nu·dar |r̄eanuðár| ***tr.-prnl.*** [algo] Continuar o volver a ejecutar lo que se había interrumpido: *las clases se reanudarán el mes que viene.* ⇒ **renovar.**

re·a·pa·re·cer |r̄eapareθér| ***intr.*** Volver a aparecer o a mostrarse: *se espera que este personaje reaparezca en las pantallas muy pronto.* ☖ Se conjuga como 43.

re·a·per·tu·ra |r̄eapertúra| ***f.*** *Apertura de un establecimiento o un proceso que había interrumpido su actividad: *no os perdáis la ~ de la discoteca.*

re·ar·mar |r̄earmár| ***tr.-prnl.*** [algo, a alguien] Equipar o *reforzar con nuevas armas: *hay que atacar antes de que el enemigo se rearme.*

re·ar·me |r̄eárme| ***m.*** Equipamiento o *refuerzo con nuevas armas: *los servicios secretos informan de que se están invirtiendo grandes sumas en el ~ de las tropas.*

re·a·ta |r̄eáta| **1** ***f.*** Fila formada por dos o más animales de tiro que van atados: *una ~ de burros bajaba a cargar arena.* **2** Cuerda o correa que ata y une dos o más animales de tiro para que vayan en fila uno detrás de otro: *el caballo se soltó tras romper la ~.*

re·a·vi·var |r̄eaβiβár| ***tr.*** [algo] Dar más fuerza o intensidad; volver a *avivar: *reavivaron el fuego con más leña.*

re·ba·ja |r̄eβáxa| ***f.*** Disminución o reducción, especialmente en una cantidad o un precio: *estuvo hablando con el dueño de la tienda para que le hiciera una ~.* ⇒ **descuento, oferta.**

re·ba·jar |r̄eβaxár| **1** ***tr.*** [algo] Disminuir una deuda o el precio de un producto o de un servicio: *el dependiente nos ha rebajado el precio final porque hemos hecho una compra grande.* ⇒ **descontar.** **2** Hacer más bajo el nivel o la altura de una cosa: *han rebajado los terrenos cercanos a la casa.* **3** Disminuir la intensidad o el brillo: *el pintor rebajó el color disolviéndolo con agua.* **4** Añadir agua u otro líquido para disminuir el sabor o el color de una bebida: *rebajaré el vino mezclándolo con un poco de gaseosa.* **- 5** ***tr.-prnl.*** *fig.* Pasar por una situación de vergüenza: *mi orgullo me impide rebajarme ante él.* ⇒ **humillar.**

re·ba·na·da |r̄eβanáða| ***f.*** Trozo delgado y largo que se corta de un alimento sólido: *¿puedes darme una ~ de pan, por favor?* ⇒ **loncha, raja, rodaja.**

re·ba·nar |r̄eβanár| **1** ***tr.*** [algo] Hacer trozos delgados y largos; hacer rebanadas: *no te olvides de ~ el pan antes de servirlo.* **2** [algo, a alguien] Hacer cortes largos de una parte a otra: *dijo que lo iba a ~ con su espada.*

re·ba·ñar |r̄eβaɲár| **1** ***tr.*** [algo] Recoger los restos de la comida de un plato, generalmente con la ayuda de pan: *no olvides que es de mala educación ~ los platos.* **2** Recoger una cosa sin dejar nada: *el albañil rebañó el cemento que había caído al suelo.*

re·ba·ño |r̄eβáɲo| **1** ***m.*** Conjunto grande de ganado, especialmente de ovejas: *vimos a un pastor con un ~ de ovejas blancas y negras; tenía un ~ de cabras.* **2** *fig.* Grupo de personas que forma la base de la Iglesia: *el sacerdote debe cuidar de la espiritualidad de su ~.* **3** *fig.* Grupo de personas sin ideas propias, que se dejan llevar: *yo no quiero pertenecer al ~ de los que van a esos encuentros a aclamar cualquier cosa que se les diga.*

re·ba·sar |r̄eβasár| ***tr.*** [algo] Pasar o superar cierto límite: *el saltador rebasó los ocho metros; su comportamiento rebasa lo soportable.*

re·ba·tir |r̄eβatír| **1** ***tr.*** [algo, a alguien] Rechazar u oponerse a las razones o explicaciones de otro: *rebatió sus argumentos con viveza y habilidad.* ⇒ **refutar.** **2** [algo] Rechazar u oponerse a la fuerza o la *violencia de otro: *rebatió su embestida con el escudo.*

re·ba·to |r̄eβáto| ***m.*** Llamada que avisa de un peligro a un grupo de personas: *el sacristán tocaba a ~ porque había fuego en el pinar.*

re·be·ca |r̄eβéka| ***f.*** Prenda de vestir de punto de lana o algodón, abierta por delante y con botones, que cubre la parte superior del cuerpo: *la ~ tomó su nombre de una película de Alfred Hitchcock; tengo una ~ para los días de primavera.* ⇒ **chaqueta.**

re·be·lar·se |r̄eβelárse| **1** ***prnl.*** [contra algo/alguien] Hacer tomar una actitud *rebelde: *los pueblos del norte se rebelaron contra la corona.* ⇒ **alzar, levantar, sublevar.** **2** *fig.* Oponer resistencia: *haz lo que te digo y no te rebeles.*

re·bel·de |r̄eβélde| **1** ***adj.-s.*** Que se levanta contra un poder superior: *un grupo ~ marcha contra la capital.* **2** Que no hace caso de lo que se le manda: *este niño es muy ~ y siempre hace lo contrario de lo que se le dice.* ⇔ **sumiso.** **3** *fig.* Que no se rinde; que no da la razón: *tiene un corazón ~ y no se dejará ablandar.*

re·bel·dí·a |r̄eβeldía| ***f.*** *Actuación o levantamiento contra un poder superior: *su ~ fue castigada con la muerte; se ha dictado sentencia declarando la ~ del demandado por no haber comparecido a juicio.*

re·be·lión |r̄eβelión| ***f.*** Acción y resultado de *rebelarse: *la ~ fue sofocada por el ejército.* ⇒ **alzamiento, levantamiento, motín, movimiento, sublevación.**

re·blan·de·cer |r̄eβlandeθér| ***tr.-prnl.*** [algo] Poner blando o más blando: *puso los garbanzos en agua para que se reblandeciesen.* ⇔ **endurecer.** ☖ Se conjuga como 43.

re·bo·bi·nar |r̄eβoβinár| **1** ***tr.*** [algo] Enrollar hacia atrás una cinta o una película: *¿podrías ~ la cinta un poco, que quiero volver a ver esa escena?* **2** Volver a enrollar el hilo de una *bobina: *rebobinó el hilo en el carrete.*

re·bor·de |r̄eβórðe| ***m.*** Borde doblado de un objeto o de una superficie: *se ha doblado el ~ de la cacerola; el gato se paseaba por el ~ de la cornisa.*

re·bo·sar |r̄eβosár| **1** ***intr.*** Salirse o verterse un líquido por los bordes de un recipiente: *el agua rebosaba por todas partes.* **2** Dejar salir un líquido que no cabe en un recipiente: *el pilón de la fuente rebosaba y toda la calle estaba encharcada.* **3** *fig.* Mostrar o dar a entender con energía un sentimiento: *cuando la volvió a ver, rebosaba de alegría.* **- 4** ***tr.-intr.*** *fig.* [algo] Abundar o ser numeroso en exceso: *le rebosan los bienes y no sabe qué hacer con ellos.* ⇒ **bullir.**

re·bo·tar |r̄eβotár| **1** ***intr.*** Saltar un cuerpo en sentido opuesto al que llevaba o en otra dirección, tras chocar con una superficie: *la pelota rebotó en el bordillo y fue a parar al centro de la calle.* ⇒ **botar. - 2** ***tr.*** [algo] Rechazar, generalmente una superficie, un cuerpo que llega a ella: *la pared rebotó el balón.* **- 3 rebotarse** ***prnl.*** *fam.* Molestarse o enfadarse por creer haber recibido un daño o una ofensa: *cuando le dijeron que no podía ir con ellos, se rebotó.*

re·bo·te |r̄eβóte| **1** ***m.*** Bote que da un cuerpo tras chocar con una superficie: *el ~ de la bala me hirió en la cara.* ⇒ **bote. 2** *fam.* Enfado de una persona cuando cree haber recibido un daño o una ofensa: *le he dicho que no me voy de paseo con él y se ha cogido un ~ tremendo.* **3** DEP. Bote que da el *balón en el *aro o en el tablero del *baloncesto: *el ~ llevó el balón casi hasta el campo contrario.* **4** DEP. Jugada que consiste en coger el *balón después de ese bote: *el entrenador ensayó el ~ con sus jugadores.* ■ **de ~**, *fig.*, indirectamente; por *casualidad: *en realidad el aviso me llegó a mí de ~ porque iba dirigido a otra persona.*

re·bo·zar |r̄eβoθár| **1** ***tr.*** [algo] *fig.* Cubrir la superficie de un alimento que se va a freír, generalmente con huevo o harina: *rebozó los calamares sólo con harina.* **- 2** ***tr.-prnl.*** Cubrir la cara con una prenda de vestir: *se rebozó el rostro y se dirigió al callejón oscuro.* ◯ Se conjuga como 4.

re·bo·zo |r̄eβóθo| ***m.*** Parte de la capa y otras prendas de vestir que cubre la cara: *el ~ impedía que el frío y el viento le dieran en la cara.* ⇒ **embozo.** ■ **sin ~**, *fig.*, claramente, abiertamente; diciendo la verdad: *la mujer le dijo sin ~ que no quería casarse con él.* ⇒ **tapujo.**

re·bro·tar |r̄eβrotár| ***intr.*** Volver a salir de una planta tallos, hojas o flores: *las flores del jardín han rebrotado esta primavera.*

re·bu·fo |r̄eβúfo| ***m.*** Salida de aire alrededor de la boca de una arma de fuego o por su parte posterior, que se produce al disparar: *todos los soldados se alejaron para no ser alcanzados por el ~ del cañón.*

re·bu·llir |r̄eβuʎír| **1** ***intr.-prnl.*** Empezar a moverse lo que estaba quieto: *con el ruido de la mañana, el niño comenzó a rebullirse en la cama.* **2** Moverse una cosa más de lo normal: *la sangre le rebullía en las venas.* ◯ Se conjuga como 41.

re·bus·car |r̄eβuskár| **1** ***tr.*** [algo] Buscar repetidamente o con mucho cuidado: *rebuscaba por todo el libro la cita que había oído.* **2** Recoger el fruto que queda en los campos después de la *cosecha: *fueron a ~ maíz para las palomas.* ◯ Se conjuga como 1.

re·buz·nar |r̄eβuθnár| ***intr.*** Emitir *rebuznos el *burro: *el asno corría rebuznando.*

re·buz·no |r̄eβúθno| ***m.*** Voz característica del *burro: *el burro no paró de dar rebuznos hasta que le dieron de comer.*

re·ca·bar |r̄ekaβár| **1** ***tr.*** [algo; de algo/alguien] Alcanzar o conseguir buscando o pidiendo: *se preocupó de ~ toda la información posible antes de salir de viaje.* **2** Solicitar, pedir o buscar una cosa: *quiere ~ de él su atención.*

re·ca·de·⌜ro, ⌜ra |r̄ekaðéro, ra| ***m. f.*** Persona que lleva mensajes o hace *recados: *la carta me la trajo un ~.*

re·ca·do |r̄ekáðo| **1** ***m.*** Mensaje o respuesta que se envía o se recibe de palabra: *me vio por la tarde y me dio tu ~, por eso he venido.* **2** *fam.* Compra que se hace de una o varias mercancías o artículos, para cubrir las necesidades *diarias de una casa: *voy a salir porque tengo que hacer unos recados.* ⇒ **encargo, mandado.** ◯ Se suele usar con el verbo *hacer.* **3** *form.* Cuidado o atención que da seguridad o confianza: *lo encomendó a su ~.*

re·ca·er |r̄ekaér| **1** ***intr.*** Volver a caer: *la Bolsa ha recaído en la jornada de hoy.* **2** Volver a caer enfermo de la misma enfermedad; estar más gravemente enfermo: *el enfermo no se ha recuperado, sino que ha recaído; parecía que estaba curado pero ha recaído.* ⇒ **empeorar. 3** Volver a caer en un error o en un comportamiento poco adecuado: *aunque estuvo un tiempo sin fumar, recayó en el tabaco.* **4** Ir a parar; corresponder: *el premio recayó sobre una persona que no lo esperaba.* ◯ Se conjuga como 67.

re·ca·í·da |r̄ekaíða| ***f.*** Acción y resultado de volver a caer enfermo de la misma enfermedad o de estar más gravemente enfermo: *la enferma ha tenido varias recaídas esta semana.*

re·ca·lar |r̄ekalár| **1** ***tr.-prnl.*** [algo; con/en algo] Introducirse poco a poco un líquido en un cuerpo seco, dejándolo húmedo o mojado: *la fuga de agua ha recalado la pared.* **- 2** ***intr.*** MAR. Llegar una embarcación a un punto de la costa, como fin de su viaje o para continuar después la navegación: *el buque recaló frente al puerto.* **3** Llegar el viento o el mar a un lugar determinado: *el viento recaló en la boca de la cueva.*

re·cal·car |r̄ekalkár| **1** ***tr.*** [algo] *fig.* Pronunciar con claridad o lentamente: *recalcó que no consentiría ningún otro error.* ⇒ **subrayar. - 2 recalcarse** ***prnl.*** *fam. fig.* Repetir muchas veces una cosa, para que quede claro lo que se dice: *se recalcaba para que lo oyésemos.* ◯ Se conjuga como 1.

re·cal·ci·tran·te |r̄ekalθitránte| ***adj.*** Que se resiste contra toda razón: *es un defensor ~ de esas ideas.*

re·ca·len·ta·mien·to |r̄ekalentamiénto| ***m.*** Calentamiento que se produce de nuevo o en exceso: *tuvo que abandonar la prueba por un ~ del motor.*

re·ca·len·tar |r̄ekalentár| **1** ***tr.-prnl.*** [algo] Volver a calentar; calentar en exceso: *no me gusta la comida recalentada; el coche se recalentó y acabó ardiendo.* **2** [algo, a alguien] Excitar el deseo sexual: *el pavo recalentó a la hembra desplegando su cola.* **- 3 recalentarse** ***prnl.*** Estropearse o echarse a perder por el calor: *este año las aceitunas se han recalentado.* ☖ Se conjuga como 27.

re·cá·ma·ra |r̄ekámara| **1** ***f.*** Parte de una arma de fuego donde se coloca el *cartucho o la bala: *tengo una bala en la ~ y estoy dispuesto a disparar.* **2** Habitación pequeña en la que se suelen guardar vestidos o joyas: *el ladrón oyó ruido y se escondió en la ~.* ⇒ **cámara.**

re·cam·bio |r̄ekámbio| **1** ***m.*** Pieza que es igual a otra y puede sustituirla en un mecanismo o máquina: *los recambios de esta lavadora son difíciles de encontrar; el mecánico buscó en el taller un ~ de la pieza que se había estropeado.* ⇒ **repuesto. 2** Sustitución de una pieza por otra igual: *el ~ no puedo hacerlo ahora porque no tengo la pieza nueva.*

re·ca·pa·ci·tar |r̄ekapaθitár| ***tr.*** [algo] Volver a pensar o *reflexionar sobre un asunto: *creo que debes ~ lo que te he dicho.*

re·ca·pi·tu·la·ción |r̄ekapitulaθión| ***f.*** Expresión resumida de todo lo que se ha explicado o se ha dicho: *para terminar, haremos una breve ~ de lo expuesto.*

re·ca·pi·tu·lar |r̄ekapitulár| ***tr.*** [algo] Recordar todo lo que se ha explicado o dicho y exponerlo de forma resumida: *al final de la exposición, recapituló lo dicho.*

re·car·gar |r̄ekarɣár| **1** ***tr.*** [algo] Volver a cargar o a poner un material en el interior de una cosa: *llevó el encendedor a ~ al estanco; están recargando la central nuclear.* **2** *fig.* Poner demasiados adornos o elementos en un objeto o composición: *no me gusta el estilo barroco, me parece demasiado recargado.* **3** Aumentar la carga o cargar demasiado: *si recargas la maleta, va a pesar mucho.* **4** Subir la cantidad de dinero que se paga en un *impuesto: *los ayuntamientos han recargado los impuestos sobre el suelo.* ☖ Se conjuga como 7.

re·car·go |r̄ekárɣo| ***m.*** Aumento de la cantidad de dinero que se paga como *impuesto: *la Comunidad Autónoma quiere cobrar a todos los ciudadanos un ~ del 3% sobre sus ingresos.*

re·ca·ta·⌐do, ⌐da |r̄ekatáðo, ða| **1** ***adj.*** Que se comporta ante los demás con cuidado o reserva: *es muy ~ y apenas habla cuando hay extraños.* **2** Que procede sin engaño o de acuerdo con las leyes: *no creo que lo haga porque es muy ~.* ⇒ **honesto.**

re·ca·to |r̄ekáto| **1** ***m.*** Cuidado o reserva en el comportamiento: *el ~ es una de las cualidades de esa mujer.* **2** Honradez; comportamiento sin engaño o de acuerdo con unas normas: *actuaba siempre con mucho ~.*

re·cau·chu·tar |r̄ekautʃutár| ***tr.*** [algo] *Reparar el desgaste de un *neumático cubriéndolo con una capa de goma: *voy a ~ las ruedas del coche porque no tengo dinero para comprar unas nuevas.*

re·cau·da·ción |r̄ekauðaθión| **1** ***f.*** Dinero o conjunto de bienes que se cobran o se toman: *la ~ del partido de ayer fue de las más altas de la temporada.* **2** Cobro de dinero o de bienes, especialmente cuando son públicos: *la ~ se hará antes del verano.* **3** Oficina o lugar en el que se cobra o toma dinero o bienes: *la ~ está en la tercera planta de ese edificio.*

re·cau·da·⌐dor, ⌐do·ra |r̄ekauðaðór, ðóra| ***adj.-s.*** (persona, organismo) Que se dedica a cobrar o recoger dinero o bienes especialmente cuando son públicos: *el ~ recorrió todos los pueblos de la comarca para cobrar los impuestos; el Ministerio de Hacienda es un organismo ~ de impuestos.*

re·cau·dar |r̄ekauðár| ***tr.*** [algo; de algo/alguien] Cobrar o tomar dinero o bienes: *el Estado recaudará más dinero este año que el pasado.*

re·cau·do |r̄ekáuðo| ***m.*** *form.* Cuidado o atención: *puso los niños a su ~.* ■ **a buen ~,** cuidado con mucha atención: *sus ahorros están a buen ~.*

re·ce·lar |r̄eθelár| ***intr.*** [algo; de algo/alguien] Sospechar o no tener confianza: *como ya lo habían engañado muchas veces, recelaba de lo que pudiese ocurrir.*

re·ce·lo |r̄eθélo| ***m.*** Sospecha o falta de confianza: *al principio, el niño nos miraba con ~.* ⇒ **miedo.**

re·ce·lo·⌐so, ⌐sa |r̄eθelóso, sa| ***adj.*** Que sospecha o muestra falta de confianza: *no seas ~ y admite el regalo.*

re·cen·sión |r̄eθensión| ***f.*** *Comentario o noticia sobre una obra literaria, de arte o científica: *leeré primero la ~ para ver si me interesa.* ⇒ **reseña.**

re·cen·tal |r̄eθentál| ***adj.-s.*** (cría de la oveja o de la vaca) Que todavía mama: *las chuletas de cordero ~ son muy tiernas.* ⇒ **lechal.**

re·cep·ción |r̄eθe^{p}θión| **1** ***f.*** Lugar de un establecimiento en el que se recibe a los clientes: *en la ~ le darán la llave; nos encontramos en la ~ del hotel.* **2** Fiesta o ceremonia que se celebra para recibir a una persona o un grupo de personas: *la conocí la noche pasada en la ~ que dio su tío el marqués.* **3** Llegada a su destino de lo que se envía o se emite: *la ~ de esa señal no es buena.*

re·cep·cio·nis·ta |r̄eθe^{p}θionísta| ***com.*** Persona que se dedica a recibir a los clientes de un establecimiento: *el ~ le dio el mensaje que habían dejado para él.*

re·cep·tá·cu·lo |r̄eθe^{p}tákulo| ***m.*** *form.* Espacio hueco que contiene o puede contener una sustancia u otra cosa: *los panales de las abejas están formados por receptáculos que guardan la miel.*

re·cep·ti·⌐vo, ⌐va |r̄eθe^{p}tíβo, βa| ***adj.*** Que recibe o es capaz de recibir: *el ambiente de la fiesta era ~ y amigable.*

re·cep·⌐tor, ⌐to·ra |r̄eθe^{p}tór, tóra| **1** ***adj.-s.*** Que acepta o recibe: *tienes que poner en el sobre el número de la oficina receptora de la carta.* - **2** ***m. f.*** LING. Persona que recibe el mensaje en el acto de la comunicación: *el ~ descifra el mensaje que recibe.* ⇔ **emisor. 3** MED. Persona a la que se le pone sangre o un órgano que procede de otra: *el riñón de la persona muerta en accidente irá a parar a un ~.* ⇔ **donante.** - **4 receptor** ***adj.-m.*** (aparato) Que recibe ondas y las convierte en sonidos o señales que se pueden oír o ver: *se ha estropeado el aparato ~; le hemos regalado un ~ de radio.* ⇔ **emisor.**

re·ce·sión |r̄eθesión| ***f.*** ECON. Reducción de la actividad económica: *la ~ ha repercutido en el aumento del paro.*

re·ce·si·vo, ⌜va |r̄eθesíβo, βa| ***adj.*** ECON. Que sufre o produce una reducción de la actividad económica: *la bolsa se encuentra en un momento ~.*

re·ce·so |r̄eθéso| **1** ***m.*** Descanso momentáneo que se hace en una actividad: *dijo que haríamos un ~ antes de cambiar de tema.* **2** Separación o alejamiento de un lugar o de una actividad: *hizo un ~ en su actividad profesional y se dedicó a viajar.*

re·ce·ta |r̄eθéta| **1** ***f.*** Nota en la que se indican los componentes y el modo de preparación de una comida: *al final de la revista aparecen varias recetas; te voy a dejar la ~ de la salsa verde.* **2** Nota en la que el médico indica la medicina que debe tomar un enfermo: *el farmacéutico era incapaz de leer lo que puso el doctor en la ~; esta medicina sólo puede comprarse con ~ médica.* **3** *fig.* Procedimiento adecuado para hacer o conseguir una cosa: *¡qué guapa estás!, ya me darás la ~.*

re·ce·tar |r̄eθetár| ***tr.*** [algo; a alguien] Ordenar una medicina, explicando la forma en que hay que tomarlo: *el médico le recetó unas pastillas.*

re·cha·ce |r̄etʃáθe| ***m.*** Resistencia de un cuerpo a otro, obligándolo a retroceder en su curso o movimiento: *el gol llegó tras un ~ del portero.* ⇒ **rechazo.**

re·cha·zar |r̄etʃaθár| **1** ***tr.*** [algo, a alguien] Resistir un cuerpo a otro, obligándolo a retroceder en su curso o movimiento: *el larguero rechazó el balón.* **2** *fig.* Mostrarse en contra o no admitir: *seguramente, rechazarán nuestra propuesta.* **3** MED. [algo] Reaccionar un organismo contra un órgano *trasplantado de otro individuo: *por fortuna, no rechazó el riñón que le pusieron.* **4** [algo, a alguien] Resistir al enemigo obligándolo a volver atrás: *nuestras tropas rechazaron su ataque.* ☐ Se conjuga como 4.

re·cha·zo |r̄etʃáθo| **1** ***m.*** Resistencia de un cuerpo a otro, obligándolo a retroceder en su curso o movimiento: *el ~ del portero en el último momento salvó la situación.* ⇒ **rechace. 2** *fig.* Enfrentamiento u *oposición: *mostró su ~ a la decisión del tribunal.* **3** MED. Reacción de un organismo contra un órgano *trasplantado de otro individuo: *por fortuna, después del trasplante no hubo ~.*

re·chi·fla |r̄etʃífla| ***f.*** *fam.* Humor en la expresión o broma que se hace para reír o reírse de una persona: *notó la ~ de los demás y rápidamente calló.* ⇒ **recochineo, regodeo.**

re·chi·nar |r̄etʃinár| ***intr.*** Emitir un sonido agudo dos superficies al frotarse entre sí: *le rechinaban los dientes al masticar.*

re·chis·tar |r̄etʃistár| ***intr.*** *fam.* Contestar o intervenir mostrando *oposición: *lo vas a hacer y no quiero oírte ~.* ☐ Se suele usar en frases negativas.

re·chon·⌜cho, ⌜cha |r̄etʃóntʃo, tʃa| ***adj.*** *fam.* (animal, persona) Que es grueso y de poca altura: *ha venido un hombre ~ y ha preguntado por ti.*

re·chu·pe·te |r̄etʃupéte| ■ **de ~,** *fam.*, que tiene muy buen sabor; que está muy bueno: *me ha salido un flan de ~.*

re·ci·bí |r̄eθiβí| ***m.*** Documento o recibo que *certifica que se ha recibido una cantidad o un bien determinado: *cuando me entregaron el dinero, firmé el ~.*

re·ci·bi·dor |r̄eθiβiðór| ***m.*** Parte de la casa que hay junto a la puerta principal y que se usa para recibir a los que llegan: *he dejado el abrigo en el perchero que hay en el ~.* ⇒ **antesala, entrada.**

re·ci·bi·mien·to |r̄eθiβimiénto| ***m.*** Acogida; acción y resultado de recibir a una o a varias personas: *me sentí muy halagado por el ~ que me habían preparado.*

re·ci·bir |r̄eθiβír| **1** ***tr.*** [algo; de algo/alguien] Tomar o aceptar lo que se da u ofrece: *recibió su regalo con alegría.* **2** [algo] Llegar a tener lo que se envía: *recibí tu carta ayer; recibirán el paquete mañana.* ⇔ **enviar. 3** [a alguien] Salir a encontrarse con una persona cuando viene de fuera: *voy a ~ a mi esposo a la estación.* **4** Admitir o aceptar la presencia o la compañía de una o varias personas: *recibió a sus amigos en su casa; la recibirá por esposa el mes próximo; el doctor García recibe a los pacientes los martes.* **5** [algo] Aprobar o aceptar lo que se dice o se propone: *recibió su ofrecimiento con alegría.* **6** Padecer un daño: *el toro recibió la estocada.* **7** Esperar para conseguir o enfrentarse a lo que se acerca: *el portero recibió el balón.* - **8** ***intr.*** Esperar el torero el ataque del toro sin mover los pies para clavarle la espada: *lo mató recibiendo.*

re·ci·bo |r̄eθíβo| **1** ***m.*** Documento o escrito que *certifica que se ha recibido una cantidad o un bien determinado: *firme el ~ antes de llevarse el aparato.* ⇒ **recibí. 2** Llegada a un destino: *avísenos inmediatamente a su ~.*

re·ci·cla·je |r̄eθikláxe| **1** ***m.*** Transformación o aprovechamiento de una cosa para un uso o destino nuevo: *en esta planta se hace el ~ de las basuras de la ciudad.* **2** Formación *complementaria que sirve para ponerse al día en una actividad o profesión: *está recibiendo unos cursillos de ~ en su empresa.*

re·ci·clar |r̄eθiklár| **1** ***tr.*** [algo] Transformar o aprovechar una cosa para un nuevo uso o destino: *en esa fábrica reciclan vidrio; si reciclamos el papel, no habrá que talar tantos árboles.* - **2** ***tr.-prnl.*** [a alguien] Ofrecer o recibir una formación *complementaria que sirve para ponerse al día en una actividad o profesión: *se pretende ~ a los trabajadores de más de cuarenta años.*

re·cién |r̄eθién| ***adv. t.*** Indica un tiempo o un momento cercano a un hecho: *ya de ~ nacido chillaba* *mucho; ~ llegado, se dirigieron a él.* ⇒ **apenas.** ☖ Se suele usar delante de un participio.

re·cien·te |r̄eθi̲énte| ***adj.*** Que es nuevo o fresco; que acaba de hacerse: *prueba el pan, ahora que está ~.*

re·cin·to |r̄eθínto| ***m.*** Espacio comprendido dentro de ciertos límites: *no puede entrar en este ~ sin una autorización.*

re·⌐cio, ⌐cia |r̄éθi̲o, θi̲a| **1** ***adj.*** Que es fuerte o resistente: *sujetó la puerta con una recia estaca; me encontré con un ~ labrador.* **2** (alimento, bebida) Que tiene un sabor fuerte o áspero: *nos dieron a beber un vino muy ~.*

re·ci·pien·te |r̄eθipi̲énte| ***m.*** Objeto o hueco que sirve para contener o guardar cosas: *tráeme un ~ cualquiera: me da lo mismo un vaso que una botella.*

re·ci·pro·ci·dad |r̄eθiproθiðáᵈ| ***f.*** Correspondencia recíproca o común: *de esta acción se espera una ~ por parte de los beneficiados.*

re·cí·pro·⌐co, ⌐ca |r̄eθíproko, ka| **1** ***adj.*** Que se da y se recibe; que establece una correspondencia igual entre dos elementos: *Pedro y Amparo se amaban, el sentimiento de amor era ~.* ⇒ **mutuo.** - **2** ***adj.-s.*** LING. (oración, verbo) Que expresa una acción que es *intercambiada entre los elementos que *designa el sustantivo en función de sujeto: tutearse *es un verbo ~.* ☖ En las oraciones recíprocas el sujeto es múltiple o plural: *las dos niñas se abrazaron.*

re·ci·ta·ción |r̄eθitaθi̲ón| ***f.*** Pronunciación en voz alta de un texto o de unas palabras: *la ~ de ese poema conmovió a todos.*

re·ci·ta·do |r̄eθitáðo| **1** ***m.*** Pronunciación en voz alta y con el tono adecuado: *este actor tiene un recitado perfecto.* **2** Poema o texto que se lee o se dice acompañado de una música: *toda la obra era un ~ con acompañamiento de guitarra.*

re·ci·tal |r̄eθitál| **1** ***m.*** Espectáculo musical en el que interviene una sola persona o un grupo: *todos los días hay recitales flamencos o de canción española; ya no quedan entradas para el ~ de la cantante española.* ⇒ **audición, concierto.** **2** Espectáculo musical en el que participa un músico con un solo instrumento: *el ~ del violinista fue un prodigio de habilidad.* ⇒ **audición, concierto.** **3** Acción de leer poemas en voz alta: *recuerdo haber escuchado un ~ de Rafael Alberti.* **4** *fig.* Acción o conjunto de acciones bien hechas y que demuestran habilidad: *el equipo local ha dado un ~ de fútbol clásico.*

re·ci·tar |r̄eθitár| **1** ***tr.*** [algo] Pronunciar o decir en voz alta un texto o unas palabras: *recitó unos hermosos versos.* ⇒ **declamar.** **2** Decir en voz alta un texto o unas palabras que se saben de memoria: *dice que es capaz de ~ la lección de memoria.*

re·cla·ma·ción |r̄eklamaθi̲ón| **1** ***f.*** Protesta u *oposición contra una decisión o un asunto: *pues pienso hacer una ~ ante sus superiores.* **2** Exigencia que se hace con derecho o con insistencia: *no cabe la posibilidad de ~.*

re·cla·mar |r̄eklamár| **1** ***intr.*** Mostrar *oposición contra una decisión o asunto: *reclamaron contra el fallo del tribunal; vaya a ~ a la caja central.* - **2** ***tr.*** [algo] Pedir o exigir con derecho o con insistencia: *reclamaba el pago de una deuda a su amigo; reclama toda nuestra atención.*

re·cla·mo |r̄eklámo| **1** ***m.*** Ave que se lleva a la caza para que con su canto atraiga otras de su especie: *esa perdiz de la jaula es el ~ del que se sirvieron los cazadores.* **2** Sonido con el que una ave llama a otra de su especie: *la gaviota lanzaba reclamos para que acudieran otras.* **3** Instrumento que sirve para llamar a las aves de caza imitando su voz: *los silbatos que simulan el sonido de las aves son reclamos.* **4** *fig.* Procedimiento con el que se intenta atraer a las personas: *las tazas que regalan al comprar el café han resultado ser un buen ~.* **5** Llamada en un escrito: *en este texto hay reclamos con los que se aclaran palabras inusuales.*

re·cli·na·ble |r̄eklináβle| ***adj.*** Que se puede inclinar en una o varias direcciones: *este coche tiene los asientos delanteros reclinables.*

re·cli·nar |r̄eklinár| **1** ***tr.-prnl.*** [algo] Inclinar el cuerpo o parte de él apoyándolo sobre una cosa: *se reclinó sobre la almohada.* ⇒ **recostar.** **2** Inclinar una cosa apoyándola sobre otra: *¿podrías ayudarme a ~ el respaldo?* ⇒ **recostar.**

re·cli·na·to·⌐rio |r̄eklinatóri̲o| ***m.*** Mueble hecho para ponerse de rodillas y rezar: *se arrodilló en el ~ de la iglesia frente a la imagen de Cristo Crucificado.*

re·clu·ir |r̄ekluír| ***tr.-prnl.*** [a alguien; en algún lugar] Encerrar o meter en la cárcel o en otro lugar: *se recluyó en un convento; lo recluyeron en una prisión de máxima seguridad.* ⇒ **confinar.** ☖ Se conjuga como 12.

re·clu·sión |r̄eklusi̲ón| **1** ***f.*** Encierro voluntario u obligado por la ley: *pasó varios años en ~.* ⇒ **arresto.** **2** Lugar en que uno está encerrado o *preso: *vivió en la ~ de su propia casa.*

re·clu·⌐so, ⌐sa |r̄eklúso, sa| ***adj.-s.*** (persona) Que está *recluido o encerrado en una cárcel: *los reclusos pasan la noche en sus celdas.* ⇒ **preso.**

re·clu·ta |r̄eklúta| ***m.*** Persona que acaba de entrar a formar parte de un ejército: *la policía militar esperaba a los reclutas en la estación; llevo dos meses de ~.*

re·clu·tar |r̄eklutár| **1** ***tr.*** [a alguien] Llamar o apuntar para el servicio militar o para formar un ejército: *reclutaron 2000 jóvenes para combatir al enemigo.* **2** *p. ext.* Llamar o apuntar para una actividad o un fin determinado: *andan reclutando obreros para arreglar la presa.*

re·co·brar |r̄ekoβrár| **1** ***tr.*** [algo, a alguien] Volver a tener lo que antes se tenía o poseía: *ha recobrado el buen humor muy rápidamente.* ⇒ **recuperar.** - **2 recobrarse** ***prnl.*** Ponerse bien; volver a tener salud: *puede usted dejar el tratamiento porque ya se ha recobrado por completo.* ⇒ **recuperar, reponer, restablecer.**

re·co·cer |r̄ekoθér| **1** ***tr.-prnl.*** [algo] Volver a *cocer o *cocer en exceso: *los garbanzos se han recocido y están deshechos.* - **2** ***tr.*** Calentar un metal para que se vuelva más blando o más duro: *recocieron el acero para que se templara.* ☖ Se conjuga como 54.

re·co·chi·ne·o |r̄ekotʃinéo| ***m.*** *fam.* Humor en la expresión o broma que se hace para reír o reírse de una persona: *lo has dicho con mucho ~, ¿te estás burlando de mí?* ⇒ **rechifla, regodeo.**

re·co·do |r̄ekóðo| ***m.*** Ángulo que forma una calle, una vía o un conducto: *¿ve usted el ~ que hace la calle?, pues siga por ahí.*

re·co·ge·dor |r̄ekoxeðór| ***m.*** Instrumento que sirve para recoger cosas del suelo, especialmente la basura: *puso los cristales del vaso roto en el ~ y los echó al cubo de la basura.* ⇒ **cogedor.** ☖ La Real Academia Española prefiere la forma *cogedor.*

re·co·ge·pe·lo·tas |r̄ekoxepelótas| ***com.*** DEP. Persona, generalmente joven, que recoge las pelotas que quedan caídas o que salen del terreno de juego en ciertos deportes: *en un partido de tenis puede haber hasta seis ~.* ☖ El plural es *recogepelotas.*

re·co·ger |r̄ekoxér| **1** ***tr.*** [algo, a alguien] Coger una cosa de un lugar; coger una cosa que da otra persona: *pase a ~ el paquete cuando pueda.* **2** Dar refugio o meter en una casa: *el niño quiere ~ todos los gatos del barrio.* **3** [algo] Guardar, *alzar o poner en su sitio: *ayúdame a ~ los cubiertos de la mesa, por favor; recoge esta plata.* **4** [a alguien] Ir a buscar: *el chico recogió a su novia a las tres.* **5** [algo] Volver a coger, tomar por segunda vez: *recogió el bolígrafo del suelo.* **6** Ir juntando o guardando poco a poco, especialmente dinero: *este año se ha recogido el doble en la colecta.* **7** Doblar o plegar: *recogieron las velas, pues se acercaba una tormenta; recoge la cortina.* **8** Coger los frutos de la tierra: *este año se han recogido las manzanas muy pronto.* **- 9 recogerse** ***prnl.*** Retirarse a casa, generalmente para dormir o descansar: *suele recogerse pronto, así que no creo que tarde en marcharse.* **10** Vivir retirado del trato y la comunicación con la gente: *en su vejez, se recogió en un monasterio.* ☖ Se conjuga como 5.

re·co·gi·⌐do, ⌐da |r̄ekoxíðo, ða| ***adj.*** Que vive retirado del trato y la comunicación con la gente: *es un chico muy ~ y apenas sale a la calle.*

re·co·gi·mien·to |r̄ekoximi̲é̲nto| ***m.*** Aislamiento de lo que distrae o impide pensar con tranquilidad: *la tranquilidad y el silencio del lugar invitan al ~.*

re·co·lec·ción |r̄ekoleᵏθi̲ó̲n| **1** ***f.*** Recogida de los frutos de la tierra: *la ~ del arroz se hace mecánicamente.* **2** Recogida y unión de elementos separados: *se dedicaba a la ~ de chatarra.* **3** Recogida de dinero: *el párroco hizo una ~ para comprar juguetes a los niños pobres.* ⇒ **colecta.**

re·co·lec·tar |r̄ekoleᵏtár| **1** ***tr.*** [algo] Recoger los frutos de la tierra: *necesitamos a 50 hombres para ~ las patatas.* **2** Recoger y unir elementos separados: *están recolectando firmas para que retiren la nueva ley.* **3** Recoger dinero: *va a ~ dinero para reconstruir las casas afectadas por la inundación.*

re·co·lec·⌐tor, ⌐to·ra |r̄ekoleᵏtór, tóra| ***adj.-s.*** (persona) Que recoge o *recolecta: *los recolectores llevan la uva a la bodega.*

re·co·le·⌐to, ⌐ta |r̄ekoléto, ta| ***adj.*** (lugar) Que es tranquilo y apartado de la gente: *los enamorados se encontraban en los rincones recoletos del parque.*

re·co·men·da·ble |r̄ekomendáβle| ***adj.*** Que se puede recomendar o aconsejar: *hacer un poco de deporte es ~ para todo el mundo.* ⇒ **aconsejable, conveniente.**

re·co·men·da·ción |r̄ekomendaθi̲ó̲n| **1** ***f.*** Consejo que se da: *seguiré sus recomendaciones cuidadosamente.* **2** Referencia o ayuda que permite a una persona conseguir un fin determinado: *ha entrado a trabajar aquí por ~ del director.*

re·co·men·dar |r̄ekomendár| **1** ***tr.*** [algo; a alguien] Aconsejar; dar como consejo: *le recomiendo que use este detergente; te recomiendo que no hables mucho con él.* **2** [a alguien] Dar buenas referencias o hablar bien de una persona para que consiga un fin determinado: *el secretario general lo recomendó personalmente.* ☖ Se conjuga como 27.

re·com·pen·sa |r̄ekompénsa| **1** ***f.*** Bien o cantidad de dinero que se da como premio a un favor o un trabajo: *ofrecen 500 dólares de ~ a quien lo capture vivo o muerto.* ⇒ **galardón, premio. 2** Bien o cantidad de dinero que se da para corregir un daño, un error o una molestia: *nadie quedará sin su ~.* ⇒ **compensación.**

re·com·pen·sar |r̄ekompensár| **1** ***tr.*** [algo, a alguien; con algo] Dar un bien o una cantidad de dinero como premio a un favor o un trabajo: *la policía dijo que recompensaría a todo aquel que diera alguna pista.* ⇒ **galardonar. 2** Dar un bien o una cantidad de dinero para corregir un daño, un error o una molestia: *en el cielo os recompesarán por los esfuerzos que ahora estáis haciendo.* ⇒ **compensar.**

re·com·po·ner |r̄ekomponér| ***tr.*** [algo] *Reparar o componer de nuevo: *después del incendio recompusieron toda la instalación.* ☖ Se conjuga como 78.

re·con·cen·trar |r̄ekonθentrár| **1** ***tr.-prnl.*** [algo] Reunir en un punto: *el viento reconcentró los papeles en una esquina; se reconcentraron en la plaza mayor.* **2** *fig.* Disimular o callar un sentimiento: *reconcentraba su odio en el corazón.* **- 3 reconcentrarse** ***prnl.*** Fijar intensamente la atención en los propios pensamientos: *debo reconcentrarme si quiero solucionar este problema.*

re·con·ci·lia·ción |r̄ekonθili̲a̲θi̲ó̲n| ***f.*** Establecimiento de una nueva *concordia o *amistad entre dos partes enfrentadas o separadas: *hizo todo lo posible por la ~, pero al final no la logró.*

re·con·ci·liar |r̄ekonθili̲á̲r| ***tr.-prnl.*** [a alguien] Volver a poner *concordia o *amistad entre dos partes enfrentadas o separadas: *trató de ~ a la pareja en su programa de televisión; se reconciliaron después de no haberse dirigido la palabra durante más de diez años.* ⇒ **paz.** ☖ Se conjuga como 12.

re·con·co·mer |r̄ekoŋkomér| ***tr.-prnl.*** [a alguien] Molestar, hacer sufrir o estar molesto interiormente, generalmente por un hecho ocurrido o por una situación: *la envidia te está reconcomiendo; se reconcome pensando en el tiempo que ha perdido a lo largo de su vida.*

re·cón·di·⌐to, ⌐ta |r̄ekóndito, ta| ***adj.*** *form.* Que está muy escondido, reservado y oculto: *se marchó a un ~ lugar de las montañas.*

re·con·fir·ma·ción |r̄ekonfirmaθión| *f.* Afirmación o *confirmación que se hace de nuevo: *están esperando una ~ de la orden para ponerse en marcha.*

re·con·for·tan·te |r̄ekonfortánte| ***adj.*** Que da tranquilidad o ánimo: *no hay nada más ~ que una buena siesta después de una mañana dura.*

re·con·for·tar |r̄ekonfortár| ***tr.*** [a alguien] *Tranquilizar; dar fuerza o ánimo: *trataba de reconfortarla con suaves palabras.* ⇒ **consolar.**

re·co·no·cer |r̄ekonoθér| **1 *tr.*** [algo, a alguien] Observar y asegurarse de que una persona o cosa es la misma que se conocía; distinguir a una persona o cosa entre varias: *reconoció a su viejo amigo 20 años después; fue incapaz de reconocerlo con ese disfraz; lo reconocería entre mil.* **2** Examinar u observar con cuidado para comprender y formar un juicio: *reconocieron el terreno con cuidado antes de pasar con los vehículos; el médico reconocía al paciente.* **3** [algo] Mostrar o *manifestar agradecimiento por los bienes o favores recibidos: *es imposible no ~ la gran labor que está desarrollando.* **4** [como/por algo] Mostrar o *manifestar dependencia de una autoridad o de una fuerza: *todos lo reconocieron como su señor.* **5** [algo] Conceder legalmente un título o un derecho: *finalmente reconocieron su paternidad.* **6** Aceptar un acuerdo: *según el tratado, nuestro país reconocía las nuevas fronteras.* **- 7 *tr.-prnl.*** Admitir la *certeza o la realidad de lo que se dice o *sucede: *reconoció ante los demás que estaba equivocado.* **- 8 reconocerse *prnl.*** [como algo] Admitir la culpabilidad de un error o de una falta: *se reconoció como único responsable del desastre.* ☖ Se conjuga como 44.

re·co·no·ci·ble |r̄ekonoθíβle| ***adj.*** Que puede ser reconocido o admitido: *cometió un error fácilmente ~.*

re·co·no·ci·⌈do, ⌈da |r̄ekonoθíðo, ða| ***adj.*** (persona) Que reconoce un bien o favor recibido: *es poco ~: parece que no se acuerda de cómo lo ayudé.*

re·co·no·ci·mien·to |r̄ekonoθimiénto| **1 *m.*** *Examen u observación cuidadosa que se hace para comprender y formar un juicio: *tras el ~, el médico dictaminó que era un simple resfriado.* **2** Muestra o *manifestación de agradecimiento de los bienes o favores recibidos: *me gustaría expresar mi ~ hacia él.* **3** Acción y resultado de reconocer o reconocerse: *esperaban su ~ de que estaba equivocado.*

re·con·quis·ta |r̄ekoŋkísta| *f.* *Conquista o toma de un territorio que se hace o se produce de nuevo; *conquista de una cosa perdida: *mandaron todas las tropas disponibles para la ~ del fuerte.*

re·con·quis·tar |r̄ekoŋkistár| **1 *tr.*** [algo] Volver a *conquistar o a tomar un territorio: *reconquistaron la ciudad tres meses después.* **2** *fig.* [algo, a alguien] Recuperar la buena opinión o el afecto: *tengo que ~ a Teresa: está muy enfadada conmigo.*

re·con·si·de·ra·ción |r̄ekonsiðeraθión| *f.* Consideración que se hace de nuevo: *quizá quiera hacer una ~ de nuestro asunto.*

re·con·si·de·rar |r̄ekonsiðerár| ***tr.*** [algo] Volver a considerar o a pensar: *creo que debemos ~ su ofrecimiento.*

re·cons·ti·tu·ir |r̄ekonstituír| **1 *tr.*** [algo] Volver a *constituir o a establecer: *trataron de ~ el Estado sobre unas bases democráticas.* **2** MED. Dar o volver al organismo sus condiciones normales: *después de la quemadura, le tuvieron que ~ parte del rostro.* ☖ Se conjuga como 62.

re·cons·ti·tu·yen·te |r̄ekonstituyénte| ***adj.-m.*** MED. Sustancia que puede dar o devolver al organismo sus condiciones normales: *está tomando un ~ para reponerse lo antes posible.*

re·cons·truc·ción |r̄ekonstruᵏθión| ***f.*** Construcción que se hace de nuevo o arreglo, generalmente de un edificio: *la ~ ha sido cuidadosa y les ha llevado cuatro años.*

re·cons·tru·ir |r̄ekonstruír| **1 *tr.*** [algo] Volver a construir o arreglar, generalmente un edificio: *quieren ~ el castillo para hacer en él un hotel.* **2** *fig.* Unir o traer a la memoria todas las circunstancias de un hecho para completar su conocimiento: *reconstruyó el momento del crimen para tratar de descubrir al asesino.* ☖ Se conjuga como 62.

re·con·tar |r̄ekontár| ***tr.*** [algo, a alguien] Contar o volver a contar una cantidad: *se dedicó a ~ los asistentes al acto.* ☖ Se conjuga como 31.

re·con·ven·ción |r̄ekombenθión| ***f.*** Corrección o aviso sobre la actitud de una persona: *la mujer no ha hecho caso de la ~.*

re·con·ve·nir |r̄ekombenír| ***tr. form.*** [a alguien] Avisar o corregir la actitud de una persona: *reconvino a su hija muy duramente.* ☖ Se conjuga como 90.

re·con·ver·sión |r̄ekombersión| ***f.*** Cambio o transformación: *el mercado internacional ha sufrido una ~ en los últimos años;* ~ **industrial,** la que se hace para introducir medios más modernos en las fábricas: *con la ~ industrial, muchas personas están perdiendo sus puestos de trabajo.*

re·con·ver·tir |r̄ekombertír| ***tr.-prnl.*** [algo, a alguien] Cambiar o transformar: *la industria del acero se está quedando anticuada y hay que reconvertirla.* ☖ Se conjuga como 35.

re·co·pi·la·ción |r̄ekopilaθión| **1 *f.*** *Colección de varias obras de diferente procedencia: *ha salido al mercado una ~ de conciertos del Barroco.* **2** Reducción o presentación breve de una obra o de un discurso: *los periódicos han publicado una ~ del discurso del Rey.*

re·co·pi·lar |r̄ekopilár| ***tr.*** [algo] Juntar, recoger o unir en un solo conjunto: *recopiló toda su producción poética en un libro.*

ré·cord |r̄ékorᵈ| **1 *m.*** Resultado más alto que consigue un *deportista en una prueba: *estableció el ~ de los 50 metros el mes pasado en Japón.* ⇒ **marca.** **2** *p. ext.* Hecho que supera lo registrado hasta un momento determinado: *hoy se ha producido el ~ anual de la bolsa.* ☖ El plural es *records.*

re·cor·dar |r̄ekorðár| **1** ***tr.*** [algo, a alguien] Traer a la memoria o al pensamiento: *recordaba la juventud con nostalgia.* ⇒ **rememorar. 2** *p. ext.* [algo; a alguien] *Incitar a una persona a que tenga presente una cosa que debe hacer: *recuérdele usted que escriba; recuérdame que tengo que hacer la cena.* ⌂ No se debe usar en forma pronominal. Se conjuga como 31.

re·cor·da·to·rio |r̄ekorðatório| ***m.*** Aviso o comunicación que se hace para recordar o hacer recordar una cosa: *guarda un ~ de su primera comunión en el cajón de la mesilla.*

re·co·rrer |r̄ekor̄ér| **1** ***tr.*** [algo] Atravesar un espacio de un lado a otro: *recorrió doce kilómetros a pie; recorrimos la distancia de Madrid a Alcalá a 20 kilómetros por hora; recorrió toda España.* **2** *p. ext.* Registrar o reconocer con el fin de averiguar o encontrar una cosa: *hemos recorrido toda la biblioteca buscando ese libro.* **3** Repasar o leer sin cuidado un escrito: *recorrió la sección de anuncios con la mirada.*

re·co·rri·⌜do |r̄ekor̄íðo| **1** ***m.*** Distancia que se recorre o que se ha de recorrer: *el ~ de la carrera es más largo este año.* **2** Conjunto de lugares por los que se pasa: *el ~ de este año es muy bonito.* **3** *fig.* Conjunto de circunstancias por las que se pasa: *el ~ de su vida ha sido largo y vario.* ⌂ Es el participio de *recorrer.*

re·cor·ta·ble |r̄ekortáβle| ***m.*** Hoja de papel con una figura o un dibujo que se *recorta y se usa como juego o *entretenimiento: *los padres les regalaron a sus hijos recortables con figuras de animales.*

re·cor·tar |r̄ekortár| **1** ***tr.-prnl.*** [algo] Cortar o separar una parte que sobresale o *sobra: *no te recortes tanto las uñas.* **- 2** ***tr.*** Cortar con cuidado un papel: *recortó su fotografía de una revista y la puso en la pared.*

re·cor·te |r̄ekórte| **1** ***m.*** Corte o separación de una parte que sobresale o *sobra: *no tires los recortes de cuero que han quedado al tapizar la silla.* **2** Parte de un papel que ha sido cortada y separada de él: *forró la carpeta con recortes de periódico pegados.* **3** Disminución o reducción: *se anuncia un ~ de las pensiones.*

re·cos·tar |r̄ekostár| **1** ***tr.-prnl.*** [algo] Inclinar el cuerpo o parte de él apoyándolo sobre una cosa: *se recostó sobre el tronco del árbol.* ⇒ **reclinar. 2** Inclinar una cosa apoyándola sobre otra: *recostó la pala sobre la pared y descansó un poco.* ⇒ **reclinar.** ⌂ Se conjuga como 31.

re·co·ve·co |r̄ekoβéko| **1** ***m.*** Vuelta o curva de una calle, vía o conducto: *en este edificio es fácil perderse porque los pasillos están llenos de recovecos.* **2** *fig.* Aspecto o parte difícil o poco conocida de una persona o cosa: *me conozco todos los recovecos de su personalidad; todavía no domino los recovecos de la administración.*

re·cre·a·ción |r̄ekreaθión| **1** ***f.*** *form.* Creación o producción a partir de una cosa que ya existe: *el libro es una ~ de una obra de Diego de San Pedro.* **2** Diversión durante el tiempo libre: *su única ~ era el paseo.* ⇒ **recreo.**

re·cre·ar |r̄ekreár| **1** ***tr.-prnl.*** [algo, a alguien] Divertir o alegrar durante el tiempo libre: *recreó a los presentes con un bonito poema; le gusta recrearse con el dibujo.* **- 2** ***tr.*** *form.* [algo] Crear o producir a partir de una cosa que ya existe: *la comedia recrea conocidos poemas épicos.*

re·cre·a·ti·⌜vo, ⌜va |r̄ekreatíβo, βa| ***adj.*** Que *recrea o es capaz de divertir: *se ha comprado un juego ~ de mesa.*

re·cre·o |r̄ekréo| **1** ***m.*** Tiempo empleado para el descanso o la *diversión: *la maestra dijo a los niños que tenían 10 minutos más de ~.* **2** Lugar empleado para el descanso o la *diversión: *a las once, los niños salen de la clase y van al ~.* **3** Diversión durante el tiempo libre: *observaba los pájaros como ~.* ⇒ **recreación.**

re·cri·mi·nar |r̄ekriminár| **1** ***tr.*** *form.* [algo, a alguien; a alguien] Corregir o llamar la atención a una persona por haber *cometido un error o por su mal comportamiento: *el jefe recriminó duramente a su empleado por haber llegado tarde.* ⇒ **increpar, regañar, reñir, reprender. 2** *Responder a unas acusaciones con otras: *no sacaron nada en claro porque pasaron la tarde recriminándose sus ofensas.*

re·cru·de·cer·se |r̄ekruðeθérse| ***prnl.*** Tomar mayor intensidad o fuerza un mal o una cosa desagradable: *los enfrentamientos en el frente norte se han recrudecido durante los últimos días.* ⌂ Se conjuga como 43.

rec·ta |r̄é^{k}ta| ***f.*** Línea que no se tuerce a un lado ni a otro, ni hace curvas ni ángulos: *cuando dos rectas se cortan, sólo pueden hacerlo en un punto.*

rec·tal |r̄e^{k}tál| ***adj.*** ANAT. Del recto o que tiene relación con él: *los supositorios deben ponerse por vía ~; le hicieron un reconocimiento ~ en el hospital.*

rec·tan·gu·lar |r̄e^{k}taŋgulár| **1** ***adj.*** Del rectángulo o que tiene relación con él: *las figuras rectangulares tienen cuatro ángulos rectos.* **2** Que tiene forma de rectángulo: *la puerta de la casa es ~.*

rec·tán·gu·⌜lo, ⌜la |r̄e^{k}táŋgulo, la| **1** ***adj.*** Que tiene dos lados que forman ángulo recto: *dos de los lados de un triángulo ~ forman un ángulo de 90°.* **- 2 rectángulo** ***m.*** GEOM. Figura plana que tiene cuatro lados, dos de ellos más cortos que los otros dos, que forman cuatro ángulos rectos: *esta página tiene forma de ~.* ⇒ **cuadrilátero.**

rec·ti·fi·ca·dor |r̄e^{k}tifikaðór| ***m.*** ELECTR. Aparato que convierte una corriente eléctrica alterna en corriente continua: *muchas máquinas eléctricas o electrónicas llevan incluido un ~.*

RECTÁNGULO

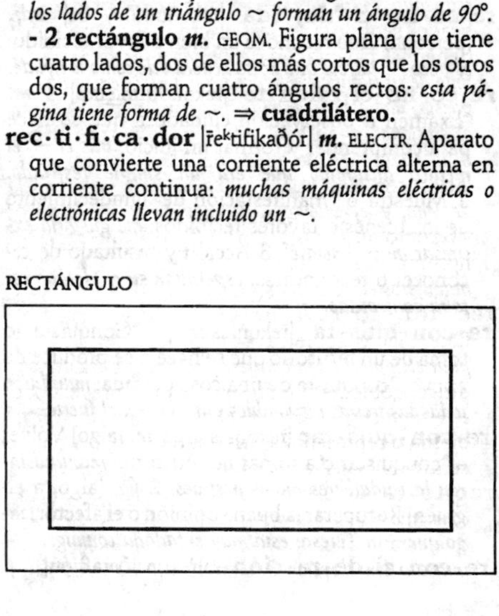

rec·ti·fi·ca·do·ra |r̄e^{k}tifikaðóra| ***f.*** MEC. Máquina que se usa para corregir la deformación o la desviación de una pieza metálica: *el jefe envió las piezas a la ~, para que les dieran las medidas exactas.*

rec·ti·fi·car |r̄e^{k}tifikár| **1** ***tr.*** *form.* [algo] Corregir un error o un defecto; cambiar un desarrollo: *el periódico rectificó la noticia en el número siguiente; los ciclistas tuvieron que ~ la ruta.* **2** *form.* Corregir, cambiar de opinión; mejorar el comportamiento: *el joven rectificó su conducta y se enmendó; ~ es de sabios.* **3** *form.* [a alguien] Llevar la contraria a una persona; expresar una opinión contraria: *perdone que le rectifique, señor diputado, pero no lleva usted razón.* ⇒ **contradecir.** **4** *form.* [algo] Poner recta una cosa: *le pusieron un aparato para ~ su espalda.* **5** ELECTR. Convertir una corriente eléctrica alterna en corriente continua: *los transistores rectifican la corriente.* **6** MEC. Corregir la deformación o la desviación de una pieza metálica: *las piezas gastadas se pueden ~.* ☖ Se conjuga como 1.

rec·ti·lí·ne·⌐o, ⌐a |r̄e^{k}tilíneo, a| **1** ***adj.*** Que está formado por líneas rectas: *siguieron una larguísima carretera rectilínea a través del desierto.* ⇔ **curvilíneo.** **2** *fig.* Que es recto y firme y no admite cambios: *el director mantiene un comportamiento ~ e inflexible con sus empleados.*

rec·ti·tud |r̄e^{k}titú^{ð}| ***f.*** Cualidad de recto: *creo que debes obrar con la mayor ~ posible; la ~ de esa línea debe ser total.*

rec·⌐to, ⌐ta |r̄é^{k}to, ta| **1** ***adj.*** Que no se tuerce a un lado ni a otro, ni hace curvas ni ángulos: *ha dibujado una línea recta con ayuda de una regla; debes sentarte ~, para evitar que se te desvíe la columna vertebral.* ⇒ **derecho.** ⇔ **torcido.** **2** Que no se desvía del punto al que se dirige: *el bateador golpeó la pelota y llegó recta a las manos de otro jugador.* **3** *fig.* (persona) Que se comporta de manera justa y firme: *Antonia es tan recta que te castigará por haberte retrasado; es un juez ~.* ⇒ **riguroso.** **4** *fig.* (significado, sentido) Que es exacto y el primero que tienen las palabras: *el significado ~ de perla es distinto de su significado figurado; si quieres entender esta poesía, no basta con que te fijes en el sentido ~ de sus expresiones.* ⇒ **literal.** ⇔ **figurado, traslaticio.** **5** *fig.* (página) Que queda del lado derecho en relación con el que lee: *el folio ~ del libro está a la derecha y el vuelto, a la izquierda.* ⇔ **vuelto.** **- 6 recto *m.*** ANAT. Última parte del *intestino del hombre y de distintos animales: *en los animales mamíferos el ~ forma parte del intestino grueso.*

rec·⌐tor, ⌐to·ra |r̄e^{k}tór, tóra| **1** ***adj.-s.*** (persona) Que *rige o gobierna: *la junta rectora decidió ampliar el capital de la empresa.* **- 2 *m. f.*** Persona que dirige, gobierna o representa a una *universidad: *el ~ inauguró el curso.* **3** Persona que dirige, gobierna o representa a una comunidad, hospital o centro: *el ~ del centro nos recibió en su despacho.*

rec·to·ra·do |r̄e^{k}toráðo| **1** ***m.*** Cargo de *rector: *consiguió el ~ en la primera votación.* **2** Lugar en el que está la oficina del *rector: *vamos al ~ a pedir una cita con el rector.* **3** Tiempo durante el cual un *rector ejerce su cargo: *durante su ~ se publicaron muchos trabajos de investigación.*

re·cua |r̄ékua| **1** ***f.*** Conjunto de animales de carga que se usan para el transporte: *usaban una ~ de ocho mulos para llevar el agua.* **2** *desp. fig.* Cantidad grande de personas o cosas que van o siguen unas detrás de otras: *me encontré con una ~ en la puerta del museo y no pude pasar.*

re·cua·dro |r̄ekuáðro| **1** ***m.*** Línea cerrada en forma de cuadro: *trazó un ~ en el suelo y se metió dentro.* **2** Espacio dentro de una hoja de periódico, limitado por líneas y que sirve para destacar una noticia: *mira qué curioso es lo que se dice en ese ~.*

re·cu·brir |r̄ekuβrír| ***tr.*** [algo; con/de algo] Cubrir o volver a cubrir: *recubrió el pastel con chocolate.*

re·cuen·to |r̄ekuénto| **1** ***m.*** Cuenta, generalmente nueva, que se hace de una cantidad: *hicieron un ~ cuidadoso de las piezas que faltaban.* **2** Reconocimiento y cuenta de los votos en una *elección: *aunque aún no se ha acabado el ~, se cree que ha ganado el partido de la oposición.*

re·cuer·do |r̄ekuérðo| **1** ***m.*** Imagen o conjunto de imágenes de situaciones o hechos pasados, que vienen a la mente: *tenía un ~ exacto de todo lo que había sucedido; no le quedó más que un vago ~ de aquella tarde.* ⇔ **olvido.** **2** *fig.* Objeto característico de un lugar *turístico: *estuve en Navarra y compré varios recuerdos, entre ellos, un pañuelo rojo y una bota de vino.* ⇒ **souvenir.** **3** *fig.* Objeto que se regala como prueba de afecto o cariño: *este anillo es un ~ de mi madre.* **- 4 recuerdos *m. pl.*** Saludos que se envían por escrito o a través de otra persona en señal de afecto o cariño: *dale recuerdos de mi parte, si lo ves.*

re·cu·lar |r̄ekulár| **1** ***intr.*** Ir hacia atrás o retroceder: *reculó un poco con el coche.* **2** *fam. fig.* Cambiar de opinión: *no reculará de ninguna manera: es un cabezota.*

re·cu·pe·ra·ción |r̄ekuperaθión| ***f.*** Acción y resultado de poner o ponerse bien; curación: *la ~ de este enfermo será lenta y larga; los expertos prevén una ~ para el próximo año.*

re·cu·pe·rar |r̄ekuperár| **1** ***tr.*** [algo, a alguien] Volver a tener lo que antes se tenía o poseía: *recuperaron las joyas que les habían sido robadas.* ⇒ **recobrar.** **- 2 recuperarse *prnl.*** Ponerse bien; volver a tener salud: *todavía me estoy recuperando de la impresión que me causó la noticia.* ⇒ **recobrar, reponer, restablecer.**

re·cu·rrir |r̄ekur̄ír| **1** ***intr.*** Servirse de la ayuda o el favor de una persona o cosa en caso de necesidad: *quizás tengamos que ~ a las armas para defendernos.* **2** Emplear medios poco comunes para conseguir un fin: *recurrió a los cordones de los zapatos para atar el paquete.* **- 3 *tr.*** DER. [algo] Mostrar *oposición contra una decisión o a un asunto oficial: *el condenado recurrirá la sentencia.*

re·cur·so |r̄ekúrso| **1** ***m.*** Ayuda o medio del que uno se sirve para conseguir un fin o satisfacer una necesidad: *siempre tiene algún ~ ingenioso para salir con bien de las situaciones complicadas.* **2** DER. Escrito que muestra *oposición a una decisión *judicial o *administrativa: *voy a redactar un ~ para presentarlo ante el juzgado.* ⇒ **impugnación. - 3 recursos** ***m. pl.*** Bienes o medios de vida: *no dispongo de recursos suficientes para comprar un piso.* **4** Conjunto de elementos disponibles para conseguir un fin o satisfacer una necesidad: *no te preocupes, es un hombre de muchos recursos.*

re·cu·sa·ción |r̄ekusaθión| ***f.*** DER. Rechazo u *oposición a admitir una cosa, por no considerarla propia o adecuada: *el abogado ha presentado un escrito de ~.*

re·cu·sar |r̄ekusár| ***tr.*** [algo, a alguien] Negarse a admitir una cosa; rechazar a una persona o una cosa por no considerarla propia o adecuada: *a partir de entonces, el club dispondrá de dos días para ~ a esas dos personas.*

red |r̄éᶞ| **1** ***f.*** Tejido hecho con hilos, cuerdas o alambres unidos y cruzados entre sí: *los pescadores reparaban las redes en la playa; cazaba pájaros con una ~; se puso la ~ en el pelo para que no se le deshiciera el peinado; lleva unas medias de ~.* **2** *fig.* Conjunto de calles, vías o conductos: *hay que ampliar la ~ de ferrocarriles; están reparando la ~ de abastecimiento de agua.* **3** Conjunto organizado de establecimientos o servicios con una misma función: *esta empresa tiene una ~ de agencias de transporte.* **4** *fig.* Conjunto de palabras o medios que se usan para engañar: *cayó en su ~ sin darse cuenta.* **5** DEP. Tejido de cuerdas cruzadas que cierra por detrás una *portería: *fue un gol clarísimo porque el balón se estrelló contra la ~.* **6** DEP. Tejido de cuerdas cruzadas que divide un terreno de juego en dos partes iguales: *el primer saque del tenista dio en la ~.* **7** INFORM. Conjunto de ordenadores unidos entre sí y que comparten determinados medios o *accesorios: *puedes poner en marcha la impresora desde tu ordenador porque todos forman una ~.*

re·dac·ción |r̄eðaᵏθión| **1** ***f.*** Expresión que se hace por escrito: *debes cuidar un poco más la ~ para expresar con claridad tus ideas.* **2** Lugar u oficina donde se *redacta, escribe o *edita un periódico, una revista u otra cosa: *la ~ está abierta durante toda la noche.* **3** Conjunto de personas que *redactan, escriben o *editan un periódico o revista: *la ~ está reunida con el director.*

re·dac·tar |r̄eðaᵏtár| ***tr.*** [algo] Expresar por escrito: *no me gusta su modo de ~, es poco brillante.*

re·dac·⌐tor, ⌐to·ra |r̄eðaᵏtór, tóra| **1** ***adj.-s.*** (persona) Que *redacta o pone por escrito: *el consejo ~ no se responsabiliza de las opiniones que aquí se expresan.* **- 2** ***m. f.*** Persona que *redacta, escribe o *edita un periódico o revista: *es ~ de la sección de deportes de un conocido diario.*

re·da·da |r̄eðáða| **1** ***f.*** Operación que hace la policía para detener a un grupo de personas sospechosas: *en la ~ fueron detenidos algunos delincuentes habituales.* **2** *p. ext.* Conjunto de personas o de cosas cogidas o detenidas de una sola vez: *pidieron la documentación a toda la ~.*

re·de·ci·lla |r̄eðeθíʎa| **1** ***f.*** Bolsa pequeña de red, que se usa para sujetar el pelo o mantener el peinado: *se puso los rulos y la ~ para meterse en el secador.* **2** Segunda de las cuatro partes del estómago de los *rumiantes: *en la ~ se amasan los vegetales.* ⇒ **cuajar, libro, panza.**

re·den·ción |r̄eðenθión| **1** ***f.*** *Liberación de una obligación, un trabajo o un dolor: *los presos pueden conseguir la ~ de sus penas colaborando en el trabajo de la cárcel.* **2** *fig.* Remedio, refugio: *la pequeña herencia de la tía fue una ~ para la familia en aquel momento.*

re·den·⌐tor, ⌐to·ra |r̄eðentór, tóra| **1** ***adj.-s.*** Que *redime o pone fin a un dolor, un trabajo u otra molestia: *este hombre se cree que es el ~ de los trabajadores.* **- 2 Redentor** ***m.*** Jesucristo, según la religión cristiana: *el Redentor fue crucificado, muerto y sepultado, pero resucitó al tercer día.*

re·diez |r̄eðiéθ| ***interj.*** *fam.* Expresión que indica sorpresa, dolor o disgusto: *cuando se pilló el dedo con la puerta, dijo: ¡~!*

re·dil |r̄eðíl| ***m.*** Terreno cerrado en el que se guarda el ganado: *las ovejas están en el ~.*

re·di·mir |r̄eðimír| **1** ***tr.-prnl.*** [a alguien; de algo] Librar de una obligación; poner fin a un dolor, trabajo u otra molestia: *Cristo redimió del pecado original a la humanidad; el premio de la lotería lo redimió de su trabajo en el campo.* **2** Rescatar o sacar de un problema o una situación desagradable pagando un precio: *el esclavo consiguió, después de muchos años de trabajo, redimirse y ~ a toda su familia.*

ré·di·to |r̄édito| ***m.*** Cantidad de dinero que produce periódicamente un *capital: *los réditos deberán abonarse anualmente.*

re·do·blar |r̄eðoβlár| **1** ***tr.-prnl.*** [algo] Doblar o aumentar una cantidad o intensidad: *redoblaron sus esfuerzos; no se atrevió a ~ la apuesta.* **- 2** ***intr.*** Tocar o hacer *redobles en el tambor: *el muchacho redoblaba sobre la caja.*

re·do·ble |r̄eðóβle| ***m.*** Toque vivo y sostenido que se produce golpeando rápidamente un tambor: *el largo ~ daba mayor emoción a la actuación de los malabaristas.*

re·do·ma |r̄eðóma| ***f.*** *form.* Recipiente de cristal, ancho en la base, estrecho en la parte superior: *la ~ se usaba en los laboratorios.*

re·don·da |r̄eðónda| **1** ***f.*** MÚS. Nota musical cuya duración equivale al tiempo de un *compás de cuatro partes: *una ~ dura cuatro veces más que una negra en un compás de 4/4.* **2** Letra que es derecha o circular: *en este diccionario, las definiciones están en ~, los ejemplos en cursiva.* ■ **a la ~**, alrededor: *tienes que buscarlo en tres kilómetros a la ~.*

re·don·de·ar |r̄eðondeár| **1** ***tr.*** [algo] Dar forma redonda: *redondeó la masa con los dedos.* **2** Terminar de forma *satisfactoria: *el torero ha redondeado una gran faena.* **- 3** ***tr.-intr.*** Añadir o quitar una parte de una cantidad hasta llegar a otra determinada en la que solamente se han tenido en cuenta las unidades de orden superior: *tocamos a 98 caramelos: redondeando, tocamos a 100 caramelos.*

re·don·del |r̄eðondél| **1** ***m.*** Línea curva cerrada cuyos puntos están siempre a la misma distancia de un centro: *hizo un ~ en la arena con el pie.*

⇒ **círculo.** **2** Espacio destinado al *toreo en las plazas de toros: *las cuadrillas salieron al ~.*

re·don·dez |r̄eðondéθ| ***f.*** Cualidad de redondo: *por su ~, podría decirse que es un tonel.*

re·don·di·lla |r̄eðondíʎa| ***f.*** POÉT. Combinación de cuatro versos de ocho sílabas en la que riman el primero con el cuarto y el segundo con el tercero: *en la Edad Media, la ~ se empleaba al principio o al final de algunos poemas.*

re·don·⌐do, ⌐da |r̄eðóndo, da| **1** ***adj.*** Que tiene forma circular o esférica o parecida a ellas: *los cristales de mis gafas son redondos; Colón pensaba que la Tierra era redonda.* **2** *fam. fig.* Que es adecuado o muy bueno: *le salió una cena redonda.* **3** Que es exacto, justo o definitivo: *su declaración fue redonda.* ⇒ **rotundo.** - **4 redondo** ***m.*** Carne de la parte trasera de ciertos animales: *comimos ~ de ternera.*

re·duc·ción |r̄eðuᵏθión| ***f.*** Acción y resultado de reducir y de hacer más pequeño o menos intenso: *en pocas semanas experimentará una ~ de peso; los sindicatos no pueden admitir la ~ salarial.*

re·du·ci·⌐do, ⌐da |r̄eðuθíðo, ða| ***adj.*** Que es estrecho o pequeño: *tenemos un espacio muy ~ para maniobrar.* ⇔ **amplio.** ☖ Es el participio de *reducir.*

re·du·cir |r̄eðuθír| **1** ***tr.*** [algo] Hacer más pequeño o menos intenso; disminuir la cantidad, el tamaño o la importancia de una cosa: *han reducido los precios de los coches.* ⇒ **disminuir.** ⇔ **ampliar.** **2** Cambiar, transformar en otra cosa, generalmente más pequeña: *el fuego redujo el edificio a cenizas; la máquina ha reducido el grano a polvo.* ⇔ **ampliar.** **3** Resumir; hacer más corto: *tengo que ~ el discurso porque sólo tengo quince minutos para hablar.* **4** *fig.* [a alguien] Someter; hacer que acepte la autoridad el que no la obedece: *la policía redujo al grupo de alborotadores.* **5** MAT. [algo] Expresar una *ecuación de la forma más simple: *tienes que ~ la ecuación.* **6** ***tr.-prnl.*** Comprender o incluir bajo cierto número o cantidad: *los principios fundamentales de esta ley se resumen en tres.* **7** ***tr.-intr.*** Disminuir la fuerza o velocidad de un vehículo o máquina, dándole menos gas o de otra forma: *reduce a segunda; este camino está en muy mal estado.* ☖ Se conjuga como 46.

re·duc·to |r̄eðúᵏto| **1** ***m.*** Territorio natural en el que se conservan especies raras o que están a punto de desaparecer: *este paraje es el último ~ del oso en nuestro país.* **2** País, lugar o grupo que conserva unas ideas o unas tradiciones especiales o antiguas: *tras la invasiones, emigraron hacia el último reducto de su cultura.*

re·duc·⌐tor, ⌐to·ra |r̄eðuᵏtór, tóra| ***adj.*** Que reduce o sirve para reducir: *las cremas reductoras son adelgazantes.*

re·dun·dan·cia |r̄eðundánθi̲a̲| **1** ***f.*** Repetición de una palabra o una idea sin necesidad: *cuando habla, tiende a cometer demasiadas redundancias.* **2** Abundancia excesiva, especialmente de palabras: *en este texto hay mucha ~.*

re·dun·dan·te |r̄eðundánte| **1** ***adj.*** Que repite una palabra o una idea sin necesidad: *perdóneseme el ejemplo, aunque parezca un poco ~.* **2** Que tiene un resultado determinado: *se prevé un crecimiento económico ~ en una mejora de la calidad de vida.*

re·dun·dar |r̄eðundár| ***intr.*** Tener un resultado determinado: *la educación cívica redunda en el beneficio de todos.*

re·du·pli·ca·ción |r̄eðuplikaθi̲ó̲n̲| ***f.*** LIT. Figura del lenguaje que consiste en repetir una misma palabra o palabras en la misma frase: que por mayo era por mayo *es una ~.*

re·du·pli·car |r̄eðuplikár| ***tr.*** [algo] Doblar o repetir: *su valor se ha reduplicado en pocos años.* ☖ Se conjuga como 1.

re·e·le·gir |r̄eᵉlexír| ***tr.*** [algo, a alguien] Volver a elegir o a escoger: *lo reeligieron diputado por este distrito.* ☖ Se conjuga como 55.

re·em·bol·sar |r̄eᵉmbolsár| ***tr.*** [algo; a alguien] Volver una cantidad de dinero a poder de la persona que la ha pagado: *al devolver la estufa estropeada, el comerciante me reembolsó lo que me había costado.* ⇔ **desembolsar.**

re·em·bol·so |r̄eᵉmbólso| **1** ***m.*** Acción y resultado de recibir o devolver la cantidad de dinero que una persona ha pagado: *si no tienes el tique de compra, no te harán el ~ de los zapatos.* **2** Cantidad de dinero que paga una persona que ha recibido una cosa por correo: *esta empresa se dedica a la venta por correo, por eso los compradores deben pagar un ~; me han enviado la compra contra ~.* ⇔ **desembolso.**

re·em·pla·zar |r̄eᵉmplaθár| ***tr.*** [algo, a alguien; por algo/alguien] Sustituir o poner en lugar de una persona o cosa: *tienes que ~ las pilas gastadas por otras nuevas; el jugador fue reemplazado por otro.* ⇒ **suplir.** ☖ Se conjuga como 4.

re·em·pla·zo |r̄eᵉmpláθo| **1** ***m.*** Sustitución de una persona o cosa por otra: *hicieron el ~ de las cuatro ruedas del coche en menos de 15 segundos.* **2** MIL. Sustitución de unas personas por otras en las fuerzas de un ejército en el tiempo establecido por la ley: *hasta que no llegue el próximo ~, no podrán licenciarlo.*

re·em·pren·der |r̄eᵉmprendér| ***tr.*** [algo] Volver a empezar o a tomar un trabajo o actividad: *reemprendieron la labor después de descansar un rato.*

re·en·car·na·ción |r̄eᵉŋkarnaθi̲ó̲n̲| ***f.*** Acción y resultado de tomar una nueva naturaleza: *cree en la ~, por eso tiene cuidado de no pisar las hormigas.*

re·en·car·nar·se |r̄eᵉŋkarnárse| ***prnl.*** [en algo/alguien] Tomar una nueva naturaleza: *cree que se va a reencarnar en gato en su próxima vida.*

re·en·gan·char·se |r̄eᵉŋgantʃárse| **1** ***prnl.*** MIL. Permanecer en el ejército, una vez terminado el servicio militar, recibiendo un sueldo: *cuando vio que iba a terminar su servicio militar, se reenganchó.* **2** Seguir participando en una partida de cartas, una vez *eliminado de ella, pagando una cantidad de dinero y poniéndose en las condiciones del jugador peor situado: *como has quedado eliminado, debes poner dinero para reengancharte.* **3** Realizar una actividad de nuevo: *el helado está tan rico que me reengancho a tomar otra ración.*

re·fe·ren·cia |r̄eferénθia| **1** ***f.*** Explicación o relación de un acontecimiento: *hizo una ~ rápida a los hechos de la tarde anterior.* **2** Informe acerca de una persona o una cosa: *tenemos buenas referencias de estos clientes.* ☖ En esta acepción, se suele usar en plural. **3** Base, fundamento o modelo: *la honradez es siempre mi ~.* **4** Envío, relación o *comentario acerca de una cosa: *se suprimió toda ~ que no fuera al propio emperador.*

re·fe·rén·dum |r̄eferéndun| ***m.*** Procedimiento político por el que se somete a voto popular una ley o un asunto de especial importancia: *el Gobierno ha convocado un ~ para modificar la Constitución.* ☖ El plural es *referéndum, referenda* o *referendos.*

re·fe·ren·te |r̄eferénte| ***adj.*** Que hace referencia o tiene relación: *el asunto ~ a la compra de las acciones va por buen camino.*

re·fe·rir |r̄eferír| **1** ***tr.*** [algo] Explicar o hacer relación de un acontecimiento; contar o dar a conocer: *refirió su llegada con todo detalle.* **- 2 referirse** ***prnl.*** [a algo/alguien] Dirigirse; poner en relación o citar: *creo que se refiere a mí; no me refiero a ese asunto, sino al otro.* ☖ Se conjuga como 35.

re·fi·lón |r̄efilón| ■ **de ~**, *fam.*, tocando ligeramente una superficie; rozando: *le dio con la regla de ~ y no le hizo mucho daño.* ■ **de ~**, *fam.*, sin *profundizar; sin ocuparse detenidamente de un asunto: *me enteré de ~, así que no sé mucho del asunto.*

re·fi·nar |r̄efinár| **1** ***tr.*** [algo] Hacer más fino o puro: *en esa fábrica refinan azúcar.* **2** [a alguien] Educar a una persona para mejorar los aspectos menos adecuados de su *personalidad: *tiene unos modales poco refinados: se nota que ha visto poco mundo.* **3** [algo] *Obtener un producto combustible, generalmente a partir del *petróleo: *esta planta puede ~ enormes cantidades de crudo.*

re·fi·ne·rí·a |r̄efinería| ***f.*** Fábrica donde se *refina o se hace más puro un producto: *trabaja en una ~ de petróleo.*

re·flec·tor |r̄efleᵏtór| ***m.*** Aparato que lanza la luz de un *foco en una dirección determinada: *alrededor del monumento pusieron unos reflectores que lo iluminaban.*

re·fle·jar |r̄eflexár| **1** ***tr.-prnl.*** [algo, a alguien] Hacer retroceder o cambiar de dirección la luz u otra *radiación: *el espejo refleja los rayos del sol; la luz se refleja en el agua.* **- 2** ***tr.*** Expresar o mostrar de manera clara; dejar ver una cosa en otra: *su rostro reflejaba sus sentimientos; el gobierno refleja la sociedad.*

re·fle·⌈jo, ⌈ja |r̄efléxo, xa| **1** ***adj.*** Que se produce involuntariamente, como una respuesta inconsciente: *un acto ~ al estornudar es cerrar los ojos.* **- 2 reflejo** ***m.*** Luz reflejada por un objeto: *el sol formaba reflejos en los espejos y en los cristales de la ventana.* **3** Imagen o representación que resulta al reflejarse la luz en un objeto: *la niña miraba su propio ~ en las aguas claras del río.* **4** Cosa que reproduce, muestra o expresa otra cosa: *sus palabras son ~ de su pensamiento.* **- 5 reflejos** ***m. pl.*** Reacción rápida ante un hecho no previsto: *los conductores deben tener buenos reflejos; gracias a sus reflejos, el boxeador esquivó el golpe.* **6** *Mechas de distinto color en el pelo: *el peluquero la peinó y le puso reflejos dorados.*

re·fle·xión |r̄efleᵏsión| **1** ***f.*** Pensamiento o consideración cuidadosa: *tras largas reflexiones, llegó a la conclusión de que no sabía nada.* ⇒ **meditación.** **2** *fig.* *Advertencia o consejo: *el sacerdote hizo una ~ sobre los peligros de la carne.* **3** Cambio de dirección de la luz o de otra *radiación: *estudiaba la ~ de la luz en el espejo.*

re·fle·xio·nar |r̄efleᵏsionár| ***intr.*** Pensar o considerar una cosa con atención y cuidado: *después de mi consejo, reflexionó seriamente.* ⇒ **cavilar, filosofar, meditar.**

re·fle·xi·⌈vo, ⌈va |r̄efleᵏsíβo, βa| **1** ***adj.*** Que se distingue por pensar y considerar detenidamente un asunto antes de juzgar: *era una persona reflexiva y nunca obraba a la ligera; hizo un análisis de carácter ~.* **2** Que refleja: *los espejos son superficies reflexivas de la luz.* **- 3** ***adj.-s.*** LING. (oración, verbo) Que expresa o se usa para expresar una acción que es realizada y recibida por el sujeto: lavarse *es un verbo ~;* tú te afeitas *es una oración reflexiva.* ⇒ **recíproco, verbo.**

re·flu·jo |r̄eflúxo| **1** ***m.*** Movimiento de bajada de las aguas del mar, causado por la atracción del Sol y de la Luna: *con el ~, los arrecifes quedaron al descubierto.* ⇒ **influjo.** ⇔ **flujo.** **2** *fig.* *Retroceso de una actividad o tendencia: *se podía prever un ~ de la economía.*

re·for·ma |r̄efórma| **1** ***f.*** Arreglo, corrección o cambio: *acabamos de hacer una ~ en el piso; han propuesto una ~ de la ley.* **2** REL. Movimiento religioso nacido en el siglo XVI y que dio origen a las iglesias *protestantes: *la España del Barroco se opuso a la Reforma.* ⇒ **protestantismo.** ☖ En esta acepción se escribe con mayúscula.

re·for·mar |r̄eformár| **1** ***tr.*** [algo] Arreglar, corregir o cambiar: *reformaron la ley de empleo el año pasado; venden todo muy barato porque van a ~ la tienda.* **- 2 reformarse** ***prnl.*** Corregirse en las costumbres o en el comportamiento: *se ha reformado mucho: ahora es una persona tratable; debes reformarte en el vestir si quieres encontrar trabajo.*

re·for·ma·to·rio |r̄eformatório| ***m.*** Establecimiento *penitenciario donde, por medio de una educación especial, se trata de recuperar socialmente a *delincuentes menores de edad: *tan sólo tenía trece años y ya robaba coches, por eso lo llevaron al ~.* ⇒ **correccional.**

re·for·mis·mo |r̄eformísmo| ***m.*** POL. Tendencia política que busca mejorar una situación política, social o económica a través de la realización de reformas: *la coyuntura es tan delicada que sólo una postura de ~ podría cambiarla.* ⇔ **conservadurismo.**

re·for·mis·ta |r̄eformísta| **1** ***adj.*** Del *reformismo o que tiene relación con él: *la oposición defiende una política ~.* **- 2** ***adj.-com.*** POL. (persona) Que es partidario de las reformas: *los políticos reformistas piensan que los cambios pueden hacer mejorar la sociedad.* ⇔ **conservador.**

re·for·zar |r̄eforθár| **1** ***tr.-prnl.*** [algo] Hacer más fuerte o resistente: *la incorporación del nuevo socio ha reforzado la situación económica de la empresa; reforzaron la pared colocando un palo.* ⇒ **fortalecer. 2** Añadir más cantidad o hacer más intensivo: *estamos en una zona peligrosa y debemos ~ la vigilancia.* ☐ Se conjuga como 50.

re·frac·ción |r̄efra^{k}θión| ***f.*** Cambio de dirección de un rayo de luz u otra *radiación al pasar de un medio a otro de diferente densidad: *calculó el índice de ~ del agua.*

re·frac·tar |r̄efra^{k}tár| ***tr.-prnl.*** [algo] Cambiar de dirección un rayo de luz u otra *radiación al pasar de un medio a otro de diferente densidad: *puedes ver cómo se refracta la imagen del lápiz al introducirlo en el agua.*

re·frac·ta·⌜rio, ⌜ria |r̄efra^{k}tário, ria| **1** ***adj.*** (cuerpo) Que resiste la acción del fuego sin cambiar de estado ni destruirse: *hicieron el plato de arcilla refractaria.* **2** Que se opone a aceptar una idea, opinión o costumbre; que se niega a cumplir lo prometido o lo debido: *es difícil cambiar una sociedad tan refractaria.*

re·frán |r̄efrán| ***m.*** Frase popular que tiene un contenido moral o doctrinal: *siempre está aleccionándonos con sus refranes.* ⇒ **adagio, aforismo, dicho, frase, proverbio, sentencia.**

re·fra·ne·ro |r̄efranéro| ***m.*** Conjunto de *refranes: *el ~ español es muy rico.*

re·fre·nar |r̄efrenár| **1** ***tr.-prnl.*** [algo, a alguien] Contener, frenar o corregir un impulso o una actitud: *era incapaz de ~su pasión.* **- 2** ***tr.*** Sujetar o frenar a un animal: *refrena el caballo antes de que te tire al suelo.*

re·fren·dar |r̄efrendár| ***tr.*** [algo] Autorizar, la persona o el grupo de personas que tiene capacidad legal para ello: *las autoridades han refrendado las inversiones hechas por extranjeros.*

re·fres·car |r̄efreskár| **1** ***tr.-prnl.*** [algo, a alguien] Disminuir el calor; hacer que baje la temperatura: *vengo de ~ las bebidas en el río.* ⇒ **refrigerar. 2** *fig.* [algo] Renovar o reproducir un sentimiento, recuerdo o acción: *si se te olvida, yo te refrescaré la memoria.* **- 3** ***intr.*** Disminuir o bajar el calor del aire: *el tiempo refresca por la noche.* ☐ Se conjuga como 1.

re·fres·co |r̄efrésko| **1** ***m.*** Bebida fría o del tiempo, especialmente la que no tiene alcohol y está elaborada con sabores vegetales: *no quiero una cerveza, prefiero un ~ de naranja.* **2** Alimento ligero que se toma para recuperar fuerzas y continuar en el trabajo: *los albañiles de esa obra toman un ~ a media mañana.* **3** Conjunto de bebidas, dulces y otros alimentos, que se ofrece en ciertas reuniones: *nos ofrecieron un ~ en la inauguración del curso.*

re·frie·ga |r̄efriéγa| ***f.*** MIL. *Pelea o enfrentamiento breve entre grupos reducidos de personas o soldados: *en la ~ murieron cinco personas.*

re·fri·ge·ra·ción |r̄efrixeraθión| **1** ***f.*** Disminución del calor o de la temperatura: *que esta abertura esté libre es muy importante para la ~ del motor.* **2** Sistema que disminuye el calor o hace que baje la temperatura: *la ~ del edificio se ha estropeado y hace un calor insoportable.*

re·fri·ge·ra·⌜dor, ⌜do·ra |r̄efrixeraðór, ðóra| **1** ***adj.*** Que sirve para *refrigerar o para *enfriar: *los frenos llevan un líquido ~.* ⇒ **refrigerante. - 2 refrigerador** ***m.*** *form.* Máquina eléctrica que sirve para *enfriar y conservar alimentos y bebidas: *la bebida está en el ~.* ⇒ **frigorífico, nevera.**

re·fri·ge·ran·te |r̄efrixeránte| ***adj.-m.*** Que sirve para *refrigerar o para *enfriar: *algunos de los productos químicos que se usan como refrigerantes en las neveras son nocivos para la capa de ozono.* ⇒ **refrigerador.**

re·fri·ge·rar |r̄efrixerár| ***tr.-prnl.*** [algo] Disminuir el calor; hacer que baje la temperatura: *este aparato es demasiado pequeño para ~ esta sala.* ⇒ **refrescar.**

re·fri·ge·rio |r̄efrixério| ***m.*** *fig.* Cantidad pequeña de comida que se toma para recuperar fuerzas: *en el salón de al lado, les ofreceremos un ~.* ⇒ **tentempié.**

re·fri·to |r̄efríto| **1** ***m.*** Mezcla de aceite frito con *cebolla, *ajo, especias y otras cosas que se añade a las comidas: *echa el ~ en el guiso mientras se está cociendo; la menestra lleva un ~ de aceite, ajo y pimentón.* **2** *fig.* Cosa, especialmente obra literaria, que no es original y está hecha con partes de otras: *su último libro no tiene nada de original, es sólo un ~ de sus obras anteriores.*

re·fuer·zo |r̄efuérθo| **1** ***m.*** Aumento de la fuerza: *la postura de los brazos servía de ~ a sus palabras.* **2** Pieza que aumenta el grueso de una cosa para hacerla más fuerte o resistente: *mi madre le puso un ~ a las coderas del jersey; el asa de la maleta lleva un ~.* **3** Conjunto de personas, generalmente del ejército, que van en ayuda de otras: *España envió refuerzos a los cascos azules en Bosnia; el coronel pidió un ~ de mil soldados.* ☐ Se usa frecuentemente en plural.

re·fu·giar |r̄efuxiár| ***tr.-prnl.*** [algo, a alguien] Dar refugio o meterse en lugar seguro; protegerse o recibir ayuda: *se refugió en nuestro país durante veinte años; se metió en el portal para refugiarse de la lluvia.* ⇒ **acoger, resguardar.** ☐ Se conjuga como 12.

re·fu·gio |r̄efúxio| **1** ***m.*** Acogida en una casa o en un lugar seguro: *cuando escapaba de sus perseguidores, le ofrecimos ~.* **2** Lugar en el que se entra para protegerse o defenderse: *pasaron la noche en un ~ de montaña; al sonar la sirena, todos corrieron hacia el ~.* ⇒ **cobijo; ~ atómico,** el destinado a proteger de la *radiactividad producida por las bombas nucleares: *si no se detiene la actividad nuclear, tendremos que construir refugios atómicos en las ciudades.*

re·ful·gen·te |r̄efulxénte| ***adj.*** *form.* Que brilla o emite una luz intensa: *vistió sus armas refulgentes y salió al campo de batalla.* ⇒ **rutilante.**

re·fun·di·ción |r̄efundiθión| **1** ***f.*** Fundición nueva; transformación en líquido de un metal: *para la ~ de las estatuas emplearon casi todo el carbón.*

2 LIT. Forma nueva que se da a una composición escrita: *ésa es la ~ del Amadís que ahora conocemos.*

re·fun·dir |r̄efundír| **1** ***tr.*** [algo] Volver a fundir o a hacer líquido un metal: *refundieron las joyas para hacer lingotes.* **2** *fig.* Unir, comprender o incluir: *refundió las dos obras en una.* **3** LIT. *fig.* Dar nueva forma a una composición escrita: *el autor refundió la conocida novela de caballerías.*

re·fun·fu·ñar |r̄efunfuɲár| ***intr.*** Emitir voces *confusas o palabras mal articuladas en señal de enfado o desagrado: *se pasa el día refunfuñando por todo.* ⇒ **gruñir, rezongar, rumiar.**

re·fu·tar |r̄efutár| ***tr.*** [algo; a alguien] Rechazar u oponerse a las razones o explicaciones de otro: *refutó esa tesis en su libro anterior.* ⇒ **rebatir.**

re·ga·de·ra |r̄eγaðéra| ***f.*** Recipiente con un tubo acabado en una boca ancha con muchos agujeros pequeños que se usa para regar, generalmente plantas: *regaba los tiestos del balcón con la ~.* ■ **estar como una ~**, estar un poco loco o *chiflado: *no le hagas caso que está como una ~.*

re·ga·dí·o |r̄eγaðío| ***adj.-m.*** (terreno) Que se puede regar o que está dedicado a cultivos que pueden ser regados: *los campos regadíos producen frutos de mayor tamaño; tiene más hectáreas de ~ que de secano.* ⇔ **secano.**

re·ga·lar |r̄eγalár| **1** ***tr.*** [algo; a alguien] Dar u ofrecer una cosa como muestra de afecto o de consideración: *me regaló estos pendientes de oro y brillantes por mi cumpleaños.* ⇒ **agasajar, obsequiar.** - **2** ***tr.-prnl.*** *form.* Agradar o dar toda clase de comodidades: *se regalaba constantemente con toda clase de lujos y caprichos.*

re·ga·liz |r̄eγalíθ| **1** ***m.*** Raíz que se chupa porque tiene un jugo dulce y agradable: *los niños se han comprado un ~; el jarabe de ~ quita la tos.* ⇒ **paloduz.** **2** Pasta hecha con el jugo de esa raíz y que se toma en forma de *barritas o *pastillas: *llevaba una bolsa llena de ~, caramelos, chicles y otras golosinas.* **3** Planta con tallos gruesos, hojas en punta, flores pequeñas y azules en racimo y fruto con pocas semillas, que produce esa raíz: *el ~ crece a la orilla de los ríos.* ☐ El plural es *regalices.*

REGADERA

re·ga·lo |r̄eγálo| **1** ***m.*** Objeto o cosa que se da u ofrece como muestra de afecto o de consideración: *me hizo un ~ muy caro y me daba vergüenza aceptarlo.* ⇒ **obsequio.** **2** *form.* Muestra o señal de afecto o de consideración: *se deleitaba con el ~ de su mirada.* **3** *form.* Conjunto de cosas agradables: *se daba todos los regalos y llevaba la vida de un rey.*

re·ga·ña·dien·tes |r̄eγaɲaðiéntes| ■ **a ~**, a disgusto, protestando o de mala gana: *aceptó el encargo a ~.*

re·ga·ñar |r̄eγaɲár| **1** ***tr.*** *fam.* [a alguien] Corregir o llamar la atención a una persona por haber *cometido un error o por su mal comportamiento: *su padre la regañó por llegar tarde a casa; el hombre regañaba a los niños porque le habían dado un balonazo.* ⇒ **increpar, recriminar, reñir, reprender.** - **2** ***intr.*** Enfrentarse dos personas: *los conductores regañaron porque ninguno quería aceptar la culpa del accidente.* ⇒ **reñir, reprender.**

re·ga·ñi·na |r̄eγaɲína| ***f.*** *fam.* Corrección o llamada de atención que se hace a una persona por haber *cometido un error o por su mal comportamiento: *se llevó una buena ~ por no recoger su cuarto.* ⇒ **admonición, bronca, rapapolvo, reprensión, reprimenda, riña.**

re·gar |r̄eγár| **1** ***tr.*** [algo] Hacer que el agua se extienda sobre una superficie de tierra o de plantas: *riegan la tierra con el agua del canal; no te olvides de ~ la planta cada dos días.* **2** Atravesar un río o canal un terreno: *el Miño riega Orense.* **3** *fig.* Extender un líquido, materia o conjunto de sólidos sobre una superficie: *voy a ~ estas galletas con chocolate.* ☐ Se conjuga como 48.

re·ga·ta |r̄eγáta| ***f.*** Deporte en el que un grupo de embarcaciones de la misma clase deben completar un recorrido en el menor tiempo posible: *esta misma embarcación se adjudicó el triunfo en la ~ anterior.*

re·ga·te |r̄eγáte| **1** ***m.*** Movimiento rápido que se hace apartando el cuerpo: *hizo un ~ y burló a su perseguidor; después de varios regates, el jugador llegó al área y metió gol.* **2** *fig.* Escape o medio que sirve para evitar un problema: *después de mil regates, consiguió salvar su empresa.*

re·ga·te·ar |r̄eγateár| **1** ***tr.*** [algo] Discutir el precio de una mercancía: *estuve regateando el precio con el comerciante y conseguí las telas por poco dinero.* **2** *fam. fig.* Hacer o dar lo menos posible: *no regateó esfuerzos para sacar adelante a su familia.* ⇒ **escatimar.** ☐ Se usa sobre todo en frases negativas. - **3** ***intr.*** DEP. Hacer un jugador un movimiento rápido con el cuerpo para engañar al contrario: *el futbolista regateaba tan bien que nadie podía quitarle el balón.*

re·ga·zo |r̄eγáθo| **1** ***m.*** Parte del cuerpo que va desde la cintura hasta la rodilla, cuando una persona está sentada: *sentó al niño en su ~; colocó las flores en su ~.* **2** *fig.* Cosa que acoge a otra, dándole protección o ayuda: *me refugié en el ~ acogedor de aquella cueva.* ⇒ **seno.**

re·gen·cia |r̄exénθia| **1** ***f.*** POL. Dirección y gobierno de un Estado mientras el rey no puede gobernar: *la ~ se establece cuando el soberano está fuera del país, es menor de edad o está incapacitado para asumir la jefatura del Estado.* **2** POL. Tiempo que dura esa dirección: *la ~ de la reina María Cristina comenzó en 1833 y acabó en 1840.* **3** *form.* Dirección o gobierno: *desde que se hizo cargo de la ~ de la fábrica, las cosas han empeorado mucho.*

re·ge·ne·ra·⌈dor, ⌈do·ra |r̄exeneraðór, ðóra| ***adj.*** Que crea de nuevo; que da nueva vida: *a partir de los cuarenta años algunas personas usan cremas regeneradoras de la piel.*

re·ge·ne·rar |r̄exenerár| ***tr.-prnl.*** [algo, a alguien] Volver a ser útil o a estar en buen estado; mejorar: *la vida económica del país tardó varios años en regenerarse.*

re·gen·tar |r̄exentár| **1** ***tr.*** [algo] Dirigir un establecimiento o negocio: *regentaba una farmacia en Madrid.* **2** Ocupar durante un tiempo un cargo o empleo: *regentó el puesto durante su ausencia.*

re·gen·te |r̄exénte| ***adj.-com.*** POL. (persona) Que dirige y gobierna un Estado mientras el rey no puede gobernar: *la reina ~ provocó el descontento popular; el ~ estará al mando del gobierno hasta que el príncipe alcance la mayoría de edad.*

re·gi·⌈dor,⌈do·ra |r̄exiðór, ðóra| **1** ***m. f.*** Persona que en el teatro y el cine se encarga de que se cumplan las órdenes del director: *el ~ hacía indicaciones a los técnicos de iluminación y sonido; el guionista charlaba con la regidora y el actor.* **2** ***adj.-s.*** (persona) Que dirige o gobierna: *el equipo ~ de los actos no quiso hacerse responsable del accidente; Blanca actuó como regidora de la ceremonia.*

ré·gi·men |r̄éximen| **1** ***m.*** Conjunto de normas que se refieren a la cantidad y tipo de alimentos que se deben tomar: *engordó varios kilos y decidió seguir un ~ para perder peso; el médico le mandó un ~ para reparar su falta de calcio.* ⇒ **dieta. 2** Conjunto de normas para dirigir o gobernar una cosa: *el padre quería para sus hijos un severo ~ de educación.* **3** Conjunto de órganos de gobierno que dirigen un país: *España tiene un ~ constitucional.* **4** Condiciones regulares y duraderas que provocan una serie de fenómenos determinados o que los acompañan: *el ~ de lluvias en el desierto es escaso;* ~ **hidrográfico**, el que varía el caudal de agua de un río, según el clima de cada estación: *el ~ hidrográfico de los ríos mediterráneos indica un aumento de caudal de agua en primavera y en otoño.* **5** LING. Relación de dependencia que guardan entre sí las palabras en la oración, especialmente la relación de dependencia entre una preposición y un verbo o un adjetivo: *la preposición* a *es el ~ del verbo* ir. ■ **estar a ~**, seguir un conjunto de normas que se refieren a la cantidad y al tipo de alimentos que se deben tomar, generalmente para perder peso: *estoy a ~ porque tengo colesterol.* ⇒ **dieta.** ☐ El plural es *regímenes.*

re·gi·mien·to |r̄eximiénto| ***m.*** MIL. Unidad militar de una misma arma, compuesta por varios *batallones y mandada por un *coronel: *un ~ de infantería tomó la ciudad.*

re·⌈gio, ⌈gia |r̄éxio, xia| **1** ***adj.*** Del rey o la reina o que tiene relación con ellos: *se atrevió a desafiar la autoridad regia.* ⇒ **real. 2** *fig.* Que es magnífico; que es de gran calidad: *tomaron una cena regia.*

re·gión |r̄exión| **1** ***f.*** Parte de terreno que tiene unas características *geográficas, políticas o sociales determinadas: *esta es una de las regiones más frías del planeta; en mi ~ los cultivos son de escasas dimensiones.* ⇒ **comarca. 2** Zona del cuerpo: *sentía dolores en la ~ torácica.* **3** MIL. Territorio que se encuentra bajo el mando de un general: *el general ha recorrido toda su ~.*

re·gio·nal |r̄exionál| ***adj.*** De la región o que tiene relación con ella: *forma parte de una asociación ~ de agricultores.*

re·gio·na·lis·mo |r̄exionalísmo| **1** ***m.*** POL. Doctrina política que defiende que el gobierno de un Estado debe considerar el modo de ser y las necesidades de cada región: *el ~ persigue la autonomía de las regiones.* **2** Amor a una región determinada: *la poesía gallega de Rosalía de Castro es una buena muestra de ~.* **3** LING. Palabra o expresión propia de una región determinada: *no entiendo esta novela porque está llena de regionalismos.*

re·gio·na·lis·ta |r̄exionalísta| **1** ***adj.*** Del *regionalismo o que tiene relación con él: *los movimientos regionalistas nacieron en el siglo* XIX*; las descripciones del paisaje valenciano demuestran que es una obra ~.* **2** ***adj.-com.*** POL. (persona) Que es partidario del *regionalismo: *el Gobierno central no atendió las peticiones regionalistas; los regionalistas estimaron que la ley recogía sus reivindicaciones.*

re·gir |r̄exír| **1** ***tr.*** *form.* [algo, a alguien] Dirigir o gobernar: *el último tratado regirá las relaciones entre esos dos países.* **- 2** ***tr.-prnl.*** [algo] *Guiar o conducir: *el piloto regía la nave en la tormenta; los caballeros se regían por un estricto código de honor.* **- 3** ***tr.*** LING. [algo] Exigir la presencia de una preposición, un complemento o un modo del verbo: *los verbos transitivos rigen objeto directo.* **- 4** ***intr.*** Ser obligado: *en los cruces rige la derecha, es decir, debe usted ceder el paso a los que vienen por la derecha.* **5** Funcionar bien, especialmente la mente: *es muy anciano y su cerebro ya no rige.* **6** Tener *validez; servir: *todavía rigen leyes de hace un siglo.* ☐ Se conjuga como 55.

re·gis·tra·⌈dor, ⌈do·ra |r̄existraðór, ðóra| **1** ***adj.-s.*** (aparato, máquina) Que sirve para registrar una cosa determinada: *en esta pared han instalado un ~ de la corriente eléctrica.* **- 2** ***m. f.*** Persona que se dedica a hacer un registro público, especialmente de la *propiedad: *antes de comprar el terreno fui a ver al ~ de la propiedad.*

re·gis·trar |r̄existrár| **1** ***tr.*** [algo, a alguien] Mirar o examinar con cuidado para encontrar lo que pueda estar oculto: *el coche sospechoso fue registrado en la aduana; la policía registró las casas del barrio en busca de los secuestradores.* **2** [algo] Grabar un sonido o imagen: *nuestras cámaras pudieron ~ ese mo-*

mento. **3** Señalar o marcar: *el sismógrafo registró el terremoto a 2000 kilómetros de distancia.* **- 4** ***tr.-prnl.*** *p. ext.* [algo, a alguien] Apuntar en un libro oficial: *registraron las entradas y salidas en el control; se registró al entrar en el hotel.* **- 5 registrarse** ***prnl.*** Producirse u ocurrir una cosa que puede medirse o considerarse: *se han registrado intensas lluvias.*

re·gis·tro |r̄exístro| **1** ***m.*** Acción y resultado de registrar: *cuatro agentes de policía efectuaron un ~ en casa del sospechoso y encontraron un alijo de cocaína; el abogado se ocupará de hacer el ~ de la venta de la finca.* **2** Libro o documento en que se apuntan regularmente hechos o informaciones de un tipo determinado: *en el ~ de la parroquia, el sacerdote anota los bautizos y las bodas; el director preguntó al contable por qué aquella mercancía no figuraba en el ~.* ⇒ **censo, padrón;** ~ **civil**, el que recoge la información sobre los nacimientos, muertes, bodas y otros estados de los ciudadanos: *en el ~ civil debe constar tu fecha de nacimiento;* ~ **de la propiedad**, el que recoge los bienes que hay en un lugar y quiénes son sus dueños: *el piso que ha heredado de su padre debe estar inscrito a su nombre en el ~ de la propiedad;* ~ **de la propiedad intelectual**, el que recoge las obras culturales y científicas y quiénes son sus autores: *inscribió el invento en el ~ de la propiedad intelectual.* **3** Lugar u oficina en que se recogen hechos o informaciones, especialmente el que pertenece a la administración pública: *antes de comprar el piso fue al ~ para asegurarse de que no tenía ninguna hipoteca; cuando nació nuestro hijo, mi marido fue a inscribirlo en el ~.* **4** MÚS. Parte que, junto con otras dos, forma una escala musical: *la escala musical se divide en tres registros: grave, medio y agudo.* **5** LING. Variedad lingüística que depende de la situación y de la relación que mantienen entre sí las personas que hablan: *cuando está con los amigos usa un ~ coloquial, pero adopta un ~ culto en la universidad; muchas palabras son propias de un ~ informal o familiar.*

re·gla |r̄éɣla| **1** ***f.*** Instrumento, generalmente delgado y plano, que sirve para medir y trazar líneas: *me pidió la ~ para unir los dos puntos con una recta.* ⇒ **cartabón, escuadra. 2** Norma o razón, especialmente la que sirve para gobernar o ejecutar una cosa: *mi ~ es «vive y deja vivir».* ⇒ **lema. 3** Principio o *máxima de las ciencias o de las artes: *debes seguir las reglas de la lógica; no resolvió bien el problema porque no utilizó la ~ apropiada.* **4** MAT. Método para hacer una operación; ~ **de tres**, MAT., la que sirve para averiguar una cantidad que no se conoce a partir de otras tres: *hizo una ~ de tres para hallar el resultado.* **5** Sangre que todos los meses expulsan naturalmente las mujeres y las hembras de ciertos animales: *está preocupada porque este mes no le ha venido la ~.* ⇒ **menstruación, ovulación, periodo. 6** Conjunto de normas que deben seguir los miembros de una comunidad religiosa: *en este monasterio se sigue la ~ de San Benito.* ■ **en** ~, de manera correcta; como corresponde: *no pudo pasar por no tener todos los papeles en ~.*

REGLA

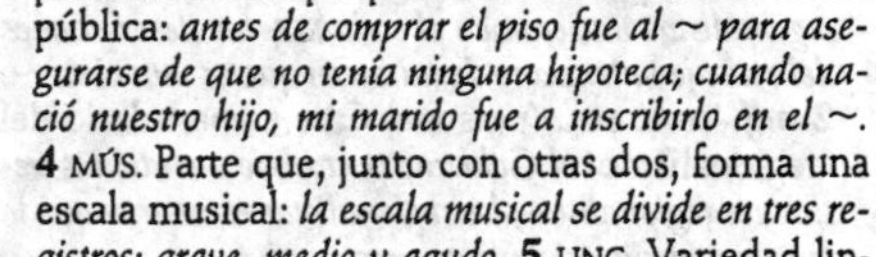

re·gla·men·tar |r̄eɣlamentár| ***tr.*** [algo] Sujetar a reglas o normas: *se quiere ~ la utilización de determinadas zonas del parque.* ⇒ **reglar.**

re·gla·men·ta·⌐rio, ⌐ria |r̄eɣlamentário, ria| ***adj.*** Del *reglamento o que tiene relación con él: *se propone una reforma reglamentaria.*

re·gla·men·to |r̄eɣlaménto| ***m.*** Conjunto de reglas o normas dadas por una autoridad para una actividad determinada: *en esa prisión hay un ~ muy estricto.*

re·glar |r̄eɣlár| **1** ***tr.*** [algo] Sujetar a reglas o a normas: *se ha tratado de ~ la enseñanza.* ⇒ **reglamentar. 2** Tirar o hacer líneas o rayas derechas, generalmente usando una regla: *el maestro pidió a los niños que reglaran el papel.* **3** Ordenar una acción o un asunto: *debemos ~ las actividades de los alumnos.*

re·go·ci·jar |r̄eɣoθixár| **1** ***tr.*** *form.* [a alguien] Dar *motivo de alegría; tratar de divertir: *hizo todo tipo de gestos para ~ a los niños.* **- 2 regocijarse** ***prnl.*** *form.* Alegrarse o recibir una alegría: *al saber la noticia, se regocijó enormemente.*

re·go·ci·jo |r̄eɣoθíxo| ***m.*** *form.* Alegría, gusto o satisfacción interior: *tus palabras me llenaron de ~.* ⇒ **júbilo.**

re·go·de·ar·se |r̄eɣoðeárse| **1** ***prnl.*** *fam.* Disfrutar con detenimiento una cosa que agrada: *sentado en su despacho, se regodeaba de la venta que había hecho esa tarde.* **2** *fam.* Alegrarse con mala intención por un accidente o una situación desgraciada que le ocurre a otra persona: *su perversidad era tan grande que se regodeó al enterarse de la ruina de su enemigo.*

re·go·de·o |r̄eɣoðéo| **1** ***m.*** *fam.* Humor en la expresión o broma que se hace para reír o reírse de una persona: *lo preguntó con ~.* ⇒ **rechifla, recochineo. 2** Goce o placer: *esa comida le encantaba y la comía con ~.*

re·gol·dar |r̄eɣoldár| ***intr.*** *fam. vulg.* Expulsar gases del estómago con ruido por la boca: *~ es eructar, y suena mejor decirlo de esta última forma.* ⇒ **eructar.** ☐ Se conjuga como 31.

re·gre·sar |r̄eɣresár| ***intr.*** Volver al lugar de donde se partió: *creo que ya es hora de ~ a casa.*

re·gre·sión |r̄eɣresión| ***f.*** Movimiento hacia atrás; disminución de la intensidad, la fuerza o la cantidad: *la industria está pasando un periodo de ~.* ⇒ **retroceso.**

re·gre·so |r̄eγréso| ***m.*** Vuelta al lugar de donde se partió: *durante el ~ tuvieron que hacer frente a varias tempestades.* ⇔ **ida.**

re·güel·do |r̄eγuéldo| ***m.*** *fam. vulg.* Conjunto de gases expulsados del estómago de una vez y con ruido por la boca: *soltó un gran ~ después de beberse la cerveza.* ⇒ **eructo.**

re·gue·⌜ro, ⌜ra |r̄eγéro, ra| **1** ***m. f.*** Canal hecho en la tierra a fin de conducir el agua para regar: *hicieron un ~ para regar el huerto.* **- 2** ***m.*** Cantidad pequeña de líquido que cae o se mueve: *del tubo roto salía un ~ de agua.* **3** Señal continuada que queda de un líquido que se va vertiendo: *el coche dejó un ~ de aceite en la carretera.*

re·gu·la·ción |r̄eγulaθión| **1** ***f.*** Acción y resultado de regular: *el gobierno se va a encargar de la ~ de ese tipo de actividades.* **2** Ajuste del funcionamiento de un aparato: *el botón izquierdo sirve para la ~ de la temperatura.*

re·gu·la·⌜dor, ⌜do·ra |r̄eγulaðór, ðóra| **1** ***adj.*** Que regula una cosa o una actividad: *el gobierno pondrá en marcha unos precios reguladores del mercado.* **- 2 regulador** ***m.*** MEC. Mecanismo que sirve para ordenar o ajustar el funcionamiento de una máquina o de una de sus piezas: *las botellas de los submarinistas llevan un ~ del oxígeno.*

re·gu·lar |r̄eγulár| **1** ***adv. m.*** Ni bien ni mal; *medianamente: *los trabajos me salieron regular.* **- 2** ***adj.*** Que no sufre grandes cambios o alteraciones: *el alumno ha seguido una trayectoria ~ a lo largo del curso.* ⇔ **irregular. 3** Que es fijo u ordenado: *su comportamiento siempre ha sido ~; he llegado a Madrid en un vuelo ~ desde París.* **4** Que está sometido a una regla: *este fraile pertenece a una orden monástica ~.* **5** GEOM. (figura) Que tiene todos los lados iguales: *el cuadrado es ~.* **6** LING. Que se ajusta a una regla general: *los verbos regulares son los que no tienen excepciones en su conjugación.* **- 7** ***tr.*** [algo] Dar una norma o una regla, con un fin determinado; someter a una norma o regla: *las leyes regulan los derechos y los deberes de los ciudadanos.* **8** Ajustar el funcionamiento de un aparato o sistema: *este botón del radiador sirve para ~ el calor.* ■ **por lo ~**, normalmente; comúnmente: *por lo ~ nos vemos dos veces a la semana.*

re·gu·la·ri·dad |r̄eγulariðáᵈ| **1** ***f.*** Cualidad de regular: *nos visita con ~; le gusta la ~ en el trabajo.* **2** Exactitud y rapidez al hacer las cosas: *el banco ingresa los cheques con ~.* ⇒ **puntualidad. 3** Proporción que guardan las distintas partes de un todo entre sí: *han escogido a ese actor por la ~ de sus facciones.*

re·ha·bi·li·ta·ción |r̄eaβilitaθión| **1** ***m.*** Conjunto de técnicas que sirven para recuperar las funciones del cuerpo que han disminuido o se han perdido a causa de un accidente o de una enfermedad: *el médico le ha dicho que tendrá que hacer ~ para curarse.* **2** Vuelta al primer estado: *están haciendo obras para la ~ del edificio.*

re·ha·bi·li·tar |r̄eaβilitár| **1** ***tr.-prnl.*** [algo, a alguien] Volver a *habilitar; hacer que una persona vuelva a desempeñar una función: *tras demostrarse que era inocente, fue rehabilitado en su cargo.* **2** Recuperar la fuerza física y la capacidad de movimiento: *tardó cuatro meses en rehabilitarse del accidente.*

re·ha·cer |r̄eaθér| **1** ***tr.*** [algo] Repetir o hacer de nuevo lo que está mal hecho: *es preciso ~ la carta entera porque está llena de errores.* **2** Arreglar o *reparar lo que está estropeado o dañado: *después del divorcio, le costó mucho ~ su vida; decidió ~ el jardín y sembrar varias clases de semillas.* **- 3 rehacerse** ***prnl.*** Volver a tener fuerzas o valor: *a mitad de la cuesta, el ciclista se rehízo y alcanzó a los que le habían dejado atrás; aún no se ha rehecho del todo del accidente.* **4** *fig.* Recuperar la tranquilidad o dominar una emoción: *ha tenido muchos disgustos este año, pero parece que se está rehaciendo.* ☖ Se conjuga como 73.

re·hén |r̄ᵉén| ***com.*** Persona detenida o encerrada contra su voluntad y de modo ilegal por otra u otras que exigen dinero o el cumplimiento de unas determinadas condiciones para *liberarla: *amenazaron con matar a los rehenes si no les daban un avión para salir del país.* ⇒ **cautivo.** ⇔ **secuestrador.**

re·ho·gar |r̄eoγár| ***tr.*** [algo] Cocinar un alimento sin agua, con aceite y a fuego lento: *rehogué la carne demasiado y se quemó.* ☖ Se conjuga como 7.

re·hu·ir |r̄euír| ***tr.*** [algo, a alguien] Evitar o apartarse por miedo o por una sospecha: *más nos vale ~ la lucha.* ⇒ **esquivar.** ☖ Se conjuga como 62.

re·hu·sar |r̄eusár| ***tr.*** [algo] Rechazar o no aceptar: *no rehúses mi ofrecimiento; lo invitamos, pero rehusó venir.* ☖ Se conjuga como 18.

re·im·pre·sión |r̄eimpresión| **1** ***f.*** Repetición de la impresión de un texto: *hay que hacer una ~ del libro porque ya se han agotado los ejemplares.* **2** Conjunto de textos vueltos a imprimir de una sola vez: *la editorial va a sacar una ~ de esa obra.*

re·im·pri·mir |r̄eimprimír| ***tr.*** [algo] Volver a imprimir un texto: *están dispuestos a ~ una novela agotada hace años.*

rei·na |r̄éina| **1** ***f.*** Jefa de un Estado, que lo es por derecho propio, generalmente *adquirido por su nacimiento: *Isabel era ~ de Castilla.* ⇒ **rey. 2** Mujer casada con el rey: *estuvieron presentes el rey, la ~ y el presidente del gobierno.* **3** Pieza del *ajedrez que puede moverse como cualquiera de las demás, excepto como el caballo: *dio jaque mate con la ~ y una torre.* **4** *fig.* Mujer, animal o cosa del género femenino que destaca entre los demás de su clase o especie: *por ahí entra la ~ de la noche.* **5** Insecto hembra de una comunidad que es capaz de reproducirse: *las abejas obreras no son fecundas, pero la ~ sí lo es.*

rei·na·do |r̄eináðo| **1** ***m.*** Periodo de tiempo en el que gobierna un rey o una reina: *durante el ~ de Felipe II, los territorios de España eran inmensos.* **2** *p. ext.* Periodo de tiempo en que domina una cosa: *vivimos en el ~ de la agresividad.*

rei·nar |r̄einár| **1** ***intr.*** Gobernar un rey o una reina, o un *príncipe o una *princesa: *reinó sobre muchos pueblos.* **2** Dominar o tener gran influencia: *es una tendencia que reina en la actualidad; afortunadamente, reina la paz desde hace muchos años.*

rein·ci·den·cia |r̄einθiðénθia| ***f.*** Repetición de un mismo error o de una misma falta: *fue encarcelado por su ~.*

rein·ci·den·te |r̄einθiðénte| ***adj.-com.*** (persona) Que repite el mismo error o la misma falta: *el procesado es ~ de otros delitos contra la propiedad.*

rein·ci·dir |r̄einθiðír| **1** ***intr.*** Repetir el mismo error o la misma falta: *si reincides, volverás a la cárcel y te pasarás en ella el resto de tu vida.* **2** Volver a padecer una enfermedad: *el enfermo reincidió a las tres semanas.*

rein·cor·po·rar |r̄eiŋkorporár| ***tr.-prnl.*** [algo, a alguien] Volver a *incorporar o a unir: *se reincorporó al trabajo la semana pasada.*

rei·no |r̄éino| **1** ***m.*** Territorio o Estado en el que el jefe de gobierno es un rey o una *reina: *España es un ~; este ~ es muy montañoso.* **2** *fig.* Campo o *ámbito propio de una actividad: *en el ~ de la informática los avances son continuos.* **3** BIOL. Categoría primera y más general de clasificación de los seres vivos: *antiguamente, los seres vivos se dividían solamente en dos grandes reinos, el de las plantas y el de los animales;* ~ **de las metáfitas**, el que está formado por las plantas con tejidos: *los árboles pertenecen al ~ de las metáfitas;* ~ **de los hongos**, el que está formado por las *levaduras, los *mohos y los hongos superiores: *las setas pertenecen al ~ de los hongos;* ~ **de los móneras**, el que esta formado por organismos que no tienen *membrana *celular: *las bacterias pertenecen al ~ de los móneras;* ~ **de los metazoos**, el que está formado por los animales *pluricelulares: *el hombre pertenece al ~ de los metazoos;* ~ **de los protoctistas**, el que está formado por seres de estructura muy simple y sin tejidos: *las algas y los protozoos pertenecen al ~ de los protoctistas.*

rein·te·grar |r̄einteɣrár| **1** ***tr.*** [algo; a alguien] Dar, pagar o satisfacer por completo: *reintegraron al huérfano sus bienes obligatorios.* - **2** ***tr.-prnl.*** [a alguien] Volver o hacer volver a una actividad o a una situación: *estuvo en la cárcel, pero se ha reintegrado completamente; esa asociación intenta ~ a los marginados.*

rein·te·gro |r̄eintéɣro| **1** ***m.*** Acción y resultado de *reintegrar: *después de la operación quirúrgica, su ~ al trabajo no podrá ser inmediato.* **2** Pago de una cantidad de dinero: *fue al banco a pedir un ~ de su cuenta.* **3** Premio que es igual a la cantidad de dinero jugada, en la *lotería: *esta semana, el ~ es para los números terminados en cero y en siete.*

re·ír |r̄eír| **1** ***intr.-prnl.*** [de algo/alguien] Dar muestras de alegría, placer o felicidad moviendo la boca, los ojos y otras partes de la cara y emitiendo sonidos repetidos sin articular: *no te rías, que te estoy hablando en serio; estuvimos toda la tarde contando chistes y riendo.* - **2** ***tr.*** [algo; a alguien] Dar muestras de placer o de satisfacción por lo que otro hace o dice: *le ríen todas sus gracias.* - **3 reírse** ***prnl.*** Despreciar, hacer bromas o no hacer caso de una persona o de una cosa: *no me gusta que se rían de mí.* ⌂ Se conjuga como 37.

rei·te·rar |r̄eiterár| **1** ***tr.*** *form.* [algo] Volver a hacer lo que se había hecho o a repetir lo que se había dicho: *le reitero mi agradecimiento por su amabilidad.* ⇒ **repetir.** - **2 reiterarse** ***prnl.*** [en algo] Mantener una idea, opinión o actitud a *propósito de un asunto determinado: *nos reiteramos en nuestro acuerdo.*

rei·te·ra·ti·⌜vo, ⌜va |r̄eiteratíβo, βa| ***adj.*** *form.* Que se repite: *fue condenado a prisión por violar la ley de forma reiterativa.* ⇒ **iterativo.**

rei·vin·di·ca·ción |r̄eiβindikaθión| ***f.*** *Solicitud o exigencia de una cosa a la que se tiene derecho: *los trabajadores presentaron sus reivindicaciones al director general.*

rei·vin·di·car |r̄eiβindikár| ***tr.*** [algo] Solicitar o exigir una cosa a la que se tiene derecho: *reivindicaban un salario justo y unas prestaciones sociales dignas.* ⌂ Se conjuga como 1.

re·ja |r̄éxa| **1** ***f.*** Conjunto de barras de hierro, de varios tamaños y figuras, que protegen una puerta o ventana: *miraba a la calle desde detrás de la ~ de la ventana; la ~ de esta ventana es de hierro forjado.* ⇒ **enrejado.** **2** Pieza de hierro del *arado, para abrir y remover la tierra: *la ~ se clavaba bien en la tierra porque hacía poco tiempo que había llovido.* **3** *fig.* Labor o vuelta dada a la tierra con el *arado: *acabo de dar la segunda ~ a la tierra.*

re·ji·lla |r̄exiʎa| **1** ***f.*** Red de alambre, de madera o de tela metálica que cierra un hueco practicado en una superficie: *miró por la ~ de la ventana.* **2** *p. ext.* Hueco cerrado con una red: *tan sólo podía oír su voz a través de la ~ del confesionario.* **3** Tejido delgado y fuerte hecho con tiras de los tallos de ciertas plantas y que sirve para hacer respaldos y asientos de sillas: *tengo en mi casa seis sillas con asiento de ~.*

re·jón |r̄exón| ***m.*** Palo de algo más de un metro de largo con un hierro en la punta y que sirve para *rejonear: *el rejoneador puso varios rejones al toro durante la lidia.*

re·jo·ne·a·⌜dor, ⌜do·ra |r̄exoneaðór, ðóra| ***m. f.*** Persona que *torea a caballo hiriendo al toro con *rejones: *en la corrida de hoy participarán dos toreros y un ~.*

re·jo·ne·ar |r̄exoneár~| ***tr.-intr.*** [algo] Herir al toro con *uno o varios *rejones al *torear a caballo: *el rejoneador rejoneó diez veces al toro.*

re·jo·ne·o |r̄exonéo| ***m.*** Acción de *rejonear: *Manuel es un artista del ~.*

re·ju·ve·ne·cer |r̄exuβeneθér| **1** ***tr.-intr.-prnl.*** [a alguien] Hacer o hacerse joven o más joven: *su vuelta al trabajo ha rejuvenecido a sus compañeros; mi padre rejuvenece cada día.* - **2** ***tr.*** [algo] Renovar o dar actualidad: *he decidido ~ mi vestuario.* ⌂ Se conjuga como 43.

re·la·ción |r̄elaθión| **1** ***f.*** Unión, correspondencia o dependencia: *no sé qué ~ puede haber entre los dos hechos.* **2** Explicación que se hace de un hecho, de palabra o por escrito: *en su carta anterior, nos* *hizo ~ de todo lo sucedido.* ⇒ **cuento, relato. 3** Lista de personas o cosas: *leyó la ~ de los asistentes al congreso.* **- 4 relaciones *f. pl.*** Tratos o uniones entre personas o cosas: *no es partidario de establecer relaciones sexuales antes del matrimonio;* **relaciones públicas**, las que se establecen entre una empresa y sus posibles clientes por medio de una o varias personas que tratan de mejorar su fama y de ganar partidarios: *ustedes dos se harán cargo de las relaciones públicas de esta discoteca.* ■ **relaciones públicas**, persona que se dedica a esta actividad: *al relaciones públicas suele exigírsele buena presencia.*

re·la·cio·nar |r̄elaθionár| **1 *tr.*** [algo, a alguien] Unir o poner en relación: *intenta ~ todo lo que viste y llegarás a la misma conclusión que yo.* **2** *form.* [algo; a alguien] Explicar de palabra o por escrito; hacer relación: *soy capaz de ~ con detalle lo que sucedió la noche del crimen.* ⇒ **contar, relatar. - 3 relacionarse *prnl.*** *fig.* Tener trato o una relación: *no sale nunca de casa y no se relaciona con nadie.*

re·la·ja·ción |r̄elaxaθión| **1 *f.*** Descanso o estado de tranquilidad: *el ruido de la calle impide la ~.* ⇒ **relax.** ⇔ **nerviosismo. 2** Disminución de la fuerza o de la actividad: *haz ejercicios de ~ para los músculos.* **3** Disminución de la severidad de una regla o norma: *en aquella época se produjo una ~ de las costumbres.*

re·la·jar |r̄elaxár| **1 *tr.-prnl.*** [algo] Disminuir la presión o la fuerza de una cosa: *relaja la cuerda, que está tan tirante que se va a romper.* **2** Descansar o reducir una actividad: *relaje las piernas, por favor.* **3** *fig.* Hacer menos severo y *rígido el cumplimiento de las leyes o de las normas sociales: *el nuevo director relajó las costumbres del colegio.* **- 4 relajarse *prnl.*** Conseguir un estado físico y mental de descanso, dejando los músculos sin presión y la mente libre de preocupaciones: *está usted muy nervioso y necesita relajarse: váyase al campo a descansar.* **5** *fig.* Viciarse o caer en malas costumbres: *cuando la sociedad está en decadencia, se relaja en su conducta y en su moral.*

re·la·mer |r̄elamér| **1 *tr.*** [algo] Chupar con la lengua; *lamer repetidamente: *el perro relamía el plato.* **- 2 relamerse *prnl.*** Chuparse con la lengua o *lamerse los labios repetidamente: *se relamía para limpiarse el chocolate.* **3** *fig.* Disfrutar una cosa antes de conseguirla: *se relamía viendo cómo su madre hacía el pastel.*

re·lám·pa·go |r̄elámpaγo| **1 *m.*** Luz viva y rápida que se produce en las nubes por una descarga eléctrica: *los relámpagos van seguidos de truenos; las tormentas con relámpagos me dan miedo.* **2** *fig.* Persona o cosa que realiza una actividad o produce un efecto de forma muy rápida: *¡este chico es un ~ trabajando!* ☐ En esta acepción se usa detrás de los nombres para indicar la rapidez y brevedad de la acción a la que hacen referencia: *los ministros hicieron una visita ~ a Guinea Ecuatorial.*

re·lam·pa·gue·ar |r̄elampaγeár| **1 *unipers.*** Haber *relámpagos: *está lloviendo y relampagueando.* **- 2 *intr.*** *fig.* Emitir luz o brillar de manera especial: *los ojos de Susana relampaguean de enfado.*

re·lam·pa·gue·o |r̄elampaγéo| **1 *m.*** Serie de *relámpagos: *si te asomas a la ventana podrás ver el ~ de la tormenta.* **2** Acción y resultado de producirse un *relámpago: *el ~ no cesa.* **3** *fig.* Emisión de luz de manera *intermitente: *el ~ del foco me molestaba mucho.*

re·la·tar |r̄elatár| ***tr.*** [algo; a alguien] Expresar de palabra o por escrito; hacer relación: *relató la historia de su abuelo.* ⇒ **contar, relacionar.**

re·la·ti·vi·dad |r̄elatiβiðá^ð| ***f.*** Falta de unos valores *absolutos: *el profesor comenzó su clase sobre la noción de ley y delito, insistiendo en su ~.*

re·la·ti·⌐vo, ⌐va |r̄elatíβo, βa| **1 *adj.*** Que tiene relación con una persona o cosa: *intentaron solucionar los problemas relativos a la economía.* **2** Que no es total y depende de una relación: *la felicidad tiene un valor ~.* ⇔ **absoluto. 3** Que existe en poca cantidad o intensidad: *se ha experimentado un ~ descenso del paro; los factores eran de relativa importancia.* ⇒ **escaso, poco. - 4 *adj.-m.*** LING. (palabra) Que se refiere a elementos aparecidos anteriormente en el discurso: *los relativos unen una oración subordinada con un elemento de la oración principal llamado antecedente.* ⇒ **pronombre.** ☐ Realizan esta función los pronombres relativos *que, el cual, quien, cuyo* y *cuanto* y los adverbios relativos *donde, cuando* y *como.*

re·la·to |r̄eláto| ***m.*** Explicación que se hace de un hecho de palabra o por escrito: *es muy aficionado a leer relatos de terror.* ⇒ **cuento, relación.**

re·lax |r̄elá^ks| ***m.*** Descanso o estado de tranquilidad: *unos ejercicios físicos adecuados producen ~.*

re·le·gar |r̄eleγár| ***tr.*** [algo, a alguien] Apartar o dejar a un lado; dejar atrás: *fue relegado a un cargo poco importante.* ☐ Se conjuga como 7.

re·len·te |r̄elénte| ***m.*** Humedad que se nota en el aire las noches sin nubes: *esta madrugada ha habido mucho ~.*

re·le·van·te |r̄eleβánte| ***adj.*** Que es importante o que se debe tener en cuenta: *en este hotel se alojan personas relevantes.*

re·le·var |r̄eleβár| **1 *tr.*** [algo, a alguien] Sustituir o tomar una persona o cosa el puesto de otra: *el presidente ha relevado al ministro de su cargo.* **2** [a alguien] Librar de un peso, carga o empleo: *lo relevará de ese quehacer.*

re·le·vo |r̄eléβo| **1 *m.*** Sustitución en un trabajo o en una función: *a las tres hacen el ~ en el puesto de guardia.* **2** Persona o conjunto de personas que sustituyen a otras: *me marcharé a descansar en cuanto llegue mi ~.* **- 3 relevos *pl.*** DEP. Competición en la que los miembros de cada equipo se van sustituyendo una vez que han recorrido una determinada distancia: *el equipo francés consiguió la victoria en la prueba de relevos.*

re·li·ca·rio |r̄elikário| ***m.*** Lugar u objeto en el que se guardan *reliquias: *lleva siempre un ~ consigo.*

re·lie·ve |r̄eliéβe| **1 *m.*** Trabajo o figura que destaca por encima de una superficie: *este ~, hecho en madera, muestra a la Sagrada Familia.* **2** Superficie de un territorio: *el ~ de España es montañoso.* **3** *fig.* Importancia o influencia de una persona o cosa:

es una obra de gran ~ en la literatura europea. ■ **poner de ~**, destacar o *subrayar: *en su discurso puso de ~ la imposibilidad de continuar así.*

re·li·gión |r̄elixión| ***f.*** Conjunto de creencias, normas morales de comportamiento social e individual y ceremonias de oración o sacrificio que relacionan al hombre con Dios: *la ~ más común y con mayor número de practicantes en España es la católica.*

re·li·gio·si·dad |r̄elixiosiðáᶞ| **1 *f.*** Empeño, dureza y exigencia que se ponen en cumplir las obligaciones religiosas: *iba a misa todos los domingos con ferviente ~.* **2** Empeño y exigencia que se ponen en hacer, observar o cumplir una cosa: *paga todas sus deudas con ~.*

re·li·gio·⌈so, ⌈sa |r̄elixióso, sa| **1 *adj.*** De la religión o que tiene relación con ella: *las catedrales son lugares religiosos.* **2** Que tiene religión y, especialmente, que la practica con empeño: *las personas religiosas suelen ser caritativas.* **3** Que es fiel y exacto en el cumplimiento del deber: *todos los meses me paga con religiosa puntualidad.* **- 4 *adj.-s.*** Que ha tomado hábito en una orden religiosa regular: *los religiosos del monasterio de Silos han grabado un disco de canto gregoriano.*

re·lin·char |r̄elintʃár| ***intr.*** Emitir *relinchos el caballo: *el caballo relinchaba y movía la crin.*

re·lin·cho |r̄elíntʃo| ***m.*** Voz característica del caballo: *un ~ en las cuadras nos previno de una presencia inesperada.*

re·li·quia |r̄elíkia| **1 *f.*** Parte del cuerpo de un santo, o lo que tiene que ver con él, que se *venera: *en aquella catedral están las reliquias de San Esteban.* **2** Resto de una cosa pasada: *en este pueblo quedan muchas reliquias del siglo pasado.* **3** *fam.* Cosa muy vieja y que generalmente no sirve para nada: *voy a deshacerme de esta moto, es una ~.*

re·lla·no |r̄eʎáno| ***m.*** Superficie llana en que termina cada parte de una escalera y que da entrada a las casas o habitaciones: *esa señora vive en el mismo ~ que Elena.* ⇒ **descansillo.**

re·lle·nar |r̄eʎenár| **1 *tr.*** [algo] Llenar un hueco metiendo una cosa en él: *el albañil rellenó el agujero de la tapia con cemento; para hacer chorizos se rellenan las tripas con carne de cerdo.* **2** Meter un alimento en el interior de otro: *hemos rellenado el pavo con ciruelas y pasas; rellenó los pimientos con bacalao.* **3** Llenar una cosa de nuevo: *ha rellenado la botella con vino.* **4** Escribir en los huecos en blanco de un documento la información necesaria: *me he equivocado al ~ este formulario; debes ~ el impreso con tus datos personales.*

re·lle·⌈no, ⌈na |r̄eʎéno, na| **1 *adj.*** Que está lleno en su interior: *he comprado una lata de aceitunas rellenas de anchoa.* **2** Que está escrito por completo; que tiene escritos los *datos necesarios: *el impreso ya está ~.* **- 3 relleno *m.*** Alimento, generalmente picado, con el que se *rellena el interior de otro: *tengo que preparar el ~ de las empanadillas; el ~ de los pimientos sabía muy picante.* **4** Llenado de un recipiente: *para el ~ de la botella tienes que comprar un embudo.* **5** Llenado de un hueco: *estamos haciendo el ~ de cemento para tapar el hueco de la pared.* **6** *fig.* Elemento superficial o poco importante: *en su conferencia hubo mucho ~.*

re·loj |r̄elóx| ***m.*** Aparato que sirve para medir el tiempo o dividir el día en horas, minutos y segundos: *¿puedes decirme la hora? he olvidado el ~ en casa;* ~ **de arena**, el formado por tubos de cristal unidos por un paso estrecho y que mide el tiempo por medio de la arena que va cayendo de uno a otro: *los relojes de arena son muy antiguos;* ~ **de cuco**, el que dispone de la figura de un pájaro que sale de su interior para indicar las horas: *cada cuarto de hora sale el pájarito del ~ de cuco;* ~ **eléctrico**, el que tiene un mecanismo movido o regulado por electricidad: *sobre mi mesilla, tengo un ~ eléctrico;* ~ **digital**, el *electrónico, con pantalla de cristal líquido, que indica el tiempo mediante números: *los relojes digitales suelen ser bastante exactos;* ~ **de pulsera**, el que se lleva en la muñeca, sujeto con una correa o una cadena: *los ladrones le robaron el ~ de pulsera de oro;* ~ **de sol**, el que señala las horas del día por medio de la *sombra que proyecta una aguja fija sobre una superficie: *en el parque hay un ~ de sol.* ■ **como un** ~, de forma exacta; muy bien y sin falta: *mi cuerpo funciona como un ~.* ■ **contra** ~, contando con un periodo de tiempo muy corto; muy deprisa: *esta obra, al parecer, hay que terminarla contra ~.*

re·lo·je·rí·a |r̄eloxería| ***f.*** Establecimiento en el que se venden o arreglan relojes: *tengo que pasarme por la ~ a dejar el despertador para que lo reparen.*

re·lo·je·⌈ro, ⌈ra |r̄eloxéro, ra| ***m. f.*** Persona que se dedica a hacer, arreglar o vender relojes: *le preguntaré al ~ si puede colocar en su sitio esta manecilla.*

re·lu·cir |r̄eluθír| **1 *intr.*** Brillar o reflejar luz: *su armadura relucía al sol.* **2** *fig.* Brillar o destacar por una virtud o una cualidad: *sus hechos relucen en la historia.* ◯ Se conjuga como 45.

re·lum·brar |r̄elumbrár| ***intr.*** Dar o emitir una luz muy fuerte: *su pulsera de brillantes relumbraba tanto que hacía daño a la vista.*

re·ma·cha·do·ra |r̄ematʃaðóra| ***f.*** Máquina que sirve para golpear la punta de un clavo ya colocado hasta que queda bien fijo: *las remachadoras se utilizan en la fabricación de maletas, cinturones, cuchillos y otros objetos.*

re·ma·char |r̄ematʃár| **1 *tr.*** [algo] Aplastar la punta o la cabeza de un clavo: *remachó bien el clavo para que nadie se enganchase en él.* **2** *fig.* Repetir o asegurar lo que se ha dicho o hecho: *remachó bien cuál era su intención.*

re·ma·che |r̄emátʃe| **1 *m.*** Pieza de metal, parecida a un clavo que se dobla sobre sí misma: *sujetaron las dos chapas con remaches; la correa va sujeta a la cartera con remaches.* **2** Acción y resultado de sujetar con *remaches: *el ~ lo hace la máquina automáticamente.*

re·ma·nen·te |r̄emanénte| ***m.*** Parte que se conserva o que queda de una cosa: *en el almacén queda el ~ de los productos que no se han vendido esta temporada.* ⇒ **excedente.**

re·man·gar |r̄emaŋgár| **1 *tr.-prnl.*** [algo, a alguien] Recoger hacia arriba las mangas o una prenda: *se remangó para meter el brazo en el agua; remángate la falda para cruzar.* ⇒ **arremangar.** - **2 remangarse** ***prnl.*** *fig.* Tomar enérgicamente una decisión: *se remangó y se puso a pintar la pared.* ⇒ **arremangar.**

re·man·so |r̄emánso| **1** ***m.*** Lugar donde se detiene el agua o donde fluye muy *despacio: *sacaron las cañas y se pusieron a pescar en el ~ del río.* **2** Lugar muy tranquilo: *este monasterio es un ~ de paz.*

re·mar |r̄emár| ***intr.*** Mover el remo para hacer avanzar una embarcación: *no sabía ~ y la barca se movía en círculos.*

re·ma·tar |r̄ematár| **1** ***tr.*** [algo] Acabar; poner fin: *aunque nos costó mucho trabajo, rematamos el trabajo en el plazo previsto.* ⇒ **concluir.** **2** Asegurar los últimos puntos al coser: *el bajo de la falda se está descosiendo porque no has rematado bien las puntadas.* **3** *fam.* [algo, a alguien] Acabar de estropear una cosa o una situación que está mal: *con lo deprimido que estaba, esta mala noticia lo va a ~.* **4** [algo] Tirar a *gol en el juego del fútbol: *el jugador ha rematado la jugada con un disparo a la red.* **5** [a algo/alguien] Poner fin a la vida de una persona o de un animal que está a punto de morir: *el ganadero remató al caballo para que dejara de sufrir; el pistolero remató al ladrón herido.*

re·ma·te |r̄eméte| **1** ***m.*** Fin o conclusión; momento o modo en que termina una cosa: *esta frase será un ~ brillante para tu discurso; como ~, cantaron una jota todos juntos.* ⇒ **colofón.** **2** Fin, extremo; elemento que cierra o está al final de una cosa: *aquel pináculo que se ve es el ~ de la torre; el camisón de Loreto tiene un ~ de ganchillo.* **3** DEP. Lanzamiento de la pelota hacia el lugar en que se consiguen los puntos, especialmente si es el fin de una serie de jugadas: *el delantero hizo un ~ fortísimo que detuvo el portero.* ■ **de ~**, totalmente, sin remedio: *Juanito no entiende nada, es tonto de ~.*

re·me·dar |r̄emeðár| **1** ***tr.*** *form.* [algo] Imitar o hacer que una cosa se parezca a otra: *esa obra remeda el gran clásico de Cervantes.* **2** *form.* [algo, a alguien] Imitar o hacer las mismas acciones o gestos que otra persona: *salió a la escena y remedó a la perfección su manera de andar y su voz.*

re·me·dia·ble |r̄emeðiáβle| ***adj.*** Que puede ser remediado o arreglado: *al menos, es un mal ~.*

re·me·diar |r̄emeðiár| **1** ***tr.-prnl.*** [algo] Poner un remedio o dar una solución: *nadie puede ~ esta situación tan difícil.* - **2** ***tr.*** Evitar que *suceda una cosa negativa: *se enterará del engaño, si nadie lo remedia; lo siento, no lo he podido ~.*

re·me·dio |r̄eméðio| **1** ***m.*** Medio que se toma para arreglar un daño o para evitar un obstáculo: *puso ~ a todos nuestros problemas técnicos.* **2** Medio o sustancia que sirve para curar o para producir un cambio favorable en las enfermedades: *los médicos no encuentran ~ alguno para su mal.* **3** Solución a una equivocación o a un error: *creo que este asunto no tiene ~.* **4** Auxilio o refugio que evita un mal: *el no beber es un buen ~ contra los accidentes.*

re·me·do |r̄eméðo| ***m.*** *form.* Imitación o copia: *es un mal ~ de una famosa novela del* XVIII.

re·me·mo·rar |r̄ememorár| ***tr.*** *form.* [algo, a alguien] Recordar o traer a la memoria o al pensamiento: *rememoraba los tiempos en los que era joven y feliz.* ⇒ **evocar.**

re·men·dar |r̄emendár| **1** ***tr.*** [algo] Unir o coser un *remiendo para dar fuerza o cubrir lo que está roto o viejo: *ya he remendado dos veces las rodillas del mono de trabajo.* **2** *p. ext.* Corregir o arreglar un error: *tuve que ~ casi todo lo que había escrito.* **3** Añadir para sustituir lo que le falta: *remendó el guiso con una salsa.* ☐ Se conjuga como 27.

re·me·⌐ro, ⌐ra |r̄eméro, ra| ***m. f.*** Persona que rema o mueve los remos: *volvieron a aumentar el ritmo de los remeros de la galera.*

re·me·sa |r̄emésa| **1** ***f.*** Envío que se hace de una cosa: *en la fábrica hay varias personas que se ocupan de hacer las remesas con las mercancías que se piden.* **2** Cosa que se envía de una vez: *¿ha llegado ya la ~ de libros de texto que esperamos?*

re·me·ter |r̄emetér| ***tr.*** [algo] Volver a meter o meter más adentro: *remetió las sábanas debajo del colchón.*

re·mien·do |r̄emiéndo| **1** ***m.*** Trozo de tela que se une o se cose a lo que está viejo o roto para darle fuerza o para cubrirlo: *lleva los pantalones llenos de remiendos.* **2** *fig.* Trabajo de poca importancia que se hace para arreglar una cosa durante un tiempo: *tengo que hacer una reparación seria al coche porque ya no admite más remiendos.*

re·mil·ga·⌐do, ⌐da |r̄emilɣáðo, ða| ***adj.-s.*** *desp.* (persona, animal) Que finge o muestra una delicadeza o gracia exagerada: *no me gusta tratar con él: es demasiado ~.*

re·mil·go |r̄emílɣo| ***m.*** Delicadeza o *escrúpulos exagerados, mostrados con gestos expresivos: *cuando come siempre hace remilgos; a la hora de llevar a la práctica nuestro plan mostró cierto ~.*

re·mi·nis·cen·cia |r̄eminisθénθia| **1** ***f.*** Recuerdo de una obra de arte que influye en la creación de otra: *este libro tiene reminiscencias del Amadís.* **2** Continuación o recuerdo de una cosa: *el Carnaval es una ~ de las Saturnales.* **3** *form.* Representación en la memoria de una imagen del pasado: *la ~ de su pasado le hacía afrontar el porvenir con temor.*

re·mi·sión |r̄emisión| ***f.*** *form.* Acción y resultado de *remitir o *remitirse: *en el primer capítulo, el autor hace una ~ a otro libro suyo.* ■ **sin ~**, sin que exista otra posibilidad; sin salida: *si no avisamos al veterinario, la vaca morirá sin ~.*

re·mi·⌐so, ⌐sa |r̄emíso, sa| ***adj.*** *form.* Que está poco decidido o dispuesto; que tiene poca fuerza o energía: *el caballo se mostró ~ a saltar.*

re·mi·te |r̄emíte| ***m.*** Nota que se pone en un sobre o paquete para indicar el nombre y la dirección de la persona que lo envía: *no te olvides de escribir el ~ para que te devuelvan la carta si no llega.*

re·mi·tir |r̄emitír| **1** ***tr.*** [algo, a alguien; a alguien, a algún lugar] Enviar o dirigir de un sitio a otro:

me remitieron a esta oficina; han remitido aquí su carta; permíteme que te remita al artículo 351 del Código Penal. **- 2** ***tr.-intr.*** [algo] Perder o hacer perder intensidad o fuerza: *la enfermedad empieza a ~; la tormenta remitió enseguida.* ⇒ **ceder. - 3 remitirse** ***prnl.*** Observar o tener en cuenta lo que se ha dicho o se ha hecho: *se remitió a su propio acuerdo.*

re·mo |r̄émo| **1** ***m.*** Instrumento de madera, en forma de pala larga y estrecha, que sirve para mover una embarcación haciendo fuerza en el agua: *movía la barca con los remos para acercarse a la orilla.* **2** DEP. Conjunto de deportes que se practican con embarcaciones movidas mediante esos instrumentos: *practicando el ~ se ejercitan mucho los músculos de los brazos.* **3** Ala de una ave: *movía sus remos suavemente a través del cielo.* **4** *fam.* Brazo o pierna, del hombre o de ciertos animales: *debe de correr mucho, por los remos que tiene.*

re·mo·de·lar |r̄emoðelár| ***tr.*** [algo] Cambiar o dar una forma nueva: *remodelaron la fachada de un edificio viejo; el presidente remodeló el gobierno.*

re·mo·jar |r̄emoxár| **1** ***tr.*** [algo, a alguien] Mojar completamente: *remojó las torrijas en leche.* ⇒ **empapar. 2** *fig.* [algo] Celebrar una cosa tomando unas bebidas: *remojaremos el nacimiento del niño.* ⇒ **mojar.**

re·mo·jo |r̄emóxo| ***m.*** Operación que consiste en introducir una cosa en agua u otro líquido para mojarlo completamente: *pon los garbanzos en ~ esta noche.* ☐ Suele usarse con los verbos *meter* y *poner.*

re·mo·jón |r̄emoxón| ***m.*** *fam.* Baño que consiste en meterse en el agua de golpe o en recibirla en gran cantidad y sin esperarlo: *se cayó del puente y recibió un buen ~.* ⇒ **chapuzón.**

re·mo·la·cha |r̄emolátʃa| **1** ***f.*** Raíz comestible, grande y carnosa que produce azúcar: *en la despensa sólo había botes de ~ en conserva.* **2** Planta de tallo derecho, grueso y ramoso, con las hojas grandes, ovaladas y con un nervio central, y las flores pequeñas en *espiga: *la ~ es un cultivo de regadío;* ~ **azucarera**, la que se cultiva para conseguir azúcar: *la ~ azucarera se cultiva en el sur;* ~ **forrajera**, la que se cultiva para alimento de los animales: *la ~ forrajera contiene poco azúcar;* ~ **roja**, la que tiene la raíz roja: *pondré un poco de ~ roja en la ensalada.*

re·mol·ca·⌈dor, ⌈do·ra |r̄emolkaðór, ðóra| **1** ***adj.-s.*** Que sirve para *remolcar: *el camión ~ nos llevó al taller.* **- 2 remolcador** ***m.*** MAR. Barco de gran fuerza que se usa para tirar de otras embarcaciones: *un ~ arrastró el pesquero hasta el puerto.*

re·mol·car |r̄emolkár| **1** ***tr.*** [algo] Llevar un vehículo por tierra tirando de él por medio de un *cable o una cadena: *se le averió el motor y tuvieron que remolcarlo hasta un taller.* **2** MAR. Llevar una embarcación sobre el agua tirando de ella por medio de un *cable o una cadena: *el pesquero fue remolcado por la patrullera.* ☐ Se conjuga como 1.

re·mo·li·no |r̄emolíno| **1** ***m.*** Movimiento rápido de aire, agua, polvo o humo que gira sobre sí mismo: *el barco se hundió en un enorme ~.* ⇒ **torbellino. 2** Conjunto de pelos que crecen en diferente dirección y en redondo: *es muy difícil cortarle el pelo porque tiene muchos remolinos.* **3** *fig.* Cantidad grande de gente sin orden: *se perdió entre los remolinos de la multitud.* **4** *fam.* Persona que se mueve mucho y que molesta: *dice que su hijo pequeño es un ~.*

re·mo·⌈lón, ⌈lo·na |r̄emolón, lóna| ***adj.-s.*** Que es flojo, perezoso; que *huye del trabajo con mala intención: *es muy ~ y siempre protesta cuando hay que hacer algo; no te hagas el ~ y levántate de la cama.* ⇒ **vago.** ☐ Se suele usar con el verbo *hacerse.*

re·mol·que |r̄emólke| **1** ***m.*** Vehículo *remolcado o tirado por otro: *ese camión puede llevar un ~.* **2** Arrastre de un vehículo o embarcación: *procedieron al ~ del barco detenido.*

re·mon·tar |r̄emontár| **1** ***tr.*** [algo] Subir, especialmente un monte o cuesta para alcanzar su parte superior: *tuvieron que ~ varios puertos antes de llegar a la meta.* **2** Navegar aguas arriba en contra de la corriente: *tuvieron que ~ el río más de 20 kilómetros.* **- 3 remontarse** ***prnl.*** Subir o volar más alto: *el águila se remontó rápidamente con su pieza.* **4** *form. fig.* Elevarse moral o socialmente: *nos remontamos en alas de la poesía; se remontó sobre todos.* **5** *fig.* Llegar, en un recorrido, hacia el pasado: *el historiador se remonta hasta el siglo* XII. ☐ No se debe decir *remontar a una época* por *remontarse a una época.*

ré·mo·ra |r̄émora| **1** ***f.*** Cosa que detiene, impide o hace difícil un proceso, proyecto o acción: *la hipoteca era una ~ para la economía familiar; la política de compra de excedentes de vino fue una pesada ~ para el sector.* **2** Pez marino de color gris que se pega fuertemente a los objetos flotantes o a otros peces gracias a un disco ovalado que tiene sobre la cabeza: *antiguamente, se creía que las rémoras detenían los barcos.* ☐ Para indicar el sexo se usa la ~ macho y la ~ hembra.

re·mor·di·mien·to |r̄emorðimi̲e̲nto| ***m.*** Sentimiento de pesar o pena interior que queda después de una mala acción: *espero que, al menos, tengas remordimientos por lo que me has hecho.*

re·mo·⌈to, ⌈ta |r̄emóto, ta| **1** ***adj.*** Que está muy lejos o muy apartado: *se marchó a un país ~ y no hemos vuelto a saber más de él.* ⇒ **lejano. 2** *fig.* Que es muy difícil que se dé en la realidad: *no existe la más remota posibilidad de llegar a saberlo.*

re·mo·ver |r̄emoβér| **1** ***tr.*** [algo] Mover repetidamente o agitar, generalmente un líquido: *remueve bien la leche para que se disuelva el café.* **2** *form.* Mover o cambiar una cosa de sitio: *removió todos los muebles de la sala.* **3** Causar agitación; *revolver un asunto: *lo ha removido todo hasta conseguirlo.* ☐ No se debe usar por *extraer* o *sacar.* Se conjuga como 32.

re·mo·zar |r̄emoθár| ***tr.-prnl.*** [algo] Dar o comunicar un aspecto nuevo o moderno: *han remozado la fachada de la casa.* ☐ Se conjuga como 4.

re·mu·ne·ra·ción |r̄emuneraθi̲ó̲n| ***f.*** Bien o cantidad de dinero con que se *compensa un trabajo o un daño: *van a recibir una ~ especial por haber terminado el trabajo antes de lo previsto.* ⇒ **sueldo.**

re·mu·ne·rar |r̄emunerár| ***tr.*** [a alguien] Dar un bien o una cantidad de dinero para *compensar un trabajo o un daño: *creen que se les debería ~ mejor; la empresa debe ~ a los afectados.*

re·na·cen·tis·ta |r̄enaθentísta| **1** ***adj.*** Del Renacimiento o que tiene relación con él: *el arte ~ admira los modelos clásicos.* **- 2** ***adj.-com.*** (persona) Que cultiva los estudios o sigue las tendencias propias del Renacimiento: *mi profesor de literatura es un prestigioso ~.*

re·na·cer |r̄enaθér| **1** ***intr.*** Volver a nacer: *las flores renacen en el jardín por primavera; cree que se puede ~ a la vida.* **2** *fig.* Recuperar fuerzas o energía: *esta tendencia artística ha renacido en los últimos años.* ☖ Se conjuga como 42.

re·na·ci·mien·to |r̄enaθimiénto| **1** ***m.*** Vuelta a nacer; vuelta a la vida: *prometía a sus discípulos un ~ tras la muerte.* **2** *fig.* Actividad o energía que se produce de nuevo: *parece que se está produciendo un ~ económico.* **3** Movimiento cultural caracterizado por el estudio y el intento de recuperar las culturas de la Grecia y la Roma antiguas: *Italia fue la cuna del Renacimiento.* ⇒ **barroco, neoclasicismo, romanticismo.** ☖ En esta acepción se suele escribir con mayúscula. **4** Periodo que comienza a *mediados del siglo XV y termina con el siglo XVI: *durante el Renacimiento, se produjeron numerosos cambios políticos en la Europa Occidental.* ☖ En esta acepción se suele escribir con mayúscula.

re·na·cua·jo |r̄enakuáxo| **1** ***m.*** Animal pequeño que vive en el agua, con cola larga, sin patas y que, cuando se hace adulto, se convierte en *rana: *los niños intentaban cazar con un bote algunos renacuajos.* **2** *fam. fig.* Niño pequeño: *nunca sé dónde se mete ese ~; ¡qué lata!, siempre me toca cuidar a mi hermano el ~.*

re·nal |r̄enál| ***adj.*** ANAT. De los *riñones o que tiene relación con ellos: *las arterias renales son las que llegan a los riñones; el sábado le dio un cólico ~ y tuvimos que llevarlo al hospital.*

ren·ci·lla |r̄enθíʎa| ***f.*** Lucha o enfrentamiento que produce un sentimiento de *enemistad: *hay ciertas rencillas entre ellos desde que sólo le dieron el puesto a uno.*

ren·cor |r̄eŋkór| ***m.*** Sentimiento de odio por haber recibido una ofensa o un daño: *le guarda ~ porque no lo avisó de que se iban de vacaciones.* ⇒ **resentimiento.** ☖ Suele usarse con el verbo *guardar.*

ren·co·ro·⌐so, ⌐sa |r̄eŋkoróso, sa| ***adj.-s.*** (persona) Que tiene o guarda rencor u odio: *no seas ~ y perdónalo.*

ren·di·ción |r̄endiθión| ***f.*** Acción y resultado de rendir o rendirse: *la ~ se produjo poco después de esa batalla.*

ren·di·ja |r̄endíxa| ***f.*** Hueco estrecho y alargado en una superficie o que queda entre dos cuerpos: *no cerró del todo la puerta y quedaba una ~.*

ren·di·mien·to |r̄endimiénto| **1** ***m.*** Trabajo útil que desarrolla una persona o cosa: *el ~ de este motor es mayor que el del otro; obtienen un gran ~ de una jornada de trabajo.* **2** Producto, utilidad o *ganancia: *creo que a este aparato se le puede sacar poco ~.*

ren·dir |r̄endír| **1** ***tr.-prnl.*** [algo, a alguien] Vencer o someter: *los soldados rindieron la plaza enemiga tras varios días de batalla; María ha rendido la resistencia que le oponía Juan para cambiar las cortinas de toda la casa.* **- 2** ***tr.*** [algo] Cansar mucho: *María ha estado jugando al tenis toda la tarde y ahora está rendida; ¿no ves que vas a ~ al caballo con la carga?* **3** Dar u ofrecer: *los nobles rindieron homenaje a su rey; tendrás que ~ cuentas de lo que has gastado.* **- 4** ***intr.*** Dar fruto o ser de utilidad: *el trabajo nos ha rendido mucho y hemos hecho el doble que otras semanas.* ⇒ **cundir. - 5 rendirse** ***prnl.*** [a/ante algo/alguien] Admitir o aceptar la *derrota; dejar de oponer resistencia: *el boxeador se rindió ante la superioridad de su oponente.* ☖ Se conjuga como 34.

re·ne·ga·⌐do, ⌐da |r̄eneɣáðo, ða| **1** ***adj.-s.*** (persona) Que renuncia o desprecia sus propias creencias o ideas: *los miembros de su antiguo partido lo consideran un ~ por haber cambiado de ideas.* **2** *fig.* (persona) Que es áspero en el trato y mal educado: *no hay quien pueda con estos renegados niños.*

re·ne·gar |r̄eneɣár| **1** ***intr.*** Negar unas ideas o creencias que se consideran propias para seguir otras diferentes: *renegó del cristianismo y abrazó la religión de sus antepasados; ha renegado de su partido.* **2** *fam. fig.* Protestar o decir *insultos o *juramentos: *no se le puede pedir nada porque siempre está renegando.* **- 3** ***tr.*** [algo] Negar con insistencia: *lo negó y lo renegó.* ☖ Se conjuga como 48.

ren·glón |r̄eŋglón| **1** ***m.*** Serie de letras dispuestas horizontalmente en una página: *escribió varios renglones.* ⇒ **línea. 2** Línea horizontal en una página: *compró un cuaderno de renglones a su hijo para que no se torciera al escribir.* **- 3 renglones** ***m. pl.*** *fig.* Carta o escrito, generalmente breve: *te mandaré unos renglones contándote lo que ocurra.*

re·no |r̄éno| ***m.*** Animal mamífero *rumiante de

RENO

patas largas, cola muy corta, pelo espeso y colgante marrón o gris en el cuerpo y blanco en el cuello y con cuernos divididos en ramas: *el ~ habita en las regiones frías del hemisferio norte; un grupo de renos tira del trineo de Papá Noel.* ☐ Para indicar el sexo se usa el ~ macho y el ~ hembra.

re·nom·bre |r̄enómbre| **1** ***m.*** Fama o reconocimiento público: *adquirió cierto ~ en el mundo del espectáculo.* **2** Nombre que se añade al propio: *ocurrió en el reinado de Alfonso X, de ~ el Sabio.* ⇒ **epíteto.**

re·no·va·ción |r̄enoβaθi̲ó̲n| **1** ***f.*** Vuelta a un primer estado: *se ha producido en mí una ~ completa.* **2** Continuación o ejecución de una cosa que se había interrumpido: *la noche supone la ~ de mis penas.* **3** Cambio o sustitución: *se espera una ~ del gobierno.*

re·no·var |r̄enoβár| **1** ***tr.-prnl.*** [algo] Hacer de nuevo; volver a un primer estado: *la primavera renueva el verdor de los campos.* **2** Continuar o volver a ejecutar lo que se había interrumpido: *renovaron su amistad dos años después.* ⇒ **reanudar. - 3** ***tr.*** Cambiar o sustituir: *hay que ~ el cartucho de tinta.* **4** Repetir o publicar de nuevo: *quiero ~ la expresión de mi afecto por vosotros.* ☐ Se conjuga como 31.

ren·que·ar |r̄eŋkeár| **1** ***intr.*** Andar inclinando el cuerpo a un lado más que a otro, por no poder pisar igual con ambos pies: *ayer se hizo daño en el tobillo y hoy va renqueando.* ⇒ **cojear. 2** *fam. fig.* No acabar de decidirse una persona a realizar una cosa: *todavía está renqueando con lo del trabajo que le han ofrecido.* **3** *fig.* Tener dificultades en una empresa, negocio o trabajo: *estamos renqueando en el negocio familiar.*

ren·ta |r̄énta| **1** ***f.*** Utilidad, *ganancia o *beneficio: *los estudios que he hecho son una buena ~ para el futuro.* **2** Cantidad de dinero o de bienes que se paga o se recibe por un *arrendamiento o alquiler: *la ~ de esta casa es muy alta.* ⇒ **alquiler, arrendamiento. 3** Deuda pública o títulos que la representan: *la ~ del Estado se ha empobrecido.*

ren·ta·bi·li·dad |r̄entaβiliðáᵈ| ***f.*** Capacidad de producir un *beneficio o una *renta: *la ~ de estas acciones está más que probada.*

ren·ta·bi·li·zar |r̄entaβiliθár| ***tr.*** [algo] Hacer *rentable; hacer dar un *beneficio: *quiere ~ el gasto en un plazo muy corto.* ☐ Se conjuga como 4.

ren·ta·ble |r̄entáβle| ***adj.*** Que da una *renta o un *beneficio: *hizo una inversión muy ~ y ahora es rico; creo que el esfuerzo que hacemos no es ~.*

re·nun·cia |r̄enúnθi̲a̲| **1** ***f.*** Abandono de una cosa o de una actividad: *en la carta de dimisión, les explicaba los motivos de su ~.* **2** Documento en el que se da a conocer un abandono voluntario: *el ministro ha presentado la ~.*

re·nun·ciar |r̄enunθi̲á̲r| **1** ***intr.*** [a algo] Abandonar una cosa o una actividad: *el ayuntamiento renunció al proyecto.* **2** Despreciar; no querer admitir o aceptar: *no puedes ~ a este ofrecimiento; renunció a la herencia a favor de su hermano.* **3** Faltar a una norma en el juego de las cartas: *cuando te tocaba jugar, has renunciado.* ☐ Se conjuga como 12.

re·nun·cio |r̄enúnθi̲o̲| ***m.*** Mentira o falta que se descubre cuando una persona no hace lo que dice: *ya te hemos pillado en muchos renuncios y ahora no creemos en ti.*

re·ñir |r̄eɲír| **1** ***intr.*** Enfrentarse dos personas: *se llevan como el perro y el gato: siempre están riñendo.* **- 2** ***tr.*** *fam.* [a alguien] Corregir o llamar la atención a una persona por haber *cometido un error o por su mal comportamiento: *no le gusta que le riñan por errores sin importancia.* ⇒ **increpar, recriminar, regañar, reprender.** ☐ Se conjuga como 36.

re·o |r̄éo| **1** ***m.*** Momento u ocasión en que a una persona le corresponde hacer una cosa: *creo que en el próximo ~ vas a perder la partida.* ⇒ **turno, vez. - 2** ***com.*** Persona que ha sido condenada a sufrir una pena: *el ~ fue conducido a la prisión donde pasaría el resto de su vida.*

re·or·ga·ni·zar |r̄eorγaniθár| ***tr.*** [algo] Volver a organizar o a ordenar: *ha propuesto ~ todo el horario.* ☐ Se conjuga como 4.

re·pa·ra·ción |r̄eparaθi̲ó̲n| **1** ***f.*** Arreglo de lo que está estropeado; corrección de lo que no está bien: *es una ~ muy complicada y vamos a necesitar herramientas especiales.* **2** Satisfacción o *compensación por un daño o mal: *se batió para lograr la ~ de su honor.*

re·pa·rar |r̄eparár| **1** ***tr.*** [algo] Arreglar una cosa estropeada: *tengo que llevar la radio a ~; repararon las tuberías rotas.* **2** Corregir lo que no está bien: *hemos tratado de ~ los errores del libro.* **3** *Restablecer las fuerzas; dar aliento y *vigor: *tus palabras repararon mi ánimo.* **- 4** ***tr.-prnl.*** Satisfacer o *compensar por un daño o mal: *quería ~ la injuria en un duelo a espada; quería venganza para repararse de la ofensa recibida.* **- 5** ***intr.*** [en algo] Darse cuenta; prestar atención o consideración: *repare usted en esto con cuidado; no reparé en lo que estaba haciendo.* ⇒ **advertir, observar.**

re·pa·ro |r̄epáro| **1** ***m.*** Observación o *comentario para señalar una falta o un problema: *se fijó en todos los detalles y no dejó de poner reparos.* **2** Problema u obstáculo de naturaleza moral: *no tengas reparos y dime si estás a gusto.* ⇒ **pega.**

re·par·tir |r̄epartír| **1** ***tr.*** [algo] Dividir una cosa y entregarla por partes: *repartieron los caramelos entre los cinco niños.* **2** Colocar o poner varios elementos en diferentes lugares o destinos: *repartieron los jarrones por varias salas.* **3** Extender o poner un material sobre una superficie: *repartieron la mies por la era.* **4** Ordenar o clasificar las partes de un todo: *repartió la materia en tres libros.* **5** Señalar el papel que corresponde a cada actor: *él es quien se encarga de ~ los papeles.*

re·par·to |r̄epárto| **1** ***m.*** División y entrega por partes de una cosa: *para que no hubiera peleas, la madre se encargó del ~ del pastel.* **2** Lista de los actores que intervienen en una obra de teatro o de cine: *no figuraba en el ~ original, pero la llamaron para sustituir a la protagonista.*

re·pa·sar |r̄epasár| **1** ***tr.*** [algo] Hacer otra vez una cosa para comprobar que está bien, para corregirla o para hacerla mejor: *si planchas la camisa con más cuidado, no tendré que repasarla yo antes de ponérmela; el muchacho pintaba las paredes y el padre las repasaba con el rodillo.* **2** Examinar o volver a mirar: *el profesor repasó varias veces el manuscrito de su obra; el alumno repasa el examen antes de entregarlo.* ⇒ **revisar. 3** Leer otra vez para retener mejor en la memoria: *el presidente estuvo repasando el discurso hasta un momento antes de salir por televisión.* **4** Volver a explicar: *dedicaremos las últimas semanas a ~ lo que hemos visto en el curso.* **5** Leer deprisa o sin prestar mucha atención: *sólo con ~ los exámenes, el profesor se hace una idea del nivel de la clase.* **6** Coser los rotos de la ropa: *la costura de la falda se ha descosido y tendré que repasarla.*

re·pa·so |r̄epáso| **1** ***m.*** *Examen o *revisión: *le daremos un último ~ antes de entregarlo.* **2** *Lectura que se hace de nuevo para retener mejor en la memoria: *creo que conviene hacer un ~ antes de continuar con el capítulo siguiente.* **3** Acción y resultado de repasar: *tengo que dar un ~ a los botones si no quiero que se me pierdan.*

re·pa·te·ar |r̄epateár| ***tr.*** [a alguien] Causar disgusto o desagrado una cosa: *me repatea ese tipo de música.*

re·pa·tria·ción |r̄epatria θión| ***f.*** Vuelta a la *patria o a un lugar del que se ha salido: *se espera que la ~ de los niños huidos se lleve a cabo el mes que viene.*

re·pa·triar |r̄epatriár| ***tr.*** [algo, a alguien] Hacer volver a la *patria o al lugar del que se ha salido: *van a ~ a los soldados después de la campaña en tierra extranjera.* ⇔ **expatriar.** ☖ Se conjuga como 14.

re·pe·cho |r̄epétʃo| ***m.*** Subida del terreno o cuesta, pronunciada y no muy larga: *al llegar al ~, el ciclista adelantó a varios de sus rivales.*

re·pe·len·te |r̄epelénte| **1** ***adj.*** Que causa asco o fuerte disgusto: *se encontró con una bestia ~.* **- 2** ***adj.-com.*** *fam. desp.* (persona) Que resulta desagradable por creerse superior a los demás: *es un hombre ~ por sus maneras y su aspecto.* **- 3** ***adj.-m.*** (sustancia) Que *repele: *es un producto ~ de insectos.*

re·pe·ler |r̄epelér| **1** ***tr.*** [algo, a alguien] Causar asco o fuerte disgusto: *esa ignorancia arrogante me repele.* **- 2** ***tr.-prnl.*** Expulsar o echar de sí con fuerza o *violencia: *si juntas dos imanes, pueden repelerse.*

re·pe·lús |r̄epelús| ***m.*** Sensación de frío producida por miedo, desagrado o asco: *no hagas ese ruido con los dientes, que me da ~.*

re·pen·te |r̄epénte| ***m.*** *fam.* Movimiento o cambio que no se espera: *en un ~, se tiró al suelo.* ■ **de ~,** por sorpresa; sin preparación o aviso: *de ~ dijo que no aguantaba más y se marchó.*

re·pen·ti·⌜no, ⌜na |r̄epentíno, na| ***adj.*** Que se produce u ocurre de pronto o sin preparación o aviso: *tuvo un impulso ~ de hacer justicia.* ⇒ **brusco, súbito.**

re·pen·ti·zar |r̄epentiθár| ***tr.-intr.*** [algo] Realizar una acción que no ha sido preparada o estudiada antes: *me acaban de dar el guión y salgo al escenario dentro de cinco minutos, así que tendré que ~; le pidieron al poeta que repentizara un romance.*

re·per·cu·sión |r̄eperkusión| ***f.*** Influencia o efecto: *sus palabras tuvieron una gran ~ en la sociedad del momento.*

re·per·cu·tir |r̄eperkutír| **1** ***intr.*** Tener influencia o causar un efecto: *la subida del dólar ha repercutido en los precios de los carburantes.* **2** Retroceder o cambiar de dirección un cuerpo al chocar con otro: *el proyectil repercutió en la roca.* **3** Reflejarse un sonido: *sus pisadas repercutían en las paredes de la cueva.*

re·per·to·rio |r̄epertório| **1** ***m.*** Conjunto de obras que una persona o una compañía tiene estudiadas y preparadas para representar o ejecutar: *interpretó varias canciones de su ~.* **2** Conjunto de obras o de noticias de una misma clase: *empezó a contarnos chistes de su ~.* **3** Libro en el que se citan hechos importantes, enviando a lo que se expresa más extensamente en otros escritos: *creo que no consultó las fuentes, sino que se limitó a utilizar un ~.*

re·pes·ca |r̄epéska| ***f.*** *fam.* Segunda oportunidad de conseguir un fin, generalmente en un *examen o una competición: *el profesor ha prometido hacer una ~ después de mayo.*

re·pes·car |r̄epeskár| **1** ***tr.*** [a alguien] Admitir nuevamente a una persona que había sido apartada en un *examen o en una competición: *el profesor hizo un examen de recuperación para ~ a los suspensos.* **2** [algo, a alguien] Recuperar a una persona o cosa que se había dejado a un lado o que se había olvidado: *he repescado este viejo abrigo para abrigarme durante el invierno.* ☖ Se conjuga como 1.

re·pe·ti·ción |r̄epetiθión| **1** ***f.*** Acción y resultado de hacer o decir una cosa que ya se ha hecho o dicho antes: *después del partido pusieron la ~ de las jugadas más interesantes; Miguel se limita a hacer la ~ de lo que yo voy diciendo.* **2** LIT. Figura del lenguaje que consiste en repetir ciertas palabras o ideas: *en este poema hay varias repeticiones y varias metáforas.* ■ **de ~,** (mecanismo) que repite su acción de manera automática una vez que se ha puesto a funcionar: *esta arma de fuego es de ~: puede hacer varios disparos sin tener que cargarla cada vez.*

re·pe·tir |r̄epetír| **1** ***tr.*** [algo] Volver a hacer lo que se había hecho o a decir lo que se había dicho: *suelo ~ mis errores; ¿puede ~ la pregunta?; ya lo he dicho dos veces y no volveré a repetirlo.* ⇒ **reiterar. - 2** ***intr.*** Volver a seguir un mismo curso: *le han suspendido todas las asignaturas y tiene que ~.* **- 3** ***intr.-prnl.*** Venir a la boca el sabor de lo que se ha comido o bebido: *he comido un pincho de morcilla hace tres horas y todavía me repite.* **- 4 repetirse** ***prnl.*** Insistir en una idea o una actitud: *ese escritor se repite en todas sus novelas.* ☖ Se conjuga como 34.

re·pe·ti·ti·⌜vo, ⌜va |r̄epetitíβo, βa| ***adj.*** Que se repite: *dejó aquel oficio porque el trabajo era una tarea repetitiva y aburrida.*

re·pi·car |r̄epikár| ***tr.-intr.*** [algo] Tocar o hacer sonar las campanas repetidamente: *las campanas de la iglesia repican todos los domingos.* ☖ Se conjuga como 1.

re·pi·pi |r̄epípi| ***adj.-com.*** *fam. desp.* (persona) Que muestra demasiada delicadeza o afectación: *qué ~ es este niño: habla como un adulto.*

re·pi·que |r̄epíke| ***m.*** Sonido o toque de una campana: *el ruido de los cohetes y el ~ de las campanas anunciaron el comienzo de la procesión.*

re·pi·sa |r̄epísa| **1** ***f.*** Estante que se coloca en una pared o en otra superficie vertical para poner encima cosas: *el azúcar y la sal están en la ~ que hay encima de la cocina; tiene muchas fotografías en las repisas de la estantería del salón.* ⇒ **anaquel. 2** ARQ. Saliente de un muro que generalmente sirve para soportar un balcón: *con la tormenta, se hundió la ~ de la vieja mansión.*

re·plan·tar |r̄eplantár| **1** ***tr.*** [algo; en algún lugar] Volver a plantar en un sitio que ha estado plantado: *vamos a ~ tomates en esa esquina del huerto.* **2** Tomar plantas de un sitio y plantarlas en otro: *se llevó dos plantas del jardín del vecino para replantarlas en el suyo.* ⇒ **trasplantar.**

re·plan·te·ar |r̄eplanteár| **1** ***tr.-prnl.*** [algo] Volver a *plantear o a considerar un problema o asunto: *tendrá que replantearse su función en este centro.* **- 2** ***tr.*** Trazar en el suelo o sobre un plano la planta de una obra ya proyectada: *tuvieron que ~ todo el edificio.*

re·ple·gar |r̄epleɣár| **1** ***tr.*** [algo] Doblar o plegar muchas veces: *durante la comida, replegó la servilleta.* **- 2** ***tr.-prnl.*** MIL. [algo, a alguien] Retirarse o retroceder en buen orden la parte más avanzada de un ejército: *al comprobar el poder de las fuerzas enemigas, se replegaron.* **3** DEP. Retirarse o retroceder en buen orden un equipo: *ante el contraataque del otro equipo, se replegaron lo más rápidamente posible sobre su campo.* ☖ Se conjuga como 48.

re·ple·⌜to, ⌜ta |r̄epléto, ta| ***adj.*** Que está muy lleno: *trajo una bolsa repleta de caramelos; cuando le ofrecieron el postre dijo que estaba ~.*

ré·pli·ca |r̄éplika| **1** ***f.*** Expresión o discurso con el que se ponen obstáculos o se afirma lo contrario de lo que otro ha dicho: *tras la intervención del político, el periodista hizo una ~; aquí se hará lo que yo diga: no admito réplicas de nadie.* **2** Copia de una obra artística: *en este museo no está la estatua original, sino una ~; esta ~ de la Dama de Elche está muy lograda.*

re·pli·car |r̄eplikár| **1** ***tr.*** [algo] Dar una respuesta, generalmente desagradable o dura: *replicó inmediatamente que ésa no era tarea suya.* ⇒ **responder. - 2** ***intr.-tr.*** Oponerse a decisiones con las que no se está de acuerdo: *todo lo hace a regañadientes y siempre está replicando.* ☖ Se conjuga como 1.

re·plie·gue |r̄epliéɣe| **1** ***m.*** Pliegue doble: *el vestido tenía un ~ en el bajo.* **2** MIL. Retirada en buen orden de la parte más avanzada de un ejército: *el coronel ordenó el ~ de las tropas.* **3** DEP. Retirada en buen orden de la parte más *adelantada de un equipo: *la defensa hizo un rápido ~.*

re·po·bla·ción |r̄epoβlaθión| ***f.*** Acción y resultado de *repoblar un lugar: *las autoridades tienen un plan de ~ forestal; la ~ del territorio se hizo hace dos siglos.*

re·po·blar |r̄epoβlár| **1** ***tr.*** [algo] Volver a poblar un lugar o un territorio: *la Extremadura castellana fue repoblada con colonos.* **2** Plantar árboles en un lugar del que habían desaparecido: *después del incendio, repoblaron el monte.* ☖ Se conjuga como 31.

re·po·llo |r̄epóʎo| ***m.*** Hortaliza con las hojas blancas, grandes, firmes y muy apretadas, unidas por la base: *el ~ es una variedad de la col; el ~ se come cocido o en ensalada.* ⇒ **col.**

re·po·ner |r̄eponér| **1** ***tr.*** [algo] Sustituir o poner en lugar de lo que se ha sacado o gastado: *tenemos que ~ el género vendido.* **2** Repetir la representación de una obra de teatro o la proyección de una película: *reponen esa película y, me gustó tanto, que quiero volver a verla.* **3** Volver a poner o colocar en un empleo, lugar o estado: *ya he repuesto la taza que te rompí.* **- 4 reponerse** ***prnl.*** Ponerse bien; volver a tener salud: *todavía me estoy reponiendo de la impresión que me causó la noticia.* ⇒ **recobrar, recuperar, restablecer.** ☖ Se conjuga como 78.

re·por·ta·je |r̄eportáxe| ***m.*** Informe o conjunto de noticias que se hace público en la prensa, en la radio o en la televisión: *ayer pusieron en la televisión un ~ sobre la elaboración artesanal del chorizo ibérico.* ⇒ **reporte.**

re·por·tar |r̄eportár| **1** ***tr.*** [algo] Proporcionar, producir o tener como *consecuencia: *el cine le ha reportado mucha fama y mucho dinero.* **- 2** ***tr.-prnl.*** Dominar una pasión: *por favor, repórtate, no llamemos la atención.*

re·por·te |r̄epórte| ***m.*** Informe o conjunto de noticias: *según los últimos reportes, no es conveniente atravesar esa zona.* ⇒ **reportaje.**

re·por·te·⌜ro, ⌜ra |r̄eportéro, ra| ***adj.-s.*** (persona) Que se dedica a elaborar *reportajes o noticias: *nuestro ~ en Nueva York nos contará todo lo que suceda.*

re·po·sa·ca·be·zas |r̄eposakaβéθas| ***m.*** Parte de un asiento que sirve para apoyar la cabeza: *los asientos de mi coche tienen ~.* ☖ El plural es *reposacabezas.*

re·po·sar |r̄eposár| **1** ***intr.-tr.*** [algo] Descansar de un trabajo o una actividad para recuperar fuerzas: *vamos a ~ cuando terminemos este trabajo; hay que ~ la comida.* **- 2** ***intr.*** Dormir durante un corto tiempo: *se ha echado un rato a ~.* **3** Estar en paz y con tranquilidad: *el médico cree que debe ~ en un balneario.* **4** Estar enterrado: *aquí reposan, al fin, sus restos.* ⇒ **descansar. - 5** ***intr.-prnl.*** Dejar quieto un líquido para que la materia sólida que flota en él caiga al fondo del recipiente que lo contiene: *el buen vino reposa varios años en barricas; tras hervir el té conviene dejarlo ~ unos minutos.* **6** Dejar sin alteración o actividad una mezcla, masa o *guiso para que *espese o se consuma el líquido que contiene: *antes de poner la masa en el horno, hay que dejarla ~; la paella estaba dura porque no había reposado lo suficiente.*

re·po·so |r̄epóso| **1** ***m.*** Descanso de un trabajo o una actividad para recuperar fuerzas: *se tomaron unos minutos de ~ antes de seguir.* ⇒ **descanso. 2** Sueño; acción de dormir: *su ~ fue interrumpido por un ruido en la calle.* **3** Falta de agitación, movimiento o ruido: *su enfermedad le ha obligado a tomarse varios meses de ~.* ⇒ **quietud, serenidad, sosiego, tranquilidad.**

re·pos·tar |r̄epostár| ***tr.*** [algo] Volver a tener alimento o combustible; volver a llenar un *depósito: *pararon en la estación de servicio para ~ gasolina.*

re·pos·te·rí·a |r̄epostería| **1** ***f.*** Establecimiento en el que se hacen o venden dulces y pasteles: *esta tarta la he comprado en una de las mejores reposterías de la ciudad.* **2** Oficio y técnica del *repostero: *se dedica a la ~ en un prestigioso restaurante.*

re·pos·te·⌐ro, ⌐ra |r̄epostéro, ra| ***m. f.*** Persona que se dedica a hacer o vender dulces y pasteles: *si fuese ~, estaría más gordo todavía.*

re·pren·der |r̄eprendér| ***tr.*** *form.* [algo, a alguien] Corregir o llamar la atención a una persona por haber *cometido un error o por su mal comportamiento: *no se debe ~ a los niños sin motivo alguno.* ⇒ **amonestar, increpar, recriminar, regañar, reñir.**

re·pren·sión |r̄eprensión| ***f.*** *form.* Corrección o llamada de atención que se hace a una persona por haber *cometido un error o por su mal comportamiento: *les dijo, a modo de ~, que no debían proceder así.* ⇒ **regañina, reprimenda.**

re·pre·sa·lia |r̄epresália| **1** ***f.*** Medida o trato duro que un Estado aplica a otro, sin llegar a romper sus relaciones: *nuestro gobierno ha amenazado con tomar represalias.* **2** *p. ext.* Daño o mal que una persona o un grupo causa a otros como respuesta a un mal recibido: *creo que tomó represalias porque se sintió herida; los militares tomaron represalias contra la población civil.* ☖ Suele usarse con el verbo *tomar.*

re·pre·sar |r̄epresár| ***tr.*** [algo] Detener el paso del agua y recogerla en un lugar: *represaron el agua en el pantano.*

re·pre·sen·ta·ción |r̄epresentaθión| **1** ***f.*** Imagen o símbolo de una cosa; imitación perfecta: *era la ~ misma de la belleza.* **2** Ejecución e *interpretación en público de una obra de teatro: *más de 500 personas acudieron a ver la ~; la comedia ha logrado llegar a 50 representaciones.* **3** Figura, imagen o idea que sustituye a la realidad: *se hizo una ~ mental de cómo sería la sala.* **4** Sustitución o *actuación en nombre de una persona o de una *institución: *vino en ~ del monarca.* **5** Conjunto de personas que representan a una autoridad o actúan en nombre de ella: *recibió a una ~ de los empresarios de nuestro país.*

re·pre·sen·tan·te |r̄epresentánte| **1** ***com.*** Persona que representa a otra o a una comunidad: *el ~ de los banqueros ha tenido una entrevista con el jefe del Gobierno; Julia será la ~ de nuestra clase en el concurso de dibujo.* ⇒ **apoderado. 2** Persona que representa a una o varias empresas para vender sus productos: *Ángel es ~ de una compañía de seguros.* ⇒ **viajante.**

re·pre·sen·tar |r̄epresentár| **1** ***tr.*** [algo, a alguien] Ser imagen o símbolo de una cosa; imitarla perfectamente: *este cuadro representa a la diosa Venus saliendo del mar; la paloma representa la paz.* **2** [algo] Ejecutar e *interpretar en público: *la compañía representará* La Casa de Bernarda Alba. **3** [algo, a alguien] Sustituir o actuar en nombre de una persona o de una *institución: *firmó aquel acuerdo representando a su empresa; este abogado me representará en el juicio.* **4** [algo] Parecer tener una edad determinada: *tu padre no representa más de 60 años.* **5** Importar o significar: *su trabajo representaba mucho para él.* **- 6 representarse** ***prnl.*** Hacer presente en la imaginación por medio de palabras o ideas: *no consigo representarme aquella casa donde pasé mi infancia.*

re·pre·sen·ta·ti·vi·dad |r̄epresentatiβiðáᵈ| ***f.*** Capacidad de representar o de actuar en nombre de una persona, de una comunidad o de una *institución: *algunos cuestionan la ~ de este Gobierno.*

re·pre·sen·ta·ti·⌐vo, ⌐va |r̄epresentatíβo, βa| **1** ***adj.*** Que representa a otra persona o cosa: *tus palabras son representativas de tu forma de pensar.* **2** Que sirve para distinguir a una persona o cosa de otras de su especie; que es típico de la naturaleza de una persona o cosa: *las vacaciones en Marbella son representativas de las clases altas.* ⇒ **característico.**

re·pre·sión |r̄epresión| **1** ***f.*** Contención, freno o sujeción: *durante esos años, la ~ impedía la libertad de expresión.* **2** Acto que tiene como fin *reprimir o castigar con *violencia acciones políticas o sociales: *la ~ policial fue dura y, a nuestro entender, excesiva.*

re·pre·si·⌐vo, ⌐va |r̄epresíβo, βa| **1** ***adj.*** Que *reprime o contiene: *se han impuesto unas medidas represivas.* **2** *fig.* Que *impone su autoridad de manera *extremada: *estableció un gobierno ~ y autoritario.*

re·pri·men·da |r̄epriménda| ***f.*** Corrección o llamada de atención que se hace a una persona por haber *cometido un error o por su mal comportamiento: *les echó una buena ~ por haber faltado a clase.* ⇒ **admonición, bronca, rapapolvo, regañina, reprensión, riña.**

re·pri·mir |r̄eprimír| ***tr.-prnl.*** [algo, a alguien] Contener, frenar o sujetar: *apenas podía ~ su pasión; la policía trataba de ~ el alboroto.* ⇒ **domar, domeñar, domesticar, dominar.**

re·pro·bar |r̄eproβár| ***tr.*** [algo, a alguien] Rechazar o no aprobar: *reprobó su manera de proceder.* ⇒ **censurar, fustigar.** ☖ Se conjuga como 31.

ré·pro·⌐bo, ⌐ba |r̄éproβo, βa| **1** ***adj.-s.*** *form.* (persona) Que está condenado a las penas del infierno: *Dios castigó a los réprobos de Sodoma y Gomorra.* **2** Que es muy malo y cruel: *al fin se descubrió que era un ~ que maltrataba a sus hijos y explotaba a sus empleados.*

re·pro·char |r̄eprotʃár| ***tr.*** [algo; a alguien] Criticar recordando abiertamente a una persona un hecho o una acción que causa vergüenza: *le reprochó su desidia.* ⇒ **retraer.**

re·pro·che |r̄eprótʃe| ***m.*** Crítica y recuerdo de un hecho o una acción que causa vergüenza: *tendremos que hacer bien las cosas para no escuchar ningún ~.*

re·pro·duc·ción |r̄eproðu^{k}θión| **1** ***f.*** Proceso de creación de seres vivos de la misma especie: *en muchos animales, la unión sexual es necesaria para la ~.* **2** Imitación o copia: *se trata de una ~, porque el original se conserva en otro museo.* **3** Producción que se hace de nuevo: *le dieron un medicamento para evitar la ~ de la enfermedad.*

re·pro·du·cir |r̄eproðuθír| **1** ***tr.-prnl.*** [algo] Volver a producir o producir de nuevo: *las escenas de violencia se han reproducido estos días.* **2** Imitar o copiar: *reproduce sus ademanes a la perfección; está tratando de ~ un cuadro de Velázquez.* **- 3 reproducirse** ***prnl.*** Tener descendencia; conservarse las especies de los seres vivos: *los animales se reproducen para continuar la cadena de la vida.* ⌂ Se conjuga como 46.

rep·tar |r̄e^{p}tár| ***intr.*** Andar arrastrándose por el suelo, como los reptiles: *avanzaban reptando para evitar los disparos.*

rep·til |r̄é^{p}til| **1** ***adj.-m.*** (animal) Que es vertebrado, tiene sangre fría, respira por pulmones, se reproduce generalmente por huevos y no tiene patas o las tiene muy cortas: *los cocodrilos, las serpientes y las tortugas son reptiles.* **- 2** ***m.*** *fam. fig.* Persona de malos sentimientos y acciones: *siempre está pensando en fastidiar a los demás: es un ~.*

re·pú·bli·ca |r̄epúβlika| **1** ***f.*** Sistema político en el que el jefe del Estado es elegido por el pueblo: *la Primera República española comenzó en 1873; Alcalá Zamora fue presidente de la Segunda República.* **2** País que se gobierna de esa manera: *el presidente de la ~ francesa se reunió con sus consejeros.*

re·pu·bli·ca·⌐no, ⌐na |r̄epuβlikáno, na| **1** ***adj.*** De la *república o que tiene relación con ella: *en el sistema ~ el jefe del Estado es elegido mediante votación popular; en España hubo dos regímenes republicanos.* **- 2** ***adj.-s.*** (persona) Que es partidario de la *república: *Alcalá Zamora fue un presidente ~; las elecciones dieron el triunfo a los republicanos.*

re·pu·diar |r̄epuðiár| **1** ***tr.*** [algo; a alguien] Rechazar por razones morales: *repudio la falta de honradez; ha repudiado la herencia de su tío.* **2** [a alguien] Rechazar a la mujer propia: *repudió a su esposa legítima y se fue con otra mujer.* ⌂ Se conjuga como 12.

re·pues·⌐to |r̄epuésto| ***m.*** Pieza que es igual a otra y puede sustituirla en un mecanismo o máquina: *en esa tienda venden repuestos de lavadoras; ya no se fabrican repuestos para los coches antiguos.* ⇒ **recambio.** ■ **de ~**, reservado o preparado para cuando sea necesario: *los coches llevan una rueda de ~; siempre llevo unas gafas de ~ por si se me rompen éstas.*

re·pug·nan·cia |r̄epu^{γ}nánθia| **1** ***f.*** Asco; alteración del estómago que impulsa a vomitar: *al ver la basura esparcida por el suelo, sintió ~.* **2** Odio que se siente o resistencia que se opone a hacer una cosa o a permitir que se haga: *fue un comerciante honrado y sentía ~ por el dinero sucio.*

re·pug·nan·te |r̄epu^{γ}nánte| ***adj.*** *desp.* Que causa asco o disgusto: *es imposible estar con un ser tan ~; no comimos más que una sopa ~.*

re·pug·nar |r̄epu^{γ}nár| **1** ***intr.*** Causar asco o disgusto: *me repugnan las personas que no dicen la verdad; le repugnan los chorizos.* **- 2** ***tr.*** [algo, a alquien] Rechazar o admitir mal: *el bien repugna el mal; no es bueno que repugnes el trabajo.*

re·pul·sa |r̄epúlsa| ***f.*** Rechazo u oposición: *expresó su ~ hacia ese tipo de actos violentos.*

re·pul·si·⌐vo, ⌐va |r̄epulsíβo, βa| ***adj.*** Que causa *repulsa o rechazo: *esa manera de comportarse me parece repulsiva.*

re·pu·ta·ción |r̄eputaθión| ***f.*** Fama, consideración u opinión: *tiene muy buena ~, pero no vale para nada.*

re·pu·tar |r̄eputár| ***tr.*** [algo, a alguien] *Estimar o considerar una cualidad o un estado: *~ a alguno por honrado.*

re·que·brar |r̄ekeβrár| ***tr.*** *form.* [a alguien] Expresar admiración, generalmente hacia una mujer: *se pasaba el día requebrándola.* ⌂ Se conjuga como 27.

re·que·rir |r̄ekerír| **1** ***tr.*** [algo, a alguien] Necesitar o ser necesario: *esta lucha requiere mucha decisión; hay asuntos que requieren mucha paciencia.* ⇒ **exigir.** **2** *form.* Pedir o solicitar: *requería nuestra ayuda y se la prestamos.* **3** [algo; a alguien] Comunicar *oficialmente; hacer saber una autoridad pública: *el juez ha requerido a los revoltosos que se presenten.* **4** *fam.* [a alguien] Intentar convencer o hacer cambiar de opinión: *nos requirió con mucha elocuencia y bondad.* ⌂ Se conjuga como 35.

re·que·són |r̄ekesón| ***m.*** *Queso blanco y blando: *el ~ se hace cuajando la leche en moldes; ha tomado de postre ~ con miel.*

re·quie·bro |r̄ekiéβro| ***m.*** *form.* Expresión de admiración que generalmente dirige un hombre a una mujer: *con sus constantes requiebros, consiguió, poco a poco, ganarse su cariño.* ⇒ **piropo.**

ré·quiem |rékiem| ***m.*** Composición musical que se canta en una misa de *difuntos: *este compositor escribió varias misas y un ~.* ⌂ El plural es *réquiem.*

re·qui·sar |r̄ekisár| ***tr.*** [algo] Tomar bienes o medios para el ejército o en nombre de una autoridad: *fueron a las cuadras y requisaron todos los caballos; la policía ha requisado todas las armas que encontró en el apartamento de los delincuentes.*

re·qui·si·to |r̄ekisíto| ***m.*** Condición o circunstancia necesaria para una cosa: *ser mayor de edad es un ~ indispensable para entrar en este local.*

res |r̄és| ***f.*** Animal doméstico de cuatro patas y de tamaño medio o grande: *llevaron la ~ a la cuadra.*

re·sa·bio |r̄esáβio| **1** ***m.*** Costumbre mala; tendencia que dura o aparece de nuevo: *será difícil quitarle esos vicios y resabios que ha cogido.* **2** Sabor desagradable que deja una cosa: *se echó un trago de agua para quitarse el ~ del vino.*

re·sa·ca |r̄esáka| **1** ***f.*** Estado físico que se sufre al día siguiente de haber bebido mucho alcohol: *si anoche no te hubieras emborrachado, hoy no tendrías ~.* **2** Movimiento de retirada de las olas del mar después de haber llegado a la orilla: *si te bañas cuando hay ~, el agua te puede llevar lejos de la tierra.*

re·sa·la·⌈do, ⌈da |r̄esaláðo, ða| ***adj.*** *fam.* Que tiene mucha gracia o alegría en el trato: *me gusta hablar mucho con él porque es muy ~.*

re·sal·tar |r̄esaltár| **1** ***intr.*** *fig.* Distinguirse o sobresalir mucho una cosa entre otras: *este color resalta más que el otro.* **2** Sobresalir una parte de un cuerpo, especialmente en los edificios: *dos balcones resaltan de la fachada principal.*

re·sal·te |r̄esálte| ***m.*** Parte saliente o destacada de una cosa: *los resaltes del techo están pintados de blanco.*

re·sar·cir |r̄esarθír| ***tr.-prnl.*** [a alguien; de algo] Satisfacer o *compensar un daño o mal: *deberán resarcirnos porque los culpables han sido ellos.* ⇒ **enmendar.** ⌂ Se conjuga como 3.

res·ba·la·di·⌈zo, ⌈za |r̄esβalaðíθo, θa| **1** ***adj.*** Que resbala o se escurre fácilmente: *el suelo está ~ porque lo han abrillantado con cera.* **2** *fig.* (asunto) Que lleva fácilmente a caer en una falta o error: *no nos adentremos en temas tan resbaladizos.*

res·ba·lar |r̄esβalár| **1** ***intr.-prnl.*** Correr o escurrirse sobre una superficie: *resbaló sobre la cáscara de un plátano y se cayó; se resbalaron por la pendiente.* **- 2** ***tr.*** *fig.* Caer en una falta o error: *volvió a ~ al hablar delante de todos.*

res·ba·lón |r̄esβalón| **1** ***m.*** Movimiento que se produce al resbalar o escurrirse una persona o cosa sobre una superficie: *dio un ~ en la escalera, pero no llegó a caer.* **2** *fig.* Falta o error: *en la primera pregunta del examen tuve un ~.*

res·ca·tar |r̄eskatár| **1** ***tr.*** [algo, a alguien] Recuperar a cambio de dinero o por la fuerza: *la policía ha rescatado a los rehenes; consiguieron ~ el barco.* **2** *fig.* [a alguien] Librar de un trabajo, de un mal o de una situación desagradable: *vio lo mal acompañado que estaba en la fiesta y fue a rescatarlo.*

res·ca·te |r̄eskáte| **1** ***m.*** Recuperación de una persona o una cosa a cambio de dinero o por la fuerza: *un cuerpo especial de la policía se encargó del ~ de las personas retenidas.* **2** Dinero que se pide o se paga para *liberar a una persona o volver a tener una cosa: *tenían que entregar el ~ en billetes viejos y pequeños.*

res·cin·dir |r̄esθindír| ***tr.*** DER. [algo] Dejar sin efecto una obligación legal: *rescindió el contrato con su empresa a los dos meses de la firma.*

res·col·do |r̄eskóldo| ***m.*** Trozo de materia sólida que arde sin llama entre la ceniza: *tapó bien el brasero para que los rescoldos no se apagasen.*

re·se·car |r̄esekár| ***tr.-prnl.*** [algo] Secar mucho; hacer perder la humedad: *tapa el bizcocho para que no se reseque.* ⌂ Se conjuga como 1.

re·se·⌈co, ⌈ca |r̄eséko, ka| **1** ***adj.*** Que está demasiado seco: *necesito un poco de agua porque tengo la garganta reseca.* **2** Que está demasiado *flaco: *pobre animal: se está quedando ~.*

re·sen·ti·mien·to |r̄esentimi̯énto| **1** ***m.*** Sentimiento de disgusto o enfado por haber recibido una ofensa o un daño: *su ~ la llevó a la venganza.* ⇒ **rencor. 2** Sensación de dolor o de debilidad: *no se curó bien la herida y a veces nota un ~.*

re·sen·tir·se |r̄esentírse| **1** ***prnl.*** Empezar a *flaquear; sentir dolor: *se resiente del costado; se resentía de la rodilla y no ha podido jugar.* **2** *fig.* Tener un sentimiento de disgusto o enfado: *todavía se resiente de lo que le hicieron.* ⌂ Se conjuga como 35.

re·se·ña |r̄eséɲa| **1** ***f.*** LIT. *Comentario o noticia sobre una obra literaria, de arte o científica: *en la página 13 tienes una ~ de ese libro.* ⇒ **recensión. 2** *Comentario o explicación breve y clara: *con esta ~ lo entenderás fácilmente.*

re·se·ñar |r̄eseɲár| **1** ***tr.*** [algo] Hacer una *reseña o *comentario: *reseñó la obra en el número anterior de nuestra revista.* **2** Contar o explicar de forma breve y clara: *lo que acabas de ~ aclara todo el asunto.*

re·ser·va |r̄esérβa| **1** ***f.*** Acción de guardar o de pedir que se guarde una cosa hasta que llega el momento de usarla: *hemos hecho la ~ de dos habitaciones en aquel hotel.* **2** Conjunto de cosas que se guardan hasta que llega el momento de usarlas: *en la alacena hay una ~ de legumbres y alimentos en conserva.* **3** Cuidado al hacer las cosas: *me hizo sus objeciones con bastante ~.* ⇒ **discreción, prudencia. 4** Falta de confianza: *aceptó su propuesta con ~.* ⇒ **desconfianza, recelo. 5** Parte del ejército de una nación que no está en servicio activo: *en caso de guerra, el Estado recurriría a los militares de la ~.* **6** Territorio de un país en el que vive una comunidad *indígena de la que quedan pocos miembros: *en nuestro viaje a Estados Unidos visitamos una ~ de indios apaches.* **7** Parque natural protegido: *en el fin de semana hemos visitado la ~ de Doñana.* **8** ECON. Conjunto de fondos o valores que se guardan para hacer frente a futuras necesidades: *para comprarse la casa ha gastado toda la ~ que guardaba.* **- 9** ***com.*** DEP. Jugador que sustituye a otro en distintos deportes: *el delantero se lesionó y jugó en su lugar un ~.* **- 10 reservas** ***f. pl.*** Conjunto de cosas disponibles para ser usadas en el momento oportuno o para obrar de una manera determinada: *el país cuenta con abundantes reservas naturales.*

re·ser·va·⌈do, ⌈da |r̄eserβáðo, ða| **1** ***adj.*** (persona) Que es tímido; que no suele abrirse ni mostrar su interior: *Leopoldo es muy ~, no creo que nunca llegue a declararse a una chica.* **2** (persona) Que habla poco; que no se hace notar: *puedes decírselo a María, que es muy reservada.* **3** Que es privado; que no debe ser dado a conocer: *recuerda que éste es un asunto ~.* **- 4 reservado** ***m.*** Habitación o lugar separado que se destina a personas o a usos privados: *el director y su amante cenaron en el ~ del restaurante.* ⌂ Es participio de *reservar.*

re·ser·var |r̄eserβár| **1** ***tr.*** [algo] Guardar para más adelante o para cuando sea necesario: *no te olvides de reservarme un pan para mañana; reserva todas las fuerzas que puedas.* **2** Tomar con anterioridad plaza en un hotel, tren, avión u otro servicio: *reservaron dos plazas para el vuelo a Panamá.* **3** Separar o apartar una cosa que se reparte: *siempre reservamos la pechuga del pollo para mi hermano porque es lo que más le gusta.* **4** Dejar de comunicar; no dar a conocer: *reservó la noticia para sí; los vecinos reservaron el robo.* **- 5 reservarse** ***prnl.*** Esperar o dejar para mejor ocasión: *estuvo reservándose durante toda la etapa y atacó al final.*

res·fria·do |r̄esfriáðo| ***m.*** Enfermedad en la que se *inflama el tejido del interior de la nariz y la garganta a causa del frío: *es muy propenso a los resfriados; no pudo ir a trabajar porque cogió un buen ~.* ⇒ **catarro, constipado.** ☖ Se construye con verbos como *coger* o *pillar.*

res·friar·se |r̄esfriárse| ***prnl.*** Contraer una enfermedad de la garganta, la nariz y los pulmones, a causa del frío o de los cambios rápidos de temperatura: *creo que me he resfriado porque me duele todo el cuerpo y no puedo respirar.* ⇒ **acatarrarse, constiparse.** ☖ Se conjuga como 13.

res·guar·dar |r̄esɣuarðár| ***tr.-prnl.*** [algo, a alguien] Defender o proteger, especialmente del frío, de la lluvia o del mal tiempo: *resguardó el ganado en una cueva; se resguardaron del chaparrón en un portal; se resguardó de los ataques lo mejor que pudo.* ⇒ **acoger, refugiar.**

res·guar·do |r̄esɣuárðo| **1** ***m.*** Documento que da garantía de que se ha hecho una entrega o un pago: *presente este ~ cuando venga a recoger sus gafas.* **2** Seguridad; protección: *pusieron al bebé al ~ del frío.*

re·si·den·cia |r̄esiðénθia| **1** ***f.*** Lugar en que se *reside o se vive habitualmente: *por favor, comuníquenos cualquier cambio de ~.* **2** Edificio en el que *residen o viven personas que tienen una característica en común: *tengo una habitación en la ~ de estudiantes de la Universidad.* **3** Establecimiento, generalmente público, con camas, personas y medios para que los enfermos o heridos reciban atención médica: *le ha dado un ataque nervioso y lleva un mes ingresado en la ~.* ⇒ **hospital.**

re·si·den·cial |r̄esiðenθiál| ***adj.*** Que está formado por viviendas de gran calidad: *vive en una zona ~ del norte de la capital.*

re·si·den·te |r̄esiðénte| ***adj.-com.*** (persona) Que *reside o vive habitualmente en un lugar determinado: *son amigos y residentes en Bilbao.*

re·si·dir |r̄esiðír| **1** ***intr.*** Vivir habitualmente en un lugar determinado: *los reyes residen en la capital; reside en ese pueblo costero desde hace muchos años.* ⇒ **habitar.** **2** *fig.* Haber o encontrarse en una persona o cosa: *reside mucha inteligencia en él; en el cálculo reside la dificultad.* ⇒ **estribar.**

re·si·dual |r̄esiðuál| **1** ***adj.*** Que *sobra o queda como *residuo: *por ahí vierten las aguas residuales.* **2** De los *residuos o que tiene relación con ellos: *intentan mejorar el tratamiento ~ de los vertidos.*

re·si·duo |r̄esíðuo| **1** ***m.*** Cosa o sustancia que resulta de la descomposición o destrucción de una cosa: *los residuos de esta fábrica se vierten al río después de pasar por una depuradora;* ~ **nuclear/radiactivo**, objeto *radiactivo que queda tras la *fisión nuclear y que ya no tiene utilidad: *encierran los residuos radiactivos en contenedores antes de enterrarlos.* **2** Parte que queda de un todo: *los investigadores han encontrado escasos residuos de esa civilización.* ⇒ **resto.**

re·sig·na·ción |r̄esiʸnaθión| ***f.*** Aceptación voluntaria de un estado o situación que no satisface completamente: *ya no podemos hacer nada más, sólo nos queda la ~.*

re·sig·nar·se |r̄esiʸnárse| ***prnl.*** Conformarse o aceptar voluntariamente un estado o situación que no satisface completamente: *cuando no pudo recuperar el coche robado, se resignó.*

re·si·na |r̄esína| ***f.*** Sustancia de origen vegetal, sólida o casi sólida, transparente, que no se disuelve en el agua y que puede arder con facilidad: *la ~ se puede extraer de los pinos.*

re·sis·ten·cia |r̄esisténθia| **1** ***f.*** Oposición, rechazo a la acción de una fuerza: *el enemigo mostró gran ~; la ventana ofrecía ~, pero al fin se abrió.* **2** Capacidad para resistir, para aguantar, soportar o sufrir: *el enfermo presentó una fuerte ~ al virus; es un anciano pero aún tiene ~.* **3** Capacidad para soportar un esfuerzo o un peso: *la madera de roble tiene gran ~; la bolsa no tenía ~ y se rompió.* **4** Fuerza que se opone al movimiento de una máquina y que debe ser vencida: *en las bicicletas estáticas se da ~ a la rueda trasera; la ~ se vence con la potencia.* **5** ELECTR. Elemento que se atraviesa en un *circuito para hacer más difícil el paso de la corriente o para que se transforme en calor: *las planchas dan calor gracias a una ~; las resistencias del frigorífico se han quemado.* **6** ELECTR. Oposición que los cuerpos conductores presentan al paso del calor o de la electricidad: *los metales ofrecen poca ~; la ~ es la propiedad de los materiales aislantes.* **7** *form.* Movimiento u organización de los habitantes de un país invadido, para luchar contra el invasor: *la ~ francesa fue muy importante en la Segunda Guerra Mundial.*

re·sis·ten·te |r̄esisténte| **1** ***adj.*** (cosa, material) Que no se rompe con facilidad: *esta cuerda es muy ~.* **2** Que resiste o se resiste: *mi reloj es ~ al agua.*

re·sis·tir |r̄esistír| **1** ***tr.-intr.*** [algo] Oponerse un cuerpo o una fuerza a la acción o *violencia de otra: *la madera no podía ~ tanto peso y se partió.* **- 2** ***tr.-prnl.*** Rechazar u oponerse a una idea, una tendencia o una situación: *se resiste a utilizar métodos violentos; no podía ~ la tentación de comer.*

re·so·lu·ción |r̄esoluθión| **1** ***f.*** Solución que se da a un problema o a una duda: *el juez dictó una ~.* **2** Determinación para hacer una cosa: *creo que le falta la ~ necesaria para afrontar ese problema.* **3** *Exactitud o claridad en la reproducción de un sonido o imagen: *la ~ de este televisor es muy superior a la de los otros.*

re·so·lu·ti·⌐vo, ⌐va |r̄esolutíβo, βa| ***adj.*** Que es capaz de decidir o resolver un asunto: *hemos propuesto unas medidas resolutivas para salir de esta situación tan difícil; la directora actuó de modo ~.*

re·sol·ver |r̄esolβér| **1** ***tr.*** [algo] Dar o *hallar una solución o una respuesta a un problema o a una duda: *fue incapaz de ~ el problema de matemáticas; es una cuestión que debéis ~ vosotros.* ⇒ **solucionar.** 2 Elegir entre varias *opciones; formar un juicio definitivo sobre una *cuestión dudosa: *el capitán resolvió abandonar la lucha.* - **3 resolverse** *prnl.* Tomar la determinación de hacer una cosa: *tuvimos que animarlo porque no acababa de resolverse.* ⇒ **decidir.** 4 Reducirse o venir a parar una cosa en otra: *el agua se resuelve en vapor.* ☖ Se conjuga como 32.

re·so·nan·cia |r̄esonánθi̲a̲| **1** *f.* Alargamiento de un sonido al reflejarse: *la ~ de esta habitación hace más difícil que nos entendamos.* **2** Sonido producido por el reflejo de otro: *no se escuchaba bien el concierto porque en el local había mucha ~.* **3** *fig.* Conocimiento de una cosa por un gran número de personas: *el asunto ha alcanzado una ~ enorme.*

re·so·nar |r̄esonár| **1** *intr.* Alargarse un sonido al reflejarse o sonar mucho: *su voz resonaba en la enorme sala.* ⇒ **retumbar. 2** *fig.* Llegar una cosa al conocimiento de un gran número de personas: *la noticia resuena ya en toda la población.* ☖ Se conjuga como 31.

re·so·plar |r̄esoplár| *intr.* Respirar fuertemente haciendo ruido: *entró resoplando y diciendo que hacía mucho calor en la calle.* ⇒ **bufar.**

re·so·pli·do |r̄esoplíðo| *m.* Respiración fuerte y ruidosa: *dio un ~ y dijo que estábamos en un aprieto.*

re·sor·te |r̄esórte| **1** *m.* Pieza elástica, generalmente de metal, sobre la que se aplica una presión y que es capaz de ejercer una fuerza y de recuperar su forma *inicial cuando esa presión desaparece: *un ~ hizo que la puerta quedase cerrada.* ⇒ **muelle. 2** *fig.* Medio para lograr un fin determinado: *dice que está dispuesta a mover todos los resortes que sean necesarios para conseguirlo.*

res·pal·dar |r̄espaldár| *tr.* [algo; a alguien] Proteger o apoyar; guardar: *puede ~ la operación financiera porque cuenta con una gran fortuna; todos le respaldaron en su labor.* ⇒ **apoyar.**

res·pal·do |r̄espáldo| **1** *m.* Parte de un asiento en la que descansa la espalda: *esta silla no es cómoda porque tiene el ~ muy bajo.* **2** *fig.* Protección o apoyo: *el proyecto salió adelante porque contó con el ~ de muchas personas.* ⇒ **apoyo.**

res·pec·ti·va·men·te |r̄espe^k^tíβaménte| *adv. m.* Indica que a cada elemento de un conjunto le corresponde otro que es equivalente u ocupa el mismo lugar en otro conjunto: *Juan y María se encargarán de barrer y fregar, ~.*

res·pec·ti·⌐vo, ⌐va |r̄espe^k^tíβo, βa| *adj.* (elemento) Que tiene correspondencia con un elemento que pertenece a un grupo o conjunto diferente: *cada niño deberá ir acompañado por sus respectivos padres.*

res·pec·to |r̄espé^k^to| ■ **al ~**, en cuanto a un asunto determinado: *no tengo que añadir nada al ~.* ■ **con ~ a**, en relación con; en cuanto a: *con ~ a lo que te dije el otro día, tengo que decirte que sigue en pie.* ■ **~ a**, en relación con; en cuanto a: *~ a nuestra relación, te diré que por mí ha terminado.*

res·pe·ta·ble |r̄espetáβle| **1** *adj.* Que merece respeto o consideración: *es una persona ~ y no se la puede tratar así.* **2** Que es considerable por su número, por su tamaño o por su intensidad: *es una cantidad de dinero ~ como para jugársela de una vez.* - **3** *m.* Público que se encuentra en un espectáculo: *se dirigió al ~ y le rogó un poco de silencio.*

res·pe·tar |r̄espetár| *tr.* [algo, a alguien] Tener respeto o consideración por una persona o cosa: *no lo respeta porque considera que es una persona sin importancia; todo el mundo respetó su decisión.*

res·pe·to |r̄espéto| **1** *m.* Consideración y reconocimiento por una persona o cosa: *su ~ por las leyes era grande; no le tiene ningún ~; infundió ~ por la fuerza.* **2** Atención y cuidado en el trato: *hay que mostrar ~ a los ancianos.*

res·pe·tuo·⌐so, ⌐sa |r̄espetu̲ó̲so, sa| *adj.* Que muestra respeto o consideración: *es muy ~ con las personas mayores.* ⇔ **irrespetuoso.**

res·pin·go |r̄espíŋgo| **1** *m.* Sacudida violenta del cuerpo o de la cabeza: *el caballo dio varios respingos y relinchó.* **2** *fig.* Expresión o gesto que muestra asco o disgusto: *cuando se lo pidieron, dio un ~.*

res·pi·ra·ción |r̄espiraθi̲ó̲n| **1** *f.* Acción y resultado de respirar: *podía oír su ~; la ~ es una función vital; los microbios también tienen ~.* ⇒ **aspiración, espiración, inspiración. 2** Aire que se toma cada vez que se respira; aliento: *contuvo la ~ unos segundos.* **3** Entrada y salida de aire en un lugar cerrado: *este local no tiene buena ~.* ⇒ **ventilación.** ■ **aguantar/contener la ~**, dejar de respirar durante cierto tiempo guardando aire en los pulmones: *un buen buceador debe aguantar bien la ~; contuvo la ~ hasta que pasó el peligro.* ■ **~ artificial**, técnica que sirve para hacer que vuelva a respirar el que ha dejado de hacerlo: *tras sacarlo de la piscina le hicieron la ~ artificial.* ■ **sin ~**, que ha dejado de respirar por un golpe, un esfuerzo o una alteración física o mental: *la caída la dejó sin ~; llegué sin ~ al final de la carrera; ¡qué susto me has dado! ¡me has dejado sin ~!* ■ **sin ~**, muy sorprendido o admirado: *me has dejado sin ~ con esa noticia.* ☖ Se usa con verbos como *quedarse* o *dejar*.

res·pi·ra·de·ro |r̄espiraðéro| *m.* Abertura por donde entra y sale el aire de un lugar cerrado: *hicieron un ~ en la pared para ventilar el granero.*

res·pi·rar |r̄espirár| **1** *intr.* Tomar aire exterior, llevarlo a los pulmones y expulsarlo: *fumaba tanto, que tenía dificultades para ~; estaba cansado y respiraba con agitación.* ⇒ **aspirar, espirar, inspirar. 2** *p. ext.* Estar vivo: *aún respira.* **3** *fig.* Tener entrada y salida de aire un lugar cerrado: *abre ese cuarto para que respire.* **4** *fig.* Despedir un olor: *sus vestidos respiran, y no a ámbar.* **5** *fig.* Animarse o cobrar aliento: *al oír al doctor, hemos respirado.* **6** *fig.* Descansar o cobrar aliento después de un trabajo: *al concluir, respiraremos un poco.* **7** *fam. fig.* Hablar o darse a entender: *el chico no respiró en toda la tarde.* **8** *fig.* Dar noticia de sí una persona que se ha ido: *no sabíamos nada de ti: menos mal que por fin respiras.* - **9** *tr. fig.* [algo] Mostrar una pasión; tener un sentimiento fuerte: *respiraba odio por todos sus po-*

ros. ■ ~ **hondo**, tomar mucho aire en los pulmones; respirar profundamente: *después del esfuerzo respiró hondo.* ■ ~ **tranquilo**, *fig.*, recuperar la tranquilidad tras haber superado un peligro o una situación difícil: *cuando vio que todo había terminado, pudo ~ tranquilo.* ■ **sin** ~ *fig.*, sin descanso ni interrupción: *trabajó todo el día sin ~, hasta que terminó.* ■ **sin** ~, *fig.*, con mucha atención: *escuchaba sin ~ todas las historias de su abuelo.*

res·pi·ra·to·⌜rio, ⌜ria |r̄espiratório, ria| *adj.* De la respiración o que tiene relación con ella: *tiene una infección en las vías respiratorias.*

res·pi·ro |r̄espíro| **1** *m. fig.* Tiempo corto de descanso en el trabajo: *nos tomaremos un ~ antes de comer.* **2** Disminución de una pena o dolor: *su curación ha sido un ~ para toda la familia.* ⇒ **alivio.**

res·plan·de·cer |r̄esplandeθér| **1** *intr.* Brillar fuertemente o emitir mucha luz: *el diamante resplandecía en su dedo.* **2** *fig.* Brillar o destacar por su virtud o calidad: *su ejemplo resplandece en la historia.* ☖ Se conjuga como 43.

res·plan·dor |r̄esplandór| **1** *m.* Brillo muy intenso: *observamos un ~ en la noche.* ⇒ **fulgor. 2** *fig.* Virtud o calidad que brilla o destaca: *su obra literaria es de un gran ~.*

res·pon·der |r̄espondér| **1** *tr.-intr.* [algo; a alguien] Dar una contestación a lo que se pregunta, se dice o se escribe: *le respondió que estaba de acuerdo; le responderemos por carta.* **- 2** *tr.* Contestar a quien llama o toca a la puerta: *tu hermano no me responde.* ⇒ **contestar. 3** Dar una respuesta desagradable o dura: *es un maleducado: siempre tiene que ~.* ⇒ **replicar. 4** Contestar un animal a otro de su misma especie: *el canario respondía al canto de otro canario.* **- 5** *intr. fig.* Tener un efecto que se desea o se busca: *este coche es muy seguro: responde en todos los terrenos.* **6** Dar fruto o resultado: *cuando llueve mucho, este campo responde.* **7** Corresponder o mostrarse agradecido: *tengo que ~ a sus atenciones.* **8** Ser responsable: *tú responderás con tu cabeza de lo que haces.* **9** Asegurar o *garantizar el funcionamiento o la calidad de una cosa: *respondo de su buen comportamiento.* ☖ El pretérito indefinido de indicativo es *respondí* o *repuse*; el participio es *respondido.*

res·pon·sa·bi·li·dad |r̄esponsaβiliðáᵈ| **1** *f.* Obligación de *responder o de ser responsable de una cosa: *es ~ tuya llevar a cabo esa labor.* ⇔ **irresponsabilidad. 2** Cargo u obligación: *no abandones nunca tus responsabilidades.*

res·pon·sa·bi·li·zar |r̄esponsaβiliθár| *tr.-prnl.* [a alguien; de algo] Ser o hacer responsable: *lo responsabilizaron del accidente; se responsabilizó de la gestión económica.* ☖ Se conjuga como 4.

res·pon·sa·ble |r̄esponsáβle| **1** *adj.* Que *responde o está obligado; que *garantiza: *la persona ~ del taller no puede atenderla en este momento; la entidad ~ se hará cargo de las pérdidas.* **2** Que es serio en el comportamiento o capaz en el trabajo: *es muy ~ y se puede confiar en él.* **- 3** *com.* Persona que se encarga de una cosa o que la dirige: *el ~ del personal del ayuntamiento le enviará una respuesta.*

res·pon·so |r̄espónso| *m.* Oración que, separada del rezo, se dice por los que han muerto: *el cura comenzó a rezar los responsos del ritual.*

res·pues·ta |r̄espuésta| **1** *f.* Contestación a lo que se pregunta, se dice o se escribe: *estamos esperando una ~ suya; su ~ fue clara; su ingenio tiene respuestas para todo.* **2** Efecto o resultado que se desea o se busca: *la ~ de este vehículo es segura.* **3** Acción con la que una persona corresponde a la de otra: *la ~ fue inmediata: le propinó un tortazo.*

res·que·bra·jar |r̄eskeβraxár| *tr.-prnl.* [algo] Partir ligeramente o hacer grietas en un cuerpo sólido: *el muro se resquebrajó a causa del terremoto.*

res·qui·cio |r̄eskíθio| **1** *m.* Abertura entre el *quicio y la puerta: *entraba un poco de luz por el ~.* **2** *p. ext.* Abertura o grieta pequeña: *intentó mirar por un ~ de la pared.* **3** *fig.* Ocasión o posibilidad: *no dudes de que si tuviese el menor ~ lo haría.*

res·ta |r̄ésta| **1** *f.* Operación que consiste en quitar una cantidad de otra y averiguar la diferencia: *si no sabes sumar, difícilmente podrás hacer una ~.* ⇒ **extracción.** ⇔ **suma. 2** Cantidad que resulta de esa operación: *y luego, la ~ debes multiplicarla por 20.* ⇒ **diferencia, sustracción.** ⇔ **suma.**

res·ta·ble·cer |r̄estaβleθér| **1** *tr.* [algo, a alguien; en algo] Volver a establecer o a poner en un estado anterior: *ha restablecido una antigua costumbre.* **- 2 restablecerse** *prnl.* Ponerse bien; volver a tener salud: *todavía me estoy restableciendo de la impresión que me causó la noticia.* ⇒ **recobrar, recuperar, reponer.** ☖ Se conjuga como 43.

res·tan·te |r̄estánte| *adj.-m.* Que resulta de una resta; que queda: *los invitados restantes pasaron al comedor; retiraron lo ~ con una escoba.*

res·ta·ñar |r̄estaɲár| *tr.-intr.-prnl.* [algo] Detener o parar el curso de un líquido, especialmente de la sangre: *trataron de ~ la sangre de la herida con una gasa.*

res·tar |r̄estár| **1** *tr.* [algo; de algo] Separar o sacar una parte de un todo y *hallar la parte que queda: *de este grupo habrá que ~ los coches que hayan sido dados de baja.* ⇔ **sumar. 2** MAT. Quitar una cantidad de otra, averiguando la diferencia entre las dos: *resta 1400 de 3650 y el resultado será 2250.* ⇒ **sustracción. 3** Disminuir; hacer que una cosa baje en cantidad, fuerza o intensidad: *el asalto ha restado fuerzas al enemigo.* **- 4** *intr.* Faltar o quedar: *restan sólo tres días para que empiecen las vacaciones.* **5** DEP. Devolver la pelota del saque: *el jugador de tenis restó con todas sus fuerzas y consiguió un punto.*

res·tau·ra·ción |r̄estauraθión| **1** *f.* Acción y resultado de *restaurar: *en este taller nos dedicamos a la ~ de cuadros antiguos.* **2** *Restablecimiento en un país del *régimen político que existía y que había sido sustituido por otro: *en el año 1975 tuvo lugar la ~ de la monarquía en España.* **3** Periodo histórico que comienza con ese *restablecimiento: *durante la ~ se hicieron muchas obras públicas.*

res·tau·ran·te |r̄estauránte| *m.* Establecimiento

donde se preparan y sirven comidas: *nos invitó a comer en un ~ típico de la capital.*

res·tau·rar |r̄estaurár| **1** ***tr.*** [algo] Arreglar o *reconstruir una obra de arte de los daños que ha sufrido: *restauraron el palacio en su totalidad; están restaurando varias de sus pinturas.* **2** Volver a poner en un estado anterior; volver a establecer: *pretendió ~ la fe católica en su país.* ⇒ **restituir.**

res·ti·tu·ir |r̄estituír| **1** ***tr.*** [algo, a alguien] Volver a poner en un estado anterior; volver a establecer: *trataron de ~ el antiguo régimen.* ⇒ **restaurar. 2** [algo; a alguien] Dar una cosa a quien la tenía antes: *le restituyeron toda su hacienda.* ☖ Se conjuga como 62.

res·to |r̄ésto| **1** ***m.*** Parte que queda de un todo: *Juana se quedó con la casa de sus padres y Enrique con el ~ de la herencia.* **2** MAT. Cantidad que no se puede dividir en una división de enteros: 5 *dividido entre* 2 *es igual a* 2 *y el ~ es* 1. **3** Cantidad acordada en algunos juegos para jugar y *apostar: *el jugador ha apostado el ~.* **4** Jugador que devuelve la pelota del saque: *en este punto del partido, tú sacas y yo soy el ~.* **5** Acción de devolver la pelota del saque: *el tenista consiguió el partido gracias a su potentísimo ~.* **- 6 restos *m. pl.*** Parte que queda de una cosa después de haberla consumido o de haber trabajado con ella: *después de comer, siempre tira los restos al cubo de la basura.* ■ **echar el ~**, *fam.*, hacer todo el esfuerzo posible: *estamos echando el ~ para terminar el trabajo a tiempo.* ■ **restos mortales**, cuerpo humano después de muerto: *mañana trasladarán los restos mortales del escritor a su pueblo.* ⇒ **despojo.**

res·tre·gar |r̄estreɣár| ***tr.*** [algo] Frotar o hacer que se rocen con fuerza dos superficies: *con este detergente no tendrá que ~ los puños ni los cuellos de sus camisas.* ☖ Se conjuga como 48.

res·tre·gón |r̄estreɣón| ***m.*** *fam.* Roce fuerte o intenso de dos superficies: *resbaló y se dio un buen ~ contra el suelo.*

res·tric·ción |r̄estri^{k}θión| ***f.*** Disminución o reducción a límites menores: *la nueva ley supone una ~ de la libertad.*

res·trin·gir |r̄estriŋxír| ***tr.*** [algo; a algo] Disminuir o reducir a límites menores: *tendremos que ~ los gastos si queremos pagar todas las deudas.* ☖ Se conjuga como 6.

re·su·ci·tar |r̄esuθitár| **1** ***tr.*** [a alguien] Devolver la vida a un ser muerto: *dicen que la bruja del bosque resucitó a un niño.* **2** *fig.* [algo] Renovar; dar nueva vida: *los jóvenes han resucitado la fiesta.* **- 3 *intr.*** Volver uno a la vida; volver a vivir: *Cristo resucitó de entre los muertos.* ⇒ **revivir.**

re·sue·llo |r̄esuéʎo| **1** ***m.*** Respiración, especialmente fuerte y ruidosa: *el animal dio un fuerte ~ antes de morir.* **2** Fuerza o energía: *no puedo trabajar más: me falta el ~.*

re·suel·ʳto, ʳta |r̄esuélto, ta| ***adj.*** Que está decidido y con ánimo o valor para hacer una cosa: *está ~ a despedirse de la empresa si no aceptan sus condiciones de trabajo.* ☖ Es el participio de *resolver.*

re·sul·ta·ʳdo |r̄esultáðo| **1** ***m.*** Efecto de un hecho, operación o razonamiento: *hice todas las gestiones posibles, pero no conseguí ningún ~.* **2** Solución de una operación matemática: *¿cuál es el ~ de esta ecuación?* **3** Información conseguida después de una operación o *investigación: *los resultados de los análisis fueron buenos.*

re·sul·tan·te |r̄esultánte| ***adj.*** Que resulta de una cosa o una acción: *esa ha sido la conclusión ~ de las investigaciones de la comisión.*

re·sul·tar |r̄esultár| **1** ***intr.*** Nacer, originarse o ser *consecuencia: *esta cantidad resulta de las operaciones realizadas.* **2** Parecer, *manifestarse o comprobarse: *la casa resulta pequeña; el dinero asignado resultaba insuficiente.* **3** Salir o llegar a ser; tener un resultado determinado: *resultó vencedor; la expedición resultó un éxito.* **4** *fam.* Ser o terminar siendo agradable: *la fiesta no acabó de ~.*

re·su·men |r̄esúmen| ***m.*** Explicación corta y justa de lo principal de un asunto o materia: *le pidió que hiciese un ~ del capítulo.* ⇒ **condensación, síntesis.** ■ **en ~**, como conclusión; en pocas palabras: *Juan es alto, guapo, listo y educado: en ~, una maravilla de hombre.*

re·su·mir |r̄esumír| **1** ***tr.*** [algo] Reducir a una explicación corta y justa lo principal de un asunto o materia: *resume la investigación en la conclusión del artículo; la cuestión se resume en estas líneas.* **- 2 resumirse *prnl.*** Convertirse o transformarse una cosa en otra: *el azúcar se resume en alcohol.* ☖ No se debe usar por *reasumir.*

re·sur·gir |r̄esurxír| **1** ***intr.*** Volver a surgir; aparecer de nuevo: *ese movimiento cultural resurgió con nuevo ímpetu años después.* **2** Volver a la vida; volver a tener fuerzas o energía: *aunque le hagan daño, siempre resurge de sus cenizas.* ☖ Se conjuga como 6.

re·su·rrec·ción |r̄esur̄e^{k}θión| **1** ***f.*** Vuelta a la vida de un ser muerto: *los cristianos creen en la ~ de Jesucristo.* **2** Vuelta al uso o a la existencia; nueva aparición: *estamos asistiendo a la ~ de viejos deportes.* **3** Fiesta cristiana en la que se celebra la vuelta a la vida de Jesucristo: *la ~ se celebra un domingo.*

re·ta·blo |r̄etáβlo| **1** ***m.*** Conjunto o serie de pinturas o esculturas que representa una historia o hecho: *el salón del palacio estaba adornado con un ~ magnífico.* **2** Obra de arquitectura que compone la decoración del muro que hay detrás de un altar: *están restaurando el ~ barroco de la catedral.*

re·ta·co |r̄etáko| **1** ***m.*** *fam. desp. fig.* Persona de poca altura y más bien gorda: *la ves en la televisión y parece algo, pero en realidad es un ~.* **2** Palo más corto de lo normal en el juego del *billar: *para hacer aquella carambola necesitó usar el ~.*

re·ta·guar·dia |r̄etaɣuárðia| ***f.*** MIL. Parte del ejército que va detrás de las demás: *los mandos estaban en la ~.* ⇔ **vanguardia.**

re·ta·hí·la |r̄etaíla| ***f.*** Serie de cosas que van una tras otra: *citó de memoria una ~ de autores.*

re·tal |r̄etál| ***m.*** Trozo de tela o de otro material que *sobra después de cortar una pieza mayor: *se* *hizo una chaqueta con retales y le quedó muy bien.* ⇒ **retazo.**

re·ta·ma |r̄etáma| ***f.*** Planta con muchas ramas largas, delgadas y flexibles, con hojas pequeñas y escasas y flores amarillas: *la ~ abunda en la zona mediterránea; una variedad de ~ se emplea para hacer escobas.* ⇒ **hiniesta.**

re·tar |r̄etár| ***tr.*** [a alguien; a algo] Provocar a una persona para tener un enfrentamiento físico o verbal con ella: *lo retó a un combate a muerte; me retó a cruzar el pantano a nado.* ⇒ **desafiar.**

re·tar·dar |r̄etarðár| ***tr.*** [algo, a alguien] Hacer que una cosa ocurra después del tiempo debido o previsto: *las lluvias han retardado la excursión a la montaña.* ⇒ **aplazar, retrasar.**

re·ta·zo |r̄etáθo| **1** ***m.*** *fig.* Trozo de un discurso o escrito: *tan sólo se conservan unos pocos retazos de su obra.* **2** Trozo de tela que *sobra después de cortar una pieza mayor: *se hicieron los disfraces con retazos.* ⇒ **retal.**

re·tén |r̄etén| ***m.*** Grupo de personas que está dispuesto a ayudar o a actuar en caso de necesidad: *dejó un ~ en el fuerte.*

re·ten·ción |r̄etenθión| **1** ***f.*** *Descuento de dinero en un pago o en un cobro: *la empresa no me ha hecho ninguna ~ este mes.* **2** *Marcha muy lenta de coches en una carretera: *ha habido retenciones en la autopista a causa de un accidente.* ☐ Se usa sobre todo en plural. **3** Acción y resultado de impedir el movimiento: *este depósito sirve para la ~ de agua llovida.* **4** Conservación en la memoria: *tiene una capacidad extraordinaria para la ~ de fechas.* **5** Conservación en el cuerpo, especialmente de un líquido: *tiene problemas para la ~ de la orina.*

re·te·ner |r̄etenér| **1** ***tr.*** [algo] Conservar; guardar para sí o no devolver: *los bancos retienen el dinero un día antes de ingresarlo en otra cuenta; el algodón empapa y retiene el agua.* **2** Conservar en la memoria: *repitió la poesía varias veces para retenerla.* ⇒ **memorizar, recordar.** **3** [a alguien] Impedir que una persona se vaya o se aleje de un lugar: *la policía retuvo a los testigos para interrogarlos; sólo tú me retienes en este lugar.* ⇒ **detener.** **4** [a alguien] Interrumpir o hacer difícil el curso normal de una acción: *¿por qué no has empezado a trabajar? ¿Qué es lo que te retiene?*

re·ten·ti·va |r̄etentíβa| ***f.*** Capacidad o *facultad de acordarse de las cosas: *su ~ es asombrosa: se sabe de memoria los números de teléfono de todos sus amigos y familiares.*

re·ti·cen·cia |r̄etiθénθia| ***f.*** Reserva o falta de confianza: *aunque me has dado tu autorización para hacer una reforma de la casa, noto en tus palabras cierta ~.*

re·ti·cen·te |r̄etiθénte| ***adj.*** Que tiene o muestra reserva o falta de confianza: *su exposición fue demasiado ~ y no dejó satisfechos a los oyentes.*

re·ti·cu·lar |r̄etikulár| ***adj.*** Que tiene forma de red: *hizo un aparejo ~ para pescar en el río.*

re·ti·na |r̄etína| ***f.*** ANAT. Tejido situado en el interior del globo del ojo que recibe la luz y la convierte en impulsos nerviosos: *la ~ está formada por células sensibles al color; el abuelo tiene desprendimiento de ~.*

re·tin·tín |r̄etintín| **1** ***m.*** Sonido que deja en los oídos una campana u otro cuerpo *sonoro: *todavía oigo el ~ del triángulo con el que nos avisaban para comer.* **2** *fam. fig.* Tono y modo de hablar que se usa para herir a una persona o para dar a entender más de lo que se dice: *se enfadó con ella porque le contestó con ~.*

re·ti·ra·da |r̄etiráða| **1** ***f.*** Movimiento hacia atrás de un ejército, apartándose del enemigo: *el coronel ordenó la ~.* **2** Separación o alejamiento de un lugar; hecho de quitar o separar: *me han amenazado con la ~ del carné de conducir.*

re·ti·rar |r̄etirár| **1** ***tr.-prnl.*** [algo, a alguien] Apartar o separar: *retira la olla del fuego, que se va a quemar la comida; retírate de la ventana, que te van a ver.* **2** [a alguien] Abandonar o hacer abandonar una actividad: *el juez ha retirado a todos los competidores que no cumplían las normas para la carrera; a los 65 años se retiró de la enseñanza.* - **3** ***tr.*** [algo] Apartar de la vista o esconder: *retira esa fotografía, que no quiero verla; la autoridad retiró el libro porque incitaba al asesinato.* **4** Afirmar que no se mantiene lo dicho: *la víctima retiró la denuncia; si no retiras tus insultos, tendré que tomar medidas severas.* **5** [algo; a alguien] Negar o dejar de dar: *se enfadó conmigo y me retiró el saludo.* - **6 retirarse** ***prnl.*** Apartarse o separarse del trato social: *después de la muerte de su mujer se retiró al campo a meditar; Luisa se retiró una temporada porque quería estar sola.* **7** Irse a descansar; irse a la cama o a casa: *perdonadme, pero yo me retiro porque estoy muy cansado.* **8** Abandonar la lucha o el lugar en que se lucha: *el ejército se retiró ante las tropas enemigas.*

re·ti·ro |r̄etíro| **1** ***m.*** Separación; abandono de un lugar o de una ocupación habitual: *un año de ~ te vendrá bien para tu depresión.* **2** Situación del trabajador retirado: *tras el ~ ya no vive aquí, se ha ido a la costa.* **3** Sueldo o paga que se disfruta después de dejar el trabajo a causa de la edad: *le ha quedado un buen ~ con el que mantenerse en su vejez.* **4** Lugar tranquilo y apartado de la gente: *el escritor decidió confinarse en su ~ y no atender a los periodistas.* **5** Ejercicio religioso que consiste en rezar y pensar, retirándose de las ocupaciones habituales: *el sacerdote está de ~, preparándose para ir a las misiones.*

re·to |r̄éto| ***m.*** Provocación a una persona para tener un enfrentamiento físico o verbal con ella: *le lanzó un ~ que no pudo evitar.*

re·to·car |r̄etokár| **1** ***tr.*** *fig.* [algo] Terminar los detalles de una obra: *aunque ya parecía haber terminado el cuadro, todavía lo estuvo retocando durante unas horas.* **2** Arreglar o *reconstruir una obra de arte de los daños que ha sufrido: *tuvieron que ~ todos los techos y los frescos que los decoraban.* ⇒ **restaurar, tocar.** ☐ Se conjuga como 1.

re·to·ñar |r̄etoɲár| **1** ***intr.*** Volver a brotar tallos nuevos en una planta: *las plantas del jardín han retoñado con la lluvia y el buen tiempo.* **2** *fig.* Reproducirse o volver a aparecer una cosa: *el peligro ha-*

bía pasado, pero quedaba el miedo a que retoñara la enfermedad.

re·to·ño |r̄etóɲo| **1** ***m.*** Rama nueva que le sale a una planta: *con la primavera, la higuera ha echado nuevos retoños.* **2** *fig.* Persona que desciende de otra, especialmente cuando tiene corta edad: *se enorgullecía al mostrar su ~ a los amigos.*

re·to·que |r̄etóke| ***m.*** Detalle con que se termina una obra: *le dio los retoques oportunos antes de terminar.*

re·tor·cer |r̄etorθér| **1** ***tr.*** [algo] Torcer mucho una cosa dándole vueltas: *retorcía el pañuelo mojado para escurrirlo.* **2** *fig.* Hacer complicado o más complicado: *estás retorciendo el sentido de mis palabras.* ☖ Se conjuga como 54.

re·tor·ci·⌐do, ⌐da |r̄etorθíðo, ða| **1** ***adj.*** *fig.* Que tiene mala intención: *acabará siendo víctima de sus retorcidos planes.* **- 2** ***adj.-s.*** *fam. desp. fig.* (persona) Que hace que una cosa sea complicada o más complicada: *no seas tan ~, no creo que todo el mundo conspire contra ti.*

re·tó·ri·ca |r̄etórika| **1** ***f.*** Capacidad de hablar de manera agradable para convencer o provocar un sentimiento determinado: *su ~ es nefasta: no me gustaría que me defendiera en un juicio.* ⇒ **elocuencia, oratoria. 2** Estudio de las propiedades y la forma de los discursos: *esta clase la dedicaremos a la ~ del texto.* **3** *desp.* Adorno excesivo en el lenguaje o en el modo de hablar: *lo dice todo con tanta ~, que se hace insoportable escucharlo.*

re·tó·ri·⌐co, ⌐ca |r̄etóriko, ka| **1** ***adj.*** De la *retórica o que tiene relación con ella: *su discurso ~ no gustó a los asistentes.* **- 2** ***adj.-s.*** (persona) Que conoce la *retórica: *es un gran ~ y orador.*

re·tor·nar |r̄etornár| **1** ***intr.*** Volver al lugar del que se partió; volver a una situación o estado: *desde que llegó, deseaba ~ a su país; retornó a sus costumbres.* **- 2** ***tr.*** *form.* [algo; a alguien] Dar una cosa a quien la tenía antes: *le retornó todo lo que le había dado.* **3** [algo] Hacer que una cosa vuelva atrás: *retornaron el carro con cuidado.*

re·tor·no |r̄etórno| ***m.*** Vuelta o regreso al punto de partida: *todos esperábamos su ~ al país después de tantos años de ausencia.* ⇔ **marcha.**

re·tor·ti·jón |r̄etortixón| ***m.*** *fam.* Dolor breve y agudo que se siente en la tripa o en el estómago: *tenía fuertes retortijones y corrió hacia el servicio.*

re·to·zar |r̄etoθár| **1** ***intr.*** Dar saltos y moverse alegremente: *cuando lo soltaron, el perro empezó a ~.* **2** Jugar dando saltos y moviéndose alegremente: *las crías retozaban cerca de la madre.* **3** *fig.* Excitarse en el interior un sentimiento o una pasión: *retozaba de alegría.* ☖ Se conjuga como 4.

re·trac·tar·se |r̄etra^k^társe| ***prnl.*** [de algo] Dejar sin valor o efecto lo que se ha dicho; no cumplir lo prometido: *inmediatamente se retractó de sus palabras.*

re·tra·er |r̄etraér| **1** ***tr.-prnl.*** [algo; a alguien] Apartar o *disuadir a una persona de un intento: *se retrajo del empeño.* **- 2** ***tr.*** [algo; a alguien] Criticar recordando abiertamente a una persona un hecho o una acción que causa vergüenza: *le retrajo todas sus faltas.* ⇒ **reprochar. - 3 retraerse** ***prnl.*** Retirarse o retroceder: *se retrajo al ver al enemigo.* **4** Acogerse o refugiarse: *se retraen a nuestra casa.* **5** Hacer vida retirada o apartada del trato social: *le gusta la soledad y se retrae mucho.* ☖ Se conjuga como 88.

re·trans·mi·sión |r̄etransmisión| ***f.*** Acción y resultado de *retransmitir: *escuchó la ~ del partido por la radio.* ⇒ **transmisión.**

re·trans·mi·tir |r̄etransmitír| **1** ***tr.*** [algo] Enviar o *transmitir un mensaje o información a través de un medio de comunicación: *esta noche retransmiten un partido de fútbol por la radio.* **2** Volver a *transmitir o a enviar un mensaje o información a través de un medio de comunicación: *retransmitieron el telegrama porque la primera vez que lo enviaron no llegó con claridad.*

re·tra·sa·⌐do, ⌐da |r̄etrasáðo, ða| **1** ***adj.*** Que no ha completado su desarrollo: *estos frutales están muy retrasados para la época que es.* **- 2** ***adj.-s.*** (persona) Que tiene una capacidad mental inferior a la normal: *déjala, es un poco retrasada y no entiende lo que le dices.* ⇒ **deficiente, subnormal.** ☖ Se usa como apelativo despectivo.

re·tra·sar |r̄etrasár| **1** ***tr.*** [algo] Hacer que una cosa ocurra después del tiempo debido o previsto: *una avería ha retrasado la llegada del tren.* ⇒ **atrasar, retardar. 2** Hacer que un reloj señale un tiempo ya pasado: *esta noche tendremos que ~ los relojes una hora.* ⇒ **atrasar.** ⇔ **adelantar. 3** [algo, a alguien] Echar o llevar hacia atrás: *el público protestó porque los jugadores retrasaban el balón constantemente.* **- 4 retrasarse** ***prnl.*** *Proseguir o avanzar menos de lo debido; quedarse detrás: *llegó el último porque se retrasó.* ⇒ **atrasar.** ⇔ **adelantar. 5** Marcar un reloj un tiempo anterior al real; andar un reloj con menos velocidad de la debida: *he llegado tarde porque mi reloj se ha retrasado.* ⇒ **atrasar.** ⇔ **adelantar. 6** Llegar tarde: *el avión se ha retrasado.* ⇔ **adelantar.**

re·tra·so |r̄etráso| **1** ***m.*** Acción y resultado de retrasarse o retrasar una cosa: *la escasez de lluvia provocará un ~ de la cosecha.* ⇔ **antelación. 2** Tiempo posterior al previsto: *este tren siempre llega con diez minutos de ~.* ⇔ **adelanto.**

re·tra·tar |r̄etratár| **1** ***tr.*** [algo, a alguien] Representar mediante una imagen o figura: *el pintor la retrató desnuda.* **2** Explicar o describir una figura o el carácter de una persona: *Cervantes retrata sus personajes magistralmente.* **3** Sacar en fotografía: *me gusta que me retraten con mi hijo.* ⇒ **fotografiar.**

re·tra·to |r̄etráto| **1** ***m.*** Representación mediante una imagen o figura: *varios pintores hicieron retratos de la reina;* ~ **robot**, el de una persona, que se hace mediante las explicaciones o señales dadas por otras personas: *la policía ha confeccionado el ~ robot del sospechoso.* **2** Explicación de una figura o del carácter de una persona: *en la segunda página, hace un ~ muy detallado del protagonista.* ⇒ **fotografía. 3** Imagen fotográfica: *en este álbum guardo los retratos.* ⇒ **foto. 4** *fig.* Persona o cosa que se parece a otra: *sois iguales: es tu ~;* **vivo ~**, persona que se parece mucho a otra: *es el vivo ~ de su padre.*

re·tre·te |r̄etréte| **1** ***m.*** Recipiente del váter en el que se orina y se hace de vientre: *el espía se subió sobre el ~ para que no le vieran los pies por debajo de la puerta.* ⇒ **taza. 2** Habitación en la que está ese recipiente y otros elementos que sirven para el aseo humano: *¡sal ya del ~, que llevas una hora dentro!; desesperadamente, corrió hacia el ~, pero estaba ocupado.* ⇒ **cuarto, servicio, váter.**

re·tri·bu·ción |r̄etriβuθi̲ó̲n| ***f.*** Bien o cantidad de dinero que se da o recibe para *compensar un trabajo o favor: *la ~ económica de este año ha de ser mayor a la del anterior.*

re·tri·bu·ir |r̄etriβuír| ***tr.*** [algo; a alguien] Dar un bien o una cantidad de dinero para *compensar un trabajo o favor: *todo el mundo piensa que no se les retribuye su trabajo con justicia.* ☖ Se conjuga como 62.

re·tro·ac·ti·⌜vo, ⌜va |r̄etroakˈtiβo, βa| ***adj.*** Que actúa o tiene fuerza en una cosa o acción ya pasada: *el aumento de sueldo tendrá carácter ~.*

re·tro·ce·der |r̄etroθeðér| ***intr.*** Volver hacia atrás: *al perderse, retrocedieron 15 kilómetros sin darse cuenta; cuando le mostró el crucifijo, retrocedió espantado.*

re·tro·ce·so |r̄etroθéso| **1** ***m.*** Movimiento hacia atrás: *el progreso a veces se interrumpe con algunos retrocesos.* ⇔ **avance. 2** Aumento o avance de una enfermedad, haciéndose más grave: *el enfermo ha experimentado un ~.* ⇒ **agravamiento. 3** Movimiento hacia atrás de una arma de fuego al dispararla: *sujeta bien el rifle porque tiene mucho ~.*

re·tró·gra·⌜do, ⌜da |r̄etróɣraðo, ða| **1** ***adj.*** Que retrocede: *las armas de fuego realizan un movimiento ~ al ser disparadas.* **- 2** ***adj.-s.*** *desp. fig.* (persona) Que es partidario de *instituciones políticas o sociales propias de tiempos pasados: *los políticos retrógrados votaron en contra del sufragio universal.*

re·tro·pro·pul·sión |r̄etropropulsi̲ó̲n| ***f.*** AERON. Sistema que origina el movimiento de un vehículo al despedir una corriente de gases producidos a gran presión por el motor, en dirección contraria a la *marcha: *la ~ se utiliza en aviones y naves espaciales; la ~ se denomina también* propulsión *o* propulsión de reacción. ⇒ **propulsión.**

re·tros·pec·ti·⌜vo, va |r̄etrospekˈtiβo, βa| ***adj.*** Del tiempo pasado o que tiene relación con él: *el profesor comenzó su conferencia con un comentario ~ de lo que había ocurrido en los diez años anteriores.*

re·tro·vi·sor |r̄etroβisór| ***m.*** Espejo pequeño que llevan ciertos vehículos, especialmente los automóviles, para que el conductor pueda ver lo que hay o pasa por detrás: *miró por el ~ y vio que los seguía un coche negro.*

re·tum·bar |r̄etumbár| ***intr.*** Hacerse más largo un sonido al reflejarse o sonar mucho: *sus pasos retumbaban en la bóveda de la cueva.* ⇒ **resonar.**

reu·ma |r̄é̲u̲ma| ***amb.*** Enfermedad que afecta a los tejidos del aparato *locomotor: *tiene ~ y cuando llueve le duelen los huesos.* ⇒ **reúma, reumatismo.**

☖ Se considera más correcto su uso como masculino: *el ~.*

re·ú·ma |r̄eúma| ***amb.*** ⇒ **reuma.**

reu·ma·tis·mo |r̄e̲u̲matísmo| ***m.*** Enfermedad en la que *duelen o se *inflaman las articulaciones o los músculos del cuerpo: *el ~ es una enfermedad muy dolorosa; padece ~: por eso se le han deformado los huesos de los dedos.* ⇒ **reuma.**

reu·nión |r̄e̲u̲ni̲ó̲n| **1** ***f.*** Conjunto de personas o cosas juntas o reunidas: *el presidente comunicó a la ~ su intención de dimitir.* **2** Acción y resultado de reunir o reunirse: *la ~ de vecinos se celebrará mañana.*

reu·nir |r̄e̲u̲nír| **1** ***tr.-prnl.*** [algo, a alguien] Juntar o volver a unir: *después de muchos años, se reunió toda la familia.* **2** [algo] Juntar o conseguir cosas para *coleccionarlas o con otro fin: *reunió muchos libros a lo largo de su vida.* ☖ Se conjuga como 19.

re·va·li·dar |r̄eβalidár| **1** ***tr.*** [algo] *Confirmar o dar nuevo valor y firmeza: *el boxeador revalidó su título de campeón.* ⇒ **convalidar. - 2 revalidarse** ***prnl.*** Examinarse para conseguir un grado o un título: *ayer se revalidó en la Universidad.*

re·va·lo·ri·zar |r̄eβaloriθár| **1** ***tr.-prnl.*** [algo] Aumentar el valor de una cosa: *revalorizaron las tierras con el riego.* **2** Conceder o tener un valor justo: *su imagen pública, por fin, se ha revalorizado.* ☖ Se conjuga como 4.

re·van·cha |r̄eβántʃa| ***f.*** *Venganza o respuesta a una ofensa o daño recibidos: *quería tomarse la ~ por lo que le habían hecho.*

re·ve·la·ción |r̄eβelaθi̲ó̲n| ***f.*** Descubrimiento o *manifestación de una verdad secreta o desconocida: *sus ideas sobre la física, son toda una ~.*

re·ve·lar |r̄eβelár| **1** ***tr.*** [algo; a alguien] Descubrir, mostrar lo que es secreto o desconocido: *el director reveló a la prensa los datos de la encuesta.* **2** Proporcionar muestras o pruebas de algo: *sus palabras revelan preocupación.* **3** FOT. [algo] Hacer que se vea una imagen impresa: *he revelado ya el carrete de las fotos de nuestras vacaciones.*

re·ven·tar |r̄eβentár| **1** ***intr.-prnl.*** Romperse por no poder soportar una presión interior: *la cañería reventó por las heladas; se reventó un neumático y tuvimos un accidente.* **- 2** ***intr.*** Salir o surgir con fuerza; estallar: *su ira reventó de repente; las flores revientan en primavera.* **3** Tener un deseo muy fuerte o difícil de aguantar: *está que revienta por hablar.* **4** *fam.* Molestar, cansar o provocar enfado: *me revienta que llegues siempre tarde.* **5** *fam.* Hacer con muchas ganas o fuerza: *cuando actúa ese cómico, reviento de risa.* **6** Deshacerse en *espuma las olas del mar: *me gusta bañarme mar adentro porque cerca de la playa revientan las olas.* ⇒ **romper. - 7** ***tr.*** [algo, a alguien] Cansar mucho o *agotar: *el jinete reventó al caballo para llegar en un día a la corte.* **8** [algo] Hacer fracasar mostrando desagrado de forma ruidosa: *una compañía enemiga pagó a un grupo de muchachos para que reventara el espectáculo.*

re·ver·be·ro |r̄eβerβéro| ***m.*** Reflejo de la luz o el sonido en una superficie: *el ~ le impedía ver con claridad el paisaje.*

re·ver·de·cer |r̄eβerðeθér| **1** ***intr.-tr.*** [algo] Tomar color verde de nuevo: *la tierra reverdece; la lluvia reverdece la pradera.* **2** *fig.* Renovarse o tomar nueva fuerza o energía: *reverdeció el gusto por las formas clásicas.* ☖ Se conjuga como 43.

re·ve·ren·cia |r̄eβerénθia| **1** ***f.*** Inclinación del cuerpo en señal de respeto: *hizo una ~ ante el rey.* **2** Respeto hacia una persona: *siente verdadera ~ por él.*

re·ve·ren·⌜do, ⌜da |r̄eβeréndo, da| **1** ***m. f.*** Sacerdote o persona que pertenece a una orden religiosa: *el ~ ha dicho que debemos hacer el bien.* **- 2** Forma de tratamiento que indica respeto y *cortesía y que se usa hacia los sacerdotes o las personas que pertenecen a una orden religiosa: *~, aquí tiene la sotana limpia; la Reverenda Madre reunió a todas las monjas del convento.* ⇒ **sor.**

re·ver·si·ble |r̄eβersíβle| **1** ***adj.*** Que puede darse la vuelta: *este colchón es ~.* **2** Que puede volver a un estado o situación anterior: *no te alarmes: su enfermedad es de carácter ~.* ⇔ **irreversible. - 3** ***adj.-s.*** (prenda de abrigo) Que puede usarse por ambos lados: *tengo un ~ para el otoño; mi cazadora es ~.*

re·ver·so |r̄eβérso| ***m.*** Cara posterior; parte opuesta: *en el ~ de la carta había una nota; en el ~ está la figura del rey.* ⇒ **envés.** ⇔ **anverso, haz.**

re·ver·tir |r̄eβertír| ***intr.*** *form.* Volver una cosa a un estado o condición anterior: *las inversiones que estamos haciendo revertirán en nuestro beneficio dentro de unos años.*

re·vés |r̄eβés| **1** ***m.*** Lado opuesto a la parte principal de una cosa: *no me he dado cuenta y me he puesto la chaqueta del ~; está escribiendo por el ~ de la hoja de papel.* ⇔ **derecho. 2** Golpe que se da en la cara con la mano vuelta: *le dio un ~ por ser desobediente.* ⇒ **bofetón, tortazo. 3** *fig.* Situación difícil o desgraciada: *ha tenido que soportar muchos reveses en la vida.* ⇒ **contratiempo, desgracia, infortunio. 4** DEP. Golpe que se da a la pelota cuando no va en la dirección de la mano en la que se tiene la *raqueta: *el tenista dio un fuerte ~ a la pelota y la envió fuera de la pista.* ■ **al ~**, de manera contraria: *has entendido lo que he dicho al ~ de como deberías haberlo hecho.* ■ **del ~**, con la cara posterior, interior o menos importante a la vista: *te has puesto el pijama del ~.*

re·ves·ti·mien·to |r̄eβestimiénto| ***m.*** Capa o cubierta con la que se protege o adorna una superficie: *estos electrodomésticos tienen un ~ de una aleación especial.*

re·ves·tir |r̄eβestír| **1** ***tr.*** [algo] Cubrir con una capa o cubierta una superficie, generalmente para protegerla o adornarla: *la caja estaba revestida de oro.* **2** *fig.* Presentar un determinado aspecto, cualidad o carácter: *la cogida no reviste gravedad.* **- 3** ***tr.-prnl.*** *fig.* Disimular u ocultar: *se revistió de inocencia para presentarse ante el jurado.* **4** *fig.* [a alguien] Atribuir o conceder cierta *facultad o autoridad: *fue revestido con el título de emperador; se revistió de todos los honores.* **5** Vestir poniendo una ropa sobre otra: *el sacerdote fue a la sacristía a revestirse.* **- 6 revestirse** ***prnl.*** Armarse de una cualidad o virtud: *tendremos que revestirnos de paciencia y de resignación.* **7** Dejarse llevar por la fuerza de una pasión: *nos revestimos de locura y nos escapamos de la ciudad.* ☖ Se conjuga como 34.

re·vi·sar |r̄eβisár| **1** ***tr.*** [algo] Ver con atención y cuidado: *revisaron la lección antes del examen.* **2** Someter a una nueva prueba o *examen: *habrá que ~ el funcionamiento del aparato.* ⇒ **repasar.**

re·vi·sión |r̄eβisión| **1** ***f.*** Observación hecha con cuidado y atención: *tendremos que hacer una última ~ del asunto.* **2** Prueba o *examen que se hace de nuevo para corregir o arreglar una cosa: *tengo que hacerle una ~ al coche.*

re·vi·⌜sor, ⌜so·ra |r̄eβisór, sóra| ***m. f.*** Persona que se dedica a revisar o reconocer cosas, especialmente los billetes de los viajeros en un medio de transporte: *el ~ nos pidió los billetes en el trayecto entre las dos estaciones.*

re·vis·ta |r̄eβísta| **1** ***f.*** Publicación de información general, generalmente con fotografías: *compraron unas revistas en el aeropuerto para entretenerse; en esa ~ salen fotografías del cantante.* **2** Publicación periódica con escritos sobre varias materias o sobre una especial: *me he suscrito a una ~ de economía.* **3** Espectáculo teatral de carácter ligero, en el que alternan números musicales y de humor: *la artista participa en una nueva ~.* **4** Reconocimiento u observación que un jefe hace de las personas o cosas que están bajo su autoridad o cuidado: *vino un funcionario del ministerio para hacer una ~ sanitaria.* **5** Formación de parte de un ejército para que un jefe la pueda reconocer u observar: *la ~ se hizo a primera hora de la mañana.*

re·vis·te·ro |r̄eβistéro| ***m.*** Mueble o lugar que sirve para colocar revistas o periódicos: *creo que puse el diario de ayer en el ~.*

re·vi·vir |r̄eβiβír| **1** ***intr.*** Volver a vivir: *dice que revivió después de morir y de visitar el paraíso.* ⇒ **resucitar. 2** *fig.* Recuperar fuerzas o energía: *cuando parecía que ya estaba acabado, revivió y venció a sus rivales.* **3** *fig.* Volver en sí el que parecía muerto: *a la media hora del accidente, revivió.*

re·vo·car |r̄eβokár| **1** ***tr.*** [algo] Dejar sin valor o efecto: *sólo el rey puede ~ la sentencia.* **2** Cubrir una pared con *cemento u otro material, especialmente la parte exterior de un muro: *levantaron un andamio para ~ la fachada del edificio.* ⇒ **guarnecer.** ☖ Se conjuga como 1.

re·vol·car |r̄eβolkár| **1** ***tr.*** [a alguien] Derribar y dar vueltas por el suelo: *el toro revolcó a los mozos.* **2** *fam. fig.* Vencer o suspender en una prueba: *en cuanto salga al ring, lo voy a ~.* **- 3 revolcarse** ***prnl.*** Echarse y dar vueltas sobre una superficie: *a los cerdos les encanta revolcarse en el fango.* ☖ Se conjuga como 49.

re·vol·cón |r̄eβolkón| **1** ***m.*** Acción y resultado de caer y dar vueltas por el suelo: *iba corriendo, tropezó y se dio un ~.* **2** *fig.* Acción y resultado de vencer a un oponente: *el luchador le dio a su oponente un buen ~.*

re·vo·lo·te·ar |r̄eβoloteár| **1** ***intr.*** Volar dando vueltas en poco espacio: *el gorrión revoloteaba al-*

rededor del pan. **2** Caer una cosa por el aire dando vueltas: *el avión lanzó unos papeles y cayeron al suelo revoloteando.* **- 3** ***tr.*** [algo] *Arrojar o mover una cosa a lo alto: *revoloteamos los pañuelos en señal de bienvenida.*

re·vol·ti·jo |r̄eβoltíxo| **1** ***m.*** Conjunto de muchas cosas desordenadas: *a ver si ordeno este ~ que tengo en el cajón.* **2** *fig.* Desorden; asunto o situación complicada: *había un ~ enorme de gente y preferí no pasar.* ⇒ **barullo, follón, lío. 3** Conjunto de tripas de un animal: *el carnicero abrió la res y le sacó el ~.*

re·vol·to·⌜so, ⌜sa |r̄eβoltóso, sa| ***adj.-s.*** (persona) Que no se está quieto; que realiza acciones malas, pero que no son de gran importancia: *niño, no seas ~ y deja esas sartenes en su sitio.* ⇒ **diablillo, travieso.**

re·vo·lu·ción |r̄eβoluθi̱ó̱n| **1** ***f.*** Desorden o agitación: *cada vez que entra en un bar forma una ~.* ⇒ **revuelo. 2** POL. Cambio violento en el orden político de un país: *durante el siglo pasado ese Estado sufrió varias revoluciones.* ⇒ **revuelta. 3** Movimiento de un cuerpo alrededor de un eje o punto: *en esta maqueta podéis observar la ~ del cigüeñal; sube el motor hasta las 5000 revoluciones por minuto.* **4** Cambio de estado físico o mental: *la noticia me produjo una gran ~.*

re·vo·lu·cio·nar |r̄eβoluθi̱onár| **1** ***tr.*** [algo, a alguien] Provocar desorden o agitación: *es muy traviesa y revoluciona a todas sus compañeras.* **2** Producir un desorden y una agitación que llevan a un cambio violento en el orden político de un país: *esta propuesta de ley revolucionará a los senadores.* **3** [algo] Hacer que un motor gire a más *revoluciones por minuto: *revoluciona un poco más el motor para ver cómo suena.*

re·vo·lu·cio·na·⌜rio, ⌜ria |r̄eβoluθi̱onári̱o, ri̱a| **1** ***adj.*** POL. De la *revolución o que tiene relación con ella: *en Rusia surgió un movimiento ~ a principios de siglo.* ⇔ **contrarrevolucionario. - 2** ***adj.-s.*** POL. (persona) Que es partidario de la *revolución: *el dictador metió en prisión o exilió a todos los revolucionarios.* ⇔ **contrarrevolucionario. 3** Que cambia profundamente, desde la base: *Picasso inventó una técnica revolucionaria en pintura.*

re·vol·ver |r̄eβolβér| **1** ***tr.*** [algo] Mover de un lado a otro o de arriba abajo: *al empezar la partida de bingo, María revolvió bien las bolas de la bolsa y sacó el primer número.* ⇒ **mezclar. 2** Registrar o mirar, cambiando ciertas cosas de lugar: *los ladrones entraron por la ventana y revolvieron todos los cajones del mueble.* **3** Volver a tratar un asunto: *deja de ~ las cosas, que el tema ya se ha olvidado.* **- 4** ***tr.-prnl.*** [algo, a alguien] Alterar un orden o un estado: *no quiero ir a ver una película violenta y sangrienta, esas cosas me revuelven el estómago.* **- 5 revolverse** ***prnl.*** Moverse de un lado a otro en un espacio determinado: *Luisa se revolvía incómoda en su asiento; no podía conciliar el sueño y se revolvía en el lecho.* **6** Volverse con rapidez; enfrentarse a una persona o cosa: *el bandido se revolvió y dio un puñetazo a su perseguidor; el perro se ha revuelto y ha dado un mordisco a su dueño.* **7** Cambiar el tiempo, haciéndose desagradable: *con el buen tiempo que hacía esta mañana, y ahora se está revolviendo.* ⇒ **empeorar.** ☖ El participio es *revuelto.* Se conjuga como 32.

re·vól·ver |r̄eβólβer| ***m.*** Pistola con un tambor *giratorio donde se colocan las balas: *el cuatrero sacó su ~ y disparó al aire.* ☖ El plural es *revólveres.*

re·vue·lo |r̄eβu̱élo| ***m.*** Desorden o agitación: *cuando la famosa estrella entró, se armó un gran ~ en el vestíbulo del hotel.* ⇒ **ebullición, revolución.**

re·vuel·ta |r̄eβu̱élta| **1** ***f.*** Desorden o agitación que produce un cambio violento en el orden político de un país: *desencadenó una ~ que derrocó el gobierno.* ⇒ **revolución. 2** Enfrentamiento o lucha: *se formó una ~ en la que tuvo que intervenir la policía.*

re·vul·si·⌜vo, ⌜va |r̄eβulsíβo, βa| ***adj.-m.*** Que produce un cambio importante, generalmente favorable: *el nuevo fichaje se convirtió en el ~ del equipo.*

rey |r̄éi̱| **1** ***m.*** Jefe de un Estado por derecho propio, generalmente *adquirido por su nacimiento: *fue coronado ~ cuando su padre murió.* ⇒ **monarca, reina, soberano; Reyes Magos**, los tres que fueron a adorar a Jesucristo conducidos por una estrella, según el *cristianismo: *el seis de enero se celebra la fiesta de los Reyes Magos y los niños reciben regalos y juguetes.* **2** Carta de la *baraja española con el número 12 y que lleva pintada la figura de un hombre con corona: *en el juego del mus, los treses y los reyes valen lo mismo.* **3** Pieza principal del *ajedrez: *me han dado jaque al ~.* **4** *fig.* Hombre, animal o cosa del género masculino, que destaca entre los demás de su clase o especie: *el león es el ~ de la selva; mi padre es el ~ de la casa.* ☖ El plural es *reyes.*

re·yer·ta |r̄eyérta| ***f.*** Enfrentamiento entre dos o más personas: *se vio envuelto en una ~ callejera y salió herido.* ⇒ **riña.**

re·za·gar |r̄eθaɣár| **1** ***tr.-prnl.*** [algo] Dejar o quedarse atrás: *el ciclista se fue rezagando en la subida al puerto de montaña.* **2** Atrasar o suspender la ejecución de una cosa: *están intentando ~ la convocatoria de elecciones.* ☖ Se conjuga como 7.

re·zar |r̄eθár| **1** ***tr.*** [algo; a alguien; por alguien] Decir una oración, mentalmente o de palabra: *comenzó a ~ un padrenuestro; rezaba a los santos por los difuntos; Angelita reza varias veces al día.* **2** Decir o decirse en un escrito: *si en el calendario reza agua, uno de estos días lloverá; en el libro reza así y tengo que creerlo.* ☖ Se conjuga como 4.

re·zo |r̄éθo| **1** ***m.*** Acción de rezar: *pensaba que el ~ contribuiría a mejorar la salud de su hijo.* **2** Oración o ruego: *empezaba cada mañana con un ~.*

re·zon·gar |r̄eθoŋgár| ***intr.*** *fam. fig.* Emitir voces *confusas o palabras mal articuladas en señal de enfado o desagrado: *deja ya de ~ y empieza a trabajar.* ⇒ **refunfuñar, rumiar.** ☖ Se conjuga como 7.

re·zu·mar |r̄eθumár| ***tr.-intr.-prnl.*** [algo] Salir la humedad o un líquido por las paredes de un recipiente: *el cántaro rezuma agua; el agua rezuma por la cañería.*

rí·a |ría| ***f.*** Parte del río cercana a su entrada en el mar, donde se mezcla el agua dulce con la salada: *la marea también sube en la ~; limpiaron la contaminación de la ~.*

ria·chue·lo |r̄iatʃuélo| ***m.*** Río de pequeño tamaño, por el que corre poca agua: *encontraron un ~ en el que poder beber.*

ria·da |r̄iáða| **1 *f.*** Crecida del nivel de un río hasta salirse de su *cauce: *la ~ hizo que el agua entrase en las casas.* ⇒ **avenida. 2** *fig.* Cantidad grande de gente: *una ~ bajaba por la calle mayor.*

ri·ba·zo |r̄iβáθo| **1 *m.*** Parte de terreno que tiene una *elevación o inclinación: *se tumbó en un ~ a ver pasar las nubes.* **2** Elevación o inclinación entre dos terrenos que están a diferente nivel: *andaba sobre el ~ sin pisar la tierra de labor.*

ri·be·ra |r̄iβéra| **1 *f.*** Orilla o borde de un mar o un río: *paseaban por la ~ bajo la sombra de los árboles.* **2** *p. ext.* Terreno cercano a un mar o un río: *en la ~ las plantas crecen con facilidad.*

ri·be·re·⌐ño, ⌐ña |r̄iβeréɲo, ɲa| ***adj.*** De la *ribera o que tiene relación con ella: *los representantes de los pueblos ribereños se han reunido para discutir el problema del agua.*

ri·be·te |r̄iβéte| **1 *m.*** Cinta o tira con la que se da fuerza al borde de una cosa: *uno de los ribetes de sus zapatos se soltó.* **2** *fig.* Detalle o adorno: *su discurso tuvo ribetes cómicos.* **- 3 ribetes *m. pl.*** *form. fig.* Señal o *indicio que prueba o da a conocer una cosa: *este estudiante tiene ribetes de científico.*

ri·be·te·ar |r̄iβeteár| ***tr.*** [algo] Poner *ribetes o cubrir los bordes: *ribetearon el vestido; llevaba los ojos ribeteados de un color negro intenso.*

ri·ca·⌐chón, ⌐cho·na |r̄ikatʃón, tʃóna| ***adj.-s.*** *fam. desp.* (persona) Que tiene mucho dinero o muchos bienes materiales: *el ~ entró en el restaurante con un puro en la boca, una chistera y un abrigo de pieles.* ⇒ **rico.** ⌂ Se usa como apelativo despectivo.

ri·ci·no |r̄iθíno| ***m.*** Árbol procedente de África de cuyas semillas se saca un aceite medicinal: *el aceite de ~ se utiliza como purgante.*

ri·⌐co, ⌐ca |r̄íko, ka| **1 *adj.-s.*** (persona) Que tiene mucho dinero o muchos bienes: *es ~ y puede vivir sin trabajar.* ⇒ **acaudalado, adinerado, caudaloso, ricachón.** ⇔ **pobre. 2** Que tiene abundancia o gran cantidad de una cosa: *este país es ~ en cereales; es una persona rica en ideas.* **3** Que tiene un sabor que resulta agradable: *en esta época del año, los tomates están ricos.* **4** *fam. fig.* (persona) Que es bella o agradable: *tiene un niño muy ~.*

ri·di·cu·lez |r̄iðikuléθ| **1 *f.*** Obra o dicho que provoca risa, por raro, extraño o feo: *deja de decir ridiculeces y escucha.* **2** Cantidad o intensidad escasa o de poca importancia: *la diferencia de precio es una ~: no lo pienses más y cómpralo.*

ri·di·cu·li·zar |r̄iðikuliθár| ***tr.*** [algo, a alguien] Poner en una situación que provoca risa: *lo ridiculizó delante de todos recordándole sus grandes errores.* ⌂ Se conjuga como 4.

ri·dí·cu·⌐lo, ⌐la |r̄iðíkulo, la| **1 *adj.*** Que provoca risa, por raro, extraño o feo: *tiene un modo de hablar ~; entró con un ~ sombrero.* **2** Que es escaso o de poca importancia: *no creo que haya que discutir por una cantidad de dinero tan ridícula.* **- 3 ridículo *m.*** Situación que sufre una o más personas y que provoca risa en los demás: *les metieron tantos goles que hicieron un ~ espantoso.* ⇒ **risa.** ⌂ Se suele usar con el verbo *hacer.*

rie·go |r̄iéγo| **1 *m.*** Acción y resultado de extender agua sobre una superficie de tierra o de plantas: *ese campo necesita un ~ más antes de la cosecha.* **2** Acción y resultado de extender un líquido por una materia o tejido: *esta tarta estaría mejor con un ~ de licor;* ~ **sanguíneo**, el de la sangre sobre los órganos o sobre la superficie del cuerpo: *correr es bueno para activar el ~ sanguíneo en las piernas.*

riel |r̄iél| **1 *m.*** *Varilla metálica sobre la que corre una cortina: *tiró tan fuerte de la cortina, que el ~ se desprendió.* **2** Barra de hierro alargada y paralela a otra igual sobre la que van los trenes: *la distancia entre los rieles no es igual en todos los países.* ⇒ **carril, raíl.**

rien·da |r̄iénda| **1 *f.*** Correa que sirve para dirigir o gobernar a un caballo o a un animal parecido: *tiró de las riendas fuertemente para que el caballo se detuviese.* **- 2 riendas *f. pl.*** *fig.* Gobierno o dirección de una cosa: *lleva las riendas del negocio.* ■ **dar ~ suelta**, dar o dejar en libertad; dejar ir más allá de un límite: *los escritores dan ~ suelta a su imaginación.*

ries·go |r̄iésγo| ***m.*** Posibilidad de recibir un mal o un daño: *creo que ese deporte tiene mucho ~.* ⇒ **peligro.** ■ **a todo ~**, que cubre todos los posibles males o daños: *mi coche tiene un seguro a todo ~.*

ri·fa |r̄ífa| ***f.*** Juego que consiste en sortear una cosa repartiendo o vendiendo *papeletas con números entre varias personas y escogiendo un número al azar: *este jamón me tocó en una ~.* ⇒ **sorteo.**

ri·far |r̄ifár| **1 *tr.-prnl.*** [algo] Sortear una cosa repartiendo o vendiendo *papeletas con números entre varias personas y escogiendo un número al azar: *rifaron una cesta de navidad.* **- 2 rifarse *prnl.*** [a alguien] Solicitar o desear a una persona: *es tan bueno en su trabajo, que todas las empresas se lo rifan.*

ri·fle |r̄ífle| ***m.*** Arma de fuego de *cañón largo y rayado en su interior: *se apostó con el ~ en una roca para defenderse de los enemigos.* ⇒ **fusil.**

ri·gi·dez |r̄ixiðéθ| ***f.*** Cualidad de *rígido: *está fabricado con un material de gran ~; se comporta con sus hijos con excesiva ~.* ⇔ **flexibilidad.**

rí·gi·⌐do, ⌐da |r̄íxiðo, ða| **1 *adj.*** Que no es flexible; que no se puede doblar: *estaba fabricado con un plástico ~ y se partió al recibir el golpe.* **2** *fig.* Que sigue con *exactitud lo que es justo o adecuado: *es muy ~ y no cambiará de opinión.* ⇒ **riguroso.**

ri·gor |r̄iγór| **1 *m.*** Dureza y aspereza excesiva: *Felipe ha educado a sus hijos con mucho ~; el profesor aplicó el castigo a los alumnos con ~.* ⇒ **severidad.** ⇔ **suavidad. 2** Dureza del tiempo: *los habitantes de esta comarca del norte están acostumbrados al ~*

del invierno. ⇒ **inclemencia. 3** Cualidad de exacto o fiel: *este estudio no se puede tomar en serio, carece de ~ científico y de objetividad; expuso con ~ sus hipótesis sobre la literatura moderna.* **4** Justicia o equilibrio: *el juez aplicó la ley con ~.* **5** Pérdida de la flexibilidad de los músculos; ~ **mortis,** pérdida de la flexibilidad de los músculos de un cuerpo pocas horas después de la muerte: *cuando llegué, mi abuelo ya tenía el ~ mortis.* ■ **de ~,** obligado, necesario: *hacer eso es de ~.* ■ **en ~,** en realidad, en verdad: *en ~, no digo nada nuevo en la conferencia.*

ri·gu·ro·⌜so, ⌜sa |r̄iɣuróso, sa| **1** ***adj.*** Que es *extremado o duro: *recuerdo que aquel año el invierno fue muy ~.* **2** Que sigue con *exactitud lo que es justo o adecuado: *es un profesor muy ~ cuando califica los exámenes.* ⇒ **rígido.**

ri·jo·⌜so, ⌜sa |r̄ixóso, sa| ***adj.*** Que muestra o siente deseo sexual: *el caballo ~ relinchaba y daba coces al aire.*

ri·ma |r̄íma| **1** ***f.*** Igualdad de las vocales o de todos los sonidos de la terminación de dos palabras tras el último acento: *el traductor ha preferido respetar el espíritu del poema antes que buscar la ~.* ⇒ **terminación. 2** Poema breve: *los alumnos del instituto han escrito algunas rimas.*

ri·mar |r̄imár| **1** ***intr.*** Tener rima una palabra con otra u otras: *las palabras* frío *y* albedrío *riman; el primer verso rima con el tercero.* **2** Componer en verso: *no tengo mucha facilidad para ~.*

rim·bom·ban·te |r̄imbombánte| ***adj.*** *hum. desp.* Que llama la atención por querer mostrar excesiva grandeza: *sus palabras rimbombantes no convencen a nadie.*

rí·mel |r̄ímel| ***m.*** *Cosmético que se usa para poner más negras o duras las *pestañas: *tengo que comprar ~ y colorete.*

rin·cón |r̄iŋkón| **1** ***m.*** Ángulo entrante que se forma donde se encuentran dos superficies, especialmente dos paredes: *lo castigó a estar en el ~ sujetando dos diccionarios en cada mano.* ⇒ **esquina, esquinazo. 2** Espacio de dimensiones pequeñas: *en ese ~ no caben más de dos personas.* **3** *fig.* Lugar donde una persona o animal se aparta o esconde: *no encontré descanso más que en un ~ con un libro.*

rin·co·ne·ra |r̄iŋkonéra| ***f.*** Mesa pequeña o mueble que se coloca en un rincón: *tenía un florero con un ramo sobre la ~.*

ring |r̄ín| ***m.*** Espacio limitado por cuerdas en el que tienen lugar los encuentros de *boxeo: *a cada lado del ~ hay tres o cuatro cuerdas horizontales.* ⇒ **cuadrilátero.**

ri·no·ce·ron·te |r̄inoθerónte| ***m.*** Animal mamífero de piel muy gruesa, con el cuerpo muy grande, las patas cortas y terminadas en tres dedos, la cabeza estrecha y uno o dos cuernos sobre la nariz: *los rinocerontes viven en Asia y en África.* ☖ Para indicar el sexo se usa el ~ macho y el ~ hembra.

ri·ña |r̄íɲa| **1** ***f.*** Enfrentamiento entre dos o más personas por no estar de acuerdo sobre una circunstancia o una idea: *tuvieron una fuerte ~ en el bar.* ⇒ **altercado, disputa, pelea. 2** Corrección o llamada de atención que se hace a una persona por haber *cometido un error o por su mal comportamiento: *se llevó una ~ inmerecida por culpa de su hermano pequeño.* ⇒ **regañina, reprimenda.**

ri·ñón |r̄iɲón| **1** ***m.*** Órgano situado en la parte baja de la espalda que, junto con otro, produce la orina y purifica la sangre: *está esperando a que alguien le done un ~.* **2** Figura u objeto que tiene la forma de ese órgano: *en esta pastelería venden unos riñones de chocolate riquísimos.* **- 3 riñones *m. pl.*** Zona del cuerpo que se encuentra en la parte baja de la espalda: *llevo tantas horas sentado, que me duelen los riñones.* ■ **costar/valer un ~,** *fam.*, ser muy caro: *aquel abrigo de pieles le costó un ~.*

rí·o |r̄ío| **1** ***m.*** Corriente continua de agua que va a *desembocar a otra corriente, a un lago o al mar: *las ciudades se construían al lado de los ríos; fueron a bañarse al ~.* ⇒ **arroyo. 2** *fig.* Abundancia o gran cantidad de personas o cosas: *un ~ de gente se introdujo en el estadio.* ⇒ **arroyo.**

rio·ja·⌜no, ⌜na |r̄ioxáno, na| **1** ***adj.-s.*** De La Rioja o que tiene relación con La Rioja: *la comarca riojana es rica en vinos y alimentos.* **- 2 *m. f.*** Persona nacida en La Rioja o que vive habitualmente en La Rioja: *los riojanos son vecinos de los castellanos.*

ri·que·za |r̄ikéθa| **1** ***f.*** Abundancia o gran cantidad de dinero o de bienes materiales: *buscaba la ~ aprovechándose de los demás.* ⇔ **pobreza. 2** Abundancia, gran cantidad o calidad de una cosa: *es un hombre de gran ~ espiritual.* ⇔ **pobreza.**

ri·sa |r̄ísa| **1** ***f.*** Muestra de alegría, placer o felicidad que consiste en mover la boca, los ojos y otras partes de la cara y emitir sonidos repetidos sin

RÍO

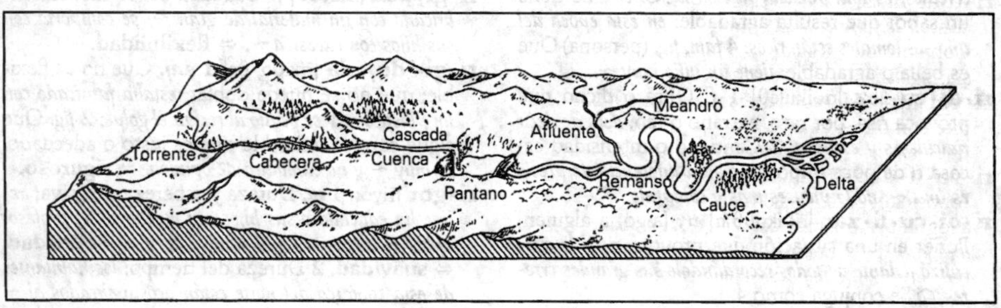

articular: *cuando dijo esa estupidez, no pude evitarlo y me dio la ~.* ☖ Se suele usar con los verbos *dar, tener* y *producir*; ~ **sardónica**, contracción de los músculos de la cara, de la que resulta un gesto parecido al que se hace cuando se ríe: *me miró y contrajo los músculos en una ~ sardónica;* ~ **sardónica**, *fig.*, la que es fingida y no tiene buena intención: *ante la ironía, lanzó una ~ sardónica.* **2** Situación o acción que provoca risa: *fue una ~ verle pasar con esa cara.* ⇒ **ridículo.** ■ **mearse/mondarse/morirse/partirse de** ~, *fam.*, reírse mucho: *el padre contaba chistes y los hijos se partían de ~.*

ris·co |r̄ísko| ***m.*** Roca alta y aguda: *se echó a un ~ para contemplar el paisaje.*

ri·si·ble |r̄isíβle| ***adj.*** *form.* Que provoca risa; que puede hacer reír: *la situación puede parecer ~, pero es muy seria.*

ri·so·ta·da |r̄isotáða| ***f.*** Risa corta y *sonora: *al oír esa respuesta, soltó una ~.* ⇒ **carcajada.**

ris·tra |r̄ístra| ***f.*** Serie o conjunto de cosas colocadas en fila; serie de cosas relacionadas o unidas entre sí: *tiene una ~ de zapatos viejos en la habitación; colgó la ~ de ajos del techo de la despensa.*

ri·sue·⌜ño, ⌜ña |r̄isuéɲo, ɲa| **1 *adj.*** Que muestra un gesto de risa: *entró ~ y le preguntamos por qué estaba tan contento.* **2** Que se ríe con facilidad: *es muy ~ y alegre.* **3** *fig.* Que tiene un aspecto agradable; que puede dar gozo o alegría: *salió a pasear por un campo ~.* **4** *fig.* Que es favorable o prometedor: *parecía que el porvenir sería muy ~.*

rít·mi·⌜co, ⌜ca |r̄ítmiko, ka| ***adj.*** Del ritmo o que tiene relación con él: *la sección rítmica de este grupo es fantástica.*

rit·mo |r̄ítmo| **1 *m.*** Sistema o modelo regular de sonidos o acentos, repetidos en periodos de tiempo equivalentes: *escucha el ~ de los tambores; la música de ese grupo contiene ritmos increíblemente complicados.* ⇒ **compás. 2** Serie o modelo regular y repetido de movimientos: *al bailar es muy importante no perder el ~.* **3** Sistema o modelo que sigue un fenómeno que se repite regularmente: *el ~ de su respiración era muy lento.*

ri·to |r̄íto| **1 *m.*** Costumbre o ceremonia que se repite siempre de la misma forma: *todavía conservan ritos anteriores a la llegada de los conquistadores.* **2** Conjunto de reglas establecidas para el *culto y las ceremonias religiosas: *se casaron según dos ritos: el católico y el ortodoxo.*

ri·tual |r̄ituál| **1 *adj.*** Del *rito o que tiene relación con él: *se puso el traje ~ para la ceremonia.* **- 2 *m.*** Conjunto de *ritos de una religión o de una iglesia: *siguieron un ~ ancestral.*

ri·val |r̄iβál| ***adj.-com.*** (persona, animal) Que compite con otra o se opone a ella: *derrotaron a sus rivales por una gran diferencia.* ⇒ **contrincante.**

ri·va·li·dad |r̄iβaliðáᵈ| **1 *f.*** Enfrentamiento u *oposición entre dos o más personas que aspiran a lograr una misma cosa: *entre los dos equipos existe una gran ~.* **2** Enemistad entre dos o más personas: *la ~ entre las dos familias procedía de tiempos antiguos.*

ri·va·li·zar |r̄iβaliθár| ***intr.*** Competir u oponerse: *rivalizan por la copa del mundo.* ☖ Se conjuga como 4.

ri·zar |r̄iθár| **1 *tr.*** [algo] Formar artificialmente rizos en el pelo: *estas tenacillas son para ~ el cabello.* **2** Hacer dobleces pequeños en una tela, papel o superficie flexible: *rizó un trozo de papel de seda para hacer un adorno.* **3** Mover el agua formando olas pequeñas: *la brisa riza las olas del mar.* **- 4 rizarse *prnl.*** Formarse rizos en el pelo naturalmente: *en cuanto llueve un poco, el pelo se me riza.* ☖ Se conjuga como 4.

ri·zo |r̄íθo| **1 *m.*** Conjunto de pelos que se enrolla en forma de anillo: *tiene el cabello lleno de rizos; un ~ le caía junto a la oreja.* **2** Movimiento de los aviones que consiste en dar una vuelta sobre sí mismos: *la avioneta hizo varios rizos y luego se lanzó en picado.* ■ **rizar el** ~, *fam.*, hacer más difícil de lo necesario: *y para rizar el ~, el trapecista hizo el triple salto mortal.* ⇒ **complicar.**

ri·zo·ma |r̄iθóma| ***m.*** BOT. Tallo subterráneo de ciertas plantas, generalmente horizontal, donde se guardan sustancias de reserva: *el lirio tiene un ~.*

ro·bar |r̄oβár| **1 *tr.*** [algo; a alguien] Tomar para uno lo que pertenece a otro: *me robaron el bolso en el tren; los ladrones robaron el banco haciendo una galería bajo el suelo.* ⇒ **chingar, desfalcar, desvalijar. 2** [a alguien] Llevarse y ocultar a una persona mediante engaño o *violencia y de modo ilegal: *en las noticias se dice que están robando muchos niños últimamente.* ⇒ **raptar. 3** [algo] Coger cartas o *fichas de un montón: *perderé este juego: ya he robado muchas cartas.* **4** *fig.* [algo; a alguien] Ganar la voluntad de otra persona; conseguir un afecto: *con sus miradas, me robaba el corazón.*

ro·ble |r̄óβle| **1 *m.*** Árbol de tronco alto y fuerte, con la copa ancha y las hojas *onduladas, que produce *bellotas como fruto: *el bosque de robles y castaños toma un color precioso en otoño.* **2** Madera de ese árbol: *el ~ es muy apreciado en la fabricación de muebles.* **3** *fam. fig.* Persona fuerte y con buena salud: *estoy hecho un ~ desde que tomo vitaminas.*

ro·bo |r̄óβo| ***m.*** Acción y resultado de robar: *durante el ~, los ladrones intercambiaron disparos con la policía.* ⇒ **desfalco.**

ro·bot |r̄oβóᵗ| ***m.*** Máquina que imita la figura y los movimientos de un ser animado: *en esta fábrica automatizada, los robots colocan y sueldan las piezas; el ~ perseguía con pasos pesados a los intrusos.* ⇒ **androide, autómata.** ☖ El plural es *robots.*

ro·bus·⌜to, ⌜ta |r̄oβústo, ta| ***adj.*** Que es fuerte; que está sano: *es un muchacho ~ y se repondrá muy pronto.*

ro·ca |r̄óka| **1 *f.*** Materia mineral dura y sólida: *no pudieron terminar el pozo porque a los dos metros de profundidad había una capa de ~.* **2** Piedra de gran tamaño: *se subió a lo alto de una ~ a mirar.* **3** *fig.* Cosa muy dura, firme y *constante: *su fuerza de voluntad es una ~.*

ro·cam·bo·les·⌜co, ⌜ca |r̄okambolésko, ka| ***adj.*** Que es difícil de creer; que es extraño: *nos sucedió una aventura rocambolesca.*

ro·ce |r̄óθe| **1** ***m.*** Efecto que se produce al juntarse dos superficies en movimiento: *el silencio era tal que podía escuchar el ~ de las hojas de los árboles.* **2** Desgaste que se produce al juntarse dos superficies en movimiento: *cómprate otros zapatos, esos están estropeados por el ~.* ⇒ **rozamiento. 3** *fig.* Enfrentamiento ligero entre dos personas: *tuvo un ~ con él y desde entonces no se llevan bien.*

ro·cia·da |r̄oθi̯áða| **1** ***f.*** Extensión o lanzamiento de un líquido, generalmente en forma de gotas pequeñas: *una ~ de pintura cubrirá la mancha.* **2** Conjunto de pequeñas gotas de agua que se forman sobre la tierra: *ha caído una buena ~ esta madrugada.* **3** *fig.* Conjunto de cosas que se extienden al lanzarlas o al caer: *una ~ de perlas cayó sobre el suelo al romperse el collar.*

ro·ciar |r̄oθi̯ár| **1** ***tr.*** [algo] Echar un líquido, generalmente en forma de gotas pequeñas: *yo rocío la ensalada con un chorro de aceite y otro de vinagre; rociaba la camisa con agua para plancharla con facilidad.* **2** Lanzar una cosa para extenderla sobre una superficie: *las carrozas de la cabalgata rociaron el suelo de las calles con serpentinas de colores.* **- 3** ***unipers.*** Formarse sobre la tierra pequeñas gotas de agua: *esta noche ha rociado.* ◻ Se conjuga como 13.

ro·cín |r̄oθín| **1** ***m.*** Caballo de mala raza y de poca altura: *tenía un ~ flaco y un galgo.* **2** Caballo de trabajo: *volvía del campo con el ~.* **3** *fig.* Hombre torpe y de poca formación cultural: *hoy tenemos que hablar con ese ~.*

ro·cí·o |r̄oθío| ***m.*** Vapor que se transforma en gotas de agua muy pequeñas a causa del frío de la noche: *la hierba y las flores están cubiertas de ~.*

rock |r̄ók| **1** ***m.*** Género musical que tiene un ritmo muy rápido y que suele *interpretarse con instrumentos eléctricos: *un grupo australiano de ~ duro actuará en Madrid; Elvis fue un ídolo del ~.* **2** Baile de pareja basado en esa música: *todos los jóvenes estaban bailando ~ en la discoteca.* **- 3** ***adj.*** De este género musical o que tiene relación con él: *de pequeña quería ser cantante ~.* ⇒ **roquero.**

ro·da·ba·llo |r̄oðaβáʎo| ***m.*** Pez marino comestible, de cuerpo plano y casi circular, y con los dos ojos en el lado izquierdo: *el ~ tiene el cuerpo liso por el lado superior y escamoso y duro por el inferior; la carne de ~ es muy apreciada.* ◻ Para indicar el sexo se usa el ~ macho y el ~ hembra.

ro·da·da |r̄oðáða| ***f.*** Señal que deja una rueda en una superficie: *las rodadas demostraban que empezó a frenar muchos metros antes de chocar contra el camión.*

ro·da·ja |r̄oðáxa| ***f.*** Trozo partido de un alimento que tiene forma circular: *ha partido la naranja en rodajas y las ha colocado en el plato; esta lata contiene piña en rodajas.* ⇒ **loncha, rebanada.**

ro·da·je |r̄oðáxe| **1** ***m.*** Grabación de una película de cine: *el director prepara el ~ de su nueva película.* **2** *fam.* Periodo de tiempo o proceso en el que se aprende o se consigue habilidad: *acabo de incorporarme a un trabajo nuevo y todavía estoy haciendo el ~.* **3** MEC. Situación en que se encuentra un automóvil nuevo hasta que todos sus mecanismos funcionan perfectamente; proceso de ajuste: *antiguamente los coches nuevos debían hacer un ~ de tres mil kilómetros.*

ro·da·mien·to |r̄oðami̯énto| ***m.*** Pieza o conjunto de piezas en que se apoya y gira un eje de una máquina: *el ~ está formado por dos cilindros y, entre ellos, un juego de bolas que giran; los antiguos patines, en lugar de ruedas, llevaban rodamientos.* ⇒ **cojinete.**

ro·da·pié |r̄oðapi̯é| ***m.*** Banda o tira que recorre la parte baja de la pared, pegada al suelo: *cuando arreglaron el salón pusieron un ~ de madera.* ⇒ **zócalo.**

ro·dar |r̄oðár| **1** ***tr.-intr.*** [algo] Girar o hacer girar alrededor de un eje: *la peonza rodó durante un minuto antes de detenerse; la niña hacía ~ el aro.* ⇒ **rotar. - 2** ***tr.*** [algo] Grabar una película: *han rodado la serie en una gasolinera; con esta cámara se han rodado varias películas.* ⇒ **filmar. - 3** ***intr.*** Caer dando vueltas: *empujó la piedra y la echó a ~ ladera abajo.* **4** Moverse por medio de ruedas: *esta bicicleta no rueda bien.* **5** Ir de un lado para otro: *Mónica ha ido rodando por varias empresas, pero en ninguna se ha quedado más de seis meses; los juguetes de los niños siempre están rodando por ahí.* **6** Ocurrir o seguir naturalmente un curso: *los acontecimientos han venido rodados.* ◻ Se conjuga como 31.

ro·de·ar |r̄oðeár| **1** ***intr.*** Ir por un camino más largo: *rodearon por el bosque y tardaron demasiado.* **2** *fig.* Explicar de forma poco directa: *no rodees tanto con tus argumentos.* **3** Andar o ir alrededor de un lugar: *tardaron una tarde en ~ el lago.* **- 4** ***tr.*** Extenderse alrededor: *las murallas rodean la ciudad.* **5** Poner *cerco o *sitiar: *los indios rodearon el fuerte.*

ro·de·o |r̄oðéo| **1** ***m.*** Paso o vuelta alrededor de una cosa o lugar: *tuvimos que dar un ~ porque no podíamos cruzar el río.* ◻ Se suele usar con el verbo *dar.* **2** Camino más largo de lo normal: *por ese ~ tardaréis más, pero no os verá nadie.* **3** *fig.* Explicación poco clara o poco directa: *deja de dar rodeos y reconoce que no has terminado el trabajo.* **4** *fig.* Manera poco clara o poco directa de hacer una cosa: *mediante rodeos y tretas, consiguió librarse del trabajo.* **5** Reunión del ganado mayor para reconocerlo, para contarlo, para descansar o para pasar la noche: *en el ~ montaron caballos salvajes.*

ro·di·lla |r̄oðíʎa| ***f.*** Articulación que permite doblar la pierna: *el niño se ha caído y se ha hecho una herida en la ~; esta falda me cubre las rodillas; en la ~ hay un hueso que se llama rótula.* ■ **de rodillas,** con esas articulaciones apoyadas en el suelo y el cuerpo en posición vertical, de modo que el peso del cuerpo descansa sobre ellas: *el alumno enfadó al profesor y éste lo castigó poniéndole de rodillas; María está rezando de rodillas.* ■ **de rodillas,** rogando y con empeño: *te pido de rodillas que te marches y me dejes descansar un rato.*

ro·di·lle·ra |r̄oðiʎéra| **1** ***f.*** Pieza de tela o de otro material que se pone en la rodilla como defensa o adorno: *el jugador se colocó la ~ para no hacerse daño al caer al suelo.* **2** Pieza de tela que se pone sobre la parte del pantalón que cubre la rodilla: *el niño llevaba rodilleras en los pantalones viejos.*

ro·di·llo |r̄oðíʎo| **1** ***m.*** Instrumento de cocina cilíndrico, de madera, con un mango a cada lado, que sirve para aplastar una masa: *Pilar está pasando el ~ por encima de la masa para hacer pizzas.* **2** Objeto cilíndrico que gira, con un mango, y que sirve para pintar: *el pintor empapó el ~ en el cubo de la pintura y lo pasó por el techo; pintarás la pared rápidamente si usas un ~ en lugar de una brocha.* **3** Instrumento cilíndrico que gira y forma parte de distintos mecanismos: *la tierra se allana con unos vehículos que tienen un gran ~.*

ro·e·⌐dor, ⌐do·ra |r̄oeðór, ðóra| **1** ***adj.*** Que roe o desgasta con los dientes: *la casa abandonada estaba llena de animales roedores.* **- 2 roedor** ***adj.-m.*** (animal) Que es mamífero, de pequeño tamaño, y que tiene dos dientes largos y curvos arriba y otros dos abajo con los que roe los alimentos: *las ratas y las ardillas son roedores.*

ro·er |r̄oér| **1** ***tr.*** [algo] Cortar o desgastar con los dientes o con un instrumento duro: *los ratones roen la madera; la lima roe el hierro.* **2** Quitar con los dientes la carne que tiene pegada un hueso: *tenía tanta hambre que roía todas las chuletas.* **3** *fig.* Gastar o desgastar: *el agua roe las rocas.* **4** *fig.* [algo; a alguien] Molestar o causar preocupación: *el crimen le roía la conciencia.* ☖ Se conjuga como 82.

ro·gar |r̄oɣár| ***tr.*** [algo; a alguien] Solicitar o pedir por favor: *rogó a los asistentes un poco de silencio; me rogó que viniese un poco más tarde.* ☖ Se conjuga como 52.

ro·ga·ti·va |r̄oɣatíβa| ***f.*** Oración pública que se hace para pedir a Dios o a un santo la solución de un problema: *el pueblo hizo rogativas para pedir la lluvia.* ☖ Se suele usar en plural.

ro·jez |r̄oxéθ| **1** ***f.*** Color rojo: *le gustaba la ~ de sus mejillas.* **2** Mancha en la piel: *tenía la cara llena de pecas y rojeces.*

ro·ji·⌐zo, ⌐za |r̄oxíθo, θa| ***adj.-m.*** (color) Que es parecido al rojo: *su pelo es de color ~.*

ro·⌐jo, ⌐ja |r̄óxo, xa| **1** ***adj.*** Del color de la sangre: *las amapolas son rojas.* ⇒ **colorado. - 2** ***adj.-m.*** (color) Que es parecido a la sangre: *el ~ es un color caliente.* **- 3** ***adj.-s.*** *fam.* Que defiende las reformas y rechaza la tradición: *los políticos rojos son partidarios de la revolución; en la guerra civil española se llamó rojos a los seguidores de la república.* ■ **al ~/al ~ vivo**, (hierro) que toma el color de la sangre por efecto del calor: *los ganaderos han marcado las reses con un hierro al ~.* ■ **al ~/al ~ vivo**, *fam.*, con los ánimos muy alterados y excitados: *la discusión estaba al ~ vivo.*

rol |r̄ól| **1** ***m.*** Parte de una obra de cine o teatro que es representada por un actor: *desempeña un gran ~ en la representación teatral.* **2** Función que una persona desempeña en un lugar o situación: *tiene un ~ importante en la política.* ⇒ **papel. 3** Lista de los *marineros que viajan en una embarcación: *se inscribió en el ~ con un nombre falso.* ☖ Esta palabra procede del francés. El plural es *roles.*

ro·lli·⌐zo, ⌐za |r̄oʎíθo, θa| ***adj.*** Que está grueso y fuerte: *el bebé está ~, se nota que lo alimentan bien; mataremos el cerdo más ~ de la granja para hacer chorizos.* ⇒ **robusto.** ⇔ **delgado, flaco.**

ro·llo |r̄óʎo| **1** ***m.*** Trozo de tejido, papel o de otro material flexible enrollado en forma cilíndrica: *llevaba en la mano un ~ de pergamino.* **2** Película fotográfica enrollada en forma cilíndrica: *compró cuatro rollos de fotografías en tan sólo dos días.* **3** *fam. desp. fig.* Persona o cosa que resulta pesada o desagradable: *estoy harto de tener que aguantar a ese ~; es un ~ tener que madrugar todos los días para ir al colegio.* ⇒ **pestiño. 4** *fam. desp. fig.* Cuento o historia falsa: *no me metas rollos porque ya sé la verdad.* **5** *fam. fig.* Ambiente social en el que vive o se mueve una persona: *el mundo de la droga es un mal ~.* **6** *vulg.* Asunto o tema sobre el que se trata: *no me hables de ese ~.* **7** Comida o alimento al que se le da una forma cilíndrica al cocinarlo: *prepara un ~ de ternera delicioso.* **8** Objeto de madera de forma cilíndrica que se emplea en la cocina: *con el ~, alisó la masa.*

ro·man·ce |r̄románθe| **1** ***m.*** Conjunto de versos, generalmente de ocho sílabas, con rima *asonante en los versos pares: *el ~ no tiene un número limitado de versos.* **2** Composición escrita de ese modo: *escribió un ~ a la primavera.* **3** Relación amorosa o sexual: *tuvieron un ~ durante el crucero.* ☖ Esta acepción procede del inglés. **- 4** ***adj.-m.*** LING. (lengua) Que deriva del latín: *el monje escribió un libro de poemas en ~.*

ro·man·ce·ar |r̄romanθeár| ***tr.*** LIT. [algo] Traducir a una lengua derivada del latín: *romanceó un libro latino.*

ro·man·ce·ro |r̄romanθéro| **1** ***m.*** *Colección de *romances: *en su biblioteca se encontraron varios romanceros.* **- 2** ***m. f.*** Persona que canta *romances: *muchos cronistas y romanceros habían relatado ya casos parecidos.*

ro·má·ni·⌐co, ⌐ca |r̄romániko, ka| **1** ***adj.-m.*** ARQ. (estilo artístico) Que tiene carácter religioso y que se caracteriza por la seriedad, la sencillez y el uso del arco de medio punto: *en mi pueblo hay un pequeño monasterio ~; el ~ se desarrolló en Europa entre los siglos* X *y* XIII; *el ~ se desarrolló en un momento de gran florecimiento de la Iglesia.* **- 2** ***adj.*** LING. (lengua) Que procede del latín: *el español, el francés y el italiano son lenguas románicas.*

ro·ma·nis·ta |r̄romanísta| **1** ***com.*** Persona que se dedica al derecho romano: *es el mejor abogado ~ del país.* **2** Persona que se dedica a estudiar las lenguas derivadas del latín y sus literaturas: *los romanistas estudian las lenguas romances.*

ro·ma·ni·zar |r̄romaniθár| ***tr.-prnl.*** [algo] Extender o tomar las características de la *civilización de la Roma antigua o su lengua: *España fue rápidamente romanizada.* ☖ Se conjuga como 4.

ro·ma·⌐no, ⌐na |r̄románo, na| **1** ***adj.-s.*** De Roma o que tiene relación con Roma: *los turistas visitan el circo ~; el tráfico ~ es muy denso.* **2** Del *imperio de Roma o que tiene relación con él: *los arqueólogos han descubierto una tumba romana.* **- 3** ***m. f.*** Persona nacida en Roma o que vive habitualmente en Roma: *es ~, pero casi nunca ha vivido en Roma.* **4** Persona nacida en el *imperio de Roma: *los romanos construyeron el acueducto de Segovia.* **- 5 *adj.*** De la religión *católica o que tiene relación con ella: *muchos españoles son católicos, apostólicos y romanos.*

ro·man·ti·cis·mo |r̄omantiθísmo| **1 *m.*** Movimiento cultural caracterizado por la confianza en la *personalidad individual, la *oposición a las normas clásicas y la valoración de la Edad Media y de las tradiciones nacionales: *Goethe fue una de las figuras principales del Romanticismo.* ⇒ **barroco, neoclasicismo, renacimiento.** ☐ En esta acepción se suele escribir con mayúscula. **2** Periodo que comienza a finales del siglo XVIII y termina en el siglo XIX: *durante el Romanticismo, Europa sufrió importantes cambios políticos.* ☐ En esta acepción se suele escribir con mayúscula. **3** Tendencia a dar excesiva importancia a los sentimientos y a la imaginación; tendencia a separarse del mundo real: *a su edad, el ~ es una cosa normal.*

ro·mán·ti·⌜co, ⌜ca |r̄omántiko, ka| **1 *adj.*** Que da excesiva importancia a los sentimientos y a la imaginación; que tiende a separarse del mundo real: *era una joven romántica y enamoradiza.* **2** LIT. Del *Romanticismo o que tiene relación con él: *la literatura romántica está llena de pasiones y lugares oscuros.* **- 3 *adj.-s.*** (persona) Que sigue las tendencias del *Romanticismo: *los románticos exaltaban la importancia del individuo.*

rom·bo |r̄ómbo| ***m.*** GEOM. Figura plana que tiene cuatro lados iguales que no forman ángulos rectos: *llevaba puesta una camisa con un dibujo de rombos.* ⇒ **cuadrilátero.**

ro·me·rí·a |r̄omería| **1 *f.*** Viaje o *peregrinación, especialmente el que se hace para visitar un lugar donde hay un santo: *prometió hacer una ~ si se curaba.* **2** Fiesta popular que se celebra en un lugar donde hay un santo en el día de su *festividad religiosa: *se celebra una ~ cerca de la ermita.*

ROMBO

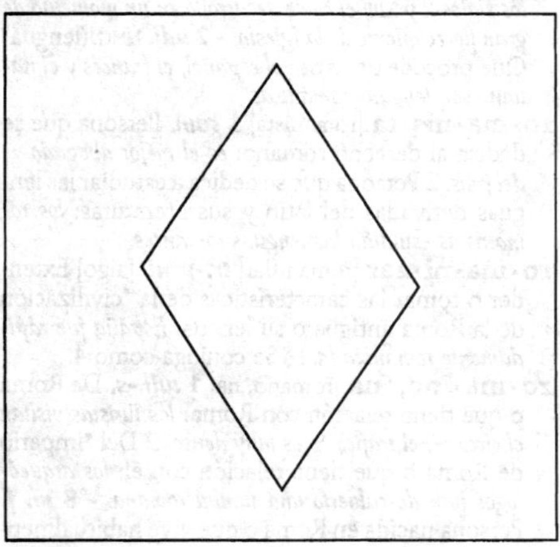

ro·me·⌜ro, ⌜ra |r̄oméro, ra| **1 *adj.-s.*** (persona) Que participa en una *romería: *los romeros recorrieron varios kilómetros hasta llegar a la ermita.* ⇒ **peregrino. - 2 romero *m.*** Planta muy olorosa de hojas pequeñas, delgadas y duras, y flores pequeñas y azules: *el ~ se utiliza para hacer perfumes; el ~ abunda en zonas secas y soleadas del Mediterráneo.*

ro·⌜mo, ⌜ma |r̄ómo, ma| **1 *adj.*** Que tiene forma redonda; que no tiene punta o que no la tiene aguda: *encontraron una arma blanca con un lado redondeado y ~.* **2** Que tiene la nariz pequeña o que no la tiene aguda: *no se le sujetan las gafas: tiene la nariz roma.*

rom·pe·ca·be·zas |r̄ompekaβéθas| **1 *m.*** *fig.* Juego que consiste en componer una determinada figura que está dividida en partes o piezas pequeñas: *se ha comprado un ~ enorme y tardará varios meses en componerlo.* **2** *fig.* Frase o pregunta difícil que una persona propone a otra para que le encuentre una solución o le dé un sentido: *nos puso un ~ que no supimos resolver.* ⇒ **acertijo, adivinanza.** ☐ El plural es *rompecabezas.*

rom·pe·hie·los |r̄ompeyélos| **1 *m.*** Barco preparado para navegar por mares donde abunda el hielo: *un ~ recogió a los exploradores del Polo.* **2** Saliente duro de la parte anterior de algunos barcos que les ayuda a abrirse paso entre el hielo: *clavó el ~ en un iceberg.* ☐ El plural es *rompehielos.*

rom·pe·o·las |r̄ompeólas| ***m.*** Pared que protege un *puerto de las olas del mar: *se mejoró el puerto con la construcción de un ~.* ⇒ **malecón.** ☐ El plural es *rompeolas.*

rom·per |r̄ompér| **1 *tr.-prnl.*** [algo] Hacer trozos o dividir en partes, generalmente de modo violento: *el perro ha roto la cuerda; el vaso se cayó de la mesa y se rompió.* **2** Separar una parte de una cosa, generalmente de modo violento: *ha roto el brazo de la muñeca.* **3** Hacer que no sirva, no funcione o no se pueda usar una cosa: *el reloj se ha roto; me regaló una tostadora, pero yo la rompí en dos días.* ⇒ **estropear. 4** [algo; a alguien] Hacer una abertura o una *raja: *se dio un golpe y se rompió la cabeza; cogió una piedra y le rompió la cara.* **- 5 *tr.*** Interrumpir la continuidad: *un grito rompió el silencio.* **6** Ir contra una ley, una norma o una tendencia: *es un rebelde que disfruta rompiendo los patrones artísticos anteriores.* **7** Abrir un espacio para pasar: *los soldados rompieron el cerco.* **- 8 *tr.-intr.*** Empezar o comenzar: *rompió a llorar; al romper el día, los segadores salieron al campo.* ☐ Se usa con la preposición *a* y un verbo en infinitivo. **- 9 *intr.*** Deshacerse en *espuma las olas del mar: *una ola enorme rompió contra el acantilado.* ⇒ **reventar.** ■ **de rompe y rasga**, *fam.* que se hace notar o tiene un ánimo fuerte: *no es nada tímida: es una mujer de rompe y rasga.* ■ **~ con**, dejar de tener trato o relación: *ha roto con su familia porque no aceptan a su mujer.*

rom·pien·te |r̄ompi̯énte| ***m.*** Lugar donde el agua rompe y se levanta: *el oleaje golpeaba contra el ~.*

ron |r̄ón| ***m.*** Bebida con mucho alcohol que se consigue por *destilación de la *caña de azúcar: *me gusta mucho el ~ con hielo picado y zumo de limón.* ⌂ El plural es *rones.*

ron·car |r̄oŋkár| ***intr.*** Hacer un ruido áspero y grave al respirar mientras se duerme: *su marido ronca y ella le da codazos para que se calle.* ⌂ Se conjuga como 1.

ron·cha |r̄óntʃa| ***f.*** Bulto de color rojo que sale en la piel: *me ha salido una ~ en el brazo porque me ha picado un mosquito.* ⇒ **haba, habón.**

ron·⌜co, ⌜ca |r̄óŋko, ka| **1** ***adj.*** (voz, sonido) Que es áspero y grave: *lo reconoció por el ~ timbre de su voz.* **2** (persona) Que padece *ronquera: *anoche cogió frío en la garganta y hoy está ~.*

ron·da |r̄ónda| **1** ***f.*** Recorrido que sigue un grupo de personas que vigila un lugar: *los guardias hacen su ~ cada hora.* **2** Grupo de personas que circula por un lugar para vigilarlo: *se metió en un portal para que no le viera la ~.* **3** Paseo o calle que rodea una ciudad o una parte de ella: *salga usted hasta esa ~ y dé la vuelta.* **4** *fam.* Conjunto de cosas que se reparten de una vez entre varias personas: *esta ~ la pagas tú y a la siguiente invito yo; nos han servido otra ~ de cerveza.* **5** Serie de partidas de un juego en la que intervienen o reparten todos los jugadores: *esta ~ ha sido mala.* **6** Conjunto de personas que se reúnen por la noche para tocar y cantar por las calles: *la ~ cantó una canción bajo su balcón.* ⇒ **rondalla.** **7** DEP. Carrera de bicicletas que se hace por *etapas: *es la cuarta vez consecutiva que gana la ~ gala.*

ron·da·lla |r̄óndáʎa| ***f.*** Conjunto de personas que cantan y tocan instrumentos de cuerda: *la ~ interpretó unas bonitas canciones populares.* ⇒ **ronda.**

ron·dar |r̄ondár| **1** ***intr.-tr.*** [algo, a alguien] Reunirse por la noche para tocar y cantar por las calles: *suelen ~ todas las Nochebuenas.* **2** Circular por un lugar para vigilarlo: *las patrullas rondan durante toda la noche.* **3** Andar de noche por las calles: *como a los gatos, le encanta ~.* **4** Estar cerca o alrededor: *sentía que la muerte lo rondaba.* **5** *fig.* [a alguien] Andar o estar cerca de una persona para conseguir un provecho o un favor: *lleva rondándola varias semanas, pero ella no le hace ningún caso.*

ron·que·ra |r̄oŋkéra| ***f.*** Estado de la garganta en el que la voz se hace áspera y grave: *el aire acondicionado me produce ~.*

ron·qui·do |r̄oŋkíðo| **1** ***m.*** Ruido *ronco, áspero y grave que se produce al respirar mientras se duerme: *se le cerraron los ojos y dio varios ronquidos.* ⌂ Se suele usar con el verbo *dar.* **2** *fig.* Ruido *ronco, áspero y grave: *me despertó el ~ de un trueno.*

ron·ro·ne·ar |r̄onr̄oneár| ***intr.*** Emitir el gato un ruido parecido a un *ronquido como muestra de satisfacción: *el gato ronroneaba mientras le acariciaban el lomo.*

ro·ña |r̄óɲa| **1** ***f.*** Suciedad pegada fuertemente a una superficie: *tuvieron que quitarle la ~ de los pies con una esponja muy dura; no había manera de quitar la ~ de la cocina.* **- 2** ***adj.-com.*** *fam.* (persona) Que no gusta de gastar dinero; que intenta gastar lo menos posible: *no seas ~ e invítanos a una ronda.* ⇒ **avaro, tacaño.**

ro·ñi·ca |r̄oɲíka| ***adj.-com.*** *fam.* (persona) Que no gusta de gastar dinero; que intenta gastar lo menos posible: *el jefe es un ~ porque nos ha dado una gratificación muy pequeña.* ⇒ **avaro, tacaño.**

ro·ño·⌜so, ⌜sa |r̄oɲóso, sa| **1** ***adj.*** Que está oxidado o cubierto de óxido: *se cortó con un hierro ~ y tuvieron que ponerle una inyección.* **2** Que tiene *roña o suciedad: *llevaba los pies desnudos y roñosos.* **- 3** ***adj.-s.*** *fam. fig.* (persona) Que no gusta de gastar dinero; que intenta gastar lo menos posible: *de él vamos a sacar poco porque es un ~.* ⇒ **avaro, tacaño.**

ro·pa |r̄ópa| ***f.*** Conjunto de prendas de tela, especialmente de vestir: *tiene el armario lleno de ~ y no le cabe más; no salgas a la calle sin ~ de abrigo.* ⇒ **ropaje.** ■ **~ blanca**, la que se usa en la casa: *las sábanas y los manteles forman parte de la ~ blanca de una casa.* ■ **~ interior**, la que se coloca encima de la piel y debajo de otras prendas de vestir: *las bragas y los calzoncillos son ~ interior.*

ro·pa·je |r̄opáxe| **1** ***m.*** Conjunto de prendas de tela, especialmente de vestir: *guardaron todos los ropajes en un baúl.* ⇒ **ropa.** **2** Prenda de vestir larga, de lujo o propia de una autoridad: *le invistieron los ropajes de la dignidad imperial.*

ro·pe·ro |r̄opéro| ***m.*** Armario o habitación donde se guarda la ropa: *puede usted dejar su abrigo en el ~ si lo desea.* ⇒ **guardarropa.**

ro·que·⌜ro, ⌜ra |r̄okéro, ra| **1** ***adj.*** Del *rock o que tiene relación con él: *tiene una gran colección de viejos discos roqueros.* ⇒ **rock.** **- 2** ***m. f.*** Persona a la que le gusta mucho el *rock: *los viejos roqueros nunca mueren.*

ro·sa |r̄ósa| **1** ***f.*** Flor de *pétalos grandes, generalmente de colores vivos y olor intenso, y con espinas en el tallo: *le regaló una ~ roja en señal de su amor.* **2** Figura u objeto que tiene la forma de esa flor: *en la tarta había una ~ de caramelo;* **~ de los vientos**, figura circular que tiene marcadas alrededor las 32 partes en que se divide la vuelta al horizonte: *se orientaban siguiendo la ~ de los vientos.* **3** Mancha redonda de color casi rojo, que suele salir en el cuerpo: *tenía una ~ en la espalda.* **- 4** ***adj.-m.*** (color) Que resulta de mezclar el rojo con el blanco: *el ~ solía usarse para vestir a las niñas.* **- 5** ***adj.*** De ese color: *llevaba un vestido ~ la noche que la conoció.* ■ **como una ~**, muy bien; en buen estado: *aunque ha trabajado diez horas seguidas, está como una ~.*

ro·sá·ce·⌜o, ⌜a |r̄osáθeo, a| **1** ***adj.*** Que tiene un color parecido al rosa: *le han salido unas manchas rosáceas en el brazo.* **- 2** ***adj.-f.*** BOT. (planta) De la familia del *rosal: *el espino y el rosal son rosáceas.*

ro·sa·⌜do, ⌜da |r̄osáðo, ða| **1** ***adj.*** De color parecido al rosa: *el niño tiene la cara rosada y los labios muy rojos.* **- 2** ***adj.-m.*** (color) Que es parecido al rosa: *el ~ es uno de sus colores favoritos.* **3** (vino) Que es de color algo más oscuro que el blanco: *el ~ va bien casi con cualquier plato.* ⇒ **vino.**

ro·sal |r̄osál| ***m.*** Planta de tallo ramoso y con espinas, que produce rosas: *este ~ echa las rosas amarillas.*

ro·sa·le·da |r̄osaléda| ***f.*** Lugar en el que hay muchos *rosales: *paseaba por las rosaledas del parque.*

ro·sa·rio |r̄osário| **1** ***m.*** Objeto formado por una serie de piezas, separadas de diez en diez por otras de distinto tamaño, que se usa para rezar: *tiene un ~ con cuentas de marfil.* **2** Oración de los cristianos, en la que se recuerdan los misterios de la Virgen: *la abuela se pasa las tardes rezando en voz baja el ~.* **3** *fig.* Serie larga: *ha sufrido un ~ de penas; el pelotón se ha convertido en un ~ de ciclistas.* **4** Ocasión en la que se reúnen varias personas para rezar esa oración: *cada tarde, diez o doce beatas van al ~.* ■ **acabar como el ~ de la aurora**, *fam.*, terminar mal una reunión, generalmente por no llegar a un acuerdo: *la familia se juntó para divertirse, pero todo acabó como el ~ de la aurora.*

ros·ca |r̄óska| **1** ***f.*** Objeto redondo con un agujero en el centro: *en la panadería venden roscas de pan.* ⇒ **rosco. 2** Hueco en *espiral que recorre de un extremo a otro una pieza de metal o de otro material y que sirve para sujetarla a otro objeto: *este tapón no se ajusta a presión, sino que lleva una ~; las tuercas y los tornillos tienen ~.* **3** Círculo con un agujero en el centro: *el gato está sobre el sofá hecho una ~.* **4** *fam.* Carnosidad que tienen las personas gruesas en el cuello o las piernas: *¡vaya roscas que tiene tu niño en los muslos!* ■ **hacer la ~**, *fam.*, alabar a una persona para conseguir de ella un favor: *Juan siempre hace la ~ a los profesores para conseguir mejor nota.* ⇒ **pelota.** ■ **no comerse una ~**, *fam.*, no conseguir lo que se desea, especialmente en asuntos amorosos: *alardea de sus asuntos amorosos, pero, en realidad, no se come una ~.* ■ **pasarse de ~**, no sujetarse un tornillo por estar desgastado: *el tornillo no se aguanta porque se ha pasado de ~.* ■ **pasarse de ~**, *fam.*, ir más allá de lo debido en lo que se dice o se hace: *siempre se pasa de ~ con sus bromas, es un pesado.* ⇒ **raya.**

ros·co |r̄ósko| **1** ***m.*** Pan o bollo de forma redonda con un agujero en el centro: *en Navidad es típico comer roscos de vino; no me gustan las barras de pan, prefiero los roscos.* ⇒ **rosca. 2** *fam.* Cero en una prueba: *este profesor me tiene manía, por eso me ha puesto un ~ en inglés.*

ros·cón |r̄oskón| ***m.*** Bollo grande de forma redonda y con un agujero en el centro: *los roscones pueden llevar azúcar y frutas confitadas por encima; hemos tomado ~ con el café;* **~ de Reyes**, el que se come el día de Reyes: *el ~ de Reyes lleva dentro de la masa una sorpresa.*

ros·qui·lla |r̄oskíʎa| ***f.*** Dulce pequeño de forma redonda y con un agujero en el centro: *las rosquillas están cubiertas de azúcar; en el desayuno tomó rosquillas; llevó al enfermo una caja de rosquillas.*

ros·tro |r̄óstro| **1** ***m.*** Parte anterior de la cabeza de las personas en la que están la boca, la nariz y los ojos: *la luz de la Luna iluminaba tenuemente su ~; vio el ~ de Ana con ojos de terror.* ⇒ **cara, faz, semblante. 2** *fam.* Falta de vergüenza: *tiene mucho ~: ni siquiera nos dio las gracias.* ⇒ **cara. 3** *p. ext.* Objeto o parte de un objeto con punta. ■ **echar en ~**, recordar una cosa que resulta desagradable; recordar a otra persona una responsabilidad: *le echó en ~ los malos ratos que había pasado por él.*

ro·tar |r̄otár| **1** ***tr.-intr.*** [algo] Girar o hacer girar alrededor de un eje: *la hélice rotaba rápidamente; rotaron el aspa con las manos.* ⇒ **rodar. 2** Alternar de forma *sucesiva; cambiar de puesto: *en la empresa, rotamos todas las semanas; en esta tierra rotamos la patata y el cereal.*

ro·ta·ti·va |r̄otatíβa| ***f.*** Máquina que imprime los ejemplares de un periódico con movimiento continuo y a gran velocidad: *pusieron la ~ a funcionar a las tres; la nueva ~ imprime muchos más ejemplares por hora.*

ro·ta·ti·⌜vo, ⌜va |r̄otatíβo, βa| **1** ***adj.*** Que da vueltas o que puede darlas: *la rueda describe un movimiento ~ sobre su eje.* **2** Que pasa de unos a otros para volver a su origen: *vamos a corregir este trabajo en ~, empiezas tú.* **- 3 rotativo *m.*** *p. ext.* Periódico impreso mediante *rotativas: *todos los rotativos de nuestro país recogen la noticia.*

ro·⌜to, ⌜ta |r̄óto, ta| **1** ***adj.*** Que está hecho trozos o dividido en partes: *el cristal está ~ en mil pedazos.* **2** Que no sirve, no funciona o no se puede usar: *el teléfono está ~ y no podemos llamar.* **- 3 roto *m.*** Abertura o *raja en una superficie, especialmente en un tejido: *llevas un ~ en el pantalón.* ⇒ **siete.** ☖ Es el participio de *romper.*

ro·ton·da |r̄otónda| **1** ***f.*** Plaza redonda: *el automovilista que entra en la ~ debe ceder el paso al que ya está dentro; hay una fuente en el centro de la ~.* **2** Habitación o edificio de forma circular: *han construido una ~ que se usará como teatro.*

ro·tor |r̄otór| ***m.*** FÍS. Pieza de una máquina que gira dentro de un elemento fijo: *el ~ de la dinamo es una bobina; las turbinas tienen un ~.*

ró·tu·la |r̄ótula| **1** ***f.*** ANAT. Hueso redondo, situado en la parte anterior de la rodilla, que se encarga de articular la *tibia y el *fémur: *no podrá practicar deporte hasta que no se recupere de su lesión de ~.* **2** MEC. Pieza que une otras dos y permite que se muevan: *se ha estropeado una ~ del brazo mecánico.*

ro·tu·la·dor |r̄otulaðór| ***m.*** Objeto de punta de fibra, que lleva tinta grasa dentro y que sirve para escribir o dibujar: *subrayó con ~ rojo todo lo que le pareció interesante.*

ro·tu·lar |r̄otulár| ***tr.*** [algo] Poner un título o un *letrero en un sitio: *estoy rotulando el trabajo con letras mayúsculas; han rotulado la entrada de la tienda con grandes letras de colores.*

ró·tu·lo |r̄ótulo| **1** ***m.*** Mensaje o texto que se pone en un lugar público y que sirve para dar aviso o noticia de una cosa: *busca un ~ que indique dónde hay un restaurante.* ⇒ **letrero. 2** Título que se coloca al comienzo de un *capítulo o de una parte de un escrito: *ese tema se trata bajo este ~.* ⇒ **rúbrica.**

ro·tun·⌜do, ⌜da |r̄otúndo, da| **1** ***adj.*** *fig.* Que es exacto, justo o definitivo: *sus declaraciones fueron* *rotundas: no los apoyaría.* ⇒ **redondo. 2** *fig.* Que es claro y *sonoro: *tiene un estilo ~ y hermoso.*

ro·tu·ra |r̄otúra| *f.* Separación de una cosa en partes, especialmente la que se produce de manera violenta; abertura de grietas o agujeros: *el médico tuvo que operar al enfermo porque tenía una ~ de fémur; el agua se sale porque ha habido una ~ en las cañerías.* ⇒ **fractura, quiebra.**

ro·tu·rar |r̄oturár| *tr.* [algo] Abrir y remover una tierra por primera vez: *se están roturando muchas hectáeras de selva.* ⇒ **arar.**

ro·ya |r̄óya| *f.* Enfermedad provocada por hongos parásitos en los cereales y otras plantas: *la ~ se presenta en forma de manchas en las hojas.*

ro·za·du·ra |r̄oθaðúra| **1** *f.* Herida superficial de la piel: *estos zapatos nuevos me han hecho rozaduras en los talones.* **2** Señal producida por un roce: *al mover el mueble he hecho una ~ en la puerta.*

ro·za·mien·to |r̄oθamiénto| **1** *m.* Acción y resultado de tocarse dos superficies cuando al menos una de ellas está en movimiento: *el ~ con el aire calienta las alas del avión.* ⇒ **fricción. 2** Desgaste que se produce al tocarse dos superficies en movimiento: *este eje tiene tanto ~ que no tardará en partirse.* ⇒ **roce. 3** FÍS. Resistencia que se opone al movimiento o al deslizamiento de un cuerpo sobre otro: *el ~ de esta superficie es muy pequeño.*

ro·zar |r̄oθár| **1** *intr.-tr.* Tocarse dos superficies cuando al menos una de ellas está en movimiento: *la cortina está rozando la ventana.* **- 2** *tr.-prnl.* [algo; con algo] Desgastar al juntar dos superficies: *el guardabarros roza la rueda del coche; se le han rozado los pies con los zapatos nuevos.* **3** Limpiar las malas hierbas de una tierra cultivada: *tienes que rozar estos surcos de tomates.* **- 4 rozarse** *prnl. fig.* Tener trato o relación dos o más personas: *se rozan poco últimamente.* ☖ Se conjuga como 4.

ru·bé·o·la |r̄uβéola| *f.* MED. Enfermedad contagiosa parecida al *sarampión, que provoca la aparición de granos rojos en la piel: *las niñas se vacunan contra la ~ a los once años.* ☖ Se usa frecuentemente *rubeola.*

ru·bí |r̄uβí| *m.* Piedra preciosa de color rojo que se usa como adorno: *el pendiente estaba adornado con rubíes.* ☖ El plural es *rubíes.*

ru·⌈bio, ⌈bia |r̄úβio, βia| *adj.-s.* Que tiene el pelo de color parecido al del oro: *un gato ~ saltó del tejado; el recién nacido tiene el pelo ~; los nórdicos suelen ser altos y rubios.* ⇒ **castaño, moreno, pelirrojo;** ~ **platino**, el que es muy claro y brillante: *a pesar de la edad que tiene, Rosario continúa llevando el pelo ~ platino.*

ru·blo |r̄úβlo| *m.* Unidad de moneda de Rusia: *necesito cambiar pesetas en rublos porque me voy de viaje a Moscú.*

ru·bor |r̄uβór| **1** *m.* Color rojo que aparece en la cara en determinadas circunstancias, generalmente a causa de la vergüenza que se siente: *el ~ de sus mejillas demostraba que no estaba muy acostumbrada al trato social.* **2** *fig.* Vergüenza que se puede notar: *reconoció con ~ que era el culpable de todo.*

ru·bo·ri·zar·se |r̄uβoriθárse| **1** *prnl.* Ponerse roja la cara de una persona a causa de la vergüenza: *es un hombre muy tímido y cuando lo miran fijamente, se ruboriza.* **2** *fig.* Tener o sentir vergüenza: *es tan descarado que no se ruboriza por nada.* ⇒ **avergonzar.** ☖ Se conjuga como 4.

ru·bo·ro·⌈so, ⌈sa |r̄uβoróso, sa| **1** *adj.* Que muestra *rubor o vergüenza: *dijo, ~, que aceptaba el cargo.* **2** Que tiene facilidad para sentir *rubor o vergüenza: *es muy ~, así que no te dirijas directamente a él.*

rú·bri·ca |r̄úβrika| **1** *f.* Trazo o conjunto de trazos que forma parte de una firma y se hace encima o alrededor del nombre escrito: *después de escribir su nombre, hizo una ~ redonda y amplia.* **2** Título que se coloca al comienzo de un *capítulo o de una parte de un escrito: *lee esa ~, a ver si es ahí donde está el pasaje que buscas.* ⇒ **rótulo.**

ru·bri·car |r̄uβrikár| **1** *tr.* [algo] Poner la firma en un escrito o documento: *el ministro rubricó el acuerdo.* **2** *fig.* Asegurar o *certificar que una cosa es cierta: *rubricó todas sus palabras.* ☖ Se conjuga como 1.

ru·de·za |r̄uðéθa| **1** *f.* Falta de educación en el trato y en el comportamiento: *su ~ al hablar es muestra de su bajo origen.* **2** Falta de formación cultural: *es difícil mantener una conversación un poco profunda con él debido a su ~.* **3** Dificultad grande para comprender o aprender: *perdona, pero mi ~ es tal que apenas me entero de nada.*

ru·di·men·ta·⌈rio, ⌈ria |r̄uðimentário, ria| **1** *adj.* Que pertenece a los primeros estudios o experiencias de una ciencia o profesión; que está poco perfeccionado: *construyó un aparato muy ~, pero funcionó.* **2** Que es sencillo o elemental: *la gastronomía de esa región es muy rudimentaria.*

ru·di·men·to |r̄uðiménto| **1** *m. form.* *Embrión o estado primitivo de un ser vivo: *la célula huevo es el ~ del animal.* **2** Parte de un ser vivo que no está completamente desarrollada: *en las semillas de la judía se encuentra el ~ del tallo.* **- 3 rudimentos** *m. pl.* Primeros estudios o experiencias en una ciencia o profesión: *a mediados de siglo se iniciaron los rudimentos de la informática.*

ru·⌈do, ⌈da |r̄úðo, ða| **1** *adj.* Que tiene malos modos; que es poco delicado en el trato y en el comportamiento: *cuando se enfada se vuelve un poco ~, pero no es mala persona.* ⇒ **basto, bruto, tosco. 2** Que tiene escasa formación cultural: *le preguntó a un ~ hombre de campo.* ⇒ **grosero, paleto, soez, zafio. 3** Que tiene una dificultad grande para comprender o aprender: *tendrás que decírselo dos o tres veces porque es bastante ~.*

rue·ca |r̄uéka| *f.* Instrumento que sirve para *hilar, con una vara larga en cuyo extremo se coloca la lana u otra materia: *las ruecas antiguas eran de madera.*

rue·da |r̄uéða| **1** *f.* Objeto de forma circular que puede girar sobre un eje: *llevo la ~ de repuesto en el maletero; la ~ de mi bicicleta tiene radios;* ~ **de molino**, la de piedra, que se usa para moler: *vamos a prensar las aceitunas con una ~ de moli-*

no; ~ **dentada**, la que tiene dientes en el borde y se mueve en un *engranaje: *esa máquina tiene una gran ~ dentada.* **2** Conjunto de personas reunidas que intervienen por turnos en una conversación: *después de la conferencia, hubo una ~ de preguntas;* ~ **de prensa**, la que está formada por *periodistas que hacen preguntas a una o más personas: *dijo que no quería que ese periodista estuviese en la ~ de prensa y lo echó de la sala.* ⇒ **conferencia. 3** Círculo formado por personas: *los niños juegan a la ~.* **4** Trozo circular que se corta de una fruta o de un alimento sólido: *compró varias ruedas de merluza congelada.* ■ **chupar** ~, ir detrás de otra persona sacando provecho de su trabajo o de su esfuerzo: *deja de chupar ~ y trabaja un poco más.* ■ **sobre ruedas**, muy bien; sin problemas: *el negocio marcha sobre ruedas.*

rue·do |r̄uéðo| **1** *m.* Círculo de arena de la plaza de toros: *los espectadores lanzaban rosas al ~; el torero dio la vuelta al ~.* **2** Círculo; conjunto de unidades dispuestas alrededor de un centro imaginario: *las mieses formaban un ~ en la era.* ⇒ **redondel. 3** Borde de una cosa redonda: *el ~ de la falda se reforzaba con un forro.* **4** Pieza de tejido áspero, de forma redonda, que sirve para cubrir el suelo: *el portal de la casa tenía un bonito ~ y muchas plantas.* ⇒ **alfombra.**

rue·go |r̄uéɣo| **1** *m.* Deseo o *petición que se expresa mediante palabras: *le hizo un ~ que no le pudo negar.* **2** Deseo que se pide con insistencia: *sus ruegos consiguieron ablandarla.* ■ **a ~ de**, por haberlo pedido o rogado: *dejó esa actividad a ~ de su familia.*

ru·fián |r̄ufián| *m. desp. fig.* Hombre despreciable por *carecer de honor: *ese tipo es un ~ capaz de todo con tal de enriquecerse.*

rug·by |r̄úᵛβi| *m.* DEP. Deporte que se juega entre dos equipos de 15 jugadores que consiste en llevar un *balón *ovoide más allá de una línea protegida por el contrario o en meterlo en su meta *utilizando cualquier parte del cuerpo: *en el Reino Unido hay mucha afición al ~.* ⇒ **fútbol.**

ru·gi·do |r̄uxíðo| **1** *m.* Voz característica de un animal salvaje, especialmente del león: *el ~ del tigre asustó al público del circo.* **2** *fig.* Ruido fuerte y grave del mar o el viento: *desde su casa se escuchaba el ~ de las olas.*

ru·gir |r̄uxír| **1** *intr.* Emitir *rugidos un animal salvaje, especialmente el león: *el león rugía y se movía inquieto dentro de la jaula.* **2** Dar fuertes gritos: *el enemigo entró rugiendo en la ciudad.* **3** *fig.* Hacer un ruido fuerte y grave el mar o el viento: *las aguas del océano rugían.* ☐ Se conjuga como 6.

ru·go·so, sa |r̄uɣóso, sa| *adj.* Que tiene arrugas en su superficie: *la hormiga andaba sobre un cartón ~.*

rui·do |r̄uíðo| **1** *m.* Sonido *confuso, desagradable o molesto: *oyó un ~ en la cocina y acudió a ver qué ocurría; no sé cómo te puede gustar esta música: es sólo ~.* **2** *fig.* Sonido o conjunto de sonidos extraños que rompen la tranquilidad: *la policía entró en el local al oír el ~; empezaron con una simple discusión y terminaron con un gran ~.* **3** Señales extrañas que impiden o hacen difícil una comunicación: *trata de eliminar el ~ de esas interferencias.*

rui·do·so, sa |r̄uiðóso, sa| **1** *adj.* Que produce mucho ruido: *soy muy ~, siempre que entro en casa de noche, despierto a todo el mundo; toca en uno de los grupos más ruidosos de la ciudad.* ⇒ **bullicioso, estruendoso. 2** *fig.* (acción, hecho) Que da mucho que hablar: *uno de los acontecimientos más ruidosos de este mes ha sido la boda de la famosa cantante y el conocido torero.*

ruin |r̄uín| **1** *adj.-com. desp.* (persona) Que es despreciable, bajo y malo: *además de incapaz, es un ser ~ que se dedica a hacer daño a los demás; ha sido una maniobra ~.* ⇒ **bellaco, golfo, rastrero, vil.** ☐ Se usa como apelativo despectivo. **2** *desp.* (persona) Que no gusta de gastar dinero; que intenta gastar lo menos posible: *no seas ~ y échame un poco más de jamón.* ⇒ **avaro, tacaño.** ☐ Se usa como apelativo despectivo.

rui·na |r̄uína| **1** *f. fig.* Pérdida grande de bienes o de dinero: *la cosecha de este año ha sido una ~.* **2** *fig.* Destrucción o caída: *el debilitamiento económico supuso la ~ del imperio.* ⇒ **debacle. 3** *fig.* Causa de esa destrucción, caída o perdición: *sostiene que la falta de fe es la ~ de las civilizaciones.* **- 4 ruinas** *f. pl.* Restos de uno o más edificios destruidos o caídos: *paseaba entre las ruinas del Foro.*

rui·no·so, sa |r̄uinóso, sa| **1** *adj.* Que amenaza *ruina o destrucción: *derribaron varios edificios ruinosos de esta calle.* **2** Que supone *ruina o pérdida grande de bienes o de dinero: *se metió en un negocio ~ y ahora está en la cárcel.*

rui·se·ñor |r̄uiseɲór| *m.* Pájaro de color marrón casi rojo, tímido, muy *apreciado por su canto: *abrió la ventana y oyó el canto del ~.* ☐ Para indicar el sexo se usa el ~ macho y el ~ hembra.

ru·le·ta |r̄uléta| *f.* Juego de azar que consiste en lanzar una bola pequeña sobre una rueda horizontal que gira y que está dividida en 36 *casillas, numeradas y pintadas de negro y rojo, con el fin de acertar el color o el número en el que se va a parar la bola: *fueron al casino a jugar a la ~;* ~ **rusa**, juego de azar que consiste en dispararse por tur-

RUISEÑOR

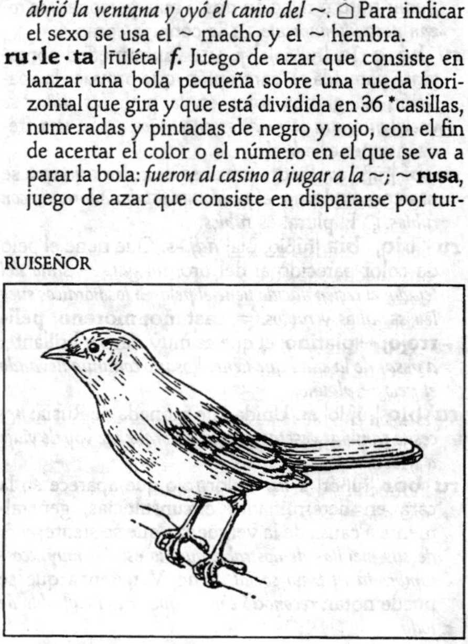

nos en la cabeza con un *revólver cargado con una sola bala: *estaban tan borrachos y tan desesperados que se pusieron a jugar a la ~ rusa.*

ru·lo |r̄úlo| **1** ***m.*** Cilindro pequeño y generalmente hueco, de material ligero, que se usa para dar forma al pelo: *salió a recibirlo con los rulos y la redecilla en la cabeza.* **2** Cilindro que gira alrededor de un eje: *pasaron un ~ de allanar la tierra; necesito un ~ para pintar las paredes.*

ru·ma·⌜no, ⌜na |r̄umáno, na| **1** ***adj.*** De Rumanía o que tiene relación con Rumanía: *Bucarest es la capital rumana.* **- 2** ***m. f.*** Persona nacida en Rumanía o que vive habitualmente en Rumanía: *en nuestra clase de español hay tres rumanas.* **- 3 rumano** ***m.*** Lengua que se habla en Rumanía y en otras regiones: *el ~ se habla en algunas regiones de Albania; el ~ es una lengua románica.*

rum·ba |r̄úmba| **1** ***f.*** Baile de ritmo alegre típico de Cuba, que procede de África: *en Andalucía se baila mucho la ~.* **2** Música y canto de ese baile: *tengo un disco de rumbas y lo pongo en todas las fiestas.*

rum·bo |r̄úmbo| **1** ***m.*** Camino o dirección que se sigue para llegar a un lugar o a un fin determinado: *no se sabe qué ~ tomará ahora su política.* **2** MAR. Línea dibujada en un mapa para señalar la dirección por la que debe navegar una embarcación: *trazaron el ~ sobre la carta.* **3** MAR. Dirección por la que navega una embarcación: *pusieron ~ al Caribe.* ⇒ **derrotero.** ⌂ Se suele usar con los verbos *poner* y *llevar.*

rum·bo·⌜so, ⌜sa |r̄umbóso, sa| ***adj.*** *fam.* Que no tiene cuidado en dar o repartir lo que es suyo: *siempre invita a todos: es muy rumbosa.* ⇒ **generoso.** ⇔ **tacaño.**

ru·mian·te |r̄umiánte| ***adj.-m.*** (animal) Que es mamífero, se alimenta de vegetales, tragándolos y devolviéndolos después a la boca para masticarlos: *la vaca parece que está siempre masticando porque es un ~; los mamíferos rumiantes tienen cuatro cavidades en su tubo digestivo.*

ru·miar |r̄umiár| **1** ***tr.*** [algo] Masticar por segunda vez un alimento que vuelve desde el estómago: *la vaca rumiaba la alfalfa que había comido.* **2** *fam. fig.* Considerar o pensar con cuidado: *estuvo toda la noche rumiando lo que le habían dicho.* **- 3** ***intr.*** *fam. fig.* Emitir voces *confusas o palabras mal articuladas en señal de enfado o desagrado: *deja ya de ~ y trabaja.* ⇒ **refunfuñar, rezongar.** ⌂ Se conjuga como 12.

ru·mor |r̄umór| **1** ***m.*** *Comentario que corre entre la gente: *para evitar los rumores, se marcharon del pueblo.* ⇒ **fábula.** **2** Ruido *confuso de voces: *se escucha el ~ de la fiesta en el piso de abajo.* **3** Ruido *sordo y continuado: *desde la granja se oye el ~ del río.* **4** *fig.* Noticia vaga que se conoce de manera indirecta: *según un ~, la famosa artista está embarazada.* ⇒ **eco.**

ru·mo·re·ar·se |r̄umoreárse| ***prnl.*** Correr un rumor entre la gente: *se rumorea que está enfermo.*

ru·pes·tre |r̄upéstre| ***adj.*** De los dibujos y pinturas *prehistóricos hechos sobre piedra o que tiene relación con ellos: *la cueva de Altamira está llena de arte ~.*

rup·tu·ra |r̄u^{p}túra| ***f.*** *form.* Fin o interrupción, especialmente de una relación: *los políticos no llegaron a un acuerdo y se produjo la ~ de las relaciones diplomáticas.*

ru·ral |r̄urál| **1** ***adj.*** Del campo y sus labores o que tiene relación con ellos: *la economía ~ está muy mermada.* ⇒ **rústico.** **2** *fig.* Que muestra gustos o costumbres propios de la vida en el campo: *sus modales son un poco rurales.* ⇒ **rústico.**

ru·⌜so, ⌜sa |r̄úso, sa| **1** ***adj.*** De Rusia o que tiene relación con Rusia: *la población rusa es muy numerosa.* **- 2** ***m. f.*** Persona nacida en Rusia o que vive habitualmente en Rusia: *un grupo de rusos visitó Toledo.* **- 3 ruso** ***m.*** Lengua de Rusia: *se ha comprado un diccionario de ~.*

rus·ti·ci·dad |r̄ustiθiðá^{d}| ***f.*** Cualidad de rústico: *discutían la ~ de la plaza; sus modales mostraban cierta ~.*

rús·ti·⌜co, ⌜ca |r̄ústiko, ka| **1** ***adj.*** Del campo y sus labores o que tiene relación con ellos: *se ha comprado una finca rústica y pasa allí mucho tiempo.* ⇒ **rural.** **2** Que muestra gustos o costumbres propios de la vida en el campo: *su forma de hablar es un poco rústica.* ⇒ **rural.** **3** *fig.* Que tiene malos modos; que es poco delicado: *era un hombre muy rústico, pero de buenos sentimientos.* ⇒ **bravío, inculto, silvestre.** **- 4 rústico** ***m.*** Hombre del campo: *un ~ del lugar les indicó el camino.*

ru·ta |r̄úta| **1** ***f.*** Camino establecido o previsto para un viaje: *marcaremos en el mapa la ~ de nuestras vacaciones.* ⇒ **rumbo.** **2** Camino por donde se pasa para ir de un sitio a otro: *hay dos rutas posibles para ir a la sierra; seguimos la ~ de la playa.* ⇒ **itinerario.** **3** *fig.* Camino o dirección que se toma para conseguir una cosa: *esa decisión te conducirá por una ~ equivocada; no sabía qué ~ seguir en la vida.* ■ **en ~,** en carretera; en medio de un viaje: *en ~, use el cinturón de seguridad; el equipo está ya en ~ hacia Madrid.*

ru·ti·lan·te |r̄utilánte| ***adj.*** *form.* Que brilla mucho o emite una luz muy intensa: *estaba adornado con ~ bisutería.* ⇒ **refulgente.**

ru·ti·na |r̄utína| **1** ***f.*** Manera habitual o repetida de obrar: *el caballo vuelve a la cuadra todos los días a la misma hora por ~.* ⇒ **costumbre.** **2** Acción habitual o que se repite: *salir de paseo todas las tardes es una ~ para mí.*

ru·ti·na·⌜rio, ⌜ria |r̄utinário, ria| **1** ***adj.*** Que se hace o practica por *rutina o costumbre: *dio su ~ paseo después de comer.* **2** (persona, animal) Que hace las cosas por *rutina: *este hombre es muy ~ con las comidas.*

S

S, s 1 ***f.*** Letra que en el alfabeto español sigue a la *r: la mayoría de los plurales en español se forman añadiendo una ~ al singular.* **2** Abreviatura de sur: *Cádiz está en el S. de España.* ☖ En esta acepción se escribe con mayúscula. **3** Abreviatura de siglo: *en el s. XVIII ocurrieron muchos hechos importantes.*

sá·ba·do |sáβaðo| ***m.*** Sexto día de la semana: *el ~ vamos a jugar al tenis.*

sa·ba·na |saβána| **1** ***f.*** Terreno llano de gran extensión en el que hay muy pocos árboles: *la ~ es un paisaje típico de ciertas zonas de África y América.* **2** Formación vegetal con plantas de tallos altos y escasos árboles: *la ~ está formada por árboles como el baobab y la acacia; la ~ es típica de zonas de clima tropical.* ☖ No debe confundirse con *sábana.*

sá·ba·na |sáβana| ***f.*** Pieza de tela fina que se pone en la cama acompañada de otra igual o parecida: *estiró las sábanas y puso la colcha encima; en verano, duermo tapado sólo con una ~.* ■ **pegarse las sábanas**, *fam.*, quedarse dormido; levantarse más tarde de lo que se debe: *hoy he llegado tarde porque se me han pegado las sábanas.*

sa·ban·di·ja |saβandíxa| **1** ***f.*** Reptil o insecto pequeño, especialmente el que es molesto o de aspecto desagradable: *no me gusta dormir en tienda de campaña porque se cuelan sabandijas.* ☖ Para indicar el sexo se usa la ~ macho y la ~ hembra. **2** *fig.* Persona despreciable: *ese tipo es una ~, no hace más que fastidiar a los demás.*

sa·ba·ñón |saβaɲón| ***m.*** Bulto rojo que sale en las manos, los pies o las orejas a causa del frío y que produce picor: *en invierno me salen sabañones en los dedos de los pies.*

sa·bá·ti·⌐co, ⌐ca |saβátiko, ka| **1** ***adj.*** *form.* Del *sábado o que tiene relación con él: *os pido que no estropeéis mi discurso ~.* **- 2** ***adj.-s.*** (año) Que se dedica al descanso o a una actividad diferente de la habitual: *el profesor dedicó su año ~ a escribir una novela.*

sa·be·lo·to·do |saβelotóðo| ***adj.-com.*** *fam. desp.* (persona) Que presume de sabio sin serlo: *ese ~ siempre quiere dar su opinión, aunque no tenga ni idea.* ⇒ **sabihondo.** ☖ El plural es *sabelotodo.*

sa·ber |saβér| **1** ***tr.*** [algo] Conocer; tener idea de una cosa: *no sé dónde está el coche; ¿alguien sabe lo que ha pasado?* ⇔ **ignorar. 2** Tener capacidad o habilidad; poder hacer una cosa: *sabe tocar el piano.* **- 3** ***tr.-prnl.*** Tener conocimientos; haber aprendido: *Marta sabe latín; me sé la lección de memoria.* **- 4** ***intr.*** Tener sabor: *este helado sabe a chocolate.* **5** [de algo/alguien] Tener noticias o informaciones: *no sé nada de ellos desde que se marcharon de la ciudad.* **6** Ser muy inteligente y rápido de mente: *¡hay que ver lo que sabe este niño!; sabes más que nadie.* **- 7** ***m.*** Conocimiento profundo de una materia, ciencia o arte: *el ~ no ocupa lugar.* **8** Ciencia o conjunto de conocimientos: *la iglesia medieval abarcaba una gran parcela del ~ de la época.* ■ **a ~**, esto es: *la mano tiene cinco dedos, a ~: meñique, anular, corazón, índice y pulgar.* ■ **¡a ~!**, expresión que indica que una cosa es difícil de averiguar: *¡a ~ dónde habrás dejado las llaves!* ■ **no sé qué**, lo que no se puede explicar: *cuando la vi por primera vez, sentí un no sé qué que me dejó paralizado.* ■ **~ a poco**, resultar poco adecuado o *incompleto: *tus palabras de afecto me saben a poco; el pastel estaba tan bueno que me supo a poco.* ■ **~ mal**, producir una sensación desagradable o de falta de tranquilidad: *me sabe mal no acompañarte hasta tu casa, pero me duele mucho el pie.* ⇒ **sentar.** ■ **vete a ~/vaya usted a ~**, expresión que indica que una cosa es difícil de averiguar: *vete a ~ ahora quién ha traído cada regalo.* ☖ Se conjuga como 83.

sa·bi·du·rí·a |saβiðuría| **1** ***f.*** Capacidad de pensar y de considerar las situaciones y circunstancias distinguiendo lo positivo de lo negativo: *con los años se adquiere ~.* ⇒ **juicio, prudencia, sapiencia, seso. 2** Conocimiento profundo en ciencias, letras o artes: *todos respetaban y admiraban la ~ de aquel joven científico.* ⇒ **sapiencia.**

sa·bien·das |saβiéndas| ■ **a ~**, teniendo conocimiento; de manera *intencionada: *ha llamado a mi puerta aun a ~ de que no voy a abrirla.*

sa·bi·hon·⌐do, ⌐da |saβióndo, da| ***adj.-s.*** *fam. desp.* (persona) Que presume de sabio sin serlo: *no puedo soportar a este ~ que siempre tiene que decir la última palabra.* ⇒ **sabelotodo.**

sa·⌐bio, ⌐bia |sáβio, βia| **1** ***adj.-s.*** (persona) Que tiene un conocimiento profundo en ciencias, letras o artes: *fueron a consultar al ~ para resolver su problema.* ⇒ **docto. 2** (persona) Que tiene una gran capacidad de pensar y de considerar las situaciones y circunstancias, para distinguir lo positivo de lo negativo: *escucha los consejos de tu ~ padre.* **- 3** ***adj.*** Que demuestra o contiene *sabiduría: *los alumnos escuchaban las sabias palabras de su maestro.*

sa·bla·zo |saβláθo| **1** ***m.*** *fam. fig.* Acción de conseguir dinero pidiéndolo con habilidad o insistencia y sin intención de devolverlo: *siempre que viene a verme y se pone tan amable es que quiere pegarme un ~.* **2** Corte hecho con un *sable: *el general murió en la guerra de un ~ que le dio un enemigo.*

sa·ble |sáβle| ***m.*** Arma blanca parecida a la espada, pero algo curva y, por lo general, afilada sólo por un lado: *el militar iba vestido de uniforme, con el ~ colgando de la cintura.* ⇒ **cimitarra.**

sa·ble·ar |saβleár| ***intr.*** Conseguir dinero pidiéndolo con habilidad o insistencia y sin intención de devolverlo: *se gasta todo lo que gana y luego viene aquí a ~ a su abuelo.*

sa·bor |saβór| **1** ***m.*** Propiedad que tienen ciertos cuerpos de producir sensaciones en el órgano del gusto: *las naranjas de este árbol tienen un ~ muy dulce.* **2** Sensación que producen esos cuerpos en el órgano del gusto: *notó el ~ rancio de la mantequilla y por eso la tiró.* **3** *fig.* Impresión que una cosa produce en el ánimo: *tu contestación me dejó un ~ amargo.* **4** *fig.* Propiedad que tienen algunas cosas de parecerse o recordar a otras: *escribió una novela de ~ romántico.*

sa·bo·re·ar |saβoreár| **1** ***tr.-prnl.*** [algo] Reconocer con agrado y detenimiento el sabor de un alimento o bebida: *saboreó cada bocado de la comida; saboreemos este vino con calma.* ⇒ **degustar.** **2** *fig.* Disfrutar con detenimiento una cosa que agrada: *el cantante está saboreando los mejores momentos de su carrera; me encanta ~ un buen libro cuando estoy solo.* ⇒ **paladear.**

sa·bo·ta·je |saβotáxe| **1** ***m.*** Daño que se hace *intencionadamente en instalaciones o servicios como forma de lucha contra los organismos que los dirigen: *alguien preparó actos de ~ para hacer fracasar los Juegos Olímpicos; los trabajadores hicieron ~ y destruyeron la maquinaria de la fábrica.* **2** *fig.* Acción contraria a una idea o proyecto: *si el plan no ha salido adelante ha sido porque nuestros enemigos nos han hecho ~.*

sa·bo·te·ar |saβoteár| ***tr.*** [algo] Hacer actos de *sabotaje: *varias potencias extranjeras quisieron ~ los intentos de establecer la paz en Oriente.*

sa·bro·⌐so, ⌐sa |saβróso, sa| **1** ***adj.*** Que tiene un sabor fuerte y agradable; que tiene buen sabor: *la abuela prepara unos guisos muy sabrosos.* ⇒ **apetitoso.** **2** *fig.* Que es interesante o importante: *con este negocio he ganado una suma de dinero muy sabrosa.*

sa·bue·so |saβuéso| **1** ***adj.-m.*** (perro) Que pertenece a una raza de tamaño grande y que, por su capacidad para ver y oler, es adecuada para la caza: *mi abuelo tenía un ~ con un olfato tan bueno que no se le escapaba ningún conejo.* **- 2** ***m.*** Persona que *investiga o que tiene especial capacidad para ello: *los sabuesos de la policía descubrieron al autor del crimen.*

sa·ca·cor·chos |sakakórtʃos| ***m.*** Instrumento que sirve para sacar el *corcho que cierra una botella: *¿cómo piensas abrir la botella de vino si no tienes un ~?* ☐ El plural es *sacacorchos.*

sa·ca·mue·las |sakamuélas| ***com.*** *fam. desp.* Persona que se dedica a arreglar los dientes y a tratar sus enfermedades, especialmente cuando hace mal su oficio: *ese ~ gana muchísimo dinero, pero es un bestia.* ⇒ **dentista, odontólogo.** ☐ El plural es *sacamuelas.*

sa·ca·pun·tas |sakapúntas| ***m.*** Instrumento que sirve para sacar o afilar la punta a los *lápices: *tengo un ~ de metal con una cuchilla muy afilada.* ⇒ **afilalápices.** ☐ El plural es *sacapuntas.*

sa·car |sakár| **1** ***tr.*** [algo] Poner o dejar en el exterior: *tenía la muela picada y fui al dentista para que me la sacara; sacó un par de bombones de la caja.* ⇒ **arrancar, extraer.** ⇔ **meter.** **2** Conseguir o llegar a tener: *me costó mucho sacarle el dinero que me debía.* ⇒ **arrancar.** **3** Echar hacia adelante; poner delante: *los militares en posición de firmes deben ~ pecho.* **4** Mostrar o expresar: *cuando se enfada, saca su mal genio.* **5** Dar a la luz pública; poner en circulación: *el cantante ha sacado un nuevo disco.* **6** Comprar una entrada o billete: *he sacado las entradas para el concierto del sábado.* **7** Volver a tener el dinero que se había dejado en el banco o que se había puesto en un negocio: *he sacado todos mis ahorros del banco para comprarme una casa.* ⇔ **meter.** **8** Quitar o suprimir: *la lejía saca todas las manchas.* **9** DEP. Poner en juego la pelota; darle el primer impulso: *el jugador sacó el balón desde la banda y centró a un compañero.* **10** [algo, a alguien] Quitar o apartar de un sitio o de una situación: *este dinero extra me ha sacado de apuros; la llamada me sacó de la cama.* **11** Averiguar o descubrir: *he sacado la cuenta; el detective sacó al asesino por las pistas.* ■ **~ adelante**, hacer llegar a buen fin o desarrollarse de manera adecuada: *con mucho esfuerzo, hemos sacado adelante el negocio.* ■ **~ en claro/limpio**, llegar a una conclusión: *después de tanto discutir, no hemos sacado nada en limpio.* ☐ Se conjuga como 1.

sa·ca·ri·na |sakarína| ***f.*** Sustancia o producto de sabor muy dulce que se usa generalmente para sustituir al azúcar: *como es diabético, toma ~ con el café en vez de azúcar.*

sa·ca·ro·sa |sakarósa| ***f.*** QUÍM. Azúcar común, que se usa para dar sabor dulce a las bebidas y a los alimentos: *la ~ es azúcar de caña y de remolacha.*

sa·cer·do·cio |saθerðóθio| **1** ***m.*** Cargo, estado y ejercicio del sacerdote: *desde niño quiso dedicarse al ~ porque vivía la devoción de sus padres.* **2** *fig.* Dedicación a una profesión o trabajo noble y bueno: *para él, la enseñanza es un ~.*

sa·cer·do·tal |saθerðotál| ***adj.*** Del sacerdote o que tiene relación con él: *en la sacristía están las vestiduras sacerdotales.*

sa·cer·do·te |saθerðóte| **1** ***m.*** Hombre que dedica su vida a Dios y a la Iglesia y que puede celebrar y ofrecer el sacrificio de la misa: *el ~ que ha cantado misa hoy siempre lleva sotana.* ⇒ **clérigo, cura.** **2** Hombre dedicado a ofrecer sacrificios a un dios: *el ~ de la tribu se puso a cantar.* ⇒ **sacerdotisa.**

sa·cer·do·ti·sa |saθerðotísa| ***f.*** Mujer dedicada a ofrecer sacrificios a un dios y cuidar de sus *templos: *las sacerdotisas de Vesta eran vírgenes y se encargaban de mantener el fuego siempre encendido.* ⇒ **sacerdote.**

sa·ciar |saθiár| **1** ***tr.-prnl.*** [algo, a alguien] Satisfacer de comida y de bebida: *el mendigo pedía un* *trozo de pan con que ~ su hambre; se sació un poco con aquel aperitivo.* **2** *fig.* Satisfacer una necesidad del espíritu o de la mente: *tus besos no me sacian.* ⌂ Se conjuga como 12.

sa·cie·dad |saθieðáᵈ| *f.* Sensación que se produce cuando se satisface con exceso el deseo de una cosa: *comió y bebió hasta la ~.*

sa·co |sáko| **1** *m.* Bolsa de tela u otro material flexible, generalmente grande, de forma rectangular y abierta por uno de los extremos: *me llevé las patatas a casa en un ~;* **~ de dormir**, el de tela u otro material, que conserva el calor y que se usa para dormir dentro de él: *cuando vamos de acampada dormimos en una tienda con un ~ de dormir.* **2** Órgano o hueco en un ser vivo que contiene generalmente un fluido: *el ojo permanece húmedo gracias al ~ lagrimal.* **3** Prenda de vestir ancha, que no se ajusta al cuerpo: *no puedes salir a la calle con ese ~ porque te hace gordísima.* **4** Cosa que incluye en sí muchas otras: *es un ~ de mentiras.* ■ **entrar a ~**, robar violentamente las cosas de valor que hay en un lugar: *los ladrones entraron a ~ en el supermercado.* ■ **~ de huesos**, *fam.*, persona excesivamente delgada: *Marisa hizo un régimen muy fuerte y ahora se ha quedado hecha un ~ de huesos.* ■ **no echar en ~ roto**, *fam.*, no olvidar; tener en cuenta: *te recomiendo que no eches en ~ roto lo que has aprendido de tu padre.*

sa·cra·men·tal |sakramentál| *adj.* De los *sacramentos o que tiene relación con ellos: *la comunión es una ceremonia ~.*

sa·cra·men·to |sakraménto| *m.* Signo material de un efecto interior o espiritual que Dios produce en el *alma de una persona: *los sacramentos son siete: bautismo, confirmación, penitencia, eucaristía, extremaunción, orden sacerdotal y matrimonio.*

sa·cri·fi·car |sakrifikár| **1** *tr.* [algo, a alguien] Ofrecer o dar como signo de reconocimiento u *obediencia a un dios: *los judíos debían ~ el cordero pascual.* **2** [algo] Matar para el consumo: *en el matadero sacrifican las reses con descargas eléctricas para evitar que sufran.* **3** [algo, a alguien] Perder una cosa para conseguir un fin: *el jugador de ajedrez sacrificó un caballo para comerse la reina contraria.* **- 4 sacrificarse** *prnl.* Conformarse o aguantarse con una cosa que no gusta: *la madre se sacrificó por sus cinco hijos; tendrás que sacrificarte por tu compañero y trabajar un poco más.* ⌂ Se conjuga como 1.

sa·cri·fi·cio |sakrifíθio| **1** *m.* Ofrecimiento a un dios en señal de *obediencia o para pedir su favor: *los griegos antiguos ofrecían sacrificios a los dioses en los templos paganos.* **2** Acción que desagrada o no se desea hacer, pero que se hace por obligación o necesidad: *levantarme tan temprano es un ~ para mí; son necesarios muchos sacrificios para alcanzar el éxito.* **3** Esfuerzo o dolor que se sufre por un ideal o un sentimiento: *ser madre supone mucho ~ por los hijos; los primeros cristianos soportaron sacrificios indescriptibles por su fe.* **4** REL. Acto de la misa en el que el sacerdote ofrece el cuerpo y sangre de Cristo en forma de pan y vino: *durante el ~, todos los fieles se arrodillaron y guardaron un respetuoso silencio.*

sa·cri·le·gio |sakriléxio| *m.* Falta de respeto hacia una persona, cosa o lugar *sagrados: *el sacerdote consideraba que entrar desnudo en una iglesia era un ~.*

sa·crí·le·⌐go, ⌐ga |sakríleγo, γa| **1** *adj.* Del *sacrilegio o que tiene relación con él: *el robo de un cáliz es considerado un acto ~.* **- 2** *adj.-s.* (persona) Que falta al respeto que se debe hacia una persona, cosa o lugar *sagrados: *antes se consideraban sacrílegas las mujeres que entraban en la iglesia sin velo.*

sa·cris·⌐tán, ⌐ta·na |sakristán, tána| *m. f.* Persona que se dedica a ayudar al sacerdote y a cuidar de los adornos y la limpieza de la iglesia: *el ~ tocó las campanas.*

sa·cris·tí·a |sakristía| *f.* Lugar en las iglesias donde se revisten los sacerdotes y donde están guardados los objetos que se usan en las ceremonias: *el padre salió hace un momento de la ~ y fue hacia aquella capilla.*

sa·⌐cro, ⌐cra |sákro, kra| **1** *adj. form.* Que está *consagrado o dedicado a Dios: *en este monasterio se oye música sacra todas las mañanas; la comitiva salió del recinto ~ en medio de una gran expectación.* ⇒ **sagrado.** ⇔ **profano. - 2 sacro** *adj.-m.* ANAT. (hueso) Que está situado en la parte inferior de la columna y tiene cinco *vértebras unidas entre sí: *el hueso ~ forma la pelvis; el ~ tiene forma de pirámide invertida.*

sa·cu·di·da |sakuðíða| *f.* Movimiento violento: *el mal estado de la vía del tren provoca algunas sacudidas en los vagones al pasar por ese tramo.*

sa·cu·dir |sakuðír| **1** *tr.* [algo, a alguien] Mover violentamente: *el niño sacudía el sonajero para que hiciese ruido.* **2** [algo] Golpear o agitar en el aire una cosa, generalmente para quitarle el polvo o la suciedad: *sacudió la alfombra por la ventana.* **3** *fam.* [a alguien] Golpear o dar golpes: *mi hermano mayor me ha sacudido porque no le he querido dejar mis juguetes.* **- 4 sacudirse** *prnl.* Apartar o rechazar: *¿cómo has logrado sacudirte a ese pesado?*

sá·di·⌐co, ⌐ca |sáðiko, ka| *adj.-s.* (persona) Que siente placer sexual causando daño o dolor físico a otra persona: *es un ~: le gusta azotar a su pareja cuando hace el amor.* ⇒ **masoquismo.**

sa·dis·mo |saðísmo| *m.* Práctica sexual en la que se experimenta placer causando daño o dolor físico a otra persona: *murió víctima de una horrible sesión de ~ a manos de un psicópata.* ⇒ **masoquismo.**

sa·e·ta |saéta| **1** *f. form.* Arma formada por una vara delgada y ligera, con punta afilada en uno de sus extremos, que se lanza o dispara con un arco: *Cupido clava saetas en el corazón de los mortales.* ⇒ **flecha. 2** Aguja que marca una cosa en un reloj u otro instrumento parecido: *las saetas del reloj del salón son de oro.* ⇒ **manecilla. 3** Canción corta de asunto religioso que se canta sin acompañamiento de instrumentos, especialmente en Semana

Santa: *una señora cantó una ~ a la Virgen al pasar la procesión por su balcón.*

sa·fa·ri |safári| ***m.*** *Marcha o viaje en el que se trata de cazar animales de gran tamaño, especialmente en África: *el cazador fue de ~ a Kenia;* ~ **fotográfico**, el que consiste en hacer fotografías de los animales en su ambiente natural: *la agencia de viajes ha organizado un ~ fotográfico.*

sa·ga |sáγa| **1** ***f.*** Texto que cuenta la historia de dos o más generaciones de una familia: *esa ~ cuenta la historia de una familia catalana.* **2** *p. ext.* Familia o grupo de personas con un rasgo en común: *es el último representante de una ~ de geniales actores.* **3** Poema que cuenta historias de los primitivos *héroes y *mitos de Escandinavia: *las colecciones de sagas escandinavas se llaman Edas.*

sa·ga·ci·dad |saγaθiðáᵈ| ***f.*** Cualidad de *sagaz: *su ~ lo llevó a sospechar que lo estaban engañando.*

sa·gaz |saγáθ| ***adj.*** (persona) Que es hábil e inteligente; que se da cuenta de lo que puede ocurrir: *mi compañero es muy ~: siempre sospecha lo que va a ocurrir.* ⇒ **astuto.**

sa·gra·⌐do, ⌐da |saγráðo, ða| **1** ***adj.*** Que está dedicado a Dios o a su adoración: *la iglesia es un lugar ~ y no se puede permitir que se entre sin el debido respeto.* **2** Que es *digno de adoración por tener alguna relación con Dios: *veneraban la imagen sagrada de San Martín.* **3** *fig.* Que merece adoración y respeto; que no puede recibir ninguna ofensa: *deja en paz a mi hermana, que para mí es sagrada.*

sa·gra·rio |saγrárjo| ***m.*** Lugar o mueble donde se guardan las *hostias *consagradas: *el ~ era de plata y ante él había dos velas encendidas.*

sa·ha·raui |saʰráui, saxaráui| ***adj.*** ⇒ **sahariano.**

sa·ha·ria·⌐no, ⌐na |saʰrjáno, na, saxarjáno, na| **1** ***adj.*** Del Sáhara o que tiene relación con el Sáhara: *organizaron una expedición por el desierto ~.* **- 2** ***m. f.*** Persona que ha nacido en el Sáhara: *a los saharianos también se los conoce como saharauis.* ⇒ **saharaui.**

sai·ne·te |sainéte| **1** ***m.*** Pieza teatral de humor formada por un solo acto: *los sainetes solían representarse en medio o al final de las funciones de teatro.* ⇒ **entremés. 2** Pieza teatral de uno o más actos y de carácter popular, que se representa como obra independiente: El santo de la Isidra *es un ~ escrito por Arniches.*

sa·jar |saxár| ***tr.*** MED. [algo] Cortar en la carne: *el cirujano ha sajado la zona afectada.*

sa·⌐jón, ⌐jo·na |saxón, xóna| **1** ***adj.*** De un antiguo pueblo *germánico que vivió en la *desembocadura del río Elba o que tiene relación con este pueblo: *el pueblo ~ fue sometido por Carlomagno.* **2** De Sajonia o que tiene relación con Sajonia: *la porcelana sajona es muy conocida.* **3** De la lengua del antiguo pueblo *germánico que vivió en la *desembocadura del río Elba, de una lengua derivada de ésta, o que tiene relación con ellas: *el alto ~ y el bajo ~ son variedades sajonas.* **- 4** ***m. f.*** Persona que procede de un antiguo pueblo *germánico que vivió en la *desembocadura del río Elba: *algunos sajones se establecieron en Inglaterra en el siglo V.* **5** Persona nacida en Sajonia: *los sajones han sido gobernados por duques y reyes.* **- 6 sajón** ***m.*** Conjunto de *dialectos *germánicos: *el ~ es la forma más antigua del bajo alemán.*

sal |sál| **1** ***f.*** Sustancia blanca, en forma de cristal, fácilmente *soluble en agua, que se usa para dar sabor a los alimentos: *échale un poco de ~ a la sopa, que está muy sosa; el bacalao se conserva con ~; si te bañas en el mar, luego tienes que ducharte para quitarte la ~ y la arena.* **2** *fig.* *Elegancia o facilidad en el movimiento: *tiene tanta ~ cuando anda, que todos se vuelven a mirarla.* ⇒ **gracia, salero. 3** Capacidad de pensar y hacer con facilidad cosas divertidas y graciosas: *tiene mucha ~ para contar historias.* **4** *fig.* Persona o cosa divertida, que rompe la seriedad o el aburrimiento: *tu marido es la ~ de la fiesta.* **5** QUÍM. Sustancia que se forma al reaccionar un ácido con una base: *el nitrato de plata es una ~.* **- 6 sales** ***f. pl.*** Sustancia con forma de cristal que se usa con un fin determinado: *le han hecho respirar unas sales para que recuperara el conocimiento;* **sales de baño**, la que se mezcla con el agua del baño para darle buen olor: *me relaja mucho meterme en la bañera con sales de baño.*

sa·la |sála| **1** ***f.*** Habitación principal de una casa, donde generalmente se reciben las visitas: *haga pasar a los señores a la ~ y ofrézcales algo de beber.* ⇒ **salón. 2** Conjunto de muebles de esa habitación: *he comprado toda la ~: la mesa, las sillas, el aparador y el tresillo.* ⇒ **salón. 3** Habitación de grandes dimensiones: *decoraron la ~ con sillones de piel.* **4** Habitación o espacio destinado a un uso determinado: *entraron en la ~ de masajes de la peluquería; el cirujano acudió a la ~ de operaciones; estuve en la ~ de máquinas del buque;* ~ **de estar**, la de una casa, en la que se pasa la mayor parte del tiempo libre: *estaban viendo el televisor en la ~ de estar.* **5** Habitación donde se reúne un tribunal de justicia para celebrar *audiencia: *en la celebración del juicio, no se permitió la entrada del público en la ~ por motivos de seguridad.* **6** Conjunto de *jueces que forman un tribunal: *los autores del crimen tuvieron que responder de su delito ante la ~.* **7** Local o establecimiento destinado a un espectáculo o a un servicio público: *al llegar nos hicieron pasar a la ~ de espera;* ~ **de fiestas**, establecimiento donde se puede bailar y consumir bebidas y en el que se suelen ofrecer espectáculos: *pasamos la noche del viernes en una ~ de fiestas.* **8** Conjunto de personas que está en ese local: *toda la ~ aplaudió al cantante.*

sa·la·⌐do, ⌐da |saláðo, ða| **1** ***adj.*** (alimento) Que tiene sal o más sal de la necesaria: *estas lentejas están un poco saladas; prefiero lo dulce a lo ~.* ⇔ **dulce, soso. 2** (persona) Que es agudo, vivo y tiene gracia: *Esteban es un chico muy ~, siempre está contando chistes.* ⇒ **chistoso, gracioso, saleroso.** ⇔ **soso. - 3 salado** ***m.*** Operación que consiste en poner sal a un alimento para su conservación: *esta factoría se dedica al ~ de pescados.* ⇒ **salazón.**

sa·la·man·dra |salamándra| **1** ***f.*** Anfibio de piel lisa, cola larga y color negro con grandes manchas amarillas: *las salamandras tienen en su piel glándulas* *venenosas; la ~ vive en lugares húmedos y se alimenta de insectos.* ☖ Para indicar el sexo se usa la ~ macho y la ~ hembra. **2** Animal imaginario que representa el espíritu del fuego: *mi abuelo cree que la ~ existe.*

sa·la·man·que·sa |salamaŋkésa| ***f.*** Reptil pequeño de cuerpo gris con cuatro patas de dedos anchos con los que se *agarra a las paredes, con la cola larga y que se alimenta de insectos: *¡qué susto! al levantar la piedra vi que debajo había una ~.* ☖ Para indicar el sexo se usa la ~ macho y la ~ hembra.

sa·lar |salár| **1 *tr.*** [algo] Echar en sal; curar con sal: *en los barcos antiguamente salaban la carne para que se conservara más tiempo.* **2** Echar sal: *¿has salado ya las lentejas?* ⇔ **desalar.**

sa·la·rial |salariál| ***adj.*** Del *salario o que tiene relación con él: *los trabajadores pedían un aumento ~.*

sa·la·rio |salário| ***m.*** Cantidad de dinero con la que se paga un servicio o un trabajo: *a final de mes, los trabajadores de la fábrica cobran su ~.* ⇒ **asignación, estipendio, paga, soldada, sueldo.**

sa·la·zón |salaθón| **1 *f.*** Operación que consiste en poner sal a un alimento para su conservación: *la ~ del pescado es un procedimiento muy antiguo.* ⇒ **salado. 2** Industria que se dedica a poner sal a los alimentos para su conservación: *la economía de este pueblo se basa en la ~ de carnes y pescados.* **- 3 salazones *pl.*** Conjunto de carnes y pescados a los que se ha puesto sal para su conservación: *mañana saldrán los camiones a repartir las salazones.*

sal·chi·cha |saltʃítʃa| ***f.*** *Embutido pequeño, de forma cilíndrica y alargada, hecho de carne de cerdo cruda y picada y con especias, que se fríe o *asa antes de comerlo: *hemos comido huevos con salchichas cocidas; he comprado en el mercado un paquete de salchichas.*

sal·chi·chón |saltʃitʃón| ***m.*** *Embutido curado, de forma cilíndrica y alargada, hecho con carne de cerdo picada y especias que se come frío sin necesidad de freírlo o *asarlo: *Miguel se está comiendo un bocadillo de ~; el ~ es un embutido de color rosado y blanco.*

sal·dar |saldár| **1 *tr.*** [algo] Pagar completamente una deuda o una cuenta: *ya he saldado todas las obligaciones que tenía con el banco; el prestamista le dijo que no quería volver a verlo hasta que saldara sus cuentas.* ⇒ **finiquitar, liquidar. 2** *fig.* Acabar una cosa: *el discurso del presidente saldó la asamblea.* ⇒ **finiquitar, liquidar. 3** Vender a un precio bajo una mercancía: *han saldado los artículos de la tienda de ropa porque van a cambiar de negocio.* ⇒ **liquidar.**

SALAMANDRA

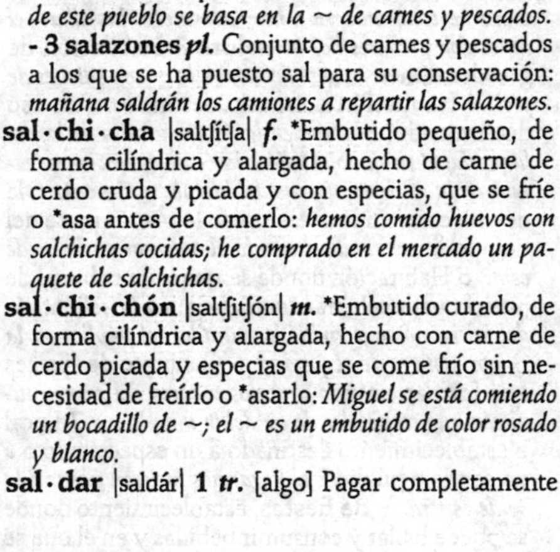

sal·do |sáldo| **1** Acción de vender una mercancía a un precio bajo: *van a hacer ~ en el supermercado dentro de una semana.* ⇒ **liquidación. 2** Conjunto de las mercancías de un comercio que se venden a un precio bajo: *no he encontrado en los saldos nada de lo que buscaba.* ☖ Se usa sobre todo en plural. **3** Estado de una cuenta corriente, en cuanto al dinero que hay en ella: *al hacer el balance del año me ha salido un ~ negativo.* **4** *fig.* Resultado final: *la vuelta de vacaciones ha terminado con un ~ de 20 muertos en las carreteras españolas.* **5** Pago completo de una deuda o de una cuenta: *en cuanto cobre, iré a hacer el ~ a todos mis acreedores.* ⇒ **liquidación.**

sa·le·ro |saléro| **1 *m.*** Recipiente que se usa para servir la sal en la mesa: *pásame el ~, por favor, que la sopa está un poco sosa.* **2** *fig.* *Elegancia o facilidad en el movimiento: *tiene mucho ~ y lo demuestra cuando baila.* ⇒ **gracia, sal.**

sa·le·ro·⌜so, ⌜sa |saleróso, sa| ***adj.-s.*** (persona) Que tiene gracia: *forman una pareja muy salerosa.* ⇒ **salado.**

sa·li·da |salíða| **1 *f.*** Paso de dentro a fuera: *abrieron las puertas y tuvo lugar la ~ de los toros a la plaza; siempre me encuentro con Ana a la ~ del trabajo.* ⇔ **entrada. 2** Acción de irse de un lugar: *la ~ del tren con destino a Cáceres tendrá lugar a las diez de la manaña; tuvimos muchos problemas en el momento de la ~.* ⇔ **llegada. 3** Parte por donde se sale fuera de un lugar: *la ~ de emergencia está al fondo de la sala.* ⇔ **entrada. 4** Lugar o punto en el que comienza una carrera en distintos deportes: *los atletas se han situado en la ~.* ⇔ **meta, llegada. 5** Aparición de un cuerpo celeste: *Felipe se levantó a la ~ del sol.* **6** *fig.* Solución; manera de superar un problema: *estamos en una situación que no tiene ~.* **7** Cosa que se dice o se hace en un momento determinado: *esta chica tiene unas salidas divertidísimas;* **~ de tono**, cosa que se dice o se hace y que no resulta conveniente: *su respuesta fue una ~ de tono, no era ni el lugar ni el momento para decir aquello.* **8** Acción y resultado de vender una mercancía: *este artículo tendrá poca ~ porque es muy poco práctico.*

sa·lien·te |saliénte| ***adj.-s.*** (parte de una cosa) Que sale: *el cerrojo tiene un ~ que encaja en la puerta; la aceptación estoica del destino es un rasgo ~ de la actidud hispánica ante la vida.*

sa·li·na |salína| **1 *f.*** Lugar donde se encuentra la sal de forma natural: *fueron a visitar las salinas de Cardona.* **2** Lago o *depósito poco profundo donde se forma la sal: *he visitado las salinas del sur de España.*

sa·li·ni·dad |saliniðáᵈ| ***f.*** Cualidad de *salino:

cuando se evapora una parte del agua del mar, aumenta su ~.

sa·li·⌐no, ⌐na |salíno, na| **1** ***adj.*** Que contiene sal: *el agua del mar es salina.* ⇒ **salobre. 2** Que tiene una característica que se considera propia de la sal: *las lágrimas tienen un sabor ~.*

sa·lir |salír| **1** ***intr.-prnl.*** [a algún lugar, de algún lugar] Pasar de dentro a fuera: *salgo de casa todos los días a las siete y veinte; sal al balcón; el agua se está saliendo de la cisterna.* **- 2** ***intr.*** Aparecer públicamente; poner en circulación: *el rey ha salido por la tele; ha salido un nuevo periódico.* **3** Aparecer; descubrirse o dejarse ver: *en esta época, el sol sale a las ocho de la mañana.* **4** Nacer; producirse: *ya empieza a ~ el trigo en los sembrados.* **5** Borrarse o desaparecer una mancha: *ha salido la mancha de tinta que tenía en la camisa.* **6** Ocurrir u ofrecerse: *me ha salido una oferta para trabajar en una importante editorial.* **7** Ser elegido o sacado, generalmente por *azar: *¿Qué número ha salido en la rifa?* **8** Tener resultado; terminar: *al final, todo salió mejor de lo que esperábamos.* **9** [a/hacia/de/para algún lugar] Partir o irse: *los reyes salieron de Madrid para Barcelona.* ⇒ **arrancar. 10** [con alguien] Ir a divertirse, especialmente cuando se hace con una sola persona: *todos los fines de semana salgo con mis amigos.* **11** [de algo] Librarse o escapar: *no voy a ~ de la pobreza nunca, si no cambio de empleo.* **12** [con algo] Decir o hacer una cosa que sorprende o no se espera: *después de tanto hablar, salió con que no había alternativa.* ⇒ **saltar. 13** [a algo] Costar; tener un valor determinado: *la carne de ternera sale a un precio más alto que la de cerdo.* **14** Corresponder una cantidad: *salimos a dos millones por socio.* **15** Ir al sitio adecuado para hacer una actividad, generalmente delante de un público: *salió a bailar; los espectadores pidieron que la actriz saliera otra vez a saludar.* **16** [a alguien] Tener parecido: *el niño ha salido a su madre.* **- 17 salirse** ***prnl.*** Pasar un líquido por encima del borde del recipiente que lo contiene al hervir: *vigila la leche para que no se salga.* **18** Apartarse; separarse; no cumplir o dejar: *don Emilio se salió de cura para casarse.* ■ **a lo que salga**, *fam.*, sin saber o sin importar el resultado: *no he estudiado nada, así que me presentaré al examen a lo que salga.* ■ **~ adelante**, llegar a buen fin; superar un problema: *a pesar del paro y la crisis económica, este país saldrá adelante.* ■ **~ pitando**, *fam.*, irse muy rápido o corriendo: *el conejo vio al perro y salió pitando.* ■ **salirse con la suya**, hacer su voluntad contra el deseo de los demás: *mi hermana se salió con la suya y fuimos a ver la película que ella quería.* ◯ Se conjuga como 84.

sa·li·tre |salítre| **1** ***m.*** Sustancia que contiene sal: *el ~ del mar erosiona los cascos de los barcos; eran tierras de ~ y no producían buenas cosechas.* **2** QUÍM. Sal de *nitrógeno y *potasio que se forma en el suelo por la descomposición de materias animales y vegetales: *el ~ se llama también* nitro.

sa·li·va |salíβa| ***f.*** Líquido transparente, parecido al agua pero más pegajoso, que se produce en la boca de las personas y otros animales y que ayuda a preparar los alimentos para su entrada en el estómago: *se mojaba los dedos con ~ para pasar las páginas del libro.* ■ **gastar ~**, *fam.*, hablar sin conseguir el fin deseado; hablar sin sentido: *no gastes ~, que no nos vas a convencer.*

sa·li·va·zo |saliβáθo| ***m.*** *Saliva que se echa de la boca con fuerza y de una vez: *el jugador fue expulsado por lanzar un ~ al contrario.* ⇒ **escupitajo.**

sal·man·ti·⌐no, ⌐na |salmantíno, na| **1** ***adj.*** De Salamanca o que tiene relación con Salamanca: *los toros salmantinos son muy bravos.* **- 2** ***m. f.*** Persona nacida en Salamanca o que vive habitualmente en Salamanca: *los salmantinos son vecinos de los extremeños.*

sal·mo |sálmo| ***m.*** Poema o canto dedicado a alabar a Dios: *los fieles cantan salmos en la misa.*

sal·món |salmón| **1** ***m.*** Pez comestible que vive cerca de las costas y sube por los ríos en el periodo de la cría: *los salmones nadan contra corriente; el ~ a la plancha es un plato exquisito.* ◯ Para indicar el sexo se usa el ~ macho y el ~ hembra. **- 2** ***adj.-m.*** (color) Que es entre rosa y naranja, como el de la carne de ese pez: *tiene una camisa ~ que va muy bien con esa chaqueta gris.*

sal·mo·ne·te |salmonéte| ***m.*** Pez marino comestible, de color rojo y con una especie de barbas en el labio inferior. ⇒ **barbo.** ◯ Para indicar el sexo se usa el ~ macho y el ~ hembra.

sal·mue·ra |salmuéra| ***f.*** Agua con mucha sal: *compró una lata de berberechos en ~.*

sa·lo·bre |salóβre| ***adj.*** Que contiene sal: *cerca del pueblo hay un manatial de agua ~.* ⇒ **salino.**

sa·lón |salón| **1** ***m.*** Habitación principal de una casa, generalmente más grande que una *sala, que se suele usar para recibir las visitas: *celebraron la fiesta en el ~.* ⇒ **sala. 2** Conjunto de muebles de esa habitación: *en la tienda de la esquina, venden un ~ muy barato.* ⇒ **sala. 3** Habitación donde se celebran actos públicos: *la reunión es en el ~ de actos de la escuela.* **4** Habitación donde se celebran las comidas importantes en un establecimiento hotelero: *el banquete de la boda es en el ~ del hotel.* **5** Establecimiento donde se proporcionan ciertos servicios al público: *entraron a merendar a un ~ de té; se conserva muy bien porque va todas las semanas al ~ de belleza.* **6** Establecimiento destinado a exponer productos para su *venta: *visitaron el ~ del automóvil porque querían comprar un coche nuevo.*

sal·pi·ca·de·ro |salpikaðéro| ***m.*** Tablero de mandos de un automóvil, situado delante del asiento del conductor: *el volante, el cuadro de luces y los indicadores están en el ~.*

SALMÓN

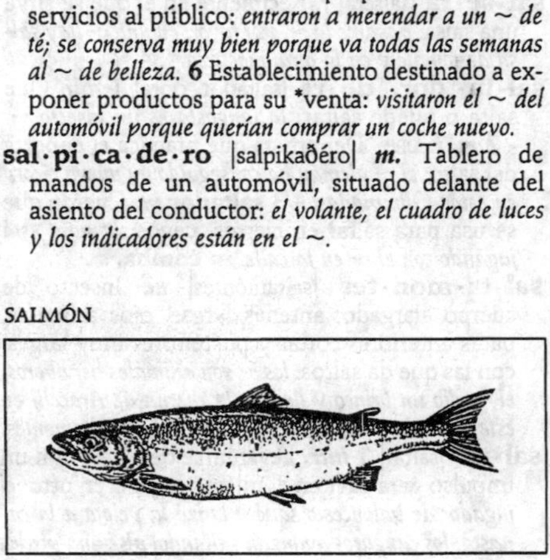

sal·pi·ca·du·ra |salpikaðúra| **1** ***f.*** Acción y resultado de *salpicar: *se ha ensuciado los pantalones con las salpicaduras de la lluvia.* **- 2 salpicaduras** ***f. pl.*** Resultado o efecto indirecto de un hecho: *las salpicaduras de la guerra han afectado a toda Europa.*

sal·pi·car |salpikár| **1** ***tr.-intr.*** [algo] Esparcir o saltar un líquido en forma de gotas pequeñas: *salpicó el aceite por la ensalada; la lluvia salpica.* **2** [algo, a alguien] Manchar o mojar con esas gotas: *un coche me ha salpicado de barro.* **- 3** ***tr.*** *fig.* [algo] Esparcir, tener o poner elementos sueltos por un lugar, una situación o una cosa: *siempre salpica de chistes la conversación; el valle está salpicado de árboles.* **4** [a alguien] Afectar o alcanzar: *la vergüenza de tu conducta ha salpicado a toda la familia.* ☖ Se conjuga como 1.

sal·pu·lli·do |salpuʎíðo| ***m.*** Conjunto de granos o manchas que salen en la piel: *esta crema le ha producido ~ al bebé.* ⇒ **sarpullido.** ☖ La Real Academia prefiere la forma *sarpullido.*

sal·sa |sálsa| **1** ***f.*** Sustancia líquida o espesa hecha con varios comestibles triturados y mezclados, que se usa para acompañar y dar sabor a las comidas: *ha preparado los cangrejos con una ~ riquísima; me gusta mojar pan en la ~; estas patatas van acompañadas de cuatro salsas diferentes;* ~ **mahonesa**, la que se hace mezclando huevo, aceite, vinagre o *limón y sal: *la ensaladilla rusa lleva ~ mahonesa.* ⇒ **mayonesa;** ~ **rosa**, la que se hace mezclando huevo, aceite, vinagre, sal, *tomate frito, especias y licor: *nos sirvieron los langostinos con ~ rosa;* ~ **verde**, la que se hace con *perejil, aceite, vinagre, sal y huevo, y se usa para acompañar pescados: *¿te apetece un poco de pescado con ~ verde?* **2** *fig.* Cosa que hace gracia o que anima: *los chistes son la ~ del espectáculo.* **3** Música viva y alegre típica de varios países del Caribe: *Maribel se puso a bailar al ritmo de la ~; en la ~ se mezclan ritmos africanos y latinos.* ■ **en su ~**, *fam.*, en un ambiente familiar y cómodo: *cuando va a la discoteca está en su ~.*

sal·se·ra |salséra| ***f.*** Recipiente en el que se sirve una salsa: *pásame la ~, por favor; en una ~ hay salsa de tomate y en la otra, mostaza.*

sal·ta·⌜dor, ⌜do·ra |saltaðór, ðóra| **1** ***adj.*** Que salta o puede saltar: *la langosta es un insecto ~.* **- 2** ***m. f.*** DEP. *Deportista que practica el deporte del salto: *el ~ alemán ha conseguido un nuevo récord en estas Olimpiadas.* **- 3 saltador** ***m.*** Cuerda que se usa para saltar en ciertos juegos: *la niña está jugando con el ~ en la calle.* ⇒ **comba.**

sal·ta·mon·tes |saltamóntes| ***m.*** Insecto de cuerpo alargado, antenas largas, ojos salientes, patas anteriores cortas y posteriores muy largas, con las que da saltos: *los ~ son animales hervíboros; el ~ dio un brinco y llegó a la pierna de Araceli; en este prado hay muchos ~.* ☖ El plural es *saltamontes.*

sal·tar |saltár| **1** ***intr.*** Levantarse del suelo con un impulso para caer en el mismo lugar o en otro: *el jugador de baloncesto saltó y lanzó la pelota a la canasta; los canguros avanzan saltando; pisé una piedra y una rana saltó.* ⇒ **brincar. 2** Tirarse desde una altura, generalmente para caer de pie: *el niño saltó del manzano al suelo; el nadador saltó desde un trampolín altísimo.* **3** Levantarse o desprenderse con un impulso fuerte: *el soldador se protege la cara de las chispas que saltan con una careta; saltó el tapón de la botella.* **4** Caer el agua de una corriente salvando un *desnivel: *en los ríos de montaña es frecuente ver ~ el agua.* **5** Romperse o explotar violentamente: *el camión que transportaba explosivos sufrió un accidente y saltó en mil pedazos.* **6** Dar muestras violentas de enfado: *no me gustó lo que estaban diciendo de mi hermana y salté.* **7** [con algo] Decir o hacer una cosa que sorprende o no se espera: *después de habérselo explicado dos veces, saltó con que no había entendido nada.* ⇒ **salir. - 8** ***tr.*** [algo] Pasar de un salto: *el caballo saltó la valla.* **- 9** ***tr.-prnl.*** Dejar sin hacer o terminar un proceso o acción: *como tenía poco tiempo, el profesor saltó los temas menos importantes; me salté ese ejercicio porque no sabía hacerlo.* **- 10 saltarse** ***prnl.*** Dejar de cumplir una ley o una norma: *las personas que se salten la normativa serán castigadas.*

sal·ta·⌜rín, ⌜ri·na |saltarín, rína| **1** ***adj.*** Que salta o baila: *el niño miraba la peonza saltarina.* **- 2** ***adj.-s.*** *fig.* (persona) Que es nervioso y tiene poco juicio: *el niño nos ha salido ~.*

sal·te·a·⌜dor, ⌜do·ra |salteaðór, ðóra| ***m. f.*** Ladrón que ataca y roba a las personas que van por el campo o por un camino: *cuentan la historia de un ~ que vivía en Sierra Morena.*

sal·te·ar |salteár| **1** ***tr.*** [algo] Cocinar ligeramente un alimento con aceite hirviendo: *he salteado la cebolla en la sartén.* **2** Hacer una cosa sin continuidad o sin seguir un orden: *has salteado los ejercicios, has hecho cuatro y has dejado cinco sin hacer.* **3** [a alguien] Atacar y robar a una persona que va por un camino: *los forajidos saltearon a los viajeros de la diligencia.* ⇒ **asaltar.**

sal·to |sálto| **1** ***m.*** Movimiento que consiste en levantarse del suelo con impulso para caer en el mismo lugar o en otro: *el perro dio un ~ y agarró con la boca el muslo de pollo.* ⇒ **brinco. 2** Movimiento que consiste en lanzarse desde un lugar alto, generalmente para caer de pie: *se bajó de la escalera dando un ~.* ⇒ **brinco. 3** Paso de un lugar a otro o de una parte a otra: *el narrador dio un ~ en la historia y me quedé sin saber lo que le pasaba al*

SALTAMONTES

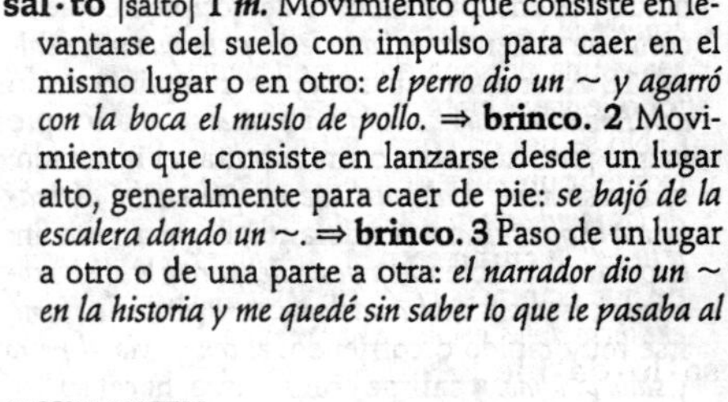

protagonista. **4** DEP. Ejercicio deportivo en el que se salta: ~ **con pértiga**, el que consiste en superar un *listón colocado a gran altura con ayuda de una *pértiga: *esta mañana se batió el récord de ~ con pértiga;* ~ **de altura**, el que consiste en superar un *listón colocado a cierta altura saltando por encima de él: *mi hermano ha sido el vencedor de la prueba de ~ de altura;* ~ **de longitud**, el que consiste en saltar la mayor distancia posible desde un punto determinado: *el atleta americano es el campeón de ~ de longitud;* ~ **mortal**, el que consiste en dar una vuelta en el aire: *el trapecista hizo un triple ~ mortal.* **5** Avance o progreso importante: *en este último año ha dado un ~ en su carrera profesional.* **6** GEOGR. Caída de agua en un terreno accidentado: *pasamos el fin de semana acampados cerca del ~ de agua.* ⇒ **cascada.** ■ **a ~ de mata**, *fam.*, pasando de una cosa a otra sin pensar lo que se hace: *no piensa en el futuro: vive a ~ de mata.* ■ ~ **de cama**, prenda de vestir femenina que se usa al *acostarse y al levantarse de la cama: *hace tanto frío en la casa que necesito ponerme el ~ de cama para ir de la habitación al cuarto de baño.*

sal·⌐tón, ⌐to·na |saltón, tóna| **1** ***adj.*** Que destaca más de lo normal; que parece que se sale de su sitio: *el violinista no era feo, pero tenía los ojos grandes y saltones; los sapos tienen los ojos saltones.* **2** Que salta mucho o camina dando saltos: *las pulgas son muy saltonas.*

sa·lu·bre |salúβre| ***adj.*** Que es bueno para la salud: *el agua de esta fuente es ~.* ⇔ **insalubre.**

sa·lu·bri·dad |saluβriðáᵈ| ***f.*** Cualidad de *salubre: *las autoridades deben garantizar la ~ del agua.* ⇔ **insalubridad.**

sa·lud |salúᵈ| **1** ***f.*** Estado del ser orgánico que se encuentra bien y que ejerce normalmente todas sus funciones: *me considero afortunado porque tengo ~.* **2** Estado físico de un ser orgánico: *Juan tiene serios problemas de ~.* **3** Estado o funcionamiento bueno de una cosa: *nuestros negocios tienen una ~ estupenda.* **- 4** ***interj.*** Expresión con la que se desea a una persona que se encuentre bien y que todo le vaya bien: *~, os deseo que todo siga bien.* ⌂ No se usa en plural. ■ **beber/brindar a la ~**, expresar un buen deseo al beber: *bebieron a la ~ de los familiares ausentes; alzó su copa y dijo: "brindo a tu ~".* ■ **curarse en ~**, prevenir un daño antes de que ocurra: *es mejor que te cures en ~ y consigas el dinero antes de que te lo exijan.*

sa·lu·da·ble |saluðáβle| **1** ***adj.*** Que sirve para conservar o recuperar la salud física: *el aire de la sierra es muy ~.* ⇒ **sano. 2** (persona) Que tiene buena salud: *nunca se pone enfermo, es muy ~.* **3** *fig.* Que es útil para un fin: *tomó unas medidas muy saludables para nuestra economía.*

sa·lu·dar |saluðár| **1** ***tr.*** [a alguien] Usar una expresión o un gesto al encontrarse con una persona, como muestra de afecto y *cortesía: *saludó a su vecino diciéndole «buenos días»; el soldado debe ~ al oficial al cruzarse con él.* ⇔ **despedir. 2** Enviar saludos o recuerdos: *saluda a tus padres de mi parte.*

sa·lu·do |salúðo| ***m.*** Expresión o gesto que usan dos personas cuando se encuentran, como muestra de afecto y *cortesía: *le dio un beso a modo de ~; le envío saludos.* ⇒ **despedida, salutación.**

sa·lu·ta·ción |salutaθión| ***f.*** Acción y resultado de saludar: *llegué a tiempo al acto de ~.* ⇒ **saludo.**

sal·va |sálβa| ***f.*** Disparo que se hace en señal de saludo o como honor: *el desfile comenzó con veintiuna salvas de honor.*

sal·va·ción |salβaθión| **1** ***f.*** REL. *Obtención del estado del que se encuentra en el Cielo cerca de Dios: *sus parientes piden una oración por la ~ de su alma.* **2** Solución de un problema grave; *liberación de un peligro: *la ayuda de tu hermano ha sido nuestra ~; la ~ llegó cuando nos prestaron el dinero.*

sal·va·do |salβáðo| ***m.*** Cáscara del grano del cereal que se separa de él cuando se muele: *el pan integral se hace con harina de la que no se ha separado el ~.*

sal·va·⌐dor, ⌐do·ra |salβaðór, ðóra| ***adj.-s.*** (persona) Que salva a otra persona: *aquel bombero fue nuestro ~ porque nos sacó de la casa en llamas.*

sal·va·do·re·⌐ño, ⌐ña |salβaðoréɲo, ɲa| **1** ***adj.*** De El Salvador o que tiene relación con El Salvador: *la artesanía salvadoreña es muy vistosa.* **- 2** ***m. f.*** Persona nacida en El Salvador o que vive habitualmente en El Salvador: *han adoptado a un niño ~.*

sal·va·guar·da |salβaɣuárða| ***f.*** ⇒ **salvaguardia.**

sal·va·guar·dar |salβaɣuarðár| ***tr.*** [algo, a alguien] Defender o proteger: *las autoridades deben ~ los derechos de los ciudadanos.*

sal·va·guar·dia |salβaɣuárðia| ***f.*** Defensa o protección: *la justicia forma parte de la ~ de la democracia.* ⇒ **salvaguarda.**

sal·va·ja·da |salβaxáða| ***f.*** Obra o dicho que se considera propio de un salvaje: *dar una patada a un perro es una ~.* ⇒ **animalada.**

sal·va·je |salβáxe| **1** ***adj.*** (animal) Que no es doméstico: *todavía quedan caballos salvajes en algunas zonas; las panteras son animales salvajes.* **2** (planta) Que no está cultivado; que es silvestre: *la hiedra ~ crece entre las piedras de la vieja mansión abandonada.* **3** Que es cruel y violento: *el asesino cometía actos salvajes con sus víctimas.* ⇒ **energúmeno. 4** (terreno) Que no ha sido transformado por el hombre: *el paisaje aquí es ~.* **5** Que no se puede controlar ni detener: *sintió una pasión ~ por aquella muchacha.* **- 6** ***adj.-com.*** (persona) Que no está *civilizado y mantiene formas de vida primitivas: *el antropólogo estudió una tribu ~ del Amazonas; vi una película de un niño inglés perdido en la selva que fue criado por unos salvajes.* **7** Que no está educado o no se sujeta a las normas sociales: *es una niña muy ~ y siempre crea problemas a los profesores.*

sal·va·man·te·les |salβamantéles| ***m.*** Pieza que se pone en la mesa debajo de los recipientes que están muy calientes para proteger la mesa o el *mantel: *pon el ~ debajo de la cacerola porque si no se estropeará la mesa.* ⌂ El plural es *salvamanteles.*

sal·va·men·to |salβaménto| ***m.*** Acción y resultado de salvar o salvarse: *dos equipos de bomberos intervinieron en el ~ de las personas atrapadas en el edificio.*

sal·var |salβár| **1** ***tr.-prnl.*** [algo, a alguien] Solucionar un problema; librar de un peligro: *el socorrista salvó al niño que se estaba ahogando; este préstamo nos salvará de la ruina; los excursionistas perdidos se salvaron de morir congelados refugiándose en una cueva.* **2** [a alguien] Llevar o llegar cerca de Dios; perdonar o recibir el perdón por los *pecados: *Jesús vino para ~ a los hombres; don Juan Tenorio se salvó por la intercesión de doña Inés.* **- 3** ***tr.*** [algo] Evitar o superar: *si conseguimos ~ este inconveniente, lo demás será muy fácil.* **4** Dejar aparte; no tener en cuenta: *se puede comparar a Balzac con Galdós, salvando las distancias.* **5** Recorrer una distancia: *salvaron los dos kilómetros entre el bosque y el pueblo en una hora.* **6** *fam.* Grabar o guardar una información: *antes de salir, el programa de ordenador pregunta si deseas ~ el documento en el que estabas trabajando.* ■ **sálvese el que pueda**, expresión que se usa cuando no se puede vencer un peligro o un problema y se permite que cada uno haga lo posible por evitarlo: *mientras el barco se hundía, los marineros gritaban: ¡sálvese el que pueda!*

sal·va·vi·das |salβaβíðas| **1** ***m.*** Objeto circular que flota y es capaz de mantener a flote a una persona: *al caer al agua le echaron un ~.* **- 2** ***adj.*** Que flota y sirve para mantener a flote a una o más personas: *los tripulantes del barco salieron en un bote ~ cuando aquél naufragó; la azafata nos enseñó a ponernos el chaleco ~.* ☖ El plural es *salvavidas.*

sal·ve·dad |salβeðáð| ***f.*** *Excepción de una cosa: *todos han aprobado, con la ~ de los que no han asistido a clase regularmente.*

sal·ˀvo, ˀva |sálβo, βa| **1** ***adj.*** Que no ha recibido daño físico; que se ha librado de un peligro: *los cuatro ocupantes salieron sanos y salvos del vehículo accidentado.* ⇒ **ileso, sano. - 2 salvo** ***adv.*** *Excepto; fuera de: *vinieron todos ~ Pedro; he estudiado todo el libro ~ el último capítulo.*

sal·vo·con·duc·to |salβokondúkto| **1** ***m.*** Documento extendido por una autoridad en el que figura un permiso para poder viajar sin peligro por un lugar determinado: *para poder visitar el interior del país, el periodista llevaba un ~ expedido en la embajada.* **2** *fig.* Libertad para hacer una cosa sin temer un castigo: *el jefe le dio ~ para negociar con los representantes.*

sam·ba |sámba| **1** ***f.*** Baile de ritmo alegre y rápido típico de Brasil, que procede de África: *aquella muchacha baila la ~ estupendamente.* **2** Música y canto de ese baile: *todos se pusieron a bailar al son de la ~.*

san |san| ***adj.*** Apócope de *santo*: *~ Isidro es el patrón de Madrid.* ☖ Sólo se utiliza con nombres masculinos.

sa·nar |sanár| **1** ***intr.*** Recuperar la salud: *el enfermo permanecerá en el hospital hasta que sane.* ⇔ **enfermar. - 2** ***tr.*** [algo, a alguien] Hacer recuperar la salud: *este médico consiguió sanarme en pocos días; el desinfectante ha sanado la herida.*

sa·na·to·rio |sanatórjo| ***m.*** Establecimiento con camas, personas y medios para que los enfermos o heridos reciban atención médica: *Alejandro lleva cinco días ingresado en un ~; en el ~ te curarán.* ⇒ **hospital.**

san·ción |sanθión| **1** ***f.*** Pena que la ley establece para el que no la cumple: *le han impuesto una ~ por superar el límite de velocidad.* ⇒ **multa. 2** *form.* Autorización o aprobación: *estas normas deben recibir la ~ del alcalde.*

san·cio·nar |sanθionár| **1** ***tr.*** [algo, a alguien] Castigar o poner una pena: *las autoridades municipales sancionaron al dueño del establecimiento con seis meses de suspensión de la licencia.* ⇒ **multar. 2** [algo] Autorizar o aprobar un acto, uso o costumbre: *el alcalde acabó por ~ la fiesta del Carnaval.* **3** Dar fuerza o carácter de ley: *el rey sancionó la ley, la promulgó y posteriormente ordenó su publicación.*

san·da·lia |sandália| **1** ***f.*** Calzado formado por una *suela que se asegura al pie con correas o cuerdas: *Jesucristo calzaba sandalias.* **2** *p. ext.* Zapato ligero y muy abierto que se usa en tiempo de calor: *lleva unas sandalias para ir a la playa.*

san·dez |sandéθ| ***f.*** Obra o dicho torpe o poco adecuado: *ese tío es tonto, no dice más que sandeces.* ⇒ **chorrada, majadería, necedad.** ☖ El plural es *sandeces.*

san·dí·a |sandía| **1** ***f.*** Fruto comestible, redondo y de gran tamaño, con una corteza verde muy dura y con una carne roja, jugosa y dulce, llena de semillas negras: *la ~ se come en verano; ¿prefieres ~ o melón?* ⇒ **melón. 2** Planta que produce ese fruto: *ha ido a regar las sandías; tengo una plantación de sandías.*

sánd·wich |sánduitʃ, sáŋguitʃ| ***m.*** Conjunto de dos rebanadas de pan, entre las cuales se pone un alimento: *a media tarde me tomo un ~ de jamón y queso y así aguanto hasta la hora de cenar.* ⇒ **emparedado.** ☖ Esta palabra procede del inglés. El plural es *sándwiches.*

sa·ne·a·mien·to |saneamiénto| **1** ***m.*** Acción y resultado de *sanear: *ha sido necesario el ~ de las piezas dentales.* **2** Conjunto de obras, técnicas o medios que sirven para establecer, mejorar o mantener las condiciones de salud de las poblaciones o edificios: *se ha realizado el ~ de los edificios antiguos de la ciudad.*

sa·ne·ar |saneár| **1** ***tr.*** [algo] Dar condiciones de *sanidad a un terreno o edificio: *sanearon las dependencias de la compañía el año pasado.* **2** Hacer que la economía o los bienes den ganancias: *han saneado la empresa antes de venderla.* **3** Arreglar o poner remedio a una cosa: *el gobierno está intentando ~ los problemas de la seguridad social.*

san·grar |saŋgrár| **1** ***intr.-prnl.*** Echar sangre: *se había caído y le sangraba la rodilla.* **- 2** ***tr.*** [algo, a alguien] Quitar sangre a un hombre o a un animal abriéndole una *vena: *afortunadamente, ya no se sangra a los enfermos.* **3** *fam.* Quitar una cantidad de dinero o de bienes poco a poco: *lleva muchos años sangrando a su padre.* **4** [algo] Empezar una línea de texto más hacia dentro que las demás: *no te olvides de ~ el primer renglón del párrafo.*

san·gre |sáŋgre| **1** ***f.*** Líquido rojo que recorre el cuerpo de las personas y los animales impulsado por el corazón: *me hice una herida en el dedo y me salió mucha ~; a través de la ~ llega oxígeno a las células.* **2** Familia o clase a la que pertenece por nacimiento una persona: *el príncipe debe elegir una esposa de ~ real;* ~ **azul**, origen o procedencia noble: *la princesa del cuento era de ~ azul.* ■ **a ~ fría**, de un modo frío, pensado y calculado; sin rabia ni pasión: *el asesino mató a la víctima a ~ fría, planeando todos los detalles con cuidado.* ■ **correr ~**, haber heridos en una lucha: *regañaron, pero no llegó a correr ~.* ■ **chupar la ~**, *fam.*, abusar, especialmente del dinero o trabajo de una persona: *me despedí de aquella fábrica porque nos chupaban la ~ exigiéndonos que trabajásemos 10 horas al día.* ■ **de ~ caliente**, (animal) que tiene una temperatura del cuerpo que no depende de la del ambiente: *los perros son animales de ~ caliente.* ■ **de ~ fría**, (animal) que tiene una temperatura del cuerpo que depende de la del ambiente: *los reptiles son animales de ~ fría y pasan el invierno en letargo.* ■ **llevar en la ~**, tener de nacimiento por haberlo heredado de la familia: *lleva en la ~ la facilidad para tocar el piano, igual que su padre.* ■ **mala ~**, *fam.*, carácter malo y cruel: *tiene muy mala ~, trata muy mal a los que no pueden defenderse.* ■ **no llegará la ~ al río**, *fam.*, expresión que indica que la situación no es tan grave como parece: *dicen que van a echar de casa a su hijo, pero no llegará la ~ al río.* ■ **no tener ~ en las venas**, *fam.*, tener un carácter excesivamente tranquilo y frío y no mostrar los sentimientos: *no te conmueves con las imágenes de la guerra, ¿es que no tienes ~ en las venas?* ■ **~ de horchata**, *fam.*, carácter excesivamente tranquilo y frío y que no muestra los sentimientos: *tiene la ~ de horchata, no se altera ni en las situaciones más peligrosas.* ■ **~ fría**, tranquilidad de ánimo: *en el accidente logró salvar a todos gracias a su ~ fría.* ■ **subirse la ~ a la cabeza**, *fam.*, perder la tranquilidad; dar muestras de enfado: *se me subió la ~ a la cabeza y me puse a insultarle.* ■ **sudar ~**, *fam.*, hacer un gran esfuerzo o trabajar mucho: *para sacar adelante el negocio tuvimos que sudar ~.*

san·grí·a |saŋgría| **1** ***f.*** Bebida hecha con agua, *limonada, vino, azúcar y trozos de frutas: *he puesto a la ~ trozos de pera y de manzana; la ~ se hace con vino tinto y canela.* ⇒ **limonada. 2** Corte o *rotura de una *vena que se hace para que salga una determinada cantidad de sangre: *antiguamente se aplicaban sanguijuelas a los enfermos y se les hacían sangrías.* **3** Salida o pérdida abundante de sangre: *el tiroteo acabó en una terrible ~.* **4** *fig.* Pérdida o gasto de un bien, especialmente de dinero, que se hace poco a poco y sin que se note: *las continuas ayudas económicas a las compañías públicas deficitarias suponen una ~ para el contribuyente.* **5** Comienzo de una línea de escritura más a la derecha que las demás: *cuando se empieza a escribir un párrafo se debe hacer una ~.* **6** Corte que se hace en el tronco de un árbol para que salga la resina: *necesitaban resina y le hicieron una ~ al pino.*

san·grien·⌈to, ⌈ta |saŋgriénto, ta| **1** ***adj.*** Que echa sangre: *tiene una herida sangrienta en la cabeza.* **2** Que está manchado de sangre o mezclado con ella: *la policía encontró un cuchillo ~ entre los matorrales.* ⇒ **sanguinolento. 3** Que es cruel y violento: *odio las películas sangrientas en las que no hacen más que matar.* ⇒ **cruento, feroz, sanguinario.** ⇔ **incruento.**

san·gui·jue·la |saŋgixuéla| **1** ***f.*** Gusano parásito de boca chupadora, que vive en las aguas dulces y se alimenta de sangre: *en la película* La Reina de África*, un montón de sanguijuelas se pegaban al protagonista cuando arrastraba el barco por el río.* **2** *fig.* Persona que consigue dinero de otra poco a poco: *¿no te das cuenta de que ese amigo tuyo es una ~?*

san·gui·na·⌈rio, ⌈ria |saŋginário, ria| ***adj.*** Que es cruel y violento: *un ~ asesino mató a la pobre anciana.* ⇒ **feroz, sangriento.**

san·guí·ne·⌈o, ⌈a |saŋgíneo, a| **1** ***adj.*** De la sangre o que tiene relación con ella: *le van a hacer un análisis ~.* **2** Que contiene sangre o abunda en ella: *el hígado es una víscera sanguínea.*

san·gui·no·len·⌈to, ⌈ta |saŋginolénto, ta| **1** ***adj.*** Que está manchado de sangre o mezclado con ella: *recogió del suelo unas tijeras sanguinolentas.* ⇒ **sangriento. 2** Que deja ver la sangre interior: *he amanecido con el ojo derecho ~.*

sa·ni·dad |saniðáᵈ| ***f.*** Conjunto de servicios organizados para cuidar de la salud pública de una comunidad: *la ~ pública atiende a la mayoría de los ciudadanos.*

sa·ni·ta·⌈rio, ⌈ria |sanitário, ria| **1** ***adj.*** De la *sanidad o la salud o que tiene relación con ellas: *en la elaboración de este producto, se siguen unas severas normas sanitarias.* **- 2** ***m. f.*** Persona que trabaja en los servicios de *sanidad: *llamaron a dos sanitarios para que ayudasen al médico.* **- 3 sanitarios** ***m. pl.*** Conjunto de aparatos de *higiene que están en el cuarto de baño: *los albañiles acaban de instalar los sanitarios; los sanitarios de mi cuarto de baño son de color rosa.*

sa·⌈no, ⌈na |sáno, na| **1** ***adj.*** (ser vivo, órgano) Que se encuentra físicamente bien y que ejerce normalmente todas sus funciones; que goza de perfecta salud: *aunque estés ~, debes ir al médico y hacerte una revisión; tienes los pulmones muy sanos.* ⇒ **ileso, salvo. 2** Que sirve para conservar o recuperar la salud física: *hacer deporte es muy ~.* ⇒ **saludable.** ⇔ **insano. 3** *fig.* Que está entero; que no está roto: *después del accidente no le quedó ni un hueso ~; te devuelvo tu coche ~ y salvo.* **4** *fig.* Que es sincero y tiene buena intención: *me alegra que seas amigo de Juan porque es un chico muy ~.* ⇔ **insano.**

san·se·a·ca·bó |sanseakaβó| **1** ***m.*** Acción última o definitiva; acción que no se puede superar en calidad o intensidad: *cuando salga al escenario la protagonista, los aplausos van a ser el ~.* **- 2** ***interj.*** Expresión que indica que un asunto o una acción se da por terminado: *he dicho que salgas y ~.*

san·tan·de·ri·⌐no, ⌐na |santanderíno, na| **1** ***adj.*** De Santander o que tiene relación con Santander: *la ganadería santanderina es muy productiva.* **- 2** ***m. f.*** Persona nacida en Santander o que vive habitualmente en Santander: *hay santanderinos en España y en América.*

san·tia·mén |santiamén| ■ **en un ~**, en un momento; en muy poco tiempo: *no te preocupes por eso: lo arreglaremos en un ~.*

san·ti·dad |santiðáᵈ| **1** ***f.*** Cualidad de santo: *este sacerdote siempre ha llevado una vida de ~.* **2** Forma de tratamiento que se usa con el Papa y que indica respeto: *Su Santidad visitará Santiago de Compostela el año próximo.* ☖ En esta acepción se escribe con mayúscula.

san·ti·fi·car |santifikár| **1** ***tr.-prnl.*** REL. [a alguien] Hacer santo: *dos siglos después de su muerte, santificaron a la joven que murió martirizada.* **- 2** ***tr.*** [algo] Dedicar u ofrecer a Dios: *la Iglesia manda ~ las fiestas.* **3** [algo, a alguien] Reconocer el honor y la *santidad; adorar: *Padre nuestro que estás en el cielo, santificado sea tu nombre.* ☖ Se conjuga como 1.

san·ti·guar |santiɣuár| **1** ***tr.-prnl.*** [a alguien] Hacer la señal de la cruz con la mano, desde la frente al pecho y desde el hombro izquierdo al derecho: *el sacerdote bendijo a los fieles y ellos se santiguaron; la madre santiguó al niño al acostarlo.* ⇒ **persignar. - 2 santiguarse** ***prnl. fig.*** Sorprenderse mucho: *la señora se santiguaba al enterarse de quién estaba con su hija.* ☖ Se conjuga como 10.

san· to, ⌐ta |sánto, ta| **1** ***adj.-s.*** (persona) Que ha sido *canonizada por la Iglesia y recibe *culto por haber sido muy bueno en vida o por haber recibido una gracia especial de Dios: *Santa Eulalia murió mártir.* ⇒ **san.** ☖ En masculino y cuando va delante del nombre propio, se usa generalmente el apócope *san*, excepto cuando va delante de *Tomás, Tomé, Toribio* y *Domingo.* **2** (persona) Que es muy bueno; que tiene virtudes especialmente *notables: *mi madre es una santa; don José era un ~ varón que dedicó toda su vida al cuidado de los niños huérfanos.* **- 3** ***adj.*** Que está dedicado a Dios o a la religión: *las monjas han optado por la vida santa; dieron sepultura al anciano en tierra santa.* **4** REL. (día, semana) Que sigue al *domingo de Ramos: *el Viernes Santo se recuerda la muerte de Jesucristo.* **5** *Intensifica el valor del sustantivo que va detrás: *no hay camas, así que tendremos que dormir en el ~ suelo; te estuvimos esperando todo el ~ día.* ☖ Se usa delante de un sustantivo. **- 6 santo** ***m.*** Imagen de una persona *canonizada por la Iglesia: *en las iglesias suele haber santos.* **7** *fam.* Dibujo o imagen, generalmente en un libro o impreso: *a los niños les gustan los libros con muchos santos.* **8** Fiesta de una persona que se celebra el día dedicado a una persona *canonizada por la Iglesia cuyo nombre coincide con el suyo: *el 28 de enero es el ~ de Tomás.* ⇒ **día.** ■ **a ~ de qué**, con qué razón; a fin de qué: *¿a ~ de qué tienes tú que decir a todo el mundo que no podemos pagar el piso?; ¿que yo tengo que ir a limpiar tu casa?, ¿a ~ de qué?* ■ **irse el ~ al cielo**, *fam.*, olvidar lo que se va a decir o lo que se tiene que hacer: *salí de casa para comprar el pan, pero me encontré con unos amigos y se me fue el ~ al cielo.* ■ **llegar y besar el ~**, conseguir lo que se quiere en el primer intento: *tuvo mucha suerte para encontrar su primer trabajo: fue llegar y besar el ~.* ■ **no ser ~ de mi devoción**, *fam.*, desagradar; no ofrecer confianza: *no quiero ir a comer a casa de ese señor porque no es ~ de mi devoción.* ☖ También se usa con otros pronombres: *no es ~ de tu/su/nuestra devoción.* ■ **¡por todos los santos!**, expresión de sorpresa o protesta: *¡por todos los santos!, ¡cómo te han puesto la cara!* ■ **quedarse para vestir santos**, *fam.*, no casarse: *si no tienes una relación seria con ese chico, te vas a quedar para vestir santos.*

san·tón |santón| ***m.*** Persona que lleva una vida religiosa y de sacrificio, especialmente entre los mahometanos: *la gente acudía a hacer oración junto a un ~.*

san·to·ral |santorál| **1** ***m.*** Libro que contiene las vidas de los santos: *he comprado un ~ para leer la vida de San Francisco.* **2** Lista de los santos cuya fiesta se celebra en cada uno de los días del año: *cuando nació su hijo, consultaron el ~ para ponerle el nombre del santo del día.*

san·tua·rio |santuário| **1** ***m.*** Iglesia o lugar en el que se adora la imagen o un objeto de un santo, un dios o un espíritu de los muertos o de la naturaleza: *en lo alto de la colina hay un ~ que atienden unos monjes; los malagueños acompañarán a la imagen de la Virgen de la Victoria en su recorrido hasta el ~.* **2** *fig.* Lugar que se usa para tener protección; lugar seguro: *ese barrio es el ~ de los ladrones.* **3** *fig.* Lugar que se defiende a toda costa: *el cajón de su mesilla es el ~ donde guarda todos los recuerdos.*

sa·ña |sáɲa| **1** ***f.*** Enfado muy grande y violento: *se sintió ofendido y atacó a su ofensor con ~.* ⇒ **rabia. 2** Sentimiento de odio; mala intención: *criticó con ~ a su oponente.*

sa·ñu·⌐do, ⌐da |saɲúðo, ða| ***adj.*** Que tiene o se hace con *saña: *su reacción ha sido sañuda e injusta.*

sa·pien·cia |sapiénθia| **1** ***f.*** Capacidad de pensar y de considerar las situaciones y circunstancias, distinguiendo lo positivo de lo negativo: *acaba de demostrar toda su ~.* ⇒ **sabiduría. 2** Conocimiento profundo en ciencias, letras o artes: *los grandes profesores se distinguen por su ~.* ⇒ **sabiduría.**

sa·po |sápo| ***m.*** Animal vertebrado anfibio, parecido a la *rana, pero de cuerpo más grueso: *el ~ estaba encima de una piedra al borde del camino.* ⇒ **rana.**

sa·que |sáke| **1** ***m.*** DEP. Impulso que se da a la pelota para ponerla en movimiento y comenzar una jugada: *el delantero que hizo el ~ de esquina acababa de entrar en el terreno de juego.* ⇒ **servicio; ~ de esquina**, DEP., el que se da desde una de las esquinas de un terreno de juego para hacer llegar la pelota cerca de la *portería: *el equipo visitante hizo diez saques de esquina durante el partido.* ⇒ **córner; ~ de honor**, DEP., acción de poner en movimiento la pelota de un juego por una autoridad o una persona famosa: *en el partido del domingo, el ~ de honor lo hará el alcalde.* **2** *fam.* Capacidad para comer o beber mucho: *mi amigo tiene buen ~ y es capaz de comerse dos tartas.*

sa·que·ar |sakeár| **1** ***tr.*** [algo] Robar violentamente las cosas de un lugar que se ha dominado: *los vikingos saqueaban los pueblos costeros; los soldados saquearon la casa del alcalde.* **2** *fig.* Robar o coger todo o casi todo lo que hay en un lugar: *va a casa de sus padres sólo a ~ la nevera.*

sa·que·o |sakéo| ***m.*** Acción y resultado de *saquear: *tras el ~ del banco, los ladrones consiguieron huir.*

sa·ram·pión |sarampión| ***m.*** Enfermedad contagiosa caracterizada por la aparición de muchos granos rojos en la piel: *tiene la cara y los brazos llenos de manchitas a causa del ~; la niña no puede ir al colegio porque tiene ~.*

sa·ra·o |saráo| **1** ***m.*** Fiesta nocturna con baile y música: *invitaron a sus amigos americanos a un ~ y lo pasaron muy bien.* **2** *fam.* Situación en la que hay ruido y falta de orden: *¡vaya ~ se montó en el bar cuando empezaron a pelearse!*

sar·cas·mo |sarkásmo| ***m.*** Dicho irónico y cruel con que indirectamente se molesta o insulta: *estoy harto de tus sarcasmos, así que, si quieres decirme algo, dímelo claramente.* ⇒ **ironía.**

sar·cás·ti·⌜co, ⌜ca |sarkástiko, ka| **1** ***adj.*** Del *sarcasmo o que tiene relación con él: *se cuentan muchas historias sarcásticas sobre ese ministro.* **2** (persona) Que *acostumbra usar el *sarcasmo: *mi padre es muy ~: siempre utiliza palabras amables para reñirnos.*

sar·có·fa·go |sarkófaɣo| ***m.*** Obra, generalmente de piedra, que se construye levantada del suelo y que sirve para guardar el cuerpo muerto de una persona: *en el museo se expone un ~ del siglo* III *procedente de una necrópolis romano-cristiana.* ⇒ **mausoleo, panteón, sepulcro, sepultura, tumba.**

sar·da·na |sarðána| **1** ***f.*** Baile popular de Cataluña que se baila en grupo, con todos los participantes cogidos de las manos: *hicieron un gran corro para bailar una ~.* **2** Música de ese baile: *la orquesta interpretó varias sardanas.*

sar·di·na |sarðína| ***f.*** Pez marino comestible de color azul por encima y *plateado en los lados y el vientre: *hay grandes bancos de sardinas en el Atlántico; abre una lata de sardinas en aceite; hemos comido sardinas a la plancha.* ☖ Para indicar el sexo se usa la ~ macho y la ~ hembra. ■ **como sardinas/como sardinas en lata**, *fam.*, muy apretados: *había tanta gente en el tren que íbamos como sardinas en lata.* ⇒ **piojo.**

sar·gen·to |sarxénto| **1** ***m.*** Miembro del ejército de categoría inmediatamente superior a la de *cabo: *el ~ manda un pelotón de soldados;* **~ primera**, el que tiene una categoría inmediatamente superior a la de sargento: *cuando entró el ~ primera en el despacho, el cabo se puso en pie.* **2** *fam. desp. fig.* Persona *autoritaria y de *modales *bruscos: *es un ~: siempre viene dando voces y humillando a los demás.*

sar·mien·to |sarmiénto| **1** ***m.*** Tallo largo, delgado, flexible y nudoso, del que salen las hojas y los *racimos de uva: *los sarmientos de la parra trepan por la pared; quemaron los sarmientos secos.* **2** *p. ext.* Tallo largo y nudoso, capaz de enrollarse o enroscarse: *la enredadera cubría la ventana con sus sarmientos salvajes.*

sar·na |sárna| ***f.*** Enfermedad contagiosa de la piel, producida por un parásito que se introduce debajo de la piel y que se alimenta de las células superficiales: *el síntoma más conocido de la ~ es el picor.*

sar·no·⌜so, ⌜sa |sarnóso, sa| ***adj.-s.*** Que tiene *sarna: *este perro está ~: no para de rascarse.*

sar·pu·lli·do |sarpuʎíðo| ***m.*** Conjunto de granos o manchas que salen en la piel: *al niño le ha salido un ~ en la cara.* ⇒ **salpullido.**

sa·rro |sáro| **1** ***m.*** Sustancia de color amarillo que forma una capa que cubre los dientes: *por mucho que te cepilles los dientes, el ~ no desaparecerá; tiene los dientes muy feos a causa del ~.* **2** Sustancia que dejan los líquidos en las paredes de distintos recipientes: *no me gusta beber agua de esa botella: tiene demasiado ~.*

sar·ta |sárta| **1** ***f.*** Serie de cosas metidas por orden en un hilo o una cuerda: *la niña se hizo un collar con una ~ de conchas marinas.* **2** *fig.* Serie de personas o cosas dispuestas unas detrás de otras: *en la puerta de la secretaría hay una ~ de estudiantes.* **3** *fig.* Serie de hechos o cosas relacionadas: *ha estado contando una ~ de mentiras.*

sar·tén |sartén| ***f.*** Recipiente redondo, ancho, poco profundo, de fondo plano y con un mango largo, que se usa para freír: *echó dos huevos en la ~.*

SAPO

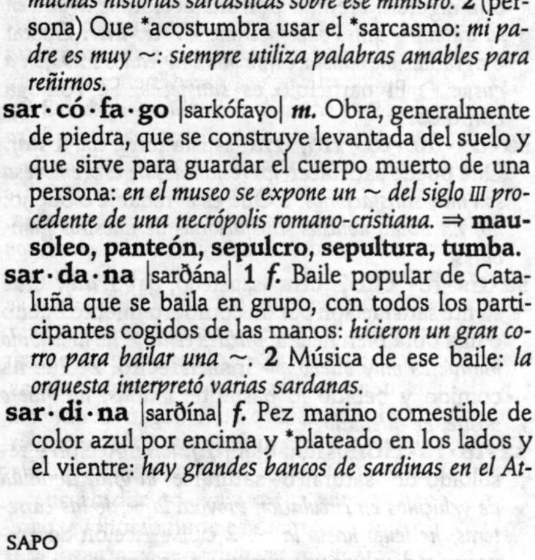

SARDINA

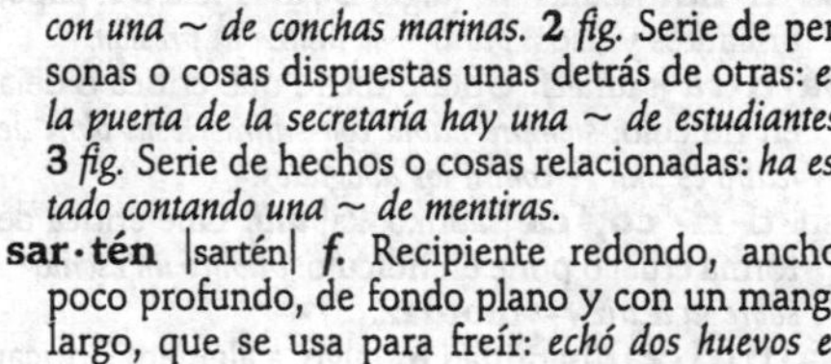

sar·te·na·zo |sartenáθo| ***m.*** Golpe dado con la sartén: *los cocineros se enfadaron y se liaron a sartenazos.*

sas·⌜tre, tra |sástre, tra| ***m. f.*** Persona que se dedica a cortar y coser prendas de vestir, especialmente de hombre: *el ~ le ha hecho un traje de chaqueta a medida que le sienta fenomenal.* ⇒ **modista.**

sas·tre·rí·a |sastrería| ***f.*** Establecimiento en el que se hacen, arreglan o venden prendas de vestir, especialmente de hombre: *he ido a la ~ a comprarme dos trajes.*

sa·tá·ni·⌜co, ⌜ca |satániko, ka| **1 *adj.*** De Satanás o que tiene relación con él; que se considera propio de Satanás: *las misas negras pertenecen al culto ~.* ⇒ **demoniaco. 2** *fig.* Que es extremadamente perverso: *la risa satánica del verdugo les produjo terror.*

sa·té·li·te |satélite| **1 *m.*** Cuerpo celeste sin luz propia, que gira alrededor de un planeta: *la Luna es un ~ de la Tierra.* **2** *p. ext.* Vehículo espacial que gira alrededor de un planeta y que lleva aparatos adecuados para recoger información y enviarla a la Tierra: *los satélites se emplean en las comunicaciones; los científicos han enviado un ~ a Júpiter para recoger muestras fotográficas.* **- 3 *adj.-m.*** (estado) Que está dominado política y económicamente por otro estado más poderoso: *durante la guerra fría, Estados Unidos y la Unión Soviética tenían muchos satélites.* **4** *fig.* (persona) Que siempre acompaña a otra y que depende de ella: *el artista vivía rodeado de satélites que buscaban la fama.* **5** (población) Que pertenece a una ciudad, pero que está separada físicamente de ella: *muchas urbanizaciones de lujo son satélites de la capital.*

sa·tén |satén| ***m.*** Tejido brillante, ligero y suave: *el ~ es de calidad inferior al raso; la novia llevaba los zapatos forrados de ~.* ⇒ **raso.**

sa·ti·na·⌜do, ⌜da |satináðo, ða| ***adj.*** Que tiene un aspecto liso y un brillo apagado: *pintó las puertas de colores satinados.*

sa·ti·nar |satinár| ***tr.*** [algo] Dejar la tela o el papel brillantes y lisos: *para ~ se utiliza la presión.*

sá·ti·ra |sátira| ***f.*** Obra o dicho que critica o deja en ridículo: *siempre habla con sátiras; esta obra de teatro es una ~ contra los abogados.*

sa·tí·ri·⌜co, ⌜ca |satíriko, ka| ***adj.*** Que critica de forma cruel o pone en ridículo: *publicó un escrito ~ sobre la actriz.* ⇒ **mordaz.**

sa·ti·ri·zar |satiriθár| ***tr.*** [algo, a alguien] Criticar de forma cruel o poner en ridículo: *el escritor satiriza los vicios de los burgueses.* ⌂ Se conjuga como 4.

sá·ti·ro |sátiro| **1 *m.*** *form.* Ser imaginario, habitante de los bosques, con el cuerpo cubierto de vello y patas de macho *cabrío, que tiene excesiva tendencia al deseo sexual: *los sátiros son semidioses de la mitología griega.* **2** *fig.* Hombre que tiene excesiva tendencia al deseo sexual: *el detenido era un ~ que forzaba a las mujeres a complacerlo.*

sa·tis·fac·ción |satisfa^{k}θión| **1 *f.*** Acción y resultado de satisfacer: *en primer lugar hay que procurar la ~ de nuestras necesidades.* **2** Gusto o placer que se siente por una cosa: *hablar contigo siempre es una ~.* **3** Razón o acción con que se *responde a una queja o a una ofensa: *me has ofendido y exijo una ~.* **4** Premio que se da por una acción que lo merece: *hice el trabajo muy bien y me dieron una ~ en metálico.*

sa·tis·fa·cer |satisfaθér| **1 *tr.*** [algo] Cubrir una necesidad; dar o conseguir un deseo: *no es bueno ~ todos los caprichos de los niños; un buen anfitrión debe ~ los deseos de sus invitados.* **2** Dar respuesta o solución: *el ministro satisfizo la curiosidad de los periodistas.* **3** Pagar o dar lo que se debe: *el seguro satisface las deudas de la empresa en caso de quiebra.* **4** [algo, a alguien] Resultar *suficiente o *convincente: *no me satisface del todo la excusa que has dado para no ayudarnos.* **5** Deshacer una ofensa: *te he ofendido, pero espero que me permitas ~ mi ofensa.* **6** [a alguien] Premiar por una acción: *le ayudé en su trabajo y quiso satisfacerme.* **- 7 *tr.-intr.*** Gustar o agradar: *me satisface que mis empleados trabajen a gusto.* ⌂ El participio es *satisfecho.* Se conjuga como 85.

sa·tis·fac·to·⌜rio, ⌜ria |satisfa^{k}tório, ria| **1 *adj.*** Que puede satisfacer: *los resultados de esta empresa son muy satisfactorios.* **2** Que es agradable o bueno: *nos ha traído noticias satisfactorias de nuestros familiares.*

sa·tis·fe·⌜cho, ⌜cha |satisfétʃo, tʃa| **1 *adj.*** Que siente satisfacción por un comportamiento bueno o una obra bien hecha: *puedes estar ~ de tu trabajo porque es muy bueno.* ⇔ **insatisfecho. 2** Que ha comido y bebido lo bastante: *gracias, no quiero postre, he quedado ~.*

sa·tu·ra·ción |saturaθión| **1 *f.*** *form.* Acción y resultado de *saturar o *saturarse: *la gran cantidad de vehículos en circulación provocó la ~ de las carreteras; he leído hasta la ~.* **2** QUÍM. Acción de empapar o disolver una sustancia en otra hasta el límite: *la ~ de un líquido provoca la precipitación del sólido.* **3** ECON. Exceso de un producto en el mercado, hasta el punto de no poder circular: *la ~ del mercado puede provocar una crisis.*

sa·tu·rar |saturár| **1 *tr.-prnl.*** [algo; de algo] Satisfacer por completo o en exceso: *los dulces me suelen ~; estoy saturado de lecturas.* **2** Llenar, ocupar o usar por completo: *los turistas saturaron los hoteles de la zona; las empresas de refrescos han saturado el mercado.* **3** QUÍM. Empapar o disolver una sustancia en otra hasta el límite: *disuelve sal en agua hasta que se sature.*

SARTÉN

sau·ce |sáuθe| ***m.*** Árbol de tronco alto, con la corteza gris, las ramas finas y flexibles y las hojas estrechas y largas: *el ~ crece a la orilla de los ríos; la madera de ~ se usa para hacer papel;* **~ llorón**, árbol procedente de Asia con ramas largas y delgadas que caen hasta el suelo: *el ~ llorón se emplea como planta de adorno.* ⇒ **desmayo.**

sa·ú·co |saúko| ***m.*** Arbusto con flores grandes, blancas o amarillas: *el ~ abunda en España; las flores de ~ se usan en medicina.*

sau·na |sáuna| **1** ***f.*** Baño de vapor, a muy alta temperatura, que produce mucho sudor: *una ~ te ayudará a eliminar grasa y toxinas.* **2** Local donde se puede tomar ese baño: *después de su gimnasia matutina va a la ~.*

sau·rio |sáurio| ***adj.-m.*** ZOOL. (animal) Que es reptil, tiene cuatro patas y cola larga: *el lagarto y la lagartija son saurios.*

sa·via |sáβia| **1** ***f.*** Líquido que circula por los conductos de las plantas: *la ~ transporta el alimento de las plantas.* **2** *fig.* Energía o elemento que da vida o ánimo: *la fuerza de la voluntad es la ~ de esta empresa.*

sa·xo |sá^k^so| ***m.*** ⇒ **saxofón.**

sa·xo·fón |sa^k^sofón| ***m.*** Instrumento musical de viento y de la familia del metal, formado por un tubo doblado en forma de U por su extremo inferior, con llaves, y que se toca soplando por una *boquilla de madera: *el ~ se usa mucho para tocar música de jazz.* ⇒ **saxo.**

sa·ya |sáya| ***f.*** Prenda de vestir femenina, que cae desde la cintura hacia abajo: *el traje típico de mi pueblo lleva la ~ roja.* ⇒ **falda.**

sa·yal |sayál| ***m.*** Tejido áspero de lana de mala calidad: *el ~ solía ser bordado.*

sa·yo |sáyo| ***m.*** Prenda de vestir ancha y sin botones, que cubre el cuerpo hasta la rodilla: *el ~ era una ropa corriente, para diario.*

SAXOFÓN

sa·zón |saθón| **1** ***f.*** Punto de madurez: *la fruta ya ha llegado a la ~.* **2** Ocasión o tiempo oportuno o adecuado: *este negocio todavía no ha llegado a su ~.* **3** Estado adecuado de la tierra para plantar y cultivar: *este campo ya está en ~.* **4** Gusto y sabor de una comida: *dale vueltas a este guiso hasta que consiga su ~.* ■ **a la ~**, entonces; en aquel momento: *a la ~ tenía treinta años cumplidos.*

sa·zo·nar |saθonár| **1** ***tr.*** [algo] Echar especias u otras sustancias a las comidas para que tengan más sabor: *sazona la ensalada antes de servirla.* ⇒ **aderezar, aliñar, arreglar, condimentar.** ⇔ **desazonar. - 2** ***tr.-prnl.*** Completar o hacer que se complete un desarrollo; llegar a la madurez: *los melocotones del huerto ya se han sazonado.*

se |se| **1** ***pron. pers.*** Forma *reflexiva y recíproca del pronombre de tercera persona que se usa, en ambos géneros y en ambos números, para el objeto directo e indirecto: *~ peina el cabello; ~ quieren; ~ mandan avisos.* ⌂ No va acompañada de preposición. Se escribe unida al verbo cuando va detrás: *~ lavan las manos; lavarse las manos.* **2** Forma que indica que una oración es pasiva o impersonal: *~ dice que han atrapado a los ladrones; ~ aplaudió a los jóvenes que subieron al escenario.* **3** Forma del pronombre de tercera persona, en singular o plural, para el objeto indirecto: *~ las dio; yo no ~ lo dije.* ⇒ **le.** ⌂ Se usa seguido de un pronombre personal de tercera persona con función de objeto directo.

se·bá·ce·⌜o, ⌜a |seβáθeo, a| ***adj.*** *form.* Del *sebo o que tiene relación con él: *las glándulas sebáceas segregan grasa que lubrifica el pelo; los quistes sebáceos se forman por la acumulación de grasas en la piel.*

se·bo |séβo| **1** ***m.*** Grasa sólida y dura que se saca de los animales y a la que se dan distintos usos: *el ~ se utiliza para hacer jabón.* **2** Grasa que se forma en exceso en las personas o en los animales: *le ha salido un grano de ~ en la espalda.*

se·bo·rre·a |seβoréa| ***f.*** Aumento excesivo de la grasa de la piel: *ha seguido un tratamiento para la ~ capilar.*

se·bo·⌜so, ⌜sa |seβóso, sa| **1** ***adj.*** Que tiene *sebo: *no me gusta esta carne: es muy sebosa.* **2** *fam.* Que está sucio: *antes de comer, tuvo que darse una ducha porque estaba ~.*

se·ca·de·ro |sekaδéro| ***m.*** Lugar destinado a secar natural o artificialmente ciertos productos: *muchos habitantes del lugar trabajan en el ~ de tabaco.*

se·ca·⌜do |sekáδo| ***m.*** Acción y resultado de secar: *durante su ~ el bacalao desprende un fuerte olor.* ⌂ Es el participio de secar.

se·ca·⌜dor, ⌜do·ra |sekaδór, δóra| ***m. f.*** Aparato o máquina eléctrica que sirve para secar: *se secó el pelo con el ~; en el cuarto de aseo hay un ~ de manos; hemos comprado una secadora de ropa.*

se·ca·no |sekáno| **1** ***m.*** Terreno que no es necesario regar: *ciertos cultivos no se pueden sembrar en ~.* ⇔ **regadío. 2** Montón de arena que no está cubierto por el agua; isla pequeña y seca próxima a la costa: *el barco se detuvo ante un ~.*

se·can·te |sekánte| **1** ***adj.-s.*** Que seca o puede secar: *cuando escribo con pluma me gusta secar la tinta con papel ~.* **- 2** ***adj.-f.*** GEOM. (línea, superficie) Que corta a otra línea o superficie: *dibuja una circunferencia y una ~.* **- 3** ***f.*** MAT. Resultado de dividir la *hipotenusa de un triángulo rectángulo entre el *cateto que forma el ángulo: *calcula la ~ de este ángulo.*

se·car |sekár| **1** ***tr.-prnl.*** [algo] Quitar la humedad, el líquido o las gotas que hay en una superficie o en otra cosa: *seca la mesa con la bayeta; mi hermana se está secando el pelo; le secó el sudor con un pañuelo.* ⇒ **enjugar.** ⇔ **mojar.** **2** Ir consumiendo el jugo: *los higos se secan con el calor.* **3** Cerrar o *cicatrizar: *la herida se está secando.* **- 4 secarse** ***prnl.*** Quitarse o perderse la humedad de una cosa mediante la *evaporación: *cuelga la ropa al sol para que se seque.* **5** Perder una planta su aspecto verde y fresco: *la hierba se ha secado por falta de riego.* **6** Quedarse sin agua un río, una fuente u otra cosa: *este río se seca en verano.* ☖ Se conjuga como 1.

sec·ción |sekθión| **1** ***f.*** Partición o división: *han dividido la fábrica en tres secciones.* **2** Figura que resultaría si se cortara un cuerpo por un plano: *dibujó la ~ horizontal de una máquina; el arquitecto nos mostró la planta, el alzado y la ~ del edificio.* **3** Conjunto de unidades de trabajo: *trabaja como jefe de la ~ de contabilidad.* **4** Corte de una materia vegetal o animal: *la bióloga procedió a la ~ del tallo de la planta.* **5** GEOM. Figura que resulta de cortar una superficie o un sólido: *la elipse es una ~ del cono.* **6** MIL. Unidad militar compuesta por varios *pelotones y mandada por un oficial: *la compañía está dividida en varias secciones.*

se·ce·sión |seθesión| ***f.*** Separación de una parte del pueblo o del territorio de un país: *los independentistas querían la ~ del territorio.*

se·ꜥco, ꜥca |séko, ka| **1** ***adj.*** Que no tiene agua o humedad: *el cauce del río está ~ en verano; tiende la ropa y recógela cuando esté seca.* **2** Que no tiene jugo: *me gustan mucho los higos secos.* ⇔ **jugoso.** **3** Que no tiene sustancia ni sabor: *este filete está muy ~.* ⇔ **jugoso.** **4** Que no tiene o no recibe lluvia: *el clima en Andalucía es muy ~.* **5** (planta, lugar donde hay plantas) Que no está verde y le falta fuerza; que está muerto: *recogimos ramas secas para hacer una hoguera.* **6** *fam.* Que está muy delgado: *está seca y aún quiere adelgazar más.* **7** Que es áspero y poco cariñoso en el trato: *tu padre es muy ~ y yo nunca sé cuándo está de buen humor.* **8** (sonido) Que es grave o áspero: *fue al médico porque tenía una tos seca.* **9** (golpe) Que es fuerte y rápido, especialmente cuando produce un sonido corto, intenso y sin *eco: *dio un golpe ~ con la botella y el tapón saltó.* **10** (bebida) Que tiene un sabor poco dulce: *me gusta el vermú muy ~.* ■ **a secas**, solamente, sin otra cosa: *no me llames doña Albina, llámame Albina a secas.* ■ **dejar ~**, *fam.*, matar en el acto: *el protagonista cogió la ametralladora y dejó secos a sus perseguidores.* ■ **en ~**, sin agua: *este abrigo tiene que ser lavado en ~.* ■ **en ~**, de *repente; de forma intensa: *vio un obstáculo en la carretera y tuvo que frenar en ~.* ■ **quedarse ~**, *fam.*, morirse en el acto: *el gato comió veneno y se quedó ~.*

se·cre·ción |sekreθión| ***f.*** BIOL. Elaboración y *expulsión de una sustancia: *estas pastillas reducen la ~ mucosa.* ⇒ **segregación.**

se·cre·tar |sekretár| ***tr.*** BIOL. [algo] Elaborar y expulsar una sustancia que el organismo *utiliza con un fin determinado: *algunas glándulas secretan hormonas.* ⇒ **segregar.**

se·cre·ta·rí·a |sekretaría| **1** ***f.*** Destino o cargo de *secretario: *ha conseguido una ~ en la Universidad.* **2** Oficina donde trabaja un *secretario: *estos documentos tiene que entregarlos en la ~.* **3** Cargo de *ministro, en algunos Estados: *ocupa la ~ de Agricultura.*

se·cre·ta·ꜥrio, ꜥria |sekretário, ria| **1** ***m. f.*** Persona encargada de escribir la correspondencia, ordenar y guardar los documentos y de otros trabajos de administración en una oficina o *asociación: *pidió que le ayudara a rellenar la solicitud a uno de los secretarios del ayuntamiento.* **2** Persona que está al servicio de otra persona para *redactarle la correspondencia, ordenar y guardar los documentos y para realizar otros trabajos: *llame a mi secretaria para concertar la cita.* **3** Persona que está al frente de una *secretaría o de un *despacho *ministerial: *han destituido al ~ del Ministerio de Cultura.* **4** Dirigente de un grupo o partido: *acaban de elegir al ~ general del partido.*

se·cre·ter |sekretér| ***m.*** Mueble con una tabla que sirve para escribir y con cajones para guardar papeles: *guarda sus cartas personales en el ~.* ☖ Esta palabra procede del francés.

se·cre·ꜥto, ꜥta |sekréto, ta| **1** ***adj.*** Que está oculto; que no se conoce: *había un pasadizo ~ en el castillo.* **2** Que no se dice; que está reservado: *la edad de una mujer es secreta.* **- 3 secreto** ***m.*** Cosa que se tiene reservada y oculta: *puedes confiar en ella porque sabe guardar un ~.* **4** Reserva o *discreción: *me lo contó con mucho ~, así que no se lo digas a nadie.* **5** Cosa que no se puede entender: *nadie entiende el cambio de horario: es un ~.* ⇒ **misterio.**

se·cre·ꜥtor, ꜥto·ra |sekretór, tóra| ***adj.*** (*glándula, órgano) Que tiene la función de *secretar: *la vejiga forma parte del aparato ~ de la orina.*

sec·ta |sékta| **1** ***f.*** Conjunto de seguidores de una doctrina religiosa que se separa de otra: *en esta ciudad se han creado varias sectas independientes de la religión cristiana.* **2** Conjunto de seguidores de una doctrina religiosa que se considera falsa: *no aceptan a Gabriel porque pertenece a una ~ politeísta; ha ingresado en una ~.*

sec·ta·ꜥrio, ꜥria |sektário, ria| **1** ***adj.-s.*** (persona) Que pertenece a una *secta: *los sectarios acudían a reuniones secretas con su jefe espiritual.* **2** (persona) Que defiende y sigue con pasión y entusiasmo un partido o una idea: *con esas opiniones sectarias pronto ocupará un cargo en la dirección del partido.*

sec·ta·ris·mo |sektarísmo| ***m.*** Pasión y entusiasmo con que se defiende un partido o una idea:

el ~ de Juan no me sorprende: su padre también era del mismo partido.

sec·tor |se^{k}tór| **1** ***m.*** *fig.* Parte de una clase o grupo que presenta caracteres particulares: *un ~ de la opinión pública está de acuerdo con el partido;* ~ **privado**, ECON., conjunto de las unidades de producción de un país que son de propiedad particular o están dirigidas por personas particulares: *trabaja en el ~ privado, el dueño de su empresa es un millonario;* ~ **público**, ECON., conjunto de las unidades de producción de un país que son propiedad del Estado o están dirigidas por él: *la mayoría de las universidades españolas pertenecen al ~ público.* **2** Parte de una ciudad o de un sitio y sus ocupantes: *la avería dejó a oscuras un ~ de la ciudad; vivo en el ~ oeste.* **3** Parte en que se considera dividido un conjunto importante: *el ~ de valores mineros estuvo en calma en la bolsa esta mañana.* **4** Parte de un círculo comprendida entre un arco y los dos radios que pasan por sus extremos: *tengo que dibujar un ~.*

se·cuaz |sekuáθ| ***adj.-com.*** (persona) Que sigue las ideas, opiniones o tendencias de otra persona: *el traidor y sus secuaces organizaron el golpe de estado.* ⌂ Se usa con valor despectivo.

se·cue·la |sekuéla| ***f.*** *Consecuencia o resultado de un hecho, generalmente de carácter negativo: *esta enfermedad deja algunas secuelas en los enfermos; aunque el accidente fue grave, no le dejó ninguna ~.*

se·cuen·cia |sekuénθia| **1** ***f.*** Serie de cosas que guardan relación entre sí: *al conocer la ~ de los hechos, la policía descubrió al asesino.* **2** CINEM. Serie de imágenes o *escenas que forman un conjunto: *en la primera ~ de la película aparece una mujer saliendo de un aeropuerto.* **3** LING. Orden que siguen las palabras en la frase: *la ~ normal en español es la siguiente: sujeto, verbo, objeto directo, indirecto y circunstancial.*

se·cues·tra·⌜dor, ⌜do·ra |sekuestraðór, ðóra| ***adj.-s.*** (persona) Que retiene a una persona contra su voluntad y de modo ilegal: *los secuestradores fueron detenidos por la policía.* ⇒ **rehén.**

se·cues·trar |sekuestrár| **1** ***tr.*** [a alguien] Retener a una persona contra su voluntad y de modo ilegal, con el fin de exigir dinero o el cumplimiento de determinadas condiciones: *secuestraron a su hija y les pidieron dinero por su rescate.* ⇒ **raptar.** **2** [algo] Retener un vehículo por las armas o con *violencia, con el fin de exigir dinero o el cumplimiento de ciertas condiciones: *los terroristas secuestraron el avión y exigieron la dimisión del gobierno.* **3** DER. Retirar un bien por orden legal: *les fueron secuestradas todas sus posesiones por decisión del juez.*

se·cues·tro |sekuéstro| **1** ***m.*** Retención ilegal de una persona contra su voluntad con el fin de exigir dinero o el cumplimiento de determinadas condiciones: *han pedido una cantidad importante por el ~ del empresario.* ⇒ **rapto;** ~ **aéreo**, detención o desvío de la dirección de un avión mediante amenazas: *el avión venía a Madrid, pero sufrió un ~ aéreo.* **2** DER. Retirada de un bien por orden legal: *el juzgado ordenó el ~ de todos sus bienes.*

se·cu·lar |sekulár| **1** ***adj.*** De la vida o el mundo que no están relacionados con la religión: *las monjas actualmente llevan vestimenta ~.* ⇒ **civil, seglar.** **2** Que dura un siglo o más: *la celebración de esta fiesta es una costumbre ~.* **3** Que ocurre o se repite cada siglo: *el temor al fin del mundo es un sentimiento ~.* **- 4** ***adj.-s.*** (sacerdote, religioso) Que no vive sujeto a una regla religiosa: *estos religiosos son seculares y dan clase en un colegio para niños pobres.*

se·cun·dar |sekundár| ***tr.*** [algo, a alguien] Ayudar, favorecer o apoyar: *la reina Isabel la Católica secundó la empresa de Colón.*

se·cun·da·⌜rio, ⌜ria |sekundário, ria| **1** ***adj.*** Que es segundo en orden o grado: *la excusa que me acabas de poner es secundaria.* **2** Que depende de lo principal: *no hablemos más de los aspectos secundarios y profundicemos en el tema principal.* ⇒ **accesorio.** ⇔ **fundamental, principal.** **- 3** ***adj.-m.*** GEOL. (periodo de la historia de la Tierra) Que se extiende desde hace 225 millones de años hasta hace 65 millones de años: *en el ~ se desarrollaron los grandes reptiles.* ⇒ **cuaternario, primario, terciario.**

sed |sé^{ð}| **1** ***f.*** Gana y necesidad de beber: *éste es el mejor refresco contra la ~; tengo ~, ¿me das un vaso de agua, por favor?* **2** *fig.* Necesidad de agua o de humedad: *con la sequía, los campos padecen ~.* **3** *fig.* Deseo o necesidad muy fuerte de una cosa: *el pueblo tiene ~ de justicia.* ⌂ No se usa en plural.

se·da |séða| **1** ***f.*** Hilo muy delicado y flexible con el que forman sus capullos ciertos gusanos: *la primera capa de ~ del capullo tiene un color amarillento.* **2** Hilo fino, suave y brillante formado por varios de esos hilos: *lo cosí con un hilo de ~.* **3** Obra o tela hecha con esos hilos: *lleva una blusa de ~ roja.*

se·dal |seðál| ***m.*** Hilo o cuerda fina que se usa para pescar: *un pez muy gordo mordió el anzuelo, pero, al intentar sacarlo, el ~ se rompió y el pez se escapó.*

se·dan·te |seðánte| **1** ***adj.*** Que calma o *tranquiliza: *esta música clásica es ~.* **- 2** ***adj.-m.*** (medicina) Que calma los dolores o disminuye los nervios: *se tranquilizó cuando se tomó la pastilla ~; le han puesto un ~ porque tiene dolores muy fuertes.* ⇒ **calmante.**

se·dar |seðár| **1** ***tr.*** [algo, a alguien] Disminuir o hacer desaparecer los nervios o la excitación: *estaba muy nervioso y lo sedó un baño caliente.* ⇒ **serenar.** **2** Dar una medicina que calma los dolores o disminuye los nervios: *el médico sedó al enfermo.*

se·de |séðe| ***f.*** Lugar donde se encuentra la dirección o el *domicilio de un grupo, una sociedad, una empresa o una actividad: *la ~ de la Unión Europea está en Bruselas; Barcelona fue la ~ de las Olimpiadas de 1992.*

se·den·ta·⌜rio, ⌜ria |seðentário, ria| **1** ***adj.*** (persona, animal) Que se establece para vivir en un sitio fijo y no se mueve: *los ermitaños son personas sedentarias.* ⇔ **errante.** **2** (costumbre, vida) Que tiene poco movimiento: *si llevas una vida tan sedentaria, ¿cómo quieres estar ágil y en forma?*

se·di·ción |seðiθión| ***f.*** Acción y resultado de levantarse contra el poder establecido: *a causa de* *la ~, el presidente tuvo que abandonar el país.* ⇒ **alzamiento, levantamiento.**

se·dien·⌐to, ⌐ta |seðiénto, ta| **1** ***adj.-s.*** (persona) Que tiene sed: *Jesucristo dijo que había que dar de comer al hambriento y de beber al ~.* **2** *fig.* (campo, tierra, planta) Que necesita humedad o riego: *tienes que regar las rosas: están sedientas.* **3** *fig.* Que desea una cosa con mucha fuerza: *está ~ de venganza.*

se·di·men·ta·ción |seðimentaθión| ***f.*** Acción y resultado de *sedimentar: *en la desembocadura de los ríos se produce la ~ de los materiales arrastrados por el agua.*

se·di·men·tar |seðimentár| ***tr.-prnl.*** [algo] Dejar o formar *sedimento un líquido: *el agua sedimenta el limo; el limo se sedimenta en el fondo del mar.*

se·di·men·to |seðiménto| **1** ***m.*** Materia que, habiendo flotado en un líquido, se queda en el fondo: *me costó lavar las tazas del café porque el ~ se había pegado.* ⇒ **poso. 2** *fig.* Marca que deja una cosa al pasar de un estado a otro: *tus mentiras me han dejado un ~ de amargura.* ⇒ **poso.**

se·do·⌐so, ⌐sa |seðóso, sa| ***adj.*** Que tiene una característica que se considera propia de la *seda: *tenía el cabello rubio y ~.*

se·duc·ción |seðukθión| ***f.*** Acción y resultado de *seducir: *desde muchacho tuvo un gran poder de ~ con las mujeres.*

se·du·cir |seðuθír| **1** ***tr.*** [a alguien] *Persuadir para hacer un mal: *el diablo nos seduce con sus mañas.* **2** *Cautivar o atraer la voluntad: *me sedujo una mujer bellísima.* ⇒ **camelar, cautivar.** ☖ Se conjuga como 46.

se·duc·⌐tor, ⌐to·ra |seðuktór, tóra| ***adj.-s.*** (persona) Que *seduce: *don Juan era un ~.*

se·far·dí |sefardí| **1** ***adj.-com.*** Judío que procede de España y que conserva la lengua y las tradiciones españolas, especialmente las prácticas religiosas: *muchas comunidades sefardíes se han instalado en Israel.* **- 2** ***m.*** Variedad del español hablada por los judíos expulsados de España y por sus descendientes: *el ~ conserva algunos rasgos lingüísticos del siglo* XV. ⇒ **judeoespañol.** ☖ El plural es *sefardíes.*

se·ga·⌐dor, ⌐do·ra |seγaðór, ðóra| **1** ***adj.*** Que corta hierba o cereal: *compró una máquina segadora para la alfalfa.* **- 2** ***m. f.*** Persona que corta hierba o cereal: *los segadores recorrían la Península durante el verano en busca de trabajo.*

se·ga·do·ra |seγaðóra| ***f.*** Máquina que sirve para cortar hierba o cereal: *se le ha estropeado la ~ y ha tenido que terminar el trabajo con la guadaña.*

se·gar |seγár| **1** ***tr.*** [algo] Cortar la hierba o una planta con una herramienta o una máquina adecuada: *antiguamente se segaba el trigo con la hoz.* **2** Cortar de un golpe, especialmente lo que está más alto y destaca: *el guerrero le segó la cabeza con la espada.* **3** *fig.* Cortar o impedir violentamente el desarrollo de una cosa o un proceso: *la guerra segó cientos de vidas humanas.* ☖ Se conjuga como 48.

se·glar |seγlár| **1** ***adj.*** De la vida o el mundo que no están relacionados con la religión: *el hermano mayor se hizo monje y el pequeño eligió un oficio ~.* ⇒ **civil, secular. - 2** ***adj.-com.*** (persona) Que no es sacerdote ni pertenece a una orden religiosa: *don Ramón dirigía ejercicios espirituales para sacerdotes, religiosos y seglares.* ⇒ **laico.**

seg·men·tar |seγmentár| ***tr.-prnl.*** [algo] Hacer trozos o partes; dividir: *el partido se segmentó después de la derrota electoral.*

seg·men·to |seγménto| **1** ***m.*** Trozo o parte cortada de una cosa: *corta un ~ de esa cinta.* **2** Parte de una recta comprendida entre dos puntos; línea: *los alumnos delimitaron un ~ de veinte centímetros exactos.* **3** Parte del círculo comprendida entre un arco y su cuerda: *dibuja un ~ de este círculo.* **4** *fig.* Parte de un todo: *este ~ de la población será el más beneficiado por las medidas sociales.* **5** Parte del cuerpo de ciertos animales que es igual a otras y que está dispuesta en línea con ellas: *el ciempiés tiene dos patas en cada ~.*

se·go·via·⌐no, ⌐na |seγoβiáno, na| **1** ***adj.*** De Segovia o que tiene relación con Segovia: *la cocina segoviana es muy apreciada.* **- 2** ***m. f.*** Persona nacida en Segovia o que vive habitualmente en Segovia: *los segovianos también son castellanos.*

se·gre·ga·ción |seγreγaθión| **1** ***f.*** Separación, generalmente de un grupo de personas: *la ~ racial es un problema humano y político importante.* **2** Elaboración y *expulsión de una sustancia: *la ~ de la saliva tiene lugar debajo de la lengua.* ⇒ **secreción.**

se·gre·gar |seγreγár| **1** ***tr.*** [algo] Separar o apartar: *segregaron el pueblo de la ciudad a la que antes pertenecía.* **2** BIOL. Elaborar y expulsar una *glándula una sustancia que el organismo *utiliza con un fin determinado: *unas glándulas que hay en la boca segregan la saliva.* ⇒ **secretar.** ☖ Se conjuga como 7.

se·gue·ta |seγéta| ***f.*** Sierra pequeña y muy fina que se usa para cortar maderas delgadas: *corta esa madera con la ~.* ⇒ **pelo.**

se·gui·di·lla |seγiðíʎa| **1** ***f.*** POÉT. Poema en el que se combinan versos de cinco y siete sílabas: *las seguidillas simples tienen cuatro versos y las compuestas, siete; en las seguidillas, los versos primero y tercero tienen siete sílabas.* **2** Baile popular español de ritmo rápido: *terminaron la fiesta bailando seguidillas.* **3** Música y canto popular español de ritmo rápido que acompaña a ese baile: *Rosario acompaña con palmas la ~ que canta el mozo.*

se·gui·⌐dor, ⌐do·ra |seγiðór, ðóra| ***adj.-s.*** (persona) Que sigue a una persona o cosa: *es un ~ del equipo de baloncesto local; es un ~ de la filosofía de Ortega y Gasset.*

se·guir |seγír| **1** ***tr.*** [a algo, a alguien] Ir después o detrás; ocurrir después: *tú ve delante que nosotros te seguimos; el jueves sigue al miércoles.* **2** [algo] Continuar un proceso o una situación; estar todavía en ello: *él empieza el trabajo y tú lo sigues y lo terminas.* **3** [algo, a alguien] Mantener la vista sobre un objeto o persona que se mueve: *una vecina siguió a los delincuentes desde el balcón y avisó a la policía; seguí el barco con la vista hasta que se perdió en* *el horizonte.* **4** [algo] Actuar según la opinión de otra persona: *siguió los consejos de su padre; el profesor sigue el método de Cajal.* **5** Cursar o estudiar: *sigue los cursos de doctorado en la universidad.* **- 6 *tr.-intr.*** Ir por un camino o dirección: *sigue las flechas amarillas; cuando llegues a la plaza, sigue por la derecha.* **- 7 *intr.*** *Permanecer o mantenerse: *en casa todo sigue igual; el empleado sigue enfermo.* ⇒ **estar. - 8 seguirse *prnl.*** Sacar una conclusión a partir de una cosa; derivarse: *dice que ve muy mal, de donde se sigue que no puede leer con normalidad.* ☖ Se conjuga como 56.

se·gún |seyún| **1 *prep.*** Conforme; con arreglo a; de acuerdo con: *actuamos ~ la ley; ~ él, la casa es demasiado cara; ~ el carpintero, es mejor arreglar el mueble que comprar otro nuevo.* ☖ En esta acepción va inmediatamente delante de un sustantivo o de un pronombre. **- 2 *adv. conj.*** Como; con arreglo; conforme a lo que: *tomaremos las decisiones ~ se desarrollen los acontecimientos; le modificarán el tratamiento ~ se encuentre el enfermo; todo queda ~ estaba.* **3** Por el modo en que: *sus cabellos parecían sortijas de oro, ~ les daba la luz; ~ me lo dijo, pensé que estaba muy enfadado.* **- 4 *adv.*** Tal vez; dependiendo de otras circunstancias: *iré o me quedaré, ~.*

se·gun·de·ro |seyundéro| ***m.*** Aguja del reloj que señala los segundos: *no todos los relojes tienen ~.* ⇒ **minutero.**

se·gun·⌐do, ⌐da |seyúndo, da| **1 *num.*** (persona, cosa) Que sigue en orden al que hace el número uno: *si voy después del primero, soy el ~ de la lista.* **- 2 *m. f.*** Persona que sigue a la principal en una *jerarquía: *el presidente consultó con el ~ antes de tomar la decisión.* **- 3 segundo *m.*** Unidad de tiempo, en el Sistema Internacional, que equivale a una de las sesenta partes en que se divide un minuto: *el caballo llegó a la meta en 12 minutos y 45 segundos.* **4** Periodo de tiempo muy breve: *voy a preparar café, pero vuelvo en un ~.*

se·gun·⌐dón, ⌐do·na |seyundón, dóna| **1 *m. f.*** Segundo hijo de una familia: *como era el ~, heredaba toda la ropa y los juguetes de su hermano mayor.* **2** *fig.* Persona que ocupa un puesto que no es principal; persona que depende de otra: *estoy harta de ser una segundona, así que voy a luchar por un ascenso.*

se·gu·ra·men·te |seyúraménte| **1 *adv.*** De manera bastante probable: *no ha venido a trabajar, así que ~ está enfermo.* **2** De manera cierta y segura: *esta tarde vendrán ~.* ⇒ **seguro.**

se·gu·ri·dad |seyuriðáᶞ| **1 *f.*** Cualidad de seguro: *los agentes de policía velan por la ~ ciudadana; no tengo la ~ de que acudan todos a la reunión; tener un perro guardián en casa me da ~.* ⇔ **inseguridad. 2** Garantía que se da sobre el cumplimiento de un acuerdo: *me ha dado seguridades de que cumplirá lo que pone en el contrato.* ■ **~ social**, organismo del Estado destinado a cuidar de la salud de los ciudadanos: *los trabajadores destinan una parte de su sueldo al pago de la ~ social.* ■ **de ~**, que se dedica a proteger a los ciudadanos: *los agentes de ~ están a la puerta de la comisaría.* ■ **de ~**, que sirve para hacer seguro el funcionamiento de un aparato: *la válvula de ~ evita que haya escapes de gas.*

se·gu·⌐ro, ⌐ra |seyúro, ra| **1 *adj.*** Que está libre de peligro o daño; que ofrece seguridad: *el sótano es el lugar más ~ de toda la casa.* ⇔ **inseguro. 2** Que es cierto y no admite duda: *no es ~ que vengan todos, pero todos han recibido invitación; con los puntos acumulados, el motorista tiene segura la victoria.* **3** (persona) Que *confía; que no tiene ninguna duda: *estoy seguro de que no va a defraudarnos.* ☖ En esta acepción se usa principalmente con *estar.* **4** Que no es probable que falle o funcione mal: *los frenos del coche son muy seguros; la cerradura es completamente segura: nadie puede entrar sin la llave.* **- 5 seguro *m.*** *Contrato por el cual una compañía se compromete a pagar una cantidad de dinero en caso de que se produzca una muerte, un daño o una pérdida, a cambio del pago de una *cuota: *he hecho un ~ de robo para la casa; su coche cayó por un precipicio, pero como tenía un ~ la compañía le pagó un coche nuevo.* **6** Mecanismo que impide que un objeto se abra o que una máquina funcione: *el padre echó el ~ de las puertas del coche para que los niños no las abrieran durante el viaje.* **- 7 *adv. m.*** Ciertamente; sin duda: *lo sé ~ porque lo he visto con mis propios ojos.* ■ **sobre ~**, sin exponerse a ningún peligro: *es una operación muy arriesgada: yo prefiero invertir mi dinero sobre ~.*

seis |séis| **1 *num.*** Cinco más uno: *tres por dos son ~; si tengo 100 manzanas y te doy 94, me quedan ~.* **2** (persona, cosa) Que sigue en orden al que hace el número cinco; sexto: *si voy después del quinto, soy el ~ de la lista.* ☖ Es preferible el uso del ordinal: *soy el sexto.* **- 3 *m.*** Número que representa el valor de cinco más uno: *escribe el ~ después del cinco.* ☖ El plural es *seises.*

seis·cien·⌐tos, ⌐tas |seisθiéntos, tas| **1 *num.*** 100 multiplicado por seis: *300 por dos son ~.* **2** (persona, cosa) Que sigue en orden al que hace el número 599; sexcentésimo: *si voy después del quingentésimo nonagésimo noveno, soy el ~ de la lista.* ☖ Es preferible el uso del ordinal: *soy el sexcentésimo.* **- 3 *m.*** Número que representa el valor de 100 multiplicado por seis: *escribe el ~ después del 599.*

se·ís·mo |seísmo| ***m.*** Movimiento violento de la superficie de la Tierra: *se ha producido un ~ que ha provocado el pánico entre los ciudadanos.* ⇒ **terremoto.**

se·lec·ción |seleᵏθión| **1 *f.*** Elección de una persona o cosa entre otras: *la ~ de los contratados se hace según su currículum.* **2** Conjunto de cosas escogidas: *aquí tenemos la ~ de las prendas que vamos a llevar en el muestrario.* **3** DEP. Conjunto de *deportistas elegidos para participar en una competición, especialmente en representación de un país: *la ~ española de baloncesto ganó el partido de ayer.*

se·lec·cio·nar |seleᵏθionár| ***tr.*** [algo, a alguien] Elegir o escoger; tomar una persona o cosa de un conjunto por una razón determinada: *seleccionó las mejores aves del corral.*

se·lec·ti·vi·dad |seleᵏtiβiðáᶞ| ***f.*** Conjunto de pruebas que sirven para determinar qué estudiantes pueden entrar en la *Universidad: *no superó la ~ y tuvo que repetir la prueba.*

se·lec·ti·⌐vo, ⌐va |seleᵏtíβo, βa| ***adj.*** Que hace o exige una *selección; que se debe a una *selección: *es una chica muy selectiva: no sale con cualquiera.*

se·lec·⌐to, ⌐ta |selékto, ta| ***adj.*** Que es mejor entre otras cosas de su especie; que es fruto de una *selección: *probamos unos vinos selectos.*

se·llar |seʎár| **1** ***tr.*** [algo] Imprimir un sello: *la secretaria selló el impreso.* **2** *fig.* [algo, a alguien] Dejar una señal; comunicar un carácter determinado: *su dura infancia lo ha sellado para toda la vida.* **3** [algo] Cerrar, tapar o cubrir: *sellaron el pozo seco para evitar accidentes.* **4** *fig.* *Concluir o poner fin: *sellaron el curso con una fiesta.*

se·llo |séʎo| **1** ***m.*** Papel de pequeño tamaño que se pega a ciertos documentos y a las cartas para enviarlas por correo: *compró un ~ para mandar la carta.* **2** Instrumento que sirve para *estampar dibujos o números: *mandó que le hicieran un ~ con el logotipo de la empresa.* **3** Dibujo que queda impreso con ese instrumento: *el carné no será válido si no lleva el ~ de la biblioteca.* **4** Disco de metal o de cera que lleva un dibujo impreso y que cuelga de ciertos documentos de importancia: *llevaba unos documentos de gran importancia porque colgaba el ~.* **5** Carácter diferente o particular: *sus obras tienen un ~ personal.* ⇒ **cuño.**

selva |sélβa| **1** ***f.*** Terreno extenso, sin cultivar y muy poblado de árboles y plantas: *esos monos viven en la ~ africana.* ⇒ **jungla. 2** *fig.* Abundancia desordenada de una cosa: *no sé cómo puedes aclararte entre esta ~ de libros y apuntes.*

sel·vá·ti· co, ⌐ca |selβátiko, ka| **1** ***adj.*** De la *selva o que tiene relación con ella: *el jaguar es un animal ~.* **2** *fig.* Que es salvaje; que no tiene cultura: *conocí a un hombre ~: vive solo en el campo, caza, pesca y no tiene cultura.*

se·má·fo·ro |semáforo| ***m.*** Aparato con luces, generalmente de color rojo, amarillo y verde, que sirve para regular el tráfico en las vías públicas: *cuando el ~ está en rojo, no se puede pasar; han puesto un ~ con luz amarilla intermitente para indicar peligro.*

se·ma·na |semána| ***f.*** Periodo de siete días, especialmente el que comienza por el *lunes y termina por el *domingo: *esa competición dura tres semanas;* **Semana Santa**, la que la Iglesia dedica a recordar la pasión y muerte de Jesucristo: *los católicos asisten a los oficios de Semana Santa.* ☐ En esta acepción se escribe con mayúscula.

se·ma·nal |semanál| **1** ***adj.*** Que ocurre o se repite cada semana: *publican una revista ~ con la programación de televisión.* **2** Que dura una semana: *será un curso ~.*

se·ma·na·⌐rio |semanário| ***m.*** Periódico o publicación que aparece cada semana: *lee un ~ de humor que sale los miércoles.*

se·mán·ti·ca |semántika| ***f.*** Disciplina lingüística que estudia el significado y la significación: *en la clase de ~ estudiamos los cambios de significación que han sufrido algunas palabras.* ⇒ **lexicología.**

se·mán·ti·⌐co, ⌐ca |semántiko, ka| ***adj.*** LING. Del significado de las palabras o que tiene relación con él: *en el diccionario se reflejan los distintos valores semánticos de cada palabra.*

sem·blan·te |semblánte| **1** ***m.*** *form.* Conjunto de los *rasgos y gestos de la cara que revelan el estado de ánimo de la persona: *tenía un ~ malhumorado.* **2** *fam.* Parte anterior de la cabeza de las personas en la que están la boca, la nariz y los ojos: *su bellísimo ~ perdió a más de una mujer.* ⇒ **cara, faz, rostro. 3** *fig.* Aspecto de una cosa que permite formar una opinión sobre ella: *este negocio tiene muy buen ~.*

sem·blan·za |semblánθa| ***f.*** Historia breve de la vida de una persona: *en el programa emitieron una ~ del personaje al que iban a entrevistar.*

sem·bra·⌐do, ⌐da |sembráðo, ða| **1** ***adj.*** (lugar) Que tiene o ha recibido ya semillas: *desde el tren podía ver los campos sembrados de trigo.* **2** *fig.* Que está cubierto de cosas determinadas: *toda la página está sembrada de correcciones.* **- 3 sembrado** ***m.*** Tierra en la que se han puesto semillas: *no te metas con el tractor por el ~.*

sem·bra·⌐dor, ⌐do·ra |sembraðór, ðóra| ***adj.-s.*** (persona, máquina) Que *siembra: *una cuadrilla de sembradores lanzaba las semillas a los surcos.*

sem·brar |sembrár| **1** ***tr.*** [algo] Esparcir semillas en una tierra preparada para este fin: *han sembrado trigo en aquel campo; está sembrando la huerta.* **2** *fig.* Esparcir o repartir una cosa: *allá por donde va siembra dinero; quien siembra amor, recibirá amor.* **3** Colocar sin orden y como adorno: *sembró el camino con pétalos de flores.* **4** *fig.* Dar *motivo u origen: *su mala intención sembró la discordia.* ☐ Se conjuga como 27.

se·me·jan·te |semexánte| **1** ***adj.-s.*** Que es igual, parecido o de la misma forma; que se corresponde: *escribió un libro ~ al mío en todo; éste es el ~.* ⇒ **similar. 2** GEOM. (figura) Que tiene la misma forma, pero es de diferente tamaño: *traza dos polígonos semejantes.* **3** Que es muy grande o intenso; que destaca, generalmente por un rasgo negativo: *no es lícito valerse de semejantes medios; nunca había visto ~ injusticia.* ⇒ **tal. - 4** ***m.*** Persona, en cuanto a otra persona: *hay que ayudar a nuestros semejantes.*

se·me·jan·za |semexánθa| ***f.*** Cualidad de *semejante o parecido: *es increíble la ~ que existe entre los dos hermanos.* ⇒ **parangón, similitud.** ⇔ **desemejanza, diferencia.**

se·me·jar |semexár| **1** ***intr.*** Mostrar las características o cualidades de otra persona o cosa: *ese árbol semeja un gigante.* ⇒ **asemejar. - 2 semejarse** ***prnl.*** Parecerse una cosa a otra: *sus voces se semejan mucho.* ⇒ **asemejar.**

se·men |sémen| ***m.*** Fluido producido por los órganos de reproducción masculinos: *el ~ contiene los espermatozoos que fecundan el óvulo.* ⇒ **esperma.**

se·men·tal |sementál| ***adj.-m.*** (animal, macho) Que se destina a criar: *alquiló un caballo ~ para que cubriese a las yeguas y así tener potrillos.* ⇒ **padre.**

se·men·te·ra |sementéra| **1** ***f.*** Lugar donde se ponen las semillas para que nazcan: *conviene hacer la ~ en esa esquina del huerto porque la tierra es más suave.* ⇒ **semillero. 2** Tierra a la que se le han puesto o echado semillas: *no podemos pasar por ahí porque hay una ~.* ⇒ **sembrado. 3** Tiempo adecuado para echar la semilla en la tierra: *se volvieron a ver en la época de la ~.*

se·mes·tral |semestrál| ***adj.*** Que se hace o se produce cada seis meses: *acaba de salir a la calle una revista ~.*

se·mes·tre |seméstre| ***m.*** Periodo de seis meses: *el curso se divide en dos semestres.*

se·mi·cir·cu·lar |semiθirkulár| ***adj.*** Que tiene forma de medio círculo: *los arcos de este edificio son semicirculares.*

se·mi·cír·cu·lo |semiθírkulo| ***m.*** Mitad de un círculo: *el diámetro divide el círculo en dos semicírculos.*

se·mi·cir·cun·fe·ren·cia |semiθirkunferénθia| ***f.*** Mitad de una *circunferencia: *el arco es una estructura con forma de ~.*

se·mi·es·fé·ri·⌐co, ⌐ca |semiesfériko, ka| ***adj.*** Que tiene forma de media esfera: *las bóvedas semiesféricas se llaman cúpulas.*

se·mi·fi·nal |semifinál| ***f.*** DEP. Parte de una competición que sirve para determinar qué deportistas o equipos van a competir en la final: *el equipo local no ha conseguido clasificarse para la ~.*

se·mi·lla |semíʎa| **1** ***f.*** Parte del fruto que da origen a una nueva planta: *plantó semillas de rosales en el jardín.* ⇒ **simiente. 2** *fig.* Cosa que es causa u origen de otra: *la muerte de los padres fue la ~ de la separación de los hermanos.* ⇒ **simiente.**

se·mi·lle·ro |semiʎéro| **1** ***m.*** Recipiente donde se plantan las semillas para poner las plantas después en otro lugar: *tiene los semilleros dentro del invernadero.* ⇒ **almáciga, sementera. 2** Lugar donde se conservan diferentes semillas para su estudio: *fue al ~ para comprobar el estado de algunas semillas.* **3** *fig.* Origen del que nacen o se extienden ciertas cosas: *esas reuniones son un ~ de mentiras.*

se·mi·nal |seminál| **1** ***adj.*** *form.* Del *semen o que tiene relación con él: *los testículos albergan las vesículas seminales.* **2** *form.* De la semilla o que tiene relación con ella: *aún no se han abierto las cápsulas seminales de los árboles.*

se·mi·na·rio |seminário| **1** ***m.*** Establecimiento en el que se educan y forman sacerdotes: *después de dos años, dejó el ~ y ahora está casado.* **2** Grupo de personas que hace un estudio científico bajo la dirección de un profesor: *estuve en un ~ de biología molecular el mes pasado.* **3** Grupo de estudiosos que se reúnen para tratar un problema: *famosos especialistas acudirán al ~ de derecho político que se celebrará la semana que viene.*

se·mi·na·ris·ta |seminarísta| ***m.*** Persona que estudia en un *seminario: *mi primo es ~: lleva tres años preparándose para ser sacerdote.*

se·mio·lo·gí·a |semioloxía| **1** ***f.*** Disciplina que estudia los sistemas de signos: *la ~ se preocupa del estudio de la lengua y de otros códigos utilizados en la comunicación.* ⇒ **semiótica. 2** Estudio de los signos dentro de la vida social: *la ~ se preocupa de la forma de vestir como elemento comunicativo.*

se·mió·ti·ca |semiótika| ***f.*** Disciplina que estudia los signos: *los sistemas de signos verbales y no verbales son estudiados por la ~.* ⇒ **semiología.**

se·mi·ta |semíta| ***adj.-com.*** (persona) Que pertenece al pueblo judío, árabe o a otro pueblo del mismo origen: *los pueblos semitas descienden de Sem, según la tradición bíblica.* ⇒ **antisemita.**

se·mí·ti·⌐co, ⌐ca |semítiko, ka| ***adj.*** *form.* De los *semitas o que tiene relación con ellos: *el hebreo es una lengua semítica.*

se·mi·tis·mo |semitísmo| ***m.*** Conjunto de doctrinas, *instituciones y costumbre propias de los pueblos *semitas: *algunas personas no ven con buenos ojos el ~.* ⇒ **antisemitismo.**

se·mi·to·no |semitóno| ***m.*** MÚS. Parte de las dos iguales en que se divide un tono: *entre esas dos notas sólo hay un ~.*

sé·mo·la |sémola| ***f.*** Pasta hecha con harina de trigo u otros cereales que tiene forma de granos pequeños: *el niño ha comido hoy sopa de ~.*

se·na·do |senáðo| **1** ***m.*** Órgano político en el que están representadas las distintas partes de un país y que se encarga de aceptar o rechazar lo que se decide en el Congreso: *en los países democráticos los miembros del ~ son elegidos por votación popular.* ⇒ **cámara. 2** Edificio en el que se reúnen los miembros de ese órgano político: *los fotógrafos entrevistaron al político cuando entraba en el ~.*

se·na·⌐dor, ⌐do·ra |senaðór, ðóra| ***m. f.*** Político que es miembro del *senado: *Luis ha sido ~ y subsecretario de Hacienda; la senadora por Cádiz ha presentado una modificación al proyecto de ley.*

sen·ci·llez |senθiʎéθ| **1** ***f.*** Falta de adornos o de lujo: *en las joyas, la ~ demuestra elegancia y buen gusto.* ⇒ **llaneza. 2** Falta de dificultad o de elementos extraordinarios al hablar o al escribir: *explica las cosas con ~ y todos te entenderán.* ⇔ **grandilocuencia.**

sen·ci·⌐llo, ⌐lla |senθíʎo, ʎa| **1** ***adj.*** Que no es compuesto o doble; que está formado por un solo elemento: *las hojas de esta planta son sencillas.* ⇒ **simple.** ⇔ **compuesto, doble. 2** Que no tiene *complicación; que es fácil o simple: *ya verás cómo el examen es muy ~ y no tendrás problema para aprobar.* **3** Que no presenta adornos excesivos: *llevaba un vestido blanco muy ~, pero que le quedaba muy bien.* **4** *fig.* Que es claro y natural: *es un hombre muy ~ en el trato con los demás.* **- 5 sencillo *m.*** Disco pequeño y de corta duración que contiene generalmente dos canciones: *este grupo acaba de lanzar un ~ que está sonando en todas las discotecas.*

sen·da |sénda| **1** ***f.*** Camino estrecho, formado por el paso de las personas o de los animales: *a la la-*

guna del Almanzor se accede por una estrecha ~ que sube y baja la montaña. ⇒ **sendero, vereda. 2** *fig.* Modo de actuar: *sólo los que siguen la senda del bien se salvarán.*

sen·de·ro |sendéro| ***m.*** ⇒ **senda.**

sen·⌐dos, ⌐das |séndos, das| ***adj. pl.*** Uno para cada uno de dos o más personas o cosas: *ambas películas están basadas en ~ relatos de Pedro Antonio de Alarcón.* ⇒ **ambos.**

se·nec·tud |seneᵏtúᵈ| ***f.*** *form.* Periodo en la vida de una persona en el que tiene una edad avanzada: *llegó a la ~ rodeado de sus hijos y nietos.* ⇒ **vejez.** ⇔ **juventud.**

se·nil |seníl| ***adj.*** De los viejos o que tiene relación con ellos: *el abuelo sufre demencia ~ y llama a sus difuntos padres a todas horas.*

se·no |séno| **1** ***m.*** *form.* Pecho o mama de la mujer: *el médico le hizo una exploración de los senos.* ⇒ **mama. 2** Agujero o hueco, especialmente con forma curva: *el cuerpo tiene senos en los que se alojan diversos órganos.* **3** Órgano de reproducción de las mujeres y de las hembras de los mamíferos en el que se desarrolla el feto: *la perra tiene en su ~ dos cachorros.* ⇒ **matriz, útero. 4** Espacio que queda entre el vestido y el pecho de la mujer: *se escondió el pañuelo en el ~.* **5** *fig.* Cosa que acoge a otra, dándole protección y ayuda: *buscó amparo en el ~ de la religión; nació en el ~ de una humilde familia.* ⇒ **regazo. 6** Parte del mar comprendida entre dos puntas de tierra: *la barca está en el ~.* **7** *fig.* Parte interna de una cosa: *en el ~ del nido se encontró el resto del plumón de las crías; advirtió el malestar que existía en el ~ de las fuerzas armadas.* **8** MAT. *Cociente entre el *cateto opuesto del ángulo de un triángulo rectángulo y la *hipotenusa: *el ~ y el coseno son conceptos de trigonometría.*

sen·sa·ción |sensaθión| **1** ***f.*** Impresión que una cosa produce en la mente a través de los sentidos: *el tacto del melocotón me produce una ~ desagradable.* **2** Emoción producida en el ánimo por un hecho o una noticia de importancia: *no te puedes imaginar la ~ que me produjo saber que me habían concedido el premio.* ■ **dar/tener la ~**, dar o tener una determinada idea u opinión de una cosa, sin conocerla completamente: *tengo la ~ de que mes estás engañando.* ⇒ **impresión.**

sen·sa·cio·nal |sensaθionál| **1** ***adj.*** Que causa sensación: *la montaña rusa es ~.* **2** *fig.* Que llama fuertemente la atención: *lleva un vestido ~ y todo el mundo la mira.*

sen·sa·cio·na·lis·mo |sensaθionalísmo| ***m.*** Tendencia a presentar los hechos y las noticias de modo que produzcan sensación, emoción o impresión: *los periodistas critican el ~ de cierto tipo de prensa.*

sen·sa·cio·na·lis·ta |sensaθionalísta| ***adj.*** Que practica el *sensacionalismo: *en la televisión hay muchos programas sensacionalistas que muestran las desgracias de las personas humildes.* ⇒ **amarillo.**

sen·sa·tez |sensatéθ| ***f.*** Cualidad de *sensato: *a pesar de ser tan joven, muestra una ~ que asombra.* ⇒ **conocimiento, madurez.** ⇔ **insensatez.**

sen·sa·⌐to, ⌐ta |sensáto, ta| ***adj.*** Que muestra buen juicio y madurez en sus actos: *puedes fiarte de sus consejos porque es muy ~.* ⇒ **juicioso, prudente, sesudo.** ⇔ **insensato.**

sen·si·bi·li·dad |sensiβiliðáᵈ| **1** ***f.*** Capacidad de sentir, propia de los seres animados: *ha perdido la ~ en las piernas.* **2** Tendencia a dejarse llevar por la compasión y el amor: *la ~ es más acentuada en los niños, que no tienen vergüenza de mostrar sus sentimientos.* **3** Capacidad de prestar atención a lo que se dice o se pide: *me sorprende la falta de ~ de ese político.* **4** Capacidad de respuesta a ciertos *estímulos: *este termómetro tiene una gran ~.* **5** FOT. Capacidad de una película para ser impresionada por la luz: *el fotógrafo hizo esas fotografías nocturnas con una película de alta ~.*

sen·si·bi·li·zar |sensiβiliθár| **1** ***tr.*** [algo, a alguien] Aumentar o excitar la capacidad de sentir: *la música sensibiliza el oído.* **- 2** ***tr.-prnl.*** Prestar o hacer prestar atención a lo que se dice o se pide: *esta información trata de ~ a la opinión pública.* ☖ Se conjuga como 4.

sen·si·ble |sensíβle| **1** ***adj.*** Que es capaz de sentir física o espiritualmente: *tiene un oído muy ~.* **2** Que puede ser *notado por los sentidos: *cuando tuvo el accidente, dejó de percibir la realidad ~.* **3** Que se deja llevar fácilmente por la compasión y el amor: *lloró al leer la novela porque es muy ~.* **4** (persona) Que presta atención a lo que se dice o se pide: *el gobierno ha sido ~ a las protestas de los trabajadores.* **5** (aparato) Que puede acusar, registrar o medir fenómenos de muy poca intensidad, o diferencias muy pequeñas: *necesitamos una báscula muy ~, de precisión.*

sen·si·ble·rí·a |sensiβlería| ***f.*** Cualidad del que es exagerada o falsamente *sensible a la compasión o al amor: *me molesta la ~ de esta chica: todo le parece mal.*

sen·si·ble·⌐ro, ⌐ra |sensiβléro, ra| ***adj.*** Que es exagerada o falsamente *sensible a la compasión o al amor: *odio las películas sensibleras en las que los personajes se pasan todo el rato llorando.*

sen·si·ti·⌐vo, ⌐va |sensitíβo, βa| ***adj.*** De los sentidos o que tiene relación con ellos: *después del accidente empezó a tener problemas sensitivos.* ⇒ **sensual.**

sen·so·rial |sensoriál| ***adj.*** De la *sensibilidad o que tiene relación con ella: *el niño conoce el mundo a través de sus percepciones sensoriales.*

sen·sual |sensuál| **1** ***adj.*** De los sentidos o que tiene relación con ellos: *el ser humano necesita desarrollar su capacidad ~.* ⇒ **sensitivo. 2** Que provoca gusto y placer en los sentidos: *ese grupo toca una música ~.* **3** Que siente o produce un placer sexual fuerte: *se acercó a él con movimientos sensuales.* ⇒ **caliente.**

sen·sua·li·dad |sensualiðáᵈ| **1** ***f.*** Capacidad de provocar o satisfacer los placeres de los sentidos: *hay personas que desconocen la ~: son ariscas y bruscas con los demás.* **2** Tendencia a buscar los placeres de los sentidos: *se dejó llevar por la ~ y no pensó en otra cosa.*

sen·ta·da |sentáða| ***f.*** Acción de protesta o en apoyo de una causa, que consiste en sentarse en el suelo en un lugar determinado y por un largo periodo de tiempo: *los estudiantes hicieron una ~ frente al Ministerio, para protestar por la subida de las tasas académicas.*

sen·tar |sentár| **1** ***tr.-prnl.*** [a alguien] Colocar dejando apoyado sobre el trasero: *sienta a la niña en el cochecito porque te vas a cansar de llevarla en brazos; deja de hablar y siéntate.* **- 2** ***tr. fig.*** [algo] Basar o apoyar una teoría o doctrina en un razonamiento o información: *el profesor sentó los principios de su materia.* **- 3** ***intr.*** Adaptarse o convenir: *esta chaqueta te sienta mal; le sienta mejor la actitud recatada y modesta.* **4** Producir una sensación o un efecto determinado en el cuerpo o el ánimo de una persona: *tu consejo le sentó mal; la comida le ha sentado bien.* ⇒ **saber.** ■ **dar por sentado**, dar por supuesta o por cierta una cosa: *no nos lo han comunicado, pero se da por sentado que la próxima semana comienza el curso.* ☖ Se conjuga como 27.

sen·ten·cia |senténθia| **1** ***f.*** Resultado de un juicio: *el juez pronunció la ~; el acusado cumplió su ~.* **2** Frase con un contenido moral o doctrinal: *terminó con esta ~:* el que mal anda, mal acaba. ⇒ **adagio, aforismo, dicho, frase, proverbio, refrán. 3** Orden o decisión que toma una persona para resolver una discusión entre varias partes: *Salomón reflexionó y luego pronunció su ~.*

sen·ten·ciar |sentenθiár| **1** ***tr.*** [algo, a alguien] Pronunciar una *sentencia; decidir en un juicio: *el juez sentenció su absolución; sentenciaron al condenado al destierro.* **2** ***fig.*** [a alguien] Destinar o aplicar: *sentenciaron el libro a la hoguera.* **3** ***fig.*** Amenazar con devolver un mal o un daño recibido: *me ha sentenciado después de lo del otro día.* ☖ Se conjuga como 12.

sen·ti·⌜do, ⌜da |sentíðo, ða| **1** ***adj.*** Que incluye o expresa un sentimiento: *le dio un pésame muy ~.* ☖ Es el participio de *sentir.* **2** Que se enfada o molesta con facilidad: *no se le puede discutir nada: es muy ~.* **- 3 sentido** ***m.*** Capacidad de recibir *estímulos a través de ciertos órganos del cuerpo y de comunicarlos al sistema nervioso central: *los sentidos son cinco: el de la vista, el del oído, el del gusto, el del olfato y el del tacto;* **sexto ~**, capacidad especial que tiene una persona para una determinada actividad o asunto: *tiene un sexto ~ para los negocios.* **4** Entendimiento o razón que sirve para distinguir y hacer juicios: *para ser decorador hay que tener ~ de la estética;* **~ común**, el que se usa para juzgar razonablemente las cosas: *en el teatro, los espectadores no pueden hablar en alto: es de ~ común.* **5** Modo particular de entender una cosa: *tu ~ de la realidad es un poco superficial.* **6** Significación de una expresión en un *contexto determinado: *esto no se puede leer porque no tiene ~; no entiendo el ~ de lo que dices; este poema puede interpretarse en otro ~.* **7** Razón de ser; finalidad: *últimamente está haciendo cosas sin ~, por perder el tiempo.* **8** *Orientación de una misma dirección: *no hemos salido por la carretera adecuada, así que tendremos que hacer un cambio de ~.*

sen·ti·men·tal |sentimentál| **1** ***adj.-com.*** (persona) Que siente con intensidad o facilidad: *guardo todos los recuerdos de mis viejos amigos porque soy un ~.* **2** Que expresa o provoca sentimientos agradables: *es una película muy ~.*

sen·ti·mien·to |sentimiénto| **1** ***m.*** Impresión o estado del ánimo: *sus palabras ofensivas me produjeron sentimientos de rabia y dolor.* **2** Estado de ánimo triste o afectado por una impresión dolorosa: *le acompaño en el ~.*

sen·tir |sentír| **1** ***tr.*** [algo] Recibir un *estímulo a través de un órgano del cuerpo y comunicarlo al sistema nervioso central; experimentar o notar una sensación física: *sintió frío y se acercó al radiador; sintió un dolor en el estómago.* **2** Experimentar un sentimiento o un afecto de ánimo: *siente un gran amor por su mujer.* **3** Experimentar pena o *lástima: *siento mucho la muerte de su padre.* **4** Notar con el oído; oír: *sintió pasos a lo lejos.* **5** Tener la impresión de que va a ocurrir una cosa: *siento que todo esto acabará fatal.* ⇒ **presentir. - 6** ***m.*** Opinión, idea o sentimiento: *el ~ general apoya a los gobernantes.* **- 7 sentirse** ***prnl.*** Encontrarse o notarse en cierto estado físico o moral: *me sentí enfermo y me acosté; hoy me siento muy feliz.* ■ **sin ~**, sin que se note; sin darse cuenta: *las vacaciones pasan sin ~.* ☖ Se conjuga como 35.

se·ña |séɲa| **1** ***f.*** Gesto que se hace para indicar una cosa: *me hizo una ~ con la que me dio a entender que se quería marchar; le dijo con señas que se callara.* ⇒ **señal. 2** Nota característica: *el policía pidió al testigo que diera las señas del asesino.* ☖ Se usa sobre todo en plural. **- 3 señas** ***f. pl.*** Nombre de la población y la calle y número de la casa donde vive una persona: *¿cuáles son tus señas?* ⇒ **dirección, domicilio.**

se·ñal |seɲál| **1** ***f.*** Marca que distingue a una persona o cosa de las demás: *tengo una ~ en la nariz.* **2** Signo o medio que se pone para marcar una cosa o un lugar: *hizo una ~ en la página del libro que contenía las fórmulas más importantes.* **3** Signo; cosa que significa o representa otra cosa: *había una ~ de* prohibido aparcar *y nos pusieron una multa;* **~ de la cruz**, movimiento de la mano que dibuja una cruz imaginaria y que hacen los cristianos: *los cristianos, cuando pasan por delante del altar, hacen la ~ de la cruz.* ⇒ **símbolo. 4** *Huella o marca: *la operación de cirugía estética no le ha dejado ninguna ~.* **5** *Pista o *indicio: *si tiene en su casa mercancía robada, es ~ de que es un ladrón.* **6** Cantidad de dinero que se *adelanta cuando se reserva una cosa para comprarla: *no llevo suficiente dinero, pero dejaré una ~ y vendré mañana a recoger el traje y pagar el resto.* **7** Aviso o indicación: *el policía nos hizo una ~ para que detuviéramos la marcha; desde la torre, un señor hacía señales luminosas pidiendo socorro.* **8** Sonido característico que hace el teléfono al *descolgarlo: *descolgué el teléfono y no daba ~.* ■ **en ~**, como prueba o muestra: *el príncipe dejó su anillo a la campesina en ~ de su amor.*

se·ña·lar |seɲalár| **1** ***tr.*** [algo] Poner una marca o señal: *señalaré con una cruz las cajas que deben transportar.* **2** [algo, a alguien] Indicar con el dedo o con la mano: *es de mal gusto ~ con el dedo a las personas; el niño señalaba los juguetes que no podía alcanzar.* **3** Marcar o determinar: *ya han señalado el día y la hora de la reunión.* ⇒ **asignar, designar.** **4** [algo] Hacer un gesto como si se tuviera la intención de hacer una cosa, pero sin llegar a hacerla: *el torero señaló una estocada.* **- 5 *tr.-prnl.*** [a alguien] Hacer una herida en la piel: *me ha señalado con el cuchillo.* **- 6 señalarse *prnl.*** Hacerse notar o distinguirse por una cualidad o una circunstancia: *aquel soldado se señaló en la batalla.* ⇒ **significar.**

se·ña·li·za·ción |seɲaliθaθión| **1** ***f.*** Acción y resultado de *señalizar: *ya se ha comenzado la ~ de la nueva carretera.* **2** Conjunto de señales: *la ~ de esta ciudad es muy confusa y escasa.*

se·ña·li·zar |seɲaliθár| ***tr.*** [algo] Colocar señales para regular la circulación: *si su vehículo se avería, debe señalizarlo para evitar accidentes.* ☐ Se conjuga como 4.

se·⌐ñor, ⌐ño·ra |seɲór, ɲóra| **1** ***m. f.*** Persona adulta, especialmente considerada con respeto: *pregunté la dirección a un ~.* **2** Dueño de una cosa; persona que tiene poder o *dominio sobre una cosa: *¿puedo hablar con la señora de la casa?* **3** Amo o persona para la que trabaja un criado: *la señora quiere que friegues la cocina.* **4** Persona noble: *tienen el título de señores.* **5** Forma de tratamiento que indica respeto o *cortesía: *el ~ Pérez está en una reunión; por favor, señora, pase a la consulta; fuimos a visitar al ~ obispo.* ⇒ **don, doña.** ☐ Se usa como apelativo o vocativo, antepuesto a un nombre propio o antepuesto a un nombre de cargo o profesión. A las mujeres se les suele aplicar este tratamiento, antepuesto a un nombre propio, cuando son casadas; también se antepone a un nombre de cargo o profesión desempeñado por una mujer: *señora ministra, señora magistrada.* **- 6 *adj.*** *fam.* Que es bueno o grande: *te has comprado un ~ abrigo.* ☐ Intensifica el valor del sustantivo. **- 7 Señor *m.*** Dios; el dios de los cristianos: *el ~ es mi pastor, nada me falta.* ☐ En esta acepción se escribe con mayúscula.

se·ño·re·ar |seɲoreár| **1** ***tr.*** [algo] Dominar o mandar como dueño: *cuando no estaba el amo, el portero señoreaba la finca e insultaba a los otros servidores.* **2** *fam.* [a alguien] Dar tratamiento de *señor* o *señora*: *siempre me ha tuteado y viene ahora señoreándome porque quiere pedirme prestado dinero.* **- 3 señorearse *prnl.*** Comportarse con actitudes que se consideran propias de una persona rica o educada: *hay que verlo cómo se señorea y corteja a las muchachas.*

se·ño·rí·a |seɲoría| **1** ***f.*** Forma de tratamiento que se usa hacia personas que ocupan ciertos cargos y que indica respeto: *a los jueces y a los diputados se les da el tratamiento de ~.* **2** Persona a quien se da ese tratamiento: *con permiso de su ~, le pido que me conceda un descanso para hablar con mi defendido.*

se·ño·rial |seɲoriál| **1** ***adj.*** Del señor o el *señorío o que tiene relación con ellos: *adoptó una actitud ~ y en ningún momento aceptó rebajarse.* **2** Que provoca admiración y respeto por su grandeza, superioridad o nobleza: *tienen una mansión ~ en las afueras de la ciudad.* ⇒ **majestuoso, solemne.**

se·ño·rí·o |seɲorío| **1** ***m.*** Autoridad o mando sobre una cosa: *siempre quería demostrar su ~ en todas partes.* **2** Terreno que pertenece a un señor: *hemos hecho un recorrido por el ~.* **3** Título de señor: *a su muerte, el ~ pasó a su hijo.* **4** *fig.* Gravedad y *elegancia en el aspecto o en las acciones: *Juan tiene mucho ~: viste muy bien.*

se·ño·ri·ta |seɲoríta| **1** ***f.*** Forma de tratamiento que se usa con las mujeres que no están casadas y que indica respeto y *cortesía: *la ~ Marisol ha salido.* ☐ Se usa como vocativo o antepuesto a un nombre propio. **2** Mujer que no está casada: *ha conocido a una ~ muy inteligente y de buena familia.* **3** Mujer que desempeña cierto trabajo, especialmente profesora de enseñanza *primaria: *tendré que hablar con la ~ del niño para saber cómo se comporta en clase.*

se·ño·ri·⌐to, ⌐ta |seɲoríto, ta| **1** ***m. f.*** Hijo o hija de un señor o de una señora: *el ~ heredará las fincas de su padre.* **2** *desp.* Persona joven que no está *acostumbrada a trabajar, generalmente porque su familia tiene mucho dinero: *ya está aquí el ~ quejándose de que tiene demasiado trabajo.*

se·ño·⌐rón, ⌐ro·na |seɲorón, róna| ***adj.-s.*** (persona) Que es o parece muy rico o respetado: *va por ahí como si fuera una señorona, tratando como criados a los dependientes de las tiendas.*

se·ñue·lo |seɲuélo| **1** ***m.*** Cosa que sirve para atraer a las aves que se quieren cazar: *para facilitar la caza, pusieron algunos señuelos entre los árboles.* ⇒ **añagaza.** **2** *fig.* Cosa que se usa para atraer o influir engañando: *los jóvenes acuden a las sectas atraídos por el ~ de la espiritualidad y la paz interior.*

sé·pa·lo |sépalo| ***m.*** *form.* Hoja fuerte y dura que forma parte del *cáliz de una flor: *la rosa tiene cinco sépalos.*

se·pa·ra·ble |separáβle| ***adj.*** Que se puede separar: *el periódico se vende con un suplemento ~ y coleccionable.* ⇔ **inseparable.**

se·pa·ra·ción |separaθión| **1** ***f.*** Espacio que queda entre dos cuerpos o lugares que no están juntos: *entre ambas piezas hay 15 milímetros de ~.* **2** DER. Alejamiento de dos personas casadas, por común acuerdo o por decisión de un tribunal, sin que se rompa definitivamente el *matrimonio: *tras la ~, él se ha ido a vivir con sus padres.* ■ **~ de bienes**, DER., uso de los bienes de un *matrimonio, según el cual cada miembro de la pareja conserva sus bienes propios, usándolos y administrándolos sin la intervención del otro: *la parte económica del divorcio ha sido fácil: la pareja tenía ~ de bienes.*

se·pa·rar |separár| **1** ***tr.*** [algo, a alguien] Poner o llevar lejos; apartar: *separó la silla de la pared y se sentó en el centro de la sala.* ⇒ **retirar.** ⇔ **acercar, aproximar.** **2** Formar grupos de cosas: *separa las* *lentejas de los garbanzos.* ⇔ **juntar.** **3** Considerar individualmente: *tienes que conseguir ~ los problemas personales de tu vida laboral.* **4** Distinguir unas cosas o especies de otras: *separa los buenos de los malos.* **5** [a alguien] Hacer abandonar una actividad o un cargo: *el secretario fue separado del cargo.* ⇒ **retirar.** **6** Obligar a dejar de luchar: *separa a los niños: están peleándose.* **- 7 separarse** ***prnl.*** Tomar caminos o tendencias diferentes: *vinimos juntos hasta Zaragoza y allí nos separamos.* **8** Dejar de vivir juntos los que están casados: *Pablo y Marisa se han separado después de cinco años de casados.* **9** Renunciar a un grupo, una actividad o una creencia: *se ha separado de la asociación a la que pertenecía.* **10** Dejar de desempeñar cierto empleo u ocupación: *me he separado del departamento de contabilidad y ahora trabajo en ventas.*

se·pa·ra·ta |separáta| ***f.*** Artículo o parte de un libro o una revista que se publica por separado: *me han mandado 20 separatas del artículo que publiqué en la revista.*

se·pa·ra·tis·mo |separatísmo| ***m.*** POL. Doctrina política que defiende la separación de un territorio del Estado al que pertenece: *el ~ persigue la independencia de las regiones.*

se·pa·ra·tis·ta |separatísta| **1** ***adj.*** POL. Del *separatismo o que tiene relación con él: *ese grupo hace una política ~; el político hizo reivindicaciones separatistas.* **- 2** ***adj.-com.*** POL. Que es partidario del *separatismo: *los separatistas se consideran discriminados por el Gobierno central.*

se·pe·lio |sepélio| ***m.*** Grupo de personas que van a enterrar el cuerpo muerto de una persona: *el ~ salió de la iglesia camino del cementerio.* ⇒ **entierro.**

se·pia |sépia| **1** ***f.*** Animal invertebrado marino comestible, con una cabeza grande de la que salen diez patas, que se mueve lanzando agua con fuerza: *los pescadores han pescado dos sepias y nos las hemos comido con mayonesa.* ⇒ **jibia.** ☖ Para indicar el sexo se usa la ~ macho y la ~ hembra. **- 2** ***adj.-m.*** De color marrón, tirando a rojo claro: *he comprado un vestido de tono ~.*

sep·ten·trio·nal |seᵖtentrionál| ***adj.*** Del norte o que tiene relación con él: *las regiones septentrionales de Europa son muy húmedas.* ⇒ **meridional.**

sep·tiem·bre |seᵖtiémβre| ***m.*** Noveno mes del año, que va después de *agosto y antes de *octubre: *en ~ volveremos al trabajo después de las vacaciones.* ⇒ **setiembre.**

sép·ti·⌐mo, ⌐ma |séᵖtimo, ma| **1** ***num.*** (persona, cosa) Que sigue en orden al que hace el número seis: *si voy después del sexto, soy el ~ de la lista.* **2** (parte) Que resulta de dividir un todo en siete partes iguales: *si somos siete para comer, me toca un ~ de la tarta.*

sep·tin·gen·té·si·⌐mo, ⌐ma |seᵖtinxentésimo, ma| **1** ***num.*** (persona, cosa) Que sigue en orden al que hace el número 699: *si voy después del sexcentésimo nonagésimo noveno, soy el ~ de la lista.* **2** (parte) Que resulta de dividir un todo en 700 partes iguales: *eran 700 personas y le correspondió a cada una un ~.*

sep·tua·gé·si·⌐mo, ⌐ma |seᵖtuaxésimo, ma| **1** ***num.*** (persona, cosa) Que sigue en orden al que hace el número 69: *si voy después del sexagésimo noveno, soy el ~ de la lista.* **2** (parte) Que resulta de dividir un todo en 70 partes iguales: *eran 70 personas y le correspondió a cada una un ~.*

se·pul·cral |sepulkrál| ***adj.*** Del *sepulcro o que tiene relación con él: *había en la sala un silencio ~.*

se·pul·cro |sepúlkro| ***m.*** Obra, generalmente de piedra, que se construye levantada del suelo y que sirve para guardar el cuerpo muerto de una persona: *en ese bellísimo ~ labrado están los restos del Cardenal Cisneros.* ⇒ **mausoleo, panteón, sarcófago, sepultura, tumba.**

se·pul·tar |sepultár| **1** ***tr.*** [algo, a alguien] Poner en una *sepultura: *aquí sepultaron al difunto conde; han sepultado el cuerpo del soldado muerto en la batalla.* ⇒ **enterrar.** **2** *fig.* [algo] Ocultar, esconder o cubrir por completo: *el terremoto sepultó medio pueblo.*

se·pul·tu·ra |sepultúra| **1** ***f.*** Acción y resultado de *sepultar: *la ~ de la familia que murió en el accidente dio mucho trabajo.* **2** Agujero hecho en la tierra en el que se entierra el cuerpo muerto de una persona: *en aquel cementerio está la ~ de mi bisabuelo.* ⇒ **tumba.** **3** Obra, generalmente de piedra, que se construye levantada del suelo y que sirve para guardar el cuerpo muerto de una persona: *como el cementerio quedaba pequeño, tuvieron que construir nuevas sepulturas en forma de edificio.* ⇒ **mausoleo, panteón, sarcófago, sepulcro, tumba.**

se·pul·tu·re·⌐ro, ⌐ra |sepulturéro, ra| ***m. f.*** Persona que se dedica a enterrar los cuerpos muertos de las personas: *el ~ cavó la fosa en la que pusieron el féretro.* ⇒ **enterrador.**

se·que·dad |sekeðáᵟ| **1** ***f.*** Cualidad de seco: *esta crema hidratante actúa contra la ~ de la piel.* **2** *fig.* Obra o dicho áspero y duro: *me respondió con ~.*

se·quí·a |sekía| ***f.*** Tiempo seco que dura mucho tiempo: *el campo está padeciendo una ~ que ya dura varios meses; la ~ ha sido tan rigurosa que los animales se han muerto de sed.*

sé·qui·to |sékito| ***m.*** Conjunto de personas que acompañan y siguen a otra: *vino el rey con todo su ~.* ⇒ **cortejo.**

ser |sér| **1** ***v.*** Tener o poseer una cualidad permanente o natural: *Sócrates era filósofo; mi primo es alemán; Marta es rubia; Juan es de Cáceres; la mesa es de madera.* ⇒ **estar.** ☖ No se debe confundir su uso con el de *estar*. Con los posesivos, indefinidos y numerales se usa *ser*: *los Reyes Magos son tres; estas sillas son nuestras.* **2** ***v. aux.*** Forma la voz pasiva de los verbos seguido de un participio: *la noticia ha sido comentada en todos los medios de difusión.* **- 3** ***unipers.*** Indica un momento en el tiempo: *son las seis y cuarto; hoy es jueves; era de noche.* ☖ Se debe respetar la concordancia con el sujeto: *es la una.* **- 4** ***intr.*** Existir o tener realidad: *Dios es.* **5** Ocurrir o tener lugar: *la reunión será en el salón de actos.* ☖ Nunca indica el lugar donde se encuentra una cosa, para lo cual se usa *estar*: *el robo* *fue en la biblioteca,* pero *el libro está en la biblioteca.* **6** [para algo/alguien] Servir o estar destinado: *estos cubiertos son para el pescado; la carta es para el jefe.* **7** Valer o costar dinero: *¿cuánto es el periódico?* **- 8** ***m.*** Vida o posibilidad de existir: *nuestros padres nos dieron el ~; el ~ nos viene de la divinidad.* **9** Persona o cosa que está viva: *el hombre es un ~ racional; de la nave espacial descendieron unos extraños seres;* **el Ser Supremo**, Dios; el dios de los cristianos: *el Ser Supremo dio la esencia al hombre.* ☖ En esta acepción se suele escribir con mayúscula. ■ **a no ~ que**, si no se cumple la condición que sigue: *a no ~ que llueva, iremos de excursión.* ■ **como sea**, de cualquier modo; cueste lo que cueste: *necesito aprobar el examen como sea.* ■ **es que**, introduce una respuesta o una explicación: *¿por qué no viniste? Es que no me avisaron; no es que no te quiera, es que necesito un poco de libertad.* ☖ La frase que comienza con *es que* indica la causa de que se haya producido una acción determinada. ■ **~ de lo que no hay**, *fam.*, no tener igual: *Juanjo es de lo que no hay, no se puede razonar con él.* ☖ Se conjuga como 86.

se·ra |séra| ***f.*** Recipiente parecido a la *espuerta, pero de mayor tamaño y generalmente sin asas: *echaron el estiércol en la ~; las seras suelen ser de esparto.* ⇒ **espuerta, serón.**

ser·⌈bio, ⌈bia |sérβio, βia| **1** ***adj.*** De Serbia o que tiene relación con Serbia: *el estado ~ está en la Europa de los Balcanes.* ⇒ **servio. - 2** ***m. f.*** Persona nacida en Serbia o que vive habitualmente en Serbia: *los serbios formaban parte de la antigua Yugoslavia.* ⇒ **servio. - 3 serbio** ***m.*** Lengua que se habla en Serbia: *el ~ es una lengua eslava.* ⇒ **servio.**

se·re·nar |serenár| ***tr.-prnl.*** [algo, a alguien] Hacer desaparecer la agitación, la preocupación o los nervios: *las buenas noticias serenaron a la madre.* ⇒ **calmar, sedar, sosegar, tranquilizar.**

se·re·na·ta |serenáta| ***f.*** Composición musical o poema hecho para ser cantado al aire libre y durante la noche, generalmente para agradar o alabar a una persona: *el galante caballero se colocó debajo del balcón de su dama para cantar una ~; los tunos dedican serenatas a las estudiantes.*

se·re·ni·dad |sereniðáᵈ| **1** ***f.*** Cualidad del que no presenta preocupación ni nervios: *su ~ y su calma nos infundieron confianza.* **2** Falta de agitación, movimiento o ruido: *lo que más me gusta de este lugar es la paz y la ~ que se respira.* ⇒ **quietud, reposo, sosiego, tranquilidad.**

se·re·⌈no, ⌈na |seréno, na| **1** ***adj.*** Que no presenta agitación, movimiento o ruido: *el mar ha amanecido ~ y los barcos han salido a pescar.* ⇒ **tranquilo. 2** *fig.* Que no tiene preocupación o nervios: *se mantuvo ~ a pesar de todos los problemas.* ⇒ **tranquilo. 3** Que no está borracho: *todos salieron de la fiesta serenos, para poder conducir.* ⇒ **sobrio. - 4 sereno** ***m.*** Persona que se dedica a vigilar y a abrir las puertas de las casas durante la noche: *para llamar al ~ había que dar palmas.* **5** Humedad de la atmósfera durante la noche: *si sales por la noche, protégete del ~.* ■ **al ~**, al aire libre durante la noche: *no encontraron alojamiento y tuvieron que dormir al ~.*

se·rial |seriál| ***m.*** Serie larga de programas de radio o televisión en la que se cuenta una historia que exagera los sentimientos para mantener la atención del público: *la abuela se pasaba las tardes escuchando los seriales de la radio.* ⇒ **culebrón.**

se·rie |série| **1** ***f.*** Conjunto de cosas que tienen una relación entre sí y se *suceden unas a otras: *la ~ de los números es infinita.* **2** Conjunto de cosas: *me dijo tal ~ de mentiras que no pude creer nada.* **3** Obra que se emite por *capítulos en radio o televisión: *los niños están viendo por televisión una ~ de dibujos animados.* **4** Conjunto de sellos, billetes u otras cosas que forman parte de una misma emisión: *han puesto en circulación una ~ de sellos para conmemorar el quinto centenario del descubrimiento de América.* ■ **en ~**, siguiendo un modelo; de forma automática y repetida: *las lavadoras están hechas en ~ porque ese sistema abarata mucho los costes.* ■ **fuera de ~**, que es especialmente bueno en su clase: *ese piloto es un fuera de ~, no hay quien le gane.*

se·rie·dad |serieðáᵈ| **1** ***f.*** Responsabilidad o *formalidad: *esta empresa ha demostrado su ~ con un trabajo eficaz durante años.* **2** Severidad o *rigor: *la ~ no suele ser frecuente entre los más jóvenes.* **3** Gravedad o importancia: *la ~ de la situación política ha llegado a preocupar a todos los ciudadanos.* **4** Cualidad de lo que no es divertido ni gracioso: *la ~ de la reunión molestó a los que habían ido allí a divertirse.*

se·⌈rio, ⌈ria |sério, ria| **1** ***adj.*** Que obra pensando bien sus actos, sin hacer bromas y sin tratar de engañar; que es responsable: *me alegra que mi hija salga con este chico tan ~.* **2** Que es o parece severo; que *impone respeto: *es un señor tan ~ que jamás lo he visto reírse.* **3** Que es grave o importante; que preocupa: *estamos ante un ~ problema de dinero.* **4** Que no es divertido ni gracioso: *es una reunión seria, no una fiesta, así que deberás comportarte debidamente.*

ser·món |sermón| **1** ***m.*** Discurso de contenido moral pronunciado en público por un sacerdote: *el ~ de este domingo ha tratado sobre la necesidad de perdonar a nuestros semejantes.* ⇒ **homilía. 2** *fig.* Conversación larga en la que se avisa a una persona o se trata de corregir una actitud: *cada vez que salgo con el coche tengo que soportar el ~ de mi padre sobre los peligros de una conducción imprudente.*

ser·mo·ne·ar |sermoneár| **1** ***tr.*** *fam.* [a alguien] Hablar largamente con una persona para darle aviso o tratar de corregir su actitud: *siempre está sermoneando a sus hijos para que estudien más.* **- 2** ***intr.*** Pronunciar el sacerdote un discurso de contenido moral en público: *el sacerdote sermonea todos los domingos.* ⇒ **predicar.**

se·rón |serón| ***m.*** Recipiente grande de material flexible, más alto que ancho, que se coloca sobre los animales de carga: *llenó el ~ de escombro y lo puso a lomos de la mula.* ⇒ **sera.**

ser·pen·te·ar |serpenteár| ***intr.*** Moverse o extenderse dando vueltas o haciendo giros como las serpientes: *los ciclistas iban serpenteando.*

ser·pen·ti·na |serpentína| 1 *f.* Tira de papel enrollada que en las fiestas se lanzan unas personas a otras, sujetándola por un extremo: *los payasos venían montados en carrozas y lanzando serpentinas y caramelos a los niños.* 2 Piedra de color verde con manchas, de aspecto parecido a la piel de una serpiente: *la ~ es casi tan dura como el mármol.*

ser·pien·te |serpiénte| *f.* Reptil sin pies, de cuerpo cilíndrico alargado, cabeza aplastada, boca grande, piel de distintos colores y de tamaño grande: *la llevaron al hospital porque le había mordido una ~.* ⇒ **culebra; ~ de cascabel**, la que es muy venenosa, que tiene al final de la cola un conjunto de anillos que hace vibrar: *por el ruido supo que era una ~ de cascabel.* ⇒ **crótalo.** ⌂ Para indicar el sexo se usa la ~ macho y la ~ hembra.

se·rra·ní·a |seranía| *f.* GEOGR. Terreno formado por montañas y sierras: *varios pueblos de la ~ de Cuenca han quedado incomunicados por las fuertes nevadas.*

se·rra·⌐no, ⌐na |seráno, na| *adj.-s.* De la sierra o que tiene relación con ella: *Jaime se ha comprado un chalé en una comarca serrana.*

se·rrar |serár| *tr.* [algo] Cortar con una sierra: *el carpintero está en el taller serrando unas tablas.* ⌂ Se conjuga como 27.

se·rrín |serín| *m.* Polvo o conjunto de *partículas que se desprenden de la madera cuando se corta: *la hija del carpintero ponía el ~ en bolsas para venderlo.*

se·rru·cho |serútʃo| *m.* Herramienta formada por una hoja ancha de acero con dientes, unida a un mango, y que sirve para cortar madera u otros objetos duros: *cortaba las ramas del árbol con el ~.*

ser·vi·cial |serβiθiál| 1 *adj.* Que sirve con cuidado y rapidez: *el botones del hotel es muy ~: se merece una buena propina.* 2 Que está dispuesto a servir y satisfacer a los demás: *mi compañero es muy ~: cada mañana me lleva el desayuno a la cama.* ⇒ **solícito.**

ser·vi·cio |serβíθio| 1 *m.* Trabajo, especialmente cuando se hace para otra persona: *te han pagado muy bien por tus servicios; lleva quince años al ~ del Estado.* ⌂ Se usa con el verbo *prestar* con el significado de *hacer*; **~ militar**, el que se presta al Estado siendo soldado durante un periodo de tiempo determinado: *los jóvenes tienen que pasar unos meses haciendo el ~ militar;* **~ civil**, el que se presta al Estado *colaborando en trabajos que no tienen relación con el ejército: *muchos chicos se hacen objetores de conciencia y prefieren hacer el ~ civil.* 2 Utilidad o función: *esta chaqueta siempre me ha hecho un buen ~.* 3 Favor o bien: *me has hecho un gran ~ viniendo a buscarme.* 4 Organización que se encarga de cuidar unos intereses o satisfacer unas necesidades: *el ~ de limpieza del supermercado es muy eficaz;* **~ de inteligencia**, organización secreta que se encarga de *investigar en un Estado: *el ~ de inteligencia ha descubierto un intento de golpe de estado;* **~ posventa**, el que se encarga de mantener los aparatos y *repararlos después de haberlos vendido: *esta marca de ordenadores te asegura un excelente ~ posventa.* 5 Trabajo hecho por ese tipo de organizaciones: *los servicios que hacemos en esta empresa están garantizados;* **~ discrecional**, el que hace una empresa según sus propios intereses y los del público: *ese autobús realiza un ~ discrecional.* 6 Habitación en la que está el váter y otros elementos que sirven para el aseo humano: *el ~ de señoras está al fondo a la derecha.* ⇒ **cuarto, retrete.** 7 Conjunto de personas que trabajan como criados en una casa: *por la mañana, la señora convoca al ~ para dar las órdenes pertinentes.* 8 Conjunto de objetos que se usan para servir comidas o bebidas: *tienen un ~ de café de porcelana china; ¿puedo retirar el ~?* 9 DEP. Impulso que se da a la pelota para ponerla en movimiento y comenzar una jugada: *ese tenista tiene un ~ muy fuerte.* ⇒ **saque.** ■ **de ~**, desempeñando activamente un cargo o cumpliendo una función: *los policías nunca beben cuando están de ~.* ■ **hacer un flaco ~**, *fam.*, causar un daño o mal: *me has hecho un flaco ~ contando a todo el mundo que tengo una enfermedad contagiosa.*

ser·vi·⌐dor, ⌐do·ra |serβiðór, ðóra| 1 *m. f.* Persona que se dedica a realizar los trabajos domésticos a cambio de dinero: *la marquesa envió a uno de sus servidores a recogerme al aeropuerto.* ⇒ **sirviente.** 2 Persona que se dedica a manejar una arma, una máquina u otro aparato: *ese técnico es el ~ de la red informática.* 3 Nombre que por *cortesía y respeto se da a sí misma una persona cuando habla con otra: *un ~ piensa que eso debería hacerse de otra manera.*

ser·vi·dum·bre |serβiðúmbre| 1 *f.* Conjunto de sirvientes de una casa: *preguntó a la ~ si sabía dónde había ido su señor.* 2 Trabajo propio del sirviente: *vivió de la ~ durante toda su vida.* 3 *fig.* Sujeción de una persona al amor o a una pasión: *estuvo bajo su ~, hechizado por ella.* 4 Derecho que limita el *dominio sobre un bien en *beneficio de otro que pertenece a otra persona: *esta finca está gravada por una ~ de paso.*

ser·vil |serβíl| 1 *adj.* De los criados o que tiene relación con ellos: *en los palacios, la actividad ~ es intensa.* 2 *desp.* Que muestra una tendencia exagerada a servir y satisfacer a una autoridad: *es una empleada demasiado ~: hace cuanto le piden sus jefes.*

ser·vi·lis·mo |serβilísmo| *m.* Tendencia exagerada a servir o satisfacer a una autoridad: *no soporto el ~ de mis empleados.*

ser·vi·lle·ta |serβiʎéta| *f.* Pieza de tela o papel que sirve para limpiarse la boca y los dedos, o para proteger el vestido durante las comidas: *se limpió la boca con la ~ antes de beber.*

ser·vi·lle·te·ro |serβiʎetéro| 1 *m.* Objeto, generalmente circular, que sirve para recoger o guardar una *servilleta: *tenía un ~ grabado con su inicial.* 2 Objeto que sirve para recoger o guardar un conjunto de *servilletas: *coge una servilleta de papel del ~.*

ser·⌐vio, ⌐via |sérβio, βia| 1 *adj.* De Serbia o que tiene relación con Serbia: *el estado ~ perteneció a la antigua república federal de Yugoslavia.* ⇒ **serbio.**

- 2 ***m. f.*** Persona nacida en Serbia o que vive habitualmente en Serbia: *los servios son vecinos de los rumanos.* ⇒ **serbio. - 3 servio** ***m.*** Lengua que se habla en Serbia: *el ~ pertenece al grupo de las lenguas eslavas.* ⇒ **serbio.** ⌂ La Real Academia Española prefiere la forma *serbio.*

ser·vir |serβír| **1** ***intr.*** Valer o ser útil: *tus palabras servirán de consuelo; Juan no sirve para nada.* **2** Tener una utilidad o un fin: *esta máquina sirve para picar carne; las tijeras sirven para cortar.* **3** Estar al servicio; hacer lo que se manda: *ese mayordomo sirvió en palacio; el criado sirve a su amo.* **4** Ser soldado en activo: *sirvió muchos años en infantería.* **5** Ejercer un cargo u oficio: *aquel funcionario sirve en hacienda.* **- 6** ***intr.-tr.*** Llevar a la mesa la comida o la bebida: *los camareros sirven la comida; la madre hace la comida y los hijos sirven.* **- 7** ***tr.-prnl.*** Poner en el plato o en el vaso: *¿me sirves un poco de carne, por favor?; sírvase usted mismo.* **- 8** ***tr.*** [algo, a alguien] Hacer llegar; dar o vender: *la fábrica que cerraron servía el pan a esta panadería.* ⇒ **suministrar. 9** Mostrar adoración, *obediencia y respeto: *ha dedicado su vida a ~ a Dios y a cuidar a los niños huérfanos.* **- 10 servirse** ***prnl.*** *form.* Tener a bien: *sírvase firmar este documento, por favor.* **11** [de algo/alguien] Usar o valerse para el bien propio: *se sirvió de sus influencias para conseguir lo que quería.* ⌂ Se conjuga como 34.

se·se·ar |seseár| ***intr.*** LING. Hablar sin distinguir *s* y *c* o *z*, pronunciando el sonido correspondiente a *s*: *los que sesean dicen* sapato *en vez de* zapato. ⇒ **cecear.**

se·sen·ta |sesénta| **1** ***num.*** 50 más diez: *30 por dos son ~; si tengo 100 manzanas y te doy 40, me quedan ~.* **2** (persona, cosa) Que sigue en orden al que hace el número 59; sexagésimo: *si voy después del quincuagésimo noveno, soy el ~ de la lista.* ⌂ Es preferible el uso del ordinal: *soy el sexagésimo.* **- 3** ***m.*** Número que representa el valor de 50 más diez: *escribe el ~ después del 59.*

se·sen·ta·⌈vo, ⌈va |sesentáβo, βa| ***num.*** (parte) Que resulta de dividir un todo en 60 partes iguales: *eran 60 personas y le correspondió a cada una un ~.*

se·se·o |seséo| ***m.*** LING. Fenómeno del habla que consiste en no distinguir *s* y *c* o *z*, pronunciando el sonido correspondiente a *s*: *algunos hablantes de Andalucía hablan con ~: dicen* sapato *en lugar de* zapato. ⇒ **ceceo.** ⌂ El seseo se encuentra en algunas zonas de Andalucía, en Canarias y en América.

se·se·ra |seséra| **1** ***f.*** *fam.* Cabeza de las personas y de los animales: *los niños se pelearon y uno le dio a otro una pedrada en la ~; ¡qué dolor de ~ tengo hoy!* ⇒ **cabeza. 2** *fam. fig.* Capacidad de pensar y juzgar: *¡qué poca ~ tienes, deberías haber previsto las consecuencias de tu conducta!* ⇒ **cabeza, juicio, seso. 3** Parte de la cabeza del animal en la que se encuentran los *sesos: *abrieron la ~ del cordero para sacar los sesos.*

ses·gar |sesγár| **1** ***tr.*** [algo] Cortar o partir en una dirección que no es vertical ni horizontal: *al meter el tornillo has sesgado la madera.* **2** *Orientar hacia un lado poco adecuado: *si, para hacer la encuesta, sólo preguntas a los hombres, se pueden ~ los resultados.* ⌂ Se conjuga como 7.

ses·go |sésγo| **1** ***m.*** *Orientación de una cosa hacia un lado poco adecuado: *el resultado de las encuestas revela un ~ que hace que sea poco fiable.* **2** *fig.* Curso o dirección que toma un negocio: *estamos contentos con el ~ de nuestra nueva tienda.*

se·sión |sesión| **1** ***f.*** Ocasión en que se reúne un grupo de personas con un fin determinado: *nos encontramos con Manolo con motivo de la ~ fotográfica.* **2** Acto, proyección o representación pública: *fuimos a la ~ de tarde del cine; la última ~ de esta obra de teatro empieza a las diez y media.* ⇒ **pase.**

se·so |séso| **1** ***m.*** *fig.* Capacidad de pensar y juzgar: *Don Quijote perdió el ~ de tanto leer novelas de caballerías.* ⇒ **cabeza, juicio. - 2 sesos** ***m. pl.*** Masa de tejido nervioso que se encuentra en el interior de la cabeza: *en ciertos lugares, los sesos de algunos animales se suelen comer.* ⇒ **cerebro.** ■ **calentarse/devanarse los sesos**, pensar mucho hasta cansarse: *me he estado devanando los sesos y aún no he encontrado una solución.* ■ **sorber el ~**, hacer perder la capacidad de pensar y juzgar: *la televisión ha sorbido el ~ a Alejandro.*

ses·te·ar |sesteár| **1** ***intr.*** Pasar la primera hora de la tarde durmiendo o descansando: *todas las tardes sestea un par de horas.* **2** Recogerse el ganado durante el día en un lugar fresco: *las ovejas están sesteando en la pradera.*

se·su·⌈do, ⌈da |sesúðo, ða| **1** ***adj.*** Que muestra buen juicio y madurez en sus actos: *es un muchacho muy ~, incapaz de hacer locuras.* ⇒ **sensato. 2** Que es inteligente; que sabe muchas cosas: *un grupo de sesudos científicos está investigando el planeta Júpiter.* ⇒ **sabio.**

set |sét| ***m.*** DEP. Parte principal en que se divide un partido en ciertos deportes: *el tenista venció a su contrincante en el tercer ~.* ⌂ Esta palabra procede del inglés. El plural es *sets.*

se·ta |séta| ***f.*** Hongo con forma de sombrero sostenido por un pie: *mi abuelo es capaz de distinguir las setas venenosas de las que se pueden comer.* ⇒ **champiñón.**

se·te·cien·⌈tos, ⌈tas |seteθiéntos, tas| **1** ***num.*** 100 multiplicado por siete: *500 más 200 son ~.* **2** (persona, cosa) Que sigue en orden al que hace el número 699; septingentésimo: *si voy después del 699, soy el ~ de la lista.* ⌂ Es preferible el uso del ordinal: *soy el septingentésimo.* **- 3** ***m.*** Número que representa el valor de 100 multiplicado por siete: *escribe el ~ después del 699.*

se·ten·ta |seténta| **1** ***num.*** 60 más diez: *50 más 20 son ~; si tengo 100 manzanas y te doy 30, me quedan ~.* **2** (persona, cosa) Que sigue en orden al que hace el número 69; septuagésimo: *si voy después del sexagésimo noveno, soy el ~ de la lista.* ⌂ Es preferible el uso del ordinal: *soy el septuagésimo.* **- 3** ***m.*** Número que representa el valor de 60 más diez: *escribe el ~ después del 69.*

se·ten·ta·⌈vo, ⌈va |setentáβo, βa| ***num.*** (parte)

Que resulta de dividir un todo en 70 partes iguales: *eran 70 personas y le correspondió a cada una un ~.*

se·tiem·bre |setiémβre| ***m.*** Noveno mes del año, que va después de *agosto y antes de *octubre: *en ~ comienza el otoño.* ⇒ **septiembre.** ☖ La Real Academia Española prefiere la forma *septiembre.*

se·to |séto| ***m.*** Valla hecha de palos, de varas cruzadas, de arbustos o de otras plantas: *los muchachos saltaron el ~ de la huerta para coger manzanas; el jardinero recortó el ~.*

seu·dó·ni·mo |seuðónimo| ***m.*** Nombre que se emplea en lugar del verdadero: *publicó una novela erótica y la firmó con ~.* ⇒ **sobrenombre.**

se·ve·ri·dad |seβeriðá^{ð}| ***f.*** Cualidad de severo o *riguroso: *me impresionó la ~ que mostraba con sus hijos.* ⇒ **rigor.**

se·ve·⌜ro, ⌜ra |seβéro, ra| **1** ***adj.*** Que no tiene facilidad para perdonar las faltas o las debilidades de los demás: *es un maestro ~ con los alumnos; emitió juicios muy severos sobre los atentados terroristas.* ⇔ **flexible, laxo. 2** Que es exacto y *riguroso al aplicar una ley o una regla: *es un juez muy ~.*

se·vi·lla·⌜no, ⌜na |seβiʎáno, na| **1** ***adj.*** De Sevilla o que tiene relación con Sevilla: *la cocina sevillana es muy sabrosa.* **- 2** ***m. f.*** Persona nacida en Sevilla o que vive habitualmente en Sevilla: *muchos sevillanos sesean al hablar.*

se·xa·gé·si·⌜mo, ⌜ma |se^{k}saxésimo, ma| **1** ***num.*** (persona, cosa) Que sigue en orden al que hace el número 59: *si voy después del quincuagésimo noveno, soy el ~ de la lista.* **2** (parte) Que resulta de dividir un todo en 60 partes iguales: *eran 60 personas y le correspondió a cada una un ~.*

sex·cen·té·si·⌜mo, ⌜ma |se^{k}sθentésimo, ma| **1** ***num.*** (persona, cosa) Que sigue en orden al que hace el número 599: *si voy después del quingentésimo nonagésimo noveno, soy el ~ de la lista.* **2** (parte) Que resulta de dividir un todo en 600 partes iguales: *eran 600 personas y le correspondió a cada una un ~.*

se·xe·nio |se^{k}sénio| ***m.*** Periodo de seis años: *el plan de desarrollo industrial para esta zona durará un ~.*

se·xi |sé^{k}si| ***adj.*** ⇒ **sexy.**

se·xo |sé^{k}so| **1** ***m.*** Conjunto de características del organismo que distinguen al macho de la hembra: *tuvo gemelos de diferente ~.* **2** Conjunto de los individuos de un sexo determinado: *el ~ femenino está adquiriendo cada vez más representación en la sociedad.* **3** Órgano *externo de reproducción: *la niña miraba con curiosidad el ~ de su hermano.* **4** Actividad relacionada con la reproducción o con el placer sexual: *no ha practicado el ~ desde que murió su marido.* ⇒ **sexualidad.**

se·xó·lo·⌜go, ⌜ga |se^{k}sóloγo, γa| ***m. f.*** Persona que se dedica al estudio del sexo y de los asuntos relacionados con él: *la sexóloga tiene un programa de radio en el que se presentan casos reales.*

sex·te·to |se^{k}stéto| **1** ***m.*** POÉT. Poema de seis versos de más de ocho sílabas: *los sextetos de esa poetisa son de mala calidad.* **2** MÚS. Conjunto de seis voces o instrumentos: *ayer dio un concierto un ~ muy famoso.*

sex·⌜to, ⌜ta |sé^{k}sto, ta| **1** ***num.*** (persona, cosa) Que sigue en orden al que hace el número cinco: *si voy después del quinto, soy el ~ de la lista.* **2** (parte) Que resulta de dividir un todo en seis partes iguales: *si somos seis para comer, me toca un ~ de tarta.*

se·xual |se^{k}suál| **1** ***adj.*** Del sexo o que tiene relación con él: *el uso del preservativo previene el contagio de las enfermedades de transmisión ~.* **2** BIOL. (modo de reproducción) Que consiste en la unión de dos células procedentes de órganos distintos en una sola célula cuya multiplicación da origen a un nuevo individuo: *su hermana no podía tener hijos por unión ~ y adoptó un niño.*

se·xua·li·dad |se^{k}sualiðá^{ð}| **1** ***f.*** Conjunto de características del organismo que distinguen al hombre de la mujer: *es importante que los jóvenes conozcan no sólo su propia ~, sino la del sexo opuesto.* ⇒ **sexo. 2** Conjunto de actividades y comportamientos relacionados con la atracción entre los sexos, con la reproducción y con el placer sexual: *una ~ sana es básica para un equilibrio mental y una relación social adecuada.* ⇒ **sexo.**

se·xy |sé^{k}si| ***adj.*** Que tiene mucho *atractivo sexual; que provoca deseo sexual: *Andrés no es especialmente guapo, pero es muy ~; lleva una ropa muy ~.* ⇒ **sexi.** ☖ Esta palabra procede del inglés.

si |si| **1** ***conj.*** Indica una condición necesaria: *~ hubiera tren en mi pueblo, no vendría en coche; mañana iremos a la playa ~ hace buen día.* **2** Indica pregunta indirecta o duda: *no sé si conseguiré el dinero.* **3** Expresa intensidad en oraciones de duda o exclamación: *¡~ será bestia que le ha roto la nariz de un puñetazo!* **4** Indica deseo de que ocurra una cosa: *~ usted pudiera agilizar este trámite, por favor.* **5** Indica una afirmación cierta o segura: *¿cómo puedes negarlo, ~ yo mismo lo he visto?* **6** Expresa valor *distributivo: *~ digo lo que sé, me regañan, ~ no lo digo, también.* **- 7** ***m.*** MÚS. Séptima nota musical de la escala: *el ~ sigue al la.* ☖ El plural en esta acepción es *sis.* ■ **como ~**, expresa una comparación: *rebuznó como ~ fuera un burro.* ■ **~ bien**, pero, aunque: *no estaba seguro de sus intenciones, ~ bien tenía una idea bastante acertada.*

sí |sí| **1** ***adv. afirm.*** Expresa afirmación, especialmente como respuesta a una pregunta: *¿has leído el periódico? —~.* **2** Expresa *énfasis en una afirmación: *iré, ~, aunque pierda la vida; esto ~ que es pasarlo bien.* **- 3** ***m.*** Afirmación o respuesta afirmativa: *la novia dio el ~ delante del altar.* ☖ En esta acepción, el plural es *síes.* **- 4** ***pron. pers.*** Forma del pronombre de tercera persona en ambos géneros y números: *él siempre habla de ~ mismo; cogieron el coche para ~.* ☖ Se usa acompañado de preposición. Con la preposición *con* forma la palabra *consigo.* ■ **de por ~**, separadamente, sin unirse a otras cosas: *esta gripe de por ~ no es grave, si no se complica con otros procesos.* ■ **para ~**, mentalmente o sin hablar: *pensó para ~ que todos estaban equivocados.* ■ **porque ~**, sin una causa explicada: *tú te vas de casa porque ~, porque lo digo yo.*

sia·⌐més, ⌐me·sa |siamés, mésa| **1** ***adj.-s.*** Que ha nacido unido a su hermano: *nacieron dos siameses unidos por el brazo; el cirujano separó a las niñas siamesas con éxito.* **2** (gato) Que procede de Asia y tiene el pelo muy corto y color *amarillento o gris, más oscuro en la cara, las orejas y la cola que en el resto del cuerpo: *los gatos siameses son muy apreciados; tengo un ~ con los ojos azules.* **- 3** ***adj.*** De Tailandia o que tiene relación con Tailandia: *la forma de gobierno siamesa es la monarquía.* ⇒ **tailandés. - 4** ***m. f.*** Persona nacida en Tailandia o que vive habitualmente en Tailandia: *los siameses se denominan también tailandeses.* **- 5 siamés** ***m.*** Lengua de Tailandia: *el ~ se denomina también tai.*

si·ba·ri·ta |siβaríta| ***adj.-com.*** *form.* (persona) Que gusta de los regalos y los placeres: *llevó una vida ~ en su casa de París; es un ~ y vive rodeado de lujos.*

si·bi·li·⌐no, ⌐na |siβilíno, na| ***adj.*** Que es misterioso y oscuro; que parece encerrar un secreto importante: *me molesta que siempre hables de manera sibilina: incluso para decir cosas que no tienen importancia.*

si·ca·rio |sikário| ***m.*** Persona a la que se paga por matar a otra: *el que paga al ~ es tan asesino y tan culpable como él.* ⇒ **asesino.**

si·co·a·ná·li·sis |sikoanálisis| **1** ***m.*** Teoría que se basa en el estudio de los procesos mentales inconscientes: *el ~ fue desarrollado por Freud.* ⇒ **psicoanálisis. 2** Método de *diagnóstico y curación de enfermedades mentales basado en esa teoría: *el ~ le ayudó a superar su fobia.* ⇒ **psicoanálisis.** ⌂ El plural es *sicoanálisis.* La Real Academia Española prefiere la forma *psicoanálisis.*

si·co·a·na·lis·ta |sikoanalísta| ***adj.-com.*** (persona) Que se dedica al *sicoanálisis: *está visitando a un ~ para recuperarse de la crisis.* ⇒ **psicoanalista.** ⌂ La Real Academia Española prefiere la forma *psicoanalista.*

si·co·lo·gí·a |sikoloxía| **1** ***f.*** Ciencia que estudia la mente y el comportamiento humano: *los maestros deben estudiar ~ para saber tratar a los niños.* ⇒ **psicología. 2** Manera de sentir de una persona o un grupo: *este adolescente tiene una ~ muy compleja.* ⇒ **psicología. 3** *p. ext.* Capacidad para comprender y conocer a las personas: *siempre sabe si le están mintiendo porque tiene mucha ~.* ⇒ **psicología.** ⌂ La Real Academia Española prefiere la forma *psicología.*

si·co·ló·gi·⌐co, ⌐ca |sikolóxiko, ka| ***adj.*** De la *sicología o que tiene relación con ella: *tiene graves problemas sicológicos.* ⇒ **psicológico.** ⌂ La Real Academia Española prefiere la forma *psicológico.*

si·có·lo·⌐go, ⌐ga |sikóloγo, γa| **1** ***m. f.*** Persona que se dedica a la *sicología: *tengo un hermano que trabaja de ~ en un colegio.* ⇒ **psicólogo. 2** *p. ext.* Persona que tiene especial capacidad para comprender y conocer a otras personas: *es buen ~: entiende muy bien a sus hijos.* ⇒ **psicólogo.** ⌂ La Real Academia Española prefiere la forma *psicólogo.*

si·có·pa·ta |sikópata| ***com.*** *form.* Persona que padece una enfermedad mental que consiste en una alteración de la *personalidad y un comportamiento violento: *algunos asesinos son sicópatas.* ⇒ **psicópata.** ⌂ La Real Academia Española prefiere la forma *psicópata.*

si·co·sis |sikósis| **1** ***f.*** Enfermedad mental grave: *la esquizofrenia y la paranoia son ~.* ⇒ **psicosis. 2** *p. ext.* Miedo irracional y *constante: *hay una ~ por la inseguridad ciudadana.* ⇒ **psicosis.** ⌂ El plural es *sicosis.* La Real Academia Española prefiere la forma *psicosis.*

si·da |síða| ***m.*** Enfermedad producida por un virus que hace disminuir las defensas del organismo: *el ~ se puede transmitir por vía sexual.* ⇒ **síndrome.** ⌂ También se puede escribir SIDA.

si·de·car |siðekár| ***m.*** Asiento apoyado sobre una rueda que algunas *motocicletas llevan unido a uno de sus lados: *él iba conduciendo la moto y su esposa iba sentada en el ~.* ⌂ El plural es *sidecares.*

si·de·ral |siðerál| ***adj.*** De las estrellas o los cuerpos celestes o que tiene relación con ellos: *el artista dibuja en sus cuadros formas siderales; en carnaval se puso un disfraz ~.* ⇒ **astral, estelar, galáctico.**

si·de·rur·gia |siðerúrxia| ***f.*** Arte y técnica de conseguir y elaborar el hierro: *la ~ ha sido una importante fuente de riqueza en el norte de España.* ⇒ **metalurgia.**

si·dra |síðra| ***f.*** Bebida alcohólica, hecha con el zumo de las manzanas: *la ~ asturiana es muy conocida; los buenos bebedores saben escanciar la ~.*

sie·ga |siéγa| **1** ***f.*** Corte de las hierbas o cereales: *la ~ del trigo se hace en verano.* **2** Tiempo en que se cortan las hierbas o cereales: *llovió varios días durante la ~.* **3** Conjunto de hierbas o cereales cortados: *llevaron la ~ a la era para trillarla.*

siem·bra |siémbra| **1** ***f.*** Puesta de las semillas en una tierra: *hace años la ~ se hacía a mano.* **2** Tiempo en que se ponen o echan las semillas en la tierra: *durante la ~ se sintió indispuesta.* **3** Tierra a la que se le han puesto o echado semillas: *la ~ necesita mucha agua.* ⇒ **sembrado. 4** Técnica que consiste en colocar *microorganismos en medios de cultivo y en un ambiente adecuado para su crecimiento: *en esta sección del laboratorio sólo hacemos siembras.*

siem·pre |siémpre| **1** ***adv. t.*** En todo o cualquier tiempo: *~ te querré; me tiene ~ a su disposición.* **2** En todo caso; al menos: *quizá no logre mi propósito, pero ~ me quedará la satisfacción de haber hecho lo que debía.*

sien |sién| ***f.*** Parte de la cabeza que está situada entre la frente y la oreja: *me duele la cabeza: noto pinchazos en las sienes.*

sier·pe |siérpe| **1** ***f.*** Reptil sin pies, de cuerpo cilíndrico alargado, cabeza aplastada, boca grande, piel de distintos colores y de tamaño grande: *la ~ es un tipo de culebra.* ⇒ **serpiente.** ⌂ Para indicar el sexo se usa la ~ macho y la ~ hembra. **2** *fig.* Persona fiera y que tiene malos sentimientos: *al poco de casarse, se dio cuenta de que su mujer era una ~.*

sie·rra |siéra| **1** ***f.*** Herramienta formada por una hoja de acero con dientes unida a un mango, que sirve para cortar madera y otros objetos duros: *el carpintero ha cortado el tablón con la ~;* ~ **de mano**, la que se puede manejar con una sola mano: *he cortado el tablón con la ~ de mano;* ~ **mecánica**, la que funciona con un motor: *necesito una ~ mecánica para cortar esta madera: es demasiado dura.* **2** Cordillera de montañas: *los fines de semana se marchan a su casa de la ~; la ~ estaba llena de bandoleros que asaltaban a los viajeros.*

sier·⌜vo, ⌜va |siérβo, βa| **1** ***m. f.*** Persona que sirve a otra y está sujeta a su autoridad: *los siervos pagaban altísimos tributos a su señor.* ⇒ **esclavo, súbdito.** **2** *fig.* Persona enteramente sometida o entregada al servicio de otra: *soy un ~ de tu amor.*

sies·ta |siésta| **1** ***f.*** Tiempo destinado para dormir o descansar después de comer: *los comercios están cerrados porque estamos en la ~.* **2** Sueño que se echa después de comer: *hoy he madrugado y he trabajado mucho, así que voy a echarme la ~.*

sie·te |siéte| **1** ***num.*** Seis más uno: *cinco más dos son ~; si tengo 100 manzanas y te doy 93, me quedan ~.* **2** (persona, cosa) Que sigue en orden al que hace el número seis; séptimo: *si voy después del sexto, soy el ~ de la lista.* ◯ Es preferible el uso del ordinal: *soy el séptimo.* **- 3** ***m.*** Número que representa el valor de seis más uno: *escribe el ~ después del seis.* **4** *fam.* Roto en la ropa o en una tela con forma de ángulo: *se sentó en un banco roto y se hizo un ~ en el pantalón.* ■ **más que** ~, mucho; en gran medida o más de lo normal: *éste sabe de latín más que ~.* ◯ Se suele usar con *comer, beber, saber, hablar.* ■ ~ **y media**, juego de cartas en el que gana quien más se acerca a esos puntos sin pasarse: *pasaron toda la tarde jugando a las ~ y media.* ■ **tener ~ vidas**, tener la suerte de salir siempre con bien de accidentes o de situaciones difíciles: *ya ha destrozado tres coches y nunca le ha pasado nada: tiene ~ vidas; los gatos tienen ~ vidas.*

sie·te·me·si·⌜no, ⌜na |sietemesíno, na| **1** ***adj.-s.*** (niño) Que nace a los siete meses de ser *engendrado, y no a los nueve: *el bebé fue ~ y tuvo que pasar unos días en la incubadora hasta que alcanzó un peso adecuado.* **2** *fam. desp.* (joven) Que presume de ser una persona mayor: *un ~ sacó a bailar a la señora de la casa.* **3** *fam. desp. fig.* (persona) Que es muy delgado o débil: *¿ese ~ es el que te quiere dar una paliza?*

sí·fi·lis |sífilis| ***f.*** MED. Enfermedad *infecciosa que se contagia por vía sexual: *muchos hombres y mujeres murieron de ~ en siglos pasados.* ◯ El plural es *sífilis.*

si·fón |sifón| **1** ***m.*** Botella, generalmente de cristal, con una llave en su parte superior que abre y cierra la salida del agua con gas que contiene en su interior: *el camarero puso el ~ en la mesa del cliente.* **2** Tubo curvo por el que circulan líquidos que están a diferente nivel: *hicieron un ~ para vaciar la tinaja.* **3** Canal cerrado que sirve para hacer pasar el agua por un punto que está más bajo que sus extremos: *se ha obstruido el ~ y se ha anegado todo el huerto.*

si·gi·lo |sixílo| ***m.*** Secreto que se guarda; falta de noticias sobre un asunto: *trataron el asunto con sumo ~ para que nadie se enterase.*

si·gi·lo·⌜so, ⌜sa |sixilóso, sa| ***adj.*** Que no hace ruido; que no llama la atención o procura no llamar la atención: *mi abuelo es muy ~: nunca se le oye hacer ruido.*

si·gla |síɣla| **1** ***f.*** Letra *inicial que se usa como abreviatura: *la ~ de sur es* S. **2** Palabra o nombre que se forma con la primera letra de una serie de palabras: *la ~ ONU corresponde a Organización de Naciones Unidas.* **3** Abreviatura formada por las letras *iniciales de un nombre propio: *la ~ de mi nombre es* R.P.P.

si·glo |síɣlo| **1** ***m.*** Periodo de 100 años: *en el ~ XX se han producido las dos grandes guerras mundiales; la Reconquista duró casi ocho siglos.* ⇒ **centenario, centuria.** **2** Periodo de tiempo muy largo, pero no determinado: *hace un ~ que te escribí.* **3** Tiempo en que aparece, *sucede o se inventa algo *notable: *el ~ de César; el ~ de las luces.* ◯ En esta acepción se usa seguido de la preposición *de* y un sustantivo.

sig·na·ta·⌜rio, ⌜ria |siᵛnatário, ria| ***adj.-s.*** *form.* (persona) Que firma una carta o documento: *los signatarios se comprometieron a cumplir el contrato.* ⇒ **firmante.**

sig·na·tu·ra |siᵛnatúra| **1** ***f.*** Señal o marca, especialmente la de números y letras puesta a un libro o documento para indicar su colocación dentro de un lugar: *rellené una ficha con el título de la obra, el autor y la ~ y se la entregué al bibliotecario.* **2** Acto de firmar un documento importante: *mañana se efectuará la ~ del concordato.* ⇒ **firma.**

sig·ni·fi·ca·ción |siᵛnifikaθión| **1** ***f.*** Acción y resultado de significar: *la ~ es un proceso que asocia un ser, una idea o un hecho a un signo que la representa.* **2** Significado de una palabra o frase: *me preguntaron varias palabras, pero no sabía su ~.* **3** Importancia, influencia, valor o efecto: *los cambios políticos han tenido gran ~ en la sociedad.*

sig·ni·fi·ca·do |siᵛnifikáðo| **1** ***m.*** Contenido o sentido de un signo, una palabra o una frase: *no puedo entender el ~ de lo que ha dicho.* **2** LING. Elemento que, junto con el *significante, forma el signo lingüístico: *el ~ es el concepto o la idea del signo.*

sig·ni·fi·can·te |siᵍnifikánte| ***m.*** LING. *Fonema o conjunto de *fonemas que, junto con el significado, forman el signo lingüístico: *el ~ es la forma de la expresión.*

sig·ni·fi·car |siᵛnifikár| **1** ***tr.*** [algo] Representar o ser señal de una cosa: *si se enciende esa luz, significa que hay que apagar el aparato.* **2** Ser expresión o signo de una idea o de un *concepto: *si no sabes lo que significa la palabra* auscultar, *búscala en este diccionario.* **- 3** ***intr.*** Representar; ser importante:

él significa mucho para mí. **- 4 significarse** ***prnl.*** Hacerse notar o distinguirse por una cualidad o circunstancia: *aquel niño se significa por su habilidad para el dibujo.* ⇒ **señalar. 5** Mostrar ciertas ideas, generalmente políticas o religiosas: *puedes tener las ideas políticas que quieras, pero es mejor que no te signifiques, si no quieres ganarte la enemistad de tus suegros.* ☖ Se conjuga como 1.

sig·ni·fi·ca·ti·⌜vo, ⌜va |sigⁿnifikatíβo, βa| **1** ***adj.*** *form.* Que es importante por lo que representa: *la firma del tratado de paz ha sido muy significativa; los pequeños detalles también pueden ser significativos.* **2** *form.* Que representa o es señal de una cosa: *es ~ que Raúl no haya dicho nada en toda la reunión.*

sig·no |síɣno| **1** ***m.*** Cosa que significa o que se toma como representación de otra cosa, independientemente de su relación con lo representado: *lanzaron palomas como ~ de paz.* ⇒ **señal, símbolo;** ~ **lingüístico**, unidad formada por un *significante y un significado: *la lingüística estudia las características del ~ lingüístico.* **2** Acción o señal que da a conocer una cosa oculta o desconocida: *los modales en la mesa son ~ de la educación de una persona.* ⇒ **indicio, señal. 3** Carácter empleado en la escritura o en la *imprenta: *tuvieron dificultades para imprimir todos los signos.* **4** ASTRON. Parte que, junto a otras once iguales, forma el Zodiaco: *mi ~ es acuario.* **5** MAT. Señal usada en las operaciones matemáticas para indicar la naturaleza de las cantidades o las operaciones: *tienes que poner el ~ +.*

si·guien·te |siɣiénte| **1** ***adj.*** Que se dice, se hace u ocurre después de otra cosa: *bebió mucho y el día ~ se levantó con resaca; lo ~ que haremos será invertir las *ganancias.* ⇒ **posterior, ulterior. 2** Que está en la parte de allá de un lugar o terreno determinado: *allí está el ayuntamiento, y el ~ edificio es mi casa.*

sí·la·ba |sílaβa| ***f.*** Sonido o conjunto de sonidos articulados que forman un *núcleo entre dos *depresiones *sucesivas de la emisión de voz: *la palabra* chocolate *tiene cuatro sílabas;* ~ **tónica**, la que se pronuncia con mayor fuerza dentro de una palabra; la que tiene el acento: *en la palabra* casa, ca *es una ~ tónica;* ~ **átona**, la que no tiene acento: *en la palabra* niño, ño *es una ~ átona;* ~ **libre**, la que termina en vocal: *la palabra* silla *está formada por dos sílabas libres;* ~ **trabada**, la que termina en consonante: *la palabra* señal *termina en ~ trabada.*

si·la·be·ar |silaβeár| ***intr.-tr.*** [algo] Ir pronunciando separadamente cada sílaba: *los alumnos silabearon un párrafo del libro de lectura.*

sil·bar |silβár| **1** ***intr.*** Producir un sonido agudo soplando con los labios muy juntos o formando con los dedos un conducto estrecho en la boca: *el pastor silbó para reunir el ganado.* ⇒ **pitar. 2** Producir sonidos agudos el viento: *fuera de la casa, el viento silbaba con fuerza.* ⇒ **soplar. 3** Producir sonidos agudos soplando con fuerza en un cuerpo hueco: *silbaba con el capuchón del bolígrafo.* **4** Agitar el aire produciendo un sonido agudo: *las balas silbaban.* **- 5** ***intr.-tr.*** *fig.* [algo, a alguien] Mostrar desagrado produciendo sonidos agudos con la boca: *el público silbó al actor.* ⇒ **abuchear.**

sil·ba·to |silβáto| ***m.*** Instrumento pequeño que produce un sonido agudo cuando se sopla por él: *el árbitro hizo sonar el ~ para indicar el final del partido.* ⇒ **pito.**

sil·bi·do |silβíðo| ***m.*** Sonido agudo producido por rozamiento del aire: *llamó la atención del perro con un ~.*

si·len·cia·dor |silenθiaðór| ***m.*** Aparato que se pone en las salidas de los motores o en el *cañón de ciertas armas de fuego y que sirve para hacer menos fuerte el ruido: *la moto lleva un ~ en el tubo de escape; nadie oyó el disparo porque el arma llevaba ~.*

si·len·ciar |silenθiár| **1** ***tr.*** [algo] No decir; pasar en silencio: *silenciaron los resultados de la investigación para que la prensa no se enterara.* ⇒ **omitir. 2** [algo, a alguien] Hacer callar o parar un ruido; especialmente, hacer parar el fuego de las armas: *el ataque aéreo silenció al ejército enemigo.* ☖ Se conjuga como 12.

si·len·cio |silénθio| **1** ***m.*** Estado en el que no hay ningún ruido ni se oye ninguna voz: *todos los alumnos escuchaban en ~; había un ~ absoluto en la iglesia.* **2** Falta de noticias o palabras sobre un asunto: *la prensa guarda ~ sobre este asunto.* **3** MÚS. Pausa o momento en que se interrumpe el sonido: *ese compás musical tiene un ~.* **- 4 ¡~!** ***interj.*** Expresión con que se pide a las personas que no hablen ni hagan ruido: *la enfermera salió a la sala de espera y dijo: ¡~!*

si·len·cio·⌜so, ⌜sa |silenθióso, sa| **1** ***adj.*** Que calla; que no suele hablar: *es un chico muy ~: habla muy poco.* **2** Que no hace ruido: *el aire acondicionado tiene que ser ~ para que no moleste a las personas.* **3** (lugar, tiempo) Que tiene silencio; que está en silencio: *la casa estaba completamente silenciosa.*

sí·lex |síleᵏs| **1** ***m.*** Piedra muy dura formada *principalmente por *sílice: *el ~ es una variedad del cuarzo.* ⇒ **pedernal. 2** Herramienta *prehistórica hecha con esa piedra: *los hombres de las cavernas usaban ~ para cortar la carne y las pieles de los animales.* ☖ El plural es *sílex.*

si·li·ca·to |silikáto| ***m.*** QUÍM. Sal formada a partir de un ácido del *silicio: *el talco y la mica son silicatos.*

sí·li·ce |síliθe| ***f.*** Combinación de *silicio con oxígeno que entra en la composición de ciertos minerales: *la ~ entra en la composición del cuarzo y del ópalo.*

si·li·cio |silíθio| ***m.*** QUÍM. Elemento no metálico que forma parte de la arena y de las rocas: *el símbolo del ~ es Si; el ~ forma el cuarzo; el ~ se utiliza en la construcción de placas electrónicas.*

si·li·co·na |silikóna| ***f.*** QUÍM. Producto químico, elástico, resistente y aislante de la humedad, del calor y de la electricidad, que se emplea en medicina y en la industria: *emplearon ~ para sellar las ventanas; la ~ se compone principalmente de silicio y oxígeno.*

si·lla |síʎa| **1** *f.* Asiento individual con respaldo, sin brazos y generalmente con cuatro patas: *las sillas del comedor están tapizadas con la misma tela que el sofá;* ~ **eléctrica**, la que se usa para ejecutar mediante corriente eléctrica a los condenados a muerte: *fue condenado a la ~ eléctrica por asesinar a su familia;* ~ **de ruedas**, la que tiene dos ruedas grandes a los lados y sirve para que se trasladen las personas que no pueden andar: *sufrió una lesión en las piernas y hasta que se recuperó tuvo que usar una ~ de ruedas.* **2** Cargo en la Iglesia: *el año pasado pasó a ocupar la ~ episcopal.* **3** Armazón de madera y cuero que se usa para montar a caballo: *los indios de las películas montan a caballo sin ~; el jinete ajustó bien la ~ al caballo y se subió.*

si·llar |siʎár| ***m.*** ARQ. Piedra que forma parte de una construcción, generalmente cortada en forma de rectángulo: *los sillares de esta iglesia llevan la marca del maestro cantero que los labró.*

si·lle·rí·a |siʎería| **1** *f.* Conjunto de sillas iguales que hay en una habitación: *se ha comprado una ~ de estilo inglés.* **2** Conjunto de asientos unidos unos a otros: *los frailes se sentaban en la ~ del coro de la iglesia.* **3** ARQ. Obra hecha con piedras *labradas: *la fachada de esta iglesia es de ~.*

si·llín |siʎín| ***m.*** Asiento individual pequeño, especialmente el de la bicicleta y otros vehículos parecidos: *tienes que bajar el ~ de la bicicleta: no llego a los pedales.*

si·llón |siʎón| ***m.*** Asiento individual con respaldo y brazos, mayor y más cómodo que una silla: *le gusta sentarse en el ~ de cuero a leer el periódico.* ⇒ **butaca.**

si·lo |sílo| **1** ***m.*** Lugar seco y preparado para guardar el trigo u otras semillas o plantas cortadas: *llevaron la cebada al ~, para que no se mojara durante el invierno.* **2** *fig.* Lugar que está bajo el nivel del suelo: *se ocultaron en un ~.*

si·lo·gis·mo |siloxísmo| ***m.*** FIL. Razonamiento que está formado por tres *proposiciones, la última de las cuales es el resultado lógico de las otras dos: *siempre habla haciendo silogismos.*

si·lue·ta |siluéta| **1** *f.* Dibujo de los contornos de una figura: *dibujó con tiza la ~ de un perro.* ⇒ **perfil.** **2** Forma que presenta un objeto más oscuro que el fondo sobre el cual se ve: *a lo lejos se distinguía la ~ de la torre de la iglesia.*

sil·ves·tre |silβéstre| **1** ***adj.*** (planta) Que no está cultivado; que se cría naturalmente en los campos: *me han regalado un ramo de margaritas silvestres.* ⇒ **salvaje.** **2** Que tiene malos modos; que es poco delicado: *no me gusta tener tratos con él porque es una persona muy ~.* ⇒ **bravío, inculto, rústico.**

si·ma |síma| *f.* Hueco o agujero grande y muy profundo en la tierra: *los espeleólogos entraron en la ~ para explorarla.*

sim·bó·li·⌜co, ⌜ca |simbóliko, ka| **1** ***adj.*** Del símbolo o que tiene relación con él: *su jefe es muy severo: todos los empleados llegan con puntualidad y eso es ~.* **2** Que se expresa por medio de símbolos: *es un director de cine muy ~.*

sim·bo·lis·mo |simbolísmo| **1** ***m.*** Conjunto de símbolos con que se representan ciertas creencias o ideas: *la cruz forma parte del ~ cristiano.* **2** LIT. Tendencia literaria procedente de Francia que busca una expresión más simbólica que representativa: *el ~ se extendió desde Francia a la literatura de otros países.*

sim·bo·li·zar |simboliθár| ***tr.*** [algo] Servir una cosa como símbolo de otra: *la bandera simboliza la patria.* ▢ Se conjuga como 4.

sím·bo·lo |símbolo| **1** ***m.*** Cosa que se toma como representación de otra: *el corazón es el ~ del amor.* ⇒ **señal, signo.** **2** QUÍM. Letra o conjunto de letras que sirven para nombrar un elemento: *el ~ del hierro es* Fe.

si·me·trí·a |simetría| **1** *f.* Correspondencia de posición, forma y tamaño de las partes de un cuerpo, a uno y otro lado de un plano o alrededor de un punto o de un eje: *la ~ de este edificio es perfecta.* **2** Proporción adecuada de las partes de un todo: *cortó el pastel con perfecta ~.*

si·mé·tri·⌜co, ⌜ca |simétriko, ka| ***adj.*** Que tiene *simetría: *es un edificio ~.* ⇔ **asimétrico.**

si·mien·te |simiénte| **1** *f.* Parte del fruto que da origen a una nueva planta: *plantó simientes de tomates en el huerto.* ⇒ **semilla.** **2** *fig.* Cosa que es causa u origen de otra: *su mirada fue la ~ de nuestro amor.* ⇒ **semilla.**

sí·mil |símil| **1** ***m.*** Figura del lenguaje que consiste en establecer una igualdad o comparación entre dos términos para dar una idea viva y clara de uno de ellos: *la expresión* sus dientes eran blancos como perlas *es un ~.* ⇒ **imagen, metáfora.** **2** Comparación o parecido entre dos cosas: *el ~ de sus chaquetas hacía que se sintieran ridículas en la fiesta.*

si·mi·lar |similár| ***adj.*** Que es igual, parecido o de la misma forma; que se corresponde: *el caso que estamos tratando es ~ a uno que ocurrió hace años.* ⇒ **semejante.**

si·mi·li·tud |similitúᵈ| *f.* Cualidad de parecido o *similar; *semejante: *hay cierta ~ entre los perros y los lobos.* ⇒ **semejanza.**

si·⌜mio, ⌜mia |símio, mia| **1** ***adj.-s.*** (animal) Que es mamífero, tiene manos y pies con cinco dedos, uñas planas, cerebro muy desarrollado y que se alimenta de vegetales y a veces de otras cosas: *los monos son simios.* **2** *fam. desp. fig.* Persona muy fea: *no quiero bailar con tu primo porque es un ~.*

sim·pa·tí·a |simpatía| **1** *f.* Modo de ser o carácter de una persona que la hace agradable a los demás: *su mejor virtud es su ~; gusta a todo el mundo por su ~.* **2** Sentimiento de afecto: *le tengo mucha ~ porque me ha ayudado en los momentos difíciles.* ⇔ **antipatía.**

sim·pá·ti·⌜co, ⌜ca |simpátiko, ka| ***adj.*** Que es agradable y atrae a los demás: *es tan simpática que da gusto hablar con ella; Rafael es un chico muy ~ y divertido.* ⇔ **antipático.** ■ **gran ~**, ANAT., sistema nervioso que dirige el funcionamiento de los distintos órganos del cuerpo: *el gran ~ es el encargado de la aceleración del ritmo cardiaco.*

sim·pa·ti·zan·te |simpatiθánte| ***adj.-s.*** (persona) Que se siente atraído por otra persona o una tendencia: *el presidente del partido pidió el apoyo de todos sus afiliados y simpatizantes.*

sim·pa·ti·zar |simpatiθár| ***intr.*** [con algo/alguien] Sentir atracción o simpatía: *Juan ha simpatizado enseguida con sus nuevos compañeros.* ☐ Se conjuga como 4.

sim·ple |símple| **1** ***adj.*** Que no es compuesto o doble; que está formado por un solo elemento: *el oxígeno es un elemento ~.* ⇒ **sencillo.** ⇔ **compuesto, doble, múltiple. 2** Que no tiene *complicación; que es fácil o sencillo: *¿cómo que no sabes resolver el problema?, pero si es muy ~.* ⇔ **complicado, difícil. 3** Que no es importante: *bastará con una ~ llamada telefónica para que tu madre no se preocupe; este interrogatorio es un ~ trámite que se realiza siempre antes del juicio.* ☐ En esta acepción el adjetivo va delante del sustantivo. **4** LING. (tiempo verbal) Que se conjuga sin verbo auxiliar: *el presente de indicativo es un tiempo ~.* **- 5** ***adj.-com.*** (persona) Que no es inteligente ni rápido de mente: *a Manolo lo engañan todos porque es muy ~.* ⇒ **pánfilo, simplón.**

sim·ple·za |simpléθa| **1** ***f.*** Cualidad de simple, de no ser inteligente ni rápido de mente: *no te ofendió por su mala intención, sino por su ~.* **2** Obra o dicho poco inteligente: *fiarte de ese timador ha sido una ~.* **3** Cosa poco importante o de poco valor: *no debes disgustarte por una ~ semejante.*

sim·pli·fi·ca·ción |simplifikaθión| ***f.*** Acción y resultado de *simplificar: *los avances técnicos han supuesto una ~ del trabajo en esta fábrica.*

sim·pli·fi·car |simplifikár| **1** ***tr.*** [algo] Hacer más sencillo o más fácil: *el ordenador te simplificará mucho el trabajo.* **2** MAT. Reducir a su forma más sencilla: *para ~ un quebrado hay que dividir el numerador y el denominador por un mismo número.* ☐ Se conjuga como 1.

sim·plis·ta |simplísta| ***adj.*** Que *simplifica o tiende a *simplificar; que basa sus razonamientos en ideas demasiado elementales: *no creo que una explicación tan ~ sirva para comprender este caso tan complicado.*

sim·⌐plón, ⌐plo·na |simplón, plóna| **1** ***adj.*** Que es simple o sencillo en exceso: *el discurso de esa persona ha sido muy ~.* **2** ***adj.-s.*** (persona) Que no es inteligente ni rápido de mente: *le he explicado el problema tres veces y todavía no lo ha comprendido: es muy ~.* ⇒ **pánfilo, simple.**

sim·po·sio |simpósio| ***m.*** Reunión de personas que se proponen estudiar un tema científico determinado o exponer asuntos relacionados con él: *los más importantes científicos de Europa y América se reunieron en aquel ~ para estudiar los problemas de la capa de ozono.* ⇒ **congreso.**

si·mu·la·ción |simulaθión| ***f.*** Acción y resultado de *simular: *la ~ del incencio nos ha permitido conocer dónde están las salidas de emergencia.*

si·mu·la·cro |simulákro| ***m.*** Imagen o acción que no es real, pero que imita a una verdadera: *hicieron un ~ de incendio para que los muchachos aprendieran a abandonar el edificio.*

si·mu·lar |simulár| ***tr.*** [algo] Representar una cosa fingiendo lo que no es; presentar o hacer como real: *simuló un ataque de nervios para salir de la sala; estas máquinas simulan la cabina de un avión.*

si·mul·ta·ne·ar |simultaneár| ***tr.*** [algo; con algo] Realizar dos o más actividades en un mismo periodo de tiempo: *durante la carrera, simultaneaba sus estudios con un trabajo como camarero en un bar.*

si·mul·tá·ne·⌐o, ⌐a |simultáneo, a| ***adj.*** Que se hace u ocurre al mismo tiempo que otra cosa: *el conferenciante hablaba en alemán, pero por los auriculares se ofrecía la traducción simultánea.* ⇒ **paralelo.**

sin |sin| **1** ***prep.*** Indica falta o *carencia: *estamos ~ pan; está prohibido conducir una moto ~ casco.* **2** Fuera de; además de: *la compra de la casa me ha salido muy cara, ~ los impuestos.* **3** Indica negación: *partió ~ comer; llevo un mes ~ ver a mis padres.* ☐ En esta acepción se usa seguido de infinitivo. ■ **~ embargo**, indica oposición; expresa valor *adversativo: *llueve mucho, ~ embargo no hace frío.* ⇒ **pero.**

si·na·go·ga |sinaγóγa| **1** ***f.*** *Templo de los judíos; lugar en el que se reúnen para rezar y oír la doctrina de Moisés: *los judíos deben ir a la ~ todos los sábados.* **2** Grupo de judíos que se reúnen para celebrar actos religiosos: *la ~ se reunió para celebrar la boda.*

si·na·le·fa |sinaléfa| ***f.*** LING. POÉT. Pronunciación en una sola sílaba de la última vocal de una palabra y la primera de la palabra siguiente: *en* mano herida *suele hacerse ~.* ⇒ **diptongo.** ⇔ **hiato.**

sin·ce·rar·se |sinθerárse| ***prnl.*** [con alguien] Contar con sinceridad un hecho o un sentimiento: *se sinceró con su hermana y le dijo todo lo que pensaba.*

sin·ce·ri·dad |sinθeriðá^d^| ***f.*** Cualidad de sincero: *la ~ es la base para la buena amistad.*

sin·ce·⌐ro, ⌐ra |sinθéro, ra| ***adj.*** Que habla y obra sin mentir ni fingir; que es verdadero: *fue ~ cuando te dijo que te amaba; le dio su más ~ pésame.*

sín·co·pa |síŋkopa| **1** ***f.*** LING. Fenómeno que consiste en suprimir uno o más sonidos en medio de una palabra: *la palabra* caldo *se formó por ~.* **2** MÚS. Unión de dos sonidos iguales, de los cuales el primero está en la parte débil del *compás y el segundo, en la parte fuerte: *el jazz tiene muchas síncopas.*

sin·co·par |siŋkopár| ***tr.-prnl.*** LING. [algo] Suprimir uno o más sonidos en medio de una palabra: *la palabra* natividad *se ha sincopado, hasta llegar a* navidad.

sín·co·pe |síŋkope| ***m.*** MED. *Suspensión de los movimientos del corazón y de la respiración, con pérdida del conocimiento: *la noticia era tan horrible que le produjo un ~.*

sin·cro·ní·a |siŋkronía| **1** ***f.*** *form.* Coincidencia, correspondencia de varias circunstancias en el tiempo: *debe existir una ~ entre la conciencia del* *hombre y su vida personal.* **2** *form.* Serie de acontecimientos en un periodo determinado de la historia: *el libro intenta profundizar en la ~ medieval.* **3** LING. Estado de una lengua en un momento determinado, sin tener en cuenta el cambio: *la ~ del español actual difiere de otras sincronías anteriores.* ⇔ **diacronía.**

sin·cró·ni·⌜co, ⌜ca |siŋkróniko, ka| **1** ***adj.*** *form.* Que ocurre al mismo tiempo que otra circunstancia: *la voz del coro era sincrónica con los instrumentos de la orquesta.* **2** LING. Que analiza la lengua en un estado determinado, sin tener en cuenta el cambio: *los estudios de la lengua actual son investigaciones sincrónicas.*

sin·cro·ni·za·ción |siŋkroniθaθión| ***f.*** Acción y resultado de *sincronizar: *la ~ del movimiento de las bailarinas fue perfecta.*

sin·cro·ni·zar |siŋkroniθár| ***tr.*** [algo] Hacer que coincidan dos fenómenos en el tiempo: *sincronicemos nuestros relojes; el doblaje de la película no está bien sincronizado con los movimientos de los actores.* ☖ Se conjuga como 4.

sin·di·cal |sindikál| ***adj.*** Del *sindicato o que tiene relación con él: *los representantes sindicales se reunieron con los directivos de la empresa.*

sin·di·ca·to |sindikáto| ***m.*** Unión o *agrupación de trabajadores destinada a la defensa de sus intereses económicos y *laborales: *los sindicatos no están de acuerdo con las propuestas del gobierno.*

sín·di·co |síndiko| ***m.*** Persona elegida por un grupo para cuidar de sus intereses: *el ~ habló en nombre de todos los demás.*

sín·dro·me |síndrome| ***m.*** Conjunto de signos o señales que caracterizan una enfermedad física o mental: *esta enfermedad tiene como ~ fuertes dolores de cabeza y de estómago;* **~ de abstinencia**, el que aparece cuando una persona deja de tomar una sustancia a la que está *acostumbrada: *tiene ~ de abstinencia porque acaba de dejar las drogas y el alcohol;* **~ de inmunodeficiencia adquirida**, el que es propio de una enfermedad producida por un virus que hace disminuir las defensas del organismo: *las siglas del ~ de inmunodeficiencia adquirida son SIDA.* ⇒ **sida;** **~ de Estocolmo**, el que aparece en las personas que son puestas en libertad después de un *secuestro y que consiste en comprender y explicar la conducta de los *secuestradores: *después de estar ocho meses secuestrado, habla muy bien de sus secuestradores: tiene el ~ de Estocolmo.*

si·néc·do·que |siné^{k}ðoke| ***f.*** POÉT. Figura del lenguaje que consiste en extender, reducir o alterar la significación de las palabras tomando el todo por la parte, una parte por el todo, el género por el tema, o al contrario: *si decimos* el hombre *por* el género humano *utilizamos la ~.*

sin·fín |sinfín| ***m.*** Número o cantidad muy grande, enorme o imposible de calcular o limitar: *hemos tenido un ~ de problemas.* ⇒ **infinidad, sinnúmero.**

sin·fo·ní·a |sinfonía| **1** ***f.*** MÚS. Composición musical hecha para varios instrumentos o voces: *interpretó la novena ~ de Beethoven.* **2** Conjunto cuyas partes se adaptan bien entre sí: *este paisaje es una magnífica ~ de luz y color.*

sin·fó·ni·⌜co, ⌜ca |sinfóniko, ka| ***adj.*** De la *sinfonía o que tiene relación con ella: *el movimiento ~ alemán culminó en el periodo de Haydn y Mozart.* ⇒ **orquesta.**

sin·gla·du·ra |singlaðúra| **1** ***f.*** MAR. Distancia recorrida por una nave en 24 horas: *la ~ se cuenta a partir de las 12 del mediodía.* **2** *fig.* Dirección seguida por una persona o un vehículo: *los helicópteros siguieron la ~ del barco; recordó la ~ de su vida.*

sin·gu·lar |siŋgulár| **1** ***adj.*** Que es extraordinario o raro; que es único y *excelente: *tenía una manera ~ de hablar; Holmes era un detective ~.* **- 2 *adj.-m.*** LING. (número gramatical) Que expresa una sola unidad: *los sustantivos y adjetivos aparecen en ~ o en plural.* ⇒ **número, plural.**

sin·gu·la·ri·zar |singulariθár| **1** ***tr.*** [algo] Distinguir una cosa entre otras: *el alcalde quiso ~ el problema de la vivienda.* **- 2 singularizarse *prnl.*** Distinguirse o destacar entre los demás: *ese autor se singulariza entre los demás por su fantasía.* ⇒ **particularizar.** ☖ Se conjuga como 4.

si·nies·tra |siniéstra| ***f.*** Mano situada, en relación con la posición de una persona, en el lado que tiene el corazón: *escribe con la ~.* ⇒ **izquierda.** ⇔ **derecha, diestra.**

si·nies·⌜tro, ⌜tra |siniéstro, tra| **1** ***adj.*** Que tiene mala intención o está hecho con mala intención: *habían trazado un plan ~ para destruir el planeta.* **2** Que ha ocurrido por mala suerte: *el final de la fiesta fue ~ porque se fue la luz y empezó a llover.* **- 3 siniestro *m.*** Accidente grave; destrucción o pérdida importante que sufren las personas o las propiedades: *las víctimas del ~ fueron atendidas en el hospital de la ciudad.* ■ **a diestro y ~**, sin orden ni cuidado: *hizo limpieza en los armarios y tiró ropa y papeles a diestro y ~.*

sin·nú·me·ro |si^{n}número| ***m.*** Número o cantidad muy grande, enorme o imposible de calcular o limitar: *el librero vendió un ~ de libros antiguos.* ⇒ **infinidad, sinfín.**

si·no |síno| **1** ***m.*** Fuerza desconocida que determina lo que ha de *suceder: *nunca pensó que llegaría a ser presidente: está claro que era su ~.* ⇒ **destino, hado.** **- 2** |sino| ***conj.*** Opone a un *concepto negativo otro positivo; expresa un valor *adversativo: *no es blanco, sino negro.* ⇒ **pero.** **3** Indica *excepción: *nadie lo sabe ~ Antonio.* **4** Añade un elemento a lo ya expresado: *merece ser estimado, no sólo por inteligente, ~ por afable.* ☖ En esta acepción se usa en correlación con *no sólo.* No se debe confundir con *si no.*

si·no·ni·mia |sinonímia| ***f.*** Cualidad de *sinónimo: *entre las palabras* temor *y* terror *hay una relación de ~.* ⇔ **antonimia.**

si·nó·ni·⌜mo, ⌜ma |sinónimo, ma| ***adj.-m.*** LING. (palabra) Que tiene el mismo o parecido significado que otra palabra: *la palabra* esfera *es sinónima de* bola *en algunos contextos.* ⇔ **antónimo.**

si·nóp·ti·⌜co, ⌜ca |sinó^{p}tiko, ka| ***adj.*** *form.* Que presenta las partes principales de un asunto de manera clara y rápida: *los niños pudieron estudiar las clases de mamíferos en un cuadro ~.*

sin·ra·zón |sinr̄aθón| ***f.*** Acción hecha contra la justicia o fuera de lo razonable: *aquel despido fue una ~.*

sin·sa·bor |sinsaβór| ***m.*** Sentimiento de pesar o disgusto: *la enfermedad de su hijo le ha producido muchos sinsabores.*

sin·tác·ti·⌜co, ⌜ca |sintákᵏtiko, ka| ***adj.*** LING. De la *sintaxis o que tiene relación con ella: *la coordinación y la subordinación son relaciones sintácticas.*

sin·tag·ma |sintáᵞma| ***m.*** LING. Conjunto de elementos que forman una unidad dentro de la oración: *las palabras se combinan formando sintagmas y los sintagmas, formando oraciones;* ~ **adjetivo**, el que tiene como elemento principal un adjetivo: capaz de leer el libro *es un ~ adjetivo;* ~ **nominal**, el que tiene como elemento principal un sustantivo: *en la frase* aquel día lluvioso de mayo volvimos a casa, aquel día lluvioso de mayo *es un ~ nominal;* ~ **preposicional**, el que se une al resto de la oración mediante una preposición: *en la oración* el caballo de madera es para ti, *hay dos sintagmas preposicionales:* de madera *y* para ti; ~ **verbal**, el que tiene como elemento principal un verbo: *las secuencias* salimos, salimos de casa *y* salimos de casa a las once *son sintagmas verbales.*

sin·tag·má·ti·⌜co, ⌜ca |sintaᵞmátiko, ka| **1** ***adj.*** LING. Del *sintagma o que tiene relación con él: *analizó mal las funciones sintagmáticas de la oración.* **2** LING. (relación) Que se establece entre las unidades que aparecen en un *contexto: *entre el sintagma nominal y el sintagma verbal hay una relación sintagmática.* ⇒ **paradigmático.**

sin·ta·xis |sintákˢsis| **1** ***f.*** LING. Parte de la gramática que estudia el orden y la relación de las palabras en la oración y la unión de unas oraciones con otras: *la ~ nos enseña a construir oraciones correctas.* **2** LING. Combinación de las palabras en el discurso: *al redactar una carta debe usted cuidar la ~.* ☖ El plural es *sintaxis.*

sín·te·sis |síntesis| **1** ***f.*** Explicación corta y justa de lo principal de un asunto o materia: *al final de cada capítulo hay una ~ de su contenido.* ⇒ **condensación, resumen.** **2** Composición o formación de un todo mediante la unión de varios elementos: *si unimos las diferentes opiniones, podemos conseguir la ~.* ⇔ **análisis.** **3** BIOL. Proceso por el que un ser vivo elabora en el interior de sus células las moléculas de sus componentes, a partir de sustancias tomadas del exterior: *la acción de la luz permite la ~ de hidrato de carbono en las plantas.* **4** QUÍM. Formación de una sustancia compuesta mediante la combinación de elementos químicos o de sustancias simples: *la ~ ha conseguido formar muchos compuestos orgánicos que no existían en la naturaleza.* ☖ El plural es *síntesis.*

sin·té·ti·⌜co, ⌜ca |sintétiko, ka| **1** ***adj.*** De la *síntesis o que tiene relación con ella: *su discurso fue un ejercicio ~.* ⇔ **analítico.** **2** Que se produce por procedimientos industriales o químicos y que imita una materia natural: *esa cartera es mucho más barata porque es de piel sintética.*

sin·te·ti·za·dor |sintetiθaðór| ***m.*** MÚS. Instrumento musical eléctrico que se toca mediante teclas y que imita los sonidos de otros instrumentos musicales: *en la música moderna el ~ es un instrumento muy importante.*

sin·te·ti·zar |sintetiθár| **1** ***tr.*** [algo] Hacer una *síntesis: *los periodistas sintetizaron la entrevista para publicarla en el periódico.* **2** QUÍM. FÍS. Formar un elemento o una sustancia compuesta mediante la combinación de elementos o sustancias simples: *en el laboratorio se sintetizan proteínas; este aparato analiza la voz y después la sintetiza.* ☖ Se conjuga como 4.

sín·to·ma |síntoma| **1** ***m.*** Fenómeno que revela una enfermedad: *tengo los síntomas propios de la gripe; el médico no supo determinar qué enfermedad tenía a partir de los síntomas.* **2** *fig.* Señal o signo de una cosa: *las manifestaciones son ~ de malestar social.*

sin·to·má·ti·⌜co, ⌜ca |sintomátiko, ka| ***adj.*** Del *síntoma o que tiene relación con él: *el médico me dijo que mi enfermedad era sintomática.*

sin·to·ní·a |sintonía| **1** ***f.*** Música con la que se marca el comienzo o el fin de un espacio de radio o de televisión: *me gusta la ~ de las telenovelas porque es muy pegadiza.* **2** *fig.* Relación de acuerdo o de correspondencia: *lo que haces ha de estar en ~ con lo que piensas.* ⇒ **consonancia.** **3** ELECTR. Igualdad de frecuencia entre un aparato receptor y otro *emisor: *enciende la radio del coche y ponla en ~ con la Cadena Ser.*

sin·to·ni·za·dor |sintoniθaðór| ***m.*** ELECTR. Sistema que permite aumentar o disminuir la longitud de *onda en un aparato *receptor, para adaptarla a la de un aparato *emisor: *gira el botón del ~ para escuchar una emisora de música; las televisiones más modernas llevan un ~ automático de canales.*

sin·to·ni·zar |sintoniθár| **1** ***tr.*** [algo] Adaptar, poner un aparato receptor en la misma frecuencia que un aparato *emisor para poder recibir su señal: *los radioyentes podrán ~ el nuevo canal deportivo en el punto 61 de la frecuencia; hay que ~ bien este televisor porque no se ve nada; no deje de ~ Radio Tres.* - **2** ***intr.*** *fig.* [con algo/alguien] Coincidir, tener las mismas ideas, el mismo carácter o los mismos gustos: *la empresa buscaba una persona capaz de ~ con sus intereses comerciales; nada más presentarlos, sintonizaron perfectamente.* ⇒ **congeniar.** ☖ Se conjuga como 4.

si·nuo·⌜so, ⌜sa |sinu̲ó̲so, sa| **1** ***adj.*** Que tiene curvas, vueltas y rodeos: *recorrimos el ~ camino que cruza la montaña.* ⇒ **tortuoso.** **2** *fig.* Que es poco claro y difícil de entender: *no creo que nadie pueda seguir su ~ pensamiento.*

si·nu·si·tis |sinusítis| ***f.*** MED. Inflamación de los huecos que existen en los huesos de la cara, en la frente y a ambos lados de la nariz: *la ~ produce fuertes dolores de cabeza.* ☖ El plural es *sinusitis.*

sin·ver·güen·za |simberɣu̲é̲nθa| ***adj.-com.*** (persona) Que habla u obra sin vergüenza ni respeto:

es un ~ capaz de insultar a su propia madre. ⇒ **descarado, descocado, desvergonzado, frescales, osado.**

si·quia·tra |sikiátra| ***com.*** Médico especialista en las enfermedades mentales y su tratamiento: *tiene un problema de doble personalidad y necesita visitar a un ~.* ⇒ **psiquiatra.** ☖ La Real Academia Española prefiere la forma *psiquiatra.*

si·quia·trí·a |sikiatría| ***f.*** MED. Disciplina que estudia las enfermedades mentales y su tratamiento: *estudió ~ porque le parecía fascinante la mente humana.* ⇒ **psiquiatría.** ☖ La Real Academia Española prefiere la forma *psiquiatría.*

sí·qui·⌜co, ⌜ca |síkiko, ka| ***adj.*** De la mente o que tiene relación con ella: *tiene que encontrarse en perfecto estado físico y ~ para reincorporarse a la competición.* ⇒ **anímico, psíquico.** ☖ La Real Academia Española prefiere la forma *psíquico.*

si·quie·ra |sikiéra| **1** ***adv. c.*** Por lo menos, tan sólo: *préstame ~ 1000 pesetas.* **- 2** ***conj.*** *form.* Aunque; expresa valor *adversativo: *querría hablar con el director, ~ fuese un momento.* ■ **ni ~/ni tan ~**, expresión que indica el extremo o el grado más alto de la negación: *sufre amnesia, no recuerda ni ~ su nombre.* ☖ Se usa en oraciones negativas.

si·re·na |siréna| **1** ***f.*** Ser imaginario que vive en el mar, con cabeza y pecho de mujer y cola de pez: *la película trata sobre un pescador que se enamora de una ~.* **2** Aparato que emite un sonido fuerte, generalmente con subidas y bajadas de intensidad, que se oye a mucha distancia y sirve para avisar: *he oído la ~ del coche de los bomberos: debe de haber un incendio en alguna parte; sonó la ~ y todo el mundo fue corriendo a los refugios.* **3** *fig.* Mujer muy bella: *no pudo resistirse a los encantos de aquella ~.*

si·ri·mi·ri |sirimíri| ***m.*** Lluvia fina y continua: *ha estado cayendo ~ durante toda la tarde.* ⇒ **calabobos, llovizna.**

sir·vien·⌜te, ⌜ta |sirβiénte, ta| ***m. f.*** Persona que se dedica a realizar los trabajos domésticos a cambio de dinero: *contrató a una sirvienta para limpiar la casa y atender a los niños; vive en una mansión con muchos sirvientes.* ⇒ **asistenta, chacha, criado, empleado, servidor.**

si·sa |sísa| **1** ***f.*** Corte curvo que se hace a una prenda de vestir en la parte de debajo del brazo: *la manga se une a la prenda en la ~; la ~ permite el movimiento cómodo de los brazos.* **2** Cantidad pequeña de dinero que una persona se queda para sí al hacer una compra con dinero de otra persona: *el hombre nunca notaba la ~ que le hacían sus hijos para comprarse golosinas.*

si·sar |sisár| **1** ***tr.*** [algo] Hacer cortes a las prendas de vestir en la parte de debajo del brazo: *la modista sisaba la chaqueta y las mangas para unirlas.* **2** [algo; a alguien] Quedarse con una cantidad pequeña de dinero de otra persona al hacer una compra para ella: *la criada sisa dinero a la señora.*

sís·mi·⌜co, ⌜ca |sísmiko, ka| ***adj.*** Del *terremoto o que tiene relación con él: *se produjo un movimiento ~ de muy leve intensidad.*

sis·mó·gra·fo |sismóγrafo| ***m.*** Instrumento que sirve para registrar la intensidad, duración y otras características de los movimientos de la tierra: *el ~ indica que el terremoto ha sido el más fuerte que se ha producido en toda la historia de la ciudad.*

sis·te·ma |sistéma| **1** ***m.*** Conjunto ordenado de normas y procedimientos: *el ~ político que tenemos en España es la democracia.* **2** Conjunto de reglas, principios o medidas que tienen relación entre sí: *no estoy de acuerdo con el ~ de esta escuela;* ~ **cegesimal**, el de pesos y medidas que tiene por unidades básicas el centímetro, el gramo y el segundo: *en este libro de cocina dan las medidas en el ~ cegesimal;* **Sistema Internacional**, el de pesos y medidas que tiene un carácter internacional: *el ampère es una unidad del Sistema Internacional;* ~ **métrico decimal**, el de pesos y medidas que tiene por base el metro: *todas las unidades deben darse expresadas en el ~ métrico decimal.* **3** Conjunto de elementos que tienen una relación entre sí: ~ **montañoso**, conjunto de montañas que se considera como una unidad: *los Pirineos son el ~ montañoso que separa España de Francia;* ~ **operativo**, INFORM. conjunto de órdenes y *programas que controlan los procesos básicos de un ordenador y permiten el funcionamiento de otros *programas: *el ~ operativo de mi ordenador es MS-DOS; las órdenes de copiar archivos, borrarlos y crear directorios pertenecen al ~ operativo;* ~ **periódico**, QUÍM., conjunto de los elementos químicos ordenados por su número atómico y según sus propiedades: *los estudiantes deben consultar a menudo el ~ periódico;* ~ **planetario/solar**, el formado por el Sol y los demás cuerpos celestes que giran a su alrededor: *Plutón es el planeta que está más cerca del límite del ~ solar.* **4** BIOL. Conjunto de órganos que intervienen en una función principal dentro del cuerpo: *los pulmones forman parte del ~ respiratorio.* **5** Medio o manera usados para hacer una cosa: *creo que el ~ que hemos usado es el mejor para nuestros objetivos.* **6** Conjunto de elementos abstractos y relacionados entre sí: *el ~ de las vocales del español tiene cinco unidades.* ■ **por ~**, siempre y de forma automática: *los adolescentes llevan la contraria a sus padres por ~, son cosas de la edad.*

sis·te·má·ti·⌜co, ⌜ca |sistemátiko, ka| **1** ***adj.*** Que sigue o se ajusta a un sistema: *una investigación sistemática es siempre más fiable.* **2** (persona) Que obra con método y *constancia: *Federico va al cine todos los sábados: es muy ~.*

sis·te·ma·ti·zar |sistematiθár| ***tr.*** [algo] Organizar en un sistema; aplicar un sistema: *trataban de ~ los datos obtenidos.* ☖ Se conjuga como 4.

si·tiar |sitiár| **1** ***tr.*** [algo, a alguien] Rodear o ponerse alrededor de un lugar para impedir que salgan las personas que están dentro: *las tropas sitiaron la ciudad y consiguieron que se rindiera.* **2** *fig.* [a alguien] Perseguir sin descanso: *lleva sitiando a esa chica varios meses, pero ella no le hace caso.* ☖ Se conjuga como 12.

si·tio |sítio| **1** ***m.*** Parte o punto de un espacio; lugar: *deja los abrigos en cualquier ~ si no caben en el perchero; cuando desperté, estaba en aquel ~, pero no* *recordaba cómo había llegado.* **2** Parte de un espacio que corresponde a una persona o una cosa: *éste es mi ~ y no pienso moverme; las joyas no están en su ~.* **3** Espacio libre o disponible: *no encontré ~ para aparcar; deja ~ a tu hermano en el sofá.* ⇒ **lugar.** **4** *Incomunicación de un lugar realizada por un ejército para conseguir su *rendición: *durante el ~ de la ciudad muchas personas murieron de hambre y de enfermedad.* ■ **dejar/quedarse en el ~,** *fam.*, matar o morirse en el acto: *el tren atropelló al gato y lo dejó en el ~.* ■ **poner en su ~,** hacer ver a una persona cuál es su posición o situación para que no se tome demasiadas libertades: *a los niños, cuando pierden el respeto a sus padres, es mejor ponerlos en su ~.*

si·⌈to, ⌈ta |síto, ta| ***adj.*** Que está situado en un lugar determinado: *el edificio, ~ en la calle Velázquez, ha sido clausurado porque no cumplía las medidas de seguridad.*

si·tua·ción |situaθión| **1** ***f.*** Colocación o posición en un lugar o un momento determinados: *el edificio tiene una ~ privilegiada en el centro de la ciudad.* **2** Estado de una persona o una cosa en un momento determinado: *el divorcio de los padres pone a los hijos en una ~ bastante difícil.* ⇒ **contexto.**

si·tuar |situár| **1** ***tr.-prnl.*** [algo, a alguien] Poner en un lugar determinado: *el coronel situó sus tropas en la playa; el camarero se situó detrás de la barra.* ⇒ **colocar.** - **2 situarse** ***prnl.*** Lograr una buena posición social, económica o política: *hay que trabajar mucho para situarse.* ◯ Se conjuga como 11.

slo·gan |ᵉslóɣan| ***m.*** Frase corta que se usa para vender un producto o tratar de convencer a un público: *el ~ de este partido político en la última campaña electoral era muy original.* ⇒ **eslogan.** ◯ Esta palabra procede del inglés. El plural es *slogans.* La Real Academia Española prefiere la forma *eslogan.*

smo·king |ᵉsmókin| ***m.*** Traje de hombre, que se usa en fiestas y ocasiones importantes: *mi marido llevó un ~ negro en Nochevieja.* ⇒ **esmoquin.** ◯ Esta palabra procede del inglés. La Real Academia Española prefiere la forma *esmoquin.*

snob |ᵉsnóᵇ| ***adj.-com.*** (persona) Que imita comportamientos e ideas que considera distinguidos y elegantes: *desde que te juntas con esa gente, vistes y te comportas como una ~.* ⇒ **esnob, sofisticado.** ◯ Esta palabra procede del inglés. El plural es *snobs.* La Real Academia Española prefiere la forma *esnob.*

sno·bis·mo |ᵉsnoβísmo| ***m.*** Cualidad de *snob: *no me gusta el ~ de este chico.* ⇒ **esnobismo.** ◯ La Real Academia Española prefiere la forma *esnobismo.*

so·a·sar |soasár| ***tr.*** [algo] Cocinar ligeramente un alimento sometiéndolo a la acción directa del fuego: *vamos a ~ el pollo.*

so·ba·co |soβáko| ***m.*** Hueco que se forma al unirse el interior del brazo de las personas con el tronco: *ponte el termómetro en el ~.* ⇒ **axila.**

so·ba·⌈do, ⌈da |soβáðo, ða| **1** ***adj.*** (cosa) Que está muy usado, gastado o estropeado: *necesitas una cartera nueva porque la tuya está muy sobada.* ◯ Es el participio de *sobar.* - **2** ***adj.-s.*** (pan) Que se consigue frotando la masa con las manos durante más tiempo de lo normal: *en mi casa sólo comemos pan ~.*

so·ba·que·ra |soβakéra| **1** ***f.*** Pieza que hace más fuerte la parte de debajo del brazo en las prendas de vestir: *el chaquetón llevaba unas sobaqueras de cuero.* **2** Abertura que se deja en las prendas de vestir en la unión de la manga y el cuerpo por la parte del *sobaco: *la chaquetilla del torero lleva sobaqueras.*

so·bar |soβár| **1** ***tr.*** [algo, a alguien] Tocar con fuerza e insistencia: *sobaba trocitos de papel mientras hablaba; has sobado tanto el muñeco que lo has estropeado; el panadero soba la masa con la que hará pasteles; al fondo de la discoteca hay una pareja de novios sobándose; deja de sobarme y besuquearme.* ⇒ **manosear.** **2** *fam.* [a alguien] Golpear a una persona: *el boxeador ha sobado bien a su contrincante; Ismael sobaba a todos los que le importunaban.* - **3** ***intr.*** *fam. vulg.* Estar en estado de sueño: *anoche llegó muy tarde y hoy se ha pasado el día entero sobando.* ⇒ **dormir.**

SISTEMA MONTAÑOSO

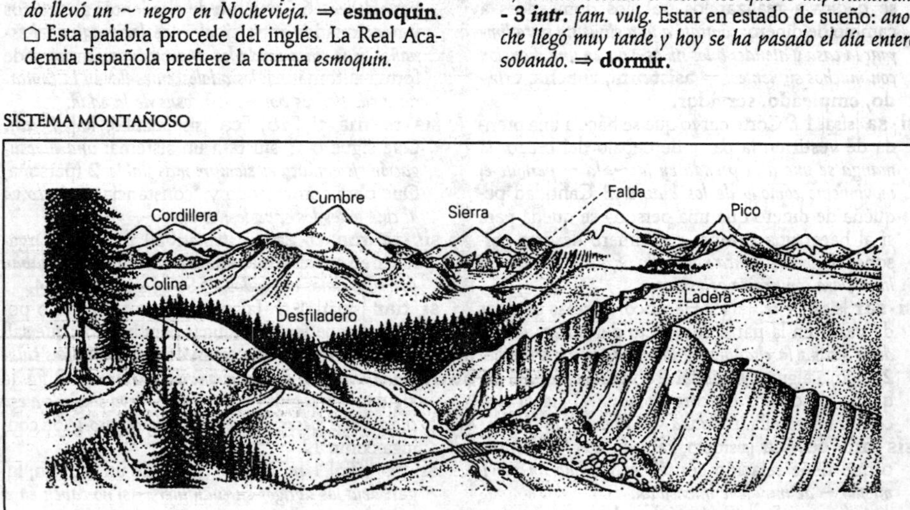

so·be·ra·ní·a |soβeranía| **1** ***f.*** POL. Autoridad del poder público: *según la Constitución de 1978, la ~ reside en el pueblo;* ~ **nacional,** POL., la que ejerce el pueblo a través de los órganos que lo representan: *para ejercer la ~ nacional hay que votar en las elecciones.* **2** POL. Gobierno de uno mismo; falta de sometimiento político a otro: *las colonias llevan años luchando por conseguir su ~.* ⇒ **independencia.**

so·be·ra·⌐no, ⌐na |soβeráno, na| **1** ***adj.-s.*** POL. (persona, pueblo) Que posee y ejerce una autoridad independiente: *el pueblo ~ manifestó su voluntad al elegir al presidente del Gobierno; los soberanos han realizado una visita oficial a Japón.* ⇒ **monarca, rey. - 2** ***adj.*** POL. Que se gobierna a sí mismo; que no está políticamente sometido a otro: *España es un Estado ~.* **3** *fam.* Que es muy grande; que no puede ser superado: *a la salida de la discoteca le dieron una soberana paliza.*

so·ber·bia |soβérβia| **1** ***f.*** Orgullo excesivo o sentimiento de superioridad frente a los demás: *su ~ le impide aceptar las observaciones de los demás sobre su trabajo.* ⇒ **altanería, altivez. 2** Rabia o enfado que se expresa de manera exagerada: *discutieron con una ~ desmesurada.*

so·ber·⌐bio, ⌐bia |soβérβio, βia| **1** ***adj.*** Que tiene o siente *soberbia: *es muy ~ con los inferiores; dejó que su mujer se marchara porque era demasiado ~ para pedirle perdón.* ⇒ **altanero, altivo. 2** Que destaca por sus buenas cualidades; que sobresale entre lo demás; que es admirable: *viven en una mansión soberbia.* ⇒ **extraordinario.**

so·⌐bón, ⌐bo·na |soβón, βóna| ***adj.-s.*** *fam.* (persona) Que toca mucho con las manos y resulta molesto: *¡no seas ~ y déjame en paz!*

so·bor·nar |soβornár| ***tr.*** [a alguien] Ofrecer o aceptar dinero u otra cosa para conseguir un favor o un *beneficio, especialmente si es injusto o ilegal: *Pablo es un político muy honrado y no se dejará ~ jamás.* ⇒ **corromper.**

so·bor·no |soβórno| **1** ***m.*** Acción y resultado de *sobornar: *descubrieron el ~ y detuvieron a los funcionarios implicados en él.* ⇒ **cohecho. 2** Dinero u objetos de valor con que se *soborna: *el acusado ofreció al juez un ~ a cambio de su libertad.*

so·bra |sóβra| **1** ***f.*** Exceso; lo que hay además de lo necesario: *la ~ de producción agrícola hizo bajar los precios.* **- 2 sobras** ***f. pl.*** Restos de una cosa después de haberla usado o consumido: *el perro se comía las sobras de la comida.* ■ **de ~/de sobras,** de modo abundante, en mayor cantidad de la necesaria: *en casa tengo vasos de ~ para todos mis invitados.* ■ **estar de ~,** no ser necesario, molestar: *estás de ~, puedes irte a casa.* ⇒ **más.**

so·bra·⌐do, ⌐da |soβráðo, ða| **1** ***adj.*** Que existe en gran cantidad; que es mucho: *tienes talento ~ para hacer este trabajo.* ⇔ **escaso.** ☐ Es el participio de *sobrar.* **- 2 sobrado** ***m.*** Último piso de una casa, justo debajo del tejado, que tiene el techo inclinado: *hemos guardado la bicicleta en el ~ porque ya nadie la usaba.* ⇒ **desván.**

so·bran·te |soβránte| ***adj.-s.*** Que *sobra: *pagaremos las deudas y el dinero ~ lo invertiremos.*

so·brar |soβrár| **1** ***intr.*** Haber más de lo necesario: *en esta casa siempre sobra comida.* ⇒ **exceder. 2** Estar de más; no ser necesario: *tu hermano sobra aquí: no puede ayudarnos en nada; este adorno sobra: el vestido sería más elegante sin él.* **3** Quedar o haber todavía: *han sobrado estos pasteles de la fiesta.*

so·bra·sa·da |soβrasáða| ***f.*** *Embutido grueso hecho con carne de cerdo muy picada, sal y *pimiento molido: *la ~ es típica de Mallorca.*

so·bre |soβre| **1** ***prep.*** Encima de; indica una posición superior o más alta: *el jarrón está ~ la mesa; el helicóptero volaba ~ la ciudad.* **2** Acerca de; en relación con: *el científico planteó una nueva hipótesis ~ el origen del Universo; el primer capítulo trata ~ los derechos humanos.* **3** Alrededor de; indica cantidad o número aproximado: *vendré ~ las doce.* **4** Cerca y con más altura: *el faro está ~ el acantilado.* **5** Indica superioridad o situación dominante: *sólo el director general está ~ mí en la empresa.* **- 6** |sóβre| ***m.*** Cubierta plana, generalmente de papel, que se usa para meter en ella cartas, documentos u otras cosas: *fui al estanco a comprar sobres y sellos para escribir a mis amigos; las fotografías venían en un ~ blanco.* **7** *fam.* Mueble de cuatro patas que se usa para dormir o para echarse encima: *se echó a dormir en el ~; son las once y todavía están todos en el ~.* ⇒ **cama.**

so·bre·a·li·men·tar |soβrealimentár| ***tr.-prnl.*** [a alguien] Dar más alimento de lo normal o de lo necesario: *no debes ~ al bebé porque se pondrá obeso.*

so·bre·car·ga |soβrekárɣa| **1** ***f.*** Carga que se añade a otra; exceso de carga: *no sé si el camión podrá soportar la ~.* ⇒ **sobrepeso. 2** Ocupación o uso completo de una cosa: *las líneas telefónicas están bloqueadas a causa de una ~.* **3** Molestia que se produce por haber sometido una parte del cuerpo a un trabajo o un peso excesivos: *el futbolista no podrá jugar porque tiene una ~ muscular.*

so·bre·car·gar |soβrekarɣár| ***tr.*** [algo, a alguien] Cargar en exceso: *la familia sobrecargaba el coche cuando iba de vacaciones; no lo sobrecarguéis de trabajo.* ☐ Se conjuga como 7.

so·bre·car·go |soβrekárɣo| **1** ***com.*** Persona que se ocupa de los pasajeros y de la carga de un avión: *la ~ dio instrucciones a las azafatas.* **2** Persona que se ocupa de la carga de un barco: *el capitán ordenó al ~ que vigilara el embarque de la mercancía.*

so·bre·co·ge·⌐dor, ⌐do·ra |soβrekoxeðór, ðóra| ***adj.*** Que *sobrecoge: *escuchamos un grito ~ que pedía ayuda; se emocionó ante la sobrecogedora escena del hijo buscando a su madre.*

so·bre·co·ger |soβrekoxér| ***tr.-prnl.*** [a alguien] Causar una impresión fuerte, generalmente de sorpresa o de miedo: *su terrible historia nos sobrecogió a todos.* ☐ Se conjuga como 5.

so·bre·do·sis |soβreðósis| ***f.*** Cantidad excesiva de una medicina o de una droga: *una ~ puede causar la muerte.* ⇒ **dosis.** ☐ El plural es *sobredosis.*

so·bre·en·ten·der |soβreᵉntendér| ***tr.-prnl.*** [algo] Entender lo que no se dice o se expresa, pero se supone: *si dices que has leído algunos capítulos, se sobreentiende que no has leído todo el libro.* ⇒ **sobrentender.** ☖ La Real Academia Española prefiere la forma *sobrentender.* Se conjuga como 28.

so·bre·hu·ma·⌜no, ⌜na |soβreumáno, na| ***adj.*** Que está por encima de las posibilidades, de la capacidad o de lo que se considera propio del ser humano: *el corredor tuvo que hacer un esfuerzo ~ para llegar a la meta; en su mirada había algo ~.*

so·bre·lle·var |sobreʎeβár| ***tr.*** [algo] Conformarse o aceptar voluntariamente una cosa o situación que no es perfecta o que no satisface completamente: *te conviene ~ este trabajo lo mejor que puedas porque pronto acabará.* ⇒ **resignarse.**

so·bre·ma·ne·ra |soβremanéra| ***adv. m.*** Excesivamente; en extremo: *me admira ~ el valor de los pilotos de pruebas.*

so·bre·me·sa |soβremésa| ***f.*** Periodo de tiempo posterior a la comida: *durante la ~ estuvimos charlando y tomando café; pasó la ~ con unos cuantos amigos.* ■ **de ~,** inmediatamente después de comer: *las películas de ~ de la televisión son soporíferas.*

so·bre·na·tu·ral |soβrenaturál| ***adj.*** Que supera los límites de la naturaleza; que no respeta las reglas de la naturaleza: *este programa trata sobre las apariciones de espíritus y otros fenómenos sobrenaturales.* ⇔ **natural.**

so·bre·nom·bre |soβrenómbre| **1** ***m.*** Nombre que se da a una persona en lugar del suyo propio: *firma los libros con un ~.* ⇒ **seudónimo. 2** Nombre que se añade al de una persona y que expresa una cualidad: *el rey Fernando tenía como ~ el Católico.*

so·bren·ten·der |soβrentendér| ***tr.-prnl.*** [algo] Entender lo que no se dice o se expresa, pero se supone: *si dices que te quieres casar conmigo, se sobrentiende que me amas.* ⇒ **sobreentender.** ☖ Se conjuga como 28.

so·bre·pa·sar |soβrepasár| **1** ***tr.*** [algo, a alguien] Pasar o ponerse delante o más allá; dejar atrás: *el corredor africano ha sobrepasado a nuestro representante en la última curva.* **2** Superar; llegar a ser mejor: *ha sobrepasado a todos sus compañeros.* ⇒ **aventajar, exceder. - 3** ***tr.-prnl.*** Pasar un límite físico o moral: *las temperaturas en esta época del año no sobrepasan los 20 grados; el chico se sobrepasó cuando le dio un beso a una desconocida.* ⇒ **exceder.**

so·bre·pe·so |soβrepéso| **1** ***m.*** Carga que se añade a otra; exceso de carga: *el accidente del camión se debió al ~ que llevaba.* ⇒ **sobrecarga. 2** Exceso de peso de una persona o un animal: *hizo una dieta para librarse del ~.*

so·bre·po·ner |soβreponér| **1** ***tr.*** [algo] Añadir o poner una cosa encima de otra: *si sobreponemos dos ladrillos más al muro, no podrán vernos desde fuera.* ⇒ **superponer. - 2 sobreponerse** ***prnl. fig.*** Dominar los impulsos del ánimo; superar un problema o una situación difícil: *cuando se hubo sobrepuesto del disgusto, contestó a su padre.* ☖ Se conjuga como 78.

so·bre·sa·lien·te |soβresaliénte| **1** ***adj.-s.*** Que destaca o *sobresale: *aquella torre ~ es la de la iglesia.* **- 2** ***m.*** Calificación o nota inmediatamente inferior a la de *matrícula de honor y superior a la de *notable: *contestó bien todas las preguntas y le pusieron un ~.* **- 3** ***com. fig.*** Persona que hace un trabajo cuando falta otra: *como el torero fue cogido por el toro, tuvo que salir a matarlo el ~.*

so·bre·sa·lir |soβresalír| **1** ***intr.*** Salir o formar un saliente con relación a un plano: *esta cornisa sobresale mucho.* **2** Ser mayor; destacar en figura o tamaño: *aquel pino sobresale entre todos los demás.* **3** Superar o ser mejor; distinguirse o destacarse entre un grupo: *ese político sobresale por su elocuencia.* ☖ Se conjuga como 84.

so·bre·sal·tar |soβresaltár| ***tr.-prnl.*** [a algo/alguien] Asustar, preocupar o alterar el ánimo: *el trueno me ha sobresaltado; se sobresaltó mucho con la noticia del accidente.* ⇒ **estremecer.**

so·bre·sal·to |soβresálto| ***m.*** Sensación de miedo o preocupación producida por un hecho inesperado: *el grito me produjo un gran ~.* ⇒ **susto.**

so·bre·se·er |soβresᵉér| ***intr.-tr.*** DER. [algo] Dejar sin curso posterior un procedimiento: *el tribunal sobreseyó el proceso.* ☖ El participio es *sobreseído.*

so·bre·suel·do |soβresuéldo| ***m.*** Cantidad de dinero que se añade al sueldo, generalmente por haber realizado un trabajo o un servicio *complementario: *nos han dado un ~ por haber terminado el trabajo antes del plazo previsto.*

so·bre·ve·nir |soβreβenír| **1** ***intr.*** Venir u ocurrir inesperadamente: *no supo reaccionar cuando sobrevino la desgracia.* **2** Ocurrir una cosa además o después de otra: *han sobrevenido nuevos problemas, además de todos los que teníamos.* ☖ Se conjuga como 90.

so·bre·vi·vir |soβreβiβír| **1** ***tr.*** [a alguien] Seguir vivo después de la muerte de otra persona: *el hermano mayor sobrevivió a los dos pequeños.* **- 2** ***intr.*** Seguir vivo después de un hecho o un momento determinados: *sólo dos personas sobrevivieron al accidente.* **3** Vivir con dificultades o problemas; seguir vivo en una situación difícil: *el sueldo que me pagan apenas da para ~.*

so·bre·vo·lar |soβreβolár| ***tr.*** [algo] Volar sobre un lugar: *el avión tuvo que ~ el aeropuerto antes de aterrizar; señores pasajeros, estamos sobrevolando la isla de Ibiza.* ☖ Se conjuga como 31.

so·bri·⌜no, ⌜na |soβríno, na| ***m. f.*** Hijo o hija de un hermano o hermana, o de un *primo o *prima, en cuanto al *tío o a la *tía: *mi hermano y mi cuñada han tenido un niño que es mi primer ~.*

so·⌜brio, ⌜bria |sóβrio, βria| **1** ***adj.*** Que no es exagerado, especialmente al comer y al beber: *desde que tuvo el amago de infarto lleva una dieta muy sobria; es un hombre ~, poco dado a excesos.* **2** (estilo) Que es sencillo y sin adornos: *decoró el salón con muebles sobrios.* **3** Que no está borracho: *puede conducir porque está completamente ~.* ⇒ **sereno.**

so·ca·⌜rrón, ⌜rro·na |sokar̄ón, r̄óna| ***adj.-s.*** (persona) Que gusta de hacer bromas; que es irónico: *no puedo aguantar a los tipos socarrones que se burlan de los que tienen algún defecto.*

so·ca·rro·ne·rí·a |sokar̄onería| ***f.*** Actitud irónica o *bromista: *dijo con ~ que sus amigos eran los más guapos del mundo.* ⇒ **sorna.**

so·ca·var |sokaβár| **1** ***tr.*** [algo] Cavar por debajo, dejando huecos: *están socavando la calle para construir un aparcamiento.* **2** *fig.* Hacer débil o más débil: *las desgracias poco a poco le socavaron el ánimo.*

so·ca·vón |sokaβón| ***m.*** Agujero que se produce al hundirse el terreno que está debajo del suelo: *la carretera está llena de baches y socavones y casi no se puede transitar por ella.*

so·cia·ble |soθiáβle| ***adj.*** Que tiene facilidad para relacionarse con otros miembros de su especie: *es un chico muy ~: nunca ha tenido problemas para hacer nuevos amigos.*

so·cial |soθiál| **1** ***adj.*** De la sociedad, de las relaciones entre las clases o que tiene relación con ellas: *una revolución ~ desestabilizó el gobierno de la isla.* **2** ECON. De una compañía o sociedad económica o que tiene relación con ella: *el capital ~ se ha visto incrementado con la ampliación de la oferta de acciones.* **3** De las *agrupaciones de seres vivos o que tiene relación con ellas: *la hormiga es un insecto ~ que vive en hormigueros junto con otros muchos individuos de su especie.*

so·cia·lis·mo |soθialísmo| ***m.*** POL. Sistema político y económico en el que los bienes son de propiedad común y el Estado se encarga de repartir la riqueza: *el ~ perseguía la desaparición de las clases sociales; las ideas del ~ aparecen en el* Manifiesto comunista *de Marx y Engels.* ⇒ **colectivismo, comunismo.**

so·cia·lis·ta |soθialísta| **1** ***adj.*** POL. Del *socialismo o que tiene relación con él: *en muchos países se ha practicado una política ~.* ⇒ **capitalista, colectivista, comunista. - 2** ***adj.-com.*** POL. (persona) Que es partidario del *socialismo: *los políticos socialistas votaron a favor de la ley; los socialistas no asistieron al Congreso.* ⇒ **capitalista, colectivista, comunista.**

so·cia·li·za·ción |soθialiθaθión| ***f.*** POL. Paso al Estado o a un órgano *colectivo de bienes que pertenecen a personas u organismos particulares: *la industria ha reducido sus pérdidas gracias a una gestión de ~; la ~ de la banca se llevará a cabo a lo largo del año.*

so·cia·li·zar |soθialiθár| **1** ***tr.*** POL. [algo] Pasar al Estado o a un órgano *colectivo bienes que pertenecen a personas u organismos particulares: *se intentó salvar la empresa que estaba en quiebra socializándola; el Gobierno ha procedido a ~ las industrias del metal.* ⇒ **nacionalizar. 2** Crear unas condiciones sociales buenas para el desarrollo de la persona: *el gobierno ha decidido ~ su política sanitaria.* ☐ Se conjuga como 4.

so·cie·dad |soθieðá^{ð}| **1** ***f.*** Conjunto de individuos que establecen relaciones organizadas, especialmente el formado por personas: *la ~ reclama justicia, paz y educación;* ~ **de consumo**, la que hace que el individuo compre y consuma bienes, aunque no sean necesarios: *la competitividad y la agresividad son consecuencias de la ~ de consumo en la que vivimos.* **2** Grupo formado por personas que se unen con un fin determinado: *Marta pertenece a una ~ deportiva.* **3** ECON. Grupo formado por personas que se unen para el ejercicio o explotación de un comercio o industria: *los hermanos formaron una ~ y abrieron una cadena de tiendas;* ~ **anónima**, la que tiene el *capital dividido en acciones que pertenecen a varios socios: *cualquier persona puede comprar acciones de una ~ anónima.*

so·⌜cio, ⌜cia |sóθio, θia| **1** ***m. f.*** Persona que forma con otras una sociedad con un fin determinado: *antes de invertir ese dinero tengo que consultar a mi ~.* ⇒ **asociado. 2** *fam.* Compañero o amigo: *voy a llamar a mi ~ para salir a dar una vuelta.*

so·cio·cul·tu·ral |soθiokulturál| ***adj.*** Del estado cultural de una sociedad o de un grupo social o que tiene relación con él: *el nivel ~ de las personas de este barrio es bastante alto.*

so·cio·e·co·nó·mi·⌜co, ⌜ca |soθioekonómiko, ka| ***adj.*** De la economía y la sociedad o que tiene relación con ellas: *para otorgar las becas tienen en cuenta el nivel ~ de los candidatos.*

so·cio·lo·gí·a |soθioloxía| ***f.*** Ciencia que estudia la formación, el desarrollo y las características de las sociedades humanas: *quiere estudiar ~ porque se interesa mucho por las actitudes y opiniones de los grupos sociales.*

so·cio·ló·gi·⌜co, ⌜ca |soθiolóxiko, ka| ***adj.*** De la *sociología o que tiene relación con ella: *acaban de publicar un estudio ~ sobre el miedo.*

so·ció·lo·⌜go, ⌜ga |soθióloγo, γa| ***m. f.*** Persona que se dedica a la *sociología: *entrevistaron a un famoso ~ para consultarle sobre el problema de la violencia en la sociedad actual.*

so·co·rrer |sokor̄ér| ***tr.*** [a alguien] Ayudar en un accidente, peligro o necesidad: *tuvieron un accidente y los socorrió un camionero que pasaba casualmente por aquella carretera.*

so·co·rri·⌜do, ⌜da |sokor̄íðo, ða| **1** ***adj.*** Que sirve de ayuda para superar una dificultad: *los analgésicos son medicinas muy socorridas.* **2** Que tiene u ofrece muchas cosas útiles o que no se encuentran con facilidad: *los supermercados son muy socorridos cuando te falta comida en casa.*

so·co·rris·ta |sokor̄ísta| ***com.*** Persona que se dedica a ayudar en caso de accidente, peligro o necesidad: *en todas las piscinas públicas debe haber al menos un ~.*

so·co·rro |sokór̄o| **1** ***m.*** Ayuda que se presta en una situación de peligro o necesidad: *acudieron a prestarles ~ lo antes posible.* ⇒ **amparo, auxilio. 2** Cosa que sirve de ayuda en una situación de peligro o necesidad: *una balsa de madera fue su único ~ para escapar.* **3** MIL. Conjunto de armas y alimentos que necesita un ejército: *la tropa esperaba ansiosa la llegada del ~.* **- 4** **¡~!** ***interj.*** Expresión con la que se pide ayuda en una situación de peligro o necesidad: *gritaba ¡~! desde el río, pues no sabía nadar y temía ahogarse.*

so·da |sóða| ***f.*** Bebida transparente y sin alcohol, hecha con agua y ácido *carbónico: *siempre toma el vermut con un chorrito de ~.* ⇒ **gaseosa.**

só·di·⌐co, ⌐ca |sóðiko, ka| ***adj.*** QUÍM. Del *sodio o que tiene relación con él: *compró un bote de bicarbonato ~.*

so·dio |sóðio| ***m.*** QUÍM. Metal blando, muy abundante en la naturaleza, que forma sales con otros elementos: *el símbolo del ~ es* Na*; el ~ forma parte de la sal común y del agua del mar; con el ~ se fabrican lejías.*

so·ez |soéθ| ***adj.*** Que no tiene o no muestra educación; que es de mal gusto: *me quería pedir ayuda, pero se comportó de forma ~ y me negué a ayudarle.* ⇒ **bajo, grosero, maleducado, patán, rudo.** ☖ El plural es *soeces.*

so·fá |sofá| ***m.*** Asiento grande, para más de una persona, blando, con respaldo y brazos: *por la tarde me siento en el ~ a ver la tele con mis hijos; he comprado un ~ y dos sillones.* ⇒ **canapé; ~ cama**, el que puede convertirse en cama: *tengo un ~ cama, así que podéis quedaros todos a dormir.* ⇒ **tresillo.** ☖ El plural es *sofás.*

so·fis·ti·ca·⌐do, ⌐da |sofistikáðo, ða| **1** ***adj.*** (persona) Que imita comportamientos e ideas que considera complicados, originales, distinguidos y elegantes: *es una dama muy sofisticada, culta y refinada.* ⇒ **esnob. 2** (cosa) Que no es natural ni sencillo: *esas joyas son demasiado sofisticadas para mí.* **3** (aparato) Que es muy complicado o completo: *el laboratorio cuenta con instrumentos muy sofisticados.*

so·fo·can·te |sofokánte| ***adj.*** Que hace difícil la respiración o *sofoca: *hoy ha hecho un calor ~.*

so·fo·car |sofokár| **1** ***tr.*** [a alguien] Impedir o hacer difícil la respiración; dar mucho calor: *me sofocan los lugares cerrados con mucha gente.* ⇒ **ahogar, asfixiar. 2** *fig.* Perseguir sin descanso; molestar demasiado: *mi compañero de trabajo me sofoca: siempre me está pidiendo ayuda.* **3** [algo] Apagar o dominar, especialmente un fuego: *los bomberos sofocaron rápidamente el incendio.* **- 4 *tr.-prnl.*** [a alguien] Avergonzar; producir vergüenza: *se sofocó cuando le regañaron en público.* ☖ Se conjuga como 1.

so·fo·co |sofóko| **1** ***m.*** Calor excesivo que impide o hace difícil la respiración: *los ascensores me producen sensación de ~; las mujeres, durante la menopausia, suelen sentir sofocos.* ⇒ **ahogo. 2** Sentimiento de pérdida del propio valor o de la propia importancia a causa de una ofensa o por *temor al ridículo; disgusto: *sentí un terrible ~ cuando me insultaron de aquel modo en público.* ⇒ **vergüenza.**

so·fo·cón |sofokón| ***m.*** Sentimiento de tristeza o de preocupación ante un problema o una desgracia: *se llevó un buen ~ cuando su hija le dijo que estaba embarazada.* ⇒ **disgusto.**

so·fo·qui·na |sofokína| ***f.*** *fam.* Sentimiento de pena causado por una cosa que no se ha conseguido: *¡vaya ~ tiene la niña porque no le hemos comprado los patines!* ⇒ **disgusto, sofoco, sofocón.**

so·fre·ír |sofreír| ***tr.*** [algo] Freír ligeramente un alimento: *cuando hayas sofrito la cebolla, échala en la cacerola con los otros ingredientes; sofreí el arroz tal como ponía en la receta.* ☖ El participio es *sofrito* o *sofreído.* Se conjuga como 37.

so·fri·to |sofríto| ***m.*** Conjunto de alimentos fritos en aceite que se añade a una comida en el momento de cocinarla: *preparó un ~ de cebolla, ajo y tomate para guisar el pollo.*

so·ga |sóɣa| ***f.*** Cuerda gruesa: *el mulo estaba atado con una ~ de esparto.* ⇒ **maroma. ■ a ~**, ARQ., que se construye colocando los ladrillos o piedras con el lado más largo a la vista: *este muro está hecho con un aparejo a ~.* ⇒ **tizón. ■ con la ~ al cuello**, amenazado por un peligro grave; en una situación comprometida: *está con la ~ al cuello, si no paga el dinero le embargan la casa.* **■ mentar la ~ en casa del ahorcado**, hablar de un asunto que molesta o pone triste a una persona que lo ha padecido: *recuerda que su padre murió en un accidente de coche, así que no hay que mentar la ~ en casa del ahorcado.*

so·ja |sóxa| ***f.*** Planta de tallo recto, hojas compuestas y flores pequeñas en racimo, cuyo fruto es una legumbre con varias semillas, de las que se saca aceite: *la ~ se cultiva en climas calurosos y húmedos; he comprado una botella de aceite de ~.*

so·juz·gar |soxuθɣár| ***tr.*** [a alguien] Dominar; mandar violentamente sobre una persona o un grupo: *el dictador tiene sojuzgado al pueblo.* ☖ Se conjuga como 7.

sol |sól| **1** ***m.*** Estrella con luz propia alrededor de la cual gira la Tierra: *el Sol es una esfera con elevadísimas temperaturas y presiones; la vida en la Tierra depende de la energía, el calor y la luz del Sol.* ☖ En esta acepción, se suele escribir con mayúscula. **2** Luz y calor que desprende esa estrella: *saca al niño al parque para que le dé un poco el ~; ayer estaba nublado, pero hoy hace ~; ~* **de justicia**, luz y calor excesivos: *fuimos a Sevilla en agosto y hacía un ~ de justicia.* **3** Parte de un espacio a la que llega la luz de esa estrella: *hoy hace un día muy agradable para pasear por el ~.* ⇒ **solana.** ⇔ **sombra. 4** *fig.* Figura con la forma de esa estrella: *en la bandera de Argentina hay un ~.* **5** Estrella que es el centro de un sistema de planetas: *en nuestra galaxia hay millones de soles.* **6** *fam.* Persona muy buena y simpática: *tu novio es un ~, siempre tan atento y agradable.* **7** MÚS. Quinta nota musical de la escala: *el ~ va después de fa.* **■ arrimarse al ~ que más calienta**, servir y alabar al más poderoso para conseguir favores: *el político cambia de partido para arrimarse al ~ que más calienta.* **■ de ~ a ~**, todo el día; desde que amanece hasta la noche: *los segadores trabajan de ~ a ~.* **■ no dejar ni a ~ ni a sombra**, *fam.*, perseguir; no abandonar: *desde que se separaron, no deja a su mujer ni a ~ ni a sombra.* **■ tomar el ~**, ponerse en un lugar donde se recibe luz y calor: *Elena estuvo tomando el ~ en la playa y ahora está muy morena.*

so·la·men·te |sólaménte| ***adv.*** De un solo modo; en una sola cosa; sin otra cosa: *el problema ~ puede solucionarse invirtiendo más dinero; ~ quiero* *que me escuches un momento.* ⇒ **solo, sólo, únicamente.**

so·la·na |soláná| ***f.*** Parte de un terreno o un edificio donde da el sol mucho tiempo: *tienden la ropa en la ~.* ⇒ **sol.** ⇔ **umbría.**

so·la·ne·ra |solanéra| ***f.*** Sol excesivo: *esperaremos a que pase esta ~ para salir.*

so·la·no |soláno| ***m.*** Viento que viene de donde nace el Sol: *el ~ es un viento de oriente; el ~ me da dolor de cabeza.*

so·la·pa |solápa| **1** ***f.*** Parte de las prendas de vestir abiertas por delante, que se une al cuello y se dobla hacia afuera sobre el pecho: *el abrigo llevaba unas solapas muy anchas.* **2** Parte de la cubierta de un libro que se dobla hacia dentro: *en la ~ se suele colocar un comentario del libro.* **3** Pieza que cubre una abertura: *la chaqueta lleva los bolsillos con ~.* **4** Parte del sobre que se dobla para cerrarlo: *el remite de una carta se escribe en la ~.*

so·la·par |solapár| ***tr.-prnl.*** *fig.* [algo] Ocultar, disimular; tapar en parte: *su sonrisa solapaba sus verdaderas intenciones; estos dos conceptos se solapan.*

so·lar |solár| **1** ***adj.*** Del Sol o que tiene relación con él: *la luz ~ es la más adecuada para estudiar; la Tierra forma parte del sistema ~.* **- 2** ***m.*** Terreno donde se ha construido o que se destina a construir en él: *en aquel ~ van a edificar un centro comercial.* **- 3** ***tr.*** [algo] Cubrir el suelo con un material: *unos albañiles han solado y alicatado el cuarto de baño.* ⇒ **pavimentar.** ☖ Se conjuga como 31.

so·laz |soláθ| ***m.*** Diversión u ocupación que se elige para los momentos de tiempo libre: *como le gusta mucho nadar, se ha construido una piscina para los ratos de ~.* ⇒ **ocio.**

so·la·zar·se |solaθárse| ***prnl.*** Pasar el tiempo libre dedicándose a una diversión o a una ocupación descansada: *al terminar la convención, algunos participantes se solazaron en la sauna.* ☖ Se conjuga como 4.

sol·da·da |soldáða| **1** ***f.*** Cantidad de dinero con que se paga el servicio de un soldado: *el ministro del ejército ha decidido aumentar la ~.* **2** Cantidad de dinero con la que se paga un servicio o un trabajo: *a mi asistenta, le pago la ~ una vez al mes.* ⇒ **estipendio, paga, salario, sueldo.**

sol·da·do |soldáðo| **1** ***m.*** Persona que sirve en un ejército: *han enviado muchos soldados a aquel país.* **2** Miembro del ejército sin grado: *todavía es ~, pero espera ascender pronto a cabo.* ⇒ **militar.** **- 3** ***adj.-com.*** ZOOL. (insecto) Que tiene el cuerpo adaptado para la defensa de una comunidad y para la lucha: *los soldados defienden el hormiguero.*

sol·da·⌜dor, ⌜do·ra |soldaðór, ðóra| **1** ***adj.*** Que *suelda: *he comprado una máquina soldadora para arreglar la barandilla.* **- 2** ***m. f.*** Persona que se dedica a *soldar: *tiene que venir el ~ a arreglar la verja.* **3** Aparato eléctrico que sirve para *soldar: *necesito un ~ de estaño para arreglar la radio.*

sol·da·du·ra |soldaðúra| ***f.*** Acción y resultado de unir dos piezas de metal mediante calor: *se me da muy mal la ~; la ~ es más fuerte y duradera que los remaches;* ~ **autógena**, unión de dos piezas mediante calor, sin usar ninguna materia *adicional: *la ~ autógena se hace con gas.*

sol·dar |soldár| **1** ***tr.*** [algo; a/con algo] Unir firmemente dos piezas, generalmente de metal, mediante calor: *rompió la bicicleta y la llevó a que la soldaran; soldaron una plancha de metal al casco del barco.* **2** Unir firmemente dos piezas de las mismas características: *este pegamento es ideal para ~ madera.* ☖ Se conjuga como 31.

so·le·ar |soleár| ***tr.-prnl.*** [algo] Tener al sol por algún tiempo: *después del invierno, hay que ~ la ropa.*

so·le·cis·mo |soleθísmo| ***m.*** Error gramatical que consiste en poner en un orden incorrecto los elementos de una frase: *la frase* me se ha caído *es un ~, lo correcto es decir* se me ha caído.

so·le·dad |soleðáð| **1** ***f.*** Falta de compañía: *necesita un poco de ~ para meditar sus problemas.* ⇔ **compañía.** **2** Pesar y tristeza que se siente por la falta, muerte o pérdida de una persona: *la muerte de su marido le ha producido una gran ~.* **3** Lugar desierto; tierra que no está habitada: *para llegar a su casa, tiene que atravesar la larga ~.*

so·lem·ne |solémne| **1** ***adj.*** Que es celebrado o hecho públicamente y con una ceremonia extraordinaria: *acudieron muchas personas a la ~ misa celebrada por el obispo.* ⇒ **ceremonioso.** **2** Que es formal y firme: *hizo un juramento ~ y no creo que se atreva a romperlo.* **3** Que es muy importante: *fue una ocasión ~.* **4** Que provoca admiración y respeto por su grandeza, superioridad o nobleza: *en esta ciudad hay una catedral ~.* ⇒ **majestuoso, señorial.** **5** Que es muy malo; que tiene una cualidad negativa en grado muy alto: *eso que has dicho es una ~ tontería.*

so·lem·ni·dad |solemniðáð| **1** ***f.*** Importancia o significación: *la ~ del acto religioso obligaba a estar en silencio.* **2** Formalidad y firmeza: *pronunció su discurso con mucha ~.* ■ **de ~**, de forma completa o *absoluta: *ese hombre es tonto de ~; le han regalado un vestido feo de ~.* ☖ Se usa con referencia a cualidades negativas.

so·ler |solér| **1** ***intr.*** Tener costumbre: *tu padre suele venir los sábados.* ⇒ **acostumbrar.** **2** Ser frecuente una cosa: *suele llover mucho en este país.* ☖ Se usa seguido de infinitivo. Es defectivo y no se usa en los futuros de indicativo y subjuntivo, ni en el potencial ni en el imperativo. Se conjuga como 32.

so·le·ra |soléra| **1** ***f.*** Carácter tradicional; antigüedad: *la celebración de estas fiestas no puede prohibirse porque tiene mucha ~.* **2** Calidad que da al vino el paso de los años: *tiene en la bodega vinos de gran ~.*

sol·fa |sólfa| **1** ***f.*** MÚS. Conjunto o sistema de signos con que se escribe la música: *ignora completamente la ~, pero es capaz de tocar la guitarra de oído.* **2** MÚS. Arte o técnica de leer y *entonar bien los signos musicales: *estoy aprendiendo ~.* ⇒ **solfeo.** ■ **poner en ~**, *fam.*, criticar con dureza: *en la película se pone en ~ la vieja aristocracia española.* ■ **poner en ~**, *fam.*, hacer con arte y habilidad; poner orden y hacer que funcione bien una cosa:

hasta que vino él, nadie había sido capaz de poner en ~ el negocio.

sol·fe·ar |solfeár| ***tr.*** MÚS. [algo] Leer y *entonar bien los signos musicales: *solfeaba la composición para aprenderla.*

sol·fe·o |solféo| ***m.*** MÚS. Arte o técnica de leer y *entonar bien los signos musicales: *estudiar ~ es un poco aburrido, pero es muy útil para tocar un instrumento.* ⇒ **solfa.**

so·li·ci·tan·te |soliθitánte| ***adj.-com.*** (persona) Que solicita: *los solicitantes deberán rellenar este formulario.*

so·li·ci·tar |soliθitár| **1** ***tr.*** [algo] Pedir o buscar, generalmente de un modo formal y siguiendo un procedimiento establecido: *solicitó una audiencia con el ministro; los alumnos que hayan solicitado beca no tienen que pagar ahora la matrícula.* **2** [a alguien] Intentar conseguir una relación amorosa con una persona: *a esa chica la solicitan todos sus compañeros de curso.*

so·lí·ci·⌈to, ⌈ta |solíθito, ta| ***adj.*** Que está dispuesto a servir y satisfacer a los demás: *es un empleado muy ~ con sus superiores.* ⇒ **servicial.**

so·li·ci·tud |soliθitú^ð| **1** ***f.*** Cualidad de *solícito: *todos lo quieren por su ~.* **2** Documento oficial en el que se solicita una cosa: *rellenó una ~ para ingresar en el cuerpo de bomberos.* ⇒ **instancia.**

so·li·da·ri·dad |soliðariðá^ð| ***f.*** Unión o apoyo a una causa o al interés de otros: *todos los trabajadores se han manifestado en ~ con los despedidos.*

so·li·da·⌈rio, ⌈ria |soliðário, ria| ***adj.*** Que muestra su unión o su apoyo a una causa o al interés de otros: *los empleados se han mostrado solidarios con los problemas de la empresa.*

so·li·da·ri·zar·se |soliðariθárse| ***prnl.*** Hacerse o mostrarse *solidario: *debemos solidarizarnos con las naciones pobres.* ☐ Se conjuga como 4.

so·li·dez |soliðéθ| ***f.*** Firmeza; seguridad: *el fracaso del golpe de estado demostró la ~ de las instituciones democráticas.*

so·li·di·fi·car |soliðifikár| ***tr.-prnl.*** [algo] Hacer sólido: *a cero grados, el agua se solidifica.* ☐ Se conjuga como 1.

só·li·do, ⌈da |sóliðo, ða| **1** ***adj.*** Que es firme, denso, fuerte y capaz de resistir: *los cimientos del edificio son muy sólidos.* **2** *fig.* Que está basado en razones que no se pueden negar: *me convenció con una argumentación muy sólida.* **- 3** ***adj.-m.*** (cuerpo) Que presenta forma propia y opone resistencia a ser dividido, a diferencia de los líquidos y los gases: *el hielo es agua sólida.* ⇒ **gaseoso, líquido.** **- 4 sólido** ***m.*** GEOM. Cuerpo o figura; trozo limitado de materia de tres dimensiones: *los prismas y los cubos son sólidos.*

so·lis·ta |solísta| ***adj.-com.*** (persona, voz, instrumento) Que ejecuta sin acompañamiento una obra musical o parte de ella: *la orquesta calla para dejar paso al ~; el instrumento ~ más frecuente en su obra es el piano; salió a escena la cantante ~.*

so·li·ta·ria |solitária| ***f.*** Gusano parásito de color blanco, con forma larga y plana, formado por muchos anillos y que puede medir varios metros: *el médico descubrió que tenía la ~ en el intestino.* ⇒ **tenia.**

so·li·ta·⌈rio, ⌈ria |solitário, ria| **1** ***adj.*** Que está solo; que no tiene compañía: *una dama solitaria no debe pasear a estas horas por aquí.* **2** Que está desierto; que no está habitado: *la casa está en un paraje ~.* **- 3** ***adj.-s.*** (persona) Que gusta de estar solo; que *acostumbra estar solo: *es un muchacho ~, no tiene amigos.* **- 4** ***m.*** Juego de cartas para una sola persona: *el abuelo se pasó la tarde haciendo solitarios.* **5** Brillante que se pone solo en una joya, generalmente en un anillo: *para su cumpleaños, le regaló un ~.*

so·li·vian·tar |soliβiantár| **1** ***tr.-prnl.*** [algo, a alguien] Hacer tomar una actitud violenta o de protesta: *ha soliviantado a todos sus compañeros de trabajo contra el encargado.* **2** Preocupar; alterar el ánimo: *con su inquietud y sus nervios solivianta a cualquiera; se solivianta por cualquier motivo.*

so·llo·zar |soʎoθár| ***intr.*** Llorar respirando con movimientos cortos y rápidos: *la niña sollozaba porque había perdido su muñeca.* ⇒ **gemir.** ☐ Se conjuga como 4.

so·llo·zo |soʎóθo| ***m.*** Respiración con movimientos cortos y rápidos que se produce a veces al llorar: *el niño dijo entre sollozos que se había perdido.* ⇒ **gemido.**

so·⌈lo, ⌈la |sólo, la| **1** ***adj.*** Que está sin otra cosa; que se considera separado de otra cosa: *había una casa sola en la montaña; el coche ~ ha costado más de lo que teníamos ahorrado.* **2** (persona) Que no tiene o trae compañía; que no tiene familia o amigos: *vino ~ a la fiesta, pero se divirtió mucho.* **3** Que es único en su especie: *el gorila blanco es ~ en su especie.* **- 4 solo** ***adv.*** De un solo modo; en una sola cosa; sin otra cosa: *no quiero comer nada: ~ voy a tomar un café.* ⇒ **solamente, sólo, únicamente.** ☐ Se escribe con tilde cuando se quiere evitar la confusión con el adjetivo. **- 5** ***m.*** Paso de baile que se ejecuta sin pareja: *el primer bailarín de la compañía interpretó un ~ poco antes de terminar la función.* **6** Composición musical o parte de ella que canta o toca una persona sola: *el concierto comienza con un ~ de piano.* **- 7** ***adj.-m.*** (café) Que se sirve sin leche: *por las mañanas, necesito un ~ bien fuerte para despertarme.*

só·lo |sólo| ***adv.*** De un solo modo; en una sola cosa; sin otra cosa: *tengo ~ un examen la semana próxima.* ⇒ **solamente, solo, únicamente.** ☐ Se escribe con acento cuando se quiere evitar la confusión con el adjetivo.

so·lo·mi·llo |solomíʎo| ***m.*** Trozo alargado y blando de carne de una *res, que está entre las costillas y el lomo: *he tomado de segundo plato un ~ de ternera.*

sols·ti·cio |solstíθio| ***m.*** ASTRON. Momento del año en que el Sol parece estar más lejos del ecuador, y en el que el día dura más que la noche o la noche más que el día: *el ~ de verano se produce hacia el 21 de junio y el ~ de invierno hacia el 21 de diciembre.* ⇔ **equinoccio.**

sol·tar |soltár| **1** ***tr.-prnl.*** [algo, a alguien] Dejar irse o moverse; dejar libre; *desatar: *el maquinista soltó los últimos vagones del tren; por esa compuerta sueltan el agua de la presa; el rey ha soltado a varios presos antes de que cumplieran su condena.* - **2** ***tr.*** Dejar de tener cogido, especialmente abriendo la mano: *suelta esa maleta, que es mía; no hay manera de que suelte el monedero.* **3** [algo] Decir, especialmente con *violencia o sinceridad: *cuando se enfada suelta muchos tacos; se puso nerviosa y lo soltó todo.* **4** Desprender o despedir: *este árbol suelta mucha resina; este filete suelta mucha agua.* **5** Mostrar un sentimiento de *repente: *soltó una ruidosa carcajada.* **6** Pegar; dar un golpe: *le soltó una bofetada que lo dejó tieso.* **7** Expulsar excrementos sólidos frecuentemente: *las ciruelas son buenas para ~ el vientre.* - **8 soltarse** ***prnl.*** Desarrollar habilidad para hacer una cosa: *al principio me costaba mucho coser a máquina, pero ya me voy soltando.* ☐ Se conjuga como 31.

sol·te·rí·a |soltería| ***f.*** Estado de *soltero: *cásate pronto porque no te sienta bien la ~.*

sol·te·⌈ro, ⌈ra |soltéro, ra| ***adj.-s.*** (persona) Que no se ha casado: *ya no me quedan amigos solteros.* ⇒ **célibe.**

sol·te·⌈rón, ⌈ro·na |solterón, róna| ***adj.-s.*** (persona) Que tiene edad avanzada y no se ha casado: *es un ~ y a sus 50 años no creo que se case.*

sol·tu·ra |soltúra| ***f.*** Facilidad y rapidez para hacer una cosa o para moverse: *es una gran actriz: se mueve por el escenario con mucha ~.* ⇒ **agilidad.**

so·lu·ble |solúβle| **1** ***adj.*** Que se puede disolver: *pedí un café descafeinado y me dieron un sobrecito de café ~ y leche caliente.* ⇒ **disoluble.** ⇔ **insoluble.** **2** *fig.* Que se puede resolver: *es un problema ~: tenéis todos los datos necesarios para hallar la solución.* ⇔ **insoluble.**

so·lu·ción |soluθ<u>ió</u>n| **1** ***f.*** Manera de resolver una cosa; respuesta: *tiene que haber alguna ~ para nuestra duda; el gobierno busca una ~ para el problema de la crisis económica.* **2** Número que aparece como resultado de un problema u operación matemática: *los alumnos deberán encontrar la ~ del problema que se plantea en el examen.* **3** Sustancia que resulta de disolver un cuerpo en un líquido: *los pinceles se limpian con una ~ de amoniaco.* ⇒ **disolución.** **4** Mezcla de una sustancia en un líquido: *debe ponerse mucho cuidado en las proporciones al hacer la ~.* ⇒ **disolución.** **5** Fin o resultado de un proceso o acción: *estamos llegando a la ~ de nuestro proyecto.* ■ **sin ~ de continuidad**, *form.*, sin interrupción; con continuidad: *hemos pasado a tratar un asunto diferente sin ~ de continuidad.*

so·lu·cio·nar |soluθ<u>io</u>nár| ***tr.*** [algo] Dar o *hallar una solución o una respuesta a un problema o a una duda: *el científico está tratando de ~ ese enigma; el gobierno ha propuesto medidas drásticas para ~ el problema del paro.* ⇒ **resolver.**

sol·ven·cia |solβénθ<u>ia</u>| **1** ***f.*** Capacidad para hacer gastos o pagar deudas: *trabajo con una empresa de mucha ~.* **2** Capacidad para dar solución a asuntos difíciles: *es un directivo de mucha ~.*

sol·ven·tar |solβentár| **1** *form.* ***tr.*** [algo] Pagar una deuda: *espero que me toque un premio para poder ~ mis cuentas.* **2** *form.* Dar solución a un asunto difícil: *después de una larga conversación solventaron sus diferencias.* ⇒ **solucionar.**

sol·ven·te |solβénte| **1** ***adj.*** *form.* Que dispone de fondos para pagar deudas: *los bancos no conceden créditos a personas que no demuestran ser solventes.* ⇔ **insolvente.** **2** *form.* Que está libre de deudas: *este cliente es ~, siempre paga todo.* ⇒ **insolvente.**

so·man·ta |sománta| ***f.*** *fam.* Cantidad grande de golpes que se da o se recibe: *se llevó una ~ de palos por insultar al jefe de la banda.* ⇒ **paliza, tunda, zumba, zurra.**

som·bra |sómbra| **1** ***f.*** Oscuridad; falta de luz: *se asustaba de las sombras de la noche.* **2** Parte de un espacio a la que no llegan los rayos de luz procedentes de un cuerpo *luminoso: *se sentó en la ~ para descansar.* ⇒ **umbría.** ⇔ **luz, sol.** **3** Imagen oscura que sobre una superficie proyecta un cuerpo *opaco, al *interceptar los rayos directos de la luz: *la ~ del árbol cubría casi todo el jardín.* **4** Forma que presenta a la vista la masa de un objeto más oscuro que el fondo sobre el cual se proyecta: *vimos la ~ de un hombre corpulento que avanzaba por el pasillo.* **5** *fig.* Favor, defensa o ayuda: *ha encontrado trabajo a la ~ de su tío.* **6** *fig.* Apariencia o *semejanza de una cosa: *Juan ya no es ni la ~ de lo que era.* **7** *fig.* Mancha de color oscuro: *la ~ que tiene en la cara es de nacimiento.* **8** *fam. fig.* Persona que sigue a otra por todas partes: *no podrás hablar con ella a solas porque tiene una amiga que es su ~.* ■ **a la ~**, *fam.*, en la cárcel: *pasó varios años a la ~ por traficar con drogas.* ■ **en la ~**, en secreto; de forma oculta: *planearon el golpe en la ~.* ■ **hacer ~**, impedir que otra persona destaque: *nadie le hace ~ en su profesión.* ■ **mala ~**, intención de hacer daño: *ten cuidado con ella, que tiene muy mala ~ y es muy envidiosa.* ■ **mala ~**, falta de gracia o simpatía: *ese hombre tiene muy mala ~: siempre está serio.* ■ **mala ~**, mala suerte: *¡qué mala ~ tengo con las quinielas!* ■ **~ de ojos**, capa de color que se pone sobre el párpado para adornarlo: *la ~ de ojos marrón te favorece mucho más que la verde que llevabas el otro día.*

som·bra·jo |sombráxo| ***m.*** Resguardo hecho con ramas, hojas u otros materiales y que sirve para dar *sombra: *el labrador preparó un ~ para dormir la siesta.* ■ **caerse los palos del ~**, sufrir una decepción: *cuando me dijeron que mi profesor era un ladrón, se me cayeron los palos del ~.*

som·bre·ar |sombreár| ***tr.*** [algo] Dar o producir *sombra: *la parra sombrea el jardín; el pintor está sombreando el dibujo para darle profundidad.*

som·bre·ro |sombréro| **1** ***m.*** Prenda de vestir que cubre la cabeza: *el ~ se distingue de la gorra por el ala y la copa; algunas señoras llevaban ~ en la boda; los sombreros de paja protegen la cabeza del sol.* ⇒ **gorro; ~ cordobés**, el de color negro, de ala ancha y copa baja y cilíndrica: *el ~ cordobés se usa en Andalucía; fue a los toros con un ~ cordobés;* **~ de copa**, el de tela negra, de ala estrecha y copa alta y cilíndrica: *el ~ de copa se lleva en ceremonias y* *actos de gala; el mago sacó una paloma de su ~ de copa.* ⇒ **chistera;** ~ **hongo**, el de ala estrecha y copa en forma de media esfera: *Charlot llevaba un ~ hongo.* ⇒ **bombín. 2** *fig.* Parte superior y más ancha de un hongo: *las setas tienen las esporas en el ~.* ■ **quitarse el** ~, demostrar admiración y respeto: *toda España se quitó el ~ ante el nuevo premio Nobel.*

som·bri·lla |sombríʎa| **1** ***f.*** Objeto plegable, parecido a un gran *paraguas y fijado a un soporte, que sirve para dar *sombra: *fuimos a la playa con la ~ para no quemarnos.* ⇒ **parasol, quitasol. 2** Objeto plegable, parecido a un pequeño *paraguas, que se lleva para protegerse del sol: *las señoritas elegantes paseaban con sombrillas de encaje.*

som·brí·⌐o, ⌐a |sombrío, a| **1** ***adj.*** Que está poco iluminado: *la casa es amplia, pero demasiado sombría.* **2** *fig.* Que está o parece triste: *tiene un carácter ~.*

so·me·⌐ro, ⌐ra |soméro, ra| **1** ***adj.*** *fig.* Que es ligero o superficial: *el médico le hizo un examen ~.* **2** Que está casi encima o muy cerca de la superficie: *la planta se murió porque tenía las raíces muy someras.*

so·me·ter |sometér| **1** ***tr.-prnl.*** [algo, a alguien] Hacer recibir o soportar una acción o un estado: *el barro se somete a altas temperaturas para conseguir este efecto; el atleta se sometió a un duro entrenamiento.* **2** Sujetar a un poder o una autoridad: *el dictador ha conseguido ~ a todo su pueblo.* **3** [algo] Proponer para ser considerado: *sometió su idea a la junta.* - **4 someterse** ***prnl.*** Darse por vencido; actuar según la voluntad de otra persona: *no piensa, simplemente se somete a las opiniones del jefe.*

so·me·ti·mien·to |sometimiénto| ***m.*** Sujeción a un poder o una autoridad: *su carácter hace que no admita ningún tipo de ~.*

so·mier |somiér| ***m.*** Soporte de madera o metal, más o menos flexible, sobre el que se coloca el *colchón en una cama: *la cama tiene un ~ de láminas que es muy bueno para la espalda.* ⇒ **canapé.** ☐ El plural es *somieres.*

som·ní·fe·⌐ro, ⌐ra |so^{m}nífero, ra| ***adj.-m.*** (medicina) Que produce sueño: *le puso un medicamento ~ mezclado en el agua para que se durmiera; tiene que tomar somníferos porque padece insomnio.* ⇒ **soporífero.**

som·no·len·cia |so^{m}nolénθia| **1** ***f.*** Pesadez y torpeza de los sentidos, provocada por el sueño: *tomó un café para combatir la ~.* ⇒ **adormecimiento, sopor. 2** Gana de dormir: *la voz del conferenciante nos producía ~.* **3** *fig.* Pereza; falta de actividad: *es muy trabajador: la ~ no existe para él.*

som·no·lien·⌐to, ⌐ta |so^{m}noliénto, ta| ***adj.*** Que tiene *somnolencia: *esta noche he dormido mal y ahora estoy ~.*

son |són| **1** ***m.*** Sonido agradable, especialmente cuando es musical: *tarareaba el ~ que había oído el día anterior.* **2** *fig.* Modo o manera de hacer una cosa: *los discípulos trabajan al ~ de su maestro.* ■ **en ~ de**, con voluntad o intención de: *el jefe ha llegado al trabajo en ~ de guerra.* ■ **sin ton ni** ~, sin sentido; sin razón; de cualquier manera: *se ha puesto a insultarnos sin ton ni ~.*

so·na·⌐do, ⌐da |sonáðo, ða| **1** ***adj.*** Que llama la atención; que provoca admiración: *la boda de la princesa ha sido muy sonada.* **2** (persona) Que ha perdido capacidad mental; que está *loco: *era un gran boxeador, pero ahora está ~.*

so·na·ja |sonáxa| ***f.*** Conjunto de dos o más chapas de metal atravesadas por un alambre, que se coloca en algunos juguetes o instrumentos para que suenen al moverse: *este pandero tiene muchas sonajas.*

so·na·je·ro |sonaxéro| ***m.*** Juguete de bebé que suena al moverse: *coge el ~ del niño, que se ha caído de la cuna.*

so·nam·bu·lis·mo |sonambulísmo| ***m.*** Enfermedad del sueño que consiste en realizar actos automáticos sin recordarlos al despertar: *padece ~: muchas noches se levanta y se pone a caminar y a hablar.*

so·nám·bu·⌐lo, ⌐la |sonámbulo, la| **1** ***adj.-s.*** (persona) Que padece *sonambulismo: *iba ~ a abrir la nevera; me asusté cuando me di cuenta de que Sara era sonámbula.* **2** (persona) Que actúa de manera automática: *he andado ~ todo el día.*

so·nar |sonár| **1** ***intr.*** Emitir un sonido; hacer ruido: *este altavoz suena muy fuerte; sonó una voz ronca en el silencio de la iglesia.* ⇔ **callar. 2** *fam.* Producir un recuerdo vago o con pocos detalles: *su cara me suena, pero no sé de qué.* **3** *fam.* Producir una impresión vaga; parecer: *el argumento de la película suena interesante, pero no puedo opinar sobre ella antes de verla.* **4** Ser comentado; hablarse de una cosa: *su nombre suena como sustituto del ministro.* - **5** ***tr.-prnl.*** [algo, a alguien] Limpiar la nariz soltando o haciendo soltar fuertemente el aire por ella: *suena al niño, que tiene la nariz llena de mocos; tengo que sonarme porque estoy acatarrado.* ☐ Se conjuga como 31. - **6** ***m.*** MAR. Aparato que sirve para descubrir objetos y que funciona emitiendo vibraciones de alta frecuencia: *el capitán del barco detectó al submarino enemigo por medio del ~.* ☐ No se debe decir *sónar.*

so·na·ta |sonáta| ***f.*** MÚS. Composición musical hecha para uno o varios instrumentos, que está formada por partes de distinto carácter y movimiento: *la gran forma instrumental del Barroco es la ~.*

son·da |sónda| **1** ***f.*** Cuerda con un peso en uno de sus extremos que sirve para medir la profundidad de las aguas: *lanzaron la ~ al mar para saber a qué profundidad estaba el fondo.* **2** MED. Aparato alargado, delgado y liso que sirve para explorar partes del organismo o para introducir y sacar sustancias de él: *le han puesto al enfermo una ~ para que pueda orinar.* ⇒ **catéter. 3** AERON. Globo o *cohete que lleva instrumentos de medida que se emplean en el estudio de la atmósfera o del espacio: *lanzaron una ~ para recoger información meteorológica diariamente.*

son·dar |sondár| **1** ***tr.*** [algo] Echar un peso al agua para averiguar la profundidad del fondo: *sondaron* *el fondo de la bahía para no encallar.* **2** Averiguar la naturaleza del interior del suelo: *se han decidido a ~ sus terrenos para buscar petróleo.* **3** *fig.* [a alguien] Hacer preguntas: *vamos a ~ a todos los empleados para saber qué está pasando.* ⇒ **preguntar, sondear.** **4** MED. Introducir una *sonda en una parte del cuerpo: *sondaron al paciente antes de la operación.* ⇒ **sondear.**

son·de·ar |sondeár| **1** *tr.* [algo] Explorar o medir con una *sonda: *sondearon el fondo del mar; han sondeado el terreno para comprobar si hay corrientes subterráneas.* **2** *fig.* [a alguien] Hacer preguntas: *el gobierno decidió ~ a todos los grupos que iban a verse afectados por la reforma.* ⇒ **preguntar, sondar.** **3** [algo, a alguien] Hacer unas primeras averiguaciones: *están sondeando el mercado para comprobar si el producto tendrá éxito.* **4** MED. Introducir una *sonda en una parte del cuerpo: *el médico ordenó ~ al paciente.* ⇒ **sondar.** ☐ La Real Academia Española prefiere la forma *sondar.*

son·de·o |sondéo| **1** *m.* Exploración o medición con una *sonda: *han hecho un ~ para averiguar si hay agua en aquel campo.* **2** Acción o estudio destinados a descubrir o averiguar una cosa: *el ~ ha dado como resultado una victoria del partido que actualmente está en el gobierno.* ⇒ **encuesta.**

so·ne·to |sonéto| *m.* POÉT. Combinación de catorce versos de once sílabas con rima consonante: *un ~ está formado por dos cuartetos y dos tercetos.*

so·ni·do |soníðo| **1** *m.* Conjunto de vibraciones que se *propagan por un medio y producen una impresión en el oído: *la velocidad del ~ en el aire es de 340 metros por segundo.* **2** Conjunto de aparatos y sistemas que producen, graban o reproducen la voz y la música: *en la radio trabajan los técnicos de ~.* **3** LING. Unidad más pequeña del habla; vocal o consonante que se pronuncia: *las letras son las representaciones gráficas de los sonidos; los sonidos son las realizaciones de los fonemas.* ⇒ **fonema.**

so·no·ri·dad |sonoriðáᶞ| *f.* Cualidad de *sonoro: *la ~ de este local es muy mala.*

so·no·⌈ro, ⌈ra |sonóro, ra| **1** *adj.* Que suena o puede sonar: *la alarma lleva un dispositivo visual y otro ~.* **2** Que suena mucho o bien: *tiene una voz muy sonora.* **3** Que refleja el sonido de modo adecuado: *me encantó escuchar el concierto en aquella sala tan sonora.* **4** LING. (sonido) Que se produce con vibración de las cuerdas vocales: *en español, la* b *es una consonante sonora.* ⇔ **sordo.**

son·re·ír |son̄eír| **1** *intr.-prnl.* Reír sin hacer ruido y curvando la boca: *el niño sonrió cuando su madre le regaló la camiseta.* **- 2** *intr.* Mostrarse favorable: *parece que la suerte nos sonríe.* ☐ Se conjuga como 37.

son·rien·te |son̄i̯énte| *adj.* Que sonríe: *me encanta verte tan contento y ~.*

son·ri·sa |son̄ísa| *f.* Gesto de alegría, placer o felicidad que se hace curvando la boca: *la señorita tiene una hermosa ~.*

son·ro·jar |son̄oxár| *tr.-prnl.* [a alguien] Poner la cara de color rojo por un sentimiento de vergüenza: *si sigue diciéndome piropos, va a conseguir que me sonroje.*

son·ro·jo |son̄óxo| *m.* Color rojo que aparece en la cara por un sentimiento de vergüenza: *hablar en público le produce ~.*

son·ro·sa·⌈do, ⌈da |son̄osáðo, ða| *adj.* De color parecido al rosa: *la cara del recién nacido era sonrosada.*

son·sa·car |sonsakár| *tr.* [algo, a alguien] Procurar con habilidad que una persona diga lo que sabe y oculta: *el espía intentó ~ al funcionario público para conocer un secreto oficial.* ☐ Se conjuga como 1.

so·ña·⌈dor, ⌈do·ra |soɲaðór, ðóra| **1** *adj.* Que sueña mucho: *mi hijo sueña todas las noches: es muy ~.* **- 2** *adj.-s.* (persona) Que cuenta mentiras o que las cree con facilidad: *esta mujer es una soñadora, siempre está contando fantasías de su familia.* **3** *fig.* Que vive sin tener en cuenta la realidad: *si sigues siendo tan ~, todos te tomarán el pelo.* ⇒ **fantasioso.**

so·ñar |soɲár| **1** *tr.-intr.* Imaginar mientras se está dormido: *anoche soñé que era un pirata; hoy he soñado contigo.* **2** [algo] Imaginar; creer que es cierto algo que se ha imaginado: *siempre está soñando despierto.* **- 3** *intr.* [con algo/alguien] Desear mucho: *Ángel sueña con ser piloto.* ☐ Se conjuga como 31.

so·pa |sópa| **1** *f.* Comida formada por un *caldo y otros alimentos que se cocinan en él: *este plato tiene ~ de fideos; los domingos siempre comemos ~ de arroz; mi abuela está tomando ~ de pan.* ⇒ **consomé.** **2** Trozo de pan que se moja en un líquido: *lo que más me gusta de esta comida son las sopas; está tomando leche con sopas.* ☐ Se usa sobre todo en plural. **3** *Caldo de poco alimento: *no puedes vivir solo de sopas;* **~ boba,** la que se da a los pobres en los centros religiosos: *los pobres se pusieron en una fila para conseguir la ~ boba.* ■ **como/hecho una ~,** *fam.*, muy mojado: *está lloviendo y, como olvidé el paraguas, llegué a casa hecho una ~.* ■ **dar sopas con honda,** *fam.*, demostrar una persona gran superioridad: *sabe muchas matemáticas, da sopas con honda a todos.* ■ **hasta en la ~,** *fam.*, en todas partes: *últimamente me encuentro con mi antiguo novio hasta en la ~.*

so·pa·po |sopápo| *m. fam.* Golpe dado con la mano abierta sobre la cara: *me dio un ~ tan fuerte que me tiró las gafas al suelo.* ⇒ **bofetada, bofetón, torta, tortazo.**

so·pe·ra |sopéra| *f.* Recipiente profundo en el que se sirve la sopa en la mesa: *Encarna metió el cucharón en la ~ y repartió la sopa en cinco platos; coge de la alacena la ~ blanca.*

so·pe·⌈ro, ⌈ra |sopéro, ra| **1** *adj.* Que sirve para comer sopa: *cerca del plato hay una cuchara sopera, un tenedor y un cuchillo; sirvió el guiso en platos soperos.* **2** (persona) Que gusta mucho de tomar sopa: *tengo que hacer sopa al menos una vez a la semana porque mi familia es bastante sopera.*

so·pe·sar |sopesár| **1** *tr.* [algo] Levantar para comprobar el peso que tiene una cosa: *sopesó el saco y dijo que no pesaba más de diez kilos.* **2** *fig.*

Examinar con atención las ventajas y los problemas de un asunto: *sopesó los pros y los contras y pensó que era rentable meterse en aquel negocio.* ⇒ **pesar.**

so·pe·tón |sopetón| ■ **de ~**, de forma inesperada: *el ladrón salió corriendo y se tropezó con la policía de ~; está muy afectado porque le han dado la mala noticia de ~.*

so·pi·cal·do |sopikáldo| ***m.*** Comida que tiene mucho líquido y pocos trozos sólidos: *si te han operado del estómago te conviene tomar sopicaldos.*

so·plar |soplár| **1 *intr.-tr.*** [algo] Despedir aire con fuerza por la boca estrechando los labios: *sopló y apagó la vela; el niño sopló las velas de la tarta de cumpleaños.* **- 2 *intr.*** Despedir aire: *el fuelle sopla.* **3** Correr el viento, generalmente produciendo sonidos agudos: *hoy el viento sopla muy fuerte.* ⇒ **silbar. - 4 *tr.*** [algo] Apartar mediante el aire: *soplando el polvo sólo conseguirás cambiarlo de sitio.* **5** Hinchar con aire una pasta de *vidrio para darle una forma determinada: *estoy aprendiendo a ~ el vidrio.* **6** *fig.* Acusar; dar a conocer una mala acción: *se asustó y sopló todo lo ocurrido.* **7** *fam. fig.* [algo; a alguien] Robar o quitar sin que se note: *creo que me han soplado la cartera.* **8** *fig.* Decir en voz baja a una persona lo que debe decir: *le soplaron una pregunta en el examen.* **9** *fig.* Quitar al contrario una pieza con la que se ha hecho un movimiento que no está permitido: *cuando juegas a las damas debes estar muy atento porque si no te soplarán las fichas.* **- 10 *tr.-intr.-prnl.*** *fam. fig.* [algo] Beber mucho alcohol: *se ha soplado él solo la caja entera de botellines; ¿cómo no va a estar borracho, si ha soplado muchísimo?*

so·ple·te |sopléte| ***m.*** Instrumento que sirve para dirigir una llama a un punto determinado: *cortaron los barrotes de la celda con un ~.*

so·pli·do |soplíðo| ***m.*** Cantidad de aire que se expulsa de una vez por la boca o con algún instrumento: *tienes que apagar todas las velas con un ~ para que se te cumpla el deseo.*

so·plo |sóplo| **1 *m.*** Cantidad de aire expulsada con fuerza por la boca: *el niño apagó todas las velas de la tarta con un ~.* **2** Movimiento del viento: *¡qué calor! No corre ni un ~ de aire.* **3** Periodo de tiempo que es o que parece muy corto: *la tarde se me ha pasado en un ~.* **4** *fam.* Acusación o información que se da de manera secreta: *alguien dio un ~ a la policía y detuvieron a cuatro delincuentes.* ⇒ **chivatazo. 5** MED. Ruido producido por un órgano del cuerpo, especialmente por el corazón: *el médico detectó un ~ al auscultar a la paciente.*

so·⌜plón, ⌜plo·na |soplón, plóna| ***adj.-s.*** *fam.* (persona) Que acusa o cuenta en secreto cosas de otra persona para causarle daño: *un ~ delató a los ladrones del banco.* ⇒ **chivato, delator.**

so·pon·cio |sopónθio| ***m.*** *fam.* Pérdida pasajera del sentido y del conocimiento: *cuando llegó el hijo con la ropa rota, a los padres casi les da un ~.*

so·por |sopór| ***m.*** Pesadez y torpeza de los sentidos, provocada por el sueño: *después de comer, me entra un gran ~.* ⇒ **adormecimiento, somnolencia.**

so·po·rí·fe·⌜ro, ⌜ra |soporífero, ra| **1 *adj.-m.*** (medicina) Que produce sueño: *toma soporíferos antes de irse a la cama.* ⇒ **somnífero. - 2 *adj.*** *fig. fam.* Que es muy aburrido: *el concierto de violín me ha parecido ~.*

so·por·ta·ble |soportáβle| ***adj.*** Que se puede soportar: *me duele la pierna, pero podemos seguir andando: es un dolor ~.* ⇔ **insoportable.**

so·por·tal |soportál| ***m.*** Espacio exterior cubierto construido junto a un edificio, con una estructura sujeta por columnas y que generalmente rodea una plaza o recorre una calle: *se puso a llover y nos resguardamos bajo un ~; en los soportales de la calle mayor colocan las floristerías sus macetas.* ⇒ **portal, pórtico.**

so·por·tar |soportár| **1 *tr.*** [algo] Sostener o llevar una carga o peso: *la viga soporta todo el peso de la cornisa.* **2** *fig.* [algo, a alguien] Sufrir con paciencia; aguantar una cosa poco agradable: *no soporto a esa chica porque es una pesada.* ⇒ **aguantar, padecer, tolerar.**

so·por·te |sopórte| **1 *m.*** Cosa que sirve para sostener o soportar un peso: *colocó la madera sobre un ~ de metal para serrarla.* **2** Persona o cosa que sirve de apoyo, base o ayuda: *la familia es el ~ de la sociedad.*

so·pra·no |sopráno| **1 *m.*** MÚS. Voz más aguda del registro de las voces humanas, característica de las mujeres y los niños: *yo haré el ~ y tú el bajo.* ⇒ **tiple. - 2 *com.*** Persona que tiene esa voz: *la ~ ha obtenido un gran triunfo en el teatro de la ópera.* ⇒ **tiple.**

sor |sór| ***f.*** Mujer que pertenece a una comunidad religiosa: *la ~ me ha regalado una caja de dulces.* **2** Forma de tratamiento que indica respeto y *cortesía y que se usa hacia las mujeres que pertenecen a una comunidad religiosa: *~ María es la hermana más anciana del convento.* ⇒ **reverendo.** ⌂ Se suele usar como apelativo y delante del nombre propio. El plural es *sores.*

sor·ber |sorβér| **1 *tr.*** [algo] Beber aspirando: *tiene la mandíbula rota y sólo puede tomar líquidos sorbiendo por una pajita; ~ la sopa es de mala educación.* **- 2 *tr.-prnl.*** Atraer o llevar hacia dentro: *el niño no tenía pañuelo y se sorbía los mocos.* ⇒ **absorber. - 3 *tr.*** *fig.* Recibir o retener un líquido o un gas: *el pan sorbe mucho vino; este cántaro sorbe mucha agua.* ⇒ **absorber.**

sor·be·te |sorβéte| ***m.*** Alimento dulce, frío y pastoso hecho con agua, zumo de frutas y azúcar: *ha pedido de postre un ~ de limón.* ⇒ **helado.**

sor·bo |sórβo| **1 *m.*** Acción de *sorber: *se bebió la copa de un ~.* **2** Cantidad de líquido que se puede tomar de una vez en la boca: *paladeó con placer un ~ de vino.* **3** *fig.* Cantidad pequeña de un líquido: *sólo tomaré un ~ de champán, para probarlo.*

sor·de·ra |sorðéra| ***f.*** Falta completa o disminución del sentido del oído: *la ~ del abuelo cada vez es mayor: ya casi no se entera de nada de lo que hablamos.*

sór·di·⌜do, ⌜da |sórðiðo, ða| **1** ***adj.*** Que es o parece muy pobre y sucio: *querían alquilarnos un ~ cuartucho a un precio altísimo.* **2** *fig.* Que no es puro o limpio: *cuando empezó a salir con él, no conocía sus sórdidas intenciones.* ⇒ **impuro, indecente.**

sor·di·na |sorðína| ***f.*** MÚS. Objeto que se pone en un instrumento musical, generalmente de metal, para disminuir la intensidad de su sonido o cambiar su *timbre: *en esa obra musical la trompeta debe llevar ~.* ■ **con ~**, sin hacer mucho ruido; de una forma que no llama la atención: *no entiendo lo que dices, parece que hablas con ~.*

sor·⌜do, ⌜da |sórðo, ða| **1** ***adj.-s.*** (persona, animal) Que no oye o no oye bien: *¿es que estás ~ o qué?, ¿no has oído el timbre?; mi padre es ~ del oído derecho.* **2** Que suena poco o de forma poco clara: *escuchamos un ruido ~.* **3** *fig.* Que no hace caso de las ideas y consejos que recibe: *la población no puede permanecer sorda a las llamadas de ayuda del tercer mundo.* **- 4** ***adj.*** LING. (sonido) Que se produce sin vibración de las cuerdas vocales: *en español, la p es una consonante sorda.* ⇔ **sonoro.**

sor·do·mu·⌜do, ⌜da |sorðomúðo, ða| ***adj.-s.*** (persona) Que, por ser *sordo de nacimiento, no ha aprendido a hablar: *los sordomudos se comunican con las manos; en la escuela de sordomudos aprendió a leer los labios.*

so·ria·⌜no, ⌜na |soriáno, na| **1** ***adj.*** De Soria o que tiene relación con Soria: *me han regalado una caja de galletas sorianas.* **- 2** ***m. f.*** Persona nacida en Soria o que vive habitualmente en Soria: *los sorianos son vecinos de los aragoneses.*

sor·na |sórna| ***f.*** Actitud irónica o *bromista: *no me molesta lo que has dicho, sino la ~ que has empleado.* ⇒ **socarronería.**

sor·pren·den·te |sorprendénte| **1** ***adj.*** Que causa admiración o sorpresa: *realizó el ejercicio con una ~ habilidad.* ⇒ **admirable, asombroso. 2** Que es extraño o extraordinario: *lo que me dijo era ~: se había tirado al mar desde una gran altura.*

sor·pren·der |sorprendér| **1** ***tr.*** [a alguien] Coger sin preparación o aviso: *la sorprendieron robando dinero de la caja; me sorprendió la noticia.* **2** *fig.* [algo] Descubrir una cosa que se esconde u oculta: *sorprendieron su mayor secreto.* **- 3** ***tr.-prnl.*** *fig.* [a alguien] Experimentar o causar una alteración emocional cuando una cosa no está prevista o no se espera: *me sorprendí cuando me dijo la verdad; el escándalo nos sorprendió.*

sor·pre·sa |sorprésa| **1** ***f.*** Alteración emocional que causa lo que no está previsto o no se espera: *fue una grata ~ el encontrarte en Madrid; cuando fui a buscar el coche, tuve la desagradable ~ de ver que me habían robado el casete.* **2** Acción o cosa que hace que una persona se sorprenda: *en este sobre encontrarás una ~.* **3** Objeto que se introduce en el interior de un alimento: *le tocó la ~ del roscón.* ■ **coger de/por ~**, sorprender o encontrar sin preparación o aviso: *la nieve los cogió por ~ y tuvieron que pasar la noche en un refugio.*

sor·te·ar |sorteár| **1** ***tr.*** [algo] Someter a la suerte: *sortearon el viaje entre todos los clientes.* **2** *fig.* Evitar con habilidad: *la prueba consiste en atravesar el campo sorteando los obstáculos.* ⇒ **eludir.**

sor·te·o |sortéo| ***m.*** Acción de sortear: *en el ~ de hoy de la Lotería Nacional, ha salido premiado el número 54602.* ⇒ **rifa.**

sor·ti·ja |sortíxa| **1** ***f.*** *Aro que se lleva en un dedo y que puede tener adornos, como piedras preciosas: *regaló una ~ con un diamante a su esposa.* ⇒ **anillo. 2** Rizo del pelo en forma de círculo: *quiere alisarse el pelo porque lo tiene lleno de sortijas.*

sor·ti·le·gio |sortiléxio| **1** ***m.*** Adivinación que no se basa en la ciencia o en la razón: *un ~ me ha hecho saber que encontraré novia muy pronto.* **2** Acción conseguida por arte de magia: *el ~ hizo que el bastón se convirtiera en un animal.*

so·sa |sósa| ***f.*** QUÍM. Producto químico que se usa para la limpieza y para fabricar jabón duro: *la ~ cáustica es un compuesto básico de hidrógeno, oxígeno y sodio; no mezcle nunca la ~ con lejía porque es peligroso.*

so·se·gar |soseɣár| ***tr.-prnl.*** [algo, a alguien] Hacer desaparecer la agitación, la preocupación o los nervios: *las fuerzas de la Policía sosegaron a los manifestantes; se sentó un poco para sosegarse.* ⇒ **calmar, serenar, tranquilizar.** ☖ Se conjuga como 48.

so·se·ra |soséra| **1** ***f.*** Falta de gracia y de *viveza: *la ~ de esta chica hace que nunca la inviten a las fiestas.* ⇒ **sosería. 2** Obra o dicho que no tiene gracia: *se cree muy gracioso pero solo dice soseras.* ⇒ **sosería.**

so·se·rí·a |sosería| **1** ***f.*** Falta de gracia y de *viveza: *la obra de teatro resultó una ~.* ⇒ **sosera. 2** Obra o dicho que no tiene gracia: *la gente se rió por cortesía porque lo que dijo era realmente una ~.* ⇒ **sosera.**

so·sie·go |sosiéɣo| ***m.*** Falta de agitación, movimiento o ruido: *me encanta disfrutar el ~ de la montaña.* ⇒ **paz, quietud, reposo, serenidad, tranquilidad.**

sos·la·yar |soslayár| **1** ***tr.*** [algo] Evitar una dificultad; escapar de ella: *es mejor ~ el tema, si no quieres que discutamos.* **2** *fig.* Poner o dejar a un lado: *como no podía pasar entre las mesas, las soslayó; no quisiera ~ la importancia de tu decisión.*

sos·la·yo |sosláyo| ■ **de ~**, de lado; de modo inclinado: *no me gusta que me mires de ~, prefiero que me mires directamente a los ojos.* ■ **de ~**, de largo; por encima; sin *profundizar: *el asunto más delicado lo han tratado de ~.*

so·⌜so, ⌜sa |sóso, sa| **1** ***adj.*** (alimento) Que tiene poca sal; que no tiene sal: *este gazpacho está muy ~; pon a las legumbres sal, que están sosas.* ⇔ **salado. 2** *fam. fig.* Que no tiene gracia ni *viveza: *¡chica, qué sosa eres, vaya manera de contar chistes!; su novio es ~ y aburrido; la obra de teatro me ha parecido un poco sosa.* ⇒ **pánfilo, simple, pan, pavisoso.** ⇔ **salado.**

sos·pe·cha |sospétʃa| ***f.*** Creencia o suposición que se forma a partir de ciertas informaciones o señales: *la policía tiene una ~ y ha venido a investigar.* ⇒ **temor.**

sos·pe·char |sospetʃár| **1** ***tr.*** [algo] Pensar, imaginar o formar una suposición o juicio a partir de ciertas informaciones o señales: *sospecha que su mujer le es infiel, pero no puede probarlo.* **- 2 *intr.*** No tener confianza o una esperanza firme; pensar mal: *han robado una joya y los dueños sospechan del mayordomo.*

sos·pe·cho·⌐so, ⌐sa |sospétʃoso, sa| **1 *adj.*** Que da razón para sospechar; que lleva a la sospecha: *desde que se cometió el crimen tiene un comportamiento ~.* **- 2 *m. f.*** Persona que por su conducta o pasado da razón para sospechar: *la policía detuvo a cuatro sospechosos que se encontraban en el lugar del atentado.*

sos·tén |sostén| **1 *m.*** Persona o cosa que sirve para sostener, apoyar o mantener: *el mayor de los hijos era el ~ de la familia; este muro es el ~ del edificio.* **2** Apoyo moral o protección: *está muy deprimido y necesita el ~ de toda la familia.* **3** Prenda interior femenina, de tejido suave, que sirve para ajustar y sostener el pecho: *lleva un ~ de encaje rosa.* ⇒ **sujetador.**

sos·te·ner |sostenér| **1 *tr.-prnl.*** [algo] Sujetar; mantener firme: *los contrafuertes sostienen la pared.* ⇒ **apuntalar, sustentar. - 2 *tr.*** Defender o mantener una idea, una opinión o una actitud: *sostiene que la Tierra es redonda.* **3** [a alguien] Prestar apoyo o ayuda: *se mareó y la sostuvieron entre varios.* **4** Dar lo necesario para vivir: *este hombre sostiene una familia numerosa y tiene que trabajar mucho.* **- 5 sostenerse *prnl.*** Mantenerse un cuerpo en un medio sin caer o haciéndolo muy lentamente: *la madera se sostiene en el agua.* ⇒ **sustentar.** ☖ Se conjuga como 87.

sos·te·ni·⌐do, ⌐da |sosteníðo, ða| ***adj.-m.*** MÚS. (alteración del tono) Que sube la nota o suena medio tono: *esa nota es Do ~.*

so·ta |sóta| **1 *f.*** Carta de la *baraja española que representa un *paje: *la ~ tiene menos valor que el caballo.* **2** Persona que habla u obra sin vergüenza ni respeto: *es una ~: siempre contesta a todos con mucho descaro.*

so·ta·na |sotána| ***f.*** Vestido largo que usan los sacerdotes y otros religiosos: *en la actualidad, la mayoría de los curas no llevan ~.*

só·ta·no |sótano| ***m.*** Piso de un edificio que está bajo el nivel del suelo de la calle: *el almacén está en el ~; hay que limpiar el ~ porque está lleno de telarañas.*

so·ta·ven·to |sotaβénto| ***m.*** MAR. Lugar opuesto a *barlovento: *se veía una flota enemiga a ~.* ⇒ **barlovento.**

so·te·rrar |soter̄ár| ***tr.*** [algo] Esconder o guardar una cosa de modo que no aparezca: *los niños soterraron las llaves y no las pueden encontrar; debes ~ ese sentimiento de odio.* ☖ Se conjuga como 27.

sou·ve·nir |suβenír| ***m.*** Objeto característico de un lugar *turístico que sirve como recuerdo: *te he traído un ~ de Sevilla.* ⇒ **recuerdo.** ☖ Esta palabra procede del francés.

so·vié·ti·⌐co, ⌐ca |soβiétiko, ka| **1 *adj.*** De la Unión de Repúblicas Socialistas Soviéticas o que tiene relación con la Unión de Repúblicas Socialistas Soviéticas: *la URSS estuvo formada por 15 repúblicas soviéticas; Armenia era un antiguo estado ~; el ejército rojo era ~.* **- 2 *m. f.*** Persona nacida en la Unión de Repúblicas Socialistas Soviéticas o que vive habitualmente en la Unión de Repúblicas Socialistas Soviéticas: *los soviéticos y los americanos se enfrentaron en muchas competiciones deportivas.*

sport |ᵉspórᵗ| ■ **de ~,** (ropa) que es cómodo: *las cazadoras y los vaqueros son de ~.* ■ **de ~,** con ropa cómoda e informal: *Juan siempre viste de ~, incluso cuando va a trabajar.*

spray |ᵉsprái| ***m.*** Recipiente con un sistema que hace salir un líquido a presión: *apretó el ~ y salió el desodorante pulverizado; la laca para el pelo está en un ~.* ⇒ **aerosol.** ☖ Esta palabra procede del inglés.

sprint |ᵉsprínᵗ| ***m.*** DEP. Esfuerzo que hace un corredor, generalmente al final de la carrera, para conseguir la mayor velocidad posible: *el ciclista holandés hizo un ~ y ganó al norteamericano.* ☖ Esta palabra procede del inglés.

sta·tus |ᵉstátus| ***m.*** Posición social que una persona ocupa dentro de un grupo o una comunidad: *en esa urbanización viven familias de alto ~.* ☖ El plural es *status.*

stop |ᵉstóᵖ| **1 *m.*** Parada o alto en un camino: *hicieron un ~ antes de entrar en la carretera principal.* **2** Señal de tráfico que obliga a parar: *se saltó el ~ y le pusieron una multa.* ☖ Esta palabra procede del inglés.

su |su| ***adj. poses.*** Apócope de *suyo* y *suya*: *he visto a ~ mujer y a ~ hijo; ~ coche está aparcado junto al mío.* ⇒ **suyo.** ☖ Se usa delante de un sustantivo. El plural es *sus.*

sua·ve |suáβe| **1 *adj.*** Que es liso y blando; que no raspa al ser tocado: *los melocotones tienen la piel ~.* ⇔ **áspero. 2** Que es dulce y agradable a los sentidos: *el grupo tocaba una música muy ~.* **3** *fig.* Que tiene un carácter tranquilo: *me gusta hablar con ella porque es una persona muy ~.* **4** *fig.* Que no es violento ni desagradable: *creo que los niños pueden ver esa película porque es muy ~.*

sua·vi·dad |suaβiðáᵈ| ***f.*** Cualidad de suave: *la ~ de esta tela la hace agradable al tacto.* ⇔ **rigor.**

sua·vi·zan·te |suaβiθánte| **1 *adj.*** Que *suaviza: *después del champú, usaba una crema ~ para el pelo.* **- 2 *m.*** Líquido que se echa a las lavadoras automáticas durante el último aclarado para que la ropa quede suave y huela bien: *echa un poco más de ~ a las sábanas y a las toallas.*

sua·vi·zar |suaβiθár| ***tr.*** [algo] Hacer suave o más suave: *este líquido suaviza la ropa.* ⇒ **atemperar.** ☖ Se conjuga como 4.

su·bal·ter·⌐no, ⌐na |suβaltérno, na| **1 *adj.*** Que está debajo en una *jerarquía; que es inferior: *este empleado realiza funciones subalternas.* **- 2 subalterno *m.*** Empleado de categoría inferior: *en la empresa de mi padre, el ~ hace los trabajos más duros.* **3** Torero que forma parte de la *cuadrilla de un matador: *todos los toreros van acompañados de subalternos que les ayudan en la faena.*

su·ba·rren·dar |suβar̄endár| ***tr.*** [algo] *Alquilar una cosa que se tiene en alquiler: *lo han denunciado* *por ~ el piso que tiene alquilado; echaron al inquilino del piso por subarrendarlo.* ⌂ Se conjuga como 27.

su·bas·ta |suβásta| **1** ***f.*** Acto de vender en público, normalmente objetos de valor, a la persona que ofrece más dinero por ellos: *he conseguido unos candelabros de plata en una ~.* **2** Sistema por el que la administración del Estado autoriza hacer un trabajo a la persona o la empresa que ofrece las mejores condiciones: *la construcción del hospital se adjudicó en pública ~.*

su·bas·tar |suβastár| **1** ***tr.*** [algo] Vender en público, normalmente objetos de valor, a la persona que ofrece más dinero por ellos: *se han subastado varias pinturas impresionistas; van a ~ sus propiedades.* **2** Decidir la administración del Estado a quién autoriza para hacer un trabajo, estudiando las condiciones presentadas por varias personas o empresas: *esta tarde se procederá a ~ las obras para el arreglo de las calzadas.*

sub·cons·cien·te |su^{β}konsθiénte| **1** ***adj.*** Que no es *consciente: *no lo pensó: lo hizo de manera ~.* **- 2** ***m.*** Actividad mental que no es *consciente: *no me di cuenta: lo debí hacer con el ~.*

sub·con·tra·tar |suβkontratár| ***tr.*** [algo, a alguien] *Contratar para un servicio por el que uno ha sido *contratado: *la agencia ha subcontratado un grupo de secretarias para agilizar los trámites.*

sub·cu·tá·ne·⌐o, ⌐a |su^{β}kutáneo, a| **1** ***adj.*** ANAT. Que está inmediatamente debajo de la piel: *extrajeron al enfermo líquido de la zona subcutánea.* **2** Que se pone debajo de la piel: *la enfermera puso al paciente una inyección subcutánea.*

sub·de·sa·rro·llo |su^{β}ðesar̄óʎo| **1** ***m.*** Desarrollo que no es completo o perfecto: *la escasez de dinero ha llevado al ~ de esa región.* **2** ECON. Situación económica y social propia de los países que no han alcanzado un desarrollo completo: *el ~ conlleva hambre y miseria.*

sub·di·rec·⌐tor, ⌐to·ra |su^{β}ðire^{k}tór, tóra| ***m. f.*** Persona que *atiende las órdenes de un director o lo sustituye en sus funciones: *el director ha salido de viaje, así que el ~ tendrá que solucionar ese problema.*

súb·di·⌐to, ⌐ta |sú^{β}ðito, ta| **1** ***adj.-s.*** (persona) Que está sujeto a la autoridad de un superior, con obligación de obedecer: *tiene varios súbditos a su cargo.* ⇒ **siervo.** **- 2** ***m. f.*** Natural o ciudadano de un país que está sujeto a las autoridades políticas de éste: *los súbditos españoles tienen que respetar y cumplir la Constitución.*

su·bem·ple·o |suβempléo| ***m.*** ECON. Situación económica en la que la mano de obra no está empleada o aprovechada en su totalidad: *el ~ es propio de épocas de crisis.*

su·bes·ti·mar |suβestimár| ***tr.*** [algo, a alguien] Valorar en menos de lo que merece o vale: *no subestimes a esa mujer porque puede hacerte mucho daño.*

su·bi·da |suβíða| **1** ***f.*** Paso de un lugar bajo a otro que está más alto: *los escaladores se han propuesto hacer la ~ al monte más elevado de la comarca.* ⇒ **ascensión, ascenso, escalada.** ⇔ **bajada.** **2** Aumento de la cantidad o de la intensidad: *al comenzar el año se produce una ~ en el precio de muchos servicios públicos; tomó un jarabe porque tuvo una ~ de temperatura.* ⇒ **ascenso.** ⇔ **bajada.** **3** Terreno inclinado, considerado de abajo a arriba: *al ciclista se le hizo muy difícil la ~.* ⇒ **ascensión, ascenso.** ⇔ **bajada.**

su·bi·⌐do, ⌐da |suβíðo, ða| ***adj.*** (color, olor) Que impresiona mucho; que es muy vivo: *lleva una falda de color rojo ~.* ⌂ Es el participio de *subir.*

su·bir |suβír| **1** ***intr.-prnl.*** [a un lugar] Ir de un lugar bajo a otro que está más alto: *el gato se ha subido al armario; si subes a la torre verás el mar; sube al coche.* ⇒ **ascender.** **- 2** ***intr.-tr.*** [algo] Hacer mayor, más grande o más intenso: *me han subido el sueldo; sube el volumen de la radio, que no se oye bien.* ⇒ **ascender.** **- 3** ***tr.*** [algo, a alguien] Poner en un lugar más alto: *subió a los niños a las sillas para que vieran mejor el escenario.* ⇒ **alzar, levantar.** **4** [algo] Recorrer de abajo arriba: *el escalador subió la montaña; el niño sube las escaleras muy despacio.* **- 5 subirse** ***prnl.*** Empezar a hacer efecto una bebida alcohólica; marear: *no bebo ginebra porque se me sube en seguida.*

sú·bi·⌐to, ⌐ta |súβito, ta| ***adj.*** Que se produce u ocurre de pronto o sin preparación o aviso: *el semáforo cambió de manera súbita y no tuve tiempo de frenar el coche.* ⇒ **bronco, repentino.**

sub·je·ti·vi·dad |su^{β}xetiβiða^{ð}| ***f.*** Manera de pensar propia de un sujeto, en oposición a su mundo exterior: *para abordar un trabajo científico, no hay que dejarse influir por la ~.*

sub·je·ti·vis·mo |su^{β}xetiβísmo| **1** ***m.*** Manera de pensar propia de un sujeto, en oposición a su mundo exterior: *su discurso está lleno de ~.* **2** FIL. Doctrina filosófica que basa el conocimiento en el sujeto que conoce y juzga, ya sea un individuo o una comunidad de individuos: *el ~ hace depender la realidad material del sujeto.*

sub·je·ti·vis·ta |su^{β}xetiβísta| **1** ***adj.*** Que se deja influir por su propia manera de pensar: *ha hecho un discurso excesivamente ~.* **- 2** ***adj.-com.*** FIL. (persona) Que sigue la doctrina del *subjetivismo: *para los subjetivistas los juicios morales tienen valor subjetivo.*

sub·je·ti·⌐vo, ⌐va |su^{β}xetíβo, βa| ***adj.*** Que tiene relación con el propio modo de pensar o de sentir y no con un objeto en sí mismo: *la opinión que tú tengas sobre la película es completamente subjetiva.* ⇒ **parcial.** ⇔ **objetivo.**

sub·jun·ti·⌐vo |su^{β}xuntíβo| ***adj.-m.*** LING. (modo verbal) Que expresa una acción, un proceso o un estado como algo que no es real: *la forma verbal* hayamos comido *está en ~.* ⇒ **modo.**

su·ble·va·ción |suβleβaθión| ***f.*** Acción y resultado de *sublevarse: *se produjo una ~ en la ciudad.* ⇒ **alzamiento, levantamiento, motín, rebelión.**

su·ble·var |suβleβár| **1** ***tr.-prnl.*** [a alguien] Hacer tomar una actitud *rebelde: *ha sublevado a sus conciudadanos; los soldados se sublevaron contra sus mandos.* ⇒ **alzar, amotinar, levantar, rebelar-**

se. 2 Preocupar o alterar el ánimo; provocar protesta o enfado: *las injusticias sociales me sublevan.*

su·bli·ma·ción |suβlimaθión| **1** ***f.*** *form.* Admiración o *elevación de las virtudes de una persona o cosa: *la creación literaria necesita la ~ estética.* **2** FÍS. Cambio de sólido a gas: *en la ~ se absorbe calor.* ⇔ **condensación.**

su·bli·mar |suβlimár| **1** ***tr.*** *form.* [algo, a alguien] Alabar o mostrar admiración por una persona o cosa; elevar o hacer más grande: *en otros tiempos se sublimaba el concepto de amistad.* ⇒ **elogiar, enaltecer, encomiar, ensalzar. - 2** ***tr.-prnl.*** FÍS. [algo] Pasar un sólido a gas: *todos los cuerpos se subliman dependiendo de la temperatura y de la presión.* ⇔ **condensar.**

su·bli·me |suβlíme| ***adj.*** Que destaca por sus cualidades; que tiene gran valor moral, científico o artístico: *fue un hombre ~ que dedicó su vida a la ciencia; donar toda su fortuna a la caridad fue un acto ~.*

sub·ma·ri·nis·mo |su$^{\beta}$marinísmo| **1** ***m.*** Conjunto de actividades que se realizan bajo la superficie del mar: *es un gran aficionado al ~ y a los deportes acuáticos.* **2** Conjunto de conocimientos y técnicas necesarios para realizar actividades bajo la superficie del agua: *ha recibido un cursillo de ~.*

sub·ma·ri·nis·ta |su$^{\beta}$marinísta| **1** ***adj.*** Del *submarinismo o que tiene relación con él: *tiene aficiones submarinistas, siempre está leyendo libros que tratan del fondo del mar.* **- 2** ***adj.-com.*** (persona) Que practica el *submarinismo: *vive en la costa y es ~.*

sub·ma·ri·⌜no, ⌜na |su$^{\beta}$marino, na| **1** ***adj.*** Del fondo del mar o que tiene relación con él: *el mundo ~ es bellísimo.* **- 2 submarino** ***m.*** Nave que puede navegar bajo el agua: *los submarinos de guerra llevan torpedos.* ⇒ **sumergible.**

sub·nor·mal |su$^{\beta}$normál| ***adj.-com.*** (persona) Que tiene una capacidad mental inferior a la normal: *lleva a su niño ~ a un colegio en el que recibe una atención especial.* ⇒ **anormal, deficiente, retrasado.**

su·bo·fi·cial |suβofiθiál| ***m.*** Miembro del ejército de categoría superior a la de soldado e inferior a la de oficial: *el capitán llamó a los suboficiales.*

su·bor·di·na·ción |suβorðinaθión| **1** ***f.*** Dependencia entre personas o cosas en la que unas se someten a la orden o voluntad de las otras: *en el trabajo hay siempre una ~ de los empleados respecto a su jefe.* ⇔ **insubordinación. 2** LING. Relación que une dos elementos sintácticos de distinto nivel o función y en la que uno es dependiente del otro: *en la oración* no pude venir porque estuve enfermo *hay una ~ de* porque estuve enfermo *a* no pude venir. ⇒ **coordinación.**

su·bor·di·na·⌜do, ⌜da |suβorðináðo, ða| ***adj.-s.*** Que depende o está sometido a la orden o a la voluntad de otra persona o cosa: *los resultados del experimento estaban subordinados a los materiales utilizados; el empresario tuvo una reunión con sus subordinados.* ⇒ **empleado.** ⇔ **superior.**

su·bor·di·nar |suβorðinár| ***tr.-prnl.*** [algo, a alguien] Hacer depender; considerar o clasificar unas cosas como inferiores a otras: *has subordinado mis intereses a los tuyos.*

sub·ra·ya·do |su$^{\beta}$r̄ayáðo| **1** ***m.*** Acción y resultado de subrayar: *el ~ de las anotaciones es importante para entenderlas mejor.* **2** Palabra o conjunto de palabras *subrayadas en un escrito: *sólo se ha leído los subrayados.*

sub·ra·yar |su$^{\beta}$r̄ayár| **1** ***tr.*** [algo] Colocar rayas o líneas debajo de palabras o cosas escritas o dibujadas: *subrayó el título de la obra.* ⇒ **rayar. 2** *fig.* Pronunciar con claridad y lentamente: *el conferenciante subrayó dos frases que eran el resumen de su charla.* ⇒ **recalcar.**

sub·sa·nar |su$^{\beta}$sanár| ***tr.*** [algo] Poner un remedio; dar una solución: *lo primero que hay que hacer es ~ los errores cometidos por el anterior equipo.*

subs·cri·bir |su$^{\beta}$skriβír| **1** ***tr.*** [algo] Firmar al pie de un documento: *todos los ministros subscribieron el documento.* ⇒ **suscribir. 2** *fig.* Estar de acuerdo con una opinión o parecer: *subscribo todo lo que ha dicho mi representante.* ⇒ **suscribir.** ⇔ **discrepar. - 3 subscribirse** ***prnl.*** Pagar una cantidad de dinero para recibir una publicación periódica: *se ha subscrito a un periódico nacional.* ⇒ **suscribir.** ⌂ El participio es *subscrito.* La Real Academia Española prefiere la forma *suscribir.*

subs·crip·ción |su$^{\beta}$skri^{p}θión| ***f.*** Acción y resultado de *subscribir o *subscribirse: *la ~ te costará poco dinero.* ⇒ **suscripción.** ⌂ La Real Academia Española prefiere la forma *suscripción.*

subs·crip·⌜tor, ⌜to·ra |su$^{\beta}$skri^{p}tór, tóra| ***m. f.*** Persona que *subscribe o se *subscribe: *la revista tiene cada vez más subscriptores.* ⇒ **suscriptor.** ⌂ La Real Academia Española prefiere la forma *suscriptor.*

sub·si·dia·⌜rio, ⌜ria |su$^{\beta}$siðiário, ria| **1** ***adj.*** Que se da como ayuda o apoyo: *este comercio ofrece un servicio ~ de mantenimiento.* **2** DER. (acción, responsabilidad) Que sustituye o apoya a otra principal: *si tu hermana no nos puede devolver el dinero, tu padre será el responsable ~.*

sub·si·dio |su$^{\beta}$síðio| **1** ***m.*** Cantidad de dinero que se da como ayuda o apoyo: *todos los trabajadores esperan un ~ al jubilarse.* ⇒ **subvención. 2** Ayuda económica, generalmente de carácter oficial, que se concede para satisfacer una necesidad determinada: *no entiendo cómo puede vivir porque ni trabaja ni recibe ningún ~;* ~ **familiar**, el que se concede como ayuda a las familias numerosas: *el mes pasado tuvieron su cuarto hijo y han comenzado a cobrar el ~ familiar;* ~ **de desempleo/paro**, el que se concede al que no tiene trabajo: *se ha quedado en el paro y ahora cobra el ~ de desempleo.*

sub·si·guien·te |su$^{\beta}$siyiénte| ***adj.*** Que va después del siguiente o de otra cosa: *la operación, la hospitalización y la ~ rehabilitación le han costado mucho dinero.*

sub·sis·tir |su$^{\beta}$sistír| **1** ***intr.*** Mantenerse, durar o conservarse: *el problema subsiste a pesar de que hemos aplicado varios remedios.* ⇒ **perdurar. 2** Vivir; mantener la vida: *la familia subsiste con el sueldo del hijo mayor.*

subs·tan·cia |su$^{\beta}$stánθia| **1** *f.* Materia de la que están formados los cuerpos: *el agua es una de las ~ principales que componen el cuerpo humano; ~* **blanca**, la que tiene este color, de las dos de que se componen el *encéfalo y la *médula espinal: *la ~ blanca está formada principalmente por fibras nerviosas; ~* **gris**, la que con la blanca forma el *encéfalo y la *médula espinal: *ha tenido un accidente y le ha afectado a la ~ gris de la médula espinal.* ⇒ **sustancia. 2** Parte más importante de una cosa: *en estas páginas está la ~ del libro.* ⇒ **esencia, sustancia. 3** Parte *nutritiva de los alimentos: *si se prepara con pollo, el caldo tiene más ~.* ⇒ **sustancia. 4** Valor que tiene una cosa: *han hecho un trabajo de ~.* ⇒ **sustancia. 5** *fam. fig.* Juicio o madurez: *es un hombre sin ~, del que no podrás aprender nada.* ⇒ **sustancia.** ☖ La Real Academia Española prefiere la forma *sustancia.*

subs·tan·cial |su$^{\beta}$stanθiál| **1** *adj.* De la sustancia o que tiene relación con ella: *las características substanciales del agua son las mismas en todas las regiones.* ⇒ **sustancial. 2** Que tiene sustancia: *lo ~ de esta comida es la sal.* ⇒ **sustancial, sustancioso.** ⇔ **insustancial. 3** De lo más importante de una cosa o que tiene relación con ello: *las elecciones provocarán una cambio ~ en la política exterior.* ⇒ **sustancial.** ☖ La Real Academia Española prefiere la forma *sustancial.*

subs·tan·cio·⌐so, ⌐sa |su$^{\beta}$stanθióso, sa| **1** *adj.* Que tiene sustancia: *las palabras del ministro fueron muy sustanciosas.* ⇒ **sustancial, sustancioso. 2** Que alimenta mucho: *este guiso es muy ~.* ⇒ **sustancioso.** ☖ La Real Academia Española prefiere la forma *sustancioso.*

subs·tan·ti·⌐vo, ⌐va |su$^{\beta}$stantíβo, βa| **1** *adj.* Que tiene existencia real, independiente o individual: *el director toma las decisiones substantivas.* ⇒ **sustantivo. - 2 substantivo** *m.* LING. Palabra que lleva *morfemas de género y número, que funciona como *núcleo de un *sintagma nominal y que puede realizar la función de sujeto: *son substantivos las palabras* hombre *y* viaje. ⇒ **nombre, sustantivo.** ☖ La Real Academia Española prefiere la forma *sustantivo.*

subs·ti·tu·ción |su$^{\beta}$stituθión| *f.* Acción y resultado de sustituir: *han contratado a una profesora para hacer la ~ del profesor enfermo.* ⇒ **sustitución.** ☖ La Real Academia Española prefiere la forma *sustitución.*

subs·ti·tu·ir |su$^{\beta}$stituír| *tr.* [algo, a alguien] Poner a una persona o cosa en lugar de otra para que haga sus veces: *esta pieza del motor substituye a la que se estropeó.* ⇒ **reemplazar, suplir, sustituir.** ☖ La Real Academia Española prefiere la forma *sustituir.* Se conjuga como 62.

subs·ti·tu·⌐to, ⌐ta |su$^{\beta}$stitúto, ta| *m. f.* Persona que sustituye a otra en un empleo o servicio: *la bibliotecaria está enferma y han puesto una substituta.* ⇒ **sustituto.** ☖ La Real Academia Española prefiere la forma *sustituto.*

subs·trac·ción |su$^{\beta}$stra^{k}θión| **1** *f.* Robo; acción de tomar una cosa que pertenece a otra persona: *el abogado denunció la ~ de su coche.* ⇒ **sustracción. 2** MAT. Operación de restar: *los niños están aprendiendo la ~.* ⇒ **resta, sustracción.** ⇔ **adición.** ☖ La Real Academia Española prefiere la forma *sustracción.*

subs·tra·er |su$^{\beta}$straér| **1** *tr. form.* [algo] Robar; tomar una cosa que pertenece a otra persona: *el carterista substrajo la cartera del bolsillo del peatón.* ⇒ **sustraer. 2** Apartar, separar o sacar: *substrajo una parte de los fondos para hacer reinversiones.* ⇒ **sustraer. 3** MAT. Quitar una cantidad de otra, averiguando la diferencia entre las dos: *si a siete le substraes tres, quedan cuatro.* ⇒ **restar, sustraer. - 4 substraerse** *prnl.* Faltar al cumplimiento de un deber, de una palabra; no hacer lo que se tiene pensado: *todos decidimos aceptar aquello, pero él se substrajo.* ⇒ **sustraer.** ☖ La Real Academia Española prefiere la forma *sustraer.* Se conjuga como 88.

sub·sue·lo |su$^{\beta}$suélo| *m.* Capa de terreno que está debajo de la superficie: *en el ~ de Andalucía hay yacimientos de mercurio.*

sub·te·nien·te |su$^{\beta}$teniénte| *m.* Miembro del ejército de categoría inmediatamente superior a la de *brigada: *el ~ organizaba las tareas de la cocina.*

sub·ter·fu·gio |su$^{\beta}$terfúxio| **1** *m.* Razón o causa fingida: *siempre está con subterfugios para eludir sus responsabilidades.* ⇒ **pretexto. 2** Obra o dicho que demuestra habilidad para engañar o para evitar el engaño: *tus subterfugios no conseguirán engañarme ni confundirme.* ⇒ **artimaña.**

sub·te·rrá·ne·⌐o, ⌐a |su$^{\beta}$teȓáneo, a| **1** *adj.* Que está bajo tierra: *los topos viven en madrigueras subterráneas.* **- 2 subterráneo** *m.* Lugar o espacio que está bajo tierra: *se escondieron en el ~ de la casa mientras duró el bombardeo.*

sub·ti·tu·lar |su$^{\beta}$titulár| *tr.* [algo] Poner un *subtítulo o *subtítulos: *han terminado de ~ la película.*

sub·tí·tu·lo |su$^{\beta}$título| **1** *m.* Título *secundario que se pone después del principal: *la novela que estoy leyendo tiene un ~ muy largo.* **2** Escrito que aparece sobre las imágenes de ciertas películas y que traduce las palabras de los actores: *vimos* Casablanca *en versión original con subtítulos en español.*

su·bur·ba·⌐no, ⌐na |suβurβáno, na| **1** *adj.-s.* (edificio, terreno, campo) Que está cerca de una ciudad: *han adquirido un local ~ para construir un centro comercial.* **- 2** *adj.* Del *suburbio o que tiene relación con él: *esta tarde hay un concierto de música suburbana.*

su·bur·bio |suβúrβio| *m.* Pueblo o conjunto de casas que está cerca de una gran ciudad y dentro de su *jurisdicción, especialmente el habitado por personas de posición social baja: *viven en un ~, pero están pensando trasladarse al centro de la ciudad.* ⇒ **arrabal.**

sub·ven·ción |su$^{\beta}$βenθión| *f.* Cantidad de dinero que se da como ayuda, especialmente la que da el Estado u otra sociedad pública: *la asociación de minusválidos ha recibido una ~ del Ayuntamiento.* ⇒ **subsidio.**

sub·ven·cio·nar |su$^{\beta}$βenθionár| *tr.* [algo, a alguien] Dar una cantidad de dinero como ayuda con un fin determinado: *el Estado subvenciona esta publicación.*

sub·ver·sión |su$^{\beta}$βersión| ***f.*** *form.* Alteración o destrucción del orden: *la ~ del sistema político desencadenó una guerra civil; los grupos extremistas provocaron la ~ de las fuerzas armadas.*

sub·ver·si·⌐vo, ⌐va |su$^{\beta}$βersíβo, βa| ***adj.*** *form.* Que altera o destruye el orden, especialmente el orden público: *el artículo periodístico está lleno de alusiones subversivas.*

sub·yu·gar |su$^{\beta}$yuγár| **1 *tr.-prnl.*** [a alguien] Someter a un poder muy fuerte y violento: *todos se subyugaron a las órdenes del presidente.* **- 2 *tr.*** Agradar o atraer: *su voz la subyuga.* ◯ Se conjuga como 7.

suc·ción |su^{k}θión| ***f.*** Atracción de un líquido o un gas hacia el interior de un cuerpo o un objeto: *algunos insectos llevan a cabo la ~ de la sangre del cuerpo humano.* ⇒ **absorción.**

suc·cio·nar |su^{k}θionár| ***tr.*** [algo] Atraer, sacar o beber aspirando: *el bebé succiona con fuerza el chupete; una pequeña bomba succiona el líquido que pueda quedar dentro de ese recipiente.* ⇒ **sorber.**

su·ce·dá·ne· o, ⌐a |suθeðáneo, a| ***adj.-m.*** (sustancia) Que tiene propiedades parecidas a las de otra y sirve para sustituirla: *como el café está tan caro, toman un ~ con la leche.*

su·ce·der |suθeðér| **1 *tr.*** [a alguien] Sustituir a una persona que ha dejado un puesto o un cargo: *el nuevo administrativo ha sucedido a Pedro en el empleo; el príncipe sucederá a su padre en el trono.* **2** [algo] Ir o seguir detrás en un orden o una serie: *la primavera sucede al invierno.* ⇔ **anteceder. - 3 *intr.-unipers.*** Ocurrir o producirse un hecho: *sucedió con Pedro lo mismo que con Juan; los acontecimientos se suceden rápidamente.* ⇒ **acaecer, acontecer.**

su·ce·sión |suθesión| **1 *f.*** Continuación en un cargo, un proceso o una actividad: *creo que es la persona más indicada para la ~ en el cargo del presidente.* **2** Descendencia directa de una persona o familia: *su ~ se encargó de mantener el negocio.* **3** Conjunto de bienes, derechos y obligaciones que, al morir una persona, pasan a su descendencia: *se repartieron la ~ del abuelo.* **4** Continuación ordenada de una serie de elementos: *en el campo se puede percibir mucho mejor la ~ de las estaciones.*

su·ce·si·⌐vo, ⌐va |suθesíβo, βa| ***adj.*** Que *sucede o va después de otra cosa: *la ciudad sufrió cuatro ataques sucesivos.* ■ **en lo ~,** a partir de este momento; en adelante: *en lo ~, no quiero que me hables de ese asunto tan desagradable.*

su·ce·so |suθéso| **1 *m.*** Cosa que ocurre, especialmente si es de cierta importancia: *aquel año, la boda de mi hermana fue el ~ más importante que le ocurrió a la familia.* ⇒ **acontecimiento, evento. 2** Caso o hecho triste o desgraciado: *en la sección de sucesos apareció un reportaje sobre el asesinato.*

su·ce·⌐sor, ⌐so·ra |suθesór, sóra| ***adj.-s.*** (persona) Que va después de otra persona y la sustituye: *don Roberto será mi ~ en el cargo.* ⇔ **antecesor.**

su·cie·dad |suθieðá^{ð}| **1 *f.*** Cualidad de sucio: *detesto la ~ en la ropa.* ⇔ **limpieza. 2** Conjunto de manchas o *impurezas: *la ~ de esta camisa es muy difícil de limpiar.* **3** Cosa o sustancia sucia o que mancha: *no sé cómo puedes dormir en tu habitación con la ~ que hay en ella.* ⇒ **basura. 4** *fig.* Obra o dicho sucio o que no es moralmente adecuado: *no sé cómo puedes leer esas novelas tan llenas de suciedades.*

su·cin·⌐to, ⌐ta |suθínto, ta| ***adj.*** Que se hace con pocas palabras o elementos: *no hace falta que le escribas una carta: mándale una nota sucinta.* ⇒ **breve.**

su·⌐cio, ⌐cia |súθio, θia| **1 *adj.*** Que tiene manchas; que tiene polvo u otra sustancia: *el niño puso las manos sucias en las cortinas; tendrás que poner las camisas en lejía porque están muy sucias.* ⇔ **limpio.** ◯ Se usa con el verbo *estar,* entre otros. **2** Que se mancha fácilmente: *los trajes de color blanco son muy sucios: sólo puedes ponértelos una vez porque enseguida se manchan.* ◯ Se usa con el verbo *ser.* **3** Que produce suciedad: *la fábrica es muy sucia y contamina el río.* **4** *fig.* Que no es moralmente adecuado; que tiene *pecado: *tus amigos realizan actos sucios; cuando la veía con ese biquini tan pequeño, le venían a la cabeza pensamientos sucios.* ⇒ **deshonesto, obsceno. 5** *fig.* (líquido) Que está mezclado o alterado por una cosa que lo hace menos claro o menos transparente: *mira qué sucia sale el agua de la lavadora.* **- 6 sucio *adv. m.*** *fig.* Sin cumplir las reglas o las normas: *siempre gana: sospecho que está jugando ~.*

su·cu·len·⌐to, ⌐ta |sukulénto, ta| **1 *adj.*** Que es jugoso y tiene mucho sabor; que es abundante: *comieron un ~ cordero al horno; el banquete de boda fue ~.* **2** *p. ext.* Que es abundante y muy bueno: *el concurso tiene suculentos premios y regalos; recibió una cantidad suculenta de dinero.*

su·cum·bir |sukumbír| **1 *intr.*** Rendirse o abandonarse ante unas circunstancias contrarias: *sucumbió a la adversidad y abandonó sus proyectos.* **2** Morir o perder la vida: *la mayoría del ejército sucumbió en manos del enemigo.*

su·cur·sal |sukursál| ***adj.-f.*** (establecimiento) Que depende de otro central o principal: *puede ingresar el dinero en cualquier ~ de este banco.*

su·da·de·ra |suðaðéra| ***f.*** Prenda de vestir de algodón u otro tejido ligero, de manga larga, que cubre la parte superior del cuerpo y que generalmente se usa para hacer deporte: *pasé frío toda la tarde porque me había olvidado la ~ en casa.* ⇒ **jersey, suéter.**

su·da·me·ri·ca·⌐no, ⌐na |suðamerikáno, na| **1 *adj.*** De América del sur o que tiene relación con América del sur: *en la mayoría de los países sudamericanos se habla español.* **- 2 *m. f.*** Persona nacida en América del sur o que vive habitualmente en América del sur: *muchos sudamericanos emigran a los Estados Unidos de América.* ⇒ **suramericano.** ◯ La Real Academia Española prefiere la forma *suramericano.*

su·dar |suðár| **1** ***intr.*** Expulsar el sudor: *hace tanto calor que estamos todos sudando.* **2** *p. ext.* Expulsar jugo las plantas: *las castañas sudan después de tostadas.* **3** *fig.* Expulsar agua ciertas cosas que contienen humedad: *tengo que arreglar estas paredes: sudan mucho.* **4** *fam.* Trabajar muy duramente y cansarse mucho: *vamos a tener que ~ para entregar el trabajo a tiempo.* **- 5** ***tr.*** [algo] Mojar con sudor: *he sudado los pantalones y la camisa.* **6** *fam. fig.* Conseguir con mucho esfuerzo: *el chico ha sudado bien la moto: se la ha ganado con su trabajo.*

su·des·te |suðéste| **1** ***m.*** Punto del horizonte que está situado entre el sur y el este, a la misma distancia de uno y otro: *la abreviatura de ~ es* SE. ⇒ **sudoeste, sureste, suroeste. 2** Lugar situado hacia ese punto: *Murcia está en el ~ de la Península Ibérica.* ⇒ **sudoeste, sureste, suroeste. 3** Viento que viene de ese punto: *el velero está navegando gracias al ~ que sopla a su favor.* ⇒ **sudoeste, sureste, suroeste.**

su·do·es·te |suðoéste| **1** ***m.*** Punto del horizonte que está situado entre el sur y el oeste, a la misma distancia de uno y otro: *la abreviatura de ~ es* SO. ⇒ **sudeste, sureste, suroeste. 2** Lugar situado hacia ese punto: *hemos recorrido el ~ de España en coche.* ⇒ **sudeste, sureste, suroeste. 3** Viento que viene de ese punto: *hoy sopla el ~.* ⇒ **sudeste, sureste, suroeste.**

su·dor |suðór| **1** ***m.*** Líquido transparente que se expulsa por la piel: *el tenista se secó el ~ con una toalla.* **2** *fig.* Jugo que expulsan las plantas: *la cantidad de ~ de una planta depende de su clase.* **3** *fig.* Conjunto de gotas que salen de las cosas que contienen humedad: *el ~ de la pared del cuarto de baño se debe al vapor del agua.* **4** *fig.* Trabajo y esfuerzo: *ganarás el pan con el ~ de tu frente.*

su·do·ro·⌜so, ⌜sa |suðoróso, sa| ***adj.*** Que *suda mucho; que suele *sudar mucho: *los corredores terminaron sudorosos la carrera; este chico es muy ~ incluso en invierno.*

sue·⌜co, ⌜ca |suéko, ka| **1** ***adj.*** De Suecia o que tiene relación con Suecia: *la capital sueca es Estocolmo.* **- 2** ***m. f.*** Persona nacida en Suecia o que vive habitualmente en Suecia: *los suecos suelen ser unos conductores respetuosos.* **- 3 sueco** ***m.*** Lengua de Suecia: *el ~ pertenece al grupo germánico nórdico.* ■ **hacerse el** ~, *fam.*, fingir que no se ve o no se entiende una cosa: *la madre veía cómo se manchaba el niño, pero se hizo la sueca.*

sue·⌜gro, ⌜gra |suéɣro, ɣra| ***m. f.*** Padre o madre del marido en cuanto a la mujer, o de la mujer en cuanto al marido: *en Nochebuena cenaremos en casa de mis suegros; mi madre y mi suegra son las abuelas de mis hijos.* ⇒ **madre, padre.**

sue·la |suéla| ***f.*** Parte del calzado que queda debajo del pie y que toca el suelo: *tengo que tirar los zapatos porque tienen agujeros en la ~.* ⇒ **piso; media** ~, la que cubre la mitad delantera de la planta del pie: *no sé si comprar unas botas nuevas o poner medias suelas a éstas.* ■ **de siete suelas**, *fam.*, expresión que indica el grado mayor de lo que se dice: *Manolo es un pícaro de siete suelas.* ■ **no llegar a la ~ del zapato**, *fam.*, ser muy inferior: *Mónica será muy guapa, pero en simpatía no te llega a la ~ del zapato.*

suel·do |suéldo| ***m.*** Cantidad de dinero con la que se paga un servicio o un trabajo: *no cobramos un ~ muy alto, pero el trabajo es agradable.* ⇒ **asignación, estipendio, nómina, paga, salario, soldada.** ■ **a** ~, que cobra por el trabajo que hace: *tenemos un jardinero a ~, pagado por todos los vecinos.*

sue·lo |suélo| **1** ***m.*** Superficie sobre la que se está o se pisa: *se me han caído los papeles al ~; niño, no te tires al ~, que te vas a manchar.* ⇒ **pavimento, piso. 2** Superficie de la Tierra: *el ~ está formado por elementos orgánicos y minerales.* **3** Terreno que se destina a la construcción: *en esta ciudad hay mucho ~ disponible para los constructores; el hotel se edificará en ~ del municipio.* ⇒ **solar. 4** Terreno que se destina al cultivo: *este ~ es muy seco para el cultivo de hortalizas.* **5** Territorio de un país: *el avión aterrizó sin problemas en ~ sudanés.* ■ **besar el** ~, *fam.*, caerse: *el niño se resbaló y besó el ~.* ■ **besar el ~ por donde pisa**, *fam.*, mostrar mucha admiración: *está tan enamorado de ella que besaría el ~ por donde pisa.* ■ **por el ~/los suelos**, *fam.*, muy *barato: *voy a comprarme estos discos, están por los suelos.* ■ **poner por el ~/los suelos**, *fam.*, hablar mal de una persona: *cada vez que habla de su jefe lo pone por los suelos.*

suel·⌜to, ⌜ta |suélto, ta| **1** ***adj.*** Que no está sujeto, atado ni encerrado: *ese perro no debe estar ~ porque es muy fiero.* ◻ Es el participio de *soltar.* **2** Que se mueve con facilidad y habilidad: *es un niño muy ~ para su edad.* **3** Que es libre y valiente: *le gusta vivir ~.* **4** (persona) Que expulsa los excrementos en estado líquido y frecuentemente: *doctor, me duele el estómago y estoy un poco ~.* **5** Que es poco denso; que no está pegado: *el arroz de la paella debe quedar ~, no apelmazado.* **6** Que está separado y no se corresponde con otras cosas: *quedan algunas tallas sueltas; con unas cuantas piezas sueltas no podremos recomponer la máquina.* **7** (vestido, ropa) Que es ancho y permite moverse con facilidad por no ajustarse al cuerpo: *las embarazadas deben llevar vestidos sueltos.* ⇒ **holgado.** ⇔ **ceñido. 8** Que no forma parte de un conjunto: *aquí venden huevos sueltos y no tienes que comprar una docena, si no quieres.* **- 9 suelto** ***m.*** Conjunto de monedas, generalmente de poco valor: *no llevo ~, ¿puede cambiarme este billete?*

sue·ño |suéɲo| **1** ***m.*** Estado del que duerme: *durante el ~, el cuerpo repone las energías necesarias.* **2** Deseo o necesidad de dormir: *ayer me acosté muy tarde y por eso hoy tengo tanto ~.* **3** Acción y resultado de soñar: *no se me olvida el ~ de anoche; esta noche he tenido un ~ muy bonito.* **4** Idea imposible, que no se basa en la razón ni en la realidad: *le gustaría tener un yate, pero es sólo un ~.* ⇒ **ensueño; ~ dorado**, el que se desea pero es muy difícil o imposible de conseguir: *su ~ dorado es que le toque la lotería, para no tener que trabajar nunca más.*

sue·ro |suéro| **1** ***m.*** Agua de un líquido orgánico que queda una vez que éste se ha *coagulado: *el queso se hace con ~.* **2** Mezcla de agua y sales que sirve para alimentar los tejidos del organismo: *después de la operación le pusieron ~.*

suer·te |suérte| **1** *f.* Azar o fuerza desconocida que determina el desarrollo de los hechos que no se pueden prever: *si acerté la respuesta fue sólo por ~; yo he hecho todo lo posible, pero lo demás depende de la ~.* **2** Situación o circunstancia buena o mala: *tuve la mala ~ de tropezar con el único obstáculo que había en el camino; ¡que buena ~!, ¡me ha tocado el primer premio de la rifa!* **3** Situación o circunstancia buena que ocurre por azar: *te deseo ~ para tu oposición; tuvo mucha ~ encontrando un trabajo tan bueno.* **4** Futuro; *sucesión de los hechos futuros: *la bruja echaba las cartas para adivinar la ~.* **5** Género o clase: *había catado toda ~ de vinos.* **6** Estado o condición: *muchos campesinos cambiaron su ~ y se fueron a vivir a las ciudades.* **7** Parte de una corrida de toros: *en la ~ de varas el protagonista es el picador montado en su caballo.* ⇒ **tercio.** ■ **caer/tocar en ~**, corresponder por azar o sorteo: *hicimos partes de la herencia y cada uno se conformó con la que le tocó en ~; estoy muy contento con los compañeros de equipo que me han caído en ~.* ■ **de ~ que**, *form.*, indica efecto y resultado: *el testamento se pondrá dentro de un sobre cerrado, de ~ que no pueda sacarse sin romperlo.* ■ **echar suertes/a suertes**, decidir por azar: *nadie quería hacer el trabajo, así que lo echamos a suertes.*

suer·tu·⌐do, ⌐da |suertúðo, ða| *adj.-s. fam.* (persona) Que tiene mucha suerte: *es un ~: es la segunda vez que le toca la lotería en un año.*

sué·ter |suéter| *m.* Prenda de vestir de punto de lana o algodón, que cubre la parte superior del cuerpo: *el ~ puede ser de manga larga o de manga corta; el ~ es más fino que el jersey; el ~ se lleva solo, sin camiseta debajo.* ⇒ **niqui, polo, jersey.** ⌂ El plural es *suéteres.*

su·fi·cien·cia |sufiθjénθia| **1** *f.* Capacidad para un trabajo: *nadie pone en duda su ~.* ⇒ **autosuficiencia.** ⇔ **insuficiencia. 2** *hum. fig.* Muestra orgullosa de una virtud o una capacidad: *no soporto su aire de ~.*

su·fi·cien·te |sufiθjénte| **1** *adj.* Que es bastante, en cuanto a lo que se necesita: *¿crees que habrá ~ comida para tantos invitados?* ⇔ **insuficiente. 2** Que es adecuado: *este tipo de lectura es ~ para ti.*

su·fi·ja·ción |sufixaθión| *f.* LING. Conjunto de elementos que aparecen al final de una palabra para formar otra nueva: *la palabra* entendimiento *se ha formado por ~.*

su·fi·⌐jo |sufíxo| *adj.-m.* LING. Elemento que se añade al final de una palabra para formar otra nueva: *se pueden formar sustantivos añadiendo el ~ -ción a un verbo:* combinar > combinación. ⇒ **prefijo.**

su·fra·gar |sufraγár| *tr. form.* Pagar o satisfacer: *el conde sufragó los gastos del festival; la asociación de vecinos del barrio ha sufragado las fiestas de este año.* ⇒ **costear.** ⌂ Se conjuga como 7.

su·fra·gio |sufráxio| **1** *m.* Nombramiento por votación para desempeñar un cargo: *en los países democráticos los gobernantes son elegidos por ~.* ⇒ **elección; ~ censitario/restringido**, nombramiento en el que sólo votan personas con ciertas condiciones, generalmente de tipo *económico: *lo han elegido por ~ restringido;* **~ universal**, POL., nombramiento en el que votan todas las personas con derecho a ello: *las elecciones generales son por ~ universal.* **2** Elección entre varias posibilidades cuando se pide una opinión, especialmente política: *el ~ permitió tomar una decisión de acuerdo con la opinión de la mayoría.* ⇒ **voto. 3** POL. *p. ext.* Papel en el que una persona da a conocer esa elección: *todavía no se ha procedido a hacer el recuento de los sufragios.* ⇒ **voto. 4** *form.* Ayuda o apoyo, especialmente de carácter económico: *las monjas organizaron una subasta para el ~ de los pobres de la ciudad.*

su·fri·⌐do, ⌐da |sufríðo, ða| **1** *adj.* Que sufre y acepta voluntariamente una cosa o situación que no es perfecta o que no satisface completamente: *Juan es muy ~ y no protesta por nada.* **2** (color) Que disimula la suciedad: *el color blanco en los coches es muy ~.*

su·fri·mien·to |sufrimiénto| **1** *m.* Dolor físico o moral: *la pobreza le ha causado mucho ~.* **2** Paciencia con que se sufre una cosa: *llevó con mucho ~ los últimos años de la vida de su padre.*

su·frir |sufrír| **1** *tr.* [algo] Tener, sentir o aguantar un dolor físico o moral o una situación mala: *ha sufrido una enfermedad muy larga y penosa; los que sufrieron la guerra nunca pueden olvidarla.* ⇒ **padecer. 2** Soportar con paciencia un daño moral o físico: *he tenido que ~ sus impertinencias porque es el hijo del jefe.* ⇒ **aguantar, padecer, tolerar. 3** Permitir; no oponerse a que una cosa se haga: *sufro con paciencia las borracheras de mi marido.* **4** Sostener o resistir: *la viga sufre todo el peso.* **5** Ser objeto de un cambio, acción o fenómeno: *parece que este plástico ha sufrido cambios muy bruscos de temperatura.*

su·ge·ren·cia |suxerénθia| *f.* *Proposición útil; cosa que se *sugiere: *esto es una ~, no una imposición; escuchó atentamente sus sugerencias.*

su·ge·ren·te |suxerénte| *adj.* Que *sugiere: *es un proyecto muy ~, lleno de agradables perspectivas.*

su·ge·rir |suxerír| *tr.* [algo] Proponer una idea útil; dar origen a una idea: *me sugirió que cambiase mi peinado.* ⇒ **insinuar.** ⌂ Se conjuga como 35.

su·ges·tión |suxestión| *f.* Influencia en la opinión, el juicio o la actitud: *ejercía tal ~ sobre su novia que ésta carecía de voluntad.*

su·ges·tio·nar |suxestionár| **1** *tr.* [a alguien] Influir en la opinión, el juicio o la actitud: *la publicidad sugestiona a la gente para que consuma ciertos productos.* **- 2 sugestionase** *prnl.* Dejarse llevar por una idea *obsesiva: *se ha sugestionado de tal forma que ahora cree que tiene cáncer.*

su·ges·ti·⌐vo, ⌐va |suxestíβo, βa| **1** *adj.* Que *sugiere o *sugestiona: *el tema de esta película es* *muy* ~. **2** Que se presenta como muy bueno: *tienen un plan muy* ~ *para el fin de semana.*

sui·ci·da |suiθíða| **1** ***com.*** Persona que se quita violenta y voluntariamente la vida: *este fin de semana, tres suicidas se han ahogado en el río.* **- 2** ***adj.*** *fig.* (acto, conducta) Que daña o destruye a uno mismo: *conducir borracho es un acto* ~.

sui·ci·dar·se |suiθiðárse| ***prnl.*** Quitarse la vida voluntariamente: *se suicidó porque su mujer lo abandonó; el ministro se suicidó disparándose en la sien.* ⇒ **matar.**

sui·ci·dio |suiθíðio| ***m.*** Acción y resultado de *suicidarse: *encontraron un cadáver, pero aún no saben si ha sido asesinato o* ~.

suite |suít| **1** ***f.*** Obra musical en la que se reúnen varias composiciones que forman un conjunto: *la* ~ *es una composición instrumental.* **2** Conjunto de habitaciones de un hotel que forman una unidad: *pasaron su noche de bodas en la* ~ *de un lujoso hotel.*

sui·⌐zo, ⌐za |suíθo, θa| **1** ***adj.*** De Suiza o que tiene relación con Suiza: *en la fotografía aparece una vaca suiza; Ginebra y Berna son ciudades suizas; me han regalado una caja de bombones suizos.* **- 2** ***m. f.*** Persona nacida en Suiza o que vive habitualmente en Suiza: *los suizos son vecinos de los franceses.* **- 3 suizo** ***m.*** Bollo esponjoso y ovalado hecho con harina, huevo y azúcar: *ha desayunado suizos con leche.*

su·je·ción |suxeθión| **1** ***f.*** Acción y resultado de sujetar: *hay que poner algo que sirva de* ~ *de la puerta.* **2** Unión u objeto que sujeta una cosa: *se ha roto la* ~ *y se ha caído la pulsera.*

su·je·ta·dor |suxetaðór| **1** ***m.*** Prenda interior femenina, de tejido suave, que sirve para ajustar y sostener el pecho: *me gustan los sujetadores de algodón; el* ~ *sin tirantes sirve para los trajes con escote; ese* ~ *negro de encaje es muy sensual.* ⇒ **sostén. 2** *p. ext.* Pieza superior de un traje de baño de dos piezas: *este biquini tiene el* ~ *muy pequeño.*

su·je·tar |suxetár| **1** ***tr.*** [algo, a alguien] Dominar o someter; poner bajo una autoridad: *a los padres les cuesta mucho trabajo* ~ *a los hijos mayores.* **2** Coger o *agarrar con fuerza: *sujeta al perro para que no se escape.* **- 3** ***tr.-prnl.*** [algo] Evitar que una cosa se mueva, se caiga o se separe: *la columna sujeta la cornisa; se sujetaba el pelo con horquillas.* ⇒ **apuntalar, sostener, sustentar.**

su·je·⌐to, ⌐ta |suxéto, ta| **1** ***adj.*** Que está fijo o que es sostenido por una persona o cosa: *el cuadro no está bien* ~ *y se puede caer.* **2** Que depende de otra persona o cosa; que está sometido a otra persona o cosa: *todos estamos sujetos a la ley.* ☖ Es el participio irregular de *sujetar.* **- 3 sujeto** ***m.*** *desp.* Persona cuyo nombre no se indica: *vino cierto* ~ *preguntando por ti.* **4** LING. Palabra o conjunto de palabras que *concuerdan con el verbo en número y persona: *en la frase* el niño come manzanas *el sintagma* el niño *es el* ~. ⇒ **predicado, objeto;** ~ **agente,** LING., el de un verbo en voz activa: *en la frase* el niño tira piedras *el sintagma* el niño *es el* ~ *agente.* ⇒ **agente;** ~ **paciente,** LING., el de un verbo en voz pasiva: *en la frase* las manzanas han sido limpiadas por el niño *el sintagma* las manzanas *es el* ~ *paciente.* **5** FIL. Individuo pensante, en oposición a su mundo exterior: *el* ~ *piensa la realidad tratando de adaptarla a sus esquemas mentales.*

sul·fa·tar |sulfatár| ***tr.*** [algo] Cubrir con un producto químico, compuesto por cobre y *azufre: *hay que* ~ *las vides y los árboles frutales para que no los ataquen las enfermedades.*

sul·fu·rar·se |sulfurárse| ***prnl.*** *fam.* Enfadarse mucho: *no te sulfures tanto con él, ya vendrá a pedirte perdón.*

sul·tán |sultán| **1** ***m.*** *Emperador de los *turcos: *este libro trata de un antiguo* ~. **2** Rey o gobernador *musulmán: *la hija del* ~ *se casó con el príncipe de un reino vecino.* ⇒ **califa, emir.**

su·ma |súma| **1** ***f.*** Operación que consiste en unir varias cantidades en una sola: *en la escuela aprendimos a hacer sumas.* ⇒ **adición.** ⇔ **resta. 2** Cantidad que resulta de esa operación: *24 es la* ~ *de 12 y 12.* ⇒ **adición.** ⇔ **resta. 3** Conjunto de muchas cosas, especialmente de dinero: *en su cuenta corriente tiene una* ~ *importante de dinero.* **4** Resumen de todas las partes de una ciencia: *acaban de publicar una* ~ *de filosofía muy completa.* ■ **en** ~, en conclusión: *la situación, en* ~, *es bastante buena para todos.*

su·man·do |sumándo| ***m.*** MAT. Cantidad que se añade a otra u otras para formar la suma: *en 4+3=7, el 4 y el 3 son los sumandos.*

su·mar |sumár| **1** ***tr.*** [algo] Unir o añadir: *si sumamos nuestros esfuerzos, podremos conseguir lo que nos propongamos.* ⇔ **restar. 2** MAT. Añadir una cantidad a otra, averiguando el total: *los niños aprenden a* ~ *y a restar.* ⇔ **restar. - 3 sumarse** ***prnl.*** Unirse a una doctrina, a una opinión o a un grupo: *varios profesores se sumaron a la protesta de los alumnos.*

su·ma·⌐rio, ⌐ria |sumário, ria| **1** ***adj.*** Que está reducido o es breve: *haremos una exposición sumaria del argumento antes de analizar la obra.* **- 2 sumario** ***m.*** Texto de una obra escrita en el que se indican los temas que se van a desarrollar: *busca en el* ~ *si cuenta aquí la aventura de los molinos.* **3** DER. Conjunto de *actuaciones hechas para preparar un juicio, en las que se da cuenta del desarrollo de un *delito y las circunstancias en las que se ha realizado: *la proximidad del juicio hará que el abogado apenas disponga de tiempo para estudiar el* ~. **4** Resumen o explicación breve de una materia larga: *haremos un* ~ *de los hechos.*

su·mer·gi·ble |sumerxíβle| **1** ***adj.*** Que puede introducirse en el agua o sumergirse sin estropearse: *se ha comprado un reloj* ~. **- 2** ***m.*** Nave que puede navegar bajo el agua: *el* ~ *enemigo se introdujo en la bahía.* ⇒ **submarino.**

su·mer·gir |sumerxír| **1** ***tr.-prnl.*** [algo, a alguien] Poner por debajo de la superficie de un líquido: *los submarinistas se sumergen en el mar con una botella de oxígeno.* ⇒ **hundir.** ⇔ **emerger. - 2 sumergirse** ***prnl.*** *fig.* Entrar profundamente en un estado físico o mental: *se sumergió en sus meditaciones.* ☐ Se conjuga como 6.

su·mi·de·ro |sumiðéro| ***m.*** Conducto, canal o agujero por donde cae o baja el agua para salir de un lugar o de un recipiente: *se ha atascado el ~ del lavabo.*

su·mi·nis·trar |suministrár| ***tr.*** [algo] Dar, llevar o poner al alcance, especialmente una cosa necesaria: *ese bodeguero suministra el vino a los restaurantes de la zona.* ⇒ **abastecer, proveer, surtir.**

su·mi·nis·tro |suminístro| **1** ***m.*** Acción y resultado de *suministrar: *en nuestra oficina, el ~ de papel se hace una vez al mes.* **2** Cosa o conjunto de cosas que se *suministran: *los empleados del supermercado me llevan el ~ a casa todas las semanas.*

su·mir |sumír| **1** ***tr.-prnl.*** *form.* [a alguien] Caer o hacer caer en cierto estado; hundir: *la condena la sumió en la más profunda desesperación; se ha sumido en un profundo sueño.* **2** *form.* Hundir o meter debajo de la tierra o del agua: *se sumió en el agujero.*

su·mi·sión |sumisión| ***f.*** Sometimiento; actitud de *obediencia y respeto: *el entrenador adiestra a los perros para que muestren ~ a sus dueños.* ⇒ **acatamiento.** ⇔ **insumisión.**

su·mi·⌐so, ⌐sa |sumíso, sa| ***adj.*** Que obedece y muestra respeto: *es un chico muy ~: siempre hace lo que dicen las personas mayores.* ⇔ **insumiso, rebelde.**

su·⌐mo, ⌐ma |súmo, ma| **1** ***adj.*** Que no tiene superior en su especie: *el hombre posee la suma inteligencia entre los seres vivos.* ⇒ **supremo.** **2** *fig.* Que es muy grande o enorme: *debes hacerlo con ~ cuidado.* ■ **a lo ~,** cuanto más; en todo caso; como mucho: *no estoy dispuesto a comprarle un coche nuevo, a lo ~ pagaré la reparación del viejo.*

sun·tuo·⌐so, ⌐sa |suntuóso, sa| ***adj.*** Que muestra gran lujo y riqueza: *la Cenicienta llegó al palacio en un carruaje ~.*

su·pe·di·tar |supeðitár| **1** ***tr.*** [algo] *Subordinar o hacer depender: *supeditó la compra del coche a las ganancias del trimestre.* **2** Condicionar una cosa al cumplimiento de otra: *todo queda supeditado a lo que ocurra mañana.* **- 3 supeditarse *prnl.*** Depender o someterse: *desde que se casó, se ha supeditado completamente a su marido.*

sú·per |súper| **1** ***adj.*** *fam.* Que sobresale entre lo demás; que es muy bueno o muy completo: *ese vestido es ~; tu fiesta de cumpleaños fue ~.* **- 2 *m.*** *fam.* Establecimiento destinado a comprar y vender mercancías y servicios, y en el que el cliente se sirve a sí mismo: *una vez a la semana va al ~ a hacer la compra.* ⇒ **supermercado.** ☐ Es la forma abreviada de *supermercado.* **- 3 *f.*** *Gasolina de calidad superior: *este coche sólo funciona con ~.* **- 4 *adv.*** Muy bien: *lo hemos pasado ~ en el parque de atracciones.*

su·pe·ra·ción |superaθión| ***f.*** Acción y resultado de superar o superarse: *las personas luchan por su propia ~.*

su·pe·rar |superár| **1** ***tr.-prnl.*** [algo, a alguien] Llegar a ser mejor; hacer mejor una cosa: *ha superado a sus compañeros de equipo; el atleta se ha superado y ha batido un récord.* ⇒ **aventajar, exceder, sobrepasar. - 2 *tr.*** [algo] Pasar un límite: *las temperaturas han superado los treinta grados en la capital.* ⇒ **exceder. 3** Vencer un obstáculo o una dificultad: *ha superado muy bien la parte crítica de la enfermedad.* **4** Aprobar o pasar una prueba o *examen: *ha superado la primera prueba de la oposición, pero todavía le quedan otras tres.*

su·pe·rá·vit |superáβit| **1** ***m.*** COM. Situación que se produce en una cuenta cuando los *ingresos son mayores que los gastos: *la empresa funciona bien, pues no ha habido pérdidas, sino ~.* ⇔ **déficit. 2** *p. ext.* Situación en la que hay un exceso de lo que se considera necesario: *el ~ de las viviendas producirá una bajada de los precios.* ☐ El plural es *superávit.*

su·per·che·rí·a |supertʃería| **1** ***f.*** Engaño que se hace para sacar un provecho: *la ~ es su arma para conseguir todo lo que se propone.* ⇒ **fraude. 2** Creencia en cosas falsas o que no están basadas en la razón: *no creo en amuletos ni otras supercherías.* ⇒ **superstición.**

su·per·do·ta·⌐do, ⌐da |superðotáðo, ða| ***adj.-s.*** (persona) Que tiene cualidades por encima de lo normal; que es muy inteligente: *es un niño ~: podrá ser un gran científico en el futuro.*

su·per·fi·cial |superfiθiál| **1** ***adj.*** De la superficie o que tiene relación con ella: *calcularon la extensión ~ de la parcela.* **2** Que está o se queda en la superficie: *ha sido una herida ~.* ⇔ **profundo. 3** *fig.* (pensamiento, persona) Que no es importante ni interesante; que se queda en la apariencia de las cosas: *era una muchacha muy ~: sólo se preocupaba de sus vestidos y sus fiestas.* ⇒ **frívolo.** ⇔ **profundo.**

su·per·fi·cie |superfíθie| **1** ***f.*** Parte exterior de un cuerpo: *una balsa flotaba sobre la ~ del agua.* **2** *fig.* Aspecto exterior de una persona o una situación: *en la ~, las personas presentan una imagen muy diferente a la real.* **3** Extensión en la que sólo se consideran dos *dimensiones: *la ~ de este terreno es de 100 metros cuadrados.*

su·per·⌐fluo, ⌐flua |supérfluo, flua| ***adj.*** Que no es necesario; que está de más: *no soy partidario de los lujos superfluos.* ⇒ **innecesario.**

su·pe·⌐rior, ⌐rio·ra |superiór, rióra| **1** ***m. f.*** Persona que gobierna una comunidad religiosa: *los frailes saludaron al nuevo ~ del convento.* **- 2 superior *adj.*** Que está encima o más alto: *en el piso ~ están los dormitorios; la parte ~ del vestido era de seda y la inferior de gasa.* ⇔ **inferior.** ☐ No se debe decir *más ~.* **3** Que es más o mayor en cantidad, calidad o importancia: *la calidad de este tejido es ~ a la de aquéllos; accedió rápidamente a puestos superiores en la empresa; los niños de edad ~ a diez años podrán asistir a las clases de informática.* ⇔ **inferior. 4** Que es muy bueno: *la fiesta fue ~.* ⇔ **inferior. - 5 *m.*** Persona que tiene autoridad sobre otra: *no puedo desobedecer las órdenes de mis superiores.* ⇔ **subordinado.**

su·pe·rio·ri·dad |superioriðáð| ***f.*** Cualidad de superior: *mostró su ~ en las pruebas atléticas elimi-*

natorias; el equipo local demostró su ~ en el encuentro. ⇒ **supremacía, ventaja.**

su·per·la·ti·⌐vo, ⌐va |superlatíβo, βa| **1** ***adj.*** *form.* Que es muy grande; que es superior: *aquel hombre tenía una nariz superlativa.* ⇒ **excelente. - 2** ***adj.-m.*** LING. (adjetivo) Que indica el grado más alto de la cualidad que expresa: *el ~ de célebre* es celebérrimo; *el ~ suele formarse añadiendo el sufijo* -ísimo.

su·per·mer·ca·do |supermerkáðo| ***m.*** Establecimiento destinado a comprar y vender mercancías y servicios, y en el que el cliente se sirve a sí mismo: *fue al ~ porque necesitaba fruta y papel higiénico.* ⇒ **súper.**

su·per·po·ner |superponér| ***tr.-prnl.*** [algo] Añadir o poner una cosa encima de otra: *no debes ~ las fotografías en el álbum porque no se verán bien.* ⇒ **sobreponer.** ☐ Se conjuga como 78.

su·per·po·si·ción |superposiθión| ***f.*** Acción y resultado de *superponer: *la ~ de libros en la biblioteca impide que se puedan consultar fácilmente.*

su·per·pro·duc·ción |superproðuᵏθión| **1** ***f.*** Exceso de producción: *la ~ ha producido una bajada de los precios.* **2** Obra de cine o teatro que se presenta como muy importante y que está hecha con grandes medios económicos: *la película que ponen esta noche es una ~ de varios países europeos.*

su·per·só·ni·⌐co, ⌐ca |supersóniko, ka| ***adj.*** Que se mueve a una velocidad superior a la del sonido: *atravesaron el océano en un avión ~.*

su·pers·ti·ción |superstiθión| **1** ***f.*** Tendencia a atribuir carácter mágico u oculto a determinados acontecimientos provocada por el miedo o el desconocimiento: *la ~ ha sido un freno para la ciencia.* **2** Creencia que no tiene relación con la *fe religiosa o que no se puede explicar por la razón: *es una ~ pensar que por haber roto un espejo tendrás siete años de mala suerte.* ⇒ **superchería.**

su·pers·ti·cio·⌐so, ⌐sa |superstiθióso, sa| **1** ***adj.*** De la *superstición o que tiene relación con ella: *el ajo es un objeto ~.* **2** (persona) Que tiene *superstición: *Pedro es muy ~ y no puede soportar que alguien derrame la sal.*

su·per·vi·sar |superβisár| ***tr.*** [algo, a alguien] Vigilar u observar un trabajo o una actividad: *lo han traído para que supervise el trabajo de los empleados; el jefe de los mecánicos supervisa las reparaciones.* ⇒ **inspeccionar.**

su·per·vi·sión |superβisión| ***f.*** Acción y resultado de *supervisar: *todos los trabajos han sido realizados bajo la ~ del director.* ⇒ **inspección.**

su·per·vi·⌐sor, ⌐so·ra |superβisór, sóra| ***adj.-s.*** (persona) Que *supervisa: *ha venido la supervisora y ha detectado varias irregularidadas en la manipulación de los alimentos.*

su·per·vi·ven·cia |superβiβénθia| ***f.*** Acción y resultado de *sobrevivir: *en periodos de crisis hay que luchar por la ~.*

su·per·vi·vien·te |superβiβiénte| ***adj.-com.*** (persona) Que *sobrevive: *no ha habido ningún ~ del accidente aéreo.*

su·plan·tar |suplantár| ***tr.*** [algo, a alguien] Ocupar ilegalmente el lugar de otra persona; hacerse pasar por otra persona: *ha suplantado la personalidad de su padre.*

su·ple·men·ta·⌐rio, ⌐ria |suplementário, ria| ***adj.*** Que sirve como complemento o *suplemento: *esta es la lista de las lecturas suplementarias.*

su·ple·men·to |supleménto| **1** ***m.*** Complemento; lo que falta por añadir: *los trabajadores recibieron un ~ en metálico por la calidad del trabajo.* **2** Tomo separado que se añade a un libro o a una publicación; número u hoja independiente de un periódico o revista: *los domingos, el periódico edita un ~ ilustrado; la enciclopedia tiene un ~ que contiene los índices.*

su·plen·te |suplénte| ***adj.-com.*** (persona) Que sustituye o está en lugar de otra persona: *Juan está enfermo, así que vendrá un jugador ~ en su lugar; la ~ todavía no conoce el horario de llegada.* ⇒ **sustituto.**

su·ple·to·⌐rio, ⌐ria |supletório, ria| **1** ***adj.*** Que *suple una falta o que se añade: *nos reunimos tantas personas para comer que tuvimos que usar una mesa supletoria.* **- 2** ***adj.-m.*** (aparato) Que está *conectado a un aparato principal: *he mandado instalar dos teléfonos supletorios en la oficina.*

sú·pli·ca |súplika| ***f.*** Obra o dicho con que se *suplica: *no escuchó sus súplicas y actuó con rigor.*

su·pli·car |suplikár| ***tr.*** [algo; a alguien] Rogar o pedir con *humildad: *le suplicó que le perdonara la vida.* ☐ Se conjuga como 1.

su·pli·cio |suplíθio| **1** ***m.*** Dolor físico: *la torcedura de tobillo me está dando un gran ~.* ⇒ **tormento, tortura. 2** Castigo físico que se da con un fin determinado: *muchos de los primeros cristianos sufrieron suplicios por defender la fe.* ⇒ **tormento, tortura. 3** *fig.* Sufrimiento moral; pena: *la vida en estas condiciones es un verdadero ~.* ⇒ **tormento, tortura. 4** Persona o cosa que *ocasiona dolor o sufrimiento: *estos hijos míos son un ~.* ⇒ **tormento.**

su·plir |suplír| **1** ***tr.*** [algo] Completar o añadir lo que falta: *las explicaciones del profesor suplen las deficiencias del manual.* **2** [a alguien] Poner a una persona o cosa en lugar de otra para que haga sus veces: *un especialista suple al actor en las escenas peligrosas.* ⇒ **reemplazar, sustituir. 3** [algo] Poner o usar una cosa en lugar de otra: *debemos ~ la máquina de escribir por el ordenador.*

su·po·ner |suponér| **1** ***tr.*** [algo] Considerar una cosa como posible o probable sin estar seguro de que sea así: *supongo que mi familia llegará a casa a la hora de comer.* ⇒ **creer. 2** Presentar o contener; tener como resultado directo: *la reforma supone demasiados gastos.* ⇒ **conllevar, implicar, ofrecer. 3** Suponer o formar un juicio a partir de señales: *supongo que es usted el doctor Livingstone.* **- 4** ***intr.*** Tener autoridad o importancia: *su familia supone mucho para él.* ☐ Se conjuga como 78. **- 5** ***m.*** *fam.* Juicio o idea formada a partir de señales: *lo que acabo de decir sólo es un ~.* ⇒ **suposición.**

su·po·si·ción |suposiθión| **1** ***f.*** Acción y resultado de suponer: *cuando se conoce a alguien, siempre se hacen suposiciones a primera vista.* **2** Juicio o idea formada a partir de señales: *planteó una ~ que parecía muy verosímil.* ⇒ **suponer.**

su·po·si·to·rio |supositório| *m.* Medicina de forma alargada y acabada en punta que se introduce por el ano: *el médico me ha mandado unos supositorios para combatir la fiebre.*

su·pra·rre·nal |suprar̄enál| *adj.* ANAT. Que está situado encima de los *riñones: *las glándulas suprarrenales segregan la adrenalina.*

su·pre·ma·cí·a |supremaθía| *f.* Superioridad de grado, escala o autoridad: *las gimnastas rusas mantuvieron la ~ en la clasificación individual.* ⇒ **superioridad, ventaja.**

su·pre·⌐mo, ⌐ma |suprémo, ma| **1** *adj.* Que no tiene superior en su especie: *fue condenado, pero apeló al Tribunal ~; con un esfuerzo ~, consiguió levantar la caja que le apresaba la pierna.* ⇒ **sumo. 2** Que es muy importante; que permite resolver o decidir: *este examen es el momento ~ del curso.*

su·pre·sión |supresión| *f.* Acción y resultado de suprimir: *los ciudadanos pedían la ~ de ese impuesto.*

su·pri·mir |suprimír| **1** *tr.* [algo] Hacer desaparecer; quitar: *la empresa sigue suprimiendo puestos de trabajo.* ⇒ **eliminar. 2** Dejar de decir una cosa; pasar en silencio: *el actor suprimió diez versos de la comedia.* ⇒ **omitir.**

su·pues·⌐to, ⌐ta |supuésto, ta| **1** *adj.* Que imita o se parece a una cosa real; que puede engañar y confundirse con ella: *el ~ rey suplantó al verdadero; llegó tarde y puso como excusa una supuesta avería.* ⇒ **falso. - 2 supuesto** *m.* Idea o afirmación que no se ha demostrado: *planteó un ~ difícil de admitir.* ⇒ **hipótesis. ■ por ~**, ciertamente: *por ~ que iremos esta tarde al cine.*

su·pu·rar |supurár| *intr.* Formar o echar *pus: *esta herida se ha infectado porque está supurando mucho.*

sur |súr| **1** *m.* Punto del horizonte situado a la espalda de una persona a cuya derecha está el este: *el norte se opone al ~; si miras hacia el ~, verás el mar.* ⇒ **este, norte, oeste. 2** Lugar situado más cerca del polo *antártico, en cuanto a otro lugar con el cual se compara: *Andalucía está en el ~ de España.* **3** Viento que viene de ese punto: *hace mucho calor por culpa del ~.* ⇒ **ábrego.**

su·ra·me·ri·ca·⌐no, ⌐na |suramerikáno, na| **1** *adj.* De América del sur o que tiene relación con América del sur: *la ganadería suramericana es una importante fuente de riqueza.* **- 2** *m. f.* Persona nacida en América del sur o que vive habitualmente en América del sur: *los argentinos y los chilenos, entre otros, son suramericanos.* ⇒ **sudamericano.**

sur·car |surkár| **1** *tr.* [algo] Ir o avanzar por un líquido o un fluido cortándolo: *este barco surcó los siete mares; el ave surca el viento.* **2** Hacer largas aberturas en la tierra: *el agricultor surcó la tierra para sembrarla.* **3** Hacer señales o rayas: *algunos africanos se surcan las mejillas.* ◯ Se conjuga como 1.

sur·co |súrko| **1** *m.* Línea que se graba en la superficie de un disco: *los surcos están sucios y el disco hace mucho ruido.* **2** Señal o raya sobre una superficie: *del roce, quedaron varios surcos sobre la mesa.* **3** Arruga profunda o larga sobre la piel: *unos surcos marcados rodeaban sus ojos.* **4** Abertura larga que se hace en la tierra: *el arado abre un ~ en la tierra.*

su·re·⌐ño, ⌐ña |suréɲo, ɲa| **1** *adj.* Que está situado hacia el sur: *Andalucía es la región más sureña de España.* **-2** *adj.-s.* (persona) Que vive en el sur de un país o de un territorio; que procede del sur: *han contratado a un ~ para este trabajo.*

su·res·te |sur̄éste| **1** *m.* Punto del horizonte que está situado entre el sur y el este, a la misma distancia de uno y otro: *el avión va con rumbo ~.* ⇒ **sudeste, sudoeste, suroeste. 2** Lugar situado hacia ese punto: *esa carretera va al ~ de España.* ⇒ **sudeste, sudoeste, suroeste. 3** Viento que viene de ese punto: *el ~ sopló de forma muy violenta.* ⇒ **sudeste, sudoeste, suroeste.** ◯ La Real Academia Española prefiere la forma *sudeste.*

surf |súrᶠ| *m.* Deporte que consiste en mantenerse de pie sobre una tabla que se mueve por encima del agua: *el ~ es un deporte de origen hawaiano.*

sur·gir |surxír| **1** *intr.* Salir desde el interior hacia la superficie: *del fondo del lago surgió un monstruo terrible; de la misma roca, surgía un manantial.* **2** *fig.* Aparecer o hacerse notar: *nuevas tendencias surgen cada año; entre los reunidos surgió la idea de hacerle un homenaje.* ◯ Se conjuga como 6.

su·ro·es·te |suroéste| **1** *m.* Punto del horizonte que está situado entre el sur y el oeste, a la misma distancia de uno y otro: *el ~ es opuesto al noreste.* ⇒ **sudeste, sudoeste, sureste. 2** Lugar situado hacia ese punto: *Huelva está en el ~ de la Península, en la costa atlántica.* **3** Viento que viene de ese punto: *el ~ hacía más rápida la navegación.* ⇒ **sudeste, sudoeste, sureste.** ◯ La Real Academia Española prefiere la forma *sudoeste.*

su·rre·a·lis·mo |sur̄ealísmo| *m.* Tendencia artística que intenta superar lo real y que da mucha importancia a la imaginación: *el iniciador del ~ es André Breton; el ~ es un movimiento artístico surgido en Europa en la primera mitad del siglo* XX.

su·rre·a·lis·ta |sur̄ealísta| **1** *adj.* Del *surrealismo o que tiene relación con él: *en el* Manifiesto *~ aparecen las principales ideas de este movimiento.* **- 2** *adj.-com.* (persona) Que sigue el *surrealismo: *Dalí es un pintor ~; Luis Buñuel es un ~ famoso.*

sur·ti·⌐do, ⌐da |surtíðo, ða| *adj.-m.* (mercancía) Que está formado por elementos de distintas clases: *prefiero las galletas surtidas a las de un solo tipo; ha comprado un ~ de caramelos.*

sur·ti·dor |surtiðór| **1** *m.* Lugar o punto del que brota agua con fuerza: *los bomberos enchufaron la manguera al ~.* **2** Aparato que sirve para repartir combustible: *paró el coche frente al ~ de gasolina para llenar el depósito.*

sur·tir |surtír| **1** *tr.-prnl.* [algo, a alguien] Dar, llevar o poner al alcance, especialmente una cosa necesaria: *este conducto surtirá de gas natural a la ciudad.* ⇒ **abastecer, proveer, suministrar. - 2** *intr.* Brotar o salir el agua, especialmente con fuerza y hacia arriba: *en Sierra Nevada el agua surte limpia y fresca.*

sus·cep·ti·ble |susθeᵖtíβle| **1** *adj.* Que puede

ser cambiado o afectado: *el proyecto es ~ de una revisión posterior.* **2** (persona) Que se molesta o se enfada frecuentemente y por cosas poco importantes: *es muy ~, así que no se te ocurra decir nada sobre su vestido.* ⇒ **delicado, picajoso, quisquilloso, sentido, suspicaz.**

sus·ci·tar |susθitár| ***tr.*** [algo] Dar lugar; causar u *ocasionar: *con sus reclamaciones, suscitó una discusión en la tienda; ha suscitado el odio entre sus hermanos.* ⇒ **promover, provocar.**

sus·cri·bir |suskriβír| **1 *tr.*** [algo] Firmar al pie de un documento: *el escrito fue suscrito por las personas que participaron en el acuerdo.* ⇒ **subscribir. 2** *fig.* Estar de acuerdo con una opinión o parecer: *suscribió todo lo que dijo su compañero.* ⇒ **subscribir.** ⇔ **discrepar. - 3 suscribirse *prnl.*** Pagar una cantidad de dinero para recibir una publicación periódica: *estoy pensando en suscribirme a una revista científica.* ⇒ **subscribir.**

sus·crip·ción |suskriᵖθi̲ó̲n̲| ***f.*** Acción y resultado de *suscribir o *suscribirse: *la cuota de ~ en esta asociación es demasiado alta y por eso tiene tan pocos socios.* ⇒ **subscripción.**

sus·crip·ˊtor, ˊto·ra |suskriᵖtór, tóra| ***m. f.*** Persona que *suscribe o se *suscribe: *soy ~ de este periódico porque me parece el más imparcial.* ⇒ **subscriptor.**

su·so·di·ˊcho, ˊcha |susoðítʃo, tʃa| ***adj.-s.*** (persona) Que ya ha sido citado o señalado: *un individuo atacó a dos ancianas. El ~ individuo era de raza blanca.* ⇒ **antedicho.**

sus·pen·der |suspendér| **1 *tr.*** [algo] Colgar, levantar o sostener en alto: *el saco estaba suspendido de una argolla.* **2** Detener una acción: *han suspendido las obras de la autovía.* **3** *fig.* [algo; a alguien] Quitar por un tiempo el empleo o el sueldo: *le suspendieron el sueldo hasta que pagara lo que había estropeado.* **- 4 *tr.-intr.*** [algo, a alguien] No conceder o no conseguir el aprobado en un *examen o prueba: *el profesor me ha suspendido en filosofía; el estudiante suspendió en junio; Juan ha suspendido las matemáticas.* ⇔ **aprobar.** ☖ El participio es *suspendido.* El participio irregular *suspenso* se usa generalmente como adjetivo.

sus·pen·se |suspénse| **1 *m.*** Detención por un momento de la acción en una historia: *el ~ es un recurso muy usado en las películas de Hitchcock.* **2** Sensación de *intranquilidad que produce una espera: *me encanta esa película porque produce mucho ~: hasta el final no se sabe quién es el asesino.* ⇒ **intriga.**

sus·pen·sión |suspensi̲ó̲n̲| **1 *f.*** Detención o retraso de una acción por un tiempo: *el incendio ha provocado la ~ de las representaciones de ópera;* ~ **de armas**, MIL., la de los ataques en una guerra: *los dos ejércitos enemigos han firmado una ~ de armas durante la Navidad.* ⇒ **tregua;** ~ **de garantías**, *form.*, situación extremadamente grave de un país, en la que quedan sin valor las garantías de los derechos de los ciudadanos, generalmente para mantener el orden público: *el presidente ha anunciado la ~ de garantías debido al ataque de la guerrilla;* ~ **de pagos**, situación grave de una empresa, en la que no puede pagar sus deudas ni los sueldos de sus trabajadores, por falta de dinero: *la fábrica de maquinaria se ha declarado en ~ de pagos.* **2** Conjunto de piezas y mecanismos destinados a hacer más suave y elástico el apoyo de la *carrocería del automóvil sobre los ejes de las ruedas: *la buena ~ se nota especialmente en los caminos llenos de piedras.* ⇒ **amortiguación.**

sus·pen·ˊso, ˊsa |suspénso, sa| **1 *adj.*** Que siente admiración o extrañeza: *con su noticia nos dejó a todos suspensos.* ⇒ **perplejo. - 2 *adj.-s.*** (persona) Que ha suspendido un *examen o prueba: *los alumnos suspensos deben presentarse en septiembre a otro examen.* **- 3 suspenso *m.*** Calificación o nota inferior a la de aprobado y que supone que no ha sido superada una prueba o *examen: *se disgustó mucho cuando vio que tenía un ~ en el examen final.* ⇔ **aprobado.**

sus·pi·ca·cia |suspikáθi̲a̲| ***f.*** Cualidad del que tiende a sospechar y a no tener confianza: *tu ~ me pone de mal humor porque nunca llegarás a confiar en nadie.*

sus·pi·caz |suspikáθ| **1 *adj.*** (persona) Que se molesta o se enfada frecuentemente y por cosas poco importantes: *no seas tan ~ porque perderás a todos tus amigos.* ⇒ **susceptible. 2** Que tiende a sospechar o a no tener confianza: *un policía debe ser muy ~.*

sus·pi·rar |suspirár| **1 *intr.*** Respirar profunda y ruidosamente, generalmente como expresión de cierto sentimiento: *se quedó suspirando de pena.* **2** [por algo/alguien] Querer o desear mucho: *suspira por esa mujer, pero ella no le hace caso.*

sus·pi·ro |suspíro| **1 *m.*** Respiración profunda y ruidosa que suele expresar un sentimiento: *sus lágrimas y sus suspiros eran muestras de dolor por el padre perdido.* **2** Periodo de tiempo muy corto; momento: *hizo los ejercicios en un ~; volveré en menos de un ~: no tendrás que esperar mucho.*

sus·tan·cia |sustánθi̲a̲| **1 *f.*** Materia de la que están formados los cuerpos: *la botella contenía una ~ oscura;* ~ **blanca**, la que tiene este color, de las dos de que se componen el *encéfalo y la *médula espinal: *la ~ blanca ocupa el centro del encéfalo;* ~ **gris**, la que con la blanca forma el *encéfalo y la *médula espinal: *la ~ gris ocupa el centro de la médula espinal.* ⇒ **substancia. 2** Parte más importante de una cosa: *la ~ del artículo se resume en pocas palabras.* ⇒ **esencia, substancia. 3** Parte *nutritiva de los alimentos: *la madre preparó un guiso con mucha ~.* ⇒ **substancia. 4** Valor que tiene una cosa: *acabo de leer un libro sin ~.* ⇒ **substancia. 5** *fam. fig.* Juicio o madurez: *es una muchacha guapa, pero alocada y sin ~.* ⇒ **substancia.**

sus·tan·cial |sustanθi̲á̲l̲| **1 *adj.*** De la sustancia o que tiene relación con ella: *los caracteres sustanciales de los vertebrados no cambian de una especie a otra.* ⇒ **substancial. 2** Que tiene sustancia: *lo ~ de este plato es el caldo.* ⇒ **substancial, sustancioso.** ⇔ **insustancial. 3** De lo más importante de una cosa o que tiene relación con ello: *no ha hecho ningún cambio ~ en su teoría.* ⇒ **substancial.**

sus·tan·cio·⌐so, ⌐sa |sustanθióso, sa| **1** ***adj.*** Que tiene sustancia: *los comentarios críticos que he oído por la radio han sido muy sustanciosos.* ⇒ **substancioso, sustancial. 2** Que alimenta mucho: *hace un caldo muy ~ con la carne del cocido.* ⇒ **substancioso.**

sus·tan·ti·⌐vo, ⌐va |sustantíβo, βa| **1** ***adj.*** Que tiene existencia real, independiente o individual: *el concepto que acabas de explicar no es ~.* ⇒ **substantivo. - 2 sustantivo** ***m.*** LING. Palabra que lleva *morfemas de género y número, que funciona como *núcleo de un *sintagma nominal y que puede realizar, entre otras, la función de sujeto: *las palabras* perro *y* cabeza *son sustantivos.* ⇒ **substantivo, nombre.**

sus·ten·tar |sustentár| **1** ***tr.*** [a alguien] Dar el alimento o el dinero necesarios para vivir: *con su pequeño sueldo sustenta a toda la familia.* ⇒ **mantener. 2** [algo] Conservar en un estado o una situación: *los campesinos sustentan tradiciones muy antiguas.* ⇒ **mantener. 3** Sostener o sujetar una cosa para que no se caiga o no se tuerza: *pusieron barras de hierro para ~ la pared.* **4** Defender o sostener una opinión: *el presidente sustenta la opinión de sus ministros.* **- 5 sustentarse** ***prnl.*** Proporcionar al organismo las sustancias que necesita para completar lo que pierde y para crecer: *pasó varios meses sustentándose de las hierbas que recogía en el bosque.* ⇒ **alimentar, nutrir. 6** Mantenerse un cuerpo en un medio sin caer o haciéndolo muy lentamente: *el globo se sustenta por el aire caliente que hay en su interior.* ⇒ **sostener.**

sus·ten·to |susténto| **1** ***m.*** Alimento que se necesita para vivir: *desde muy joven tuvo que ganarse el ~.* ⇒ **pan. 2** Cosa que sujeta o mantiene firme: *la lectura de la Biblia es el ~ de mi fe.*

sus·ti·tu·ción |sustituθión| ***f.*** Acción y resultado de sustituir: *se ha quedado sin vacaciones para hacer la ~ de un compañero enfermo.* ⇒ **substitución.**

sus·ti·tu·ir |sustituír| ***tr.*** [algo, a alguien] Poner a una persona o cosa en lugar de otra para que haga sus veces: *el vicepresidente sustituye al presidente cuando éste no está; habrá que ~ el aparato por uno nuevo porque ya está muy estropeado.* ⇒ **reemplazar, substituir, suplir.** ☖ Se conjuga como 62.

sus·ti·tu·⌐to, ta |sustitúto, ta| ***m. f.*** Persona que sustituye a otra en un empleo o servicio: *están buscando un ~ para el profesor de inglés, que ha tenido que salir urgentemente de viaje.* ⇒ **substituto.**

sus·to |sústo| **1** ***m.*** Sensación de miedo o preocupación producida por un hecho inesperado: *se escondió detrás de la puerta para darle un ~ a su madre; creyó ver un fantasma y se quedó mudo del ~.* ⇒ **sobresalto. 2** *fig.* Preocupación por un posible mal o daño: *tiene un ~ terrible porque su hijo ha salido con la moto.*

sus·trac·ción |sustrakθión| **1** ***f.*** Robo; acción de tomar una cosa que pertenece a otra persona: *la señora denunció la ~ de dos joyas.* ⇒ **substracción. 2** MAT. Operación de restar: *la ~ es complementaria de la adición.* ⇒ **resta, substracción.** ⇔ **adición.**

sus·tra·er |sustraér| **1** ***tr.*** *form.* [algo] Robar; tomar una cosa que pertenece a otra persona: *el contable sustrajo una cantidad de la cuenta de un cliente.* ⇒ **substraer. 2** Apartar, separar o sacar: *hay que ~ una parte de la comida para los que no han llegado todavía.* ⇒ **substraer. 3** MAT. Quitar una cantidad de otra, averiguando la diferencia entre las dos: *al dinero ganado le tengo que ~ lo que gasté en materiales.* ⇒ **restar, substraer. - 4 sustraerse** ***prnl.*** Faltar al cumplimiento de un deber, de una palabra; no hacer lo que se tiene pensado: *no debes sustraerte a la obediencia.* ⇒ **substraer.** ☖ Se conjuga como 88.

su·su·rrar |susuřár| **1** ***intr.-tr.*** [algo] Hablar bajo y produciendo un sonido continuado y suave: *los muchachos susurraban en el cine; le susurró al oído dulces palabras de amor.* ⇒ **cuchichear, murmurar. - 2** ***intr.*** *fig.* Hacer un ruido suave y tranquilo una corriente de agua, las hojas, el viento u otras cosas: *el viento susurra en el bosque.*

su·su·rro |susúřo| **1** ***m.*** Ruido continuado y suave que se produce al hablar bajo: *oyó un ~, pero no pudo entender lo que decían.* ⇒ **cuchicheo. 2** *fig.* Ruido suave y tranquilo: *es agradable dormirse oyendo el ~ de las olas.*

su·til |sutíl| **1** ***adj.*** Que es fino, delgado o poco grueso: *una tela muy ~ cubría su rostro.* ⇒ **tenue. 2** *fig.* (persona) Que tiene la mente despierta y rápida; que es capaz de comprender con claridad: *es muy ~, no hace falta que se lo expliques todo dos veces.* ⇒ **agudo, perspicaz.** ☖ No se debe decir *sútil.*

su·ti·le·za |sutiléθa| **1** ***f.*** Cualidad de *sutil: *me habían hablado mucho de la ~ de ese joven.* **2** *fig.* Dicho o idea aguda, que generalmente no es profunda o verdadera: *no me gustan las sutilezas en las discusiones: prefiero que seas sincero y claro.* ⇒ **argucia.**

su·tu·ra |sutúra| **1** ***f.*** MED. Hilo con el que se cierra una herida o se unen dos tejidos u órganos: *en la enfermería le dieron varios puntos de ~ para cerrar el corte de la ceja.* **2** Acción y resultado de coser con ese hilo: *aún no se han secado los puntos de la ~; durante la ~ el médico debe obrar con mucho cuidado.* **3** ANAT. Línea que forma la unión de distintos huesos del *cráneo: *le abrieron el cráneo por la ~.*

su·tu·rar |suturár| ***tr.*** [algo] Coser una herida: *el cirujano ha suturado el corte del brazo dando varios puntos.*

su·⌐yo, ⌐ya |súyo, ya| **1** ***pron. poses.*** Forma del pronombre de tercera persona, en género masculino o femenino y en número singular: *me ha pedido prestado el coche porque el ~ está averiado.* **2** ***adj. poses.*** Forma de tercera persona, en género masculino o femenino y en número singular: *el bolso suyo es más elegante que el de su madre.* ⇒ **su.** ☖ Se usa detrás de un sustantivo. El plural es *suyos, suyas.* ■ **ir a lo ~**, actuar pensando sólo en su propio interés: *Antonio va a lo ~ y no le importa a* *quién pueda herir con su actitud.* ■ **la suya**, ocasión favorable para él o ella: *ahora es la ~: si quiere conseguir el puesto debe presentarse ahora.* ■ **lo ~**, actividad que hace muy bien o que le gusta hacer: *lo ~ es la puericultura: le encantan los niños.* ■ **salirse con la suya**, conseguir lo que se propone o desea: *siempre quiere salirse con la suya y que todos hagamos lo que él quiere.*

T

T, t ***f.*** Letra que en el alfabeto español sigue a la *s*: *la palabra* tomate *empieza por* ~.

ta·ba |táβa| ***f.*** Hueso que, junto con otros, forma la parte posterior del pie de ciertos animales: *la ~ está articulada con la tibia y el peroné.* ⇒ **astrágalo.** ■ **la** ~, juego que consiste en tirar al aire uno de estos huesos, o un objeto de forma parecida: *los niños están en la calle jugando a la ~.*

ta·ba·ca·le·⌈ro, ⌈ra |taβakaléro, ra| **1** ***adj.*** Del cultivo, fabricación y comercio del tabaco o que tiene relación con ellos: *la producción tabacalera ha crecido en los últimos años.* **- 2** ***adj.-s.*** (persona) Que cultiva tabaco: *en esa región hay muchos tabacaleros.*

ta·ba·co |taβáko| **1** ***m.*** Planta procedente de América, de tallo grueso, con muchas ramas, de las que salen unas hojas grandes y con nervios marcados: *el ~ se cultiva en climas cálidos; hay plantaciones de ~ en el norte de Cáceres, en Granada y en Canarias.* **2** Producto de olor fuerte, elaborado con hojas secas y picadas de esa planta y que se fuma de varias formas: *muchas empresas españolas fabrican ~;* ~ **de pipa**, el que está cortado en hilos para poder fumarlo en *pipa: *el ~ de pipa tiene un olor dulce y penetrante;* ~ **de picadura**, el que está picado, casi en polvo, y hay que liarlo en papel para fumarlo: *el abuelo todavía fumaba ~ de picadura;* ~ **negro**, el de color más oscuro, que tiene un sabor fuerte y áspero: *el ~ negro le dejó la garganta irritada;* ~ **rubio**, el que mezcla distintas clases de color y es más claro: *sólo fumaba ~ rubio americano.* **3** Hoja preparada y curada para ser fumada, masticada o aspirada en polvo: *el ~ estaba colgado en los secaderos.* **4** Enfermedad de algunos árboles que ataca el interior del tronco y lo convierte en polvo: *el ~ afectó a muchos árboles y tuvieron que cortarlos.* **- 5** ***adj.*** Que tiene un color parecido al de las hojas secas de esa planta: *se presentó con un traje ~ precioso; un chal en tonos ~ iría muy bien con esa blusa.* ⌂ No varía de número.

tá·ba·no |táβano| ***m.*** Insecto de cuerpo grueso, dos alas transparentes y boca chupadora: *las hembras de los tábanos se alimentan de la sangre que chupan del ganado.*

ta·ba·que·⌈ro, ⌈ra |taβakéro, ra| **1** ***adj.-s.*** (persona) Que fabrica el tabaco, lo vende o comercia con él: *su abuelo era un ~ importante: tenía una gran plantación de tabaco.* **- 2** ***adj.*** Del tabaco o que tiene relación con él: *Cuba es un importante país ~.*

ta·ba·quis·mo |taβakísmo| ***m.*** Consumo o dependencia del tabaco: *su aparato respiratorio está muy afectado por el ~; el ~ puede provocar la muerte.*

ta·ba·rra |taβára| ***f.*** Cosa que molesta o que resulta pesada; fastidio o *pesadez: *estudiar en verano es una ~.* ■ **dar la** ~, *fam.*, molestar o fastidiar: *ese niño lleva toda la tarde dándome la ~.*

ta·bas·co |taβásko| ***m.*** Salsa roja y picante hecha con *guindillas: *el ~ se usa para condimentar las comidas; le gusta mucho la comida fuerte, por eso en su cocina siempre tiene ~.*

ta·ber·na |taβérna| ***f.*** Establecimiento de carácter popular en el que se venden y consumen bebidas alcohólicas: *todas las noches, el marido volvía borracho de la ~.* ⇒ **tasca.**

ta·ber·ne·⌈ro, ⌈ra |taβernéro, ra| ***m. f.*** Persona que se dedica a vender bebidas en una *taberna: *llamó a la tabernera y le pidió dos vasos de vino.*

ta·bi·car |taβikár| **1** ***tr.*** [algo] Cerrar o tapar con una pared delgada: *han tabicado la puerta lateral del ayuntamiento.* **- 2** ***tr.-prnl.*** *fig.* Cerrar o tapar un conducto que debería estar abierto: *lo que más me molesta del catarro es que se me tabiquen las narices.* ⌂ Se conjuga como 1.

ta·bi·que |taβíke| **1** ***m.*** Pared delgada que separa las habitaciones de una casa: *han tirado el ~ que separaba el comedor de la habitación pequeña y ahora queda un salón enorme.* **2** Pared o separación plana y delgada que divide un hueco: *se dio un golpe y se le desvió el ~ nasal.*

ta·bla |táβla| **1** ***f.*** Pieza de madera plana, más larga que ancha, poco gruesa y cuyas caras son paralelas entre sí: *con una ~ y un tronco improvisó una mesa.* **2** Pieza de madera más larga que ancha, destinada generalmente a un uso doméstico: *cogió la ~ de planchar y planchó las camisas.* **3** Pintura hecha sobre una pieza plana de madera: *he comprado una ~ flamenca.* **4** Lista ordenada de materias o elementos: *consulta la ~ de contenidos y encontrarás el capítulo que te interesa.* **5** MAT. Cuadro de números colocados de forma adecuada para hacer más fáciles los cálculos: *los niños en la escuela aprenden la ~ de multiplicar.* **6** Doble pliegue ancho y plano que se hace en una tela: *la niña llevaba una falda de tablas.* **- 7 tablas** ***f. pl.*** Estado final de un juego en que ningún jugador puede ganar la partida: *siempre que jugamos al ajedrez quedamos en tablas.* **8** Estado en que queda un asunto cuando no se resuelve o no se decide a favor de una de las partes: *no pudimos ponernos de acuerdo y lo dejamos en tablas.* **9** *Escenario de un teatro: *Molière murió en las tablas.* **10** *Soltura y facilidad para actuar en público: *con la experiencia, los actores van cogiendo tablas.* **11** Valla que limita la arena de una plaza de toros: *el toro reculó hacia las tablas para morir.* ⇒ **barrera.** ■ ~ **de salvación**, último *recurso para salir de un peligro o problema: *la devaluación de la moneda se ha adoptado como ~ de salvación para la economía.* ■ **tablas de la ley**, piedras en las que, según la Biblia, están escritos los diez mandamientos que Dios dio a Moisés: *en el Monte Sinaí, Dios entregó a Moisés las tablas de la ley.* ■ **hacer ~ rasa**, olvidar o no tener en cuenta una cosa, generalmente sin una razón *objetiva: *hicieron ~ rasa de todas las discusiones y comenzaron de nuevo.*

ta·bla·do |taβláðo| **1** ***m.*** Suelo formado por pequeñas tablas de madera: *la criada enceró el ~ del piso.* ⇒ **entarimado, palco, tarima. 2** Suelo de tablas colocado en alto sobre un armazón, que se usa en espectáculos y actos públicos: *los concursantes fueron subiendo al ~ para cantar una canción.* ⇒ **cadalso, tarima.**

ta·bla·o |taβláo| **1** ***m.*** Suelo de tablas colocado en alto sobre un armazón, que se usa en los espectáculos *flamencos: *la bailaora taconeaba sobre el ~.* **2** *p. ext.* Local donde se desarrollan esos espectáculos: *llevamos a nuestros amigos americanos a un ~ flamenco.*

ta·ble·ro |taβléro| **1** ***m.*** Objeto de madera, plano, más largo que ancho, poco grueso y cuyas caras son paralelas entre sí: *ha colocado las piezas del coche sobre un ~; un ~ cubre el agujero de la pared.* ⇒ **tabla. 2** Superficie de madera con dibujos y colores que sirve para jugar a ciertos juegos: *el ~ del juego del ajedrez tiene cuadros blancos y negros; se enfadó al perder la partida de parchís y volcó el tablero.* **3** Superficie de madera que sirve para fijar sobre ella papeles o anuncios: *han puesto en el ~ un cartel que anuncia las fiestas del barrio.* **4** DEP. Cuadro en el que aparecen los puntos que consigue cada equipo: *el ~ indica que el equipo americano lleva una ventaja de diez puntos.* ⇒ **marcador. 5** DEP. Superficie de madera a la que está unida la *canasta de juego del *baloncesto: *la pelota dio en el ~.*

ta·ble·ta |taβléta| **1** ***f.*** Trozo de chocolate de forma plana y rectangular: *he comprado unas tabletas que estaban en oferta; en casa, una ~ de chocolate dura unas pocas horas.* **2** Medicina de pequeño tamaño y forma plana: *estas tabletas sirven para prevenir los infartos; debo tomar una ~ por la mañana y otra por la noche; ¡qué mal sabor tienen estas tabletas!* ⇒ **comprimido, gragea, pastilla, píldora.**

ta·blón |taβlón| ***m.*** Tabla grande: *improvisaron una mesa con dos troncos y un ~;* **~ de anuncios**, superficie en la que se fijan anuncios, avisos o noticias: *la lista de admitidos se pondrá en el ~ de anuncios.*

ta·bú |taβú| **1** ***adj.-m.*** LING. (palabra, expresión) Que no se puede decir por estar mal considerado socialmente: *la palabra* cagar *es un ~ y no conviene utilizarla en situaciones formales.* ⇔ **eufemismo. - 2** ***m.*** Cosa que no se puede tocar o decir: *en algunas culturas primitivas comer determinados alimentos era un ~.* ☐ El plural es *tabúes.*

ta·bu·la·dor |taβulaðór| ***m.*** Mecanismo que en las máquinas de escribir y en los ordenadores sirve para formar columnas o para disponer la escritura de una forma determinada: *después de un punto y aparte, pulsa una vez el ~.*

ta·bu·lar |taβulár| ***tr.*** [algo] Expresar u ordenar en forma de tablas: *después de ~ los datos, procederemos al análisis.*

ta·bu·re·te |taβuréte| ***m.*** Asiento individual, estrecho y duro, sin apoyos para la espalda ni los brazos: *hemos comprado unos taburetes para la cocina.*

ta·ca·ñe·rí·a |takaɲería| ***f.*** Cualidad de *tacaño: *los hijos reprendían al padre por su ~ y él los llamaba derrochadores.* ⇒ **cicatería.**

ta·ca·⌐ño, ⌐ña |takáɲo, ɲa| ***adj.-s.*** (persona) Que no gusta de gastar dinero; que intenta gastar lo menos posible: *el viejo ~ vivió siempre pobremente y murió con una fortuna debajo del colchón.* ⇒ **agarrado, avaro, miserable, roñoso, ruin, tiñoso.** ⇔ **rumboso.**

ta·ca·tá |takatá| ***m.*** Aparato que sirve para que un niño aprenda a andar sin caerse: *el ~ tiene cuatro patas con ruedas.* ⇒ **andaderas, andador.** ☐ El plural es *tacatás.*

ta·cha |tátʃa| ***f.*** Falta o defecto: *el vestido es más barato porque tiene una ~; mi expediente académico no tiene ~.* ⇒ **tara.**

ta·cha·du·ra |tatʃaðúra| ***f.*** Línea trazada encima de lo escrito para que no pueda leerse: *encima de la ~ escribió la palabra correcta.*

ta·char |tatʃár| **1** ***tr.*** [algo] Trazar líneas encima de lo escrito para que no pueda leerse: *tachó de su agenda el nombre de su antigua novia.* **2** [algo, a alguien] Culpar o desaprobar: *su jefe lo tachó de loco e irresponsable.*

ta·chue·la |tatʃuéla| **1** ***f.*** Clavo corto de cabeza grande y circular: *el mueble tiene los bordes adornados de tachuelas; llevaba una muñequera y una cazadora con tachuelas plateadas.* ⇒ **chincheta. 2** *fam. fig.* Persona con poca altura: *Carmen es una ~, no tiene un metro de estatura.*

tá·ci·⌐to, ⌐ta |táθito, ta| **1** ***adj.*** Que no se oye o se dice, pero que se supone: *llegaron a un acuerdo ~.* **2** (persona) Que es callado o silencioso: *es un hombre ~ y prudente.* ⇒ **taciturno.**

ta·ci·tur·⌐no, ⌐na |taθitúrno, na| **1** ***adj.*** (persona) Que es callado o silencioso: *era un adolescente ~ y tímido, que apenas tenía vida social; le preguntaron si sabía algo y se mostró ~.* ⇒ **tácito. 2** Que muestra tristeza: *daba pena ver su rostro ~.*

ta·co |táko| **1** ***m.*** Trozo, generalmente de madera, corto y grueso, que se mete y ajusta a un hueco: *puse un ~ debajo de la mesa para que no se moviera; el mecánico ha colocado unos tacos bajo la rueda del coche.* **2** Trozo pequeño y grueso que se corta de un alimento: *les pusieron de aperitivo unos tacos de jamón; he cortado unos tacos de queso para merendar.* **3** *fam. fig.* Palabra o expresión desagradable u *ofensiva: *no enseñes al niño a decir tacos; ¡qué mal hablado es Felipe, está todo el día soltando tacos!* ⇒ **palabrota. 4** *fam. fig.* Desorden o lío; mezcla de cosas distintas: *me hice un ~ y no supe qué responder al guardia; has armado un buen ~ en pocos minutos.* ⇒ **cacao, follón, jaleo. 5** Pieza de plástico o de madera pequeña y alargada, que se mete en una pared para introducir en ella un clavo o un tornillo: *José ha puesto dos tacos en la pared para colgar un cuadro.* **6** Conjunto de hojas de papel que forman un bloque: *he metido un ~ de folios en la impresora.* **7** Punta que llevan en la *suela ciertos zapatos de deporte: *las botas de alpinismo tienen tacos para agarrarse bien en el suelo.* **8** *fam.* Año de edad: *el mes próximo cumplirá 27 tacos.* **9** DEP. Palo con el que se golpea la bola en el juego del *billar: *¿cómo vas a darle bien a la bola si coges el ~ con una mano?*

ta·cón |takón| ***m.*** Parte exterior del zapato, que sale de la parte del talón y que puede ser más o menos alta: *llevaba unos zapatos de ~ alto; pareces más bajo porque tus zapatos apenas tienen ~.*

ta·co·na·zo |takonáθo| ***m.*** Golpe dado con el *tacón: *el soldado saludó poniéndose firme y dando un ~ en el suelo.*

ta·co·ne·ar |takoneár| ***intr.*** Pisar de forma ruidosa y repetida haciendo fuerza con los *tacones: *la secretaria llegó taconeando con sus zapatos de tacón alto; los bailaores flamencos suelen ~.*

ta·co·ne·o |takonéo| ***m.*** Serie de pisadas ruidosas que se consiguen haciendo fuerza con los *tacones: *cuando andaba, se escuchaba su ~ por toda la casa; lo que más me gusta del baile flamenco es el ~.*

tác·ti·ca |tá^{k}tika| **1** ***f.*** MIL. Conjunto de reglas a las que se sujetan las operaciones militares en la guerra: *un jefe debe conocer bien las tácticas de la guerra moderna.* ⇒ **estrategia. 2** *fig.* Sistema que se emplea para conseguir un fin determinado: *el equipo de fútbol empleó una ~ nueva que sorprendió a sus rivales.* ⇒ **estrategia.**

tác·ti·⌜co, ⌜ca |tá^{k}tiko, ka| ***adj.*** De la *táctica o que tiene relación con ella: *lanzaron un ataque de gran habilidad táctica.*

tác·til |tá^{k}til| ***adj.*** Del sentido del *tacto o que tiene relación con él: *se estudió cómo el bebé respondía a los impulsos visuales, auditivos y táctiles.*

tac·to |tá^{k}to| **1** ***m.*** Sentido del cuerpo que permite conocer la forma, el tamaño, la rugosidad o la temperatura de los objetos: *el ~ está localizado en la piel.* **2** Cualidad que se conoce a través de ese sentido: *la superficie de un coco es de un ~ muy áspero.* **3** Hecho de tocar: *el ciego adivinó de qué se trataba por el ~.* **4** *fig.* Habilidad para tratar un asunto determinado: *no ofendió a nadie porque supo tratar el asunto con mucho ~.* ⇒ **delicadeza, diplomacia, política, tino.**

ta·ho·na |taóna| ***f.*** Establecimiento donde se hace y se vende pan y otros productos hechos con *harina: *mi madre me mandó a la ~ a comprar bizcochos.* ⇒ **horno.**

ta·húr |taúr| **1** ***adj.-com.*** (persona) Que es muy *aficionado a los juegos de azar: *menudo ~ es: se pasa el día en los casinos.* **2** *desp.* (persona) Que engaña o hace *trampas en el juego: *nadie quiere jugar al póquer con ese ~.*

tai·ma·⌜do, ⌜da |taimáðo, ða| ***adj.-s.*** Que es hábil para engañar; que se comporta con disimulo para conseguir una cosa: *con su actitud taimada, consiguió todos sus objetivos.* ⇒ **astuto.**

ta·ja·da |taxáða| **1** ***f.*** Trozo que se corta de un alimento: *en el plato hay una ~ de pollo; cortó el melón y nos dio una ~ a cada uno.* **2** *fam.* Estado en el que se pierde el control a causa del consumo excesivo de alcohol: *tiene tal ~ que no puede caminar sin tambalearse.* ⇒ **borrachera, merluza.** ■ **sacar ~,** *fam.,* sacar provecho, conseguir una cosa buena de una situación: *no sé cómo lo hace, es capaz de sacar ~ de cualquier situación.*

ta·jan·te |taxánte| **1** ***adj.*** Que es claro y no admite un *término medio: *hay una diferencia ~ entre las dos ideas.* **2** Que no admite discusión: *el profesor fue ~ en sus respuestas.* ⇒ **taxativo, terminante.**

ta·jar |taxár| ***tr.*** [algo] Dividir o cortar en dos o más partes: *tajó el melón con el cuchillo.*

ta·jo |táxo| **1** ***m.*** Corte, generalmente profundo, hecho con un instrumento afilado: *se ha hecho un ~ en la mano con la navaja; si no tienes cuidado con la cuchilla de afeitar te vas a hacer un buen ~ en la cara.* **2** *fam.* Trabajo que debe hacerse: *aquí hay ~ suficiente para cinco personas.* **3** *fam.* Lugar en el que se está trabajando: *los mineros van al ~ cada mañana.* **4** Corte profundo y casi vertical del terreno: *en este paisaje se puede ver un ~ producido por la erosión del río.*

tal |tál| **1** ***adj.*** Que es igual o parecido: *nunca había visto ~ desvergüenza.* ⇒ **semejante. 2** Que es muy grande o intenso: *la máquina hacía ~ ruido que no pudimos entendernos.* **- 3** ***adj.-pron.*** Indica que se hace referencia a una persona o una cosa que no están determinados o no se quieren determinar: *un ~ Cárdenas me abrió la puerta; si te dice ~, tú le respondes cual.* **4** Indica que se hace referencia a una persona o una cosa determinadas: *~ práctica es tan eficaz como sencilla; ~ decisión corresponde enteramente a los padres; ~ fue lo que yo dije.* **- 5** ***adv. m.*** Así; de esta manera: *~ me encontraba yo, enfrascado en la lectura.* **- 6** ***conj.*** Expresa comparación: *así como te pregunten, ~ debes tú responder.* ☐ Se usa en correlación con *así como, como* y otras formas. ■ **con ~ de que/que,** con la condición de: *yo hablaré con el jefe, con ~ de que todos vengáis conmigo; es capaz de mentir a sus padres, con ~ de ir al concierto.* ■ **~ para cual,** expresa que dos personas o cosas son parecidas o iguales: *no me extraña que se lleven bien: son ~ para cual.* ■ **~ cual,** así; de una manera determinada; en el mismo estado o en su estado natural: *llevé el abrigo a una tintorería y me lo devolvieron ~ cual.* ■ **y ~,** y todo lo demás; y otras cosas; *etcétera: *llegó, comió y ~; en las fruterías venden naranjas, manzanas, peras, fresas y ~.*

ta·la |tála| ***f.*** Acción y resultado de cortar árboles por la base: *el Ayuntamiento prohibió la ~ de los pinos del monte.*

ta·la·dra·do·ra |talaðraðóra| ***f.*** Máquina que sirve para hacer agujeros: *las taladradoras ahora son eléctricas; me he comprado una ~.* ⇒ **taladro.**

ta·la·drar |talaðrár| **1** ***tr.*** [algo] Hacer un agujero con una herramienta: *Antonio ha taladrado la pared para colgar un cuadro.* **2** *fig.* Causar un dolor agudo o un gran sufrimiento: *esa horrible música me está taladrando los oídos.*

ta·la·dro |taláðro| **1** ***m.*** Instrumento agudo que sirve para hacer agujeros: *las barrenas y las brocas son taladros.* ⇒ **barrena, broca. 2** Máquina a la que se le pone ese instrumento y que sirve para hacer agujeros: *con el ~ hago un agujero en cinco segundos.* ⇒ **taladrador. 3** Agujero hecho con ese instrumento: *la pared estaba llena de taladros.*

tá·la·mo |tálamo| ***m.*** *form.* Cama de dos personas recién casadas: *el ~ nupcial estaba cubierto de rosas.* ⇒ **lecho.**

ta·lan·te |talánte| **1** ***m.*** Manera de ser o carácter de una persona: *era un hombre de ~ progresista.* ⇒ **genio. 2** Estado de ánimo: *se enfrenta a su enfermedad con un ~ optimista.*

ta·lar |talár| **1** ***tr.*** [algo] Cortar un árbol por la base: *los leñadores talaron una parte del bosque; me da pena ~ el roble, pero se ha hecho tan grande que ya no deja sitio para entrar en la casa.* **- 2** ***adj.*** *form.* (ropa) Que llega hasta los pies: *los frailes y monjas de clausura llevan vestiduras talares.*

tal·co |tálko| **1** ***m.*** Polvo blanco y suave que se *extrae de un mineral y que se usa para el cuidado de la piel: *bañaron al bebé y le echaron ~ en el culito.* **2** Mineral muy blando de color claro del que se *extrae ese polvo: *el ~ es silicato de magnesio.*

ta·le·go |taléɣo| **1** ***m.*** Saco de tela: *llevaba varios kilos de patatas en un ~.* **2** *vulg. fig.* Edificio o local en el que la autoridad encierra a los que han obrado contra la ley: *atracó un comercio y se pasó varios años en el ~.* ⇒ **cárcel, presidio, prisión. 3** *vulg. fig.* Billete de mil pesetas: *como no me pagues los quince talegos que me debes, vas a tener problemas.*

ta·len·to |talénto| **1** ***m.*** Capacidad mental o habilidad para hacer una cosa determinada: *es un hombre de gran ~ para las matemáticas; este joven pintor tiene mucho ~: llegará a ser muy famoso.* **2** Persona que posee una capacidad o habilidad en un grado extraordinario: *los psicólogos del instituto nos dijeron que nuestro hijo era un ~.*

ta·lis·mán |talismán| ***m.*** Objeto al que se le atribuye un poder mágico; objeto que da suerte: *la bruja convertía las piedras en oro con un ~; mi hermana me dejó un ~ para que me diera suerte en el examen de conducir, pero suspendí.* ⇒ **amuleto, mascota.**

ta·lla |táʎa| **1** ***f.*** Obra de escultura, especialmente la que está hecha de madera: *en el museo de arte se exponen importantes tallas del siglo* XIV. **2** Altura de una persona: *Gustavo no ha hecho la mili porque no tiene la ~ que se requiere; la ~ de Pilar es 1,70 m.* ⇒ **estatura. 3** Medida de una prenda de vestir: *mi talla de pantalón es la 40; necesito una ~ menor, esta falda me queda grande; no logro encontrar una chaqueta de mi ~.* ⇒ **número. 4** *fig.* Altura o capacidad de la inteligencia: *es un periodista de ~ mundialmente reconocida.* ■ **dar la ~**, tener las cualidades necesarias para hacer un trabajo o labor: *este trabajo se lo damos a tu secretaria porque es la única que da la ~.* ■ **dar la ~**, tener la altura *mínima necesaria: *no fue al servicio militar porque no daba la ~.*

ta·llar |taʎár| **1** ***tr.*** [algo] Dar forma a un cuerpo sólido cortando o separando parte de él; hacer obras de escultura: *talló una imagen en madera; en esa joyería tallan los diamantes.* ⇒ **esculpir. 2** [a alguien] Medir la altura: *cuando José fue a la oficina de reclutamiento lo tallaron y le hicieron un reconocimiento médico.*

ta·lle |táʎe| **1** ***m.*** Cintura del cuerpo humano: *los novios se cogen del ~ al pasear; ~* **de avispa**, *fam.*, cintura muy delgada: *las modelos tienen ~ de avispa.* **2** Parte de un vestido que corresponde aproximadamente a la cintura: *ajústate el ~ con este cinturón; los vestidos de niña llevan un lazo en el ~;* **~ alto**, el que queda por encima de la cintura: *los vestidos de embarazada son de ~ alto;* **~ bajo**, el que queda por debajo de la cintura: *las mujeres llevaban trajes de ~ bajo.* **3** Medida tomada para hacer una prenda de vestir, desde el cuello a la cintura, tanto por delante como por detrás: *la modista me midió el ~ antes de cortar la chaqueta.*

ta·ller |taʎér| **1** ***m.*** Lugar donde se hace un trabajo físico: *en el ~ te podrán arreglar la rueda del coche; el escultor tiene sus esculturas en el ~.* **2** Escuela en la que se hacen ejercicios o trabajos prácticos: *se apuntó a un ~ de corte y confección.*

ta·llo |táʎo| **1** ***m.*** Parte de la planta que suele crecer en sentido contrario a la raíz y que sirve de soporte a las hojas, las flores y los frutos: *el girasol tiene un ~ muy largo; el ~ del rosal está lleno de espinas.* **2** Brote nuevo de una planta: *están saliendo tallos a los geranios del jardín.* ⇒ **vástago.**

ta·lón |talón| **1** ***m.*** Parte posterior del pie humano: *iba descalzo y se clavó un cristal en el ~; el zapato me ha rozado en el ~.* ⇒ **calcañar; ~ de Aquiles**, punto débil; debilidad física o moral: *es un hombre serio y responsable, pero el juego es su ~ de Aquiles.* **2** Parte del calzado, del *calcetín o de la media que cubre esa parte del pie: *el ~ de este zapato es demasiado duro.* **3** Hoja cortada de un libro en el que queda una parte que se corresponde con ella; especialmente la que se firma por valor de una cantidad de dinero determinado: *pagué los muebles con un ~; al cotejarlo con la matriz, vio que el ~ era legítimo.* ⇒ **cheque.** ■ **pisar los talones**, seguir muy de cerca: *el jinete malagueño va en cabeza, pero el sevillano viene pisándole los talones.*

ta·lo·na·⌐rio |talonário| ***m.*** Libro pequeño formado por hojas que se cortan dejando una parte que se corresponde con ellas: *gasté todo el ~ de cheques y fui al banco a pedir otro nuevo.* ⇒ **chequera.**

ta·lud |talúᵈ| ***m.*** Inclinación de una superficie: *el niño se deslizó por el ~ de tierra;* **~ continental**, *descenso rápido del fondo del mar hasta una profundidad de más de 2000 metros: *el submarino investigaba el fondo del ~ continental.* ⇒ **terraplén.**

ta·ma·⌐ño, ⌐ña |tamáɲo, ɲa| **1** ***adj.*** Que es muy grande o intenso: *¡habráse visto tamaña desvergüenza!* **- 2 tamaño** ***m.*** Volumen, longitud, altura o anchura: *un árbol de gran ~ cayó sobre la casa y destrozó el tejado; necesitamos una mesa del ~ del televisor.*

tam·ba·le·ar·se |tambaleárse| **1** ***prnl.*** Moverse dando la impresión de estar a punto de caer: *había bebido tanto que volvió a casa tambaleándose.* **2** Perder seguridad y firmeza: *ante semejantes injusticias, mi fe en la humanidad se tambalea.*

tam·bién |también| **1** ***adv. m.*** De la misma manera, igualmente: *la puerta es blanca y la pared ~ es blanca; nosotros ~ trabajamos en agosto.* **2** Además; a la vez: *la oficina tiene una puerta principal y ~ una trasera.* ⇒ **tampoco.**

tam·bor |tambór| **1** ***m.*** Instrumento musical de percusión, formado por una caja cilíndrica cubierta por sus dos bases con piel estirada, que se toca con dos palos: *Agustín toca el ~ en una banda de música.* **2** *p. ext.* Objeto de forma cilíndrica que forma parte de distintos aparatos o que sirve como recipiente: *se ha estropeado la goma del ~ de la lavadora, así que tendrás que lavar la ropa a mano; he comprado un ~ de detergente.* **3** Pieza cilíndrica de un arma de fuego en la que se ponen las balas: *en el ~ del revólver quedaban tres balas; el pistolero puso las balas en el ~ y lo hizo girar.* **4** ANAT. Tejido delgado que recibe las vibraciones de los sonidos y las comunica al interior del oído: *las infecciones de oído pueden dañar seriamente el ~.* ⇒ **tímpano.** **5** Pieza redonda, normalmente de madera, sobre la que se coloca una tela para coserla: *puso la tela en el ~ para bordarla.*

tam·bo·ril |tamboríl| ***m.*** Tambor pequeño que se toca con un solo palo: *los bailes tradicionales de mi pueblo siempre se acompañan con un ~.*

tam·bo·ri·le·ar |tamborileár| ***intr.*** Dar golpes con los dedos haciendo un ruido parecido al del tambor: *no tamborilees, por favor, que me pones nervioso; Ernesto tamborileaba sobre la mesa con impaciencia.*

tam·bo·ri·le·⌐ro, ⌐ra |tamboriléro, ra| ***m. f.*** Persona que toca el tambor: *vino un ~ a la fiesta.*

ta·miz |tamíθ| ***m.*** Superficie con agujeros muy pequeños, sujeta a un *aro de madera o metal, que se usa para separar las partes finas y las gruesas de una materia: *el cocinero vertió la harina en el ~ para hacerla más fina; pasó por el ~ la tierra para quitar las piedras.* ⇒ **cedazo, criba.**

ta·mi·zar |tamiθár| **1** ***tr.*** [algo] Separar las partes finas y las gruesas de una materia: *el granjero tamizó el cereal que iba a dar de comer al ganado.* **2** Hacer más suave la luz o hacer que cambie de color: *las vidrieras de la catedral tamizan la luz del sol.* ◌ Se conjuga como 4.

tam·po·co |tampóko| ***adv. neg.*** De la misma manera; igualmente: *mi hermano no irá a la fiesta y yo ~; no tiene ganas de estudiar y ~ quiere ir al cine.* ⇒ **asimismo, también.** ◌ Se usa en frases negativas.

tam·pón |tampón| **1** ***m.*** Objeto alargado y cilíndrico hecho de algodón que se introduce en la *vagina para que absorba el líquido de la *menstruación: *los tampones son más higiénicos que las compresas.* **2** Caja pequeña y plana que contiene un trozo de tela u otro material empapado con tinta: *los tampones se utilizan para poner tinta a los sellos.*

tan |tán| **1** ***adv. c.*** Indica mayor intensidad: *no seas ~ malo; estaba ~ bueno, que me lo comí todo.* ◌ Se puede usar en correlación con *que.* **2** Indica igualdad de grado o equivalencia: *este metal es ~ duro como el hierro.* ◌ Se usa en correlación con *como.*

tan·da |tánda| **1** ***f.*** Conjunto de personas o cosas que realizan una actividad al mismo tiempo: *como sólo hay un vestuario, nos duchamos en dos tandas, primero las chicas y después los chicos.* **2** Turno o vez: *en una ~, entraron 25 personas en el museo.* **3** Número no determinado de cosas de la misma clase: *le dieron una ~ de azotes.*

tán·dem |tándem| **1** ***m.*** Bicicleta para dos personas: *hicieron una excursión en ~.* **2** *fig.* Unión de dos personas que realizan una misma actividad o que combinan sus esfuerzos: *los dos empleados forman un buen ~.* **3** *fig.* Conjunto de dos elementos que se complementan: *el ejercicio y la buena alimentación son el ~ perfecto para mantenerse en forma.* ◌ El plural es *tándemes.*

tan·ga |táŋga| **1** ***m.*** Traje de baño muy pequeño: *los tangas tienen muy poca tela.* **2** Prenda interior, masculina o femenina, de tamaño muy pequeño, que cubre desde la cintura hasta el nacimiento de las piernas: *los tangas no cubren las nalgas.* ⇒ **calzoncillos, bragas.**

tan·gen·te |taŋxénte| **1** ***adj.-f.*** GEOM. (línea o superficie) Que toca o tiene puntos comunes con otra cosa sin cortarse: *traza una recta ~ a esta circunferencia.* - **2** ***f.*** MAT. Resultado de dividir el *cateto opuesto a un ángulo de un triángulo rectángulo entre el que lo forma: *calcula la ~ de este ángulo.* ■ **salirse por la** ~, hacer o decir una cosa para escapar de una situación difícil: *cuando le echan en cara su pereza, siempre se sale por la ~.*

tan·gi·ble |taŋxíβle| **1** ***adj.*** Que se puede tocar: *la aspereza de la piel era ~.* ⇔ **intangible.** **2** *fig.* Que se puede *percibir de manera *precisa: *la tensión del ambiente era ~.* ⇔ **intangible.**

tan·go |táŋgo| **1** ***m.*** Baile de pareja de gran variedad de pasos, que procede de Argentina: *esa pareja baila muy bien el ~.* **2** Música y canto de ese baile: *las letras de los tangos son muy dramáticas; Carlos Gardel fue un famosísimo cantante de tangos.*

tan·que |táŋke| **1** ***m.*** Recipiente, generalmente de gran tamaño y cerrado, que sirve para contener líquidos o gases: *tienen varios tanques para almacenar combustible.* ⇒ **depósito.** **2** *Depósito de agua u otro líquido que se puede transportar en un vehículo: *disponen de un ~ para llevar el agua de un lugar a otro.* **3** Vehículo pesado de guerra con un gran *cañón y fuertemente protegido: *en el desfile, también salieron los tanques.* ⇒ **carro.**

tan·te·ar |tanteár| **1** ***tr.*** [algo] Calcular de manera aproximada el peso, el tamaño, la cantidad o el valor: *tanteó el peso de la caja para ver si podía llevarla con facilidad.* **2** [a alguien] Intentar descubrir las intenciones: *estoy tanteando al director para ver* *si puedo pedirle un aumento de sueldo.* **3** [algo] Pensar una cosa antes de realizarla: *es preciso ~ la situación antes de plantear el negocio.* **4** ***tr.-intr.*** Registrar o señalar los puntos de un juego: *los jueces de silla se encargan de ~ el resultado del partido.*

tan·te·o |tantéo| **1** ***m.*** Acción y resultado de *tantear: *con el ~ que hicimos conseguimos mejorar nuestra oferta.* **2** Número determinado de puntos que se ganan en un juego: *el equipo español ganó por un ~ de 3 a 0.*

tan·⌜to, ⌜ta |tánto, ta| **1** ***adj.-pron.*** Mucho o muy grande; en gran cantidad: *tenía ~ dinero que podía vivir de las rentas; nunca había hecho ~ frío en esta ciudad; tengo 50 años. — Pues no aparentas tantos.* ⌂ Se usa en correlación con *cuanto* y *que*; también en correlación con *como*, para indicar una comparación: *tengo tantos libros como tú.* **- 2 tanto** ***adv. m.*** De tal modo; en tal grado: *se enfadó ~ que se puso a gritar.* **- 3** ***adv. c.*** Hasta tal punto; en tal cantidad: *no creía que costase ~ un libro tan pequeño.* **4** Tal cantidad de tiempo: *no puedes haber tardado ~ en llegar.* **5** Indica idea de equivalencia o igualdad: *~ los novios como los padrinos se quedan de pie frente al altar.* ⌂ Se usa en correlación con *cuanto* y *como*. **- 6** ***m.*** Objeto con que se registran los puntos o unidades que se cuentan en ciertos juegos: *traje una baraja y unos tantos para jugar al mus.* **7** Punto que se consigue en un juego: *el equipo local ha ganado al visitante por dos tantos a cero; el base del equipo sólo consiguió marcar cuatro tantos.* ⇒ **canasta, gol. 8** Cantidad determinada: *le dije que me diera un ~ de sus beneficios;* ~ **por ciento**, cantidad que representa una parte de un total de cien: *dime cuáles son las cantidades en ~ por ciento.* ⇒ **porcentaje. - 9 tantos** ***adj. pl.*** Número que no se sabe o que no se quiere determinar: *el profesor tiene treinta y tantos años.* ■ **al** ~, al corriente; informado y enterado: *estoy al ~ de vuestros negocios; le puse al ~ de las novedades.* ■ **en/entre** ~, mientras; en el tiempo que hay en medio: *ve haciendo la comida y en ~ yo iré a buscar a los niños al colegio; entre ~, ha pasado el revisor y le he mostrado los billetes.* ■ **las tantas**, *fam.*, indica una hora muy avanzada de la noche: *nos fuimos a la discoteca y volvimos a las tantas.* ■ **ni ~ ni tan calvo/poco**, *fam.*, expresión usada para criticar las exageraciones: *discutían sobre la fama de trabajadora de María e intervine diciendo que ni ~ ni tan calvo.* ■ **por lo** ~, por lo que antes se ha dicho: *estoy muy cansado, por lo ~ me voy a la cama.* ■ **por** ~, por lo que; en atención a lo cual: *pensé que no te gustaría la película, por ~ no te invité.* ■ **un** ~, algo; un poco: *estos zapatos me están un ~ pequeños; sus costumbres resultan un ~ extrañas en esta tierra.* ■ **¡y ~!**, expresa fuerza o intensidad en una afirmación: *has estudiado mucho para este examen. —¡Y ~!*

ta·ñer |taɲér| ***tr.*** [algo] Tocar o hacer sonar un instrumento musical: *el sacristán tañía las campanas; aparecen dos pastores tañendo laúdes.* ⌂ Se conjuga como 38.

ta·pa |tápa| **1** ***f.*** Pieza que abre y cierra un objeto por su parte superior: *la ~ de la caja era muy pesada.* ⇒ **tapadera. 2** Alimento ligero que se sirve como acompañamiento de una bebida: *nos pusieron una ~ de queso con el vino; en ese bar dan de ~ alitas de pollo.* **3** Cubierta de un libro: *la ~ del cuento tenía una bonita ilustración.* **4** *Suela que se pone en el *tacón del zapato: *llevé los zapatos al zapatero para que les pusiera unas tapas nuevas.*

ta·pa·cu·bos |tapakúβos| ***m.*** Tapa que cubre la parte exterior y central de la rueda de un automóvil: *los ~ suelen ser de metal o de plástico.* ⌂ El plural es *tapacubos.*

ta·pa·de·ra |tapaðéra| **1** ***f.*** Pieza que abre y cierra un recipiente por su parte superior: *levantó la ~ de la olla para ver cómo iba el guiso.* ⇒ **tapa. 2** *fig.* Persona o cosa que oculta a otra: *ese comercio es una ~ de un negocio de contrabando.*

ta·pa·di·llo |tapaðíʎo| ***m.*** ■ **de** ~, *fam.*, con disimulo para ocultar la verdad: *salía siempre de ~, sin que lo supieran sus padres.*

ta·par |tapár| **1** ***tr.*** [algo] Cubrir o cerrar lo que está descubierto o abierto; impedir la comunicación o la salida: *tapó el tarro con su tapa; ¿puedes ~ la caja de galletas cuando termines de comer?* ⇔ **destapar. 2** Cubrir o llenar un agujero: *tapó las grietas de la pared con un poco de yeso.* **3** [algo, a alguien] Cubrir para abrigar o proteger: *tapó los muebles con sábanas viejas; la madre se levanta a medianoche y tapa a sus hijos si se han destapado.* **4** *fig.* Ocultar o disimular: *su hermano siempre tapa sus fechorías.*

ta·pa·rra·bo |tapar̄áβo| ***m.*** Pieza de tela o cuero que cubre el órgano sexual: *los miembros de algunas tribus de América llevan taparrabos.* ⌂ El plural es *taparrabos*, que también se usa para hacer referencia a una sola de estas piezas.

ta·pe·te |tapéte| **1** ***m.*** Paño que se pone como adorno encima de un mueble: *ha puesto en la mesa un ~ de ganchillo que hizo su abuela.* **2** Paño grueso que se pone encima de las mesas de juego: *las cartas están sobre el ~.*

ta·pia |tápia| ***f.*** Muro que rodea un terreno al aire libre y que sirve de valla: *el balón pasó por encima de la ~ del colegio.* ■ **estar como una ~/estar sordo como una** ~, no oír nada; estar muy *sordo: *tendrás que gritar porque la abuela está sorda como una ~.*

ta·pial |tapiál| ***m.*** Pared hecha con tierra: *trabajó toda la jornada reparando el ~ del cementerio.*

ta·piar |tapiár| ***tr.*** [algo] Cerrar con una pared: *tapiaron la puerta lateral; han tapiado la finca para que no entre nadie.* ⇒ **cercar, condenar.** ⌂ Se conjuga como 12.

ta·pi·ce·rí·a |tapiθería| **1** ***f.*** Tela con la que se cubre un mueble o parte de él: *la ~ del sofá está ya muy gastada.* **2** Establecimiento donde se *tapizan muebles: *voy a llevar las sillas a la ~ porque necesitan un arreglo.*

ta·pio·ca |tapióka| **1** ***f.*** Harina blanca que se saca de la raíz de una planta tropical y que se usa como alimento: *la ~ se extrae de la raíz de la mandioca.* **2** Sopa que se hace con esa harina: *el niño cenará hoy ~.*

ta·pir |tapír| ***m.*** Animal mamífero con cuatro dedos en las patas anteriores, tres en las traseras, cola muy pequeña y cara alargada, que se alimenta de vegetales: *el ~ vive en Asia y América del Sur.* □ Para indicar el sexo se usa el ~ macho y el ~ hembra.

ta·piz |tapíθ| ***m.*** Paño decorado con el que se adornan las paredes de las habitaciones: *adornaron el salón con un ~ que representaba un paisaje.*

ta·pi·zar |tapiθár| ***tr.*** [algo] Cubrir con tela un mueble o parte de él: *han tapizado las sillas a juego con el sofá.* □ Se conjuga como 4.

ta·pón |tapón| **1** ***m.*** Pieza que se introduce en un conducto o abertura, impidiendo la comunicación con el exterior: *las botellas de vino llevan un ~ de corcho.* **2** Cosa que impide el paso o una comunicación: *se le ha formado un ~ de cera en el oído y ha tenido que ir al médico para que se lo quite.* ⇒ **obstrucción. 3** Acumulación excesiva de vehículos en un lugar determinado: *he llegado tarde porque había un tremendo ~ para entrar en la ciudad.* ⇒ **atasco, congestión, embotellamiento. 4** *fam. fig.* Persona baja y muy gruesa: *Luis es un ~.* **5** DEP. Acción que impide que la pelota lanzada llegue a la *canasta, en el juego del *baloncesto: *el ~ es una jugada espectacular del baloncesto; el ~ del defensa malogró la canasta del contrario.* **6** Persona o cosa que impide o retrasa un proyecto o trabajo: *la acción guerrillera fue un ~ para el reparto de los víveres.*

ta·po·nar |taponár| **1** ***tr.*** [algo] Cerrar con un *tapón: *la enfermera taponó la herida con un trozo de algodón; han taponado la salida de humos con ladrillos.* **2** Cerrar, estrechar o impedir el paso: *la gente taponó la puerta y no se podía salir.* ⇒ **atascar, atorar, atrancar, obstruir.**

ta·pu·jo |tapúxo| **1** ***m.*** Manera de hablar, ocultando o disimulando la verdad: *su conversación era un continuo ~.* **2** Pieza de tela con la que se tapa una persona para ocultarse: *el atracador se puso un pañuelo de ~ y entró en el banco.* ⇒ **rebozo.** ■ **sin tapujos**, claramente, abiertamente; diciendo la verdad: *le dijo sin tapujos que su comportamiento la había decepcionado.* ⇒ **rebozo.**

ta·qui·car·dia |takikárðia| ***f.*** MED. Aumento del ritmo de los latidos del corazón: *la mala noticia le produjo ~.*

ta·quí·gra·fí·a |takiɣrafía| ***f.*** Técnica de escribir tan rápido como se habla, usando signos especiales: *las secretarias deben saber ~ para copiar cartas al dictado.*

TAPIR

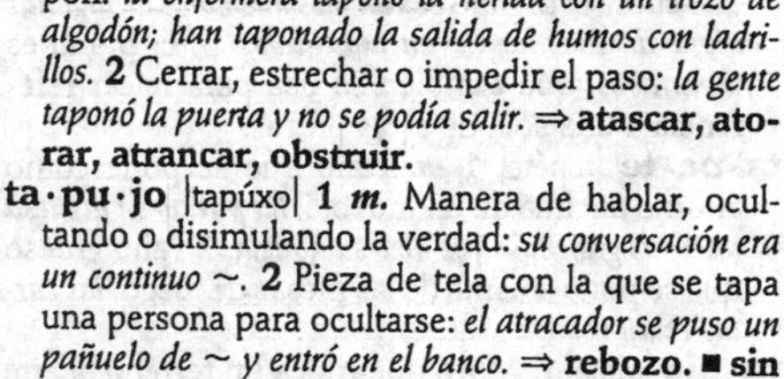

ta·quí·gra·⌜fo, ⌜fa |takíɣrafo, fa| ***m. f.*** Persona que domina la *taquigrafía: *dos taquígrafos anotan todo lo que se dice en los juicios.*

ta·qui·lla |takíʎa| **1** ***f.*** Lugar donde se venden billetes para un espectáculo, para un medio de transporte o para otra cosa: *han puesto el cartel de no hay billetes en la ~ del teatro; nos encontraremos en la estación, frente a la ~.* **2** *p. ext.* Armario alto y estrecho que se usa para guardar objetos personales en un lugar público: *dejé las zapatillas en la ~ del gimnasio.*

ta·qui·lle·⌜ro, ⌜ra |takiʎéro, ra| **1** ***m. f.*** Persona que se dedica a la *venta de billetes: *al comprar las entradas, el ~ me dijo que la película estaba a punto de comenzar.* - **2** ***adj.*** *fig.* (espectáculo, persona) Que consigue atraer gran cantidad de público: *vamos a ver esa obra de teatro tan taquillera.*

ta·qui·me·ca·no·gra·fí·a |takimekanoɣrafía| ***f.*** Técnica que incluye la *taquigrafía y la *mecanografía: *buscan una secretaria que domine la ~.*

ta·qui·me·ca·nó·gra·⌜fo, ⌜fa |takimekanóɣrafo, fa| ***m. f.*** Persona que domina la *taquigrafía y la *mecanografía: *la empresa necesita urgentemente un ~ con experiencia.*

ta·ra |tára| **1** ***f.*** Falta o defecto físico o moral: *ese animal tiene una ~ fisiológica.* **2** Defecto o mancha que disminuye el valor de una cosa: *pagué menos por el vestido porque tenía una ~.* ⇒ **tacha. 3** Peso que corresponde a un recipiente o a un vehículo que contiene una mercancía: *la ~ del camión era de tres toneladas.*

ta·rán·tu·la |tarántula| ***f.*** *Araña de color negro por encima y rojo por debajo, que produce veneno: *las tarántulas son arañas que excavan agujeros en el suelo; le ha picado una ~ y tiene el brazo hinchado.*

ta·ra·re·ar |tarareár| ***tr.*** [algo] Cantar en voz baja y sin articular bien las palabras: *tarareaba una conocida canción popular.* ⇒ **canturrear.**

ta·ras·ca·da |taraskáða| ***f.*** *fam.* Golpe dado con violencia: *los jugadores de este equipo dan muchas tarascadas.*

tar·dan·za |tarðánθa| ***f.*** Retraso o detención en un proceso o una actividad: *nos extrañó su ~ y por eso llamamos a su casa.* ⇒ **demora, dilación.**

tar·dar |tarðár| **1** ***intr.*** Emplear más tiempo del necesario o del normal: *el tren tarda en llegar; tarda en contestar, a lo mejor no está en casa.* - **2** ***tr.*** [algo] Emplear un tiempo determinado: *tardaré dos días en arreglar la casa después del desorden de las vacaciones.*

tar·de |tárðe| **1** ***f.*** Parte del día que empieza al *mediodía y termina cuando se pone el sol: *dediqué toda la ~ a cuidar el jardín.* **2** Conjunto de las últimas horas del día: *esta ~ iremos al cine y a cenar.* - **3** ***adv. t.*** A una hora avanzada del día o de la noche: *ayer se acostó a las cuatro y hoy se ha levantado muy ~; salimos a bailar y llegamos a casa ~.* **4** En un tiempo posterior al señalado: *si no te das* *prisa vamos a llegar ~ y perderemos el tren.* ⇔ **pronto, temprano.**

tar·dí·⌜o, ⌜a |tarðío, a| **1** ***adj.*** Que tarda en llegar a la madurez: *la cosecha fue tardía a causa de la lluvia; los árboles silvestres dan frutos tardíos.* **2** Que ocurre después del tiempo adecuado; que ocurre fuera de tiempo: *es un escritor de vocación tardía: empezó a escribir después de jubilarse; fue un matrimonio muy ~: los novios se conocieron en el asilo de ancianos.* **3** Que se encuentra en el último periodo: *es un especialista en latín ~; visitamos una iglesia del Románico ~.*

tar·⌜do, ⌜da |tárðo, ða| **1** ***adj.*** Que es lento; que emplea mucho tiempo; que hace las cosas *despacio: *es muy ~ de reflejos.* **2** Que no comprende las cosas rápida y fácilmente: *el chico pone mucha voluntad, pero es un poco ~.*

tar·⌜dón, ⌜do·na |tarðón, ðóna| ***adj.-s. fam.*** Que tarda mucho y hace las cosas *despacio: *es mejor que la esperes sentado porque es una tardona.*

ta·re·a |taréa| **1** ***f.*** Obra o trabajo: *no puedo salir porque tengo mucha ~ atrasada.* **2** Trabajo que debe hacerse en un tiempo determinado: *el profesor escribe en la pizarra las tareas para el día siguiente.*

ta·ri·fa |tarífa| **1** ***f.*** Precio fijado por el Estado, una compañía o una *entidad por los servicios que ofrece: *las tarifas del teléfono han subido.* **2** Tabla de precios, derechos o tasas: *en la ventanilla tenían la ~ de precios.*

ta·ri·ma |taríma| **1** ***m.*** Suelo formado por tablas de madera: *la ~ se deterioró con la humedad.* ⇒ **entarimado, tablado.** **2** Suelo de tablas colocado sobre un armazón de poca altura: *el profesor da la clase hablando desde la ~.* ⇒ **cadalso, tablado.**

tar·je·ta |tarxéta| ***f.*** Papel, cartón o plástico de forma rectangular y tamaño pequeño, que contiene una información: *dejó su ~ de visita al recepcionista; apunté el teléfono en una ~ y la dejé sobre la mesa;* **~ postal**, la de cartón que se envía por correo sin sobre y con el texto al descubierto: *me voy de vacaciones, pero os mandaré una ~ postal.* ⇒ **postal;** **~ de crédito**, la de plástico, que sirve para comprar y pagar bienes y servicios sin necesidad de llevar dinero: *pagué el viaje con la ~ de crédito;* **~ de embarque**, la que lleva el número de asiento de un pasajero de un avión o un barco: *facture las maletas en ese mostrador y le darán la ~ de embarque;* **~ de identidad**, la que lleva la fotografía y la firma de la persona que la posee y sirve para *identificarla: *el guarda del edificio me pidió que le enseñara la ~ de identidad.*

ta·rra·co·nen·se |tarakonénse| **1** ***adj.*** De Tarragona o que tiene relación con Tarragona: *el Ebro desemboca en la costa ~.* **- 2** ***m. f.*** Persona nacida en Tarragona o que vive habitualmente en Tarragona: *los tarraconenses son vecinos de los castellonenses.*

ta·rro |táro| **1** ***m.*** Recipiente con forma de cilindro, generalmente más alto que ancho y de cristal: *Caperucita llevaba un ~ de miel a su abuelita.* **2** *fam.* Cabeza de una persona: *es muy inteligente: tiene un buen ~.* ⇒ **coco.** ■ **comer el ~**, *fam.*, convencer, hacer obrar o pensar de una manera determinada: *¡hay que ver cómo te ha comido el ~ esa chica!* ■ **comerse el ~**, *fam.*, preocuparse en exceso; pensar mucho: *no te comas el ~, que no vas a adelantar nada poniéndote nervioso.*

tar·so |társo| **1** ***m.*** ANAT. Conjunto de huesos cortos que forman parte del esqueleto de las extremidades inferiores: *el ~ está situado en la parte posterior del pie; el astrágalo es uno de los huesos que forman el ~ del cuerpo humano.* **2** ZOOL. Parte más delgada de las patas de las aves, que normalmente no tiene plumas: *el ~ une los dedos con la tibia.* **3** ZOOL. Articulación de las extremidades posteriores de los animales de cuatro patas: *el ~ de los cuadrúpedos se encuentra en la parte inferior de la pata.* **4** ZOOL. Última pieza que forma las patas de los insectos: *cogía los saltamontes por el ~.*

tar·ta |tárta| ***f.*** Pastel muy grande generalmente con forma redonda y muy adornado: *¡qué buena está la ~ de chocolate!; compró una ~ de nata y almendras para celebrar su cumpleaños; esta ~ va adornada con piñones y guindas.*

tar·ta·je·ar |tartaxeár| ***intr.*** Hablar repitiendo sílabas y sonidos: *cuando la ve, tartajea y no acierta a decir nada coherente.* ⇒ **tartamudear.**

tar·ta·mu·de·ar |tartamuðeár| ***intr.*** Hablar repitiendo sílabas y sonidos: *el niño tartamudeaba porque tenía problemas de timidez.* ⇒ **tartajear.**

tar·ta·mu·⌜do, ⌜da |tartamúðo, ða| ***adj.-s.*** (persona) Que *tartamudea: *siempre está contanto chistes sobre tartamudos que no tienen ninguna gracia.*

tar·ta·na |tartána| **1** ***f.*** Vehículo de dos ruedas, tirado por un caballo: *llegó en una ~ con su traje nuevo y un baúl.* **2** Embarcación ligera, de vela triangular y con un solo palo: *los piratas capturaron la ~ con facilidad.* **3** *fig.* Cosa vieja que funciona mal, especialmente un automóvil: *le he dicho que cambie esa ~ porque no tiene más que averías.* **4** MAR. Red de pesca que es arrastrada por una embarcación de vela: *los pescadores ataron la ~ a la barca para pescar.*

tar·te·ra |tartéra| ***f.*** Recipiente con una tapa ajustada, que sirve para llevar o conservar la comida: *Antonio se lleva la comida al trabajo en una ~; en la ~ hay pollo frito.* ⇒ **fiambrera.**

TARTANA

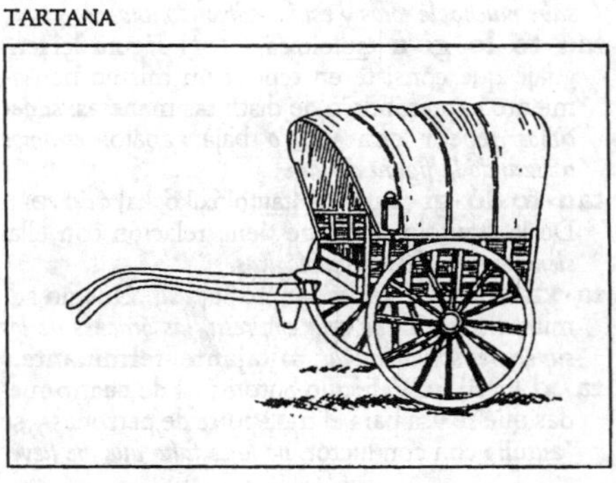

ta·ru·go |tarúɣo| **1** ***m.*** Trozo de madera corto y grueso: *aprovechamos los tarugos más grandes para encender la chimenea.* **2** *fam.* Que es torpe o poco inteligente; que no sabe lo que debe saber: *Luis es un ~.* ⇒ **tonto.** ☐ Se usa como apelativo despectivo.

ta·sa |tása| **1** ***f.*** Pago que se exige por el uso de un servicio: *los alumnos tienen que pagar las tasas en secretaría al formalizar su matrícula.* **2** Relación entre dos cantidades o números: *la ~ de desempleo ha alcanzado el 20%.* **3** Límite o medida: *come y bebe sin ~.* **4** Precio o límite que pone la autoridad: *en ese establecimiento no respetan las tasas.* **5** Cantidad de dinero que el Estado toma de los bienes de una persona a cambio de unos servicios: *el Gobierno está estudiando la subida de las tasas.* ⇒ **impuesto.**

ta·sar |tasár| **1** ***tr.*** [algo] Poner tasa o precio; medir el valor: *el banco tiene que ~ el piso antes de conceder el crédito.* **2** Establecer o poner un precio o un límite: *el gobierno ha tasado el precio de esas viviendas; en la residencia eran tan tacaños que nos tasaban hasta la comida.*

tas·ca |táska| ***f.*** *desp.* Establecimiento de carácter popular en el que se venden y consumen bebidas alcohólicas: *en esa ~ casi todas las noches se monta alguna bronca.* ⇒ **taberna.**

ta·ta·ra·bue·⌐lo, ⌐la |tataraβuélo, la| ***m. f.*** Persona en cuanto a los nietos de sus nietos: *en el salón hay un retrato de mi ~, que fue militar.*

ta·ta·ra·nie·⌐to, ⌐ta |tataraniéto, ta| ***m. f.*** Persona en cuanto a los abuelos de sus abuelos: *Felipe es el ~ de Alfonso XII.*

ta·tua·je |tatuáxe| ***m.*** Dibujo hecho en la piel con una técnica especial para que no se borre: *Popeye lleva un ~ con un ancla.*

ta·tuar |tatuár| ***tr.-prnl.*** Grabar dibujos en la piel, introduciendo sustancias *colorantes bajo la *epidermis, para que no se borren: *se tatuó en el brazo un corazón con el nombre de su novia.* ☐ Se conjuga como 11.

tau·ri·⌐no, ⌐na |tauríno, na| ***adj.*** Del toro o del *toreo, o que tiene relación con él: *cuando se retiró del toreo se hizo empresario ~.*

tau·ro·ma·quia |tauromákia| **1** ***f.*** Arte de *lidiar toros: *el muchacho quería ser torero y se apuntó a una escuela de ~.* **2** Obra o libro que trata de ese arte: *sabe mucho de toros y está escribiendo una ~.*

tau·to·lo·gí·a |tautoloxía| ***f.*** POÉT. Figura del lenguaje que consiste en repetir un mismo pensamiento expresándolo de distintas maneras: *si decimos* repetir otra vez *o* bajar abajo, *estamos utilizando la figura de la ~.*

tau·to·ló·gi·⌐co, ⌐ca |tautolóxiko, ka| ***adj.*** POÉT. De la *tautología o que tiene relación con ella: *siempre hace frases tautológicas.*

ta·xa·ti·⌐vo, ⌐va |taᵏsatíβo, βa| ***adj.*** Que no admite discusión: *en esta empresa, las órdenes de los superiores son taxativas.* ⇒ **tajante, terminante.**

ta·xi |táᵏsi| ***m.*** Vehículo automóvil de cuatro ruedas que se usa para el transporte de personas y se *alquila con conductor: *no hace falta que me lleves a casa, cogeré un ~; ¿cuánto me puede costar un ~ para ir de mi casa al aeropuerto?*

ta·xi·der·mia |taᵏsiðérmia| ***f.*** Arte de *disecar animales: *tiene un taller de ~ en las afueras de la ciudad.*

ta·xi·der·mis·ta |taᵏsiðermísta| ***com.*** Persona que se dedica a *disecar animales: *quería tanto a su loro que cuando murió lo llevó a un ~ para que lo disecara.*

ta·xí·me·tro |taᵏsímetro| ***m.*** Aparato que llevan los *taxis y que marca la cantidad de dinero que se debe pagar por el transporte: *el ~ debe estar en un lugar visible para el cliente.*

ta·xis·ta |taᵏsísta| ***com.*** Persona que se dedica a conducir un *taxi: *el ~ que me recogió en la estación me recomendó este restaurante.*

ta·xo·no·mí·a |taᵏsonomía| **1** ***f.*** Disciplina que trata de los principios, métodos y fines de la clasificación: *es un experto en la ~ de las especies marinas.* **2** *form. p. ext.* Clasificación u ordenación en grupos de cosas que tienen unas características comunes: *en esta enciclopedia encontrarás una ~ de las especies vegetales.* ⇒ **tipología.**

ta·za |táθa| **1** ***f.*** Vaso con asa más ancho que alto y que sirve para tomar líquidos: *las tazas de este juego de café son de porcelana; sirvió el caldo en las tazas.* **2** Recipiente del váter en el que se orina y se hace de vientre: *están acostumbrando al niño a sentarse en la ~ y dejar ya su orinal.*

ta·zón |taθón| ***m.*** Vaso ancho, generalmente con forma de media esfera, más grande que la taza y que sirve para tomar líquidos: *echó en el ~ la leche y los cereales.*

te |té| **1** ***f.*** Nombre de la letra *t*: *la palabra* tomate *tiene dos tes.* ☐ El plural es *tes.* **- 2** |te| ***pron. pers.*** Forma del pronombre de segunda persona para el objeto directo e indirecto, en género masculino y femenino y en número singular: *~ mandó la carta; ya ~ he oído; ¿~ acuerdas de cuando ~ hicieron esta fotografía?* ☐ Se escribe unida al verbo cuando va detrás: *ponte el abrigo; búscate un libro para instruirte.*

té |té| **1** ***m.*** Bebida caliente que se hace hirviendo hojas secas y ligeramente tostadas de cierta planta: *María se sentó a tomar un ~ y a descansar; un ~ bien caliente te reanimará.* **2** Arbusto natural de Asia y de flores blancas, con cuyas hojas se hace esa bebida: *el ~ puede medir hasta cuatro metros.* **3** Conjunto de hojas de esa planta, convenientemente secadas y ligeramente tostadas: *este ~ es importado de la India.* ☐ El plural es *tés.*

te·a |téa| **1** ***f.*** Palo de madera empapado en resina que sirve para dar luz o encender fuego: *coge unas teas y vamos a encender una hoguera; entraron en la cueva alumbrándose con una ~.* ⇒ **antorcha. 2** *fam.* Estado en el que se pierde el control a causa del consumo excesivo de alcohol: *deja ya de beber, que vas a coger una buena ~.* ⇒ **borrachera.**

te·a·tral |teatrál| **1** ***adj.*** Del teatro o que tiene relación con él: *la crítica ~ ha sido durísima con la actriz.* **2** Que es exagerado y busca llamar la atención: *Manuel siempre hace gestos teatrales.* ⇒ **dramático.**

te·a·tro |teátro| **1** ***m.*** Edificio destinado a la representación de obras en un *escenario: *fueron al ~ a ver* Las Nubes *de Aristófanes.* **2** Género literario de los *dramas u obras compuestas para ser representadas en un *escenario: *el ~ griego sirvió como modelo al romano.* **3** Representación o composición de obras de ese género: *se dedica al ~ desde su juventud.* **4** *fig.* Lugar o situación en la que ocurren acontecimientos importantes: *después de las últimas ofensivas ha cambiado el ~ de la guerra.*

te·be·o |teβéo| **1** ***m.*** Serie de rectángulos pequeños que contienen dibujos y textos con los que se cuenta una historia: *el maestro les pidió a los niños que hicieran un ~.* ⇒ **cómic. 2** Libro o revista que contiene esos dibujos: *me he comprado un ~ de Zipi y Zape.* ⇒ **cómic.**

te·cha·do |tetʃáðo| ***m.*** Cubierta superior de un edificio: *se conserva el antiguo ~ de madera del edificio.* ⇒ **techo.**

te·char |tetʃár| ***tr.*** [algo] Cubrir un edificio construyendo el techo: *ya están techando la casa, así que pronto la podremos habitar.*

te·cho |tétʃo| **1** ***m.*** Cubierta superior de un espacio: *se ha hundido el ~ de la cabaña; la maceta cayó en el ~ de un coche aparcado.* ⇒ **techado, techumbre. 2** Cara interior e inferior de esa cubierta, especialmente cuando es plana: *se subió a una escalera para pintar el ~ de la cocina; los pasajeros del metro se agarran a unas barras que cuelgan del ~.* **3** *fig.* Casa o lugar donde vivir: *cuando se escapó de casa se quedó sin ~ y tuvo que dormir unas semanas en la calle.* **4** *fig.* Altura o límite *máximo a que puede llegar un asunto, proceso u otra cosa: *la inflación ha alcanzado su ~.*

te·chum·bre |tetʃúmbre| ***f.*** Cubierta superior de un edificio; estructura que cierra un edificio por arriba: *los indígenas vivían en cabañas con ~ de paja.* ⇒ **techo.**

te·cla |tékla| ***f.*** Pieza de un mecanismo que se presiona con un dedo: *el pianista tocaba las teclas del piano; pulsa esa ~ del ordenador para comenzar a imprimir.*

te·cla·do |tekláðo| **1** ***m.*** Conjunto ordenado de teclas: *introduce los datos en el ordenador utilizando el ~; el ~ del piano tiene teclas blancas y negras.* **2** *p. ext.* Instrumento musical *electrónico con teclas: *Mónica toca el ~ en un grupo de música pop.*

te·cle·ar |tekleár| **1** ***intr.*** Golpear o tocar las teclas: *las secretarias teclean muy deprisa.* **- 2** ***tr.*** [algo] Escribir apretando las teclas de una máquina o un ordenador: *en esta pantalla debes ~ el nombre del archivo que quieres recuperar.*

téc·ni·ca |tékˢnika| **1** ***f.*** Procedimiento o *recurso que se usa en una ciencia o una actividad determinada: *las nuevas técnicas han hecho que la agricultura sea menos trabajosa y más productiva.* **2** Conocimiento o habilidad para hacer uso de ese procedimiento o arte: *no es un boxeador muy fuerte, pero tiene mucha ~.*

tec·ni·cis·mo |tekˢniθísmo| ***m.*** Palabra que pertenece a un lenguaje técnico: *la palabra* algoritmo *es un ~ de las matemáticas.*

téc·ni·⌈co, ⌈ca |tékˢniko, ka| **1** ***adj.*** De la técnica o que tiene relación con ella: *el progreso ~ ha sido muy rápido en el campo de la telefonía móvil.* **- 2** ***m. f.*** Persona que posee un conocimiento o una habilidad relacionados con una ciencia o una actividad: *el ordenador no funciona: habrá que llamar al ~.*

tec·no·cra·cia |tekˢnokráθia| ***f.*** POL. Sistema político en el que los cargos públicos son desempeñados por técnicos o especialistas en distintas materias: *en las tecnocracias los dirigentes no están subordinados a una ideología política.*

tec·nó·cra·ta |tekˢnókrata| ***adj.-com.*** Persona que gobierna siguiendo *criterios técnicos y de *eficacia: *los tecnócratas suelen ser especialistas en economía; pensaba que un gobierno de tecnócratas sería más eficaz.*

tec·no·lo·gí·a |tekˢnoloxía| **1** ***f.*** Conjunto de los conocimientos propios de una técnica: *ya no se sufre yendo al dentista gracias a los avances de la ~ y de la ciencia.* **2** Conjunto de procedimientos o *recursos técnicos: *estudiaron qué ~ se debería emplear para abaratar el coste del producto.*

tec·no·ló·gi·⌈co, ⌈ca |tekˢnolóxiko, ka| ***adj.*** De la *tecnología o que tiene relación con ella: *la revista se ha hecho con los más avanzados medios tecnológicos.*

te·dio |téðio| ***m.*** Fastidio provocado por la falta de actividad o diversión: *jugaban a las cartas para mitigar el ~ de las tardes de verano.* ⇒ **aburrimiento.**

te·dio·⌈so, ⌈sa |teðióso, sa| ***adj.*** Que no tiene interés; que provoca aburrimiento: *no pudimos soportar aquel ~ espectáculo.* ⇒ **aburrido.**

te·gu·men·to |teγuménto| ***m.*** Tejido orgánico que cubre ciertas partes de las plantas y de los animales: *las semillas están cubiertas de ~.*

te·ja |téxa| **1** ***f.*** Pieza de barro que forma parte de un tejado: *los pájaros han levantado algunas tejas y ahora tenemos goteras.* **2** Objeto que tiene una forma parecida a la de esa pieza: *las tejas son unas pastas que se suelen tomar con café o con té.*

te·ja·do |texáðo| ***m.*** Parte exterior de la cubierta superior de un edificio: *la antena de la televisión está en el ~; se ha caído una teja del ~.*

te·ja·⌈no, ⌈na |texáno, na| **1** ***adj.*** (ropa) Que está hecho de una tela fuerte de algodón, generalmente azul, y se usa de manera informal: *me he comprado un chaleco ~.* ⇒ **vaquero. 2** De Tejas o que tiene relación con Tejas: *mi amigo es un entendido en música tejana.* **- 3** ***m. f.*** Persona nacida en Tejas o que vive habitualmente en Tejas: *los tejanos se dedican principalmente al ganado y al petróleo.* **- 4 tejanos** ***m. pl.*** Pantalones hechos de una tela fuerte de algodón, generalmente azul, y que se usan de manera informal: *los tejanos son muy cómodos.* ⇒ **vaquero.**

te·je·ma·ne·je |téxemanéxe| ***m.*** *fam.* Conjunto de operaciones engañosas que se hacen en un asunto o negocio: *tus tejemanejes no conseguirán engañar a nadie.* ⇒ **manejo.**

te·jer |texér| **1** ***tr.*** [algo] Hacer un tejido cruzando y uniendo hilos: *tejía unas telas finísimas de seda; la araña teje su tela para atrapar insectos.* **2** Hacer labor de punto: *la abuela tejió este jersey de lana.* **3** *fig.* Pensar un proyecto; preparar una acción futura: *la conspiración contra el presidente se tejió en el seno de su propia familia.* ⇒ **planear.**

te·ji· do |texíðo| **1** ***m.*** Material hecho de muchos hilos cruzados; tela de unas características determinadas: *me gusta el color de la falda, lo que no me gusta es el ~ de que está hecha; entraré en la tienda de tejidos para comprar un retal de cuadros.* ⇒ **tela.** **2** Colocación de los hilos de una tela: *el ~ de este lienzo es muy resistente.* **3** BIOL. Estructura formada por células diferenciadas y organizadas para desempeñar una misma función: *los tejidos pueden ser animales o vegetales;* ~ **adiposo**, ANAT., el que está formado por células que contienen grasa: *quería adelgazar y se operó para quitarse el ~ adiposo;* ~ **cartilaginoso**, ANAT., el que está formado por un *cartílago: *la oreja del ser humano está formada por ~ cartilaginoso;* ~ **celular**, ANAT., el que está formado por células y fibras: *algunos tipos de cáncer son provocados por el deterioro de ~ celular;* ~ **conjuntivo**, ANAT., el que está formado por células diferentes y sirve para unir otros tejidos: *los cartílagos están formados por ~ conjuntivo;* ~ **epitelial**, ANAT., el que protege superficies interiores y exteriores del organismo: *el ~ epitelial consta de células que tapizan superficies externas;* ~ **linfático**, ANAT., el que está formado por *glóbulos blancos: *el ~ linfático interviene en el desarrollo de los ganglios;* ~ **muscular**, ANAT., el que forma los músculos: *se ha dado un golpe y ha tenido un derrame en el ~ muscular del brazo;* ~ **nervioso**, ANAT., el que forma los nervios: *algunas enfermedades afectan al ~ nervioso;* ~ **óseo**, ANAT., el que forma los huesos: *el calcio refuerza el ~ óseo.*

te·jo |téxo| **1** ***m.*** Piedra plana y redonda que sirve para jugar a varios juegos: *los niños estaban jugando a la rayuela con un ~.* **2** Juego en el que se usa esa piedra plana y redonda: *¡vamos a la plaza a jugar al ~!* ⇒ **rayuela.** ■ **echar/tirar los tejos**, *fam.*, dar a conocer a una persona el interés o el amor que se tiene puesto en ella: *si te gusta ese chico, dile algo porque no hace más que tirarte los tejos.*

te·jón |texón| ***m.*** Animal mamífero de pelo marrón, largo y espeso, con rayas blancas y negras en la cabeza, que vive en *madrigueras profundas y se alimenta de pequeños animales y de frutos: *el ~ mide alrededor de un metro de largo.* ◻ Para indicar el sexo se usa el ~ macho y el ~ hembra.

te·la |téla| **1** ***f.*** Tejido hecho de muchos hilos cruzados entre sí: *el tul es una ~ muy fina y delicada;* ~ **metálica**, la que está hecha con alambre: *hizo una jaula de ~ metálica para los conejos;* ~ **de araña**, la que teje ese insecto con un hilo muy fino que produce: *la mosca quedó atrapada en una ~ de araña.* **2** Tejido orgánico con forma de *lámina: *se le formó una ~ en el ojo.* **3** *fam.*, Asunto o materia de la que hablar: *hace mucho que no se veían, así que tienen ~ para rato;* ~ **marinera**, *fam.* asunto o materia importante o largo de tratar: *el asunto de la herencia tiene ~ marinera.* **4** *fam.* Conjunto de monedas o billetes corrientes que se usan en el comercio: *me he comprado un coche nuevo y me he quedado sin ~.* ⇒ **dinero;** ~ **marinera**, *fam.*, gran cantidad de dinero: *fue a hacer negocios y volvió con ~ marinera.* **5** PINT. Cuadro o pintura: *en el museo del Prado se exponen varias telas de Velázquez.* ■ **haber ~ que cortar**, *fam.*, haber materia abundante para tratar en relación con un asunto: *no nos pongamos a hablar de política porque ahí hay ~ que cortar.* ■ **poner en ~ de juicio**, dudar sobre la verdad o el éxito de una cosa: *han puesto mi honor en ~ de juicio y debo defenderme.*

te·lar |telár| **1** ***m.*** Máquina que sirve para tejer: *en el museo etnográfico tienen un ~ muy antiguo.* **2** Fábrica de tejidos: *había cinco obreros trabajando en el ~.*

te·la·ra·ña |telaráɲa| ***f.*** Tela que teje la *araña con un hilo muy fino que ella misma produce: *hace tanto que no viene nadie por la casa que está llena de telarañas.*

te·le |téle| **1** ***f.*** *fam.* *Televisor: *me voy a comprar una nueva ~ porque la que tengo no se ve bien.* ◻ Es la forma abreviada de *televisor.* **2** Televisión: *me han invitado a participar en un programa de la ~.* ◻ Es la forma abreviada de *televisión.* **- 3** ***m.*** *Teleobjetivo: *cuidado, no estropees el ~ de la cámara.* ◻ Es la forma abreviada de *teleobjetivo.*

te·le·co·mu·ni·ca·ción |telekomunikaθi̲ón| ***f.*** Sistema de comunicación a distancia: *el terremoto inutilizó las telecomunicaciones.* ◻ Se usa frecuentemente en plural.

te·le·dia·rio |teleði̲ári̲o| ***m.*** Informativo de televisión donde se dan las noticias generales e importantes del día: *hoy darán los resultados de la encuesta en el ~.*

te·le·di·ri·gi·⌐do, ⌐da |teleðirixíðo, ða| ***adj.*** (aparato, vehículo) Que se mueve controlado a distancia: *el niño jugaba con un barquito ~; una nave teledirigida ha tomado unas muestras de la superficie de Marte.*

te·le·fé·ri·co |teleféríko| ***m.*** Sistema de transporte que consiste en una serie de vehículos que van colgados de un *cable y que se usa para superar grandes diferencias de altura: *desde el ~ se ven unas vistas excepcionales de toda la sierra.* ⇒ **telesilla.**

te·le·film |telefílᵐ| ***m.*** ⇒ **telefilme.** ◻ La Real Academia Española prefiere la forma *telefilme.*

te·le·fil·me |telefílme| ***m.*** Película para televisión: *no aguanto este ~ tan violento.* ⇒ **telefilm.**

te·le·fo·na·zo |telefonáθo| ***m.*** *fam.* Llamada por teléfono: *cuando llegues a casa me das un ~.*

te·le·fo·ne·ar |telefoneár| **1** ***intr.*** Llamar por teléfono: *tengo que ~ a mi madre para que no se preocupe.* **- 2** ***tr.*** [algo] Decir por teléfono: *te telefonearé el número de cuenta para que me hagas la transferencia.*

te·le·fo·ní·a |telefonía| **1** ***f.*** Sistema de comunicación que *transmite la voz y el sonido a larga distancia: *la invención de la ~ fue un gran avance para las comunicaciones a distancia.* ⇒ **teléfono;** ~ **móvil/celular**, el que permite hacer y recibir llamadas desde cualquier lugar: *se está ampliando* *la red de ~ móvil.* **2** Técnica de construir, instalar y manejar teléfonos: *es técnico en ~.* **3** Servicio de comunicaciones telefónicas: *el señor Sánchez es ingeniero y trabaja en ~ marítima.*

te·le·fó·ni·⌈co, ⌈ca |telefóniko, ka| ***adj.*** Del teléfono o que tiene relación con él: *no se oye bien, tengo que llamar al servicio ~ para que lo arreglen.*

te·le·fo·nis·ta |telefonísta| ***com.*** Persona que trabaja en el servicio de teléfonos: *la ~ del hotel me comunicó con la habitación del señor Martínez.*

te·lé·fo·no |teléfono| **1 *m.*** Sistema de comunicación que *transmite la voz y el sonido a larga distancia: *Alexander Graham Bell patentó el ~ en 1876; te llamaré por ~.* ⇒ **telefonía. 2** Aparato que sirve para hablar a larga distancia: *¿puedo usar su ~, por favor?; ~* **inalámbrico**, el que no tiene hilos y se comunica con una base *conectada a la red normal: *cuando me hablas desde tu ~ inalámbrico te oigo peor.* **3** Número que corresponde a uno de esos aparatos: *me dio su ~, pero no pude llamarlo.*

te·le·gra·fí·a |teleɤrafía| **1 *f.*** Sistema de comunicación que *transmite mensajes a larga distancia mediante señales convenidas: *la ~ funciona por medio de cables conectados a ciertos aparatos.* ⇒ **telégrafo. 2** Técnica de construir, instalar y manejar el *telégrafo: *tardó pocos meses en completar sus estudios de ~.* **3** Servicio de comunicaciones *telegráficas: *la ~ está siendo desplazada por otros sistemas de comunicación.*

te·le·gra·fiar |teleɤrafi̯ár| ***tr.*** [algo] Comunicar por medio del *telégrafo: *me han telegrafiado la convocatoria para el juicio.*

te·le·grá·fi·⌈co, ⌈ca |teleɤráfiko, ka| **1 *adj.*** Del *telégrafo o la *telegrafía, o que tiene relación con ellos: *algunos mensajes oficiales se transmiten mediante comunicación telegráfica.* **2** *fig.* Que es breve y *conciso: *siempre tomo mis notas con un estilo ~.*

te·lé·gra·fo |teléɤrafo| **1 *m.*** Sistema de comunicación que *transmite mensajes a larga distancia mediante señales convenidas: *el ~ utiliza el código morse.* ⇒ **telegrafía. 2** Aparato que emite y recibe mensajes mediante ese sistema: *antes de que llegara el teléfono al pueblo, ya había un ~.*

te·le·gra·ma |teleɤráma| ***m.*** Mensaje que se comunica por *telégrafo: *le comunicaron por ~ que había ganado el concurso fotográfico.* ⇒ **cablegrama.**

te·le·le |teléle| **1 *m.*** *fam.* Pérdida del sentido y del conocimiento: *con este calor me va a entrar un ~.* ⇒ **desmayo. 2** *fam.* Ataque de nervios: *chica, relájate, que te va a dar un ~.*

te·le·ob·je·ti·vo |teleoᵝxetíβo| ***m.*** *Lente o conjunto de *lentes que sirve para tomar fotografías a distancia: *esa foto se tomó con un ~ muy potente.* ⇒ **tele.**

te·le·pa·tí·a |telepatía| **1 *f.*** Coincidencia de pensamientos o sensaciones entre personas, que se produce sin intervención de los sentidos: *están muy unidos: hay una gran ~ entre ellos.* **2** *Transmisión de pensamientos entre personas, que se produce sin intervención de los sentidos: *adivinó lo que pensaba valiéndose de la ~.*

te·les·có·pi·⌈co, ⌈ca |teleskópiko, ka| **1 *adj.*** Del *telescopio o que tiene relación con él: *acabamos de comprar un juego de lentes telescópicas.* **2** Que sólo se puede ver con *telescopio: *los astrónomos han descubierto un grupo de asteroides telescópicos.*

te·les·co·pio |teleskópi̯o| ***m.*** Instrumento que sirve para observar objetos lejanos, especialmente cuerpos celestes y que está formado por una *lente que recoge la imagen del objeto observado y otra que la aumenta: *miraba las estrellas a través del ~.*

te·le·si·lla |telesíʎa| ***m.*** Sistema de transporte formado por una serie de sillas colgadas de un *cable, que se usa para superar grandes diferencias de altura: *subimos a la cumbre en el ~.* ⇒ **teleférico.**

te·les·pec·ta·⌈dor, ⌈do·ra |telespeᵏtaðór, ðóra| ***m. f.*** Espectador de televisión; persona que ve la televisión: *los programadores están pendientes de las preferencias de los telespectadores.* ⇒ **televidente.**

te·le·tex·to |teletéᵏsto| ***m.*** Información escrita que se emite y se recibe a través de la televisión: *voy a leer en el ~ las noticias del día.*

te·le·vi·den·te |teleβiðénte| ***com.*** Espectador de televisión; persona que ve la televisión: *el presentador dirigió un saludo a todos los televidentes.* ⇒ **telespectador.**

te·le·vi·sar |teleβisár| ***tr.*** [algo] Emitir por televisión: *van a ~ el partido entre la selección de España y la de Alemania.*

te·le·vi·sión |teleβisi̯ón| **1 *f.*** Técnica de *transmitir imágenes y sonidos a distancia: *la radio y la ~ han llevado información a los lugares más apartados.* **2** Aparato eléctrico que recibe esas imágenes y sonidos: *me han regalado una ~.* ⇒ **televisor. 3** Conjunto de personas y medios que se dedican a *transmitir información, música y otras cosas usando esa técnica: *ya ha llegado la ~: la rueda de prensa comenzará enseguida.* ⇒ **tele.**

te·le·vi·si·⌈vo, ⌈va |teleβisíβo, βa| **1 *adj.*** De la televisión o que tiene relación con ella: *un famoso presentador ~ entrevistó ayer al presidente.* **2** Que tiene buenas condiciones para ser emitido por televisión: *las cadenas compiten por hacer los concursos más televisivos.*

te·le·vi·sor |teleβisór| ***m.*** Aparato eléctrico que recibe imágenes y sonidos *transmitidos por televisión: *he comprado un ~ estéreo de veintiocho pulgadas; no pudimos ver la película porque se estropeó el ~.* ⇒ **tele, televisión.**

te·lón |telón| **1 *m.*** Cortina grande que puede subirse y bajarse en un teatro: *se abrió el ~ y salieron dos mujeres discutiendo en el escenario; ~* **de fondo**, el que se coloca en la parte posterior del *escenario: *su figura destacaba sobre el ~ de fondo.* **2** *fig.* Cosa o asunto que cubre, separa o divide: *echaron un ~ sobre el asunto; ~* **de acero**, frontera política que separaba los países del este de Europa de los del oeste: *afortunadamente, ya ha desaparecido el ~ de acero y Europa está al fin unida; ~* **de fondo**, conjunto de circunstancias que rodean un acontecimiento: *la negociación política fue el ~ de fondo de la competición deportiva.*

te·lo·ne·ro, ra |telonéro, ra| ***adj.-s.*** (persona) Que en un espectáculo musical actúa en primer lugar, por ser menos importante: *al principio de su carrera hizo de ~ de un cantante famoso; varios grupos de músicos de la ciudad actuarán como teloneros en el concierto.*

te·ma |téma| **1** ***m.*** Asunto principal o materia sobre la que trata un texto o un discurso: *el ~ de la conferencia fue «La España de los Austrias».* ⇒ **asunto, materia. 2** Parte de un manual o libro de texto, que forma una unidad independiente: *el libro de Ciencias Naturales tenía diez temas de biología y ocho temas de botánica; el profesor nos mandó leer el ~ tres.* ⇒ **lección.**

te·ma·rio |temário| ***m.*** Lista de temas o asuntos que se tratan en un libro, un curso u otra cosa: *he elaborado y estudiado todo el ~ de la oposición, así que espero aprobar; el profesor dio el primer día el ~ y la bibliografía.*

te·má·ti·co, ca |temátiko, ka| **1** ***adj.*** Del tema o que tiene relación con él: *en la novela hay un predominio ~.* **2** Que se ejecuta o dispone según un tema o asunto: *compró una enciclopedia temática sobre los animales.*

tem·blar |temblár| **1** ***intr.*** Agitarse con movimientos rápidos, continuos e involuntarios: *no podía dejar de ~ de frío; la niña perdida temblaba de miedo.* ⇒ **tiritar, titilar. 2** Moverse o agitarse un cuerpo de esa manera: *con la explosión, las lámparas temblaron; todos los flanes tiemblan.* **3** *fig.* Tener mucho miedo: *el soldado temblaba por su vida.* ◯ Se conjuga como 27.

tem·ble·que |tembléke| ***m.*** *fam.* Agitación o movimiento rápido y continuo del cuerpo o de una parte de él: *le entró el ~ en la mano y no podía escribir.* ⇒ **temblor.**

tem·blor |temblór| ***m.*** Agitación o movimiento rápido y continuo: *el niño tenía fiebre y temblores.* ■ **~ de tierra**, movimiento violento de la superficie de la Tierra: *se han producido tres temblores de tierra durante la última semana.* ⇒ **terremoto.**

tem·blo·ro·so, sa |tembloróso, sa| ***adj.*** Que tiembla: *encontramos un cachorrillo ~ en la orilla del río.*

te·mer |temér| **1** ***tr.-intr.*** [algo, a alguien] Tener miedo: *teme mucho a los atracadores y por eso nunca sale de noche; el niño teme a los perros; cuando oyó el griterío, temió por sus hijos.* **- 2** ***tr.-prnl.*** Creer o sospechar que va a pasar o que ha pasado algo malo: *temo que vendrán más desgracias; me temo que no podré ir.*

te·me·ra·rio, ria |temerário, ria| **1** ***adj.-s.*** Que no tiene miedo o no pone cuidado al hacer una cosa: *la conducción temeraria es una causa de los accidentes de tráfico.* ⇒ **imprudente. - 2** ***adj.*** Que no tiene fundamento ni razón: *no debes hacer juicios temerarios.*

te·me·ri·dad |temeriðáᵟ| **1** ***f.*** Cualidad de *temerario: *la ~ del escalador le costó la vida.* **2** Hecho *temerario: *adentrarse tanto en el mar es una ~.*

te·me·ro·so, sa |temeróso, sa| **1** ***adj.*** Que tiene o muestra miedo: *los niños miraban temerosos a su padre enfadado.* **2** Que causa miedo: *se desencadenó una tormenta temerosa~.*

te·mi·ble |temíβle| ***adj.*** Que merece ser temido: *el comisario detuvo a los temibles forajidos.*

te·mor |temór| **1** ***m.*** Sentimiento que mueve a rechazar o tratar de evitar las cosas que se consideran peligrosas o capaces de hacer daño; sentimiento de miedo: *la noticia del golpe de estado produjo ~ y alarma en la sociedad; el niño tiene ~ a la oscuridad.* ⇒ **miedo. 2** Creencia o sospecha de que va a pasar o que ha pasado algo malo: *cuando supe que había tenido un accidente, se confirmó mi ~.* ⇒ **sospecha.**

tém·pa·no |témpano| **1** ***m.*** Bloque de hielo de pequeño tamaño que flota sobre el agua: *los témpanos dificultaban la navegación.* ⇒ **iceberg. 2** Piel del tambor o de un instrumento parecido: *el témpano del pandero no estaba tenso y sonaba mal.* ⇒ **parche.**

tem·pe·ra·men·tal |temperamentál| **1** ***adj.*** Que es propio del carácter o manera de ser de una persona: *temo sus reacciones temperamentales.* **2** (persona) Que tiene un carácter muy fuerte, cambiante y difícil de prever: *Rocío es muy ~ y siempre dice lo que piensa, aunque pueda ofender.*

tem·pe·ra·men·to |temperaménto| **1** ***m.*** Carácter fuerte, firme y vivo de una persona: *Alicia es una muchacha con mucho ~; eres una persona muy impulsiva y enérgica: admiro tu ~.* **2** Carácter, manera de ser de una persona: *es una persona de ~ débil, se deja dominar por los demás.*

tem·pe·ra·tu·ra |temperatúra| **1** ***f.*** Nivel de calor: *la ~ se mide en grados centígrados; para saber si tienes fiebre te tomaré la ~ con un termómetro; las temperaturas son muy altas en las zonas tropicales; las temperaturas bajas ayudan a conservar los alimentos;* **~ absoluta**, FÍS., la que se mide en grados *kelvin: *la escala de ~ absoluta es la escala Celsius aumentada en 237,15 grados;* **~ ambiente**, la de la atmósfera que rodea un cuerpo: *no metas el jarabe en la nevera, en el prospecto pone que debe estar a la ~ ambiente;* **~ crítica**, nivel de calor por encima del cual un gas no se puede transformar en líquido: *la ~ crítica tiene valores distintos dependiendo del gas.* **2** *vulg.* Nivel de calor del cuerpo excesivamente alto, acompañado de un aumento del número de latidos del corazón: *tengo mucha ~, iré al médico esta tarde.* ⇒ **fiebre.**

tem·pes·tad |tempestáᵟ| **1** ***f.*** Fenómeno de la atmósfera en el que cambia la presión y se producen fuertes vientos generalmente acompañados de lluvia o nieve, *relámpagos y *truenos: *el cielo está muy oscuro, seguro que se acerca una ~; la ~ sorprendió a los campesinos trabajando en el campo.* ⇒ **temporal, tormenta. 2** Agitación violenta de las aguas del mar causada por vientos fuertes: *una fuerte ~ arrastró el barco hasta los acantilados; los barcos pesqueros no han salido al mar porque hay tempestades.* ⇒ **temporal. 3** *fig.* Agitación fuerte en el estado de ánimo de una persona: *fue tan injusto* *que levantó tempestades entre sus subordinados.* **4** *fig.* Expresión ruidosa y violenta de un conjunto de personas, generalmente para desaprobar una acción: *su mitin político provocó una ~ de insultos.*

tem·pes·tuo·⌜so, ⌜sa |tempestuóso, sa| ***adj.*** Que tiene relación con una *tempestad: *en este mes estamos teniendo unos días bastante tempestuosos; el mar ~ trajo a la playa los restos de una embarcación.*

tem·pla·⌜do, ⌜da |templáðo, ða| **1** ***adj.*** Que tiene una temperatura media entre el frío y el calor: *el agua no está caliente, sino templada; me gusta comer la sopa caliente, pero ésta sólo está templada; esta zona tiene un clima ~.* ⇒ **tibio. 2** Que está tranquilo: *hace un rato estaba muy nerviosa, ahora tengo los nervios templados.* ⇒ **sereno. 3** Que no es exagerado; que está en un punto medio entre los extremos: *Ernesto es una persona prudente, es ~ cuando bebe.* ⇒ **moderado.**

tem·plan·za |templánθa| ***f.*** *Moderación en el ánimo, en las pasiones y en los placeres: *la ~ es una virtud.* ⇒ **mesura, prudencia.**

tem·plar |templár| **1** ***tr.-prnl.*** [algo, a alguien] Quitar el frío; calentar un poco: *¿puedes ~ la leche para preparar el biberón?* **2** Hacer más suave o menos intenso: *la política de protección social ha templado los efectos de la crisis; la carta templó su ira.* **- 3** ***tr.*** [algo] Bajar rápidamente la temperatura de un material muy caliente: *templó el acero para conseguir una buena espada.* **4** MÚS. Preparar un instrumento para que suene en el tono adecuado: *el maestro está templando la guitarra en la sala del concierto.* ⇒ **afinar.**

tem·ple |témple| **1** ***m.*** Carácter valiente, fuerte y tranquilo en las situaciones difíciles: *ha demostrado tener un gran ~ al enfrentarse a tantas dificultades.* **2** Estado de ánimo de una persona: *Agustín tiene un ~ muy variable.* **3** Pintura que se prepara mezclando colores con cola y agua caliente: *las bóvedas de la catedral están pintadas al ~.* **4** Bajada rápida de la temperatura de un material que ha sido puesto por encima de una temperatura determinada, para mejorar sus propiedades: *es una factoría dedicada al ~ de vidrios.* **5** MÚS. Preparación de un instrumento musical para que suene de forma adecuada: *ten cuidado con el ~ de la guitarra.*

tem·plo |témplo| **1** ***m.*** Edificio usado para el *culto religioso: *en este ~ se venera a la Virgen María; los turistas deben tener respeto cuando visitan un ~.* **2** *fig.* Lugar real o imaginario donde se cultiva o se rinde *culto a una ciencia, un arte o una virtud: *París es el ~ de la moda.*

tem·po·ra·da |temporáða| ***f.*** Periodo de tiempo determinado: *aquella fue la mejor ~ de mi vida; los diseñadores sacarán nuevos modelos para la ~ de otoño e invierno.*

tem·po·ral |temporál| **1** ***m.*** Fenómeno de la atmósfera en el que cambia la presión y se producen fuertes vientos generalmente acompañados de lluvia o nieve, *relámpagos y *truenos: *el parte meteorológico indica que al final de la semana habrá temporales en el norte de España.* ⇒ **tempestad, tormenta. 2** Agitación violenta de las aguas del mar causada por vientos fuertes: *los barcos llevan varios días sin faenar a causa de los fuertes temporales.* ⇒ **tempestad. 3** Tiempo en el que hay lluvias frecuentes: *el último ~ ha afectado al sistema de comunicaciones de la ciudad.* **- 4** ***adj.*** Que dura un tiempo: *este malestar es ~, desaparecerá en unos días; hasta ahora sólo ha desempeñado trabajos temporales; el dinero y la riqueza son bienes temporales.* ⇒ **pasajero.** ⇔ **eterno. 5** Del tiempo o que tiene relación con él: *las horas, los minutos y los segundos son unidades temporales.* **- 6** ***adj.-m.*** ANAT. (hueso) Que está situado en la zona de la cabeza en la que se encuentra el oído: *tenemos dos huesos temporales, cada uno a un lado del cráneo.* **- 7** ***adj.-f.*** LING. (oración) Que expresa una acción, proceso o estado que tiene lugar de forma *simultánea a lo expresado por otra oración: *en* le gustaba escuchar la radio mientras trajinaba en la cocina, *las palabras* mientras trajinaba en la cocina *constituyen una oración ~.* ■ **capear el ~,** *fam.*, enfrentarse de la mejor manera posible a problemas o situaciones difíciles: *la situación era difícil, pero conseguí capear el ~.*

tem·po·re·⌜ro, ⌜ra |temporéro, ra| **1** ***adj.-s.*** (persona) Que desempeña un oficio o empleo durante un periodo corto de tiempo: *nunca ha tenido un empleo fijo: siempre ha trabajado como ~.* ⇒ **eventual. 2** (persona) Que trabaja en el campo solamente durante el periodo de recogida de determinados frutos o plantas: *saca dinero trabajando como ~ en la vendimia.*

tem·pra·ne·⌜ro, ⌜ra |tempranéro, ra| ***adj.*** Que llega o se hace pronto: *el equipo salió con ganas desde el inicio, intentando sorprender con un gol ~.*

tem·pra·⌜no, ⌜na |tempráno, na| **1** ***adj.*** Que llega o se hace pronto: *prefiero las cenas tardías a las tempranas; este año hemos disfrutado de una primavera temprana.* **- 2 temprano** ***adv. t.*** En las primeras horas del día o de la noche: *mañana tenemos que levantarnos ~ para ir al aeropuerto.* **3** En un tiempo anterior al señalado: *si llegas demasiado ~, puede que no haya venido nadie todavía.* ⇒ **pronto.** ⇔ **tarde. - 4 temprano** ***m.*** Terreno *sembrado con fruto que se recoge pronto: *va a comenzar la cosecha de los tempranos.*

te·na·ci·dad |tenaθiðáᵈ| ***f.*** Firmeza en las ideas u opiniones: *conseguirá su objetivo porque le sobra ~.* ⇒ **terquedad.**

te·naz |tenáθ| **1** ***adj.*** (persona) Que se mantiene firme en sus ideas o intenciones: *nadie le hará cambiar de opinión porque es muy ~.* ⇒ **terco. 2** (material) Que opone mucha resistencia a romperse o separarse: *las manchas de vino son muy tenaces y no las limpia cualquier detergente.*

te·na·za |tenáθa| **1** ***f.*** Instrumento de metal, compuesto de dos brazos movibles unidos por un eje o por un muelle: *arranca clavos con las tenazas; coge carbón de la lumbre con las tenazas.* ☐ Se usa también en plural para hacer referencia a uno solo de esos instrumentos. **2** Parte final de las patas de algunos animales, dividida en dos partes que cierran con fuerza para sujetar o apretar: *el cangrejo y el alacrán tienen tenazas.* ⇒ **pinza.**

ten·de·de·ro |tenderéro| **1** ***m.*** Lugar donde se tiende una cosa: *la ropa se está secando en el ~.* **2** Conjunto de cuerdas o alambres que se usan para tender la ropa: *el ~ de mi casa tiene cinco cuerdas.*

ten·den·cia |tendénθia| **1** ***f.*** Inclinación o disposición natural: *en mi familia tenemos una ~ hereditaria a padecer dolores de cabeza.* **2** Idea u opinión: *tiene tendencias de izquierda.*

ten·den·cio·⌜so, ⌜sa |tendenθióso, sa| ***adj.*** Que muestra una tendencia o inclinación hacia un fin determinado: *la noticia que daba el periódico era tendenciosa.*

ten·der |tendér| **1** ***tr.*** [algo] *Desdoblar o extender con un fin determinado: *tendí la ropa esta mañana y ya está casi seca; tendimos el plano para ver bien la distribución de las habitaciones del edificio.* **2** Alargar u ofrecer: *el embajador tendió la mano al ministro.* **3** Suspender, colocar o construir una cosa apoyándola entre dos o más puntos: *han tendido un puente sobre el río.* **- 4** ***tr.-prnl.*** Echar sobre una superficie horizontal: *cuando se mareó, lo tendieron en el suelo; ha ido a tenderse un rato porque estaba cansado.* ⇒ **tumbar. - 5** ***intr.*** [a algo] Mostrar o tener una inclinación o una disposición natural: *los precios de los alimentos tienden a aumentar por Navidad.* **6** MAT. Aproximarse *progresivamente una variable o una función a un valor determinado: *la variable tiende a infinito.* □ Se conjuga como 28.

ten·de·re·te |tenderéte| ***m.*** Tienda pequeña construida generalmente con materiales ligeros: *compró esa chaqueta en un ~ del mercadillo.*

ten·de·⌜ro, ⌜ra |tendéro, ra| ***m. f.*** Persona que se dedica a vender en una tienda: *pidió al ~ un kilo de manzanas.*

ten·di·⌜do, ⌜da |tendíðo, ða| **1** ***adj.*** (carrera de un caballo) Que es muy rápido y violento: *venían los caballos a galope ~.* **2** (*estocada) Que entra más horizontalmente de lo adecuado en el cuerpo del toro: *la estocada ha quedado un poco tendida, pero parece que será suficiente.* **- 3 tendido** ***m.*** Conjunto de asientos de una plaza de toros: *el ~ de sombra estaba completamente lleno.* **4** Conjunto de *cables que conducen la electricidad: *la tormenta ha provocado averías en el ~ eléctrico de la ciudad.*

TENAZAS

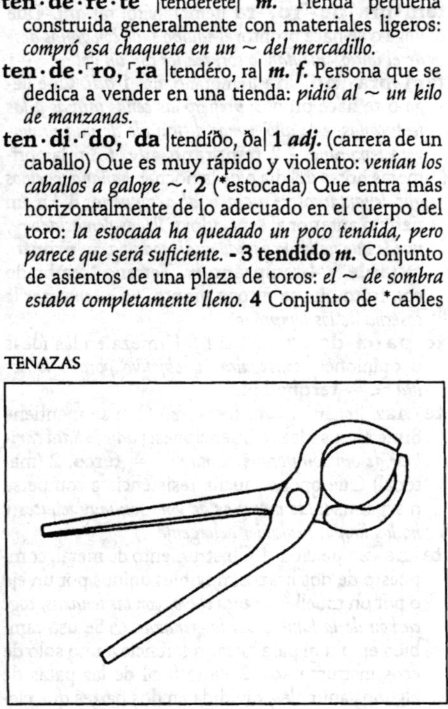

ten·dón |tendón| ***m.*** ANAT. Tejido fibroso y resistente, en forma de cordón, que une los huesos de las articulaciones: *los tendones son de color blanco; las fibras de los tendones están dispuestas en haces paralelos.* ⇒ **ligamento; ~ de Aquiles,** ANAT., el que está en la parte posterior de la pierna uniéndola con el talón: *han tenido que escayolarle el pie porque se ha roto el ~ de Aquiles.*

te·ne·bris·mo |teneβrísmo| ***m.*** Escuela o técnica de pintura que extrema el *contraste entre las luces y las *sombras: *el ~ surgió como una corriente dentro del Barroco.*

te·ne·bris·ta |teneβrísta| **1** ***adj.*** Del *tenebrismo o que tiene relación con él: *en el museo hay una sala de pintura ~.* **- 2** ***com.*** *Pintor que practica el *tenebrismo: *Ribera o Caravaggio son pintores tenebristas.*

te·ne·bro·⌜so, ⌜sa |teneβróso, sa| **1** ***adj.*** Que es muy oscuro y da miedo: *entraron en una cueva tenebrosa de la que se contaban cosas terribles.* ⇒ **lóbrego. 2** *fig.* Que tiene una mala intención: *confiaba en él porque desconocía sus tenebrosos proyectos.*

te·ne·⌜dor, ⌜do·ra |teneðór, ðora| **1** ***m. f.*** Persona que tiene una cosa, especialmente una letra de cambio u otro documento de pago: *ha venido al banco el ~ de la letra de cambio.* **2 tenedor** ***m.*** Instrumento con un mango y varias puntas iguales en uno de sus extremos que se usa para pinchar los alimentos: *el filete se come con cuchillo y ~; el ~ se coloca a la izquierda del plato.* ⇒ **cubierto. 3** Signo que reproduce la figura de ese instrumento y cuyo número sirve para indicar la categoría de un restaurante: *los restaurantes de cuatro tenedores son más caros que los de tres.*

te·nen·cia |tenénθia| ***f.*** Ocupación y *posesión de una cosa: *fue detenido por ~ de armas sin licencia.*

te·ner |tenér| **1** ***tr.*** [algo] Poseer o ser dueño; disfrutar de una cosa: *Luis tiene una casa en Barcelona; tienen tres hijos; tienes razón.* **2** Coger con las manos: *el profesor tiene la chaqueta en la mano; tenga usted el cambio.* **3** Contener, incluir o comprender: *el libro tiene 25 capítulos; no puedo beber vino porque tiene alcohol.* **4** Necesitar hacer una cosa u ocuparse de ella: *no puedo ir porque tengo clase; mañana tenemos una reunión.* **5** Haber cumplido o alcanzado una edad o un periodo de tiempo determinado: *María tiene quince años; esta Universidad tiene ya siete siglos.* **6** Experimentar o sentir: *tengo calor; tengo hambre; tengo dolor de cabeza; tengo prisa; tengo sueño.* **7** Poseer una cualidad física o moral: *tengo los ojos azules; tengo la pierna rota; tengo habilidad para los deportes.* **- 8** ***aux.*** Indica una acción terminada, hecha en el pasado: *tengo entendido que mañana se marcha usted.* □ Al ser auxiliar, se usa seguido de un participio de un verbo transitivo. **- 9** ***tr.-prnl.*** [algo, a alguien] Creer; dar una opinión: *tengo a Miguel por sabio; Juan se tiene por tonto.* **- 10 tenerse** ***prnl.*** Estar en posición vertical: *Ramón no se tiene en pie; ya he conseguido que la lámpara se tenga sobre la mesa.* ■ **~ que,** necesitar o estar obligado: *mañana tengo que ir a trabajar; tienes que hacer más deporte si quieres adelgazar.* ⇒ **deber, haber.** ■ **con que ¿ésas tenemos?**, expresión que indica sorpresa o enfado: *con que, ¿ésas tenemos?; ¿no quieres venir con nosotros?* ■ **no tenerlas todas consigo**, *fam.*, existir la posibilidad de que ocurra algo malo o poco adecuado: *no las tengo todas conmigo de que llegue a tiempo.* ■ ~ **que ver con**, existir alguna relación o parecido: *eso no tiene nada que ver con lo que estábamos hablando; ¿qué tienes tú que ver con Francisco?* ■ ~ **en cuenta/presente**, considerar o recordar: *tenga presente que los bienes adquiridos antes del matrimonio pasan a ser compartidos; ten en cuenta que es más joven que tú.* ☖ Se conjuga como 87.

te·nia |tén<u>ia</u>| ***f.*** Gusano parásito de color blanco con forma larga y plana, formado por muchos anillos y que puede medir varios metros: *la ~ se adhiere al intestino de los animales y se alimenta de lo que comen éstos.* ⇒ **solitaria.**

te·nien·te |ten<u>ié</u>nte| **1** ***com.*** MIL. Miembro del ejército de categoría inmediatamente superior a la de *alférez: *el ~ suele mandar una sección;* ~ **coronel**, miembro del ejército de categoría inmediatamente superior a la de *comandante e inferior a la de *coronel; ~ **general**, miembro del ejército de categoría inmediatamente superior a la de general de *división e inferior a la de *capitán general; ~ **de navío**, miembro de la armada de categoría equivalente a la de *capitán del ejército. **2** Persona que ejerce el cargo o la función de otra de categoría superior y que la sustituye; ~ **de alcalde**, el que ejerce ciertas funciones propias del *alcalde: *el ~ de alcalde inauguró una nueva calle.*

te·nis |ténis| ***m.*** Deporte en el que participan dos o cuatro jugadores y que consiste en impulsar la pelota con una *raqueta por encima de una red e intentar que el contrario no la devuelva: *la pista de ~ es rectangular; un partido de ~ se juega al mejor de tres o cinco *sets, que se dividen en juegos, y éstos en puntos.* ☖ El plural es *tenis.*

te·nis·ta |tenísta| ***com.*** Persona que juega al tenis: *el ~ ha jugado en una pista de hierba.*

te·nor |tenór| **1** ***m.*** MÚS. Voz media entre la de *contralto y la de *barítono: *la voz de ~ es la más aguda del hombre.* **2** Hombre que tiene esa voz: *el español José Carreras es un famoso ~.* ■ **a ese/este ~**, de ese modo; en este asunto: *se reconoce a este ~ la competencia legislativa de la Iglesia.* ■ **a ~ de**, según; teniendo en cuenta: *tomaremos las decisiones a ~ de las circunstancias; a ~ de lo que se ha venido diciendo anteriormente, parece que el ama de casa no es feliz.*

ten·sar |tensár| ***tr.*** [algo] Estirar para dejar tirante o tenso: *tensaron la cuerda atándola fuertemente a dos árboles.*

ten·sión |tens<u>ión</u>| **1** ***f.*** Estado de un cuerpo sometido a la acción de fuerzas opuestas: *tienes que poner la goma en ~.* **2** *Voltaje con el que pasa la energía eléctrica de un cuerpo a otro; **alta ~**, la que está por encima de los 650 *voltios: *esos cables que ves cerca de la carretera son de alta ~;* **baja ~**, la que está por debajo de los 650 *voltios: *la electricidad de las viviendas es de baja ~.* **3** Situación de enfrentamiento entre personas o comunidades: *la fuerte ~ entre las dos naciones desembocó en una guerra.* **4** Estado emocional de una persona que está sometida a preocupaciones o a exceso de trabajo: *tienes que relajarte: estás todo el día en ~.* ⇒ **nerviosismo. 5** MED. Presión que ejerce la sangre sobre las paredes de las *arterias: *ha sufrido una bajada de ~ y se ha desmayado; la ~ arterial de una persona depende del ritmo del corazón y del volumen de sangre.* ⇒ **presión.**

ten·⌜so, ⌜sa |ténso, sa| **1** ***adj.*** Que está estirado por fuerzas opuestas: *si dejas muy ~ el cable puede romperse.* ⇒ **tieso, tirante.** ⇔ **laxo. 2** Que está nervioso o muestra nervios: *relájate, que estás muy ~.*

ten·⌜sor, ⌜so·ra |tensór, sóra| **1** ***adj.*** Que pone tensa una cosa: *este suero tiene un efecto ~ de las arrugas de la cara.* **- 2 tensor *m.*** Mecanismo que sirve para poner tensa una cosa: *colocaron un ~ en la cama del herido, para que tuviera la pierna estirada.*

ten·ta·ción |tentaθ<u>ión</u>| **1** ***f.*** Atracción que ejerce una cosa a la que es muy difícil renunciar: *esta pastelería es una ~ para mí.* **2** Tendencia a hacer una cosa mala: *no nos dejes caer en la ~.*

ten·tá·cu·lo |tentákulo| ***m.*** Miembro largo y flexible que tienen ciertos animales invertebrados y que les sirve para coger y tocar: *los pulpos tienen ocho tentáculos.* ⇒ **pata.**

ten·ta·de·ro |tentaðéro| ***m.*** Lugar cerrado que sirve para probar a los toros antes de *lidiarlos: *ha construido un ~ en su finca.*

ten·ta·⌜dor, ⌜do·ra |tentaðór, ðóra| ***adj.*** Que atrae de tal manera que es muy difícil renunciar: *está ~ con esos pantalones vaqueros; la oferta que me has hecho es muy tentadora.*

ten·tar |tentár| **1** ***tr.-prnl.*** [algo, a alguien] Tocar con la mano: *se tentó los bolsillos y se dio cuenta de que había perdido la cartera.* ⇒ **tocar. - 2 *tr.*** [a alguien] Influir o atraer a una persona para que haga una cosa a la que es difícil renunciar: *el diablo nos tienta; la fiesta me tienta, pero tengo que quedarme en casa.* ⇒ **inducir, instigar.** ☖ Se conjuga como 27.

ten·ta·ti·va |tentatíβa| **1** ***f.*** Intento o acción con la que se prueba una cosa: *después de varias tentativas, al final consiguió llegar a la cima de la montaña.* ⇒ **escarceo. 2** DER. Principio de una acción que no llega a ejecutarse: *fue sorprendido por la policía en plena ~ de robo.*

ten·tem·pié |tentempi<u>é</u>| ***m.*** *fam.* Alimento ligero: *tomamos un ~ antes de salir de excursión.* ⇒ **refrigerio.**

te·nue |tén<u>ue</u>| **1** ***adj.*** Que es fino, delgado o poco grueso: *rompió con la escoba la ~ tela de araña.* ⇒ **sutil. 2** Que es débil, suave o que tiene poca fuerza: *cenaron a la ~ luz de las velas.* **3** *fig.* Que está escondido, disimulado o que es difícil de notar: *me hizo una ~ insinuación; la ~ mejoría en la situación del mercado de trabajo se debe a varias razones.*

te·ñir |teɲír| **1** ***tr.-prnl.*** [algo] Dar color o un color diferente: *tiñó el vestido de negro; se ha teñido el pelo de rubio.* **2** *fig.* [algo, a alguien] Dar un carácter o apariencia: *teñía de odio todas sus críticas.* ⌂ Se conjuga como 36.

te·o·lo·gal |teologál| ***adj.*** De Dios o la *teología, o que tiene relación con ellos: *las virtudes teologales son fe, esperanza y caridad.* ⇒ **teológico.**

te·o·lo·gí·a |teoloxía| ***f.*** Ciencia que trata sobre la naturaleza y la existencia de Dios: *los sacerdotes estudian ~ en el seminario.*

te·o·ló·gi·ᒥco, ᒥca |teolóxiko, ka| ***adj.*** De Dios o la *teología, o que tiene relación con ellos: *realiza estudios teólogicos en Salamanca.* ⇒ **teologal.**

te·ó·lo·ᒥgo, ᒥga |teólogo, ga| ***m. f.*** Persona que se dedica al estudio de la *teología: *el ~ le aclaró sus problemas religiosos.*

te·o·re·ma |teoréma| ***m.*** Expresión que afirma una verdad demostrable, especialmente cuando va seguida de su demostración: *los alumnos estudian el ~ de Pitágoras; después de tantas operaciones podemos formular el ~.*

te·o·rí·a |teoría| **1** ***f.*** Conocimiento basado en lo que se supone o se piensa, no en la experiencia o la práctica: *en la universidad se enseña la ~, que se complementa con prácticas en laboratorios y empresas.* **2** Conjunto de conocimientos de una ciencia: *ha estudiado ~ de la música.* **3** Conjunto de razonamientos que intentan explicar un fenómeno determinado: *se han elaborado múltiples teorías sobre el origen del Universo.*

te·ó·ri·ᒥco, ᒥca |teóriko, ka| **1** ***adj.*** De la teoría o que tiene relación con ella: *es un libro muy ~.* **- 2** ***adj.-s.*** Persona que conoce bien la teoría de una ciencia: *los teóricos rechazaron ese experimento por imposible.*

te·o·ri·zar |teoriθár| **1** ***intr.*** [algo] Tratar sólo en teoría: *el profesor ha teorizado sobre la democracia.* **2** Crear y expresar una teoría o teorías: *ha dedicado su vida a ~ y no ha llevado nada a la práctica.* ⌂ Se conjuga como 4.

te·qui·la |tekíla| ***m.*** Bebida con mucho alcohol procedente de Méjico, transparente y de sabor muy fuerte: *en Méjico se bebe mucho ~; tomaron un trago de ~ con sal y limón.*

te·ra·péu·ti·ca |terapéutika| ***f.*** MED. Parte de la medicina que tiene por objeto el tratamiento de las enfermedades: *la ~ dispone de medios químicos para curar a los enfermos.* ⇒ **terapia.**

te·ra·péu·ti·ᒥco, ᒥca |terapéutiko, ka| ***adj.*** MED. De la *terapéutica o que tiene relación con ella: *la radioterapia es un remedio ~.*

te·ra·pia |terápia| ***f.*** MED. Parte de la medicina que tiene por objeto el tratamiento de las enfermedades: *el médico me explicó en qué consistía la nueva ~.* ⇒ **terapéutica; ~ de grupo,** MED., la que sirve para curar o solucionar un problema mental reuniendo a varios enfermos: *ha dejado el alcohol y el psiquiatra le ha recomendado que haga ~ de grupo;* **~ ocupacional,** MED., la que sirve para curar manteniendo al enfermo ocupado en un trabajo o en una actividad: *la enfermedad ha sido tan larga que se ha visto obligado a hacer ~ ocupacional antes de volver a su trabajo habitual.*

ter·cer |terθér| ***adj.*** Apócope de *tercero*: *gire a la derecha pasado el ~ semáforo.* ⇒ **tercero.** ⌂ Se usa delante de sustantivos masculinos.

ter·ce·ra |terθéra| ***f.*** *Marcha del motor de un vehículo que tiene menos *potencia y más velocidad que la segunda: *reduce a ~, que se va a parar el motor.*

ter·cer·mun·dis·ta |terθermundísta| ***adj.*** Del Tercer Mundo o que tiene relación con él: *el sistema de telecomunicaciones en esta región es ~.*

ter·ce·ᒥro, ᒥra |terθéro, ra| **1** ***num.*** (persona, cosa) Que sigue en orden al que hace el número 2: *si voy después del segundo, soy el ~ de la lista.* ⇒ **tercer. 2** (parte) Que resulta de dividir un todo en tres partes iguales: *si somos tres para comer, me toca una tercera parte de tarta.* **- 3** ***adj.-s.*** (persona) Que media entre dos personas o que se añade a ellas: *para que no haya problemas entre tú y yo, le dejaremos el dinero a un ~.*

ter·ce·to |terθéto| **1** ***m.*** POÉT. Poema de tres versos de once sílabas que riman el primero con el tercero, quedando el segundo libre: *un soneto está formado por dos cuartetos y dos tercetos;* **tercetos encadenados,** POÉT., los que hacen rimar el segundo verso de uno con el primero y el tercero del siguiente: *los tercetos encadenados tienen rima consonante.* **2** MÚS. Conjunto de tres voces o instrumentos: *ayer escuché un concierto de un ~ de violines.* ⇒ **trío.**

ter·ciar |terθiár| **1** ***intr.*** Mediar en un asunto o enfrentamiento: *el famoso periodista va a ~ en el debate; terció entre las dos posturas.* **- 2** ***tr.*** [algo] Poner una cosa atravesada o torcida: *salió de la taberna terciándose la capa.* **3** Dividir en tres partes iguales: *acordaron ~ los gastos.* **4** *Equilibrar la carga repartiéndola a los dos lados del animal que la lleva: *tercia bien esos sacos.* **- 5 terciarse** ***prnl.*** Venir bien o darse una circunstancia adecuada: *si se tercia, le hablaré del asunto; iremos cuando se tercie.* ⌂ Se conjuga como 12.

ter·cia·ᒥrio, ᒥria |terθiário, ria| **1** ***adj.*** Que es tercero en orden o grado: *esa norma es de una importancia terciaria.* **- 2** ***adj.-m.*** GEOL. (periodo de la historia de la Tierra) Que se extiende desde hace 65 millones de años hasta hace 2 millones de años: *el periodo ~ es inmediatamente anterior al actual.* ⇒ **cuaternario, primario, secundario.**

terᒥcio, ᒥcia |térθio, θia| **1** ***num.*** (parte) Que resulta de dividir un todo en tres partes iguales: *si somos tres para comer, me toca un ~ de tarta.* **- 2 tercio** ***m.*** Botella de *cerveza de 33 *centilitros: *no tenemos botellines: sólo tenemos tercios.* **3** Parte en que se divide el ruedo de una plaza de toros: *intentó cambiar el toro de ~.* **4** Parte de una corrida de toros: *los tercios de varas, banderillas y muerte componen la lidia.* ⇒ **suerte. 5** MIL. Unidad militar de la *infantería española de los siglos XVI y XVII: *los tercios españoles recorrieron Europa.*

ter·cio·pe·lo |terθiopélo| ***m.*** Tejido espeso y delicado, que tiene pelo muy corto en la superficie: *el ~ se usa para trajes de fiesta; el ~ es de seda o de algodón.* ⇒ **pana.**

ter·⌐co, ⌐ca |térko, ka| ***adj.*** (persona) Que se mantiene excesivamente firme en sus ideas o intenciones, incluso si son *erróneas o falsas: *es un hombre muy ~ en las discusiones.* ⇒ **cerrado, férreo, pertinaz, tenaz, testarudo, tieso, tozudo.**

ter·gi·ver·sar |terxiβersár| ***tr.*** [algo] Deformar una cosa o hacer que se entienda de un modo poco adecuado: *el periodista tergiversó las palabras del político.* ⇒ **torcer.**

ter·mal |termál| **1 *adj.*** (agua) Que brota de la tierra a temperatura superior a la del ambiente: *el médico me recomendó baños de aguas termales para mis dolores de espalda.* **2** De las *termas o que tiene relación con ellas: *ha pasado una semana en un balneario ~.*

ter·mas |térmas| ***f. pl.*** Baños de agua que brota de la tierra a temperatura superior a la del ambiente: *en ese pueblo hay ~ curativas.*

ter·mes |térmes| ***m.*** Insecto muy pequeño que se alimenta de la madera: *hubo que restaurar el retablo porque estaba comido por los termes.* ⇒ **termita.** ☖ El plural es *termes.*

tér·mi·⌐co, ⌐ca |térmiko, ka| **1 *adj.*** Del calor o de la temperatura o que tiene relación con ellos: *la inversión térmica ha originado una tormenta.* **2** Que conserva una temperatura determinada: *esa cámara frigorífica lleva un revestimiento ~.*

ter·mi·na·ción |terminaθión| **1 *f.*** Final o conclusión; acción y resultado de terminar o acabar: *la ~ de las obras está prevista para el mes próximo.* ⇒ **fin. 2** Extremo o parte final de una cosa: *en la ~ de la película el héroe salva a sus amigos.* **3** LING. Parte última de una palabra, especialmente la que expresa una variación gramatical: *la ~ en* -ado *es característica de ciertos participios.* ⇒ **desinencia. 4** POÉT. Sonido, letra o conjunto de sonidos o letras que determinan la rima: *las palabras* armario *y* dromedario *tienen la misma ~.* ⇒ **rima.**

ter·mi·nal |terminál| **1 *adj.*** *form.* Que está al final; que termina o pone fin a una cosa: *las obras de la autopista están ya en su fase ~.* ⇒ **último. 2** *form.* Que no se puede curar ni puede mejorar: *es un enfermo ~ de cáncer; se encontraba en estado ~ y al poco tiempo murió.* **- 3 *f.*** Instalación donde empieza o termina una línea de transporte público: *el taxi lo llevó hasta la ~ de autobuses.* **4** Conjunto de edificios destinados a personas o a mercancías en los *puertos y *aeropuertos: *por favor, diríjanse a la ~ de embarque.* **- 5 *m.*** INFORM. Unidad de entrada o de salida de información, que se comunica con un ordenador central: *el teclado, la pantalla y la impresora son terminales; el cajero automático de los bancos es un ~.* **6** ELECTR. Extremo de un hilo conductor de electricidad: *los terminales pueden ser enchufes o bornes.*

ter·mi·nan·te |terminánte| ***adj.*** Que no admite discusión: *el consejo ha tomado una decisión ~.* ⇒ **tajante, taxativo.**

ter·mi·nar |terminár| **1 *tr.-prnl.*** [algo] Dar fin; acabar: *terminó su jornada de trabajo y se fue a casa.* **2** Consumir completamente: *se ha terminado el pan.* **- 3 *intr.*** Llegar al fin; llegar al último momento: *tuvimos muchos problemas, pero todo terminó bien.* **4** Dar fin a una relación: *hemos terminado, ya no quiero saber nada de ti.* **5** Dejar de vivir: *bebía mucho y terminó en un accidente de coche.* ⇒ **morir. 6** [con algo/alguien] Destruir o estropear: *el granizo terminó con la cosecha.* **7** [en algo] Tener como fin; tener en el extremo: *la ciudad termina en una muralla.* ⇒ **acabar.**

tér·mi·no |término| **1 *m.*** Último momento; situación en que termina una cosa; fin, conclusión: *aquella discusión supuso el ~ de su matrimonio; se acerca el ~ de su contrato y por eso está buscando un nuevo empleo.* **2** Último punto hasta donde llega o se extiende una cosa en el tiempo o en el espacio: *el ~ de esta vía de tren está en Madrid; no admitiremos ninguna solicitud fuera del ~ de este mes.* **3** Línea que divide los territorios según su organización política: *hace un rato atravesamos el ~ de la provincia de Zamora;* ~ **municipal**, el que comprende el territorio de un *municipio: *la casa está fuera del pueblo, pero dentro del ~ municipal de Sigüenza.* **4** Palabra de una lengua, especialmente la que se usa en una ciencia o técnica: *estoy recibiendo lecciones para familiarizarme con los términos de la medicina.* ⇒ **vocablo, voz. 5** Estado o situación: *la violencia está llegando a un ~ alarmante;* ~ **medio**, *fig.*, estado o situación entre dos posiciones opuestas: *yo quiero ir de vacaciones a la playa y Juan a la montaña, así que tendremos que buscar un ~ medio.* **6** Fin que se busca al hacer una cosa: *su ~ es conseguir el puesto de director.* **7** Plano en que se considera dividido un espacio: *en el cuadro aparece un caballo en primer ~ y muchos personajes detrás.* **8** LING. Palabra o grupo de palabras que está introducido por una preposición: *en el sintagma preposicional* por la mañana, *las palabras* la mañana *son el ~ de la preposición.* **9** MAT. Número o expresión matemática que forma parte de una operación: *en el quebrado 5/8, el 5 y el 8 son términos;* ~ **medio**, número igual a la media de un conjunto de cantidades: *el término medio entre 100 y 200 es 150.* ⇒ **promedio. - 10 términos *m. pl.*** Modo de hablar: *tu planteamiento, en buenos términos, es propio de ignorantes.* **11** Condiciones con que se soluciona un asunto; condiciones con que se establece una relación: *el comprador y el vendedor estuvieron de acuerdo en los términos del contrato.* ■ **en primer** ~, indica lo que se trata en primer lugar: *en primer ~, debemos plantearnos los objetivos.* ■ **en último** ~, sin otra solución; como última posibilidad: *trataremos de marcharnos en tren o en autobús y, en último ~, pasaremos aquí la noche.*

ter·mi·no·lo·gí·a |terminoloxía| ***f.*** Conjunto de palabras o expresiones propias de una profesión, ciencia o materia, o de un autor o libro concretos: *ese autor utiliza una ~ muy científica.*

ter·mi·ta |termíta| **1 *f.*** Insecto muy pequeño que se alimenta de la madera: *las termitas son una plaga peligrosa para los edificios.* ⇒ **termes.** ☖ La Real

Academia Española prefiere la forma *termes*. **2** QUÍM. Mezcla de óxido y *aluminio en polvo que al arder produce gran cantidad de calor: *la ~ se usa para soldar piezas de acero.*

ter·mo |térmo| ***m.*** Recipiente que mantiene una temperatura en su interior y que se usa para guardar líquidos: *trajo café en un ~ para que los vigilantes tomaran algo caliente.*

ter·mó·me·tro |termómetro| ***m.*** Instrumento que sirve para medir la temperatura: *el ~ marcó dos grados bajo cero la pasada madrugada;* **~ clínico,** el que se usa para tomar la temperatura a los enfermos: *parece que el niño tiene fiebre, así que le pondré el ~ clínico para comprobarlo.*

ter·mo·nu·cle·ar |termonukleár| ***adj.*** FÍS. Que está producido por la unión de elementos ligeros sometidos a altas temperaturas dando lugar a otro elemento más pesado, con gran desprendimiento de energía atómica: *una explosión ~ produjo la devastación de la zona.*

ter·mos·ta·to |termostáto| ***m.*** Aparato que regula la temperatura de manera automática: *los termostatos se emplean en los frigoríficos, en los calefactores y en los aparatos de aire acondicionado; los coches llevan un ~ que pone en marcha un ventilador para enfriar el agua del radiador.*

ter·na |térna| **1 *f.*** Conjunto de tres personas propuestas para que se elija de entre ellas la que debe ocupar un cargo o empleo: *el presidente presentó una ~ de colaboradores a la junta de accionistas.* **2** *fig.* Conjunto de tres personas: *esta tarde la ~ de matadores de la corrida es excepcional.* ⇒ **trío.**

ter·ne·⌜ro, ⌜ra |ternéro, ra| ***m. f.*** Cría de la vaca: *hoy hemos comido filetes de ternera; mira cómo mama el ~.*

ter·ni·lla |terníʎa| ***f.*** Tejido elástico y resistente que forma parte del esqueleto: *en las orejas no hay hueso, sino ~.* ⇒ **cartílago.**

ter·nu·ra |ternúra| **1 *f.*** Cualidad del que muestra fácilmente sus sentimientos, especialmente el afecto: *me conmueve la ~ de los niños.* **2** Muestra de afecto: *nunca tiene una ~ con su mujer.*

ter·que·dad |terkeðáᵈ| ***f.*** Firmeza en las ideas o intenciones, incluso cuando son equivocadas o falsas: *es imposible convencerlo por su ~.* ⇒ **tenacidad.**

te·rra·do |teřáðo| ***m.*** Cubierta plana de un edificio, preparada para que se pueda subir a ella y usarla: *la madre subió al ~ a tender la ropa.* ⇒ **terraza.**

te·rra·plén |teřaplén| **1 *m.*** Inclinación del terreno: *el ciclista se salió de la carretera y se cayó por el ~.* ⇒ **talud. 2** Montón de tierra con el que se cubre un agujero o que se hace con un fin determinado: *los soldados construyeron un ~ para defender el castillo.*

te·rrá·que·⌜o, ⌜a |teřákeo, a| ***adj.-s.*** De la Tierra o que tiene relación con ella: *somos muchos millones de habitantes en el globo ~.*

te·rra·te·nien·te |teřateni̲énte| ***com.*** Persona que es dueña de una tierra o una *hacienda: *los grandes terratenientes de la región se pusieron de acuerdo para utilizar un mismo procedimiento de producción agrícola.*

te·rra·za |teřáθa| **1 *f.*** Espacio exterior y *elevado, que sobresale en la fachada de un edificio, al que se llega desde el interior de una vivienda y que está limitado por una *barandilla o muro: *nos saludó desde la ~; tiende la ropa en la ~; una ~ es más grande que un balcón.* **2** Cubierta plana de un edificio sobre la cual se puede andar: *salió a tomar el sol a la ~.* ⇒ **azotea. 3** Lugar en una calle situado junto a un café o un bar y destinado a colocar mesas para los clientes: *se sentó en la ~, pidió un refresco y estuvo una hora viendo pasar a la gente.* **4** GEOL. Espacio de terreno llano en el lado de una montaña: *el río ha formado grandes terrazas.*

te·rre·mo·to |teřemóto| ***m.*** Movimiento violento de la superficie de la Tierra: *el último ~ que hubo en San Francisco produjo muchas víctimas.* ⇒ **temblor.**

te·rre·nal |teřenál| ***adj.*** De este mundo o esta vida o que tiene relación con ellos: *en su vida ~ obró como un santo.* ⇒ **carnal.**

te·rre·no |teřéno| **1 *adj.*** De la tierra o que tiene relación con ella: *San Jorge fue soldado en su vida terrena.* ⇔ **celeste. - 2 terreno *m.*** Parte del suelo; espacio: *Carlos se ha comprado un ~ en Sepúlveda; van a construir viviendas en ese ~.* **3** Campo en el que se muestra con más fuerza una característica o una cualidad: *los alumnos de medicina aprenden observando a los médicos en su ~.* **4** Conjunto de materias o ideas: *vamos a entrar ahora en el ~ de la lógica formal.* **5** DEP. Espacio limitado y preparado para la práctica de un deporte: *los jugadores están saliendo al ~ para comenzar el partido;* **~ de juego,** DEP., el que se dedica a la práctica de un deporte determinado: *ha llovido y el ~ de juego está en pésimas condiciones para el partido de fútbol.* **6** GEOL. Conjunto de sustancias minerales que tienen un origen común o cuya formación corresponde a una misma *época: *es un ~ rico en potasio.* ■ **allanar/preparar el ~,** hacer favorable una situación: *he estado preparando el ~ para que acepten tu propuesta.* ■ **conocer el ~ que se pisa,** conocer bien un asunto o una situación: *si me embarco en un proyecto es porque conozco el ~ que piso.* ■ **ganar ~,** progresar, avanzar: *con el nuevo sistema informatizado ganaremos ~ a las empresas de la competencia.* ■ **sobre el ~,** en el sitio donde ocurre o tiene que ocurrir la cosa de que se trata: *estuvimos ensayando los detalles de la boda sobre el ~: en la iglesia y en el restaurante; el ciclista ya había recorrido y estudiado sobre el ~ todas las etapas.* ■ **sobre el ~,** sin preparación; conforme sea necesario: *los problemas que surjan ya los resolveremos sobre el ~.*

te·rres·tre |teřéstre| ***adj.*** De la tierra o que tiene relación con ella: *el transporte ~ es generalmente menos rápido que el aéreo.*

te·rri·ble |teříβle| **1 *adj.*** Que causa mucho miedo: *el lobo era ~ y Caperucita estaba muy asustada.* **2** Que es difícil de soportar; que produce o puede producir mucho daño: *tengo un dolor de cabeza ~;*

un ~ incendio asoló la región. ⇒ **abominable, aborrecible, tremendo.**

te·rrí·co·la |teříkola| *com.* Habitante de la Tierra: *una nave extraterrestre ha venido a establecer contacto con los terrícolas.*

te·rri·to·rial |teřitoriál| *adj.* De un territorio o que tiene relación con él: *la audiencia ~ ha dictado sentencia sobre el caso.*

te·rri·to·rio |teřitório| **1** *m.* Extensión de tierra de una nación, de una región o de otra división política: *parece que el prófugo ha escapado del ~ nacional.* **2** ZOOL. Terreno o lugar concreto donde vive un determinado animal, o un grupo de animales de la misma familia, y que es defendido por ellos: *el macho cabrío defendía su ~ y a sus hembras del macho joven.*

te·rrón |teřón| *m.* Masa apretada de tierra o de otras sustancias y materias: *echó dos terrones de azúcar al café.* ⇒ **azucarillo.**

te·rror |teřór| **1** *m.* Miedo extremo: *el ~ que le causó aquella visión lo dejó paralizado.* ⇒ **pavor. 2** Persona o cosa que da mucho miedo: *ese profesor es el ~ de los alumnos.*

te·rro·rí·fi·⌜co, ⌜ca |teřorífiko, ka| *adj.* Que causa miedo o terror: La Mosca *es una película terrorífica.* ⇒ **aterrador, espeluznante.**

te·rro·ris·mo |teřorísmo| *m.* Forma violenta de lucha política que persigue destruir el orden establecido o provocar el terror en una población con un fin determinado: *el ~ va unido a algunos movimientos independentistas; a causa del ~ han muerto muchas personas inocentes.*

te·rro·ris·ta |teřorísta| **1** *adj.* Del *terrorismo o que tiene relación con él: *los anarquistas llevaron a cabo actos terroristas; a lo largo de la semana se han producido varios atentados terroristas.* **- 2** *adj.-com.* (persona) Que es partidario del *terrorismo o que lo practica: *la policía francesa ha detenido a un ~ en la frontera.*

ter·⌜so, ⌜sa |térso, sa| *adj.* Que es liso; que no tiene arrugas: *los jóvenes tienen la piel tersa.*

ter·su·ra |tersúra| *f.* Cualidad de *terso: *me maravilla la ~ de su piel.*

ter·tu·lia |tertúlia| *f.* Conversación informal entre varias personas: *asistía a una ~ de literatos en la que conoció a un famoso escritor.*

te·si·na |tesína| *f.* Trabajo de *investigación escrito que se puede exigir para conseguir el grado *académico de *licenciado: *defendió su ~ en el mes de julio.* ⇒ **tesis.**

te·sis |tésis| **1** *f.* Opinión o idea defendida y explicada con palabras: *sostienen la ~ de que el mundo acabará con el milenio.* **2** Trabajo de *investigación escrito que se exige para conseguir el grado *académico de *doctor: *debes terminar la ~ doctoral cuanto antes para preparar oposiciones.* ⇒ **tesina.** ☐ El plural es *tesis.*

te·són |tesón| *m.* Firmeza y decisión que se ponen en un trabajo o una idea: *practicó el atletismo con ~ y consiguió ser un buen atleta.*

te·so·re·rí·a |tesorería| *f.* Oficina del *tesorero: *fue a ~ para recoger el cheque por el trabajo que había realizado.*

te·so·re·⌜ro, ⌜ra |tesoréro, ra| *m. f.* Persona encargada de cobrar, guardar y administrar el dinero de un grupo: *don Andrés es el ~ de la asociación de vecinos.*

te·so·ro |tesóro| **1** *m.* Conjunto de dinero, joyas o cosas de valor: *los piratas guardaban un ~ en la isla desierta.* **2** Conjunto de bienes de un país: *tras el buen año turístico, se ha incrementado el ~ español.* **3** *fig.* Persona o cosa de mucho valor: *tu hijo es un ~: siempre tan cariñoso y amable.* ☐ Se usa como apelativo afectivo. **4** *fig.* Conjunto de todas las palabras de una lengua o un periodo, ordenado *alfabéticamente: *~ de la lengua castellana.*

test |tésᵗ| *m.* Prueba escrita en la que hay que contestar de forma breve a una serie de preguntas o problemas y que sirve para medir una capacidad o una *aptitud: *en este ~ hay que marcar las respuestas con lápiz; tuvo tres fallos en el ~ del examen de conducir.* ☐ Para el plural se usan las formas *tests* y *test.*

tes·ta |tésta| **1** *f.* Parte superior del cuerpo del hombre donde se encuentran algunos sentidos y el cerebro: *se dio un golpe en la ~.* ⇒ **cabeza. 2** *fig.* Entendimiento o capacidad de la mente: *tiene una buena ~ para los negocios.*

tes·ta·men·to |testaménto| **1** *m.* Documento o discurso en el que una persona expresa su última voluntad sobre el destino de sus bienes, una vez que haya muerto: *cuando se empezó a encontrar viejo y enfermo llamó al notario para hacer ~;* **~ político,** obra que algunos políticos escriben para indicar las líneas de la política que creen que se debe seguir después de su muerte, y para explicar su labor: *ese partido sigue el ~ político de su fundador.* **2** *fam. fig.* Escrito muy largo; libro muy gordo: *¡menudos testamentos tienen que estudiar los alumnos de derecho!* ■ **Antiguo/Viejo Testamento,** parte de la Biblia que comprende los escritos de Moisés y todas las demás obras anteriores al nacimiento de Jesucristo: *compró una edición ilustrada del Antiguo Testamento.* ■ **Nuevo Testamento,** parte de la Biblia que contiene los *evangelios y otras obras posteriores al nacimiento de Jesucristo: *los judíos no creen en el Nuevo Testamento.*

tes·tar |testár| *intr.* Hacer *testamento: *el padre murió sin ~.*

tes·ta·ra·zo |testaráθo| **1** *m. fam.* Golpe dado con la cabeza: *frenó de golpe la bicicleta y se dio un ~ contra la pared.* **2** *p. ext.* Golpe o encuentro violento: *no sigáis discutiendo o acabaréis a testarazos.*

tes·ta·ru·⌜do, ⌜da |testarúðo, ða| *adj.-s.* (persona) Que se mantiene excesivamente firme en sus ideas o intenciones, incluso si son *erróneas o falsas: *es muy ~: no hay quien le haga cambiar de ideas.* ⇒ **terco, tozudo.**

tes·tí·cu·lo |testíkulo| *m.* ANAT. *Glándula sexual que produce los *espermatozoides: *en el hombre y otros animales los testículos se encuentran fuera del abdomen.* ⇒ **cojón, huevo.**

tes·ti·fi·car |testifikár| **1** ***tr.*** [algo] Dar a conocer o explicar unos hechos en un juicio: *testificó lo que sabía del caso ayer por la mañana.* ⇒ **atestiguar, declarar. 2** *fig.* Afirmar con seguridad: *testifico que no sé nada del asunto.* ⌂ Se conjuga como 1.

tes·ti·go |testíγo| **1** ***com.*** Persona que está presente en un acto, especialmente la que habla en un juicio: *tú eres ~ de la promesa que me ha hecho; la ~ se puso nerviosa cuando tuvo que declarar ante el juez;* ~ **de cargo**, el que habla en un juicio en contra del acusado: *el fiscal llamó al ~ de cargo para testificar;* ~ **de descargo**, el que habla en un juicio a favor del acusado: *el abogado defensor hizo entrar en la sala al ~ de descargo.* - **2** ***m.*** DEP. Objeto que se pasan los corredores de *relevos para dar *fe de que la sustitución ha sido correcta: *el corredor soltó el ~ demasiado pronto y su compañero no pudo recogerlo.* ■ **poner por** ~, nombrar a una persona que puede asegurar lo que se dice: *para demostrar que tenía razón, puso a su amigo por ~.*

tes·ti·mo·nial |testimoniál| ***adj.*** Del *testimonio o que tiene relación con él: *su obra mostró desde el primer momento una voluntad ~.*

tes·ti·mo·niar |testimoniár| **1** ***tr.-intr.*** [algo] *Declarar para dar *fe de un hecho: *fue testigo de un robo y el juez lo llamó para ~.* - **2** ***tr.*** Dar muestra de una cosa: *testimonió su condolencia a los herederos del difunto.* ⌂ Se conjuga como 12.

tes·ti·mo·nio |testimónio| ***m.*** *Declaración que da *fe de un hecho: *vale para desempeñar ese cargo: doy ~ de ello.*

tes·tuz |testúθ| ***amb.*** Frente o parte alta de la cabeza de algunos animales: *aquel caballo tiene una estrella en la ~.*

te·ta |téta| ***f.*** Órgano de las hembras de los mamíferos que produce leche: *el recién nacido mamaba de la ~ de su madre.* ⇒ **mama, pecho.** ■ **dar la** ~, dar la leche de los pechos a las crías: *no toques a la perra mientras da la ~ a los cachorros.* ⇒ **amamantar.** ■ **de** ~, que está en periodo de tomar la leche de los pechos de la madre: *es un gato de ~, todavía se alimenta de la leche de la madre.*

té·ta·nos |tétanos| ***m.*** Enfermedad grave que se produce por la *infección de algunas heridas: *se cortó con una lata oxidada e inmediatamente le pusieron la vacuna contra el ~.* ⌂ El plural es *tétanos.*

te·te·ra |tetéra| ***f.*** Recipiente que se usa para preparar y servir el té: *le han regalado una ~ de porcelana y seis tazas a juego.*

te·ti·na |tetína| ***f.*** Pieza de goma con un agujero en su extremo, que se pone en la boca de un *biberón o en un vaso para que chupen los niños: *antes de poner la ~ en el biberón hay que esterilizarla.*

te·tra·sí·la·⌜bo, ⌜ba |tetrasílaβo, βa| ***adj.-m.*** (palabra) Que tiene cuatro sílabas: cocodrilo *es una palabra tetrasílaba.*

té·tri·co, ⌜ca |tétriko, ka| ***adj.*** Que es muy triste, serio o grave: *me deprimía pasar el verano en aquella tétrica mansión.*

tex·til |te^{k}stíl| **1** ***adj.*** De los tejidos o que tiene relación con ellos: *la industria ~ es la principal en esta zona.* **2** (materia) Que puede tejerse: *tengo un almacén de fibras textiles.*

tex·to |té^{k}sto| **1** ***m.*** Conjunto de palabras que componen un documento escrito: *en clase traducimos textos de autores españoles al inglés; los editores tratan de reconstruir el ~ original.* **2** Parte de un escrito o de una obra: *hicimos un comentario de un ~ de* Cinco horas con Mario. **3** Libro que se usa para enseñar una materia: *en la página 85 del ~ tenéis los modelos de conjugación de los verbos latinos.*

tex·tual |te^{k}stuál| **1** ***adj.*** Del texto o que tiene relación con él: *hice un curso de crítica ~.* **2** Que es exacto; que se repite palabra por palabra: *en el periódico aparece una cita ~ de las palabras del ministro.*

tex·tu·ra |te^{k}stúra| **1** ***f.*** Calidad física de una materia: *el hierro es un metal de ~ áspera.* **2** Colocación o posición de los hilos en una tela: *ese tejido tiene una ~ en forma de espigas.*

tez |téθ| ***f.*** Superficie de la cara de las personas: *esa persona tiene la ~ oscura.* ⌂ El plural es *teces.*

ti |tí| ***pron. pers.*** Forma del pronombre de segunda persona, en género masculino y femenino y en número singular: *he traído un regalo para ~; no hemos dicho nada contra ~; creo que no podría vivir sin ~.* ⌂ Se usa acompañado de preposición. Con la preposición *con* forma la palabra *contigo.*

ti·bia |tíβia| ***f.*** ANAT. Hueso de la pierna, situado en su parte anterior: *la ~ va del pie hasta la rodilla; la parte anterior de la ~ es la espinilla; lleva la pierna escayolada porque se ha roto la ~.* ⇒ **peroné.**

ti·⌜bio, ⌜bia |tíβio, βia| **1** ***adj.*** Que tiene una temperatura media entre el frío y el calor: *se bañó con agua tibia.* ⇒ **templado. 2** *fig.* Que no muestra sentimientos o afectos: *no se alteraron con la noticia, se mantuvieron tibios.* ■ **ponerse** ~, *fam.*, comer hasta *hartarse: *cuando fuimos a Galicia me puse ~ de marisco.* ■ **poner** ~, *fam.*, hablar mal de una persona; criticar: *seguro que nos están poniendo tibios porque no hemos querido hacer lo que ellos decían.*

ti·bu·rón |tiβurón| **1** ***m.*** Pez marino con una gran *aleta triangular en la parte superior, con la boca

TIBURÓN

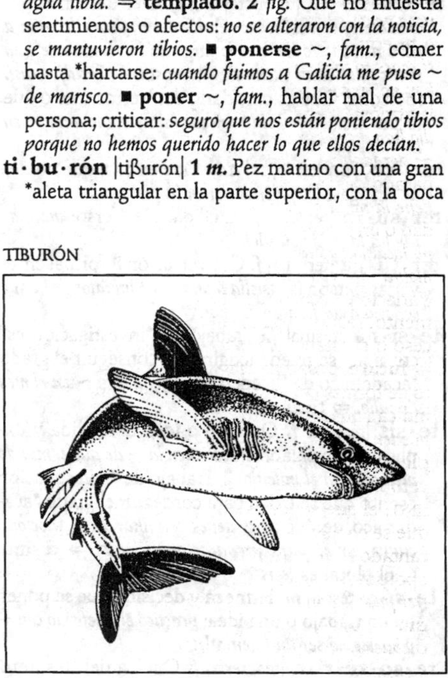

en la parte inferior de la cabeza y dientes afilados: *los tiburones tienen fama de ser animales muy peligrosos.* ⇒ **escualo.** ◯ Para indicar el sexo se usa el ~ macho y el ~ hembra. **2** *fig.* Persona que busca el éxito y ganar dinero sin dar importancia a otras cosas: *hay un ~ detrás de tu empresa para comprar acciones baratas y luego venderlas muy caras.*

tic |tí^{k}| ***m.*** Movimiento repetido e involuntario: *no es que te esté guiñando el ojo, es que tiene un ~.*

ti·cket |tíke^{t}| **1** ***m.*** Papel en el que se *anota el precio que se ha pagado por una cosa: *la señora revisó el ~ de su compra para asegurarse de que todo estaba bien.* **2** Billete que permite usar un medio de transporte o entrar en un establecimiento público o espectáculo: *mi hermano tiene los tickets del autobús.* ⇒ **tique.** ◯ Esta palabra procede del inglés. El plural es *tickets.* La Real Academia Española prefiere la forma *tique.*

tiem·po |tiémpo| **1** ***m.*** Duración de una cosa: *el ~ del recreo es de media hora.* **2** Momento o periodo: *¿cuánto ~ crees que tardaremos en llegar a tu casa?;* ~ **inmemorial**, el muy antiguo, que no se conoce: *los ancianos se reunían en aquella plaza desde ~ inmemorial;* ~ **muerto**, DEP., periodo durante el que se interrumpe un juego en ciertos deportes: *el entrenador pidió ~ muerto para explicar un cambio de estrategia a sus jugadores;* ~ **perdido**, el que pasa sin ser aprovechado: *si te quedas por la noche viendo la televisión, será ~ perdido.* **3** Periodo largo: *hace ~ que quería hablar contigo de este asunto.* **4** Periodo histórico: *estamos estudiando el ~ de Alfonso XII.* ◯ Se usa también en plural con el mismo significado: *en tiempos de mi abuelo había muy poca gente que tuviese coche.* **5** Momento adecuado o reservado para una acción o para su *término: *si coges la fruta antes de ~, nunca llegará a madurar; hoy no tengo ~ para ir a la biblioteca.* **6** Estado de la atmósfera en un periodo determinado: *en la radio han dicho que este fin de semana vamos a tener un ~ agradable y soleado.* **7** Edad; periodo vivido o pasado desde el origen o el nacimiento: *¿qué ~ tiene la niña?* **8** Parte en que se divide una actividad o un proceso: *cuando acabó el primer ~, el equipo local iba ganando el partido; debes realizar la maniobra de aparcamiento en tres tiempos.* **9** LING. Variación *formal del verbo que expresa el momento *relativo en el que ocurre la acción, el proceso o el estado: *el verbo* comía *está en ~ pasado.* ⇒ **futuro, presente, pretérito. 10** LING. Conjunto de formas del verbo en el que se reúnen las que indican una misma expresión *temporal: *los verbos pueden estar en ~ presente, pretérito o futuro;* ~ **simple**, LING., el que se conjuga sin el auxilio de otro verbo: *un ~ simple es* yo canto*;* ~ **compuesto**, LING., el que se forma con el participio del verbo que se conjuga y un tiempo del auxiliar *haber*: he cantado *es un ~ compuesto.* ■ **a** ~, en el momento oportuno; cuando todavía no es tarde: *tuve que correr para llegar a ~ a la estación de trenes.* ■ **al mismo** ~, a la vez; en el mismo momento: *en Nochebuena, todas las cadenas de televisión emiten el mensaje del Rey al mismo ~.* ■ **al** ~, expresión que indica que el futuro demostrará la verdad de lo que se dice: *ya verás cómo Isabel acabará casándose con Vicente, y si no, al ~.* ■ **andando el** ~, más adelante; después: *andando el ~ se verá quién tenía razón.* ■ **a un** ~, a la vez; en el mismo momento: *todos los niños saludaron al maestro a un ~.* ■ **cada cosa a/en su** ~, indica que hay una oportunidad para hacer cada cosa: *no te pongas ahora a hablar de exámenes: cada cosa a su ~.* ■ **con** ~, sin prisa; cuando todavía no es tarde: *es mejor empezar los preparativos para el viaje con ~ o al final no encontraremos plaza en ningún hotel.* ■ **dar** ~, no meter prisa; esperar: *dame ~ para terminar el trabajo o lo haré todo deprisa y mal.* ■ **dar** ~, disponer de un periodo para hacer una cosa: *quiero leer este capítulo hoy, pero no sé si me dará ~.* ■ **dar ~ al** ~, esperar el momento oportuno; esperar a que se arregle por sí sola una cosa: *ya sé que quieres averiguar la verdad, pero tendrás que darle ~ al ~.* ■ **del** ~, que está a temperatura ambiente: *tomaré un refresco del ~ porque estoy un poco resfriado.* ■ **el ~ de Maricastaña/del rey Perico/del rey que rabió**, *fam.*, un periodo muy lejano, del que ya no se acuerda nadie: *el abuelo siempre cuenta cosas del ~ de Maricastaña; ¿que no había ordenadores?: eso sería en tiempos del rey Perico.* ■ **ganar** ~, hacer una cosa que sirve para terminar antes o avanzar más rápido: *si vamos en avión ganaremos ~.* ■ **ganar** ~, hacer que una cosa vaya más lenta o se detenga para que otra en la que se tiene interés termine antes: *el ladrón atrancó la puerta con un armario para ganar ~ y escapar por la ventana.* ■ **hacer** ~, esperar una cosa haciendo otra para que la espera no resulte molesta: *estuve leyendo una revista en la sala de espera del médico para hacer ~.* ■ **matar/pasar el** ~, *fam.*, esperar una cosa haciendo otra para que la espera no resulte tan molesta: *me puse a ver una película para matar el ~; charlamos un rato y así pasamos el ~.*

tien·da |tiénda| **1** ***f.*** Establecimiento en el que se venden comestibles, ropa u otros productos de consumo: *las calles de la ciudad están llenas de tiendas; Fátima tiene una ~ de ropa; Isabel trabaja en una ~ de electrodomésticos.* ⇒ **comercio.** ◯ Frecuentemente se usa *tienda* para *tienda de comestibles*: *bajaré a la ~ a comprar fruta.* **2** Armazón plegable de barras metálicas cubierto con una gran pieza de tela, que se sujeta al suelo con clavos o ganchos y sirve para refugiarse o dormir en el campo: *vamos a montar la ~ antes de que anochezca; dormiremos en la ~ para no pasar frío; el camping estaba lleno de tiendas de campaña.*

tien·ta |tiénta| ***f.*** Prueba de la *bravura de un toro: *los ganaderos hicieron la ~ de los becerros en el corral.* ■ **a tientas**, tocando con las manos, cuando no se puede ver: *llegó al interruptor de la luz a tientas.*

tien·to |tiénto| **1** ***m.*** Cuidado y habilidad: *es mejor que te andes con mucho ~ en este negocio porque puedes perderlo todo.* **2** Toque o ejercicio del sentido del *tacto: *mi tío reconoce al ~ si los melones son buenos.* ■ **dar un** ~, *fam.*, beber o comer; probar una cosa: *el lazarillo, cuando el ciego se descuidaba, le daba un ~ al jarro de vino.*

tier·⌐no, na |tiérno, na| **1** ***adj.*** Que es blando, delicado y flexible; que es fácil de romper o partir: *la carne del solomillo es la más tierna.* **2** *fig.* Que muestra fácilmente sus sentimientos, especialmente el afecto: *es una mujer muy tierna con sus hijos.* **3** *fig.* Que produce sentimientos agradables: *la historia de Romeo y Julieta es muy tierna; mira qué ~ es ese bebé.*

tie·rra |tiéra| **1** ***f.*** Parte sólida de la superficie de nuestro planeta: *el marinero vio la costa y gritó ¡~ a la vista!;* ~ **firme**, la de los continentes: *me mareé muchísimo en el barco y estaba deseando pisar ~ firme.* **2** Materia mineral, especialmente la que compone el suelo natural: *cubrieron con ~ el agujero; cogió un puñado de ~ y me lo tiró a los ojos;* ~ **rara/tierras raras**, QUÍM., óxidos de ciertos metales que existen en muy pequeñas cantidades en la naturaleza: *las tierras raras tienen números atómicos comprendidos entre el del cerio y el del lutecio.* **3** Planeta en que viven los seres humanos: *la Luna es un satélite de la Tierra.* ☖ En esta acepción se escribe con mayúscula. **4** Región o lugar en que se ha nacido: *en mi ~ se hacen unos dulces buenísimos.* **5** Nación o región; parte o división de un territorio: *se fue a vivir a una ~ lejana;* ~ **prometida**, REL., la que Dios prometió al pueblo de Israel: *los israelitas salieron de Egipto hacia la ~ prometida;* **Tierra Santa**, REL., lugares de Palestina donde nació, vivió y murió Jesucristo: *hicieron una peregrinación por Tierra Santa y visitaron Jerusalén.* **6** Suelo o piso: *la estatua cayó a ~.* **7** Terreno dedicado al cultivo: *esta ~ es muy buena para sembrar hortalizas; tiene algunas tierras en el pueblo.* ⇒ **haza, parcela, pedazo. 8** ELECTR. Suelo, considerado como polo y conductor eléctrico: *prefiero que todos los enchufes tengan toma de ~; este cable va directamente a ~.* ■ **echar por ~**, destruir, tirar, hacer *inútil: *el accidente echó por ~ nuestros planes.* ■ **poner ~ en/por medio**, irse, alejarse de un lugar: *pidió mucho dinero prestado y, como no podía pagarlo, puso ~ por medio.* ■ ~ **adentro**, en o hacia un lugar que está lejos de la costa: *nosotros vivimos ~ adentro, pero nos gusta mucho la playa; esta carretera lleva ~ adentro y esta otra sigue al lado del mar.* ■ **quedarse en ~**, no hacer un viaje o un proyecto que se había organizado anteriormente: *todos mis amigos se fueron de vacaciones, pero yo me quedé en ~.* ■ **tomar ~**, llegar hasta un lugar firme desde el aire o el agua: *dentro de unos instantes tomaremos ~, así que permanezcan en sus asientos con el cinturón de seguridad abrochado.* ■ **¡trágame ~!**, expresión que indica que se siente vergüenza o que se quiere desaparecer de un lugar o de una situación: *he derramado todo el vino encima de la mesa: ¡trágame ~!* ■ **tragárselo la ~**, desaparecer sin dejar ninguna señal y de pronto: *se marchó un día y nunca más se supo de él: como si se lo hubiera tragado la ~.*

tie·⌐so, ⌐sa |tiéso, sa| **1** ***adj.*** Que es duro y firme; que es difícil de doblar o romper: *la escayola, cuando se seca, se pone tiesa.* **2** Que está tenso o tirante: *poned tiesas las cuerdas.* ⇒ **tenso. 3** *fam.* Que está muerto: *una mañana se encontraron ~ al anciano.* **4** *fig.* (persona) Que se mantiene excesivamente firme en sus ideas o intenciones: *tuvo que ponerse ~ para conseguir imponer sus ideas.* ⇒ **tenaz, terco. 5** *fig.* (persona) Que tiene buena salud y buen aspecto físico: *hay que ver lo ~ que está tu padre para su edad.* **6** *fig.* (persona) Que se muestra firme y serio: *el profesor se puso ~ para que los niños no le tomaran el pelo; si siguen abusando de ti, tendrás que ponerte ~.* ■ **quedarse ~**, *fam.*, tener mucho frío; quedarse sin movimiento o muerto por el frío: *no me he abrigado bien y me estoy quedando ~; hacía tanto frío que los pájaros se quedaban tiesos en las ramas.*

ties·to |tiésto| ***m.*** Recipiente de barro que se usa para cultivar plantas: *tengo varios tiestos en la terraza.* ⇒ **maceta.**

ti·fón |tifón| **1** ***m.*** Viento extremadamente fuerte que avanza girando sobre sí mismo de forma rápida y acompañado de fuertes lluvias: *un ~ destruyó la ciudad; en el mar de China se forman muchos tifones.* ⇒ **ciclón, huracán, tornado. 2** Nube de forma cónica que se *eleva desde la superficie de la tierra o del mar y gira rápidamente sobre sí misma: *los pastores recogieron el ganado ante la amenaza de un ~.*

ti·fus |tífus| ***m.*** Enfermedad *contagiosa caracterizada por una fiebre muy alta: *el ~ es una enfermedad casi erradicada en la actualidad.*

ti·⌐gre, ⌐gra |tíɣre, ɣra| **1** ***m. f.*** Animal mamífero muy fiero, algo más grande que un león, con el pelo amarillo con rayas negras y con fuertes uñas que usa para cazar otros animales: *el ~ se alimenta de carne; el ~ vive en Asia.* **2** *fig.* Persona cruel y que no tiene compasión: *es un ~: ataca a todos sin piedad.* **3** *fig.* Persona muy fuerte y valiente: *¿tú solo has vencido a todos los atracadores? ¡eres un ~!* ■ **oler a ~**, *fam.*, oler muy mal: *¡qué asco! la habitación de los chicos huele a ~.*

ti·gre·sa |tiɣrésa| ***f.*** Mujer bella que provoca y atrae a los hombres: *¿cómo se te ocurrió dejar a tu marido en manos de esa ~?*

ti·je·ra |tixéra| **1** ***f.*** Instrumento que sirve para cortar y que está formado por dos hojas, unidas en un punto, que se abren y se cierran: *Juan me ha pedido una ~.* ☖ Se usa también en plural para hacer referencia a uno solo de esos instrumentos. **2** *fig.* Cosa que tiene una forma parecida a ese instrumento: *llevamos al campo las sillas de ~, que se pliegan y ocupan muy poco espacio.*

ti·je·re·ta |tixeréta| **1** ***f.*** Salto que se hace cruzando las piernas en el aire: *el bailarín hizo tijeretas en el escenario.* **2** Insecto que tiene el cuerpo plano y acabado en dos piezas curvas que se abren y se cierran: *en este jardín hay muchas tijeretas.*

ti·la |tíla| **1** ***f.*** Bebida caliente, que se hace hirviendo unas flores y que se usa como calmante: *si no me tomo una ~, no podré dormir.* **2** Árbol muy alto, de tronco recto, con las hojas anchas en forma de corazón y las flores olorosas, blancas o amarillas: *talaron las tilas para construir una casa.* ⇒ **tilo.**

3 Flor de ese árbol, que se usa para hacer esa bebida: *ha comprado unas tilas para hacer una infusión.*

til·dar |tildár| ***tr.*** [a alguien; de algo] Señalar una cualidad o una característica mala: *tildó de avaro a su padre porque no quería comprarle un coche.*

til·de |tílde| ***f.*** Signo o rasgo escrito que se pone sobre ciertos caracteres: *la palabra* canción *lleva ~ sobre la o; la ñ lleva una ~.* ⇒ **acento.**

ti·lo |tílo| ***m.*** Árbol muy alto, de tronco recto, con las hojas anchas en forma de corazón y las flores olorosas, blancas o amarillas: *las flores del ~ se usan en infusión; los tilos dan mucha sombra.* ⇒ **tila.**

ti·ma·⌜dor, ⌜do·ra |timaðór, ðóra| ***m. f.*** Persona que roba con engaño: *un ~ le vendió a aquel hombre un coche viejo haciéndole creer que era nuevo.* ⇒ **estafador.**

ti·mar |timár| **1** ***tr.*** [algo; a alguien] Quitar o robar con engaño: *una falsa empresa constructora ha timado a muchas personas que querían comprar un piso.* ⇒ **estafar. 2** [a alguien] Engañar prometiendo cosas falsas: *me ha dicho que me quiere, pero creo que me va a ~.*

tim·ba |tímba| **1** ***f.*** *fam.* Partida de juego de azar: *cuando nos reunimos los amigos, nos montamos una timba.* **2** Casa de juego: *la policía ha cerrado una ~ ilegal.*

tim·bal |timbál| ***m.*** Tambor formado por una caja de metal con forma de media esfera y una cubierta de piel tirante: *bailaron al ritmo del ~.*

tim·ba·le·⌜ro, ⌜ra |timbaléro, ra| ***m. f.*** Persona que toca los *timbales: *en los grupos de salsa siempre hay algún ~.*

tim·brar |timbrár| ***tr.*** [algo] Poner un sello en ciertos documentos: *el papel debe venir convenientemente timbrado por el organismo del que procede.*

tim·bre |tímbre| **1** ***m.*** Aparato, generalmente eléctrico, que emite un sonido que sirve de llamada o de aviso: *oyó que llamaban al ~ y fue a abrir la puerta; ese ~ indica el comienzo de cada clase.* **2** Cualidad de un sonido, que lo distingue de otro: *te he reconocido por el ~ de la voz; el ~ del violonchelo es distinto del ~ del violín.* **3** Sello que se pone en algunos documentos para indicar que se han pagado las tasas que corresponden: *el contrato de alquiler del piso tenía que llevar el ~ correspondiente.*

ti·mi·dez |timiðéθ| ***f.*** Cualidad de tímido; vergüenza: *su ~ le impidió declarar su amor a la chica que le gustaba.*

tí·mi·⌜do, ⌜da |tímiðo, ða| ***adj.*** (persona) Que siente vergüenza con facilidad: *no seas tan ~ y saluda a la señora; no ha hecho amigos porque es muy ~.* ⇒ **vergonzoso.**

ti·mo |tímo| ***m.*** Robo o engaño, especialmente cuando no se cumple lo prometido: *¡vaya ~, me dijo que la cadena que me vendía era de oro y resulta que es de chatarra!* ⇒ **estafa.**

ti·món |timón| **1** ***m.*** Pieza o mecanismo que sirve para conducir o controlar, generalmente un barco o un avión: *el ~ es una tabla que se mueve verticalmente; el piloto maneja el ~.* **2** *fig.* Dirección o gobierno de un negocio: *el presidente lleva el ~ de la nación.*

ti·mo·nel |timonél| ***com.*** Persona que maneja el *timón de una embarcación: *el ~ fijó el rumbo hacia el este.*

tím·pa·no |tímpano| **1** ***m.*** Tejido delgado que recibe las vibraciones de los sonidos y las comunica al interior del oído: *la rotura del ~ puede provocar sordera; el ~ separa el oído externo del oído medio.* **2** ARQ. Espacio triangular que está comprendido entre las líneas que forman un *frontón: *el ~ de la fachada de la iglesia está adornado con imágenes sagradas.* **3** MÚS. Instrumento musical de percusión, formado por varias tiras de cristal de diferente longitud colocadas sobre cuerdas, que se toca con unos palos: *el ~ tiene un sonido muy agradable.*

ti·na·ja |tináxa| ***f.*** Recipiente grande de barro, mucho más ancho por el centro que por el fondo y la boca: *tenía unas tinajas con vino tinto en la bodega.*

ti·ner·fe·⌜ño, ⌜ña |tinerféɲo, ɲa| **1** ***adj.*** De Tenerife o que tiene relación con Tenerife: *la isla tinerfeña pertenece al archipiélago de las Canarias; el relieve ~ es volcánico.* **- 2** ***m. f.*** Persona nacida en Tenerife o que vive habitualmente en Tenerife: *Alfonso es un ~ de pelo oscuro y tez morena.*

tin·gla·do |tiŋgláðo| ***m.*** Desorden; asunto o situación difícil o complicada: *¡menudo ~ se montó en la fiesta cuando llegaron los padres!* ⇒ **lío.**

ti·nie·bla |tinjéβla| **1** ***f.*** Oscuridad; falta de luz: *poco a poco me fui acostumbrando a la ~ y empecé a distinguir sombras y contornos.* ☐ Se usa también en plural con el mismo significado: *un lobo emergió de las tinieblas de la noche.* **- 2 tinieblas** ***f. pl.*** Falta de conocimientos y de cultura: *aquellos autores creían que el hombre había estado perdido en las tinieblas.*

ti·no |tíno| **1** ***m.*** Habilidad o facilidad para acertar: *Pepe tiene mucho ~ al disparar.* ⇒ **puntería. 2** *fig.* Juicio o acierto para conducir un asunto delicado: *le dio la mala noticia con mucho ~.* ⇒ **tacto. 3** *fig.*

TINAJA

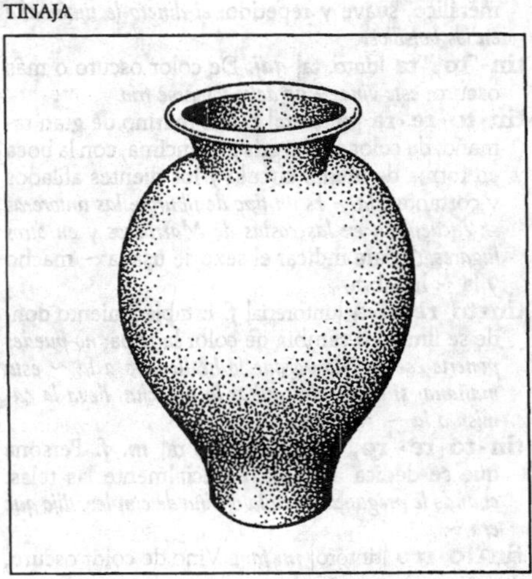

Medida en el comportamiento; falta de exceso: *debes comer y beber con ~ si quieres llegar a viejo.* ⇒ **moderación.**

tin·ta |tínta| **1** *f.* Sustancia de color que sirve para escribir, dibujar o imprimir: *se ha acabado la ~ de la impresora; la ~ de este bolígrafo es roja;* ~ **china**, la que se hace con negro de humo y se usa para dibujar: *tenemos que hacer los dibujos lineales con ~ china.* **2** Líquido que echan ciertos invertebrados marinos para protegerse *oscureciendo el agua: *el pulpo se alejó tras una nube de ~; abrió una lata de calamares en su ~ como aperitivo.* ■ **cargar las tintas**, prestar una gran atención a un aspecto; exagerar: *si te has separado de tu marido, no cargues las tintas en aquella pelea: simplemente ya no os queréis.* ■ **correr ríos de** ~, dar lugar a muchos *comentarios escritos: *cuando asesinaron al presidente, corrieron ríos de ~.* ■ **medias tintas**, *fam.*, hechos, dichos o juicios poco claros o determinados: *no te andes con medias tintas y dile todo lo que piensas.* ■ **saber de buena** ~, *fam.*, estar informado por una fuente segura y que merece confianza: *sé de buena ~ que se ha divorciado porque me lo ha contado ella misma.* ■ **sudar** ~, *fam.*, hacer un trabajo con mucho esfuerzo: *tuvo que sudar ~ para mover el piano.*

tin·te |tínte| **1** *m.* Cambio del color de una cosa: *voy a la peluquería a que me hagan un ~ para cubrir las canas.* **2** Color que se da o con el que se cubre una cosa: *lleva un ~ rubio en el pelo.* **3** Establecimiento donde se limpia o cambia de color la ropa: *llevó el traje al ~ para que lo limpiaran en seco.* ⇒ **tintorería. 4** Cualidad o aspecto superficial: *el asunto ha adquirido un ~ dramático.*

tin·te·ro |tintéro| *m.* Vaso o recipiente de boca ancha que se usa para guardar la tinta de escribir: *todavía usa pluma y ~ para escribir sus cartas personales.* ■ **dejarse en el** ~, *fam.*, olvidarse de decir o escribir una cosa: *creo que no me he dejado nada importante en el ~, aunque ya me falla la memoria.*

tin·ti·ne·ar |tintineár| *intr.* Producir un sonido metálico, suave y repetido: *el dinero le tintineaba en los bolsillos.*

tin·⌐to, ⌐ta |tínto, ta| *adj.* De color oscuro o más oscuro: *este vino ~ no debe tomarse frío.*

tin·to·re·ra |tintoréra| *f.* Pez marino de gran tamaño, de color azul o gris por encima, con la boca en forma de medio círculo y los dientes afilados y cortantes: *la ~ es un tipo de tiburón; las tintoreras se encuentran en las costas de Marruecos y en otros lugares.* ☐ Para indicar el sexo se usa la ~ macho y la ~ hembra.

tin·to·re·rí·a |tintorería| *f.* Establecimiento donde se limpia o cambia de color la ropa: *no puedes ponerte ese vestido porque lo he llevado a la ~ esta mañana; si no puedes quitar la mancha, lleva la camisa a la ~.* ⇒ **tinte.**

tin·to·re·⌐ro, ⌐ra |tintoréro, ra| *m. f.* Persona que se dedica a *teñir, especialmente las telas: *cuando le preguntaron en la oficina de empleo, dijo que era ~.*

tin·to·rro |tintóro| *m. fam.* Vino de color oscuro, denso y generalmente de baja calidad: *menuda borrachera ha cogido con el ~ que se bebió.*

ti·ña |tíɲa| **1** *f.* MED. Enfermedad contagiosa de la piel de la cabeza que produce la caída del pelo: *la ~ está provocada por hongos parásitos; le han salido escamas en el cráneo porque tiene ~.* **2** Gusano que se come la miel de las abejas: *la colmena tiene ~.* **3** *fam. fig.* Miramiento excesivo para gastar dinero: *es la ~ lo que le hace ahorrar tanto dinero cada mes.* ⇒ **tacañería.**

ti·ño·⌐so, ⌐sa |tiɲóso, sa| **1** *adj.-s.* Que padece una enfermedad contagiosa llamada *tiña: *daba pena ver a aquel niño ~ con las costras en la cabeza.* **2** *desp.* (persona) Que tiende a no gastar: *no invita nunca a nada: es un ~.* ⇒ **tacaño.**

tí·⌐o, ⌐a |tío, a| **1** *m. f.* Hermano del padre o de la madre, en cuanto a sus *sobrinos: *mis tíos me han regalado una lavadora; mi tía y mi madre se llevaban muy bien cuando eran pequeñas.* **2** *fam.* Persona que causa admiración: *¡qué tía, cómo baila!; has vuelto de la mili hecho un ~.* **3** *vulg. desp.* Persona cuyo nombre no está determinado o no se quiere determinar: *ese ~ fue el que me dijo aquella grosería; y va la tía y dice que me quite de ahí.* ⇒ **menda.** ☐ Se usa como apelativo. **4** Forma de tratamiento que indica respeto y que se usa hacia las personas casadas o de edad avanzada: *la tía Adela es la madre de mi mejor amigo.* ☐ Se usa en algunas comunidades rurales.

tio·vi·vo |tioβíβo| *m.* Atracción festiva, generalmente para niños, que consiste en un tablero horizontal y redondo que gira, sobre el que hay pequeñas reproducciones de animales y de vehículos para montarse en ellas: *en el parque de atracciones hay muchos tiovivos.* ☐ El plural es *tiovivos.*

ti·pe·⌐jo, ⌐ja |tipéxo, xa| *m. f. fam. desp.* Persona ridícula y despreciable: *si ese ~ vuelve a meterse contigo, lo mato.* ⇒ **tipo.**

tí·pi·⌐co, ⌐ca |típiko, ka| *adj.* Que es propio de un tipo o clase o *responde a un tipo: *esta es la casa típica de esta zona; ese gesto es ~ de él; fuimos a ver bailes típicos.*

ti·pi·fi·car |tipifikár| *tr.* [algo] Clasificar u organizar en tipos o clases: *ha tipificado las especies animales de su región; tras duros meses de trabajo, los legisladores tipificaron varios delitos fiscales.* ☐ Se conjuga como 1.

ti·ple |típle| **1** *m.* MÚS. Instrumento musical de viento, formado por un tubo de madera en forma de cono con llaves y agujeros y de sonido agudo: *el ~ se usa para tocar sardanas.* **2** MÚS. Voz más aguda del registro de las voces humanas: *la voz de ~ es propia de mujeres o niños.* ⇒ **soprano. - 3** *f.* MÚS. Persona que tiene esa voz: *al terminar la obra, salió la ~ a saludar.*

ti·⌐po, ⌐pa |típo, pa| **1** *m. f. fam. desp.* Persona, sin determinar: *un ~ me empujó y me caí.* **- 2 tipo** *m.* Modelo ideal que reúne las características principales de todos los seres de igual naturaleza: *esa casa es el ~, y después se construirán muchas otras iguales.* **3** Clase o naturaleza: *¿de qué ~ es el traje* *que quieres comprar?* **4** Figura o línea del cuerpo humano: *Dolores hace gimnasia para tener buen ~.* **5** Personaje de una obra literaria: *los tipos de esa comedia son muy divertidos.* **6** Pieza de metal de la *imprenta y de la máquina de escribir en que está grabada una letra u otro carácter: *cuando los tipos están muy gastados, conviene cambiarlos.* **7** Clase de letra: *el ~* Courier *es muy utilizado.* **8** BIOL. Categoría de clasificación de los seres vivos, inferior a la de reino y superior a la de clase: *los cangrejos y las arañas pertenecen al ~ de los artrópodos.* ■ **jugarse el ~**, *fam.*, exponerse a un peligro: *no conduzcas tan deprisa, que te estás jugando el ~.* ■ **mantener el ~**, *fam.*, comportarse de modo adecuado en una situación mala o peligrosa: *todos le atacaron en el debate, pero él supo mantener el ~.*

ti·po·gra·fí·a |tipoγrafía| **1** *f.* Técnica de imprimir textos o dibujos sobre papel: *la ~ impulsó la difusión de la cultura escrita; la ~ tradicional ha sido sustituida por técnicas más modernas.* **2** Estilo o apariencia de un texto impreso: *la ~ de este libro es muy agradable a la vista.* **3** *p. ext.* Establecimiento en el que se imprime: *tengo que pasar por la ~ a recoger unas pruebas de imprenta.*

ti·po·grá·fi·⌐co, ⌐ca |tipoγráfiko, ka| ***adj.*** De la *tipografía o que tiene relación con ella: *tiene varios errores tipográficos.*

ti·po·lo·gí·a |tipoloxía| **1** *f.* Clasificación u organización en tipos o clases: *según la ~ lingüística, esa lengua pertenece a la familia bantú.* ⇒ **taxonomía.** **2** Disciplina que estudia los tipos o clases de una cosa: *estamos haciendo unos estudios de ~ lingüística y antropológica.*

ti·po·ló·gi·⌐co, ⌐ca |tipolóxiko, ka| ***adj.*** De la *tipología o que tiene relación con ella: *la parte tipológica del estudio es la más interesante.*

ti·que |tíke| **1** *m.* Papel en el que se *anota el precio que se ha pagado por una cosa: *cuando hice la entrega en los grandes almacenes, me dieron un ~.* **2** Billete que permite usar un medio de transporte o entrar en un establecimiento público o espectáculo: *le mostré el ~ al revisor y me indicó dónde estaba mi asiento.* ⇒ **ticket.**

ti·quis·mi·quis |tikismíkis| **1** ***com.*** Persona delicada que se fija en cosas poco importantes y que ve problemas o defectos en todo: *Juan es tan ~ que nunca coge la fruta con la mano.* **- 2** ***m.*** Problema o defecto poco importante: *no me vengas con ~ porque el trabajo debe quedar terminado hoy mismo.* ☖ El plural es *tiquismiquis.*

ti·ra |tíra| ***f.*** *Pedazo largo y estrecho de una cosa delgada: *con una ~ de tela de sábana improvisó una venda.* ■ **la ~**, *vulg.*, cantidad o número grande: *vino la ~ de gente al concierto.*

ti·ra·bu·zón |tiraβuθón| ***m.*** Rizo de pelo que cuelga: *la niña llevaba el pelo rubio peinado con tirabuzones.*

ti·ra·chi·nas |tiratʃínas| ***m.*** Instrumento para lanzar piedras u objetos, compuesto por una pieza de madera o de otro material con forma de Y, a la que se sujetan dos gomas unidas por un trozo de cuero: *se entretenía lanzando piedras al agua con el ~.* ⇒ **tirador.**

ti·ra·da |tiráða| **1** *f.* Acción y resultado de tirar o lanzar con la mano: *lanzó los dados varias veces y en la segunda ~ le salieron dos seises.* **2** Conjunto de textos impresos de una sola vez: *la primera ~ fue de dos mil ejemplares.*

ti·ra·⌐dor, ⌐do·ra |tiraðór, ðóra| **1** ***m. f.*** Persona que tira o lanza algo: *los tiradores se ejercitaban antes de la competición.* **- 2 tirador** ***m.*** Pieza que sirve para *agarrar o tirar de un objeto que se puede mover: *iba a abrir el cajón y se quedó con el ~ en la mano.* **3** Cordón del que se tira para hacer sonar una *campanilla: *nadie puede llamar porque se ha roto el ~.* **4** Instrumento para lanzar piedras u objetos, compuesto por una pieza de madera o de otro material con forma de Y, a la que se sujetan dos gomas unidas por un trozo de cuero: *quitaron los tiradores a los niños porque habían roto un cristal.* ⇒ **tirachinas.**

ti·ra·lí·ne·as |tiralíneas| ***m.*** Instrumento con dos puntas que se abren y se cierran mediante un tornillo y que sirve para trazar líneas más o menos finas: *este ~ está sucio y hace borrones.* ☖ El plural es *tiralíneas.*

ti·ra·ní·a |tiranía| **1** *f.* Forma de gobierno en la que el gobernante tiene un poder total, sin el límite de una ley: *la forma de gobierno de los dictadores son las tiranías.* ⇒ **despotismo, dictadura.** **2** *fig.* Abuso de la superioridad o del poder en el trato con las demás personas: *ha tenido mala suerte con el trabajo, su jefe le trata con ~.* **3** *form.* Poder excesivo que un sentimiento ejerce sobre la voluntad: *la ~ del odio lo condujo a la venganza.*

ti·rá·ni·⌐co, ⌐ca |tiràniko, ka| ***adj.*** Del *tirano o que tiene relación con él: *la nación tuvo un gobierno ~ durante diez años; no soporto más tu comportamiento ~.* ⇒ **despótico, dictatorial.**

ti·ra·ni·zar |tiraniθár| ***tr.*** [algo, a alguien] Dominar o mandar con autoridad de *tirano: *el dictador tiranizó al pueblo durante todos los años de su gobierno.* ☖ Se conjuga como 4.

ti·ra·⌐no, ⌐na |tiráno, na| **1** ***adj.-s.*** (persona) Que se hace dueño de un poder que no le corresponde por ley o que gobierna contra su derecho: *dio un golpe de estado contra el rey y se convirtió en un ~ odiado por todo el pueblo.* **2** *fig.* (persona) Que abusa de su poder o fuerza: *eres un ~ con tus hijos: deberías darles más libertad.* ⇒ **déspota.** **- 3** ***adj.*** *fig.* (pasión) Que domina el ánimo: *no sé cómo librarme de este amor ~ que no me deja ni pensar.*

ti·ran·te |tiránte| **1** ***adj.*** Que tira: *la sábana es pequeña y queda ~.* **2** Que está estirado o tenso: *las gomas de la tienda de campaña deben quedar tirantes.* **3** (situación) Que es violento o malo o que se está desarrollando de mal modo: *la relación con sus padres se fue haciendo cada vez más ~.* **- 4** ***m.*** Tira de un material elástico que se pasa por encima del hombro y que, junto con otra, se engancha a los pantalones impidiendo que se caigan: *los cinturones me resultan incómodos y prefiero llevar tirantes.*

ti·rar |tirár| **1** ***tr.*** [algo] Lanzar con la mano: *tiró el papel a la papelera.* ⇒ **arrojar, echar. 2** Dejar caer: *no tires basura por el suelo.* **3** Echar fuera o apartar: *voy a ~ toda esta ropa vieja ahora mismo.* **4** No sacar provecho de una cosa: *has tirado el dinero con la compra que has hecho.* ⇒ **malgastar. 5** Derribar; *volcar: *el fuerte viento ha tirado los árboles del jardín.* **6** Disparar una cámara de fotografía: *tiró la foto cuando estábamos descuidados.* **7** Lanzar una pieza de un juego: *tiró los dados y obtuvo seis puntos.* **8** *fam.* [a alguien] No pasar una prueba: *me ha tirado la profesora de literatura en este examen.* ⇒ **suspender. 9** [algo] Reproducir mediante impresión: *no han tirado nuevos ejemplares de esta novela.* ⇒ **imprimir. 10** Dibujar una línea: *el ayudante del arquitecto está aprendiendo a ~ líneas.* **11** Disparar una arma: *tiró al blanco y acertó.* **- 12** ***intr.*** Hacer fuerza para atraer o acercar: *tiraba de la correa para acercar al perro.* **13** *fam.* Atraer o gustar: *a este chico le tira mucho la mecánica.* **14** Quedar estrecha o corta una prenda de vestir: *esta camisa me tira de la espalda.* **15** Funcionar o ser útil: *esta máquina se ha atascado: no tira bien.* **16** Crear una corriente de aire para absorber el humo: *esta chimenea tira muy bien.* **17** Ir en una dirección determinada: *cuando llegues a la farmacia, tira a la derecha.* **18** Tener una inclinación; tender hacia unas ideas o modo de vida: *esta chica tira hacia la enseñanza.* **19** Tener cierto parecido: *su pelo tira a rubio.* **20** DEP. Ir un corredor delante de los demás marcando el ritmo: *el ciclista estuvo tirando a lo largo de 50 kilómetros.* **- 21 tirarse** ***prnl.*** Lanzarse desde una determinada altura: *los polizontes se tiraron del tren en marcha.* **22** Estar durante un periodo de tiempo de una manera determinada: *se ha tirado tres meses enfermo; se tiraron trabajando toda la noche.* **23** *fam. vulg.* [a alguien] Realizar el acto sexual con otra persona. ■ **tira y afloja**, *fam.*, *alternancia y enfrentamiento de posiciones o de exigencias: *consiguió comprar el piso a buen precio después de mucho tira y afloja con el dueño.* ■ **~ con bala/balas**, *fam.*, hablar con mala intención: *aquella pregunta consiguió ponerlo nervioso: el periodista tiraba con bala.*

ti·ri·ta |tiríta| ***f.*** Tira pequeña de tela o de otro material y con una *gasa en el centro, que se pega sobre una herida pequeña para protegerla: *me hizo daño el zapato y me puse una ~ en el talón.*

ti·ri·tar |tiritár| ***intr.*** Agitarse con movimientos rápidos, continuos e involuntarios, a causa del frío, del miedo o de otras cosas: *los niños salían de la piscina tiritando.* ⇒ **temblar.**

ti·ro |tíro| **1** ***m.*** Disparo hecho con una arma: *le dio tres tiros y lo mató;* **~ de gracia**, el que se da a la persona que está herida de gravedad: *el terrorista dio el ~ de gracia al comprobar que la víctima todavía respiraba.* **2** Ruido o señal que produce ese disparo; camino que sigue: *se han oído varios tiros en el piso de arriba.* **3** Conjunto de deportes que consisten en derribar un blanco o acertar en él; **~ al blanco**, deporte que consiste en disparar a un blanco con una arma: *mi especialidad no es el ~ al blanco;* **~ al plato**, deporte que consiste en disparar a un plato *móvil: *soy campeón de ~ al plato;* **~ de pichón**, deporte que consiste en disparar a un *pichón al vuelo: *en el ~ de pichón cortan las plumas de la cola a la paloma para que mantenga un vuelo más recto y sea más fácil acertar.* **4** Conjunto de caballos que tiran de un *carruaje: *el cochero manejaba el ~ con un látigo.* **5** Trozo de pantalón que va desde el lugar de unión de las piernas hasta la cintura: *estos pantalones me aprietan porque el ~ es demasiado corto.* **6** Lanzamiento de la pelota a la meta o a la *canasta del equipo contrario: *el jugador hizo un ~ desafortunado y el balón no entró en la canasta;* **~ libre**, el que se hace desde un punto determinado como castigo a una falta en el juego del *baloncesto: *cada ~ libre que se encesta vale un punto.* **7** Corriente de aire con la que se absorbe el humo: *el humo de la chimenea nos hizo toser porque estaba obstruido el ~.* ■ **a ~**, al alcance: *no fue mi culpa: él se puso a ~.* ■ **a un ~ de piedra**, muy cerca: *la cabaña está a un ~ de piedra del lago.* ■ **como un ~**, muy mal: *me sentó como un ~ que te marcharas con ellos.* ☐ Se usa con verbos como *caer* o *sentar.* ■ **ir los tiros**, ocurrir o *suceder: *dice que conoce mis intenciones, pero no sabe por dónde van los tiros.* ■ **ni a tiros**, *fam.*, de ninguna manera: *dice que no se moverá de allí ni a tiros.* ■ **salir el ~ por la culata**, *fam.*, darse el resultado contrario al esperado: *pensaba hacer un buen negocio, pero le salió el ~ por la culata.*

ti·roi·des |tiróįdes| ***adj.-m.*** ANAT. (*glándula) Que está situado en la parte superior y delantera de la *tráquea y sirve para regular el crecimiento: *el bocio es una enfermedad que consiste en el agrandamiento de la glándula ~; el ~ segrega una hormona que regula el metabolismo.* ☐ El plural es *tiroides.*

ti·rón |tirón| **1** ***m.*** Acción y resultado de tirar con *violencia: *el niño pegó un ~ de la falda de su madre.* **2** Forma de robar que consiste en tirar violentamente de una cosa, generalmente de un *bolso: *denunció que le habían robado el bolso por el método del ~.*

ti·ro·te·ar |tiroteár| ***tr.*** [algo, a alguien] Disparar repetidamente una arma de fuego contra una persona o una cosa: *la policía tiroteó a los atracadores.*

ti·ro·te·o |tirotéo| ***m.*** Serie de disparos repetidos de arma de fuego: *hubo un ~ entre la policía y los bandidos.*

ti·rria |tíria| ***f.*** *fam.* Odio o mala voluntad contra una persona o cosa: *el profesor de matemáticas me tiene ~ y por eso me ha suspendido.*

tí·si·⌐co, ⌐ca |tísiko, ka| **1** ***adj.-s.*** (persona) Que padece *tisis: *el novio de Margarita está ~; éste es un hospital para tísicos.* **- 2** ***adj.*** De la *tisis o que tiene relación con ella: *nadie diría que está sano por los síntomas tísicos que tiene.*

ti·sis |tísis| ***f.*** Enfermedad que afecta a los órganos de la respiración y que se caracteriza por una tos seca y por la pérdida de peso: *padecía ~ y por eso perdió tantos kilos de peso.* ⇒ **tuberculosis.** ☐ El plural es *tisis.*

ti·sú |tisú| **1** ***m.*** *Pañuelo de papel: *se sonó la nariz* *con un* ~. **2** Tela de *seda tejida con hilos de oro y plata: *el sultán llevaba un turbante de* ~. ☐ El plural es *tisúes*.

ti·tán |titán| ***m.*** Persona de gran poder o fuerza: *es un ~: él solo vació todo el camión.*

ti·tá·ni·⌐co, ⌐ca |titániko, ka| ***adj.*** Que es muy grande y excesivo: *tuvimos que hacer un esfuerzo ~ para levantar la piedra.*

tí·te·re |títere| **1** ***m.*** *Muñeco que se mueve por medio de hilos o metiendo la mano en su interior: *hemos regalado a Ángel un ~ de Caperucita Roja y otro del lobo feroz; Enrique hace mover la boca del ~.* ⇒ **fantoche, marioneta. 2** *fam. fig.* Persona que se deja manejar por los demás: *no eres más que un ~, no eres capaz de hacer nada por tu propia voluntad.* ■ **no dejar/quedar ~ con cabeza**, *fam.*, destruir una cosa por completo: *la niña se ha subido a la estantería de las porcelanas y no ha dejado ~ con cabeza.* ■ **no dejar/quedar ~ con cabeza**, *fam.*, criticar; hablar mal de una o más personas: *se puso a hablar de sus compañeros y no quedó ~ con cabeza.*

ti·tí |tití| ***m.*** Mono pequeño, de color gris, cara blanca y nariz negra, propio de América del Sur: *el marinero llevaba un ~ subido en el hombro.* ☐ Para indicar el sexo se usa el ~ macho y el ~ hembra. El plural es *titíes*.

ti·ti·lar |titilár| **1** ***intr.*** Temblar ligeramente: *el hocico del perro titiló al olor de la liebre.* **2** Brillar de forma suave y temblando ligeramente: *las estrellas titilan en el cielo de la noche.*

ti·ti·ri·te·⌐ro, ⌐ra |titiritéro, ra| **1** ***m. f.*** Persona que maneja *títeres y hace un espectáculo con ellos: *los niños miraban boquiabiertos los muñecos del ~.* **2** Persona que hace ejercicios de saltos y equilibrios en el aire o sobre un alambre: *todo el público gritó asustado cuando el ~ dio dos volteretas sobre la cuerda floja.*

ti·tu·be·ar |tituβeár| **1** ***intr.*** Dudar al elegir o al pronunciar unas palabras: *titubeó al dar la respuesta porque no estaba seguro.* **2** *fig.* Sentir duda o no saber qué decisión tomar: *aceptó el negocio sin ~.*

ti·tu·be·o |tituβéo| **1** ***m.*** Duda en la elección o pronunciación de las palabras: *recitó el poema sin un solo ~.* **2** Duda o falta de decisión: *perdió una buena compra, pues anduvo con muchos titubeos.*

ti·tu·la·ción |titulaθión| **1** ***f.*** *Obtención de un título *académico: *tiene la ~ de economista, que consiguió en la universidad.* **2** Elección de un título o nombre: *en el periodismo es muy importante la ~ de las noticias.*

ti·tu·la·⌐do, ⌐da |tituláðo, ða| ***adj.-s.*** (persona) Que tiene un título *académico: *Ramón es ~ en periodismo.*

ti·tu·lar |titulár| **1** ***adj.-s.*** (persona) Que ha sido nombrado para ocupar un cargo o ejercer una profesión: *Pérez es el ~ de ese puesto; el documento debe estar firmado por el médico ~.* **- 2** ***m.*** Título de una publicación o de una noticia, escrito generalmente con letras de mayor tamaño: *la noticia ha aparecido en los titulares de todos los periódicos.* ☐ Se usa sobre todo en plural. **- 3** ***tr.-prnl.*** [algo] Poner un título o un nombre: *el director todavía no ha titulado la película; ¿cómo se titula la obra de teatro?* **- 4 titularse** ***prnl.*** Conseguir un título *académico: *Sara se titulará en medicina el año que viene.*

tí·tu·lo |título| **1** ***m.*** Palabra o conjunto de palabras que da nombre a una obra científica o artística: *en la portada aparece el ~ de la novela; ¿cuál es el ~ de esta película?* **2** Premio o reconocimiento público que se concede a la persona o al grupo de personas que ha sido mejor en una actividad: *el equipo de fútbol de mi país nunca ha conseguido el ~ de campeón del mundo.* **3** Documento que demuestra que una persona está preparada y *capacitada para desarrollar una actividad: *acabo de conseguir el ~ de licenciado en Biología.* **4** Clase o categoría noble: *tiene el ~ de marqués.* **5** Parte o división de un texto *jurídico: *los derechos de los ciudadanos se explican en el ~ primero de la ley.* ■ **a ~ de**, en calidad de; como: *me dio un consejo a ~ de amigo.*

ti·za |tíθa| **1** ***f.*** Material blanco que sirve para escribir en un *encerado y para limpiar metales: *el profesor tiene las manos manchadas de ~.* **2** Barra pequeña de ese material, que se usa para escribir en un *encerado: *ve a buscar una caja de tizas, por favor.* **3** Compuesto de *yeso y *greda que se aplica en la punta de los *tacos de *billar: *no dio bien a la bola porque no le había puesto ~ al taco.*

tiz·nar |tiθnár| **1** ***tr.*** [algo, a alguien] Manchar con negro de humo o ceniza: *se tiznó la cara con un palo quemado; el fuego ha tiznado el techo de la cocina.* **2** *fig.* Manchar la fama o el honor: *la habían tiznado de frívola.*

tiz·ne |tíθne| ***amb.*** Ceniza y polvo negro que produce el fuego o el humo: *estuvo restregando la sartén con el estropajo para quitarle la ~.*

ti·zón |tiθón| **1** ***m.*** Palo o trozo de madera a medio quemar: *removió los tizones de la chimenea con un atizador; se pintó la cara de negro con un ~.* **2** Lado más pequeño de un ladrillo: *en la esquina del edificio sobresalía una hilera de tizones.* **3** Hongo parásito del trigo y otros cereales: *el ~ produce manchas negras en la planta.* ■ **a ~**, colocando las piedras o los ladrillos en el muro de manera que se vea en la fachada su lado más pequeño: *las paredes a ~ son más gruesas.* ⇒ **soga.**

to·a·lla |toáʎa| **1** ***f.*** Pieza de tela de tejido suave que sirve para secarse el cuerpo: *las toallas del baño son de color verde claro.* **2** Tejido con el que se fabrica esa pieza de tela: *este albornoz es de ~.* ■ **arrojar/tirar la ~**, abandonar una *tarea; darse por vencido: *no pudo escalar la montaña y a la mitad del trayecto tiró la ~.*

to·a·lle·ro |toaʎéro| ***m.*** Mueble u objeto que sirve para colgar *toallas: *he puesto toallas limpias en el ~.*

to·bi·lle·ra |toβiʎéra| ***f.*** Pieza de tela o de otro material que se pone en el *tobillo para protegerlo o sujetarlo: *se me ha torcido el tobillo y debo llevar una ~ durante unos días.*

to·bi·llo |toβíʎo| ***m.*** Articulación que une el pie con la pierna: *la bailarina se cayó y se torció un ~.*

to·bo·gán |toβoγán| ***m.*** Aparato para jugar que

consiste en una superficie lisa muy inclinada por la que se deslizan las personas: *los niños se tiran por el ~; hay un ~ en la piscina.*

to·ca·dis·cos |tokaðískos| ***m.*** Aparato con un plato que gira sobre el que se coloca un disco y que reproduce los sonidos grabados en él: *tengo que cambiar la aguja del ~; cada vez se venden menos ~ porque la gente prefiere los discos compactos.* ☐ El plural es *tocadiscos.*

to·ca·⌐do, ⌐da |tokáðo, ða| **1** ***adj.*** *fig.* (fruta) Que ha empezado a estropearse: *las manzanas del frutero estaban algo tocadas.* **2** *fig.* (persona) Que ha perdido el juicio: *el chico estaba un poco ~ y no paraba de hacer tonterías.* **3** DEP. Que no está en buena forma física: *el tenista está ~ desde su lesión de tobillo.* ☐ En todas estas acepciones se usa con el verbo *estar.* **- 4 tocado *m.*** Prenda de vestir que cubre la cabeza y sirve de adorno: *la novia llevaba un ~ de flores de azahar.* **5** Peinado femenino: *la peluquera le recogió el pelo en un ~ con rizos.*

to·ca·⌐dor, ⌐do·ra |tokaðór, ðóra| **1** ***adj.-s.*** (persona) Que toca, especialmente un instrumento musical: *una muchacha cantaba acompañada por un ~ de guitarra.* **- 2 tocador *m.*** Mueble, generalmente con forma de mesa, con un espejo, que se usa para el peinado y el aseo personal: *los cepillos y los perfumes están en el cajón del ~, en la habitación.* ⇒ **coqueta. 3** Habitación que se usa para el peinado y el aseo personal: *olvidé el bolso en el ~ de señoras del restaurante.*

to·car |tokár| **1 *tr.*** [algo, a alguien] Poner la mano sobre una cosa: *tocó el libro; me tocó la mejilla.* **2** Llegar a una cosa con la mano, sin cogerla: *de puntillas podía ~ la caja de galletas; mira, ya toco el techo.* **3** Rozar ligeramente una cosa con otra: *las flores de la maceta tocaban el cristal de la ventana.* **4** Hacer sonar un instrumento musical: *María toca la guitarra; estuvo tocando el piano para nosotros.* **5** Ejecutar una obra musical: *la orquesta tocaba nuestra canción; tócala otra vez, Sam.* ⇒ **interpretar. 6** *fig.* Alterar el estado o condición de una cosa: *no toques más la redacción, la estás estropeando.* ⇒ **retocar. 7** Avisar haciendo una señal o llamada: *toca el timbre para que nos abran; las campanas tocan a misa.* **8** *fig.* Hablar poco o superficialmente de un asunto: *hoy tocaremos el tema de las expresiones de cortesía.* **- 9 *intr.*** *fam.* Haber llegado el momento adecuado: *hoy me toca lavar la ropa; ¿a quién le toca ahora? —Me toca a mí, quiero un litro de leche.* **10** *form.* Llegar a un lugar: *el barco tocó tierra en Chipre y siguió a Israel.* **11** *fam.* Ser obligatorio para una persona: *te toca pagar la comida.* **12** Importar, ser de interés o provecho: *todos tus problemas me tocan directamente; la conservación del medio ambiente nos toca a todos.* **13** Corresponder una parte, de una cosa que se reparte entre varias personas: *tocamos a mil pesetas cada uno; toma, te han tocado dos bombones.* **14** Caer en suerte: *a tu vecino le ha tocado la lotería; nos ha tocado el viaje a París.* **- 15 *tr.-prnl.*** *fam.* Estar una cosa cerca de otra de modo que no haya distancia entre ellas: *la calle es tan estrecha que los balcones se tocan.* **- 16 tocarse *prnl.*** Ser familiar de una persona: *en los pueblos pequeños todos los habitantes se tocan.* **17** [con algo] Cubrirse la cabeza con un sombrero o un adorno: *don Quijote se tocaba con una bacía; la señora se tocaba con un lazo.* ☐ Se conjuga como 1.

to·ca·ta |tokáta| ***f.*** Composición musical corta para órgano u otro instrumento de teclado: *interpretó una ~ para piano.*

to·ca·te·ja |tokatéxa| ■ **a ~**, *fam.*, al contado, al mismo tiempo que se compra: *el coche es una ganga, pero hay que pagarlo a ~.*

to·ca·⌐yo, ⌐ya |tokáyo, ya| ***m. f.*** Persona que tiene el mismo nombre que otra: *Cristina, la que trabaja en la universidad, es mi tocaya.*

to·cho |tótʃo| ***m.*** *fam.* Trozo grueso de cualquier materia: *este libro es un ~ de mil páginas; el niño tiró al agua un ~ de madera.*

to·ci·no |toθíno| ***m.*** Carne grasa de ciertos mamíferos, especialmente del cerdo, que se usa como alimento: *hemos comido judías pintas con ~ y chorizo.* ■ **~ de cielo**, dulce hecho con yema de huevo y agua de azúcar: *hoy tenemos de postre ~ de cielo.*

to·co·lo·gí·a |tokoloxía| ***f.*** MED. Disciplina que trata del embarazo, el *parto y el periodo posterior a éste: *mi hermano es médico y ahora se está especializando en ~.* ⇒ **obstetricia.**

to·có·lo·⌐go, ⌐ga |tokóloɣo, ɣa| ***m. f.*** Médico que se ocupa de las mujeres durante el periodo del embarazo y del *parto: *la tocóloga ha recomendado a Trinidad que descanse mucho durante el embarazo.*

to·da·ví·a |toðaβía| **1 *adv. t.*** Hasta un momento determinado; hasta ahora: *~ está durmiendo; ~ no ha llegado el tren.* ⇒ **aún. - 2 *adv.*** Indica mayor intensidad en las comparaciones: *Juan es ~ más listo que su hermano.* **3** Con todo eso; a pesar de ello: *aunque sé que es malo, ~ le quiero.*

to·⌐do, ⌐da |tóðo, ða| **1 *adj.-pron. indef.*** (conjunto) Que se toma entero, sin dejar ninguna parte: *se comió ~ el pan; bébetelo ~; tú responderás por todos nosotros.* **2** Cada uno o cualquiera de un conjunto: *~ fiel cristiano debe ir a misa; ~ delito será castigado; viene todos los meses.* **3** Indica intensidad: *la niña era toda lágrimas.* **- 4 todo *m.*** Conjunto o cosa entera: *el ~ es mayor que una parte.* ⇔ **nada. - 5 *adv. m.*** Enteramente; por completo: *llegaron a casa ~ borrachos.* ■ **así y ~**, a pesar de una cosa: *me ha insultado, pero así y ~ la quiero.* ■ **con ~**, sin *embargo; no *obstante: *soy un buen atleta, pero, con ~, no creo que gane esa carrera.* ■ **de todas todas**, de forma completa y segura: *sé de todas todas que me has traicionado.* ■ **del ~**, de forma completa: *eres tonto del ~; aún no me has olvidado del ~.* ■ **el ~ por el ~**, con el *máximo *riesgo para un fin determinado: *en la segunda parte del partido, el equipo se jugó el ~ por el ~.* ■ **sobre ~**, en primer lugar; por delante de otras cosas: *es muy buen chico, pero sobre ~ tiene un buen corazón.*

to·do·po·de·ro·⌐so, ⌐sa |toðopoðeróso, sa| ***adj.*** Que todo lo puede: *solo Dios es ~.* ⇒ **omnipotente.**

to·do·te·rre·no |toðoteřéno| **1** ***m.*** Vehículo resistente que se adapta a todo tipo de suelo: *las bicicletas ~ están causando furor; necesita un ~ para viajar por la montaña.* **2** *fam. fig.* Persona que se adapta a cualquier situación o trabajo: *su jefe es un ~.*

to·ga |tóγa| **1** ***f.*** Prenda de vestir con forma de *manto grande y largo que llevaban los *romanos sobre la *túnica: *los senadores llevaban una ~ especial para distinguirse de otros ciudadanos.* **2** Prenda de vestir muy larga, con mangas y *esclavina, que se ponen los *jueces, los abogados, los *catedráticos y otros profesionales como signo de su función: *el juez debe vestir ~ cuando preside un juicio.*

tol·do |tóldo| ***m.*** Cubierta de tela que se tiende para que dé *sombra: *pusieron un ~ en el balcón porque daba mucho sol por la tarde; en el ~ de la carnicería pone el nombre de la tienda.*

to·le·da·⌜no, ⌜na |toleðáno, na| **1** ***adj.*** De Toledo o que tiene relación con Toledo: *el río Tajo cruza las tierras toledanas.* **- 2** ***m. f.*** Persona nacida en Toledo o que vive habitualmente en Toledo: *se siente orgulloso de ser ~.*

to·le·ra·ble |toleráβle| ***adj.*** Que se puede tolerar: *el sombrero de las mujeres es ~ incluso en la iglesia o en la mesa; los analgésicos hacían ~ su enfermedad.*

to·le·ran·cia |toleránθia| **1** ***f.*** Respeto a las opiniones o ideas de los demás, aunque no coincidan con las propias: *la ~ es indispensable para el entendimiento mutuo.* ⇒ **comprensión.** ⇔ **intolerancia. 2** Capacidad de soportar o de admitir: *toda ~ tiene un límite.* **3** FÍS. QUÍM. Diferencia *máxima entre el valor nominal y el valor real de las características de una sustancia o de un material: *la ~ de este producto es muy pequeña.*

to·le·ran·te |toleránte| ***adj.*** Que respeta las opiniones o ideas de los demás, aunque no las comparta: *tienes suerte de tener un padre tan ~ que te permite salir con quien quieras.* ⇒ **comprensivo.** ⇔ **intolerante.**

to·le·rar |tolerár| **1** ***tr.*** [algo] Soportar, admitir o permitir una cosa que no gusta o no se aprueba: *odio que beba, pero no tengo más remedio que tolerarlo, si quiero que siga en casa.* **2** [algo, a alguien] Respetar las opiniones o ideas de los demás, aunque no se compartan: *tienes que ~ a tus compañeros.* **3** [algo] Resistir sin sufrir daño: *mi estómago no tolera la leche.*

tol·va |tólβa| ***f.*** Recipiente que es ancho por su parte superior y estrecho y abierto por su parte inferior, que sirve para hacer pasar cosas a un lugar o a otro recipiente de boca estrecha: *las aceitunas caen en la piedra del molino a través de una ~.*

to·ma |tóma| **1** ***f.*** Acción y resultado de tomar: *como director mi misión es la ~ de decisiones;* **~ de conciencia**, hecho de darse cuenta de un problema o de un asunto: *es necesario que la sociedad experimente una ~ de conciencia sobre el problema del hambre en el mundo;* **~ de posesión**, acto en el que una persona recibe formalmente un cargo: *mañana se celebrará la ~ de posesión de los nuevos ministros.* **2** Parte de una cosa que se toma de una vez: *me han dicho que le dé al niño una ~ de este jarabe tres veces al día.* **3** Lugar por donde se deriva una corriente de fluido o de electricidad: *la ~ de corriente para la lavadora está allí; no podemos hacer un baño aquí porque no hay ~ de agua.* **4** CINEM. Acción y resultado de fotografiar o grabar una *escena: *esta ~ no vale, habrá que repetirla.* **5** MIL. *Conquista de un lugar por las armas: *el ejército sufrió muchas bajas durante la ~ de la ciudad.*

to·ma·du·ra |tomaðúra| ***f.*** ■ **~ de pelo**, *fam.*, conjunto de palabras o acciones dichas o hechas con el fin de reír o para engañar o poner en ridículo a una persona: *empiezo a pensar que toda esta historia no es más que una ~ de pelo.*

to·mar |tomár| **1** ***tr.*** [algo, a alguien] Coger o sujetar con la mano o usando un objeto: *tomó un pastel de la bandeja; tomó el hielo con las pinzas.* **2** *p. ext.* [algo] Elegir o escoger entre varias posibilidades: *tome usted un libro de éstos.* **3** Comer o beber: *hoy no he podido ~ el desayuno; tómate la leche.* **4** Sacar, conseguir o copiar una cosa de otra persona: *tomó ese pensamiento de su maestro; ese fragmento está tomado de Cervantes.* **5** Ocupar o conseguir por la fuerza: *las tropas tomaron la ciudad.* **6** Hacer uso de un servicio o de otra cosa: *tomaremos un coche; tomaron el autobús en la calle principal.* **7** Recibir o aceptar lo que se ofrece: *no puedo ~ ese dinero; tomaré el libro que usted me da.* **8** Recibir o entender en un sentido determinado: *creo que lo tomó en broma.* **9** Grabar o registrar imágenes en una película: *estas imágenes fueron tomadas en el mismo lugar de los hechos.* **10** [a alguien] Conseguir a una persona para que preste un servicio: *tendremos que ~ una criada.* **11** Llevar o aceptar a una persona como compañera: *tomaré a mi hermana; te tomo como esposa.* **12** [algo, a alguien] Considerar o formar como opinión: *me ha tomado por un ladrón; lo tomó por ofensa.* **- 13** ***intr.*** [hacia/por algún lugar] Dirigir los pasos; seguir un camino o una dirección: *tomaron hacia la derecha y se perdieron.* **14** Beber una bebida alcohólica: *mis amigos se pasan el día tomando.* ☖ Se usa, especialmente, en el español de América.

to·ma·te |tomáte| **1** ***m.*** Fruto de superficie lisa y brillante, con la piel verde o roja y la carne muy jugosa y agradable, con muchas semillas amarillas y planas: *pide una ensalada de ~; nos puso un ~ relleno y asado de aperitivo.* **2** Salsa elaborada con ese fruto: *tomaremos pollo con ~; ¿puedo servirme más ~ en el arroz blanco?* **3** Hortaliza procedente de América que da ese fruto: *el ~ se cultiva en zonas cálidas.* ⇒ **tomatera. 4** *fig.* Agujero hecho en una prenda de vestir hecha de punto: *se quitó el zapato y llevaba un ~ en el calcetín.* **5** *fam. fig.* Desorden o lío: *el detective vio que en aquel asunto había ~ porque nadie le decía la verdad.* **6** *fam. fig.* Discusión o lucha: *los insultos acabaron en ~.* ⇒ **pelea.** ■ **ponerse como un ~**, *fam. fig.*, ponerse la cara roja por sentir vergüenza o *indignación: *al decirle que era muy guapa, la chica se puso como un ~.*

to·ma·te·ra |tomatéra| ***f.*** Hortaliza procedente

de América, cuyo fruto es el *tomate: *las tomateras se deben regar con frecuencia.* ⇒ **tomate.**

to·ma·vis·tas |tomaβístas| ***m.*** Cámara *cinematográfica de pequeño tamaño que se usa para grabar imágenes en movimiento: *recogió las imágenes con un ~.* ☖ El plural es *tomavistas.*

tóm·bo·la |tómbola| **1** ***f.*** Sorteo organizado para conseguir dinero: *los beneficios de la ~ irán directamente a una asociación de huérfanos; en esa ~ sortean jamones.* **2** Local o establecimiento en donde se celebra ese sorteo: *fuimos a la ~ y nos tocó una muñeca.*

to·mi·llo |tomíʎo| ***m.*** Planta silvestre olorosa, con muchas ramas, con las hojas pequeñas y las flores blancas o rosas en *espigas: *el ~ crece en lugares secos; el cocinero le echó un poco de ~ a la comida.*

to·mo |tómo| ***m.*** Parte de una obra escrita extensa, *encuadernada por separado y con paginación propia: *la enciclopedia que tengo en casa tiene doce tomos.* ⇒ **volumen.** ■ **de ~ y lomo,** que es muy grande o importante: *han tenido una discusión de ~ y lomo.*

to·na·da |tonáða| **1** Música de una canción: *caminaba silbando una ~; el investigador ha recuperado muchas tonadas populares.* **2** Música y letra de una canción: *ya nunca cantan aquel bolero, ahora hay otras tonadas modernas.*

to·na·di·lla |tonaðíʎa| ***f.*** Canción alegre y ligera, generalmente de carácter popular: *el cuplé, la ~, el bolero y otras formas de canción tienen periodos de auge y periodos de decadencia.*

to·na·di·lle·⌜ro, ⌜ra |tonaðiʎero, ra| ***m. f.*** Persona que compone o canta *tonadillas: *un espectador mandó un ramo de rosas a la guapa tonadillera al final de la actuación.* ⇒ **folclórico.**

to·nal |tonál| ***adj.*** Del tono o de la *tonalidad o que tiene relación con ellos: *es admirable la variedad ~ de este fragmento.*

to·na·li·dad |tonaliðáᵈ| **1** ***f.*** Conjunto de colores y tonos: *la ~ del mar varía entre el verde y el azul; habían florecido los almendros y su color rosado se divisaba entre las tonalidades verdes del campo.* **2** MÚS. Escala o sistema de sonidos que sirve de base a una composición musical: *no sabía cuál era la ~ de la obra.* ⇒ **tono.**

to·nel |tonél| **1** ***m.*** Recipiente de madera, grande y redondo, que sirve para contener líquidos: *en la bodega hay un ~ de vino blanco.* ⇒ **barril, cuba.** **2** *fam. fig.* Persona muy gorda: *ha dejado el régimen y ahora está como un ~.*

to·ne·la·da |toneláða| ***f.*** Unidad de masa que equivale a 1000 kilogramos en el Sistema Internacional: *la carga máxima del camión es de diez toneladas.* ☖ Se usa también *~ métrica.*

to·ne·la·je |toneláxe| **1** ***m.*** Cabida de una embarcación: *es un petrolero de gran ~ y por eso alcanza poca velocidad.* **2** Peso de un vehículo: *los camiones de gran ~ no pueden circular por esta carretera.* **3** Cabida o capacidad de un vehículo de transporte: *no sabemos cuál es el ~ de ese tren.*

ton·go |tóŋgo| ***m.*** Engaño que consiste en aceptar dinero por dejarse ganar en un deporte o competición: *el público protestó porque pensó que había habido ~ en la pelea.*

tó·ni·ca |tónika| **1** ***f.*** Bebida transparente y sin alcohol, hecha con agua y ácido *carbónico y de sabor ligeramente amargo: *tómate una ~, que te sentará bien.* **2** Modo o estilo en que se desarrolla una cosa: *la ~ del partido fue la mediocridad.*

tó·ni·⌜co, ⌜ca |tóniko, ka| **1** ***adj.*** LING. Que lleva acento: *en la palabra* camión *la vocal* o *es tónica; la palabra* mesa *tiene una sílaba tónica,* me-, *y otra átona,* -sa. ⇔ **átono, inacentuado. - 2** ***adj.-m.*** Que da fuerza y energía al organismo: *el médico le recetó un jarabe ~ para su anemia.* **3** (producto) Que deja la piel limpia y fresca; que da fuerza al pelo: *todas las mañanas usa una leche limpiadora y un ~ para la cara.*

to·ni·fi·car |tonifikár| ***tr.*** [algo, a alguien] Devolver la salud o la fuerza; hacer sentir bien: *un masaje después del esfuerzo te tonificará los músculos.* ⇒ **entonar.** ☖ Se conjuga como 1.

to·no |tóno| **1** ***m.*** Cualidad de los sonidos que permite ordenarlos en graves y agudos: *el ~ de un sonido depende de la cantidad de vibraciones por segundo.* **2** Modo particular de hablar, según la intención o el estado de ánimo: *me dijo que no con ~ triste.* **3** Fuerza o intensidad de un sonido: *baja el ~, que te van a oír.* **4** Tendencia general, carácter o intención que domina: *en ciertos momentos, la novela realista adoptó un ~ político; aquello lo dije en ~ confidencial.* **5** Grado e intensidad del color: *al atardecer, el cielo se tiñó de un ~ rosado; me gusta el ~ del verde de tu blusa.* **6** Estado del cuerpo o de una parte de él cuando cumple sus funciones y se encuentra en buena forma: *una sopa caliente te hará recuperar el ~.* **7** Cualidad que depende del gusto o la educación: *es de mal ~ pitar o insultar a los otros conductores.* **8** MÚS. Distancia que hay entre una nota y la siguiente en la escala natural, *excepto de *mi a *fa y de *si a *do: *de do a re hay un ~ de diferencia.* **9** MÚS. Escala o sistema de sonidos que sirve de base a una composición musical: *el ~ de esta pieza es do mayor.* ⇒ **tonalidad.** ■ **a ~,** en correspondencia o de acuerdo con: *llevo los zapatos a ~ con el bolso.* ■ **darse ~,** darse importancia: *se ha comprado un coche muy grande para darse ~.* ■ **fuera de ~,** de manera poco adecuada; fuera de lugar: *si te he explicado la causa de mi error, no me contestes fuera de ~.* ■ **subido de ~,** un poco *obsceno: *Anabel contó un chiste subido de ~.* ■ **subir de ~,** hacerse más fuerte o violento: *la conversación subió de ~ y acabó en una pelea.*

ton·su·ra |tonsúra| ***f.*** Corte en el pelo, redondo y pequeño, que pueden llevar los sacerdotes y otros religiosos en la *coronilla: *los sacerdotes llevaban ~.* ⇒ **coronilla.**

ton·te·ar |tonteár| **1** ***intr.*** Decir o hacer tonterías: *ya eres mayorcito para estar tonteando a todas horas.* **2** *fam.* Mantener relaciones amorosas poco serias; tratar de gustar o de excitar: *ya tiene catorce años y empieza a ~ con los muchachos.*

ton·te·rí·a |tontería| **1** ***f.*** Cualidad de tonto: *no creo que pueda soportar su ~ por más tiempo.* ⇒ **es-**

tupidez. **2** Obra o dicho tonto: *ya estamos todos hartos de sus tonterías y sus bromas pesadas.* ⇒ **estupidez, idiotez, paparrucha, payasada.** **3** Obra o dicho sin importancia: *¿te vas a disgustar por esa ~?* ⇒ **idiotez.**

ton·⌐to, ⌐ta |tónto, ta| **1** ***adj.-s.*** (persona, animal) Que es torpe o poco inteligente; que no sabe lo que debe saber: *si no sabes cuál es la capital de España, es que eres ~; es tan tonta que cree que a los niños los trae la cigüeña.* ⇒ **idiota, imbécil, payaso.** ⌂ Se usa como apelativo despectivo; ~ **de capirote/de remate/del bote**, que es torpe o poco inteligente: *¿cómo pides consejo a esa tía, si es tonta de capirote?* **2** *fam.* (persona) Que cree que todo el mundo actúa con buena voluntad; que se cree todo: *¡ay, ~!, te han vuelto a engañar.* **3** *fam.* (persona) Que se deja llevar por los sentimientos: *ya sé que soy un ~, pero no puedo negarles nada a mis hijos.* **4** *fam.* (persona) Que es muy cariñoso: *¡no seas ~ y deja ya de besuquearme!* **- 5** ***adj.*** *fam.* Que no tiene sentido ni razón: *por una equivocación tonta suspendí el examen; ha sido una caída tonta.*

to·par |topár| **1** ***intr.*** [con/contra algo, con/contra alguien] Chocar o tropezar una cosa con otra: *el coche topó contra un poste.* **2** [con algo] Encontrar un obstáculo que impide avanzar: *topamos con muchas dificultades.* ⇒ **tropezar. - 3** ***intr.-prnl.*** [con alguien] Encontrar por azar: *me topé con mi amigo en la calle.* ⇒ **tropezar.**

to·pe |tópe| **1** ***m.*** Parte de una cosa que sirve para protegerla de los golpes: *los vagones del tren tienen unos topes.* **2** Pieza que detiene el movimiento de un mecanismo; cerradura: *el pestillo se atascó en el ~.* **3** Extremo superior de un palo: *en el ~ del mástil ondeaba la bandera pirata.* **4** MEC. Pieza montada generalmente en el extremo de un eje: *el ~ impide que la rueda se salga del eje.* **5** *fig.* Extremo, límite o *máximo al que se puede llegar: *la fecha ~ para presentar las solicitudes es el próximo día 15; la aguja llegó a su ~.* ■ **a ~**, al *máximo posible: *la sala estaba llena a ~; pisó el acelerador a ~.*

to·pe·ra |topéra| ***f.*** Lugar en el que viven y se protegen los *topos: *el topo sólo sale de noche de su ~.*

to·pe·ta·zo |topetáθo| ***m.*** Choque o tropiezo de una cosa con otra: *no pudo frenar la bicicleta y se dio un tremendo ~ contra la pared.*

tó·pi·⌐co, ⌐ca |tópiko, ka| **1** ***adj.-m.*** Que se usa y repite mucho, por lo que no es original: *tienes la cabeza llena de ideas tópicas sobre los hombres; los tópicos sobre los españoles ya están superados.* **- 2** ***adj.*** (medicina, uso) Que se aplica en el exterior del cuerpo: *en la caja de la pomada pone que es de uso ~.*

to·po |tópo| **1** ***m.*** Animal mamífero pequeño, de pelo muy fino, ojos pequeños, manos con uñas fuertes que abre conductos bajo tierra y que se alimenta de insectos: *los topos son casi ciegos; los topos han destrozado el césped con sus toperas.* ⌂ Para indicar el sexo se usa el ~ macho y el ~ hembra. **- 2** ***adj.-m.*** *fig.* Persona que ve poco: *mi abuelo es un poco ~ porque ya no ve como cuando era joven.* **3** *fig.* Persona poco inteligente y que se equivoca en todo: *¡ay, Juanito!, si sigues siendo tan ~, jamás llegarás a nada en la vida.* **4** *fig.* Persona que se introduce en una organización para averiguar sus actos y *planes: *los servicios de inteligencia tienen que tener mucho cuidado con los topos.*

to·po·gra·fí·a |topoɣrafía| **1** ***f.*** Disciplina que trata de describir y representar con detalle la superficie de un terreno: *se está especializando en ~.* **2** Conjunto de características que presenta la superficie de un terreno: *la ~ de España es muy variada e irregular.*

to·po·grá·fi·⌐co, ⌐ca |topoɣráfiko, ka| ***adj.*** De la *topografía o que tiene relación con ella: *está haciendo un estudio ~ de la provincia.*

to·pó·ni·mo |topónimo| ***m.*** Nombre propio de lugar: *los nombres de ciudades son topónimos.*

to·que |tóke| **1** ***m.*** Roce de la mano o de una cosa sobre otra: *sintió el suave toque de la seda.* **2** *fig.* Golpe débil que se da o se recibe: *le dieron un ~ en la parte delantera del coche; al sentir un ~ en la espalda, volvió la cabeza.* **3** Sonido de un instrumento musical: *el ~ de las trompetas es brillante.* **4** *fig.* Aviso que se da con un fin determinado: *tendré que darle un ~ para que no siga hablando mal de nosotros; el jefe le dio un ~ porque hablaba demasiado por teléfono;* ~ **de queda**, aviso que prohíbe la libre circulación a la población *civil a partir de una hora determinada: *tras la ocupación, pusieron el ~ de queda a las nueve.* **5** Punto o elemento final o característico: *le he dado al retrato un ~ personal; te falta el ~ final.*

to·que·te·ar |toketeár| ***tr.*** [algo, a alguien] Tocar repetidamente con la mano: *el soldado toqueteaba el libro que había sobre la mesa.*

to·que·te·o |toketéo| ***m.*** Toque repetido con la mano: *sus dedos se movían por el continuo ~ de los botones de la chaqueta.*

to·qui·lla |tokíʎa| ***f.*** Prenda de vestir, de punto y con forma triangular, que cubre los hombros y la espalda: *mi abuela se ponía una ~ gris para estar en casa.*

to·rá·ci·⌐co, ⌐ca |toráθiko, ka| ***adj.*** ANAT. Del *tórax o que tiene relación con él: *ha ido al médico porque tiene un dolor ~.*

tó·rax |tóra^{ks}| **1** ***m.*** ANAT. Parte superior del tronco del hombre y de los vertebrados, situada entre el cuello y el *abdomen, en la que se encuentran el corazón y los pulmones: *hicieron al enfermo una radiografía del ~; la policía encontró el cadáver con una puñalada en el ~.* ⇒ **pecho. 2** ZOOL. Parte central de las tres en que se divide el cuerpo de los in-

TOPO

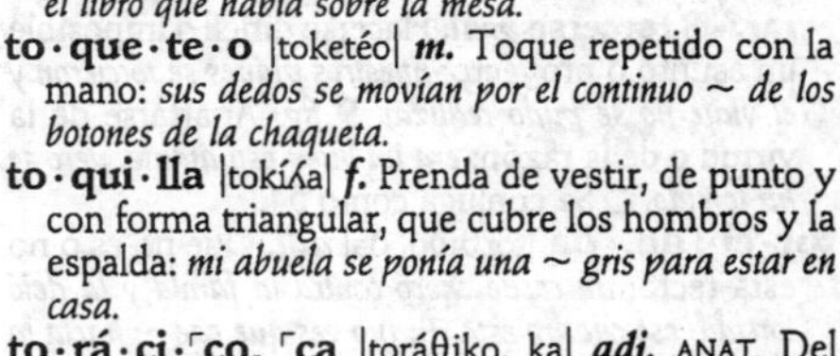

sectos y otros animales articulados: *las patas de los cangrejos están en el ~.* ⌂ El plural es *tórax.*

tor·be·lli·no |torβeʎíno| **1** ***m.*** Movimiento rápido de aire que gira sobre sí mismo: *se levantó un ~ y se volaron las toallas que estaban tendidas en el suelo.* ⇒ **remolino. 2** *fig.* Abundancia de cosas que ocurren al mismo tiempo: *los periodistas apabullaron al ministro con un ~ de preguntas.* **3** *fam. fig.* Persona que obra de manera rápida y desordenada: *esta chica es un ~, siempre se está moviendo.* ⇒ **ciclón.**

tor·ce·du·ra |torθeðúra| **1** ***f.*** Acción y resultado de torcer: *lleva una ~ en la media.* **2** Daño que se produce en las partes blandas que rodean una articulación: *una ~ de tobillo le impidió jugar el partido.*

tor·cer |torθér| **1** ***tr.-prnl.*** [algo] Doblar o dar forma curva: *el forzudo torció la barra de hierro.* **2** *fig.* Cambiar la voluntad o la opinión: *esperemos que sus buenas intenciones no se tuerzan.* **- 3** ***tr.*** Dar forma de muelle a un cuerpo, haciéndolo girar sobre sí mismo: *torció la ropa para escurrirla.* ⇒ **retorcer. 4** Desviar; cambiar o hacer cambiar una dirección o una posición: *tiene un problema de visión: desde pequeño tuerce los ojos.* ⇒ **doblar, girar. 5** *fig.* Deformar la intención o el significado de una cosa que se dice: *nadie interpretará mal lo que he dicho, si ella no tuerce mis palabras.* ⇒ **tergiversar. 6** Dar a la cara expresión de enfado o desagrado: *se lo estaba explicando y torció la cara.* ⌂ Se usa en expresiones como *~ el gesto* o *~ el morro.* **- 7** ***intr.*** Cambiar de dirección: *al llegar a la altura de la avenida principal, torció por la calle de la derecha.* ⇒ **girar. - 8 torcerse** ***prnl.*** Hacerse difícil o imposible un asunto o proyecto: *nuestros planes se torcieron y el viaje no se pudo realizar.* **9** *fig.* Apartarse de la virtud o de la razón: *era un buen estudiante, pero se ha torcido.* ⌂ Se conjuga como 54.

tor·ci·⌐do, ⌐da |torθíðo, ða| ***adj.*** Que no es o no está recto: *un coche chocó contra la farola y la dejó torcida; ese cuadro está ~; ¡no ves que cae ~ hacia la derecha!* ⇔ **recto.**

tor·⌐do, ⌐da |tórðo, ða| **1** ***adj.-s.*** (animal) Que tiene el pelo mezclado de color blanco y negro: *engancharon la mula torda detrás del macho.* **- 2 tordo** ***m.*** Pájaro de color oscuro, con pico delgado y negro: *había un nido de tordos bajo el tejado.* ⌂ Para indicar el sexo se usa el ~ macho y el ~ hembra.

TORDO

to·re·ar |toreár| **1** ***intr.-tr.*** [algo] Luchar con un toro, provocando y evitando sus ataques, hasta darle muerte: *el joven torero toreó las dos reses más bravas de la tarde.* ⇒ **lidiar. - 2** ***tr.*** *fig.* [a alguien] Engañar o no dar importancia a una persona: *ya estoy harto de que me torees, así que dame una respuesta clara a mi proposición; los manifestantes toreaban a la policía.* **3** *fig.* [algo, a alguien] Conducir hábilmente un asunto que se presenta difícil: *deja a Sonsoles, que es la que mejor sabe ~ al jefe.* **4** *fig.* Evitar o escapar: *a ver si conseguimos ~ a ese pesado y marcharnos sin él.*

to·re·o |toréo| **1** ***m.*** Lucha con un toro, provocando y evitando sus ataques: *el matador fue herido durante el ~ del segundo toro.* ⇒ **lidia. 2** Arte de luchar con un toro, provocando y evitando sus ataques: *don Emilio entiende mucho de ~.*

to·re·⌐ro, ⌐ra |toréro, ra| **1** ***adj.*** Del *toreo o que tiene relación con él: *cogió el capote con aire ~.* **2** *fig.* Que se considera propio del *toreo; que es valiente: *salió de la reunión haciendo un desplante ~.* **- 3** ***m. f.*** Persona que se dedica a *torear: *el ~ dedicó el primer toro a su madre.* ⇒ **diestro, espada, maestro, matador.**

tor·men·ta |torménta| **1** ***f.*** Fenómeno de la atmósfera en el que cambia la presión y se producen fuertes vientos generalmente acompañados de lluvia o nieve, *relámpagos y *truenos: *anoche hubo una ~ con rayos y truenos; cierra todas las ventanas, que parece que va a haber una buena ~.* ⇒ **tempestad, temporal. 2** Agitación violenta de las aguas del mar causada por vientos fuertes: *los pescadores no saldrán hoy al mar porque hay ~.* ⇒ **tempestad, temporal. 3** *fig.* Expresión ruidosa y violenta de un estado de ánimo alterado: *su conducta fue tan imprudente que tuvo que aguantar una ~ de reproches.*

tor·men·to |torménto| **1** ***m.*** Dolor físico: *esta muela me está dando un gran ~.* ⇒ **suplicio, tortura. 2** Castigo físico que se da con un fin determinado: *al final cedió ante el ~ y confesó un crimen que no había realizado.* ⇒ **suplicio, tortura. 3** Sufrimiento moral; pena: *no puedo soportar más el ~ que me causan los celos.* ⇒ **suplicio, tortura. 4** *fig.* Persona o cosa que produce dolor o sufrimiento: *estos zapatos son un ~: me hacen mucho daño; este niño es un ~: no para quieto ni cinco minutos.* ⇒ **suplicio.**

tor·men·to·⌐so, ⌐sa |tormentóso, sa| **1** ***adj.*** (tiempo atmosférico) Que tiene o anuncia tormenta: *en este pueblo estamos acostumbrados al tiempo ~.* **2** Que causa tormenta: *por el horizonte se ven unas nubes tormentosas.*

tor·na·do |tornáðo| ***m.*** Tormenta en la que hay vientos extremadamente fuertes que avanzan girando sobre sí mismos de forma muy rápida: *los tornados son frecuentes en América del norte; el ~ ha* *destruido una gran cantidad de viviendas de la costa.* ⇒ **ciclón, huracán, tifón.**

tor·nar |tornár| **1** ***intr.*** *form.* Regresar o volver: *tornó de Galicia hace un mes.* **2** *form.* Volver a hacer una cosa: *tornó a leer el capítulo.* ☖ Se usa seguido de la preposición *a* y de otro verbo en infinitivo. **- 3** ***tr.*** *form.* [algo; a alguien] Hacer que una persona reciba lo que antes había dado o perdido: *torna el dinero a su dueño y te sentirás mejor.* ⇒ **devolver. - 4** ***tr.-prnl.*** *form.* [algo, a alguien] Cambiar una naturaleza o estado: *la lluvia tornó el campo en un barrizal; el cielo se tornó rojo con la luz del atardecer.*

tor·na·sol |tornasól| **1** ***m.*** Brillo que cambia con el reflejo de la luz: *la superficie del lago tenía un ~ plateado al amanecer.* ⇒ **reflejo. 2** QUÍM. Materia *colorante que sirve para reconocer los ácidos: *el ~ se vuelve rojo al mezclarse con un ácido.* **3** Planta compuesta, de tallo grueso, alto y derecho, con las hojas en forma de corazón, la flor amarilla y el fruto con muchas semillas negras comestibles: *el ~ orienta su flor hacia los rayos de sol.* ⇒ **girasol, mirasol.** ☖ La Real Academia Española prefiere la forma *girasol.*

tor·ne·o |tornéo| **1** ***m.*** Competición deportiva: *el ~ de verano comenzará en el mes de julio.* **2** Enfrentamiento entre dos personas montadas a caballo: *en la Edad Media se celebraban torneos entre caballeros armados.* ⇒ **combate.**

tor·ne·⌐ro, ⌐ra |tornéro, ra| **1** ***adj.-s.*** (persona) Que *atiende el *torno en un *convento: *pidió las almendras a la hermana tornera.* **- 2** ***m. f.*** Persona que se dedica a trabajar con el *torno: *mira qué vasija tan bonita ha hecho el ~.*

tor·ni·llo |torníʎo| ***m.*** Cilindro pequeño, generalmente de metal, terminado en punta, con un saliente en *espiral que lo recorre de un extremo a otro, o sólo en la parte más cercana a la punta, y que sirve para sujetar una cosa a otra: *quitando esos cuatro tornillos puedes abrir el televisor; para apretar un ~ hay que hacer que gire hacia la derecha y para aflojarlo, hacia la izquierda; sujetó el tablero a la pared con tornillos.* ⇒ **torno.** ■ **faltar/haber perdido un ~**, *fam.*, comportarse con poco juicio y de forma imprudente: *¿cómo dices esas tonterías?, ¿es que te falta un ~?* ■ **tener flojos los tornillos**, *fam.*, comportarse con poco juicio y de forma imprudente: *los que se bañan vestidos en las fuentes públicas tienen flojos los tornillos.*

tor·ni·que·te |tornikéte| **1** ***m.*** Instrumento médico con el que se detiene la salida de sangre de una herida presionando sobre un vaso *sanguíneo: *aplicaron un ~ al accidentado y cortaron la hemorragia.* **2** Mecanismo que gira sobre un eje y que se coloca en la entrada de un establecimiento para que pasen las personas de una en una: *a la entrada del metro hay varios torniquetes.*

tor·no |tórno| **1** ***m.*** Máquina que gira y que sirve para hacer girar un objeto sobre sí mismo: *puso el barro en el ~ y moldeó un jarrón; necesitaba una tuerca muy especial y tuvieron que fabricarla en el momento con el ~.* **2** Máquina formada por un cilindro que gira y enrolla una cuerda: *arrastraron el coche con un ~.* **3** Instrumento eléctrico con un brazo articulado y una pieza que gira en la punta, que usan los médicos para limpiar y arreglar los dientes: *el dentista metió cuidadosamente el ~ en la boca del paciente.* **4** Cilindro con divisiones verticales que se coloca en el hueco de una pared y que al girarlo sirve para *intercambiar objetos entre personas sin que éstas se vean: *puso el dinero en el ~ del convento y apareció una caja de almendras.* ■ **en ~ a**, alrededor de: *todos nos sentamos en ~ a la mesa para comer.* ■ **en ~ a**, acerca de: *estuvimos discutiendo en ~ a la compra del piso.*

to·ro |tóro| **1** ***m.*** Animal mamífero, macho adulto, que se alimenta de vegetales y tiene pelo corto, cola larga y cabeza gruesa con dos cuernos curvos: *el ~ es el macho de la vaca; el domingo iremos a ver una corrida de toros.* ⇒ **vaca; ~ de lidia**, el que es *bravo y se *torea: *íbamos paseando por el campo y nos encontramos una manada de toros de lidia.* **2** *fam. fig.* Hombre muy fuerte: *este chico es un ~, ha levantado el tronco como si fuera una ramita.* **- 3 toros** ***m. pl.*** Fiesta o *corrida en que se *torean y matan generalmente seis de esos animales: *las mujeres se ponían sus mejores trajes para ir a los toros.* ■ **a ~ pasado**, ya terminado el problema: *hizo unas declaraciones a ~ pasado, cuando todos los periódicos habían publicado la resolución del problema.* ■ **coger el ~ por los cuernos**, enfrentarse a un problema sin tratar de evitarlo: *puedes esconderte de tus amigos, pero es mejor que cojas el ~ por los cuernos y les expliques qué pasó con el dinero.* ■ **pillar el ~**, terminar el tiempo o el *plazo para hacer alguna cosa: *tenemos que darnos prisa en terminar o nos va a pillar el ~.*

to·ron·ja |torónxa| ***f.*** Fruto comestible amarillo, redondo y de sabor ácido, parecido a la naranja: *cogieron unas cuantas toronjas para calmar la sed.* ⇒ **pomelo.**

tor·pe |tórpe| **1** ***adj.*** Que es lento y pesado; que se mueve con dificultad: *las focas son animales muy torpes fuera del agua.* ⇔ **ágil, hábil. 2** Que es lento en comprender; que es tonto: *¡qué ~ eres! No te enteras de nada.* ⇒ **cerrado. 3** Que no es *conveniente; que puede molestar: *ofendió a la anfitriona con su ~ desaliño.*

TORO

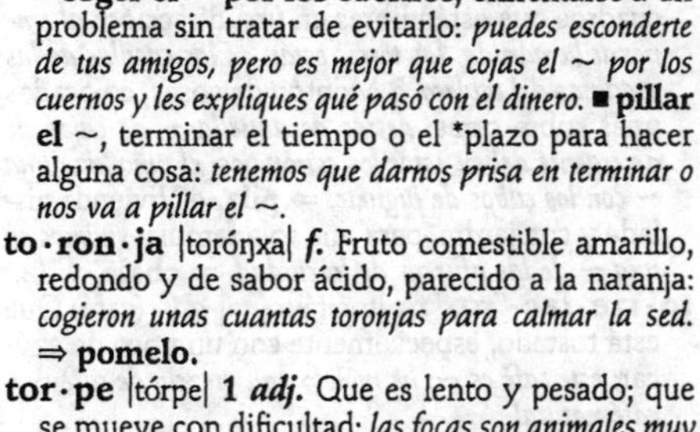

tor·pe·de·ar |torpeðeár| **1** ***tr.*** [algo] Atacar un barco lanzándole *torpedos: *el submarino torpedeó un buque enemigo.* **2** *fig.* Impedir o hacer difícil el desarrollo normal de una acción: *los huelguistas más exaltados torpedeaban cualquier intento de llegar a un acuerdo.*

tor·pe·de·⌜ro, ⌜ra |torpeðéro, ra| **1** ***adj.-s.*** (nave) Que puede lanzar *torpedos: *fueron atacados por una lancha torpedera.* **- 2** ***m. f.*** Persona especialista en la preparación y lanzamiento de los *torpedos: *mi hermano fue ~ en la marina.*

tor·pe·do |torpéðo| ***m.*** *Proyectil que se mueve bajo el agua, a poca profundidad, empujado por un motor, que suele llevar una carga *explosiva y que puede dirigirse hacia un *objetivo: *el submarino lanzó dos torpedos al acorazado y lo hundió.*

tor·pe·za |torpéθa| **1** ***f.*** Cualidad de torpe: *no pudo superar la prueba: obró con gran ~.* **2** Obra o dicho torpe: *no traer un regalo a tu abuela ha sido una ~ por tu parte.*

to·rre |tóře| **1** ***f.*** Construcción o edificio mucho más alto que ancho: *en lo alto de la ~ de la iglesia están las campanas; han construido dos torres de apartamentos en el centro de la ciudad;* **~ de control**, la que hay en los *aeropuertos para controlar el movimiento de los aviones que entran y salen: *el piloto pidió permiso a la ~ de control para aterrizar.* **2** Pieza del *ajedrez que se mueve en línea recta y puede recorrer en un solo movimiento todos los cuadros que estén libres en una dirección: *al empezar la partida, las torres están en las casillas de las esquinas del tablero.* **3** Montón de cosas, colocadas unas sobre otras: *detrás de aquella ~ de cajas de detergente deben estar los estropajos; el niño hizo una ~ con los cubos de juguete.* ⇒ **pila. 4** Vivienda aislada y con jardín, para una sola familia: *vivimos en una ~ de las afueras de la ciudad.* ⇒ **chalé, villa.**

to·rre·fac·⌜to, ⌜ta |tořefákto, ta| ***adj.*** (café) Que está tostado, especialmente con un poco de azúcar: *este café es ~; he molido una mezcla de café ~ y café natural.*

to·rren·cial |tořenθiál| ***adj.*** (lluvia, corriente de agua) Que es muy fuerte: *ha caído una lluvia ~.*

to·rren·te |tořénte| **1** ***m.*** Corriente de agua abundante, que cae con fuerza en tiempo de muchas lluvias: *los torrentes se forman en las montañas.* **2** *fig.* Abundancia de personas que están en un lugar o que coinciden en una acción; gran cantidad de cosas que se producen de una vez: *un ~ de huelguistas se concentró en la plaza de la ciudad; el líder se vio acosado por un ~ de preguntas.* **3** Sangre que corre por el aparato *circulatorio: *el ~ sanguíneo distribuye las sustancias alimenticias por todo el organismo.*

to·rren·te·ra |tořentéra| ***f.*** Parte del terreno por la que corren las aguas de forma rápida, generalmente como *consecuencia de las lluvias fuertes o de la fundición del hielo: *si llueve no te metas en la ~.*

to·rre·ón |tořeón| ***m.*** Torre grande que sirve para la defensa de una plaza o castillo: *desde el ~ se veía toda la llanura que rodeaba la ciudad.*

to·rre·ta |tořéta| ***f.*** MIL. Torre o estructura colocada en un lugar alto y destinada a ciertos fines: *el capitán dio las órdenes desde la ~; dieron las órdenes para el aterrizaje desde la ~ de comunicaciones.*

to·rrez·no |tořéθno| ***m.*** Trozo de *tocino frito: *tomaron un aperitivo con vino y torreznos; no puedo comer torreznos porque estoy a régimen.*

tó·rri·⌜do, ⌜da |tóřiðo, ða| ***adj.*** (tiempo, lugar) Que tiene temperaturas muy altas: *las zonas tórridas de la Tierra están comprendidas entre los trópicos.*

to·rri·ja |toříxa| ***f.*** Rebanada de pan mojada en leche o vino y huevo, frita en aceite y cubierta de azúcar o miel: *es típico comer torrijas en Semana Santa; a mi hermana le gustan las torrijas de vino, yo prefiero las de leche.*

tor·so |tórso| **1** ***m.*** Tronco del cuerpo humano: *en la fotografía se ve su cabeza y su ~.* **2** Escultura que representa el cuerpo humano y a la que le faltan la cabeza, los brazos y las piernas: *los arqueólogos encontraron un ~ en el fondo del mar.*

tor·ta |tórta| **1** ***f.*** Masa de harina, de figura redonda o alargada, tostada a fuego lento: *me gustaban mucho las tortas que hacían en aquella panadería.* **2** *fig.* Golpe dado con la mano abierta sobre la cara: *le dije que era tonto y me dio una ~.* ⇒ **bofetada, bofetón, sopapo, tortazo. 3** *fam.* Golpe violento: *¡menuda ~ se ha dado con la bicicleta!* ⇒ **tortazo.**

tor·ta·zo |tortáθo| **1** ***m.*** *fam.* Golpe dado con la mano abierta sobre la cara: *te tienes bien merecido el ~ que te han dado.* ⇒ **bofetada, bofetón, sopapo, torta. 2** *fig.* Golpe violento: *se ha dado un ~ con el coche y lo ha dejado completamente destrozado.* ⇒ **torta.**

tor·tí·co·lis |tortíkolis| ***f.*** Contracción involuntaria de los músculos del cuello que hace que la cabeza quede inclinada y sea doloroso moverla: *tiene ~: por eso no puede girar la cabeza.* ☐ El plural es *tortícolis.*

tor·ti·lla |tortíʎa| ***f.*** Comida de forma redonda o alargada hecha con huevo *batido al que se pueden añadir otros *ingredientes en una sartén con aceite: *me gusta añadir a la ~ queso o jamón; para hacer una buena ~ los huevos deben estar bien batidos; pasamos el día en el campo y llevamos bocadillos de ~;* **~ española/de patatas**, la que tiene forma redonda y se hace añadiendo al huevo patatas fritas y *cebolla: *ha pedido al camarero un pincho de ~ española;* **~ francesa**, la que tiene forma alargada y se hace sólo con huevo: *mi cena consiste sólo en una ~ francesa.* ■ **dar la vuelta a la ~**, *fam.*, hacer que una situación parezca diferente o cambie totalmente: *no des la vuelta a la ~, el culpable eres tú, no él.* ■ **volverse la ~**, *fam.*, cambiar una situación; ocurrir una cosa de manera contraria a lo esperado: *todo iba bien hasta que, por un pequeño problema, se me volvió la ~.*

tór·to·la |tórtola| ***f.*** Ave de la familia de la *paloma, de color gris o marrón: *la ~ siempre vuela haciendo recortes.* ☐ Para indicar el sexo se usa la ~ macho y la ~ hembra.

tor·tu·ga |tortúɣa| ***f.*** Reptil cuyo cuerpo está protegido por una concha, con patas cortas, cuello que puede alargar y encoger y que no tiene dientes: *las tortugas caminan muy despacio; los niños cogieron la ~ y ésta escondió las patas y la cabeza dentro del caparazón.* ⇒ **galápago.** ☖ Para indicar el sexo se usa la ~ macho y la ~ hembra.

tor·tuo·⌈so, ⌈sa |tortuóso, sa| **1** ***adj.*** Que tiene curvas, vueltas y rodeos: *un camino ~ atraviesa el bosque.* ⇒ **sinuoso. 2** *fig.* (persona) Que obra con engaño y disimulo: *es muy ~: nunca sé cuándo dice la verdad.*

tor·tu·ra |tortúra| **1** ***f.*** Castigo físico que se da con un fin determinado: *el juez no consideró válida la confesión porque consiguieron que el acusado hablara mediante ~.* ⇒ **suplicio, tormento. 2** *fig.* Sufrimiento moral; pena: *la enfermedad del padre fue una ~ para todos.* ⇒ **suplicio, tormento. 3** Dolor físico: *es una ~ tener continuamente este dolor de cabeza.*

tor·tu·rar |torturár| **1** ***tr.*** [a alguien] Someter a castigo físico con un fin determinado: *durante la guerra, los dos bandos torturaron a los prisioneros.* **2** Causar dolor o sufrimiento; dar *tormento: *no me tortures más con tu indiferencia.* ⇒ **atormentar. - 3** ***tr.-prnl.*** Causar disgusto o enfado: *tus enfados me torturan.* ⇒ **atormentar.**

tos |tós| ***f.*** Salida violenta y ruidosa del aire contenido en los pulmones: *si dejaras de fumar, se te quitaría esa ~ tan fea;* ~ **ferina**, enfermedad *infecciosa que suelen padecer los niños y que se caracteriza por la salida violenta y ruidosa del aire contenido en los pulmones: *no paraba de toser a causa de la ~ ferina.* ☖ El plural es *toses.*

tos·⌈co, ⌈ca |tósko, ka| **1** ***adj.*** Que no está elaborado; que tiene poca calidad o valor: *el vestido está hecho de un tejido muy ~.* ⇒ **bronco. - 2** ***adj.-s.*** *fig.* (persona) Que tiene malos modos o que es poco educado; que tiene escasa formación cultural: *lo enviaron a un internado para corregir sus toscos modales.* ⇒ **rudo.**

to·ser |tosér| **1** ***intr.*** Tener tos: *empezó a ~ y tuvo que salir del salón de actos; el humo del tabaco me hace ~.* **2** [a alguien] Enfrentarse u oponerse; quitar la razón: *no hay quien tosa a Guillermo.*

TÓRTOLA

tos·ta·da |tostáða| ***f.*** Rebanada de pan que ha sido puesta al fuego o a un calor intenso, y que ha tomado color, sin llegar a quemarse: *las tostadas se untan con mantequilla o mermelada; ha desayunado leche con cacao y ~.* ■ **olerse la ~,** *fam.*, adivinar un peligro o una situación desagradable: *Enrique se olió la ~ y se marchó para evitar una discusión.*

tos·ta·⌈do, ⌈da |tostáðo, ða| **1** ***adj.*** Que tiene color oscuro, parecido al marrón: *la ropa de invierno de Juan es de tonos tostados; en este cuadro los colores que predominan son el negro y el ~.* **- 2 tostado *m.*** Acción de poner un alimento al fuego o a un calor intenso hasta que toma color, sin que llegue a quemarse: *Ramón trabaja en una empresa que se dedica al ~ de café.*

tos·ta·⌈dor, do·ra |tostaðór, ðóra| ***m. f.*** Aparato que sirve para tostar un alimento, especialmente pan: *esta tostadora eléctrica es muy práctica.*

tos·tar |tostár| **1** ***tr.-prnl.*** [algo] Poner un alimento al fuego o a un calor intenso hasta que toma color, sin que llegue a quemarse: *Trinidad ha tostado los torreznos antes de servirlos; el pollo se está tostando en el horno.* ⇒ **dorar. 2** Tomar color la piel de una persona: *el sol y el viento han tostado su rostro; se marchó unos días a Canarias para tostarse al sol.* ⇒ **broncear.** ☖ Se conjuga como 31.

tos·tón |tostón| **1** ***m.*** Persona o cosa pesada o que causa molestia: *este locutor es un ~, habla demasiado; es un ~ no disponer de teléfono propio.* ⇒ **lata. 2** *Garbanzo que ha sido puesto al fuego hasta que ha tomado color, sin llegar a quemarse: *he comprado tostones en la tienda de la esquina.* **3** Trozo pequeño de pan frito que se sirve con ciertas comidas: *nos pusieron puré de patatas con tostones por encima.* ⇒ **picatoste. 4** Trozo de *plátano frito: *los tostones son típicos del Caribe.*

to·tal |totál| **1** ***adj.*** Que es completo o general; que lo comprende todo en su especie: *la invención de la imprenta supuso una revolución ~ de la cultura.* **- 2** ***m.*** MAT. Resultado de una suma: *el ~ de gastos de la empresa en diciembre ha sido muy alto.* **3** Conjunto de todas las personas o cosas que forman una clase o especie: *se ha elegido, del ~ de la población estudiada, una muestra de mil personas.* **- 4** ***adv.*** En fin, en conclusión: *~, que no piensas venir; ~ que, con una cosa y otra, pasó el tiempo.* ■ **en ~**, como resultado de una suma o de una situación: *en España había en ~ unos diez millones de alumnos matriculados.*

to·ta·li·dad |totaliðáᵈ| ***f.*** Conjunto de los elementos que forman un todo; cosa entera: *el cliente debe conocer el producto en su ~ antes de comprarlo; la ~ de los vecinos acudió a la reunión.*

to·ta·li·ta·⌈rio, ⌈ria |totalitário, ria| **1** ***adj.*** Que incluye todas las partes de una cosa: *su intención es hacer un estudio ~ de la situación económica de la ciudad.* **2** POL. Del *totalitarismo o que tiene relación con él: *considera que la única manera de acabar con el caos es imponer un régimen ~.* ⇒ **totalitarista.**

to·ta·li·ta·ris·mo |totalitarísmo| ***m.*** POL. Sistema político en el que ejerce el poder un solo grupo o partido, impidiendo la intervención de otros: *el ~ es característico de las dictaduras.*

to·ta·li·ta·ris·ta |totalitarísta| **1** ***adj.*** POL. Del *totalitarismo o que tiene relación con él: *no está de acuerdo con los regímenes políticos totalitaristas.* ⇒ **totalitario.** - **2** ***adj.-com.*** POL. (persona) Que es partidario del *totalitarismo: *mi padre es un ~ convencido porque cree que el presidente debe asumir todos los poderes.*

to·ta·li·zar |totaliθár| ***tr.*** [algo] Determinar el total de diversas cantidades: *el coste de la obra se puede totalizar en varios millones.* ☐ Se conjuga como 4.

tó·xi·⌐co, ⌐ca |tóᵏsiko, ka| ***adj.-m.*** (sustancia) Que es venenoso; que puede causar la muerte de un ser vivo: *las pinturas de los juguetes infantiles no deben ser nunca tóxicas.*

to·xi·co·ma·ní·a |toᵏsikomanía| ***f.*** Hábito y necesidad de consumir drogas: *la ~ ha producido muchas muertes en la población juvenil.* ⇒ **drogadicción.**

to·xi·có·ma·⌐no, ⌐na |toᵏsikómano, na| ***adj.-s.*** (persona) Que tiene hábito y necesidad de consumir drogas: *un joven ~ asaltó la farmacia para conseguir drogas; han inaugurado un centro de rehabilitación de toxicómanos.* ⇒ **drogadicto.**

to·xi·na |toᵏsína| ***f.*** Sustancia venenosa producida por el cuerpo de los seres vivos: *las toxinas aparecen por la acción de los microorganismos.*

to·zu·⌐do, ⌐da |toθúðo, ða| ***adj.*** (persona) Que se mantiene excesivamente firme en sus ideas o intenciones, incluso si son *erróneas o falsas: *no se puede discutir con él, siempre quiere tener razón: es muy ~.* ⇒ **terco, testarudo.**

tra·ba |tráβa| **1** ***f.*** Cosa que impide o retrasa el desarrollo de una acción: *hasta 1936 la inversión extranjera no encontró ninguna clase de trabas en España.* **2** Cuerda o cadena que se usa para atar los pies a los caballos y otros animales: *pon la ~ al caballo para que no se escape.*

tra·ba·ja·⌐dor, ⌐do·ra |traβaxaðór, ðóra| **1** ***adj.-s.*** (persona) Que realiza un trabajo a cambio de dinero: *todos los trabajadores de esta fábrica tienen vacaciones en agosto; hay muchas mujeres trabajadoras que además deben hacer las tareas de la casa.* ⇒ **empleado.** - **2** ***adj.*** (persona) Que es muy aplicado en el trabajo: *un joven tan ~ como tu hijo no tendrá problemas para conservar su empleo.* ⇔ **vago.**

tra·ba·jar |traβaxár| **1** ***intr.*** Dedicarse física o mentalmente a hacer una cosa; realizar una actividad: *se pasó todo el fin de semana trabajando en su jardín; para sacar adelante una carrera hay que ~ mucho; los bueyes han trabajado mucho.* **2** Ocuparse en un oficio o profesión: *trabaja de sastre; trabajó varios años vendiendo enciclopedias por las casas.* **3** *fig.* Sufrir una acción o una fuerza: *la maroma que amarra la embarcación trabaja mucho.* **4** Poner empeño y fuerza con un fin determinado: *su naturaleza trabaja en vencer la enfermedad.* - **5** ***tr.*** [algo] Someter una materia a una acción continua y ordenada: *el carpintero trabaja la madera.* - **6** **trabajarse** ***prnl.*** *fig.* [a alguien] Tratar con esfuerzo e insistencia de convencer a una persona para que obre de una forma determinada: *me he trabajado mucho a este alumno para que se presente al examen.* **7** Dedicarse con empeño a conseguir una cosa: *Ernesto se ha trabajado bien su ascenso.*

tra·ba·jo |traβáxo| **1** ***m.*** Actividad o dedicación física o mental; esfuerzo: *es un niño mimado que siempre lo ha tenido todo sin que le costara ningún ~; no sabes el ~ que me ha costado planchar esta blusa; el coche es viejo, pero hace bien su ~.* **2** Oficio o profesión: *está buscando ~ porque lleva cinco meses en paro y tiene que mantener a su familia.* **3** Lugar donde se ejerce un oficio o profesión: *en el ~ me han dicho que he engordado.* **4** Obra o resultado de una actividad: *los trabajos de defensa contuvieron el ataque enemigo; el profesor no hará examen pero ha pedido dos trabajos escritos.* **5** Sufrimiento o dolor: *¡cuánto ~ estamos pasando en esta guerra!*

tra·ba·jo·⌐so, ⌐sa |traβaxóso, sa| ***adj.*** Que exige mucho trabajo: *meter datos en el ordenador no es una tarea muy difícil, pero sí muy trabajosa.*

tra·ba·len·guas |traβaléŋguas| ***m.*** Palabra o frase difícil de pronunciar que suele proponerse como juego: *repite el ~:* el cielo de Constantinopla está constantinopolizado, el desconstantinopolizador que lo desconstantinopolice buen desconstantinopolizador será. ☐ El plural es *trabalenguas.*

tra·bar |traβár| **1** ***tr.*** [algo] Juntar o unir dos o más cosas: *el conferenciante no ha trabado bien sus argumentos; el carpintero traba bien las maderas para que no se separen.* **2** Espesar o dar mayor *consistencia a un líquido o a una masa: *traba la masa antes de añadir los otros ingredientes.* **3** *fig.* Dar principio o comenzar: *traba conversación muy fácilmente; trabaron amistad durante la carrera.* **4** Llenar con masa las juntas de una obra de construcción: *trabaron las piedras con argamasa.* - **5** ***tr.-intr.*** [algo, a alguien] *Agarrar o coger: *trabaron a los ladrones; este gancho no traba.* - **6** **trabarse** ***prnl.*** *Pelear o enfrentarse de forma física o de palabra: *se trabaron en una tremenda discusión.* **7** Engancharse; no funcionar bien: *la cerradura se ha trabado; se le traba la lengua y no habla con claridad.*

tra·ba·zón |traβaθón| **1** ***f.*** Unión de dos cosas entre sí: *al hacer la mayonesa no he conseguido la ~ del huevo y el aceite.* **2** *fig.* Unión de una idea con otra: *su discurso ha perdido la ~ y es incomprensible.*

tra·bi·lla |traβíʎa| **1** ***f.*** Tira pequeña y estrecha de tela, que se cose en la cintura de las prendas de vestir para sujetar el *cinturón: *se me ha roto una ~ y se me cae el pantalón.* **2** Tira de tela o cuero, que se cose en el bajo de ciertos pantalones y que sirve para sujetarlos a la planta del pie: *los pantalones de montar llevan trabillas; la ~ impide que el pantalón se descoloque.*

tra·bu·car |traβukár| ***tr.-prnl.*** Pronunciar o escribir unas palabras o letras por otras: *se puso tan nervioso que se trabucaba y no acertaba a decir nada correctamente.* ☐ Se conjuga como 1.

tra·bu·co |traβúko| ***m.*** Arma de fuego más corta y ancha que la *escopeta: *el bandolero cargó el ~ con clavos y pólvora.*

tra·ca |tráka| **1** *f.* Serie de *petardos o *cohetes colocados a lo largo de una cuerda y que estallan uno tras otro: *a las dos del mediodía, el día siete de octubre, encenderán una* ~. **2** Ruido grande que se produce cuando explotan a la vez muchos *petardos o *cohetes: *los niños se tapaban los oídos asustados por la* ~.

trac·ción |tra^{k}θión| **1** *f.* Fuerza que tira de una cosa: *esa grúa funciona por* ~. **2** Fuerza que arrastra o mueve a un vehículo sobre una superficie: *el todoterreno tuvo que usar la ~ trasera para salir del barrizal.*

trac·tor |tra^{k}tór| **1** *m.* Vehículo automóvil cuyas ruedas o cadenas se *adhieren fuertemente al terreno, y que se emplea generalmente para el trabajo en el campo: *engancharon el remolque al ~ para ir a cargar los melones.* **2** Máquina o vehículo que sirve para tirar: *sacaron el coche del barro con un* ~.

tra·di·ción |traðiθión| **1** *f.* Comunicación de doctrinas, usos o costumbres de generación en generación: *esta canción se ha conservado durante siglos gracias a la ~ folclórica castellana.* ⇒ **atavismo. 2** Doctrina, uso o costumbre que se mantiene de generación en generación: *cantar villancicos ante el Belén en Navidad es una hermosa* ~.

tra·di·cio·nal |traðiθionál| ***adj.*** De la tradición o que tiene relación con ella: *la jota es un baile ~ muy arraigado.* ⇒ **atávico.**

tra·duc·ción |traðu^{k}θión| **1** *f.* Expresión en un idioma de lo que se ha dicho o escrito en otro: *en la Unión Europea hay muchas personas dedicadas a la ~; la ~ debe respetar el sentido de las palabras del idioma original; un afamado profesor se encargará de la ~ de este texto;* ~ **automática**, la que se hace por medio de máquinas: *la ~ automática nunca podrá suplir completamente el trabajo de los traductores;* ~ **directa**, la que se hace de un idioma al idioma de la persona que traduce: *es un especialista en ~ directa;* ~ **inversa**, la que se hace del idioma de la persona que traduce a otro idioma: *esta semana haremos un examen de ~ inversa en el curso de alemán;* ~ **libre/literaria**, la que no respeta exactamente la forma del texto original: *ha hecho una ~ libre de una novela rusa;* ~ **literal**, la que respeta exactamente la forma del texto *original: *no se puede hacer una ~ literal porque no se entendería nada;* ~ **simultánea**, la que se hace de palabra de lo que acaba de decir una persona: *los asistentes podrán escuchar la ~ simultánea de la conferencia a través de los auriculares.* **2** Obra traducida: *estamos esperando que se publique la ~ española de este manual.*

tra·du·cir |traðuθír| **1** *tr.* [algo] Expresar en un idioma lo que se ha dicho o escrito en otro: *tradujo los versos de Virgilio al español.* **2** Explicar o hacer entender: *tradujo sus sentimientos con una frase conmovedora.* ☐ Se conjuga como 46.

tra·duc·ᴦtor, ᴦto·ra |traðu^{k}tór, tóra| ***adj.-s.*** (persona) Que se dedica a traducir: *contrataron a un ~ de ruso para entenderse con los representantes de Rusia.*

tra·er |traér| **1** *tr.* [algo, a alguien] Transportar o conducir hasta el lugar en que se encuentra el que habla: *traerá una carta de Francia consigo; trajo un bulto en el coche; vino a mi casa y trajo a los niños.* **2** [algo] Vestir o llevar puesto: *traía un traje muy bonito; hoy trae el jersey azul.* ⇒ **llevar. 3** Ser causa o razón: *la ociosidad trae estos vicios.* ⇒ **ocasionar. 4** Contener o llevar: *la enciclopedia trae una cinta de vídeo de regalo.* **5** [a alguien] Poner en un estado o una situación determinados: *me trae loco con sus coqueterías.* ■ ~ **a mal** ~, molestar mucho; causar problemas: *las travesuras del niño traen a mal ~ a la abuela.* ■ **traérselas**, *fam.*, expresión que indica que una persona o una cosa presenta más problemas o es más difícil de lo que parece: *parecía un buen chico, pero el mozo se las trae.* ■ **traerse entre manos**, realizar una actividad; estar ocupado: *me gustaría saber qué se traen ésos entre manos.* ☐ Se conjuga como 88.

tra·fi·can·te |trafikánte| ***adj.-com.*** (persona) Que se dedica a *traficar: *la policía detuvo a un ~ de drogas.*

tra·fi·car |trafikár| ***intr.*** [con algo] Comerciar o negociar, especialmente con mercancías ilegales: *está en la cárcel porque se dedicaba a ~ con drogas.* ☐ Se conjuga como 1.

trá·fi·co |tráfiko| **1** *m.* Paso o movimiento de vehículos por una vía pública: *esperemos a que disminuya el ~ para salir de viaje.* ⇒ **circulación, tránsito. 2** Comercio o negocio, especialmente el que se hace con mercancías ilegales: *se ha enriquecido rápidamente porque se dedicaba al ~ de objetos robados.* **3** *p. ext.* Comunicación y movimiento de personas o mercancías: *es un puerto que tiene mucho ~ de mercancías.* ■ ~ **de influencias**, uso del poder para conseguir una ventaja o un provecho legal a cambio de favores: *llegó a ser consejero gracias al ~ de influencias: su primo era el presidente.*

tra·ga·de·ras |traɣaðéras| **1** ***f. pl.*** *fam.* Órgano del aparato *digestivo en forma de tubo, de paredes musculosas y situado a continuación de la boca: *se le alojó un hueso en las ~ y tuvimos que llamar al médico.* ⇒ **faringe. 2** *fam. fig.* Tendencia o inclinación a creer una cosa con facilidad: *tu padre tiene buenas ~: se creerá cualquier excusa que pongas.* **3** *fam. fig.* Facilidad para admitir o tolerar una cosa que no es justa o verdadera: *para aguantar esa injusticia sin hacer nada, hay que tener muchas* ~.

tra·gal·da·bas |traɣaldáβas| ***com.*** *fam.* Persona que come demasiado: *ese ~ no dejó ni una patata, se lo comió todo.* ⇒ **glotón, tragón.** ☐ El plural es *tragaldabas.*

tra·ga·luz |traɣalúθ| ***m.*** Ventana abierta en el techo o en la parte alta de las paredes: *el sótano sólo estaba iluminado por un* ~. ⇒ **claraboya.**

tra·ga·pe·rras |traɣapéras| ***adj.-f.*** Máquina o mecanismo que funciona automáticamente al introducirle una o varias monedas; máquina de juego de azar: *se gastó mucho dinero en la ~ del bar; aquella máquina ~ da premios muy grandes.* ☐ El plural es *tragaperras.*

tra·gar |traɣár| **1** ***tr.-prnl.*** [algo] Hacer o dejar pasar una cosa desde la boca al estómago: *no puedo ~ esta pastilla; fue a la piscina y tragó agua; se ha tragado la aceituna sin masticarla.* ⇒ **deglutir. 2** *fig.* Absorber y hundir lo que está en la superficie: *el mar se tragó los restos del barco naufragado.* **3** Creer con facilidad: *le dije una mentira muy gorda y se la tragó; cuando le pedí permiso al profesor para irme a mi casa porque me dolía la cabeza, no tragó.* **4** Gastar o consumir: *mi coche traga mucha gasolina.* **- 5** ***tr.-intr.*** Comer mucho: *¡hay que ver cómo traga la comida Roberto!* **6** Soportar o tolerar: *tuvo que ~ los insultos y las vejaciones.* ☐ Se conjuga como 7.

tra·ge·dia |traxéðia| **1** ***f.*** Situación o hecho triste y que produce dolor o sufrimiento moral: *la muerte del padre fue una ~ para aquella familia.* ⇒ **desgracia. 2** Obra de teatro en la que se representan sufrimientos, pasiones y muertes: *están representando en el teatro las tragedias de Sófocles.* **3** Género de esas obras de teatro: *prefiero la ~ a la comedia.*

trá·gi·⌜co, ⌜ca |tráxiko, ka| **1** ***adj.*** De la *tragedia o que tiene relación con ella: *hizo una buena interpretación de aquel personaje ~.* **2** *fig.* Que es muy desgraciado; que produce dolor y tristeza: *don Rodrigo falleció en un ~ accidente de aviación.*

tra·go |tráɣo| **1** ***m.*** Líquido que se bebe de una vez: *se bebió de un ~ la copa de aguardiente.* **2** *fam. p. ext.* Bebida alcohólica: *salimos a tomar unos tragos para celebrar su cumpleaños.* **3** *fig.* Desgracia o sufrimiento: *tuve que pasar el ~ de la reprimenda de mi padre.*

tra·⌜gón, ⌜go·na |traɣón, ɣóna| ***adj.-s.*** *fam.* (persona, animal) Que come demasiado: *te estás poniendo tan gordo porque eres un ~.* ⇒ **glotón, tragaldabas.**

trai·ción |traiθión| ***f.*** Falta que *comete el que no es fiel, el que no es firme en sus afectos o ideas, o el que falta a la palabra dada: *te lo perdonaría todo menos la ~; es famosa la ~ de Judas, que vendió a Jesucristo por treinta monedas.*

trai·cio·nar |traiθionár| **1** ***tr.*** [algo, a alguien] No ser fiel o no ser firme en los afectos o ideas; faltar a la palabra dada: *el chivato traicionó a sus compañeros.* **2** [a alguien] Ser la causa del fracaso o el fallo de un intento: *los nervios me traicionaron y no supe qué contestar.*

trai·cio·ne·⌜ro, ⌜ra |traiθionéro, ra| ***adj.-s.*** ⇒ **traidor.**

trai·⌜dor, ⌜do·ra |traiðór, ðóra| **1** ***adj.-s.*** (persona) Que *comete *traición: *el ~ entregó las llaves de la ciudad al enemigo a cambio de dinero.* **- 2** ***adj.*** Que es muy hábil para engañar; que se comporta con disimulo para conseguir una cosa: *sus maneras traidoras me impidieron conocer sus verdaderas intenciones.* **3** Que es señal de *traición: *me miró con una sonrisa traidora.* **4** *fam. fig.* (cosa) Que es peligroso y no lo parece: *ten cuidado con esas latas, que son muy traidoras y te puedes cortar.* **5** *fam. fig.* Que descubre algo que se quiere mantener secreto: *se supo quién era el asesino por una mancha de sangre traidora en su ropa.* ⇒ **traicionero.**

tra·je |tráxe| **1** ***m.*** Vestido completo: *es necesario llevar ~ de etiqueta; la modelo vestía un ~ de noche negro;* **~ de luces**, el que lleva adornos de oro o plata y se ponen los toreros para *torear: *el ~ de luces se compone de chaquetilla y taleguilla;* **~ espacial**, el que usan los *astronautas en sus viajes por el *espacio: *se pusieron el ~ espacial antes de entrar en la nave.* **2** Vestido formado por dos piezas de la misma tela, generalmente una *chaqueta y unos pantalones o una falda: *cuando va a la oficina lleva un ~ gris; se ha comprado un ~ muy elegante para asistir a la boda de su primo.* **3** Vestido típico o característico de una clase de personas o de una región o país: *lleva el ~ típico de Ávila.*

tra·jín |traxín| ***m.*** *fam.* Movimiento intenso; gran actividad: *había mucho ~ en el restaurante y tuvimos que esperar una hora para comer.*

tra·ji·nar |traxinár| **1** ***tr.*** [algo] Llevar o transportar de un lugar a otro: *se pasó toda la mañana trajinando muebles.* **- 2** ***intr.*** Andar de un sitio para otro; moverse mucho: *deja ya de ~ y siéntate un rato.* **- 3** ***tr.-intr.-prnl.*** *fam.* [a alguien] Intentar convencer a una persona con un fin determinado: *se está trajinando a sus padres para que le dejen ir de viaje.*

tra·lla·zo |traʎáθo| ***m.*** Golpe o *sacudida violenta: *le dio un ~ al caballo y éste salió al galope.* ⇒ **zurriagazo.**

tra·ma |tráma| **1** ***f.*** Disposición interna entre las partes de un asunto; relación y correspondencia entre ideas o cosas no materiales: *la ~ del delito sigue siendo un secreto; las vidas del vecindario se cruzan en una ~ complicada.* ⇒ **urdimbre. 2** Tema de una obra literaria: *esa novela tiene una ~ policíaca; la ~ cuenta la historia de dos enamorados.* ⇒ **argumento. 3** Acción en la que un grupo se une para causar daño a una o varias personas: *la policía ha descubierto a tiempo la ~ terrorista.* ⇒ **conspiración, intriga. 4** Conjunto de hilos que forman el ancho de una tela: *la ~ y la urdimbre se entrecruzan formando el tejido.* ⇒ **urdimbre.**

tra·mar |tramár| ***tr.*** [algo] Preparar con habilidad y disimulo: *me gustaría saber qué nueva maldad están tramando esos chicos.*

tra·mi·tar |tramitár| ***tr.*** [algo] Hacer pasar por los *trámites oportunos: *su reclamación está siendo tramitada.*

trá·mi·te |trámite| ***m.*** Estado o paso de un proceso *administrativo: *estoy en ~ de divorcio.* ⇒ **gestión.**

tra·mo |trámo| ***m.*** Parte en que está dividido un camino, una vía o un conducto: *el accidente ocurrió en el ~ subterráneo de la carretera; el último ~ de la escalera está muy empinado.*

tra·mo·ya |tramóya| **1** ***f.*** Máquina o conjunto de máquinas que sirven para hacer los cambios de decorado y los efectos especiales en un *escenario: *trabaja en la ~ del teatro local.* ⇒ **máquina. 2** *fig.* Parte que queda oculta en un asunto o negocio: *me gustaría conocer la ~ de este proyecto.* **3** *fig.* Broma o engaño hecho de modo hábil e inteligente: *organizaron una gran ~ para su cumpleaños.*

tram·pa |trámpa| **1** ***f.*** Instrumento o *artificio para cazar, que se deja oculto para que un animal quede atrapado en él: *el ciervo cayó en la ~ que habían puesto los cazadores.* ⇒ **cepo. 2** *fig.* *Plan o acción que tiene como fin engañar: *cuando el detective vio aquel caserón abandonado, sospechó que le habían tendido una ~.* **3** Puerta situada en el suelo o en el techo que comunica una habitación con otra inferior o superior: *bajan a la bodega por la ~ que hay en la cocina.* ⇒ **trampilla. 4** Acción que va contra una regla o una ley y que se hace para conseguir algún *beneficio: *nadie quiere jugar con él a las cartas porque le han pillado alguna vez haciendo trampas; si haces trampas en tu declaración de la renta, lo pagarás muy caro.* **5** Deuda que se tarda en pagar: *Juan no quiere ir a casa de Enrique porque tiene una ~ con él desde hace años.*

tram·pi·lla |trampíʎa| ***f.*** Puerta situada en el suelo o en el techo que comunica una habitación con otra inferior o superior: *abrió la ~ para subir al desván.* ⇒ **trampa.**

tram·po·lín |trampolín| **1 *m.*** Tabla flexible que sirve para saltar o tomar impulso: *el nadador se lanzó al agua desde el ~; el gimnasta dio un salto en el ~ y saltó el potro.* **2** *fig.* Medio para conseguir un *beneficio: *utilizó a su mejor amigo como ~ para ascender de puesto.*

tram·po·⌐so, ⌐sa |trampóso, sa| ***adj.-s.*** (persona) Que hace *trampas en el juego: *nadie quiere jugar con él porque es un ~.* ⇒ **fullero.**

tran·ca |tráŋka| **1 *f.*** Palo grueso y fuerte: *amenazó al perro con una ~.* **2** Palo grueso con el que se aseguran puertas y ventanas cerradas: *cierra la puerta y echa la ~.* ■ **a trancas y barrancas**, con grandes dificultades: *el coche se estropeó y llegamos a nuestro destino a trancas y barrancas.*

tran·ca·zo |traŋkáθo| **1 *m.*** *fam.* Enfermedad que produce fiebre, dolor de cabeza y otras molestias: *se ha quedado en la cama porque tenía un ~ que no se podía ni mover.* ⇒ **gripe. 2** *vulg.* Estado en el que se pierde el control a causa del consumo excesivo de alcohol: *¡vaya ~ que ha pillado con cuatro copas!* ⇒ **borrachera.**

tran·ce |tránθe| **1 *m.*** Momento o situación difícil o que puede tener *consecuencias graves: *pasamos un ~ muy apurado.* **2** Estado en el que una persona experimenta o muestra fenómenos que no son normales: *entró en ~ y el espíritu habló a través de ella.*

tran·co |tráŋko| ***m.*** Paso largo: *si sigues con ese ~, no te podré alcanzar.*

tran·qui·li·dad |traŋkiliðáᵈ| **1 *f.*** Falta de agitación, movimiento o ruido: *voy a pasar las vacaciones en el campo porque necesito ~.* ⇒ **quietud, reposo, serenidad, sosiego. 2** Falta de preocupación o de nervios: *por los altavoces se pedía al público que mantuviera la calma y la ~ para evacuar ordenadamente el local.*

tran·qui·li·zan·te |traŋkiliθánte| ***adj.-m.*** (sustancia, medicina) Que calma o *tranquiliza: *los médicos le dieron un ~ para que se relajara.*

tran·qui·li·zar |traŋkiliθár| ***tr.-prnl.*** [algo, a alguien] Disminuir o hacer desaparecer la excitación del ánimo: *la tila te tranquilizará; se tranquilizó cuando supo que todos estaban bien.* ⇒ **calmar, serenar.** ⇔ **intranquilizar.** ☐ Se conjuga como 4.

tran·qui·llo |traŋkíʎo| ***m.*** *fam.* Hábito especial que se logra a fuerza de repetir una acción y mediante el cual se hace más fácilmente un trabajo: *creo que ya le he cogido el ~ a esta máquina.*

tran·qui·⌐lo, ⌐la |traŋkílo, la| **1 *adj.*** Que no presenta agitación, movimiento o ruido: *el mar estaba ~, casi sin olas; los domingos por la mañana las calles están muy tranquilas.* ⇒ **sereno.** ⇔ **bullicioso, intranquilo, nervioso. 2** Que no tiene preocupación o nervios: *afrontó la adversidad con ánimo ~; estoy más ~ ahora que sé que estás bien.* ⇒ **sereno.** ⇔ **intranquilo, nervioso.**

trans·at·lán·ti·⌐co, ⌐ca |transaˈlántiko, ka| **1 *adj.*** De las regiones situadas al otro lado del Atlántico o que tiene relación con ellas: *trajeron productos transatlánticos del viaje.* ⇒ **trasatlántico. 2** Que atraviesa el Atlántico: *no quedan pasajes para los vuelos transatlánticos.* ⇒ **trasatlántico. - 3 transatlántico *m.*** Embarcación de gran tamaño destinada al transporte de personas y que recorre grandes distancias: *mi tío vino desde Argentina en un ~.* ⇒ **trasatlántico.**

trans·bor·da·dor |transβorðaðór| **1 *m.*** Embarcación de gran tamaño, destinada al transporte de personas y cargas pesadas y que suele hacer siempre el mismo recorrido: *cruzaron el Estrecho en un ~.* ⇒ **trasbordador. 2** Vehículo que transporta una carga al espacio exterior y después vuelve a la Tierra: *se está construyendo un ~ espacial para enviar pasajeros a la Luna.* ⇒ **lanzadera, trasbordador.**

trans·bor·dar |transβorðár| **1 *tr.-prnl.*** [algo, a alguien] Trasladar de una nave a otra: *al ~ las mercancías perdimos tres paquetes.* ⇒ **trasbordar. - 2 *tr.-intr.*** Trasladar de un vehículo a otro, especialmente de un tren a otro: *será necesario ~ dos veces antes de llegar a nuestro destino.* ⇒ **trasbordar.**

trans·bor·do |transβórðo| ***m.*** Traslado de personas o mercancías de un vehículo o nave a otro: *tuve que hacer un ~ en el metro.* ⇒ **trasbordo.**

trans·cen·den·cia |transθendénθia| **1 *f.*** *Consecuencia o resultado grave o muy importante: *ha tenido algunas heridas leves que no presentan mayor ~.* ⇒ **trascendencia. 2** Importancia de una cosa: *no supo apreciar la ~ de sus palabras.* ⇒ **trascendencia.** ⇔ **intrascendencia.** ☐ La Real Academia Española prefiere la forma *trascendencia.*

trans·cen·den·tal |transθendentál| ***adj.*** *form.* Que es necesario o principal para fundar o sostener una cosa: *las palabras que pronunció acabaron siendo transcendentales.* ⇒ **trascendental.** ☐ La Real Academia Española prefiere la forma *trascendental.*

trans·cen·der |transθendér| **1 *intr.*** Empezar a ser conocida una cosa que estaba oculta: *las investigaciones de la policía transcendieron a los medios de comunicación.* **2** Ir más allá; superar un límite determinado: *el desánimo no tiene que ~ fuera de la empresa.* ⇒ **trascender.** ☐ Se conjuga como 28.

La Real Academia Española prefiere la forma *trascender.*

trans·cri·bir |transkriβír| **1** ***tr.*** [algo] Copiar trasladando a un sistema de escritura distinto: *el estudiante transcribía el texto griego en caracteres latinos.* ⇒ **transliterar, trascribir. 2** Copiar, escribir en otro lugar: *los escribas medievales transcribían los textos que llegaban a sus bibliotecas.* ⇒ **trascribir. 3** LING. Representar sonidos mediante un sistema especial de signos: *el investigador transcribe el discurso del informante para realizar un estudio fonético.* ⇒ **trascribir.** ☐ El participio es *transcrito.*

trans·crip·ción |transkriᵖθión| **1** ***f.*** Copia o traslado de un texto a otro sistema de escritura: *tuvo que hacer la ~ de documentos medievales para la tesis.* ⇒ **transliteración, trascripción. 2** Copia o reproducción de un original escrito: *los errores de ~ son muy abundantes.* ⇒ **trascripción. 3** LING. Representación de los sonidos mediante un sistema especial de signos: *en este diccionario, además de la separación silábica, aparece la ~, que ayuda a saber cómo se pronuncia cada palabra.* ⇒ **trascripción.**

trans·cu·rrir |transkuřír| ***intr.*** Pasar o correr el tiempo: *deja ~ un año y habrás olvidado esta decepción.* ⇒ **trascurrir.**

trans·cur·so |transkúrso| ***m.*** Paso del tiempo: *en el ~ de aquel año creció el niño cinco centímetros más.* ⇒ **trascurso.**

tran·se·ún·te |transeúnte| **1** ***adj.-com.*** (persona) Que pasa por un lugar: *varios transeúntes ayudaron al anciano a levantarse.* **2** (persona) Que vive en un lugar durante un periodo de tiempo determinado: *figuraban en el padrón municipal como transeúntes.*

trans·fe·ren·cia |transferénθia| **1** ***f.*** Operación que consiste en cambiar dinero de una cuenta corriente a otra: *ha recibido una carta del banco en la que se le notifica la realización de una ~.* ⇒ **trasferencia. 2** Acción de dejar a otra persona un cargo, un poder o un conjunto de bienes: *la victoria del nuevo partido obligó a los diputados a hacer una ~ de sus cargos.* ⇒ **cesión, transmisión, trasferencia.**

trans·fe·rir |transferír| **1** ***tr.*** [algo] Cambiar fondos de una cuenta corriente a otra: *me han transferido ya el dinero que me debían.* ⇒ **trasferir. 2** Dar una cosa propia a otra persona o cosa: *el profesor transfirió su biblioteca particular a la universidad.* ⇒ **trasferir, traspasar.** ☐ Se conjuga como 35.

trans·for·ma·ción |transformaθión| **1** ***f.*** Cambio de forma: *los gusanos sufren una compleja ~ y se convierten en mariposas.* ⇒ **metamorfosis, trasformación. 2** Cambio de aspecto o de costumbres: *su manera de ser ha sufrido una profunda ~.* ⇒ **trasformación. 3** Cambio completo por el que una cosa se convierte en otra: *muchos socios están en contra de la ~ de esta empresa en una sociedad anónima.* ⇒ **trasformación. 4** DEP. Jugada en la que se consigue un tanto por medio de un lanzamiento: *el delantero lanzó el penalti y logró la ~.* ⇒ **trasformación.**

trans·for·ma·⌐dor, ⌐do·ra |transformaðór, ðóra| **1** ***adj.-s.*** Que transforma: *los sistemas políticos y económicos siempre necesitan medidas transformadoras.* ⇒ **trasformador. - 2 transformador** ***m.*** ELECTR. Aparato o instalación que cambia las características de *tensión e intensidad de la corriente eléctrica alterna: *este aparato es de 125 voltios, así que necesitaremos un ~.* ⇒ **trasformador.**

trans·for·mar |transformár| **1** ***tr.-prnl.*** [algo, a alguien] Hacer cambiar de forma: *un equipo de jardineros se encargó de ~ el parque.* ⇒ **trasformar. 2** [a alguien] Hacer cambiar de aspecto o de costumbres: *la enfermedad lo transformó completamente.* ⇒ **trasformar. 3** [algo; en algo] Convertir en otra cosa; hacer distinto: *el mago era capaz de ~ un bastón en una paloma.* ⇒ **transmutar, trasformar. 4** DEP. [algo] Golpear la pelota con el pie para conseguir un tanto: *el jugador está preparado para ~ el penalti.* ⇒ **trasformar.**

trans·for·ma·ti·⌐vo, ⌐va |transformatíβo, βa| ***adj.*** *form.* Que es capaz de producir una transformación: *la economía se asentaba en sólidas estructuras transformativas.*

trans·fu·sión |transfusión| ***f.*** Operación por la que se hace pasar sangre de un individuo a otro: *el accidentado necesita con urgencia una ~; para hacer una ~, el donante y el receptor deben tener el mismo grupo sanguíneo.*

trans·gre·dir |transɣreðír| ***tr.*** [algo] Ir contra una ley o una norma, o no cumplirlas: *transgredió ~ la ley y tuvo que pagar la correspondiente multa.* ⇒ **contravenir, infringir, trasgredir, violar.** ☐ Se usa sólo en los tiempos y personas cuya desinencia contiene la vocal *i: transgredía, transgrediré, transgrediendo.*

trans·gre·sión |transɣresión| ***f.*** Falta o acción que va contra una ley o una norma: *lo expulsaron por sus constantes transgresiones de las normas del colegio.* ⇒ **trasgresión.**

trans·gre·⌐sor, ⌐so·ra |transɣresór, sóra| ***adj.-s.*** (persona) Que va contra la ley o no la cumple: *los transgresores serán perseguidos por los agentes de la ley.* ⇒ **trasgresor.**

tran·si·ción |transiθión| ***f.*** Paso de un estado o modo de ser a otro distinto: *la ~ política española de la dictadura a la democracia fue pacífica.*

tran·si·gir |transixír| ***intr.*** [con algo] Tolerar o permitir en parte una cosa que desagrada, a fin de llegar a un acuerdo: *tuvo que ~ con el matrimonio de su hija, para que la familia no se dividiera.* ☐ Se conjuga como 6.

tran·sis·tor |transistór| **1** ***m.*** Aparato de radio de pequeño tamaño, que funciona con pilas: *se compró un ~ para oír las noticias de la radio a todas horas.* **2** ELECTR. Componente *electrónico que hace funcionar los aparatos de radio y televisión, los ordenadores y otros aparatos *electrónicos: *el ~ está formado por tres capas de silicio; el ~ regula el flujo de electrones rectificando o amplificando la corriente eléctrica.*

tran·si·tar |transitár| **1** ***intr.*** Pasar o andar por la vía pública: *un joven repartía propaganda a las personas que transitaban por la Gran Vía.* **2** Viajar haciendo paradas: *el autobús transitaba a más velocidad de la permitida.*

tran·si·ti·⌐vo, ⌐va |transitíβo, βa| ***adj.-s.*** LING. (oración, verbo) Que puede llevar un objeto directo: *los verbos como* ver, comer, amar *o* pedir *son verbos transitivos; la oración* saludó cariñosamente a sus amigos *es transitiva.* ⇒ **intransitivo, verbo.**

trán·si·to |tránsito| **1** ***m.*** Paso, movimiento o traslado, especialmente de personas o de vehículos por una vía pública: *la Castellana es una calle de mucho ~; está prohibido el ~ de camiones por toda la ciudad.* ⇒ **circulación, tráfico. 2** Lugar de parada y descanso en un viaje: *en mi viaje a la India, estuve de ~ en Londres.* **3** Paso, especialmente de un estado o empleo a otro: *mi ~ por esta empresa ha sido muy satisfactorio para mí.*

tran·si·to·⌐rio, ⌐ria |transitório, ria| ***adj.*** Que no es definitivo; que dura un tiempo determinado: *el presidente nombró un equipo ~ de ministros que gobernó sólo hasta las elecciones; tu presencia aquí es sólo transitoria.*

trans·la·ción |translaθión| ***f.*** ASTRON. Movimiento de la Tierra alrededor del Sol, que produce las estaciones del año: *la Tierra tiene dos tipos de movimientos: de rotación y de ~.* ⇒ **traslación.** ☖ La Real Academia Española prefiere la forma *traslación.*

trans·li·te·ra·ción |transliteraθión| ***f.*** Copia o traslado de un texto a otro sistema de escritura: *al hacer la ~ del documento, se cometieron errores.* ⇒ **transcripción, trasliteración.**

trans·li·te·rar |transliterár| ***tr.*** [algo] Copiar trasladando a un sistema de escritura distinto: *para la tesis, tiene que ~ textos de la Edad Media.* ⇒ **transcribir, trasliterar.**

trans·lú·ci·⌐do, ⌐da |translúθiðo, ða| ***adj.*** (cuerpo, materia) Que deja pasar la luz, pero que no permite ver lo que hay detrás de él: *la pantalla de la lámpara es de plástico ~.* ⇒ **traslúcido.**

trans·lu·cir |transluθír| ***tr.-prnl.*** *fig.* Dejar ver o mostrar; dejar adivinar: *su rostro translucía años de duro trabajo.* ⇒ **traslucir.** ☖ La Real Academia Española prefiere la forma *traslucir.* Se conjuga como 45.

trans·mi·sión |transmisión| **1** ***f.*** *form.* Contagio o comunicación de una enfermedad o de un estado de ánimo: *la sociedad entera está preocupada por las enfermedades de ~ sexual.* ⇒ **trasmisión. 2** *form.* Comunicación de un mensaje o una noticia: *la ~ puede ser oral o escrita.* ⇒ **difusión, trasmisión. 3** *form.* Emisión de *programas de radio y televisión: *Televisión Española tiene prevista la ~ en directo de varios partidos de fútbol.* ⇒ **retransmisión, trasmisión. 4** *form.* Acción de dejar a otra persona un cargo, un poder o un conjunto de bienes: *el gobierno entrante y el saliente ya han hecho la ~ de poderes.* ⇒ **cesión, transferencia, trasmisión. 5** MEC. Conjunto de mecanismos que comunican el movimiento de una pieza a otra dentro de una máquina: *los relojes funcionan gracias a un sistema de ~.* ⇒ **trasmisión. 6** MEC. Conjunto de mecanismos que comunican el movimiento del motor a las ruedas del automóvil: *llevó el coche al taller para que le revisaran la ~.* ⇒ **trasmisión.**

trans·mi·⌐sor, ⌐so·ra |transmisór, sóra| **1** ***adj.-s.*** (medio) Que *transmite o puede *transmitir: *los bizantinos tuvieron un papel importante como transmisores de la cultura antigua.* ⇒ **trasmisor. - 2 transmisor *m.*** Aparato que sirve para emitir señales eléctricas o telefónicas: *el espía llevaba un pequeño ~ en el bolsillo.* ⇒ **trasmisor.**

trans·mi·tir |transmitír| **1** ***tr.*** [algo; a alguien] Hacer llegar un mensaje o una información: *transmítele mis felicitaciones.* ⇒ **trasmitir. 2** Hacer llegar un mensaje o información a través de un medio de comunicación: *el periódico ha transmitido la noticia rápidamente.* ⇒ **trasmitir. 3** [algo] Emitir señales: *el primer canal de televisión está transmitiendo un partido de fútbol.* ⇒ **trasmitir. 4** Comunicar movimiento: *esa rueda transmite el movimiento a otra rueda más grande.* ⇒ **trasmitir. - 5 *tr.-prnl.*** Comunicar una enfermedad o estado de ánimo: *la gripe se transmite por el aire.* ⇒ **trasmitir.**

trans·mu·tar |transmutár| ***tr.-prnl.*** [algo; en algo] Convertir en otra cosa; hacer distinto: *los renacuajos se transmutan en ranas.* ⇒ **convertir, transformar, trasmutar.**

trans·pa·ren·cia |transparénθia| **1** ***f.*** Cualidad de transparente: *me gusta la ~ del agua.* ⇒ **trasparencia. 2** Fotografía o dibujo hecho sobre un objeto transparente: *el profesor ilustró la clase proyectando unas transparencias.* ⇒ **trasparencia.**

trans·pa·ren·tar |transparentár| **1** ***tr.-prnl.*** [algo] Permitir que se vea a través lo que hay detrás: *es una tela tan fina que se transparenta.* ⇒ **trasparentar. 2** Permitir que se descubra o adivine: *su cara transparentaba el disgusto que había recibido.* ⇒ **trasparentar.**

trans·pa·ren·te |transparénte| **1** ***adj.*** Que permite ver a través: *el cristal de esta ventana es ~.* ⇒ **trasparente.** ⇔ **opaco. 2** *fig.* Que es claro o fácil de comprender: *me gusta este político porque habla de un modo ~ para que todo el mundo lo entienda.* ⇒ **diáfano, trasparente. - 3 *m.*** Tela o papel que se coloca ante una luz para hacerla menos intensa o directa: *los transparentes de las lámparas dan al salón un ambiente más íntimo.* ⇒ **trasparente. 4** Ventana de cristales que ilumina y adorna el fondo de un altar: *los fieles admiraban el ~ de la catedral; la vidriera del ~ representa la ascensión de la Virgen María.* ⇒ **trasparente.**

trans·pi·ra·ción |transpiraθión| ***f.*** Salida de sudor a través de la piel: *el cuerpo elimina toxinas por medio de la ~.* ⇒ **traspiración.**

trans·pi·rar |transpirár| **1** ***intr.-tr.*** Echar sudor a través de la piel: *hace mucho calor y todos estamos transpirando.* ⇒ **sudar, traspirar. 2** Dejar salir el sudor u otro fluido: *este abrigo no transpira.* ⇒ **traspirar.**

trans·po·ner |transponér| **1** ***tr.-prnl.*** [algo] Poner más allá o desaparecer detrás de una cosa: *dejamos de ver el barco en cuanto transpuso la línea del horizonte.* ⇒ **trasponer. - 2 transponerse *prnl.***

Ocultarse el Sol u otro cuerpo celeste: *el Sol se transpuso tras la colina.* ⇒ **trasponer. 3** Quedarse un poco dormido: *no hagáis ruido porque la abuela se ha transpuesto.* ⇒ **trasponer.** ⌂ Se conjuga como 78.

trans·por·ta· dor, ⌐do·ra |transportaðór, ðóra| **1** ***adj.*** Que lleva de un lugar a otro; que transporta: *pusieron los paquetes en la cinta transportadora.* ⇒ **trasportador. - 2 transportador *m.*** Regla que sirve para medir y dibujar ángulos: *midió el ángulo con el ~ y vio que medía 85°.* ⇒ **trasportador.**

trans·por·tar |transportár| **1 *tr.*** [algo, a alguien] Llevar de un lugar a otro: *ese camión transporta naranjas; toda la familia tuvo que ayudar para ~ el armario.* ⇒ **trasportar. - 2 *tr.-prnl.*** [algo, a alguien] Hacer perder la razón o el sentido: *la visión de una mujer tan hermosa me transporta.* ⇒ **trasportar.**

trans·por·te |transpórte| **1 *m.*** Traslado de un lugar a otro: *el ~ de nuestros productos se efectúa por carretera; el ~ aéreo es más caro que el ferroviario.* ⇒ **trasporte. 2** Vehículo o medio que se usa para trasladar personas o cosas: *en las ciudades es conveniente usar el ~ público para evitar atascos y contaminación.* ⇒ **trasporte.**

trans·va·sar |transβasár| **1 *tr.*** [algo] Conducir de un río o lago a otro: *este conducto transvasa el agua al río que riega aquella comarca.* ⇒ **trasvasar. 2** Pasar de un recipiente a otro: *vamos a ~ este licor.* ⇒ **trasvasar.**

trans·va·se |transβáse| **1 *m.*** Conducción de agua entre dos ríos o lagos: *el gobierno ha autorizado un ~ hacia el río Segura.* ⇒ **trasvase. 2** Paso de un líquido entre dos recipientes o lugares: *en los transvases se pierde mucha agua.* ⇒ **trasvase.**

trans·ver·sal |transβersál| **1 *adj.*** Que lleva una dirección que corta a otra: *Luis siempre da a la fruta un corte ~.* ⇒ **trasversal. 2** Que atraviesa de un lado a otro: *la tienda no está en esa avenida, sino en una calle ~.* ⇒ **trasversal.** ⇔ **longitudinal.**

tran·ví·a |trambía| ***m.*** Vehículo que circula por vías en las calles de una ciudad: *ya no quedan tranvías en las calles de Madrid; en los grabados antiguos se observa la Puerta del Sol atravesada por tranvías y coches.*

tra·pe·cio |trapéθio| **1 *m.*** Palo horizontal colgado de dos cuerdas que se usa para hacer ejercicios físicos: *se le resbalaron las manos del ~ y cayó en la lona; el gimnasta dio varias vueltas alrededor del ~.* **2** GEOM. Figura plana que tiene cuatro lados, de los cuales sólo dos son paralelos: *el ~ es un polígono irregular.* ⇒ **cuadrilátero. - 3 *adj.-m.*** ANAT. (hueso) Que, junto con otros, forma el esqueleto de la muñeca: *el ~ está en la segunda fila de huesos de la muñeca.* ⇒ **carpo. 4** ANAT. (músculo) Que, junto con otro, está situado en la parte superior de la espalda y que permite mover los hombros y girar e inclinar la cabeza: *no puede mover la cabeza porque tiene una lesión en el ~.*

tra·pe·cis·ta |trapeθísta| ***com.*** Persona que hace ejercicios de habilidad, fuerza y equilibrio en el *trapecio: *el ~ agarraba al vuelo a su compañero.*

tra·pe·⌐ro, ⌐ra |trapéro, ra| ***m. f.*** Persona que se dedica a recoger, comprar y vender *trapos y otros objetos usados: *el ~ se llevó el colchón viejo.*

tra·pi·che·ar |trapitʃeár| **1 *intr.*** *fam.* Buscar los medios necesarios, no siempre legales, para conseguir un fin: *se pasa todo el día trapicheando para que se aprueben sus propuestas.* **2** Comerciar con mercancías en pequeñas cantidades: *en los mercados al aire libre se trapichea.*

tra·pi·che·o |trapitʃéo| ***m.*** *fam.* Acción y resultado de buscar los medios necesarios, no siempre legales, para conseguir un fin: *no me gustan los trapicheos que se traen entre manos; gracias a sus trapicheos vive como un rey.*

tra·pí·o |trapío| **1 *m.*** *fig.* Buen aspecto físico de un toro: *los toros de esta ganadería suelen tener mucho ~.* **2** *fig.* Fuerza o empeño con que ataca un toro: *el toro embistió con mucho ~.*

tra·po |trápo| **1 *m.*** Trozo de tela viejo y roto: *dame un ~ para limpiarme la grasa de las manos.* **2** Trozo de tela que se usa para limpiar o quitar el polvo: *necesito comprar un ~ para limpiar los cristales.* **3** MAR. Conjunto de velas de una embarcación: *el ~ de la barca estaba totalmente mojado.* ⇒ **paño. 4** Tela de la capa del torero: *el viento agita demasiado el ~.* **5** *fam. hum.* Prenda de vestir, especialmente de mujer: *ese ~ le ha debido de costar carísimo; se gasta casi todo su dinero en trapos.* ■ **a todo ~**, *fam.*, con la mayor rapidez o velocidad posible: *no me extraña que haya tenido un accidente, siempre iba con la moto a todo ~.* ■ **estar hecho un ~**, *fam.*, sentirse muy cansado o débil: *todos los días después del trabajo estoy hecho un ~.* ■ **sacar los trapos sucios**, *fam.*, comentar en público los

TRANSPORTADOR

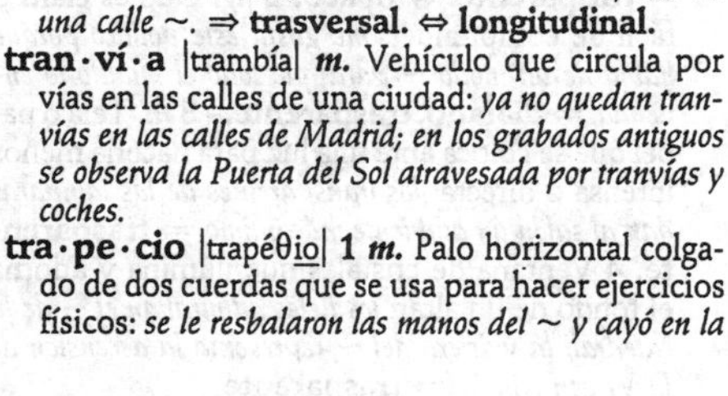

TRAPECIO

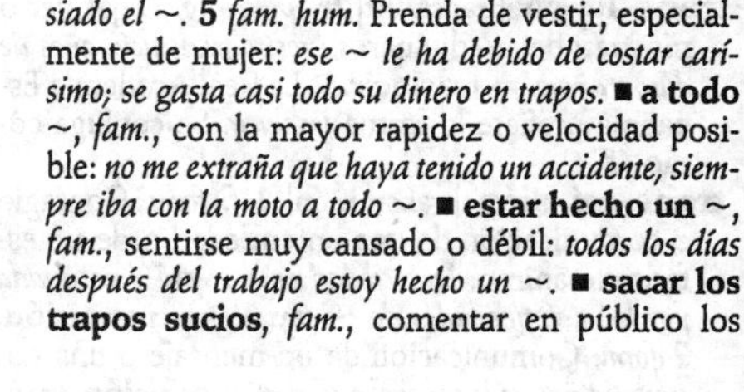

errores o las faltas: *le sacó todos los trapos sucios y le puso en ridículo ante todo el mundo.*

trá·que·a |trákea| **1** ***f.*** ANAT. Tubo que comunica la *laringe con los *bronquios y que lleva el aire a los pulmones: *la ~ está formada por cartílagos de forma semicircular; se le quedó atravesada una espina en la ~ y empezó a toser.* **2** ZOOL. Órgano con el que respiran los insectos y otros animales articulados: *la ~ de los insectos está ramificada.*

tra·que·al |trakeál| **1** ***adj.*** ANAT. De la *tráquea o que tiene relación con ella: *las paredes traqueales se encargan de expulsar partículas extrañas que llegan con la respiración.* **2** ZOOL. (animal) Que respira a través de la *tráquea: *los mosquitos son animales traqueales.*

tra·que·te·ar |traketeár| ***intr.*** Hacer ruido al moverse o agitarse: *el tren traqueteaba avanzando lentamente por la vía.*

tras |tras| **1** ***prep.*** Después de; detrás de: *llevaba ~ de sí más de doscientas personas; ~ este tiempo vendrá otro mejor.* **2** *fig.* En busca de; siguiendo: *vivió siempre ~ los honores.*

tras·at·lán·ti·⌈co, ⌈ca |trasatlántiko, ka| **1** ***adj.*** De las regiones situadas al otro lado del Atlántico o que tiene relación con ellas: *a Europa han llegado muchos productos trasatlánticos.* ⇒ **transatlántico. 2** Que atraviesa el Atlántico: *me gustaría hacer un viaje ~.* ⇒ **transtlántico. - 3 trasatlántico *m.*** Embarcación de gran tamaño destinada al transporte de personas y que recorre grandes distancias: *mi tío vino desde Argentina en un ~.* ⇒ **transatlántico.** ◯ La Real Academia Española prefiere la forma *transatlántico.*

tras·bor·da·dor |trasβorðaðór| **1** ***m.*** Embarcación de gran tamaño, destinada al transporte de personas y cargas pesadas y que suele hacer siempre el mismo recorrido: *en el puerto de Algeciras embarcan en el ~ los coches que van para Marruecos.* ⇒ **transbordador. 2** Vehículo que transporta una carga al espacio exterior y después vuelve a la Tierra: *se está construyendo un ~ espacial para enviar pasajeros a la Luna.* ⇒ **lanzadera, transbordador.** ◯ La Real Academia Española prefiere la forma *transbordador.*

tras·bor·dar |trasβorðár| **1** ***tr.-prnl.*** [algo, a alguien] Trasladar de una nave a otra: *los marineros trasbordaron las mercancías.* ⇒ **transbordar. - 2 *tr.-intr.*** Trasladar de un vehículo a otro, especialmente de un tren a otro: *para llegar a mi casa en metro tienes que ~ dos veces.* ⇒ **transbordar.** ◯ La Real Academia Española prefiere la forma *transbordar.*

tras·bor·do |trasβórðo| ***m.*** Traslado de personas o mercancías de un vehículo o nave a otro: *los pasajeros que vayan a Francia tendrán que hacer ~ en Irún.* ⇒ **transbordo.** ◯ La Real Academia Española prefiere la forma *transbordo.*

tras·cen·den·cia |trasθendénθia| **1** ***f.*** *Consecuencia o resultado grave o muy importante: *aquel encuentro tuvo gran ~ en el desarrollo de las relaciones internacionales.* ⇒ **proyección, transcendencia. 2** Importancia de una cosa: *la ~ de este acto se apreciará cuando pasen muchos años.* ⇒ **transcendencia.** ⇔ **intrascendencia.**

tras·cen·den·tal |trasθendentál| **1** ***adj.*** *form.* Que es necesario o principal para fundar o sostener una cosa: *tenemos que tomar una decisión ~.* ⇒ **esencial, básico, fundamental, transcendental, vital. 2** FIL. Que va más allá de lo que se puede conocer mediante la experiencia: *es una amante de la filosofía ~.* ⇒ **transcendental.**

tras·cen·der |trasθendér| **1** ***intr.*** Empezar a ser conocida una cosa que estaba oculta: *la noticia de la muerte del presidente no trascendió hasta dos días después.* ⇒ **transcender. 2** Ir más allá; superar un límite determinado: *la huelga ha trascendido del ámbito estudiantil, pues diversos sectores sociales están dispuestos a apoyarla.* ⇒ **transcender.** ◯ Se conjuga como 28.

tras·cri·bir |traskriβír| **1** ***tr.*** [algo] Copiar trasladando a un sistema de escritura distinto: *no supo ~ el texo árabe con caracteres latinos.* ⇒ **transcribir. 2** Copiar, escribir en otro lugar: *esta tarde voy a ~ mis notas de clase.* ⇒ **transcribir. 3** LING. Representar sonidos mediante un sistema especial de signos: *estoy aprendiendo a ~ fonéticamente.* ⇒ **transcribir.** ◯ El participio es *trascrito.* La Real Academia Española prefiere la forma *transcribir.*

tras·crip·ción |traskriᵖθión| **1** ***f.*** Copia o traslado de un texto a otro sistema de escritura: *la ~ de los textos resultó muy complicada.* ⇒ **transcripción. 2** Copia o reproducción de un original escrito: *dentro de una hora me darán una ~ de los apuntes.* ⇒ **transcripción. 3** LING. Representación de los sonidos mediante un sistema especial de signos: *el lingüista hizo una ~ fonética.* ⇒ **transcripción.** ◯ La Real Academia Española prefiere la forma *transcripción.*

tras·cu·rrir |traskuřír| ***intr.*** Pasar o correr el tiempo: *trascurrieron dos meses antes de que volviéramos a encontrarnos.* ⇒ **transcurrir.** ◯ La Real Academia Española prefiere la forma *transcurrir.*

tras·cur·so |traskúrso| ***m.*** Paso del tiempo: *en el ~ del partido se marcaron cinco goles.* ⇒ **transcurso.** ◯ La Real Academia Española prefiere la forma *transcurso.*

tra·se·gar |traseɣár| **1** ***tr.*** [algo] Cambiar de un lugar a otro, especialmente pasar un líquido de un recipiente a otro: *está trasegando vino en la bodega.* **2** *fig.* Beber mucho alcohol: *doña Antonia se pasaba las tardes trasegando copa tras copa de ginebra.* ◯ Se conjuga como 48.

tra·se·⌈ro, ⌈ra |traséro, ra| **1** ***adj.*** Que está detrás; posterior: *entramos por la puerta trasera de la casa.* **- 2 trasero *m.*** Parte inferior y posterior del tronco del ser humano, sobre la que descansa el cuerpo al sentarse: *el padre dio un azote al niño en el ~.* ⇒ **culo. 3** Parte posterior de un animal: *el caballo resultó herido en el ~.*

tras·fe·ren·cia |trasferénθia| **1** ***f.*** Operación que consiste en cambiar los fondos de una cuenta corriente a otra: *ya le han hecho la ~ del sueldo de este mes.* ⇒ **transferencia. 2** Acción de dejar a otra persona un cargo, un poder o un conjunto de bienes: *el rector saliente y el nuevo rector ya han hecho la ~ de poderes.* ⇒ **transferencia.** ☐ La Real Academia Española prefiere la forma *transferencia.*

tras·fe·rir |trasferír| **1** ***tr.*** [algo] Cambiar fondos de una cuenta corriente a otra: *todavía me tienen que ~ el sueldo de este mes.* ⇒ **transferir. 2** Dar una cosa propia a otra persona o cosa: *el padre trasfirió el título de conde a su hijo.* ⇒ **transferir.** ☐ La Real Academia Española prefiere la forma *transferir.* Se conjuga como 35.

tras·fon·do |trasfóndo| ***m.*** Cosa, acción o situación que está detrás u oculta: *para comprender esa obra hay que conocer el ~ histórico de su época.* ⇒ **trastienda.**

tras·for·ma·ción |trasformaθión| **1** ***f.*** Cambio de forma: *el niño quería ver la ~ del renacuajo en rana.* ⇒ **metamorfosis, transformación. 2** Cambio de aspecto o de costumbres: *su ~ después del accidente fue asombrosa.* ⇒ **transformación. 3** Cambio completo por el que una cosa se convierte en otra: *la ~ de la discoteca en librería no ha tenido éxito.* ⇒ **transformación. 4** DEP. Jugada en la que se consigue un tanto por medio de un lanzamiento: *el jugador de rugby golpeó el balón con el pie y consiguió una ~.* ⇒ **transformación.** ☐ La Real Academia Española prefiere la forma *transformación.*

tras·for·ma·⌐dor, ⌐do·ra |trasformaðór, ðóra| **1** ***adj.-s.*** Que transforma: *el nuevo equipo de dirección ha empezado con un gran ímpetu ~.* **- 2 transformador** ***m.*** ELECTR. Aparato o instalación que cambia las características de *tensión e intensidad de la corriente eléctrica alterna: *nos quedamos sin luz por una avería en el ~.* ⇒ **transformador.** ☐ La Real Academia Española perfiere la forma *transformador.*

tras·for·mar |trasformár| **1** ***tr.-prnl.*** [algo, a alguien] Hacer cambiar de forma: *después de la obra, la casa ha quedado completamente trasformada.* ⇒ **transformar. 2** [a alguien] Hacer cambiar de aspecto o de costumbres: *desde que sale con esa chica se ha trasformado en un hombre de bien.* ⇒ **transformar. 3** [algo; en algo] Convertir en otra cosa; hacer distinto: *Jesucristo pudo ~ el agua en vino.* ⇒ **transformar, transmutar. 4** DEP. Golpear la pelota con el pie para conseguir un tanto: *el jugador no ha conseguido ~ el lanzamiento.* ⇒ **transformar.** ☐ La Real Academia Española prefiere la forma *transformar.*

tras·gre·dir |trasɣreðír| ***tr.*** [algo] Ir contra una ley o una norma o no cumplirlas: *siempre te ha gustado ~ las normas y por ello tendrás un castigo.* ⇒ **transgredir.** ☐ La Real Academia Española prefiere la forma *transgredir.*

tras·gre·sión |trasɣresión| ***f.*** Falta o acción que va contra una ley o una norma: *las autoridades no van a permitir más trasgresiones.* ⇒ **transgresión.** ☐ La Real Academia Española prefiere la forma *transgresión.*

tras·gre·⌐sor, so·ra |trasɣresór, sóra| ***adj.-s.*** (persona) Que va contra la ley o no la cumple: *los trasgresores serán detenidos.* ⇒ **transgresor.** ☐ La Real Academia Española prefiere la forma *transgresor.*

tras·hu·man·cia |trasumánθia| ***f.*** Traslado de animales de una región a otra: *la ~ es cada vez menos frecuente y ahora se realiza en trenes o camiones especiales.*

tras·hu·man·te |trasumánte| ***adj.*** Que se traslada o es trasladado de una región a otra: *las ovejas forman grandes rebaños trashumantes.*

tra·sie·go |trasiéɣo| **1** ***m.*** Cambio de un lugar a otro, especialmente paso de un líquido de un recipiente a otro: *en el ~ se perdió parte del aceite.* **2** Gran actividad y movimiento; prisa: *¡menudo ~ hemos tenido hoy en el trabajo!* ⇒ **ajetreo.**

tras·la·ción |traslaθión| ***f.*** ASTRON. Movimiento de la Tierra alrededor del Sol, que produce las estaciones del año: *todos los planetas tienen un movimiento de ~.* ⇒ **translación.**

tras·la·dar |traslaðár| **1** ***tr.-prnl.*** [algo, a alguien] Cambiar de lugar: *la empresa ha trasladado su sede a un nuevo edificio; su familia se trasladó a Santiago.* **- 2** ***tr.*** [a alguien] Hacer pasar a una persona de un puesto o cargo a otro de la misma categoría: *trasladaron a un funcionario de un ministerio a otro.* **3** [algo] Cambiar la hora o la fecha de un acto: *han trasladado la asamblea al jueves siguiente.* **4** Expresar en un idioma lo que se ha dicho o escrito en otro: *los alumnos trasladaron el texto al español.* ⇒ **traducir.**

tras·la·ti·⌐cio, ⌐cia |traslatíθio, θia| ***adj.*** LING. POÉT. (sentido) Que expresa un significado distinto al que tiene corrientemente: *deben entender mis palabras en sentido ~.* ⇔ **recto.**

tras·li·te·ra·ción |transliteraθión| ***f.*** Copia o traslado de un texto a otro sistema de escritura: *la ~ del documento llevó demasiado tiempo.* ⇒ **transliteración.** ☐ La Real Academia Española prefiere la forma *transliteración.*

tras·li·te·rar |trasliterár| ***tr.*** [algo] Copiar trasladando a un sistema de escritura distinto: *está aprendiendo a ~.* ⇒ **transliterar.** ☐ La Real Academia Española prefiere la forma *transliterar.*

tras·lú·ci·⌐do, ⌐da |traslúθiðo, ða| ***adj.*** (cuerpo, materia) Que deja pasar la luz, pero que no permite ver lo que hay detrás de él: *las cortinas de esta habitación son traslúcidas.* ⇒ **translúcido.** ☐ La Real Academia Española prefiere la forma *translúcido.*

tras·lu·cir |trasluθír| ***tr.-prnl.*** *fig.* Dejar ver o mostrar; dejar adivinar: *el odio se trasluce de sus palabras.* ⇒ **translucir.** ☐ Se conjuga como 45.

tras·luz |traslúθ| ***m.*** Luz que pasa a través de un cuerpo: *observamos el ~ del amanecer por la ventana.* ■ **al ~,** poniendo un objeto entre un punto de luz y el ojo: *cogió la carta y, antes de abrirla, la miró al ~ para ver si podía leer algo.*

tras·ma·no |trasmáno| ***f.*** ■ **a ~,** que está fuera del alcance de la mano o que no se puede coger o manejar con comodidad: *voy a cambiar la impresora de sitio porque donde está me queda a ~ y siempre tengo que levantarme para coger los papeles.* ■ **a ~,** que está en un lugar apartado o fuera del camino habitual: *me gustaría ir a verte, pero tu casa me pilla a ~.*

tras·mi·sión |trasmisión| **1** *f. form.* Contagio, comunicación de una enfermedad o de un estado de ánimo: *la ~ de sus ideas ha sido fecunda para todos.* ⇒ **transmisión. 2** *form.* Comunicación de un mensaje o una noticia: *la ~ de la noticia paralizó la actividad en todos los periódicos.* ⇒ **transmisión. 3** *form.* Emisión de *programas de radio y televisión: *la ~ del programa está siendo defectuosa por falta de medios.* ⇒ **transmisión. 4** *form.* Acción de dejar a otra persona un cargo, un poder o un conjunto de bienes: *su testamento decía cómo había de ser la ~ de sus bienes.* ⇒ **transmisión. 5** MEC. Conjunto de mecanismos que comunican el movimiento de una pieza a otra dentro de una máquina: *se ha estropeado la ~ en el eje de la fresadora.* ⇒ **transmisión. 6** MEC. Conjunto de mecanismos que comunican el movimiento del motor a las ruedas del automóvil: *una avería en la ~ estuvo a punto de dejarme sin vacaciones.* ⇒ **transmisión.** ☖ La Real Academia Española prefiere la forma *transmisión.*

tras·mi·⌈sor, ⌈so·ra |trasmisór, sóra| **1** ***adj.-s.*** (medio) Que *transmite o puede *transmitir: *las ratas fueron las trasmisoras de la enfermedad.* ⇒ **transmisor. - 2 trasmisor *m.*** Aparato que sirve para emitir señales eléctricas o telefónicas: *habían colocado un ~ en la casa del espía.* ⇒ **transmisor.** ☖ La Real Academia Española prefiere la forma *transmisor.*

tras·mi·tir |trasmitír| **1** ***tr.*** [algo; a alguien] Hacer llegar un mensaje o una información: *ha sido él quien nos ha trasmitido la noticia.* ⇒ **transmitir. 2** Hacer llegar un mensaje o información a través de un medio de comunicación: *trasmitieron un telegrama desde el otro lado del océano.* ⇒ **transmitir. 3** [algo] Emitir señales: *esa emisora trasmite una señal muy débil y apenas se capta.* ⇒ **transmitir. 4** Comunicar movimiento: *la correa trasmite el movimiento a la polea.* ⇒ **transmitir. - 5 *tr.-prnl.*** Comunicar una enfermedad o estado de ánimo: *fue su hermano quien le trasmitió el sarampión.* ⇒ **transmitir.** ☖ La Real Academia Española prefiere la forma *transmitir.*

tras·mu·tar |trasmutár| ***tr.-prnl.*** [algo; en algo] Convertir en otra cosa; hacer distinto: *su carácter se ha trasmutado completamente: ahora es más pacífico.* ⇒ **transmutar.** ☖ La Real Academia Española prefiere la forma *transmutar.*

tras·no·char |trasnotʃár| ***intr.*** Pasar la noche o gran parte de ella sin dormir: *hoy me he levantado tarde porque ayer trasnoché.*

tras·pa·pe·lar |traspapelár| ***tr.-prnl.*** [algo] Perder o confundir documentos: *su solicitud de matrícula se ha traspapelado, así que tendrá que hacerla de nuevo; la secretaria traspapeló la factura.*

tras·pa·ren·cia |trasparénθia| **1** ***f.*** Cualidad de transparente: *es asombrosa la ~ de este cristal.* ⇒ **transparencia. 2** Fotografía o dibujo hecho sobre un objeto transparente: *he preparado unas trasparencias para dar mi conferencia.* ⇒ **transparencia.** ☖ La Real Academia Española prefiere la forma *transparencia.*

tras·pa·ren·tar |trasparentár| **1** ***tr.-prnl.*** [algo] Permitir que se vea a través lo que hay detrás: *es un papel tan fino que se trasparenta.* ⇒ **transparentar. 2** Permitir que se descubra o adivine: *en sus palabras se trasparenta el odio.* ⇒ **transparentar.** ☖ La Real Academia Española prefiere la forma *transparentar.*

tras·pa·ren·te |trasparénte| **1** ***adj.*** Que permite ver a través: *la hoja de papel es tan fina que resulta ~.* ⇒ **transparente. 2** *fig.* Que es claro y fácil de comprender: *ese libro es ~, como hecho para tontos.* ⇒ **transparente. - 3 *m.*** Tela o papel que se coloca ante una luz para hacerla menos intensa o directa: *atenuó la luz con un ~ para que no molestara al enfermo.* ⇒ **transparente. 4** Ventana de cristales que ilumina y adorna el fondo de un altar: *las catedrales de Toledo y Zaragoza tienen hermosos trasparentes.* ⇒ **transparente.** ☖ La Real Academia Española prefiere la forma *transparente.*

tras·pa·sar |traspasár| **1** ***tr.*** [algo, a alguien] Pasar de un lugar a otro: *traspasó la mesa de la sala al comedor.* **2** [algo] Atravesar un lugar; pasar de una parte a otra: *hace falta una barca para ~ el río.* ⇒ **cruzar. 3** Dar o pasar una cosa a otra persona a cambio de dinero: *quiero ~ mi negocio.* **4** Atravesar con una arma o instrumento: *la flecha traspasó la manzana.* **5** *fig.* Hacerse sentir un dolor físico o moral con extraordinaria fuerza: *el dolor me traspasa el corazón.* **6** Dar una cosa propia a otra persona o cosa: *el antiguo propietario ha traspasado el negocio a su hijo.* ⇒ **transferir.**

tras·pa·so |traspáso| **1** ***m.*** Acción y resultado de *traspasar: *he decidido que lo mejor es el ~ de ese local.* **2** Conjunto de cosas *traspasadas: *se ha hecho cargo del ~ de los víveres.* **3** Cantidad de dinero que se paga por *traspasar una cosa: *el ~ de aquel bar me parece demasiado caro.*

tras·pié |traspié| **1** ***m.*** Chocar un pie con otro o con un obstáculo al andar: *dio un ~ con el escalón y casi se cae al suelo.* ⇒ **tropezón. 2** *fig.* Equivocación o error: *no estropeó su carrera: fue sólo un ~ sin importancia.* ☖ El plural es *traspiés.*

tras·pi·ra·ción |traspiraθión| ***f.*** Salida de sudor a través de la piel: *la ~ es muy importante para la salud de la piel.* ⇒ **transpiración.** ☖ La Real Academia Española prefiere la forma *transpiración.*

tras·pi·rar |traspirár| **1** ***intr.-tr.*** Echar sudor a través de la piel: *cuando corro, traspiro mucho.* ⇒ **transpirar. 2** Dejar salir el sudor u otro fluido: *estos zapatos no traspiran bien.* ⇒ **transpirar.** ☖ La Real Academia Española prefiere la forma *transpirar.*

tras·plan·tar |trasplantár| **1** ***tr.*** [algo] Trasladar plantas del lugar en que están plantadas a otro: *cultivó los claveles en una maceta y después los trasplantó al jardín.* **2** MED. Pasar una parte de tejido vivo o un órgano de un individuo a otro, o bien a otra parte del cuerpo del mismo individuo: *se curó de su ceguera cuando le trasplantaron las córneas de un joven que había muerto en un accidente de trá-*

fico. **- 3 *tr.-prnl.*** [a alguien] Hacer salir de un lugar o país a personas que están establecidas en él, para llevarlas a otro lugar: *el gobierno trasplantó un grupo de refugiados de guerra.* **4** [algo] Introducir en un país o lugar ideas, costumbres u otras cosas procedentes de otro lugar: *la música moderna se ha trasplantado de occidente a oriente.*

tras·plan·te |trasplánte| **1 *m.*** Traslado de una planta del lugar en que está plantada a otro: *el ~ de estos frutales debe hacerse con mucho cuidado y en condiciones climatológicas favorables.* **2** MED. Aplicación de una parte de tejido vivo o de un órgano de un individuo a otro, o bien a otra parte del cuerpo del mismo individuo: *le han hecho un ~ de riñón.*

tras·po·ner |trasponér| **1 *tr.-prnl.*** [algo] Poner más allá o desaparecer detrás de una cosa: *traspuso la esquina y dejamos de verla.* ⇒ **transponer. - 2 trasponerse *prnl.*** Ocultarse el Sol u otro cuerpo celeste: *el Sol se traspuso por el horizonte.* ⇒ **transponer. 3** Quedarse un poco dormido: *me suelo ~ después de comer.* ⇒ **transponer.** ☖ La Real Academia Española prefiere la forma *transponer.* Se conjuga como 78.

tras·por·ta·⌜dor, ⌜do·ra |trasportaðór, ðóra| **1 *adj.*** Que lleva de un lugar a otro; que transporta: *la empresa transportadora entregó la mercancía a la hora convenida.* ⇒ **transportador. - 2 trasportador *m.*** Regla que sirve para medir y dibujar ángulos: *le mandaron problemas de geometría que tenía que resolver con el ~.* ⇒ **transportador.** ☖ La Real Academia Española prefiere la forma *transportador.*

tras·por·tar |trasportár| **1 *tr.*** [algo, a alguien] Llevar de un lugar a otro: *se gana la vida trasportando muebles.* ⇒ **transportar. - 2 *tr.-prnl.*** [algo, a alguien] Hacer perder la razón o el sentido: *los prospectos turísticos lo trasportaron.* ⇒ **transportar.** ☖ La Real Academia Española prefiere la forma *transportar.*

tras·por·te |traspórte| **1 *m.*** Traslado de un lugar a otro: *el ~ de las frutas tropicales encarece el producto.* ⇒ **transporte. 2** Vehículo o medio que se usa para trasladar personas o cosas: *en las ciudades es conveniente usar el ~ público para evitar atascos y contaminación.* ⇒ **transporte.** ☖ La Real Academia Española prefiere la forma *transporte.*

tras·qui·lar |traskilár| ***tr.*** [a alguien] Cortar el pelo de forma irregular: *no volveré a esa peluquería porque la última vez que fui me trasquilaron.*

tras·qui·lón |traskilón| ***m. fam.*** Corte que se da en el pelo de forma irregular: *me cortó el pelo un aprendiz y me lo dejó lleno de trasquilones.* ⇒ **escalera.**

tras·ta·da |trastáða| ***f. fam.*** Acción mala pero poco importante: *la última ~ que hicieron los niños fue atar unas latas vacías al rabo del perro.* ⇒ **diablura, travesura.**

tras·ta·zo |trastáθo| ***m. fam.*** Golpe fuerte: *se rompió el banco y me di un buen ~.* ⇒ **cacharrazo, porrazo, trompazo.**

tras·te |tráste| **1 *m.*** Saliente de metal o de hueso colocado en el palo de la *guitarra o de otros instrumentos parecidos y que sirve para variar, con la presión de los dedos, la longitud libre de las cuerdas: *el violín no tiene trastes.* **2** Espacio que hay entre dos de esos salientes: *para tocar esa nota, debes poner el primer dedo en el primer ~.* ■ **dar al ~,** destruir, estropear: *su torpeza dio al ~ con nuestros planes.*

tras·te·ar |trasteár| ***intr.*** Mover o cambiar cosas de un lugar a otro: *lleva toda la mañana trasteando con las muñecas.*

tras·te·ro |trastéro| ***adj.-m.*** (habitación) Que se usa para guardar cosas que no son útiles: *creo que guardé aquel jarrón en el cuarto ~; tiene la bicicleta vieja en el ~.*

tras·tien·da |trastienda| **1 *f.*** Habitación situada detrás de la tienda: *el dependiente entró en la ~ y sacó de allí otro par de zapatos.* **2** *fig.* Cosa, acción o situación que está detrás u oculta: *no quise participar en aquel asunto: no me gustaba la ~.* ⇒ **trasfondo.**

tras·to |trásto| **1 *m.*** *desp.* Objeto que no sirve para nada o que no tiene valor: *se pasa el día comprando trastos al niño.* ⇒ **cacharro, cachivache. 2** *desp.* Máquina, aparato o mecanismo, especialmente el que está viejo y funciona mal: *quiso venderme un coche que era un ~.* ⇒ **cacharro. 3** *fig.* Persona torpe o poco hábil: *no puedo llevar al niño de visita porque es un ~ y lo revuelve todo.* **- 4 trastos *m. pl.*** Herramientas de un oficio o una actividad: *cogió los trastos de pescar y salió al mar en la barca.*

tras·to·car |trastokár| **1 *tr.*** [algo] Cambiar o alterar un orden: *la contaminación está trastocando el clima del planeta.* **- 2 trastocarse *prnl.*** Perder el sentido o la razón: *mi abuelo se ha trastocado con la noticia.* ☖ Se conjuga como 1.

tras·tor·nar |trastornár| **1 *tr.-prnl.*** [a alguien] Hacer perder el sentido o la razón: *este vino trastorna en seguida; se trastornó porque no pudo soportar tanto dolor.* ⇒ **ofuscar. - 2 *tr.*** [algo] Cambiar o alterar un orden: *la inesperada aparición del presidente trastornó el orden del día.* **3** *fig.* [algo, a alguien] Causar problemas; hacer perder la tranquilidad: *el problema de las drogas ha trastornado a toda la familia.* **4** *fig.* Gustar demasiado de una cosa; provocar una pasión excesiva: *este perfume me trastorna.*

tras·tor·no |trastórno| **1 *m.*** Molestia; alteración de un estado: *el cambio de horario no me ha causado ningún ~; es un ~ recorrer todos los días 30 kilómetros para ir al trabajo.* **2** Alteración de un desarrollo; desorden: *esta semana ha habido muchos trastornos atmosféricos.* **3** Alteración pequeña de la salud: *estas pastillas pueden producir trastornos estomacales.*

tras·va·sar |trasβasár| **1 *tr.*** [algo] Conducir de un río o lago a otro: *el canal trasvasa el agua de una región a otra.* ⇒ **transvasar. 2** Pasar de un recipiente a otro: *vamos a ~ el vino.* ⇒ **transvasar.** ☖ La Real Academia Española prefiere la forma *transvasar.*

tras·va·se |trasβáse| **1 *m.*** Conducción de agua entre dos ríos o lagos: *los pueblos ribereños se opo-*

nen al ~ porque aseguran que empobrece sus tierras. ⇒ **transvase. 2** Paso de un líquido entre dos recipientes o lugares: *han hecho un ~ del río al pantano.* ⇒ **transvase.** ⌂ La Real Academia Española prefiere la forma *transvase.*

tras·ver·sal |trasβersál| **1** ***adj.*** Que lleva una dirección que corta a otra: *los niños jugaban haciendo recorridos trasversales.* ⇒ **transversal. 2** Que atraviesa de un lado a otro: *dibujó la sección ~ de un edificio.* ⇒ **transversal.** ⌂ La Real Academia Española prefiere la forma *transversal.*

tra·ta |tráta| ***f.*** Tráfico y comercio de personas: *las personas que se dedicaban a la ~ capturaban negros en África y los vendían en América como esclavos;* **~ de blancas**, tráfico y comercio de mujeres para *obligarlas a mantener relaciones sexuales a cambio de dinero: *detuvieron a unos delincuentes que se dedicaban a la ~ de blancas.*

tra·ta·ble |tratáβle| ***adj.*** (persona) Que se puede o se deja tratar fácilmente: *puedes confiar en el jefe y contarle tu situación, es un hombre muy ~.*

tra·ta·dis·ta |trataðísta| ***com.*** Persona que escribe tratados: *sus estudios sobre la Edad Media lo han hecho un ~ famoso.*

tra·ta·do |tratáðo| **1** ***m.*** Ajuste o acuerdo, especialmente entre naciones: *los dos países firmaron un ~ de paz.* **2** Obra que trata sobre una materia determinada: *escribió un ~ de biología.*

tra·ta·mien·to |tratamiénto| **1** ***m.*** Manera de elaborar o tratar una cosa: *se ha inaugurado una planta de reciclaje para el ~ de residuos sólidos.* **2** Conjunto de consejos y remedios que el médico indica al enfermo para que se cure: *sigue un ~ muy severo contra la tuberculosis.* **3** Manera de dirigirse a una persona: usted *es una forma de ~ cortés; debes cuidar mucho el ~.*

tra·tan·te |tratánte| ***com.*** Persona que se dedica a comprar cosas para venderlas después: *el ~ de telas lleva un catálogo y muestras de los géneros con los que comercia.*

tra·tar |tratár| **1** ***tr.*** [algo, a alguien] Actuar de una manera determinada en relación con una persona o una cosa: *no sabes ~ a los animales; es cierto que es un pesado, pero no deberías haberle tratado tan mal.* **2** [algo] Usar una cosa de una manera determinada: *te dejo las llaves del coche, pero trátalo con cuidado.* **3** [a alguien] Dar un título o un tratamiento determinado: *por favor, no me trates de usted, trátame de tú.* **4** Calificar a una persona despectivamente: *le trató de vago y de irresponsable.* **- 5** ***tr.-intr.-prnl.*** [con alguien] Comunicarse o relacionarse: *María no se trata con Luisa; nosotros no tratamos con traidores.* **- 6** ***tr.*** [algo] Someter una sustancia a la acción de otra: *los operarios de la industria siderúrgica tratan los metales.* **- 7** ***intr.*** Intentar el logro de un fin: *trató de llegar a la hora convenida, pero le resultó imposible.* ⌂ Se usa seguido de la preposición *de* y de un verbo en infinitivo. **8** [con algo] Comerciar o negociar: *toda su familia se ha dedicado a ~ con telas.*

tra·to |tráto| **1** ***m.*** Manera de actuar en relación con una persona; manera de relacionarse: *Juan es una persona de ~ muy agradable.* **2** Manera de usar una cosa: *el coche te durará muchos años, si le das buen ~.* **3** Comunicación o relación: *no tengo mucho ~ con él.*

trau·ma |tráuma| **1** ***m.*** Choque mental que deja *huella en el inconsciente: *tus problemas actuales son consecuencia de un ~ de la infancia.* **2** *fam. p. ext.* Impresión negativa de larga duración: *tengo un ~ tremendo por haber sido injusto con Juan.*

trau·má·ti·⌐co, ⌐ca |traumátiko, ka| ***adj.*** Del *traumatismo o que tiene relación con él: *el accidentado sufre una grave lesión traumática; esta crema es muy buena para los problemas traumáticos.*

trau·ma·tis·mo |traumatísmo| ***m.*** Daño de los tejidos orgánicos producido por un *agente *externo, especialmente por un golpe: *le dieron una paliza y sufre ~ craneal.*

trau·ma·ti·zar |traumatiθár| ***tr.-prnl.*** [a alguien] Causar un choque mental capaz de dejar una *huella en el inconsciente: *el niño está traumatizado desde que viajó en avión; se traumatizó por la muerte de su amiga.* ⌂ Se conjuga como 4.

trau·ma·to·lo·gí·a |traumatoloxía| ***f.*** MED. Disciplina que se ocupa de los *traumatismos y sus efectos: *la ~ se ocupa del tratamiento de las roturas de los huesos.*

trau·ma·tó·lo·⌐go, ⌐ga |traumatóloγo, γa| ***m. f.*** Médico especialista en *traumatología: *si te has torcido el tobillo, debes ir a un ~.*

tra·vés |traβés| ***m.*** Inclinación o *torcimiento de una cosa hacia un lado determinado: *el cuadro le ha quedado colgado de ~.* ■ **a ~ de**, por en medio o de un lado a otro: *se abrió paso a ~ de la multitud; te he visto a ~ de la mirilla.* ■ **a ~ de**, por medio de, por conducto de: *haré llegar esta carta para Juan a ~ de su esposa.*

tra·ve·sa·ño |traβesáɲo| **1** ***m.*** Pieza que atraviesa una cosa de una parte a otra: *se ha partido un ~ de la escalera de mano.* **2** Palo superior de la *portería, en el fútbol y en otros deportes: *el balón rebotó en el ~ y no fue gol.* ⇒ **larguero.**

tra·ve·sí·a |traβesía| **1** ***f.*** Calle pequeña que va de una calle principal a otra: *la casa es muy tranquila porque todas las ventanas dan a una ~, no a la avenida principal.* **2** Parte de una carretera que pasa por una población: *cuando se conduce por una ~ hay que extremar las precauciones.* **3** Viaje en un medio de transporte, especialmente en barco: *llegaron muy cansados de su larga ~ en barco.*

tra·ves·tí |traβestí| ***com.*** *fam.* Persona que se viste con ropas que se consideran propias del sexo contrario: *en el espectáculo salía a cantar y bailar un ~ vestido como una cabaretera.*

tra·ves·tir |traβestír| ***tr.-prnl.*** Poner o usar ropa que se considera propia del sexo contrario: *no todas las personas que se travisten son homosexuales.* ⌂ Se conjuga como 34.

tra·ve·su·ra |traβesúra| ***f.*** *fig.* Acción mala pero poco importante: *los niños se pasan el día haciendo travesuras; ya eres un poco mayorcito para que te consintamos estas travesuras.* ⇒ **diablura, trastada.**

tra·vie·sa |traβiésa| ***f.*** Barra de madera o de otro material que une dos cosas o se coloca de un lado a otro: *el ferroviario revisó las traviesas de las vías de la estación.*

tra·vie·⌐so, ⌐sa |traβiéso, sa| ***adj.-s.*** (persona) Que no se está quieto; que realiza acciones malas, pero que no son de gran importancia: *este perro es muy ~ y juguetón; ¡qué niña tan traviesa e inquieta!* ⇒ **diablillo, revoltoso.**

tra·yec·to |trayékto| **1** ***m.*** Espacio que se recorre entre dos puntos: *el ~ entre estas dos ciudades es demasiado largo para atravesarlo en bicicleta.* **2** Acción de recorrer el espacio que hay entre dos puntos: *el ~ se me hace más corto y ameno si voy escuchando la radio.* ⇒ **itinerario, viaje.**

tra·yec·to·ria |trayektória| **1** ***f.*** Recorrido o línea entre dos puntos: *los ordenadores calculan la ~ que debe seguir la nave espacial.* **2** *fig.* Curso o desarrollo de una persona o una cosa a lo largo del tiempo: *la ~ política de este escritor ha ido de la extrema izquierda al centro derecha.*

tra·za |tráθa| **1** ***f.*** Modo, aspecto o figura: *por su ~ diría que es un caballero noble; esta comedia tiene todas las trazas de un sainete.* **2** Planta o diseño de una obra: *el restaurador estudió la ~ original del edificio.* **3** Señal o marca que deja una cosa: *hemos ido siguiendo las trazas del carro por el camino.* ⇒ **huella.**

tra·za·do |traθáðo| ***m.*** Recorrido o dirección sobre el terreno de un camino o una vía: *el ingeniero propuso el ~ de la nueva carretera que rodeará la ciudad.*

tra·zar |traθár| **1** ***tr.*** [algo] Hacer líneas; dibujar: *la profesora trazó una parábola en la pizarra; ha trazado el plano del hotel.* **2** *fig.* Pensar o preparar: *estamos trazando un plan infalible.* **3** *fig.* Describir o exponer de palabra: *con pocas palabras trazó tan bien el carácter de aquel personaje que todos comprendieron de quién hablaba.* ☐ Se conjuga como 4.

tra·zo |tráθo| ***m.*** Línea o raya dibujada: *los trazos de su escritura son muy elegantes.*

tré·bol |tréβol| **1** ***m.*** Hierba de tallo velloso y hojas formadas por tres partes casi redondas unidas: *los tréboles se usan como alimento para el ganado; dicen que da muy buena suerte encontrar un ~ de cuatro hojas.* **- 2 tréboles** ***m. pl.*** Conjunto o palo de la *baraja *francesa en el que aparecen dibujadas unas figuras con la forma de una hoja de esa hierba: *puso encima de la mesa el cuatro de tréboles.*

tre·ce |tréθe| **1** ***num.*** Diez más tres: *nueve y cuatro son ~; si tengo 100 manzanas y te doy 87, me quedan ~.* **2** (persona, cosa) Que sigue en orden al que hace el número 12; decimotercero: *si voy después del duodécimo, soy el ~ de la lista.* ☐ Es preferible el uso del ordinal: *soy el decimotercero.* **- 3** ***m.*** Número que representa el valor de diez más tres: *escribe el ~ después del 12.*

tre·ce·a·⌐vo, ⌐va |treθeáβo, βa| ***num.*** (parte) Que resulta de dividir un todo en 13 partes iguales: *si somos 13 para comer, me toca un ~ de tarta.*

tre·cho |trétʃo| **1** ***m.*** Espacio, distancia: *anduvo un buen ~ del camino con el saco a cuestas.* **2** Parte de un terreno: *en aquel ~ hemos plantado tomates.*

tre·gua |tréɣua| **1** ***f.*** Detención de una lucha o una guerra durante un tiempo determinado: *los ejércitosde ambos países han anunciado una ~ de 15 días para facilitar las negociaciones de paz.* **2** *fig.* Detención en una actividad; descanso: *tenemos que seguir sin ~ hasta terminar.*

trein·ta |tréinta| **1** ***num.*** Veintinueve más uno: *quince más quince son ~; si tengo 100 manzanas y te doy 70, me quedan ~.* **2** (persona, cosa) Que sigue en orden al que hace el número 29; trigésimo: *si voy después del vigésimo noveno, soy el ~ de la lista.* ☐ Es preferible el uso del ordinal: *soy el trigésimo.* **- 3** ***m.*** Número que representa el valor de veintinueve más uno: *escribe el ~ después del 29.*

trein·ta·⌐vo, ⌐va |tréintaβo, βa| ***num.*** (parte) Que resulta de dividir un todo en 30 partes iguales: *si somos 30 para comer, me toca un ~ de tarta.*

trein·te·na |treinténa| ***f.*** Conjunto formado por treinta unidades: *la plantilla de esta empresa está formada por una ~ de trabajadores.*

tre·men·⌐do, ⌐da |treméndo, da| **1** ***adj.*** Que es muy grande: *creer a estas alturas que la Tierra es plana es un disparate ~.* **2** Que es difícil de soportar; que produce o puede producir mucho daño: *hoy me he levantado con un ~ dolor de cabeza.* ⇒ **terrible.** **3** Que es extraordinario: *va al fútbol todos los domingos porque es un aficionado ~.*

tré·mo·lo |trémolo| ***m.*** MÚS. Serie rápida de muchas notas iguales: Recuerdos de la Alhambra *se interpreta con trémolos.*

tré·mu·⌐lo, ⌐la |trémulo, la| ***adj.*** *form.* Que tiembla: *la luz trémula de las velas es muy romántica.* ⇒ **tembloroso.**

tren |trén| **1** ***m.*** Medio de transporte formado por varios vehículos que son arrastrados por una máquina sobre una vía: *prefiero viajar en ~ porque no tengo que conducir.* ⇒ **ferrocarril; ~ de alta velocidad**, el que alcanza velocidades superiores a los doscientos kilómetros por hora: *se tarda menos de tres horas en viajar de Madrid a Sevilla en el ~ de alta velocidad;* **~ expreso**, el que transporta personas y se detiene solamente en las estaciones principales: *viajamos a Barcelona en un ~ expreso que paró sólo en Zaragoza; ese ~ expreso viaja solamente por la noche.* **2** Conjunto de aparatos o máquinas empleadas para una misma operación: *el ~ de aterrizaje del avión se saca poco antes de tomar tierra.* **3** *fig.* Manera de vivir, con mayor o menor lujo: *desde que abrieron el negocio, han mejorado su ~ de vida.* ■ **a todo ~**, sin tener en cuenta los gastos; con mucho lujo: *ganan mucho dinero y viven a todo ~.* ■ **a todo ~**, a gran velocidad: *le gusta conducir a todo ~ y un día va a tener un accidente.* ■ **estar como un ~**, *fam.*, ser *guapo y tener buen tipo: *esa chica está como un ~ y me tiene loco.* ■ **para parar un ~**, *fam. hum.*, en gran cantidad: *aquí tenemos deudas para parar un ~:* *es lo único que tenemos en abundancia.*

tren·ca |tréŋka| ***f.*** Prenda de vestir de abrigo, de paño, con *capucha, que cubre el cuerpo hasta por encima de las rodillas: *este invierno están de moda las trencas.*

tren·za |trénθa| ***f.*** Conjunto de tres o más cosas alargadas que se cruzan formando una sola más gruesa: *se hizo una ~ en el pelo; el remate de la tela lleva una ~ de hilos de seda.*

tren·zar |trenθár| ***tr.*** [algo] Hacer *trenzas: *la madre trenza el cabello a su hija.* ☐ Se conjuga como 4.

tre·pa |trépa| ***com.*** *fam. desp.* Persona que intenta mejorar profesional y socialmente sin importarle los medios que usa para ello: *es un ~ capaz de mentir o acusar a un compañero para ganarse el favor del jefe.* ⇒ **trepador.**

tre·pa·⌜dor, ⌜do·ra |trepaðór, ðóra| **1** ***adj.*** Que *trepa o puede *trepar: *tenía plantas trepadoras en el jardín.* **2** ***adj.-s.*** (ave) Que tiene el dedo exterior unido al medio, lo que le permite *trepar: *el cuclillo es una ave trepadora.* **3** *fam. desp.* (persona) Que desea mejorar su posición social sin importarle los medios: *es un ~: sólo pensaba en el ascenso y no ayudó a ninguno de sus compañeros.*

tre·par |trepár| **1** ***intr.*** Subir a un lugar alto y difícil ayudándose de los pies y de las manos: *los niños treparon al árbol más alto; treparon por la pared y saltaron al otro lado; el gato trepó hasta la copa del manzano.* ⇒ **encaramar. 2** Crecer ciertas plantas subiendo y sujetándose a los troncos y ramas de los árboles, a las varas y a otros objetos: *la yedra trepaba por la tapia; puso unas cañas para que trepara la vid.* **3** *fam.* Conseguir un puesto importante o una posición social alta usando todos los medios posibles: *ha amasado su fortuna trepando y adulando a los demás.*

tre·pi·dan·te |trepiðánte| **1** ***adj.*** Que *trepida: *esa moto hace un ruido ~.* **2** Que es muy rápido y emocionante: *la final entre las selecciones de Brasil e Italia fue ~.*

tre·pi·dar |trepiðár| ***intr.*** Temblar o agitarse: *los edificios trepidan cada vez que un tren subterráneo pasa bajo sus cimientos.*

tres |trés| **1** ***num.*** Dos más uno: *cinco menos dos son ~; si tengo 100 manzanas y te doy 97, me quedan ~.* **2** (persona, cosa) Que sigue en orden al que hace el número dos; tercero: *si voy después del segundo, soy el ~ de la lista.* ☐ Es preferible el uso del ordinal: *soy el tercero.* **- 3** ***m.*** Número que representa el valor de dos más uno: *escribe el ~ después del 2.* ■ **ni a la de ~,** *fam.,* de ningún modo: *no conseguirán sacar el coche del barrizal ni a la de ~.* ■ **~ cuartos,** prenda de vestir de abrigo más corta que un abrigo: *me he comprado un ~ cuartos para el próximo invierno.* ☐ El plural es *treses.*

tres·cien·⌜tos, ⌜tas |tresθi̯éntos, tas| **1** ***num.*** 100 multiplicado por tres: *200 más 100 son ~.* **2** (persona, cosa) Que sigue en orden al que hace el número 299; tricentésimo: *si voy después del ducentésimo nonagésimo noveno, soy el ~ de la lista.* ☐ Es preferible el uso del ordinal: *soy el tricentésimo.* **- 3** ***m.*** Número que representa el valor de 100 multiplicado por tres: *escribe el ~ después del 299.*

tre·si·llo |tresíʎo| **1** ***m.*** Conjunto de un asiento de dos o tres plazas y de dos asientos más de una sola plaza a juego: *hay que tapizar el ~ del salón porque está muy viejo.* **2** Asiento grande, para tres personas, blando y con apoyos para la espalda y los brazos: *después de cenar nos sentamos en el ~ para ver la televisión.* ⇒ **sofá. 3** Juego de cartas en el que participan tres personas, cada una de las cuales recibe nueve cartas: *gané al ~ porque hice más bazas que los demás.*

tre·ta |tréta| ***f.*** Método para conseguir una cosa con engaño y habilidad: *se nos ha ocurrido una ~ para irnos sin que se den cuenta.* ⇒ **jugada.**

trian·gu·la·ción |tri̯aŋgulaθi̯ón| **1** ***f.*** DEP. Movimiento de la pelota entre varios jugadores, formando un triángulo imaginario: *los jugadores del centro del campo hacen muy bien la ~.* **2** GEOM. Unión de tres puntos con líneas rectas, formando un triángulo: *calcularon la distancia sobre el mapa mediante ~.*

trian·gu·lar |tri̯aŋgulár| **1** ***adj.*** Que tiene forma de triángulo: *esa figura tiene una base ~.* **2** Que tiene tres partes; que cuenta con la participación de tres grupos: *en Madrid se ha organizado un torneo ~ de fútbol.* **- 3** ***tr.*** GEOM. [algo] Unir tres puntos con líneas rectas, formando un triángulo: *levantaron un plano de la zona triangulando desde varios puntos.* **4** DEP. Mover la pelota entre varios jugadores, formando un triángulo imaginario: *esos tres futbolistas triangulan muy bien.*

trián·gu·lo |tri̯áŋgulo| **1** ***m.*** Figura plana que tiene tres lados que forman tres ángulos: *dobló la ser-*

TRIÁNGULO

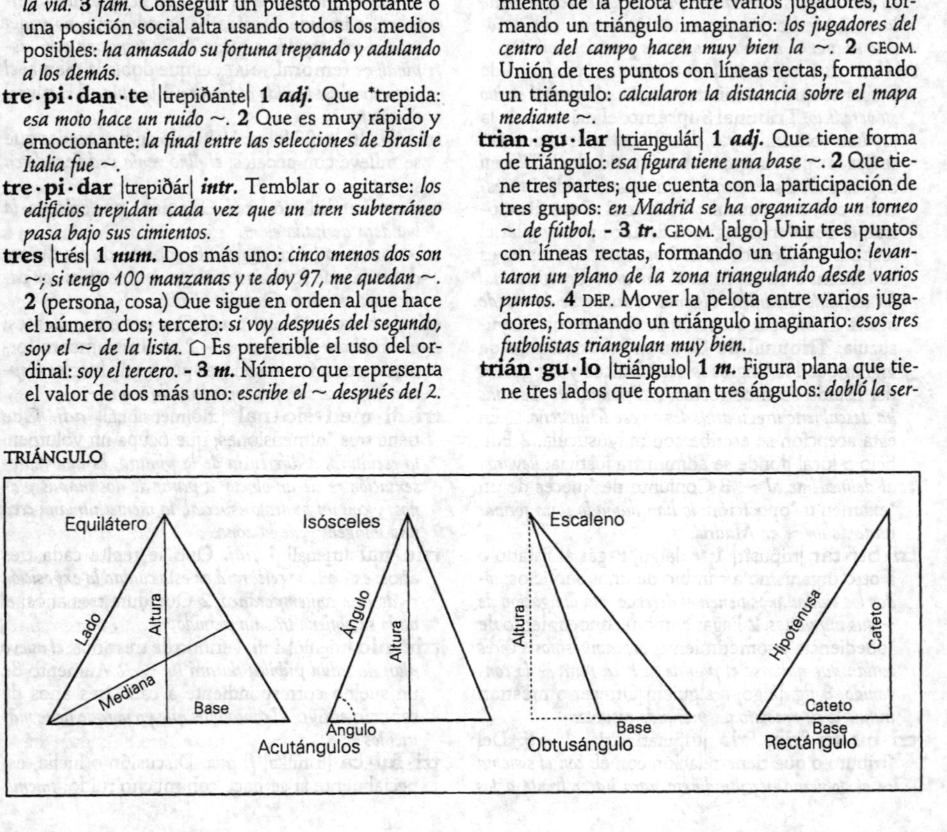

villeta en forma de ~; ~ **acutángulo**, GEOM., el que tiene tres ángulos agudos; ~ **equilátero**, GEOM., el que tiene los tres lados iguales; ~ **escaleno**, GEOM., el que tiene los tres lados diferentes; ~ **isósceles**, GEOM., el que tiene dos lados iguales y uno diferente; ~ **obtusángulo**, GEOM., el que tiene un ángulo mayor de 90°: ~ **rectángulo**, GEOM. el que tiene un ángulo recto: **2** MÚS. Instrumento musical formado por una vara de metal doblada en tres partes iguales que se hace sonar golpeándola con otra vara: *Juan acompañaba a la orquesta tocando el ~.* ■ ~ **amoroso**, relación de amor entre tres personas: *la novela narra el drama de una mujer envuelta en un ~ amoroso.*

tri·bu |tríβu| **1** *f.* Conjunto de familias que comparten un origen, una lengua, unas costumbres o una religión y que obedecen a un jefe: *aún quedan tribus primitivas en África.* **2** Grupo en que se divide un pueblo: *la Biblia habla de las doce tribus de Israel.* **3** *fam. fig.* Grupo de personas: *mira, ahí viene Pedro con su ~.*

tri·bu·la·ción |triβulaθión| *f.* Pena muy intensa o sufrimiento: *cuando me toque la lotería cesarán mis tribulaciones.* ⇒ **congoja.**

tri·bu·na |triβúna| **1** *f.* Armazón que se coloca en alto y que se usa para hablar desde él a un público o para ver una cosa: *el orador subió a la ~ y comenzó su discurso; las autoridades presidieron el desfile desde la ~.* **2** Medio de comunicación social: *este periódico es una ~ abierta a todos los partidos políticos.*

tri·bu·nal |triβunál| **1** *m.* Persona o conjunto de personas que administra justicia: *el tribunal emitió su veredicto;* **Tribunal Supremo**, el más alto de la justicia común, cuyas decisiones no pueden ser revisadas por ninguna otra autoridad: *el Tribunal Supremo dictó sentencia.* ☖ En esta acepción se escribe con mayúsucula; **Tribunal Constitucional**, el que tienen algunos Estados para vigilar el respeto a la Constitución y procurar que las leyes se ajusten a su espíritu: *el Tribunal Constitucional ha decidido modificar algunos artículos de la ley de aguas.* ☖ En esta acepción se escribe con mayúsucula; **Tribunal de Cuentas**, el encargado de vigilar que los *ingresos económicos y los gastos del Estado sean correctos: *el Tribunal de Cuentas ha descubierto irregularidades en ese Ministerio.* ☖ En esta acepción se escribe con mayúsucula. **2** Edificio o local donde se administra justicia: *llevaron al delincuente al ~.* **3** Conjunto de *jueces de un *examen u *oposición: *lo han llamado para formar parte de un ~ en Madrid.*

tri·bu·tar |triβutár| **1** *tr.* [algo] Pagar al Estado o a otro organismo a cambio de unos servicios: *todos los ciudadanos tienen el derecho y la obligación de ~ sus impuestos.* **2** Pagar como reconocimiento de *obediencia y sometimiento: *los campesinos a veces tenían que quitarse el pan de la boca para ~ lo convenido.* **3** *fig.* [algo; a alguien] Ofrecer o mostrar: *tributa a su maestro un profundo respeto.*

tri·bu·ta·⌐rio, ⌐ria |triβutário, ria| **1** *adj.* Del *tributo o que tiene relación con él: *con el sistema ~ el gobierno percibe dinero para hacer frente a los gastos; ¿en esta ciudad hay alguna agencia de información tributaria?* **- 2** *adj.-s.* Que tiene la obligación de pagar un *tributo: *los tributarios disponen de diez días para realizar los pagos.*

tri·bu·to |triβúto| **1** *m.* Cantidad de dinero que se paga al Estado o a otro organismo a cambio de unos servicios: *los grandes empresarios pagan mayores tributos a Hacienda.* ⇒ **impuesto. 2** Cantidad de dinero o de especies que se paga como reconocimiento de *obediencia y sometimiento: *en la Reconquista, fue famoso el ~ de las cien doncellas.* **3** Cosa o acción que se ofrece como muestra de respeto y *obediencia o como pago por algún favor: *como ~ a mi ayuda me regalaron una estilográfica.* **4** *fig.* Expresión de un sentimiento favorable hacia uno: *esta joya es un ~ de amor de mi marido.*

tri·cen·té·si·⌐mo, ⌐ma |triθentésimo, ma| **1** *num.* (persona, cosa) Que sigue en orden al que hace el número 299: *si voy después del 299, soy el ~ de la lista.* **2** (parte) Que resulta de dividir un todo en 300 partes iguales: *eran 300 personas y le correspondió a cada una un ~.*

trí·ceps |tríθeps| *adj.-m.* ANAT. (músculo) Que tiene tres partes que se unen en un *tendón: *los ~ están en las extremidades superiores e inferiores;* ~ **braquial**, ANAT., el que dobla el brazo: *podemos mover el brazo gracias al ~ braquial;* ~ **espinal**, ANAT., el que está a lo largo de la columna *vertebral e impide la caída hacia adelante: *no podía mantenerse erguido a causa de un tumor en el ~ espinal;* ~ **femoral**, ANAT., el que dobla la pierna: *el ~ femoral está unido al fémur y a la tibia.* ☖ El plural es *tríceps.*

tri·ci·clo |triθíklo| *m.* Vehículo de tres ruedas que se mueve con pedales: *el niño venía pedaleando en su ~.*

tri·co·lor |trikolór| *adj.* Que tiene tres colores: *la bandera de Italia es ~.*

tri·cor·nio |trikórnio| *m.* Sombrero de ala dura y doblada que forma tres picos: *los tricornios son característicos de la Guardia Civil.*

tri·den·te |triðénte| **1** *adj.* Que tiene tres dientes: *me hirió con un arma ~.* **- 2** *m.* Instrumento formado por un palo con tres puntas de hierro: *Neptuno aparece siempre representado con su ~.*

tri·di·men·sio·nal |triðimensionál| *adj.* Que tiene tres *dimensiones; que ocupa un volumen: *la escultura, a diferencia de la pintura, es una representación ~ de un objeto; a partir de dos mapas planos, y con un aparato especial, la mente humana crea una imagen ~ de la zona.*

trie·nal |trienál| **1** *adj.* Que se repite cada tres años: *este año se celebrará en esta ciudad la exposición ~ de arte contemporáneo.* **2** Que dura tres años: *el título se obtiene tras un periodo ~.*

trie·nio |triénio| **1** *m.* Periodo de tres años: *el nuevo plan de salud pública durará un ~.* **2** Aumento de un sueldo correspondiente a cada tres años de servicio activo: *él cobra más que yo porque tiene más trienios.*

tri·ful·ca |trifúlka| *f. fam.* Discusión o lucha, especialmente si se hace con mucho ruido: *¡menu-*

da ~ se montó en el bar porque un cliente quería irse sin pagar!

tri·gal |triɣál| ***m.*** Terreno en el que se cultiva trigo: *el ~ en verano tiene color rubio.*

tri·gé·si·⌐mo, ⌐ma |trixésimo, ma| **1 *num.*** (persona, cosa) Que sigue en orden al que hace el número 29: *si voy después del 29, soy el ~ de la lista.* **2** (parte) Que resulta de dividir un todo en 30 partes iguales: *eran 30 personas y le correspondió a cada una un ~.*

tri·go |tríɣo| **1 *m.*** Planta que produce una semilla de donde se saca la harina que se usa para hacer pan y otras cosas: *el ~ en primavera tiene un color verde muy bonito; del cultivo del ~ depende la alimentación de gran parte del mundo;* ~ **candeal**, el que tiene raspa y la semilla algo alargada: *el ~ candeal tiene la espiga cuadrada y recta;* ~ **duro**, el que tiene las semillas algo alargadas y duras: *del ~ duro se hace la pasta;* ~ **tremesino**, el que se *siembra en primavera y se recoge en verano: *el ~ tremesino crece rápidamente.* **2** Semilla o conjunto de semillas de esa planta: *lleva un saco de ~ al molino; el ~ tiene una cáscara que desmenuzada constituye el salvado.* ■ **no es lo mismo predicar que dar ~**, es más fácil decir las cosas que hacerlas: *muchas veces no hace lo que dice porque no es lo mismo predicar que dar ~.* ■ **no ser ~ limpio**, no ser una persona, asunto o negocio honrado o de buenas intenciones: *muy pronto nos dimos cuenta de que Juan no era ~ limpio; esas ventas no son ~ limpio.*

tri·go·no·me·trí·a |triɣonometría| ***f.*** MAT. Parte de las matemáticas que estudia las relaciones entre los lados y los ángulos de un triángulo: *los senos, cosenos y tangentes son conceptos de ~.*

tri·lla |tríʎa| **1 *f.*** Separación del grano de la *paja aplastando el cereal cortado: *para la ~ incluso los niños eran útiles.* **2** Tiempo en el que se separa el grano de la *paja aplastando el cereal cortado: *durante la ~ suele hacer mucho calor.* **3** *fam.* Cantidad grande de golpes: *le dieron una buena ~ entre los cuatro.*

tri·lla·do·ra |triʎaðóra| ***f.*** Máquina que sirve para separar el grano de la *paja de los cereales: *las antiguas trilladoras no tenían motor y se accionaban mediante una manivela.*

tri·llar |triʎár| **1 *tr.*** [algo] Aplastar el cereal cortado para separar el grano de la *paja: *llevaron la mies a la era para trillarla.* **2** *fig.* Causar daño o destruir: *las tropas trillaron la aldea.*

tri·lli·⌐zo, ⌐za |triʎíθo, θa| ***adj.-s.*** (animal, persona) Que ha nacido a la vez que otros dos de la misma madre: *esas tres niñas se parecen tanto porque son hermanas trillizas; se emocionó mucho cuando el médico le dijo que iba a tener trillizos.*

tri·⌐llo, ⌐lla |tríʎo, ʎa| ***m. f.*** Instrumento que consiste en una tabla ancha con trozos de piedra o de hierro en su lado inferior, que sirve para separar el grano de la *paja aplastando los cereales cortados: *sentaron al niño sobre el ~.*

tri·llón |triʎón| ***m.*** Conjunto formado por un millón de billones de unidades: *un ~ puede escribirse como 10^{18}.*

tri·lo·gí·a |triloxía| ***f.*** Conjunto de tres obras que tienen entre sí cierta unidad o elementos comunes: *Juan Goytisolo es autor de la ~ compuesta por* El circo, Fiestas *y* La resaca; *la ~ de novelas realistas* Los gozos y las sombras *fue escrita por Torrente Ballester.*

tri·mes·tral |triméstral| **1 *adj.*** Que se repite cada tres meses: *mis visitas a mi hermano de América suelen ser trimestrales.* **2** Que dura tres meses: *tiene un contrato ~ y no sabe si lo renovarán.*

tri·mes·tre |triméstre| ***m.*** Periodo de tres meses: *las inscripciones para los cursos de tenis se hacen al principio de cada ~.*

tri·nar |trinár| ***intr.*** Hacer cambios de voz con la garganta, generalmente un pájaro: *el jilguero trinaba en su jaula.* ■ **que trina**, *fam.*, muy enfadado o nervioso: *es mejor que no le pidas nada ahora a papá porque está que trina; no me hables que estoy que trino.*

trin·car |triŋkár| **1 *tr.*** *fam.* [algo] Coger o robar: *trincó el jamón y salió corriendo.* **2** [algo, a alguien] Sujetar fuertemente; atrapar: *el policía trincó al ladrón después de una carrera.* **- 3 trincarse *prnl.*** [algo] Beber o tomar una bebida: *se trincó una botella entera él solo.* ⌂ Se conjuga como 1.

trin·char |trintʃár| ***tr.*** [algo] Cortar en trozos la comida para servirla: *el camarero trinchó las pechugas de pollo y puso los trozos en los platos; trincha el jamón y coloca las lonchas en la fuente.*

trin·che·ra |trintʃéra| **1 *f.*** Agujero largo y profundo cavado en la tierra: *los soldados se escondían en las trincheras para disparar; el tanque cayó en una ~ y no pudo avanzar; el ejército construyó trincheras en el campo.* **2** Corte hecho en el terreno para construir una vía de comunicación: *la ~ tiene taludes a ambos lados; los niños se dejaban caer por las trincheras de la vieja vía del tren.*

tri·ne·o |trinéo| ***m.*** Vehículo sin ruedas que se desliza sobre la nieve y el hielo: *los niños jugaban a lanzarse por la ladera nevada con el ~.*

tri·⌐no, ⌐na |tríno, na| **1 *adj.*** Que contiene tres cosas distintas: *según la religión católica, Dios es uno y ~.* **- 2 trino *m.*** Canto o sonido emitido por los pájaros: *me despertaba el dulce ~ del ruiseñor.*

trí·o |trío| **1 *m.*** Conjunto de tres personas o cosas: *los tres cómicos forman un estupendo ~.* ⇒ **terna.** **2** MÚS. Conjunto de tres voces o instrumentos: *fui al concierto que dio el ~ de cuerda.* ⇒ **terceto.**

tri·pa |trípa| **1 *f.*** *fam.* Espacio del cuerpo del hombre o de los animales en el que están contenidos los aparatos *digestivo, *genital y *urinario: *la infección le produjo un fuerte dolor en la ~.* ⇒ **panza, vientre.** **2** *fam.* Parte del cuerpo comprendida entre el pecho y las extremidades inferiores, especialmente cuando está más *abultada de lo normal: *tienes la ~ muy gorda, deberías hacer deporte; échate crema en la ~.* ⇒ **abdomen, barriga, estómago, panza, vientre.** **3** *fam.* Conducto musculoso y plegado que está situado a continuación del estómago: *las tripas de los animales hay que limpiarlas muy bien para poder comerlas.* ⇒ **intestino.** **- 4 tripas *f. pl.*** *fam.* Parte interior de una persona, un animal o un aparato: *abrió la radio para verle las tripas.* ■ **echar** ~, comenzar a tener la parte del cuerpo comprendida entre el pecho y las extremidades inferiores más *abultada de lo normal: *estoy echando ~ porque no hago deporte.* ⇒ **barriga.** ■ **hacer de tripas corazón**, esforzarse para hacer una cosa poco agradable: *tuve que hacer de tripas corazón para no responder a su provocación.* ■ **¿qué ~ se le ha roto?**, ¿qué le pasa?; ¿qué le ocurre?: *¿qué ~ se le ha roto, que ha venido del colegio llorando?*

tri·ple |tríple| **1** ***num.*** (cantidad, número) Que resulta de multiplicar por tres una cantidad: *seis es es el ~ de dos.* **2** DEP. *Canasta que tiene un valor de tres puntos en el juego del *baloncesto: *el jugador extranjero encestó dos triples seguidos.*

tri·pli·car |triplikár| ***tr.-prnl.*** [algo] Hacer tres veces mayor una cosa o una cantidad: *si no utilizas el ordenador, tendrás que ~ el esfuerzo; han triplicado la plantilla de la empresa en el último año.* ☖ Se conjuga como 1.

trí·po·de |trípoðe| ***m.*** Armazón de tres pies que sirve para sostener ciertos instrumentos: *ajustó la cámara sobre el ~ para hacer la foto del edificio.*

tríp·ti·co |trí^{p}tiko| ***m.*** Pintura, grabado o escrito formado por tres hojas que se doblan una sobre otra: *en el Museo del Prado hay un ~ pintado por El Bosco.*

trip·ton·go |tri^{p}tóŋgo| ***m.*** Conjunto de tres vocales que pertenecen a una misma sílaba: *en la palabra* limpiáis *hay un ~.*

tri·pu·la·ción |tripulaθión| ***f.*** Conjunto de personas que trabajan en el funcionamiento y el servicio de una nave: *la ~ de este avión les desea un feliz viaje; la ~ del barco se amotinó.*

tri·pu·lan·te |tripulánte| ***com.*** Persona que trabaja en el funcionamiento y el servicio de una nave: *enviaron al espacio una nave con tres tripulantes.*

tri·pu·lar |tripulár| ***tr.*** [algo] Conducir y hacer funcionar una nave: *el piloto se puso enfermo y el copiloto tuvo que ~ el avión.* ⇒ **pilotar.**

tri·qui·ñue·la |trikiɲuéla| ***f.*** *fam.* Engaño o acción hábil que se hace con un fin determinado: *en vez de conseguir las cosas con su trabajo, prefiere valerse de cualquier ~.* ⇒ **truco.**

tris |trís| ***m.*** Parte muy pequeña: *faltó un ~ para que me cayera.* ■ **en un** ~, a punto; que falta muy poco: *estuvo en un ~ de hacerse millonario.*

tris·car |triskár| ***intr.*** Saltar *alegremente: *los corderitos triscan en el campo vigilados por los perros:* ☖ Se conjuga como 1.

tri·sí·la·⌜bo, ⌜ba |trisílaβo, βa| ***adj.-m.*** (palabra) Que tiene tres sílabas: *la palabra* ventana *es trisílaba.*

tris·te |tríste| **1** ***adj.*** Que siente pena o tristeza; que no es feliz: *Juan está ~ porque ha perdido a su mejor amigo.* ⇒ **melancólico, pesaroso.** ⇔ **alegre.** **2** Que tiende a sentir y mostrar pena o tristeza: *Antonia es una mujer muy ~, siempre tiene la cara larga.* ⇔ **alegre.** **3** Que expresa pena o dolor: *ese niño tiene los ojos tristes: puede que esté enfermo.* ⇔ **alegre.** **4** Que produce pena o dolor: *la muerte de aquel personaje fue una noticia ~ para todos; las habitaciones interiores son muy tristes y oscuras.* ⇔ **alegre.** **5** Que es pesado o molesto; que no ha terminado bien: *hoy ha sido un día ~.* ⇔ **alegre.** **6** Que es muy pequeño; que no sirve de nada: *pensar que eso les ocurre a muchas personas es un ~ consuelo.*

tris·te·za |tristéθa| **1** ***f.*** Sentimiento de pena; falta de alegría: *a veces siento ~ cuando pienso en mi país y en mi familia.* ⇒ **pesar.** ⇔ **alegría.** **2** Hecho triste o desgraciado: *no vengas ahora a contarme tus tristezas, que bastante tengo con las mías.*

tris·⌜tón, ⌜to·na |tristón, tóna| ***adj.*** Que está un poco triste: *Rafa está ~ porque hace mucho que no ve a su novia.*

tri·tón |tritón| ***m.*** Animal vertebrado anfibio con cola larga: *los tritones parecen lagartijas que nadan.* ☖ Para indicar el sexo se usa el ~ macho y el ~ hembra.

tri·tu·ra·ción |trituraθión| ***f.*** División en trozos muy pequeños de una materia sólida: *el papel se obtiene por un proceso que comienza con la ~ de la madera.*

tri·tu·ra·do·ra |trituraðóra| ***f.*** *Utensilio de cocina que sirve para triturar: *pasó la verdura por la ~ para hacer una menestra.*

tri·tu·rar |triturár| **1** ***tr.*** [algo] Dividir en trozos pequeños una materia sólida: *el camión tritura la basura para que ocupe menos espacio.* **2** Masticar o partir con los dientes: *los rumiantes tragan los alimentos sin triturarlos.* **3** *fig.* Rechazar u oponerse de modo claro a una idea y demostrar que es falsa: *trituró uno por uno todos sus argumentos.* **4** *fig.* [a alguien] Maltratar o molestar: *le dieron una paliza y lo trituraron.*

triun·fa·⌜dor, ⌜do·ra |triunfaðór, ðóra| ***adj.-s.*** (persona) Que *triunfa: *es un ~: todo le sale bien; el equipo ~ recibirá la copa.*

triun·fal |triunfál| ***adj.*** Del *triunfo o que tiene relación con él: *el ciclista fue arropado por sus compañeros en su paseo ~ después de la victoria.*

triun·fa·lis·mo |triunfalísmo| ***m.*** Actitud exagerada de seguridad y de superioridad sobre los demás: *inmediatamente después de ganar las elecciones, surgió el ~ en el partido.*

triun·far |triunfár| **1** ***intr.*** Ganar o conseguir la victoria: *el equipo local triunfó en la competición de fútbol.* **2** Tener éxito: *ha triunfado en la vida y es un hombre respetado.*

TRITÓN

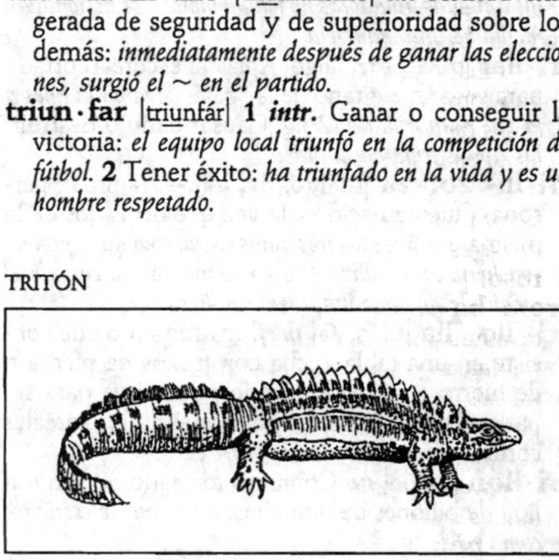

triun·fo |triúnfo| **1** ***m.*** Superioridad o ventaja: *el ~ del equipo fue merecido; desfilaron por la ciudad los soldados que habían conseguido el ~ en la dura batalla.* ⇒ **éxito, victoria. 2** *fig.* Cosa que se da en señal de victoria: *el capitán del equipo ganador ha recibido el ~ de manos del presidente.* **3** Carta de la *baraja que tiene mayor valor que otras: *preguntó a su compañero si tenía algún ~ para ganar aquella baza.* **4** *fig.* Éxito en un asunto o trabajo difícil: *conseguir que mi padre me deje ir a la excursión ya ha sido un ~.*

tri·vial |triβiál| **1** ***adj.*** Que no es importante ni interesante: *no podemos perder el tiempo con discusiones triviales.* **2** Que es común y sabido por todos: *lo que ha dicho es ~: no había nada nuevo.*

tri·via·li·dad |triβialiðáᵈ| **1** ***f.*** Cualidad de *trivial: *la característica principal de este autor es la ~.* **2** Cosa que no es importante ni interesante: *¿por qué me molestas con esa ~ cuando estoy tan ocupada?* **3** Cosa que es común y sabida por todos: *que la Tierra es redonda resulta una ~.*

tri·via·li·zar |triβialiθár| ***tr.*** [algo] Quitar o no dar importancia: *la familia trivializaba la enfermedad del abuelo para que él no se diese cuenta de su gravedad.*

tri·za |tríθa| ***f.*** Trozo pequeño que resulta de romper una cosa: *hizo trizas el papel y lo tiró a la basura.*

tro·car |trokár| **1** ***tr.*** [algo; por algo] Cambiar una cosa por otra: *antiguamente se trocaban alimentos por trabajos artesanales.* **- 2** ***tr.-prnl.*** [algo; en algo] Transformar una cosa en otra diferente: *su risa se trocó en llanto.* ☖ Se conjuga como 49.

tro·ce·ar |troθeár| ***tr.*** [algo] Dividir en trozos: *el padre troceó el asado de cordero y lo repartió entre los hijos.*

tro·fe·o |troféo| **1** ***m.*** Objeto que se recibe por haber vencido en una competición: *el rey le entregó el ~ al primer clasificado.* **2** Cabeza *disecada o parte de un animal que se enseña para mostrar que ha sido cazado: *en el salón de su casa tenía colgados más de 30 trofeos.*

tro·la |tróla| ***f.*** *fam.* Expresión contraria a la verdad; engaño: *dice que tiene un elefante en su casa, menuda ~.* ⇒ **embuste, mentira.**

tro·le·bús |troleβús| ***m.*** Vehículo que se usa para el transporte de personas dentro de la ciudad y que toma su energía de un tendido eléctrico: *las chicas cogían el ~ en la puerta de la escuela y se bajaban en la última parada.* ⇒ **autobús.**

tro·le·⌐ro, ⌐ra |troléro, ra| ***adj.-s.*** *fam.* (persona) Que miente mucho: *no te creas nada de lo que te cuente ese ~.* ⇒ **cuentista, embustero, mentiroso.**

trom·ba |trómba| **1** ***f.*** Lluvia muy intensa y de corta duración: *se desencadenó tal ~ que no pudimos salir de casa; cayó una tremenda ~ de agua cuando salimos de la tienda.* ⇒ **aguacero, chaparrón, chubasco. 2** Columna de agua que se levanta en el mar a causa de un viento fuerte y que gira sobre sí: *navegábamos tranquilamente cuando de pronto se levantó una ~.*

trom·bón |trombón| ***m.*** Instrumento musical de viento de la familia del metal, de sonido más grave que el de la *trompeta, que consiste en un tubo doblado dos veces sobre sí mismo y terminado en forma de cono: *los trombones son instrumentos de mayor volumen y empaque que las trompetas;* ~ **de varas**, el que tiene un tubo largo que se puede mover para producir los diferentes sonidos: *el ~ de varas es un instrumento muy antiguo.*

trom·bo·sis |trombósis| ***f.*** MED. Enfermedad que consiste en la formación de un *coágulo en el interior de un conducto *sanguíneo o en el corazón: *está ingresada en el hospital porque ha sufrido una ~.* ☖ El plural es *trombosis.*

trom·pa |trómpa| **1** ***f.*** Instrumento musical de viento de la familia del metal, formado por un tubo enroscado circularmente que es estrecho por un extremo y ancho por el otro: *para hacer sonar una ~ hay que meter una mano a través del tubo enrollado; la ~ procede del cuerno de caza.* **2** Alargamiento muscular, hueco y elástico de la nariz de distintos animales, que les permite absorber líquidos o coger objetos: *los elefantes tienen una ~ y dos grandes orejas.* **3** Cosa que tiene forma de tubo alargado; ~ **de Falopio**, ANAT., tubo del aparato de reproducción de los mamíferos que conduce los *óvulos procedentes de los *ovarios: *no podía tener hijos porque tenía una obstrucción en las trompas de Falopio.* ⇒ **oviducto;** ~ **de Eustaquio**, ANAT., tubo que comunica el oído medio con la *faringe: *la infección de la faringe le afectó la ~ de Eustaquio y no podía oír bien.* **4** Aparato que tienen distintos insectos y que sirve para chupar: *las abejas liban el néctar de las flores a través de su ~.* **5** *fam.* Estado en el que se pierde el control a causa del consumo excesivo de alcohol: *llevaba encima tal ~ que no reconoció a su madre.* ⇒ **borrachera, castaña. 6** ARQ. Hueco que resulta al pasar de una planta cuadrada a otra circular: *si miras alrededor de la bóveda verás las trompas.*

trom·pa·zo |trompáθo| ***m.*** *fam.* Golpe fuerte: *el niño se dio un buen ~ contra la valla.* ⇒ **porrazo, trastazo.**

TROMPA

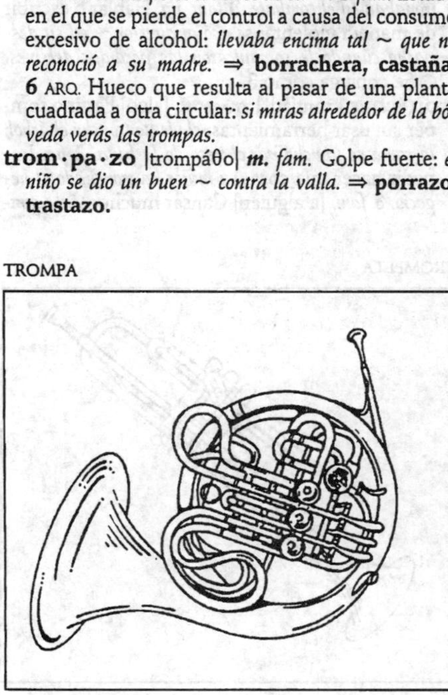

trom·pe·ta |trompéta| **1** *f.* Instrumento musical de viento de la familia del metal, de sonido agudo, que consiste en un tubo que se abre en forma de cono por uno de sus extremos y que tiene una *boquilla en el otro: *toca la ~ en la banda municipal; la ~ tiene pistones.* **- 2** *com.* Persona que toca ese instrumento: *el ~ es un chico muy joven, pero toca de maravilla.*

trom·pe·ti·lla |trompetíʎa| *f.* Aparato en forma de cono que se acerca a la oreja para recibir los sonidos con mayor intensidad: *yo gritaba todo lo fuerte que podía a la ~ del abuelo, pero ni así me entendía.*

trom·pe·tis·ta |trompetísta| *com.* Persona que toca la *trompeta: *el ~ Dizzy Gillespie es una leyenda del yaz.*

trom·pi·car |trompikár| *intr.-prnl.* Tropezar o chocar con los pies en un obstáculo: *dos atletas se trompicaron en las vallas de la recta final y cayeron al suelo.* ☐ Se conjuga como 1.

trom·po |trómpo| **1** *m.* Juguete con forma de cono, generalmente de madera y con una punta de hierro, al que se enrolla una cuerda para lanzarlo y hacer que gire sobre sí mismo: *ese niño es un maestro lanzando el ~; hacía bailar el ~ sobre la mesa.* ⇒ **peón. 2** Juguete de madera con forma de cono al que se hace girar golpeándolo con una cuerda: *golpea fuerte el ~, que se está parando.* ⇒ **peonza. 3** Giro que da un automóvil sobre sí mismo: *el coche derrapó sobre el hielo e hizo un ~.*

tro·nar |tronár| **1** *unipers.* Haber *truenos: *durante las tormentas, primero relampaguea y después truena.* **- 2** *intr.* Causar un ruido muy fuerte: *los cañones tronaban en el combate.* **3** *fam. fig.* Hablar o escribir de manera violenta: *se oyó al director ~ en su despacho cuando le comunicaron las pérdidas del mes.* ☐ Se conjuga como 31.

tron·char |trontʃár| **1** *tr.-prnl.* [algo] Partir o romper sin usar herramientas: *el viento tronchó el árbol; la rama se tronchó por el peso de la fruta.* **2** *fig.* Impedir hacer una cosa: *su mujer ha tronchado el negocio.* **3** *fam.* [a alguien] Cansar mucho: *tanta gimnasia me va a ~.* **- 4 troncharse** *prnl.* Reírse mucho y con muchas ganas: *lo pasamos muy bien y nos tronchamos con los chistes que contó Araceli.*

TROMPETA

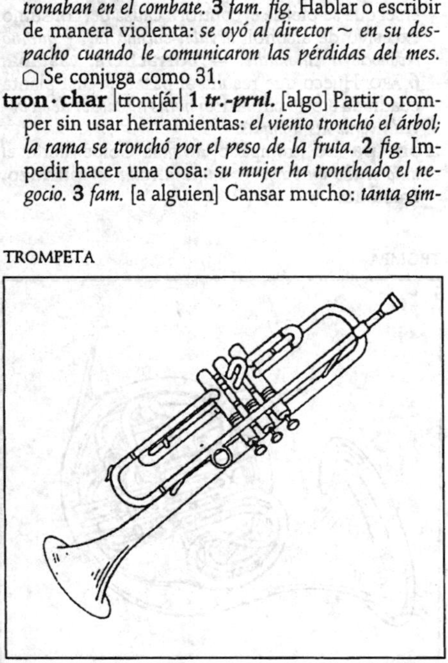

tron·⌜co, ⌜ca |tróŋko, ka| **1** *m. f. fam. vulg.* Amigo o compañero: *¿qué pasa, ~?; me lo ha dicho mi tronca.* **- 2 tronco** *m.* Tallo fuerte de madera de los árboles y arbustos: *hicieron leña del ~ de la vieja encina.* ⇒ **leño. 3** Cuerpo humano o de cualquier animal, considerado aparte de la cabeza y las extremidades: *la columna vertebral es el eje del ~ de los vertebrados.* **4** GEOM. Cuerpo partido, especialmente parte de una *pirámide o un cono comprendida entre la base y una *sección: *dibuja el ~ de una pirámide.* **5** Conducto principal del que salen o al que llegan otros menores: *la herida dañó el ~ arterial.* **6** *fig.* Origen o punto común de dos o más ramas, líneas o familias: *su familia y la nuestra tienen un ~ común.* ■ **como un ~**, *fam.*, profundamente dormido: *se acaba de acostar y ya está como un ~.*

tro·ne·ra |tronéra| **1** *f.* Abertura o agujero estrecho, hecho para disparar desde un lugar seguro: *los soldados disparaban sus armas a través de las troneras del castillo.* **2** Agujero en las bandas de una mesa de *billar: *la bola roja se coló por la ~ del rincón.*

tro·no |tróno| **1** *m.* Asiento con *gradas y *dosel que usan los reyes y otras personas de muy alta posición, especialmente en actos importantes: *ésta era la sala del ~, donde el rey recibía las visitas oficiales.* **2** *fig.* Cargo o estado del rey: *el príncipe subió al ~ a la edad de catorce años.*

tron·zar |tronθár| **1** *tr.* [algo] Dividir o hacer trozos: *tronzó la lechuga con las manos.* **2** Hacer pliegues pequeños en una falda: *la costurera tronzó la falda para darle más vuelo.* ☐ Se conjuga como 4.

tro·pa |trópa| **1** *f.* Categoría militar en la que se incluyen los soldados y los *cabos: *la ~ tiene una categoría militar inferior a los suboficiales y oficiales.* **2** Conjunto de militares que tienen esa categoría: *los oficiales y la ~ esperaban en el patio de armas.* **3** Grupo grande de personas: *una ~ de niños acudió a la comida.* ⇒ **batallón, ejército. - 4 tropas** *f. pl.* Conjunto de soldados que forman un ejército o parte de él: *las tropas avanzaban por el llano.*

tro·pel |tropél| **1** *m.* Conjunto de personas, animales o cosas que se mueven de forma rápida, ruidosa y desordenada: *un ~ de vencejos pasó por encima del tejado.* **2** Conjunto de cosas desordenadas: *tiene un ~ de zapatos debajo de la cama.* ■ **de/en ~**, con movimiento rápido y violento; juntos y sin orden: *los niños salen de la escuela en ~.*

tro·pe·lí·a |tropelía| *f.* Acción ilegal o que causa un daño: *la decisión de despedir a esos trabajadores ha sido una ~.* ⇒ **atropello.**

tro·pe·zar |tropeθár| **1** *intr.* Chocar con los pies en un obstáculo: *el ciego tropezó con el bordillo; tropecé en aquella piedra.* **2** [con algo] Encontrar un obstáculo que impide avanzar: *el proyecto tropezó con muchas dificultades; tropezamos con la oposición de nuestra familia.* ⇒ **topar. - 3** *intr.-prnl. fig.* [con alguien] Encontrar por azar: *ayer me tropecé con tu* *hermana en la calle; acabo de ~ con Antonio.* ⇒ **topar.** ☖ Se conjuga como 47.

tro·pe·⌜zón |tropeθón| **1** ***m.*** Golpe que se da con los pies contra un obstáculo cuando se anda, y que puede hacer caer: *dio un ~ en el escalón y se cayó al suelo.* ⇒ **traspié. 2** Trozo pequeño de un alimento que se encuentra en una comida líquida: *me gusta la sopa con tropezones; el caldo tiene tropezones de jamón.* ☖ Se usa sobre todo en plural. ■ **a tropezones,** *fam.*, con obstáculos; de manera *intermitente: *no me puedo concentrar si trabajo a tropezones.*

tro·pi·cal |tropikál| ***adj.*** Del trópico o que tiene relación con él: *me gustaría viajar a una playa ~; Cuba tiene clima y vegetación tropicales.*

tró·pi·co |trópiko| **1** ***m.*** GEOGR. Círculo imaginario trazado en la esfera de la Tierra y que es paralelo al Ecuador: *el clima del ~ es muy cálido y tiene pocos cambios entre estaciones;* ~ **de Cáncer,** el que está en la mitad norte de la Tierra: *el ~ de Cáncer atraviesa México;* ~ **de Capricornio,** el que está en la mitad sur de la Tierra: *el ~ de Capricornio pasa por el sur de Brasil.* **2** Región comprendida entre estos dos paralelos: *la cuenca del Amazonas está en el ~.*

tro·pie·zo |tropiéθo| **1** ***m.*** Obstáculo que impide avanzar: *espero que nuestro proyecto no encuentre ningún ~.* **2** *fig.* Falta, equivocación o error: *no te preocupes por eso, que todo el mundo tiene alguna vez tropiezos en su trabajo.* **3** *fig.* Discusión o enfrentamiento provocado por opiniones distintas: *tuve un ~ con él y no creo que vuelva a dirigirme la palabra; a pesar de algunos tropiezos con la censura, el libro llegó a publicarse.*

tro·po |trópo| ***m.*** RET. Figura literaria que consiste en cambiar el sentido propio de una palabra para usarla en sentido figurado: *la metáfora, la metonimia y la sinécdoque son tropos.*

tro·pos·fe·ra |troposféra| ***f.*** Zona de la atmósfera que está en *contacto con la superficie de la Tierra y que llega hasta los 12 kilómetros de altura aproximadamente: *sobre la ~ está la estratosfera.*

tro·quel |trokél| ***m.*** *Molde que se usa para hacer monedas y otros objetos de metal: *el oro fundido se vierte en el ~ y se deja enfriar.* ⇒ **cuño.**

tro·que·lar |trokelár| **1** ***tr.*** [algo] Fabricar monedas: *troquelaron repetidas series de esa moneda.* **2** Cortar mediante presión: *han instalado en el taller una máquina de ~.*

tro·ta·mun·dos |trotamúndos| ***com.*** Persona a la que le gusta viajar y recorrer países: *como es un ~, siempre que tiene vacaciones sale con la mochila a conocer sitios nuevos.* ☖ El plural es *trotamundos.*

tro·tar |trotár| **1** ***intr.*** Ir al *trote: *el caballo, suelto, trotaba por el prado.* **2** Ir montado a caballo de esa manera: *el jinete vino trotando sobre una jaca blanca.* **3** *fig.* Andar mucho o deprisa: *se pasó la mañana trotando de acá para allá.*

tro·te |tróte| **1** ***m.*** Manera de caminar el caballo que consiste en apoyar un pie y una mano contrarios dejando caer el cuerpo sobre ellos con fuerza: *el jinete llevaba al caballo primero al paso, luego al ~ y finalmente al galope.* **2** *fig.* Trabajo penoso, duro y cansado: *mi edad no es para andar con estos trotes.*

tro·⌜tón, ⌜to·na |trotón, tóna| ***adj.*** Que anda al *trote: *venía montado sobre una yegua trotona.*

tro·va·⌜dor, ⌜do·ra |troβaðór| ***m. f.*** Persona que escribe poemas y los canta o *recita: *es el ~ más famoso de toda la provincia; los nobles medievales se reunieron en la corte para escuchar los versos del ~.*

tro·var |troβár| ***intr.*** Hacer o componer versos: *el arte de ~ era muy apreciado en la Edad Media.*

tro·zo |tróθo| ***m.*** Parte de una cosa, considerada aparte del resto: *ese ~ de pastel es el más pequeño; sólo hay un ~ de cielo despejado.* ⇒ **cacho, pedazo, porción.**

tru·cha |trút∫a| ***f.*** Pez de agua dulce de carne muy *apreciada, de cabeza pequeña, de color gris verdoso con manchas negras por encima y blanco en el vientre: *la piel de la ~ es muy escurridiza; la carne de algunas truchas es rosada; cerca de esta montaña hay un criadero de truchas.* ☖ Para indicar el sexo se usa la ~ macho y la ~ hembra.

tru·co |trúko| **1** ***m.*** Engaño o acción hábil que se hace con un fin determinado: *me pareció que aquella excusa era un ~ para ligar conmigo, así que dije que no.* ⇒ **triquiñuela. 2** Engaño o arte para producir determinados efectos en la magia, en la fotografía o en el cine: *el mago hizo ese ~ tan espectacular en el que corta a una mujer por la mitad.* **3** Arte o habilidad para hacer mejor o con menos esfuerzo un trabajo determinado: *ese zapatero conoce todos los trucos de su oficio.* ⇒ **maña.**

tru·cu·len·⌜to, ⌜ta |trukulénto, ta| ***adj.*** Que asusta o impresiona por ser cruel o violento: *esta película está llena de escenas truculentas en las que se ven cadáveres horriblemente mutilados.*

true·no |truéno| **1** ***m.*** Ruido fuerte que sigue al rayo durante una tormenta: *los truenos se producen a causa de una descarga eléctrica en la atmósfera; le asustan las tormentas en las que el cielo se oscurece y hay truenos; estalló un ~ y se puso a llover.* **2** Ruido muy fuerte, generalmente producido por una arma de fuego: *se oyeron varios truenos de mortero y después hubo un silencio absoluto.*

true·que |truéke| **1** ***m.*** Cambio de una cosa por otra: *la principal forma de comercio en aquella zona es el ~ de productos.* ⇒ **cambalache. 2** Transformación de una cosa en otra diferente: *esperemos que se dé un ~ en su manera de pensar.*

TRUCHA

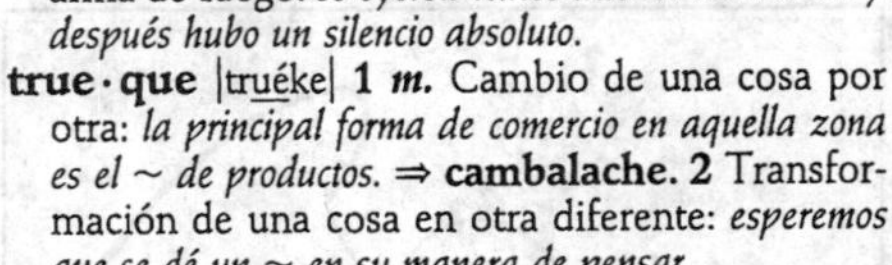

tru·fa |trúfa| **1** *f.* Dulce de chocolate fundido, en forma de bola cubierta por granos de chocolate: *de postre pidieron trufas heladas.* **2** Crema de chocolate y nata de los pasteles: *compró una tarta de ~; los bocaditos de ~ llevan licor.* **3** Hongo subterráneo comestible, de forma redonda y de color negro por fuera y blanco o marrón por dentro: *la ~ es muy apreciada y muy cara.*

tru·⌜hán, ⌜ha·na |truán, ána| **1** *adj.-s.* (persona) Que no tiene vergüenza y que engaña a los demás: *ese ~ vive a costa de las mujeres a las que seduce.* **2** (persona) Que es gracioso y trata de divertir: *me río mucho con las muecas de este pequeño ~.*

trun·car |truŋkár| **1** *tr.* [algo] Cortar una parte, especialmente un extremo: *el rayo truncó la copa del pino.* **2** *fig.* Interrumpir; dejar *incompleto: *la necesidad de trabajar truncó su prometedora carrera; la frase quedó truncada y se hizo el silencio.* **- 3** *tr.-prnl. fig.* Quitar las ganas de vivir o la esperanza: *este nuevo fracaso ha truncado mis ilusiones.* ⌂ Se conjuga como 1.

tu |tu| *adj. pos.* Apócope de los *posesivos *tuyo* y *tuya*: *he visto a ~ padre y a ~ madre; puse tus libros con los míos.* ⇒ **tuyo.** ⌂ Se usa delante de un sustantivo. El plural es *tus.*

tú |tú| *pron. pers.* Forma del pronombre de segunda persona para el sujeto, en género masculino y femenino y en número singular: *~ no sabes nada de este asunto; ~ eres mi hermano.* ⇒ **te, ti, usted.** ■ **hablar/llamar/tratar de ~**, dirigirse a una persona o tratarla usando ese pronombre para indicar familiaridad o confianza: *como tenemos mucha confianza, nos tratamos de ~.*

tu·ba |túβa| *f.* Instrumento musical de viento de la familia del metal, formado por un tubo enroscado circularmente y que produce sonidos graves: *Raúl toca la ~ en la orquesta.*

tu·bér·cu·lo |tuβérkulo| **1** *m.* Parte de una raíz o tallo subterráneo que se desarrolla al acumular sustancias de alimento: *el boniato es un ~ comestible.* **2** MED. Bulto redondo que aparece en cualquier parte del cuerpo, duro al principio y que más tarde se hace blando: *los tubérculos son propios de enfermedades infecciosas, como la tuberculosis.*

TUBA

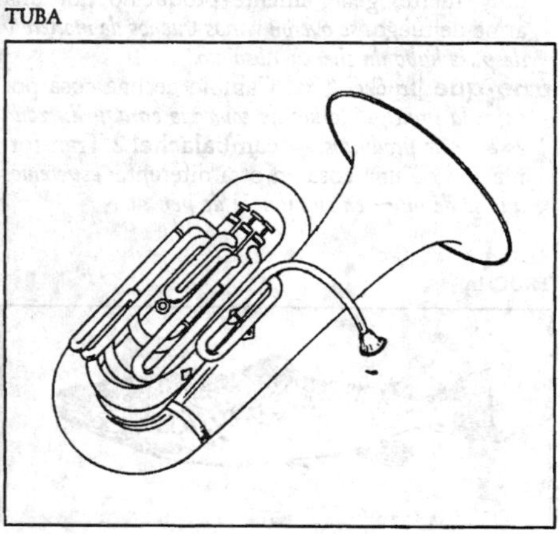

tu·ber·cu·lo·sis |tuβerkulósis| *f.* Enfermedad que afecta a los órganos de la respiración y que se caracteriza por una tos seca y por la pérdida de peso: *la ~ se contagia a través del aire.* ⇒ **tisis.** ⌂ El plural es *tuberculosis.*

tu·ber·cu·lo·⌜so, ⌜sa |tuβerkulóso, sa| **1** *adj.-s.* (persona) Que está enfermo de *tuberculosis: *está ~, por eso tiene un aspecto tan demacrado.* **- 2** *adj.* Del *tubérculo o que tiene relación con él: *la cebolla es una planta tuberculosa.*

tu·be·rí·a |tuβería| *f.* Conducto de tubos que sirve para llevar líquidos o gases: *se ha estropeado la ~ y se sale el gas por una junta; llamamos al fontanero para que cambiara todas las tuberías de la casa.*

tu·bo |túβo| **1** *m.* Objeto hueco y alargado, abierto por sus extremos y generalmente de forma cilíndrica: *los humos de la cocina salen al exterior por un ~; se ha estropeado el ~ de imagen de la televisión y no se ve nada;* ~ **de ensayo**, el que es de cristal y está cerrado por uno de sus extremos: *los tubos de ensayo se utilizan para hacer análisis químicos;* ~ **fluorescente**, el que contiene en su interior un gas y sirve para dar luz: *en el techo de la cocina hay un ~ fluorescente;* ~ **lanzallamas**, arma que sirve para lanzar fuego: *atacaron la población con tubos lanzallamas.* **2** Recipiente flexible cerrado por uno de sus extremos y abierto por el otro, que se cierra con un *tapón y que sirve para contener sustancias blandas: *aprieta un poco el ~ de la pasta de dientes para que salga; el médico me ha recetado un ~ de pomada.* **3** Recipiente de forma cilíndrica que sirve para contener objetos de pequeño tamaño: *las pastillas para la tos están en ese ~ blanco.* **4** Conducto de distintos órganos animales o vegetales: *el ~ intestinal alcanza varios metros de longitud.* **5** *fam.* Castigo que se da o se recibe: *se durmió mientras hacía guardia y le metieron un buen ~.* ⌂ Suele usarse con el verbo *meter.* ■ **por un ~**, *fam.*, en gran cantidad: *tiene dinero por un ~, por eso puede permitirse el lujo de tener tres coches.*

tu·bu·lar |tuβulár| **1** *adj.* Del tubo o que tiene relación con él: *las cañerías del agua tienen forma ~.* **- 2** *m.* Parte de la rueda de una bicicleta que contiene aire a presión: *el ciclista cambió el ~ que se había pinchado.*

tu·cán |tukán| *m.* Ave de pico muy grueso y largo, con plumas negras y de colores vivos en el pecho y en el cuello: *los tucanes viven en estado natural en América.* ⌂ Para indicar el sexo se usa el ~ macho y el ~ hembra.

tuer·ca |tuérka| *f.* Pieza, generalmente metálica y de cuatro o seis lados, con un agujero en el centro que se ajusta a la *rosca de un tornillo: *aprieta bien la ~ con la llave inglesa para que no se suelte la pieza.*

tuer·⌜to, ⌜ta |tuérto, ta| *adj.-s.* (persona, animal) Que no ve por un ojo; falto de un ojo: *este pájaro tiene un ojo ~; el pirata está ~, por eso lleva un parche en el ojo.* ⇒ **bizco.**

tué·ta·no |tuétano| *m.* Sustancia grasa y blanca que está dentro de los huesos largos del organismo: *he hecho caldo cociendo una punta de jamón y un hueso con ~.* ⇒ **médula.** ■ **hasta los tuétanos,** *fam.*, hasta lo más profundo de la parte física o espiritual de una persona: *estaba enamorado hasta los tuétanos.*

tu·fo |túfo| **1** ***m.*** Olor molesto y desagradable: *¡vaya ~ que suelta la basura!* **2** *fig.* Aspecto extraño que mueve a sospechar algo malo: *ese negocio tiene un cierto ~, no me fío.* ⇒ **olor.**

tul |túl| ***m.*** Tejido fino, delicado y transparente de *seda, algodón o hilo: *la bailarina llevaba un vestido de ~.*

tu·li·pán |tulipán| **1** ***m.*** Flor de jardín muy bella, grande, con forma de campana y de colores fuertes y brillantes: *he traído unos tulipanes para adornar tu habitación.* **2** Planta de tallo recto en cuyo extremo nace esa flor: *el ~ procede de Asia; Holanda cultiva grandes cantidades de tulipanes.*

tu·lli·⌈do, ⌈da |tuʎíðo, ða| ***adj.-s.*** (persona) Que está herido o sin fuerza; que no tiene movimiento: *este asiento está reservado para los tullidos.* ⇒ **lisiado.**

tum·ba |túmba| **1** ***f.*** Agujero hecho en la tierra en el que se entierra el cuerpo muerto de una persona: *en aquella ~ que tiene encima una cruz de mármol está enterrado mi abuelo.* **2** Obra, generalmente de piedra, que se construye levantada del suelo y que sirve para guardar el cuerpo muerto de una persona: *sus antepasados están enterrados en esa ~.* ⇒ **enterramiento, mausoleo, panteón, sarcófago, sepulcro, sepultura.** ■ **a ~ abierta**, a gran velocidad y con mucho peligro: *los ciclistas se lanzaron a ~ abierta por el puerto en persecución del escapado.* ■ **ser una ~**, *fam.*, guardar muy bien un secreto: *no te preocupes, que seré una ~: no le contaré esto ni a mi mujer.*

tum·bar |tumbár| **1** ***tr.*** [a alguien] Derribar o hacer caer, generalmente al suelo: *el boxeador tumbó a su contrincante de un puñetazo en la mandíbula; tumba al niño en la cama para que se duerma.* **2** *fig.* Hacer perder el sentido o ciertas *facultades: *el vino nos tumbó.* **3** *fig.* Suspender en un *examen: *la han tumbado por quinta vez en matemáticas.* - **4 tumbarse** ***prnl.*** Echarse sobre una superficie horizontal, especialmente a dormir: *se tumbó sobre el sofá y se puso a dormir la siesta.*

tum·bo |túmbo| ***m.*** Movimiento violento, primero hacia un lado y después hacia el contrario: *un borracho venía dando tumbos por la calle.* ⇒ **vaivén.** ■ **dar tumbos**, tener dificultades, obstáculos y tropiezos: *ha dado muchos tumbos en la vida, pero al final ha sentado la cabeza.*

tum·bo·na |tumbóna| ***f.*** Silla baja con brazos, con respaldo largo que se puede inclinar y que se usa para sentarse o echarse horizontalmente sobre ella: *llevó la ~ a la playa y se tumbó a la orilla del mar.*

tu·mor |tumór| ***m.*** Masa de tejido *anormal que se forma en determinadas partes del organismo: *el médico sospechó la presencia de un ~ en el cuello del paciente;* ~ **benigno**, el que no se extiende a otras partes del cuerpo y no tiene *consecuencias graves para el organismo: *le dieron la buena noticia de que tenía un ~ benigno;* ~ **maligno**, el que se extiende a otras partes del cuerpo y puede causar la muerte: *le han pronosticado tres meses de vida pues tiene un ~ maligno.* ⇒ **cáncer.**

tu·mul·to |tumúlto| **1** ***m.*** Agitación desordenada y ruidosa de un conjunto grande de personas: *cuando sonó la alarma en el teatro se produjo un gran ~.* **2** Desorden o agitación: *para el profano, el cielo no es sino un ~ de puntos luminosos.*

tu·na |túna| ***f.*** Grupo de estudiantes que forman un conjunto musical: *la ~ sale por las noches a rondar a las muchachas; en la ~ se toca la guitarra la bandurria, el laúd y la pandereta.*

tu·nan·⌈te, ⌈ta |tunánte, ta| **1** ***adj.-s.*** (persona) Que vive *libremente y sin trabajar: *es un ~ que vive de la fortuna de su padre.* **2** (persona) Que no es honrado y vive de engañar a los demás: *unos tunantes intentaron timar al pobre hombre y quitarle su dinero.*

tun·da |túnda| **1** ***f.*** *fam.* Cantidad grande de golpes que se da o se recibe: *si te cojo te voy a dar una ~ que no te vas a poder levantar en tres días.* ⇒ **paliza, somanta, zumba, zurra.** **2** *fam. fig.* Trabajo o esfuerzo que cansa mucho: *hoy nos hemos dado una buena ~ limpiando toda la casa.*

tú·nel |túnel| ***m.*** Paso subterráneo que se construye para atravesar por debajo la tierra o el agua: *no subiremos por el puerto de montaña, pasaremos por el ~; el metro venía por el ~; un ~ comunica Francia con Gran Bretaña.*

tú·ni·ca |túnika| **1** ***f.*** Prenda de vestir muy ancha, suelta y sin mangas: *nos disfrazamos de griegos y nos pusimos largas túnicas.* **2** ANAT. Tejido fino que cubre distintas partes del cuerpo: *los ojos están cubiertos por una leve ~.* **3** BOT. Tejido fino que está pegado a la cáscara de distintos frutos: *la ~ de las castañas resulta desagradable porque tiene pelusa.*

tu·no |túno| ***m.*** Estudiante que forma parte de una *tuna: *los tunos llevan un vistoso traje negro con capa; se hizo ~ porque le gusta la juerga y sabe tocar muy bien la bandurria.*

tu·pé |tupé| ***m.*** Pelo levantado que se lleva sobre la frente: *he visto en una foto a mi padre peinado con ~.* ☖ El plural es *tupés.*

tu·pi·⌈do, ⌈da |tupíðo, ða| ***adj.*** Que es espeso; que está formado por elementos muy juntos entre sí: *una tupida arboleda da sombra y fresco en verano.*

tu·pir |tupír| ***tr.-prnl.*** [algo] Hacer espeso; juntar mucho los elementos que forman una cosa: *las plantas de la valla se tienen que ~ mucho más.*

tur·ba |túrβa| **1** ***f.*** Carbón que se produce en lugares húmedos por la *descomposición de restos vegetales: *la ~ es un carbón con poco valor energético.* **2** *hum.* Grupo grande y desordenado de gente: *siempre viaja en taxi porque no quiere juntarse con la ~ que va en metro.*

tur·ba·ción |turβaθión| **1** ***f.*** Alteración de una cosa; falta de orden y claridad: *la crisis económica ha hecho que la empresa viva momentos de ~.* **2** Alteración del ánimo de una persona: *la presencia de* *su antiguo amante le produjo tal ~ que no acertó a decir una palabra.*

tur·ban·te |turβánte| ***m.*** Prenda de vestir que consiste en una tira larga de tela enrollada a la cabeza: *los árabes y los hindúes llevan ~.*

tur·bar |turβár| **1** ***tr.-prnl.*** [algo] Alterar o producir una falta de orden y de claridad: *la sirena de los bomberos turbó el reposo de los monjes.* **2** *fig.* [algo, a alguien] Alterar el ánimo de una persona: *la desgracia nos turbó el ánimo; el estudiante se turbó en el examen.*

tur·bi·na |turβína| ***f.*** Motor que transforma en movimiento circular la fuerza o la presión de un fluido: *la ~ está formada por una rueda con paletas que gira dentro de un tambor; las centrales nucleares utilizan turbinas.*

tur·⌐bio, ⌐bia |túrβio, βia| **1** ***adj.*** (líquido) Que no está claro; que no es transparente: *el agua del río baja turbia.* **2** *fig.* Que es difícil de distinguir o de ver: *la imagen de la tele se ve turbia.* ⇒ **confuso.** **3** *fig.* Que es sospechoso o está fuera de la ley; que no parece bueno: *anda metido en negocios turbios y ha tenido problemas con la policía.*

tur·bu·len·cia |turβulénθia| **1** ***f.*** Estado de agitación de un líquido o de un gas: *la ~ del agua hace difícil la navegación por este tramo del río; el avión se movió mucho al pasar por una zona de turbulencias.* **2** *fig.* Falta de claridad y orden: *los acontecimientos sociales de los últimos meses se han desarrollado con bastante ~.* ⇒ **confusión, desorden, perturbación.**

tur·bu·len·⌐to, ⌐ta |turβulénto, ta| **1** ***adj.*** (líquido, gas) Que se mueve o agita: *perdió el reloj en las aguas turbulentas del río.* **2** *fig.* Que es agitado o desordenado: *las turbulentas relaciones entre las dos familias acabaron en una pelea; don Antonio tuvo una juventud turbulenta.*

tur·⌐co, ⌐ca |túrko, ka| **1** ***adj.*** De Turquía o que tiene relación con Turquía: *Estambul y Ankara son ciudades turcas.* **- 2** ***m. f.*** Persona nacida en Turquía o que vive habitualmente en Turquía: *los turcos profesan la religión musulmana.* **- 3 turco *m.*** Lengua de Turquía: *la guía que nos acompañó en el viaje hablaba inglés, francés, alemán y ~.*

tur·gen·te |turxénte| ***adj.*** *form.* Que está hinchado; que es liso y grande: *la escultura representa una mujer de pechos turgentes.*

tu·ris·mo |turísmo| **1** ***m.*** Visita o recorrido por un país o lugar para conocerlo o por placer: *estoy en España por ~.* **2** Conjunto de personas y medios relacionados con ese tipo de viajes: *el ~ joven prefiere vacaciones de playa y discoteca; debes acudir a una oficina de ~.* **3** Vehículo automóvil de cuatro ruedas con capacidad para unas cinco personas que se usa para su transporte: *en los salones internacionales del automóvil se exhiben principalmente turismos; mi empresa fabrica turismos y vehículos industriales.* ⇒ **coche.**

tu·ris·ta |turísta| ***com.*** Persona que visita o recorre un país o lugar para conocerlo y por placer: *miles de turistas visitan cada día Madrid y la mayoría acude al Museo del Prado.*

tu·rís·ti·⌐co, ⌐ca |turístiko, ka| ***adj.*** Del *turismo o que tiene relación con él: *no es fácil encontrar alojamientos turísticos libres en las costas para el mes de agosto; trabaja en una agencia turística.*

tur·nar·se |turnárse| ***prnl.*** [con alguien] Alternar con otra u otras personas siguiendo un orden determinado: *en casa somos tantos que tenemos que turnarnos para entrar en el cuarto de baño; se turna con sus compañeros para coger las vacaciones.*

tur·no |túrno| **1** ***m.*** Alternancia que sigue un orden: *si organizamos turnos para la limpieza de la casa, nadie trabajará más que los demás.* **2** Momento u ocasión en que a una persona le corresponde hacer una cosa: *yo entro a trabajar en el ~ de tarde; se ha terminado tu ~ de piscina.* ⇒ **reo, vez.**

tu·ro·len·se |turolénse| **1** ***adj.*** De Teruel o que tiene relación con Teruel: *la provincia ~ está en Aragón; el Turia es un río que pasa por territorio ~.* **- 2** ***com.*** Persona nacida en Teruel o que vive habitualmente en Teruel: *los turolenses son vecinos de los zaragozanos.*

tur·que·sa |turkésa| **1** ***f.*** Piedra muy dura, de color entre azul y verde, que se usa como adorno: *Juan regaló a Elena una gargantilla con tres turquesas.* **- 2** ***adj.*** De un color que está entre el azul claro y el verde: *lleva una blusa ~.* ☐ No varía de número.

tu·rrón |tur̃ón| ***m.*** Dulce de forma plana y rectangular que tiene azúcar y *almendras u otros frutos secos: *el turrón y los polvorones son dulces típicos de Navidad; aquí hay una tableta de ~ de avellanas y otra de nueces.*

tu·te |túte| **1** ***m.*** Juego de cartas que consiste en conseguir puntos o reunir los cuatro reyes o los cuatro caballos de la *baraja: *los abuelos se pasan las tardes jugando al ~ y a la brisca.* **2** Jugada de ese juego que consiste en reunir los cuatro reyes o los cuatro caballos de la *baraja: *al repartir, me dieron un ~ de caballos.* **3** *fig.* Esfuerzo o trabajo penoso, duro y muy cansado: *menudo ~ nos hemos dado con la mudanza.* **4** *fig.* Avance en un trabajo o en el consumo de una cosa: *si sigues dándole esos tutes al jamón, no durará ni una semana; esta mañana le hemos metido un buen ~ al trabajo.*

tu·te·ar |tuteár| ***tr.*** [a alguien] Tratar a una persona usando el pronombre *tú* y las formas verbales correspondientes: *lo normal es que los compañeros de la misma edad se tuteen; yo nunca tuteo a los camareros porque me parece de mala educación.*

tu·te·la |tutéla| **1** ***f.*** Autoridad que se da por ley a un adulto para cuidar de otra persona que no puede hacerlo por sí misma, y de sus bienes: *después del divorcio, el juez concedió la ~ de los hijos a la madre.* ⇒ **tutoría.** **2** *fig.* Protección y cuidado: *la ONU ha tomado bajo su ~ la zona afectada por la epidemia.*

tu·te·lar |tutelár| **1** ***tr.*** [a alguien] Cuidar de otra persona que no puede hacerlo por sí misma, y de sus bienes: *desde la muerte de sus padres, el padrino tutela al niño.* **2** [algo, a alguien] Proteger o cuidar: *el mecenas tutela al joven artista.* **- 3** ***adj.*** De la *tutela o que tiene relación con ella: *el adolescente que robó el coche fue juzgado por un tribunal ~.*

tu·te·o |tutéo| ***m.*** Tratamiento que consiste en el uso del pronombre *tú* y de las formas verbales correspondientes, y que indica confianza o poca formalidad: *el ~ a las personas mayores es muy común entre los jóvenes de hoy en día.*

tu·ˊtor, ˊto·ra |tutór, tóra| **1** ***m. f.*** Persona que se encarga de cuidar de otra persona que no puede hacerlo por sí misma y de sus bienes: *cuando murieron sus padres, su tío se convirtió en su ~.* **2** *fig.* Persona que defiende, cuida o protege: *la famosa estrella se convirtió en tutora de la joven actriz.* ⇒ **mentor.** **3** Persona encargada de dirigir y aconsejar a un grupo determinado de estudiantes: *el ~ ha convocado una reunión con los padres de los alumnos.*

tu·to·rí·a |tutoría| **1** ***f.*** Autoridad que se da a una persona para que cuide de otra, generalmente menor o *incapacitada: *cuando se murió su padre, su tío Mariano obtuvo la ~.* ⇒ **tutela.** **2** Cargo de la persona que se encarga de ayudar y *orientar a los estudiantes a lo largo de un curso: *el profesor de matemáticas tiene la ~ del grupo de tercero.*

tu·ˊyo, ˊya |túyo, ya| **1** ***pron. pos.*** Forma del pronombre posesivo de segunda persona, en género masculino o femenino y en número singular: *el ~ es mejor que el mío; la casa de Juan está detrás de la tuya.* - **2** ***adj. pos.*** Forma de segunda persona, en género masculino o femenino y en número singular: *el hijo ~ es el que ha provocado el accidente.* ⇒ **tu.** ☐ Se usa detrás de un sustantivo. El plural es *tuyos, tuyas.* ■ **la tuya**, la ocasión favorable para ti: *ahora que tienes dinero, aprovecha para comprarte esos zapatos pues es la tuya.* ■ **lo ~**, actividad que haces muy bien o que te gusta hacer: *después de verte nadar, creo que lo ~ es la natación.* ■ **salirte con la tuya**, conseguir lo que te propones o deseas: *siempre me has ganado a las cartas, pero esta vez no vas a salirte con la tuya.*

U

U, u 1 ***f.*** Letra que en el alfabeto español sigue a la *t: la ~ es una vocal.* **2** Nombre de esa letra: *la primera letra de la palabra* último *es la ~.* ☖ El plural es *úes.* **- 3** ***conj.*** Sustituye a la conjunción *o* cuando va delante de otra palabra que empieza por *o* o por *ho: tiene siete ~ ocho años.* ⇒ **o.**

u·bi·ca·ción |uβikaθión| ***f.*** Situación o colocación; lugar en el que está una cosa: *aún se está discutiendo la ~ del nuevo edificio.*

u·bi·car |uβikár| ***tr.-prnl.*** [algo, a alguien] Colocar o poner en un espacio o lugar determinado: *se ha construido un edificio anejo para ~ al personal de investigación; la clínica se ubicará en unos terrenos cedidos por el Ayuntamiento.* ⇒ **enclavarse.** ☖ Se conjuga como 1.

u·bi·cui·dad |uβikuiðáᵈ| ***f.*** Capacidad de estar presente en todas partes a la vez: *la ~ no es una característica de los seres vivos.* ⇒ **omnipresencia.**

u·bi·⌜cuo, ⌜cua |uβíkuo, kua| ***adj.*** Que está presente en todas partes a la vez: *Dios es ~.* ⇒ **omnipresente.**

u·bre |úβre| ***f.*** Órgano de las hembras de los mamíferos que produce leche: *el ganadero apretaba y estiraba las ubres de la vaca para ordeñarla.* ⇒ **mama, teta.**

u·cra·nia·⌜no, ⌜na |ukraniáno, na| **1** ***adj.*** De Ucrania o que tiene relación con Ucrania: *el rublo es la moneda ucraniana.* ⇒ **ucranio. - 2** ***m. f.*** Persona nacida en Ucrania o que vive habitualmente en Ucrania: *los ucranianos son vecinos de los polacos y los checoslovacos.* ⇒ **ucranio. - 3 ucraniano** ***m.*** Lengua que se habla en Ucrania: *el ~ es una lengua eslava.* ⇒ **ucranio.**

u·cra·⌜nio, ⌜nia |ukránio, nia| ***adj.*** ⇒ **ucraniano.** ☖ La Real Academia Española prefiere la forma *ucraniano.*

u·fa·nar·se |ufanárse| ***prnl.*** [con/de algo] Alabarse o presumir; mostrarse orgulloso: *siempre se está ufanando de sus conocimientos ante los amigos.*

u·fa·⌜no, ⌜na |ufáno, na| **1** ***adj.*** Que se alaba o presume; que se muestra orgulloso: *está muy ufana con su vestido de seda y sus joyas.* **2** *fig.* Que está alegre: *qué ~ está: ha aprobado todo el curso.* **3** Que obra sin preocupación, con mucha decisión y sin vergüenza: *vino todo ~ a decirme cómo debía hacer mi trabajo.*

úl·ce·ra |úlθera| **1** ***f.*** MED. Herida en la piel o en los tejidos que cubren los conductos del interior del cuerpo: *los nervios le han producido una ~ de estómago.* ⇒ **llaga. 2** Abertura en el tronco de una planta, por la que pierde líquido: *el roble se está muriendo: tiene una ~.*

ul·ce·ro·⌜so, ⌜sa |ulθeróso, sa| **1** ***adj.*** De la *úlcera o que tiene relación con ella: *este medicamento cura las enfermedades ulcerosas.* **2** Que tiene una *úlcera: *en esta sala están todos los pacientes ulcerosos.*

ul·te·rior |ulteriór| ***adj.*** Que se dice, ocurre o se ejecuta después de otra cosa: *recibí noticias ulteriores.*

úl·ti·ma·men·te |últimaménte| ***adv. t.*** En un periodo de tiempo cercano al presente: *no he visto a tu familia ~, ¿han salido de vacaciones?*

ul·ti·mar |ultimár| ***tr.*** [algo] Terminar o dar fin: *se han reunido para ~ las negociaciones; ya estamos ultimando los preparativos para el viaje.*

ul·ti·má·tum |ultimátun| ***m.*** *fam.* Propuesta última y con un límite de tiempo: *esto es un ~: o quitas en un minuto el coche para que yo pueda pasar o llamo a la policía; les dieron un ~ para retirar los misiles.* ☖ No se suele usar en plural.

úl·ti·⌜mo, ⌜ma |último, ma| **1** ***adj.*** Que es posterior a todos los demás en el espacio o en el tiempo; que no tiene otra cosa detrás de él: *Don Rodrigo fue el ~ rey de los godos; el asesino no se descubre hasta las últimas páginas del libro; Juan es el ~ de la clase.* ⇔ **primero. 2** Que es lo más moderno o actual: *siempre va vestida con prendas de última moda.* **3** Que es definitivo, que no está sujeto a cambios: *te acabo de hacer mi última oferta.* ■ **a la última**, al tanto de las modas o conocimientos más actuales y modernos: *el profesor está a la ~ en su especialidad; viste siempre a la ~.* ■ **a últimos**, en los días en que termina un periodo de tiempo, generalmente un mes: *cobran siempre a últimos de mes.* ■ **estar en las últimas**, estar muy mal: *ha perdido el trabajo y la casa y está en las últimas.* ■ **por ~**, después de todo; por fin: *por ~, recuerden que deben dejar sus datos personales al recepcionista.*

ul·tra·co·rrec·ción |ultrakor̄eᵏθión| ***f.*** Fenómeno que consiste en corregir innecesariamente una palabra, deformándola y adaptándola a un modelo que se considera más adecuado: *decir* bacalado *por* bacalao *es una ~.*

ul·tra·jar |ultraxár| ***tr.*** [algo, a alguien] Hacer una ofensa grave de obra o de palabra: *me ha ultrajado, me ha insultado delante de todos.*

ul·tra·je |ultráxe| ***m.*** Ofensa grave de obra o de palabra: *los ultrajes a la nación se castigarán con la prisión.*

ul·tra·mar |ultramár| ***m.*** País o territorio que está al otro lado del mar: *acabamos de recibir productos de ~.*

ul·tra·ma·ri·⌜no, ⌜na |ultramaríno, na| **1** ***adj.***

De *ultramar o que tiene relación con ese territorio: *el comercio ~ dio muchas divisas a España.* **2** Que está al otro lado del mar; que viene del otro lado del mar: *esa isla pertenece a mi país: es uno de sus territorios ultramarinos.* **- 3** ***adj.-m.*** (producto comestible) Que se puede conservar fácilmente: *no me gusta comprar productos ultramarinos; en el barrio hay una tienda de ultramarinos y una frutería.*

ul·tran·za |ultránθa| ■ **a ~**, sin límites; de cualquier modo: *somos defensores a ~ de la paz y la concordia.*

ul·tra·tum·ba |ultratúmba| ***f.*** Mundo que se cree o se supone que existe después de la muerte: *se oyó una voz de ~.*

ul·tra·vio·le·ta |ultraβi̱oléta| ***adj.-s.*** (*radiación) Que no se ve a simple vista y que se extiende a continuación del color *violeta: *el agujero de la capa de ozono hace que los rayos ultravioletas lleguen con mayor intensidad a la Tierra.*

u·lu·lar |ululár| **1** ***intr.*** Dar gritos o producir sonidos graves y largos: *el búho ululaba en el bosque.* **2** Producir el viento un sonido grave y largo: *el viento ululaba entre las peñas y los árboles.*

um·be·la |umbéla| **1** ***f.*** ARQ. Estructura que sale horizontalmente de la vertical de un edificio o pared: *los aleros y los balcones son umbelas.* ⇒ **voladizo. 2** BOT. Conjunto de flores que se reúnen sobre un eje común formando una especie de *paraguas: *las flores del hinojo se agrupan en umbelas.* ⇒ **inflorescencia.**

um·bi·li·cal |umbilikál| ***adj.*** ANAT. Del *ombligo o que tiene relación con él: *el feto está unido a la madre a través del cordón ~; el médico cortó el cordón ~ al finalizar el parto.*

um·bral |umbrál| **1** ***m.*** Parte inferior de una puerta o entrada: *el perro saluda a su amo en cuanto éste cruza el ~.* **2** *fig.* Comienzo o primer paso: *estamos en el ~ de una nueva era.* **3** ARQ. Tabla horizontal de madera que cierra la parte superior de un hueco y sostiene el muro que hay encima: *hemos abierto una ventana redonda sobre el ~.*

um·brí·a |umbría| ***f.*** Parte del terreno donde casi nunca da el sol: *hace mucho frío en esta ~.* ⇒ **sombra.** ⇔ **solana.**

un |ún| **1** ***adj. indef.*** Indica que la referencia del sustantivo al que acompaña no está determinada o no se quiere determinar: *necesito ~ ayudante.* ⇒ **una, uno.** ☖ Se usa con sustantivos en masculino. **- 2** ***num.*** Apócope de *uno*: *hemos visto solamente ~ avión.* ⇒ **uno.**

una |úna| ***adj. indef.*** Indica que la referencia del sustantivo al que acompaña no está determinada o no se quiere determinar: *dame ~ ayuda.* ⇒ **un, uno.** ☖ Se usa con sustantivos en femenino.

u·ná·ni·me |unánime| ***adj.*** Que es común a todos los miembros de un grupo de personas o que *responde a un acuerdo entre ellos: *la decisión de contratarte ha sido ~; contaba con el consentimiento ~ de todos los médicos.*

u·na·ni·mi·dad |unanimiðáᵈ| ***f.*** Acuerdo de todos los miembros de un grupo de personas: *la propuesta fue aprobada por ~.*

un·ción |unθi̱ón| **1** ***f.*** *Sacramento de la Iglesia católica que consiste en frotar con aceite *bendecido a una persona en peligro de muerte: *el sacerdote le administró la ~ poco antes de que muriese.* ⇒ **extremaunción. 2** MAR. Vela muy pequeña que llevan las embarcaciones de pesca y que se extiende cuando se recogen las otras: *los pescadores recogieron velas y extendieron la ~.*

un·cir |unθír| ***tr.*** [algo] Atar o sujetar el *yugo a los animales: *el labrador unció los bueyes antes de salir al campo.* ⇔ **desuncir.**

un·dé·ci·⌐mo, ⌐ma |undéθimo, ma| **1** ***num.*** (persona, cosa) Que sigue en orden al que hace el número 10: *si voy después del 10, soy el ~ de la lista.* ⇒ **onceavo. 2** (parte) Que resulta de dividir un todo en 11 partes iguales: *si somos 11 para comer, me toca un ~ de tarta.*

un·gir |uŋxír| ***tr.*** [a alguien] Hacer la señal de la cruz con aceite santo: *el obispo ungió a los jóvenes sacerdotes.* ☖ Se conjuga como 6.

un·güen·to |uŋgu̱énto| ***m.*** Sustancia líquida o pastosa que se usa para curar: *este ~ ha sido preparado con aceite y sustancias olorosas; se aplicó el ~ en la espalda y desapareció el dolor.*

un·gu·la·⌐do, ⌐da |uŋguláðo, ða| ***adj.-m.*** ZOOL. (animal) Que se alimenta de vegetales y tiene las patas terminadas en *pezuña: *los caballos y los elefantes son ungulados.*

ú·ni·ca·men·te |únikaménte| ***adv.*** De un solo modo; en una sola cosa; sin otra cosa: *he comprado ~ lo necesario.* ⇒ **solamente, solo, sólo.**

u·ni·ce·lu·lar |uniθelulár| ***adj.*** Que está formado por una sola célula: *las bacterias son microorganismos unicelulares.*

ú·ni·⌐co, ⌐ca |úniko, ka| **1** ***adj.*** Que es solo; que no hay otro de su especie: *este coche es ~ en su línea; esta chaqueta es de talla única.* **2** *fig.* Singular, extraordinario: *Juan es ~.*

u·ni·cor·nio |unikórni̱o| ***m.*** Animal imaginario con forma de caballo y con un cuerno recto en mitad de la frente: *muchos escritores antiguos hablan del ~.*

u·ni·dad |uniðáᵈ| **1** ***f.*** Propiedad de lo que no puede dividirse: *experimentos recientes demuestran que la ~ del átomo no es cierta.* **2** Cosa completa y diferente de otras dentro de un conjunto: *la docena tiene doce unidades.* **3** Cantidad que se toma como medida o *término de comparación de las demás de su misma especie: *el metro es la ~ de longitud; el metro cuadrado es la ~ de superficie.* **4** Unión o acuerdo: *para que un equipo funcione tiene que haber ~ entre sus miembros.* ⇒ **conformidad. 5** MIL. Conjunto de soldados y máquinas mandado por un jefe, dentro de un ejército: *varias unidades de carros de combate se aproximaban a la ciudad.* **6** MED. Conjunto de personas y medios de un hospital dedicados a una labor concreta: *la ~ de rayos X está en la planta baja;* **~ de cuidados intensivos**, la dedicada a la vigilancia y tratamiento de enfermos muy graves: *el herido lucha por su vida en la ~ de cuidados intensivos.* ☖ Se usa generalmente la sigla *UCI.* También se denomina *unidad de vigilancia intensiva* o *UVI.*

u·ni·fi·ca·⌐dor, ⌐do·ra |unifikaðór, ðora| ***adj.*** Que *unifica: *el proceso ~ terminó sin provocar problemas.*

u·ni·fi·car |unifikár| **1 *tr.-prnl.*** [algo, a alguien] Hacer de varias cosas una o un todo: *las dos regiones se unificaron hace varios siglos.* **2** [algo] Hacer que varias cosas sean uniformes; hacer que haya una buena relación: *hay que ~ los criterios para que los resultados sean comparables.* ⇒ **uniformar.** ☖ Se conjuga como 1.

u·ni·for·mar |uniformár| **1 *tr.-prnl.*** [algo] Hacer que varias cosas sean uniformes; hacer que haya una buena relación: *los países occidentales han uniformado sus costumbres y relaciones.* ⇒ **unificar.** **- 2 *tr.*** [a alguien] Vestir o hacer vestir de la misma manera a los miembros de un grupo: *han uniformado a los niños de ese colegio.*

u·ni·for·me |unifórme| **1 *adj.*** Que tiene la misma forma, manera de ser o intensidad en toda su duración o extensión: *se observa en toda su obra un estilo ~.* ⇔ **multiforme. - 2 *m.*** Traje que usan los miembros de un grupo y que los distingue de otros: *los soldados de infantería llevan un ~ verde; el ~ de mi colegio consistía en pantalón y chaqueta gris, camisa blanca y corbata roja.*

u·ni·for·mi·dad |uniformiðáᶞ| ***f.*** Cualidad de uniforme: *con el tiempo, el matrimonio tiende a alcanzar la ~ de caracteres y opiniones.*

u·ni·la·te·ral |unilaterál| **1 *adj.*** De una sola parte o aspecto de una cosa o que tiene relación con ellos: *han redactado un contrato ~.* **2** (acto o afirmación) Que sólo obliga a una parte de las que tienen relación con un asunto: *el padre ha tomado una decisión ~.*

u·nión |unión| **1 *f.*** Acción y resultado de unir o juntar: *la ~ de las piezas debe ser precisa para que funcione bien.* ⇔ **desunión. 2** Casamiento de un hombre y una mujer: *la ~ se celebró en la catedral al mediodía.* **3** Correspondencia o coincidencia: *buscaba la ~ de nuestros intereses.* **4** Conjunto de sociedades, empresas o individuos con unos intereses comunes: *la Unión Europea debe hacer avanzar conjuntamente diversas soberanías nacionales; la Unión de Árbitros redactó un escrito contra la violencia en los campos de fútbol.*

u·ni·per·so·nal |unipersonál| **1 *adj.*** *form.* Que pertenece a una sola persona; que está formado por una sola persona: *una empresa ~ se encargaba de la edición de libros infantiles.* **- 2 *adj.-s.*** LING. (verbo) Que sólo se usa en tercera persona del singular y que no tiene sujeto en forma personal: *los verbos como* llover, nevar *o* amanecer *son unipersonales.* ⇒ **impersonal, verbo.**

u·nir |unír| **1 *tr.-prnl.*** [algo] Juntar dos o más cosas: *he unido todas las piezas del rompecabezas; los imanes se han unido.* ⇔ **separar. 2** [a alguien] Casar o casarse dos personas: *el cura los unió en santo matrimonio; se han unido sólo por interés.* **3** [algo] Relacionar o comunicar: *este camino une la autopista con la autovía.* **4** [a alguien] Acercar o aproximar: *la desgracia los unió.* **- 5 unirse *prnl.*** Juntarse dos o más personas para conseguir un fin determinado: *me uní a ellos para evitar que los demás me atacaran.*

u·ni·se·xual |uniseᵏsuál| ***adj.*** BOT. (flor) Que sólo tiene órganos de reproducción masculinos o femeninos: *muchas algas y hongos son unisexuales.* ⇒ **bisexual.**

u·ní·so·⌐no, ⌐na |unísono, na| ***adj.*** Que tiene el mismo tono o sonido que otra cosa; que se produce al mismo tiempo: *los sonidos de sus instrumentos fueron unísonos.* ■ **al ~**, sin *variedad ni *oposición; todos a una: *todo el pueblo al ~ apoyó la decisión de su alcalde.*

u·ni·ta·⌐rio, ⌐ria |unitário, ria| **1 *adj.*** *form.* De la unidad o que tiene relación con ella: *el precio ~ de un producto suele ser más elevado que el precio de un conjunto de unidades; los panaderos han decidido que el pan tenga un precio ~.* **2** Que está formado por una sola unidad: *las escuelas unitarias reúnen a todos los alumnos en una sola clase.* **3** Que busca la unidad o desea conservarla: *a pesar de sus esfuerzos unitarios, el país se fragmentó en múltiples Estados.*

u·ni·ver·sal |uniβersál| **1 *adj.*** Del universo o que tiene relación con él: *desea la paz ~.* **2** Que comprende a todos; que es común a todos: *el amor es un principio ~.* **- 3 universales *m. pl.*** FIL. Ideas generales que unen en nuestra mente los hechos particulares de la realidad: *Aristóteles clasificó los universales en cinco grupos.* **4** LING. Principios comunes a todas las lenguas: *este gramático estudia los universales lingüísticos.*

u·ni·ver·sa·li·zar |uniβersaliθár| ***tr.*** [algo] Hacer universal, común o general: *estas instituciones tratan de ~ la ayuda humanitaria.* ☖ Se conjuga como 4.

u·ni·ver·si·dad |uniβersiðáᶞ| **1 *f.*** *Institución de enseñanza superior que comprende varios centros y que concede los grados *académicos correspondientes: *estudió en la Facultad de Medicina de la Universidad de Alcalá.* **2** Edificios e instalaciones de ese organismo: *¿dónde está la ~, por favor?*

u·ni·ver·si·ta·⌐rio, ⌐ria |uniβersitário, ria| **1 *adj.*** De la *universidad o que tiene relación con ella: *tiene dos títulos universitarios.* **- 2 *adj.-s.*** (persona) Que estudia o ha estudiado en la *universidad: *todos sus amigos son universitarios; alquila habitaciones para estudiantes universitarios.*

u·ni·ver·⌐so |uniβérso| **1 *m.*** Conjunto de todo lo que existe en la Tierra y fuera de ella: *el hombre se siente diminuto ante la inmensidad del ~.* **2** Conjunto de individuos o elementos que tienen una característica o más en común y que se someten a un estudio *estadístico: *los habitantes de Madrid constituyen el ~ de mi investigación.*

u·ní·vo·⌐co, ⌐ca |uníβoko, ka| ***adj.-s.*** Que sólo puede referirse a un aspecto o tomarse en un sentido: *no hay una respuesta unívoca para esta interrogante.*

u·⌐no, ⌐na |úno, na| **1 *num.*** (valor, cantidad) Que es el menor de los enteros; unidad: *tres menos dos* *es ~; si tengo 100 manzanas y te doy 99, me queda una.* ⇒ **un, una.** ☖ Delante de un sustantivo se usa la forma apocopada *un*: *un libro, dos libros, tres libros.* **2** (persona, cosa) Que está, en un orden, antes que ninguno; primero: *si voy antes del segundo, soy el ~ de la lista.* ☖ Es preferible el uso del ordinal: *soy el primero.* **- 3** ***pron. indef.*** Indica una persona o cosa que no está determinada o no se quiere determinar: *¿ves esos lápices? Coge ~.* **4** Indica primera persona: *una no sabe qué hacer en esos casos.* ☖ Se usa en lugar de yo cuando el hablante quiere compartir su responsabilidad. **- 5** ***m.*** Número que representa el valor de la unidad: *escribe el ~ antes del dos.* **- 6 unos** ***adj. indef. pl.*** Algunos; una cantidad que no se determina: *unos años después se volvieron a encontrar.* **7** Alrededor de; poco más o menos: *valdrá unas mil pesetas.* ■ **a una**, a la vez: *en el colegio recitábamos todos a una la tabla de multiplicar.* ■ **no dar/acertar una**, *fam.*, fallar o equivocarse en todo: *no dio una en el examen.* ■ **una de**, *fam.*, gran cantidad de: *al niño le han salido una de granos que no hace más que rascarse.* ■ **una de dos**, expresión que se usa para oponer dos *opciones: *una de dos: o me dices quién es el culpable o te castigo a ti.* ■ **una y no más**, expresión que indica que lo que se ha permitido una vez no se volverá a permitir: *por esta vez te perdono, pero una y no más.*

un·tar |untár| **1** ***tr.*** [algo; con/de algo] Cubrir con materia grasa: *untó la tostada con mantequilla.* **2** [algo] Extender sobre una superficie: *untó la crema en el bollo.* **3** *fam. fig.* [a alguien] Ofrecer dinero o bienes a cambio de un favor que no es justo o legal: *trató de ~ al juez y le cayeron dos años de cárcel más.* **- 4 untarse** ***prnl.*** Mancharse con materia grasa: *al abrir la máquina, se untó las manos de aceite.*

un·tuo·⌜so, ⌜sa |untuóso, sa| ***adj.*** Que es graso y pegajoso: *se manchó con un líquido ~.*

u·ña |úɲa| **1** ***f.*** Placa dura y delgada que cubre la parte superior de la punta de los dedos del hombre y de otros vertebrados: *tengo que cortarme las uñas porque me han crecido mucho; el gato le ha clavado las uñas.* **2** Conjunto de los dedos de distintos animales: *ese animal me ha arañado con la ~.* ⇒ **casco, pezuña. 3** Punta curva de la cola del *alacrán: *el alacrán te pica con su ~.* **4** Punta curva en la que acaban distintos instrumentos de metal: *no te arañes con la ~ de ese hierro.* **5** Agujero que se hace en un objeto de madera para moverlo, metiendo el dedo y tirando: *los cajones del armario de mi habitación tienen uñas.* ■ **con uñas y dientes**, *fam.*, con mucha fuerza o intensidad: *Ismael defendió su propuesta con uñas y dientes.* ■ **dejarse las uñas**, *fam.*, trabajar con mucho esfuerzo; poner mucho interés en una cosa: *me he dejado las uñas para conseguir la casa que tengo.* ■ **de uñas**, *fam.*, en actitud de enfado: *no quiero saber nada de Esteban, estoy de uñas con él.* ■ **enseñar/mostrar/sacar las uñas**, *fam.*, amenazar a una persona: *no le contradigas o te sacará las uñas enseguida.* ■ **ser ~ y carne**, *fam.*, ser muy amigos: *no critiques a José delante de Luis porque los dos son ~ y carne.*

u·ñe·ro |uɲéro| **1** ***m.*** Inflamación en la raíz de la uña a causa de una *infección: *tendrás que ir al médico porque ese ~ tiene mal aspecto.* **2** Herida que sale cuando la uña crece demasiado y se introduce en la carne: *me duele mucho el dedo gordo del pie porque tengo un ~.*

u·ra·li·ta |uralíta| ***f.*** Material hecho de una mezcla de *cemento y *amianto, con el que se fabrican placas *onduladas, que se usan para cubrir edificios, y otros materiales de construcción: *la cubierta de la nave es de ~, no de tejas.*

u·ra·nio |uránio| ***m.*** QUÍM. Metal que se usa para producir energía nuclear: *el símbolo del ~ es U; el ~ es un metal radiactivo; el ~ forma parte de la bomba atómica.*

ur·ba·ni·dad |urβaniðáᵈ| ***f.*** Comportamiento elegante, que demuestra buena educación y respeto hacia los demás: *la institutriz enseñaba a comportarse con ~ a los hijos del conde.* ⇒ **cortesía.**

ur·ba·nis·mo |urβanísmo| ***m.*** Conjunto de estudios y proyectos dedicados a la organización física, el desarrollo y la reforma de las ciudades, con el fin de hacer más cómoda la vida de sus habitantes: *el arquitecto se especializó en ~.*

ur·ba·nis·ta |urβanísta| ***com.*** Persona que se dedica al *urbanismo: *el Ayuntamiento ha contratado a un ~.*

ur·ba·ni·za·ción |urβaniθaθión| **1** ***f.*** Creación de calles y servicios en un terreno con el fin de construir viviendas o de unirlo a una ciudad: *el Ayuntamiento procederá en breve a la ~ de los terrenos del otro lado de la autovía.* **2** Conjunto de viviendas situado generalmente en las afueras de una ciudad y que tiene sus propios servicios: *ha comprado un chalé en una ~ de la sierra.*

ur·ba·ni·zar |urβaniθár| **1** ***tr.*** [algo] Crear calles y servicios en un terreno con el fin construir viviendas o de unirlo a una ciudad: *el Ayuntamiento ha decidido ~ algunos terrenos situados al sur de la ciudad.* **- 2** ***tr.-prnl.*** [a alguien] Hacer tener buenos modos; educar: *en este año que ha pasado en la escuela se ha urbanizado.* ☖ Se conjuga como 4.

ur·ba·⌜no, ⌜na |urβáno, na| ***adj.*** De la ciudad o que tiene relación con ella: *las vías urbanas están muy transitadas; se van a acometer importantes reformas urbanas.*

ur·be |úrβe| ***f.*** Ciudad, especialmente la que tiene gran número de habitantes: *la contaminación en las urbes es peligrosa para el aparato respiratorio.*

ur·dim·bre |urðímbre| **1** ***f.*** Conjunto de hilos colocados paralelamente en el *telar: *la ~ estaba formada por hilos de muchos colores.* **2** Colocación de los hilos en un *telar, para formar un tejido: *antes de tejer hay que hacer la ~.* **3** *fig.* Conjunto de ideas o de elementos relacionados: *proyectaron el robo mediante una complicada ~.* ⇒ **trama.**

ur·dir |urðír| ***tr.*** *fig.* [algo] Pensar o preparar con cuidado, generalmente algo malo: *entre todos urdieron el plan para el atraco del banco.*

u·re·a |uréa| ***f.*** QUÍM. Sustancia orgánica que se expulsa a través de la orina: *el riñón filtra la sangre y elimina la ~.*

u·ré·ter |uréter| *m.* ANAT. Conducto por el que desciende la orina a la *vejiga desde el *riñón: *los uréteres y la uretra forman parte del aparato urinario.*

u·re·tra |urétra| *f.* ANAT. Conducto por el que se expulsa al exterior la orina contenida en la *vejiga: *la ~ del hombre es más larga que la de la mujer.*

ur·gen·cia |urxénθia| **1** *f.* Cualidad de urgente: *la ~ del caso nos obligó a dejar todo lo demás.* **2** Falta de lo que es totalmente necesario: *los voluntarios solucionaron las urgencias de la población civil.* **3** Asunto que se debe solucionar con mucha rapidez: *el médico ha salido a atender una ~.* ⇒ **emergencia.** - **4 urgencias** *f. pl.* Conjunto de personas e instalaciones que existen en los hospitales para tratar los casos urgentes: *se rompió un brazo y lo llevaron a urgencias.*

ur·gen·te |urxénte| **1** *adj.* Que necesita una acción o solución rápida: *hemos llamado al médico porque se trata de un asunto muy ~.* **2** (carta o mensaje) Que ha de ser enviado y recibido rápidamente o lo antes posible: *he recibido un telegrama ~.*

ur·gir |urxír| **1** *intr.* Correr prisa; tener que hacerse con rapidez: *urge entregar este pedido.* ⇒ **apremiar.** **2** Obligar una autoridad o una norma: *la ley urge a poner en funcionamiento nuevos hospitales.* ☖ Se conjuga como 6.

u·ri·na·ˊrio, ˊria |urinário, ria| **1** *adj.* De la orina o que tiene relación con ella: *tiene una infección en la vejiga urinaria.* - **2 urinario** *m.* Lugar público que se usa para orinar: *en la plaza hay unos urinarios públicos.*

ur·na |úrna| **1** *f.* Caja con una abertura que se usa para echar los votos en las votaciones secretas: *los miembros de la mesa electoral abrieron la ~ y procedieron al recuento de los votos.* **2** Vaso o caja que se usa para guardar cosas de valor: *guardan en una ~ de oro las reliquias de San Agustín.*

u·rra·ca |uřáka| **1** *f.* Pájaro de color blanco en el vientre y negro brillante en el resto del cuerpo: *las urracas pueden causar daños en los huertos.* ⇒ **maría.** ☖ Para indicar el sexo se usa la ~ macho y la ~ hembra. **2** *fam.* Persona que tiene por costumbre recoger y guardar objetos: *mi compañera de piso es una ~: nunca sé dónde pone las cosas.* **3** *fam.* Persona que habla mucho: *¡qué ~!, ¡no paró de hablar en toda la mañana!*

URRACA

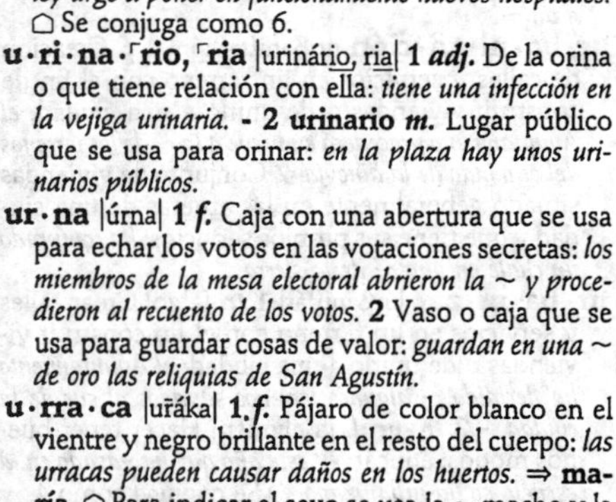

ur·ti·ca·ria |urtikária| *f.* Enfermedad de la piel caracterizada por la presencia de picores intensos y manchas rojas: *comió mayonesa en mal estado y le salió ~.*

u·ru·gua·ˊyo, ˊya |uruɣuáyo, ya| **1** *adj.* De Uruguay o que tiene relación con Uruguay: *Montevideo es la capital uruguaya.* - **2** *m. f.* Persona nacida en Uruguay o que vive habitualmente en Uruguay: *el ~ pasó por delante de mi casa y no me saludó.*

u·sa·ˊdo, ˊda |usáðo, ða| *adj.* Que está gastado y estropeado por el uso: *¿cómo llevas todavía esta falda tan usada?* ☖ Es el participio de *usar.*

u·san·za |usánθa| *f.* Uso o costumbre; manera de obrar: *hace el cocido a la antigua ~, siguiendo la receta de su abuela.*

u·sar |usár| **1** *tr.* [algo] Emplear para un fin; hacer servir o funcionar: *usa mucho la pluma estilográfica que le regalaste.* ⇒ **utilizar.** **2** Disfrutar una cosa: *uso la propiedad de mi hermano.* **3** Llevar o ponerse habitualmente: *solía ~ bañador en la playa; siempre he usado sombrero y guantes.* **4** Practicar habitualmente; tener por costumbre: *antes se usaba más ir de visita.*

u·sí·a |usía| *pron.* Forma de tratamiento que se usa hacia personas que ocupan ciertos cargos y que indica respeto: *al coronel hay que tratarlo de ~; ¿da ~ su permiso para entrar?*

u·so |úso| **1** *m.* Empleo o funcionamiento de una cosa: *el ~ de la calculadora está prohibido en este examen.* **2** Moda o costumbre; modo habitual de obrar: *los antiguos usos no sirven para la vida actual.* ■ **estar en buen ~**, no estar estropeado o ser útil: *es un coche antiguo, pero todavía está en buen ~.* ■ **~ de razón**, capacidad para pensar que se consigue con la edad: *los que conducen así han perdido el ~ de razón.*

us·ted |ustéᵟ| **1** *pron. pers.* Forma de tratamiento de segunda persona que indica respeto y *cortesía: *~ es muy amable; ustedes dirán.* ⇒ **tú.** ☖ Las formas *usted* y *ustedes* se usan en lugar de los pronombres *tú* y *vosotros.* Concuerdan con el verbo en tercera persona del singular y del plural, respectivamente. - **2 ustedes** *pron. pers. pl.* Forma del pronombre de segunda persona para el sujeto, en número plural; vosotros: *ustedes tienen que dejarme pasar.* ☖ Concuerda con el verbo en tercera persona del plural. Se usa en Hispanoamérica, en Andalucía occidental y en las Islas Canarias. ■ **hablar/llamar/tratar de ~**, dirigirse a una persona o tratarla usando esa forma de tratamiento: *como no nos conocemos de nada, debe tratarme de ~.*

u·sual |usuál| *adj.* Que ocurre muchas veces; que es común o frecuente: *es ~ que la novia vista de blanco en las bodas.* ⇔ **inusual.**

u·sua·ˊrio, ˊria |usuário, ria| *adj.-s.* (persona) Que usa normalmente una cosa o se sirve habitualmente de ella: *los usuarios del tren se van a ver perjudicados por las huelgas.*

u·su·fruc·to |usufrúkto| ***m.*** DER. Derecho a disfrutar unos bienes que no son propios con la obligación de conservarlos: *aunque las tierras no eran suyas, tenía su ~.*

u·su·ra |usúra| **1** ***f.*** Acción de prestar dinero a cambio de un interés muy alto: *su rápido enriquecimiento se debe a que practica la ~.* **2** *fig.* Provecho que se saca de una cosa, especialmente cuando es demasiado grande: *gracias a sus usuras controla la economía de todo el pueblo.*

u·su·re·⌜ro, ⌜ra |usuréro, ra| **1** ***m. f.*** Persona que presta dinero a cambio de un interés muy alto: *mi vecino tiene fama de ser un ~.* **2** *p. ext.* Persona que saca un provecho muy alto en cualquier negocio: *es un ~, intenta sacar el mayor beneficio de todo cuanto hace.*

u·sur·pa·ción |usurpaθión| **1** ***f.*** Hecho de tomar o hacerse dueño injustamente de una cosa que pertenece o corresponde a otro: *la ~ del trono fue apoyada por la nobleza.* **2** DER. Falta que consiste en tomar violentamente o con amenazas una casa, un bien o un derecho de otra persona: *al que cometa ~ se le impondrá una pena y una multa.*

u·sur·par |usurpár| ***tr.*** [algo] Tomar o hacerse dueño injustamente de una cosa que pertenece o corresponde a otro: *el golpista usurpó el poder al presidente.*

u·ten·si·lio |utensílio| ***m.*** Instrumento o herramienta, especialmente de un oficio o arte: *guardaba en una caja los utensilios de jardinero; su madre compró los utensilios de cocina.*

u·te·ri·⌜no, ⌜na |uteríno, na| ***adj.*** ANAT. Del *útero o que tiene relación con él: *el diafragma es un anticonceptivo que tapona el cuello ~.*

ú·te·ro |útero| ***m.*** ANAT. Órgano interno de reproducción de las mujeres y de las hembras de los mamíferos en el que se desarrolla el feto: *durante la fecundación, el ~ produce la placenta.* ⇒ **matriz.**

ú·til |útil| **1** ***adj.*** Que produce provecho, fruto o interés: *la contribución de estos jóvenes voluntarios es muy ~ a la humanidad.* **2** Que puede servir para un fin determinado: *no tires ese bote, que será ~ para guardar las conservas.* **- 3** ***m.*** Instrumento o herramienta: *¿has traído todos los útiles para hacer el trabajo?* ⌂ Se usa especialmente en plural.

u·ti·li·dad |utiliðáᵈ| **1** ***f.*** Cualidad de útil: *la energía solar tiene muchas utilidades.* ⇒ **rendimiento.** ⇔ **inutilidad. 2** Provecho que se saca de una cosa: *no tires ese baúl, ya le encontraremos alguna ~.*

u·ti·li·ta·⌜rio, ⌜ria |utilitário, ria| **1** ***adj.*** Que sólo busca la utilidad en las cosas: *las razones de su decisión son puramente utilitarias.* ⇒ **práctico. - 2 utilitario** ***m.*** Automóvil de pequeño tamaño y que consume poco combustible: *el ~ es ideal para aparcar en la ciudad.*

u·ti·li·za·ción |utiliθaθión| ***f.*** Uso, empleo o funcionamiento de una cosa: *la ~ de las nuevas técnicas ha incrementado el rendimiento de la fábrica.*

u·ti·li·zar |utiliθár| ***tr.*** [algo] Emplear para un fin determinado; hacer servir o funcionar: *debes ~ este cubierto para el pescado y este otro para la carne.* ⇒ **usar.** ⌂ Se conjuga como 4.

u·ti·lla·je |utiʎáxe| ***m.*** Conjunto de instrumentos y herramientas necesarios para una industria o una actividad: *el mismo taller, con un ~ más moderno, produciría más.*

u·to·pía |utopía| **1** ***f.*** Proyecto ideal de gobierno en el que todo está perfectamente determinado: *el sistema político de la ~ fue descrito por Tomás Moro.* **2** *fig.* Proyecto o sistema ideal, imposible de realizar: *creen en la ~ de una futura vida humana sin enfermedades.*

u·tó·pi·⌜co, ⌜ca |utópiko, ka| ***adj.*** De la *utopía o que tiene relación con ella: *sería ~ pensar que todos los hombres van a ser buenos.*

u·va |úβa| **1** ***f.*** Fruto comestible de forma redonda u ovalada, con una carne muy jugosa y una piel fina, con el que se hace el vino: *ten cuidado con las pepitas de la ~; las uvas crecen en racimos; he comprado un kilo de uvas negras.* **2** Racimo formado por varios de esos frutos: *tomó un grano de la ~ y se lo comió.* ■ **de mala ~**, *fam. fig.*, enfadado, de mal humor: *la noticia lo puso de mala ~; siempre está de mala ~.* ■ **mala ~**, *fam. fig.*, mala intención o mal carácter: *¡qué mala ~ tiene, cómo le gusta hacer sufrir!*

u·ve |úβe| ***f.*** Nombre de la letra *v*: *la palabra* vida *se escribe con ~.*

ú·vu·la |úβula| ***f.*** ANAT. Masa de tejido muscular que cuelga del *velo del paladar: *la ~ divide el velo palatino en dos mitades.* ⇒ **campanilla.**

u·vu·lar |uβulár| **1** ***adj.*** ANAT. De la *úvula o que tiene relación con ella: *los alimentos pasan por la cavidad ~.* **2** ***adj.-com.*** LING. (sonido) Que se pronuncia produciendo un rozamiento en la *úvula: *el sonido de la* r *en francés puede ser ~.*

V

V, v 1 ***f.*** Letra que en el alfabeto español sigue a la *u: el nombre de la letra ~ es uve; en español la ~ representa el mismo sonido que la letra be.* **2** Letra que representa el valor de 5 en la numeración *romana: *el siglo V antes de Cristo.* ⌂ En esta acepción se escribe con mayúscula.

va·ca |báka| **1** ***f.*** Hembra del toro: *las vacas pastaban en el prado; hemos comido un guiso de ~.* ⇒ **toro. 2** Piel de ese animal preparada para diversos usos: *esa maleta es de ~.* **3** *fam. desp. fig.* Mujer muy gorda: *me ha pisado una ~ en el autobús y me ha dejado el pie hecho polvo.* ⌂ No se debe confundir con *baca.*

va·ca·ción |bakaθión| ***f.*** Tiempo de descanso durante el cual se dejan los trabajos que se realizan normalmente: *estás agotado: creo que necesitas unas vacaciones; tiene las vacaciones en el mes de agosto.* ⌂ Se usa sobre todo en plural.

va·can·te |bakánte| ***adj.-f.*** (oficio, cargo) Que no está ocupado por *nadie: *esta plaza está ~ porque el empleado que la ocupaba ha renunciado a ella; saldrán a concurso cuatro vacantes.*

va·cia·do |baθiáðo| **1** ***m.*** Fabricación de un objeto llenando un *molde con un líquido o sustancia blanda: *esta figura se ha hecho recurriendo a la técnica del ~.* **2** Acción de sacar de un documento la parte que interesa: *¿en esta biblioteca se ha hecho el ~ de las publicaciones periódicas?*

va·ciar |baθiár| **1** ***tr.-prnl.*** [algo] Sacar lo que está en el interior; dejar sin nada dentro: *he vaciado el tarro de la harina; el cine se ha vaciado por completo, ya no queda nadie.* **- 2** ***tr.*** Hacer un hueco en un cuerpo sólido: *vació el trozo de piedra para hacer un molde.* **3** Sacar de un documento una parte que interesa: *en esta biblioteca han vaciado las revistas para hacer un índice de materias.* **- 4** ***tr.-intr.*** Fabricar un objeto llenando un *molde con un líquido o sustancia blanda: *Luis está aprendiendo a ~ para hacer esculturas.* ⌂ Se conjuga como 13.

va·ci·la·ción |baθilaθión| **1** ***f.*** Movimiento de un lado a otro por falta de equilibrio: *el borracho iba caminando con ~.* **2** Falta de firmeza o de seguridad: *respondió todas las preguntas sin dar muestras de ~.*

va·ci·lar |baθilár| **1** ***intr.*** Moverse de un lado a otro por falta de equilibrio: *la lámpara vaciló un momento antes de caer al suelo.* ⇒ **tambalearse. 2** *fig.* Dudar; tener poca seguridad: *este chico no tiene las cosas claras, vacila en sus respuestas.* **3** Actuar de un modo poco firme o seguro: *me dijo lo que pensaba sin ~ ni un momento.* **4** *fam.* [a alguien] Hablar con humor e *ironía; divertirse diciendo cosas *graciosas o riéndose de una persona: *¡deja de vacilarme porque me tienes harto!* ⇒ **burlar. 5** *fam.* Presumir o darse importancia: *¡cómo vacila con su coche nuevo!*

va·cí·⌐o, ⌐a |baθío, a| **1** ***adj.*** Que no contiene nada: *el frasco de la colonia está ~.* ⇔ **lleno. 2** Que no está ocupado: *los dos asientos de la cuarta fila están vacíos, nos sentaremos allí.* ⇒ **desocupado. 3** (lugar) Que no tiene gente; que tiene muy poca gente: *las calles de la ciudad están vacías en el mes de julio; este pueblo se ha quedado ~, la mayoría de sus habitantes se han ido a vivir a la ciudad.* ⇔ **lleno. 4** *fig.* Que es superficial; que no tiene interés: *su discurso fue aburrido y ~.* **- 5 vacío** ***m.*** Espacio hueco: *en este texto hay algunos vacíos que tenemos que rellenar.* **6** Corte del terreno, vertical y profundo: *se suicidó tirándose al ~ desde el acantilado.* ⇒ **abismo, precipicio. 7** *fig.* Falta de una persona o cosa que se echa de menos: *todos hemos sentido el ~ que has dejado.* **8** FÍS. Espacio que no contiene aire ni otra materia: *en el interior de las bombillas se hace el ~.* ■ **al ~**, sin aire dentro: *las conservas están enlatadas al ~.* ■ **caer en el ~**, *fam.*, no producir ningún resultado: *nadie le hizo caso, sus advertencias cayeron en el ~.* ■ **de ~**, sin carga o peso: *la fábrica estaba cerrada y el camión regresó a Madrid de ~.* ■ **de ~**, sin haber conseguido lo que se buscaba: *había puesto muchas esperanzas en aquella entrevista, pero regresó de ~.* ■ **hacer el ~**, aislar o negar el trato a una persona: *dejé de salir con ese grupo de gente porque me hacían el ~.*

va·cu·na |bakúna| ***f.*** Sustancia que protege de ciertas enfermedades o que evita que se desarrollen: *le pusieron una ~ para prevenir la gripe.*

va·cu·na·ción |bakunaθión| ***f.*** Administración de una *vacuna: *estamos en periodo de ~ de los niños; ha tenido un gran éxito la última campaña de ~.*

va·cu·nar |bakunár| **1** ***tr.-prnl.*** [a alguien] Administrar una *vacuna: *me han vacunado en el ambulatorio; han vacunado al niño contra el sarampión.* **2** *fig.* Pasar por una experiencia negativa de la que se saca alguna enseñanza: *yo ya me he vacunado: no me asombra la corrupción.*

va·cu·⌐no, ⌐na |bakúno, na| ***adj.*** Del ganado *bovino o que tiene relación con él: *el ganado ~ abunda en el norte de España; el buey forma parte del ganado ~.*

va·⌐cuo, ⌐cua |bákuo, kua| ***adj.*** Que no tiene contenido; que no despierta interés: *es una poesía vacua: el autor no comunica ningún sentimiento.* ⇒ **insustancial, vacío.**

va·de·ar |baðeár| **1** ***tr.*** [algo] Atravesar un río u otra corriente de agua por un sitio poco profundo: *el aldeano vadeó el río por un sitio por el que hacía pie.* - **2** ***tr.-prnl.*** Saber obrar adecuadamente; saber solucionar o evitar las situaciones difíciles: *ese hombre es muy débil y nunca ha sabido ~ los problemas de la vida; aunque es muy joven, se vadea bien en la vida.*

va·do |báðo| **1** ***m.*** Parte de la calle que se ha preparado para hacer fácil la entrada de vehículos a determinados lugares: *delante de los vados está prohibido aparcar.* **2** Parte de un río con fondo firme y poco profundo por donde se puede pasar andando o en un vehículo: *no pudimos pasar a la otra orilla porque no encontramos ningún ~.*

va·ga·bun·de·ar |baɣaβundeár| ***intr.*** Ir de un lugar a otro sin un fin determinado: *Felipe está todo el día vagabundeando por ahí.* ⇒ **deambular, vagar.**

va·ga·bun·⌜do, ⌜da |baɣaβúndo, da| **1** ***adj.-s.*** (persona) Que va de un lugar a otro por no tener oficio ni vivienda: *en esta ciudad cada día hay más vagabundos.* - **2** ***adj.*** Que va de un lugar a otro sin un fin determinado: *recogió de la calle un perro ~.*

va·gan·cia |baɣánθia| ***f.*** Falta de ganas de trabajar: *¡qué ~ tengo hoy!: creo que voy a tormarme el día libre.* ⇒ **pereza.**

va·gar |baɣár| ***intr.*** Ir de un lugar a otro sin un fin determinado: *estaba deprimido y se puso a ~ por la calle.* ⇒ **deambular, vagabundear.** ☖ Se conjuga como 7.

va·gi·do |baxíðo| ***m.*** Lloro del niño que acaba de nacer: *Ismael se puso muy contento al oír los primeros vagidos de su hijo.*

va·gi·na |baxína| ***f.*** ANAT. Conducto fibroso del aparato de reproducción de las mujeres y de las hembras de los mamíferos: *la ~ se extiende desde la vulva hasta el útero.*

va·gi·nal |baxinál| ***adj.*** ANAT. De la *vagina o que tiene relación con ella: *estoy tomando antibióticos porque tengo una infección ~.*

va·⌜go, ⌜ga |báɣo, ɣa| **1** ***adj.-s.*** Que no gusta del trabajo: *Sonia es una vaga: se pasa el día tumbada en el sillón; es un niño ~ y desobediente.* ⇒ **gandul, holgazán, maula, perezoso.** ⇔ **trabajador.** **2** Que está poco claro; que no está determinado: *tan sólo tengo una idea vaga de lo que quieres decir.* ⇒ **impreciso.**

va·gón |baɣón| ***m.*** Parte de un tren que sirve para el transporte y que se puede separar de las demás: *había dos asientos libres en el segundo ~; en este ~ se transportan alimentos en conserva.*

va·go·ne·ta |baɣonéta| ***f.*** *Vagón pequeño y sin cubierta que sirve para el transporte de mercancías: *aquel tren lleva una ~ con sacos de cemento.*

va·gua·da |baɣuáða| ***f.*** Parte más profunda de un valle por donde corren las aguas: *la ~ está seca y han crecido hierbas en ella.*

va·gue·ar |baɣeár| ***intr.*** Estar sin trabajar: *se pasa todo el día vagueando y molestando a los demás; vaguearé hasta que encuentre trabajo.* ⇒ **holgazanear.**

va·gue·dad |baɣeðáᵟ| ***f.*** Falta de claridad o determinación: *el discurso del ministro se caracterizó por la ~.* ⇔ **precisión.**

va·hí·do |baíðo| ***m.*** Pérdida breve del sentido; mareo: *se sintió indispuesta y sufrió un ligero ~.*

va·ho |báo| **1** ***m.*** Vapor que despiden los cuerpos en determinadas circunstancias: *el espejo del cuarto de baño está lleno de ~ porque me acabo de duchar con agua caliente.* **2** Aliento de las personas o los animales: *cuando hace mucho frío sale ~ por la boca.* - **3 vahos** ***m. pl.*** Método de curación que consiste en respirar el vapor que despide una sustancia al hervirla: *el médico le ha recomendado que haga vahos de eucalipto; se le quitó el constipado haciendo vahos.*

vai·na |báina| **1** ***f.*** Cáscara flexible y alargada en la que están ordenadas en *hilera las semillas de ciertas plantas: *las legumbres crecen en vainas; la mujer abría las vainas y sacaba los guisantes.* **2** Cubierta de la espada y de otras armas o instrumentos de metal: *sacó el puñal de su ~; las tijeras iban metidas en una ~; una ~ de plata guardaba la espada.* ⇒ **funda.** - **3** ***adj.-com.*** *fam. fig.* (persona) Que es poco serio o despreciable: *la pobre chica se casó con un ~.* ☖ Se usa como apelativo despectivo.

vai·ni·lla |bainíʎa| **1** ***f.*** Fruto muy oloroso de una planta *americana, que sirve para dar sabor a la bebida o la comida: *cuando hace flan o natillas, pone un poco de ~; este batido lleva ~.* **2** Planta *americana, con tallos muy largos y verdes, hojas anchas y flores grandes, que da ese fruto: *la ~ se cultiva en climas tropicales.*

vai·vén |baiβén| **1** ***m.*** Movimiento de un cuerpo, primero hacia un lado y después hacia el contrario: *el ~ de la barca y el calor del día le hicieron caer en un profundo sueño; el columpio se mueve haciendo un ~.* ⇒ **oscilación.** **2** *fig.* Cambio o variación en una situación o un estado: *los expertos se encargan de analizar los vaivenes de la economía.* ⇒ **fluctuación.** ☖ Se usa sobre todo en plural.

va·ji·lla |baxíʎa| ***f.*** Conjunto de objetos que sirven para el servicio de la mesa: *esta ~ tiene platos y tazas de porcelana; he metido toda la ~ en el lavavajillas.*

va·le |bále| **1** ***m.*** Papel que se puede cambiar por una cantidad de dinero o un objeto: *tengo un ~ por el que me darán en la tienda una bolsa de detergente; en el almacén de ropa, por la compra de dos pantalones, dan un vale por valor de 1000 pesetas.* **2** Entrada para un espectáculo o una atracción que se consigue sin pagar dinero: *tengo dos vales para el circo, ¿te vienes?* **3** Papel firmado que se da al entregar una cosa y que sirve para demostrar que se ha hecho la entrega: *firmé el ~ que me mostró el cartero.* - **4** ***interj.*** *fam.* Expresión que indica acuerdo o conformidad: *¡~!, entonces quedamos en que nos vemos el sábado.*

va·len·cia |balénθia| ***f.*** QUÍM. Número que representa la capacidad de unión de un elemento con otros: *la ~ de un átomo representa el número de electrones que cede o recoge cuando forma una molécula; ¿cuál es la ~ del azufre?*

va·len·cia·⌐no, ⌐na |balenθiáno, na| **1** ***adj.*** De Valencia o que tiene relación con Valencia: *las naranjas valencianas son de gran calidad; Cullera es una población valenciana.* **- 2** ***m. f.*** Persona nacida en Valencia o que vive habitualmente en Valencia: *Toni es ~; nos encontramos con dos valencianos.* **- 3 valenciano** ***m.*** Variedad del *catalán que se habla en Valencia: *mis primos hablan en ~.*

va·len·tí·a |balentía| ***f.*** Cualidad de valiente; valor o determinación: *el caballero defendió a su dama con gran ~; admiro la ~ de Miguel.* ⇒ **coraje, gallardía.**

va·ler |balér| **1** ***tr.*** [algo] Tener un precio determinado: *esta camisa vale 5000 pesetas; ¿cuánto vale este libro?* ⇒ **costar. 2** Tener un valor determinado: *la canasta que ha metido el jugador vale tres puntos; esa película no vale nada, no vayas a verla.* ⇒ **equivaler. 3** Merecer o ser merecedor: *tu nuevo puesto de trabajo vale una buena celebración.* **- 4** ***intr.*** Ser útil o adecuado: *tira esa vieja cacerola, ya no vale para cocinar; mi crítica vale para todos los que me estén escuchando.* ⇒ **servir. 5** Tener una cualidad o capacidad: *se dedicó a la medicina porque valía para ello.* **- 6 valerse** ***prnl.*** Servirse de una cosa o una persona para un fin determinado: *se valió de su amigo para alcanzar la amistad del director; para conseguir lo que quiere siempre se vale de artimañas.* **7** Manejarse bien; obrar sin problemas: *aunque es ciego, se puede ~ perfectamente por sí mismo.* ◻ Se conjuga como 89. ■ **hacer ~**, hacer considerar; hacer que una persona o una cosa se tenga en cuenta: *Sebastián hizo todo lo que pudo por hacer ~ su postura.* ■ **~ la pena**, merecer o *compensar el esfuerzo que requiere o el precio que cuesta una cosa: *no vale la pena coger el coche, el tren es más rápido y más barato.* ■ **~ su peso en oro**, expresión con la que se destacan las cualidades de una persona o de una cosa: *este chico vale su peso en oro.*

va·le·ro·⌐so, ⌐sa |baleróso, sa| ***adj.*** Que tiene valor o determinación: *el caballero era un hombre muy ~ y decidido.* ⇒ **bravo, valiente.**

va·lí·a |balía| ***f.*** Cualidad por la que una persona o cosa merece consideración o tenerse en cuenta: *asombró a todo el mundo por su ~.* ⇒ **valor.**

va·li·dar |baliðár| ***tr.*** [algo] Dar fuerza o firmeza; hacer legal: *el presidente validó la votación al final de la jornada.*

va·li·dez |baliðéθ| ***f.*** Cualidad de lo que es *correcto o adecuado o de lo que se ajusta a la ley: *el periodo de ~ de este documento termina mañana; todos dudaron de la ~ de su planteamiento.* ⇒ **valor.**

va·li·do |balíðo| ***m.*** Persona que goza de la confianza de un rey y que se ocupa del gobierno de un Estado en su nombre: *el ~ fue una figura característica de la España de los Austrias.* ⇒ **favorito.** ◻ No debe confundirse con el adjetivo *válido.*

vá·li·⌐do, ⌐da |báliðo, ða| **1** ***adj.*** Que tiene valor: *el contrato no es ~ porque no reúne todos los requisitos.* ⇔ **nulo. 2** Que tiene un efecto determinado: *hasta que no esté firmado, este documento no será ~.* ⇔ **nulo.** ◻ No debe confundirse con el sustantivo *valido.*

va·lien·te |baliénte| ***adj.-com.*** Que tiene valor o determinación: *fue muy ~: salvó a los niños en el incendio; sólo fueron premiados los más valientes.* ⇒ **bravo, valeroso.** ⇔ **cobarde.** ◻ En frases *exclamativas y seguido de sustantivo tiene un sentido irónico: *¡~ ayudante estás tú hecho!*

va·li·ja |balíxa| **1** ***f.*** Saco en el que se transportan las cartas: *el cartero colocó la ~ a la entrada de la oficina de correos.* **2** Maleta o *cartera: *llevaba una ~ en cada mano; puso las valijas en la baca del coche;* **~ diplomática**, la que va cerrada y sirve para llevar de un país a otro documentos oficiales de un Estado: *el ministro y el embajador se envían la documentación por ~ diplomática.*

va·lio·⌐so, ⌐sa |balióso, sa| ***adj.*** Que tiene mucho valor o importancia: *en el museo se exponen unas piezas de cerámica muy valiosas; este anillo es ~.* ⇒ **caro.**

va·lla |báʎa| **1** ***f.*** Pared hecha de madera o de otro material, que sirve para rodear un terreno: *pusieron unas vallas para proteger el jardín; los chicos han saltado la ~ y han pasado al huerto.* ⇒ **cerca, valladar, vallado. 2** Superficie en la que se fijan anuncios públicos: *a los lados de la carretera hay vallas con propaganda electoral.* **3** DEP. Obstáculo que se debe saltar en una carrera: *el corredor derribó varias vallas en la carrera.*

va·lla·dar |baʎaðár| ***f.*** Pared hecha de madera o de otro material, que sirve para rodear un terreno: *han puesto un ~ para proteger las obras del edificio.* ⇒ **cerca, valla, vallado.**

va·lla·do |baʎáðo| ***m.*** Pared hecha de madera o de otro material, que sirve para rodear un terreno: *la finca está rodeada con un ~ de alambres.* ⇒ **cerca, valla, valladar.**

va·llar |baʎár| ***tr.*** [algo] Cerrar un sitio levantando a su alrededor una construcción de tablas, de alambre o de otro material: *tuvieron que ~ el campo de fútbol para que no saltaran a él los aficionados; hemos vallado el jardín con estacas.* ⇒ **cercar.**

va·lle |báʎe| **1** ***m.*** Espacio de tierra entre montañas o alturas: *la casa está construida en un ~; el río discurre por el ~.* **2** *Depresión por la que corre un río: *este ~ tiene una longitud de seis kilómetros; habrá brumas matinales en el ~ del Ebro.* ⇒ **cuenca.**

va·lli·so·le·ta·⌐no, ⌐na |baʎisoletáno, na| **1** ***adj.*** De Valladolid o que tiene relación con Valladolid: *el río Duero pasa por tierras vallisoletanas.* **- 2** ***m. f.*** Persona nacida en Valladolid o que vive habitualmente en Valladolid: *tus amigos vallisoletanos son muy agradables.*

va·lor |balór| **1** ***m.*** Cualidad por la que una persona o cosa merece consideración y tenerse en cuenta: *sus recomendaciones tienen un gran ~ para nosotros.* ⇒ **valía. 2** Precio o cosa equivalente: *¿cuál es el ~ de estas tierras?; el ~ de este cuadro es incalculable.* **3** Importancia o significación: *su comentario no tiene ningún ~ para mí.* **4** Cualidad de lo que es *correcto o adecuado o de lo que se ajusta a la ley: *estos billetes de 1000 pesetas dejarán de tener ~ muy pronto.* ⇒ **validez. 5** Cualidad de valiente: *se enfrentó a sus enemigos con ~ y arrojo.* ⇒ **valentía. 6** Capacidad para soportar situaciones desagradables: *tuvo el ~ de estar esperando tres horas a que llegara el autobús.* ⇒ **estómago. 7** Falta de vergüenza y de consideración hacia los demás: *ha tenido el ~ de decirme que yo tenía la culpa.* ⇒ **descaro. 8** *fam.* Persona que tiene buenas cualidades o capacidad: *es un joven ~ del mundo de la música.* **9** MAT. Cantidad que se da a una variable: *el ~ de x es 150.* **- 10 valores *m. pl.*** Conjunto de documentos que representan la cantidad de dinero prestada a una empresa o sociedad para conseguir unas *ganancias: *los valores son títulos que se cotizan en Bolsa.* **11** Conjunto de normas o principios que dirigen el comportamiento de una persona: *ya se han perdido muchos valores tradicionales.*

va·lo·ra·ción |baloraθión| **1 *f.*** Fijación del precio o de una cosa equivalente: *tendremos que hacer una ~ de los daños causados por el incendio.* **2** Reconocimiento del valor: *el profesor hizo una buena ~ de la obra arquitectónica.*

va·lo·rar |balorár| **1 *tr.*** [algo, a alguien] Determinar el valor de una persona o cosa: *no han sabido ~ el esfuerzo de todas esas personas; no valora a sus hijos ni a su mujer.* ⇒ **apreciar. 2** [algo] Determinar el precio de una cosa: *me han valorado el coche viejo en muy poco dinero.* **3** Determinar la importancia: *valoraré tu propuesta y te daré una respuesta mañana.*

vals |báls| **1 *m.*** Baile con un movimiento *giratorio que se realiza por parejas: *las parejas bailaron un ~ en los salones del palacio; el ~ es un baile muy animado.* **2** Música de ese baile: *Strauss es un autor de valses.* ☐ El plural es *valses*.

val·va |bálβa| **1 *f.*** Pieza dura y movible que, junto con otra, forma la concha de algunos invertebrados: *la ostra, el mejillón y otros moluscos tienen valvas.* **2** Parte de la *vaina de ciertas plantas: *la vaina está formada por dos valvas.*

vál·vu·la |bálβula| **1 *f.*** Pieza que abre o cierra el paso de un fluido por un conducto: *la máquina no funciona porque la ~ está obstruida;* **~ de escape/de seguridad**, la que sirve para dar salida a los gases o líquidos: *la caldera de vapor tiene una ~ de seguridad que se abre automáticamente cuando hay un exceso de presión.* **2** ANAT. Pliegue que permite el paso de los fluidos por los conductos del organismo: *las válvulas hacen que la sangre circule por las venas en un solo sentido;* **~ mitral**, ANAT., la que está entre la *aurícula y el *ventrículo izquierdos del corazón: *la ~ mitral se llama así porque tiene forma de mitra.* ■ **~ de escape**, cosa o acción que permite a una persona salir de una situación aburrida o librarse de un trabajo excesivo: *estoy tan agobiado que la pintura me sirve como ~ de escape.*

vam·pi·re·sa |bampirésa| ***f.*** Mujer que aprovecha su belleza y buenas cualidades para conseguir favores de los hombres: *es una ~: te sacará todo el dinero y después te abandonará.*

vam·pi·ris·mo |bampirísmo| ***m.*** Conjunto de fenómenos relacionados con los *vampiros: *he visto un documental sobre el ~.*

vam·pi·ro |bampíro| **1 *m.*** Ser imaginario que va por las noches a chupar la sangre de las personas vivas: *hemos visto una película de terror en la que aparecían vampiros; el Conde Drácula es un famoso ~.* **2** Animal mamífero volador que chupa la sangre de personas y animales: *en esa zona es peligroso dormir con las ventanas abiertas, hay muchos vampiros.* ☐ Para indicar el sexo se usa el ~ macho y el ~ hembra. **3** *fig.* Hombre que se hace rico aprovechándose de los demás: *el dueño de la fábrica era un ~ que abusaba de los trabajadores.*

va·na·glo·ria |banaɣlória| ***f.*** Alabanza, con razón o sin ella, que una persona se hace a sí misma: *hablaba de sus éxitos con ~.* ⇒ **jactancia, pavoneo, presunción.**

va·na·glo·riar·se |banaɣlóriarse| ***prnl.*** Alabarse a uno mismo en exceso; mostrar orgullo por las cualidades o actos propios: *se vanagloriaba de ser la persona más rica de su pueblo.* ⇒ **pavonearse, presumir.** ☐ Se conjuga como 12.

van·dá·li·co, ca |bandáliko, ka| ***adj.*** Que tiene tendencia a destruir: *son unos jóvenes vandálicos: destrozan todo lo que encuentran a su paso; este fin de semana ha habido muchos actos vandálicos en el parque.*

van·da·lis·mo |bandalísmo| ***m.*** Actitud y acción de destruir: *en un acto de ~ sin precedentes, 40 coches fueron incendiados en la ciudad.*

ván·da·lo, la |bándalo, la| **1 *adj.-s.*** Del pueblo *germánico que invadió el Imperio Romano y creó un reino en el norte de África: *los vándalos llegaron a la Península Ibérica en el siglo V.* **2** (persona) Que tiende a destruir: *unos cuantos vándalos se han dedicado a quemar las papeleras de la ciudad.*

van·guar·dia |banguárðia| **1 *f.*** Corriente de pensamiento o artística avanzada en relación con las tendencias de su tiempo: *es un escritor que formó parte de las vanguardias de principios de siglo; me presentaron a un importante crítico musical de la ~.* **2** Parte del ejército que va delante de las demás: *el ejército ganó la batalla gracias a la avanzada de la ~.* ⇔ **retaguardia.**

VAMPIRO

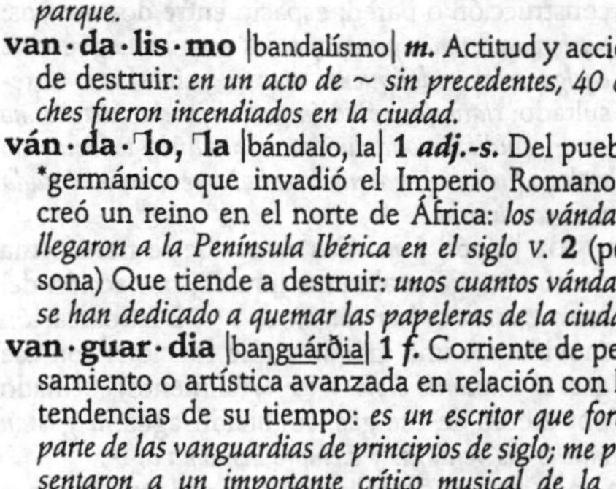

van·guar·dis·mo |baŋguarðísmo| ***m.*** Conjunto de tendencias *artísticas de carácter renovador que nacen a principios del siglo XX: *el ~ incluye tendencias como el cubismo y el expresionismo; el ~ se caracteriza por su espíritu experimental y combativo.*

van·guar·dis·ta |baŋguarðísta| **1** ***adj.*** Del *vanguardismo o que tiene relación con él: *el surrealismo es una tendencia ~.* **- 2** ***adj.-com.*** (persona) Que practica el *vanguardismo: *Picasso es un pintor ~.*

va·ni·dad |baniðáᵈ| ***f.*** Orgullo de las cualidades o actos propios: *tiene tanta ~ que es incapaz de reconocer sus errores.*

va·ni·do·⌜so, ⌜sa |baniðóso, sa| ***adj.*** Que muestra orgullo por las cualidades o actos propios: *es una persona vanidosa y creída; es muy ~: lo que más le gusta es que le digan que es muy listo.* ⇒ **engreído, presuntuoso.** ⇔ **humilde.**

va·⌜no, ⌜na |báno, na| **1** ***adj.*** Que no tiene razón de ser; que se basa en la imaginación: *alimentaba vanas esperanzas de ser algún día un famoso cantante.* **2** Que no tiene efecto ni resultado: *nuestros esfuerzos por salvar el negocio fueron vanos.* ⇒ **fútil, inane, inútil.** **3** Que está vacío o no tiene contenido: *sus palabras no eran más que vanas promesas que no pensaba cumplir.* **- 4 vano** ***m.*** Hueco de una construcción o pared; espacio entre dos apoyos: *pusieron ventanas para tapar los vanos; una gran cruz cuelga en el ~ del puente.* ■ **en ~**, sin efecto ni resultado: *claro que sé quién fue Alejandro Magno, no en ~ estudié historia durante varios años; todo nuestro trabajo fue en ~, ya que la cabaña se derrumbó nada más construirla.*

va·por |bapór| **1** ***m.*** Gas en el que se transforma un cuerpo, generalmente líquido, por acción del calor: *cuando se hierve agua, sale ~.* **2** Embarcación movida por una máquina que funciona con ese gas: *el ~ recorrió el río.* ■ **al ~**, (alimento) cocinado por medio de ese gas, sin añadir agua: *le gustan mucho las verduras y siempre las toma al ~.*

va·po·ri·za·dor |baporiθaðór| **1** ***m.*** Aparato que sirve para transformar un líquido en vapor por la acción del calor: *tenemos que instalar un ~ en el dormitorio para respirar mejor.* **2** Aparato que sirve para extender un líquido en forma de gotas muy pequeñas: *se ha estropeado el ~ del bote de la laca.* ⇒ **pulverizador.**

va·po·ri·zar |baporiθár| **1** ***tr.-prnl.*** [algo] Transformar un líquido en vapor por la acción del calor: *el agua del recipiente se ha vaporizado porque le ha dado el sol.* **- 2** ***tr.*** Extender un líquido en forma de gotas muy pequeñas: *con este aparato se puede ~ el agua para regar las plantas.* ⇒ **pulverizar.** ☐ Se conjuga como 4.

va·po·ro·⌜so, ⌜sa |baporóso, sa| ***adj.*** (tela) Que es ligero y fino: *esta blusa es ideal para el verano porque está hecha con una tela muy vaporosa.*

va·pu·le·ar |bapuleár| **1** ***tr.-prnl.*** [algo, a alguien] Golpear o empujar con *violencia: *vapuleó a su víctima hasta que vio aparecer a la policía.* ⇒ **zumbar, zurrar.** **2** *fig.* [a alguien] Criticar duramente; decir cosas desagradables: *lo vapuleó con sus palabras.*

va·que·rí·a |bakería| **1** ***f.*** Lugar donde se tienen vacas: *a las afueras del pueblo había una ~.* ⇒ **vaqueriza.** **2** Establecimiento en el que se vende la leche de las vacas: *fuimos a la ~ a comprar leche.*

va·que·ri·za |bakeríθa| ***f.*** Lugar donde se recogen los animales en el invierno, especialmente las vacas: *al llegar la primavera, sacaron las vacas de la ~.*

va·que·⌜ro, ⌜ra |bakéro, ra| **1** ***adj.*** (ropa) Que está hecho de una tela fuerte de algodón, generalmente azul, y se usa de manera informal: *en esa tienda venden ropa vaquera; estas camisas vaqueras son preciosas.* ⇒ **tejano.** **- 2** ***m. f.*** Persona que se dedica a cuidar vacas: *el ~ da de beber al ganado.* **- 3 vaqueros** ***m. pl.*** Pantalones hechos de una tela fuerte de algodón, generalmente azul, y que se usan de manera informal: *los vaqueros te sientan muy bien; se compró unos vaqueros negros.* ⇒ **tejano.**

va·ra |bára| **1** ***f.*** Palo delgado y largo: *hizo caer las naranjas del árbol ayudándose de una ~; te voy a dar con la ~.* ⇒ **palo.** **2** Rama de un árbol o arbusto delgada, larga y sin hojas: *se enganchó la camisa con una ~ del árbol.* **3** Medida de longitud: *una ~ tiene 83,5 centímetros.* **4** Palo largo con una punta en uno de sus extremos que sirve para herir al toro: *el picador clavó la ~ en el lomo del toro.*

va·re·ar |bareár| **1** ***tr.*** [algo] Tirar los frutos de los árboles golpeándolos con una vara: *el agricultor vareaba los olivos.* **2** [algo, a alguien] Dar golpes con una vara: *hay que ~ la lana del colchón para que se airee.*

va·ria·bi·li·dad |bariaβiliðáᵈ| ***f.*** Cualidad de variable: *sobre este tema hay una gran ~ de opiniones.*

va·ria·ble |bariáβle| **1** ***adj.*** Que varía o puede variar: *el clima ~ de esa ciudad no es bueno para mi salud.* **2** Que está sujeto a cambio frecuente o probable: *tiene un carácter muy ~.* **3** LING. (palabra) Que puede presentar formas diferentes: *la palabra* bueno *es un adjetivo ~.* **- 4** ***f.*** MAT. Símbolo que sustituye un conjunto de números y que puede representarlos: *dime cuáles son los valores de la ~* x.

va·ria·ción |bariaθión| **1** ***f.*** Cambio o transformación: *ha habido una pequeña ~ en la ruta.* ⇒ **alternancia.** **2** MÚS. Repetición de un tema musical introduciendo cambios de tono o ritmo: *los músicos han hecho variaciones sobre un mismo tema.* **3** LING. Cambio que experimentan en su forma las palabras para expresar distintas categorías gramaticales: *el género y el número son variaciones del nombre.* ⇒ **accidente.**

va·ria·⌜do, ⌜da |bariáðo, ða| ***adj.*** Que está formado por partes de características diferentes: *este artista tiene un público muy ~; para postre hay fruta o helados variados.*

va·rian·te |bariánte| **1** ***f.*** Diferencia o variación: *sus actividades diarias tienen pocas variantes.* **2** Forma que puede presentar una cosa: *este ejercicio físico tiene dos variantes.* **3** Desvío de un camino o carretera; camino alternativo: *cuando construyan* *la ~, la carretera nacional ya no pasará por medio del pueblo.* **4** Signo que indica el *empate o la victoria del equipo visitante, en la *quiniela de fútbol: *la quiniela de esta semana tiene pocas variantes.* ☐ Se usa sobre todo en plural. **- 5 variantes** ***f. pl.*** Hortalizas o legumbres preparadas en vinagre que se toman como *aperitivo: *nos pusieron para picar unas variantes de cebollita, coliflor, guindilla, zanahoria y pepinillo.*

va·riar |bariár| **1** ***tr.*** [algo] Hacer diferente: *he variado mis planes: mañana no iremos al campo, sino de compras.* ⇒ **alterar, cambiar, modificar. - 2** ***intr.*** Dar variedad: *me gusta ~ de ropa cada día.* ⇒ **cambiar. 3** Cambiar de forma, estado o cualidad: *su forma de pensar ha variado poco con el paso del tiempo.* ⇒ **alterar, modificar.** ☐ Se conjuga como 13.

va·ri·ce·la |bariθéla| ***f.*** Enfermedad contagiosa caracterizada por provocar fiebre y por la aparición de granos rojos en la piel: *la ~ es una enfermedad usual en los niños.*

va·rie·dad |barieðáᶞ| **1** ***f.*** Cualidad de diferente: *en esta isla existe una gran ~ de frutas tropicales.* ⇒ **diversidad. 2** Tipo o clase: *esta planta es una ~ de la enredadera; esta ~ de naranja es muy jugosa.* **- 3 variedades** ***f. pl.*** Espectáculo teatral formado por varios números de diferente naturaleza: *esta obra de variedades incluye números cómicos y de baile.*

va·ri·lla |baríʎa| ***f.*** Vara de metal, larga y delgada: *el armazón del paraguas está hecho de varillas.*

va·⌐rio, ⌐ria |bário, ria| **1** ***adj.*** Que es diferente: *este asunto conlleva varios problemas; sobre la mesa había objetos varios.* ⇒ **diverso. 2** Que tiene variedad: *esta región cuenta con una flora varia y abundante; se trata de una cultura varia.* **- 3 varios** ***indef.*** Unos cuantos; algunos: *ahí tienes varios libros, escoge uno; varios de ellos entraron a la vez.*

va·rio·pin·⌐to, ⌐ta |bariopínto, ta| ***adj.*** Que presenta muchas formas o aspectos diferentes; que está mezclado: *es una región variopinta: puedes encontrar todo tipo de paisajes.* ⇒ **variado.**

va·riz |baríθ| ***f.*** *Vena que se hincha más de lo normal, especialmente en las piernas: *la tienen que operar de varices.*

va·rón |barón| ***m.*** Persona de sexo masculino: *para este trabajo no buscan mujeres, sino varones; dejó todo su dinero a su primer hijo ~.* ⇒ **hombre; santo ~,** hombre *bondadoso y que tiene paciencia: *Enrique es un santo ~: no se queja por tener que cuidar de los niños.*

va·ro·nil |baroníl| ***adj.*** Del *varón o que tiene relación con él: *esta colonia tiene un aroma ~; la valentía y la fuerza se consideran cualidades varoniles.* ⇒ **viril.** ⇔ **femenino.**

va·sa·⌐llo, ⌐lla |basáʎo, ʎa| **1** ***adj.-s.*** (persona) Que depende de un señor *feudal: *los pueblos vasallos de la Edad Media tenían una serie de obligaciones respecto a su señor; era ~ de la Iglesia.* ⇒ **siervo. - 2** ***m. f.*** Persona que está bajo la autoridad de un rey o un país: *los vasallos sirvieron a su soberano en la guerra.* ⇒ **súbdito.**

va·sar |basár| ***m.*** Estante que se coloca horizontalmente dentro de un mueble o en una pared para colocar sobre él objetos, especialmente vasos y platos: *coge unos cuantos platos del ~ de la derecha.* ⇒ **estante.** ☐ No debe confundirse con *basar.*

vas·⌐co, ⌐ca |básko, ka| **1** ***adj.*** Del País Vasco o que tiene relación con él: *las costas vascas son buenas para la pesca; Bilbao es una importante ciudad vasca.* **- 2** ***m. f.*** Persona nacida en el País Vasco o que vive habitualmente en el País Vasco: *Juan Sebastián Elcano era ~.* **- 3 vasco** ***m.*** Lengua que se habla en el País Vasco español y *francés: *el estudiante hablaba ~ y español desde pequeño; el ~ también se habla en el sur de Francia.* ⇒ **vascuence.**

vas·con·ga·⌐do, ⌐da |baskoŋgáðo, ða| ***adj.*** Del País Vasco español o que tiene relación con él: *Vizcaya, Guipúzcoa y Álava son las provincias vascongadas.* ⇒ **vasco.**

vas·cuen·ce |baskuénθe| ***m.*** Lengua que se habla en el País Vasco español y *francés: *el ~ es una lengua muy antigua; Gabriel Aresti escribía en ~.* ⇒ **vasco.**

vas·cu·lar |baskulár| ***adj.*** BIOL. MED. De los vasos por los que circula la sangre u otros líquidos, en los animales o en las plantas: *la cirugía ~ ha adelantado mucho con las nuevas técnicas quirúrgicas.*

va·se·li·na |baselína| **1** ***f.*** Sustancia grasa y transparente que se usa como aceite industrial o como medicina: *la ~ se usa en perfumería y en farmacia; la ~ se obtiene del petróleo y de la parafina.* **2** *fam. fig.* Cuidado y suavidad para comunicar una noticia desagradable: *el jefe puso mucha ~ al despedir a su secretaria.* ⇒ **tacto. 3** DEP. Jugada muy calculada que consiste en lanzar el *balón suavemente por encima de los jugadores contrarios: *el delantero lanzó el balón con una ~ que engañó al portero.*

va·si·ja |basíxa| ***f.*** Recipiente que sirve para contener comidas, bebidas u otras cosas: *en esa ~ de barro hay vino; la ~ está adornada con figuras geométricas.*

va·so |báso| **1** ***m.*** Recipiente, generalmente de cristal y de forma cilíndrica, que sirve para contener y beber líquidos: *llena el ~ de agua; el camarero vació el contenido de la botella en tres vasos.* **2** *p. ext.* Recipiente que sirve para contener un líquido: *en los vasos del laboratorio hay sustancias tóxicas;* **vasos comunicantes**, los que están unidos a través de un conducto que permite el paso de un líquido: *para este experimento necesitamos vasos comunicantes.* **3** Escultura con forma de *vasija o *jarrón: *en la sala segunda se expone una colección de vasos fenicios.* **4** ANAT. Tubo o conducto por el que circulan la sangre y otros líquidos del organismo de los animales y de los vegetales: *las venas son vasos por los que se distribuye la linfa; la savia de las plantas circula a través de vasos.* ■ **ahogarse en un ~ de agua**, *fam.*, preocuparse por cosas que no tienen importancia: *cualquier cosa le parece un problema, se ahoga en un ~ de agua.*

va·so·di·la·ta·⌐dor, ⌐do·ra |basoðilataðór, ðóra| ***adj.-m.*** MED. Que aumenta la anchura de los conductos por los que pasa la sangre: *está tomando* *un medicamento ~ porque tiene problemas de circulación de la sangre.*

vás·ta·go |bástaγo| **1** ***m.*** Tallo nuevo que brota de una planta: *los vástagos crecen en primavera.* **2** *fig.* Hijo; persona en cuanto a sus padres: *el padre quería que todos sus vástagos fueran médicos o abogados.* **3** Pieza corta y con forma de cilindro: *la figura se une a la peana con un ~ de madera.* **4** MEC. Barra que sirve para unir dos piezas de un mecanismo: *el ~ une el émbolo a la biela del motor.*

vas·⌐to, ⌐ta |básto, ta| ***adj.*** Que es muy extenso: *el terreno cultivable de esta región es muy ~.* ⇒ **amplio.** ⇔ **pequeño.** ☐ No se debe confundir con *basto.*

vá·ter |báter| **1** ***m.*** Recipiente con una *cisterna de agua en el que se orina y se hace de vientre: *después de usar el ~ debes tirar de la cadena.* ⇒ **inodoro, retrete, taza, water.** **2** Habitación en la que están ese recipiente y otros elementos que sirven para el aseo humano: *¡sal ya del ~, que llevas una hora dentro!* ⇒ **cuarto, retrete, servicio, water.**

va·ti·ci·nar |batiθinár| ***tr.*** [algo] Adivinar o anunciar lo que va a ocurrir en el futuro: *el adivino le vaticinó un futuro lleno de éxitos.* ⇒ **profetizar.**

va·ti·ci·nio |batiθínio| ***m.*** Adivinación o anuncio de lo que va a ocurrir en el futuro: *su ~ resultó totalmente equivocado.*

va·tio |bátio| ***m.*** ELECTR. Unidad de *potencia: *el símbolo del ~ es W; un ~ equivale al producto de un voltio por un amperio; esta bombilla es de 100 vatios.* ⇒ **watt.**

ve·ci·nal |beθinál| ***adj.*** De los *vecinos o que tiene relación con ellos: *la asociación ~ se encargará de las fiestas del barrio de este año.*

ve·cin·dad |beθindáᵈ| **1** ***f.*** Situación o condición de vivir en un mismo edificio, calle o pueblo que otros: *la única relación que tengo con Eva es de ~.* **2** Conjunto de personas que viven en un mismo edificio, calle o pueblo: *toda la ~ se alarmó cuando se enteró de que aquel vecino tan simpático era un asesino; la ~ está muy descontenta por la subida de los impuestos municipales.* ⇒ **vecindario.** **3** Proximidad entre dos o más personas o cosas: *la ~ nos hace sentirnos acompañados.* ⇒ **cercanía.** ⇔ **lejanía.**

ve·cin·da·rio |beθindário| ***m.*** Conjunto de los *vecinos de un lugar: *el ~ está muy contento con estas medidas de seguridad.* ⇒ **vecindad.**

ve·ci·⌐no, ⌐na |beθíno, na| **1** ***adj.-s.*** (persona) Que vive en el mismo edificio, calle, pueblo o ciudad que otras personas: *ese chico pelirrojo es ~ mío; los vecinos del piso de arriba son muy ruidosos.* **- 2** ***adj.*** Que está cercano o próximo: *las localidades vecinas están afectadas por la falta de agua.* **3** *fig.* Que es parecido; que coincide: *tus ideas y las mías son vecinas.*

ve·dar |beðár| **1** ***tr.*** [algo] Prohibir por ley: *han vedado la caza de animales durante ciertas épocas del año.* **2** Rechazar o poner un impedimento: *el guarda no vedó la entrada al parque.* ⇒ **vedar.**

ve·ga |béγa| ***f.*** Terreno bajo, generalmente regado por un río: *las vegas son tierras muy fértiles para el cultivo.*

ve·ge·ta·ción |bexetaθión| **1** ***f.*** Conjunto de vegetales propios de un terreno: *la ~ de la selva es muy abundante; la ~ de este territorio está formada por arbustos.* ⇒ **flora.** **- 2 vegetaciones** ***f. pl.*** Enfermedad que consiste en el crecimiento excesivo de unas *glándulas que están situadas en la parte alta de la nariz: *el médico le ha dicho que tienen que quitarle las vegetaciones; no puedo respirar bien porque tengo vegetaciones.*

ve·ge·tal |bexetál| **1** ***adj.*** De las plantas o que tiene relación con ellas: *este producto cosmético contiene sustancias vegetales.* **- 2** ***m.*** Ser orgánico que vive y crece fijado al suelo: *los árboles son vegetales; los vegetales realizan la fotosíntesis.* ⇒ **planta.**

ve·ge·tar |bexetár| **1** ***intr.*** Vivir desarrollando solamente las funciones orgánicas: *desde que tuvo aquel accidente, vegeta como una planta.* **2** *fam. fig.* Llevar voluntariamente una vida tranquila y sin trabajo: *es un perezoso y se pasa el día vegetando.* **3** Formarse, alimentarse y crecer las plantas: *las plantas vegetan gracias al agua y al oxígeno.*

ve·ge·ta·ria·⌐no, ⌐na |bexetariáno, na| ***adj.-s.*** Que se alimenta únicamente de vegetales: *tengo un amigo que es ~; los vegetarianos no consumen carne.*

ve·ge·ta·ti·⌐vo, ⌐va |bexetatíβo, βa| ***adj.*** BIOL. De las funciones que están relacionadas con la *nutrición y el desarrollo: *la asimilación de los alimentos es un proceso ~.*

ve·he·men·cia |beᵉménθia| **1** ***f.*** Fuerza o *viveza; impulso: *defendió lo que consideraba que era suyo con gran ~.* **2** Pasión al obrar: *las cosas le salieron mal debido a la ~ de sus actos.*

ve·he·men·te |beᵉménte| **1** ***adj.*** Que tiene fuerza y *viveza: *su discurso fue ~ y demoledor.* **2** (persona) Que obra con pasión, sin pensar: *eres un chico ~ e irresponsable.* ⇒ **ardiente.**

ve·hí·cu·lo |beíkulo| **1** ***m.*** Medio de transporte: *el barco es un ~ más lento que el avión.* **2** *fig.* Cosa que sirve para llevar o conducir otras: *la suciedad es ~ de muchas enfermedades.*

vein·te |béinte| **1** ***num.*** Diecinueve más uno: *15 más cinco son ~; si tengo 100 manzanas y te doy 80, me quedan ~.* **2** (persona, cosa) Que sigue en orden al décimo noveno; *vigésimo: *si voy después del décimo noveno, soy el ~ de la lista.* ☐ Es preferible el uso del ordinal: *soy el vigésimo.* **- 3** ***m.*** Número que representa el valor de diecinueve más uno: *escribe el ~ después del 19.* ■ **las ~**, jugada de las cartas que consiste en reunir un rey y un caballo del mismo palo: *he conseguido las ~ en copas.*

vein·te·a·⌐vo, ⌐va |beinteáβo, βa| ***num.*** (parte) Que resulta de dividir un todo en 20 partes iguales: *si somos 20 para comer, me toca un ~ de tarta.*

vein·te·na |beinténa| ***f.*** Conjunto formado por veinte unidades: *sólo asistieron a la reunión una ~ de personas; en esta caja hay una ~ de bombones.*

vein·ti·cin·co |beintiθíŋko| **1** ***num.*** Veinte más cinco: *15 más diez son ~; si tengo 100 manzanas y te doy 75, me quedan ~.* **2** (persona, cosa) Que sigue en orden al *vigésimo cuarto; *vigésimo quinto: *si voy después del vigésimo cuarto, soy el ~ de la lista.* ☖ Es preferible el uso del ordinal: *soy el vigésimo quinto.* - **3** ***m.*** Número que representa el valor de veinte más cinco: *escribe el ~ después del 24.* ☖ No se debe decir: *venticinco* ni *vinticinco.*

vein·ti·cua·tro |beintikuátro| **1** ***num.*** Veinte más cuatro: *15 más nueve son ~; si tengo 100 manzanas y te doy 76, me quedan ~.* **2** (persona, cosa) Que sigue en orden al *vigésimo tercero; *vigésimo cuarto: *si voy después del vigésimo tercero, soy el ~ de la lista.* ☖ Es preferible el uso del ordinal: *soy el vigésimo cuarto.* - **3** ***m.*** Número que representa el valor de veinte más cuatro: *escribe el ~ después del 23.* ☖ No se debe decir: *venticuatro* ni *vinticuatro.*

vein·ti·dós |beintiðós| **1** ***num.*** Veinte más dos: *15 más siete son ~; si tengo 100 manzanas y te doy 78, me quedan ~.* **2** (persona, cosa) Que sigue en orden al *vigésimo primero; *vigésimo segundo: *si voy después del vigésimo primero, soy el ~ de la lista.* ☖ Es preferible el uso del ordinal: *soy el vigésimo segundo.* - **3** ***m.*** Número que representa el valor de veinte más dos: *escribe el ~ después del 21.* ☖ No se debe decir: *ventidós* ni *vintidós.*

vein·ti·nue·ve |beintinuéβe| **1** ***num.*** Veinte más nueve: *15 más 14 son ~; si tengo 100 manzanas y te doy 71, me quedan ~.* **2** (persona, cosa) Que sigue en orden al *vigésimo octavo; *vigésimo noveno: *si voy después del vigésimo octavo, soy el ~ de la lista.* ☖ Es preferible el uso del ordinal: *soy el vigésimo noveno.* - **3** ***m.*** Número que representa el valor de veinte más nueve: *escribe el ~ después del 28.* ☖ No se debe decir: *ventinueve* ni *vintinueve.*

vein·tio·cho |beintiótʃo| **1** ***num.*** Veinte más ocho: *15 más 13 son ~; si tengo 100 manzanas y te doy 72, me quedan ~.* **2** (persona, cosa) Que sigue en orden al *vigésimo séptimo; *vigésimo octavo: *si voy después del vigésimo séptimo, soy el ~ de la lista.* ☖ Es preferible el uso del ordinal: *soy el vigésimo octavo.* - **3** ***m.*** Número que representa el valor de veinte más ocho: *escribe el ~ después del 27.* ☖ No se debe decir: *ventiocho* ni *vintiocho.*

vein·ti·séis |beintiséis| **1** ***num.*** Veinte más seis: *15 más 11 son ~; si tengo 100 manzanas y te doy 74, me quedan ~.* **2** (persona, cosa) Que sigue en orden al *vigésimo quinto; *vigésimo sexto: *si voy después del vigésimo quinto, soy el ~ de la lista.* ☖ Es preferible el uso del ordinal: *soy el vigésimo sexto.* - **3** ***m.*** Número que representa el valor de veinte más seis: *escribe el ~ después del 25.* ☖ No se debe decir: *ventiséis* ni *vintiséis.*

vein·ti·sie·te |beintisiéte| **1** ***num.*** Veinte más siete: *15 más 12 son ~; si tengo 100 manzanas y te doy 73, me quedan ~.* **2** (persona, cosa) Que sigue en orden al *vigésimo sexto; *vigésimo séptimo: *si voy después del vigésimo sexto, soy el ~ de la lista.* ☖ Es preferible el uso del ordinal: *soy el vigésimo séptimo.* - **3** ***m.*** Número que representa el valor de veinte más siete: *escribe el ~ después del 26.* ☖ No se debe decir: *ventisiete* ni *vintisiete.*

vein·ti·trés |beintitrés| **1** ***num.*** Veinte más tres: *15 más ocho son ~; si tengo 100 manzanas y te doy 77, me quedan ~.* **2** (persona, cosa) Que sigue en orden al *vigésimo segundo; *vigésimo tercero: *si voy después del vigésimo segundo, soy el ~ de la lista.* ☖ Es preferible el uso del ordinal: *soy el vigésimo tercero.* - **3** ***m.*** Número que representa el valor de veinte más tres: *escribe el ~ después del 22.* ☖ No se debe decir: *ventitrés* ni *vintitrés.*

vein·tiún |beintiún| ***num.*** Apócope de *veintiuno:* ⇒ **veintiuno.** ☖ Se usa delante de sustantivos masculinos.

vein·tiu·⌈no, ⌈na |beintiúno, na| **1** ***num.*** Veinte más uno: *15 más seis son ~; si tengo 100 manzanas y te doy 79, me quedan veintiuna.* **2** (persona, cosa) Que sigue en orden al *vigésimo; *vigésimo primero: *si voy después del vigésimo, soy el ~ de la lista.* ☖ Es preferible el uso del ordinal: *soy el vigésimo primero.* - **3** ***m.*** Número que representa el valor de veinte más uno: *escribe el ~ después del 20.* ☖ No se debe decir: *ventiuno* ni *vintiuno.*

ve·jar |bexár| ***tr.*** [a alguien] Tratar mal; hacer pasar por una situación de vergüenza: *la odiaba y aprovechaba cualquier momento para vejarla delante de todos.* ⇒ **humillar.**

ve·ja·to·⌈rio, ⌈ria |bexatório| ***adj.*** Obra o dicho que hace mal o hace pasar por una situación de vergüenza: *las convenciones internacionales no permiten dar un trato ~ a los prisioneros de guerra.*

ve·jes·to·⌈rio, ⌈ria |bexestório, ria| ***m. f.*** *fam. desp.* Persona que es muy vieja: *¿dónde voy a ir yo con este ~?* ☖ Se usa también en masculino para hacer referencia a una mujer: *la tía de Miguel es un ~.*

ve·jez |bexéθ| **1** ***f.*** Estado de la persona que tiene una edad avanzada: *ésta es una enfermedad propia de la ~; sus canas le impiden disimular su ~.* ⇔ **juventud.** **2** Periodo de la vida de una persona en el que tiene una edad avanzada: *antes de morir vivió una ~ tranquila.* ⇒ **senectud.** ⇔ **juventud.** ■ **a la ~, viruelas**, expresión que indica que una persona vieja hace cosas que no corresponden a su edad: *desde su jubilación, va todas las noches a la discoteca: a la ~, viruelas.*

ve·ji·ga |bexíɣa| **1** ***f.*** ANAT. Órgano muscular en forma de bolsa en el que se acumula la orina: *la orina procedente de los riñones se almacena en la ~ y es expulsada a través de la uretra.* **2** Bulto lleno de líquido que se forma en la piel: *los zapatos son nuevos y me han hecho vejigas en el talón; se ha quemado la mano y le ha salido una ~.* ⇒ **ampolla.** **3** Bolsa llena de aire: ~ **natatoria**, ZOOL., la que tienen los peces a los lados del aparato *digestivo y que les permite flotar en el agua a diferentes profundidades: *la ~ natatoria aumenta o disminuye de volumen para que los peces se mantengan en equilibrio.*

ve·la |béla| **1** ***f.*** Cilindro de cera u otra materia grasa, con un hilo en el centro que lo recorre de un extremo a otro, que se enciende y sirve para dar luz: *se fue la luz y nos alumbramos con una ~; el candelabro tiene cinco velas.* **2** Pieza de tela fuerte que se sujeta a los palos de una embarcación y que la mueve al recibir el empuje del viento: *el velero se* *mueve gracias a la ~.* **3** DEP. Deporte en el que participan embarcaciones que llevan ese trozo de tela: *el campeonato de ~ se celebra en los meses de verano.* **4** Situación o estado del que está despierto en las horas destinadas al sueño: *estuvo toda la noche en ~ y ahora está muerto de sueño.* ⇒ **vigilia.** ■ **a dos velas,** *fam.*, sin nada de valor: *no te puedo prestar dinero: estoy a dos velas.* ■ **a dos velas,** *fam.*, sin saber o enterarse de nada: *seguro que está diciendo algo importante y yo me estoy quedando a dos velas.* ■ **a toda** ~, muy rápidamente: *se marchó a toda ~ nada más acabar la reunión.* ■ **más derecho que una** ~, *fam.*, *obediente; de comportamiento adecuado: *a ése lo voy a poner yo más derecho que una ~.* ☖ Se usa sobre todo con el verbo *poner.* ■ **no darle ~ en este entierro,** *fam.*, no dejar que una persona se meta u obre en un asunto: *tú cállate, que nadie te ha dado ~ en este entierro.*

ve·la·da |beláða| **1** *f.* Reunión de personas que se hace de noche: *la ~ en casa de los Martínez fue un poco aburrida.* **2** Fiesta musical o competición deportiva que se celebra por la noche: *la asociación ha organizado unas veladas musicales que están teniendo mucho éxito.*

ve·la·dor |belaðór| ***m.*** Mesa pequeña, generalmente redonda, que tiene un solo pie: *enciende la lámpara que hay sobre el ~.*

ve·lar |belár| **1** ***tr.*** [a alguien] Acompañar por la noche a un muerto o cuidar a una persona enferma: *la familia estuvo velando el cadáver toda la noche; la enfermera veló al enfermo para que no le faltara de nada.* **2** [algo] Ocultar o disimular una cosa: *sus buenas palabras velaban malas intenciones.* **- 3** ***tr.-prnl.*** Borrarse toda o una parte de la imagen de una fotografía por haber recibido la luz: *se han velado todas las fotografías porque la cámara no estaba bien cerrada.* **- 4** ***intr.*** Estar sin dormir el tiempo destinado al sueño: *llevamos varias semanas velando porque el niño está enfermo y no para de llorar; estuvo velando toda la noche porque estaba muy preocupado.* **5** *fig.* [por algo/alguien] Cuidar y mostrar preocupación: *tu madre velará por tu salud; la policía vela por los ciudadanos.* **- 6** ***adj.*** ANAT. Del *velo del paladar o que tiene relación con él: *el niño tiene inflamada la zona ~.* **- 7** ***adj.-com.*** LING. (sonido) Que se pronuncia acercando la lengua al *velo del paladar: *la jota tiene un sonido ~.* **- 8** ***adj.-f.*** LING. (letra) Que representa ese sonido: *la u es una letra ~.*

ve·la·to·rio |belatório| **1** ***m.*** Lugar preparado para acompañar a una persona muerta: *los familiares del difunto estuvieron toda la noche en el ~.* **2** Acto en el que se acompaña a una persona muerta: *el cura dijo una misa durante el ~.*

ve·lei·dad |beleiðá^{d}| **1** ***f.*** Cualidad de *veleidoso: *la ~ de su carácter hace que no sea la persona más adecuada para este trabajo.* **2** Cosa que no es *constante o que es ligera: *déjate de veleidades y ponte a trabajar seriamente.*

ve·lei·do·⌜so, ⌜sa |beleiðóso, sa| ***adj.*** Que no es *constante; que es ligero: *siempre ha tenido una voluntad veleidosa y ha hecho lo que ha querido.*

ve·le·ro |beléro| ***m.*** Embarcación que tiene velas: *quiso dar la vuelta al mundo en un ~; no se ha comprado un ~, sino una barca con motor.*

ve·le·ta |beléta| **1** ***f.*** Objeto de metal, generalmente con forma de *flecha, que está colocado en lugares altos y que sirve para señalar la dirección del viento: *hay una ~ en el tejado de la casa; la ~ de la torre indica que el viento viene del norte.* **- 2** ***com.*** *fig.* Persona que cambia con frecuencia de opinión o gustos: *Rafael es una ~: tan pronto dice que vendrá como que no vendrá.*

ve·llo |béʎo| **1** ***m.*** Pelo corto y fino que cubre ciertas partes del cuerpo: *apenas tiene ~ en los brazos; tiene un poco de ~ sobre el labio superior.* **2** Pelo corto y fino que cubre la piel de ciertas frutas o plantas: *el ~ de la piel de melocotón me produce dentera.* ⇒ **pelusa.**

ve·llón |beʎón| **1** ***m.*** Conjunto de lana que se le quita a una oveja o a un animal parecido: *el esquilador colocó el ~ en un rincón del establo.* **2** Moneda antigua de *cobre: *los vellones se usaron en lugar de las monedas de plata.*

ve·llo·⌜so, ⌜sa |beʎóso, sa| ***adj.*** Que tiene vello o es parecido a él: *esta crema se debe aplicar en las partes vellosas del cuerpo.*

ve·llu·⌜do, ⌜da |beʎúðo, ða| **1** ***adj.*** Que tiene mucho vello: *mi marido es ~, parece un oso.* **- 2 velludo** ***m.*** Tejido que tiene pelo en la superficie: *el ~ se llama también felpa o terciopelo.* ⇒ **felpa.**

ve·lo |bélo| **1** ***m.*** Tela fina y transparente que sirve para cubrir, generalmente la cabeza o la cara de las mujeres: *la novia llevaba un ~ de tul cogido a la cabeza con horquillas; las mujeres musulmanas llevan velos para taparse la cara; algunos sombreros llevan un pequeño ~ en su parte delantera.* **2** Tela con la que las religiosas se cubren la cabeza y la parte superior del cuerpo: *estas monjas llevan un ~ de color negro.* **3** *fig.* Cosa que impide ver otra con claridad: *un ~ de niebla nos impide ver el paisaje con claridad.* **4** *fig.* Cosa que impide conocer otra: *su desaparición estuvo cubierta por un ~ de misterio; en su profunda tristeza se refugia tras un ~ de alegría.* **5** ANAT. Tejido muscular delgado: **~ del paladar,** ANAT., el que separa la boca de la *faringe: *he probado la sopa y estaba tan caliente que me he quemado el ~ del paladar.* ■ **correr/echar un tupido** ~, poner en el olvido una cosa que no conviene recordar: *no quiero hablar más de este tema, prefiero correr un tupido ~ y olvidarlo.*

ve·lo·ci·dad |beloθiðá^{d}| **1** ***f.*** Rapidez en el movimiento: *los coches circulan a gran ~ por la autopista.* **2** FÍS. Relación entre el espacio recorrido y el tiempo empleado en recorrerlo: *el tren circula a una ~ de doscientos kilómetros por hora.* **3** MEC. Posición del mecanismo de un automóvil que permite variar el número de vueltas que dan las ruedas en función del número de vueltas que da el motor: *la primera ~ sirve para arrancar; la quinta ~ es muy rápida.*

ve·lo·cí·me·tro |beloθímetro| ***m.*** Aparato que indica la velocidad de un vehículo: *el ~ y el cuentakilómetros se hallan en el salpicadero.*

ve·lo·cí·pe·do |beloθípeðo| ***m.*** Vehículo formado por dos o tres ruedas, de las cuales una es de mayor tamaño que las otras: *el ~ se mueve con los pies por medio de unos pedales.*

ve·lo·cis·ta |beloθísta| ***com.*** DEP. *Deportista que participa especialmente en carreras de velocidad: *los velocistas se preparan en la línea de salida.*

ve·ló·dro·mo |belóðromo| ***m.*** Instalación preparada para las carreras de bicicletas: *el campeonato de velocidad tuvo lugar en el ~ más importante del país; están construyendo un ~ en el polideportivo.*

ve·loz |belóθ| ***adj.*** Que se mueve u obra de manera muy rápida: *el correcaminos es más ~ que el coyote; la moto pasó ~ delante de nosotros.* ⇔ **lento.**

ve·na |béna| **1** ***f.*** Vaso que conduce la sangre al corazón o a otro vaso de mayor tamaño: *la sangre llega al corazón a través de las venas; las venas pulmonares transportan la sangre que se ha oxigenado en los pulmones;* ~ **cava**, ANAT., la que, junto con otra, recoge la sangre de todo el cuerpo y la conduce al corazón: *las venas cavas son las mayores del organismo;* ~ **coronaria**, ANAT., la que se extiende por el corazón y otras partes del cuerpo. **2** *fig.* Cualidad o facilidad para hacer una cosa que se posee de manera natural: *desde pequeñito le notamos su vena de músico.* **3** *fig.* Estado de ánimo: *no le contradigas, que hoy está de mala ~.* **4** BOT. Fibra que se destaca en la cara posterior de las hojas de las plantas: *si te fijas en el envés de esta hoja, verás las venas que la recorren.* ⇒ **nervio. 5** Masa mineral que llena un agujero o una abertura de una formación rocosa: *en las venas, una parte del mineral es útil y otra no se puede aprovechar.* ⇒ **filón, veta. 6** Lista de color que tienen en su superficie distintas piedras o maderas: *las venas que recorren la madera son onduladas y tienen formas caprichosas.* **7** Lista de tierra o piedra que por su color y otras características se distingue de la masa de la que forma parte: *este terreno tiene venas de arcilla.* ⇒ **veta. 8** Conducto natural por el que circula el agua en el interior de la tierra. ■ **dar/entrar la** ~, *fam.*, tener el deseo *repentino de hacer una cosa: *es un poco rara, a veces le da la ~ y no quiere estar con nadie.*

ve·na·blo |benáβlo| ***m.*** Lanza corta: *el cazador lanzó flechas y venablos al jabalí.*

ve·na·do |benáðo| ***m.*** Animal mamífero salvaje de patas largas, cola muy corta, pelo áspero, corto, marrón o gris, cuyo macho tiene cuernos divididos en ramas, y que se alimenta de vegetales: *una pareja de venados bajó a beber al río.* ⇒ **ciervo.**

ven·ce·⌜dor, ⌜do·ra |benθeðór, ðóra| ***adj.-s.*** Que gana o vence: *el participante ruso fue el ~ en el trofeo de ajedrez; ¿qué equipo resultó ~ en el torneo?* ⇔ **perdedor.**

ven·ce·jo |benθéxo| **1** ***m.*** Pájaro de color casi negro, de alas largas y patas muy cortas, que hace sus nidos en los huecos de paredes y en los tejados altos y que pasa la mayor parte de su vida volando: *el ~ se alimenta de insectos.* ☖ Para indicar el sexo se usa el ~ macho y el ~ hembra. **2** Cuerda que se usa para atar o ajustar, especialmente los cereales que se acaban de cortar: *los segadores ataban el trigo con fuertes vencejos.*

ven·cer |benθér| **1** ***tr.-intr.*** [a alguien] Ganar o superar; quedar por encima de los demás: *el atleta mejicano venció en la carrera ciclista.* ⇔ **perder. 2** Dominar o someter: *el caballero venció a su rival con la espada; el ejército venció al enemigo sin problemas.* ⇒ **aplastar, arrollar. - 3** ***tr.*** Producir un efecto en una persona: *quiso ver la película, pero le venció el sueño.* **- 4** ***intr.*** Cumplirse; acabar o llegar al momento final: *mañana vence el plazo para pagar el impuesto de circulación.* ⇒ **expirar. - 5** ***tr.-prnl.*** [algo] Torcer o inclinar: *no te apoyes, que se va a ~ el estante.* ☖ Se conjuga como 2.

ven·ci·mien·to |benθimiénto| **1** ***m.*** Cumplimiento o fin de un periodo determinado: *el ~ es mañana, día cinco.* **2** Torcimiento o inclinación: *el ~ de la estantería se produjo porque no aguantaba tanto peso.*

ven·da |bénda| ***f.*** Trozo de tela largo y estrecho que sirve para cubrir las heridas o para impedir el movimiento de una parte del cuerpo: *le puso pomada sobre la herida y después la cubrió con una ~; lleva una ~ en la cabeza.* ■ **tener una ~ en los ojos**, no darse cuenta una persona de cómo son las cosas en realidad: *no quiere darse cuenta de que su marido ya no la quiere: tiene una ~ en los ojos.*

ven·da·je |bendáxe| **1** ***m.*** Colocación de una tira larga de tela que se enrolla alrededor de una parte del cuerpo para protegerla o impedir que se mueva: *la enfermera le hizo un ~ en el brazo derecho.* **2** Tira de tela o conjunto de tiras de tela que se colocan de esa forma: *el ~ sujeta el apósito colocado sobre la herida.*

ven·dar |bendár| ***tr.*** [algo, a alguien] Poner una venda: *le han vendado el brazo porque tiene una fractura; la enfermera venda la pierna del enfermo.*

ven·da·val |bendaβál| ***m.*** Viento muy fuerte: *no saldremos a la calle hasta que no pase el ~; los vendavales han destrozado las cosechas.* ⇒ **ventarrón, ventisca.**

ven·de·⌜dor, ⌜do·ra |bendeðór, ðóra| ***m. f.*** Persona que se dedica a vender mercancías: *Julián es un buen ~; la vendedora me ha dicho que este producto es muy bueno.*

ven·der |bendér| **1** ***tr.*** [algo; a alguien] Dar una cosa a cambio de una cantidad de dinero: *en los estancos venden tabaco; Raúl se dedica a ~ electrodomésticos.* ⇔ **comprar. 2** Ofrecer una cosa con valor moral para sacar un provecho material: *es tan interesado que vendería su alma al diablo a cambio de dinero.* **3** [a alguien] Faltar a la *amistad o a la confianza: *para convertirse en director, no le importó ~ a su mejor amigo.* ⇒ **traicionar. - 4 venderse** ***prnl.*** Obrar de manera poco *correcta para conseguir una *ganancia: *intentaron sobornar al fiscal, pero él no se vendió.*

ven·di·mia |bendímia| **1** ***f.*** Recogida de la uva: *después de la ~ empezamos la elaboración del vino.* **2** Tiempo en el que se recoge la uva: *durante la ~, comían todos juntos en el campo.* **3** *fig.* Provecho importante que se saca de una cosa: *de esa venta hemos sacado una buena ~.*

ven·di·miar |bendimiár| ***tr.-intr.*** [algo] Recoger la uva: *muchos españoles se fueron a ~ al campo francés.* ☐ Se conjuga como 12.

ve·ne·no |benéno| **1 *m.*** Sustancia que, cuando es introducida en el cuerpo de un ser vivo, provoca la muerte o *trastornos graves: *murió porque bebió de la copa que tenía ~; el aguijón del alacrán tiene ~.* ⇒ **ponzoña. 2** *fig.* Cosa que no es buena para la salud: *no fumes tanto, que el tabaco es ~.* **3** *fig.* Mala intención con la que se hace o dice una cosa: *todas sus preguntas iban cargadas de ~.*

ve·ne·no·⌐so, ⌐sa |benenóso, sa| **1 *adj.*** Que contiene veneno: *puso una sustancia venenosa en la comida.* **2** *fig.* Que tiene mala intención al hacer o decir una cosa: *tienes ideas venenosas, no se te ocurre nada bueno.*

ve·ne·ra·ble |beneráβle| ***adj.*** Que merece respeto: *sacie nuestra curiosidad, ~ anciano.* ☐ Se usa como tratamiento aplicado a los superiores de la Iglesia católica.

ve·ne·ra·ción |beneraθión| **1 *f.*** Adoración; demostración de amor y respeto: *la ~ de la imagen del niño Jesús forma parte de la ceremonia de Navidad.* **2** Respeto grande: *sentía ~ por su viejo maestro.*

ve·ne·rar |benerár| **1 *tr.*** [algo, a alguien] Adorar; demostrar amor y respeto: *en esa ermita se venera a San Isidro.* **2** Respetar mucho: *los niños veneran a sus padres.*

ve·né·re·o, a |benéreo, rea| ***adj.*** (enfermedad) Que se contagia por vía sexual: *la sífilis es una enfermedad venérea.*

ve·ne·ro |benéro| **1 *m.*** Lugar donde brota una corriente de agua: *entre esas rocas hay un ~ de agua caliente.* ⇒ **manantial. 2** Origen o principio de donde procede una cosa: *la buena salud suele ser ~ de alegría.* ⇒ **fuente. 3** Lugar donde se encuentra una cosa en abundancia: *los mineros están trabajando en un ~ de azufre.*

ve·ne·zo·la·no, na |beneθoláno, na| **1 *adj.*** De Venezuela o que tiene relación con Venezuela: *Maracaibo es una ciudad venezolana.* **- 2 *m. f.*** Persona nacida en Venezuela o que vive habitualmente en Venezuela: *Bolívar era ~.*

ven·gan·za |beŋgánθa| ***f.*** Respuesta a una ofensa o daño con otra ofensa o daño: *el móvil del asesinato fue la ~; mi ~ será terrible.* ⇒ **desquite.**

ven·gar |beŋgár| ***tr.-prnl.*** [algo, a alguien] *Responder a una ofensa o daño con otra ofensa o daño: *dijo que vengaría la muerte de su amigo; me vengaré de ti, no lo dudes.* ⇒ **desquitar.** ☐ Se conjuga como 7.

ven·ga·ti·vo,⌐va |beŋgatíβo, βa| ***adj.*** Que tiende a *vengarse o que quiere hacerlo: *no hagas nada que la perjudique porque es muy vengativa.*

ve·nia |bénia| ***f.*** Permiso o autorización: *con su ~, expondré los cargos que se le imputan al acusado.* ⇒ **licencia.**

ve·nial |beniál| ***adj.*** (*pecado) Que se opone ligeramente a la ley o la norma y es fácil de perdonar: *los pecados veniales son faltas de poca importancia.* ⇒ **mortal.**

ve·ni·de·⌐ro, ⌐ra |beniðéro, ra| ***adj.*** Que va a venir, ocurrir o *suceder: *tengo muchos planes para los meses venideros.*

ve·nir |benír| **1 *intr.*** Ir o moverse hacia el lugar en que está el que habla; llegar a ese lugar: *Antonio todavía no ha venido; me han llamado por teléfono y me han dicho que ya viene; ¿cuándo vendrás a vernos? - A lo mejor iré el mes que viene.* **2** Proceder de un lugar: *este chocolate viene de Suiza.* **3** Tener origen: *todos sus nervios le vienen del exceso de trabajo; viene de una familia muy pobre.* **4** Surgir o aparecer, especialmente un deseo o un sentimiento: *de pronto me vinieron ganas de comerme un helado.* **5** Adaptarse una prenda de vestir de un modo determinado: *necesito una talla más pequeña porque ésta me viene muy grande.* **6** Convenir o ser adecuado: *nos veremos mañana porque esta tarde no me viene bien.* **7** Estar incluido: *en este libro no viene lo que estoy buscando.* **8** Seguir, en una serie: *después del día viene la noche.* **9** Aproximarse; acercarse: *este libro vendrá a costar unas mil pesetas.* ☐ Se construye seguido de *a* e infinitivo. **10** Realizarse o llegar a cumplirse: *vino a convertirse en heredero de su abuelo.* ☐ Se construye seguido de *a* e infinitivo. **11** Insistir; continuar en una situación: *venía pidiéndome dinero y yo se lo negaba.* ☐ Se construye con gerundio. **12** Ser, estar o resultar: *esta situación en el campo viene causada por la falta de lluvias.* ☐ Se construye con participio. Se conjuga como 90. **- 13 ¡venga! *interj.*** Expresión que se usa para animar o meter prisa: *¡venga, date prisa, que llegamos tarde!* **14** Expresión que se usa para indicar rechazo: *¡venga ya, yo eso no me lo creo!* ■ **~ a menos**, pasar de una situación o un estado bueno a otro peor: *el negocio de la familia ha venido a menos de un tiempo a esta parte.*

ve·no·⌐so, ⌐sa |benóso, sa| **1 *adj.*** De la *vena o que tiene relación con ella: *los conductos venosos tienen una estructura semejante a la de las arterias.* **2** Que tiene *venas: *la enfermera buscó una parte venosa del brazo para sacar sangre.*

ven·ta |bénta| **1 *f.*** Acción y resultado de dar una cosa a cambio de una cantidad de dinero: *las inmobiliarias se dedican a la ~ de pisos; el perro que hay en la tienda de animales está en ~.* ⇔ **compra. 2** Conjunto de cosas que se dan a cambio de dinero: *en los meses de invierno aumenta la ~ de paraguas y prendas de abrigo; la campaña publicitaria ha hecho que las ventas aumenten.* ⇔ **compra. 3** Establecimiento situado en un camino que acoge a los viajeros: *las antiguas ventas ofrecían alojamiento y comida a los caminantes.* ⇒ **mesón, posada.**

ven·ta·ja |bentáxa| **1 *f.*** Característica o situación que hace que una persona o una cosa sea mejor en comparación con otra: *él tiene ~ porque es mayor que yo.* ⇒ **superioridad, supremacía.** ⇔ **desventaja. 2** Circunstancia a favor: *si quieres comprar un regalo, tienes la ~ de que hay una tienda aquí cerca.* **3** Distancia o puntos que una persona concede a favor de otra a la que considera inferior: *te doy una ~ de un kilómetro en la carrera.* **4** Distancia o puntos que tiene un *deportista sobre los demás: *el corredor italiano cuenta con una ~ de 15 minutos.* **5** Provecho o *ganancia: *si invierte en el negocio, conseguirá grandes ventajas.*

ven·ta·jo·⌜so, ⌜sa |bentaxóso, sa| ***adj.*** Que tiene o da ventajas: *este negocio será muy ~ para todas las partes; se encuentra en una situación ventajosa.* ⇔ **desventajoso.**

ven·ta·na |bentána| **1** ***f.*** Marco de madera o metal, con una o más hojas y con cristales, que tapa el hueco de una pared: *abre la ~, que hay mucho humo aquí dentro; se acaba de romper el cristal de la ~ del salón.* **2** Abertura, generalmente de forma rectangular, que se hace en un muro a cierta distancia del suelo: *los albañiles han abierto dos ventanas en este muro.* **3** Agujero de la nariz: *empezó a salirle sangre por una de las ventanas de la nariz.* ■ **echar/tirar la casa por la ~,** *fam.*, gastar mucho dinero o comprar muchas cosas sin importar la cantidad de dinero que se gasta: *cuando celebraron su aniversario, tiraron la casa por la ~.*

ven·ta·nal |bentanál| ***m.*** Ventana grande: *en el salón hay un ~ que cubre toda la pared del fondo.*

ven·ta·ni·lla |bentaníʎa| **1** ***f.*** Ventana pequeña de un vehículo: *miraba las nubes a través de la ~ del avión; unos gamberros tiraron piedras a la ~ del tren.* **2** *p. ext.* Cristal que cierra la ventana pequeña de un vehículo: *el conductor subió la ~ del coche; me han roto una ~ para robarme el aparato de radio.* **3** Abertura pequeña que hay en la pared de distintos establecimientos, a través de la cual los empleados se comunican con el público: *llevo media hora delante de la ~ y todavía no me han atendido; esta ~ es únicamente para la venta de sellos; en la ~ del teatro hay un cartel en el que pone que se han agotado las entradas.* **4** Abertura rectangular cubierta con papel transparente que tienen los sobres para leer la dirección escrita en la carta: *las cartas que envía el banco están metidas en sobres de ~.* **5** Agujero de la nariz: *tengo atascadas las ventanillas y no puedo respirar.*

ven·ta·rrón |bentar̄ón| ***m.*** Viento muy fuerte: *el ~ ha tronchado las ramas de los árboles; con este ~ vamos a salir volando.* ⇒ **vendaval.**

ven·te·⌜ro, ⌜ra |bentéro, ra| ***m. f.*** Persona que se encarga de una *venta: *el ~ llevó los caballos de los viajeros al establo.*

ven·ti·la·ción |bentilaθión| **1** ***f.*** Entrada o movimiento de aire en un lugar: *a este bar le hace falta un poco de ~; abre las puertas para que haya ~ en la sala.* **2** Abertura que se hace para que se mueva o entre aire en un sitio: *la ~ del cuarto de baño es una pequeña ventana.*

ven·ti·la·dor |bentilaðór| ***m.*** Aparato que sirve para *ventilar o bajar la temperatura de un lugar o de una cosa al mover el aire: *los ventiladores son necesarios en verano; el ~ tiene una aspa que gira; el ~ enfría el agua del motor a su paso por el radiador.*

ven·ti·lar |bentilár| **1** ***tr.-prnl.*** [algo] Hacer que se mueva o entre el aire en un lugar: *abre la ventana para que se ventile un poco la habitación.* ⇒ **airear.** **2** Sacar al aire libre para que se vaya el olor o el polvo: *pon las sábanas en la cuerda para que se ventilen.* ⇒ **airear.** **3** *fig.* Tratar o resolver un asunto con rapidez: *ventilaron el negocio en la última reunión.* ⇒ **despachar.** - **4** ***tr.*** *fig.* Dar a conocer un asunto privado: *no vayas ventilando por ahí lo que te acabo de contar.* - **5** ***tr.-prnl.*** *fam.* Comer o beber por completo: *se acaba de ~ la botella de vino él solo.*

ven·tis·ca |bentíska| **1** ***f.*** Tormenta de viento o de viento y nieve: *las ventiscas son frecuentes en los puertos de montaña; los montañeros fueron sorprendidos por una fuerte ~.* **2** Viento muy fuerte: *la ~ derrumbó la torrecita.* ⇒ **vendaval, ventarrón.**

ven·tis·que·ro |bentiskéro| **1** ***m.*** Lugar en las montañas que está expuesto a las tormentas de viento o de viento y nieve: *los excursionistas se encontraban en el ~ cuando ocurrió el accidente.* **2** Lugar en las montañas en el que se conserva la nieve y el hielo: *entre aquellas dos montañas hay un ~, allí se puede ver la nieve en verano.* **3** Masa de nieve o hielo que se conserva en ese lugar: *no pudieron pasar por aquel sitio porque había un ~.*

ven·to·le·ra |bentoléra| **1** ***f.*** Golpe de viento fuerte y de corta duración: *ha entrado una ~ por la ventana y la puerta se ha cerrado de golpe.* **2** *fam. fig.* Acción o pensamiento extraño e inesperado: *ahora tiene la ~ de cambiar de coche, aunque el que tiene lo compró hace unos días; me dio la ~ y me apunté a un curso de baile regional.*

ven·to·rro |bentór̄o| ***m.*** *Venta pequeña y mala: *tuvieron la mala suerte de llegar al peor ~ de la zona.*

ven·to·sa |bentósa| **1** ***f.*** Pieza de material elástico que se pega a una superficie lisa por presión, al producirse el vacío en su interior: *compró una percha con ~ para colgar los paños de la cocina.* **2** Órgano de ciertos animales que les permite pegarse fuertemente a los objetos haciendo el vacío: *el pulpo se sujetó a la roca con sus ventosas.*

ven·to·se·ar |bentoseár| ***intr.-prnl.*** Expulsar aires o gases por el ano: *padece aerofagia y no puede evitar ~.*

ven·to·si·dad |bentosiðáᵈ| **1** ***f.*** *form.* Conjunto de gases que se expulsan por el ano: *debes aguantar tus ventosidades cuando estás con otras personas.* ⇒ **pedo.** **2** Acumulación de gases en el *intestino: *las habas y las judías blancas producen ventosidades.*

ven·to·⌜so, ⌜sa |bentóso, sa| ***adj.*** Que tiene un fuerte viento: *hoy hace un día ~: ponte la chaqueta antes de salir; en esta zona el tiempo es muy ~.*

ven·trí·cu·lo |bentríkulo| **1** ***m.*** ANAT. Hueco de la parte inferior del corazón de mamíferos, aves y reptiles que recibe la sangre procedente de las *aurículas: *la arteria aorta sale del ~ izquierdo y la arteria pulmonar sale del ~ derecho.* ⇒ **aurícula.** **2** ANAT. Hueco del *encéfalo de los vertebrados: *los ventrículos son cuatro.*

ven·trí·lo·⌜cuo, ⌜cua |bentrílokuo, kua| ***adj.-s.*** (persona) Que tiene la habilidad de hablar cambiando su voz natural, sin mover los labios ni los músculos de la cara: *los humoristas ventrílocuos nos* *hicieron reír con sus muñecos; en este espectáculo actúa un ~ muy famoso.*

ven·tu·ra |bentúra| **1** ***f.*** Estado de alegría y satisfacción de la persona que ha conseguido sus deseos: *ya han pasado los tiempos de ~.* ⇒ **dicha, felicidad. 2** Suerte o azar: *el adivino me pronosticó buena ~ para mi futuro.* ☐ Se usa sobre todo con los adjetivos *buena* y *mala.* ■ **a la buena ~,** sin una idea o un fin determinado: *está acostumbrado a hacer las cosas a la buena ~.*

ven·tu·ro·⌐so, ⌐sa |benturóso, sa| ***adj.*** Que lleva o tiene alegría o satisfacción: *tuvo una vida muy venturosa a lo largo de su primer matrimonio.* ⇒ **feliz.**

ver |bér| **1** ***tr.-intr.*** [algo, a alguien] Sentir a través de la vista: *desde aquí no se puede ~ bien la película; aquí hay poca luz: no se ve nada.* ⇒ **mirar. - 2** ***tr.*** [algo] Darse cuenta; conocer mediante la inteligencia: *¿no ves que te has equivocado?; no veo la solución a tu problema.* **3** Ir a un espectáculo: *¿has visto ya la película que están poniendo en el cine?* **4** Tratar un tema o asunto: *mañana veremos un tema de biología muy interesante.* **5** Estudiar o examinar con atención: *aún no he tenido tiempo para ~ el informe que has escrito.* **6** Comprobar o hacer lo necesario para informarse de una cosa: *voy a ~ si me entero de quién ha ganado el premio; ve a ~ quién llama a la puerta.* **7** Sospechar o sentir lo que va a pasar: *estoy viendo que el niño se va a caer de la cuna.* **8** Juzgar o considerar de una manera determinada: *no veo las cosas como tú; veo difícil que nuestro equipo gane la liga.* **9** Aceptar la *apuesta de otro jugador: *está bien, veo la jugada.* **- 10** ***tr.-prnl.*** [a alguien] Visitar o encontrarse con una persona: *nos vemos esta tarde, ¿de acuerdo?* **- 11** ***intr.*** Tratar de conseguir: *veré de alcanzar lo que me he propuesto.* ☐ Se construye seguido de *de* e infinitivo. **- 12 verse** ***prnl.*** Imaginarse en una situación determinada: *no se ve casado y con hijos.* ☐ Se conjuga como 91. **- 13** ***m.*** Aspecto exterior: *la vi con un chico de muy buen ~.* ■ **a ~,** expresión con la que se indica que se quiere conocer una cosa: *a ~, cuéntame qué te pasa.* ■ **a ~,** expresión que se usa para *confirmar o expresar acuerdo: *a ~, qué voy a hacer sino aguantarme.* ■ **estar por ~,** no haberse *confirmado o demostrado: *está por ~ que consigas ese empleo.* ■ **¡habráse visto!,** expresión que indica enfado o falta de acuerdo: *¡habráse visto el informal!: me invita al cine y no se presenta a la cita.* ■ **no poder ~ ni en pintura,** *fam.,* odiar; no aguantar: *no me gusta nada esa chica: no la puedo ~ ni en pintura.* ■ **no veas,** expresión con la que se destaca lo que se dice: *no veas lo nervioso que se puso cuando se enteró de la noticia.* ■ **vérselas con una persona,** *fam.,* tener un enfrentamiento: *si no dejas de insultarme, te las verás conmigo.* ■ **vérselas y deseárselas,** *fam.,* costar mucho trabajo: *quería vivir solo, pero se las vio y se las deseó para encontrar un apartamento.*

ve·ra |béra| ***f.*** Límite entre la tierra y el agua de un río: *se acercó demasiado a la ~ del río y se cayó al agua.* ⇒ **orilla.** ■ **a la ~,** muy cerca; al lado: *se sentó a la ~ de su madre.*

ve·ra·ci·dad |beraθiðáᵈ| ***f.*** Cualidad de verdadero: *no he dudado ni por un momento de la ~ de tus palabras.* ⇔ **falsedad.**

ve·ra·ne·an·te |beraneánte| ***com.*** (persona) Que pasa el verano en un lugar, generalmente diferente del lugar en el que se vive: *en los meses de julio y agosto las playas se llenan de veraneantes.*

ve·ra·ne·ar |beraneár| ***intr.*** Pasar el verano en un lugar, generalmente diferente del lugar en el que se vive: *¿dónde irás a ~ este año?; siempre vamos a ~ a un pueblo de la montaña.*

ve·ra·ne·o |beranéo| ***m.*** Vacaciones de verano que se pasan en un lugar, generalmente diferente del lugar en el que se vive: *tuvo un ~ muy largo y divertido; este año no nos iremos de ~.*

ve·ra·nie·⌐go, ⌐ga |beraniéɣo, ɣa| ***adj.*** Del verano o que tiene relación con él: *la ropa veraniega es ligera y fresca; las temperaturas veraniegas son muy altas.* ⇒ **estival.** ■ **ir ~,** *fam.,* llevar poca ropa: *vas muy ~ y sólo estamos en marzo.*

ve·ra·no |beráno| ***m.*** Estación del año comprendida entre la primavera y el otoño: *en ~, los días son más largos que en otras estaciones del año; el ~ empieza el día 21 de junio.* ⇒ **estío.**

ve·ras |béras| ■ **de ~,** con verdad: *acabo de cumplir 50 años. - ¿De ~?, pues no los aparentas.*

ve·raz |beráθ| **1** ***adj.*** (persona) Que dice la verdad: *los responsables de este periódico son veraces.* **2** Que es verdadero: *todavía no hemos recibido noticias veraces sobre el asunto.*

ver·bal |berβál| **1** ***adj.*** Del habla o que tiene relación con ella: *la comprensión y la expresión ~ del niño mejoraron con la lectura.* **2** Que se hace de palabra y no por escrito: *el contrato fue ~.* ⇒ **oral.** **3** Del verbo o que tiene relación con él: *estoy estudiando los tiempos verbales.*

ver·be·na |berβéna| **1** ***f.*** Fiesta popular con música y baile que se celebra al aire libre y por la noche: *en la Plaza Mayor había una ~; en la ~, unos bailaban y otros bebían limonada o comían churros y rosquillas.* **2** Hierba silvestre con flores rosadas en *espigas largas y delgadas, que crece junto a los caminos y en las tierras sin cultivar: *la ~ se usó en medicina para bajar la fiebre; la ~ es la planta sagrada de los celtas.*

ver·bo |bérβo| **1** ***m.*** LING. Palabra que tiene variación de tiempo, aspecto, modo, voz, número y persona y que expresa la acción, el estado u otras propiedades del sujeto: *el ~ suele ser el núcleo del predicado; son verbos las palabras como* caer, dormir, buscar *o* querer*;* ~ **auxiliar,** LING., el que pierde o cambia su significado y sirve para formar los tiempos compuestos y otros grupos verbales: *el ~* haber *funciona como ~ auxiliar en la formación de los tiempos compuestos;* ser *es un ~ auxiliar que forma la voz pasiva; las perífrasis llevan un ~ auxiliar;* ~ **copulativo,** LING., el que une el sujeto con un *atributo: ser, estar *y* parecer *son algunos de los verbos copulativos;* ~ **defectivo,** LING., el que no se puede conjugar en todos los modos, tiempos o personas: *un ~ defectivo es* soler *porque no se usa en el futuro, en el condicional ni en el imperativo;* ~ **fre-**

cuentativo, LING., el que expresa una acción repetida: *el* ~ golpear *es un* ~ *frecuentativo;* ~ **impersonal**, LING., el que sólo se usa en tercera persona y no tiene sujeto en forma personal: *en la oración* había muchas personas, haber *es un* ~ *impersonal;* ~ **incoativo**, LING., el que indica el principio de una cosa o de una acción que progresa: *el* ~ florecer *es un* ~ *incoativo;* ~ **intransitivo**, LING., el que no lleva objeto directo: *verbos como* nacer *o* morir *son verbos intransitivos;* ~ **irregular**; LING., el que se aparta de la regla y se conjuga de manera especial: *el* ~ caber *es un* ~ *irregular;* ~ **pronominal**, LING., el que se construye con determinadas formas de los pronombres: *un* ~ *pronominal es* arrepentirse; ~ **recíproco**, LING., el que indica *intercambio de acción entre dos o más elementos: *en la frase* los dos vecinos se saludaron, *el* ~ saludar *es recíproco;* ~ **reflexivo**, LING., el que indica que la acción la realiza y la recibe el sujeto: *en la frase* yo me miro en el espejo, mirar *es un* ~ *reflexivo;* ~ **transitivo**, LING., el que puede llevar un objeto directo: *el* ~ decir *es un* ~ *transitivo;* ~ **unipersonal**, LING., el que sólo se usa en tercera persona del singular y no tiene sujeto en forma personal: llover *es un* ~ *unipersonal.* **2** Palabra o discurso; forma de hablar: *me gusta escuchar tu cálido* ~*; en la ópera se combinan la música y el* ~.

ver·bo·rre·a |berβořéa| ***f.*** Abundancia o exceso de palabras al hablar o escribir: *su* ~ *nos confundió a todos; los discursos de ese político se caracterizan por su* ~ *demagógica.* ⇒ **palabrería.**

ver·dad |berðáᵈ| **1 *f.*** *Conformidad entre lo que se dice y lo que se cree o piensa: *sus palabras no respetan la* ~. **2** Existencia real; realidad: *¿es* ~ *lo que me acabas de decir?* ⇔ **mentira. 3** Afirmación o principio que no se puede negar: *este juicio es una* ~ *aceptada por todos los científicos.* **4** Afirmación que se hace de forma clara y directa: *en cuanto tenga ocasión le voy a decir cuatro verdades.* ☐ Se usa sobre todo en plural. ■ **bien es** ~ **que**, expresión con la que se opone una cosa a otra, pero sin llegar a negarla: *bien es* ~ *que tengo sueño, pero me acostaré tarde.* ■ **de** ~, como debe ser: *Juan es un amigo de* ~. ■ **de** ~, en serio: *de* ~, *me ha tocado la lotería.*

ver·da·de·⌐ro, ⌐ra |berðaðéro, ra| **1 *adj.*** Que es verdad o contiene verdad: *eso que acabas de decir no es completamente* ~. ⇒ **verídico.** ⇔ **falso. 2** Que es real: *tengo* ~ *pánico a montar en moto.* ⇒ **efectivo.**

ver·de |bérðe| **1 *adj.*** Del color de la hierba fresca: *el color* ~ *se consigue mezclando el azul y el amarillo; lleva una camisa* ~. **- 2 *adj.-m.*** (color) Que es como el de la hierba fresca: *algunos daltónicos confunden el verde y el marrón.* **- 3 *adj.*** (lugar) Que está destinado a las plantas: *en esta ciudad hay muy pocas zonas verdes.* **- 4 *adj.-com.*** *fig.* (persona, grupo) Que defiende de forma activa la conservación del medio ambiente: *¿votarás al partido* ~ *en las próximas elecciones?* ⇒ **ecologista. - 5 *adj.*** (planta) Que no está seco: *cortó las ramas secas del árbol y dejó las más verdes.* **6** (fruto) Que todavía no está maduro: *no te comas ese melocotón, que está* ~. ⇔ **maduro. 7** *fig.* (persona) Que está poco preparado: *tienes que aprender mucho, todavía estás muy* ~. **8** *fig.* Que no tiene o muestra vergüenza, especialmente en cuanto al sexo: *me contó un chiste* ~*; es un viejo* ~. ⇒ **obsceno. - 9 *m.*** Hierba corta y abundante que cubre el suelo: *no pises el* ~ *del parque.* ⇒ **césped.** ■ **poner** ~, *fam.*, criticar o hablar mal de una persona o una cosa: *cuando habla, siempre pone* ~ *a todos sus amigos.*

ver·de·rón |berðerón| ***m.*** Pájaro de color verde con manchas amarillas, que es *apreciado por su canto: *el* ~ *tiene el mismo tamaño del gorrión y abunda en España.* ☐ Para indicar el sexo se usa el ~ macho y el ~ hembra.

ver·dín |berðín| **1 *m.*** Capa de color verde que se forma en lugares húmedos y en la superficie del agua detenida: *el chico resbaló en el* ~ *de la roca; las fuentes se llenaron de* ~ *durante el invierno.* **2** Capa de óxido de color verde que se forma sobre los objetos de cobre por la acción de la humedad: *las estatuas del pórtico estaban cubiertas de* ~. ⇒ **cardenillo. 3** Primer color verde que tienen las plantas que todavía no han madurado: *en marzo ya se puede admirar el* ~ *de los campos de trigo.*

ver·dor |berðór| ***m.*** Color verde intenso de las plantas: *lo más agradable de este jardín es su* ~. ⇒ **verdura.**

ver·do·⌐so, ⌐sa |berðóso, sa| ***adj.*** Que tiene un color parecido al verde: *esta falda no es azul, es más bien verdosa; llevaba una corbata verdosa con rayas.*

ver·du·go |berðúɣo| **1 *m.*** Persona que ejecuta a los condenados a muerte por la justicia: *el* ~ *le cortó la cabeza al asesino.* **2** *fig.* Persona cruel que maltrata a los demás: *toda su familia le temía porque era un* ~. **3** Prenda de vestir de punto, que cubre la cabeza hasta el cuello, dejando libre la cara, y que sirve para protegerse del frío: *los días de viento, la madre ponía un* ~ *a sus hijos pequeños.* ⇒ **pasamontañas. 4** Espada muy delgada: *el* ~ *se usa para matar a ciertos animales.* ⇒ **estoque. 5** Tira

VERDERÓN

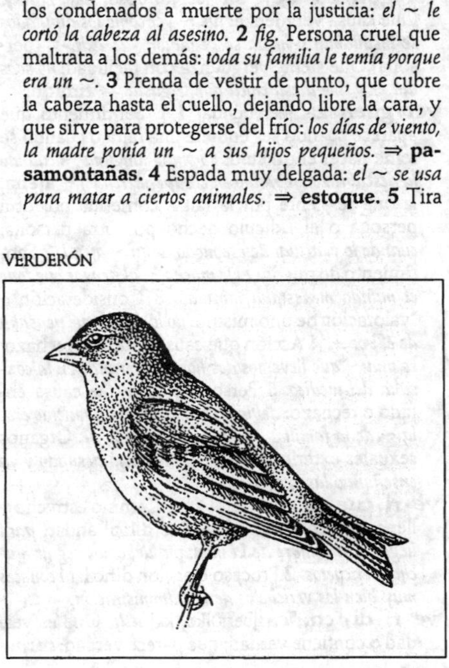

estrecha y larga de cuero u otro material flexible que se usa para castigar físicamente: *el domador llevaba un ~ en la mano.* **6** Señal o herida hecha con esa tira estrecha y larga: *las mulas y los burros tenían el lomo lleno de verdugos.* **7** Tallo nuevo de un árbol: *al podar el ciruelo no cortes el ~.*

ver·du·le·ra |berðuléra| ***f.*** *fam.* Mujer vulgar y con mala educación: *es una ~, no sabe hablar sin gritar.*

ver·du·le·rí·a |berðulería| ***f.*** Establecimiento en el que se venden verduras: *he comprado un repollo en la ~.*

ver·du·le·⌜ro, ⌜ra |berðuléro, ra| ***m. f.*** Persona que se dedica a vender verduras: *la verdulera me ha vendido unas berenjenas muy buenas.*

ver·du·ra |berðúra| **1** ***f.*** Hortaliza, especialmente la que se come *cocida: *este plato de ~ tiene judías verdes y habas.* **2** Color verde intenso de las plantas: *llama la atención la ~ de este lugar.* ⇒ **verdor.**

ve·re·da |beréða| ***f.*** Camino estrecho que sirve generalmente para el paso de animales: *el ganado pasaba por la ~ cercana al manantial.* ⇒ **senda.**

ve·re·dic·to |bereðíᵏto| **1** ***m.*** DER. Decisión final de un tribunal: *el jurado emitió su ~.* **2** *p. ext.* Opinión o parecer que se da tras pensar cuidadosamente: *su ~ fue tajante: estaba todo mal y había que volver a empezar desde el principio.*

ver·ga |bérɣa| **1** ***f.*** Palo colocado horizontalmente en un *mástil, que sirve para sostener la vela: *este velero no podría navegar si no tuviera ~.* **2** Órgano sexual masculino: *la ~ es el pene.* ⇒ **pene.**

ver·gel |berxél| ***m.*** Huerto con flores y árboles frutales: *en este ~ hay una gran variedad de flores.*

ver·gon·zo·⌜so, ⌜sa |berɣonθóso, sa| **1** ***adj.*** Que causa vergüenza: *fue ~ ver cómo los diputados se insultaban y hasta se pegaban.* **- 2** ***adj.-s.*** (persona) Que siente vergüenza con facilidad: *no seas tan ~ y dile a esa chica que te gusta.* ⇒ **tímido.**

ver·güen·za |berɣu̲énθa| **1** ***f.*** Sentimiento que aparece cuando se *comete una falta o cuando se teme hacer el ridículo: *no sintió ninguna ~ cuando la descubrieron robando en el supermercado;* ~ **ajena**, la que se siente por la falta *cometida por otra persona o el ridículo hecho por otra persona: *cuando lo vi actuar de ese modo, sentí ~ ajena.* **2** Sentimiento de miedo: *tuve mucha ~ al pensar que todo el mundo me estaba mirando.* **3** Consideración o *valoración de uno mismo: *no le dije lo que pensaba de él por ~.* **4** Acción que causa enfado o rechazo: *es una ~ que llevemos dos horas esperando en la consulta del médico.* **5** Persona o cosa que causa enfado o rechazo: *debido a tu mal comportamiento eres la ~ de la familia.* **- 6 vergüenzas** ***f. pl.*** Órganos sexuales exteriores: *mira, el niño está desnudo y va enseñando las vergüenzas.*

ve·ri·cue·to |beriku̲éto| **1** ***m.*** Camino estrecho y lleno de curvas por el que es difícil andar: *para llegar a la cumbre de la montaña debemos seguir muchos vericuetos.* **2** Proceso o acción difícil: *tú conoces muy bien los vericuetos de la administración.*

ve·rí·di·⌜co, ⌜ca |beríðiko, ka| ***adj.*** Que es verdad o contiene verdad; que parece verdad: *sus palabras son verídicas, podemos asegurarlo.* ⇒ **verdadero.**

ve·ri·fi·car |berifikár| **1** ***tr.*** [algo] Demostrar que es verdadera una cosa de la que se dudaba: *los resultados del experimento verificaron las hipótesis del científico.* ⇒ **confirmar, corroborar. 2** Comprobar, especialmente el funcionamiento de un aparato: *haremos una prueba para ~ el funcionamiento del motor; hay que ~ su testimonio para ver si miente o dice la verdad.* **- 3** ***tr.-prnl.*** *form.* Realizar o llevar a cabo: *el pago de la pensión se verificará por meses anticipados.* ☖ Se conjuga como 1.

ver·ja |bérxa| **1** ***f.*** Pared hecha con barras de hierro que se usa para limitar un espacio abierto: *alrededor del parque hay una ~.* **2** Parte de esta pared que se abre y se cierra a modo de puerta: *cierra la ~ del jardín para que no se escape el perro.* **3** Red formada por barras de hierro de varios tamaños y figuras, que se usa para limitar un espacio o se pone en puertas y ventanas para seguridad o como adorno: *la ~ del portal es de hierro; la ~ de la ventana está adornada con macetas.* ⇒ **reja.**

ver·mú |bermú| ***m.*** Bebida alcohólica, compuesta de vino y ciertas hierbas, que se toma generalmente antes de comer: *pedí un ~ y unas aceitunas en el bar.* ⇒ **vermut.**

ver·mut |bermúᵗ| ***m.*** ⇒ **vermú.**

ver·ná·cu·⌜lo, ⌜la |bernákulo, la| ***adj.*** Que es propio de un país o de una región: *sólo conoce su idioma ~.*

ve·ro·sí·mil |berosímil| ***adj.*** Que parece verdadero o creíble: *la situación que me estás describiendo es perfectamente ~.* ⇒ **creíble.** ⇔ **increíble, inverosímil.**

ve·ro·si·mi·li·tud |berosimilitúᵈ| ***f.*** Cualidad de verdadero o creíble: *tenía aspecto de ~, pero todos sabían que mentía al hablar.*

ve·rra·co |beřáko| ***m.*** Cerdo padre: *en la pocilga tengo dos cerdos castrados y un ~.*

ve·rru·ga |beřúɣa| ***f.*** Bulto de forma redonda o arrugado que sale en la piel: *me han salido unas verrugas en los dedos de la mano; el dermatólogo me ha mandado una pomada para las verrugas.*

ver·sa·li·ta |bersalíta| ***f.*** Letra *mayúscula y recta, del mismo tamaño que la *minúscula: *los números romanos de los siglos suelen escribirse en ~.*

ver·sar |bersár| ***intr.*** [sobre algo] Tratar acerca de una materia o un tema determinado: *este manual versa sobre las religiones antiguas.*

ver·sá·til |bersátil| ***adj.*** (persona) Que cambia con mucha facilidad de opinión o gustos: *Julia es una chica muy ~, tan pronto piensa una cosa como otra.*

ver·sa·ti·li·dad |bersatiliðáᵈ| ***f.*** Facilidad para cambiar de opinión o de gustos: *me asombra su ~ de carácter.*

ver·sí·cu·lo |bersíkulo| ***m.*** Parte breve de los *capítulos de ciertos libros, especialmente de la Biblia o del Corán: *el cura leyó varios versículos de la Biblia durante la celebración de la misa.*

ver·si·fi·ca·ción |bersifikaθi̲ón| **1** ***f.*** Acción y resultado de *versificar: *el poeta compuso un soneto* *con una ~ regular.* **2** Arte de *versificar: *desde muy joven dominaba la ~.*

ver·si·fi·car |bersifikár| ***intr.*** Componer versos: *este poeta versifica de maravilla.* ☖ Se conjuga como 1.

ver·sión |bersión| **1** ***f.*** Presentación diferente o adaptación de una obra artística o literaria: *he visto la última ~ del Don Juan Tenorio.* **2** Traducción de una obra escrita: *¿existe ~ en portugués de este libro?* **3** Modo particular de entender un hecho: *tú y ella dais dos versiones muy distintas del accidente.* ■ ~ **original**, obra artística o literaria tal y como fue presentada por su autor, especialmente en cuanto al uso de la lengua: *prefiero ver las películas en ~ original y no me gusta que las doblen.*

ver·so |bérso| **1** ***m.*** Palabra o conjunto de palabras que está sujeta a unas reglas de ritmo y de medida y que forma una línea de un poema: *sólo recuerdo los primeros versos de aquel largo poema;* ~ **blanco/suelto**, POÉT., el que no rima con ningún otro: *el penúltimo verso de esta estrofa debe ser un verso suelto;* ~ **de arte mayor**, POÉT., el de más de ocho sílabas: *los endecasílabos son versos de arte mayor;* ~ **de arte menor**, POÉT., el de ocho sílabas o menos: *el heptasílabo es un ~ de arte menor;* ~ **libre**, el que no está sujeto a rima ni a medida: *compuso un poema con versos libres.* **2** Género literario de las obras compuestas con rima y medida: *en su juventud cultivó el ~, pero más tarde se pasó a la novela;* La venganza de don Mendo *es una comedia en ~.* ⇒ **prosa.** **3** Composición con rima y medida; poema: *quiero que me escribas un ~ como cuando éramos novios.* ⇒ **poesía.** ☖ Se usa frecuentemente en plural.

vér·te·bra |bérteβra| ***f.*** ANAT. Hueso corto que se articula con otros iguales formando la columna de los vertebrados: *en el interior de las vértebras se encuentra la médula espinal; ha ido al médico porque se le han montado dos vértebras; las vértebras lumbares están situadas en la zona de los riñones.*

ver·te·bra·⌜do, ⌜da |berteβráðo, ða| ***adj.-m.*** ZOOL. (animal) Que tiene esqueleto interno con un eje central: *los peces, los anfibios, los reptiles, las aves y los mamíferos son vertebrados.* ⇔ **invertebrado.**

ver·te·bral |berteβrál| ***adj.*** ANAT. De las *vértebras o que tiene relación con ellas: *la cola de los animales es una prolongación ~; tendrá que someterse a una operación de columna ~.*

ver·te·de·ra |berteðéra| ***f.*** Instrumento para abrir la tierra echando hacia un lado la que se va levantando: *la ~ tiene a un lado una pieza de metal, ancha y curva.* ⇒ **arado.**

ver·te·de·ro |berteðéro| ***m.*** Lugar donde se tiran las basuras de una población: *el camión de la basura tira todos los desperdicios en el ~; el ~ está situado a las afueras de la ciudad.*

ver·ter |bertér| **1** ***tr.-prnl.*** [algo] Tirar o dejar caer un líquido o una materia del recipiente que los contiene: *he dado un golpe a la botella y se ha vertido el agua que había dentro.* **2** Dar la vuelta a un recipiente para que caiga su contenido: *vierte el frasco para que caiga un poco de miel.* - **3** ***tr.*** Traducir de una lengua a otra: *esta obra ha sido vertida del latín.* - **4** ***intr.*** Ir a parar las aguas de una corriente en otra: *el río Ebro vierte en el Mediterráneo.* ☖ Se conjuga como 28.

ver·ti·cal |bertikál| **1** ***adj.*** Que está *perpendicular al horizonte o a un plano horizontal: *pon la botella en posición ~ para que no se vierta su contenido; ha trazado sobre el papel una línea ~ y otra horizontal.* ⇔ **apaisado, horizontal.** **2** *fig.* (estructura) Que está organizado de tal modo que las partes inferiores dependen de una superior: *la sociedad medieval era ~.*

vér·ti·ce |bértiθe| **1** ***m.*** Punto en el que coinciden dos o más líneas: *colocó la punta del compás en el ~ del ángulo.* **2** Punto más alto de una *pirámide o de un cono: *en nuestro viaje a Méjico, subimos hasta el ~ de una de las pirámides.* **3** *fig.* Parte más *elevada de una cosa: *no hemos sido capaces de llegar hasta el ~ de la montaña.*

ver·tien·te |bertiénte| **1** ***f.*** Inclinación por la que puede correr el agua: *el agua corre por la ~ del tejado y cae a la calle.* **2** Lado o falda de una montaña: *el escalador subió el monte por la ~ norte.* **3** Punto de vista o manera de considerar una cosa: *debes ser más optimista y fijarte en la ~ positiva de las cosas.*

ver·ti·gi·no·⌜so, ⌜sa |bertixinóso, sa| **1** ***adj.*** Que produce *vértigo: *el coche subía por unas cuestas muy vertiginosas.* **2** Que se hace con mucha rapidez o velocidad: *pasó delante de nosotros de manera vertiginosa.*

vér·ti·go |bértiγo| **1** ***m.*** Sensación de pérdida del equilibrio: *no puede asomarse al balcón porque padece ~.* **2** Velocidad o ritmo intenso: *como está acostumbrado a vivir en el campo, no soporta el ~ de la gran ciudad.* ⇒ **ajetreo.** ⇔ **calma.**

ve·sí·cu·la |besíkula| **1** ***f.*** ANAT. Órgano en forma de saco que contiene líquido o aire: ~ **biliar**, ANAT., la que contiene la *bilis que produce el *hígado: *la ~ biliar acumula un líquido amarillento y amargo que interviene en la digestión de los alimentos.* **2** Bulto pequeño lleno de líquido que se forma en la piel: *le salieron vesículas en las manos.* ⇒ **ampolla, vejiga.**

ves·per·ti·⌜no, ⌜na |bespertíno, na| **1** ***adj.*** *form.* De la tarde o que tiene relación con ella: *pasaban juntos las horas vespertinas.* ⇒ **matutino.** - **2 vespertino** ***m.*** Periódico que sale por la tarde: *ha salido a comprar el ~ para leer las noticias.*

ves·tí·bu·lo |bestíβulo| **1** ***m.*** Parte de la casa que hay junto a la puerta principal y que se usa para recibir a los que llegan: *hemos colocado un nuevo espejo en el ~.* ⇒ **entrada.** **2** Habitación que está a la entrada de grandes edificios: *los viajeros están esperando en el ~ del hotel a que les den las llaves de sus habitaciones.* **3** ANAT. Hueco del oído interno: *el ~ se comunica con el caracol y con el tímpano.*

ves·ti·⌜do |bestíðo| **1** ***m.*** Prenda de vestir femenina que une en una sola pieza la parte superior y la falda: *la novia llevaba un ~ largo con mucho vuelo; me he comprado un ~ rojo.* **2** Conjunto de las prendas de vestir: *el ~ del siglo pasado era muy aparatoso; los primeros hombres no tenían ~.* ⇒ **ropa.**

ves·ti·dor |bestiðór| ***m.*** Habitación que se usa para vestirse o arreglarse: *dentro del camerino hay un ~ lleno de perchas con ropa.*

ves·ti·du·ra |bestiðúra| **1** ***f.*** Ropa exterior que cubre el cuerpo: *venía adornada con joyas y ricas vestiduras.* **2** Vestido que usan los sacerdotes para las misas y otras ceremonias: *el monaguillo ayudó al sacerdote a ponerse las vestiduras.* ⇒ **vestimenta.** ▢ Se usa generalmente en plural: *tales vestiduras eran sagradas y sólo podían usarse en la iglesia.*

ves·ti·gio |bestíxio| **1** ***m.*** Señal que queda de una cosa pasada o antigua: *en esta gruta quedan fósiles como vestigios de épocas pasadas.* **2** Señal que sirve para descubrir una cosa o llegar a una conclusión: *el detective no tenía suficientes vestigios para saber quién fue el asesino.* ⇒ **indicio, pista.**

ves·ti·men·ta |bestiménta| **1** ***f.*** Conjunto de prendas de vestir: *la ~ de las mujeres es más vistosa que la de los hombres.* ⇒ **ropa, vestido. 2** *fam. fig.* Prenda de vestir ridícula: *quítate esas vestimentas y ponte a trabajar; ¿de dónde has sacado esa ~?* **3** Conjunto de prendas de vestir que usa el sacerdote para decir misa: *la casulla y el alba forman parte de la ~.* ⇒ **vestidura.**

ves·tir |bestír| **1** ***tr.-prnl.*** [a alguien] Poner ropa: *¿has vestido ya al niño?; me visto en un momento y nos vamos.* ⇒ **revestir.** ⇔ **desnudar, desvestir. - 2** ***tr.*** Proporcionar vestido: *mis padres me han alimentado y me han vestido hasta que he acabado mis estudios.* **3** Hacer vestidos: *esta señora es la modista que nos ha vestido durante muchos años.* **4** [algo] Cubrir o adornar: *hemos vestido las paredes de la alcoba con papel de colores.* **- 5** ***intr.*** Resultar adecuada una ropa: *me pondré esta chaqueta negra para la comunión porque viste mucho.* **- 6** ***tr.-intr.-prnl.*** [algo/de algo] Llevar puesto un vestido o traje: *la modelo vestía una elegante falda negra y una blusa azul; el novio iba vestido de azul marino; se vistió de mujer para burlar a sus perseguidores.* **- 7 vestirse *prnl.*** Ir normalmente a comprarse la ropa en un determinado lugar: *yo siempre me visto en una tienda de ropa que hay muy cerca de casa.* ▢ Se conjuga como 34. ■ **el mismo que viste y calza,** *fam.,* expresión con la que se afirma la *identidad de una persona: *Eduardo soy yo, el mismo que viste y calza.*

VESTIDO

ves·tua·rio |bestuário| **1** ***m.*** Conjunto de prendas de vestir de una persona: *Daniel tiene un ~ muy variado; cada primavera renueva su ~.* ⇒ **indumentaria. 2** Conjunto de prendas de vestir que se usan en un espectáculo: *esta película ha recibido el premio al mejor ~; lo más caro de la obra de teatro fue su ~.* **3** Lugar destinado a cambiarse de ropa: *los jugadores de baloncesto descansaron un momento en el ~.*

ve·ta |béta| **1** ***f.*** Lista que se distingue de la materia que la rodea: *esta madera tiene vetas de color claro.* **2** Masa mineral que llena un agujero o una abertura de una formación rocosa: *la piedra está recorrida por vetas de diferentes minerales.* ⇒ **filón, vena.**

ve·tar |betár| ***tr.*** [algo] Rechazar o poner un impedimento: *el proyecto de ley fue vetado por los miembros del Senado.* ⇒ **vedar.** ⇔ **aprobar.**

ve·te·a·⌈do, ⌈da |beteáðo, ða| ***adj.*** Que tiene listas o *vetas: *los muebles de la cocina son de madera veteada.*

ve·te·ra·ní·a |beteranía| ***f.*** Experiencia en una profesión por haberla desempeñado mucho tiempo: *su buena labor está respaldada por su ~ en este puesto de trabajo.*

ve·te·ra·⌈no, ⌈na |beteráno, na| **1** ***adj.-s.*** (miembro del ejército) Que tiene mucha experiencia por haber servido mucho tiempo o haber participado en una guerra: *una compañía de veteranos desfiló ante el general.* **2** (persona) Que tiene mucha experiencia en una profesión o actividad por haberla desarrollado durante mucho tiempo: *los veteranos tenéis que dar ejemplo a los nuevos.* **3** (persona) Que tiene una edad más avanzada que otros que realizan una misma actividad: *se ha organizado en mi barrio un partido de fútbol entre veteranos y jóvenes.* **4** Que lleva más tiempo activo o funcionando que otras cosas de la misma clase: *«Informe Semanal» es un programa ~ de la televisión.*

ve·te·ri·na·ria |beterinária| ***f.*** Ciencia que estudia y cura las enfermedades de los animales: *le gusta tanto cuidar a los animales que ha decidido estudiar ~.*

ve·te·ri·na·⌈rio, ⌈ria |beterinário, ria| ***m. f.*** Persona que se dedica a curar las enfermedades de los animales: *voy a llevar a mi gata al ~ para que la vacune.*

ve·to |béto| ***m.*** *form.* Derecho a impedir o prohibir una cosa: *el Senado opuso su ~ al proyecto de ley; las conversaciones quedaron interrumpidas por el ~ francés.*

ve·tus·⌈to, ⌈ta |betústo, ta| ***adj.*** Que es muy viejo o antiguo: *este palacio es uno de los edificios más vetustos de nuestra ciudad.* ⇔ **moderno.**

vez |béθ| **1** *f.* Momento en que se realiza o se repite una acción: *cada ~ que lo veo me saluda.* **2** Ocasión en que se realiza o se repite una acción: *tienes que regar las plantas tres veces a la semana.* **3** Puesto que corresponde a una persona en una cola: *he pedido la ~ en la panadería y me la ha dado una señora mayor.* **4** Momento u ocasión en que a una persona le corresponde hacer una cosa: *todavía no puedes hablar porque no tienes la ~.* ⇒ **reo, turno.** ⌂ El plural es *veces.* ■ **a la** ~, al mismo tiempo: *no habléis todos a la ~.* ■ **de una** ~, de manera definitiva: *dime lo que tengas que decirme de una ~ y no te andes con rodeos.* ■ **de** ~ **en cuando**, en ciertas ocasiones: *sólo nos vemos de ~ en cuando.* ■ **en** ~ **de**, en lugar de: *deberías hacer algo útil en ~ de estar tumbado en el sillón.* ■ **hacer las veces de**, ejercer la función de: *estoy haciendo las veces de director durante las vacaciones.* ■ **rara** ~, casi en ninguna ocasión: *rara ~ va al cine, dice que no le gusta estar mucho tiempo sentado.* ■ **tal** ~, posiblemente; *quizá: *tal ~ se acerque por aquí.* ■ **una** ~ **que**, después de que: *descansaremos una ~ que hayamos terminado el trabajo.*

ví·a |bía| **1** *f.* Camino que conduce a un lugar: *el ganado pasa por esta ~.* ⇒ **ruta;** ~ **de comunicación**, la que sirve para el transporte o el comercio por tierra, mar o aire: *en la antigüedad las vías de comunicación no permitían el contacto entre los pueblos que existe hoy;* ~ **férrea**, la del *ferrocarril: *han construido una nueva ~ férrea que pasa por la ciudad de Bilbao;* ~ **pública**, calle de una población o carretera por la que circulan los vehículos: *el ayuntamiento retira los vehículos abandonados de la ~ pública.* **2** Sistema de transporte o comunicación: *enviaremos el paquete por ~ aérea.* **3** Barra de hierro que sirve para construir el camino por el que circulan los trenes: *las vías del tren se unen con maderos o con cemento.* ⇒ **carril, raíl. 4** Camino formado por dos barras de hierro, paralelas y unidas entre sí, por el que circulan los trenes: *no te acerques a la ~, puede ser peligroso;* ~ **muerta**, la que no tiene salida y sirve para apartar de la circulación máquinas y *vagones: *pusieron el tren averiado en la ~ muerta para repararlo.* **5** Conducto del cuerpo humano o animal: *el niño no puede respirar porque se le han obstruido las vías respiratorias; los jarabes y las pastillas son medicamentos que se toman por ~ oral.* **6** Procedimiento o medio que sirve para hacer o conseguir una cosa: *este asunto tardará en arreglarse porque los trámites irán por ~ administrativa.* ⇒ **camino. 7** Indica paso a través de una cosa o un lugar: *todo el país recibirá las imágenes ~ satélite.* ⇒ **por.** ⌂ En esta acepción cumple una función parecida a la de las preposiciones. ■ **de** ~ **estrecha**, *fam.*, que tiene poco valor o importancia: *no discutas con él, no es más que un abogado de ~ estrecha.* ■ **en vías de**, en camino de; a punto de: *afortunadamente, el conflicto armado está en vías de solucionarse.* ⌂ Se usa con el verbo *estar.* ■ ~ **de agua**, grieta por la que entra el agua en una embarcación: *la barca se hundió porque se habían hecho muchas vías de agua.*

via·ble |biáβle| **1** *adj.* Que puede realizarse: *este proyecto es perfectamente ~ dadas las condiciones actuales.* ⇒ **factible. 2** (camino) Que se puede usar: *llegaron al caserón por un sendero ~.* ⇒ **practicable.** ⇔ **inviable.**

via·duc·to |biaðúᵏto| *m.* Construcción parecida a un puente sobre un terreno hundido, en la que hay una carretera o una vía: *este ~ tiene mucho tráfico de coches.*

via·jan·te |biaxánte| *com.* Persona que se dedica a viajar para vender los productos de la empresa o las empresas a las que representa: *José ha recorrido toda España con su coche porque es ~ de profesión.* ⇒ **representante.**

via·jar |biaxár| **1** *intr.* Trasladarse de un lugar a otro usando un medio de transporte: *viajaremos a Suiza en el mes de julio; prefiere ~ en coche y no en tren.* **2** Trasladarse un medio de transporte: *los barcos viajan por el mar.* **3** Ser transportada una mercancía: *la partida de libros llegó a tiempo porque viajó de noche.*

via·je |biáxe| **1** *m.* Movimiento de un lugar a otro, generalmente en un medio de transporte: *este verano haremos un ~ a Escocia; ha hecho un ~ en barco por las islas Baleares.* **2** Acción de recorrer el espacio que hay entre dos puntos: *este tren hace el mismo ~ seis veces al día.* ⇒ **itinerario, trayecto. 3** Recorrido que se hace de un lugar a otro: *ha hecho tres viajes para transportar todos los sacos de arena.* **4** *fam.* Golpe dado con la mano o con un instrumento: *como vuelvas a tocar la moto, te arreo un ~ con el casco; sacó una navaja y le pegó un ~.* **5** *fam. fig.* Efecto de una droga: *¡vaya ~ que se pegó con ese ácido!*

via·je·⌐ro, ⌐ra |biaxéro, ra| *adj.-s.* (persona, animal) Que viaja: *estos pájaros son viajeros; el ~ subió la ventanilla del tren.* ⇒ **pasajero.**

vial |biál| *adj.* De la vía o que tiene relación con ella: *en el centro cultural se celebran unas jornadas sobre educación ~; la seguridad ~ ha mejorado mucho y el número de accidentes ha disminuido.*

vian·da |biánda| *f.* Comida, generalmente la que se sirve en la mesa: *sobre la mesa había apetitosas viandas.* ⇒ **manjar.** ⌂ Se usa sobre todo en plural.

ví·bo·ra |bíβora| **1** *f.* Serpiente venenosa de cabeza triangular y piel gris con manchas negras: *fue al monte y le mordió una ~.* **2** *fig.* Persona que habla mal de los demás: *no creas nada de lo que te cuente esa ~.*

vi·bra·ción |biβraθión| **1** *f.* Agitación con movimientos pequeños y rápidos: *el motor del coche produce una gran ~.* **2** Sonido de la voz cuando tiembla: *noté que estaba emocionado por la ~ de su voz.*

vi·bra·⌐dor, ⌐do·ra |biβraðór, ðóra| **1** *adj.* Que vibra: *algunos insectos tienen un aparato ~ para comunicarse.* **- 2 vibrador** *m.* Aparato que sirve para comunicar vibraciones eléctricas: *los sistemas de telegrafía usaban un ~.*

vi·brar |biβrár| **1** *intr.* Agitarse con movimientos

pequeños y rápidos: *la guitarra suena al hacer ~ sus cuerdas; ha habido un movimiento de tierra que ha hecho ~ el suelo de las casas.* **2** *fig.* Alterar o perder la *estabilidad o el *dominio: *vibró de la emoción cuando le dieron la buena noticia.* ⇒ **conmover, estremecer.** **3** Sonar la voz de forma temblorosa: *su voz vibraba entre las paredes del túnel.*

vi·ca·rí·a |bikaría| **1** *f.* REL. Oficio o *dignidad del *vicario: *nada más ordenarse sacerdote obtuvo la ~ de una parroquia.* **2** Oficina del *vicario: *se acercó a la ~ a pedir una partida de bautismo.* **3** Territorio de la *jurisdicción del *vicario: ■ **pasar por la ~**, casarse: *Carlos y Susana quieren pasar por la ~ la próxima primavera.*

vi·ca·rio, ria |bikário, ria| **1** ***adj.-s.*** (persona) Que ayuda a un superior en sus funciones o lo sustituye: *el ~ de la parroquia casó a la pareja;* **~ de Jesucristo**, el Papa: *este hombre es el ~ de Cristo en la tierra.* **- 2** ***m. f.*** Persona que en las órdenes regulares hace las veces o tiene la autoridad de alguno de los superiores: *la superiora estaba enferma y el convento quedó a cargo de la vicaria.*

vi·ce·pre·si·den·te, ⌐ta |biθepresiðénte, ta| ***m. f.*** Persona que ocupa el cargo inferior al del *presidente y lo sustituye en determinados trabajos: *el ~ de la federación pronunció unas palabras de bienvenida; la vicepresidenta se hizo cargo de las tareas del presidente durante el verano.*

vi·ce·rrec·⌐tor, ⌐to·ra |biθer̄ekˈtór, tóra| ***m. f.*** Persona que ocupa el cargo inferior al del *rector y lo sustituye en determinados trabajos: *el ~ ha presidido el acto de inauguración del curso; a Carlos lo han nombrado ~.*

vi·ce·ti·ple |biθetíple| *f.* MÚS. Cantante que forma parte del *coro en ciertas representaciones musicales: *ella quería ser estrella, pero sólo consiguió ser ~ en una opereta.*

vi·ce·ver·sa |biθeβérsa| ***adv. m.*** Al contrario; cambiando dos *términos opuestos entre sí: *cuando yo descanso, tú trabajas, y viceversa.*

vi·ciar |biθiár| **1** ***tr.*** [a alguien] Causar un daño moral con malos consejos o malos ejemplos; hacer mala a una persona: *no lo lleves tanto a los bares, que lo vas a ~.* ⇒ **corromper, depravar, pervertir.** **- 2** ***tr.-prnl.*** [algo] Estropear o deformar: *no puedo respirar bien porque el aire de la habitación se ha viciado.* ☖ Se conjuga como 12.

vi·cio |bíθio| **1** ***m.*** Gusto excesivo por una cosa, generalmente mala: *antes no fumaba, pero ahora el tabaco se ha convertido en un ~ para él.* **2** Costumbre o uso que se considera malo o poco adecuado a la moral: *yo le enseñaré lo que debe hacer para apartarse de los malos vicios;* **~ de dicción**, uso incorrecto del idioma: *en las escuelas corrigen los vicios de dicción.* **3** Cosa que gusta de modo excesivo: *para mí las pipas son un ~.* ■ **de ~**, *fam.*, muy bueno; muy bien: *este helado está de ~.* ■ **de ~**, *fam.*, sin razón: *esta chica se queja de ~.*

vi·cio·so, sa |biθióso, sa| ***adj.*** Que tiene malas costumbres y tiende a ellas: *no seas viciosa y deja ya de comer caramelos.*

vi·ci·si·tud |biθisitúᵈ| *f.* Acontecimiento contrario al desarrollo o *marcha de una cosa: *habríamos acabado mucho antes si no hubiéramos tenido tantas vicisitudes.* ⇒ **contratiempo.** ☖ Se usa sobre todo en plural.

víc·ti·ma |bíkˈtima| **1** *f.* Persona que sufre un daño: *las víctimas del accidente fueron trasladadas al hospital provincial; encontraron el cadáver de la ~ junto al arma del asesino.* **2** Persona que se expone a un grave peligro o sufre por culpa de otra: *no quiero ser la ~ de tus decisiones irresponsables.* **3** Persona o animal destinado al sacrificio: *las víctimas fueron inmoladas sobre el altar de los sacrificios.*

vic·to·ria |bikˈtória| **1** *f.* Superioridad o ventaja que se consigue sobre el contrario en una lucha o competición: *el equipo español se hizo con la ~; el ejército romano obtuvo numerosas victorias.* ⇒ **triunfo.** **- 2** ***interj.*** Expresión que indica alegría por haber ganado al contrario en una lucha o una competición: *el soldado volvió a la ciudad gritando: ¡~!, ¡~!* ■ **cantar ~**, *fig.*, alegrarse por haber ganado o vencido en una lucha o competición: *no cantes ~ tan deprisa, aún hay que ver los resultados.*

vic·to·rio·⌐so, ⌐sa |bikˈtorióso, sa| **1** ***adj.*** Que ha conseguido una victoria: *el equipo contrario ha salido ~ del encuentro de esta tarde.* **2** Que trae consigo una victoria: *aquella batalla victoriosa supuso el final de la guerra.*

vi·cu·ña |bikúɲa| *f.* Animal mamífero, con el cuerpo cubierto de pelo largo y fino y que se alimenta de vegetales: *la ~ es parecida a la llama y también es un animal de los Andes.* ☖ Para indicar el sexo se usa la ~ macho y la ~ hembra.

vid |bíᵈ| *f.* Planta con flores de color verde y que echa racimos de uva: *la ~ se cultiva en zonas de clima templado; de la ~ se saca el vino.*

vi·da |bíða| **1** *f.* Cualidad de los seres orgánicos por la cual crecen y se reproducen: *los minerales no tienen ~.* **2** Existencia de los seres que tienen esa cualidad: *los científicos defienden que hay ~ en otros planetas.* **3** Periodo de tiempo que va desde el momento de nacer hasta el momento de morir: *la ~ de Larra fue breve pero intensa.* **4** *p. ext.* Duración de una cosa: *me han asegurado que esta televisión tendrá una larga ~.* **5** Conjunto de lo necesario para vivir, especialmente el alimento: *el transporte de mercancías es su modo de ganarse la ~.* **6** Modo de vivir: *lleva una ~ licenciosa y de perversión.* **7** Trabajo en una actividad determinada: *su ~ profesional apenas le deja tiempo libre.* **8** *Narración de lo que ha vivido una persona: *este libro recoge la ~ del emperador Adriano.* ⇒ **biografía.** **9** Cosa que hace interesante la existencia: *su trabajo y su familia son toda su ~.* **10** Cosa que contribuye a que otra exista o se desarrolle: *la ganadería es la ~ de esta comarca.* **11** Energía o animación: *los ojos de este niño están llenos de ~.* ■ **buscarse la ~**, *fam.*, intentar conseguir lo necesario para vivir o para un fin determinado: *debes encontrar un trabajo y buscarte la ~.* ■ **de por ~**, para siempre: *vivirá en esta ciudad de por ~.* ■ **de toda la ~**, desde siempre: *al señor Luis lo conozco de toda la ~.* ■ **de ~ alegre**, que se ocupa sólo de divertirse, especialmente que tiene relaciones amorosas con varias personas: *decían que de joven había sido una mujer de ~ alegre.* ■ **hacer la ~ imposible**, molestar de forma continua: *a mi jefe no le caigo bien y él me hace la ~ imposible.* ■ **pasar a mejor ~**, morir: *¡pobre mujer! ha quedado viuda y con dos hijos: su marido ha pasado a mejor ~.* ■ **tener siete vidas**, *fam.*, salir sin daño de los peligros o de las situaciones difíciles: *mi sobrina se cayó del columpio, pero no le pasó nada: tiene siete vidas, como los gatos.*

vi·den·te |biðénte| **1** ***adj.-com.*** (persona) Que puede ver: *los videntes deben solidarizarse con los ciegos.* ⇔ **invidente.** **- 2** ***m. f.*** Persona que es capaz de descubrir las cosas ocultas o de adivinar el futuro: *fui a un ~ para que me dijera lo que me iba a suceder; Elisa no cree en los videntes.* ⇒ **adivino, clarividente.**

ví·de·o |bíðeo| **1** ***m.*** Sistema de grabación de imágenes y sonidos en una *cinta que después son reproducidos en televisión: *han grabado la carrera ciclista en ~.* ⇒ **cámara.** **2** Película hecha mediante ese sistema: *vamos a ver el ~ del festival de cine.* **3** Aparato que sirve para grabar y reproducir las imágenes en televisión: *este ~ es muy caro porque tiene mucha calidad.*

vi·de·o·club |biðeoklúᵝ| ***m.*** Establecimiento en el que se pueden comprar, *alquilar y cambiar películas de *vídeo ya grabadas, según unas normas establecidas: *como no pudimos ir al cine, alquilamos la película en el ~.*

vi·de·o·jue·go |bíðeoxuéɣo| ***m.*** Juego que se practica por medio de una pantalla de televisión: *la mayoría de los videojuegos consisten en sumar puntos o en superar pruebas con varios niveles de dificultad; Javier es muy hábil con los videojuegos.*

vi·do·rra |biðóřa| ***f.*** *fam. desp.* Vida sin preocupaciones y llena de comodidades: *¡menuda ~ se pega este chico, nunca lo veo trabajando!*

vi·drie·ra |biðriéra| ***f.*** Conjunto de cristales montados sobre el marco de una puerta o ventana que sirve como adorno: *las ventanas de la catedral están adornadas con vidrieras de colores; la luz pasaba a través de los cristales de la ~.* ⇒ **cristalera.**

vi·drio |bíðrio| **1** ***m.*** Material delicado, duro y transparente, que se consigue al fundir diversas sustancias y *enfriarlas con rapidez: *esta fábrica se dedica al soplado del ~; las botellas y los vasos suelen ser de ~.* ⇒ **cristal.** **2** *p. ext.* Objeto hecho con ese material: *está quitando el polvo a los vidrios que adornan el mueble.* ■ **pagar los vidrios rotos**, *fam.*, sufrir las *consecuencias de una falta o un error sin tener culpa: *tuvo que aguantarse y pagar los vidrios rotos.*

vi·drio·⌐so, ⌐sa |biðrióso, sa| ***adj.*** (ojos, mirada) Que parece cubierto de una capa transparente y líquida: *cuando perdió la vista, se le pusieron los ojos vidriosos.*

viei·ra |biéira| ***f.*** Animal invertebrado marino que tiene una concha *convexa y la otra plana: *las vieiras abundan en el oceano Atlántico; los peregrinos de Santiago llevaban conchas de ~.*

vie·⌐jo, ⌐ja |biéxo, xa| **1** ***adj.-s.*** Que tiene una edad avanzada: *mi perro es muy ~; los viejos se quedaron en la puerta a tomar el sol.* ⇒ **anciano.** ⇔ **joven.** **- 2** ***adj.*** Que parece tener más edad de la que tiene en realidad: *he encontrado a Sebastián muy ~ y estropeado.* **3** Que es antiguo; que hace mucho tiempo que existe o que ha *sucedido: *siempre estamos dando vueltas al ~ problema de las relaciones entre padres e hijos.* **4** Que está gastado o estropeado: *tengo que comprarme unos pantalones porque éstos ya están muy viejos.* ⇔ **nuevo.** **- 5** ***m. f.*** *fam.* Padre o madre: *mis viejos no me dejan llegar demasiado tarde a casa.* ■ **de ~**, que vende o trabaja mercancías de segunda mano: *en esta calle hay una tienda en la que trabaja un zapatero de ~.*

vien·to |biénto| **1** ***m.*** Corriente de aire producida en la atmósfera a causa de una diferencia de presiones: *el ~ está moviendo las ramas de los árboles; abrígate bien, que llueve y hace mucho ~.* **2** *fig.* Cuerda larga o alambre que se ata para sujetar o mover una cosa: *todavía no hemos colocado los vientos a la lona de la tienda de campaña.* **3** *p. ext.* Conjunto de instrumentos que producen música al soplar por ellos: *el ~ de esta banda es magnífico.* ■ **a los cuatro vientos**, por todas partes, en todas direcciones: *todo el mundo se enteró de que se iba a casar porque lo publicó a los cuatro vientos.* ■ **a tomar ~**, *fam.*, expresión con la que se rechaza con desprecio a una persona: *me estaba molestando tanto que le dije que se fuera a tomar ~.* ■ **beber los vientos**, *fam.*, desear mucho a una persona: *vaya, estás que bebes los vientos por Mario.* ■ **como el ~**, con mucha rapidez: *al enterarse de la noticia, salió como el ~.* ■ **con ~ fresco**, con desprecio o enfado: *estoy harto de tus tonterías, ya te estás marchando de aquí con ~ fresco.* ☐ Se usa con verbos como *irse, marcharse* o *despedir.* ■ **contra ~ y marea**, a pesar de los problemas y los obstáculos: *luchó por sus ideales contra ~ y marea.* ■ **correr malos vientos**, ser las circunstancias poco favorables: *como corrían malos vientos, preferí no decir nada y marcharme.* ■ **~ en popa**, muy bien, sin problemas, con buena suerte: *nuestros planes van ~ en popa.*

vien·tre |biéntre| **1** ***m.*** Espacio del cuerpo del hombre o de los animales en el que están contenidos los aparatos *digestivo, *genital y *urinario: *fue al médico porque le dolía el ~.* ⇒ **panza, tripa.** **2** Conjunto de órganos contenidos en ese espacio: *cuando mataron al cerdo, le sacaron todo el ~.* ⇒ **tripa.** **3** Parte del cuerpo comprendida entre el pecho y las extremidades inferiores: *con esta falda se te nota mucho el ~.* ⇒ **abdomen, barriga, estómago, panza, tripa.** ■ **evacuar/descargar el ~**, expulsar excrementos por el ano: ⇒ **cagar.** ■ **hacer de/del ~**, *fam.*, expulsar excrementos por el ano: *voy al servicio porque necesito hacer de ~.* ⇒ **cagar, cuerpo, defecar.**

vier·nes |biérnes| ***m.*** Quinto día de la semana: *hoy es ~; los ~ sale a tomar unas copas con sus amigos.* ☐ El plural es *viernes.*

vi·ga |bíɣa| ***f.*** Pieza larga y gruesa que se coloca horizontalmente sobre un hueco y se usa como elemento de soporte o para apoyar la cubierta: *las vigas de las casas antiguas son de madera.*

vi·gen·cia |bixénθia| ***f.*** Periodo de tiempo durante el cual se puede aplicar una ley por ser obligatoria: *esta costumbre dejará de tener ~ en poco tiempo.* ⇒ **caducidad, vigor.**

vi·gen·te |bixénte| ***adj.*** (ley, costumbre) Que tiene *validez o está en uso: *el comportamiento del juez está de acuerdo con las leyes vigentes; a pesar de la relativa calma, el toque de queda sigue ~ en aquella ciudad.* ⇔ **caduco.**

vi·gé·si·⌜mo, ma |bixésimo, ma| **1** ***num.*** (persona, cosa) Que sigue en orden al que hace el número 19: *si voy después del 19, soy el ~ de la lista.* **2** (parte) Que resulta de dividir un todo en 20 partes iguales: *si somos 20 para comer, me toca un ~ de tarta.*

vi·gí·a |bixía| **1** ***com.*** Persona que vigila desde un lugar: *el ~ los vio entrar en el castillo.* - **2** ***f.*** Torre de vigilancia: *dispararon una flecha al soldado que estaba en la ~.* **3** Vigilancia desde un lugar: *estaban de ~ sobre una roca.* **4** MAR. Roca que sale sobre la superficie del mar: *desde la playa se veía a dos personas sentadas sobre una ~.*

vi·gi·lan·cia |bixilánθia| **1** ***f.*** Atención que se presta con un fin determinado: *los policías extremaron la ~ del palacio.* **2** Conjunto de personas o medios preparados para vigilar: *los terroristas burlaron la ~ y pusieron una bomba en el tren.*

vi·gi·lan·te |bixilánte| **1** ***adj.*** Que vigila: *el perro estaba en actitud ~.* - **2** ***com.*** Persona que se dedica a vigilar: *los vigilantes de los grandes almacenes se encargan de la seguridad.* ⇒ **celador; ~ jurado,** el que jura su cargo y trabaja en una empresa privada: *en aquel banco siempre hay un ~ jurado.*

vi·gi·lar |bixilár| ***tr.-intr.*** [algo, a alguien] Prestar atención; mirar lo que ocurre con un fin determinado: *vigila el guisado para que no se queme; uno de los ladrones vigilaba fuera, mientras el otro robaba dentro.*

vi·gi·lia |bixília| **1** ***f.*** Falta de sueño o dificultad para dormir: *después de la ~ de anoche, hoy estoy muerto de sueño.* **2** Trabajo o actividad que se realiza por la noche: *ese libro es el fruto de sus vigilias.* **3** Día en el que no se toma carne: *mañana es ~, así que no compres cerdo.*

vi·gor |biɣór| **1** ***m.*** Fuerza o energía; capacidad: *estas vitaminas te devolverán el ~ que has perdido; es una persona llena de ~ y vitalidad.* ⇒ **vitalidad.** **2** Hecho de tener *validez o uso una ley o costumbre: *esta ley entrará en ~ la próxima semana; es una moda pasajera que pronto dejará de tener ~.*

vi·go·ri·zar |biɣoriθár| ***tr.-prnl.*** [algo, a alguien] Dar fuerza o energía: *estas vitaminas están indicadas para ~ las plantas; si haces ejercicio se vigorizarán tus músculos.* ⌂ Se conjuga como 4.

vi·go·ro·⌜so, sa |biɣoróso, sa| ***adj.*** Que tiene fuerza o energía: *podrá transportar este peso porque tiene vigorosos músculos; convenció a todos con vigorosas razones.*

vi·kin·⌜go, ⌜ga |bikíngo, ga| ***adj.-s.*** De un pueblo *escandinavo formado por guerreros y *navegantes o que tiene relación con él: *los vikingos realizaron expediciones por las islas del Atlántico y por Europa occidental.*

vil |bíl| **1** ***adj.*** *desp.* Que es despreciable, bajo y malo: *es un hombre ~, capaz de las acciones más malvadas.* ⇒ **rastrero, ruin.** **2** *desp.* Que tiene poco valor o importancia: *no mereces dedicarte a una ocupación tan ~ y miserable.*

vi·le·za |biléθa| ***m.*** Acción mala o que merece desprecio: *ha sido una ~ por tu parte engañarnos a todos.*

vi·li·pen·diar |bilipendiár| ***tr.*** [a alguien] Hacer una ofensa o despreciar: *no deberías haber vilipendiado a Joaquín como lo has hecho.* ⇒ **injuriar.** ⌂ Se conjuga como 12.

vi·lla |bíʎa| **1** ***f.*** Casa con jardín, separada de las demás, especialmente la que está en el campo y se habita en periodo de vacaciones: *todos los veranos se marcha a una ~ cercana a la costa.* ⇒ **torre.** **2** Población que disfruta de ciertos derechos: *la ciudad de Madrid tiene título de ~.*

vi·llan·ci·co |biʎanθíko| **1** ***m.*** Canción popular de asunto religioso que se canta en Navidad: *toda la familia se reunió alrededor del Belén para cantar villancicos;* Noche de Paz *es un ~ muy famoso.* **2** POÉT. Poema corto, con versos de menos de ocho sílabas y con una parte que se repite: *los niños eran los autores de los villancicos que recitaron el día de la fiesta.*

vi·lla·⌜no, ⌜na |biʎáno, na| **1** ***adj.-s.*** Que es malo o cruel: *creía que era una persona honrada, pero resultó ser un ~.* **2** Que demuestra falta de educación o de cultura: *no puedes ir a un restaurante de lujo con esos modales villanos.* **3** ***m. f.*** Habitante de una *villa perteneciente a una clase baja o media: *los villanos debían obediencia a sus señores.*

vi·llo·rrio |biʎório| ***m.*** Población pequeña y con pocas comodidades: *quiere cambiar su lugar de residencia, ahora vive en un ~.*

vi·lo |bílo| ■ **en ~,** sin apoyo o seguridad: *dos hombres llevaron al accidentado en ~ hasta la acera.* ■ **en ~,** con preocupación; sin tranquilidad: *he pasado toda la noche en ~ pensando que le podía pasar algo a mi mujer.*

vi·na·gre |bináɣre| **1** ***m.*** Líquido, de sabor agrio y olor fuerte, derivado del vino, que se usa para dar sabor a las comidas: *el ~ se obtiene fermentando el vino; a esta ensalada le sobra ~ y le falta aceite.* **2** *fam. fig.* Persona de carácter desagradable: *la miró con gesto de ~ y la regañó duramente.*

vi·na·gre·ra |binaɣréra| **1** ***f.*** Recipiente que sirve para contener el vinagre: *cogió la ~ y puso vinagre a la ensalada.* - **2 vinagreras** ***f. pl.*** Conjunto de dos recipientes que contienen aceite y vinagre: *sobre la mesa del restaurante había unas vinagreras y un salero.*

vi·na·gre·ta |binaɣréta| ***f.*** Salsa fría hecha con aceite, vinagre, *cebolla y otras cosas: *los pescados suelen prepararse con ~; esta ~ lleva trocitos de tomate y pimiento crudos.*

vin·cu·lar |biŋkulár| **1** ***tr.-prnl.*** [algo, a alguien;

a/con algo/alguien] Unir o atar de manera firme o *duradera: *el hombre y la mujer vincularon sus vidas; trataba de ~ ambos sucesos entre sí.* **2** Relacionar o fundar una cosa en otra; depender: *el paro se vincula a las pérdidas económicas de las empresas.* **- 3** ***tr.*** Obligar a hacer o cumplir una cosa: *este documento vincula a los dos firmantes.*

vín·cu·lo |bíŋkulo| ***m.*** Unión o *atadura firme o *duradera: *el ~ matrimonial los unía.* ⇒ **lazo.**

vin·di·car |bindikár| **1** ***tr.-prnl.*** *form.* [algo] Conseguir una satisfacción por un mal o daño recibido; recuperar lo que se ha perdido: *su obsesión lo empujaba a ~ la muerte de su padre.* ⇒ **vengar. 2** DER. [a alguien] Dar pruebas de que una persona no tiene culpa; defender a una persona de sospechas u ofensas: *trataba de vindicarse de esas injurias.* ☐ Se conjuga como 1.

vi·ní·co·la |biníkola| **1** ***adj.*** De la elaboración del vino o relacionado con ella: *tiene una empresa ~.* **- 2** ***com.*** Persona que posee o cultiva uva para la elaboración del vino: *los vinícolas de La Rioja se han reunido para hablar de la producción del año próximo.* ⇒ **vinicultor.**

vi·ni·cul·⌜tor, ⌜to·ra |binikultór, tóra| **1** ***adj.*** De la fabricación del vino o que tiene relación con ella: *esta compañía vinicultora exporta gran parte de su producto.* **- 2** ***m. f.*** Persona que posee o cultiva uva para la fabricación del vino: *los vinicultores de la comarca se preocupan por la calidad de sus vinos.* ⇒ **vinícola.**

vi·ni·cul·tu·ra |binikultúra| ***f.*** Producción o fabricación de vinos: *hace muchos años que se dedica a la ~.*

vi·no |bíno| ***m.*** Bebida alcohólica que se saca de la uva: *siempre se bebe un vaso de ~ durante las comidas;* ~ **blanco**, el de color *dorado o *amarillento: *con el pescado se toma ~ blanco;* ~ **clarete**, el que es algo más claro que el *tinto: *el ~ clarete es una variedad del ~ tinto;* ~ **de mesa**, el que se toma para acompañar las comidas: *en el menú del día puedes tomar agua, cerveza o un vaso de ~ de mesa;* ~ **rosado**, el que es algo más oscuro que el blanco: *unos comían carne y otros pescado, por lo que decidieron beber ~ rosado;* ~ **tinto**, el de color muy oscuro: *el ~ tinto se toma para acompañar las carnes.* ■ **bautizar el** ~, *fam.*, ponerle agua: *han bautizado el ~ y lo han estropeado.* ■ **tener buen** ~, *fam.*, comportarse de manera tranquila: *es pacífico y tiene buen ~.* ■ **tener mal** ~, *fam.*, estar de mal humor: *déjalo en paz que hoy tiene mal ~.*

vi·ña |bíɲa| ***f.*** Terreno en el que se cultiva uva: *fue a trabajar a la ~.* ⇒ **viñedo.** ■ **de todo hay en la ~ del Señor**, *fam. hum.*, expresión que indica que en todo conjunto o grupo hay elementos de poco valor o partes malas: *no todos los jugadores van a ser buenos: de todo hay en la ~ del Señor.*

vi·ñe·do |biɲéðo| ***m.*** Terreno en el que se cultiva uva: *están en el ~ podando las vides.* ⇒ **viña.**

vi·ñe·ta |biɲéta| **1** ***f.*** Dibujo que muestra una situación con humor y que va acompañado de un texto breve: *del periódico, sólo me gusta leer las viñetas.* **2** *Recuadro que contiene uno de los dibujos de la serie de la que se compone un *tebeo: *en la ~ siguiente, tropieza y se cae.* **3** Dibujo que se pone como adorno al comienzo y al final de los *capítulos de los libros: *dibujó para esa edición unas hermosas viñetas a plumilla.*

vio·la |bióla| ***f.*** Instrumento musical de cuerda de mayor tamaño que el *violín: *en esta orquesta hay cuatro violas.*

vio·lá·ce·⌜o, ⌜a |bioláθeo, a| ***adj.*** *form.* Que tiene un color parecido al *violeta: *las nubes tenían tintes violáceos al atardecer; el enfermo estaba muy pálido y tenía la boca violácea.* ⇒ **violeta.**

vio·la·ción |biolaθión| **1** ***f.*** Acción de *violar a una persona: *la ~ es un delito penado por las leyes.* **2** Falta de cumplimiento de una ley: *le pusieron una multa porque cometió una ~ del código de la circulación.*

vio·lar |biolár| **1** ***tr.*** [a alguien] Obligar a tener una relación sexual por la fuerza, especialmente a una mujer: *fue encarcelado por intentar ~ a su vecina.* **2** [algo] Ir contra una ley o norma, o no cumplirlas: *todo el que viole la ley será castigado.* ⇒ **contra-**

VINO

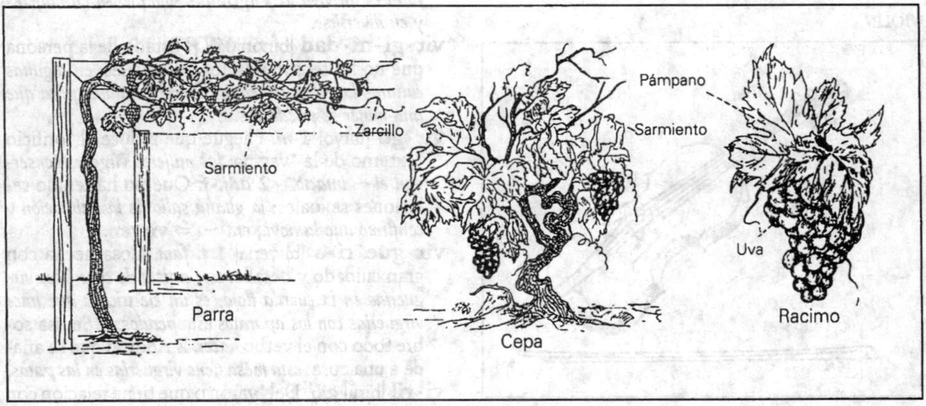

venir, infringir, transgredir. 3 No respetar: *los guerrilleros violaron la iglesia del pueblo ocupado.*

vio·len·cia |bioléṇθia| **1** *f.* Fuerza o intensidad con la que se hace o *sucede una cosa: *la ~ del viento fue tal, que arrancó muchos árboles; la ~ de las olas hizo encallar al barco.* **2** Uso de la fuerza física para dominar a otro o para hacerle daño: *algunas personas creen que en las películas de hoy hay demasiada ~; un nuevo estallido de ~ ha provocado cinco muertos y más de 100 heridos en aquel territorio.* **3** Sentimiento de no estar cómodo con una acción o una cosa: *me causó mucha ~ pedirle el dinero que le había prestado.*

vio·len·tar |biolentár| **1** *tr.-prnl.* [a alguien] Poner en una situación poco cómoda o poco adecuada: *se violentó mucho cuando dieron a conocer sus secretos.* **- 2** *tr.* [algo, a alguien] Someter o vencer mediante la fuerza: *violentó a la muchacha y le quitó todo su dinero.*

vio·len·⌐to, ⌐ta |bioléṇto, ta| **1** *adj.* Que tiene mucha fuerza o intensidad: *un fuego ~ ha destrozado los árboles de la montaña.* **2** (persona) Que usa la fuerza y domina por medio de ella: *es una persona muy violenta: no se le puede llevar la contraria.* ⇔ **pacífico. 3** Que es rápido; que no se espera: *no hagas movimientos violentos si no quieres lesionarte los músculos.* **4** Que no está o resulta cómodo: *estuvo ~ porque no conocía a nadie en la fiesta.*

vio·le·ta |bioléta| **1** *adj.* De color morado, entre rojo y azul: *el ~ es el séptimo color del arco iris; una luz ~ entraba por los cristales.* **- 2** *adj.-m.* (color) Que es morado, entre rojo y azul: *el ~ combina bien con el negro.* **- 3** *f.* Flor silvestre, muy delicada, pequeña y de color morado: *por su cumpleaños, su marido le regaló un ramo de violetas; compró un perfume de violetas.* **4** Planta que da esa flor: *el jardín estaba plantado de rosas, violetas, pensamientos y lirios.*

vio·lín |biolín| *m.* Instrumento musical de cuerda, de tamaño pequeño, *timbre agudo y que se toca con un arco: *se colocó el ~ sobre el hombro y comenzó a tocar; en esta orquesta hay seis violines.*

vio·li·nis·ta |biolinísta| *com.* Persona que toca el *violín: *un ~ se acercó a nuestra mesa y tocó una melodía romántica.*

VIOLÍN

vio·lón |biolón| *m.* Instrumento musical de cuerda, de gran tamaño, *timbre grave y que se toca con un arco: *el ~ se toca de pie; Ismael sabe tocar el saxofón y el ~; el ~ es más grande que el violín.*

vio·lon·ce·lo |biolontʃélo| *m.* ⇒ **violonchelo.** ◻ La Real Academia Española prefiere la forma *violonchelo.*

vio·lon·che·lo |biolontʃélo| *m.* Instrumento musical de cuerda, de menor tamaño que el *violón, que se toca con un arco: *el ~ adquirió gran importancia durante el periodo romántico.* ⇒ **violoncelo.**

vi·ra·dor |biraðór| *m.* FOT. Líquido empleado en fotografía para que el papel tome los colores: *necesitamos más ~ para terminar de revelar este carrete.*

vi·ra·je |biráxe| **1** *m.* Cambio de dirección en la *marcha de un vehículo: *el conductor hizo un ~ rápido y el coche cambió de carril.* **2** *fig.* *Evolución o cambio en las ideas o en la conducta: *su pensamiento político experimentó un fuerte ~.*

vi·rar |birár| **1** *intr.* Cambiar de dirección un vehículo en su *marcha: *viró bruscamente a la derecha y se salió de la pista; la fragata viró a babor, intentando evitar los disparos del enemigo.* **2** *fig.* *Evolucionar, cambiar de ideas o de manera de actuar: *es una sociedad que ha virado rápidamente.* **- 3** *tr.* [algo] FOT. Someter un papel a la acción de un líquido para que tome los colores: *el técnico metió el papel en la cubeta de líquido para virarlo.*

vir·gen |bírxen| **1** *adj.-com.* (persona) Que no ha tenido relaciones sexuales: *María y Roberto eran vírgenes cuando se casaron; en algunas culturas sacrificaban muchachas vírgenes a los dioses.* ⇒ **doncella. - 2** *adj.* Que no ha sido usado o gastado: *necesito una cinta de vídeo ~ para grabar la película.* **3** Que no ha sufrido procesos o transformaciones artificiales: *prefiero el aceite de oliva ~ para las ensaladas.* **- 4** *f.* María, la madre de Jesucristo: *en la iglesia están rezando un rosario a la Virgen.* ◻ En esta acepción se escribe con mayúscula. **5** Imagen de María, la madre de Jesucristo: *tiene una ~ en la mesilla de noche.* ■ **viva la Virgen,** *fam.*, persona que no se preocupa por nada y obra sin pensar: *Juan es un viva la Virgen que sólo piensa en mujeres y en divertirse.*

vir·gi·ni·dad |birxiniðáᵈ| *f.* Estado de la persona que no ha tenido relaciones sexuales: *en algunas culturas la ~ es un requisito imprescindible para que una mujer se pueda casar.*

vir·go |bírγo| **1** *m.* Pliegue que reduce el *orificio *externo de la *vagina: *las mujeres vírgenes conservan el ~ intacto.* **- 2** *adj.-f.* Que no ha tenido relaciones sexuales: *la gitana salió de la habitación y confirmó que la novia era ~.* ⇒ **virgen.**

vir·gue·rí·a |birγería| **1** *f. fam.* Cosa hecha con gran cuidado y detalle: *este artista de circo hace virguerías en la cuerda floja; es un electricista que hace virguerías con los aparatos estropeados.* ◻ Se usa sobre todo con el verbo *hacer.* **2** Adorno que se añade a una cosa: *esta mesa tiene virguerías en las patas.*

vi·ril |biríl| *adj.* Del *varón o que tiene relación con él: *lo que lo hace inconfundible es su voz ~; es una mujer que tiene unos modales un poco viriles.* ⇒ **varonil.** ⇔ **femenino.**

vi·ri·li·dad |biriliðáᵈ| *f.* Conjunto de características que se consideran propias de un *varón: *hizo un alarde de fuerza para demostrar a todas su ~; el valor y la fuerza se consideran propios de la ~.*

vi·⌐rrey, ⌐rei·na |biřéi, řéina| *m. f.* Persona que gobierna un territorio en lugar de un rey, con la misma autoridad y poderes que él: *el ~ representa al rey en los territorios que forman parte de su corona; el acto fue presidido por la virreina.*

vir·tual |birtuál| **1** *adj.* Que es posible; que es posible que ocurra o se consiga: *hasta este momento el corredor colombiano es el vencedor ~.* ⇒ **potencial. 2** Que tiene una existencia que no es real: *he visto un juego de realidad ~.*

vir·tua·li·dad |birtualiðáᵈ| **1** *f.* Posibilidad de que ocurra o se consiga una cosa: *todos hablan de la ~ de que Jiménez sea el sucesor del presidente.* **2** Existencia que no es real: *por ahora tu proyecto es pura ~.*

vir·tud |birtúᵈ| **1** *f.* Cualidad moral que se considera buena: *Felipe es una persona con muchas virtudes y pocos defectos; la prudencia y la sinceridad son sus mejores virtudes;* ~ **cardinal**, la que se considera principio de las demás cualidades morales: *la justicia y la templanza son virtudes cardinales;* ~ **teologal**, la que tiene a Dios como objeto principal: *las virtudes teologales son fe, esperanza y caridad.* **2** Capacidad para producir un efecto determinado, especialmente de carácter positivo: *estas hierbas tienen virtudes curativas.* ■ **en ~ de**, como resultado de; según: *en ~ de tu comportamiento, tomaremos las medidas oportunas.*

vir·tuo·sis·mo |birtuosísmo| *m.* Gran habilidad para hacer una cosa, especialmente para tocar un instrumento musical: *el violinista demostró un gran ~ en el concierto de ayer.*

vir·tuo·⌐so, ⌐sa |birtuóso, sa| **1** *adj.* Que tiene buenas virtudes: *es una persona virtuosa y digna de respeto; siempre demostró tener un comportamiento ~.* **- 2** *adj.-s.* (persona) Que tiene gran habilidad para hacer una cosa, especialmente para tocar un instrumento musical: *este artista es un ~ de la guitarra.*

vi·rue·la |biruéla| *f.* Enfermedad contagiosa caracterizada por provocar fiebre y por la aparición de granos rojos que, al secarse, dejan una marca en la piel: *las marcas de la cara son consecuencia de una ~.*

vi·ru·lé |birulé| ■ **a la ~**, en mal estado; torcido o estropeado: *me han dado un puñetazo en el ojo y lo tengo a la ~.*

vi·ru·len·cia |birulénθia| *f.* Fuerza o *manifestación intensa, especialmente de una enfermedad: *el mitin acabó en actos de gran ~; la ~ de esta epidemia causó muchas bajas entre los miembros del ejército.*

vi·ru·len·⌐to, ⌐ta |birulénto, ta| **1** *adj.* Que se presenta con una gran intensidad: *los actos virulentos fueron reprimidos por la policía; es una enfermedad muy virulenta y peligrosa.* **2** *fig.* Que es violento e hiriente: *no supo qué contestar a sus comentarios virulentos.*

vi·rus |bírus| **1** *m.* *Microorganismo de estructura simple que no puede reproducirse por sí mismo: *muchos ~ provocan enfermedades en el hombre.* ☐ El plural es *virus.* **2** INFORM. Programa que causa daños en un ordenador: *hay un ~ que ha desactivado los ordenadores de toda la oficina.*

vi·ru·ta |birúta| *f.* Tira delgada y enrollada que sale de la madera o de otro material al pasarle un cepillo u otro instrumento cortante: *el suelo de la carpintería estaba lleno de virutas; las virutas iban cayendo a medida que el carpintero pasaba el cepillo a la madera.*

vi·sa·⌐do |bisáðo| *m.* Autorización que se pone por escrito en un documento para que tenga *validez: *si el pasaporte no lleva el ~, no puede entrar en este país.*

vís·ce·ra |bísθera| *f.* Órgano contenido en el interior del tronco, del hombre y de los animales: *el estómago y el hígado son vísceras.* ⇒ **entraña.**

vis·ce·ral |bisθerál| **1** *adj.* (sentimiento) Que es muy profundo e intenso: *siente por él un odio ~: no lo puede aguantar.* **2** (persona) Que tiende a expresar un sentimiento muy profundo e intenso: *es una persona ~: es incapaz de sentarse y razonar.* **3** De las *vísceras o que tiene relación con ellas: *este enfermo tiene una infección ~.*

vis·co·⌐so, ⌐sa |biskóso, sa| *adj.* (líquido) Que es muy espeso y se pega mucho: *el líquido que van dejando los caracoles a su paso es transparente y ~.* ⇒ **mucoso.**

vi·se·ra |biséra| **1** *f.* Parte plana y dura que tienen por delante ciertas prendas que se ponen en la cabeza, para proteger de la luz del sol: *los jugadores de béisbol llevan gorras de ~.* **2** Prenda de vestir plana y dura, que se sujeta a la frente generalmente por medio de una goma: *muchas tenistas juegan con ~.* **3** Pieza movible del *casco, que protege la cara: *el motorista se puso el casco con la ~ levantada.* **4** Pieza de material duro colocada junto al cristal delantero de un automóvil que sirve para evitar el reflejo del sol: *el conductor bajó la ~ porque el sol le molestaba.* ⇒ **parasol.**

vi·si·bi·li·dad |bisiβiliðáᵈ| *f.* Posibilidad de ver: *hoy es un día lluvioso y hay mala ~ en la carretera.*

vi·si·ble |bisíβle| **1** *adj.* Que se puede ver: *a lo lejos se vislumbraba una figura, apenas ~ en la oscuridad de la noche; esa estrella es ~ sólo con la ayuda de un telescopio; coloca el anuncio en un lugar bien ~ para que lo vean todos.* ⇔ **invisible. 2** Que es claro: *ese libro tiene erratas bastante visibles.* ⇒ **notorio, ostensible.**

vi·si·go·⌐do, ⌐da |bisiγóðo, ða| *adj.-s.* De un pueblo *germánico que invadió el Imperio Romano o que tiene relación con él: *los visigodos fundaron un reino en la Península Ibérica; los visigodos saquearon Roma en el siglo V.*

vi·si·llo |bisíʎo| *m.* Cortina de tela fina y casi transparente: *estos visillos blancos quedan muy bien en la ventana de la cocina.*

vi·sión |bisión| **1** *f.* *Percepción a través del sentido de la vista: *sin gafas no veo bien: tengo una mala ~ de los objetos que están lejos.* **2** Capacidad de ver: *en el accidente perdió la ~ de un ojo y se quedó tuerto.* ⇒ **vista. 3** Aparición de una cosa que no es natural: *decían que ese santo tenía visiones de la divinidad.* **4** Opinión; punto de vista: *tú y yo tenemos visiones del mundo muy similares.* **5** Capacidad para comprender las cosas: *hoy día, las cosas cambian tan deprisa que hace falta ~ de futuro para triunfar.* ■ **ver visiones**, *fam.*, dejarse llevar por la imaginación: *ves visiones, si crees que está enamorada de ti.*

vi·sio·na·ʳrio, ʳria |bisionário, ria| ***adj.-s.*** (persona) Que imagina con facilidad y cree ver cosas que no existen: *es una persona visionaria e imaginativa; un ~ ha dicho que nos visitarán los extraterrestres.*

vi·sir |bisír| ***m.*** Primer *ministro de un rey árabe: *el ~ aconsejó a su soberano sobre asuntos económicos.*

vi·si·ta |bisíta| **1** *f.* Ida a un lugar para ver a una persona: *esta misma tarde te haré una ~; su última ~ al dentista fue en el mes de mayo;* ~ **de médico**, la que dura poco tiempo: *estuvieron en casa un rato: nos hicieron una ~ de médico.* **2** Ida a un lugar para conocerlo: *cuando fuimos a Córdoba hicimos una ~ a la mezquita.* **3** Persona o conjunto de personas que va a ver a otra u otras: *esta tarde no saldré, tengo ~.* **4** Acto por el que el médico examina a los enfermos: *este médico pasa ~ todas las mañanas.*

vi·si·tar |bisitár| **1** ***tr.*** [a alguien] Ir a un lugar para ver a una persona: *el domingo iremos a ~ a los abuelos; llevas mucho tiempo sin venir a casa a visitarme.* **2** [algo] Ir a un lugar para conocerlo: *fuimos a ~ el teatro romano de Mérida; ¿has visitado Granada?* **3** [algo, a alguien] Ir a un sitio de manera repetida: *por desgracia, visitamos al médico todas las semanas; Santa Teresa de Jesús emprendió varios viajes para ~ los conventos de su orden.* **4** [a alguien] Examinar el médico a los enfermos: *la doctora visita a sus pacientes de cinco a ocho de la tarde.*

vis·lum·brar |bislumbrár| **1** ***tr.*** *form.* [algo] Ver con dificultad por la distancia o la falta de luz: *a lo lejos se puede ~ el muro de un castillo.* **2** *form. fig.* Llegar a conocer por medio de señales o *indicios: *no se vislumbra ninguna solución fácil para el problema de la desertización.*

vi·so |bíso| **1** ***m.*** Prenda de vestir femenina que se lleva bajo las faldas o los vestidos transparentes: *con las faldas de gasa suele llevar un ~.* ⇒ **combinación, enagua, forro. 2** *form. fig.* Apariencia, aspecto; posibilidad: *el cuadro atribuido a Velázquez tiene visos de ser obra de un discípulo.* ⇒ **probabilidad.** ☐ Se usa en plural. **3** Brillo que cambia con el reflejo de la luz: *el tafetán, el raso y el brocado son telas con ~.* ⇒ **agua.**

vi·són |bisón| ***m.*** Animal mamífero con patas cortas y cola larga, con piel muy suave de color marrón oscuro y que se alimenta de otros animales: *el ~ vive en el Norte de América.* ☐ Para indicar el sexo se usa el ~ macho y el ~ hembra.

vi·sor |bisór| ***m.*** Parte de una cámara que sirve para mirar el objeto que se quiere fotografiar o grabar: *limpia el cristal del ~ y verás mejor.*

vís·pe·ra |bíspera| *f.* Día inmediatamente anterior a otro, especialmente si éste es día de fiesta: *la ~ de Navidad sólo se trabaja media jornada; la ~ del examen no conviene ponerse a estudiar como un loco; leyó la carta que había recibido la ~.* ■ **en vísperas**, en un tiempo inmediatamente anterior: *estamos en vísperas del próximo milenio.*

vis·ta |bísta| **1** *f.* Sentido del cuerpo con el que se ven la forma y el color de los objetos: *el sentido de la ~ está localizado en los ojos;* ~ **de águila/lince**, la que es muy aguda: *si eres capaz de leer aquel cartel desde aquí, es que tienes ~ de águila; no hay quien te engañe: tienes ~ de lince.* ⇒ **visión. 2** Conjunto de los dos ojos: *el oculista le ha dicho que tiene la ~ cansada; lleva gafas porque tiene problemas en la ~.* **3** Mirada que se dirige hacia una persona o una cosa: *puso la ~ en los pasteles del escaparate; el chico la fascinó y no le quitó la ~ de encima en toda la noche.* **4** Conjunto de cosas que pueden verse con una mirada: *este balcón tiene una buena ~.* **5** Acierto para conseguir lo que conviene: *confía en Esteban, tiene buena ~ para los negocios.* **6** Posibilidad de ver una cosa: *he alquilado una habitación sin vistas.* ☐ Se usa sobre todo en plural. **7** DER. Conjunto de actos que tienen lugar en un juicio: *se produjeron incidentes durante la celebración de la ~.* ■ **a la** ~, de manera que puede verse: *para evitar robos, no dejes nada a la ~ en el coche.* ■ **a primera/simple** ~, sin fijarse mucho: *a primera ~, parece un chico simpático; a simple ~ parece un buen pintor.* ■ **a ~ de pájaro**, desde el aire; desde lo alto: *el fotógrafo subió al avión e hizo fotografías de la ciudad a ~ de pájaro.* ■ **comerse con la** ~, mirar a una persona con deseo o interés: *se nota que se quieren: cuando están juntos se comen con la ~.* ■ **con vistas a**, con el fin de; prestando atención a: *está estudiando mucho con vistas a presentarse a una oposición.* ■ **conocer de** ~, conocer a una persona por haberla visto en determinadas ocasiones, sin haberla tratado: *la conozco de ~: vive en la casa de al lado.* ■ **corto de** ~, (persona, animal) que padece un defecto del ojo y ve mal los objetos lejanos: *el rinoceronte es corto de ~.* ⇒ **miope.** ■ **en ~ de**, teniendo en cuenta: *en ~ de lo sucedido, no cenaremos juntos.* ■ **hacer la ~ gorda**, *fam.*, hacer o parecer que no se ha visto a una persona o una cosa: *la mujer de la limpieza rompió el jarrón, pero yo hice la ~ gorda.* ■ **¡hasta la ~!**, expresión que se usa para despedirse: *ahora tengo que irme, ¡hasta la ~!* ⇒ **adiós.** ■ **perder de** ~, dejar de ver a una persona o cosa que se ha ido lejos: *vimos un avión sobrevolando la zona, pero al poco rato lo perdimos de ~.* ■ **perder de** ~, dejar de tener relación o *contacto con una persona o cosa: *he perdido de ~ a todos mis antiguos compañeros de colegio.* ■ **saltar a la** ~, ser muy claro: *saltaba a la ~ que acabarían peleándose.* ■ **tener a la** ~, considerar un asunto para ocuparse de él: *tengo varios proyectos a la ~.* ■ **volver la ~ atrás**, recordar o pensar en el pasado: *cuando vuelvo la ~ atrás, me doy cuenta de que siempre he sido muy feliz.*

vis·ta·zo |bistáθo| ***m.*** Mirada rápida y sin atención: *echa un ~ a esta revista, es muy interesante; dale un ~ al niño a ver si duerme.* ⇒ **ojeada, visual.**

vis·to·⌜so, ⌜sa |bistóso, sa| ***adj.*** Que llama mucho la atención por la *viveza de sus colores: *el pavo real tiene una cola muy vistosa; llevaba un vestido de flores ~ y elegante.*

vi·sual |bisuál| **1** ***adj.*** Del sentido de la vista o que tiene relación con él: *la miopía es un defecto ~; el águila tiene una gran agudeza ~.* - **2** ***f.*** Línea recta que une el ojo con un objeto observado: *siempre busco la ~ que me permita ver lo que pasa en la habitación.* **3** *fam.* Mirada rápida y sin atención: *eché una ~ a la mesa del director y vi mi expediente.* ⇒ **vistazo.**

vi·sua·li·zar |bisualiθár| **1** ***tr.*** [algo] Hacer *visible lo que no se puede ver a simple vista: *las lesiones interiores pueden visualizarse mediante una radiografía.* **2** Formarse en el pensamiento la imagen de una cosa: *no me resulta fácil ~ lo que me estás explicando.* ☖ Se conjuga como 4.

vi·tal |bitál| **1** ***adj.*** De la vida o que tiene relación con ella: *le faltó la fuerza ~ necesaria para luchar contra la enfermedad.* **2** Que es necesario o principal para fundar o sostener una cosa: *su ayuda fue ~ para toda la familia.* ⇒ **básico, esencial, fundamental, trascendental. 3** Que tiene o muestra mucha energía: *Sandra es una mujer ~ y optimista.*

vi·ta·li·⌜cio, ⌜cia |bitalíθio, θia| ***adj.*** Que dura toda la vida: *su empleo de funcionario es ~; cobra una pensión vitalicia.* ⇒ **perpetuo.**

vi·ta·li·dad |bitaliðáð| ***f.*** Fuerza o energía; capacidad: *ha salido de esta enfermedad gracias a su enorme ~.* ⇒ **vigor.**

vi·ta·lis·mo |bitalísmo| ***m.*** FIL. Doctrina filosófica y científica que considera que existe un principio de vida que no se puede explicar como resultado de fuerzas físicas o químicas: *su actitud atea no tiene nada que ver con el ~.*

vi·ta·lis·ta |bitalísta| **1** ***adj.*** FIL. Del *vitalismo o que tiene relación con él: *expuso de una manera muy clara su concepción ~.* - **2** ***adj.-com.*** FIL. (persona) Que sigue la doctrina del *vitalismo: *mi padre es ~.*

vi·ta·mi·na |bitamína| ***f.*** Sustancia orgánica que se encuentra en los alimentos y que es necesaria para el desarrollo de los seres vivos: *las frutas contienen muchas vitaminas; el médico le ha dicho que necesita muchas vitaminas para crecer; la naranja tiene ~ C.*

vi·tí·co·la |bitíkola| ***adj.*** Del cultivo de la *vid o que tiene relación con él: *es una comarca ~, sus viñedos son famosísimos.*

vi·ti·cul·⌜tor, ⌜to·ra |bitikultór, tóra| **1** ***adj.*** Del cultivo de la *vid o que está relacionado con él: *representantes de las regiones viticultoras se han reunido este fin de semana en nuestra ciudad.* ⇒ **vitícola.** - **2** ***m. f.*** Persona que cultiva *vid: *los viticultores consideran que este año habrá una buena cosecha.*

vi·ti·cul·tu·ra |bitikultúra| ***f.*** Cultivo de la *vid: *se pretende que la ~ siga siendo rentable para los pequeños agricultores.*

vi·to·re·ar |bitoreár| ***tr.*** [algo, a alguien] Dar voces en honor o apoyo de una persona o de una acción: *el público vitoreaba al candidato a la alcaldía.* ⇒ **aclamar, ovacionar.**

ví·tre·⌜o, ⌜a |bítreo, a| **1** ***adj.*** Que está hecho de *vidrio o tiene sus características: *esta bañera lleva un esmalte ~ muy resistente.* **2** MED. (líquido) Que llena el globo del ojo: *el humor ~ es un líquido transparente y viscoso.*

vi·tri·na |bitrína| ***f.*** Mueble con puertas de cristal en el que se guardan objetos que pueden verse a través de ellas: *coge un plumero y limpia el polvo de la ~; dentro de la ~ hay copas, vasos y tazas.*

vi·tua·lla |bituáʎa| ***f.*** Conjunto de cosas necesarias para la comida: *un grupo de soldados se encargó de preparar la ~ para toda la compañía.* ⇒ **provisión, víveres.**

vi·tu·pe·rar |bituperár| ***tr.*** [a alguien] Criticar con dureza; hablar mal de una persona o una cosa: *el boxeador vituperó a su rival antes del combate.* ⇒ **flagelar.**

viu·de·dad |biuðeðáð| **1** ***f.*** Estado de *viudo o *viuda: *la viuda quiso acabar con su ~ y se casó de nuevo.* ⇒ **viudez. 2** Cantidad de dinero que recibe una persona por haber perdido a su marido o mujer, mientras no vuelva a casarse: *la mujer recibe la ~ todos los meses.*

viu·dez |biuðéθ| ***f.*** Estado de *viudo o *viuda: *su ~ fue muy corta: se volvió a casar al mes de morirse su primer marido.* ⇒ **viudedad.**

viu·⌜do, ⌜da |biúðo, ða| ***adj.-s.*** (persona) Que ha perdido a su marido o mujer y no ha vuelto a casarse: *es viuda: su esposo murió hace un año.*

vi·va |bíβa| ***interj.*** Expresión que indica alegría: *¡~!, mañana iremos a casa de los abuelos; ¡~ el Rey!* ⇒ **bravo.**

vi·va·ci·dad |biβaθiðáð| **1** ***f.*** Cualidad de inteligente y rápido en comprender: *el entusiasmo y la ~ son lo mejor de su carácter.* **2** Fuerza y energía: *la expresión de su cara es de gran ~.*

vi·va·ra·⌜cho, ⌜cha |biβarátʃo, tʃa| ***adj.*** Que es de carácter vivo, despierto y alegre: *este perrito es muy ~ y juguetón.*

vi·vaz |biβáθ| **1** ***adj.*** Que tiene fuerza y energía: *sus ojos tenían una expresión ~.* **2** Que es inteligente y rápido en comprender: *me gusta trabajar con este grupo tan ~.* ⇒ **agudo. 3** Que tiene entusiasmo y pasión: *la conversación debe ser ~.* - **4** BOT. (planta) Que vive más de dos años: *el tomillo es una planta ~.* ⇒ **perenne.**

vi·ven·cia |biβénθia| ***f.*** Experiencia vivida por una persona y que pasa a formar parte de su carácter: *durante su infancia tuvo vivencias enriquecedoras.*

ví·ve·res |bíβeres| ***m. pl.*** Conjunto de alimentos para las personas: *el ejército distribuyó ~ entre la población.* ⇒ **provisión.**

vi·ve·ro |biβéro| **1** ***m.*** Terreno en el que se plantan árboles pequeños para que crezcan: *fueron al ~ a sacar varios árboles para plantarlos en su jardín.* **2** Lugar dentro del agua donde se mantienen o crían peces u otros animales: *hicieron una presa en el río para preparar un ~.*

vi·ve·za |biβéθa| **1** ***f.*** Rapidez; alegría: *la ~ de su carácter nos animó a los demás.* **2** Fuerza o intensidad: *discuten con tanta ~ que no me atrevo a intervenir.*

ví·vi·⌜do, ⌜da |bíβiðo, ða| ***adj.*** Que tiene fuerza y claridad: *me hizo una descripción vívida de lo que había sucedido.* ⇒ **vivo.**

vi·vi·⌜dor, ⌜do·⌜ra |biβiðór, ðóra| ***m. f.*** Persona que se dedica a disfrutar los placeres de la vida o a vivir aprovechándose de los demás: *a estas horas de la noche y en este lugar sólo hay bohemios y vividores.*

vi·vien·da |biβi̲é̲nda| ***f.*** Lugar preparado para vivir en él: *en este pueblo hay muy pocas viviendas; están construyendo nuevas viviendas a las afueras de la ciudad; muchos pájaros tienen su ~ en los árboles.* ⇒ **casa.**

vi·vi·fi·car |biβifikár| ***tr.-intr.*** [algo, a alguien] Dar fuerza o energía: *una ducha después del trabajo vivifica bastante.* ☖ Se conjuga como 1.

vi·ví·pa·⌜ro, ⌜ra |biβíparo, ra| ***adj.-s.*** ZOOL. (animal) Que se desarrolla dentro del cuerpo de la madre y nace de ella: *los mamíferos son vivíparos.*

vi·vir |biβír| **1** ***intr.*** Tener vida: *ya no vive, murió hace poco; necesitamos alimentarnos para poder ~.* ⇒ **existir.** ⇔ **morir. 2** Tener las cosas necesarias para la vida: *con este sueldo difícilmente me llega para ~.* **3** Pasar la vida en un lugar determinado: *vivió durante muchos años con Gustavo y Rafael; vive en un barrio del centro de la ciudad.* **4** Quedar en la memoria: *el recuerdo de su infancia vivió en su mente durante toda su vida.* **5** Durar; estar presente: *la música de los sesenta vive todavía en algunas composiciones.* **- 6** ***tr.*** [algo] Experimentar; pasar por una situación determinada: *han vivido juntos momentos buenos y malos.* **7** Disfrutar mucho; poner pasión: *este actor vive todos los papeles que representa.* ■ **no dejar** ~, *fam.*, molestar de forma continua: *esta chica no deja ~ a nadie con sus geniales ideas.* ■ **no** ~, *fam.*, sufrir o estar preocupado: *cuando mi hijo sale con la moto, estoy que no vivo.*

vi·⌜vo, ⌜va |bíβo, βa| **1** ***adj.-s.*** Que tiene vida: *los seres vivos nacen, crecen, se reproducen y mueren; las víctimas del naufragio aún están vivas.* ⇔ **muerto. - 2** ***adj.*** Que continúa existiendo o que no ha dejado de existir: *en los pueblos muchas tradiciones ancestrales siguen vivas.* **3** Que es intenso o fuerte: *lleva las uñas pintadas de un rojo ~; siento un ~ interés por conocer su nombre y apellidos.* **4** (fuego, llama) Que se mantiene con intensidad: *el fuego no se ha apagado, todavía está ~.* **5** (persona) Que es inteligente y rápido para comprender: *esta niña es muy viva.* **6** Que se mantiene en la memoria: *la imagen de su rostro sigue viva en mi memoria.* **7** Que tiene fuerza y claridad: *es muy expresivo: tiene unos ojos muy vivos.* ⇒ **vívido. 8** Que es rápido y alegre: *el ritmo de esta música es muy ~.* **- 9 vivo** ***m.*** Tira de tela que se pone como adorno en el borde de ciertas prendas de vestir: *los bordes del abrigo llevan un ~ negro.* ■ **en** ~, en persona: *ayer vi en ~ a mi cantante favorito.* ■ **en** ~, en directo: *este programa no está grabado, lo estamos viendo en ~.*

viz·ca·í·⌜no, ⌜na |biθkaíno, na| **1** ***adj.*** De Vizcaya o que tiene relación con Vizcaya: *Bilbao es la capital vizcaína; el paisaje ~ es muy verde.* **- 2** ***m. f.*** Persona nacida en Vizcaya o que vive habitualmente en Vizcaya: *todos mis tíos son vizcaínos.*

viz·con·de |biθkónde| ***m.*** Miembro de la nobleza de categoría inferior a la de *conde y superior a la de *barón: *los vizcondes llegaron tarde a la cena; el ~ está pasando sus vacaciones en Menorca.* ⇒ **vizcondesa.**

viz·con·de·sa |biθkondésa| ***f.*** ⇒ **vizconde.**

vo·ca·blo |bokáβlo| ***m.*** Palabra de una lengua: *el ~* pez *está formado por tres letras.* ⇒ **término, voz.**

vo·ca·bu·la·rio |bokaβulári̲o̲| **1** ***m.*** Conjunto de palabras de una lengua: *el ~ se enriquece con nuevas palabras todos los días.* **2** Conjunto de palabras que se usan en una región, un grupo social o una actividad: *no entiendo el ~ técnico.* **3** Conjunto de palabras ordenadas y acompañadas de pequeñas explicaciones: *al final del libro aparece un ~ con los términos más importantes que contiene.* ⇒ **diccionario, glosario. 4** Conjunto de palabras que usa o entiende una persona: *el ~ de este chico es muy pobre.*

vo·ca·ción |bokaθi̲ó̲n| ***f.*** Inclinación que siente una persona hacia una forma de vida o un trabajo: *desde muy joven manifestó su ~ por el cuidado de los animales.*

vo·ca·cio·nal |bokaθi̲o̲nál| ***adj.*** De la *vocación o que tiene relación con ella: *su labor musical tiene carácter ~; su dedicación a los enfermos es ~.*

vo·cal |bokál| **1** ***adj.*** De la voz o que tiene relación con ella: *las cuerdas vocales producen los sonidos al hacer vibrar el aire procedente de los pulmones.* **2** (música) Que se ha escrito sólo para ser cantado: *el concierto de música ~ ha sido muy interesante.* ⇒ **instrumental. - 3** ***f.*** Sonido del lenguaje humano que se produce al vibrar las cuerdas de la *laringe y que no va acompañado de ninguno de los ruidos característicos de las consonantes: *las vocales del español son cinco; cuando se pronuncian las vocales hay una vibración en la laringe;* ~ **abierta,** LING., la que se pronuncia separando la lengua del paladar: *la* a *es una ~ abierta;* ~ **cerrada,** LING., la que se pronuncia acercando la lengua al paladar o al *velo del paladar: *la* i *es una ~ cerrada.* **4** Letra que representa ese sonido: *el niño está aprendiendo a escribir las vocales.* **- 5** ***com.*** Persona que tiene derecho a hablar en una reunión: *le han nombrado ~ del consejo de administración de la empresa.*

vo·cá·li·⌜co, ⌜ca |bokáliko, ka| ***adj.*** De la vocal o que tiene relación con ella: *el primer elemento de la palabra* agua *es ~.* ⇒ **consonántico.**

vo·ca·lis·ta |bokalísta| ***com.*** Persona que canta acompañada por un grupo de músicos: *la ~ del grupo tiene una voz excelente.*

vo·ca·li·za·ción |bokaliθaθión| **1** ***intr.*** Pronunciar distinguiendo bien los sonidos de las palabras: *a Vicente no se le entiende cuando habla porque no vocaliza.* **2** Añadir vocales en los textos de una lengua que escribe sólo las consonantes: *los estudiosos del mozárabe vocalizan los textos.*

vo·ca·li·zar |bokaliθár| **1** ***intr.-tr.*** [algo] Articular las vocales, consonantes y sílabas de las palabras distinguiéndolas adecuadamente: *la maestra vocalizaba lentamente para que los niños copiaran el dictado.* **2** Añadir las vocales a un texto escrito donde sólo aparecen las consonantes: *para traducir el árabe a otras lenguas, se vocaliza.* ☖ Se conjuga como 4.

vo·ca·ti·vo |bokatíβo| ***m.*** LING. Palabra o conjunto de palabras que sirven para llamar la atención del oyente o para dirigirse a él: *en la oración* Ernesto, ven aquí, por favor, *el nombre propio es un* ~. ⇒ **apelativo.**

vo·ce·ar |boθeár| **1** ***intr.*** Dar voces o gritos: *deja ya de* ~, *habla más bajo.* ⇒ **gritar, vociferar.** - **2** ***tr.*** [algo] Decir dando voces: *no me vocees las cosas, que no estoy sordo; el chico vocea las noticias de los periódicos.*

vo·ce·rí·o |boθerío| ***m.*** Conjunto de voces altas y poco claras: *¡qué* ~ *hay en el patio de la casa!* ⇒ **clamor, griterío.**

vo·ci·fe·rar |boθiferár| ***intr.*** Dar grandes voces o gritos: *vociferaba cuando las cosas no le salían bien.* ⇒ **vocear.**

vod·ka |bóᵈka| ***amb.*** Bebida con mucho alcohol, transparente, que se consigue por *destilación y que se bebe mucho en los países del este de Europa: *no sé cómo puedes beber* ~, *con lo fuerte que es.*

vo·la·di·⌜zo, ⌜za |boladíθo, θa| ***adj.-m.*** (estructura arquitectónica) Que sale horizontalmente de la vertical de un edificio o de una pared: *encima de la puerta hay un* ~ *para que no caiga el agua de la lluvia sobre ella.*

vo·la·⌜dor, ⌜do·ra |bolaðór, ðóra| **1** ***adj.*** Que vuela o puede volar: *la madre leyó a su hijo un cuento sobre burros voladores.* **2** Que cuelga, de modo que el aire lo puede mover. - **3** **volador** ***m.*** Animal marino invertebrado comestible parecido al *calamar: *como no había pulpo, he comprado medio kilo de voladores.* ☖ Para indicar el sexo se usa el ~ macho y el ~ hembra. **4** Pez marino de cabeza gruesa, cuerpo con manchas rojas, blancas y marrones y *aletas largas que le permiten volar sobre el agua: *los voladores viven en las zonas tropicales del Atlántico.* **5** Tubo de papel o cartón lleno de pólvora, que se lanza al aire prendiéndolo por la parte inferior y, una vez arriba, explota produciendo un ruido muy fuerte: *en la verbena lanzaron voladores de colores.* ⇒ **cohete.**

vo·lan·das |bolándas| ▪ **en** ~, por el aire; levantado del suelo: *entre varios hombres llevaron al torero en* ~. ▪ **en** ~, *fig.* rápidamente; en un tiempo muy breve: *no te preocupes, lo compro y lo traigo en* ~.

vo·lan·ta·zo |bolantáθo| ***m.*** Movimiento rápido y fuerte del volante, para cambiar la dirección del automóvil: *el conductor dio un* ~ *para no salirse de la carretera.*

vo·lan·te |bolánte| **1** ***adj.*** Que vuela o puede volar: *he visto en el cielo un objeto* ~, *pero no he podido identificarlo.* - **2** ***m.*** Pieza en forma de rueda con dos o tres radios que sirve para dirigir un automóvil: *gira el* ~ *a la derecha y tuerce por la primera calle.* **3** Pieza de tela rizada que sirve para adornar las prendas de vestir: *los vestidos de sevillana llevan la falda de volantes.* **4** Hoja de papel en la que se manda o se pide una cosa, o en la que se da una información: *el médico me ha dado un* ~ *para que me hagan un análisis.* **5** DEP. Objeto con forma de media esfera y con plumas que se usa para jugar, lanzándolo al aire y golpeándolo con *raquetas: *el antiguo* ~ *era de corcho forrado con piel.* **6** DEP. Juego que consiste en golpear con *raquetas un objeto pequeño y con plumas: *el* ~ *es otro nombre del badminton.* **7** MEC. Rueda de una máquina que sirve para regular el movimiento del motor, comunicándolo al resto del mecanismo: *las máquinas de coser llevan un* ~ *a la derecha.*

vo·lar |bolár| **1** ***intr.*** Ir o moverse por el aire usando alas u otro medio artificial: *las cigüeñas volaban alrededor del campanario; el avión está volando muy bajo.* **2** Viajar en avión: *ha volado a Estados Unidos dos veces a lo largo del mes.* - **3** ***intr.-prnl.*** Subir o moverse por el aire a causa del viento: *las hojas que estaban sobre la mesa se han volado.* - **4** ***intr.*** Ir por el aire un objeto que ha sido lanzado con fuerza: *durante la riña, voló un jarrón de un lado a otro de la sala.* **5** *fam. fig.* Desaparecer con mucha rapidez: *el chocolate voló en cuanto lo vieron los niños; Miguel ha volado, porque hace un momento estaba aquí.* **6** *fig.* Pasar con mucha rapidez el tiempo: *¡cómo vuelan los meses!* ⇒ **correr.** **7** *fam.* Ir muy rápido: *tendré que* ~ *para llegar a tiempo.* ⇒ **correr.** **8** *fam.* Hacer una cosa muy deprisa: *desayunó volando y se marchó a coger el autobús.* - **9** ***tr.*** [algo] Hacer explotar: *los terroristas volaron el puente por el que pasaba el tren.* ☖ Se conjuga como 31.

vo·lá·til |bolátil| **1** ***adj.*** Que se transforma en vapor o en gas cuando está expuesto al aire: *la gasolina es una sustancia* ~. **2** (persona) Que cambia mucho: *es tan* ~ *que cambia de opinión cada cinco minutos.* ⇒ **inconstante.**

vo·la·ti·li·zar |bolatiliθár| **1** ***tr.-prnl.*** [algo] Transformar un cuerpo sólido o líquido en vapor o en gas: *el alcohol se ha volatilizado porque el bote estaba destapado.* - **2** **volatilizarse** ***prnl.*** *fam.* Desaparecer con mucha rapidez: *la fortuna se volatilizó tan pronto como cayó en sus manos.* ☖ Se conjuga como 4.

vol·cán |bolkán| **1** ***m.*** *Elevación del terreno de la que salen gases y materiales que proceden del interior de la Tierra: *el* ~ *entró en erupción y produjo daños en los alrededores.* **2** *fig.* Sentimiento muy fuerte y ardiente: *siento un* ~ *de amor en mi corazón.* **3** *fig.* Persona que experimenta esos sentimientos: *es un* ~ *de sentimientos contradictorios.*

vol·cá·ni·⌜co, ⌜ca |bolkániko, ka| ***adj.*** Del *volcán o que tiene relación con él: *la lava es una sustancia volcánica; siente por Úrsula una pasión volcánica.*

vol·car |bolkár| **1** ***tr.-prnl.*** [algo] Hacer que una cosa pierda su posición normal y quede apoyada sobre un lado: *el perro ha volcado el jarrón de la mesa; se ha volcado el carrito de los helados.* **2** Hacer caer el contenido de un recipiente inclinándolo o dándole la vuelta: *se ha volcado todo el tarro de la miel; he volcado el vaso de agua sin darme cuenta.* ⇒ **derramar. - 3 volcarse** ***prnl.*** Hacer todo lo posible para agradar o intentar ayudar: *toda su familia se volcó con ella en los momentos difíciles.* ☐ Se conjuga como 49.

vo·le·a |boléa| ***f.*** Golpe dado a una pelota antes de que toque al suelo: *el tenista hizo una ~ a la que su contrario no pudo responder.* ⇒ **voleo.**

vo·le·ar |boleár| ***tr.*** [algo] Dar un golpe a una cosa que va por el aire antes de que toque el suelo: *voleó la pelota y la mandó fuera del campo.*

vo·lei·bol |boleiβól| ***m.*** Deporte entre dos equipos de seis jugadores que tratan de lanzar una pelota por encima de una red, de modo que el contrario no pueda devolverla: *el ~ es deporte olímpico desde 1964.* ⇒ **balonvolea.**

vo·le·o |boléo| ***m.*** Golpe dado a una pelota antes de que toque al suelo: *el futbolista le dio al balón un ~.* ⇒ **volea.** ■ **a/al ~**, *fam.*, sin pensar: *contestó las preguntas al ~ y no acertó ninguna.*

vol·que·te |bolkéte| ***m.*** Vehículo que puede transportar una carga en una caja grande que se levanta para dejar caer lo que transporta: *el ~ llegó a la obra con una carga de arena.* ⇒ **camión.**

volt |bólᵗ| ***m.*** ELECTR. ⇒ **voltio.** ☐ Se usa en el Sistema Internacional.

vol·ta·je |boltáxe| ***m.*** FÍS. Diferencia de *potencial eléctrico entre los extremos de un conductor: *el ~ de los enchufes suele ser de 220 voltios.*

vol·te·ar |bolteár| **1** ***tr.*** [algo, a alguien] Dar vueltas o hacer girar: *volteaba la honda con la mano derecha; volteó la tortilla con gran habilidad.* **2** Poner la parte superior debajo y la inferior encima: *voltearon el armario y arreglaron las patas; volteó la carretilla para vaciarla.* **3** *p. ext.* Cambiar a otro estado o mover a otro sitio: *perdió el anillo y volteó toda la casa para encontrarlo.* **- 4** ***intr.*** Dar vueltas en el aire por impulso y con arte: *el acróbata volteaba sobre el cable.*

vol·te·re·ta |bolteréta| ***f.*** Vuelta que se da con el cuerpo sobre una superficie o en el aire: *el niño dio una ~ apoyando la cabeza en el suelo.* ⇒ **pirueta.**

vol·tí·me·tro |boltímetro| ***m.*** FÍS. Aparato que mide la diferencia de *potencial entre dos puntos de un *circuito eléctrico: *el ~ más sencillo consiste en una bobina con un imán móvil y una gran resistencia en serie.*

vol·tio |bóltio| ***m.*** ELECTR. Unidad de *potencial eléctrico: *el símbolo del ~ es v.* ⇒ **volt.** ■ **dar/darse un ~**, *fam. fig.*, dar una vuelta; ir a pasear: *salió con su pandilla a dar un ~ por la ciudad.*

vo·lu·bi·li·dad |boluβiliðáᵟ| ***f.*** *form.* Cualidad de *voluble: *al hablar con ella, se dio cuenta de su ~.* ⇒ **inconstancia, inestabilidad.**

vo·lu·ble |bolúβle| **1** ***adj.*** Que no es firme ni permanente; que cambia frecuentemente: *tiene un carácter ~: está alegre y, al momento, se pone triste; el tiempo está muy ~, puede que llueva o que haga sol.* ⇒ **inconstante, inestable. 2** BOT. (tallo) Que crece enrollándose alrededor de una vara o de otro objeto: *la enredadera es una planta de tallos volubles.*

vo·lu·men |bolúmen| **1** ***m.*** Espacio que ocupa un cuerpo: *este baúl no cabe en el armario porque tiene mucho ~.* **2** Espacio de tres *dimensiones: *¿qué ~ tiene esta cisterna de agua?* **3** Libro que, junto con otros, forma una obra: *esta colección consta de 50 volúmenes.* ⇒ **tomo. 4** Intensidad del sonido: *baja un poco el ~ de la radio, por favor.* **5** *fig.* Cantidad o importancia de un hecho, negocio o asunto: *el ~ de ventas ha disminuido porque la campaña publicitaria no ha sido afortunada.*

vo·lu·mi·no·⌐so, ⌐sa |boluminóso, sa| ***adj.*** Que tiene mucho volumen: *no podía con aquella carpa tan voluminosa; ¡qué libro tan ~!*

vo·lun·tad |bolunta̍ᵟ| **1** ***f.*** Deseo o intención: *hizo todo lo contrario a la ~ de sus amigos;* **última ~**, deseo que expresa una persona antes de morir: *van a construir un hospital con su dinero: fue su última ~.* **2** Capacidad de una persona para decidir con libertad: *el hombre se diferencia de los animales en que tiene ~.* **3** Capacidad para hacer una cosa que supone un esfuerzo: *no tiene suficiente ~ para estudiar una carrera.* **4** Autorización o aprobación; permiso: *hizo lo que quiso y no tuvo en cuenta la ~ de sus padres.* ⇒ **consentimiento. 5** Cantidad de dinero que una persona quiere dar: *¿cuánto le doy? — Déme usted la ~.* ■ **a ~**, según el deseo de una persona: *puedes servirte sopa a ~.* ■ **ganar la ~**, conseguir el apoyo de una persona: *ganó la ~ de Luis y éste le ayudó en todo cuanto le pedía.*

vo·lun·ta·ria·do |boluntariáðo| **1** ***m.*** MIL. Unión voluntaria de una persona a un ejército: *estos soldados han llegado al ejército a través del ~.* **2** Conjunto de personas voluntarias que se han unido *libremente a un grupo con un fin determinado: *el ~ está aumentando en los últimos años.*

vo·lun·ta·⌐rio, ⌐ria |boluntário, ria| **1** ***adj.*** Que se hace sin ser una obligación: *su renuncia fue voluntaria.* **2** FIL. Que nace de la voluntad o del libre deseo: *el hombre está obligado a seguir su impulso ~.* ⇒ **intencionado.** ⇔ **involuntario. - 3** ***m. f.*** Persona que hace una cosa sin estar obligada a ello: *necesito tres voluntarios para limpiar el patio; los voluntarios de la Cruz Roja evacuaron a los heridos.* **4** MIL. Persona que se une a un ejército *libremente: *le gustaba tanto la vida militar, que se fue ~ a la mili.*

vo·lu·ta |bolúta| ***f.*** ARQ. Adorno con forma de *rollo o *espiral que se coloca en algunos *capiteles: *los capiteles jónicos tienen volutas.*

vol·ver |bolβér| **1** ***tr.*** [algo] Dar la vuelta o hacer girar: *vuelve la hoja del libro; volvió el colchón.* **2** Dirigir o llevar hacia un sitio o hacia un fin: *volvió los* *ojos hacia la puerta; vuelve tu corazón a los demás.* **3** Poner la cara exterior en el interior: *volvió el vestido del revés para coserlo.* **4** Devolver o dar lo debido o prestado: *le vuelvo el libro; le volverá el favor.* **5** Poner de nuevo en el estado o lugar original: *volvió el libro al estante.* **6** [algo, a alguien; en algo/alguien] Cambiar o transformar: *volvió el agua en vino.* **- 7** ***intr.*** Repetir lo que antes se ha hecho: *volvieron a salir tres horas después; volveremos a llamar después porque no contestan.* ☖ El verbo al que acompaña va en infinitivo y precedido de la preposición *a.* **8** Cambiar de dirección o torcer: *habrá que ~ a la izquierda.* **9** Tomar de nuevo el hilo de una historia, tema o negocio: *volveremos a lo convenido; volvamos ahora a la cuestión.* **10** Recuperar el sentido o el juicio: *a los pocos minutos, volvió en sí del desmayo; volvió sobre sí y lo pensó mejor.* **- 11** ***intr.-prnl.*** Regresar a un sitio en el que se ha estado: *volverá a casa dentro de una hora; se volvió de la aldea por el camino del río.* **- 12 volverse** ***prnl.*** Cambiar de aspecto o estado; transformarse: *la disolución se volverá blanca; se ha vuelto loco.* **13** Inclinar el cuerpo o el *rostro en señal de atención, o dirigir la conversación hacia una persona: *se volvió hacia mí y me lo dijo.* ☖ Se conjuga como 32.

vo·mi·tar |bomitár| **1** ***tr.-intr.*** [algo] Expulsar por la boca la comida que está en el estómago: *se mareó en el coche y vomitó la fruta que había tomado; bebió demasiado y acabó vomitando.* ⇒ **devolver.** **- 2** ***tr.*** Decir o pronunciar con fuerza y pasión: *vomitó todo tipo de maldiciones cuando él no estuvo presente.*

vo·mi·ti·⌜vo, ⌜va |bomitíβo, βa| ***adj.*** Que provoca *vómitos: *este medicamento es ~.*

vó·mi·to |bómito| **1** ***m.*** Acción de vomitar: *me dio tanto asco que estuve a punto de tener un ~.* **2** Conjunto de sustancias o alimentos que estaban en el estómago y se expulsan por la boca: *ten cuidado al pasar, que hay un ~ en el suelo.* ⇒ **devuelto.**

vo·mi·to·rio |bomitório| Entrada o puerta que da directamente a las *gradas: *para encontrar mi asiento en la plaza de toros tengo que entrar por el ~ número 15.*

vo·ra·ci·dad |boraθiðáᵈ| **1** ***f.*** Cualidad de *voraz: *la ~ de los tiburones es superada por pocos peces.* **2** Pasión y rapidez al hacer una cosa: *lee novelas del Oeste con ~.*

vo·raz |boráθ| **1** ***adj.*** Que come mucho y con ganas: *el tigre es un animal ~.* **2** Que destruye con rapidez: *las voraces llamas destruyeron el viejo edificio.*

vos |bós| ***pron. pers.*** Forma del pronombre de segunda persona de singular, en género masculino y femenino: *~ no te has ido y no te irás nunca.* ☖ Se usa en el español de América del Sur, alternando en muchos lugares con *tú.* No se usa en el español de España.

vo·se·ar |boseár| ***intr.*** Usar el pronombre personal *vos* con el valor de *tú*: *en Buenos Aires es frecuente que la gente vosee.*

vo·se·o |boséo| ***m.*** LING. Uso del pronombre personal *vos* con el valor de *tú*: *el ~ se da en algunas partes de Hispanoamérica.*

vo·so·⌜tros, ⌜tras |bosótros, tras| ***pron. pers.*** Forma del pronombre de segunda persona para el sujeto, en género masculino y femenino y en número plural: *~ os encargaréis de organizar la fiesta; nosotros nos marcharemos y ~ os quedaréis.* ☖ Con preposición se usa para los complementos: *el ladrón no estaba entre ~; este regalo es para ~.*

vo·ta·ción |botaθión| **1** ***f.*** Acción y resultado de votar: *decidiremos por votación lo que vamos a hacer este fin de semana.* **2** Conjunto de votos emitidos: *la mayor parte de la ~ ha sido favorable a la reforma de la ley.* **3** Sistema de emitir votos: *antes de votar se decidió cómo sería la ~; ~* **nominal**, la que consiste en ir llamando a cada una de las personas que votan por su nombre: *en una ~ nominal, cada persona da o dice su voto cuando es llamada por el presidente; ~* **ordinaria**, la que consiste en ponerse de pie o en levantar la mano para dar el voto: *el asunto se resolvió mediante ~ ordinaria; ~* **secreta**, la que se produce de tal forma que no se puede saber qué ha votado cada persona: *el director de departamento fue elegido mediante ~ secreta.*

vo·tar |botár| **1** ***intr.-tr.*** [algo, a alguien] Dar un voto o una opinión en una elección: *Antonio votó sí en el último referéndum; he votado a Juan para delegado en el comité de empresa; todos los españoles mayores de dieciocho años tienen derecho a ~.* **- 2** ***tr.*** [algo] Aprobar por votación: *debemos ~ si queremos hacer huelga o no y acatar lo que diga la mayoría.*

vo·to |bóto| **1** ***m.*** Elección entre varias posibilidades, generalmente de carácter político: *todavía no he decidido para qué candidato será mi ~.* ⇒ **sufragio; ~ de calidad**, el que da una persona con autoridad y sirve para decidir en caso de igualdad: *ambos candidatos obtuvieron seis votos, pero Sánchez fue elegido por el ~ de calidad del presidente de la comisión; ~* **de censura**, el que tiene como fin retirar la confianza puesta en un órgano de poder: *el gobierno ha recibido un ~ de censura de la oposición; ~* **de confianza**, el que tiene como fin aprobar o autorizar la acción de un órgano de poder: *han dado un ~ de confianza a los gobernantes de ese país, seguirán gobernando dos años más.* **2** *p. ext.* Papel en el que una persona da a conocer su elección: *se cerraron los colegios electorales y se procedió al recuento de los votos.* ⇒ **sufragio. 3** Derecho a elegir entre varias posibilidades, generalmente de carácter político: *como no pertenece al sindicato no tiene ~ en esta asamblea.* **4** REL. *Promesa hecha a Dios, a la Virgen o a un santo: *las monjas de este convento han hecho ~ de pobreza; ~* **solemne**, REL., el que se hace a Dios públicamente: *los católicos de la ciudad se reunieron para hacer un ~ solemne.* **5** Ruego hecho a Dios para conseguir o agradecer una gracia: *hizo votos para que su hija se curase.* ☖ Se usa sobre todo en plural. **6** Palabra o expresión dicha con enfado: *se dio un martillazo en el dedo y comenzó a lanzar votos.* ⇒ **juramento, palabrota, taco.**

voz |bóθ| **1** ***f.*** Sonido que se produce al pasar el aire de los pulmones por la garganta y vibrar las cuerdas vocales: *la ~ resuena en la nariz y en la boca; si no subes la ~ no oiré lo que estás diciendo.* **2** Conjunto de características de ese sonido: *Ana tiene ~ de soprano.* **3** Grito que da una persona: *no me des esas voces, que no estoy sordo.* **4** Persona que se dedica a cantar: *el grupo está formado por tres músicos y dos voces.* ⇒ **cantante.** **5** Persona que representa a otras o habla por ellas: *Raquel se ha convertido en la ~ del grupo.* **6** Derecho a dar una opinión: *Carlos no tiene en esta reunión ni ~ ni voto.* **7** Rumor; noticia: *entre la gente ha corrido la ~ de que subirán de nuevo los precios.* **8** Palabra de una lengua: *¿cuántas voces tiene este diccionario?* ⇒ **término, vocablo.** **9** LING. Categoría gramatical del verbo que indica que el sujeto realiza la acción del verbo o que la recibe: *en la oración* el muchacho fue golpeado, *el verbo está en ~ pasiva, y en* golpearon al muchacho, *está en activa.* **10** Expresión que sirve para un fin determinado: *a la ~ del capataz los peones comenzaron a empujar el carro;* ~ **de mando**, expresión con la que se dan órdenes a los subordinados: *al oír la ~ de mando, los soldados iniciaron el desfile.* ■ **a una ~**, a la vez: *todos contestaron la pregunta a una ~.* ■ **a ~ en cuello/grito**, *fam.*, dando gritos: *llamaba a su hija por la ventana a ~ en grito.* ■ **de viva ~**, por medio de la palabra hablada: *no me respondió por escrito, sino que lo hizo de viva ~.* ■ **pedir a voces**, *fam.*, mostrar que una cosa es muy necesaria; necesitar: *estas toallas están pidiendo a voces un buen lavado.*

vo·za·rrón |boθar̄ón| ***m.*** Voz muy fuerte y grave: *me dijo con su ~ que me callara.*

vue·la·plu·ma |buelaplúma| ■ **a ~**, deprisa y con facilidad: *lleva la contabilidad de su empresa a ~.* ☖ También se puede escribir *a vuela pluma.*

vue·lo |buélo| **1 *m.*** Movimiento o mantenimiento en el aire; acción de volar: *el hombre siempre ha admirado el ~ de las aves; el avión emprenderá el ~ en breves momentos;* ~ **rasante**, el que pasa rozando el suelo u otra superficie: *la golondrina pasa en ~ rasante sobre el agua y bebe unas gotas;* ~ **sin motor**, el que se hace aprovechando las corrientes de aire: *los planeadores y los ala deltas realizan vuelos sin motor.* **2** Viaje en avión o en otro vehículo que vuela: *el ~ duró dos horas; abróchense los cinturones, vamos a iniciar el ~.* **3** Extensión de una prenda de vestir en una parte ancha o que no se ajusta al cuerpo: *la falda tiene mucho ~; frunció las mangas para darles ~.* **4** *p. ext.* Parte que cuelga en una tela: *el ~ de las cortinas era exagerado; el mantel tenía mucho ~.* - **5 vuelos *m. pl.*** Alas de un ave: *los vuelos del águila son largos y fuertes.* ■ **al ~**, rápidamente: *es muy listo, todo lo entiende al ~.* ☖ Se usa con los verbos *coger, cazar,* etc. ■ **alzar/levantar el ~**, echar a volar: *al oír el disparo, los patos alzaron el ~; la cigüeña levantó el ~.* ■ **alzar/levantar el ~**, *fam. fig.*, marcharse; hacerse independiente: *los hijos alzan el ~ y abandonan la casa de sus padres.* ■ **cogerlas al ~**, *fam. fig.*, entender rápidamente una cosa que no se dice claramente: *los acertijos son sencillos para Nicolás, las coge al ~.* ■ **dar vuelos**, permitir que una persona decida por sí misma: *le has dado demasiados vuelos al chico.* ⇒ **consentir.** ■ **de altos vuelos**, *fig.*, de mucha importancia: *se trata de un proyecto de altos vuelos; su trabajo es de altos vuelos.* ■ **no oírse el ~ de una mosca**, *fam.*, haber un silencio total: *en el cine no se oía el ~ de una mosca.* ■ **tocar a ~ las campanas**, tocar todas las campanas juntas: *las campanas tocan a ~ en las fechas importantes.* ■ **tomar ~**, empezar a desarrollarse: *mis planes están tomando ~, se hacen realidad.*

vuel·ta |buélta| **1 *f.*** Movimiento alrededor de un punto, hasta quedar en la primera posición o en la posición contraria: *para abrir el cerrojo tienes que dar una ~ a la llave; la Luna da vueltas alrededor de la Tierra; dio la ~ a la figura de porcelana para ver el precio.* ⇒ **giro.** **2** Parte de una cosa en la que se ha girado alrededor de ella misma o de otra: *este cable tiene dos vueltas y no cabe por el agujero.* ⇒ **nudo.** **3** Paseo, generalmente breve: *saldremos dentro de un rato a dar una ~.* **4** Regreso desde un lugar al punto primero o *inicial: *no nos volveremos a ver hasta la ~ de vacaciones.* ⇔ **ida.** **5** Dinero que *sobra cuando la cantidad entregada es superior al precio debido: *la dependienta ha olvidado darme la ~ de las 1000 pesetas; quédese con la ~.* ☖ Se usa también en plural. **6** Curva en un camino: *ten cuidado al conducir porque esta carretera tiene muchas vueltas.* **7** Serie de puntos que se dan al tejer: *me faltan tres vueltas para terminar de tejer la bufanda.* **8** Carrera *ciclista en la que se recorren distintos lugares de un país o región: *la ~ clicista a España tiene su última etapa en Madrid.* **9** Pieza de tela que se pone en las mangas o el cuello de las prendas de vestir: *las vueltas de esta camisa son de color blanco.* **10** Parte en la que se divide un proceso o una acción que se repite varias veces: *el candidado fue eliminado en la segunda ~ de las elecciones.* ■ **buscar las vueltas**, *fam.*, tratar con habilidad o con engaño un asunto o a una persona para conseguir un provecho: *le ha buscado las vueltas para convencerlo de que le preste dinero.* ■ **dar vueltas**, andar de un lugar a otro: *llevo un rato dando vueltas y no he encontrado la dirección que busco.* ■ **dar vueltas**, mover un líquido o comida: *da vueltas a la sopa para que no se queme.* ■ **dar cien vueltas**, *fam.*, ser mucho mejor: *siempre saca las mejores notas, les da cien vueltas a todos sus compañeros.* ■ **estar a vueltas**, insistir mucho: *siempre está a vueltas con la subida de sueldo.* ■ **estar de ~**, *fam.*, no sorprenderse de nada por tener mucha experiencia: *era un experto marino: estaba de ~ de todo.* ■ **no tener ~ de hoja**, *fam.*, estar muy claro: *es una verdad incuestionable: no tiene ~ de hoja.* ■ **poner de ~ y media**, *fam.*, hablar mal de una persona: *es una mala persona: pone a todos sus amigos de ~ y media.*

vuel·⌐to, ⌐ta |buélto, ta| ***adj.*** (página) Que queda en la parte posterior de un texto escrito: *los folios vueltos llevan la numeración en la parte de delante.* ⇔ **recto.**

vues·⌐tro, ⌐tra |buéstro, tra| **1 *adj. pos.*** Forma del adjetivo de segunda persona, en género masculino y femenino y en número singular o plural: ~ *amigo es un maleducado; vuestras cosas están sobre la mesa.* - **2** ***pron. pos.*** Forma del pronombre de segunda persona, en género masculino y femenino y en número singular o plural: *éstas no son nuestras, sino vuestras.* ■ **la vuestra**, *fam.*, la ocasión más favorable para vosotros: *aprovechad el momento, que ésta es la vuestra.* ■ **lo** ~, *fam.*, actividad que hacéis muy bien o que os gusta hacer: *me parece que lo ~ no es la mecánica.* ■ **los vuestros**, los que pertenecen al mismo grupo de personas a las que se dirige el hablante: *los vuestros ganaron el último partido.*

vul·ca·ni·zar |bulkaniθár| ***tr.*** QUÍM. [algo] Someter la goma elástica a la acción del *azufre, para hacerla más resistente al frío, al calor y al agua: *la industria vulcaniza el caucho y luego fabrica neumáticos con él.* ☐ Se conjuga como 4.

vul·gar |bulɣár| **1** ***adj.*** Que es de mal gusto; que no es *correcto: *no digas cosas tan vulgares.* ⇒ **ordinario.** ⇔ **exquisito. 2** Que es muy común o general: sobaco *es la denominación ~ de* axila. ⇔ **culto. 3** Del pueblo o que tiene relación con él: *esta obra de arte refleja los gustos vulgares de la época.*

vul·ga·ri·dad |bulɣariðáᵟ| **1** ***f.*** Cualidad de lo que es de mal gusto: *la ~ se puede corregir con la educación.* **2** Obra o dicho que es de mal gusto: *todo lo que dice les parece una ~.* **3** Cualidad de lo que es muy común o general: *las obras de ese artista se caracterizan por su ~.*

vul·ga·ris·mo |bulɣarísmo| ***m.*** Palabra o modo de expresión que no se consideran *apropiados ni *correctos y que aparecen más frecuentemente en el habla de las personas sin cultura: *la forma* en después *es un ~ que se usa en lugar de* después. ⇒ **cultismo.**

vul·ga·ri·zar |bulɣariθár| **1** ***tr.-prnl.*** [algo, a alguien] Hacer vulgar; perder el buen gusto: *desde que tiene esos nuevos amigos se ha vulgarizado.* **2** [algo] Hacer común o general: *cierto tipo de literatura ha sido vulgarizada.* ☐ Se conjuga como 4.

vul·go |búlɣo| ***m.*** Conjunto de personas que no tienen mucha cultura: *el ~ es el protagonista de esta película.* ⇒ **plebe.**

vul·ne·ra·ble |bulneráβle| ***adj.*** Que puede recibir un daño fácilmente; que es débil: *los niños son vulnerables; tiene un carácter ~.* ⇔ **invulnerable.**

vul·ne·rar |bulnerár| **1** ***tr.*** [algo] Ir en contra de una ley o norma o no cumplirla: *fui detenido por ~ el código de la circulación.* ⇒ **transgredir. 2** Causar daño: *esas fotos vulneraron la intimidad del político.*

vul·va |búlβa| ***f.*** ANAT. Parte del aparato de reproducción femenino que rodea la parte exterior de la *vagina: *la vagina es un conducto membranoso que va desde la ~ hasta la matriz.*

W

W, w ***f.*** Letra que en el alfabeto español sigue a la *v*: *la ~ aparece en palabras de origen extranjero; la ~ es la decimonovena de las consonantes del alfabeto.*

wa·ter |báter| **1** ***m.*** Recipiente con una *cisterna de agua en el que se orina y se hace de vientre: *limpia bien el ~ después de utilizarlo.* ⇒ **váter.** **2** Habitación en la que está ese recipiente y otros elementos que sirven para el aseo humano: *el ~ de esta casa es muy pequeño.* ⇒ **váter.** ☖ Esta palabra procede del inglés. La Real Academia Española prefiere la forma *váter.*

wa·ter·po·lo |baterpólo| ***m.*** DEP. Juego entre dos equipos formados por siete jugadores cada uno, que se practica nadando en una *piscina y que consiste en tratar de introducir el *balón, ayudándose de las manos, en la *portería contraria: *el equipo español de ~ quedó en los primeros puestos.*

watt |bát| ***m.*** ELECTR. Unidad de *potencia, en el Sistema Internacional: *un ~ equivale a la potencia de una máquina que realiza el trabajo de un julio en un segundo.* ⇒ **vatio.**

whis·ky |uíski| ***m.*** Bebida alcohólica que se consigue por *destilación de la *cebada: *pidió en el bar un ~ con hielo; no te tomes ese ~ si no estás acostumbrado a beber.* ⇒ **güisqui.** ☖ La Real Academia Española prefiere la forma *güisqui.*

X

X, x 1 *f.* Letra que en el alfabeto español sigue a la *w*: *la palabra* asfixia *se escribe con* ~. **2** Signo que se pone en lugar de un nombre que no se quiere decir: *da igual su nombre: pongamos que se llamase* ~. **3** MAT. Signo que representa una variable desconocida: *el problema consistía en hallar* ~ *dividiendo seis entre cuatro.* ⇒ **incógnita. 4** Letra que representa el valor de diez en la numeración *romana: *la mezquita de Medina Azahara se construyó en el siglo* X. ⌂ En esta acepción se escribe con mayúscula. **5** Letra que sirve para calificar las películas *pornográficas o los locales donde se proyectan: *cuidado, porque en el cartel de ese cine pone* ~; *esa película ha sido clasificada* ~.

xe·no·fi·lia |ᵏsenofílja| *f. form.* Sentimiento de simpatía hacia los extranjeros y sus costumbres: *la* ~ *nos ayuda a comprender culturas diferentes a la nuestra.* ⇔ **xenofobia.**

xe·nó·fi·⌐lo, ⌐la |ᵏsenófilo, la| *adj.-s. form.* (persona) Que siente simpatía hacia los extranjeros y sus costumbres: *es un* ~: *siempre está rodeado de extranjeros.* ⇔ **xenófobo.**

xe·no·fo·bia |ᵏsenofóβja| *f. form.* Sentimiento de odio o de rechazo hacia los extranjeros y sus costumbres: *la* ~ *ha llevado a algunos países a la guerra en numerosas ocasiones.* ⇔ **xenofilia.**

xe·nó·fo·⌐bo, ⌐ba |ᵏsenófoβo, βa| *adj.-s. form.* (persona) Que siente odio o rechazo hacia los extranjeros y sus costumbres: *diversos grupos xenófobos están sembrando el miedo entre los ciudadanos.* ⇔ **xenófilo.**

xe·ro·co·pia |ᵏserokópja| *f.* Copia fotográfica que se consigue por medio de la *xerografía: *tienes que hacer 20 xerocopias del informe.* ⇒ **fotocopia.**

xe·ro·gra·fí·a |ᵏseroɣrafía| *f.* Sistema que se utiliza para imprimir en seco: *la* ~ *es un sistema electrostático.*

xi·ló·fa·⌐go, ⌐ga |ᵏsilófaɣo, ɣa | *adj.* ZOOL. (insecto) Que roe la madera: *los termes son xilófagos.*

xi·ló·fo·no |ᵏsilófono| *m.* MÚS. Instrumento musical de percusión, formado por una serie de varas de madera de diferente tamaño que suenan al ser golpeadas con dos *mazos pequeños: *estaba practicando la escala con el* ~.

Y

Y, y 1 ***f.*** Letra que en el alfabeto español sigue a la *x*: *la palabra* mayor *se escribe con* ~. ☖ Se suele llamar *y griega*. **- 2** ***conj.*** Indica unión de dos elementos del mismo nivel o función: *Juan ~ Pedro salieron de viaje; fueron felices ~ comieron perdices.* ⇒ **ni.** ☖ Se usa *e* cuando precede inmediatamente a otra palabra que empiece por *i* o por *hi*: *Juan e Isabel fueron al cine.* En una enumeración se coloca delante del último término: *comimos arroz, pescado ~ un filete.* **3** Añade fuerza e intensidad en una pregunta o exclamación: *¿~ el dinero?; ¿~ qué pasa si no lo hago?; ¡~ qué cara tan sucia tiene!* ☖ Se usa al principio de la expresión.

ya |yá| **1** ***adv. t.*** Antes; en un tiempo pasado: *~ te lo he dicho muchas veces.* **2** Ahora; en el momento en el que se habla: *~ he terminado los ejercicios; ~ te entiendo.* **3** Luego; inmediatamente después o sin que pase mucho tiempo: *~ voy; ~ nos veremos en casa.* **- 4** ***conj.*** En un momento o lugar o en otro; unas veces y otras: *este hombre siempre ha destacado: ~ en la milicia, ~ en las letras.* ⇒ **bien.** ☖ Por ser conjunción distributiva, aparece repetida en la frase. ■ **no ~**, no solamente; además de: *escribe perfectamente no ~ en francés, sino también en alemán.* ■ **~ que**, indica causa; puesto que: *~ que tú no quieres venir, invitaré a Mario.* ■ **~ que**, indica condición; si, aunque o dado que: *~ que tu desgracia no tiene remedio, llévala con paciencia.*

ya·cer |yaθér| **1** ***intr.*** Estar echada o tendida una persona: *yacía en su cama, murmurando en sueños.* **2** Estar un cuerpo sin vida en la *tumba: *aquí yace el más insigne escritor de esta ciudad.* **3** Tener relaciones sexuales con una persona: *se asegura que no yació con él durante su matrimonio.* ☖ Se conjuga como 92.

ya·ci·mien·to |yaθimi̯énto| ***m.*** Lugar donde se encuentra naturalmente una roca, un mineral u otra cosa: *la empresa se dedica a la explotación de yacimientos de carbón; han encontrado vasijas etruscas en un ~ arqueológico.* ⇒ **mina.**

yan·qui |yáŋki| **1** ***adj.*** *fam. desp.* De los Estados Unidos de América o que tiene relación con ese país: *los automóviles yanquis son muy largos.* **- 2** ***com.*** Persona nacida en los Estados Unidos de América del Norte o que vive habitualmente en los Estados Unidos de América del Norte: *a este curso asisten dos yanquis y dos argentinos.* ⇒ **estadounidense, norteamericano.** ☖ El plural es *yanquis*.

yan·tar |yantár| **1** ***m.*** Comida o alimento: *no hay nada como el buen ~ para reponer fuerzas.* **- 2** ***tr.*** [algo] Comer; tomar alimento: *hemos yantado un magnífico cordero asado.*

yar·da |yárða| ***f.*** Medida de longitud usada en el Reino Unido y otros países que equivale a 91 centímetros: *en España no utilizamos la ~ como medida de longitud, sino el metro.*

ya·te |yáte| ***m.*** Embarcación de lujo que se suele usar para viajes de placer: *el millonario dio una fiesta en su ~.*

ya·⌜yo, ⌜ya |yáyo, ya| ***m. f.*** Padre o madre del padre o la madre, en cuanto a una persona: *los niños salieron a pasear con su ~.* ⇒ **abuelo.**

yaz |yáθ, yás| ***m.*** Género musical con un ritmo de base en el que los músicos suelen hacer cambios a medida que van tocando: *Antonio toca el saxo en un grupo de ~.* ⇒ **jazz.**

ye |yé| ***f.*** Nombre de la letra *y*: yeso *se escribe con ~.*

ye·dra |yéðra| ***f.*** Planta de hojas brillantes y verdes durante todo el año, que crece subiendo por paredes y árboles: *la ~ había cubierto por completo los arcos de piedra del jardín.* ⇒ **hiedra.**

ye·gua |yéɣu̯a| ***f.*** Hembra del caballo: *pararon para que descansaran las yeguas; la ~ ha parido un potrillo.* ⇒ **jaca.**

ye·ís·mo |yeísmo| ***m.*** LING. Fenómeno del habla que consiste en no distinguir *ll* e *y*, pronunciando el sonido correspondiente a *y*: *el ~ está muy extendido en el mundo hispánico.*

ye·ís·ta |yeísta| **1** ***adj.*** LING. Del *yeísmo o que tiene relación con él: *la pronunciación ~ es muy frecuente en el español de España.* **- 2** ***adj.-com.*** LING. Que no distingue *ll* e *y*, pronunciando el sonido correspondiente a *y*: *la mayoría de los españoles es ~.*

yel·mo |yélmo| ***m.*** Cubierta de metal que protege la cabeza y la cara de un guerrero: *el caballero se quitó el ~ y todos pudieron ver que era el hijo del rey.*

ye·ma |yéma| **1** ***f.*** Parte central del huevo: *en los huevos de las aves la ~ es de color amarillo y está rodeada por la clara; el embrión está contenido en la ~.* **2** Parte central y extrema de un dedo, opuesta a la uña: *se ha pinchado con la aguja en la ~ del dedo gordo.* **3** Brote de los vegetales del que nacen las ramas, las hojas y las flores: *ya les están saliendo yemas a los árboles de la plaza.* **4** Dulce que se hace con azúcar y con la parte amarilla del huevo de las aves: *me ha traído de Ávila una caja de yemas.*

yer·ba |yérβa| **1** ***f.*** Planta sin tronco, cuyos tallos son hojas pequeñas y alargadas de color verde y que crece en los campos y jardines: *la ~ crece en primavera;* **mala ~**, la que crece por sí sola en los cultivos y los daña: *me encargué de regar el jardín y cortar la mala ~.* ⇒ **hierba. 2** Conjunto de esas plantas que cubre una parte de tierra: *se tumbó en* *la ~ y se durmió.* ⇒ **hierba. 3** *fam.* *Marihuana, en el lenguaje de la droga: *es peligroso fumar ~.* ⇒ **hierba.** ■ **y otras yerbas**, *hum.* y más aún que no se dice: *estuvimos hablando de política, deportes y otras yerbas.* ☖ La Real Academia Española prefiere la forma *hierba*.

yer·⌐mo, ⌐ma |yérmo, ma| **1** ***adj.-m.*** (terreno) Que no está habitado: *cuando llegaron los colonos, esta tierra no era más que una extensión yerma.* **2** (terreno) Que no está cultivado: *más allá de las huertas se extiende el secano y el ~.* ⇒ **estéril.**

yer·no |yérno| ***m.*** Hombre en cuanto a los padres de su mujer: *estamos muy contentos con nuestro ~, porque es muy trabajador y quiere mucho a nuestra hija.* ⇒ **nuera.**

ye·rro |yéȓo| ***m.*** Acción equivocada; acción hecha con poco acierto: *en vez de corregir su ~, echó la culpa a otro.* ⇒ **equivocación, error.**

yer·⌐to, ⌐ta |yérto, ta| ***adj.*** Que no se puede doblar; que está duro, generalmente a causa del frío: *encontramos en el camino el cuerpo ~ de un perro.*

yes·ca |yéska| **1** ***f.*** Materia seca que arde con facilidad: *la ~ se hace con plantas secas o con un trozo quemado de tela.* **2** Origen o causa de una pasión: *los insultos fueron la ~ de la pelea.*

ye·se·rí·a |yesería| **1** ***f.*** Establecimiento donde se fabrica o vende *yeso: *trajo de la ~ unos sacos de yeso.* **2** Técnica de decoración que se hace grabando formas sobre una superficie a la que se ha dado una capa de *yeso: *las yeserías de la Alhambra asombran a los turistas.*

ye·so |yéso| **1** ***m.*** Mineral blando y generalmente de color blanco, que, una vez molido, se mezcla con agua para formar una pasta usada en construcción y en escultura: *el ~ se endurece con mucha rapidez; el albañil ha tapado los agujeros de la pared con ~; sobre la repisa hay dos esculturas de ~;* ~ **blanco**, el más fino y blanco, con el que se da la última capa a las paredes: *tengo que revestir las paredes de mi casa con ~ blanco;* ~ **negro**, el que es poco fino y de color gris, con el que se dan las primeras capas a las paredes: *la obra no está terminada porque las paredes están todavía con ~ negro.* **2** Escultura que se hace con esa materia: *este ~ representa la figura de un elefante.*

ye·yu·no |yeyúno| ***m.*** ANAT. Parte media del *intestino delgado: *el duodeno y el ~ forman parte del intestino delgado de los mamíferos.*

yo |yó| **1** ***pron. pers.*** Forma del pronombre de primera persona para el sujeto, en género masculino y femenino y en número singular: *~ no firmé ese cheque, así que la firma es falsa; ~ creo que sí.* ⇒ **me, mí. - 2** ***m.*** FIL. Sujeto que piensa y es *consciente: *Ortega dijo: «~ soy ~ y mi circunstancia».*

yo·do |yóðo| ***m.*** QUÍM. Elemento químico sólido, de color negro brillante, que desprende vapores de color azul: *el símbolo del ~ es I; el ~ se usa como antiséptico.*

yo·ga |yóγa| **1** ***m.*** Doctrina filosófica de la India que busca llegar al estado perfecto del espíritu: *el yoga se basa en la contemplación y la inmovilidad total.* **2** Conjunto de sistemas que se practican para conseguir mayor control sobre el cuerpo y mayor *concentración mental, mediante procedimientos parecidos a los que se usan en la India: *gracias al ~ ha conseguido controlar su ansiedad y sus nervios.*

yo·gur |yoγúr| ***m.*** Alimento líquido y espeso que se *obtiene por *fermentación de la leche: *todos los días se toma un ~ de postre; en el frigorífico hay yogures de fresa y de plátano.*

yo·gur·te·ra |yoγurtéra| ***f.*** Aparato que sirve para elaborar *yogures: *no compramos nunca yogures, porque los hacemos nosotros mismos con la ~.*

yó·que·y |yókei| ***m.*** Persona que se dedica a montar caballos de carreras: *el ~ se puso de pie sobre el caballo en la recta final de la carrera.* ⇒ **jockey, yoqui.**

yo·qui |yóki| ***m.*** ⇒ **yóquey.**

yo·yo |yóyo| ***m.*** Juguete hecho con dos discos redondos unidos por una pieza en la que se ata un cordón que, al enrollarse y *desenrollarse, hace que suba y baje: *le he regalado a mi sobrino un ~ de colores.* ⇒ **yoyó.**

yo·yó |yoyó| ***m.*** ⇒ **yoyo.**

yu·ca |yúka| ***f.*** Planta tropical, procedente de América, de tallo cilíndrico acabado en un grupo de hojas largas, gruesas y *rígidas, de las que salen unas flores blancas en forma de globo: *de la raíz de la ~ se extrae harina; la ~ se cultiva en Europa como planta de adorno.*

yu·do |yúðo| ***m.*** Deporte que consiste en luchar cuerpo a cuerpo para vencer aprovechando la fuerza y el impulso del contrario: *en el ~ se intenta hacer perder el equilibrio al contrincante.* ⇒ **judo.**

yu·ga·da |yuγáða| ***f.*** Cantidad de tierra que puede *arar una pareja de animales de labor en un día: *esta finca tiene unas cuatro yugadas.*

yu·go |yúγo| **1** ***m.*** Instrumento de madera al que se atan los animales de carga para que tiren de un vehículo o de otro objeto: *la pareja de bueyes llevaba el ~ al cuello y tiraba del arado.* **2** *fig.* Ley o poder superior que obliga a obedecer: *vivía bajo el ~ de su padre.* **3** *fig.* Carga pesada o difícil de soportar: *la pobreza es un duro ~ para quien no está acostumbrado a ella.*

yu·go·es·la·⌐vo, ⌐va |yuγoesláβo, βa| ***adj.*** ⇒ **yugoslavo.** ☖ La Real Academia Española prefiere la forma *yugoslavo.*

yu·gos·la·⌐vo, ⌐va |yuγosláβo, βa| **1** ***adj.*** De Yugoslavia o que tiene relación con Yugoslavia: *los deportistas yugoslavos fueron campeones en muchas competiciones.* ⇒ **yugoeslavo. - 2** ***m. f.*** Persona nacida en Yugoslavia o que vive habitualmente en Yugoslavia: *los yugoslavos se dividieron en varias naciones.* ⇒ **yugoeslavo.**

yu·gu·lar |yuγulár| **1** ***adj.-f.*** *form.* (*vena) Que, junto con otra igual, está situada a cada lado de la garganta: *un corte en la ~ supone la muerte.* **- 2** ***tr.*** *form.* [algo, a alguien] Cortar el cuello: *el asesino yuguló a la víctima.* ⇒ **degollar. 3** *fig.* Dominar o detener el desarrollo de un negocio o de un proyecto: *la nueva norma ha yugulado la iniciativa económica.*

yun·que |yúŋke| **1** ***m.*** ANAT. Hueso del oído medio de los mamíferos: *el ~ está situado entre el martillo y el estribo.* **2** Bloque de hierro, generalmente acabado en punta en uno de sus lados, sobre el que se trabajan los metales golpeándolos con un martillo: *el herrero martilleaba sobre el ~ la herradura del caballo.*

YUNQUE

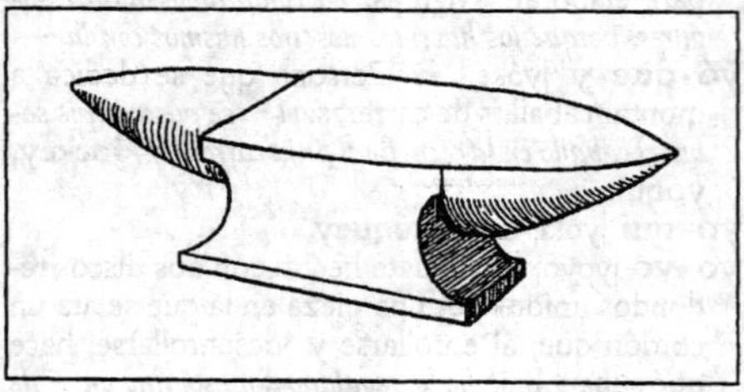

yun·ta |yúnta| ***f.*** Pareja de animales que sirven en la labor del campo o para tirar de carros: *una ~ de mulas tiraba del arado; la ~ de bueyes llevaba la carreta del heno.*

yux·ta·po·ner |yu^{k}staponér| **1** ***tr.-prnl.*** [algo] Poner una cosa junto a otra: *cuando hace un razonamiento, se limita a ~ ideas.* **2** LING. Unir sin conjunciones ni otro elemento de relación: *tenemos que ~ estas dos oraciones para que la redacción sea más clara.* ☖ Se conjuga como 78.

yux·ta·po·si·ción |yu^{k}staposiθión| ***f.*** Acción y resultado de *yuxtaponer o *yuxtaponerse: *su conferencia será una simple ~ de ideas; he unido dos frases mediante ~.*

yux·ta·pues·⌐to, ⌐ta |yu^{k}stapuésto, ta| **1** ***adj.*** Que está junto a otra cosa: *esos adornos yuxtapuestos no quedan bien.* **2** LING. Que está unido sin conjunciones ni otros elementos de relación: llegué, ví, vencí *es un ejemplo de oraciones yuxtapuestas.*

Z

Z, z ***f.*** Última letra del alfabeto español, que sigue a la *y*: *zorro se escribe con ~.*

za·fa·rran·cho |θafaȓánt∫o| **1** ***m.*** Acción y resultado de dejar libre una parte de una embarcación, disponiéndola para una actividad determinada: *el ~ de la cubierta es para celebrar el baile de gala;* **~ de combate,** MAR. MIL., el que se hace para disponer la embarcación para la lucha: *cuando avistamos el barco pirata, el capitán gritó: ¡~ de combate!* **2** *fam. fig.* Agitación desordenada y ruidosa: *cuando llegamos al bar, ya había un buen ~.* **3** *fig.* Organización y realización de una serie de actividades con un fin determinado: *ya hemos empezado el ~ para limpiar toda la casa.*

za·far·se |θafárse| **1** ***prnl.*** [de algo, de alguien] Escaparse o esconderse para evitar un encuentro o un peligro: *no consiguió ~ de sus perseguidores.* **2** *fig.* [de algo] Librarse de una obligación o molestia: *se zafó de lavar la ropa la semana pasada, pero ésta tendrá que hacerlo.*

za·⌜fio, ⌜fia |θáfio, fia| ***adj.-s.*** (persona) Que tiene malos modos o que es poco educado; que tiene poca cultura: *prefiero no encontrarme con ese ~; es inútil hablar con él, porque es un ~.* ⇒ **rudo.**

za·fi·ro |θafíro| ***m.*** Piedra preciosa de color azul que se usa como adorno: *la diadema esta adornada con zafiros.* ☖ No se debe decir *záfiro.*

za·ga |θáγa| **1** ***f.*** DEP. Conjunto de jugadores que forman la línea más retrasada de un equipo: *los delanteros deben superar la ~ del contrario.* ⇒ **defensa.** ⇔ **delantera. 2** Parte posterior de una cosa: *se ha retrasado un poco y está en la ~ de la cola del cine.* ■ **a la ~,** detrás: *el potro iba a la ~ de las yeguas.* ■ **no ir/irle a la ~,** no ser inferior: *Andrés es inteligente, pero su hermana no le va a la ~.* ■ **no quedarse a la ~,** no ser inferior: *María es una pintora brillante, pero su prima no se queda a la ~.*

za·⌜gal, ⌜ga·la |θaγál, γála| **1** ***m. f.*** Persona que tiene poca edad: *el caminante le preguntó a un ~ qué pueblo era ése.* ⇒ **joven, mozo, muchacho. 2** Persona que guarda ganado a las órdenes de otra: *la zagala llevaba las vacas a la fuente.*

za·guán |θaγuán| ***m.*** Parte cubierta de la casa situada junto a la puerta principal: *la casa de campo tenía un amplio ~ decorado con objetos rústicos.* ⇒ **entrada.**

za·gue·⌜ro, ⌜ra |θaγéro, ra| **1** ***adj.*** Que está o va detrás: *las casas zagueras suelen ser más tranquilas que las que dan a la calle principal.* **- 2** ***m. f.*** DEP. Jugador que se coloca en la línea más retrasada de un equipo: *el ~ despejó la pelota cuando ya se colaba en su portería.* ⇒ **defensa.**

za·he·rir |θaerír| ***tr.*** [a alguien] Causar disgusto o daño moral: *la zahirió cruelmente con sus reproches.* ☖ Se conjuga como 35.

za·ho·rí |θaorí| ***com.*** Persona que busca lo que está oculto, especialmente corrientes de agua bajo tierra y *depósitos de minerales: *el Ayuntamiento encontró agua potable con la ayuda de un ~.* ☖ El plural es *zahoríes.*

za·la·me·rí·a |θalamería| ***f.*** Demostración de cariño, exagerada o fingida: *por muchas zalamerías que me hagas, no te dejaré salir esta noche.* ⇒ **carantoña.**

za·la·me·⌜ro, ⌜ra |θalaméro, ra| ***adj.-s.*** *fam.* Que demuestra cariño de una forma exagerada o fingida: *no le hagas caso, es un ~ y en realidad sólo quiere ganarse tu favor.*

za·ma·rra |θamáȓa| **1** ***f.*** Prenda de vestir de abrigo, hecha de piel con su lana o pelo, que cubre el cuerpo hasta las rodillas: *antiguamente los pastores llevaban zamarras.* **2** Prenda de vestir de abrigo, con el cuello y los puños de tela fuerte, que llega por encima de la rodilla: *lleva una ~ cuando va de caza.* ⇒ **chamarra, pelliza.**

zam·⌜bo, ⌜ba |θámbo, ba| ***adj.-s.*** (persona) Que tiene juntas las rodillas y las piernas separadas: *aquel muchacho andaba de una forma extraña porque era zambo.* ⇒ **patizambo.**

zam·bom·ba |θambómba| ***f.*** Instrumento musical formado por un cilindro hueco y cerrado por un extremo con una piel tensa, con un palo sujeto en su centro, que, al frotarlo con la mano, produce un sonido grave: *tocaron villancicos con la ~ y las panderetas.*

zam·bom·ba·zo |θambombáθo| **1** ***m.*** *fam.* Golpe fuerte: *se dio un ~ en la cabeza contra la pared.* **2** Ruido intenso que produce una cosa que explota: *el ~ se oyó en todo el barrio.*

zam·bu·llir |θambuʎír| **1** ***tr.-prnl.*** [algo, a alguien] Meter debajo del agua con fuerza o con rapidez: *zambulló a su perro en la piscina; se zambulleron juntos en el mar.* **- 2 zambullirse** ***prnl.*** *fig.* Introducirse con ánimo o con rapidez en una actividad o asunto: *se ha zambullido en el mundo de la moda.* **3** *fig.* Esconderse o cubrirse: *se zambulló en su capa al cruzar la calle.* ☖ Se conjuga como 41.

za·mo·ra·⌜no, ⌜na |θamoráno, na| **1** ***adj.*** De Zamora o que tiene relación con Zamora: *el Ayuntamiento ~ ha publicado un edicto.* **- 2** ***m. f.*** Persona nacida en Zamora o que vive habitualmente en Zamora: *la madre de Mercedes es zamorana.*

zam·par |θampár| ***tr.-intr.*** [algo] Comer en gran cantidad o con gran rapidez; comer con malos modos: *se pasa el día zampando y está como un tonel; nos invitaron a un bufé y nos pusimos a ~ como lobos.* ⇒ **embuchar, engullir.**

zam·⌐pón, ⌐po·na |θampón, póna| ***adj.-s.*** *fam.* (persona) Que come en gran cantidad o con gran rapidez: *no se te ocurra invitar a los zampones de tus amigos.*

za·na·ho·ria |θanaória| **1** ***f.*** Raíz comestible, de forma alargada y acabada en punta, con una carne jugosa amarilla o naranja: *a los conejos les encanta la ~; la ~ tiene vitamina A y D; sus ensaladas de ~ son deliciosas.* **2** Hortaliza que produce esa raíz: *arrancó unas zanahorias.*

zan·ca·da |θaŋkáðа| ***f.*** Paso largo: *da unas zancadas enormes cuando anda y tienes que ir corriendo detrás de él.*

zan·ca·di·lla |θaŋkaðíʎa| **1** ***f.*** Cruce o colocación de un pie entre o detrás de los de otra persona para hacer que tropiece y caiga: *le pusieron la ~ y cayó al suelo.* ☐ Suele usarse con los verbos *echar* y *poner.* **2** *fig.* Obstáculo que se pone para causar un mal o para hacer que no se consiga un fin: *hijo mío, en la vida te pondrán muchas zancadillas.*

zan·ca·jo |θaŋkáxo| **1** ***m.*** Hueso del pie que forma el talón: *estas sandalias dejan ver los zancajos.* **2** *fig.* Parte del zapato, *calcetín o media que cubre el talón, especialmente si está rota: *es un desaseado, va siempre enseñando los zancajos.* ■ **no llegar al ~/a los zancajos,** *fam.*, ser una persona muy inferior a otra: *conseguirá el papel principal de la película, porque los demás no le llegan a los zancajos.*

zan·co |θáŋko| ***m.*** Palo alto con un apoyo sobre el que se pone el pie y que se usa para andar a cierta altura sobre el terreno: *en el circo había un payaso equilibrista que bailaba sobre unos zancos.*

zan·cu·⌐do, ⌐da |θaŋkúðo, ða| **1** ***adj.*** ZOOL. (ave) Que tiene las patas muy largas y sin plumas en su parte inferior: *las cigüeñas y las garzas son aves zancudas.* **- 2** ***adj.-s.*** *fam.* (persona) Que tiene las piernas muy largas y delgadas: *está muy flaco y es un ~: cuando corre parece que se va a romper.*

zán·ga·⌐no, ⌐na |θáŋgano, na| **1** ***adj.-s.*** *fam. fig.* (persona) Que vive de los demás porque no le gusta trabajar: *¡está hecho un ~, tiene 30 años y no busca trabajo!* ⇒ **holgazán. 2** *fam. fig.* (persona) Que es poco hábil y sin gracia: *no seas tan zángana y deja de decir tonterías.* **- 3 zángano** ***m.*** Macho de la abeja, que no produce miel: *la misión de los zánganos es fecundar a la abeja reina.*

zan·ja |θáŋxa| ***f.*** Agujero estrecho y largo hecho en la tierra: *los obreros hicieron las zanjas para los cimientos; han hecho una ~ para meter dentro las tuberías del agua.*

zan·jar |θaŋxár| ***tr.*** [algo] Resolver de un modo definitivo: *una vez firmado el contrato, el asunto quedará zanjado.*

za·pa |θápa| ***f.*** Pala de metal con un borde cortante, que usan los *zapadores: *el soldado abrió una zanja con la ~.*

za·pa·dor |θapaðór| ***m.*** Soldado que se encarga de hacer obras en los terrenos: *los zapadores abrieron las trincheras.*

za·pa·pi·co |θapapíko| ***m.*** Herramienta de pico con dos bocas, una acabada en punta y la otra de corte estrecho: *utilizó el ~ para hacer un hoyo y plantar el árbol.*

za·pa·ta |θapáta| **1** ***f.*** Pieza de un sistema de freno que roza contra la rueda o su eje para detener su movimiento: *hay que cambiar las zapatas porque es muy peligroso tener los frenos en mal estado.* **2** *Pedazo de cuero u otro material que se coloca bajo la puerta: *para que no se cerrara la puerta, pusieron una ~.* **3** ARQ. Pieza horizontal que se coloca sobre una columna y sobre la que se apoya una estructura superior: *las zapatas estaban adornadas con estrías.*

za·pa·te·a·⌐do |θapateáðo| ***m.*** Baile español que se ejecuta golpeando el suelo con los zapatos y que generalmente es bailado por una sola persona: *el artista bailó un ~ que nos dejó a todos boquiabiertos.*

za·pa·te·ar |θapateár| ***intr.*** Dar golpes en el suelo u otra superficie con los pies calzados, generalmente siguiendo el ritmo de una música: *se subió a una mesa y se puso a ~ haciendo mucho ruido.*

za·pa·te·rí·a |θapatería| **1** ***f.*** Establecimiento donde se hacen, arreglan o venden zapatos: *me gustaron las botas que había en el escaparate de esa ~.* **2** Oficio de la persona que se dedica a fabricar, arreglar o vender zapatos: *siguiendo la tradición familiar, se dedica a la ~.*

za·pa·te·⌐ro, ⌐ra |θapatéro, ra| **1** ***adj.*** Del zapato o que tiene relación con él: *hay cinco industrias zapateras establecidas en la provincia.* **2** (alimento) Que se queda blando o pierde sus cualidades por haber sido cocinado hace bastante tiempo o por llevar demasiado tiempo en agua: *las patatas están zapateras, porque hace una hora que las freí; estas aceitunas están zapateras.* **3** ***m. f.*** Persona que se dedica a fabricar, arreglar o vender zapatos: *llevaré las botas al ~ para que les ponga tacones nuevos; la zapatera me ha sacado unas zapatillas del número 38;* ~ **de viejo/remendón,** el que arregla zapatos rotos: *tengo que cambiar la suela de los zapatos, los llevaré a un ~ remendón.* **- 4 zapatero** ***m.*** Insecto de cuerpo estrecho, con las patas delanteras cortas y las traseras largas y delgadas: *el ~ corre por la superficie del agua gracias a sus patas traseras.*

za·pa·ti·lla |θapatíʎa| **1** ***f.*** Calzado ligero y cómodo que se usa para estar en casa: *recuerda que vas a una fiesta, así que quítate esas zapatillas y ponte algo más elegante.* ⇒ **pantufla. 2** Calzado especial que se usa para practicar ciertos deportes: *me he comprado unas zapatillas de tenis.*

za·pa·to |θapáto| ***m.*** Calzado que cubre sólo el pie y que tiene la suela de un material más duro que el resto: *el niño iba descalzo: sus padres eran tan pobres que no podían comprarle zapatos.*

zar |θár| ***m.*** *Emperador de Rusia; rey de Bulgaria: *el ~ Pedro I fundó San Petersburgo a principios del siglo XVII.* ⇒ **zarina.**

za·ra·go·za·⌈no, ⌈na |θaraγoθáno, na| **1** ***adj.*** De Zaragoza o que tiene relación con Zaragoza: *la población zaragozana celebra sus fiestas mayores el 12 de octubre.* - **2** ***m. f.*** Persona nacida en Zaragoza o que vive habitualmente en Zaragoza: *los zaragozanos son aragoneses.*

za·ran·da·jas |θarandáxas| ***f. pl.*** *fam. desp.* Cosas que no tienen valor o importancia: *págame el dinero que me debes y déjate de ~.* ⇒ **tontería.**

za·ran·de·ar |θarandeár| **1** ***tr.*** [algo, a alguien] Mover con ligereza y facilidad: *zarandeó el botijo para ver si tenía agua.* **2** *fig.* [a alguien] Insultar y poner en ridículo a una persona ante otras: *la zarandeó en medio de la plaza.* - **3 zarandearse** ***prnl.*** *fig.* Cansarse con un trabajo o yendo y viniendo: *llevo zarandeándome toda la mañana.*

zar·ci·llo |θarθíʎo| **1** ***m.*** Joya que se lleva en la oreja como adorno: *perdió un ~ durante el paseo.* ⇒ **pendiente. 2** Hoja o tallo pequeño con forma de hilo, que sirve a ciertas plantas para *agarrarse a las paredes: *la hiedra está echando nuevos zarcillos.* ⇒ **pámpano. 3** Corte que, como señal, se hace a las vacas en la oreja: *reconoció a las vacas por el ~ de la oreja.*

za·ri·na |θarína| ***f.*** *Emperatriz de Rusia; reina de Bulgaria: *la ~ hizo una visita oficial a un país vecino.* ⇒ **zar.**

zar·pa |θárpa| **1** ***f.*** Mano o pata de ciertos animales con uñas fuertes y cuyos dedos no se mueven independientemente: *el león atacó al ciervo con sus zarpas.* ⇒ **garra. 2** *fam. fig.* Mano de una persona: *no metas la ~ en el pastel antes de que te lo sirvamos en el plato.* ■ **echar la** ~, *fam.*, *agarrar o coger con las manos: *le echó la ~ al sonajero y no había modo de que lo soltara.* ■ **echar la** ~, *fam.*, conseguir, llegar a tener: *ya me gustaría echarle la ~ a ese coche deportivo.*

zar·par |θarpár| ***intr.*** Salir o hacerse a la mar: *la escuadra zarpó del puerto; zarparon con rumbo a América.*

zar·pa·zo |θarpáθo| ***m.*** Golpe dado con la *zarpa: *el domador recibió un ~ del tigre.*

za·rra·pas·tro·⌈so, ⌈sa |θar̄apastróso, sa| ***adj.-s.*** *fam. desp.* Que tiene mal aspecto o está poco *aseado: *¿no te da vergüenza llevar esa chaqueta tan zarrapastrosa?*

zar·za |θárθa| ***f.*** Planta silvestre con tallos largos y nudosos, ramas con espinas y flores en racimo que da un fruto pequeño de color morado o negro, muy dulce: *las zarzas crecen en lugares húmedos; se enganchó el pantalón en una ~.* ⇒ **mora.**

zar·zal |θarθál| ***m.*** Lugar donde crecen muchas *zarzas: *sacaron al niño del ~ lleno de arañazos.*

zar·za·mo·ra |θarθamóra| ***f.*** Fruto silvestre, de color rojo, negro cuando está maduro, de sabor dulce, muy agradable: *la ~ está formada por pequeños granitos; la ~ se come en verano y se usa en mermeladas.* ⇒ **mora.**

zar·za·pa·rri·lla |θarθapar̄íʎa| **1** ***f.*** Arbusto de tallos espinosos, con las hojas en forma de corazón, las flores verdes en racimo y el fruto en forma de bola pequeña: *la ~ es una planta trepadora.* **2** Bebida preparada con la raíz de esa planta: *la ~ es de color rojizo o marrón claro.*

zar·zue·la |θarθu̯éla| **1** ***f.*** Género y composición musical en la que hay partes cantadas y habladas: *las primeras representaciones de la ~ son del siglo* XVII*; Chueca es autor de zarzuelas.* **2** Comida hecha con varios tipos de pescado y *mariscos: *esta ~ tiene gambas y merluza.*

zas·can·dil |θaskandíl| **1** ***m.*** *fam. desp.* Persona que *enreda y causa problemas: *habría sido mejor que ese ~ no hubiera venido.* **2** *fam. desp.* Persona que va de un lado a otro sin hacer nada de provecho: *deja de estar por ahí como un ~ y ven a ayudar.*

zas·can·di·le·ar |θaskandileár| ***intr.*** *fam. desp.* Comportarse como un *zascandil: *deja de ~ y trabaja un poco.*

zé·jel |θéxel| ***m.*** Composición en verso de origen *hispanoárabe y de carácter popular: *el ~ se cultivó también en la poesía castellana.* ☖ El plural es *zéjeles.*

ze·nit |θeníᵗ| ***m.*** ASTRON. Punto del círculo celeste superior al horizonte, que corresponde verticalmente a un lugar de la Tierra: *cuando la Luna alcance su ~ sobre España comenzará el eclipse.* ⇒ **cenit.** ☖ No se debe decir |θénıᵗ|. La Real Academia Española prefiere la forma *cenit.*

ze·pe·lín |θepelín| ***m.*** Globo grande que lleva mecanismos, como motores y aspas, para conducirlo: *el primer ~ fue probado en el lago Constanza; el ~ lleva el nombre de su inventor.* ⇒ **dirigible.**

ze·ta |θéta| ***f.*** Nombre de la letra *z*: *la palabra* cinc *también puede escribirse con ~.* ⇒ **ceta.**

zi·go·to |θiγóto| ***m.*** BIOL. Célula que resulta de la unión de dos *gametos: *el ~ es una célula huevo.* ⇒ **cigoto.**

zig·zag |θiʸθáʸ| ***m.*** Serie de líneas que forman ángulos: *los niños, para aprender a escribir, dibujan palotes en forma de ~.* ☖ El plural es *zigzagues* o *zigzags.*

zinc |θínᵏ| ***m.*** Metal de color blanco azulado, que se usa para hacer *aleaciones: *he comprado un cubo de ~.* ⇒ **cinc.** ☖ La Real Academia Española prefiere la forma *cinc.* El plural es *cines* o *zines.*

zi·pi·za·pe |θipiθápe| ***m.*** *fam.* *Pelea o enfrentamiento ruidoso y con golpes: *se armó un buen ~ en el bar.*

zó·ca·lo |θócalo| **1** ***m.*** ARQ. Cuerpo inferior de un edificio, sobre el que se elevan las bases a un mismo nivel: *el ~ estaba cubierto de azulejos.* **2** Banda horizontal y estrecha que se pone o se pinta en la parte baja de las paredes: *el ~ de mi casa es de madera; en mi pueblo pintan un ~ en las fachadas de las casas.* ⇒ **rodapié.**

zo·ca·⌈to, ⌈ta |θokáto, ta| ***adj.-s.*** *fam.* (persona) Que tiene mayor habilidad en las extremidades que están en el lado izquierdo: *sujeto el mástil de la guitarra con la mano derecha, porque soy ~.* ⇒ **zoco, zurdo.** ⇔ **diestro.**

zo·⌈co, ⌈ca |θóko, ka| **1** ***adj.-s.*** *fam.* (persona) Que tiene mayor habilidad en las extremidades que están en el lado izquierdo: *me has ganado el pulso con la derecha porque soy ~.* ⇒ **zocato, zur-**

do. ⇔ **diestro. - 2 zoco *m.*** Plaza de una población que se usa para celebrar el mercado: *fueron al ~ a comprar alfombras.*

zo·dia·cal |θoðiakál| ***adj.*** Del *zodiaco o que tiene relación con él: *mi signo ~ es Sagitario.*

zo·dia·co |θoðiáko| ***m.*** Zona de la esfera celeste de 16° de anchura, ocho a cada lado de su círculo *máximo dividida en 12 partes iguales: *el ~ consta de 12 signos.* ⇒ **zodíaco.**

zo·día·co |θoðíako| ***m.*** ⇒ **zodiaco.**

zo·na |θóna| **1 *f.*** Extensión de terreno comprendida entre unos límites: *en la urbanización hay una ~ muy amplia para los niños; en la ~ peatonal no se puede entrar con coche;* ~ **de ensanche**, la que está junto a una población y se destina a construir edificios: *las calles de la ~ de ensanche son muy espaciosas;* ~ **de influencia**, la de un país que influye en la economía de otros países más pobres: *ese Estado está en la ~ de influencia de mi país;* ~ **urbana**, la formada por los edificios de una población: *el aire de la ~ urbana tiene mucha contaminación.* ⇒ **casco;** ~ **franca**, la que tiene libre comercio: *toda esta parte de la costa es ~ franca;* ~ **verde**, la que en una ciudad se destina a árboles y otras plantas: *en mi ciudad hay muchas zonas verdes.* **2** Parte de un todo: *tengo que ponerme esta crema en la ~ afectada por las quemaduras; Alicia vive en una ~ muy elegante de la ciudad.* **3** GEOGR. Parte en que se divide la superficie de la Tierra: *las cuatro zonas de la tierra están divididas por los trópicos y los círculos polares;* ~ **polar**, la que corresponde a un círculo polar: *la ~ polar es muy fría;* ~ **templada**, la que está entre el círculo polar y un trópico: *España está en una ~ templada;* ~ **tórrida**, la que está entre los dos trópicos y está dividida por el *ecuador en dos partes iguales: *los desiertos están en la ~ tórrida.* **4** DEP. Parte de un campo de *baloncesto que está más próxima a la *canasta: *el jugador atacante no puede estar en la ~ durante más de tres segundos si no tiene el balón.* **5** DEP. Sistema de defensa en el que los jugadores de un equipo cubren el terreno de juego por áreas: *este equipo de fútbol siempre hace defensa en ~.*

zo·o |θóº| ***m.*** Instalación de gran extensión donde se conservan, estudian o crían animales, generalmente poco comunes, para que el público pueda verlos: *llevaron a los niños al ~ para que admiraran los leones.* ⇒ **zoológico.** ◯ Es la forma abreviada de *zoológico.*

zo·o·lo·gí·a |θoºloxía| ***f.*** BIOL. Disciplina que estudia los animales: *la ~ ha elaborado un complejo sistema de clasificación de seres.*

zo·o·ló·gi·⌜co, ⌜ca |θoºlóxiko, ka| **1 *adj.*** BIOL. De la *zoología o que tiene relación con ella: *hizo un estudio ~ de la fauna americana.* **- 2 zoológico *m.*** Instalación de gran extensión donde se conservan, estudian o crían animales, generalmente poco comunes, para que el público pueda verlos: *en este ~ hay un gorila blanco.* ⇒ **zoo.**

zo·ó·lo·⌜go, ⌜ga |θºóloɣo, ɣa| ***m. f.*** Persona que se dedica al estudio de los animales: *como es ~, nos podrá decir de qué especie se trata.*

zoom |θún| ***m.*** FOT. ÓPT. *Objetivo fotográfico que permite tomar imágenes a muy diferentes distancias o pasar de una a otra de forma continua: *gracias al ~ el cámara puede acercar y agrandar la imagen de un objeto.* ⇒ **zum.** ◯ La Real Academia Española prefiere la forma *zum.*

zo·pen·⌜co, ⌜ca |θopéŋko, ka| ***adj.-s.*** *fam. desp.* (persona) Que es torpe o poco inteligente: *eres un ~: has vuelto a hacerlo mal.* ⇒ **zoquete, zote.**

zo·que·te |θokéte| **1 *adj.-com.*** *fam. desp. fig.* (persona) Que es torpe o poco inteligente: *es un ~: por mucho que le repitas las cosas, no se entera.* ⇒ **zopenco, zote. 2** *fig.* Trozo de madera: *calzaron la rueda con un ~.*

zo·rra |θóřa| **1 *f.*** *vulg. desp. fig.* Mujer que tiene relaciones sexuales a cambio de dinero: *esa ~ se ha acostado con todos los marineros del puerto.* ⇒ **prostituta. 2** *desp.* Mujer que se entrega sexualmente con facilidad: *dijo que su mujer era una ~ por acostarse con su mejor amigo.* ⇒ **puta.** ◯ Se usa como apelativo despectivo.

zo·rre·ra |θořéra| **1 *f.*** Lugar en el que viven y se protegen los *zorros: *el animal se escondió en la ~.* **2** *fam. desp.* Lugar lleno de humo: *lleváis toda la mañana fumando con las ventanas cerradas y esto es una ~.*

zo·rre·rí·a |θořería| ***f.*** *fig.* Habilidad para engañar o para no dejarse engañar: *es muy espabilado y tiene muchas zorrerías.*

zo·⌜rro, ⌜rra |θóřo, řa| **1 *m. f.*** Animal mamífero salvaje, parecido al perro, con el pelo entre marrón y rojo y la cola larga y *peluda, que se alimenta de otros animales: *los zorros son muy astutos; cazan los zorros para vender sus pieles.* ⇒ **raposo. 2** *fam. fig.* Persona que es hábil para engañar o para evitar el engaño: *el muy ~ nos ha vuelto a engañar.* ⇒ **astuto, bellaco, bribón. - 3 zorros *m. pl.*** Tiras de tela o cuero unidas a un mango por un extremo, que se usan para limpiar el polvo: *sacudió la reja de la ventana con los zorros.*

zor·zal |θorθál| **1 *m.*** Pájaro de color marrón, con el pecho de color amarillo con manchas: *el ~ pasa el invierno en España.* ◯ Para indicar el sexo se usa el ~ macho y el ~ hembra. **2** *fig.* Hombre hábil para engañar o para evitar el engaño: *es un ~ para los negocios.*

zo·te |θóte| ***adj.-com.*** *fam. desp. fig.* (persona) Que es torpe o poco inteligente: *el muy ~ no comprende nada de lo que le dices.* ⇒ **zopenco, zoquete.**

zo·zo·bra |θoθóβra| **1 *f.*** Movimiento de una embarcación por la fuerza de los vientos: *no abandonó el mando en la ~.* **2** *fig.* Sentimiento de tristeza o de falta de seguridad: *desde que murió su padre, vive en una ~ continua.*

zo·zo·brar |θoθoβrár| **1 *intr.*** Peligrar una embarcación por la fuerza del viento: *el barco zozobraba en la tormenta.* **2** *fig.* Estar en gran peligro o muy cerca de perderse una cosa o asunto: *su empresa zozobra en estos momentos.* **3** Hundirse o perderse una embarcación: *la tripulación temía ~ en la tempestad.* ⇒ **naufragar. - 4 *tr.*** [algo] Hacer que peligre un asunto o una cosa, especialmente una embarcación: *el capitán zozobra el barco; zozobraré el negocio.*

zue·co |θuéko| **1** ***m.*** Calzado de madera que se usa en el campo: *como era invierno y había mucho barro, se puso los zuecos para salir.* **2** Calzado de cuero con la suela de madera o de *corcho: *las enfermeras suelen utilizar zuecos en el hospital.*

zum |θún| FOT. ÓPT. ***m.*** ⇒ **zoom.**

zum·ba |θúmba| **1** ***f.*** Campana grande de metal que lleva el ganado colgada al cuello: *el buey llevaba una* ~. **2** *fam. fig.* Cantidad grande de golpes que se da o se recibe: *le dieron una buena ~ entre los tres.* ⇒ **paliza, somanta, tunda, zurra.**

zum·ba·⌜dor, ⌜do·ra |θumbaðór, ðóra| **1** ***adj.*** Que hace un ruido continuado y áspero; que zumba: *me pone nervioso esa abeja zumbadora.* **- 2 zumbador *m.*** Aparato eléctrico que emite un sonido continuado y áspero que sirve de llamada o de aviso: *acudió a la señal del* ~.

zum·bar |θumbár| **1** ***intr.*** Hacer un ruido continuado y áspero: *sólo se oía ~ los insectos.* **2** [a alguien] Producirse un ruido continuado y áspero dentro de los oídos: *tras la explosión, le zumbaban los oídos.* **- 3 *tr.*** *fam.* [algo, a alguien] Dar un golpe o causar un daño: *le zumbó una bofetada; le zumbaron entre todas.* ⇒ **vapulear, zurrar.**

zum·bi·do |θumbíðo| ***m.*** Ruido continuado y áspero: *el ~ de los mosquitos me molestaba.*

zum·⌜bón, ⌜bo·na |θumbón, bóna| ***adj.-s.*** (persona) Que hace gracias o fiestas frecuentemente: *es muy zumbona y disfruta muchísimo en los bailes.*

zu·mo |θúmo| ***m.*** Líquido contenido en las frutas, que lo desprenden al ser *exprimidas: *el ~ de naranja es muy rico en vitaminas.* ⇒ **jugo.**

zur·ci·⌜do |θurθíðo| ***m.*** Cosido para que no se note el roto de una tela: *hizo un ~ al pantalón en el roto de la rodilla.*

ZUECO

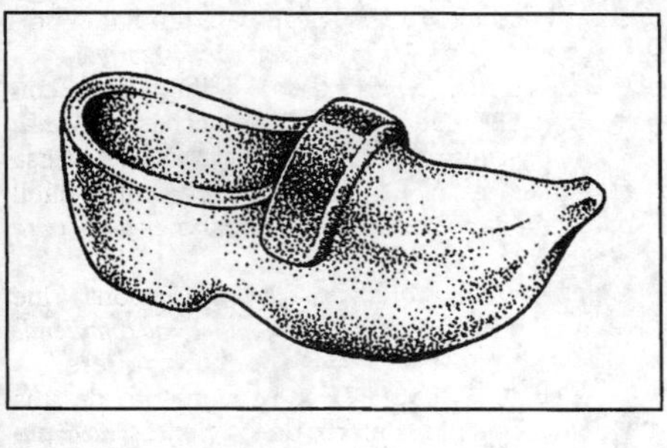

zur·cir |θurθír| ***tr.*** [algo] Coser para que no se note el roto de una tela: *tienes que ~ los codos de esa camisa.* ■ **que te zurzan**, expresión que indica que no se tiene interés por una persona o una cosa: *si no quieres ayudarme, que te zurzan.* ◯ Se conjuga como 3.

zur·da |θúrða| ***f.*** *fam.* Extremidad que está en el lado izquierdo: *le dio un puñetazo a la pelota con la* ~. ⇒ **izquierda.** ⇔ **diestra.**

zur·⌜do, ⌜da |θúrðo, ða| ***adj.-s.*** *fam.* (persona) Que tiene mayor habilidad en las extremidades que están en el lado izquierdo: *es ~ y maneja la cuchara con la mano izquierda.* ⇒ **zocato, zoco.** ⇔ **diestro.**

zu·rra |θúr̄a| ***f.*** *fam. fig.* Cantidad grande de golpes que se da o se recibe: *se llevó una ~ impresionante.* ⇒ **paliza, somanta, tunda, zumba.**

zu·rra·pa |θur̄ápa| ***f.*** Trozo pequeño de materia sólida que se forma o queda dentro de un líquido: *este vinagre tiene zurrapas.*

zu·rra·pien·⌜to, ⌜ta |θur̄apiénto, ta| ***adj.*** Que tiene *zurrapas: *saca otra botella de vino, que éste está* ~.

zu·rrar |θur̄ár| ***tr.*** *fam. fig.* [a alguien] Dar golpes o causar daño: *como vuelvas a hacerlo, te voy a* ~. ⇒ **vapulear, zumbar.**

zu·rria·ga·zo |θur̄iaγáθo| ***m.*** Golpe dado con una cosa larga y flexible; *sacudida violenta: *el pastor dio un ~ para asustar a las ovejas.* ⇒ **trallazo.**

zu·rria·go |θur̄iáγo| **1** ***m.*** Objeto largo, de cuerda o de otro material, con que se castiga o golpea: *el campesino asustaba al burro con un* ~. ⇒ **látigo.** **2** Cuerda con que se hace bailar la *peonza: *cuanto más largo sea el ~, más tiempo bailará la peonza.*

zu·rrón |θur̄ón| **1** ***m.*** Bolsa grande de piel o de cuero, que se puede llevar colgada y que sirve para guardar cosas, generalmente comida: *el pastor sacó el pan y el queso del ~ y se puso a comer.* ⇒ **morral.** **2** Cáscara primera y más *tierna en la que están encerrados ciertos frutos: *quítale el ~ a la almendra antes de comértela.*

zu·ru·llo |θurúʎo| ***m.*** *Pedazo de materia blanda: *al mezclar el agua con la harina se han formado zurullos.*

zu·ta·⌜no, ⌜na |θutáno, na| ***m. f.*** Persona imaginaria o sin determinar: *supongamos que vienen fulano, mengano y ~, ¿qué les diré?* ⇒ **fulano, mengano.** ◯ Se suele usar junto a *fulano* y *mengano.*

Apéndice gramatical

1. LAS CLASES DE PALABRAS

Todas las palabras de una lengua no son iguales; se diferencian por su forma, por las funciones que desempeñan y, claro está, por su significado. Las palabras que comparten idénticas o semejantes características formales y que pueden desempeñar las mismas funciones se agrupan en lo que se llama una clase de palabras. En este apartado se describe cada una de las clases de palabras y se analiza cuáles son sus variaciones formales y cuál es su función dentro de la oración.

1.1. El sustantivo o nombre

Las características principales del sustantivo son: ser una palabra variable, sujeta a cambios de género y número; ir acompañado de un artículo, de un adjetivo o de otro sustantivo, y desempeñar una función en la oración.

1.1.1. *Género*

El género es una modificación en la forma del sustantivo que le obliga a elegir entre un artículo u otro: **el** o **los**, para el masculino, **la** o **las**, para el femenino, y a concordar con el adjetivo de dos terminaciones.

En la mayoría de los casos, el género del sustantivo no guarda ninguna relación con su significado, es un rasgo formal; se puede saber que un sustantivo es masculino o femenino porque va acompañado de un artículo o de un adjetivo masculino: **el** *árbol* **alto**, **un** *libro* **grueso**, o femenino: **la** *casa* **blanca**, **una** *zona* **peligrosa**. Es habitual confundir la marca de género de un sustantivo con el sexo del ser designado por ese sustantivo; ello se debe a que, en los casos en que un ser de la realidad es de sexo masculino o femenino, el género del sustantivo que designa ese ser coincide con el sexo de éste; palabras como *niño/niña, león/leona, hombre/mujer* no son sustantivos con dos géneros que se refieren a un mismo ser de la realidad, sino que son sustantivos de género masculino que se refieren a un ser de sexo masculino: *niño, león* y *hombre*, o sustantivos de género femenino que se refieren a un ser, en este caso, de sexo femenino: *niña, leona* y *mujer*, de manera análoga a como *caballo* y *yegua* no son dos géneros de un mismo nombre, sino dos palabras distintas para designar animales de sexo distinto.

Si bien se ha dicho que el género de los sustantivos es arbitrario, en algunos casos, palabras que nombran objetos de una misma clase suelen adoptar el mismo género; así, se puede decir que son:

MASCULINOS:

— los nombres de ríos y montes: *Ebro, Moncayo*.

— los nombres propios y comunes de personas o animales de sexo masculino: *Jaime, abuelo, gato*, por referirse a seres de sexo masculino, como se ha dicho anteriormente.
— los nombres de los árboles: *manzano, cerezo, naranjo.*

FEMENINOS:

— los nombres de las letras del alfabeto: la *a*, la *b*, etc.
— los nombres de las ciencias, artes y profesiones: *arquitectura.*
— los nombres de las figuras gramaticales y retóricas: *metáfora.*
— los nombres propios y comunes de personas o animales de sexo femenino: *María, abuela, gata*, por referirse a seres de sexo femenino, como se ha dicho anteriormente.
— los nombres de las frutas: *manzana, cereza, naranja.*

Nota: Las particularidades acerca del género de los sustantivos están indicadas en cada uno de los artículos del *Diccionario.*

1.1.2. *Número*

El número es otra de las variaciones formales del sustantivo y sirve para indicarnos si se designa uno o varios referentes. El número singular o plural del sustantivo condiciona el de los elementos que lo acompañan; así, el artículo y el adjetivo deben concordar con el sustantivo no sólo en género, sino también en número: *la casa/las casas, el árbol/los árboles, caja vacía/cajas vacías, día lluvioso/días lluviosos.*

La formación del plural en español es relativamente sencilla y no presenta demasiadas excepciones. El plural se forma añadiendo las terminaciones *-s* o *-es.*

AÑADEN **-S**:

— todos los sustantivos que terminan en vocal no acentuada: *casa/casas.*
— todos los que terminan en *-é* u *-ó* acentuadas: *café/cafés, dominó/dominós.*
— la mayoría de los que terminan en *-á* acentuada: *papá/papás.*

AÑADEN **-ES**:

— todos los que terminan en *-ás, -és, -ís, -ós, -ús*: *compás/compases, marqués/marqueses.*
— los que acaban en consonante, excepto los polisílabos acabados en *-s*: *atril/atriles, mes/meses.*
— algunos sustantivos terminados en *-á*: *faralá/faralaes.*

Las palabras terminadas en *-í* o *-ú* pueden añadir **-s** o **-es** indistintamente: *esquí/esquís* o *esquíes, tabú/tabús* o *tabúes*; las formas en **-s** resultan más familiares y espontáneas, mientras que las formas en **-es** gozan de mayor prestigio literario.

Las palabras terminadas en *-as, -es, -is, -os, -us* permanecen invaribles en plural: *lunes, martes, dosis, chasis.*

CASOS ESPECIALES:

Palabras extranjeras: forman el plural generalmente siguiendo las reglas de la lengua española: *frac* hace *fraques, cinc* o *zinc, cines* o *zines*. Hay en ello gran vacilación, según que la consonante final de la palabra extranjera se use o no como final en la lengua española. En las palabras de introducción relativamente reciente, existe una fuerte tendencia a añadirles simplemente una **-s**: *campings, blocs.* Algunas terminan con forma española: *carné/carnés* (fr. *carnet*). Las palabras latinas como *ultimátum* o *déficit* pueden muy bien quedar invariables.

Nombres propios: cuando un nombre propio ha de ser usado en plural, éste se forma siguiendo las reglas generales de la lengua española, excepto los patronímicos acabados en *-z*: *Sánchez, López*; los terminados en *-s* con acentuación en la última sílaba: *Valdés, Solís*, y los que no son de origen castellano empleados en español: *Bécquer, Llorens*, que son invariables. Es incorrecto decir **los Padilla* en vez de *los Padillas*.

Nombres compuestos: forman el plural según la cohesión de sus componentes. La terminación de plural puede tomarla: el primer elemento en la composición incompleta: *ojo de buey/ojos de buey, casa de campo/casas de campo*; los dos elementos en la composición imperfecta: *medialuna/ mediaslunas*, o el último elemento en la composición perfecta: *bocacalle/bocacalles, primogénito/ primogénitos*.

Nota: En los artículos del *Diccionario* se indican las particularidades acerca del número de las palabras que no se atienen a las reglas generales.

1.1.3. *Funciones*

Es difícil encontrar definiciones de las distintas funciones que puede desempeñar el sustantivo que no presenten ningún tipo de problema. De ahí que en este apartado tan sólo se enunciarán las funciones del sustantivo, se ilustrarán con ejemplos y se proporcionará algún dato que sirva para su identificación. El sustantivo puede, pues, realizar en la oración la función de:

SUJETO: **el niño** *jugaba en el jardín*. Aunque pueden encontrarse sujetos con preposición: **entre tú y yo** *pintamos la habitación*, en general, cuando el sustantivo desempeña esta función, no lleva preposición. Es posible averiguar cuál es el sujeto de una oración preguntando al verbo de la misma *¿quién?* o *¿qué?*: *Juan llegará mañana - ¿Quién llegará mañana?* **Juan**; *Le gustan mucho las cantatas de Bach —¿Qué le gustan?* **Las cantatas**. Otra particularidad que permite saber qué sustantivo desempeña la función de sujeto es la concordancia: el sustantivo que realiza esta función concuerda en número y persona con el verbo: **el abuelo** *salió de paseo*/**los abuelos** *salieron de paseo*.

ATRIBUTO: mi hermano es **médico**. En función de atributo el sustantivo no lleva preposición y concuerda en género y número con el sujeto de la oración y en número con el verbo: *tus tíos son* **profesores**/*tu madre es* **maestra**.

COMPLEMENTO DEL VERBO:

a) directo: *he comprado* **un libro**/*he visto* **a tu padre**. Si el sustantivo que desempeña la función de complemento directo es de persona aparece con la preposición *a*, en caso contrario no lleva preposición, aunque no siempre ocurre así: *busco* **médico**/*busco* **al médico**. Preguntando al verbo de la oración *¿qué?* o *¿a quién?* se puede saber qué sustantivo funciona como complemento directo: *he comprado un libro —¿Qué he comprado?* **Un libro**; *he visto a tu padre —¿A quién he visto?* **A tu padre**; sin embargo, como ya se ha señalado, la pregunta *¿qué?* sirve también para reconocer el sujeto.

b) indirecto: *regaló un collar* **a su novia**/*compró el libro* **para su madre**. El sustantivo que realiza esta función es introducido por las preposiciones *a* o *para*. Con las preguntas *¿a quién?* o *¿para quién?* se puede asignar la función de complemento indirecto al sustantivo obtenido en la respuesta: *regaló un collar a su novia —¿A quién regaló un collar?* **A su novia**; *compró el libro para su madre —¿Para quién compró el libro?* **Para su madre**; recuérdese, no obstante, que la pregunta *¿a quién?* también se utiliza para averiguar el complemento directo.

c) circunstancial: *trabaja* **con mucho entusiasmo**/*mi hijo ha llegado* **esta tarde**. El sustantivo en función de complemento circunstancial puede ser introducido por cualquier preposición e incluso puede aparecer sin preposición.

d) de régimen: *hablaban* **de fútbol**. El sustantivo que desempeña esta función va introducido por la preposición con que se construya el verbo de la oración: *hablar de, acordarse de, pensar en.*

COMPLEMENTO DE OTRO SUSTANTIVO:

a) aposición explicativa: *Madrid,* **capital** *de España.* El sustantivo en aposición explicativa está separado del sustantivo al que completa por una pausa; por otra parte, ambos sustantivos, el completado y el que funciona como aposición explicativa, pueden tener género y número distintos: *Vivía con sus tres hijas,* **báculo** *de su vejez.*

b) aposición especificativa: *el profeta* **rey**. Cuando un sustantivo realiza esta función se une al sustantivo completado sin pausa alguna. Conviene tener en cuenta que los objetos que se designan con nombre genérico y nombre específico van en aposición especificativa: *el río* **Guadalquivir**, *los montes* **Pirineos**. Cuando se trata de islas, cabos, estrechos, etc.; de ciudades, calles, plazas, meses, años, o de edificios e instituciones, a menudo se usa la construcción del nombre específico con la preposición *de: la isla de Cuba, el estrecho de Gibraltar, la ciudad de Sevilla, la calle de Alcalá, mes de mayo, año de 1992, teatro de Apolo.* En la actualidad hay tendencia a suprimir la preposición en algunos de esos casos: *año 1992, teatro Calderón, calle Princesa.*

c) complemento introducido por una preposición: *amor* **de madre**/*viaje* **en tren**. Un sustantivo puede utilizarse para completar a otro sustantivo, pero, a diferencia de los sustantivos en aposición, el que completa es introducido por una preposición.

COMPLEMENTO DE UN ADJETIVO: *apto* **para el mando**/*deseoso* **de dinero**/*obsequioso* **con sus amigos**. El sustantivo que completa a un adjetivo va introducido por la preposición que exija el adjetivo en cuestión.

AGENTE en la oración pasiva: *Juan era apreciado* **por sus compañeros**. En las oraciones pasivas puede aparecer un sustantivo, introducido mediante la preposición *por*, al que se le asigna la función de agente.

VOCATIVO: *le aseguro,* **amigo,** *que no fue así*/*¡Oh,* **cielos**!, *amparadme*. El sustantivo que realiza esta función puede aparecer al principio, en medio o al final de la oración, aunque siempre separado por pausas. Puede llevar alguna interjección.

1.2. El adjetivo

El rasgo principal del adjetivo es ser la clase de palabras que acompaña al sustantivo para calificarlo o determinarlo; esta dependencia del sustantivo implica que el adjetivo concuerde con él en género y número. Otra característica destacable es su capacidad para ser sustantivado, es decir, para funcionar como un sustantivo morfológica y sintácticamente; el adjetivo admite, pues, los mismos determinantes que el sustantivo: **los** *ricos* y **los** *pobres*, y realiza las mismas funciones dentro de la oración: *los* **incautos** *pagarán las consecuencias, quiero los* **mejores**.

1.2.1. *Género*

La mayoría de adjetivos tiene dos formas, una para el masculino y otra para el femenino: *blanco/blanca, bueno/buena,* aunque hay un gran número que tiene una sola forma para ambos géneros: *feliz, mejor, común,* etc.

A título de orientación se puede decir que:

SON DE DOS TERMINACIONES:

— los que terminan en *-o, -ote, -ete*: *bueno/a, grandote/a* (de *grande*), *majete/a* (de *majo*).
— los que terminan en *-án, -ón*: *haragán/haragana, comilón/comilona.*
— los que terminan en *-or*: *roedor/a* (exceptuando adjetivos como *mayor, mejor, peor, exterior,* etcétera).
— los genticilios que acaban en consonante o en *-o*: *español/a.*

Como se habrá observado, para formar el femenino, los adjetivos de dos terminaciones cambian la vocal final en *-a* o añaden una *-a* si el adjetivo termina en consonante.

SON DE UNA TERMINACIÓN:

— los que acaban en *-a, -e, -í*: *agrícola, alegre, marroquí.*
— algunos de los que acaban en *-n, -l, -r, -s, -z*: *común, fiel, familiar, cortés, capaz.*
— los gentilicios terminados en *-ú: hindú.*
— los llamados participios activos: *estudiante, creyente,* con algunas excepciones, como *sirviente/a.*

1.2.2. *Número*

Al igual que para el sustantivo, y siguiendo sus mismas reglas, el plural de los adjetivos se forma añadiendo una de las dos terminaciones **-s** o **-es**: *blanco/blancos, capaz/capaces.*

1.2.3. *Funciones*

Ya se ha dicho que el adjetivo califica o determina al sustantivo: *una casa grande, aquella casa.* Esta función del adjetivo exige la concordancia en género y en número de ambas clases de palabras: *este niño, la blanca nieve, árboles altos.* El adjetivo antepuesto a varios sustantivos concuerda generalmente con el primero de éstos: *noble paseo, árboles y jardín.*

El adjetivo funciona como atributo (también llamado complemento predicativo) en oraciones con verbos copulativos: *Juan es guapo, mi amigo está enfermo,* y en oraciones con verbos no copulativos: *los niños dormían inquietos.* En esta función, el adjetivo también concuerda con el sustantivo.

Tal como se ha señalado, el adjetivo puede ser sustantivado, es decir, puede funcionar como un sustantivo y, en ese caso, admite los mismos determinantes que el sustantivo: **los** *blancos y* **los** *negros,* y realiza sus mismas funciones: sujeto: *los* **prudentes** *no se compromenten*; complemento directo: *compró los* **baratos**, etc.

1.3. El artículo

Es la clase de palabras que indica que la palabra siguiente es un sustantivo y, además, aporta información acerca del género y número del sustantivo. Así pues, el artículo sólo puede acompañar al sustantivo (o a las clases de palabras y a los elementos que desempeñan su función) y se coloca siempre delante de él: **el** *queso,* **la** *leche,* aunque entre ambos puede aparecer a menudo otra de las palabras que acompañan al sustantivo, el adjetivo: *la* **buena** *música.*

Un rasgo importante del artículo es su capacidad para sustantivar otras clases de palabras (v. **El adjetivo**); se puede decir que toda palabra precedida de un artículo pasa automáticamente a funcionar como sustantivo. Cualquier artículo tiene esta función sustantivadora (**el** *beber mucho es malo*); sin embargo, el más frecuente es el artículo neutro **lo**, cuya única misión es sustantivar adjetivos: **lo** *bueno,* **lo** *malo,* **lo** *insólito,* **lo** *evidente,* etc., u oraciones: **lo** *que dices yo ya lo sabía.*

Se suele admitir que existen dos clases de artículo: el determinado, que acompaña al sustantivo que designa un elemento de la realidad ya conocido por el oyente o por el hablante, y el indeterminado, que acompaña a un sustantivo que designa un elemento de la realidad no conocido. Sin embargo, algunos gramáticos consideran que el llamado artículo indeterminado es un adjetivo indefinido.

Precisamente por su misión de indicar que le sigue un sustantivo y por la concordancia con él, el artículo tiene dos formas para el género, masculino y femenino, y dos formas para el número, singular y plural. En el siguiente cuadro aparecen todas estas formas:

	DETERMINADO	
	masculino	femenino
singular	*el*	*la*
plural	*los*	*las*

Existe, además, una forma neutra, **lo**, que, como ya se ha dicho anteriormente, sirve para sustantivar adjetivos u oraciones; no tiene ni género ni número.

OBSERVACIONES:

1. Delante de una palabra de género femenino y número singular cuya letra inicial sea *a*- tónica, deberá utilizarse la forma masculina: **el** *alma*, **el** *área*. Lo mismo ocurre cuando la palabra empieza por *h*- seguida de *a* tónica: *el hacha*. Esta regla no debe aplicarse si entre el artículo y el nombre se intercala un adjetivo: *la veloz águila*.
2. Delante de una palabra de género femenino y número singular cuya letra inicial sea *a*- tónica, o *h*- seguida de *a* tónica, el llamado artículo indeterminado deberá utilizarse, según la Real Academia Española, en su forma femenina *una* (*una arma, una hacha*), si bien se usa mucho más frecuentemente *un* (*un águila, un hacha*).
3. Con las preposiciones *a* y *de*, la forma masculina singular del artículo se contrae en **al** y **del**, respectivamente: *el libro* **del** *niño* (**de el niño*), *una salida* **al** *campo* (**a el campo*).

1.4. El pronombre

El pronombre se caracteriza por establecer señalizaciones o indicaciones hacia elementos del contexto lingüístico o hacia elementos de la realidad. Así, en una oración como *me la he comprado*, el pronombre **la** se referirá a *casa, gabardina, lámpara,* etc., en función del contexto lingüístico que preceda a dicha oración. Por el contrario, en la oración *yo no llegaré hasta las siete*, el pronombre **yo** señala al hablante, un elemento de la realidad extralingüística.

Otros rasgos del pronombre son: realizar las mismas funciones que el nombre dentro de la oración (v. **El sustantivo**) y estar sujeto a variaciones de género, número y, en algunas ocasiones, incluso de persona. Dichas variaciones se presentan de forma distinta según las distintas clases de pronombres, de las que se tratará a continuación.

Existe una importante interrelación entre adjetivos y pronombres, por lo que en la siguiente clasificación se hablará tanto de los unos como de los otros. Según el tipo de relación existente entre el pronombre y el elemento al que señala, los pronombres pueden clasificarse así: personales, posesivos, demostrativos, numerales, cuantitativos, indefinidos, interrogativos y relativos.

1.4.1. *Pronombres personales*

Los llamados pronombres personales señalan a las personas que intervienen en la comunicación: el hablante, **yo**, y el oyente, **tú**. Por su parte, el pronombre **él** remite a quien no es ni hablante ni oyente o a una parte de lo dicho en el discurso: *Yo llegué ayer, tú has llegado esta* *tarde* y **Juan** *vendrá mañana.* **Él** *no sabía que la reunión sería hoy.* Estas tres formas de partida pueden sufrir modificaciones de número: existe una forma distinta para cada una de ellas cuando son más de una persona las que hablan o a quienes se habla, etc.; en el caso de la llamada tercera persona, existe, además, una variación de género, masculino o femenino, según el género de su referente. Aparte de las variaciones de género, número y persona que sufren los pronombres personales, existe una variación más según la función que desempeñe el pronombre dentro de la oración. En el cuadro siguiente quedan reflejadas todas esas variaciones:

		SUJETO		COMPL. DIR.		COMPL. INDIR.	COMPL. PREPOS.	
		género		género			género	
		masc.	fem.	masc.	fem.		masc.	fem.
1.ª	Sing.	*yo*	—	*me*	—	*me*	*mí*	—
	Plural	*nosotros*	*nosotras*	*nos*	—	*nos*	*nosotros*	*nosotras*
2.ª	Sing.	*tú*	—	*te*	—	*te*	*ti*	—
	Plural	*vosotros*	*vosotras*	*os*	—	*os*	*vosotros*	*vosotras*
3.ª	Sing.	*él*	*ella*	*lo*	*la*	*le (se)*	*él (sí)*	*ella (sí)*
	Plural	*ellos*	*ellas*	*los*	*las*	*les (se)*	*ellos (sí)*	*ellas (sí)*

NOTAS:

1.ª Cuando el pronombre personal va precedido de la preposición *con*, en la primera y segunda persona del singular adopta las formas *conmigo* y *contigo*, respectivamente; en la tercera persona, singular y plural, coexisten las formas *consigo* y *con él* o *con ella, con ellos* o *con ellas*.

2.ª Cuando en una oración intervienen dos pronombres de tercera persona, uno en función de complemento directo y otro en función de complemento indirecto, este último adoptará la forma **se**; obsérvese el uso de los pronombres para sustituir a los complementos directo e indirecto en las siguientes frases: *regalamos flores a nuestra madre*/**le** *regalamos flores* (a nuestra madre)/**se las** *regalamos* y no ***le las** *regalamos*.

3.ª Colocación de los pronombres átonos: se posponen con imperativo, gerundio e infinitivo: *da***me**, *diciéndo***le**, *observad***nos**. En las formas compuestas del gerundio y del infinitivo se posponen al verbo *haber*: *habiéndo***le** *visto, habe***ros** *complacido*. Cuando el infinitivo y el gerundio están subordinados a otro verbo, los pronombres enclíticos pueden separarse de ellos y pasar al verbo principal: *quieren molestar***te** o **te** *quieren molestar, iban diciéndo***le** o **le** *iban diciendo*. Con las demás formas verbales pueden anteponerse o posponerse: **lo** *veía* o *veía***lo**, **me** *encontró* o *encontró***me**. Pero, en general, la posposición se siente como afectada y anticuada en la lengua hablada, sobre todo en las formas compuestas del verbo: *habíamos***lo** *dicho*, y en las formas de presente y futuro: *paréce***me**, *verémos***lo**. Cuando aparecen varios pronombres, tiene prioridad el de segunda persona, luego el de primera y, por último, el de tercera: *te me quieren arrebatar, nos lo dirá, te lo llevarán.* La forma **se** precede a las otras formas pronominales: **se** *les escapó*. Son muy vulgares las expresiones *me se ha caído el pañuelo* por *se me ha caído el pañuelo, te se conoce en la cara* por *se te conoce en la cara*.

1.4.2. *Pronombres posesivos*

El pronombre, o adjetivo, posesivo es el que indica una relación de posesión, pertenencia, dependencia, correspondencia, etc., entre el concepto correspondiente al sustantivo al que sustituye, o acompaña, y una de las personas del discurso. Dentro de este grupo, la distinción entre el adjetivo y el pronombre resulta a veces dificultosa, por lo que se podría hablar de pronombres adjetivales o adjetivos pronominales que pueden sustantivarse precedidos del artículo. En el cuadro siguiente, pues, no se distingue entre adjetivos y pronombres, sino que se consideran aspectos como la anteposición al sustantivo o la capacidad de unirse al artículo.

		ANTEPUESTO AL NOMBRE				POSPUESTO AL NOMBRE/ADMITE ARTÍCULO			
		1 cosa poseída		+1 cosa poseída		1 cosa poseída		+1 cosa poseída	
		masc.	fem.	masc.	fem.	masc.	fem.	masc.	fem.
1.ª	1 poseedor	*mi*	—	*mis*	—	*(el [lo]) mío*	*(la) mía*	*(los) míos*	*(las) mías*
	+1 poseedor	*nuestro*	*nuestra*	*nuestros*	*nuestras*	*(el [lo]) nuestro*	*(la) nuestra*	*(los) nuestros*	*(las) nuestras*
2.ª	1 poseedor	*tu*	—	*tus*	—	*(el [lo]) tuyo*	*(la) tuya*	*(los) tuyos*	*(las) tuyas*
	+1 poseedor	*vuestro*	*vuestra*	*vuestros*	*vuestras*	*(el [lo]) vuestro*	*(la) vuestra*	*(los) vuestros*	*(las) vuestras*
3.ª	1 poseedor	*su*	—	*sus*	—	*(el [lo]) suyo*	*(la) suya*	*(los) suyos*	*(las) suyas*
	+1 poseedor	*su*	—	*sus*	—	*(el [lo]) suyo*	*(la) suya*	*(los) suyos*	*(las) suyas*

NOTA: Obsérvese que la 3.ª persona tiene sólo seis formas (frente a las diez de la 1.ª y 2.ª) para expresar la multiplicidad de relaciones existentes entre el sustantivo determinado por el posesivo y la persona del discurso; así, la expresión *su casa* puede referirse a todas estas posibilidades: *la casa de él/de ella/de usted/de ellos/de ellas/de ustedes*; ello supone una gran ambigüedad y muchas veces, en el habla popular, se recurre a la explicitación de este *su*: *su casa de usted*.

1.4.3. *Pronombres demostrativos*

Los demostrativos, bien sean adjetivos, bien sean pronombres, señalan una relación en el espacio y en el tiempo —deixis— entre el referente designado por el sustantivo al que acompañan o sustituyen y una de las personas del discurso. De manera resumida, se puede decir que **este** guarda relación de cercanía en el espacio con la primera persona y nos sitúa en un tiempo presente o inmediatamente pasado o futuro; que **ese** señala lo que está cerca de la segunda persona y nos sitúa en un tiempo recientemente mencionado, y que **aquel** señala lo que se halla lejos de la primera y segunda persona y nos sitúa en un tiempo lejano.

Los demostrativos, en sus formas masculina y femenina, tanto del singular como del plural, pueden llevar acento cuando se utilizan como pronombres, aunque sólo es obligatorio su uso para evitar la ambigüedad. Las formas neutras **esto**, **eso** y **aquello** nunca llevan tilde.

En el siguiente cuadro pueden verse todas las formas posibles de los demostrativos, que están sujetas a modificaciones de género y número, a excepción del neutro.

	Singular			Plural	
	masc.	fem.	neutro	masc.	fem.
Cerca de la 1.ª pers.	*este*	*esta*	*esto*	*estos*	*estas*
Cerca de la 2.ª pers.	*ese*	*esa*	*eso*	*esos*	*esas*
Lejos de la 1.ª y 2.ª pers.	*aquel*	*aquella*	*aquello*	*aquellos*	*aquellas*

1.4.4. *Pronombres numerales*

Los numerales, como su nombre indica, sirven para señalar la cantidad precisa de referentes designados por el sustantivo al que acompañan o sustituyen. Ahora bien, según como quiera expresarse esta cantidad, los numerales serán:

CARDINALES: cuando expresan exclusivamente la cantidad, como *siete, cien, mil*, etc.

ORDINALES: cuando se quieren expresar ideas de orden o sucesión, como *segundo, sexto, décimo*, etcétera.

PARTITIVOS: cuando expresan la división de un todo en partes: *medio, tercio, cuarto*, etc.

ALGUNAS PARTICULARIDADES:

1. **Uno**, delante de un sustantivo masculino, y **ciento**, delante de cualquier sustantivo o de un cardinal al cual multiplica, toman las formas **un** y **cien**: *un libro, cien hombres, veintiún alumnos.*

2. Todos los cardinales menos **uno** pueden emplearse como ordinales. Sin embargo, de *2* a *10*, hablando de reyes, capítulos de libros, etc., se emplean preferentemente los ordinales: *capítulo segundo, Alfonso décimo.*

3. **Un**, masculino, es la única forma correcta ante **mil**, masculino: *cincuenta y un mil pesetas* y no **cincuenta y una mil pesetas.*

4. **Uno** no toma la forma **un** ante sustantivos femeninos: *veintiuna alumnas* y no **veintiún alumnas.*

5. Los cardinales formados por decenas + unidades se expresan con tres palabras: nombre de la decena + **y** + nombre de la unidad: *treinta y dos, cincuenta y nueve.* Escapan a esta regla los correspondientes a la primera decena: *once, doce, trece, catorce y quince*, que son palabras simples, y *dieciséis, diecisiete, dieciocho* y *diecinueve*, que, al igual que los correspondientes a la segunda decena, *veintiuno* a *veintinueve*, se expresan también con una sola palabra, si bien esta palabra es el resultado de la yuxtaposición de las tres que configuran la regla general: *diecinueve = diez/y/nueve, veintitrés = veint/y/tres.*

6. Generalmente, los cardinales van delante del sustantivo, pero cuando se emplean como ordinales se ponen después: *dos libros, capítulo quince.*

7. Los cardinales **uno, doscientos, trescientos**, etc., hasta **novecientos**, y los formados con ellos, así como todos los ordinales, concuerdan con los sustantivos que determinan: *una casa, doscientos hombres, trescientas veinte pesetas.*

8. Los ordinales **primero, tercero** y **postrero** pierden la última letra cuando van delante del sustantivo masculino, aunque se intercale otro adjetivo: *el primer síntoma, el primer claro síntoma.* Esto no ocurre si los adjetivos se unen con **y**: *mi primero y único deseo.* Ante sustantivos femeninos no pierden la *a-*, luego son incorrectas **la primer ministra, *la tercer candidata.*

9. Generalmente, los treinta primeros números cardinales se escriben con letras en los textos no especializados, excepto en las fechas. El resto se escribe con cifras. En este diccionario, sin embargo, se escriben con letras los diez primeros números cardinales y los demás con cifras.

10. No es correcto comenzar un párrafo con un número escrito con cifras.

11. Es un error frecuente emplear los partitivos en lugar de los ordinales: **onceavo piso* por *undécimo piso.*

12. Los ordinales del **13.º** al **19.º** tienen dos formas femeninas (*decimocuarta* o *decimacuarta*), pero las formas como *decimacuarta* son poco usadas.

13. Cuando los guarismos **1, 2, 3, 4 ... 0** son sustantivos, su género es masculino: *un uno, el (número) uno, este cero.* Forman el plural normalmente: *uno-s, cuatro-s, dos-es, tres-es.*

14. Son vulgares las formas **ventiuno* por *veintiuno, *ventitrés* por *veintitrés, *nuevecientos* por *novecientos.*

CUADRO NUMERACIÓN

Cifra	*Cardinal*	*Ordinal*	*Partitivo*
1	uno	primero	
2	dos	segundo	medio
3	tres	tercero	tercio
4	cuatro	cuarto	A partir de **cuatro** y hasta **décimo** los partitivos coinciden con los ordinales
5	cinco	quinto	
6	seis	sexto	
7	siete	séptimo	
8	ocho	octavo	
9	nueve	noveno	
10	diez	décimo	
11	once	undécimo	onceavo A partir de **once** se forman con el cardinal más el sufijo **-avo**
12	doce	duocécimo	doceavo
13	trece	decimotercero	treceavo
14	catorce	decimocuarto	catorceavo
15	quince	decimoquinto	quinceavo
16	dieciséis	decimosexto	dieciseisavo
17	diecisiete	decimoséptimo	diecisieteavo
18	dieciocho	decimoctavo	dieciochoavo
19	diecinueve	decimonoveno	diecinueveavo (decimonono)
20	veinte	vigésimo	A partir de **veinteavo** puede adoptarse también como partitivo, para la función del adjetivo, el ordinal, acompañado del sustantivo parte: *un veinteavo* o *una vigésima parte*
21	veintiuno	vigésimo primero	
22	veintidós	vigésimo segundo	
23	veintitrés		
30	treinta	trigésimo	treintavo, trigésima parte (entre el 30 y el 40, entre el 40 y el 50, etc., hasta 100, se forman con ayuda de la conj. **y**)
31	treinta y uno	trigésimo primero	treintaiunavo, trigésima primera parte
32	treinta y dos	trigésimo segundo	treintaidosavo, trigésima segunda parte
40	cuarenta	cuadragésimo	cuarentavo, cuadragésima parte
50	cincuenta	quincuagésimo	cincuentavo, quincuagésima parte
60	sesenta	sexagésimo	sesentavo, sexagésima parte
70	setenta	septuagésimo	setentavo, septuagésima parte
80	ochenta	octogésimo	ochentavo, octogésima parte
90	noventa	nonagésimo	noventavo, nonagésima parte
100	cien	centésimo	centavo, centésima parte
200	doscientos	ducentésimo	
300	trescientos	tricentésimo	
400	cuatrocientos	cuadringentésimo	

500	quinientos	quingentésimo	
600	seiscientos	sexcentésimo	
700	setecientos	septigentésimo	
800	ochocientos	octingentésimo	
900	novecientos	noningentésimo	
1000	mil	milésimo	A partir de **mil** es más frecuente el uso del ordinal *milésima* + *parte*
10 000	diez mil	diezmilésimo	diezmilésima parte
100 000	cien mil	cienmilésimo	cienmilésima parte
1 000 000	un millón	millonésimo	millonésima parte

1.4.5. *Pronombres cuantitativos*

Son aquellos que se refieren a la cantidad pero sin la precisión de los numerales; indican, pues, un número indeterminado de objetos, *muchos paquetes*; una cantidad indeterminada de algo, *bastante agua,* o un grado indeterminado de algo, *demasiado calor*. Los principales cuantitativos son: **poco, mucho, bastante, demasiado, nadie, nada, ninguno, alguno** y **varios**. Algunos de ellos, **poco, mucho, demasiado, alguno, ninguno**, están sujetos a cambios de género y número: *tengo muchos libros/tengo muchas libretas, he bebido demasiado vino/he bebido demasiada leche.* Otros cambian su forma para indicar el número, **bastante/es**, y otros permanecen invariables, **nadie, nada**. Por otra parte, algunos de estos pronombres poseen una forma neutra que funciona como complemento circunstancial o como adverbio de cantidad: *bebes* **demasiado**, *he dormido* **bastante** *poco*.

Cabe añadir, finalmente, que **alguno** y **ninguno** tienen una forma apocopada, **algún** y **ningún**, que se utiliza sólo inmediatamente delante de sustantivos masculinos: **algún** *día volveré/no estuve allí día* **alguno/alguna** *vez volveremos a encontrarnos,* **ningún** *obstáculo podrá detenerme/no me detendrá obstáculo* **ninguno/ninguna** *persona podrá detenerme.*

1.4.6. *Pronombres indefinidos*

La forma de relacionarse con el sustantivo al que acompañan o sustituyen es muy parecida a la de los cuantitativos, incluso en algunos casos pueden coincidir; la diferencia estriba en que los indefinidos no aluden a la cantidad sino a la identidad de los referentes designados. Los más habituales son: **alguien, alguno, algo, cualquiera, otro, quienquiera, uno**...

Alguno, uno y **otro** tienen variación de género y número; **alguien** y **algo** son invariables, el primero sólo se refiere a personas y el segundo a cosas; **cualquiera** y **quienquiera** sólo varían en función del número y, por tratarse de palabras compuestas de pronombre + verbo, la terminación del plural aparece únicamente en el primer elemento: *cual***es***quiera, quien***es***quiera.*

1.4.7. *Pronombres interrogativos*

Tal como su nombre indica, sirven para interrogar acerca de la identidad o cantidad de las personas o cosas a las que se refieren. Los interrogativos son **qué, quién, cuál** y **cuánto**.

Qué se refiere a cosas y es invariable: ¿**qué** *libro/libros estás leyendo*?; sin embargo, a efectos de concordancia, obliga al uso del masculino: ¿**qué** *es oportuno decir en estos casos*?

Quién se refiere a personas y varía para expresar el número plural: ¿**quién** *ha venido*?/¿**quiénes** *son los culpables*?

Cuál se refiere a personas y cosas y varía su forma para expresar el número plural: ¿**cuál** *de los dos es mejor*?/¿**cuáles** *de ellos son los favoritos*?

Cuánto se refiere a personas y cosas, pero aludiendo no a su identidad, sino a su cantidad; tiene variaciones de género y número: ¿**cuánta** *gente vendrá*?, ¿**cuántas** *personas han llamado*?, ¿**cuánto** *queso le pongo*?, ¿**cuántos** *libros se han vendido*?

1.4.8. *Pronombres relativos*

Los relativos tienen la peculiaridad de tener una doble función: la que desempeña el propio pronombre relativo en la oración y la de ser un elemento de subordinación, puesto que, al mismo tiempo que sirven para introducir una oración subordinada, tienen una función dentro de ella. Esta última función es la que le correspondería a la palabra a la que sustituye el relativo, el antecedente. En la oración *vendré con los niños que llegaron ayer*, el relativo **que** desempeña la función de sujeto, puesto que esa función le correspondería al antecedente los niños: *vendré con los niños, los niños llegaron ayer.*

Los relativos propiamente dichos son: **que, quien, cual, cuyo** y **cuanto**. Existen, además, los llamados adverbios relativos: **como, cuando** y **donde**, que presentan algunas de las particularidades de los pronombres relativos, introducir una oración subordinada, pero la función que desempeñan dentro de la subordinada no está muy clara, por lo que pueden ser considerados también como meras palabras de enlace, como conjunciones.

Que es invariable y puede ir acompañado del artículo determinado: *el libro* **que** *estoy leyendo es muy interesante, vi a los muchachos con los* **que** *habías quedado.*

Quien tiene variación de número, **quien/quienes**, y se refiere siempre a personas: **quien** *haya visto u oído algo que lo diga,* **quienes** *hayan visto u oído algo que lo digan.*

Cual tiene variación de género y número. Dichas variaciones se expresan mediante el artículo, **el, la, los** y **las**, al que **cual** debe ir siempre unido. La variación de número modifica la forma de este pronombre: *la casa comprada con su dinero, en* **la cual** *me hospedé el pasado verano, ha sido derribada*; *los libros de Juan, a* **los cuales** *te has referido antes, han desaparecido.*

Cuyo tiene variación de género y número, **cuyo/cuya/cuyos/cuyas**, y establece una relación de posesión o pertenencia entre el sustantivo al que acompaña —por eso este relativo funciona siempre como adjetivo— y su antecedente. La condición de adjetivo es la que le obliga a tomar distintas terminaciones según sea el género y el número del sustantivo al que acompaña: *el niño, a* **cuya madre** *conocí ayer, no ha terminado los deberes/el niño, a* **cuyos padres** *conocí...*

Cuanto tiene variaciones de género y número, **cuanto/cuanta/cuantos/cuantas**, e introduce oraciones subordinadas de sustantivo cuando carece de antecedente. Esta ausencia de antecedente le da, por otra parte, un matiz de imprecisión que lo acerca a los pronombres indefinidos: *me sorprende* **cuanto** *sabes acerca de este tema.*

Los adverbios relativos **como, cuando** y **donde** —precisamente por ser adverbiales son invariables— pueden tener o no antecedente: *saldremos* **cuando** *amanezca, no me gusta la forma* **como** *me tratas, la casa* **donde** *vivo queda muy lejos.*

1.5. El verbo

Las características principales del verbo son: ser una palabra variable, sujeta a cambios de persona, número, tiempo, aspecto y modo, y ser el núcleo predicativo de la oración, puesto que es la única parte de la oración imprescindible para poder predicar algo, para poder decir algo de la realidad: *llueve, Juan compró libros, mañana iré a París.*

El verbo es la clase de palabras que sufre más tipos de modificaciones: de **persona**, de **número**, de **tiempo**, de **aspecto** y de **modo**, aunque, desde el punto de vista formal, pueden reducirse a dos, ya que la persona y el número están resumidos en una sola variación, y lo mismo ocurre con el tiempo, el aspecto y el modo.

Los conceptos de número y persona ya se han explicado en los apartados correspondientes al sustantivo (v. **El sustantivo**) y al pronombre (v. **El pronombre**). Dichas modificaciones formales vienen dadas por la necesidad de concordar con el sujeto: en las oraciones *no estudi***o**, *mis padres trabaj***an** y *tú duerm***es**, las terminaciones marcadas nos indican que la primera forma verbal se refiere a una primera persona del singular; la segunda, a la tercera persona del plural, y la última, a la segunda persona del singular; es decir, una misma terminación nos informa acerca de dos aspectos diferentes: el número y la persona.

Los conceptos de tiempo, aspecto y modo se interpretan de múltiples maneras y existe gran disparidad de opiniones acerca de ellos; sin embargo, como la finalidad de este apéndice es orientar al usuario y ayudarle a resolver posibles dudas, se ofrecen aquí unas explicaciones prácticas acerca de estas características del verbo.

El tiempo de un verbo es el que informa de cuándo se realiza la acción o cuándo tiene lugar el proceso o el estado expresados por ese verbo y puede ser presente, pasado y futuro. El aspecto, por su parte, señala si la acción, el proceso o el estado expresado por una forma verbal se presenta como durativo o como puntual, en otras palabras, como imperfectivo o no terminado o como perfectivo o terminado. Las formas *cantaba* y *canté* ilustran, respectivamente, esa distinción entre acción presentada como no terminada, frente a acción presentada como terminada. Finalmente, el modo informa de la actitud del hablante acerca de dicha acción, proceso o estado, que pueden ser considerados como reales (modo indicativo), como deseados, necesarios, dudosos (modo subjuntivo) o como una orden, una exhortación o un ruego (modo imperativo).

Así, pues, si se traslada una de las oraciones anteriores a un tiempo anterior o a uno futuro, se observa otro tipo de variaciones en la forma verbal: *no estudia***ba**/*no estudia***ré**; en este caso, las terminaciones informan de que la acción de estudiar se sitúa en el tiempo pasado y futuro, respectivamente; asimismo, también sabemos que la acción se presenta (en la forma estudiaba) como no terminada, y, finalmente, que el modo es indicativo. Si, por el contrario, se quiere presentar la acción, no como real (modo indicativo), sino como algo deseado, necesario, dudoso, etc. (modo subjuntivo), las terminaciones serán distintas una vez más: *quieren que estudi***e**, *puede que mis padres trabaj***en** *este domingo, no es necesario que duerm***as**.

Pero no todas las formas de un verbo son variables; existen tres que son invariables: el infinitivo, el gerundio y el participio.

El **infinitivo** es, pues, una forma invariable del verbo y su terminación, **-ar**, **-er** o **-ir**, permite saber a qué conjugación pertenece el verbo en cuestión. Además, el infinitivo puede ser considerado como la forma nominal del verbo, ya que en muchas ocasiones funciona como un sustantivo: *deseo* **salir** (complemento directo); algunos infinitivos incluso se han lexicalizado como sustantivos: *el querer, el saber, el cantar de los cantares.*

La terminación del **gerundio** es **-ando** para la primera conjugación y **-iendo** para la segunda y la tercera. El gerundio tiene una función adverbial dentro de la oración, *no me hables* **gritando**, y sirve para expresar la simultaneidad de dos acciones: *come* **mirando** *la televisión.*

El **participio** puede utilizarse para formar los tiempos compuestos, en cuyo caso es invariable, y sus terminaciones son **-ado** para la primera conjugación e **-ido** para la segunda y la tercera, *las niñas han* **cantado** *muchas canciones*, o para formar la llamada *voz pasiva*, junto con el verbo ser, en cuyo caso deja de ser invariable y concuerda en género y número con el llamado *sujeto paciente*: *el árbol fue* **cortado** *por la raíz, la niña es* **amada** *por todos, los árboles son* **cortados** *por la raíz, las niñas son* **amadas** *por todos.* El participio, además, puede funcionar como un adjetivo: *viene* **entusiasmado**; de hecho, muchos de los adjetivos del español provienen de los participios; se da el caso, incluso, de que muchos verbos tienen un participio regular y otro irregular, utilizándose este último únicamente como adjetivo: *abstracto, electo, maldito.*

El verbo puede clasificarse de muchas maneras atendiendo a su forma o al significado expresado. En español, una clasificación formal posible es por la terminación del infinitivo: **-ar** corresponde a la primera conjugación, **-er** a la segunda e **-ir** a la tercera. Significa esto que cualquier verbo español pertenecerá a uno de estos tres paradigmas de conjugación. El término *conjugación* se refiere al conjunto de modificaciones que experimenta un verbo en la forma de su raíz o de sus terminaciones. Estas modificaciones son ligeramente distintas en cada una de las tres conjugaciones (v. **Modelo de las tres conjugaciones regulares**).

Se establece otra clasificación en función de que el verbo siga el modelo o paradigma de su conjugación, **verbo regular**, o, por el contrario, no siga el modelo que le corresponde y, en este caso, se habla de **verbo irregular** (v. **Modelos de conjugación irregular**). El verbo español se distingue por presentar muchas irregularidades; sin embargo, en la mayoría de los casos, estas irregularidades se repiten, por lo que se pueden establecer modelos de irregularidad. En el apartado de la conjugación irregular se presentan 92 modelos de irregularidad, en los que sólo se muestran aquellos tiempos que tienen, total o parcialmente, alguna irregularidad; debe interpretarse, pues, que si un tiempo determinado no está conjugado en dicho apartado es porque sigue el modelo de conjugación regular y, por lo tanto, es allí donde debe consultarse en caso de duda.

1.5.1. *Modelo de las tres conjugaciones regulares*

AMAR - TEMER - PARTIR

VOZ ACTIVA

Formas no personales

Simples	Compuestas
Infinitivo: am-*ar*, tem-*er*, part-*ir*	*haber* amado, temido, partido
Gerundio: am-*ando*, tem-*iendo*, part-*iendo*	*habiendo* amado, temido, partido
Participio: am-*ado*, tem-*ido*, part-*ido*	El participio no tiene compuesto

Formas personales

MODO INDICATIVO

Tiempos simples	Tiempos compuestos
Presente (Bello: Presente) am-*o, -as, -a; -amos, -áis, -an* tem-*o, -es, -e; -emos, -éis, -en* part-*o, -es, -e; -imos, -ís, -en*	Pretérito perfecto —Pretérigo perfecto compuesto— (Bello: Antepresente) *he, has, ha; hemos, habéis, han* amado, temido, partido
Pretérito imperfecto (Bello: Copretérito) am-*aba, -abas, -aba; -ábamos, -abais, -aban* tem } *-ía, -ías, -ía; -íamos, -íais, -ían* part }	Pretérito pluscuamperfecto (Bello: Antecopretérito) *había, habías, había;* *habíamos, habíais, habían* amado, temido, partido
Pretérito indefinido —Pretérito perfecto simple— (Bello: Pretérito) am-*é, -aste, -ó; -amos, -asteis, -aron* tem } *-í, -iste, -ió; -imos, -isteis, -ieron* part }	Pretérito anterior (Bello: Antepretérito) *hube, hubiste, hubo;* *hubimos, hubisteis, hubieron* amado, temido, partido
Futuro imperfecto —Futuro— (Bello: Futuro) amar } temer } *-é, -ás, -á; -emos, -éis, -án* partir }	Futuro perfecto (Bello: Antefuturo) *habré, habrás, habrá;* *habremos, habréis, habrán* amado, temido, partido

Potencial simple —Condicional— (Bello: Pospretérito) amar / temer / partir } *-ía, -ías, -ía; -íamos, -íais, -ían*	Potencial compuesto —Condicional perfecto— (Bello: Antepospretérito) *habría, habrías, habría;* *habríamos, habríais, habrían* amado, temido, partido

MODO SUBJUNTIVO

Presente (Bello: Presente) am-*e, -es, -e; -emos, -éis, -en* tem / part } *-a, -as, -a; -amos, -áis, -an*	Pretérito perfecto (Bello: Antepresente) *haya, hayas, haya;* *hayamos, hayáis, hayan* amado, temido, partido
Pretérito imperfecto (Bello: Pretérito) am } *-ara, -aras, -ara; -áramos, -arais, -aran* o *-ase, -ases, -ase; -ásemos, -aseis, -asen* tem / part } *-iera, -ieras, -iera; -iéramos, -ierais, -ieran* o *-iese, -ieses, -iese; -iésemos, -ieseis, -iesen*	Pretérito pluscuamperfecto (Bello: Antepretérito) *hubiera, hubieras, hubiera;* *hubiéramos, hubierais, hubieran,* o *hubiese, hubieses, hubiese;* *hubiésemos, hubieseis, hubiesen* amado, temido, partido
Futuro imperfecto —Futuro— (Bello: Futuro) am-*are, -ares, -are; -áremos, -areis, -aren* tem / part } *-iere, -ieres, -iere; -iéremos, -iereis, -ieren*	Futuro perfecto (Bello: Antefuturo) *hubiere, hubieres, hubiere;* *hubiéremos, hubiereis, hubieren* amado, temido, partido

MODO IMPERATIVO*

Presente:

am *-a, -e;* -emos, *-ad,* -en
tem *-e,* -a; -amos, *-ed,* -an
part *-e,* -a; -amos; *-id,* -an
(El imperativo no tiene compuesto)

* El imperativo en español no tiene más formas propias que las segundas personas: *ama* (tú), *amad* (vosotros). Las demás personas proceden del presente de subjuntivo.

VOZ PASIVA

La voz pasiva de un verbo se construye con el verbo *ser,* conjugado en cualquiera de sus formas y el participio del verbo en cuestión. Debe tenerse en cuenta que el participio concuerda en género y número con el sujeto.

Formas no personales

Simples	Compuestos
Infinitivo: *ser lavado* o *lavada*	*haber sido lavado* o *lavada*
Gerundio: *siendo lavado* o *lavada*	*habiendo sido lavado* o *lavada*

Formas personales

MODO INDICATIVO

Presente	Pretérito perfecto
soy lavado o *lavada*	*he sido lavado* o *lavada*
eres lavado o *lavada*	*has sido lavado* o *lavada*
es lavado o *lavada*	*ha sido lavado* o *lavada*
somos lavados o *lavadas*	*hemos sido lavados* o *lavadas*
sois lavados o *lavadas*	*habéis sido lavados* o *lavadas*
son lavados o *lavadas*	*han sido lavados* o *lavadas*

Conjugación de los verbos pronominales

Se utiliza la denominación *verbo pronominal* para referirse ya sea a aquellos verbos que se conjugan siempre con las formas de complemento de los pronombres personales, por ejemplo el verbo *arrepentirse*, ya sea a aquellos verbos que en ocasiones se conjugan con las citadas formas de los pronombres personales: *lavarse/lavar.*

Las formas del pronombre personal: *me, te, se, nos, os* y *se*, coinciden, en cuanto a la persona, con el sujeto de la oración. Por otra parte, el pronombre personal se antepone al verbo en todos los tiempos y personas de los modos indicativo y subjuntivo y se pospone al verbo formando una sola palabra (pronombre enclítico) en todas las formas del modo imperativo y en las formas de infinitivo y gerundio. No obstante, el pronombre puede ser enclítico también en los modos indicativo y subjuntivo, pero el uso más extendido en estos casos es la anteposición del pronombre. En los tiempos compuestos el pronombre enclítico se une al verbo auxiliar *haber*.

Formas no personales

Simples	Compuestas
Infinitivo: *lavarse*	*haberse lavado*
Gerundio: *lavándome*	*habiéndome lavado*
lavándote	*habiéndote lavado*
lavándose...	*habiéndose lavado*

Formas personales

MODO INDICATIVO

Tiempos simples	Tiempos compuestos
Presente	
(yo) *me lavo*	(yo) *me he lavado*
(tú) *te lavas*	(tú) *te has lavado*
(él, ella) *se lava*	(él, ella) *se ha lavado*
(nosotros) *nos lavamos*	(nosotros) *nos hemos lavado*
(vosotros) *os laváis*	(vosotros) *os habéis lavado*
(ellos/as) *se lavan*	(ellos/as) *se han lavado*

MODO IMPERATIVO

Presente
lávate (tú)
lávese (él, ella)
lavémonos (nosotros)
lavaos (vosotros)
lávense (ellos)

1.5.2. *Modelos de conjugación irregular*

Variaciones gráficas

En la conjugación de algunos verbos se presentan una serie de modificaciones que no deben ser consideradas como irregulares, sino que se deben a reglas puramente ortográficas.

Dichas modificaciones son las siguientes:

1. SACAR (la *c* se convierte en *qu* delante de *e*)

INDICATIVO				SUBJUNTIVO			IMPERATIVO
Presente	**Indefinido**	**Futuro**	**Potencial**	**Presente**	**Imperfecto**	**Futuro**	
	saqué			***saque***			saca (tú)
	sacaste			***saques***			***saque*** (él)
	sacó			***saque***			***saquemos*** (nosotros)
	sacamos			***saquemos***			sacad (vosotros)
	sacasteis			***saquéis***			***saquen*** (ellos)
	sacaron			***saquen***			

2. MECER (la *c* se convierte en *z* delante de *a* y *o*)

INDICATIVO				SUBJUNTIVO			IMPERATIVO
Presente	**Indefinido**	**Futuro**	**Potencial**	**Presente**	**Imperfecto**	**Futuro**	
mezo				***meza***			mece (tú)
meces				***mezas***			***meza*** (él)
mece				***meza***			***mezamos*** (nosotros)
mecemos				***mezamos***			meced (vosotros)
mecéis				***mezáis***			***mezan*** (ellos)
mecen				***mezan***			

3. ZURCIR (la *c* se convierte en *z* delante de *a* y *o*)

INDICATIVO				SUBJUNTIVO			IMPERATIVO
Presente	**Indefinido**	**Futuro**	**Potencial**	**Presente**	**Imperfecto**	**Futuro**	
zurzo				***zurza***			zurce (tú)
zurces				***zurzas***			***zurza*** (él)
zurce				***zurza***			***zurzamos*** (nosotros)
zurcimos				***zurzamos***			zurcid (vosotros)
zurcís				***zurzáis***			***zurzan*** (ellos)
zurcen				***zurzan***			

4. REALIZAR (la *z* se convierte en *c* delante de *e*)

INDICATIVO				SUBJUNTIVO			IMPERATIVO
Presente	**Indefinido**	**Futuro**	**Potencial**	**Presente**	**Imperfecto**	**Futuro**	
	realicé			***realice***			realiza (tú)
	realizaste			***realices***			***realice*** (él)
	realizó			***realice***			***realicemos*** (nosotros)
	realizamos			***realicemos***			realizad (vosotros)
	realizasteis			***realicéis***			***realicen*** (ellos)
	realizaron			***realicen***			

5. PROTEGER (la *g* se convierte en *j* delante de *a* y *o*)

INDICATIVO				SUBJUNTIVO			IMPERATIVO
Presente	**Indefinido**	**Futuro**	**Potencial**	**Presente**	**Imperfecto**	**Futuro**	
protejo				***proteja***			protege (tú)
proteges				***protejas***			***proteja*** (él)
protege				***proteja***			***protejamos*** (nosotros)
protegemos				***protejamos***			proteged (vosotros)
protegéis				***protejáis***			***protejan*** (ellos)
protegen				***protejan***			

6. DIRIGIR (la *g* se convierte en *j* delante de *a* y *o*)

INDICATIVO				SUBJUNTIVO			IMPERATIVO
Presente	**Indefinido**	**Futuro**	**Potencial**	**Presente**	**Imperfecto**	**Futuro**	
dirijo				***dirija***			dirige (tú)
diriges				***dirijas***			***dirija*** (él)
dirige				***dirija***			***dirijamos*** (nosotros)
dirigimos				***dirijamos***			dirigid (vosotros)
dirigís				***dirijáis***			***dirijan*** (ellos)
dirigen				***dirijan***			

7. LLEGAR (la *g* se convierte en *gu* delante de *e*)

INDICATIVO				SUBJUNTIVO			IMPERATIVO
Presente	**Indefinido**	**Futuro**	**Potencial**	**Presente**	**Imperfecto**	**Futuro**	
	llegué			***llegue***			llega (tú)
	llegaste			***llegues***			***llegue*** (él)
	llegó			***llegue***			***lleguemos*** (nosotros)
	llegamos			***lleguemos***			llegad (vosotros)
	llegasteis			***lleguéis***			***lleguen*** (ellos)
	llegaron			***lleguen***			

8. DISTINGUIR (la *gu* se convierte en *g* delante de *a* y *o*)

INDICATIVO				SUBJUNTIVO			IMPERATIVO
Presente	**Indefinido**	**Futuro**	**Potencial**	**Presente**	**Imperfecto**	**Futuro**	
distingo				***distinga***			distingue (tú)
distingues				***distingas***			***distinga*** (él)
distingue				***distinga***			***distingamos*** (nosotros)
distinguimos				***distingamos***			distinguid (vosotros)
distinguís				***distingáis***			***distingan*** (ellos)
distinguen				***distingan***			

9. DELINQUIR (la *qu* se convierte en *c* delante de *a* y *o*)

INDICATIVO				SUBJUNTIVO			IMPERATIVO
Presente	**Indefinido**	**Futuro**	**Potencial**	**Presente**	**Imperfecto**	**Futuro**	
delinco				***delinca***			delinque (tú)
delinques				***delincas***			***delinca*** (él)
delinque				***delinca***			***delicamos*** (nosotros)
delinquimos				***delincamos***			delinquid (vosotros)
delinquís				***delincáis***			***delican*** (ellos)
delinquen				***delincan***			

Los verbos terminados en *-jar, -jer* y *-jir* conservan la *j* en todos los tiempos y personas.

Modificaciones en la acentuación

VERBOS TERMINADOS EN *-UAR* O *-IAR*

La *u* o la *i* pueden permanecer átonas en toda la conjugación y, por tanto, no llevar nunca tilde o, por el contrario, acentuarse en algunos tiempos y personas. Aparte de esta peculiaridad, estos verbos son regulares en su conjugación.

10. ADECUAR* (*u* átona)

INDICATIVO				SUBJUNTIVO			IMPERATIVO
Presente	**Indefinido**	**Futuro**	**Potencial**	**Presente**	**Imperfecto**	**Futuro**	
adecuo				adecue			adecua (tú)
adecuas				adecues			adecue (él)
adecua				adecue			adecuemos (nosotros)
adecuamos				adecuemos			adecuad (vosotros)
adecuáis				adecuéis			adecuen (ellos)
adecuan				adecuen			

11. ACTUAR (*ú* acentuada en determinados tiempos y personas)

INDICATIVO				SUBJUNTIVO			IMPERATIVO
Presente	**Indefinido**	**Futuro**	**Potencial**	**Presente**	**Imperfecto**	**Futuro**	
actúo				***actúe***			***actúa*** (tú)
actúas				***actúes***			***actúe*** (él)
actúa				***actúe***			actuemos (nosotros)
actuamos				actuemos			actuad (vosotros)
actuáis				actuéis			***actúen*** (ellos)
actúan				***actúen***			

12. CAMBIAR* (*i* átona)

INDICATIVO				SUBJUNTIVO			IMPERATIVO
Presente	**Indefinido**	**Futuro**	**Potencial**	**Presente**	**Imperfecto**	**Futuro**	
cambio				cambie			cambia (tú)
cambias				cambies			cambie (él)
cambia				cambie			cambiemos (nosotros)
cambiamos				cambiemos			cambiad (vosotros)
cambiáis				cambiéis			cambien (ellos)
cambian				cambien			

13. DESVIAR (*í* acentuada en determinados tiempos y personas)

INDICATIVO				SUBJUNTIVO			IMPERATIVO
Presente	**Indefinido**	**Futuro**	**Potencial**	**Presente**	**Imperfecto**	**Futuro**	
desvío				***desvíe***			***desvía*** (tú)
desvías				***desvíes***			***desvíe*** (él)
desvía				***desvíe***			desviemos (nosotros)
desviamos				desviemos			desviad (vosotros)
desviáis				desviéis			***desvíen*** (ellos)
desvían				***desvíen***			

* Verbo regular. Se incluye como modelo de conjugación para diferenciarlo de los otros verbos que rompen el diptongo en determinados tiempos y personas.

14. AUXILIAR (la *i* puede ser átona o tónica)

INDICATIVO				SUBJUNTIVO			IMPERATIVO
Presente	**Indefinido**	**Futuro**	**Potencial**	**Presente**	**Imperfecto**	**Futuro**	
auxilío				***auxilíe***			***auxilía*** (tú)
auxilías				***auxilíes***			***auxilíe*** (él)
auxilía				***auxilíe***			auxiliemos (nosotros)
auxiliamos				auxiliemos			auxiliad (vosotros)
auxiliáis				auxiliéis			***auxilíen*** (ellos)
auxilían				***auxilíen***			o
o				o			auxilia (tú)
auxilio				auxilie			auxilie (él)
auxilias				auxilies			auxiliemos (nosotros)
auxilia				auxilie			auxiliad (vosotros)
auxiliamos				auxiliemos			auxilien (ellos)
auxiliáis				auxiliéis			
auxilian				auxilien			

VERBOS CON DIPTONGO EN LA RAÍZ

Algunos verbos rompen el diptongo y, por tanto, la *u* y la *i* llevan tilde en determinados tiempos y personas.

15. AISLAR (*í* acentuada en determinados tiempos y personas)

INDICATIVO				SUBJUNTIVO			IMPERATIVO
Presente	**Indefinido**	**Futuro**	**Potencial**	**Presente**	**Imperfecto**	**Futuro**	
aíslo				***aísle***			***aísla*** (tú)
aíslas				***aísles***			***aísle*** (él)
aísla				***aísle***			aislemos (nosotros)
aislamos				aislemos			aislad (vosotros)
aisláis				aisléis			***aíslen*** (ellos)
aíslan				***aíslen***			

16. AUNAR (*ú* acentuada en determinados tiempos y personas)

INDICATIVO				SUBJUNTIVO			IMPERATIVO
Presente	**Indefinido**	**Futuro**	**Potencial**	**Presente**	**Imperfecto**	**Futuro**	
aúno				***aúne***			***aúna*** (tú)
aúnas				***aúnes***			***aúne*** (él)
aúna				***aúne***			aunemos (nosotros)
aunamos				aunemos			aunad (vosotros)
aunáis				aunéis			***aúnen*** (ellos)
aúnan				***aúnen***			

17. DESCAFEINAR (*í* acentuada en determinados tiempos y personas)

INDICATIVO				SUBJUNTIVO			IMPERATIVO
Presente	**Indefinido**	**Futuro**	**Potencial**	**Presente**	**Imperfecto**	**Futuro**	
descafeíno				***descafeíne***			***descafeína*** (tú)
descafeínas				***descafeínes***			***descafeíne*** (él)
descafeína				***descafeíne***			descafeinemos (nosotros)
descafeinamos				descafeinemos			descafeinad (vosotros)
descafeináis				descafeinéis			***descafeínen*** (ellos)
descafeínan				***descafeínen***			

18. REHUSAR (*ú* acentuada en determinados tiempos y personas)

INDICATIVO Presente	Indefinido	Futuro	Potencial	SUBJUNTIVO Presente	Imperfecto	Futuro	IMPERATIVO
rehúso				***rehúse***			***rehúsa*** (tú)
rehúsas				***rehúses***			***rehúse*** (él)
rehúsa				***rehúse***			rehusemos (nosotros)
rehusamos				rehusemos			rehusad (vosotros)
rehusáis				rehuséis			***rehúsen*** (ellos)
rehúsan				***rehúsen***			

19. REUNIR (*ú* acentuada en determinados tiempos y personas)

INDICATIVO Presente	Indefinido	Futuro	Potencial	SUBJUNTIVO Presente	Imperfecto	Futuro	IMPERATIVO
reúno				***reúna***			***reúne*** (tú)
reúnes				***reúnas***			***reúna*** (él)
reúne				***reúna***			reunamos (nosotros)
reunimos				reunamos			reunid (vosotros)
reunís				reunáis			***reúnan*** (ellos)
reúnen				***reúnan***			

20. AMOHINAR (*í* acentuada en determinados tiempos y personas)

INDICATIVO Presente	Indefinido	Futuro	Potencial	SUBJUNTIVO Presente	Imperfecto	Futuro	IMPERATIVO
amohíno				***amohíne***			***amohína*** (tú)
amohínas				***amohínes***			***amohíne*** (él)
amohína				***amohíne***			amohinemos (nosotros)
amohiamos				amohinemos			amohinad (vosotros)
amohináis				amohinéis			***amohínen*** (ellos)
amohínan				***amohínen***			

21. PROHIBIR (*í* acentuada en determinados tiempos y personas)

INDICATIVO Presente	Indefinido	Futuro	Potencial	SUBJUNTIVO Presente	Imperfecto	Futuro	IMPERATIVO
prohíbo				***prohíba***			***prohíbe*** (tú)
prohíbes				***prohíbas***			***prohíba*** (él)
prohíbe				***prohíba***			prohibamos (nosotros)
prohibimos				prohibamos			prohibid (vosotros)
prohibís				prohibáis			***prohíban*** (ellos)
prohíben				***prohíban***			

Variaciones gráficas y cambios en la acentuación

En este grupo incluimos aquellos verbos que presentan los dos tipos de modificación a la vez.

22. AVERIGUAR (*ú* átona, *gu* pasa a *gü* delante de *e*)

INDICATIVO				SUBJUNTIVO			IMPERATIVO
Presente	**Indefinido**	**Futuro**	**Potencial**	**Presente**	**Imperfecto**	**Futuro**	
	averigüé			***averigüe***			averigua (tú)
	averiguaste			***averigües***			***averigüe*** (él)
	averiguó			***averigüe***			***averigüemos*** (nosotros)
	averiguamos			***averigüemos***			averiguad (vosotros)
	averiguasteis			***averigüéis***			***averigüen*** (ellos)
	averiguaron			***averigüen***			

23. AHINCAR (*í* acentuada en determinados tiempos y personas, la *c* se convierte en *qu* delante de *e*)

INDICATIVO				SUBJUNTIVO			IMPERATIVO
Presente	**Indefinido**	**Futuro**	**Potencial**	**Presente**	**Imperfecto**	**Futuro**	
ahínco	***ahinqué***			***ahínque***			***ahínca*** (tú)
ahíncas	ahincaste			***ahínques***			***ahínque*** (él)
ahínca	ahincó			***ahínque***			***ahinquemos*** (nosotros)
ahincamos	ahincamos			***ahinquemos***			ahincad (vosotros)
ahincáis	ahincasteis			***ahinquéis***			***ahínquen*** (ellos)
ahíncan	ahincaron			***ahínquen***			

24. ENRAIZAR (*í* acentuada en determinados tiempos y personas, *z* se convierte en *c* delante de *e*)

INDICATIVO				SUBJUNTIVO			IMPERATIVO
Presente	**Indefinido**	**Futuro**	**Potencial**	**Presente**	**Imperfecto**	**Futuro**	
enraízo	***enraicé***			***enraíce***			***enraíza*** (tú)
enraízas	enraizaste			***enraíces***			***enraíce*** (él)
enraíza	enraizó			***enraíce***			***enraicemos*** (nosotros)
enraizamos	enraizamos			***enraicemos***			enraizad (vosotros)
enraizáis	enraizasteis			***enraicéis***			***enraícen*** (ellos)
enraízan	enraizaron			***enraícen***			

25. CABRAHIGAR (*í* acentuada en determinados tiempos y personas, la *g* se convierte en *gu* delante de *e*)

INDICATIVO				SUBJUNTIVO			IMPERATIVO
Presente	**Indefinido**	**Futuro**	**Potencial**	**Presente**	**Imperfecto**	**Futuro**	
cabrahígo	***cabrahigué***			***cabrahígue***			***cabrahíga*** (tú)
cabrahígas	cabrahigaste			***cabrahígues***			***cabrahígue*** (él)
cabrahíga	cabrahigó			***cabrahígue***			***cabrahiguemos*** (nosotros)
cabrahigamos	cabrahigamos			***cabrahiguemos***			cabrahigad (vosotros)
cabrahigáis	cabrahigasteis			***cabrahiguéis***			***cabrahíguen*** (ellos)
cabrahígan	cabrahigaron			***cabrahíguen***			

26. HOMOGENEIZAR (*í* acentuada en determinados tiempos y personas, *z* se convierte en *c* delante de *e*)

INDICATIVO				SUBJUNTIVO			IMPERATIVO
Presente	**Indefinido**	**Futuro**	**Potencial**	**Presente**	**Imperfecto**	**Futuro**	
homogeneízo	***homogeneicé***			***homogeneíce***			***homogeneíza*** (tú)
homogeneízas	homogeneizaste			***homogeneíces***			***homogeneíce*** (él)
homogeneíza	homogeneizó			***homogeneíce***			***homogeneicemos*** (nos.)
homogeneizamos	homogeneizamos			***homogeneicemos***			homogeneizad (vosotros)
homogeneizáis	homogeneizasteis			***homogeneicéis***			***homogeneícen*** (ellos)
homogeneízan	homogeneizaron			***homogeneícen***			

Verbos de irregularidad sistemática

En este grupo incluimos aquellos verbos que presenten los siguientes tipos de irregularidad:

— Diptongo de la vocal de la raíz en sílaba tónica.
— Debilitación de la vocal de la raíz.
— Pérdida de la vocal de la desinencia por influencia de la consonante de la raíz.
— Adición de una consonante a la consonante final de la raíz.

Existe, en estos casos, una correlación de irregularidades que resumimos en el siguiente cuadro:

Pres. Indic. → Pres. Subj. → Pres. Imperat.
Indef. Indic. → Imperf. Subj. → Futuro Imperf. Subj.
Fut. Imperf. Indic. → Potencial simple.

27. ACERTAR (la *e* diptonga en *ie* en sílaba tónica)

INDICATIVO				SUBJUNTIVO			IMPERATIVO
Presente	**Indefinido**	**Futuro**	**Potencial**	**Presente**	**Imperfecto**	**Futuro**	
acierto				***acierte***			***acierta*** (tú)
aciertas				***aciertes***			***acierte*** (él)
acierta				***acierte***			acertemos (nosotros)
acertamos				acertemos			acertad (vosotros)
acertáis				acertéis			***acierten*** (ellos)
aciertan				***acierten***			

28. ENTENDER (la *e* diptonga en *ie* en sílaba tónica)

INDICATIVO				SUBJUNTIVO			IMPERATIVO
Presente	**Indefinido**	**Futuro**	**Potencial**	**Presente**	**Imperfecto**	**Futuro**	
entiendo				***entienda***			***entiende*** (tú)
entiendes				***entiendas***			***entienda*** (él)
entiende				***entienda***			entendamos (nosotros)
entendemos				entendamos			entended (vosotros)
entendéis				entendáis			***entiendan*** (ellos)
entienden				***entiendan***			

29. DISCERNIR (la *e* diptonga en *ie* en sílaba tónica)

INDICATIVO				SUBJUNTIVO			IMPERATIVO
Presente	**Indefinido**	**Futuro**	**Potencial**	**Presente**	**Imperfecto**	**Futuro**	
discierno				***discierna***			***discierne*** (tú)
disciernes				***disciernas***			***discierna*** (él)
discierne				***discierna***			discernamos (nosotros)
discernimos				discernamos			discernid (vosotros)
discernís				discernáis			***disciernan*** (ellos)
disciernen				***disciernan***			

30. ADQUIRIR (la *i* diptonga en *ie* en sílaba tónica)

INDICATIVO				SUBJUNTIVO			IMPERATIVO
Presente	**Indefinido**	**Futuro**	**Potencial**	**Presente**	**Imperfecto**	**Futuro**	
adquiero				***adquiera***			***adquiere*** (tú)
adquieres				***adquieras***			***adquiera*** (él)
adquiere				***adquiera***			adquiramos (nosotros)
adquirimos				adquiramos			adquirid (vosotros)
adquirís				adquiráis			***adquieran*** (ellos)
adquieren				***adquieran***			

31. CONTAR (la *o* diptonga en *ue* en sílaba tónica)

INDICATIVO				SUBJUNTIVO			IMPERATIVO
Presente	**Indefinido**	**Futuro**	**Potencial**	**Presente**	**Imperfecto**	**Futuro**	
cuento				***cuente***			***cuenta*** (tú)
cuentas				***cuentes***			***cuente*** (él)
cuenta				***cuente***			contemos (nosotros)
contamos				contemos			contad (vosotros)
contáis				contéis			***cuenten*** (ellos)
cuentan				***cuenten***			

32. MOVER (la *o* diptonga en *ue* en sílaba tónica)

INDICATIVO				SUBJUNTIVO			IMPERATIVO
Presente	**Indefinido**	**Futuro**	**Potencial**	**Presente**	**Imperfecto**	**Futuro**	
muevo				***mueva***			***mueve*** (tú)
mueves				***muevas***			***mueva*** (él)
mueve				***mueva***			movamos (nosotros)
movemos				movamos			moved (vosotros)
movéis				mováis			***muevan*** (ellos)
mueven				***muevan***			

33. DORMIR (la *o* diptonga en *ue* en sílaba tónica o se convierte en *u* en determinados tiempos y personas)

INDICATIVO				SUBJUNTIVO			IMPERATIVO
Presente	**Indefinido**	**Futuro**	**Potencial**	**Presente**	**Imperfecto**	**Futuro**	
duermo	dormí			***duerma***	***durmiera***	***durmiere***	***duerme*** (tú)
duermes	dormiste			***duermas***	***durmieras***	***durmieres***	***duerma*** (él)
duerme	***durmió***			***duerma***	***durmiera***	***durmiere***	***durmamos*** (nosotros)
dormimos	dormimos			***durmamos***	***durmiéramos***	***durmiéremos***	dormid (vosotros)
dormís	dormisteis			***durmáis***	***durmierais***	***durmiereis***	***duerman*** (ellos)
duermen	***durmieron***			***duerman***	***durmieran***	***durmieren***	
					o		
					durmiese		
					durmieses		
					durmiese		
					durmiésemos		
					durmieseis		
					durmiesen		

34. SERVIR (la *e* debilita en *i* en determinados tiempos y personas)

INDICATIVO				SUBJUNTIVO			IMPERATIVO
Presente	**Indefinido**	**Futuro**	**Potencial**	**Presente**	**Imperfecto**	**Futuro**	
sirvo	serví			***sirva***	***sirviera***	***sirviere***	***sirve*** (tú)
sirves	serviste			***sirvas***	***sirvieras***	***sirvieres***	***sirva*** (él)
sirve	***sirvió***			***sirva***	***sirviera***	***sirviere***	***sirvamos*** (nosotros)
servimos	servimos			***sirvamos***	***sirviéramos***	***sirviéremos***	servid (vosotros)
servís	servisteis			***sirváis***	***sirvierais***	***sirviereis***	***sirvan*** (ellos)
sirven	***sirvieron***			***sirvan***	***sirvieran***	***sirvieren***	
					o		
					sirviese		
					sirvieses		
					sirviese		
					sirviéremos		
					sirvieseis		
					sirvieren		

35. HERVIR (la *e* diptonga en *ie* en sílaba tónica o se convierte en *i* en determinados tiempos y personas)

INDICATIVO				SUBJUNTIVO			IMPERATIVO
Presente	**Indefinido**	**Futuro**	**Potencial**	**Presente**	**Imperfecto**	**Futuro**	
hiervo	herví			***hierva***	***hirviera***	***hirviere***	***hierve*** (tú)
hierves	herviste			***hiervas***	***hirvieras***	***hirvieres***	***hierva*** (él)
hierve	***hirvió***			***hierva***	***hirviera***	***hirviere***	***hirvamos*** (nosotros)
hervimos	hervimos			***hirvamos***	***hirviéramos***	***hirviéremos***	hervid (vosotros)
hervís	hervisteis			***hirváis***	***hirvierais***	***hirviereis***	***hiervan*** (ellos)
hierven	***hirvieron***			***hiervan***	***hirvieran***	***hirvieren***	
					o		
					hirviese		
					hirvieses		
					hirviese		
					hirviésemos		
					hirvieseis		
					hirviesen		

36. CEÑIR (la *i* de la desinencia se pierde absorbida por la *ñ* y la *e* se convierte en *i* en determinados tiempos y personas)

INDICATIVO				SUBJUNTIVO			IMPERATIVO
Presente	**Indefinido**	**Futuro**	**Potencial**	**Presente**	**Imperfecto**	**Futuro**	
ciño	ceñí			***ciña***	***ciñera***	***ciñere***	***ciñe*** (tú)
ciñes	ceñiste			***ciñas***	***ciñeras***	***ciñeres***	***ciña*** (él)
ciñe	***ciñó***			***ciña***	***ciñera***	***ciñere***	***ciñamos*** (nosotros)
ceñimos	ceñimos			***ciñamos***	***ciñéramos***	***ciñéremos***	ceñid (vosotros)
ceñís	ceñisteis			***ciñáis***	***ciñerais***	***ciñereis***	***ciñan*** (ellos)
ciñen	***ciñeron***			***ciñan***	***ciñeran***	***ciñeren***	
					o		
					ciñese		
					ciñeses		
					ciñese		
					ciñésemos		
					ciñeseis		
					ciñesen		

37. REÍR (sigue el modelo de *ceñir* con la diferencia de que la pérdida de la *i* no se debe a la influencia de ninguna consonante)

INDICATIVO				SUBJUNTIVO			IMPERATIVO
Presente	**Indefinido**	**Futuro**	**Potencial**	**Presente**	**Imperfecto**	**Futuro**	
río	reí			***ría***	***riera***	***riere***	***ríe*** (tú)
ríes	reíste			***rías***	***rieras***	***rieres***	***ría*** (él)
ríe	***rió***			***ría***	***riera***	***riere***	***riamos*** (nosotros)
reímos	reímos			***riamos***	***riéramos***	***riéremos***	***reíd*** (vosotros)
reís	reísteis			***riáis***	***rierais***	***riereis***	***rían*** (ellos)
ríen	***rieron***			***rían***	***rieran***	***rieren***	
					o		
					riese		
					rieses		
					riese		
					riésemos		
					rieseis		
					riesen		

38. TAÑER (la *i* de la desinencia se pierde absorbida por la *ñ*, en determinados tiempos y personas)

INDICATIVO				SUBJUNTIVO			IMPERATIVO
Presente	**Indefinido**	**Futuro**	**Potencial**	**Presente**	**Imperfecto**	**Futuro**	
	tañí				***tañera***	***tañere***	
	tañiste				***tañeras***	***tañeres***	
	tañó				***tañera***	***tañere***	
	tañimos				***tañéramos***	***tañéremos***	
	tañisteis				***tañerais***	***tañereis***	
	tañeron				***tañeran***	***tañeren***	
					o		
					tañese		
					tañeses		
					tañese		
					tañésemos		
					tañeseis		
					tañesen		

39. EMPELLER (la *i* de la desinencia se pierde absorbida por la *ll* en determinados tiempos y personas)

INDICATIVO				SUBJUNTIVO			IMPERATIVO
Presente	**Indefinido**	**Futuro**	**Potencial**	**Presente**	**Imperfecto**	**Futuro**	
	empellí				***empellera***	***empellere***	
	empelliste				***empelleras***	***empelleres***	
	empelló				***empellera***	***empellere***	
	empellimos				***empelléramos***	***empelléremos***	
	empellisteis				***empellerais***	***empellereis***	
	empelleron				***empelleran***	***empelleren***	
					o		
					empellese		
					empelleses		
					empellese		
					empellésemos		
					empelleseis		
					empellesen		

40. MUÑIR (la *i* de la desinencia se pierde absorbida por la *ñ* en determinados tiempos y personas)

INDICATIVO				SUBJUNTIVO			IMPERATIVO
Presente	**Indefinido**	**Futuro**	**Potencial**	**Presente**	**Imperfecto**	**Futuro**	
	muñí				***muñera***	***muñere***	
	muñiste				***muñeras***	***muñeres***	
	muñó				***muñera***	***muñere***	
	muñimos				***muñéramos***	***muñéremos***	
	muñisteis				***muñerais***	***muñereis***	
	muñeron				***muñeran***	***muñeren***	
					o		
					muñese		
					muñeses		
					muñese		
					muñésemos		
					muñeseis		
					muñesen		

41. MULLIR (la *i* de la desinencia se pierde absorbida por la *ll* en determinados tiempos y personas)

INDICATIVO				SUBJUNTIVO			IMPERATIVO
Presente	**Indefinido**	**Futuro**	**Potencial**	**Presente**	**Imperfecto**	**Futuro**	
	mullí				***mullera***	***mullere***	
	mulliste				***mulleras***	***mulleres***	
	mulló				***mullera***	***mullere***	
	mullimos				***mulléramos***	***mulléremos***	
	mullisteis				***mullerais***	***mullereis***	
	mulleron				***mulleran***	***mulleren***	
					o		
					mullese		
					mulleses		
					mullese		
					mullésemos		
					mulleseis		
					mullesen		

42. NACER (la *c* se convierte en *zc* delante de *a* y *o*)

INDICATIVO				SUBJUNTIVO			IMPERATIVO
Presente	**Indefinido**	**Futuro**	**Potencial**	**Presente**	**Imperfecto**	**Futuro**	
nazco				***nazca***			nace (tú)
naces				***nazcas***			***nazca*** (él)
nace				***nazca***			***nazcamos*** (nosotros)
nacemos				***nazcamos***			naced (vosotros)
nacéis				***nazcáis***			***nazcan*** (ellos)
nacen				***nazan***			

43. AGRADECER (la *c* se convierte en *zc* delante de *a* y *o*)

INDICATIVO				SUBJUNTIVO			IMPERATIVO
Presente	**Indefinido**	**Futuro**	**Potencial**	**Presente**	**Imperfecto**	**Futuro**	
agradezco				***agradezca***			agradece (tú)
agradeces				***agradezcas***			***agradezca*** (él)
agradece				***agradezca***			***agradezcamos*** (nosotros)
agradecemos				***agradezcamos***			agradeced (vosotros)
agradecéis				***agradezcáis***			***agradezcan*** (ellos)
agradecen				***agradezcan***			

44. CONOCER (la *c* se convierte en *zc* delante de *a* y *o*)

INDICATIVO				SUBJUNTIVO			IMPERATIVO
Presente	**Indefinido**	**Futuro**	**Potencial**	**Presente**	**Imperfecto**	**Futuro**	
conozco				***conozca***			conoce (tú)
conoces				***conozcas***			***conozca*** (él)
conoce				***conozca***			***conozcamos*** (nosotros)
conocemos				***conozcamos***			conoced (vosotros)
conocéis				***conozcáis***			***conozcan*** (ellos)
conocen				***conozcan***			

45. LUCIR (la *c* se convierte en *zc* delante de *a* y *o*)

INDICATIVO				SUBJUNTIVO			IMPERATIVO
Presente	**Indefinido**	**Futuro**	**Potencial**	**Presente**	**Imperfecto**	**Futuro**	
luzco				***luzca***			luce (tú)
luces				***luzcas***			***luzca*** (él)
luce				***luzca***			***luzcamos*** (nosotros)
lucimos				***luzcamos***			lucid (vosotros)
lucís				***luzcáis***			***luzcan*** (ellos)
lucen				***luzcan***			

46. CONDUCIR (la *c* se convierte en *zc* delante de *a* y *o* y el pretérito indefinido es irregular)

INDICATIVO				SUBJUNTIVO			IMPERATIVO
Presente	**Indefinido**	**Futuro**	**Potencial**	**Presente**	**Imperfecto**	**Futuro**	
conduzco	**conduje**			***conduzca***	**condujera**	**condujere**	conduce (tú)
conduces	**condujiste**			***conduzcas***	**condujeras**	**condujeres**	***conduzca*** (él)
conduce	**condujo**			***conduzca***	**condujera**	**condujere**	***conduzcamos*** (nosotros)
conducimos	**condujimos**			***conduzcamos***	**condujéramos**	**condujéremos**	conducid (vosotros)
conducís	**condujisteis**			***conduzcáis***	**condujerais**	**condujereis**	***conduzcan*** (ellos)
conducen	**condujeron**			***conduzcan***	**condujeran**	**condujeren**	
						o	
						condujese	
						condujeses	
						condujese	
						condujésemos	
						condujeseis	
						condujesen	

Verbos de irregularidad sistemática con variación gráfica

En este grupo incluimos aquellos verbos que participan de las irregularidades del grupo anterior y también de variaciones gráficas.

47. EMPEZAR (la *e* diptonga en *ie* en sílaba tónica y la *z* se convierte en *c* delante de *e*)

INDICATIVO				SUBJUNTIVO			IMPERATIVO
Presente	**Indefinido**	**Futuro**	**Potencial**	**Presente**	**Imperfecto**	**Futuro**	
empiezo	***empecé***			***empiece***			***empieza*** (tú)
empiezas	empezaste			***empieces***			***empiece*** (él)
empieza	empezó			***empiece***			***empecemos*** (nosotros)
empezamos	empezamos			***empecemos***			empezad (vosotros)
empezáis	empezasteis			***empecéis***			
empiezan	empezaron			***empiecen***			***empiecen*** (ellos)

48. REGAR (la *e* diptonga en *ie* en sílaba tónica y la *g* se convierte en *gu* delante de *e*)

INDICATIVO				SUBJUNTIVO			IMPERATIVO
Presente	**Indefinido**	**Futuro**	**Potencial**	**Presente**	**Imperfecto**	**Futuro**	
riego	***regué***			***riegue***			***riega*** (tú)
riegas	regaste			***riegues***			***riegue*** (él)
riega	regó			***riegue***			***reguemos*** (nosotros)
regamos	regamos			***reguemos***			
regáis	regasteis			***reguéis***			regad (vosotros)
riegan	regaron			***rieguen***			***rieguen*** (ellos)

49. TROCAR (la *o* diptonga en *ue* en sílaba tónica y la *c* se convierte en *qu* delante de *e*)

INDICATIVO				SUBJUNTIVO			IMPERATIVO
Presente	**Indefinido**	**Futuro**	**Potencial**	**Presente**	**Imperfecto**	**Futuro**	
trueco	***troqué***			***trueque***			***trueca*** (tú)
truecas	trocaste			***trueques***			***trueque*** (él)
trueca	trocó			***trueque***			***troquemos*** (nosotros)
trocamos	trocamos			***troquemos***			trocad (vosotros)
trocáis	trocasteis			***troquéis***			***truequen*** (ellos)
truecan	trocaron			***truequen***			

50. FORZAR (la *o* diptonga en *ue* en sílaba tónica y la *z* se convierte en *c* delante de *e*)

INDICATIVO				SUBJUNTIVO			IMPERATIVO
Presente	**Indefinido**	**Futuro**	**Potencial**	**Presente**	**Imperfecto**	**Futuro**	
fuerzo	***forcé***			***fuerce***			***fuerza*** (tú)
fuerzas	forzaste			***fuerces***			***fuerce*** (él)
fuerza	forzó			***fuerce***			***forcemos*** (nosotros)
forzamos	forzamos			***forcemos***			forzad (vosotros)
forzáis	forzasteis			***forcéis***			***fuercen*** (ellos)
fuerzan	forzaron			***fuercen***			

51. AVERGONZAR (la *o* diptonga en *ue* en sílaba tónica; la *g* se convierte en *gü* y la *z* en *c* delante de *e*)

INDICATIVO				SUBJUNTIVO			IMPERATIVO
Presente	**Indefinido**	**Futuro**	**Potencial**	**Presente**	**Imperfecto**	**Futuro**	
avergüenzo	***avergoncé***			***avergüence***			***avergüenza*** (tú)
avergüenzas	avergonzaste			***avergüences***			***avergüence*** (él)
avergüenza	avergonzó			***avergüence***			***avergoncemos*** (nosotros)
avergonzamos	avergonzamos			***avergoncemos***			avergonzad (vosotros)
avergonzáis	avergonzasteis			***avergoncéis***			***avergüencen*** (ellos)
avergüenzan	avergonzaron			***avergüence***			

52. COLGAR (la *o* diptonga en *ue* en sílaba tónica y la *g* se convierte en *gu* delante de *e*)

INDICATIVO				SUBJUNTIVO			IMPERATIVO
Presente	**Indefinido**	**Futuro**	**Potencial**	**Presente**	**Imperfecto**	**Futuro**	
cuelgo	***colgué***			***cuelgue***			***cuelga*** (tú)
cuelgas	colgaste			***cuelgues***			***cuelgue*** (él)
cuelga	colgó			***cuelgue***			***colguemos*** (nosotros)
colgamos	colgamos			***colguemos***			colgad (vosotros)
colgáis	colgasteis			***colguéis***			***cuelguen*** (ellos)
cuelgan	colgaron			***cuelguen***			

53. JUGAR (la *u* diptonga en *ue* en sílaba tónica y la *g* se convierte en *gu* delante de *e*)

INDICATIVO				SUBJUNTIVO			IMPERATIVO
Presente	**Indefinido**	**Futuro**	**Potencial**	**Presente**	**Imperfecto**	**Futuro**	
juego	***jugué***			***juegue***			***juega*** (tú)
juegas	jugaste			***juegues***			***juegue*** (él)
juega	jugó			***juegue***			***juguemos*** (nosotros)
jugamos	jugamos			***juguemos***			jugad (vosotros)
jugáis	jugasteis			***juguéis***			***jueguen*** (ellos)
juegan	jugaron			***jueguen***			

54. COCER (la *o* diptonga en *ue* en sílaba tónica y la *c* se convierte en *z* delante de *a* y *o*)

INDICATIVO				SUBJUNTIVO			IMPERATIVO
Presente	**Indefinido**	**Futuro**	**Potencial**	**Presente**	**Imperfecto**	**Futuro**	
cuezo				***cueza***			***cuece*** (tú)
cueces				***cuezas***			***cueza*** (él)
cuece				***cueza***			***cozamos*** (nosotros)
cocemos				***cozamos***			coced (vosotros)
cocéis				***cozáis***			***cuezan*** (ellos)
cuecen				***cuezan***			

55. ELEGIR (la *e* se convierte en *i* en determinados tiempos y personas y la *g* en *j* delante de *a* y *o*)

INDICATIVO				SUBJUNTIVO			IMPERATIVO
Presente	**Indefinido**	**Futuro**	**Potencial**	**Presente**	**Imperfecto**	**Futuro**	
elijo	elegí			***elija***	***eligiera***	***eligiere***	***elige*** (tú)
eliges	elegiste			***elijas***	***eligieras***	***eligieres***	***elija*** (él)
elige	***eligió***			***elija***	***eligiera***	***eligiere***	***elijamos*** (nosotros)
elegimos	elegimos			***elijamos***	***eligiéramos***	***eligiéremos***	elegid (vosotros)
elegís	elegisteis			***elijáis***	***eligierais***	***eligiereis***	***elijan*** (ellos)
eligen	***eligieron***			***elijan***	***eligieran***	***eligieren***	
					o		
					eligiese		
					eligieses		
					eligiese		
					eligiésemos		
					eligieseis		
					eligiesen		

56. SEGUIR (la *e* se convierte en *i* en determinados tiempos y personas y la *gu* en *g* delante de *a* y *o*)

INDICATIVO				SUBJUNTIVO			IMPERATIVO
Presente	**Indefinido**	**Futuro**	**Potencial**	**Presente**	**Imperfecto**	**Futuro**	
sigo	seguí			***siga***	***siguiera***	***siguiere***	***sigue*** (tú)
sigues	seguiste			***sigas***	***siguieras***	***siguieres***	***siga*** (él)
sigue	***siguió***			***siga***	***siguiera***	***siguiere***	***sigamos*** (nosotros)
seguimos	seguimos			***sigamos***	***siguiéramos***	***siguiéremos***	seguid (vosotros)
seguís	seguisteis			***sigáis***	***siguierais***	***siguiereis***	***sigan*** (ellos)
siguen	***siguieron***			***sigan***	***siguieran***	***siguieren***	
					o		
					siguiese		
					siguieses		
					siguiese		
					siguiésemos		
					siguieseis		
					siguiesen		

57. ERRAR (la *e* se convierte en *ye* en sílaba tónica)

INDICATIVO				SUBJUNTIVO			IMPERATIVO
Presente	**Indefinido**	**Futuro**	**Potencial**	**Presente**	**Imperfecto**	**Futuro**	
yerro				*yerre*			*yerra* (tú)
yerras				*yerres*			*yerre* (él)
yerra				*yerre*			erremos (nosotros)
erramos				erremos			errad (vosotros)
erráis				erréis			*yerren* (ellos)
yerran				*yerren*			

58. AGORAR (la *o* diptonga en *ue* en sílaba tónica y la *g* se convierte en *gü* delante de *e*)

INDICATIVO				SUBJUNTIVO			IMPERATIVO
Presente	**Indefinido**	**Futuro**	**Potencial**	**Presente**	**Imperfecto**	**Futuro**	
agüero				*agüere*			*agüera* (tú)
agüera				*agüeres*			*agüere* (él)
agüera				*agüere*			agoremos (nosotros)
agoramos				agoremos			agorad (vosotros)
agoráis				agoréis			*agüeren* (ellos)
agüeran				*agüeren*			

59. DESOSAR (la *o* se convierte en *hue* en sílaba tónica)

INDICATIVO				SUBJUNTIVO			IMPERATIVO
Presente	**Indefinido**	**Futuro**	**Potencial**	**Presente**	**Imperfecto**	**Futuro**	
deshueso				*deshuese*			*deshuesa* (tú)
deshuesas				*deshueses*			*deshuese* (él)
deshuesa				*deshuese*			desosemos (nosotros)
desosamos				desosemos			desosad (vosotros)
desosáis				desoséis			*deshuesen* (ellos)
deshuesan				*deshuesen*			

60. OLER (la *o* se convierte en *hue* en sílaba tónica)

INDICATIVO				SUBJUNTIVO			IMPERATIVO
Presente	**Indefinido**	**Futuro**	**Potencial**	**Presente**	**Imperfecto**	**Futuro**	
huelo				*huela*			*huele* (tú)
hueles				*huelas*			*huela* (él)
huele				*huela*			olamos (nosotros)
olemos				olamos			oled (vosotros)
oléis				oláis			*huelan* (ellos)
huelen				*huelan*			

61. LEER (la *i* de la desinencia se convierte en *y* delante de *o* y *e*)

INDICATIVO				SUBJUNTIVO			IMPERATIVO
Presente	**Indefinido**	**Futuro**	**Potencial**	**Presente**	**Imperfecto**	**Futuro**	
	leí				***leyera***	***leyere***	
	leíste				***leyeras***	***leyeres***	
	leyó				***leyera***	***leyere***	
	leímos				***leyéramos***	***leyéremos***	
	leísteis				***leyerais***	***leyereis***	
	leyeron				***leyeran***	***leyeren***	
					o		
					leyese		
					leyeses		
					leyese		
					leyésemos		
					leyeseis		
					leyesen		

62. HUIR (la *i* se convierte en *y* delante de *a, e* y *o*)

INDICATIVO				SUBJUNTIVO			IMPERATIVO
Presente	**Indefinido**	**Futuro**	**Potencial**	**Presente**	**Imperfecto**	**Futuro**	
huyo	huí			***huya***	***huyera***	***huyere***	***huye*** (tú)
huyes	huiste			***huyas***	***huyeras***	***huyeres***	***huya*** (él)
huye	***huyó***			***huya***	***huyera***	***huyere***	***huyamos*** (nosotros)
huimos	huimos			***huyamos***	***huyéramos***	***huyéremos***	
huís	huisteis			***huyáis***	***huyerais***	***huyereis***	huid (vosotros)
huyen	***huyeron***			***huyan***	***huyeran***	***huyeren***	***huyan*** (ellos)
					o		
					huyese		
					huyeses		
					huyese		
					huyésemos		
					huyeseis		
					huyesen		

63. ARGÜIR (la *i* se convierte en *y* delante de *a, e* y *o*, y la *gü* en *gu* delante de *y*)

INDICATIVO				SUBJUNTIVO			IMPERATIVO
Presente	**Indefinido**	**Futuro**	**Potencial**	**Presente**	**Imperfecto**	**Futuro**	
arguyo	argüí			***arguya***	***arguyera***	***arguyere***	***arguye*** (tú)
arguyes	argüiste			***arguyas***	***arguyeras***	***arguyeres***	***arguya*** (él)
arguye	***arguyó***			***arguya***	***arguyera***	***arguyere***	***arguyamos*** (nosotros)
argüimos	argüimos			***arguyamos***	***arguyéramos***	***arguyéremos***	argüid (vosotros)
argüís	argüisteis			***arguyáis***	***arguyerais***	***arguyereis***	
arguyen	***arguyeron***			***arguyan***	***arguyeran***	***arguyeren***	***arguyan*** (ellos)
					o		
					arguyese		
					arguyeses		
					arguyese		
					arguyésemos		
					arguyeseis		
					arguyesen		

Verbos irregulares

Por último, reunimos en este grupo los verbos irregulares propiamente dichos, cuyas irregularidades son de distintos tipos y no pueden agruparse en una sola de las clasificaciones previstas.

64. ANDAR

INDICATIVO				SUBJUNTIVO			IMPERATIVO
Presente	**Indefinido**	**Futuro**	**Potencial**	**Presente**	**Imperfecto**	**Futuro**	
	anduve				**anduviera**	**anduviere**	
	anduviste				**anduvieras**	**anduvieres**	
	anduvo				**anduviera**	**anduviere**	
	anduvimos				**anduviéramos**	**anduviéremos**	
	anduvistes				**anduvierais**	**anduviereis**	
	anduvieron				**anduvieran**	**anduvieren**	
					o		
					anduviese		
					anduvieses		
					anduviese		
					anduviésemos		
					anduvieseis		
					anduviesen		

65. ASIR

INDICATIVO				SUBJUNTIVO			IMPERATIVO
Presente	**Indefinido**	**Futuro**	**Potencial**	**Presente**	**Imperfecto**	**Futuro**	
asgo				**asga**			ase (tú)
ases				**asgas**			**asga** (él)
ase				**asga**			**asgamos** (nosotros)
asimos				**asgamos**			asid (vosotros)
asís				**asgáis**			**asgan** (ellos)
asen				**asgan**			

66. CABER

INDICATIVO				SUBJUNTIVO			IMPERATIVO
Presente	**Indefinido**	**Futuro**	**Potencial**	**Presente**	**Imperfecto**	**Futuro**	
quepo	**cupe**	**cabré**	**cabría**	**quepa**	**cupiera**	**cupiere**	cabe (tú)
cabes	**cupiste**	**cabrás**	**cabrías**	**quepas**	**cupieras**	**cupieres**	**quepa** (él)
cabe	**cupo**	**cabrá**	**cabría**	**quepa**	**cupiera**	**cupiere**	**quepamos** (nosotros)
cabemos	**cupimos**	**cabremos**	**cabríamos**	**quepamos**	**cupiéramos**	**cupiéremos**	cabed (vosotros)
cabéis	**cupisteis**	**cabréis**	**cabríais**	**quepáis**	**cupierais**	**cupiereis**	**quepan** (ellos)
caben	**cupieron**	**cabrán**	**cabrían**	**quepan**	**cupieran**	**cupieren**	
					o		
					cupiese		
					cupieses		
					cupiese		
					cupiésemos		
					cupieseis		
					cupiesen		

67. CAER

INDICATIVO				SUBJUNTIVO			IMPERATIVO
Presente	**Indefinido**	**Futuro**	**Potencial**	**Presente**	**Imperfecto**	**Futuro**	
caigo	caí			**caiga**	**cayera**	**cayere**	cae (tú)
caes	caíste			**caigas**	**cayeras**	**cayeres**	**caiga** (él)
cae	**cayó**			**caiga**	**cayera**	**cayere**	**caigamos** (nosotros)
caemos	caímos			**caigamos**	**cayéramos**	**cayéremos**	caed (vosotros)
caéis	caísteis			**caigáis**	**cayerais**	**cayereis**	**caigan** (ellos)
caen	**cayeron**			**caigan**	**cayeran**	**cayeren**	
					o		
					cayese		
					cayeses		
					cayese		
					cayésemos		
					cayeseis		
					cayesen		

68. DAR

INDICATIVO				SUBJUNTIVO			IMPERATIVO
Presente	**Indefinido**	**Futuro**	**Potencial**	**Presente**	**Imperfecto**	**Futuro**	
doy	**di**			**dé**	**diera**	**diere**	da (tú)
das	**diste**			des	**dieras**	**dieres**	**dé** (él)
da	**dio**			**dé**	**diera**	**diere**	demos (nosotros)
damos	**dimos**			demos	**diéramos**	**diéremos**	dad (vosotros)
dais	**disteis**			**deis**	**dierais**	**diereis**	den (ellos)
dan	**dieron**			den	**dieran**	**dieren**	
					o		
					diese		
					dieses		
					diese		
					diésemos		
					dieseis		
					diesen		

69. DECIR

INDICATIVO				SUBJUNTIVO			IMPERATIVO
Presente	**Indefinido**	**Futuro**	**Potencial**	**Presente**	**Imperfecto**	**Futuro**	
digo	**dije**	**diré**	**diría**	**diga**	**dijera**	**dijere**	**di** (tú)
dices	**dijiste**	**dirás**	**dirías**	**digas**	**dijeras**	**dijeres**	**diga** (él)
dice	**dijo**	**dirá**	**diría**	**diga**	**dijera**	**dijere**	**digamos** (nosotros)
decimos	**dijimos**	**dire-mos**	**diríamos**	**digamos**	**dijéramos**	**dijéremos**	decid (vosotros)
decís	**dijisteis**	**diréis**	**diríais**	**digáis**	**dijerais**	**dijereis**	**digan** (ellos)
dicen	**dijeron**	**dirán**	**dirían**	**digan**	**dijeran**	**dijeren**	
					o		
					dijese		
					dijeses		
					dijese		
					dijésemos		
					dijeseis		
					dijesen		

70. ERGUIR

INDICATIVO				SUBJUNTIVO			IMPERATIVO
Presente	**Indefinido**	**Futuro**	**Potencial**	**Presente**	**Imperfecto**	**Futuro**	
irgo, yergo	erguí			**irga, yerga**	**irguiera**	**irguiere**	**irgue, yergue** (tú)
irgues, yergues	erguiste			**irgas, yergas**	**irguieras**	**irguieres**	**irga, yerga** (él)
irgue, yergue	**irguió**			**irga, yerga**	**irguiera**	**irguiere**	**irgamos** (nosotros)
erguimos	erguimos			**irgamos**	**irguiéramos**	**irguiéremos**	erguid (vosotros)
erguís	erguisteis			**irgáis**	**irguierais**	**irguiereis**	**irgan, yergan** (ellos)
irguen, yerguen	**irguieron**			**irgan, yergan**	**irguieran**	**irguieren**	
					o		
					irguiese		
					irguieses		
					irguiese		
					irguiésemos		
					irguieseis		
					irguiesen		

71. ESTAR

INDICATIVO					SUBJUNTIVO			IMPERATIVO
Presente	**Impf.**	**Indefinido**	**Futuro**	**Potencial**	**Presente**	**Imperfecto**	**Futuro**	
estoy	estaba	**estuve**	estaré	estaría	esté	**estuviera**	**estuviere**	está (tú)
estás	estabas	**estuviste**	estarás	estarías	estés	**estuvieras**	**estuvieres**	esté (él)
está	estaba	**estuvo**	estará	estaría	esté	**estuviera**	**estuviere**	estemos (nosotros)
estamos	estábamos	**estuvimos**	estaremos	estaríamos	estemos	**estuviéramos**	**estuviéremos**	estad (vosotros)
estáis	estabais	**estuvisteis**	estaréis	estaríais	estéis	**estuvierais**	**estuviereis**	estén (ellos)
están	estaban	**estuvieron**	estarán	estarían	estén	**estuvieran**	**estuvieren**	
						o		
						estuviese		
						estuvieses		
						estuviese		
						estuviésemos		
						estuvieseis		
						estuviesen		

72. HABER

INDICATIVO					SUBJUNTIVO			IMPERATIVO
Presente	**Impf.**	**Indefinido**	**Futuro**	**Potencial**	**Presente**	**Imperfecto**	**Futuro**	
he	había	**hube**	**habré**	**habría**	**haya**	**hubiera**	**hubiere**	**he** (tú)
has	habías	**hubiste**	**habrás**	**habrías**	**hayas**	**hubieras**	**hubieres**	**haya** (él)
ha	había	**hubo**	**habrá**	**habría**	**haya**	**hubiera**	**hubiere**	**hayamos** (nosotros)
hemos	habíamos	**hubimos**	**habremos**	**habríamos**	**hayamos**	**hubiéramos**	**hubiéremos**	habed (vosotros)
habéis	habíais	**hubisteis**	**habréis**	**habríais**	**hayáis**	**hubierais**	**hubiereis**	**hayan** (ellos)
han	habían	**hubieron**	**habrán**	**habrían**	**hayan**	**hubieran**	**hubieren**	
						o		
						hubiese		
						hubieses		
						hubiese		
						hubiésemos		
						hubieseis		
						hubiesen		

73. HACER

INDICATIVO				SUBJUNTIVO			IMPERATIVO
Presente	**Indefinido**	**Futuro**	**Potencial**	**Presente**	**Imperfecto**	**Futuro**	
hago	**hice**	**haré**	**haría**	**haga**	**hiciera**	**hiciere**	**haz** (tú)
haces	**hiciste**	**harás**	**harías**	**hagas**	**hicieras**	**hicieres**	**haga** (él)
hace	**hizo**	**hará**	**haría**	**haga**	**hiciera**	**hiciere**	**hagamos** (nosotros)
hacemos	**hicimos**	**haremos**	**haríamos**	**hagamos**	**hiciéramos**	**hiciéramos**	haced (vosotros)
hacéis	**hicisteis**	**haréis**	**haríais**	**hagáis**	**hicierais**	**hiciereis**	
hacen	**hicieron**	**harán**	**harían**	**hagan**	**hicieran**	**hicieren**	**hagan** (ellos)
					o		
					hiciese		
					hicieses		
					hiciese		
					hiciésemos		
					hicieseis		
					hiciesen		

74. IR

INDICATIVO				SUBJUNTIVO			IMPERATIVO
Presente	**Imperfecto**	**Indefinido**	**Futuro**	**Presente**	**Imperfecto**	**Futuro**	
voy	**iba**	**fui**		**vaya**	**fuera**	**fuere**	**ve** (tú)
vas	**ibas**	**fuiste**		**vayas**	**fueras**	**fueres**	**vaya** (él)
va	**iba**	**fue**		**vaya**	**fuera**	**fuere**	**vayamos** (nosotros)
vamos	**íbamos**	**fuimos**		**vayamos**	**fuéramos**	**fuéremos**	
vais	**ibais**	**fuisteis**		**vayáis**	**fuerais**	**fuereis**	**id** (vosotros)
van	**iban**	**fueron**		**vayan**	**fueran**	**fueren**	**vayan** (ellos)
					o		
					fuese		
					fueses		
					fuese		
					fuésemos		
					fueseis		
					fuesen		

75. OÍR

INDICATIVO				SUBJUNTIVO			IMPERATIVO
Presente	**Indefinido**	**Futuro**	**Potencial**	**Presente**	**Imperfecto**	**Futuro**	
oigo	oí			**oiga**	**oyera**	**oyere**	**oye** (tú)
oyes	oíste			**oigas**	**oyeras**	**oyeres**	**oiga** (él)
oye	**oyó**			**oiga**	**oyera**	**oyere**	**oigamos** (nosotros)
oímos	oímos			**oigamos**	**oyéramos**	**oyéremos**	
oís	oísteis			**oigáis**	**oyerais**	**oyereis**	oíd (vosotros)
oyen	**oyeron**			**oigan**	**oyeran**	**oyeren**	**oigan** (ellos)
					o		
					oyese		
					oyeses		
					oyese		
					oyésemos		
					oyeseis		
					oyesen		

76. PLACER

INDICATIVO				SUBJUNTIVO			IMPERATIVO
Presente	**Indefinido**	**Futuro**	**Potencial**	**Presente**	**Imperfecto**	**Futuro**	
plazco	plací			***plazca***	placiera	placiere	place (tú)
places	placiste			***plazcas***	placieras	placieres	***plazca*** (él)
place	plació, **plugo**			***plazca,*** **plegue**	placiera, **pluguiera**	placiere, **pluguiere**	***plazcamos*** (nosotros)
							placed (vosotros)
placemos	placimos			***plazcamos***	placiéramos	placiéremos	
placéis	placisteis			***plazcáis***	placierais	placiereis	***plazcan*** (ellos)
placen	placieron, **pleguieron**			***plazcan***	placieran	placieren	
					o		
					placiese		
					placieses		
					placiese, **pluguiese**		
					placiésemos		
					placieseis		
					placiesen		

77. PODER

INDICATIVO				SUBJUNTIVO			IMPERATIVO
Presente	**Indefinido**	**Futuro**	**Potencial**	**Presente**	**Imperfecto**	**Futuro**	
puedo	**pude**	***podré***	***podría***	***pueda***	**pudiera**	**pudiere**	***puede*** (tú)
puedes	**pudiste**	***podrás***	***podrías***	***puedas***	**pudieras**	**pudieres**	***pueda*** (él)
puede	**pudo**	***podrá***	***podría***	***pueda***	**pudiera**	**pudiere**	podamos (nosotros)
podemos	**pudimos**	***podremos***	***podríamos***	podamos	**pudiéramos**	**pudiéremos**	poded (vosotros)
podéis	**pudisteis**	***podréis***	***podríais***	podáis	**pudierais**	**pudiereis**	***puedan*** (ellos)
pueden	**pudieron**	***podrán***	***podrían***	***puedan***	**pudieran**	**pudieren**	
					o		
					pudiese		
					pudieses		
					pudiese		
					pudiésemos		
					pudieseis		
					pudiesen		

78. PONER

INDICATIVO				SUBJUNTIVO			IMPERATIVO
Presente	**Indefinido**	**Futuro**	**Potencial**	**Presente**	**Imperfecto**	**Futuro**	
pongo	**puse**	**pondré**	**pondría**	**ponga**	**pusiera**	**pusiere**	**pon** (tú)
pones	**pusiste**	**pondrás**	**pondrías**	**pongas**	**pusieras**	**pusieres**	**ponga** (él)
pone	**puso**	**pondrá**	**pondría**	**ponga**	**pusiera**	**pusiere**	**pongamos** (nosotros)
ponemos	**pusimos**	**pondremos**	**pondríamos**	**pongamos**	**pusiéramos**	**pusiéremos**	poned (vosotros)
ponéis	**pusisteis**	**pondréis**	**pondríais**	**pongáis**	**pusierais**	**pusiereis**	**pongan** (ellos)
ponen	**pusieron**	**pondrán**	**pondrían**	**pongan**	**pusieran**	**pusieren**	
					o		
					pusiese		
					pusieses		
					pusiese		
					pusiésemos		
					pusieseis		
					pusiesen		

79. PREDECIR

INDICATIVO				SUBJUNTIVO			IMPERATIVO
Presente	**Indefinido**	**Futuro**	**Potencial**	**Presente**	**Imperfecto**	**Futuro**	
predigo	**predije**			**prediga**	**predijera**	**predijere**	**predice** (tú)
predices	**predijiste**			**predigas**	**predijeras**	**predijeres**	**prediga** (él)
predice	**predijo**			**prediga**	**predijera**	**predijere**	**predigamos** (nosotros)
predecimos	**predijimos**			**predigamos**	**predijéramos**	**predijéremos**	predecid (vosotros)
predecís	**predijisteis**			**predigáis**	**predijerais**	**predijereis**	**predigan** (ellos)
predicen	**predijeron**			**predigan**	**predijeran**	**predijeren**	
					o		
					predijese		
					predijeses		
					predijese		
					predijésemos		
					predijeseis		
					predijesen		

80. QUERER

INDICATIVO				SUBJUNTIVO			IMPERATIVO
Presente	**Indefinido**	**Futuro**	**Potencial**	**Presente**	**Imperfecto**	**Futuro**	
quiero	**quise**	***querré***	***querría***	***quiera***	**quisiera**	**quisiere**	***quiere*** (tú)
quieres	**quisiste**	***querrás***	***querrías***	***quieras***	**quisieras**	**quisieres**	***quiera*** (él)
quiere	**quiso**	***querrá***	***querría***	***quiera***	**quisiera**	**quisiere**	queramos (nosotros)
queremos	**quisimos**	***querremos***	***querríamos***	queramos	**quisiéramos**	**quisiéramos**	quered (vosotros)
queréis	**quisisteis**	***querréis***	***querríais***	queráis	**quisierais**	**quisiereis**	***quieran*** (ellos)
quieren	**quisieron**	***querrán***	***querrían***	***quieran***	**quisieran**	**quisieren**	
					o		
					quisiese		
					quisieses		
					quisiese		
					quisiésemos		
					quisieseis		
					quisiesen		

81. RAER

INDICATIVO				SUBJUNTIVO			IMPERATIVO
Presente	**Indefinido**	**Futuro**	**Potencial**	**Presente**	**Imperfecto**	**Futuro**	
rao, **raigo, rayo**	raí			**raiga, raya**	**rayera**	**rayere**	rae (tú)
raes	raíste			**raigas, rayas**	**rayeras**	**rayeres**	**raiga, raya** (él)
rae	***rayó***			**raiga, raya**	**rayera**	**rayere**	**raigamos, rayamos** (nosotros)
raemos	raímos			**raigamos, rayamos**	**rayéramos**	**rayéremos**	raed (vosotros)
raéis	raísteis			**raigáis, rayáis**	**rayerais**	**rayereis**	**raigan, rayan** (ellos)
raen	***rayeron***			**raigan, rayan**	**rayeran**	**rayeren**	
					o		
					rayese		
					rayeses		
					rayese		
					rayesésemos		
					rayeseis		
					rayesen		

82. ROER

INDICATIVO				SUBJUNTIVO			IMPERATIVO
Presente	**Indefinido**	**Futuro**	**Potencial**	**Presente**	**Imperfecto**	**Futuro**	
roo, **roigo, royo**	roí			roa, **roiga, roya**	**royera**	**royere**	roe (tú)
roes	roiste			roas, **roigas, royas**	**royeras**	**royeres**	roa, **roiga, roya** (él)
roe	**royó**			roa, **roiga, roya**	**royera**	**royere**	roamos, **roigamos, royamos** (nosotros)
roemos	roímos			roamos, **roigamos, royamos**	**royéramos**	**royéremos**	roed (vosotros)
roéis	roísteis			roáis, **roigáis, royáis**	**royerais**	**royereis**	roan, **roigan, royan** (ellos)
roen	**royeron**			roan, **roigan, royan**	**royeran**	**royeren**	
					o		
					royese		
					royeses		
					royese		
					royésemos		
					royeseis		
					royesen		

83. SABER

INDICATIVO				SUBJUNTIVO			IMPERATIVO
Presente	**Indefinido**	**Futuro**	**Potencial**	**Presente**	**Imperfecto**	**Futuro**	
sé	**supe**	***sabré***	***sabría***	**sepa**	**supiera**	**supiere**	sabe (tú)
sabes	**supiste**	***sabrás***	***sabrías***	**sepas**	**supieras**	**supieres**	**sepa** (él)
sabe	**supo**	***sabrá***	***sabría***	**sepa**	**supiera**	**supiere**	**sepamos** (nosotros)
sabemos	**supimos**	***sa-bre-mos***	***sabríamos***	**sepamos**	**supiéramos**	**supiére-mos**	sabed (vosotros)
sabéis	**supisteis**	***sabréis***	***sabríais***	**sepáis**	**supierais**	**supiereis**	**sepan** (ellos)
saben	**supieron**	***sabrán***	***sabrían***	**sepan**	**supieran**	**supieren**	
					o		
					supiese		
					supieses		
					supiese		
					supiésemos		
					supieseis		
					supiesen		

84. SALIR

INDICATIVO				SUBJUNTIVO			IMPERATIVO
Presente	**Indefinido**	**Futuro**	**Potencial**	**Presente**	**Imperfecto**	**Futuro**	
salgo		**saldré**	**saldría**	**salga**			**sal** (tú)
sales		**saldrás**	**saldrías**	**salgas**			**salga** (él)
sale		**saldrá**	**saldría**	**salga**			**salgamos** (nosotros)
salimos		**sal-dre-mos**	**saldríamos**	**salgamos**			salid (vosotros)
salís		**sal-dréis**	**saldríais**	**salgáis**			**salgan** (ellos)
salen		**sal-drán**	**saldrían**	**salgan**			

85. SATISFACER

INDICATIVO				SUBJUNTIVO			IMPERATIVO
Presente	**Indefinido**	**Futuro**	**Potencial**	**Presente**	**Imperfecto**	**Futuro**	
satisfago	**satisfice**	**satis-faré**	**satisfaría**	**satisfaga**	**satisficiera**	**satisficiere**	**satisfaz,** satisface (tú)
satisfaces	**satisficiste**	**satis-farás**	**satisfarías**	**satisfagas**	**satisficieras**	**satisfi-cieres**	**satisfaga** (él)
satisface	**satisfizo**	**satis-fará**	**satisfaría**	**satisfaga**	**satisficiera**	**satisficiere**	**satisfagamos** (nosotros)
satisfa-cemos	**satisficimos**	**satis-fare-mos**	**satisfa-ríamos**	**satisfa-gamos**	**satisficié-ramos**	**satisfi-ciéremos**	satisfaced (vosotros)
satisfacéis	**satisficis-teis**	**satis-faréis**	**satisfaríais**	**satisfa-gáis**	**satisficie-rais**	**satisfi-ciereis**	**satisfagan** (ellos)
satisfacen	**satisficie-ron**	**satis-farán**	**satisfarían**	**satisfa-gan**	**satisficie-ran**	**satisfi-cieren**	
					o		
					satisficiese		
					satisficieses		
					satisficiese		
					satisficié-semos		
					satisficieseis		
					satisficiesen		

86. SER

INDICATIVO					SUBJUNTIVO			IMPERATIVO
Presente	Imperfecto	Indefinido	Futuro	Potencial	Presente	Imperfecto	Futuro	
soy	**era**	**fui**	seré	sería	sea	**fuera**	**fuere**	**sé** (tú)
eres	**eras**	**fuiste**	serás	serías	seas	**fueras**	**fueres**	sea (él)
es	**era**	**fue**	será	sería	sea	**fuera**	**fuere**	seamos (nosotros)
somos	**éramos**	**fuimos**	seremos	seríamos	seamos	**fuéramos**	**fuéremos**	**sed** (vosotros)
sois	**erais**	**fuisteis**	seréis	seríais	seáis	**fuerais**	**fuereis**	sean (ellos)
son	**eran**	**fueron**	serán	serían	sean	**fueran**	**fueren**	
						o		
						fuese		
						fueses		
						fuese		
						fuésemos		
						fueseis		
						fuesen		

87. TENER

INDICATIVO				SUBJUNTIVO			IMPERATIVO
Presente	Indefinido	Futuro	Potencial	Presente	Imperfecto	Futuro	
tengo	**tuve**	**tendré**	**tendría**	**tenga**	**tuviera**	**tuviere**	**ten** (tú)
tienes	**tuviste**	**tendrás**	**tendrías**	**tengas**	**tuvieras**	**tuvieres**	**tenga** (él)
tiene	**tuvo**	**tendrá**	**tendría**	**tenga**	**tuviera**	**tuviere**	**tengamos** (nosotros)
tenemos	**tuvimos**	**tendremos**	**tendríamos**	**tengamos**	**tuviéramos**	**tuviéremos**	tened (vosotros)
tenéis	**tuvisteis**	**tendréis**	**tendríais**	**tengáis**	**tuvierais**	**tuviereis**	**tengan** (ellos)
tienen	**tuvieron**	**tendrán**	**tendrían**	**tengan**	**tuvieran**	**tuvieren**	
					o		
					tuviese		
					tuvieses		
					tuviese		
					tuviésemos		
					tuvieseis		
					tuviesen		

88. TRAER

INDICATIVO				SUBJUNTIVO			IMPERATIVO
Presente	Indefinido	Futuro	Potencial	Presente	Imperfecto	Futuro	
traigo	**traje**			**traiga**	**trajera**	**trajere**	trae (tú)
traes	**trajiste**			**traigas**	**trajeras**	**trajeres**	**traiga** (él)
trae	**trajo**			**traiga**	**trajera**	**trajere**	**traigamos** (nosotros)
traemos	**trajimos**			**traigamos**	**trajéramos**	**trajéremos**	traed (vosotros)
traéis	**trajisteis**			**traigáis**	**trajerais**	**trajereis**	**traigan** (ellos)
traen	**trajeron**			**traigan**	**trajeran**	**trajeren**	
					o		
					trajese		
					trajeses		
					trajese		
					trajésemos		
					trajeseis		
					trajesen		

89. VALER

INDICATIVO				SUBJUNTIVO			IMPERATIVO
Presente	**Indefinido**	**Futuro**	**Potencial**	**Presente**	**Imperfecto**	**Futuro**	
valgo		**valdré**	**valdría**	**valga**			vale (tú)
vales		**valdrás**	**valdrías**	**valgas**			**valga** (él)
vale		**valdrá**	**valdría**	**valga**			valgamos (nosotros)
valemos		**valdremos**	**valdríamos**	**valgamos**			valed (vosotros)
valéis		**valdréis**	**valdríais**	**valgáis**			**valgan** (ellos)
valen		**valdrán**	**valdrían**	**valgan**			

90. VENIR

INDICATIVO				SUBJUNTIVO			IMPERATIVO
Presente	**Indefinido**	**Futuro**	**Potencial**	**Presente**	**Imperfecto**	**Futuro**	
vengo	**vine**	**vendré**	**vendría**	**venga**	**viniera**	**viniere**	**ven** (tú)
vienes	**viniste**	**vendrás**	**vendrías**	**vengas**	**vinieras**	**vinieres**	**venga** (él)
viene	**vino**	**vendrá**	**vendría**	**venga**	**viniera**	**viniere**	**vengamos** (nosotros)
venimos	**vinimos**	**vendremos**	**vendríamos**	**vengamos**	**viniéramos**	**viniéremos**	venid (vosotros)
venís	**vinisteis**	**vendréis**	**vendríais**	**vengáis**	**vinierais**	**viniereis**	**vengan** (ellos)
vienen	vinieron	**vendrán**	**vendrían**	**vengan**	**vinieran**	**vinieren**	
					o		
					viniese		
					vinieses		
					viniese		
					viniésemos		
					vinieseis		
					viniesen		

91. VER

INDICATIVO				SUBJUNTIVO			IMPERATIVO
Presente	**Indefinido**	**Futuro**	**Potencial**	**Presente**	**Imperfecto**	**Futuro**	
veo	**vi**				**viera**	**viere**	**ve** (tú)
ves	**viste**				**vieras**	**vieres**	vea (él)
ve	**vio**				**viera**	**viere**	veamos (nosotros)
vemos	**vimos**				**viéramos**	**viéremos**	**ved** (vosotros)
veis	**visteis**				**vierais**	**viereis**	vean (ellos)
ven	**vieron**				**vieran**	**vieren**	
					o		
					viese		
					vieses		
					viese		
					viésemos		
					vieseis		
					viesen		

92. YACER

INDICATIVO				SUBJUNTIVO		IMPERATIVO
Presente	**Indefinido**	**Futuro**	**Potencial**	**Presente**	**Futuro**	
yazco, yazgo, yago				**yazca, yazga, yaga**		yace, **yaz** (tú)
yaces				**yazcas, yazgas, yagas**		**yazca, yazga, yaga** (él)
yace				**yazca, yazga, yaga**		**yazcamos, yazgamos, yagamos** (nosotros)
yacemos				**yazcamos, yazgamos, yagamos**		yaced (vosotros)
yacéis				**yazcáis, yazgáis, yagáis**		**yazcan, yazgan, yagan** (ellos)
yacen				**yazcan, yazgan, yagan**		

Los verbos defectivos se hallan conjugados en los artículos correspondientes.
Los gerundios y participios irregulares también se indican en el artículo correspondiente.

1.6. El adverbio

Es una de las clases de palabras que no varía su forma y que sirve para modificar un verbo, *andaba lentamente*; un adjetivo, *inmensamente feliz*; otro adverbio, *muy deprisa*, o toda la oración, *probablemente llegará mañana a las ocho*.

Aparte de las palabras que por sí mismas son adverbios, la lengua española tiene la capacidad de formarlos a partir de adjetivos, añadiéndoles la terminación **-mente**: *feliz***mente**, teniendo en cuenta que, si el adjetivo tiene dos formas, el adverbio se creará a partir del femenino: *graciosa***mente**. Estas formas en **-mente** tienen las particularidades de que, cuando van dos o más adverbios seguidos, sólo el último llevará dicha terminación, *hablar lisa y llana***mente**, y de que conservan la tilde original del adjetivo, *común/común***mente**, *rápida/rápida***mente.**

Los adverbios más comunes son:

De lugar: *aquí/ahí/allí, acá/allá, cerca/lejos, encima/debajo, arriba/abajo, dentro/fuera, adentro/afuera, delante/detrás, junto, enfrente, donde, adonde, donde quiera.*

De tiempo: *hoy, ayer, anteayer, mañana, pasado mañana, antaño, ahora, antes, después, luego, entonces, recientemente, tarde, temprano, siempre, nunca, jamás, ya, mientras, aún, todavía.*

De modo: *bien/mal, mejor/peor, despacio/deprisa, como, tal, cual, así, apenas, adrede, aposta, sólo, solamente*, muchos adverbios en **-mente** y algunos adjetivos en su forma masculina singular: *fuerte, bajo, alto, caro, ligero*, etc.

De orden: *primeramente, seguidamente*, algunos adjetivos numerales adverbializados: *hablaré primero.*

De cantidad: *mucho (muy)/poco, todo/nada, más/menos, algo, bastante, demasiado, casi, tan, tanto, cuan, cuanto, medio* cuando significa 'medianamente' y es invariable: *medio viva.*

De afirmación, negación y duda: *sí, no, también, tampoco, cierto, ciertamente, efectivamente, claro, seguro, seguramente, nunca, jamás, acaso, quizá, quizás, tal vez.*

1.7. La preposición

La preposición es también una clase de palabras que no varía su forma. Sirve para enlazar un sustantivo, una palabra sustantivada o una oración en función de sustantivo con otra palabra y, así, el sustantivo enlazado se convierte en complemento de dicha palabra: *barco* **de** *papel, trabajan* **en** *Málaga, apto* **para** *el trabajo*. Existen preposiciones simples: **a, ante, bajo, cabe** (poco frecuente), **con, contra, de, desde, en, entre, hacia, hasta, para, por, según, sin, so** (poco frecuente), **sobre** y **tras**, y locuciones prepositivas, formadas por una preposición y otra palabra: **alrededor de, por encima de**.

1.8. La conjunción

La conjunción es, asimismo, una clase de palabras invariable, no sufre ningún tipo de modificación. Sirve para enlazar palabras u oraciones. Puede estar formada por una sola palabra: **que, y, o, si**, o por varias: **si bien, para que**.

Las conjunciones pueden ser de dos clases, según el tipo de relación que establezcan entre los elementos enlazados. Si cada uno de los elementos conserva su independencia, las conjunciones son coordinantes y, en este caso, pueden enlazar o bien palabras pertenecientes a la misma clase: adjetivos, verbos, preposiciones, etc.: *bueno* **y** *barato, hombre* **o** *mujer, más* **o** *menos, con* **o** *sin garantía*, o bien oraciones que conservan su independencia: *no entiende nada* **o** *no quiere entender nada, estudia* **y** *trabaja*. Por el contrario, si las conjunciones establecen una relación de dependencia, y en este caso sólo pueden enlazar oraciones, se trata de conjunciones subordinantes: *necesito* **que** *me hagas un favor, me quedaré un rato más* **porque** *no he terminado el trabajo*.

2. LA ORACIÓN

La oración es la unidad mínima comunicativa. Generalmente está formada por dos elementos: el sujeto y el predicado, que corresponden a un sustantivo o una palabra sustantivada y a un verbo, respectivamente; existen, pues, oraciones que carecen de sujeto: *llueve, había mucha gente*. En torno a cada uno de los elementos que constituyen la oración pueden encontrarse otras palabras, los complementos, que sirven para precisar, ampliar o determinar la información del sustantivo sujeto y del verbo predicado. *El niño / come* es una oración, una unidad mínima de comunicación, en la que se ha separado mediante una barra el sujeto, *niño*, del predicado, *come*. Si queremos ampliar la información, se pueden añadir otras palabras a cada uno de los dos elementos: *el niño pequeño / come manzanas, el niño de mi vecina / come manzanas por la mañana*, y, así, sucesivamente. No sólo pueden añadirse palabras, también oraciones, formadas a su vez por un sujeto y un predicado: *el niño, al que sus padres miman demasiado, / come cuando quiere*. En todos estos ejemplos el núcleo del sujeto es siempre *niño* y el del predicado, *come*; todas las palabras añadidas son complementos.

Entre el sujeto y el predicado se establece una relación de concordancia; el núcleo del sujeto, según a qué persona se refiera, primera, segunda o tercera, y según su número, singular o plural, hace que el núcleo del predicado, el verbo, sufra una serie de modificaciones que reflejan la persona y el número del sujeto; en la oración *mi amigo trabaj***a** *de noche*, la terminación **-a** del verbo indica que el sujeto es una tercera persona del singular; en *mis amigos trabaj***an** *por la noche*, la terminación **-an** indica que el sujeto es una tercera persona del plural. Esta capacidad del verbo para concordar con el sujeto hace posible que este último, a menudo, no aparezca en la oración; en *llegar***emos** *tarde*, la terminación **-emos** del verbo está indicando que el sujeto es *nosotros*, es decir, aunque en esta oración sólo aparece el predicado, el sujeto está implícito en la terminación verbal y por ello es posible elidirlo.

2.1. Clases de oraciones

La oración, según desde qué perspectiva se enfoque, admite varias clasificaciones. Sin embargo, ya que en este apéndice gramatical no se pretende explicar toda la gramática, sino señalar o apuntar sus aspectos más destacados, se tratarán sólo dos tipos de oraciones: la **simple** y la **compuesta**.

De forma resumida, se puede decir que la **oración simple** es aquella en la que sólo interviene un predicado, si bien el sujeto y el predicado suelen llevar sus respectivos complementos; la mayoría de ejemplos utilizados en los párrafos anteriores son oraciones simples: *el niño come manzanas, mi amigo trabaja de noche, llegaremos tarde*, etc.

La **oración compuesta**, por el contrario, es aquella en la que intervienen más de un predicado. Según la relación que se establezca entre los distintos predicados, la oración será **coordinada** o **subordinada**.

En la **oración coordinada** (v. **La conjunción**) cada uno de los predicados conserva su independencia: *¿estudias o trabajas?*; *se mira, pero no se toca; ven a cenar y te enseñaré los libros,* etc.

En la **oración subordinada,** en cambio, se establece una relación de dependencia entre el predicado de una oración y el predicado de la otra; esta dependencia viene dada por el hecho de que una de las oraciones, la llamada *subordinada,* funciona como sujeto o complemento de alguno de los elementos de la otra oración, que recibe el nombre de *principal.* Así, pues, las subordinadas pueden clasificarse según la función que desempeñan en la oración: **de sustantivo, de adjetivo** o **de adverbio.**

Son **subordinadas sustantivas** las que en la oración principal desempeñan funciones propias del sustantivo:

sujeto: **que vengas** *me parece estupendo.*
complemento del verbo: *dice* **que no encuentra el bolígrafo.**
complemento de otro sustantivo: *la idea* **de que salgamos de noche** *no me parece acertada.*

Son **subordinadas adjetivas** las que funcionan como un adjetivo: *el niño* **que no estudie** *no aprobará la asignatura, subimos a la montaña* **que estaba cubierta de nieve.**

Por último, son **subordinadas adverbiales** las que desempeñan la función de complementos circunstanciales del verbo: *nos fuimos* **sin que nadie nos viera,** *siempre llega* **cuando el trabajo se ha terminado.**

Lista de definidores

PALABRAS UTILIZADAS COMO DEFINIDORES

Las definiciones que se ofrecen en el diccionario han sido redactadas con los definidores que se incluyen en la lista que presentamos a continuación. A su vez, todos los definidores están definidos en el diccionario.

Para la preparación de la lista de definidores se han tenido en cuenta los índices de frecuencias de palabras de la lengua española publicados hasta el momento, el léxico utilizado en los manuales de mayor difusión destinados a la enseñanza de la lengua española, especialmente como segunda lengua, el grado de utilidad puramente lexicográfica de las palabras y el nivel de conocimiento de la lengua española de los lectores a los que va dirigida esta obra.

En todo momento se ha procurado que los definidores seleccionados, alrededor de 2 000, fueran utilizados en sus acepciones más usuales e importantes. Además, se han utilizado medios informáticos para comprobar que todas las definiciones se ajustan al procedimiento previsto.

DEFINIDORES QUE NO SE INCLUYEN EN LA LISTA

En términos generales, cuando una definición incluye palabras que no están en la lista, éstas van precedidas de un *asterisco. En la mayoría de los casos, la presencia del asterisco le servirá al lector para saber que la palabra definida es poco frecuente, es poco habitual en el uso de una lengua española de nivel medio o pertenece a un léxico técnico o con algún grado de especialización.

Hay que tener en cuenta, sin embargo, que se han utilizado como definidores sin asterisco las variantes morfológicas de cada uno de los definidores (variantes de género, número, tiempo, persona, etc.), los pronombres, los artículos, los numerales y las llamadas palabras gramaticales (preposiciones, conjunciones). De ellas se da cuenta en el apéndice gramatical. De igual modo, la lista de definidores no incluye los nombres propios.

Tampoco llevan asterisco, aunque se hayan usado como definidores, algunas formas cuyo significado léxico y gramatical se puede deducir más fácilmente a partir de los definidores de la lista. Por tanto, no aparecen en la lista las formas siguientes:

— Sustantivos derivados de verbos mediante los sufijos *-ción (acusar → acusación), -dor (correr → corredor), -miento (desprender → desprendimiento)* o *-encia (competir → competencia).*
— Sustantivos abstractos derivados de adjetivos mediante *-eza (noble → nobleza)* o *-dad (malo → maldad).*
— Sustantivos derivados de adjetivos o sustantivos mediante *-ez (niño → niñez, pálido → palidez).*
— Sustantivos cuya forma coincide exactamente con la primera o la tercera persona del singular del presente de un verbo que aparece en la lista *(trabajar → trabajo, comprar → compra, soportar → soporte).*

— Sustantivos y adjetivos derivados de sustantivos mediante *-ero (toro → torero, verdad → verdadero).*
— Verbos derivados de sustantivo mediante la simple anexión del sufijo verbal *(razón → razonar).*
— Adjetivos derivados de sustantivos mediante *-ivo (deporte → deportivo), -oso (montaña → montañoso), -ano (ciudad → ciudadano), -al, -ar (familia → familiar)* o *-ico (esfera → esférico).*
— Adjetivos derivados de verbos mediante *-ble (beber → bebible) o -nte (amar → amante).*
— Adjetivos derivados de adverbios mediante *-ano (cerca → cercano).*
— Participios *(amar → amado).*
— Adverbios en *-mente (suave → suavemente).*

Si, al aplicar estos criterios, la derivación no permite deducir fácilmente los significados, las formas quedan incluidas como definidores o bien se marcan con asterisco.

LISTA DE DEFINIDORES

A

abajo
abandonar
abeja
abertura
abismo
abogado
abreviatura
abrigar
abrir
absorber
abstracto
abuelo
abultar
abundar
aburrir
abusar
acabar
accidente
acción
aceite
aceituna
acento
acepción
aceptar
acercar
acero
acertar
ácido
aclarar
acoger
acompañar
aconsejar
acontecimiento
acordar
actitud
activo
acto
actor
actual
actualidad
acumular
acusar
adaptar
adecuar
adelantar
además
adentro
adiós
adivinar
adjetivo
administrar
admirar
admitir
adorar
adornar
adulto
adverbio
aéreo
afectar
afeitar
afilar
afirmar
afirmativo
afrontar
afuera
agitar
agradar
agradecer
agricultor
agrio
agua
aguantar
agudo
aguijón
aguja
agujero
ahí
ahogar
ahora
aire
aislar
ajustar
ala
alabanza
alabar
alambre
alargar
alcanzar
alcohol
alegrar
alegría
alejar
alfabeto
alfiler
algodón
aliento
alimentar
allá
alquiler
alrededor
altar
alterar
alternar
alto
altura
amanecer
amar
amargo
amarillo
ambiente
ambos
amenazar
amigo
amor
analizar
analogía
ancho
andar
anfibio
anglicismo
ángulo
anillo
animal
animar
ánimo
ano
antena
anterior
antes
antiguo
anunciar
añadir
año
apagar
aparato
aparecer
apartar
apelativo
aplastar
aplicar
apócope
apoyar
aprender
apretar
aprobar
aprovechar
aproximar
apuntar
aquí
árabe
árbol
arbusto
arco
arder
área
arena
arma
armar
armario
armazón
arquitectura
arrancar
arrastrar
arreglar

arrepentirse
arriba
arrogante
arroz
arruga
arte
articular
artículo
artificial
asa
asco
asegurar
aseo
así
asiento
asomar
aspa
aspecto
áspero
aspirar
asunto
asustar
atacar
atar
atención
atmósfera
átomo
atraer
atrapar
atrás
atravesar
atribuir
aumentar
aún
automático
automóvil
autor
autoridad
autorizar
auxiliar
avanzar
ave
aventura
avergonzar
averiguar
avión
avisar
ayer
ayudar
azar
azúcar
azul

B

bacteria
bailar
bajar
bajo
bala
balancear
balcón
banco
banda
bandera
bañar
bar
barba
barco
barra
barro
basar
base
bastar
basura
bebé
beber
bello
besar
bicicleta
bien
bienvenido
billete
bisagra
blanco
blando
bloque
boca
boda
bola
bolígrafo
bollo
bolsa
bomba
bonito
borde
borracho
borrar
bosque
botar
bote
botella
botón
brasa
brazo
breve
brillar
broma
brotar
bueno
bulto
burbuja
buscar

C

caballo
caber
cabeza
cacerola
cada
cadena
caer
café
caja
cajón
calcular
calentar
calidad
calificar
callar
calle
calmar
calor
calzar
cama
cámara
cambiar
caminar
camisa
campana
campaña
campo
canal
canción
cansar
cantar
cantidad
capa
capaz
capullo
cara
carácter
característico
carbón
carcajada
cárcel
cargar
caricia
cariño
carne
caro
carrera
carretera
carro
carta
cartón
casa
casar
cáscara
casi
caso
castigar
castillo
categoría
caudal
causa
cavar
cazar
celebrar
celeste
célula
ceniza
centro
cepillo
cera
cerca
cerdo
cereal
cerebro
ceremonia
cerradura
cerrar
chapa
chocar
chocolate
chupar
ciego
cielo
ciencia
científico
cierto
cigarro
cilindro
cine
cinta
cintura
círculo
circunstancia
citar
ciudad
claro
clase
clásico
clasificar
clavar
cliente

clima
cobarde
cobrar
coche
cocinar
codo
coger
coincidir
cola
colgar
colina
collar
colocar
color
columna
combinar
combustible
comentar
comenzar
comer
comerciar
comestible
cómodo
compañero
compañía
comparar
compartir
compasión
competir
complemento
completar
complicado
componer
comportar
comprar
comprender
comprobar
comprometer
común
comunicar
comunidad
conceder
concha
conclusión
concreto
condenar
condición
conducir
conducto
confianza
conformar
confundir
congelar
conjugar
conjunción
conjunto
cono
conocer
conseguir
consejo
conservar
considerar
consistir
consonante
construir
consumir
contagiar
contaminar
contar
contener
contestar
continente
continuar
contorno
contraer
contrario
contribuir
control
convencer
convenir
conversar
convertir
copa
copiar
corazón
cordillera
cordón
corona
correa
corregir
correo
correr
corresponder
corriente
cortar
corteza
cortina
corto
cosa
coser
costa
costar
costumbre
crear
crecer
creencia
creer
crema
criar
crimen
cristal
cristiano
criticar
crudo
cruel
crujir
cruz
cuadro
cualidad
cualquier
cuando
cuanto
cúbico
cubo
cubrir
cuchara
cuchillo
cuello
cuerda
cuerno
cuero
cuerpo
cueva
cuidar
culpa
cultivar
cultura
cumbre
cumplir
curar
curso
curva

D

dañar
daño
dar
debajo
deber
débil
decaer
decepción
decidir
decir
decorar
dedicar
dedo
defecto
defender
defensa
definitivo
deformar
dejar
delante
delgado
delicado
delito
demás
demasiado
demostrar
denso
dentro
depender
deporte
derecho
derivar
derretir
derribar
derrumbar
desagradar
desaparecer
desaprobar
desarrollar
descansar
descargar
descender
descomponer
desconocer
describir
descubrir
descuidar
desear
desempeñar
desenvolver
desgana
desgastar
desgracia
deshacer
desierto
desinterés
deslizar
desnudar
desorden
despedir
despectivo
despegar
despertar
despreciar
desprender
después
destacar
destapar
destinar
destruir
desviar
detalle
detener
determinar

detrás
deuda
devolver
día
dibujar
diente
diferencia
diferente
difícil
dificultad
dimensión
diminutivo
dinero
dios
dirección
directo
director
dirigir
disciplina
disco
disculpa
discurso
discutir
diseñar
disfrutar
disgustar
disimular
disminuir
disolver
disparar
disponer
distancia
distinguir
distinto
distraer
diversión
diverso
divertir
dividir
doblar
doblez
doctrina
documento
dolor
doméstico
dominar
dónde
dormir
droga
dudar
dueño
dulce
durante
durar
duro

E

echar
economía
edad
edificio
educar
efectivo
efecto
eje
ejecutar
ejemplo
ejercer
ejercicio
ejército
elaborar
elástico
eléctrico
elegante
elegir
elemento
elevar
embarazo
embarcar
emborrachar
emitir
emoción
empapar
empeñar
empezar
emplear
empresa
empujar
encargar
encender
encerrar
enchufar
encima
encoger
encontrar
enemigo
energía
enfadar
enfermar
enfrentar
enganchar
engañar
enorme
enrollar
enroscar
enseñanza
enseñar
entender
enterar
entero
enterrar
entonces
entrar
entregar
entusiasmo
enviar
envolver
equilibrio
equipo
equivaler
equivocar
error
escalar
escalera
escama
escapar
escaso
esclavo
escoger
esconder
escribir
escritura
escuchar
escudo
escuela
escultura
escupir
escurrir
esfera
esforzar
espacio
espada
espalda
español
esparcir
especia
especial
especialista
especie
espectáculo
espectador
espejo
esperanza
esperar
espeso
espesor
espina
espíritu
esponja
esqueleto
esquina
establecer
estación
estado
estallar
estante
estar
este
estéril
estilo
estirar
estómago
estornudar
estrechar
estrecho
estrella
estropear
estructura
estudiar
eufemismo
evitar
exacto
exagerar
examinar
exceso
excitar
excremento
exclamar
exigir
existir
éxito
experiencia
experimentar
explicar
explorar
explotar
exponer
expresar
expresión
expulsar
extender
extensión
extenso
exterior
extranjero
extraño
extraordinario
extremidad
extremo

F

fábrica
fachada
fácil
falda
falso
fallar
faltar

fama
familia
fastidiar
favor
favorable
favorecer
fecha
feliz
femenino
fenómeno
feo
feto
fibra
fiebre
fiel
fiero
fiesta
figura
figurar
fijar
fila
filo
filosofía
fin
finalidad
fingir
fino
firmar
firme
físico
flexible
flojo
flor
flotar
fluir
fondo
formar
fotografía
fracasar
frase
frecuente
freír
frenar
frente
fresco
frío
frontera
frotar
fruto
fuego
fuente
fuera
fuerte
fuerza
fumar
función
funcionar
funda
fundar
fundir
fútbol
futuro

G

galleta
gallina
gana
ganar
gancho
garantía
garganta
gas
gastar
gato
generar
general
género
generoso
genio
gente
gerundio
gesto
girar
globo
gobernar
golpe
goma
gordo
gota
gozar
grabar
gracia
grado
gramática
gramo
grande
granja
grano
grasa
grave
grieta
gris
gritar
grueso
grumo
grupo
guardar
guerra
gusano
gustar

H

haber
hábil
habitar
hábito
habitual
hablar
hacer
hambre
harina
hembra
heredar
herir
hermano
herramienta
hervir
hielo
hierba
hierro
hijo
hilo
hinchar
historia
hoja
hombre
hombro
hongo
honor
honra
honrar
hora
horizonte
horno
horror
hortaliza
hospital
hotel
hoy
hueco
huerto
hueso
huevo
humano
húmedo
humo
humor
hundir

I

idea
idioma
idiota
iglesia
igual
ilegal
ilimitado
iluminar
imagen
imaginar
imaginario
imán
imitar
impedir
imperativo
imperfecto
impersonal
importar
imposible
impresión
imprimir
imprudente
impulsar
incapaz
inclinar
incluir
incluso
incómodo
inconsciente
incorrecto
indefinido
independiente
indicar
indirecto
individuo
industria
inesperado
infectar
infeliz
inferior
infierno
infinitivo
inflamar
influir
informal
informar
injusto
inmediato
inmenso
innecesario
insecto
inseparable
insistir

instalar
instrumento
insultar
inteligente
intención
intenso
intentar
interés
interesar
interior
interjección
internacional
interno
interrogativo
interrumpir
intervenir
intransitivo
introducir
invadir
inventar
invertebrado
invierno
invitar
involuntario
ir
irónico
irracional
irregular
isla
izquierdo

J

jabón
jardín
jaula
jefe
joven
joya
judío
jugar
jugo
juguete
juicio
junto
jurar
justicia
justo
juventud
juzgar

L

labio
labor
lado
ladrillo
ladrón
lago
lámpara
lana
lanzar
largo
lata
lateral
latín
latir
lavar
leche
leer
legal
legumbre
lejos
lengua
lenguaje
lento
león
letra
levantar
ley
liar
libertad
librar
libro
licor
ligero
limitar
límite
limpiar
línea
lingüística
líquido
liso
lista
listo
literario
literatura
litro
llama
llamar
llano
llave
llegar
llenar
llevar
llorar
llover
lluvia
local
locución
locura
lógico
lograr
longitud
luchar
lucir
luego
lugar
lujo
luna
luz

M

macho
madera
madre
maduro
magia
magnífico
mahometano
mal
maleta
malo
maltratar
mamar
mamífero
manchar
mandar
manejar
manera
manga
mango
mano
manta
mantener
manual
manzana
mañana
mapa
máquina
mar
marcar
marear
marido
marino
mariposa
marrón
martillo
más
masa
masculino
masticar
matar
matemático
materia
mayor
mecanismo
mediante
medicina
médico
medio
medir
mejor
memoria
menor
menos
mensaje
mente
mentir
mercado
mercancía
merecer
mes
mesa
meta
metal
meter
método
metro
mezclar
miedo
miel
miembro
mientras
militar
mineral
minuto
mirar
misa
mismo
misterio
mitad
moda
modelo
moderno
modo
mojar
molécula
moler
molestar
molestia
momento
monasterio
moneda

mono
montaña
montar
montón
morado
moral
morder
mordisco
morir
mostrar
motor
mover
mucho
mueble
muelle
muerte
mujer
multiplicar
mundo
muñeca
murmurar
muro
músculo
músico
muy

N

nacer
nación
nada
nadar
naranja
nariz
nata
nativo
natural
nave
navegar
necesario
necesidad
necesitar
negar
negativo
negociar
negocio
negro
nervio
nido
niebla
nieto
nieve
niño
nivel
no
noble
noche
nocturno
nombrar
nombre
nominal
norma
normal
norte
nota
noticia
nube
nuclear
nudo
nuevo
nuez
número
nunca

O

o
obedecer
objeto
obligar
obra
obrar
observar
obstáculo
ocasión
ocultar
ocupar
ocurrir
odiar
oeste
ofensa
oficina
oficio
ofrecer
oír
ojo
ola
oler
olor
olvidar
onda
onomatopeya
operar
opinión
oponer
oportuno
oración
orden
oreja
organismo
organizar
órgano
orgullo
origen
orilla
orina
oro
ortografía
oscuro
oso
otoño
ovalado
oveja
óxido
oxígeno

P

paciencia
padecer
padre
pagar
página
país
pájaro
pala
palabra
palacio
paladar
pálido
palma
palo
pan
pantalla
pantalones
paño
papel
paquete
par
paralelo
parar
parásito
parecer
pared
pareja
párpado
parque
parte
participar
participio
particular
partidario
partir
pasajero
pasar
pasatiempo
pasear
pasillo
pasión
pasivo
paso
pasta
pastel
pastor
pata
patada
patata
pausa
paz
pecho
pedir
pegajoso
pegar
peinar
película
peligro
pelo
pelota
pena
pene
pensar
peor
pequeño
percusión
perder
pérdida
perdonar
pereza
perfecto
perífrasis
periodo
permanecer
permanente
permiso
permitir
perro
perseguir
persona
personaje
pertenecer
perverso
pesar
pescar
peseta
peso
pétalo
pez

picar
pico
picor
pie
piedra
piel
pierna
pieza
pila
pinchar
pino
pintar
pintura
piña
pisar
piso
pistola
placa
placer
plancha
planeta
plano
planta
plástico
plata
plato
playa
plaza
plegar
pluma
plural
poblar
pobre
poco
poder
poema
policía
político
pollo
polo
polvo
pólvora
poner
popular
portarse
poseer
posible
posición
positivo
poste
posterior
práctico
practicar
precio
preferir

preguntar
premio
prenda
prender
prensa
preocupar
preparar
preposición
presentar
presión
prestar
presumir
pretérito
prevenir
prever
primavera
primitivo
principio
prisa
privado
probar
problema
proceder
proceso
procurar
producir
producto
profesión
profesor
profundo
programa
progresar
prohibir
prometer
pronombre
pronominal
pronto
pronunciar
propio
proponer
proporción
proporcionar
proteger
protestar
provecho
provocar
próximo
proyectar
publicación
público
pudrir
puente
puerta
pulgar
pulir

pulmón
punta
punto
puño
purificar
puro
púrpura

Q

que
quedar
quejar
quemar
querer
quien
quieto
químico
quitar

R

rabia
racimo
radical
radio
raíz
rama
rápido
raro
rascar
rasgar
raso
raspar
ratón
raya
rayo
raza
razón
reacción
real
realizar
rebanada
rebaño
rechazar
recibir
recipiente
recíproco
reclamar
recoger
recomendar
reconocer
recordar

recorrer
rectángulo
recto
recuperar
red
redondo
reducir
referir
reflejar
reformar
refugiar
regalar
regañar
regar
región
registrar
regla
regresar
regular
reinar
reír
relación
relieve
religión
reloj
remar
remediar
remover
rencor
rendir
renovar
renunciar
repartir
repasar
repetir
representar
reproducir
reptil
resbalar
rescatar
reservar
resguardar
resina
resistir
resolver
respaldo
respetar
respirar
responsable
respuesta
restar
resto
restaurante
resultar
resumir

retener
retirar
retrasar
retroceder
reunir
revelar
reventar
revisar
revista
rey
rezar
rico
ridículo
rimar
rincón
río
risa
ritmo
rizo
robar
roca
rodar
rodear
rodilla
roer
rogar
rojo
romper
ropa
rosa
rozar
rubio
rudo
rueda
rugoso
ruido
rumor
rústico

S

sábana
saber
sabio
sabor
sacar
sacerdote
saco
sacrificio
sal
salir
salsa
saltar
salud
saludar
salvaje
salvar
sanar
sangre
sanitario
santo
sartén
satisfacer
secar
seco
secreto
sed
seguir
segundo
seguro
sello
semana
semilla
sencillo
senda
sensación
sentar
sentir
señal
señor
separar
ser
serie
serio
serpiente
servicio
servir
seto
severo
sexo
sexual
sí
siempre
sierra
siglo
significar
signo
siguiente
sílaba
silencio
silla
silvestre
símbolo
simpatía
simple
sincero
singular
sintáctico
sistema
sitio
situar
sobre
sobresalir
social
sociedad
socio
sol
soldado
soler
solicitar
sólido
solo
soltar
solución
sombrero
someter
sonar
sonido
sonreír
soñar
sopa
soplar
soportar
sorprender
sorpresa
sortear
sospechar
sostener
suave
subir
subjuntivo
subordinado
subrayar
subterráneo
sucio
sudor
sueldo
suelo
sueño
suerte
sufrir
sujeción
sujetar
sujeto
sumar
sumergir
superar
superficie
superior
superlativo
suponer
suprimir
sur
surgir
suspender
sustancia
sustantivo
sustituir
susurrar

T

tabaco
tabla
tal
taller
tallo
talón
tamaño
también
tambor
tanto
tapar
tardar
tarde
tasa
taza
té
teatro
techo
tecla
técnica
tejado
tejer
tela
teléfono
televisión
temblar
temer
temperatura
templar
tender
tener
tenis
tenso
teoría
terminar
término
terreno
territorio
terror
texto
tiempo
tienda
tierra
tímido
tinta
típico

tipo
tira
tirar
tiro
título
tocar
todavía
tolerar
tomar
tono
tontería
tonto
torcer
tormenta
torneo
tornillo
toro
torpe
torre
tos
tostar
total
trabajar
tradición
traducir
traer
tráfico
tragar
traidor
traje
tranquilo
transformar
transitivo
transparente
transportar
trasero
trasladar
tratar
través
trazar
tren
triángulo
tribunal
trigo
tripa
triste
triturar
tronco
tropezar
trópico
trozo
truco
tubo
turno

U

último
único
unidad
uniforme
unión
unipersonal
unir
universo
uno
uña
urgente
usar
útil
uva

V

vaca
vacación
vaciar
vacío
vago
valer
valiente
valla
valle
valor
vapor
vara
variar
variedad
vario
vaso
váter
vegetal
vehículo
vela
vello
veloz
vencer
vender
veneno
venir
ventaja
ventana
ver
verano
verbo
verdad
verde
verdura
vergüenza
verso
vértebra
vertebrado
verter
vertical
vestido
vestir
vez
vía
viaje
vibrar
victoria
vida
viejo
viento
vientre
vigilar
vinagre
vino
violento
virtud
virus
visitar
vista
víveres
vivienda
vivir
vocal
volar
volumen
voluntad
voluntario
volver
vomitar
votar
voto
voz
vulgar

Y

ya
yema

Z

zapato
zona
zumbar
zumo

Guía para consultar este diccionario

Entrada con indicación de división silábica

cons·pi·ra·⌜dor, ⌜do·ra |konspiraðór, ðóra| ***adj.-s.*** (persona) Que se une con otras para hacer daño a una o varias personas: *un grupo de conspiradores intentó atentar contra la autoridad.*

Transcripción aproximada

Ejemplo

con·for·mis·mo |konformísmo| ***m.*** Cualidad del que se conforma y se adapta con facilidad a las circunstancias: *el ~ se está extendiendo entre los jóvenes y cada vez son más raras las protestas.* ⇔ **inconformismo.**

Observaciones gramaticales

Categoría gramatical

con·fort |konfór^t| ***m.*** Comodidad y *bienestar: *el ~ es la cualidad más destacada de mi automóvil.* ☐ No se usa en plural.

Envío a otra entrada donde se halla la definición

con·fu·cio·nis·mo |konfuθionísmo| ***m.*** ⇒ **confucianismo.** ☐ La Real Academia Española prefiere la forma *confucianismo.*

Indicación del modelo de conjugación irregular

Régimen preposicional y tipo de complemento

con·gra·ciar |koŋgraθiár| ***tr.-prnl.*** [a alguien] Conseguir el afecto o la buena voluntad de una persona: *el marqués congració a sus dos hijos; con este rasgo de generosidad ha querido congraciarse con todos.* ☐ Se conjuga como 12.

Indicación del cambio de categoría gramatical

Contorno del adjetivo

de·ca·⌜no, ⌜na |dekáno, na| **1** ***adj.-s.*** (persona) Que es el más antiguo de un grupo o una comunidad: *Diego es el ~ de los periodistas deportivos.* **- 2** ***m. f.*** Persona que dirige una Facultad: *el ~ recibió a los nuevos profesores; Enrique lleva dos años como ~ de la Facultad de Filosofía y Letras.*

Palabra contraria

Palabra sinónima o relacionada

con·gruen·te |koŋgruénte| ***adj.*** *form.* Que es conveniente y lógico; que se corresponde con otra cosa determinada: *tus actos deben ser congruentes con tu forma de pensar.* ⇒ **acorde, coherente.** ⇔ **incongruente.**

Definición

Subentrada

dé·ci·⌜mo, ⌜ma |déθimo, ma| **1** ***num.*** (persona, cosa) Que sigue en orden al que hace el número nueve: *si voy después del noveno, soy el ~ de la lista.* **2** (parte) Que resulta de dividir un todo en diez partes iguales: *si somos diez para comer, me toca un ~ de tarta.* **- 3 décimo** ***m.*** Participación de un billete de *lotería: *un ~ es la décima parte de un billete de lotería; he comprado un ~ de un número que acaba en dos.*